Dicionário Global da **Língua Portuguesa**

autoexplicativo com
exemplos contextualizados

Jaime Nuno Cepeda Coelho

Lidel – edições técnicas, lda.

EDIÇÃO E DISTRIBUIÇÃO

Lidel – edições técnicas, lda.

SEDE
Rua D. Estefânia, 183, r/c Dto. – 1049-057 Lisboa
Tel: +351 213 511 448 * Fax: +351 213 522 684
Revenda: revenda@lidel.pt
Exportação: depinternational@lidel.pt
Venda *online*: livraria@lidel.pt
Marketing: marketing@lidel.pt
Projetos de Edição: edicoesple@lidel.pt

LIVRARIA
Av. Praia da Vitória, 14 – 1000-247 Lisboa
livraria@lidel.pt

Copyright © novembro 2014
Lidel – Edições Técnicas, Lda.
ISBN: 978-989-752-092-1

Pré-Impressão: Carlos Mendes
Impressão e acabamento: Grafo, S.A. – Espanha
Depósito Legal: 380519/14

Capa: José Manuel Reis

Livro segundo o novo Acordo Ortográfico

Todos os nossos livros passam por um rigoroso controlo de qualidade, no entanto, aconselhamos a consulta periódica do nosso *site* (www.lidel.pt) para fazer o *download* de eventuais correções.

Reservados todos os direitos. Esta publicação não pode ser reproduzida, nem transmitida, no todo ou em parte, por qualquer processo eletrónico, mecânico, fotocópia, digitalização, gravação, sistema de armazenamento e disponibilização de informação, sítio *Web*, blogue ou outros, sem prévia autorização escrita da Editora, exceto o permitido pelo CDADC, em termos de cópia privada pela AGECOP – Associação para a Gestão da Cópia Privada, através do pagamento das respetivas taxas.

Índice

Lista de Autores	V
Prefácio	VII
Apresentação e Guia de Utilização	IX
Dicionário Global da Língua Portuguesa	1
Anexos	1445
Numerais	1447
Alfabeto Grego	1449

Lista de Autores

Autor
Jaime Nuno Cepeda Coelho

Principais reda(c)tores
Jaime Nuno Cepeda Coelho
José Ribeiro Pereira
Benjamim Carneiro da Silva

Outros reda(c)tores
António Alves Soares
Francisco Esteves
Raul Gaião

Colaboradores
Abel Gama
Ana Isabel Godinho
Antónia Braga
António Lavouras Lopes
António Rodrigues S. Júnior
Cecília de Lurdes Falcão
Cidália Mendonça
Clara Santana Rita
Elisabete Pais Ramos
Fernando Leite
Fundação Calouste Gulbenkian
Joaquim Magalhães
Mara Rodrigues
Margarita Correia
Maria de Jesus Sousa Monteiro
Maria José Godinho
Maria Teresa Valdez
Maria Vitória Calado
Marina Pinheiro
Nélia Alexandre
Nuno Braga
Paula Estrela Mendes
Paulo Eufrásio
Província Portuguesa da Companhia de Jesus
Sandra Longo Fernandes
Sílvia Oliveira
Sónia Cristina S. Azevedo
Susana Agostinho
Susana Pulido Baeta
Teresa Oliveira
Universidade Católica Portuguesa
Universidade Sophia

Prefácio

Quase Prefácio

O Dicionário de Língua Portuguesa que ora se edita tem como caraterística ter como principal alvo o público estrangeiro que aprende português. Trata-se de uma obra que há muito era esperada e vem colmatar um vazio injustificável. Não será demais sublinhar que o seu autor-coordenador, Padre Jaime Nuno Cepeda Coelho, dedicou cerca de 15 pacientes anos a coligir exemplos e expressões que facilitem a aprendizagem e permitam explorar contextos de utilização da língua. A sua própria experiência de vida, há muitas décadas radicado no Japão, explica a dedicação a uma obra que será precioso auxiliar para aqueles que aprendem o português como língua estrangeira. Aliás, o Padre Jaime Coelho é também autor de um Dicionário Japonês/Português, que tem alcançado grande sucesso junto do público, contando com uma edição no Japão.

Importa também sublinhar que, à semelhança dos velhos dicionários seiscentistas, que juntaram o português a estranhas línguas como o mandarim, o japonês ou o anamita, trata-se de um trabalho coletivo, com vários redatores e colaboradores que se juntaram ao projeto e o enriqueceram com a sua especialidade, construindo um volume com cerca de 54.500 entradas e quase 1500 páginas.

Há muito que conheço o Padre Jaime Coelho e admiro a sua tenacidade, homem de antes quebrar que torcer, e só essa força anímica permitiu que se lançasse nesta grande aventura e chegasse a bom porto, como os primeiros portugueses que acercaram Tanegashima, em 1543, perdidos na tempestade.

Quando hoje falamos da Língua Portuguesa no mundo, não podemos dissociar essas primeiras navegações que procuravam novos mundos e descobriam maravilhas inimagináveis: paisagens, gentes, costumes, novas formas de ser e estar que também mudaram os hábitos dos portugueses e dos europeus. Um dos traços recorrentes foi a descoberta de línguas estranhas e a sua aprendizagem, o que deu aso à elaboração de gramáticas, vocabulários e dicionários que aproximavam o português e essas línguas, ao mesmo tempo que revelavam distintas culturas.

A Língua Portuguesa muito bebeu nestas viagens e incorporou expressões e palavras que revelam os lugares por onde cresceu e se modelou.

Se hoje em dia é a língua de muitos povos e Estados que a adotaram e a vivem como sua, é também a língua daqueles que escolhem a sua aprendizagem por muitas e variegadas razões.

Não vamos entrar no debate se é a 4ª, 5ª ou 6ª língua mais falada no mundo, com argumentos que justificam cada posição. Também não discutiremos quantos falantes a utilizam (250 milhões é o número redondo que será apropriado), mas estaremos de acordo que é hoje uma das mais relevantes línguas de comunicação global. Não se trata apenas do elevado número de falantes, mas da sua condição de língua multipolar, com forte representação no continente africano e americano, que chega à Ásia por força de Timor-Leste e Macau, e tem raízes na Europa. É também a língua mais falada no hemisfério sul, argumento relevante para a sua crescente importância, num mundo de grandes transformações a sul, onde se situam importantes países emergentes.

Serão estas algumas razões que explicam por que razão um recente estudo da responsabilidade do British Council, *Languages for Future* (2013), elege o português como a 6ª língua estrangeira a aprender. E este pódio também nos interpela por outras razões: Como se afirmam as línguas num mundo global? Que outros fatores, além dos enunciados, contribuem para a sua projeção internacional?

Não bastam, de facto, o número de falantes ou a relevância económica dos países que falam uma língua. A sua dimensão internacional é também medida pela produção científica, pela sua utilização na *internet* ou pelo número de traduções que acolhe. Apesar de a produção científica ter aumentado em quase todos os países de Língua Portuguesa, ainda há um longo caminho para percorrer. Também a *internet* e as redes sociais são um importante indicador, estando o português entre as dez línguas que representam 82,6% de utilizadores.

Mas o ensino a estrangeiros, como o ensino às comunidades de língua portuguesa são essenciais para esta avaliação e, para tal, importa dispor de materiais didáticos específicos de que o dicionário é um dos mais essenciais.

Importa também desenvolver políticas de planeamento linguístico articuladas e persistentes, como acontece com o Plano de Ação de Brasília (2010) e o Plano de Ação de Lisboa (2013), que comprometem os países da CPLP, traçando uma consciência, um rumo e uma vontade comum sobre a internacionalização da Língua Portuguesa.

Ana Paula Laborinho
Presidente
Camões, Instituto da Cooperação e da Língua, I.P. (2014)

Apresentação e Guia de Utilização

Depois de quinze longos anos de gestação é dado à luz mais um dicionário de português. Mas podemos dizer que este é "o dicionário que faltava". Porquê? Porque tem características muito próprias: abundância de exemplos concretos, idiomatismos, provérbios, locuções e combinatórias dispostas por ordem alfabética, sinónimos e antónimos, cruzamento de remissões para maior esclarecimento das entradas e, finalmente, indicação da etimologia de todos os vocábulos. A etimologia latina é grafada com acento agudo para indicar a pronúncia corre(c)ta. Por exemplo: segurança, vem de *secúritas, átis*. Os verbos latinos vêm como nos dicionários de latim, ou seja, na forma da primeira pessoa do indicativo, seguida de infinitivo e supino. Os nomes comuns do alemão vêm com minúscula. Também se indica entre parênteses curvos a pronúncia das entradas que podem oferecer alguma dificuldade.

A grafia das entradas e a sua ordenação alfabética seguem o novo acordo ortográfico na variante portuguesa, assinalando-se com (*dg*) os casos de dupla grafia. Na definição da entrada todas as palavras que lhe são afins aparecem na nova grafia, o que não tem que acontecer com outras: com o recurso a (…) no interior da palavra é possível aceder também, nuns casos, à grafia usada no Brasil, noutros, à grafia usada em Portugal anteriormente ao novo acordo, o que, para o leitor, tem a vantagem de lhe facilitar a verificação de estar perante um mesmo vocábulo. Assim se torna mais fácil a leitura de textos anteriores ao novo acordo. Qualquer dúvida sobre a grafia a(c)tual pode ser imediatamente solucionada com a consulta da respe(c)tiva entrada. Indicam-se <u>todas</u> as variantes luso-brasileiras, fonéticas e nominais; por ex. comboio [trem], fenó[ô]meno, bebé/ê, cromossoma/o, cami(nh)ão.

Este é certamente um dicionário didá(c)tico. E nesse sentido poderá ser um instrumento útil não só para quem estuda mas também para quem ensina o português. Nas entradas mais desenvolvidas pode ser quase um livro de leitura.

O uso dos parênteses re(c)tos, […], com o significado de "ou então", permitiu enriquecer o conteúdo e poupar espaço. O uso de parênteses curvos, (…), com o significado de "conteúdo opcional", permitiu indicar que o usar ou não usar o que está entre parênteses depende do leitor. Por exemplo, na expressão de agradecimento "(Muito) obrigado", o leitor pode usar só "Obrigado". Na entrada "propagador", a definição é: (O) que propaga. Deste modo indicamos que, com "O", a entrada é substantivo e, sem ele, é adje(c)tivo.

O uso discriminativo de minúscula e maiúscula é muito importante. As entradas só têm maiúscula quando são nomes de países, etc. No tratamento das entradas começa tudo com maiúscula, sem exce(p)ção. E, dentro do texto, as palavras com minúscula substituem outras que também estão com minúscula; e as palavras com maiúscula substituem outras que estão com maiúscula. Por exemplo, na ace(p)ção **1** da entrada "poder" vem: "Ter a capacidade [faculdade/possibilidade] de/Ser capaz de" (O *f* de faculdade e o *p* de possibilidade substituem o *c* de capacidade; e o *S* de Ser substitui o *T* de Ter a capacidade). O que vem entre «…» é uma dica que sugere uma circunstância ou situação ou dá um exemplo. Os sinais (+) e (o+) indicam que um termo ou expressão é "mais" ou "o mais" usado em relação à respe(c)tiva entrada ou expressão precedente.

O leitor depressa se familiarizará com as normas aqui ado(p)tadas.

Deu-se também a devida importância à ortoépia ou vernaculidade dos vocábulos. Todos desejamos que nesta era, em que predomina a terminologia inglesa, possamos encontrar para o português da CPLP os vocábulos mais próprios. Por isso devíamos formar um pequeno grupo de pessoas sabedoras e abertas – que poderão ou não ser subsidiadas pelos respe(c)tivos governos ou editoras – em permanente conta(c)to através da internet e que mutuamente se estimulem. Nós – e outros que entretanto apareçam – estamos dispostos a formar o grupo de "Promotores da rica Língua Portuguesa" que terá por missão vernaculizar os termos de origem estrangeira, sobretudo inglesa, e assim contribuir para a afirmação do Português como língua de comunicação internacional.

Jaime Nuno Cepeda Coelho
José Ribeiro Pereira
Benjamim Carneiro da Silva

A

a¹ *s m* **1** Primeira letra do alfabeto latino e português. **2** [*adj*] **Ex.** A alteração à alínea ~ do artigo 2 da lei não foi aprovada. **Comb.** A página 6 ~.

a² *art def* (<lat *illa*) **Ex.** ~ casa? – Compraram-na ontem. Estava aqui ~ minha mala!... ⇒ o².

a³ *pron pess* (<lat *illa*) **Ex.** Eu vi-a «mulher/revista»!

a⁴ *pron dem* (<lat *illa*) **Ex.** ~ [Aquela] que vem ali é (a) sua irmã mais velha?

a⁵ *prep* (<lat *ad*) **1** [Complemento/Obje(c)to (in)dire(c)to] **a) Ex.** Eu disse ~ todos que viessem à (~ + a) festa. O pai deu um beijo à (~ + a) filha. O Pré[ê]mio Nobel da Literatura de 1998 foi atribuído ao (~ + o) escritor português José Saramago. **Loc.** Ter amor [Amar] ~ Deus; **b)** [Ênfase] **Ex.** ~ ti, não te dou nada porque não mereces. Convidaram-no ~ ele para treinador da equipa. **2** [Dire(c)ção/Ponto de destino] **Ex.** Ela vai ao (~ + o) Brasil, ele vai à (~ + a) Argentina e eu (vou) ~ Cuba. Resistirei ~ qualquer pressão. **Loc.** Chegar à (~ + a) meta. Responder à (~ + a) pergunta. Virar à (~ + a) direita. **3** [Posição/Lugar] **Ex.** Braga fica ~ [ao/para o] norte do Porto. **Loc.** Ficar [Estar] à (~ + a) janela [à beira-mar/à sombra/ao (~ + o) sol]. Junto à (~ + a) [Perto da] porta. **4** [Meio/Modo] **Loc.** Comprar [Pagar] ~ prestações. Escrever ~ lápis. Falar à (~ + a) (maneira) brasileira. Ir ~ pé [a cavalo/à (~ + a) boleia]. Ir ~ [com] toda a velocidade. Lavar roupa à (~ + a) mão. Matar ~ tiro. Pescar à (~ + a) linha. Tirar fotocópias ~ cores. Carro movido ~ ele(c)tricidade. À (~ + a) custa de... A custo. **5** [Paladar/Olfa(c)to] **Ex.** Saber ~ limão. Cheirar ~ queimado [~ gás]. **6** [Tempo] **Ex.** Este ano a Páscoa foi [caiu] ~ 4 de Abril. Ele só vai à (~ + a) tarde. **Loc.** Chegar ~ horas [tempo]. Começar às (~ + as) dez [ao (~ + o) meio-dia/à (~ + a) meia-noite). Aos (~ + os) noventa anos. **7** [Preço] **Ex.** Nós comprámos maçãs ~ dois euros o [cada] quilo. ~ quanto está hoje o (quilo do) peixe? **8** [Proporção/Distribuição] **Ex.** Um euro equivale ~ 200,482 escudos (Antiga moeda de Portugal). **Loc.** Comprar pano ~ metro. Ganhar (o jogo) por três ~ zero. Uma vez ao (~ + o) [por] ano. Vender feijões ao (~ + o) quilo. Entrar dois ~ dois. Pouco ~ pouco. «somos vinte» Ao (~ + o) todo. **9** [Comparação] **Ex.** Prefiro o autocarro ~o (a + o) metropolitano. **Loc.** «valor» Superior [Inferior] ~ «mil euros». Anterior [Posterior] à (~ + a) Época Romana. **10** [Para] **Ex.** Tenho muitos problemas ~ [que/para/por] resolver. Pronto, morreu, já não há nada ~ fazer! **11** [De] **Ex.** O Japão compra vinho e cortiça ~ Portugal e compra soja ao (~ + o) Brasil. **12** [Conforme] **Ex.** Em relação [Quanto] ~ isso, já disse o que tinha a dizer. Esteja à (~ + a) vontade. **Loc.** A(o) meu ver «você tem razão». À (~ + a) primeira vista «parecia (ser) estrangeiro». **13** [Com/Por causa de] **Ex.** Graças ~ Deus estamos todos bem. **Loc.** Um ramo curvado [vergado] ao (~ + o) [com o] peso dos frutos. **14** [Até] **Loc.** De manhã (até) à (~ + a) noite. Do berço à (~ + a) cova. **15** [Se; uma vez que] **Ex.** ~ [Se] continuares com tanto trabalho vais morrer cedo. **16** [v + a + infinitivo] **Ex.** O Carlos está ~ estudar. Já comecei ~ ler o livro que me ofereceu. O médico aconselhou-me ~ não beber. Tornei ~ vê-la (ver + a) no mesmo sítio. (Vamos) ~ dormir. Ele ia ~ entrar no carro, quando o amigo chegou. Mais tarde ou mais cedo, tudo se vem ~ descobrir. **17** [ao (~ + o) + infinitivo pessoal] **Ex.** Ao ouvir a notícia, desmaiou.

a-¹ *pref* (<lat *ad*: a, para) Exprime aproximação, semelhança. ⇒ ~beirar(-se).

a-² *pref* (<gr *a(n)*: sem, não) Exprime privação, negação. ⇒ ~moral; ~ssexual; ~céfalo.

a-³ *pref* (<lat *ab*: de) Exprime separação, afastamento e origem. ⇒ ~movível. **Sin.** ab-.

a-⁴ *pref* Ocorre por analogia e não muda nada o significado da palavra. ⇒ ~juntar.

-a *suf f* (<lat; por ex.: *bónus,bóna,bónum*) **Ex.** Menin~; bonit~. ⇒ -o.

-ã *suf f* (<lat; por ex.: *christiánus,a,um*) **Ex.** Hortel~.

à *contr* **1** Prep *a* + art def *a*. **Ex.** Eu fui ~ (a+a) feira. **2** Prep *a* + pron dem *a*. **Ex.** Ele deu um beijo ~ (a+a) [àquela] (mulher) que não é da terra.

ab- *pref* (<lat *ab*: de) Exprime separação, afastamento e também origem. ⇒ ~dicar; ~usar. **Sin.** a-³.

aba *s f* (< ?) **1** Extremidade inferior de vestuário. **Idi.** *Agarrar-se às ~s da casaca* [Procurar a ajuda] *de alguém*. **Comb.** *~ do chapéu. ~ do vestido. ~s da capa do livro.* **2** Parte lateral (e pendente) de um móvel. **Ex.** Levantar as ~s da mesa para se sentarem mais pessoas. **3** Beiral. **Ex.** O telhado da minha casa tem uma ~ larga. **4** Carne da costela inferior «do boi». **5** ⇒ falda/ sopé «da montanha». **6** ⇒ margem «do rio»; orla «de terreno». **7** ⇒ arredores/ cercanias «da cidade». **8** Rebordo «de te(c)to de sala».

ab(b)a *s m* (<aramaico *abba*: pai) Pai(zinho). **Ex.** Jesus Cristo, ao rezar, usou esta palavra ~. ⇒ abade.

ababalhar *v t pop* (< a¹-+baba+-alha+-ar¹) ⇒ sujar; babar.

ab absurdo *lat* «provar o que um diz» Pelo absurdo «do que outro diz». ⇒ absurdo.

abacá *s m Bot* (< tagalo *abaká*) Espécie de bananeira que, além do fruto, dá [serve/é boa] para fibras têxteis.

abaçanar *v t/int* (<a¹-+baço+-ar¹) Tornar (-se) baço/escuro/moreno.

abacate *s m* (<nauatle *awa'katl*) **1** Fruto de polpa nutritiva. **2** ⇒ abacateiro.

abacateiro *s m Bot* (<abacate+-eiro) Árvore tropical que produz [dá] o abacate.

abacaxi *s m Bot* (<tupi *iwaka'ti*, de *iwá*: fruta +*ka'ti*: cheirosa) **1** Fruto ou planta bromeliácea; *Ananas sativus/comosus*. **Ex.** O ~ é maior do que o ananás (Em Portugal diz-se ananás, mas no Brasil usa-se mais a palavra ~). **2** *fig Br* Trabalho complicado ou pessoa maçadora. **Loc.** Descascar um ~ [Resolver um problema difícil ou livrar-se de algo desagradável].

abacelamento *s m* (<abacelar+-mento) O plantar bacelo.

abacelar *v t* (<a⁴-+bacelo+-ar¹) **1** Plantar bacelo. **Ex.** Os agricultores já abacelaram as terras. **2** Cobrir de terra «mudas ou plantas» temporariamente.

abacial *adj 2g* (<lat *abbatiális*) Referente a abade ou abadia.

ábaco *s m* (<gr *ábaks,ábakos*: mesa de cálculo) **1** Contador. **Ex.** Este ~ é melhor (do) que uma máquina calculadora! **2** ⇒ nomograma. **3** Marcador de bilhar. **Ex.** Este bilhar tem um ~ muito original. **4** ⇒ mesa/aparador. **5** *Arquit* Parte superior do capitel de uma coluna onde assenta a arquitrave.

abacto *s m Dir* (<lat *abáctus*: roubo) Roubo de gado.

abactor *s m* (<lat *abáctor,óris*: ladrão de gado) O que pratica o abacto.

abáculo *s m* (<lat *abáculus*: dim de ábaco) ⇒ embutido «dos mosaicos».

abada *s f* (<aba 1+-ada) **1** (Ar)regaçada(+). **Ex.** Levava uma ~ de castanhas para assar. **2** ⇒ aba 3.

abade *s m* (<lat *ábbas,átis*) **1** Superior (religioso) de uma abadia. **2** ⇒ cura/prior/padre. **3** *fam* Homem gordo. **Ex.** O meu pai está como [que nem] um ~.

abadessa (Dê) *s f* (<lat *abatíssa*) **1** Superiora de um mosteiro (de clausura). **2** *fam* Mulher gorda. **Ex.** A minha mãe está (que nem) uma ~ [baleia]. ⇒ matrona.

abadia *s f* (<lat *abbatía*) **1** Mosteiro. **Comb.** ~ benedictina. **2** ⇒ santuário.

abado, a *adj* (<aba 1) Com aba grande ou levantada. **Comb.** Um chapéu ~, à alentejana [à moda do Alentejo, Pt].

abaetar *vt* (<a-¹+baeta+-ar¹) ⇒ agasalhar bem.

ab aeterno *lat* (Abetérno) Desde sempre [muito antigamente].

abafação *s f* ⇒ abafamento.

abafadamente *adv* (<abafar+-mente) ⇒ secretamente(+).

abafadiço, a *adj* (<abafar+-diço) **1** Que abafa/Sufocante. **Ex.** Hoje o dia está muito ~. **Comb.** Quarto [Sala] ~. **Sin.** Asfixiante **2** Que sofre de abafamento. **Ex.** A (minha) mãe é ~a. **3** ⇒ irritadiço.

abafado, a *adj* (<abafar) **1** Coberto/Tapado. **Ex.** O bebé/ê está muito ~. **2** ⇒ «ar/quarto» irrespirável/mal ventilado. **3** ⇒ «calor» sufocante/asfixiante/abafadiço. **4** Sem fôlego/ar/bafo. **Ex.** Vim a correr, sinto-me [estou] ~. **5** ⇒ «choro/riso» contido. **6** ⇒ «som de música/ruído de passos» amortecido/velado/débil/suave. **7** ⇒ «escândalo» encoberto. **8** ⇒ vinho ~.

abafador, ora *adj/s m* (<abafar+-dor) **1** *Mús* Dispositivo para diminuir a vibração/Surdina. **Ex.** O pedal esquerdo do piano chama-se ~. **2** Pessoa que causa a morte asfixiando. **3** ⇒ Cobertura «do bule de chá». **4** Asfixiante(+). **Ex.** Já não aguentava o ambiente ~ daquela empresa. **Comb.** Calor ~. **5** *Br* Ladrão.

abafamento *s m* (<abafar+-mento) **1** A(c)to ou efeito de abafar/Asfixia/Sufocação. **Ex.** Morreu por ~. **2** Falta de ar. **Ex.** Com o ~ [a falta de ar (+)], por vir a correr, nem posso falar. **3** Falta de ventilação. **Comb.** ~ do quarto. **4** ⇒ repressão «da revolta». **5** ⇒ encobrimento «do crime». **6** *Br* ⇒ roubo.

abafante *adj 2g* (<abafar+-ante) **1** ⇒ sufocante. **2** *fig* Estontenante(+). **Comb.** Uma vitória [beleza] ~.

abafar *vt* (<a¹-+ bafo+-ar¹) **1** Impedir o bafo/Asfixiar. **Ex.** O assassino abafou a vítima. **2** Dificultar a respiração/Tirar o bafo. **Ex.** Este calor [Com este calor, a gente] (até) abafa. **Loc.** ~ de [com a] raiva. **3** Cobrir para conservar o calor. **Loc.** ~ a terrina da sopa. ~ o bule do chá. **4** ⇒ agasalhar «o pescoço». **5** Abrandar o som/Não deixar ouvir ou crescer. **Ex.** ~ os passos para não incomodar ninguém. **6** Apagar/Suprimir. **Ex.** É impossível ~ a verdade. **Loc.** ~ *a revolta* [o motim]. ~ *o fogo*. **Beber** [Embebedar-se] *para ~ a tristeza*. **7** Encobrir. **Loc.** ~ o crime [escândalo]. **8** *Br* ⇒ roubar. **9** *Mús* ⇒ abafador 1. **10** ⇒ vinho (abafado).

abafo *s m* (<abafar) **1** Abafamento/Sufocação. **Ex.** Ai! Que ~, que calor! **2** ⇒ agasalho. **3** ⇒ afago. **4** ⇒ furto.

abainhar v t (<a¹-+ bainha+-ar¹) Fazer a bainha. **Loc.** ~ a saia.
abaiucar v t (<a¹-+baiuca+-ar¹) Dar ou tomar o aspe(c)to de tasca/taberna.
abaixado, a adj (<abaixar 1) Agachado/De cócoras. **Ex.** Está ali um rapaz ~.
abaixador adj/s (<abaixar+-dor) **1** (O) que abaixa. **2** Anat Músculo depressor. **Comb.** ~ das asas do nariz. **3** Br ⇒ mergulhador.
abaixa-língua s m Med ⇒ abre-boca.
abaixamento s m (<abaixar+- mento) **1** A(c)ção ou efeito de (a)baixar. **Comb.** O ~ da parede [do muro]. **2** ⇒ baixa(+)/descida «dos impostos». **3** Br ⇒ humilhação/ rebaixamento.
abaixar vt (<a⁴-+baixar) **1** ⇒ Baixar(+). **2** fig ~ -se/humilhar-se. **Ex.** Nunca vi ninguém ~ -se tanto. **3** ~ -se/Encolher-se/Agachar--se. **Ex.** Ela abaixou-se para que ninguém a visse.
abaixo adv/interj (<a¹-+baixo) **1** Lugar/Posição inferior. **Ex.** Onde lhe dói? Aqui ou mais ~ ? Eu sou logo ~ de Presidente (da empresa). Eles vivem dois andares ~ de nós. ~ de [A seguir a] mim, há ainda [mais] três irmãos. **Loc.** ~ de (Ex. ~ de Deus, o (meu) país. Loc. Estar ~ da média). **Comb.** ⇒ ~ -assinado. Os artigos ~ (mencionados) «devem ser entregues hoje ao nosso cliente». **2** Descida (para lugar inferior). **Ex.** ~ [Morra] «a ditadura»! As lágrimas corriam-lhe pela cara ~. **Loc. Deitar ~** [Demolir] *a casa*. «a ponte» *Ir* [Vir] *~* [Cair]. **Idi. Deitar ~** [Falar mal de/Criticar] «a política». *Deitar a casa ~* [idi Partir a louça/ Zangar--se]. *Ir* [Vir] *a casa ~* [Ser terrível] «quando o pai se zanga». *Ir (por) água ~* [Desfazer--se/ Falhar] «todo o proje(c)to». *Ir-se ~ a)* «a pessoa» Fraquejar/Adoecer; **b)** «motor» Parar/Avariar. «apetecer/querer» *Sumir-se pelo chão ~* [Desaparecer] «por vergonha do disparate que fez». *Vir a casa ~* ⇒ ir a casa ~ . **Ant.** Acima.
abaixo-assinado s m Documento cole(c)tivo assinado por várias pessoas. **Ex.** Já mandámos dois abaixo-assinados.
abajur s m (<fr *abat-jour*) **1** ⇒ quebra-luz. **2** Br ⇒ candeeiro.
abalada s f (<abalar+-ada) Partida/Saída. **Loc. *De ~*** [À pressa/ A fugir]. ***Estar de ~*** [com as malas feitas/Estar prestes a [pronto para] partir].
abalado, a adj (<abalar) **1** Pouco firme/A ceder. **Comb. *Dente ~*** [a mexer(+)]. ***Parede*** [Alicerces] ***~ a/***os. **2** Em baixo/Fraco/ Alquebrado. **Comb.** Saúde ~a. **3** Perturbado/Comovido. **Ex.** Ficou ~ ao ver tanta miséria/pobreza. ~ com a morte da mulher, (até) deixou os negócios.
abalançar-se v t (<a¹-+balanço+-...; ⇒ calcular) Decidir realizar uma coisa difícil. **Ex.** Foi o amor ao seu país que o abalançou a tal [tão difícil] empresa/proje(c)to. **Sin.** Lançar-se; arriscar-se; atrever-se; meter--se em.
abalar v t/int (<a¹-+gr *bállo*: fazer cair ou sair do lugar) **1** Tremer/Abanar/Estremecer. **Ex.** As paredes abal[n]aram com o sismo. **2** Pôr em perigo/Enfraquecer/Debilitar. **Ex.** O abuso do tabaco [fumo] abalou-lhe a saúde. **3** Comover/Inquietar/Perturbar. **Ex.** Foi uma [Esta] revolução que abalou o país [mundo]. A morte do filho abalou (muito) os pais. **Loc.** ~ [Perturbar] *a confiança* [*a fé*]. ~ *o coração* [Comover]. **4** Mudar de opinião/Demover. **Ex.** Quem sabe o que quer não se deixa ~ pelas dificuldades [críticas]. **5** Sair com pressa/Ir(-se) embora. **Ex.** Abalou para longe [terras distantes] e nunca mais o vimos [se viu/foi visto].
abalaustramento s m (<abalaustrar+-mento) Trabalho de (a)balaustrar.

abalaustrar v t (a⁴-+balaústre+-ar¹) **1** Guarnecer «a sacada» de balaústres. **Ex.** Vou ~ a escada. A varanda era toda abalustrada. **2** Dar forma de balaústre.
abalável adj 2g (<abalar+-vel) **1** ⇒ abalado **1** e **2**. **2** Pouco firme/Que (se) abala. **Ex.** É pessoa de convicções (facilmente) ~veis. **3** Impressionável/Sensível. **Ant.** In~.
abalienação/abalienar ⇒ alienação/alienar.
abalistar v t (<a¹-+balista+-ar¹) Arremessar flechas e pedras com balista.
abalizado, a adj (<abalizar+-ado) **1** ⇒ balizado(+). **2** Assinalável/Competente/Autorizado. **Comb.** Jurista ~o. Pessoas ~as «em medicina».
abalizador, ora adj/s m (<abalizar+-dor) **1** ⇒ balizador; agrimensor. **2** ⇒ juiz/crítico/ avaliador.
abalizar v t (<a⁴-+baliza+-ar¹) **1** ⇒ balizar(+). **2** -se/Assinalar-se/Distinguir-se(+). **Ex.** Abalizara-se em filologia [matemática]. **3** Considerar. **Ex.** Abalizaram Pelé o melhor futebolista do século XX.
abalo s m (<abalar) **1** A(c)to de abalar. **Ex.** Com as [Por causa das] obras da rua a parede da minha casa sofreu [teve] um ~. **Comb. ~ *sísmico*** [Tremor de terra/Terramoto/Sismo]. **2** Comoção perigosa/Grande agitação/Susto. **Ex.** O assassinato do presidente produziu um grande [forte] ~ político. A morte do filho causou um grande ~ aos pais.
abalo(n)ar v t/int (<a¹-+balão+-ar¹) Fazer/ Ficar inchado/a «a barriga» como um balão.
abalofar v t (<a¹-+balofo+-ar¹) **1** Fazer «o pão» fofo/Afofar. **2** fig Envaidecer(-se). **Loc.** ~-se [Tornar-se balofo] «o deputado eleito».
abalroamento s m (<abalroar+-mento) Colisão «de navio/carro» com arrastamento ou empurrão.
abalroar v t (<a¹-+balroa+-ar¹) **1** Atracar/ Amarrar com balroas. **Ex.** Após [Depois de] ~ o navio, os piratas atacaram. **Loc.** ~ o barco a outro (barco) [ao cais]. **2** Ir de encontro a/Acometer. **Loc.** ~ o inimigo. **3** Colidir com. **Ex.** Os carros abalroaram--se na curva. A embarcação abalroou o recife [abalroou contra o cais].
abalsar v t (<a¹-+balsa+-ar¹) **1** Meter em balsa/dorna/balseiro. **Loc.** ~ uvas. **2** Meter em charco. **3** Meter em jangada.
abaluartar v t (<a¹-+baluarte+-ar¹) Guarnecer de baluartes/Fortificar.
abambolinar v t (<a¹-+bambolim/ina+-ar¹) Pôr [Colocar] bambolins «na sala»/bambolinas «no palco».
abanadela (Dé) s f (<abanar+-dela) Abanãozito/ Sacudidela. **Ex.** Dá uma ~ à Maria a [para] ver se ela acorda.
abanador, ora adj/s m (<abanar+-dor) Que abana/Aban(ic)o. **Ex.** Comprei um ~ «de palha» para atiçar as brasas para o churrasco. ⇒ leque.
abananado, a adj (⇒ abananar-se) **1** Com gosto, consistência ou aspe(c)to de banana. **2** Aturdido/Parvo/Apalermado/Surpreendido. **Ex.** A atitude da minha amiga deixou-me completamente ~.
abananar-se v t (<a¹-+banana 3+-ar¹) Tornar-se banana ou tolo/Ficar parvo/desorientado.
abanão s m (<abano+-ão) **1** Sacudidela/ Abanadela forte. **Ex.** Dá um ~ ao Pedro a ver se ele acorda de vez [a sério/realmente]. ⇒ empurrão; safanão. **2** fig Comoção/ Abalo. **Ex.** Levei um grande ~ com a morte do Pedro. **3** fig Surpresa «desagradável». **Ex.** Ele precisa de (levar) um ~ «repreenda» para perceber que está a agir mal.

abanar v t/int (<lat *evánno,ere*: passar pelo crivo/joeirar) **1** Agitar um abano ou outra coisa leve para fazer vento/Refrescar. **Ex.** Os ramos das árvores abanavam [agitavam-se] com o vento. O doente abanava-se com um leque para se refrescar um pouco. **Loc.** ~ *as brasas* [o lume]. ~ *a criança* com um jornal. **Idi.** *De* [Com as] *mãos a ~* **a)** Sem levar/ transportar nada; **b)** Sem dinheiro/Pobre (Ex. Voltou da América de mãos a ~ [América tão pobre como (quando) foi]). **2** (Fazer) tremer/estremecer. **Ex.** O terramoto abanou o edifício, mas (este) não caiu. A casa está a ~ [(es)trem(ec)er]! **3** Mexer/ Oscilar. **Ex.** Tenho um dente a ~. Despediram-se, abanando [acenando(+)] (com) a(s) mão(s) [os braços]. Ao ver [Vendo] o dono, o cão abanava a cauda/o rabo. À chegada do Presidente, todos abanaram [agitaram(+)] as bandeirinhas. **Loc.** ~ *o berço da* [~ *a*] *criança*. ~ *a cabeça* **a)** Mexer a cabeça; **b)** Não concordar/Dizer que não; **c)** Duvidar. **4** ⇒ «a morte do filho» abalar «os pais».
abancar v int (<a¹-+banca/o+-ar¹) **1** Sentar--se à mesa ou banca para comer ou trabalhar. **2** Ficar muito tempo/Instalar-se. **Loc.** ~ no café. **3** Abrir um escritório/ Estabelecer-se «como advogado, em Lisboa».
abandalhado, a adj (<abandalhar) Descuidado/Relaxado/Reles. **Ex.** Ele tem um ar [aspe(c)to] ~. **Comb.** Serviço/Trabalho ~ [feito de qualquer maneira]. **Ant.** Esmerado.
abandalhamento s m (<abandalhar+ -mento) A(c)to ou efeito de abandalhar (-se).
abandalhar v t (<a¹-+bandalho+-ar¹) Tornar (-se) bandalho/Aviltar(-se)/Degradar(-se)/ Relaxar(-se). **Ex.** As más companhias abandalharam-no completamente. Abandalhara-se com aqueles maus exemplos. Alguns poetas «de agora/hoje» abandalharam a poesia.
abandar¹ v t/int (<a¹-+bando+-ar¹) **1** Reunir(-se) em/ Formar bando. **Ex.** Abandou--se descontente para a revolta. **2** Unir-se a bando no partido. ⇒ bandear(+).
abandar² v t (<a¹-+banda+-ar¹) **1** Pôr de banda/lado (+). **2** Pôr banda em. **Ex.** A costureira abandou os [pôs uma banda nos (+)] punhos do vestido. **3** Dar como quinhão. **Ex.** Prometeu ~-lhe uma quinta/ /fazenda.
abandidar(-se) v t (<a¹-+bandido+-ar¹) Tornar-se [Ficar um] bandido. **Ex.** Em [Com] tais companhias abandidar-se-ia fatalmente.
abandoar v t ⇒ abandar¹.
abandonado, a adj (<abandonar) **1** Desprotegido/Desamparado/Enjeitado. **Ex.** Ainda há crianças ~as na rua! **2** Descuidado/Negligenciado/Deserto. **Comb.** Aldeias ~as [desertas] «nas zonas de guerra». Estrada ~a [danificada]. **3** Posto de lado/Deixado/ /Esquecido. **Comb.** Automóvel ~o. Fábrica ~a. Proje(c)to [Plano] ~o. **4** Desprezado. **Ex.** Por causa das maldades que fez, foi ~ por todos. **5** Entregue/Deixado. **Comb.** Traidor ~ [Deixado ao seu destino].
abandonar v t (<fr *abandonner*: deixar à mercê de) **1** Deixar. **Ex.** O capitão é o último a ~ o barco/navio. **Loc.** ~ *os amigos*. ~ *os* [Deixar cair os(+)] *braços*. ~ [Deixar para sempre] *a casa dos pais*. ~ [Desistir da] *corrida*. ~ [Deixar] *os estudos* (a meio). ~ *a mulher* [o marido/os filhos]. ~ *o* [Sair do] *país*. **2** ~-se/Entregar-se/Deixar--se levar por. **Ex.** «com a morte da esposa» Abandonou-se à dor [ao desânimo].
abandonatário, a s Dir (<fr *abandonnataire*) Aquele que recebe coisa abandonada

ou adquire o direito renunciado por outrem.

abandono *s m* (<abandonar) **1** A(c)to de deixar/Afastamento/Deserção. **Ex.** Deixou tudo [a casa e os campos] ao ~. **2** Desamparo/Desprezo. **Ex.** O ~ de menores [filhos carentes] é um grande crime. **Loc. Ao ~** [Sem prote(c)ção/cuidado]. ***Votar ao ~*** [Ignorar completamente] «os países pobres». **3** Abdicação/Desistência. **Comb. ~ *de herança*** a favor do Estado. **~ *da competição*. ~ *dos seus proje(c)tos*. 4** Relaxamento/Descontra(c)ção(+)/Naturalidade/À-vontade(+). **Ex.** O passeio era um momento de ~. Tivemos um encontro íntimo, cheio de encanto e ~. **Ant.** Tensão.

abanga *s f Bot* Espécie de palmeira africana «de São Tomé e Príncipe» e seu fruto.

abanicar *v t* (<abanico+-ar¹) **1** Abanar(-se) com leque ou abanico. **Ex.** Abanicava o rosto. Abanicavam-se por causa do calor. **2** *Tauromaquia* Mover o capote. **Ex.** O bandarilheiro abanicou o capote e o touro investiu logo. **3** ⇒ bambolear-se.

abanico *s m* (<abano+-ico) ⇒ abano **1**; abanador; ventarola; leque.

abano *s m* (<a¹-+lat *vánnus,i*: crivo, joeira) **1** Abanador. **Ex.** Pega no ~ e ateia o lume. **2** Sacudidela. **Ex.** Com tal ~ [empurrão], estatelei-me (todo/a) no chão. **Comb.** «castanha» Fruta de ~. **3** *pl pop* Orelhas grandes e afastadas.

abantesma (Tês) *s 2g* (<gr *phántasma,tos*) **1** Fantasma/Espe(c)tro/Aparição. **2** *fig* Indivíduo ou coisa muito grande e desagradável. **Ex.** Num lindo bairro de vivendas querem agora construir um(a) ~ de trinta andares!

abaquetar *v t* (<a¹-+baqueta+-ar¹) **1** Dar forma de baqueta. **2** ⇒ adelgaçar, afinar. **3** ⇒ emagrecer/[ficar (como) um espeto].

abar *v t* (<aba 1+-ar¹) Prover de aba «a saia». ⇒ abado.

abará *s m Cul br* (<ioruba *aba'ra*) Bolinho de farinha fina de feijão, com vários ingredientes, envolvido em folha de bananeira e cozido em banho-maria ou vapor.

abaratar *v t* (<a¹-+barato+-ar¹) **1** ⇒ baratear(+). **2** ⇒ menosprezar(+).

abarbado, a *adj* (<abarbar) **1** Cheio até às barbas/Assoberbado(+)/Sobrecarregado(o+). **Ex.** O Pedro está ~ de trabalho. **2** *Náut* «barco» Próximo «da costa/dum baixio»/Em perigo «por uma tempestade».

abarbar *v t/int* (a¹-+barba+-ar¹) **1** Tocar com a barba/Atingir. **Loc.** ~ rapidamente a outra margem do rio. **2** Atingir o mesmo nível/Igualar. **Ex.** A torre quase abarbava com o monte. **3** Sobrecarregar/Assoberbar. **Loc.** ~ [Sobrecarregar(+)] os empregados. **4** *Náut* Aproximar-se «de baixio».

abarbatar *v t* (<a¹-+barbatana+-ar¹) **1** Apanhar/Caçar. **Ex.** O cão abarbatou a lebre. Os dois primeiros pré[ê]mios foram abarbatados pelos japoneses. Ele abarbatou-se com o dinheiro e não me disse nada. **2** *pop* Deitar a unha/barbatana/Roubar. **Ex.** O ladrão abarbatou-me a carteira.

abarbelar *v t* (<a¹-+barbela+-ar¹) Prender com barbela(+). **Loc.** ~ o animal «cavalo».

abarbetar *v t* (<a¹-+barbeta+-ar¹) Guarnecer «baluarte» com barbeta.

abarbilhar *v t* (<a¹-+barbilho+-ar¹) Pôr barbilho [açaime] em animal. **Sin.** Açaimar(+).

abarca *s f* (<basco *abarka*) **1** Sandália rústica atada ao peito do pé com correias. **2** Calçado grosseiro/Chanca.

abarcador, ora *adj/s* (<abarcar+-dor) **1** ⇒ açambarcador(+); monopolizador. **2** ⇒ abrangente(+).

abarcar *v t* (<ab-+arco+-ar¹) **1** (Conseguir) cingir ou rodear. **Ex.** Abarcou o agressor pela cintura e deitou-o ao chão, subjugado. O menino não abarca o punho do pai com a mão. A(s) muralha(s) abarca(m) [rodeia(m)(+)] toda a cidade. **2** Ter/Abranger. **Ex.** Esse livro abarca [cobre/abrange] toda a história de Portugal. Daqui abarca-se [vê-se/avista-se] toda a cidade. A nossa empresa abarca [abrange] praticamente todos os países. **Prov. *Quem muito abarca pouco aperta*** [Quem quer fazer muitas coisas não faz nada bem feito]. **Loc.** Querer ~ tudo e não conseguir nada. **3** Compreender. **Ex.** Não consigo ~ [seguir(+)/compreender] o seu raciocínio. **4** ⇒ açambarcar(+).

abaritonar *v t* (<a¹-+barítono+-ar¹) Tornar a voz semelhante à de barítono. **Loc.** ~ a voz nos discursos.

abaronar *v t* (a¹-+barão+-ar¹) **1** Dar o título de barão a alguém. **2** ~-se/Dar-se ares de barão. **Ex.** Mal enriqueceu, o homem [fulano/sujeito/*Br* cara] abaronou-se.

abarracamento *s m* (<abarracar+-mento) **1** Conjunto ou construção de barracas. **2** ⇒ acampamento militar; aquartelamento.

abarracar *v t/int* (<a¹-+barraca+-ar¹) **1** Armar ou levantar barraca. **2** Instalar-se em barracas. **Ex.** Abarracaram(-se) perto da praia. **3** Acampar(+). **Ex.** Vamos ~ no parque de campismo. **4** *Br* ⇒ namorar.

abarrancar *v t/int* (<a¹-+barranco+-ar¹) **1** Obstruir com valas ou barricadas/Barricar(+). **Ex.** Abarrancaram as estradas para impedir o avanço inimigo. **2** Formar barrancos, ravinas. **Ex.** Certos terrenos abarrancam pela a(c)ção erosiva das águas.

abarregar-se *v t* (a¹-+ barregã+-ar¹) Viver com concubina/Amancebar-se(+).

abarreirar *v t* (<a⁴-+barreirar) **1** Cercar com barreiras/Fortificar(+). **2** ⇒ acautelar-se; precaver-se.

abarretar *v t* (<a¹-+barrete+-ar¹) **1** Dar a forma de barrete. **Loc.** ~ o chapéu. **2** ~-se/ [Cobrir-se com barrete]. **Ex.** Abarretou-se bem [todo/a] por causa do frio.

abarrotar *v t* (<a¹-+barrote+-ar¹) Encher até não caber mais (nada) [até «aos barrotes do soalho»]/Atestar/Atulhar. **Ex.** Abarrotei a cave com [de] lenha para o inverno. Hoje o comboio [trem] vai (mesmo) a ~. Fiquei abarrotado [empanturrado(+)/empanzinado] de comida/água.

abasia *s f Patol* (<a²-+ gr *básis* : marcha ou movimento+-ia) Incapacidade «paralítica/psicológica» de andar.

abásico *adj* (<abasia+-ico) Que causa/tem abasia.

abastadamente *adv* (<abastado+-mente) Com muita riqueza/fartura. **Ex.** Aquela família é muito rica [família vive ~].

abastado, a *adj* (<abastar) Rico/Endinheirado. **Comb.** Casa [Família] ~a. **Ant.** Necessitado; pobre.

abastança *s f* (<abastar+-ança) ⇒ riqueza; fartura.

abastar *v t* (<a¹-+basto+-ar¹) **1** ⇒ abastecer(-se). **2** ⇒ ser suficiente; bastar.

abastardamento *s m* (<abastardar+-mento) Degeneração/Deturpação/Corrupção. **Comb.** O ~ de um ideal [da ideia] de família.

abastardar *v t* (<a¹-+bastardo+-ar¹) Mudar para pior/Fazer degenerar/Corromper/Adulterar. **Ex.** Devemos amar a nossa língua a impedir que ela se abastarde [ela fique abastardada/seja uma língua bastarda]. A oliveira [videira] abastardou-se.

abastecedor, ora *adj/s* (<abastecer+-dor) (O) que abastece. **Ex.** Essa (empresa) ~a de papel faliu há pouco tempo. O nosso ~ de vinho(s) é do Porto. **Comb.** Mercado ~ «de São Paulo». **Sin.** Fornecedor.

abastecer *v t* (<a¹-+basto+-ecer) Fornecer/Prover. **Ex.** Por hoje/agora, já estou abastecido do necessário [de tudo o que preciso/queria/precisava]. Onde (é [foi] que) te abasteceste? O rio Guandu abastece (de água) o Rio de Janeiro. **Loc.** ~-se de remédios para a viagem. ~ o avião de combustível. **Comb.** Um supermercado bem abastecido.

abastecimento *s m* (<abastecer+-mento) A(c)to de abastecer/Fornecimento/Provimento. **Comb. ~ *de água*** à aldeia. **~ *do navio*.**

abatatado, a *adj* (<abatatar) Que parece uma batata. **Comb.** Nariz ~ [achatado(+)/grosso (o+)].

abatatar *v t* (<a¹-+batata+-ar¹) Dar forma de batata/Achatar. ⇒ abatatado.

abate *s m* (<abater) **1** ⇒ abatimento, desconto. **2** Matança de gado. **Loc.** Vender para ~. **3** Corte de árvores. **Ex.** O ~ indiscriminado [excessivo] das florestas é ruinoso, não é econó[ô]mico. **4** O retirar «navio/carro» de circulação.

abatedor, ora *adj/s* (<abater+-dor) (O) que abate. ⇒ carniceiro [magarefe]; madeireiro.

abater *v t/int* (<a¹-+lat *bát(t)uo,úere*: bater, verberar) **1** (Fazer) cair/Deitar ao chão/Derrubar. **Ex.** A (muita) neve abateu o telhado. O telhado abateu com o peso da neve. **2** Cortar árvores/madeira. ⇒ abate **3**. Matar animais. **Ex.** O caçador abateu um javali. **Loc.** ~ (gado) no matadou[oi]ro. **4** Baixar/Ceder. **Ex.** A terra [O terreno] abateu com as chuvas destes três dias. **5** Baixar o preço. **Loc.** ~ 10% o preço dos ingressos para o grupo. **Sin.** Fazer abatimento(+) [desconto(+)]. **6** Emagrecer/Enfraquecer. **Ex.** A doença prolongada abateu (muito) o meu pai. **7** Deixar triste/abatido/em baixo. **Ex.** A perda [morte] da esposa abateu-o completamente, não é o mesmo homem.

abatido, a *adj* (<abater) **1** Cortado/ Derrubado. **Loc.** Limpar [Cortar] os ramos das árvores ~as. **2** Morto. **Comb.** Animais ~os «na caça/no matadou[oi]ro». **3** Destruído/Inutilizado. **Comb.** Avião ~ [atingido] «com míssil». *Barco [Carro]* ~ [posto fora de circulação]. **4** Fraco/Magro. **Comb.** Rosto ~. **5** Triste/Desanimado. **Comb.** *Aspe(c)to ~. Fisionomia ~a.* **6** *Arquit* ⇒ arco ~.

abatimento *s m* (<abater+-mento; ⇒ abate) **1** Efeito de abater. **2** Desconto. **Ant.** Aumento. **3** ⇒ abaixamento. **4** Tristeza/Desânimo. **5** ⇒ Enfraquecimento. **6** Destruição. **Comb.** ~ [Demolição(+)] do prédio «por implosão».

abatis *s m* (<fr *abattis*: corte de árvores e miudezas de aves; *pl* abatises) **1** *Mil* Estacada/Paliçada(+)/Barreira(+). **Ex.** O ~ é formado por árvores abatidas para impedir [parar] o (avanço do) inimigo. **2** *Cul br* Cabidela feita com miúdos de aves.

abat-jour ⇒ quebra-luz.

abatocar *v t/int* (a⁴-+batoque+-ar¹) **1** ⇒ arrolhar, batocar **2**. ⇒ embatucar.

abaulamento *sm* (<abaular+-mento) ⇒ convexidade.

abaular *v t/int* (<a¹-+baú+-ar¹) Ficar como [Dar forma de] baú/Tornar convexo/ Arredondar. **Ex.** O presidente da câmara [O prefeito] mandou ~ mais as ruas. Ao secar, a tábua abaulou [ganhou barriga/torceu/empenou(+)].

abaunilhar *v t* (a¹-+baunilha+-ar¹) Aromatizar com baunilha.

abaxial (Csi) *adj 2g* (<ab-+axial) **1** *Fís* Que está fora do eixo ó(p)tico. **2** *Bot/Anat* Afastado do eixo. **Ant.** Adaxial.

A B C ⇒ á-bê-cê.

abcesso [abscesso] s m Med (<lat *abscéssus,us*) Acumulação de pus/Apostema. **Ex.** Tenho uma grande dor de dentes por causa de um ~.

abcisão [abscisão] s f (<lat *abscísio,ónis*: a(c)ção de cortar amputando) Corte rente/ Amputação(+).

abcissa [abscissa] s f Geom (<lat *abscíssus,a,um*: separado em dois) Uma das coordenadas que servem para fixar um ponto «num plano». ⇒ ordenada.

abdicação s f (<lat *abdicáto,iónis*) Desistência/Renúncia. **Comb.** ~ **do cargo** [posto] público. ~ **do direito à herança** «em favor dos irmãos».

abdicar v t/int (<lat *ábdico,áre*: renunciar a, recusar) Renunciar a/Desistir de/Resignar. **Ex.** O rei abdicou. D. Pedro IV (D. Pedro I do Brasil) abdicou do trono [renunciou à coroa] de Portugal na (sua) filha D. Maria da Glória. Ele abdicou da (sua parte na) herança. Nunca se deve ~ da própria dignidade [do respeito por si próprio].

ábdito, a adj (<lat *ábditus,a,um*) ⇒ escondido; retirado; desabitado.

abdómen [Br abdômen/abdome] s m Anat (<lat *abdómen,inis*) Ventre(+)/Barriga(o+). **Ex.** O ~ situa-se [é a parte] entre o tórax e a bacia. ⇒ estômago.

abdominal adj 2g/s m pl (⇒ abdómen) **1** Referente ao abdómen. **Ex.** Tenho uma dor ~ [no [de] abdómen]. **2** *Icti* Grupo de peixes. **Ex.** Os ~nais são um grupo de peixes que têm as barbatanas pélvicas ou ventrais sob o abdómen [abdome] e atrás das barbatanas peitorais. **3** s pl Exercício para os músculos ~nais. **Ex.** Hoje vou fazer ~ais.

abdominia ⇒ bulimia(+).

abdominoscopia s f Med (<abdómen+ -scopia) Exame da cavidade abdominal com endoscópio. **Sin.** Laparoscopia(+).

abdominoso, a adj (<abdómen+-oso) ⇒ barrigudo(+); pançudo.

abdominotorácico, a adj Med (<abdómen+tórax) Referente ao abdómen e ao tórax.

abdução s f (lat *abdúctio,ónis*: afastamento) **1** A(c)to de abduzir. **2** *Anat* Desvio de um membro, ou parte dele, do seu lugar de repouso, feito por um músculo. ⇒ abdutor **3**. **3** *Fil* **Ex.** A ~ é um silogismo cuja premissa menor é apenas provável.

abdutor, ora adj/s (<lat *abdúctor,óris< abdúco,ere*: levar de) **1** Que afasta/leva. **2** *Quím* Transportador. **Ex.** O tubo ~ transporta o gás de uma rea(c)ção para um recipiente. **3** *Anat* Músculo. **Ex.** Os ~es são músculos que produzem abdução **2**. O deltoide da espádua é (o músculo) ~ do braço. **Comb.** ~ do dedo mínimo.

abduzir v t (<lat *abdúco,ere <ab + dúco*: conduzir) Afastar/Desviar/Levar. ⇒ abdução; abdutor.

abeatar v t (<a¹-+beato+-ar¹) Fazer(-se) beato. **Loc.** ~-se [Abeatar o rosto/Fazer-se beato] e roubar uma (imagem antiga da) igreja.

abeberar v t (lat *abbíbero,áre< ad+bíbo,ere*: beber) **1** Dar de beber/Saciar a sede/Dessedentar. **Ex.** Os trabalhadores rurais abeberavam-se [enchiam-se de água] numa fonte [nascente] de água fresca. **Loc.** ~ o [Dar de beber ao] gado. **2** *fig* Embeber num líquido/Ensopar. **Loc.** ~ **o pão na sopa.** ~ [Meter/Conservar] **os salpicões em azeite**. **3** ~-se/Mergulhar «no estudo da anatomia». **4** Alimentar um sentimento. **Ex.** Abeberou aquela vingança durante anos!

á-bê-cê [abecê] s m (<as três primeiras letras do alfabeto latino e português) **1** Abecedário/Alfabeto. **Ex.** Todas as crianças deviam aprender o ~ aos 4 ou 5 anos. **2** Primeiras noções de qualquer ciência. **Comb.** O ~ da Matemática [Música].

abecedar v t (<á-bê-cê-dê+-ar¹) **1** Dispor por ordem alfabética/Alfabetar. **2** ⇒ dicionarizar.

abecedário s m (<lat *abecedárium,ii*) Alfabeto(+). ⇒ alfabético.

abegão, goa s m/adj (<lat *ábigo,ónis*: guardador de gado) O que trata de abegoaria/ Caseiro/Feitor.

abegoaria s f (<abegão+-aria) Lugar onde se guarda o gado ou as alfaias agrícolas. **Sin.** Estábulo(+).

abeirar v t (<a¹-+beira+-ar¹) **1** Colocar à [na] beira/Aproximar/Chegar. **Ex.** Abeirei o cavalo do [Cheguei o cavalo ao] tanque para beber. **2** ~-se/Aproximar-se de/Chegar-se a. **Ex.** Abeirou-se de mim para me dizer um segredo.

abelha s f (<lat *apícula* <dim de *ápis*: abelha) **1** Inse(c)to que produz mel e cera; *Ápis mellifera*. **Ex.** As ~s vivem em enxames; e cada enxame tem uma rainha, que é a que põe os ovos. Uma ~ picou[ferrou]-me. ⇒ ~-flor; abelha-mestra; obreira; vespa; zângão. **2** *fig* Mulher astuta, metediça. **Ex.** A Ana é uma ~ , sai-se sempre bem de qualquer situação. A ~ da minha sogra [A minha sogra, que é uma ~,] mete-se sempre onde não é chamada! ⇒ abelhudo.

abelha-flor s m Bot Espécie de orquídea cujas flores se assemelham a abelhas.

abelhal s m (<abelha+-al) **1** *Ent* ⇒ enxame. **2** *Bot* Casta de uva branca muito doce do Alto Douro (Pt).

abelha-mestra s f Ent **Ex.** Num enxame a ~ é a única (fêmea) que põe ovos. **Sin.** Rainha. ⇒ obreira.

abelharuco s m Ornit (<abelheiro+-uco) *Merops apiaster*. **Ex.** O ~ é uma ave que se alimenta de abelhas, vespas e outros inse(c)tos; tem bico comprido, porte esguio e penas brilhantes. **Sin.** Abelheiro, abelhuco, airute, alrute, arderela, fulo, gralho, milharós, melharuco, etc.

abelheira s f (<abelha+-eira) **1** Ninho de abelhas/Colmeia(+). ⇒ vespeiro. **2** *Arquit/ Escult* Pequenos buracos em pedras e mármores. **Ex.** A ~ desta escultura é uma obra de arte. **3** *Bot* ⇒ abelha-flor.

abelheiro s m (< abelha+-eiro) **1** ⇒ apicultor. **2** *Ornit* ⇒ abelharuco. **3** ⇒ abelheira **1/2/3**.

abelhudice s f (<abelhudo+-ice) ⇒ bisbilhotice; indiscrição.

abelhudo, a adj (<abelha+-udo) **1** Astuto/ Esperto/Finório. **2** *depr* Intrometido/ Metediço/Bisbilhoteiro.

abeliano adj/Mat (<antr Niels Abel, matemático norueguês +-ano) ⇒ comutativo.

abelidar(-se) v t/int (<a¹-+belida+-...) «o olho» Ter belida/leucoma.

abelmosco s m Bot (<ár *habb al-musk*: grão de almíscar) Erva malvácea; *Abelmoschus moscatus*. **Ex.** O ~ é uma planta cujas sementes são utilizadas em perfumaria e medicina.

abemolar v t Mús (<a¹-+bemol+-ar¹) **1** Baixar para bemol ou meio tom. **2** *fig* Abrandar/Suavizar a voz. **Comb.** Voz abemolada.

abencerrage(m) s m (<ár *aben sarradj*: filho do seleiro) Referente aos Abencerrage(n)s, tribo moura e a última linhagem que dominou o sul de Espanha. **Comb.** *fig* O último ~ [indivíduo/ personagem] «que defendeu a monarquia em Pt».

abençoado, a adj (<abençoar+-ado) **1** Bom/Bendito. **Ex.** Oh ~ filho que Deus me deu! **2** Louvado/Ditoso/Bem-aventurado. **Ex.** ~a (seja a) hora em que te conheci! **3** Fértil/Fecundo. **Ex.** Terra ~a (é) a minha! Produz [Dá-se lá] (de) tudo!

abençoar v t (<a¹-+bênção+-ar¹; ⇒ benzer) **1** Dar, deitar ou lançar a benção/Pedir para alguém a prote(c)ção de Deus. **Ex.** O papa abençoou a multidão [os fiéis]. **2** ⇒ Louvar/Bendizer/Aprovar. **3** Favorecer/Enriquecer. **Ex.** O casal teve [foi abençoado com] mais um filho.

aberração s f (<lat *aberrátio,ónis*: desvio do (bom) caminho) **1** O que é contrário à ordem natural das coisas/ Erro ou desvio do espírito. **Ex.** Não sei que ~ o terá levado a praticar tal loucura [crime]! Este calor em pleno inverno é uma ~! **Comb.** *Biol* **Uma ~ da natureza** «um monstro de cavalo nascido sem as patas da frente». **Uma autêntica** [grande] **~ moral** «a mãe matar o próprio filho». **Sin.** Anormalidade; anomalia; deformação. **2** *Astr* Desvio só aparente de um astro ou estrela. **Comb.** ~ da luz das estrelas fixas. **3** *Fís/Ó(p)tica* Distorção da imagem. **Ex.** O ver um pau metido na água partido é uma ~ dos sentidos [uma ilusão ó(p)tica]. **Comb.** ~ **cromática.** ~ **esférica** [de esfericidade]. ~ [Desvio da agulha] **magnética**.

aberrante adj 2g (<lat *abérrans,ántis*: que se desvia «do caminho»; ⇒ aberração **1**) Anormal/Anó[ô]malo/Que difere do que é normal. **Comb.** *A(c)to* [Comportamento] ~/absurdo. *Biol*/*Anat* **Conduto excretor** ~. **Forma(ção)** ~. **Sin.** Destoante. ⇒ berrante.

aberrar v int (<lat *áberro,áre*: desviar-se, afastar-se) Desviar-se do «caminho, lugar, tipo» que é natural ou normal. ⇒ desviar(-se)(o+); afastar-se(+); arredar-se.

aberta s f (<aberto) **1** Abertura/ Fenda/ Fresta. **Ex.** Pelas ~s nas franças do arvoredo, veem-se, à direita, dois alterosos cabeços. **2** Lugar aberto entre outros ocupados/Espaço sem árvores na mata/Clareira. **Ex.** Vamos ali para aquela ~ para fugir da multidão [desta gente toda]. **3** Breve intervalo ou interrupção. **Ex.** Vou aproveitar esta ~ «do congresso» para fazer umas compras. Vamos aproveitar esta ~ da chuva para ver se chegamos secos a [para não nos molharmos até] casa. **4** Pequeno espaço azul entre as nuvens. **5** Ocasião/Oportunidade «para fugir»/Solução. ⇒ passagem; entrada; vaga; buraco; espaço.

abertamente adv (<aberto+-mente) Às claras/Com franqueza/Claramente. **Ex.** Disse-lhe ~ o que pensava daquela situação [daquele problema].

aberto, a (Bér) adj/s m (<lat *apértus,a,um <apério,íre*: abrir; ⇒ aberta) **1** Que permite entrar e sair ou ver o que está dentro. **Ex.** O oposto [contrário] de ~ é fechado. **Idi.** «salão» **~ de par em par** [Inteiramente/ Todo ~]. «receber as visitas» **De braços ~s** [Com alegria]. «neste proje(c)to ainda está tudo» **Em ~** [Alterável/Não definitivo]. **Falar como um livro ~** [com muita sabedoria]. **Ficar de boca ~a** [Ficar admirado]. **Comb.** Biblioteca ~a ao público até às 20h. **Camisa** ~a [desabotoada]. **Carro** ~ [descapotado]. **Cidade** ~a [sem muralhas]. **Curso** ~ a todos os interessados. **Curva** ~a [ampla/alargada]. **Ferida** ~a [não cicatrizada]. **Flor** ~a/desabrochada (⇒ botão). **Livro ~o** na página vinte. **Janela** [Porta/Casa] ~a. **Mão ~a**/espalmada. **Olho(s)** ~s. «ter um» **Sorriso** ~/largo. **Torneira** ~a. **Vestido** ~ [decotado]. ⇒ intervalo; espaço; vazio. **2** Amplo/Livre/Vasto. **Comb.** «cavalgar/ correr por» Campo ~/largo. **3** Sem nuvens/ Limpo. **Comb.** Tempo [Céu] ~. **4** Começado. **Ex.** Já está ~ o in-

quérito aos arguidos do crime. Está aberta [Vamos começar] a sessão «do congresso/seminário/parlamento». **5** Sincero/Franco/Comunicativo/Acessível. **Ex.** Ele é uma pessoa muito ~a e em quem se pode confiar. **6** Rece(p)tivo/Moderno/Livre. **Ex.** Ele é [tem um espírito] muito ~ a novas ideias. **7** Claro/Declarado/Manifesto. **Comb. Confissão ~a**/clara do crime. **Conflito ~/**sério com as autoridades. **Guerra ~a/** total «ao imperialismo americano/ao terrorismo». **8** Esculpido/Gravado/Talhado. **Comb.** Inscrição ~a no [na pedra de] mármore. **9** Fon Acentuado/Tó[ô]nico. **Comb.** Vogal [Sílaba] ~a «ó/á/é». **10** Med/Vet Que sofreu [teve] uma distensão muscular. **Ex.** Tenho o pulso esquerdo ~ [Abriu-se-me o pulso...]. O cavalo ficou ~ do(s) peito(s). **11** Mat Certo tipo de conjuntos.

abertura s f (<aberto+-ura) **1** A(c)to de abrir. **Ex.** A ~ da loja é às 9 horas e sou sempre eu quem a abre [eu a abri-la/eu que a abro]. **2** Fenda/Brecha/Buraco. **Ex.** As cortinas não fechavam [corriam] bem e ficou uma ~ entre elas. **Comb. ~ da camisa. ~ do decote**. **3** Construção/Obra. **Comb. A ~ da estrada** com grandes escavadoras. **A ~ do furo (artesiano)** para captação de água. **4** Começo. **Comb. A ~ das aulas** [do ano le(c)tivo]. **A ~ das negociações de** [para a] **paz. A ~ do espe(c)táculo** [da sessão]. **A ~ do programa de TV**. **5** Disposição favorável/Rece(p)tividade. **Ex.** O governo manifestou [mostrou] (a sua) ~ ao diálogo com os sindicatos. **Comb. ~ ao investimento estrangeiro. ~ a novas ideias**. **6** Mús Peça introdutória/Prelúdio. **Comb.** A ~ da cantata [ópera]. **7** Arquit ⇒ vão «do arco/da porta». **8** Fon ⇒ aberto **9**. **9** Ó(p)tica Parte aberta pelo diafragma da câmara/Diâmetro da lente/Alcance no sentido ou dire(c)ção horizontal.

abespinhado, a adj (abespinhar+-ado) «ficar» Como uma vesp(inh)a/Muito zangado/Agressivo/Furioso.

abespinhamento s m (<abespinhar+-mento) ⇒ fúria.

abespinhar v t (<a¹-+vesp(inh)a+-ar¹) **1** Irritar/Enfurecer/Assanhar. **Ex.** A irreverência dos apartes abespinhou o orador. **2** ~-se/Enfurecer-se. **Ex.** Não se abespinhe [se enfureça] por tão pouco! Estou [Era/Foi] (só) a brincar. Abespinharam-se contra o juiz.

abestalhar-se v t (<a¹-+besta¹+-ar¹) **1** Tornar-se besta. **Ex.** Desde que é gerente do banco o João abestalhou-se completamente. **Sin.** Embrutecer(+). **2** ⇒ embasbacar.

abetarda s f Ornit (<lat avis tarda: ave lenta) Betarda; peru-selvagem; Otis tarda. **Ex.** A ~ é uma ave pernalta, comestível, de grandes dimensões e de andar lento e pesado.

abeto s m Bot (<lat abies,etis) Nome genérico de algumas árvores coníferas. ⇒ pinheiro.

abetoi[ou]ra [betoi[ou]ra] s f Ornit (<lat bos taurus) Ave parecida à garça e cujo macho tem uma voz muito estridente; Botaurus stellaris.

abetumado, a adj (<abetumar) **1** Barrado com betume/Calafetado. **Ex.** Essa porta tem de ser ~a para disfarçar as irregularidades da madeira. **2** Mal cozido/Compacto. **Ex.** (Tem) cuidado quando cozeres o pão [bolo], pois não o quero ~. **3** fig ⇒ triste.

abetumar [betumar] v t/int (<a¹-+betume+-ar¹) **1** Pôr betume «nas fendas da porta». **2** «bolo» Ficar mal cozido/Não crescer. ⇒ abetumado **2**.

abexim adj/s Hist (<ár habxí: abissínio) Da Abissínia. ⇒ etíope; Etiópia.

abicar v t/int (a¹-+bico+-ar¹) **1** Encalhar de propósito o barco «na praia, para não ir a pique». **2** Dirigir o barco para o cais. **3** fig Aproximar-se. **4** ⇒ bicar; debicar. **5** Br ⇒ aguçar «o lápis». **6** Br ⇒ amojar «vaca».

abichar v t (a-+bicha/o+-ar¹) **1** Deitar a mão «aos doces»/Abiscoitar 2/3(+). **2** «fruta» Ganhar bicho/«animal» Criar bicheira. ⇒ bichar.

abieiro s m/ Bot (<abio+-eiro) Árvore sul-americana cujo fruto é o abio; Pouteria caimito.

abiético, a adj/ s m (⇒ abeto) Composto extraído das coníferas. **Ex.** O (ácido) ~ é usado nas indústrias do sabão e do papel.

abietina s f (⇒ abeto) Terebintina/Coniferina. **Ex.** A ~ é uma substância cristalizada usada na indústria dos perfumes.

abigeato s m Dir (<lat abigeátus) ⇒ abacto.

abigodado, a adj (<a¹-+bigode+-ado) Que tem um grande bigode. **Ex.** Aquele rapaz ~ é muito engraçado. Quero uma máscara ~a para usar no carnaval.

abinício adv (<lat ab initio) Desde o início, desde sempre. **Ex.** ~ que a guerra dos sexos é uma constante [A guerra dos sexos sempre existiu]. Foi sempre assim ~. **Comb.** Processo nulo ab initio.

abio m (<tupi a'wiu: fruto de pele mole) **1** Fruto. **Ex.** O ~ é um fruto doce e refrigerante. **2** Árvore ⇒ abieiro.

abintestado, a adj/adv (<lat ab intestato: (deixado por) quem não fez testamento) **1** Diz-se de herança ou sucessão em que não há testamento. **2** Diz-se de herdeiro que nessa sucessão exerce os seus direitos.

abiogénese [Br abiogênese] s f Biol (<gr ábios: sem vida +...) Geração espontânea (+). **Ex.** A ~ é a teoria, hoje não aceite, segundo a qual os seres vivos nascem espontaneamente de matéria inorgânica [não viva].

abiombar v t (<a¹-+biombo+-ar¹) Dar forma de/Colocar (como) biombo.

abiose s f (<a²-+gr biósis: condição de vida) Vida latente. **Ex.** A ~ é a suspensão das manifestações de vida.

abiótico, a adj (<gr abiôtikós: em que não pode haver vida) **1** Relativo a abiose. **2** Em que não há condições de vida. **Comb.** Meio [Zona] ~o/a.

abioto s m (<gr abiotos: que não suporta a vida) ⇒ cicuta.

abiqueirado, a adj (<a¹-+biqueira+-ado) Em (forma de) biqueira. **Ex.** As botas ~as magoam [apertam] os dedos do pé.

abirritação s f (<abirritar+-ção) ⇒ atonia, fraqueza.

abirritar v t (<lat abírrito,áre: diminuir a excitação de) «orgão» Diminuir a sensibilidade aos impulsos externos.

abiscoitar v t (<a¹-+biscoito+-ar¹) **1** Dar forma ou consistência de biscoito. **Loc.** ~ o pão. **2** fig Alcançar/Conseguir. **Loc.** ~ um alto cargo na empresa. **3** fig Roubar/Governar-se. **Ex.** O vigarista abiscoitou todo o dinheiro do ingé[ê]nuo.

abismado, a adj (<abismar) Muito admirado/Espantado. **Ex.** Ficou ~o/a ao ver tantos mortos com a explosão [ao ver o mar pela primeira vez].

abismal adj 2g (<abismo+-al) ⇒ abissal.

abismar v t (<abismo+-ar¹) **1** ⇒ Cair no [Lançar para o] abismo. **2** fig Causar enorme surpresa/Espantar. **Ex.** O violinista abismou (toda) a assistência com o seu virtuosismo. **3** fig ~-se/Mergulhar/Absorver-se. **Ex.** Depois de abandonar o trabalho abismou-se no vício. **Loc. ~-se** [Ficar abismado] **ao ver tanta crueldade. ~-se na contemplação das estrelas**.

abismo s m (<gr ábyssos: sem fundo, profundo) **1** Precipício de que se desconhece o fundo. **Ex.** Houve um acidente grave na curva e os carros caíram no ~. O planalto termina num ~. Naquele lugar, o litoral é um ~. fig A falta de entendimento cavou um ~ entre os dois irmãos. **Idi.** (O) ~ atrai (o) ~ [Um erro grande leva a outro (erro) maior/Asneira puxa asneira]. **Estar à beira do ~** [Estar prestes a perder-se]. **Comb. O ~** [fundo] **do mar. A atra(c)ção** [tentação/força] **do ~. 2** fig O que é incompreensível/misterioso/insondável. **Ex.** O coração humano é um ~. **3** fig Diferença muito grande. **Ex.** Entre o seu proje(c)to e o meu há [vai] um ~ de diferença. **4** Extremo. **Loc.** Empobrecer até ao ~ da miséria. **5** ⇒ caos.

abisonhar v t (a¹-+bisonho+-ar¹) Tornar-se bisonho, tímido. **Ex.** «a criança» Fora de casa abisonhava-se/ficava bisonha(+).

abissal adj 2g (<abismo+-al) **1** Muito (pro)fundo. **Comb. Fossa(s) marítima(s) ~(ais). Psicologia ~** [das profundidades(+)]. **Rocha ~** [plutó[ô]nica/formada na profundidade da litosfera]. **2** fig Muito grande. **Comb.** Diferença ~. **3** ⇒ insondável.

Abissínia Hist ⇒ Etiópia.

abissínio, a adj/ s m Hist (<ár habxi) ⇒ etíope.

abita s f Náut (<a¹-+escandinavo biti: viga transversa) Peça da proa do navio para fixar a amarra da âncora.

abjeção (É) [Br abje(c)ção (dg)] s f [= abjecção] (<lat abjéctio,ónis: abatimento, rejeição) Baixeza moral/Aviltamento/Indignidade. **Ex.** «elogiar esse político criminoso» Isso é uma ~!

abjeto (É) [Br abje(c)to (dg)], **a** adj [= abjecto] (<lat abjectus,a,um: atirado por terra) Desprezível/Vil/Infame. **Comb. A(c)ção** [Costume] **~a**/o. **Pessoa ~ a**.

abjudicação s f (<abjudicar+-ção) A(c)to ou efeito de abjudicar.

abjudicador, ora adj/s (<abjudicar+-dor) (O) que abjudica.

abjudicar v t Dir (<lat abjúdico,áre) Desapossar por ordem judicial o detentor daquilo que pertence a outrem.

abjudicável adj 2g (abjudicar+-vel) Que se pode abjudicar.

abjugar v t (<lat abjúgo,áre) Tirar do jugo/Libertar(+). ⇒ desjungir. **Ant.** Subjugar.

abjuração s f (<abjurar+-ção) A(c)to ou efeito de abjurar. ⇒ retra(c)tação.

abjurador [abjurante] adj/s (<abjurar+-dor) (O) que abjura.

abjurar v t/int (<lat abjúro,áre) **1** Negar com juramento/Renunciar solenemente a uma crença, sentimento ou doutrina. **Ex.** Mesmo atirados às feras, os cristãos recusavam ~ Cristo [a sua fé]. **Sin.** (Re)negar(+). **2** Recusar/Rejeitar. **Ex.** Não gostei desse livro, abjurei-o. O [Este] artista abjura todos os cânones ou regras. **3** Abandonar/Desdizer/Retra(c)tar-se. **Ex.** Ele abjurou a mentira [Ele retra(c)tou-se] e tornou a ser aceite na empresa.

abjurgar v t Dir (<lat abjúrgo,áre) **1** ⇒ abjudicar. **2** ⇒ objurgar.

abjurgatório, a adj Dir (<abjurgar+-tório) Que tira ao detentor ilegítimo o que pertence a outro.

ablação s f (<lat ablátio,ónis: a(c)to de tirar <áufero) **1** Med Extra(c)ção/Excisão. **Comb.** ~ de um quisto [rim]. **2** Geol Desgaste. **Comb. ~ glaciária. ~ do [no] veículo espacial. ~ pluvial**. ⇒ erosão; degelo.

ablactação s f (<lat ablactátio,ónis) Desmame/a. **Ex.** A ~ é a supressão da alimentação láctea [de leite materno] às crianças.

ablactar v t (<lat *ablácto,áre*) Suspender a amamentação/Desmamar(+). **Ex.** Já é tempo de ~ [tirar o peito a(+)] essa criança.

ablaqueação s f (<ablaquear+-ção) Cova baixa aberta à volta da árvore para melhor se desenvolver.

ablaquear v t (<lat *abláqueo,áre*) 1 Escavar em volta de. **Ex.** Vamos ~ esta [fazer uma poça à volta da] planta para que a (sua) raiz receba água. 2 ⇒ soltar; des(en)laçar.

ablativo adj/s m (<lat *ablativus <áufero*) 1 Que extrai, que tira. 2 *Gram* Um dos casos, o sexto, da declinação «latina». **Comb.** ~ **absoluto** [oracional] «*Finda [Terminada] a reunião,*fomos almoçar». *Caso* ~ [O ~].

ablator, ora adj/s m (<lat *ablátor,óris*; ⇒ ablação) (O) que tira. **Ex.** O ~ é um instrumento que serve para extrair ou cortar «testículos/cauda de animal».

ablefaria s f (<abléfaro+-ia) Ausência total ou parcial das pálpebras.

abléfaro, a adj (<gr *ablépharos*: sem pálpebras) «pessoa/animal» Que não tem pálpebras.

ablegar v t (<lat *ablégo,áre*) ⇒ Afastar, desterrar, banir.

ablepsia s f (<gr *ablepsía*) 1 *Med* Cegueira(+). 2 Perda das faculdades intelectuais.

ablução s f (<lat *ablútio,ónis*: a(c)ção de lavar) 1 Banho «do enfermo» com esponja ou toalha molhada. 2 Ritual de purificação [limpeza] com água. **Comb.** *A ~ à entrada do templo* [da mesquita]. *As ~ções do sacerdote* na missa.

abluente s/adj 2g (<lat *ábluens,entis*) (O) que ablui/ limpa/ purifica. **Sin.** Detergente(+).

abluir v t (<lat *ábluo,ere*) 1 ⇒ lavar. 2 ~-se/ Limpar-se. ⇒ ilibar.

ablutor, ora adj/s m (<lat *ablútor,óris*) (O) que limpa com água. **Sin.** Purificador.

abnegação s f (<lat *abnegátio,ónis*: recusa, renúncia) 1 Desprendimento/Renúncia(+). **Ex.** A ~ de determinadas pessoas em relação aos bens materiais é de louvar. 2 Desprezo ou sacrifício dos próprios interesses para atender ou satisfazer as necessidades alheias/Mortificação. **Ex.** Tratava os enfermos não só com ~ mas com carinho. A religião católica impõe aos seus padres uma ~ total. **Ant.** Egoísmo.

abnegadamente adv (<abnegado+-mente) Com sacrifício e generosidade. **Loc.** Trabalhar ~ pelos mais desprotegidos.

abnegado, a adj (<abnegar) 1 Sacrificado/Mortificado. **Ex.** Levava uma vida ~a, sempre a sacrificar-se pelos outros. 2 Desprendido/Desinteressado. **Comb.** O comportamento ~ das mães em relação aos filhos.

abnegar v t (<lat *abnego,áre*) Renunciar. **Ex.** Disse Cristo que, se alguém quiser segui-lo, deve (ab)negar-se a si mesmo.

abnóxio, a adj (<ab-+...) ⇒ inofensivo; inócuo.

abóbada s f Arquit (<ab-+volta = "reviravolta") Te(c)to côncavo. **Comb.** ~ *abatida* [rebaixada]. *fig* ~ *celeste* [Firmamento/Céu]. ~ *craniana* [do crânio]. ~ *de arestas*. ~ *falsa* . ~ *ogival* [gótica]. ~ *palatina* [Céu da boca]. *Fecho* [Chave] *da ~*. ⇒ cúpula.

abobadado, a adj (<abobadar) Com (forma de) abóbada. **Comb.** *Cave* [Capela/ Sala] *~a. Quarto* [Te(c)to] ~. ⇒ arqueado; abaulado.

abobadar v t (<abóbada+-ar¹) Dar forma de [Cobrir com] abóbada.

abobadilha s f Arquit (<abóbada+-ilha) Abóbada circular de pouca concavidade formada por tijolos apoiados em vigas de ferro.

abobado, a adj (<abobar) ⇒ bobo/tolo/ aparvalhado/aparlemado.

abobar v t (<a¹-+bobo/a+-ar¹) 1 Tornar(-se) bobo. **Ex.** As desgraças abobaram-na. Abobou-se [Ficou bobo(+)/sem fala] diante da moça. 2 ⇒ surpreender(-se).

abóbora s f Bot (< ? ; ⇒ cucurbitáceo) 1 Fruto. **Ex.** A ~ é o fruto, por vezes muito grande, da aboboreira. **Comb.** ~ *menina*. ~ *porqueira*. **Ex.** Aboboreira. **Ex.** O meu pai semeou ~s no quintal. ⇒ cabaça; chila. 3 *fig* Mulher muito gorda. **Ex.** A minha mãe parece uma ~. 4 *fig* Homem preguiçoso/tímido/pouco inteligente/Banana/Nabo. **Comb.** Cabeça oca [de ~]. 5 *interj* Exclamação de frustação, enfado. **Ex.** Ora ~, tudo perdido! Tanto esforço para nada!

aboboral s m (<abóbora+-al) Campo de abóboras.

aboborar v t (<abóbora+-ar) 1 ⇒ abeberar; amolecer. 2 *fig* ⇒ preguiçar «deitado». 3 *fig* ⇒ amadurecer «um plano».

aboboreira s f Bot (<abóbora+-eira) Planta cucurbitácea que produz [dá] abóboras. **Sin.** Abóbora 2(+).

abocadura s f (<abocar+-ura) 1 Abertura «na parede» para assestar [colocar] a peça ou canhão. 2 ⇒ seteira.

abocamento s m (<abocar+-mento) 1 A(c)to ou efeito de abocar. 2 *Med* ⇒ anastomose.

aboçamento s m (<aboçar+-mento) A(c)to ou efeito de aboçar.

abocanhar v t/int (<a¹-+bocanha+-ar¹) 1 Apanhar com a boca ou com os dentes. **Ex.** O cão apanhou [abocanhou] o coelho. 2 Comer sofregamente, devorar. **Ex.** Faminto, ele abocanhou tudo. 3 Morder, tirar pedaços com os dentes. **Ex.** O garoto abocanhava gulosamente uma espiga de milho assada. 4 *fig* ⇒ difamar/caluniar. 5 Conseguir. **Loc.** ~ *o* [col Deitar a unha ao] *dinheiro*. ~ [Arrebanhar(+)] *um cargo*.

abocar v t/int (a¹-+boca+-ar¹) 1 Apanhar com a boca/Abocanhar 1(+). **Ex.** Boca, aboca! (Assim se incitam os cães na caça). 2 Levar «o copo» à boca. 3 Apontar «a arma ao assaltante». 4 ⇒ «rua» Ir dar «à praça»/Desembocar(+). 5 ⇒ «afluente» desaguar. 6 *Med* ⇒ anastomosar.

aboçar v t Náut (<a¹-+boça+- ar¹) Prender o barco com boças/cabos.

abocetar v t (<a¹-+boceta+-ar¹) Dar forma de boceta/Arredondar. **Comb.** Rosto abocetado [redondo/abonecado].

abochornar v t/int (<a¹-+bochorno+-ar¹) 1 Tornar(-se) abafad(iç)o/sufocante. **Ex.** O dia começou a ~. 2 *fig* Ficar mole com o bochorno/calor.

aboiar¹ v t/int (<a¹-+boi+-ar¹) Trabalhar/Andar com bois. 2 Assobiar/Entoar aboio (ao conduzir bois). 3 Chegar(+) a vaca ao touro para cobrição.

aboiar² v t/int (<a¹-+boia+-ar¹) 1 Prender «barco/bandeira» à boia. 2 Marcar com/ Lançar boias. 3 Fazer flutuar por meio de boia. **Loc.** ~ um navio naufragado. 4 Fazer boiar. **Ex.** A cheia aboiou o bote. **Loc.** ~ madeira «em troncos» para a transportar rio abaixo. 5 Flutuar, vir à tona(+). **Ex.** Do penhasco vimos os destroços do barco, que aboiavam.

aboi(ad)o s m br (<aboiar¹) Canto dolente dos vaqueiros.

aboiz s m (< ?) Armadilha para pássaros e coelhos. **Loc.** Armar um ~. **Sin.** Boiz.

abojar v t/int (<a¹-+bojo+-ar¹) Fazer bojo. **Ex.** O ceramista abojou ainda mais [fez ainda mais bojudo] o vaso.

abolachar v t (<a¹-+bolacha+-ar¹) Dar forma de bolacha/Achatar. **Ex.** A prensa abolachava a sucata «de carros velhos».

aboladura s f (<abolar+-ura) ⇒ amolgadura; amassadela.

abolar v t (<a¹-+bolo/a+-ar¹) 1 Dar forma de bolo/a. 2 ⇒ amassar. 3 ⇒ amolgar. 4 ⇒ embolar.

aboleimar v t (<a¹-+boleima+-ar¹) 1 Dar ou tomar forma de boleima/Achatar-se. **Ex.** O calor aboleimou o queijo [O queijo aboleimou-se com o calor]. 2 ⇒ atoleimar. 3 ⇒ espantar-se.

aboletar v t (<a¹-+boleto+-ar¹) Dar boleto a, aquartelar «soldados» em casas particulares. **Ex.** Amanhã, vamos ~-nos na casa dos meus tios. **Idi.** *Quem (é que) se aboletou com* [Quem roubou] *o meu guarda--chuva?*

abolição s f (<lat *abolítio,ónis*) 1 A(c)to de abolir/Suprimir/Extinção. **Comb.** *A ~ da escravatura* «no Br foi em 1888» (⇒ abolicionista). *A ~ das favelas* [dos bairros de lata]. 2 Revogação(+) de um direito, praxe ou lei. 3 ⇒ derrogação. 4 ⇒ perda.

abolicionismo s m Hist (<abolição+-ismo) Doutrina que defendeu a abolição da escravatura nos séculos XVIII e XIX.

abolicionista adj/s 2g (<abolição+-ista) Partidário do abolicionismo. **Ex.** Castro Alves foi um grande ~. **Comb.** O movimento ~.

abolidor, ora adj/s (<abolir+-dor) O que abole. **Ex.** A carta ~ora da escravatura (da princesa Isabel, de 13 de maio de 1888) será sempre um bem precioso para grande parte dos brasileiros.

abolir v t (<lat *abóleo,ére*) 1 Anular/Suprimir. **Ex.** Abolindo o direito à greve, qual é a defesa dos [, como fica(ria)m os] trabalhadores? 2 Afastar/Pôr fora de uso. **Ex.** Aboliram essa moda. 3 Eliminar/ Banir. **Ex.** Aboliu [Deixou(+)] o cigarro e recuperou a saúde.

abolitivo, a adj (<abolir+-tivo) Que produz abolição.

abolorecer v t/int (<a⁴-+bolor+-ecer) ⇒ bolorecer.

abolorecimento s m (<abolorecer+-mento) O criar [ganhar] bolor.

abolsar vt/int (a¹-+bolsa+-ar¹) 1 Ter ou tomar a forma de bolsa. **Ex.** Abolsa o avental para levares estas maçãs. 2 Formar pregas ou tufos. **Comb.** Saia abolsada. **Sin.** Bolsar; enfunar(+).

abomaso s m Anat (<lat *ab*: ao lado de + *omasum*: tripas de boi) Quarta câmara do estômago dos ruminantes. **Sin.** Coagulador.

abominação s f (<lat *abominátio,ónis*) 1 Aversão/Repúdio. **Comb.** ~ *da mentira*. 2 Coisa abominável/Torpeza. **Loc.** Praticar (toda a espécie de) ~ções.

abominar v t (<lat *abómino,áre*) Repelir com nojo ou horror/Detestar/Odiar. **Ex.** Abomino a [todo o tipo de] pedofilia. Abominavam-se mutuamente [*idi* Não se podiam ver um ao outro].

abominável adj 2g (<lat *abominábilis,e*) Que merece ser abominado/Detestável/ Execrável. **Ex.** Matar (uma pessoa) é ~.

abonação s f (<abonar+-ção) 1 A(c)to de abonar/Fiança/Garantia. **Ex.** Para que o banco me empreste dinheiro para comprar casa preciso da ~ dos meus pais. 2 Adiantamento de dinheiro/Abono. **Ex.** Recebi uma ~ de dez por cento. 3 ⇒ recomendação. 4 Citação/Exemplo. **Comb.** Dicionário com muitas ~ções.

abonado, a adj (<abonar) 1 Digno de confiança. **Comb.** Testemunha ~a. 2 *fam* Que passa da medida/Acrescentado/Aumentado. **Comb.** Um quilo ~ [bem pesado(+)] de arroz. 3 ⇒ abastado/endinheirado. 4 *Dir* ⇒ garantido (por abono). 5 «dinheiro» Recebido com adianto/Adiantado. 6 *Ling*

Com citações. **Comb.** Dicionário com as principais ace(p)ções bem ~as. **7** ⇒ subsidiado.

abonador, ora *adj/s* (<abonar+-dor) (O) que abona. **Ex.** O talento não precisa de ~es. O bom comportamento do preso é ~ do seu arrependimento. **Sin.** Fiador; afiançador; abonatório(+).

abonançar *v t/int* (<a¹-+bonança+-ar¹) **1** «mar/temporal» Serenar/Acalmar/Amainar. **2** Aplacar/ Moderar «a raiva/os inimigos».

abonar *v t* (ab-+lat *bónus,a,um*: bom+-ar¹) **1** Apresentar como bom/Afiançar/Garantir/Aprovar. **2** Ficar por [Ser] fiador. **Ex.** Abonou, em cartório, o contrato de aluguer/el da irmã. **3** Comprovar/Testemunhar. **Ex.** A obra que escreveu não abona a proclamada inteligência do autor. (Olhe que) a fama que você aqui tem não abona (muito/nada) a seu favor! **4** Adiantar «metade do salário». **5** *Ling* Confirmar com citação. **Loc.** ~ com um verso de Camões (⇒ abonação 4). **6** ⇒ desculpar/perdoar «a falta ao trabalho». **7** ~-se/Vangloriar-se.

abonatório, a *adj* (<abonar+-tório) Que abona [confirma/comprova] a qualidade. **Ex.** O comportamento do aluno não é muito ~ da educação que lhe dão [aluno mostra que não lhe dão educação] em casa. **Comb.** Testemunha ~a [abonadora].

abonecado, a *adj* (<abonecar) **1** Como boneco/a. **Ex.** O seu rosto ~ parecia uma porcelana. **2** Enfeitado/Aperaltado. **3** *Br* Embandeirado. **Comb.** Milho [Cana (-de--açúcar)] ~o[a].

abonecar *v t/int* (<a¹-+boneco/a+-ar¹) **1** Fazer/Enfeitar como boneca/o. **Ex.** Abonecaram as crianças para a festa. **2** *Br* «milho» Deitar bandeira(+)/Botar boneca.

abono *s m* (<abonar; ⇒abonação) **1** Afirmação de qualidade/Garantia. **Loc.** Em ~ de [Como garantia de/Em favor de] (**Ex.** Diga--se, em ~ da verdade, que o ladrão roubou a carteira, mas restituiu os documentos todos). **Ant.** Des~ . **2** Salário especial/Adiantamento de dinheiro/Subsídio «de louvor». **Comb.** *~ de família*. *~ de Natal*. *~ do décimo terceiro mês*. **3** Acréscimo «na medição do arroz». **4** *Br* Desculpa/Perdão de falta ao trabalho. **5** ⇒ adubo/estrume.

aboquejar *v t* (a¹-+boca+-ejar) ⇒ abocanhar; boquejar.

aborbulhar *v int* (<a¹-+borbulha+-ar¹) «rosto» Criar borbulhas.

abordador, ora *adj/s* (<abordar+-dor) (O) que aborda.

abordagem *s f* (<abordar+-agem) **1** A(c)to ou efeito de abordar. **2** ⇒ abalroamento. **3** Aproximação ou colisão lateral «de aviões no ar». **4** *fig* Primeiro contacto com alguém para pedir algo. **Ex.** Não sei (bem) como fazer a ~ ao ministro. **5** Modo de lidar com alguém/de tratar algo. **Ex.** N(um) a primeira ~ é difícil conseguir [resolver] tudo.

abordar *v t/int* (a¹-+borda+-ar¹) **1** *Náut* Fazer a abordagem/Encostar. **2** Aproximar--se de alguém. **Ex.** À saída da escola fui abordado por um indivíduo com mau aspe(c)to. **3** Tratar de um assunto. **Ex.** O conferencista abordou o [tratou do] problema da fome em África. ⇒ abalroar; aportar [arribar].

abordável *adj 2g* (<abordar+-vel) Que se pode abordar/«pessoa» Acessível.

abordo *s m* (<abordar) ⇒ abordagem.

abordoar *v t* (a¹-+bordão+-ar¹; ⇒ bordoada) **1** Bater com bordão/Dar uma(s) bordoada(s)(+). **2** ~-se/Apoiar-se.

aborígene *adj/s 2g* (<lat *aborígines,num*: nome dos primitivos habitantes do Lácio, na a(c)tual Itália) Primitivo habitante/Autóctone/Indígena. **Comb.** *Os ~s da Península Ibérica* [do Brasil]. *Povo ~. Tribos ~s.*

aborrascar-se *v t* (<a¹-+borrasca+-ar¹) «tempo» Ficar borrascoso.

aborrecedor, ora *adj/s* (<aborrecer+-dor) (O) que causa aborrecimento/Cansativo(+)/Maçador(o+). ⇒ aborrecido.

aborrecer *v t/int* (<lat *abhorrésco* <*abhórreo,ére*: afastar-se com horror) **1** Causar aborrecimento a/Enfadar/Maçar/Incomodar. **Ex.** Aborreceu [Maçou(+)] os ouvintes [a assistência] com um discurso longo e sem interesse (nenhum). **2** Não gostar/Detestar/Abominar. **Ex.** Com o fastio aborrecia a carne e o pão. Aborreço [Detesto(+)/*idi* Não posso ver(+)] os preguiçosos e os drogados. **3** ~-se/Zangar-se. **Ex.** O chefe repreendeu-me sem razão e eu aborreci[zanguei]-me com ele. **4** ~-se/ Sentir aborrecimento. **Ex.** Não gosto de estar parado [ocioso], aborreço-me.

aborrecido, a *adj/s* (<aborrecer) **1** (O) que causa aborrecimento. **Ex.** Que discurso tão [mais] ~ ! Ele é um ~ , anda sempre a pedir-me (que lhe empreste) o carro. **2** «trabalho» Cansativo. **3** «tempo/ dia» Desagradável/Triste. **Ex.** O ~ [desagradável/pior] da questão [neste caso/em tudo isto] foi termos perdido um amigo. **4** Zangado/Enfadado. **Ex.** Estou ~ [zangado/*col* chateado] contigo! **5** Malcriado(+)/Rude(+). **Ex.** O João foi muito ~ com os colegas, quase os insultou. **6** Saturado/Farto. **Ex.** ~ da [com a] vida de cidade, foi viver na [para a] aldeia.

aborrecimento *s m* (<aborrecer+-mento) **1** Tédio/Enjoo. **Loc.** Morrer de ~ «na prisão». **2** Raiva/Zanga. **Ex.** O ~ do chefe pôs em pânico os empregados. **3** ⇒ repugnância. **4** Problema/Maçada. **Ex.** Nesta (última) viagem só tive ~s! «o João quer que lhe empreste mais dinheiro» Que ~ ! **5** ⇒ desgosto; contrariedade.

aborrecível *adj 2g* (aborrecer+-vel) Que merece ser aborrecido. **Sin.** Detestável(o+); fastiento(+).

aborregado, a *adj* (<a¹-+borrego+-ar¹) ⇒ acarneirado.

abortadeira *s f* (<abortar+-deiro) Mulher que provoca abortos.

abortamento *s m* (<abortar+-mento) **1** ⇒ fracasso «dum plano». **2** ⇒ aborto.

abortar *v int/t* (<lat *abórto,áre*) **1** Dar à luz antes de o feto se desenvolver. **2** Provocar o aborto/Interromper a gestação/gravidez. **3** *fig* Malograr-se/Fracassar. **Ex.** O proje(c)to abortou [fracassou(+)]. **4** *Info* «comando/programa» Interromper/Falhar. **5** *Bot* «fruto» Não se criar/desenvolver.

abortício, a *adj* (<aborto+-ício) Nascido por aborto.

abortivo, a *adj/s Med* (<lat *abortívus,a,um*) **1** (O) que nasceu antes do fim da gestação. **2** (O) que interrompe a gestação. **Comb.** Um (medicamento) ~. **3** «tratamento» Que para instantaneamente o ciclo de uma doença. **4** *Bot* «flor» Que não se desenvolveu. **5** *fig* ⇒ falhado/fracassado.

aborto (Ôr) *s m Med* (<lat *abórtus,us*) **1** Nascimento demasiado prematuro. **Loc.** Ter um ~. **Comb.** ~ espontâneo [natural]. **3** Feto prematuramente expelido. **Comb.** ~ criminoso [Aborticídio/Infanticídio(+)]. **4** *fig* Obra imperfeita/Insucesso/Falhanço. **5** *fig* ⇒ monstro/monstruosidade «da natureza».

abostelar *v int* (<a¹-+bostela+-ar¹) Criar bostelas/pústulas.

abotinar *v t* (<a¹-+botim[ina]+-ar¹) Dar a um sapato a forma de bota de cano curto.

abotoação *s f* (abotoar+-ção) **1** A(c)ção de abotoar «a camisa». **2** *Bot* Formação dos botões «da roseira».

abotoadeira *s f* (<abotoar+-deiro) **1** ⇒ botoeira [casa do botão]. **2** Instrumento com gancho para abotoar. **3** Mulher que faz ou prega botões.

abotoado, a *adj/s* (<abotoar) **1** Apertado com botões. **Ex.** O sobretudo ~ protege mais do frio. **2** Em botão(+). **Comb.** Canteiro de rosas ~as. **3** *Esgrima* Com bola na ponta para não ferir. **Comb.** Florete ~. **4** *s m Icti* Grande peixe teleósteo «do rio Amazonas»; *Pterodoras granulosus*.

abotoador *s m* (<abotoar+-dor) ⇒ abotoadeira 2.

abotoadura *s f* (<abotoar+-ura) **1** Conjunto ou jogo de botões dum vestuário. **2** Botões removíveis «dos punhos». **3** *Náut* Jogo de botões ou voltas para ligar cabos.

abotoar *v t/int* (<a¹-+botão+-ar¹) **1** Apertar com botões. **Ex.** Abotoa o casaco (por)que vais sentir frio...! **2** Pregar os botões «na camisa». **3** *Náut* Ligar com [Fazer] botões. **4** *fig* ~-se/ Calar-se (bem calado). **Ex.** Abotoou-se com a informação e nós não soubemos nada. **5** *fig* ~-se/Apropriar-se/Enriquecer com. **Ex.** Ele abotoou-se com mil euros do sócio. **6** *Bot* Deitar botões «a roseira». **7** *fam* ⇒ despontar/começar.

ab ovo lat ⇒ abinício.

abra *s f* (<hol *havene*: porto) **1** Baía pequena/Angra/Enseada (Com ancoradouro). **Ex.** Os barcos abrigaram-se na ~. **2** *Br* Clareira na mata. **Sin.** Aberta 2(+).

abracadabra *s m* (< ?) **1** Palavra mágica à qual se atribuía a propriedade de curar certas doenças. **2** ⇒ amuleto. **3** ⇒ jargão.

abracadabrante *adj 2g* (<abracadabra+-ante) ⇒ enigmático/misterioso/cabalístico/extraordinário.

abracadabrista *adj / s 2g* (<abracadabra+-ista) (O/A) que usa abracadabra ou pratica "abracadabrância".

abraçadeira *s f* (<abraçar+-deira) Peça que liga uma coisa a outra mantendo-as unidas. **Ex.** O tubo está fixo com uma ~. O cortinado está preso com uma ~. ⇒ braçadeira; argola.

abraçado, a *adj* (<abraçar) **1** A dar um abraço. **Ex.** Eles estavam ~s. **2** Rodeado(+). **Comb.** Terreno ~ por densa mata. **3** Seguido/Ado(p)tado. **Comb.** Uma ideia ~a [seguida/aceite] por muitos.

abraçar *v t* (<a¹-+braço+-ar¹) **1** Envolver com os braços/Apertar «ao peito». **Ex.** Abraçou os filhos com carinho. Abraçou a [Agarrou-se à] árvore para não ser levado pelo vento. **2** Cercar/Circundar/Envolver/Rodear. **Ex.** A trepadeira abraçava (todo) o tronco da árvore. As muralhas do castelo abraçam [rodeiam] a cidade inteira «Óbidos, Pt». **3** Alcançar com a vista/Abranger/Abarcar. **Ex.** Do alto do monumento a Cristo Rei [Do alto do castelo de S. Jorge] podemos ~ [abarcar/avistar toda a] Lisboa. **4** Assumir como seu um princípio/uma causa/uma carreira. **Ex.** Abraçou a medicina como um sacerdócio. **Loc.** ~ a causa dos pobres. **5** ⇒ aceitar/admitir.

abraço *s m* (<abraçar) A(c)to de abraçar. **Ex.** Esta paz é o ~ de duas nações. «ao telefone» Dá-lhe um ~ meu ! **Loc.** *Dar um ~* [Abraçar]. *Mandar um ~ por carta* [pelo amigo]. **Comb.** *~ de tamanduá* [Traição]. *Apertado* [Forte/Grande] *~*. **Sin.** Amplexo.

abrandamento *s m* (<abrandar+-mento) **1** A(c)to ou efeito de abrandar/Diminuição. **Ex.** Verificou-se um ~ da velocidade do veículo. Deu-se um ~ da economia. **2** Suavização. **Ex.** Houve um ~ [acalmar(+)] dos ânimos. **3** *Fon* Passagem de consoan-

te forte «do *n* de mania» a branda «o *n* de nada».

abrandar *v t/int* (<a¹-+brando+-ar¹) Diminuir. **Ex.** O calor abrandou [amoleceu] a manteiga. A chuva fez ~ o calor. A febre abrandou. O pedido de desculpa fez ~ a fúria do chefe. As palavras da mãe abrandaram (a ira d)o pai. O automobilista abrandou (a velocidade). **Sin.** Atenuar/Reduzir/Acalmar/Amolecer/Amaciar. **Ant.** Aumentar/Agravar.

abrangência *s f* (<abranger+-ência) Amplidão /Alcance(+). **Com.** Uma lei social de grande ~.

abrangente *adj 2g* (<abranger+-ente) Amplo/Envolvente/Englobante. **Loc.** Dar uma explicação ~ dum caso [fa(c)to].

abranger *v t* (<lat *ad+bráchium*: braço + *éo,íre*: ir) 1 Rodear/Envolver/Contornar. **Ex.** O ramo era tão grosso que as minhas mãos não o conseguiam ~. 2 Conter em si/Incluir. **Ex.** Este volume da História de Portugal abrange várias épocas. 3 Chegar até/Abarcar/Avistar. **Ex.** Do cimo do monte podemos ~ toda a aldeia. O fogo abrangeu [atingiu(+)] também as [chegou até às] casas. Até onde a vista alcançava [abrangia] era só [tudo] floresta. 4 ⇒ compreender/atingir/entender.

abrangido, a *adj* (<abranger+-ido) Incluído/Compreendido. **Comb. Os países ~s** pelo tratado. **A área ~a** é muito grande.

abrangimento *s m* (<abranger+-mento) ⇒ alcance.

abraquia *s f Med* (<gr *a-* : sem+*brakhíon*: braço+- *ia*) Privação congé[ê]nita de braços.

abráquio, a *adj* (⇒ abraquia) Privado de [Sem] braços.

abrasado, a *adj* (<abrasar) 1 Que está em brasa/Queimado/Ardente. **Comb.** Terra ~a pelo sol do estio [de verão]. 2 ⇒ abrasador/«rosto» afogueado(+). 3 *fig* Muito exaltado/Inflamado/Entusiasmado. **Comb.** «S. Francisco Xavier» ~ no amor de Deus.

abrasador, ora *adj* (<abrasar+-dor) 1 Que produz muito calor/Escaldante/Ardente. **Ex.** Estava um calor ~/escaldante ! **Comb.** Tarde ~a de verão. 2 *fig* ⇒ aflitivo. 3 *fig* Arrebatador/Forte. **Comb. Cólera ~a. Discurso ~**/arrebatado(+).

abrasamento *s m* (<abrasar+-mento) ⇒ ardor; calor; combustão.

abrasão *s f* (<lat *abrásio,ónis*<*abrádo,ere*: tirar raspando) 1 *Mec* Desgaste «de moeda» por atrito. 2 *Med* Raspagem de «ossos cariados, mucosa». **Comb. ~ a laser. ~ dentária** (do tártaro) dos dentes. ⇒ escoriação; esfoladura. 3 *Geol* Erosão(+) da costa marítima pela a(c)ção do mar. 4 *Dir* Rasura de uma palavra num documento.

abrasar *v t* (<a¹-+brasa-+-ar¹) 1 Pôr em brasa/Queimar. **Ex.** *fig* A cidade, à hora do calor, abrasava [(até) queimava]! 2 Fazer ficar corado/Afoguear. **Ex.** O calor [A febre/A paixão] abrasava[afogueava]-lhe o rosto. Quando o rapaz era apanhado a mentir, começava a ~ [, ficava todo corado(+)]. 3 Causar exaltação/Arrebatar/Inflamar/Empolgar. **Ex.** O presidente fez um discurso que abrasou [arrebatou(+)] a assistência.

abrasileirado, a *adj* (<abrasileirar) Que apresenta cara(c)terísticas de brasileiro. **Comb.** Uma rapariga [moça] com sotaque ~ [um pouco brasileiro].

abrasileirar *v t* (<a¹-+brasileiro+-ar¹) Dar ou adquirir cara(c)terísticas de brasileiro. **Ex.** É comum o imigrante, recém-chegado ao Br, ~-se rapidamente.

abrasivo, a *adj/s m* (<abrasão+-ivo) O que desgasta por fricção ou raspagem. **Ex.** A pedra-pomes é uma substância ~a [é um ~]; a lixa [o esmeril/o diamante/o carborundo] também são ~s.

abrasonar *v t/int* (<a¹-+brasão+-ar¹) ⇒ brasonar.

ab-reação (Reá) *s f Psic* [= ab-reacção] Descarga emocional em que um indivíduo, por um novo impulso, se liberta dum acontecimento traumático ou dum complexo recalcado.

abre-alas *s m Br* (<abrir + ala) Dístico, carro ou grupo que vai à frente num desfile «de carnaval».

abre-boca *s m Med/Vet* (<abrir+...) Instrumento para manter aberta a boca de doentes ou animais. ⇒ abridor.

abre-cartas *s m pl* (<abrir+ ...) Espátula (com lâmina) para abrir envelopes.

abre-cu *s m pop/cal* ⇒ pirilampo.

abre-ilhós *s m pl* (<abrir + ilhó) Instrumento com que se fazem buracos para os ilhós «do cinto/calçado». ⇒ furador.

abrejar *v t* (<a¹-+brejo+-ar¹) 1 Transformar em brejo/pântano. **Ex.** A água abrejou as terras. 2 *Br* ⇒ abundar. 3 ⇒ empanturrar--se/abarrotar.

abrejeirar *v t* (<a¹-+brejeiro+-ar¹) Tornar brejeiro, malicioso, brincalhão. **Ex.** Os alunos abrejeiraram a conversa.

abre-latas *s m pl* (<abrir+lata) Utensílio para abrir latas. ⇒ abridor; saca-rolhas.

abrenhar *v t* ⇒ embrenhar.

abrenunciação *s f* (<lat *abrenuntiátio,ónis*) A(c)to ou efeito de abrenunciar. **Sin.** Esconjuro(+). ⇒ renúncia.

abrenunciar *v t* (<lat *abrenúntio, áre*) 1 ⇒ rejeitar com veemência. 2 ⇒ abjurar; renegar a fé.

abrenúncio *interj/s m* (<lat *abrenúntio*) 1 Exclamação que exprime rejeição, aversão, ou desejo de afastamento. **Ex.** Abrenúncio (Satanás)! [Renuncio a Satanás]. **Sin.** Deus me livre (de «fazer» tal coisa)!(+). 2 Esconjuro/Maldição.

ab-repticiamente (Ré) *adv* (<ab-reptício+--mente) De modo exaltado(+). **Ex.** Falou ~.

ab-reptício, a (Ré) *adj* (<lat *arepticius*: possesso) Endemoninhado/Exaltado/Arrebatado. **Comb.** Discurso ~.

abretanhado, a *adj* (<a¹-+bretanha+-ado) Semelhante à bretanha (Tecido).

abreugrafia *s f Med* (< *antr* (Manuel) Abreu+grafia) Método de fixar em chapa fotográfica reduzida uma imagem observada na radioscopia.

abrevar *v t* (<lat *abbíbero,áre*) ⇒ abeberar.

abreviação *s f* (<lat *abbreviátio, ónis*) Redução da duração ou extensão de algo. **Ex.** Os turistas agradeceram a ~ da espera no aeroporto. A palavra «cinematógrafo», por ~, deu «cinema». ⇒ abreviatura.

abreviadamente *adv* (<abreviado+-mente) Resumidamente(+). **Ex.** Os *países* de *língua* oficial *portuguesa*, ~ PALOP, são oito.

abreviado, a *adj/s m* (<abreviar) 1 Que se abreviou. **Ex.** O destino do império brasileiro foi ~ com a proclamação da república. 2 Que foi resumido, condensado/Sucinto. **Ex.** Fez um (relato) ~ dos acontecimentos. ⇒ apanhado [resumo]. **Ant.** Alargado. 3 Antecipado/Adiantado. **Ex.** A partida da excursão foi ~a. **Ant.** Atrasado/Adiado.

abreviar *v t* (<lat *abbrévio,áre*) 1 Tornar menor em extensão ou duração/Encurtar. **Ex.** O médico teve de ~ as consultas para poder atender todos os doentes. **Loc. ~ a visita** [o discurso/o sofrimento]. **Para ~** [Em resumo(+)] «direi apenas: foi bonito». 2 Resumir. **Ex.** Conseguiu ~ [reduzir] a reportagem de duas para uma página. 3 Antecipar/Adiantar. **Ex.** Teve de ~ a partida para poder chegar antes do fim do mês. 4 Reduzir uma palavra ou sequência de palavras. **Ex.** Nos dicionários abreviamos Medicina para Med, para economia de espaço. 5 *Fon* Reduzir o tempo de emissão de um som. **Loc.** ~ [*idi* Comer] o *e* de Peru (= Pru).

abreviatura *s f* (<abreviar+-ura) Representação de uma palavra ou expressão com menos letras que a sua grafia normal. **Ex.** « n.º » é a ~ de número. « Dr.» é a ~ de doutor. ⇒ abreviação.

abricó [abricote] *s m* (<ár *al-barquq*) Fruto do abricoteiro. **Sin.** Alperce; damasco.

abricoteiro *s m Bot* (<abricote+-eiro) Árvore que produz o abricote. **Sin.** Alperceiro; damasqueiro.

abridela (Dé) *s f* (<abrir+-dela) A(c)ção de abrir. **Ex.** Estava tão doente que só dava uma ~ de [só abria um pouco os] olhos de vez em quando. ⇒ abertura.

abridor, ora *adj/s m* (<abrir+-dor) (O) que abre. **Ex.** As máquinas ~ras são usadas na indústria têxtil. Na fábrica eu sou ~. **Comb. ~ de boca** [Abre-boca]. **~ de garrafas** [Tira-cápsulas/Descapsulador/Saca-rolhas(+)]. **~ de latas** [Abre-latas].

abrigada *s f* (<abrigado) ⇒ abrigo.

abrigado, a *adj* (<abrigar) Resguardado/Protegido. **Ex.** Quando o vi estava ~ atrás de um muro. Estive ~ da chuva debaixo do alpendre.

abrigadoi[ou]ro *s m* (<abrigar+-doiro) ⇒ abrigo.

abrigar *v t* (<lat *apríco,áre*: aquecer(-se) ao sol) 1 Dar abrigo ou prote(c)ção a. **Ex.** O padre costuma ~ os mendigos. **Loc.** ~-se do frio [da chuva] com uma capa. 2 *fig* Ter. **Ex.** Abrigava [Acalentava(+)] a esperança de (vir a) ser campeão.

abrigo *s m* (<lat *aprícum*) 1 Prote(c)ção natural ou artificial. **Ex.** A gruta serviu-nos de ~. **Loc. Ao ~ de** [Em conformidade com] (Ex. Ao ~ desta lei [do decreto «3006»] eu tenho direito a ser inde(m)nizado). **Comb. ~ antiaéreo. ~ natural. ~ da paragem** [*Br* parada/do ponto] **do autocarro** [ônibus]. **Sin.** Resguardo. 2 Alojamento/Habitação/Casa. **Ex.** A Misericórdia fundou um ~ para as crianças abandonadas. Os alpinistas pernoitaram num ~ [numa «boa» cabana]. ⇒ guarida. 3 Roupa que protege do frio/Agasalho. **Ex.** Quando está muito frio, visto um ~ de pele [ponho um agasalho].

abril *s m* [= Abril] (<lat *aprílis*) 1 Quarto mês do ano. **Ex.** O primeiro [dia um] de ~ é o dia das mentiras. **Prov. Em ~ águas mil** [chove e para de chover muitas vezes]. 2 *fig* ⇒ primavera/juventude.

abrilhantar *v t* (<a¹-+brilhante+-ar¹) 1 Tornar brilhante. **Ex.** O sol abrilhantava ainda mais a cúpula doirada. 2 Dar maior realce ou pompa. **Ex.** Abrilhantou a festa com música [com a presença de vários artistas]. 3 ~-se/Enfeitar-se. **Ex.** Abrilhantou-se (todo) com as condecorações.

abrimento *s m* (< abrir+-mento) ⇒ abertura.

abrir *v t/int* (<lat *apério,ír*) 1 Remover aquilo que fecha. **Ex.** Vou ~ a porta «para ventilar um pouco a casa». **Loc. ~ a boca a)** Afastar os maxilares; **b)** Bocejar; **c)** Falar/Dizer (Ex. Se abres a boca [o bico], bato-te [levas]!). ~ [Desabotoar] **a camisa. ~ a carta** [o envelope]. **~ a garrafa. ~ a janela. ~ a loja** [o comércio]. **~** [Ligar(+)] **a luz. ~ a(s) prenda(s). ~ caminho** [Furar] **pela multidão. ~ mão de** [Renunciar a] **tudo o que se tem.** «beber para» **~ o apetite. ~** [Estender] **os braços. ~ um sorriso** [Sorrir]. **Idi. Num ~ e fechar de olhos** [Num instante/De repente]. **Ant.** Fechar. 2 Fazer

cortando. **Loc.** ~ [Cortar] *um abcesso*. ~ [Fazer] *um buraco* na parede. ~ [Construir] *uma estrada*. **3** Dar (passagem) para. **Ex.** A sala abre para a varanda. A janela abre [dá(+)] para a rua. **4** Criar/Fazer. **Ex.** O Governo vai ~ mais um consulado no Japão. **Loc.** ~ *conta no banco*. ~ *horizontes* [(novas) perspe(c)tivas] *aos jovens*. ~ [Fazer] *uma exce(p)ção*. ~ [Criar] *um precedente* «é desaconselhável». **5** *Info* Acrescentar uma coisa nova ou ter acesso ao que há. **Loc.** ~ um ficheiro novo. **6** Começar. **Loc.** ~ *a reunião* [a conferência]. ~ *fogo* [Disparar]. ~ *parágrafo*. ~ *parêntese(s)* [Primeiro parêntese]! «vou aqui/agora» ~ *um parêntese* [Desviar-se brevemente do assunto do discurso]. **7** *Bot* Florir/Desabrochar. **Ex.** As rosas abrem muito depressa. **8** Desenrolarem-se as folhas do chá dentro da água quente. **Ex.** Espera um pouco, o chá está a ~ no bule. **9** Desdobrar. **Ex.** ~ a toalha da mesa. ~ o mapa da cidade. **10** *Meteor* Parar a chuva. **Ex.** Parece que (o céu) já abriu, podemos ir. **11** Declarar/Mostrar. **Loc.** ~ *falência* [Falir]. ~ *o coração* [~-se]. **Idi.** ~ *o jogo* [Pôr as cartas na mesa/Ser franco/claro/sincero]. **12** *Br* ⇒ «carro/navio/cavalo» desviar(-se). **13** *Br* ⇒ fugir «do adversário».

abrocadar *v tr* (<a¹-+brocado+-ar¹) Tecer como brocado.

abrochador, ora *s m /adj* (<abrochar+-dor) **1** Instrumento com que se abrocha. **2** (O) que abrocha.

abrochadura *s f* (<abrochar+-ura) A(c)to ou efeito de abrochar.

abrochar *v t* (<a¹-+broche+-ar¹) **1** Fechar «o vestido» com broche ou colchete/Afivelar. **2** Apertar «os lábios». **3** ⇒ brochar.

ab-rogação *s f* (<lat *abrogátio,ónis*) **1** A(c)to ou efeito de anular ou abolir/Supressão. **2** *Dir* Revogação total de uma lei por outra posterior. **Sin.** Revogação(+).

ab-rogador, ora *adj/s* (<ab-rogar+-dor) (O/A) que ab-roga.

ab-rogar *vt Dir* (<ab-+rogar) Abolir/Anular «uma lei». **Sin.** Cassar «uma licença»; revogar(+). ⇒ suprimir.

ab-rogativo [ab-rogatório], a *adj* (<ab--rogar+-...) Que ab-roga. ⇒ revogatório(+).

abrolho (Rô) *s m* (<abre o olho *para não te picares*; ⇒ broto; botão; gomo; rebento) **1** *Bot* Planta que produz frutos espinhosos; *Centaurea calcitrapa*. **2** *Bot* Fruto dessa planta ou os seus espinhos. **3** *Bot* ⇒ pico(+). **4** Ponta metálica aguda/Pua. **5** *Náut* Escolho(+)/Baixio(+). **6** *fig* Contrariedade/Dificuldade/Obstáculo. **Ex.** A sua vida foi cheia de ~s [espinhos(+)].

abrolhoso, a *adj* (<abrolho+-oso) **1** Coberto de abrolhos/espinhos. **2** *fig* Difícil/Penoso/Árduo/Espinhoso(+). **Ex.** Escolheu um caminho ~ [cheio de abrolhos(+)].

abrótano *s m Bot* (<gr *abrótonon*) Planta aromática; *Artemisia abrotanum*. ⇒ abrótea **1**.

abrótea *s f* (<abrótano) **1** *Bot* Planta de raízes tuberculosas medicinais/Gamão; *Asphodelus digitalis*. **2** *Icti* Peixe da família dos gadídeos, semelhante ao bacalhau.

abrumar *v t/int* (<a¹-+bruma+-ar¹) **1** Cobrir(-se)/Encher(-se) de bruma. **Ex.** O mar abrumou-se de repente. **2** *fig* Tornar(-se) triste, preocupado, apreensivo. **Ex.** A notícia abrumou [entristeceu] a família.

abrunheiro [brunheiro] *s m Bot* (<abrunho+-eiro) Árvore que produz o abrunho; *Prunus insititia/spinosa*.

abrunho [brunho] *s m* (<a⁴-+lat *prunum,i*) Fruto do abrunheiro manso, semelhante à ameixa, mas menor, e muito doce.

abruptamente *adv* (<abrupto+-mente) **1** De forma repentina, súbita, inesperada/De repente(+). **Ex.** O autocarro [ó[ô]nibus] parou ~. **Ant.** Gradualmente; lentamente. **2** De forma brusca, rude, desagradável, violenta/Bruscamente(+). **Loc.** Responder ~. **Ant.** Carinhosamente; docemente.

abrupto, a *adj* (<lat *abruptus,a,um*<*rúmpere*: separar, quebrar, romper) **1** Escarpado/Íngreme. **Ex.** Do rio avista-se uma falésia ~a. **2** Inesperado/Brusco/Repentino(+). **Ex.** O jogador teve (uma) morte ~ a. **3** Desabrido/Áspero/Brusco. **Comb.** Modos [Palavras] ~s [desabridos/as(+)]. **Ant.** Suave.

abrutalhado, a *adj* (<abrutalhar) Que tem aspe(c)to ou modos de bruto. **Ex.** A falta de educação fez com que se tornasse ~. **Comb.** *Maneiras ~as. Indivíduo ~*. **Sin.** Grosseiro; rude.

abrutalhar *v t* (<a¹-+bruto+-ar¹) Tornar(-se) ou ficar bruto. **Ex.** Abrutalhou-se desde que começou a conviver com pessoas de pouca educação. ⇒ embrutecer; estupidificar.

ABS *abrev* (<al A*nti* B*lockier* S*ystem*) Sistema que impede o bloqueamento das rodas de um veículo numa travagem.

abscesso/abscisão/abscissa ⇒ abcesso/abcisão/abcissa.

absconder *v t* ⇒ esconder.

abscôndito, a *adj* (<lat *abscónditus*) Escondido/Oculto/Misterioso(+). **Ex.** Deus tem de ser para nós cá na terra um ser ~.

absconso, a *adj* (<lat *abscónsus*) Pouco inteligível/Escondido. **Comb.** Linguagem ~a [ininteligível/pouco clara].

absentismo *s m* (<lat *ábsens,éntis*: ausente+-ismo) **1** Sistema de exploração agrícola em que o proprietário, que não reside nas suas terras, entrega a administração das suas propriedades a um caseiro ou rendeiro. **2** Ausência sistemática/repetida. **Comb.** ~ *escolar* [às aulas]. ~ *laboral* [ao trabalho].

absentista *adj/s 2g* (⇒ absentismo) **1** (O) que não vive nas suas terras. **Comb.** Um (proprietário) ~ que vive na capital. **2** (O) que falta muito ao [se ausenta do] trabalho. **Ex.** Não tem aproveitamento escolar por ser um aluno ~.

absidal *adj 2g* (<abside+-al) (Em forma) de abside. **Comb.** Capela ~ [por trás e à volta da capela-mor].

abside *s f Arquit* (<lat *absis,ídis*: arco circular) Construção baixa semicircular (no estilo românico) ou poligonal (no estilo gótico), por detrás do altar-mor, que fecha a nave principal de uma igreja.

absidíola *s f Arquit* (<abside+-i-+-ola) Cada uma das capelas da abside.

absintina *s f* (<absinto+-ina) Substância amarga extraída do absinto.

absinto *s m Bot* (<gr *apsínthion*: erva amarga) **1** Planta aromática, cujas folhas têm um sabor amargo; *Artemisia absinthium*. **2** Bebida alcoólica, muito forte, de cor esverdeada e sabor amargo, preparada com as folhas desta planta.

absolutamente *adv* (<absoluto+-mente) **1** De modo completo/total/exa(c)to/absoluto. **Ex.** O jantar foi ~ delicioso. Isso é ~ [completamente] falso. **2** «não, não» De modo nenhum/Por nada deste mundo/Nem por sombras. **Ex.** Não queria ~ receber aquela visita. **3** Certamente(+). **Ex.** Queria ~ adquirir aquele obje(c)to. – Você também acha [pensa assim]? – ~!

absolutismo *s m* (absoluto+-ismo) **1** *Hist* Sistema político em que o poder dos reis não tinha restrições. **Ex.** O ~ foi o sistema político dominante na Europa no séc. XVIII. **Sin.** Monarquia absoluta. **2** ⇒ ditadura.

absolutista *adj/s 2g* (<absoluto+-ista) **1** Relativo ao absolutismo. **Comb.** Ideias ~as. **2** Partidário do absolutismo. **Ex.** Em Portugal, de 1832 a 1834, os ~s de D. Miguel combateram os liberais de D. Pedro.

absoluto, a *adj/ s m* (<lat *absolútus,a,um*: que forma por si mesmo um todo) **1** Completo/Total. **Ex.** Vivem em ~a [na maior(+)] miséria. Ao chegar o Presidente, fez-se um silêncio ~. **Loc.** «concordaram» Em ~ [Complet[Inteir]amente] «com o plano». **2** Independente de qualquer condição/Perfeito. **Comb.** *A busca* [sede] *do ~* [de Deus]. *Felicidade ~a* [completa] «só no céu». **3** Sem restrições/Incondicional. **Ex.** Não se preocupem; eu estou senhor ~ da situação. **Comb.** Poder ~ «do Presidente durante a lei marcial». **4** Sem relação a outros fa(c)tores ou condições/Separado. **Comb.** Maioria ~a. **5** *Fís/Quím* Completo/Puro. **Comb.** Álcool ~ [puro]. *Zero ~* [Temperatura mais baixa de qualquer substância em qualquer escala/- 273,15 graus C(elsius)].

absolutório, a *adj* (<lat *absolutórius,a,um*) Que absolve/desobriga.

absolver *v t* (<lat *absólvo,ere*) **1** *Dir* Declarar inocente. **Ex.** O tribunal absolveu o réu. **Loc.** Ser [Sair (do tribunal)] absolvido. **2** Perdoar pecados. **Ex.** Na confissão o padre absolveu-o (em nome do Pai, do Filho e do Espírito Santo). **Loc.** ~ o penitente. ⇒ perdoar; remir; desculpar.

absolvição *s f* (<absolver+-ção) A(c)to ou efeito de absolver. **Loc.** «o padre» Dar a ~ ao penitente. **Comb.** ~ do réu (⇒ absolver **1**). ⇒ perdão; remissão.

absorção *s f* (<lat *absórptio,ónis*) **1** A(c)to ou efeito de absorver. **Comb.** *A ~ da água* pela esponja [areia/terra]. *A ~* [assimilação(+)] *dos alimentos* pelo organismo. *A ~* [compra] *duma empresa pequena* por outra maior. *A ~* [assimilação (+)] *do que se ensina* na escola. *A ~* [assimilação/ado(p)ção] *de outra cultura. A ~ do oxigé[ê]nio do ar* pelos pulmões. *A ~* [anexação] *do terreno vizinho*. **2** Concentração/Êxtase/Enlevo. **Ex.** A ~ dele no estudo é tal que se esquece de comer.

absorciometria *s f Fís Quím* (<absorção+--metria) Método analítico para medir a absorção de radiações (ele(c)tromagnéticas) por um corpo material ou a concentração entre líquidos e gases. ⇒ absorvência.

absorto, a (Ôr) *adj* (<absorver; ⇒ absorvido) **1** Extasiado/Enlevado/Arrebatado. **Ex.** Contemplava, ~, o céu estrelado. **2** Imerso em seus pensamentos/Nas nuvens/Distraído/Alheado. **Ex.** ~ como ia, não viu o degrau e tropeçou [caiu]. ⇒ pensativo.

absorvência *s f Fís Quím* (<absorver+--ência; ⇒ absorção) Capacidade de «um soluto» absorver uma radiação. ⇒ absorciometria.

absorvente *adj 2g/s m* (<absorver+-ente) **1** (O) que absorve/chupa. **Ex.** O algodão [potássio] é (um) ~. **Comb.** ~ [Penso] higié[ê]nico. **2** Que prende a atenção/Impressionante/Arrebatador/Apaixonante. **Comb.** Livro [Filme] ~. **3** Que exige [leva] tempo. **Ex.** Trabalho «do dire(c)tor dum colégio» ~. **4** Que tira tempo ou atenção aos outros/Possessivo/Aborrecido. **Comb.** Feitio [Pessoa] ~/que exige atenção.

absorver *v t* (<lat *absórbeo,ére,ptum*: fazer desaparecer chupando, ~) **1** Sorver/Chupar. **Ex.** A roupa interior absorve o suor. A água foi toda absorvida pela esponja [areia]. **2** Assimilar/Incorporar. **Ex.** As plantas absorvem água. **3** Anexar/In-

tegrar/Incorporar. **Ex.** A nossa empresa vai ~ outra mais pequena. **4** Assimilar/Compreender. **Ex.** Os alunos conseguiram ~ toda a exposição [lição] do professor. **5** Gastar/Consumir. **Ex.** A alimentação da família absorve(-me) metade do salário. **6** Ocupar todo o tempo. **Ex.** O cuidar [tratar] dos filhos pequenos e da avó absorve-me completamente. **6** ⇒ concentrar(-se). **7** ⇒ extasiar-se; absorto.

absorvido, a *adj* (<absorver; ⇒ absorto) **1** Que sofreu absorção/Chupado/Sorvido/Ingerido/... **Comb.** Ar ~ pelos pulmões. **2** ⇒ assimilado/compreendido/integrado. **3** ⇒ gasto/consumido/levado/...

abstémio, a [*Br* **abstêmio, a]** *adj/s* (<lat *abstémius,a,um* <*ab(s)+temétum,i*: vinho puro) (O) que não bebe vinho/bebidas alcoólicas. **Ex.** Era um ~ convicto. ⇒ abster.

abstenção *s f* (<lat *absténtio,ónis*) **1** Privação/Renúncia. **Comb.** ~ de carne gorda [de vinho/de fumar]. **2** Decisão de não votar. **Ex.** Nestas [Nas últimas] eleições presidenciais [para Presidente], a ~ desceu [houve menos abstenções].

abstencionismo *s m* (<abstenção+-ismo) Atitude ou prática de não votar.

abster(-se) *v t* (<lat *abstíneo,ére,tentum* <*ab(s)+téneo*: ter) **1** Não fazer algo/Impedir. **Loc.** ~-se de [Não] falar na reunião. **2** Não consumir/Privar-se/Abdicar. **Ex.** Abstinha-se do prazer de fumar e de beber para poupar para a família. **3** Não votar. **Ex.** Nas eleições vou sempre votar, nunca me abstive.

abstergente *adj 2g/s m* (<absterger+-ente) (O) que serve para limpar/purificar. ⇒ desinfe(c)tante.

absterger *v t* (<lat *abstérgo,ére,érsum*) **1** Limpar/Operar «tumor/ferida». **2** Purificar/Desobstruir/Limpar.

abstersão [abstergência] *s f* (<absterger) Limpeza/Purificação. ⇒ desinfe(c)ção.

abstinência *s f* (<lat *abstinéntia*; ⇒ abster) **1** ⇒ abstenção. **2** *Rel* Privação de carne. **Ex.** Hoje vou guardar jejum e ~. **3** Privação de relações sexuais/Continência.

abstinente *adj/ s 2g* (<lat *abstinéns,éntis*; ⇒ abster) (O) que se abstém/que pratica abstinência ou abstenção. ⇒ asceta/penitente/casto/sóbrio/absté[ê]mio.

abstração (Trà) *s f* [= abstracção] (<lat *abstráctio,ónis*: ação de separar [tirar] puxando para nós; ⇒ abstrair) **1** *Fil* Operação intelectual pela qual escolhemos só um aspe(c)to da realidade ao generalizamos/Conce(p)ção/Ideia/Conceito. **Ex.** A matemática usa a ~ vendo «num homem e num animal» apenas o número. **2** Alheamento/Distra(c)ção. **Ex.** A ~ em que andava [vivia] era fruto da trágica morte do filho. **3** ⇒ coisa que não se entende/especulação/fantasia/conje(c)tura. **4** Não inclusão. **Loc.** Fazer ~ [Não incluir/Pôr ou deixar de lado/Prescindir] (Ex. Fazendo ~ de alguns erros de pormenor, esta enciclopédia está bem concebida [feita]).

abstracção/abstraccionismo/abstraccionista ⇒ abstração/...

abstracionismo (Trà) *s m* [= abstraccionismo] (<abstração+-ismo) **1** ⇒ abuso de abstra(c)ções. **2** *Arte* Tendência artística «do séc. XX» de expressão não figurativa.

abstracionista (Trà) *adj/ s 2g* [= abstraccionista] (<abstração+-ista) Relativo ao/Adepto do abstracionismo. **Comb.** «Helena Vieira da Silva» Pintora ~.

abstracto, a ⇒ abstrato.

abstraído, a *adj* (<abstrair) **1** Afastado/Separado/Indiferente. **Ex.** Vivia ~o/a dos problemas do país [dos filhos]. **2** ⇒ absorvido/absorto/distraído.

abstrair *v t* (<lat *ábstraho,ere,áctum*: separar [arrancar] puxando) **1** Pensar/Considerar só um aspe(c)to do todo/ Conce(p)tualizar. **Ex.** A capacidade de ~ [de abstra(c)ção] da criança é reduzida [pequena/pouca]. **2** Não fazer caso/Pôr de lado/Prescindir/Omitir. **Ex.** Abstraindo do mau aspe(c)to (que tem), (est)a comida está deliciosa! Abstraiu-se do barulho no café e escreveu uma poesia. Procuro ~ [alhear]-me do que não é essencial [não conta] para o nosso proje(c)to. **3** ⇒ concentrar-se/absorver-se. **4** ⇒ distrair-se.

abstrato, a *adj/s m* [= abstracto] (<abstrair) **1** Que resulta de ou usa abstra(c)ção/Conce(p)tual. **Loc.** Em ~ [Abstra(c)tamente/Teoricamente] (Ex. Estou a falar em ~ [em geral], não me refiro à nossa empresa). **Comb.** «matemática» **Ciência ~.** *O concreto* [real] *e o ~*. ⇒ especulativo. **2** ⇒ distraído/alheado. **3** *fig* Obscuro/Vago. **Comb.** Explicação ~a/teórica. **4** *Gram* Diz-se do substantivo «beleza/brancura/agilidade» que indica qualidade. **Ant.** Concreto. **5** *Arte* (O) que não é figurativo. **Comb.** Escultura [Pintura] ~a. «Nadir Afonso» Pintor ~.

abstruir *v t* (<lat *abstrúdo,ere,trúsum*: afastar empurrando, esconder) ⇒ esconder; enterrar; dificultar a compreensão.

abstrusidade *s f* (<abstruso+-(i)dade) Qualidade do que é abstruso/Extravagância/Exagero/Confusão/Disparate.

abstruso, a *adj* (<lat *abstrúsus,a,um*; ⇒ abstruir) Confuso/Obscuro/Incompreensível/Raro. **Comb.** Professor [Livro/Explicação/Ideia] ~.

absurdez [absurdidade/absurdo(+)] *s* (<absurdo) ⇒ disparate.

absurdo, a *adj/s m* (<lat *absúrdus,a,um*: desagradável ao ouvido, discordante, falso) **1** (O) que é contrário à razão/Irracional/Ilógico. **Ex.** Seria ~ que, sendo você [o senhor] o responsável, não lhe pedissem a sua opinião [perguntassem o seu parecer]. **Comb.** *Prova [Demonstração] pelo ~* (Mostrando o erro a que levaria a opinião contrária). *Redução ao ~* (Levando/Obrigando o adversário a contradizer-se e ver que está errado). **2** Disparatado ou disparate/Extravagante/Exagerado/Insensato. **Ex.** Isso (que diz) é (um) ~ «,desculpe a franqueza/ desculpe que lhe diga»! **Comb.** Atitude [Posição/Comportamento/Rea(c)ção] ~.

abular *v t* (<a[1]-+bula+-ar[1]) Selar com bula ou selo de chumbo.

abulia *s f Med* (<gr *aboulía*: falta de vontade) **1** Perturbação da vontade. **Sin.** Apatia. **2** Indecisão.

abúlico, a *s/adj* (<gr *aboulikós*) Que tem abulia. **Ex.** Ele é (um) ~ !

abundância *s f* (<lat *abundántia*) **1** Grande quantidade/Fartura. **Ex.** Que ~ de fruta este ano! **Loc.** Em ~ [Muito/a] (Ex. Este ano há fruta em ~). **Ant.** Carência; escassez; falta; míngua. **2** Riqueza/Opulência. **Ex.** Vivia na ~, rodeada de ouro e joias [de todos os luxos, luxuosamente].

abundante *adj 2g* (<abundar+-ante) **1** Farto. **Comb.** *Cabelo ~/espesso. Refeição ~* lauta. **Sin.** Copioso; rico. **Ant.** Escasso; raro. **2** ⇒ numeroso.

abundantemente *adv* (<abundante+-mente) **1** Em grande quantidade ou grau. **Ex.** Quando chove ~ [em abundância/muito(+)], o rio transborda. **Sin.** Copiosamente. **Ant.** Pouco; escassamente. **2** ⇒ ricamente; sobejamente.

abundar *v int* (<lat *abúndo,áre*) **1** Existir/Ter em grande quantidade. **Ex.** O *Br* abunda [é rico] em [No *Br* abundam os] minérios. **Ant.** Escassear; rarear. **2** ⇒ concordar.

aburelar *v t* (<a[1]-+burel+-ar[1]) **1** Dar aspe(c)to de burel. **2** Vestir(-se) de [com] burel.

aburguesado, a *adj Depr* (<aburguesar+-ado) Que adquiriu hábitos burgueses/Comodista. **Ex.** Quando jovem lutou pelo seu povo mas agora é um homem [está muito] ~.

aburguesamento *s m* (<aburguesar+-mento) A(c)to ou efeito de aburguesar(-se).

aburguesar *v t Depr* (<a[1]-+burguês+-ar[1]) **1** Tornar burguês. **2** ~ -se/Adquirir hábitos de burguês.

aburrado, a *adj* (<a[1]-+burro+-ado) ⇒ bruto; abrutalhado; estúpido.

abusado, a *adj Br* (<abusar/abusão[1]+-ado) **1** Atrevido/Intrometido. **Ex.** Que pergunta atrevida! Você é mesmo ~! **Sin.** Abusador(+); desabusado. **2** Aborrecido. **3** Superticioso.

abusador, ora *adj/s* (<abusar+-dor) (O) que abusa. **Ex.** Ela «a minha irmã» usou todos os meus vestidos. É mesmo ~ra!

abusão[1] *s f* (<lat *avísio,ónis*: visão, aparição) **1** Superstição. **2** Ilusão/Engano.

abusão[2] *s f* (<lat *abúsio,ónis*) Mau uso/Abuso(+).

abusar *v int* (<lat *abusári*<*abútor*) **1** Usar em excesso/Exceder-se. **Ex.** ~ do açúcar faz mal à saúde. **2** Fazer mau uso de/Aproveitar-se/Explorar. **Ex.** Ele abusou comigo e eu dei-lhe um soco. Já esperei muito tempo; ele está a ~ da minha paciência! **Loc.** *~ da fraqueza do irmão. ~ da saúde. ~ dos migrantes. ~ do poder.* **3** Fazer pouco de/Ofender. **Ex.** Você está a ~ (comigo)! Olhe que eu zango-me! **4** Maltratar sexualmente/Violar. **Ex.** Ele abusou da jovem e foi condenado. **5** *Br* ⇒ aborrecer «a comida». **6** *Br* ⇒ injuriar/insultar.

abusivo, a *adj* (<lat *abusívus*) Em que há abuso. **Comb.** *Emprego ~ de estrangeirismos. Uso ~* [Abuso] *da força. Uso ~* [excessivo] *de medicamentos.* **Sin.** Excessivo; impróprio.

abuso *s m* (<lat *abúsus*) **1** Uso excessivo ou incorre(c)to. **Comb.** *~ do açúcar* [álcool]. *~ da autoridade* [do poder] (Ex. O polícia [*Br* policial] foi acusado de ~ da autoridade). *~ de confiança* a) Desfalque [Roubo]; b) Traição «ao seu superior». *~ de direito. ~ de poder* (Ex. Numa ditadura existem sempre ~s de poder). **2** Violação de regra/Injustiça/Exploração(+). **Ex.** «bilhetes de» Cem euros por pessoa? Isso é um ~ roubo! **3** Violação sexual. **Comb.** ~ de menores (⇒ pedofilia). **4** *Br* Aborrecimento/Nojo. **5** *Br* Fastio/Enjoo. **Ex.** Tomei ~ de banana. Não consigo comer mais.

abutre *s m Ornit* (<lat *vúltur,uris*) **1** Ave de rapina. **Ex.** Os ~s vivem em bandos e alimentam-se de cadáveres. **Sin.** Urubu. ⇒ condor; grifo. **2** *fig* Ladrão/Explorador.

abutua *s f Bot* (< ?) Designação comum a várias plantas tropicais trepadeiras da família das menispermáceas, tendo, algumas delas, propriedades medicinais.

abuzinar ⇒ buzinar.

a.C. *abrev* (<lat *ante Christum*) «data/acontecimento» Antes de Cristo. **Ant.** d.C.

a/c *abrev* = Ao cuidado de (Usa-se em endereço «no envelope» antes do nome da pessoa que cuida do destinatário da carta).

-aça ⇒ -aço.

acabaçado, a *adj* (<a[1]-+cabaça+-ado) «vaso» Em forma de cabaça.

acabado, a *adj* (<acabar) **1** «edifício» Terminado/Completo. **2** Perfeito. **Ex.** Ele é um exemplo ~ [perfeito(+)/único] de médico/

professor/empregado. Ficou uma obra «casa» perfeita [bem ~a]! **3** Velho/Cansado/Gasto. **Ex.** Para a idade [os «50» anos que tem] (já) está muito ~. **4** *s m* ⇒ acabamento/remate.

acabadote, a (Dó) *adj fam/col* (<acabado **3**+-ote) Bastante [Um pouco] acabado/Velhote. **Ex.** O pai dele era um homem forte mas agora está ~.

acabamento *s m* (<acabar+-mento) **1** A(c)ção ou efeito de acabar/Fim. **2** Maior ou menor perfeição/Remate/Conclusão. **Comb.** *Os ~s* [últimos retoques] *da casa* (nova). *Mobiliário* [Mobílias] *com bom ~*. **3** ⇒ morte.

acabar *v t/int* (<a¹-+cabo+-ar¹) **1** Terminar. **Ex.** Vou ~ o trabalho «a limpeza da casa». A cerimó[ô]nia acabou [terminou], com [, cantando todos] o hino da escola. A rua acaba num beco sem saída. **Loc.** ~ *de vez* [a sério/para sempre] com o namoro [com as dúvidas]. **Idi.** *Acabou-se a brincadeira/a festa!* [Expressão usada para pôr fim a algo desagradável «desordem/barulho»]. *Acabou-se o que era doce!* [Expressão para ter paciência por ter acabado uma situação de privilégio]. *Ser um nunca ~* [Ser muito/demorado] (Ex. Na exposição foi um nunca ~ de visitantes. A reunião era um nunca (mais) ~ e eu saí antes do fim). **2** Pôr fim a alguma coisa. **Loc.** ~ com o bolo [comê-lo todo]. **3** Ter como desfecho. **Ex.** A discussão acabou em briga/pancadaria; eu logo vi [; já me parecia] que ia ~ mal. **4** Ficar em determinado estado ou condição. **Ex.** Na maratona ela acabou [ficou] em primeiro lugar. Muitos artistas acabam na miséria. **5** Destruir física ou moralmente. **Ex.** O inse(c)ticida acabou com as baratas [formigas]. A doença do filho acabou com os pais, o filho para eles era tudo. **Loc.** ~ com [Matar] o inimigo. **6** Chegar ao fim/Desaparecer/Morrer. **Ex.** O (tal) jardim acabou [já não existe], construíram lá um hospital. Acabou(-se) [Faleceu/Morreu] ali mesmo no local do acidente. **7** (Com a *prep* de + infinitivo) Ter feito ou ter acontecido algo há [faz] pouco tempo. **Ex.** Acabo/ei de enviar um *e-mail* a dar-lhe a notícia. Acabo (mesmo) de chegar [Cheguei agora (mesmo)] de Lisboa. **8** (Com a *prep* por + infinitivo) Chegar a determinado resultado. **Ex.** Estava em dúvida se poderia vir à reunião, mas acabou por vir [mas veio]. Todos diziam que eu estava enganado, mas acabaram por me dar razão [por dizer que (afinal) não estava].

acabelar ⇒ encabelar.

acaboclar *v t/int* (<a¹-+caboclo+-ar¹) Dar ou tomar cara(c)terísticas [modos] de caboclo/Acaipirar(-se). **Comb.** Rosto acaboclado [moreno-acobreado].

acabrunhado, a *adj* (<acabrunhar) **1** Com falta de ânimo/Abatido(+)/Triste. **Ex.** Ficou ~ com a morte da filha. **2** Ferido no amor-próprio/Humilhado/Vexado(+). **Ex.** Sentiu-se [Ficou] ~ com a ofensa.

acaçalar *v t* (<ár *as-çaqal*: alfageme) **1** Dar brilho a «armas brancas». **2** ⇒ forjar/fabricar. **3** ⇒ afiar/aguçar. **4** ⇒ apurar-se «no estilo/estudo».

acaçapado, a *adj* (<acaçapar) **1** Semelhante a coelho novo, pequeno/Baixo. **Comb.** Casa/Árvore ~a. **2** Encolhido/Agachado. **3** Escondido.

acaçapar *v t* (<a¹-+caçapo+-ar¹) **1** Tornar ou ficar baixo como um caçapo. **Ex.** Os gatos e os leões acaçapam o corpo antes de (correrem a) assaltar a presa. O soldado acaçapou-se e foi a rastejar. **2** *Náut* Abaixar/Arriar «o mastaréu».

acácia *s f Bot* (<lat *acácia*) Nome comum de várias árvores leguminosas, uma delas mais conhecida por mimosa, originária da Austrália, com flores amarelas de aroma agradável.

academia *s f* (<top gr *Akadémeia*, onde Platão ensinava filosofia) **1** Agrupamento de escritores, cientistas ou artistas. **Comb.** *~ Brasileira de Letras. ~ das Ciências de Lisboa.* ⇒ sociedade; gré[ê]mio. **2** Estabelecimento de ensino especializado. **Comb.** *~ de dança. ~ de judo. ~ de medicina. ~ militar.* ⇒ instituto; clube; associação. **3** Conjunto de estudantes de uma Universidade. **Ex.** Ele faz parte da ~. **4** Sarau instrutivo e recreativo. **Ex.** Na nossa escola temos [fazemos] sempre uma ~ pela [na/por] altura do Natal.

académia [*Br* **acadêmia**] *s f Arte* (<it *accademia*: estudo ao vivo) **1** Figura (nua) de gesso para estudo artístico das formas humanas. **2** Escultura ou desenho feito com base nesse modelo clássico «greco-romana». **Ex.** Havia ali «no salão» muitas ~s.

academicismo *s m* (<academia+-ismo) Estilo artístico que respeita os modelos do passado/Classicismo(+).

académico, a [*Br* **acadêmico, a**] *adj/s* (<academia+-ico) **1** Relativo a academia. **Comb.** *Praxe* [*Tradição*] *~a. Sessão ~a*. **2** Membro de academia **1**. **3** Estudante de/ou curso superior. ⇒ universitário(+). **4** *Depr* Convencional/Formal. **Comb.** Discussão (meramente) ~a/retórica/teórica.

academismo *s m* ⇒ academicismo.

açafate *s m* (<ár *as-safat*) Cest(inh)o baixo «de costura» sem asa nem tampa.

acafelar *v t* (<ár *qaffala*: tapar com argamassa) **1** ⇒ rebocar(+). **2** *fig* ⇒ encobrir; disfarçar; tapar.

açafrão *s m Bot* (<ár *az-zahafran*) Nome comum de plantas bulbosas, da família das Iridáceas, cuja flor «em pó» é usada em culinária, farmácia e tinturaria; *Crocus sativus*.

açafroado, a *adj* (<açafrão+-ado) Com ou da cor do açafrão.

açaí *s m Bot* (<tupi *insasa'i*: fruto que chora) Palmeira, *Euterpe oleracea*, de cujo fruto se faz um refresco muito apreciado «no Pará»/Juçara.

açaimar *v t* (<açaime+-ar) **1** Pôr açaime a; amordaçar. **Loc.** ~ o cão. **2** *fig* Fazer calar/Refrear «os vícios/os maus instintos».

açaime/o *s m* (<ár *as-samm(u)*: nariz de ventas estreitas) **1** Aparelho «de couro» que se põe no focinho dos animais «cães» para não morder ou não comer «bois a lavrar ao lado de culturas». ⇒ focinheira. **2** *fig* A(c)to ou efeito de fazer calar/Mordaça(+)/Freio/Repressão.

acairelar *v t* (<a¹-+cairel+-ar¹) Guarnecer «toalha de mesa» com cairel/fita/debrum/Debruar(+).

acalasia *s f Med* (<a²- +gr *khálasis*: distensão+-ia) Falta de relaxamento dos esfíncteres [músculos] do esófago, dificultando a passagem da comida.

acalcanhado, a *adj* (<acalcanhar) **1** Que foi pisado com o calcanhar. **2** Diz-se do calçado que se entortou ou gastou (no tacão) com o andar. **3** *Br* velho/gasto.

acalcanhar *v t* (<a¹- + ...) **1** Pisar com o calcanhar/Calcar(+). **2** Gastar, com o andar, o tacão do calçado. **3** *fig* ⇒ espezinhar(+); humilhar. **4** *Br* ⇒ envelhecer prematuramente; gastar(-se).

acalentar *v t* (<a¹-+lat *cálens,éntis* <*calére*: aquecer+-ar¹) **1** Trazer algo na mente com desejo de o ver realizado. **Ex.** Acalentava o sonho/desejo/a esperança de vir a ser astronauta [médico/padre]. **Sin.** Alimentar/Cultivar. **2** Aconchegar ao peito «uma criança para a adormecer». **3** Acalmar «uma dor/os nervos». **4** ⇒ consolar. **5** ⇒ aquecer.

acalento *s m* (<acalentar) **1** ⇒ aconchego; afago. **2** ⇒ cantiga de embalar.

acalmação *s f* (<acalmar+-ção) O ficar calmo/Paz/Sossego. ⇒ acalmia.

acalmar *v t/int* (<a¹-+calma+-ar¹) **1** Tornar(-se) calmo/Tranquilizar. **Ex.** O filho estava a chorar cheio de medo mas a mãe acalmou-o. **2** (Fazer) perder a intensidade/Serenar/Diminuir. **Ex.** O vento acalmou(-se). O remédio «aspirina» acalmou-lhe a dor de cabeça. Bebeu um grande copo de água para ~ [matar(+)] a sede. **3** Fazer cessar/Pacificar. **Ex.** A intervenção [chegada] da polícia ajudou a ~ os ânimos dos dois grupos rivais.

acalmia *s f* (<acalmar+-ia) **1** Tempo sereno que sucede a um fenó[ô]meno atmosférico «chuva/vento/calor/tempestade»/Bonança. **Ex.** Chovia intensamente e ficámos à espera duma ~ [à espera que a chuva amainasse]. ⇒ estiagem. **2** Período de calma depois de muita agitação/duma crise/Diminuição. **Ex.** Ao anoitecer regist(r)ou-se uma relativa ~ no fluxo de tráfego.

acalorado, a *adj* (<acalorar) **1** ⇒ calorento(+); afogueado. **2** Animado/Inflamado/Apaixonado. **Comb.** Debate/Disputa/Discussão ~.

acalorar *v t/int* (<a¹-+calor+-ar) **1** ⇒ aquecer. **2** Tornar(-se) animado, vivo, caloroso. **Ex.** A intervenção do professor acalorou [aqueceu(+)/animou] (ainda mais) o debate. Pouco a pouco os ânimos acaloraram-se [aqueceram(+)] e a animação encheu a sala.

acamado, a *adj* (<acamar) **1** Deitado na [De] cama. **Ex.** Os (enfermos) ~s são muitos, neste momento no hospital. **2** Colocado por camadas. **Comb.** Roupa ~a na mala. **3** Inclinado/Tombado pela tempestade. **Comb.** Arrozal ~o/Seara ~a. **4** Depositado/Sedimentado(+). **Comb.** Borra do vinho ~a no fundo do tonel/da pipa. **5** *Geol* ⇒ estratificado(+).

acamar *v t/int* (<a¹-+cama-+ar¹) **1** Deitar; pôr na cama. **Ex.** O médico mandou ~ a doente. **2** Dispor em camadas «roupa na mala». **3** Tombar. **Ex.** A tempestade [O vendaval] acamou o arrozal «que já estava grado». **4** Assentar/Alisar «o cabelo». **5** *Geol* ⇒ estratificar.

acamaradar *v int* (<a¹-+camarada+-ar¹) Tornar-se [Andar com] camaradas. **Ex.** Conheceram-se na viagem «cruzeiro» e logo acamaradaram.

açambarcador, ora *adj/s* (<açambarcar) (O) que açambarca/arrebanha.

açambarcamento *s* (<açambarcar) A(c)to ou efeito de açambarcar.

açambarcar *v t* (<a¹-+sambarca+-ar¹) Comprar e guardar muita mercadoria com medo que se acabe ou para a vender (muito) mais cara. ⇒ especular; arrebanhar.

acampamento *s m* (<acampar+-mento) **1** Conjunto de tendas armadas para permanência temporária/Lugar onde se acampa. **Comb.** ~ *de escu[o]teiros*. **2** *Mil* Estacionamento de tropas em tendas de campanha/Acantonamento/Arraial/Bivaque. **Loc.** Levantar ~ [Ir-se embora/Sair (para outro lugar)]. **3** Área ou recinto próprio para acampar/Parque de campismo(+).

acampar *v t/int* (<a¹- + campo + -ar¹; ⇒ campanha) **1** Alojar-se em [Montar a(s)] tenda(s). ⇒ acampamento; campismo. **2** *Mil* Assentar arraial. **3** *col* Instalar-se/Ficar. **Ex.** Hoje vamos ~ aqui, na casa do João.

acanalar v t (<a¹-+canal+-ar¹) **1** Abrir [Fazer] canais em. **2** Dar feitio [forma] de canal [de meia-cana] a. ⇒ estriar; canelar.

acanalhado, a adj (<acanalhar) Com cara(c)terísticas ou comportamento de canalha/malandro. **Comb.** Ar [Modos] ~o/os.

acanalhar v t (<a¹-+canalha+-ar¹) Ficar canalha/desprezível/Aviltar(-se).

acanavear v t (<a¹-+cana(vea)+-ar¹) **1** Torturar com lascas de cana entre as unhas e a carne. **2** ⇒ angustiar/martirizar.

acanelado, a adj (<a¹-+canela+-ado) **1** «rosto/tecido» Da cor da canela. **2** «arroz--doce/creme» Coberto com pó de canela.

acanhado, a adj (<acanhar) **1** «quarto/apartamento» Estreito. **2** Apertado(+). **Ex.** O banco é para dois e com três ficamos muito ~s. **3** Tímido/Envergonhado. **Ex.** O José é muito ~, não faz perguntas na aula.

acanhamento s m (<acanhar+-mento) **1** Falta de espaço/Estreiteza/Aperto. **2** Timidez/Retraimento. **3** Falta de energia/desenvoltura/visão. **Ex.** O ~ [A falta de visão (+)] da nossa política externa prejudicou a exportação dos nossos vinhos.

acanhar v t (<a¹-+canho+-ar¹) **1** Fazer cerimó[ô]nia/Envergonhar(-se)/Retrair(-se). **Ex.** Não se acanhe, o chefe vai-lhe conceder essa licença. Os elogios acanhavam-no. **2** Tornar estreito/apertado/Encolher/Diminuir. **Ex.** Móveis daquele tamanho acanhavam [atulhavam(+)] a sala.

acantáceo, a adj Bot (<acanto+-áceo) Relativo às plantas a que pertence o acanto.

acantite/a s f Miner (<gr ákantha: espinho+-ite/a) Mineral ortorrômbico composto por sulfureto de prata (Ag_2S). ⇒ argentite.

acanto s m Bot (<gr ákanthos: cardo, ~) **1** Planta herbácea, robusta, de folhas largas, cultivada e espontânea. **2** Arquit Ornato de capitel que representa folhas estilizadas desta planta.

acantocarpo s/adj Bot (<gr ákantha: espinho+...) (Diz-se de) fruto coberto de espinhos e de planta que os tem/produz.

acantonamento s m Mil (<acantonar+-mento) Modalidade de estacionamento com utilização de edificações já existentes/Aquartelamento.

acantonar v t/int Mil (<a¹-+cantão+-ar¹) Distribuir as tropas por várias casas ou povoações/Aquartelar(+). **Ex.** O exército já está (todo) acantonado.

acantopterígio, a adj/s Icti (<gr ákantha: espinho+pterygion: barbatana) (Diz-se de) peixes teleósteos, como a perca, cujas barbatanas dorsal e anal são reunidas por raios espinhosos.

acantose s f Med (<gr ákantha: espinho+-ose) Espessamento anormal da pele/Distrofia pilosa/Espinhas negras.

ação (À) s f [= acção] (<lat áctio,ónis <ágo,ere,égi,áctum: agir) **1** A(c)to ou efeito de agir. **Ex.** A natação é a ~ de nadar. Ela deu uma esmola, praticou uma boa ~. Ele é um homem de ~ [homem prático/a(c)tivo]. A notícia da morte da filha deixou-o sem ~ [sem vontade de trabalhar/de nada]. **Loc. Entrar em ~** [Começar a agir/Dar início a] (Ex. Logo que soubemos do incêndio entrámos em ~ e fomos apagá-lo). **Pôr em ~** [Colocar em prática/Executar] «um plano». **Ser senhor das suas ~ões** [(Ser capaz de) agir sem estar sujeito a nada nem a ninguém] (Ex. O chefe [criminoso/doente] era pleno senhor...). **Comb. ~ de formação** «profissional» [~ que visa preparar as pessoas para poderem trabalhar melhor]. **A ~ de graças** [O agradecer/O dar graças a Deus] «por tudo» (Comb. Missa de ~ de graças «a N. Senhora de Fátima»). **De ~ prolongada** [Que produz efeito durante muito tempo] (Comb. Medicamento de ~ ...). **Campo** [Esfera] **de ~** [Domínio em que alguém trabalha ou tem influência] (Ex. Esse problema [assunto/trabalho] está fora do meu/da minha...). **Homem/Mulher de ~** [Pessoa a(c)tiva, que põe em prática as suas ideias]. **2** Dir Processo de fazer reconhecer um direito em tribunal. **Loc.** (Pro)mover [Intentar/Instaurar/Propor] uma ~ contra a empresa que o despediu. **Comb. ~ acessória** [na qual se discute a posse sobre um bem]. **~ anulatória** [de anulação/para anular um a(c)to jurídico]. **~ civil** [cível(+)/que se funda em disposição de lei civil. **~ criminal** [Pena/Crime que resulta de infra(c)ção da lei penal]. **~ de despejo** [que obriga um arrendatário a desocupar o imóvel no prazo legal]. **3** Arte Sucessão de acontecimentos de uma obra literária «romance», filme, peça teatral,.../Enredo/Intriga/Trama. **Ex.** A ~ passa-se em [O local da ~ é] Lisboa. **4** Econ Cada uma das partes em que se considera dividido o capital «duma sociedade anó[ô]nima». **Loc.** Comprar [Vender] ~ões. **Comb. ~ ao portador** [que pertence a quem a tiver em seu poder]. **~ comum** [ordinária(+)/que confere ao proprietário direito de voto e dividendos]. **~ nominativa** [de sociedade anó[ô]nima de cujo texto faz parte o nome do seu legítimo proprietário]. **~ preferencial** [de prioridade/que dá preferência ao seu possuidor no reconhecimento de dividendos e no reembolso do capital no caso de dissolução da empresa]. **5** Fís Força com que um corpo a(c)tua sobre outro. **Ex.** A uma ~ opõe-se uma rea(c)ção, contrária e igual. **6** Quím Modo por que uma substância a(c)tua sobre outra. **Ex.** ~ do ácido sulfúrico sobre os metais. **7** Mil Batalha/Combate/Ataque. **Ex.** O próprio general dirigiu uma ~ punitiva contra os revoltosos [o país vizinho/o inimigo].

acapachar v t (<a¹-+capacho+-ar¹) **1** Pôr/Colocar um capacho. **2** Submeter-se servilmente/Rebaixar(-se)(+).

acapnia s f Med (<a²- + gr kapnós: fumo+-ia) Ausência de dióxido de carbono no sangue, que provoca o chamado mal das montanhas.

acaramelar v t/int (<a¹-+caramelo+-ar¹) **1** Transformar(-se) em caramelo. **2** Cobrir de açúcar em ponto de caramelo. **3** ⇒ (con)gelar.

acaranguejado, a adj (<a¹-+caranguejo+-ar¹) Como o [Parecido com o] caranguejo.

acardia s f Med (<a²-+-cardia) Ausência congé[ê]nita do coração (nos embriões).

acardumar v t (<a¹-+cardume+-ar¹) **1** «sardinha» Reunir(-se) em cardume. **2** fig ⇒ «gente» enxamear(+)/apinhar-se(+).

acareação s f (<acarear+-ção) **1** ⇒ comparação/confrontação/cotejo. **2** Dir Confrontação de testemunhas entre si ou com os litigantes quando os depoimentos anteriores não foram esclarecedores.

acarear v t (<a¹-+cara+-ear) **1** Pôr cara a cara duas ou mais pessoas/Juntar. **2** Dir Pôr em presença duas ou mais pessoas «testemunhas/litigantes» cujas declarações são contraditórias a fim de (tentar) apurar a verdade. **3** Comparar/Confrontar(-) «uma cópia com (o documento/livro) original».

acaríase s f Med (<ácaro+-íase) Doença da pele «sarna/escabiose» causada por ácaros «carraça».

acariciador, ora adj/s (<acariciar+-dor) (O) que acaricia.

acariciar v t (<a¹-+carícia+-ar¹) **1** Tocar com ternura/Fazer carícias/Afagar. **Ex.** A mãe acariciava os cabelos [a face (rosada)] do menino. fig O sol [A brisa] acariciava-lhe o rosto. **2** ⇒ acalentar **1**(+) «um sonho/uma ideia».

acarídeo [acarino], a adj/s (<ácaro) (Diz-se de) ácaros e alguns aracnídeos em que o cefalotórax e o abdó[ô]men [abdome] estão fundidos entre si.

acarinhar v t (<a¹-+carinho+-ar¹) **1** Tratar com carinho(+) «os velhinhos». ⇒ acariciar. **2** Apoiar/Encorajar. **Ex.** Os pais sempre acarinharam [apoiaram(+)] aquele proje(c)to da filha.

acarminar v t (<a¹-+carmim+-ar¹) Tingir(-se) com carmim. **Loc.** ~ um vestido [os lábios].

acarneirado, a adj (<a¹-+carneiro+-ado) **1** Semelhante a (pelo de) carneiro. **2** Submisso. ⇒ carneirada. **3** Como lã de carneiro. **Ex.** Hoje o mar está ~ [salpicado de espuma (de pequenas ondas)]. O céu está ~ [pop aos cordeirinhos/com cirros]. **4** Diz-se de cavalo torto das patas da frente. **5** Diz-se de rochas polidas por glaciares.

ácaro s m Zool (<gr ákari,eós) Nome comum do menor dos animais [bichinhos] que se pode enxergar a olho nu. ⇒ acarídeo.

acarofobia s f Med (<ácaro+...) Medo (doentio) de bichinhos ou de contrair [ficar com] sarna.

acaroide adj 2g (<ácaro+-oide) **1** Semelhante a ácaro. **2** Diz-se de uma resina amarelo-avermelhada, friável, que escorre de uma liliácea e é usada na fabricação de vernizes, tintas, perfumes, …

acarrar v t/int (<a¹-+carro+-ar¹) **1** Transportar «lenha em carro de bois»/Acarretar/Carrear. **2** Juntar(-se) o gado «ovelhas» de pé, imóvel, à sombra, à hora do calor.

acarretar v t (<a¹-+carreta+-ar¹) **1** Acarrar **1**/Transportar «malas/madeira» em carro [carreta/às costas/aos ombros]. ⇒ carreto. **2** Trazer (como consequência)/Implicar. **Ex.** O estudar na cidade, longe dos pais, acarreta(-me muitas) despesas.

acartonar v t (<a¹-+cartão+-ar¹) **1** Dar aspe(c)to ou consistência de cartão «ao papel». **2** Encadernar com cartão.

acasalamento s m (<acasalar+-mento) A(c)to de acasalar/Junção [Chega(+)] de macho e fêmea para procriação. ⇒ coito/cobrição.

acasalar v t/int (<a¹-+casal+-ar¹) **1** Juntar(-se) [Chegar] macho e fêmea para procriar. **Ex.** Os pombos acasalam(-se) no começo da primavera. ⇒ copular. **2** fig ⇒ emparelhar(+) «meias/casaco e calças». **3** Depr ⇒ amancebar-se.

acaso s m/adv (<lat a: por+cásus: queda, acaso <cádo,ere,cásum: cair) **1** Acontecimento fortuito/casual/imprevisível/Causa desconhecida. **Ex.** O ~ na verdade não existe porque todos os acontecimentos têm uma causa ou origem, é uma palavra que é fruto das [que revela as] limitações da inteligência humana. Despediram-se para sempre, só um ~ faria com que se voltassem a encontrar. **Loc. adv Ao ~** [À sorte/A esmo/À toa/Sem pensar] (Ex. Colocou os livros no armário ao ~/sem qualquer ordem). **Por ~ a)** Por circunstância fortuita/De maneira imprevista (Ex. Não foi por ~ que os portugueses chegaram ao Brasil. Encontrei a chave por ~, debaixo dum livro); **b)** Porventura. **Ex.** A cadeira partiu(-se); por ~ fui eu o culpado?). **Idi. Ser obra do ~** [Acontecer por ~/Ser uma casualidade] (Ex.– Quem partiu os vidros da janela? Isto não foi obra do ~...). **2** adv Porventura/Talvez. **Ex.** ~ alguém contribuiu tanto como ele para o sucesso deste

proje(c)to? Ele foi ~ o grande promotor de proje(c)tos que muito valorizaram a região.

acastanhado, a *adj* (<a¹-+castanho/a+-ado) Um pouco castanho/Da cor da castanha.

acastelado, a *adj* (<a¹-+castelo+-ado) **1** «solar/palácio» Com forma de castelo. **2** «cidade/burgo» Protegido por um castelo «e muralhas». **3** ⇒ «nuvens» Amontoado/Muito empilhado. **4** ⇒ recolhido/resguardado.

acastelamento *s m* (<a¹-+acastelar+-mento) **1** Disposição [Construção] em forma de castelo. **2** *Náut* Castelos da proa e da popa «dos galeões/navios»/Superestrutura. **3** Um amontoado alto «de cúmulos-nimbo(s)».

acastelar *v t* ⇒ encastelar.

acatalepsia *s m* (<gr akatalepsía) **1** *Fil* Negação da possibilidade de alcançar a verdade plena/Cepticismo. **2** *Med* Deficiência mental cara(c)terizada pela incapacidade de compreender. ⇒ catalepsia.

acatamento *s m* (<acatar+-mento) Submissão/Respeito/Aceitação/Cumprimento/Obediência. **Ex.** Ele ouviu e seguiu com todo o ~ as ordens e instruções que lhe deram.

acatar *v t* (<lat *a+capto,áre*, frequentativo de *cápio,ere*: tomar, apanhar) Obedecer/Seguir/Aceitar. **Ex.** O filho mais velho sempre acatou os (bons) conselhos do pai. As ordens do chefe eram acatadas por todos.

acatassolar *v t* (<a¹-+catassol+-ar¹) **1** Fazer como [com] catassol/furta-cor. **Loc.** ~ um tecido. **2** (Fazer) mudar de cor «conforme a incidência da luz».

acatitar *v t* (<a¹-+catita+-ar¹) Tornar(-se) catita/janota/peralta.

acaule *adj 2g Bot* (<a²-+ ...) Diz-se de planta, como o dente-de-leão, que não tem caule ou o tem curto ou subterrâneo.

acautelado, a *adj* (<acautelar) **1** Cauteloso(+)/Prudente/Precavido. **Ex.** Ele é muito ~, não gosta de se arriscar/aventurar. **2** ⇒ (res)guardado/protegido. **3** *Dir* Que é obje(c)to de cautela. ⇒ acautelar 3.

acautelar *v t* (<a¹- + cautela + -ar¹) **1** Pôr de sobreaviso/Prevenir. **Ex.** O médico acautelou-o contra os malefícios do tabaco. Acautele-se [Tome cuidado], (por)que a estrada tem muita neve! **2** Guardar/Proteger. **Loc.** ~ as suas poupanças depositando-as no banco. ~ pessoas e bens «antes das cheias do rio». **3** *Dir* Colocar sob cautela. **Loc.** ~ os interesses dos menores.

acavalar *v t* (<a¹-+cavalo+-ar¹) ⇒ encavalar/sobrepor/encavalitar(+).

acção/accionamento/accionar/accionista ⇒ ação/...

a(c)cipitrídeo, a *(dg) adj/s m Ornit* (<lat *accípiter,tris*: falcão, ave de rapina) (Diz-se de) ave diurna de bico curvo e garras afiadas «águia/gavião».

acebolado, a *adj* (<a¹-+cebola+-ado) Que tem forma ou sabor de cebola. **Comb.** Bife ~o [com cebola].

aceção (Cè) [*Br* **acepção**] *s f* [= acepção] (<lat *accéptio,ónis*: a(c)ção de receber, admissão, ace(p)ção; ⇒ aceitar) **1** Cada um dos vários sentidos de uma palavra/Significado [Significação]. **Ex.** Neste dicionário a palavra *acentuação* tem três ~ões. **Loc.** Na ~ (própria) [Na verdadeira (+)] da palavra [À letra/No verdadeiro sentido] (Ex. Ele é um mentiroso, na verdadeira ~ da palavra [, é como eu lhes digo, *idi* sem tirar nem pôr]). ⇒ (sentido) figurado. **2** ⇒ distinção/discriminação «de pessoas».

acedência *s f* (⇒ aceder) **1** ⇒ acesso/acessão. **2** ⇒ consentimento/concordância.

aceder *v int* (<lat *accédo,ere,éssum*: ir para; ⇒ ceder) **1** Dar (o seu) consentimento/Aceitar. **Ex.** Ele acedeu aos meus rogos/ao meu pedido. **2** Chegar a/Atingir. **Ex.** Ela acedeu [subiu] aos mais altos postos da governação/magistratura. **3** ⇒ concordar/aquiescer. **4** *Info* Ter acesso a «dados/ficheiros»/Acessar. **5** *Dir* ⇒ adquirir ou juntar «terras» por acessão/Acrescer.

acédia *s f* (<gr *akédia*: mágoa) **1** ⇒ negligência/preguiça. **2** ⇒ frouxidão/inércia.

acedível *adj 2g* (<aceder+-ível) **1** Que pode ser aceite/consentido. **2** *Info* «dados/ficheiro» A que se pode ter acesso/Acessível.

acefalia *s f Med* (<acéfalo+-ia) **1** Malformação ou ausência de cabeça. **2** *fig* «no grupo/partido» Ausência de chefia/liderança.

acéfalo, a *adj/s* (<gr *aképhalos*: sem cabeça) **1** *Zool* «ostra» Que não tem cabeça ou em que ela não se distingue do corpo. **2** Que não tem chefe/Dirigente. **Comb.** Grupo [Partido] ~. **3** ⇒ idiota [Que não tem cabeça/juízo].

aceirar *v t* (<aceiro+-ar¹) **1** Endurecer «por galvanização» com aço. **2** Fortalecer(-se). **Ex.** O trabalho [sofrimento] aceira a virtude/o cará(c)ter. **3** Fazer aceiros [clareiras] nas florestas ou à volta dos terrenos «contra os incêndios». **4** *Br* ⇒ espreitar com cobiça.

aceiro, a *s/adj* (<lat *aciárium* [*ácies*]: ponta de ferro, lâmina, corte) **1** Duro/Rijo/Resistente como o aço. **2** (O) que trabalha em aço. ⇒ ferreiro. **3** Corte de vegetação ao longo ou à volta de um terreno «contra incêndios».

aceitabilidade *s f* (⇒ aceitável) Qualidade de aceitável. **Sin.** Admissibilidade.

aceitação *s f* (<lat *acceptátio,ónis*) **1** A(c)to ou efeito de aceitar. **Ex.** Muito obrigada/o pela ~ do nosso convite «para a festa». **Comb.** *Dir* ~ de herança [Manifestação de vontade de aceitar herança por quem a ela é chamado]. **Ant.** Recusa. **2** Facilidade em ser bem acolhido/recebido/aceite. **Ex.** Este programa [livro] teve boa ~ junto [por parte] dos jovens. Foi admirável a ~ por (parte de) Portugal de tantos refugiados da Segunda Guerra Mundial. **3** Aprovação/Concordância. **Comb.** ~ das candidaturas [dos candidatos] às eleições presidenciais.

aceitante *adj/s 2g* (<aceitar) **1** (O) que aceita. **2** *Dir Econ* (Pessoa) que aceita uma letra de câmbio ou comercial.

aceitar *v t* (<lat *accépto,áre,átum*, frequentativo de *accípio,pere,accéptum*: receber, tomar, aceitar) **1** Receber o que «lhe/nos» é dado/oferecido. **Ex.** Aceitamos todas as sugestões (que nos derem). Aceita [Toma] um café? **Loc.** ~ um presente/emprego. **2** Conformar-se com. **Ex.** O artista aceitou mal [zangou-se com] as críticas que lhe fizeram. **Loc.** ~ um castigo/a morte com resignação/uma redução salarial. **3** Admitir/Reconhecer/Concordar. **Ex.** Aceito [Admito] que tenha sido você o culpado. Aceitaram-me como sócio «na empresa/no clube». Aceitaram (como válidas) as minhas razões [explicações/queixas]. **4** *Econ* Assumir uma maneira de pagar ou de ser pago. **Loc.** ~ *uma letra* [Obrigar-se a pagá-la pondo o aceite 2]. ~ *um cheque* [Recebê-lo como meio de pagamento].

aceitável *adj 2g* (<lat *acceptábilis,e*) Que se pode aceitar. **Ex.** Encontraram [Chegaram a] uma solução ~/satisfatória. As suas exigências [queixas/razões] são inteiramente ~veis/razoáveis/justas.

aceite *adj 2g/s m* (<aceitar) **1** Que se aceita (com agrado)/Aceito/Admitido/Aprovado. **Ex.** O proje(c)to foi logo [rapidamente] ~ pelo governo. **2** *Dir Econ* Declaração escrita numa letra de câmbio ou essa letra depois de assinada.

aceito, a *adj* (<aceitar) ⇒ aceite **1**(+)/admitido/acolhido/bem recebido.

aceleração *s f* (<lat *accelerátio,ónis*) **1** Aumento de velocidade. **Ex.** Com a grande [perigosa] ~, o carro despistou-se [saiu da pista/estrada]. **2** Rapidez na execução/Pressa/Urgência. **Ex.** Eles pediram no tribunal a ~ do processo. **Comb.** ~ (do andamento) das obras [da construção da casa. **3** *Med* Andamento/Desenvolvimento mais rápido (do) que o normal. **Comb.** ~ *da cura*. ~ *do parto*. ~ *do pulso* [Aumento do fluxo sanguíneo devido a taquicardia/Muitas pulsações]. **4** *Fís* Variação da velocidade de um ponto em movimento, durante uma unidade de tempo.

acelerado, a *adj* (<acelerar) **1** Mais rápido (do) que o normal. **Ex.** Saiu de casa ~o à procura do filho». **Comb.** *Marcha* [Passo] ~ a. *Motor* [Carro] ~. *Ritmo* ~ «da música/do trabalho».

acelerador, dora/aceleratriz *adj/s* (<acelerar) **1** (O) que acelera. **Comb.** Força ~triz [que acelera o movimento de um corpo]. **2** *Mec* **a)** Dispositivo destinado a regular a entrada de combustível e assim regular também a velocidade do motor; **b)** Peça/Pedal em que se carrega com o pé para regular a velocidade do carro. **Loc.** *Carregar no ~* [Aumentar a [Dar] velocidade]. *Pôr o pé no ~* (para ir regulando a velocidade). **3** *Fís* **Comb.** ~or de partículas [Aparelho destinado a aumentar a energia de partículas ele(c)tricamente carregadas «protões/prótons» e suas antipartículas]. **4** *Quím* (Diz-se de) substância que acelera um processo. **Comb.** ~ fotográfico [que torna mais a(c)tivo o líquido da revelação]. **5** *Med* **Ex.** A adrenalina é um ~ do ritmo cardíaco.

acelerar *v t/int* (<lat *accélero,áre,átum*: apressar(-se); ⇒ célere) **1** Aumentar a velocidade. **Loc.** ~ *a circulação* do sangue. ~ *o carro* [Carregar no pedal/acelerador **2 b)**]. ~ *o* (palpitar do) *coração*. ~ *o passo* [a marcha]. ~ *o processo* de atribuição dos subsídios. ~ *o* (andamento do) *proje(c)to* «construção da estrada». **2** Apressar-se(+). **Loc.** ~ a vestir-se «para chegar a tempo à festa». **3** Adiantar(+). **Ex.** Os pais queriam ~ o casamento da filha. **4** *col* Abreviar(+). **Ex.** Vamos ~ [andar depressa com] a cerimó[ô]nia para as crianças não se aborrecerem.

acelga [**celga**] (Cél) *s f Bot* (<ár *as-silqa*) Planta hortense parecida à [com a] beterraba, de raiz mais pequena e folhas mais largas, usada na alimentação; *Beta sícula/vulgáris*.

acelógrafo *s m Fís Geol* (<acelerar+-grafo) Aparelho para regist(r)o gráfico automático da aceleração de um ponto «da crosta terrestre, quando há um terramoto».

acém *s m* (<ár *as-semn*: gordura) Parte da carne bovina entre o cachaço e a pá, de primeira qualidade. **Comb.** Bife do ~.

acenar *v t* (<a¹-+cena+-ar¹) **1** Chamar a atenção por meio de gestos/Fazer um aceno. **Ex.** Acenei-lhe um [Disse-lhe] adeus com o lenço. **2** Fazer sinal/Indicar. **Ex.** Acenei-lhe para não correr [para vir para casa/para dar sinal de partida]. Ele acenou (com) a cabeça a dizer que sim [não]. **3** Despertar o interesse/Prometer coisas boas. **Loc.** ~/Atrair com os lucros do negócio [com vantagens tentadoras/com um lugar no Governo].

acendalha *s f* (<acender+-alha) O que serve para o lume pegar/acender/começar a arder. **Ex.** A palha, a carqueja e a giesta

seca são boas ~s. ⇒ combustível; acendedor.

acendedor *s m* (<acender) O que acende ou serve para acender. ⇒ isqueiro.

acender *v t/int* (<lat *accéndo,ere,énsum*; ⇒ aceso) **1** Fazer arder/Atear. **Ex.** A madeira [lenha] molhada [verde] não acende [arde bem]. **Loc.** ~ *a lareira* [o lume]. ~ [Ligar] *a luz.* ~ *o cigarro/o cachimbo.* ~ [Riscar] *um fósforo.* ~ *uma vela.* **2** ⇒ incender(+); inflamar; iluminar. **3** ⇒ avivar; intensificar. **4** ⇒ ruborizar(-se).

acendimento *s m* (<acender+-mento) **1** A(c)ção de produzir chama em alguma coisa. **2** ⇒ excitação/entusiasmo/inflamação.

acendrado, a *adj* (<acendrar) **1** Acrisolado/Pur(ificado). **Comb.** *O ~ amor da fé. Um ~* [grande] *amor a Deus* e ao próximo. **2** ⇒ limpo [livre de impurezas].

acendrar *v t* (<lat *ad+cineráre* <*cínis,eris*: cinza) **1** Limpar/Esfregar com cinza «as pratas». **2** Acrisolar [Purificar «ouro» no crisol]/Sublimar. **Loc.** ~ as faltas/culpas/o pecado no crisol das lágrimas (de arrependimento).

aceno (Cê) *s m* (<acenar) **1** Sinal com a cabeça, olhos ou mão para dar a entender o que queremos [o que se pretende]/Gesto. **Ex.** Fez-lhe um ~ para saírem [para se irem embora]. A Rita despediu-se de nós com muitos ~s. **2** Indício ou indicação de vontade/Convite. **Ex.** Bastaria um ~ para que ela se lançasse nos seus braços.

acento *s m Fon Gram Ling* (<lat *accéntus,us*) **1** Sinal com que se indica a pronúncia da sílaba tó[ô]nica. **Comb.** *~ agudo* []. *~ circunflexo* [^]. *~ grave* []. **Idi.** Pôr o ~ em [Dar mais relevo a/Destacar] (**Ex.** O professor frisou a [pôs o ~ na] necessidade de muita leitura para aprender bem o português). **2** Inflexão da voz/Timbre/Tom. **Ex.** Fez aquela observação [Disse aquilo] com um ~ de angústia que me comoveu. **Comb.** *~ tó[ô]nico/predominante* [O que se pronuncia com mais força] (**Ex.** Na palavra *cafezinho* o ~ tó[ô]nico é na sílaba *zi* mas a sílaba *fe* também tem ~ secundário). **3** ⇒ sotaque «inglês do Porto». **4** *Mús* Ênfase dada a uma nota ou a um acorde. **Comb.** ~ musical [de altura].

acentuação *s f* (<acentuar) **1** *Gram* Colocação dos acentos. **Comb.** Regras da ~ «do português/francês». **2** Modo de se exprimir/Entoação. **Ex.** Murmurou com (~ de) profunda amargura: isto é atroz/cruel/intolerável! **3** Ênfase/Destaque. **Ex.** A ~ da importância da paz no seu discurso levou os dois países a deporem as armas. A ~ das feições [dos traços do rosto] no retrato dava-lhe uma expressão mais dramática.

acentuado, a *adj* (<acentuar) **1** *Gram* Que tem acento. **Comb.** Vogal [Sílaba/Palavra] ~a. **2** Em alto grau. **Comb.** *Curva ~a* [apertada(+)] *da estrada. Inclinação ~a da parede* [Parede muito inclinada «em perigo de cair»]. *Tendência ~a* [Grande tendência] para ser egoísta [para melhorar].

acentuar *v t* (<acento+-ar¹) **1** *Gram* Pôr [Colocar] acento em. **Loc.** ~ a palavra (esdrúxula) *família.* **2** Pronunciar com mais intensidade. **Ex.** Chamou-lhe *traidor*, acentuando bem a palavra. **3** Realçar/Destacar/Enfatizar. **Loc.** ~ uma passagem do conto [do livro]. **4** Aumentar (de intensidade). **Ex.** As rugas acentuavam-lhe o ar decrépito. O jornalista acentuou a gravidade do crime por ter sido praticado contra uma menor [velhinha].

-áceo, a *suf* (<lat *áceus,a,um «gallináceus»*) Exprime a ideia de semelhança ou qualidade e aparece sobretudo na terminologia científica de *Zool* e *Bot*.

acepção *s f* ⇒ aceção.

acepilhar *v t* (<a¹-+cepilho+-ar¹) **1** Aplainar(+) «a tábua (de madeira)» com cepilho/Alisar(+). **2** *fig* ⇒ aperfeiçoar/polir «o estilo».

acepipe *s m* (<ár *az-zebib*: passa de uva) **1** Cozinhado apetitoso/Petisco(+)/Pitéu/Gulodice. **2** ⇒ aperitivo(+).

acéquia *s f* (<ár *as-saqia*: canal de irrigação) **1** ⇒ açude(+)/represa(o+). **2** Canal(+) de irrigação/Aqueduto(+).

ácer *s m Bot* (<lat *ácer,eris*) Árvore dicotiledó[ô]nea com várias espécies e de boa madeira/Bordo(+)/Bordo-do-canadá.

aceráceo, a *adj Bot* (<ácer+-áceo) Diz-se de plantas a que pertence o ácer.

acerado, a *adj* (<acerar) **1** «facão» Temperado de aço. **2** Aguçado(+)/Afiado(+). **Comb.** *Punhal ~o. Seta ~a*. **3** *fig* Muito severo/Mordaz(+). **Comb.** Crítica ~a.

aceragem *s f* (<acerar+-agem) A(c)to ou efeito de acerar.

acerar *v t* (⇒ aceirar) **1** Dar têmpera de aço/Aceirar(+). **2** ⇒ aguçar/afiar(+) «espada/punhal». **3** *fig* «isso (só) vai» Exacerbar(+) «o ódio/a ira dele contra nós».

acerbar *v t* (<lat *acérbo,áre,átum:* tornar amargo, agravar) ⇒ exacerbar(+).

acerbo, a (Cér) *adj* (<lat *acérbus,a,um*: azedo, amargo, hostil) **1** (De sabor) acre/«fruto/leite» azedo. **2** Severo/Atroz. **Comb.** Critica ~a/mordaz. **3** Doloroso. **Ex.** Senti uma dor ~a [aguda] no peito.

acerca de (Àcêr) *loc* (<lat *ad+circa:* cerca) A respeito de/Quanto a/Relativamente a/Sobre. **Ex.** Que me diz(es) ~ crime tão horroroso?

acercar(-se) *v t* (<a¹-+cerca+-ar¹) Aproximar(-se)/Chegar(-se). **Ex.** Ele acercou-se de mim e, baixinho [em voz baixa], disse-me o segredo. Acerquei os olhos do papel e vi que o meu nome estava cortado da [não estava na] lista.

acerejar *v t/int* (<a¹-cereja+-ar¹) **1** Tomar ou dar a cor (vermelha) de cereja/Ruborizar(-se)(+). **2** Polir/Alisar «couro» para que fique como pele lisa (e fina) como a da cereja.

ácero, a *adj/s Zool* (<a²-+gr *kerás*: corno) (Diz-se de) animal que não tem chifres [cornos], antenas ou tentáculos. ⇒ mocho².

acerola (Ró) *s f Bot* (<ár *az-zarura*: cereja) **1** Nome comum a algumas plantas do gé[ê]nero *Malpighia*, nativas da América tropical. **2** Fruto dessa planta/Cereja-das-antilhas [-do-pará].

aceroso, a *adj Bot* ⇒ acicular(+).

acérrimo, a *adj* (⇒ acre) **1** *superlativo de acre* Muito azedo. **Comb.** Laranja ~a/intragável. **Sin.** Azedo, azedo, azedo! **2** *fig* Tenaz/Fortíssimo/Valente. **Ex.** Ele é um ~ defensor dos direitos dos trabalhadores.

acertado, a *adj* (<acertar) **1** Feito com acerto. **Ex.** Respondeu com acerto [de forma ~a] a todas as perguntas. **2** Adequado/Ajustado/Apropriado. **Ex.** Neste caso o governo tomou medidas ~as. **3** Sensato/Prudente/Razoável. **Ex.** O mais ~ é deixá-lo (lá) estar [ficar/continuar] no seu posto. **Comb.** Conselho/Opinião ~. **4** ⇒ «quantia/encontro/dia» combinado(+).

acertar *v t/int* (<a¹-+certo+-ar¹) **1** Pôr acerto em/Eliminar um erro/Regular. **Loc.** *~ as contas* **a)** Contar bem «o dinheiro»; **b)** *idi* Exigir explicações/Tirar desforra (**Ex.** «tu enganaste-me» Tenho de ~ contas contigo/Temos de ~ contas!). *~ a hora* [o relógio]. *~ o passo* (ao ritmo do toque/dos outros). **2** Atinar com/Encontrar/Descobrir. **Ex.** Não acertámos com o caminho [a casa/o restaurante] que procurávamos. **3** Atingir. **Ex.** O murro [pau/A pedra] acertou-lhe no nariz e deitou [fez-lhe] sangue. Ele acertou [ganhou] na lota[e]ria. **4** Ajustar/Endireitar/Compor. **Loc.** ~ [Ajustar(+)] *a bainha* do vestido. ~ [Endireitar] *o nó da gravata.* ~ [Ajeitar] *os óculos* no nariz. **5** Combinar/Decidir. **Loc.** ~ [Combinar/Arranjar/Conseguir] *o casamento da filha.* ~ [Marcar(+)] *a data.* ~ [Marcar(+)] *um encontro* dos sócios. **6** ⇒ acontecer/calhar/coincidir.

acerto (Cêr) *s m* (<acertar) **1** Sabedoria/Tino. **Ex.** Respondeu com ~ às perguntas do advogado. **2** Regulação. **Comb.** *~ de contas* **a)** ⇒ pagamento/liquidação; **b)** *idi* ⇒ desforra/ajuste ⇒ acertar **1 b)**). *~ da máquina* «relógio». **3** ⇒ acordo. **4** ⇒ Acaso feliz/Sorte(o+)/Calha(+).

acervar *v t* (<lat *acérvo,áre,átum*) **1** Amontoar «livros»/Acumular «ideias/dados». **2** Regist(r)ar «os bens da associação/do clube».

acervo (Cêr) *s m* (<lat *acérvus,i*) **1** Grande quantidade/Montão «de velharias/de disparates». **2** Conjunto. **Comb.** *O ~* [Todos os livros] *da biblioteca. O ~ da* [Toda a] *herança. O ~* [recheio] *do museu. O ~ dos vocábulos* [O vocabulário] duma língua. **3** Patrimó[ô]nio/Riqueza. **Comb.** ~ artístico [moral] do país.

acérvulo *s m* (*dim* de acervo) **1** Pequeno acervo. **2** *Med* Conjunto de pequenas concreções semelhantes a areia, que se encontram no plexo coroide, na glândula pineal e nas meninges/Areia cerebral.

acescência *s f* (<lat *acésco*: começar a azedar, frequentativo de *áceo,ére*: azedar) Tendência «do vinho» para azedar [para ficar vinagre].

aceso, a (Cê) *adj/s m* (<lat *accénsus,a,um;* ⇒ acender) **1** Que está a arder. **Comb.** *Cigarro ~. Lareira ~a. Vela ~a.* **Ant.** Apagado. **2** Em funcionamento/Ligado. **Comb.** *Fogão* [Forno] *~. Luz ~/*ligada «no quarto». **Ant.** Desligado/Apagado. **3** *fig* Ardente/Veemente/Inflamado. **Comb.** Um ódio ~ à [a tudo o que é] mentira. **4** Ponto alto/Auge(+). **Ex.** No ~ da discussão, levantou o punho cerrado [, quis bater] ao adversário/outro.

acessão *s f* (<lat *accéssio,ónis*) **1** A(c)to ou efeito de aceder/Acedência/Anuência/Consentimento(+). **2** *Dir* Meio de aquisição de bens que assim se acrescentam aos que já lhe pertenciam. **Comb.** ~ de novas propriedades. **3** Chegada/Sucessão. **Comb.** *~ ao cargo* [posto] de dire(c)tor/de chefia. *~ à cátedra* de História na Universidade. *Hist* ~ «de D. João I» *ao trono* [à coroa] «de Portugal».

acessar *v t Br* ⇒ aceder **4**(+).

acessibilidade *s f* (<lat *accessibílitas,átis*) Facilidade(+) de acesso. **Ex.** As ~s [Os meios de transporte ou deslocação] do interior do país são más [*idi* deixam muito a desejar]. A cidade tem de melhorar as ~s das ruas e dos serviços destinados aos invisuais. **Comb.** *~ de um porto* «Lisboa/Santos». *A simpática ~ do Presidente* [dire(c)tor/chefe].

acessional *adj 2g* (<acessão+-al) **1** ⇒ adicional. **2** *Med* Que se manifesta em acessos/Intermitente(+). **Comb.** *Cólica ~. Febre ~.*

acessível *adj 2g* (<lat *accessíbilis,e;* ⇒ aceder) **1** Que se pode atingir/Alcançar. **Ex.** O porto de Lisboa é ~ a todo o tipo de embarcação. Esses postos da administração não são ~veis a qualquer um. **Ant.** In~. **2** Compreensível. **Ex.** Este livro é bastante ~ para uma criança de 10 anos. **3** Que se

pode pagar. **Ex**. O restaurante tem pratos a um preço ~, eu vou lá com frequência. **4** Aberto/Simples. **Ex**. Pode ir falar dire(c)tamente com o dire(c)tor porque ele é uma pessoa muito ~. **5** *Info* «programa» Que está disponível para os utilizadores.

acesso (Cé) *s m* (<lat *accéssus,us*; ⇒ aceder) **1** A(c)to ou efeito de chegar/Entrada/Aproximação. **Ex**. Nem todos, infelizmente, têm ~ à cultura no nosso país. Estrada particular: proibido o ~! A minha casa está num local de fácil [difícil] ~. **2** Passagem/Comunicação. **Ex**. Aquela porta dá ~ (dire(c)to) para o jardim. Os ~s à capital estão muito congestionados. **3** Trato/Comunicação. **Ex**. Pode(s) ir falar dire(c)tamente com o dire(c)tor porque é pessoa de fácil ~. **4** Ímpeto/Explosão. **Comb**. Um ~ de raiva/ódio. **5** *Med* Manifestação súbita/Ataque. **Comb**. Um ~ de tosse [nervos]. **6** Promoção. **Ex**. O curso «universitário/de gestão empresarial» deu-lhe ~ aos mais altos cargos/postos (Pós). **7** *Info* Comunicação entre dispositivos computacionais.

acessório, a *adj/s m* (<lat *accessórius,a,um*; ⇒ aceder) **1** Que não é fundamental/Secundário. **Ex**. É preciso saber distinguir o essencial do ~. **Comb**. Cláusula ~a «do tratado/artigo». **2** ⇒ adicional/complementar/anexo. **3** Obje(c)to de adorno «pulseira/colar/adereço». **4** Obje(c)to que se acrescenta a uma máquina «aspirador/automóvel/...» para melhor utilização/segurança/conforto/Apetrecho. **5** *Cinema Teatro TV* Qualquer obje(c)to de cena «jarras/armas/...».

acetábulo *s m* (<lat *acetábulum,i*: vinagreira) **1** *Hist* Vaso romano para vinagre (e outros condimentos) em forma de taça. **2** *Ent* Cavidade externa de inse(c)to onde se implanta um membro «pata». **3** *Bot* Rece(p)táculo(+) dos fungos. **4** *Anat* Cavidade do osso ilíaco que recebe a cabeça do fé[ê]mur.

acetato *s m Quím* (<acético+-ato) **1** Nome genérico dos sais e dos ésteres do ácido acético ou dos derivados deste por rea(c)ção com um metal «cobre»/uma base/um álcool. **2** Disco de alumínio revestido de uma substância mole, especial, usado em gravações sonoras experimentais. **3** Folha de celuloide transparente usada em retroproje(c)tor para proje(c)ção de gráficos ou textos/Transparência(+).

acético, a *adj* (<lat *acétum*: vinagre+-ico) Relativo ao vinagre. **Comb**. *Quím* **Ácido ~** [Líquido incolor de cheiro picante e sabor ácido]. *Cheiro ~* [a vinagre]. *Fermentação ~a* [Transformação do vinho em vinagre].

acetificação *s f* (<acetificar) A(c)to ou efeito de acetificar.

acetificar *v t* (<acético+-ficar) **1** *Quím* Um álcool converter-se em ácido acético. **2** O vinho transformar-se em vinagre/Avinagrar(+)/Azedar(+)/Picar.

acetileno (Lê) *s m Quím* (⇒ acético) Hidrocarboneto não saturado (C_2H_2) usado como combustível em soldagem, corte de metais, etc.

acetímetro *s m* (<acético+-metro) Instrumento que serve para medir o grau de acidez do vinagre. **Sin**. Acetó[ô]metro.

acetinar *v t* (<a¹-+cetim+-ar) Tornar macio e lustroso como o cetim/Amaciar/Alisar. **Loc**. ~ a pele [o tecido/o papel].

acetómetro [*Br* **acetômetro**] *s m* ⇒ acetímetro.

acetona (Tô) *s f Quím* (<acético+-ona) Líquido incolor de cheiro forte utilizado como solvente para fabrico de plásticos, vernizes, etc./Propanona.

acetó[ô]nico, a *adj/s Quím* (<acetona+-ico) (O) que se compõe [que é composto] de acetona.

acetonúria *s f Med* (<acetona+-úria) Presença de acetona e corpos cetó[ô]nicos na urina «dos diabéticos».

acetoso, a *adj* (<acético+-oso) «xarope» Que sabe um pouco a vinagre/Avinagrado(+).

acha¹ *s f* (<lat *ássula*) Pedaço de madeira para lenha. **Idi**. *Deitar (mais) ~s na fogueira* [Acirrar (ainda mais) os ânimos].

acha² *s f Mil* (<frâncico *happja*: foice) Arma antiga com a forma de machado. **Sin**. Acha de armas (+).

achacadiço, a *adj* (<achacado+-iço) «velhinho» Com tendência para ter achaques/Um pouco achacado.

achacado, a *adj* (<achacar) Sujeito a [Com] achaques/Adoentado(+). **Ex**. Estou (um tanto/um pouco) ~ da garganta e hoje vou ficar em casa [e hoje não vou sair].

achacador, ora *adj/s* (<achacar) ⇒ extorsionista; vigarista; caloteiro.

achacar *v t/int* (<ár *xaka*: queixar-se) **1** Apontar defeitos/Tachar(+). **Ex**. Achacaram[Acusaram]-no de negligente/preguiçoso, e [mas] com razão (, ele é mesmo). **2** Apresentar como motivo/Fingir. **Ex**. Achacou indisposição, (só) para não trabalhar. **3** Apanhar doenças/Adoecer(+). **Ex**. Os velhinhos achacam(-se) mais facilmente [com mais frequência]. **4** Aborrecer/Molestar(+). **Ex**. O ladrar do cão achacava os vizinhos. **5** Extorquir/Vigarizar(+)/Roubar(+). **Ex**. Funcionários desonestos daquela repartição achacavam a gente simples.

achado, a *adj/s m* (<achar) **1** Encontrado. **Ex**. O dinheiro foi ao varrer o quarto, estava debaixo da cama. **Idi**. *Não se dar por ~* [Mostrar-se desentendido/Fingir que «aquilo» não é com ele/Não reagir]. *Não ser tido nem ~* (em alguma coisa) [Não ter nada a ver com isso] (Ex. Não me peçam explicações (por)que eu não fui tido nem ~ nesse negócio). Se(c)ção de perdidos e ~s «do metro[ô]». **2** Descoberta. **Comb**. *Um* (grande) *~ arqueológico*. *Um ~ histórico*/extraordinário/raro. **3** Coisa boa encontrada por feliz sorte/Pechincha. **Ex**. A casa, por este preço e neste local, mesmo no centro da cidade, foi um (verdadeiro) ~!

achadouro *s m* (<achar+-douro) Lugar «arqueológico» onde se encontrou/descobriu algo «dinheiro».

achamboado, a *adj* (<achamboar) **1** Mal acabado/Imperfeito/Grosseiro/Tosco. **2** Mal vestido/Deselegante.

achamboar *v t* (<a¹-+chambão+-ar¹) **1** Tornar(-se) chambão/rude/grosseiro. **2** Fazer mal uma obra/Atamancar(+).

achamento *s m* (<achar+-mento) A(c)to ou efeito de achar «uma tribo ou terra desconhecida»/Descoberta(+).

achanar *v t* (<a¹-+chão+-ar¹) **1** ⇒ aplanar(+). **2** Tornar(-se) tratável/afável «com a idade». **3** ⇒ acalmar(-se)(+). **4** ⇒ abater/derrotar/vencer.

achaque *s m* (<achacar) **1** *Med* Doença ou mal-estar sem gravidade mas recorrente. **Comb**. ~s da idade/velhice. Pessoa sujeita a [Pessoa com muitos] ~s. **2** Defeito. **Ex**. É uma alma [pessoa] inocente, pura, sem ~ nenhum. É um descontente, põe ~s em tudo e todos. **3** Imputação [Acusação] sem fundamento.

achar¹ *v t* (<lat *áfflo,áre,átum*: soprar sobre) **1** Encontrar. **Ex**. Tinha perdido a chave do carro [de casa], mas o meu filho achou-a. ⇒ achado **1**. **2** Descobrir através do raciocínio ou intuição. **Ex**. Achei a solução que procurava. Achava [Via] nela um encanto especial. **3** Pensar/Julgar/Crer. **Ex**. Acho que o trabalho está bem feito. Que achou do [Qual é a sua opinião sobre o] filme? Acha [Parece-lhe/Julga/Crê/Pensa] que vai chover hoje? – Acho que sim [que não]. Achava-o [Achava que ele era] (muito) vaidoso. Ele voltou para o Brasil e achou [E pareceu-lhe (que estava)] tudo mudado «para melhor/pior». Eu acho-me [Eu penso que estou] preparado para essa missão/responsabilidade/tarefa. **4** Estar/Haver. **Ex**. O ministro acha-se [está neste momento] em Bruxelas, não lhe posso marcar audiência com ele.

achar² *s m Cul* (<persa *achar*) Espécie de picles de raízes, frutos «limão», rebentos de bambu, ... em salmoura ou especiarias «da Índia».

acharoar *v t* (<a¹-+charão+-ar¹) Envernizar [Dar o aspe(c)to de envernizado] com charão. **Loc**. ~ um móvel.

achatadela (Dé) *s f* (<achatar+-dela) **1** Amolgadela(+). **2** *fig* ⇒ (pequena) derrota/humilhação. **3** ⇒ repreensão/raspanete.

achatamento *s m* (<achatar+-mento) **1** A[Re]baixamento de uma superfície. **Ex**. O globo terrestre [A Terra] tem um ligeiro [pequeno] ~ nos polos. **2** *Br* ⇒ contenção(+) nos salários.

achatar *v t/int* (<a¹-+chato+-ar) **1** Tornar ou ficar plano/Abater. **Ex**. A (erosão da) chuvada achatou a lombada do terreno. Ele tem um nariz (largo e) achatado. **2** ⇒ amolgar(+). **3** ⇒ derrotar; vencer; humilhar.

achavascado, a *v t* (<achavascar) Mal acabado/feito/Grosseiro. **Comb**. Trabalho [Móvel] ~.

achavascar *v t* (<a¹-+chavasco+-ar¹) **1** Executar um trabalho ou tarefa de maneira imperfeita/Atamancar(+). **Ex**. Tinha o mau hábito de ~ o que fazia [de fazer tudo de qualquer maneira/de fazer tudo malfeito(+)]. **2** Tornar(-se) grosseiro/rude/Embrutecer-se.

achega (Chê) *s f* (<achegar) **1** Aquilo que se junta ao que já existia/Acrescento. **Comb**. ~s à lei. **2** Contributo para aumentar o conhecimento de alguma coisa. **Ex**. Com tantas ~s recentes podemos considerar como definitiva/o esta [este livro de] História «da República/da Revolução». **3** Ajuda(+). **Ex**. O subsídio de refeição foi uma boa ~ dada a [por causa da] difícil situação económica em que estamos.

achegado, a *adj* (<achegar) **1** ⇒ «parente» chegado(+)/próximo. **2** ⇒ «quarto/casa» aconchegado(+).

achegar *v t* (<lat *ápplico,áre,átum*: apoiar, juntar) ⇒ chegar(+)/aproximar/juntar.

achego (Chê) *s m* (<achegar) **1** ⇒ aconchego(+). **2** ⇒ achega.

achincalhar *v t* (<a¹-+chinquilho+-ar¹) Escarnecer de/Tratar mal/Humilhar(+)/Desprezar. **Ex**. (Até) parece que ele gosta de ~ os outros/as pessoas. Não te deixes ~!

achinesar *v t* (<a¹-+chinês+-ar¹) Dar ou adquirir forma, modos, maneira de pensar, cara(c)terísticas de chinês. **Comb**. Olhos achinesados [em bico(+)].

-acho *suf* (<lat *-culus*) Tem sentido diminutivo ou depreciativo; ⇒ riacho; populacho.

achocolatar *v t* (<a¹-+chocolate+-ar¹) Fazer como chocolate. **Comb**. Sabor achocolatado.

acicatar *v t* (<acicate + -ar) **1** Picar/Estimular com acicate/Espor(e)ar(+) «o cavalo». **2** *fig* Incitar/Estimular/Incentivar/*col* Picar. **Ex**. A certeza do lucro acicatou-o ainda mais.

acicate *s m* (<ár *as-siqqát*: ponta de ferro, pontapé) **1** Espora com uma só ponta de

ferro. ⇒ aguilhão; ferrão. **2** *fig* Incitamento/Incentivo/Estímulo.

acíclico, a *adj* (<a²-+ ...) **1** Que não tem ciclo(s). **2** *Bot* Diz-se de flor ninfeácea «nenúfar/golfo» cujas peças se dispõem em espiral. **3** *Quím* Diz-se de compostos orgânicos de cadeia aberta «hidrocarbonatos». **Sin.** Alifático.

acícula *s f* (<lat *acícula,dim* de *ácus,us*: agulha) **1** *Hist* Gancho com que as mulheres romanas seguravam os cabelos. **2** *Bot* Folha muito fina e pontiaguda/Acúleo. **3** *Zool* Espinho ou cerda de alguns animais «artrópodes».

acicular [aciculado, a] *adj* (<acícula+-ar²) **1** Em forma de agulha. ⇒ aculeiforme. **2** *Bot* Diz-se de folha fina e pontiaguda «do pinheiro».

acidar *v t/int* (<ácido+-ar¹) **1** ⇒ acidificar. **2** ⇒ azedar(+).

acidemia *s f Med* (<ácido+-emia) Elevação/Subida/Aumento da acidez no sangue.

acidência *s f* ⇒ acidentalidade.

acidentação *s f* (<acidentar) Estado do «terreno» que é acidentado.

acidentado, a *adj/s* (<acidentar) **1** «terreno/relevo» Irregular. **2** Tumultuoso/Difícil/Agitado(+). **Ex.** Eles viveram [passaram uns] dias difíceis, bastante ~s. **3** Que teve/sofreu um acidente. **Ex.** A ambulância transportou os ~s [sinistrados] ao hospital. O carro ~ foi rebocado pela polícia.

acidental *adj 2g* (<lat *accidentális,e*) **1** Que acontece por acaso/Casual(+)/Contingente/Eventual. **Comb.** Um encontro ~ com um amigo no mesmo avião. **2** Que não é essencial/Secundário(+). **Ex.** O importante para mim é ter um bom emprego, o local [o resto/tudo o mais] é ~.

acidentalidade *s f* (<acidental+-(i)dade) Casualidade/Eventualidade/Contingência(+).

acidentalmente *adv* (<acidental+-mente) Casualmente/Por acaso(+). **Ex.** Encontrei-me com ele ~ na rua.

acidentar *v t* (<acidente+-ar¹) **1** Ter acidentes/Ser irregular. **Ex.** Depois de [Transcorridos] alguns quiló[ô]metros, acidenta-se o relevo. **2** Causar/Sofrer/Ter um acidente. **Ex.** O desastre acidentou quatro pessoas. Os alpinistas acidentaram-se na descida.

acidente *s m* (<lat *áccidens,éntis*) **1** Acontecimento imprevisto. **Loc.** «encontrei-me com ele» por ~ [acaso(+)]. **Comb.** ~ de percurso [Ocorrência imprevista «muita fome na viagem» mas sem más consequências]. **2** Acontecimento desagradável/Desastre. **Comb.** ~ *de trabalho* «dedo cortado pela máquina na fábrica». ~ *de viação* [na estrada]. ~ *ferroviário* [do comboio/trem]. ~ *rodoviário* [de carro/automóvel]. **3** *Fil* Parte ou qualidade secundária/não substancial ou essencial. **Ex.** A cor da minha pele «branca, negra, amarela, vermelha» é um ~ da minha substância [essência, base], que é ser humano. **4** *Teol* Na Eucaristia: a cor, cheiro e sabor do pão e do vinho. **Ex.** Depois da consagração, na missa, a substância ou realidade principal destes ~s [destas espécies] é o [transforma-se no] corpo e sangue de Cristo. ⇒ transubstanciação. **Sin.** Aparência. **5** *Geol* Irregularidade da superfície terrestre/Desnível. **Comb.** ~ de terreno [do relevo/Relevo (muito) acidentado]. **6** *Med* Ferimento, ataque ou doença bruscos/repentinos. **Comb.** ~ *(pós-)operatório* [Ocorrência depois da ou durante a operação]. ~ *vascular cerebral* [Hemorragia cerebral seguida de perda total ou parcial das funções cerebrais «fala/vista/movimentos»/AVC].

acidez *s f* (<ácido+-ez) **1** Qualidade do que é ácido «limão»/Azedume/Azedo. **2** *Quím* Propriedade própria dos ácidos que neutraliza as bases. **Comb.** ~ gástrica [do estômago] (⇒ hiperacidez). **3** *fam* Sensação de ardor. **Ex.** Queixava-se de ~ no estômago.

acídico, a *adj* (<ácido+-ico) Que tem propriedades ácidas.

acidífero, a *adj* (<ácido+-fero) «mineral» Que contém ou produz ácido.

acidificação *s f* (<acidificar) Transformação em ácido.

acidificante *adj 2g/s m* (<acidificar) (O) que torna [transforma em] ácido. **Ex.** O oxigénio foi o primeiro ~ conhecido.

acidificar *v t* (<ácido+-ficar) **1** Transformar (-se) em ácido. **2** Juntar [Adicionar] ácido a uma substância.

acidimetria *s f Quím* (<ácido+-metria) Medição do grau [teor] de acidez duma solução.

acidímetro *s m Quím* Aparelho ou solução que serve para avaliar o grau de acidez dum líquido.

ácido, a *adj/s m* (<lat *ácidus,a,um*) **1** Que tem sabor ou cheiro semelhante ao vinagre ou ao limão/Acre/Azedo. **Ex.** O leite coalhado é ~. **Ant.** Doce; açucarado. **2** *Quím* Composto «corrosivo» que contém um ou mais átomos de hidrogé[ê]nio e que, desidratando-se, dá origem a um anidrido. **Comb.** ~ lisérgico ⇒ LSD. ⇒ base; sal. **3** *fig* ⇒ «crítica» mordaz/acerbo/a.

acidófilo, a *adj/s m Biol* (<ácido+-filo) **1** «tecido/organismo» Que fixa [cora facilmente com/tem afinidade para] corantes ácidos. **2** Organismo «bactéria/mosca» que vive nos meios ácidos.

acidose *s f Med* (<ácido+ose) Aumento de acidez no sangue e nos tecidos do organismo «na diabetes descompensada».

acidósico, a *adj* (<acidose+-ico) Relativo a acidose.

acidular *v t* (<acídulo+-ar¹) **1** Tornar levemente ácido «com umas gotas de limão»/Acidificar «um detergente». **2** *fig* Irritar/Ferir. **Ex.** Acidulado com aquelas palavras [com o que ouviu] saiu da reunião/sala.

acídulo [aciduladо], a *adj* (⇒ acidular **1**) Ligeiramente [Misturado com] ácido.

aciganar *v t* (<a¹-+cigano+-ar¹) **1** Dar ou adquirir modos de cigano. **2** *pej* Tornar(-se) astuto/mentiroso.

acima *adv* (<a⁵ **14**+cima) **1** Em parte mais alta/Em cima/Por cima. **Ex.** Acima! [Voz de comando para levantar alguma coisa ou dar ânimo] (Sin. Arriba!(+) Upa!/Força!Ânimo!). Dói-lhe aqui ou mais ~? Eles vivem cinco andares [pisos] ~ de nós. Eu ponho a honra ~ do dinheiro. Ela tem uma cultura ~ da média. **Loc.** «ele tem» ~ *de* [Mais de] 90 anos. ~ *de qualquer suspeita* [Sem lugar para dúvidas] (Ex. A honestidade dos meus pais sempre esteve ~ ...). ~ *de tudo* [Mais que tudo/Antes de mais/Sobretudo] (Ex. «queremos» ~ de tudo [Mais que tudo/Primeiro] liberdade! Ele é sobretudo [~ de tudo] um profissional). **Ant.** Abaixo. **2** Em dire(c)ção a um lugar superior/Para cima. **Ex.** Fomos rio Douro ~ até à fronteira de Espanha. Subimos rua [serra/costa] ~ e descansámos um pouco. **3** Antes. **Ex.** Como «num texto anterior do livro» referimos «os portugueses foram os primeiros europeus a chegar ao Japão». Os alunos supracitados [~ citados] receberão um pré[ê]mio.

acinesia *s f Med* (<gr *akinesía*) **1** Ausência total ou parcial de movimento/Imobilidade. ⇒ paralisia. **2** Intervalo entre a sístole e a diástole do coração.

acinético, a *adj Med* (<gr *akínetos*: imóvel +-ico) Relativo a acinesia. **Comb.** Medicamento ~ [calmante] (Ex. A digitalina é um ~ para «parar» o coração).

acino *s m* (<lat *ácinus/num*: bago ou grainha «de uva») **1** *Bot* ⇒ bago(+); baga(+). **2** *Anat* Cada parte [glóbulo] de glândula em cacho.

acinte *s m* (<lat *a sciente*: por quem sabe) A(c)ção praticada com intenção de ofender ou irritar alguém. **Loc.** Por [Com] ~ [De caso pensado/De propósito/Acintosamente] (Ex. Ele disse-me por ~ que o chefe não gostava de mim e me queria despedir). ⇒ provocação; mordacidade.

acinzentar *v t* (<a¹-+cinzento+-ar¹) Dar ou tomar cor cinzenta [(de) cinza]. **Ex.** O céu acinzentado anunciava tempestade. Gostava de se vestir de cores neutras, acinzentadas.

acionamento (Àci) *s m* [= accionamento] (<acionar+-mento) A(c)to ou processo de pôr em movimento/funcionamento/de pôr em a(c)ção ou a andar. **Comb.** *O ~ de um dispositivo elé(c)trico* [de uma máquina/do motor]. *O ~ de um plano de emergência* às vítimas do terramoto.

acionar *v t* [= accionar] (<ação+-ar¹) **1** Pôr em funcionamento [a funcionar] «um mecanismo/uma máquina «carregando num botão»/uma alavanca/o programa do computador». **Ex.** O calor a(c)cionou o alarme de incêndio. **2** Pôr em a(c)ção/Executar. **Loc.** ~ o plano de emergência/de socorro. **3** ⇒ acompanhar com gestos/gesticular(+). **4** *Dir* Mover a(c)ção judicial/Levar a tribunal/Processar(+).

acionista *s/adj 2g* [= accionista] (<a(c)ção+-ista) Pessoa que possui a(c)ções numa [é Sócio duma] sociedade anó[ô]nima por a(c)ções. **Ex.** Está agendada [marcada] para o próximo mês uma reunião dos ~s maioritários da empresa. **Comb.** Participação ~.

acipitrídeo, a ⇒ accipitrídeo.

acirrar *v t* (<on) **1** Incitar. **Ex.** Com um discurso inflamado acirrou a multidão que invadiu o palácio presidencial [do Presidente da República]. Os ânimos (da gente) estavam (muito) acirrados/exaltados. **Loc.** ~ [Açular(+)] o cão contra o assaltante/ladrão». **2** Irritar. **Ex.** Ele é assim, em vez de entrar em si [em vez de pensar] acirra-se e refila. **3** Estimular/Despertar. **Ex.** O conflito [A guerra/A discussão] acirrou-se (ainda mais). Aquilo «grandes gritos» acirrou a nossa curiosidade.

aclamação *s f* (<lat *acclamátio,ónis*) **1** A(c)ção de aclamar/Ovação/Aplauso/Palmas. **Ex.** Quando o primeiro corredor entrou no estádio a multidão rompeu em ~. **Comb.** ~ ao Evangelho [Fórmula breve «aleluia!/Eu sou o bom pastor, diz o Senhor» dita ou cantada pelo povo, an missa, antes da leitura do Evangelho]. **2** *Hist* Reconhecimento público [de todo o povo] do novo rei «D. João I». **3** Manifestação unânime de uma assembleia que aprova algo ou elege alguém. **Loc.** Por ~ [Sem (necessidade de) votação] (Ex. O presidente do clube foi eleito [escolhido/aprovado] por ~. A proposta [ideia] foi aprovada [aceite] por ~).

aclamar *v t* (<lat *acclámo,áre,átum*: gritar (a favor ou contra) <ad+clamo,áre; gritar, chamar por) **1** Receber ou saudar com gritos e aplausos/Aplaudir/Ovacionar. **Ex.** A multidão aclamou a [deu vivas à] equipa vencedora no fim da partida/do jogo. **Loc.** ~ *o campeão*. ~ *o* [Dar vivas ao] ***Presidente***. **2** Reconhecer o mérito ou condição [posto/posição] de alguém. **Ex.** Os congressistas aclamaram a proposta da mesa

[do comité/ê]. Ele foi aclamado (como) o melhor político da região [autarquia]. ⇒ aclamação 2. 3 ⇒ proclamar; declarar.

aclaração *s f* (<aclarar) **1** Observação esclarecedora/Esclarecimento(+). **2** *Dir* Aditamento esclarecedor [elucidativo] a um texto legal ou contratual para explicar certas cláusulas ou artigos. **3** Nota explicativa/Glosa.

aclarar *v t/int* (<lat *ác-claro,áre,átum*) **1** Dar ou receber luz/claridade. **Ex.** Saí de casa muito cedo quando (o céu) começava a ~. **2** Tornar ou ficar claro, nítido, transparente. **Ex.** Espera, deixa ~ a água «que ainda tem terra». Aclarou a voz e continuou a falar. **3** Tornar mais branco/Branquear. **Ex.** Acrescentou mais tinta branca para ~ a mistura (das tintas). **Loc.** ~ [Pôr à cora(+)] a roupa branca/os lençóis. **4** Tornar mais claro/compreensível/Esclarecer/Explicar. **Ex.** Vamos ~ [desvendar] este mistério [esta questão/este enigma]. **5** *Agric* ⇒ desbastar/limpar/podar/mondar.

aclimação [aclimat(iz)ação] *s f* (<aclimar [aclimat(iz)ar]+-ção) Adaptação progressiva (de homens, plantas ou animais) a um novo meio ou a um novo clima. ⇒ ambientação.

aclimar [aclimat(iz)ar] *v t* (<a¹-+lat *clíma,atis*: clima+-ar¹) **1** Adaptar(-se) um ser vivo (Homens, plantas ou animais) a um novo clima ou habitat. **2** ⇒ habituar--se; acostumar-se; ambientar-se.

aclive *adj 2g/s m* (<lat *acclívis*) **1** A subir/Íngreme(+). **2** Subida(+). **Ant.** Declive.

acme *s m/f* (<gr *akmé,és*: ponta, ápice) **1** O ponto mais alto/Auge(+)/Clímax. **Comb.** *O/A ~ da glória. O/A ~ do crescimento* [desenvolvimento] de um indivíduo. **2** *Med* Período de maior intensidade de uma doença «febre acmástica»/Fase crítica.

acne *s f Med* (⇒ acme) Afe(c)ção da pele «no rosto dos jovens» que se manifesta por pequenas pústulas/Espinhas(+).

ACNUR sigla de **A**lto-**C**omissariado das **N**ações **U**nidas para os **R**efugiados.

aço *s m/adj* (<aceiro) **1** Liga de ferro/carbono, etc. **Ex.** Esta panela é (feita) de ~ inoxidável. **Comb.** *~ duro* [cujo teor ou quantidade de carbono se situa entre 0,60% e 0,70%]. *~ macio* [cujo teor de carbono é só até 0,30%]. *~ rápido* [que contém metais que o endurecem]. **2** Arma branca. **Ex.** O ~ do punhal brilhou no escuro. **3** Amálgama de estanho e mercúrio. **Ex.** O ~ do espelho deteriorou-se. **4** *fig* Força/Resistência. **Idi.** *De ~* [Forte/Rijo] (Ex. O pugilista tem uns músculos de ~. **Comb.** Coração [Nervos] de ~). **5** *adj br* ⇒ albino. **6** *Br* ⇒ pinga [cachaça].

-aço, a *suf* (<lat *-áceus*) **1** *Aum e/ou depr.* **Ex.** Tu tens muito dinheiro, és uma ricaça. Aquele homem tem um bigodaço muito feio. ⇒ amigalh~. **2** Resultado de um processo. **Ex.** – Caíste? Estás com um inch~ enorme no joelho. ⇒ mel~.

acob[v]ardado, a *adj* (<acob[v]ardar+ -ado) Receoso/Atemorizado/Medroso. **Ex.** – Desapareceste no momento da votação. Ficaste ~?

acob[v]ardamento *s m* (<acob[v]ardar+ -mento) **1** Cob[v]ardia. **Ex.** O ~ dos ladrões foi nítido/claro/visível. **2** acanhamento.

acob[v]ardar *v t* (<a¹-+cob[v]arde+-ar¹) **1** Tornar cob[v]arde/Amedrontar/Desanimar. **Ex.** O ataque [assalto da polícia acob[v]ardou os traficantes de droga. O exame de condução acob[v]ardou algumas mulheres. **2** ~-se/Ter medo. **Ex.** O homem acob[v]ardou-se e não conseguiu enfrentar o incêndio. O Zé desistiu do casamento porque se acob[v]ardou. **Sin.** Amedrontar; intimidar; meter medo.

acobertar *v t* (<a¹-+coberta+-ar¹) **1** Pôr a coberto/Proteger. **Ex.** A mulher acobertou os terroristas. O jornalista acobertou um potencial crime de Estado. **Comb.** Acobertado pela noite [pelos companheiros]. **2** ~-se/Dissimular/Disfarçar. **Ex.** As crianças foram apanhadas a riscar os livros e acobertaram-se. **3** ⇒ cobrir «os ombros».

acobrear *v t* (<a¹-+cobre+-ar¹) **1** Dar a cor do cobre a/Cobrear. **Ex.** A Maria acobreou [bronzeou(+)] o cabelo. **Comb.** Céu acobreado. Pele acobreada [bronzeada(+)]. **2** Revestir de cobre por galvanização.

acocar *v t br* (<a¹-+coca+-ar¹) ⇒ acariciar [(a)mimar].

acochado, a *adj* (<acochar+-ado) **1** Que está comprimido/apertado. **2** Que está agachado/acocorado. **Ex.** As galinhas estão ~as no choco. **3** *Br* ⇒ açodado.

acochar *v t* (<a¹-+cocha+-ar¹) **1** Acamar/Arrochar. **Ex.** O padeiro acochou a massa. **2** ~-se/Comprimir-se/Agachar-se(+). **Ex.** O menino acochou-se para apanhar o pião. **3** ⇒ apressar/importunar/incomodar.

acochichar *v t* (<a¹-+cochicho+-ar¹) **1** Amolgar/Amarrotar(+). **Ex.** O rapaz acochichou o chapéu. **2** ⇒ cochichar.

acocoração *s f* (<acocorar+-ção) A(c)to ou efeito de acocorar(-se).

acocorado, a *adj* (<acocorar+-ado; ⇒ cócoras) **1** Que se sentou sobre os calcanhares. **Ex.** A empregada de limpeza estava ~a a limpar as cadeiras. **2** Que se humilhou. **Ex.** O homem estava ~ perante o seu credor. **3** *Br* Que é excessivamente acarinhado. **Ex.** Aquelas crianças estão ~as.

acocorar *v t* (<a¹-+cócoras+-ar¹) **1** Pôr(-se) de cócoras (+)/Baixar. **Ex.** O rapaz acocorou a irmã atrás do muro. **2** ~-se/Agachar--se. **Ex.** Os bailarinos acocoraram-se simultaneamente. **3** *Br* ⇒ humilhar.

açodado, a *adj* (<açodar+-ado) Apressado/Que age com rapidez. **Ex.** Quando o dire(c)tor entrou na sala, a secretária dirigiu-se--lhe muito ~a.

açodamento *s m* (<açodar+-mento) Pressa/Precipitação.

açodar *v t* (<on) Apressar(-se)/Instigar. **Ex.** O General açodou os soldados. ⇒ açular.

açofei(fei)ra *s f* (<ár *az-zufaizfâ*) *Bot* **1** Árvore ramnácea, em Portugal «lódão». **2** Fruto da ~. **Sin.** Jujuba.

acognosia *s f Med* (<gr *ákos*: remédio + *gnósis*: conhecimento) Conhecimento dos processos terapêuticos. **Sin.** Acognose; acologia; terapêutica(+).

acogulado, a *adj* (<a¹-+cogulo+-ado) Que está muito cheio/está a transbordar. **Ex.** Ele comia todos os dias de manhã uma taça ~a de cereais.

acogular *v t* (< a¹-+cogulo+-ar¹) **1** Encher «recipiente» acima dos bordos. **Ex.** Ela acogulou-lhe o prato de arroz. **2** Acumular. **Ex.** Com o passar dos anos, foi-se--lhe acogulando a vontade de vingança. A multidão apinhava[acogulava]-se na sala/praça.

acoimar *v t* (<a¹-+coima+-ar¹) **1** Multar. **Ex.** O polícia apanhou o condutor em excesso de velocidade e acoimou[multou(+)]-o. **2** Taxar/Classificar de forma depreciativa/Punir. **Loc.** ~ *de corrupção* [de corrupta] toda a política. **3** Dar-se por culpado/Acusar-se/~-se.

acoi[ou]rado, a *adj* (<a¹-+coi[ou]ro+-ado) Semelhante a coiro. **Ex.** Ela trazia uma mala de plástico ~o muito bonita.

acoi[ou]relamento *s m* (<acoi[ou]relar+ -mento) A(c)to ou efeito de acoirelar.

acoi[ou]relar *v t* (<a¹-+coi[ou]rela+-ar¹) Dividir um terreno em coi[ou]relas.

acoi[ou]tador, ora *adj/s* (<acoi[ou]tar +-dor) **1** (O) que acoita. **2** *Dir* Encobridor/Ocultador.

açoi[ou]tador, ora *adj/s* (<açoi[ou]tar +-dor) (O) que açoita. ⇒ carrasco; verdugo.

acoi[ou]tamento *s m* (<acoi[ou]tar+-mento) A(c)to ou efeito de acoitar(-se).

açoi[ou]tamento *s m* (<açoi[ou]tar+-mento) A(c)to ou efeito de açoitar(-se).

acoi[ou]tar *v t* (<a¹-+coi[ou]to+-ar¹) **1** Dar refúgio a/Acolher/Esconder. **Ex.** Os camponeses acoitaram as crianças perdidas. **2** ~-se/Refugiar-se/Esconder-se.

açoi[ou]tar *v t* (<açoi[ou]te+-ar¹) **1** Punir com açoite/Bater em/Castigar/Fustigar. **Ex.** O cavaleiro açoitou o cavalo com força. A ventania *idi* açoitava [fustigava] as árvores. **2** ~-se/Flagelar-se/Disciplinar-se.

açoi[ou]te *s m* (<ár *as-sót*: chicote) **1** Tira de coiro para castigar. **Idi.** *Br De ~* ⇒ (De) repente. **Sin.** Azorrague(+); chicote; látego(+). **2** Golpe dado com **1**. **Ex.** Deram-lhe muitos ~s nas costas [nádegas] «com uma vara». ⇒ palmada. **3** ⇒ castigo/flagelo.

açoi[ou]teira *s f* (<açoi[ou]te+-eira) Ponta do açoite ou açoite curto. ⇒ rédea.

acolá *adv* (<lat *écce eum illác*: eis ali) Naquele lugar/Além. **Ex.** Mude essas cadeiras para ~ [para além]. **Comb.** «plantar árvores para **Aqui e ~** [Em vários lugares/Por toda a parte]. «todos protestaram» *Para aqui, para ~* [De várias maneiras].

acolada *s f* (<fr *accolade*) ⇒ abraço.

acolchetar *v t* (<a¹-+colchete+-ar¹) **1** Pôr colchetes a. **2** Prender com colchetes. **Ex.** A mãe pôs o barrete à criança e apertou[acolchetou]-lhe o casaquinho. **3** ⇒ juntar/ligar.

acolchoadinho *s m* (<acolchoado+-inho) Pano tecido à maneira de acolchoado.

acolchoado, a *adj/s* (<acolchoar+-ado) **1** Tecido forrado e pespontado. **Ex.** A cadeira ficou muito bem ~a. **Comb.** Móvel [Envelope] (com) ~. ⇒ almofadado; estofado. **2** Coberta ~a. **Sin.** Edredão[dom].

acolchoamento *s m* (<acolchoar+-mento) A(c)to ou efeito de acolchoar.

acolchoar *v t* (<a¹-+colchão+-ar¹) Forrar ou encher à maneira de colchão/Estofar com material fofo/Almofadar. **Ex.** A mulher acolchoou o casaco para proteger mais do frio a criança.

acoletado *adj* (<a¹-+colete+-ado) Com (feitio de) colete. **Comb.** Vestido ~.

acolhedor, ora *adj* (<acolher+-dor) **1** Que acolhe bem. **Sin.** Afável; amável; cordial; hospitaleiro. **Ant.** Frio. **2** Que tem aspe(c)to agradável. **Comb.** *Sala ~ra*/aconchegada. *Sorriso ~.* **Sin.** Convidativo.

acolher *v t* (<lat *accólligo, accollígere*: recolher) **1** Dar guarida/acolhimento (para sempre). **Ex.** O país acolheu milhares de refugiados. **Loc.** ~ *em sua casa.* **2** Receber quem chega. **Ex.** Fui (muito) mal acolhido à chegada! **Loc.** *~ bem. ~ com um sorriso.* **3** ~-se/Refugiar-se/Abrigar-se. **Ex.** Os refugiados acolheram-se às [à prote(c)ção das] tendas de campanha. **Loc.** ~-se [Fugir] da chuva numa gruta [debaixo de uma árvore]. **4** Aceitar. **Ex.** Os meus pais acolheram logo o meu desejo de estudar.

acolherar *v t* (<a¹-+colher+-ar¹) **1** Dar forma de colher a. **2** *Br* Atrelar animais com colhera (Correia).

acolhida *s f* (<acolher+-ida) A(c)ção de acolher/Rece(p)ção. **Sin.** Acolhimento(+).

acolhimento *s m* (<acolher+-mento) **1** Rece(p)ção/Hospitalidade. **2** Abrigo gratuito.

acolia s f Med (<gr akholía: ausência de bílis) Falta de secreção biliar.

acolitar v t (<acólito+-ar¹) **1** Ajudar «à missa» como acólito. **2** Acompanhar. **3** depr Seguir alguém de modo subserviente.

acólito s m (<gr akólouthos: acompanhante, servidor) **1** Clérigo com a quarta ordem menor. **2** O que ajuda «à missa». **3** fig Ajudante/Companheiro. **4** depr Guarda-costas.

acologia s f ⇒ acognosia.

acomadrar v t (<a¹-+comadre+-ar¹) **1** Tornar «a amiga» comadre de alguém. ⇒ acompadrar. **2** ~-se/Tornar-se comadre de. **3** fig/depr Ganhar intimidade/Aliar(-se)/Pactuar.

acometedor, ora adj/s (<acometer+-dor) (O) que acomete.

acometer v t (<a¹-+cometer) **1** Manifestar-se subitamente/Arremeter/Atacar/Investir. **Ex.** Uma doença súbita acometeu [atacou] a mulher. De repente acometeu[invadiu/assaltou]-o um grande medo. Os contendores acometeram [atacaram]-se violentamente. **Loc.** «a embarcação» ~ [Enfrentar] o oceano. ~ (contra/sobre) os manifestantes. **2** ⇒ empreender; cometer. **3** fig Insultar.

acometida s f (<acometer+-ida) Manifestação súbita/Ataque «de febre»/Investida.

acometimento s m (<acometer+-mento) ⇒ acometida.

acometível adj 2g (<acometer+-ível) Que se pode acometer/Atacável.

acomia s f Med (<gr ákomos: sem cabelo +-ia) ⇒ calvície.

acomodação s f (<lat accommodátio,ónis) **1** A(c)to ou efeito de acomodar(-se)/Instalação/Arrumação. **Ex.** A ~ das pessoas nos bancos do teatro decorreu normalmente. **2** Biol Fisiol Psic Adaptação. **Comb.** A ~ do organismo [olho/feto]. **3** Dir ⇒ conciliação (entre pessoas/as partes). **4** ⇒ conformismo. **5** pl Instalações/Dependências. **Ex.** Era uma casa grande, com muitas ~ções.

acomodadiço, a adj (<acomodar+-diço) Que se acomoda/Acomodatício.

acomodado, a adj (<acomodar+-ado) **1** Instalado «politicamente/no hotel»/Adaptado/«local» Sossegado. **2** ⇒ conformado/resignado. **3** ⇒ empregado/colocado.

acomodamento s m (<acomodar+-mento) Acomodação(+)/Adaptação.

acomodar(-se) v t (<lat accómodo,áre, átum: adaptar, destinar) **1** Pôr(-se) em lugar có[ô]modo. **Loc.** ~-se no sofá. ~ o doente na cama. **2** Dar acomodação a/Alojar/Instalar. **Ex.** Não havia quartos livres e acomodámo-nos nos corredores. O estádio acomoda [tem capacidade para/leva] 30.000 espe(c)tadores. **Loc.** ~ os refugiados. **3** Adaptar. **Loc.** ~-se às circunstâncias. ~ os olhos [a vista] ao reflexo da luz. **4** Harmonizar uma questão entre/Apaziguar/Acalmar/Serenar. **Loc.** ~-se com o assaltante «para não ser morto por ele». ~ o cão furioso «cavalo espantadiço». ~ pessoas desavindas. **Sin.** Compor. **5** Arranjar emprego a alguém. **Loc.** ~ um amigo na Câmara [Prefeitura]. **6** Pôr ou dispor em ordem/Ordenar/Arrumar. **Loc.** ~ a bagagem no carro. **7** Sentar-se. **Ex.** Os convidados acomodaram-se à mesa. **8** ~-se/Conformar-se/Resignar-se. **Loc.** ~-se com a doença. **9** Sossegar. **Ex.** Acomode-se [Pare]! Senão mato-o.

acomodatício, a adj (<acomodar+-ício) **1** ⇒ «cará(c)ter/marido» condescendente. **2** ⇒ «sentido» adaptável/alegórico «da Bíblia».

acomodável adj 2g (<acomodar+-vel) Que se pode acomodar/Acomodatício.

acompadrar v t (a¹-+compadre+ar¹) **1** Ligar por compadrio/Tornar-se compadre. ⇒ acomadrar. **2** Tornar amigo/Familiarizar. **Ex.** Acompadrei a Maria com o Manuel. **3** ~-se/Aliar-se/Associar-se. **Loc.** ~-se com os invasores [políticos].

acompanhado, a adj (<acompanhar+-ado) **1** Que tem companhia. **Ex.** As crianças vieram ~as dos [pelos] pais. Costuma-se dizer que "mais vale só (do) que mal ~". **2** Guiado/Orientado/Aconselhado. **Loc.** Ser ~ nos estudos «na escola e em casa». **3** Misturado/Entremeado. **Comb.** Alegria (~a d)e tristeza. **4** Mús Diz-se de trecho executado ou cantado por instrumentos ou vozes predominantes seguidos ou secundados por outros instrumentos. **Comb.** Solo ~ a piano. **5** Cul Que é servido com. **Ex.** O bife é [vem] ~ [guarnecido] de batatas fritas.

acompanhador, ora adj/s Mús (<acompanhar 6 + -dor) (O) que toca um instrumento para acompanhar alguém que canta ou que toca outro instrumento. **Ex.** Os guitarristas são ~res da fadista. ⇒ acompanhante.

acompanhamento s m (<acompanhar+-mento) **1** A(c)to ou efeito de acompanhar. **2** ⇒ comitiva/séquito. **3** Ped ⇒ orientação «do aluno/jogador». **4** Cul Prato secundário que numa refeição acompanha o prato principal. **Ex.** O ~ do peixe frito é [foi/era] arroz de tomate. **5** Aer/Mil ⇒ prote(c)ção. **6** Mús Música instrumental que acompanha o canto ou outro instrumento. **Loc.** Cantar sem ~. **Comb.** ~ à [com] viola. **7** Astr ⇒ rastreio [rastreamento].

acompanhante adj/s 2g (<acompanhar+-ante) **1** (O) que acompanha. **Comb.** O/A ~ [guia] dos turistas. As esposas ~s dos congressistas. **2** Mús ⇒ acompanhador. **3** Br Pessoa que dá assistência «a inválido».

acompanhar v t/int (<a¹-+companh(i)a+-ar¹) **1** Estar/Ir com alguém. **Ex.** Você anda tão depressa que eu não o consigo ~. Esta pasta [mal(inh)a] acompanha-me sempre! **Loc.** ~ os convidados (até) à porta. **2** Seguir. **Ex.** Este caminho acompanha o [vai/segue sempre ao longo do] rio. **Loc.** ~ [Ir com] o cortejo/a procissão. **3** Perceber/Entender. **Ex.** Este aluno acompanha bem as aulas. «vejo que» Está a ~ [seguir/entender] o meu raciocínio. **4** Ser solidário/Concordar. **Ex.** Acompanho-o no [Sinto muito/Compreendo o] seu desgosto. Ninguém o acompanhou naquela decisão. **5** Manter-se informado. **Loc.** ~ as notícias «de Timor-Leste». **6** Mús Seguir com instrumentos. **Ex.** Ela cantava e acompanhava-se ao piano [à guitarra]. **7** Cul Servir o prato principal com outras coisas/Guarnecer.

acompridar v t (<a¹-+comprido+-ar¹) ⇒ alongar.

aconchegado, a adj (<aconchegar+-ado) **1** (Muito) chegado. **Ex.** Sentaram-se no banco, muito [todos] ~s. **2** Có[ô]modo/Confortável. **Comb.** Sala ~a/acolhedora. **3** Abrigado(+)/Agasalhado. **Comb.** Lugar ~. **Ant.** Desabrigado; des~.

aconchegante adj 2g (<aconchegar+-ante) Que aconchega/Agasalhador.

aconchegar v t (<a¹-+conchego+-ar¹) **1** ~-se/Chegar a si/Aproximar. **Ex.** Aconchegou-se a ela para lhe ver o rosto. **2** ~-se/Abrigar/Agasalhar/Cobrir. **Ex.** As crianças aconchegam-se nos cobertores [na cama] e adormecem. **3** ~-se/Acomodar. **Ex.** Aconcheguem-se no sofá como puderem. **Idi.** ~ o estômago [Comer alguma coisa]. **4** Compor/Ajeitar. **Ex.** Está muito frio lá fora. Vamos ~ bem os casacos. **Ant.** Desconchegar.

aconchego (Chê) s m (<aconchegar) **1** A(c)ção de aconchegar. **2** Prote(c)ção. **Comb.** O ~ [amparo] de um bom marido. **3** Agasalho/Conforto/Comodidade. **Comb.** O ~ da casa. **Sin.** Conchego.

acondicionado, a adj (<acondicionar+-ado) **1** Arrumado «num quarto». **2** Adaptado «ao lugar»/Condicionado. **3** Embrulhado/Embalado «em caixas».

acondicionamento s m (<acondicionar+-mento) A(c)to ou efeito de acondicionar. **Comb.** ~ de mercadorias [resíduos].

acondicionar v t (<a¹-+condição+-ar¹) **1** Pôr/Colocar em boas condições. **Loc.** ~ as mercadorias no depósito. ~ bem a carga no cami(nh)ão. **2** ⇒ adaptar.

acôndilo adj Anat (<a²-+...) «osso» Desprovido de côndilo/Que não tem juntas.

acondrito s m Min (<a²-+condrito) Meteorito sem côndrulos.

aconfeitar v t (<a¹-+confeito+-ar¹) **1** Dar forma de confeito a. **2** Cobrir com açúcar.

aconfradar v t (<a¹-+confrade+-ar¹) **1** Tornar confrade. **2** ⇒ bandear.

aconitato s m Quím (<acó[ô]nito+-ato) Sal do ácido aconítico.

aconítico adj Quím (<gr akonitikós: feito de acó[ô]nito) «ácido» Que se extrai do acó[ô]nito.

aconitina s f Quím (<acó[ô]nito+-ina) Substância alcaloide que se extrai do acó[ô]nito e que tem aplicações medicinais.

acónito [Br acônito] s m Bot (<gr akóniton: planta venenosa) Planta ranunculácea, venenosa e medicinal. **Sin.** Mata-cão. ⇒ aconitina.

aconselhador, ora adj/s (<aconselhar+-dor) O que aconselha/Conselheiro(+).

aconselhamento s m (<aconselhar+-mento) A(c)to de dar conselhos a/Consulta/Orientação. **Comb.** ~ clínico/médico(+). ~ psicológico.

aconselhar v t (<a¹-+conselho+-ar¹) **1** Recomendar [Dar conselhos]. **Ex.** Vou ~ os doentes a deixar de fumar. **Ant.** Des~. **2** ~-se/Pedir conselho [Perguntar a alguém]. **Ex.** Aconselhei-me antes de aceitar a proposta. **Idi.** ~-se com o travesseiro [idi Dormir sobre o caso/problema/Pensar primeiro/Recolher-se para pensar]. **3** Indicar como mais conveniente. **Ex.** A prudência aconselhava (a) que não viajasse só.

aconselhável adj 2g (<aconselhar+-vel) **1** Que se pode aconselhar/Recomendável. **Ex.** Esse país está em guerra. Não é ~ ir com a família. **Ant.** Des~. **2** Bom/Razoável. **Ex.** Você disse mais do que o (que era) ~.

acontecer v t/int (<lat ad+contíngo,ere: tocar em, estar ligado a) **1** Ocorrer/Suceder/Passar-se. **Ex.** A passagem do cometa Halley aconteceu [foi] na hora prevista. Aconteceu encontrarmo-nos [que nos encontrámos] no cinema. Que (foi que) lhe aconteceu, que o vejo tão triste? Aconteça o que ~ [Haja o que houver], eu já decidi ir (e vou mesmo). O meu avô caiu da cama e partiu um braço! Coisas que acontecem! Você acusa o meu filho. Acontece que [Ora] eu não tenho nenhum filho. Acontece idi cada uma [cada coisa]! **Idi.** Fazer e ~ [Prometer «construir um Lar de Idosos»/Ameaçar «que chamava a polícia»] (Ex. Ele dizia que fazia e acontecia, mas, afinal, não fez nada). **2** Gír Br Ser obje(c)to de atenção. **Ex.** Aquele a(c)tor aconteceu [foi um sucesso(+)] logo no primeiro episódio da novela.

acontecido, a adj/s m (<acontecer+-ido) **1** Que aconteceu. **Comb.** Crimes ~s. **Sin.** Real; sucedido. **2** O que aconteceu/Ocor-

rência/Acontecimento. **Loc.** Informar a polícia do ~ [ocorrido/que se passou].

acontecimento *s m* (<acontecer+-mento) **1** Aquilo que acontece/Ocorrência/Fa(c)to. **2** *fig* Caso notável/Grande notícia/Êxito. **Ex.** Aquela vitória [festa] foi um ~! **3** Circunstância/Situação. **Loc.** Ser ultrapassado pelos ~s [Ser incapaz de dominar a situação].

acoplado, a *adj* (<acoplar+-ado) **1** *Astr Fís* Unido/Ligado/Conectado/Engatado. **Comb.** *Naves ~as. Sistemas ~os.* **2** Emparelhado/Amancebado/Acasalado. **Ex.** O cão e a cadela estão ~os.

acoplador *s m* (<acoplar+-dor) *Ele(c)tri/Mec* Componente para ligar «dois circuitos». *Info* ~ acústico.

acoplagem [acoplamento(+)] *s f* (<acoplar+...) **1** *Astr/Fís/Mec* União/Ligação/Conexão. **Comb. ~ capacitativo** [elé(c)trico]. *~ de naves* espaciais. *~ de sistemas. ~ dire(c)ta. ~ entre os oceanos e a atmosfera. ~ indutiva* [magnética]. *~ ó(p)tica.* **2** Emparelhamento/Casamento/Cruzamento. **Ex.** Efe(c)tuou-se a ~ dos cães.

acoplar *v t* (<lat *ad+cópulo,áre*: juntar) **1** Unir/Juntar/Ligar/Conectar. **Loc.** *~ dois circuitos. ~ duas engrenagens. ~ estratégias de venda a pesquisas de mercado. ~ a nave* (espacial) *ao satélite* (artificial). **2** *Br* ~-se/Amigar-se. **3** «cão e cadela» Acasalar.

açor *s m Ornit* (<lat *accéptor,óris*) Ave de rapina parecida com o falcão ou gavião.

acoraçoado/acoraçoador/acoraçoamento/acoraçoar ⇒ acoroçoado/...

açorado, a *adj* (<açorar+-ado) Sôfrego/Ávido/(Muito) desejoso.

açoramento *s m* (<açorar+-mento) Desejo intenso/Sofreguidão/Avidez.

açorar *v t* (<açor+-ar) Provocar ou sentir desejo intenso. **Ex.** Os saldos daquela loja costumam ~ os clientes. Açorava-se quando via o belo artista.

acorcovar *v t/int* (<a¹-+ ...) ⇒ acorcundar; corcovar.

acorcundado, a *adj* (<acorcundar) **1** Que se acorcundou. **Ex.** Ela está ~a sob o peso das responsabilidades. **2** Com forma de corcunda.

acorcundar *v t/int* (a¹-+corcunda+-ar¹) **1** Dar/Tomar forma de corcunda. **Ex.** Melhorou o disfarce acorcundando as costas. **2** ~-se/Ficar corcunda. **Ex.** Apesar da velhice não se acorcundou [não ficou corcunda(+)].

açorda (Ô) *s f* (<ár *ath-thurâ*: sopa de pão) **1** *Cul* Sopa de pão temperada com azeite, alho e coentros [e ovos escalfados]. **Comb.** ~ *doce.* **2** *fig* Pessoa fraca/medrosa/molengona. **Sin.** Papa-~(+). **3** *fig* ⇒ sarilho/trapalhada/confusão.

acordado, a *adj/s* (<acordar) **1** Desperto (do sono). **Ex.** A criança (já) está ~a. **2** *fig* Atento/Alerta/Vigilante. **Ex.** Ele está sempre com o espírito bem ~/desperto(+). **3** *fig* Animado/Excitado. **Comb.** Coração ~ por poemas de amor. **4** Combinado(+)/Ajustado(+). **Loc.** Pagar o preço ~. **5** *Dir* Decidido/Resolvido por acórdão. **Ex.** Isso vai [iria] contra o ~. **6** Cedido/Outorgado. **Ex.** Os quadros foram ~s em testamento a instituições de caridade.

acordante *adj 2g* (<acordar+-ante) **1** ⇒ afinado/harmó[ô]nico/uníssono. **2** ⇒ concord(ant)e.

acórdão, ãos *s m Dir* (<«eles» acordam <acordar **6** Sentença proferida por um tribunal cole(c)tivo/Aresto/Decisão.

acordar *v int/t* (<lat *ad+cor,cordis+do,áre, átum*: dar ao coração, ser consciente, concordar). **1** Despertar. **Ex.** Hoje acordei tarde «9h». A mãe acordou o filho para ir à escola. **Ant.** Adormecer. **2** *fig* Cair na conta/Consciencializar-se. **Ex.** Ela acordou a tempo de emendar os seus erros. **3** *fig* Animar/Avivar/Excitar/Provocar. **Ex.** A serenata do rapaz acordou os desejos da rapariga. **4** ⇒ lembrar/recordar. **5** Concordar. **Ex.** Acordaram (em) adiar o casamento. **Ant.** Discordar. **6** *Dir* Comprometer-se legalmente. **7** *Arquit/Mús* Harmonizar. **Ex.** Decidi não ~ o interior com o exterior da casa. O tenor acorda a voz com o violino que o acompanha. **8** (Con)ceder/Outorgar/Dar. **Ex.** Aceitou ~ o empréstimo.

acorde (Cór) *adj 2g/s m Mús* (<acordar **7**) **1** Produção simultânea de três ou mais sons que formam harmonia. **Ex.** Conheço a música, mas não me lembro desses ~s. **Comb. ~ alterado** [com notas estranhas à tonalidade]. **~ de empréstimo** [que pertence a outra tonalidade]. **~ quebrado** [de notas melodicamente apresentadas]. **2** Som musical. **Ex.** Vamos tocar (aqui) uns ~s ao [no] piano. **3** ⇒ ajustado/afinado/harmó[ô]nico. **4** ⇒ concordante; dissonante.

acordeão *s m Mús* (<al *akkordion*; *pl* acordeões) Instrumento de palhetas com fole, teclado e botões que fazem acordes. **Comb.** *Divisória* «de salão» *em ~* [em forma de pregas paralelas]. *Papel* (plissado) *em ~.* ⇒ concertina; harmó[ô]nica; sanfona.

acordeonista *s 2g Mús* (<acordeão+-ista) Quem toca acordeão.

acordo (Côr, *tb no pl*) *s m* (<acordar **5**) **1** Concordância/Conformidade. **Ex.** Os alunos, por ~ tácito, faltaram às aulas. Viajei com o ~ dos (meus) pais. **Loc.** «estou» *De acordo* [Concordo/Sim] (**Ex.** Eu cheguei atrasado, de ~, mas foi por causa do trânsito). *De ~ com* [Segundo] o que vem no jornal. «não levaram o caso a tribunal» *De [Por] comum ~. De [Por] mútuo ~* anularam o contrato. *Estar de ~* [Concordar]. **Ant.** Des~. **2** Harmonia/Concórdia. **Ex.** O ~ entre o casal é perfeito. **3** Aprovação. **Loc.** Ir como embaixador para Tóquio com o ~ do governo do Japão. **4** Entendimento combinado/Compromisso. **Comb. ~ de cavalheiros** [Entendimento entre as partes, baseado na palavra dada]. **~ cole(c)tivo de trabalho**. **5** Tratado/Convé[ê]nio/Pacto. **Ex.** Os beligerantes já assinaram o ~ de paz. **Comb.** ~ *de cooperação econó[ô]mica.*

acordoar *v t* (a¹-+acórdão+-ar¹) **1** Guarnecer de cordame «um navio». **2** Pôr cordas/Encordoar. **Loc.** ~ a guitarra.

açorenho [açorense] ⇒ açoriano.

acores (Có) *s m pl Náut* (<gr *akhúres*) Escoras para sustentar os navios nos estaleiros.

Açores (Çô) *s m pl Geog* (<açor) Arquipélago português do Atlântico Norte composto por [de] nove ilhas. ⇒ açoriano.

acoria¹ *s f Med* (<gr *akoría*: insaciabilidade) ⇒ bulimia(+).

acoria² *s f Med* (a²-+gr *kóre*: pupila+-ia) Ausência de pupila ocular.

açorianismo *s m* (<açoriano+-ismo) O que é próprio dos açorianos. **Ex.** Na defesa da região, o seu ~ subiu ao rubro. Aquele discurso está repleto de ~.

açoriano, a *adj/s* (<Açores+-iano) Relativo aos (habitantes dos) Açores. **Ex.** O queijo (da ilha) de São Jorge é o melhor queijo ~.

acornado, a *adj* (<acornar+-ado) **1** Que tem forma de corno. **2** ⇒ escornar. **3** *fig* ⇒ corno.

acornar *v t* (<a¹-+corno+-ar¹) **1** Dar forma de corno. **2** ⇒ escornar; marrar.

acoroçoado, a *adj* (<acoroçoar+-ado) Animado/Corajoso/Esperançado. **Ex.** Os elogios recebidos deixaram-no mais ~. **Ant.** Descoroçoado.

acoroçoador, ora *adj/s* (<acoroçoar+-dor) Animador/Encorajador.

acoroçoamento *s m* (<acoroçoar+-mento) Encorajamento/Incitamento. **Ant.** Descoroçoamento.

acoroçoar *v t* (<a¹-+coração+-ar¹) Animar/Encorajar/Incitar. **Ex.** O sucesso do proje(c)to acoroçoou-nos. **Ant.** Descoroçoar.

acoronhar *v t* (<a¹-+coronha+-ar¹) **1** Dar forma de coronha. **2** Dar coronhadas(+). **Ex.** O ladrão entrou no quarto e acoronhou-o por trás.

acorrentado, a *adj* (<acorrentar+-ado) **1** Preso por corrente/Agrilhoado/Encadeado. **Ex.** Os reclusos já estão ~s. **2** *fig* Escravizado/Subjugado/Submetido. **Ex.** O marido mantinha-a ~a ao casamento. **Comb.** «vive» *~ ao passado. ~ aos preconceitos da família.* **Ant.** Des~; livre.

acorrentamento *s m* (<acorrentar+-mento) **1** A(c)to de acorrentar(-se). **2** *fig* Subordinação. **Ex.** Aquele emprego era um ~ [uma prisão]! Já nem tinha vida pessoal.

acorrentar *v t* (<a¹-+corrente+-ar¹) **1** Ligar com corrente/Amarrar/Encadear. **Ex.** O carcereiro acorrentou-os à parede. **Sin.** Prender(+). **2** *fig* Escravizar/Amarrar/Sujeitar/Subordinar/Submeter. **Ex.** Acorrentou-se ao compromisso assumido sem pensar nas consequências. **Ant.** Des~; libertar; soltar.

acorrer *v t/int* (<lat *accúrro,ere*: correr para) **1** Ir (logo) a correr/Acudir. **Ex.** Acorreu muita gente e apagaram o incêndio. **2** ⇒ recorrer «ao pai/hospital».

acorrilhar *v t* (<a¹-+corrilho+-ar¹) **1** Meter no corr(ilh)o/Acantonar/Encurralar(+). **Ex.** O campino [boiadeiro] acorrilhou a manada. **2** *fig* ~-se/Formar grupo/bando «num local». **Ex.** Os miúdos acorrilharam-se para combinar o jogo.

acortinar *v t* (<a¹-+cortina+-ar¹) Dar forma de/Colocar cortinas. **Sin.** Cortinar.

acoruchar *v t* (<a¹-+coruchéu+-ar¹) Tornar semelhante a coruchéu.

acosmia *s f Med* (<gr *akosmía*: falta de ordem) Irregularidade nas crises de uma doença.

acosmismo *s m Fil* (<a²-+cosmos+-ismo) Teoria panteísta «de Espinosa» que nega a realidade do mundo sensível. **Sin.** Imaterialismo.

acossado, a *adj/s* (<acossar+-ado) **1** Perseguido. **Ex.** Parecia um animal ~. **2** Agredido/Ferido/Flagelado. **Ex.** ~ por [com] um chicote, o homem sucumbiu. **3** *fig* Aflito/Atormentado/Incomodado/Molestado. **Ex.** A má notícia deixou-a ~a/aflita(+). **Comb.** Um país ~ [atormentado/flagelado(+)] pela fome.

acossador, ora *adj/s* (<acossar+-dor) ⇒ perseguidor.

acossamento *s m* (<acossar+-mento) **1** A(c)to de acossar/Perseguição(+). **2** ⇒ agressão/ferimento/flagelo. **3** *fig* ⇒ sofrimento/tormento.

acossar *v t* (<lat *accursáre* <*cúrsus*: corrida) **1** Dar caça/Perseguir. **Ex.** ~ o fugitivo que se evadiu da prisão. **2** Agredir/Ferir/Flagelar. **Ex.** As esporas acossavam os flancos do cavalo. **3** *fig* Atormentar/Molestar. **Ex.** Os jornalistas gostam de ~ os políticos. **4** ~-se/Fugir. **Ex.** (Vá) acossa[pisga]-te enquanto a polícia não chega!

acostado, a *adj* (<acostar+-ado) **1** Atracado/Aproximado/Encostado/«carro» Estacionado/«homem» Recostado. **Ex.** O navio já está ~ ao cais. **2** Amparado/Arri-

mado. **Ex.** Ela está sempre ~a aos pais. **3** ⇒ parasita. **4** *Br* ⇒ capanga, guarda-costas, jagunço.

acostadouro *s m Br* (<acostar+-douro) Cais de [para] pequenas embarcações.

acostagem *s f* (<acostar+-agem) A(c)to de acostar uma embarcação/Atracação/Aproximação. **Ex.** A ~ não correu muito bem e o barco afundou-se.

acostamento *s m* (<acostar+-mento) **1** Acostagem(+). **Ex.** O ~ ao litoral não foi fácil. **2** ⇒ amparo/prote(c)ção. **3** *Br* Margem da estrada usada para paragens de emergência/Berma. **4** *Br* A(c)to de estacionar o veículo numa berma. **5** *Agric* Área em torno de um terreno para manobra de máquinas.

acostar *v t/int* (<a^1- + costa + -ar^1) **1** Atracar/Aproximar/Encostar/Estacionar «o carro» na berma. **Ex.** É preciso muita perícia para ~ neste litoral [cais]. **2** Apoiar(+). **Ex.** Acostou [Encostou(+)] a cabeça ao vidro da janela. **3** *fig* ~-se/Procurar prote(c)ção. **Ex.** ~-se a pessoas influentes é o que ele sabe fazer.

acostável *adj 2g* (<acostar+-vel) De fácil acostamento/acostagem.

acosto (Côs) *s m* (<acostar) ⇒ acostamento.

acostumado, a *adj* (<acostumar+-ado) Adaptado/Habituado. **Ex.** Você queixa-se da comida porque está mal ~ [porque costuma comer bem]; para mim está bem/boa. Ela está ~a às dificuldades da vida. **Ant.** Des~; desabituado. ⇒ costumado.

acostumar *v t* (<a^1-+...) **1** Fazer adquirir um hábito/Habituar/Afazer. **Ex.** Desde cedo acostumou os filhos às responsabilidades [a ser(em) responsáveis]. **2** ~-se/Habituar-se/Afazer-se. **Ex.** Acostumei-me bem ao calor de África.

açotear *v t* (<açoteia + -ar^1) Fazer açoteia(s). **Loc.** ~ as vivendas.

açoteia *s f Arquit* (<ár *as-sotaihâ*: terraço) Terraço «do Algarve» que substitui o telhado/Mirante.

acotiar *v t* (<a^1-+cotio+-ar^1) **1** Usar quo[co]tidianamente «a mesma roupa». **2** Frequentar/Repetir. **Ex.** Acotiam [Repetem(+)] as visitas ao amigo doente.

acotilédone *adj 2g Bot* (<a^2-+ ...) «semente» Que não tem cotilédones.

acotiledóneo, a [*Br* **acotiledôneo, a**] *adj Bot* (<a^2-+cotiledóneo) ⇒ acotilédone.

acotoar(-se) *v t* (<a^1-+cotão+-ar^1) Ganhar [Ficar com] cotão. **Ex.** As calças acotoaram(-se) com o uso.

acotovelado, a *adj* (<acotovelar+-ado) **1** Que levou uma cotovelada. **2** «caminho» Em forma de cotovelo. **3** Apoiado nos cotovelos. **Comb.** Mulheres ~as [debruçadas(+)] nas janelas.

acotovelamento *s m* (<acotovelar+-mento) **1** A(c)to de acotovelar. **2** *fig* Instigação/Provocação/Sugestão. **Ex.** O seu ~ obrigou-me a reagir. **3** *fig* Aglomeração, aos empurrões. **Ex.** Tanta gente queria comprar bilhetes que aquilo era um verdadeiro ~. **4** Forma de cotovelo. **Ex.** O ~ [A curva muito fechada] da estrada tornou-a mais perigosa.

acotovelar *v t/int* (<a^1-+cotovelo+-ar^1) **1** Tocar com o cotovelo. **Ex.** O aluno acotovelou «cala-te!» o colega insubordinado quando o professor passou. **2** Empurrar(+). **Ex.** Acotovelavam-se ao entrar para o cinema. **3** *fig* Instigar/Provocar. **Ex.** O capitão acotovelou as tropas até caírem. **4** *fig* ~-se/Amontoar-se. **Ex.** As flores acotovelavam-se no pequeno vaso. **5** *fig* ~-se/Demorar/Deter-se. **Ex.** A mãe esperava-o e ele acotovelava-se em casa do amigo. **6** Formar cotovelo. **Ex.** A estrada acotovelava encosta acima. **7** Apoiar(-se) nos cotovelos. ⇒ acotovelado **3**.

açougada *s f* (<açougue+-ada) **1** Carnificina(o+)/Mortandade(+). **2** ⇒ vozearia(+)/algazarra(o+).

açougue *s m* (<ár *as-soq*: mercado, feira) **1** Talho. **Ex.** Vou ao ~ (comprar carne). **2** Matadouro(+). **Ex.** Levaram muitos animais para o ~. **3** *fig* Lugar de crueldades/Carnificina/Matança. **Ex.** Os assassinos transformaram aquele lugar num ~. **4** *Gír br* ⇒ bordel.

açougueiro, a *s m* (<açougue+-eiro) **1** Dono/Empregado de açougue. **Sin.** Carniceiro(+). **2** Pessoa que abate gado no matadouro. **3** *fig* Mau cirurgião/dentista/Carniceiro. **Ex.** Não era melhor seres operada? – Não, não me ponho nas mãos desses ~s.

acourado/acourelamento/acourelar/acoutador/açoutador/acoutar/açoutar/açoute/açouteira ⇒ acoirado/acoirelamento/acoirelar/acoitador/açoitador/acoitar/açoitar/açoite/açoiteira.

acovar *v t* (<a^1-+cova+-ar^1) ⇒ encovar; enterrar.

acovardado/acovardamento/acovardar ⇒ acobardado/acobardamento/acobardar.

acovilhar *v t* (<a^1-+covil+-ar^1) **1** Meter em covil/Acolher/Abrigar. **Ex.** Ele abrigou [acovilhou] os mendigos numa casa. **2** Cobrir «o fogo/as brasas» com cinza.

acracia *s f* (<gr *akratía*) **1** Sistema político que não reconhece qualquer autoridade. **Sin.** Anarquia(+); desordem(o+). **2** *Med* Debilidade(+)/Fraqueza(o+). **Ex.** O médico diagnosticou-lhe uma ~ acentuada.

acrania *s f Med* (<gr *a-+kranion+-ia*) Ausência de crânio. ⇒ acefalia.

acraniano, a *adj* ⇒ acrânio **1**.

acrânio *adj 2g/s m* (<gr *a-+k*ranion) **1** *Med* Que não tem crânio. ⇒ acéfalo. **2** *Zool* Espécime dos seres sem crânio. **3** *Zool* Grupo dos protocordados. **Ex.** Nos ~s, a corda dorsal estende-se ao longo de todo o corpo. **Sin.** Cefalocordados.

acraniota *adj 2g/s m* (<a^2-+craniota) *Zool* ⇒ acrânio.

acrasia *s f* (<gr *akrasía*) Imoderação «no comer/beber»/Excesso. **Ex.** A ~ «gula» pode prejudicar a saúde.

acrata *adj/s 2g* (<gr *akratés*: desregrado; ⇒ acracia) ⇒ anarquista.

acratismo *s m* (<acrata+-ismo; ⇒ acracia) ⇒ anarquismo.

acrato, a *adj* (<gr *ákratos*) ⇒ puro.

acratóforo *s m* (<gr *akratóphoros*) Jarro para vinho «dos Gregos».

acravar *v t* (<a^1-+cravo+-ar^1) **1** ⇒ cravar. **2** ⇒ encravar.

acravelhar *v tr* (<a^1-+cravelho+-ar^1) Fechar com cravelho. **Ex.** Fechou a cancela e acravelhou-a [e correu o cravelho(+)].

acre^1 *adj 2g* (<lat *ácer,cris,e*) **1** Picante/A(c)tivo/Azedo. **Ex.** Os frutos verdes têm um sabor ~. O cheiro ~ da transpiração é incomodativo. **Sin.** Agre; amargo. **2** Mordaz/Azedo. **Ex.** As palavras ~s magoam. Falou em tom ~ porque estava zangado.

acre^2 *s m* (<ing *acre*<lat *áger*: campo) 40,4694 ares. **Ex.** O ~ é utilizado como unidade de medida agrária no Reino Unido e nos EUA. ⇒ hectare.

acreção *s f* (<lat *accrétio,ónis*) **1** Aumento por acumulação ou aglomeração. **Sin.** Acrescentamento(+). **2** *Astr* Aumento de um corpo por agregação de outros. **3** *Geol* Aumento por sedimentação.

acreditado, a *adj* (<acreditar) **1** Considerado/Bem reputado. **Ex.** Chegou a ser um dos comerciantes mais ~s [reputados(+)/famosos] da cidade. **2** Reconhecido junto de um Estado. **Ex.** O Presidente convocou o embaixador do Japão ~ em Portugal.

acreditador, ora *adj/s* (<acreditar+-dor) **1** ⇒ crédulo. **2** Abonador/Fiador(+).

acreditar *v t/int* (<a^1-+crédito+-ar^1) **1** Dar crédito/Crer. **Ex.** O júri acreditou no réu. Não acredito no que dizes [estás a dizer]. **2** Confiar. **Ex.** Ela nunca deixou de ~ no marido. **3** Ter como verdadeiro. **Ex.** Acredito que Deus existe. Há quem acredite em bruxas. **4** Julgar/Pensar. **Ex.** Não acredito [creio/penso] que a economia recupere. **5** Ser crédulo. **Ex.** Os ingé[ê]nuos acreditam em tudo. **6** Reconhecer/Autorizar. **Ex.** O Presidente português acreditou hoje três novos embaixadores. **7** Ser crente/Ter fé. **Ex.** Depois de ler a Bíblia, passou a ~.

acreditável *adj 2g* (<acreditar+-vel) ⇒ crível.

acre-doce *adj 2g/s m* ⇒ agridoce.

acrescência *s f* (<lat *accrescéntia*) ⇒ acrescentamento.

acrescentamento *s m* (<acrescentar +-mento) Aumento/Adição. **Ex.** Saiu uma nova edição do dicionário com ~ de muitas palavras.

acrescentar *v t* (<lat *accrescénto,áre* <*accrésco*: acrescer) **1** Juntar/Adicionar. **Ex.** O arroz estava a ficar seco, por isso acrescentei-lhe água. **2** Aumentar. **Ex.** Os últimos negócios acrescentaram a sua riqueza.

acrescente *adj 2g Bot* (<lat *accréscens, éntis*) «cálice de flor» Que continua a crescer depois da formação.

acrescento *s m* (<acrescentar) Acréscimo/Adi[Acrescen]tamento. **Ex.** O texto revisto tinha muitas emendas e ~s.

acrescer *v t/int* (<lat *accrésco,ere*) **1** Tornar maior/Aumentar(+). **Ex.** Com muito esforço, acresceu o seu patrimó[ô]nio. **2** Juntar-se/Acrescentar-se. **Ex.** À catástrofe da guerra acresceram [juntaram-se(+)] anos de fome. **3** Acontecer coisa ainda pior. **Ex.** Saiu de casa atrasado e acresce que [e ainda por cima] perdeu o autocarro/ó[ô]-nibus.

acrescido, a *adj/s m pl* (<acrescer) **1** Maior/Reforçado. **Ex.** A desvalorização da moeda veio criar dificuldades ~s à economia. **2** *Geol* Terras de aluvião que se juntaram a outras. **3** *Dir* Bens acrescentados.

acréscimo *s m* (<acrescer) Aumento/Acrescentamento. **Ex.** A evolução da medicina provocou um ~ da população. **Loc.** Por ~ [Para além do necessário] (Ex. Viajou em serviço; o divertimento veio [foi] por ~). **Ant.** Diminuição.

acri- *pref* (<lat *ácer,ácris,ácre*) Significa ácido; por ex. acridez; também significa agudo, cortante, vivo aos sentidos, animado «defensor», valente «soldado», cruel «guerra», etc.; ⇒ agri^2-.

acriançar *v t/int* (<a^1-+criança+-ar^1) **1** Conferir modos de criança/Tornar infantil. **Ex.** As brincadeiras com os filhos acriançaram-no. **2** ~-se/Adquirir modos de criança/Infantilizar-se. **Ex.** Algumas pessoas, com excesso de álcool, acriançam-se.

acribia [acribologia] *s f* (<gr *akríbeia*: exa(c)tidão) Rigor estilístico.

acridez *s f* (<*acre^1+acidez*) ⇒ acrimó[ô]-nia(+).

acridiano, a *adj/s Ent* (<acrídio+-ano) ⇒ acrídio.

acridina *s f Quím* (<fr *acridine*) Substância extraída do alcatrão com uso no fabrico de corantes e medicamentos.

acrídio [acridídeo], a *adj/s Ent* (<gr *akrídion*, dim de *akris,ídos*: gafanhoto) **1** ⇒

gafanhoto(+). **2** Pertencente à família dos ~s, grupo de inse(c)tos ortópteros.

acridofagia *s f* (<acrídio+-fagia) O [Hábito de] comer gafanhotos.

acriflavina *s f Quím* (<acridina+*flavina*: 'substância amarela') Produto antisséptico derivado da acridina.

acrílico, a *s m/adj* (<fr *acrylique*) **1** Ácido orgânico usado no fabrico de plásticos. **2** Composto derivado desse ácido. **Comb.** *Aldeído ~* ⇒ acroleína. *Fibra ~*.

acrimancia *s f* (<acri-+-mancia) Adivinhação através do fogo.

acrimónia [*Br* acrimônia] *s f* (<lat *acrimónia*; ⇒ acri-) **1** ⇒ acidez. **2** *fig* Aspereza/Azedume/Rispidez. **Ex.** Repreendeu-o com ~. **Ant.** Afabilidade.

acrimonioso, a *adj* (<acrimó[ô]nia+-oso) **1** ⇒ acre. **2** *fig* Ríspido/Áspero. **Ex.** Dirigiu-lhe uma censura ~.

acrisia *s f Med* (<a²-+gr *krísis*: faculdade de distinguir, decisão+-ia) **1** Ausência de período crítico numa doença. **2** Falta de clareza ou discernimento.

acrisolado, a *adj* (<acrisolar) **1** «metal» Purificado no cadinho/crisol. **2** *fig* Aperfeiçoado/Apurado. **Comb.** Pessoa de ~a virtude. **3** *fig* Intenso/Veemente. **Comb.** ~ [Grande] patriotismo.

acrisolar *v t* (<a¹-+crisol+-ar¹) **1** Purificar «metal» [Tirar as impurezas] no cadinho. **2** *fig* Aperfeiçoar/Apurar. **Loc.** ~-se no (cadinho do) sofrimento [na luta].

acrítico, a *adj* (<a²-+crítico) **1** Que não manifesta crítica/não pensa. **Ex.** ~, concordava sempre com o que se dizia [os outros diziam]. **Ant.** Crítico. **2** *Med* «doença» Em que se verifica acrisia.

acro, a *adj* (<lat *ácrus,a,um*) **1** Quebradiço/Frágil. **Comb.** Ferro ~. **Ant.** Brando; doce. **2** Acre¹ **1**.

acro- *pref* (<gr *ákros*: o mais alto ou extremo) Significa altura, extremidade; por ex. ~bacia, ~fobia, acrópole.

acroama *s m* (<gr *akróama*: aquilo que se ouve com prazer) **1** Discurso ou canto agradável. **2** *Hist* Interlúdio musical na Grécia antiga. **3** *Hist* Recitação recreativa na Roma antiga. **4** Música alegre.

acroamático, a *adj* (<gr *akroamatikós*: que se aprende de ouvido) **1** «música» Que se aprende de ouvido. **2** Agradável ao ouvido. **3** «ensino» Oral. **4** *Fil Hist* «ensino» Ministrado por Aristóteles exclusivamente no Liceu. **Sin.** Esotérico(+).

acroase *s f* (<gr *akróasis*: a(c)ção de escutar, recitação) **1** Discurso erudito/Prele(c)ção. **2** Dificuldade de [em] compreender sem (prévia) explicação.

acrobacia *s f* (<acrobata+ia) **1** Exercício ou a(c)tividade espe(c)tacular que exige grande perícia. **Ex.** Ia ao circo ver ~s. **Comb.** ~ aérea [Exibição de manobras executadas por avião]. **2** *fig* Procedimento habilidoso em situação difícil. **Ex.** Fez todas as ~s possíveis para evitar a falência da empresa – e evitou-a!

acrobata *s 2g* (<gr *akróbatos*: que anda na ponta dos pés) **1** Pessoa que executa exercícios de destreza espe(c)tacular. **Ex.** No circo viam-se ~s, equilibristas e contorcionistas. **2** *Aer* Aviador que realiza exibições [acrobacias(+)] aéreas.

acrobático, a *adj* (<gr *akrobatikós*: próprio para subir) Relativo a acrobata ou a acrobacia. **Ex.** Os exercícios ~s são geralmente arriscados. **Comb.** Ginástica ~.

acrobatismo *s m* (<acrobata+-ismo) ⇒ acrobacia.

acrocianose *s f Med* (<acro-+cianose) Distúrbio circulatório que provoca coloração azulada das extremidades. **Ex.** O frio intenso é causa de ~. ⇒ acropatia.

acrofobia *s f* (<acro-+fobia) Medo patológico das alturas.

acrofóbico *adj* (<acrofobia+-ico) Que tem medo das alturas.

acrófobo, a *adj/s* (<acro-+fobo) (O) que tem medo das alturas.

acroleína *s f Quím* (<fr *acroléine*) Aldeído acrílico extraído da glicerina e utilizado no fabrico de plásticos.

acromania *s f* (<acro-+mania) Loucura extrema.

acromático, a *adj* (<a²-+...) **1** Incolor(+). **Ant.** Cromático. **2** Que não decompõe a luz. **Comb.** Lente ~. **3** *Biol* Que tem acromatina. **Comb.** Fuso ~ [Estrutura celular, formada durante a mitose, que leva à deslocação dos cromossomas para pólos opostos]. **2** *Mús* Monótono.

acromatina *s f Biol* (<acromático **3**+-ina) Parte do núcleo celular que não fixa corantes/Linina.

acromatismo *s m* (<acromático **2**+-ismo) Propriedade do sistema ó(p)tico que não decompõe a luz.

acromatização *s f* (<acromatizar+-ção) A(c)to ou efeito de tornar acromático um meio ó(p)tico.

acromatizar *v t* (<acromático**2**+-izar) Tornar acromático «um meio ó(p)tico».

acromatopsia *s f Med* (<acromático+-opsia) Incapacidade de distinguir as cores/Monocromatismo. **Sin.** Daltonismo(+).

acromegalia *s f Med* (<acro- + gr *megálos*: grande+-ia) Doença provocada por disfunção da hipófise que se manifesta pela hipertrofia das extremidades do corpo.

acromia *s f Med* (<a²-+cromo+-ia) Descoloração parcial da pele. ⇒ malha.

acromial *adj 2g* (<acró[ô]mio+-al) Do acró[ô]mio. **Comb.** Artéria ~.

acrómico [*Br* acrômico], a *adj* (<acromo+-ico) ⇒ acromo.

acrómio [*Br* acrômio] *s m Anat* (<gr *akrómion*) Extremidade da omoplata onde se articula a clavícula.

acromo, a (Crô) *adj* (<gr *ákhromos*: que não cora) Sem cor. **Sin.** Incolor(+).

acrónico¹ [*Br* acrônico], a *adj* (< a²- + gr *khrónos*: tempo+-ia) **1** ⇒ atemporal. **2** ⇒ Extemporâneo.

acrónico² [*Br* acrônico], a *adj* (<gr *akrónykhos*: no começo da noite) Que é relativo ao fim da tarde. **Comb.** Estrela ~a [que nasce quando se põe o Sol]. **Sin.** Vespertino(+).

acronímia *s f Gram* (<acró[ô]nimo+-ia) Estudo ou conjunto dos acró[ô]nimos.

acrónimo [*Br* acrônimo] *s m Gram* (<acro-+-ó[ô]nimo) Abreviatura de duas ou mais palavras, com pronúncia silábica. **Ex.** ONU [UN(O)] é o ~ de Organização das Nações Unidas.

acropatia *s f Med* (<acro-+-patia) Qualquer doença que afe(c)ta as extremidades do corpo. ⇒ acrocianose.

acrópeto, a *adj Bot* (<acro-+-peto) Que cresce de baixo para cima/Basífugo.

acrópole *s f* (<gr *akrópolis*: cidade alta) Elevação fortificada [Cidadela] das antigas cidades gregas. **Ex.** As ruínas da ~ de Atenas são muito visitadas pelos turistas.

acrosofia *s f* (<acro-+...) A sabedoria suprema/divina.

acrossoma *s m Biol* (<acro-+soma²) Saliência da cabeça do espermatozoide. **Sin.** Perfurador.

acróstico, a *adj/s m Poe* (<gr *akrostikhís*) (Diz-se de) composição poética em que se formam palavras com as primeiras letras de cada verso lidas na vertical «e que dão [formam] o nome da pessoa a quem se dedica essa poesia».

acrotério *s m Arquit* (<gr *akrotérion*: parte saliente ou superior) **1** Parte mais elevada de um edifício. **2** Pedestal lá colocado «para estátuas». **3** Elemento decorativo «de balaustrada» colocado nesse pedestal.

acta ⇒ ata.

actante *s m Ling* (<fr *actant*; ⇒ agir) Agente(+) da a(c)ção verbal. ⇒ a(c)tuante; participante; sujeito.

actina *s f Bioq* (<ing *actin*; ⇒ agir) Proteína que a(c)tua na contra(c)ção muscular.

actin(i/o)- *pref* (<gr *aktís,ínos*: raio solar ou luminoso) Significa radiação em termos de várias ciências. ⇒ actinomorfo.

actínia *s f Zool* (<actin-+-ia) Animal marinho de corpo mole e tentáculos urticantes. **Sin.** Ané[ê]mona-do-mar(+). ⇒ alforreca.

actínico, a *adj* (<actin-+-ico) *Fís* Relativo às radiações luminosas ou causado por elas. **Comb.** *Luz ~a* [que produz efeitos fotográficos]. *Raios ~os* [Parte da radiação solar rica em raios ultravioletas].

actinídeo, a *adj/s Zool* (<actínia+-ídeo) «actínia» (O) que pertence à família dos actinídeos.

actínio [Ac 89] *s m Quím* (<actin-+-io) Elemento radioa(c)tivo natural, descoberto em 1899.

actinógrafo *s m Meteor* (<actino-+-grafo) Aparelho que regist(r)a a intensidade da radiação solar.

actinolite[a] *s f Min* (<actino-+-lite) Anfíbola monoclínica rica em cálcio, magnésio e ferro.

actinometria *s f Fís* (<actino-+-metria) Medição da intensidade de radiações «solares».

actinómetro [*Br* actinômetro] *s m Fís* (<actino-+-metro) Instrumento para medir a intensidade das radiações de uma fonte luminosa. ⇒ actinometria.

actinomicete/o (Cé) *s m Biol* (<actino-+-micete) Bactéria filamentosa causadora de doenças nos animais.

actinomicose (Có) *s f Med* (<actinomicete+micose) Doença provocada pelo actinomicete.

actinomorfo, a (Mór) *adj / s m Biol/Bot* (<actin(i/o)-+-morfo) (O animal «actínia», flor ou planta) que tem simetria radiada. **Ant.** Zigomorfo.

actinoscopia *s f Med* (<actin(o/i)-+-scopia) Observação de órgãos ou tecidos através de radiações luminosas.

actinoterapia *s f Med* (<actino-+...) Terapia por meio de radiações luminosas.

activa/activação/activado/activador/activante/activar/actividade/activismo/activista/activo/acto/actor/actriz/actuação/actual/actualidade/actualismo/actualização/actualizar/actualmente/actuante/actuar/actuarial/actuário/actuosidade/actuoso ⇒ ativa/ativação/...

-açu (Àçú) *suf* (<tupi *wa'su*) Significa grande; por ex. rio Igu~.

acuamento *s m* (<acuar+-mento) A(c)ção ou efeito de acuar. **Sin.** Acuo.

acuar *v t/int* (<a¹-+cu+-ar¹) **1** Encurralar a caça. **Ex.** O caçador acuou o veado. **2** Sentar-se, animal, com medo. **Ex.** Sempre que o dono lhe ralha, o cão acua. **3** Recusar-se a andar/Estacar. **Ex.** Como o cavalo acuou, teve de prosseguir a viagem a pé. **4** Recuar(+). **Ex.** Ao ser atacado, o inimigo acuou. **5** ~(-se)/Colocar(-se) em posição defensiva ou difícil. **Ex.** O ladrão, ao ouvir um barulho, acuou(-se). Acuámos e tivemos de nos defender a tiro. **6** ⇒ desistir; desanimar.

acúbito s m (<lat *accúbitus*) Espécie de leito em que os Romanos se reclinavam durante as refeições. ⇒ canapé; esteira.

açúcar s m (<ár *as-sukkar*) **1** Substância alimentar para adoçar. **Ex.** Gosto do café com muito ~. É doce como (o) ~ [mel(+)]. **Loc.** Deitar [Pôr/Colocar/Servir-se de] ~. **Comb.** ~ *amarelo* [louro]. ~ *branco* [refinado]. ~ *bruto* ⇒ ~ mascavado. ~ *de cana* [Sacarose]. ~ *cândi* [cande/de farmácia]. ~ *mascavado* [mascavo/preto]. ~ *refinado* ⇒ ~ branco. **2** *Quím* Glícido solúvel. **Ex.** Fez análises para verificar o nível de ~ [sacarina] no sangue. ⇒ glicose; frutose; lactose; sacarose; xilose. **3** *fig* Lisonja/Ternura. **Ex.** Para o convencer, falou-lhe com ~ [voz melíflua (+)]. **Loc.** Ter ~ na voz [Falar com ternura/meiguice].

açucarado, a adj (<açucarar) **1** Doce/Com açúcar. **Comb.** Água [Molho/Sabor] ~o/a. **2** *fig* ⇒ «tom de voz» melífluo(+). **3** *depr* Melado(+)/Enjoativo. **Comb.** Literatura ~a.

açucarar v t/int (<açúcar+-ar¹) **1** Juntar açúcar a. **Ex.** Açucarou o leite com duas colheres. **2** Adoçar(+)/Adocicar. **Ex.** Costuma ~ com mel o chá de limão. **3** Cristalizar. **Ex.** O mel «com o frio» açucarou. **4** Tornar meigo/Suavizar. **Ex.** Sempre que fazia um pedido, açucarava a voz [, usava falinhas mansas (+)].

açucareiro, a adj/s m (<açúcar+-eiro) **1** Que diz respeito ao açúcar ou ao seu fabrico. **Ex.** A indústria ~ foi muito importante no *Br* do séc. XVI e seguintes. **2** Que produz açúcar. **Ex.** No Brasil há muitas zonas ~s. Em Portugal cultiva-se a beterraba ~. **3** Recipiente do açúcar. **Ex.** O serviço de chá incluía um ~ muito bonito. Podia dar [passar]-me o ~? **4** Fabricante ou negociante de açúcar.

açucena (É) s f *Bot* (<ár *as-sūsānâ*: lírio) **1** Planta ornamental de flores brancas. **Ex.** A ~ também é conhecida por lírio branco. **2** Flor desta planta. **3** *Br* Planta de flores coloridas. **Sin.** Amarílis. **3** *fig* «S. Luís Gonzaga/S. Maria Goreti» Pessoa pura.

açudada s f (<açude+-ada) **1** A água de um açude cheio. **Ex.** Gastou uma ~ para regar o milho. **2** *fig* Muita água/Enxurrada(+).

açude s m (<ár *as-sudd* <*sadd*: fechar) **1** Construção para represar a água. **Ex.** O ~ foi construído para irrigar os campos da margem do rio [ribeiro]. **2** Extensão de água represada. **Ex.** No verão, os miúdos tomavam banho no ~.

acudir v t/int (<lat *ad+cúrro*: acorrer) **1** Prestar auxílio/Socorrer. **Ex.** Se não lhe acudissem, afogava-se/[ter-se-ia/tinha-se afogado]. – Socorro! Acudam-me! **Sin.** Ajudar. **2** Responder ao apelo/Ir/Vir. **Ex.** Mal o «médico» chamaram, acudiu [veio/foi] logo. **3** Intervir para ajudar. **Ex.** Quando soube das dívidas do amigo, resolveu ~-lhe [ajudá-lo] com algum dinheiro. **Loc.** ~ *por* [Tomar o partido de] *alguém* (**Ex.** O ladrão queria-me roubar a carteira mas um senhor acudiu por mim e ele fugiu). **4** Retorquir/Replicar. **Ex.** À pergunta mais difícil, acudiu [respondeu/reagiu] com um encolher de ombros. **5** Lembrar-se/Ocorrer. **Ex.** Por estranho que pareça [parecesse], não lhe acudia o [não se lembrava do] nome do amigo.

acuidade s f (<lat *acúitas,átis*<*acútus*: agudo) **1** Qualidade do que é agudo/Intensidade. **Ex.** A ~ da dor era insuportável. Sentiu a perda do amigo com ~. **2** Capacidade de perce(p)ção sensorial. **Ex.** O médico mandou-lhe fazer testes de ~ auditiva [visual]. **3** Perspicácia/Sagacidade. **Ex.** Todos reconheciam a ~ das suas intervenções. **Comb.** ~ *mental* [de raciocínio]. **4** Importância/Gravidade. **Ex.** A situação revestia-se da maior ~.

açulador, ora adj/s (<açular+-dor) (O) que açula.

açular v t (<*on*) **1** Acirrar(+). **Ex.** Ao ver um estranho a entrar na propriedade, açulou os cães. **2** Incitar à violência. **Ex.** O discurso do orador açulava a turba. **Sin.** Acicatar; instigar. **Ant.** Apaziguar. **3** Provocar irritação. **Ex.** O barulho do vizinho de cima açulava-o. **Sin.** Enfurecer. **Ant.** Acalmar.

aculear v t (<acúleo+-ar¹) **1** Prover de aguilhão. **2** Picar com aguilhão. **Sin.** Aguilhoar(+); picar(o+).

aculeiforme adj 2g (<acúleo+-forme) ⇒ pontiagudo.

acúleo s m (<lat *acúleus,i*: pico) **1** Ponta afiada. **Sin.** Aguilhão. **2** *Bot* Pico(+). **Ex.** O ca(c)to tem espinhos, a roseira (tem) ~s. **3** *Zool* ⇒ ferrão «de abelha»; espinho «de bagre/baiacu».

aculturação s f (<aculturar+-ção) A(c)ção ou efeito de (se) aculturar. **Ex.** Os descobrimentos portugueses nem sempre levaram à ~ dos povos indígenas. O nível de ~ dos imigrantes de Leste em Portugal é baixo.

aculturar v t (<a¹-+cultura+-ar¹) **1** Promover a assimilação dos seus valores culturais. **Ex.** Os Romanos aculturaram os povos subjugados em quase toda a Europa. **2** Assimilar valores culturais de outro grupo/~-se. **Ex.** Indivíduos com tradições marcadas aculturam-se lentamente. Os imigrantes japoneses no Brasil não se aculturaram tanto como os italianos.

acume s m (<lat *acúmen,inis*: ponta; ⇒ cume «do monte») **1** Ponta aguda «de pena de ave». **2** *Fig* Agudeza/Astúcia. **Ex.** Ele revela grande ~ [acúmen/inteligência].

acumetria ⇒ acuometria.

acuminado, a adj (<acuminar) Aguçado(+)/Pontiagudo(+). **Comb.** *Folha ~a*.

acuminar v t (<lat *acúmino,áre*) Aguçar/Afiar. **Ex.** O tumor acuminou[estreitou]-se.

acumulação s f (<lat *accumulátio,ónis*) **1** Sobreposição/Amontoação. **Ex.** Durante as obras, a ~ de entulho não parou. **2** Aumento/Acréscimo. **Ex.** A redução de despesas levou à ~ de capital. **3** Exercício em simultâneo. **Ex.** A lei proíbe a ~ de cargos públicos e privados. **4** Concentração/Aglomeração(+). **Ex.** A ~ [invasão(+)] de pessoas na rua impedia o trânsito.

acumulador, ora adj/s m (<acumular+-dor) **1** Que acumula «informação». **2** *Fís* Transformador reversível de energia elé(c)trica em energia química/Bateria. **Comb.** ~ *alcalino* [com solução alcalina/básica].

acumular v t (<lat *accúmulo,áre*) **1** Colocar em sobreposição/Amontoar(+). **Ex.** À medida que consultava os livros, acumulava-os em cima da mesa. **2** Juntar em grande quantidade. **Ex.** Com medo da crise, acumulou alimentos na despensa. Ao longo da vida foi acumulando experiência e conhecimentos. **Loc.** ~ *riquezas*. ~ [Capitalizar] *os juros* (⇒ acumulativo). **3** Exercer em simultâneo. **Ex.** Acumulava o cargo de presidente da autarquia com o de presidente do clube (d)esportivo. **4** Possuir em simultâneo/Reunir. **Ex.** Acumula [Tem] bom senso com [e] sentido de humor.

acumulativo, a adj (<acumular+-tivo) Que tem a propriedade de se acumular. **Ex.** Os juros da conta a prazo são ~s. **Comb.** Lucros ~s.

acumulável adj 2g (<acumular+-vel) Que se pode acumular. **Ex.** As funções de juiz e de professor não são ~veis.

acúmulo s m (<acumular) ⇒ acumulação.

acunhar v t (<a¹-+cunha+-ar¹) **1** Meter cunha(s)(+). **Loc.** ~ *o mastaréu* (para o segurar). **2** Imprimir cunho/Cunhar(+).

acunhear v t (<a¹-+cunha+-ear) Dar forma de cunha.

acuo s m (<acuar) ⇒ acuamento.

acuometria/acuómetro ⇒ audiometria/audiómetro.

acupremir v t (<lat *ácus*: agulha + *prémere*) Premir com agulhas os vasos sanguíneos.

acupressão s f *Med* (<lat *ácus*: agulha + pressão) Compressão dos vasos sanguíneos para estancar hemorragias.

acupun(c)tor, ora (*dg*) s (<acupun(c)tura) Especialista em acupun(c)tura.

acupun(c)tura (*dg*) s f (<lat *ácus*: agulha + *punctúra*: picada) Método terapêutico através de picadas de agulhas finíssimas. **Ex.** Desesperada com a dor, resolveu recorrer à ~.

acupun(c)turação (*dg*) s f (<acupun(c)turar+-ção) A(c)to ou efeito de acupun(c)turar.

acupun(c)tural (*dg*) adj 2g (<acupun(c)tura+-al) Que diz respeito a acupun(c)tura.

acupun(c)turar (*dg*) v t/int (<acupun(c)tura+-ar¹) Tratar por/Fazer acupun(c)tura.

acurácia s f *Br* (<ing *accuracy*) **1** *Mat* Exa(c)tidão de uma operação ou tabela. **2** *Fís* Proximidade entre o valor obtido experimentalmente e o valor verdadeiro.

acurar v t (<lat *accúro,áre*: cuidar de) ⇒ apurar.

acurralar ⇒ encurralar.

acurvar ⇒ curvar.

acurvilhar v int (<a¹-+curvilhão+-ar¹) Ajoelhar, cavalgadura, por ter os jarretes fracos.

acusação s f (<lat *accusátio,ónis*) **1** Atribuição de falta ou erro. **Ex.** Já não ligava à [não fazia caso da] ~ de que não estudava. **Comb.** ~ *falsa*. ~ *infundada*. **Sin.** Inculpação. **2** Denúncia/Queixa. **Ex.** A professora não acreditou na ~ que o aluno fez do colega. **3** *Dir* Procedimento em que se indicia alguém como culpado. **Ex.** Foi levado a tribunal sob a ~ de roubo. **4** *Dir* Parte que sustenta a incriminação. **Ex.** A [O advogado de] ~ interrogou a testemunha. **Ant.** Defesa. **5** Notificação de ter recebido «carta» (⇒ acusar **4** **Loc.**). **6** ⇒ confissão.

acusa-cristos adj/s 2g sing e pl *Pop* (<acusar+Cristo) (O) que faz acusações «dos colegas» com frequência. **Sin.** Acusador.

acusado, a adj/s (<acusar) **1** Que foi alvo de acusação. **Ex.** O homem ~ de homicídio foi preso. **Sin.** Incriminado. **2** Pessoa a quem se atribui uma falta ou um erro. **Ex.** Os ~s sabiam que iam ser castigados. **3** *Dir* Pessoa que é indiciada [apontada] como culpada. **Ex.** Todo o ~ tem direito à sua defesa. **Sin.** Arguido; réu. **4** Muito acentuado/Realçado. **Ex.** Manifestava ~s [claros(+)] sinais de impaciência.

acusador, ora adj/s (<lat *accusátor,óris*) **1** (O) que acusa. **Ex.** Lançou-lhe um olhar ~. Nunca chegou a conhecer o seu ~. **Sin.** Denunciador; ⇒ acusa-cristos. **2** *Dir* Entidade que promove a acusação. **Sin.** Delator; queixoso(+).

acusa-pilatos adj/s 2g sing e pl (<acusar + a + Pilatos) ⇒ acusa-cristos.

acusar v t (<lat *accúso,áre*: pôr em causa, ~) **1** Atribuir falta ou erro. **Ex.** O patrão acusava-o de chegar sempre atrasado. **2** Fazer queixa/Denunciar. **Ex.** Foi à polícia ~ o marido de agressão. **3** *Dir* Levar a tribunal. **Ex.** A Procuradoria acusou-o do crime de abuso de menores. **4** Revelar/Evidenciar. **Ex.** O jogador acusava cansaço [estava cansado]. **Loc.** ~ *a rece(p)ção* «da

carta» [Dar a conhecer que «a» recebeu]. **Idi.** ~ *o toque* [Ter, alguém, perante uma insinuação, uma rea(c)ção que o denuncia]. **5** ~-se/Denunciar-se. **Ex.** Apesar das ameaças do professor/dire(c)tor, ninguém se acusou.

acusativo, a *adj / s m* (<lat *accusatívus*) **1** ⇒ acusatório. **2** *Gram* (Relativo a) caso gramatical do complemento [obje(c)to] dire(c)to. **Ex.** Em Latim, muitos nomes no ~ terminam em -*m* «Romam». **Comb.** O (caso) ~ da língua alemã.

acusatório, a *adj* (<lat *accusatórius*) Que é relativo à acusação. **Comb.** Libelo ~.

acusável *adj 2g* (<lat *accusábilis*) Que pode ser acusado. ⇒ repreensível.

acusma *s m Med* (<gr *ákousma*: rumor) Alucinação auditiva.

acusmático, a *adj* (<gr *akousmátikos*) **1** Que é relativo a acusma. **2** Que sofre de acusma.

acústica *s f Fís* (<gr *akoustiké*) **1** Ramo da física que estuda os sons. **2** Condições de propagação do som num dado espaço. **Ex.** Não conseguiam ouvir o orador por causa da má ~ da sala. **Comb.** Boa ~ [Boas condições ~s] «do cinema».

acústico, a *adj* (<gr *akoustikós*) **1** Relativo à audição. **Comb.** Nervo ~. **Sin.** Auditivo(+). *Fís* **2** Relativo à acústica. **Ex.** As condições ~as do pavilhão não eram as ideais para o concerto.

acuta *s f* (<lat *acúta*) Instrumento para medir ângulos. **Sin.** Esquadria(+).

acutangular *adj 2g Geom* (<acutângulo +-ar²) Que forma ângulos agudos.

acutângulo *adj 2g Geom* (<lat *acutus+ángulus*) Que tem todos os ângulos agudos. **Comb.** Triângulo ~ . **Sin.** Oxígono.

acutelado, a *adj* (<a¹-+cutelo+-ado) Em forma de cutelo.

acutenáculo *s m* (<lat *ácus*: agulha+*tenáculum*: segurança, cabo) Instrumento cirúrgico com que se seguram as agulhas para suturar.

acuti- *pref* (<lat *acútus*: agudo) Exprime a ideia de agudo e penetrante.

acuticaude [acuticaud(ad)o] *adj 2g Zool* (<...+cauda) Que possui cauda pontiaguda.

acuticórneo, a *adj Zool* (<...+córneo) Que tem antenas ou chifres pontiagudos.

acutifoliado, a *adj* (<...+foliado) ⇒ acutifólio.

acutifólio, a *adj Bot* (<...+fólio) Que tem folhas pontiagudas.

acutiladiço, a *adj* (<acutilar+-diço) ⇒ acutilador.

acutilador, ora *adj/s* (<acutilar+-dor) **1** (O) que desfere golpes com instrumento cortante. **2** Brigão.

acutilamento *s m* (<acutilar+-mento) **1** Golpe de instrumento cortante. **2** Agressão.

acutilância *s f* (<acutilar+-ância) Qualidade do que é acutilante. ⇒ acutilante **2**. **Ex.** A vitória da equipa/e ficou a dever-se à ~ dos avançados. **Sin.** Agressividade.

acutilante *adj 2g* (<acutilar+-ante) **1** «facão» Que golpeia. **Sin.** Aguçado(+). **2** Muito inteligente Incisivo/Agressivo/Decisivo. **Ex.** A intervenção ~ [decisiva(+)] do deputado irritou o governo.

acutilar *v t* (<a¹-+cutelo+-ar¹) **1** Ferir com cutelo ou outro instrumento cortante. **Ex.** No calor da discussão, puxou da espada e acutilou-o. **Sin.** Golpear. **2** Agredir/Atacar.

acutilingue *adj 2g Zool* (<...+língua) Que tem a língua pontiaguda.

acutirrostro *adj 2g Zool* (<...+rostro) Que tem a parte anterior da cabeça prolongada em bico.

ad- *pref* (<lat *ad*: a, para) Significa **a)** proximidade (Ex. ~junto, ~je(c)tivo, ~vérbio, ~nominal) e **b)** dire(c)ção para (Ex. ~missão, ~quirir, ~mirar, ~o(p)tar, ~-rogar).

-ada (Áda) *suf* (<lat *-atus, a, um*, do particípio passado «*amatus*» dos verbos de tema em *a*) Significa **a)** a(c)ção/processo ou o seu resultado (Ex. caç~, larg~, deband~, orvalh~); **b)** cole(c)tivo (Ex. garot~, oss~, man~, garrai~, papel~); **c)** bebida ou preparado alimentar (Ex. limon~, laranj~, marmel~, cebol~); **d)** excesso (Ex. ris~, chuv~, enxurr~); **e)** procedimento criticável (Ex. brejeir~, carneir~, pataco~); **f)** porção unitária (Ex. forn~, colher~, garf~, cart~); **g)** golpe (Ex. navalh~, fac~, machad~, dent~, panc~); **h)** grande duração (Ex. tempor~, noit~, invernada). ⇒ -ado.

-ada/e *suf* Significa **a)** origem (Ex. lusíada, Ilíada «de Ílion [Tróia]», olimpí~) e **b)** numeral (Ex. década, mó[ô]nada, miríade, tríade).

adactilia [*Br* **adatilia**] *s f* (<a-² + gr *dáctylos*: dedo+-ia) Privação de dedos à nascença.

ad aeternum lat Para sempre/Eternamente. **Ex.** Não quero [posso] esperar ~ pela tua resposta!

adaga *s f* (<lat *dáca*: punhal) Arma branca de lâmina larga e curta, com dois gumes.

adagiário *s m* (<adágio¹+-ário) Cole(c)ção de provérbios/adágios/máximas.

adágio¹ *s m* (<lat *adágium*) Dito, geralmente de origem popular, que expressa um saber de experiência ou uma lição moral/Ditado/Rifão/Provérbio/Máxima/Sentença. **Ex.** *Quem muitos burros toca, algum lhe há-de ficar para trás* [Ninguém pode executar bem várias tarefas ao mesmo tempo] é um sábio ~. Já os latinos tinham o ~: *O amigo certo revela-se na hora incerta*.

adágio² *adj/s m Mús* (<it *adagio*) **1** (Em) andamento lento. **2** Trecho com esse andamento.

adagueiro *s m* (<adaga+-eiro) **1** Indivíduo armado de adaga. **2** Fabricante de adagas. **3** *fig* Veado novo com pontas aguçadas, a lembrar [, com a forma de] adagas.

adamado, a *adj* (<adamar) **1** De comportamento ou forma de vestir semelhante à de uma dama/Efeminado(+). **Ex.** O rapaz tem um ar ~. **2** Próprio de uma dama/Delicado. **3** Diz-se de um vinho adocicado, em que o açúcar da uva não foi totalmente desdobrado. **Ex.** No verão sabe muito bem este (vinho) branco ~, bem [muito] fresquinho!

adamantino, a *adj* (<lat *adamantínus,a, um*) **1** Do diamante. **Comb.** Brilho ~. **2** Que tem características semelhantes às do diamante. **Comb.** Dureza ~a. **3** Duro/Resistente. **4** *fig* «carácter» Firme/Íntegro/Puro/Intacável. **5** Relativo ao [à célula que produz o] esmalte dos dentes.

adamar *v t* (<a¹-+dama+-ar¹) **1** Tornar(-se) semelhante a uma dama no modo de ser ou de vestir/Efeminar(-se)(+). **2** Produzir um vinho de sabor adocicado, suave e de baixo teor alcoólico.

adamascado, a *adj* (<adamascar) **1** Diz-se de um tecido semelhante ao damasco (Tecido). **Comb.** Toalha ~a. **2** Diz-de de um fruto semelhante, na cor ou no sabor, ao damasco (Fruto).

adamascar *v t* (<a¹-+damasco+-ar¹) **1** Tornar um tecido semelhante ao damasco (Tecido), com brilhantes desenhos lavrados. **2** Dar/Tomar o sabor ou a cor do damasco (Fruto).

adamastor *s m* (<lat *Adamástor,óris*: nome de um gigante, usado também por Camões n'*Os Lusíadas*) *fig* Pessoa/Coisa muito grande.

adâmico, a *adj* (<Adão, nome bíblico e simbólico do nosso primeiro pai) «que é já do tempo» De Adão (e Eva).

adansónia [*Br* **adansônia**] *s f Bot* (<antr M. Adanson, botânico francês do séc. XVIII) Árvore tropical da família das Bombacáceas, de caule muito grosso e flores pendentes que abrem ao anoitecer.

adão ⇒ adâmico; pomo de ~.

adaptabilidade *s f* (<adaptável+-idade) Capacidade de adaptar-se a uma nova situação/de modificar-se ajustando-se a novas circunstâncias/Qualidade de adaptável.

adaptação *s f* (<adaptar+-ção) **1** A(c)ção ou efeito de adaptar(-se). **2** Uso de um obje(c)to para um fim diferente do original/primeiro. **3** Ajustamento/Adequação a uma situação nova. **Ex.** A ~ dele à nova cidade foi lenta e difícil. **4** *Biol* Conjunto de modificações realizadas num organismo para viver com/em novas condições externas. **Ex.** A perda de pelo pelo cão e vários outros animais à chegada da primavera é um processo de ~ a temperaturas mais elevadas. **5** Transformação operada numa construção para poder ter uma utilização diferente. **Ex.** Com uma pequena ~ podemos montar na sala um estúdio. **6** Transposição de uma obra literária para outro gé[ê]nero de arte. **Ex.** A ~ desse romance ao cinema resultou muito bem. **7** Modificação de um texto para o adequar a um público geralmente de pouca idade/formação. **8** Transformação de uma peça musical para um determinado fim, como dar-lhe uma nova orquestração ou servir de pano de fundo a outras formas de expressão artística.

adaptado, a *adj* (<adaptar) **1** Que sofreu [teve] adaptação. **2** Que foi modificado de modo a poder ajustar-se a outra coisa para satisfazer determinado fim. **3** Aproveitado para um uso diferente daquele para que [para o qual] foi criado/pensado. **Ex.** À [Na] falta de cadeiras, qualquer tábua comprida era ~a a banco para sentar o pessoal. **4** Que se ajustou perfeitamente ao novo meio (Sociedade, clima, local) em que passou a viver. **Ex.** Parece-me um citadino perfeitamente ~ à vida da aldeia. **Ant.** Inadaptado. **5** Diz-se de um texto modificado em função de um público a que se destina. **Ex.** A sele(c)ta de Latim traz textos ~s aos [a alunos] principiantes. **6** Diz-se de obra literária que foi transposta para outra forma de expressão artística. **Comb.** Romance ~ ao cinema/teatro/à televisão/rádio. **7** *Mús* Diz-se de peça musical com nova orquestração ou utilizada para ilustrar outras formas de expressão/representação.

adaptador, ora *adj/s* (<adaptar+-dor) **1** (O) que adapta. **2** Pessoa que ajusta uma obra literária a outras formas de expressão/representação, como o cinema, a rádio, a televisão, … **3** *s m* Dispositivo que permite a ligação entre dois sistemas elé(c)tricos ou ele(c)tró[ô]nicos.

adaptar *v t* (<lat *adápto,áre,átum*) **1** Ajustar uma coisa «peça» a outra «à máquina». **2** Modificar alguma coisa «a linguagem» para a tornar adequada a determinado fim «ao tema/assunto tratado». **3** ~-se/Conformar-se com/Adequar-se [Acomodar-se] a/Integrar-se em. **Ex.** O atleta adaptou-se perfeitamente ao novo método de treino. O emigrante português facilmente se adapta ao modo de vida de um [de qualquer] outro país. **4** Proceder a [Fazer] modificações num texto de modo a torná-lo acessível a um novo público. **Ex.** Tratou de ~ o texto a

crianças que iniciam os estudos. **5** Fazer a transposição de uma obra literária para o cinema/teatro/a televisão/rádio. **Ex.** Revelou mestria a ~ o romance de Eça de Queirós A Relíquia ao teatro. **6** Mús Dar nova orquestração a uma peça musical.

adaptável adj 2g (<adaptar+-vel) Que pode ser adaptado.

adarga s f (<ár ad-darghâ) **1** Antigo escudo de couro de forma oval, inicialmente usado pelos mouros. **2** fig Defesa/Prote(c)ção.

adarve s m Mil (<ár ad-darb) **1** Caminho estreito ao longo da parte superior da muralha de uma fortaleza. **2** Muralha de fortaleza com ameias.

adastra s f (<?) **1** Utensílio com que o ourives corrige o aro do anel. **2** Bigorna para tornar maleáveis folhas metálicas.

ad calendas graecas lat «adiar/ficar» Para as calendas gregas/Nunca mais (É que só os romanos tinham calendas, não os gregos). **Sin.** col «acontecerá» Quando as galinhas tiverem dentes! (No) dia de São Nunca à tarde!

adega (Dé) s f (<gr apothéke) **1** Compartimento fresco de uma casa, geralmente subterrâneo ou térreo, onde se guarda o vinho e outras bebidas, azeite... **Ex.** Na aldeia convidava-se um amigo para beber um copo (de vinho) na ~. **Comb.** ~ cooperativa [Instituição que recebe nas suas instalações as uvas de muitos produtores associados da região, para aí produzir e conservar o vinho, que depois comercializa].

adejar v int (< ?) **1** «ave» Bater as asas para baixo e para cima, quando voa ou não/Esvoaçar. **2** Fazer movimentos semelhantes aos da ave que voa. **Loc.** ~ os braços.

adejo s m (<adejar) **1** A(c)to de adejar «ave»/O agitar das asas em pequenos voos. **2** Sequência desses pequenos voos.

adeleiro, a s (<adelo+-eiro) ⇒ adelo1.

adelfo, a (Dél) adj/s Bot (<gr adelphós: irmão) (Diz-se dos) estames quando unidos pelos filetes.

adelgaçado, a adj (<adelgaçar) «corpo» De pequena espessura/Delgado/Fino/Magro.

adelgaçamento s m (<adelgaçar+-mento) A(c)to ou efeito de adelgaçar/Redução da espessura/Estreitamento/Emagrecimento. **Ex.** O ~ da cintura dava-lhe outra [mais] elegância.

adelgaçante adj 2g (<adelgaçar) **1** Que torna mais fino/Que adelgaça. **2** s m Produto para combater a acumulação de gordura em certas zonas do corpo.

adelgaçar v t (<a-^{1}+delgaçar) **1** Diminuir a espessura/Tornar «o pau» mais fino/Desbastar. **2** Emagrecer. **3** ⇒ afiar «o punhal».

adelo, a (Dé) s (<ár ad-dallál: leiloeiro) **1** Pessoa que compra e vende roupas e obje(c)tos usados/Adeleiro. **2** Estabelecimento comercial em que se faz esse negócio.

adem (À) s m Ornit (<lat ánas, átis: pato) Ave robusta da família dos anatídeos, também conhecida por pato-bravo ou pato-real, sendo uma caça muito apreciada; Anas platyrhynchos.

ademais adv (<a^1-+demais) Além disso(+)/Também/Demais.

ademanes s m pl (<esp ademán<lat ad+de+manus: mão) Modos [Gestos] afe(c)tados/Trejeitos.

adenda/o s (<lat addéndus,a,um<áddo, ere, ditum: acrescentar) Conjunto de anotações adicionais a um escrito para corrigir/explicitar/completar o texto/Aditamento/Apêndice. ⇒ corrigenda [errata].

adenina s f Biol/Quím (<adeno-+-ina) Base azotada presente nos ácidos nucleicos animais e vegetais.

adenite s f Med (adeno-+-ite) Inflamação dos gânglios linfáticos.

adeno- pref (<gr adén, énos: glândula) Significa glândula (Ex. adenoide, adenoma).

adenoide adj 2g/s f (<adeno-+-oide) **1** Que tem a forma de glândula. **2** Relativo ao tecido glandular. **3** s f pl Med Nódulos linfoides por hipertrofia patológica da amígdala rinofaríngea (que ocorre na infância).

adenoma s m Med (<adeno-+-oma) Tumor, geralmente benigno, por proliferação do tecido glandular.

adenopatia s f Med (<adeno-+-patia) Inflamação das glândulas ou dos gânglios linfáticos.

adensamento s m (<adensar+-mento) A(c)to, processo ou efeito de tornar(-se) mais espesso/compacto/denso. **Comb.** ~ do bosque. ~ do nevoeiro. ~ da solução «de açúcar».

adensar v t (<lat addénso,áre) **1** Tornar (mais) denso/espesso/Aumentar a massa de «até à saturação». **Ant.** Diluir. **2** «multidão» Aumentar de número ou intensidade/Aglomerar/Acumular. **Ex.** A manifestação dos descontentes adensava-se a cada instante. O ambiente de hostilidade adensava-se à sua volta.

adentar v t (<a^4-+dente+-ar^1) ⇒ dentar(+).

adentrar v int (<adentro+-ar^1) **1** Penetrar(+)/Entrar em(+). **2** Internar-se/Embrenhar-se em «na floresta». **3** ~-se/Concentrar-se em si/Ensimesmar-se.

adentro adv (<a^5+dentro) **1** Para o interior [Para dentro] de. **Ex.** «a criança» Entrou (pela) casa ~ sem pedir licença a ninguém. **2** No interior de/Dentro. **Comb.** Portas/Paredes ~ [Dentro de casa]. **3** Ao longo de, em frente (no tempo ou no espaço) **Ex.** A reunião foi [prolongou-se] pela noite ~. No fim do jogo, a multidão irrompeu (pelo) campo ~ [campo fora] a abraçar os seus heróis.

adepto, a adj/s (<lat adéptus: que alcançou<adipíscor, sci, adéptus sum) **1** (O) que foi iniciado nos dogmas de uma religião, nos princípios de uma doutrina ou ciência. **2** (O) que adere a uma doutrina ou corrente de pensamento, a um movimento, a uma tecnologia/Seguidor. **Ex.** É um fervoroso [empenhado] ~ da luta contra as desigualdades. **3** (O) que tem uma opinião favorável a alguma coisa. **Ex.** Sou ~ de que toda a gente tenha uma palavra a dizer [toda a gente seja consultada] sobre o [este] proje(c)to. **4** (D)esp Simpatizante/Apoiante [Br Torcedor] de um clube. **Ex.** A equipa conta com o vibrante apoio dos ~s!

adequação s f (<adequar+-ção) A(c)to ou efeito de adequar(-se)/ajustar(-se). **Ex.** Discute-se a [Duvida-se da] ~ do carro às necessidades de transporte do dono. **2** Conformidade/Correspondência com. **Ex.** Uma afirmação é verdadeira se há ~ entre o obje(c)to e o que dele se afirma.

adequado, a adj (<adequar) **1** Apropriado/Corre(c)to. **Ex.** A rea(c)ção dele às palavras do vizinho pareceu-me ~a. **2** Conveniente/Oportuno/Próprio. **Ex.** O encontro dos antigos alunos é o momento ~ para recordar peripécias e matar saudades. Importa esperar pelo momento ~ para investir. **3** Adaptado/Ajustado a. **Ex.** A ferramenta deve ser ~a ao tipo de trabalho a realizar.

adequar v t (<lat adáequo,áre,átum: igualar) **1** Ajustar/Adaptar a. **Ex.** Importa ~ o ensino à idade das crianças. É preciso ~ o vestuário ao clima, à estação do ano. **2** Conformar/Harmonizar/Combinar/Coadunar com. **Ex.** Deve-se ~ o traje [a indumentária] à solenidade da cerimó[ô]nia. **3** ~-se/Estar de acordo com/Estar ao nível de/Corresponder a. **Ex.** A classificação atribuída adequa-se [corresponde] aos conhecimentos do aluno. **4** ~-se/Ser apropriado/conveniente. **Ex.** A data da festa adequa-se aos nossos interesses [é boa para (todos) nós].

adequável adj 2g (<adequar+-vel) Que pode ser modificado em função de uma nova situação ou finalidade/Adaptável/Ajustável.

adereçar v t (<lat ad-directiáre<dírigo,ere, diréctum: dirigir para) **1** Adornar/Ornar/Enfeitar(+) com adereços. **2** Prover com o necessário para determinado fim.

aderecista s 2g (<adereço+-ista) **1** Pessoa que confe(c)ciona adereços. **2** Pessoa que enfeita/embeleza com adereços. **3** Pessoa encarregada de tratar dos adereços no cinema, teatro, televisão ou num espe(c)táculo. **Ex.** O ~ precisa de ter grande imaginação e bom gosto. ⇒ encenador.

adereço s m (<adereçar) **1** Obje(c)to de adorno/decoração/Enfeite(+). **2** Acessório a usar em representação de teatro, cinema, televisão ou noutro espe(c)táculo «carnaval». **Ex.** A bengala do galã era um belo ~. O quadro do cenário é um ~ [elemento] importante no desenrolar da cena. **3** Conjunto de peças a usar simultaneamente/Jogo. **Comb.** ~ de cama [Conjunto de dois lençóis e uma/duas almofada(s).

aderência s f (<lat adhaeréntia) **1** A(c)to/Processo de aderir (fisicamente). **Ex.** A cirurgia [operação] de um órgão pode causar ~s a órgãos vizinhos. **2** União firme de duas superfícies/Junção. **Ex.** A ~ do móvel ao soalho dificulta a sua deslocação. No calçado, ~ da borracha ao piso é maior do que a da sola. **3** Mec Força de atrito no conta(c)to dos pneus do veículo com o piso. **Ex.** A chuva prejudica a ~ dos pneus. **4** Qualidade do que se fixa fortemente a uma superfície. **Ex.** A ~ da tinta ao metal só é possível sem poeiras ou oxidação. **5** fig A(c)to de (decidir) aprovar ou seguir determinada ideia, crença, ideologia/Adesão(+).

aderente adj/s 2g (<aderir) **1** Que se pega/fixa firmemente a alguma coisa/Que adere. **Ex.** No presépio usávamos o musgo dos [~aos] muros velhos. **2** Que tem uma substância que o faz fixar a uma superfície/Que cola/Adesivo(+). **Comb.** Fita ~. Papel ~. **3** (Pessoa) que aprova e segue determinada doutrina/ideologia/crença. **4** (Pessoa) que se inscreve num partido, num clube, numa organização, ... **5** (Pessoa) que subscreve uma campanha, um contrato. **Ex.** Na praça de portagem [Br pedágio] o meu carro passa na faixa reservada a ~s à Via Verde [Pagamento ele(c)tró[ô]nico sem paragem].

aderir v int (<lat adháereo,ére,háesum: estar ligado) **1** Ficar pegado/unido por aderência/Colar-se a. **Ex.** A roupa molhada tende a ~ [a pegar-se] ao corpo. **2** Ganhar [Ter] atrito/Prender-se/Agarrar-se a. **Ex.** Os pneus aderem menos num piso molhado. **3** Ligar-se a um grupo, organização, partido/Tornar-se adepto de/Associar-se a/Inscrever-se em. **Ex.** Muita gente aderiu ao nosso partido (n)este ano. **4** Apoiar/Aprovar/Subscrever. **Ex.** Os alunos aderiram com entusiasmo à iniciativa. **5** Um Estado fazer a sua adesão a um tratado já existente entre outros Estados. **Ex.** Portugal aderiu, nos anos 80 do séc. XX, à Comunidade Econó[ô]mica Europeia [CEE], hoje União Europeia [UE].

adernar v int Náut (< ?) «o barco» Pender [Inclinar-se] para um dos bordos por deslocamento da carga ou por a(c)ção da vaga ou do vento...

adesão s f (<lat *adháesio,ónis*) 1 A(c)to ou efeito de aderir/concordar/aprovar, agindo em coerência com essa decisão. ⇒ aderência 1, 5. **Ex.** Distinguimos entre a aderência do pneu à estrada e a ~ de alguém a uma iniciativa. A ~ à greve não foi significativa/grande. 2 Vinculação a uma doutrina, causa, crença, associação, iniciativa, a um grupo, partido, … **Ex.** A ~ a tais ideias «democráticas» tem vindo a aumentar. **Ant.** Oposição. 3 Aceitação por um Estado das cláusulas de um tratado ou protocolo firmados por outros Estados. **Ex.** Alguns países «EUA» não chegaram a fazer a sua ~ ao Protocolo de Quioto sobre a preservação do ambiente.

adesivo, a adj/s m (<lat *adhaesívus*; ⇒ aderir) 1 Que adere/cola. **Comb.** Fita ~a. 2 s m Tira de tecido/papel/plástico com uma das faces a aderir dire(c)tamente à superfície em que se coloque. ⇒ autocolante. 3 s m Fita com substância aderente à pele para fixar penso/emplastro. **Ex.** No hospital gasta-se muito ~. 4 s m fig Pessoa maçadora, importuna. **Ex.** Não havia meio de me ver livre daquele ~ [daquela carraça(+)]!

adestramento s m A(c)to ou resultado de adestrar/ensinar/exercitar/treinar. **Ex.** O ~ dos animais no circo exige muito [deve exigir muito tempo de] treino.

adestrar v t (<a-¹+destro+-ar¹) Fazer exercícios frequentes até conseguir uma execução rápida e eficiente/Habilitar/Treinar(+)/ Exercitar. **Loc.** ~ animais para a caça [soldados para a guerra].

adeus interj/s m (<De fórmulas usuais no meio rural até há poucas décadas, como "Entrego-te [Encomendo-te] a Deus") 1 interj Exclamação usada como cumprimento de despedida por muito tempo. **Ex.** Então ~! «até que Deus queira». **Idi.** ~ **minhas encomendas**! [Expressão de dece(p)ção por algo que se perdeu ou está inacessível]. *(Dizer)* ~ *a alguma coisa* «curso/título (de campeão)» [Estar impossibilitado/Descrer de atingir um obje(c)tivo que se propunha alcançar]. *Dizer ~ ao mundo* a) Morrer; b) Entrar em convento/Professar. Ora ~! [Exclamação de dece(p)ção/enfado/Mau (mau, mau)!]. 2 interj Exclamação de saudação quando duas pessoas se cruzam. **Ex.** Olá, bom dia! – ~! Como vai isso?! 3 s m (Saudação de) despedida. **Ex.** Tenho na memória o [Lembro-me do] comovido ~ do nosso amigo. 4 s m Despedida/Momento da separação. **Ex.** O ~ do filho deixou-os idi lavados em lágrimas [deixou-os a chorar]!

adeusinho interj/col fam (<adeus+-inho) ⇒ adeus.

ad hoc lat 1 Para isto/Para este fim. **Ex.** O exame ~ para acesso ao ensino superior apresenta alguma dificuldade. 2 col Sem cuidado/De qualquer modo/col À balda. **Ex.** Estranhamente, há quem use a expressão latina ~ com sentido oposto ao seu sentido próprio. Isto parece ter sido feito ~!

ad hóminem lat (⇒ homem) Diz-se do argumento a) que usa as palavras do adversário para o refutar ou convencer; b) que, em vez da verdadeira razão, usa razões adaptadas à pouca inteligência do adversário.

adiabático, a adj Fís (<gr *adiábatos*: impenetrável+-ico) Diz-se do processo em que não há absorção ou perda de calor em relação ao exterior. **Comb.** Transformação ~a.

adiado, a adj (<adiar) 1 Que se transferiu para depois/Que se adiou. **Ex.** O julgamento foi ~ para o próximo mês. 2 Diz-se do aluno que, reprovado em exame, pode fazer nova prova na época seguinte.

adiamento s m (<adiar+-mento) A(c)to ou efeito de transferir para mais tarde a realização de alguma coisa/Dilação. **Ex.** O ~ da escritura da (compra da) casa foi forçoso por falta de documentos necessários.

adiantado, a adj/s m/adv (<adiantar) 1 Que avançou/se adiantou. **Ex.** Eu caminhava ~ em relação ao grupo. 2 Diz-se do relógio que marca uma hora mais avançada do que a real (do lugar). **Ex.** Tens o relógio ~! **Ant.** Atrasado. 3 Diz-se do que ocorre antes do que estava previsto ou do que é normal. **Ex.** O inverno foi ameno e as culturas estão ~as para a [~as atendendo à] época. O comboio [trem] chegou à estação. 4 Que é feito antecipadamente. **Comb.** Pagamento ~ [Pré-pagamento]. 5 Que se localiza ou a(c)tua à frente, em posição dianteira. **Ex.** Na equipa ele joga em posição ~a: é avançado. 6 Que está perto de [quase a] ser concluído. **Ex.** A construção do prédio está ~a. O trabalho da tese está ~o. 7 Que é tardio/avançado. **Ex.** A hora ia ~a [Era já tarde] e ainda faltava discutir dois pontos na [da ordem de trabalhos da] reunião. 8 Que atingiu um bom nível de desenvolvimento. **Ex.** Os países ~s [desenvolvidos] oferecem melhores condições de vida. 9 Diz-se do aluno que conseguiu um maior grau de conhecimentos. **Ex.** O rapaz está muito ~ em matemática. Antigamente, na minha escola primária, havia o grupo da primeira classe ~a e o da (primeira classe) atrasada. 10 s m Qualidade do que está já muito avançado. **Ex.** Devido ao ~ da hora [Por ser já muito tarde] interrompemos a reunião. O ~ da obra garante-nos que tudo vai estar pronto para a inauguração programada. 11 adv Antes do tempo/Previamente. **Ex.** Pagar ~ é [equivale a] ser mal servido, por [às] vezes.

adiantamento s m (<adiantar+-mento) 1 A(c)to ou efeito de adiantar(-se). **Ex.** O ~ do rival despertou-lhe o ânimo para o alcançar. 2 Estado do que está perto de ser concluído. **Ex.** O ~ da construção do Centro Social impulsionou os donativos para a sua conclusão. 3 Localização em posição avançada. **Ex.** O ~ do jogador para as linhas da frente aumentou o rendimento da equipa. 4 Quantia (de dinheiro) paga antecipadamente, geralmente a pedido de quem a recebe. **Ex.** Devido a uma grande despesa inesperada, o funcionário pediu um ~ por conta do salário. Paguei ao pequeno empreiteiro um ~ para início dos trabalhos e compra de materiais. 5 Boa aquisição de conhecimentos pelo estudante. **Ex.** O seu ~ no estudo é uma garantia de emprego mais fácil no futuro.

adiantar v t/int (<adiante+-ar¹) 1 Passar para a frente de/(Fazer) avançar/progredir. **Ex.** Depressa o atleta se adiantou aos demais. Os novos instrumentos de medida fizeram ~ muito o trabalho científico. 2 Antecipar. **Ex.** O patrão adiantou-me algum (dinheiro) para a compra do carro. 3 «o relógio» ~-se/Avançar mais depressa do que é devido/corre(c)to. **Ex.** Este relógio adianta-se dez segundos por dia. 4 Mover para a frente os ponteiros do relógio. **Ex.** Na madrugada do último domingo de março, na Europa, adiantamos o relógio 60 minutos, vigorando a hora de verão. 5 Chegar antes do tempo previsto/Apresentar maior desenvolvimento do que é normal. **Ex.** Às vezes o comboio [trem] adianta(-se) na chegada à estação. Em certos [Nalguns] anos, quando o inverno vem ameno, as culturas adiantam(-se). 6 Fazer uma parte de alguma coisa mais cedo. **Ex.** A mãe já hoje adiantou bastante o jantar de festa de amanhã. 7 Dar [Divulgar] uma notícia/informação com antecedência. **Ex.** Sempre adiantou [Acabou por ~] que o concurso seria aberto no mês seguinte. 8 Dar explicações/Acrescentar. **Ex.** Não quis ~ nada que o comprometesse. 9 Intervir na conversa/história. **Ex.** – E ninguém veio em seu auxílio!...– adiantou [disse] ele. 10 Conseguir bons resultados/Ir bem nos estudos. **Ex.** Os alunos estão a ~-se em Matemática. 11 Mostrar atrevimento/Abusar da confiança. **Ex.** A presença da mãe da moça impedia o rapaz de se ~. 12 Trazer vantagem/Interessar. **Ex.** Não adianta pedires mais [maior] semanada, (por)que eu não te dou.

adiante adv (a⁵+diante) 1 À [Na] frente. **Ex.** O cão ia adiante, protegendo o rebanho. **Loc.** ~ *de* [Na frente de]. *Levar ~* a) Prosseguir/Continuar o que vem de trás (Ex. Importa levar ~ a construção do Centro Social); b) Levar na frente/Arrastar à força (Ex. A enxurrada levou ~ tudo o que lhe aparecia pela frente). 2 Em lugar próximo. **Ex.** A escola era ali ~, chegávamos lá num instante [lá depressa]. 3 Para a frente. **Ex.** Foi pelo caminho ~, até encontrar o amigo. Pelo curso ~ havia de conhecer muito bons professores. **Loc.** *Passar ~* a) Não ligar importância a algo acessório, continuando para tratar do que importa (Ex. Passamos ~, que há mais em que pensar); b) Ultrapassar (Ex. Passámos-lhe ~, ainda antes do meio da corrida). 4 Antes/Primeiro. **Ex.** O casal era já idoso, o marido foi [morreu] ~. 5 Mais tarde/Depois/«num texto» Abaixo. **Ex.** Um pouco ~ o leitor encontraria a chave do enigma. 6 interj Exclamação de incentivo a que algo prossiga. **Ex.** – Rapazes, ~ [, vamos/força]! Já falta pouco para chegarmos à meta! 7 interj Exclamação de convite a avançar, não se prendendo ao que não interessa. **Ex.** ~ [Pronto]! Não há tempo para divagações! Vamos ao que interessa! ~! 8 s m fam (Tempo) futuro/Amanhã. **Ex.** O ~ a Deus pertence, ninguém sabe o que nos espera!

adiar v t (<a-¹+dia+-ar¹) Transferir para mais tarde/Protelar. **Ex.** Resolveu-se a reunião para a semana (seguinte).

adiável adj 2g (<adiar+-vel) Que pode ser protelado/adiado.

adição s f (<lat *addítio,ónis*) 1 A(c)ção de juntar/acrescentar/Aditamento/Acréscimo/Soma. 2 Operação matemática de juntar dois ou mais números da mesma espécie, as parcelas, num só número, a soma ou o total. **Ex.** Fazendo a ~ de 3 e 5 obtém-se 8. **Ant.** Subtra(c)ção. 3 Br Nota do total de despesa feita em restaurante/Conta(+). 4 Psic Compulsão que leva os viciados em tabaco, vinho ou narcóticos a aumentarem progressivamente esse consumo. **Comb.** Comportamento de ~.

adicional adj 2g/s m (<adição+-al) 1 Que se acrescenta/junta/Suplementar/Extra. 2 s m Quantia a acrescentar ao imposto a pagar pelo contribuinte. **Ex.** Por causa da crise financeira, (n)este ano o imposto vem com [tem] um ~. 3 Acréscimo ao vencimento [salário] regular de um funcionário, em compensação pelas condições menos favoráveis do local em que exerce funções. **Ex.** Como foi destacado para o interior, recebe um ~ ao salário.

adicionamento [adicionação] s (<adicionar+-...) A(c)to ou efeito de adicionar/Adição.

adicionar v t (<adição+-ar¹) 1 Juntar/Acrescentar. **Loc.** ~ *açúcar* «e beber». ~ *outras ideias* «às que (já) demos hoje aqui».

2 Realizar a operação matemática da adição/Somar(+). **Ant.** Subtrair.

adicto, a *adj/s* (<lat *ad-díco,ere,ddíctum*: aprovar, ser favorável) **1** Devotado/Afeiçoado. **2** (O) que é dependente de/inclinado a. **Comb.** ~ da droga/do tabaco/do álcool.

adido, a *s* (<lat *ádditus,a,um<áddo,ere, ádditum*: acrescentar) **1** Funcionário agregado a outro como auxiliar. **2** Funcionário encarregado pelo governo de, junto de país estrangeiro, em consulado ou embaixada, tratar de assuntos da sua especialidade. **Comb.** ~ *cultural*. ~ *militar*. **3** Funcionário público que não está a exercer funções por ser supranumerário (do quadro de efe(c)tivos) ou (por) estar dispensado. **Comb.** Quadro geral de ~s. **4** Militar que presta serviço numa unidade militar, pertencendo a uma outra.

adinamia *s f* (<gr *adynamía*) **1** Grande fraqueza muscular, sobretudo em consequência de doença infe(c)ciosa prolongada/Prostração. **2** Falta de força física ou moral.

adinâmico, a *adj* (<adinamia+-ico) **1** Relativo a adinamia. **2** Debilitado/Enfraquecido.

ádipe/o *s m* (<lat *ádeps,dipis*: gordura) Gordura animal.

adipose *s f Med* (<ádipe+-ose) Acumulação excessiva de gordura no corpo/Obesidade.

adiposidade *s f* (<adiposo+-idade) **1** Qualidade do que é demasiado gordo/Obesidade. **2** Infiltração gordurosa num tecido/órgão.

adiposo, a (Ôso, Ósa/os) *adj* (<ádipe+-oso) **1** *Anat* Que contém ou é formado de gordura. **Comb.** Tecido ~. **2** Muito gordo/Obeso(+).

adir¹ *v t* (<lat *áddo,ere,ádditum*: acrescentar) Juntar(-se)/Agregar(-se)/Somar.

adir² *v t Dir* (<lat *ádeo,íre,áditum*: ir para) Declarar aceitar [Tomar posse de] uma herança.

aditamento *s m* (<lat *additaméntum*; ⇒ adir¹) **1** A(c)to ou efeito de aditar/adicionar. **Ex.** Em ~ ao [Além do] texto, há uma pequena nota de rodapé muito elucidativa. **2** O que se acrescenta para complementar ou esclarecer.

aditar¹ *v t* (<ádito¹+-ar¹) **1** Acrescentar/Adicionar. **2** ~-se/Juntar-se/Ligar-se a.

aditar² *v t* (a-¹+dita+-ar¹) Tornar ditoso(+)/Fazer feliz(+).

aditivo, a *adj/s m* (<lat *additívus,a,um*: que se junta) **1** Que se junta/adiciona/adita a. **2** *s m* Substância que se junta a outra para lhe reforçar, ou alterar, as características. ⇒ conservante. **Comb.** *Gasolina com* ~. *Betão com* ~. *Produto alimentar com* ~. **3** *Mat* Quantidade que se acrescenta a outra, sendo precedida de +. **Ant.** Subtrativo.

ádito¹, a *adj/s m* (<lat *ádditus*; ⇒ adir¹) (O) que se acrescentou/adicionou. ⇒ Aditamento; aditivo.

ádito² *s m* (<lat *áditus*: entrada<*ádeo,ire, itum*: ir para) **1** *Anat* Entrada de canal ou cavidade. **2** Entrada/Acesso. **3** *fig* Ocasião favorável/Oportunidade/Ensejo. **4** Santuário secreto «de antigo templo».

adivinha *s f* (<adivinhar) **1** Pergunta enigmática, com intuito recreativo, feita a uma pessoa ou a um grupo com que se convive, exigindo engenho no encontro da solução. **Ex.** Em [Quando era] criança, gostava muito de ~s. **2** ⇒ adivinho.

adivinhação *s f* (adivinhar+-ção) **1** A(c)to ou efeito de adivinhar/de descobrir algo oculto/misterioso. **2** Pretensa arte de predizer o futuro por poderes sobrenaturais ou por interpretação de indícios/sinais/Augúrio/Vaticínio. **Ex.** Os antigos romanos, antes de decisões importantes e arriscadas, recorriam à ~.

adivinhador, ora *adj/s* (<adivinhar+-dor) ⇒ adivinho.

adivinhar *v t* (<lat *divíno,áre,átum*: predizer o futuro) **1** Descobrir por supostos meios sobrenaturais o que naturalmente parece incognoscível. **Loc.** ~ *o pensamento de alguém* [Conje(c)turar sobre o que outrem está a pensar, sobretudo analisando disfarçadamente as rea(c)ções do seu rosto]. *Deitar-se/Pôr-se a* ~ [Lançar hipóteses sem aparente fundamento]. **2** Tentar descobrir a solução para uma adivinha. **Ex.** – Quem (é que) é capaz de ~ esta? **3** Encontrar essa solução/Decifrar o enigma. **Ex.** – Só eu adivinhei! **4** Pressentir/Intuir. **Ex.** Já estava a ~ [a ver(+)] que a brincadeira ia dar mau resultado… **5** Prever/Augurar/Vaticinar. **Ex.** Adivinho para esse rapaz [Creio que ele vai ter] um futuro brilhante. **6** Ter, uma espécie animal, um comportamento típico antes de determinado fenó[ô]meno ou mudança de tempo «atmosférico», que ainda não são perce(p)tíveis ao homem. **Ex.** O cão, ao ladrar assim, estava a ~ o terramoto. As andorinhas, voando velozes junto ao solo, adivinham chuva.

adivinho, a *adj/s* (<lat *divínus,a,um*) (O) que supostamente tem o poder de adivinhar, de prever e predizer o futuro.

adjacência *s f* (<adjacente+-ia) **1** Qualidade do que está contíguo/adjacente/Condição do que está próximo/Vizinhança. **2** Arredores/Redondezas/Cercanias.

adjacente *adj 2g* (<lat *adjácens,éntis<adjáceo,ére,cui*: estar junto de; ⇒ jazer) **1** Situado/Colocado ao lado de/Contíguo/Confinante/Junto/*col* Pegado. **2** *Geom* Diz-se de ângulos com o mesmo vértice e um lado comum. **3** Que está próximo/Vizinho. **Ex.** O território do Estado português é formado por Portugal (Continental) e pelas Ilhas ~s da Madeira e dos Açores.

adjectivação/adjectival/adjectivar/adjectivo ⇒ adjetivação/…

adjetivação (Djè) *s f Gram* [= adjectivação] (<adjetivar+-ção) **1** A(c)ção ou efeito de adje(c)tivar/Qualificação ou determinação dos substantivos com adje(c)tivo(s). **2** Atribuição da função de adje(c)tivo a palavras de outra classe gramatical.

adjetival (Djè) *adj 2g* [= adjectival] (<adje(c)tivo+-al) Relativo ao [Do] adje(c)tivo. **Comb.** Função ~ «de cinza». ⇒ adjetivar.

adjetivar (Djè) *v t* [= adjectivar] (<adje(c)tivo+-ar¹) **1** Qualificar ou determinar os substantivos com adje(c)tivos. **Loc.** ~ *invariavelmente* [sempre] *os políticos mentirosos/gananciosos*. **2** Dar a função de adje(c)tivo a palavras de outras classes. **Loc.** ~ *cinza* na combinatória *calças cinza*.

adjetivo, a (Djè) *adj/s m* [=adjectivo] (<lat *adjectivus,a,um<adjício,ere,éctum*: pôr ao lado) **1** (O) que se coloca ao lado de. **2** *s m Gram* Classe de palavras que qualificam ou determinam os substantivos. **Ex.** Na frase: "Ela tem uns lindos olhos", *lindos* é um ~. **Comb.** ~ *determinativo* «vinho branco/tinto». ~ *predicativo* «a casa estava deserta». ~ *qualificativo* «bela casa». ~ *uniforme* «homem/mulher cruel». ~ *verbal* «pessoa amada». *Grau do* ~ «bom, melhor, ó(p)timo». **3** *Gram* Que funciona como ~. **Comb.** Função ~a (⇒ adjetival).

adjudicação *s f* (<lat *adjudicátio,ónis*) **1** Atribuição de uma empreitada, serviço ou fornecimento, geralmente em concurso público/Concessão. **Ex.** Fez-se onte a ~ da construção da ponte à nossa empresa. **2** *Dir* A(c)to de, na execução de sentença judicial, dar a posse e a propriedade de bens penhorados do devedor ao credor, em pagamento do crédito.

adjudicador, ora *adj/s* (<adjudicar+-dor) (O) que adjudica.

adjudicar *v t* (<lat *adjudico,áre,átum*: julgar a favor de, atribuir) **1** Atribuir uma obra, um serviço ou fornecimento, geralmente por concurso público. **Ex.** Resolveram ~ a construção da autoestrada ao consórcio. **2** *Dir* Dar ao credor, por sentença judicial, a posse e propriedade de bens penhorados ao devedor, para pagamento do crédito.

adjudicatário, a *adj/s* (<adjudicar+-ário) **1** Pessoa/Entidade a quem se faz a adjudicação. **2** *Dir* Pessoa/Entidade credora que beneficia com a sentença judicial que lhe confere a posse e a propriedade de bens que eram do devedor.

adjunção *s f* (<lat *adjúnctio,ónis*) **1** A(c)to ou efeito de juntar/agregar/Junção. **Ex.** A ~ de um guia ao nosso grupo valorizou muito a excursão. **2** Justaposição/União de uma coisa a outra. **Ex.** A ~ de prefixos ou sufixos permite a formação de novas palavras. **3** Adição/Acrescentamento.

adjungir *v t* (<lat *adjúngo,ere,xi,ctum*: juntar) Agregar(+)/Juntar(+)/Ligar(+)/Unir(o +).

adjunto, a *adj/s* (<lat *adjúnctus,a,um*; ⇒ adjungir) **1** Que está junto/Contíguo/*col* Pegado/Próximo. **2** (Pessoa) que ajuda no desempenho de um cargo/(O) que está agregado a outro para o auxiliar ou substituir. **Ex.** Foi contratado como ~ do mestre de obras. **Comb.** *Dire(c)tor-Geral* ~. *Procurador* ~. *Professor* ~. **4** *Gram* Diz-se de constituinte da frase que poderia ser suprimido. **Ex.** Na frase: O meu cão começou a ladrar, *meu* é um ~ possessivo. **5** *fam* Aglomerado(+)/Grupo(o +) de pessoas. **Ex.** Naquele ~ havia uma grande balbúrdia.

adjuração *s f* (<lat *adjurátio,ónis*) **1** A(c)to ou efeito de adjurar. **2** Pedido insistente/Súplica. **3** Intimação. **4** Fórmula de exorcismo/Esconjuro.

adjurar *v t* (<lat *adjúro,áre,átum*) **1** Pedir com insistência/Suplicar/Rogar. **2** Exorcizar/Esconjurar. **3** ⇒ Intimar. **4** ⇒ Jurar.

adjutor, ora *adj/s* (lat *adjútor, óris*) Ajudante/Auxiliar.

adjutório *s m/adj* (<lat *adjutórium*: ajuda) **1** Auxílio/Ajuda(+)/Adminículo. **2** *Br pop* Clister. **3** *adj* ⇒ Adjuvante **1**.

adjuvante *adj/s 2g* (<lat *adjúvans,antis*; ⇒ adjuvar) **1** (O) que ajuda/auxilia. **2** (Diz-se do) medicamento que reforça a a(c)ção de outro (fármaco) ministrado ao mesmo tempo. **3** *Liter* Diz-se da função que, numa narrativa, é desempenhada por uma personagem ou fa(c)tor que ajuda o herói a conseguir o seu obje(c)tivo. **Ex.** Um sol radioso foi precioso ~ para a festa que ele organizara. **Ant.** Oponente.

adjuvar *v t* (<lat *adjúvo,áre, átum/útum*: ajudar) Favorecer/Ajudar(+)/Auxiliar.

ad libitum lat *adv* **1** «bebidas» À vontade/discri[e]ção/Como se queira/Ao arbítrio de. **2** *Mús* Expressão que indica que o trecho pode ser executado ou omitido, ao critério de cada um.

administração *s f* (<lat *administrátio,ónis*) **1** A(c)to ou efeito de gerir/administrar/dirigir bens ou negócios públicos ou privados. **Ex.** A ~ de uma empresa encontra [tem] grandes problemas, por [às] vezes. **2** Grupo de pessoas encarregadas de gerir. **Ex.** Devido aos maus resultados, a ~ da empresa acaba de ser demitida pelos a(c)cionistas. **Comb.** ~ *do condomínio*. *Conselho de* ~. **3** Local onde essas pes-

soas exercem a gestão. **Ex.** Foi à ~ entregar o estudo que fizera sobre o mercado. **4** Conjunto de organismos e seus funcionários que asseguram o cumprimento das leis e regulamentos e o funcionamento dos serviços públicos. **Ex.** É preciso diminuir, no orçamento do Estado, o peso das despesas com a ~. **Comb.** ~ **central** [do Estado]. ~ **local** [das autarquias]. **5** Designação de repartição de serviços públicos. **Ex.** O funcionário começou a trabalhar na extinta ~ do 3.º Bairro de Lisboa, então gerida por um administrador. **6** Exercício de um serviço público. **Ex.** A ~ da justiça cabe ao Estado. **7** Curso de nível superior ou médio que trata dos princípios e das práticas administrativas. **Comb.** ~ [Gestão] de empresas. **8** A(c)to de fazer tomar um medicamento ou de dar um alimento a alguém ou a um animal. **Ex.** A ~ de uma inje(c)ção deve ser feita [A inje(c)ção deve ser dada] por pessoal habilitado. **9** *Catol* A(c)to de ministrar um sacramento. **Ex.** A ~ da Santa Unção é geralmente feita a doentes graves.

administrador, ora *s/adj* (<lat *administrátor,óris*) **1** (O) que gere/administra bens ou negócios públicos ou privados. **2** *Dir* Pessoa encarregada de gerir os bens de alguém legalmente incapacitado de o fazer. **Ex.** Enquanto o sobrinho foi menor, ele foi o ~ dos seus bens.

administrar *v t* (<lat *adminístro,áre,átum*: cumprir as suas obrigações, servir, ~) **1** Gerir os bens ou os negócios privados ou públicos. **Ex.** ~ uma empresa exige iniciativa, decisão, intuição da evolução do mercado… **2** Exercer a função de administrador. **Ex.** Vamos escolher três pessoas para ~ o condomínio. **3** Tornar efe(c)tivo/Realizar. **Ex.** Cabe ao juiz ~ a justiça. **4** Dar a tomar/Aplicar. **Ex.** A enfermeira administrou o medicamento/a inje(c)ção ao doente. **5** *Catol* Ministrar. **Ex.** Cabe ao sacerdote ~ sacramentos aos fiéis.

administrativo, a *adj* (<administrar+-tivo) **1** Relativo à administração. **Ex.** O trabalho ~ obriga ao cumprimento de um horário rígido. **Comb. Código ~. Direito ~. Divisão ~a do país. Pessoal ~. Processo ~. Supremo Tribunal ~**. **2** Que foi decidido pela administração. **Ex.** Nessa época conturbada, alguns alunos tiveram passagem ~ [transitaram de ano sem avaliação de professor, bastando estarem inscritos].

admiração *s f* (<lat *admirátio,ónis*) **1** A(c)to ou efeito de admirar(-se). **2** Forte emoção de agrado perante algo que realiza um elevado grau de beleza/harmonia/destreza/arte/saber/ … **Ex.** O belo quadro despertou nele profunda ~. A catedral da cidade é digna de ~. **Comb.** *Gram* Ponto de ~ [!] (Ex. Que beleza! Que desgraça!). **3** Coisa admirada. **Ex.** Aquele carro de corrida é uma ~! **4** Sentimento de grande apreço pela excelência de alguma coisa ou de alguém. **Ex.** Alimentava [Tinha(+)] uma grande ~ por aquele professor. **5** Rea(c)ção de espanto/surpresa. **Ex.** Causou-lhe ~ que ele ainda estivesse ali, já o fazia [já pensava que estava] bem longe.

admirador, ora *adj/s* (<lat *admirátor,óris*) **1** (O) que, perante alguém ou alguma coisa, sente admiração/apreço. **Ex.** Era um grande ~ da cultura clássica greco-latina. **2** (O) que aprecia muito determinado [um] a(c)tor/cantor/artista/atleta/ …/Fã. **Ex.** Para ouvir o cantor, o pavilhão encheu-se de ~es. **3** (O) que sente atra(c)ção amorosa por alguém. **Ex.** À(quela) moça não faltam ~es.

admirar *v t* (<lat *admíror,ári,átus sum*) **1** Contemplar alguém ou alguma coisa com agrado/interesse/simpatia. **Ex.** Esteve muito tempo a ~ aquela bela estátua. **2** Sentir consideração/apreço por alguém ou alguma coisa. **Ex.** Admirava aquele político pela coerência das suas posições. **3** Experimentar [Sentir] espanto/surpresa por algo inesperado. **Ex.** Admira-me que ele não tenha [Admira-me ele não ter] ainda chegado. Estou admirado com a sua coragem/inteligência!

admirativo, a *adj* (<admirar+-tivo) Que traduz [revela] admiração/enlevo/apreço. **Ex.** Aquela atitude ~a perante a obra de arte agradou à mãe.

admirável *adj 2g* (<lat *admirábilis,e*) **1** Digno de grande apreço/Que causa admiração. **Ex.** A sua resistência na doença tem sido ~! A sua bondade para com os desprotegidos era ~! **2** Esplêndido/Maravilhoso/Deslumbrante. **Ex.** O espe(c)táculo foi ~!

admiravelmente *adv* (<admirável+-mente) **1** De forma excelente/Muito bem. **Ex.** Fomos ~ [muito bem] recebidos no grupo. O exame correu-me ~! [Fiz um muito bom exame]. **2** Com grande beleza/arte. **Ex.** O palácio estava ~ decorado.

admissão *s f* (<lat *admíssio,ónis*) **1** A(c)to ou resultado de admitir ou de ser admitido. **2** Ingresso/Entrada. **Ex.** Por causa da crise, está proibida a ~ de mais pessoal. As pessoas são revistadas à entrada do [antes da sua ~ no] recinto. **Comb.** *Exame de ~ à Faculdade (Universidade). Reservado o direito de ~!* «num espaço de diversão». **3** Aceitação/Consentimento. **Ex.** A ~ de [O permitir] tal comportamento parece-me censurável. **4** *Mec* Entrada de mistura inflamável em cilindro de motor de explosão.

admissibilidade *s f* (<admissível+-idade) Qualidade do que pode ser admitido/aceite. **Ex.** A ~ do requerimento pode ser questionada.

admissível *adj 2g* (<lat *admissíbilis,e*; ⇒ admitir) **1** Que pode ser admitido/aceite/tolerado. **Ex.** A indisciplina na aula não é ~ [não se admite!]. **2** Que se pode considerar verdadeiro/válido(+)/razoável. **Ex.** Esse argumento não me parece ~ neste caso.

admitir *v t* (<lat *admítto,ere,mísi,míssum*) **1** Concordar «a contragosto»/Reconhecer/Aceitar. **Ex.** Admito [Reconheço] que me enganei a respeito dele. **2** Considerar possível como hipótese/Supor. **Ex.** Admitamos que ele não sabia de nada. **3** Consentir/Tolerar. **Ex.** Não admitia que lhe faltassem ao respeito [que não o respeitassem]. **4** Permitir a entrada a. **Ex.** Passaram a ~ toda a gente nas suas festas. **5** Contratar para um trabalho duradouro. **Ex.** A empresa está a ~ pessoal administrativo. **6** Ir frequentar um curso. **Ex.** O número de candidatos a ~ nos cursos é fixado superiormente [pelo Governo]. **7** Levar «a exame». **Ex.** Porque estava mal preparado [tinha conhecimentos insuficientes], a professora não o admitiu a prestar provas finais. **8** Aprovar em exame/*col* Passar. **Ex.** Entre [De] dez candidatos, só admitiram seis. **9** Autorizar a participação em. **Ex.** Entenderam que não o deviam ~ [deixar entrar] no clube. **10** Ser compatível com/Suportar/Comportar/Tolerar. **Ex.** A gravidade da doença não admite descuidos.

admoestação *s f* (<admoestar+-ção) **1** Leve repreensão/censura/Reparo/Admonição. **Ex.** Ele está a precisar de uma ~. **2** Conselho/Exortação para agir melhor. **3** *Catol* Anúncio público dos nomes dos que pretendem celebrar o matrimó[ô]nio ou receber ordens eclesiásticas, para que se revele algum eventual impedimento/Proclama/*fam* Banhos.

admoestador, ora *adj/s* (<admoestar + -dor) (O) que censura/adverte/repreende/exorta.

admoestar *v t* (<lat *admonésto,áre*<*admóneo,ére,nui,nitum*: advertir) **1** Repreender/Censurar com brandura/Fazer reparo a/Advertir. **Ex.** Resolveu ~ o aluno. **2** Incitar a agir bem/Aconselhar(+)/Exortar.

admonição *s f* (<lat *admonítio,ónis*) Advertência/Repreensão/Admoestação/Conselho.

admonitor, ora *adj/s* (<lat *admónitor,óris*) **1** (O) que adverte/avisa. **2** *Rel* Religioso a quem, em algumas ordens religiosas, cabe aconselhar o superior e exortar os companheiros à observância da Regra.

admonitório, a *adj/s m* (<lat *admonitórius,a,um*) **1** Que serve para advertir/repreender/avisar. **Comb.** Sermão ~/exortativo. **2** Repreensão leve/Advertência(+).

ad multos annos *lat adv* Por muitos anos/Voto de que algo perdure por muito tempo. **Ex.** Parabéns pelo seu aniversário! ~.

ADN *s m* Sigla de Ácido *D*esoxirribo*n*uclei*c*o, constituinte essencial dos cromossomas do núcleo celular, que contém a informação genética.

adnominação *s f* (<lat *adnominátio,ónis*) Semelhança entre palavras de línguas diferentes que permite reconhecer a sua origem comum. ⇒ paronomásia.

adnotação *s f* (<lat *adnotátio,ónis*) Nota(+) de fim de página que esclarece ou ilustra alguma passagem do texto.

-ado *suf* (<lat *-átus*; ⇒ -ada) Significa: **a)** Resultado de a(c)ção ou processo (Ex. louv~, quebr~, ass~, evapor~); **b)** Semelhança (Ex. afunil~, arredond~, efemin~, adam~); **c)** Função/Dignidade/Cargo (Ex. consul~, rein~, episcop~, almirant~, diacon~); **d)** Local onde se exerce o cargo (Ex. comissari~, patriarc~, almirant~); **e)** Cole(c)tivo (Ex. eleitor~, operari~, professor~).

adobe (Dô) *s m* (<ár *at-tûb*: tijolo) **1** Tijolo feito de massa de argila seca ao sol, às vezes misturada com palha, para ter maior resistência. **2** Pedra alisada e arredondada no leito de cursos de água de grande declive. **Ex.** Nas paredes das casas e muros de zonas serranas graníticas aparecem ~s, por vezes de grandes dimensões.

adoçamento *s m* (<adoçar+-mento) **1** A(c)to ou resultado de adoçar, pela mistura de substância doce. **Ex.** Fez o ~ do chá com mel. **2** *fig* Suavização do que é desagradável/rugoso/áspero. **Ex.** Tem havido um ~ [uma amenização] do clima no inverno. **3** *Arquit* Moldura côncava decorativa na transição do plinto para a cornija/Qualquer elemento que harmoniza a transição entre corpos, com guarnições/molduras … **4** *Arte* Esmorecimento da tonalidade ou brilho das tintas [cores] numa pintura.

adoçante *adj 2g/s m* (<adoçar) **1** (Substância) que adoça. **Ex.** Peço sempre ~ para o café, não açúcar. **Sin.** Edulcorante. **2** *fig* Que suaviza/alivia/mitiga.

adoção (Dò) [*Br* **adopção**] *s f* [= adopção] (<lat *adóptio,ónis*) **1** Ato ou efeito de ado(p)tar. **2** *Dir* Processo legal de aceitar voluntariamente alguém como filho, com o vínculo jurídico semelhante ao da filiação natural. **Ex.** A ~ permite tornar felizes crianças desprotegidas/abandonadas. **3** Apropriação. **Ex.** A ~ do cão que vadiava por ali encheu de alegria as crianças. **Comb.** País/Terra/Cidade de ~ [que se escolheu para aí viver, não tendo aí nascido]. **4** Decisão habitual de passar a proceder

de forma diferente. **Ex.** A ~ da dieta recomendada pelo médico foi difícil para ele [Quanto à dieta, ele teve dificuldade em ado(p)tá-la]. **Comb.** *~ de novos hábitos*. *~ de novo estilo [nova forma] de vida*. **5** Decisão conjunta de escolher algo para vigorar temporariamente. **Ex.** A ~ deste manual na nossa escola foi feita (n)este ano. **6** Adesão a uma ideia/teoria/doutrina. **Ex.** A ~ de ideias revolucionárias prejudicou-o bastante.

adoçar *v t* (<a-¹+doce+-ar¹) **1** Tornar (mais) doce. **Idi.** *~ a boca a* [Ser afável ou adular alguém para colher/obter benefício]. **2** *fig* Diminuir/Mitigar/Abrandar algo que é desagradável/penoso. **3** *Arquit* Suavizar a transição entre elementos arquite(c)tó[ô]nicos com guarnição, moldura, ... **4** *fig* Tornar menos ríspido/rude um comportamento. **5** *Arte* Esmorecer a tonalidade ou o brilho das cores das tintas.

adocicado, a *adj* (<adocicar) **1** Que tem um gosto ligeiramente [Que é um pouco] doce. **Comb.** Vinho ~. Xarope ~o. **2** Que tem uma suavidade [delicadeza] afe(c)tada. **Comb.** Voz ~a/melada(+).

adocicar *v t* (<a-¹+doce+-icar) **1** Tornar levemente doce. **2** *fig* Afe(c)tar [Fingir] delicadeza/afabilidade.

adoecer *v int* (<lat *addolésco,ere*<*ad+dolésco,ere*: afligir-se) Perder a saúde/Ficar doente/enfermo. **Ex.** Era fundamental não ~ naquela altura/ocasião.

adoecimento *s m* (<adoecer+-mento) O ficar doente. **Ex.** O ~ [adoecer(+)/A doença(o+)] da mãe criou muitos problemas em casa.

adoentado, a *adj* (<adoentar) Levemente [Um pouco] doente/Debilitado/Abatido.

adoentar *v t* (<a-¹+doente+-ar¹) Causar uma doença ligeira/Indispor/Debilitar.

adoi[ou]dado, a *adj* (<adoidar) **1** Que mostra falta de prudência/siso/tino. **2** Que age como doido/Amalucado(+).

adoi[ou]dar *v int/t* (<a-¹+doi[ou]do+-ar¹) **1** (Fazer) perder o siso/Pôr/Ficar doido. **2** Agir sem juízo/tino. **3** *fig* ~-se/Apaixonar-se/Enamorar-se/Estar louco «pela moça».

adolescência *s f* (<lat *adolescéntia*) **1** Período da vida humana que começa com a puberdade e vai até à juventude. **Ex.** Na ~ costumam ocorrer crises, resultado de transformações importantes de ordem corporal e psicológica. **2** *fig* Fase de desenvolvimento de uma coisa ou de alguma realização do homem, caracterizada por viço, frescura, entusiasmo, vigor. **Ex.** A nossa associação está na ~, há muita vontade de fazer coisas.

adolescente *adj/s 2g* (<lat *adoléscens,éntis*; ⇒ adolescer) **1** Que está em fase de desenvolvimento/amadurecimento/Que está na adolescência. **Ex.** As turmas de alunos ~s têm problemas próprios. **2** Próprio da adolescência. **Ex.** A irreverência ~ não era problema, era antes [pelo contrário] um tó[ô]nico nas nossas reuniões. **3** Indivíduo na adolescência. **Ex.** Os ~s valorizam muito a amizade.

adolescer *v int* (<lat *adolésco,ere,évi,adúltum*: crescer <*adóleo,ére*: fazer crescer <*ad+álo,ere,al(i)tum*: alimentar) **1** Tornar-se adolescente/Desenvolver-se/Crescer. **2** Rejuvenescer/Remoçar.

adonairar *v t* (<a-¹+donaire+-ar¹) Tornar donairoso/Dar graça/donaire/galhardia/Enfeitar(+).

adonde *adv pop* ⇒ onde; aonde.

adónis [*Br* **adônis**] *s m* (<gr *mit Ádunis*: Adónis, deus jovem muito belo, amante de Afrodite) **1** *fig* Rapaz de grande beleza/Efebo. **Ex.** Qual [Como um] ~, era vê-lo [, andava] sempre rodeado de moças. **2** *depr* Jovem presunçoso da sua beleza/afe(c)tado/pedante.

adopção/adoptado/adoptante/adoptar/adoptivo ⇒ adoção/adotado/...

adoração *s f* (<lat *adorátio,ónis*) **1** Culto religioso prestado a um deus. **Comb.** *~ do Sol*. **2** *Crist* A(c)to de culto devido a Deus, a Jesus Cristo, à Santíssima Trindade: Pai, Filho e Espírito Santo. ⇒ dulia. **Ex.** Só a Deus se presta ~. **Comb.** *~ do Santíssimo Sacramento* (da Eucaristia). *~ da Santa Cruz*. **3** *maiúsc* Quadro ou escultura representando a homenagem dos Magos a Jesus Menino. **4** *fig* Elevada consideração/estima por alguém ou (por) alguma coisa. **Ex.** Tinha uma grande ~ pela neta, sua grande companhia. **5** *fam/col* Pessoa ou coisa de que se gosta muito. **Ex.** A ~ do miúdo era a cadela ladina que o não largava. **Sin.** Menina dos «seus» olhos.

adorado, a *adj* (<adorar) **1** Que recebe o culto devido à divindade. **Ex.** Deus é ~ pelos crentes. **2** *fig* Muito amado/estimado. **Ex.** Perdeu o ~ filho num acidente de automóvel.

adorador, ora *adj/s* (<adorar+-dor) **1** (O) que adora. **2** *fig* Grande admirador de/Apaixonado. **Ex.** «a Isabel» De [Por ser] tão encantadora, tem mil [muitos] ~es.

adorar *v t* (<lat *adóro,áre,ávi,átum*) **1** Prestar o culto devido a uma divindade. **Ex.** Os católicos adoram Deus e veneram Nossa Senhora e os santos. **2** *fig* Ter grande apreço por/Estimar muito. **Br.** Adorava o estilo daquele romancista. **Ex.** Adorava o filho, que lhe deu tantas alegrias. **3** *fig* Gostar muito de alguém ou de alguma coisa/Sentir grande satisfação com. **Ex.** Adora este cantor, não perde [não deixa de ir a] um espe(c)táculo dele. O meu pai adora pastéis de nata! **4** *fig* Desejar vivamente [muito]. **Ex.** Adoraria [Quem (me) dera] que ele entrasse no curso (superior) de que gosta.

adorável *adj 2g* (<lat *adorábilis,e*) **1** Que é digno de adoração/veneração. **2** *fig* Muito querido/simpático/Encantador. **Ex.** É uma criança ~/encantadora!

adormecedor, ora *adj* (<adormecer+-dor) Que faz adormecer/Que dá sono/Soporífero(+).

adormecer *v t/int* (<lat *addormísco,ere* <*dórmio,íre,ítum*: dormir) **1** (Fazer) começar/pegar a dormir. **Ex.** Embalava o bebé para o ~. No sofá, começo a ler e pouco depois adormeço. **Loc.** *~ para sempre* [Morrer]. *~ sobre o assunto* [Este não lhe interessar]. **Ant.** Acordar; despertar. **2** Causar sono pelo enfado que provoca. **Ex.** A voz monocórdica [monótona] do orador faz-me ~. **3** *fig* Fazer diminuir o vigor, a sensibilidade, a emotividade ou a capacidade intelectual. **Ex.** Aqueles insípidos anos, sem um ideal na vida, adormeceram-lhe o corpo e o espírito. ⇒ adormecido **2**. **4** Cessar a a(c)tividade, o bulício, o movimento. **Ex.** Aquela terra pacata às dez (horas) da noite adormece. **5** Acalmar/Serenar. **Ex.** Com o passar dos anos, as paixões, as rivalidades costumam ~. **6** *Náut* Inclinar-se demoradamente o navio para um dos bordos com o risco de voltar-se.

adormecido, a *adj* (<adormecer) **1** Que adormeceu/Que está a dormir. **Ex.** Encontrei-o ~ no sofá. **2** *fig* Que está dormente/Que perdeu sensibilidade/Entorpecido. **Ex.** Acordo às vezes com a mão ~a. **3** *fig* Que perdeu capacidade de agir e de reagir/Que tem menos vigor/força. **Ex.** A população, dominada pela crise econó[ô]mica, não reage, parece ~a. **4** *fig* Que acalmou/ serenou. **Ex.** Nas madrugadas geladas de inverno a passarada nem se ouve, está ~a. **5** *fig* Diz-se do vulcão que está ina(c)tivo. **Ex.** Depois de estar ~ durante quase um século, o vulcão entrou novamente em erupção [voltou a estar a(c)tivo].

adormecimento *s m* (<adormecer+-mento) **1** A(c)to ou resultado de adormecer. **2** *fig* Falta de sensibilidade/Estado dormente/Entorpecimento. **Ex.** O ~ da mão ao levantar (da cama) preocupava-o. **3** *fig* Não agitação/Acalmia. **Ex.** Com o cair da noite dava-se [ocorria] o ~ da natureza. **4** *fig* Ina(c)tividade/Indolência/Desleixo. **Ex.** A sua vida passou por um ~, fruto de sucessivas desilusões.

adormentar *v t* (<a-¹+dormente+-ar¹) **1** Causar sonolência/Dar [Provocar] sono. **Loc.** *~ o leitor [os ouvintes/o auditório]*. **2** Diminuir a sensibilidade/Entorpecer. **Loc.** *~ a dor*. **3** *fig* Enfraquecer a capacidade de agir e de reagir. **Loc.** *~ a consciência do povo*.

adornar *v t* (<lat *adórno,áre,atum*) **1** Pôr adorno/Enfeitar/Decorar «a sala»/Embelezar. **2** Tornar agradável/interessante/Enriquecer. **3** ⇒ adernar.

adorno (Dôr) *s m* (<adornar) **1** A(c)to de adornar/ornamentar/decorar. **Comb.** *O ~* [A decoração] *da sala «para a festa»*. **2** Acessório para enfeitar/embelezar/ataviar/Aderêço. **Ex.** Os brincos, as pulseiras são ~s femininos. **Comb.** *~ de linguagem* [Requinte estilístico/*fam* Floreado]. **3** *pl* Na lide tauromáquica, movimentos que tornam mais vistosa a a(c)tuação do toureiro.

adossado, a *adj* (<a-¹+dorso+-ado) **1** *Arquit* Encostado a uma parede ou a um elemento de maior superfície ou volume. **2** *pl* Diz-se de figuras ou obje(c)tos colocados costas com costas.

adosselado, a *adj* (<a-¹+dossel+-ado) **1** Que tem a forma de dossel. **2** Dotado de [Com] dossel.

adotado, a (Dò) [*Br* adoptado] *adj/s* [= adoptado] (<ado(p)tar) **1** *Dir* (O) que se decidiu aceitar como filho/Perfilhado. **Ex.** Ele é uma criança ~a. **2** Que se escolheu. **Ex.** A argumentação ~a não parece convincente. **3** Que se passou a usar/seguir. **Ex.** O compêndio ~ na escola parece ter (boa) qualidade. A tecnologia ~a na fábrica é a mais avançada.

adotante (Dò) [*Br* adoptante] *adj/s 2g* [= adoptante] (<ado(p)tar) (Pessoa) que ado(p)ta/perfilha.

adotar (Dò) [*Br* adoptar] *v t* [= adoptar] (<lat *adópto,áre,átum*) **1** *Dir* Decidir tomar como filho, com os direitos inerentes segundo a lei/Perfilhar. **Ex.** O casal decidiu ~ um bebé. **2** Apropriar-se de/Tomar para si. **Ex.** Adotou o gatinho que miava à porta de (sua) casa. Não quis ~ o nome do marido. **3** Aderir duradouramente a uma ideia/teoria/doutrina. **Ex.** Ao ~ [Quando/Porque adotou] essa filosofia de vida [essa maneira de pensar], ficou exposto à crítica de muitos. **4** Passar a usar/seguir. **Ex.** Adota qualquer nova moda [ideia] logo que aparece. **5** Escolher. **Ex.** Quer ~ um método de trabalho que seja mais eficiente.

adotivo, a (Dò) [*Br* adoptivo] *adj/s* [= adoptivo] (<lat *adoptívus,a,um*) **1** *Dir* Relativo a ado(p)ção. **Ex.** O processo ~ por [às] vezes é demorado. **2** (O) Que foi ado(p)tado/perfilhado. **Comb.** *Filho/a ~/a*. **3** Que ado(p)tou/perfilhou alguém. **Comb.** *Família ~. Mãe ~a. Pai(s) ~(s)*.

adquirente *adj/s 2g* (<lat *adquírens,éntis*; ⇒ adquirir) **1** (O) que adquire alguma coisa. **2** *Dir* (O) que se torna proprietário de

um bem por compra, troca, doação, herança, …

adquirição s f (<adquirir+-ção) ⇒ aquisição.

adquirido, a adj/s (<adquirir) **1** Que se adquiriu/Que se passou a ter/Que não é inato. **Comb.** Imunodeficiência ~a. ⇒ sida. **2** Que se obteve/alcançou. **Ex.** A fortuna ~a foi obra de muito trabalho. **3** Que é aceite/admitido/consensual. **Ex.** É um dado ~ [É certo] que vamos pagar mais impostos. **4** (O) que, uma vez [, depois de] obtido/conseguido, já não se perde. **Comb.** Direitos ~s. **5** s m pl Bens obtidos pelo casal, a título oneroso, durante o casamento. **Ex.** O nosso casamento foi em regime de comunhão de ~s, não de comunhão geral de bens.

adquirir v t (<lat ad[c]quíro,ere,quisívi,quisítum) **1** Tornar-se proprietário/dono de um bem/Comprar(+). **Ex.** O meu pai acabou de ~ uma quinta. **Loc.** ~ *uma casa*. ~ *uma propriedade*. ~ *a(c)ções*. **2** Passar a ter por esforço/mérito próprio. **Ex.** Adquiriu uma larga [grande] experiência na solução de conflitos. Tratou de ~ mais habilitações literárias. **Loc.** ~ *fama/prestígio*. ~ *fortuna*. **3** Passar a apresentar/ter determinada cara(c)terística/qualidade/Tomar um novo aspe(c)to/significado. **Ex.** Na praia a pele vai adquirindo um tom bronzeado. As palavras adquirem/ganham novos significados em diferentes contextos. **4** Criar/Desenvolver. **Ex.** Adquiriu o hábito de fumar quando era novo. **5** Ser atingido por/Contrair. **Ex.** Com a sua vida desregrada, adquiriu [contraiu] uma grave doença.

adquirível adj (<adquirir+-vel) Que se pode adquirir.

adrede (Dré) adv (< ?) De propósito/Intencionalmente.

adregar v int pop/col (<lat ad+dírigo,ere: dirigir, sendo -ere substituído por -icáre) Acontecer/Encontrar-se por acaso/Calhar(+). **Ex.** Aí não se pode estacionar (o carro); se adrega vir a polícia, apanhas uma multa!

adrenalina s f Bioq <ad-+renal+-ina) **1** Hormona segregada pela medula das cápsulas suprarrenais, ou obtida sinteticamente, com propriedades estimulantes. **2** fig Vigor/Energia/Entusiasmo, acompanhados de tensão ou emoção. **Ex.** Aquelas festas eram cheias de ~. Gosto de trabalhar com ~.

adriático, a adj/s m (<lat adriáticus,a,um) **1** Relativo ao mar entre a Itália e países dos Balcãs. **Comb.** Costa(s) ~(s). **2** s m maiúsc Mar interior que banha a costa leste da Itália, um ramo do Mediterrâneo.

adriça [driça] s f (<it drizza) Cabo ou corda para içar velas, vergas, bandeiras, … **Comb.** Bandeira a meia ~/haste(+) [Bandeira içada só até meio, em sinal de luto].

adriçar v t (<adriça+-ar[1]) **1** Içar/Erguer com adriça. **2** Náut Endireitar(-se) o navio que estava inclinado sobre um dos bordos.

adro s m (<lat átrium) Terreno ou área em frente à porta principal e à volta da igreja. **Ex.** Quando (éramos) crianças, brincávamos muito no ~, sem qualquer perigo. **Idi.** *E ainda a procissão vai no* ~ [Só estamos no início do que vai ser muito penoso].

ad-rogar v t Dir (<lat ádrogo,áre,átum: apropriar-se) Perfilhar/Ado(p)tar pessoa na maioridade. ⇒ adotar.

adscrever v t (<lat adscríbo,ere,psi,ptum: acrescentar) **1** Fazer aditamento/Adicionar/Acrescentar algo «uma cláusula ao tratado» ao que foi escrito. **2** Inscrever/Regist(r)ar «a data no monumento». **3** Obrigar(-se) a/Impor(-se)/Sujeitar(-se) «às ordens do médico».

adscrito, a adj (<lat adscríptus,a,um) **1** Que foi acrescentado/adicionado. **2** Inscrito/Regist(r)ado. **3** Submetido/Sujeito/Unido a «outra comarca».

adsorção s f Fís/Quím (<absorção, por analogia, trocando ab- por ad-; ⇒ adsorver) Processo de aderência de átomos, moléculas e iões de um gás ou de uma solução à superfície de determinados corpos sólidos, onde ficam retidos. **Ex.** O processo de ~ é importante no tratamento de casos mórbidos, como intoxicações.

adsorvente adj 2g/s m (<adsorver) (Substância) que tem grande poder de adsorção. **Ex.** O silicato de alumínio e o carvão a(c)tivado são usados como ~s gastrointestinais.

adsorver v t (<lat ad+sórbeo,ére, bui: absorver) «a superfície de determinado corpo sólido» Reter átomos, moléculas ou iões de um gás ou de uma solução/Realizar a adsorção.

adstrato s m Ling (<fr adstrat <lat ad+stérno, ere,strátum: estender) Língua [Diale(c)to] que coexiste com outra(s) língua(s), com influência mútua, a nível de léxico, fonética, sintaxe, …

adstrição s f (<lat adstríctio,ónis) A(c)to ou efeito de adstringir.

adstringência s f Med (<adstringente; ⇒ adstringir) Propriedade de poder comprimir tecidos vivos/Qualidade de adstringente.

adstringente adj 2g/s m (<adstringir) (Substância) que aperta/comprime tecidos orgânicos e vasos sanguíneos. **Ex.** O sulfato de ferro, o cloreto e sulfato de alumínio são três ~s. O dióspiro [caqui] é ~.

adstringir v t (lat adstríngo, ere, ínxi, íctum: atar, apertar) **1** Estreitar/Comprimir/Contrair tecidos orgânicos e vasos sanguíneos. **2** fig Inibir/Constranger a a(c)ção de alguém/Impor limites/Restringir/Obrigar.

adstrito, a adj (<lat adstríctus,a,um; ⇒ adstringir) **1** Que se contraiu/Apertado. **2** Ligado/Unido a/Adjunto/Dependente. **Comb.** Paróquia [Freguesia/Igreja] ~ à diocese de Lisboa. **3** Constrangido/Obrigado a/Sujeito a.

aduana s f (<ár ad-diwan: alfândega) ⇒ alfândega.

aduaneiro, a adj (<aduana+-eiro) Relativo a alfândega/Alfandegário. **Comb. *Direito* ~** [Imposto sobre produtos importados ou exportados e que é pago nas alfândegas]. ***União* ~a** [Acordo entre vários Estados para suprimir ou uniformizar os impostos alfandegários].

adubação s f (<adubar+-ção) A(c)to ou efeito de adubar/fertilizar as terras para melhorar a produção agrícola. ⇒ estrumação.

adubar v t (<fr adouber) **1** Fertilizar o solo com matéria orgânica ou produtos químicos/Estrumar. **Ex.** Para ter [poder esperar] boa produção, o agricultor tem de ~ a terra. **2** Juntar tempero à comida, sobretudo gorduras/Condimentar. **3** Tornar engraçado/sugestivo/Adornar «um texto».

adubo s m (<adubar) **1** Fertilizante da terra de cultivo. **2** Produto industrial orgânico ou químico para fertilizar o solo, por oposição a estrume. **Ex.** O emprego de ~s em complemento do estrume permitiu aumentar muito a produção agrícola. **3** Condimento/Tempero na comida. **Ex.** Ali usavam pouco o azeite na sopa, o ~ mais comum era a banha de porco, depois de passada pela frigideira.

adução s f (<lat addúctio,ónis: a(c)to de levar) **1** A(c)ção ou efeito de aduzir «provas/argumentos». **2** Movimento de aproximar um membro do plano médio do corpo. **Ant.** Abdução. **3** No sistema de abastecimento de água ou gás, operação de derivação para distribuição pelos consumidores.

aduela (Dué) s f (fr douelle) **1** Cada uma das tábuas do bojo de tonel/barril ou da parte lateral de dorna/selha … **Ex.** Para receber o vinho, previamente deitava-se água sobre as ~s dos tonéis durante alguns dias para a madeira inchar e, assim, se formar um recipiente estanque. **Idi.** *Faltar-lhe uma ~/Ter uma ~ a menos* [Revelar falta de senso/juízo]. **2** Arquit Pedra talhada em cunha para formar um arco ou abóbada de cantaria. **3** Tábua que guarnece o vão de porta ou janela. ⇒ ombreira. **4** pop Costela.

adufa s f (<ár ad-duffa) **1** Prote(c)ção exterior das janelas feita com lâminas de madeira dispostas na linha horizontal/Gelosia/Persiana. **Ex.** A ~ também protege do sol. **2** Espécie de roda para esmagar a azeitona no lagar de azeite. **3** Chapa metálica que roda num eixo de modo a regular a passagem de um fluido. **4** Grande abertura re(c)tangular em barragens ou canais para escoar a água.

adufe s m Mús (<ár ad-duff: pandeiro) Pandeiro constituído por quatro pequenas tábuas a formar um quadrado, cobertas com peles retesadas e cosidas entre si, podendo conter dentro sementes ou soalhas que lhe aumentam a sonoridade. ⇒ adufo.

adufo s m (<ár ad-duff) **1** ⇒ adufe. **2** Bloco re(c)tangular de barro seco ao sol, semelhante ao adobe. **3** ⇒ adufa.

adulação s f (<lat adulátio,ónis) Acto de adular/lisonjear/Bajulação. **Ex.** Alguns recorrem à ~ para conseguir favores.

adulador, ora adj/s (<lat adulátor,óris) (O) que adula/lisonjeia alguém, geralmente para tirar [ter] benefício. **Ex.** Ele desconfiava (da sinceridade) de qualquer ~.

adular v t (<lat adúlor, ári, átus sum) **1** Louvar de forma exagerada/Bajular/Lisonjear com intuito interesseiro. **2** Br Acariciar muito. **3** Br Ter grande apreço/admiração por alguém.

adulatório, a adj (<lat adulatórius,a,um) Que expressa um louvor exagerado ou um comportamento servil/Que lisonjeia/adula.

adulteração s f (<lat adulterátio,ónis) **1** A(c)to ou efeito de adulterar/Alteração de alguma coisa/Deturpação. **Comb.** ~ [Falsificação(+)] de um documento. **2** Modificação fraudulenta de um produto, geralmente com diminuição da qualidade original/Falsificação/Contrafa(c)ção. **Ex.** A ~ dos produtos prejudica muito a venda dos que mantêm a qualidade.

adulterado, a adj (<adulterar) **1** Que sofreu [teve] adulteração/Que foi alterado/modificado. **Ex.** O texto do autor está ~, importa compará-lo com o original manuscrito. **2** Que foi modificado de forma fraudulenta, perdendo qualidade/Falsificado(+). **Ex.** Na feira vendem-se vários produtos ~s. **3** Que foi conscientemente deturpado(+). **Ex.** O seu depoimento terá sido ~, ele garante que não fez tal afirmação.

adulterador, ora adj/s (<adulterar+-dor) (O) que adultera/modifica/falsifica.

adulterar v t (<lat adúltero,áre,átum<ad alter,ra,rum: a outro) **1** A(c)to de modificar as cara(c)terísticas de alguma coisa. **Ex.** A subida da temperatura pode ~ [estragar(+)] alguns medicamentos. **2** Alterar a forma original de alguma coisa. **Ex.** A paixão

pode levar a ~ o relato dos fa(c)tos. **3** Falsificar «um documento». **Ex.** É crime ~ uma escritura. **4** Deturpar o sentido genuíno de/ Falsear. **Ex.** Tomar à letra o que foi dito e entendido como ironia é uma forma de ~. **5** Falsificar um produto, diminuindo-lhe a qualidade.

adulterino, a *adj* (<lat *adulterínus,a,um*) **1** Relativo a [Que envolve] adultério/Adúltero. **Comb.** Relação ~a. **2** Que resulta de adultério. **Comb.** Filho ~/bastardo. **3** Falsificado/Adulterado.

adultério *s m* (lat *adultérium*) Relação carnal voluntária de alguém casado com pessoa que não é o cônjuge/Infidelidade conjugal. **Ex.** O ~ foi a principal causa daquele divórcio. **Loc.** Cometer ~.

adúltero, a *adj/s* (<lat *adúlterus*) **1** Que viola a fidelidade conjugal/Relativo a [Que envolve] adultério. **Ex.** Foi acusado de comportamento ~. ⇒ adulterino **2. Comb.** Pessoa ~a. **2** Pessoa casada que voluntariamente teve ou tem relação sexual com alguém que não é o (seu) cônjuge.

adulto, a *adj/s* (<lat *adúltus,<adolésco,ere, évi, adúltum*: crescer <*ad+alô,ere,al(i)tum*: alimentar) **1** (Pessoa/Ser vivo) que chegou ao pleno crescimento/que atingiu a maturidade. **Ex.** Um ~ é, em princípio, responsável pelo comportamento próprio. **Comb.** *Animal*~. *Pessoa ~a. Planta ~a.* **2** Que atingiu o pleno desenvolvimento/Que tem vigor/autonomia. **Ex.** A nossa democracia «portuguesa» é ~a, está preparada para enfrentar os perigos.

adumbrar *v t* (<lat *adúmbro,áre,átum*: sombrear, pintar) **1** ⇒ Pintar com relevo/Esboçar. **2** ⇒ simbolizar. **3** Seguir «alguém» como uma sombra.

adunar *v t* (<lat *adúno,áre,átum*) **1** ⇒ reunir/juntar. **2** ⇒ subordinar(-se).

aduncirrostro, a *adj* Ornit (<lat *adúncus,a, um*+rostro) Que tem o bico recurvado/adunco/«da águia» aquilino.

adunco, a *adj* (<lat *adúncus,a,um*<*ad+ úncus,i*: gancho) Que tem a forma de gancho/Recurvado. **Comb.** Nariz ~.

adusto, a *adj* (<lat *adústus,a,um* <*ad-úro, ere,ustum*: queimar) **1** Tostado/Escuro devido ao forte calor. **2** «solo» Ressequido/Queimado. **3** Que está muito quente. **Comb.** Areal ~o/escaldante. Clima ~o/muito quente(+).

adutor, ora *adj/s m* (<lat *addúctor, óris*) **1** (Canal/Tubo) que conduz/transporta um fluido. **2** Anat (Músculo) que executa um movimento em dire(c)ção ao centro do corpo/que faz a adução. **Comb.** *~ do braço. ~ da perna.*

aduzir *v t* (<lat *addúco,ere,xi,ctum*: conduzir para) **1** Trazer/Conduzir. **2** Expor/Apresentar «provas/argumentos/fa(c)tos». **Ex.** O advogado aduziu novas provas de inocência do réu.

aduzível *adj 2g* (<aduzir+-vel) Que pode ser aduzido/apresentado/alegado. **Ex.** Este argumento é ~ para fundamentar a opinião contrária.

ad valorem lat (⇒ valor) Diz-se do imposto alfandegário em que a taxa a aplicar depende do valor da mercadoria.

adveniente *adj 2g* (<lat *advéniens,éntis* <*advénio,íre,veni,véntum*: chegar) **1** Que vem depois/Que advém/Superveniente. **Ex.** A perda de credibilidade ~ refreou um comportamento mais leviano. **2** Que se vem adicionar/acrescentar/juntar/Acrescido. **Ex.** O prejuízo ~ é ser privado de uma preciosa ajuda.

adventício, a *adj* (<lat *adventícius,a,um*) **1** Que vem de fora/Forasteiro/Estranho/Estrangeiro. **Comb.** Gente ~a. **2** Que não é essencial/Acessório/Secundário. **3** Casual/Imprevisto/Inesperado/Acidental. **4** *Bot* Diz-se de órgão vegetal que nasce fora do lugar habitual. **Comb.** Raiz ~a «do morangueiro».

adventismo *s m Rel* (<advento+-ismo) Doutrina ou seita protestante que admite uma segunda vinda de Cristo à Terra para um reinado de mil anos.

adventista *adj/s 2g Rel* (<advento+-ista) **1** Relativo ao [Do] adventismo. **2** Seguidor desta doutrina.

advento *s m* (<lat *advéntus,us*) **1** Vinda(o +)/Chegada(+). **Ex.** O ~ do tempo quente era ansiosamente desejado depois de tanta intempérie. **2** *maiúsc Crist* Período de quatro semanas, no início do ano litúrgico, em que a Igreja prepara o Natal de Cristo. **Ex.** No ~ a cor dos paramentos da Missa é o roxo, símbolo de penitência.

adverbial *adv 2g* (<advérbio+-al) **1** Referente a advérbio. **2** Que tem a natureza ou a função de advérbio.

adverbia(liza)r *v t Gram* (<adverbial+-izar) Dar a uma palavra «meio» de outra classe gramatical o valor ou a função de advérbio «*Meio* [Um pouco] cansado». ⇒ advérbio **Ex.**.

adverbialmente *adv Gram* (<adverbial+-mente) Com a função de advérbio. **Ex.** Na frase *Ele fala baixo*, o adje(c)tivo *baixo* é usado ~.

advérbio *s m Gram* (<lat *advérbium*) Palavra que modifica o verbo, o adje(c)tivo, outro advérbio ou um substantivo. **Ex.** Nas frases *Ele chegou cedo/Parece pouco satisfeito/O doente está muito mal/Hoje há mais pessoas na terra*, o ~ modifica respe(c)tivamente o verbo, o adje(c)tivo, o ~ e o substantivo.

adversão *s f* (<lat *advérsio,ónis*) **1** A(c)to ou efeito de ser contrário a/Oposição(+). **2** Aviso/Advertência(+).

adversário, a *adj/s* (<lat *adversárius,a,um*) **1** (O) que se opõe a outro/que compete com. **Ex.** No desporto [*Br* esporte], aquele com que se disputa a vitória é um ~, não um inimigo. No fim do jogo os ~s cumprimentaram-se. **2** (O) que se opõe a outro num combate/conflito/processo/Antagonista/Inimigo. **Ex.** O exército ~ dispunha de mais meios para vencer. A parte ~ [contrária] foi condenada pelo juiz a pagar as custas do processo. **3** (O) que se opõe a uma ideia/doutrina/prática/organização. **Ex.** Os ~s da mudança, do progresso social, reagem ao que faz perigar [ao que põe em perigo] o seu bem-estar.

adversativo, a *adj Gram* (<lat *adversatívus, a, um*) **1** Que contraria algo que acaba de ser dito. **Ex.** No período *Ele é bom rapaz mas às vezes esquece-se*, a segunda oração (Mas...) é ~a. **2** Diz-se da conjunção «mas, porém, todavia, contudo», ou da oração/frase por ela iniciada, que exprime uma ideia contrária ao que imediatamente foi referido. **Ex.** No período *Aqui o tempo costuma estar bom, mas hoje está a chover*, a conjunção *mas* e a oração que ela introduz têm um sentido ~.

adversidade *s f* (lat *advérsitas,átis*) **1** Qualidade do que é adverso/contrário/funesto/desfavorável. **2** Situação difícil para alguém/Infortúnio/Revés/Contrariedade. **Ex.** Quando a ~ nos *idi* bate à porta [nos atinge], a ajuda dos amigos é preciosa.

adverso, a (Vér) *adj* (<lat *advérsus,a,um*) **1** Que não concorda com/Que se opõe a/Contrário/Avesso. **Ex.** O país vive uma situação ~a [que é contrária] a [que não permite] gastos supérfluos. **2** Desfavorável/Hostil/Impróprio/Inoportuno. **Ex.** Triunfar [Fazer bem/Cumprir] em condições ~as tem mais valor. **3** Inimigo/Adversário(+). **Ant.** Aliado, amigo.

advertência *s f* (<lat *advertêntia*<*advértens,éntis*: (o) que chama a atenção; ⇒ advertir) **1** A(c)to de advertir. **2** Aviso/Recomendação/Anotação. **3** Leve repreensão/admoestação/Reparo. **Ex.** O árbitro ficou-se por [limitou-se a] uma ~ e não mostrou cartão (amarelo/vermelho). **4** *Dir* Sanção de cará(c)ter disciplinar por infra(c)ção leve.

advertido, a *adj* (<advertir) **1** Que foi prevenido/avisado. **2** Que se revela prudente/cauteloso. **3** Que foi levemente punido/repreendido/Admoestado.

advertir *v t* (<lat *advérto,ere,ti,versum*) **1** Chamar a atenção para/Avisar/Prevenir/Informar. **Ex.** Eu advirto o seu filho na escola para que estude mais; peço que vocês, como pais, também o advirtam. Advertiu[Avisou(+)]-o da chegada da mercadoria. **2** Repreender levemente/Admoestar. **Ex.** O pai começou por ~ o filho. **3** Aconselhar/Lembrar. **4** Atentar em/Reparar/Notar.

advindo, a *adj* (<advir) **1** Que adveio/sobreveio/Acrescido. **2** Que é consequência de/Resultante(+)/Proveniente. **Ex.** É um acidente ~ do pouco cuidado que muitas vezes se tem em casa.

advir *v int* (<lat *advénio,íre,véntum*: chegar <*ad+vénio,ire,véntum*: vir) **1** Ocorrer/Suceder de forma imprevista. **Ex.** Adveio [Levantou-se(+)/Veio(+)] uma tempestade que provocou grandes estragos. **2** Acontecer em consequência/resultado de. **Ex.** Daqui [Do que acaba de ser referido/dito] advém [resulta/acontece] que muita gente se sente prejudicada no acesso aos cuidados de saúde.

advocacia *s f* (<lat *advocátia*) **1** Profissão de advogado. **2** Exercício dessa profissão/A(c)ção de advogar. **Loc.** Exercer a ~ [Ser advogado].

advocatório, a *adj* (<lat *advocátus*: advogado+-ório) **1** Relativo à advocacia. **2** Que tem o poder de advogar. **3** Que serve para advogar.

advogado, a *s* (<lat *advocátus*) **1** Licenciado em Direito, inscrito na Ordem dos advogados, com a profissão de aconselhar sobre questões jurídicas e assistir e representar uma pessoa ou instituição em juízo. **Ex.** O meu ~ vai meter [instaurar] um processo para a cobrança da dívida. **2** Defensor/Prote(c)tor/Patrono. **Ex.** Encarreguei-me de ser o ~ do meu colega junto dos superiores. **Comb.** *~ do diabo* **a)** *Catol* Pessoa que na Cúria Romana está encarregada de contestar a proposta de beatificação/canonização de alguém, com argumentos que possam inviabilizar tal decisão; **b)** *fig* Pessoa que parece estar apostada em apresentar obje(c)ções ao que os outros defendem/propõem (Ex. Na ocasião quis fazer de ~ do diabo, mas não me levaram a sério).

advogar *v t/int* (<lat *advóco,áre,átum*) **1** Exercer a advocacia (+). **Ex.** Houve um tempo em que advogou, mas não teve grande sucesso. **2** Assistir, representar e defender alguém em juízo. **3** Defender os interesses de alguém/Interceder a seu favor. **4** Defender(+) ideias/princípios/valores/causas. **Ex.** Um dos seus méritos foi ~ [propor] uma maior justiça social.

aedo (Àé) *s m Hist* (<gr *aoidós*: o que canta) **1** Poeta ambulante «Orfeu» que, na Grécia Antiga, recitava ou cantava «a Odisseia» em festas, ao som da cítara, poemas improvisados a celebrar deuses e heróis.

2 *Liter/Poe* Bardo; trovador; poeta «Camões».

a-e-i-o-u [a-bê-cê] *s m fam col* Primeiras aprendizagens/letras/Noções básicas de qualquer assunto/matéria/disciplina.

aéreo, a *adj* (<gr *aérios*) **1** Relativo ao ar ou à atmosfera. **Comb.** *Direito ~. Espaço ~.* **2** Que se encontra ou realiza no ar. **Comb.** *Acrobacia ~a* «no circo». *Cabo ~* «de ele(c)tricidade». *Fotografia ~a* «de Lisboa». **3** Que tem a ver com a aviação civil. **Comb.** *Corredor ~. Correio ~. Via ~a. Linhas ~as. Navegação ~a. Ponte ~a* [Grande e exce(p)cional número de voos entre duas cidades, normalmente devido a uma situação de emergência, como uma calamidade ou luta armada]. **2** Relativo à aviação militar. **Comb.** *Ataque ~. Base ~a. Força ~a.* **5** *Bot* Diz-se da parte da planta que se situa acima do solo ou da água. **6** *fig* Leve/Vaporoso/Fluido. **Comb.** *Tecido ~. Pintura ~a.* **7** *fam* Que não dá atenção a/Distraído/Lunático. **Ex.** É uma cabeça ~a [é um [meio] ~], nunca sabe onde deixa as chaves. Parece ~, sempre na lua. **8** Fantasioso/Imaginário/Irreal. **Ex.** Os seus planos são sempre ~s, pura fantasia. **9** Leviano/Fútil. **Ex.** É um rapaz ~ [É um cabeça no ar], um doidivanas!

aeri- *pref* (<lat *áer, ris* <gr *aér,ros*: ar) Significa ar (Ex. aerícola, aerívoro). ⇒ aero-.

aerícola *adj/s* (<aeri-+-cola) **1** Diz-se do ser vivo que vive no ar. **2** *Bot* Diz-se da planta «orquídea/musgo» que vive no ar «pegada a outra árvore», sem conta(c)to com o solo. **Sin.** Aerófito(+).

aerífero, a *adj/s m* (<aeri-+-fero) **1** Que conduz ou contém ar. **2** Diz-se do órgão por onde passa o ar na respiração do animal ou da planta. **3** *s m* Aparelho próprio para conduzir e dirigir o ar/Ventilador. **4** *s m Arquit* Pequena abertura no forro ou estuque de algumas construções para ventilação. ⇒ respiradouro; aeroduto.

aerificar *v t* (<aeri-+-ficar) **1** *Fís* Fazer passar uma substância líquida ou sólida ao estado gasoso. ⇒ evaporar. **2** Introduzir ar num espaço/Arejar(+)/Ventilar.

aeriforme *adj 2g* (<aeri-+-forme) Que possui as características do ar/Semelhante ao ar/Gasoso.

aerívoro, a *adj* (<aeri-+-voro) Que vive [se alimenta] do ar/Aerófago(+).

aero- (Àé) *pref* (<gr *aér, aéros*: ar) Significa ar (Ex. aeróbica, ~clube, ~dinâmico, aeródromo). ⇒ aeri-.

aerobalística *s f* (<aero-+-...) **1** Estudo das forças que a(c)tuam sobre um projé(c)til que se desloca no ar. **2** Estudo do movimento de um projé(c)til no ar, sob a a(c)ção dessas forças.

aeróbata *s 2g* (<aero-+-bata) **1** Pessoa que faz acrobacias aéreas. **2** *fig* Pessoa distraída. ⇒ acrobata.

aeróbico, a *adj/s f* (<aero-+-bio-+-ico) **1** *Biol* Que ocorre ou se desenvolve apenas em presença do oxigé[ê]nio. **Comb.** *Respiração ~a.* **2** *s f* Tipo de ginástica em que, com movimentos rápidos ao som de música, se procura desenvolver a respiração e a oxigenação dos tecidos.

aeróbio, a *adj/s m* (<aero-+-bio) (Diz-se do) ser vivo que, para viver, tem necessidade de oxigé[ê]nio livre no ar. **Ex.** Bactérias, micróbios, fungos são ~s.

aerobiose *s f Biol* (<aeróbio+-ose) Dependência de oxigé[ê]nio livre do ar para viver, própria dos aeróbios.

aeroclube *s m* (<aero-+-...) **1** Clube em que amadores praticam modalidades (d)esportivas aéreas. **2** Centro de formação em aeronavegação para pilotos civis.

aerodeslizador, ora *adj/s m Náut* (<aero-+ ...) (Diz-se de) veículo/barco que desliza «no mar» sobre um colchão de gás.

aerodinâmico, a *adj/s f* (<aero-+ ...) **1** Relativo à aerodinâmica. **2** Que tem uma forma geométrica que sofre uma baixa resistência à sua deslocação num fluido, como o ar ou a água. **Ex.** Este carro tem umas linhas ~as que encantam. **3** *s f Fís* Parte da Mecânica dos fluidos que estuda os gases em movimento/Estudo da resistência do ar à deslocação de corpos sólidos.

aeródromo *s m* (<aero-+-dromo) **1** Local onde descolam, aterr(iz)am e se guardam aeronaves/Campo de aviação(+). **2** Conjunto de instalações que apoiam o tráfego aéreo de passageiros e mercadorias/Aeroporto(+).

aeroduto *s m* (<aero-+-duto) Tubo de condução de ar numa instalação de ventilação.

aeroespacial *adj 2g* (<aero-+...) **1** Relativo ao espaço aéreo ou interplanetário. **Comb.** *Viagem ~.* **2** Relativo à aeronáutica e à astronáutica.

aerofagia *s f* (<aero-+-fagia) Deglutição exagerada de ar ao ingerir apressadamente os alimentos ou devido a ansiedade.

aerófago, a *adj/s* (<aero-+-fago) (Pessoa) que sofre de aerofagia.

aerófito, a *adj/s Bot* (<aero-+-fito) (Planta) que vive no ar, sobre outra planta, sem conta(c)to dire(c)to com o solo ou a água e que não é parasita «musgo/orquídea».

aerofobia *s f Med* (aero-+fobia) Horror mórbido ao ar livre, especialmente às correntes de ar.

aerófobo, a *adj/s* (<aero-+-fobo) (O) que sofre de aerofobia.

aerofone *s m Mús* (<aero-+-fone) Qualquer instrumento que soa, utilizando uma coluna de ar que vibra. **Ex.** A gaita de foles é um ~.

aerogare *s f* (<aero-+gare) Conjunto de instalações de um aeroporto onde funciona a administração e os serviços de embarque e desembarque de passageiros e mercadorias.

aerogerador *s m Fís* (<aero-+...) Gerador que converte energia eólica em elé(c)trica através de uma hélice que se move com o vento.

aerografia *s f* (<aero-+-grafia) **1** Descrição do comportamento do ar atmosférico e dos gases. **2** Estudo do ar atmosférico e dos fenó[ô]menos que aí ocorrem. **3** Pintura ou envernizamento feitos com aerógrafo **3**.

aerógrafo, a *s* (<aero-+-grafo) **1** Pessoa que se dedica à aerografia. **2** *s m* Instrumento usado para estudar as propriedades do ar e regist(r)ar o seu comportamento. **3** *s m* Pistola de ar comprimido usada para pulverizar de tinta desenhos, cartazes, ...ou para envernizar.

aerograma *s m* (<aero-+-grama) **1** Comunicação transmitida ou recebida pelo ar ou por telegrafia sem fios. **2** Chapa fotográfica utilizada em fotogrametria para realizar levantamentos topográficos ou determinar a dimensão de obje(c)tos afastados a partir de um meio aéreo. **3** Papel de carta de correio aéreo já com franquia, dobrada em forma de sobrescrito.

aerólito *s m Geol* (<aero-+-lito) Meteorito composto sobretudo por silicatos/Pedra do ar.

aerologia *s f Met* (<aero-+-logia) Estudo das propriedades do ar e da atmosfera nas suas camadas superiores, onde não interfere o relevo terrestre.

aerólogo, a *s* (<aero-+-logo) Pessoa que se dedica à [Especialista em] aerologia.

aerometria *s f Fís* (<aero-+-metria) Disciplina que estuda as propriedades físicas do ar e dos gases.

aerómetro [*Br* aerômetro] *s m Fís* (<aero-+-metro) Instrumento com que se determina a densidade do ar e dos gases.

aeromoça *s f Br* (<aero-+moça) Funcionária da companhia aérea que cuida da segurança e conforto dos passageiros a bordo/Hospedeira [Comissária] de bordo.

aeromodelismo *s m* (<aeromodelo+-ismo) Técnica de proje(c)tar, construir e utilizar modelos reduzidos de aviões com fins experimentais ou lúdicos.

aeromodelista *s 2g* (<aeromodelo+-ista) Indivíduo que proje(c)ta e constrói aeromodelos ou que pratica aeromodelismo.

aeromodelo (Àeromodê) *s m* (<aero-+modelo) Miniatura de aeronave a usar com fins experimentais, (d)esportivos ou lúdicos.

aeromotor *s m* (<aero-+motor) **1** Engenho «moinho» movido pelo vento para tirar água «de um poço». **2** Motor de aeronave.

aeronauta *s 2g* (<aero-+nauta) **1** Pessoa que comanda/tripula uma aeronave. ⇒ piloto; astronauta. **2** Pessoa que se desloca em veículo aéreo. **3** *Ent* Designação geral de pequenas aranhas que aproveitam correntes de ar ascendente para se deslocar a grande distância «da China à América».

aeronáutico, a *adj/s f* (<aero-+náutico) **1** Relativo à navegação aérea. ⇒ aerostático. **2** *s f* Ciência/Prática da navegação aérea. **3** *s f* Técnica de construção e de reparação de aeronaves. **4** *s f Mil* Ramo das forças armadas de um país, responsável pela defesa do seu espaço aéreo, devendo ainda colaborar com as forças terrestres e navais/Força Aérea(+).

aeronaval *adj 2g* (<aero-+naval) Relativo simultaneamente à força aérea e à marinha de guerra.

aeronave *s f* (<aero-+nave) Qualquer aparelho que se sustenta e desloca no ar/Avião. **Ex.** O avião, o helicóptero, o dirigível são ~s. ⇒ aeróstato.

aeronavegação *s f* (<aero-+navegação) Navegação aérea(+).

aeroplano *s m* (<fr *aéroplane*) Aparelho aéreo mais pesado do que o ar, com asas ("planas"; ⇒ balão "esférico") que lhe permitem deslocar-se no ar, movido a ja(c)to ou impulsionado por hélice(s) movida(s) por motor(es). **Sin.** Avião(+).

aeroporto (Àeropôr) *s m* (<aero-+porto) Conjunto de instalações, equipamentos e serviços ligados ao tráfego aéreo de pessoas e mercadorias, à recolha e manutenção de aeronaves. **Ex.** A construção de um ~ obedece a critérios muito rigorosos de segurança e de impacto ambiental. **Sin.** Aeródromo; campo de aviação. ⇒ heliporto.

aeropostal *adj* (<aero-+postal) Relativo ao correio aéreo.

aeroscópio *s m* (<aero-+-scópio) **1** Aparelho de aeroscopia para observar o estado da atmosfera e as suas variações. **2** Aparelho para recolher poeiras e micróbios presentes no ar que vão ser obje(c)to de estudo.

aerospacial *adj 2g* (<aero-+espacial) ⇒ aeroespacial.

aerossol *s m* (<fr *aérosol* <aero-+solução) **1** *Fís* Suspensão de muito finas partículas sólidas ou líquidas num gás. **2** Embalagem com atomizador que permite dispersar essas partículas. **3** *Med* Tratamento clínico feito com a vaporização de substâncias

medicamentosas. **Ex.** Nas termas o médico receitou-me uma sessão de ~ diária.
aerostação s f (<fr *aérostation*) **1** Conjunto de técnicas de construção e de manobra de aeróstatos. **2** Navegação aerostática.
aerostático, a *adj* (<aeróstato+-ico) **1** Relativo à aerostação ou à aerostática. ⇒ aeronáutico. **2** s f Parte da Mecânica dos fluidos que estuda as leis do equilíbrio dos gases, especialmente do ar, e as condições do equilíbrio dos corpos neles mergulhados/Estudo dos aeróstatos e das suas técnicas de navegação.
aeróstato s m (<fr *aérostat* <aero- + lat *sto, áre, státum*: estar (imóvel/de pé)) Aparelho que se eleva no ar por estar cheio de ar quente ou de um gás mais leve (do) que o ar, deslocando-se por a(c)ção do vento ou de um motor propulsor e sendo ou não tripulado. **Ex.** O balão e o dirigível são ~s. ⇒ aeronave.
aerotecnia s f (<aero-+-tecnia) Conjunto de técnicas que visam a aplicação da aerodinâmica à conce(p)ção e construção de aeronaves e de veículos espaciais.
aeroterapêutico, a *adj/s f* (<aero-+...) **1** Que usa o ar para tratar doenças respiratórias/Aeroterápico. **2** s f *Med* Utilização do ar sob pressão, rarefeito ou com substâncias medicamentosas para tratamento de doenças do aparelho respiratório/Aeroterapia.
aeroterapia s f (<aero-+...) ⇒ aeroterapêutica 2.
aeroterápico, a *adj* (<aero-+...) ⇒ aeroterapêutico.
aerotermo s m (<aero-+-termo) **1** Aparelho para aquecer o ar ambiente. **2** Forno aquecido com uma corrente de ar quente para cozer pão.
aerotransportar v t (<aero-+...) Transportar por via aérea, em avião ou helicóptero. **Comb.** Batalhão [Tropas/Forças] aerotransportado/as.
aerovia s f Br (<aero-+...) **1** Corredor aéreo(+)/Percurso da rota regular dos aviões comerciais. **2** Espaço reservado à navegação aérea segundo convenções internacionais. **3** Empresa de transporte aéreo/Companhia aérea(+) «TAP».
aeroviário, a *adj/s* (<aero-+...) **1** Relativo à aerovia ou ao transporte aéreo. **2** s Pessoa que trabalha em empresa de transporte aéreo. ⇒ aeromoça.
afã s m (<provençal *afan*: sofrimento) **1** Grande esforço/empenhamento/pressa na realização de alguma coisa. **Ex.** Procurou com ~ resolver o seu grave problema. **Loc.** Ter o ~ [o grande desejo] de vencer. **2** Diligência ansiosa/Azáfama. **Ex.** Todos, num [com] ~, se uniram para reparar os estragos da intempérie.
afabilidade s f (<lat *affabílitas,átis*) **1** Qualidade de afável/delicado/Cortesia. **2** Benevolência/Amabilidade. **Ex.** Tratava os doentes [velhinhos] com ~/carinho(+).
afadigar v t (<a-¹+fadiga+-ar¹) **1** Cansar/Fatigar. **2** ~-se/Esforçar-se muito/Trabalhar intensamente. **Ex.** Vejo-o ~-se a ganhar dinheiro para comprar uma casa. Ando afadigado à procura de emprego!
afadistado, a *adj* (<afadistar) **1** Que tem aparência ou modos de fadista. **Ex.** Aquele ar ~ agradava às pessoas do bairro. **2** Que é próprio de fadista.
afadistar v t (<a-¹+fadista+-ar¹) Dar/Tomar ares de fadista/Tornar(-se) fadista.
afagador, ora *adj* (<afagar+-dor) Que afaga. ⇒ afago.
afagar v t (<ár *hálaqa*: acarinhar) **1** Tocar carinhosamente/Acariciar «o/a bebé». **2** Passar a mão ao de leve/Tocar suavemente.
3 *fig* Guardar/Alimentar na mente/Acalentar(+) «uma esperança». **4** Tirar saliências/asperezas/Aplainar/Alisar(+). **Ex.** Antes de envernizar, tratou de ~ o soalho.
afago s m (<afagar) **1** A(c)to de afagar. **2** Gesto de carinho/Carícia/Mimo. **Ex.** O avô não poupava nos ~s ao [O avô acariciava muito o] neto. **3** *fig* (O que produz) sensação agradável. **Ex.** O sol de inverno era um ~ para o pobre mendigo. **4** *fig* Benesse/Favor.
afamado, a *adj* (<afamar) Que é muito conhecido/tem grande reputação/Famoso(+). **Ex.** A região produz um vinho ~. É um cantor ~, tem tido muito êxito.
afamar v t (<a-¹+fama+-ar¹) Tornar conhecido/Dar fama a(+)/Notabilizar(+).
afanar v t (<afã+-ar¹) **1** Procurar com afã/empenho/Afadigar/Atarefar(-se). **2** *pop* Apoderar-se do alheio/Furtar/Roubar/*pop* Fanar. **Ex.** Sorrateiramente (a)fanou uma pulseira do expositor.
afandangado, a *adj* (<a-¹+fandango+-ado) **1** Semelhante ao fandango. **2** Próprio do fandango. **Comb.** *Música* ~a. *Ritmo* ~/de fandango(+).
afanosamente *adv* (<afanoso+-mente) Com afã/Esforçadamente/Laboriosamente.
afanoso, a (Ôso, Ósa) *adj* Que exige esforço/Que causa afã/Trabalhoso/Cansativo.
afantochado, a *adj* (<afantochar) Que parece [Como um] fantoche.
afantochar v t (<a-¹+fantoche+-ar¹) Tornar(-se) semelhante a fantoche/Apalhaçar.
afasia s f (<gr *aphasía*: incapacidade de falar) Perda total ou parcial da capacidade de se exprimir por palavras ou de compreender a língua falada ou escrita, devido a lesões cerebrais.
afásico, a *adj/s* (<afasia+-ico) **1** Relativo à afasia. **2** (O) que sofre de afasia.
afastado, a (<afastar) **1** Que se encontra longe no espaço ou no tempo/Distante/Remoto. **Ex.** Ia caçar para zonas ~as. Em tempos ~s [Antigamente] a vida era bastante mais difícil. **Ant.** Próximo. **2** Que não ocorre/Improvável. **Ex.** O perigo parece ~ por agora [~ nos tempos mais próximos]. **3** Posto de lado/Não aceite/Recusado. **Ex.** ~a essa hipótese, resta-nos pensar noutra solução para o problema. **4** Que não está familiarizado com/Que não tem acompanhado/Que não está a par de. **Ex.** Tenho andado ~ desses assuntos, por isso nada posso adiantar [dizer que seja novidade]. **5** Separado/Desviado. **Ex.** Ficou ali à espera de ser chamado, ~ dos outros. **6** Não junto/Distanciado. **Ex.** Este exercício de ginástica faz-se com os pés ~s. **7** Já com um grau de parentesco um pouco indefinido. **Ex.** Diziam-lhe que tinha uns primos ~s na aldeia, mas ele não os conhecia. **Ant.** Próximo. **8** Que deixou de ter um relacionamento contínuo. **Ex.** Os negócios têm-no ocupado muito, por isso anda um tanto ~ dos velhos [habituais] amigos.
afastador, ora *adj/s* (<afastar+-dor) **1** (O) que afasta/separa/distancia. **2** s m *Med* Instrumento cirúrgico para afastar ou manter afastados os bordos de uma ferida ou de uma incisão.
afastamento s m (<afastar+-mento) **1** A(c)to ou efeito de afastar(-se). **2** Separação física. **Ex.** Quando emigrou, o ~ [o despedir-se(+)] dos amigos custou-lhe bastante. O ~ [estar longe] da aldeia natal despertava nele um sentimento de viva saudade. **3** Quebra de relacionamento afe(c)tivo/social. **Ex.** Estranhei o ~ deles, tão amigos que nós éramos! **4** Abandono ou demissão
de um cargo que se exerce. **Ex.** O seu ~ da função pública veio [ocorreu] na sequência de um processo disciplinar.
afastar v t (<lat *ad dies fastus*?; ⇒ fasto) **1** Deslocar/Remover. **Ex.** Afastou [Correu] a cortina para, da janela, ver o desastre. **2** Fazer sair/fugir algo que incomoda. **Ex.** Para ~ [espantar] as moscas pegou numa toalha. **3** Ter uma maneira de ser [um feitio/temperamento] que dificulta o convívio. **Ex.** O seu egoísmo afasta qualquer um que se aproxime [que tente um contacto]. Não sei porquê, a moça afasta qualquer pretendente. **4** ~-se/Suspender um relacionamento social. **Ex.** A falta de saúde levou-o a ~-se dos amigos. **5** ~-se/Dirigir-se para outro local. **Ex.** Para acabar de escrever o livro, por um mês afastou-se para a província [saiu da capital]. **6** ~-se/Abandonar/Vencer um vício. **Ex.** Conseguiu finalmente ~-se do [cortar com o] álcool. **7** ~-se/Ser diferente/Divergir. **Ex.** De uma para a outra loja os preços afastam-se bastante. **8** ~-se/Desviar-se. **Ex.** Só depois vi que me afastara da rota traçada. **9** ~-se/Perder o interesse por. **Ex.** Os vários escândalos levaram-no a ~-se da política. **10** Pôr de lado/Invalidar/Rejeitar. **Ex.** Afastou logo a hipótese de tirar o curso de medicina. **11** Separar/Dispersar. **Ex.** As novas obrigações familiares acabaram por ~ os elementos do grupo. **12** Fazer esquecer/Livrar-se de/Libertar-se de. **Ex.** Para ~ tal obsessão lembrou-se de ir fazer uma viagem. **13** Ultrapassar/Dissipar/Anular. **Ex.** Lutou muito para ~ os obstáculos que se levantaram [que surgiram] a dificultar o seu triunfo. **14** Impedir de alcançar/Frustrar. **Ex.** Não permitiu que o afastassem do obje(c)tivo que traçara. **15** Demitir(-se) de um cargo, do exercício de uma função. **Ex.** Afastaram-no por razões políticas.
afatiar v t (<a-¹+fatia+-ar¹) ⇒ fatiar.
afável *adj 2g* (<lat *affábilis,e*) Que mostra afabilidade/simpatia/Delicado/Cortês. **Ex.** É uma pessoa ~, muito atenciosa.
afazer v t (<a-¹+fazer; ⇒ afeito) **1** Habituar/Acostumar. **Ex.** É preciso ~ as crianças aos cuidados de higiene. **2** ~-se/Adaptar-se/Ajustar-se/Acomodar-se. **Ex.** Depressa se afez ao novo horário. Custou-lhe ~-se ao clima da região.
afazeres s m pl (<a⁵+fazer, por influência do fr *affaires*) Tarefas do dia a dia/Trabalhos/Compromissos/Obrigações. **Ex.** Os meus ~ não me deixam tempo livre para estar (à conversa) com os amigos.
afeado, a *adj* (<afear) **1** Que não tem boa aparência/Feiote. **2** Que ficou feio.
afear v t (<a-¹+feio+-ar¹) **1** Tornar(-se) feio/Deformar(-se)/Desfear. **Loc.** ~ o rosto. **2** *fig* Tornar indigno/vil/Deturpar. **Loc.** ~ [Ferir(+)] a reputação/fama/o bom nome.
afeção (Fè) **[Br afe(c)ção** (dg)] s f [= afecção] (<lat *afféctio,ónis*<*affício,ere,fféctum*: prover, causar) Qualquer doença de natureza física ou psicológica/Patologia. **Ex.** Neste caso a ~ [doença/o ferimento] não parece grave.
afecção/afectação/afectado/afectar/afectivamente/afectividade/afectivo/afecto/afectuosidade/afectuoso ⇒ afeção/afetação/...
Afeganistão s m República do sul da Ásia central, com capital em Cabul, dando-se aos habitantes a designação de afegãos.
afegão, ã *adj/s* (<persa *afgány*) **1** Relativo ao [Do] Afeganistão. **2** Pessoa natural ou habitante do Afeganistão. **Ex.** Ela é afegã.
afeição s f (<lat *afféctio,ónis*) **1** Ligação afe(c)tiva/Sentimento de apego/simpatia/estima em relação a alguém ou a alguma

coisa. **Ex.** Nasceu entre eles uma ~ mútua devido ao longo convívio. **2** Inclinação para alguma coisa. **Ex.** Revelou desde muito cedo ~ [gosto/paixão] pela música.

afeiçoado¹, a *adj* (<afeiçoar¹) **1** Que tem [sente] afeição [estima/amor] por/Que revela dedicação a. **Ex.** Está muito ~ [apegado] ao irmão. **2** Que tem inclinação/propensão para. **Ex.** Desde pequeno tem-se mostrado sempre ~ à escrita.

afeiçoado², a *adj* (<afeiçoar²) **1** Que recebeu uma certa forma/Que se modelou. **Ex.** A estatueta de barro foi ~a pelo artesão. **2** Desbastado/Aperfeiçoado/Polido. **3** Adaptado/Adequado a. **Ex.** O instrumento deve ser ~ à tarefa a executar. **4** Acostumado/Habituado/Afeito. **Ex.** Já estava ~ àquela vida simples de aldeia.

afeiçoamento¹ *s m* (<afeiçoar¹+-mento) A(c)to ou efeito de afeiçoar¹, de ganhar [tomar] afeição a.

afeiçoamento² *s m* (<afeiçoar²+-mento) **1** A(c)to ou efeito de afeiçoar², de dar uma forma a. **2** A(c)to ou efeito de aperfeiçoar/desbastar/polir.

afeiçoar¹ *v t* (<afeição+-ar¹) Ganhar [Passar a ter] afe(c)to/estima/amizade/dedicação a. **Ex.** Rapidamente se afeiçoou ao colega que o ajudava muito.

afeiçoar² *v t* (<a-¹+feição+-ar¹) **1** Dar uma forma/feição a. **Ex.** O miúdo afeiçoou a folha de papel a um aeroplano. **2** Aperfeiçoar/Desbastar/Polir. **Ex.** Esmerou-se a ~ o obje(c)to que apresentava a concurso. **3** Adequar/Adaptar a.

afeito, a *adj* (<lat *afféctus, a, um*; ⇒ afazer) Acostumado «ao trabalho»/Habituado/Adaptado a.

afélio *s m Astr* (<lat *aphélium*<gr *apó*: longe de + *hélios*: Sol) Ponto mais distante do Sol da órbita de um planeta «Terra, a 1 de julho». **Ant.** Periélio.

afeminado, a *adj/s* (<afeminar) ⇒ efeminado.

afeminar *v t* (<a-¹+lat *fémina*: fêmea, mulher+-ar¹) ⇒ efeminar.

aferente *adj 2g* (<lat *áfferens,éntis*<*áffero*<*ad+féro,érre,látum*: levar, trazer) **1** Que conduz/leva. **2** *Fisiol* Diz-se de um ducto que leva um líquido a um órgão. **Comb.** Canal ~. **3** *Fisiol* Que conduz/vai da periferia para o centro. **Comb.** Nervo ~. ⇒ eferente. **4** *Dir* «parte» Que pertence a cada um dos co-proprietários de um bem indiviso.

aférese *s f* (<gr *apháiresis*: a(c)ção de tirar) **1** *Gram* Supressão de um fonema no início da palavra (Ex. *enojar* perde o *e* para o substantivo *nojo*). **Ant.** Prótese. ⇒ síncope; apócope. **2** *Med* Corte de um órgão ou de uma parte do corpo. ⇒ ablação.

aferição *s f* (<aferir+-ção) **1** A(c)to ou efeito de aferir. **2** Avaliação da conformidade dos valores dados por um instrumento de pesos ou medidas com os de outro considerado padrão legal. **Comb.** ~ de balança. **3** Marca indicativa de que um instrumento foi aferido. **4** Avaliação dos conhecimentos dos alunos comparando-os com os que outros do mesmo nível apresentam. **Comb.** Provas de ~.

aferido, a *adj/s m* (<aferir) **1** Que foi comparado com o padrão legal/Que dá [apresenta] valores corre(c)tos/exa(c)tos/Afinado. **2** Que tem a marca da aferição. **3** Que foi avaliado em comparação com outros do mesmo nível. **4** *s m* Pequeno canal onde corre a água que, na queda, faz mover uma roda hidráulica.

aferidor, ora *adj/s* (<aferir+-dor) **1** Que serve para aferir. **2** Pessoa que procede à aferição. **3** *s m* Instrumento que serve de padrão para aferir legalmente pesos/medidas.

aferir *v t* (<lat *áffero,érre,látum*: levar junto de) **1** Proceder à [Realizar a] comparação dos valores dados por instrumento de peso ou medida com os do padrão legal, para conferir a sua exa(c)tidão. **2** Colocar a marca da aferição nos instrumentos assim avaliados. **3** Avaliar «conhecimentos» por comparação com outros do mesmo nível. **Ex.** O Ministério da Educação pretende ~ os conhecimentos dos alunos do ensino básico.

aferrado, a *adj* (<aferrar) **1** «barco» Preso com ferro/Ancorado/Fundeado. **2** Que está bem agarrado/ligado a alguma coisa. **Ex.** É um aluno sempre ~ aos livros (de estudo) [muito estudioso]. **3** *fig* Que está fortemente apegado a uma ideia, a um hábito. **Comb.** ~ à sua opinião [Teimoso]. ⇒ «defensor» ferrenho.

aferrar *v t* (<a-¹+ferro+-ar¹) **1** Prender com ferro. **2** *Náut* «navio» Lançar ferro/âncora(+)/Fundear. **3** *Náut* Segurar «embarcação» com amarra/cabo para acostar. **4** Prender com arpão «um tubarão». **5** *fig* Apegar-se a uma ideia «e não haver quem lha tire»/Fixar-se obstinadamente a.

aferro (Fè) *s m* (<aferrar) **1** Forte e persistente apego(+) a alguma coisa. **2** Afinco/Teimosia.

aferroar *v t* (<a-¹+ferrão+-ar¹) **1** Picar com [Espetar o] ferrão/Espicaçar. **2** *fig* Instigar/Incitar/Excitar. **3** *fig* Acirrar/Irritar/Irar.

aferrolhar *v t* (<a-¹+ferrolho+-ar¹) **1** Fechar/Trancar com ferrolho. **2** Prender/Aprisionar/Encarcerar/Enclausurar. **3** Guardar em lugar seguro e escondido/Arrecadar(+). **Ex.** É um avarento que só pensa em ~ dinheiro. **4** (A)forrar/Poupar/Economizar/Entesourar.

aferventar *v t* (<a-¹+fervente+-ar¹) **1** Provocar a fervura. **2** *Cul* Dar uma fervura rápida a/Cozer ligeiramente. **Loc.** ~ os legumes. **3** *fig* Estimular/Excitar/Entusiasmar/Afervorar. **4** *fig* ~-se/Ficar impaciente.

afervorar *v t* (<a-¹+fervor+-ar¹) **1** ⇒ Aferventar **1/2**(+). **2** Encher de ardor/fervor. **Loc.** ~ a comunidade cristã [dos fiéis] **3** Estimular/Excitar.

afestoar *v t* (<a-¹+festão+-ar¹) Enfeitar com festões/grinaldas/Engalanar(+)/Ornamentar(o+).

afetação (Fè) [*Br* **afe(c)tação** (*dg*)] *s f* [= afectação] (<lat *affectátio,ónis*<*afffécto,áre,átum*: procurar obter) **1** Ausência de naturalidade no falar ou nos gestos/Forma amaneirada de se comportar. **Ex.** Qualquer ~ é de criticar. **Ex.** Aquela ~ é ridícula. **3** Simulação/Fingimento. **Ex.** A ~ de compaixão dela para com os deserdados não me convence. **4** A(c)to de destinar/atribuir/ligar a. **Ex.** A ~ de milhares de euros a bolsas de estudo é uma medida acertada. O chefe fez a ~ de vários funcionários ao proje(c)to.

afetado, a (Fè) [*Br* **afe(c)tado** (*dg*)] *adj* [=afectado] (<afe(c)tar) **1** Que mostra falta de naturalidade/Artificial/Amaneirado. **Ex.** A moça é ~a no falar, tudo nela soa a [parece] falso. **Comb.** *Comportamento* ~. *Gesto* ~. **2** Simulado/Fingido. **3** Pedante/Presumido/Vaidoso. **4** Que foi atingido por qualquer mal de ordem física, psíquica ou moral. **Ex.** (N)este inverno tem sido muito ~ por constipações/resfriados. Parece muito ~ pela [sentir muito a] morte do avô.

afetar (Fè) [*Br* **afe(c)tar** (*dg*)] *v t* [= afectar] (<lat *affécto,áre,átum*, frequentativo de *afffício,ere,ffétcum*: impressionar, mover) **1** Aparentar/Simular/Fingir. **Ex.** Afe(c)tava muita simpatia pela frente [com o interlocutor], mas nas costas [na ausência dele] fazia-lhe uma crítica mordaz. **2** Procurar mostrar/exteriorizar qualidades que não possui/*pop* Armar-se. **Ex.** Afe(c)tava erudição literária, mas a (real/sua) ignorância traía-o por vezes. **3** Causar dano/Prejudicar/Atingir/Tocar. **Ex.** A greve de transportes afe(c)tou muito a a(c)tividade das empresas. **4** Causar preocupação/sofrimento/Perturbar/Abalar. **Ex.** O desemprego do pai afe(c)tou gravemente a família. **5** Destinar/Atribuir/Ligar a. **Ex.** É justo ~ uma verba significativa ao apoio social dos alunos mais desfavorecidos. O dire(c)tor afe(c)tou vários funcionários a esta tarefa.

afetivamente (Fè) [*Br* **afe(c)tivamente** (*dg*)] *adv* [= afectivamente] (<afe(c)tivo + -mente) **1** Quanto aos sentimentos/às emoções/Relativamente à afe(c)tividade. **Ex.** ~ ele parece uma pessoa normal [parece realizado], sem problemas. **2** De forma afe(c)tuosa/Com carinho/ternura. **Ex.** Trata ~ [afe(c)tuosamente(+)/com todo o afeto] todas as crianças da creche.

afetividade (Fè) [*Br* **afe(c)tividade** (*dg*)] *s f* [= afectividade] (<afe(c)tivo+-idade) **1** Qualidade de afe(c)tivo. **Comb.** Educação [Desenvolvimento] da ~. **2** Conjunto de vivências sob a forma de sentimentos/emoções. **Ex.** A ~ tem grande importância para qualquer pessoa. **3** Tendência natural para a ternura, o amor ou a amizade.

afetivo, a (Fè) [*Br* **afe(c)tivo** (*dg*)] *adj* [= afectivo] (<lat *affectívus,a,um*: que exprime um desejo) **1** Relativo à afe(c)tividade, aos sentimentos e emoções. **Ex.** O lado ~ da criança é essencial para a formação da sua personalidade. **Comb.** *Carência* ~a. *Vida* ~a. **2** Afe(c)tuoso/Carinhoso/Terno. **Ex.** É um pai muito ~.

afeto, a (Fè) [*Br* **afe(c)to** (*dg*)] *adj/s m* [= afecto] (<lat *afféctus*: disposição, disposto) **1** *s m* Sentimento de carinho/ternura/amor/amizade. **Ex.** O ~ que lhes dedicava foi aumentando com o tempo [cada vez mais]. A criança tinha falta de ~ em casa. **2** Afeiçoado/Dedicado a/Simpatizante/Partidário de. **Ex.** Parece muito ~ a movimentos ecológicos. **3** Destinado/Atribuído. **Ex.** A verba ~a [afe(c)tada] ao nosso proje(c)to já foi disponibilizada. **4** Adstrito/Ligado a/Dependente de. **Ex.** Acorreram bombeiros ~s a várias corporações. **5** Com estreita relação com/Próximo de. **Ex.** Uma pessoa ~a a essa família deu-nos conta das dificuldades financeiras que eles estão a passar.

afetuosidade (Fè) [*Br* **afe(c)tuosidade** (*dg*)] *s f* [= afectuosidade] (<afe(c)tuoso+-idade) **1** Qualidade do que é afetuoso/carinhoso/Meiguice. **2** Manifestação/Gesto de carinho/ternura.

afetuoso, a (Fè) (Ôso, Ósa) [*Br* **afe(c)tuoso** (*dg*)] *adj* [= afectuoso] (<lat *affectuósus,a,um*) Carinhoso/Terno/Meigo.

afiadeira *s f* (<afiar+-deira) Pedra que serve para afiar/amolar o gume de instrumento cortante.

afiador, ora *adj/s* (<afiar+-dor) **1** (O) que afia «obje(c)to cortante»/Amolador(+) «de tesouras e facas». **2** *s m* Instrumento para afiar/Afiadeira **1**.

afia-lápis *s m* (<afiar+...) Instrumento «elé(c)trico» com lâmina para afiar os lápis/*Br* Apontador de lápis. **Sin.** Apara-lápis.

afiambrar *v t* (<a-¹+fiambre+-ar¹) **1** Preparar a carne «de peru» à maneira de fiambre. **2** *fig* ~-se/Apurar-se/Esmerar-se no vestuário/Aperaltar-se(+).

afiançado, a *adj* (<afiançar) **1** Digno de crédito/Em que se pode confiar. **2** Assegurado/Garantido. **3** (Pessoa) que tem uma

dívida cujo pagamento (ao credor) está assegurado por um fiador.

afiançador, ora *adj/s* (<afiançar+-dor) (O) que afiança/Fiador(+).

afiançar *v t* (<a-¹+fiança+-ar¹; ⇒ fiar²) **1** Ser [Ficar como] fiador(+) do pagamento de uma dívida ou do cumprimento de um contrato. **2** Pagar uma fiança. **3** Afirmar com total segurança/certeza/Garantir/Assegurar. **Ex.** Afianço[Garanto]-lhe que não fui eu quem chamou a polícia.

afiar *v t* (<a-¹+fio+-ar¹) **1** Tornar mais fino o gume de instrumento cortante/Amolar. **2** Tornar pontiagudo/Aguçar «o lápis». **3** *fig* Tornar «o discurso» mais mordaz. **Idi. Ter a língua afiada** [Ser maldizente/mordaz]. **4** *fig* Apurar(+) «o ouvido»/Aperfeiçoar. **5** *fig* Tornar mais penetrante/refinado. **Ex.** As dificuldades da situação podem ~ o [puxar pelo] engenho para a saída da crise.

aficionado, a *adj/s* (<espanhol *aficionado*) Entusiasta «da corrida de touros»/Apreciador/Fã.

afidalgado, a *adj* (<afidalgar) **1** Que se tornou fidalgo. **2** Que tem comportamento próprio de fidalgo. **3** «maneira/gesto/ar» Delicado/Cortês/Nobre.

afidalgar *v t* (<a-¹+fidalgo+-ar¹) **1** Tornar(-se) fidalgo. **2** Tomar as características ou a aparência de fidalgo. **3** *fig* Deixar de trabalhar/Ser fidalgo.

afidídeo, a *adj/s m Ent* (<lat *aphididae+-ídeo*) (Diz-se de) pequeno inse(c)to ou família de pequenos inse(c)tos a que pertencem os pulgões e os piolhos das plantas.

afídio *s m Ent* (<lat *áphis,idis*: pulgão) Pequeno inse(c)to da família dos afidídeos que se alimenta do suco de várias plantas/Pulgão.

afigurar *v t* (<lat *affigúro,áre,átum*) Apresentar(-se) com uma certa forma/Dar a impressão de/Assemelhar-se a/Parecer. **Ex.** A terra «Brasil» afigurou-se-nos como um mar de verdura! Afigura-se-me [Parece-me(+)/Quer-me parecer (+)] que está(s) enganado... ⇒ figurar.

afilar¹ *v t* (<fio+-ar¹) Dar a forma de fio/Adelgaçar/Aguçar/Afiar. **Comb.** Nariz afilado [comprido e fino na ponta].

afilar² *v t* (< ?) Aferir/Afinar/Acertar.

afilar³ *v t* (<a-¹+filar) Excitar/Instigar (o cão) a perseguir/atacar. ⇒ acirrar; açular.

afilhado, a *s* (<a-¹+filho+-ado) **1** Pessoa de quem se é padrinho ou madrinha. **Comb.** ~ de ba(p)tismo/crisma/casamento. **2** *depr* Pessoa amiga que se favorece/protege de forma especial. **Ex.** Dizem as más línguas [os críticos] que o governo pensa mais nos parentes, nos amigos e nos ~s do que no povo. ⇒ nepotismo.

afim *adj/s 2g* (<lat *affínis,e*: vizinho; parente por afinidade) **1** Que tem afinidade com/Semelhante/Análogo. **Comb. Ideias ~ins. Negócios ~ins**. **2** (O) que, pelo casamento, passou a ter parentesco de afinidade com os parentes do cônjuge. ⇒ compadrio.

afinação *s f* (<afinar+-ção) **1** A(c)to ou efeito de afinar. **2** Qualidade do que está afinado. **3** *Mec* Regulação de um mecanismo para que dê o melhor rendimento. **Ex.** Mandei fazer a ~ do motor do carro. **4** Purificação de um metal pela eliminação de impurezas. **5** *Mús* Regulação da altura dos sons produzidos por um instrumento. **Ex.** A viola precisa de ~. **6** Última demão/Acabamento. **7** Apuramento/Perfeição. **8** *fam* Grande irritação/Fúria.

afinal *adv* (<a⁵+final) **1** No fim/Finalmente. **2** Em conclusão (a seguir a alguma indefinição ou diferença de posições/perspe(c)tivas)/*col* De uma vez por todas. **Ex.** ~, vens ou ficas [ou não (vens)]? **Loc. ~ de contas/No fim de contas** (Ex. ~ de contas, ele não passa de [ele é] um demagogo). **3** Ao contrário do que era de esperar/Mas. **Ex.** Disse que vinha cedo, ~ são dez horas *idi* e nada [e ainda não chegou]! **Loc. ~ de contas/No fim de contas** (Ex. Todos o elogiavam muito, ~ de contas veio a revelar-se um funcionário medíocre).

afinar *v t* (<a-¹+fino+-ar¹) **1** Tornar(-se) (mais) fino/Adelgaçar. **2** Aperfeiçoar/Apurar/Aprimorar. **Loc.** ~ a sensibilidade. **3** *Mec* Regular uma máquina de modo a funcionar bem. **Ex.** Mandou ~ o motor do carro e os travões. **4** *Mús* Regular um instrumento de modo a produzir os sons na altura corre(c)ta. **Ex.** Esteve a ~ a viola. **5** *Mús* Cantar ou tocar mantendo-se no tom. **Idi. ~ pelo mesmo diapasão** [Ter os mesmos critérios/ideais/obje(c)tivos]. **Ant.** Desafinar. **6** Purificar um metal retirando-lhe as impurezas. **7** Estabelecer de comum acordo/Combinar. **Ex.** Estiveram a ~ as futuras formas de proceder. **8** *fig* Irritar-se/Zangar-se/Enfurecer-se. **Ex.** Quando lhe falaram na asneira que fizera ele afinou [zangou-se(+)/não gostou].

afincadamente *adv* (<afinco+-mente) De forma esforçada/empenhada/persistente. **Loc.** Trabalhar/Estudar ~.

afincado, a *adj* (<afincar) **1** Cravado/Agarrado/Fixo. **Ex.** Deixou o machado ~ no madeiro. **2** *fig* Fixado/Preso a uma ideia/a um obje(c)tivo. **Ex.** Encontrei-o ~ no propósito de se vingar da afronta. **3** Que revela firmeza/empenho/esforço/afinco. **Comb.** Trabalho ~/esforçado.

afincar *v t* (<a-³+fincar) **1** Cravar/Fixar/Espetar «numa superfície». **2** *fig* ~-se/Fixar o pensamento em/Concentrar-se em/Apegar-se a. **Loc.** ~ os olhos na TV.

afinco *s m* (<afincar) Persistência/Empenho/Firmeza. **Ex.** Defendeu com afinco [firmeza] as suas ideias. **Loc.** Trabalhar afincadamente [com ~].

afinfar *v t/int* (< ?) **1** *pop* Dar pancada/Bater em. **Ex.** Afinfa[Chega/Bate]-lhe! **2** *pop* Comer e beber demasiado.

afinidade *s f* (<lat *affínitas,átis*: proximidade) **1** Vínculo de parentesco que, pelo casamento, se obtém com os parentes do cônjuge. **Ex.** Há parentesco por consanguinidade ou por ~. Tenho vários sobrinhos por ~. **2** Relação de simpatia/amizade entre pessoas. **3** Coincidência de ideias/gostos ... **Ex.** Quando há ~ de interesses, a convivência é muito fácil. **4** Semelhança/Analogia entre duas ou mais coisas. **5** *Ling* Semelhança de estrutura entre línguas. **6** *Quím* Tendência de determinados compostos químicos de reagirem com outros.

afirmação *s f* (<lat *affirmátio,ónis*) **1** A(c)to ou efeito de afirmar/Asserção. **2** O que é afirmado/garantido como verdadeiro. **Ex.** Essa ~ merece a minha concordância. **3** *Lóg* Proposição em que se declara uma relação positiva entre o sujeito e o predicado. **Ex.** A asserção *Todo o homem é mortal* é uma ~. **Ant.** Negação. **4** Prova/Sinal inequívoco das qualidades de alguém. **Ex.** Este último romance foi a ~ do talento literário do autor. **5** Manifestação de independência face a outrem. **Ex.** Os adolescentes anseiam pela sua ~ face [em relação] aos adultos da família.

afirmar *v t* (<lat *affírmo,áre,átum*) **1** Declarar/Dizer (com convicção/segurança)/Garantir. **Ex.** Afirmou [Disse] que não sabia de nada. **2** Declarar ser verdadeiro [Assumir como real] «o que a seguir se refere». **Ex.** Ele afirmou que a porta estava aberta mas negou que ele a tenha aberto. **Ant.** Negar. **3** Fixar/Firmar a vista em «para se certificar». **4** Revelar qualidade(s) de forma clara e definitiva. **Ex.** Ele afirmou-se (como competente) no cargo de chefe. **5** ~-se/Dar mostras de independência/maturidade/capacidade. **6** *fig* ~-se/Evidenciar-se/Distinguir-se/Tornar-se conhecido «do público». **7** Tornar firme/Estabelecer/Consolidar.

afirmativo, a *adj/s f* (<lat *affirmatívus,a, um*) **1** Que diz que sim/Que afirma/Que concorda. **Ex.** Não falou mas fez um sinal ~ [mas acenou que sim] com a cabeça. **Ant.** Negativo. **2** Que mostra certeza/convicção/segurança. **Ex.** Foi muito ~ [categórico/claro] nas suas respostas. **3** *s f Gram* Proposição/Frase em que se declara uma relação positiva entre o sujeito e o predicado. **Ex.** A frase *O homem é racional* é ~a. **4** *s f Náut* Bandeira do código de sinais que indica *sim*.

afistular *v t* (<a-¹+fístula+-ar¹) **1** *Med* Transformar(-se) em fístula/Fistular(+). **2** *fig* ~-se/Corromper-se/Perverter-se.

afivelar *v t* (<a-¹+fivela+-ar¹) **1** Colocar fivela em. **2** Apertar/Segurar com fivela. **Loc.** ~ as esporas [o cinto]. **3** *fig* Fazer parecer/Dar a aparência de/Simular «um sorriso»..

afixação *s f* (<afixar+-ção) **1** A(c)to ou efeito de afixar. **2** Colocação de algo geralmente em lugar público para dar informação. **Comb.** ~ de aviso/edital. **3** *Ling* Emprego de prefixos, infixos e sufixos.

afixar *v t* (<a-¹+fixar) **1** Fixar/Pregar/Colar «cartazes» em lugar visível para o público. **2** *Ling* Acrescentar a um radical um prefixo/infixo/sufixo, o que lhe modifica o significado.

afixo, a *adj/s m* (<lat *affíxus<affígo<ad + fígo,ere,fixum*: fixar) **1** Preso firmemente a alguma coisa/Que se afixou. **2** *Ling* Designação do que se junta a um radical, modificando-lhe o sentido. **Ex.** Os prefixos, infixos e sufixos são ~s.

aflautado, a *adj* (<aflautar) **1** Que tem um timbre suave e agudo, semelhante ao da flauta. **Comb.** O silvo [cantar] ~ dos melros. **2** Agudo/Esganiçado/Estridente. **Ex.** A sua voz ~a era inconfundível. **3** Longo e delgado como a flauta/Esguio/Fino. **Comb.** Perna ~a.

aflautar *v t* (<a-¹+flauta+-ar¹) **1** Tornar semelhante ao som da flauta. **2** Dar/Tomar uma forma semelhante à da flauta. ⇒ aflautado **3 Comb.**. Tornar esganiçado/estridente «a voz».

aflição *s f* (<lat *afflíctio,ónis*) **1** Grande sofrimento físico/Tormento. **Ex.** Estou numa ~ com a doença do meu filho! **2** Grande angústia/ansiedade/preocupação. **Ex.** É um terramoto, ai que ~!

afligir *v t* (<lat *afflígo,ere,ctum*) **1** Causar/Sentir aflição/Angustiar/Preocupar. **Ex.** Não se aflija! Você vai curar [ficar curado]. **2** Causar grande sofrimento físico/Atormentar. **Ex.** A doença que o afligia era desconhecida. **3** Prejudicar/Atingir/Assolar. **Ex.** A epidemia afligia toda a população.

aflitivo, a *adj* (<aflito+-ivo) **1** Que causa aflição/Doloroso. **2** Preocupante(+)/Desolador/Lamentável. **Comb.** Situação ~a da «nossa» empresa. **3** *fig* Grande(+). **Ex.** A ignorância de alguns políticos é ~a.

aflito, a *adj* (<lat *afflíctus,a,um*) **1** (O) que sente aflição. **2** *fam* Que sente grande urgência em urinar/defecar. **Ex.** Estava ~ [apertado] e teve de ir a casa de banho [*Br* ao banheiro].

aflogístico, a *adj* (<a-²+flogístico) Que arde sem chama/Que queima sem se inflamar. **Ex.** O amianto é ~.

afloração [afloramento] *s f/m* (<aflorar+...) **1** A(c)to ou efeito de aflorar/Afloramento. **2** Emergência/Aparecimento de algo à superfície de um líquido ou do solo. **3** *Geol* Aparecimento de um filão à superfície da terra por erosão das rochas adjacentes. **4** *Geol* Ponto/Zona em que camadas ou filões inclinados aparecem à superfície do solo.

aflorar *v t/int* (<a-¹+flor+-ar¹) **1** Vir à superfície/tona/Emergir/Aparecer/Assomar. **Ex.** Um sorriso aflorou no [ao] rosto da doente. **2** Manifestar/Exteriorizar/Esboçar «um sorriso». **3** Tratar/Abordar superficialmente um assunto. **Ex.** Limitou-se a ~ os traços gerais da sua tese. **4** *Geol* Aparecer um filão/uma rocha na superfície do solo por erosão das camadas vizinhas. **5** Nivelar uma superfície com outra. **Loc.** ~ um terreno. **6** «a rês» Começar a engordar/arredondar.

afluência *s f* (<lat *affluéntia*: abundância) **1** A(c)to ou efeito de afluir/Afluxo. **2** Corrente caudalosa/Abundante. **3** Grande quantidade/Abundância de bens. **4** Convergência de muitas pessoas para um local. **Ex.** Nestas eleições a ~ às urnas foi menor.

afluente *adj 2g/s m* (<lat *áffluens,éntis* ⇒ afluir) **1** Que aflui/Que se dirige para/Que entra para «o motor». **2** Que em grande quantidade/número converge para um local. **Ex.** O público ~ fazia fila à entrada para o recinto. **3** Abundante/Rico/Copioso. **4** *s m* Rio que vai juntar-se a outro que geralmente tem maior caudal/dimensão. **Ex.** O rio Côa é um ~ do (rio) Douro (Portugal).

afluir *v int* (<lat *áffluo,ere,úxum*) **1** Correr «um líquido» em dire(c)ção a. **Ex.** Com o degelo, um grande caudal de água afluía ao vale. **2** Convergir em grande quantidade/número para um local. **Ex.** As pessoas das aldeias vizinhas afluíram à feira. **3** Chegar em abundância a. **Ex.** No séc. XVI, grandes carregamentos de especiarias da Índia afluíam a Lisboa.

afluxo *s m* (<lat *afflúxus*) **1** A(c)to ou efeito de afluir/Afluência. **2** Deslocação em grande quantidade, sobretudo de líquidos/Fluxo. **3** Movimento de um líquido orgânico que, de forma abundante, se dirige a uma parte do corpo. **Ex.** O ~ de sangue ao cérebro é dificultado pela aterosclerose. **4** Confluência de muitas pessoas para um local. **Ex.** O ~ de visitantes à exposição ultrapassou as previsões dos organizadores.

afobado, a *Br adj* (<afobar) **1** Muito apressado/Com azáfama. **2** Atrapalhado/Perturbado. **3** Cansado/Esfalfado.

afobar *Br v t* (< ?) **1** Causar precipitação/pressa. **2** Atrapalhar/Perturbar. **3** ~-se/Ficar cansado/esfalfado.

afocinhar *v t/int* (<a-¹+focinho+-ar¹) **1** Atacar/Acometer com o focinho. **2** Escavar com o focinho/Fossar(+). **Ex.** O porco afocinha o solo. **3** Cair batendo com a cabeça ou com a parte dianteira. **Ex.** Com um murro levou o gatuno a ~. A avioneta afocinhou no pântano. **4** *Mar* «a embarcação» Mergulhar mais a proa do que a popa.

afofar *v t* (<a-¹+fofo+-ar¹) **1** Tornar fofo/mole/macio. **Ex.** Uma almofada afofava o assento. **2** *fig* Envaidecer.

afogadiço, a *adj* (<afogar+-diço) **1** Que facilmente se afoga ou perde o fôlego. **2** Que provoca falta de ar/Que sufoca/asfixia.

afogadilho *s m* (<afogado+-ilho) Pressa/Precipitação. **Loc.** «faz tudo» De ~ [À pressa/De forma atabalhoada/precipitada] «por isso é pouco perfeito [deixa sempre o trabalho malfeito]».

afogado, a *adj/s* (<afogar) **1** (O) que morreu asfixiado dentro de água/Que se afogou. **2** Que está a ter falta de ar/Que sente sufoco. **Comb.** ~ com soluços. **3** Diz-se da voz sumida, difícil de perceber de [por ser] tão fraca. **Ex.** Estava já muito velhinho e doente, mal se entendia a sua voz ~a. **4** Abafadiço/Abafado(+)/Sufocante. **Comb.** Ambiente ~. **5** Que está submerso/inundado/coberto. **Ex.** Com a prolongada invernia as culturas ficaram ~as. **6** *Mec* Diz-se do motor de veículo que não funciona por excesso de combustível ou deficiência na entrada do ar. **Ex.** Fiquei parado no trânsito por algum tempo com o motor ~. **7** Muito absorvido por tarefas/Sobrecarregado. **Ex.** Estava ~ em trabalho. **8** Diz-se do vestido apertado junto ao pescoço. **Ant.** Decotado.

afogador, ora *adj/s* (<afogar+-dor) **1** (O) que afoga. **2** *s m* Colar/Gargantilha. **3** *s m Mec* Disco metálico que limita a entrada do ar no carburador do veículo, para obter uma mistura mais rica no arranque a frio.

afogamento *s m* (<afogar+-mento) **1** A(c)to ou efeito de afogar(-se). **2** Morte por asfixia em resultado de submersão prolongada. **3** Falta de ar/Afogo/Sufocação.

afogar *v t* (<lat *affocáre*<*offóco,áre,átum*: apertar, sufocar<*ob+fáux,cis*: garganta) **1** Morrer/Matar(-se) por submersão. **Ex.** A criança afogou-se na piscina. **Idi.** ~-*se em pouca água* [Ter tendência a preocupar-se com ninharias]. **2** Matar por asfixia/estrangulamento/Sufocar. **3** Ajustar peça de vestuário ao pescoço. **Ex.** No tempo frio um cachecol afogava-lhe o pescoço. **4** *fig* Fazer por [Procurar] esquecer/Abafar. **Ex.** Ia afogando a sua dor em longos passeios pelo campo. **5** *fig* Embeber/Submergir. Deliciava-se a ~ as sopas de pão no molho do bucho. **6** *fig* Ficar banhado em. **Ex.** Tinha os lindos olhos afogados em lágrimas. **7** ~-se/Estar assoberbado/sobrecarregado com trabalhos/ocupações. **Ex.** Então afogava-se em tarefas que exigiam muita atenção. **8** Cobrir completamente/Fazer desaparecer/Ocultar. **Ex.** Um denso nevoeiro afogou o bosque. **9** «uma espécie vegetal daninha» Impedir o bom desenvolvimento de outras plantas. **Ex.** O joio afogou o trigo. **10** Ingerir bebida alcoólica em excesso. **Ex.** Comia um petisco e logo o afogava em meia garrafa de vinho. **11** Extinguir/Abafar. **Ex.** Afogou o fogo no motor com um cobertor. **12** Mergulhar demasiado o remo na água. **13** Causar o não funcionamento do motor do veículo por entrada de combustível em excesso ou por deficiência na entrada de ar. **Ex.** Afogou o motor e provocou um engarrafamento no trânsito. **14** *Cul* Cozer lentamente em pouca água/Refogar.

afogo (Fô) *s m* (<afogar; ⇒ afoguear) **1** Estado de asfixia/Sufocação. **2** Estado de angústia/aflição/ansiedade. **3** Pressa/Urgência de fazer alguma coisa. **4** Entusiasmo/Arrebatamento. **5** O corar do rosto/Rubor/Afogueamento.

afogueado, a *adj* (<afoguear) **1** Que está em brasa. **2** Muito quente/Escaldante/Ardente. **3** Que tem a cor do fogo/Rubro. **Ex.** Era um cair da tarde com o céu ~. **4** Corado/Ruborizado. **Comb.** Rosto ~ com o calor. **5** Entusiasmado/Inflamado/Exaltado. **Comb.** Discussão ~a.

afogueamento *s m* (<afoguear+-mento) **1** A(c)to ou efeito de afoguear(-se)/corar/Rubor. **2** Forte calor/Ardor. **3** Entusiasmo/Exaltação/Excitação.

afoguear *v t* (<a-¹+fogo+-ear) **1** Pôr/Pegar fogo a/Inflamar. **2** Corar/Ruborizar(-se)/Avermelhar. **3** Entusiasmar(-se)/Avivar/Intensificar/Animar. **4** *Mil* Disparar uma peça de artilharia com pouca pólvora seca para a aquecer.

afoi[ou]tar *v t* (<afoi[ou]to+-ar¹) **1** Dar/Mostrar coragem/ânimo/ousadia para enfrentar situação difícil. **Ex.** Eu afoitei-o e ele correu atrás do ladrão entregando-o à polícia. **2** Arriscar-se/Atrever-se sem receio do perigo. **Ex.** Na emergência afoitou-se a entrar na casa incendiada para salvar uma criança.

afoi[ou]teza *s f* (<afoi[ou]to+-eza) **1** Coragem/Ousadia(+)/Valentia. **2** A(c)to/Comportamento ousado/corajoso.

afoi[ou]to, a *adj/s* (<a-¹+foito<lat *ad+fáveo, ére,fáutum*: ser favorável, auxiliar) **1** Que mostra ousadia a superar obstáculos/Destemido/Intrépido/Corajoso. **Ex.** Ele é muito ~, não tem medo de nada. **2** Impetuoso/Precipitado/Atrevido.

afolar *v t* (<a-¹+fole+-ar¹) Soprar o lume com [Dar ao] fole(+).

afolhado, a *adj* (<afolhar) **1** «terreno» Dividido em lotes/talhões/folhas para alternar culturas. **2** «livro de regist(r)os» Numerado/Rubricado.

afolhamento *s m* (<afolhar+-mento) Divisão de um terreno em faixas/talhões/folhas para alternância de culturas.

afolhar *v t* (<a-¹+folha+-ar¹) **1** Cobrir(-se) de [Brotarem as] folhas. **2** Dividir um campo em talhões/folhas para alternância de culturas.

afonia *s f* (<gr *aphonía*: falta de voz) Perda parcial ou total de voz, geralmente por algum tempo.

afónico, a [*Br* **afônico**] *adj* (<afonia+-ico) **1** Relativo à perda de voz. **Comb.** Estado ~. **2** Que sofre de afonia/Que está sem voz. **Ex.** Desculpe, hoje estou ~, não consigo falar.

afonsino, a *adj* (<*antr* Afonso+-ino) **1** Relativo a Afonso, particularmente a reis portugueses com este nome e aos seus reinados. **Comb.** Dinastia ~a (séc. XII-XIV). Ordenações ~as (séc. XV). **2** *fig* Muito antigo. **3** *depr* Fora de moda/Antiquado/Arcaico/Obsoleto. **Ex.** Isso já não se usa, era [seria] no tempo dos ~s!

afora *prep/adv* (<a⁵+fora) **1** Com exclusão de/Exce(p)to/Salvo. **Ex.** Todos, ~ [exce(p)to(+)/menos(+)] ele, tinham feito o trabalho de casa. **2** Sem incluir/Além de. **Ex.** No jantar de confraternização, estiveram vários antigos colegas ~ os do costume [~ os habituais]. **3** Para o exterior/Ao longo de/Por toda a extensão de espaço ou tempo. **Ex.** Saiu esbaforido pela porta ~. Pela rua ~ ia distribuindo panfletos. Pela noite ~ vagueou pelas ruelas do bairro.

aforador, ora *adj/s* (<aforar+-dor) **1** (O) que dá ou toma de aforamento. **2** Rendeiro.

aforamento *s m* (<aforar+-mento) **1** *Hist* Concessão de foral a uma localidade por carta régia, dando-lhe privilégios/regalias. **2** *Dir* Concessão do usufruto de uma propriedade por determinado prazo, mediante o pagamento de uma renda/Enfiteuse.

aforar *v t* (<a-¹+foro+-ar¹) **1** *Hist* Dar ou receber privilégios/regalias através de carta de foral. **2** *Dir* Conceder ou adquirir o usufruto de uma propriedade por um período longo mediante o pagamento de uma renda/Dar ou receber por aforamento/enfiteuse.

aforismo *s m* (<gr *aphorismós*: sentença) Frase que de forma concisa expressa um princípio moral ou uma regra de conduta/Máxima/Sentença/Adágio/Rifão/Ditado.

aforista *adj/s 2g* (<afor(ismo)+-ista) Pessoa que estuda ou cita aforismos.

aforístico, a *adj* (<gr *aphoristikós*) **1** Referente a máximas/sentenças/aforismos. **2** Que contém [Da natureza de] aforismo.

aformoseamento *s m* (<aformosear+-mento) A(c)to ou resultado de embelezar/alindar/enfeitar. **Ex.** O ~ da sala de estar tornou-a muito mais acolhedora.

aformosear *v t* (<a-¹+formoso+-ear) A(c)to de tornar formoso/Embelezar/Adornar/Alindar. **Ex.** A mãe esmerava-se a ~ a criança.

aforquilhar *v t* (<a-¹+forquilha+-ar¹) **1** Prender [Segurar «ramo de árvore»] com forquilha. **2** Dar forma de forquilha.

aforrado¹, a *adj* (<aforrar¹) **1** Que tem forro/Forrado. **2** Que foi poupado/economizado/amealhado. **Ex.** O dinheiro ~ era segurança para uma doença.

aforrado², a *adj* (<aforrar²) **1** *Hist* Que se tornou livre/forro/Alforriado. **2** Desembaraçado/Expedito.

aforrador, ora *adj/s* (<aforrar¹+-dor) **1** (O) que aforra/economiza/amealha. **Ex.** Para o aumento do crédito às empresas importa que haja muitos ~es.

aforrar¹ *v t* (<a-¹+forro¹+-ar¹) **1** Pôr forro/revestimento em alguma coisa/Forrar(+). **2** Fazer poupanças/Economizar/Amealhar.

aforrar² *v t Hist* (<a-²+forro²+-ar¹) **1** Dar ou receber a alforria/liberdade/Tornar(-se) forro/livre. **2** Libertar(-se) de uma sujeição/Desembaraçar(-se).

aforro (Fô) *s m* (<aforrar¹) **1** A(c)to ou resultado de aforrar¹/economizar/Poupança. **Comb.** Certificado de ~ [Título de dívida pública que rende juros em cada trimestre].

a fortiori lat Com mais forte razão. **Ex.** Se foi antes castigado por uma pequena falta, também deverá sê-lo ~ por esta (falta) tão grave.

afortunado, a *adj/s* (<afortunar) **1** (O) que tem sorte/êxito. **Ex.** É um ~, tudo lhe corre bem [, tem sorte em tudo]! **Ant.** Des~; desgraçado. **2** (O) que é feliz/ditoso. **3** Abastado(+)/Rico.

afortunar *v t* (<a-¹+fortuna+-ar¹) **1** Tornar feliz/ditoso. **2** Dar fortuna a.

afoutar, afouteza, afouto ⇒ afoitar, ...

afrancesar *v t* (<a-¹+francês+-ar¹) **1** Dar/Tomar características de francês. **2** Adquirir /Imitar costumes franceses. ⇒ *ling* galicismo.

afreguesado, a *adj* (<afreguesar) **1** Que tem o hábito de fazer compras em determinada loja ou de recorrer sempre aos serviços do mesmo profissional/Que se tornou freguês. **2** Que tem muita freguesia [muitos clientes].

afreguesar *v t* (<a-¹+freguês+-ar¹) **1** Tornar(-se) freguês(+). **2** Arranjar/Atrair clientes(+).

África *s f Geog* Um dos cinco continentes (do mundo). ⇒ africano.

africado, a *adj/s f Ling* (<africar) (Diz-se da) consoante oclusiva que na parte final da sua produção apresenta alguma constrição. **Ex.** Na norma-padrão do português europeu não existem (consoantes) ~as. ⇒ africar **Ex.**.

África do Sul *s f* República do sul do continente africano, com a capital legislativa em Cidade do Cabo e a capital administrativa em Tshwane [*an* Pretória], dando-se aos seus naturais e habitantes o nome de sul-africanos.

africânder *adj 2g/s* (<hol *africaan(d)er*: africano) **1** (Relativo ou pertencente a) natural/habitante da África do Sul descendente dos primeiros colonos holandeses. ⇒ bóer. **2** *Ling* Uma das línguas oficiais da África do Sul, com origem no holandês do séc. XVII. **3** *Zool* Raça de gado bovino/ovino da África do Sul.

africanismo *s m* (<africano+-ismo) **1** Qualidade (específica) do que é africano. **2** Conjunto de características das culturas de África. **3** Interesse/Amor pela África e pelos seus assuntos, pelas suas culturas. **4** Conjunto de estudos sobre a realidade africana. **5** Influência exercida pelos africanos noutros continentes. **6** *Ling* Palavra ou expressão de origem africana.

africanista *adj/s 2g* (<africano+-ista) **1** Relativo ao africanismo. **2** (O) que se dedica ao estudo dos assuntos ou da cultura de África. **3** Especialista de línguas ou culturas africanas. **4** (O) que revela interesse/amor pela realidade africana.

africanizar *v t* (<africano+-izar) Tornar(-se) semelhante ao que é africano.

africano, a *adj/s* (<*top* África+-ano) **1** Referente a [Da] África ou aos [dos] seus naturais/habitantes. **2** Natural ou habitante de África.

africar *v t Ling* (<lat *áffrico,áre,átum*: fazer fricção) Pronunciar uma consoante oclusiva aliviando a oclusão na parte final da produção, do que resulta um sem fricativo/africado. **Ex.** Alguns brasileiros, ao pronunciarem o *t* ou o *d* seguidos de *i*, como em *tia* «chia» ou em *dia* «jia», africam essas consoantes.

afro- *pref* (<lat *áfer,fra,frum*: africano) Significa africano (Ex. ~-asiático, ~-brasileiro).

afro-americano, a *adj/s* (<afro-+...) **1** Que diz respeito simultaneamente à África e à América ou aos seus habitantes. **2** Que refle(c)te a cultura africana e americana. **Comb.** Música ~a. **3** (Diz-se do) americano de ascendência africana, sobretudo o negro.

afro-asiático, a *adj/s* (<afro-+...) Relativo ou pertencente simultaneamente à África e à Ásia. **Comb.** (Indivíduo) ~. Política ~a.

afro-brasileiro, a *adj/s* (<afro-+...) **1** Relativo à África e ao Brasil ou aos seus habitantes. **2** Que refle(c)te as culturas africana e brasileira. **3** (Brasileiro) que tem ascendência africana/Negro brasileiro.

afro-europeu, eia *adj* Relativo à África e à Europa. **Comb.** Relações ~eias [euro-africanas]. ⇒ luso-africano.

afrodisia *s f* (<gr *aphrodísios*: relativo a Afrodite, deusa do amor) **1** Aptidão/Apetência para gerar. **2** Desejo sexual excessivo/mórbido.

afrodisíaco, a *adj/s m* (<gr *aphrodisiakós*: relativo aos prazeres do amor) **1** Referente a Afrodite, deusa grega do amor. **2** Que provoca/estimula o desejo sexual. **3** *s m* Substância natural, ou não, que tem esse efeito.

afroixamento/afroixar/afroixelar ⇒ afrouxamento/...

afronta *s f* (<afrontar) **1** A(c)to ou efeito de afrontar. **2** Ofensa/Insulto a alguém na sua presença. **Ex.** Atribuir-me a prática [Acusar-me] do crime foi uma ~ que não esqueço. **Loc.** Desagravar [Reparar] uma ~. **3** Sentimento de vergonha/humilhação provocado por vexame em público. **Ex.** Procurava não vir à rua nos dias seguintes àquela ~. **4** Declaração do maior lanço em leilão ou hasta pública.

afrontadiço, a *adj* (<afrontar+-diço) Que tende a ofender-se facilmente/Irritadiço. **Ex.** Como é ~ [*idi* tem mostarda no nariz], há que ter muito cuidado com o que se lhe diz.

afrontador, ora *adj/s* (<afrontar+-dor) (O) que causa afronta/que ofende/insulta/provoca.

afrontamento *s m* (<afrontar+-mento) **1** A(c)to ou efeito de ofender/injuriar/afrontar. **2** ⇒ indisposição.

afrontar *v t* (<a-¹+fronte+-ar¹) **1** Atacar de frente/Pôr(-se) frente a frente com/Enfrentar(+)/Confrontar. **2** Causar afronta/Injuriar/Insultar/Humilhar/Vexar/Envergonhar. **Ex.** Afrontou o colega *idi* dizendo-lhe as últimas [as maiores ofensas]. **3** Ser motivo de revolta/escândalo/Constituir afronta/provocação. **Ex.** A ostentação dos poderosos em tempo de crise afronta [é uma afronta para] os pobres e (os) desempregados. **4** Causar mal-estar físico/Afligir/Molestar. **Ex.** Este intenso calor pode [é bem capaz de] ~ o pobre velhinho. **5** Fazer face a/Defrontar/Aguentar/Suportar «dificuldades/dissabores».

afrontoso, a (Ôso, Ósa) *adj* (<afronta+-oso) **1** Que envolve afronta/injúria/ofensa/Que humilha/rebaixa. **Ex.** Teve uma atitude ~a para com o colega. **2** «tempo/calor» Que origina/causa mal-estar físico/afronta/afrontamento/Incomodativo(+).

afrou[oi]xamento *s m* (<afrou[oi]xar+-mento) **1** A(c)to ou efeito de afrou[oi]xar. **Comb.** O ~ [A diminuição] da amizade/do zelo «no trabalho». **2** Diminuição da tensão/Relaxamento. **Ex.** O ~ dos cordões dos sapatos deu mais liberdade e conforto aos pés. **3** Redução da velocidade/Abrandamento «de veículo». **4** Diminuição de rigor/severidade/empenho. **Ex.** O ~ da disciplina trouxe menor rendimento escolar. **5** Enfraquecimento da energia/força.

afrou[oi]xar *v t/int* (<a-¹+frou[oi]xo+-ar¹) **1** Diminuir a tensão/Relaxar/Flexibilizar. **Ex.** Os solavancos do percurso afrouxaram as cordas que seguravam a carga. **2** Reduzir a velocidade/Travar/Abrandar. **Ex.** Vendo o obstáculo, afrouxou e pôde parar. **3** Diminuir o rigor/empenho/vigor. **Ex.** No colégio o rigor dos regulamentos tem vindo a ~. **4** Fazer enfraquecer/esmorecer. **Ex.** As derrotas afrouxaram o ânimo da equipa.

afrou[oi]xelar *v t* (<a-¹+frouxel+-ar¹) **1** Cobrir/Forrar com frou[oi]xel/penugem/Amaciar. **2** Tornar macio [fof(inh)o] como frouxel.

afrutar *v t/int* (<a-¹+fruto+–ar¹) **1** Pôr a dar fruto. **2** Encher-se de frutos/Frutificar. **3** Tornar produtivo/Tratar/Cultivar.

afta *s f* (<gr *áphtha*) Pequena úlcera superficial dolorosa na mucosa da boca ou da língua. **Ex.** Não queria comer porque lhe doía uma ~ na língua.

aftershave ing Loção para a pele depois de fazer [cortar] a barba.

aftoso, a (Ôso, Ósa) *adj* (<afta+-oso) **1** Relativo a [Que causa] afta. **Comb.** Febre ~a [Doença infe(c)ciosa que ataca sobretudo o gado bovino]. **2** Que tem aftas.

afugentamento *s m* (<afugentar+-mento) A(c)to ou efeito de afugentar.

afugentar *v t* (<a-¹+fug(ir)+-entar) **1** Pôr em fuga/Repelir. **Ex.** O pastor acorreu e afugentou o lobo. **2** Enxotar/Espantar. **Ex.** Com uma toalha afugentava o mosquedo [(o enxame d)as moscas(+)]. **3** *fig* Fazer esquecer/desaparecer/Dissipar. **Ex.** O convívio com os amigos permitia-lhe ~ os seus temores infundados.

afundamento *s m* (<afundar+-mento) **1** A(c)to ou efeito de afundar(-se). **2** Ida ao [para o] fundo/Submersão. **Ex.** As causas do ~ do navio continuam a ser [ainda são um] mistério. **3** A(c)to de tornar mais fundo «um poço/uma cova». **4** Movimento para

um nível mais baixo/Deslize em superfície pouco consistente. **Ex.** O ~ no atoleiro impediu-o de prosseguir. A criança ria[deliciava]-se com o repetitivo ~ no sofá. **5** Queda/Decadência/Declínio/Falência. **Ex.** O ~ da empresa era previsível. **6** *Geol* Abaixamento [Depressão] do nível de uma superfície em resultado de movimentação tectó[ô]nica. **Ex.** Ao rasgar-se [abrir-se] a trincheiras pôde ver-se o ~ de camadas sedimentares.

afundar *v t/int* (<a-¹+fundo+-ar¹) **1** (Fazer) ir ao [para o] fundo/naufragar/Submergir. **Ex.** A onda alterosa fez ~ a pequena embarcação. **2** (Fazer) penetrar/introduzir profundamente. **Ex.** Afundou o ferro no solo com um grande martelo. **3** Fazer mais fundo/Escavar/Aprofundar. **Ex.** Resolveu ~ o poço e estender mais as minas para ter água suficiente para a rega. **4** Tornar mais difícil/Complicar/Comprometer. **Ex.** Essas despesas ainda vão ~ mais a situação financeira da empresa. **5** ~-se/Tornar-se mais fraco/Arruinar-se. **Ex.** Com a bebida [o álcool] ele afunda-se cada vez mais. **6** Fazer desaparecer/esquecer/Destruir/Extinguir. **Ex.** Tenta ~ as suas mágoas viajando pelo mundo. **7** Frustrar/Malograr. **Ex.** A morte do pai veio ~ os seus planos de vida. **8** *fig* ~-se/Dedicar-se plenamente a/Concentrar-se em/Embrenhar-se em. **Ex.** Passou a ~-se nas suas investigações e quase não saía do laboratório.

afundimento *s m Geol* (<afundir+-mento) **1** Fenó[ô]meno que consiste na precipitação de grande massa de terras no mar em consequência de sismos/cataclismos. **Ex.** Um grande ~ pode provocar um tsunami. **2** Abatimento/Abaixamento do estrato em relação a outros que se mantêm na mesma posição/Afundamento.

afundir *v t/int* (<a-¹+fundo+-ir) ⇒ afundar.

afunilamento *s m* (<afunilar+-mento) A(c)to ou efeito de «a rua» afunilar(-se)/Estreitamento numa extremidade tomando a forma de funil.

afunilar *v t/int* (<a-¹+funil+-ar¹) Dar/Tomar a forma de funil/Estreitar numa extremidade. **Ex.** A estrada afunila ao aproximar-se do túnel.

afusado, a *adj* (<afusar) «dedo» Que é adelgaçado/afilado numa extremidade, como o fuso.

afusar *v t* (<a-¹+fuso+-ar¹) **1** Adelgaçar(-se) numa extremidade/Tomar a forma de fuso/Aguçar(-se). **2** *fig* Aguçar(+)/Estimular/Excitar «a mente/o engenho».

agá *s m Ling* Nome da letra h/H.

agachado, a *adj* (<agachar) **1** Abaixado/Acocorado «para passar despercebido». **Ex.** Como estava ~, ninguém deu por ele [ninguém o viu]. **2** Diz-se do animal com o ventre rente ao solo em posição de saltar sobre a presa. **3** *Br s m* Galope de cavalo.

agachamento *s m* (<agachar+-mento) A(c)to ou efeito de agachar(-se).

agachar *v t* (<esp *agachar*) **1** Abaixar(-se)/Acocorar(-se). **Ex.** Agachou-se para não ser visto. ⇒ «pôr-se» De cócoras. **2** *fig* ~-se/Ceder/Transigir a algo incorre(c)to ou injusto por falta de coragem ou por interesse. **Loc.** ~[Calar]-se diante do chefe/dos poderosos. **3** *pop* Defecar.

agadanhar *v t/int* (<a¹-+gadanho+-ar¹) **1** Prender [Agarrar] com gadanho/a. **Ex.** *fig* O gato agadanhou [agarrou(+)] um pardal. **2** Cortar «erva» com gadanho/a(+). **Sin.** Ceifar(+); cortar(o+) **3** ~-se/Ferir-se com unhas/Arranhar-se.

agafanhar *v t/int* (<a¹-+gafa+-ar¹) **1** Agarrar «algo» com a gafa. **Sin.** (A)gadanhar **1**(+). **2** ~-se / Agadanhar **3**.

agafite/a *s f Min* (<*antr* Agaphi, naturalista + -ite) Pedra preciosa com cor entre o verde e o azul. **Sin.** Calaíte; turquesa oriental [persa].

agaiatado, a *adj* (<agaiatar) **1** Com modos ou aspe(c)to de gaiato. **Ex.** Numa atitude ~ [de gaiato], a mulher deu pequenos saltos para expressar alegria. **Sin.** Acriançado; agarotado. **2** Revelador de vivacidade/malícia. **Sin.** Travesso.

agaiatar *v t/int* (<a¹-+gaiato+-ar¹) **1** Conferir modos ou aspe(c)to de gaiato. **Sin.** Acriançar. **2** ~-se/Adquirir modos ou aspe(c)to de gaiato. **3** ~-se/Tornar-se alegre, divertido, malicioso. **Sin.** Agarotar-se.

agalactia [agalactação] *s f Med* (<gr *agalaktia*) Ausência de secreção láctea.

agaláctico, a *adj* (<agalactia+-ico) **1** Sem leite. **Comb.** Estado ~ da mãe. **2** «bebé/ê» Não aleitado. **3** «medicamento» Que para o leite.

agalacto, a *adj/s* (<gr *agálaktos*) **1** (Fêmea) que não tem [dá] leite. **2** (Bebé/ê) alimentado sem leite.

agalaxia (Ksi) ⇒ agalactia.

agalegar *v t/int* (<a¹-+galego+-ar¹) Expressar/Dizer/Fazer como os galegos.

agalgar *v t* (<a¹-+galga+-ar¹) Moer «azeitona» com galga.

agalhar *v int* (<a¹-+galho+-ar¹) Criar galhos.

agaloadura *s f* (<agaloar+-dura) **1** A(c)to ou efeito de agaloar. **2** Guarnição de galões. **Sin.** Alamares; passamanes.

agaloar *v t* (<a¹-+galão+-ar¹) **1** Guarnecer [Decorar] com galões. **2** Conceder galão simbolizador de uma dignidade ou de um posto. **3** ⇒ enaltecer; louvar.

agalopado, a *adj* (<a¹-+galope+-ado) «andar do cavalo» Semelhante a galope.

agamia *s f Bio/Bot* (<gr *agamia*: celibato, «sem união») **1** Inexistência ou atrofiamento dos órgãos sexuais. **2** Reprodução assexuada (+)/sem fecundação. **3** ⇒ partenogé[ê]nese.

agâmico [ágamo], a *adj Bot/Biol* (<agamia) Diz-se de processo de reprodução sem fecundação. **Sin.** Assexuado(+).

agapanto *s m Bot* (<gr *agapé*: amor+*anthos*: flor) Planta da família das Liliáceas, com folhas em forma de roseta e grandes flores azuis ou brancas; *Agapanthus umbellatus*.

ágape *s 2g* (<gr *agapé*: afeição, amor) **1** *Hist* Refeição religiosa dos primeiros cristãos. ⇒ Eucaristia; esmola. **2** Refeição de confraternização entre amigos íntimos. **3** Amor verdadeiro [de benevolência/de irmãos].

agapeto, a (Pê) *s Hist* (<gr *agapétoe*[ae]: amado) Clérigo ou viúva [virgem] que vivia em comunidade nos primeiros tempos do Cristianismo.

ágar(-ágar) *s f Bot* (<mal agar-agar, nome de uma alga marinha; *pl ágares*) **1** Nome de certas algas «orientais» vermelhas donde se extrai a gelose. **2** *Bioq* Substância gelatinosa extraída de **1** e usada em culturas biológicas, farmácia, indústria de alimentos e preparação de geleias. **Sin.** Gelose.

agareno, a (Rê) *adj/s* (<gr *agarenós*: de Agar) **1** (O) que descende de Agar, escrava egípcia de Abraão e mãe de Ismael. **Sin.** Ismaelita(+). **2** ⇒ muçulmano/maometano/islamita/mouro/ árabe.

agargalado, a *adj* (<a¹-+gargalo+-ado) Com forma de gargalo.

agaricáceo [agaríceo, a] *adj Bot* (<agárico) Relativo aos agáricos.

agárico, a *adj/s Bot* (<gr *agarikón*: cogumelo) **1** Designação de alguns cogumelos, uns comestíveis e outros venenosos. **2** Fungo da família das Poliporáceas, parasita dos pinheiros e dos abetos.

agarotado, a *adj* (<agarotar) **1** Agaiatado/Jovem. **Ex.** Com o cabelo curto e aquelas roupas fica mais ~. **2** Travesso. **Ex.** Não toma(s) juízo: é(s) tão ~ !

agarotar *v t* (<a¹-+garoto+-ar¹) **1** Tornar ou ficar como garoto.

agarração *s f* (<agarrar+-ção) A(c)to ou efeito de agarrar.

agarradiço, a *adj* (<agarrar+-diço) **1** Que se agarra facilmente. **Sin.** Pegajoso. **2** Que impõe continua(da)mente a sua presença a outras pessoas. **Ex.** O meu colega, que era muito ~, queria almoçar e jantar comigo todos os dias.

agarrado, a *adj/s* (<agarrar) **1** Preso fortemente. **Ex.** O criminoso entrou para o carro ~ por dois polícias [*Br* policiais] que lhe seguravam os braços vigorosamente. **2** Muito unido/Enlaçado. **Ex.** A trepadeira estava ~ à parede [ao tronco da árvore]. **3** Que é muito afeiçoado a alguém. **Ex.** A menina é muito ~ à mãe, não a larga [e não quer nunca separar-se dela]. **4** Apegado/Aferrado. **Ex.** Estava ~ àquela ideia e não havia meio [maneira] de desistir. **5** Que poupa demasiado/Que não dá nada aos outros/*Br* pão-duro. **Ex.** Ele é tão ~ que só compra roupa de cinco em cinco anos. **Sin.** Avarento; forreta; sovina. **6** *pop* ⇒ toxicodependente. **7** *s m Br* Espaço estreito entre penedos.

agarrador, ora *adj/s* (<agarrar+-dor) **1** (O) que (se) agarra bem. **2** ⇒ ré[ê]mora.

agarrar *v t* (<a¹-+garra+-ar¹) **1** Pegar com as mãos, geralmente apertando. **Ex.** Ela correu atrás da galinha e agarrou-a. Agarra, agarra [Agarrem, agarrem] que é ladrão! Senhores passageiros, agarrem-se às pegas do te(c)to (por)que o metro[ô] vai balançar um pouco. **Loc.** ~ [Segurar] *alguém pelo colarinho* «do casaco, para o dominar». *~-se ao corrimão* [poste/à mesa]. **Idi.** *~-se ao estudo* [Estudar muito]. *~-se* (ao trabalho) *com unhas e dentes*. *~ a ocasião* [a oportunidade]. *~* [Pegar] *o touro pelos cornos* [Enfrentar e resolver um problema]. **Sin.** Apanhar. **Ant.** Largar. **2** Alcançar o que se perseguiu. **Ex.** Na corrida, o atleta que seguia em segundo lugar conseguiu ~ o que estava no primeiro lugar. **4** Unir-se fortemente. **Ex.** A comida agarrou-se ao fundo da panela devido ao calor excessivo. As heras agarram-se às paredes. **Sin.** Colar-se; pegar-se. **5** Impor a sua presença. **Ex.** Na festa, ele agarrou-se a uma a(c)triz e falou com ela toda a noite. **6** Criar forte afeição/Apegar-se. **Ex.** O rapaz agarrou-se muito ao tio, quer-lhe (tanto) como aos pais. **7** Pedir ajuda/Recorrer a. **Loc.** *~~ se* [Pedir muito] *a Deus* [*todos os santos*]. *~~-se aos parentes*. **8** Seguir com demasiado rigor/Apegar-se. **Ex.** Agarrou-se ao texto da lei para justificar o seu comportamento. **Loc.** ~ a [Defender] ideias antiquadas. **9** Tomar subitamente uma decisão. **Ex.** Agarrou e [De repente/*idi* Sem dizer água vai] saiu porta fora [e foi(-se) embora]. **10** *Br* Jogar na posição de goleiro.

agarrochar *v t* (<a¹-+garrocha+-ar¹) **1** Ferir «o touro» com garrocha. **2** *fig* ⇒ atormentar. **3** ⇒ incitar/provocar.

agarrotar *v t* (<a¹-+garrote+-ar¹) ⇒ garrotar.

agarruchar *v t* (<a¹-+garrucha+-ar¹) Apertar com garrucha «velas de um navio».

agarrunchar *v t* (<a¹-+garruncho+-ar¹) Atar com garruncho.

agasalhado, a *adj* (<agasalhar) **1** Que se agasalhou. **2** Protegido do frio/Abrigado(+).

agasalhar v t/int (<gótico *gasalja*: companheiro) **1** Dar agasalho a/Hospedar(+). **2** Cobrir(-se) com roupa para proteger do frio. **Ex.** A mãe agasalhou o filho com um blusão, um cachecol e um gorro. A noite estava fria, mas lá me agasalhei como pude. **3** ~-se/Abrigar-se(+), protegendo-se do mau tempo. **4** *fig* Acalentar(+). **Loc.** ~ no coração a esperança de (ainda) ver os pais.

agasalho s m (<agasalhar) **1** A(c)to ou efeito de agasalhar. **Ex.** É preciso acolher os [dar ~ aos] refugiados políticos. **2** ⇒ prote(c)ção; hospedagem; acolhimento. **3** Peça de roupa que protege do frio. **Ex.** Põe um ~ (por)que está [faz] frio.

agastadiço, a adj (<agastar+-diço) Que se agasta facilmente. **Sin.** Irascível.

agastado, a adj (<agastar) **1** ⇒ irritado; zangado. **2** *Br* ⇒ enfraquecido (com a fome).

agastamento s m (<agastar+-mento) A(c)to ou efeito de (se) agastar. **Sin.** Enfado; irritação; zanga.

agastar v t (<a¹-+gastar) **1** Aborrecer(-se)/Irritar-(se)/Amofinar-se. **Ex.** As censuras do amigo agastaram-no. **Ant.** Contentar. **2** *Br* ⇒ enfraquecer.

ágata s f *Min* (<gr *akhátes*) Variedade de calcedó[ô]nia formada por faixas de cores alternadas, mostrando vários desenhos quando cortada e sendo usada no fabrico de obje(c)tos de adorno.

agatologia s f (<gr *agathós*: bom+-logia) **1** Doutrina «de Platão» da perfeição e do bem. **2** Teoria segundo a qual tudo tende para o bem.

agave s f *Bot* (<gr *agauós,e*: admirável) Planta da família das Agaváceas e Amarilidáceas, nativa da região entre o Sul dos EUA e a zona tropical da América do Sul e de cujas folhas se extrai uma fibra com que se fabricam cordas, tapetes, etc. ⇒ piteira; sisal.

-agem suf (< lat *-ágo,-inis* como em *imágo, imaginis*) Significa a(c)ção ou cole(c)ção; p. ex., lavagem, folhagem.

agência s f (<it *agenzia*, 1653; ⇒ agir) **1** Empresa de serviço. **Comb.** ~ *noticiosa/de notícias* [que fornece notícias a órgãos de comunicação social, como jornais, rádio, etc.]. ~ *de publicidade* [que presta serviços de publicidade aos seus clientes]. ~ *funerária* [que se ocupa da realização de funerais]. ~ *de viagens* [que se ocupa da marcação e da realização de viagens]. ⇒ gerência. **2** Filial ou sucursal de um organismo: repartição pública, banco, Cruz Vermelha. ⇒ matriz; sede.

agenciador, ora adj/s (<agenciar+-dor) **1** (O) que agencia/Autor. ⇒ agente. **2** ⇒ a(c)tivo, dinâmico.

agenciamento s m (<agenciar+-mento) A(c)to ou efeito de agenciar. **Comb.** *O ~ (de obtenção) do empréstimo*. *O ~* [processo de realização] *do proje(c)to*.

agenciar v t (<agência+-ar¹; ⇒ agir) **1** Trabalhar a(c)tivamente para conseguir algo. **Loc.** ~ o [Tratar do] casamento dos filhos. **2** Servir de agente, de intermediário. **Loc.** ~ interesses [empresas] estrangeiros/as. **3** Alcançar para si ou para outrem/Conseguir.

agenda s f (< lat *agenda*: coisas que devem ser feitas; ⇒ agir) **1** Caderneta ou livro onde se apontam dia a dia datas, horas e outros dados. **2** Lista de assuntos/Plano de trabalho/Horário ou ordem do dia. **Ex.** Hoje tenho uma ~ carregadíssima [muito cheia]. **Loc.** Estar [Ter] previsto [em ~]. **Comb.** ~ ele(c)tró[ô]nica [Aparelho informático portátil].

agendamento s m (<agendar+-mento) A(c)to ou efeito de agendar/Marcação. **Comb.** *O ~ do encontro dos dois chefes de estado*.

agendar v t (<agenda+-ar¹) Preparar e marcar a data «do encontro». **Ex.** Os deputados agendaram o debate sobre o aborto para o dia 27 às 10 horas.

agenesia s f *Pat* (<a¹-+gé[ê]nese+-ia) **1** Atrofiamento de um órgão devido a uma paragem no seu desenvolvimento. **2** Incapacidade de gerar devido a uma alteração orgânica. **Sin.** Esterilidade(+).

agenésico [agenético], a adj *Pat* (<agenesia+-ico) **1** Que se atrofiou. **2** Incapaz de gerar. **Sin.** Estéril(+).

agente adj/s 2g (<lat *ágens,agéntis*: que faz <*ago,ere*: fazer) **1** (O) que age/Autor/Fautor/Causador. **Ex.** A erosão é resultado da a(c)ção dos ~s naturais [atmosféricos], sobretudo do vento e da chuva. **Comb.** ~ *patogé[ê]nico* [Causador de doença]. ~ *químico*. ~ *transmissor da epidemia*. **2** (O) que trata de assuntos [negócios] de outrem/Intermediário/Representante/Delegado. **Comb.** ~ *da autoridade* [Força pública/Polícia]. ~ *consular* [Cônsul]. ~ *das Nações Unidas*. ~ *de segurança* [da polícia/Um polícia/Br policial]. ~ *secreto* [Espião]. **3** Sujeito/Princípio. **Ex.** O homem é um ~ [ser] moral/responsável «pelos seus a(c)tos». **Comb.** *Gram* ~ *da (voz) passiva* (Ex. Na frase "O bolo foi comido por todos", "todos" é o ~ da passiva; na frase "Todos comeram o bolo" "todos" é o sujeito da voz a(c)tiva. **4** Dono duma agência «de viagens».

agerasia s f (<a²-+ gr *gera*: velhice) Estado jovem de uma pessoa idosa.

ageusia [ageustia] s f (<a²-+gr *geusis*: a(c)ção de saborear) Redução ou perda total do sentido do gosto.

agigantado, a adj (<agigantar) Com dimensão de gigante. **Comb.** A estatura ~ «dos jogadores de basquetebol». **Sin.** Colossal; descomunal; enorme.

agigantar v t (<a¹-+gigante+-ar¹) **1** Dar dimensões de gigante. **2** Aumentar muito/Exagerar. **3** ~-se/ Engrandecer-se/Destacar-se. **Ex.** Rosa Mota agigantou-se (ainda mais) ao ganhar a maratona nos Jogos Olímpicos de Seul.

ágil adj 2g (<lat *ágilis,e*) **1** Que se move com rapidez. **Ex.** O avô está bastante ~ para a idade (que tem). Um bom jogador de basquetebol tem de ser ~. **Comb.** *Mãos* (muito) *ágeis* [Pessoa despachada/rápida no trabalho]. *Movimento* ~/rápido (do corpo). **Sin.** Desembaraçado; desenvolto; ligeiro. **Ant.** Lento; parado. **2** A(c)tivo/Dinâmico/Trabalhador/Vivo/Destro/Expedito. **Ex.** As reuniões da empresa correm muito bem quando o coordenador é ~ a dirigi-las. **Comb.** *Espírito* [*Cabeça*] ~. *Raciocínio* ~ [rápido].

agilidade s f (<lat *agílitas,átis*) **1** Qualidade de ágil/Leveza/Ligeireza/Presteza. **Loc.** *Saltar* «o ribeiro» *com muita ~. Trabalhar com ~*/rapidez. **2** Dinamismo/A(c)tividade. **Comb.** ~ mental [de espírito].

agílimo [agilíssimo], a adj superlativo (<ágil) Muito ágil.

agilizar [agilitar] v t (<ágil+...) Fazer com rapidez/Tornar (mais) ágil. **Ex.** É preciso ~ o processo de modernização da nossa empresa.

aginia s f (<ágino+-ia) **1** ⇒ celibato. **2** ⇒ misoginia. **3** *Bot* Ausência de gineceu.

ágino [agínico], a adj *Bot* (<a²-+gr *guné*: mulher) «flor» Que não tem gineceu.

ágio s m *Econ* (<it *aggio*) **1** Comissão cobrada por um banco ou outro intermediário em algumas operações financeiras. **Ex.** Os turistas pagam ~ aos bancos quando trocam moeda. **2** Juro superior ao legal/Usura/Especulação. **3** Diferença entre o valor nominal e o valor real de uma moeda ou de um título de crédito. **Comb.** ~ do ouro.

agiota s/adj 2g (<agiotar) **1** O que empresta dinheiro ganhando [com] juros superiores aos legais. **Ex.** À porta do casino, vi um ~ emprestando dinheiro a um jogador. **Sin.** Usurário. **2** O que obtém lucros especulando com as flutuações do valor das moedas ou dos títulos de crédito. **Sin.** Especulador.

agiotagem s f (<agiota+-agem) Operação financeira em que se obtêm lucros ilícitos. **Sin.** Usura.

agiotar v int (<agiota+-ar¹) Praticar a agiotagem. ⇒ especular; defraudar.

agir v int (<lat *ágo,ere,áctum*: conduzir, fazer andar à sua frente) **1** Fazer algo/A(c)tuar/Proceder. **Ex.** Pensava, pensava, mas não agia [não havia maneira de ~]. Os ladrões preferem ~ de noite. Temos de [É preciso] ~ com muita cautela. **Loc.** ~ bem [mal] (Ex. Ao repreender o culpado, você agiu bem). **2** Produzir um efeito/Ter uma influência. **Ex.** O medicamento [remédio] agiu beneficamente. Foi este fa(c)to que mais agiu no [mais influiu o] seu espírito. O ácido [fogo] age sobre os metais.

agitação s f (<lat *agitátio,ónis*) **1** Movimento repetido e irregular. **Ex.** Recomenda-se a ~ dos sumos em embalagens antes de se consumirem. **Comb.** A ~ do mar [das ondas]. **2** Perturbação psíquica que gera desassossego. **Ex.** A ~ do doente revelava que tinha piorado. **Comb.** *Psic* ~ catató[ô]nica [Excitação psicomotora com movimentos desordenados de corrida e luta e possibilidade de automutilação e tentativa de suicídio]. **3** Perturbação da ordem pública/Tumulto/Alvoroço/Desassossego. **Ex.** Após a queda do ditador houve muita ~ nas ruas da capital.

agitadamente adv (<agitado+-mente) Com agitação/barulho/alvoroço. **Ex.** Nas horas de ponta, pessoas e carros cruzam-se ~ nas ruas.

agitadiço, a adj (<agitar+-diço) Que se agita facilmente. **Ex.** Tu és muito ~, o que é preciso é (ter) calma.

agitado, a adj (<agitar) **1** Que se move muito. **Ex.** Hoje o meu dia foi muito ~, não parei um minuto. **Comb.** *Mar ~ . Vida agitad(íssim)a*. **2** Perturbado/Desassossegado/Inquieto/Excitado. **Ex.** Quando cessa o efeito do remédio, ele fica muito ~. **Comb.** *Sono ~*.

agitador, ora [agitante] adj/s (<agitar+...) **1** (O) que agita. **2** Perturbador/Inquietante/Revolucionário. **Ex.** A polícia política prendeu o principal ~ que incitara os trabalhadores a manifestarem-se nas ruas. **3** Batedeira elé(c)trica «do leite».

agitar v t (<lat *ágito,áre*: pôr em movimento <*ago*: agir) **1** Mover repetidamente/Sacudir/*Abanar*. **Ex.** Os ramos [As folhas] das árvores agitam-se com o vento. Agite a embalagem antes de usar! **Loc.** ~ a mão [o lenço branco] à despedida. **2** Incitar/Sublevar. **Ex.** Foi fácil ~ o povo [a população] contra o ocupante/inimigo. **3** Causar rea(c)ção/Despertar a atenção. **Ex.** O alarme de incêndio agitou todo o [todas as pessoas do] prédio. **4** Perturbar/Desassossegar/Afligir. **Ex.** Agitava-se [Ficava agitado] com qualquer coisa [por tudo e por nada]. **5** Trazer à conversa/Falar de. **Ex.** Por agora [enquanto] não quero ~/[ventilar(+)] esse [tratar desse] problema.

agitato *adj Mús* (<it *agitato*: movimentado) Executado com vivacidade. **Ex.** O maestro disse aos músicos que tinham de tocar mais rapidamente porque o andamento era ~.

aglobulia *s f Med* (<a^2-+glóbulo+-ia) Falta de glóbulos vermelhos no sangue.

aglomeração *s f* (<aglomerar+-ção) **1** Ajuntamento/Agrupamento/Concentração. **Ex.** A ~ de manifestantes na praça durou cerca de meia hora. A ~ [acumulação(+)] de lixo nas ruas é perigosa [é um perigo] para a saúde. À porta da sala, havia uma pequena ~ de estudantes que esperava o [à espera do] professor. **Comb.** ~ *urbana* ⇒ aglomerado

aglomerado, a *adj/s* (<aglomerar+-ado) Amontoado/Um todo compacto/Um conjunto. **Ex.** As pessoas estavam ~as na entrada para o espe(c)táculo. **Comb.** ~ *de cimento* «e brita». ~ [Serradura aglutinada mecanicamente] *de cortiça*. ~ [Serradura aglutinada (de várias maneiras)] *de madeira*. ~ *estelar* [de estrelas]. ~ [Aglomeração(+)] *de pessoas*. ~ *rochoso* «formado por material vulcânico». ~ *urbano* [Conjunto da cidade e subúrbios].

aglomerar *v t* (<lat *agglómero,áre*: juntar <*glómus*: novelo, bola) Juntar, geralmente sem ordem. **Ex.** O povo aglomerou-se na praça para ouvir o novo presidente. Os flamingos aglomeram-se nas margens dos rios e dos lagos. ⇒ aglomerado.

aglossia *s f Med* (<a^2-+gr *glóssa*: língua +-ia) **1** Ausência congé[ê]nita de língua. **2** Incapacidade de falar/Mutismo. ⇒ mudo/ez.

aglosso, a *adj Anat* (<gr *aglóssos*; ⇒ aglossia) Sem língua.

aglutição *s f* (<a^2-+ lat *gluttítio,ónis*: deglutição) Dificuldade em deglutir.

aglutinação *s f* (<lat *agglutinátio,ónis*: ligação; ⇒ aglutinar) União de dois ou mais elementos formando um todo compacto. **Ex.** O professor recomendou-me que juntasse os [fizesse uma ~ dos] dois textos que tinha escrito. **2** *Ling* Formação de uma palavra, com sentido e acentuação própria, por união de duas ou mais palavras. **Ex.** A palavra *embora* formou-se por ~ das palavras *em*, *boa* e *hora*. **3** *Ling* Processo de exprimir relações gramaticais em que se juntam afixos a radicais, próprio de algumas línguas. A ~ é característica da gramática das línguas banto. **4** *Med* Junção de bactérias, tecidos ou glóbulos sanguíneos por a(c)ção da aglutinina.

aglutinador, ora *adj/s* (<aglutinar+-dor) (O) que aglutina. **Ex.** O rapaz era muito respeitado porque funcionava sempre como ~ dos grupos a que pertencia. **Comb.** Substância ~ora [aglutinante]. **Sin.** Aglutinante.

aglutinante *adj/s 2g* (<aglutinar+-(a)nte) (O) que aglutina/une/cola. **Ex.** No fabrico de betão [concreto], o cimento é usado como ~ da pedra e da areia. **Comb.** ~ [Secante] *de tintas*. «basco/turco» *Língua* ~. *Material* ~. **Sin.** Aglutinador.

aglutinar *v t* (<lat *agglútino,áre*: colar, grudar <*ad+glúten,inis*: cola, grude) **1** Unir (elementos) formando um todo compacto. **Ex.** Para fazer betão é preciso ~ pedra e areia usando água e cimento. Diversos povos aglutinaram-se ao longo dos tempos e formaram o a(c)tual povo português. Graças à sua inteligente e firme liderança, aglutinou muitas boas-vontades. **Sin.** Colar; unir. **Ant.** Separar. **2** *Ling* Unir vários elementos ou palavras, criando uma nova palavra. **Ex.** As palavras *filho*, *de* e *algo* aglutinaram-se e formaram a palavra *fidalgo*. **3** *Med* Unir tecidos orgânicos com sutura, adesivo, etc. **Ex.** Para ~ os lábios da ferida o cirurgião teve de a coser/suturar.

aglutinável *adj 2g* (<aglutinar+-vel) Que se pode aglutinar.

aglutinina *s f Biol* (<aglutinar+-ina) Anticorpo que provoca a aglutinação de bactérias ou de glóbulos vermelhos.

aglutinogénio [*Br* **aglutinogênio**] *s m Biol* (<aglutinar+-gé[ê]nio) Molécula capaz de se unir à aglutinina.

agnação *s f* (<lat *agnátio,ónis*: nascimento depois da morte do pai [de o pai ter feito o testamento]) Parentesco pelo lado paterno [por via varonil].

agnad[t]o, a *s* (<lat *agnátus,a,um*; ⇒ agnação) Parente pelo lado paterno [por varonia].

agnatia *s f Anat* (<ágnato) Ausência do maxilar inferior.

ágnato, a *adj/s* (<a^2-+gr *gnáthos*: mandíbula, queixo) (O) que não tem maxilar inferior. **Ex.** A lampreia é ~a [é um ~o].

agnelino, a *adj* (<lat *agnellínus,a,um*: de cordeiro) Relativo à primeira lã do cordeiro. **Ex.** A pele do cordeiro nunca tosquiado surrada ou curtida é ~a. ⇒ anho.

agnição *s f* (<lat *agnítio,ónis*: reconhecimento) **1** Apreensão de um fa(c)to/uma verdade. ⇒ cognição. **2** Passagem de uma obra dramática «*Frei Luís de Sousa*, de Almeida Garrett» em que uma personagem toma conhecimento de fa(c)tos que lhe dizem respeito mas que ela ignorava.

agnocasto *s m Bot* (<gr *ágnos*: puro + casto) Arbusto aromático e ornamental da família das verbenáceas cujos frutos substituem a pimenta; *Vitex agnus-castus*. **Sin.** Pimenteiro-silvestre; árvore-da-castidade.

agnominação *s f Retórica* (<lat *agnominátio,ónis*) Uso na mesma frase de palavras semelhantes no som ou na escrita, mas de diferente sentido. **Ex.** Há ~ na frase *Brindou o visitante com um cumprimento de comprimento interminável*. ⇒ paronomásia.

agnosia *s f* (<gr *agnosía*: ignorância) **1** *Fil* Reconhecimento das limitações do conhecimento humano. **Ex.** O sentido desta palavra vê-se bem na célebre frase socrática [atribuída a Sócrates]: "Eu só sei que nada sei". **2** *Psic* Incapacidade de reconhecer os obje(c)tos usuais, apesar de os órgãos dos sentidos estarem bem/perfeitos. **Comb.** ~ *auditiva* [Surdez psíquica]. ~ *tá(c)til* [Astereognosia].

agnosticismo *s m Fil Rel* (<agnóstico+-ismo) Doutrina segundo a qual o espírito humano é incapaz de conhecer o que está para além da experiência sensível. ⇒ niilismo; ateísmo.

agnóstico, a *adj/s Fil Rel* (<gr *ágnostos*: ignorante, incognoscível) **1** Relativo ao agnosticismo. **2** (O) que defende o agnosticismo.

ágnus dei lat *s m Rel* (<lat *Agnus Dei*: cordeiro de Deus; são as primeiras palavras duma oração da missa) Relicário ou medalha com a imagem dum cordeiro, símbolo de Jesus Cristo.

agoge [**agógica**] *s f Mús* (<gr *agogé*: a(c)ção de levar, andamento musical) Execução livre de peça musical por oposição a mecânica ou exa(c)ta.

agógico *adj Mús* (<agoge+-ico) **1** Diz-se do sentido que se infere das palavras. **2** Que modifica livremente o andamento de uma peça musical.

agogô *s m Mús* (<ioruba *agogo-ago*: sino, relógio) Instrumento musical afro-brasileiro em forma de ferradura com duas campânulas de ferro nas extremidades percutidas por uma vareta de metal.

agoiral/agoirar/agoireiro/agoirento/agoiro ⇒ agoural/...

agonia *s f* (<gr *agonia*: luta nos jogos, dor, angústia) **1** Aproximação da morte. **Ex.** O doente morreu após uma curta ~. **Loc.** *Entrar em* ~. *Estar na* ~ [a morrer/às portas da morte]. **Comb.** «isto já são os» *Estertores da* ~. **2** Declínio final. **Comb.** A ~ *do Império Romano*. **3** Sofrimento físico ou psicológico. **Ex.** A vida dela tornou-se [foi] uma ~ depois de saber que a filha tinha um cancro. **Comb.** A ~ *da espera* «do resultado da operação (cirúrgica)». **Sin.** Aflição; ansiedade. **4** Ânsia causada por enjoo ou náusea. **Ex.** Comeu alguma coisa que lhe causou uma ~ insuportável, mas acabou por vomitar e ficou aliviado/a. **5** *Br* ⇒ açodamento, pressa.

agoniado, a *adj* (<agoniar+-ado) **1** Com uma dor forte/intensa. **Ex.** Fiquei ~ com [Não aguentava] as dores, pensei que morria [ia morrer]. **2** Enjoado, quase a vomitar. **Loc.** Ficar ~ «com o cheiro/fumo/balanço do barco». **3** Dominado por angústia/Angustiado(+). **Loc.** Andar ~ «com o mau comportamento do filho». **4** *Br* ⇒ apressado, afobado. **5** *Br* ⇒ zangado.

agoniar *v t* (<agonia-+ar[1]; ⇒ agonizar) **1** Causar agonia/grande dor. **Ex.** Inseguro (como ele era), qualquer palavra áspera o agoniava. **2** ⇒ enjoar; nausear; causar náusea.

agónico, a [*Br* **agônico**] *adj* (<gr *agonikós*: relativo à luta) **1** Relativo à agonia que precede a morte. **Comb.** Estertor ~. **2** De um grande sofrimento/Angustiante. **Ex.** Desde menino que tinha da vida um sentido ~, cada dia, cada hora, cada minuto à espera da morte.

agonística *s f* (<gr *agonistikós*: relativo à luta) **1** *(D)esp* Ciência e prática de luta corporal como parte da ginástica entre os atletas gregos e romanos. **2** *Fil* Técnica de argumentação nos jogos dialé(c)ticos da Grécia antiga.

agonístico, a *adj (D)esp* (<gr *agonistikós*: relativo à luta) Relativo à agonística. **Sin.** Combativo(+).

agonizante *adj/s 2g* (<agonizar+-(a)nte) **1** (O) que está prestes a morrer/Moribundo. **2** *fig* Débil/Enfraquecido. **Comb.** *Uma civilização* ~ [que está a desaparecer]. **3** *fig* ⇒ angustiante.

agonizar *v t/int* (<lat *agonízor,ári*: lutar) **1** Estar na agonia/a morrer. **2** Sofrer muito. **Ex.** Acudam-me *col* que agonizo [que eu morro (+)] «de sede/com tanto calor»! **3** Chegar ao fim/Estar no crepúsculo. **Ex.** O império [A monarquia] agonizava.

ágono *adj Geom* (<gr *ágonos*: sem ângulos) Que não tem [forma] ângulos.

agora *adv conj interj* (<lat *hac hora*: nesta [a esta] hora; ⇒ ora) **1** *adv* No momento em que se fala. **Ex.** Que horas são (~)? Eu ~ estou em casa; e tu onde estás? **Loc.** «chegou/telefonou/morreu» ~ *mesmo* [Mesmo ~/Neste (preciso) momento]. «assinarmos o contrato [fazermos o negócio] é» ~ *ou nunca* ! «a criança» *Ainda* ~ «estava aqui, para onde terá ido?». *Até* ~ «esperei vinte minutos». «uma expressão/palavra» *De* ~ [Recente]. *De* ~ [*Daqui*] *em diante* [A partir de ~] «vou estudar mais». *Por* ~ [Por enquanto/Por ora/Provisoriamente] «vou ficar no hotel até alugar uma casa». **Sin.** Neste instante/momento. **2** *adv* Na época em que se vive. **Ex.** Antigamente, levantávamos o dinheiro ao balcão do banco, ~ levantamo-lo numa caixa automática. **Sin.** Hoje (em dia); a(c)tualmente; presentemente. **3** A seguir/Futuramente. **Ex.** Na primeira parte da conferência

[minha apresentação], referi os aspe(c)tos econó[ô]micos; ~ vou referir [apresentar] os aspe(c)tos sociais. Trabalhei muito toda a vida; ~ quero descansar. «você roubou» ~ ninguém confiará [acreditará] em você. **4** *conj* Mas/Porém/Contudo. **Ex.** Eu não sei falar inglês bem. ~ a Marta... fala (quase) como uma inglesa! Falar é fácil, ~ fazer... (é difícil/é que custa/*idi* é que são elas). Você pode reclamar; ~ [mas] ofender, não! **Loc.** ~ que [Porque/Desde que/Uma vez que/Desde o momento em que] (Ex. ~ que o nosso filho emigrou, estamos cheios [a morrer] de saudades dele). **5** *conj* Então/Portanto. **Ex.** Estragaste o carro, ~ paga-o! **Loc.** Já ~ [Aproveitando a oportunidade] (Ex. Já ~ «que falou na compra do carro»: não me quer comprar um andar que tenho em Lisboa?). **6** *interj* Ora essa!/Não (é possível). **Ex.** Ele é ~ [lá] capaz de ganhar as eleições! Eu sou capaz de percorrer duzentos quiló[ô]metros num dia. – Agora [Vá dizer essa a outro/Não]!; ⇒ foro.

ágora *s f Hist* (<gr *agorá*: praça pública) Praça pública da Grécia antiga, geralmente quadrada, onde funcionava o mercado e se reuniam assembleias do povo.

agorafobia *s f Psi* (<ágora+...) Medo mórbido de espaços vazios ou públicos. **Ex.** Como sofre de ~ [Como é agoráfoba], ela quase nunca sai de casa. **Sin.** Cenofobia(+).

agorinha *adv col* (<agora+-inha) Há muito pouco tempo/Agora mesmo/Mesmo (mesmo) agora. **Ex.** Cheguei ~ [há cinco minutos] da praia.

agostinho *adj/s m* (<*antr* Agostinho) **1** Agostiniano/Relativo à Ordem de Santo Agostinho. **Comb.** Os padres [frades/religiosos] ~s. **2** Clérigo de **1**.

agostiniano/agostini(ani)smo ⇒ augustiniano/augustini(ani)smo.

agosto *s m* [= Agosto] (<lat *antr Augustus*: Augusto, imperador romano) Oitavo mês do ano civil nos calendários juliano e gregoriano, com 31 dias.

agoural *adj 2g* (<agouro+-al) Relativo a agouro. ⇒ agourento.

agourar *v t* (<agouro+-ar¹; ⇒ augurar) **1** ⇒ vaticinar **2** Fazer (mau) agouro/Predizer desgraças. **Ex.** O meu colega está a ~: disse que eu ia reprovar no exame.

agoureiro, a *adj/s* (<agouro+-eiro) (O) que prediz desgraças. ⇒ agourento; adivinho; áugure.

agourento, a *adj* (<agouro+-ento) **1** Que crê [acredita(+)] em agouros. **Sin.** Supersticioso(+). **2** Que traz mau agouro. **Comb.** Ave «urubu» ~a.

agouro *s m* (<lat *augúrium,ii* : presságio, predição; ⇒ augúrio) Predição ou sinal de desgraça. **Ex.** Um gato preto apareceu na rua e ele interpretou isso como um ~ de que ia ter mau resultado no exame. Longe vá o ~ [Deus nos livre (de tal mal)]!

agraciação [agraciamento] *s f [m]* (<agraciar) A(c)to ou efeito de agraciar. ⇒ condecoração.

agraciar *v t* (<a¹-+graça+-ar¹) **1** Atribuir pré[ê]mio, honra, etc. **Ex.** O Presidente (da República Federativa do Brasil) agraciou[condecorou]-o com a Ordem do Cruzeiro do Sul. O presidente do clube agraciou alguns sócios com medalhas de honra. **2** Conceder perdão ou redução de pena. **Ex.** O Presidente agraciou 22 detidos [presos] com reduções de pena. **Sin.** Indultar(+); a(m)nistiar(o+). **3** Dar beleza ou graça/Embelezar. **Ex.** Um largo sorriso agraciou-lhe o rosto.

agraço *s m* (<agro+-aço) (Sumo de uva) verde/Agraz. ⇒ acre.

agradado, a *adj* (<agradar) Que sente agrado, satisfação. **Ex.** ~ [Contente] com o meu convite para jantar, despediu-se muito sorridente.

agradar¹ *v int* (<a¹-+grado+-ar¹; ⇒ agrado) **1** Dar prazer/satisfação/Deleitar. **Ex.** O espe(c)táculo não agradou (ao público). O texto do aluno agradou ao professor (porque estava muito bem escrito). **2** ~-se/ Sentir simpatia/Gostar. **Ex.** O rapaz agradou-se de uma vizinha que era muito simpática. **3** Ser aceite/Satisfazer/Contentar. **Ex.** Este empregado [cozinheiro/restaurante] agrada a toda a gente. A solução agradou a [foi aceite por] todos.

agradar² *v t* ⇒ gradar.

agradável *adj 2g* (<agradar+-vel) **1** Que agrada aos sentidos. **Ex.** Juntar [Unir] o útil ao ~. O bolo tinha um sabor muito ~. **Comb.** *Ambiente ~. «passámos» Momentos [Dias] agradáveis. Paisagem ~.* **2** Suave/Ameno. **Ex.** O tempo está ~: não está muito frio nem muito calor. **3** Afável/Delicado. **Ex.** Um funcionário deve ser sempre ~ para as pessoas que atende. **Comb.** Maneiras agradáveis.

agradecer *v t* (<agradar+-ecer) **1** Expressar gratidão. **Ex.** (Depois de ser muito) bem tratado no hospital, o doente agradeceu aos médicos e às enfermeiras. Com um aceno, agradeceu. Agradeça-lhe por mim [em meu nome] a gentileza. **2** Retribuir um favor recebido. **Ex.** Deu uma prenda ao amigo para lhe ~ tê-lo hospedado [~ a hospedagem]. **3** Expressar um pedido. **Ex.** Agradeço [Peço] que não façam muito barulho à noite.

agradecido, a *adj* (<agradecer) Que expressa gratidão/Grato/Reconhecido. **Ex.** Está muito ~ ao polícia [*Br* policial] por o ter protegido dos assaltantes. Estou-lhe muito ~ [grato/reconhecido] por me ter ajudado. ⇒ obrigado.

agradecimento *s m* (<agradecer+-mento) **1** Gratidão/Reconhecimento. **Ex.** Os médicos costumam receber muitas palavras de ~ dos doentes que curam. **2** Paga/Recompensa. **Ex.** O jantar que ofereci ao meu amigo foi um ~ por ele me ter ajudado na [a estudar] Matemática.

agrado *s m* (<agradar) **1** Emoção agradável/Satisfação/Contentamento/Gosto/Prazer. **Ex.** A senhora «aniversariante» recebeu com ~ a prenda que lhe dei. **Loc.** Ser do ~ de [Corresponder ao gosto de] (Ex. Este casamento é do ~ de todos. A presença das famílias dos funcionários na festa de Natal da empresa foi do agrado do dire(c)tor). ⇒ beneplácito. **2** Amabilidade/Afabilidade/Cortesia. **Ex.** É um bom funcionário porque atende toda a gente com ~. **3** *Br pl* ⇒ carícias; festas; afagos; carinhos. **4** *Br* ⇒ gratificação; presente.

agrafador *s m* (<agrafar+-dor) **1** Utensílio manual para agrafar. **Ex.** Preciso de um ~ para agrafar estas folhas em conjuntos de três. **Sin.** *Br* Grampeador. **2** Máquina para agrafar. **Ex.** Agora uso sempre um ~ elé(c)trico.

agrafar *v t* (<agrafo+-ar¹) Prender (papéis) com agrafo. **Sin.** *Br* Grampear.

agrafia *s f Med* (<a²- + grafia) Perda parcial ou total da capacidade de escrever independentemente de qualquer paralisia por lesão cerebral.

agrafo/e *s m* (<fr *agrafe*) **1** Grampo ou colchete metálico com que se prendem papéis/tecidos. **Ex.** Agrafei indevidamente [por engano] algumas folhas e agora tenho de lhes tirar os ~s para as separar. ⇒ clipe; broche. **2** *Med* Pequena lâmina em forma de grampo para unir os lábios de uma ferida ou partes de ossos fra(c)turados. ⇒ ponto.

ágrafo, a *adj* (<gr *ágraphos*: não escrito) **1** Que não está escrito. **2** Que não tem escrita. **Ex.** Há ainda muitas línguas ~as [sem escrita] no mundo.

agramatical *adj 2g* (<a²-+gramatical) Que viola as regras da [Sem] gramática. **Ex.** A frase «A Ana lavo a cara» é ~ porque não respeita a regra da concordância entre o verbo e o sujeito. **Sin.** Errado(+). **Ant.** Gramatical/Corre(c)to.

agranulocitose *s f Med* Doença por falta de granulócitos (Leucócitos sem grânulos visíveis) e que se manifesta em feridas nas mucosas dos intestinos, das amígdalas, etc.

agrário, a *adj/s* (<lat *agrárius:* do campo, agricultor <*áger, ágri*: terra de cultivo) **1** Relativo ao campo/à agricultura. **Ex.** Alguns movimentos sociais e políticos «do Brasil» defendem a realização de uma reforma ~a que beneficie os agricultores pobres. **Sin.** Rural. **Ant.** Citadino/Urbano. ⇒ agropecuária. **2** Proprietário(+) de terras agrícolas. **Ex.** Antigamente «em Portugal», havia alguns ~ s absentistas que não mandavam cultivar terras férteis. ⇒ latifundiário.

agravado, a *adj* (<agravar) **1** Que se tornou mais grave/Que piorou. **Comb.** *O estado ~ do doente. A situação ~ da economia.* **2** Prejudicado/Ofendido/Irritado/Insatisfeito. **Ex.** (Sentindo-se) ~s, os operários recorreram à [fizeram] greve. **3** *Dir* (Diz-se de) pessoa contra a qual se interpôs recurso de agravo.

agravamento *s m* (<agravar+-mento) Aumento da gravidade de algo. **Ex.** O ~ [A deterioração] do piso da estrada tornou-a quase intransitável. **Comb.** *~ da doença. ~ da economia. ~ do estado do tempo. ~ [Aumento] dos impostos.* **Ant.** Melhoria.

agravante *adj/s 2g* (<agravar+-ante) **1** *adj* Que agrava ou torna pior. **Ex.** O fa(c)to de o crime ter sido premeditado foi uma (circunstância) ~ referida na sentença. **Comb.** Circunstância ~ «do crime»/pecado». **Ant.** Atenuante. **2** *Dir s* Pessoa [Parte] que recorre de uma decisão proferida por um juiz/que interpõe (recurso de) agravo. **Ant.** Agravado **3**.

agravar *v t/int* (<lat *ággravo,áre*: tornar mais pesado) **1** Tornar [Ficar] grave (mais grave)/Piorar. **Ex.** Os efeitos destruidores do temporal agravaram o mau estado em que já se encontravam as culturas. O Governo agravou [tornou mais pesados/aumentou] os impostos. O aumento do preço da gasolina vai ~ [aumentar] as despesas das famílias. O estado do doente agravou-se e ele começou a vomitar sangue. **Ant.** Melhorar. **2** *Dir* Interpor agravo. **Ex.** O Ministério Público discordou da sentença e agravou para o Supremo Tribunal de Justiça. A parte quis ~. **Sin.** Recorrer(+). **3** ⇒ ofender-se; sentir agravo.

agravo *s m* (<agravar) **1** ⇒ Afronta(+)/Injúria(+)/Ofensa(+). **2** ⇒ agravamento(+). **3** *Dir* Recurso de um tribunal de instância inferior para um tribunal de instância superior. **Loc.** *Interpor ~ de uma sentença. Sem apelo nem ~* [Sem nenhuma [qualquer] possibilidade de contestação] **Ex.** O deputado provou ao Parlamento sem apelo nem ~ que a situação do país tinha melhorado).

agre *adj 2g* (<lat *ácer,ácris,ácre*) ⇒ Acre¹(+)/Azedo(+)/Ácido(+).

agredir *v t* (<lat *aggrédior, edi, gréssus sum*: ir para, aproximar-se, atacar) **1** Atacar/Bater. **Ex.** Agrediu o assaltante com um guarda-

-chuva. **2** Magoar/Ofender/Ferir com palavras ou atitudes. **Ex.** Este espe(c)táculo agride a minha sensibilidade. **3** Causar impressão desagradável ou efeito negativo. **Ex.** As cores muito vivas de alguns edifícios agridem[desagradam]-nos quando olhamos para eles. Aquela música estridente agredia os ouvidos.

agregação *s f* (<agregar+-ção; ⇒ gregário) **1** A(c)to ou efeito de (se) agregar «o granito/o calcário». **2** ⇒ União; junção; agrupamento. **3** Situação do funcionário público que ocupa de maneira permanente um cargo. **4** Habilitação de doutorados para acesso à categoria de professor catedrático. **Ex.** Ontem fui assistir à ~ de uma amiga minha na Universidade de Lisboa. O Senhor Doutor já fez a ~?

agregado, a *adj/s* (<agregar) **1** Associado/Adjunto/Reunido. **2** União de várias substâncias formando um todo mais ou menos homogé[ê]neo. **Ex.** O granito é um ~ [é uma rocha formada por agregação **1**/**2**]. **Sin.** Conglomerado. **3** (Professor universitário) que prestou com sucesso provas de agregação **4**. **4** Conjunto «de parentes»/Agrupamento. **Ex.** O meu ~ familiar é composto por três pessoas: a minha mulher, o meu filho e eu. **5** *Br* ⇒ pessoa dependente; criado; serviçal; rendeiro.

agregar *v t* (<lat *ággrego,áre*: juntar) Juntar/Reunir/Associar/Congregar/Anexar. **Ex.** Os cristais agregam-se e formam a pedra. A expedição agrega [compõe-se de/tem(+)] participantes de várias nacionalidades.

agregativo, a *adj* (<agregar+-tivo) Que agrega ou pode agregar.

agrément *s m Diplomacia* (<fr *agrément*) Concordância de um Estado com a nomeação de um diplomata estrangeiro para exercer funções no seu território. **Ex.** O Governo de Timor-Leste deu o ~ à nomeação do novo embaixador do Brasil em Díli. **Sin.** Aprovação; aceitação; concordância; consentimento.

agremiação *s f* (<agremiar+-ção) **1** A(c)to ou efeito de agremiar. **2** Conjunto de pessoas ou de entidades que se unem com os mesmos obje(c)tivos/Associação/Sociedade.

agremiar *v t* (<a¹-+gré[ê]mio+-ar¹) Reunir em gré[ê]mio. **Ex.** Os agricultores não conseguiram [chegaram a/quiseram] ~-se.

agressão *s f* (<lat *agréssio,ónis*: ataque) A(c)to ou efeito de agredir/A(c)ção que fere os valores morais, estéticos ou sociais. **Comb.** ~ *ambiental* [ao meio ambiente]. ~ *física* [Murro/Soco/Pontapé/Paulada]. ~ [Ataque (militar)] *a outro país*. ~ *verbal* [Ofensa com palavras más]. *Pa(c)to de não* ~ «entre países». **Sin.** Insulto; ofensa; ataque.

agressividade *s f* (<agressivo+-dade) **1** Qualidade do que é agressivo/Tendência ou disposição para agredir. **Ex.** A ~ de alguns grupos de jovens marginais assusta (quem passa por eles) [é assustadora]! Devido à sua ~, o doente é muito bem vigiado pelo pessoal médico. **2** Capacidade de competir no mercado. **Ex.** Graças à sua ~, a empresa obteve muitos novos clientes. **Sin.** Competitividade(+).

agressivo, a *adj* (⇒ agredir) **1** Que revela agressão ou intenção de agredir. **Ex.** Olhou para mim com um olhar ~ gritando que ia bater-me. Um animal «gato» amedrontado pode tornar-se ~ [perigoso]. **2** Insultuoso/Ofensivo. **Ex.** Esforcei-me por não responder às palavras ~s que um motorista me gritou. **Comb.** Jogador ~ [que ataca outros jogadores/mal-comportado/violento]. **3** Com capacidade de competir. **Ex.** A empresa lançou no mercado um produto muito ~ [competitivo(+)], com boa qualidade e preço baixo. **Sin.** «gestor» Combativo. **4** Que desrespeita valores sociais, morais, estéticos, etc. **Ex.** O filme foi considerado ~ [ofensivo] das crenças tradicionais. **Comb.** Uma cor ~a [berrante].

agressor, ora *adj/s* (<lat *aggréssor,óris*) (O) que agride. **Ex.** O jovem ~ que atacou a mulher tinha apenas 14 anos. O ~ feriu a vítima com um taco de golfe.

agreste *adj/s 2g* (<lat *agréstis,e*: do campo; ⇒ agrário) **1** Não cultivado/Selvagem/Estéril. **Ex.** A região por onde caminhávamos era muito ~: só se viam pedras e muito pouca vegetação rasteira. ⇒ campestre; rústico; silvestre. **2** *fig* Indelicado/Rude/Grosseiro/Desabrido. **Ex.** O professor foi muito ~ [desabrido] para o estudante quando o humilhou perante os colegas. **Comb.** Vento ~ [frio/gélido/cortante]. **Ant.** Suave, ameno. **4** *s m* Região do Nordeste do Brasil com solo pedregoso e pouca vegetação. ⇒ caatinga.

agrestia *s f* (<agreste+-ia) ⇒ Qualidade do que é agreste/Aspereza/Rudeza.

agri¹- *pref* (<lat *áger,ágri*: campo) Significa campo; por ex., ~cultor.

agri²- *pref* (<lat *ácer,ácris,ácre*: acre, cortante, vivo à vista, estridente ao ouvido, pont(iag)udo) Significa acre; por ex., ~doce.

agrial *s m* (<agrião+-al) Sítio onde crescem agriões espontâneos ou plantados.

agrião *s m Bot* (<agri²-+-ão) Planta herbácea da família das Crucíferas, de caule oco e folhas verdes, espontânea ou cultivada mundialmente; *Rorippa nastarium-aquaticum*. **Ex.** Gosto de salada e sopa de ~.

agrícola *adj s 2g* (<lat *agrícola,ae*: agricultor) Respeitante à agricultura. **Comb.** *A(c)tividade* [Trabalho] ~ */do campo*. *População* ~ [rural]. *Produtos* ~*s*.

agricultar *v t* (<agri¹+cultivar) Cultivar os campos(+).

agricultor, ora *s* (<agri-¹+cultivador) **1** Pessoa que cultiva os campos/Lavrador. **Ex.** Nos tempos livres, o Dr. Matos é ~ nas terras da família. Ele foi ~ durante toda a vida, cultivando as terras herdadas do pai. O Eng(enheiro) Sousa é um grande ~ que tem três quintas no Norte de Portugal. ⇒ agrário; lavrador.

agricultura *s f* (<agri¹-+cultura) Cultivo da terra/Lavoura. **Comb.** ~ *biológica* [que usa fertilizantes orgânicos]. ~ *intensiva* [moderna/de mercado]. ~ *tradicional* [de subsistência]. ⇒ agro-pecuária.

agridoce *adj 2g* (<agri²-+doce) Amargo e doce em simultâneo/Acre-doce. **Comb.** O ~ de um creme de cajá [de limão].

agrilhoar *v t* (<a¹-+grilhão+-ar¹) **1** Prender com grilhões. **Sin.** Acorrentar(o+)/Amarrar(+). **2** *fig* Constranger/Reprimir. **Loc.** ~ a imaginação.

agrimensor, ora *adj/s* (<lat *agriménsor, óris*) (O) que, legalmente habilitado, mede terrenos agrícolas. **Ex.** O ~ chegou a regist(r)os diferentes dos oficiais.

agrimensura *s f* (<lat *agrimensúra,ae*; ⇒ agri¹-; agrimensor) Medição (da área) dos terrenos.

agrimónia [*Br* **agrimônia**] *s f Bot* (<lat *agrimónia*; ⇒ acrimó[ô]nia) Planta herbácea da família das Rosáceas, com flores amarelas e frutos ásperos, nativa das regiões de clima temperado e usada em Medicina; *Agrimonia eupatoria*.

agro- ⇒ agri-¹.

agroalimentar *adj 2g* (<agro¹-+...) Relativo à produção, transformação e armazenamento de produtos agrícolas alimentares. **Ex.** A indústria ~ recorre a armazéns frigoríficos.

agrogeologia *s f* (<agro¹-+...) Estudo dos solos em função (das necessidades) da agricultura.

agroindústria *s f* (<agro¹-+...) Indústria de transformação de produtos agrícolas.

agroindustrial *adj* (<agro¹-+...) Relativo à agricultura e à indústria.

agrologia *s f* (<agro¹+-logia) Ramo da agricultura que estuda as aptidões agrícolas dos solos.

agrólogo, a *s* (<agro¹+-logo) Perito em agrologia.

agronometria *s f* (<agronomia+-metria) Cálculo da capacidade produtiva dos solos.

agronomia *s f* (<agrónomo+-ia) Ciência (que se ocupa) da agricultura. **Comb.** Departamento [Faculdade] de ~.

agronómico, a [*Br* **agronômico**] *adj* (<agronomia+-ico) Relativo à agronomia.

agrónomo, a [*Br* **agrônomo**] *adj/s* (<gr *agrónomos*: administrador rural [do campo], pastor, campestre) Pessoa especializada em [com o curso superior de] Agronomia. **Comb.** Engenheiro ~.

agropecuária *s f* (<agro¹-+...) Cultivo da terra visando a criação de animais.

agropecuário, a *adj* (<agro¹-+...) Respeitante à agropecuária. **Comb.** Exploração [Quinta/Fazenda] ~a.

agroquímica *s f* (<agro¹-+...) Estudo e uso da química [de fertilizantes químicos ou herbicidas] destinada[dos] à agricultura.

agroquímico, a *adj/s* (<agro¹-+...) **1** (Relativo a) produto químico usado na agricultura. **Ex.** Os pesticidas são produtos ~s; outros ~s são as rações e os adubos. **2** Perito em agroquímica.

agror *s m* (<lat *ácror,óris*: amargor; ⇒ acidez, azedo) **1** Azedume/Mau humor. **2** Mágoa/Amargura/Amargo. **Comb.** O ~ da derrota.

agroturismo *s m* (<agro¹-+turismo) Turismo em ambiente rural com observação e eventual participação em trabalhos agrícolas. ⇒ turismo rural.

agrumular *v t/int* (<a-¹+grúmulo+-ar¹) **1** Fazer coagular [Fazer-se] em grúmulos/Coagular-se.

agrupamento *s m* (<agrupar+-mento) A(c)to ou efeito de agrupar/Reunião/Junção. **Ex.** O general ordenou o ~ das tropas na planície. **Ant.** Dispersão.

agrupar *v t* (<a¹-+grupo+-ar¹) Reunir formando grupo/Reunir-se/Juntar-se. **Ex.** O general mandou ~ as tropas junto ao rio. **Ex.** As crianças agruparam-se junto do autocarro [ônibus] que as transportaria para a praia. Os jogadores agruparam [colocaram/dispuseram(+)] as peças no tabuleiro de xadrez segundo as regras do jogo. **Comb.** Livros agrupados por matérias.

agrura *s f* (<agri²-+-ura) Qualidade do que é difícil/Sofrimento/Obstáculo. **Comb.** As ~s da vida. ⇒ acre; amargo(+).

água *s f* (<lat *áqua,ae*) **1** Líquido incolor e inodoro essencial à vida, formado por oxigé[ê]nio e hidrogé[ê]nio, com a fórmula química H_2O/Óxido de hidrogé[ê]nio. **Prov.** ~ *mole em pedra dura tanto dá [bate] até que fura* [A tenacidade vence todas as dificuldades/A paciência tudo alcança]. **Loc.** *Beber* ~ *pela garrafa* [sem (a deitar no) copo]. *Ir a [para as]* ~*s*/termas. **Idi.** «dinheiro/um bom negócio» ~ *o deu*, ~ *o levou* /~ *vem*, ~ *vai* [O que foi adquirido sem trabalho facilmente se perde]. ~*s passadas não movem moinhos* [O passado não conta «deixa (para) lá!»]. *Abrir* ~ ⇒ *Meter* ~. *Afogar-se em pou-*

ca ~ [Afligir-se com pouco/pouca coisa]. *Beber ~ nas orelhas dos outros* [Andar sempre a cochichar/com segredinhos]. «homem» *Bom como (a) ~ /como o pão* [Muito bom/bondoso/honrado/honesto]. *Claro como a ~* [Muito claro/Mais que evidente]. «um trabalho» *Dar ~ pela barba* [Ser muito difícil]. *Dar/Ficar (tudo) em ~s de bacalhau/em ~s de barrela* [Frustrar-se «o plano»/Perder-se «o negócio»]. «especialista» *De primeira ~* [Muito bom/ Excelente]. *Fazer/Crescer ~ na boca* [Desejar muito «comer/comprar»/Ser apetitoso]. *Ferver em pouca ~* [Impacientar-se facilmente]. *Ficar em ~s de bacalhau* ⇒ *Dar... Ficar* [*Estar*] *com a cabeça em ~* [Ter o cérebro muito cansado ou incapaz de pensar]. «proje(c)to/negócio» *Ir por ~ abaixo* [Ficar sem efeito/Não se realizar/ Falhar]. *Levar ~ no bico* ⇒ *Trazer...* . «saber» *Levar a ~ ao seu moinho* [*idi* Puxar a brasa para a sua sardinha/Conseguir os seus intentos/Aproveitar-se]. *Meter* [*Abrir/Fazer*] *~ a)* ⇒ entrar água por buraco ou fenda «do barco»; *b)* ⇒ começar a não dar certo, a não correr bem; *c)* ⇒ dizer ou fazer asneira/disparate; *d)* ⇒ mentir. *Não dizer: desta ~ não beberei* [Não se julgar livre de fazer aquilo que condena nos outros]. *Pescar em* [*Ser pescador de*] *~s turvas* [Tirar proveito da confusão]. *Pôr/Deitar ~ na fervura* [Acalmar a discussão/briga/excitação/Ajudar a resolver]. *Sem dizer: ~ vai* [Sem mais nem menos/ Sem grito de aviso] «despejou aquele lixo em cima do meu carro». *Ser a gota de ~ que faz transbordar o copo* [Ser um fa(c)to pouco grave, mas que causa a ruína, por ter havido muitos (outros fa(c)tos) graves]. *Ser como duas gotas de ~* [Serem exa(c)tamente iguais «as duas gé[ê]meas». *Trazer ~ no bico* [Ter uma intenção oculta] (Ex. Isso «que estás a dizer/propor» traz ~ no bico!...). *col Verter ~s* ⇒ urinar. **Comb.** ~ *ba(p)tismal* [para o ba(p)tismo]. ~ *benta* [para purificar a alma/para se benzer]. ~ *corrente* [sempre a correr da nascente] (Ant. ~ estagnada). ~ [*Suco*] *de coco*. ~ *destilada* [limpa de sais minerais por destilação]. ~ *doce* [da terra] (Ant. ~ salgada/do mar). ~ *mineral* [com sais naturais]. ~ *natural* [que está à temperatura ambiente «do restaurante»] (Ant. ~ fresca). ~ *oxigenada* [Peróxido de hidrogé[ê]nio/ H_2O_2 «para desinfe(c)tar». ~ *potável* [boa para beber]. *Idi ~s passadas* [O que já passou e já não interessa] (Ex. Para ele a briga com a família são ~s passadas). ~ *termais* [quentes e com vários sais minerais]. ~ *tó[ô]nica* [gaseificada, agridoce «para misturar com uísque»]. *A pão e ~ /e laranjas* [Com o mínimo de alimentação]. «tenho a» *Cabeça em ~* [muito cansada/ incapaz de pensar]. «trabalho» *Fácil como ~* [Muito fácil/*idi* Canja]. ⇒ chuva; hidrosfera; mar; maré; infusão; solução «aquosa/ química»; lágrimas; corrimento; suor; urina.
2 *Arquit* Superfície ou vertente onde cai a chuva. **Comb.** Telhado de uma, duas, três, quatro ~s. ⇒ ~s-furtadas. **3** Limpidez, brilho ou ondeado. **Ex.** Vi a minha cara engraçada na ~ da madeira polida. **Comb.** Diamante [Mármore] de uma bela ~. **4** *Anat pl* Saco que contém o líquido amniótico e que se rompe antes do parto. **Loc.** Rebentarem(-se) as ~s (Ex. A mulher disse ao marido que lhe tinham rebentado as ~s e tinha de ir para a maternidade). **5** *Br* ⇒ embriaguez.

aguaceiro *s m* (<água+-eiro) **1** Chuva forte e passageira/Bátega de água. **Ex.** Segundo as previsões meteorológicas, amanhã haverá ~s no interior do país. ⇒ granizada; trovoada. **2** *fig* ⇒ Zanga passageira/ Amuo/Arrufo «de namorados». **3** *Br* Água acumulada da chuva. **Sin.** Charco(+).

aguacento, a *adj* (<água+-ento) **1** Impregnado de água/Alagado(+)/Alagadiço(o+). **Comb.** Terrenos [Terras] ~s. **2** ⇒ Diluído em água/Aquoso/Aguado. **3** Semelhante a água. **Ex.** Líquido ~.

água-chilra *s f col* (<água+chilro²) Líquido «bebida/sopa» sem sabor. **Ex.** Não consegui beber o sumo [comer a sopa] porque era [estava] uma ~ intragável.

aguada *s f* (<água+-ada) **1** *Hist* Aprovisionamento de água potável. **Loc.** Fazer ~ (Ex. As naus portuguesas que iam para o Oriente no séc. XVI faziam ~ em alguns pontos da costa de África). **2** Técnica us em ag[q]uarela, etc. em que a tinta é diluída em água. **3** Água misturada com claras de ovos *us* pelos encadernadores. **4** *Br* ⇒ bebedouro de gado na fazenda. **5** *Br* ⇒ chuvada.

água-de-colónia [*Br* **água-de-colônia**] *s f* (<...+ *top al* Coló[ô]nia) Cosmético constituído por uma solução de água, álcool e essências aromáticas. **Ex.** Antes de sair de casa, ela pôs algumas gotas de ~ no pescoço.

aguadeiro, a *s* (<aguada+-eiro) **1** Vendedor, carregador ou distribuidor de água. **Ex.** No século XIX, muitos lisboetas compravam água a um ~. **2** *(D)esp* ⇒ Ciclista que dá assistência à equipa.

aguadilha *s f* (<lat *aquatília*: tumores aquosos dos animais) **1** Secreção [Humor/ Líquido] animal ou (seiva) vegetal semelhante à água. **2** *Br* ⇒ chuvisco. **3** *Depr* Bebida pouco nutritiva semelhante à água.

aguado, a *adj* (<aguar) **1** Que tem mais água do que outra(s) matéria(s)/Misturado com água. **Ex.** A sopa está muito ~a. **2** Com água na boca/Com grande desejo de comer alguma coisa. **Ex.** Dê um bocadinho de bolo ao menino para ele não ficar ~o (⇒ aguar **7**/**8**). **3** ⇒ «proje(c)to» fracassado/frustrado/gorado. **4** ⇒ «rosto/olhar» mortiço/apagado. **5** *Br* ⇒ embriagado.

aguadouro *s m* (<aguar+-douro) Local onde se afoga o linho.

água-forte *s f* **1** Ácido nítrico (+). **2** Técnica de gravura em metal fazendo traços num revestimento «de cera» e mergulhando tudo numa solução de ácido nítrico. **3** Chapa de cobre, zinco ou ferro obtida por **2**. ⇒ água-régia; água-tinta.

água-fortista *adj/s 2g* (<água-forte+-ista) (O) que grava a água-forte.

água-furtada ⇒ águas-furtadas.

aguagem [**aguamento**] *s* (<aguar+...) **1** ⇒ rega. **2** ⇒ correnteza.

água-mãe *s f Quím* Solução aquosa que contém sais que se podem extrair por processos como a cristalização ou a precipitação.

água-marinha *s f Miner* Pedra semipreciosa, transparente, dura, verde-azulada[-mar] e bastante usada em joalharia. ⇒ berilo.

água-mel *s f* ⇒ hidromel.

aguapé *s m Bot* (<tupi *agwa*: redondo + *pewa*: chato, plano; é o nome indígena da vitória-régia cujas folhas são como um prato) Nome de muitas plantas aquáticas, pontederiáceas, sobretudo a *Eichhornia crassipes*/Uapé/Rainha-do-lago.

água-pé *s f* **1** Bebida de baixa graduação alcoólica que se obtém juntando água ao bagaço [pé] das uvas com que se fez vinho. **Ex.** Há pessoas que gostam de beber ~ com castanhas assadas «em novembro». ⇒ jeropiga. **2** *Depr* Vinho de má qualidade.

aguar *v t* (<água+-ar¹) **1** Adicionar água. **Ex.** O cozinheiro aguou a sopa porque estava muito grossa. Quando se agua [ba(p)tiza(+)] o vinho, faz-se uma falsificação. **2** ⇒ regar. **3** ⇒ borrifar. **4** ⇒ alagar. **5** *~-se/ Marejarem-se os olhos de lágrimas*. **Ex.** Os olhos aguaram-se-lhe quando viu a filha receber a medalha de prata. **6** Interromper/Perturbar um estado de satisfação. **Ex.** A notícia do acidente da [sofrido pela] mãe aguou a festa de aniversário do jovem. **7** *v int* Salivar muito [Crescer água na boca] ao ver alimentos. **Ex.** Ele aguou diante de tantos doces. **8** *pop* Adoecer (uma criança) por não comer algo que viu e que queria comer. **Ex.** Se não dermos um bocado do bolo ao menino, ele pode ~. **Sin.** *pop* Ou[Au]gar.

aguardar *s f* (<a¹-+guardar) **1** Ficar [Estar] à espera/Esperar(+). **Ex.** Os utentes dos serviços médicos devem ~ que os chamem para a consulta nas salas de espera. **Loc.** ~ *a ocasião*. ~ *a resposta*. **2** ⇒ Obedecer a/Observar/Acatar.

aguardente (Àguàr) *s f* (<água+ardente) Bebida alcoólica de elevada graduação obtida por destilação de várias substâncias vegetais como o bagaço de uva, cereais, cana-de-açúcar, frutos, etc. **Ex.** Depois do almoço, bebeu uma ~ como digestivo. **Comb.** ~ *bagaceira* [do bagaço de uva]. ~ *de cana* [Cachaça]. ~ *velha* [que esteve pelo menos dois anos em tonéis de madeira de carvalho]. ~ *vínica* [destilada do vinho].

aguardenteiro *s m* (<aguardente+-eiro) **1** Fabricante ou vendedor de aguardente. **2** O que bebe muita aguardente.

água-régia *s f Quím* (*Régia*, por dissolver o ouro, *rei* dos metais) Mistura de ácido nítrico e ácido clorídrico que dissolve o ouro, a prata e a platina. ⇒ água-forte.

aguarela [**aquarela**] *s f Arte* (<lat *aquárius*: de água+-ela) **1** Tinta que se dilui para fazer pinturas. **Ex.** Ofereci à minha filha uma caixa de ~ de muitas cores para ela pintar. **2** Técnica de pintura em que se usa **1** obtendo-se tons leves e transparentes. **Ex.** Tenho um amigo que adora pintar, a ~, ruas de Lisboa. **3** Pintura feita com a técnica **2**. **Ex.** Na minha cole(c)ção de quadros, tenho uma ~ muito antiga. **4** *fig* Paisagem cara(c)terizada pela delicadeza das tonalidades. **Ex.** Pela janela via uma ~ de arbustos, ervas e flores.

aguarelar [**aquarelar**] *v t/int* (<aguarela+-ar¹) **1** Pintar usando o processo da ag[q]uarela.

aguarelista [**aquarelista**] *s 2 g* (<aguarela+-ista) Pintor de aguarelas.

aguarentar *v t* (<a²-+guarente+-ar¹) Arredondar [Aparar] «a capa/o capote», cortando os guarentes. **2** ⇒ aguar. **3** ⇒ cortar; diminuir.

aguaritar *v t* (<a¹-+guarita+-ar¹) Colocar (sentinela) na guarita. **Loc.** ~ ao começo da noite.

aguarrás *s f* (<água+lat *rásis*: pez em pó) Líquido incolor obtido por destilação da resina dos pinheiros, usado como diluente e dissolvente. **Sin.** Essência de terebintina.

água-ruça *s f* Líquido escuro como o alcatrão, residual do fabrico do azeite.

águas-furtadas *s f* (<...+ furtar; ⇒ água **2**) Último andar de algumas casas geralmente com janelas que dão para o telhado. **Sin.** Mansarda; sótão.

água-tinta *s f* Gravura semelhante à água-forte **3** e que imita desenhos feitos a tinta nanquim.

água-tintista adj / s 2g (<água-tinta+-ista) (O) que grava a água-tinta.

aguazil s m Hist (<ár al-uazir: o que leva ou ajuda a levar uma carga, conselheiro) Antigo oficial judicial ou militar de categoria inferior/Oficial de diligências. **Sin.** Beleguim; meirinho. ⇒ vereador; camarista; funcionário.

aguçadeira s f (<aguçar+-deira) Pedra de aguçar, afiar ou amolar. **Sin.** Afiadeira(+).

aguçado, a adj (<aguçar) **1** Que termina em ponta fina. **Comb.** Lápis ~ [afiado]. **2** (De gume) cortante. **Idi.** *Ter uma língua ~a*/viperina [Ser maledicente/mordaz]. **Comb.** Faca (bem) ~a. **3** De pouca espessura/Fino. **Comb.** Nariz ~ [fino(+)]. **4** fig Apurado(+). **Comb.** Ouvido [Olho/Vista] ~. **5** Perspicaz(o+)/Acutilante(+)/Arguto. **Comb.** Espírito/Inteligência ~.

aguçador, ora adj/s (<aguçar+-dor) **1** (O) que aguça. ⇒ amolador. **2** (O) que estimula/Estimulante.

aguçadura [aguçamento] s (<aguçar+-mento) **1** A(c)to ou efeito de aguçar. **2** fig ⇒ sagacidade; su(b)tileza.

aguçar v t (<lat ácuo,acúere,acútum<acus: agulha) **1** Tornar mais fino/pontiagudo/Adelgaçar (na ponta). **Ex.** Vou ~ este pau «estaca» para o espetar melhor na terra. **Loc.** ~ o lápis. **Idi.** «já está(s) a» ~ *a língua* [Preparar-se para maldizer]. ~ *o dente* [Preparar-se para «fazer/comer» algo apetecível]. **2** Afiar/Amolar. **Ex.** O amolador aguça as facas das donas de casa. **Loc.** ~ um punhal. **3** fig Aumentar/Excitar/Estimular. **Ex.** O cheiro do frango assado aguça-nos o apetite. **4** Aumentar a acuidade dos sentidos/Apurar. **Loc.** ~ [Apurar] a vista/o ouvido. **5** Tornar perspicaz/Avivar. **Ex.** Um bom livro [O estudo] aguça [aviva] a inteligência. **6** ⇒ agir com diligência/esforçar-se.

agudez(a) s f (<agudo+-...) **1** Qualidade do que é agudo/pontiagudo/bicudo. **Comb.** *~ da torre que termina em bico*. *~ do lápis bem afiado*/aguçado. **2** Qualidade do que tem gume cortante. **Comb.** ~ da catana/faca. **3** Perspicácia/Su(b)tileza. **Ex.** A sua ~ de espírito [pensamento/inteligência] é reconhecida por todos. **4** Dito perspicaz/su(b)til. **Ex.** Costuma dizer ~s aos amigos. O meu neto tem [diz] cada ~/su(b)tileza! **5** Agravamento súbito de uma doença. **6** *Mús* Qualidade do som alto, elevado.

agudização s f (<agudizar+-ção) Agravamento. **Ex.** A a(c)tual ~ dos problemas sociais preocupa muitas pessoas.

agudizar v t (<agudo+-izar) **1** Aguçar. **2** Tornar-se agudo/mais grave. **Ex.** A doença da jovem agudizou-se por causa do clima (h)úmido. A crise social agudizou[agravou]-se com a guerra/invasão.

agudo, a adj/s (<lat acútus,a,um: agudo, pont(iag)udo; ⇒ aguçar) **1** Que acaba em ponta aguçada/Bicudo/Afiado. **Comb.** *Lápis ~o*. *Ponta ~a do pau/ferro*. **2** Com gume/Com aresta. **Comb.** *Ângulo ~* [com menos de 90°]. *Faca muito ~a* [cortante]. *Lâmina ~a*. *Pico [Espinho] ~*. *Quilha ~a* (do navio). **idi** *Vento ~/cortante*. **3** Arguto(+)/Perspicaz. **Ex.** Ele é uma pessoa de espírito [inteligência] ~o/a. **Comb.** Dito/Observação ~o/a. **4** *Med* Com fortes sintomas e rápida evolução. **Ex.** O paciente tem uma apendicite ~a, tem de ser operado imediatamente. **Comb.** *Doença ~a* [grave]. *Dor ~a* [forte/violenta]. **5** Sensível/Apurado. **Comb.** *Ouvido ~* [apurado(+)]. *Vista ~* [idi de lince/apurada]. **6** *Mús* Com elevada frequência de vibração. **Ex.** O grito ~ de uma criança ouviu-se no jardim. **Comb.** Os sons ~s de soprano. **Sin.** Alto/Fino. **Ant.** Baixo/Grave. **7** *Gram* Com tonicidade [pronúncia forte] na última sílaba. **Ex.** «Pontapé», «prevê» e «acudi» são palavras ~s. **Sin.** Oxítono. **8** *Gram* Diz-se só do acento gráfico que indica a sílaba tó[ô]nica. **Ex.** O acento das palavras «crítica», «móvel» e «até» é ~. ⇒ grave, circunflexo. **9** ⇒ mordaz/maldizente. **10** Grande/Perigoso/Sério. **Ex.** O casal passou por uma ~a [grave(+)] crise, mas superou-a.

agueira s f Agric (<água+-eira) Sulco ou pequena vala para levar a água «ao moinho»/para regar. ⇒ agueiro; canal.

agueiro s m (<água+-eiro) **1** Sulco na terra por onde correm águas da chuva ou para rega. **Sin.** Agueira(+). **2** Cano que recolhe águas do telhado/Calha/Goteira(+). **3** Orifício num muro pelo qual passam as águas da rega/Bueiro.

aguentar v t (<it agguantare: agarrar <*guanto*: luva) **1** Poder levar um peso. **Ex.** Aguentava uma mochila de setenta quilos às [nas] costas. **2** Suster/Segurar/Suportar/Escorar. **Ex.** Três colunas aguentam [sustêm] o (peso do) edifício. **3** ~-se/Permanecer no mesmo estado ou posição/Resistir. **Ex.** O vento era muito forte mas o marinheiro aguentou-se sem cair na coberta do navio. Essa parede já não aguenta, mais tarde ou mais cedo vai cair. **Loc.** «ser atacado/criticado/escarnecido, mas» *~ firme* [Não ceder/Resistir]. *~ «dois dias» sem comer*. *~ «dois minutos» sem respirar*. **4** Suportar algo ou uma pessoa desagradável/Tolerar. **Ex.** Ninguém aguentava aquele aborrecido «fumador/bêbedo». Não sei até quando consigo [conseguirei] ~-te. **5** *fam* Esperar. **Ex.** Antó[ô]nio, aguenta um bocado que eu já vou ter contigo. **6** Resolver sozinho (a situação)/Arranjar-se/Haver-se. **Ex.** Fez tudo errado [Não fez como combinámos], agora que se aguente [agora lá se amanhe]! **7** ⇒ sustentar «os filhos».

aguerrido, a adj (<aguerrir) **1** Habituado à [Batido na] guerra. **2** Combativo(+)/Belicoso/Lutador(+)/Destemido(o+)/Valente/Corajoso. **Ex.** É um homem [jovem] ~! ⇒ violento; brigão.

aguerrear [aguerrir] v t (< a-¹+guerra+-...) **1** ⇒ Adestrar no uso das armas; preparar para as dificuldades próprias da guerra. **2** ⇒ Tornar agressivo/combativo/aguerrido.

águia s f Ornit (<lat áquila,ae) **1** Ave de rapina, diurna, da família dos falconídeos ou acipitrídeos, bico adunco e vista apurada. **Idi.** *Nariz aquilino*(+) [*de ~*]. *Olhos de ~/de lince* [que veem bem ao longe] (**Ex.** A aluna tem olhos de ~ e nota imediatamente qualquer erro escrito no quadro). **2** Insígnia [Bandeira/Moeda] com uma ~. **Comb.** *A ~ do Benfica* (Clube de futebol português). *Hist As ~s* [legiões] *romanas*. **3** *Maiúsc* Indivíduo famoso (com indicação da terra natal ou do local onde se celebrizou). **Ex.** O epíteto de S. João Evangelista é *Águia de Patmos* (Ilha do Mar Egeu onde o santo terá escrito o Apocalipse). **4** *Maiúsc Astr* Constelação de Vega, Deneb e Altair.

águila s f Bot (<malaio ág[k]il: não pesado) Árvore asiática com madeira aromática e resinosa, us em farmácia/Pau cheiroso.

aguilhada s f (<lat aculeátus,a,um: que tem aguilhão) **1** Vara com ferrão/ponta de ferro. **Ex.** Para forçar o boi a afastar-se doutros, o campino [vaqueiro] picou-o com a ~. **2** *Hist* Antiga unidade de medida agrária equivalente a 4 metros quadrados/~ da terra.

aguilhão s m (<lat acúleus,ei) **1** Ponta afiada na extremidade da aguilhada/Ferrão(+). ⇒ acicate. **2** *Zool Anat* ⇒ Ferrão(+) «da abelha/cobra/do escorpião». **3** *fig* O que causa sofrimento. O ~ da dor [fome]. **4** *fig* Incitamento/Estímulo. **Comb.** «S. Paulo sentia» O ~ [incitamento] da carne [dos sentidos].

aguilhoada s f (<aguilhoar) **1** Picada com aguilhão. **2** Dor forte e súbita/Pontada(+). **Ex.** *fig* Sentiu muito [uma ~ de] ciúme ao vê-lo acompanhado da [pela] bela mulher. **3** *fig* ⇒ estímulo/esporada/incentivo/aguilhão(+). **4** *fig* ⇒ ofensa verbal; provocação; ferroada(+).

aguilhoar v t (<aguilhão+-ar¹) **1** Picar(+) «boi» com aguilhão. **2** Causar muita dor. **Ex.** Sinto uma dor a ~-me o estômago. **3** *fig* Ferir moralmente. **Loc.** ~ o coração. **4** *fig* Estimular/Incitar/Picar. **Loc.** ~ um preguiçoso.

aguista adj/s 2g (<água+-ista) ⇒ aquista.

agulha s f (<lat acúcula: agulhinha<ácus: agulha) **1** Haste pequena e fina, aguçada numa extremidade e com um orifício na outra pelo qual passa a linha com que se cose, borda ou tece. **Ex.** A mulher enfiou a linha no buraco da ~ e depois começou a bordar uma flor num pano. *fig* Ela vive da [do trabalho de] ~ [Ela é costureira]. Ele ganha a vida com a ~ [é alfaiate]. Ao pregar um botão, piquei-me com a ~. **Idi.** «ser como/procurar» ~ *em palheiro* [Coisa muito difícil de encontrar]. *Acertar ~s/ponteiros* [Combinar a(c)ções em conjunto/Concertar ideias]. *Meter ~s por alfinetes* [Recorrer a todos os meios para atingir um obje(c)tivo]. *Passar um camelo pelo buraco [olho/cu] duma ~* [Intentar o impossível]. **Comb.** ~ de máquina [de cerzir]. **2** Pequena vareta de aço ou outro material com um gancho ou farpa na extremidade para fazer malha e renda. **Ex.** Ouvia-se o barulho das ~s com que a avó fazia umas meias [um casaco de malha] para o neto. **3** *Med* Nome de várias peças metálicas pontiagudas usadas para vários fins. **Comb.** ~ *de sutura* [para dar os pontos, em cirurgia]. ~ *de inje(c)ção* [seringa]. ~ *de inoculação*/vacinação. **4** Nos gira[toca]-discos [gramofones], peça de aço ou outro material que transmite vibrações ao disco de vinil. **Ex.** Tive dificuldade em comprar uma ~ para poder ouvir música no meu gira-discos da década de 1980. **5** Peça metálica de formato semelhante ao de **1**. **Comb.** *Náut ~ de marear* [Bússola com rosa dos ventos usada na navegação marítima]. ~ *magnética* [Bússola]. **6** Peça de aço que percute o fulminante em algumas armas de fogo. **7** Parte aguçada e móvel dos carris que permite que os comboios [trens] ou elé(c)tricos [bondes] possam mudar de via. **Ex.** O guarda-freio [condutor] do elé(c)trico parou o veículo, saiu e foi mudar a ~. **8** *Bot* Folha de árvores coníferas fina, comprida e que pica. **Comb.** As ~s secas [A caruma(+)] dos pinheiros. **9** *Arquit* Extremidade superior de um campanário/obelisco/torre/pirâmide. **Ex.** No horizonte, destacava-se a ~ da torre da catedral gótica. **10** *Geog* Cume pontiagudo de montanha. **Ex.** Via-se ao longe o pico [a ~ do alto] da serra. **11** Sabor ácido de alguns vinhos «verdes». **Sin.** Pique. **12** Zona do tronco de animais, como a vaca, situada entre o pescoço, as espáduas e o dorso. **Ex.** No talho [açougue], pedi ao talhante [açougueiro] que cortasse meio quilo de carne de vitela da ~ (da pá). **Sin.** Garrote; cernelha. **15** *Icti* ⇒ espadarte; peixe-agulha. **16** *fig* ⇒ dito mordaz; farpa(+); ferroada.

agulhada s f (<agulhar+-ada) **1** Picada(+) de agulha. **Ex.** Para evitar as ~s, as cos-

tureiras usam dedais. **2** (Sensação de) dor súbita, fina e forte/Aguilhoada(+). **Ex.** Ela deu um grito porque sentiu uma ~ no peito. **Sin.** Pontada(o+). **3** Quantidade de linha que se enfia na agulha.

agulhar *v t* (<agulha+-ar[1]) **1** Picar (ou furar) com agulha(+). **2** Afligir/Atormentar. **3** *fig* ⇒ incitar/estimular.

agulheiro *s m* (<agulha+-eiro) **1** Estojo, tubo ou almofada onde se guardam agulhas. **2** Fabricante de agulhas. **3** *Eng* Orifício nas paredes em que se introduzem os paus dos andaimes durante a construção. **4** Fresta nas paredes de um edifício para a luz passar. **Ex.** A iluminação do casebre era feita apenas por (meio de) dois ~s. **5** Abertura para lançar combustível na parte superior dos fornos de cerâmica. **6** Trabalhador dos caminhos de ferro que zela pelas agulhas. **7** Abertura ou boca de saída das águas «do tanque».

agulheta (Lhê) *s f* (<agulha+-eta) **1** Agulha grande, achatada e grossa com a qual se enfiam cordões, fitas, etc. **Ex.** Para meter a fita no vestido a costureira usou uma ~. **2** Ponta metálica na extremidade dos cordões. **Ex.** O rapaz tem dificuldades em enfiar os atacadores [cordões] nos ilhós dos té[ê]nis porque já não têm ~s. As ~ dos cordões da farda do general brilhavam ao sol. **3** Tubo de metal na extremidade da mangueira para dirigir o líquido com força. **Ex.** Peguei na mangueira e enfiei a ~ no orifício do depósito de gasolina do meu carro. **4** *s m* Bombeiro que usa a ~ para apagar incêndios. **Ex.** Graças à perícia do ~ , o fogo foi apagado rapidamente.

ah *interj* (<lat *a(h)*) **1** Exprime admiração, espanto, alegria, dor, compaixão, lamúria/ queixa. **Ex.** ~! Como estou contente por teres vindo! ~!, estás aqui? Não te esperava. ~!, que pena me dão as crianças abandonadas. ~ se eu mandasse, tudo seria diferente. ~ [Ai], como você é irritante. **2** Exprime rea(c)ção a outro/ao que ele diz. **Ex.** ~ é [sim]? ~ [Ai] não! **3** Voz do riso. **Ex.** ~! ~! ~! Tem muita graça [*idi* Essa é boa]!

ai *interj/s m* (< on) **1** Exprime alegria, dor, desagrado, ameaça. **Ex.** ~ que bom, vamos dar um passeio. ~, magoaste-me! ~, que dor de dentes! ~ de ti, se chegas tarde. **Comb.** ~ de [Pobre/Infeliz de] (Ex. ~ de mim que estou só). ⇒ ~-Jesus. *idi* Num ~ [Num instante]. **2** *s m* Grito de dor. **Ex.** Apesar do sofrimento, não se lhe ouvia um ~. Sentada a um canto, de vez em quando soltava um ~. **Loc.** Dar [Andar aos/Estar aos] ~s [Gemer].

aí *adv* (<lat *ad+ibi*) **1** No lugar do interlocutor/Nesse lugar. **Ex.** Como está o tempo ~ «em Díli»? O livro está ~ perto de você [~ ao seu lado]. **Ant.** Aqui; cá. ⇒ ali. **2** A esse lugar. **Ex.** Vou ~ amanhã. Nunca fui ~. **3** Nesse momento/Nessa ocasião/Então. **Ex.** Quando vi maltratar a criança, (~) tive que [de] intervir. **4** Nesse ponto/Nessa particularidade/Nisso. **Ex.** A expansão do negócio obriga a uma nova loja; ~ é que está a dificuldade. **Idi** ~ é que está o busílis [é que a porca torce o rabo/~ é que vão ser elas]. ~ está/~ tens [É isso mesmo/Vês?]! **Loc.** Estar para vir ~ [Estar para acontecer/Estar próximo] (Ex. Está para vir ~ uma chuvada que vamos ficar todos molhad(inh)os!). **5** A esse respeito/Quanto a isso. **Ex.** É um empregado muito lento, mas quanto a perfeição no trabalho, (~) só se pode dizer bem. **6** Em lugar indeterminado/Em qualquer parte. **Ex.** As chaves devem estar por ~. **Loc.** Andar por ~ [Passear sem destino/Deambular/Vaguear]. **7** Nesse caso(+)/Então(+). **Ex.** Eu só faltaria à reunião se acontecesse alguma coisa grave, mas ~ avisava [avisaria]. **8** Junto/ Juntamente/Em anexo. **Ex.** ~ lhe mando [Junto (envio)] a documentação que me pediu. **9** Cerca de/À volta de/Mais ou menos. **Ex.** Este ano vou colher [para ~] três toneladas de uvas. A reparação «do carro» deve ficar pronta (~) pelas onze horas.

aia *s f* (<lat *ávia,ae*: avó; ⇒ aio) **1** Encarregada particular da educação dos filhos de famílias nobres/ricas/Prece(p)tora(+). **Ex.** A ~ observava atentamente as crianças que brincavam no jardim. **2** Criada de quarto de senhora nobre/Camareira. **Ex.** As ~s da rainha eram também as suas confidentes. **3** Dama de companhia. **Ex.** Uma ~ dedicada acompanhou sempre a senhora nos longos anos de viuvez.

aiatola/á *s m* (<ár *ayat*: sinal, milagre + *Allah*: Deus) Líder religioso islâmico.

aidético, a *adj/s Br Med* ⇒ se[o]ropositivo.

aids *ing Br Med* ⇒ sida(+).

ai-jesus *interj/s m* (<ai+Jesus *antr*) **1** Exclamação de dor/aflição/angústia/admiração. **Ex.** ~ que estou tão mal/tenho tantas dores! ~, esse vestido é muito caro! **2** *s m* O predile(c)to/mais querido. **Ex.** A filha mais nova foi sempre o ~ da família.

aikidô ⇒ aiquidô.

ailanto *s m Bot* (<lat científico *Ailanthus* <malaio *kayulangit*: árvore-céu) Árvore ornamental, da família das simarubáceas, que foi muito usada na criação do bicho-da-seda.

aileron *s m Aer* (<fr *aileron*) Painel articulado das asas para controlar a inclinação lateral do avião/Estabilizador 2(+)/Br Elerão. **Ex.** Os automóveis ((d)esportivos) também podem ter ~s fixos, na parte de trás, para favorecer a estabilidade.

ainda *adv* (<lat *abhinc+illa (dies)*: desde então ou esse dia) **1** Até agora/Até este momento. **Ex.** ~ temos tempo [fruta/pão]? O dire(c)tor ~ não chegou. **2** Até então/Nessa [Até essa] altura. **Ex.** Quando o meu primeiro filho nasceu, ~ morávamos em Lisboa. Era ~ uma criança quando começou a pintar. **3** Agora mesmo/Neste instante. **Ex.** Não sei onde pus a caneta, ~ agora a tinha na mão! **4** Até esse [Nesse] tempo/Até lá. **Ex.** Há-de chegar a velho e ~ continuará a sonhar com [a pensar em emigrar para] o Brasil. **5** Um dia/No futuro. **Ex.** ~ hei de ser rico. **6** Além de/Mais. **Ex.** Há ~ outras terras por descobrir. Foram presos quatro suspeitos, mas há mais ~ [mais além desses]. **7** Ao menos/Pelo menos. **Ex.** Se ~ ele «o meu marido» me compreendesse! Por aqui não encontro trabalho; ~ se tivesse dinheiro para ir para o estrangeiro... mas não o tenho/mas onde está ele? **8** Mesmo/ Inclusive/Até. **Ex.** Ao circo todos podem ir, ~ que sejam [, até/e também/inclusive] crianças de colo. **Comb.** ~ *assim* [Apesar de tudo/Seja como for/Mesmo assim] «não nos podemos queixar». ~ *bem* «que» [Felizmente] «ele não me viu!». ~ *por cima* [Para mais/Além disso]. «a verdade tem de ser dita» ~ *que* [Mesmo que/Embora] «doa».

aio *s m* (<aia) **1** Encarregado da educação de crianças nobres/ricas/Prece(p)tor. **Ex.** Para a educação dos príncipes eram escolhidos ~s sábios e virtuosos. **2** Criado particular de senhor nobre/Camareiro/Escudeiro. **Ex.** Ao entardecer, o conde gostava de passear pelos jardins acompanhado pelo seu ~. ⇒ pajem.

aipo *s m Bot* (<lat *ápium,ii*) Planta herbácea da família das umbelíferas, odorífera, cultivada para fins culinários; *Apium graveolens*. **Ex.** O ~ é utilizado em temperos e saladas.

aiquidô *s m (D)esp* (<jp *aikidô*) Arte marcial de defesa, de origem japonesa, semelhante ao judo[ô], baseada na aplicação de chaves e torções às articulações do adversário.

airado, a *adj* (<a[1]-+ira+-ar[1]) **1** Estroina/Leviano/Vadio. **Comb.** «homem da» Vida ~a [Boé[ê]mia/Estroinice]. **2** *Br* ⇒ Que apanhou um resfriamento/Resfriado.

airar *v int Br* (<esp *airar*) ⇒ Tomar ar/Refrescar-se/Arejar(+).

air bag (Éarbégue) *ing* Almofada de ar(+) automaticamente insuflável em caso de colisão, que faz parte do sistema de segurança dos automóveis, para prote(c)ção do condutor e dos passageiros.

airbus (Éarbâz) *s m Com* (<ing *airbus*) Tipo/ Marca de avião subsó[ô]nico de transporte de passageiros, de fabrico europeu. **Ex.** O ~ de tamanho médio pode transportar até cerca de 300 passageiros.

airoso, a (Ôso, Ósa, Ósos) *adj* (<esp *airoso* <*aire*: ar, aparência) **1** Que tem boa apresentação/Esbelto/Gracioso. **Comb.** *Casaco* ~ [que assenta/fica/cai bem]. *Jovem bonita e* (de figura) ~*a*. **2** Delicado/Gentil/Agradável. **Comb.** Acolhimento [Trato/ Gestos] ~o/os. **3** Com dignidade/decoro/ Honroso. **Comb.** Saída ~a [Solução em que a honra ficou salva].

aivado *s m* ⇒ alvado.

aiveca *s f* (<lat *álipa*<*álapa*: asa+-eca ?) Cada uma das partes de madeira [ferro], colocadas ao lado da relha do arado, que servem para revirar a terra.

ajaezado, a *adj* (<ajaezar+-ado) **1** «cavalo» Ornado de jaezes/Aparelhado/Arreado. **Ex.** Na tourada "à antiga portuguesa" os cavalos apresentam-se sempre ~s [arreados/ enfeitados] a rigor. **2** *fig* Cheio de enfeites/ Ornado/Ataviado. **Ex.** (A)onde vais, tão bem ~ [aperaltado/arranjado]?

ajaezar *v t* (<a[1]-+jaez+-ar[1]) **1** Adornar «o cavalo/a montada» com jaezes. **2** *fig* Enfeitar(-se)/Adornar(-se)/Ataviar(-se). **Ex.** Para os bailes do casino, as senhoras ajaezavam-se[enfeitavam-se(+)/adornavam-se (o+)] com elegantes vestidos e joias valiosas.

ajambrar *v t* (<a[1]-+jambro: torto+-ar[1]) Arranjar mal/Atamancar. **Ex.** Ao fim de alguns dias o jovem acabou por aparecer, muito mal ajambrado, com aspe(c)to miserável, magro, barba crescida, ...

ajanotar *v t* (<a[1]-+janota+-ar[1]) Apresentar(-se) [Dar(-se) ares de] janota. **Ex.** Ajanotou-se [Preparou-se(+)/Arranjou-se(o+)] muito bem para ir ao casamento. **Loc.** Gostar de se ~ [de se arranjar muito bem/de usar roupas extravagantes].

ajantarado, a *adj* (<a[1]-+jantar+-ado) Semelhante a jantar. **Loc.** Servir um lanche ~ [abundante/que já substitui o jantar].

ajardinamento *s m* (<ajardinar+-mento) *s m* A(c)to ou efeito de ajardinar/de tornar semelhante a jardim. **Loc.** Fazer o ~ duma avenida [zona de lazer].

ajardinar *v t* (<a[1]-+jardim+-ar[1]) **1** Fazer um jardim. **Ex.** Gosto muito de flores. Vou ~ parte do quintal. **2** Tornar semelhante a jardim. **Ex.** Ajardinaram o parque de merendas, ficou muito bonito! **Comb.** Espaço [Terreno] ajardinado.

ajavardar *v t* (<a[1]-+javardo+-ar[1]) **1** Tornar(-se) sujo/Emporcalhar(-se). **Ex.** A doente não conseguia controlar os movimentos; ajavardava-se toda [sujava-se muito(+)] a comer. **2** Tornar(-se) desleixado/Abandalhar(-se). **Ex.** Casou com um bêbedo e ajavardou-se como ele.

ajeitado, a *adj* (<ajeitar+-ado) **1** Arranjado/Arrumado/Composto. **Comb.** *Cabelo ~* [arranjado/bem penteado]. *Carro ~* [composto(+)/reparado(o+)]. *Sala ~a* [arrumada(+)]. **2** Com boa aparência/Elegante. **Ex.** (A)onde vais, tão bem ~o/a?

ajeitar *v t* (<a¹-+jeito+-ar¹) **1** Dar um jeito/Pôr em ordem/Arrumar. **Ex.** Ajeita [Compõe/Endireita] a gravata, está para o lado. Gosto sempre de ~ [pôr em ordem/arrumar] a casa antes de sair. **2** Fazer uma ligeira reparação/Compor. **Ex.** Os meus pais ajeitaram a casa da aldeia para lá passarem os fins de semana. O carro estava avariado mas ajeitaram-no [repararam-no provisoriamente/deram-lhe um jeito] para eu poder ir trabalhar. **3** Pôr(-se) a jeito/Acomodar(-se). **Loc.** *~ a criança ao colo*. *~-se na cadeira.* **4** Conseguir/Obter/Preparar. **Loc.** ~ [Preparar] *um jantar* (num instante). ~ [Conseguir/Obter] *um trabalho provisório*. **5** Cuidar da apresentação/Preparar-se/Arranjar-se. **Ex.** Ajeitou-se muito bem antes de sair para causar boa impressão na entrevista.

ajoelhado, a *adj* (<ajoelhar+-ado) **1** Que está de joelhos/Com os joelhos no chão. **Ex.** Tropecei e caí [fiquei] ~ no chão. **Loc.** Rezar ~o/a. **2** Submetido/Rendido/Humilhado. **Ex.** Era rebelde e orgulhoso, mas quando lhe faltou o dinheiro já andava ~ [submisso/humilde] à volta dos pais.

ajoelhar *v t/int* (<a¹-+joelho+-ar¹) **1** Pôr(-se) de joelhos/Fazer dobrar os joelhos/Genufle(c)tir. **Ex.** Ao entrar na igreja, ajoelhava e ficava recolhido em oração. Para finalizar o seu número de circo, o domador ajoelhou os elefantes, agradecendo os aplausos. **2** *fig* Tornar(-se) submisso/Submeter(-se)/Humilhar(-se). **Ex.** Empregado que não se ajoelhasse [não fosse submisso] diante do patrão *idi* não aquecia o lugar [não ficava muito tempo no emprego].

ajoujado, a *adj* (<ajoujar+-ado) **1** Diz-se de animal preso a outro com ajoujo. **Comb.** Dois cães ~s. **2** *fig* Mantido na proximidade/Ligado/Unido. **Comb.** Dois amigos (sempre) ~s um ao outro. **3** *fig* Vergado sob peso excessivo/Muito carregado. **Ex.** O pobre rapaz, ~ com o molho [feixe] de lenha, mal podia caminhar.

ajoujar *v t* (<lat *ádjugo,ávi,áre,átum*: atar ao mesmo jugo, jungir, juntar, prender) **1** Prender com ajoujo. **Loc.** ~ os [uma junta de] bois. **2** *fig* Fazer vergar com peso excessivo/Sobrecarregar. **Ex.** O moleiro ajoujava o burro com três grandes sacos de cereal! **3** *fig* Juntar(-se)/Unir(-se)/Casar(-se). **Ex.** Os namorados ajoujaram-se [casaram-se(+)] à pressa antes de ele partir para a guerra. **4** *fig* Submeter(-se)/Sujeitar(-se). **Ex.** A necessidade obrigava-a a ~-se [sujeitar-se(+)] à tirania das patroas.

ajoujo *s m* (<ajoujar) Correia com que se prendem dois animais que levam uma coleira ao pescoço/Canga(+)/Jugo(+).

ajuda *s f* (<ajudar) **1** A(c)to de ajudar/Auxílio/Assistência. **Ex.** A ~ aos sinistrados foi muito rápida. Não consegui resolver o problema sozinho, tive que pedir ~ a um colega. Enquanto o marido esteve desempregado, recebia mensalmente da paróquia uma ~ em dinheiro e em gé[ê]neros alimentícios. **Loc.** *Dar uma ~* [Ajudar (um pouco)]. *Pedir ~/auxílio.* **Comb.** *~s de custo* [Dinheiro disponibilizado aos empregados para despesas de alimentação e alojamento quando estão deslocados em serviço]. **2** Pessoa que presta auxílio/que colabora em algum serviço/Ajudante. **Ex.** Nos trabalhos domésticos, o meu marido é a minha melhor ~. Nesta oficina trabalha o mestre e dois ~s [ajudantes(+)/aprendizes(o+)].

ajudante *s/adj 2g* (<ajudar+-ante) **1** (O) que ajuda. **Ex.** Não era capaz de fazer nada sozinho, precisava sempre dum [duma] ~. **2** Auxiliar/Aprendiz. **Comb.** *~ de farmácia*. *~ de cozinheiro*. **3** Assistente/Subalterno. **Comb.** ~ do oficial de serviço.

ajudante de campo [ajudante de ordens] *s m Mil* Oficial às ordens de um general «um ministro».

ajudar *v t/int* (<lat *adjúto,áre,átum<ádjuvo, áre,útum*) **1** Dar ajuda/Auxiliar/Colaborar. **Ex.** A minha filha ajuda-me a lavar a loiça. As mobílias descarregaram-se depressa porque todos ajudaram. **Prov.** *Ajuda-te, que Deus te ajudará*. **2** Prestar assistência/Socorrer. **Loc.** ~ os doentes [idosos/sinistrados]. **3** Ser solidário/Dar esmola. **Ex.** É necessário ~ aquela família que vive na miséria. Os países ricos têm o dever de ~ os países subdesenvolvidos. **4** Tornar mais fácil/Favorecer/Propiciar. **Ex.** Um passeio após a refeição ajuda a digestão. Conversar com os idosos ajuda-os a passar o tempo. **5** Servir-se de/Valer-se/Aproveitar-se. **Ex.** Ajudou-se de todos os amigos para conseguir o emprego. Ficou fechado em casa e teve que se ~ [servir/valer] duma corda para descer da varanda para a rua.

ajuizado, a (Juí) *adj* (<ajuizar+-ado) Que tem juízo/Atinado/Sensato(+). **Comb.** *Palavras ~as*. *Pessoa ~a*.

ajuizar (Juí) *v t/int* (<a¹-+juízo+-ar¹) **1** Formar juízo/Avaliar/Julgar. **Ex.** Não tenho elementos [dados] que me permitam ~ da [avaliar a] tua/sua capacidade para (desempenhar] tal função. **2** Fazer a determinação/estimativa/Calcular. **Loc.** ~ [Fazer a estimativa de/Calcular(+)] os prejuízos do temporal. **3** Levar a tribunal/Pôr em juízo. **Loc.** ~ uma questão. **4** Ponderar/Pensar/Meditar. **Ex.** Sozinho, em silêncio, ajuizava sobre a melhor maneira de solucionar o problema. **5** Tornar(-se) ajuizado/Tornar juízo/Adquirir sensatez. **Ex.** Quando entrou na universidade ajuizou(-se) [tomou juízo (+)].

ajuntadoi[ou]ro *s m* (<ajuntar+-doi[ou]ro) Lugar onde se juntam pessoas ou coisas. **Comb.** ~ *da má-língua* [das pessoas maldizentes]. ~ *do lixo* [Lixeira] (⇒ contentor).

ajuntador, ora *s/adj* (<ajuntar+-dor) (O) que ajunta. **Ex.** Os ~es compram «castanha/azeitona» aos agricultores por conta dos [para a fornecerem aos] industriais/armazenistas.

ajuntamento *s m* (<ajuntar+-mento) **1** A(c)ção de ajuntar/reunir/Acumulação/Reunião. **Ex.** Com o ~ de [Juntando os(+)] vários móveis que os amigos me deram, tenho [vou tendo(+)] a casa mobilada. O ~ das informações recolhidas [A recolha de informações(+)] de várias fontes permitiu-lhe descobrir o criminoso. **2** Aglomeração de pessoas/Multidão. **Ex.** À volta do sinistrado logo se formou um ~ de curiosos. **3** Reunião/Assembleia. **Ex.** Os sindicatos convocaram um ~ [uma manifestação(+)] de trabalhadores para protestarem contra a política de contenção de salários. O ~ [A assembleia(+)] de moradores nomeou uma comissão para reivindicar o policiamento do bairro.

ajuntar *v t* (<a¹-+juntar) ⇒ juntar.

ajuramentar *v t* (<a¹-+juramento+-ar¹) **1** Fazer jurar/prestar juramento. **Ex.** Ajuramentou-o para o obrigar a falar verdade. **2** Receber o juramento de. **Loc.** ~ as testemunhas. **3** Fazer juramento/Comprometer-se por juramento/Jurar. **Ex.** (O empregado) ajuramentou que guardaria segredo «sobre o negócio em que eu estava interessado».

ajustado, a *adj/s* (<ajustar+-ado) **1** Que está justaposto/Apertado/Justo. **Comb.** *Peças ~as*. *Vestido ~* (ao corpo). **2** Em conformidade/Adequado. **Comb.** Palavras ~as à circunstância. Traje ~ [adequado(+)] à [próprio da/para a] cerimó[ô]nia. **3** Afinado/Regulado. **Comb.** Máquina [Relógio] ~a/o. **4** Acordado/Acertado/Combinado. **Comb.** Condições [Preço] ~as/o. **5** *s m* O que se combinou/O acordado. **Ex.** O ~ [que se combinou] foi que trabalharias para mim dois dias por semana. Não quero faltar ao ~ [combinado/ao que foi acordado/àquilo a que me comprometi].

ajustador, ora *s* (<ajustar+-dor) O que ajusta. **Comb.** ~ [Afinador(+)] *de máquinas*. ~ [Intermediário(+)/Contratador(o+)] *de preços*.

ajustamento *s m* (<ajustar+-mento) **1** Adaptação/Ajuste. **Loc.** Fazer o ~ duma máquina [peça]. **Comb.** Período de ~ [adaptação(+)] «ao novo emprego». **2** Acordo/Contrato/Combinação. **Loc.** Fazer o ~ [acordo(+)] do preço «da amêndoa/do vinho».

ajustar *v t* (<a¹-+justo+-ar¹) **1** Tornar justo/Apertar. **Loc.** ~ *as contas* [Saldar a dívida]. *idi ~ contas* [Vingar-se/Pagar na mesma moeda]. ~ [Aconchegar(+)/Apertar] *os parafusos [as porcas]* «da roda do carro». *~ um fato [uma saia] ao corpo*. ~ [Acertar as dimensões com exa(c)tidão de] *uma peça*. **2** Afinar/Regular. **Loc.** ~ [Afinar(+)] um motor [uma máquina]. **3** Fazer um acordo/Combinar/Tratar. **Loc.** ~ *o preço* «duma mercadoria». ~ [Adjudicar por preço previamente combinado] *uma obra/empreitada*. **4** Adaptar(-se)/Acomodar(-se). **Ex.** Aquele casal nunca se ajustou [Marido e mulher nunca se adaptaram um ao outro]. O novo empregado levou tempo [demorou] a ~-se [adaptar-se/acomodar-se] às normas da casa «restaurante».

ajustável *adj 2g* (<ajustar+-vel) Que se pode ajustar/Adaptável/Moldável.

ajuste *s m* (<ajustar) **1** Adaptação/Ajustamento/Retoque. **Ex.** O fato para ficar completamente bem ainda precisa dum pequeno ~. **Idi.** *Não estar pelos ~s* [Não concordar/Não se conformar] (Ex. O aluno queria repetir o exame mas o professor não quis [não esteve pelos ~s]). **2** Acordo/Combinação. **Ex.** Combinados os pormenores da obra, só falta o ~ do preço. **3** Liquidação de contas/Acerto. **Ex.** No final do ano, procede-se ao ~ das contas para encerrar [fechar] a contabilidade. **Idi.** *~ de contas* [Vingança/Represália] (Ex. O assassínio foi um ~ de contas entre rivais).

al *an pron indef/s m* (<lat *alius,ia,iud*: outro) **1** Outra coisa/Outra pessoa. **2** O mais/O resto. **3** *Maiúsc* Símbolo químico do alumínio.

al- Prefixo de palavras portuguesas de origem árabe, por ex.: Algarve, alcaide, alfaia, almofada. ⇒ Alá.

-al *suf* (<lat *–alis,e* «*mortalis, e*») Designa **a)** Local de cultivo ou onde há quantidade, por ex.: batatal, arrozal, areal; **b)** Relação, semelhança, causa, por ex.: individual, regional, doutoral, caricatural, acidental, mortal.

ala¹ *s f* (<lat *ala,ae*: asa, ala, ombro) **1** Fila/Fileira. **Ex.** Os militares marchavam formados em duas ~s. **Loc.** *Abrir* [Formar] *~s* [Formar filas ou afastar-se para os lados para deixar uma passagem livre]. **Comb.** *Avenida com duas ~s* [filas(+)] *de árvores*. *Voo em ~s*. **2** *Arquit* Corpo lateral

dum edifício. **Comb.** ~ poente «do quartel/hospital». **3** *Mil* Cada uma das partes laterais dum exército em ordem de batalha/Flanco. **Comb.** *Hist* ~ *dos Namorados* [Grupo de jovens cavaleiros do exército português na Batalha de Aljubarrota]. **4** Grupo de determinada tendência dentro dum partido (político) ou duma instituição. **Comb.** ~ [Fa(c)ção] *conservadora*. ~ [Bancada(+)] *esquerda* «do Parlamento/ da Assembleia». **5** *(D)esp* Cada um dos lados da linha de ataque duma equipa/e. **Loc.** Jogar pelas ~s [pelos flancos/lados]. **Comb.** ~ direita.

ala² *interj* (<alar) Incitação para agir imediatamente. **Ex.** «pescadores/marinheiros, a puxar» ~! ~! Arriba! Já lhe disse tudo, ~ daqui [, fora/vá-se já embora]! *Idi.* **~, que se faz tarde** [Vamos]!

Alá *s m Rel* (<ár *allah<al*: o+*ilah*: Deus) Designação de Deus para os muçulmanos.

alabarda *s f Hist* (<it *alabarda* <al *helmbarte* < *helm*: punho+*barte*: machado) Arma antiga composta de lança, longa e pontiaguda, e atravessada por outro ferro em forma de meia-lua.

alabastrite/a *s f Miner* (<alabastro+-ite) Variedade de gesso fácil de trabalhar/Alabastro gipsífero. **Comb.** Estatueta de ~.

alabastro *s m Miner* (<gr *alábastros,ou*: espécie de pedra calcária semelhante ao mármore, vaso para perfume feito dessa pedra) **1** Variedade de calcário [calcite/a] translúcido, branco leitoso, cor de mel ou castanho raiado, usado para o fabrico de peças ornamentais. **Comb.** Colunas de ~ «dos palácios da Roma antiga». **2** Variedade de gesso granular fino, branco/Alabastrite. **Comb.** Vaso «grego» de ~ para perfume. **3** *fig* Brancura. **Comb.** «senhora com» Colo de ~ [muito branco].

alabregado, a *adj* (<alabregar+-ado) Que tem o aspe(c)to de labrego/Boçal/Grosseiro. **Comb.** Ar [Modos] ~o/os.

alabregar *v t* (<a¹-+labrego+-ar¹) Tornar(-se) labrego/grosseiro. **Ex.** Alabregou-se em conta(c)to com a ralé [os vadios/os marginais].

álacre *adj 2g Poe* (<lat *álacer,cris,cre*) Cheio de entusiasmo/Alegre/Esperto/Vivo. **Comb.** *Cores* ~s [vivas/alegres(+)]. *Música* ~ [alegre/viva/mexida]. *Temperamento* ~ [alegre(+)/comunicativo(+)]. **Ant.** Sorumbático; triste; tristonho.

alacridade *s f* (<lat *alácritas,tátis*) Grande alegria/entusiasmo/Animação/Vivacidade/ Jovialidade(+). **Ex.** Lembro-me bem da ~ [alegria(+)/animação(o+)] das nossas festas de verão na quinta.

alado, a *adj* (<lat *alátus,a,um*; ⇒ ala¹) **1** Que tem asas/Que voa. **Comb.** *Bando* ~ [de pássaros]. *Mit Cavalo* ~ [Pégaso] «símbolo dos poetas». *Inse(c)to* [*Peixe*] ~ [voador(+)]. **2** Que tem a forma de asa. **Comb.** Contorno [Saliência] ~o/a. **3** *Bot* Com uma ou mais asas ou extensões membranosas. **Comb.** *Pecíolo* ~. *Semente* ~*a* «do pinheiro». **4** *fig* Que denota leveza/Airoso/ Gracioso. **Comb.** *Movimentos* ~*s*. *Sonhos* [Esperanças] ~*os/as* [Grandes sonhos/esperanças(+)].

alagadiço, a *adj* (<alagado+-iço) Sujeito a alagar-se/inundar-se/Lamacento/Pantanoso. **Comb.** Terreno ~.

alagamento *s m* (<alagar+-mento) **1** Inundação/Encharcamento. **Ex.** As fortes chuvadas provocaram o ~ [a inundação(+)] de muitas ruas. **2** Destruição/Arrasamento. **Comb.** ~ [Destruição(+)/Desmoronamento(o+)] de casas devido ao terramoto.

alagar *v t* (<a¹-+lago+-ar¹) **1** Cobrir de água/ Transformar em lago/Inundar/Encharcar. **Ex.** As caves dos edifícios ficaram alagadas com a cheia do rio. As fortes chuvadas alagaram os campos e destruíram as colheitas. Fui apanhado desprevenido pela chuva e fiquei alagado [encharcado(+)] até aos ossos [e fiquei todo molhad(inh)o]. **2** Cobrir [Inundar] com qualquer líquido. **Ex.** O tonel/A pipa rebentou e alagou [inundou] a adega com vinho. **3** *fig* Encher por completo/Derramar-se/Espalhar-se. **Ex.** O clarão do relâmpago alagou a cidade inteira com uma intensa luz. A pobre mulher, alagada [banhada(+)] em lágrimas, suplicava que lhe valessem naquela desgraça. **4** Destruir/Arrasar. **Ex.** De dia, construía o muro; à noite, o vizinho alagava-(lh)o [deitava-(lh)o abaixo].

alagartar *v t* (<a¹-+lagarto+-ar¹) Dar [Tomar] o aspe(c)to de lagarto/Enfeitar com cores e motivos variados. **Comb.** Blusa com padrões [enfeites] alagartados.

alagoano, a *adj/s* (<*top* Alagoas, estado do Brasil) De Alagoas.

alalia *s f Med* (<gr *alalía,as*: má linguagem) Perda total ou parcial da capacidade de falar. **Ex.** A ~ na criança pode ser consequência da surdez. ⇒ afasia.

álalo, a *adj* (<alalia) Que sofre de alalia/ Mudo(+). **Comb.** Adultos ~s.

alamar *s m* (<ár *al hamárâ*: enfeite) Enfeite feito com um cordão de seda, lã ou metal que guarnece uma peça de vestuário ou a abotoadura. **Ex.** Os ~es podem formar uma presilha ou aselha onde apertam os botões, em vez da casa.

alambazado, a *adj/s* (<alambazar+-ado; ⇒ lambuzado(+)) **1** Um glutão/Guloso. **Ex.** Na mesa do canto juntaram-se os ~s [gulosos/comilões]. **2** Gordo/Corpulento/ Desajeitado. **Ex.** Era uma figura «homem» enorme, ~a, grotesca.

alambazar-se *v t Col* (<a¹-+lambaz+-ar¹; ⇒ lambuzar(-se)) **1** Tornar-se lambão/lambaz/ comilão/glutão/Comer demasiado/Empanturrar-se(+). **Ex.** Era muito guloso; nos casamentos alambazava-se com toda a espécie de doces. **2** Cometer excessos/ Proceder de forma exagerada. **Ex.** Alambazou-se com [Ocupou] dois lugares no autocarro [ônibus] para que ninguém o incomodasse. **3** Tornar-se corpulento/desajeitado/grosseiro. **Ex.** Era uma menina tão engraçad(inh)a; alambazou-se [ficou desajeitada/feia] quando cresceu.

alambicado, a *adj* (<alambicar) **1** Obtido [Destilado] no alambique. **2** *fig depr* Afe(c)tado/Amaneirado/Presumido/Delambido(+). **Comb.** *Liter Estilo* ~ [empolado(+)]. *Maneiras* [*Modos*] ~*as/os*.

alambicar *v t* (<alambique+-ar¹) **1** Destilar no alambique. **Loc.** ~ o bagaço de uva (para obter [fazer] aguardente). **2** *fig depr* Tornar(-se) afe(c)tado/pretensioso. **Ex.** É toda cheia de importâncias; alambicou-se, não fala a ninguém.

alambique *s m* (<ár *al-anbíq* <gr *ámbiks, ámbikos*: vaso de destilar) Aparelho que serve para destilar. **Ex.** Os bagaços de uva eram destilados em ~s para obtenção da aguardente; a(c)tualmente predomina a destilação industrial em (grandes) colunas de destilação.

alambor *s m* (<ár *al-ubúr*: travessia do rio) Aumento de espessura na base duma construção de alvenaria.

alambre¹ ⇒ âmbar.

alambre² *s m* (<esp *alambre* <lat *aerámen, inis*: bronze) Fio de metal/Arame(+).

alambr(e)ar *v t/int* (<alambre+-ar¹) **1** Dar [Tomar] a cor de âmbar/Bronzear(+) «a pele». **2** Cercar «terreno» com arame.

alameda (Mê) *s f* (<álamo+-eda) **1** Lugar com árvores, principalmente álamos. **Comb.** Uma extensa ~ na margem [à borda(+)] do rio. **2** Avenida [Rua larga] ladeada de árvores «álamos/choupos». **Ex.** A minha rua [A rua onde eu moro] ainda conserva o nome de ~ mas já não tem árvore.

álamo *s m Bot* (<lat *álamus* < *álnus,i*) Árvore da família das salicáceas, de tronco delgado e de grande altura, de folhas verde-prateado, que dá madeira clara e leve/Choupo(+). **Ex.** O ~ é uma árvore de sombra e ornamental, de crescimento muito rápido. **Comb.** *~ branco* [Faia]. *~ negro* [preto].

alancar *v t/int* (<lat *ala*+atacar ?) **1** Carregar com grande peso/Derrear. **Ex.** Dá/ê-me uma ajud(inh)a; não posso ser só eu a ~ com o fardo. **2** Sair debaixo do [Alijar o] peso. **Ex.** Alancou com o saco «do trigo» para o chão. **3** Pôr-se em fuga. **Ex.** Quando se sentiram descobertos, os ladrões alancaram [puseram-se em fuga/pisgaram-se(+)], nunca mais se viram.

alanceador, ora *adj/s* (<alancear+-dor) (O) que alanceia [fere com lança]/ Pungente/«grito» Lancinante(+).

alanceamento *s m* (<alancear+-mento) **1** Ataque [Ferimento/Golpe] com lança. **2** *fig* Incitamento ao ataque a outrem.

alancear *v t* (<a¹-+lança+-ear) **1** Atacar [Ferir(-se)] com lança. **Ex.** Um soldado alanceou [trespassou com a lança(+)] o lado [peito] de Jesus na cruz. **2** *fig* Causar dor/ Atormentar. **Ex.** O desgosto alanceava-lhe o coração. **3** *fig* Incitar ao ataque/Espicaçar. **Loc.** ~ um pugilista (contra o adversário).

alanco *s m* (<alancar 1) Impulso/Encontrão/ Solavanco. **Ex.** A cada ~ dos pedreiros, a enorme pedra avançava um pouco.

alandr(oeir)o/alandroal ⇒ loendro/loendral.

alanina *s f Bioq* (<fr *alanine*) Aminoácido incolor, cristalino, importante constituinte das proteínas.

alano, a *adj/s Hist* (<lat *alánus,a,um*) *Hist* Relativo [Pertencente] aos Alanos, povo bárbaro que invadiu a Europa no séc. V. **Ex.** Os ~s ocuparam a Península Ibérica antes dos Visigodos.

alantíase *s f Patol* (<gr *állas,antos*: salsicha+-ase) ⇒ Intoxicação por alimentos em mau estado de conservação/Botulismo(+).

alanzoar *v t/int pop* (<alão+z+-ar¹) **1** Falar muito/à toa/sem pensar/Tagarelar. **Ex.** Não se calou um segundo; alanzoou toda a viagem! **2** Bazofiar/Engrandecer-se/Fanfarronar. **Ex.** Pela maneira como alanzoava, não havia ninguém melhor do que ele.

alanzoeiro, a *adj/s* Fanfarrão/Gabarola/ Tagarela/Aldrabão. **Ex.** Aquele café parece [é(+)] um clube de ~s [de más-línguas/de fanfarrões].

alão *s m* (<lat *alánus,i*) Cão de caça, corpulento, de pelo curto e orelhas caídas. **Comb.** Matilha de ~s [~ões/~ães].

alapar *v t* (<a¹-+lapa+-ar¹) **1** Esconder(-se) debaixo duma lapa. **Loc.** ~ o roubo [os obje(c)tos roubados]. **2** Ocultar(-se)/ Esconder(-se). **Ex.** A criança, envergonhada, alapou-se atrás do armário. **3** *fig pop* Instalar-se comodamente. **Ex.** Alapou-se no sofá a tarde inteira e os outros que trabalhassem [e os outros tiveram que [de] fazer o trabalho [a parte] dele]! **Comb.** «coelho» Alapado ao sol.

alapardar-se *v t* (<a¹-+lapardo+-ar¹) **1** Esconder-se/Acaçapar-se/Agachar-se. **Ex.** As

perdizes alapardavam-se nos arbustos. **2** *fam* Instalar-se comodamente/Refastelar-se. **Loc.** ~ o dia inteiro no sofá «a ver televisão».

alapuzado, a *adj* (<alapuzar) Que tem o aspe(c)to de lapuz/Rude/Grosseiro. **Comb.** Ar [Modos] ~o/os. **Sin.** Alabregado; labrego. **Ant.** Bem-educado; delicado; polido.

alapuzar *v t* (<a¹-+lapuz+-ar¹) Tornar(-se) lapuz/grosseiro/Abrutalhar(-se). **Ex.** Alapuzou-se na cadeia com os outros presos.

alar *v t/adj 2g* (<lat *ala,ae*: asa, ombro+-ar) **1** Passar a ter [Adquirir] asas. **Ex.** As formigas só alam [têm asas] em determinada época. **2** *adj* Que tem a forma de asa/Relativo à(s) asa(s). **Comb.** *Forma ~. Membrana ~* «dos morcegos». **3** *Náut* Puxar «rede» [Rebocar] uma embarcação. **Loc.** ~ um barco (para fazer a acostagem). **4** *fig* Fazer subir/Elevar «o pensamento». **Loc.** ~ a alma [Voar] para as regiões etéreas; ~-se a sentimentos mais nobres.

alaranjado, a *adj/ s m* (<alaranjar+-ado) **1** Semelhante na cor, forma ou gosto à laranja. **Comb.** Feitio [Sabor] ~. **2** *s m* Cor intermédia entre o amarelo e o vermelho/Laranja(+). **Ex.** O ~ é uma das sete cores do arco-íris: vermelho, ~, amarelo, verde, azul, anil e violeta. Gosto do (tom) ~ da blusa.

alaranjar *v t* (<a¹-+laranja+-ar¹) Dar a cor laranja/alaranjada/Tornar semelhante à laranja. **Loc.** «a fruta» Começar a ~ [amadurecer(o+)/Tornar-se amarel(inh)a(+)].

alarar *v t/int* (<a¹-+lar+-ar¹) **1** (Con)viver no mesmo lar/na mesma casa. **2** Espalhar a lenha [as brasas] na lareira.

alarde *s m* (<ár *al-hard*: revista militar/às tropas) Exibição aparatosa/Espavento/Ostentação/Vaidade. **Ex.** Gostava de ajudar os pobres discretamente, sem ~ [sem dar nas vistas]. **Loc.** Fazer ~ [Gabar-se/Vangloriar-se].

alardear *v t/int* (<alarde+-ar¹) **1** Fazer alarde/Exibir com ostentação/vaidade/Apregoar. **Loc.** ~ a amizade com políticos influentes. ~ riquezas. **2** Gabar-se/Vangloriar-se. **Ex.** Era um aventureiro que gostava de ~ proezas [façanhas] que ninguém levava a sério [nas quais ninguém acreditava].

alargamento *s m* (<alargar+-mento) Aumento de dimensões/Ampliação/Dilatação. **Comb.** ~ do âmbito de aplicação da lei. ~ dos quadros [funcionários] da empresa. ~ dum canal [duma rua/avenida].

alargar *v t/int* (<a¹-+largo+-ar¹) **1** Tornar(-se) mais largo/maior/Aumentar (de dimensões)/Ampliar. **Loc.** *~ a distância* entre os carros «na rodovia». *~ um fato. ~ uma rua. ~ uma sala.* **2** Ficar mais largo/Engordar. **Ex.** Os sapatos alargaram, caem[saem]-me dos pés. A roupa não me serve; alarguei muito depois do parto. **3** Estender(-se)/Espraiar(-se). **Ex.** A revolta alargou à província. **Loc.** ~ [Estender] *o convite a todos os colegas. ~ os horizontes* [Ter vistas mais largas «e pensar nos outros»]. **4** Prolongar [Dilatar] no tempo. **Ex.** O ministro (da educação) vai ~ o prazo para as matrículas. **5** Falar demoradamente/Alongar a exposição. **Ex.** O orador «conferencista» alargou-se, já me estava a dar o sono. **Loc.** ~-se em explicações [Explicar de mais/*Br* demais]. **6** (Ultra)passar os limites/Ir além do que é normal/razoável/Exceder-se. **Ex.** Emprestei-lhe o carro para ir para o emprego e ele alargou-se [aproveitou-se/abusou] e foi passear (nele). **Loc.** ~-se nas [Ultrapassar as] suas competências. **7** *fig* Gastar demasiado/Ser perdulário/Esbanjar. **Ex.** Vai tu [Vá você] às compras mas não te [se] alargues[gue] muito [não gastes[te] muito dinheiro]! Os meus pais alargaram-se: deram-me uma prenda caríssima. **Idi.** ~ [Abrir(+)] *os cordões à bolsa* [Gastar sem preocupações/Ser generoso].

alarido *s m* (<alarde+-io) **1** Grito de incitamento à guerra. **Ex.** O exército «árabe» avançou com [em] grande ~. **2** Clamor de vozes/Gritaria/Algazarra/Vozearia. **Ex.** Ouviam-se as crianças no recreio num ~ ensurdecedor.

alarmante *adj 2g* (<alarmar+-ante) **1** Que alarma/Assustador/Inquietante. **Comb.** Aumento ~ [preocupante] do desemprego. Gritos [Notícias] ~s/preocupantes. **2** Que denota perigo/Aterrador. **Ex.** O médico fez um diagnóstico ~/aterrador. **Comb.** Níveis de poluição ~s. Prédio em situação ~ de ruína.

alarmar *v t* (<alarme+-ar¹) Pôr em alarme/alerta/Assustar/Inquietar/Sobressaltar/Preocupar. **Ex.** Ouviu-se um grito que nos alarmou a todos. A iminência [O perigo da guerra alarmava o mundo inteiro. Fiquei alarmado [boquiaberto/varado] com a gravidade do diagnóstico da doença.

alarme *s m* (<it *all'arme*: às armas) **1** Aviso/Sinal de perigo. **Ex.** O guarda deu o ~ [avisou/alertou] de que os ladrões se aproximavam. **Comb.** *Campainha/Sirene de ~. Falso ~* [Aviso infundado de perigo]. *Sinal de ~* [Algo que se vê/ouve e avisa do perigo]. **2** Dispositivo de segurança que emite um sinal de aviso em situação de perigo. **Loc.** Montar um ~ (sonoro/luminoso) «em casa/no escritório». **3** *fig* Inquietação/Sobressalto. **Ex.** A notícia provocou ~ no sindicato. A cotação do euro baixou mas não é caso [não há razão] para ~.

alarmismo *s m* (<alarme+-ismo) Tendência para exagerar as situações de perigo real ou para divulgar notícias alarmantes. **Ex.** Mal se ouviu falar em epidemia «gripe das aves» gerou-se um ~ injustificável.

alarmista *adj/s 2g* (<alarme+-ista) (O) que provoca [sofre de] alarmismo. **Comb.** *Notícias ~s. Pessoas ~s*.

alarve *s/adj 2g* (<ár *al-harab*: os árabes) **1** (O) que é grosseiro/rude/selvagem. **Ex.** Uma corja [Um bando] de ~s divertia-se a achincalhar [humilhar, ridicularizando,] os colegas mais novos. **2** (O) que come muito/Comilão/Glutão. **Ex.** Aquele ~ comeu duas tabletes [barras] de chocolate seguidas. **Loc.** Comer como um ~. **3** (O) que é tolo/aparvalhado/estúpido. **Ex.** Quando lhe perguntavam alguma coisa, ficava com ar de ~ e não dizia nada.

alarvice [alarvidade] *s f* (<alarve+-...) Qualidade ou a(c)ção própria de alarve/Selvajaria(+). **Ex.** Os jovens, em grupo, cometem ~s que, sozinhos, nunca fariam [cometeriam/praticariam].

Alasca *s m Geog* Estado dos EUA. **Ex.** A capital do ~ é Juneau. ⇒ *depr* esquimó [inuíte(+)].

alastramento *s m* (<alastrar+-mento) Propagação/Difusão. **Ex.** O ~ do fogo foi muito rápido. **Comb.** *O ~* [A difusão(+)] *duma notícia* [dum boato]. *O ~ duma doença* [das chamas/da moda].

alastrar *v t/int* (<a¹+lastro+-ar¹) **1** Espalhar(-se)/Encher/Alargar(-se). **Ex.** As heras alastraram pelas paredes da casa. O óleo do carro acidentado alastrou pela [pelo pavimento/piso da] estrada tornando-o/a muito perigoso/a. **2** Propagar/Difundir. **Ex.** A notícia alastrou [espalhou-se/difundiu-se] rapidamente por todo o país. A gripe está a ~. O fumo alastrou por [encheu] toda a casa. **3** Pôr lastro/Cobrir totalmente. **Loc.** ~ [Juncar(+)] uma rua com tapetes de [Atapetar uma rua com(+)] flores «nos Açores» para a passagem da procissão.

alastrim *s m Med* (<alastrar+-im) Variedade benigna de varíola.

alatinar *v t* (<a¹-+latino+-ar¹) Dar forma latina/Tornar semelhante ao latim/Latinizar(+). **Loc.** *~ uma palavra* [frase]. *~ costumes de outros povos*. **Comb.** Palavra [Termo] científico alatinada.

alaúde *s m* (<ár *al-haud*: madeira «de aloés», ~) **1** *Mús* Instrumento musical antigo, séc. XI-XVI, com caixa abaulada em forma de meia pera e cinco cordas duplas e uma simples. **Ex.** O ~ é o antepassado da guitarra [viola] portuguesa. **2** *Náut* Pequena embarcação usada no Algarve (Portugal) para a pesca do atum.

alaudídeos *s m pl Ornit* (<lat *alauda*: cotovia, calhandra+-ídeo) Família de pássaros acastanhados, com 75 espécies, a que pertencem a cotovia e a calhandra.

alavanca *s f* (<alar 3+palanca ?) **1** Corpo rígido, geralmente linear, que se pode mover em torno dum ponto [eixo] fixo para ampliar o efeito duma força. **Ex.** As ~s, de acordo com a posição relativa do fulcro e das forças, classificam-se em: interfixas «tesoura», interpotentes «pinça» e inter-resistentes «quebra-nozes». A tesoura é uma pequena ~. **Comb.** ~ de mudanças/câmbio/marcha(s) [Haste metálica para o motorista alternar as velocidades]. **2** Utensílio «de ferro» para levantar ou mover grandes pesos «num cami(nh)ão». **3** *fig* Tudo o que tem muita força. **Ex.** A educação [escolaridade/instrução] é a maior ~ do progresso.

alavancar *v t* (<alavanca+-ar¹) Mover com [Ajudar-se de] alavanca/Dar impulso/Reforçar/Favorecer/Ajudar. **Ex.** A estabilidade política alavancou [favoreceu(+)] o desenvolvimento econó[ô]mico. Para desobstruir a estrada, tiveram que [de] ~ [deslocar com ajuda de alavanca(s)(+)] o carro acidentado.

alavão *s/adj m* (<ár *al-labbán*: leiteiro; *pl* ~ães) Diz-se do gado «vacas/ovelhas» que dá leite. **Ant.** Alfeire.

alazão, ã *s/adj* (<ár *al-hiçán*: cavalo de cor acastanhada) Diz-se do cavalo [da égua] que tem cor acastanhada [de canela]. **Ex.** Aquela ~ã é *idi* uma bonita estampa [é uma égua bonita]. **Comb.** Pelo ~/acastanhado.

alba *s f* (<lat *álbus,a,um*: branco) Primeira claridade do dia/Aurora. **Loc.** Ao romper da ~/aurora(+) [Ao amanhecer]. ⇒ alva.

albacora¹ (Có) *s f Icti* (<lat *albicólor,óris*: de cor branca) Peixe teleósteo, semelhante ao atum, com barbatanas peitorais muito desenvolvidas/Atum-de-galha-comprida/Atum-voador.

albacora² (Có) *s f* (<ár *al-bakûr*: precoce) Figo que amadurece muito cedo/temporão/Figo lampo.

albafar *s m Icti* (< ?) Peixe grande (*Hexanchus griseus*) que pode atingir 4,5 m de comprimento e vive em águas profundas dos oceanos, sendo comum no Mediterrâneo/Abafar/Olho-verde.

albaflor [albafor] *s f Bot* (<ár *al-bakhór*: incenso) **1** Planta herbácea também conhecida por junça e junça-ordinária. **2** Substância aromática extraída dessa planta.

Albânia *s f Geog* País europeu situado na península balcânica. **Ex.** A capital da ~ é Tirana, a língua é o albanês e os habitantes são os albaneses.

albarda *s f* (<ár *al-bardáa*) **1** Sela grosseira recheada de palha, própria para (animais de) carga. **Ex.** *idi* Como não pode bater no burro, bate na ~ [Não podendo vingar-se em quem supostamente o/a tenha ofendido, vinga-se numa pessoa [alheia à questão]. **2** *fig pop* Casaco [Fato] grosseiro/malfeito/ridículo. **Ex.** Ficas mesmo có[ô]mico com essa ~, quem ta fez [quem (foi que) a fez]? **3** *fig* Opressão/Dominação. **Idi.** *Atirar com a ~ ao ar* [Revoltar-se/Sacudir o jugo(+)/Libertar-se da opressão].

albardada *s f Cul* (<albardado) Fatia de pão envolvida em ovos batidos, frita, com açúcar por cima. ⇒ rabanada.

albardado, a *adj* (<albardar+-ado) **1** Que tem a albarda colocada no dorso. **Ex.** Só depois de ~ o burro, (é que) se lhe pode pôr a carga em cima. ⇒ selado. **2** *Cul* Passado por ovo e frito. **Comb.** Bacalhau ~. **3** Diz-se de touro que tem uma mancha no lombo de cor diferente da do resto do pelo. **4** *depr* Vestido de forma ridícula. **Ex.** A tua nora apareceu aqui tão mal ~a, parecia que trazia a roupa da avó! **5** Malfeito/Mal acabado/Aldrabado(+). **Comb.** Trabalho [Obra] ~o/a.

albardão *s m* (<albarda+-ão) **1** Albarda grande/Sela grande mas própria para montar. **2** *Br* Saliência de terreno junto a um rio ou lago.

albardar *v t* (<albarda+-ar¹) **1** Pôr a albarda(+). **Idi** *~ o burro à vontade do dono* [Fazer as coisas à vontade de quem manda, mesmo não estando de acordo]. **Loc.** ~ o [Pôr a albarda ao(+)] burro. ⇒ selar². **2** *Cul* Passar por ovo e farinha para fritar. **Loc.** ~ filetes de peixe [~ feijão verde]. **3** *fig pop* Vestir(-se) com fato malfeito/grosseiro/ridículo. **Ex.** Aquela mulher parece que não tem espelho em casa: albarda-se com qualquer coisa e vai [sai] assim para a rua!

albardeiro, a *s/adj* (<albarda+-eiro) **1** Pessoa que faz ou vende albardas. **Prov.** *O ~ mete palha e tira dinheiro* [Quem não é sério ganha dinheiro vendendo caro o que vale pouco]. **2** Relativo a albarda. **Comb.** Agulha ~a [de coser albardas]. **3** *fig pop* Que não é perfeito no trabalho/Trapalhão/Aldrabão(+). **Comb.** Trabalho (de) ~/sapateiro(+) [Trabalho malfeito/muito imperfeito].

albarrã *s/adj f* (<ár *al-barrán*: de fora, exterior) **1** Torre construída fora das muralhas para vigilância e defesa da fortaleza. **Ex.** A ~ de Lisboa foi posteriormente incluída na cintura de muralhas e passou a ser torre de menagem «do Castelo de S. Jorge». **2** *Bot* Denominação de alguns frutos rústicos. **Comb.** Cebola-~. Maçã-~.

albatroz (Trós) *s m Ornit* (<alcatraz+alvo) Ave marinha de cor branca, corpo robusto e asas compridas, que passa a maior parte do tempo a voar sobre o mar, vindo a terra só para nidificar. **Ex.** Os ~es, as maiores e melhores aves voadoras, podem atingir mais de três metros de envergadura.

albedo (Bê) *s m* (<lat *albédo,inis*: brancura, alvura) **1** *Fís* Relação entre a quantidade de luz refle(c)tida por uma superfície e a quantidade de luz que nela incide. **Ex.** Quanto mais escura for a superfície, menor será o seu ~. **2** *Astr* Relação entre a quantidade de luz refle(c)tida por um astro e a quantidade de luz que ele recebe do Sol. **Ex.** O ~ da Lua é muito menor (do) que o da Terra (A Lua absorve mais de 90% da luz recebida do Sol e a Terra cerca de 60%).

albergar *v t* (<provençal *albergar*) **1** Dar albergue [alojamento] temporário/Hospedar(-se)(+). **Ex.** Muitas famílias albergaram em suas casas jovens estrangeiros que vieram a Lisboa para participar no Congresso Internacional da Nova Evangelização (2005). **2** Dar abrigo/Acolher/Acomodar/Instalar/Alojar. **Ex.** O Santuário de Fátima (Portugal) tem instalações próprias para ~ os peregrinos doentes nas grandes peregrinações anuais. **Loc.** ~ os desalojados [refugiados]. **3** *fig* Trazer no interior/Encerrar em si/Conter. **Ex.** O corpo envelhecido da Madre Teresa de Calcutá albergava um coração enorme e jovem. Que pensamentos estranhos albergaria [abrigaria(+)] a jovem na sua cabecinha?!

albergaria *s f* (<albergar+-ia) **1** Lugar [Casa] onde antigamente se dava abrigo, por baixo preço, a pobres e peregrinos. **Ex.** As ~s situavam-se à beira dos caminhos mais importantes. **2** ⇒ Albergue/Hospício. **3** ⇒ Hospedaria/Estalagem/Hotel.

albergue (Bér) *s m* (<albergar) **1** Lugar de acolhimento para pessoas doentes ou velhas/Hospício(+)/Asilo(o+). **Ex.** Muitos hospitais modernos tiveram a sua origem em antigos ~s. **2** Casa onde se pode pernoitar por baixo preço. **Comb.** ~ [Pousada] da Juventude. **3** Abrigo(+)/Refúgio. **Ex.** Para nos abrigarmos do temporal, serviu-nos de ~ uma casa abandonada.

albiano *s m/adj Geol* (<top *Albi*, cidade francesa) (Relativo ao) andar da base do Cretáceo médio. **Ex.** Num depósito português de origem lacustre ou fluvial (Cercal, Cadaval), da idade ~a, foram encontrados os mais antigos restos de dicotiledóneas da Europa.

albigense *s 2g Rel Hist* (<top *Albiga*: cidade do sul de França+-ense) Hereges neomaniqueus que acreditavam no dualismo de dois princípios eternos opostos, o bom e o mau, e se espalharam pelo sul de França nos séc. XII e XIII/Cátaros. **Comb.** Cruzada contra os ~s (1208).

albinismo *s m* (<albino+-ismo) **1** *Med* Anomalia congé[ê]nita caracterizada pela falta de pigmento na pele, nos pelos e na íris. **Ex.** O ~ pode ser total (Completo) ou parcial (Incompleto) com pigmento apenas na íris e ocasionalmente na pele. **2** *Bot* Fenó[ô]meno de despigmentação dos órgãos coloridos por ausência de clorofila. **Ex.** As plantas com ~ não podem efe(c)tuar a fotossíntese.

albino, a *adj/s* (<lat *albus,a,um*: branco+-ino) (O) que sofre de albinismo. **Ex.** Há ~s de todas as raças, inclusive da negra.

albite/a *s f Min* (<lat *albus,a,um*: branco+-ite) Componente dos feldspatos sódicos (Silicato de alumínio e sódio) que cristaliza no sistema triclínico e entra na composição de granitos, sienitos e outras rochas metamórficas. **Ex.** A ~ pertence ao grupo das plagioclases.

albornoz (Nós) *s m* (<ár *al-burnûs*) **1** Manto de lã com capuz usado principalmente pelos árabes. **2** Casaco largo com capuz e gola subida ado(p)tado pelos europeus.

albufeira *s f* (<ár *al-buháira*: lago, lagoa) **1** Lagoa formada pelo mar junto à costa e que com ele comunica nas marés cheias. **2** Lagoa artificial resultante de barragem construída num curso de água/Represa. **Ex.** A água armazenada nas ~s é utilizada principalmente para fins de rega e produção de energia elé(c)trica. ⇒ açude.

albugem [albugo] *s f [m] Med* (<lat *albúgo,inis*: mancha branca no olho, caspa da cabeça) **1** Mancha esbranquiçada na córnea resultante de lesão, inflamação ou anomalia do desenvolvimento. **2** Mancha esbranquiçada que se forma nas unhas.

albugínea *s f Anat* (<albugem+-ínea) **1** Parte branca do globo ocular/Escler(ót)ica. **2** Membrana fibrosa esbranquiçada que reveste certos órgãos «testículos/ovários».

álbum *s m* (<lat *álbum,i*: quadro branco onde se escreviam informações de interesse público) **1** Livro com folhas em branco para guardar fotos/selos/pensamentos/autógrafos/... **Comb.** ~ *de casamento*. ~ *de moedas*. *O Meu Primeiro ~* [~ com as primeiras recordações dum filho]. **2** Livro impresso, ilustrado com imagens «e informações de interesse turístico». **Comb.** *Um ~ de banda desenhada* «do Tintim». *Um ~ de Lisboa*. **3** *Mús* Conjunto de músicas interpretadas pelo mesmo (conjunto de) artista(s), gravadas num ou mais discos. **Ex.** O artista anunciou que o seu novo ~ sairia brevemente.

albume [albúmen] *s m* (<lat *albúmen,inis*: clara do ovo) **1** Clara(+) do ovo. **2** *Bot* Reserva alimentar que envolve algumas sementes e serve para alimentar o embrião.

albumina *s f Quím* (<albume+-ina) Grupo esbranquiçado de proteínas, solúveis na água, que coagulam com o calor, existentes em organismos animais «no sangue/leite» e vegetais. **Comb.** *Lacto~* [~ existente no leite]. *Soro~* [~ existente no soro]. ⇒ albuminúria.

albuminoide *s m/adj 2g* (<albumina+-oide) **1** *Quím* Proteína que não é solúvel na água nem em solventes neutros. **Ex.** As combinações de carbono, oxigé[ê]nio, hidrogé[ê]nio, azoto e enxofre, e que constituem as células, são ~s. Os ~s «queratina das unhas» têm geralmente uma estrutura fibrosa. **2** Relativo à [Da natureza da] albumina. **Comb.** Substância ~.

albuminoso, a (Ôso, Ósa, Ósos) *adj* (<albumina+-oso) Que tem [Semelhante à] albumina. **Comb.** Soluto [Substância] ~o/a.

albuminúria *s f Med* (<albumina+-úria) Presença de [O ter] albumina na urina.

albuminúrico, a *adj* (<albuminúria+-ico) Que tem [Relativo à] albuminúria.

alburno *s m Bot* (<lat *albúrnum,i*) Parte mais clara do tronco das árvores entre a casca e o cerne. **Ex.** O ~ é mais mole (do) que o cerne.

alça *s f* (<alçar) **1** Tira «de tecido» que passa por cima dos ombros para segurar uma peça de vestuário. **Comb.** ~ *das calças*. *Saia de ~s*. ⇒ suspensório(s). **2** Parte saliente que serve para levantar alguma coisa/Asa/Presilha/Puxadeira. **Comb.** ~ *da mala*. *Saco/Mochila com duas ~s*. **3** Peça móvel graduada para regular o alcance e a pontaria do tiro/Valor marcado na ~. **Loc.** Levantar a ~ (para acertar num alvo mais distante). **4** Peça ligada ao eixo da roldana onde se insere o dispositivo «gancho/parafuso» de fixação. **5** *Anat* Parte dum órgão que descreve um arco. **Comb.** ~ *intestinal*. ⇒ sigmoide. **6** Parte superior da colmeia onde se colocam os quadros/Melário.

alcaçaria *s f Hist* (<ár *al-qaysaríya*: bazar) **1** Lugar [Rua] onde judeus e muçulmanos podiam negociar. **2** Local onde se curtiam as peles/Fábrica de curtumes.

alcácer *s m* (<ár *al-qaçr*: fortaleza, palácio) Palácio fortificado dos mouros/Fortaleza/Castelo. **Ex.** Ao redor do ~ formava-se geralmente uma povoação «*top* ~ *do Sal*, *Pt/~ Quibir*, *Marrocos*».

alcachof(r)a (Chô) *s f Bot* (<ár *al-kharxofâ*) **1** *Bot* Planta herbácea, da família das compostas, espontânea ou cultivada/Flor dessa planta. **Ex.** Na noite de S. João (de 23 para 24 de junho) chamuscam[queimam]-se as ~s [as flores de ~] (Se florirem no dia seguinte é sinal de amor correspondido). **2** *Arquit* Ornato arquite(c)tó[ô]nico em forma de ~/pinha.

alcáçova *s f Hist* (<ár *al-qaçba*: cidadela) **1** Parte principal e mais elevada da fortaleza/Cidadela. **Ex.** A residência do governador da praça fortificada situava-se frequentemente dentro da ~. **2** *Náut* Parte mais elevada e fortificada dos navios [das naus] antigos/as. **Loc.** Subir à ~ para vigiar o inimigo.

alcaçuz *s m Bot* (<ár *harq as-sûs*: raiz do ~) Planta herbácea, vivaz, da família das leguminosas, com flores azuladas ou violáceas e vagens compridas com três ou quatro sementes. **Ex.** O extra(c)to do rizoma [da raiz-doce] do ~ tem aplicações medicinais como laxante e expe(c)torante.

alçada *s f* (<alçado) **1** *Dir* Limite de competência dum juiz [tribunal] para julgamento sem recorrer a outro órgão/Jurisdição(+). **Ex.** A ~ dos tribunais de comarca é inferior à dos (tribunais) de Relação. **Comb.** ~ *extraordinária concedida a um juiz* [a uma comissão de juízes] para julgar certos crimes. **2** Limite de autoridade de uma pessoa. **Ex.** Esse problema é da ~ do chefe «da nossa secretaria/repartição». **3** Esfera de a(c)ção/Competência(+)/Responsabilidade(+)/Autoridade. **Ex.** Esse assunto não é da minha ~ [competência]. Enquanto os filhos estiverem sob a minha ~ [responsabilidade] não lhes permitirei que cheguem tarde (a casa). **Loc.** Estar sob a ~ da lei [Ser abrangido pela lei/obrigado ao seu cumprimento].

alçado, a *adj/s m* (<alçar+-ado) **1** Que está levantado/Erguido/Alteado. **Idi.** *Ir de rabo ~* [Sair rapidamente sem esperar explicações/Ir afoitamente com toda a pressa]. **Comb.** «o cão mija de [com] a» Perna ~a//levantada. **2** *s m Arquit* Proje(c)ção vertical dum obje(c)to ou da fachada dum edifício. **Comb.** ~ *principal* [lateral/posterior]. *Vista* [Imagem] *em ~*. **3** *s m* Parte superior dum móvel com duas partes. **Comb.** Có[ô]moda com ~. **4** *s m* Operação ou lugar de secagem e ordenamento das folhas dum livro para serem dobradas e encadernadas.

alcaguete/a (gu-ê) *s Br gír* (<esp *alcahuete* <ár *al-qawwád*: alcoviteiro) **1** ⇒ alcoviteiro. **2** ⇒ Espião da polícia/Informador/Delator.

alcaide, dessa *s Hist* (<ár *al-qaid*: chefe, guia) **1** Antigo governador de castelo/praça forte/povoação. **Ex.** O ~ tinha jurisdição administrativa, militar e judicial. ⇒ Presidente da Câmara/Prefeito. **2** Antigo oficial de justiça. **3** *depr Br* ⇒ Obje(c)to/Mercadoria/Pessoa sem valor.

álcali *s m Quím* (<ár *al-qali*: planta donde se extraía a soda; ⇒ alcalino) Substância que reage com ácidos de modo semelhante aos hidróxidos de sódio e potássio. **Ex.** Os ~s fazem parte do grupo de compostos químicos designados por bases.

alcalimetria *s f Quím* (<álcali+-metria) Processo [Operação] de determinação da quantidade de álcali existente numa solução. **Ex.** A ~ fundamenta-se na rea(c)ção de neutralização ácido-base.

alcalimétrico, a *adj* (<alcalimetria+-ico) Relativo à alcalimetria.

alcalímetro *s m Quím* (<álcali+-metro) Instrumento que serve para determinar a quantidade de álcali contida numa solução.

alcalinidade *s f* (<alcalino+-dade) Propriedade do que é alcalino/Basicidade. **Comb.** Verificação da ~ duma substância.

alcalinizar *v t Quím* (<alcalino+-izar) Tornar alcalino/Dar propriedades alcalinas/Aumentar o pH. **Loc.** ~ uma solução «por adição de soda cáustica».

alcalino, a *adj Quím* (<álcali+-ino) **1** Que contém álcali/Que tem propriedades próprias dos álcalis/Básico **2**. **Comb.** *Acumulador ~*. *Metais ~s* (Grupo de metais da Classificação Periódica: lítio, sódio, potássio, rubídio, frâncio e césio). *Rea(c)ção ~a*. *Rocha ~* [com muito sódio e potássio]. **2** Que tem pH maior (do) que 7. **Comb.** Soluções ~as.

alcalino-terroso, a (Ôso, Ósa, Ósos) *adj Quím* Diz-se dos metais que têm comportamento próximo dos metais alcalinos: berílio, magnésio, cálcio, estrôncio, bário e rádio.

alcalinúria *s f Med* (<alcalino+-úria) Presença anormal de substâncias alcalinas na urina.

alcaloide *s m* (<álcali+-oide) Composto azotado com propriedades alcalinas, quase sempre heterocíclico, que ocorre geralmente nas sementes, raízes, folhas ou na casca de algumas plantas. **Ex.** Muitos ~s «nicotina/morfina» são drogas tóxicas e estupefacientes.

alcalose (Ló) *s f Med* (<álcali+-ose) Aumento da alcalinidade no sangue. **Comb.** ~ *metabólica* «perda de suco gástrico».

alçamento *s m* (<alçar+-mento) A(c)ção de alçar(-se)/Alteamento/Elevação/Levantamento.

alcançado, a *adj* (<alcançar+-ado) **1** Atingido/Conseguido. **Comb.** Pré[ê]mio [Vitória] ~o/a. **2** Apanhado(+)/Agarrado. **Comb.** *~ pela gripe*. *~ pela onda mais forte*. *~ pelo grupo de marginais*. **3** Compreendido/Assimilado. **Comb.** Matéria [Teoria] ~a [compreendida(+)/assimilada(o+)]. **4** ⇒ endividado; sem meios.

alcançar *v t/int* (<lat *ad+incálcio,áre*: chegar aos calcanhares) **1** Chegar junto de/Atingir. **Ex.** O pelotão de ciclistas alcançou o grupo da frente em poucos minutos. O atleta alcançou a [chegou à] meta em 3.º lugar. **2** Conseguir/Obter. **Ex.** O meu filho está a fazer grandes progressos: já alcançou [(ob)teve/conseguiu(+)] (nota) positiva em todas as disciplinas. Este conjunto musical alcançou um enorme sucesso. **3** Ter êxito nos esforços para atingir um obje(c)tivo. **Prov.** *Quem porfia sempre alcança* [*prov.* Quem porfia mata caça/ Quem luta/trabalha/se esforça acaba sempre por conseguir aquilo que quer]. **4** Chegar com a mão/Apanhar. **Ex.** Por favor, alcance[chegue(o+)/dê(+)]-me o livro do cimo da estante (por)que eu não chego lá [não lhe chego]. A criança saltava para ~ [agarrar] o balão. **5** Abarcar/Abranger/Avistar. **Ex.** Do cimo da torre alcança-se um vasto panorama. Esta árvore tem um tronco tão grosso que eu não consigo alcançá-lo com os braços [abraçá-lo]. **6** Chegar a/Atingir «o número/a quantidade». **Loc.** *~* [Atingir(+)] *a maioridade*. *~* [Chegar aos/Atingir os] *50 pontos* «no jogo/na classificação». **7** *fig* Compreender/Atingir/Adivinhar. **Ex.** Não consigo ~ o significado das [o que queres dizer com as] tuas palavras enigmáticas. Os computadores são demasiado complicados para mim; ainda não alcanço [sei/entendo(+)/ compreendo(o+)] a linguagem informática. **8** *fam pop* Engravidar. **Ex.** Alcancei o [Fiquei grávida do] meu primeiro filho (só) ao fim de dois anos de casada.

alcançável *adj 2g* (<alcançar+-vel) Que se pode alcançar/Atingível(+). **Comb.** Obje(c)tivos (facilmente) ~veis. **Ant.** Inatingível.

alcance *s m* (<alcançar) **1** Espaço que pode ser abrangido pela vista ou pela mão. **Ex.** Daqui não vejo o televisor; está fora do meu ~ [do ~ da minha vista]. Os medicamentos devem ser guardados fora do ~ das crianças. **2** Distância entre o ponto de partida [disparo] e o ponto de queda dum proje(c)til. **Comb.** Arma de longo ~. **3** Possibilidade de obtenção/conquista. **Ex.** O título está ao ~ do meu clube; pode muito bem vir [; é muito fácil que venha] a ser (o) campeão. A passagem de ano está ao teu ~, se continuares a estudar. **4** Compreensão/Entendimento. **Ex.** As novas tecnologias não estão ao ~ das pessoas de muita idade, mas estão ao ~ de crianças muito pequenas [novas]. **5** Importância/Relevância. **Ex.** A assembleia não se apercebeu do ~ [não entendeu a importância] das medidas anunciadas pelo ministro. **6** Área máxima atingida por determinado meio de comunicação/Cobertura. **Ex.** A nossa cidade «Bragança» está ao [dentro do] ~ da televisão espanhola.

alcandor (Dôr) *s m* (<alcandorar) **1** Lugar alcandorado/Cume/Cimo(+). **2** ⇒ alcândora.

alcândora *s f* (<ár *al-kândara*: poleiro para ave de rapina) Poleiro de ave de altanaria «falcão» ou de papagaio.

alcandorado, a *adj* (<alcandorar-se+-ado) **1** Colocado no alto/Empoleirado/Encarrapitado. **Comb.** «alpinista» ~ nos penhascos da serra. **2** *fig* Guindado/Elevado(+). **Comb.** *~ ao mais alto cargo*. *Estilo ~/* grandiloquente «dum discurso».

alcandorar-se *v t* (<alcândora+-ar¹) **1** Empoleirar-se/Encarrapitar-se. **Ex.** O garoto [rapazito/mocito] alcandorou[encarrapitou(+)]-se no cocuruto [cimo/na ponta] do castanheiro para varejar [deitar abaixo com uma vara] os ouriços que estavam mais alto(s). **2** *fig* Subir na posição social/Guindar-se(+)/Exaltar-se. **Ex.** De operário alcandorou-se a político importante. **Loc.** *~ a grande fama* [Ficar muito famoso].

alcano *s m Quím* (<alqu(ilo)+-ano) Hidrocarboneto saturado, acíclico, cuja fórmula geral é C_nH_{2n+2}. **Ex.** O metano é o ~ mais simples; o propano e o butano (são) os ~s gasosos mais usados na vida corrente. ⇒ parafina(s).

alcântara *s f* (<ár *al-qantarâ*: ponte de pedra, aqueduto) **1** Ponte de pedra. **Ex.** Em Lisboa há um bairro com este nome. **2** *Hist* Antiga Ordem Militar.

alcantil *s m* (<al-+cantil) Rocha escarpada/Despenhadeiro/Cume. **Comb.** Os ~is da serra.

alcantilado, a *adj* (<alcantil+-ado) Que tem alcantis/Escarpado/Íngreme. **Comb.** Serras [Encostas] ~as.

alcantilar *v t* (<alcantil+-ar¹) **1** Tornar(-se) alcantilado/íngreme/escarpado/Dar forma de alcantil. **Ex.** A extra(c)ção de granito alcantilou a serra com despenhadeiros perigosos e enormes crateras. **2** *fig* Tornar(-se) alto/Elevar(-se). **Loc.** *~ a cabeça* com penteados armados [empolados], muito exóticos. ⇒ alcandorar-se.

alçapão *s m* (<alça [levanta]+pom [põe/ abaixa]) **1** Abertura no soalho para comunicar com o piso inferior/Tampa levadiça dessa abertura. **Ex.** Na cozinha existia um ~ que dava acesso à loja por uma escada de madeira. Fecha o [Baixa a tampa do] ~ porque a criança pode lá cair. **2** Cavidade dissimulada no solo servindo de armadilha para apanhar presas. **Loc.** Apanhar «javalis» no ~. **3** Armadilha para apanhar pássaros. **Ex.** Quando o pássaro entra no ~ [gaiola-armadilha] a porta desarma e fecha. **4** *fig* Manha ardilosa/Logro/Armadilha(+). **Loc.** Cair no ~/logro [Ser enganado].

alcaparra *s f* (<ár *al-kabbár*) **1** *Bot* Arbusto da família das caparidáceas, com grandes flores brancas e frutos carnudos vermelhos, espontânea ou cultivada na zona mediterrânica/Alcaparreira; *Capparis spinosa*. **2** *Bot* Flor e fruto da ~ conservado em vinagre e usado como condimento alimentar. **Comb.** Peixe com molho de ~s. **3** Azeitona curtida quando verde, sem caroço, temperada com sal e azeite.

alça-pé [alça-perna] *s m [f]* (<alçar+ ...) **1** Armadilha para apanhar aves prendendo-as pelos pés. **2** Rasteira/Cambapé. **Ex.** Derrubou o adversário com um/a ~ [uma rasteira(+)] e foi punido com cartão vermelho [foi expulso do jogo]. **3** *fig* Artifício ardiloso para enganar alguém. **Ex.** Perante uma proposta tão vantajosa, desconfiei se não seria algum/a ~ [alguma ratoeira(o+)/algum cambapé(+)] para me apanhar [tirar/roubar] a quinta/fazenda.

alçaprema (Prê) *s f* (<alçar+premir) **1** Alavanca para levantar grandes pesos. **Comb.** ~ para carrilar vagões (descarrilados). **2** Pedra que serve de apoio à alavanca/Calço/Cunha. **Ex.** A pedra que servia [fazia] de ~ esboroou-se [esmigalhou-se]. **3** Barrote colocado a pino para sustentar alguma coisa/Escora. **Ex.** Se tiras a ~ [a escora(+)/o esteio] debaixo da varanda, ela cai. **4** Armadilha para caçar pássaros/Aboiz/Laço. **Ex.** De longe o rapaz [moço] esperava imóvel para ver se algum melro caía [ficava preso] na ~ [no aboiz(+)/no laço(o+)]. **5** Ferramenta para segurar ou cortar/Alicate/Turquês. **6** Tenaz [Alicate] de dentista. **7** Instrumento utilizado pelo ferrador para apertar o focinho das montadas/Aziar. **8** *fig* Grande aflição/Opressão/Aperto.

alçapremar *v t* (<alçaprema+-ar¹) **1** Levantar com alavanca/Escorar com alçaprema. **Ex.** Temos que ~ [mover com alavanca] o pedregulho para desobstruir a estrada. É preciso ~ [escorar(+)] a padieira da porta antes que venha abaixo [acabe por ruir]. **2** Apanhar pássaros na [com a] alçaprema **4**. **3** *fig* Guindar/Elevar/Engrandecer. **Ex.** Foi alçapremado ao posto de chefia com muitas cunhas [muitas recomendações/muitos pedidos]. **4** *fig* Oprimir. **Ex.** Trazia os empregados de tal modo alçapremados [oprimidos] que ninguém se atrevia a *idi* levantar cabelo [a reclamar/ninguém se revoltava].

alçar *v t* (<lat altiáre<álto,áre: tornar alto <altus,a,um*) **1** Tornar(-se) mais alto/Alterar(-se)/Elevar/-se). **Ex.** Para o móvel ficar nivelado, é preciso alçá-lo [alteá-lo(+)] um pouco desse lado com um calço. **Loc.** ~-se em bicos de pés. **2** Levantar/Erguer/Içar. **Loc.** «cão» ~ *a perna* «para mijar». ~ *a voz* [Falar alto]. ~ [Levantar(+)/Erguer(+)] *as mãos ao céu* (em oração). ~ [Içar(+)] *as velas* (do barco). **3** Levantar construções/Edificar/Erigir. **Ex.** As antigas civilizações «chinesa/romana» alçaram [construíram(+)] monumentos sump[sun]tuosos que ainda hoje se podem admirar. **4** Engrandecer/Exaltar/Louvar. **Ex.** Camões, no seu grande poema épico Os Lusíadas, alçou [exaltou(+)/cantou(o+)] a história e os feitos heroicos dos portugueses nos descobrimentos. **5** Alcançar [Ser elevado] a posição de destaque. **Ex.** Alçaram-no a administrador por ser filho dum (grande) a(c)cionista. **6** *fig* Fugir/Desaparecer. **Ex.** Essa gente já daqui alçou [fugiu/desapareceu(+)] há muito tempo. *fam pop* Alça [Foge/Desaparece/Ala²] daqui! **7** Pôr a secar e juntar as folhas impressas dum livro para encadernar.

alcaravão *s m Ornit* (<ár *al-karauán*) Ave pernalta de arribação, da família dos burídeos, que vive nas dunas e terrenos arenosos/Algrubão/Galinha-do-mato.

alcaravia *s f Bot* (<ár *al-karauía*) Planta herbácea bianual da família das umbelíferas, utilizada em medicina e culinária/Fruto da ~, sucedâneo do cominho.

alcaraviz *s m* (<ár *al-qarabis,* pl de *qarabûs*: a(c)ção) Tubeira por onde entra o ar dos foles para a forja. **Comb.** Os ~es [As tubeiras] do alto-forno.

alcateia *s f* (<ár *al-qatai'â*: rebanho) **1** Bando de lobos. **Ex.** Quando cai um nevão, as ~s famintas descem aos povoados. **2** *fig* Bando(+) de malfeitores/Quadrilha de ladrões/Súcia(+). **Comb.** ~ de bandidos/facínoras.

alcatifa *s f* (<ár *al-qatifâ*) **1** Tapete de lã, de fibra ou doutro material, que cobre totalmente o soalho duma casa. **Ex.** Arranquei a ~ do meu quarto por causa da alergia aos ácaros. **2** Tapete grande, geralmente com desenhos de cores variadas, que cobre parcialmente o chão duma habitação/Carpete(+). **Ex.** Na sala comum tinha duas ~s [carpetes(+)] de Arraiolos (Portugal) muito valiosas. **3** *Br Bot* Erva rasteira da família das compostas que cresce à beira dos rios; *Trichospira menthoides*.

alcatifado, a *adj/s m* (<alcatifar+-ado) **1** Coberto com alcatifa. **Comb.** *Chão/Corredor ~*. *Rua ~a* [atapetada(+)] *de/com flores*. **2** *s m* O conjunto de alcatifas duma casa. **Ex.** Este ~ já está muito gasto [usado]; tem que [de] ser substituído.

alcatifar *v t* (<alcatifa+-ar¹) Cobrir com [Colocar uma] alcatifa. **Ex.** Para não ter trabalho a encerar, resolvi ~ a casa toda; é muito mais prático. *fig* Flores e folhas alcatifavam [atapetavam(+)] o caminho para a igreja.

alcatra *s f* (<ár *al-qatra*: bocado, pedaço) Ponto onde termina o lombo/Quarto traseiro [Anca] das reses. **Comb.** Bifes da ~.

alcatrão *s m* (<ár *al-qatrán*: resina) **1** *Quím* Subproduto da destilação de materiais orgânicos «madeira/hulha», líquido, viscoso, escuro, com cheiro intenso característico. **Ex.** O ~ tem muitas aplicações industriais «combustível/ligante/isolante». **2** Revestimento asfáltico de estradas. **Ex.** Quando se sai do empedrado e se entra no ~, a condução torna-se muito mais segura.

alcatraz *s m Ornit* (<ár *al-gattás*: mergulhador) Ave palmípede da família das larídeas, semelhante a grandes gaivotas, de cabeça branca e bico preto umas e outra espécie ainda maior de manto preto/Albatroz/Falcoeiro/Ganso-patola/Tesourão. **Ex.** Os ~es indicam aos pescadores a presença de peixe sobrevoando os bancos ou poisando na água em grandes bandos.

alcatroamento *s m* (<alcatroar+-mento) A(c)to ou efeito de alcatroar/Aplicação de alcatrão num pavimento. **Comb.** ~ duma estrada/praça.

alcatroar *v t* (<alcatrão+-ar) Revestir com alcatrão uma superfície/Untar [Pintar] com alcatrão «para impermeabilizar». **Loc.** ~ *uma estrada*. ~ [Impermeabilizar/Isolar com alcatrão] *uma placa de cimento [uma parede]*.

alcatruz *s m* (<ár *al-qadús*) **1** Cada um dos baldes presos na corrente duma nora que tira [eleva a] água dum poço/rio. **Ex.** Os ~es mais vulgares são metálicos, mas também (os) há de madeira e de barro. ⇒ caçamba. **2** *pl pop* Botas [Tamancos] grandes e malfeitas/os/Botifarras. **3** *Br* ⇒ manilha [tubo] «para canalização».

alcavala *s f* (<ár *al-qabalâ*: imposto, garantia) **1** Antigo imposto que recaía sobre as vendas de carne. **2** Importância paga a mais e, às vezes, indevidamente. **Ex.** Comprei o carro no estrangeiro «em Espanha» por ser mais barato mas, com todas as ~s, acabou por ficar mais caro (do que comprado cá). **3** *pl* Quantia recebida além do ordenado/Extras «comissões/pré[ê]mios/gratificações»/Alvíssaras. **Ex.** O ordenado base é pequeno mas com as ~s [os extras] vai quase para [atinge quase] o dobro. **4** *fig* ⇒ traficância; fraude; logro.

alce *s m Zool* (<lat *álces,is*) Mamífero artiodáctilo da família dos cervídeos, maior (do) que o veado, de pelagem longa e densa, castanho-escuro no corpo e cinzento-claro nos membros. **Ex.** A armação dos ~s, grande e ramificada nos machos e ausente nas fêmeas, todos os anos cai e cresce de novo.

alceamento *s m* (<alcear+-mento) **1** A(c)to ou efeito de alcear [pôr alças] «numa saia». **2** Colocação de suportes [alças] «tiras/folhas de papel» por baixo da gravura/para regular a impressão/Ordenação e agrupamento das folhas impressas.

alcear *v t* (<alça+-ear) Fazer o alceamento.

alceno (Cê) *s m Quím* (<alqu(ilo)+-eno) Hidrocarboneto alifático acíclico que tem uma ligação dupla, cuja fórmula geral é C_nH_{2n}. **Ex.** O et(il)eno é o primeiro (hidrocarboneto) da série dos ~s. ⇒ olefina(s).

alcião [alcíone] *s m* (<lat *alcýon,ónis*) **1** *Mit* Ave mitológica de bom augúrio que fazia o ninho sobre as águas do mar. **2** *Astr* A estrela mais brilhante da constelação das Plêiades [Sete-Estrelo]. **Ex.** O ~ é visível a olho nu [à vista desarmada].

alcino *s m Quím* (<alqu(ilo)+-ino) Hidrocarboneto alifático acíclico que contém uma ligação tripla, cuja fórmula geral é C_nH_{2n-2}. **Ex.** O primeiro hidrocarboneto da série dos ~s é o acetileno.

alcíone *s m* ⇒ alcião.

alcobacense *s/adj 2g* (<*top* Alcobaça, cidade portuguesa+-ense) «mosteiro De Alcobaça».

alcofa (Ôfa, Ôfas) *s f* (<ár *al-quffâ*) **1** Cesto flexível com asas, feito de palma, esparto ou vime/Seira. **Loc.** Trazer uma ~ cheia de compras. **Comb.** A ~ [seira(+)] do carpinteiro. **2** Pequeno berço portátil com asas, forrado [acolchoado], feito de palma, esparto, vime ou material plástico. **Loc.** Levar o bebé/ê na ~.

álcool *s m* (<ár *al-kohól<al-kuhl*) **1** *Quím* Nome genérico dos compostos orgânicos obtidos por substituição de átomos de hidrogé[ê]nio por grupos OH. **Ex.** A fórmula geral dos ~ois é R-OH, em que R é um radical alquilo. A glicerina [propanotriol] é um tri-~. **2** *Quím* Líquido volátil incolor obtido por destilação do vinho ou de glúcidos fermentados «de frutos/cereais»/~ etílico/vínico/vulgar/Etanol. **Ex.** A fórmula química do ~ (Etanol) é C_2H_5OH. **Comb.** ~ *a 95°* (95%). ~ *absoluto* [isento de água/puro]. ~ *desnaturado* [tornado impróprio para a produção de bebidas por adição de metanol ou dum corante]. ~ *metílico* [Metanol/CH_3OH] «para tintas e vernizes». **3** Bebida «vinho/cerveja/licor/uísque» que contém ~. **Ex.** O consumo de ~ [de bebidas alcoólicas] tem aumentado de forma preocupante entre os jovens.

alcoolase *s f* (<álcool+-ase) Enzima que transforma os açúcares em álcool. **Ex.** A ~ provoca a fermentação alcoólica do açúcar «dos frutos».

alcoolato *s m Quím* (<álcool+-ato) Composto resultante da substituição do átomo de hidrogé[ê]nio do grupo oxidrilo por um metal «sódio». **Ex.** Os ~s são geralmente instáveis em conta(c)to com a água.

alcoólatra *s/adj 2g* (<álcool+latria) (O) que é viciado em [que *adora*] bebidas alcoólicas. **Comb.** ~ inveterado. ~ recuperado. **Sin.** Alcoólico **1**(+).

alcoolatria *s f* (< álcool+latria) Vício das bebidas alcoólicas/da embriaguez.

alcoolé[e]mia [*Br* **alcoolêmia**] *s f Med* (<álcool+-emia) Presença de álcool no sangue. **Ex.** A taxa máxima de ~ permitida aos condutores de automóveis não é a mesma em todos os países.

alcoólico, a *adj/s* (<álcool+-ico) **1** (O) que tem o vício do álcool/Alcoólatra. **Comb.** *Dependência ~a* [O ser escravo do álcool 3]. *Os ~s anó[ô]nimos* [AA]. **2** Que contém álcool. **Comb.** *Bebida ~a. Soluto ~.* **3** Relativo ao álcool. **Comb.** *Coma ~o. Fermentação ~a. Teor/Grau* (Quantidade) *~o* de uma bebida.

alcoolimetria *s f* (<álcool+-metria) Avaliação da quantidade de álcool numa solução «bebida».

alcoolímetro *s m* (<álcool +-metro) Instrumento que serve para determinar a quantidade de álcool no sangue. **Ex.** A taxa de alcoolemia indicada pelo ~ foi contestada pelo condutor [motorista] que exigiu a confirmação por análise química.

alcoolismo *s m Med* (<álcool+-ismo) Doença [Estado patológico] resultante do consumo excessivo de bebidas alcoólicas. **Ex.** O ~ é um dos males da nossa sociedade, é uma droga. **Comb.** *~ agudo* [Embriaguez patológica]. *~ cró[ô]nico* [progressivo/mórbido e decadente].

alcoolização *s f* (<alcoolizar+-ção) **1** A(c)to ou efeito de alcoolizar(-se)/Adição de [Enriquecimento em] álcool. **Ex.** Há muitos acidentes resultantes da ~ [embriaguez(+)] dos condutores. **Comb.** ~ [O aumentar o álcool] duma bebida «vinho». **2** Transformação em álcool. **Comb.** ~ duma substância açucarada.

alcoolizar *v t* (<álcool+-izar) **1** Adicionar álcool. **Loc.** ~ uma bebida [uma solução]. **2** Tornar(-se) alcoólico/Embebedar(-se)/Embriagar(-se). **Ex.** Alcoolizou-se [Tornou--se alcoólico/Viciou-se no álcool] abusando de bebidas (alcoólicas) doces. A cerveja também alcooliza [embebeda(o+)/embriaga(+)].

alcoologia *s f* (<álcool+-logia) Estudo do alcoolismo e da sua prevenção.

alcoo(lo)metria *s f* (<álcool+-metria) Conjunto de processos de determinação da quantidade de álcool existente numa solução líquida «álcool medicinal/bebida alcoólica».

alcoolómetro/alcoómetro [*Br* **alcoolômetro/alcoômetro**] *s m Quím* Instrumento que serve para determinar a quantidade de álcool existente num líquido. **Ex.** Os primeiros ~s [enómetros/pesa-vinhos] devem-se a Baumé (séc. XVII); mais tarde foram substituídos pelo ~ de Gay-Lussac.

alcooteste *s m* (<álcool+teste) Avaliação da alcoolé[e]mia com base no teor alcoólico da expiração/*col* O soprar ao balão.

alcorânico, a *adj* (<alcorão+-ico) Relativo [Pertencente] ao alcorão.

alcorão *s m Rel* (<ár *al-qurán*: a leitura por excelência) Livro sagrado dos muçulmanos/Religião maometana/Corão. **Ex.** Maomé apresentava o ~ como a revelação recebida de Alá. O ~ contém o código das prescrições religiosas, políticas e morais dos muçulmanos.

alcova (Cô) *s f* (<ár *al-qubbá*: abóbada, tenda) **1** Pequeno quarto interior contíguo a outra divisão. **Ex.** A casa tinha dois quartos, um deles com ~. **2** Quarto de casal/de encontros amorosos. **Comb.** *Segredos de ~* [Intimidades]. **3** *fig* Abrigo/Esconderijo.

alcovitar *v t/int* (<alcova+-itar) **1** Servir de intermediário em questões amorosas. **2** Fazer intrigas/Mexericar. **Ex.** Aquela mulher anda sempre [passa o tempo] a ~ a vida das vizinhas. Vivia de [A vida dele/a era] ~.

alcovit(eir)ice *s f* (<alcoviteiro+-ice) A(c)to de alcovitar/Intriga/Mexerico.

alcoviteiro, a *s/adj* (<alcovitar+-eiro) (O) que faz alcovit(eir)ices/Mexeriqueiro/Intriguista. **Ex.** Detesto ~os/as, sempre a cochichar [falar às escondidas] da vida alheia.

alcunha *s f* (<ár *al-kuniâ*: sobrenome, cognome) Epíteto, geralmente depreciativo, atribuído a pessoas ou grupos, relacionado com alguma particularidade específica «defeito físico/proveniência». **Ex.** Naquela terra todos tinham ~ : *a marreca, a sapa, o malfeito, o narigudo, o Zeca Diabo, …* ⇒ apelido; cognome; sobrenome.

alcunhar *v t* (<alcunha+-ar¹) **1** Pôr alcunha a/Apelidar. **Ex.** Quando vem alguém de fora para a terra alcunham-no logo de "achadiço". **2** Dar uma designação ou nome errados. **Ex.** Pugnavam [Lutavam] pela liberalização do aborto que alcunhavam de *luta pela dignidade da mulher!*

aldeamento *s m* (<aldear+-mento) **1** Estabelecimento de aldeias numa região. **Ex.** A a(c)tual cidade de S. Paulo é o mais ilustre exemplo dos ~s do Brasil, iniciados no séc. XVI pelos portugueses. **2** Disposição de casas em aldeia/Construção duma aldeia. **Ex.** As grandes barragens obrigaram à construção de ~s [de aldeias(+)] para alojar os habitantes das terras inundadas. **3** Conjunto urbanístico de instalações independentes apoiado por serviços de hotelaria/Complexo turístico. **Ex.** Os ~s turísticos proliferam [abundam] na zona costeira mediterrânica e no Algarve (Pt).

aldeão, ã *s/adj* (<aldeia+-ão) **1** (O) que é natural ou habitante de [Relativo a] uma aldeia. **Ex.** Nas festas e romarias os ~s [~ães/~ões] descem todos [em massa/multidão] à vila. O meu pai, como bom ~, deu avultada esmola para a festa (Romaria anual da aldeia). **2** *fig* Rústico/Simples. **Comb.** *Gosto ~. Maneiras ~ãs.*

aldear *v t/int* (<aldeia+-ar¹) **1** Estabelecer aldeias numa região. **Ex.** As ordens monásticas «Cister» desenvolveram a agricultura e aldearam [ajudaram a povoar (+)] as regiões à volta dos mosteiros. **2** Formar um aldeamento. **Ex.** Os jesuítas portugueses começaram por ~ os índios do Brasil, para promover a evangelização e o seu desenvolvimento humano/social.

aldeia *s f* (<ár *al ad-dayha*) **1** Povoação rural, menor do que a vila/Povoado. **Idi.** *Dividir/Distribuir/Repartir o mal pelas ~s* [Distribuir por todos, equitativamente, os trabalhos e responsabilidades. **Comb.** *~ global* [O mundo a(c)tual considerado como um todo devido à proximidade proporcionada pelas telecomunicações]. *As ~s isoladas da serra.* ⇒ freguesia. **2** Meio rural/Campo. **Ex.** A vida na ~ é mais saudável (do) que na cidade. No verão, depois da praia, vou sempre passar uns dias à/na ~ [ao/no campo].

aldeído *s m Quím* (<lat *al(cohol) dehyd(rogenatum)*: álcool desidrogenado) Nome genérico dos compostos orgânicos resultantes da oxidação moderada de álcoois primários com perda de um átomo de hidrogé[ê]nio, cuja fórmula geral é R--CHO, em que R é um radical alquilo. **Ex.** O ~ fórmico [O metanal/O formol/O form~/HCHO] é o ~ mais simples e tem propriedades antissé(p)ticas. O ~ acético [O etanal/CH_3CHO] tem muitas aplicações na indústria química e farmacêutica.

aldeola (Ó) *s f* (<aldeia+-ola) Aldeia pequena, feia, pobre. **Ex.** A terra onde eu nasci é uma ~ insignificante [pequenina]. Muitas cidades de província, comparadas com as grandes metrópoles, não passam de [são como] umas ~s.

aldose (Dó) *s f Quím* (<ald(eído)+-ose) Designação genérica dos açúcares [glícidos] cuja molécula contém pelo menos uma função álcool e um grupo aldeído terminal. **Ex.** A glucose é uma ~ com seis átomos de carbono.

aldosterona *s f Bioq* (<aldeído+esterol +-ona) Hormona do grupo dos esteroides segregada pelas glândulas suprarrenais e cuja função é regular, a nível do rim, o equilíbrio hídrico, retendo o sódio e eliminando o potássio.

aldraba *s f* (<ár *ad-dabbâ*: trinco, ferrolho) **1** Pequena tranca metálica para fechar a porta com dispositivo exterior para abrir e fechar. ⇒ ferrolho. **Loc.** Premir a ~ para levantar a lingueta e abrir (a porta). **2** Tranca de madeira ou ferro para fechar pelo interior portas ou janelas. **Loc.** Trancar a janela com a ~. **3** Peça metálica ou de madeira, em forma de argola/mão, que serve para bater, puxar e abrir a tranqueta/Batente. **Comb.** *Porta com ~ de bronze em forma de cabeça de lobo.* **3** *Br* ⇒ Perneira de couro usada pelos sertanejos.

aldrabada *s f* (<aldrabado) Série de mentiras. **Ex.** Isso (que você está a dizer) é tudo mentira, uma ~ sem qualquer fundamento [*idi* sem pés nem cabeça/*idi* sem ponta por onde se lhe pegue].

aldrabado, a *adj* (<aldrabar+-ado) **1** Feito à pressa/Malfeito/Atabalhoado. **Comb.** *Trabalho ~.* **2** Que foi enganado/Ludribiado/Intrujado. **Ex.** Fui ~o/a [enganado/a] com promessas que não foram cumpridas [com a qualidade do artigo que comprei].

aldrabão, ona *s* (<ár *al-bardán*: que diz tolices, louco, descarado) **1** O que engana [intruja] os outros/Intrujão/Mentiroso. **Ex.** Não nos podemos fiar [Não podemos acreditar] neste ~, só diz mentiras/intrujices. **2** O que faz trabalho atabalhoado/malfeito/Trapalhão. **Ex.** Não volto a mandar fazer roupa à [na] costureira do bairro, é uma ~ona, deixa tudo malfeito!

aldrabar *v t/int* (<aldrabão+-ar¹) **1** Contar fa(c)tos inventados como se fossem reais/Deturpar a verdade/*gír* Pintar. **Ex.** Quando a mãe o repreendeu por ter faltado à escola, aldrabou logo uma desculpa (falsa). O acidente não se deu [não aconteceu] assim [como estás a contar]; estás a ~ [deturpar/falsear] tudo. **2** Falar depressa e mal. **Ex.** Aldrabou de tal modo o aviso [a leitura do aviso] que ninguém ficou a saber do que (é que) se tratava. **3** Enganar/Intrujar/Mentir. **Ex.** O tendeiro [vendedor de feira/feirante] aldrabou-me: garantiu-me [afirmou repetidamente] que a tesoura era muito boa e afinal não presta: nem papel corta. **4** Fazer as coisas depressa e mal. **Ex.** Não vale a pena [Não interessa] mandar a Rosa passar a roupa a ferro; deixa tudo aldrabado; é preciso ir por trás [é preciso depois] passá-la outra vez.

aldrabice *s f* (<aldrabar+-ice) **1** Mentira/Intrujice/Patranha. **Ex.** Há muito quem viva [Há muita gente que vive] de ~s [de expedientes/de mentiras]. **2** Trabalho malfeito/Trapalhice. **Ex.** Que ~ de parede: torta, tijolos desalinhados, é tudo para deitar abaixo!

álea *s f* (<fr *allée*: via, avenida; ⇒ ala¹) **1** Rua [Caminho] de jardim ladeada/o de árvores/

arbustos/Alameda(+). **Comb.** As ~s/alamedas do parque. **2** Série [Fileira/Renque] de árvores ou arbustos.

aleatoriamente *adv* (<aleatório+-mente) De forma aleatória/Ao acaso/À sorte/Casualmente. **Ex.** Para exemplificar a concordância do verbo com o sujeito, o professor escolheu ~ uma (das) frase(s) do texto.

aleatório, a *adj* (<lat *aleatórius,a,um*<*álea*: dado de jogar) **1** Que depende do acaso/ de circunstâncias imprevisíveis/Casual/ Fortuito/Contingente. **Comb.** *Dir Contrato* ~ [que depende de fa(c)tos futuros incertos]. *Fenó[ô]menos* *~s* [esporádicos/ irregulares]. *Música ~a* [feita por computador/algorítmica/ele(c)tró[ô]nica]. **Sin.** Acidental; contingente. **Ant.** Certo; determinado. **2** Tirado [Escolhido] ao acaso/ Que não obedece a critérios rigorosos de escolha. **Comb.** *Amostra ~a*/qualquer. *Escolha ~a* [sem critérios rígidos] *dos participantes* no jogo.

alecrim *s m Bot* (<ár *al-iklil*) Arbusto aromático da família das labiadas, espontânea nas regiões secas, muito vulgar em Portugal e na região mediterrânea. **Ex.** A essência obtida por destilação das folhas e flores do ~ é muito utilizada em perfumaria. **Comb.** *Br* *~-bravo* [Arbusto da família das compostas (*Heterothálamus brunióides*, Less.) que tem propriedades medicinais]. *Br ~-das-paredes. Br ~-do-campo. ~- do norte* [~ dos jardins; *Diosma hirsuta*, L.].

alegação *s f* (<lat *allegátio,ónis*; ⇒ alegar) **1** Aquilo que se alega/que se apresenta como argumento/Justificação/Prova. **Ex.** Em sua defesa, apresentou a ~ de que, à hora do acidente, se encontrava noutro local. **2** *Dir* Exposição, apresentada pelos advogados, das razões que fundamentam a sua posição. **Loc.** Produzir [Apresentar/ Expor] as ~ões finais.

alegadamente *adv* (<alegado+-mente) De modo justificativo mas não comprovado. **Ex.** Ele é, ~ [segundo o que se diz], o responsável pelo [do] crime. **Loc.** Agir, ~ por razões humanitárias «mas quem sabe se não é por egoísmo [por outra razão]?».

alegado, a *adj/s m* (<alegar+-ado) (O) que foi apresentado como justificação/Citado/ Referido. **Ex.** Essa prova não consta do ~ [das alegações(+)] no processo judicial. Terá sido ele o ~ autor do crime?

alegar *v t* (<lat *allégo,áre*<*ad+légo,áre*: delegar, enviar) **1** Apresentar em (sua) defesa/como justificação/como prova. **Ex.** Para justificar o atraso, alegou a interrupção de trânsito por causa dum acidente. **2** *Dir* Apresentar alegação em tribunal. **Ex.** Os advogados para defender a sua causa alegam, por escrito, no processo e, oralmente, no decorrer do julgamento. **3** Apresentar como desculpa/Mentir. **Ex.** Como não queria trabalhar, alegou [disse] que estava doente.

alegoria *s f* (<gr *allegoría*<*állos,e,on*: outro + *agoreúo*: falar em público, discorrer oralmente) **1** *Liter* Figura linguística na qual, pela sucessão de comparações, imagens e metáforas, se pode descobrir outro sentido para além do literal. **Ex.** O *Sermão de Santo António aos Peixes*, do português P. Antó[ô]nio Vieira, retrata em ~s, servindo-se de peixes «polvo/roncador/voador», os vícios da sociedade. **Comb.** ~ da caverna, de Platão. **2** *Arte* Representação de ideias ou realidades abstra(c)tas por meio de formas «esculturas/pinturas» concretas. **Ex.** A representação do inverno por um velho, em pintura ou escultura, é uma ~ plástica. ⇒ fábula.

alegórico, a *adj* (<alegoria+-ico) Relativo à [Que contém] alegoria. **Comb.** *Carro* [*Desfile*] ~ [com várias figuras «de reis, escravos, ...»]. *Exegese ~a* [Sistema de interpretação bíblica do Antigo Testamento como figurativo do Novo, no qual encontra explicação e sentido]. *Pintura* [*Quadro*] *~a*/*o* «de S. António a pregar aos peixes». *Sentido* ~ [figurado/simbólico].

alegorismo *s m* (<alegoria+-ismo) **1** Método de explicação/interpretação «da Sagrada Escritura» baseado em alegorias. ⇒ exegese alegórica (Em alegórico). **2** Tendência exagerada para o uso de alegorias. **Ex.** O ~ pode prejudicar a compreensão dum texto/discurso.

alegrar *v t/int* (<alegre+-ar¹) **1** Tornar(-se) [Ficar] alegre/contente/Dar alegria/satisfação. **Ex.** As crianças alegram muito [enchem de alegria] uma casa. Essa notícia muito me alegra! **Loc.** ~ o coração [Dar ânimo/Consolar]. **2** Dar vida/entusiasmo/ Animar. **Ex.** A participação dos jovens foi muito importante para ~ a festa. A Joana sozinha alegra a turma inteira. **3** Tornar mais belo/atraente/Alindar/Enfeitar. **Ex.** A cidade alegrou-se [ficou mais linda] com os enfeites luminosos de Natal. **Loc.** ~ a casa com flores. **4** Embriagar(-se) ligeiramente. **Ex.** Um cálice de licor foi o suficiente para a/o ~ (porque habitualmente não bebe bebidas alcoólicas).

alegre (Lé) *adj 2g* (<lat *álacer,cris,cre*) **1** Que tem [provoca/produz] alegria/contentamento/satisfação/Agradável/Aprazível. **Ex.** A minha filha é muito ~, está sempre bem-disposta, é uma criança feliz. **Comb.** *Acontecimento* [*Notícia*] ~. *Música* [*Espe(c)táculo*] ~. *Voz* ~ [agradável(o+)/maviosa(+)]. **2** Animado/Divertido. **Comb.** Festa [Encontro/Jantar] ~. **3** Colorido/Vivo. **Comb.** Tecido [Vestuário] ~ [com cores vivas]. **4** Levemente embriagado/Animado pelo álcool. **Ex.** No final do banquete a maior parte dos convivas já estava um pouco ~ [quente/animada]. **5** ⇒ satisfeito/ contente.

alegrete (Ête) *adj 2g/s m* (<alegre+-ete) **1** (O) que está um pouco contente/(O) que costuma estar alegre. **Ex.** Aquele rapaz [moço] está sempre bem-disposto; tem um feitio [é um] ~. **Idi.** *Pobrete mas* ~ [Pobre mas alegre]. **2** Um pouco embriagado/ Alegrote/Tocado. **Ex.** O João, quando começa a ficar ~, não para de falar. **3** Pequeno canteiro ou vaso de flores «suspenso do te(c)to».

alegreto (Êto) *s m Mús* (<it *allegretto*) **1** Andamento menos vivo que o alegro. **2** Trecho musical com esse andamento.

alegria *s f* (<alegre+-ia) **1** Estado de satisfação/contentamento/júbilo. **Ex.** Quando lhe deram a notícia de que tinha passado [sido aprovado] no exame, *idi* não cabia em si de (tanta) ~. Lia-se-lhe [Trazia estampada] no rosto a ~ que lhe ia na alma. A festa de aniversário decorreu com muita ~ [animação(+)]. **2** Causa [Motivo] de satisfação/ contentamento. **Ex.** Mais do que qualquer outro brinquedo, a menina tinha uma boneca que era a sua ~. Os netos são a ~ dos avós. **3** Acontecimento feliz/Momento de satisfação. **Loc.** Acompanhar o marido/a mulher nas ~s e nas tristezas. Recordar as ~s passadas. **4** Festa/Divertimento/Folguedo. **Ex.** A ~ das crianças da escola são as brincadeiras e os jogos que fazem no recreio. **5** *Bot* ⇒ gergelim.

alegro (Lé) *s m Mús* (<it *allegro*; ⇒ alegre) **1** Andamento mais rápido e vivo (do) que o andante. ⇒ Alegreto 1. **2** Trecho musical com esse andamento. ⇒ alegreto 2.

aleia *s f* ⇒ álea.

aleijado, a *adj/s* (<aleijar+-ado) **1** (O) que apresenta lesão/deformidade/mutilação física. **Ex.** A criança nasceu ~a das pernas. Há muitos ~s que conseguem bastar-se a si próprios [conseguem ser independentes]. **2** *pop* Que está ferido/magoado. **Ex.** Caí e fiquei muito ~o/a [dorido/a(+)/ magoado/a(o+)]. O jogador de futebol foi substituído porque ficou ~ [ferido/lesionado(+)] no choque com o adversário.

aleijão *s m* (<a⁴-+lat *laesio,ónis*: lesão) **1** Deformidade [Mutilação] física. **Ex.** O mendigo, sentado à porta do mercado, pedia esmola mostrando o ~ da perna amputada para apelar à [provocar a] generosidade dos transeuntes. **2** *fig* Grande defeito moral ou mental. **Ex.** O marido era muito bom, mas tinha aquele ~ do vício do jogo [de jogar a dinheiro]. **3** *fig* Coisa muito defeituosa/disforme/Monstruosidade/Aberração(+). **Ex.** No átrio da Biblioteca Municipal colocaram uma estátua rara/ feia [um ~ de estátua] que ninguém sabe o que representa. A casa (até) seria bonita se não fosse [A casa seria mais bonita sem] o ~ do acrescento.

aleijar *v t* (<lat *ad+laédo,ere,lésum*: ferir, ofender, estragar+-ar¹) **1** Provocar deformidade/mutilação/Causar [Sofrer] aleijão. **Ex.** Aleijou-se no acidente de viação; ficou sem as pernas! **2** Ficar lesionado [Sofrer lesão]/Magoar(-se)/Ferir(-se). **Ex.** Aleijei-me [Entalei-me/Trilhei-me] na porta do carro. O meu filho aleijou-se [ficou magoado/lesionou-se] no pé a jogar futebol. Não brinquem nas pedras [nos rochedos] que se podem ~! **3** *fig* Tornar defeituoso/Deturpar/ Deformar. **Ex.** Com os retoques que lhe fizeram, aleijaram [estragaram(o+)/deformaram(+)] a pintura. **Loc.** ~ [Deturpar(+)] as ideias dum artigo/discurso.

aleitação [aleitamento] *s f [m]* (<aleitar+-...) A(c)to de alimentar com leite/Amamentação. **Comb.** ~ *materna. Período de* ~. *Subsídio de* ~.

aleitar *v t* (<a¹-+leite+-ar¹) Alimentar com leite/Criar a leite/Dar de mamar/Amamentar. **Ex.** É recomendável que as mães aleitem os [deem de mamar/deem o peito aos] filhos pelo menos até aos três meses. **Loc.** ~ [Criar] uma criança a biberão/*Br* mamadeira.

aleive *s m* (<a⁴-+gótico *lewjan*: atraiçoar) **1** Acusação sem fundamento/Calúnia. **2** Traição/Deslealdade/Perfídia. ⇒ aleivosia.

aleivosia *s f* (<aleivoso+-ia) **1** A(c)ção cometida contra alguém com a aparência de amizade/Traição/Deslealdade. **Ex.** Os espiões recorrem frequentemente à ~ para obterem informações. **2** Acusação falsa/ Calúnia. **Ex.** Muitos boatos são ~s destruidoras «dos políticos visados».

aleivoso, a (Ôso, Ósa, Ósos) *adj* (<aleive+ -oso) **1** Que comete [se serve de] aleivosias/Falso/Desleal. **Comb.** Métodos [Procedimentos] ~s. **2** Caluniador/Injuriador/ Injurioso. **Ex.** Foi publicado um comentário ~ sobre o autarca.

alelo (Lé) *s m Gené* (<gr *allélon*: um(ns) ao(s) outro(s); indica reciprocidade) Cada uma das formas que um gene, que ocupa a mesma posição no cromossoma, pode apresentar. ⇒ gene; fenótipo.

aleluia (Àlèlúi) *interj/s f/m* (<hebr *hallelu-yâh*: louvai o Senhor com júbilo) **1** *Rel* Cântico [Exclamação] de alegria [de a(c)ção de graças] que do judaísmo passou ao cristianismo. **Ex.** ~! Louvai o Senhor todos os povos, exaltai-O todas as nações! O/A ~ é caracter[í]stico/a do tempo pascal.

2 *Rel* Versículo (que começa e acaba com ~) cantado [recitado] antes da proclamação do Evangelho na missa. **Ex.** ~! Amarás o Senhor teu Deus com todo o teu coração; amarás o teu próximo como a ti mesmo, ~! **3** Exclamação de alegria e júbilo por qualquer circunstância feliz. **Ex.** ~! Deixou de chover, chegou a primavera! ~! Finalmente você chegou, são e salvo! **4** *Bot* Planta herbácea [Arbusto] da família das oxalidáceas muito comum no norte de Portugal, de cheiro característico, que floresce pela Páscoa. **Ex.** As ~s têm [são] flores com pétalas brancas redondas dispostas em cachos semiesféricos. **5** *Bot Br* Arbusto ornamental da família das leguminosas, frequente no Brasil, especialmente na Mata Atlântica. **6** *Ent Br* Forma alada da formiga (macho e fêmea) chamada cupim. **Ex.** A ~ sai do cupinzeiro na primavera para acasalar, indo depois formar novas coló[ô]nias.

além *adv/s m* (<lat *ad*: para+*íllinc*: (do lado) de lá) **1** Naquele lugar/Acolá/Ali. **Ex.** Deixei o carro ~, junto ao café. Onde está o cão? – Está ~, ao fundo da rua. **2** Mais adiante/Ao longe. **Ex.** O garoto [rapaz/miúdo] gostava de subir ao alto do monte para ver ~ [ao longe] o mar. Aqui é o Centro de Saúde; o Hospital é ~, atravessando o [do outro lado do/na outra margem do] rio. **3** Para lá de determinado ponto/Adiante. **Ex.** (Para) ~ da montanha a paisagem muda totalmente. **Loc.** *fig* Ver mais ~ [Saber um pouco mais/Fazer a previsão do futuro] (Ex. Os pais veem sempre mais ~). **4** Lugar distante/indeterminado/Confins. **Ex.** Saí para dar um passeio e andei por aí ~ um dia inteiro; já nem sabia (bem) onde estava. **5** Para [A] mais/Mais (do) que. **Ex.** Não se deve gastar ~ [acima] das suas posses. ~ dos avós vivia con(n)osco uma tia. Para a segunda fase do concurso, não passa ninguém, ~ dos cinco primeiros classificados. Nesta escola, as turmas não vão ~ de [não têm mais (do) que] quinze alunos cada uma. **Idi.** *Não ser nada* [(uma) coisa] *por aí ~* [Ser pouco/pequeno] (Ex. Os conhecimentos dele sobre história da Europa não são nada por aí ~). **Comb.** *loc adv* ~ *disso/~ do mais* [Em reforço do que foi dito/apresentado/Ademais/Afora] (Ex. Não precisamos de comprar outra casa porque já temos uma e, ~ disso [~ do mais], não temos dinheiro). ⇒ ~-fronteiras [~-mar/-túmulo]. **6** Mais tarde. **Ex.** O concerto começa às nove da noite. ~ [Depois(+)] dessa hora não entra mais ninguém. **7** *s m* O outro mundo/Para lá da morte/O ~-túmulo/A eternidade. **Ex.** Ninguém sabe o que vai encontrar no ~.

Alemanha *s f Geog* (<lat *Alamán(n)ia,ae*) Um dos maiores países da União Europeia cuja capital é Berlim. **Ex.** A ~, reunificada em 1990 na sequência da queda do *Muro de Berlim* (1989), tinha estado dividida em dois países desde o final da 2.ª Guerra Mundial (1945): a ~ Federal (RFA), tendo Bona como capital, e a República Democrática Alemã, (RDA) com a capital em Berlim.

alemão, ã *adj/s* (<lat *alamán(n)i,órum*) **1** Da Alemanha. **Ex.** Os ~ães são um povo muito disciplinado. O exército ~ foi derrotado nas duas grandes guerras mundiais. **Comb.** *Zool* Pastor ~ (Cão de raça e forte). **2** Língua falada na Alemanha e noutros países vizinhos. **Ex.** Na Áustria e parte da Suíça o ~ é a língua oficial.

além-fronteiras *adv* Para lá da fronteira/No estrangeiro. **Ex.** Há cientistas portugueses mais conhecidos ~ do que em Portugal.

além-mar *adv/s m* **1** Do outro lado do mar. **Comb.** Povos [Terras] de ~. **2** *s m* Território situado do outro lado do mar/Ultramar. **Ex.** *Hist* O ~ [ultramar(+)] português era constituído por várias coló[ô]nias na África, na América e na Ásia. ⇒ ultramarino.

além-túmulo *s m* ⇒ além **7**.

alentado, a *adj* (<alentar+-ado) **1** Corpulento/Robusto. **Comb.** Homem [Mulher] ~o/a. **2** Valente/Corajoso. **Comb.** Exército [Soldados] ~o/os [corajoso/os(+)/aguerrido/os(o+)]. **3** Que tem grandes dimensões/Avantajado/Volumoso. **Ex.** Comeu [pop gír Bateu-se com] um ~ prato de bacalhau com batatas. **4** Que tem [ganhou] alento/ânimo. **Ex.** Os futebolistas, ~os com o golo [gol] do empate, conseguiram dar a volta ao resultado (e ganhar o jogo).

alentador, ora *adj/s* (<alentar+-dor) (O) que dá alento/coragem. **Comb.** *Palavras ~oras*/encorajadoras. *Suplemento nutritivo ~*/fortalecedor(+).

alentar *v t/int* (<lat *alénito,áre* <*anhelitáre* <*anheláre*: respirar com dificuldade, estar ofegante, arfar) **1** Dar alento/Encorajar/Animar. **Ex.** Os aplausos da multidão alentaram o cantor que entrara no palco a tremer. **2** Ter esperança/Acalentar. **Ex.** Alentava [Acalentava(+)] o sonho [a esperança] de ser médico. **3** Tomar fôlego/alento/Respirar/Arfar. **Ex.** O cavalo alentava [arfava(+)] com dificuldade. **4** Revigorar as forças físicas/Alimentar/Nutrir. **Ex.** O teu filho está tão débil, precisa de alguma coisa que o alente [fortifique/revigore/robusteça].

alentejano, a *adj* (<*top* Alentejo, província portuguesa+-ano) Do Alentejo. **Ex.** Os ~s têm fama de indolentes. O calor ~ é duro de [custa a] suportar.

alento *s m* (<alentar) **1** Fôlego/Respiração/Bafo. **Loc.** *Dar o último ~* [Morrer]. *Ficar sem* [*Perder o*] *~*/fôlego(+). **2** Força/Ânimo/Coragem. **Ex.** A mudança de treinador deu um novo ~ à equipa/e. **3** Força física/Vigor. **Ex.** Já recuperei da operação; rapidamente me restabeleci e ganhei ~ [força(s)/vigor].

alergénico, a [*Br* **alergênico**] *adj Med* (<alergia+-geno-+-ico¹) Que produz alergia.

alergénio/alérgeno [*Br* **alergênio**] *s m Med* (<alergia+-geno) Substância que produz alergia.

alergia *s f* (<gr *állos*: outro+*érgon*: efeito) **1** *Med* Rea(c)ção anormal do organismo a determinada substância. **Comb.** *~ à penicilina. ~ ao pólen. ~ dos fenos*. **2** *fig* Aversão a alguma coisa ou a alguém/Antipatia/Relutância. **Loc.** Ter ~ à música *rap*. Ter ~ aos arrogantes.

alérgico, a *adj Med* (<alergia+-ico) **1** Que sofre de alergia. **Comb.** «sou/é» ~ ao pólen. **2** Relativo à alergia. **Comb.** Doenças [Comportamentos] ~as/os. **3** *fig* Avesso/Oposto/Relutante. **Comb.** ~ a manifestações de protesto/ao futebol.

alergologia *s f Med* (<alerg(ia)+-logia) Ramo da medicina que estuda as doenças alérgicas.

alergologista *s 2g Med* (<alergologia+-ista) Médico especialista em doenças alérgicas.

alerta (Álér) *adv/interj/s m* (<it *all'erta*: de pé, a vigiar) **1** De vigia/De sobreaviso. **Loc.** Estar ~ [atento/de vigia/à escuta]. **2** *interj* Grito [Exclamação] reclamando vigilância/atenção. **Ex.** ~ [Atenção/Atentos]! O que vou dizer agora é muito importante. Sentinelas ~ [estejam vigilantes]! **3** *s m* Sinal de aviso de perigo. **Ex.** Pressentindo que o inimigo se aproximava, a sentinela deu o ~.

alertar *v t/int* (<alerta+-ar¹) **1** Pôr(-se) alerta/de sobreaviso/Chamar a atenção para/Acautelar/Prevenir. **Loc.** ~ a juventude para os perigos do álcool. ~ a população para a poupança de energia. **2** Inquietar/Alvoroçar/Assustar. **Ex.** Estava muito descansada, quando a vizinha me veio ~ [alvoroçar/assustar] com a notícia de que se aproximava um grande vendaval.

aleta (Lê) *s f* (<ala¹+-eta) **1** Pequena asa/saliência. **Comb.** Uma peça redonda «caçarola» com duas ~s. **2** *Anat* Asa do nariz. **3** *Aer* Prolongamento móvel da asa do avião. **Ex.** O movimento do avião é orientado pelas ~as e pelos lemes. **4** *Arquit* Volta ou curva com que se atenuam ângulos re(c)tos formados pela ligação de dois corpos.

aletria *s f Cul* (<ár *al-itriã*) **1** Massa de farinha de trigo, crua e seca, de fios muito delgados. **Ex.** Compra no supermercado dois pacotes de ~. **2** Doce feito com a massa de ~, leite, ovos e açúcar. **Ex.** Eu gosto da ~ bastante consistente e sem canela.

aleurona *s f Bot* (<gr *áleuron*: farinha de trigo+-ona) Substância em forma de grânulos que alimenta o embrião.

alevantar *v t/int* ⇒ levantar.

alevante/o *s m* (<alevantar) Grande tumulto/Levantamento(+)/Sublevação(+). **Ex.** Houve um ~ de tropas no quartel. **Idi.** *Andar de ~* [Andar (sempre) a levantar-se da cama/Passar toda a noite a pé].

alexandrino, a *adj/s* (<*antr* Alexandre Magno) **1** Relativo a Alexandre Magno, rei da Macedó[ô]nia (356-323 a.C.). **Comb.** Época ~a. **2** *s m Liter* Verso de doze sílabas geralmente com acento e pausa na sexta sílaba. **Ex.** Poetas portugueses e brasileiros do séc. XIX cultivaram o (verso) ~ com grande sucesso.

alexia (Csi) *s f Med* (<a²-+lexia) Incapacidade patológica de ler/Cegueira verbal.

alfa¹ *s m* (<gr *alpha*) **1** Primeira letra do alfabeto grego. **Ex.** ~ e ó[ô]mega simbolizam o princípio e o fim. Deus [Cristo] é o (o) ó[ô]mega de todas as coisas. **Comb.** «o *a²-* de alexia é» ~ privativo [de negação]. Partículas ~ [Núcleos de átomos de hélio]. **2** *Astr* Estrela principal duma constelação. **Comb.** ~ Centauro.

alfa² *s f Bot* (<ár *halfa*) Planta gramínea de caule fibroso usada no fabrico de papel, cordas, velas dos barcos/Esparto; *Stípa tenacíssima*.

alfabetar *v t* (<alfabeto+-ar¹) Colocar por ordem alfabética(+). **Loc.** ~ a lista dos candidatos «ao ensino superior».

alfabético, a *adj* (<alfabeto+-ico) **1** Relativo ao alfabeto. **Comb.** Estudos ~s. Notação ~a. **2** Que está colocado por ordem alfabética. **Comb.** *Índice* ~ «dos nomes (Pessoas) que aparecem no livro». *Listagem* [*Ordem*] *~a* «dos alunos».

alfabetismo *s m* (<alfabeto+-ismo) **1** Sistema de escrita que tem por base o alfabeto. **2** Aprendizagem da leitura e da escrita/Instrução/Alfabetização. **Ex.** O ~ [A alfabetização(+)/A instrução(o+)] é indispensável para o progresso dos povos. **Ant.** Analfabetismo. ⇒ literacia.

alfabetização *s f* (<alfabetizar+-ção) Ensino da escrita e da leitura. **Comb.** *Campanha de ~* de adultos. *Grau de ~* (da população dum país).

alfabetizar *v t* (<alfabeto+-izar) **1** Ensinar o alfabeto(+). **Ex.** Para ensinar grego, o primeiro passo é ~ os [ensinar o alfabeto

(grego) aos] alunos. **2** Ensinar a ler e a escrever. **Loc.** ~ adultos [crianças].

alfabeto (Bé) s m (<gr *alphabétos,ou* <*alpha+beta*: as duas primeiras letras gregas α, β) **1** Conjunto de letras de um sistema de escrita segundo uma ordem estabelecida convencionalmente/Abecedário. **Ex.** As letras *K, W* e *Y* não faziam propriamente parte do ~ português; usavam-se para palavras estrangeiras «yen». **2** Qualquer sistema ou código de sinais convencionado para representar letras, sons, palavras, etc. **Comb.** ~ *braille* [Sistema de pontos em relevo que representam letras e que permite a leitura pelo ta(c)to]. ~ *fonético* [Conjunto de sinais convencionais que representam os sons [fonemas] de determinada língua «português»]. ~ *ideográfico* [O «chinês» que representa os sons por ideogramas, ideias expressas em figuras, imagens]. ~ *maiúsculo* (Com letras grandes «A, N, T») [*minúsculo* (Com letras pequenas «a, n, t»)]. ~ *manual* [dos surdos]. ~ **[***Código***] *morse*** [Sinais telegráficos, breves ou longos, que representam letras]. **3** Livro que contém os ensinamentos básicos de leitura/Cartilha(+). **Ex.** "O Meu Primeiro ~" foi o livro por onde (eu) aprendi a ler. **4** ⇒ á-bê-cê **2**.

alface s f Bot (<ár *al-khass*) Planta herbácea comestível, da família das compostas, cujas folhas são muito utilizadas em saladas; *Lactúca satíva*. **Comb.** ~ *francesa* [frisada/repolhuda]. *idi* ***Fresco como uma*** ~ [Bem disposto/Cheio de vigor/Animado]. ***Salada de ~ e tomate*** «muito comum em Pt».

alface-do-mar s f Bot Alga marinha da família das ulváceas cujo talo tem a forma duma larga folha verde/Moliço; *Úlva lactúca*. ⇒ ulva.

alfacinha adj/s 2g pop (<alface+-inha) De Lisboa. **Ex.** Os ~s deliram com as [gostam muito das/são loucos pelas] festas dos santos populares (S(anto) Antó[ô]nio, S. João e S. Pedro) [*Br* festas juninas]. **Comb.** Bairros ~s «Alto/de Alfama». **Sin.** Lisboeta(+).⇒ ulissiponense.

alfafa (Gê) s f Bot (<ár *al-halfa*) Nome comum a várias plantas de forragem para o gado; *Medicágo satíva*. ⇒ luzerna; esparto.

alfageme (Gê) s m Hist (<ár *al-hadjdjám*: barbeiro, sangrador) **1** Barbeiro ou sangrador que além do seu ofício limpava e afiava as armas brancas. **2** O que fabrica/vende/prepara espadas ou alfang[j]es/Armeiro(+)/Espadeiro. **Ex.** ~ é a designação dos antigos armeiros e espadeiros.

alfaia s f (<ár *al-hadja*: necessidade, bagagem, utensílio) **1** Obje(c)to ou utensílio utilizado em casa. **Ex.** Tenho uma cozinha equipada com ele(c)trodomésticos e demais ~s modernas. **2** Meio para alguma a(c)tividade. **Comb.** ~*s* [Ferramentas e utensílios] *agrícolas*. ~*s de equitação*. ~*s sagradas* [Paramentos sacerdotais e obje(c)tos de culto religioso]. **3** ⇒ adorno; arreio; ferramenta.

alfaiataria s f (<alfaiate+-aria) Oficina ou loja de alfaiate. **Ex.** Com o incremento do "pronto a vestir" há cada vez menos ~s.

alfaiate s m (<ár *al-hayyât*) **1** Pessoa que faz roupas [trajes/fatos] masculinas/os. **Ex.** Um fato [terno] confe(c)cionado por um bom ~ é muito caro. **2** *Ent* Inse(c)to aquático da família dos hidrometrídeos, hemíptero, com pernas muito longas e que se desloca veloz(mente) sobre a superfície da água.

alfama s f an (<ár *al-hammâ*: termas, fonte de água quente, lugar de refúgio) Bairro de judeus. **Ex.** Um dos mais antigos bairros de Lisboa, onde outrora habitavam judeus, ainda conserva o nome de ~. **Sin.** Judiaria **1** (+).

alfândega s f (<ár *al-fundaq*< *al-funduq*: estalagem, hospedaria de mercadores e suas mercadorias) **1** Repartição pública «de aeroporto» que fiscaliza importações e exportações e cobra os respe(c)tivos direitos/Aduana. **Ex.** O livre trânsito de mercadorias entre os países da União Europeia reduziu drasticamente o serviço das ~s. **2** Edifício onde funcionam os serviços alfandegários.

alfandegagem s f (<alfandegar+-agem) **1** Serviços de [executados pela] alfândega(+)/Cobrança de direitos aduaneiros. **Loc.** Tratar da ~ de mercadoria importada [exportada]. **2** Permanência de mercadorias na alfândega. **Comb.** Taxas de ~.

alfandegar v t (<alfândega+-ar¹) **1** Despachar ou depositar mercadorias na alfândega(+). **2** Pagar os direitos aduaneiros/Desalfandegar(+).

alfandegário, a adj (<alfândega+-ário) Relativo à alfândega/Aduaneiro. **Comb.** *Direitos* ~*s. Trâmites* ~*s*.

alfange s m (<ár *al-handjar*) Sabre de folha larga e curva. **Ex.** O ~ tem o fio do lado convexo.

alfanumérico, a adj (<alfa¹+numérico) Diz-se do sistema de codificação que utiliza letras e algarismos. **Comb.** Base de funcionamento ~*a* «de computador». Notação ~*a* «da álgebra/matemática».

alfaque s m (<ár *al-fakk*: mandíbula, fauces) **1** Banco de areia que não fica a descoberto na maré baixa, à entrada dum porto. **2** Conjunto de pedras soltas no fundo do mar/Recife(+).

alfaqui s m (<ár *al-faqih*: inteligente, letrado, doutor) Sacerdote ou legista muçulmano.

alfarge s m (<ár *al-farx*: pavimento que separa dois pisos dum edifício) **1** Estilo decorativo usado na Península Ibérica, caracterizado por lavores multiformes. **2** Mó do lagar de azeite. ⇒ alfarja.

alfario, a adj (<ár *al-fará*: burro selvagem) Diz-se do cavalo que relincha e brinca levantando as patas dianteiras.

alfarja s f (<ár *al-harj*: aparelho, engrenagem) Recipiente de pedra onde gira a mó que mói a azeitona/Pio. **Ex.** Com a mecanização dos lagares de azeite, as ~s tornaram-se peças de museu. ⇒ alfarge **2**.

alfarrábio s m (<ár antr *al-Fárabi*, filósofo célebre que viveu no Turquistão no séc. X) Livro antigo ou de pouco valor. **Loc. *Comprar ~. Consultar os ~s***.

alfarrabista s/adj 2g (<alfarrábio+-ista) Pessoa que negoceia em livros antigos ou usados. **Ex.** Nos ~s, por [às] vezes, encontram-se livros raros de muito valor.

alfarroba (Rrô) s f Bot (<ár *al-harruba*) Fruto (Vagem castanho-escura) da alfarrobeira. **Ex.** A ~ tem sabor acre e adocicado.

alfarrobal s m (<alfarroba+-al) Plantação de alfarrobeiras.

alfarrobeira s f Bot (<alfarroba+-eira) Árvore de folha persistente da família das leguminosas, espontânea na zona mediterrânica, apreciada pelo valor nutritivo do seu fruto. **Ex.** Em Portugal, a ~ encontra-se quase exclusivamente [só] no Algarve.

alfavaca s f Bot (< ár *al-habáqa*) Planta aromática da família das labiadas utilizada como condimento/Manjericão/Segurelha; *Ocímum gratíssimum*.

alfavaca-de-cobra s f Bot **1** Planta herbácea da família das urticáceas com propriedades analgésicas/Parietária/Pulitária/Bétis. **2** *Br* Arbusto da família das rutáceas cujas folhas e raízes têm propriedades medicinais/Jaborandi-de-três-folhas/Jaborandi-do-Pará; *Monniéra trifólia*.

alfazema (Zê) s f Bot (<ár *al-khuzámâ*) Planta aromática da família das labiadas com flores azuladas, utilizada em perfumaria/Flor dessa planta; *Lavándula* angustiflora. **Ex.** Para manter a roupa interior bem cheirosa colocava saquinhos de ~ nas gavetas (onde a guardava).

alfeire s m (<ár *al-hair*) **1** Terreno cercado onde se recolhem porcos. ⇒ chiqueiro; pocilga. **2** Animais «ovelhas/cabras» que não fazem criação. **Ant.** Alavão.

alféloa s f Cul (<ár *al-hal(a)ua*: doce açucarado) Massa de açúcar em ponto (grosso) ou caramelo [rebuçado] feito dessa massa. ⇒ melaço.

alfena [alfeneiro] s f [m] Bot (<ár *al-hinná*) Planta arbustiva da família das oleáceas utilizada para tingir de vermelho/Ligustro/Santantoninhas; *Ligústrum vulgáre*.

alfe(ni)nar v t (<alfena+-ar¹) **1** Tingir de vermelho com alfena. **2** *fig* ⇒ Tornar efeminado/Enfeitar/Pintar.

alfenim s m (<ár *al-fánid*) **1** *Cul* Massa de farinha e açúcar muito branca e consistente. **2** *fig* Pessoa franzina, delicada, efeminada.

alferça/ce s f/m (<ár *al-faç*) ⇒ Enxadão/Picareta(+)/Alvião(o+).

alferes (Fé) s 2g 2n Mil (<ár *al-fáris*: cavaleiro, escudeiro) **1** Oficial subalterno abaixo de tenente. **Ex.** No Brasil, a designação de ~ foi substituída pela de segundo-tenente. **2** *an* ⇒ Oficial que transportava a bandeira/Porta-bandeira/Porta-estandarte.

alfinetada s f (<alfinete+-ada) **1** Picadela de [com] alfinete. **Ex.** Era um aluno que parecia muito sossegado mas pela calada [às escondidas/disfarçadamente] ia dando ~s aos colegas da frente. **2** Dor forte e aguda. **Ex.** De vez em quando sentia uma ~ nas costas e não se continha sem soltar um ai. **3** *fig* Crítica mordaz/Censura. **Ex.** A crítica séria é construtiva, as ~s ferem e destroem.

alfinet(e)ar v t (<alfinete+-ar¹) **1** Picar com alfinete(+). **Loc.** ~ os colegas. **2** Prender com alfinete(+). **Loc.** ~ a bainha da saia. **3** *fig* Dar alfinetadas **3**(+)/ferroadas(o+)/Ferir com ditos mordazes. **4** Dar a forma de alfinete. **Loc.** ~ [Afiar(+)] uma ponta de arame.

alfinete (Nê) s m (<ár *al-filed* <*al-hilâd*) **1** Pequena haste metálica pont(iag)uda numa extremidade e de [com] cabeça arredondada ou espalmada na outra. **Ex.** Comprou uma caix(inh)a de ~s na retrosaria. Os ~s servem para prender papéis, tecidos, etc. As costureiras utilizam ~s para marcar corre(c)ções durante as provas. **Idi.** *Não valer um ~/um caracol/um vintém* [Não ter valor nenhum]. **Comb.** ~ *de bebé*[ê]/ *de ama/de fralda/de segurança*. ⇒ agulha. **2** Obje(c)to de adorno em forma de ~ com a cabeça trabalhada à maneira de joia/Broche. **Comb.** ~ *de brilhantes.* ~ *de gravata.* ~ *do cabelo (das senhoras)*. **3** *pl fig* Dinheiro para pequenas despesas. **Ex.** Deixei ao meu filho dinheiro para pagar as propinas e mais algum para os ~s. **Loc.** Não dar [chegar] (nem) para os ~s [Ser muito pouco (dinheiro)].

alfineteira s f (<alfinete+-eira) Pequena almofada onde as costureiras espetam os alfinetes para os guardar/Caixa para guardar alfinetes.

alfobre (Fô) s m (<ár *al-hufar*, pl de *al-hufra*: escavação, buraco, fossa) **1** Viveiro(+) de plantas para posterior plantação. **Comb.** Um ~ de alfaces [tomate(iro)s/couves]. **2** ⇒ Canteiro/Leira. **3** *fig* Lugar onde se desenvolvem em abundância coisas, seres, ideias, ... **Comb.** «o lixo do bairro» *Um ~ de bichos* [parasitas]. *Um ~ de ideias.* «Portugal é» *Um ~ de poetas*.

alfombra *s f* (<ár *al-humrâ*: vermelho, tapete) **1** Tapete espesso de várias cores/Alcatifa(+). **Comb.** ~s [Tapetes(+)] persas. **2** *fig* Porção de terreno coberto [atapetado(+)] de relva ou flores.

alfombrar *v t* (<alfombra+-ar¹) **1** Cobrir com alfombra/Alcatifar(+). **Loc.** ~ um quarto/uma sala. **2** *fig* Cobrir com relva/Arrelvar. **Loc.** ~ [Arrelvar(+)] um canteiro.

alforge [alforje] *s m* (<ár *al-khurj*) **1** Saco duplo, largo e comprido, fechado nas extremidades e aberto ao meio, por onde dobra, para se colocar ao ombro ou sobre a montada «burro/cavalo», ficando uma bolsa para cada lado. **Ex.** O ~ [Os ~s(+)] permite(m) a distribuição equilibrada do peso pelos dois lados. ⇒ bolsa; sacola; bornal. **2** Quantidade contida no ~/Alforjada. **Comb.** Um ~ de queijos.

alforjada *s f* (<alforjar+-ada) **1** ⇒ alforge **2**. **2** ⇒ Grande quantidade/Abada(+).

alforjar *v t* (<alforge+-ar¹) ⇒ Meter nos alforges(+).

alforreca (Rré) *s f Zool* (<ár *al-hurraiqâ*: urtiga) Celenterado marinho de corpo mole, gelatinoso e transparente em forma de campânula/Medusa (sem véu)/Água-viva. **Ex.** O conta(c)to com as ~s pode provocar irritação e queimaduras na pele. ⇒ actínia.

alforria *s f* (<ár *al-hurrúâ*) **1** *Hist* Liberdade concedida ao escravo pelo seu senhor. **Comb.** *Carta de ~* [Documento que concedia a liberdade ao escravo]. **2** *fig* Libertação de qualquer jugo ou domínio/Emancipação. **Ex.** A independência enconó[ô]mica permitiu-lhe sair de casa dos pais e obter a tão desejada ~.

alforriar *v t* (<alforria+-ar¹) **1** *Hist* Dar carta de alforria. **Loc.** ~ um/os escravo(s). **Comb.** Escravo alforriado [liberto(+)/manumisso]. **2** Libertar de qualquer domínio. **Ex.** Comecei a trabalhar por conta própria, alforriei[libertei(+)]-me de horários e patrões.

alfoz (Fós) *s m* (<ár *al-huz*: arredores) ⇒ Território dependente duma povoação ou castelo/Arredores(o+)/Cercanias(+).

alfurja *s f* (<ár *al-fûrdja*: lugar por onde escorre a água) **1** Pátio interior para luz e ventilação/Saguão. **Ex.** Todas as entradas do edifício davam para a [vinham ter à/desembocavam na] mesma ~ onde as vizinhas se juntavam a conversar. **2** Rua estreita e suja/Lugar onde se despeja o lixo/Monturo(+). **Comb.** ~s imundas (no meio da [em plena] cidade). **3** *fig* ⇒ Lugar mal frequentado/Antro.

alga *s f Bot* (<lat *alga,ae*) **1** Planta do grupo das ~s. **Ex.** A ~ verde, *Chlorella pyrenoidosa*, é utilizada para obtenção de proteínas alimentares. ⇒ ágar (-ágar). **2** *pl* Plantas talófitas cujas células contêm clorofila, classificadas conforme as cores «cianófitas, azuis/clorófitas, verdes». **Ex.** A distribuição das ~s marinhas por cores depende da profundidade a que se encontram: as mais claras junto à superfície e as mais escuras nas zonas mais profundas.

algáceo, a *adj* (<alga+-áceo) Relativo a alga.

algaço *s m* (<alga+-aço) ⇒ sargaço.

algália *s f Med* (<gr *argaleíon*<*ergaleíon, ou*: instrumento de trabalho, ferramenta) Sonda que se introduz pela uretra para extra(c)ção da urina da bexiga.

algaliação *s f* (< algaliar+-ção) A(c)ção de algaliar/Aplicação da algália. **Ex.** A necessidade da ~ é frequente em pessoas idosas ou em períodos pós-operatórios.

algaliar *v t* (<algália+-ar¹) Introduzir a algália na uretra até à bexiga para extrair a urina.

algar *s m Geol* (<ár *al-gar*: caverna) Poço [Caverna] profundo/a nas regiões calcárias. **Ex.** Os ~es podem ser formados de cima para baixo por erosão das chuvas ou de baixo para cima a partir duma caverna por dissolução da camada calcária que a cobre.

algaravia *s f* (<ár *al-garabiyya*: a língua árabe) **1** Linguagem [Escrita] árabe(+)/O árabe(o+). **2** *fig* Linguagem [Situação] confusa/Algaraviada(+). ⇒ charada.

algaraviada *s f* (<algaravia+-ada) Confusão(o+) de vozes/Algazarra(+)/Gritaria(+). **Ex.** Todos falavam ao mesmo tempo numa (tal) ~ que ninguém se entendia.

algaraviar *v t/int* (<algaravia+-ar¹) **1** Exprimir-se de forma confusa ou difícil de entender. **Ex.** Não entendo nada do que tu [você] estás [está] (para aí) a ~ [dizer(+)]. **2** Falarem várias pessoas ao mesmo tempo de forma confusa. **Ex.** Mulheres algaraviando na rua. **3** ⇒ atrapalhar-se/confundir-se/misturar «tudo».

algaraviz *s m* ⇒ alcaraviz.

algarismo *s m* (<ár *al-khuarizmi*, cognome de Abu Jefar Moahmed Ibn Musa, matemático (séc. IX) natural de Kharizm) Sinal [Símbolo] que se usa para representar os números. **Ex.** 25763 é um número com 5 ~s; 1, 2, 3 são ~s árabes; I, II, III são romanos; e –, =, ≡ são chineses.

algarvio, a *adj/s* (<Algarve, província mais ao sul de Portugal +-io) Do Algarve. **Comb.** Clima [Litoral] ~o. Sotaque ~o.

algaz *s m* (<ár *al-gáz*) Fruto da palmeira/Tâmara(+) pequena.

algazarra *s f* (<ár *al-gazarâ*) **1** Grito dos mouros ao iniciar um combate. **2** Grande barulho de vozes/Barulheira/Gritaria/Vozearia. **Ex.** A discussão degenerou em tamanha [tal] ~ que (já) ninguém se entendia. **Comb.** A ~ dos alunos no recreio.

álgebra *s f* (<ár *al-djabr*: redução) **1** Parte da matemática que generaliza a aritmética utilizando símbolos [letras] para representar as grandezas. **Ex.** A ~ já era utilizada no séc. III em Alexandria. **Comb.** *~ abstra(c)ta* [moderna]. *~ booleana* [binária/moderna/lógica]. *~ linear* [que estuda os espaços ve(c)toriais]. **2** Livro de estudo [Compêndio] desta matéria.

algébrico, a *adj* (<álgebra+-ico) Relativo à álgebra. **Comb.** Cálculo [Equação/Fra(c)ção/Função/Operação] ~o/a.

algebrista *s 2g* (<álgebra+-ista) Pessoa especializada em álgebra. **Ex.** O português Pedro Nunes (⇒ nónio) foi um grande matemático e ~ do séc. XVI.

algebrizar *v t* (<álgebra+-izar) Criar [Estabelecer] fórmulas algébricas/Resolver algebricamente(+). **Loc.** ~ a resolução dum problema.

algema (Gê) *s f* (<ár *al-djama'a*: pulseira) **1** Argola de ferro para prender alguém pelos pulsos. **Ex.** Levavam o criminoso preso com [por] ~s [o criminoso algemado(+)]. ⇒ peia. **2** Cadeia/Grilhão/Grilheta. **3** *fig* Coa(c)ção moral/Opressão/Prisão. **Loc.** Estar preso à cama com as ~s da doença.

algemar *v t* (<algema+-ar¹) **1** Prender com [Colocar as] algemas. **Loc.** ~ os prisioneiros. **Comb.** Ladrão algemado/mania[ie]tado. **2** *fig* Obrigar/Oprimir/Subjugar. **Ex.** Viviam algemados/as [oprimidos/as(+)/amedrontados/as] pela tirania do ditador. **Comb.** Algemado [Preso/Sujeito] ao compromisso/juramento.

algente *adj 2g* (<lat *álgens,éntis*<*álgeo,ére*: ter frio) Muito frio/Álgido(+)/Gélido(o+). **Comb.** Aragem ~.

algeroz (Rós) *s m* (<ár *az-zurúb*) Caleira aberta colocada na extremidade do telhado para receber a água da chuva. **Ex.** A água recolhida nos ~es geralmente é descarregada para o solo por um tubo [cano] vertical. ⇒ beiral.

algesia *s f Med* (<gr *álgesis,eos*: dor, sofrimento) Sensibilidade à dor. ⇒ algia; analgésico.

algia *s f Med* (<gr *álgos,ou*: dor) Dor sem lesão. **Ex.** A doença ainda não está diagnosticada; o doente queixa-se de várias ~s [dores(+)/de dores em várias partes do corpo]. ⇒ mi~; nevr~.

algibeira *s f* (<ár *al-jibairâ*: pequeno saco) **1** Bolso(+) feito numa peça de roupa. **Loc.** *idi Andar de [com as] mãos nas ~s* [Estar ocioso/Viver sem trabalhar]. *Pagar [Pôr] da sua ~* [à sua conta/do seu bolso(+)]. **Comb.** *~s cheias [vazias]* [Com muito [pouco] dinheiro]. *idi Pergunta de ~* [que pretende confundir ou enganar/capciosa/inesperada]. **2** Pequeno saco ou bolsa que as mulheres usam à maneira de avental ou no interior da roupa. **Ex.** A avozinha trazia sempre o trabalho [a renda/o croché/ê] numa ~ bordada e presa à cintura. A vendedeira [feirante] guardava o dinheiro numa ~ por baixo da saia.

álgico, a *adj Med* (<algia+-ico) Relativo à dor. **Comb.** Sensações ~as [dolorosas(+)].

algidez *s f* (<álgido+-ez) **1** Estado de frialdade intensa. **Ex.** Todo o corpo se arrepiava com a ~ do vento. **2** *Med* Grande arrefecimento das extremidades do corpo.

álgido, a *adj* (<lat *álgidus,a,um*) Que faz gelar/Muito frio/Gélido(+). **Comb.** Vento [Aragem] ~o/a.

algo *pron indef/adv s m* (<lat *áliquod*, neutro de *áliquis*) **1** Alguma [Qualquer] coisa. **Ex.** Anda muito inquieto; há ~ que o perturba. Pareceu-me ouvir ~ [um ruído] estranho [não habitual]. Tens ~ que se coma [que se possa comer]? **2** *adv* Um pouco/Um tanto(+). **Ex.** É boa rapariga [moça] mas ~ amalucada/leviana. **3** *an s m* Quantidade de dinheiro/Bens/Riqueza. **Ex.** «o médico» Quando veio para cá trabalhar não era nenhum pobretana [não era pobre], já tinha ~ de seu [já tinha bens/riqueza].

algodão *s m* (<ár *al-qutún*) **1** *Bot* Fibra têxtil vegetal esbranquiçada que envolve as sementes do algodoeiro. **Ex.** O ~ é a mais importante das fibras vegetais. **Comb.** *~ em rama* [~ natural]. *~ hidrófilo* [desengordurado e desinfe(c)tado, usado como absorvente]. **2** Fio ou tecido de algodão. **Ex.** Na indústria têxtil o ~ é fiado [transformado em fio] para posteriormente ser tecido [transformado em pano]. **Comb.** Casaco [Saia/Vestido] de ~. **3** ⇒ algodoeiro.

algodão-doce *s m Cul* Doce feito de fios de açúcar muito finos semelhante(s) ao algodão «e vendido em tenda».

algodão-pólvora *s m Quím* Produto explosivo obtido por a(c)ção dos ácidos nítrico e sulfúrico sobre o algodão em rama/Nitrocelulose.

algodoeiro *s m/adj* (<algodão+-eiro) **1** *Bot* Nome vulgar de algumas espécies do género *Gossypium* L., da família das malváceas que produzem o algodão. **Ex.** O ~ é uma das plantas industriais mais importantes. **2** *adj* Relativo ao algodão. **Comb.** *Indústria ~a. Operário ~.*

algofilia *s f Med* (<algia+-filia) Gosto doentio ou desejo patológico de sentir dor física. ⇒ masoquismo.

algofobia s f Med (<algia+-fobia) Medo patológico da dor.

algol s m Info Mat (<ing alg(orithmic)+o(riented)+l(anguage)) Linguagem de programação matemática.

algologia s f Bot (<alga+-logia) Ramo da botânica que estuda as algas/Ficologia.

algologista [algólogo] s (<algologia+-ista [alga+-logo]) Pessoa especializada em algologia.

algorítmico, a adj Info Mat (<algoritrno+-ico) **1** Que usa ou se expressa por algoritmo(s). **Comb.** Operação ~a. **2** Relativo [Pertencente] a algoritmo. **Comb.** Símbolo ~.

algoritmo s m Info Mat (<lat medieval algorithmus,i<algorismus; ⇒ algarismo) Qualquer conjunto de processos de cálculo matemático por etapas sucessivas e finitas. **Comb.** ~ **da divisão** «de dois polinó[ô]mios». ~ **de Euclides** [Método de cálculo do m. d. c. (Máximo divisor comum) de números inteiros por divisões sucessivas].

algoso, a (Ôso, Ôsa/os) adj (<alga+-oso) Que tem [Da natureza das] algas. **Comb.** Região ~a. Substância ~a.

algoz (Gôs) s m (<ár al-goss: nome da tribo onde se recrutavam os carrascos) **1** O que executa condenados à morte ou inflige castigos corporais/Carrasco/Verdugo. **Comb.** O cutelo [chicote] do ~. **2** fig Pessoa cruel/desumana. **Ex.** Maridos ciumentos transformam-se muitas vezes nos [em] ~es das próprias mulheres.

alguém pron indef/s m (<lat áliquis,a,id) **1** Pessoa indeterminada/Alguma pessoa. **Ex.** ~ telefonou na minha ausência? O vidro (da janela) está partido; ~ o partiu... Ouvi ~ falar mas não sei quem foi. **2** Pessoa importante. **Ex.** Por ter(es) um curso (já) julga(s) que é(s) ~ ? Se continuar(es) a estudar [trabalhar] ainda há(s) de ser [virá(s) a ser/será(s)] ~. **3** s m Pessoa determinada/Ser humano. **Ex.** Eu conheço ~ [uma pessoa (+)] que nos pode ajudar. Não podes [Você não pode] falar assim de quem [de ~ que] não conheces/ce.

alguidar s m (<ár al-gidar) Utensílio doméstico de barro, metal, ou plástico, troncocó[ô]nico com a boca maior [mais larga] do que o fundo. **Loc.** Amassar as filhós [o bolo] num ~. Lavar a hortaliça num ~ de alumínio. **Idi.** «drama» **De faca e ~** [Com violência sangrenta e injustificada]. ⇒ vasilha; selha; tina; bacia.

alguidarada s f (<alguidar+-ada) Conteúdo de um alguidar/Grande quantidade. **Comb.** Uma ~ de carapaus.

algum, ma pron indef (<lat alicúnus,a,um <áliquis: algum+únus: um; ⇒ alguma) **1** Um de entre dois ou mais. **Ex.** Venha cá ~ (de vocês) ajudar-me. **2** Quantidade indeterminada. **Ex.** ~mas árvores caíram com a rajada de vento. O professor preparou a aula com ~ns alunos. **3** Uma certa quantidade/Um pouco. **Ex.** Tens dinheiro para (fazer) as compras? – Tenho ~. Confesso que tive ~ [um pouco de] medo. **4** Nenhum. **Ex.** «é honesto» Motivo ~ [Nenhum motivo/Nada] o pod(er)ia levar a cometer uma fraude. «é cumpridor» De modo ~ [nenhum] seria capaz de faltar ao compromisso.

alguma s f fam (<algum) Novidade má/Algo (de) mau/Asneira/Disparate. **Ex.** Pela tua cara vejo [noto/nota-se] que aconteceu ~ [coisa má]. Vens(-te) a rir, fizeste ~ [asneira/disparate]...

algures adv (<alg(um)+(alh)ures) Em algum lugar/Em lugar/parte incerto/a. **Ex.** A tesoura deve estar por aí ~; ainda há pouco estive (a trabalhar) com ela. Esse casaco trouxeram-mo de ~ [de não sei donde] do [no] estrangeiro.

-alha [-alhada] suf (<lat -ácula ou -ália <álius,a,ud: outro) Exprime quantidade ou cole(c)tividade, muitas vezes com sentido pejorativo, por ex.: canalha, escumalha, gentalha, limalha(s), migalha(s), trapalhada.

alhada s f (<alho+-ada) **1** Quantidade [Trança/Cabo] de alhos. **2** Cul Cozinhado feito com alhos/Conserva de alhos. **3** fig Situação complicada/Embrulhada/Trapalhada. **Loc.** Meter-se numa [Sair duma] ~.

-alhão suf (<-alha+-ão) Aumentativo, por vezes com sentido pejorativo, por ex.: facalhão, vagalhão, espertalhão, porcalhão.

-alhar suf (<-alha+-ar) Significa transformar, fazer, estragar; ⇒ abandalhar; emporcalhar.

alheabilidade s f (<alheável+i+-dade) Qualidade do que é alheável/Alienabilidade(+).

alheamento s m (<alhear+-mento) **1** A(c)ção ou efeito de (se) alhear. **2** Distra(c)ção/Esquecimento/Indiferença. **Ex.** Olhava o mar, num completo ~ de tudo o que havia [se passava] à sua volta.

alhear v t (<lat aliéno,áre: alienar, vender, transtornar, perder os sentidos) **1** Transferir [Ceder] a posse para outra pessoa/Alienar(+). **Ex.** O Estado alheou [alienou(+)] algum equipamento obsoleto. **2** ~-se/Ficar indiferente/absorto/Abstrair. **Ex.** Quando estava a estudar, alheava-se [abstraía] de tudo. **3** ~-se/Afastar-se/Desinteressar-se. **Loc.** ~ da vida política. **4** ~-se/Pôr-se (de) fora/Não participar/Desviar-se/Isolar-se. **Loc.** ~ da conversa [do grupo].

alheável adj 2g (<alhear+-vel) Que se pode alhear/Alienável(+). **Comb.** Bens ~veis/alienáveis(+).

alheio, a adj/s m (<lat aliénus,a,um) **1** (O) que pertence a outrem. **Prov. Quem o ~ veste, na praça o despe** [Quem tira proveito de/se serve de/usa indevidamente aquilo que não lhe pertence, acaba por passar pela vergonha de ser desmascarado [descoberto] em público]. **Idi. Meter a foice em seara ~a** [Intervir/Intrometer-se naquilo que não lhe diz respeito]. **Loc.** Cobiçar o ~ [Querer (roubar) o que é dos outros]. **Comb.** idi **Amigos do ~** [Ladrões/Gatunos]. **Bens ~s** [de outrem]. **Casa [Propriedade] ~a.** «gostar de falar da/gostar de se meter na» **Vida ~a** [que não lhe diz respeito]. **2** Que é de fora/de outro lugar/Estrangeiro. **Ex.** O que se passa (cá) em casa não é para se contar [para ser contado] a pessoas ~as [estranhas(+)]. Veio dum país ~ [estrangeiro(+)/do estrangeiro(o+)]. **3** Que não é da sua conta/responsabilidade/Estranho/Independente. **Ex.** Faltou ao trabalho por motivos ~s à sua vontade [motivos que não dependiam dele]. A degradação do ambiente não é ~a ao comportamento humano [ambiente é causada pelo homem]. Sou ~ a tudo isso [Isso não é da minha responsabilidade]. **4** Distraído/Distante/fam Aéreo. **Ex.** O meu filho anda ~ a [anda alheado de(+)] tudo; não se interessa por nada. Estava absorto no trabalho, ~ de tudo, nem dei pelas horas [nem me apercebi (de) que horas eram].

alheira s f Cul (<alho+-eira) Enchido da província de Trás-os-Montes (Pt) feito com pão (de) trigo e diversas carnes, condimentado com alho. **Comb.** ~**as de caça** [preparadas com animais de caça]. ~**as de Mirandela** [típicas dessa cidade, Pt].

alheta (Lhê) s f Náut (<ala+-eta) Cada uma das peças de madeira que formam o prolongamento exterior da popa do navio. **Idi. Ir na ~** [Ir no encalço]. fam **Pôr-se na ~** [Fugir/Escapar-se/gír Raspar-se]. ⇒ asa; lado; costado.

alho s m (<lat állium,ii; ⇒ cebola; ~-porro) **1** Bot Planta da família das liliáceas, Állium sativum L.,com folhas lineares, bolbo [cabeça] formado/a por gomos [dentes], de cheiro e sabor intensos e característicos. **Ex.** O ~ é semeado e germina [Enterram-se os dentes de ~ para germinarem] no inverno (Prov. **Pelo Natal, bico de pardal** [Pelo Natal, a planta começa a sair da terra]). O cheiro a ~ incomoda bastante. **2** Bo[u]lbo dessa planta. **Loc.** Temperar com (um dente de) ~ às rodelas ou aos bocad(inh)os. **Idi. Misturar ~s com bugalhos** [Confundir tudo/Misturar assuntos distintos]. **3** fig Pessoa esperta/viva/perspicaz. **Idi. Esperto [Fino(+)] como um ~ [Muito esperto/fino]. Cabeça de ~ chocho** [Tol(inh)o/Cabeça no ar/Cabeça de vento/Distraído].

-alho suf (<lat álius,a,ud: outro) Significa **indefinição** (⇒ cascalho), **defeito** (⇒ mimalho) ou **pudor** (Dialho, em vez de diabo).

alho-porro s m Bot Cul Planta da família das liliáceas, Allius porrum L., de talho alto e bo[u]lbo grande geralmente simples, comestível, também conhecido por alho-francês. **Ex.** Nas festas de S. João, na noite de 23 para 24 de junho, no Porto (Pt), os foliões brincam com o ~ como se fosse um martel(inh)o com o qual batem (ao de leve) na cabeça dos transeuntes. **Comb.** Sopa de ~. Tarte de ~.

alhures adv (< lat aliorsum) Noutro lugar. **Ex.** As laranjas não são daqui [desta terra], vieram de ~. ⇒ algures.

ali adv (<lat ad: para+illic: lá, além) **1** Naquele lugar/Ao «nosso» lado/Lá. **Ex.** Sente-se ~ [naquela cadeira]. Vá por ~ (por)que é mais perto. Fui trabalhar para Tóquio e ~ [lá/cá] fiquei a viver (para sempre). Tinha o livro ~ na mesa e já lá não está [já não está lá]! **2** Num lugar diferente daquele onde se está. **Ex.** «o hospital?» ~ ao pé da ponte, vira à direita e logo vê o hospital. Vou ~ (ao lado) e [mas] já volto. **3** Nesse ponto/Nessa situação/Nessa hora/Àquele momento/Então. **Ex.** Até ~ nunca tinha visto tal coisa. Quando ouviu dizer mal do pai, ~ [aí/então] reagiu energicamente. Desconfiou de tanta amabilidade e ~ [então/aí] disse para os seus botões [para si/para consigo]: idi ~ há gato [há qualquer coisa errada/há fingimento].

aliáceo, a adj/s (<alho+-áceo) **1** Relativo ao [Característico do] alho. **Comb.** Cheiro/Sabor ~. **2** Relativo [Que pertence] às aliáceas, família das liliáceas. **Ex.** O alho é uma ~a.

aliado, a adj/s (<aliar+-ado) **1** Que formou uma aliança [se uniu] com outro. **Ex.** Os verdadeiros amigos são os melhores ~s. **2** Membro de uma aliança/duma coligação. **Ex.** A Inglaterra e a França foram ~as contra a Alemanha nas duas guerras mundiais do séc. XX. **Comb.** Os ~s [As nações ~as].

aliança s f (<aliar+-ança) **1** Tratado [Acordo/Pacto] de união entre duas entidades para ajuda mútua. **Ex.** A ~ anglo-portuguesa [entre Portugal e a Inglaterra(+)] é a mais antiga (1372) entre duas nações europeias. A política de ~s com partidos da oposição não deu bons resultados. **2** União matrimonial/Casamento. **Ex.** A ~ matrimonial é [deveria ser sempre considerada] indissolúvel. **3** Anel (de ouro) usado pelas pessoas casadas como símbolo do vínculo matrimonial. **Ex.** A ~ [O anel] usa-se geralmente no dedo anelar da mão esquerda. **4** Rel Amor de Deus pelo Homem [pelo

Seu Povo] expresso na Bíblia. **Ex.** A ~ revelada no Antigo Testamento (A Antiga ~) atinge a plenitude em Jesus Cristo no Novo Testamento (A Nova e Eterna ~).

aliar *v t* (<lat *álligo,áre*: ligar, prender) **1** Estabelecer uma ligação/Possuir duas ou mais qualidades/Acrescentar(-se)/Associar(-se)/Combinar(-se)/Unir(-se). **Ex.** Em S. Francisco Xavier aliaram-se a intrepidez do aventureiro com [Xavier tinha a intrepidez do guerreiro e] um grande amor a Jesus Cristo e ao próximo. Um material que alia a resistência à flexibilidade [que é resistente e flexível]. À instabilidade política interna aliava-se a ambição dos países vizinhos. **Loc.** ~ [Juntar(+)] o útil ao agradável. **2** ~-se Fazer um pacto [uma convenção/um tratado] de união para a prossecução de fins comuns. **Ex.** Dois sócios aliaram--se para (ob)ter o controlo da sociedade. Os dois partidos aliaram-se [formaram uma coligação] para formar governo. **3** Ligar(-se) pelo casamento. **Ex.** Os noivos aliaram-se [casaram(+)] numa cerimó[ô]nia encantadora. As duas famílias aliaram-se pelo casamento dos filhos.

aliás *adv* (<lat *álias*) **1** De outro modo/outra forma. **Ex.** Ele estudou muito, ~ não passaria no exame. Sempre me pareceu que ele tinha qualidades de chefia, ~ não o teria promovido. **2** Além disso/do mais/De resto. **Ex.** Podes [Você pode] vir à hora que quiseres [quiser]. A festa, ~, começa tarde. **3** Mais precisamente/Ou antes/Ou melhor/Não. **Ex.** Parece-me que estou a ver um avião, ~, um helicóptero. **4** No entanto/Contudo. **Ex.** Andar é um exercício cansativo sem, ~, deixar de ser saudável.

aliável *adj 2g* (<aliar+-vel) Que se pode aliar/Susce(p)tível de ligação. **Comb.** Partidos (políticos) ~veis [com interesses/obje(c)tivos comuns].

álibi *s m* (<lat *álibi*: em outro lugar) Justificação apresentada como prova de defesa contra uma acusação. **Ex.** Quando o acusaram de ter riscado o carro do professor, valeu-se do ~ de [apresentou como ~] ter faltado à escola nesse dia por doença. **Loc.** Não ter ~/escapatória. **Comb.** ~ perfeito.

alicate *s m* (<ár *al-liqát*) (Peça de) ferramenta formada por duas hastes ligadas por um eixo, tipo tesoura, para segurar/torcer/cortar/.../Tenaz(es). **Comb.** ~ **de corte**. ~ **de pontas**. ~ **de pressão**. ~ **de** [para cortar] **unhas**. *idi* **Pernas de** ~ [arqueadas/tortas].

alicerçar *v t* (<alicerce+-ar¹) **1** Fazer(+)/Construir/Lançar os alicerces. **Loc.** ~ um edifício [muro]. **2** *fig* Fundamentar com firmeza/Basear/Fortalecer. **Ex.** Alicerçou [Baseou(+)] a sua tese numa vasta bibliografia. As dificuldades que ambos tiveram que enfrentar alicerçaram [fortaleceram(+)] a sua amizade.

alicerce (Cér) *s m* (<ár *al-isas*: base, fundamento) **1** Maciço enterrado sobre o qual assenta uma construção/Fundação/Base. **Ex.** Uma boa construção tem de [que ter] ~s sólidos. O edifício ruiu [desabou] porque tinha fracos [não tinha] ~s. **2** Escavação/Vala onde assentam as fundações. **Loc.** Abrir os ~s (para iniciar a construção). **3** *fig* Aquilo que serve de suporte/Base/Fundamento. **Ex.** Reprovou em matemática porque lhe faltavam os ~s [as bases(+)]. Os ~s [As bases/Os fundamentos] da educação recebem-se em casa [na família].

aliciador, a *adj/s* (<aliciar+-dor) (O) que alicia/atrai/seduz. **Ex.** As condições que me oferecem para mudar de emprego são ~oras/aliciantes(+). Foi arrastado para maus caminhos por ~es sem escrúpulos (que se diziam seus amigos).

aliciação [aliciamento] *s f [m]* (<aliciar+-ção[mento]) A(c)to ou efeito de aliciar/Sedução/Suborno/Atra(c)ção/Chamamento. **Ex.** Os jovens são muitas vezes arrastados para o mal pela/o ~ dos companheiros.

aliciante *adj/s 2g* (<aliciar+-ante) (O) que alicia/Atra(c)tivo/Encantador/Fascinante/Sedutor/Tentador/Atraente/Convidativo. **Ex.** Um dos ~s do concerto era a presença de músicos de renome mundial. **Comb.** *Conversa* [Fal(inh)as] *~e/es*. *Doce* [Petisco] *com aspe(c)to ~/tentador*.

aliciar *v t* (<lat *allício,is,ere,léxi,léctum*: acariciar, atrair com afagos, persuadir) **1** Atrair com falsas promessas. **Ex.** Bem arrependido está [Está muito arrependido] de ter mudado de emprego, mas aliciaram-no com *idi* mundos e fundos [com muitas promessas/com a promessa de muitas regalias] e nada foi cumprido. **2** Fascinar/Cativar/Seduzir. **Ex.** Andava de cabeça perdida, aliciado [fascinado(+)/apaixonado(o+)] pela beleza da rapariga [moça]. **3** Arrastar para o mal/Incitar/Instigar/Subornar/Atrair/Levar. **Ex.** Aliciava as jovens com presentes e passeios de automóvel para as arrastar para a prostituição. A criada aliciada [subornada(+)] por elevada quantia (de dinheiro) facilitou a entrada dos ladrões na casa onde trabalhava.

alidade *s f* (<ár *al-'idâd*: bracelete) Régua móvel de um instrumento com que se determinam dire(c)ções em topografia.

alienabilidade *s f* (<alienável+-i-+-dade) Característica do que é alienável/do que pode ser transferido para a posse de outrem. **Comb.** ~ de bens [do patrimó[ô]nio].

alienação *s f* (<lat *alienátio,ónis*) **1** *Dir* Transmissão para outrem de bem ou direito. **Comb.** ~ *gratuita* [Doação]. ~ *onerosa* [Venda]. **2** Perturbação acentuada das funções psíquicas/Loucura/Psicose. **Ex.** A esquizofrenia é a forma mais grave de ~ (mental). **3** *Filos* Estado daquele que perde a consciência de si e considera a própria vida como algo estranho. **Ex.** Segundo Marx, a ~ (por motivos econó[ô]micos, sociais, políticos, religiosos) torna o homem escravo da sociedade capitalista.

alienado, a *adj/s* (<alienar+-ado) **1** (O) que foi transferido/Vendido/Cedido. **Comb.** *Bens ~s*. *Direitos ~s*. **2** *s* O que sofre de alienação mental/Demente/Doido/Louco. **Comb.** Hospital de [para] ~s [doentes mentais]. **3** (O) que se mantém distanciado da [alheio à] realidade que o envolve/Alheado(+). **Loc.** Viver ~ [alheado(o+)/afastado(+)] dos problemas sociais. **4** (O) que está obcecado por algum interesse ignorando tudo o resto/Absorto(+). **Ex.** ~ pelo trabalho nem sequer se lembra da família.

alienante *adj/s* (<aliénans,ántis) **1** (O) que aliena [faz a transferência] dum bem ou dum direito. **Ex.** Na escritura, interveio como ~ o procurador da viúva. **Comb.** Cedência sem carácter [efeito] ~. **2** (O) que provoca alienação/mantém alguém alheado da realidade. **Comb.** *Filme ~*. *Paixão ~* «pelo futebol».

alienar *v t* (<lat *aliéno,áre*; ⇒ alhear) **1** Transferir para outrem um bem ou um direito/Tornar alheio/Ceder/Vender. **Loc.** ~ *direitos* «de herança». ~ *um prédio*. **2** Abdicar/Renunciar. **Ex.** Alienou [Cedeu(+)] voluntariamente a sua vez a uma senhora de [que morava] longe para que (esta) não perdesse o autocarro [ó[ô]nibus]. **3** Desviar da realidade/Tornar indiferente/ausente. **Ex.** A política alienou-o do trabalho, da religião e até da família e dos filhos. **4** *Med* ~-se/Sofrer perturbações mentais graves/Perder o juízo/Enlouquecer. **Ex.** Alienou-se [Enlouqueceu(+)] com tantos desgostos.

alienatário, a *s Dir* (<alienado+-ário) Pessoa a favor de quem se aliena algo. **Ex.** Por disposição testamentária do bispo [do alienante], a Igreja [Diocese] foi ~a de todos os seus bens [os bens dele].

alienatório, a *adj* (<alienado+-ório) **1** Que pode ser transferido por alienação. **Ex.** O patrimó[ô]nio nacional só em casos exce(p)cionais poderá ser ~. **2** Que causa alienação/Alienante. **Comb.** *Doutrina(s)* [Teoria(s)] *~a(s)*. *Filme ~o*.

alienável *adj 2g* (<alienar+-vel) Que se pode alienar. **Comb.** Bens [Direitos] ~veis.

alienígena *adj/s 2g* (<lat *alienígena,ae*) **1** (O) que nasceu noutro país/Estrangeiro(+). **Ant.** Indígena. **2** *gír* Pessoa desconhecida/rara/Forasteiro/Fulano. **Ex.** Ontem apareceu-me em casa um ~ a dizer que era meu parente.

alienista *s/adj 2g Br* ⇒ psiquiatra.

alifático, a *adj Quím* (<gr *áleiphar,atos*: gordura+-ico) Diz-se de compostos orgânicos formados por cadeias abertas/Acíclico/Gordo. **Ex.** As gorduras pertencem ao grupo dos compostos ~s.

alífero, a *adj/s* (<al(a)+-fero; ⇒ alígero) (O) que tem asas/Alado. **Comb.** *Animais ~s*. *Inse(c)tos ~s* [alados(+)].

aliforme *adj 2g* (<al(a)+-forme) Em forma de asa. **Comb.** *Apêndice ~*. *Saliência ~*.

aligátor *s m Zool* (<ing *alligator* <esp *el lagarto*) Réptil semelhante ao jacaré [crocodilo/caimão] mas com o focinho mais curto e largo, existente na América do Norte e na China.

aligeiramento *s m* (<aligeirar+-mento) A(c)to de aligeirar(-se)/Alívio. **Ex.** O ~ [A simplificação(+)/A redução(+)] da burocracia é indispensável para a modernização da administração pública.

aligeirar *v t* (<a¹-+ligeiro+-ar¹; ⇒ alijar) **1** Tornar(-se) mais ligeiro/mais rápido/Apressar(-se). **Loc.** ~ o passo [Andar mais depressa]. **2** Tornar(-se) mais leve/mais fácil. **Loc.** ~ [Simplificar(+)] *os processos* burocráticos. ~ *uma estrutura/fechada/pesada*. **Comb.** Construções aligeiradas [provisórias/mais leves que o normal]. **3** Tornar menos pesado. **Loc.** ~ [Diminuir] *o castigo*. ~ [Aliviar] *o trabalho*.

alígero, a *adj* (<al(a)+-gero) **1** Que tem asas/Alífero. **Comb.** Figura [Estátua/Imagem] ~a. **2** *fig* Leve/Suave/Veloz. **Comb.** *Movimentos ~s* [suaves/gráceis(+)]. *Sons ~s* [suaves/maviosos].

alijamento *s m Náut* (<alijar+-mento) **1** A(c)ção de lançar ao mar a carga dum navio/Alijo **2**. **Ex.** Depois do ~, tornou-se mais fácil governar [dirigir/conduzir] o navio. **2** *fig* A(c)ção de desembaraçar(-se)/Negação. **Comb.** ~ da responsabilidade.

alijar *v t/int* (<lat *allévio,áre*: tornar leve, aligeirar) **1** *Náut* Lançar a carga (do navio) ao mar. **Ex.** Alija – gritava o mestre no meio da tempestade – alija tudo ao mar! **2** *fig* ⇒ Aligeirar **2**/Aliviar. **3** *fig* Libertar(-se) de alguma coisa/Desembaraçar(-se)/Negar. **Loc.** ~ responsabilidades [*idi* Sacudir a água do capote].

alijo *s m Náut* (<alijar) **1** Embarcação que acompanha um barco maior para receber a carga que este lança fora. **2** ⇒ alijamento **1**.

alimária *s f* (<lat *animália,ium*: conjunto de animais) **1** Animal/Besta de carga (+). **Ex.** O moleiro carregava as ~s com os sacos da farinha. **2** *fig pej* Pessoa grosseira/estúpida/abrutalhada/Besta.

alimentação s f (<alimentar+-ção) **1** A(c)ção de alimentar(-se)/prover ao sustento [à conservação da vida]. **Ex.** A ~ é o a(c)to básico mais primitivo de todo o ser vivo. **2** Conjunto de produtos que servem para alimentar/Gé[ê]neros alimentícios. **Ex.** Aquela loja vende fruta, legumes e tudo o que respeita a ~. **Comb.** *~ equilibrada* [racional/variada]. *~ pobre* [*rica*]. *Gastos* [Despesas] *de ~*. *Subsídio de ~*. **3** A(c)to de abastecer uma máquina com o necessário para o seu funcionamento. **Comb.** *~ elé(c)trica*. *~ duma caldeira* (com água/combustível). *Bacia de ~* (hidrográfica). *Fonte de ~*. *Rede* [Sistema] *de ~*.

alimentador, ora adj/s (<alimentar+-dor) **1** (O) que alimenta. **Ex.** A professora foi a fundadora do grupo de teatro e a sua ~a [animadora(+)] durante muitos anos. **Comb.** *Cabo ~* de ele(c)tricidade. *Conduta ~a* de água à povoação. *Discurso ~* de esperanças. *Substância ~a*. **2** s m Dispositivo que fornece a uma máquina o material para ser trabalhado ou para ela poder funcionar. **Comb.** *~ de combustível*. *~ de minério*. *~ vibratório* [de vaivém/de gaveta].

alimentar v t/int/adj 2g (<alimento+-ar¹ᐟ²) **1** Dar [Tomar] alimento/Nutrir. **Ex.** A carne [O leite/A soja] alimenta [nutre/é nutritiva/o]. Todos têm de [que] se ~, mas os pais têm obrigação de ~ os filhos pequenos. A *Santa Casa da Misericórdia* alimenta [fornece o alimento a] muitas famílias pobres. **Loc.** *~ frangos* [vacas] *com ração*. *~ um bebé/ê*. **2** Suportar os encargos de alimentação/Sustentar(+). **Ex.** Há anos que alimento 10 pessoas em minha casa! Não te dou mais dinheiro porque não alimento [não quero ~/sustentar(+)] vícios. **Idi.** *~ burros a pão de ló* [Proporcionar alguma coisa demasiado boa a quem não a sabe apreciar]. **3** Fornecer abastecimento «a uma máquina»/Prover/Municiar. **Loc.** *~ a impressora* com papel. *~ um moinho* com cereal. *~ uma arma* com munições. *~ com* [Abastecer de(+)] água uma cidade. **4** Servir de motivo/Fomentar/Incentivar. **Ex.** Escândalos que alimentam [enchem(+)] as páginas dos jornais. **Loc.** *~ a conversa* [o diálogo]. **5** adj 2g Referente a alimentos/à alimentação. **Comb.** *Hábitos ~es*. *Indústria ~*. *Óleo ~*. *Regime ~*. **6** adj 2g Que nutre/alimenta/Nutritivo(+)/Alimentício. **Comb.** *Elevado* [Baixo/Fraco] *valor ~*.

alimentício, a adj (<alimento+-ício) Próprio para alimentação/Que alimenta/Nutritivo. **Comb.** *Gé[ê]neros ~os*. *Substância (muito) ~a* nutritiva.

alimento s m (<lat *alimentum, i*) **1** Tudo o que serve para alimentar/nutrir/Comida. **Ex.** O leite é um ~ completo. Ele come como um alarve [é de muito ~], não há ~ [comida] que o satisfaça! **Comb.** *~ rico* em proteínas. *~s frescos*. *Pensão de ~s* [Prestação em dinheiro ou gé[ê]neros a que alguém é obrigado para sustento e habitação de outrem]. **2** O que mantém/faz desenvolver/sustenta. **Ex.** A madeira da casa serviu de ~ ao incêndio. Os fogos florestais não terão ~ se as matas forem [estiverem] limpas. **3** O que estimula/revigora. **Ex.** As manifestações de carinho são o ~ do amor. A oração é o ~ da alma. As boas leituras são o ~ do espírito.

alindamento s m (<alindar+-mento) A(c)ção de tornar mais bonito/Embelezamento. **Ex.** A moça esmerou-se no ~ [arranjo(+)] do cabelo. **Comb.** *~ das ruas para a festa*.

alindar v t (<a¹-+lindo+-ar¹) Tornar(-se) lindo/Enfeitar/Embelezar/Adornar. **Loc.** *~ a casa* [o salão]. *~ as ruas* para (passar) a procissão. *~ o rosto* com pinturas.

alínea s f (<lat *a línea*: expressão para indicar nova [para mudar de] linha) **1** (Primeira linha de um novo) parágrafo. **2** Cada uma das subdivisões de um texto, artigo de lei, decreto, etc., designadas por a), b), c), ... **Ex.** Repara/e (bem) no que diz [está escrito] na ~ c)!

alinhado¹, a adj (<alinhar+-ado) **1** Que está em linha re(c)ta. **Ex.** Os soldados marchavam ~s. **Comb.** *Árvores ~as*. *Casas ~as*. **Sin.** Direito; em fila. **Ant.** Desalinhado; torto. **2** fig Bem educado/Corre(c)to/Digno. **Comb.** *Jovem* (muito) *~o/a*. **3** fig Bem vestido/Elegante/Aprumado. **Ex.** Apresentava-se (sempre) bem ~ [vestido/arranjado]. **4** Fiel a determinada escola/política/corrente de opinião. **Ex.** Dentro do partido havia um grupo de não ~s.

alinhado², a adj (<a¹-+linho+-ado) Semelhante ao linho. **Comb.** *Pano* [Tecido] *~*.

alinhamento s m (<alinhar+-mento; ⇒ alinho) **1** Colocação em linha re(c)ta. **Ex.** Foi [Tornou-se] necessário arrancar algumas árvores que estavam fora do ~ [porque estavam desalinhadas]. Ao toque de "formar" os soldados colocaram-se (logo) em ~ [linha/fila]. **Comb.** *Mec ~* da dire(c)ção [Operação de aferição [corre(c)ção] do paralelismo das rodas dum automóvel]. **2** Dire(c)ção da re(c)ta segundo a qual se dispõem as unidades [pessoas] alinhadas. **Ex.** A nova rua seguiu o mesmo ~ das casas que já estavam construídas. **3** Dire(c)ção do eixo duma estrada/dum canal/... **Ex.** Uma serra é um conjunto de montanhas dispostas no mesmo ~. A quinta prolonga-se no ~ [ao longo] do rio. **4** Modo de agir em consonância com determinada ideologia ou orientação dum grupo. **Comb.** *~* com o partido político.

alinhar v t/int (<a-¹+linha+-ar¹) **1** Pôr(-se) [Dispor(-se)] em linha re(c)ta/em fil(eir)a. **Ex.** Os bombeiros [As tropas] alinharam para iniciar o desfile. Os atletas alinharam na meta à espera do sinal de partida. **Loc.** *Mec ~ a dire(c)ção* [Verificar/Corrigir o paralelismo das rodas dum veículo automóvel]. **2** Fazer [Marcar] o alinhamento. **Ex.** Já estiveram a ~ o [a marcar o alinhamento dos alicerces do] muro, a construção [obra] vai começar brevemente. **3** Dispor um texto em linhas [colunas], espaços e margens iguais. **Ex.** O computador alinha o texto automaticamente. **4** Pôr(-se) de acordo/em consonância com um grupo/Aderir. **Ex.** Alinhou com a ideologia revolucionária em voga. *Col* Alinhas numa ida [Queres ir con(n)osco] à praia? Vai a turma quase toda. **5** Formar [Fazer parte da] equipa/e/Participar. **Ex.** Um jogador que já alinhou nas [fez parte das] melhores equipas/es. À partida [No início] as equipas/es alinharam [tinham a seguinte constituição]: Cristiano Ronaldo, ... **6** Arranjar(-se)/Ajeitar(-se)/Aprumar(-se). **Ex.** Era um desleixado [descuidado] mas alinhou(-se) [mas agora apresenta-se com alinho] desde que começou a namorar.

alinhavar v t (<alinhavo+-ar¹) **1** Coser provisoriamente com ponto largo, irregular e linha fraca (para acerto das peças). **Ex.** A saia já está alinhavada; amanhã coso-a e fica pronta. As bainhas dos lençóis coso-as dire(c)tamente, não preciso de as ~. **Comb.** *Linha de ~*. **2** Fazer o esboço/Delinear. **Ex.** Ainda não escrevi o discurso, mas já está [já o tenho] alinhavado. **3** Fazer à pressa/de forma imperfeita. **Ex.** Apanhado em falta, alinhavou à pressa uma desculpa tola [sem nexo/inverosímil]. Cheguei tarde e só tive tempo de ~ uns ovos mexidos para comer à pressa e sair novamente. **Comb.** *Mal alinhavado* [Malfeito].

alinhavo s m (<(coser) a linha vã, com vão) **1** Costura provisória, feita à mão com pontos largos e linha fraca para segurar o tecido e orientar a costura definitiva. **Ex.** A bainha [costura] ficou torta porque o ~ já assim estava [o ~ (já) estava torto]. Foi para a costureira aprender a coser mas por enquanto pouco mais faz do que tirar ~s [tirar as linhas com que se alinhavou]. **2** fig Arranjo prévio/Esboço. **Ex.** Não preciso dum desenho [duma planta] rigoroso/a do jardim. Basta-me um ~ [esboço(+)]. **3** fig Linhas gerais/Esboço de texto escrito indicando apenas os tópicos do definitivo/Rascunho(+). ⇒ minuta.

alinho s m (<alinhar) **1** A(c)ção de alinhar/Alinhamento. **Loc.** *Fazer* [Traçar] *o ~* «do muro». **2** Aprumo/Arranjo/Asseio/Esmero. **Ex.** Apresentava-se (sempre) com grande ~ [aprumo(+)/esmero(o+)]. **Comb.** *O ~* [A ordem/A arrumação] da casa [das roupas]. **Ant.** Desalinho; desarrumação; desordem. **3** Corre(c)ção/Decência/Decoro. **Ex.** Pelo ~ com que se comportava em sociedade, ninguém suspeitava da sua origem humilde.

álios [**aliósio**] s m Miner (<fr *alios*) Rocha formada por grãos de areia ligados por um cimento ferruginoso.

alípede adj 2g (<lat *álipes,edis*) Que tem asas nos pés/Veloz.

aliquanta s f/adj Mat (<lat *aliquanta (pars)*) Parte que não divide o todo exa(c)tamente. **Ex.** Dois é uma (parte) ~ de sete «7 : 2 = 3,5 ...».

alíquota s f/adj Mat (<lat *alíquota (pars)*) Parte contida num todo um número exa(c)to de vezes. **Ex.** Cinco é uma (parte) ~ de quinze «15 : 5 = 3».

alisado, a adj (<alisar+-ado) Sem irregularidades/Desenrugado/Liso(+). **Comb.** *Cabelo ~*. *Papel ~*. *Terreno ~*.

alisador, ora adj/s (<alisar+-dor) (O) que alisa ou serve para alisar. **Comb.** *~ de aço*. *Aumentos diferenciados ~es* [niveladores(+)] *dos salários*. *Polido com um ~*.

alisamento s m (<alisar+-mento) A(c)to ou efeito de alisar. **Ex.** O ~ do terreno foi feito com uma máquina motoniveladora.

alisar v t (<a¹-+liso+-ar¹) **1** Tirar as irregularidades/Tornar liso/Aplanar. **Loc.** *~ a madeira*. *~ a terra* [um canteiro]. **2** Desenrugar/Desencarquilhar. **Loc.** *Fazer uma operação plástica para ~* [desenrugar(+)] *a cara*. *~ um papel* [pano/tecido]. **3** Pentear/Desenriçar. **Loc.** *~ o cabelo*. **4** Passar a mão acariciando/Afagar(+). **Ex.** Acariciou a filha alisando[afagando(+)]-lhe a fronte com a mão. **Loc.** *~* [Cofiar(+)] *o bigode*.

alísio adj/s m (<liso; ⇒ alisar) Diz-se de cada um dos ventos regulares que sopram dos trópicos para o equador. **Ex.** Os (ventos) ~s do norte sopram de nordeste para sudoeste e os do sul, de sudeste para noroeste. ⇒ monção.

alistamento s m (<alistar+-mento) **1** Operação de alistar soldados/Recrutamento. **Ex.** Antigamente, após a inspe(c)ção, as Juntas de Recrutamento procediam ao ~ dos apurados para o serviço militar [para a tropa]. **2** Inscrição em lista/Arrolamento/Listagem. **Comb.** *~ dos materiais em armazém*.

alistar v t (<a¹-+lista+-ar¹) **1** Fazer a relação/a listagem/Pôr em [na] lista/Arrolar. **Loc.** *~* [Arrolar(+)] *bens para a penhora*. *~ mercadorias*. **2** Recrutar(+) «soldados»/

Engajar. **Loc.** ~ trabalhadores para as vindimas. **3** Inscrever(-se) num organismo ou grupo/Incorporar(-se). **Loc.** ~**-se no exército** como voluntário. ~**-se num partido político**.

aliteração *s f Liter* (<aliterar+-ção) Figura de estilo que consiste na repetição de um fonema na mesma palavra ou frase. **Ex.** Na me*ss*e que enlou*q*ue*c*e, estreme*c*e a quer-me*ss*e. Forte, fero e façanhudo.

aliterante *adj 2g* (<aliterar+-ante) «rima» Em que há aliteração. **Comb.** Frases [Expressões] ~s.

aliterar *v t/int* (<a¹-+letra+-ar¹; ⇒ aliteração) Repetir fonemas/Empregar a aliteração. **Ex.** Aliterava (constantemente) o discurso para o tornar mais convincente.

alitúrgico, a *adj Rel* (<a²-+litúrgico) Diz-se do dia que não tem liturgia própria. **Ex.** O sábado santo, que lembra Jesus no sepulcro, é, para os católicos, um dia ~.

aliviador, ra *adj/s* (<aliviar+-dor) (O) que alivia/Consolador. **Comb.** *Efeito* ~. *Palavras* ~*as* [consoladoras(+)].

aliviar *v t/int* (<lat *allévio,áre*<*lévis,e*: leve, ligeiro) **1** Tornar mais leve/Diminuir o peso. **Ex.** Parou um pouco com a mochila assente no muro para ~ (o peso n)as costas. O carteiro entregou os pacotes de livros e seguiu mais aliviado. **2** Dar alívio/Suavizar o sofrimento/Atenuar as dores/Consolar. **Ex.** O comprimido aliviou-me a(s) dor(es) de cabeça. A presença de pessoas amigas aliviava-lhe um pouco o sofrimento. **3** Tornar menos intenso/Abrandar. **Loc.** ~ *a carga fiscal* [Baixar o(s) imposto(s)]. ~ *a vigilância*. ~ *o luto* «pela morte do marido» [Começar a usar roupas um pouco mais claras]. **4** Diminuir a tensão/Afrouxar(+)/Lassar. **Loc.** ~ uma corda [um cabo de aço]. **5** Tornar(-se) o tempo menos carregado/Começar a clarear. **Ex.** Daqui a pouco já podemos sair: o tempo [a chuva] está a ~. **6** *fam* Expelir gases pelo ânus/Defecar/Urinar. **Loc.** ~ a tripa [a bexiga]. **7** *fam* ~-se/Dar à luz. **Ex.** Ela já foi para a maternidade; deve ~-se [dar à luz(+)/ter o filho(o+)] ainda hoje.

alívio *s m* (<aliviar) **1** Diminuição do peso ou da carga. **Ex.** Uf, que ~! – exclamou, atirando o pesado fardo para o chão. **2** Diminuição do sofrimento/da dor. **Ex.** Senti um grande ~ com o [depois de ter tomado o] comprimido. **3** Desaparecimento de preocupação ou estado de angústia. **Ex.** Quando soube que o filho estava bem, suspirou de ~. **4** Conforto/Consolação. **Ex.** O capelão do hospital despediu-se do doente com palavras de ~ [conforto(+)]. **5** Diminuição da tensão/da força exercida sobre algo. **Comb.** ~ *do aperto* dum parafuso. ~ *do travão*.

alizaba *s f* (<ár *al-jubbâ*) Vestimenta mourisca de mangas largas e aberta na frente.

alizar *s m* (<ár *al-izár*) **1** Revestimento de madeira que cobre as ombreiras de portas e janelas. **Comb.** ~es de castanho [madeira de castanheiro]. **2** Faixa de madeira, metal ou azulejo para prote(c)ção das paredes. **Ex.** As portas das enfermarias (dos hospitais) têm ~es de chapa inox(idável) na parte inferior.

alizarina *s f Quím* (<ár *al-açára*+-ina) Corante vermelho-alaranjado extraído da raiz da ruiva-dos-tintureiros ou preparado por síntese. **Ex.** A ~ é um dos indicadores ácido-base.

aljava *s f* (<ár *al-djaH'aba*) Bolsa [Coldre] onde os seteiros e os besteiros guardavam as setas. **Comb.** ~ a tiracolo [~ pendurada ao ombro].

aljôfar/aljofre (Jô) *s m* (<ár *al-júhar*) **1** Pérola pequena. **Comb.** Pulseira enfeitada com ~es. **2** *Bot* ⇒ aljofareira. **3** *fig* Gota de orvalho. **4** *fig* Lágrimas.

aljofareira *s f Bot* (<aljôfar+-eira) Planta herbácea da família das boragináceas de flores pequenas e amarelas, cujas sementes se assemelham a pérolas/aljôfares **1**/Sete-sangrias; *Lithospérmum officinále*.

aljuba *s f an* (<ár *al-jubbâ*) **1** Casaco curto com meia manga/Colete sem mangas. **2** Túnica larga, usada pelos mouros, até ao joelho e cingida na cintura. **3** Gibão.

aljube *s m an* (<ár *al-jubb*: cisterna, poço) **1** Antiga prisão eclesiástica. **Ex.** Os soldados revolucionários prenderam o padre e meteram-no no ~. **2** Prisão subterrânea e escura. **Sin.** Calaboiço(+); cárcere; masmorra(o+).

alma *s f* (<lat *ánima,ae*: ar, sopro, alento; ⇒ ânimo) **1** *Fil* Princípio da vida. **Ex.** A ~ é o princípio que vivifica o corpo ao qual está unida. **2** *Rel* Princípio espiritual, gérmen de eternidade que o Homem traz em si mesmo, irredutível à simples matéria. **Ex.** A abertura do Homem à verdade, à beleza e ao bem, a ânsia de infinito e felicidade são sinais da sua ~ espiritual. *pop* Deus lhe fale na ~ [Que a pessoa falecida obtenha o perdão de Deus]. *pop* «que a esmola que me deu» Seja pelas ~s de quem lá tem [Voto de agradecimento pedindo que aproveite aos familiares (falecidos) de quem lhe fez o benefício]. **Loc.** *Rezar pela* ~ **a)** Rezar por quem morreu (Ex. Em vez de o criticar(es) era bom [melhor] que lhe rezasse(s) pela ~); **b)** *fig fam* Perder a esperança de recuperar o que emprestou/ de conseguir o obje(c)tivo em vista (Ex. Emprestaste dinheiro a esse vagabundo? Então reza-lhe pela ~ [Então perdeste para sempre o dinheiro]). *Vender a* ~ *ao diabo* [Agir sem escrúpulos/Fazer tudo para conseguir o que se quer usando meios ilícitos]. **Comb.** ~s *do outro mundo* [Fantasmas]. ~s *do purgatório* [em estado de purificação depois da morte]. *Alminhas* [Nicho à beira dos caminhos representando as ~s do purgatório, lembrando que devemos rezar por elas].
3 Princípio de todas as a(c)tividades psíquicas (pensamento/vontade/liberdade/…) autó[ô]nomas em relação à matéria. **Ex.** A ~ é una mas revela-se nas múltiplas faculdades que dela dimanam. **4** Natureza moral e emocional do Homem/Índole/Carácter. **Ex.** A minha avó é uma ~ [pessoa] generosa. **Loc.** *Abrir a* ~ [Desabafar]. *idi Cair a* ~ *aos pés* [Ficar desolado/inconsolável/desapontado/Ter uma grande dece(p)ção]. *idi Ser de cortar a* ~ [Tocar o íntimo/Comover] (Ex. Chorava tanto que era de cortar a ~ só de ouvi-la/o). **Comb.** *cal* ~ *danada* [*do diabo*] [Pessoa má/perversa]. ~ *do povo* «português/japonês» [Maneira de ser/Carácter]. *idi* ~ *gé*[*ê*]*-mea* [Pessoa com os mesmos gostos e sentimentos]. ~ *penada* [Pessoa inquieta/angustiada/desamparada]. *Dó* [*Dor*] *de* ~ [Grande aflição/mágoa/Causa de pena intensa]. *Estado de* ~ [Estado emocional/Sentimento]. *Grandeza* [*Pobreza*] *de* ~ [De sentimentos nobres [mesquinhos]]. *gír Paz de* ~ [Pessoa calma/pachorrenta/indolente]. **5** Força moral/espiritual/Ânimo/Entusiasmo. **Ex.** Quando foi nomeado gerente lançou mãos ao trabalho *idi de* ~ *e coração* [trabalho com todo o entusiasmo]. Ao saber que tinha sido aprovado, nasceu-lhe uma ~ nova [recobrou o ânimo/o entusiasmo]. **Loc.** Cantar [Falar/Discursar] com ~ [força/entusiasmo/convicção]. **Comb.** De corpo e ~ [Inteiramente/Sem reservas]. **6** O mais íntimo do Homem/O coração. **Ex.** Digo isto do fundo da ~ [*idi* com o coração nas mãos/com toda a sinceridade]. **7** *fig* Líder/Cabeça/Motor/Inspirador. **Ex.** O gerente é a ~ daquela empresa. A ~ do motim foi o delegado sindical. O segredo é a ~ [chave] do negócio. **8** Pessoa/Ser humano. **Ex.** É uma ~ [pessoa/um sujeito] muito querida/o. Povoação com mais de 500 ~s [pessoas/habitantes].
9 Superfície interior do cano duma arma de fogo. **Ex.** A ~ duma espingarda pode ser lisa ou estriada. **10** *Mús* Peça de madeira colocada verticalmente entre os dois tampos dos instrumentos de corda e que serve para transmitir as vibrações à caixa de ressonância. **Comb.** A ~ do violino [da guitarra]. **11** *Arquit* Viga principal que serve de apoio às outras/Trave mestra(+). **Ex.** A cobertura ruiu [desabou] porque a ~ não estava bem dimensionada. **12** *Eng* Parede dos perfilados [perfis/das vigas] metálicos/as. **Comb.** A ~ duma viga *I* [*T/U*]. **13** Reforço metálico ou de madeira entre a palmilha e a sola do sapato. **Comb.** Sapato com a ~ partida.

almácega *s f* (<ár *al-máxdjara*: sementeira) Tanque que recebe a água da nora ou da chuva/Alverca. ⇒ cisterna.

almaço *adj/s m* (<an *a lo maço*) (Diz-se de) papel encorpado próprio para escrever. **Ex.** Antigamente, os documentos eram exarados [escritos/passados] em (papel) ~. **Comb.** Resma de papel ~.

alma-de-mestre *s m Ornit* Ave palmípede da família dos procelariídeos que aparece nas costas marítimas em tempo borrascoso/Andorinhão-das-tormentas/Cabacinha/Chasquilho.

almádena *s f* (<ár *al-mádnâ*) Torre de mesquita/Minarete(+). **Ex.** Da ~ são convocados os fiéis muçulmanos para a oração.

almadia *s f* (<ár *al-ma'adia*: jangada) Embarcação africana e asiática estreita e comprida/Canoa(+). **Ex.** A ~ é escavada num [é feita de um] tronco de árvore.

almadrab[v]a *s f* (<ár *al-madrabâ*: lugar, sítio) **1** Armação para a pesca do atum. **2** Lugar onde se juntam os pescadores de atum.

almagre/o *s m* (<ár *al-magrã*) **1** Argila avermelhada/Ocre vermelho. **Ex.** O ~ usa-se em pintura e para polir. **2** Cor vermelha desta argila.

alma(n)jarra *s f* (<ár *al-majarr*) **1** Pau [Trave] a que se prende o animal para puxar a nora. **2** Rodo grande utilizado para retirar a lama das salinas.

alma mater *loc* (<lat *almus,a,um*: que nutre + *mater*: mãe) Expressão que antigamente designava a Pátria e a(c)tualmente (designa) a «minha/nossa» universidade.

almanaque *s m* (<ár *al-manákh*: lugar onde se ajoelha o camelo, paragem [parada], estação, clima) Publicação anual contendo, além do calendário, diversas informações sobre festas, feriados, fases da lua, indicações agrícolas e meteorológicas, charadas, curiosidades, textos humorísticos, etc. **Ex.** O *Borda d'Água* é o ~ mais popular em Portugal. **Comb.** ~ *de Santo António*. ~ *perpétuo* «de Abraão Zacuto». *Ciência* [*Sabedoria*] *de* ~ [Conhecimento superficial].

almandina [**almandite**] *s f Miner* (<lat *halabandina gemma*: pedra preciosa de Alabanda, *top*) Mineral do grupo das granadas constituído por silicato de alumínio e ferro. **Ex.** A ~ transparente vermelho-escura é uma das granadas mais preciosas.

almarge(m) *s 2g* (<ár *al-mardj*) Terra ou erva de pastagem/Prado.

almece (Mê) *s m* (<ár *al-mays*) Soro(+) que escorre do queijo apertado no cincho/Tabefe. **Ex.** O ~ cozido com coalhada é usado na alimentação humana e de animais.

almedina *s f* (<ár *al-medina*) Parte central e fortificada duma cidade «marroquina», construída em lugar alto. ⇒ acrópole.

almeida *s f Náut* (<ár *al-maida*: outeiro) Parte curva do costado do navio, situada abaixo do painel da popa e formando com este uma curvatura ou um ângulo obtuso. **Comb.** ~ do leme [Abertura por onde passa a cana do leme].

almeirão *s m Bot* (<gr *ámyron*: sem perfume) Planta herbácea da família das compostas semelhante à chicória, de flores azuis/Chicória-do-café. ⇒ endívia.

almejável *adj 2g* (<almejar+-vel) Que se pode almejar/Atingível(+)/Desejável(+).

almejar *v t* (<alma+-ejar) Desejar ardentemente/Anelar/Ansiar. **Ex.** Almejava deixar a [sair da] confusão da cidade. Iam casar-se [Iam-se] casar]: o almejado dia chegava enfim!

almejo *s m* (<almejar) Desejo ardente.

almenara *s f Hist* (<ár *al-menárâ*) Facho [Fogueira] que se acendia na torre do castelo ou nos pontos altos para dar sinal visível ao longe. **Ex.** Viam-se ao longe as ~s a luzir nas atalaias.

alminhas *s f pl* ⇒ alma **2 Comb.**

almirantado *s m Mil* (<almirante+-ado) **1** Posto [Cargo/Dignidade] de almirante. **Ex.** Chegou ao ~ muito novo. **2** Conselho de oficiais superiores da armada. **Ex.** O proje(c)to da reforma será discutido pelo ~. **3** Edifício onde estão instalados os serviços superiores da armada. **Ex.** O ~ fica perto da Base Naval.

almirante *s m/adj 2g* (<ár *al-mir*: chefe, príncipe+-ante) **1** *Mar* Posto militar mais elevado da marinha/O que tem esse posto. **Ex.** O posto de ~ corresponde, em Portugal, ao de general de quatro estrelas do exército e da força aérea. **2** *Náut* Diz-se do navio que transporta o ~. **Comb.** Navio ~.

almíscar *s m* (<ár *al-misk*) **1** Substância de odor intenso característico segregada por glândulas situadas na bolsa abdominal do almiscareiro macho. **Ex.** O ~ é usado como fixador de perfumes. **Comb.** *fam Br* ~ de jacaré [Mau cheiro das axilas]. **2** Substância artificial ou extraída de plantas com cheiro semelhante ao ~ animal. **Comb.** ~ vegetal.

almiscarado, a *adj* (<almiscarar+-ado) **1** Que contém [cheira a] almíscar. **Comb.** *Cheiro* ~. *Perfume* [Substância] *~o/a*. **2** *fig* Pessoa bem-posta/Aperaltado/Janota.

almiscarar *v t* (<almíscar+-ar¹) **1** Perfumar(-se) com almíscar/Perfumar(-se) excessivamente. **2** *fig* Aperaltar(-se) em excesso/Efeminar(-se).

almiscareira *s f Bot* (<almíscar+-eira) Planta da família das geraniáceas, *Geranium moschatum, L.*, com cheiro forte semelhante ao almíscar.

almiscareiro *s m Zool* (<almíscar+-eiro) Pequeno mamífero ruminante da família dos mosquídeos cujo macho produz o almíscar; *Móschus moschíferus.* **Comb.** Rato [Veado] ~.

almóada [almôade] *adj/s 2g Hist* (<ár *al-muhhad*: que proclama a unidade divina) **1** *s pl* Seita político-religiosa muçulmana dos fins do séc. XII que dominou Marrocos, o norte de África e a Península Ibérica. **Ex.** Os ~s venceram e sucederam aos almorávidas, sendo depois derrotados e expulsos da Península Ibérica pelos reis de Portugal e Espanha. **2** *adj* Relativo aos ~s.

almoçadeira *s f* (<almoçado+-eira) Chávena grande «de porcelana fina» usada para (tomar) o pequeno-almoço. **Ex.** Preciso de comprar ~s, mas as que encontro são [acho-as(+)/parecem-me] todas muito pequenas.

almoçado, a *adj* (<almoçar+-do) Que almoçou. **Ex.** Já está(s) ~ [Já almoçaste]? – E bem (~) [– E comi muito/bem].

almoçar *v t/int* (<almoço+-ar¹) **1** Tomar [Comer] o almoço. **Ex.** Cá em casa almoçamos sempre à mesma hora, à uma [às treze]. **2** Comer ao almoço. **Ex.** Hoje almocei peixe cozido, com grelos e batatas.

almocela (Cé) *s f* (<ár *al-muçala*) **1** Tapete usado pelos muçulmanos para se ajoelharem em oração. **2** ⇒ Manta/Cobertura/Colcha.

almoço (Mô) *s m* (<lat *admórdeo,ére,mórsum*: começar a comer, morder ligeiramente) **1** A primeira das refeições principais do dia tomada geralmente entre as 12 e as 14 horas. **Ex.** Atrasei-me, vou chegar tarde para o ~. Hoje não vou almoçar a casa; tenho um ~ de trabalho com clientes. ⇒ jantar; ceia; merenda. **2** O que se come à refeição do ~. **Ex.** O que é o ~? – Arroz de frango. O ~ da [na] cantina da universidade costuma ser bom. **Comb.** ~ *ligeiro [pesado]*. *Pequeno-~* [Café da manhã/Café].

almocreve (Cré) *s m* (<ár *al-mukári*: jornaleiro) Pessoa que transporta mercadorias ou bagagens em animal de carga/Recoveiro. **Ex.** O ~ trazia da cidade as encomendas dos pequenos comerciantes das aldeias. ⇒ bagageiro.

almoeda *s f* (É) (<ár *al-munádâ*) Venda em hasta pública/Leilão judicial/Leilão(+). **Ex.** Estava falido. Todos os seus bens foram postos em ~ [foram almoedados].

almoedar *v t* (<almoeda+-ar¹) Pôr em almoeda/Leiloar(+). **Ex.** O juiz mandou ~ os bens penhorados.

almofaça *s f* (<ár *al-muhasa*) Escova(+) de arame para limpar cavalos.

almofada *s f* (<ár *al-muhaddâ*) **1** Espécie de saco cheio com material fofo [macio] para assento, encosto ou apoio da cabeça ou do corpo. **Ex.** As ~s são geralmente cheias com lã, sumaúma ou esponja de plástico, e têm forma quadrada, re(c)tangular ou redonda. **Loc.** *Ajeitar a cabeça na* ~. *Tirar a ~ da cadeira*. **Comb.** ~ *bordada*. ~ *de ar*. **2** Capa exterior de tecido mais valioso que envolve a ~ ou o travesseiro/Fronha. **Loc.** Mudar lençóis e ~s [fronhas]. **3** Peça das portas e janelas contornada pela moldura/pelo caixilho. **Comb.** Porta com ~s trabalhadas [lisas] e te(c)to de castanho com ~s pintadas e moldura de talha dourada. **4** Superfície plana, lisa e dura onde assenta o cutelo da balança de pratos. **Comb.** ~ de aço [ágata]. **5** Pasta embebida em tinta para molhar os carimbos. **Loc.** Pôr tinta na ~ (porque está seca).

almofadado, a *adj* (<almofadar+-do) **1** Revestido com material fofo com aspe(c)to [toque] semelhante a almofada/Acolchoado. **Comb.** *Assento* ~. *Berço* ~. *Forro* «do casaco» ~. **2** Guarnecido [Enfeitado] com almofadas. **Ex.** As cadeiras da sala estavam todas ~as [enfeitadas(+)] com almofadas de tecido igual ao dos reposteiros.

almofadão *s m* (<almofada+-ão) Almofada grande. **Ex.** Em vez de sofá tinham no chão ~ões enormes, muito confortáveis.

almofadar *v t* (<almofada+-ar¹) **1** Cobrir [Enfeitar] com almofadas. **Ex.** Vou ~ [pôr almofadas em] todas as cadeiras da sala. **2** Acolchoar/Enchumaçar. **Loc.** ~ uma colcha.

almofadinha *s f* (<almofada+-inha) **1** Almofada pequena/Pregadeira (de alfinetes)/Alfineteira. **Ex.** Dê-me, se faz favor [Podia passar [dar]-me] a ~ (dos alfinetes)? **2** *fig Br* ⇒ Rapaz efeminado/Janota.

almofariz *s m* (<ár *al-miharás*) Recipiente utilizado para triturar/esmagar com pilão substâncias sólidas/Gral. **Comb.** ~ de ágata/ferro/madeira/vidro/…

almofate *s m* (<ár *al-muhait*) Sovela(+) [Furador] com que os correeiros abrem furos [ilhós] no couro.

almofeira *s f* (<albufeira ?) Água negra que escorre da tulha das azeitonas/Água-ruça/Albufeira/Reima.

almôndega *s f Cul* (<ár *al-bundgâ*: bola, bolinha) Bolinha de carne picada, ligada com ovos, (farinha) e temperos para ser refogada. **Ex.** As ~s servem-se com o próprio molho espesso, acompanhando arroz/puré/massa.

almorávida *adj/s 2g Hist* (<ár *al-murábit*: guarda de fronteira, eremita, religioso) **1** *s m pl* Seita político-religiosa que do Norte de África se lançou à conquista da Península Ibérica nos séc. XI e XII. **Ex.** A cidade de Santarém (Portugal) foi conquistada aos ~s em 1147 por D. Afonso Henriques, primeiro rei de Portugal. ⇒ almóada. **2** (O) que pertence [Relativo] aos ~s.

almorreima(s) [almorroida] *s f* ⇒ hemorroida(s).

almotolia *s f* (<ár *almutlia*) **1** Vasilha (Espécie de cafeteira có[ô]nica) de folha ou alumínio para guardar azeite/Azeiteira(+). **Ex.** Estava na penúria: já não tinha azeite na ~, nem farinha na tulha. **2** Pequeno recipiente (metálico) com bico estreito, próprio para lubrificar. **Ex.** A ventoinha está a chiar. Passa[Dá]-me a ~ para pôr uma got(inh)a de óleo no veio. Onde está a ~? É preciso pôr óleo na fechadura.

almoxarifado *s m* (<almoxarife+-ado) **1** Posto [Função] do almoxarife. **Loc.** Exercer o ~ numa cidade longínqua. **2** Área de jurisdição do almoxarife. **Ex.** O ~ dos primeiros almoxarifes abrangia uma grande região. **3** Local de armazenagem (Público ou duma empresa) de materiais e matérias-primas. **Ex.** Vou ao ~ buscar esferográficas e envelopes timbrados.

almoxarife *s m* (<ár *al-muxarif*: tesoureiro, inspe(c)tor, intendente) **1** *Hist* Administrador de propriedades da casa real. **Ex.** O ~ era um oficial superior do fisco ao qual foram atribuídas também competências do foro policial e judicial. **Comb.** ~ qualificado «das Armas, da Pólvora». **2** Funcionário responsável pela guarda e distribuição de materiais e matérias-primas. **Ex.** O ouro para a fundição só sai do armazém com ordem expressa do ~.

almuadem *s m* (<ár *al-múadin*) Muçulmano que da torre da mesquita convoca os fiéis à oração/Muezim(+).

almude *s m* (<ár *al-mudd*) Medida de capacidade para líquidos cujo valor varia de região para região. **Ex.** No sistema decimal, foi atribuído o valor de 25 litros ao ~.

aló *adv Náut* (<a ló) Para barlavento/o lado donde sopra o vento.

alô *interj/s m Br* (<ing *hallo*) **1** Tudo bem?(+)/Olá(o+). **2** Eh! **2**(+)/Oiça! **3** Cumprimento(+)/Saudação. **Ex.** «ao telefone» ~? [Está? (+)/Estou].

alo- *pref* (<gr *állos*: outro) Significa outro, diferente (Ex. ~cromático; ~ctone).

alocação *s f* (<alocar+-ção) **1** *Econ* Atribuição [Distribuição] de verbas [recursos] a [por] determinados fins. **2** *Info* Reserva

[Atribuição] de determinados recursos para que o sistema possa funcionar. **Comb.** ~ de memória para armazenagem de dados.

alocar *v t* (<a¹-+locar) **1** *Econ* Destinar recursos a um fim específico. **Ex.** As verbas disponíveis já foram todas alocadas. **2** *Info* Reservar capacidades do sistema para um determinado fim. **Loc.** ~ memória para um programa.

alocêntrico, a *adj/s* (<alo-+...) (O) que se interessa mais pelos outros do que por si próprio/Dedicado(+)/Altruísta(o+). **Ant.** Egocêntrico. ⇒ filantropo.

alocentrismo *s m Psic* (<alocêntrico+-ismo) Capacidade de abertura a outrem e de estabelecer relações interpessoais/Dedicação(+). **Ant.** Egocentrismo.

alocroísmo *s m* (< gr *allókhros* ou +-ismo) Mudança de cor ou de tonalidade em certas espécies vegetais por efeitos ambientais. **Ex.** O ~ é muito frequente nas flores das hortênsias.

alocromático, a *adj* (<alo-+...) Que apresenta cores ou tonalidades diferentes. **Comb.** *Flores ~as* «hortênsias». *Minerais ~os*. *Variedades ~as* «do quartzo».

alóctone *adj 2g* (<alo-+gr *khthón*: país) **1** Que não é originário do país onde vive. **Ant.** Autóctone. **2** *Miner* Elemento de rochas sedimentares proveniente de local diferente daquele onde a rocha se constituiu/Formação geológica deslocada «por escorregamento» da posição inicial. **Ex.** Os grãos de quartzo dos arenitos são quase sempre ~s. **Comb.** Solos ~s.

alocução *s f* (<lat *aliocútio,ónis*) **1** Discurso breve proferido em ocasião solene/Exortação (solene) de um superior aos subordinados. **Ex.** A ~ de abertura da sessão foi proferida pelo dire(c)tor. Na tomada de posse, o presidente da nova administração saudou os funcionários da empresa com uma breve ~. **2** *Ling* A(c)to pelo qual a pessoa que fala se dirige a outro.

aloendro *s m Bot* (<a⁴-+loendro) ⇒ loendro.

aloé(s) *s m sing e pl Bot* (<gr *aloé,és*) Nome vulgar de plantas xerófilas da família das liliáceas, do gé[ê]nero *Aloé, L.*, de cujas folhas (do *Aloé vera, L.*) se extrai um suco [gel] com propriedades medicinais/Erva-babosa/Azebre. **Ex.** O gel do ~ é usado como cicatrizante. ⇒ aloína.

alofone *s m Lin* (<alo-+-fone) Variante de um fonema [som] definida pelo contexto em que o mesmo se encontra. **Ex.** O *b* pronunciado com som de *v* (e vice-versa) «vom binho, na província do Minho, Pt» pode ser um ~ regional [diale(c)tal]. No Brasil são típicos os ~s do *t* «tia=chia».

aloftalmia *s f Med* (<alo-+oftalmia) Diferença de pigmentação da íris dos olhos duma pessoa. **Ex.** A ~ é uma anomalia pouco comum.

alogamia *s f Bot* ⇒ heterogamia.

alógeno, a *adj* (<alo-+-geno) **1** De outra nação, raça ou religião. **Comb.** Minorias ~as. **2** *Miner* ⇒ alóctone **2**.

alogia *s f* (<a²-+-logia) **1** Dito absurdo/Disparate. **2** *Med* ⇒ afasia.

alógico, a *adj* (<a²+lógico; ⇒ ilógico; incoerente) **1** Que não necessita de demonstração para ser tido como certo/Que é evidente. **Comb.** Afirmações ~as. **2** *Fil* Que não segue as regras da lógica/Ilógico(+). **Comb.** Argumentação ~a.

alogismo *s m Fil* (<alogia+-ismo) Pensamento alógico/a que falta coordenação de sentido/Disparate(+).

alografia *s f* (<alo-+...) Escrita caracterizada pela colocação das palavras de forma desordenada.

alógrafo, a *adj/s* (<alo-+-grafo) Assinatura [Escrita] feita por uma pessoa a pedido e sob responsabilidade de outra. **Ex.** Dizia-se que o jogador de futebol era semianalfabeto e que a sua autobiografia era ~a.

aloína *s f Quím* (<aloé-+-ina) Substância obtida por desidratação do gel do aloés. **Ex.** A ~ é usada em cosmética e farmácia.

aloi[ou]rar *v t/int* (<a¹-+loi[ou]ro+-ar¹) **1** Tornar(-se) loi[ou]ro. **Loc.** ~ o cabelo com água oxigenada. **Comb.** Cor loi[ou]rada. **2** *Cul* Dar a um alimento [Um alimento adquirir] a cor dourada por a(c)ção do calor. **Loc.** (Deixar) ~ o frango no forno. **Comb.** Batatas aloi[ou]radas [douradas(+)].

alojador, a *adj/s* (<alojar+-dor) (O) que aloja/dá alojamento. **Comb.** O ~ dum refugiado [fugitivo]. Órgão ~ «dum vírus».

alojamento *s m* (<alojar+-mento) **1** Local onde se mora temporariamente/Aposento/Hospedaria/Hospedagem. **Ex.** Tenho que [de] procurar ~ na cidade pois vou ficar lá [cá] três dias. **Loc.** Dar ~ (e alimentação). **2** Capacidade para acomodar pessoas numa área habitacional ou hoteleira. **Comb.** Hotel com ~ para 300 pessoas. **3** *Mil* Aquartelamento/Acantonamento/Acampamento. **Comb.** ~ *em tendas de campanha* [Acampamento(+)]. ~ *num edifício devoluto* [Acantonamento].

alojar *v t* (<a¹-+loja+-ar¹) **1** Dar alojamento/abrigo/Hospedar. **Ex.** Não tenho quartos suficientes [que cheguem] para ~ tanta gente. Os turistas alojaram-se todos [ficaram todos alojados (+)] no mesmo hotel. O dono da quinta alojou [deixou dormir (+)] o mendigo num palheiro. **2** Meter em loja/Armazenar/Acondicionar. **Ex.** Trataram de ~ [recolher(+)] rapidamente o cereal porque ameaçava chuva [parecia que ia chover]. **3** *Mil* Aquartelar/Acampar. **Loc.** ~ as tropas.

alombamento *s m* (<alombar+-mento) **1** A(c)to ou efeito de alombar. **Ex.** O ~ dos [O levar [carregar com] os(+)] sacos mais pesados é comigo [é a um que compete]. **2** Curvatura como a do lombo. **Ex.** O ~ [A lomba] da estrada tem causado muitos acidentes.

alombar *v t/int* (<a¹-+lomba+-ar¹) **1** Tornar(-se) curvo como lombo/Ganhar lomba/curvatura. **Ex.** A viga parece estar a ~ [ficar curva/entortar] com o peso. **2** ⇒ Derrear com pancada(s) nas costas/no lombo. **3** *fam* Transportar às costas/Carregar. **Ex.** O prédio não tinha elevador. Tivemos que ~ (com) os móveis pelas escadas até ao 3.º andar. Bebia até cair e nós (é que) tínhamos de ~ com ele [de o trazer às costas/de alombá-lo] para casa. **4** ⇒ Fazer [Pôr/Colocar] a lombada do livro.

alomorfe (Mór) *s m Ling* (<alomorfia **2**) Variante de um morfema [forma fó[ô]nica] determinada pelo contexto. **Ex.** O morfema *póbr* em *pobre* é um ~ de *pôbr* em *pobreza* (e vice-versa).

alomorfia *s f* (<alo-+-morfia) **1** *Biol* Passagem de uma forma para outra/Metamorfose. **Comb.** A ~ [As metamorfoses] das rãs (⇒ girino) [dos coleópteros]. **2** *Ling* Existência de alomorfes para um determinado morfema numa língua.

alomórfico, a *adj* (<alomorfia+-ico) *Biol Min* Que apresenta alomorfia. **Comb.** Estados ~os [Metamorfoses(+)] «dos batráquios: de girino passar a rã». Variedades ~as dum mineral. **2** *Ling* Relativo a alomorfe. **Comb.** Forma ~a.

alomorfismo *s m Min* (<alo-+-morfo-+-ismo) Modificação da estrutura cristalina sem alteração da composição química/Pseudomorfismo. ⇒ alotropia.

alonga *s f* (<alongar) **1** *Quím* Tubo de vidro que se adapta às retortas ou aos balões de laboratório. **2** Peça utilizada para aumentar o comprimento/prolongamento/Aba. **Comb.** Tampo de mesa com ~.

alongamento *s m* (<alongar+-mento) **1** Aumento de comprimento/Prolongamento. **Ex.** O ~ dos carris provocado pelo calor [resultante da dilatação] não é desprezível. A sala é pequena para tanta gente; abrem~se as portas para fazer o ~ «para o átrio». **2** Aumento da distância/Afastamento. **Ex.** O ~ do percurso deve-se ao [foi causado pelo] fecho da passagem de nível. **Ant.** Encurtamento. **3** Aumento de duração. **Ex.** O ~ das férias não é benéfico para os estudantes. O ~ do dia [das horas com sol] dá-se [começa] no solstício do inverno, 22 de dezembro, e continua na primavera, até 22 de junho. **4** Adiamento/Demora. **Ex.** O ~ do (tempo de) noivado foi-lhes prejudicial. Uma avaria no motor provocou o ~ do tempo de paragem. **5** *Gin* Exercício físico destinado a distender os músculos ou procedimento para obter a extensão de uma estrutura anató[ô]mica. **Comb.** Exercícios de ~ da coluna. **6** *Ling* Aumento de duração na pronúncia de um fonema/Passagem de um som breve a longo. **Ex.** Cada vez que se ouvia no estádio o ~ dos Ah... ah! sabia-se que o golo [gol] tinha estado iminente (mas não se concretizara). Da forma Ómega para *omega* o *e* sofre um ~.

alongar *v t* (<a¹-+longo+-ar¹) **1** Tornar(-se) mais longo/Aumentar o comprimento/Estender(-se)/Prolongar(-se). **Ex.** A cidade tem vindo a ~[estender(+)]-se pelas margens do rio. **Loc.** ~ *a saia* [as calças] (descendo a bainha). ~ [Prolongar(+)/Continuar(+)] *a estrada* [o muro]. **2** Fazer parecer mais comprido/esguio/Afilar. **Loc.** ~ [Estender(+)] *a(s) perna(s)/o(s) braço(s)*. ~ [Esticar(+)] *o cabelo*. ~ [Afilar(+)] *o rosto*. **3** ~/Estender/Esticar o corpo [Espreguiçar-se(+)]. **Loc.** ~ [Esticar(+)] uma corda. **4** Pôr mais distante/Afastar. **Ex.** Alongou a vista [os olhos] até à linha do horizonte. **5** Tornar(-se) mais demorado/Aumentar a duração. **Ex.** A entrevista alongou[prolongou(+)]-se por uma hora. **Loc.** ~ *a exposição* [o discurso]. ~ [Prolongar(+)] *o tempo de espera* [paragem].

alónimo, a [*Br* **alônimo**] *adj/s* (<alo-+-ó[ô]nimo) **1** (Diz-se de) obra publicada com o nome de outro. **2** Quem usa o nome de outra pessoa. ⇒ pseudó[ô]nimo.

alonso, a *adj pop* (<*antr* Alonso) Palerma/Lorpa/Tanso/Atado.

alopatia *s f Med* (<gr *állos,e*: outro+-patia) Tratamento que causa efeitos contrários aos da doença. **Ant.** Homeopatia.

alopecia *s f Med* (<gr *alopekía*) Queda ou perda do cabelo ou dos pelos/Calvície(+).

aloquete [**loquete**] (Quê) *s m* (<fr *loquet* <ing *lock*: fechar) Fechadura móvel/Fecho. **Ex.** O portão tinha a fechadura estragada mas fecharam-no com um cadeado e ~. **Loc.** Fechar os cacifos a [com] ~.

alor (Lôr) *s m* (<fr *allure* ?) **1** Maneira de andar/Meneio(+). **Ex.** Dos longos anos de vida no mar, ficara-lhe a alcunha de Zé Marinheiro e o ~ do caminhar bamboleante. **2** Entusiasmo/Impulso/Vigor. **Ex.** O ~ [entusiasmo(+)/vigor(+)/calor(o+)] do discurso contagiava a multidão.

alotriomorfo [alotriomórfico], a *adj* (<gr *allótrios,a,on*: relativo a outrem, estranho + *morphé*: forma) Diz-se dos minerais das rochas eruptivas cujos cristais não estão limitados pelas suas faces características/Anédrico/Xenomorfo.

alotropia s f Quím (<gr allotropía: variação, variabilidade <allótropos,a,on: de outro modo) Propriedade que têm alguns elementos químicos de se apresentarem em formas e como substâncias diferentes. **Ex.** O carbono «gás, grafite, diamante, carvão» e o enxofre são alotrópicos [apresentam ~].

alotrópico, a adj (<alotropia+-ico) **1** Quím Relativo a elementos em que há alotropia. **Ex.** O diamante (Sistema cúbico) e a grafite (Sistema hexagonal) são formas ~as do carbono. **Comb. Estados ~s. Substâncias ~as. 2** Ling Diz-se das diferentes formas derivadas do mesmo étimo. **Ex.** Areia e arena são formas ~as do mesmo étimo latino arena.

alótropo s m (<gr allótropos,a,on: de outro modo) **1** Quím Cada uma das formas que o mesmo elemento apresenta por alotropia. **Ex.** O carbono amorfo, o diamante e a grafite são ~s do carbono. **2** Ling Cada uma das diferentes palavras resultantes da evolução do mesmo étimo/Palavra divergente. **Ex.** Mácula, mágoa, malha e mancha são ~os do étimo latino mácula.

aloucar v t/int (<a-[1]+louco+-ar[1]) Tornar(-se) ou ficar louco/Enlouquecer(+). **Ex.** Ele é meio [um pouco] aloucado, não lhe dê confiança! **Loc.** Começar a ~ [variar] com a idade.

alourar v t ⇒ aloirar.

alpaca[1] s f Zool (<quéchua paco: avermelhado) **1** Mamífero ungulado da família dos camelídeos, Lama vicugna pacos, da América do Sul, resultante da hibridação entre a lama e a vicunha. **Ex.** As ~s abundam nas margens do lago Titicaca (entre a Bolívia e o Peru). **2** Pelo longo e sedoso da ~. **Ex.** A ~ é utilizada no fabrico de tapetes e tecidos de lã. **3** Tecido feito com o pelo de ~.

alpaca[2] s f Quím (< ?) Liga metálica de cobre (61%), níquel (19%) e zinco (21%). **Ex.** A ~ foi muito utilizada no fabrico de moedas e talheres.

alparca/alparcata/alpargata s f ⇒ alpercata.

alpechim s m (< ?) **1** Líquido negro que escorre das azeitonas amontoadas. **Ex.** Das tulhas onde se amontoava a azeitona para moer no lagar escorria o ~. **2** Resíduo líquido [Borra(s)] da fabricação do azeite.

alpendrar v t (<alpendre+-ar[1]) Cobrir com [Fazer um] alpendre. **Ex.** Para ganhar [aumentar o] espaço alpendraram a frente da casa com uma varanda [construíram uma varanda à frente da casa (+)] assente em colunas.

alpendre s m (<lat appéndo,ere: pendurar, suspender) **1** Cobertura de uma só água [inclinação], apoiada à frente em colunas e atrás na parede, prolongando a construção principal. **Ex.** Os ~s protegem as entradas do sol e da chuva e podem também servir de ornamento. **2** Pátio coberto/Telheiro. **Ex.** Ao fundo do quintal, construímos um ~ que também serve de garagem.

alpercata [alpergata(+)] s f (<ár al-pargât) Sandália que se prende ao pé por uma tira de couro ou pano. **Ex.** A criada para ir ao quintal tirava os chinelos e calçava umas ~s. ⇒ chinela/o; soca/o.

alperc(h)e s m (< al-+lat pérsicum: pêssego) Fruto [Drupa] do damasqueiro ou alperceiro, de pele aveludada e polpa alaranjada, aromática e de sabor ácido/Damasco grande.

alperceiro s m Bot (<alperce+-eiro) Árvore de fruto da família das rosáceas, Prunum armeniaca, L., que dá os damascos ou alperces/Damasqueiro(+).

alpestre (Pés) adj 2g (<lat alpestris,e) Relativo aos [Que se dá nos] Alpes/Alpino/Montanhês. **Comb. Paisagem ~. Vegetação ~.**

alpinismo s m (D)esp (<alpino+-ismo) O escalar montanhas ou lugares escarpados/Montanhismo. **Ex.** O ~ permite recrear o espírito com as belezas da natureza e fortalecer o corpo.

alpinista adj/s 2g (<alpino+-ista) (O) que pratica [Relativo a] alpinismo. **Ex.** Um grupo de ~s ficou isolado na montanha com a [por causa da] neve. **Comb. Equipamento ~. Prática ~** [do alpinismo(+)].

alpino, a adj (<lat alpinus,a,um) **1** Dos Alpes, cadeia montanhosa da Europa Ocidental, que se prolonga por vários países, desde Viena até Génova. **Comb. Fauna** [Flora «edelvaisse»] **~a/alpestre. 2** fig Referente às altas montanhas/Alpestre.

alpista/e s f/m Bot (<esp alpiste) Planta da família das gramíneas, Phalaris canariensis, L., cujos grãos são utilizados na alimentação de pássaros/Grãos dessa planta. **Ex.** A/O ~ é originária/o das Canárias. **Loc.** Comprar ~ para os canários.

alporca s f (<al-+lat pórca,ae: sulco, rego por onde correm as águas) **1** Med ⇒ Escrófula(+) no pescoço. **2** Agr ⇒ alporque.

alporcar v t Agr (<alporque+-ar[1]) Fazer alporque(s)/mergulhia. **Loc.** ~ uma laranjeira.

alporque s m Agr Bot (<alporca) Ramo parcialmente descascado e envolvido em terra para enraizar e ser depois separado como [numa] nova planta/Mergulhia. **Ex.** O ~ é um processo de reprodução vegetal. **Loc.** Fazer um ~ «numa japoneira [camélia/cameleira]». ⇒ bacelo.

alporquia s f Agr Bot (<alporque+-ia) Processo de reprodução vegetativa por meio de alporque/Mergulhia. **Comb.** Um especialista em ~.

alquebrado, a adj (<alquebrar+-ado) **1** Que anda curvado por causa da velhice ou da doença. **Comb.** ~o/a com a idade [com o peso dos anos(+)]. **2** Abatido/Cansado/Prostrado. **Comb.** ~o/a pela dureza da vida do trabalho pesado.

alquebramento s m (<alquebrar+-mento) **1** Esgotamento físico ou moral/Abatimento/Fadiga/Prostração. **Ex.** Chegou a um estado de tal [tão grande] ~ [abatimento(+)] que já não reagia a nada. **2** Náut Curvatura da quilha do navio ficando as extremidades mais baixas (do) que a parte central.

alquebrar v t/int (<esp aliquebrar: quebrar as asas) **1** Ficar [Andar] curvado por causa da idade ou da doença. **Ex.** A avó não é muito velha mas já começou a ~. Iaso ~ as costas com o peso dos fardos. **2** Tornar(-se) fraco/abatido/Cansar(-se)/Prostrar(-se). **Ex.** A pobre viúva alquebrou-se com tantos desgostos. **3** Náut O navio sofrer alquebramento/A quilha ganhar convexidade. **Ex.** O barco alquebrar.

alqueimão s m Ornit (< ?) Ave aquática pernalta da família dos ralídeos/Galinha-sultana; Porphyrio porphyrio.

alqueire s m (<ár al-káil) **1** Antiga medida de capacidade para cereais, de valor entre 13 e 22 litros, variável de região para região/Rasa/Rasão. **Ex.** O ~ tinha, como múltiplos, a fanga [4 ~s] e o moio [60 ~s] e submúltiplos, a quarta [1/4 de ~] e a oitava [1/8 de ~]. **2** Recipiente de madeira, geralmente quadrado e com duas asas, utilizado para medir cereal. **Ex.** Limpos e encerados, os ~s são a(c)tualmente utilizados como antiguidades, para adorno.

alqueivar v t (<alqueive+-ar[1]) Pôr de alqueive/Lavrar a terra e deixá-la em descanso [pousio] para que depois produza mais. **Loc.** ~ terras de mato.

alqueive s m (<ár al-qewê: terra deserta) A(c)to de alqueivar/Terreno alqueivado/Pousio. **Ex.** Antes de cultivar uma terra pela primeira vez deve-se começar por fazer o ~.

alquilo s m Quím (<álcool+-ilo) Radical de hidrocarbonetos saturados obtido por supressão de um átomo de hidrogé[ê]nio. **Ex.** A fórmula geral dos ~s é C_nH_{2n+1}, Metilo [CH_3^-], etilo [$C_2H_5^-$] e propilo [$C_3H_7^-$] são os primeiros termos da série dos ~s.

alquimia s f (<ár al-kímia: pedra filosofal <gr khumeía,as: mistura de sucos) Ciência química da Idade Média que procurava encontrar a panaceia [o remédio para todos os males] e a transmutação dos metais em ouro pela pedra filosofal. **Ex.** A ~ era uma espécie de doutrina que procurava o aperfeiçoamento material e espiritual da natureza.

alquimiar v int (<alquimia+-ar[1]) Praticar a alquimia/Falsificar.

alquímico, a adj (<alquimia+-ico) Que diz respeito à alquimia. **Comb.** Postulados ~s.

alquimista s/adj 2g (<alquimia+-ista) (O) que pratica a alquimia. **Ex.** Os ~s procuravam o elixir da longa vida.

alquitar(r)a s f (<ár al-qitarâ) Aparelho semelhante ao alambique mas sem serpentina. **Loc.** Produzir aguardente na ~.

alsaciano, a adj/s (<top Alsácia, região de França +-ano) Natural ou habitante da [Relativo à] Alsácia. **Ex.** Os ~s falam um diale(c)to germânico próprio [falam o ~]. **Comb.** «Estrasburgo» Cidade ~a.

alta s f (<alto) **1** Aumento [Elevação] do preço/da cotação/do valor. **Comb. A ~ da Bolsa. A ~ dos preços. Revisão em ~ do valor** do défice orçamental. **2** Autorização dada pelo médico para sair do hospital/Documento [Guia] onde consta essa autorização. **Ex.** O doente foi operado e ainda não teve ~. Antes de sair, passe pela secretaria para leva(nta)r a ~. **3** Mil Acabamento da licença/Regresso ao quartel após licença. **Ex.** O meu filho terminou a ~ hoje e já regressou ao quartel. **4** Levantamento de proibição. **Ex.** A polícia já deu ~ para o trânsito voltar a passar pela rua que esteve cortada [fechada/interrompida] por causa do acidente. **5** maiúsc A parte mais elevada duma cidade. **Ex.** Eu vivo na ~ de Lisboa mas vou fazer compras à Baixa, onde se encontram as melhores lojas. **6** A classe social mais elevada/A ~-roda. **Ex.** Os convidados para o casamento do filho do juiz eram todos (gente [pessoas]) da ~. **7** Sinal de paragem. **Loc.** Fazer ~ [sinal de paragem] a um táxi.

alta-costura s f **1** A(c)tividade de criação de modelos originais e sofisticados de vestuário feminino. **Comb. A ~ portuguesa** [parisiense]. **Modelo de ~. 2** Grupo de grandes costureiros profissionais. **Ex.** Todos os anos se realizam passagens de modelos em que está representada toda a ~ europeia.

alta-fidelidade s f **1** Técnica de gravação [reprodução] com o mínimo de distorção do som. **Ex.** Tenho uma grande cole(c)ção de música clássica em discos de ~. **2** Aparelhagem que usa essa técnica. **Comb. Gravador** [Leitor] **de ~. Rádio com ~. Sistema** [Transmissão/Onda] **de ~.**

altaico, a adj/s Geog (<Altai, montes da Ásia Central, que abrangem a Rússia, China e Mongólia) (Diz-se de) região, grupo linguístico e habitante de Altai.

altamente adv (<alto[1]+-mente) **1** Em lugar alto/Em cargo elevado. **Ex.** Já subi a uma

[me pus em cima duma] cadeira e mesmo assim não consigo chegar aos pratos arrumados tão ~ [tanto acima/tão alto(+)]. Pessoa ~ colocada [Pessoa a desempenhar um cargo elevado]. **2** Em elevado grau/Fortemente/Muito. **Ex.** O tabaco é ~ prejudicial à saúde. A finalidade da iniciativa é ~ meritória. **Comb.** Crítica ~ destrutiva. **3** *Col gír* Que é muito bom/Que agrada muito/Excelente(+). **Ex.** A festa esteve muito boa, foi ~!

altanado, a *adj/s* (<altanar+-ado) **1** (O) que é arrogante/Altaneiro(+)/Altivo(o+). **Comb.** *Modos ~s*. *Porte* [*Atitude*] *~o/a*. **2** *fig* Que se encontra alterado/alvoroçado. **Loc.** Aparecer (todo/a) ~o/a [alvoroçado/a(+)].

altanar *v t* (<lat *alt(an)us,a,um*: (que voa) alto+-ar¹; ⇒ altear; alçar) **1** Tornar(-se) altaneiro/Elevar(-se). **2** *fig* Tornar(-se) altivo/soberbo. **Ex.** Agora que é rico altanou-se, já não fala a [*idi* não conhece(+)] ninguém. **3** *fig* Tornar(-se) alvoroçado/alterado. **Ex.** O forasteiro quando ouviu falar na polícia altanou-se [mostrou-se alvoroçado(+)] e dava sinais de querer ir embora.

altanaria *s f* (<altanar+-aria) **1** Característica do que é alto/elevado/altaneiro. **Loc.** Aspirar à ~ da carreira «militar». **2** Capacidade de certas aves de rapina de voar alto e que, ensinadas, são utilizadas para caçar/Caça praticada com essas aves. **Ex.** Os falcões e os açores são aves de ~. **Comb.** Arte [Caça] de ~. **3** Adestramento de aves de rapina «falcões» para a caça. **Ex.** Os antigos falcoeiros «ao serviço do rei» eram mestres em ~. **4** *fig* Arrogância/Altivez/Orgulho/Sobranceria(+).

altaneiro, a *adj* (<altanar+-eiro) **1** Que está [se eleva] muito alto. **Ex.** Na aldeia sobressai, ~a, a torre da igreja. **2** Que voa muito alto. **Comb.** Falcão ~o. **3** Altivo/Arrogante/Orgulhoso/Ufano. **Ex.** O orador (do comício político) tinha tanto de ~ [arrogante(+)] como de [era tão ~ como] ignorante! **Comb.** Um olhar [sorriso] ~. **4** *s f Bot* Árvore de grande porte; *Zelkóva serrata* (Em *jp* é *keyakí*).

altar *s m* (<lat *altáre,áris<áltus,a,um*: alto) **1** *Rel* Mesa sagrada sobre a qual o sacerdote oferece o sacrifício à divindade. **Ex.** O ~ é o lugar sagrado por excelência de todos os cultos. **2** *Catol* Lugar [Mesa/Pedra] sobre o/a qual os sacerdotes [padres] católicos celebram a eucaristia [o sacrifício eucarístico/o sacrifício d ~/a missa]. **Ex.** O primeiro ~ foi a mesa do Cenáculo sobre a qual Jesus Cristo celebrou a Última Ceia com os seus apóstolos, instituindo a Eucaristia. **Idi.** *Levar (alguém) ao ~* [Casar-se]. *Pôr (alguém) nos ~es* [Fazer-lhe grandes elogios]. **Comb.** Ministro do ~ [Sacerdote/Padre católico]. **3** *fig* Lugar [Obje(c)to] venerável e de reconhecida dignidade. **Comb.** *O ~ da pátria*. *Fátima* (Portugal), *~ do Mundo*.

altar-mor (Mór) *s m* Altar principal duma igreja. **Ex.** O ~ deveria ser o único altar de qualquer templo católico. O ~ situa-se [é/fica] na capela-mor.

alta-roda *s f* Alta sociedade/Alta 6. **Ex.** Naquela festa só havia gente [pessoas] da ~.

alteado, a (<altear+-do) Que foi levantado/elevado/Soerguido. **Comb.** *Degrau* (de entrada) *~*. *Fundo* «de caixa» *~*. *Muro ~*. *Pavimento* [Chão] *~*.

alteador, a *adj/s* (<altear+-dor) (O) que alteia/levanta/eleva. **Ex.** Fui eu próprio o ~ [o próprio que alteei a(+)] parede. **Comb.** Calço ~.

alteamento *s m* (<altear+-mento) A(c)ção de altear/Aumento de altura/Elevação. **Loc.** Fazer o ~ dum edifício «construindo mais um piso».

altear *v t/int* (<alto+-ear) **1** Tornar mais elevado/Elevar/Erguer/Levantar. **Loc.** ~ a vedação «para os cães não saírem/saltarem». ~ o pavimento (dum lado) «para ficar direito». **2** Tornar mais forte/Aumentar/Crescer. **Ex.** O bolo alteou [cresceu(o+)/aumentou(+)/empolou(+)] muito (no forno). As crianças durante as férias altearam [cresceram(+)] muito. **Loc.** ~ [Elevar/Levantar] a voz. **3** Prolongar-se [Estender-se] para cima. **Ex.** Sobranceira à cidade alteia-se [eleva-se(+)/ergue-se(o+)] uma pequena colina. **4** Subir de posto/de posição social/Alçar. **Ex.** Começou a trabalhar como escriturário e foi-se alteando [foi subindo(+)/e alçou-se(+)] até atingir um lugar de chefia. **5** Crescer em perfeição/Elevar-se espiritualmente. **Ex.** Francisco de Assis, como muitos outros santos, deixou as riquezas do mundo para se ~ [para subir/se elevar(+)] até Deus.

alteia *s f Bot* (<gr *althaia*: que cura) Planta herbácea medicinal da família das malváceas, *Althaea officinalis, L.*, que cresce especialmente junto ao mar/Malvaísco/Malva-branca. **Comb.** Xarope [Rebuçados] de ~.

alteína *s f* (<alteia+-ina) Substância semelhante à asparagina que se extrai da raiz da alteia.

alter (Tér) *s m Zool* (<top Alter do Chão, *Pt*) Raça portuguesa de cavalos originária de Alter do Chão). **Ex.** O ~ é o cavalo lusitano(+), de sela, elegante e resistente.

alterabilidade *s f* (<alterável+-dade) Qualidade do que é alterável/do que pode ser mudado/Mutabilidade. **Comb.** *~ de humor*. *Produto de grande ~* «quando exposto ao ar».

alteração *s f* (<lat *alterátio,ónis*) **1** Modificação/Mudança. **Ex.** A ~ do clima é consequência do efeito de estufa. Vai haver ~ no governo: serão substituídos três ministros. Vou fazer uma ~ na disposição [colocação] dos móveis. O estado do doente mantém-se inalterado [sem ~]. **2** Degeneração/Degradação/Decomposição. **Ex.** A manteiga pode ter sofrido ~; já está fora do prazo de validade. A cor dos cortinados sofreu uma grande ~ com o sol. **3** Adulteração/Falsificação. **Ex.** O descrédito do produto deve-se à ~ [adulteração(o+)/falsificação(+)] da sua qualidade. **4** Desordem(+)/Desassossego/Motim. **Ex.** A ~ (que acabou em pancadaria) começou na claque da equipa/e visitante. **Comb.** ~ da ordem. **5** Perturbação emocional/Agitação/Inquietação. **Ex.** A ~ [perturbação(+)/inquietação(o+)] da moça, que era calma, alegre e boa aluna, coincidiu com o acabar do namoro e pode até ter sido motivada por isso [ter sido isso a causa]. **6** *Br* Discussão/Zaragata. **Ex.** Pai e filho envolveram-se numa grande ~ [discussão(+)]. **7** *Geol* Processo de degradação [meteorização] de rochas e minerais em que intervêm modificações da composição química. **Ex.** Os processos de ~ «caulinização/cloritização» são provocados principalmente por a(c)ção hidrotermal. **8** *Mús* Mudança de altura de uma nota. **Ex.** Os sinais de ~ são o sustenido, o bemol e o bequadro.

alterado, a *adj* (<alterar+-ado) **1** Que sofreu alteração/Modificado/Mudado. **Comb.** *Disposição* [*Ordem*] *«dos gabinetes/das secretárias» ~a*. *Feitio* «da saia» *~* [modificado(+)]. *Regras ~as/mudadas*. **2** Estragado/Deteriorado/Degradado. **Comb.** Bebida «leite/sumo» ~a. **3** Irritado/Nervoso. **Comb.** ~ [Irritado(+)] com o insucesso do proje(c)to. **4** Inquieto/Agitado/Perturbado. **Ex.** Andava ~o/a [agitado/a/inquieto/a] temendo um mau resultado do exame.

alterador, ra *adj/s* (<alterar+-dor) (O) que altera/provoca alteração/Modificador. **Ex.** O ~ do [Quem alterou o] regime fiscal foi o anterior ministro das finanças. **Comb.** *Condições ~as*. *Regime ~*.

alterante *adj 2g* (<alterar+-ante) Que altera/Alterador/Modificador. **Comb.** Razões ~s.

alterar *v t* (<lat *áltero,áre<álter*) **1** Causar alteração/Modificar/Mudar/Transformar. **Ex.** A cor da carpete alterou(-se) [mudou/desbotou] com o tempo. O professor mandou substituir a palavra sublinhada sem ~ [modificar/mudar] o sentido da frase. **Loc.** ~ *o feitio* «duma saia». ~ *o proje(c)to* «duma casa» [*o traçado* «duma rua»]. ~ *uma lei* [regra]. **2** Causar transtorno/Impedir a realização/Perturbar. **Ex.** A notícia da morte do avô alterou [desfez] o programa de férias da família. A viagem foi alterada [adiada] por causa do mau tempo. **3** Falsificar/Deturpar/Adulterar. **Ex.** Não foi assim como está(s) a contar; não estará(s) a ~ [deturpar(+)] os fa(c)tos? [; está(s) a ~ [deturpar(+)] os fa(c)tos]. **4** Decompor/Estragar. **Ex.** Com o calor, a sopa altera(-se) [estraga-se] facilmente. **5** Inquietar/Transtornar. **Ex.** O rosto dela ficou alterado [Alterou-se-lhe o rosto] quando viu que tinham descoberto a mentira. **6** Irritar(-se)/Enfurecer(-se). **Ex.** (A voz d)o general alterou-se com a arrogância da resposta do capitão.

alterável *adj 2g* (<alterar+-vel) Que se pode alterar/Variável. **Comb.** *Ordem* [Sequência] *~*. *Produto ~*/degradável. *Texto* [Lei/Regra] *~*. **Ant.** Inalterável.

altercação *s f* (<altercar+-ção) **1** Discussão acalorada/veemente. **Ex.** Os deputados das duas bancadas envolveram-se em acesa [grande] ~/discussão. **2** Contenda/Rixa/Discórdia. **Ex.** Da ~ passaram aos insultos e quase *idi* chegavam a vias de fa(c)to [quase se agrediram].

altercar *v int* (<lat *altérco,áre*) Discutir de forma acalorada/com veemência/Debater/Ralhar. **Ex.** A peixeira altercava [ralhava(+)] em altos gritos com a colega porque ela baixava os preços e lhe estragava o negócio.

alter ego *loc lat* Outro eu/Pessoa com quem nos identificamos/em quem confiamos plenamente. **Ex.** O amigo era o seu ~. Castor era o ~ de Pólux. Quando se irritou, revelou um ~ «parecia-nos sereno e vimos que é também agressivo».

alteridade *s f* (<lat *altéritas,átis*) **1** Qualidade do que é outro/diferente/distinto. **Ex.** A unidade do matrimó[ô]nio não anula a ~ [individualidade/personalidade/independência/diferença] dos cônjuges. **2** *Fil* Propriedade de um ente ser ele mesmo/Relação de oposição entre o sujeito pensante [eu] e o obje(c)to pensado [não-eu]. **Ex.** O significado do termo ~ varia com os sistemas filosóficos.

alternação *s f* (<lat *alternátio,ónis*) A(c)to ou efeito de alternar/Mudança à vez/Alternância/Revezamento. **Comb.** A ~ [alternância(+)] dos partidos no governo.

alternadamente *adv* (<alternado+-mente) De forma alternada/Uma vez um, outra vez outro/Ora um, ora outro/À vez. **Ex.** Os dias e as noites sucedem-se ~. No cruzamento, os carros entravam ~, um de cada lado.

alternado, a *adj* (<alternar+-ado) **1** Que se sucede, ora um, ora outro/Que se reveza. **Ex.** Passei a trabalhar em regime de turnos ~s: uma semana de dia, outra semana de noite. **Comb.** *Fís* Corrente altern(ad)a

[Corrente elé(c)trica que varia no tempo de forma sinusoidal]. **2** Ora um, ora outro/Um sim, um não/À vez. **Loc.** Entrar e sair de forma ~a [à vez]. Sentar-se em lugares ~s [lugares um sim, um não]. Tirar senhas «verdes e vermelhas» ~as.

alternador, a *adj/s* (<alternar+-dor; ⇒ alternante) **1** (O) que alterna. **Comb.** Mecanismo ~. **2** *Fís* Máquina rotativa [Gerador síncrono] que produz corrente elé(c)trica alternada/Dínamo **2. Ex.** Os ~es são constituídos por duas peças principais: o indutor [*rotor*] e o induzido [*stator*].

alternância *s f* (<alternar+-ância) **1** Sucessão regular de elementos diferentes, ora um, ora outro. **Comb.** ~ [Mudança] *das estações* do ano. *~ de camadas geológicas*. *~ dos números* ímpares e pares. *~ dos partidos* no poder. **2** *Biol* Sucessão alternada das fases haploide do núcleo celular [*n* cromossoma[o]s] e diploide [2*n* cromossoma[o]s]/~ de fases nucleares. **Ex.** A ~ de fases nucleares é característica do ciclo evolutivo dos seres vivos de reprodução sexuada. **3** *Biol* Sucessão alternada de uma geração sexuada e de outra assexuada/~ de gerações. **Ex.** A ~ de gerações verifica-se ao longo do ciclo evolutivo de muitos seres vivos tanto animais como vegetais. **4** *Fís* Mudança regular do sentido da corrente elé(c)trica alternada. **5** *Agr* Variação sucessiva de diferentes culturas vegetais no mesmo terreno/Rotação de culturas. **Comb.** ~ da cultura do centeio e do milho. **6** *Ling* Variação que um fonema [grupo de fonemas] sofre em determinado sistema morfológico/Relação existente entre as diferentes variantes de uma unidade linguística. **Comb.** ~ *temática*. *~ vocálica* «ovo: ôvo, óvos».

alternante *adj 2g* (<alternar+-ante; ⇒ alternador) Que alterna/Que se reveza. **Ex.** O espe(c)táculo foi feito por dois grupos ~s, um nacional, outro estrangeiro.

alternar *v t/int* (<lat *altérno,áre,átum*<*alter*: outro+*ternus*: triplo) **1** (Fazer) suceder, de forma regular, elementos diferentes, ora um, ora outro/Revezar. **Ex.** O coro alternava com a orquestra. Devemos [Temos de] ~ trabalho e descanso. Alterno [Troco] com a minha colega o [Revezamo-nos as duas no] trabalho de telefonista e de arquivo. **2** Dispor de forma alternada. **Ex.** As crianças do infantário sentavam-se à roda da educadora alternando os meninos com as meninas. **3** *Mat* Numa proporção, trocar os meios com os extremos.

alternativa *s f* (<alternativo) **1** Sucessão de coisas mutuamente exclusivas que se repetem de forma alternada. **Ex.** No deserto do Saara, as ~s de calor e frio intensos ocorrem durante todo o ano entre o dia e a noite. **2** Possibilidade de opção entre duas [várias] coisas/Cada uma dessas possibilidades de opção. **Ex.** Para o tratamento da doença tinha a ~ do hospital público ou das clínicas particulares. Há várias ~ de transporte [Há vários transportes] para a cidade. Não há ~ [outra solução/possibilidade]! **3** Alteração de condições/circunstâncias/Vicissitude. **Ex.** Para tratar a mulher que adoecera gravemente, recorrer a um empréstimo pareceu-lhe a melhor ~. Naquela ~ de ter ficado desempregado não tive outro remédio [outra solução] senão sujeitar-me a qualquer trabalho. **4** *Tauromaquia* Cerimó[ô]nia de entrada oficial no toureio. **Loc.** Um toureiro [cavaleiro] receber (do mais velho) a ~. **5** *Lóg* Sistema de proposições em que a verdade de uma implica a falsidade das outras. **Ex.** Encontro-me [Estou] nesta ~: ficar ou partir. O dete(c)tive rapidamente chegou à ~: o crime ocorreu ao sábado, ao domingo ou à segunda-feira.

alternativo, a *adj* (<alternar+-ivo) **1** Que requer/envolve uma escolha/Opcional. **Comb.** Questões [Soluções] ~as. **2** Cada uma das possibilidades de solução/resposta. **Comb.** *Energias ~as*. *Medicinas ~as*. *Transportes ~s*. **3** Que tem [se faz com] alternância/Alternado. **Ex.** O estacionamento nesta rua é ~: deste lado, nos dias pares, do outro, nos (dias) ímpares.

alterne (Tér) *s m* (<alternar **1**) A(c)tividade de quem alicia sucessivos clientes a beber e ganha uma pe[o]rcentagem. **Comb.** Bar [Mulher] de ~.

alterno, a (Tér) *adj* (<lat *altérnus,a,um*<*alter*: outro+*ternus*: triplo) **1** Que ocorre alternadamente/Alternativo/Revezado. **Comb.** *Ângulos ~s*. *Coros ~s*. *Corrente altern(ad)a*. **2** *Bot* Diz-se das folhas [flores] que se inserem uma em cada nó do caule, alternadamente, dum e doutro lado.

alteroso, a (Ôso, Ósa, Ósos) *adj* (<alto+r+-oso) **1** Que tem forma elevada/Muito alto. **Comb.** Picos [Serras] ~os/as. **2** Imponente/Majestoso/Altivo(+)/Sobranceiro/Altaneiro. **Comb.** Porte ~. **3** Diz-se de [do mar que tem] ondas altas. **Comb.** Ondas [Vagas] ~as.

alteza (Tê) *s f* (<alto+-eza) **1** *col* Altura/Elevação. **Ex.** Bem (lhe) quisera [Eu queria muito] chegar «ao melhor ramo de cerejas» mas está (lá) nas ~s! **2** Título honorífico de reis e príncipes. **Comb.** ~ *Real* «*D. Manuel I*». *Sua* ~ «faleceu hoje». *Vossa* ~ «chamou-me?».

alti- *pref* (<lat *áltus,a,um*) Exprime a noção de alto.

altibaixo *adj/s m* (<alti-+...) **1** «terreno» Com elevações e depressões/Irregular. **2** ⇒ Os altos e baixos(+) «do terreno». **3** *fig pl* Vicissitudes. **Comb.** Os ~s [altos e baixos(+)/As vicissitudes(+)] da vida.

altifalante *adj 2g/s m/*(<alti-+falante) **1** «professor» Que fala alto. **2** *s m Fís* Dispositivo que converte energia elé(c)trica em vibrações sonoras que irradiam para o meio ambiente/Megafone/Alto-falante. **Ex.** Os ~s anunciavam em altos berros o espe(c)táculo da noite.

altiloquência *s f* (<alti-+ lat *eloquentia,ae*: eloquência) Estilo elevado e grandioso/Grandiloquência(+). **Comb.** A ~ [eloquência(+)] dos sermões do P. António Vieira (insigne escritor/orador português do séc. XVII).

altiloquente *adj 2g* (<alti-+lat *elóquens, éntis*: eloquente) Que se exprime com estilo grandioso/sublime. **Comb.** Orador ~.

altimetria *s f* (<alti-+-metria) Medição da (diferença de) altitude/Hipsometria. **Ex.** A ~ utiliza métodos geométricos [trigonométricos] ou barométricos.

altímetro *s m* (<alti-+metro) Aparelho que serve para medir a altitude/Hipsó[ô]metro. **Ex.** O ~ é um instrumento de bordo indispensável na navegação aérea.

altíssimo, a *adj/s m* (<lat *altíssimus,a,um*) **1** Superlativo absoluto sintético [simples] de alto/Muito alto. **Comb.** *Monte ~o*. *Preços ~s*. *Torre ~a*. **2** *s m Maiúsc Rel* Deus. **Loc.** Dar graças ao [Louvar o] ~. **Comb.** *Bênçãos do* ~ [de Deus]. *Trono do* ~ [Céu].

altissonância *s f* (<alti-+som+-ância) Qualidade de altissonante. **Loc.** Falar com ~.

altissonante [altíssono, a] *adj* (<lat *altísonans,ántis* [*altíssonus,a,um]*) **1** Que soa alto/Que tem som forte/Retumbante. **Comb.** *Gritos ~s*. *O troar* ~ [retumbante/estrondoso] *dos canhões*. **2** *fig* Grandioso/Pomposo/Sublime/Grandiloquente. **Comb.** *Estilo* ~. *Voz* ~ [sonora].

altista[1] *adj/s 2g Econ* (<alto+-ista) **1** Relativo à alta [subida] dos valores da Bolsa ou dos preços. **Comb.** Tendência ~. **2** *s 2g* Pessoa que joga na alta da Bolsa/Corretor de Bolsa que faz subir as cotações.

altista[2] *s 2g Mús* (<alto+-ista) Pessoa que toca o instrumento musical «viola de arco» denominado alto.

altitonante *adj 2g* (<lat *altitónans,ántis*) Estrondoso(+)/Ruidoso/Retumbante. **Comb.** O barulho ~ da trovoada.

altitude *s f Geog Top* (<lat *altitúdo,inis*) Distância medida na vertical entre um determinado lugar [ponto] e o nível médio das águas do mar. **Ex.** A ~ (do ponto mais alto) da serra é de 1200 m. **Loc.** Voar a grande [baixa] ~.

altivez *s f* (<altivo+-ez) **1** Qualidade do que é altivo/Arrogância/Soberba. **Loc.** Falar [Responder] com ~. **2** Nobreza(+)/Brio/Dignidade(+). **Ex.** A ministra reagiu com ~ mostrando-se serena e confiante, ignorando a injustiça dos insultos.

altivo, a *adj* (<alto+-ivo) **1** Que revela orgulho/Arrogante/Soberbo. **Loc.** Responder [Comportar-se] com ar ~. **2** Que tem dignidade/nobreza/brio. **Ex.** O porte ~ do cavaleiro e do cavalo entusiasmou a assistência que enchia a praça de touros.

alto[1]**, a** *adj/adv/s m* (<lat *áltus,a,um*; ⇒ alta; ~-comissário/-forno/-mar/-relevo) **1** De grande dimensão vertical [altura]/De altura superior à média. **Comb.** *Edifício* ~. *Homem* ~. *Montanha ~a*. **2** De grande intensidade/Superior à média/Elevado. **Comb.** *Febre ~a*. *Notas* [Classificações] *~as*. *Preços ~s*. *Temperaturas ~as*. **3** Que acarreta maior responsabilidade/Importante/Elevado. **Comb.** ~ *cargo*. *~s* [Profundos] *pensamentos*. *Missão de ~a* [grande/muita] *responsabilidade*. **4** De tamanho maior que a média/Grande. **Comb.** *Botas ~as*. *Chapéu* ~. *Sapatos de salto ~o*. **5** Que está longe/Distante/Longínquo. **Comb.** ~ *mar* [Longe de terra]. ~ *(Rio) Douro/Volta/Zambeze* [Zona destes rios mais afastada da foz]. **6** Mais afastado no tempo/Remoto/Longínquo. **Comb.** *~a Idade Média*. **7** De nível social elevado/Importante. **Comb.** *~as individualidades*. *~a sociedade*. **8** Da maior importância/relevância. **Comb.** O momento ~ [mais importante] «duma festa/comemoração/carreira». **9** *adv* a) Intenso/Forte/De modo audível. **Loc.** *Falar* ~ [com voz forte]. **Idi.** ~ *e bom som* [De modo audível e claro] (Ex. O pior é que ele repetiu o disparate ~ e bom som, para todos ouvirem). *Olhar de* ~ [com desprezo/sobranceria]. *Pensar* ~ [Dizer para si aquilo em que está a pensar]. *Sonhar* ~ [Ter ambições/proje(c)tos inatingíveis]; b) Em posição ou grau superior. **Ex.** Puseste [Colocaste] o quadro muito ~ [acima] na parede da sala. **Comb.** *Ao* ~ [Na posição vertical] (Ex. As malas postas ao ~ cabem (perfeitamente) no porta-bagagens). *De* ~ *a baixo* [De cima a baixo/Completamente] (Ex. Olhou-a [Mirou-a(+)] de ~ a baixo/da cabeça aos pés]. *Em ~ grau* [Muito/Muitíssimo]. *Por* ~ [Sem grande profundidade/precisão/pormenor] (Loc. Ler por ~ [em diagonal/saltando páginas]. Fazer as contas por ~]. **10** *s m* (O) ponto (mais) elevado/Cume/Cimo. **Ex.** No ~ do monte há uma capel(inh)a. **Comb.** *~s e baixos* [Bons e maus momentos/Irregularidades contrastantes/Vicissitudes] (Ex. A vida tem ~s e baixos. **Comb.** Caminho aos ~s e baixos). **11** Altura/Extensão. **Comb.** Uma escada com 5 m de ~ [altura/com a

altura de 5 m]. **12** Saliência/Protuberância/*fam* Galo. **Ex.** Este pau não está liso; tem um ~ no (sítio do) nó. O menino bateu com a cabeça e fez um ~ [*fam* um galo(+)]. **13** *fig* Céu. **Ex.** Lá no ~ a avó deve ter ficado muito contente com a tua boa a(c)ção «, meu filho».

alto² *s m Mús* (<it *alto viola*) **1** Instrumento de corda e arco semelhante ao [maior do que o] violino/Violeta. **2** Voz feminina mais grave/(Voz de) contralto(+). **Ex.** Neste coral, a voz dos ~s é importantíssima.

alto³ *s m/interj* (<al *halten*: parar) **1** *Mil* Paragem durante a marcha para descanso das tropas. **Comb.** Um pequeno ~ «de 10 minutos». Um grande ~ «de 1 a 2 horas». **2** A(c)to de suspender o movimento/Paragem. **Loc.** Fazer ~/alta **7**(+) [sinal de paragem] «a um táxi». **3** *interj* Voz de comando para fazer parar. **Ex.** – ~ (aí)! Essa rua é de sentido proibido. – ~! – gritou o polícia [policial]. Vão todos comigo para a esquadra! ~ lá [Expressão que indica desacordo e interrompe o discurso] (Ex. ~ lá! Não diga mais nada, porque (o que está a dizer) é tudo mentira). **Loc.** *idi fam* «homem/professora» De ~ lá com ele/a [Que mete respeito/Que nos deixa sem palavras/*idi* De se lhe tirar o chapéu/Muito Bom/Extraordinário] (Ex. O meu vizinho comprou uma casa de ~ lá com ela [casa que não lhe digo nada]!).

alto-comissário *s m* Delegado especial dum governo com grandes poderes. **Ex.** Para negociar a libertação dos reféns, foi enviada uma ~a-~a. **Comb.** ~ da ONU para os refugiados.

alto-falante ⇒ altifalante(+).

alto-forno *s m Siderurgia Metalurgia* Aparelho destinado à produção de gusa líquida pela redução de minério de ferro com carvão [coque]. **Ex.** O ~ tem [Os altos-fornos têm] a forma de dois troncos de cone justapostos pelas se(c)ções de maior diâmetro e uma altura de cerca de 30 m.

alto-mar *s m* Qualquer ponto do mar afastado da costa. **Sin.** Mar alto/largo.

alto-relevo *s m Escul* Figura esculpida sobre uma superfície plana e sobressaindo desta quase completamente. **Ex.** O ~ é muito frequente na arte pré-histórica. **Ant.** Baixo-relevo.

altruísmo *s m* (<fr *altruisme*; ⇒ outro) Interesse pelos [Dedicação aos] outros/Filantropia. **Ex.** Ele desconhecia a caridade; ajudava os pobres apenas por ~. O termo ~ foi criado pelo filósofo Augusto Comte. **Ant.** Egoísmo.

altruísta *adj/s 2g* (<fr *altruiste*) (O) que pratica o altruísmo/Filantropo(+). **Ex.** Muitos «médicos» ~s acorreram de imediato a socorrer as vítimas da catástrofe. **Comb.** *Moral ~*. *Práticas ~s*. **Ant.** Egoísta.

altura *s f* (<alto¹+-ura) **1** Dimensão vertical dum corpo desde a extremidade inferior [desde a base] até à extremidade superior; ⇒ ~ **6**. **Ex.** A torre tem 20 m de ~. Cresceste muito, estás quase da [com a] minha ~. **2** Distância vertical acima do solo [fundo/horizonte]. **Ex.** Os helicópteros nunca voam a grande ~ [altitude(+)]. **Loc.** *idi Cair das ~s* [Sofrer uma dece(p)ção]. *Ganhar ~* [Subir/Ascender]. *idi Pôr (alguém) nas ~s* [Elogiar/Enaltecer]. **Comb.** ~ [Profundidade] *dum poço*. *Astr ~ meridiana* [~ dum astro acima do horizonte na passagem pelo meridiano do observador]. *(D)esp Salto em ~*. **3** Ponto elevado/Elevação/Cume. **Ex.** Para observar o panorama da cidade é preciso subir a uma grande ~. (Da ~) do 3.º andar já se vê a praia. **4** Elevação acima de determinado ponto [plano/nível] de referência. **Ex.** As águas atingiram a ~ da rua. Usava a saia à ~ do joelho. **5** Determinado ponto/lugar/posição. **Ex.** Pararam na ~ prevista, aproximadamente a meio do percurso. Não parava de ler, ansioso/a por chegar à ~ em que é descoberto o criminoso. **6** *Geom* Comprimento da perpendicular baixada do vértice duma figura [dum sólido] geométrica/o sobre a base ou da perpendicular comum a duas bases opostas. **Comb.** *~ duma pirâmide*. *~ dum triângulo*. *~ dum tronco de cone*. **7** Momento determinado/Ocasião oportuna/Instante. **Ex.** «estamos em maio» Ainda não é ~ de deixar os agasalhos; ainda faz frio. **Loc.** Ser ~ de «colher as maçãs» [Ser o momento oportuno/propício]. **Comb.** *A certa* [Em dada/Naquela] *~* «tive que [de] intervir». *N(a ~ d)as férias*. **8** Elevação intelectual/moral/Importância/Valor. **Ex.** Ninguém se sentia à ~ do conferencista para o questionar. **Loc.** *Estar à ~* [Ter capacidade/competência] (Ex. Ele não estava à ~ de exercer [não tinha capacidade para] aquele cargo). *Portar-se* [Mostrar-se] *à ~* [Agir corre(c)tamente/de acordo com as circunstâncias]. *Responder à ~* [Responder muito bem] «a pergunta difícil/capciosa/traiçoeira». *Ter [Dar] um tratamento à ~* [adequado à pessoa/às circunstâncias]. **9** *Fís Mús* Qualidade derivada da frequência das vibrações que permite distinguir um som grave dum agudo/Intensidade sonora. **Ex.** A soprano chegava muito alto [conseguia cantar notas de grande ~]. Por favor, baixe o som da televisão, está numa ~ insuportável [está muito alto]. **10** *pl* Firmamento/Céu. **Ex.** As estrelas brilham nas ~s. Deus vê tudo (lá) das ~s.

aluado, a *adj col* (<aluar+-ado) **1** Influenciado pela Lua/Distraído/Lunático/Amalucado. **Ex.** Ó rapaz, sossega! Pareces ~ [amalucado/Parece que andas na Lua]! **2** Que anda com o cio. **Comb.** Cadelas ~as.

aluamento *s m* (<aluar+-mento) **1** Estado de aluado/Doidice/Maluquice. **2** Cio(+) dos animais. **Comb.** ~ das cabras. **3** *Náut* Corte curvo da parte inferior das velas. **Comb.** ~ da vela redonda.

aluar *v t* (<a¹-+lua+-ar¹) **1** Tornar(-se) lunático/Amalucar(-se). **Loc.** Começar a ~ [a tornar-se amalucado/estouvado]. **2** (Um animal) ficar com cio. **Ex.** Em fevereiro, as gatas começam a ~.

aluarado, a *adj* (<a¹-+luar+-ado) De [Iluminado pelo] luar/Luarento. **Comb.** *Noites ~as [de luar(+)]*. *Iluminação [Luz] ~a*.

alucinação *s f* (<lat *alucinátio,ónis*) **1** *Psiq* Perturbação mental caracterizada por falsas perce(p)ções imagens. **Comb.** ~ acústica [auditiva/visual] **Sin.** Delírio. **2** Desvairamento [Ilusão] provocado/a por acontecimento perturbador. **Ex.** Depois de ter sido assaltado/a as ~ões eram frequentes; tinha medo de tudo, estava sempre a ver o assaltante [ladrão].

alucinante *adj 2g* (<alucinar+-ante) **1** Que provoca alucinação/Alucinatório. **Comb.** *Acontecimentos ~s*. *Drogas ~s* [alucinogé[ê]nias(+)]. **2** Estonteante/Deslumbrante. **Comb.** *Espe(c)táculo ~*. *«200 km à hora» Velocidade ~* [estonteante/louca(+)].

alucinar *v t* (<lat *alúcinor,áris,ári,átus sum*: dormir em pé, delirar, divagar) **1** A mente perturbar-se provocando visões/Causar alucinação. **Ex.** As drogas podem ~ quem as consome. **2** Obscurecer o entendimento/Fazer perder a razão/Iludir. **Ex.** Tinha por ela uma paixão que o alucinava [que o punha doido]. Gerou-se o pânico: a multidão alucinada corria desvairada a gritar. **3** Causar deslumbramento/fascínio/Encantar. **Ex.** Ficou alucinado [deslumbrado(o+)/fascinado(+)] com o panorama que se descortinava à sua frente. **Loc.** Deixar-se ~ [fascinar(+)] pelo dinheiro [sucesso].

alucinatório, a *adj* (<alucinar+-tório) **1** Que causa alucinação/Alucinante *1*. **Comb.** Tendências ~as. **2** Que provém da [é relativo à] alucinação. **Comb.** *Efeitos ~s*. *Imagens ~as*.

alucinogénico/alucinogénio/alucinógeno [Br alucinogênico/alucinogênio], a *adj/s* (<alucinar+-...) (O) que provoca alucinação. **Comb.** Drogas [Substâncias] ~as.

aludir *v t* (<lat *allúdo (ad+ludo),is,ere,si, úsum*: brincar, folgar, ~) Fazer alusão/Mencionar/Referir(-se). **Ex.** Ele não aludiu ao triste incidente. Como desculpa por ter chegado atrasado, aludiu [referiu] que o trânsito estava muito congestionado. A propósito, o orador aludiu [referiu-se/fez referência] a uma passagem semelhante «d'*Os Lusíadas*».

alugador, a *adj/s* (<alugar+-dor) **1** (O) que aluga/dá de aluguer/Senhorio. **Ex.** O ~ não foi o dono do prédio mas uma agência imobiliária. **2** (O) que toma alguma coisa de aluguer/Arrendatário. **Ex.** As despesas de conservação (do interior da casa) são de [por] conta do ~ [arrendatário(+)/inquilino(o+)].

alugar *v t* (<lat *(ad)locáre<lócus,i*: lugar) **1** Dar de aluguer/Arrendar. **Ex.** O senhorio alugou-me a casa barata[o]. Comprei um apartamento para ~ «a estudantes». **2** Tomar de aluguer/Arrendar. **Ex.** Não tenho casa própria e não quero comprar; prefiro ~ um apartamento. Aluguei uma loja para montar [abrir] um negócio «de papelaria». **Loc.** *~ um automóvel* (sem condutor). *~ uma bicicleta*.

aluguer [Br aluguel] *s m* (<alugar) Aquisição de alguma coisa por determinado tempo, mediante pagamento/Locação/Arrendamento. **Ex.** O ~ [A locação] de imóveis tem o nome específico de arrendamento. **Comb.** De ~ [Que é para alugar] (Comb. Bicicletas de ~). **2** Valor a pagar periodicamente ao proprietário que aluga o bem/Renda. **Loc.** Pagar o ~ [a renda]. **Comb.** Recibo do ~.

aluimento (Luí) *s m* (<aluir+-mento) Derrocada/Desmoronamento. **Ex.** Deu-se um ~ de terras que soterrou várias casas. Um ~ provocou o corte [a interrupção] da estrada.

aluir *v t/int* (<lat *álluo (Ad+luo),is,ere,ui,útum*: lavar, banhar, correr juntamente com) **1** Tirar a firmeza/Abalar/Sacudir. **Ex.** Para arrancar a árvore, começaram por ~ a terra em volta dela. Com uma corda abanavam o poste para fazer ~ a terra e conseguirem arrancá-lo. **2** (Fazer) cair aos poucos/Causar derrocada/Desmoronar(-se)/Ruir. **Ex.** A terra aluiu (com a chuva) e deixou uma enorme cratera. A casa aluiu [desmoronou-se/ruiu/caiu].

alúmen [alume] *s m Quím* (<lat *alúmen, inis*) Sulfato duplo de alumínio e potássio ou de um metal trivalente e de um metal monovalente. **Ex.** Os ~es mais importantes são os de alumínio e potássio, chamados pedra-ume, e os de alumínio e amó[ô]nio.

alumiar *v t/int* (<lat *alluminâre<ad+lúmen, inis*: luz, claridade) **1** Dar luz/claridade/Iluminar(-se). **Ex.** Acendeu uma vela para ~ as escadas. Os peregrinos caminhavam de noite à luz de [e alumiavam-se com] archotes. **Prov.** *Candeia que vai à frente alumia duas vezes* [Quem fala [esclarece/

chega] em primeiro lugar está em vantagem sobre os outros]. **2** Dar lume a/Acender (uma luz). **Loc.** ~ [Acender(+)] a candeia [vela]. **3** *fig* Tornar claro/Esclarecer/Guiar. **Ex.** A tua/sua explicação alumiou-me o espírito; agora compreendo o sentido do texto. **Loc.** Deixar-se ~ [guiar(+)] por bons mestres. **4** *fig* Dar brilho/Alegrar/Iluminar. **Ex.** Quando soube da [ouviu a] boa notícia até os olhos se lhe alumiaram [iluminaram(+)] de alegria.

alumina *s f Quím* (<alúmen+-ina) Óxido de alumínio [Al_2O_3] anidro. **Ex.** A ~ entra na composição de várias rochas e pedras preciosas.

aluminar *v t/adj* (<alumina+-ar$^{1/2}$) **1** Cobrir com camada de alumínio. **2** Misturar ou tratar com alúmen. **3** Relativo a alúmen.

aluminato *s m Quím* (<alumínio+-ato) Sal obtido por rea(c)ção dum anião em que entra o alumínio e um hidróxido metálico. **Comb.** ~ de cálcio [sódio].

alumínico, a *adj* (<alumínio+-ico; ⇒ aluminoso) Relativo a alumínio.

alumínio [Al 13] *s m* (<alúmen+-io) **1** *Quím* Metal leve, branco e brilhante. **Ex.** O ~ é muito abundante na natureza sob a forma de óxidos hidratados [de bauxite] dos quais [da qual] é extraído. **Comb.** Bronze de ~. **2** *pl* Utensílios domésticos de cozinha feitos desse metal. **Ex.** Tinha os ~s sempre a brilhar. Os ~s têm vindo a ser substituídos por inox. **Loc.** Arear [Lavar/Esfregar] os ~s.

aluminite/a *s f Miner* (<alumínio+-ite/a) Mineral constituído por sulfato de alumínio hidratado.

aluminoso, a (Ôso, Ósa, Ósos) *adj* (<alumina+-oso; ⇒ alumínico) Que contém [Relativo à] alumina. **Comb.** Cinza [Escória] ~a.

aluminotermia *s f Quím* (<alumínio+-termia) Processo metalúrgico baseado na rea(c)ção química do alumínio em pó com óxidos metálicos na qual se dá uma grande libertação de calor. **Ex.** A soldadura e a preparação de metais puros são as principais aplicações da ~.

aluminotérmico, a *adj* (<aluminotermia+-ico) Relativo à aluminotermia. **Comb.** Processo ~.

alunagem *s f* (<alunar+-agem; ⇒ aterragem) A(c)to de alunar/Descida à Lua. **Ex.** A primeira ~ foi efe(c)tuada em 20 de julho de 1969 pelo astronauta americano Neil Armstrong, astronauta da *Apollo XI*.

alunar *v int* (<a^1-+lua+-ar^1) Pousar na [sobre a superfície da] Lua. **Ex.** A nave (espacial) alunou em perfeitas condições.

alunite/a *s f Miner* (<alumínio+-ita) Sulfato básico de potássio e alumínio.

aluno, a *s* (< lat *alúmnus,i*) O que recebe instrução e educação doutrem/Discípulo/Estudante. **Ex.** Todos os ~s gostam da professora de Moral. Os ~s desta turma são muito aplicados [são bons ~s/estudam muito]. É uma escola grande, tem mais de 2000 ~s. **Comb.** [Discípulo] dum grande pianista. ⇒ aprendiz.

alusão *s f* (<lat *allúsio,ónis*: a(c)ção de brincar com; ⇒ aludir) A(c)ção de aludir/fazer ~/referência. **Ex.** Apresentou o conferencista referindo o seu longo currículo acadé[ê]mico e fez também uma breve ~ à sua faceta de lutador pela liberdade.

alusivo, a *adj* (<alusão+-ivo) **1** Que alude/faz alusão/Referente/Relativo. **Ex.** Viam-se cartazes contendo frases ~as ao desemprego. **Comb.** *Discurso* ~ aos Descobrimentos Portugueses. *Motivos* ~*s* à gastronomia regional. **2** Alegórico/Figurado. **Comb.** Desfile de carros ~s à vida medieval.

aluvial *adj 2g* (<aluvião+-al) **1** Relativo a aluvião. **Comb.** Gé[ê]nese ~ (dum terreno). **2** Que provém [Resultante de/Formado por] aluvião. **Comb.** Planície [Solo] ~.

aluviamento *s m* (<aluviar+-mento) Encher de [Cobrir com] material de aluvião. **Ex.** O ~ da planície decorreu ao longo de séculos.

aluviano, a *adj* (<aluvião+-ano) ⇒ aluvial.

aluvião *s m ou f* (<lat *allúvio,ónis* ou *allúvium, ii*) **1** *Geol* Depósito de detritos transportados pelos cursos de água «rio Nilo». **Comb.** Terrenos de ~. **2** Materiais arrastados pelas cheias e enxurradas. **Ex.** O ~ é resultante da erosão e constituído principalmente por fragmentos de rochas, areias e argila. **3** Inundação/Enxurrada. **Comb.** A ~ [cheia(+)] do rio. **4** *fig* Grande quantidade. **Ex.** Secretária [Mesa] inundada com uma ~ de papéis.

aluviar *v t* (<aluvião+-ar^1) Cobrir [Encher] com aluvião. **Ex.** A cheia «do rio Tejo, *Pt*» aluviou [inundou(+)/alagou(o+)] os terrenos ribeirinhos [marginais].

alva *s f* (<alvo) **1** Primeira claridade da manhã/Aurora/Alvor. **Loc.** Ao romper da ~ [Ao amanhecer]. **Comb.** Estrela de ~ [da manhã/Planeta Vé[ê]nus]. **2** *Rel* Túnica branca usada pelos padres nos a(c)tos de culto. **Ex.** As ~s são geralmente de linho. **3** *Anat* Membrana branca do olho/Esclerótica.

alvacento, a *adj* (<alva+c+-ento) Esbranquiçado/Quase branco/Cinzento claro. **Comb.** *Dia* [Céu/Tempo] ~. *Cor* (do rosto) ~*a*.

alvacora *s f* ⇒ albacora.

alvadio, a *adj* (<alvo+d+-io) Alvacento(+)/Esbranquiçado.

alvado *s m* (<lat *álveus,i*: cavidade ou recipiente (sobre o comprido)) **1** Orifício [Buraco] onde entra o cabo de certas ferramentas/Aivado. **Comb.** O ~ da enxada. **2** Buraco por onde entram as abelhas no cortiço. ⇒ alvéolo.

alvaiade *s m* (<ár *al-baiád*: brancura) **1** *Quím* Pigmento branco constituído por carbonato de chumbo, tóxico, usado em pintura. **Comb.** ~ de chumbo. **2** *Med Quím* Óxido de zinco, branco, usado em farmácia e em pintura. **Loc.** Tratar feridas com ~ (de zinco).

alvar *adj 2g* (<alvo+-ar^2) **1** Esbranquiçado/Alvadio/Alvacento. **Comb.** Espinheiro ~. **2** *fig fam* Aparvalhado/Boçal/Estúpido. **Comb.** Sorriso [Ar/Expressão] ~.

alvará *s m* (<ár *al-baráâ*: carta, cédula) **1** *Dir* Documento oficial passado por autoridade competente que titula direitos ou situações individuais constituídas por a(c)to administrativo. **Ex.** Há ~s de concessão, de licença, de autorização, ... **2** *Br* Documento de autoridade judiciária [Mandado judicial] ou administrativa, ordenando/autorizando determinados a(c)tos. **3** *Hist* Antigo documento assinado pelo rei sobre assuntos de interesse público ou privado. **Comb.** ~ *de busca* [Autorização para os carcereiros procurarem os presos fugitivos]. ~ *de correr* [Salvo-conduto].

alvaraz *s m* (<ár *al-baras*: lepra) **1** *Med* Doença de pele caracterizada pelo aparecimento de manchas brancas/Lepra branca. **2** *Vet* Dermatose dos equídeos nas zonas em que não há pelos.

alvarenga *s f Br Náut* (<*antr* Alvarenga) Embarcação utilizada na carga e descarga de navios fundeados/Batelão(+).

alvarinho^1 *s m* (<alvar+-inho) **1** *Bot* Carvalho comum, *Quercus robur, L.*/Roble. **Ex.** O carvalho ~ é espontâneo em Portugal. **2** Casta de videira cultivada no Alto Minho (Portugal) e na Galiza (Espanha)/Vinho branco produzido com uvas dessa casta. **Ex.** O (vinho) ~ deve servir-se [beber-se] muito fresco.

alvarinho^2 *s m Vet* (<alvaraz+-inho) Varíola benigna que ataca o gado ovino e caprino.

alveário *s m Br* (<lat *alv(e)árium,ii*: cortiço de abelhas) ⇒ colmeia; enxame; favo.

alvedrio *s m* (<lat *arbítrium,ii*) Livre vontade/Arbítrio(+)/Moto próprio. **Ex.** Deixou a escolha do apartamento ao ~ do filho.

alveiro, a *adj/s m* (<alvo+-eiro) **1** De cor branca/Que é alvo. **Comb.** Pão ~. **2** Mó [Moinho] que só mói trigo [pão] branco. **Comb.** Mó ~a. **3** *s m* Marco [Pedra] branco/a ou caiado/a de branco. **Ex.** O ~ serviu-lhe de referência para localizar a propriedade dos avós.

alvejante *adj 2g* (<alvejar+-ante) **1** Que alveja/branqueia/Branqueador(+). **Comb.** Produto [Detergente] ~. **2** Que tem cor branca/Que é alvo. **Ex.** Ao longe descortinava-se [via-se] o casario ~ no alto do monte.

alvejar *v t/int* (<alvo+-ejar) **1** Tornar(-se) branco/alvo/Branquear. **Ex.** Quando lhe disseram que o filho tinha sido atropelado, alvejou-se-lhe o rosto [empalideceu] e caiu desfalecida no sofá. **2** A aurora (começar a) despontar/Clarear/Amanhecer. **Ex.** Ainda não alvejava [não tinha amanhecido] e já ele tinha percorrido mais de uma légua. **3** Tomar como alvo **4**/ponto de mira. **Ex.** Do terraço da casa alvejava [via] todas as entradas da povoação. **4** Acertar com um tiro/Atingir. **Ex.** A polícia alvejou [acertou em/atingiu] um dos assaltantes.

alvéloa *s f Ornit* (<lat *aldíbulus,a,um* dim de *álbidus*: esbranquiçado <*álbus*) Pequeno pássaro de cauda comprida, dorso e garganta pretos, barriga e faces brancas/Boieira/Lavandeira/Lavandisca; *Motacilla alba*. **Ex.** As ~s seguiam atrás do arado [tra(c)tor], à procura de inse(c)tos na terra lavrada.

alvenaria *s f* (<ár *al-banná*: pedreiro+-aria) **1** Profissão [Arte] de pedreiro. **Comb.** Operário de ~. **2** (Arte de) construção com pedra e cal. **Ex.** A ~ foi substituída quase totalmente por tijolo e cimento ou por blocos. Muro [Casa] em [de] ~.

alvéola *s f Ornit* ⇒ alvéloa.

alveolado, a *adj* (<alvéolo+-ado) Com alvéolos. **Comb.** Estrutura ~a.

alveolar *adj 2g/s f* (<alvéolo+-ar^2) **1** Relativo [Semelhante] a alvéolo. **Comb.** *Cavidade* ~. *Contorno* ~. *Som* ~. **2** *s f Fon* Consoante que se articula com a ponta da língua encostada à base dos dentes incisivos superiores. **Ex.** O *l* (Éle) do lápis é uma ~.

alvéolo *s m* (<lat *alvéolus,i* dim de *álveus,i*: bacia; ⇒ alvado) **1** Cavidade pequena. **Comb.** ~*s quadrados* [redondos/hexagonais]. ~ *dentário* [Cavidade do maxilar onde se insere o dente]. ~ *pulmonar* [Cavidade terminal dos pulmões]. **2** Célula de cera, de formato (rigorosamente) hexagonal, constituinte do favo das abelhas. **Ex.** Os ~s servem para deposição dos ovos da abelha mestra ou rainha e armazenamento do mel. **Comb.** ~ *real* [em forma de dedo de luva, onde se desenvolve a futura abelha mestra].

alverca *s f* (<ár *al-birkâ*: lago, tanque) **1** Pequeno tanque onde cai a água da nora que extravasa da caleira. **2** Terreno pantanoso/Paul.

alvião *s m* (< ?) Ferramenta agrícola dupla, que faz de enxada ou picareta de um lado e de machado do outro. **Ex.** O ~ é muito utilizado para arrancar manualmente raízes de árvores de grande porte «pinheiro/castanheiro».

alvinitente adj 2g (<alvo+...) De cor branca e brilhante. **Comb. Toalhas** (de linho) ~s. **Roupa** [Lençóis] ~e/es.

alvissarar v t (<alvíssaras+-ar¹) **1** Dar uma notícia para receber alvíssaras. **2** ⇒ encontrar/descobrir.

alvíssaras s f pl/interj (<ár al-bixrá) **1** Recompensa dada [oferecida] a quem traz boas notícias ou presta um serviço. **Ex.** Dão-se ~ a quem encontrar um gat(inh)o siamês que se perdeu! **2** interj Exclamação que exprime alegria por uma boa notícia ou acontecimento agradável. **Ex.** ~, capitão! Já vemos terra!

alvissareiro, a adj/s (<alvíssaras+-eiro) **1** (O) que dá [leva] boas notícias/prenuncia acontecimento agradável. **Ex.** O jovem pai quis ser o ~ para toda a família do nascimento do filho. Primavera chuvosa é ~a de colheitas abundantes. **2** (O) que dá [pede] alvíssaras [a recompensa prometida]. **Ex.** Com a cadela ao colo, o ~ apressou-se a entregá-la ao dono para receber as prometidas alvíssaras [a paga/recompensa] por a haver encontrado. O ~ ficou tão feliz que dobrou [duplicou] a recompensa prometida.

alvitrador, ra adj/s (<alvitrar+-dor) (O) que alvitra. **Ex.** Não faltam ~es de soluções para os problemas alheios; o que falta é quem verdadeiramente os resolva. **Comb.** Gesto [Palavra] ~or/ora.

alvitrar v t (<alvitre+-ar¹) Propor soluções/Sugerir/Aconselhar/Lembrar. **Ex.** Alvitrou-lhe que podia pedir um empréstimo ao Banco. O olhar reprovador da mãe alvitrou[lembrou]-lhe que dev(e)ria mudar de assunto.

alvitre s m (<lat arbítrium,ii: testemunho, julgamento, arbítrio) Opinião/Conselho/Sugestão/Proposta. **Ex.** Se seguisse os teus [seus] ~s, iron estava bem arranjado [tinha sido mal sucedido]; teria perdido o emprego! É um bom ~ [uma boa sugestão/solução], vou experimentar.

alvo, a adj/s (<lat álbus,a,um: ⇒ alva) **1** De cor branca/Claro. **Comb. Cabelo(s) ~(s)** [Cã/Cãs(+)]. **Pão ~**/branco(+) (Ant. Integral). **2** fig Puro/Cândido/Inocente. **Comb. Coração ~** [puro(+)]. **Olhar ~** [inocente(+)/cândido(o+)]. **3** s m Cor branca/Brancura. **Idi. Pôr os olhos em ~** [Revirar os olhos de forma a aparecer só a parte branca, em atitude de (falsa) piedade]. **4** s m Obje(c)to [Ponto] que se pretende atingir/Mira. **Loc.** Errar o [Não acertar no] ~. **Comb. ~ militar** [O que se quer atacar/bombardear]. **Tiro ao ~. 5** s f A parte branca do olho/Alva **3**/Esclerótica. **6** Ponto de convergência/Centro de interesse. **Ex.** O ar provocante da rapariga [moça] tornava-a ~ de todos os olhares. O autarca demitiu-se porque foi ~ [obje(c)to] de acusações graves. **7** Obje(c)tivo/Meta. **Ex.** O ~ dele era a carreira diplomática. Jogar na sele(c)ção [equipa/e/no time] nacional era o seu ~.

alvor s m (<lat álbor,óris: brancura, alvura) **1** O amanhecer [romper do dia]/Alva/Aurora/Claridade. **Ex.** Morava longe. Tinha que sair de casa para o emprego no ~ da manhã. **2** fig Começo/Princípio. **Ex.** Ainda estamos nos ~es do séc. XXI. No ~ da nacionalidade «portuguesa: 1140». **Comb.** Os ~es do cristianismo. **3** fig Brancura/Alvura/Fulgor(+)/Brilho(+). **Ex.** Fiquei ofuscado [encandeado] pelo ~ do sol. **Comb.** O ~ da neve.

alvorada s f (<alvor+-ada) **1** Claridade que antecede o amanhecer/Crepúsculo matutino/Madrugada. **Ex.** Pelas frinchas [frestas/fendas] da janela já se notava a té[ê]-nue claridade da ~. **2** Toque de corneta [Sinal musical] para acordar/levantar. **Ex.** A ~ é às 7 horas. **Comb.** Toque de ~ no quartel. **3** fig Primeiros tempos/Início da vida/Juventude/Alvor **3**. **Comb.** A ~ da vida.

alvorar¹ v int (<alvor+-ar¹) **1** Alvorecer/Amanhecer(+). **Loc.** O dia ~. **2** Começar a aparecer/Iniciar. **Ex.** Já começam a ~ [aparecer(+)/notar-se(o+)] os primeiros sinais de vida do doente que estava em coma.

alvorar² v int (<arvorar; ⇒ alvoroçar) **1** Empinar(-se) «o cavalo»/Levantar(-se)/Arvorar. **Ex.** Passou aqui, todo alvorado [, a correr/desorientado], não sei para onde ia/foi! **2** Desarvorar/Ir-se embora/Fugir. **Loc.** ~ [Desarvorar(+)/Sair à pressa] (pela) porta fora.

alvorecer v int/s m (<alvor+-ecer) **1** Raiar do dia/Começar a amanhecer. **Ex.** Levanta-te que são horas; já o dia alvorece! **2** fig Surgir o primeiro sinal [sintoma]/Começar a manifestar-se/Despontar. **Ex.** O gosto dele pela música começou a ~ quando ainda era criança. **3** s m O amanhecer [romper do dia]. **Ex.** Na primavera, ao ~ já se ouvem os pássaros a chilrear. **4** fig Início/Começo. **Ex.** Desde cedo se revelou poeta, mas o ~ para a pintura foi bastante tardio.

alvoroçado, a adj (<alvoroçar+-ado) **1** Inquieto/Sobressaltado/Assustado. **Ex.** Que aconteceu, que vens [que te vejo] tão ~o/a? **2** Amotinado/Sublevado. **Ex.** A polícia teve que [de] usar a força para conter [dominar] os presos ~s [amotinados(+)]. **3** Muito alegre/Entusiasmado. **Ex.** Ficou ~o/a com a notícia da aprovação no exame; gritou e saltou de alegria!

alvoroçador, a adj/s (<alvoroçar+-dor) (O) que causa alvoroço.

alvoroçamento s m (<alvoroçar+-mento) A(c)to de alvoroçar/Alvoroço. **Ex.** Grande ~ [alvoroço(+)] vai naquela casa; toda a gente grita!

alvoroçante adj 2g (<alvoroçar+-ante) Que causa [provoca] alvoroço. **Comb. Atitude** [Comportamento]~/idi que deu brado(+). **Notícia ~.**

alvoroçar v t/int (<alvoroço+-ar¹) **1** Causar alvoroço/inquietação/sobressalto. **Ex.** Estavam alvoroçados com a demora do filho, temendo que tivesse acontecido algum desastre. **2** Pôr em alvoroço/Agitar/Excitar. **Ex.** Um aluno mal comportado é suficiente para ~ [perturbar] toda a turma. Ouvia-se ao longe o cacarejar da capoeira alvoroçada. **3** Entusiasmar/Animar. **Ex.** A vitória do clube alvoroçou os adeptos, que saíram para a rua a festejar. **4** Provocar a revolta/desordem/Amotinar. **Ex.** A violência do guarda alvoroçou os presos.

alvoroço (Rô) s m (<ár al-burûz: sair com gritos de alegria a receber alguém) **1** Agitação/Inquietação/Sobressalto. **Ex.** A notícia do desaparecimento duma criança causou grande ~ na cidade. **2** Manifestação ruidosa de alegria/Entusiasmo/Animação. **Ex.** Os campeões foram recebidos pela multidão com grande ~. **3** Ruído/Barulho/Confusão. **Ex.** Quando a dona entrava com o saco do milho, era enorme o ~ das galinhas e dos perus na capoeira. Assomou [Chegou] à janela tentando descobrir a causa de tamanho ~ que se ouvia na rua. **4** Motim/Desordem/Tumulto. **Ex.** Gerou-se grande ~ nas bancadas entre as claques [torcidas] rivais. **5** Pressa/Confusão. **Ex.** As pessoas, em ~, corriam para não perder o último comboio/trem.

alvura s f (<alvo+-ura) **1** Qualidade do que é branco/Brancura. **Comb.** A ~ [brancura(+)] da roupa/dos lençóis. **2** fig Candura/Inocência/Pureza. **Comb.** A ~ [candura(o+)/inocência(+)] da alma das crianças.

ama s f (<lat infan amma: mãe; ⇒ ~ de leite; ~-seca) **1** Mulher que cria uma criança alheia. **2** Mulher que toma conta de crianças/Babá. **3** ⇒ aia. **4** Dona/Patroa/Senhora. ⇒ amo. **5** ⇒ governanta.

-ama suf sing f (<românico-lusitano) Exprime a ideia de quantidade ou de conjunto (Ex. Mour~). ⇒ -ame.

amábil adj 2g Poe ⇒ amável.

amabile adj 2g Mús (<it amabile) Andamento musical suave.

amabilidade s f (<lat amabílitas,átis) **1** Qualidade de ser amável/Delicadeza/Afabilidade. **Ex.** É um indivíduo muito afável, todo ele se desfaz em ~s. **Ant.** Brutalidade; rudeza. **2** Palavra ou gesto que revela ~/Favor. **Ex.** Jamais poderei agradecer-lhe a ~ demonstrada. **Ant.** Grosseria.

amabilíssimo, a adj (<lat amábilis+-íssimo) Muito amável.

amacacado, a adj (<amacacar+-ado) **1** Como macaco. **Ex.** O miúdo tem atitudes ~as. Os gestos ~s fazem rir os outros. É um rapaz tão ~ que ninguém consegue falar a sério com ele. **2** Fig ⇒ copiado/imitado. **3** Fig ⇒ tolo/apatetado/ridículo.

amacacar v t (<a¹-+macaco+-ar¹) **1** Tornar(-se) semelhante a macaco. **2** Fig Escarnecer/Ridicularizar. **3** Fazer palhaçadas. **4** Br Macaquear(+)/Imitar.

amaçarocar v t/int (<a¹-+maçaroca+-ar¹) **1** «o milho» Criar/Ganhar maçaroca. **2** Dar a forma ou aparência de maçaroca. **Ex.** O pão ficou amaçarocado/compacto.

amachonar v int br (<a¹-+machona+-ar¹) **1** Ficar estéril. **2** Ado(p)tar atitudes masculinas.

amachucadela s f (amachucar+-dela) **1** A(c)to ou efeito de amachucar. **Sin.** Amolgadela. **2** pop ⇒ sova.

amachucar v t/int (<a⁴-+machucar) **1** Achatar «o chapéu»»/Amarfanhar «os vestidos»/Amolgar «o carro». **2** Fig Ofender/Melindrar/Machucar(+). **Ex.** Ficou (a)machucado com a repreensão.

amaciador, ora adj/s m (<amaciar+-dor) (O) que torna macio/sedoso. **Ex.** Um ~ para as mãos [o cabelo/a roupa].

amaciamento s m (<amaciar+-mento) **1** A(c)to ou efeito de amaciar «o inimigo/cabelo». **2** A(c)ção de abrandar/acalmar/amenizar. **Ex.** Com o ~ do tempo os idosos têm passado melhor de saúde. **3** Br Rodagem do carro novo.

amaciante s m/adj 2g Br (<amaciar+-ante) ⇒ amaciador.

amaciar v t/int (<a¹-+macio+-ar¹) **1** Tornar macio «a pele/o cabelo». **2** «o frio/tempo» Abrandar/Suavizar. **3** Bombardear um pouco «o inimigo»/Amansar/Domesticar. **4** Br Fazer a rodagem do carro novo.

amadeirar v t (<a¹-+madeira+-ar¹) **1** Dar aspe(c)to de madeira. **2** Guarnecer de madeira. **Sin.** Emadeirar.

ama de leite s f (<ama+...; pl amas de leite) Mulher que amamenta criança que não é sua.

amado, a adj/s (<amar+-ado) Querido/Estimado. **Comb.** O meu ~ [A minha ~a]. Pessoa ~a. **Ant.** Odiado.

amador, ora adj/s (<lat amátor,óris) **1** (O) que ama/Amante. **2** ⇒ Namorado. **3** Aquele que se dedica a uma arte, desporto [esporte] ou ofício, por gosto e não por dinheiro. **Comb. Artistas amadores. Cinema ~. Teatro ~. Sin.** Apreciador; entusiasta. **4** depr (O) que revela falta de profissionalismo/rigor. **Ex.** Isso parece um [não passa dum] trabalho de ~. **Sin.** Curioso. **Ant.** Profissional.

amadorismo s m (<amador+-ismo) **1** Estado do que pratica «té[ê]nis» [faz «cinema»] como amador. **Sin.** Gosto; prazer; distra(c)ção. **2** depr Falta de profissionalismo.

amadrinhar v tr (<a¹-+madrinha+-ar¹) **1** Servir de/Ser madrinha. **2** Emparelhar, amansar ou ensinar animal não domado com um [com outro animal] manso.

amaduramento s m ⇒ amadurecimento.

amadurar v t/int (<a¹-+maduro+-ar¹) **1** «a fruta» Amadurecer. **2** fig «plano» Ser pensado.

amadurecer v t/int (<a¹-+maduro+-ecer) **1** «o figo» Ficar maduro. **2** Med «tumor» Atingir o grau de supuração. **3** Fig Ponderar «o proje(c)to». **4** Fig «o jovem» Ganhar experiência/discernimento/sensatez. **Sin.** Aperfeiçoar(-se).

amadurecimento s m (<amadurecer+-mento) **1** Maturação. **Comb.** O ~ da fruta na árvore. **2** Fig Aperfeiçoamento «de um plano/do jovem». **3** Fig Ponderação «da ideia/proposta».

amadurecido, a adj (<amadurecer+-ido) **1** «figo» Maduro. **2** Fig «jovem» Sensato/Experiente/Ajuizado/Vivido. **3** Fig «plano» Ponderado/Refle(c)tido.

âmago s m (<lat a(b)+magis immo: do mais fundo) **1** A parte mais interior/íntima/profunda. **Ex.** Senti-me atingido [ferido] no meu ~ [no mais íntimo da alma]. **2** Cerne/Medula/Centro/Essência/Fulcro. **Ex.** O ~ da árvore está podre. **Comb.** O ~ da cidade. O ~ da questão.

âmago-furado s m Bot Doença da planta do tabaco.

amagotar v t (<a¹-+magote+-ar¹) Dispor em magotes.

amainar v t/int (<esp amainar) **1** Náut Colher as velas. **2** Abrandar/Acalmar/Diminuir/Serenar. **Ex.** A tempestade amainou. A fúria dele amainou.

amaldiçoado, a adj (<amaldiçoar+-ado) ⇒ maldito.

amaldiçoar v t (<a¹-+maldição+-ar¹) **1** Lançar maldição/Praguejar. **Ant.** Abençoar. **2** Maldizer. **Loc.** ~ o seu destino [a sua (má) sorte].

amaleitado, a adj (<a¹-+maleita+-ado) **1** Que sofre de maleita/malária. **2** ⇒ achacado/adoentado.

amálgama s 2g (<ár al-madjmaha: fusão) **1** Quím Liga de mercúrio com metal ou metais «para obturar dentes». **2** Miner Mineral manométrico constituído por mercúrio e prata. **3** Fig Conjunto de coisas várias. **Ex.** O espe(c)táculo foi uma excelente ~ de formas e sons. **4** Fig Confusão/Miscelânea. **Ex.** Após o desastre o carro era uma ~ de vidros e ferros retorcidos.

amalgamação s f (<amalgamar+-ção) **1** Quím Formação de uma liga com mercúrio. **2** Extra(c)ção «do ouro» por intermédio de mercúrio. **3** Cobertura de pilhas elé(c)tricas com camada de mercúrio. **4** ⇒ mistura.

amalgamar v t (<amálgama+-ar¹) **1** Juntar/Ligar/Misturar. **Ex.** No Brasil, o índio e o branco amalgamaram-se, originando [e deu] o mameluco. **2** Fazer amálgama ou amalgamação.

amalhadeira s f (<amalhar¹+-eira) Rede para amalhar peixes.

amalhar¹ v t (<a¹-+malha+-ar¹) Prender nas malhas/Enredar «os peixes/a raposa».

amalhar² v t (<a¹-+malhada) **1** Encurralar o gado/Entrar na malhada. **2** ~-se/Abrigar-se(+). **Loc.** ~-se da chuva. **3** Fig Conduzir ao bom caminho «o jovem drogado».

amalucado, a adj (<amalucar+-ado) (Meio) maluco. **Ex.** Cuidado, que ele é (um tipo) ~. **Sin.** Estouvado; perigoso.

amalucar v t int (<a¹-+maluco+-ar¹) (Fazer) perder o juízo.

amame adj 2g (< ?) «cavalo» Malhado de preto e branco.

amamentação s f (<amamentar+-ção) Aleitação. ⇒ lactação.

amamentador, ora adj/s (<amamentar+-dor) (O/A) que amamenta.

amamentar v t (<a¹-+mama+-entar) **1** Dar de mamar «ao filho». **2** Fig ⇒ alimentar.

amancebado, a adj (<amancebar+-ado) Que vive maritalmente sem ser casado/Amigado.

amancebamento s m (<amancebar+-mento) (Estado de) mancebia(+)/Concubinato.

amancebar-se v int (<a¹-+mancebo+-ar¹) Viver maritalmente sem ser casado. **Sin.** Amantizar-se; juntar-se; amigar-se.

amaneirado, a adj (<amaneirar+-ado) Que é exagerado/rebuscado nos a(c)tos ou nas atitudes. **Ex.** O andar ~ não ia bem com a sua figura. **Comb.** A decoração ~a. O estilo ~ (⇒ maneirismo). **Sin.** Afe(c)tado/Artificial/Presumido. **Ant.** Espontâneo/Natural/Simples/Singelo.

amaneirar v t (<a¹-+maneiras+-ar¹) **1** Tornar afe(c)tado/artificial. **2** Adaptar/Acomodar «o drama ao gosto da época». **3** ~-se «aos hábitos da nova terra»/Adaptar-se(+).

amanequinar v t (<a¹-+manequim+-ar¹) **1** Copiar de ou imitar o manequim. **2** Esculpir, desenhar ou pintar sem arte. **Sin.** Amaneirar; copiar(+).

amanhã adv/s m (<à+manhã) **1** No dia seguinte. **Ex.** ~ não irei [não vou(+)] trabalhar. **Idi.** ~ será outro dia [Não é preciso [vale a pena] preocupar-se]. «despedindo-se» Até ~! **Comb.** ~ à noite. ~ à [de] tarde. ~ de manhã. De ~ a oito (dias). Depois de ~. **2** Fig Depois/Futuramente/Mais tarde/No futuro. **Ex.** Queria para o filho um ~ seguro. ~ sofrerás as consequências da tua vida desregrada. Os homens de ~ [Os vindouros]. **Prov.** Não deixes para ~ o que podes fazer hoje [Não deve adiar o (trabalho) que se tem para fazer/Trabalho feito não mete pressa]. **Comb.** De hoje para ~ «posso terminar o trabalho». «ninguém sabe o que será [nos trará]» O (dia de) ~ [O futuro].

amanhação s f (<amanhar+-ção) ⇒ amanho.

amanhado, a adj (<amanhar+-ado) **1** Que foi arranjado ou preparado. **Ex.** Depois do peixe ~, pô-lo a assar no forno. **2** pop Acomodado/Ajeitado/Concertado. **Ex.** Ela já está ~a com outro noivo. **3** Agr Cultivado. **Ex.** O campo já estava ~. As terras ~as apenas esperavam o sol. **4** fam Estar em situação difícil. **Ex.** Se passasse um cheque sem cobertura, iron estava bem ~! **5** pop Ataviado/Composto/Enfeitado/Vestido. **Ex.** Vestido ~ com uma orquídea. O noivo ia todo [bem] ~! **Comb.** Fato feio [desajeitado/mal-~].

amanhar v t (<a¹-+manha+-ar¹; ⇒ amanho) **1** Arranjar/Preparar. **Ex.** Ela não sabe ~ o peixe. **2** pop Ajeitar/Ataviar/Enfeitar. **Ex.** Saiu de casa sem ~ o cabelo [sem se pentear]. **3** Consertar/Reparar. **Ex.** As torneiras estão (ainda) por ~ [não estão consertadas]. **4** Cultivar/Lavrar. **Loc.** ~ muitos hectares de terra. **5** ~-se/Sair-se bem/Ajeitar-se/Governar-se. **Ex.** Não preciso que me dês mais dinheiro, eu cá me amanho. Enquanto foi ministro amanhou-se muito bem. Cada qual (que) se amanhe (como puder)! **6** Entender-se/Harmonizar-se. **Ex.** Eles, que são irmãos, que se amanhem!

amanhecer v int/s m (<a¹-+manhã+-ecer) **1** Raiar a manhã/Romper o dia/Começar a ser dia. **Ex.** No inverno amanhece tarde. **2** Começo/Início/Princípio/Alvorecer (do dia). **Comb.** O ~ da civilização. **Ant.** O anoitecer.

amanho s m (<amanhar) **1** Arranjo/Conserto/Preparo. **Comb.** ~ da casa [dos quartos]. ~ do peixe. **2** Cultivo/Lavoura. **Comb.** ~ da terra. **3** ⇒ alfaia/ferramenta/utensílio.

amaninhar v t (<a¹-+maninho+-ar¹) Tornar ou ficar improdutivo.

amansado, a adj (<amansar+-ado) Domado/Domesticado. **Ex.** O touro foi ~.

amansador, ora s (<amansar+-dor) ⇒ domador/domesticador.

amansamento s m (<amansar+-mento) **1** A(c)to de amansar. **2** Br Preparação dos seringais, antes da colheita do látice/látex.

amansar v t (<a¹-+manso+-ar¹) **1** Domesticar. **Loc.** ~ o touro [cavalo «potro»]. **2** Aplacar/Suavizar. **Loc.** ~ os ódios da multidão. ~ os sapatos novos. **3** ~-se. **Ex.** A tempestade [O vento] amansou-se. **Sin.** Apaziguar-se; amainar(+); serenar(+); tranquilizar-se(o+). **4** ⇒ mitigar «a fome/dor».

amantar v t (<a¹-+manta+-ar¹) Cobrir com manta.

amante¹ adj/s 2g (<lat ámans,ántis) **1** (O/A) que ama/Enamorado. **Ex.** Olhava com doçura o terno [a terna] ~. **Comb.** Homem muito ~ da (sua) família. **2** Amador/Apaixonado/Apreciador. **Ex.** Ele era um ~ da caça e da boa mesa [Gostava de caçar e de comer bem]. Os ~s dos livros são frequentadores dos alfarrabistas. **3** Amásio/a. **Ex.** Era casado mas (man)tinha uma ~/amásia há vários anos.

amante² s m Náut (<gr himas,ántos: correia) Cabo grosso para içar ou arriar. **Comb.** ~ da bolina [ostaga/do gurupés].

amanteigado, a adj (<amanteigar+-ado) **1** De consistência/sabor de manteiga. **Ex.** O queijo era tão ~ que quase se derretia. **Comb.** Bolo [Biscoitos] ~(s). **2** fig Brando/Macio/Mole/Terno. **Ex.** Tentou convencê-la com falinhas ~as [meigas(+)].

amanteigar v t (<a¹-+manteiga+-ar¹) **1** Dar aspe(c)to ou sabor de (muita) manteiga. **2** Barrar «a torrada» com [Br Pôr/Colocar] manteiga(+). **3** fig Abrandar(+). **Loc.** ~ o coração. ~ a opinião pública. **4** fam Dar/Passar manteiga(+)/Lisonjear/Adular.

amantelar v t <(a¹-+mantel+-ar¹) Cercar com muralhas/Fortificar.

amantético, a adj (<amante+patético) **1** Apaixonado de forma exagerada. **2** Que é grotesco ou ridículo nas manifestações amorosas.

amantilhar¹ v t (<a¹-+mantilha+-ar¹) **1** Envolver «o bebé/ê» com mantilha. **2** Br ⇒ amancebar-se.

amantilhar² v t Náut (<a¹-+amantilho+-ar¹) Endireitar as vergas da embarcação com amantilhos.

amantilho s m Náut (<esp amantillo) Cabo para endireitar as vergas na horizontal.

amantizar-se v t (<amante+-izar) Amancebar-se.

amanuense s 2g (<lat amanuensis) **1** Hist Escravo romano, escriba do seu amo. **2** O que escreve à mão/Copista. **3** Funcionário de secretaria/Escriturário(+).

amar v t (<lat amo,áre,átum) **1** Sentir amor/Querer bem/Gostar/Adorar. **Ex.** Há gente que não se ama a si mesma. **Loc.** ~ a Deus e (a)o próximo. ~ o seu país [a sua família]. **Ant.** Odiar. **2** Venerar/Apreciar/Estimar. **Ex.** O povo ama a paz e a liberdade. **Loc.** ~ a [Gostar da] solidão. **3** Estar apaixonado/enamorado. **Ex.** Muito padece quem ama! **4** ~-se/Ter relações sexuais. **Ex.** Amaram-se como se fosse a primeira vez.

amarado, a *adj* (<amarar+-ado) **1** «barco» Afastado da costa. **2** «hidr(o)avião» Pousado na água. **3** ⇒ inundado.

amaragem *s f* (<amarar+-agem) A(c)ção de «a nave espacial/o hidr(o)avião» pousar na água. ⇒ aterragem; alunagem.

amarantino *adj* (<amaranto+-ino) Semelhante ao amaranto/Purpurino/Vermelho.

amarantáceo, a *adj Bot* (<amaranto+-áceo) **Ex**. A(s) crista(s)-de-galo e a(s) sempre-viva(s) pertencem à família das ~as.

amaranto *s m* (<gr *amarántos*: que não murcha) **1** *Bot* Crista-de-galo. **2** Cor vermelho-escuro.

amarar *v t/int* (<a¹-+mar+-ar¹) **1** Fazer-se ao mar. **2** Pousar na água. ⇒ amaragem. **3** ⇒ inundar(-se). **4** *fig* Encher-se de lágrimas.

amarasmar *v int* (<a¹-+marasmo+-ar¹) Cair em marasmo ou apatia.

amarela *s f* (<amarelo) **1** *pop* Moeda de ouro. **Idi**. *Ver-se nelas/nas ~s* [Ver-se em apuros]. **2** *fam* Gema(+) do ovo.

amarelado, a *adj* (<amarelar+-ado) «tecido» A puxar para o amarelo/«rosto» Um tanto pálido.

amarelar *v int* (<amarelo+-ar¹) **1** Ficar amarelo. **Ex**. Estas maçãs já estão a ~/amadurecer. **Sin**. Amarelecer(+). **2** ⇒ amadurecer.

amarelecer *v int* (<amarelo+-ecer) **1** «seara/trigal» Ficar amarelo. **2** ⇒ empalidecer. **3** ⇒ amadurecer.

amarelecimento *s m* (<amarelecer+-mento) **1** A(c)to ou efeito de amarelecer. **Ex**. O ~ do papel foi causado pela (h)umidade [luz] da sala. O ~ das folhas das árvores dá-se no outono. **2** *Agr* Doença do trigo provocada pelo excesso de água nas raízes. **Ex**. Este inverno chuvoso provocou o ~ de bastantes trigais.

amarelejar *v int* (<amarelo+-ejar) Amarelar. **Ex**. Campos solitários, onde o restolho amarelejava.

amarelento, a *adj* ⇒ amarelado.

amarelidão *s f* (<amarelo+-idão) **1** Coloração amarela. **Ex**. A mansa ~ do azeite a alastrar no prato. **2** *pop* ⇒ palidez.

amarelinha *s f* (<amarelo+-inho) **1** *Br* Jogo da macaca. **2** *pop* Nome de várias plantas, animais, etc.

amarelo, a *adj/s* (<lat *amarellus*<*amarus*: humor amargo da bílis) Cor do ouro e da gema do ovo. **Ex**. Eu gosto (muito) do ~ [da cor ~a]. **Idi**. *Metal ~* [Ouro]. *Riso ~* [escarninho/forçado]. **Comb**. *~-canário* [-claro].

amarfanhado, a *adj* (<amarfanhar+-ado) **1** «casaco» Amarrotado/«camisa» Com muitos vincos. **Ant**. Liso. **2** *fig* Abatido/Humilhado/Vexado. **Ex**. Ficou completamente ~ com a repriménda do dire(c)tor.

amarfanhar *v t* (< ?) **1** Amachucar/Amarrotar. **Loc**. *~* [Enrugar] *a camisa*. «zangado» *~ a (folha da) carta*. **2** *fig* Humilhar/Maltratar/Vexar. ⇒ amarfanhado **2**.

amarfinado, a *adj* (<a¹-+marfim+-ado) De cor de marfim/Ebúrneo.

amargado, a *adj* (<amargar+-ado) **1** ⇒ amargo. **2** *fig* Com azedume/Aborrecido/Amargurado/Ressentido/Triste.

amargamente *adv* (<amargo+-mente) Penosamente/Sofridamente. **Ex**. Vivia ~ a vida. **Loc**. *Chorar ~/muito*. *Queixar-se ~/muito* e com razão. **Ant**. Alegremente.

amargar *v t/int* (<amargo+-ar¹) **1** Ter sabor amargo. **Ex**. A fruta verde amarga. **2** *fig* Sentir ou causar desgosto/Sofrer. **Ex**. A vida com esta sogra é de ~ ! Tenho de ~ [suportar] as saudades da família. As loucuras do filho amargaram os pais.

amargo, a *adj/s m* (<lat *amáricus*<*amarus*) **1** (Com) sabor adstringente/acre/azedo. **Ex**. Doutor, sinto um ~ na boca. O café está ~. **Comb**. *O gosto ~ do remédio*. [boas mas duras]. **2** *fig* Custoso/Desagradável/Difícil/Penoso. **Idi**. *Amargos de boca* [Desagrados/Dissabores]. *O gosto ~ da derrota*. *Verdades ~as*. **3** *fig* Áspero/Duro/Cruel. **Ex**. Não sei porquê, ele está sendo [a ser] (muito) ~ comigo [para mim]. **4** *s br* ⇒ chimarrão.

amargor *s m* (<amargo+-or) **1** Sabor acre/azedo. **2** *fig* Aflição/Angústia/Desgosto.

amargoso, a *adj* (<amargo+-oso) ⇒ amargo.

amargura *s f* (<amargo+-ura) **1** Acrimó[ô]nia/Azedume. **2** *fig* Angústia/Dissabor/Sofrimento. **Idi**. *Cálice da ~* [Grande sofrimento que «como o cálice da Paixão de Jesus» é preciso aceitar]. *Andar [Estar] pelas ruas da ~* [Estar em muito má situação financeira ou moral]. **3** ⇒ amargo(r).

amargurado, a *adj* (<amargurar+-ado) Angustiado/Atormentado. **Ex**. Sentia-se ~ com a situação. **Loc**. Viver ~.

amargurar *v t* (<amargura+-ar¹) Causar desgosto/sofrimento/Afligir/Angustiar. **Ex**. A falta de recursos amargurava o pobre homem.

amaricado, a *adj* (<amaricar+-ado) Efeminado(+). **Ex**. O rapaz tinha uma voz tão fina e ~a que se confundia com a da irmã.

amaricar *v t* (<a¹-+maricas+-ar¹) **1** «o mimo demasiado» Efeminar «o miúdo». **2** *~-se/* Efeminar-se «depois de velho».

amarilidáceo, a *adj* (<amarílide+-áceo) Relativo às (plantas) amarilidáceas.

amarílide [amarílis] *s f Bot* (<lat *Amaryllis,idis*: nome de pastora grega citado em Virgílio) Planta ornamental (e a sua flor)/Beladona-bastarda. **Comb**. Amarílides [Amarílis] vermelhas raiadas de branco. ⇒ açucena; lírio.

amarinhar *v t/int* (<a¹-+marinha+-ar¹) **1** Prover de marinheiros/Equipar «o navio». **2** Comandar/Tripular «o navio». **3** *~-se/* Acostumar-se ao mar. **4** Alistar-se como marinheiro. **5** *fam* Ficar furioso/Irritar-se. **Ex**. Quando o acusaram de mentiroso amarinhou [*idi* subiu] pelas paredes acima.

amaríssimo [amarguíssimo] *adj* (<amargo+-íssimo) Muito amargo. **Comb**. Dor ~a.

amarotado, a *adj* (<amarotar+-ado) Meio maroto/malandro/malicioso/travesso.

amarotar-se *v int* (<a¹-+maroto+-ar¹) Tornar-se maroto.

amarra *s f* (<amarrar) **1** Corda/Correia para prender. **Ex**. Soltou-se das ~s com que os ladrões o tinham prendido. **2** *Náut* Corrente que prende o navio à âncora/Cabo que o prende ao cais. **Ex**. Ao lançar a âncora, a ~ quebrou. **3** *fig* Apoio/Prote(c)ção/Segurança. **Loc**. Ter boas ~s. **4** *~s*/Prisão. **Ex**. Só conseguiu singrar na vida quando cortou as [se libertou das] ~s da droga.

amarração *s f* (<amarrar+-ção) **1** A(c)to/Efeito de amarrar/prender. **2** *Náut* Conjunto de amarras, boias e âncoras. **3** ⇒ ancoradouro. **4** Processo de construção que garante estabilidade e coesão ao edifício. **5** *Br* Intensa ligação amorosa.

amarrado, a *adj* (<amarrar+-ado) **1** Atado/Ligado. **Ex**. Encontraram as vítimas ~as às árvores. **2** *Br* ⇒ feixe; embrulho. **3** *fig* Agarrado a uma ideia/compromisso/obrigação/Aferrado/Preso. **Ex**. Vivia ~ aos seus preconceitos. **4** *Br* ⇒ apaixonado. **5** *Br* ⇒ carrancudo; acanhado.

amarrar *v t* (<hol *aenmarren*: atar) **1** Prender com amarra/Acorrentar. **Loc**. *~ os cabelos* com um fio [uma fita]. *~ um lenço* [uma fita/uma toalhinha] na cabeça. *~ a perna ferida* com um lenço [pano]. **2** *Náut* Atracar/Fundear. **3** *~-se*/Agarrar-se/Fixar-se/ Ligar-se/Unir-se. **Ex**. Amarrara-se ao compromisso de um noivado sem amor. **Loc**. *~-se aos negócios* [à política] para sempre. ⇒ amarrado **3**. **Ant**. Des~; desatar. **4** *Br ~-se*/Apaixonar-se. **Ex**. Namorou muitos rapazes mas nunca se amarrou a nenhum deles. **5** *Br* Calar-se/Aborrecer-se/Amuar. **Idi**. *~ o bode/burro* [Ficar sério/irritado/mal-humorado]. **6** *Br* ⇒ impedir; estorvar.

amarrecado, a (Rrèca) *adj* (<a¹-+marreco+-ado) Meio corcunda/marreco.

amarrecar (Rré) *v t/int* (<a¹-+marreco+-ar¹) Ficar marreco/Arquear-se/Corcovar-se.

amarreta *s f* (<amarra+-eta) Amarra pequena.

amarrilho *s m* (<amarra+-ilho) Atilho/Cordel.

amarroado, a *adj* (<amarroar+-ado) **1** Batido/Quebrado com marrão. **2** *fig* ⇒ «homem» abatido/vencido/«fogo» mortiço/amortecido.

amarroar *v t/int* (<a¹-+marrão+-ar¹) Bater/Quebrar com marrão.

amarrotamento *s m* (<amarrotar+-mento) A(c)to/Efeito de amarrotar.

amarrotar *v t* (<a¹-+lat *manus*: mão+roto+-ar¹) **1** Amachucar/Enxovalhar/Amarfanhar. **Ex**. Amarrotava com grande ira um papel entre as mãos. **Comb**. Roupa amarrotada. **2** *fig* ⇒ vencer/subjugar «o adversário». **Idi**. *~ os colarinhos* [Agredir fisicamente].

amarugem *s f* (<amargo+-ugem) Sabor/Algo levemente amargo.

amarujar *v int* (<lat *amarízo,áre*) Tornar um tanto amargo.

amarulento, a *adj* (<lat *amarulentus*) Muito amargo/Amargoso.

amarume *s m* ⇒ amargo(r); amarugem.

ama-seca *s f* (<…+seco) Mulher que cuida de crianças sem as amamentar.

amasiar-se *v int* (<amásio+-ar¹) Amantizar-se/Amigar-se.

amásio, a *s* (<lat *amasius*) Pessoa que vive com outra sem casamento/Amante.

amasio *s m* (<amasiar-se) ⇒ concubinato.

amassadeira *s f* (<amassado+-eira) **1** Tabuleiro onde se amassa a farinha/Masseira(+). **2** Máquina de amassar farinha ou barro/Amassador. ⇒ betoneira.

amassadela (Dé) *s f* (<amassar+-dela) **1** A(c)to/Efeito de amassar levemente. **2** Amolgadela.

amassado, a *adj* (<amassar+-ado) **1** «barro/farinha» Que se amassou. **2** «o prego» Achatado /«o boné» Amachucado/«a chapa do carro» Amolgada/«o dedo» Esmagado.

amassadoi[ou]ro *s m* (<a¹-+massa+-doiro) ⇒ amassadeira.

amassador, ora *s* (<amassar+-dor) **1** (O) que amassa «a farinha/o barro/os materiais de construção». **2** ⇒ amassadeira.

amassadura *s f* (<amassar+-ura) **1** Quantidade de massa que vai ao forno/Fornada(+). **Ex**. Mandara cozer três ~s de pão. **2** ⇒ amolgadela; amassadela; mossa.

amassar *v t* (<a¹-+massa+-ar¹) **1** a) Converter a farinha em massa. **Loc**. *~ o pão*. **Idi**. *Comer o pão que o diabo amassou* [Ter uma vida penosa]; b) Misturar [Fazer a massa com] o cimento com areia e água. **2** ⇒ amachucar/amolgar. **3** *fig* Abater/Aniquilar/Deprimir. **4** *fam* Bater/Esmagar/Sovar. **5** *Aç* ⇒ cair/desmoronar-se. **6** *Br ~-se*/Acostumar-se/Adaptar-se. **Ex**. Amassa-se facilmente a qualquer tarefa.

amassilho *s m* (<amassar+-ilho) **1** ⇒ amassadura **1**. **2** Instrumento de amassar. **3** ⇒ mistura/miscelânea.

amastia s f (<a²-+gr *mastós*: mama+-ia) Ausência parcial ou total de mamas.

amatilhar v t/int (<a¹-+matilha+-ar¹) Reunir-se em matilha/Emparceirar com maus companheiros.

amativo [amatório], a adj (<lat *amatus*+...) **1** Que desperta amor. **Sin.** Amoroso(+). **2** ⇒ erótico.

amatronar v int (<a¹-+matrona+-ar¹) Ficar gordo como uma matrona.

amatular-se v int (<a¹-+matula+-ar¹) Juntar-se com matulões ou gente de má condição.

amatutar(-se) v t/int Br (<a¹-+matuto<mato+-ar) Ficar matuto/provinciano.

amaurose s f Med (<gr *amaurósis*: obscuridade, cegueira) Perda parcial ou total da visão, sem alteração dos meios transparentes do olho.

amaurótico, a adj/s (<gr *amaurotikós*) Relativo a ou que sofre de amaurose.

amável adj 2g (<lat *amábilis,e*) **1** Afável/Atencioso/Cortês/Encantador/Simpático. **Ex.** O vendedor tem de ser ~ para (com) todos os clientes. Foi muito ~ em ter-me recebido fora das horas de expediente. É muito ~ da sua parte ter vindo à nossa fest(inh)a. **Comb.** Gesto ~. Palavras ~veis. **Ant.** Brusco; desagradável; antipático. **2** Digno de ser amado. **Ex.** Como sois ~ meu (bom) Jesus [Deus] ! **Sin.** Amoroso.

amavelmente adv (<amável+-mente) De forma agradável/delicada/gentil/simpática. **Ex.** O homem respondeu muito ~. ~, cedeu o lugar a uma senhora de idade.

amavio s m (< ?) Bebida ou feitiço para despertar amor.

amavioso, a adj (<amavio+-oso) **1** Em que há amavios. **2** ⇒ amável; mavioso.

amaxofobia (Cso) s f Psiq (<gr *amaksa*: carro+-fobia) Medo mórbido de carros.

amazelar-se v t/int (<a¹-+mazela+-ar¹) Ter mazelas.

amazia s f ⇒ amastia.

amazona (Zô) s f (<gr *amazon*) **1** Mit Mulher de um povo fabuloso da Capadócia (na a(c)tual Turquia) que mutilava o seio direito para melhor manejar o arco. **2** Mulher guerreira (que monta) a cavalo. **3** Fig Mulher forte/aguerrida/de armas.

Amazonas (Zô) s f pl (<amazona **2**) O maior rio do Br e de maior caudal do mundo.

Amazónia [Br Amazônia] s f (<Amazonas+-ia) Nome da região do rio Amazonas.

amazónico, a [Br amazônico] adj (<Amazó[ô]nia+-ico] Da Amazó[ô]nia.

amazonite/a s f Miner (<Amazonas+...) Variedade de microclina.

amazorrado, a adj (<a¹-+mazorro+-ado) ⇒ Carrancudo/Macambúzio/Taciturno/Tristonho.

ambages s m pl (<lat *ambáges,um*) **1** Caminhos intrincados. **2** fig Ambiguidades/Circunlóquios/Evasivas/Rodeios/Subterfúgios. **Ex.** Fale de modo claro, deixe-se de ~ !

ambagioso, a adj (<lat *ambagiósus,a,um*) Cheio de ambages.

ambão [ambom] s m (<gr *ambón*) Estante-púlpito para as leituras [o anúncio da palavra de Deus] na missa.

âmbar s m (<ár *anbar* : cachalote) **1** Produto usado em perfumaria, segregado por certos moluscos e tirado do intestino do cachalote/Âmbar-Cinzento. **2** Resina fóssil amarelo-vermelha usada em joalharia e indústria farmacêutica/Alambre/Âmbar-amarelo. **Ex.** Tenho um colar de ~.

ambarado, a adj (<âmbar+-ado) Com o aspe(c)to, cor ou cheiro de âmbar.

ambárico s/adj (<âmbar+-ico) **1** Relativo ao âmbar/Ambarino(+). **2** Ácido resultante da ambarina tratada com ácido nítrico.

ambarina s f Quím (<âmbar+-ina) Substância branca e inodora que se extrai do âmbar-cinzento.

ambarino, a adj (<âmbar+-ino) Relativo ao âmbar.

amb(i)- pref Também partícula latina, inseparável, que exprime as noções de: à roda de, de ambos os lados, duplicidade e ambivalência.

ambição s f (<lat *ambítio,ónis*) **1** Desejo intenso de concretizar algo/Aspiração. **Ex.** A sua ~ era ser maestro. **2** Desejo imoderado de glória/honra/poder/riqueza/Avidez. **Comb.** ~ desmedida [Grande/Enorme ~].

ambicionar v t (<ambição+-ar¹) **1** Desejar muito/Almejar/Aspirar. **Ex.** Ambicionava ser artista de cinema. Trabalhava (de) noite e (de) dia porque ambicionava comprar a fábrica. **2** ⇒ cobiçar.

ambicioso, a (Ôso, Ósa/os) adj (<lat *ambitiósus,a,um*) **1** Que tem ambição/Ávido. **Ex.** Era tão ~ que só pensava no [em ganhar] dinheiro. Sonhar com um cargo tão elevado é ser muito ~ ! Ele não passa de um ~ [Ele só tem ambição]! **2** Que é de difícil realização/Audacioso/Grandioso/Megaló[ô]mano/Ousado. **Ex.** O proje(c)to redundou [resultou(+)] em fracasso porque era demasiado ~. **Ant.** Modesto.

ambiciúncula s f (<ambição+-úncula) Ambição mesquinha/ridícula.

ambidestrismo [ambidestria] s (<ambidestro) Igual uso das duas mãos.

ambidestro, a adj (<lat *ambidéxter,tri*) Que usa «para escrever» as duas mãos com a mesma facilidade.

ambiência s f (<lat *ambiéntia*: coisas à volta <*âmbio,íre*: dar a volta) Meio/Atmosfera/Ar/Ambiente(+). **Ex.** Era um local de ~ pesada e poluída devido à concentração industrial.

ambientação s f (<ambientar+-ção) **1** Adaptação/Acomodação ao ambiente. **Ex.** Cheguei há pouco ao Brasil, ainda estou a fazer a minha ~. **2** Criação do ambiente «para o espe(c)táculo».

ambientador s m (<ambientar+-dor) Produto «perfumado que se pulveriza» para purificar o ar em locais fechados.

ambiental adj 2g (<ambiente+-al) Relativo ao meio/ambiente/habitat. **Comb.** Impacto ~.

ambientalismo s m (<ambiental+-ismo) Sistema ou movimento que estuda o meio ambiente de todos os seres vivos e defende a sua preservação. ⇒ ecologia.

ambientalista adj/s 2g (<ambiental+-ista) **1** Relativo ao ambientalismo. **Ex.** Para o encontro foram convidadas 200 associações ecologistas e ~s. **2** Pessoa que revela preocupações com o ambiente/Ecologista(+).

ambientar(-se) v t (<ambiente+-ar¹) **1** Integrar-se no [Adaptar-se ao] novo ambiente. **Ex.** A presença da mãe ajudou a criança a ~-se na [à] escola. **2** Br «a telenovela» Situar-se/Desenrolar-se/Passar-se «na favela».

ambiente adj 2g/s m (<lat *ámbiens,éntis* <*ámbio,ire*: circundar) **1** Relativo ao meio em que vivem os seres vivos. **Ex.** A temperatura ~ permitiu o desenvolvimento da planta. A música ~ [de fundo] era muito agradável. **Comb.** Meio (~). ⇒ habitat. **2** Atmosfera/Ar (que se respira)/Meio envolvente. **Ex.** Gosto do ~ da cidade. Em que ~ [Onde] se passa o filme? **Loc.** Abrir as janelas para renovar o ~ [ar(+)]. **Comb.** ~ *agradável* [amigo]. ~ *desagradável* [hostil].

ambiesquerdo, a adj (<ambi-+...) Desajeitado/Inábil de ambas as mãos.

ambígeno, a adj (<lat *ambígenus,a,um*) Proveniente de duas espécies diferentes/Híbrido(+).

ambiguidade s f (<lat *ambíguitas,átis*) **1** Que tem mais do que um sentido/Indefinição. **Ex.** A ~ [falta de clareza] da resposta deixou-o muito confuso. **2** ⇒ dúvida/hesitação. **3** Ling ⇒ anfibologia.

ambíguo, a adj (<lat *ambíguus,a,um*) **1** Equívoco/Dúbio. **Comb.** Frase ~a. **2** Pouco claro/Indefinido/Vago. **Comb.** Atitude ~a. **3** ⇒ hesitante/indeciso/inseguro.

ambíope adj/s 2g (<ambi-+<gr *óps,opós*: olho) Que sofre de ambiopia.

ambiopia s f (<ambíope+-ia) Doença da vista que faz ver os obje(c)tos em duplicado. **Sin.** Diplopia.

âmbito s m (<lat *ámbitus,us*: rodeio, circuito) **1** Espaço limitado. **Ex.** Ser presidente (do país) não está no ~ das [entre as] minhas aspirações. **Comb.** ~ *alargado* de convidados. ~ *restrito* de especialistas. **2** Esfera de a(c)ção/Domínio/Se(c)tor. **Ex.** Isso está fora do [ultrapassa o] ~ dos poderes que eu lhe conferi! Tinha ideias muito próprias no ~ da religião. **Comb.** O ~ [campo/domínio] da psicologia. **3** Meio. **Ex.** O segredo ficava no ~ das [entre as] mulheres.

ambivalência s f (<ambi-+valência) **1** Qualidade do que tem dois valores. **2** Estado de quem experimenta sentimentos opostos. **Ex.** Estava naquela ~ de amor e ódio.

ambivalente adj 2g (<ambi-+valor+-ente) Com dois valores diferentes ou opostos. **Ex.** A expressão "amor dos pais" é ~ (Tanto pode significar o amor dos filhos para com os pais como o amor dos pais para com os filhos). **Comb.** Um resultado ~.

ambívio s m (<lat *ambivius,ii*) ⇒ encruzilhada.

ambliope [amblíope] adj 2g (<gr *amblús*: fraco+*óps*: vista) Que tem a acuidade visual enfraquecida.

ambliopia s f Med (<ambliope+-ia) Fraqueza da vista. **Sin.** Amelopia.

ambos, as num (<lat *ámbo,ae,o*) Os dois/Um e outro/Um com o outro. **Ex.** Usava anéis em ~as as mãos [nas duas mãos]. Quem foi às compras: o Mário ou a Maria? – Foram ~os [os dois].

ambre s m an ⇒ âmbar.

ambrear v tr (<ambre+-ar) **1** Perfumar com âmbar cinzento. **2** Dar/Adquirir a cor de âmbar amarelo.

ambreína s f (<ambre+-ina) ⇒ ambarina.

ambroína s f (<ambre+-ina) Substância isoladora da ele(c)tricidade.

ambrosia s f (<gr *ambrósia*) **1** Mit Manjar/Néctar dos deuses. **2** fig Iguaria/Bebida delicada e deliciosa. **3** Bot Nome de várias plantas ambrosáceas.

ambrosíaco, a adj (<lat *ambrosíacus,a,um*) Delicioso/Muito saboroso. **Comb.** Um manjar ~.

ambrosiano, a adj (<lat *ambrosiánus,a,um*) Relativo a Santo Ambrósio, bispo de Milão (séc. IV). **Comb.** *Canto* ~. *Rito* ~.

âmbula s f (<lat *ampúlla,ae*) Vaso/Jarra para guardar os santos óleos.

ambulação s f (<lat *ambulátio,ónis*) Deambulação(+)/Passeio(o+).

ambulacral [ambulacrário, a] adj Relativo ao ambulacro **2**. **Comb.** Pé ~.

ambulacro s m (<lat *ambulácrum,cri*: passeio coberto) **1** Sítio com árvores em renques regulares/Alameda. **2** Zool Órgão tubular terminado por ventosa que serve para a locomoção dos equinodermes.

ambulância s f (<ambulante+-ância) 1 Veículo equipado para transportar doentes ou feridos. 2 *Mil* Hospital móvel. 3 ~ postal [Carro]/do correio.

ambulante adj 2g (<lat *ámbulans,ántis*) Que anda de um lugar para outro/Errante/Itinerante/Móvel. **Comb.** *Teatro ~. Vendedor ~.* **Idi.** *Cabide ~* [Pessoa alta e magra]. *Cadáver ~* [Pessoa com aspe(c)to de mais morta que viva].

ambular v int (<lat *ámbulo,áre*) ⇒ andar/girar/passear/vaguear.

ambulatório, a s m/adj (<lat *ambulatórius,a,um*) 1 Para andar. **Comb.** *Delírio* [Fantasma] *~o. Zool Membro ~.* 2 *Med* Enfermaria sem camas «da escola»/Sala de espera de hospital. **Comb.** *Consulta* [Doença] *~a. Doente* [Paciente] (de) *~o. Tratamento* (de) *~o.* ⇒ urgência. 3 ⇒ de~.

ambulípede adj 2g Zool (<ambular+-pede) Que tem os pés bem adaptados para andar «boi/cavalo/cabra».

ambustão s f (<lat *ambústio,ónis*) 1 A(c)to/Efeito de queimar. 2 Cauterização(+) de uma ferida. 3 *Quím* ⇒ combustão.

-ame suf (<lat *-ámen,inis*) Exprime a ideia de muito ou de mau (Ex. cord~; vex~). ⇒ -ama.

ameaça s f (<lat *minacia*<*mínax,ácis*: ameaçador) 1 Palavra, gesto ou sinal que indica que se quer fazer mal. **Ex.** Proferiu aquelas palavras em tom de ~. Disse que lhe batia mas só ficou na ~ [mas não lhe bateu/mas foi só dizer]. 2 Prenúncio de um mal ou doença. **Ex.** A poluição é uma grande ~ à saúde pública. **Comb.** ~ de chuva. ~ [Começo] de febre. 3 Intimidação/Aviso. **Ex.** Veio à reunião mas sob ~ [mas (só) à força]. 4 Perigo. **Ex.** O terrorista é uma contínua ~. **Comb.** ~ externa [de outros países].

ameaçador, ora adj (<ameaçar+-dor) O que ameaça/Aterrador/Temível. **Ex.** Avançou sobre o ~ e atirou-o ao chão. **Comb.** *Tempo ~ de chuva. Voz ~ra do polícia.*

ameaçar v t (<ameaça+-ar¹) 1 Dirigir ameaças/Amedrontar/Aterrorizar/Intimidar. **Ex.** O comando (Soldado) ameaçava fazer explodir a bomba se não libertassem os seus camaradas. **Loc.** ~ com um revólver [punhal/pau]. 2 Dar indícios de/Estar iminente/Começar a aparecer. **Ex.** O céu está a ~ chuva brava [forte chuvada]. 3 Pôr/Estar em perigo. **Ex.** O divórcio ameaçava o futuro dos filhos. A casa ameaça ruína [ruir].

ameado, a adj (<amear¹+-ado) Com ameias. **Comb.** *Torre ~a* «*do castelo de Guimarães, Pt*».

amealhado, a adj (<amealhar+-ado) Acumulado/«dinheiro»Economizado/Poupado.

amealhador, ora s/adj (<amealhar+-dor) (O) que amealha.

amealhanço s m pop (<amealhar+-anço) Poupança. **Sin.** Pé-de-meia.

amealhar v t (<a¹-+mealha+-ar¹) 1 Guardar em mealheiro/Arrecadar. **Ant.** Gastar; esbanjar. 2 Juntar aos poucos/Economizar. 3 Acumular(+). **Ex.** Durante a vida amealhou muita experiência e sabedoria. 4 Dividir em pequenas parcelas (⇒ amear²).

amear¹ v t (<ameia+-ar¹) Guarnecer de ameias. ⇒ ameado.

amear² v t (<a¹-+meio+-ar¹) Dividir ao meio(+).

ameba s f Zool (<gr *amoibé*,és: modificação, troca) Organismo microscópico, protozoário comensal ou parasita constituído por uma única célula que muda de forma por emissão de pseudópodes.

amebiano, a adj (<ameba+-ano) Relativo a ameba. **Comb.** *Desinteria ~a.*

amebíase s f Med (<ameba+-ase) Qualquer doença causada por ameba.

amebiforme adj 2g (<ameba+-forme) Que tem forma de ameba.

ameboide adj 2g (<ameba+-oide) Como as amebas. **Comb.** *Movimento (celular) ~.*

amedalhar v t (<a¹-+medalha+-ar¹) 1 ⇒ condecorar. 2 *tb fig* Dar forma ou aspe(c)to de medalha. **Ex.** Raios de luz amedalhavam o piso do corredor.

amedrontado, a adj (<amedrontar+-ado) Que revela medo/Assustado/Atemorizado. **Ex.** O miúdo olhava para o professor com ar ~. Os assaltantes, ~s, recuaram.

amedrontador, ora adj/s (<amedrontar+-dor) (O) que provoca medo/Assustador(+). **Ex.** A presença do criminoso era ~a.

amedrontar v t (<a¹-+medroso+-ar¹) Causar medo/Apavorar/Atemorizar. **Ex.** Fez uma careta que amedrontou a criança. O animal amedrontou-se e fugiu.

ameia s f (<lat *minae,minarum*: pontas salientes) Aberturas entre as saliências (Merlões) da parte superior das muralhas dos castelos. ⇒ seteira.

ameigado, a adj (<ameigar+-ado; ⇒ mimado) 1 Tratado com meiguice. **Comb.** *Criança ~a e feliz.* 2 ⇒ «rosto» meigo.

ameigar v t (<a¹-+meigo+-ar¹) 1 Fazer meiguices/(A)mimar(+). **Ex.** Adorava [Gostava muito de] ~ os filhos. 2 ~-se/Ficar meigo. **Ex.** Ao vê-la, a expressão dele ameigou-se. **Loc.** ~ o olhar.

amêijoa s f (<gr *mytilos*) Designação comum de alguns moluscos bivalves, comestíveis, que vivem no fundo arenoso do mar. **Ex.** Comi umas ó(p)timas ~s «à Bulhão Pato» no restaurante da praia!

ameijoada s f Cul (<amêijoa+-ada) Cozinhado/Guisado que tem amêijoas como ingrediente principal.

ameijoeira s f (<amêijoa+-eira) Aparelho usado para a pesca da amêijoa.

ameixa s f (<lat *pruna damascéna*: abrunho de Damasco) 1 Fruto da ameixeira, carnudo, redondo ou oblongo, de cor vermelho-escura, amarela ou esverdeada, com pele fina e caroço. 2 *pop* Bala ou chumbo das armas de fogo. **Ex.** Disparou a caçadeira e acertou ao javali com uma ~ certeira.

ameixeira s f (<ameixa+-eira) Árvore que dá ameixas; *Prunus domestica*.

ameixal s m (<ameixa+-al) Plantação de ameixeiras.

amelaçar v t (<a¹-+melaço+-ar¹) Fazer (ficar como) melaço. **Ex.** O excesso de açúcar amelaçou o café.

amelado, a adj (<a¹-+mel+-ado) Com o gosto ou a cor do mel. ⇒ melado.

ameloado, a adj (<a¹-+melão+-ado) Com o gosto, forma ou cheiro de melão.

amelopia s f Med (<gr *a²-+mélas*: obscuro+-opia) ⇒ ambliopia.

amém [amen] interj (<hebr *ámen*: assim seja!) Aprovação/Assentimento/Concordância. **Ex.** «fim de oração» (Nós Vo-lo pedimos) por Cristo Senhor nosso. ~ ~ . Disse que só casaria com o ~ dos pais. **Idi.** *Dar os améns/Dizer ~* [Concordar em tudo/Condescender] (Ex. A miúda está malcriada e caprichosa porque o pai lhe dá os améns todos. Ela faz o que quer, o marido diz ~ a tudo!). *Em menos de um ~* [Num instante/Num ápice] «comeu tudo».

amêndoa s f (<lat *amýgdalum,i*) 1 Fruto da amendoeira. **Ex.** O bolo tinha cobertura de ~. **Comb.** *~ amarga. Licor de ~ amarga. Óleo de ~ doce. Tarte de ~.* 2 ~ coberta com açúcar ou chocolate. **Ex.** Deu-lhe, na Páscoa, um pacote de ~s. ⇒ confeito; rebuçado. 3 Semente dentro dum caroço «de pêssego».

amendoada s f (<amêndoa+-ada) Emulsão de amêndoas, água e açúcar. ⇒ orchata.

amendoado, a adj (<amêndoa+-ado) Que tem forma, gosto ou conteúdo de amêndoa. **Comb.** *Olhos ~s* [em bico(+)/de amêndoa].

amendoal s m (<amêndoa+-al) Campo de amendoeiras. **Ex.** O ~ estava florido, lindo!

amendoeira s f Bot (amêndoa+-eira) Árvore da família das rosáceas. **Ex.** Foi ao Algarve [a Vila Nova de Foz Côa] (*Pt*) ver o espe(c)táculo das ~s em flor.

amendoim s m Bot (<amêndoa+tupi *mandubi*) Planta herbácea da família das leguminosas; *Arachis hypogaea*. **Ex.** Comi muitos ~ns. **Comb.** *Manteiga de ~. Óleo de ~.*

amenidade s f (<lat *amoénitas,átis*) 1 Brandura/Suavidade (aprazível). **Ex.** A ~ do clima da (ilha da) Madeira, *Pt* atrai muitos turistas. **Comb.** *~ de carácter* [de maneiras]. 2 Deleite/Distra(c)ção. **Ex.** De [Entre] todas as ~s, prefiro o passeio.

ameninado, a adj (<ameninar+-ado) Com características de menino/Frágil/Pueril. **Ex.** Com setenta anos, mantinha o olhar vivo, ~, de criança.

ameninar v t (<a¹-+menino+-ar¹) Dar ou tomar modos de menino. **Ex.** Aquela roupa curta ameninava-a. **Loc.** ~(-se) com os antigos amigos [(per)ante o pai dominador].

amenizar v t (<ameno+-izar) Tornar ameno/Abrandar/Apaziguar/Suavizar. **Ex.** O frio amenizou-se. Os remédios amenizaram-lhe as dores. A discussão amenizou(-se). Pediu-lhe que amenizasse os termos [as palavras/expressões] da carta.

ameno, a (Mê) adj (<lat *amoénus,a,um*) 1 Agradável/Aprazível/Brando/Suave. **Ex.** Quando saí de casa a temperatura estava muito ~a. Gosto daquele local porque é muito ~. **Comb.** *Clima ~o. Lugar [Recanto] ~o. Sombra ~a. Temperatura ~a.* 2 Calmo/Sereno/Tranquilo. **Ex.** A conversa foi tão ~a que as divergências desapareceram. É uma pessoa afável e de trato ~. "E aquela doce vida, aquela vida ~a!" **Comb.** *~a cavaqueira. Conversa ~a. Leitura ~a.* **Ant.** Desagradável; áspero.

amenorreia s f Med (<a²-+...) Ausência de menstruação na idade de ser menstruada.

amercear v t (<a¹-+mercê+-ar¹) 1 Fazer mercê/favor. ⇒ recompensar; favorecer. 2 ⇒ compadecer-se/perdoar.

América s f Geog (<antr Américo Vespúcio) 1 Continente americano. **Comb.** *~ Central. ~ do Norte. ~ do Sul. ~ Latina.* 2 ⇒ Estados Unidos (da ~)/EUA.

americanice s f (<americano 2+-ice) Extravagância americana. **Ex.** O filme era uma autêntica ~ !

americanismo s m (<americano+-ismo) 1 Estilo de vida, costumes, mentalidade (dos Estados Unidos) da América. **Ex.** O ~ espalhou-se por vários países. 2 Predile(c)ção pelo que é americano/dos EUA. **Ex.** Acho ridículo o seu ~. 3 *Ling* Traço linguístico do inglês, nos EUA.

americanista s/adj 2g (<americano 1/2+-ista) Versado em assuntos americanos. **Ex.** Como é um bom ~, o livro dele era há muito (tempo) esperado.

americanizar v t (<americano 2+izar) Tornar americano. **Ex.** Nem os longos anos nos EUA conseguiram americanizá-lo.

americano, a adj (<América+-ano) 1 De todas as Américas. **Comb.** *O continente ~.* ⇒ ameríndio. 2 Norte-americano. **Ex.** Ele veste à (maneira) ~a. **Comb.** *Imperialismo ~* [dos EUA].

amerício [Am 95] s m Quím (<América+-io) Elemento artificial radioa(c)tivo da família dos actiniídeos.

ameríndio, a s/adj (América+índio) Nativo do continente americano, ou o que com ele se relaciona. **Comb.** As línguas ~as [primitivas de todas as Américas].

amerissar v int Br (<fr amerissage) ⇒ amarar.

amesquinhador, ora adj/s (<amesquinhar+-dor) (O) que amesquinha/humilha.

amesquinhamento s m (<amesquinhar+-mento) A(c)to de amesquinhar/Humilhação(+). **Ex.** Foi vítima de um ~ público.

amesquinhar v t (<a¹-+mesquinho+-ar¹) **1** Humilhar(+)/Rebaixar(+)/Vexar. **Ex.** Era de um sadismo cruel; não perdia uma oportunidade para ~ os empregados. **2** ~-se/Ficar triste/infeliz. **Ex.** Não parava de pensar na desgraça e amesquinhava-se. **3** Ficar [ser] mesquinho/avaro/~-se.

amestrado, a adj (<amestrar+-ado) Adestrado/Ensinado/Exercitado. **Ex.** Estava devidamente ~ para aquelas lides. No circo, gostou mais [sobretudo(+)] das focas ~as. **Comb.** Tropas ~as.

amestrar v t (<a¹-+mestre+-ar¹) **1** ⇒ treinar/instruir. **2** ⇒ domar «feras».

ametabolia s f Biol/Ent (<a²-+metabolismo) Desenvolvimento sem metamorfoses «do inse(c)to».

ametista s f Miner (<gr améthystos: que evita a embriaguez) Pedra semipreciosa de cor púrpura ou violeta, usada em joalharia. **Comb.** ~ oriental. Cor de ~.

ametropia s f Med (<gr ámetros: fora de medida+-opia) Defeito da refra(c)ção ocular. **Comb.** ~ axial [esférica] (⇒ miopia). ~ cilíndrica (⇒ astigmatismo).

AMI s f Assistência Médica Internacional.

amiantáceo [amiantino], a adj (<amianto+...) Semelhante a amianto.

amianto s m Miner (<gr amíantos: sem sujidade) Mineral flexível, branco e brilhante, resistente ao fogo e a altas temperaturas. **Comb.** Fatos de ~ «dos bombeiros». Placas de revestimento de ~. Tubagem de ~.

amiba s f ⇒ ameba.

amical adj 2g (<lat amicális,e) Amigo/Amigável(+). **Comb.** Encontro ~.

amicíssimo, a adj (<lat amicíssimus,a,um) Muito amigo.

amídala Br/amidalectomia/amidalite/amidalotomia ⇒ amígdala/...

amídico, a adj (<amido+-ico) Que contém amido.

amido s m Quím (<gr ámylon: massa de farinha de trigo) Composto orgânico de carbono, oxigé[ê]nio, hidrogé[ê]nio e glícidos. **Ex.** O ~ é um dos componentes mais importantes dos cereais e da batata e muito usado na alimentação, sob a forma de fécula. **Comb.** Goma [Cola] de ~.

amieiro s m Bot (<lat amoenárium) Planta arbórea da família das betuláceas existente junto aos cursos de água e locais húmidos e de boa madeira.

amigado, a adj (<amigar+-ado) Que vive em mancebia ou concubinato/Amante. **Ex.** Os colegas mais perspicazes já tinham descoberto que eles viviam ~os.

amigalhaço [amigalhão] s m pop (<amigo+-alhão+-aço) Grande amigo. **Ex.** Gosta de ir à terra natal porque lá tem os seus ~s/amigalhões.

amigalhote s m depr (<amigo+-alho+-ote) Amigo de pouca intimidade/confiança.

amigar(-se) v t (<amigo+-ar¹) Amancebar-se/Amantizar-se. ⇒ amigado

amigável adj 2g (<lat amicábilis,e) **1** Com amizade/Amigo/Amistoso. **Ex.** Mantinha, de há longa data, relações bastante ~veis com aquela família. **2** Que se resolve de comum acordo, sem conflito. **Ex.** O processo de divórcio [A separação] foi ~. **3** (D)esp Não competitivo. **Ex.** Foi um jogo ~ para ajudar as crianças abandonadas.

amígdala [Br amídala] s f (<gr amigdále: amêndoa) Cada um dos órgãos linfoides, em forma de amêndoa, que se encontram à entrada da garganta. **Ex.** Foi operado às ~s. Tem as ~s muito sensíveis, inflamam-se-lhe com frequência.

amigdalectomia [Br amidalectomia] s f Med (<amígdala+gr ektomé: corte, excisão+-ia) Ablação parcial ou total das amígdalas.

amigdalite [Br amidalite] s f Med (<amígdala+-ite) Inflamação das amígdalas. **Ex.** Doía-lhe a garganta porque estava com uma ~. **Sin.** Angina vulgar.

amigdalotomia [Br amidalotomia] s f (<amígdala+-tomia) ⇒ amigdalectomia.

amigo, a adj/s (<lat amicus,i/a,um) **1** (O) que tem uma relação de amizade/Afeiçoado/Dedicado. **Ex.** Nós dois somos amiguíssimos [amicíssimos(+)/muito ~s]. Digo-te isto porque sou teu ~ e me preocupo contigo. O cão é o melhor ~ do homem. **Prov.** *No aperto é no perigo é que se conhece o ~*. *Amigos amigos, negócios à parte* [Nós somos ~s mas o seu dinheiro é seu e o meu é meu]. *As boas contas fazem os bons amigos* [O negócio honesto agrada a todos]. *«não tem (nada) que agradecer» Os amigos são para as ocasiões*. **Loc.** *Fazer ~s.* iron *Fazer-se ~* (mas não ser). *Ficar* [Tornar-se] *~(s)*. **Idi.** *~ da onça/~ de Peniche/-urso* [Falso ~]. *~ do alheio* [Ladrão]. *~ do coração/peito* [Íntimo]. *~ não empata ~* [Um ~ deixa outro ~ fazer o que quiser]. *O fiel ~* [O bacalhau]. *Ter cara de poucos ~s* [Ter aspe(c)to carrancudo/severo]. **Comb.** «não se/te preocupe(s), ficamos» *Amigos como dantes*! *~ de infância* [~ desde «que os dois éramos» crianças]. *~ do(s) seu(s) ~(s)* [Amigo fiel]. **2** Que apoia/defende/conforta. **Ex.** Aquelas palavras ~as [de conforto] deixaram-no mais animado. **Comb.** ~ de (toda a nossa) família. Mão ~a [Pessoa ~]. Palavra ~a [de ~o]. **3** Que tem relações normais [se dá bem] com alguém. **Ex.** – Eu, zangado com ele? Não, até somos ~os. **Comb.** «Portugal e Brasil são» Países ~os. **4** Que revela interesse/Amante/Apreciador. **Ex.** É ~ da boa música. É ~ da natureza. É pouco ~ [Não gosta] de trabalhar. **5** col Forma de tratamento com desconhecidos. **Ex.** O ~ [senhor(+)] não se importa de me dar uma informação? Quanto a baixar o preço, meu ~ [, lá isso], nem pensar! **6** ⇒ «dia/ocasião» favorável/propício/bom. **7** ⇒ amigado.

amiguismo s m (<amigo+-ismo) ⇒ favoritismo(o+)/nepotismo(+).

amiláceo, a adj (<amido+-áceo) De/Como amido. **Comb.** Substância ~a.

amílase s f (<amido+-ase) Fermento que transforma amido em maltose.

amiloide adj 2g/s m (<amido+-oide) **1** ⇒ amiláceo. **2** Med Substância como o amido que se deposita entre as células e causa lesões nos tecidos ou órgãos do corpo.

amilólise s f (<amido+-lise) Transformação do amido em glicose.

amilolético, a adj (<amilólise+-ico) Relativo a amilólise.

amilose (Ló) s f Quím (<amido+-ose) Substância principal da fécula [do amido], usada em tintas e vernizes.

amimado, a adj (<amimar+-ado) Que é tratado com muitos mimos e carinho. **Sin.** Mimado.

amimalhar v t (<a¹-+mimalho+-ar¹) Tratar com mimo exagerado.

amimar v t (<a¹-+mimo+-ar¹) Tratar com mimo/carinho. **Sin.** Mimar(+).

amimia s f Med (<a²-+mímica) Paralisia dos músculos faciais/do rosto.

amina s f Quím (<amó[ô]nia+-ina) Composto(s) orgânico(s) de amoníaco, sem hidrogé[ê]nio.

amin(o)ácido s m Quím (<amido+...) Composto de aminas que é parte das proteínas.

âmio s m Bot (<lat ámi(um): espécie de cominho) Erva umbelífera. **Sin.** Âmi.

amiostenia s f Med (<gr a: sem+mýs,myós: músculo+astenia) Fraqueza muscular. **Sin.** Amiastenia.

amiotrofia s f Med (<gr a: sem+mýs,myós: músculo+atrofia) Definhamento muscular.

amir s m (<ár amir) ⇒ emir.

amiserar v t (<a¹-+mísero+-ar¹) **1** Despertar pena/piedade. **2** ~-se/Lamentar-se/Queixar-se.

amissão s f (<lat amíssio,ónis: não envio) ⇒ perda.

amissível adj 2g (<lat amissíbilis,e) Que pode perder-se.

amistar v t (<esp amistar) ⇒ reconciliar; tornar amigos.

amistoso, a (Ôso, Ósa/os) adj (<amistar+-oso) Amigável/Cordial. **Ex.** Tiveram uma conversa ~. **Comb.** Relações ~as. **Ant.** Hostil.

amiudadamente adv (<amiudado+-mente) Frequentemente. **Sin.** Amiúde.

amiudado, a adj (<amiudar+-ado) Que se repete a pequenos intervalos. **Ex.** Os doentes renais têm que recorrer [ir] ao hospital ~as vezes.

amiudar v t (<amiúde+-ar¹) **1** ⇒ apequenar; reduzir; diminuir. **2** ⇒ esmiuçar. **3** Fazer amiúde/Repetir. **Ex.** Amiudou as visitas aos pais.

amiúde adv (<lat adminútim: aos pedacinhos) Amiudadamente/Repetidamente. **Ex.** Apesar de se visitarem muitas vezes, também se telefonavam ~. **Ant.** Raramente.

amizade s f (<lat amícitas,átis) **1** Afeição/Dedicação/Estima. **Ex.** O professor tem muita ~ aos alunos. Acabou por ganhar muita ~ àquele cão. O cachorro tem ~ [é fiel(+)] ao dono. **Loc.** Fazer ~ facilmente. **Comb.** ~ duradoira [sólida]. Mostra [Prova] de ~. **Ant.** Inimizade. **2** Pessoa amiga. **Ex.** Devemos cultivar as boas ~s! **3** Bondade/Carinho. **Loc.** Tratar os velhinhos [idosos] com ~. **4** Cooperação/Entendimento. **Comb.** ~ entre clubes [escolas/países]. Associação de Amizade Luso-Brasileira [Portugal-Brasil].

amnésia s f (<gr amnesía: esquecimento) Perda total ou parcial da memória. **Ex.** Apesar de recuperado do traumatismo craniano, ainda sofre de ~.

amnésico, a adj (<amnésia+-ico) Relativo a amnésia. **Comb.** Doente ~.

âmnio s m Zool (<gr amníon: vaso para o sangue dos sacrifícios) Saco do embrião.

amniótico, a adj (<âmnio+-ico) Do âmnio. **Comb.** Líquido [Saco/Cavidade] ~.

amnistia [Br anistia] s f (<gr amnestía: esquecimento, perdão) Perdão público geral duma pena. **Ex.** A ~ abrangeu as infra(c)ções ao código da estrada. **Sin.** Indulto.

amnistiado, a adj (<amnistiar+-ado) Indultado/Perdoado.

amnistiar [Br anistiar] v t (<amnistia+-ar¹) Conceder amnistia/Indultar/Perdoar.

amo s m pop (<ama 4) Patrão/Senhor/Dono da casa.

amocambar v t Br (<a¹-+mocambo+-ar¹) 1 Reunir(-se) em mocambo ou quilombo. 2 ⇒ «gado» esconder-se «no mato»/ ~-se.

amochar(-se) v t (<a¹-+mocho+-ar¹) 1 Baixar-se/Dobrar-se. **Ex.** No jogo do eixo [da carniça] cada criança se amocha para a outra saltar por cima dela. 2 fam Aguentar/Suportar. **Ex.** Ele manda e os outros têm de ~ [de baixar a cabeça]. 3 ⇒ encolher-se «com o frio». 4 ⇒ isolar-se.

amodernar v t/int (<a¹-+moderno+-ar¹) ⇒ modernizar.

amodorrado, a adj (<amodorrar+-ado) 1 Sonolento. **Ex.** O gato, completamente ~, fechava os olhos e fazia ron-ron. **Comb.** ~ na bebida. 2 fig ⇒ abatido/prostrado.

amodorrar v t (<a¹-+modorra+-ar¹) 1 Ficar sonolento. **Ex.** Amodorrava(-se) sempre durante os discursos «do chefe». 2 fig Cair em prostração/~-se. **Ex.** Amodorrou-se em tristeza.

amoedar v t (<a¹-+moeda+-ar¹) 1 Cunhar moeda(+). 2 Converter «ouro/prata» em moeda. 3 Juntar dinheiro/Amealhar. **Loc.** ~ cinco mil euros num ano.

amofinação s f (<amofinar+-ção) Apoquentação/Aborrecimento/Enfado/Arrelia. **Ex.** Tem paciência, não vale a pena estares com ~ções!

amofinar v t (<a¹-+mofino+-ar¹) 1 Apoquentar/Aborrecer. **Ex.** Espalhou rumores contra a pobre moça para a ~ ainda mais. 2 ~-se/Afligir-se/Arreliar-se. **Ex.** Não se amofine [arrelie] que o caso não é para tanto!

amoinar v int (<a¹-+-moina+-ar¹) ⇒ moinar.

amoitar v t/int (a¹-+moita+-ar¹) 1 ~-se/Esconder(-se)/Ocultar(-se). **Ex.** Estava amoitado atrás duma touceira de capim. 2 Br ⇒ ficar calado; encolher-se. 3 «o capim» Formar moita.

amojar v t (<lat emúlgeo,ere) 1 ⇒ mungir/ordenhar. 2 Encher(-se) de leite ou «o grão do trigo» de sumo [suco]/Tornar(-se) túrgido. **Ex.** No fim da gravidez os seus seios amojaram-se. A erva viçosa amoja as vacas.

amojo (Ôjo) s m (<amojar) 1 Intumescência das tetas com o leite. **Ex.** Conhece-se a proximidade do parto pelo ~ ou inflamação dos úberes. 2 ⇒ ordenha.

amolação s f (<amolar+-ção) 1 A(c)to de afiar «a tesoura/faca»/Amoladura. 2 Br Aborrecimento/Contrariedade/Maçada. **Ex.** Lisboa, para mim, é uma ~ !

amolachar v t pop (<a¹-+mole+-acho+-ar¹) ⇒ amolgar.

amoladeira s f (<amolar+-deiro) Pedra com que se afia/amola. ⇒ esmeril.

amoladela (Dé) s f (<amolar+dela) 1 ⇒ amolação 1. 2 fig ⇒ amolação 2. 3 fam Lição/Castigo/Ensinadela. **Ex.** Levou uma boa ~ por ter sido malcriado. 4 ⇒ amolgadela.

amolador, ora s/adj (<amolar+-dor) 1 Pessoa que amola «tesouras, facas e navalhas»/Afiador. 2 Máquina de afiar. 3 Br O que aborrece/Maçador/Maçante(+).

amoladura s f (<amolar+-ura) ⇒ amolação 1.

amolar¹ v t (<a¹-+mó+-ar¹) Tornar cortante/Afiar. **Loc.** ~ as facas e tesouras. **Comb.** Pedra de ~. **Idi.** Br ~ o espírito [Aguçar o engenho]. ~ os dentes ⇒ comer.

amolar² v t pop (<a¹-+mole²+-ar¹) 1 ⇒ amolgar. 2 gir Sofrer/Pagar. **Ex.** Eles armam-nas e a gente é que se amola [Eles procedem mal e nós é que pagamos/sofremos/as pagamos]! 3 col Incomodar/Aborrecer. **Ex.** Cale-se e não me amole mais! (Olhe,) vá ~ outro!

amoldar v t (<a-¹+...) 1 Ajustar ao molde/Moldar(+). **Ex.** (A)moldava o barro com mãos de artista. 2 Adaptar. **Loc.** ~-se aos costumes da(quela) terra. ~ o discurso às circunstâncias.

amoldável adj (<amoldar+-vel) Que se pode amoldar. **Ex.** Tem um feitio facilmente ~. Aquece-se e funde-se o ferro para o tornar (a)moldável.

amolecar (Lé) v t (<a¹-+moleque+-ar¹) 1 Aviltar/Rebaixar. **Ex.** Permitiu que o amolecassem na sua própria casa! 2 ~-se/Tornar-se moleque. **Ex.** O menino amolecou-se [ficou canalha] depois que saiu do colégio.

amolecedor, ora adj (<amolecer+-dor) Que torna mole. **Ex.** A água é um ~ do barro. **Ant.** Endurecedor.

amolecer v t/int (<a¹-+mole¹+-ecer) 1 Ficar mole/menos duro. **Ex.** A sola amolece [fica (a)mole(cida)] na água. 2 «a força» Diminuir/«a energia» Enfraquecer/«o ânimo» Entorpecer/Abrandar. **Ex.** O calor amolecia os passageiros. A ociosidade amolece (as pessoas). Nem o choro das crianças amoleceu [abrandou] a crueldade dos assassinos de Inês de Castro.

amolecimento s m (<amolecer+-mento) Efeito de amolecer. **Ex.** As mentes dos convivas cederam com o ~ provocado pelo álcool (ingerido). **Comb.** O ~ da(s) terra(s) com a chuva.

amolengado, a adj (<amolengar+-ado) Indolente/Mole/Molengão. **Ex.** Ele tem aquele ar ~ mas faz bem o trabalho.

amolengar v t (<a¹-+molenga+-ar¹) Tornar molengão ⇒ amolentar.

amolentar v t (<a¹-+mole+-entar) 1 ⇒ amolecer. 2 Abrandar «os ânimos»/Suavizar «as saudades». **Ex.** Recorreu a um tio para que amolentasse a dureza do pai.

amolgadela [**amolgadura**] s f (<amolgar+-...) A(c)to ou efeito de amolgar. **Ex.** O carro ficou com uma grande ~ na porta depois do embate.

amolgar v t (<lat admólico,áre: amolecer) 1 Ficar com/Fazer mossa. **Ex.** A bandeja de prata caiu ao chão, mas não se amolgou. 2 fig Dar pancada/Bater. **Ex.** Gostava de ~ as costas dos vizinhos com a grossa bengala. 3 fig Vencer/Abater. **Ex.** O sofrimento não o amolgou.

amolgável adj 2g (<amolgar+-vel) Que se pode amolgar/deformar/dominar.

amónia [Br **amônia**] s f Quím (⇒ amoníaco) Solução amoniacal.

amoniacal adj 2g (<amoníaco+-al) Referente ao amoníaco. **Comb.** Sais ~cais. Solução ~ [Amó[ô]nia].

amoníaco s m Quím (<gr amoniakós<Ámon, nome dum templo de Júpiter, no Egi(p)to, perto do qual havia disto) Composto de azoto e hidrogé[ê]nio (NH3), de cheiro picante. **Ex.** O ~ é um gás usado no fabrico de fertilizantes.

amónio [Br **amônio**] s m Quím (⇒ amoníaco) Catião (NH4) dos compostos de amó[ô]nia.

amonita s f Quím (<amó[ô]nio+-ita) Explosivo de nitrato de amó[ô]nio.

amonite s f Pal (<Ámon (⇒ amoníaco) + -ite) Fóssil cefalópede, de concha em espiral.

amontado, a adj (<amontar+-ado) 1 Que anda a monte/Fugido. 2 ⇒ amontoado.

amontanhar v t (<a¹-+montanha+-ar¹; ⇒ amontoar) 1 Avolumar/Acumular/Amontoar(+). **Ex.** Deixou que o vento amontanhasse a areia. 2 ~-se/Elevar-se/Alterar-se. **Ex.** Os livros e as revistas amontanharam-se sobre a mesa.

amontar v t/int (<a¹-+monte+-ar¹) 1 ⇒ amontoar «a terra/o lixo». 2 Andar a [Mandar para o] monte. 3 ⇒ montar(+) «a cavalo». 4 Br «a conta» Chegar a/Atingir «500 dólares».

amontoa (Tô) s f Agric (<amontoar) O chegar bem a terra à base das plantas.

amontoação s f (<amontoar+-ção) Acumulação(+). **Ex.** A greve dos lixeiros provocou uma enorme ~ de lixo nas ruas.

amontoado, a adj/s m (<amontoar+-ado) 1 Monte. **Ex.** O escritório era um ~ de livros, jornais e papéis. 2 ⇒ «dinheiro» amealhado. 3 «lixo» Acumulado.

amontoador, ora s/adj Agric (<amontoar+-dor) (Diz-se do) arado de duas aivecas para juntar a terra às plantas.

amontoar v t (<a¹-+montão+-ar¹) 1 Pôr em montão/Acumular/Empilhar. **Ex.** Amontoava os livros num canto, a roupa noutro, papéis ali e acolá, não havendo já quase espaço livre onde pôr os pés. **Loc.** fig ~ as crianças na sala. 2 ~-se/Acumular-se/Multiplicar-se. **Ex.** Amontoavam-se nuvens negras. fig Os problemas amontoaram-se e teve de desistir. **Loc.** Deixar ~ o trabalho. 3 ⇒ amealhar.

amonturar v t (<a¹-+monturo+-ar¹) Fazer monturo/Amontoar lixo.

amor s m (<lat ámor,óris) 1 Amizade/Afe(c)to/Caridade/Bem-querer. **Ex.** Não há ~ como o ~ de mãe. Deus revelou-nos o Seu ~ em Cristo. **Prov.** ~ com ~ se paga [Você bem merece]. **Loc.** «dê-me uma esmo(linh)a» Por [Pelo] ~ de Deus. Por ~ de Deus! «não bata no seu filho».**Ter ~ aos** [Amar os] pais. Tratar com ~ os filhos. **Comb.** ~ filial [de filho/a]. ~-maternal [de mãe]. ~ paterno [de pai]. ~ paternal [dos pais]. ⇒ ~-perfeito; ~-próprio. **Ant.** Ódio. ⇒ ágape. 2 ~ erótico/Paixão. **Ex.** O ~ é cego. O deus do ~ é Cupido e a deusa (do ~) é Vé[é]nus. **Loc.** Casar por ~. Fazer ~ [Ter relações sexuais]. fig Morrer de amor(es) [Estar muito apaixonado] por «ele/a». **Comb.** ~ à primeira vista. ~ carnal [físico/sexual]. ~ livre [fora de normas]. ~ plató[ô]nico [sem desejo ou a(c)to sexual]. Carta de ~. Palavr(inh)as de ~. 3 Pessoa amada. **Ex.** Seu ~ era a Rosinha, não tinha outros ~res. – Que quer(es), meu ~? 4 Pessoa ou coisa bonita/boa. **Ex.** O seu [vosso] bebé[ê] é (mesmo) um ~(zinho)! A nossa casa ficou um ~! Ela é um ~ (de pessoa). 5 Gosto/Apego/Vontade/Fidelidade. **Ex.** – Que trabalho mal feito! Vê-se (logo) que foi feito sem ~. **Idi.** «quer(es) ir comigo? – Vou» De mil ~res [Com todo o prazer]. «trabalhar» Por ~ à arte [Desinteressadamente]. Ter ~ à camisola «do clube» [Dedicar-se inteiramente «ao clube»]. Ter ~ à pele/vida [Ser muito cauteloso/Não gostar de se meter em guerras]. **Comb.** O ~ ao [O gostar de andar no] mar. O ~ ao trabalho. O ~ aos [A paixão pelos] mais desfavorecidos/pobres. O ~ a uma (grande) causa. O ~ do cão ao dono.

amora (Mó) s f (<a⁴-+gr móron) Fruto da amoreira e das silv(eir)as. **Ex.** Os rapazes trepavam às amoreiras para colher(em) ~s. É muito difícil [Dá muito trabalho] apanhar as ~s das silvas porque têm picos/espinhos.

amoral adj/s 2g (<a²-+moral) Que não tem relação com a [Que é destituído de] moral. **Ex.** A matemática e a física são (ciências) ~ais. Ele/a é um/a ~. ⇒ imoral.

amoralidade s f (<a²- + ...) Ausência de [Não relação com] moralidade. **Ex.** A conduta dele é uma contínua ~. ⇒ imoralidade; amoralismo 2.

amoralismo *s m* (<amoral+ismo) **1** ⇒ amoralidade. **2** Negação «filosófica» da moralidade como norma de vida.

amorangado, a *adj* (<a¹-+morango+-ado) Com sabor a ou com aspe(c)to de morango.

amorável *adj 2g* (<amor+-vel) **1** Que tem amor. **Ex.** Era um marido ~, carinhoso! **Sin.** Terno; meigo(+). **2** Digno de ser amado. **Ex.** O Sr. Camilo é um homem respeitado por todos – é o que se diz [é verdadeiramente] uma pessoa ~. **Sin.** Amoroso(+). **3** ⇒ agradável/aprazível.

amordaçar *v t* (<a⁴-+mordaça+-ar¹) **1** Tapar a boca a alguém para não gritar. **Ex.** Os assaltantes tinham amordaçado o gerente do banco. **2** Açaimar. **Ex.** Há lavradores que amordaçam as crias (dos animais) para as desmamar. **3** *fig* Fazer calar/Reprimir. **Ex.** Durante quarenta e oito anos, na vigência da Ditadura Nacional (1926-33) e do Estado Novo (1933-74), os portugueses viveram amordaçados.

amoreira *s f Bot* (<amora+-eira) **1** Árvore da família das moráceas; *Morus nigra/alba.* **Ex.** Costumava apanhar folhas das ~s para dar aos bichos-da-seda, e também comia as amoras. **Comb.** ~-branca «da China/do Japão».

amoreiral *s m* (<amoreira+-al) Campo de amoreiras. **Ex.** Nos ~ais do Japão, as amoreiras são baixas como as videiras ou como as oliveiras de ripa.

amorenado, a *adj* (<amorenar+-ado) Que tem a pele um tanto morena/trigueira. **Ex.** Depois de alguns dias de praia já estava bem ~/bronzeado(+).

amorenar(-se) *v t/int* (<a¹-+moreno+-ar¹) Tornar-se/Ficar moreno. **Ex.** Bastavam algumas horas ao sol para que a sua pele se amorenasse. ⇒ tisnar; bronzear(+).

amorfia *s f* (<gr *amorfia*) Ausência de forma definida/Amorfismo.

amórfico, a *adj* (<amorfo+-ico) Relativo a amorfo/Informe. **Sin.** Amorfo(+).

amorfo, a *adj* (<gr *ámorfos*: sem forma) **1** Sem forma definida. **Comb.** *Massa ~a* «de barro». *fig Plano* (um pouco) *~/* vago/indefinido. **2** *Miner/Quím* Sem estrutura cristalina. **Comb.** *Mineral ~o. Rochas vulcânicas ~as. Substância ~a.* **Ant.** Cristalino. **3** *Psic* Sem vontade própria/Não-emotivo/Apático/Indiferente. **Ex.** É um rapaz ~, sem energia, sem iniciativa, não reage a nada! **4** *s m pl* ~os ⇒ «caixa de» fósforos.

amori(c)o *s m* (<amor+-ico) Namoro pouco sério. **Ex.** É um aluno pouco brilhante porque anda em contínuos ~s.

amorífero, a *adj* (<lat *ámor,óris+fero,ferre*: levar) Que provoca amor. ⇒ afrodisíaco.

amornar [amornecer] *v t* (<a¹-+morno+...) **1** Tornar/Ficar morno. **Ex.** Não te esqueças de [Deixa] ~ o leite antes de o dar ao bebé[ê].

amorosamente *adv* (<amoroso+-mente) Com (muito) amor/carinho/ternura. **Ex.** A mãe deitou ~ o/a bebé[ê] (na sua cam(inh)a). **Sin.** Afe(c)tuosamente; carinhosamente; ternamente.

amoroso, a (Ôso, Ósa, Ósos) *adj* (<amor + -oso) **1** Relativo ao amor. **Comb.** *Correspondência ~a* [Cartas de amor]. *Relações ~as. Triângulo ~. Versos* [Poesia] *~os*[a]. **2** Que revela amor/Apaixonado/Enamorado. **Ex.** O marido era (muito) ~ com ela. **Comb.** Um olhar ~. **3** Que mostra ternura/Afável/Carinhoso/Delicado/Simpático. **Ex.** Tenho uma mãe [sogra] ~a! Os meus alunos, salvo raras exce(p)ções, são ~s! **Ant.** Antipático; ríspido. **4** *fam* Encantador/Enternecedor/Gracioso. **Ex.** No Jardim Zoológico há animais muito ~s/engraçados. Hoje está [temos] um dia/tempo ~. Parabéns, tens [arranjaste] uma casa ~a!

amor-perfeito *Bot* (*pl*: amores-perfeitos) *s m Bot* Planta herbácea da família das violáceas que dá flores de cores vari(eg)adas; *Viola Tricolor.* **Comb.** Canteiro de ~s.

amor-próprio *Bot* (*pl*: amores-próprios) *s m* **1** Sentimento (que cada um tem) da sua dignidade (pessoal)/Brio. **Ex.** É preciso ter ~ [respeito por si mesmo]. **Loc.** «não devemos» Ferir o ~ «de quem tem um defeito físico». **2** Soberba. **Loc.** Deixar-se levar [dominar] pelo ~ «e desprezar os outros». **Ant.** Amor; caridade; modéstia; humildade.

amorreado, a *adj* (<a¹-+morro+-ear) «terreno» Com morros [elevações arrendondadas].

amorrinhado, a *adj* (<amorrinhar+-ado) «animal» Com doença da morrinha/Enfraquecido.

amorrinhar *v t* (<a¹-+morrinha+-ar¹) Sofrer de ou causar morrinha/Definhar/Enfraquecer.

amortalhado, a *adj* (<amortalhar+-ado) **1** «o defunto» Envolto em mortalha. **2** *fig* Vestido pobremente como frade ou pedinte/Andrajoso(+).

amortalhar *v t* (<a¹-+mortalha+-ar¹) **1** Envolver com mortalha. **Loc.** ~ o cadáver [defunto(+)]. **2** ~-se/Vestir-se modestamente como (sinal de) renúncia ao que é mundano. **Ex.** Amortalhou-se (em vida) num hábito de monge e viveu só para Deus. **3** *fig* Cobrir/Dominar. **Ex.** A noite amortalhou toda a cidade. Um manto de neve amortalhara [cobrira(+)] tudo ao redor.

amortecedor, ora *s/adj* (<amortecer + -dor) (O) que amortece «força/intensidade/peso/som/vibração». **Ex.** Todos os veículos devem ter ~es nas molas para absorver [diminuir] os choques devido ao mau piso da estrada. Caí com todo o peso do corpo; felizmente o tapete grosso serviu de ~. **Comb.** *~es de dire(c)ção. ~es de suspensão* «do carro». *~es das vibrações.* ⇒ mola; para-choques.

amortecer *v t/int* (<a¹-+morto+-ecer) **1** Abrandar/Afrouxar/Atenuar. **Ex.** A distância amortece os ódios. **Loc.** ~ *o choque.* ~ *o fogo.* ~ *a pancada* «protegendo-se com uma almofada». **2** Ficar como morto/Desfalecer. **Ex.** As cores rosadas da face amorteceram-se. Os desmaios frequentes amorteciam-no. **3** Adormecer-se/Entorpecer-se/Prostrar-se. **Ex.** A má posição amorteceu-me as pernas.

amortecido, a *adj* (<amortecer) **1** Enfraquecido/Entorpecido/Desfalecido/Mortiço. **Ex.** Acordou com as pernas ~as/adormecidas(+). A febre alta deixou-o ~. **2** Que diminuiu de intensidade/Brando. **Comb.** *Golpe* [Pancada] *~. Luz ~a/mortiça. Som ~.*

amortecimento *s m* (<amortecer+-mento) **1** A(c)to ou efeito de amortecer/Enfraquecimento. **Comb.** O ~ do embate «do carro». **2** *Fís* Diminuição progressiva «da oscilação».

amortiçar *v t/int* (<a¹-+mortiço+-ar¹) **1** Ficar mortiço/Apagar(-se)/Extinguir(-se). **2** ⇒ amortecer.

amortização *s f* (<amortizar+-ção) Pagamento gradual de uma dívida. **Comb.** *~ de a(c)ções. ~ da dívida. Fundo de ~.*

amortizar *v t Econ* (<a¹-+morte+-izar) **1** Pagar gradualmente. **Ex.** Amortizou metade da dívida bancária. **2** Reembolsar/Adquirir as (suas) próprias a(c)ções ou títulos.

amortizável *adj 2g* (<amortizar+-vel) Que se pode amortizar. **Comb.** Empréstimo ~ «num ano».

amorudo, a *adj* (<amor+-udo) **1** Que se apaixona facilmente. **Ex.** Era tão ~ que lhe chamavam o pinga-amor. **2** ⇒ amorável; amoroso.

amorzinho *s m* (<amor+-zinho) ⇒ amor 3/4.

amossadela *s f* (<amossar+-dela) Mossa. ⇒ amolgadela.

amossar *v t* (<a¹-+mossa+-ar¹) Fazer mossa em. ⇒ amolgar.

amostardar *v t* (<a¹-+mostarda+-ar¹) **1** Pôr mostarda «no molho». ⇒ apimentar. **2** *fig* Tornar picante/mordaz «a conversa, o texto».

amostra *s m* (<amostrar) **1** ⇒ mostra(+). **2** Pequena parte de um produto para ver [mostrar] a sua qualidade. **Prov.** *Pela ~ se conhece o pano* [Pelo pouco que se vê, pode avaliar-se a «boa» qualidade «da pessoa»]. **Loc.** *Enviar ~as. Pedir uma ~.* **Comb.** *~ grátis* [sem valor]. *~ de pano* [Pano de ~]. *~ de sangue* para (fazer um) hemograma. *Livro* grátis [*de ~*]. **Sin.** Espécime. **3** Indício/Sinal/Prova(+). **Ex.** Esta pintura é bem uma ~ do talento do artista. Este presente é só uma pequena ~ do meu apreço por si. **4** Exemplo/Modelo perfeito. **Ex.** Rosa Mota é uma ~ dos corredores portugueses. **5** Parte estatística de um conjunto. **Comb.** *~ casual* [aleatória/randômica]. *~ representativa* [completa]. **6** ⇒ apresentação(+); demonstração(o+). **7** *Pesca* ⇒ isca(+).

amostragem *s f* (<amostrar+-agem) **1** Exposição de amostra(s) para venda. **Comb.** *~ forçada* [de promoção «de um produto»]. **2** Processo de recolha e sele(c)ção de elementos para estudo, análise ou tratamento estatístico. **Ex.** O estudo sobre (as causas d)os acidentes de trabalho foi feito por ~. **Comb.** *~ casual* [acidental]. *~ simples.*

amostrar *v t* (<a⁴-+mostrar) ⇒ mostrar(+).

amotar *v t* (<a¹-+mota²+-ar¹) Cobrir de terra [com mota] o pé da planta. **2** Fazer um aterro ou tapume para proteger os terrenos/campos «das inundações».

amotinação *s f* (<amotinar+-ção) **1** A(c)to ou efeito de (se) amotinar/Insurreição/Motim/Rebelião/Sublevação. **Comb.** *~ do povo* [dos estudantes]. **2** ⇒ agitação/alvoroço.

amotinado, a *adj* (<amotinar+-ado) Insurre(c)to/Rebelde/Revoltoso. **Ex.** Os ~s invadiram os escritórios da empresa.

amotinador, ora *s/adj* (<amotinar+-dor) **1** Que provoca motins/Agitador. **Ex.** Cristo foi acusado de (ser) ~ do povo. **2** ⇒ amotinado.

amotinar *v t* (<a¹-+motim+-ar¹) Desencadear um motim/uma amotinação/revolta. **Ex.** O povo amotinou-se contra o ditador. A crueldade do ditador amotinou o povo.

amouco *s* (<mal *amoq*: arremetida de furioso) Indivíduo fanático ou disposto a morrer «pelo chefe».

amou[oi]riscado, a *adj* (<amouriscar+-ado) Que tem aspe(c)to de «telhado/palácio/rosto» árabe/mouro.

amou[oi]riscar *v t* (<a¹-+mourisco+-ar¹) Tornar-se (como) árabe/mouro. **Ex.** Bento de Góis, para a viagem através da Ásia, amouriscou o traje [vestiu-se de mouro].

amouxar *v t* ⇒ amochar **5**.

amover *v t* (<a³-+...) Afastar(o+)/Deslocar/Desviar(+)/Mudar/Remover(+)/Transferir. **Loc.** ~ um beneficiário [herdeiro] de seus bens.

amovível *adj 2g* (<amover+-vel) Que pode ser deslocado/removido. **Ex.** A casa pré-fabricada é constituída por elementos ~eis. **Comb.** Funcionário [Cargo] ~. **Sin.** Removível. **Ant.** Inamovível.

amparado, a *adj* (<amparar+-ado) **1** Que tem escora/suporte/Apoiado. **Ex.** As vigas do telhado estão bem ~as. **2** Auxiliado/Defendido/Protegido. **Ex.** Fez sacrifícios durante toda a vida para deixar os filhos ~s.

amparar *v t* (<lat *antéparo,áre*: preparar/prevenir) **1** Servir de suporte/Segurar/Suster. **Ex.** Conseguiu ~-se ao [segurar-se no] gradeamento e evitar a queda de uma altura de três metros. **Ant.** Cair; largar. **2** Ajudar/Apoiar/Proteger. **Ex.** As instituições de caridade existem [são] para ~ os mais desfavorecidos. **Ant.** Des~. **3** Socorrer/Sustentar. **Ex.** Amparou os sobrinhos órfãos. **Ant.** Des~; desprezar. **4** Dar apoio moral/Encorajar/Estimular. **Ex.** Amparava sempre os amigos.

amparo *s m* (<amparar) **1** Escora/Esteio/Estaca/Arrimo/Suporte «do sobrado/telhado». **2** Ajuda/Apoio/Auxílio/Prote(c)ção «dos pais». **Ex.** Esta filha é o meu ~ na velhice.

ampelidáceo, a *adj Bot* (<gr *ámpelos*: vinha+-áceo) Relativo às (plantas) ampelidáceas ou vitáceas «videira».

ampelografia [ampelologia] *s f* (<gr *ámpelos*: vinha+...) Estudo (escrito) da vinha. ⇒ viticultura.

ampeloterapia *s f* (<gr *ámpelos*: videira + ...) Tratamento com [a partir das] uvas, como laxante.

amperagem *s f* (<ampere+-agem) Intensidade da corrente elé(c)trica. ⇒ voltagem.

ampere (Pé) *s m* (<antr Ampère, físico francês) Unidade de medida da corrente elé(c)trica. **Comb.** ~-hora [Ah] (Um ~-hora equivale a 3600 coulombs). ⇒ watt.

amperímetro *s m* (<ampere+-metro) Instrumento para medir a amperagem/os amperes.

amplamente *adv* (<amplo+-mente) Intensamente/Largamente/Longamente. **Ex.** O assunto foi ~ discutido. **Ant.** Escassamente.

amplexivo [ampletivo/*Br* amplectivo], a *adj Bot* (<amplexo+...) «folha» Que envolve/abraça outras [o caule].

amplexo (Plécsso) *s m Poe* (<lat *ampléxus*: abraço) ⇒ abraço(+).

ampliação *s f* (<ampliar+-ção) A(c)to de ampliar/Aumento. **Comb.** ~ *da casa*. ~ *da foto(grafia)*. ~ *da voz* [do som]. **Ant.** Redução.

ampliado, a *adj* (<ampliar+-ado) Aumentado. **Ex.** O espaço para recreio foi ~. **Comb.** Fotografia ~a.

ampliador, ora *adj/s m Ó(p)tica* (<ampliar + -dor) (O) que faz aumentar. **Ex.** A lupa é ~ora. **Comb.** O ~ de fotografias [imagens] usado em ó(p)tica. ⇒ amplificador.

ampliar *v t* (<lat *ámplio,áre,átum*: aumentar) **1** Tornar maior/Aumentar. **Ex.** Vou ao Japão para ~ os meus conhecimentos de História. **Loc.** ~ *a casa*. ~ *a foto(grafia)*. ~ *o campo de recreio* [de jogos] da escola. **2** ⇒ exagerar.

ampliativo, a *adj* (<ampliar+-ivo) Que serve para ampliar.

ampliável *adj 2g* (<ampliar+-vel) Que pode ser ampliado.

amplidão *s f* (<lat *amplitúdo,inis*; ⇒ amplitude) **1** Qualidade do que é amplo/Grandeza/Vastidão. **Ex.** A ~ da planície estende-se até ao horizonte. **2** ⇒ espaço/céu.

amplificação *s f Fís/Ele(c)tri/Retórica* (<lat *amplificátio,ónis*) Trabalho de amplificar/Desenvolvimento/Aumento/Exagero. **Comb.** ~ [Aumento] da corrente elé(c)trica. ~ [Exagero] do discurso laudatório «de um político». ~ [Desenvolvimento] do tema [assunto/conteúdo]. ⇒ ampliação.

amplificador, ora *s/adj Fís/Ele(c)tri* (<lat *amplificátor,óris*) **1** Que amplifica. **2** Aparelho com transístor. **Comb.** ~ *de alta frequência*. *Um* (sistema) ~ *de som*.

amplificar *v t* (<lat *amplífico,áre,átum*) Desenvolver/Aumentar. **Ant.** Reduzir.

amplitude *s f* (<lat *amplitúdo,inis*) **1** Extensão/Grandeza/Vastidão. **Ex.** Não via [entendia] a ~ [o alcance] daquela a(c)ção. **Comb.** [Vastidão] *de conhecimentos* «do professor». ~ [Grandeza/Abrangência] *do proje(c)to*. ~ [Grandeza/O espaço] *do salão*. **2** Diferença entre limites/Distância entre máximo e mínimo. **Comb.** ~ *da maré*. ~ *modulada* [com sobreposição de duas ondas sonoras]. ~ [Altura] *da onda* (do mar). *Meteor* ~ *térmica* [das variações de temperatura no decurso de um dia/mês/ano]. *Fís* ~ *de oscilações do pêndulo*.

amplo, a *adj* (<lat *ámplus,a,um*) **1** Que tem grandes dimensões/Espaçoso/Largo. **Comb.** ~ [Largo(+)] *sorriso*. *Casa* [Sala] ~*a/grande/espaçosa*. *Casaco* [Paletó] ~*/largo/folgado(+)*. **Ant.** Acanhado. **2** Generalizado/Genérico/Abrangente. **Ex.** Era um homem de ~ saber [de ~s conhecimentos]. **Comb.** «ele é um sábio» Na mais ~a ace(p)ção da palavra. **Ant.** Restrito. **3** Muito(s). **Comb.** ~*as perspe(c)tivas* [possibilidades] *de sucesso*. «ter/conceder» ~*s poderes*. Pessoa de ~*os recursos* [bens].

ampola [empola] (Pô) *s f* (<lat *ampúlla*: frasquinho <*amphórula*: pequena ânfora) **1** Pequeno recipiente, geralmente de vidro, em forma de garrafinha ou de cilindro afiado nas pontas, contendo medicamento ou outro líquido. **Comb.** ~ *inje(c)tável* [de inje(c)ção]. **2** *Anat/Fís* Designação genérica de formas ou extremidades arredondadas de órgãos. **Comb.** ~*s das algas*. ~*s das patas da osga*. ~*s* [Bolhas] *nos pés*. ~ *de raio X*. ~*s das varizes*. ⇒ bolha; vesícula.

ampulheta *s f* (<ampola+-eta) Recipiente de vidro com duas partes có[ô]nicas e iguais unidas por um pequeno orifício pelo qual passa [cai], alternadamente, a areia ou o mercúrio, para medir o tempo. **Ex.** No início de cada exame oral, virava-se a ~. O meu exame durou 3 ~s. **Idi.** *A* ~ [roda(+)] *do tempo* [O passar dos anos] «não para».

amputação *s f* (<lat *amputátio,ónis*: corte) A(c)to de amputar/Corte/Mutilação/Ablação/Supressão. **Ex.** Foi submetido a uma operação [intervenção cirúrgica] para a ~ de uma perna. **Comb.** A ~ de «dez» páginas do livro.

amputado, a *adj* (<amputar+-ado) **1** Que sofreu amputação/Cortado/Mutilado/Separado. **Comb.** *Braço* ~. *Perna* ~*a*. ⇒ mutilado «de guerra». **2** Eliminado/Excluído/Suprimido. **Ex.** O livro foi ~ [cortado(+)] em alguns capítulos.

amputar *v t* (<lat *ámputo,áre*: cortar em toda a volta) **1** Cortar/Decepar/Mutilar. **Loc.** ~ um braço «gangrenado». **2** Eliminar/Suprimir. **Loc.** ~/Cortar(+) parte do texto [artigo].

amuado, a *adj* (<amuar+-ado) **1** Zangado e calado. ⇒ melindrado. **2** *fig* ⇒ «dinheiro» parado(+).

amuar *v int* (<a¹-+mu-+ar¹) **1** Ficar de mau humor e calado. **Ex.** Irritaram-no [Fizeram-no zangar] e ele amuou. **2** Não ceder/Não se mexer/Teimar. **3** ⇒ guardar «dinheiro».

amulatado, a *adj/s* (<amulatar+-ado) Que tem aspe(c)to de [um tanto] mulato. **Ex.** Mulher linda, de um ~o (Cor ~a) fresco e sadio!

amulatar *v t/int* (<a¹-+mulato+-ar¹) Ficar ou tornar mulato.

amuleto (Lê) *s m* (<lat *amulétum*) Obje(c)to, imagem ou fórmula escrita a que se atribui poder mágico que se usa com boas ou más intenções. ⇒ talismã.

amulherar(-se) *v int* (<a¹-+mulher+-ar¹) **1** Adquirir/Dar aspe(c)to de mulher. **Ex.** O coreógrafo amulherou os dançarinos. O viúvo amulherou-se. Rosa, com dez anos, já tem um ar amulherado. **2** ⇒ efeminar-se.

amumiar *v* (<a¹-+múmia+-ar¹) **1** ⇒ mumificar(+). **2** *fig* Ficar como uma múmia/Emagrecer muito/Mirrar-se(+)/Mumificar-se(+)/~-se.

amuo *s m* (<amuar; ⇒ amuado) **1** Estado de mau humor/Agastamento/Enfado/Melindre/Zanga. **Ex.** O moço era dado a ~s [ficava logo [facilmente] amuado]. Os ~s demoram a passar-lhe. **2** ⇒ paragem da fermentação «do mosto (do vinho)»/da formação «do fruto».

amura *s f Náut* (<amurada) **1** Parte curva dos dois lados da proa do barco. **2** Dire(c)ção de 45 graus entre a proa e o través. **3** Cabo «da vela latina» que se fixa à **1** para apanhar bem o vento.

amurada *s f Náut* (<amurado) Parte saliente dos bordos do navio, por cima do convés, que serve de apoio [parapeito] aos tripulantes e para fixação de cabos.

amurado, a *Náut adj* (<a¹-+amura+-ado) **1** «barco» Que tem o vento pelas amuras. **2** Que tem a vela «latina» presa à(s) amura(s).

amuralhar *v t* (<a¹-+muralha+-ar¹) Cercar com [de] muralhas «a cidade».

amurar *v t Náut* (<amura **3**+-ar¹) Prender «as velas» com amuras.

amusia *s f Med* (<lat *amusia*: ignorância da música) Falta de [O não ter] ouvido.

a(n)- *pref* ⇒ a²-.

an(a)- *pref* (<gr *aná*; significa 'contra', 'de um lado para o outro', 'de novo'; ⇒ anábase, ânodo, anacró[ô]nico).

-ana *suf* (<lat *-anus,a,um*; é a terminação culta dos adje(c)tivos «rom*anus,a,um*: romano», que corresponde a -ão, ã) Significa: **a)** Cole(c)ções ou coisas ligadas a nomes próprios, por ex. camoniana, brasiliana. **b)** Coisa grande, numerosa, por ex. ratazana; ⇒ -ano.

aná *adv Med* (<gr *aná*: para (cada um)) «substâncias do remédio» Em partes [quantidades] iguais.

anã ⇒ anão; bananeira [estrela] ~ .

anabatismo [*Br* anabaptismo] (Bá) *s m* [= anabaptismo] (<an(a)-: de novo + ...) Doutrina dos anaba(p)tistas que defende que o ba(p)tismo deve ser apenas ministrado na idade adulta, reba(p)tizando as crianças, se for o caso.

anábase [anabasia] *s f Med* (<gr *anábasis,eos*) Período de agravamento [progressão] de uma doença.

anabásico [anabático], a *adj Med* (<anábase+-ico) Relativo a anábase.

anabiose *s f Biol* (<gr *anabíosis*: ressurreição) Regresso à vida após morte aparente ou suspensão das funções vitais.

anabólico, a *adj Biol* (<gr *anabolé*: ascensão+-ico) Relativo à assimilação ou anabolismo.

anabolismo *s m Biol* (⇒ anabólico) Série de fenó[ô]menos metabólicos pelos quais, depois da digestão, as substâncias são incorporadas nas células. **Ant.** Catabolismo. ⇒ metabolismo.

anabolizante *adj 2g Med* (⇒ anabólico) «substância» Que estimula a assimilação dos alimentos.

anacarado, a adj (<anacarar+-ado) **1** Que tem a cor ou o brilho de nácar. **2** *fig* Avermelhado/Corado/Ruborizado.

anacarar(-se) v int (<a¹-+nácar+-ar¹) Tornar(-se) como nácar.

anacardiáceo, a adj *Bot* (<anacárdio+-áceo) Relativo às plantas dicotiledó[ô]neas, anacardiáceas, a que pertence o cajueiro ou o lentisco.

anacárdio s m (<lat *anacárdium*) ⇒ caju(eiro).

anacatarse s f (<gr *anakátharsis*: purificação) ⇒ expe(c)toração intensa e continuada.

anacatártico, a s m/adj *Med* (<gr *anakatartikós*) (O) que estimula a expe(c)toração/ Expe(c)torante(+).

anacefaleose s f (<gr *anakephalaiósis*: recapitulação) Resumo(+)/Sumário dos pontos principais «dum discurso».

anaco, a adj/s (<ár *anaq*) (Diz-se de) alguns animais «cabrito/novilho/cordeiro» com um ano de idade. **Sin.** Anejo/Anelho.

anacoluto s m *Ling* (<gr *anakólouthos*: inconsequente) Alteração da ordem normal das palavras na frase ou no verso. **Ex.** De graça, (já) não há quem faça.

anaconda s f *Zool* (<tâmul *ánai-konda*: que mata elefante) Grande serpente aquática e arborícola que chega a medir dez metros. **Sin.** Sucuri.

anacoreta (Rê) s 2g (<gr *anachoretes*: que vive retirado) O que vive na solidão dedicado à penitência e contemplação/Cenobita/Eremita(+).

anacreôntico, a s/adj (<antr Anacreonte+-ico) Relativo a Anacreonte, poeta grego, do séc. VI a.C.. **Comb.** *Estilo* ~. *Lírica* ~a. *Ode* ~a [«vou compor» Uma ~a]. *Verso* ~.

anacrónico [*Br* **anacrônico**], a adj (<an(a)-+...) **1** Contrário à data ou cronologia. **Comb.** *Documento* [*Escrito*] ~. **2** Antiquado/Retrógado/Passado. **Comb.** *Ideias* ~as.

anacronismo s m (⇒ anacró[ô]nico) **1** Erro de atribuir a uma época o que é de outra. **Ex.** Napoleão andou de avião. **2** Algo que é do passado. **Ex.** Fumar, nalguns meios [países] já é quase um ~.

anacronizar v (<anacrón(ico)+-izar) **1** Tornar anacró[ô]nico. **Ex.** O computador anacronizou a máquina de escrever. **2** Praticar/Cometer um anacronismo **1**.

anadenia s f *Med* (<a²-+adeno-+-ia) Ausência ou insuficiência de função glandular.

anadiplose s f *Ling* (<gr *anadiplósis*: repetição) Repetição de um ou mais elementos do fim do verso ou frase no início da frase ou verso seguinte.

anadipsia s f *Med* (<an(a)-+gr *dipsa*: sede +-ia) Sede frequente e intensa.

anadípsico, a adj (<anadipsia+-ico) Que provoca sede intensa.

anadrenalinemia s f *Med* (<a(n)-+ adrenalina+-emia) Falta de adrenalina no sangue.

anaeróbio, a adj/s *Biol* (<a(n)-+aeróbio) (O) «bacilo do tétano» que vive sem necessidade de ar. **Comb.** *Respiração* ~a.

anafa s f *Bot* (<ár *na-nafalá*: trevos silvestres) Planta herbácea da família das leguminosas usada como forragem; *Melilotus sulcata* [*itálica*/*officinalis*]. ⇒ alfafa; luzerna.

anafado, a adj (<anafar) Bem alimentado/ Gordo/Nédio. **Comb.** *Homem* ~ *e luzidio*.

anafar v t (<anafa+-ar¹) Alimentar bem/Cevar/Engordar(+).

anáfora s f *Ling* (<gr *an(a)-+phoreo*: levar) **1** Repetição de uma ou mais palavras no início de várias orações [partes] da frase; por ex.: *tudo* cura o tempo, *tudo* faz esquecer. *Este amor* que Deus me inspira, *este amor* que me há-de salvar. **2** *Rel* Parte central da missa/Oblação.

anafrodisia s f (< an(a)-+afrodisia) Carência de desejo sexual.

anafrodisíaco, a adj/s (<anafrodisia+-aco) (O) que provoca anafrodisia. **Comb.** *Substância* ~a [*Um* ~]. **Ant.** Afrodisíaco.

anafrodita adj 2g (<gr *anaphróditos*: que não goza das graças de Afrodite) Que sofre de anafrodisia. ⇒ impotente; frigidez.

anagénese [*Br* **anagênese**] s f *Med* (<ana-+...) Regeneração de tecidos [órgãos] destruídos. ⇒ evolução; evolucionismo.

anagogia [**anagoge**] s f (<gr *ana-+agogé*: acção de transportar para o alto) **1** Elevação da alma na contemplação mística/Arrebatamento/Êxtase. **2** Interpretação mística da Bíblia.

anagógico, a adj (<anagogia+-ico) Relativo à anagogia/Extático/Místico. **Ex.** *Sentido* ~ *da "Divina Comédia"*».

anagrama s m (<gr *anagrama*: inversão de letras) Transposição de letras, de palavra ou frase para formar outras. **Ex.** O ~ da palavra 'Roma' é 'amor'. Camões usou 'Natércia' como ~ de D. Catarina de Ataíde.

anágua s f (<taino: *naguas*) **1** Saia interior/Saiote. **2** Toalha de mesa que quase toca o chão.

anais s m pl (<lat *annáles*) **1** Narração ou história organizada ano por ano. **Ex.** Os ~ dos primeiros historiadores latinos. **2** Regist(r)o da história de um povo ou instituição. **Ex.** Os ~ da Igreja. Os ~ da [A] história de Portugal. **3** Revista ou publicação de carácter científico, literário, artístico. **Ex.** Os ~ [As a(c)tas(+)] dos congressos de cardiologia.

anal adj 2g *Anat* (<ânus+-al) **1** Relativo ao ânus. **Comb.** *Hemorragia* ~. **2** Que se encontra junto ao ânus. **Comb.** *icti Barbatana* ~.

analcima [**analcite/a**] s f *Miner* (<a(n)-+gr *álki(mos)*: forte) Hidratado de sódio, do grupo das zeolites.

analecto s m (<gr *analektos*: recolhido) Antologia/Obras. **Comb.** *Os* ~*s de Confúcio*. ⇒ sele(c)ta.

analepse [**analepsia**] s f (<gr *analepsís*: recuperação) **1** *Ling* Regressão temporal [Recuo] no discurso narrativo. **Ant.** Prolepse. **2** *Med* ⇒ convalescença.

analéptico, a adj/s m (<gr *analeptikós*) **1** *Ling* Referente à analepse **1**. **Comb.** *Um inciso* [*Uma frase*] ~[a]. **2** *Med* Estimulador da recuperação do convalescente. **Ex.** A coramina é ~a [é um ~].

analfabetismo s m (<analfabeto+-ismo) Falta de instrução básica.

analfabeto, a (Bé) adj/s (<gr *analphábetos*: que não conhece o alfabeto) **1** (O) que não sabe ler nem escrever. **Ex.** Vamos acabar com os ~s no nosso país! **2** Ignorante/Inculto. **Ex.** Sou ~ [um zero] em [Não sei nada de] medicina. **3** ⇒ bronco/tapado/estúpido.

analgesia s f *Med* (<a(n)-+gr *algesis*: sensação de dor) Perda de sensibilidade à dor.

analgésico, a adj/s m *Med* (<analgesia+-ico) Que alivia a dor. **Ex.** Tomou vários ~s mas as dores não passaram [o deixaram]. **Comb.** *Efeito*/*A(c)ção* ~/a.

analgia ⇒ analgesia.

analisador, ora adj s m (<analisar+-dor) **1** (O) que analisa [estuda/examina] alguma coisa em pormenor. **2** Instrumento que analisa um fenó[ô]meno. **Comb.** ~ *de sons* [ondas sonoras]. ~ *de feixes luminosos*. ~ *harmó[ô]nico* [Instrumento *us* para fazer a análise harmó[ô]nica de um sinal periódico].

analisar v t (<análise+-ar¹) **1** Fazer a análise/Estudar/Examinar. **Loc.** ~ *o caso* [problema]. ~ *o relatório* «das sondagens». **2** *Med* Fazer exames médico-científicos. **Loc.** ~ *o sangue* [a urina/ um tumor]. **3** *Ling* Dividir os elementos/as partes. **Loc.** ~ *uma frase oração*. **4** *Psic* Psicanalisar. **Ex.** Antes de ~ os outros devia ~-se a si mesmo... **5** *Quím* Decompor/Separar os elementos duma substância. **Loc.** ~ a água «para [a] ver se é potável».

analisável adj 2g (<analisar+-vel) Que pode ser analisado.

análise s f (<gr *análysis*: dissolução, separação) Observação pormenorizada/Separação dos elementos de um todo. **Ex.** Vou hoje entregar as ~s (clínicas) do sangue [da urina] ao médico e ver o que ele (me) diz. **Loc.** *Em última* ~ [último caso(+)]. *Fazer uma boa* ~ *do caso*. **Comb.** ~ *científica* [séria]. ~ *gramatical* da frase. ~ *infinitesimal/matemática* [do cálculo diferencial e integral]. ~ *morfológica* [dos elementos de cada [uma] palavra «infelicidade»]. ~ *química* [elementar] «do sangue». ~ *demasiado simples* [rápida]. ~ *sintá(c)tica* [Decomposição duma frase nos seus elementos e determinação da função deles]. ~ *superficial* [imperfeita]. **Ant.** Síntese. ⇒ psic~ .

analista adj/s 2g (<análise+-ista) (O) que analisa ou faz análises. **Comb.** ~ [Comentador(+)] *político*. *Um (médico)* ~.

analítico, a adj (<gr *analytikós*: próprio para resolver) Relativo à [Que procede por] análise. **Comb.** *Espírito* ~. *Índice* ~ [das palavras-chave [da matéria/do conteúdo] do livro]. **Ant.** Sintético. ⇒ psic~ .

analogamente adv (<análogo+-mente) De modo análogo/Por analogia/Igualmente. **Ant.** Contrariamente.

analogia s f (<gr *analogia*: proporção matemática) Relação de semelhança entre coisas e fa(c)tos. **Ex.** A criança diz *fazeu*, em vez de *fez*, por ~ [semelhança] com *comeu*, *correu*. ⇒ contraposição; contraste.

analógico, a adj (<analogia+-ico; ⇒ análogo) **1** Que tem analogia/Semelhante. **2** *Info/Mat/Fís* Que mede ou calcula de forma contínua, sem hiatos. **Comb.** *Calculador* [*Computador*] ~.

análogo, a adj (<gr *análogos*: proporcional) Que tem analogia com outra coisa/Semelhante. **Ex.** As guelras dos peixes são ~as aos pulmões dos mamíferos. ⇒ analógico.

anamita adj/s 2g (<top Anam) ⇒ Vietname.

anamnese (Mné) s f (<gr *anámnesis*: recordação) Lembrança/Recordação/Reminiscência. **Comb.** *A* ~ *na filosofia de Platão*. *A* ~ *da história clínica do enfermo*. *A* ~ *da missa* «Anunciamos, Senhor, a vossa morte, proclamamos a vossa ressurreição. Vinde, Senhor Jesus».

anamórfico, a adj (<anamorf(ose)+-ico) **1** Deformado por um dispositivo ó(p)tico. **Comb.** *Lente* ~a. **2** ⇒ deformado/transformado.

anamorfismo s m *Geol* (<anamorf(ose)3 +-ismo) Processo de transformação «geológica» complexa.

anamorfose s f (<gr *anamórphosis*: transformação) **1** Imagem deformada por um dispositivo ó(p)tico. **2** *Biol* Modificação que sofrem certas plantas «algas/líquenes», tornando-as irreconhecíveis. **3** ⇒ transformação/redução/deformação.

ananás s m *Bot* (<tupi *naná*: o que sempre cheira) **1** Planta. **Sin.** Ananaseiro; abacaxi. **2** Fruto. **Comb.** ~ *em calda*. *Rodelas de* ~. *Sumo* [Suco] *de* ~. **Sin.** Abacaxi.

ananasal s m (<ananás+-al) Campo de ananase(iro)s.

ananaseiro s m (<ananás+-eiro) Planta tropical, rasteira, da família das bromeliáceas, que dá saborosos frutos: os ananases. **Sin.** Abacaxi; ananás.

anandria s f Bot (<a(n)-+-andro+-ia) Ausência de estames ou órgãos masculinos. ⇒ anafrodisia.

anandro, a adj Bot (<a(n)-+-andro) Flor «de nespereira» que não tem órgãos (reprodutores) masculinos, só femininos. ⇒ hermafrodita.

ananicar v t (<a¹-+nanico+-ar¹) **1** Tornar anão/nanico/raquítico(+). **Ex.** Os ventos intensos ananicaram as plantações. **2** fig ⇒ Amesquinhar/Enfraquecer.

anão, ã s/adj (<gr nanos: animal ou planta anões/muito pequenos) (O) que é muito baixo/pequeno. **Ex.** fig Em matemática é um ~. **Comb.** Árvore anã (⇒ bonsai). *Bananeira anã. "Branca de Neve e os Sete Anões". Estrela anã. Inteligência anã.* ⇒ nanismo.

anaplasia s f (<gr anáplasis: formação nova) **1** Med Desenvolvimento anormal de uma célula que na maioria dos casos se torna cancerosa. **2** Cirurgia plástica. **Sin.** Anaplastia.

anaplasmose s f Vet (<gr anáplasma: algo que se formou+-ose) Doença infe(c)ciosa do gado bovino que provoca anemia, icterícia e febre.

anaplastia s f Med (<gr anáplastos: remodelado+-ia) Restauração cirúrgica duma parte do corpo humano, por auto[hetero]-plastia. ⇒ anaplasia **2**.

anapneia s f Med (<gr anápnoia: recuperação da respiração) Retoma(da) da função respiratória. ⇒ apneia.

anaptixe (Ícse) s f Ling (<gr anáptyksis: a(c)to de desdobrar) O intercalar [pôr] uma vogal entre duas consoantes para facilitar a pronúncia; por ex. ca**r**apinteiro.

anarca adj 2g (<gr ánarkhos: sem chefe) Que é adepto da anarquia. **Sin.** Anarquista(+).

anarquia s f (<gr anarkhía: falta de chefe ou governo) **1** Sistema político que defende a abolição da autoridade. ⇒ anarquismo. **2** Situação de um povo sem governo. **Ex.** O país caiu na ~. **3** Caos/Confusão/Desordem/Desorganização. **Ex.** A Universidade está uma ~. A ~ na empresa levou-a à falência.

anárquico, a adj (<anarquia+-ico) **1** Sem governo. **Comb.** Um país ~. **2** Confuso/Desordenado. **Ex.** O se(c)tor administrativo da empresa está ~.

anarquismo s m (<anarquia+-ismo) Teoria Doutrina que quer [defende(+)] uma sociedade sem Estado, baseada apenas no consenso livre dos cidadãos.

anarquista adj/s 2g (<anarquia+-ista) (O) que é adepto da anarquia. **Comb. Doutrina ~. Ideias ~s. Princípios ~s.**

anarquização s f (<anarquizar+-ção) A(c)to ou efeito de anarquizar. **Ex.** Os responsáveis pela ~ dos serviços foram punidos.

anarquizar v t (<anarquia+-izar) Provocar anarquia/Desorganizar. **Loc.** ~ o país [Levar o país à anarquia(+)]

anartria s f Med (<a(n)-+-gr arthron: juntura, articulação) Perda de articulação das palavras por lesão cerebral. ⇒ afasia.

anasarca s f Med (<an(a)-+gr sárx: carne) Edema que se espalha nos tecidos por baixo da pele.

anastigmático, a adj (<a(n)-+astigmático) Que impede o astigmatismo. **Comb. Lente ~a. Obje(c)tiva** (fotográfica) **~a.**

anastigmatismo s m (<a(n)-+astigmatismo) Propriedade de certas lentes [dum sistema ó(p)tico] que corrige o astigmatismo.

anastomosar v t (<anastomose+-ar¹) Ligar «veias» por intercomunicação.

anastomose s f Bio/Med (<gr anastómosis: embocadura) (Operação cirúrgica que faz a) comunicação entre canais sanguíneos ou partes do tubo digestivo ou fibras nervosas.

anástrofe s f Ling (<gr anastrophé: inversão) Alteração da ordem natural das palavras; por ex.: seu olhar *de ira cheio*.

anatar v t/int (<a¹-+nata+-ar¹) **1** Pôr nata «no café/nos morangos»/creme. **2** «leite» Cobrir-se de [Ganhar] nata(+).

anatásio s m Miner (<gr anátasis: alongamento) Óxido de titânio/Octaedrite/a.

anátema s/adj 2g (<lat anáthema,atis: excomunhão) **1** Sentença de expulsão da Igreja/Excomunhão. **2** fig Reprovação/Condenação/Maldição. **3** (O) que foi expulso/excomungado. ⇒ réprobo; herege.

anatematização s f (<anatematizar+-ção) A(c)to ou efeito de anatematizar.

anatematizar v t (<anátema+-izar) Lançar anátema/Excomungar/Reprovar.

anatídeo, a adj/s Zool (<lat ánas,atis: pato + -ídeo) (O) que pertence à família de aves palmípedes a que pertencem os cisnes, marrecos, patos e gansos.

anatocismo s m Econ (<gr anatokismós, ou<tokos: interesse, juro) Cobrança de juros sobre juros vencidos e não pagos/(Capitalização dos) juros compostos.

anatomia s f (<gr anatomé,es: incisão, dissecação de alto a baixo) **1** Dissecação [Corte] do corpo humano ou de outro animal para estudo da sua organização interna. **Ex.** A ~ praticada em cadáveres humanos nos hospitais permitiu grandes avanços em medicina e cirurgia. **2** Ciência que estuda a estrutura e a organização interna dos seres vivos pelos métodos de dissecação. **Comb.** ~ *animal*. ~ *comparada*. ~ *descritiva*. ~ *humana*. ~ *vegetal*. *Aula de ~. Compêndio de ~.* ⇒ morfologia. **3** Aspe(c)to exterior dum corpo ou dum obje(c)to/~ artística. **Ex.** Para modelos (de alta-costura) são escolhidos/as jovens com uma ~ [compleição] perfeita. **4** fig Exame minucioso/Observação detalhada. **Comb.** ~ [Análise] de um crime.

anatómico [Br **anatômico**], **a** adj/s (<anatomia+-ico) Relativo à [ao estudo da] anatomia. **Comb. A perfeição ~a** «duma escultura de Miguel Ângelo». *Caracteres ~s. Dissecações ~as. Estudos ~s. Laboratório* [Gabinete] ~. **2** Que se ajusta à forma do corpo. **Comb.** Colchão [Almofada] ~o/a. **3** s O que sabe [pratica/se dedica à] anatomia/Anatomista(+). **Comb.** Um ~ [anatomista(+)] célebre.

anatomista s 2g (<anatomia+-ista) Pessoa que ensina/pratica anatomia/Especialista em anatomia. **Comb.** Um/a ~ de renome mundial.

anatomização s f (<anatomizar+-ção) A(c)to de anatomizar/Dissecação(+). **Comb.** ~ duma cobaia.

anatomizar v t (<anatomia+-izar) **1** Fazer o estudo anató[ô]mico/Dissecar(+). **Ex.** Nas aulas práticas de Biologia os alunos anatomizam [dissecam(+)] vários animais «cobaias/pombos/peixes». **2** fig Fazer uma observação minuciosa/Analisar pormenorizadamente/Esmiuçar(+)/Remexer(o+). **Loc.** ~ *a vida* «dum político». ~ *um documento* [contrato/uma lei].

anatomofisiologia s f Anat Fisiol (<anatomia+fisiologia) Ciência que estuda a forma, disposição e estrutura dum ser organizado e as funções dos órgãos que o constituem.

anatomofisiológico, a adj (<anatomofisiologia+-ico) Relativo à anatomia e à fisiologia.

anatomopatologia s f Med (<anatomia+patologia) Ciência que estuda as lesões anató[ô]micas/Anatomia patológica. **Ex.** A ~ aplica-se não só em cadáveres mas cada vez mais na dete(c)ção e estudo de lesões e doenças de organismos vivos.

anatomopatológico, a adj (<anatomopatologia+-ico) Relativo à anatomia patológica. **Comb.** Estudo ~.

anatoxina s f (<an(a)-+...) Toxina que com tratamento químico perde a toxicidade e produz imunidade.

anatropia s f Anat/Bot (<an(a)-+-tropia) Característica do que é anátropo (Diz-se de óvulo que inverte a posição na placenta e de eixo visual de um olho virado para cima quando o outro está fixo).

anavalhar v t (<a¹-+navalha+-ar¹) **1** Cortar [Ferir/Esfaquear] com navalha. **Ex.** Empunhando uma faca [navalha] ameaçava ~ quem se lhe opusesse. **2** fig Fazer sofrer/Amargurar/Afligir/Ferir/Dilacerar/Cortar. **Ex.** Os desvarios do filho anavalhavam [cortavam(+)/feriam(o+)] o coração da pobre mãe. **3** fig Denegrir a reputação/Difamar/Ferir(+). **Ex.** Injustamente anavalhado [ferido(+)] na sua reputação, retirou-se, amargurado, da vida política.

anca s f (<germânico hanka) **1** Anat Região do corpo que faz a ligação do membro inferior ao tronco/Quadril. **Ex.** A ~ compreende o osso ilíaco e a extremidade superior do fé[ê]mur e os tecidos moles que os revestem. ⇒ nádega. **2** Zool Quartos traseiros dum animal quadrúpede/Garupa. **Comb.** ~ [Alcatra] *do boi*. ~ [Garupa(+)] *do cavalo*.

-ança, o suf (<lat -antia «abundantia»; ⇒ -ância) Sufixo «de verbos terminados em -ar» que exprime: **a)** Estado de alma, por ex. *confiança, esperança, lembrança*; **b)** Qualidade, por ex. *perseverança, segurança, semelhança*; **c)** A(c)ção ou resultado de a(c)ção, por ex. *cobrança, mudança, poupança*; **d)** Aumentativo, por ex. *copianço, abastança, festança*; **e)** Cole(c)tivo, por ex. *vizinhança*. ⇒ -ença; -ência.

ancestral adj/s 2g (<fr ancestral<ancêtre <lat antecéssor) **1** Que é relativo aos [vem dos/se herdou dos] antepassados. **Comb.** Costumes [Tradições] ~ais. **2** De tempos remotos/Muito antigo. **Comb. Documento** [Livro/Escrito] ~. **Ruínas** (de civilizações) **~ais**. **3** Antepassado/Ascendente. **Comb.** Um ~ [antepassado(+)] remoto. **4** s pl Gerações anteriores/Ascendência. **Ex.** Devemos respeitar os [honrar a memória dos] nossos ~ais [antepassados(+)].

ancestralidade s f (<ancestral+-i+-dade) **1** Qualidade de ancestral. **Ex.** A ~ [antiguidade(+)] dum documento, por si só, não é garantia de autenticidade. **2** Aparecimento de características pertencentes a gerações anteriores e que tinham deixado de se manifestar/Atavismo(+). **Comb.** Fenó[ô]meno de ~.

ancho, a adj (<lat ámplus,a,um) **1** Que tem grande largura/extensão/Amplo(o+)/Largo(+). **Comb.** Chapéu de aba ~a [larga(+)]. **2** fig Cheio de vaidade/Inchado(+)/Orgulhoso(+)/Concho(+). **Loc.** Subir ao palco, (todo) ~ [concho(+)], para receber os aplausos «por ter representado bem».

anchova (Chô) s f Icti (<esp an anchova <gr aphýe: sardinha) Peixe teleósteo da família dos carangídeos, frequente nos mares quentes e temperados, que se alimenta

de outros peixes e crustáceos/Biqueirão/Enchova. **Comb.** *Conserva de ~s. Filetes de ~*.

-ância *suf* (<lat *-antia*; ⇒ *-ança*) Sufixo que exprime a a(c)ção ou o resultado da a(c)ção, por ex. *arrogância, concordância, intolerância, observância, repugnância*.

ancianidade *s f* (<ancião+-i+-dade) **1** Estado[Condição] de ancião/Idade avançada(o+)/Velhice(+). **Comb.** Comportamento [Rea(c)ção] próprio/a da ~. ⇒ senilidade. **2** ⇒ antiguidade.

ancião, ciã *s* (<lat *ante*: antes+-ano) **1** O que tem muita idade/Velho/Idoso. **Ex.** A comunidade religiosa era dirigida por uma (freira) anciã, tida por [considerada] muito santa. **2** Pessoa idosa respeitável/venerável. **Loc.** Escutar os conselhos dos ~s [-ães/-ões].

ancila *s f* (<lat *ancílla, ae*) ⇒ Escrava/Serva/Criada.

anciloglossia *s f Med* (⇒ ancilose) Aderência da língua que dificulta a fala. **Sin.** Língua presa(+).

ancilosar *v t* (<ancilose+-ar[1]) **1** Causar ancilose. **Ex.** As pernas da avó começaram a ~; já quase não consegue andar. **2** Perder a agilidade de espírito/Fechar-se intelectualmente. **Ex.** É uma pessoa (completamente) ancilosada.

ancilose (óse) *s f* (<gr *agkúlos,e,on*: curvo, apertado, aderente+-ose) **1** *Med* Doença das articulações que diminui a capacidade de [que impossibilita o] movimento. **Comb.** ~ dos braços [joelhos]. ⇒ artrose. **2** *fig* Falta de flexibilidade de pensamento. ⇒ ancilosar **2**.

ancinho *s m* (<lat *uncínus,i*: gancho) Ferramenta agrícola formada por uma barra com dentes de madeira/ferro e cabo comprido para arrastar material solto. **Loc.** Alisar a terra (depois de cavada) com o ~ para semear «alfaces». Recolher [juntar] o feno com o ~.

ancípite *adj 2g* (<lat *ánceps, cípitis <amb*: à volta+*cáput, pitis*: cabeça) **1** Que tem duas cabeças/faces/dois lados/gumes. **Comb.** *Monstro* ~ [bicéfalo(+)]. *Espada* ~ [de dois gumes(+)]. **2** *Ling* Que se pode pronunciar como breve ou como longa «no verso latino». **Comb.** Sílaba ~. **3** *fig* Ambíguo/Indeciso/Vacilante. **Comb.** Comportamento ~/ambíguo(+). ⇒ dúplice.

anco *s m* (<gr *ankón,ónos*: ângulo, canto de terra) ⇒ enseada.

ancóneo, a [*Br* **ancôneo**] *adj Anat* (⇒ anco) Diz-se do músculo da parte anterior e posterior do antebraço/cotovelo.

âncora *s f* (<lat *áncora,ae*) **1** *Náut* Peça de ferro com dois ou mais ganchos em forma de unha que pousada no fundo serve para imobilizar o barco [navio] ao qual está ligada por uma corrente de ferro. **Loc.** *Lançar* [Largar/Deitar] *a* ~ [Fundear/Ancorar]. *Içar a* ~ [Levantar ferro/Partir]. **2** *Eng* Peça metálica simples que serve para fixação [amarração] de tirantes. **Ex.** As ~s são muito utilizadas no travamento de paredes contra o risco de desmoronamento. **3** *Mec* Peça de relojoaria que serve para regular o sistema de escape do movimento. **Ex.** A ~ usa-se em todos os relógios de pêndulo. **4** *fig* Pessoa que serve para proteger/amparar. **Ex.** Aquela filha não largava [deixava] a mãe; era uma verdadeira ~ a que ela se apegava. **Comb.** «pedir um empréstimo aos amigos foi a minha» ~ [Tábua] de salvação [Recurso/Solução]. **Sin.** Amparo(+).

ancoradou[oi]ro *s m* (<ancorar+-dou[oi]ro) **1** Local onde uma embarcação lança âncora/Porto de abrigo. **Ex.** Ao fim do dia os barcos regressavam ao ~. **Loc.** Dirigir-se ao ~ para atravessar o rio. **2** *fig* Local onde alguém se sente seguro/Lugar de refúgio/que dá segurança. **Ex.** A casa dos pais é sempre um ~ para os filhos.

ancoragem *s f* (<ancorar+-agem) **1** A(c)to de ancorar [de lançar a âncora]. **Comb.** ~ duma embarcação. ~ dum tirante para travamento duma parede. **2** Imposto pago pelos navios ao [para] ancorarem num porto.

ancorar *v t/int* (<âncora+-ar[1]) **1** Lançar a âncora/Fundear. **Ex.** Por causa da tempestade, o arrastão [a traineira] não pôde entrar no porto; teve que [de] ~ ao largo. **2** Fundamentar(-se)/Firmar(-se)/Basear(-se). **Ex.** Os fundamentalistas permanecem ancorados nas suas ideias e não respeitam os que pensam de maneira diferente. Conseguiu vencer o desânimo e ultrapassar grandes dificuldades porque se ancorou numa [porque tinha uma] fé muito forte. **3** Fixar/Prender/Amarrar. **Ex.** Foi para África em comissão de serviço e ali se ancorou para toda a vida. **Loc.** ~ os cabos de sustentação da ponte.

ancoreta [ancorote] *s f [m]* (<âncora+-...) **1** Âncora pequena. **2** Pequeno barril achatado para transportar bebidas espirituosas ou água potável nas pequenas embarcações.

ancudo, a *adj* (<anca+-udo) Que tem ancas largas. **Comb.** Mulher ~a.

anda *s f/interj* (<andar) **1** ⇒ andas. **2** Exprime ordem, pedido ou ameaça. **Ex.** Faz o que te mandei, ~ [vá/depressa/vamos]! «ameaçando» ~ (lá) que tu vais ver [Olha que eu vou castigar-te]!

andaço *s m* (<andar+-aço) Doença contagiosa de pouca gravidade que afe(c)ta determinada região. **Ex.** Toda a gente [Muita gente] se queixava com dores de barriga; era ~ «diarreia» que por ali se espalhara.

andada *s f* (<andado) **1** Jornada(+)/Caminhada(+). **Ex.** Percorreram todo o traje(c)to d[n]uma só ~ [sem nunca parar(+)]. **2** Vez/Rodada. **Ex.** Joga «a carta», é a tua ~ [vez(+)]. Na minha ~ [vez(+)] de [Quando sou eu a(+)] arrumar a cozinha deixo tudo bem limpo.

andadeira *s f* (<andado+-eira) **1** Mó do moinho que gira e no centro da qual cai o grão. **Ex.** A ~ é a mó de cima. **2** Cinta de pano para amparar as crianças quando estão a aprender a andar. **Loc.** Pôr as ~s (ao bebé/ê). **3** A (mulher) que anda muito. **Ex.** É uma ~/andarilha(+); aparece [encontra-se] em todo o lado [por toda a parte/por onde quer que vamos].

andadeiro, a *adj/s* (<andado+-eiro) **1** (O) que anda muito/depressa/rápido. **Comb.** Égua ~a. **2** Com [Em] que se pode andar com facilidade. **Comb.** *Caminho* ~. *Sapatos* ~*s*. **3** De qualidade inferior/*idi* De trazer por casa. **Comb.** *Louça* ~*a*. *Roupa* ~*a*.

andado, a *adj* (<andar+-ado) **1** Que se andou/Percorrido. **Idi.** «levar a comida para o piquenique já feita» *Ser meio caminho* ~ [Ser metade do trabalho/proje(c)to feito]. **Comb.** Caminho ~/percorrido. **2** Decorrido/Passado. **Comb.** Anos [Tempo] ~os/o.

andador, eira *adj/s* ⇒ «cavalo» andadeiro **1**; andarilho.

andadura *s f* (<andado+-ura) **1** Maneira de andar. **Ex.** Conhecia-se ao longe pela ~. **Comb.** Cavalo de boa ~ [que anda bem/depressa/rápido]. **2** Caminho percorrido/Caminhada **1**(+). **Ex.** Doíam-lhe as pernas da longa ~. **3** Maneira de o cavalo andar, levantando ao mesmo tempo as duas patas do mesmo lado.

andaime *s m* (<ár *ad-daHá'im*, pl de *ad-daHamâ*: pilar, coluna, esteio) Estrutura provisória de madeira ou ferro sobre a qual os operários se deslocam e trabalham durante a construção [reparação] dum edifício. **Ex.** Mesmo para pequenos trabalhos a pouca altura os ~s são mais seguros (do) que as escadas [os escadotes] móveis.

andaluz, za *adj/s* (<ár *andalus*: nome árabe da Península Ibérica) **1** Da Andaluzia (Região do sul de Espanha). **Comb.** *Cidade* ~*a*. *Trajes* ~*es*. **2** *s m* Diale(c)to falado na Andaluzia. **3** *s m* Cavalo de raça andaluza. **Loc.** Montar um ~.

andamento *s m* (<andar+-mento) **1** Modo de andar/Movimento/Andadura **1**. **Ex.** Pelo ~ desengonçado parece (que é) aleijado. **Comb.** Em ~ [movimento]. **2** Prosseguimento/Desenvolvimento/Progressão. **Loc.** *Dar* ~ *ao* [Fazer prosseguir o/Despachar o] *proje(c)to*. *Estar em* ~ [a ser executado/a andar]. **Comb.** O ~ do negócio [dos trabalhos/da obra]. **3** Velocidade/Ritmo. **Ex.** Com este ~ [esta velocidade/Por este andar(+)] não chega(s) hoje ao destino... **Comb.** ~ acelerado/veloz. **4** Dire(c)ção/Rumo(+). **Ex.** Pelo ~ que o governo está a imprimir à política econó[ô]mica, caminhamos para a ruína. **5** *Mús* Ritmo que regula a execução duma peça [dum trecho] musical. **Comb.** ~ lento [andante/moderado]. **6** *Mús* Cada uma das partes duma composição musical. **Comb.** Sinfonia com três ~s.

andança *s f* (<andar+-ança) **1** Caminhada/Jornada/Andada **1**. **Ex.** De ~ em ~, ao fim duma semana acabaram por chegar ao destino. **2** Empreendimento arriscado/Aventura. **Ex.** Meti-me nestas ~s [nestes trabalhos] para ajudar o meu filho.

andante *s m/adj 2g* (<andar+-ante) **1** *Mús* Andamento musical moderado/Trecho musical com esse andamento. **Ex.** O ~ situa-se entre o alegro e o adágio. O primeiro andamento da composição que se segue [se vai agora ouvir] é o ~. **2** Cartão ele(c)tró[ô]nico recarregável/Título que permite viajar em qualquer dos meios de transporte aderentes, da Área Metropolitana do Porto (Portugal). ⇒ passe. **3** *adj 2g* Que anda/caminha/Errante/Vagabundo. **Comb.** *Hist Cavaleiro* ~. *Vendedores* ~*s* [ambulantes(+)]. ⇒ caminhante; peregrino.

andantino *s m Mús* (<it *andantino*) Andamento musical mais apressado que o andante [Trecho musical com esse andamento].

andar *v t/int/s m* (<lat *ámbulo,áre*) **1** Dar passos/Caminhar/Deslocar-se. **Ex.** O bebé[ê] da Rosa ainda não anda. Andei mais de uma hora pela(s) rua(s) d)a cidade à procura dum bom restaurante. **Prov.** *Diz(e)-me com quem andas e dir-te-ei quem és*. **Loc.** ~ *a monte* [~ fugido]. *idi* ~ *à nora* [~ aflito/atrapalhado/desorientado]. ~ *à solta* [em liberdade]. «bêbedo» ~ *aos ss e rr* [Ir aos ziguezagues/Cambalear]. *idi* ~ *com a casa às costas* [Mudar de casa]. ~ *por aí* [Vaguear/Deambular]. *Estar a* ~ [a ser feito/a progredir/em execução]. *Idi Não* ~ *nem desandar* [Não evoluir/Estar parado/*idi* Não sair da cepa torta]. *idi* **Não saber às quantas anda** [Estar desorientado/atrapalhado]. *idi Pôr-se a* ~ [Ir-se embora]. **2** Funcionar/Mover-se/Girar. **Ex.** As coisas [O entendimento/entre as pessoas] lá por casa não andam [anda] bem. Este relógio não anda [funciona(+)/regula(o+)] bem. A Lua anda [gira(+)] à volta da Terra. **3** Deslocar-se/Movimentar-se. **Ex.** Passei a tarde a cavalo. **Loc.** ~ de carro [bicicleta]. **4** Decorrer/Continuar/Prosseguir. **Ex.** Andei [Passei/Decorreram] várias horas para [até] resolver este problema. O assunto

[negócio] está a ~ [decorre normalmente]. Os trâmites processuais andam [decorrem/prosseguem] com muita lentidão. **5** Frequentar. **Loc.** ~ *na* [Frequentar a] *faculdade/universidade*. ~ *na ginástica*. ~ *na tropa*. **6** Acompanhar/Namorar. **Ex.** O meu pai não quer que eu ande com o João. Ela agora já anda [namora] com outro. **7** Estar. **Ex.** Ele anda a falar [Ele fala] mal de você. Ele anda [está] sem [Ele não tem] dinheiro. **Idi.** *Não saber a quantas anda* [Estar desorientado] «pessoa drogada». **Loc.** ~ *bem* [mal] *vestido*. ~ *de bengala* [muletas]. ~ *de botas* [sapatos/chinelos]. **8** Estar/Permanecer/Continuar. **Ex.** A mãe anda [está] doente/adoentada. Já não ando com [não tenho] tosse; não vou tomar mais xarope. **9** Expor-se à a(c)ção dos fa(c)tores climáticos. **Loc.** ~ *à chuva* [ao frio/sol/vento].
10 Ser avaliado em/Atingir aproximadamente determinado valor. **Ex.** O preço do terreno anda por [vale uns] trinta mil euros. A criança devia ~ (aí) pelos 7 ou 8 anos. A despesa da boda andou por [foi de] alguns milhares de euros e o pai da noiva é que *idi fam* andou com a massa [despendeu o dinheiro/pagou a conta].
11 Estar ocupado [empenhado] em determinada tarefa/Pretender realizar [Tencionar fazer] determinada a(c)ção. **Ex.** Ando [Estou] a escrever um livro. Há algum tempo que ando [estou] para ir ao médico. Andei três meses à procura de emprego. **12** *s m* Piso acima do rés do chão/Apartamento. **Ex.** Comprei um ~ [apartamento] no centro da cidade. Moro no 3.º ~. **Comb.** ~ *térreo* [Rés do chão]. *Primeiro* ~. *Edifício com 4 habitações por* ~ [piso]. **13** Forma como se anda/Modo como alguma coisa se processa/evolui. **Loc.** Ter um ~ desajeitado [~ elegante]. **Comb.** *Por este* ~ [Desta maneira/Deste modo/Com tal lentidão] «nunca mais se chega ao fim/anoitece e nós (estaremos ainda) longe de casa». *idi Pelo* ~ *da carruagem* [Pela aparência/Pela forma como as coisas decorrem/Ao que parece]. **14** Camada(+). **Comb.** Um bolo com vários ~es. **15** *Geol* Camada geológica correspondente a uma idade. **Ex.** A determinação do ~ (Saber de que época é) baseia-se nos fósseis característicos.

andarilhar *v int* (<andarilho+-ar¹) Andar/Saltar de um lado para o outro/Vaguear. **Ex.** O trabalho não lhe [te] rende [não se vê/não aparece] porque passa[as] o tempo a ~ pelos gabinetes do Ministério.

andarilho, a *adj/s* (<andar+-ilho) **1** (O) que anda muito/sem se cansar. **Ex.** Apesar da idade, continua (a ser um/a) ~o/a. **2** Aparelho para ajudar bebé[ê]s [pessoas idosas/doentes] a andar. **Ex.** A avó só consegue andar com o [apoiada no] ~.

andas *s f pl* (<andar; ⇒ anda) **1** Par de varas verticais com estribo para apoio dos pés, para brincar, andar a determinada altura do solo ou atravessar terrenos alagadiços. **Comb.** Corrida de ~. **2** Varais sobre os quais é colocada a liteira ou o caixão. **Loc.** Transportar em ~. ⇒ varal; padiola; andor.

andebol *s m* (<ing *handball*; ⇒ h~) Desporto [Esporte] semelhante ao futebol mas em que a bola é jogada com as mãos. **Comb.** ~ *de sete* [onze]. *Equipa/e feminina* [masculina] *de* ~.

andebolista *s 2g* (<andebol+-ista) Jogador [Praticante] de andebol. **Comb.** O/A melhor ~ da equipa/e nacional.

andeiro, a *adj*(<andar+-eiro) ⇒ andadeiro **1**; andador; andarilho **1**.

andejar *v int* (<andar+-ejar) Andar muito por fora de casa/Vaguear(+). **Loc.** Gostar de ~.

andejo, a *adj* (<andejar) **1** Que anda muito/Andarilho **1**/Andeiro. **2** Que anda sempre fora de casa. **Ex.** Podia(s) ter sempre a casa em ordem se não fosse(s) tão ~o/a. **3** Que gosta de mudar constantemente/Errante. **Ex.** O feitio ~ [irrequieto(+)] não o/a deixava assentar [parar/fixar-se] em nenhum emprego.

andesina *s f Miner* (<*top* Andes, cordilheira da América do Sul) Feldspato [Plagioclase] em que a componente anortite se situa entre 30% e 50%.

andesito *s m Min* (<*top* Andes, cordilheira da América do Sul) Tipo de rocha vulcânica, feldspática, sem quartzo, com composição semelhante aos dioritos. **Ex.** Os ~s ocupam um lugar intermédio entre as rochas ácidas «granitos» e as básicas «gabros/basaltos».

andino, a *adj/s* (<*top* Andes, cordilheira da América do Sul) Dos Andes. **Comb.** *Povoações* ~*as*. *Orogenia* ~*a*.

-ando *suf* (<gerúndio dos verbos lat em *áre*: -*ar* «*amar*») Exprime a noção de que se [algo] está a caminho de ser/a preparar-se para; por ex. *ba(p)tizando, doutorando* (O que vai receber o grau de doutor), *educando, formando, ...*

andor *s m* (<mal *andola*) **1** Estrado ornamentado onde se transportam as imagens dos santos nas procissões. **Comb.** ~ *de S. José*. **2** *interj* Exclamação para mandar alguém sair. **Ex.** ~ [Ponha-se a andar/Fora daqui]! Não quero (aqui) pedintes à porta do estabelecimento [da loja].

andorinha *s f Ornit* (<lat *ha[i]rúndo, inis*) **1** Nome comum de muitas espécies de aves de arribação da família dos hirundinídeos, de ventre claro, dorso azul escuro e cauda bifurcada. **Prov.** *Nem um dedo faz mão nem uma* ~ *verão*. *Por morrer uma* ~ *não acaba a primavera*. **2** *Br* Cami(nh)ão fechado para mudanças de casa.

andorinhão *s m Ornit* (<andorinha+-ão) Ave migratória maior que a andorinha, da família dos apodídeos/Ferreiro/Gaivão/Pedreiro/Guincho.

andorinho *s m/adj* (<andorinha) **1** Andorinha macho/Andorinha pequena. **2** *Náut* Cabo pequeno para prender os estribos das vergas. **3** *Náut* Peça do poleame. **4** *adj* Diz-se do gado bovino que tem o pelame preto e luzidio. **Comb.** Touro [Bezerra] ~o/a.

andorino, a *adj* (<andorinha) Da cor da [Semelhante à] andorinha.

Andorra *s Geog* Pequeno estado dos Pirinéus, sudoeste da Europa. **Ex.** A capital de ~ também é ~ e os habitantes são andorranos.

andrajo *s m* (<esp *andrajo*) **1** ⇒ Farrapo/Trapo. **2** *pl* Roupas velhas/muito usadas. **Ex.** Apesar de ser rica, veste-se com ~s vergonhosos.

andrajoso, a (Ôso, Ósa, Ósos) *adj* (<andrajo+-oso) Coberto de andrajos/Esfarrapado/Mal-vestido. **Ex.** Um mendigo ~.

-andro- *suf/pref* (<gr *anér,andrós*: homem) Exprime a noção de homem em oposição a mulher, ou de masculino, por ex. *androcéfalo, androceu, andrógeno, monandro, poliandro*.

androceu *s m Bot* (<andro-+-ceu, terminação de gineceu) Órgãos masculinos da flor/Conjunto dos estames. **Ant.** Gineceu.

androfagia/andrófago ⇒ antropofagia/antropófago.

androfobia *s f* (<andro-+fobia) Aversão ao sexo masculino. ⇒ ginecofobia; misantropia.

andrófobo, a *adj/s* (<andro-+-fobo) (O) que tem androfobia.

andróforo, a *adj/s m Bot* (<andro-+-foro) **1** Que sustenta os estames. **Comb.** *Célula* ~*a*. *Rece(p)táculo* ~. **2** *s m* Prolongamento do eixo floral entre o perianto e o androceu.

androgenesia *s f* (<andro-+gé[ê]nese+-ia) Ciência que estuda o desenvolvimento físico e moral do homem.

androgenésico, a *adj* (<androgenesia+-ico) Relativo à androgenesia. **Comb.** Estudos ~s.

androgenia *s f* (<andro-+-geno-+-ia) **1** *Biol* Ciência que estuda o desenvolvimento do embrião. **2** Sequência de descendentes varões.

andrógeno, a *adj Biol* (<andro-+-geno) Diz-se dos [Relativo aos] fa(c)tores que dão origem aos caracteres masculinos ou estimulam as suas funções. **Comb.** *Cromossoma/o* ~*o*. *Hormonas* [*Hormônios*] ~*as/os*.

androginia *s f Biol* (<andrógino+-ia) Qualidade do que é andrógino/Hermafroditismo(+).

androgínico, a *adj* ⇒ andrógino.

androginismo *s m* (<andrógino+-ismo) ⇒ androginia.

andrógino, a *adj* (<gr *andrógynos*: hermafrodita) Relativo à androginia/Que tem características dos dois sexos/Androgínico. **Comb.** *Animal* ~ [com órgãos reprodutores dos dois sexos]. *Flor* ~*a* [com androceu e gineceu]. **Sin.** Hermafrodita(+).

androide *adj/s 2g* (<andro-+-oide) **1** Semelhante ao homem/Antropoide. **Comb.** Estrutura anató[ô]mica ~. **2** *s* Autó[ô]mato com figura humana. **Comb.** Robô ~. **3** ⇒ Fantoche/Boneco/Títere.

andrólatra *s 2g* (<androlatria) Pessoa que presta culto divino [culto de adoração] a um homem.

androlatria *s f* (<andro-+latria) Culto de adoração [Culto divino] prestado a um homem. **Ex.** A ~ era praticada na antiga Roma, onde o imperador era adorado como deus.

andrologia *s f Med* (<andro-+-logia) **1** ⇒ antropologia. **2** Ciência que estuda o funcionamento e as doenças dos órgãos sexuais masculinos.

Andrómeda [Br Andrômeda] *s f Mit/Astr* **1** Esposa de Perseu, filha de Cassiopeia e Cefeu, rei da Etiópia. **2** Constelação boreal.

andropausa *s f* (<andro-+pausa) Alterações fisiológicas e psicológicas que ocorrem no homem com o envelhecimento, implicando uma redução progressiva da a(c)tividade sexual/Cessação natural da a(c)tividade sexual masculina provocada pelo avanço da idade.

andus *s m Bot* (<quicongo *uandu*: ervilha) ⇒ (feijão-) guandu/u.

andurrial *s m* (<esp *andurrial*) **1** Lugar ermo e sem caminhos. **2** Lugar sujo.

anediar *v t* (<a¹-+nédio+-ar¹) **1** ⇒ engordar. **2** ⇒ afagar; alisar.

anedota (Dó) *s f* (<gr *anékdotos, os, on*: não publicado, inédito) **1** Pequena história, real ou imaginária, jocosa, envolvendo geralmente acontecimentos ou personalidades importantes. **Ex.** Ao pé [Junto] dele ninguém estava triste: tinha sempre uma ~ apropriada para contar. **Idi.** ~ *com barbas* [muito conhecida]. **2** *fig* Pessoa ridícula ou que faz [diz] muitos disparates. **Ex.** Este político é uma (autêntica) ~: não diz nada que se aproveite [nada de jeito].

anedotário *s m* (<anedota+-ário) Cole(c)tânea de anedotas. **Loc.** Compilar [Coligir] um ~.

anedótico, a *adj* (<anedota+-ico) **1** Que contém [Relativo a] anedota(s). **Comb.** Publicação [Revista] ~a. **2** Que faz rir/Có[ô]mico. **Comb.** *Episódio ~. Figura* [Homem/Mulher] *~a*/o/a (Sin. Anedota 2).

anedotista *s 2g* (<anedota+-ista) O que conta/escreve/cole(c)ciona anedotas. **Ex.** O intervalo do espe(c)táculo foi preenchido por um ~. **Comb.** O ~ do jornal.

anedotizar *v t/int* (<anedota+-izar) **1** Contar [Escrever] anedotas. **Ex.** Não tenho jeito para ~ [contar anedotas(+)]. **2** Contar à maneira de anedota. **Ex.** Anedotizando, pode-se dizer que, por vezes, o parlamento é [parece] um circo.

anegar *v t* (<lat *éneco,áre*: matar «por asfixia») **1** Cobrir de água/Inundar(+)/Alagar(o+). **2** Submergir/Destruir «o sonho de curar».

anegrar *v t/int* (<a¹-+negro+-ar¹) Tornar ou ficar negro, escuro.

aneiro, a *adj* (<ano+-eiro) **1** Que produz ano sim, ano não. **Comb.** «oliveira/pereira» Árvore (de fruto) ~a. **2** Que depende do modo como decorre o ano. **Ex.** Maio com chuva forte e granizo tornam ~a a colheita da cereja. **3** *fig* Contingente/Precário/Incerto. **Comb.** Negócio ~.

anejo, a *adj/s* (<ano+-ejo) (O) que tem um ano/Anaco/Anelho. **Comb.** Vitelo ~.

anel *s m* (<lat *anéllus,i* <*ánulus,i*: anel) **1** Pequeno aro, geralmente de metal precioso, que se usa no(s) dedo(s) como ornato. **Prov.** «ao ser roubado por ladrão perigoso» *Vão-se os anéis, fiquem os dedos* [Perca-se tudo mas salve-se a vida]. **Comb.** *~ de casamento. ~ de fantasia. ~ de formatura* [de curso]. *~ de noivado. ~ de ouro*. **2** Cada um dos elementos de uma corrente ou cadeia metálica. **Sin.** Argola(+); elo(o+). **3** Obje(c)to, figura ou linha de forma circular. **Comb.** *~ de asteroides* [entre Marte e Júpiter, por onde orbitam a maioria dos asteroides]. *~* [Caracol(+)] *de cabelo. ~ de fogo. ~ de luz. ~ de pistão* [segmento/segurança]. *Anéis de Saturno*. ⇒ círculo. **4** ~ anual [de crescimento] (Visível depois de fazer um corte transversal no tronco de árvore derrubada).

anelação *s f* (<lat *anhelátio,ónis*) **1** Respiração difícil. ⇒ dispneia. **2** *fig* Desejo ardente/Aspiração. **Sin.** Anelo(+).

anelado, a *adj* (<anel+-ado) **1** ⇒ aneliforme (+). **2** *Zool* ⇒ anelídeo(+). **3** Com caracóis ou anéis. **Comb.** *Cabeleira ~a* [encaracolada(+)]. *Cabelo(s) loiro(s) e ~(s)* [encaracolado(s)/aos caracóis(+)].

anelante *adj 2g* (<lat *anhélans,ántis*) **1** Que respira com dificuldade/Ofegante(+). **2** Que aspira o cheiro. **Comb.** *Narinas ~s* «do caçador». **3** *fig* Que deseja intensamente/Ansioso(+)/Desejoso(o+). **Comb.** *Alunos ~s por* [desejosos de] *aprender*.

anelar¹ *v t* (<lat *anhélo,áre*: respirar com dificuldade) **1** Estar ofegante(+)/Ofegar. **2** *fig* Estar desejoso(+)/Ansiar. **Loc.** *~ pela felicidade eterna* [pelo Céu]. *~ por uma vida melhor*.

anelar² *v t/adj 2g* (<anel+-ar²) **1** Dar forma de anel/Encaracolar(o+)/Frisar(+). **Loc.** *~ (os) cabelo(s)*. **2** Relativo a anel/Anular²(+).

aneleira *s f* (<anel+-eira) **1** Caixinha [Estojo] onde se guardam anéis. **2** Conjunto de aros de diâmetro variado utilizados na medição dos dedos para fazer os anéis.

anelho, a *adj* (<lat *annículus,a,um*) ⇒ anejo.

anelídeo [anélido], a *adj Zool* (<anel+...) Relativo aos anelídeos, vermes de corpo dividido em anéis e intestino tubular (que vai) da boca ao ânus. **Ex.** As minhocas e as sanguessugas são ~s. **Sin.** Anelado 2.

aneliforme *adj 2g* (<anel+forma) Que tem a forma de anel.

anélito *s m* (<lat *anhélitus,us*: respiração difícil; ⇒ anelar¹) **1** Ar que sai da boca/Bafo(o+)/Hálito(+). **2** *fig* ⇒ anelo(+).

anelo (Né) *s m Poe* (<anelar) Desejo intenso/Ânsia/Anseio/Aspiração.

anemia *s f* (<gr *anaimía*: falta de sangue) **1** Falta de glóbulos vermelhos no sangue. **Loc.** Estar com [Ter] ~. **2** *fig* Abatimento/Debilidade/Fraqueza.

anemi(z)ar *v t* (<anemia+...) Causar [Ficar com] anemia(+).

anémico, a [*Br* **anêmico**] *adj* (<anemia+-ico) **1** Que sofre de anemia. **2** *fig* Que aparenta fraqueza/Debilitado/Pálido. **Comb.** *Cor ~a. Discurso ~* [sem vida]/fraco. *Estado* [Governo] *~*/fraco.

-anemo- *elem* (<gr *ánemos*: vento; *us* em palavras relativas ao vento).

anemofilia *s f Bot* (<anemo-+-filia) Polinização das flores feita pelo vento/Anemogamia.

anemófilo, a *adj Bot* (<...+-filo) «planta/flor» Polinizada pelo vento/Anemogâmico/Anemógamo.

anemografia *s f Met* (<...+grafia) Regist(r)o e descrição dos ventos.

anemógrafo *s m Met* (<...+-grafo) Instrumento que regist(r)a a dire(c)ção, velocidade e força dos ventos. ⇒ anemó[ô]metro; anemoscópio.

anemograma *s m Met* (<...+-grama) Gráfico do [obtido no] anemógrafo.

anemologia *s f Met* (<...+-logia) Estudo científico dos ventos.

anemólogo, a *adj* (<...+-logo) Pessoa especializada em anemologia.

anemometria *s f* (<...+-metria) Ciência [Medição] da força dos ventos.

anemómetro [*Br* **anemômetro**] *s m* (<...+ -metro) Aparelho que mede a velocidade do vento. ⇒ anemógrafo; anemoscópio.

anémona [*Br* **anêmona**] *s f Bot* (<gr *anemóne,es*) Planta ornamental da família das ranunculáceas, ou flor da mesma planta.

anémona-do-mar [*Br* **anêmona-do-mar**] *s f Zool* Animal marinho celenterado, de corpo cilíndrico de cores vivas, com uma coroa de tentáculos em redor da boca semelhante a uma flor/Actínia.

anemoscópio *s m* (<...+-scópio) Aparelho que indica a dire(c)ção do vento/Cata-vento. ⇒ anemógrafo.

anemoterapia *s f Med* (<...+terapia) Tratamento de doenças por meio de inalações.

anencefalemia *s f Med* (<an-+encéfalo+-emia) **1** Deficiência de circulação do sangue no cérebro/Anemia do encéfalo. **2** Síncope causada por **1**.

anencefalia *s f Anat* (<an-+encéfalo+-ia) Ausência total ou parcial do encéfalo. ⇒ acefalia.

anencéfalo, a *adj/s Anat* (⇒ anencefalia) (O) que não tem (parte do) encéfalo.

anepigráfico [anepígrafo], a *adj* (<gr *anepígraphos*) «monumento/moeda» Que perdeu ou não tem inscrição.

anequim *s m* (< ?) *Icti* Espécie de tubarão de grandes dimensões e muito feroz.

anestesia *s f Med* (<gr *anaisthesía*) Perda da sensibilidade, por doença ou provocada por medicamento. **Ex.** Foi submetido a uma intervenção cirúrgica dolorosíssima, sem ~. **Comb.** *~ geral. ~ local*. ⇒ hipo[hiper]estesia.

anestesiar *v t Med* (<anestesia+-ar¹) **1** Tirar a sensibilidade total ou parcial do organismo «com anestésico». **Loc.** *~ a gengiva para arrancar um dente*. **2** *fig* Tornar insensível/Entorpecer «o espírito».

anestésico, a *s m/adj Med* (<anestesia+-ico) **1** Substância que (provoca) anestesia. **Loc.** Usar um ~. **2** Relativo à anestesia. **Comb.** *Processo ~. Riscos ~s. Técnicas ~as*.

anestesímetro *s m* (<anestesia+-metro) Aparelho para dosear a quantidade de anestésico a (ad)ministrar ao doente/operando.

anestesiologia *s f Med* (<anestesia+-logia) Especialidade médica que se dedica ao estudo e aplicação dos anestésicos e da reanimação.

anestesiologista *s 2g Med* (<anestesiologia+-ista) Especialista em anestesiologia.

anestesista *s 2g Med* (<anestesia+-ista) Médico especialista em [que aplica] anestesia.

anete (Nê) *s m Náut* (<anel+-ete) Argola ou manilha da haste da extremidade da âncora ou da boia para as prender à amarra.

aneurisma *s m Med* (<gr *aneurysma*: dilatação) Dilatação anormal de uma artéria que pode provocar uma hemorragia, em muitos casos, fatal/Tumor sanguíneo.

aneurismal [aneurismático, a] *adj Med* Relativo a aneurisma.

anexação *s f* (<anexar+-ção) A(c)to ou efeito de incorporar/juntar. **Comb.** *A ~ de um terreno vizinho* «por compra». ⇒ incorporação; junção.

anexar (Anécssár) *v t* (<anexo+-ar¹) Incorporar/Integrar/Juntar. **Ex.** O juiz mandou ~ os novos depoimentos [as novas peças] ao processo. **Ex.** Levou o vizinho a tribunal porque este lhe anexou [roubou] um pedaço de terreno. A empresa foi anexada a uma multinacional.

anexim (Chím) *s m* (<ár *an-naxid*: poema, canto) Adágio(+)/Ditado(+)/Provérbio(o+).

anexo, a (Nécsso) *adj/s m* (<lat *annécto,ere,nexum*: juntar a) **1** *adj* Anexado/Apenso/Junto/Correlacionado. **Comb.** *Casa ~a*/ligada. *Documento ~o* «ao processo». *Escola ~a*. **2** Dependência/Apêndice/Acessório. **Ex.** Foram construídos alguns ~s à casa, uns para (servirem de) armazém, outros para festas e convívios. As unhas, os pelos e o cabelo são ~os da pele; e os ovários e as trompas (de Falópio) são ~os do útero. **Loc.** *Enviar em ~o* «com a carta o seu currículo».

anfetamina *s f Quím* (<alpha+methyl+phenyl+ethyl+amine) Estimulante do sistema nervoso usado com fins terapêuticos e procurado pelos toxicodependentes como estupefaciente.

anfi- *pref* (<gr *amphí*: em volta) Exprime a ideia de *em redor de, de ambos os lados, numa e noutra parte*.

anfíbio, a *adj/s m* (<gr *amphýbios*) **1** *Zool* Que pode viver quer na água quer em terra. **Comb.** «a rã e o crocodilo são» *Animais ~s*. **2** Que pode andar [aterr(iz)ar] em terra e na água. **Ex.** Há aviões e tanques ~s. **Comb.** *Mil Assalto* [Operação] *~. Embarcação ~a. Forças ~as*. **3** *fig* ⇒ ambivalente.

anfibiologia *s f Zool* (<anfíbio+-logia) Ramo da Zoologia que estuda os anfíbios.

anfíbola *s f* (<gr *amphíbolos*: ambíguo) **1** *Miner* Designação comum de minerais de um grupo de silicatos de cálcio, magnésio e outros metais, muito complexos, que aparecem sobretudo em rochas ígneas, metamórficas e nos xistos, em que se incluem a horneblenda, o jade, ... **2** *Zool* Designação comum de moluscos gastrópodes pulmonados do gé[ê]nero *Amphíbola*, que possuem concha com opérculo.

anfibolia s f Med (<gr amphýbolos. ambíguo+-ia) Período de prognóstico incerto.

anfibologia s f Ling (⇒ anfibolia) Ambiguidade ou duplo sentido da frase «venera o filho o pai». **Sin.** Equivocação(+).

anfípode s/adj 2g (<anfi-+-pode) (O) que tem dois tipos de patas. **Ex.** Os camarões e as pulgas-do-mar são ~s: têm patas para nadar e patas para saltar.

anfisbena (Bê) s f (<gr amphisbaina: «serpente mitológica» que anda nos dois sentidos «por ter duas cabeças») Réptil subterrâneo de olhos cobertos pela pele e com as duas extremidades do corpo semelhantes. **Sin.** pop Cobra-de-duas-cabeças.

anfíscio s/adj (<anfi-+gr skía: sombra) (O) que habita na zona tórrida [equatorial] e que proje(c)ta a sua sombra, ao meio-dia solar, para norte ou para sul, conforme a posição do Sol em relação ao equador.

anfiteatro s m (<anfí-+...) **1** Recinto de forma circular ou oval com bancadas [fiadas de degraus] a serviram de assento e com uma arena ao centro, destinado a espe(c)táculos diversos, sobretudo na Grécia e na Roma imperial. **2** Sala ou espaço exterior com bancadas em círculo, onde se realizam espe(c)táculos, conferências, aulas. **3** Espaço de encosta em socalcos dispostos em forma mais ou menos circular. **Ex.** Muitas vinhas do Douro (Norte de Portugal) parecem um ~. **Comb.** ~ [Circo] de erosão.

anfitrião, ã, oa s (<antr gr Amphytryón, rei de Tebas) **1** A pessoa que recebe, preside a ou oferece festas a convidados. **Ex.** Hoje, sou eu a ~ã, estejam à-vontade «que a despesa fica à minha conta».

ânfora s f (<lat ámphora) Vaso grande «de cerâmica» com duas asas e fundo estreito us já na Grécia antiga. ⇒ cântaro.

anfórico, a adj Med (<ânfora+-ico) Diz-se da ressonância da respiração em doença dos pulmões, semelhante à do sopro na boca de uma ânfora.

anfótero, a adj (<gr amphóteros: um e outro, dos dois lados) **1** ⇒ ambivalente. **2** Quím Que reage como ácido, em presença de uma base, e como base, em presença dum ácido/Anfotérico.

anfractuosidade s f (<anfractuoso+-dade) **1** Propriedade de «o vale/a serra» ter [apresentar] cavidades, fendas ou gretas «rochas/ossos». **2** Sinuosidade «da costa marítima». **3** Depressão ou saliência «do terreno».

anfractuoso, a adj (<lat anfractuósus,a,um) ⇒ recortado; sinuoso; tortuoso.

angariação s f (<angariar+-ção) Obtenção/Recolha «de assinaturas/clientes/donativos/publicidade».

angariador, ora s/adj (<angariar+-dor) Pessoa que exerce a a(c)tividade de angariação de «assinaturas/anúncios»/Agente/Mediador. **Comb.** ~ de seguros.

angariar v t (<gr aggaréuo<aggaréia: requisição «de trabalho/animais» para serviço público) Atrair/Conquistar/Conseguir/Granjear. **Ex.** Correu o país a ~ apoios à sua candidatura. **Loc.** ~ *amigos*. ~ *fundos* [dinheiro]. ~ *simpatias*. ~ *voluntários*.

angélica s f (<angélico) **1** Bot Planta ornamental e medicinal/Nardo; Angelica archangelica. **2** Essência de «para licor». **3** Catol Precónio [Hino cantado na vigília] pascal(+)/Exúltet.

angelical adj 2g (<angélico+-al) Semelhante a anjo/Angélico/Inocente/Perfeito/Puro. **Ex.** Um rosto ~ é sempre fonte de inspiração para poetas e pintores. A sua candura e bondade revelam uma alma ~. **Comb.** *Pureza* ~. *Voz* ~.

angélico, a adj (<lat angélicus,a,um) De anjo/Angelical/Puro. **Comb.** *Pão* ~*o* [dos anjos(+)/Eucaristia/Hóstia]. *Rosto* ~. *Saudação* ~*a* ⇒ ave-maria.

angelim s m Bot (<tâmil anjili) Nome vulgar de algumas árvores tropicais, da família das leguminosas «Andira paniculata (Br)» e de valiosa madeira.

angelismo s m (<lat ángelus: anjo+-ismo) Tendência para dar importância só ao espírito, esquecendo o corpo.

angelizar v t (<lat ángelus: anjo+-izar) Tornar comparável a um anjo. **Ex.** Angelizou, na pintura, a figura da mãe.

angialgia s f (<angi(o)-+-algia) Dor em (traje(c)to de) um vaso sanguíneo.

angico s m Bot (< ?) Nome comum de várias árvores tropicais «Piptadenia paniculata».

angiectasia s f Med (<angi(o)-+-...) Dilatação de artéria, veia ou vaso linfático.

angi(i)te s f Med (<angi(o)-+-ite) Inflamação de um vaso sanguíneo ou linfático.

angina [**anginas**(+)] s f Med (<lat angina<ángo,ere: apertar, sufocar) Inflamação sobretudo da garganta. **Ex.** Quando se está com ~s, custa muito (a) engolir. **Comb.** ~ [Faringite/Laringite] *diftérica*. ~ *do peito*. ~ *tonsilar* [Amigdalite].

anginoso, a adj s (<angina+-oso) Que tem anginas/Relativo à angina.

angi(o)- elem (<gr aggêion: vaso) Exprime as noções de vaso, envoltório ou canal e é us em Zool/Bot.

-ângio É sin de angi(o)- mas sufixo.

angiocardiografia s f Med (<angio-+-cardio-+grafia) Radiografia às cavidades do coração e aos vasos sanguíneos após inje(c)ção de um produto de contraste.

angiografia s f Med (<angio-+grafia) **1** Radiografia dos vasos sanguíneos. **Ex.** Na ~ utiliza-se um líquido contrastante. **2** Descrição dos vasos sanguíneos e linfáticos.

angiologia s f Med (<angi(o)-+-logia) Estudo e tratamento dos vasos sanguíneos e linfáticos. ⇒ cardiologia

angiólogo, a s Med (<angio-+-logo) Especialista em angiologia.

angioma s m Med (<angi(o)-+-oma) Tumor provocado pela malformação ou proliferação de vasos sanguíneos e linfáticos.

angiopatia s f Med (<angi(o)-+-patia) Anomalia [Doença] num vaso sanguíneo/Angiose.

angioplastia s f Med (<angi(o)-+-plastia) Cirurgia a um vaso sanguíneo.

angioscopia s f Med (<angi(o)-+-scopia) Exame/Observação dos vasos sanguíneos.

angiose s f Med (<angi(o)-+-ose) ⇒ angiopatia.

angiosperma s f Bot (<angi(o)-+gr spérma: semente) «macieira» Espécime de planta florífera cujas sementes estão dentro do ovário que depois forma o pericarpo.

angiospérmico, a adj/s Bot (<angiosperma+-ico) (O) que tem as sementes encerradas no ovário.

angite s f Med (<angi(o)-+-ite) Inflamação nos vasos sanguíneos ou linfáticos. **Sin.** Angiite.

anglesite/a s f Min (<top Anglesey, País de Gales, onde se descobriu) Mineral de sulfato de chumbo.

anglicanismo s m (<anglicano+-ismo) Seita protestante iniciada em Inglaterra por Henrique VIII. ⇒ anglicismo.

anglicano, a adj/s (<lat anglicanus,a,um) (O) que professa o anglicanismo. **Comb.** Igreja ~a. ⇒ inglês.

anglicismo s m (<lat anglicus+-ismo) Costume, modo e sobretudo vocábulo próprio dos ingleses/Inglesismo.

anglicizar v t (<lat anglicus+-izar) Adquirir modos ou introduzir vocábulos ingleses.

anglo-americano, a adj/s (O) que é da Inglaterra e dos EUA.

anglo-brasileiro, a adj/s (O) que é da Inglaterra e do Brasil.

anglo-luso, a adj/s (O) que é da Inglaterra e de Portugal.

anglo-saxão, ã [anglo-saxónico/Br **anglo-saxônico, a]** s/adj (O) que é de alguns antigos povos e línguas da Alemanha e da Inglaterra.

Angola s f Geog (<quimbundo Ngola, nome da região) Grande país da África ocidental. **Ex.** A capital de ~ é Luanda, a moeda é o kwanza e os habitantes são os angolanos.

angora [angorá] adj/s 2g (<top Ancara, capital da Turquia) **1** (O) que é da raça de gatos, coelhos e cabras que têm pelo fino, comprido e sedoso. **Ex.** Eu gosto dos gatos ~s, tenho um em casa. **2** Tecido ou peça de roupa feitos com pelo de **1**.

angra s f (<lat ancra: intervalo entre duas árvores) Pequena baía/Enseada. **Ex.** Na ilha Terceira (Açores), temos uma capital de distrito com o nome de A~ do Heroísmo.

angstrom s m Fís (<antr Anders J. Angström, físico sueco, † 1874) Unidade de comprimento, Å, equivalente a um décimo milionésimo de milímetro, us para medir a onda de radiações ele(c)tromagnéticas.

angu s m Cul (< ?) **1** Massa espessa de farinhas (Milho, mandioca ou arroz) ou de banana cozida. **2** fig ⇒ briga; intriga; confusão.

anguicida adj 2g (<lat anguis: cobra+-cida) (O) que mata as cobras.

anguídeo, a adj/s (<lat anguis: serpente +-ídeo) (O) que é da família dos licranços, lagartos ou serpentes.

anguiforme adj 2g (<lat anguis: cobra +-forme) Que tem forma de serpente.

anguiliforme adj/s 2g (<lat anguila: enguia+-forme) **1** Semelhante à (forma da) enguia. **2** ⇒ ápode.

angulado, a adj (<angular²+-ado) Com ângulos/Anguloso.

angular¹ adj 2g (<lat anguláris,e) **1** Relativo a ângulo. **2** Que tem forma de ângulo. **Comb.** Pedra ~ [que fica no ângulo ou esquina de duas paredes]. **3** fig Que é o apoio, base ou estrutura fundamental de alguma coisa. **Ex.** O senhor [Você] é a pedra ~ da nossa instituição!

angular² v t/int (<lat ángulo,áre: dobrar em ou formar ângulo) Fazer ângulo/Virar em ângulo «para a direita»/Enviesar. **Ex.** A rua angula [faz ângulo(+)/faz esquina(o+)] com a praça.

ângulo s m (<lat ángulus: ângulo, canto, golfo) **1** Geom Figura ou espaço formados por duas semire(c)tas ou dois semiplanos com a mesma origem. **Comb.** ~s *adjacentes* [com o mesmo vértice e um lado comum]. ~s *alternos*. ~ *central/ao centro* [que tem o vértice no centro de uma circunferência]. ~ *complementar* [que somado com outro faz 90°]. ~ *diedro* [triedro/poliedro]. ~ *de giro* [que mede 360°]. ~ *externo* [interno]. ~ *obtuso* [que mede mais de 90° e menos de 180°]. ~ *raso* [que mede 180°]. ~ *re(c)to* [de 90°]. ~ *sólido* [Região do espaço limitada por planos que têm um ponto comum]. ~ *suplementar* [que somado com outro(+)faz 180°]. **2** Esquina/Canto/Aresta. **Ex.** Feri-me (mesmo) no ~ [na esquina(+)] da mesa. **3** Fot/Anat Lugar onde algo confina. **Ex.** Daqui [Do sítio onde estou] consegue-se um ~ [uma posição] magnífico[a] para fotografar a torre. **Comb.** *O* ~ [canto(+)] *dos lábios/da boca*. *O* ~ [canto(+)] *do*

anguloso, a

olho (Ex. Espreitar de ~/lado [pelo canto do olho]). **4** *fig* Ponto de vista/Maneira de pensar. **Ex.** Visto [Vendo] o problema desse ~ , você tem razão; mas eu vejo-o doutro ~ muito diferente. **Comb.** ~ *visual* [de visão] *alargado* [Largueza de vistas]. ~ *de visão* (muito) *estreito* [Estreiteza de vistas].

anguloso, a *adj* (<ângulo+-oso) **1** Que tem ângulos/Angular/Esquinudo. **2** Que tem os ossos salientes/Descarnado/Ossudo. **Comb.** Rosto ~/encovado [Feições ~as].

angusti- *pref* ⇒ angusto.

angústia *s f* (<lat *angústia*: estreiteza) **1** Mal-estar, de natureza psíquica e física/Tormento/Aflição/Ansiedade/Inquietação/Medo/Aperto/Sofrimento/Mágoa. **Ex.** Aquela ~, que lhe oprimia o peito, provocava-lhe um sofrimento atroz e esgotava-o cada vez mais. **2** *Psic* Medo sem obje(c)to claro. **3** ⇒ falta «de espaço/tempo».

angustiado, a *adj* (<angustiar+-ado) Que sofre de angústia/Aflito/Atormentado. **Ex.** «a mãe»Viveu ~a [anos ~os] com a doença do filho.

angustiador, ora [angustiante] *adj* (<angustiar+...) Que provoca angústia. **Ex.** Estou numa situação angustiante[~ora].

angustiar *v t* (<lat *angústio,áre*: tornar estreito) **1** Provocar angústia. **Loc.** ~ os pais com a fuga de casa. **2** ~-se/Sentir aflição/profundo mal-estar psíquico e físico. **Ex.** Angustiava-se com as [por causa das] más companhias da filha.

angustifoliado, a [angustifólio] *adj Bot* (<angusti-+...) Diz-se da planta que tem folhas estreitas.

angustioso, a *adj* (<angústia+-oso) Angustiante/Triste/Inquietante.

angustirrostro, a *adj Ornit* (<angusti-+...) Que tem o rostro [bico(+)] estreito. ⇒ acutirrostro.

angusto *adj* (<lat *angústus,a,um*: apertado, estreito) Só *us* como *pref* na forma *angusti-*; significa estreiteza. ⇒ angustirrostro.

anho *s m* (<lat *agnus,i*) Borrego(+)/Cordeiro(o+). **Comb.** ~ assado.

anichar *v t* (<a¹-+nicho+-ar¹) **1** Colocar [Pôr] «estatueta/santo» no nicho(+). **2** ~-se/Esconder-se/Ocultar-se. **Sin.** Aninhar(-se)(+).

anidrido *s m Quím* (<a(n)-+hidro-+-ido) Composto químico que, por rea(c)ção com a água, origina um ácido. **Comb.** ~ *acético*. ~ *carbó[ô]nico*. ~ *fosfórico*. ~ *ftálico*. **Sin.** Óxido(+).

anidrizar *v t* (<anidro+-izar) **1** Transformar em anidrido. **2** Eliminar as moléculas de água. **Loc.** ~ um vegetal [produto químico].

anidro *adj* (<a-²+-hidro) Privado de [Sem] água/Seco.

aniilar *v t* (<a-¹+lat *ni(h)il*: nada+-ar¹) ⇒ aniquilar(-se).

anil *s m* (<ár *na-nil*: azul, índigo) **1** Tonalidade da cor azul. **Comb.** Céu (de) ~. **2** *Bot* ⇒ anileira.

anilado, a *adj* (<anilar+-ado) Que tem a cor de anil. **Comb.** Céu ~ [azul/(cor) de anil].

anilar *v t* (<anil+-ar¹) Dar cor de [Tingir ou pintar com] anil.

anileira *s f Bot* (<anil+-eira) Plantas leguminosas de várias espécies de que se extrai o anil; *Indigofera microcarpa/lespedezoides/tinctoria*.

anilha/o *s* (<anel-+-ilha/o) **1** Pequena chapa circular com o centro perfurado que se coloca entre a cabeça do parafuso e a superfície onde enrosca/Argola/Aro ou anel achatado. **Comb.** ~ de segurança. **2** Anel ou cinta *us* para identificação/marcação de aves. ⇒ rod(inh)a; rodela.

anilhamento *s m* (<anilhar+-mento) Colocação de anilha «nas aves»/Cintagem.

anilhar *v t* (<anilha+-ar¹) Colocar anilha.

anilina *s f Quím* (<anil+-ina) Substância venenosa extraída do benzeno, usada sobretudo como corante. **Ex.** A ~ foi obtida inicialmente (a partir) da destilação do anil.

animação *s f* (<lat *animátio,ónis*) **1** A(c)to de animar ou dar ânimo/vida. **Loc.** Visitar os doentes [Falar com os idosos] para lhes dar ~. **2** Ardor/Paixão /Entusiasmo. **Ex.** Falou do seu proje(c)to com muita [toda a] ~. Foi um debate cheio de ~. **3** Dinamização/Encorajamento/Estímulo. **Ex.** É preciso que haja sempre alguém que dê ~ à vida cultural da terra. **4** A(c)ção de alegrar. **Ex.** A ~ da festa esteve a cargo da banda (de música). **5** Movimento/Bulício/Muita a(c)tividade. **Ex.** A feira [O mercado] tem muita ~. **Comb.** Cinema de ~ [Desenhos animados]. **6** Expressividade/Vida. **Comb.** Olhar [Rosto] cheio de ~.

animado, a *adj* (animar+-ado) **1** Que tem alma/vida. **Comb.** Um ser ~ vivo (Ex. Os homens, os animais e as plantas são seres ~s). **Ant.** In~. **2** Esperançoso/Confiante/Entusiasmado. **Ex.** Está ~ em relação ao futuro. **Ant.** Des~. **3** Com movimento. **Comb.** Rua [Feira] ~a. *Cine* Desenhos (de bonecos) ~s. **4** *idi* ⇒ embriagado.

animador, ora *s/adj* (<lat *animátor,óris*) **1** (O) que dá ânimo/confiança/coragem/ esperança. **Ex.** Os progressos «da terra/ no estudo» são ~es. **2** O que apresenta ou dinamiza um espe(c)táculo. **Ex.** Ele foi o ~ da sessão [festa]. **3** *Cine* Técnico de animação.

animadversão *s f* (<lat *animadvérsio,ónis*) **1** ⇒ atenção; consideração. **2** Repreensão/Censura/Aviso. **Ex.** Dirigiu [Fez] uma ~ aos faltosos. **Sin.** Advertência(+).

animadvertir *v t* (<lat *animadvérto,ere*) Chamar a atenção/Admoestar/Advertir/Censurar/Repreender. **Ex.** Meu filho, eu já te a(ni)madverti duas vezes; se tornas a faltar à escola vou castigar-te.

animal *s m/adj 2g Zool* (<lat *ánimal,ális*) **1** Ser vivo que se movimenta/Relativo aos animais. **Comb.** ~ *daninho* [que causa dano ao homem ou à agricultura]. ~ *de carga* [para transporte]. ~ *de corte* [para carne]. ~ *de estimação* [luxo/companhia]. ~ *doméstico* [para serviço ou uso do homem]. ~ *de tra(c)ção/tiro* [para puxar carroça]. ~ *invertebrado* [sem esqueleto]. ~ *irracional* [sem uso de razão]. ~ *racional* [Homem]. ~ *selvagem* [que vive na selva]. ~ *vertebrado* [com esqueleto]. *Carvão* ~ [de ossos calcinados]. *Reino* ~ [Conjunto de todos os animais]. ⇒ fauna. **2** *depr* (O) que se comporta como um ~ irracional/ Besta/Bruto/Estúpido/Insensível. **Ex.** Ele é um ~ , matou a mulher! ⇒ animalesco.

animalejo *s m* (<animal+-ejo) **1** Animal pequeno/Bichinho. **2** *depr* ⇒ animal 2.

animalesco, a *adj* (<animal+-esco) **1** «instinto» De animal(+). **2** *depr* Brutal/Irracional/Grosseiro. **Comb.** «homem de» Comportamento ~.

animalidade *s f* (<animal+-idade) **1** Carácter ou condição de animal. **Ex.** Desde pequenos devemos aprender a controlar o que em nós há de mero [bruto] ~. **2** *depr* Bestialidade/Brutalidade(+). **Comb.** «é inacreditável» A ~ de alguns homens.

animalismo *s m Arte* (<animal+-ismo) Arte que tem como temática os animais.

animalista *s/adj 2g Arte* (<animal+-ista) (O) que reproduz animais na sua arte «Tomás da Anunciação».

animalizar *v t* (<animal+-izar) ~-se/Proceder como animal irracional/Embrutecer-se.

animar *v t* (<lat *ánimo,áre*) **1** ⇒ inspirar. **2** Dar ânimo/Estimular/Encorajar/Incentivar. **Ex.** Animou-se a pedir a mão da moça [a pedir à moça que casasse com ele]. O resultado do teste animou o aluno a estudar (ainda) mais. **Loc.** ~ [Fomentar(+)] *a agricultura*. ~ [Incentivar] *as artes*. **3** Tornar interessante/alegre/Movimentar/Dinamizar. **Ex.** Ele animou a conversa com as suas histórias dos tempos de estudante. **Loc.** ~ a festa com música.

anímico, a *adj Psic* (<lat *anima*: alma+-ico) Relativo à alma ou ao espírito. **Comb.** Força ~a (Ex. Sentia(-se detentor de) uma grande força ~a que o encorajava sempre). **Sin.** Psíquico; psicológico; espiritual.

animismo *s m* (<ânimo+-ismo) Tendência para atribuir alma a todas as coisas. ⇒ primitivismo; feiticismo.

animista *s/adj 2g* (<ânimo+-ista) Seguidor do animismo. **Comb.** Religião ~ «Shintoísmo».

ânimo *s m* (<lat *ánimus,i*: espírito, alma, vontade) **1** Boa disposição/Alma/Espírito/ Vontade. **Ex.** Recuperou o ~ depois da operação. Ele hoje vem com bom ~. **Idi.** «concordar/comprometer-se/comprar» De ~ leve [Sem pensar (muito)]. **2** Temperamento/Humor. **Comb.** Pessoa de ~ cruel. **3** Determinação diante do perigo/Coragem. **Ex.** ~! [Não tenha medo/Não desanime/(Tenha) coragem]! **Loc.** *Cobrar* ~ [(Tornar a) animar-se]. *Dar* ~ *a* [Animar] *alguém*. *Ganhar* ~ [Encher-se de ~/Animar-se]. *Perder o* ~ [a coragem/Desanimar].

animosidade *s f* (<lat *animósitas,átis*) **1** Má vontade contra alguém. **Ex.** Entre vizinhos são frequentes situações de ~. **2** Vivacidade agressiva/Excitação. **Ex.** Comentou as palavras do orador com (grande) ~.

animoso, a (Ôso, Ósa/os) *adj* (<ânimo+- -oso) Que tem ânimo/Corajoso(+)/Forte/ Valoroso. **Comb.** Soldado ~ .

aninhado, a adj (<aninhar+-ado) **1** Que se aninhou/Escondido/Protegido. **2** Que se fixou/Instalado/Metido/Preso.

aninhador, ora *adj/s* (<aninhar+-dor) (O) que aninha. **Comb.** (O) ~ [ovo que se coloca no ninho para que a galinha vá lá pôr] (Sin. Indez).

aninhar *v t* (<a¹-+ninho+-ar¹) **1** Pôr «os filhotes» no ninho. **2** Fazer o ninho/Nidificar(+). **3** ~-se/Aconchegar-se/Esconder-se. **Ex.** A criança aninhou-se na sua cam(inh)a [no regaço da mãe].

aniquilação *s f* (<aniquilar+-ção) Destruição material ou espiritual. **Comb.** *Fís* Radiação de ~ [transformação de partículas que chocam entre si]. **Sin.** Aniquilamento(+)/Destruição/Morte.

aniquilador, ora *adj* (<aniquilar+-dor) Arrasador/Destruidor/Exterminador. **Comb.** *Tufão* ~ [arrasador(+)]. *Desalento* ~ [total].

aniquilamento *s m* (<aniquilar+-mento) **1** ⇒ aniquilação. **2** Destruição/Extinção. **Ex.** A morte daquele filho foi o ~ dos nossos sonhos. **3** Abatimento/Prostração. **Ex.** Encontra-se [Está] num estado de ~ (total) e tenho de o ajudar.

aniquilar *v t* (<lat *aníhilo,áre*) **1** Destruir completamente/Destroçar/Matar. **Ex.** As tropas inimigas foram aniquiladas [(completamente) destroçadas]. **2** Causar tristeza/abatimento/Destruir psicologicamente. **Ex.** A perda do emprego aniquilou-o.

anis *s m Bot* (<gr *anison*) **1** Planta herbácea forrageira com frutos aromáticos, da família das umbelíferas/Aniseira/Erva-doce; *Pimpinella anisum*. ⇒ funcho. **2** Licor fabricado (a partir dos frutos) desta planta/

Anisete. **Ex.** Bebemos todos um copinho de ~.

anisar *v t* (<anis+-ar¹) Juntar anis a bebida ou doce.

aniseta[e] (Zê) *s f* (<anis+...) Licor (preparado com essência) de anis.

anisina *s f* (<anis+-ina) Princípio estimulante do anis.

anistia *s f Br* ⇒ amnistia.

anistiar *v t Br* ⇒ amnistiar.

aniversariante *s/adj 2g* (<aniversariar+-ante) (O) que festeja o aniversário/que faz anos.

aniversariar *v int* (<aniversário+-ar¹) Celebrar o aniversário/Fazer anos.

aniversário *s m* (<lat *anniversárius,a,um*: que volta cada ano) **1** Dia em que se completa mais um ano do nascimento/de idade. **Comb.** **~** *(natalício)*. *Bolo de ~. Festa de ~*. **2** Data anual de [em que se deu] um acontecimento. **Comb.** **~** *de casamento*. (Dia) **~** *da Independência do Brasil*. ⇒ efeméride.

anjinho *s m* (<anjo+-inho) **1** Criança que veste de anjo numa procissão. **Ex.** A minha irmã foi de ~ na procissão. **2** *pop* Criança de muito tenra idade que morreu. **Ex.** Quando eu era criança, na minha aldeia (o sino) tocava amiúde a ~s. **Idi.** *Ir para os ~s* [Morrer]. *Mandar para os ~s* [Matar]. **3** Criança graciosa, meiga. **Ex.** O teu filho é mesmo um ~! **4** Pessoa ingé[ê]nua. **Ex.** – Sempre me saíste [– És] um ~ !... **Loc.** *Armar-se em/Fingir-se ~* [Fazer/Fingir que não percebe]. *Cair que nem* [como] *um ~* [Ser enganado por credulidade]. **5** *pl* Espécie de algema, constituída por anéis de ferro com que se prendiam os (dedos) polegares dos criminosos presos.

anjo *s m* (<gr *ággelos*: mensageiro; ⇒ ~ da guarda) **1** *Crist* Ser inteligente incorpóreo, mensageiro entre Deus e os homens. **Ex.** O ~ Gabriel anunciou à Virgem Maria a e/incarnação de Jesus [do Verbo Divino] no seu seio, por obra do Espírito Santo. **Idi.** «pais e filhos» *Dão-se como Deus com os ~s* [Convivem em perfeita harmonia]. *Discutir o sexo dos ~s* [Não ter noção da realidade/Argumentar sobre algo que não existe]. **Comb.** **~** *do mal/das trevas* [Satanás]. **~** *tutelar* [~ da guarda]. *Pão dos ~s* [Eucaristia]. **2** Escultura/Pintura representando **1** na forma de figura humana jovem com asas. **3** *fig* Criança inocente e sossegada. **Ex.** O teu filho é um ~! **4** ⇒ anjinho **1/2**. **5** Pessoa de grande bondade/generosidade. **Ex.** Ela foi o ~ que lhe valeu na desgraça. **6** Pessoa de grande e suave beleza. **Ex.** A miúda é (linda que nem) um ~!

anjo-custódio *s m* ⇒ anjo da guarda.

anjo da guarda *s m* [= anjo-da-guarda] **1** *Crist* Anjo que tem a seu cargo velar por uma alma/pessoa, orientando-a na prática do bem e na fuga ao [do] mal. **2** *fig* Pessoa que protege ou ajuda outra. **Ex.** A prima era o seu ~, foi quem lhe valeu ao longo da vida.

ano *s m* (<lat *ánnus*) **1** Intervalo de tempo em que se dá uma revolução completa do planeta Terra em torno do Sol: 365 dias e um pouco mais de 6 horas. **2** Tempo que um outro astro gasta na sua revolução em volta do astro principal. **Comb.** **~** lunar [Tempo de doze revoluções da Lua (em volta da Terra), cerca de 354 dias]. **3** Período de doze meses, de 1 de janeiro a 31 de dezembro. **Ex.** Na Antiga Roma, o ~ começava a 1 de março, o que explica o nome a(c)tual dos últimos quatro meses do «*setembro* = mês número sete, ...». **Comb.** **~** *bissexto* [que tem 366 «duas vezes o número 6» dias, tendo nesse ano o mês de fevereiro 29 dias]. **~** *civil* [que tem início em 1 de janeiro e termina a 31 de dezembro]. **~** *comercial* [em que se considera que todos os meses têm 30 dias]. **~** *comum* [que tem 365 dias]. **~** *fiscal* [em que é executado um Orçamento]. **~** *da graça* [da era cristã/d.C./*Anno Domini*]. *Catol* **~** *litúrgico* [Calendário anual da igreja católica que tem início no primeiro domingo do Advento e que termina na solenidade de Nosso Senhor Jesus Cristo, Rei do Universo]. **~** *Novo* ⇒ *Dia de ~ Novo/Bom* [1 de janeiro]. (Festa de) *Passagem de ~* [Noite de 31 de dezembro para 1 de janeiro]. *Votos de Bom Ano*. **4** O mesmo período durante o qual se procura motivar a população para um determinado obje(c)tivo de interesse geral. **Comb.** **~** Europeu da Luta contra a Pobreza. **5** Período de doze meses seguidos a partir de qualquer data. **Ex.** Daqui a um ~ cá estaremos de novo para a festa do santo «S(ão) Pedro» [para celebrar o teu aniversário]. Anos e anos/Anos a fio/Anos esquecidos [Muito tempo]. **6** Período anual em que decorrem certas a(c)tividades. **Comb.** **~** *agrícola* [entre a sementeira e a colheita]. **~** *escolar* [Tempo entre a preparação e o termo das a(c)tividades escolares relativas a um ~]. **~** *le(c)tivo* [Período em que funcionam as aulas]. **7** Unidade de medida da idade de alguém ou do tempo de criação de alguma coisa. **Ex.** Está agora com [Tem] vinte ~s. Esta casa [empresa] tem já trinta e dois ~s. **Comb.** *Entrado em ~s* [De idade um pouco avançada]. *Tenros ~s* [Tempo da infância]. *Verdes ~s* [Tempo da juventude, em que o vigor anda ligado a alguma inexperiência]. **8** Nível de currículo acadé[ê]mico. **Ex.** O meu filho frequenta o 8.º ~. **Loc.** *pop Chumbar/Perder o ~* [Não ter aproveitamento nesse ~ le(c)tivo]. *Passar o/de ~* [Transitar de nível]. **9** Conjunto de alunos que numa escola estão nesse nível. **Ex.** O 9.º ~ foi fazer uma visita de estudo. **9** Aniversário natalício. **Loc.** Fazer ~s. **Comb.** Dia de ~s.

anódino, a *adj/s m* (<gr *anódynos*: que acalma as dores) **1** (Medicamento) que faz cessar ou acalma as dores. **2** *fig* «ferimento» Que não tem perigo/Leve. **3** *fig* «um discurso» Que não é importante/Insignificante/Banal/Nem bom nem mau.

anodização *s f* (<anodizar+-ção) **1** A(c)to ou efeito de anodizar. **2** Processo ele(c)trolítico de formação de uma película de óxido aderente a uma superfície metálica «alumínio».

anodizar *v t* (<ânodo+-izar) Realizar, por ele(c)trólise, o revestimento de uma superfície de metal «alumínio» ou liga por uma película de óxido, para que resista melhor à corrosão ou ao atrito.

ânodo *s m* (<gr *ánodos*: subida) **1** Ele(c)tri Elé(c)trodo positivo para onde se dirigem os ele(c)trões e os iões negativos. **2** *Fís/Quím* Elé(c)trodo positivo de bateria, pilha elé(c)trica, válvula ele(c)tró[ô]nica ou tina ele(c)trolítica. ⇒ cátodo.

anófele *s m Ent* (<gr *anophelés*: prejudicial) Designação comum dos mosquitos que transmitem a malária.

anoitecer *v int/s m* (<a-¹+noite+-ecer) **1** Começar a desaparecer a luz solar ao fim da tarde/Pôr-se o sol/Cair a noite/Escurecer. **Ex.** No inverno anoitece muito cedo. **2** Encontrar-se em certo estado ao cair da noite. **Ex.** Aquelas florinhas, bem abertas de [durante o] dia, anoiteciam de corolas fechadas. **3** *fig* Estar a ficar velho/Enfraquecer. **4** *fig* Chegar ao fim/Extinguir-se/Desaparecer. **5** *s m* Transição entre o fim da tarde e o cair da noite. **Ex.** Ao ~, na aldeia, os sinos (da igreja) tocavam às trindades [avé-marias].

anojadiço, a *adj* (<anojar+-diço) Que facilmente sente nojo/repulsa/náuseas.

anojamento *s m* (<anojar +-mento) **1** A(c)ção ou efeito de anojar(-se). **2** Repulsa/Nojo/Náusea. **3** Desgosto/Aborrecimento/Tédio. **Ex.** Passou então por [Teve] um prolongado ~. **4** Abatimento/Pesar/Luto(+) pela morte de alguém. ⇒ nojo.

anojar *v t* (<a-¹+nojo+-ar¹) **1** Causar/Sentir nojo/repulsa/enjoo. **2** Aborrecer(-se)/Enfadar(-se). **3** Causar/Sentir desgosto/Entristecer. **4** Estorvar/Incomodar/Perturbar. **5** ~-se/Ficar abatido por morte de alguém/Estar de luto (+).

anojo¹ *s m* (<anojar) ⇒ anojamento.

anojo² *s m* (<lat *annúculus*) «novilho/vitelo» Que tem um ano de idade/Anejo.

ano-luz *s m Astr* Unidade de comprimento que corresponde à distância percorrida pela luz no vácuo, em linha re(c)ta, à velocidade de 300 000 km por segundo. **Ex.** A estrela mais próxima de nós a seguir ao Sol está a quatro anos-luz. **Idi.** *Estar a anos-luz de* [Estar muito longe de «saber»/Não ter oportunidade de se aperceber de/Nem poder imaginar].

anomalia *s f* (<gr *anomalía*) **1** Qualidade do que é anó[ô]malo. **Ex.** A ~ daquele comportamento surpreendeu os colegas. **2** O que é anó[ô]malo/anormal. **Ex.** Foi difícil saber a causa daquela ~. A avaria do carro novo é ~ dificilmente explicável. **3** Afastamento do que é habitual/Irregularidade/Desvio. **Ex.** Qualquer ~ deve ser comunicada aos responsáveis da empresa. **4** *Biol/Anat* Deformidade. **5** *Ling* Desvio da regra geral/Exce(p)ção(+).

anómalo, a [*Br* **anômalo**] *adj* (<gr *anómalos*: desigual) **1** Que apresenta/envolve anomalia. **2** Diferente do normal/habitual/Irregular/Estranho. **Ex.** Teve um comportamento ~ [raro/estranho(+)], não sei bem porquê. **3** *Ling* Que não segue a regra geral. **Comb.** Verbo ~. **4** *Biol* Que se desvia da ordem natural/Aberrante/Deformado. **Comb.** Feto ~. **5** Que se apresenta/desenvolve de forma diferente da habitual. **Comb.** Doença ~a/rara.

anona [nona] *s f Bot* (<taino *anon*) **1** Designação comum de árvores e arbustos (sub)tropicais da família das anonáceas/Anoneira. **2** Fruto carnudo comestível destas plantas com a forma de pinha, também conhecido por fruta-do-conde.

anonáceo, a *adj/s Bot* (<anona+-áceo) (Diz-se de) planta ou de família de plantas arbóreas ou arbustivas de zonas (sub)tropicais que produzem frutos carnudos muito apreciados, as anonas.

anoneira *s f Bot* (<anona+-eira) Planta que produz anonas. Anona **1**.

anonimamente *adv* (<anó[ô]nimo+-mente) Sem revelar a identidade/Sem indicar o nome/a autoria/Sem assinatura/De forma anó[ô]nima. **Ex.** O a(c)tor andou ~ disfarçado no meio da multidão. O panfleto circulou [passou de pessoa em pessoa] ~. Os contributos para a festa foram feitos ~.

anonimato *s m* (<anó[ô]nimo+-ato) **1** Cara(c)terística/Condição do que é anó[ô]nimo. **Ex.** O ~ serve de refúgio aos fracos e aos cobardes. **2** Não indicação do nome do agente/autor.

anonímia *s f* (<anó[ô]nimo+-ia) ⇒ anonimato.

anónimo, a [*Br* **anônimo**] *adj/s* (<gr *anónymos*: sem nome) **1** Que não revela [De que se desconhece] o nome. **Comb.** *Au-*

tor ~. Pintor ~. Sociedade ~a [por a(c)ções, que não tem o nome de nenhum dos associados]. **2** Que não está assinado. **Comb.** Carta ~a. **3** Que não é conhecido/ Modesto/Indiferenciado/Comum. **Ex.** O povo ~ expressou [fez saber] a sua vontade nas últimas eleições. **4** Pessoa que não quer ser identificada. **Ex.** Esta doação foi feita por um ~. **5** Pessoa que não tem notoriedade. **Ex.** Estas belas instalações foram obra de ~os.

anopsia s f Med (<gr *ano:* para cima+-*opsia*) Estrabismo em que o olho fica revirado para cima.

anoraque s m (<esquimó/inuíte(+) *ánorâq*) **1** Casaco de pele com capuz, usado pelos inuítes na zona ár(c)tica. **2** Casaco curto impermeável de tipo (d)esportivo, geralmente forrado e com capuz. **Ex.** Ele apareceu na reunião com um elegante ~.

anorético, a [*Br* **anoréctico**] adj/s Med (<gr *anórektos*+-ico) **1** Relativo a anorexia. **2** (O) que sofre de anorexia.

anorexia (Cssí) s f Med (<gr *anorexía*) **1** Falta/Perda de apetite. **Ant.** Bulimia. **2** Recusa compulsiva de ingerir alimentos. **Comb.** ~ nervosa/mental [Diminuição gradual de alimentos ingeridos, particularmente dos ricos em calorias, podendo levar a um grande enfraquecimento e à morte].

anormal adj/s 2g (<lat *anormális* [*anómalus*(+)]) **1** Que se afasta da norma/Que não é habitual/Exce(p)cional. **Ex.** Tem estado um frio ~ para a [~ atendendo à] época do ano. **2** (O) que apresenta perturbações no desenvolvimento físico ou mental. **Ex.** Parece o comportamento de (alguém) ~. **3** Anormalidade. **Ex.** O ~ do caso é que ninguém teve o cuidado de avisar-me do sucedido.

anormalidade s f (<anormal+-idade) **1** Característica/Condição do que é anormal, do que não é habitual. **Ex.** A ~ [irregularidade/O problema(+)] no fornecimento de energia elé(c)trica é consequência da forte tempestade na região. **2** O que foge à norma/Anomalia. **Ex.** A reunião à terça-feira foi uma ~ devida à recente doença do presidente. **3** Deficiência física ou mental. **Ex.** Convém estudar bem a natureza e o alcance dessa ~. O seu comportamento alertou-me para a existência de uma grave ~.

anosmia s f (<gr *ánosmos*: que não tem olfa(c)to) Ausência ou enfraquecimento do (sentido do) olfa(c)to.

anoso, a adj (<lat *annósus*) «árvore» Que tem muitos anos/Velho/Idoso.

anotação s f (<lat *adnotátio,ónis*) **1** A(c)to ou efeito de anotar. **2** Indicação escrita breve/Comentário/Nota/Observação. **3** Inventário/Levantamento/Rol. **Comb.** ~ de bens.

anotador, ora adj/s (<anotar+-dor) **1** (O) que escreve notas/comentários. **2** Técnico que regist(r)a pormenores de cena ou filmagem.

anotar v t (<lat *ánnoto, áre, átum*) **1** Regist(r)ar num escrito, ao ler, breves comentários, observações. **2** Tomar apontamento/nota de alguma coisa. **Ex.** Temendo vir a esquecer-se, anotou o número de telefone do colega. Teve o cuidado de ~ a matrícula do carro que provocou o acidente. **3** Fazer o inventário de/Arrolar.

anoxemia (Nòcsemí) s f Med (<a^2-+oxi(gé[ê]nio)+-emia) Deficiência de oxigé[ê]nio no sangue, por permanência em grandes altitudes ou por outras causas, como uma intoxicação.

anoxia (Nòcsí) s f (<a^2-+oxi(gé[ê]nio)+-ia) Ausência de oxigé[ê]nio no ar, no sangue arterial ou nos tecidos.

anquilosar v t ⇒ ancilosar.

anquilose s f ⇒ ancilose.

anquinhas s f pl (<anca+-inha) Ancas postiças/Armação feita de arame e almofadas usada pelas mulheres até meados do séc. XIX, para realçar os quadris e aumentar a roda das saias.

ansa s f (<lat *ansa*: asa, pega) **1** Asa(+) de cesto ou de outro obje(c)to. **2** Anat Órgão ou seu segmento em forma de asa/arco. **Comb.** ~ intestinal. **3** Ocasião propícia/Ensejo/Oportunidade.

anseio s m (<ansiar) **1** Forte desejo/Aspiração. **Ex.** O seu ~ [maior desejo] era ter em breve o filho a seu lado. **2** Ansiedade/Preocupação/Angústia/Ânsia.

anseriforme adj 2g/s m Ornit (<lat *ánser, eris*: pato+-forme) **1** Que tem a forma de [Semelhante ao] pato/ganso. **2** (Diz-se de) ave ou ordem de aves palmípedes, de bico achatado, a que, entre outras, pertencem o cisne, o ganso e o pato.

anserino, a adj Ornit (<lat *anserínus*) Relativo ao [Próprio do] ganso. **Comb.** Voz [Marcha] ~a.

ânsia s f (<lat *ánxia*: inquietação) **1** Sensação de mal-estar causada por pressão na zona do peito, com dificuldade de respirar. **2** pl Aflição que antecede a morte/Agonia/Estertor. **3** Forte perturbação de espírito causada pela ameaça de algo adverso/Angústia/Ansiedade. **4** Grande desejo/Anseio de alguma coisa/Ansiedade **3**. **Ex.** Na sua ~ de vencer, expôs-se a grandes riscos.

ansiar v t/int (<lat *ánxio, áre, átum*: inquietar) **1** Sentir preocupação/ânsia/angústia/Afligir-se. **2** Provocar/Sentir nervosismo/ansiedade pela iminência de alguma adversidade. **3** Ficar com ânsias, tendo dificuldade em respirar. **4** Desejar ardentemente/Aspirar. **Ex.** Ansiava por uns bons dias de férias. Ansiava ter consigo os netos. Chegou o dia da (tão) ansiada viagem «ao Brasil/ao Japão/a Portugal».

ansiedade s f (<lat *anxíetas,átis*) **1** Estado de grande inquietação, de mal-estar físico e psíquico, geralmente associado à incerteza ou à perce(p)ção da iminência de algo adverso/Receio/Angústia/Impaciência. **Ex.** Estava numa ~ aflitiva, não havia quem o tranquilizasse [, ninguém o conseguia tranquilizar «embora tentasse fazê-lo»]. **2** Psic/Pat Doença do foro psíquico em que o paciente vive na expe(c)tativa de algum perigo para o qual se sente indefeso. **Ex.** Ela sofre de ~, a sua vida é um desassossego constante. **3** Desejo ardente/Ânsia **4**.

ansiolítico, a adj/sm (<lat *ánxia*: ansiedade+gr *lytikós*: que afasta) **1** Que afasta a ansiedade/Que acalma. **Ex.** Receitaram-lhe um medicamento de a(c)ção ~a. **2** s m Substância/Medicamento que alivia a ansiedade/Tranquilizante/Calmante(+).

ansioso, a (Ôso, Ósa/os) adj/s (<lat *anxiósus*) **1** Que está com ânsias/Agitado/Ofegante. **Comb.** Respiração ~a. **2** Med (O) que sofre de ansiedade **2**. **3** Inquieto/Impaciente/Preocupado/Nervoso. **Ex.** Estava ~ antes de saber o resultado da bió[ó]psia. **4** Que tem o desejo ardente de/Ávido de. **Ex.** Estava ~ de [por] que o filho chegasse do estrangeiro.

anta[1] s f (<lat *antae*: pilastra) **1** Arqueo Construção sepulcral pré-histórica, constituída por pedras verticais encimadas por uma grande laje em posição horizontal/Dólmen. **Ex.** Em Portugal existem numerosas ~s, que despertam o interesse de estudiosos e turistas. **2** Arquit Pilastra/Coluna saliente na parede da frontaria de templos gregos.

anta[2] s f Zool (<ár *lamt*) **1** Mamífero da família dos tapirídeos, de cor parda, cauda curta e focinho em forma de tromba, também conhecido por tapir; *tapirus terrestris*. **2** Pele desse animal. **3** Pele de búfalo africano. **4** s 2g Br depr Indivíduo estúpido/idiota/tolo.

antagónico, a [*Br* **antagônico**] adj (<anti-+agónico) Contrário/Oposto a/Que está em antagonismo com. **Ex.** Defendem ideias ~as/opostas/contrárias, não vão entender-se [colaborar].

antagonismo s m (⇒ antagó[ô]nico) **1** Forte oposição entre ideias, sistemas, forças, grupos/Incompatibilidade. **Ex.** É bem conhecido o ~ que ambos sempre alimentaram [o ~ de ambos] ao longo do tempo. **2** Rivalidade/Conflito. **3** Biol A(c)tuação contrária de duas substâncias a(c)tivas no mesmo sistema, anulando-se nos seus efeitos.

antagonista adj/s 2g (<gr *antagonistés*: adversário) **1** Oposto/Contrário/Inimigo. **Ex.** O exército ~ [inimigo(+)] avançou alguns quiló[ô]metros. **2** Opositor/Adversário/Rival. **Ex.** Apesar de serem ~s, respeitam-se mutuamente. **3** Que, no mesmo sistema, tende a anular a a(c)ção de outro. **Comb.** Medicamentos ~s. **4** Que está na frente de. **Comb.** Dente ~. **5** Diz-se do músculo que executa movimento contrário ao de outro.

antagonizar v t (<antagon(ista)+-izar) Fazer oposição a/Hostilizar/Combater.

antanáclase s f (<gr *antanáklasis*) Gram ⇒ diáfora(+).

antanagoge s f (<gr *antanagogé*: réplica) Figura de retórica em que se empregam os argumentos do adversário para o atacar.

antanho adv (<lat *ante annum*: um ano antes) Tempos passados/Outrora(+)/Antigamente(o+).

antártico, a [*Br* **antárctico**] [= antárctico] adj (<gr *antarktikós*: oposto ao ártico) Diz-se do polo sul e das regiões vizinhas/Austral/Meridional. **Ant.** Ártico/Boreal/Setentrional. **Comb.** *Oceano Glacial ~. Região ~a.*

ante prep (<lat *ante*: antes de) **1** Diante de/Perante(+)/Na frente de. **Ex.** Ali estava, indefeso, ~ o juiz, esperando a sentença. **2** Em consequência/resultado de/Devido a. **Ex.** ~ tanto desleixo, só lhe restou [, foi forçado a] exigir pontualidade e a máxima dedicação.

ante- pref Significa antes de (Ex. ~braço, ~câmara, ~nupcial, ~ontem, ~proje(c)to).

-(a)nte suf Significa **a)** agente (Ex. estud~, viaj~, adoç~, agrav~); **b)** estado (Ex. agoniz~, delir~, fumeg~); **c)** qualidade (Ex. dist~, flagr~, import~). ⇒ -(e)nte; (i)nte.

ante-à-ré [antearré] s f Náut **1** Parte do navio entre o mastro grande e a popa. **2** Posição de um corpo mais para o lado da popa, em relação a outro.

anteato s m [= anteacto] (<lat *anteáctus*: feito antes) Pequena peça de teatro representada antes da peça principal. ⇒ entrea(c)to.

anteavante s f Náut (<ante-+...) **1** Parte do navio entre o mastro grande e a proa. **2** Posição de um corpo mais para o lado da proa, em relação a outro.

antebraço s m (<ante-+...) Parte do membro superior entre o cotovelo e o pulso. **Ex.** No homem, um membro superior é formado do braço, ~ e mão.

antecâmara s f (<ante-+...) **1** Compartimento que precede a sala de rece(p)ção/Sala de espera. **2** Náut Pequena sala que

precede a câmara do comandante do navio. **3** *fig* O que dá uma ideia do [O que prenuncia aquilo] que virá a seguir. **Ex.** Estas medidas governamentais são apenas a ~ dos enormes sacrifícios que aí vêm [que o Governo (nos) vai pedir/impor].

antecedência *s f* (<anteceder+-ência) **1** Relação de anterioridade no tempo, numa ordenação/sequência/ ... **Ex.** A ~ do bacharelato em relação à licenciatura era de dois anos. **2** Espaço de tempo que precede a data da realização de determinado a(c)to ou processo. **Ex.** Um mês foi a ~ com que os alunos foram avisados do dia do exame. **Loc.** «avise-me» **Com ~** [Previamente/Antecipadamente/A tempo/Com antecipação].

antecedente *adj 2g/s m* (<lat *antecédens, éntis*<*antecédo,ere*) **1** Que está imediatamente antes no tempo ou numa sequência/Anterior/Precedente(+). **Ex.** O candidato ~ [anterior(+)] conseguiu entusiasmar o público «este, não». **2** Decisão/Fa(c)to que, contrariando a normalidade de procedimento, pode funcionar como motivo a invocar por outros como razão para um tratamento semelhante/Precedente(+). **Ex.** A circunstância de haver um ~ é logo aproveitada pelos abusadores para reivindicar mais uma exce(p)ção. **3** *s m pl* Fa(c)tos/Circunstâncias que estiveram na origem/gé[ê]nese de outros acontecimentos. **Ex.** A crise financeira de 1929 está entre os [é um dos] ~s da Segunda Grande Guerra. **4** *s m pl* Fa(c)tos/Dados pessoais do passado de alguém que são importantes para determinado fim. **Ex.** O médico quis saber os meus ~s clínicos e os dos meus ascendentes. O réu viu [teve] a pena reduzida por não ter ~s criminais. **5** *s m pl* Ascendência/Progenitores/Antepassados(+). **6** *Gram* Diz-se do substantivo/pronome a que se refere o pronome relativo da oração seguinte. **Ex.** Em *Os livros que li têm muito interesse*, os livros são o ~ do pronome relativo. **7** *Lóg* Primeiro termo de uma relação de implicação. **Ex.** Num silogismo, as premissas são o ~ e a conclusão (é) o consequente. **8** *Lóg* Num enunciado hipotético, a proposição cuja validade condiciona a da que se segue. **Ex.** Em *Se o meu irmão chegar, vou com ele aos (nossos) pais*, a oração condicional funciona como ~ e a outra como consequente. **9** *Mat* Primeiro dos dois termos de uma relação de proporção. **Comb.** ~ e consequente.

anteceder *v t* (<lat *antecédo,ere,céssum*) **1** Estar/Acontecer/Vir antes de/Ser anterior a. **Ex.** O Carnaval antecede a Quaresma. **2** Preceder no tempo ou numa ordenação/Estar à frente de. **Ex.** Ele antecedeu-o na chegada ao cume da montanha. O meu irmão antecede o [está à frente do(+)] amigo (dele) na lista dos candidatos ao cargo.

antecena *s f* (<ante-+ *cena*) Parte anterior do palco junto à ribalta/Boca do palco(+)/Proscé[ê]nio(o+).

antecessor, ora *adj/s* (<lat *antecéssor,óris*) **1** (O) que antecedeu/precedeu alguém numa função/que ocupou o cargo antes. **Ex.** O seu ~ fez importantes melhoramentos na cidade. **2** *s m pl* Pessoas que viveram antes na mesma zona/Antepassados. **Ex.** Os nossos ~s tiveram piores condições de vida.

antecipação *s f* (<lat *anticipátio,ónis*: conhecimento prévio) **1** Realização/Ocorrência em data mais próxima do que estava previsto. **Ex.** A ~ da vinda dele causou-nos alguns problemas. **2** A(c)to de adiantar-se a fazer algo que competiria a outrem fazer. **Ex.** Ele ia mais tarde contar ao pai o sucedido, mas a ~ do irmão veio estragar-lhe o plano. **3** *(D)esp* Maior rapidez na disputa da bola do que a do adversário. **Ex.** A nossa equipa, jogando na ~, foi sempre superior à outra. **4** *Econ* Adiantamento feito pelo comerciante de parte do valor das mercadorias consignadas. **5** *Econ* Empréstimo contraído por conta de receitas a auferir futuramente. **6** *Mús* Nota melódica do acorde seguinte.

antecipadamente *adv* (<antecipado+-mente) Em tempo anterior ao previsto/«previna[avise]-me» Com antecipação/Previamente/Antes.

antecipar *v t* (<lat *antícipo,áre,átum*) **1** Fazer ocorrer/realizar antes do tempo previsto. **Ex.** Resolveu ~ a vinda para estar mais tempo com os parentes. **2** ~-se/Fazer alguma coisa antes de outros/Adiantar-se. **Ex.** Eu ia abrir a janela, mas ele antecipou-se. **3** Dar/Pagar antes do tempo normal. **Ex.** A gerência antecipou-nos o subsídio de férias. **4** Saber antever/prever fa(c)tos futuros para melhor orientar a a(c)tuação/Adivinhar. **Ex.** A experiência tem-lhe ensinado a ~ as decisões dos seus concorrentes.

antecoro (Cô) *s m Arquit* (<ante-+...) Sala que antecede o coro em igreja/mosteiro.

antedata *s f* (<ante-+...) Datação falsa de documento, anterior à data em que efe(c)tivamente foi escrito. **Ex.** Na carta aparece uma ~ que se comprova ser incorre(c)ta.

antedatar *v t* (<ante-+*datar*) Pôr num documento uma data anterior àquela em que efe(c)tivamente foi escrito.

antediluviano, a *adj* (<ante-+...) **1** Anterior ao dilúvio/Pré-diluviano. **2** *fig* Muito antigo.

antedizer *v t* (<ante-+...) Anunciar antes do tempo em que vai acontecer/Predizer(+)/Vaticinar.

antegostar *v t* (<ante-+...) Gostar/Saborear antecipadamente/Antegozar.

antegosto (Gôs) *s m* (<ante-+...) A(c)to de saborear alguma coisa ao imaginar a sua futura fruição/Antegozo(+). ⇒ *aperitivo*.

antegozar *v t* (<ante-+...) Sentir o prazer que imagina vir a ter com alguma coisa no futuro. **Ex.** Parecia ~ já a companhia do amigo que lhe prometera regressar, dali a um mês, de longe.

antegozo *s m* (<ante-+...) ⇒ *antegosto*.

ante-histórico, a *adj* ⇒ *pré-histórico*.

antela[1] (Té) *s f Bot* (<gr *anthéle*: coroa felpuda) Inflorescência em que os pedúnculos secundários ultrapassam o eixo principal, como acontece nos juncos.

antela[2] (Té) *s f* (<*anta*[1]+-ela) Pequena anta sem laje a encimá-la, sendo fechada dos quatro lados.

antelóquio *s m* (<lat *antelóquium*) Prefácio(+)/Prólogo(o+)/Exórdio(+).

antemanhã *s f* (<ante-+...) Primeira luminosidade da manhã, antes do nascer do sol/Aurora(+)/Madrugada(+).

antemão *s f/adv* (<ante-+...) **1** Parte dianteira do cavalo. **2** *adv* Anteriormente/Previamente. **Loc. De ~** [Com antecedência/Antes] (Ex. Soube de ~ que ia haver um concurso para escriturários. Tínhamos, de ~, escolhido um tema).

antemeridiano, a *adj* (<lat *antemeridiánus, a,um*) De antes do meio-dia. **Comb.** Hora ~a [*ante meridiem*/a. m.]

antemuro *s m* (<ante-+...) Muro anterior ao muro principal numa fortaleza/Barbacã.

antena (Tê) *s f* (<lat *anténna*: verga da vela) **1** *Zool* Cada um dos apêndices pares que animais «abelha, borboleta» de alguns grupos têm na cabeça a servir de órgão de ta(c)to e olfa(c)to. **2** *Ele(c)tri/Fís* Condutor elé(c)trico preparado para a transmissão ou rece(p)ção de ondas ele(c)tromagnéticas. **Ex.** A minha ~ de televisão não está muito bem orientada. **Comb. ~ *parabólica*** [usada em telecomunicações por satélite, com uma forma que proporciona a concentração dos sinais num foco]. ***~ rece(p)tora. ~ transmissora. ~ de rádio. ~ de televisão. Direito/Tempo de ~*** [Obrigação que, por lei, as estações de radiodifusão e de televisão, sobretudo as do Estado, têm de ceder tempo de emissão para propaganda a partidos ou a candidatos numa eleição política, bem como a organizações sociais, profissionais, ... **3** *Náut* Pau de grande dimensão usado em mastros ou vergas de navios à vela. **4** *Bot* Em algumas espécies de orquídeas, prolongamentos sensíveis a estímulo mecânico que levam as anteras a expelir o pólen.

antenado, a *adj Zool* (<*antena* **1**+-ado) Que apresenta apêndices articulados na cabeça. **Comb.** Artrópode ~.

antenal *adj 2g/s m* (<*antena*+-al) **1** Relativo a antena. **2** *s m Ornit* ⇒ *albatroz*(+).

antenome *s m* (<ante-+*nome*) Título, nome ou palavra que precede o nome de alguém/Prenome «José» e sobrenome «Silva». **Ex.** Em *O padre Antó[ô]nio Matias celebrou a missa*, padre é ~.

antenupcial *adj 2g* (<ante-+...) Estipulado antes do casamento/Anterior ao casamento/Pré-nupcial. **Ex.** Não houve convenção ~ entre os noivos quanto ao regime legal de bens. **Comb.** Acordo ~.

anteontem *adv* (<ante-+...) (No) dia anterior ao de ontem. **Ex.** ~ fui ao cinema. **Sin.** Antes de ontem; há dois dias.

antepara *s f* (<anteparar) **1** *Náut* Divisória vertical que separa os compartimentos de uma embarcação. **2** Espécie de biombo de madeira diante das janelas «do rés do chão» para impedir a visão do exterior para o interior e vice-versa. ⇒ *anteparo* **3**.

anteparar *v t* (<ante-+...) **1** (Fazer) parar antes do tempo «devido»/Suster/Deter/Interromper a marcha. **2** Pôr anteparo/Resguardar/Proteger. **3** *fig* Precaver/Impedir/Evitar.

anteparo *s m* (<anteparar) **1** A(c)to de parar antes do tempo/Paragem repentina. **2** O que se coloca diante de alguma coisa para a proteger/Resguardo. **3** Biombo/Divisória/Tabique. **4** Obje(c)to colocado à frente da lareira ou do fogão de sala para evitar o excesso de calor/Guarda-fogo. **Ex.** O ~ permitia-lhe estar comodamente junto à lareira. **5** *fig* Defesa/Auxílio/Ajuda. **Ex.** Os proventos dos pais já idosos foram o ~ com que podia contar nesta fatalidade.

antepassado, a *adj/s m* (<ante-+...) **1** Que pertence a [Que viveu em] época anterior/precedente. **2** Antecessor/Ascendente afastado/distante. **Ex.** Um dos meus tetravôs foi um ~ ilustre na região. **Ant.** Vindouro. **3** *s m pl* Os que viveram antes de nós já há bastante tempo. **Ex.** Os nossos ~s tiveram uma vida mais difícil.

antepasto *s m* (<ante-+...) Iguaria que se come antes do primeiro prato, geralmente condimentada/Aperitivo/Acepipe.

antepenúltimo, a *adj* (<lat *antepaenúltimus*) Imediatamente anterior ao penúltimo/Terceiro a contar do fim.

antepor *v t* (<lat *antepóno,ere,pósitum*) **1** Colocar antes de/Pôr à frente de. **Ex.** Há casos em que ~ o adje(c)tivo ao substantivo altera muito o que se diz «grande homem e homem grande». **2** Dar a primazia a/Considerar mais importante/Preferir. **Ex.** Ele antepunha a justiça a todos os outros valores. **3** Levantar obje(c)ção/obstáculo a/Contrapor.

anteporta s f (<ante-+...) **1** Porta que está antes de outra, considerada principal. **Ex.** Para chegar junto da cela do preso, houve que transpor várias ~s que iam sendo abertas pelo guarda que me acompanhava. **2** Espaço que fica imediatamente em frente da porta. **Ex.** Esperei algum tempo na ~ até virem abrir. **3** Reposteiro(+)/Cortinado a servir de resguardo ou de ornato.

anteporto s m (<ante-+...) Lugar de abrigo à entrada de um porto.

anteposição s f (<ante-+...) **1** Colocação de alguma coisa antes de outra [em primeiro lugar em relação a outra]. **2** Primazia/Preferência dada a alguma coisa.

anteprimeiro, a adj (<ante-+...) Que está antes do primeiro/Preliminar/Prévio.

anteprograma s m (<ante-+...) Introdução de um programa/Justificação de programa a apresentar.

anteprojeto s m [= anteprojecto] (<ante-+...) Estudo preparatório de um proje(c)to «aeroporto/ponte»/Esboço onde se vão introduzir alterações até se chegar ao proje(c)to definitivo.

anteproposta s f (<ante-+...) Proje(c)to/Esboço de proposta.

antera (Té) s f (<gr antherós: florido) Parte dilatada do estame, onde estão os sacos que contêm os grãos de pólen. ⇒ filete.

anterior adj 2g (<lat antérior,ius) **1** Que existiu, ocorreu ou foi feito antes. **Ex.** No dia ~ eu tinha preparado tudo para a viagem. **2** Que está na parte da frente. **Ex.** O cavalo tem a pata ~ direita ferida. **Sin.** Dianteiro. **Ant.** Posterior; traseiro. **3** Ling Diz-se do som articulado na parte dianteira da boca. **Ex.** A vogal i é ~.

anterioridade s f (<anterior+-idade) **1** Qualidade ou condição de anterior. **2** Precedência no tempo ou no espaço. **Ex.** A ~ da nossa decisão sobre o assunto pode ser confirmada pela a(c)ta da reunião. **3** Ling Característica de sons anteriores «i».

anteriormente adv (<anterior+-mente) Em tempo anterior/Antes. **Ex.** Já o vira [conhecera] ~.

ântero- pref (<anterior) Significa dianteiro.

ântero-dorsal adj 2g Relativo à parte da frente do dorso.

ântero-inferior adj 2g Relativo à [Situado na] parte anterior e inferior.

ântero-lateral adj 2g Relativo à parte anterior e lateral. **Comb.** Posição ~.

ântero-posterior adj 2g Relativo à parte anterior e posterior. **Comb.** Diâmetro ~ da bacia do crânio.

ântero-superior adj 2g Relativo à [Situado na] parte anterior e superior.

anterrosto s m Tip (<ante-+rosto) Primeira página da folha que precede o frontispício de um livro, a qual geralmente só contém o título da obra.

antes adv/conj (<lat ánte) **1** Em tempo anterior/Mais cedo. **Ex.** Eu disse-lhe ~ o que ia fazer e quando... E um mês ~ dessa data tive o cuidado de o ir avisando. **Loc.** ~ **de** prep (Ex. ~ de eu saber isso, confiava muito nele). ~ **que** conj (Ex. Faz isso ~ que seja tarde «para o fazer»). **Comb.** ~ **de mais (nada)** [Em primeiro lugar] (Ex. ~ de mais (nada) importa sabermos com quem podemos contar). ~ **do tempo** [Em momento ainda não oportuno/Cedo de mais] (Ex. Semeou ~ de tempo. Ant. Fora de tempo/Tarde de mais). **Quanto** ~ [O mais depressa possível] (Ex. Convém avisá-lo quanto ~, para ele se preparar). **Ant.** A seguir; depois. **2** Em lugar anterior, mais próximo. **Ex.** A minha casa não é no fim da rua, fica [é/localiza-se] ~. **3** Antigamente/Outrora. **Ex.** ~ a vida do povo era mais difícil. **4** De preferência/Melhor. **Ex.** ~ estudar e trabalhar ao mesmo tempo (do) que estar dependente dos pais. **Comb.** ~ **assim!** [Ainda bem!/Tanto melhor!] (Ex. Tudo acabou por correr bem... ~ assim!). **5** Mais precisamente/exa(c)tamente/Melhor. **Ex.** Ele sabia o que era preciso fazer, ou ~, devia saber... **6** conj Ao/Pelo contrário/Todavia/Mas. **Ex.** Ele nunca apreciou muito a leitura, ~ gostava [, gostava mais (+)] de a(c)tividades ao ar livre.

antes de ontem adv ⇒ anteontem.

antese (Té) s f (<gr ánthesis: floração) O desabrochar da flor/Abertura dos botões florais. **Sin.** Floração(+); florescência(o+).

antessala s f (<ante-+sala) Sala que antecede a sala principal/Antecâmara(+).

antestreia s f (<ante-+estreia) Apresentação de um espe(c)táculo/filme para uma assistência restrita especial, antes da estreia oficial para o público. **Ex.** A ~ da peça foi reservada a jornalistas e críticos.

antetítulo s m (<ante-+...) «na imprensa escrita» Título secundário colocado por cima do título da notícia propriamente dito.

antever v t (<ante-+...) Ver antecipadamente/Prever(+)/Adivinhar/Augurar. **Loc.** ~ o resultado do negócio.

anteversão s f (<ante-+...) **1** A(c)to ou efeito de anteverter. ⇒ retroversão. **2** Med Inclinação ou deslocação de um órgão para a frente, especialmente do útero.

antevéspera s f (<ante-+...) Segundo dia antes de determinada data/Dia imediatamente anterior à véspera. **Ex.** Começámos a preparar a festa da aldeia, nas ruas, na ~.

antevisão s f (<ante-+...) **1** A(c)to ou efeito de antever. **2** Visão do que vai suceder/Previsão(+)/Conje(c)tura/Prognóstico/Pressentimento. **Ex.** A ~ das dificuldades que o esperavam deixava-o apreensivo.

anti- pref (<gr anti-: em frente de, contra) Significa contra (Ex. ~aéreo, ~caspa, ~ciclone, ~clerical, ~corpo).

antiabortivo, a adj/s (<anti-+...) (Medicamento/Substância) que tem a propriedade de impedir/evitar o aborto. **Comb.** Fármaco ~.

antiaborto adj 2g (<anti-+...) Contrário à prática do aborto. **Comb.** Campanha ~. Movimento ~.

antiacadémico, a [Br antiacadêmico] adj (<anti-+...) **1** Contrário a praxes e doutrinas académicas. **2** «homenagem ao mestre» Sem [Que não tem] a pompa, os formalismos académicos/Simples.

antiácido, a adj/s m (<anti-+...) **1** (Substância) que neutraliza a a(c)ção dos ácidos. **Ex.** As substâncias alcalinas «cálcio» são ~as. **2** (Substância/Fármaco) que combate o excesso de acidez gástrica. **Ex.** O bicarbonato de sódio é um ~ estomacal.

antiaéreo, a adj (<anti-+...) **1** Que defende de ataques aéreos. **Comb.** Abrigo ~. **2** Que se destina a impedir ataques aéreos, atingindo os aviões e outros engenhos que os realizem. **Comb.** Artilharia ~/terra-ar.

antiafrodisíaco, a adj/s m (<anti-+...) (Substância) que elimina/reduz o desejo [a excitação] sexual. **Sin.** Anafrodisíaco.

antiagrícola adj (<anti-+...) Contrário à agricultura e às suas regras.

antialcoólico, a adj (<anti-+...) **1** Que combate os efeitos da ingestão de álcool. **2** Relativo ao antialcoolismo.

antialcoolismo s m (<anti-+...) Combate ao alcoolismo.

antialérgico, a adj/s m (<anti-+...) **1** (Medicamento) que combate/trata a alergia. **2** Que evita a alergia.

antiamericanismo s m (<anti-+...) Doutrina ou atitude contra os Estados Unidos da América ou contra a sua política.

antiamericano, a adj (<anti-+...) Que se opõe aos Estados Unidos da América, à sua política ou costumes. **Comb.** Campanha ~a. Propaganda ~a.

antiaristocrático, a adj (<anti-+...) Que é contrário à aristocracia. **Comb.** Revolução ~.

antiartístico, a adj (<anti-+...) **1** Contrário à arte ou às suas regras/Inestético. **2** Que revela falta de gosto estético.

antiartrítico, a adj/s m (<anti-+...) (Medicamento) que combate a artrite, a inflamação das articulações.

antiasmático, a adj/s m (<anti-+...) (Medicamento) que previne/combate a asma ou atenua as suas crises.

antiatómico, a [Br antiatômico] adj (<anti-+...) **1** Que se opõe à produção [ao uso] da energia nuclear. **Comb.** A(c)tivista ~. **2** Que protege das radiações atómicas. **Comb.** Abrigo ~.

antibacteriano, a adj/s m (<anti-+...) (O) que destrói as bactérias ou inibe o seu desenvolvimento.

antibáquio s m Gram (<gr antibákkheios) Na versificação greco-latina, pé de verso formado de duas sílabas longas e uma breve.

antibiograma s m (<anti-+bio-+-grama) Exame laboratorial para determinar qual o antibiótico que combate melhor determinado microrganismo.

antibiose s f Biol (<anti-+bio-+-ose) Associação entre duas espécies em que uma é prejudicada ou destruída pela outra.

antibioterapia s f (<antibió(tico)+terapia) Terapêutica que usa antibióticos.

antibiótico, a adj Med (<anti-+...) (Medicamento) que destrói ou inibe o desenvolvimento de microrganismos. **Ex.** Porque estava com febre muito alta, o médico receitou-lhe um ~. **Comb.** ~ de largo espectro [que é válido contra uma extensa gama de germes ou infe(c)ções comuns].

antibritânico, a adj (<anti-+...) Que é contra a Inglaterra ou os ingleses, sua política ou costumes. **Comb.** Sentimento ~.

antiburocrático, a adj (<anti-+...) Que se opõe à burocracia.

anticancerígeno, a adj (<anti-+...) Que previne ou combate o cancro/câncer.

anticanceroso, a (Ôso, Ósa/os) adj (<anti-+...) Que se usa contra o cancro.

anticanónico, a [Br anticanônico] adj (<anti-+...) **1** Que é contrário aos cânones da Igreja Católica. **2** fig Que não respeita as normas e os costumes estabelecidos.

anticapitalista adj/s 2g (<anti-+...) Que é contra o [se opõe ao] capitalismo.

anticarro adj 2g sing e pl (<anti-+...) Diz-se de proje(c)til, mina, arma usados contra carro de combate/tanque. **Sin.** Antitanque.

anticaspa adj 2g sing e pl (<anti-+...) Que evita/elimina a caspa. **Comb.** Champô ~.

anticatarral adj 2g/s m (<anti-+catarro+-al) Que evita ou elimina o catarro/a tosse.

anticatolicismo s m (<anti-+...) O ser contra o catolicismo.

anticatólico, a adj/s (<anti-+...) (O) que se opõe ao catolicismo.

anticíclico, a adj Econ (<anti-+...) Que foi planeado para impedir o desenvolvimento excessivo num ciclo econó(ô)mico.

anticiclone s m (<anti-+...) Zona de altas pressões atmosféricas. **Comb.** ~ dos Açores (Portugal).

anticientífico, a adj (<anti-+...) Contrário à ciência, aos seus princípios ou métodos. **Comb.** Postura/Posição ~a.

anticívico, a *adj* (<anti-+...) Contrário ao civismo(+)/Que vai contra as obrigações do cidadão. **Comb.** Comportamento ~. ⇒ incivil.

anticivilizador, ora *adj* (<anti-+...) Que é contrário à civilização.

anticivismo *s m* (<anti-+...) **1** Doutrina contrária ao civismo. **2** Procedimento que não respeita os deveres do cidadão/Comportamento anticívico.

anticlássico, a *adj* (<anti-+clássico) Que se opõe ao classicismo ou ao que é clássico.

anticlerical *adj 2g* (<anti-+...) (Pessoa) que se opõe ao clero e à sua influência na sociedade. **Comb.** *Mentalidade ~. Política ~.*

anticlericalismo *s m* (<anti-+...) Oposição sistemática ao clero e à sua influência na sociedade.

anticlímax (Macs) *s m* (<anti-+...) **1** *Gram* Figura de retórica que consiste no emprego, na mesma frase, de uma gradação descendente a seguir a uma gradação ascendente. **2** *Liter* Momento da obra em que a intensidade do enredo não corresponde à expe(c)tativa entretanto criada no leitor. **3** *Teat* Cena banal a seguir ao clímax. **4** *Teat* Clímax que não convence.

anticlinal *adj 2g/s m Geol* (<gr *antiklíno*: pender em sentido contrário + -al) (Diz-se da) dobra de estrato sedimentar que pende para ambos os lados do núcleo.

anticoagulante *adj 2g/s m Med* (<anti-+...) (Medicamento/Substância) que impede a coagulação do sangue. **Comb.** A(c)ção ~.

anticolonialismo *s m* (<anti-+...) Doutrina ou atitude que se opõe ao colonialismo.

anticolonialista *adj/s 2g* (<anti-+...) **1** Relativo ao anticolonialisno. **2** Pessoa que se opõe ao colonialismo.

anticombustível *adj 2g* (<anti-+...) «sal marinho» Refra(c)tário à [Que impede a] combustão.

anticomercial *adj 2g* (<anti-+...) Que é contrário a normas, usos ou interesses do comércio. **Comb.** Prática ~.

anticomunismo *s m* (<anti-+...) Doutrina, atitude ou sentimento de oposição ao comunismo.

anticomunista *adj/s 2g* (<anti-+...) **1** Relativo ao anticomunismo. **2** Pessoa que combate o comunismo.

anticoncecional (Cè) [*Br* **anticoncepcional**] [= anticoncepcional] *adj 2g/s m* (<anti-+...) **1** Que impede a fecundação/conce(p)ção/Que evita a gravidez. **Ex.** O preservativo masculino e a pílula, entre outros, são ~ais. **Comb.** Método ~. ⇒ contrace(p)tivo. **2** Meio físico ou químico que evita a conce(p)ção.

anticonformismo *s m* (<anti-+...) Oposição às normas estabelecidas, aos usos convencionais, à tradição/Inconformismo(+). ⇒ inconformista.

anticongelante *adj 2g/s m* (<anti-+...) **1** Que impede o congelamento. ⇒ descongelador. **2** Líquido adicionado à água para evitar que ela congele num aparelho. **Ex.** Por causa do frio intenso, costuma adicionar-se um ~ à água do radiador do carro.

anticonjugal *adj 2g* (<anti-+...) Que se opõe às normas e à harmonia dos cônjuges [da vida conjugal].

anticonstitucional *adj 2g* (<anti-+...) Que se opõe ao que determina a Constituição do país. **Ex.** Este decreto (do Governo) tem dois artigos que são claramente ~ais, pois não respeitam a lei fundamental do país.

anticonstitucionalismo *s m* (<anti-+...) **1** Doutrina que se opõe ao constitucionalismo. **2** Qualidade/Condição de inconstitucional.

anticorpo (Côrpo, Córpos) *s m Biol* (<anti-+...) Proteína segregada pelos linfócitos B em rea(c)ção à entrada no organismo de um antigé[ê]nio/Imunoglobulina. **Ex.** O organismo reagiu à bactéria produzindo ~s.

anticorrosivo, a *adj/s m* (<anti-+...) (Substância «aplicada antes da pintura das grades») que impede/atenua a corrosão. ⇒ antioxidante; antiferrugem.

anticorrupção *adj 2g sing e pl* (<anti-+...) Que combate a corrupção. **Comb.** *Lei ~. Medida ~. Política ~.*

anticrese (Cré) *s f Dir* (<gr *antíkhresis*: troca) Contrato em que o devedor entrega ao credor um imóvel para que ele usufrua dos rendimentos a este ligados, como compensação pela dívida.

anticristão, ã *adj/s* (<anti-+...) (Pessoa) que se opõe ao cristianismo. **Comb.** Ideário ~.

anticristo *s m Rel* (<anti-+...) **1** *maiúsc* Personagem que, segundo o Apocalipse, perto do fim do mundo, virá tentar abater Cristo e a sua Igreja, em vão, pois Cristo triunfará. **2** Qualquer força que se oponha a Cristo. **3** Perseguidor dos cristãos. **4** Falso profeta/Falso Cristo.

antidemocrata *adj/s 2g* (<anti-+...) ⇒ antidemocrático.

antidemocrático, a *adj/s* (<anti-+...) **1** (O) que se opõe à doutrina ou prática democráticas. **2** Que não está de acordo com os princípios democráticos. **Comb.** *Medida ~a. Regime ~.* **Sin.** Ditatorial; fascista; totalitário.

antidepressivo, a *adj/s m Med* (<anti-+...) (Medicamento) que evita/atenua/combate o estado depressivo. **Ex.** Está a tomar um ~ que o psiquiatra lhe indicou.

antiderrapante *adj 2g/ s m* (<anti-+...) **1** (O) que impede a derrapagem. **Comb.** Pneu ~. **2** Que aumenta a aderência do pneu ao piso. **Comb.** *Piso ~. Dispositivo ~.*

antidesportivo, a [*Br* **antiesportivo**] *adj* (<anti-+...) Que não está de acordo com o espírito (d)esportivo/Que vai contra as regras ou princípios do desporto/esporte. **Comb.** Comportamento ~.

antidiabético, a *adj/s m* (<anti-+...) (Medicamento «insulina») que combate a diabetes.

antidiarreico, a *adj/s m* (<anti-+...) (O) que combate a diarreia.

antidiftérico, a *adj/s m* (<anti-+...) (Substância) que combate a difteria.

antidopagem *adj 2g sing e pl* (<anti-+...) **1** Que é contra a dopagem nas competições (d)esportivas. **2** «teste» Que visa verificar se há dopagem.

antídoto *s m* (<gr *antídoton*) **1** *Med* Substância que combate os efeitos nocivos de outra no organismo/Contraveneno. **2** Substância ou medicamento eficaz contra uma doença. **Ex.** Este xarope é (um ~) para [contra] a tosse. **3** *fig* O que impede ou corrige um mal. **Ex.** A companhia do amigo é um bom ~ para a sua depressão.

antidroga *adj 2g sing e pl* (<anti-+...) «medidas/luta/tratamento» Que combate o tráfico e/ou o consumo de drogas.

antidumping *ing Econ* «lei/medida» Que contraria a importação de produtos a preços inferiores aos do mercado interno, controlando-a e aplicando-lhe taxas aduaneiras suplementares.

antieconómico, a [*Br* **antieconômico**] *adj* (<anti-+...) **1** Que é contrário aos princípios económicos, a uma boa gestão. **2** De preço elevado/Dispendioso/Caro. **Comb.** (Método de) fabrico ~.

antiemético, a *adj/s m* (<anti-+...) (Medicamento/Substância) que evita o vó[ô]mito.

antiespasmódico, a *adj/s m* (Medicamento/Substância) que evita ou atenua os espasmos, as convulsões.

antiestético, a *adj* (<anti-+...) **1** Contrário à estética. **2** Que não tem beleza. **Ex.** É um edifício ~, um autêntico mamarracho.

antieuropeu, eia *adj* (<anti-+...) Que é contra a [Que se opõe à] Europa ou os europeus.

antievangélico, a *adj* (<anti-+...) Que vai contra o evangelho [a mensagem de Jesus]. **Ex.** A guerra e a vingança são ~as.

antifascismo *s m* (<anti-+...) Movimento/Atitude/Sentimento de oposição ao fascismo.

antifascista *adj/s 2g* (<anti-+...) (O) que se opõe ao fascismo.

antifebril *adj 2g/s m* (<anti-+...) (Medicamento) contra [que faz baixar] a febre/Antipirético.

antifeminismo *s m* (<anti-+...) Corrente de opinião/Atitude/Sentimento que procura negar à mulher determinados direitos políticos e sociais/Oposição ao feminismo.

antifeminista *adj/s 2g* (<anti-+...) **1** Relativo ao antifeminismo. **2** Partidário do antifeminismo.

antiferrugem *adj 2g sing e pl* (<anti-+...) **1** Que protege contra a ferrugem. ⇒ anticorrosivo. **2** Que elimina a ferrugem.

antifilosófico, a *adj* (<anti-+...) Que é contrário aos princípios da filosofia.

antifisiológico, a *adj* (<anti-+...) Contrário à fisiologia normal.

antiflogístico, a *adj/s m* (<anti-+...) (Substância) que a(c)tua contra as inflamações/Anti-inflamatório(+). ⇒ antibiótico.

antífona *s f Rel* (<gr *antíphonos*: que responde a) Versículo que se diz/entoa no início da recitação de um salmo ou cântico «do breviário/da liturgia das horas» e se repete no fim.

antifonário *s m* (<antífona+-ário) **1** Livro de antífonas e de outros cânticos religiosos com a respe(c)tiva música em cantochão. **2** Elemento do coro que entoa a antífona.

antífrase *s f Gram* (<gr *antíphrasis*: expressão contrária) Emprego de palavra/expressão cujo sentido literal é o contrário do que se pretende exprimir, tendo aquela, pois, geralmente um sentido iró[ô]nico. **Ex.** Em *Bonito! E, agora, como resolves o problema?* a expressão exclamativa é um caso de ~, em que *Bonito* significa *Disparate*.

antifraude *adj 2g sing e pl* (<anti-+...) Que previne ou combate a fraude.

antigamente *adv* (<antigo+-mente) Em tempos idos/passados/Outrora/Dantes.

antigás *adj 2g sing e pl* (<anti-+...) Que evita/combate os efeitos de gases tóxicos. **Comb.** Máscara ~.

antigénico, a [*Br* **antigênico**] *adj Biol/Med* (<antigénio+-ico) Relativo ao [Próprio do] antigé[ê]nio/antígeno.

antigénio/antígeno [*Br* **antigênio**] *s m* (<fr *antigène*) Substância ou bactéria que, introduzida no organismo, estimula a produção de anticorpos específicos que a podem neutralizar.

antigo, a *adj* (<lat *antíquus*) **1** *Hist* Relativo à Antiguidade, às épocas anteriores à queda do império romano (séc. V d.C.). **Comb.** *Grécia ~a. Roma ~a.* **2** Que existiu em tempos muito distantes/recuados. **Ex.** Os mais ~ habitantes da Península Ibérica de que temos conhecimento foram os ibe-

ros. **3** *s m pl* Pessoas que viveram noutros tempos/Antepassados. **Ex.** Os ~ tiveram uma vida mais difícil do que a nossa. **4** *s m* Obje(c)to de outra época. **Ex.** Procura o ~ para mobilar o quarto. **5** Que pertence ao passado/Anterior. **Ex.** Encontrou o ~ namorado na festa. No ~ emprego tinha muitos colegas. **Loc.** À (maneira) ~a [Como antigamente] (Ex. «a avó» Ainda veste à ~a, com o lenço preto a envolver-lhe o cabelo). **Comb.** ~ ***Regime*** [Forma de organização política que vigorou na Europa entre os fins da Idade Média e a Revolução Francesa]. ~ (**Ant.** Novo) ***Testamento*** [Conjunto de livros da Bíblia escritos antes do nascimento de Cristo]. **6** Que existe há muito tempo. **Ex.** Portugal é o país europeu com as fronteiras mais ~as. A nossa empresa é muito ~a, foi fundada há [, já tem] mais de um século. **7** Que perdura desde há muito (tempo). **Ex.** A nossa amizade é ~a, vem já dos tempos da juventude. **8** Que vive há bastantes anos/Idoso/Velho. **Ex.** As pessoas mais ~as da terra [localidade] ainda se lembram dessa tragédia. **9** Que pertence à tradição. **Ex.** Este costume é muito ~ na localidade. **10** Que está numa organização há bastante tempo. **Ex.** Ele é o funcionário mais ~ da empresa. **11** Que deixou de exercer o cargo/Que precedeu o a(c)tual detentor do cargo. **Ex.** Tinha uma relação mais estreita com o ~ dire(c)tor. **12** Que já não se usa/Ultrapassado/Obsoleto. **Ex.** O meu carro é um modelo ~ da marca Ford. **13** Que não é inovador/Igual/Mesmo/Idêntico. **Ex.** Na remodelação do edifício, a fachada manteve a traça ~a.

antigovernamental *adj 2g* (<anti-+...) Que se opõe ao governo (que está) em funções.

antigripal *adj 2g/s m Med* (<anti-+...) (Medicamento) que previne ou ataca a gripe.

Antígua e Barbuda *s f Geog* ⇒ Antilhas.

antig(u)alha, antiqualha (+) *s f* (<it *anticaglia*<lat *antíquus*: antigo) **1** ⇒ antiguidade(s) **6**. **2** Costume, traje, tradição... de tempos passados remotos. **3** Obje(c)to antigo sem valor/Velharia/Ferros-velhos.

antiguidade *s f* (<lat *antíquitas,átis*) **1** *maiúsc* Período de tempo desde o início da época histórica (⇒ pré-história) até à queda do Império Romano do Ocidente (séc. V d.C.). **Comb.** ~ ***Clássica*** [(No Ocidente) Período das civilizações da Grécia e Roma Antigas]. ~ ***Pré-Clássica*** [Período histórico das civilizações do Mar Mediterrâneo e do Golfo Pérsico anteriores à civilização grega]. ~ ***Oriental*** [História dos povos antigos do Oriente]. **2** Passado remoto. **Ex.** Na ~ havia já grande movimento comercial entre regiões banhadas pelo Mediterrâneo. **3** Qualidade de antigo. **Ex.** A ~ de uma empresa é motivo de orgulho para empresários e trabalhadores. **4** Longa idade/existência. **Ex.** A ~ do vinho no banquete não passou despercebida aos convivas. **5** Tempo de serviço no exercício de funções, de um cargo. **Ex.** A ~ do professor é determinante nos concursos [é importante para as promoções]. **6** *pl* Móveis, obje(c)tos de arte antigos. **Comb.** Feira de ~s.

anti-hemorrágico, a *adj/s m* (Substância) que combate a hemorragia.

anti-herói *s m Liter* Personagem que, sendo o protagonista da obra, não tem as qualidades e características do herói clássico.

anti-higiénico, a [*Br* **anti-higiênico**] *adj* Que não respeita ou que contraria as normas de higiene. **Ex.** Vivem em condições [habitações] ~as.

anti-histamínico, a *adj/s m* (Medicamento) que combate a a(c)ção da histamina no organismo/que a(c)tua no controle de alergias.

anti-humano, a *adj* «tratamento dos empregados» Que é contrário aos direitos humanos/Desumano.

anti-imperialista *adj/s 2g* (O) que é contra o imperialismo.

anti-incêndio *adj 2g* Que previne ou combate [«porta de ferro» Contra] incêndios.

anti-infe(c)cioso, a (*dg*) (Ôso, Ósa/os) *adj Med* Que previne ou combate infeções.

anti-inflamatório, a *adj/s m* (Substância) que previne ou combate a inflamação/Antiflogístico.

antijurídico, a *adj* (<anti-+...) Que é contrário aos princípios ou às normas do Direito. ⇒ ilegal.

Antilhas *s f pl Geog* Arquipélago de numerosas ilhas e alguns países no Golfo do México. **Ex.** O que é das ou relativo às ~ é antilhano.

antiliberal *adj/s 2g* (<anti-+...) (O) que é contra as ideias liberais, que se opõe ao liberalismo. **Comb.** Mentalidade ~. **Sin.** Ditatorial.

antilítico, a *adj/s m Med* (<anti-+lito-+-ico) (Substância) que dissolve os cálculos [as pedras] «da bexiga». **Ex.** Anda a tomar um ~ para aliviar a crise, as fortes dores ao urinar.

antilogaritmo *s m Mat* (<anti-+...) Número em relação ao seu logaritmo.

antilogia *s f* (<gr *antilogía*: réplica) **1** Contradição entre ideias do mesmo discurso/autor. **2** Confronto/Oposição de argumentos. **Ex.** Os diálogos plató[ô]nicos são construídos à base de ~s. **3** *Dir* Contradição entre leis do mesmo país.

antilógico, a *adj* (<antilogia+-ico) Contrário à lógica/Que envolve antilogia/Contraditório(+)/Ilógico(o+).

antílope *s m* (<gr *anthálops,opôs*: animal fabuloso) **1** *Zool* Designação comum a diversos ruminantes da família dos bovídeos, de patas altas e finas, muito velozes, que se encontram sobretudo no continente africano. **2** Pele curtida desse animal. **Comb.** Casaco de ~.

antimagnético, a *adj* (<anti-+...) Que resiste à magnetização/Que não sofre influência magnética.

antimatéria *s f Fís* (<anti-+...) Matéria que seria constituída por antipartículas, as quais teriam propriedades magnéticas de sinal oposto ao das partículas da matéria.

antimelódico, a *adj Mús* (<anti-+...) Que é contrário à melodia/Dissonante.

antimetábole, antimetalepse, antimetátese *s f Gram* (<anti-+...) Figura em que uma frase é formada com as palavras de outra, mas em sentido inverso. **Ex.** Em *Há quem coma para viver* e *quem viva para comer* tomos uma ~.

antimilitarista *adj/s 2g* (<anti-+...) (O) que é contra o militarismo.

antimíssil *adj 2g sing e pl/s m* (<anti-+...) **1** Que se destina a neutralizar um míssil no voo, interce(p)tando-o. **Comb.** Míssil ~. **2** *s m* Dispositivo de defesa para interce(p)tar mísseis inimigos. **Comb.** Radar ~.

antimonárquico, a *adj* (<anti-+...) (O) que se opõe ao regime de monarquia. ⇒ republicano.

antimonial *adj 2g* (<antimó[ô]nio+-al) Relativo ao [Com] antimó[ô]nio.

antimónio [Sb 51] [*Br* **antimônio**] *s m Quím* (<lat *antimónium*) Elemento sólido semimetal, duro e quebradiço, brilhante, usado em ligas metálicas e semicondutores.

antimonite/a *s f Miner* (<antimónio+ite/a) Sulfureto de antimó[ô]nio, também conhecido por estibina, de intenso brilho metálico.

antimonopolista *adj/s 2g* (<anti-+...) (O) que se opõe à existência de monopólios. **Comb.** Política ~.

antinacional *adj 2g* (<anti-+...) Que é contrário aos interesses da nação.

antinatural *adj 2g* (<anti-+...) «comportamento» Que é contra a natureza ou as suas leis.

antinefrítico, a *adj/s m* (<anti-+...) (Medicamento) Que combate as doenças ou as dores renais.

antinevoeiro *adj 2g sing e pl* (<anti-+...) Diz-se de luzes do veículo que permitem melhor visibilidade aos condutores em situação de nevoeiro.

antinevrálgico, a *adj/s m* (<anti-+...) (Medicamento) que alivia a nevralgia/a dor.

antinódoa *adj 2g sing e pl/s m* (<anti-+...) (Diz-se da) substância que é eficaz a tirar as nódoas da roupa/Tira-nódoas(+). **Comb.** Produto ~/Um tira-nódoas.

antinomia *s f* (<gr *antinomía*: contradição em leis) **1** *Fil* Contradição entre proposições que parecem igualmente defensáveis, evidenciando as limitações do intelecto humano. **2** *Dir* Contradição entre leis de um país. **3** Oposição recíproca de duas coisas «céu e inferno/grandeza e pequenez do ser humano»/Antagonismo. ⇒ paradoxo.

antinómico, a [*Br* **antinômico**] *adj* (<antinomia+-ico) Que envolve antinomia/Contraditório/Oposto. ⇒ paradoxal.

antinuclear *adj 2 g* (<anti-+...) Que é contrário à utilização da energia nuclear.

antinupcial *adj 2g* (<anti-+...) Que é contrário ao casamento.

antiofídico, a *adj/s m* (<anti-+...) (Substância) que é eficaz contra a mordedura da víbora ou de outras cobras venenosas.

antioxidante *adj 2g/s m* (<anti-+...) (Substância) que evita ou retarda a oxidação. ⇒ anticorrosivo.

antipapa *s m* (<anti-+...) *Hist* Pessoa que age como papa, em oposição ao papa eleito canonicamente. **Ex.** O último ~ foi Félix V, no séc. XV.

antiparasita *adj 2g/s m* (<anti-+...) **1** (Substância) que mata os parasitas. **2** *s m* (Diz-se do) dispositivo que em telecomunicações sem fios atenua os ruídos parasitas.

antiparasitário, a *adj/s m* (<anti-+...) (Medicamento) que inibe ou combate os parasitas. ⇒ inse(c)ticida.

antipartícula *s f Fís* (<anti-+...) Partícula que, em relação a outra, teria a mesma massa, mas carga de sinal contrário. **Ex.** Quando se juntam duas ~s, estas [as duas] aniquilam[destroem]-se e a sua massa transforma-se em energia.

antipatia *s f* (<gr *antipátheia*: afeição contrária) **1** Sentimento de aversão espontânea em relação a alguém ou a alguma coisa/Repulsa. **Ex.** Não escondeu a ~ em relação ao colega, tendo sido muito indelicado. **Ant.** Simpatia. **2** Atitude que revela esse sentimento. **Ex.** Estranhei a ~ com que ele o recebeu. **3** *fig* Incompatibilidade entre substâncias. **Ex.** Fala-se na ~ entre a água e o azeite, que não se misturam.

antipático, a *adj/s* (<antipatia+-ico) **1** Que causa aversão instintiva/Que desperta antipatia/Desagradável. **Ex.** A Matemática sempre lhe foi [resultou] ~a. É difícil encontrar pessoa mais [tão(+)] ~a. **Ant.** Simpáti-

co. **2** Pessoa que tem um comportamento desagradável com os outros. **Ex.** É preciso saber lidar com simpáticos e com ~s.
antipatizar *v int* (<antipatia+-izar) **1** Sentir aversão espontânea [Sentir antipatia] em relação a alguém ou a alguma coisa. **Ex.** Não sei porquê, antipatizei com ele logo na primeira reunião de trabalho. **Ant.** Simpatizar. **2** Implicar com.
antipatriota *adj/s 2g* (<anti-+...) (O) que age de modo a prejudicar a (sua) pátria/ que não ama a pátria.
antipatriótico, a *adj* (<anti-+...) Que vai contra os interesses da pátria. **Comb.** *Campanha* [*Atitude/Ideia*] *~a*.
antipatriotismo *s m* (<anti-+...) **1** Falta de amor à pátria/Ausência de patriotismo. **2** Forma de proceder que vai contra os interesses da pátria. ⇒ «crime de» lesa--pátria.
antipedagógico, a *adj* (<anti-+...) «método» Contrário aos princípios ou regras da pedagogia.
antiperistáltico, a *adj* (<anti-+...) Diz-se das contra(c)ções do esófago, estômago e intestino que ocorrem em sentido contrário ao dos movimentos peristálticos «provocando vó[ô]mito».
antipessoal *adj 2g* (<anti-+...) «arma/mina» Utilizado essencialmente contra pessoas, não contra coisas (⇒ antimíssil).
antipirético, a *adj/s m Med* (<anti-+...) (Medicamento) que faz baixar a temperatura do corpo/que combate a febre/Antifebril.
antipirina *s f Med* (<anti-+gr *pyr,pyrós*: fogo+-ina) Medicamento que faz baixar a febre e alivia as dores. ⇒ aspirina.
antípoda/e *adj/s 2g* (<gr *antípodes*: pés) contra pés) **1** *pl* Locais que no globo terrestre se situam em zonas diametralmente opostas. **Idi.** *Estar nos ~s de* [Ser o oposto de]. **2** *pl* Habitantes de um desses locais em relação aos (habitantes) do outro. **Ex.** Os ~s dos portugueses são os habitantes da Nova Zelândia. **3** (Pessoa ou coisa) que tem características opostas às de outra com que se compara. **Ex.** As ideias dele são ~s [o contrário(+)] das minhas.
antipoluição *adj 2g sing e pl* (<anti-+...) Que previne/combate a poluição. **Comb.** Lei [Equipamento] ~.
antipopular *adj 2g* (<anti-+...) **1** Que é contrário aos interesses do povo. **2** Que desagrada ao povo. **Ex.** Subir impostos é ~. **Sin.** Impopular(+).
antipútrido, a *adj* (<anti-+...) Que evita ou combate a putrefa(c)ção.
antiquado, a *adj* (<antiquar) **1** Que está ultrapassado/«palavra ~a/obsoleta(+)» Que já não se usa/«vestuário» Que está fora de moda/Antigo/Obsoleto. **2** Que tem ideias e valores do passado/Que não evoluiu. **Ex.** É difícil falar com ele, tem uma mentalidade ~a.
antiqualha *s f* ⇒ antig(u)alha.
antiquar *v t* (<lat *antiquo,áre,átum*) **1** Tornar antiquado. **2** ~-se/Ficar fora de moda/uso.
antiquário, a *s* (<lat *antiquárius*) **1** Pessoa que estuda coisas do passado remoto, antiguidades. **2** Pessoa que cole(c)ciona ou comercializa obje(c)tos antigos, antiguidades. **Ex.** Um ~ disse-me onde poderia encontrar a primeira edição desse livro. **3** *s m* Estabelecimento em que se faz esse comércio. ⇒ alfarrabista.
antiquíssimo, a *adj sup* (<lat *antiquíssimus*) Muito antigo. **Comb.** Monumento ~.
antirrábico, a *adj/s m* [= anti-rábico] (Substância) que previne ou combate a raiva.
antirracional *adj 2g* [= anti-racional] Contrário à razão. ⇒ irracional.

antirracista *adj/s 2g* [= anti-racista] (O) que se opõe ao racismo. **Ex.** Aqui [Nesta casa/ terra] somos todos ~s. **Comb.** *Doutrina ~a. Campanha ~a.*
antirrealismo *s m* [= anti-realismo] **1** Movimento de oposição ao realismo na arte. **2** Oposição ao regime da realeza/monarquia. ⇒ antimonárquico.
antirreflexo *adj 2g* [= anti-reflexo] Que não refle(c)te a luz. **Comb.** *Lente ~o. Vidro ~.*
antirreligioso, a (Ôso, Ósa/os) *adj 2g* [= anti-religioso] Que se opõe à religião. **Comb.** *Mentalidade ~a. Sentimento ~.*
antirrepublicano, a *adj/s* [= anti-republicano] (O) que se opõe ao regime de república ou aos republicanos.
antirreumático, a *adj/s m Med* [= anti--reumático] (Substância) que combate o reumatismo.
antirrevolucionário, a *adj/s* [= anti-revolucionário] (O) que se opõe à revolução, à transformação radical da estrutura política, social e econó[ô]mica do país. **Sin.** Contrarrevolucionário(+).
antirrouboi *adj 2g sing e pl* [= anti-roubo] Que se destina a evitar o roubo. **Comb.** Dispositivo ~ do carro.
antirrugas *adj 2g sing e pl* [= anti-rugas] **1** «tecido» Que não amarrota. **2** «cosmético» Que evita o aparecimento de rugas na pele (do rosto).
antissemita *adj/s 2g* [= anti-semita] (O) que é contra os semitas, sobretudo judeus.
antissemitismo *s m* [= anti-semitismo] **1** Aversão aos semitas, sobretudo judeus. **2** Corrente ou atitude racista contra os judeus.
antissepsia *s f Med* [= anti-sepsia] **1** Emprego de antissépticos. **2** Processo de destruição de germes patogé[ê]nicos ou de prevenção de infe(c)ções.
antissé(p)tico, a *adj* (*dg*) [*Br* **antisséptico**] *adj/s m* [= anti-séptico] (Medicamento) que impede ou combate a infe(c)ção.
antissifilítico, a *adj/s m* [= anti-sifilítico] (Medicamento) que combate a sífilis. ⇒ antivenéreo.
antissísmico, a *adj* [= anti-sísmico] Que deve [Planeado para] resistir a sismos. **Comb.** Construção ~a.
antissocial *adj 2g* [= anti-social] **1** Contrário aos interesses da sociedade. **2** Que infringe regras de convivência social. **Comb.** Comportamento ~. **3** Que prejudica sobretudo trabalhadores e classes economicamente desfavorecidas. **Ex.** Taxar fortemente bens de primeira necessidade é ~.
antístrofe *s f Gram* (<gr *antistrophé*) **1** Segunda unidade do esquema das composições da lírica coral grega. ⇒ estrofe. **2** Segunda das três partes do esquema da ode da poesia clássica e neoclássica.
antissubmarino *adj 2g sing e pl* [= anti--submarino] «bomba» Que se destina a atacar os submarinos.
antitabaco *adj 2g sing e pl* (<anti-+...) Que visa lutar contra o consumo do tabaco.
antitabagismo *s m* (<anti-+...) Movimento/ Atitude contra o consumo do tabaco.
antitabagista *adj/s 2g* (<anti-+...) **1** Relativo ao antitabagismo. **Comb.** Campanha [Lei] ~. **2** Pessoa que combate o consumo de tabaco.
antitanque *adj 2g sing e pl* (<anti-+...) Diz-se de mina/arma/projé(c)til para destruir tanques/Anticarro.
antiterrorismo *s m* (<anti-+...) Movimento/ Luta contra o terrorismo.
antiterrorista *adj/s 2g* (<anti-+...) (O) que combate o terrorismo.

antítese *s f* (<gr *antíthesis*) **1** Oposição de sentido entre termos ou proposições. **2** *fig* Pessoa ou coisa que tem características contrárias às de outra com que se compara. **Ex.** Os (dois) irmãos são a ~ um do outro [são completamente diferentes]. **3** Oposição/Contrário/Contraste. **4** *Fil* Segundo momento do processo filosófico/ dialé(c)tico «hegeliano». **Ex.** A tese, negada pela ~, é superada na síntese.
antitetânico, a *adj/s m* (<anti-+...) (Substância «soro») que previne ou combate o tétano. **Comb.** Vacina ~a [contra o tétano].
antitético, a *adj* (<gr *antithetikós*) **1** Relativo a [Que envolve] antítese. **2** Oposto(+)/ Contrário(+)/Antagó[ô]nico. **Comb.** Posições [Opiniões] ~as.
antítipo *s m* (<gr *antítypos*: que ressalta) Figura que representa [que é cópia de] outra.
antitotalitário, a *adj* (<anti-+...) Que combate o totalitarismo/Que se opõe a regime de partido único.
antitóxico, a (Ksi) *adj/s m* (<anti-+...) (O) que desintoxica/que serve de contraveneno/Antídoto.
antitoxina (Ksi) *s f* (<anti-+...) Anticorpo que neutraliza os efeitos da toxina que o gerou no organismo.
antituberculoso, a (Ôso, Ósa/os) *adj* Que visa prevenir ou combater a tuberculose.
antitússico, a *adj/s m* (<anti-+tosse+-ico) (Medicamento «codeína») que combate a tosse.
antivariólico, a *adj/s m* (<anti-+...) (Substância) que previne ou combate a varíola. **Comb.** Vacina ~a.
antivenenoso, a (Ôso, Ósa/os) *adj* (<anti-+...) Que combate os efeitos de veneno/ Que desintoxica/Antitóxico.
antivenéreo, a *adj* (<anti-+...) Que previne ou combate doenças venéreas. ⇒ anti--sifilítico.
antiviral [antivírico, a] *adj/s m* (<anti-+...) (Medicamento) que combate um vírus.
antivírus *adj 2g/s m sing e pl* (<anti-+...) **1** (Medicamento) que a(c)tua contra um vírus. **2** *Info* Programa que protege o computador, identificando e eliminando os vírus.
antojo (Tô) *s m* (<esp *antojo*) **1** A(c)to ou efeito de colocar diante dos olhos. **2** Visão enganosa/Aparência/Ilusão. **3** Desejo veemente e caprichoso/Apetite estranho, como o da grávida. **4** Repugnância/Nojo/ Aversão.
antolho (Tô) *s m* (<ante+olho) ⇒ antojo.
antolhos (Tó) *s m pl* (<ante+olho) **1** Palas que se colocam ao lado dos olhos dos animais «cavalos» para apenas olharem em frente, evitando (assim) que se espantem. **2** Prote(c)ção dos olhos da luz intensa. **3** *fig* O que leva a um julgamento limitado/ parcial das questões. **Ex.** Olhava sem ~ o futuro democrático do país.
antologia *s f* (<gr *anthología*) **1** Cole(c)ção de flores/Florilégio. **2** Estudo das flores. **3** Conjunto de trechos em prosa e verso escolhidos de diversos autores consagrados, organizados por época, autor, tema, .../Livro que contém esses textos/Sele(c)ta. **Ex.** Ganhou [Adquiriu] o gosto da leitura saboreando os sugestivos textos da sua ~. ⇒ cole(c)tânea. **4** Sele(c)ção do que há de melhor em qualquer domínio/área. **Comb.** *(D)esp Jogadas célebres [de ~]. Imagens de ~.*
antológico, a *adj* (<antologia+-ico) **1** Relativo a antologia. **2** Digno de figurar em antologia.
antologista *adj/s 2g* (<antologia+-ista) (O) que organiza uma antologia.

antoni(a)no, a adj (<antrop Antó[ô]nio+-ano) Relativo a S(anto) António, nascido em Lisboa e falecido em Pádua/Padova, Itália. **Ex.** O culto ~ mantém-se presente em qualquer comunidade portuguesa.

antonímia s f Gram (<antó[ô]nimo+-ia) Relação de oposição de sentido entre duas «sim, não» ou mais palavras. ⇒ sinonímia.

antónimo, a [Br **antônimo**] adj/s m (<gr antónymos <antí-+ónoma: nome) (Diz-se de) palavra que em relação a outra(s) tem significação oposta. **Ex.** Bom é (o) ~ de mau.

antonomásia s f Gram (<gr antonomasía<anti-+gr onomádzo: dar nome a) Figura de retórica que consiste na substituição de um nome próprio por um nome comum ou perífrase, ou o inverso. **Ex.** Na frase Tirou [Fez] o curso superior na cidade dos estudantes [em Coimbra] temos uma ~. Camões é, por ~, O Poeta [o Príncipe dos Poetas (portugueses)].

antonomástico, a adj (<gr antonomastikós) Usado por antonomásia. **Ex.** O rei D. Sebastião tem o nome ~ de Desejado.

antozoário, a s (<gr ánthos: flor+-zoário) Diz-se de animal ou da classe de animais celenterados marinhos, fixos, de formas semelhantes a flores, solitários ou em coló[ô]nia, como as ané[ê]monas e os corais. ⇒ coraliário.

antraceno (Ê) s m Quím (<gr ánthrax, kos: carvão+-eno) Hidrocarboneto aromático obtido pela destilação do alcatrão da hulha e usado na preparação de corantes.

antracite [**antracito**] s f/m Miner (<gr antrakítes) Carvão fóssil muito negro e de brilho metálico, de aspe(c)to compacto, rico em carbono, que arde sem chama ou cheiro, sendo de elevado poder calorífero. **Ex.** A ~ é muito usada para o fabrico de vidro e loi[ou]ça.

antracose (Có) s f Med (<gr anthrákosis <ánthrax,kos: carvão) Doença do aparelho respiratório «dos mineiros» em que há partículas de carvão incrustadas nos alvéolos pulmonares, por inalação de pó de carvão.

antraz s m Med (<gr ántrax,kos: úlcera) **1** Infe(c)ção profunda da pele, provocada por estafilococos no tecido subcutâneo, sendo a reunião de vários furúnculos. **2** ⇒ Carbúnculo.

antro s m (<gr ántron: caverna) **1** Caverna/Gruta natural que serve de abrigo a feras/Cova. **2** Anat Cavidade de uma estrutura oca, geralmente no osso. **3** Habitação miserável e sombria. **Ex.** Não era uma casa onde a pobre vivia, era antes [era mais] um ~, de ar irrespirável. **4** Prisão subterrânea/Masmorra. **5** Local nojento/Espelunca. **6** fig Lugar de vício, de perdição moral, de corrupção. **Ex.** Havia quem fizesse um desvio no caminho para não passar junto daquele ~ de droga.

-antropo- pref/suf (<gr ánthropos: homem) Significa homem ou ser humano (Ex. ~mórfico, ~logia, ~fago, fil~, mis~). ⇒ gineco-; -gino-.

antropocêntrico, a adj (<antropo-+centro+-ico) Que põe em relevo o ser humano, como centro do universo. **Comb.** Conce(p)ção ~a «do Renascimento». Doutrina ~. Visão ~. ⇒ teocêntrico.

antropocentrismo s m (<antropo-+...) Doutrina que, ao colocar o homem no centro do universo, defende que este deve ser plenamente colocado ao seu serviço.

antropofagia s f (<antropo-+-fagia) Hábito de alguns povos de comer carne humana/Canibalismo(+).

antropófago, a adj/s (<antropo-+-fago) (O) que come carne humana/Canibal.

antropofobia s f (<antropo-+-fobia) Misantropia(+).

antropófobo, a adj/s (<antropo-+-fobo) (O) que tem aversão ao relacionamento social/Misantropo(+). **Ex.** O ~ prefere a solidão ao convívio com os outros/com as pessoas.

antropogénese [Br **antropogênese**] s f (<antropo-+...) **1** Conjunto de fenó[ô]menos da geração e reprodução humanas. **2** Estudo científico sobre a origem e a evolução da espécie humana.

antropogenésico [**antropogenético** (+)], **a** adj (<antropo-+...) «tese/estudo» Relativo à antropogé[ê]nese.

antropogenia s f (<antropo-+-genia) ⇒ antropogé[ê]nese.

antropogeografia s f (<antropo-+...) Ramo da geografia que estuda a distribuição do homem pela superfície terrestre e as relações que o homem estabelece com o meio ambiente/Geografia humana(+).

antropografia s f (<antropo-+-grafia) **1** Descrição das raças humanas. **2** Descrição do corpo humano. ⇒ antropologia.

antropoide adj 2g/s m (<antropo-+-oide) (Diz-se de) primata ou grupo de primatas que, na forma e no comportamento, mais se assemelham ao homem. **Ex.** O chimpanzé, o gorila e o orangotango são ~s.

antropologia s f (<antropo-+-logia) Ciência que estuda o homem, a sua origem e evolução, o seu desenvolvimento físico, psíquico, social e cultural, as suas produções e as suas relações com o ambiente. **Ex.** O obje(c)to de estudo da ~ é muito vasto. **Comb.** ~ física. ~ social. ~ urbana.

antropológico, a adj (<antropologia+-ico) Relativo à [Próprio da] antropologia.

antropólogo, a s (<antropo-+-logo) Pessoa que se dedica ao estudo da [Especialista em] antropologia «Lévy Strauss».

antropometria s f (<antropo-+-metria) **1** Parte da antropologia física que trata da medida de diferentes partes do corpo humano. **2** Método de identificação de indivíduos, especialmente de criminosos, com base na descrição do seu corpo «medidas, impressões digitais, marcas características».

antropométrico, a adj (<antropometria +-ico) Relativo à [Da] antropometria. **Comb.** Ficha ~a «do criminoso».

antropomorfia s f (<antropo-+morfo-+-ia) Semelhança com o homem quanto à forma.

antropomórfico, a adj (<antropomorfia+-ico) Que concebe/representa seres não humanos, particularmente os deuses da antiguidade clássica, com forma, sentimentos e comportamentos do homem. **Ex.** A cultura clássica «greco-romana» tinha uma conce(p)ção ~a das suas divindades.

antropomorfismo s m (<antropo-+morfismo) **1** O atribuir à divindade e a seres sobrenaturais a forma, os sentimentos e os comportamentos humanos. **2** Atribuição de características humanas aos animais irracionais ou às coisas da natureza.

antropomorfo, a adj/s (<gr antropómorphos) **1** ⇒ antropomórfico. **2** (Diz-se do) símio ou grupo de símios que mais se assemelham ao homem/Antropoide(+).

antroponímia s f (<antropó[ô]nimo+-ia) Estudo dos nomes próprios de pessoas/dos antropó[ô]nimos. **Sin.** Onomástica(+).

antroponímico, a adj (<antroponímia +-ico) Relativo à antroponímia. **Sin.** Onomástico(+).

antropónimo [Br **antropônimo**] s m (<antropo-+-ó[ô]nimo) Nome próprio, sobrenome ou apelido de homem ou mulher.

antúrio s m Bot (<gr ánthos: flor+oúra: cauda) **1** Designação comum de plantas da família das aráceas, originárias de zonas tropicais «Br», com flores em espádice re(c)to, espata colorida «vermelha», de uso ornamental; Anthurium. **2** Flor dessa planta. **Ex.** Tem a sala ornamentada com ~s.

anual adj 2g (<lat annuális,e) **1** Que dura um ano. **Ex.** Resolvi tirar um curso ~ de gastronomia. **2** Que se realiza ou ocorre uma vez em cada ano. **Comb.** Feira ~. Festa ~.

anualmente adv (<anual+-mente) **1** Em cada ano. **Ex.** ~ fazemos [temos] (alg)uns dias de férias no Algarve (Portugal). **2** Uma vez por ano. **Ex.** A festa da aldeia realiza-se ~.

anuário s m (<anual+-ário) Publicação anual que regist(r)a a a(c)tividade desenvolvida num ou em vários se(c)tores no ano anterior. **Comb.** ~ Católico [da Igreja católica «em Portugal]. ~ comercial. ~ da Universidade «de Coimbra». ⇒ almanaque; agenda.

anuência s f (<anuir+-ência) **1** A(c)to ou efeito de anuir. **2** Aprovação/Concordância/Consentimento. **Ex.** Não quis tomar a importante decisão antes de ter a ~ dos colegas.

anuente adj/s 2g (<lat ánnuens,éntis; ⇒ anuir) (O) que concorda/consente/aprova/anui em relação a alguma coisa.

anuidade s f (<ânuo + -idade) **1** Quantia que deve ser paga anualmente a uma instituição. **Ex.** A ~ do nosso clube é um pouco elevada. **2** Quantia a entregar anualmente para amortizar uma dívida ou para constituir um capital. **Ex.** A ~ a entregar ao banco pelo empréstimo na compra da casa é de cerca de quatro mil euros. **3** Quantia anual a pagar pela prestação de um serviço. **Comb.** ~ do cartão de crédito [débito].

anuir v int (<lat ánnuo,ere,nútum<ad+núo, ere: fazer sinal com a cabeça) Dar o consentimento/Concordar/Aprovar. **Ex.** Ela anuiu ao meu pedido.

anulação s f (<lat annullátio,ónis: anulação, aniquilação) **1** A(c)to ou efeito de anular. **2** Invalidação/Revogação. **Comb.** ~ do casamento. ~ do exame. ~ do jogo. ~ da licença. **3** Cancelamento/Supressão. **Comb.** ~ da reunião. ~ da viagem. **4** Eliminação/Destruição. **Ex.** A ~ ou diminuição do défice público facilita o progresso econó[ô]mico. **5** (D)esp Supremacia sobre o [Neutralização(+) do] adversário. **Ex.** A ~ dos dianteiros [avançados] da equipa rival facilitou muito a nossa vitória. **6** Perda de importância/Apagamento. **Ex.** A ~ dos opositores foi a condição do seu triunfo.

anular¹ v t (<lat annúllo,áre,átum<ad+núllus, a,um) **1** Tornar nulo/Invalidar/Revogar. **Ex.** O professor resolveu ~ o teste do aluno que copiou. **2** Cancelar/Suprimir. **Ex.** Devido ao mau tempo decidiram ~ a prova ao ar livre. **3** Eliminar/Destruir. **4** Vencer/Derrotar. **Ex.** A nossa equipa anulou [parou] sempre as ofensivas do adversário. **5** ~-se/Renunciar à sua condição/Apagar-se. **Ex.** Resolveu ~-se [ficar na sombra/não aparecer] para que o amigo pudesse mostrar as suas capacidades.

anular² adj 2g (<lat anuláris,e <ánulus: anel) Relativo a anel. **Comb.** Dedo ~.

anulativo [**anulatório**], **a** adj (<anular+-tivo/-tório) Que anula.

anulável adj 2g (<anular+-vel) Que pode ser anulado.

anunciação s f (<lat annuntiátio,ónis) **1** A(c)ção de dar a conhecer [de participar] alguma coisa a alguém/Anúncio. **Ex.** A ~ [notícia(+)] do primeiro filho do casal encheu de alegria os avós. **2** Sinal que faz prever/Pre-

núncio(+). **Ex.** As nuvens carregadas que aí vinham [Aquelas nuvens] eram a ~ de violenta tempestade. **3** *maiúsc Crist* Mensagem que o arcanjo Gabriel dirigiu à Virgem Maria dizendo-lhe que iria ser mãe de Jesus/Festa relativa a esse mistério. **Ex.** A Igreja celebra a ~ a [no dia] 25 de março.

anunciador, ora *adj/s* (<anunciar+-dor) (O) que dá a conhecer [que anuncia] alguma coisa. ⇒ mensageiro; repórter.

anunciante *adj/s 2g* (<anunciar+-ante) **1** ⇒ anunciador. **2** Pessoa que manda publicar um anúncio em órgão de comunicação social.

anunciar *v t* (<lat *annúntio,áre,átum*) **1** Dar a conhecer/Fazer saber/Comunicar/Participar. **Ex.** Na carta o filho anunciou [comunicou(+)]-lhes o (seu) casamento na primavera. **2** Tornar público/Divulgar. **Ex.** O governo anunciou a construção de novas estradas. **Loc.** *Crist* ~ a Boa Nova/o Evangelho [Pregar(É) a mensagem cristã]. **3** Fazer publicidade/propaganda a alguma coisa/Pôr anúncio em órgão de comunicação. **Ex.** Para vender mais é importante ~. **4** Comunicar a chegada ou a presença de alguém. **Ex.** Por favor, quem devo ~? **5** Apresentar ao público. **Ex.** No palco o locutor anunciou o artista, recebido com muitas [com uma vibrante salva de] palmas. **6** Fazer prever/Dar [Ser] indício de/Prenunciar. **Ex.** As gaivotas em terra anunciam tempestade. **7** Pressagiar/Vaticinar/Profetizar. **Ex.** Vinha ~ um conjunto de desgraças, que aterrorizavam o povo.

anunciativo, a *adj* (<anunciar+-tivo) **1** Que dá indícios de. **Ex.** O céu carregado (de nuvens) era ~ [sinal(+)] de tempestade. **2** Que anuncia/informa/Anunciador. ⇒ sintomático.

anúncio *s m* (<anunciar) **1** Comunicação/Participação/Notícia/Informação de alguma coisa passada ou futura. **Ex.** O ~ do êxito da expedição entusiasmou o público. O ~ do casamento do irmão apressou a sua vinda do estrangeiro. **2** Predição/Prenúncio/Previsão. **Ex.** O ~ de um libertador deu esperança ao povo oprimido. **3** Indício/Sinal. **Ex.** Aquelas nuvens baixas anunciavam [eram ~/sinal de] chuva. **4** Mensagem em meio de comunicação social a publicitar um produto, um serviço ou um comunicado de uma entidade. **Ex.** O ~ dessa marca de frigoríficos ocupava meia página do jornal. **Comb.** (~) *classificado* [~ publicado em se(c)ção especializada do jornal]. ~ *luminoso* [feito em letreiro/painel iluminado, para ser visto à noite]. **5** Mensagem de propaganda de empresa, instituição, partido político, movimento, organização, ... em meio de comunicação social. **6** Texto em jornal ou revista publicitando a compra ou venda de bem imóvel ou móvel, a oferta ou pedido de emprego. **7** Comunicação oficial. **Ex.** Vem no jornal um ~ das Finanças sobre a hipoteca do automóvel e de bens imóveis de um contribuinte devedor. **Comb.** ~ *de concurso*. ~ *do tribunal*.

ânuo, a *adj* (<lat *ánnuus*) ⇒ anual.

anurese (Ré) *s f* (<an-+gr *oúresis*: micção) Retenção da urina na bexiga.

anúria *s f* (<an-+gr *oúron*: urina+-ia) Falta ou diminuição da secreção urinária.

anuro, a *adj/s Biol* (<an-+gr *ourá*: cauda) **1** Que, quando (é) adulto, não possui cauda. **2** Animal pertencente à ordem dos ~s, anfíbios com membros inferiores desenvolvidos e apropriados para o salto e a natação. **Ex.** Os sapos e as rãs são ~s.

ânus *s m sing e pl Biol* (<lat *ánus*: ânus, anel) Orifício terminal do aparelho digestivo, por onde passam os excrementos e os gases. **Comb.** ~ *artificial* [Abertura cirúrgica feita na pele do abdómen [*Br* abdômen/abdome] para a passagem de uma parte do intestino, para saída de fezes, devido a obstáculo a jusante no tra(c)to intestinal.

anuviar *v t* (<lat *adnúbilo,áre,átum*: envolver com nuvens) **1** Cobrir(-se) de nuvens ou de nevoeiro/Nublar-se. **Ex.** O céu está anuviado [nublado/a ficar núbio/a ~]. **2** ⇒ Toldar/Escurecer. **3** *fig* Perder o brilho/a transparência/a limpidez. **Ex.** As lágrimas anuviavam-lhe o olhar. **4** *fig* Entristecer/Ensombrar/Perturbar.

anverso *s m* (<lat *ante+versus*: voltado para a frente) **1** Face principal de moeda ou medalha, em que aparece a efígie ou emblema/Cara. **Ant.** Reverso; verso «da página». **2** Parte da frente de qualquer obje(c)to que tenha dois lados opostos. **3** Frente/Rosto de qualquer documento. **4** *Tip* Molde com que se imprime a frente da folha.

anzol (Zól) *s m* (<lat *hamicéolus*, *dim* de *hámus*: gancho) **1** Gancho metálico com farpa usado na extremidade da linha da cana de pesca. **Ex.** Prendeu [Espetou] a isca no ~. **2** *fam* O que atrai/Artimanha para obter algo/Engodo/Isca. **Ex.** Estava a ver como havia de lhe lançar o ~. **Idi.** *Morder no ~* [Cair na artimanha/Ser enganado].

ao Contra(c)ção da prep *a* + art def/pron dem *o*. **Ex.** Fui ~ cinema. Dei um bilhete ~ que me ajudou a preparar o exame. ⇒ à.

-ão¹ *suf* (<lat *-o*, *-ónis* «*obligátio,ónis* = obrigação») Significa **a)** *aum* (Ex. bofet~, foguet~, viol~); **b)** *dim* (Ex. calç~, pont~).

-ão² *suf* (<lat *-ánus* «*pagánus,i* = pagão») Significa **a)** gentílico (Ex. alem~, bret~, catal~, lap~, let~); **b)** locativo (Ex. beir~, cidad~, cortes~, capel~); **c)** agente (Ex. cirurgi~, escriv~, guardi~); **d)** *depr* agente (Ex.intruj~, mandri~, mij~, pap~, pedinch~, regat~, resping~, respond~); **e)** *depr* a(c)ção (Ex. aban~, apalp~, apert~, belisc~, empurr~, encontr~, estic~, rasg~); **f)** instrumento (Ex. aguilh~, pil~, pis~, pod~).

aonde *adv* (<a⁵+onde) **1** No lugar em que/Onde(+). **Ex.** A aldeia ~ ele mora é muito animada. ~ nos encontramos? **2** Ao lugar a que. **Ex.** Ao local ~ eu vou tu agora não podes ir. **3** Em que lugar [Onde(+)]? **Ex.** ~ moras? ~ podemos encontrar-nos? **4** A/Para que lugar [Para onde]? **Ex.** ~ vais hoje? ~ devo dirigir-me? ~ te deslocas amanhã?

aoristo *s m Gram* (<gr *aóristos*: indefinido) Tempo da flexão verbal grega que indica a(c)ção passada pura e simples, sem a no(c)ção de duração.

aorta (Ór) *s f Anat* (<lat *aorta*<gr *aorté,és*) Artéria principal do corpo dos mamíferos superiores, que, saindo do ventrículo esquerdo, pelas suas ramificações, leva o sangue arterial a todas as partes do corpo.

aortite *s f Med* (<aorta+-ite) Inflamação da aorta.

apache *adj/s 2g* (<fr *apache*<zuni *apachu*: inimigo) **1** (Diz-se do) indivíduo da tribo americana dos ~s, índios peles-vermelhas que habitavam o Texas, o Novo México e o Arizona. **2** Nome dado a membro do famoso grupo de criminosos parisienses que, nos fins do séc. XIX, praticavam assaltos e violências/Malfeitor/Bandido/Ladrão.

apadrinhador, ora *adj/s* (<apadrinhar +-dor) **1** (O) que apadrinha «um proje(c)to». **2** *fig* (O) que protege/defende/favorece.

apadrinhamento *s m* (<apadrinhar + -mento) **1** Desempenho do papel de padrinho em a(c)to civil ou religioso/A(c)to de apadrinhar. **2** *fig* Prote(c)ção/Favorecimento/Patrocínio.

apadrinhar *v t* (<a-¹+padrinho+-ar¹) **1** Ser padrinho em a(c)to civil ou religioso. **Ex.** Convidei um casal amigo a ~ o [para serem padrinhos do (+)] meu filho no ba(p)tismo. **2** Servir de testemunha/padrinho em desafio, duelo, ... **3** Apoiar/Proteger/Favorecer/Patrocinar. **Ex.** Teve a sorte de ter um parente rico para o ~ nos negócios. **4** Ser favorável a/Lutar a favor de/Defender. **Ex.** Também ele apareceu a ~ esta proposta. **5** ~-se/Buscar autoridade em/Abonar-se com/Apoiar-se em. **Ex.** Achou conveniente ~-se com citações de autores consagrados.

apadroar *v t* (<a-¹+an padron<lat *patrónus*: patrono+-ar¹) **1** Ser padroeiro/patrono de. **2** Amparar/Proteger/Favorecer.

apagado, a *adj* (<apagar) **1** Que se apagou/Que deixou de arder ou de estar em brasa/Que já não ilumina. **Ex.** Na lareira o lume estava ~. **Comb.** *Quím Cal* ~*a* [que resulta da rea(c)ção violenta da cal viva com a água, tomando a forma de um pó branco]. *Fogo* ~ [extinto]. *Luz* ~*a*. *Vela* ~*a*. **Ant.** Aceso. **2** Que se fez desaparecer/sumir/Raspado/Riscado. **Ex.** O texto [O que estava] escrito no quadro (preto) da sala de aula tinha sido ~. **3** Que está sem brilho/Embaciado. **Comb.** Olhar ~/mortiço. **4** Que não desperta a atenção de outrem/Que não sobressai/Que não se destaca. **Ex.** Teve um papel ~ [Fez pouco] na organização da festa. **5** Que não revela entusiasmo/empenho/aplicação/dedicação. **Ex.** É uma pessoa ~a [muito parada(+)], não se pode contar com ela para nada, muito menos [, sobretudo] para festas. **6** Medíocre/Modesto/Fraco. **Ex.** Este foi um período ~ da sua carreira de artista.

apagador, ora *adj/s* (<apagar+-dor) **1** (O) que apaga. **2** *s m* Instrumento em forma de cone de metal na extremidade de uma cana, servindo para apagar as velas «dos castiçais» dos altares da igreja. **3** *s m* Pequeno instrumento constituído por um suporte em que uma das faces está revestida de feltro, esponja ou outro material, com que se apaga o que está regist(r)ado no quadro da sala de aula.

apagamento *s m* (<apagar+-mento) **1** A(c)to ou efeito de apagar. **2** Extinção de fogo ou luz. **3** *fig* Perda de importância. **Ex.** O ~ desta modalidade (d)esportiva foi um processo lento. **4** Desaparecimento ou perda de nitidez do que está escrito, gravado ou pintado. **Ex.** O ~ da inscrição impede [dificulta] a sua leitura. **5** Falta de notoriedade/Atitude (habitual) de quem não participa a(c)tivamente em iniciativas do grupo ou da comunidade. **Ex.** Ele até podia ser muito útil neste proje(c)to, mas infelizmente prefere o ~. **6** *Gram* Supressão de um elemento constituinte da frase «agente da voz passiva: O trabalho já foi feito (pelo Carlos)», o que não impede a sua compreensão.

apagão *s m* (<apagar+-ão¹) Falha generalizada de fornecimento de energia elé(c)trica numa grande área, originando súbita escuridão. **Ex.** O ~ na grande cidade aumentou também o risco de (maior) criminalidade «roubos».

apagar *v t* (<lat *ad+páco,áre,átum*: apaziguar<*pax, cis*: paz) **1** (Fazer) extinguir o fogo, a chama do que arde. **Ex.** Chegaram os bombeiros para ~ o incêndio. Teve o cuidado de ~ o lume quando se foi deitar. **2** (Fazer) deixar de estar ao rubro. **Ex.** Apagou as brasas com água. **3** (Fazer) deixar de produzir calor, luz, imagem, som/Desligar. **Ex.** Ao sair de casa, apagou o candeeiro, o rádio e a televisão (⇒ desligar).

4 Fazer desaparecer o que está escrito/pintado/gravado/Fazer sumir. **Ex.** Tratou de ~ com a borracha o que escrevera a lápis. É preciso ~ os *graffitti* do muro. Já apaguei [cortei] esse texto no computador. **5** Ir perdendo o colorido, o brilho/Desbotar. **Ex.** O sol apaga as cores. **6** Não deixar sobressair/Eclipsar/Apoucar/Anular. **Ex.** Fez tudo para ~ o rival, para impedir a sua afirmação [ascensão/subida/promoção] na empresa. **7** Fazer esquecer/Retirar da memória. **Ex.** Tudo fez para ~ as imagens da sua infância infeliz. Preocupou-se em ~ a má impressão deixada pelo colega. **8** ~-se/Procurar passar despercebido, não se tornar notado. **Ex.** Quis mesmo ~-se, para que outros conseguissem notoriedade. **9** ~-se/Dar o último suspiro/Morrer. **10** *Náut* Colher a vela.

apainelamento *s m* (<apainelar+-mento) **1** A(c)ção ou efeito de apainelar. **2** Guarnecimento com painéis.

apainelar *v t* (<a-¹+painel+-ar¹) **1** Dar forma de painel. **2** Dispor em painéis/Guarnecer ou cobrir com painéis. **Comb.** Te(c)to apainelado. **3** Ornar paredes ou te(c)to com molduras.

apaixonadiço, a *adj* (<apaixonar+-diço) Que tem tendência de apaixonar-se [para se apaixonar(+)] com facilidade. **Ex.** O rapaz é ~, inconstante nos amores.

apaixonado, a *adj/s* (<apaixonar) **1** (O) que está dominado por paixão amorosa/que está enamorado. **Ex.** O ~ tem o maior prazer em estar com a sua amada. **2** (O) que revela muito interesse por/que gosta muito de/que é entusiasta de. **Ex.** O meu neto é ~ pelo té[ê]nis. Ela é ~a pela natureza, pela vida ao ar livre. **3** (O) que tem uma grande dedicação a. **Ex.** O santo «S(ão) João de Deus» estava ~ pelos pobres e doentes, tudo fazia para os socorrer. **4** Que apresenta grande vivacidade, exaltação, entusiasmo. **Ex.** Foi uma discussão ~a [acalorada] a que eles travaram [tiveram].

apaixonante *adj 2g* (<apaixonar+-(a)nte) «livro/romance/história» Que apaixona/entusiasma/empolga/arrebata/alicia. **Ex.** O tema do simpósio é ~, espera-se uma grande afluência de público.

apaixonar *v t* (<a-¹+paixão+-ar¹) **1** Despertar ou sentir um forte sentimento de amor/Inspirar ou experimentar uma grande atra(c)ção/uma paixão. **Ex.** A moça apaixonou-se por um oficial da marinha. **2** Atrair fortemente/Seduzir/Aliciar. **Ex.** A caça apaixona o pai e o filho [é a paixão do ...]. **3** Entusiasmar/Arrebatar/Empolgar. **Ex.** O futebol apaixona as multidões.

apajear *v t* (<a-¹+pajem+-ar¹) **1** Servir de pajem a/Acompanhar(+). **2** Servir com desvelo/Satisfazer os desejos de. **Ex.** A empregada doméstica costuma ~ o filho da casa. **3** Adular(+)/Lisonjear(+).

apalaçado, a *adj* (<apalaçar) Que tem a aparência ou a grandeza de palácio. **Comb.** Casa ~a. Construção ~a.

apalaçar *v t* (<a-¹+palác(i)o+-ar¹) Dar «a um edifício» o aspe(c)to ou a grandeza de palácio.

apaladado, a *adj* (<apaladar) «cozinhado/prato» Que tem bom sabor/Que está bem temperado/Gostoso. **Ex.** Em casa a comida costuma estar ~a.

apaladar *v t* (<a-¹+paladar) Temperar os alimentos para ficarem saborosos/apaladados/Dar bom paladar.

apalavrado, a *adj* (<apalavrar) «negócio» Que foi contratado verbalmente/Que se apalavrou/Combinado/Ajustado. **Ex.** Ficou ~ o pagamento de uma renda pela utilização permanente do salão para festas.

apalavrar *v t* (<a-¹+palavra+-ar¹) **1** Acertar verbalmente com alguém/Combinar/Ajustar/Contratar. **Ex.** Para ele, [Ele entende que] ~ um negócio vale o mesmo que fazer um contrato escrito. **2** Comprometer-se/Obrigar-se verbalmente a. **Ex.** Apalavrámos com ele a contratação de um técnico no início do próximo ano. É bom apalavrarem-se todos antes da decisão.

apalermado, a *adj* (<apalermar) **1** Que tem ar [aspe(c)to] de pateta/palerma/Aparvalhado. **Ex.** Ficou de boca aberta, meio ~, quando lhe dei a novidade. O rapaz não regula bem, é um tanto [é um pouco/é meio] ~. **2** Que se mostra apático/pasmado/Que não tem rea(c)ção adequada às situações. **3** Próprio de quem é palerma. **Comb.** Ar ~o. Rea(c)ção ~a. Semblante ~o.

apalermar *v t* (<a-¹+palerma+-ar¹) Dar/Tomar o aspe(c)to de parvo/pateta/Tornar palerma/Aparvalhar(-se).

apalhaçado, a *adj* (<apalhaçar) **1** Que tem modos [ar] de palhaço/Engraçado/Có[ô]mico/Grotesco. **Comb.** Gesto ~. Rosto ~. **2** Ridículo(+)/Caricato(+). **Ex.** Apareceu na festa com um vestido ~, que chamou a atenção de todos.

apalhaçar *v t* (<a-¹+palhaço+-ar¹) **1** Tornar(-se) palhaço/engraçado. **Ex.** Aquelas calças muito largas apalhaçavam-no. **2** Tornar ridículo/caricato. **Ex.** Apalhaçava qualquer cerimó[ô]nia em que entrasse.

apalmar *v t* (<a-¹+palma+-ar¹) Dar a forma de palma da mão a/Aplanar/Espalmar(+).

apalpação *s f* (<apalpar+-ção) A(c)ção de tocar com a mão alguma coisa para a identificar pelo ta(c)to/Apalpamento/Palpação. **Ex.** Para fazer o diagnóstico, o médico fez a ~ da barriga do doente. A ~ da mama é importante para a dete(c)ção de nódulos malignos.

apalpadela (Dé) *s f* (<apalpar+-dela) A(c)ção de tocar levemente com os dedos das mãos na superfície das coisas para se orientar pelo ta(c)to na escuridão. **Ex.** Quando a ele(c)tricidade falhou, avançou até à porta às ~s. **Idi.** *Ir às ~s* [Avançar cautelosamente/Não ter a certeza em qualquer situação/Pesquisar por tentativas].

apalpão *s m* (<apalpar+-ão¹) A(c)to de apalpar com força o corpo de outrem com intuitos libidinosos/sexuais. **Ex.** A moça reagiu ao ~ com uma bofetada no atrevido.

apalpar *v t* (<a-¹+lat *pálpo,áre,átum*) **1** Tocar ou examinar com a mão, exercendo uma pequena pressão. **Ex.** O médico, ao ~-lhe a barriga, notou que ele estava tenso. **2** Tocar com as mãos em zonas do corpo de alguém com intuitos sensuais/libidinosos. **Ex.** Na escola, algumas adolescentes queixavam-se de um colega abusador as tentar ~. **3** *fig* Procurar conhecer, de forma indire(c)ta, opiniões, proje(c)tos, situações de outras pessoas/Sondar. **Ex.** Tratou de ~ [sondar(+)] o grupo antes de formular/expor a própria opinião. **Idi.** *~ o terreno* [Procurar conhecer bem a situação antes de decidir/Proceder com precaução].

apanágio *s m* (<fr *apanage*<lat *ad+pánis*: pão) **1** O que é próprio de alguém ou de alguma coisa/Atributo/Característica. **Ex.** A honestidade não é ~ de ninguém, ela está ao alcance de todos. As doenças são o ~ (sobretudo) da velhice. **2** Privilégio/Regalia. **3** *an Dir* Pensão de alimentos concedida aos filhos segundos e à viúva de nobre falecido.

apandilhar-se *v t* (<a-¹+pandilha+-ar¹) **1** Juntar-se em pandilha para enganar/lesar alguém. **2** Ludibriar/Roubar. **3** Levar [Ter] uma vida censurável/Abandalhar-se.

apanha *s f* (<apanhar) **1** A(c)to de apanhar. **2** Recolha «com a mão» de produtos da terra/Colheita. **Loc.** «chá» Ser de primeira ~ [Ter muito boa qualidade]. **Comb.** A ~ da fruta «maçã/café/castanha». ⇒ ceifa «do trigo»; arranca «das batatas».

apanha-bolas *s 2g sing e pl* (<apanhar+bola) Pessoa encarregada de recolher a bola que sai do recinto de jogo e de pôr outra à disposição dos jogadores, para que o jogo prossiga sem demora. **Ex.** No futebol e nos torneios de té[ê]nis há sempre ~.

apanhadeira *s f* (<apanhar+-deira) **1** Pá para recolher o lixo que se varreu. **Sin.** Apanhador 2 (+). **2** Bandeja ou pá para recolher as migalhas que ficam na mesa no fim da refeição. **3** Agulha com que se apanham malhas caídas. ⇒ apanhador.

apanhado, a *adj/s* (<apanhar) **1** Que se tomou nas mãos/Que se colheu. **Ex.** A fruta ~a verde [não madura] tem menos sabor. **2** Roubado/Furtado. **3** Preso/Capturado. **Ex.** O ladrão ~ pela polícia já confessou o crime. **4** Encontrado a cometer infra(c)ção/delito/Surpreendido. **Ex.** O aluno ~ em flagrante a copiar teve o teste anulado. **5** Que foi colocado em situação embaraçosa e estranha. **Ex.** Um programa que não perco na televisão é o d' "Os Apanhados". **6** Que se compreendeu/entendeu/percebeu. **Ex.** Eu não tinha ~ o que ele disse. **7** Atingido. **Ex.** A embarcação foi ~a por uma onda enorme e quase se afundou. **8** Que, indo à frente, foi alcançado. **Ex.** O ciclista foi ~ [vencido/ultrapassado] já muito perto da meta. **9** Que está afe(c)tado(+) por doença. **Ex.** Está ~ da garganta. **10** Obcecado/Apaixonado. **Ex.** Coitado, anda completamente ~ pela moça. **11** Que é um pouco desequilibrado/maluco/louco. **Ex.** Tem atitudes de quem é ~ da cabeça [de quem é mal ~]. **12** Que se subiu/Repuxado. **Ex.** Gosta de usar o cabelo ~. **13** «veste/cortina» Que se arregaçou/levantou/Que apresenta [tem um] refego. **Ex.** A cortina ~a (⇒ corrida) deixa entrar mais luz. O vestido é ~ [franzido] junto ao peito. **14** *s m* Resumo/Resenha. **Ex.** Fiz um ~ das principais ideias do discurso. **15** Engraçado. **Ex.** Essa «história/ideia» está bem ~a [tem graça]!

apanhador, ora, eira *adj/s* (<apanhar+-dor) **1** (O) que apanha. **2** Utensílio para apanhar o lixo «junto com a vassoura». **Ex.** Já varri a sala, vai buscar [, traz] o ~.

apanhar *v t /int* (<lat *ad+pánnus,i*: pano, saco+-ar¹) **1** Retirar alguma coisa do lugar em que estava. **Ex.** Apanhou as chaves e saiu de casa. **Loc.** ~ a roupa [Retirá-la do estendal]. **2** Colher frutos. **Ex.** Estava a ~ figos/laranjas/castanhas. **3** Tomar nas mãos produtos da terra para os guardar. **Ex.** Amanhã o meu pai arranca as batatas e eu vou apanhá-las. **4** Tomar com a mão e erguer algo que está no chão. **Ex.** Baixou-se a ~ o lápis que caíra da secretária. **Idi.** *~ bonés* [Não perceber nada do que se trata]. *~ o pião à unha* [Ser muito hábil numa a(c)tividade]. **5** Apossar-se de algo alheio/Furtar/Roubar. **Ex.** Apanhou-lhe a carteira e fugiu. **6** Segurar/Prender. **Comb.** ~ o cabelo. **7** Erguer/Arregaçar. **Ex.** Precisou de ~ a saia para passar a ribeira. **8** Capturar animal/Pescar/Caçar. **Ex.** Gostava de ~ pássaros com pequenas armadilhas. No rio apanhava muitos peixes. **Idi.** *Estar/Andar a ~ moscas* [Não fazer nada de útil]. **9** Alcançar alguém que vai à frente «a correr». **Ex.** Quando começava [deitava(+)] a correr ninguém o apanhava. **10** Correr atrás de pessoa/animal e acabar

por segurá-lo. **Ex.** O filho fugiu-lhe, mas depressa o apanhou. **11** Levar pancada de alguém/Sofrer castigo corporal. **Ex.** Apanhei uma bofetada do meu pai quando lhe respondi mal. Se continuas a fazer asneiras, apanhas! **Idi.** *~ para tabaco* [Levar pancada]. **12** Capturar alguém indiciado de ter cometido um crime. **Ex.** A polícia conseguiu ~ o criminoso. **13** Apoderar-se e dominar algo que estava em movimento. **Ex.** O guarda-redes [*Br* goleiro] conseguiu ~ a bola rematada *idi* à queima-roupa. **14** Surpreender alguém em situação comprometedora. **Ex.** O professor apanhou-o a copiar o teste do colega. **Idi.** *~ com a boca na botija* [~ em flagrante delito]. **15** Encontrar «inesperadamente». **Ex.** Apanhou o amigo a dar um passeio [a passear]. Apanhou o irmão desprevenido e pregou-lhe um susto [e assustou-o]. **16** Encontrar(+) em determinado estado ou situação. **Ex.** Apanhei a farmácia fechada. Foi ~ o irmão desanimado com a vida. **17** Sair-lhe em sorte. **Ex.** No sorteio, a nossa equipa apanhou [nos, calhou-nos] o adversário mais difícil. **18** Dispor de/Aparecer. **Ex.** Se apanho [Se me aparece] uma oportunidade, costumo aproveitá-la. **19** Estar em dado lugar, estado ou situação. **Ex.** A morte do pai apanhou-o no estrangeiro. A tempestade apanhou-me num descampado e não pude abrigar-me. **20** Saber de algo e procurar tirar partido [proveito] disso. **Ex.** Apanhou-me [Soube que eu estava] fora de casa e foi logo telefonar ao meu filho. **21** ~-se/Ter a concretização de um desejo, o que lhe altera completamente a situação. **Ex.** Se me apanho em casa depois desta odisseia, *idi* até digo que é mentira [, nem quero acreditar… de tanto alívio]! Se me apanho com o curso tirado [concluído], adeus dificuldades! **22** Atingir/Afe(c)tar. **Ex.** A forte dor apanhava-lhe a perna toda. **23** Embater em/Colher/Atropelar(+). **Ex.** O carro desgovernado apanhou duas pessoas no passeio. **24** ~ com/Ser atingido por algo em movimento. **Ex.** Apanhei [Levei/Fui atingido] com uma pedra na cabeça. Apanhou com a bola no rosto. **25** Contrair uma doença. **Ex.** Estava fraco e apanhou uma pneumonia. **26** Adquirir um mau hábito. **Ex.** Muito novo ainda, apanhou o vício do tabaco. **27** Entrar em meio de transporte. **Ex.** De manhã apanhou o comboio [trem] para Lisboa. **Idi.** *~ (uma) boleia*/*Br* carona [Ser transportado gratuitamente «por alguém não familiar»]. **28** «um veículo de transporte» Tomar passageiros. **Ex.** O autocarro [*Br* ó[ô]nibus] apanhou-nos junto à escola. **29** Entrar numa via para seguir um rumo. **Ex.** Fui ~ a autoestrada em Fátima (Portugal) e segui para (a cidade d)o Porto. **30** Captar a programação de estações de rádio ou televisão. **Ex.** Na minha região apanhamos bem os vários canais de televisão. **31** Ouvir e perceber o que é transmitido oralmente. **Ex.** Não consegui ~ o que ele disse em voz baixa. **Idi.** *~ no ar* [Por breve indício captar logo o que está em causa]. **32** Identificar claramente algo «e conseguir reproduzi-lo». **Ex.** Apanhou-lhe o trejeito e faz mesmo como ele! **33** Cometer excesso que origina mudança de estado. **Ex.** Apanhou uma bebedeira tal que tivemos de levá-lo a casa. **34** Ter a experiência de/Passar/Sofrer. **Ex.** *col* Fartámo-nos de ~ [*col* rapar] fome, tão fracas eram as refeições que nos serviam! **35** Experienciar. **Ex.** Ao chegar a casa, apanhei uma dece(p)ção. Vendo o perigo iminente, apanhei um grande susto. **36** *(D)esp* Ser derrotado/vencido/Perder. **Ex.** Apanhámos [Levámos/Sofremos] uma cabazada de golos!

apaniguado, a *adj/s* (<apaniguar) **1** (O) que é protegido/Favorito/Sócio. **Ex.** Ele e os seus ~s foram alvo de duras críticas. **2** (O) que segue as ideias de/Aderente/Partidário/Sequaz.

apaniguar *v t* (<a-¹+lat *paníficο,áre*: dar pão a) **1** Proteger/Favorecer/Apadrinhar. **2** Sustentar/Manter.

apaparicar *v t* (<a-¹+paparico+-ar¹) **1** Dar guloseimas «à criança»/Paparicar(+). **2** Cuidar de forma exagerada/Ter constantes gestos carinhosos para com alguém/Mimar. **Ex.** Tanto apaparicava a criança que esta se sentia com direito a todas as atenções. **3** Tecer [Dar] exagerados elogios a/Adular/Bajular.

apara *s f* (<aparar) **1** Pedaço que se solta do que está a ser cortado/raspado/desbastado/Lasca/Limalha. **Ex.** A plaina, na madeira, fazia soltar longas e muito finas ~s que logo se enrolavam. ⇒ serrim. **2** Sobras de papel cortado/aparado com a guilhotina. ⇒ sobra; migalha; ponta; resto.

aparadeira *s f* (<aparar+-deira) **1** Recipiente achatado usado para recolher as deje(c)ções de doentes acamados/Arrastadeira. **2** Peça na boca de castiçal para aparar/suster os pingos da vela. **3** Parteira não diplomada.

aparador, ora *adj/s* (<aparar+-dor) **1** (O) que apara/segura/sustém. **2** (O) que desbasta/apara. **3** *s m* Móvel da sala de jantar onde se guarda ou coloca o que é usado na refeição. ⇒ có[ô]moda.

aparafusamento *s m* (<aparafusar+-mento) A(c)to ou efeito de aparafusar/Fixação com parafuso.

aparafusar *v t* (<a-¹+parafuso+-ar¹) **1** Fixar «tábua» com parafuso/Firmar/Atarraxar/Apertar. **2** *fig* Pensar muito na mesma coisa/*col* Matutar/*col* Magicar.

apara-lápis *s m sing e pl* (<aparar+lápis) Instrumento com lâmina para aguçar/apontar lápis/Afiador/Afia-lápis/*gír* Afia/*Br* Apontador.

aparar *v t* (<lat *ápparo,áre*<*páro,áre*,*átum*: preparar) **1** Tomar nas mãos/Segurar/Suster alguma coisa que vai a cair ou que foi atirada. **Ex.** Consegui ~ a colher que caía da mesa. **2** Segurar o que vem em movimento/Deter. **3** Aguentar um choque/embate/golpe. **4** Suportar um comportamento inconveniente. **Loc.** *~ os golpes a alguém* [Suportar inconveniências]. ~ *o jogo a alguém* [Aturar as suas bizarrias/manias]. **5** Resistir a [Ultrapassar] uma situação adversa. **6** Cortar a extremidade/Alisar/Desbastar. **Ex.** Com a plaina aparou a tábua. **Loc.** *~* [Cortar só um pouco] o [Dar uma aparadela ao] cabelo. **7** *fig* Aperfeiçoar(+)/Polir(+). **Loc.** *~ o estilo*. **8** Aguçar/Apontar²/Afiar. **Ex.** Preciso de ~ o lápis.

aparato *s m* (<lat *apparátus*: preparação) **1** Conjunto de elementos e equipamentos usados para determinado fim/Dispositivo. **Comb.** *Ling ~ crítico* [Na edição crítica de um texto, conjunto de variantes e de notas justificativas das escolhas feitas pelo editor]. *~ policial*. *~ militar*. **2** Preparativo para cerimó[ô]nia pomposa. **3** Ostentação/Magnificência/Pompa/Fausto. **Ex.** A festa do casamento foi (feita) com todo o ~. **4** Peça de adorno/Ornato(+)/Aderéço.

aparatoso, a (Ôso, Ósa/os) *adj* (<aparato+-oso) **1** «festim/festa» Que apresenta grande pompa/luxo/magnificência/esplendor. **2** Que chama a atenção/Que dá nas vistas/Espe(c)tacular. **Ex.** O acidente foi ~, envolveu seis viaturas. Deu um salto ~ da prancha para a piscina.

aparcamento *s m* (<aparcar+-mento) **1** A(c)to ou efeito de aparcar/Estacionamento de veículo em parque/Parqueamento. **2** Parque de estacionamento de viaturas. **Ex.** O ~ está livre.

aparcar *v t* (<a-¹+parque+-ar¹) Estacionar veículo em parque.

aparceirar *v t* (<a-¹+parceiro+-ar¹) **1** Tomar/Ficar como parceiro/sócio de. **Ex.** Aparceirou o primo no negócio da venda da fruta. **2** ~-se/Associar-se/Juntar-se a.

aparcelar *v t* (<a-¹+parcela+-ar¹) Dividir em parcelas/Parcelar(+).

apardaçado, a *adj* (<apardaçar) Que tem uma cor undefinida entre o branco e o preto/Pardacento(+).

apardaçar *v t* (<a-¹+pardo+aço+-ar¹) Tornar(-se) pardacento.

aparecer *v int* (<lat *apparésco,ere*: aparecer de repente<*appáreo, rére*: aparecer) **1** Tornar-se visível no horizonte/Surgir. **Ex.** Ali, no sopé da montanha, o sol só aparece pelas dez horas no inverno. **2** Surgir de forma repentina/Assomar. **Ex.** Quando o herói apareceu na varanda, recebeu uma estrondosa ovação. **3** Passar a existir/Ser criado/Nascer. **Ex.** Há pouco apareceu um movimento que defende causas da juventude. **4** Ir a um lugar onde deve estar presente/Comparecer. **Ex.** Na reunião só não apareceu um vogal da dire(c)ção do clube. **5** Ir ter com alguém. **Ex.** Foi tão bom ver-te! Quando voltas a ~? Apareceu-me lá em [Chegou a] casa todo molhado! **Loc.** *Seja col bem aparecido* [Seja bem-vindo]! **6** Apresentar-se/Inscrever-se. **Ex.** Para a corrida apareceu gente de todas as idades. **7** Passar por estado transitório. **Ex.** De tarde o miúdo apareceu com dores de barriga. **8** Apresentar-se de certa forma. **Ex.** Na festa apareceu mais bonita (do) que nunca! **9** Revelar-se o que estava escondido/Encontrar-se o que estava perdido. **Ex.** Apareceu um valioso tesouro muito antigo. Felizmente as chaves já apareceram. **Idi.** *Quem é vivo sempre aparece!* [Quando algo existe, tarde ou cedo irá revelar-se]. **10** Suceder/Ocorrer. **Ex.** Aparece [Vê-se] cada caso mais estranho! **11** Ser publicado/Sair «revista» **Ex.** Essa revista aparece [sai(+)] à quinta-feira. **12** Estar presente em reuniões sociais/Tornar-se notado. **Ex.** Muito gostam eles de ~ [de se mostrar]! **Idi.** *Cresça e apareça!* [Expressão dirigida a quem não se reconhece maturidade para dar opinião sobre o assunto]. **13** Manifestar-se. **Ex.** Apareceram-lhe umas borbulhas nas costas. **14** *Rel* Mostrar-se em aparição celeste/mística/sobrenatural. **Ex.** Três crianças em Fátima (Portugal), em 1917, confessaram que Nossa Senhora lhes apareceu.

aparecimento *s m* (<aparecer+-mento) **1** A(c)to ou efeito de aparecer/manifestar-se/surgir. **Ex.** O ~ do amigo na festa foi uma alegre surpresa. **2** Revelação de alguma coisa que estava escondida ou perdida. **Ex.** O ~ do filão daquele minério valioso alterou muito a economia da região. O ~ das chaves «do carro» resolveu-lhe um grave problema. **3** Criação/Início/Origem. **Ex.** O ~ do (novo) jornal era esperado já há algum tempo.

aparelhagem *s f* (<aparelhar+-agem) **1** A(c)to de aparelhar/preparar. **Ex.** As a(c)ções de serrar, aplainar, lixar, … incluem-se na ~ [preparação] da madeira antes de ser utilizada. **2** Conjunto de aparelhos e acessórios que constituem um equipamento para um fim específico. ⇒ ferramenta. **3** Apare-

lho ele(c)tró[ô]nico e acessórios de captação e reprodução de som ou de imagem. **Comb. ~ de som. ~ de vídeo. 4** *Mar* A(c)to de guarnecer/aparelhar uma embarcação com os equipamentos necessários à sua movimentação.

aparelhamento *s m* (<aparelhar¹+-mento) A(c)ção ou efeito de aparelhar.

aparelhar *v t* (<lat *appariculáre*<*ápparo,áre, átum*: preparar) **1** Preparar/Aprontar/Arranjar. **2** Munir/Equipar/Apetrechar para determinado fim. **3** Dar a primeira demão «de tinta/óleo/verniz/…»/Dar o aparelho **9**. **4** Enfeitar(-se)/Adornar(-se). **Ex.** Gosta de ~-se para qualquer reunião social. **5** Desbastar a pedra [madeira] antes da utilização. **Ex.** Hoje é fácil ~ o granito, mas antes dava [obrigava a] muito trabalho. **6** *Mar* Equipar uma embarcação com o necessário para a navegação. **7** Pôr os arreios «sela/freio» em cavalgadura. **8** Atrelar o animal ao veículo que vai puxar.

aparelho (Rê) *s m* (<aparelhar) **1** *Anat/ Fisiol* Conjunto de órgãos de um corpo que desempenham uma função específica. **Comb. ~ circulatório. ~ digestivo. ~ fonador. ~ reprodutor. ~ respiratório. ~ urinário**. **2** Obje(c)to ou conjunto de peças próprias para uma a(c)tividade/Apetrecho. **Comb. ~ de caça. ~ de pesca. 3** Conjunto de órgãos/elementos de uma organização que funcionam como um todo. **Comb. ~ de Estado. ~ judicial. ~ legislativo. ~ do partido. ~ policial. ~ sindical. 4** *Náut* Conjunto formado por mastros, vergas, velas, cordas e outros apetrechos necessários para a navegação. **Comb. ~ de navio. 5** *Med* Conjunto de instrumentos a utilizar em operação cirúrgica. **6** Conjunto de arreios de cavalgadura. **7** Instrumento complexo mecânico, elé(c)trico ou ele(c)tró[ô]nico. **Comb. ~ de rádio. ~ de som** [de reprodução sonora]. **~ de telefone. ~ de televisão. 8** Instrumento articulado para substituir ou corrigir uma estrutura não funcional ou malformada do corpo. **Comb. ~ auditivo. ~ dentário. 9** Primeira camada de tinta que prepara uma superfície para receber melhor outra(s) camada(s) (de tinta). **10** Desbaste feito na pedra ou na madeira antes de serem usadas na construção.

aparência *s f* (<lat *apparéntia*) **1** O que se mostra dire(c)tamente aos sentidos/Configuração exterior/Aspe(c)to. **Ex.** O pai de ~ está bem (de saúde). Esta fruta tem boa ~. **2** Porte/Semblante que se pretende ser agradável. **Ex.** Ela cuida muito da ~. **3** Aspe(c)to exterior de alguém ou de alguma coisa que pode ser falso. **Ex.** Por vezes as ~s iludem. Não convém julgar pelas ~s. **Loc.** Guardar/Manter/Salvar as ~s [Procurar dar uma imagem de normalidade para salvaguardar a reputação].

aparentado¹, a *adj* (<aparentar¹) **1** Que tem a aparência de/Que dá/tem determinada imagem exterior. **Ex.** O rapaz tem boa presença, é bem ~/-parecido(+). **2** Que é apenas aparente/Fictício/Dissimulado. **Ex.** A sua boa disposição é só ~a/aparente(+), no íntimo sofre profundamente.

aparentado², a *adj* (<aparentar²) **1** Que tem parentesco com/Que é da família de. **Ex.** Dizem que ele ainda é ~ [tem um vago parentesco] com um visconde. **2** Que tem ligação com/Afim. **Ex.** O português e o espanhol são línguas ~as [afins(+)], ambas vêm do latim.

aparentar¹ *v t* (<aparente+-ar¹) **1** Ter/Dar a aparência de/Mostrar/Parecer. **Ex.** Ela aparenta menos [não ter mais] de quarenta anos. O meu pai, embora aparente saúde, é um doente. **2** Dar imagem ilusória/Fingir. **Ex.** Aparentam bondade mas não devemos fiar-nos neles.

aparentar² *v t* (<a-¹+parente+-ar¹) **1** Tornar(-se) parente de/Entrar na família de. **Ex.** O casamento do filho aparentou-o com um abastado industrial das redondezas. **2** ~-se/Assemelhar(-se) a. **Ex.** Alguns animais «camaleão» aparentam[mimetizam(+)]-se com a vegetação e passam despercebidos ao predador.

aparente *adj 2g* (⇒ aparecer) **1** Que aparece ou se mostra/Visível/Manifesto. **Ex.** Faz o trabalho em pouco tempo com ~ facilidade. **2** Que se afigura muito provável/Quase certo. **Ex.** No acidente entre os carros, a ~ culpa deste condutor deve ser analisada pelos peritos. **3** Que não é o que parece/Ilusório. **Ex.** A sua ~ boa disposição esconde graves problemas. Na proje(c)ção de um filme, o movimento no écran é só ~. **Comb.** Movimento ~ do sol. **4** Falso/Fingido. **Ex.** A sua vontade de ajudar é ~, não se fiem nele!

aparentemente *adv* (<aparente+-mente) **1** À primeira vista/Tanto quanto parece/Na aparência. **Ex.** ~ ele é boa pessoa. Só ~ é uma pessoa feliz, no fundo ele sofre muito. **2** Segundo se diz/Ao que consta/parece(+). **Ex.** ~ ele não queria aceitar o cargo.

aparição *s f* (<lat *apparítio,ónis*) **1** A(c)to ou efeito de aparecer. **Ex.** A ~ do velho cantor em público é rara. **2** Começo/Invenção/ Descoberta/Início. **Ex.** A ~ da esferográfica veio facilitar muito a vida, sobretudo aos estudantes. **3** Surgimento (periódico) de um astro em determinada fase da sua traje(c)tória orbital. **Ex.** A última ~ do cometa Halley foi em 1986. **4** *Rel* Manifestação súbita, sob forma visível, de um ser sobrenatural. **Ex.** A 13 de maio de 1917 deu-se [ocorreu] a primeira ~ da Virgem Maria aos três pastorinhos de Fátima (Portugal), Lúcia, Francisco e Jacinta. **5** Pretensa visão de espe(c)tros/fantasmas.

aparo *s m* (<aparar) **1** A(c)to ou efeito de aparar. **2** Peça metálica, afilada na ponta, com que se escreve, fixada na extremidade da caneta «de tinta permanente» ou das antigas canetas [penas] com haste de madeira. **Ex.** Antes de haver a esferográfica, na escola primária, a cada passo o ~ ia ao tinteiro, com o perigo de sujar o papel ou a tampa da carteira.

aparrar *v t* (<a-¹+parra+-ar¹) «a vide» Encher-se de parras/folhas/Criar folhagem.

aparreirar *v t* (<a-¹+parreira+-ar¹) **1** Plantar parreiras. **2** Cobrir um espaço com armações elevadas em esteios, nas quais algumas cepas de videira estendem horizontalmente as múltiplas ramificações. **Ex.** Entre o portão da quinta e a porta da casa, o meu amigo aparreirou um espaçoso corredor, um paraíso de frescura no verão.

aparta *s f* (<apartar) A(c)ção ou efeito de apartar/separar/Apartação/Apartamento.

apartação *s f* (<apartar+-ção) **1** A(c)ção ou efeito de apartar(-se)/Separação/Apartamento. **2** A(c)ção de pôr à parte/separar/ afastar. **3** Separação, do rebanho, de alguns animais, particularmente das crias para o desmame. **4** Separação dos touros que vão entrar na lide. **5** Operação de separar o ouro da prata em que está engastado.

apartado, a *adj/s m* (<apartar) **1** Posto à parte/Dividido para um e outro lado/Separado. **Ex.** ~s [Depois de apartar] os rebanhos, cada pastor foi para o seu redil. **2** Distante/Retirado. **Ex.** Àquela aldeia ~a pouca gente se deslocava. **3** *s m* Na estação dos correios, caixa privativa destinada a receber a correspondência de uma pessoa, instituição ou empresa/Caixa postal. **Ex.** No anúncio refere-se que a correspondência do concurso deve ser enviada para o ~ n.º 170.

apartamento¹ *s m* (<apartar+-mento) **1** A(c)ção ou efeito de apartar/separar/afastar. **2** Separação de pessoas que até ali [até então] viviam juntas. **Ex.** A sabedoria popular defende [propõe]: casamento, ~ [: o novo casal deve morar separado dos progenitores]. **3** Isolamento/Retiro/Solidão(+) de alguém. **Ex.** Estava a precisar de ~ por algum tempo.

apartamento² *s m* (<fr *appartement*) **1** Cada parte independente de uma casa, de um hotel ou de um edifício de habitação cole(c)tiva, dotado de acesso a áreas comuns. **Ex.** Vive no ~ n.º 28 do Condomínio.

apartar *v t* (<a-¹+parte+ar¹) **1** Separar/Distanciar. **Ex.** Correu a ~ dois alunos que estavam desavindos. **2** ~-se/Separar-se(+)/ Desunir-se/Divorciar-se. **Ex.** O casal não se entendia e resolveu ~-se. **3** Pôr à parte/ Separar. **Ex.** Antes da lavagem, tratou de ~ a roupa branca da (roupa) de cor. **4** Dividir/ Repartir. **Ex.** No penteado, uma risca ao centro bem marcada apartava-lhe os dois lados da cabeleira. **5** Servir de divisória ou fronteira a. **Ex.** O grande rio aparta os dois países. **6** Pôr de parte/Escolher. **Ex.** Começou a ~ o gado que ia para o matadouro. **7** Retirar-se/Ir para longe. **Ex.** Ia ~-se da sua terra por dois anos. **8** Desviar/ Desencaminhar. **Ex.** O mau colega tentou apartá-lo dos bons hábitos de trabalho, empenho e estudo.

aparte (Ápá) *s m* (<à+parte) **1** Comentário (à margem) que alguém faz ao que outra pessoa está a dizer. **Ex.** Os seus ~s já irritavam o conferencista. **2** *Teat* O que um a(c)tor diz parecendo falar consigo ou dirigindo-se à plateia e não aos outros a(c)tores [personagens em cena]. **Ex.** A plateia, no teatro de revista, ria às gargalhadas com os ~ do *compère* [animador(+)]. **3** *Br* ⇒ apartação 3(+).

apartheid ing/africânder *s m* Sistema político de separação de raças, que vigorou na África do Sul até 1991/Segregação racial (+). ⇒ discriminação.

aparthotel, apart-hotel *s m* (<apart (amento) + hotel) Prédio de apartamentos com serviço de hotelaria.

apartidário, a *adj* (<a-²+…) Que é independente de partidos. **Comb. Iniciativa ~a. Movimento ~. Ex.** A grande manifestação da juventude foi ~a.

apartidarismo *s m* (<a-²+…) Cará(c)ter do que não é partidário, do que não é dirigido ou influenciado por qualquer partido. **Ex.** O comportamento dele evidencia o mais completo ~.

aparvalhado, a *adj* (<aparvalhar) **1** Que tem aspe(c)to ou atitudes de parvo/pateta/ tolo. **Ex.** Quem olhe para ele vê logo que tem um ar ~. **2** Próprio de quem tem pouco senso. **Ex.** O seu discurso ~ despertava no grupo um sorriso envergonhado. **3** Embaraçado/Atrapalhado/Apalermado. **Ex.** Naquela situação estranha fiquei meio ~ sem saber (o) que fazer.

aparvalhar *v t* (<a-¹+parvalhão+-ar¹) **1** Tornar(-se) parvo/pateta/palerma. **2** ~-se/Espantar-se/Desorientar-se/Desnortear-se.

aparvoado, a *adj* (<aparvoar) ⇒ aparvalhado.

aparvoar *v t* (<a-¹+parvo+-ar¹) ⇒ aparvalhar.

apascentador, ora *adj/s* (<apascentar + -dor) (O) que apascenta/Pastor(+).

apascentamento s m (<apascentar + -mento) A(c)to ou efeito de apascentar/Pastoreio(+)/Pastorícia(o+).

apascentar v t (<a-[1]+lat *páscens,éntis* <*pásco,ere,pávi,pastum*: levar a pastar+-ar[1]) **1** Levar animais a pastar/Conduzir ao pasto/Pastorear. **Ex.** O pastor apascenta o rebanho. **2** Alimentar/Saciar/Satisfazer. **3** *fig* Dar alimento espiritual/Ensinar/Guiar.

apasquinado, a adj (<a-[1] + pasquim + -ado) Próprio de pasquim/Difamador. **Ex.** A prosa [linguagem] desse jornaleco é ~a.

apassivação s f *Gram* (<apassivar+-ção) A(c)to ou efeito de apassivar.

apassivante adj 2g *Gram* (<apassivar+-(a)nte) «partícula *se*» Que exprime a voz passiva. **Ex.** Em *Dá-se um pré[ê]mio ao vencedor* o "-se" é ~.

apassivar v t (<a-[1]+passiva+-ar[1]) Pôr «verbo/frase» na voz passiva. **Ex.** Ao ~ uma frase, diminui-se-lhe a força expressiva.

apatetado, a adj (<apatetar) **1** Que dá ares de [parece] ser um pouco pateta/Apalermado/Amalucado. **Ex.** O rapaz pareceu-me ~, *col* (um) cabeça no ar. **2** Estonteado/Espantado/Desnorteado. **Ex.** Ali fiquei eu um tanto ~, à espera não sei de quê.

apatetar v t (<a-[1]+pateta+-ar[1]) **1** Tornar(-se) pateta/Aparvalhar(-se). **2** Desorientar(-se)/Desnortear(-se).

apatia s f (<gr *apátheia*) **1** Incapacidade de se emocionar ou de reagir/Indiferença. **Ex.** A ~ dele é uma consequência da profunda depressão. **2** Falta de energia/ânimo/Abatimento/Marasmo. **Ex.** O povo caiu numa ~ paralisante. **3** *Fil* Impassibilidade(o+)/Insensibilidade/Ataraxia(+).

apático, a adj/s (<apatia+-ico) (O) que mostra apatia/indiferença/insensibilidade. ⇒ antipático.

apatite/a s f *Miner* (<gr *apáte*: confusão + -ite/a) Fosfato de cálcio com flúor ou cloro.

apátrida adj s 2g (<gr *ápatris,idos*) (O) que não tem nacionalidade legal ou que a perdeu, sem ter adquirido outra/Que não tem pátria.

apatriota adj 2g (<a-[2]+patriota) Que não tem patriotismo/Que não respeita a pátria.

apavorado, a adj (<apavorar) **1** Cheio de pavor/Muito assustado/Aterrorizado. **Ex.** Vi-o ~ no meio da tempestade. **2** Que revela pavor. **Ex.** O seu rosto ~ levou-me a socorrê-lo.

apavorante adj 2g (<apavorar+-(a)nte) «grito» Que apavora/Pavoroso(+).

apavorar v t (<a-[1]+pavor+-ar[1]) Causar/Sentir pavor/Aterrorizar(-se)/Alarmar(-se). **Ex.** Os terramotos apavoram-no.

apaziguador, ora adj/s (<apaziguar+-dor) (O) que apazigua/pacifica/tranquiliza/acalma. **Ex.** As palavras ~as do chefe foram para nós uma grande ajuda.

apaziguamento s m (<apaziguar+-mento) A(c)to ou efeito de (se) apaziguar/pacificar.

apaziguar v t (<a-[1]+lat *pacífico,áre,átum*: tratar da paz) Pôr em paz/Pôr de acordo/Pacificar/Harmonizar/Tranquilizar. **Ex.** Ele tem a arte de ~ [acalmar] grupos desavindos.

apeadeiro s m (<apear+-deiro) **1** Lugar com plataforma junto à ferrovia onde poucos comboios/trens param para largar ou tomar passageiros. **Ex.** A minha aldeia não tem estação ferroviária, é apenas servida por um ~. **2** *fig* Lugar de passagem, de permanência breve.

apeamento s m (<apear+-mento) **1** A(c)ção ou efeito de apear(-se). **2** *fig* Demissão(+)/Destituição(+). **Comb.** ~ *do cargo*. ~ *do poder*. **3** *fig* Demolição/Derrube.

apear v t (<a-[1]+pé+-ar[1]) **1** (Fazer) descer da montada ou de veículo de transporte. **Ex.** Parou o cavalo e apeou-se à entrada de casa. **2** Retirar de pedestal. **Ex.** O povo, uma vez liberto, tratou de ~ a estátua do tirano. **3** *fig* Demitir(-se)/Destituir(-se)/Exonerar(-se). **Ex.** Importa ~ os dirigentes incompetentes ou desonestos. **4** *fig* Demolir(+)/Derrubar(+). **Loc.** ~ *o muro*.

apedantar v t (<a-[1]+pedante+-ar[1]) Tornar(-se) pedante (+)/pretensioso.

apedrejamento s m (<apedrejar+-mento) **1** A(c)to ou efeito de atirar pedras a alguém ou a alguma coisa. **2** Suplício em que se era morto à pedrada/Lapidação. **Ex.** Em alguns povos a mulher adúltera era, ou ainda é, morta por ~.

apedrejar v t (<a-[1]+pedra+-ejar) **1** Atirar pedras para danificar/ferir/Atacar à pedrada. **Ex.** Antes, na aldeia, era comum grupos de crianças rivais apedrejarem-se [andarem à pedrada]. Chegaram a ~ [Até apedrejaram] a polícia à entrada no bairro!

apegadiço, a adj (<apegar+-diço) **1** Que se apega/afeiçoa facilmente. **2** «lama, barro» Pegadiço(+)/Pegajoso(+)/Viscoso.

apegamento s m (<apegar+-mento) A(c)to, processo ou efeito de apegar(-se).

apegar[1] v t (<a-[1]+pegar) **1** Ligar-se afe(c)tivamente a/Afeiçoar(-se). **Ex.** A criança apegou-se muito à professora. **2** Colar(-se)/Aderir/Prender(-se) a. **Loc.** «hera/trepadeira» ~-se «à parede». **3** *fig* Recorrer a/Agarrar-se a/Valer-se de. **Ex.** Nas dificuldades apega[agarra(+)]-se sempre a alguém que o possa salvar.

apegar[2] v t (<a-[1]+pego+-ar[1]) Cair num pego, numa zona do leito do rio em que não há pé/Afundar(-se)/Submergir(-se).

apego (Ê) s m (<apegar) **1** Grande amor/afeição a. **Ex.** O seu ~ ao irmão [carro novo] está à vista de todos. **2** Forte ligação a/Grande interesse por. **Ex.** O ~ às riquezas é próprio dos avarentos.

apeirar v t *Agr* (<lat *appariáre*: colocar a par<*par,páris*: par) **1** Jungir os animais ao carro, ao arado, à charrua, … **2** Prover uma lavoura dos instrumentos necessários.

apeiro s m (<apeirar) **1** Correia que liga o jugo ou a canga ao carro, ao arado, …/Ta[e]moeiro. **2** Conjunto de correias, jugo, molhelhas, … «para os bois».

apelação s f (<lat *appellátio,ónis*: chamamento) **1** A(c)to ou efeito de apelar, de recorrer a alguém para a resolução de uma dificuldade/Apelo. **2** *Dir* Recurso para instância ou tribunal superiores, para alterar ou anular despacho ou sentença.

apelante adj/s 2g (<lat *appéllans,ántis*: (o) que apela ⇒ apelar) (O) que apela ou apresenta recurso.

apelar v t/int (<lat *appéllo,áre,átum*) **1** Fazer um apelo/pedido. **Ex.** O professor apelou ao empenho dos alunos nas aulas. **2** Invocar auxílio/ajuda/socorro numa dificuldade. **Ex.** Apelou ao irmão que lhe emprestasse dinheiro para a cirurgia do filho. **3** Solicitar que se atenda a/que se faça uso de. **Ex.** O presidente veio ~ ao bom senso, para que se não cometam exageros. **Loc.** ~ *à prudência*. ~ *à razão*. ~ *ao sentimento*. **4** *Dir* Apresentar recurso de despacho ou sentença.

apelativo, a adj/s m (<lat *appellatívus*) **1** Que chama a atenção/Atra(c)tivo. **Ex.** O cartaz parece-me ~/chamativo. **2** (O) que designa/nomeia. **3** *Gram* Nome comum a todos os seres «homem» ou coisas «árvore» da mesma espécie. **4** «discurso/grito» Que chama/invoca. **5** *Gram* Diz-de da função da linguagem em que se chama a atenção do interlocutor, procurando influenciar o seu comportamento. **Ex.** Em *Mãe, vem a minha casa tomar café!*, a frase tem um valor ~.

apelatório, a adj (<lat *appellatórius*) **1** Relativo a apelação. **2** Que contém apelação **2**. **Comb.** *Texto* ~.

apelável adj 2g (<apelar+-vel) **1** De que se pode apelar. **Comb.** *Sentença* ~. **2** Para que se pode apelar/A quem se pode recorrer. **Comb.** *Instância* ~.

apelidar v t (<lat *appelitáre*; ⇒ apelar) **1** Dar/Pôr apelido/Cognominar/Alcunhar. **Ex.** Apelidaram-no de Ícaro [de traquina(s)], por ser muito irrequieto. **2** ~-se/Ter como apelido, como nome de família. **Ex.** O meu amigo apelida-se Pinto (Meireles).

apelido s m (<apelidar) **1** Nome de família/Sobrenome. **Ex.** O meu ~ e da minha irmã é Sousa (Pinto). **2** Título distintivo atribuído a alguém devido a alguma característica da pessoa ou da sua a(c)ção/Cognome(+). **Ex.** Deram ao rei D. Dinis o ~ de Lavrador, por ter protegido a agricultura. **3** Alcunha. **Ex.** Ele (J.J. da Silva Xavier) é mais conhecido pelo ~ de Tiradentes.

apelintrar v t (<a-[1]+pelintra+-ar[1]) Tornar(-se) pelintra/Deixar ou ficar sem dinheiro.

apelo (Ê) s m (<apelar) **1** A(c)to ou efeito de apelar. **2** Chamamento/Convocação. **Ex.** Eles (cor)responderam ao ~ de mais gente para ajudar as vítimas da tragédia. **3** Solicitação/Pedido «de auxílio, de justiça». **Ex.** O aflitivo ~ [gemido] do miúdo que estava ferido levou-nos a chamar os bombeiros. **Idi.** «despedido/condenado» *Sem ~ nem agravo* [Sem recurso/solução possível/Irremediavelmente]. **4** Convite/Incitamento «à violência». **Ex.** Os ~s ao consumo aliciam muita gente.

apenas adv/conj (<a[5]+pena) **1** adv Unicamente/Só. **Ex.** Eu ~ pedi que me dessem uma oportunidade de falar. Comeu ~ um prato de sopa. **2** conj Logo que/Assim que/Mal. **Ex.** ~ o pai *col* virou costas [saiu], largou logo o estudo. ~ eu veja qualquer deslize, diminuo-lhe a semanada.

apêndice s m (<lat *appéndix,icis*: o que pende, ~) **1** Parte suplementar de uma obra escrita. **2** Coisa apensa a outra/Acessório. **3** Prolongamento de órgão/estrutura. **Comb.** *Anat* ~ (cecal/vermiforme) [Prolongamento do cego em forma de dedo de luva]. **4** *Zool* Parte alongada e estreita de corpo de animal. **Ex.** As antenas dos inse(c)tos são ~s. **5** *Bot* Parte saliente de órgão ou corpo vegetal.

apendicectomia (Cé) s f *Med* (<apêndice + -ectomia) Ablação do apêndice (cecal)/Operação ao apêndice (+).

apendicite s f *Med* (<apêndice + -ite) Inflamação do apêndice (cecal). **Ex.** A ~ pode obrigar a (fazer-se) intervenção cirúrgica. **Comb.** ~ *aguda* [que tem de ser logo operada]. ~ *cró[ô]nica*.

apendicular adj 2g (<apendículo+-ar[2]) **1** Relativo a apêndice, sobretudo ao apêndice cecal. **2** Semelhante a apêndice. **3** Que é acessório.

apendículo s m (<lat *appendículum*) Pequeno apêndice.

apendoar v t (<a-[1]+pendão+-ar[1]) **1** Guarnecer de pendões/bandeiras/Ornar/Enfeitar(+). **Ex.** Na sua festa anual, a aldeia apendoa [enfeita(+)/ornamenta(+)] as ruas da procissão. **2** *Agr* «o milho» Deitar bandeira/«o cereal» Deitar espiga. **Ex.** A primavera é o tempo de o trigo ~.

apenhascado, a adj (a-[1] + penhasco + -ado) **1** Coberto de penhascos. **2** Que tem a forma de penhasco.

apensar v t (<apenso + -ar[1]) **1** Anexar/Juntar. **Ex.** Este documento é para ~ [ser apenso] ao processo do aluno. **2** *Dir* Juntar

documentos em anexo. **Ex.** Mandou ~ o requerimento aos autos.

apenso, a *adj/s m* (<lat *appénsus*<*appéndo, ere, énsum*: pendurar) **1** Que está anexado ou se acrescentou a alguma coisa/Apensado. **2** *s m* Suplemento/Anexo/Apêndice de uma obra. **3** *s m* *Dir* Documento junto aos autos, sem fazer parte deles.

apepinado, a *adj* (<a-¹ + pepino + -ado) **1** Que tem forma, sabor ou cheiro de pepino. **2** *col* Ludibriado/Ridicularizado/Enxovalhado.

apepinar *v t col* (<a-¹ + pepino + -ar¹) Escarnecer/Troçar/Ridicularizar.

apepsia *s f* (<gr *apepsía*: indigestão) Má digestão/Dificuldade em digerir os alimentos. **Sin.** Dispepsia(+).

apequenar *v t* (<a-¹ + pequeno + -ar¹) **1** Tornar ou ficar mais pequeno/Diminuir a dimensão/Encolher. **2** *fig* Diminuir o valor de alguém/Apoucar/Amesquinhar(+)/Humilhar(o+).

aperaltado, a *adj* (<aperaltar) Que tem/dá ares de janota, trajando de forma cuidada e elegante. **Ex.** Vinha (todo) ~, de cabeça erguida, com ares de sedutor.

aperaltar *v t* (<a-¹ + peralta + -ar¹) Dar ares de peralta/janota, trajando a rigor, com grande elegância.

aperceber *v t* (<a-¹ + perceber) **1** Tomar conhecimento pelos sentidos de/Perce(p)cionar. **2** ~-se/Tomar consciência de/Dar-se conta de/Compreender. **Ex.** Só então me apercebi de que ele não estava a falar a sério. **3** Avisar/Prevenir. **4** Prover/Abastecer(+)/Munir. **Ex.** Trataram de ~ a embarcação com o que era necessário.

apercebimento *s m* (<aperceber + -mento) **1** A(c)to ou efeito de aperceber(-se) pelos sentidos/Aperce(p)ção/Perce(p)ção. **2** Tomada de consciência de alguma coisa.

aperceção (Cè) [*Br* **apercepção**] *s f* [= apercepção] (<a-¹ + ...) ⇒ apercebimento; perce(p)ção(+).

apercetível [*Br* **apercepctível**] *adj 2g* [= aperceptível] (<a-¹ + ...) ⇒ percetível(+).

aperfeiçoamento *s m* (<aperfeiçoar + -mento) **1** A(c)ção ou efeito de aperfeiçoar «a escrita/o trabalho»/Melhoramento. **2** Acabamento/Retoque. **3** Avanço/Evolução/Progresso.

aperfeiçoar *v t* (<a-¹ + perfeição + -ar¹) **1** Melhorar/Apurar/Aprimorar. **Ex.** O aluno foi instado a ~ a caligrafia/o estilo. **2** Tornar mais completo/rigoroso. **Ex.** Há que ~ [É preciso rever] o regulamento. **3** Dar a última demão/Retocar.

aperiódico, a *adj* (<a-² + periódico) **1** «revista/publicação» Que não acontece ou aparece com intervalos regulares/Que não é periódico/Irregular. **2** *Fís* Diz-se de sistema ou instrumento «galvanó[ô]metro» em que o amortecimento de uma alteração se faz sem oscilação.

aperitivo, a *adj/s m* (<lat *aperitívus*<*aperítívus*: que abre facilmente) **1** (O) que abre [estimula] o apetite. **Comb.** Bebida ~a. **2** Bebida agradável e pouco doce ou acepipe que se ingere antes da refeição para abrir o apetite. **Ex.** Tomou, de ~, um (vinho do) porto seco. **3** *fig* O que excita/estimula/desperta o interesse, o entusiasmo. **Ex.** Aquela primeira vitória foi o ~ para futuros [outros/novos/maiores] triunfos.

apernar *v t* (<a-¹+perna+-ar¹) **1** Prender pelas pernas/patas. **Ex.** Tem de ~ o animal para não sair do lameiro/prado. ⇒ peia. **2** *fig* Obrigar a assumir um compromisso.

aperrar *v t* (<a-¹+perro+-ar¹) **1** Levantar o perro [gatilho] da arma de fogo, ficando pronta a disparar/Engatilhar. **Ex.** Os soldados chegaram de [com as] armas aperradas. **2** Encostar/Apontar a arma engatilhada a.

aperreação *s f* (<aperrear+-ção) **1** A(c)to ou efeito de aperrear. **2** Sentimento do que foi contrariado/Apoquentação/Arrelia. **3** Forte submissão a disciplina rigorosa/Opressão.

aperrear *v t* (<a-¹+perro+-ear) **1** Fazer perseguir por cães/perros. **Loc.** ~ a caça. **2** Obrigar a forte submisssão/Constranger/Reprimir. **Loc.** ~os flhos. **3** Aborrecer/Arreliar/Molestar. **4** Impedir ou limitar os movimentos a.

apertadela (Dé) *s f* (<apertar+-dela; ⇒ apertão) **1** A(c)to ou efeito de apertar «o braço do vizinho de carteira» de forma ligeira e momentânea. **2** *fam* Repreenda/Repreensão/Reparo. **Ex.** Levou uma ~ do pai [professor].

apertado, a *adj* (<apertar) **1** Muito unido/junto/Sujeito a pressão/Comprimido. **Ex.** Na sala estávamos ~s, era muita gente para aquele espaço. **2** «vestuário/calçado» Muito justo ao corpo. **Ex.** As calças estão[ficam]-me ~as, estou mais gordo! Os sapatos ~s ferem-me os pés. **3** Que tem pouco espaço/Estreito/Acanhado. **Ex.** O corredor é ~/estreito, só dá para duas pessoas a par. **4** Diz-se da curva fechada da estrada, de raio reduzido. **Ex.** A curva é ~a, propensa a acidentes. **5** «tempo» Muito preenchido/sobrecarregado de tarefas. **Ex.** O meu horário é ~, não tenho tempo para nada. **6** Curto/Reduzido. **Ex.** O prazo é ~ para fazer todas as diligências. **7** Por uma diferença mínima, por margem escassa. **Ex.** A nossa vitória foi muito ~a, triunfámos por 5-4. **8** Rigoroso/Exigente/Severo. **Ex.** O regulamento do colégio é ~, não permite liberdades. **9** Pressionado com insistência/Coagido. **Ex.** ~ pelo juiz de instrução, o arguido confessou o crime. Os jogadores, ~s para darem o máximo, chegaram ao fim do jogo exaustos. **10** Aflito/Angustiado. **Ex.** Com o coração ~, esperou pelo resultado da melindrosa operação (cirúrgica) do marido. **11** Que passa dificuldades/Que tem carência de dinheiro. **Ex.** Tinha uma vida ~a, temendo sempre o dia seguinte. **12** Exíguo/Escasso. **Ex.** Com um orçamento ~, não podia sonhar muito [ter grandes planos]. **13** Muito poupado/Agarrado(+)/Avarento. **Ex.** É ~ nos gastos, não gosta de *col* abrir os cordões à bolsa [de dar dinheiro]. **14** *pop* Que tem urgência em satisfazer necessidades fisiológicas, sobretudo urinar. **Ex.** ~ como estava [Por estar muito ~], foi um alívio encontrar ali uma pastelaria aberta.

apertão *s m* (<apertar+-ão; ⇒ apertadela) **1** Aperto forte/Pressão feita com energia. **2** Pressão que pessoas muito aglomeradas fazem umas sobre as outras. **Ex.** Até conseguirmos entrar no recinto, sofremos muitos ~ões. **3** Dura repreensão/reprimenda. **Ex.** O ~ do pai, logo a seguir, foi remédio santo [solução definitiva] para o futuro.

apertar *v t* (<lat *appéctoro,áre*: premir contra o peito<*ad+péctus,oris*: peito) **1** Segurar/Agarrar firmemente. **Ex.** Apertou o braço ao miúdo para não fugir. **2** Comprimir/Unir com força. **Ex.** Para colar as duas peças importa apertá-las bem [muito]. **3** ~-se/Apinhar-se/Comprimir-se. **Ex.** Ao entrar no recinto, a multidão apertava-se mais junto à porta. **4** Premir para ajustar a um espaço diminuto. **Ex.** Às vezes é difícil ~ a rolha da garrafa. **5** «vestuário» Estar demasiado cingido ao corpo, dificultando movimentos. **Ex.** O vestido aperta-me, mas ainda posso alargá-lo um pouco. **6** Diminuir a largura de peça de vestuário para a ajustar melhor ao corpo. **Ex.** Estou (agora) mais magra, preciso de ~ a saia. **Loc.** ~ o sapato [Fazer aderir a abertura do sapato ao (peito do) pé, puxando e atando os atacadores]. **7** *fig* Provocar uma sensação de constrangimento/opressão. **Ex.** Apertava-se-lhe o coração com a iminência de uma má notícia sobre o filho. **8** *fig* Insistir com alguém para que diga ou faça alguma coisa. **Ex.** No julgamento, o advogado começou a ~ a testemunha da parte contrária. O credor vinha a ~ o pobre homem para saldar a dívida. **Loc.** ~ com alguém [Pressioná-lo]. **9** *fig* Afligir/Atormentar. **10** Aumentar/Intensificar. **Ex.** Quando o calor aperta, é difícil trabalhar no campo. É preciso ~ o controlo/e das entradas no recinto.

aperto (Ê) *s m* (<apertar) **1** Forte aderência entre duas estruturas conseguida com pressão. **Ex.** O bom [forte] ~ dos parafusos garante a segurança do palanque. **2** A(c)to de agarrar/segurar com (alguma) força. **Ex.** O ~ da carga num cami(nh)ão que transita na via pública é fundamental. **Comb.** ~ de mão a) Gesto de cumprimento/Passou bem (Ex. Cumprimentaram-se com um simples ~ de mão); b) Gesto de compromisso «do cumprimento de um contrato pelas partes» (Ex. Selámos [Ratificámos/Concluímos] o nosso contrato com um ~ de mão). **3** Pressão que, num ajuntamento, as pessoas fazem umas contra as outras por falta de espaço. **Ex.** A entrada do público no recinto fez-se com grande ~. **4** *Med* Estreitamento patológico de orifício ou canal. **Comb.** ~ mitral. **5** Exiguidade de espaço. **Ex.** No ~ daquele cubículo mal [quase não] podia movimentar-se. **6** Sensação de opressão física ou psicológica em situação de angústia/aflição/comoção. **Ex.** Um ~ na garganta impedia-o de falar. O perigo de morte que o filho corria [por que o filho passava] causava-lhe um ~ de que não conseguia libertar-se. **Comb.** ~ de alma/coração. **7** Pressão psicológica exercida sobre alguém. **Ex.** No tribunal, a testemunha *idi* levou (cá) um ~! [foi muito pressionada]. **8** Auge/Extremo/Sobrecarga «de trabalho». **Ex.** No ~ [auge] do serviço quase não fazemos intervalo. **Comb.** Horas de ~. **9** Aumento/Intensificação. **Ex.** Suportava mal o ~ do frio. **10** *fig* Repreensão/Admoestação/Castigo. **Ex.** O rapaz está a precisar de um ~ [apertão 3 (+)] *idi* que o meta nos eixos [que o leve a emendar-se]. **11** Situação difícil «de doença/de desemprego/de falta de dinheiro/...». **Ex.** A família passava agora por um ~ que nunca conhecera [tinha (sen)tido]. **Idi.** *Estar num ~* [em apuros/aflito/com dificuldades]. *Meter-se em ~s* [Arranjar problemas/Colocar-se em apuros].

apesar *adv* (<a-¹+pesar) [Usado apenas em locução preposicional ou conjuncional, com valor concessivo, introduzindo algo que contraria outra coisa mas não a impede] **Loc.** *prep ~ de* [Não obstante] (Ex. ~ de alguma falta de dinheiro, ele viveu sempre feliz. ~ de o tempo ir piorar [Mesmo que o tempo piore], mantemos a viagem programada). *~ de tudo/~ disso* [Mesmo assim] (Ex. Ele fez muitas asneiras; ~ de tudo [~ disso], ele vai ter uma outra oportunidade). *conj ~ de que* [Ainda que/Embora] (Ex. Mantive sempre a calma, ~ de que nem sempre foi fácil (mantê-la).

apessoado, a *adj* (<a-¹+pessoa+-ado) **1** «um senhor muito» Bem-parecido/Elegante. **2** Que tem boa estatura.

apétalo, a *adj/s f* (<a-²+pétala) **1** Desprovido de pétalas. **2** *s f* Flor/Planta que não têm pétalas.

apetecer *v int/t* (<lat *appetéscere*<*áppeto, ere,tívi,títum*: desejar) **1** Ter apetite de/Ter vontade de comer ou beber. **Ex.** Está a ~-me uma canja quentinha. **2** Sentir vontade de/Desejar. **Ex.** Apetecia-me escrever uma carta a contar o sucedido. **3** Ter interesse em/Agradar. **Ex.** Apetece-me ter agora alguns dias de férias. Não lhe apetecia sair naquela noite. **4** Despertar desejo. **Ex.** Uma bebida fresca, no verão, apetece sempre. Foi sempre um cargo [posto] apetecido/desejado.

apetecível *adj 2g* (<apetecer+-vel) **1** Que desperta o apetite, a vontade de comer ou beber; ⇒ apetitoso. **2** Digno de ser apetecido/Que desperta o desejo, o interesse. **Ex.** Esse é um cargo ~, pode ser trampolim para voos mais altos.

apetência *s f* (<lat *appeténtia*: desejo; ⇒ apetecer) **1** Gosto/Interesse. **Ex.** Revela ~ pelos estudos. **2** Propensão/Inclinação. **Ex.** Teve sempre ~ por viajar para países exóticos. **3** Ambição/Sede. **Ex.** A ~ do poder e das riquezas pode desencaminhar qualquer pessoa.

apetite *s m* (<lat *appetítus,us*: apetite, desejo; ⇒ apetecer) **1** Vontade ou prazer de comer. **Ex.** ~ é o que nunca me falta [Tenho sempre ~]! **Loc.** Comer com [Ter] ~. **Idi.** *Estar de* ~ [Ser de aparência muito agradável]. *Estar um* ~ [Ser muito saboroso]. *Ser de* ~*s* [Não ter uma linha de conduta definida/Viver sob o impulso de caprichos]. **Comb.** Bom ~! [Voto que se dirige a quem se prepara para [está prestes a] comer]. **Ant.** Fastio. **2** Desejo de satisfazer uma necessidade/Interesse. **Ex.** Para tudo é preciso ~! **3** Gosto/Preferência/Inclinação. **Ex.** Não vejo nele ~ [queda/inclinação] para esse tipo de vida. **4** Prazer/Deleite. **Ex.** Dá ~ contemplar aquele soberbo panorama do alto da montanha. **5** *fig* Desejo sensual/Impulso sexual. **Ex.** Uma minissaia mais ousada acirrava-lhe o ~.

apetitoso, a (Ôso, Ósa, Ósos) *adj* (<apetite+-oso) **1** Agradável ao paladar/Saboroso. **Ex.** A comida estava ~a, um autêntico pitéu! **2** Cozinhado muito temperado. **Ex.** Um molho sofisticado fez uma carne mesmo ~a! **3** *col* Apetecível/Tentador. **Ex.** A moça, esbelta, tinha um corpo ~!

apetrechamento *s m* (<apetrechar +-mento) A(c)to ou efeito de apetrechar, de munir com os instrumentos e meios necessários para a realização de alguma coisa. **Ex.** O ~ de um hospital deve ser uma tarefa muito complexa.

apetrechar *v t* (<apetrecho + -ar¹) Prover com os apetrechos e os meios necessários/Equipar/Aparelhar. **Ex.** Já tenho as instalações, falta-me agora ~ a oficina «de carpintaria».

apetrecho *s m* (<a-¹ + petrecho) Utensílio, ferramenta ou obje(c)to necessário para desenvolver uma a(c)tividade específica. **Comb.** Os ~s de caça [pesca/viagem]. **Sin.** Petrecho.

ápex (Cs) *s m* (<lat *ápex*: cume) ⇒ ápice.

api- *pref* (<lat *ápis,is*: abelha) Significa abelha (Ex. apícola, ~cultor, ~forme, apídeo).

apiário, a *adj/s m* (<lat *apiárium*) **1** (Diz-se de) inse(c)to ou grupo de inse(c)tos himenópteros que fabricam mel, a que pertence a abelha. ⇒ apídeo. **2** *s m* Local apropriado para a criação de abelhas/Grupo de colmeias.

apical *adj 2g* (<lat *ápex,picis*: cume, ponta+-al) **1** Relativo ao cume/ápice. **2** *Ling* «consoante» Que se pronuncia tocando com a ponta da língua nos dentes, nos alvéolos ou no palato. **Ex.** As consoantes *d*, *t* e *l* são apicais. **3** *Anat* Relativo à ponta de um órgão «língua/coração/pulmão».

apicoalveolar *adj 2g/s f Ling* (<apical+alveolar) (Diz-se da) consoante «t» que se pronuncia tocando com a ponta da língua nos alvéolos.

ápice *s m* (<lat *ápex,picis*: cume) **1** Ponta/Cume(+) «da montanha»/Vértice. **2** Grau mais elevado/Auge(+) «da alegria/festa»/Apogeu/Máximo. **3** Extremo da perfeição/Requinte(+). **4** Coisa muito pequena/Pedacinho. **Loc.** Por um ~ [Por muito pouco/*col* Por um triz]. **5** Pormenor/Detalhe. **Ex.** Sobre este assunto não divergimos nem um ~. **6** Muito pequeno espaço de tempo/Instante/Momento. **Loc.** Num ~ [De um momento para o outro/*idi* Num abrir e fechar de olhos]. **7** *Ling* Trema(+).

apicodental *adj 2g/s f Ling* (<apical+dental) (Diz-se da) consoante «d» que se pronuncia com a ponta da língua a tocar nos dentes.

apícola *adj/s 2g* (<api-+-cola) **1** Relativo à criação de abelhas, à apicultura. **2** Apicultor(+).

apícula *s f* ⇒ apículo.

apiculado, a *adj* (<apículo+-ado) Provido de uma pequena ponta aguda, de um apículo.

apículo *s m Bot* (<lat *apículum*) Ponta aguda, curta, flexível ou livre, de um órgão.

apicultor, ora *s* (<api-+cultor) Pessoa que se dedica à criação de abelhas.

apicultura *s f* (<api-+cultura) Arte/A(c)tividade de criar abelhas e de explorar os seus produtos, o mel e a cera.

apídeo, a *adj/s* (<api-+-ídeo) (Diz-se de) inse(c)to ou família de inse(c)tos himenópteros, em que se incluem as abelhas produtoras de mel. ⇒ apiário **1**.

apiedado, a *adj* (<apiedar) Que tem compaixão/piedade de/Condoído/Comovido.

apiedar *v t/int* (<a-¹+pie(da)de+-ar¹) Causar/Sentir compaixão/piedade/Compadecer(-se)/Condoer(-se)/Sensibilizar(-se). **Ex.** Ao ver a pobre mulher com três filhos em redor, apiedou-se e prometeu ajudá-la a arranjar trabalho.

apiforme *adj 2g* (<api-+-forme) Que tem a forma de abelha.

apimentado¹, a *adj* (<apimentar¹) **1** *Cul* «prato» Temperado com pimenta. **Ex.** O bacalhau com natas estava muito ~. **2** *fig* «dito/escrito» Brejeiro/Malicioso. **Ex.** Hesitou a contar uma anedota um pouco mais ~a/verde.

apimentado², a *adj* (<apimentar²) Que está [ficou] vermelho como um pimento(+).

apimentar¹ *v t* (<a-¹+pimenta+-ar¹) **1** *Cul* Condimentar com pimenta. **2** *fig* «em dito/escrito» Pôr malícia/Dar ar brejeiro/Tornar mordaz/picante. **Ex.** Esse apresentador gosta de ~ qualquer história, qualquer situação, preferindo sempre meias palavras para um público bom entendedor…

apimentar² *v t* (<a-¹+pimento+-ar¹) Pôr/Ficar vermelho como um pimento.

apinhado, a *adj* (<apinhar) **1** Amontoado/Acumulado, em forma de pinha(+). **2** Muito junto e em grande número/Aglomerado. **Ex.** Uma multidão ~a arrastava-se para a porta de entrada no recinto. **3** Cheio/Repleto. **Ex.** A praça estava ~a de gente [*col* estava à pinha].

apinhar *v t* (<a-¹+pinha+-ar¹) **1** Estar muito unido «como os pinhões na pinha»/Estreitar-se/Amontoar-se. **Ex.** O pouco espaço disponível levou as pessoas a ~-se. **2** Ocupar totalmente um espaço/Encher. **3** Confluir em grande número para um lugar/Aglomerar(-se)/Acumular(-se).

apinocado, a *adj col* (<apinocar) Bem vestido/Bem arranjado/Elegante/Garboso/Aperaltado(+). **Ex.** Apresentou-se na festa todo ~!

apinocar *v t col* (<a-¹+pinoca+-ar¹) Esmerar-se no trajar/Vestir com elegância/Aperaltar(-se)(+). **Ex.** Gosta de se ~ quando vai a qualquer a(c)to público.

apiol (Ól) *s m* (<lat *ápium*: aipo+-ol) Substância extraída das sementes da salsa, com propriedades antissépticas.

apirético, a *adj* (<a-²+pirético) Sem [Que não apresenta] febre. **Comb.** Estado ~.

apirexia *s f Med* (<gr *apyrexía*) Cessação ou ausência de febre.

ápiro, a *adj* (<gr *ápyros*) Que resiste [Refra(c)tário] ao fogo.

apisoar *v t* (<a-¹+pis(o)ar) **1** Bater «o pano» na tecelagem com o pisão, para dar maior resistência. **Sin.** Pisoar(+). **2** Calcar(o+) o terreno em camadas sucessivas para o tornar compacto/Pisar(+).

apitadela (Dé) *s f* (<apitar+-dela) **1** A(c)to de apitar de forma ligeira/Buzinadela. **2** *fam* Telefonema. **Loc.** Dar uma ~ [Fazer um telefonema breve] (Ex. Quando vieres à cidade, dá-me uma ~ para a gente se encontrar [para nos encontrarmos]).

apitar *v int/t* (<apito+-ar¹) **1** Emitir um som alto e geralmente agudo, pela passagem do ar por orifício estreito. **Ex.** A panela de pressão já começou a ~. **2** Sinalizar com esse som o início de uma manobra. **Ex.** O comboio [trem] já apitou, vai partir. **3** Soprar no apito. **Ex.** O miúdo não se cansa de ~. O polícia apitou para multar o automobilista que cometeu a transgressão. **4** *(D)esp* Dirigir o jogo/Arbitrar. **Ex.** Quem apita o jogo é um árbitro francês. **5** *(D)esp* Fazer com o apito sinal de interromper o jogo ou de o (re)iniciar. **Ex.** O árbitro não validou o gol(o) de livre dire(c)to porque ainda não apitara [tinha apitado]. **6** Chamar a atenção/Alertar. **Ex.** Se souberes alguma novidade [coisa], apita! **7** Pedir auxílio. **Ex.** Se precisares de alguma coisa, apita! **Idi.** *Estar a* ~ [Estar sem dinheiro]. *Ficar a* ~ [Não conseguir o que procurava/Ficar frustrado/*idi* a ver navios]. **8** *gír* Dizer em voz muito baixa/Sussurrar. **Ex.** No teste, vendo o colega aflito, apitou-lhe a solução do problema.

apito *s m* (<*on* ?) **1** Pequeno instrumento de madeira ou de outro material com que, por sopro, se produz um som geralmente agudo. **Ex.** O polícia usou o ~ para chamar a atenção do transgressor. **2** Som produzido por esse instrumento. **Ex.** O jogador alegou não ter ouvido [disse que não ouvira] o ~ do árbitro. **3** Qualquer instrumento metálico em que a passagem do ar ou de vapor por um tubo produz um silvo agudo ou grave, que serve de sinalização. **Comb.** ~ *da fábrica.* ~ *da locomotiva.* ~ [Sirene(+)] *do navio.* ~ *da panela de pressão.* **4** Som produzido por esse instrumento.

aplacar *v t* (<lat *applacáre*<*pláco,áre*: acalmar) **1** Serenar/Sossegar/Pacificar/Apaziguar. **Ex.** Teve a arte de ~ os ânimos exaltados da multidão. **2** (Fazer) diminuir de intensidade/força/Aliviar/Moderar/Acalmar. **Ex.** O médico tratou de lhe ~ [tirar/aliviar(+)] as dores.

aplacável *adj 2g* (<aplacar + -vel) **1** Que pode ser aplacado/serenado/apaziguado. **Ex.** O povo é ~ se for respeitado e tratado com justiça. **2** Que se pode reduzir/aliviar/acalmar. **Ex.** Qualquer dor física é ~ com medicamentos.

aplacentário, a *adj/sm Zool* (<a-² + placentário) (Diz-se de) mamífero ou grupo

de mamíferos em que a geração se realiza sem intervenção de placenta. **Ex.** Os monotré[ê]matos «ornitorrinco» e os marsupiais «canguru» são ~s.

aplainação *s f* (<aplainar + -ção) ⇒ aplainamento.

aplainador, ora *adj/s* (<aplainar + -dor) **1** (O) que alisa com a plaina as superfícies irregulares da madeira. **2** *s m* Instrumento que aplaina/Plaina(+).

aplainamento *s m* (<aplainar + -mento) **1** A(c)ção ou efeito de aplainar. **2** Alisamento de superfícies irregulares/Nivelamento. **Ex.** Antes de ser utilizada na construção, faz-se o ~ da madeira. ⇒ aplanamento.

aplainar *v t* (<a-¹ + plaina + -ar¹) Alisar com plaina/Nivelar/Aplanar. **Ex.** O marceneiro aplaina a madeira que usa para fazer os móveis. ⇒ aplanar.

aplanação *s f* (<aplanar + -ção) ⇒ aplanamento.

aplanador, ora *adj/s* (<aplanar + -dor) **1** (O) que aplana/nivela/alisa. **2** *s m* Qualquer instrumento usado para essa a(c)ção.

aplanamento *s m* (<aplanar + -mento) **1** A(c)ção ou efeito de aplanar/Aplanação. **2** *fig* Resolução de dificuldades/Remoção de obstáculos.

aplanar *v t* (<a-¹ + plano + -ar¹) **1** Tornar plano/Alisar/Nivelar/Gradar. **Ex.** O lavrador aplana o terreno com a grade. **2** *fig* Eliminar obstáculos/Resolver dificuldades. **Ex.** Num grupo, importa ~ as divergências antes de tomar decisões importantes.

aplasia *s f Biol* (<a-² + gr *plásis*: modelação + -ia) Desenvolvimento imperfeito ou incompleto de um órgão animal ou vegetal/Atrofia por paragem ou reprodução dos germes celulares.

aplaudir *v t* (<lat *appláudere*<*pláudo, ere, pláusum*) **1** Manifestar agrado, concordância, aprovação por palavras ou batendo palmas/Ovacionar. **Ex.** O público aplaudiu demoradamente a a(c)tuação do artista. Todos aplaudiram a atribuição do prémio ao vencedor do concurso. **Ant.** Apupar; vaiar/Protestar. **2** Elogiar/Louvar. **Ex.** A aldeia aplaudiu o generoso gesto de solidariedade com as vítimas da catástrofe.

aplaudível, aplausível *adj 2g* (<aplaudir + -vel) Que merece aplauso.

aplauso *s m* (⇒ aplaudir) **1** Manifestação entusiástica de aprovação/concordância. **Ex.** O ~ a esta decisão fez-se com uma prolongada salva de palmas. **2** Elogio/Louvor. **Ex.** A obra realizada mereceu um ~ unânime. **3** Aclamação/Ovação. À chegada ao estádio, os atletas/heróis receberam os ~s da multidão.

aplicabilidade *s f* (<aplicável + -idade) Qualidade do que pode ser executado ou aplicado. **Ex.** A ~ da norma a este caso parece-me duvidosa.

aplicação *s f* (<lat *applicátio,ónis*: ligação; ⇒ aplicar) **1** A(c)ção ou efeito de aplicar. **2** Sobreposição/Justaposição de uma coisa a outra de modo a ficarem aderentes entre si. **Ex.** A ~ de verniz ao soalho deu-lhe outro [novo/mais] brilho. **3** Ornato/Guarnição/Enfeite. **Comb.** ~ de renda. **4** Utilização/Uso/Emprego. **Ex.** Esse minério tem larga ~ [múltiplas ~ões] na indústria. **5** Administração «de medicamento». **6** Imposição «de castigo». **Ex.** A ~ de uma suspensão ao aluno era esperada. **Comb.** ~ *de uma multa*. ~ *de uma pena*. **7** Grande concentração e empenho na realização das tarefas. **Ex.** A sua grande ~ ao estudo foi recompensada com os excelentes resultados alcançados. **8** Adaptação/Adequação/Ajustamento. **Ex.** A ~ dessa teoria pedagógica à nossa realidade escolar [nas nossas escolas/no nosso ensino] exige bom senso. **9** A(c)ção de pôr em prática/Execução. **Ex.** A ~ do regulamento do condomínio nem sempre é rigorosa. **10** Investimento de dinheiro em a(c)tividade lucrativa. **Ex.** A ~ dos dinheiros em a(c)ções tem riscos. **11** *Mat* Correspondência unívoca dos elementos de um conjunto com os de outro (conjunto)/Função. **12** Emprego atento de órgãos dos sentidos. **Comb.** ~ *do* [O apurar o] *ouvido* [O ouvir]. ~ *da vista*. **13** *Info* Programa que realiza tarefas específicas para além das executadas pelo sistema operativo.

aplicado, a *adj/s* (<aplicar) **1** Que se coloca sobre alguma coisa/Aposto a. **Ex.** A tinta ~a à parede evita a formação de manchas de humidade. **2** Que é zeloso/esforçado/empenhado/diligente. **Ex.** Um aluno ~ [estudioso] pode ter melhores resultados. **3** Que põe em prática um conhecimento teórico. **Comb.** *Linguística* ~*a*. *Matemática* ~*a*. *Psicologia* ~*a*.

aplicador, ora *adj/s* (<aplicar + -dor) **1** Que serve para aplicar alguma coisa. **2** (O) que executa/aplica. **Ex.** O ~ da sanção é por vezes alvo de críticas injustas. **3** (O) que faz aplicações, sobretudo financeiras. **4** *s m* Instrumento usado para aplicar alguma coisa sobre outra.

aplicar *v t* (<lat *applíco, áre, átum*<*ad* +*plíco*: dobrar) **1** Sobrepor ou justapor uma coisa a outra de modo a ficarem aderentes. **Ex.** Decidiu ~ um produto isolante no terraço da casa com muito bons resultados para o conforto interior. Aplicou um penso rápido na zona do golpe. **2** Pôr sobre uma superfície. **Ex.** Aplicou [Pôs/Colou] o emblema na lapela do casaco. **3** Usar/Utilizar. **Ex.** Não deve ~ esse adubo em solos ácidos. **4** Infligir/Desferir. **Ex.** «a senhora, ofendida» Aplicou duas bofetadas na cara do atrevido. **5** Impor «um castigo». **Ex.** «a polícia» Resolveu ~-lhe uma multa [multá-lo]. **6** ~-se/Esforçar-se por desempenhar bem uma a(c)tividade/Dedicar-se/Empenhar-se. **Ex.** O meu filho aplicou-se [estudou] muito durante o curso. **7** ~-se/Dizer respeito a/Ter a ver com/Dirigir-se a. **Ex.** Esta norma aplica-se a todos os alunos, sem distinção. **8** Pôr em prática/Executar. **Ex.** Feita a lei, importa aplicá-la. **9** Adaptar/Adequar. **Ex.** Não é fácil ~ essa teoria à nossa realidade. **10** Apurar o uso das próprias faculdades/capacidades para maior eficiência. **Ex.** Aplicou a vista a observar o comportamento de um inse(c)to minúsculo. Precisou de ~ o ouvido para captar aquele ruído estranho. **11** Investir. **Ex.** Estava a pensar ~ dinheiro em a(c)ções.

aplicável *adj 2g* (<aplicar + -vel) **1** Que se pode aplicar a alguma coisa. **2** Que se pode executar. **Ex.** A penalização é ~ a quem não paga dentro do prazo. **3** Que se pode pôr em prática em relação a alguma coisa. **Ex.** Esse método não é ~ a [não é bom para] crianças muito pequenas.

aplique *s m* (<fr *applique*; ⇒ aplicar) **1** Obje(c)to decorativo aplicado na parede. **2** Pequeno candeeiro elé(c)trico fixado na parede.

apneia *s f Med* (<gr *ápnoia*: ausência de vento) Suspensão passageira da respiração. ⇒ dispneia.

apo- *pref* (<gr *apó*: de, desde) Significa **a)** Afastamento, distanciamento (Ex. ~geu, ~fonia, apóstrofe, apóstolo); **b)** Depois [Derivado] de. ⇒ após.

apocalipse *s m* (<gr *apokálypsis*: revelação) **1** *maiúsc* Último livro do Novo Testamento, atribuído ao apóstolo S(ão) João Evangelista, escrito já em período de perseguição aos cristãos, onde se profetiza o triunfo final da Igreja de Cristo sobre as forças do mal. **Comb.** Besta do ~ [Animal simbólico que inspira terror, causador de grandes catástrofes]. **Sin.** (Livro da) Revelação. **2** *fig* Grande cataclismo/«aquilo (Luta sangrenta) foi o ~» Fim do mundo (+).

apocalí(p)tico, a (*dg*) *adj* (<gr *apokalyptikós*) **1** Relativo ao Apocalipse. **2** ⇒ Difícil de interpretar/Obscuro. **3** *fig* Catastrófico/Pavoroso/Terrível. **Comb.** Cenário ~/dantesco. **4** ⇒ Que evoca o fim do mundo.

apocarpo *s m Bot* (<ap- + gr *karpós*: fruto) Fruto procedente de vários carpelos interdependentes entre si.

apocináceo, a *adj/s f Bot* (<gr *apókynon*: que afasta os cães + -áceo) (Diz-se de) planta ou família de plantas herbáceas ou lenhosas de suco leitoso, de zonas tropicais e temperadas, com valor ornamental, medicinal ou industrial, em que se incluem o loendro e a espirradeira; *Apocynaciae*.

apóclise *s f Gram* (<gr *apóklisis*: inclinação) Subordinação de uma palavra átona ao acento tó[ô]nico da palavra anterior. **Ex.** Em *Encontrei-o no café* temos um caso de ~ relativamente ao pronome pessoal *o*.

apoclítico, a *adj Gram* (<gr *apókliitos*) Diz-se de palavra átona que se subordina ao acento tó[ô]nico da palavra anterior, formando com ela um todo fonético. ⇒ apóclise **Ex.**.

apocopar *v t Gram* (<apócope + -ar¹) Suprimir(-se) o último fonema ou a última sílaba de uma palavra/Fazer ou sofrer a apócope.

apócope *s f Gram* (<gr *apokopé*: corte) Supressão da última letra «belo = bel» ou da última sílaba «cinema = cine» de uma palavra. **Ex.** Na passagem de um nome do latim para o português deu-se a ~ do *m* terminal do acusativo do singular «*avem, ave*». **Ant.** Paragoge. ⇒ aférese; síncope.

apócrifo, a *adj/s m* (<gr *apókriphos*: oculto) **1** Diz-se do escrito religioso não reconhecido pela (autoridade canó[ô]nica da) Igreja como inspirado (pelo Espírito Santo). **Comb.** Evangelhos ~s. **2** (Diz-se de) obra de autoria duvidosa ou atribuída a autor falso. **3** (Diz-se de) texto que é diferente do original escrito pelo autor. **4** Que não é autêntico/Falso.

apodar *v t* (<lat *ápputo, áre, átum*<*ad* + *puto, áre, átum*: julgar) **1** Designar de forma trocista/Apelidar/Alcunhar. **Ex.** Porque tinha muitas namoradas, apodaram-no de *pinga-amor*. **2** Qualificar de forma depreciativa. **Ex.** Porque era um estudante aplicado, apodaram-no de *marreta*. **3** Dirigir gracejos a/Zombar de/Ridicularizar.

ápode *adj 2g/s m Zool* (<gr *ápous, odos*: sem pés) (Animal) desprovido de patas/pés ou de apêndices locomotores. «enguia/cobra/sardinha/larva de inse(c)tos».

apoderar-se *v t* (<a-¹ + poder + -ar¹) **1** Tomar posse ou o domínio de/Assenhorear-se de. **Ex.** No assalto apoderaram-se de joias e de dinheiro. Na guerra apoderou-se de territórios inimigos. **2** Subjugar emocionalmente/Dominar psicologicamente. **Ex.** Uma tristeza profunda apoderou-se dela e levou-a à depressão.

apodítico, a [*Br* **apodíctico**] *adj* [= apodíctico] (<gr *apodeiktikós*: demonstrativo) **1** Que é evidente, necessariamente verdadeiro. **Comb.** «Deus existe» Verdade ~a/inegável. **2** Absolutamente convincente/Irrefutável/Indiscutível. **Comb.** Argumento ~.

apodídeo, a *adj/s m Ornit* (<gr *ápous, odos*: sem pés + -ídeo) (Diz-se de) ave ou família de aves de pés pequenos e asas

longas terminadas em ponta, adaptadas ao voo rápido, em que se incluem os andorinhões; *Apodidae*.

apodioxe (Ks) *s f Fil* (<gr *apodíuxis*: expulsão) Rejeição de um argumento por absurdo.

apodo (Pô) *s m* (<apodar) **1** Dito espirituoso/trocista/Gracejo/Zombaria. **2** Comparação jocosa. **3** Denominação depreciativa ou ofensiva, sobretudo se em razão de alguma característica física ou moral/Alcunha(+). **Ex.** O ~ de *bucha* foi-lhe dado pelos colegas, brincando com as suas carnes flácidas.

apódose *s f Gram* (<gr *apódosis*) **1** *Fon* Contrastação com uma parte inicial ascendente (Prótase), tomando a segunda parte uma entoação descendente (~). **2** Segunda parte de um período cujo significado completa o que se expressou na primeira parte (Prótase). **Ex.** No período *Choveu tanto* (Prótase) *que ficou tudo alagado* (A~), a oração consecutiva é a ~.

apodrecer *v t/int* (<a-[1] + podre + -ecer) **1** Provocar/Sofrer decomposição orgânica, geralmente de forma lenta e progressiva/Deteriorar(-se)/Putrefazer(-se). **Ex.** A fruta é colocada durante meses no frio [em câmaras frigoríficas] para não ~. Uma maçã deteriorada [podre] depressa apodrece as que a rodeiam [as que estão ao lado(+)]. A chuva apodrece a madeira. **2** *fig* (Fazer) perder qualidades ou valores morais/Corromper(-se)/Perverter(-se). **Ex.** A libertinagem apodrece as sociedades. **3** *fig* Ficar imóvel muito tempo num lugar/Ficar esquecido/Perder utilidade. **Ex.** Os livros apodrecem na biblioteca, ninguém os lê. Esse criminoso está condenado a ~ na prisão, deram-lhe uma pena de 25 anos.

apodrecimento *s m* (<apodrecer+-mento) **1** Processo ou efeito de apodrecer/Decomposição de matéria orgânica/Putrefa(c)ção. **Ex.** O calor acelera o ~ «do peixe/da fruta». **2** Corrupção(+) moral/Perversão(+). **Ex.** A pornografia é um sinal do ~ dos costumes.

apófige *s f Arquit* (<gr *apophygé*) Anel que rodeia o fuste de uma coluna na zona de ligação com a base ou com o capitel.

apófise *s f* (<gr *apóphysis*) **1** *Anat* Saliência de ossos ou cartilagens em zonas de articulação ou de inserção de músculos. **2** *Geol* Massa rochosa em forma de cauda, resultante de magma que penetra noutra rocha.

apofonia *s f Gram* (<apo- + -fonia) Alteração da vogal do radical, geralmente pela junção de um prefixo. **Ex.** Em latim, a ~ é um fenó[ô]meno recorrente [frequente] «fácilis, di*ffí*cilis».

apogeu *s m* (<gr *apógeios*: longe da Terra) **1** *Astr* Ponto que, na órbita da Lua ou de um satélite artificial, está mais distante da Terra. **2** *Astr* Posição em que o Sol, na sua órbita aparente, se encontra mais afastado da Terra. **3** *fig* O mais alto grau/Auge. **Ex.** No ~ da sua carreira, o cantor teve enorme popularidade.

apogiatura *s f Mús* (<it *appoggiatura*: apoio) Pequena nota ornamental que precede uma nota real que deve ser acentuada. ⇒ *Br* apojatura.

apógrafo *s m* (<gr *apógraphos*: transcrito) **1** Cópia(+) de um escrito original, por oposição a autógrafo. **2** Instrumento para copiar desenhos.

apoiado, a *adj/interj/s m* (<apoiar) **1** Encostado/Firmado em alguma coisa. **Ex.** ~ no muro, saltou para o outro lado. Caminhava com dificuldade ~ na bengala. **2** Sustentado/Suportado. **Ex.** A abóbada da catedral está ~a em grossas colunas. **3** Aprovado/Patrocinado por. **Ex.** O plano foi ~ por vários partidos. **4** Ajudado/Protegido/Orientado. **Ex.** O aluno foi apoiado com uma bolsa (de estudos) por uma fundação. **5** *interj* Exclamação com que se dá uma aprovação entusiástica às palavras do orador. **Ex.** Apoiado! **6** *s m* Manifestação de aplauso a quem está a discursar. **Ex.** Na sessão multiplicaram-se os ~, qual deles o mais sonoro [, cada vez mais sonoros]!

apoiante *adj/s 2g* (<apoiar + -(a)nte) **1** (O) que é a favor de/que apoia, aprova ou aplaude. **Ex.** O público ~ incentivou-os [Os ~s incentivaram-nos] a avançar com o proje(c)to. **2** Adepto/Partidário. **Ex.** Os ~s deste clube (d)esportivo «Benfica» são aos milhares! **3** (O) que auxilia/ajuda/patrocina. **Ex.** As instituições ~s fixaram-lhe um obje(c)tivo facilmente atingível.

apoiar *v t* (<it *appoggiare*: encostar, sustentar<lat *ad + podium*: pedestal) **1** Servir de suporte/Sustentar. **Ex.** Grossos pilares apoiam a abóbada da catedral. **2** *fig* ~-se/Fundamentar-se em/Basear-se em. **Ex.** A sua tese apoia-se em vários trabalhos de campo. **3** Amparar para não cair/Segurar/Suster. **Ex.** Ia a cair mas os colegas apoiaram[seguraram]-me. **4** Colocar sobre algo que serve de suporte. **Ex.** Apoiei as mãos sobre o [Agarrei-me ao (+)] muro e saltei para o outro lado. **5** ~-se/Firmar-se sobre/Encostar-se. **Ex.** Apoiei-me no [ao] corrimão e descansei um pouco. **6** ~-se/Obter prote(c)ção/ajuda. **Ex.** Apoiou-se na irmã para conseguir o emprego que pretendia. **7** Ajudar/Auxiliar. **Ex.** Naquele momento difícil, o meu amigo apoiou o colega. **8** Concordar com/Aprovar/Secundar/Aplaudir. **Ex.** Os colegas apoiam a minha decisão de concorrer. Muitos apoiam esta política do Governo.

apoio (Pôi) *s m* (<apoiar) **1** Aquilo em que uma coisa assenta/Sustentáculo. **Ex.** Três colunas de pedra são os ~s do alpendre. **2** Zona de conta(c)to entre duas coisas sobrepostas. **Ex.** O árbitro marcou falta porque o adversário desequilibrou-o, atingindo-lhe o pé de ~. **Comb.** Ponto de ~. **3** *Arquit* Elemento arquitectó[ô]nico que sustém outro. **4** Encosto/Arrimo/Assento. **Ex.** Os velhos precisam de ter ~s no jardim público para poderem descansar. **5** Base/Fundamento/Suporte. **Ex.** As provas encontradas são ~ suficiente para o incriminar. **Comb.** Argumento de ~. **6** Ajuda/Amparo/Auxílio. **Ex.** O ~ da sociedade aos pobres tem vindo a aumentar. **7** Subsídio/Incentivo/Ajuda. **Ex.** Os agricultores têm tido alguns ~s (do Governo). **8** Aprovação/Assentimento/Concordância/Aplauso. **Ex.** A minha decisão teve o ~ de toda a família.

apojadura *s f* (<apojar + -dura) **1** Aumento do afluxo de leite aos seios da mulher que amamenta ou às tetas das fêmeas dos animais/Amojo(+). ⇒ apojar **2**. **2** *fig* Máximo grau/Auge.

apojar *v int* (< ?) **1** Encher-se de leite o seio da mulher que amamenta ou a teta da fêmea do animal/Amojar(+). **2** Chegar outra vez o novilho às tetas da mãe para lhe tirar o apojo **3**. **3** Encher demasiado/Entumecer/Inchar.

apojatura *Br* ⇒ apogiatura.

apojo (Pô) *s m* (<apojar) **1** A(c)to ou efeito de apojar. **2** Apojadura. **3** Leite mais gordo que se tira da vaca depois de tirar o primeiro, que é menos denso.

apólice *s f* (<a-[1]+*an* police<fr *police*: certificado<gr *apódeiksis*: prova evidente) **1** Título comprovativo de contrato de seguro. **Ex.** Tenho de ver o número da ~. **2** Certificado de a(c)ção de sociedade anó[ô]nima. **3** Título de dívida pública.

apolíneo, a *adj* (<lat *apollíneus*: de Apolo) **1** Relativo a Apolo, jovem deus da luz e das artes na mitologia grega, personificando o Sol. **Comb.** Culto ~. **2** Relativo ao Sol. **3** Caracterizado pela serenidade, força e beleza harmoniosa e pelo equilíbrio. **Comb. Arte ~. Escultura ~. Jovem [*Porte/Corpo*] ~. Ant.** Dionisíaco. ⇒ efebo.

apolítico, a *adj* (<a-[2]+político) **1** Que não se interessa pela política. **2** Que não tem significado político.

apologético, a *adj/s f* (<gr *apologetikós*) **1** Que faz a apologia, a exaltação ou a defesa de alguém ou de alguma coisa. **2** Que fundamenta/justifica/Justificativo. **Comb.** Discurso ~. **3** *s f* Defesa de uma doutrina com a apresentação de argumentos. **4** *s f Catol* Parte da teologia que apresenta os fundamentos e as provas da verdade da religião católica e a refutação das obje(c)ções que lhe são [têm sido] levantadas.

apologia *s f* (<gr *apología*: defesa) **1** Discurso/Texto de defesa empenhada, de justificação de uma doutrina. **Ex.** S(anto) Agostinho fez a ~ do catolicismo. **2** Elogio/Enaltecimento de uma pessoa, de uma doutrina ou de uma obra. **Ex.** ~ *de Sócrates* é uma obra de Platão.

apologista *adj/s 2g* (<apologia+-ista) **1** (O) que faz apologia de/que elogia ou defende uma pessoa, uma doutrina, uma obra, … **Ex.** S(ão) Justino, S(anto) Ireneu e Tertuliano são três grandes ~s [apologetas(+)] dos primeiros séculos da Igreja. **2** Partidário/Adepto/Defensor de. **Ex.** Há gente ~ do serviço militar obrigatório. *idi* Não é muito ~ [Não gosta] de dietas…

apólogo *s m* (<gr *apólogos*: narração) Pequena história dialogada, em que figuram animais ou seres inanimados, transmitindo um ensinamento moral. **Ex.** ~s *Dialogais* é uma obra do autor português, do séc. XVII, D. Francisco Manuel de Melo. ⇒ fábula «de Esopo».

apomixia (Csi) *s f Biol* (<apo- + gr *míksis*, *eos*: mistura) Produção de um embrião, sem fecundação prévia, pelo desenvolvimento do óvulo ou de uma célula vegetativa.

aponeurose, aponevrose *s f Anat* (<gr *aponeurŵsis*: endurecimento do tendão) Membrana esbranquiçada fibrosa e resistente que envolve os músculos.

aponeurótico, aponevrótico, a *adj Anat* (<aponeuro(se) + t + -ico) Relativo a aponeurose.

apontador[1], ora *adj/s* (<apontar[1] + -dor) **1** Pessoa que marca com um ponto/sinal para evidenciar. **2** Funcionário encarregado de, numa obra, regist(r)ar as presenças, as medições, … **3** *Mil* (Diz-se do) artilheiro que faz a pontaria para o alvo. **4** *Teat* (O) que lê em voz baixa as falas das personagens para avivar a memória dos a(c)tores/Ponto(+). **5** *s m* Ponteiro(+) do relógio.

apontador[2], ora *adj/s* (<apontar[2] + -dor) **1** (O) que faz pontas em utensílios/que aguça/aponta. **2** *Br* Apara-lápis(+).

apontamento *s m* (<apontar+-mento) **1** A(c)to ou efeito de apontar/anotar. **2** O que se aponta/Nota/Regist(r)o «de uma leitura, conversa, observação». **Ex.** Um ~ mais longo não cabia na folha. **Loc. Tirar um ~. Tomar um ~. Comb. Caderno de ~s. 3** *pl* Anotação de matérias disciplinares, seguindo a exposição que está a ser feita pelo professor. **Ex.** Uma prática salutar de estudante aplicado era passar a limpo os ~s tirados nas aulas. **Comb.** Tirar ~s. **4** Resumo/Síntese. **Comb.** ~ de repor-

tagem. **5** Esboço/Plano/Estudo do que se pretende concretizar. **6** Aspe(c)to a destacar/Pormenor. **Ex.** Alguns ~ ao longo do treino agradaram particularmente ao técnico/treinador. **7** *Br* Preparo dos engenhos de açúcar para a moagem.

apontar¹ *v t* (<a-¹+ponto+-ar¹) **1** Assinalar/Marcar algo que deve ser destacado. **Ex.** Depois de ~ o essencial de um texto, é fácil fazer o resumo (dele). **2** Regist(r)ar/Escrever/Anotar. **Ex.** Apontava tudo o que o professor ensinava [dizia(+)]. **3** Referir/Mencionar. **Ex.** Apontou os cuidados a [que se deviam] ter no uso do aparelho. **4** Fazer prever/Indiciar/Prenunciar. **Ex.** «com a equipa em boa forma, etc.» Tudo apontava para uma vitória fácil. **5** Dirigir «arma/projé(c)til» para um alvo/Fazer pontaria. **Ex.** Apontou a arma a perdiz que voava. **6** Estar virado para. **Ex.** O cata-vento apontava para o norte. **7** *Mil* Ordem de comando de assestar a arma preparando o disparo para o alvo. **Ex.** ~! **8** Ter determinado obje(c)tivo/fim. **Ex.** Toda a sua vida aponta para a melhoria de condição dos pobres. **9** Mostrar/Indicar com dedo/ponteiro. **Ex.** A mãe dizia-lhe que ~ é feio [que não se deve] ~ com o dedo. **10** Estabelecer/Fixar. **Ex.** Apontou o casamento para o último sábado de agosto. **11** Sugerir/Propor. **Ex.** Não quis ~ formas de solucionar o problema. **12** Fazer o esboço de. **Ex.** Numa folha apontou as linhas gerais da construção a erguer. **13** Indicar/Designar. **Ex.** Apontou o tesoureiro como o responsável pelo descalabro. **14** Orientar-se para/Aconselhar. **Ex.** Os estudos feitos apontam para [provam que é melhor] outra localização do futuro aeroporto.

apontar² *v t* (<a-¹ + ponta + -ar¹) **1** Afiar(+)/Aguçar a extremidade de. **Ex.** Precisa de ~ o lápis. **2** «animal» Levantar as orelhas «para ouvir melhor». **Ex.** O cão estranhou o ruído e apontou as orelhas. **3** Começar a aparecer/Assomar/Despontar(+). **Ex.** Aqui o sol começa a ~ atrás daquele monte.

apontoar¹ *v t* (<a-¹ + ponto + -ar¹) **1** Coser a pontos largos/Alinhavar/Pontear(+). **Loc.** ~ uma bainha no vestido. **2** Acrescentar ao que alguém diz/Referir um ponto/aspe(c)to mais.

apontoar² *v t* (<a-¹ + pontão + -ar¹) **1** Segurar com pontaletes/Especar/Escorar(+). **Loc.** ~ um muro. **2** *fig* Estabelecer as bases de/Fundamentar.

apoplético, a [*Br* **apopléctico**] *adj/s m* [= apopléctico] (<gr *apopléktikós*) **1** Relativo a apoplexia. **Comb.** Ataque ~. **2** (O) que tem predisposição para a apoplexia. **3** *fig* Vermelho de fúria/Exaltado/Irritado. **Ex.** O pai, ~, gritou: filho mau, és a minha vergonha!

apoplexia (Csí) *s f Med* (<gr *apopleksía*) **1** Suspensão súbita dos movimentos e perda dos sentidos, provocadas por afe(c)ção cerebral, hemorragia, congestão, … **Sin.** AVC(+). **2** Derramamento de sangue em certos órgãos, como os pulmões, o fígado, …

apoquentação *s f* (<apoquentar+-ção) **1** A(c)ção ou efeito de apoquentar(-se). **2** Arrelia/Aborrecimento/Inquietação.

apoquentar *v t* (<a-¹+pouco+-entar) **1** Incomodar/Importunar/Molestar. **Ex.** Não quer ~ o familiar com mais pedidos de ajuda/dinheiro. **2** Preocupar/Afligir/Angustiar/Ralar. **Ex.** O que mais a apoquenta é a vida desregrada do filho. Chegou aqui todo apoquentado [aflito] a pedir socorro.

apor (Pôr) *v t* (<lat *appóno,ere,pósui, pósitum*) **1** Colocar/Escrever sobre. **Ex.** É preciso ~ um selo e o endereço no sobrescrito/envelope antes de o pôr no correio. **2** Pôr ao lado de/Juntar/Unir. **Ex.** Os latinos (Romanos), para enriquecer muito o léxico, recorreram a processos como o de ~ prefixos às palavras.

aporia *s f* (<gr *aporia*: embaraço, incerteza) Figura de retórica em que o orador simula hesitação na forma de orientar o discurso.

aporrear *v t* (<a-¹+porra+-ear) **1** *fam* Bater com um pau/Espancar/Desancar. **2** *fam* Importunar/Apoquentar/Aborrecer/Molestar. **Ex.** Aporreou-me a [Deu-me cabo da (+)] paciência e mandei-o embora.

aporrinhar *v t fam* (<a-¹+porra+-inho+-ar¹) Causar mal-estar/Importunar/Afligir/Apoquentar/Aporrear.

aportar *v int* (<a-¹+porto+-ar¹) **1** Entrar num porto/Ancorar. **Ex.** O paquete aportou a Lisboa esta manhã. **Ant.** Fazer-se ao mar/Zarpar. **2** Chegar a um ponto da costa. **3** *fig* Chegar a um lugar.

aportuguesado, a *adj* (<aportuguesar) **1** Que é semelhante ao que é português/Que se adaptou aos hábitos, à forma de ser dos portugueses. **Ex.** Estando em Portugal há seis meses apenas, é já um estrangeiro ~. **2** Adaptado à estrutura da língua portuguesa. **Comb.** Construção ~a. Palavra ~a «boate».

aportuguesamento *s m* (<aportuguesar + -mento) **1** A(c)to ou efeito de aportuguesar(-se). **2** Adaptação ao que é português, aos hábitos e maneira de ser dos portugueses. **Ex.** O ~ dos estrangeiros é um processo muito comum. **3** Adaptação à estrutura da língua portuguesa. **Ex.** Alguns neologismos «boate» resultam do ~ de termos estrangeiros «*boîte*».

aportuguesar *v t* (<a-¹ + português + -ar¹) **1** Tornar/Ficar semelhante ao que é característico de Portugal, do modo de ser e de viver dos portugueses. **2** Adaptar «uma palavra, *football*/expressão» à estrutura da língua portuguesa «futebol».

após *prep/adv* (<lat *ad + post*) **1** Depois de. **Ex.** ~ o almoço, ia dar um passeio. ~ saber o resultado do exame, telefonou ao pai a dar a ó(p)tima notícia. Prosseguimos, ~ uma breve pausa. **2** No fim de. **Ex.** ~ dias de angustiada espera, pôde finalmente sossegar. **3** A seguir a. **Comb.** *Dia ~ dia/ Semana ~ semana/Mês ~ mês/Ano ~ ano* [Durante muito tempo «sem cessar»] «a nossa esperança de o ver regressar ia esmorecendo». *Uns ~* [atrás dos] *outros* «entrámos todos na sala». **4** Atrás de/Além de. **Ex.** ~ aquele [Para lá(+)/Além daquele(+)] monte, estende-se uma interminável planície. **5** *adv* Depois. **Ex.** Alguns anos ~ [depois(+)/mais tarde], vim encontrá-lo na capital. Primeiro chegou o noivo «à igreja», logo ~ chegou a noiva.

aposentação *s f* (<aposentar + -ção) **1** A(c)to ou efeito de aposentar(-se). **2** Situação de um funcionário civil que deixa de estar no a(c)tivo, depois de atingir o limite de idade ou de perfazer um determinado número de anos de serviço, continuando a ter uma remuneração/*Br* Aposentadoria. **Ex.** Aos [Ao atingir os] setenta anos, o funcionário público passa obrigatoriamente à ~. **Comb.** *~ antecipada. ~ compulsiva* «por processo disciplinar». *~ por invalidez. Caixa Geral de ~ções. Pensão de ~*. ⇒ Reforma; jubilação. **3** Pensão vitalícia paga nessa situação.

aposentado, a *adj/s* (<aposentar) Funcionário que deixou de exercer a sua a(c)tividade profissional, continuando a receber uma remuneração/Pessoa a quem foi dada a aposentação. **Ex.** Alguns ~s têm dificuldade em adaptar-se à nova situação, sobretudo se não tinham outros centros de interesse para lá do trabalho.

aposentadoria *s f* (<aposentador+-ia) **1** A(c)to de hospedar(-se)/albergar(-se)/Alojamento(+)/Hospedagem(+). **2** Local onde alguém se hospeda/Pousada. ⇒ hotel; moradia. **3** *Br* A(c)to ou efeito de aposentar. ⇒ aposentação.

aposentar *v t* (<*an* apousentar<a-¹ + pousar +-entar) Dar ou obter dispensa, numa a(c)tividade profissional, de continuar a trabalhar, normalmente por limite de idade ou por ter atingido o número legalmente estabelecido de anos de trabalho, continuando, porém, a usufruir de uma remuneração mensal. **Ex.** Aposentou-se um pouco mais tarde para ter uma pensão maior.

aposento *s m* (<aposentar) **1** Uma divisão da casa/Quarto. **2** *pl* Parte da casa de uso privativo de alguém/Quarto de dormir. **Ex.** Costuma recolher cedo aos seus ~s. ⇒ câmara; camarata; camareiro. **3** Residência/Morada/Habitação.

após-guerra *s m* ⇒ pós-guerra.

aposição *s f* (<lat *appositio, ónis*; ⇒ apor) **1** A(c)to ou efeito de colocar sobre/apor/juntar. **2** Adjunção/Justaposição. **3** *Bot* Crescimento em espessura da parede celular. **4** *Gram* Relação do aposto com o substantivo que tem a função de esclarecer. ⇒ aposto **4 Ex.**.

aposiopese (Pé) *s f Gram* (<gr *aposiώpesis*) Figura de retórica de interromper intencionalmente uma frase, fazendo uma pausa, para dar importância ao que se vai calar/omitir. **Ex.** Será um exemplo de ~ a sequência *E se eu fosse dizer tudo o que sei…Cala-te, boca, que* idi. *ainda cai o Carmo e a Trindade!* (Dois conventos na alta de Lisboa que ruíram com o terramoto de 1755).

apositivo, a *adj/s m* (<lat *appositívus*; ⇒ apor) **1** Relativo a [Que envolve] aposição. **2** *Gram* Que tem a função de aposto. **3** (O) que se coloca junto de/que se justapõe ou acrescenta. ⇒ aposto.

apossar *v t* (<a-¹ + posse + -ar¹) **1** Dar/Tomar posse de «um cargo». **2** *~-se*/Tornar-se indevidamente dono de/Apoderar-se de. **Ex.** Apossou-se (indevidamente) de bens falsificando documentos. Durante a guerra, o vencedor apossou-se de territórios do estado inimigo. **3** Passar a dominar o espírito de alguém/Deixar-se possuir por um sentimento forte. **Ex.** Uma profunda tristeza apossou-se do seu espírito.

aposta (Pós) *s f* (<it *posta*: soma em jogo; ⇒ lota[e]ria) **1** Contrato verbal entre duas pessoas em desacordo, pretendendo cada uma fazer valer o seu ponto de vista, combinando entre si que quem vier a ter razão receberá do outro uma quantia ou o que estabelecerem. **Ex.** Ficou combinado que quem perdesse a ~ pagaria ao outro um almoço. Queres (fazer) uma ~ em como [Queres apostar (comigo) que] ele foi convidado para esse cargo? **Loc.** *Fazer uma ~. Pagar a ~*. **2** O que se apostou. **Ex.** A nossa ~ foram/foi dez euros. **3** Contrato de participação em jogo de dinheiro com o preenchimento de boletim de prognósticos. **Ex.** Costumo jogar no Totobola com 12 ~s simples. O primeiro pré[ê]mio foi para um único apostador que entregou um boletim com poucas ~ múltiplas. **Comb.** ~s mútuas [Jogo a dinheiro aberto ao público, legalmente autorizado]. **4** Contrato de participação em jogo em que a sorte do apostador depende do resultado alcançado numa competição por aquele em que se apostou. **Ex.** Costuma fazer ~s em corridas de cavalos. **5** Palpite

do apostador em jogo/sorteio/... **6** Confiança no êxito de um empreendimento ou na capacidade de alguém para ter sucesso em alguma coisa. **Ex.** Na (partida) final da taça, a ~ do treinador para a vitória foi um avançado muito rápido que entrou em campo já no prolongamento. **7** Empenhamento na consecução de um obje(c)tivo. **Ex.** A nossa ~ é conseguir ainda melhores resultados com menos custos. **8** Risco/Desafio que alguém assume. **Ex.** A ~ dele foi investir em agricultura biológica.

apostado, a *adj* (<apostar) **1** Que foi obje(c)to de aposta/Que é para pagar ou receber em resultado da aposta. **Ex.** A quantia ~a não era muita. **2** Firme num propósito/Decidido a/Empenhado/Determinado. **Ex.** Estava ~ em conseguir uma decisão por unanimidade. Estou ~ em vencer [na vitória].

apostador, ora *adj/s* (<apostar+-dor) **1** (O) que faz com outra pessoa uma aposta para ver quem tem razão numa disputa. **Ex.** Os ~es às vezes excedem-se na defesa da sua opinião. **2** (O) que participa em jogo de apostas. **Ex.** O número de ~es no Euromilhões tem vindo a aumentar. **3** (O) que é viciado em apostas.

apostar *v t/int* (<aposta+-ar¹) **1** Combinar com outra pessoa, devido a uma disputa que travam, vir a receber ou a pagar uma quantia ou outra coisa, dependendo de quem venha a ter razão. **Ex.** Sempre que havia controvérsia, muito gostava ele de ~! **2** Investir uma quantia em jogo de apostas com a esperança de vir a receber, com sorte, uma quantia muito maior. ⇒ «jogar na» lota[e]ria. **3** Afirmar ou pensar alguma coisa convictamente, certo de que é verdadeira. **Ex.** Aposto que ele vai ter sucesso no negócio. **4** Investir em alguém ou em alguma coisa, na convicção de obter um bom resultado/Confiar em. **Ex.** A administração apostou neste produto e as vendas confirmam que estava certa [que tinha razão]. **5** Empenhar-se/Esforçar-se por conseguir um obje(c)tivo. **Ex.** Estamos a ~ na conquista de uma boa quota de mercado para a nossa empresa.

apostasia *s f* (<gr *apostasía*: abandono) **1** A(c)ção de abjurar uma fé/crença/Abandono público da religião a que se pertencia. ⇒ heresia. **2** Abandono da ordem religiosa ou da vida clerical sem autorização superior. **3** *fig* A(c)ção de abandonar um partido, uma doutrina, uma ideologia... de que se era adepto.

apóstata *adj/s 2g* (<gr *apostátes*) **1** (Pessoa) que abjurou [(re)negou] a sua fé/que abandonou publicamente a sua religião/renegado. ⇒ herege. **2** (Clérigo/Religioso) que abandona a vida clerical ou a ordem religiosa sem autorização superior/Prófugo(+). **3** *fig* (Pessoa) que abandona um partido, uma doutrina, uma ideia, ...

apostatar *v t* (<apóstata+-ar¹) **1** Abjurar a fé religiosa que professava/Cometer apostasia. **2** Abandonar, sem autorização superior, a vida clerical ou a ordem religiosa/Quebrar os votos. **3** *fig* Renegar uma doutrina, ideologia, .../Abandonar o partido político a que se pertencia.

apostema (Tê) *s m* (<gr *apóstema*) **1** *Med* ⇒ Abcesso(+)/Edema(+). **2** *fig* Ofensa/Ultraje/Ferida moral.

apostemar *v int Med* (<apostema+-ar¹) **1** Criar abcesso (+). **2** Tornar-se purulento/Supurar(+).

a posteriori lat (⇒ posterior) **1** «racicínio/método» Com base na experiência/Fundado em fa(c)tos. **Ex.** Só ~ direi [veremos] se é verdade. **2** *Fil* Que parte dos efeitos para as causas/Que procede indutivamente. **Ant.** *A priori*.

apostila *s f* (<fr *apostille*: anotação <lat *ab+post+ille, a, ud*: depois daquelas coisas) **1** *Liter* Anotação a um escrito para o esclarecer ou complementar, feita à margem ou no fim da página. **2** Livro em que se reúnem anotações feitas em outras obras. **3** Recomendação acrescentada na margem de um requerimento/memorial. **4** Aditamento a um diploma ou título oficial para efeito legal. **5** Nota no fim de uma carta/*Br* Pós-escrito/*Post scriptum* [P.S.]. **6** *Br* Cole(c)tânea com as matérias le(c)cionadas em aulas/prele(c)ções, para distribuição pelos alunos/Sebenta.

aposto, a (Pôsto, Pósta/os) *adj/s m* (<lat *appósitus*; ⇒ apor) **1** Que se colocou sobre [junto a] alguma coisa. **Ex.** O emblema (~ [colocado(+)]) na banda [gola] do casaco indicava a sua preferência clubista. **2** Acrescentado a. **3** Atrelado/Preso a. **4** *s m Gram* Substantivo ou grupo nominal colocado a seguir a um substantivo para o esclarecer/cara(c)terizar. **Ex.** Na frase *O técnico, homem previdente, chamou a atenção para os cuidados a ter no manuseio do aparelho*, o grupo nominal *homem previdente* desempenha a função de ~.

apostolado *s m* (<lat *apostolátus*; ⇒ apóstolo) **1** Missão dos apóstolos e dos discípulos de Cristo de difundir o evangelho. **Ex.** Hoje incentiva-se muito o ~ dos leigos. **2** Conjunto dos doze apóstolos (+) de Cristo ou das suas imagens em pintura ou escultura. **3** *fig* Difusão e defesa de uma fé religiosa, de uma doutrina, de uma ideologia, ...

apostolar *v t* (<apóstolo+-ar¹) ⇒ Divulgar/Pregar(É) a mensagem cristã/Fazer apostolado/Evangelizar(+).

apostolicidade *s f* (<apostólico+-idade) **1** Qualidade de apóstolo/apostólico. **2** Cará(c)ter da Igreja Católica de se afirmar fiel ao ensinamento dos apóstolos.

apostólico, a *adj* (<gr *apostolikós*) **1** Relativo a [Próprio de] apóstolo. **Comb.** Zelo ~/missionário/cristão. **2** Que procede dos apóstolos de Cristo. **Comb.** *Ensinamento ~. Fé ~a.* **3** Relativo à Santa Sé, ao papa, ou dele dependente. **Comb.** Núncio ~. **4** Relativo a quem difunde ou defende uma doutrina, uma ideia ou ideologia, ...

apóstolo *s m* (<gr *apóstolos*: enviado em missão) **1** *Crist* Cada um dos doze discípulos encarregados por Cristo de divulgar o evangelho, a boa nova. **Ex.** S(ão) Paulo, antes perseguidor dos cristãos, veio a ser o grande ~ (junto) dos gentios. **2** Primeira pessoa a divulgar a fé cristã num país ou região. **Ex.** O ~ das Índias, S(ão) Francisco Xavier, pertencia à Companhia de Jesus. O jesuíta S(ão) José de Anchieta, o ~ do Brasil, fundou a cidade de S. Paulo, em 1554, tendo como seu superior o padre Manuel da Nóbrega. **3** O que difunde ou defende uma doutrina, uma ideologia.

apostrofar¹ *v t* (<apostrofe+-ar¹) Dirigir-se a alguém ou a um ser, real ou fictício, de forma violenta/insultuosa/Inve(c)tivar/Interpelar. **Ex.** Apostrofou o adversário político chamando-lhe ladrão.

apostrofar² *v t Gram* (<apóstrofo+-ar¹) Empregar o apóstrofo.

apóstrofe *s f* (<gr *apostrophé*: o voltar atrás, o chamar) **1** Interrupção súbita do discurso para interpelar alguém ou alguma coisa, real ou fictícia. **2** Invocação do destinatário da mensagem. **Ex.** Há uma ~ na frase *Meu pai, peço que me venhas ajudar. Meu [Santo] Deus, que devo fazer?* **3** Dito mordaz/insultuoso dirigido contra alguém ou alguma coisa. **Comb.** Discurso cheio de ~s à [aos da] oposição «políticos».

apóstrofo *s m Gram* (<gr *apóstrophos*: que voltou) Sinal gráfico em forma de vírgula, indicativo da elisão de uma vogal. **Ex.** Escola [Colégio] Nun'Álvares.

após-venda *adj 2g/s m* ⇒ pós-venda.

apotegma (Tê) *s m* (<gr *apóphthegma*) Dito sentencioso memorável, proferido por alguém célebre/Aforismo(+)/Máxima(o+).

apótema *s m Geom* (<fr *apothème*<gr *upóthema*: base) **1** Segmento de perpendicular traçada do centro de um polígono regular sobre qualquer dos lados. **2** Segmento de perpendicular traçada do centro do círculo para a corda. **3** Num cone ou tronco de cone, a própria geratriz. **4** Numa pirâmide regular, a altura de qualquer triângulo da superfície lateral. **5** Num tronco de pirâmide, a altura de qualquer trapézio da superfície lateral.

apoteose (Ó) *s f* (<gr *apothéwsis*: deificação) **1** *Hist* Na antiguidade, endeusamento de heróis ou de imperadores romanos. **2** *Hist* Cerimó[ô]nia em que se fazia essa divinização entre gregos e romanos. **3** Grande homenagem/Glorificação/Aclamação/Triunfo. **Ex.** Os campeões foram recebidos em ~. **4** O ponto mais importante/elevado/Apogeu(+)/Auge. **Ex.** A ~ [O ponto alto] da carreira da equipa foi a conquista da Taça dos Campeões Europeus. **5** Espe(c)táculo fulgurante/deslumbrante. **Ex.** No final da festa, o fogo de artifício foi a ~ que a todos maravilhou. **6** *Teat* Cena grandiosa no final, em que costumam entrar todos os participantes na peça. **Ex.** A ~ da revista (Espe(c)táculo) foi cheia de movimento, luz e cor, com o público a aplaudir de pé.

apoteótico, a *adj* (<apoteo(se)+t+-ico) Próprio de [Com] apoteose. **Ex.** O Presidente teve uma rece(p)ção ~a/triunfal.

apoucado, a *adj* (<apoucar) **1** Diminuído/Reduzido/Escasso. **Ex.** Os ~s bens não lhe proporcionavam um aceitável nível de vida. **2** Pouco valorizado/Menosprezado. **Ex.** Sentia-se ~ aos olhos dos superiores. **3** Que é pouco inteligente/dotado. **Ex.** O rapaz parece-me ~, dele nada espero. **4** Tímido(+)/Acanhado(+). **Ex.** Tem um comportamento ~, vejo-o sempre um pouco encolhido/retraído.

apoucamento *s m* (<apoucar+-mento) **1** A(c)ção ou efeito de apoucar/Redução/Diminuição(+). **Ex.** O progressivo ~ dos recursos ameaça muitas famílias. **2** Juízo/Atitude desfavorável/Menosprezo. **Ex.** O ~ dos outros é próprio dos presunçosos. **3** Acanhamento(+)/Timidez(+)/Retraimento(+). **Ex.** Prejudica-o muito o ~ que mostra em público. **4** Amesquinhamento/Humilhação. **Ex.** Revoltava-nos o ~ que ele costumava fazer dos subordinados.

apoucar *v t* (<a-¹+pouco+-ar¹) **1** Diminuir(+)/Reduzir(+). **Ex.** A inflação (Flá) tem vindo a ~ o poder de compra das pensões. **2** Dar pouco valor a/Menosprezar/Depreciar. **Ex.** Gosta de ~ os outros. **3** ~se/Humilhar-se/Rebaixar-se(+). **Ex.** Parece que tem prazer em ~-se.

apraxia *s f* (<gr *apraksía*: ausência de a(c)ção) Impossibilidade de realizar movimentos coordenados intencionais adaptados a um fim «escrita, locomoção, ...», apesar de não haver alteração da sensibilidade e da motricidade. **Comb.** ~ motora [Incapacidade de fazer uso apropriado de um instrumento, apesar de o reconhecer].

aprazamento *s m* (<aprazar+-mento) **1** A(c)ção ou efeito de aprazar/Estabelecimento de um prazo para a execução

«da obra». **2** O prazo estabelecido. **3** A(c)ção de fixar a data, a hora e o local para a realização de alguma coisa. **Ex.** O ~ da escritura «da venda da casa» faz-se com alguma antecedência.

aprazar *v t* (<a-¹+prazo+-ar¹) **1** Marcar um prazo para fazer alguma coisa. **2** Combinar/Ajustar um local, uma data para fazer alguma coisa. **Ex.** O ajudante de notário aprazou-nos a escritura da casa para o início do próximo mês.

aprazer *v int* (<a-¹+prazer) **1** Dar prazer a/Agradar a/Contentar. **Ex.** Sei que tiveste um ó(p)timo resultado no exame, o que muito me apraz/agrada/alegra. **2** Ser a vontade de/Agradar a. **Ex.** Apraz-me convidar-te [Tenho o prazer de te convidar(+)] para uma estadia na minha casa, em agosto.

aprazimento *s m* (<aprazer+-mento) **1** Sentimento de satisfação/agrado/Prazer. **Ex.** A participação na competição (d)esportiva dava-lhe um ~ bem visível no seu rosto. **2** Consentimento/Aprovação. **Ex.** A sua inscrição na escola industrial teve o ~ dos familiares.

aprazível *adj 2g* (<aprazer+-vel) **1** Que dá prazer/Agradável/Ameno. **Ex.** Está-se aqui bem, é um lugar ~! **Comb.** *Clima* ~/ameno. *Conversa* ~/agradável. **2** Que revela agrado/satisfação. **Ex.** O seu semblante ~ é um bom sinal de felicidade. **3** Que proporciona prazer intelectual ou estético. **Ex.** A leitura daquele romance era um passatempo ~.

apre (Á) *interj* (< ?) **1** Exclamação de dor repentina, de desagrado. **Ex.** ~! Entalei-me! **2** Exclamação de irritação, de indignação. **Ex.** ~! Que [Isto] é de mais! Para lá com essa barulheira!

apreçamento *s m* (<apreçar+-mento) A(c)to ou efeito de apreçar.

apreçar *v t* (<a-¹+preço+-ar¹) **1** Perguntar (pel)o preço de. **Ex.** Na feira quis ~ umas sandálias que lhe agradaram. **2** Fixar/Estabelecer o preço de alguma coisa «da mercadoria/do apartamento».

apreciação *s f* (<apreciar+-ção; ⇒ apreço) **1** A(c)to ou efeito de apreciar/Análise/Exame/Avaliação. **Ex.** A ~ do recurso é feita pelo juiz. O requerimento está para ~ [vai ser apreciado]. **2** Opinião/Juízo/Parecer. **Ex.** A ~ dele parece-me ajustada. **3** Comentário crítico acerca de alguém ou de alguma coisa. **Ex.** Cabe ao júri fazer uma ~ abalizada dos trabalhos dos candidatos. **4** Justa valorização de um produto ou de alguma coisa. **Ex.** A ~ de um bom vinho é tarefa de especialistas. **5** Apreço(+)/Estima. **Ex.** O esforço que ele tem feito para melhorar parece-me digno de ~.

apreciador, ora *adj/s* (<apreciar+-dor) **1** (O) que aprecia/valoriza/admira alguém ou alguma coisa. **Ex.** Sou ~ de vinhos. **2** (O) que gosta muito de alguma coisa. **Ex.** É um ~ de música clássica. O público ~ desta modalidade (d)esportiva tem vindo a aumentar.

apreciar *v t* (<lat *aprétio,áre,átum*<*ad+prétium*: preço) **1** Analisar/Estudar/Observar. **Ex.** Estive a ~ o comportamento dos alunos no recreio. **2** Ponderar a qualidade, o valor de alguma coisa. **Ex.** ~ os candidatos é a tarefa do júri do concurso. **3** Emitir uma opinião, um juízo valorativo sobre alguém ou alguma coisa. **Ex.** Não posso ~ positivamente alguém que tem estas falhas [que tem falhas destas/assim]. **4** Ter apreço por/Reconhecer valor a. **Ex.** Sempre apreciei as suas qualidades de trabalho. **5** Experimentar agrado/prazer relativamente a/Saborear. **Ex.** Aprecio sempre um bom vinho. **6** Observar com prazer/Admirar. **Ex.** Ficou (durante) minutos a ~ o soberbo panorama que se desfruta do miradouro.

apreciativo, a *adj* (<apreciar+-tivo) **1** Que se pronuncia sobre o valor, a qualidade de/Que avalia/aprecia/examina. **Ex.** O advogado vai elaborar um documento ~ da legalidade do contrato. **2** Que exprime apreço/estima/admiração. **Ex.** A forma ~a como o professor se referiu ao aluno encheu os pais de orgulho.

apreciável *adj 2g* (<apreciar+-vel) **1** Importante/Significativo/Considerável. **Ex.** O produto apresenta uma qualidade ~ [é muito bom]. **2** Que merece apreço/consideração. **Ex.** A sua contínua disponibilidade para ajudar é ~ [é digna de admiração].

apreço (Prê) *s m* (<apreçar/apreciar) Sentimento de consideração/estima/admiração. **Ex.** Tenho ~ por quem pensa nos outros antes de pensar em si. ⇒ apreciação.

apreendedor, ora *adj/s* (<apreender+-dor) **1** (O) que apreende/agarra/Apreensor. **Ex.** A polícia ~ra da droga agiu com rapidez. **2** (O «aluno») que capta/assimila/entende com facilidade um assunto.

apreender *v t* (<lat *apprehéndo, ere, énsum* <*ad+pré(he)ndo*: agarrar; ⇒ aprender) **1** Fazer a retenção/apreensão legal de/Cassar/Confiscar. **Ex.** Por ter cometido infra(c)ções graves, a polícia apreendeu-lhe a carta de condução «de veículos». **2** Retirar da posse de alguém ou de circulação/Fazer a apreensão de. **Ex.** Na feira apreenderam mercadoria falsa [de contrafa(c)ção]. A polícia apreendeu, no escritório, computadores e documentação. **3** Perceber/Assimilar/Captar com facilidade. **Ex.** O miúdo é esperto, apreende tudo logo *idi* à primeira! **4** Estar apreensivo com (+)/Preocupar-se com/Temer/Recear(+). **5** Pensar constantemente na mesma coisa «desagradável»/Cismar(+)/Matutar. **Ex.** Quando ela apreende em alguma coisa, é difícil convencê-la de que nada há a temer.

apreensão *s f* (<lat *apprehénsio,ónis*) **1** A(c)ção de apreender. **2** Recolha de provas de comportamento ilícito. **Ex.** No escritório de advogados a polícia fez a ~ de documentos de vários contratos. **3** A(c)ção de retirar legalmente alguma coisa da posse de alguém/Confiscação. **Ex.** A polícia fez a ~ da viatura com a mercadoria de contrabando. **4** Estado de inquietação/preocupação com o que se prevê (que) possa acontecer de mau. **Ex.** Vi nele ~ com o que podia acontecer ao filho naquele ambiente hostil. ⇒ apreensivo. **5** Compreensão aprofundada/Entendimento/Assimilação. **Ex.** Ele teve muita facilidade na ~ das matérias le(c)cionadas. **6** *Fil* Conhecimento imediato, sensível ou não/Intuição.

apreensível *adj 2g* (<lat *apprehensíbilis,e*) **1** Que pode ser confiscado/apreendido/retido. **2** Que pode ser mentalmente assimilado/compreendido/percebido/Inteligível(+).

apreensivo, a *adj* (<apreensão 4+-ivo) Que está preocupado/receoso/inseguro em relação a algum mal que julga possível em futuro próximo. **Ex.** Estava ~ com as consequências daquele a(c)to irrefle(c)tido. Estamos muito ~s com a doença [operação] do nosso filho.

apreensor, ora *adj/s* (<lat *apprehénsum+ -or*; ⇒ apreender[dedor]) **1** (O) que apreende/segura/retém. **2** Que tem a propriedade de agarrar/capturar. **Ex.** As garras das aves de rapina são órgãos ~es.

apregoador, ora *adj/s* (<apregoar+-dor) (O) que anuncia publicamente através de pregão/que divulga/Pregoeiro.

apregoar *v t* (<a-¹+pregão+-ar¹) **1** Anunciar em voz alta ao público/Divulgar com pregão/Proclamar. **Ex.** O vendedor não se cansava de ~ a [de falar da] excelente qualidade dos seus produtos.

aprendente *s 2g* (<aprender+-(e)nte) ⇒ discente; estudante; discípulo; aprendiz; aluno.

aprender *v t/int* (<lat *apprehéndo,ere, énsum*; ⇒ apreender) **1** Adquirir conhecimentos/Instruir-se. **Ex.** Gosta muito de ~. O miúdo aprende com facilidade. Já sei [aprendi a] nadar. **2** Tornar-se apto a fazer alguma coisa. **Ex.** Aprendeu a fazer um relatório. Estou a ~ a jogar té[ê]nis. **3** Tornar-se progressivamente capaz de/Adaptar-se a uma situação. **Ex.** Aprendeu a dominar-se e a respeitar o adversário.

aprendiz *s 2g* (<aprender+-iz) **1** Pessoa que aprende uma arte ou um ofício, sobretudo mecânico. **Ex.** Ele não é mestre, é só [é um simples] ~. **Comb.** ~ *de cabeleireiro*. *Fig* ~ *de feiticeiro* [O que desencadeia forças que depois não consegue dominar]. **2** Pessoa com pouca experiência/competência naquilo que faz. **3** Novato/Principiante. ⇒ noviço.

aprendizado *s m* (<aprendiz+-ado) **1** A(c)to, processo ou efeito de aprender/Aprendizagem. **2** Condição de aprendiz. **3** Aquisição de conhecimentos ou de prática para o exercício de uma a(c)tividade/Tirocínio. **4** Tempo de duração dessa aprendizagem.

aprendizagem *s f* (<aprendiz+-agem) **1** Aquisição de conhecimentos ou de prática que deem competência numa área/Aprendizado. **2** Processo de aprender uma arte ou um ofício/Formação. **Comb.** *Período de* ~. **3** Processo de apropriação de saberes em contexto escolar. **Ex.** O ensino deve tornar possível uma boa ~.

apresamento *s m* (<apresar+-mento) **1** A(c)to ou efeito de apresar/prender. **2** Retenção/Captura de navio de guerra ou mercante e da sua carga. ⇒ abalroamento.

apresar *v t* (<a-¹+presa+-ar¹) **1** Tomar como presa/Aprisionar. **Ex.** Na guerra, os rebeldes apresaram alguns mercenários recrutados pelo governo. **2** Capturar um navio de guerra ou mercante. **Ex.** A marinha apresou um iate ligado ao tráfico de droga. **3** Apreender/Confiscar. **4** Agarrar/Prender. **Ex.** Com as garras, a águia apresou o coelho.

apresentação *s f* (<apresentar+-ção) **1** A(c)to ou efeito de dar a conhecer alguém a outra(s) pessoa(s), facilitando o seu relacionamento. **Ex.** Acabo de fazer a ~ do meu amigo ao presidente da câmara (municipal) [ao prefeito]. **2** A(c)to de anunciar ao público presente a próxima intervenção de alguém, fazendo breves considerações abonatórias a seu respeito. **Ex.** Coube-me fazer a ~ do conferencista/artista. **3** A(c)to de uma pessoa prestigiada, perante um auditório reunido para o efeito, falar sobre uma (nova) obra e o seu autor, que está presente e que deve autografar os exemplares na sessão se adquirem. **Ex.** Foi o presidente do partido a fazer a ~ do livro do militante. **4** Comparência em local determinado. **Ex.** O arguido deve fazer a sua ~ semanal no posto da polícia. **5** Comparência junto de entidade ou instituição onde vai entrar ao serviço. **Ex.** O professor deve fazer a ~ na nova escola no primeiro dia do ano escolar. **6** A(c)to de dar conhecimento público

de que se participa em alguma coisa. **Ex.** A ~ de uma candidatura presidencial resulta de uma decisão pessoal. **7** A(c)to de dar a conhecer um novo produto. **Ex.** A ~ do novo veículo da marca «Toyota» vai ter lugar [vai realizar-se] no (próximo) sábado. A ~ da nova grelha de programas desse canal televisivo está a despertar muito interesse. **8** Descrição das características de alguma coisa (com indicações sobre o modo da sua utilização). **9** Modo de exposição oral de um tema ou configuração de um texto escrito que vão ser avaliados. **Ex.** A ~ do trabalho do aluno foi muito boa. **10** Entrega de um documento para avaliação superior. **Ex.** A ~ do requerimento foi feita dentro do prazo. O advogado ponderara a ~ de recurso. **Comb.** ~ de credenciais [Entrega, ao Chefe de Estado, de um documento de governo estrangeiro que encarrega o seu portador de o representar oficialmente no país]. **11** *Econ* A(c)to de o sacador exibir um título de crédito ao sacado para que este o aceite. **12** A(c)to de dirigir-se a alguém, em pessoa ou por escrito, para tratar de um assunto. **Ex.** A ~ do pedido foi feita já há algum tempo. A ~ da multa deixou-o revoltado. **13** A(c)to de dar a conhecer uma ideia, um plano. **Ex.** A ~ de novas propostas enriquece [alarga] a discussão das soluções para o problema. **14** A(c)to de manifestar sentimentos próprios. **Comb.** ~ *de cumprimentos*. ~ *de condolências* «à família enlutada». **15** Aspe(c)to exterior de alguém ou de alguma coisa/Embalagem. **Ex.** Gosto da ~ do perfume. Para a loja convém moça com boa ~. **16** Modo cuidado de trajar, de arranjar-se/Imagem. **Ex.** É uma mãe esmerada na ~ das crianças. **17** Exibição de peça teatral, de número de dança, de espe(c)táculo musical, de um filme, ... **18** *Cine/TV* Parte inicial do filme ou do programa em que se refere o título, os participantes na representação, produção, realização... **19** *Liter* Texto inicial de uma obra/Preâmbulo/Prefácio(+). **20** *Med* Posição do feto, à entrada do útero, no início do parto. **Ex.** A ~ do nascituro deve ser pela cabeça.

apresentador, ora *adj/s* (<apresentar+-dor) **1** (O) que faz a apresentação de alguém ou de alguma coisa a uma ou mais pessoas/Apresentante. **2** Pessoa que, em espe(c)táculo ao vivo ou em programa de rádio ou televisão, introduz perante o público os artistas ou os convidados. **3** Pessoa que conduz um programa, uma entrevista, um debate, ...

apresentante *adj/s 2g* (<apresentar+-(a)nte) **1** (O) que faz a apresentação/Apresentador(+). **2** (O) que faz a entrega de alguma coisa a alguém. **Ex.** O ~ do requerimento foi o irmão do interessado. **3** *Com* Portador de uma letra de câmbio, de um título de crédito.

apresentar *v t* (<a-¹+presente+-ar¹) **1** Dar a conhecer uma pessoa a outra(s) para se relacionarem/Fazer a apresentação de. **Ex.** Apresentou-nos o primo, pessoa muito simpática. **2** Dar a conhecer à assembleia uma pessoa que, perante ela, vai ter uma intervenção. **Ex.** Coube-me ~ [Fui eu que apresentei] o orador da sessão. **3** Alguém (importante) iniciar a sessão para dar a conhecer um novo livro a um grupo de pessoas reunidas para esse efeito, com considerações sobre a obra e o seu autor, que deverá estar presente e autografar exemplares. **Ex.** Foi um professor universitário a ~ o novo livro da poetisa. **4** Promover a exibição ao público de um determinado espe(c)táculo. **Ex.** A companhia teatral vai ~ uma nova peça. **5** Exibir um documento a uma entidade encarregada de o visionar. **Ex.** Apresentou o passaporte à polícia. **6** Exibir título de crédito para ser pago ou aceite. **7** Exibir um novo produto para comercialização. **Ex.** Na feira internacional, a marca apresentou o novo veículo elé(c)trico. **8** Dar a conhecer «um plano» a uma comunidade. **Ex.** O presidente, na sessão camarária, vai ~ o programa de recuperação daquela zona degradada. **9** Tornar público/Divulgar. **Ex.** O sele(c)cionador apresentou a lista de convocados para o próximo jogo. **10** Submeter à consideração/apreciação de alguém. **Ex.** Vamos ~ o problema à administração. **11** Interpor/Meter. **Ex.** Descontente com a sentença, resolveu ~ recurso. **12** Comunicar uma decisão. **Ex.** Resolveu ~ a (sua) demissão ao dire(c)tor. **13** Expressar/Manifestar. **Ex.** Foi ~ cumprimentos ao novo presidente. **Loc.** *Mil* ~ armas [Prestar honras militares, empunhando a arma na vertical junto ao peito]. **14** Cuidar do traje ou do aspe(c)to exterior. **Ex.** Ela sabe ~-se, há nela sempre um toque de elegância! Tem brio a ~ os filhos. **15** Mostrar determinadas características. **Ex.** A vítima apresentava [tinha(+)] dois golpes no braço. Apresenta [Tem(+)] sempre um ar folgazão. O céu apresentava-se limpo de nuvens [estava limpo]. **16** Propor/Levar a escrutínio/exame/prova. **Ex.** A professora apresentou [levou] vinte alunos a exame. Às eleições apresentaram-se dez partidos. **17** Marcar presença «para desenvolver uma a(c)tividade». **Ex.** No dia 1 vai ~-se ao serviço. **18** Comparecer perante uma autoridade. **Ex.** O autor do crime apresentou-se à polícia. **19** Indicar/Nomear. **Ex.** O senhorio só aluga a casa com [se lhe apresentarem] (um) fiador. **20** Ocorrer/Aparecer. **Ex.** Quando se lhe apresenta uma oportunidade, procura não a deixar fugir [, aproveita[agarra]-a]. **21** Envolver/Encerrar/Ter. **Ex.** A situação apresentava algumas dificuldades [não era fácil]. **22** Oferecer/Dar. **Ex.** Apresentou [Deu(+)] ao filho o computador com que este sonhara.

apresentável *adj* (<apresentar+-vel) **1** Que se pode apresentar. **Ex.** O documento é ~ em qualquer repartição de finanças. **2** Que se pode expor/Que tem um aspe(c)to cuidado, decente. **Ex.** Ainda falta muito tempo para o jardim estar ~. **3** Que é digno de ser apresentado. **Ex.** O trabalho do aluno está muito bem feito, é francamente ~. **4** Que tem boa aparência/apresentação/Que é agradável à vista . **Ex.** A moça é ~, facilmente pode ser contratada. **5** Que pode aparecer em público. **Ex.** Com esta indumentária não estou ~.

apresilhar *v t* (<a-¹+presilha+-ar¹) **1** Prender com presilha. **2** Pôr presilhas «em cinto, peça de roupa, ...».

apressado, a *adj* (<apressar) **1** Que mostra ter pressa. **Ex.** Parecia ~, querendo resolver tudo num instante. **2** Que vai com pressa/Que se desloca com rapidez. **Ex.** Passou ~ para o trabalho. **3** Que age com pressa/rapidez. **Ex.** Faz tudo ~, nem sempre bem. Não é bom comer ~.

apressar *v t* (<a-¹+pressa+-ar¹) **1** Tornar mais próximo no tempo/Diminuir a demora de/Abreviar/Precipitar. **Ex.** É preciso ~ a decisão sobre o proje(c)to. **2** Aumentar a rapidez/velocidade/o andamento de. **Ex.** Importa ~ a marcha [o passo], que não há muito tempo para chegar. **3** Fazer mais depressa uma tarefa. **Ex.** Não podes ~ as coisas na cozinha «~ o almoço»? **4** ~-se/ Fazer logo a seguir/Não demorar a fazer. **Ex.** Apressou-se a escrever uma carta a [para] agradecer o presente.

apressurado, a *adj* (<apressurar) **1** (Que é ou anda) apressado(+)/Que mostra pressa/Açodado. **2** Impaciente/Agitado/Inquieto.

apressurar *v t* (<a-¹+*an* pressura: pressa+ -ar¹) **1** Apressar/Acelerar a realização de alguma coisa/Despachar. **2** Fazer de forma rápida/desenvolta. **3** ~-se/Tornar-se pressuroso/Aviar-se/Despachar-se.

aprestamento *s m* (<aprestar+-mento) **1** A(c)to ou efeito de aprestar(-se)/Preparação/Apresto/Aprontamento. **2** *Mar* Preparação do navio para realizar determinada missão.

aprestar *v t* (<a-¹+prestes+-ar¹) **1** Preparar alguma coisa para ficar pronta/Tornar prestes/Aparelhar. **2** Prover/Equipar. **3** *Mar* Fornecer a um navio aquilo de que precisa para iniciar uma viagem.

apresto (Prés) *s m* (<aprestar) **1** Preparativo para a realização de alguma coisa/Aparelhamento. **2** *pl* Todo o material necessário para determinado fim/Apretrechos(+). **3** *Mar pl* Tudo aquilo de que é preciso prover o navio para efe(c)tuar uma viagem marítima.

aprilino, a *adj* (<abril+-ino) **1** (Relativo ao mês) «chuva» de abril (+). **2** *fig* Fresco/Viçoso(+)/Jovem(+).

aprimorado, a *adj* (<aprimorar) **1** Que se esmera no que faz/Que põe especial cuidado em alguma coisa/Que se aprimora. **2** Feito com primor/Esmerado/Cuidado/Perfeito. **Ex.** A pequena escultura é uma obra ~a do mestre. **3** Requintado/Apurado. **Ex.** Esse anel é uma peça ~a da ourivesaria portuguesa. **4** Adornado/Alindado.

aprimoramento *s m* (<aprimorar+-mento) **1** A(c)ção ou resultado de aprimorar(-se)/ aperfeiçoar(-se). **2** Alindamento/Embelezamento.

aprimorar *v t* (<a-¹+primor+-ar¹) **1** Fazer com primor/Esmerar(-se)/Apurar(-se)/Aperfeiçoar(-se). **Ex.** Aprimorou-se na arte de bem receber «em sua casa». **2** Embelezar/Alindar.

a priori *lat* **1** Em princípio/Sob o [Do] ponto de vista teórico, não com base em fa(c)tos ou na experiência. **Ex.** Assim, *a priori*, creio que serei capaz de fazer esse trabalho. **Ant.** *A posteriori*. **2** *Fil* Diz-se do conhecimento baseado em princípios [axiomas/verdades] aceites por toda a gente. **Comb.** *Argumento* ~ [em que se parte da causa para o efeito]. *Juízo* [Afirmação] ~. **Ant.** Empírico.

apriorismo *s m Fil* (<a priori+-ismo) Maneira de raciocinar [pensar] que dá mais importância aos princípios ou verdades universais do que à experiência. **Ant.** Empirismo. ⇒ racionalismo.

apriorista *adj/s 2g* (<a priori+-ista) **1** (O) que raciocina ou que é afirmado *a priori*. **Comb.** *Afirmação* [Juízo] ~. *Pensador* ~. **2** Adepto do apriorismo.

apriorístico, a *adj* (<apriorista+-ico) Relativo ao apriorismo ou a apriorista.

apriscar *v t* (<lat *appressicáre* <*prémo,ere, éssum*: apertar) Recolher em aprisco/Meter na loja/no curral (+)/Encurralar.

aprisco *s m* (<apriscar) **1** Lugar estreito onde as ovelhas se alinham para a ordenha/Curral de abrigo de ovelhas/Redil(+). ⇒ bardo². **2** Covil/Toca. **3** Casa humilde/Cabana/Choupana. **4** *fig* Seio da Igreja, nas palavras de Cristo (*Tenho ainda outras ovelhas que não são deste ~/redil*), que se assume como o Bom Pastor.

aprisionamento *s m* (<aprisionar+-mento) **1** A(c)ção ou efeito de aprisionar/capturar/ prender. **2** Apreensão/Confiscação/Apre-

samento de mercadoria, produto «droga» ou instrumento em situação ilegal.

aprisionar *v t* (<a-¹+prisão+-ar¹) **1** Colocar em prisão/Encarcerar/Prender. **2** Tirar a liberdade de movimentos/Constranger/Acorrentar. **3** Capturar/Apresar. **Ex.** A polícia aprisionou a embarcação que transportava droga. **4** Ligar/Vincular.

aproar *v t* (<a-¹+proa+-ar¹) **1** Orientar a proa do barco para determinado rumo. **Loc.** ~ ao vento. **2** *fig* Tomar determinada dire(c)ção/sentido. **3** Atracar/Ancorar.

aprob[v]ativo, a *adj* (<lat *approbatívus*) Que aprova/Que dá concordância a.

aprofundado, a *adj* (<aprofundar) **1** «poço» Que se fez mais fundo/Que penetrou mais/«vale» Que se cavou mais. **2** Que se analisou/estudou minuciosamente. **Ex.** O assunto merece um tratamento ~.

aprofundamento *s m* (<aprofundar+-mento) **1** A(c)ção ou efeito de aprofundar. **2** Escavamento/Penetração para ir mais fundo ou tornar mais profundo. **3** Desenvolvimento/Consolidação de um processo/Estudo minucioso de um problema/assunto.

aprofundar *v t* (<a-¹+profundo+-ar¹) **1** Tornar mais fundo ou profundo. **Ex.** Aprofundámos o poço à procura de novos veios de água e para aumentar o depósito. **2** (Fazer) penetrar mais profundamente. **3** Tornar mais consistente/Consolidar/Desenvolver. **Ex.** Importa ~ os laços de amizade entre os nossos colaboradores, promovendo convívios. **4** Estudar minuciosamente um assunto. **Ex.** É importante ~ o conhecimento de línguas estrangeiras.

aprontamento *s m* (<aprontar+-mento) A(c)to ou resultado de deixar completamente pronto/acabado, de aprontar/aprestar/aparelhar.

aprontar *v t* (<a-¹+pronto+-ar¹) **1** Pôr pronto/Preparar/Aprestar. **Ex.** Ficaram de [Comprometeram-se a] ~-me a casa em menos de dois meses. **2** Prover/Equipar/Aparelhar. **3** Concluir/Terminar. **4** ~-se/Arranjar-se/Vestir-se para sair «de casa». **Ex.** Num quarto de hora aprontei-me para sair. **5** Engendrar/Forjar/Maquinar/Armar/Tramar alguma coisa inconveniente ou desagradável para outrem. **Ex.** Brincalhão como é, diverte-se a ~ partidas aos amigos. **Loc.** ~ alguma (coisa) [Preparar uma malandrice].

apropinquação *s f* (<lat *appropinquátio, ónis*) A(c)to ou efeito de apropinquar/Aproximação(+).

apropinquar *v t* (<lat *appropínquo,áre, átum*) Deslocar para perto/Aproximar.

apropositado, a *adj* (<apropositar) «dito/comentário/obje(c)ção» Que vem a propósito/Pertinente/Oportuno/Adequado.

apropositar *v t* (<a-propósito+-ar¹) **1** Fazer que venha a propósito. **2** Fazer ou dizer a propósito, oportunamente. **3** ~-se/Tornar-se sensato/equilibrado/Adquirir propósito. **4** ~-se/Preparar-se para fazer alguma coisa com propósito.

a-propósito *s m* (<a⁵+propósito) **1** Pertinência/Oportunidade/Propriedade. **Ex.** O ~ daquela intervenção é discutível. **Ant.** Despropósito.

apropriação *s f* (<apropriar+-ção) **1** A(c)ção de apoderar-se, de apropriar-se, de tomar posse de forma legal ou ilegal de alguma coisa. **Ex.** Sobretudo em situações revolucionárias, há gente que tenta a ~ de bens alheios. **Comb.** ~ indébita [Roubo]. **2** A(c)ção de adequar/ajustar alguma coisa a um determinado fim. **Ex.** É preciso fazer a ~ dos meios disponíveis ao obje(c)tivo a atingir.

apropriado, a *adj* (<apropriar) **1** Que tem as condições convenientes para um dado fim ou para uma determinada situação/Adequado/Indicado/Próprio. **Ex.** É a pessoa ~ [indicada/ideal] para conseguir a conciliação das partes em litígio. **2** Corre(c)to/Oportuno/Conveniente. **Ex.** O uso ~ deste equipamento resolve o problema.

apropriar *v t* (<lat *appróprio,áre,átum*) **1** Tomar para si/Fazer-se dono de. **2** ~-se/Apoderar-se de alguma coisa, de forma legítima ou não/Apossar-se de. **Ex.** Não é lícito ~-se do que não lhe pertence. **3** Adaptar/Adequar/Ajustar a uma situação ou a um uso. **Ex.** É preciso ~ a condução de veículos ao estado do piso.

aprosexia *s f Psic* (<gr *aproseksía*: desatenção) Síndroma/e caracterizado pela incapacidade ou dificuldade de fixar a atenção, pela diminuição da memória e inaptidão para o trabalho.

aprovação *s f* (<lat *approbátio,ónis*) **1** A(c)ção ou efeito de aprovar. **2** Consentimento/Anuência/Confirmação. **Ex.** A minha proposta teve a ~ dos superiores. **3** Aplauso/Louvor/Elogio/Apoio. **Ex.** Os a(c)tos de solidariedade merecem do público a mais firme ~. **4** A(c)to de exprimir em votação a concordância de uma assembleia. **Ex.** A Assembleia-Geral de condóminos deu a sua ~ à proposta por unanimidade. **5** Resultado positivo obtido em exame ou em prova final de avaliação de conhecimentos. **Ex.** Consegui a ~ no exame de condução (de veículos) logo à primeira (vez)! A ~ dele encheu de alegria os pais. **6** *Dir* Homologação/Confirmação de a(c)to ou contrato judicial.

aprovado, a *adj/s* (<aprovar) **1** (O) que teve resultado positivo em exame ou em prova de sele(c)ção/que foi considerado apto. **Ex.** Na pauta ele figurava entre os (alunos) ~s. **2** Que teve a concordância/anuência/acordo/consentimento de. **Ex.** A proposta foi aprovada pelo grupo.

aprovar *v t* (<lat *ápprobo,áre,átum*) **1** Considerar válido/conveniente/adequado/Concordar com. **Ex.** A Câmara Municipal [A Prefeitura] ainda tem de ~ o proje(c)to. **2** Autorizar/Permitir/Consentir. **Ex.** O pai aprovou a sua inscrição no curso de inglês. **Ant.** Desaprovar. **3** Dar consentimento legal/Ratificar/Homologar. **Ex.** O programa da disciplina de Português está para ~ no ministério. **4** Aplaudir/Elogiar/Louvar. **5** Considerar um examinando ou concorrente apto em exame/concurso. **Ex.** O júri aprovou quase todos os candidatos. **6** *pop* Dar o rendimento esperado/Provar bem. **Ex.** O aparelho «de TV» aprovou [é/saiu bom], estou muito contente com ele.

aprovativo, a ⇒ aprobativo.

aprovável *adj 2g* (<lat *approbábilis,e*) Que é digno de ser aprovado/Que merece aprovação.

aproveitado, a *adj* (<aproveitar) **1** A que se deu um uso/De que se tira proveito/Que se aproveitou. **Ant.** Desaproveitado; desperdiçado. **Ex.** O tempo de espera, ~ para ler o jornal, não foi longo. **Comb.** Bem ~. Mal ~. **2** Que é poupado/Que não desperdiça. **Ex.** Uma pessoa ~a economiza, por mês, umas boas [, muitas] dezenas de euros.

aproveitador, ora *adj/s* (<aproveitar+-dor) **1** (O) que é poupado/que não desperdiça/que não deixa estragar. **2** *depr* (O) que abusa da boa vontade ou da confiança de alguém/que tira proveito de uma situação de forma censurável/que se aproveita de. **Ex.** Tive de pôr na ordem um moço ~ que se fazia de engraçado.

aproveitamento *s m* (<aproveitar+-mento) **1** A(c)to ou resultado de aproveitar, de tirar benefício ou vantagem de alguma coisa. **Ex.** O meu pai aconselhava-me o ~ do tempo. **2** Utilização adequada de alguma coisa de modo a tirar proveito dela/Exploração. **Ex.** Na aldeia faz-se o ~ dos restos da comida para alimentar os animais domésticos. **3** Resultado positivo na aprendizagem do aluno, que lhe permite progredir ao nível seguinte. **Ex.** O meu neto teve ~, transitou para o ano seguinte [, passou de ano].

aproveitar *v t/int* (<a-¹+proveito+-ar¹) **1** Usar alguma coisa de modo a tirar proveito ou vantagem dela. **Ex.** Aproveita as férias para conviver com os amigos. Gosto de ~ o verso das folhas impressas para rascunho. **2** Fazer uso útil de alguma coisa/Não desperdiçar/Não deitar fora o que ainda pode ter algum préstimo. **Ex.** Ali aproveitam alguns frutos e legumes para fazer compotas. **3** Tirar vantagem de uma situação. **Ex.** Quando está longe da família, aproveita para ir mais (vezes) ao cinema. **4** Dar proveito a/Ser útil a. **Ex.** Aquele curso de inglês durante quatro anos aproveitou[serviu]-lhe muito para o seu trabalho. **5** Tirar proveito/benefício de alguma coisa. **Ex.** Aproveita muito com a companhia do amigo nas férias. **6** Tirar partido de/Fazer render/Usufruir/Gozar. **Ex.** Aproveita as férias, que muito trabalho te espera (depois)! **6** ~-se de/Abusar da confiança, tirar partido da fragilidade de alguém para alcançar obje(c)tivos próprios. ⇒ aproveitador **2**.

aproveitável *adj 2g* (<aproveitar+-vel) **1** Que pode ser aproveitado/Utilizável. **Ex.** A mão de obra excedente é ~ para serviços à comunidade. **2** Que merece ser aproveitado.

aprovisionamento *s m* (<aprovisionar+-mento) **1** A(c)ção ou resultado de abastecer-se do que é necessário. **2** Conjunto de provisões/Reserva. **Ex.** O ~ que tem dá para o consumo durante duas semanas.

aprovisionar *v t* (<a-¹+provisão+-ar¹) Fazer provisão de/Munir-se dos meios necessários/Abastecer-se. **Ex.** Para a festa da filha, tratou de ~ o necessário para fazer as doçarias.

aproximação *s f* (<aproximar+-ção) **1** A(c)to ou efeito de aproximar(-se). **2** A(c)ção de avançar para junto de/de diminuir a distância para alguma coisa/de abeirar-se de. **Ex.** A ~ da tempestade encheu-o de temor. **Comb.** ~ à pista «pelo avião». **3** Encurtamento do tempo. **Ex.** A ~ [proximidade] do verão e das férias deu-lhe ânimo para resistir ao cansaço. **4** Tentativa de conciliação entre posições que se confrontam. **Ex.** A ~ dos dois pontos de vista parece-me possível. **5** Abordagem. **Ex.** A ~ aos problemas mais complicados foi feita sem o indispensável bom senso. **6** *Mat* Processo para chegar a um resultado aproximado, na impossibilidade de maior precisão/exa(c)tidão. **Comb.** ~ por excesso ou por defeito. **7** Número imediatamente superior e inferior ao do primeiro pré[ê]mio da lota[e]ria. **Ex.** Não acertei na sorte grande, mas *col* andei lá perto, tive a ~!

aproximadamente *adv* (<aproximado+-mente) Cerca de/Perto de/Mais ou menos. **Ex.** Trabalhei [Estive] ~ trinta anos naquele serviço.

aproximado, a *adj* (<aproximar) **1** Que se aproximou/abeirou. **Ex.** ~, ele já conseguia ouvir-me. **2** Quase exa(c)to/Aproximativo. **Ex.** O número não é exa(c)to, mas muito ~ [, é aproximativo]. **3** Semelhante/Próximo.

Ex. As classificações dos dois clubes são ~as [são mais ou menos iguais].

aproximar *v t* (<lat *appróximo,áre,átum*) **1** Diminuir a distância entre coisas ou pessoas/Abeirar(-se)/Avançar para junto de/ Avizinhar(-se)/Acercar(-se). **Ex.** Aproximou os filhos das outras crianças que brincavam. **2** ~-se/Não demorar a chegar/Estar quase a chegar. **Ex.** Aproximava-se o inverno e foi comprar [abastecer-se de] lenha para a lareira. **3** Fazer com que pareça mais próximo. **Ex.** O telescópio aproxima os astros. **4** Fortalecer as relações entre pessoas/Unir. **Ex.** A desgraça aproxima as pessoas. **5** Reconhecer/Perceber uma semelhança/Relacionar. **Ex.** Um exame mais atento dos dois casos levou-me a aproximá-los e a propor para eles uma solução semelhante. **6** Calcular com aproximação **6**. **Loc.** ~ um cálculo.

aproximativo, a *adj* (<aproximar+-tivo) **1** Que se aproxima de/Quase exa(c)to. ⇒ aproximado. **Comb.** *Cálculo* ~. **2** Que aproxima.

aproximável *adj 2g* (<aproximar+-vel) **1** Que se pode colocar junto de. **Ex.** Uma substância incandescente não é ~ de gasolina. **2** «feitio/carácter» Que é comparável com/ Que se pode relacionar com. **3** Que se pode calcular por aproximação, já que não de forma exa(c)ta. **Ex.** Pode chegar-se a um resultado ~, quando muito [, na melhor das hipóteses].

aprumado, a *adj* (<aprumar) **1** Que está colocado na vertical/Que se encontra a prumo/ «soldado» Em posição ere(c)ta. **Ex.** Espeques ~s eram o suporte da latada. **2** *fig* Que é muito corre(c)to(+) no trato/ Impecável nas relações sociais. **3** *fig* Que se apresenta bem vestido/Elegante. **Ex.** Uma pessoa distinta também se afirma por um porte ~. **4** *depr* Empertigado/Altivo/Arrogante/Sobranceiro. **Ex.** Quando desce a rua, todo [muito] ~, é motivo de troça das comadres [mulheres/vizinhas], que bichanam à distância. **5** *Bot* Diz-se da raiz cujo eixo principal penetra na terra na vertical, saindo dele, para os lados, as raízes secundárias.

aprumar *v t* (<a-¹+prumo+-ar¹) **1** Colocar(-se) em posição vertical/Pôr «poste/parede» a prumo/«soldado» Endireitar(-se). **2** ~-se/Ado(p)tar atitude arrogante/altiva/ Empertigar-se. **3** ~-se/Vestir-se de forma cuidada e elegante/Apresentar-se com um aspe(c)to distinto.

aprumo *s m* (<aprumar) **1** Postura vertical firme do corpo. **Comb.** O ~ do soldado na parada. **2** Elegância no vestir/Apresentação impecável. **Ex.** Impressiona o ~ com que se apresenta no dia a dia [nas situações comuns]. **3** Grande compostura e corre(c)ção no relacionamento social/Trato perfeito. **4** *fig* Altivez/Arrogância.

apside *s f* (<gr *apsís,idos*) **1** *Astr* Cada um dos pontos extremos do eixo maior da órbita de um planeta, o mais próximo e o mais afastado do astro à volta do qual efe(c)tua o movimento de translação. **Comb.** Linha das ~s [Eixo maior da elipse descrita aparentemente pelo Sol em torno da Terra]. **2** *Arquit* ⇒ abside.

apterigídeo, a *adj/s Ornit* (<a-²+gr *ptéryks, ygos*: asa) (Diz-se de) ave ou família de pequenas aves não voadoras da Nova Zelândia a que pertence o quivi. ⇒ estrutionídeo.

aptérix *s m Ornit* ⇒ quivi(+).

áptero, a *adj/s Ent* (<gr *ápteros*: sem asas) (Diz-se do) inse(c)to ou da subordem de inse(c)tos parasitas desprovidos de asas, como a pulga.

aptidão *s f* (<lat *aptitúdo,dinis*) **1** Qualidade ou condição legal de apto. **Comb.** ~ *para o serviço militar*. *Exame de* ~ *à Universidade*. **2** Disposição inata ou adquirida para uma a(c)tividade/Inclinação/Vocação/ Talento. **Ex.** Revelava ~ para tarefas muito diversas. **3** Conjunto de requisitos para o desempenho de uma a(c)tividade/função/ Competência/Preparação. **Ex.** Ninguém põe em causa a sua ~ para o cargo.

apto, a *adj* (<lat *áptus*) **1** Que tem a capacidade natural ou adquirida necessária para alguma coisa/Que tem aptidão para/ Habilitado/Preparado/Capaz/Idó[ô]neo. **Ex.** Ainda não estou ~ para fazer esse trabalho. **2** Que foi aprovado em exame, na prestação de provas. **Ex.** A classificação dos candidatos era apenas a de ~ ou a de não ~. **3** Próprio/Adequado. **Ex.** Tinha um carro ~ para circular em vias de piso irregular. **4** *Dir* Que reúne as condições legais.

apud lat Em/Segundo/Na obra de/Junto a. **Ex.** A *prep* ~ usa-se em bibliografia para indicar a origem de uma citação.

apunhalar *v t* (<a-¹+punhal+-ar¹) **1** Ferir mortalmente/Golpear com punhal ou instrumento semelhante. **Ex.** Um ódio de morte levou-o a ~ o rival. **Idi.** ~ *pelas costas* [Trair/Atraiçoar]. **2** *fig* Causar intenso sofrimento físico a/Magoar muito. **Ex.** Sinto (aqui) uma dor a ~-me o estômago. **3** *fig* Ofender gravemente.

apupada *s f* (<apupar) **1** Manifestação ruidosa de desaprovação/Vaga de apupos/ Vaia. ⇒ apupo **1**. **2** Gritaria/Assobiadela a manifestar desagrado. **Ex.** Uma ~ ensurdecedora esperava o governante ao descer da viatura oficial.

apupar *v t* (< *on*) **1** Manifestar desaprovação/ desagrado/indignação através de gritos/ assobios/apupos/Vaiar. **Ex.** Apuparam-no «treinador» à saída do estádio, culpando-o da derrota. **2** Comunicar de longe por sinais/gritos. **3** Na caça, fazer soar a buzina para os monteiros [caçadores] se reunirem.

apupo *s m* (<apupar) **1** Alarido de desaprovação/desagrado/indignação/troça/Vaia. **2** Búzio ou buzina que produz um som desabrido. **3** Som produzido por esses instrumentos.

apuração *s f* (<apurar+-ção) ⇒ apuramento.

apurado, a *adj* (<apurar) **1** Que se aperfeiçoou/desenvolveu. **2** *Cul* Diz-se do molho/ caldo que se apresenta saboroso e espesso/concentrado por ebulição prolongada. **3** Que procura um alto grau de qualidade/ Exigente. **Ex.** Tem um gosto muito ~, não é fácil satisfazê-lo. **4** Que revela grande acuidade sensível/Fino/Aguçado. **Ex.** Tem um ouvido ~, percebe qualquer pequeno ruído. **5** Que tem cuidado e gosto na forma de apresentar-se. **Ex.** O rapaz é ~ no trajar. **6** Conhecido/Descoberto em resultado de investigação/inquérito. **Ex.** ~as as circunstâncias do crime, cabe agora ao tribunal decidir a pena a aplicar. **7** Que foi sele(c)cionado em prova/concurso/exame. **Ex.** As equipas ~as passam à eliminatória seguinte. Antes, na aldeia, os mancebos ~s na inspe(c)ção militar festejavam a sua sorte com foguetes. **8** Diz-se de um valor numérico obtido por cálculo ou contagem. **Ex.** ~ o número de [Contados o] votos de cada partido na eleição, redige-se a seguir a a(c)ta. **9** Diz-se da quantia obtida num estabelecimento comercial com as vendas feitas em determinado período. **Ex.** Na loja, hoje a verba ~a não deu para a [~a foi inferior à] despesa. **10** Diz-se do dinheiro obtido em campanha, peditório, cole(c)ta.

Ex. (N)este ano, a quantia ~a no peditório nacional rendeu muitos milhares de euros. **11** *Br* Diz-se de alguém que tem sobrecarga de trabalho.

apuramento *s m* (<apurar+-mento) **1** Melhoramento/Aperfeiçoamento. **2** *Cul* A(c)ção de tornar um caldo/molho mais espesso e saboroso, por cozedura e evaporação lenta. **3** Procura de maior acuidade de um sentido. **Ex.** Para ~ do ouvido, levou a mão à orelha. **4** Investigação cuidada e descoberta das circunstâncias de um crime, de um acidente, para definição das responsabilidades/Averiguação. **Ex.** A (Polícia) Judiciária procede ao ~ do que se passou [do que aconteceu]. **5** Verificação e determinação dos resultados de uma votação, de um concurso, de um jogo de apostas. **Ex.** O ~ [A contagem] dos votos nas eleições para deputados faz-se depois do encerramento das urnas. **6** Sele(c)ção dos que se revelaram superiores em determinada prova. **Ex.** O ~ da nossa equipa para a eliminatória seguinte foi justo. **7** Obtenção de uma receita, de um lucro, em resultado de vendas, de uma cole(c)ta, … **Ex.** O ~ [montante] conseguido nesta campanha foi de vários milhares de euros. **8** Liquidação/Acerto de contas «de uma empresa». ⇒ apurar **11**.

apurar *v t* (<a-¹+puro+-ar¹) **1** Tornar mais puro/ genuíno/Libertar [Purificar/Filtrar «água» de impurezas/Refinar]. **Ex.** Para ~ [conservar] uma raça animal importa impedir o cruzamento com outras. **2** Aperfeiçoar/ Refinar/Melhorar/Polir. **3** *Cul* Tornar mais saboroso e concentrado um caldo/molho por ebulição prolongada. **4** ~-se/Esmerar-se/Aprimorar-se/Aplicar-se. **Ex.** Era o último trabalho do curso, então ele apurou-se, deu o seu melhor. **5** Sele(c)cionar/ Escolher. **Ex.** O júri resolveu ~ quatro dos concorrentes. **6** ~-se/Conseguir resultado positivo numa prova/Ser considerado apto/*col* Passar. **Ex.** A nossa equipa apurou-se para a [passou à] fase seguinte da competição. **7** Tentar aumentar a eficácia [Aguçar a sensibilidade] de um órgão. **Ex.** Havia pouca luz e teve de ~ a vista para enxergar. Apurou o ouvido para captar um pequeno ruído estranho. **8** Procurar chegar ao conhecimento de alguma coisa procedendo a cuidada averiguação/ Indagar. **Ex.** Tratou de ~ o que se passava com [o que perturbava] o filho. **9** Proceder à contagem final dos votos numa eleição. **Ex.** Cabe à mesa da assembleia eleitoral ~ os resultados [contar (bem) os votos] e declarar o vencedor. **10** Juntar uma quantia de dinheiro, num certo período, em resultado de vendas, de campanha de donativos, cole(c)ta, peditório, …/Angariar. **Ex.** Na loja, naquele dia, apurámos mais de três mil euros. **11** Liquidar/Acertar. **Ex.** O contabilista apurou o saldo positivo da empresa.

apurativo, a *adj* (<apurar+-tivo) Que apura/ depura/purifica.

apuro *s m* (<apurar) **1** ⇒ Apuramento. **2** Modo requintado de fazer ou dizer alguma coisa/Esmero(+). **Ex.** Veste(-se) com ~. **3** *fig* Situação difícil/embaraçosa/Falta de recursos/Aperto. **Ex.** Num ~, a ajuda de um amigo é preciosa. **Loc.** Estar/Ficar/Ver-se em ~s [Sentir especial dificuldade em controlar uma situação ou em resolver um problema grave]. **4** Verificação da totalidade de vendas num estabelecimento comercial num certo período de tempo. **Ex.** Em tempos de crise, o ~ na loja é reduzido. **5** *Cul* Obtenção de maior concentração de um molho/caldo por ebulição prolongada.

apurpurado, a *adj* (<a-¹+púrpura+-ado) Que tem cor semelhante à da púrpura/ Avermelhado.

aquacultura *s f* (<água+...) ⇒ aquicultura.

aquadrilhar *v t* (<a-¹+quadrilha+-ar¹) **1** Formar [Alistar em] quadrilha. **2** ~-se/Juntar-se em quadrilha.

aquando *an conj/adv* (a-¹+quando) *Us* na **Loc. ~ de** [Por ocasião de] (Ex. ~ da vitória no campeonato, os jogadores foram recebidos na cidade em apoteose). **Sin.** Quando(+).

aquaparque *s m* (<água+...) Espaço de diversão equipado com piscinas, escorregas de água, etc.

aquaplanagem *s f* (<aquaplanar) **1** Deslizamento de um veículo por existência de camada de água na via, o que impede a boa aderência dos pneus ao piso. **2** Deslocação/Deslizamento «de hidr(o)avião» sobre a água.

aquaplanar *v int* (<água+planar) **1** «hidr(o)avião» Deslizar sobre a água. **2** Deslizar perigosamente em pista molhada.

aquarela/aquarelar/aquarelista ⇒ aguarela/...

aquário *s m* (<lat *aquárium*) **1** Pequeno reservatório artificial de água, com paredes de vidro transparente, em que vivem animais aquáticos ou plantas. **Ex.** O meu sobrinho gosta de observar o comportamento dos pequenos peixes no ~ da sala. **2** Reservatório artificial com mostruário de vidro, onde se criam e conservam espécies de flora e fauna aquáticas, em condições semelhantes às do seu habitat natural. **3** Edifício em que existem reservatórios desse gé[ê]nero. **Ex.** A minha turma fez uma visita de estudo ao ~, que teve muito interesse. **4** *maiúsc Astr* Constelação do Zodíaco situada no hemisfério sul. **5** *maiúsc* Décimo primeiro signo do Zodíaco, entre 20 de janeiro e 19 de fevereiro. **6** *maiúsc* Pessoa desse signo/ Aquariano.

aquartelamento *s m* (<aquartelar+-mento) **1** A(c)to ou efeito de aquartelar-se/Alojamento em quartel. **2** Conjunto de instalações militares/Quartel(+). **3** Em heráldica, divisão do escudo em quartéis.

aquartelar *v t* (<a-¹+quartel+-ar¹) **1** Alojar(-se) tropa em quartel/Acantonar. **2** Alojar(-se) em qualquer lugar/Instalar(-se). **3** Hospedar(-se)/Albergar(-se). **4** Em heráldica, dividir em quartéis «o escudo».

aquático, a *adj* (<lat *aquáticus*) **1** Relativo a água. **Ex.** Há uma enorme variedade de espécies animais ~as. **Comb.** Meio ~. ⇒ hídrico. **2** Que tem origem no meio ou vive dentro de água. **Comb.** *Fauna ~a. Flora ~a.* **3** Que se realiza na água. **Comb.** *Desportos* [Esportes] *~s. Polo ~.*

aquatinta *s f* (<it *acquatinta*) Gravura a água-forte, em chapa de cobre.

aquecedor, ora *adj/s m* (<aquecer+-dor) **1** Que aquece/Que irradia calor. **2** *s m* Aparelho doméstico, geralmente elé(c)trico ou a gás, para aquecer o ambiente. **3** *s m* Aparelho doméstico, elé(c)trico ou a gás, para aquecer água.

aquecer *v t/int* (<lat *ad+calésco,ere*, incoativo de *cáleo,ére*: estar quente) **1** (Fazer) aumentar a temperatura do ambiente ou de um corpo/Ficar quente. **Ex.** Está a ~ as mãos à lareira. O sol forte aquece a água da piscina. Para ~ a água do banho temos o esquentador. **Idi. (Isso) não (me) aquece nem (me) arrefece** [É(-me) indiferente/ Não tem importância]. **Sin.** Esquentar. **Ant.** Arrefecer/Esfriar. **2** Proteger do frio. **Ex.** No tempo frio, nada (é) melhor do que vestuário de lã para ~. **3** *fig* Consolar/Confortar. **Ex.** Aquele telefonema amigo aqueceu-lhe a alma, deu-lhe coragem para enfrentar os problemas. **4** *fig* Tornar mais vivo/Animar. **Ex.** Umas palavras (mais) exaltadas vieram ~ a discussão. **5** *fig* Excitar/Exaltar. **Ex.** As rivalidades clubistas às vezes fazem ~ os ânimos. **6** Pôr a funcionar um mecanismo durante algum tempo, para que este atinja a temperatura desejável para se obter o melhor rendimento. **Ex.** Nas manhãs muito frias é conveniente pôr o motor do carro a ~. **7** *(D)esp* Exercitar o organismo durante algum tempo para que, ao iniciar uma a(c)tividade que exige grande esforço, a possa fazer sem lesões. **Ex.** Durante um jogo oficial de futebol, só três jogadores substitutos podem estar a ~ simultaneamente.

aquecimento *s m* (<aquecer+-mento) **1** A(c)to ou efeito de aquecer(-se). **2** Elevação da temperatura por a(c)ção de uma fonte de calor. **3** Aparelho ou conjunto de aparelhos que servem para elevar a temperatura ambiente de uma casa, de um edifício, de um veículo, ... **Comb.** *~ a gás. ~ a óleo. ~ central* [Sistema de canalizações que distribuem o calor pelas várias divisões da casa, a partir de uma única fonte (calorífera)]. *~ por microonda(s).* **4** *(D)esp* Série de exercícios físicos leves antes de entrar em competição, para dar maior resistência muscular e evitar lesões. **Ex.** As equipas acabam de entrar em campo para o ~.

aquecível *adj 2g* (<aquecer+-vel) Que pode ser aquecido.

aqueduto *s m* (<lat *aquaedúctus*: conduta de água) **1** Canal aéreo ou subterrâneo para conduzir água. **2** Antiga construção, em pedra ou alvenaria, com arcadas que suportam um canal de água em zona de vale ou de depressão do terreno. **Ex.** Em Lisboa, o ~ das Águas Livres, construído no séc. XVIII no vale de Alcântara, é uma construção majestosa.

aquele, a (Kêle, Kéla) *pron dem* (<lat vulgar *accuille,illa,illud<accu-* (Part. enfática) *+ ille*: (aqu)ele) **1** (O) que está distante de ambos os interlocutores. **Ex.** ~a casa, além, é onde mora o meu amigo. **Idi. Sem (estar com) mais aquelas** [Sem cerimó[ô]-nias/De forma decidida] (Ex. Sem mais ~as, começou a disparatar contra tudo e contra todos). **~ é que é/era/...**[(Diz-se de alguém ou algo) excelente] (Ex. ~ é que era um professor! ~ é que é um profissional!). **2** O mais distante. **Ex.** Este fato fica-me bem, ~ não. **3** (O) que já foi referido. **Ex.** ~ [O dito/tal] aluno já tinha sido advertido. Não te esqueças de me trazer ~ livro de que falaste. **4** Afastado no tempo. **Ex.** ~es dias foram inesquecíveis. ~as horas foram muito dolorosas. **5** *indef* Um qualquer. **Ex.** É bom ~ [o] médico que faz diagnósticos corre(c)tos e sabe receitar a terapia adequada a cada caso. **Comb.** Este e ~ [Qualquer um] (Ex. Tentar a sorte na lotaria pode fazê-lo este e ~, conseguir um bom prémio é que é muito pouco provável).

àquele, a *contr* de *a⁵ + aquele*. **Ex.** ~a hora já eu estava deitado.

aqueloutro, a *pron dem* (<aquele+outro) Alguém ou algo distante dos interlocutores, em oposição a *aquele*. **Ex.** Aquele miúdo e ~ portaram-se mal na aula.

àqueloutro, a *contr* de *a⁵ + aqueloutro*. **Ex.** A este, àquele e ~ dei eu o pré[ê]mio merecido.

aquém *adv* (<lat vulgar *accúinde >an* aquende) Do lado de cá/Deste lado/Antes. **Ex.** Não fomos até ao sopé da serra, ficámos ~ ainda uns [alguns] quiló[ô]metros. **Loc. ~ de a)** Para cá de/Do lado de cá/Antes de (Ex. A minha aldeia fica [está situada/ localiza-se] ~ daquela serra); **b)** Em quantidade/valor/grau inferior a/Abaixo de (Ex. Os resultados escolares dele ficaram ~ das expe(c)tativas).

aquém-fronteira(s) *adv* No território nacional. **Ex.** Importa fazermos turismo ~. **Ant.** Além-fronteira(s).

aquém-mar *adv* Do lado de cá do mar. **Ant.** Além-mar. ⇒ ultramarino.

aquénio [*Br* **aquênio**] *s m Bot* (<lat *achaénium<gr a-*: sem+*khainω*: abrir) Fruto seco, pequeno, indeiscente, em que a semente não adere ao pericárpio.

aquentar *v t* (<a-¹+quente+-ar¹) **1** Fazer subir a temperatura de/Tornar mais quente/ Aquecer(o+)/Esquentar(+). **Ex.** O velhote, com os pés no inverno, usa uma escalfeta elé(c)trica. **2** *fig* Animar(+)/Estimular/ Revigorar. **Ex.** O amigo veio ~-lhe o ânimo abalado pela doença.

aqui *adv* (<lat vulgar *accuhic<accu-* (Partícula enfática) *+ hic*: aqui) **1** Neste lugar (de amplitude muito variável). **Ex.** Estou ~ há alguns dias. Onde é que devo assinar? ~ ~, na última linha. ~ [Em Portugal/ Na capital/Na província/Na minha cidade/ aldeia/Na minha casa] apreciamos muito um bom prato de bacalhau. **Comb. ~ ao pé** [Em lugar muito próximo] (Ex. ~ ao pé [Perto daqui] há uma farmácia). **~ e além/ ali** [Em lugares distintos, não muito distantes/ *idi* De onde em onde] (Ex. ~ e além/ali veem-se moinhos de vento). **Por ~ a)** Neste lugar ou nas imediações (Ex. Estou por ~ mais uns tempos [mais algum tempo]); **b)** Por este lugar (Ex. Passou por ~ e deixou saudades); **c)** Não dizer/avançar mais (Ex. Ficamos por ~, amanhã voltaremos a este assunto. Tirei [Fiz] a licenciatura e fiquei por ~, não tentei fazer o mestrado); **d)** Pelo [Com base no] que foi referido (Ex. Por ~ se conclui que não se pode confiar em toda a gente). **2** A este lugar. **Ex.** Vim ~ para descansar. **3** Até este lugar. **Ex.** Da praia (até) ~ são bem [são pelo menos] dois quiló[ô]metros. **4** Na ocasião/Então. **Ex.** Estávamos a conversar, ~ [então(+)/aí] ela lembrou-se de que tinha de fazer um telefonema. **5** Este momento/Agora. **Ex.** Até ~ temos ido à praia todos os dias. **Idi. ~ é que a porca torce o rabo** [A situação presente é muito difícil]. **Comb. ~ e agora** [Neste preciso momento/Agora mesmo/ *col* Agorinha]. **~ há tempos** [Não há muito tempo/Há algum tempo] (Ex. ~ há tempos concorri a um lugar num escritório). **6** Indica a presença de alguém ou de alguma coisa, enfatizando a noção de proximidade. **Ex.** ~ o [Este] meu amigo é um apaixonado pela vida ao ar livre. ~ está/tens o livro que me tinhas pedido. ~ está a prova daquilo que temíamos. **7** Indica proximidade no tempo. **Ex.** Estamos ~, estamos no Natal. Estamos ~, estamos nas férias. Ele está ~, está a acabar o curso.

aqui- (Ácu-i) *pref* (<lat *áqua*: água) Significa água (Ex. aquífero, ~-cultura, aquista).

aquícola *adj 2g* (<aqui-+-cola) **1** Que vive na água. **2** Relativo à aquicultura.

aquicultor, ora *s* (<aqui-+cultor) O que pratica a aquicultura/Criador de animais e plantas aquáticos.

aquicultura *s f* (<aqui-+cultura) **1** Preparação de meios aquáticos para a criação de animais e plantas, com vista ao seu aproveitamento econó[ô]mico. **2** Criação de animais e plantas em viveiros para esse fim. **Ex.** Grande parte do peixe consumido no país tem origem na ~.

aqui-d'el-rei *interj* Grito de pedido de socorro. **Loc. ~ que...**[Expressão de crítica a alguém que foi imprudente e que, aflito, não vê como (, sozinho, pode) sair da dificuldade] (Ex. Pôs-se a comprar tudo a crédito e, agora, ~ que não ganha para [que não tem com que] pagar).

aquiescência s f (<lat *acquiescéntia*) Concordância/Anuência/Assentimento/Beneplácito. **Ex.** Decidimos avançar com o proje(c)to com a ~ de todo o grupo. **Ant.** Oposição; recusa.

aquiescente adj 2g (<lat *acquiéscens,éntis*, de *acquiésco,ere*: consentir) Que permite/consente/condescende/aquiesce.

aquiescer v int (<lat *acquiésco,ere*: consentir <*ad+quiésco*: descansar; calar-se) 1 Anuir/Autorizar/Consentir. **Ex.** Resolveu ~ à pretensão do familiar. 2 Condescender/Transigir.

aquietação s f (<aquietar+-ção) 1 A(c)to ou efeito de aquietar(-se), de deixar de estar agitado, de serenar/Pacificação(+). **Ex.** A ~ dos ânimos na reunião demorou algum tempo a fazer-se. 2 Acalmia/Repouso/Sossego.

aquietar v t (<a-[1]+quieto+-ar[1]) 1 Pôr(-se) quieto/Acalmar/Sossegar(+). **Ex.** Tratou de ~ o filho, que estava muito agitado. 2 Dominar(+)/Refrear(+). **Ex.** Procurou ~ o impulso de vingança. 3 Apaziguar/Tranquilizar/Serenar.

aquífero, a adj (<aqui-+-fero) «camada» Que contém ou «canal» conduz água.

aquifoliáceo, a adj/s f Bot (<lat *aquifólium*: azevinho+-áceo) (Diz-se de) planta ou família de plantas arbustivas ou arbóreas, também designadas ilicáceas, de flores pequenas, sendo o fruto uma drupa. **Ex.** O azevinho é uma ~a.

aquifólio s m (<lat *aquifólium*) Nome científico do azevinho.

aquilão s m (<lat *áquilo,ónis*) 1 Zona setentrional da Terra/Norte. 2 Vento (do) norte, frio e violento. 3 Qualquer vento forte e agreste.

aquilária s f Bot (<lat *aquilária*<*áquila*: águia) Árvore de origem indiana, de madeira aromática/Pau-d'áquila.

aquilariáceo, a adj/s f Bot (<aquilária+-áceo) (Diz-se de) planta ou família de plantas, também designadas timeleáceas, cultivadas como ornamentais e exploradas pelas madeiras e para a produção de incenso.

aquilatar v t (<a-[1]+quilate+-ar[1]) 1 Determinar o quilate de um metal ou de uma pedra preciosa. **Loc.** ~ ouro/prata. 2 Apurar/Purificar/Aperfeiçoar. 3 fig Conhecer/Julgar/Avaliar/Apreciar. **Ex.** Para ~ do valor do candidato, pedi que me apresentassem alguns dos seus trabalhos.

aquilégia s f Bot (<lat *aquilégia*: que gosta de água) Designação comum de plantas da família das ranunculáceas, cultivadas pelo uso ornamental/pop Erva-pombinha.

aquilhado, a adj (<a-[1]+quilha+-ado) 1 *Náut* Que possui quilha ou quilha em forma de quilha. **Comb.** Embarcação ~a. 2 Bot Que possui saliência semelhante a quilha de um barco. **Comb. Bráctea ~a. Folha ~a.**

aquilino, a adj (<lat *aquilínus* <*áquila*: águia) 1 Relativo à [Próprio da] águia. **Ex.** A predação ~a [das águias] atinge animais de algum porte. 2 Que faz lembrar a águia, pela semelhança com alguma das suas características. **Comb.** Majestade ~a. 3 Que é adunco, recurvado como o bico da águia. **Comb. Bico ~. Nariz ~.** 4 Que tem um sentido da vista apurado e penetrante. **Comb.** Olhar ~.

aquilo pron dem (<lat vulgar *accuíllud*<*accu*-(partícula enfática) + *ille,a,ud*: (aqu)ele, (aqu)ela,aquilo) 1 Designa uma coisa distante dos interlocutores, mas ao alcance da vista de ambos. **Ex.** Isto precisa de ser aperfeiçoado, ~ não [dispensa qualquer modificação]. 2 Designa alguma coisa que já foi referida. **Ex.** ~ preocupa-me mais do que estas deficiências. 3 Designa algo que está a ser identificado ou caracterizado. **Ex.** ~ que estás a ver não é normal. ~ de que falas não me interessa. ~ [O] que é agradável, muitas vezes não é útil. 4 *fam* Pode designar de forma imprecisa pessoas, coisas, ditos. **Ex.** ~ é tudo boa gente! ~ era(m) só divertimentos, jantaradas, a crise não morava ali! Tudo ~ não passa de [~ é só] conversa fiada, não é para levar a sério [para ser tido em conta]. Na conversa veio à baila isto e ~ [Conversámos sobre muita coisa], tivemos longos minutos de amena cavaqueira. 5 Em contexto exclamativo, usa-se para realçar as qualidades de alguém ou de alguma coisa, podendo funcionar como depreciativo, ou usado em sentido iró[ô]nico. **Ex.** ~ é que era um professor, as suas aulas eram um encanto! ~ é que é um carro: nas subidas ultrapassa tudo e todos! *iron* ~ é que é uma criança educada: onde entra põe tudo em alvoroço [É uma criança educada, é, mas ao contrário]!

àquilo contr de a[5] + aquilo. **Ex.** Já respondi ~ que desejavas saber.

aquinhoar v t (<a-[1]+quinhão+-ar[1]) 1 Dividir em partes/quinhões. 2 Repartir/Compartilhar. 3 *fig* Contemplar com/Conceder a. **Ex.** A sorte aquinhoou-o com uma força de vontade invejável. 4 ~-se/Tomar para si um quinhão do «dinheiro» que é repartido/*idi* Abotoar-se(+).

aquisição s f (<lat *acquisítio,ónis*) 1 A(c)to ou efeito de adquirir, de comprar, de tomar posse de alguma coisa. **Ex.** A ~ da casa em que vive custou-lhe muitos sacrifícios. **Comb. ~ a título gratuito** [~ que não exige nada do adquirente]. **~ a título oneroso** [~ que exige algo (da parte) do adquirente]. 2 O que se adquire. **Ex.** Este computador foi uma bela [boa/grande] ~. Esse novo jogador foi uma ó(p)tima ~ para a nossa equipa. 3 Apropriação. **Ex.** O professor preocupa-se com a ~ de conhecimentos pelos alunos.

aquisitivo, a adj (<lat *acquisitívus*; ⇒ adquirir) Relativo à aquisição, compra ou obtenção de alguma coisa. **Ex.** O poder ~ daquela população é fraco [reduzido].

aquista (Ku-is) adj/s 2g (<aqui-+-ista) (Pessoa) que utiliza águas medicinais em estância termal. ⇒ banhista.

aquosidade s f (<aquoso+-idade) 1 Qualidade do que é aquoso, do que contém água. 2 Qualidade do que é semelhante à água/Serosidade.

aquoso, a (Kuôso, ósa) (<lat *aquósus*) 1 Que contém água. 2 Que é da natureza da água/Semelhante à água. **Comb.** *Anat* Humor ~ [Líquido transparente que, no olho, ocupa o espaço entre o cristalino e a córnea]. 3 Relativo a água. 4 Composto de água. **Comb.** Solução ~a.

ar s m (<lat *áer,ris* <gr *aér,ros*) 1 *Quím* Mistura gasosa, inodora e transparente, que forma a atmosfera terrestre, constituída por vários gases, sobretudo azoto, oxigé[ê]nio e anidrido carbó[ô]nico. **Ex.** Aqui, na serra, é excelente poder respirar ~ puro. **Comb. ~ comprimido** [sujeito a pressão maior que a da atmosfera, com aplicação industrial]. **~ líquido** [no estado líquido, devido a sucessivas compressões]. 2 Camada do fluido gasoso da atmosfera num lugar aberto ou fechado. **Ex.** Gosta de passear ao ~ livre [em espaço aberto]. O ~ frio do inverno pode provocar resfriados/constipações. O ~ da sala de aula está viciado; por favor, abram a porta e as janelas! **Idi.** Mandar ir apanhar ~ [Mandar (ir) embora]. **Comb. ~ poluído. ~ puro. ~ de dia** [Claridade do amanhecer e do anoitecer]. 3 Esse fluido gasoso enquanto meio próprio para a vida. **Ex.** Hoje está um ~ abafado [Hoje custa respirar]. Tinha crises de falta de ~, tinha asma. Foi para a varanda tomar ~. Parece que ele quer *fam* viver do ar [ele não quer trabalhar]. **Comb. ~ condicionado** [em que se pode regular a temperatura]. ⇒ 7. 4 Doença Repentina/Ataque súbito. **Ex.** Foi um ~ que lhe deu. 5 Movimentação do fluido gasoso atmosférico/Vento/Aragem/Brisa. **Ex.** No verão é agradável o ~ que vem do mar. **Comb. Corrente de ~** [Aragem que se gera num canal que une ambientes de pressão diferente] (Ex. A casa dele é propensa a correntes de ~, tão temidas pela minha avó). **Lufada de ~. Massa de ~ (h)úmido/seco.** 6 *fig* Renovação/Reforma «de uma instituição». **Ex.** A empresa está a precisar de (uma lufada de) ~ fresco. 7 Conjunto de condições atmosféricas habituais numa região. **Ex.** Faz-lhe bem vir apanhar os ~es da serra. Estava a precisar de mudar de ~es. **Loc.** Estar a ~es [Estar fora [longe] de casa, no campo, na praia, …]. **Comb. ~es do mar. ~es da pátria.** 8 Espaço que envolve a superfície da Terra/Espaço aéreo acima do solo. **Ex.** O avião levantou voo, já vai no ~. Deitou a bola ao ~. Um enorme estrondo atroou os ~es. **Loc. Apanhar no ~** [Perceber/Captar intuitivamente]. **Andar no ~** [Começar a constar/Espalhar-se a notícia]. *interj* **Mãos no** [ao] **~!** [Ordem dada por alguém armado para o criminoso ficar imóvel]. **Idi. Atirar-se ao ~** [Ficar muito irritado]. **Estar de barriga para o ~** [Não fazer nada/Não trabalhar]. **Fazer castelos no ~** [Viver de ilusões]. **Ir ao ~** [Perder-se/Falhar]. **Ir pelos ~es** [Explodir]. **Pôr as antenas no ~** [Ficar muito atento, por o assunto lhe interessar]. **Pôr de pernas para o ~** [Desarrumar/Desorganizar completamente]. **Ter a** [Andar de/Ser um] **cabeça no ~** [Ser distraído]. **Comb.** *idi* **Ba(p)tismo do ~** [Primeiro voo de avião]. **Poço de ~** [Situação atmosférica que perturba o voo do avião, fazendo-o perder altitude]. 9 Espaço de telecomunicações. **Loc.** «programa» **Estar no ~** [Ir para o] **~** [Ser transmitido «pela rádio/televisão»]. **Pôr no ~** [Transmitir «programa»]. 10 *fig* Ambiente social em determinada situação. **Ex.** Respira-se no clube um ~ carregado/pesado. Têm-se toldado os ~es por aquelas bandas. **Comb.** *pop* **~ de cortar à faca** [Muito mau relacionamento no grupo]. 11 Expressão do rosto/Semblante/Aparência. **Ex.** Tinha um ~ estranho, *pop* ali havia coisa [caso]… O miúdo tinha um ~ enfezado. Já velho, tinha ainda um ~ saudável. **Loc. Dar ~es de** «aristocrata». **Dar um ~ da sua graça a)** Dar o primeiro sinal de ter talento; **b)** Aparecer/Vir «à festa/a minha casa». **Ter ~ de menino bem** [Parecer pertencer a família abastada/rica]. **Vir/Aparecer/Estar com ~ de poucos amigos** [Parecer de mau humor ou muito sisudo]. **Comb. ~ de superioridade. ~ humilde.** 12 Aparência/Indício/Vislumbre de alguma coisa. **Ex.** Havia um ~ de felicidade naquela casa.

-ar[1] suf (<lat *-áre* «*laboráre*: trabalhar») Significa a(c)ção (Ex. adoç~, compa(c)t~, estud~, limp~.

-ar[2] suf (<lat *-áris,e* «*auxiliáris,e*: auxiliar) Significa a) qualidade (Ex. element~, espe(c)-

tacul~, perpendicul~, rudiment~); **b)** relação (Ex. parlament~).

ara s f (<lat *ara*: altar) **1** *Rel Hist* Mesa de pedra onde antigamente os pagãos faziam imolações aos deuses. **2** *Crist* Altar em que se celebra a missa. **Comb. A ~ da Cruz** [A cruz em que Cristo Se deixou imolar e Se ofereceu por nós ao Pai]. **Pedra de ~** [Pedra do altar consagrada pelo bispo sobre a qual o sacerdote coloca a hóstia e o cálice durante a celebração].

árabe adj/s 2g (<lat *árabs,is*) **1** Relativo à península arábica ou aos seus habitantes. **Comb. Invasão ~. Tribos ~s. Cavalo ~** [de raça originária da Arábia, vigoroso e resistente]. **2** Membro de povos semitas da Arábia ou de povos vizinhos do Norte de África ou da Ásia que falam árabe. **3** Relativo à [Próprio da] civilização ou cultura islâmica. **Comb. Algarismos ~s. Arte ~. Música ~. Numeração ~** [1, 2, ...]. **Religião ~** [Islão/Islamismo]. **4** s m Língua semítica falada na Arábia e noutros povos islâmicos.

arabesco (È) s m (<it *arabesco*) **1** Ornamento típico da arte árabe em que há repetição simétrica de motivos vegetais estilizados, combinados com formas geométricas, em desenho/pintura/escultura. **2** Linha ou desenho de traçado sinuoso/Rabisco. **3** *Mús* Pequena composição, geralmente instrumental, em que o desenho da melodia faz lembrar a caprichosa decoração da arte muçulmana.

Arábia s f *Geog* (<lat *Arábia*) Península do Sudoeste da Ásia, entre o Golfo Pérsico e o Mar Vermelho, onde se situam a Arábia Saudita, o Iémen, o sultanato de Omã, a federação dos Emiratos Árabes Unidos e os principados do Quatar, Barhein e Kwait.

arábias s f pl (<Arábia) Terras exóticas/estranhas/fantásticas. **Comb.** *idi* **Das ~ a)** Extraordinário/Estranho/Agitado (Ex. Essa aventura foi uma história das ~!); **b)** Aventureiro/Arrojado (Ex. Ele é um homem das ~, move *idi* mundos e fundos [, lida com milhões/muitos recursos]. (Esse mais) parece um negócio das ~!).

Arábia Saudita *Geog* Reino da península arábica, com capital em Riade, designando-se os seus habitantes de (árabes-) sauditas.

arábico, a adj/s (<lat *arábicus*) **1** Relativo à Arábia, aos seus habitantes, à sua cultura ou língua. **Sin.** Árabe(+). **2** *Rel* (Diz-se de) indivíduo pertencente a uma seita herética que negava a imortalidade da alma. **3** *Ling* s m (Língua) árabe.

arabismo s m (<árabe+-ismo) **1** Palavra ou expressão da língua árabe. **2** Palavra ou construção da língua árabe ado(p)tada por outra língua. **3** Movimento político ou cultural que promove o estudo ou a difusão dos valores árabes.

arabista adj/s 2g (<árabe+-ista) **1** Relativo a arabismo. **2** Especialista na língua ou cultura árabes. **3** Partidário do arabismo **3**.

arabizar v t (<árabe+-izar) **1** Dar/Adquirir a aparência ou características do que é árabe. **2** Imitar a língua árabe. **3** Difundir noutros povos a língua ou a cultura árabes.

araca s f (<ár *araq*) **1** Bebida alcoólica fabricada na Índia e na América a partir da fermentação do arroz. ⇒ saqué. **2** *Bot* Nome vulgar de uma planta da família das leguminosas, também conhecida como chícharo miúdo; *Latherus cicera*.

araçá s m *Bot* (<tupi *ara'sa*) **1** Nome comum de planta da família das mirtáceas, de tronco e frutos malhados. **2** Fruto dessa planta. **3** «bovino» Que tem o pelo amarelo malhado de preto, semelhante ao aspe(c)to da casca desse fruto.

aração s f (<arar+-ção) **1** A(c)to de lavrar/arar a terra/Lavra(+). **2** *Br* A(c)to de comer com sofreguidão. **3** *Br* Fome devoradora.

aráceo, a adj f (<lat *árum*<gr *áron*: jarro+-áceo) (Diz-se de) planta ou família de plantas herbáceas com flores em espiga, cujos frutos são bagas, a que pertencem o jarro, o antúrio, o inhame; *Araceae*.

aracnídeo/arácnido, a adj/s *Biol* (<gr *arachné*: aranha+-ídeo/-ido) (Diz-se de) animal ou classe de animais artrópodes, de corpo dividido em cefalotórax e abdómen [*Br* abdômen/abdome], com quatro pares de patas e um par de palpos. **Ex.** As aranhas, os escorpiões e os ácaros são ~s. ⇒ araneídeo.

aracnoide adj/s f *Anat* (<gr *arachné*: aranha+-oide) (Diz-se da) membrana delgada e transparente que envolve o cérebro e a espinal-medula, situada entre a dura-máter e a pia-máter. **Ex.** Das três meninges, a ~ [aracnoideia] é a intermédia.

arada s f (<arar+-ada) **1** Trabalho de lavoura de sulcar a terra, preparando-a para receber as plantas ou sementes de cultura/Lavra(+). **2** Terra lavrada.

arado s m (<lat *arátrum*; ⇒ arar) Instrumento agrícola para lavrar a terra. **Ex.** O ~ acoplado ao tra(c)tor é bastante diferente do que era puxado por animais. O sulco feito por ele com o ~, puxado por uma junta de bois, era uma longa e perfeita linha re(c)ta.

aragem s f (<ar+-agem) **1** Vento suave e intermitente/Brisa. **Ex.** Nestes dias de muito calor uma ~ é uma bênção. **2** *fig* Ocasião favorável/Oportunidade. **Ex.** Importa aproveitar a ~, que [, pois/porque] ela nem sempre sopra. ⇒ maré.

aragonês, esa adj/s *Geog* (<top esp *Aragón*: Aragão+-ês) **1** Relativo a [De] Aragão, região do Nordeste de Espanha, ou aos seus habitantes. **2** Natural ou habitante dessa região.

aragonite/a s f *Min* (<top esp *Aragón*: Aragão+-ite) Mineral de composição igual à de carbonato de cálcio ou calcite, mas mais duro e denso, cristalizando no sistema ortorrômbico.

araliáceo, a adj f (<lat científico *aralia*+-áceo) (Diz-se de) planta ou família de plantas geralmente lenhosas e trepadeiras, de flores pequenas, em geral reunidas em umbrela, sendo os frutos drupas ou bagas. **Ex.** A hera é uma ~a.

aramaico, a adj/s m (<lat *aramáicus*<*aramaeus*<top *Aram*) **1** Relativo [Pertencente] aos arameus. **2** s m Língua semítica falada pelos arameus da Síria antiga e da Mesopotâmia e pelos judeus desde antes do tempo de Jesus, falada ainda hoje em alguns pontos dessas regiões. **Ex.** Alguns livros da Bíblia foram escritos em ~.

aramar v t (<arame+-ar¹) **1** Cercar com [Guarnecer de] arame. **2** Fabricar com arame.

arame (Rã) s m (<lat *aerámen,inis*<*aes,aeris*: bronze) **1** Antiga designação de ligas metálicas à base de cobre, designadas hoje de latão, bronze, ... **2** Fio de qualquer metal puxado à fieira. **Ex.** O ~ é muito utilizado devido à sua flexibilidade. **Idi. Estar preso por ~s** [Estar frágil, inseguro, ameaçando ruína]. **Ir aos ~s** [Irritar-se muito/Enfurecer-se]. **Comb. ~ farpado** [Cabo de dois ou mais fios de ~ enrolados, entre os quais, com intervalos regulares, se encontram farpas, servindo de vedação ou barreira para impedir a passagem de pessoas, animais ou veículos]. **3** No circo, estrutura composta de dois postes e um fio metálico usada para exercícios de equilíbrio. **Loc.** *fig* **Andar/Estar no ~** [na corda bamba(+)/Encontrar-se em situação periclitante, de iminente desequilíbrio/insegurança]. **4** *gír* Dinheiro. **Ex.** Sem ~ não se vive, quando muito [, na melhor das hipóteses] vegeta-se.

arameiro, a s (<arame+-eiro) **1** Fabricante de obje(c)tos em arame. **2** Vendedor de arame ou de obje(c)tos de arame.

arameu, eia adj/s (<lat *Aramaei*<top *Aram*) **1** Relativo aos [Dos] arameus/Aramaico **1**. **2** Indivíduo dos arameus, povo semita que habitava em Aram, na antiga Síria, e na Mesopotâmia, perto da foz dos rios Tigre e Eufrates. **3** s m *Ling* ⇒ aramaico **2** (+).

aramista s 2g (<arame**3**+-ista) Ginasta [Equilibrista] que a(c)tua sobre arames/Acrobata/Funâmbulo.

arandela (Dé) s f (<esp *arandela*<fr *rondelle*) **1** Espécie de meia esfera oca, em lança, espada, ..., para proteger a mão/Guarda-mão. **2** Peça de castiçal, junto à fixação da vela, para aparar os pingos de cera. **3** *Agr* Pequeno reservatório de água a rodear o tronco de árvore de fruto para impedir a passagem de formigas para a copa. **4** Qualquer aparelho de iluminação que deva funcionar preso à parede.

arando s m *Bot* (<esp *arandano*) Planta arbustiva da família das ericáceas, cujo pequeno fruto, com a forma de baga de cor azul-escuro, é adocicado e ligeiramente ácido, sendo também conhecida por mirtilo(+) e uva-do-monte.

araneídeo, a adj/s m *Zool* (<lat *aráneus*: de aranha+-ídeo) (Diz-se de) aracnídeo ou família de aracnídeos com o abdómen [*Br* abdômen/abdome] não segmentado, onde estão glândulas, as fieiras, produtoras de fio com que constroem a teia.

aranha s f (<lat *aránea*) **1** *Zool* Designação comum a espécies de artrópodes aracnídeos, de aspe(c)to e tamanho muito variados, com quatro pares de patas, abdómen [*Br* abdômen/abdome] distinto, onde glândulas segregam o fio com que tecem a teia [aranheira] para caçar as presas. **Idi. Andar/Estar/Ficar às ~s** [confuso, desnorteado, atrapalhado] (⇒ ~ **20**). **Prender-se com teias de ~** [Ficar embaraçado com obstáculos sem importância]. **Tirar as teias de ~ «a alguém»** [Esclarecer/Elucidar]. **Ver-se em palpos de ~** [Estar aflito, em grande dificuldade, em apuros]. **Comb.** *fig* «ele tem» **Teias de ~** [Preconceitos/Ilusões/Fantasias] «na cabeça». **2** Nome de diversos obje(c)tos cujo aspe(c)to lembra uma aranha. **3** Suporte de arame para suspender na parede pratos ou outros obje(c)tos. **4** Armação de arame a que se fixa o quebra-luz. **5** Lustre de braços alongados para velas. **6** Prote(c)ção metálica das pás da hélice do ventilador. **7** Peça de ferro em forma de anel a que se prendem correias ou elásticos fortes que seguram a bagagem na mala do automóvel. **8** Peça de ferro na ponta da cadeia do travão. **9** *Náut* Conjunto de cabos que partem de um centro em várias dire(c)ções e a que se prendem toldos, macas, ... **10** Espécie de fateixa para retirar obje(c)to caído a um poço. **11** Rede para apanhar trutas. **12** Rede para apanhar pássaros. **13** *Mil* Mina com várias ramificações. **14** Aparelho com rodinhas que ajuda a criancinha a firmar-se, ao dar os primeiros passos. **15** Lagariça de madeira com prensa de pau para espremer frutos. **16** *Icti* Nome vulgar de peixes teleósteos da costa portuguesa, também conhecidos por peixe-aranha e aranhuço. **17** *Bot* Planta

da família das orquidáceas, que dá belas flores de vermelho vivo; *Renanthera coccinea*. **18** *Bot* Planta da família das colquicáceas, cultivada como ornamental, muito venenosa; *Gloriosa superba*. **19** *Bot* Planta da família das liláceas; *Glonosia simplex*. **20** *s fig depr* Pessoa que com pouco se atrapalha, hesita/Pessoa sem expediente, muito lenta no que faz. **Ex.** És mesmo um ~, sai-me da frente, que eu trato disso!

aranhão *s m* (<aranha+-ão) **1** Aranha grande. **2** Aranha-macho. **3** *fam depr* Indivíduo que se atrapalha com qualquer coisa ou que é muito lento ou trapalhão no trabalho/Aranha **20** (+).

aranhiço *s m* (<aranha+-iço) **1** Aranha pequena de patas finas e longas. **2** *Arquit* Conjunto de nervuras salientes reunidas nos feixes de abóbadas góticas, combinando-se por vezes com desenhos fantasistas variados. **3** *fam depr* Pessoa magra de compleição frágil, de pernas e braços muito compridos.

aranhol *s m* (<aranha+-ol) **1** Buraco da teia onde a aranha se recolhe/Aranheiro. **2** Armadilha em forma de aranha para apanhar pássaros. ⇒ aboiz. **3** Qualquer conjunto de traços ou fios desordenados.

aranhola *s f Zool* (<aranha+-ola) Crustáceo semelhante a caranguejo grande, com crosta granular espinhosa, também designado arola ou sa[ce]ntola(+).

aranhuço *s m* (<aranha+-uço) **1** Aranha grande/Aranhão. **2** *Icti* Peixe teleósteo da família dos traquinídeos, também conhecido por aranha ou peixe-aranha. **Ex.** Senti uma forte dor no pé ao pisar na praia um ~, que estaria escondido na areia.

aranzel *s m* (<esp *alanzel*) **1** Narrativa ou discurso prolixos, fastidiosos, com muitos pormenores sem interesse/Arenga/Lengalenga(+). **2** *an* Formulário/Regulamento/Lista.

araponga *Br s f* (<tupi *gwiraponga<gwira*: ave+*ponga*: sonante) **1** *Ornit* Ave da família dos cotingídeos, de cor branca, com cabeça e garganta esverdeadas, de canto estridente, que faz lembrar o som de golpes de ferro na bigorna, pelo que também é designada de ferreiro, sendo muito procurada como ave de cativeiro; *Procnias nudicollis*. **2** *s fig* Pessoa de voz estridente. **3** *s depr* Pessoa que, em segredo, informa as autoridades de qualquer ilícito/Delator/Denunciador/Informador/*pop* Bufo(+). **4** *s* ⇒ Dete(c)tive.

arar[1] *v t* (<lat *áro,áre,átum*) **1** Sulcar a terra com o arado ou a charrua/Lavrar(+). **2** *fig* Sulcar as águas/Navegar. **3** *fig* Golpear/Ferir/Arranhar. **4** *fig* Escorregar por/Marcar/Vincar. **Ex.** As lágrimas aravam-lhe a face. As rugas começam a ~-lhe a testa.

arar[2] *v int Br* (<ar+-ar[1]) **1** Estar em dificuldades/apuros. **2** Estar com muita fome.

arara *s f Ornit* (<tupi *a'rara*) Nome comum de aves trepadoras da família dos psitacídeos (*Andorhynchus, Ara, Cyanopsitta*), de grande porte, de cores vivas, de bico forte e muito curvo, que ajuda a trepar, de cauda longa. **Idi.** *Br Estar/Ficar uma ~* [Estar muito irritado/zangado].

araruta *s f Bot* (<aruaque *aru-aru*: farinha de farinha) **1** Planta da zona equatorial americana, da família das marantáceas, cujo rizoma fornece fécula alimentícia nutritiva; *Maranta arundinacea*). **2** Fécula extraída do rizoma dessa planta e de outras semelhantes.

araucária *s f Bot* (<*top* Arauco (Chile) + -*ária*) Árvore ornamental de porte elegante, da família das pináceas, com origem na América e na Austrália, muito cultivada nas ilhas dos Açores/Pinheiro-do-paraná.

arauto *s m* (<fr *an héraut*) **1** *Hist* Oficial do rei que, na Idade Média, era encarregado de missões secretas, como declaração da guerra ou da paz, de proclamações solenes do resultado em batalhas. **2** O que torna pública uma notícia em voz alta/Pregoeiro. **3** Mensageiro/Correio/Portador/O que anuncia alguma coisa. **Comb.** ~ da desgraça [Mau ~/profeta]. **4** O que defende uma causa/Lutador/Paladino. **Comb.** ~ *da abolição da escravatura*. *~ da independência do país*.

arável *adj 2g* (<lat *arábilis, e*; ⇒ arar[1]) «campo» Que pode ser lavrado/cultivado. **Ex.** Portugal tem 70% de terra ~/cultivável. **Comb.** *Solo* ~. *Terreno* ~.

aravia *s f* (<ár *arabiia*: linguagem árabe) **1** Linguagem confusa, difícil de entender/Algaravia. **2** Linguagem arábica. **3** *depr* Romance/Conto tradicional em verso.

araviada *s f* ⇒ algaraviada.

arbitragem *s f* (<arbitrar+-agem) **1** A(c)to ou efeito de arbitrar. **2** Poder de resolução de um litígio concedido a pessoa(s) escolhida(s) pelas partes/Regulação de um litígio por juízes não profissionais ou por um tribunal arbitral. **Ex.** Para resolver o caso mais rapidamente, as partes resolveram solicitar a ~ de peritos independentes. **3** Mediação de um conflito entre nações por um terceiro país escolhido como árbitro. **4** Julgamento de um juiz de acordo com a sua consciência, naquilo que a lei não determine. **5** *(D)esp* A(c)to de dirigir um jogo de acordo com (as leis de) um regulamento. **Ex.** A ~ do jogo teve várias falhas de ordem técnica e de ordem disciplinar. É mau sinal falar-se muito da ~. **Comb.** Profissionalização da ~. **6** *Econ* Operação de compra e venda de divisas para restabelecer o equilíbrio entre as diferentes taxas de câmbio. **Comb.** ~ de câmbio [Compra e venda de moedas, mercadorias ou títulos, ao mesmo tempo e em locais diversos, para obter o maior lucro com as diferentes cotações].

arbitral *adj 2g* (<árbitro+-al) **1** Relativo a árbitro. **Comb.** *Decisão* ~. **2** Constituído por árbitros. **Comb.** *Comissão* ~. *Sentença* ~. *Tribunal* ~ [cuja competência para a resolução do litígio depende da aceitação das partes].

arbitrar *v t/int* (<lat *árbitro,áre,átum*) **1** Servir de árbitro/Opinar. **2** Julgar de acordo com a sua consciência. **3** Resolver da forma mais justa uma disputa entre as partes, dizendo quem tem razão ou qual a melhor solução. **4** *(D)esp* Dirigir um jogo fazendo cumprir as regras. **Ex.** Gostei de o ver ~, acompanhou sempre os lances [as jogadas] de perto e assim pôde decidir de forma corre(c)ta.

arbitrariedade *s f* (<arbitrário+-dade) **1** Qualidade de arbitrário. **Comb.** ~ do signo linguístico [Ausência de relação analógica entre o significante e o significado] (Ex. O fa(c)to de o mesmo obje(c)to «comboio/trem» ter em cada língua um nome diferente é a prova da ~ dos signos). **2** Decisão sem base legal. **3** A(c)tuação de quem segue apenas a sua vontade, sem se sujeitar a normas. **Ex.** Foi despedido por [Foi vítima da] ~ do dire(c)tor. **Sin.** Capricho.

arbitrário, a *adj* (<lat *arbitrárius*) **1** Que depende apenas do arbítrio de quem decide/Facultativo. **Ex.** Na multiplicação, a ordem dos fa(c)tores é ~a «2 x 3/3 x 2 = 6». **2** «escolha/eleição» Que não tem base legal ou fundamento válido. **3** Que é abusivo/despótico. **Ex.** O uso ~ da força pela polícia deve ser reprimido. **4** *Dir* Que (, ao proceder do livre arbítrio de alguém,) viola a lei. **Ex.** Os a(c)tos ~s da administração pública não podem ser tolerados.

arbítrio *s m* (<lat *arbítrium*) **1** *Fil* Decisão/Deliberação dependente apenas da vontade, sem ter de reger-se por qualquer norma. **Comb.** Livre ~/alvedrio [Faculdade de pensar [julgar/decidir] livremente, sem constrangimento exterior]. **2** Juízo/Opinião/Decisão/Sentença. **Ex.** Deixo tudo ao seu ~ [Pode fazer/decidir como quiser]. **Loc.** *A [Ao] ~ de* [À escolha/À vontade/Ao juízo/saber] «do interessado/utente». **Comb.** ~ de câmbio ⇒ arbitragem **6 Comb.** ~ despótico.

árbitro *s m* (<lat *árbiter,tri*) **1** O que é encarregado de resolver um litígio, ou por acordo das partes ou por indicação do tribunal/Mediador. **Ex.** O ~ de uma disputa deve ser absolutamente imparcial. **2** Autoridade suprema. **3** *(D)esp* O que dirige o jogo, fazendo cumprir as regras da modalidade. **Ex.** Um ~ valoriza o espe(c)táculo quando passa despercebido, quando não é vedeta. **Comb.** ~ *auxiliar* [Fiscal de linha]. *Quarto* ~.

arbóreo, a *adj* (<lat *arbóreus*) **1** Relativo a [Próprio de] árvore. **2** Que tem características de [Semelhante a] árvore. **3** Que tem árvores. **Comb.** Complexo ~.

arborescente *adj 2g Bot* (⇒ arborescer) Diz-se de planta herbácea quando adquire consistência lenhosa ou de planta que toma a forma ou o porte de árvore.

arborescer *v int* (<lat *arborésco,ere*) **1** «o caule»Tornar-se árvore. **2** Tomar forma de árvore.

arborícola *adj 2g* (<lat *árbor,oris*: árvore + -*cola*) **1** «animal, vegetal» Que vive nas árvores. **Ex.** O esquilo é ~. **2** Próprio de seres que vivem nas árvores. **Comb.** Hábitos ~s.

arboricultor, ora *adj/s* (<árvore+cultor) **1** (O) que se entrega ao cultivo de árvores. **2** Perito em arboricultura.

arboricultura *s f* (<árvore+cultura) Estudo/Técnica/Prática do cultivo de árvores, sobretudo ornamentais e frutíferas. ⇒ horticultura; pomar.

arboriforme *adj 2g* (<árvore+-forme) Que tem a forma de árvore.

arborização *s f* (<arborizar+-ção) **1** A(c)to ou efeito de arborizar. ⇒ florestação. **2** Plantação [Conjunto] de árvores. **Ex.** Perto da casa há uma ~ muito extensa. **3** Forma que faz lembrar ramos de uma árvore. **4** *Miner* Disposição dos veios de um mineral semelhante à ramificação de árvore.

arborizar *v t* (<árvore+-izar) Plantar árvores. **Ex.** O município [A prefeitura] resolveu mandar ~ a praça. É uma cidade agradável, muito arborizada.

arbustivo, a *adj* (<lat *arbustívus*) **1** Relativo a [Próprio de] arbusto. **2** Semelhante a arbusto. **3** Em que há arbustos. **Comb.** Zona ~a.

arbusto *s m* (<lat *arbústum*) Planta lenhosa de menos de cinco metros de altura e caule ramificado a partir do solo. **Ex.** Para não ser notado, escondeu-se atrás de um ~.

árbuto *s m Br* (< ?) ⇒ medronh(eir)o.

arca *s f* (<lat *árca*) **1** Caixa grande de madeira, com tampo plano re(c)tangular, onde se guardam cereais ou pão. **Ex.** A ~ está quase cheia de (grãos de) trigo. **2** Móvel semelhante a mala para guardar roupa/Baú. ⇒ có[ô]moda; armário. **3** Cofre para guarda de valores. **4** Recipiente fechado para guardar alguma coisa. **Idi.** *Ser uma arca de Noé* [Ser local de grande confusão, cheio de pessoas ou coisas]. *Ter ~s*

encou[oi]radas [Ter segredos/mistérios/Fingir]. **Comb.** ~ *congeladora/frigorífica* [(Aparelho) ele(c)trodoméstico para conservação prolongada de alimentos pelo frio]. ~ *da Aliança* [Tabernáculo onde os hebreus guardavam as Tábuas da Lei de Moisés]. ~ *de Noé* [Embarcação em forma de arca em que, segundo a Bíblia, Noé salvou do dilúvio a família e um casal de cada espécie animal]. ~*-d'água*. [Grande reservatório no fim de um aqueduto, donde se distribui a água para uma cidade/Mãe-de-água].

-arca *suf* (gr *árkhω*: comandar) Significa chefia, proeminência (Ex. patri~, matri~, mon~, aut~, olig~).

arcaboi[ou]ço *s m* (<arca) **1** Esqueleto do corpo humano ou de um animal. **2** Ossatura do tórax. **3** Compleição/Constituição física. **Ex.** É preciso um bom ~ para aguentar trabalho tão duro. **4** *fig* Capacidade física ou psicológica para desempenhar uma função, para criar/Envergadura. **Ex.** Só alguém com ~ de resistente podia suportar contrariedades tão grandes durante tanto tempo. **5** *Br* ⇒ esboço «de pintura»; estrutura (geral) «do romance».

arcabuz *s m* (<fr *arquebuse*) Antiga arma de fogo portátil, de cano curto e largo, de carregar pela boca. ⇒ bacamarte.

arcabuzada *s f* (<arcabuz+-ada) **1** Série de tiros de arcabuz. ⇒ fuzilaria. **2** Estrondo provocado por tiro de arcabuz ou algo semelhante.

arcada *s f* (<arco+-ada; ⇒ arcar¹; arquear; arcaria) **1** *Arquit* Sequência de arcos de alvenaria alinhados, formando galeria. **2** *Arquit* Abertura de porta ou janela em forma de arco. **3** Abóbada em forma de arco. **4** *Anat* Estrutura de uma parte do corpo em forma de arco. **Comb.** ~ *dentária*. ~ *púbica*. ~ *supraciliar* [da zona das sobrancelhas]. **5** *Mús* Movimento do arco num instrumento de cordas «violino».

árcade *adj/s 2g* (<lat *árcas,adis*<Arcádia) **1** Pertencente a uma arcádia. **2** Sócio da Arcádia Lusitana, agremiação literária lisboeta fundada no séc. XVIII. **Ex.** O poeta Bocage foi um ~.

arcádia *s f* (<*top* Arcádia, província grega, símbolo antigo da ruralidade e amenidade do clima) Designação comum a academias literárias em voga nos séc. XVII e XVIII, onde se procurava cultivar o classicismo e em que os seus membros ado(p)tavam nomes simbólicos de pastores da tradição poética.

arcádico, a *adj* (⇒ arcádia) **1** Relativo às arcádias ou ao arcadismo. **2** Relativo à poesia de carácter bucólico, pastoril.

arcadismo *s m* (<árcade+-ismo) **1** Corrente literária representada pelas arcádias, em que os poetas se imaginavam pastores, idealizando a vida campestre/Neoclassicismo. **2** Carácter do que é neoclássico no campo literário.

arcaico, a *adj* (<gr *arkhaikós*) **1** Que é antigo, de tempos passados/remotos. **2** Referente a fase anterior à da maturidade de uma língua, de uma organização social, de uma cultura, ... **Comb.** *Ling* **Português** ~. **Termo** [Palavra] ~. **3** Que não está em uso há muito tempo/Obsoleto.

arcaísmo *s m* (<gr *arkhaismós*) **1** Qualidade do que é arcaico. **2** *Ling* Palavra, expressão ou construção sintá(c)tica que deixou de ser usada na norma a(c)tual de uma língua. **3** Qualquer coisa fora de moda.

arcaísta *adj/s 2g* (<arca(ico)+-ista) **1** Relativo ao arcaísmo. **2** Pessoa que usa ou se dedica ao estudo de termos arcaicos.

arcaizante *adj 2g* (<arcaizar+(a)nte) **1** Diz-se da linguagem escrita ou falada em que se usa ou tende a usar arcaísmos. **Ex.** Mostra prazer em falar de modo ~, pretendendo assim ter graça. **2** Que tem um aspe(c)to antigo, que é semelhante ao [, que tende para o] arcaico. **Ex.** O trajar daquela gente tem traços ~s. **3** «maneira» Que se inspira no que caiu em desuso.

arcaizar *v t* (<arca(ico)+-izar) **1** Dar/Tomar feição arcaica/Deixar de estar em uso/Tornar(-se) obsoleto. **Ex.** O hábito de as crianças pedirem a bênção ao sacerdote, aos pais, avós e padrinhos arcaizou-se. **2** *Ling* Empregar arcaísmos.

arcanjo *s m Crist* (<gr *arkhággelos*) Anjo de ordem superior, que serve de mensageiro em missão especial. **Ex.** O ~ Gabriel anunciou à Virgem Maria que iria ser Mãe de Jesus/do Messias.

arcano, a *adj/s m* (<lat *arcánus,a,um*: secreto; ⇒ arca) **1** Secreto/Misterioso/Enigmático. **2** *s m* O que é indesvendável/oculto/incompreensível/Mistério.

arção *s m* (<lat *árcio,ónis*: peça arqueada da sela) Peça curva de madeira na parte anterior e posterior da sela.

arcar¹ *v t/int* (<arco+-ar¹) **1** Pôr arcos em volta do. **Loc.** ~ o tonel. **2** Dar/Tomar a forma de arco/Arquear(+)/Curvar(-se).

arcar² *v t* (<arca+-ar¹) **1** Lutar corpo a corpo (+)/Investir contra/Acometer. **2** Carregar/Suportar. **Ex.** Teve de ~ com uma mala bem pesada. **Loc.** *fig* ~ *com um pesado fardo* [Ter a seu cargo uma dura/espinhosa tarefa]. ~ *com as despesas* [Pagar (do próprio bolso)/Custear]. **3** Encarregar-se de/Assumir. **Ex.** Arcou com a responsabilidade [Encarregou-se] de educar o neto.

arcaria *s f* (<arco+-aria) **1** *Arquit* Sequência de arcos/Arcada(+). **2** Conjunto de arcos que suportam o pórtico de um edifício.

arcaz *s m* (<arca+-az) Móvel existente em sacristias «ao longo da parede», em forma de arca grande com gavetões, para guardar os paramentos e as alfaias das igrejas.

arcebispado *s m* (<arcebispo+-ado) **1** Dignidade ou cargo de arcebispo. **2** Território onde se exerce a jurisdição eclesiástica do arcebispo/Arquidiocese. **3** Período de tempo em que o arcebispo exerce o cargo. **4** Residência oficial do arcebispo.

arcebispo *s m* (<gr *arkhiepískopos*; ⇒ bispo) Título honorífico concedido a bispo que dirige uma província eclesiástica, a qual engloba dioceses sufragâneas. **Ex.** Em Portugal há ~ em Braga e em Évora.

arcediago *s m* (<lat *archidiáconus*) Vigário-geral(+) que recebe do bispo o poder de administrar uma parte da diocese/Dignitário de um cabido.

arcete (Cê) *s m* (<fr *archet*) **1** Pequeno arco. **2** Serra para cortar pedra. **3** Ferramenta para arrombar portas/Pé de cabra(+).

archa *s f* (<acha) Arma antiga em forma de machado de haste longa, usada pelos guardas do paço ou da universidade, os archeiros/Alabarda(+).

archeiro¹ *s m* (<archa+-eiro) **1** Soldado armado de archa. **2** Guarda do paço ou da universidade. **Ex.** Nos cortejos solenes na Universidade de Coimbra vão à frente os ~s com os seus trajes ancestrais.

archeiro² *s m* (<fr *archier*) Soldado que combatia com arco e flecha. ⇒ arco **1**.

archote (Chó) *s m* (<fr *hachote*) **1** Corda grossa untada de breu que se acende para iluminar/Tocha/Facho. **2** *pop* Copo grande [Quartilho] de vinho.

arciprestado *s m* (<arcipreste+-ado) Dignidade ou território da jurisdição do arci-preste. **Ex.** Na (área da) diocese de Lisboa há muitos ~s.

arcipreste *s m* (<lat *archiprésbiter,tri*) **1** Sacerdote com determinada jurisdição sobre os párocos da sua área. **2** *an* Presbítero mais importante de uma igreja.

arco *s m* (<lat *arcus*: arco, abóbada; ⇒ ~-celeste/~-da-velha) **1** Vara de madeira ou de metal, flexível, retesada por corda a unir e a aproximar as extremidades, servindo para lançar setas para atacar ou com fins (d)esportivos. **Ex.** Na Idade Média, no cerco a uma cidade, os sitiados atiravam setas com o ~, contra os assaltantes através das seteiras, estreitos orifícios verticais nas muralhas ou na torre. **Comb.** «linha» *Em* [Com forma de] ~. *(D)esp Tiro com* ~. **2** *Arquit* Elemento arquite(c)tó[ô]nico de forma curva que serve de remate superior de um vão entre colunas, pilares ou outros apoios/Curva de abóbada. **Comb.** ~ *abatido*. ~ *de ferradura* [~ mourisco]. ~ *de volta inteira/perfeita*. ~ *em ogiva* [ogival/gótico]. ~ *quebrado*. **3** *Arquit* Construção ou monumento comemorativo constituído por dois pilares encimados por uma estrutura semicircular, decorado com inscrições e esculturas. **Comb.** ~ *do Triunfo* (Paris). ~ *da Rua Augusta* (Lisboa). ~ *de Constantino* (Roma). **4** Armação semicircular decorada com bandeiras de papel colorido e outros enfeites, com que se embelezam, por altura de festas, ruas de passagem de procissões/cortejos ou locais de diversão popular. **Ex.** Os ~s nas ruas era(m) sinal de que a aldeia ia estar em festa. **Idi.** *pop* Embandeirar em ~ [Festejar de forma exagerada/Entusiasmar-se demasiado]. **5** Armação semicircular móvel que, em concurso de festas populares, levam os figurantes que vão à frente de cada grupo que vai exibir-se. **Ex.** Nas Marchas de Lisboa o grupo de cada bairro da cidade leva um ~ que o identifica. **6** *Mús* Vara delgada arqueada nas extremidades, unidas por crinas de cavalo, com que se tangem as cordas de alguns instrumentos, como o violino, o violoncelo, a rabeca, ... **7** *Mús* Peça circular do tambor/bombo que se sobrepõe às peles, a qual serve de apoio a parafusos ou a cordas de aperto. **8** Cinta metálica em que se envolvem as tábuas/aduelas de barris, pipas, dornas, tinas, selhas/Aro¹ **8**. **Ex.** Este tonel tem seis ~s. **9** *Geom* Segmento de curva, especialmente da circunferência. **10** Brinquedo constituído por um aro estreito metálico que a criança faz rolar usando um arame recurvado na extremidade. **Ex.** O miúdo era exímio a guiar o ~ por ruas, veredas e carreiros. **11** Qualquer obje(c)to de forma anular. **12** O que tem a forma de círculo ou de parte do círculo. **Comb.** *Astr* ~ *diurno* [Círculo que o astro parece descrever no horizonte]. *Geog* ~ *vulcânico* [Cadeia de montanhas de origem vulcânica]. *Fisiol* ~ *reflexo* [Traje(c)to percorrido pelo influxo nervoso desde a excitação na periferia até ao momento da rea(c)ção, passando pela espinal-medula]. *Ele(c)tri* ~ *elé(c)trico/voltaico* [Descarga elé(c)trica de grande intensidade luminosa e térmica produzida entre dois elé(c)trodos, geralmente de carvão nas retortas/Fonte luminosa constituída por essa descarga]. **13** *Anat* Conjunto de peças do esqueleto dispostas simetricamente de forma encurvada. **14** *(D)esp* Aparelho de ginástica (d)esportiva. **Loc.** Lançar o ~. **15** *(D)esp Br* Baliza/Rede «de futebol».

arcobotante *s m Arquit* (<fr *arc-boutant*) Construção erguida no exterior de edifício

gótico, terminada em meio arco, que serve de apoio a paredes e abóbadas/Botaréu/Contraforte.

arco-celeste [arco da aliança] [arco de Deus] *s m* ⇒ arco-íris.

arco-da-velha *s m* (Só *us* na) **Comb.** «contou-nos» Coisas do ~ [O que é inverosímil, estranho, difícil de acreditar].

arco-íris *s m Met* Fenó[ô]meno luminoso que ocorre no céu, no lado oposto ao sol, em dias de chuva miudinha, com a forma de um arco com as cores do espe(c)tro solar, em resultado da refra(c)ção e reflexão dos raios solares nas gotículas de água da atmosfera.

árctico, a ⇒ ártico.

árdea *s f Ornit* (<lat *árdea*: garça real) Nome genérico de aves da família dos ardeídeos, vulgarmente designados de garças(+), de plumagem cinzenta.

ardeídeo, a *adj/s m* (<árdea+-ídeo) Diz-se de ave ou família de aves pernaltas, de pescoço longo e curvo, bico longo e pontiagudo e pernas altas, vulgarmente designada(s) de garça(s); *Ardeidae*.

ardência *s f* (⇒ ardente) **1** Qualidade do que arde, pega fogo, queima ou pica. **2** Calor intenso. **Ex.** A ~ do sol das três da tarde causava-lhe afrontamentos. **3** Sensação de ardor/queimadura na pele ou no interior do corpo. **Ex.** O sol estava muito quente, ainda tenho uma ~ na pele. O prato de carne tinha muito picante, sinto ~ no estômago. **4** Sentimento intenso [Veemência] de entusiasmo/paixão.

ardente *adj 2g* (<lat *árdens,éntis*, de *árdeo, ére*: arder) **1** Que está em chamas ou em brasa/Que arde/Incandescente(+). **Ex.** Uma barra de ferro ~ é facilmente moldada na bigorna. **2** Muito quente/Abrasador. **Ex.** O sol ~ provocava-lhe uns suores que lhe escorriam pela face. **3** Que brilha muito/Reluzente. **Ex.** Uma luz ~ irradiava da rocha granítica. **4** Que dá uma sensação de ardor na boca ou no estômago/Picante(+)/Acre. **Ex.** Achei [Pareceu-me] o molho da carne um pouco ~ *idi* mais ~ do que a conta [do que convinha]. **5** Que provoca muito calor. **Ex.** Estava acometido de uma febre ~ que o perturbava muito. **6** Que apresenta rubor com sensação de calor. **Ex.** O esforço da caminhada espelhava [via(+)]-se na face ~. **7** «sentimento/desejo» Intenso/Veemente/Vivo. **Ex.** Não conseguia ocultar o amor ~ que se apoderara dele [que sentia]. O desejo ~ de triunfar na competição levava-o a treino intensivo. **8** Impulsivo/Arrebatado. **Ex.** Aquele temperamento [homem] ~ precisava de alguém que o refreasse. **9** «sensação» Intenso/Forte. **Ex.** A sede ~ não o deixava sossegar.

ardentemente *adv* (<ardente+-mente) **1** Muito/Intensamente/Vivamente. **Ex.** Desejava ~ que o filho regressasse do estrangeiro para lhe fazer companhia. **2** De forma apaixonada/entusiástica. **Ex.** Como [Porque] amava ~ os seus (familiares), nunca se poupava a [, fazia todos os] sacrifícios.

ardentia *s f* (<ardente+-ia) **1** *Fís* Fenó[ô]meno de fosforescência observado à noite nas águas agitadas dos mares tropicais devido à presença de microrganismos animais ou vegetais. **2** Cintilação de cores. **3** Calor tórrido/abrasador/Canícula/Ardência.

arder *v int* (<lat *árdeo,ére,ársi,ársum*) **1** Consumir-se pelas chamas/Queimar-se/Incendiar-se. **Ex.** Arderam vários hectares de floresta. **Loc.** Deixar ~ **a)** Não apagar o lume/fogo; **b)** *idi* Não se importar (com o eventual prejuízo). **2** Ser combustível. **Ex.** Do [No fim do] incêndio (só) ficou o que não ardia. **3** Ter sabor acre/picante/Provocar sensação de ardor. **Ex.** Evitava molhos que lhe ardessem no estômago. **4** «o mar tropical, agitado» Apresentar [Mostrar/Ter] fosforescência/ardentia/Reluzir (⇒ ardentia 1). **5** Tomar a cor rosada/Ruborizar-se/Estar corado (Ó). **Ex.** Com o calor e o esforço despendido, as faces ardiam-lhe. **6** «uma oportunidade» Desaparecer/Perder-se/Esfumar-se. **Ex.** Ainda tinha uma leve esperança de arranjar emprego, mas nada feito [mas não], *pop* (pronto,) ardeu! **7** Ter prejuízo/Perder. **Ex.** O meu filho não para de convidar amigos lá para (minha) casa, mas eu é que pago, eu é que *pop* fico a ~! **8** Gastar muito e rapidamente/Desbaratar/Esbanjar. **Ex.** O falecido pai deixou-lhe, em herança, *pop* um bom pé-de-meia [, muito dinheiro], mas parece que já ardeu com [já esbanjou] tudo! **9** Experimentar um forte sentimento. **Ex.** Ela ardia com sede (Ê) de vingança por tão grande afronta. **10** Sentir um desejo muito forte de alguma coisa. **Ex.** Ardia com a ânsia de obter o primeiro lugar na competição. **11** «o corpo» Estar muito quente/Ter temperatura alta. **Ex.** A testa do miúdo ardia em [com] febre.

ardido¹, a *adj/s m* (<arder) **1** Que ardeu/Queimado. **Ex.** A (extensão da) floresta ~a é, este ano, maior que a do ano passado. **2** Que se crestou/queimou. **Ex.** A torrada ficou um pouco ~a [esturrada(+)]. **3** Que está em processo de fermentação/decomposição. **Ex.** A farinha já me parece um pouco ~a. **4** Que provoca irritação/ardor/Que pica/arde. **5** *s m* Leve irritação da pele/Assadura.

ardido², a *adj* (<fr *hardi*) **1** Audaz/Corajoso/Intrépido/Valente. **2** Muito disputado/Renhido. **Ex.** Travou-se uma ~a [renhida(+)] luta pela vitória no torneio.

ardil *s m* (< ?) A(c)ção que se vale da astúcia/manha/matreirice/esperteza para enganar/Cilada/Estratagema/Embuste/Truque. **Ex.** Engendrou um ~ para iludir o vizinho.

ardiloso, osa (Ôso, Ósa/os) *adj* (<ardil+-oso) Que revela astúcia/manha/Astucioso. **Ex.** A forma ~a como procedeu é criticável.

ardimento¹ *s m* (<arder+-mento) **1** Sensação de ardor provocado por algo que queima/Ardência(+). **2** Sensação acre/picante.

ardimento² *s m* (<ardi(do²)+-mento) Comportamento destemido/Coragem/Valentia/Audácia.

ardina¹ *s* (< ?) Pessoa que anda na rua a vender jornais. ⇒ cauteleiro.

ardina² *s f* (<arder+-ina) **1** *pop* Aguardente(+). **2** *pop* Estado de embriaguez/Bebedeira(+).

ardor *s m* (<lat *ardor,óris*) **1** Qualidade do que arde/queima/pica. **2** Sensação de calor intenso. **3** Sensação acre/Sabor picante/Queimor. **4** Grande intensidade/Veemência num estado de alma. **Ex.** O ~ da paixão amorosa era um entrave à preparação para o difícil exame. **5** Empenho/Entusiasmo. **Ex.** O ~ na defesa dos interesses da localidade trouxe[grangeou]-lhe o reconhecimento dos vizinhos.

ardoroso, osa (Ôso, Ósa, Ósos) *adj* (<ardor+-oso) **1** Que tem ímpeto/ardor/veemência. **Ex.** A ~a defesa dos mais fracos foi sempre o seu lema. **2** «jovem» Empenhado/Esforçado/Entusiástico. **Ex.** O ~ combatente pela liberdade teve a merecida consagração com uma estátua.

ardósia *s f Min* (<fr *ardoise*<top fr *Ardennes*) **1** Rocha metamórfica de grão fino, de cor cinzenta, que se lasca em folhas de espessura uniforme, hoje ainda usada a servir de quadro preto na sala de aula, no revestimento de pisos, telhados, paredes, … **2** Pequena placa dessa pedra que era usada na escola primária por cada aluno, que nela escrevia com um ponteiro do mesmo material/Lousa/*col* Pedra. **Ex.** A ~, por causa da escassez de papel, era há muitos anos, e até por volta de 1940, o instrumento de trabalho mais utilizado na escola primária.

árduo, a *adj* (<lat *árduus*) **1** Montanhoso/Agreste/Escarpado. **Ex.** Os ~s carreiros e caminhos da montanha exigiam calçado apropriado. **2** Que exige grande esforço/Que fatiga/Difícil/Penoso. **Ex.** O combate às chamas na floresta é uma tarefa ~a.

are *s m* (<fr *are*<lat *área*: superfície) Unidade de medida agrária. **Ex.** 1 ^{a} = 100m^2.

área *s f* (<lat *área*; ⇒ *ária*) **1** Superfície compreendida dentro de certos limites. **Ex.** A ~ de implantação da casa é de cerca de cem metros quadrados/100m^2. **2** Medida de uma superfície, tendo como unidade fundamental o metro quadrado. **Ex.** A ~ de um re(c)tângulo é o produto da base pela altura. **3** Espaço reservado para uma função específica. **Comb.** ~ *de estacionamento.* ~ *de serviço* **a)** Em casas ou apartamentos, zona destinada a lavagem ou secagem de roupas, a máquinas e a armazenamento de produtos variados; **b)** Zona junto a uma rodovia ou autoestrada, onde há bomba de abastecimento de combustível, espaço coberto para estacionamento breve, instalações de apoio e sanitárias, loja comercial, café, restaurante, … **4** *(D)esp* Espaço re(c)tangular do campo de jogo junto a cada uma das balizas. **Comb.** ~ *(de grande penalidade)/Grande ~/~ de rigor* [Zona re(c)tangular onde uma falta grave de jogador que defende é punida com o castigo máximo]. *Pequena ~* [No futebol, zona contígua à baliza onde o guarda-redes/goleiro não pode ser carregado ou impedido pelos adversários]. **5** Zona ou região que se distingue de outras pelas suas características. **Comb.** ~ *comercial.* ~ *industrial.* ~ *residencial.* ~ *florestal.* ~ *de cultivo.* ~ *rural.* ~ *urbana.* ~ *protegida/de prote(c)ção ambiental* [que, devido às suas características naturais, é regida por legislação específica para a preservar]. **6** Zona alargada em que vigora determinada convenção internacional. **Comb.** ~ *de livre comércio.* **7** Circunscrição administrativa. **Comb.** ~ *Metropolitana «de Lisboa/do Porto»* [Estrutura administrativa que procura coordenar serviços que dizem respeito a vários municípios junto a uma grande cidade]. **8** Domínio/Esfera/Ramo do conhecimento, da cultura, da a(c)ção. **Ex.** Na minha ~ científica várias personalidades se têm evidenciado/distinguido em Portugal. **Comb.** ~ *das ciências humanas.* ~ *das ciências exa(c)tas.* ~ *da política.* ~ *dos transportes.* **9** *Br Arquit* Espaço descoberto na parte interna de um edifício/Pátio.

areado¹, a *adj* (<arear¹) **1** Que está coberto ou cheio de areia. **2** Que foi esfregado, limpo ou posto a brilhar com areia ou outro material abrasivo. **3** «açúcar» Refinado/Granulado.

areado², a *adj* (<arear²) **1** Mentalmente perturbado/Alheado/Pasmado/Apatetado. **Ex.** Ele é meio [um tanto] ~. **2** Que não sabe onde está/Desorientado/Desnorteado.

areal *s m* (<areia+-al) **1** Lugar de muita areia/Terreno arenoso. **2** Local de extra(c)ção de

areia/Areeiro **1**. **3** Terreno coberto de areia junto ao mar/Praia(+).

areão *s m* (<areia+-ão) **1** Areia de grânulos grossos. ⇒ cascalho; brita. **2** *Br* ⇒ areal grande.

arear[1] *v t* (<areia+-ar¹) **1** Deitar areia em/Cobrir(-se) com areia/Assorear(-se). **2** Esfregar/Friccionar um obje(c)to com areia, para o limpar ou pôr a brilhar. **3** *fig* Refinar(+) «o açúcar».

arear[2] *v t* (<ar+-ear) **1** Deixar/Ficar perturbado/alterado mentalmente/Apatetar(-se). ⇒ areado². **2** (Fazer) perder o rumo/Não saber onde está/Desorientar(-se).

areeiro *s m* (<areia+-eiro) **1** Zona onde se faz extra(c)ção de areia/Areal **2**. **2** *s* Pessoa que trabalha na extra(c)ção ou no transporte de areia. **3** Barco/Barcaça para levar areia.

areento, a *adj* (<areia+-ento) **1** Que está cheio/coberto de/«água» Que tem areia/Arenoso. **2** «cor» Semelhante a areia.

areia *s f* (<lat *aréna*) **1** Massa formada por pequenos grãos e partículas muito finas resultantes, por erosão, da desagregação de rochas, existente sobretudo nas praias, nos desertos, na margem dos rios. **Idi.** *Atirar ~ aos olhos* [Tentar enganar]. *Construir castelos na ~* [Conceber planos sem consistência, sem viabilidade]. *Edificar na ~* [Condenar[Expor]-se ao fracasso]. *Meter a cabeça na ~* (*como o/a avestruz*) [Fingir que não vê/Fechar os olhos à realidade/Desresponsabilizar-se indevidamente, não intervindo]. *Semear na ~* [Trabalhar em vão]. *Ser muita ~ para a minha/tua/... camioneta* [Ultrapassar as capacidades de alguém/Estar a pedir [querer] de mais]. **Comb.** *~ movediça* [que cede logo ao que pese sobre ela]. **2** Extensão de terreno coberta por ela. **Ex.** Na praia não vai muito ao banho, prefere ficar na ~. **3** Material granuloso. **Comb.** Tinta de ~. **4** *Med* Pequenos grânulos calcários no rim, na bexiga, na vesícula biliar, ... ⇒ pedra(s). **5** *pl Cul* Pequenos bolos de farinha, manteiga e açúcar, que têm textura granulosa. **6** *fig* Pouco juízo/Falta de senso. **Ex.** Naquela cabeça não há miolos, há mais [sobretudo] ~! **7** *s pl depr* Pessoa irrefletida/estouvada. **Ex.** Ele não é trabalhador em que se confie, não passa de [, é] um ~s!

arejado, a *adj* (<arejar) **1** Que se arejou/«quarto» Bem ventilado/Exposto ao ar. **2** *fig* Que não tem preconceitos/Aberto à modernidade/Esclarecido. **Ex.** Mostrou que é uma pessoa ~a/aberta.

arejamento *s m* (<arejar+-mento) **1** A(c)to ou efeito de arejar. **2** Circulação/Renovação do ar/Ventilação. **Comb.** *~ da sala «de aula»*. **3** A(c)to de sair para espairecer. **4** *fig* Abertura de espírito a novas ideias, a outros horizontes. **Ex.** Aquelas cabeças [pessoas] ganhavam muito com um ~!

arejar *v t* (<ar+-ejar) **1** Fazer a renovação do ar no local/Fazer circular o ar em espaço que estava fechado. **2** Expor ao ar livre/Refrescar. **3** Pôr «roupa» ao ar, a secar ou a perder cheiro/mofo. **4** Sair (de casa) para tomar ar, espairecer(+). **5** *fig* Dar uso a alguma coisa que costuma estar guardada. **Ex.** As festas são uma boa ocasião para ~ joias de família. **6** *fig* Abrir o espírito à modernidade/Renovar as ideias. **Ex.** Ocupava-se a tentar ~ as mentes daquela gente simples. **7** *Br Vet* «animal» Constipar-se.

arena *s f* (<lat *aréna*) **1** *Hist* Recinto circular dos antigos anfiteatros romanos, coberto de areia, onde havia espe(c)táculos de combate de gladiadores e de feras. **2** Em praça de touros, espaço circular coberto de areia onde se faz a lide. **3** No circo, área central onde a(c)tuam os artistas. **4** *(D)esp* Espaço onde os pugilistas combatem. **5** *fig* Espaço público de debate de ideias. **Ex.** O Parlamento é a ~ por excelência [~ mais apropriada] da vida política.

arenga *s f* (<lat medieval *harenga*) **1** Discurso longo e fastidioso, cansativo. **2** Discussão/Altercação/Disputa. **3** Palavreado que não se entende.

arengar *v int* (<arenga + -ar¹) **1** Fazer discurso longo/Discursar em público. **Loc.** *~ aos formandos «da escola»* [às tropas]. **2** ⇒ resmungar. **3** Discutir/Rezingar.

arenito *s m* (<areia+-ito) Rocha sedimentar detrítica em que os grãos foram agregados por um cimento natural silicioso, calcário ou ferruginoso, dando-lhe dureza e consistência.

arenoso, osa *adj* (<lat *arenósus*) **1** Que contém [está misturado com] areia. **Comb.** *Rocha ~a. Terreno ~*. **2** Semelhante a areia na cor ou no aspe(c)to. **Comb.** *Açúcar ~. Solo ~*. **3** Coberto de areia.

arenque *s m Icti* (<fr *hareng*) **1** Peixe teleósteo da família dos clupeídeos, de grande valor comercial, pescado sobretudo no Atlântico Norte, sendo consumido fresco, salgado, defumado ou em conserva; *Clupea harengus*. **2** *fam* Pessoa muito magra.

areola *s f /adj 2g* (<areia+-ola) **1** Terra coberta de areia. **2** Solo constituído por areia média e fina, silte e argila. **3** *fig* Diz-se de pessoa com falta de senso, de pouco juízo. **Ex.** Não se deve confiar-lhe (essa) tarefa de tanta responsabilidade, que ele é um tanto ~.

aréola *s f* (<lat *aréola*<área; ⇒ auréola) **1** Pequena área. **2** Canteiro de flores de forma circular. **3** *Anat* Zona de pele mais escura em volta do mamilo da mulher. **4** *Med* Círculo avermelhado em volta de zona inflamada. **5** *Astr* Área brilhante que, por vezes, aparece em volta do Sol ou da Lua/Halo(+). **6** *Anat* Parte da íris que rodeia a pupila.

areometria *s f* (<gr *araiós*: pouco denso+ -metria) Determinação da densidade de um líquido ou de sólidos, usando o areómetro.

areométrico, a *adj* (<areometria+-ico) Relativo a areometria ou a areó[ô]metro. **Comb.** *Escalas ~s*.

areómetro [*Br* **areômetro**] *s m Fís* (<gr *araiós*: pouco denso + -metro) Instrumento de medida da densidade de líquidos ou sólidos, constituído por um flutuador e uma haste graduada, construído na base do princípio de Arquimedes.

areopagita *s m Hist* (<gr *areiopagítes*) Membro do Areópago, tribunal de Atenas na Grécia Antiga.

areópago *s m* (<gr *áreios*: consagrado a Ares [Marte] + *págos*: colina) **1** *Hist* Tribunal supremo ateniense da Antiga Grécia, célebre pela re(c)tidão, sabedoria e imparcialidade reveladas nas suas sentenças, o qual funcionava a céu aberto na colina de Ares [Marte]. **2** Qualquer tribunal ou assembleia de [com] prestígio pela re(c)tidão no a(c)to de julgar. **3** Assembleia de pessoas eminentes. **4** Conjunto de pessoas que exerce uma a(c)tividade crítica com prestígio.

aresta *s f* (<lat *arísta*) **1** *Geom* Re(c)ta comum às duas faces de um diedro. **2** *Geom* Segmento de re(c)ta comum a duas faces de um poliedro. **3** Ângulo saliente no encontro de duas superfícies planas ou curvas/Esquina. **Ex.** Cortei-me na [com a] ~ do papel. **Comb.** *~ viva* [Esquina cortante]. **4** Linha divisória de duas vertentes de montanha. **5** *Bot* Prolongamento delgado e rígido da espiga de gramíneas ou de outros vegetais/Pragana(+). **6** Pequena palha/Argueiro(+). **7** Partícula áspera que cai da estriga de linho quando se espadela, asseda ou fia. **8** Prego quase sem cabeça, usado por sapateiros e vidraceiros. **9** *pl* Traços de um temperamento de trato difícil que devem ser corrigidos. **Ex.** Há naquele feitio [naquela pessoa] umas ~s que importa *fig* limar [suavizar/moderar]. **10** *fig* Pormenores de um contrato que devem ser melhorados. **11** *fig* Insignificância.

aresto (Rês) *s m* (<arresto) **1** *Dir* Sentença definitiva de um tribunal judicial/Acórdão(+). **2** Caso julgado por um tribunal que serve de regra para casos semelhantes. **3** Resolução de uma dificuldade.

arfagem *s f* (<arfar+-agem) **1** A(c)to ou efeito de arfar/Arfada/Arfadura. **2** *Náut* Balanço do navio no sentido longitudinal, da popa à proa e vice-versa. **3** Balanço ou movimento «de veículo espacial» semelhante a **2**.

arfante *adj 2g* (<arfar+-(a)nte) **1** Que está a arfar/Que respira de forma rápida e ruidosa/Ofegante. **2** *Náut* «embarcação» Que ora levanta ora baixa a proa/Que baloiça longitudinalmente por a(c)ção das ondas.

arfar *v int* (<lat *arefácio,ere*: secar, esgotar) **1** Respirar com dificuldade/de forma apressada/Estar ofegante/Arquejar. **2** Subir e descer rápida(mente) e repetidamente/Balançar. **Ex.** O peito do miúdo arfava no fim da corrida. **3** *Náut* «embarcação» Balançar por a(c)ção das vagas, levantando ora a proa, ora a popa. **4** *Mec* «máquina a vapor» Produzir ruído repetido e ritmado característico. **Ex.** A locomotiva arfava na subida até chegar à zona planáltica.

argamassa *s f* (<ibérico *argamassa*) **1** Mistura formada por areia, água e um aglutinante, cal, cimento ou gesso, usada na construção civil. **2** *Cul fig depr* Comida que ficou demasiado espessa e pastosa. **Ex.** O arroz está [é uma] ~, custa a tragar!

argamassar *v t* (<argamassa+-ar¹) **1** Cobrir ou unir com argamassa. **2** Mexer sucessivamente para misturar bem os ingredientes até se conseguir a consistência desejada/Amassar.

arganaz *s m* (< ?) **1** *Zool* Nome comum de roedores da família dos glirídeos, semelhantes a um esquilo pequeno. **2** *Zool* Roedor da África a sul do Saara, arborícola, que faz o ninho nas cavidades das árvores; *Graphiurus murinus*. **3** *Zool* Mamífero roedor da família dos murídeos, parecido com o rato mas com cauda tufada como a do esquilo, alimentando-se de fruta e hibernando no tempo frio; *Rattus norvegicus*. **4** *fam* Homem magro muito alto.

arganel [**arganéu**] *s m* (<esp *arganel*) **1** Argola grande. **2** *Náut* **a)** Argola da âncora a que se prende a amarra; **b)** Peça de ferro em forma de U usada nas boias de amarração; **c)** *Hist* Pequena argola donde pendia o astrolábio. **3** Anel de arame colocado no focinho dos porcos para os impedir de fossar.

Argélia *s f* República do norte de África, com capital em Argel, designando-se os seus habitantes de argelinos.

argentar *v t* (<argento-+-ar¹) **1** Cobrir [Revestir] de prata/Pratear(+). **2** Dar a alguma coisa uma cor semelhante à da prata.

argentaria *s f* (<argento-+-aria) **1** Conjunto de obje(c)tos de prata, como baixelas, talheres, ... **2** Adorno, em prata ou ouro, de móveis, vestuário, chapéus, ... **3** Qualquer coisa que brilhe como prata.

argentário, a *adj/s* (<lat *argentárius*) **1** (Diz-se de) pessoa muito rica, milionária/*pop* Ricaço/Capitalista. **2** *s m* Móvel para guardar peças de prata/Guarda-pratas.

argênteo, a *adj* (<lat *argénteus*) **1** Feito de [Que contém] prata. **2** Que tem o brilho, a cor ou o timbre da prata.

argentífero, a *adj* (<argento-+-fero) Que contém ou que produz prata.

argentina *s f* (<argentino) **1** *Miner* Variedade lamelar de calcite, de cor branca e brilho nacarado. **2** *Bot* Planta herbácea, rastejante, da família das rosáceas.

Argentina *s f* República da América do Sul, com capital em Buenos Aires, designando-se os seus habitantes de argentinos.

argentino, a *adj/s* (⇒ argento-) **1** Relativo à [Da] Argentina e seus habitantes. **2** Que tem o brilho, o timbre ou a cor da prata/Argênteo **2**.

argentite/a *s f Miner* (<argento-+-ite/a) Mineral constituído por sulfureto de prata, de cor cinzenta e brilho metálico, sendo importante fonte de prata.

argent(o/i)- *pref* (<lat *argéntum*: prata, moeda) Significa prata (Ex. argentaria, argentífero, argentite).

argila *s f* (lat *argílla* <gr *árgillos*) **1** Rocha sedimentar composta sobretudo por silicatos de alumínio hidratados, de grão muito fino, de cor variada, formando com a água uma pasta moldável que endurece com o fogo. **Ex.** A ~ torna o solo impermeável. A ~ é moldada e modelada por escultores. A indústria cerâmica usa a ~ como matéria-prima. **Comb.** ~ *gorda* [que contém pouca sílica e grande quantidade de alumina]. ~ *magra* [constituída sobretudo por sílica]. ⇒ barro; greda. **2** *fig* O que é frágil/fraco na condição humana. **Ex.** No sermão, o sacerdote lembrava a ~ [o barro (+)] de que somos feitos, na linguagem simbólica da Bíblia.

argiloso, osa *adj* (<lat *argillósus*) **1** «terreno» Que tem argila em abundância. **2** Da natureza da argila.

arginina *s f Bioq* (gr *arginóeis*: brilhante+-ina) Aminoácido presente em várias proteínas, que é de grande importância no metabolismo do homem.

argirol *s m Quím* (<gr *árgyros*: prata+-ol) Composto químico de prata usado como antisséptico e antiflogístico.

argo(s) *s* (<gr *Árgos*) **1** *s f maiúsc Astr* Nome antigo de uma grande constelação austral, também conhecida por *Navio*, *Navio argo* ou *Navio dos argonautas*, hoje subdividida em *Carena*, *Popa* e *Vela*. **2** *s m Mit* Personagem de cem olhos, um dos argonautas. **3** *fig* Pessoa sagaz/perspicaz/observadora, que não se deixa enganar/Agente secreto/Espião. ⇒ árgon; argonauta.

argola (Gó) *s f* (<ár *al-gulla*: colar) **1** Peça geralmente metálica, em forma de anel/aro, para prender, segurar, suspender. **Ex.** O cortinado está preso ao varão por ~s. **Idi.** *Pôr/Meter o pé na ~* [Fazer asneira/Errar]. **2** Peça metálica para bater a porta, ao fechar/Aldraba(+). **3** Brinco em forma de anel/Arrecada(+). **Ex.** Ali, nas festas, as mulheres ostentam, como brincos, grandes ~s, muito trabalhadas. **4** Anel de ferro preso ao tornozelo ou ao pescoço dos condenados ou dos escravos, para não fugirem. **5** Qualquer obje(c)to de forma circular ou oval vazio no centro. **Comb.** ~ *do guardanapo*. ~ *do cinto*. **6** *pl* Aparelho móvel de ginástica, constituído por dois anéis de metal presos a cordas, para exercícios de suspensão. **7** *Cul* Pequeno bolo em forma de anel. ⇒ filhó.

argolada *s f* (<argola+-ada) **1** Pancada com argola. **Ex.** As três ~s na porta foram o sinal de que tinha chegado. **2** Asneira/Falha/Erro. **Ex.** Não foi a única ~ que ele cometeu nesse dia azarado.

árgon, argo [Ar 18] *Quím s m* (<gr *argós, ón*: inerte) Elemento gasoso não metal existente no ar, um dos gases nobres, incolor e inodoro, com várias aplicações industriais. **Ex.** O ~ é usado como gás inerte em lâmpadas.

argonauta *s m* (<gr *Argonáutes*) **1** *Mit* Cada um dos heróis gregos da nau Argos, muito rápida, que, segundo a lenda, foi à Cólquida (junto ao Mar Negro) à procura do velo de ouro. **2** *fig* Navegador arrojado. **3** *Zool* Molusco cefalópode da família dos argonautídeos, com oito tentáculos, cuja fêmea tem uma espécie de concha fina onde deposita os ovos; *Argonauta argo*.

argonautídeo, a *adj/s m Zool* (<lat científico *Argonautidae*) (Diz-se de) molusco ou família de moluscos cefalópodes cuja fêmea transporta uma concha onde põe os ovos. **Ex.** O polvo é um ~.

argónio [*Br* **argônio**] ⇒ árgon.

argúcia *s f* (<lat *argútia*: su(b)tileza) **1** Agudeza de espírito/Perspicácia/Sagacidade. **2** Su(b)tileza de raciocínio. **3** Raciocínio capcioso/Ardil. ⇒ arguciso **2**.

arguciso, osa (Óso, Ósa, Ósos) *adj* **1** Que revela su(b)tileza de espírito/sagacidade/argúcia/Perspicaz/Arguto(+). **2** Que envolve sofisma/ardil. **Ex.** Importa estar precavido face à argumentação ~a do advogado contrário.

argueiro *s m* (< ?) **1** Partícula que se desprendeu de um corpo/Palhinha/Aresta. **2** Partícula que se introduziu no olho/Cisco. **Ex.** Disse Jesus: " tira primeiro a trave da tua vista, e, então, verás melhor para tirar o ~ da vista do teu irmão" (Mt 7: 5). **Loc.** *Ver o ~ no olho do vizinho e não ver a tranca* [*trave*] *no seu* [Ver defeitos nos outros e não atender aos seus, bem [muito] maiores]. **3** *fig* Qualquer coisa insignificante. **Idi.** *Fazer de um ~ um cavaleiro* [Dar demasiada importância àquilo que a não tem].

arguente (Gu-en) *adj/s 2g* (⇒ arguir) **1** (O) que argumenta a favor ou contra uma tese, doutrina, … **2** (Examinador) que , num júri, interroga e critica pontos de vista do candidato, provocando o debate. **Ex.** O ~ da minha tese de mestrado não levantou grandes obje(c)ções às minhas posições [ideias/afirmações].

arguição (Gu-i) *s f* (<arguir+-ção) **1** A(c)to ou efeito de arguir. **2** *Dir* Imputação a alguém da prática de um a(c)to punível, tendo em conta os indícios.

arguido, a (Gu-í) *adj/s* (<arguir) **1** *Dir* (Pessoa) sobre quem recaem suspeitas de ter cometido um a(c)to punível, tendo sido indiciada ou acusada/Sujeito passivo de processo penal. **Ex.** O juiz de instrução do processo decidiu constituí-lo ~. **2** Que foi alegado/argumentado/obje(c)tado. **3** Interrogado/Questionado «pela polícia».

arguir (Gu-ir) *v t/int* (<lat *árguo,gúere,ui,útum*: mostrar, denunciar) **1** Fundamentar um ponto de vista/Argumentar. **Ex.** Alguns argúem que os armamentos garantem a paz… **2** Em provas públicas [exame] ou na defesa de uma dissertação [tese], «membro do júri» interrogar o candidato e criticar as suas posições, suscitando o debate/Obje(c)tar. **3** Impugnar/Refutar. **4** *Dir* Imputar culpa ou responsabilidade a alguém/Incriminar/Acusar. **Ex.** Não me arguiram de mais nada, só de negligência em (não) socorrer logo a vítima do acidente.

argumentação *s f* (<lat *argumentátio,ónis*) **1** Exposição de razões que fundamentam uma opinião, uma tese. **2** Conjunto de provas e argumentos encadeados que conduzem a uma conclusão. **Comb.** ~ *convincente*. ~ *fraca*.

argumentar *v t/int* (<lat *arguméntor,ári, átus sum*) **1** Apresentar, de forma logicamente encadeada, as razões, as provas, os argumentos que fundamentam uma posição, a favor ou contra alguma coisa. **Ex.** O meu advogado é muito bom a ~. Na defesa do réu, o advogado argumentou refutando as provas da acusação. **2** Discutir/Debater/Disputar. **Ex.** Na defesa de uma opinião, importa saber ~, para convencer [ser convincente].

argumentativo, a *adj* (<argumentar+-tivo) **1** Relativo a [Que envolve] argumento. **Comb.** *Capacidade* ~. *Poder* ~. **2** Que se desenvolve encadeando logicamente os dados, visando fundamentar uma conclusão. **Comb.** *Discurso* ~.

argumentista *adj/s 2g* (<argumento+-ista) (Pessoa) que escreve o argumento «guião» para filme, série televisiva, …

argumento *s m* (<lat *arguméntum*; ⇒ arguir) **1** Raciocínio que visa provar ou refutar uma tese. **Comb.** ~ *convincente/válido*. **2** *Lóg* Encadeamento de proposições de que se extrai uma conclusão, que é sua consequência. ⇒ silogismo. **3** Raciocínio que visa convencer alguém, mudar-lhe a opinião ou o comportamento. **4** Texto que explana a a(c)ção de um filme, de uma série televisiva, … **5** *fig* Recurso/Qualidade que se julga poder dar vantagem em qualquer disputa, concurso, competição. **Ex.** Na sele(c)ção dos novos candidatos para a telenovela, uma cara bonita é sempre um ~! A nossa equipa tem os seus ~s: boa preparação física, um esquema de jogo versátil, um bom banco [número] (de suplentes). **6** *Mat* Variável independente.

arguto, a *adj* (<lat *argútus*: sagaz; ⇒ arguir) **1** Que revela agudeza de espírito/su(b)tileza/sagacidade/argúcia. **Ex.** É um advogado ~, pode defender a nossa causa. **2** Que mostra observação atenta, perspicácia na análise da situação. **3** Hábil/Astuto. **Ex.** É um político ~, sabe identificar os problemas do povo e propor soluções para eles.

-aria *suf* (<lat *-árius* + gr *-ia;* ⇒ -ário) Significa **a)** Classificação de a(c)ção, obje(c)to, situação (Ex. brux~, patif~, zomb~, porc~, velh~, ninh~, ridicul~); **b)** Cole(c)tivo (Ex. confr~, caval~, grit~, maçon~, maquin~, rat~); **c)** Cargo, dignidade (Ex. alcaid~, caval~, vigar~); **d)** A(c)tividade profissional (Ex. engenh~, ourives~, carpint~); **e)** Local (Ex. merce~, drog~, carpint~, lavand~, livr~, peix~).

ária[1] *s f* (<it *aria*) Peça musical, cantada ou instrumental, em que a melodia sobressai «*cantabile*», dotada de unidade, mas integrada numa composição maior.

ária[2] *s f* (<ar ?) **1** Feição que chama a atenção/Cara/Semblante. **2** Jeito no manejo de um instrumento.

ária[3] *adj/s 2g* (<sânsc *árya*: nobre) ⇒ ariano[1](+).

arianismo[1] *s m* (<ariano[1]+-ismo) **1** Qualidade de ariano[1]. **2** Teoria que defende a superioridade étnica dos arianos.

arianismo[2] *s m Hist Crist* (<ariano[2]+-ismo) Heresia defendida por Ario (256-336), sacerdote de Alexandria, que negava a Trindade, a divindade de Cristo e a Redenção e que foi condenada [reprovada] no concílio de Niceia.

ariano¹, a *adj/s* (<etn Ária³+-ano) **1** Relativo aos Árias, o antepassado dos indo-europeus. **2** Indivíduo descendente desse povo. **3** Adepto do arianismo¹ **2**. **4** *s m* Língua dos Árias/Indo-europeu(+).

ariano², a *adj/s* (<antr Ario, sacerdote de Alexandria do séc. IV) **1** Relativo ao arianismo². **2** Seguidor do arianismo².

aridez *s f* (<árido+-ez) **1** Qualidade do que é árido/«terra/solo» estéril/seco. **Ex.** A ~ do deserto Sara impressiona. **2** *fig* Falta de emotividade/Insensibilidade. **Comb.** ~ *de sentimentos*. **3** *fig* Falta de interesse/graça. **Comb.** A ~ do assunto [da matéria]. **4** *fig* Carência de ideias/Pobreza de espírito/Falta de imaginação.

árido, a *adj* (<lat *áridus*) **1** Que não tem (h)umidade ou vegetação/Seco/Estéril. **Ex.** Naquele terreno ~ nada se produz. **2** *fig* Que tem falta de emotividade/Que revela frieza/insensibilidade. **Sin.** Seco/Insensível. **3** *fig* Que mostra falta de ideias, «pobre» de imaginação. **4** *fig* Nada interessante/Sem graça/ Aborrecido/Fastidioso. **Ex.** É um texto [livro] ~, que se larga ao fim do primeiro capítulo.

aríete *s m* (<lat *áries,íetis*: carneiro) **1** *Mil* Antiga máquina de guerra constituída por uma forte e comprida viga que tinha na extremidade esculpida uma cabeça de carneiro, usada para derrubar muralhas e portas de cidades sitiadas. **2** ⇒ Carneiro.

arilo *s m* (<lat medieval *arillus*: pevide de uva) **1** Excrescência/Saliência na superfície de várias sementes, resultante do desenvolvimento do funículo do ovo. ⇒ carúncula **3**. **2** Grainha seca de uva.

arinque *s m Náut* (<hol *ooring*: brinco) Cabo fino que une uma boia a uma âncora, indicando a sua posição e permitindo desprendê-la, se (for) necessário.

arinto/a *s m/f* (< ?) **1** *Bot* Casta de uva branca, de cacho pequeno de bagas verde-amareladas. **2** Vinho feito com essas uvas.

-ário *suf* (lat *–árius*; ⇒ -aria; -eiro) Significa **a)** Agente (Ex. adjudicat~, signat~, mandat~, comiss~, locat~, incendi~, funcion~); **b)** Profissão (Ex. botic~, empres~, escritur~, legion~, mission~); **c)** Cole(c)tivo (Ex. ide~, imagin~, fad~, nobili~). **d)** Relação (Ex. aeroportu~, ferrovi~, vi~); **e)** Qualidade (Ex. autorit~, igualit~, rea(c)cion~, solit~); **f)** Local (Ex. balne~, lact~, santu~, semin~); **g)** Recipiente (Ex. relic~, aqu~, ocean~, sacr~); **h)** Publicações/Livros (Ex. anu~, brevi~, seman~, di~, gloss~, dicion~).

ariranha *s f Zool* (<tupi *ari'rana*) Mamífero carnívoro semiaquático da América do Sul, da família dos mustelídeos, com cerca de um metro de comprimento, semelhante à lontra, que se alimenta sobretudo de peixes; *Pteronura brasiliensis*.

arisco, a *adj* (<lat *areníscus* <*arena*: areia ?) **1** ⇒ Arenoso. **2** *fig* Que é de trato difícil/Desconfiado/Esquivo. **Ex.** O rapaz de vez em quando desapareceu, é um pouco ~. **3** Agreste/«homem/carácter» Áspero/Agressivo/Desagradável. **4** «animal» Que ainda não está amansado/Bravio. **Ex.** O [Este] cavalo é um pouco ~/relinchão. **Comb.** Gado «bovino» ~ [que não se deixa apanhar].

aristo- *pref* (<gr *arístos*: o melhor) Significa excelência (Ex. ~cracia, ~crata, ~crático).

aristocracia *s f* (<gr *aristocratía*: governo dos [pelos] melhores) **1** *Hist* Forma de organização sociopolítica em que o poder é exercido pela classe nobre. **2** Grupo social dominante/Nobreza/Fidalguia. **Comb.** «pertencia à» ~ dessa época. **3** Minoria que sobressai da restante população pelo poder, cultura, valor, ... **4** *fig* Conjunto dos mais dotados no seu se(c)tor/Elite. **Comb.** ~ do mérito. **5** *fig* Requinte(+)/Distinção(+)/Superioridade. **Comb.** ~ *de maneiras*. ~ [Nobreza(+)] *de sentimentos*.

aristocrata *s/adj* *2g* (<aristo-+-crata) **1** Pessoa que tem um título de nobreza ou que pertence a uma classe privilegiada/Nobre/Fidalgo. **2** Pessoa partidária do regime aristocrático. **3** Pessoa que se evidencia pelo poder, valor, cultura, mérito. **4** Pessoa de maneiras requintadas/delicadas/distintas. **5** ⇒ aristocrático.

aristocrático, a *adj* (<gr *aristokratikós*) **1** Relativo [Pertencente] à aristocracia/Nobre/Fidalgo. **Comb.** Regime ~o. **2** Que revela distinção/delicadeza/requinte/Digno de um aristocrata. **Comb.** Porte ~o.

aristocratismo *s m* (<aristocrata+-ismo) Qualidade do que é aristocrático, quer do ponto de vista ideológico, quer do modo de vida da aristocracia/Distinção/Requinte/Excelência.

aristocratizar *v t* (<aristocrata+-izar) **1** *Hist* Conceder ou obter um título de nobreza/Nobilitar(-se)/Afidalgar(-se). **2** Adquirir aparência ou hábitos da aristocracia. **3** Evidenciar(-se) pela cultura/pelo valor/pelo mérito/Distinguir(-se).

aristotélico, a *adj/s* (<gr *aristotelikós*) **1** Relativo a Aristóteles, filósofo grego do séc. IV a.C. ou ao aristotelismo. **2** (O) que é partidário do aristotelismo.

aristotelismo *s m* (⇒ aristotélico) Doutrina de Aristóteles, caracterizada pela grande diversidade temática, tendo operado a sistematização e aprofundamento do saber do seu tempo, com grande influência na cultura ocidental posterior.

aritmético, a *adj/s* (<gr *arithmetikós*) **1** Relativo à [Próprio da/Baseado na] aritmética. **Comb.** *Cálculo* ~. **2** (O) que se dedica ao estudo ou ao ensino da aritmética. **3** *s f* Ramo da matemática que estuda os números naturais, suas propriedades e operações. **4** *s f* Livro ou compêndio onde se faz esse estudo.

aritmologia *s f Mat* (<gr *arithmós*: número+-logia) Ciência que trata dos números e da medição das grandezas em geral.

arlequim *s m* (<it *arlecchino*: máscara de bufão) **1** Personagem da antiga comédia italiana, cujo traje era feito de retalhos multicolores, aos losangos, usando mascarilha. **2** Fantasia usada no Carnaval em bailes de máscaras a imitar aquele traje. **3** Farsante/Palhaço/Saltimbanco/Bobo. **4** *fig* Pessoa volúvel ou irresponsável/Cata-vento. **5** *fig* Indivíduo brigão/fanfarrão. **6** *Miner* Opala de várias cores. **7** *Ent* Inse(c)to coleóptero da família dos cerambicídeos, de longas patas anteriores, cujo corpo apresenta [tem] várias cores. **8** *adj 2g* «animal» Que tem várias cores.

arma *s f* (<lat *árma,mórum*: armas) **1** Instrumento/Dispositivo fabricado pelo homem para atacar ou para se defender. **Ex.** A pistola é a ~ mais usada para defesa pessoal. **Loc.** *interj* Às ~! [Força!/Ao ataque!]. *Apresentar ~s* [Prestar honras militares a uma entidade]. *Depor as ~s* [Render-se]. *Pegar em ~s* [Preparar-se para a guerra]. **Idi.** *Ser ~ de dois gumes* [Apresentar vantagens e desvantagens]. *Partir/Ir de [com] ~s e bagagens* [Levar (consigo) todas as suas coisas]. **Comb.** ~ *automática*. ~ *branca* [que tem lâmina cortante]. ~ *de caça*. ~ *de fogo*. ~ *defensiva*. ~ *de guerra*. ~ *de repetição* [que automaticamente repete o tiro]. ~ *ligeira* [de pequeno calibre/de fácil transporte]. ~ *pesada*. ~s *especiais* [nucleares, químicas e biológicas]. ~ *de destruição massiva*. ~s *convencionais* [tradicionais]. ~s *proibidas*. ~s *químicas* [que utilizam substâncias mortíferas]. ~s *biológicas* [que usam microrganismos, substâncias tóxicas de origem bacteriana]. ~s [Bombas] *ató[ó]micas*. ~s [Bombas] *nucleares*. ~ *de longo alcance* [que atinge alvo muito distante]. ~ *antitanque*. ~ *de arremesso* [que se lança com a mão]. ~ *de precisão* [que reduz ao mínimo/o desvio do proje(c)til]. *Licença de uso e porte de* ~. *Tráfico de* ~s. **2** Qualquer obje(c)to que pode ser usado como meio de defesa ou de ataque em confronto físico. **Ex.** Há muitos anos, na aldeia, a ~ que defendia o homem de meia idade era a inseparável bengala. **3** *fig* Meio eficaz de ataque ou de defesa, ao serviço de pessoas, de uma causa ou de uma doutrina. **4** *Mil* Cada uma das partes em que se divide o exército de um país. **Ex.** No exército português há as ~s de cavalaria, infantaria, artilharia, engenharia e transmissões. **5** *pl* A força militar de um Estado ou região. **Ex.** O país tem ~s suficientes para se defender. **Comb.** *Praça de* ~s [Local em que se realizam exercícios militares ou formatura de tropas]. *Porta de* ~s [Entrada principal de um quartel, com sentinela]. **6** *pl* Profissão da carreira militar. **Ex.** Um dos filhos escolheu as ~s como modo de vida. **Comb.** *Homem de* ~s [que seguiu a carreira militar]. *fig Mulher de* ~s [forte, decidida, com capacidade de liderança] (Ex. Viúva, com poucos recursos, criou sozinha três crianças, foi uma mulher de ~s!). **7** Insígnias usadas nos escudos dos brasões das famílias nobres, diferenciando-as/Brasão. **8** Meios de defesa ou de ataque de determinados animais, como: garras, chifres, dentes, ...

armação *s f* (<lat *armátio,ónis*) **1** A(c)ção ou efeito de armar. **2** Estrutura de suporte. **Ex.** Tenho de comprar novas lentes e nova ~ dos óculos. **3** Conjunto de peças interligadas que formam a estrutura de qualquer coisa. **Comb.** ~ da casa «de madeira» [do telhado]. **4** Montagem de peças de uma estrutura. **5** Conjunto de tecidos, tapeçarias e outros adornos com que se decoram paredes, janelas, te(c)tos. **6** Cortinado de um leito. **7** Conjunto de móveis e vitrinas onde se guardam e expõem os produtos para venda de uma loja. **8** A(c)ção de equipar ou abastecer uma embarcação. **9** Conjunto de velas e mastros de uma embarcação. **10** Conjunto de apetrechos utilizados na pesca. **11** Estrutura de rede fixa para captura de peixe/Aparelho **2**. **12** Empresa de barcos de pesca. ⇒ armador **3**. **13** Conjunto de barcos do mesmo armador. **14** Chifres/Cornadura/Galha(da). **Comb.** ~ do veado [touro]. **15** *pop* Atributo do marido a quem a mulher é infiel. **16** Armadilha/Ardil/Tramoia.

armada *s f* (<armar) **1** *Mil* Conjunto de navios, instalações e pessoal da marinha de guerra de um país. **2** *Mil* Um dos ramos das Forças Armadas de um Estado. ⇒ arma **5**. **3** Conjunto de navios de guerra ou de carga que navegam juntos e que foram destacados para uma missão. **Ex.** A designada "Armada Invencível" do rei Filipe II de Espanha foi desbaratada pelos ingleses. ⇒ armado.

armadilha *s f* (<armada+-ilha) **1** Qualquer engenho para atrair e capturar animais. **2** Engenho de guerra explosivo oculto ou dissimulado, destinado a ser a(c)cionado inadvertidamente pelo inimigo. **Loc.** Cair numa ~. **Comb.** Brigada de minas e ~s. **3** Situação criada para atrair e enganar al-

guém/Cilada/Ardil. **Ex.** Aquele anúncio foi uma ~ para roubar quem comparecesse. **4** Situação que constitui perigo iminente. **Ex.** A falta de tinta nas zebras [passadeiras] das ruas é uma ~ para peões [*Br* pedestres] e automobilistas.

armadilhado, a *adj* (<armadilhar) **1** Que tem armadilha. **2** Que tem um dispositivo preparado para provocar uma explosão.

armadilhar *v t* (<armadilha+-ar¹) **1** Instalar/Montar uma armadilha. **2** Agir de forma a levar alguém a cair em logro. **Ex.** Os alunos queixavam-se de que o professor armadilhara duas perguntas do teste.

armado, a *adj* (<lat *armátus,a,um*) **1** Que tem ou usa armas. **Ex.** Um homem ~ julga-se mais seguro. **Idi.** *Estar ~ até aos dentes* [Estar fortemente ~]. **Comb.** *Assalto à mão ~a. Ataque à mão ~a. Conflito ~* [Guerra]. *Forças ~as* [Tropas de terra, mar e ar de um país]. **2** «animal» Provido de chifres, garras, espinhos, ... que utiliza para defesa ou ataque. **3** Munido de alguma coisa que pode funcionar como meio de defesa ou de ataque. **Ex.** Para impedir as obras, o povo veio ~ de paus. **4** Munido do que é necessário ou útil para o que se pretende alcançar/Aparelhado/Equipado. **Ex.** Veio para o acampamento ~ de instrumentos e alimentos para uma estadia agradável de [durante] uma semana. **Comb.** *~ e equipado* [Provido de tudo aquilo (de) que precisa]. **5** Preparado/Acautelado/Precavido para enfrentar a dificuldade. **6** Montado/Instalado. **Ex.** Uma tenda ~a era a nossa primeira tarefa à chegada ao *camping*. **7** Que possui uma armação de suporte. **Comb.** *Betão [Cimento ~]. Br Concreto (~).* **8** Que apresenta um maior volume que lhe melhora a aparência. **Comb.** *Cabelo ~. Vestido ~*. **9** *fig* Pretensioso/*pop* Peneirento. **Idi.** *~ em carapau de corrida* [Que se julga mais esperto do que os outros].

armador, ora *adj/s* (<lat *armátor,óris*) **1** (O) que arma/Armeiro. **2** O que prepara armadilhas ou faz planos para levar vantagem a outrem. **3** Pessoa que explora comercialmente um navio de pesca ou mercante, sendo ou não o proprietário. **4** Decorador de igrejas e casas. **5** *(D)esp* Futebolista que a(c)tua no meio do campo, com a missão de construir/armar jogadas de ataque, distribuindo a bola aos avançados. **Comb.** *~ de jogo.* **6** Pessoa ou empresa que organiza funerais/Agência funerária/*pop* Cangalheiro.

armadura *s f* (<lat *armatúra*; ⇒ camuflado) **1** *Hist* Conjunto de peças metálicas que protegiam o corpo dos antigos guerreiros. **Ex.** A ~ era constituída por várias peças, como: o elmo, a couraça, o gorjal, a malha, ... **2** *fig* Meio que permite enfrentar um desafio, uma situação difícil. **Ex.** Via na sua resistência «física» a ~ que lhe iria garantir o triunfo. **3** Conjunto de varões de aço de uma estrutura de betão armado de uma construção. **4** Conjunto de partes articuladas de uma estrutura de suporte/Vigamento de ferro, de madeira, ... que sustenta uma construção. **5** *Zool Anat* Estrutura que alguns animais possuem como meio de defesa ou ataque, como: chifres, carapaça, espinhos, dentes, garras, ... **Comb.** *~ bucal* [Conjunto de peças que rodeiam a cavidade bucal dos artrópodes]. **6** *Ele(c)tri* Peça de ferro macio presa aos polos dos magnetes e dos ele(c)tromagnetes. **7** *Ele(c)tri* Cada uma das duas peças metálicas de um condensador elé(c)trico, separadas por um isolador. **8** Estrutura de prote(c)ção à árvores novas, com ramos espinhosos ou resguardo de arame.

armamentismo *s m* (armamento+-ismo) Teoria que defende o aumento do número de armas de um ou mais países com o obje(c)tivo de evitar a guerra. **Ex.** Vemos o ~ já na Roma antiga, expresso na máxima: *Se queres a paz, prepara a guerra.*

armamentista *adj/s 2g* (<armamento+-ista) **1** Relativo ao armamentismo. **2** Partidário do armamentismo.

armamento *s m* (<armar+-mento) **1** A(c)to ou efeito de armar/de fornecer ou adquirir armas ou material de guerra. **2** Conjunto de material de guerra, de armas e munições de um exército, de um país. **Comb.** *Controlo do ~. Corrida aos ~s. Depósito de ~s.* **3** *Mar* Equipamento/Apetrechamento de um navio comercial ou de guerra com tudo o que é necessário para se fazer ao mar [para navegar].

armar *v t* (<lat *ármo,áre,átum*) **1** Prover(-se) de arma(s) como meio de defesa ou de ataque. **Ex.** O país tem vindo a ~-se para evitar o ataque do inimigo. **2** *Hist* Revestir-se de armadura ou proteger-se com arma defensiva. **3** *Hist* Dar um título «nobiliárquico», as armas e as insígnias correspondentes. **Ex.** Foi a rainha (D. Filipa de Lencastre) a ~ [que armou] cavaleiros os príncipes seus filhos. **Loc.** *~ cavaleiro* [Dar a ordem medieval da cavalaria]. **4** Fortalecer. **Ex.** Tratou de ~ o espírito dos filhos para os perigos que podem surgir. **5** Munir(-se) com o que é preciso para enfrentar obstáculos/dificuldades. **6** Dotar(-se) com o necessário para determinado desempenho/Equipar(-se)/Apetrechar(-se)/Aparelhar(-se). **Loc.** *~ o navio* [Apetrechá-lo com o que permite cumprir uma missão comercial ou militar]. **7** Pôr de pé uma estrutura a partir de elementos dispersos/Montar. **Ex.** Ao acampar, armávamos logo a tenda. **8** Aprontar qualquer aparelho para entrar em funcionamento/Instalar. **Ex.** Armou a ratoeira pondo de isco um pedaço de queijo. **Loc.** *~ a isca* [Pô-la no anzol]. *~ a baioneta* [Colocá-la na ponta da espingarda]. *~ os remos* [Pô-los nas forquetas]. *Fís ~ o magnete* [Adaptar-lhe uma chapa de ferro macio para manter a magnetização]. **9** Engendrar/Arquite(c)tar um plano/empreendimento. **10** Conceber, planear e executar um plano, normalmente para prejudicar alguém/Maquinar/Montar/Urdir/Tramar. **Ex.** Armou uma cilada, mas foi mal sucedido. **Loc.** *~ uma emboscada.* **11** Dar origem a/Desencadear. **Ex.** Na fábrica gostava de ~ sarilhos. **Loc.** *~ briga. ~ confusão.* **12** Dar/Tomar forma volumosa/enfolada/Pôr armação em/Encorpar. **Ex.** É um tecido que arma bem. A laca ajuda a ~ o penteado. **Loc.** *~ o vestido.* **13** Decorar/Embelezar/Adornar. **Comb.** *Panos de ~.* **14** ~-se/Dar falsa aparência para impressionar bem/Dar ares de/Fingir-se de. **Ex.** Gosta de ~-se em pessoa importante [É muito vaidoso]. **Idi.** *pop ~-se em carapau de corrida* [Fazer de muito esperto]. *~ ao efeito* [Querer atrair a atenção]. *pop ~ aos cágados/aos cucos/ao pingarelho* [Fazer-se importante]. **15** ~-se/Assumir para si, pretensiosamente, um papel. **Ex.** Armou-se em defensor dos direitos dos pobres. **16** *(D)esp* Preparar jogada tá(c)tica. **Ex.** Armou o ataque pela esquerda. **Loc.** *~ o salto* [No atletismo, calcular a distância e tomar o devido balanço, para passar acima da fasquia]. **17** *pop* Ser infiel/Trair o cônjuge. **Loc.** *~ o marido.* **18** Ir à caça ou à pesca com armadilhas.

armaria *s f* (<arma+-aria) **1** Conjunto de armas. **2** Depósito de armas/Arsenal. **3** Ciência que estuda os brasões/Heráldica(+).

armarinho *s m* (<armário+-inho) **1** *dim* de armário. **2** *Br* Loja em que se vendem tecidos, aviamentos de costura, miudezas/Capelista/Retrosaria(+).

armário *s m* (<lat *armárium*: local de guarda de armas) Móvel de madeira, metal, ... provido de prateleiras, gavetas, divisões no interior para guarda de roupa, loiça, gé[ê]neros alimentares, livros, ... **Ex.** Está já tudo guardado no ~. **Idi.** *Sair do ~* [Assumir a própria homossexualidade]. **Comb.** *~ embutido* [integrado/metido na parede].

armazém *s m* (<ár *al-mahazan*: celeiro, entreposto; ⇒ supermercado) **1** Edifício térreo de amplas dimensões onde se guardam mercadorias, mantimentos, munições, ... **Ex.** Temos em ~ vários exemplares dessa marca. ⇒ depósito; *Br* galpão. **2** Estabelecimento de venda por grosso/atacado. **Comb.** *~ de revenda* [onde a mercadoria entrada é para vender a seguir]. **3** Estabelecimento comercial de grande dimensão, com grande variedade de produtos e venda a retalho/Grande magazine. **Ex.** O grande incêndio de 1988 em Lisboa atingiu também os ~zéns do Chiado.

armazenagem [armazenamento] *s* (<armazenar) **1** A(c)to ou efeito de armazenar. **2** Depósito ou conservação de alguma coisa no armazém/Armazenamento. **3** Quantia paga pelo serviço de depósito ou de conservação de produtos por algum tempo em armazém, em depósito da alfândega, do caminho de ferro, ... **Ex.** A ~ é um custo que importa ter em conta. **4** *Info* A(c)ção de guardar informação no computador. **Comb.** *~ de dados.*

armazenar *v t* (<armazém+-ar¹) **1** Depositar e guardar por algum tempo produtos/mercadorias em armazém. **2** Acumular/Reter dentro de si. **Ex.** A memória armazena muita informação que vamos utilizar quando é necessário. **3** *Info* Guardar dados em dispositivo de memória.

armazenista *adj/s 2g* (<armazém+-ista) **1** (Pessoa/Empresa) que possui, explora ou está encarregada de um armazém. **2** (O) que negocia por atacado, guardando produtos em armazém.

armeiro, a *s* (<arma+-eiro) **1** Aquele que fabrica, monta, vende, conserta ou limpa espingardas ou armas de pequeno calibre. **2** *s m* Armário ou estante onde se guardam armas. **3** Indivíduo encarregado de conservar as armas. **4** *s m* Estabelecimento comercial de venda de armas. ⇒ armaria 2.

Arménia [*Br* Armênia] *s f* República do sudoeste da Ásia, com capital em Erevan, designando-se os habitantes de armé[ê]nios.

arménio, a [*Br* armênio] *adj/s* (<top Armé[ê]nia) **1** Relativo à Armé[ê]nia ou aos seus habitantes. **2** Natural ou habitante da Armé[ê]nia. **3** Língua indo-europeia falada na Armé[ê]nia.

armento *s m* (<lat *arméntum*) Manada(+) de gado grosso, bovino ou cavalar/Rebanho(+).

armila *s f* (<lat *armílla*: argola) **1** Adorno em forma de argola usado no braço ou no tornozelo. **2** *Arquit* Anel que cerca a base de algumas colunas ou o capitel da coluna dórica. **3** Cada um dos círculos máximos «do equador/dos meridianos» ou paralelos da esfera armilar, a qual representa a esfera celeste. **4** Instrumento antigo de observação dos astros. **5** *Bot* Anel membranoso que circunda a haste em alguns fungos.

armilar *adj 2g* (<armila+-ar²) **1** Relativo a armila. **2** Que é formado por anéis/armilas. **Comb.** Esfera ~ [Representação da esfera celeste, através de anéis/armilas, que representam os principais círculos – equador, trópicos, elíptica, círculos polares, meridianos – e o movimento dos astros, tendo no centro uma pequena esfera a representar a Terra] (Ex. A esfera ~ faz parte (do centro) da bandeira de Portugal).

arminho *s m* (<lat *arménius* (*mus*): rato da Armé[ê]nia) **1** *Zool* Mamífero carnívoro das regiões polares, pertencente à família dos mustelídeos, semelhante à doninha, de pele muito branca no inverno e ruiva no verão; *Mustela ermínea*. **2** Pele deste animal, muito fofa, usada em vestuário luxuoso. **Ex.** As peças de ~ são de grande valor. **3** *fig* Coisa muito fofa/macia/delicada. **4** *fig* Alvura/Brancura/Pureza. **5** Em heráldica, campo de prata semeado de malhas/pintas pretas, a imitar a pele deste animal. **6** *pl* Insígnias de nobreza.

armistício *s m* (<lat *armistítium*) Cessação temporária das hostilidades num conflito armado, feita de comum acordo, geralmente para celebrar um tratado de paz/Trégua.

armorial *adj 2g/s m* (<fr *armorial*) **1** Referente a [Próprio de] brasão. **2** *s m* Livro de regist(r)o de brasões.

armoriar *v t* (<fr *armorier*: pôr armas ou brasões) Ornar desenhando, pintando, esculpindo ou aplicando brasões/armas em.

ARN *Bioq* Sigla de **á**cido **r**ibo**n**ucleico.

arnês *s m* (<fr *harnais*) **1** *Hist* Armadura completa de um guerreiro, da cabeça aos pés. **2** Arreios «de cabedal» do cavalo. **3** *fig* O que protege/Égide. **Comb.** O ~ da resignação.

arnica *s f* (<lat científico *arnica*) **1** *Bot* Planta herbácea da família das compostas, de flores amarelas, cultivada como ornamental, tendo aplicação em medicina, farmácia e tinturaria. **2** Tintura preparada com flores dessa planta, aplicada sobretudo em contusões e edemas.

aro¹ *s m* (<lat *árvum*: terreno lavrado) **1** Círculo/Anel/Argola/Arco. **2** Qualquer peça que tenha forma circular. **3** Anel de fixação/Braçadeira. **4** Prote(c)ção circular periférica das rodas de carros, bicicletas, ... **5** Apoio circular das lentes na armação de óculos. **6** Argola grande usada no jogo da argola. **7** Molde circular em que se aperta o coalho do queijo para espremer o soro/Cincho. **8** Arco com que se reforça um obje(c)to, para lhe dar consistência. **Comb.** ~ de barril/tonel. **9** Moldura de madeira, alumínio, ferro, ... que guarnece os vãos de portas ou janelas. **10** Nome que se dava ao território que circundava uma cidade ou vila/Arredores. **11** Linha do horizonte.

aro² *s m Bot* (<gr *áron*: jarro) Designação comum de plantas herbáceas da família das aráceas, ornamentais, de folhas grandes, rizoma tuberoso, como o jarro; *Arum*.

aroeira *s f Bot* (<ár *dáru*: lentisco+-eira) Planta arbustiva da família das anacardiáceas, de suco resinoso e aromático, também conhecida por lentisco; *Pistacia lentiscus*.

arola (Ró) *s f* (< ?) **1** *Zool* Crustáceo marinho semelhante a um grande caranguejo, comestível/Santola(+). **2** Armadilha(+)/Aldrabice/Trapaça/Cilada(o+)/Embuste. **Loc.** Cairna ~ [Deixar-se enganar].

aroma (Rô) *s m* (gr *árwma, atos*) **1** Odor agradável exalado por certas substâncias naturais «flor» ou por preparados de substâncias de origem diversa «café»/ Qualquer cheiro agradável/Essência/Perfume/Frag(r)ância. **Ex.** O ~ desta marca de perfume é muito intenso/penetrante. **2** Substância odorífera natural ou artificial usada em culinária, culto religioso, farmácia, perfumaria, ... **Ex.** A hortelã tem um ~ que valoriza uma canja. **3** Aditivo usado em alguns alimentos industriais para aumentar ou sugerir certo sabor ou cheiro. **Comb.** Iogurte com ~s.

aromático, a *adj* (<gr *arwmatikós*; ⇒ aroma) **1** Relativo a aroma. **2** Que tem um odor agradável/Perfumado. **Ex.** O rosmaninho é uma planta ~a. **3** *Quím* Diz-se de composto orgânico de estrutura cíclica, como o benzeno, o naftaleno, o antraceno e outros hidrocarbonetos.

aromatização *s f* (<aromatizar+-ção) **1** A(c)to de aromatizar, de tornar alguma coisa aromática/perfumada, de lhe dar um cheiro ou sabor agradável. **2** Utilização de condimentos aromáticos.

aromatizante *adj 2g/s m* (<aromatizar+-(a)nte) **1** (O) que produz um odor agradável/que aromatiza/perfuma/Ambientador. **2** (O) que dá um sabor agradável.

aromatizar *v t* (<gr *arwmatízw*+-ar) **1** Dar/Tomar um cheiro agradável, um aroma/Perfumar(-se). **2** Dar sabor agradável a/Temperar com substância aromática.

arpão *s m* (<escandinavo *harpa*: garra) **1** Instrumento de arremesso usado na pesca de cetáceos, constituído por um cabo de madeira ou metal, preso a uma corda e terminado por um ferro em forma de seta ou de gancho. **2** Peça metálica semelhante usada em caça submarina. **3** Qualquer obje(c)to curvo em forma de gancho. **4** *Mar* Gancho de ferro para ser lançado ao cais ou a outra embarcação, durante a manobra da atracação, o que facilita a abordagem.

arp(e)ar *v t* (<arpão/péu+-ear) ⇒ arpoar(+).

arpejar *v int Mús* (<arpejo+-ar¹) Executar arpejos, geralmente em instrumento de cordas. ⇒ harpejar.

arpejo *s m* (<it *arpeggio*) Execução sucessiva, não simultânea, das notas de um acorde.

arpéu *s m* (⇒ arpão) **1** Arpão pequeno. **2** Fateixa. **3** Ferro curvo com que se tiram obje(c)tos do fundo da água «do poço». **4** Arpão/Gancho usado para aferrar navios na atracação/abordagem. **5** O que fere cravando-se como farpa. **6** *fam* Mão/Garra/«deitar as» Unhas «ao ladrão e agarrá-lo».

arpoação *s f* (<arpoar+-ção) A(c)ção de atirar o arpão na pesca de cetáceo ou de peixes grandes. **Comb.** ~ de baleia.

arpoador *s m* (<arpoar+-dor) Pescador encarregado de fazer o arremesso do arpão numa embarcação de pesca.

arpoar *v t* (<arpão+-ar¹) **1** Atirar o arpão na pesca de cetáceos e de peixes grandes. **Loc.** ~ um cachalote [uma baleia]. **2** Cravar [Ferir com] o arpão. **3** *fig* Segurar/Prender/Agarrar. **4** *fig* Seduzir/Tentar/Conquistar.

arqueação *s f* (<arquear+-ção) **1** A(c)to ou efeito de dar a forma de arco, de arquear(-se), de curvar(-se). **2** Curvatura de um arco. **3** Medição da capacidade de um recipiente, sobretudo cilíndrico. **4** Medida da capacidade de carga de um navio/Tonelagem.

arqueado, a *adj* (<arquear) **1** Que tem ou tomou a forma de arco/Curvo. **2** Ornamentado com arco.

arqueamento *s m* (<arquear+-mento) ⇒ arqueação.

arquear *v t/int* (<arco+-ear) **1** Dar/Tomar a forma de arco/Curvar em arco. **2** Descrever [Fazer] um arco. **3** Medir a capacidade de recipiente cilíndrico. **4** Calcular a tonelagem do casco de um navio.

arqueiro *s m* (<arco+-eiro) **1** O que fabrica/vende arcos para tonéis, pipas. **2** *Hist* O que combatia com besta, com arco e flecha/Archeiro(+). **3** *Br* Guarda-redes(+)/Goleiro.

arquejante *adj 2g* (<arquejar+-(a)nte) **1** Que respira de forma agitada, com dificuldade/Ofegante(+). **2** Que tem rápida sucessão de movimentos curtos. **Comb.** Respiração ~.

arquejar *v int* (<arca «do peito»+-ejar) Respirar com dificuldade, de forma ofegante/Arfar(+).

arquejo *s m* (<arquejar) **1** A(c)to de arquejar/Arranco **4**. **2** Respiração ofegante/agitada.

arqueogónio [*Br* **arqueogônio**] *s m Bot* (<gr *arkhé*: começo+-gono²+-io) Gametângio (feminino) pluricelular, em forma de garrafa, onde se forma o gâmeta feminino «das briófitas».

arqueologia *s f* (<gr *arkhaiología*; ⇒ arcaico) **1** Estudo das civilizações antigas a partir dos vestígios que foram encontrados. **Ex.** A escavação é um processo muito utilizado em ~. **2** Conjunto de vestígios materiais do passado. **Comb.** ~ *grega*. ~ *industrial*. *Museu de* ~.

arqueológico, a *adj* (<gr *arkhaiologikós*) **1** Relativo a arqueologia. **Comb.** Escavações ~as. Investigação ~a. Património ~. **2** Que é obje(c)to da arqueologia. **Comb.** Achado ~ [Descoberta ~a]. **3** *fig* Que é muito antigo e sem interesse/Arcaico **3** (+).

arqueólogo, a *s* (<gr *arkháios*: antigo+-logo) Pessoa que se dedica a a(c)tividades arqueológicas/Especialista em arqueologia.

arquétipo *s m* (<gr *arkhétypon*: modelo) **1** *Fil* Na teoria plató[ô]nica, modelo ideal original, forma perfeita a partir da qual foram feitos os obje(c)tos materiais com a mesma essência. **2** Modelo original/Padrão a ser reproduzido em obje(c)tos semelhantes/Protótipo/Paradigma. **3** *Liter* Texto original que serve de modelo para outros textos.

arqu(e/i)- *pref* (<gr *árkhw*: comandar) Significa **a)** Princípio (Ex. arquétipo); **b)** Posição superior (Ex. ~bancada).

-arquia *suf* (<gr *arkhé*) Significa poder/governo (Ex. mon~, aut~, olig~).

arquibancada *s f* (<arqui-+...) **1** Conjunto de filas de assentos/bancos em diferentes planos, para melhor visibilidade em anfiteatro, estádio, sala de espe(c)táculos. **2** *fig* Público que ocupa esses bancos. **Ex.** A ~ agitou-se. **3** Banco grande em que o assento é a tampa de uma arca/Arquibanco.

arquibanco *s m* (<arqui-+...) Móvel em forma de arca com espaldar, em que a tampa, dobrável, serve de assento para várias pessoas/Escano(+). **Ex.** Veem-se [Há] ~s em casas antigas.

arquiconfraria *s f* (<arqui-+...) Confraria que tem precedência sobre as outras.

arquidiocesano, a *adj* (<arquidiocese+-ano) Relativo a arquidiocese.

arquidiocese *s f* (<arqui-+...) Divisão territorial eclesiástica dirigida por um arcebispo/Arcebispado **2**. ⇒ arcebispo.

arquiducado *s m* (<arqui-+...) **1** Conjunto de terras em que tem jurisdição um arquiduque. **2** Dignidade de arquiduque.

arquiducal *adj 2g* (<arquiduque+-al) Relativo a arquiduque ou a arquiducado.

arquiduque, esa *s* (<arqui-+...) **1** Título nobiliárquico acima de duque. **2** Pessoa detentora desse título. **3** *Hist* Título

atribuído aos príncipes da Casa de Áustria. **4** *s f* Esposa de arquiduque.

arquimilionário, a *Br adj/s* (<arqui-+...) **1** (O) que é muito rico. **2** Que é muitas vezes milionário.

arquipélago *s m* (<gr *arkhipélagos*: mar principal) Grupo de ilhas próximas entre si. **Ex.** O Japão é um ~. **Comb.** ~ *dos Açores. ~ da Madeira.*

arquitectar/arquitecto/arquitectónico/arquitectura/arquitectural ⇒ arquitetar/...

arquitetar (Tè) *v t* [= arquitectar] (<arquiteto+-ar¹) **1** Fazer o proje(c)to de arquite(c)tura de uma construção/Proje(c)tar. **2** Conceber/Fazer o plano pormenorizado de alguma coisa/Imaginar. **3** *fig depr* Engendrar/Tramar/Maquinar. **Ex.** O seu espírito doentio orientava-se mais para ~ comportamentos marginais.

arquiteto, a (Té) *s m* [= arquitecto] (<gr *arkhitéktwn*: o primeiro dos operários) **1** Profissional diplomado que concebe, planeia, faz o proje(c)to de uma construção, especificando o material a utilizar, definindo a utilização do espaço. **Comb.** ~ paisagista [que integra a paisagem na arquite(c)tura, proje(c)tando a construção de jardins, zonas verdes, ...]. **2** *fig* O que concebe, idealiza, proje(c)ta a realização de alguma coisa/Criador. **Ex.** Ele foi o ~ desta instituição de beneficência. **3** *maiúsc* Deus, criador do universo, o Supremo ~.

arquitetónico, a (Tè) [*Br* **arquitetônico**] *adj* [= arquitectónico] (<gr *arkhitektonikós*) **1** Relativo à [Próprio da] arquite(c)tura. **Comb.** Estilo ~. **2** Que envolve imaginação/criação. **3** *s f* Arte ou técnica de construção. **4** *s f fig* Estrutura/Organização/ Arquite(c)tura de alguma coisa.

arquitetura (Tè) *s f* [= arquitectura] (<lat *architectúra*; ⇒ arquiteto) **1** Ciência e arte de conceber e proje(c)tar edifícios de acordo com determinada finalidade e padrões estéticos. **2** Curso superior [universitário] que prepara para o exercício da profissão de arquite(c)to. **Ex.** Terminado o ensino secundário, quer tirar [ir para (o curso de)] ~. **3** Tendência arquitetó[ô]nica predominante em determinado contexto histórico, geográfico, cultural. **Ex.** A ~ dos anos 30 e 40 constituiu [foi] uma inovação em Lisboa. **Comb.** ~ *barroca*. ~ *gótica*. ~ *românica*. **4** Forma de dispor as partes de um edifício ou de um conjunto de construções. **Ex.** Impressiona [Vejam] a imponência daquela ~! **5** *fig* Estrutura/Organização de uma realidade material ou intelectual. **Ex.** A ~ do filme revela um grande poder de imaginação. **6** *fig* Conjunto de princípios e regras que são a base de uma instituição.

arquitetural (Tè) *adj 2g* [= arquitectural] (<arquitetura+-al) ⇒ arquitetó[ô]nico.

arquitrave *s f* (<arqui-+...) Viga horizontal e principal [maior] que repousa dire(c)tamente sobre colunas ou pilares.

arquivador *s m* (<arquivar+-dor) **1** ⇒ Pasta(+)/Capa onde se arquivam documentos. **2** ⇒ arquivo 2 (+).

arquivamento *s m* (<arquivar+-mento) A(c)to ou efeito de arquivar, de guardar ou conservar em arquivo.

arquivar *v t* (<arquivo+-ar) **1** Pôr/Guardar em arquivo. **Loc.** ~ *correspondência*. ~ *documentação*. **2** *fig* Reter na memória/ Fixar/Regist(r)ar. **3** *Dir* Dar por terminada uma investigação, mandando guardar os documentos a ela respeitantes. **Ex.** O juiz mandou ~ o processo.

arquivista *adj/s 2g* (<arquivo+-ista) (Técnico) encarregado de classificar, guardar e conservar documentos em arquivo.

arquivístico, a *adj* (<arquivista+-ico) **1** Relativo a arquivo ou a arquivologia. **2** *s f* Ciência que trata da organização e funcionamento de um arquivo. **Sin.** Arquivologia.

arquivo *s m* (<lat *archívum*) **1** Local/Depósito onde é recolhida, organizada e conservada documentação variada. **Loc.** Mandar/Ir para o ~. **2** Móvel/Pasta onde se classificam e conservam documentos. **3** Conjunto documental – manuscritos, fotografias, livros, ...– conservados por uma entidade. **Ex.** Preciso de consultar o ~. A História faz-se na consulta dos ~s. **Comb.** ~ morto [Documentação antiga que raramente é consultada]. **4** *Info* Conjunto de dados digitalizados que pode ser gravado em dispositivo de armazenamento. **5** Organismo que centraliza, para conservação ou consulta, documentos arquivados por entidades públicas ou privadas. **Ex.** ~ Nacional da Torre do Tombo (Situado no recinto da Universidade (Clássica) de Lisboa). **6** Organismo oficial ou particular, laico ou religioso, que conserva documentos/dados relativos a uma população. **Comb.** ~ de Identificação de Coimbra (Portugal). **7** *fig* A memória de alguém, sobretudo se fixa/retém facilmente.

arquivologia *s f* (<arquivo+-logia) Ciência ou estudo da organização dos arquivos. **Sin.** Arquivística.

arquivolta *s f Arquit* (<it *archivolto*) **1** Moldura que guarnece e ornamenta um arco. **2** Conjunto de arcos sucessivos de raio decrescente nos portais de igrejas românicas e góticas.

-arra *suf* Significa aumentativo (Ex. bocarra). ⇒ -rro, a.

arrabalde *s m* (<ár *ar-rabd*: arredores) Povoação ou bairro perto dos limites de uma cidade ou vila/Arredores(+)/Subúrbios(+)/ Periferia/Cercanias. **Comb.** «terreno/casa nos» ~s de Lisboa.

arrábido, a *adj/s Hist* (<*top* Arrábida, serra de Setúbal, Portugal) (Diz-se de) Franciscano Reformado «Frei Agostinho da Cruz» da Província da Arrábida.

arrabil [rabil] *s m Mús* (<ár *ar-babáb*) Instrumento de origem árabe tangido com um arco, semelhante ao violino, mas de braço mais comprido, com três cordas/Rabeca mourisca.

arraçado, a *adj* (<arraçar) **1** «animal» Que resulta do cruzamento de raças/Cruzado(+)/Misto/Híbrido(o+). **2** Que não é de raça pura.

arraçar *v t* (<a-¹+raça+-ar¹) Apurar/Melhorar as crias, cruzando um animal com outro de raça pura.

arraia¹ *s f* (<ár *ar-rahya*:súbditos) Camada mais baixa da sociedade/Plebe/Arraia--miúda.

arraia² *s f* (<a-⁴+raia) **1** *Icti* ⇒ raia(+). **2** Brinquedo de papel que se eleva no ar/Papagaio(+).

arraial *s m* (<a-⁴+real<lat *regális,e*: (tenda) do rei «no acampamento»?) **1** Acampamento militar. **2** Acampamento temporário de um grupo numeroso. **Loc.** *Assentar ~ais* [Instalar-se num local para aí permanecer por um período mais ou menos longo]. *Levantar ~ais* [Abandonar o local/Partir]. **3** Festa ao ar livre com grande aglomeração de gente, grande animação e *col* comes e bebes/Festa popular. **Ex.** O fim da primavera e o verão são o período apropriado para os ~ais. **4** *fig* Grande quantidade de alguma coisa. **Comb.** ~ de pancada/ Uma pancadaria [Grande distúrbio/violência]. **5** *Hist interj* Fórmula de aclamação usada para saudar reis em Portugal «~ ~por D. João, rei de Portugal!».

arraia-miúda *s f* Povo de condição humilde/Plebe.

arraiano, a *adj/s* (<a-⁴+raiano) ⇒ Raiano.

arraigado, arraigamento, arraigar ⇒ arreigado, ...

arrais *s m sing e pl* (<ár *ar-raiç*: capitão do navio) Patrão ou mestre(+) de um barco/ Comandante de embarcação pequena.

arramar *v t/int* (<a-¹+ramo+-ar¹) **1** Deitar [Cobrir-se de] ramos. = ramalhar. **2** «a água/o leite» Alastrar(-se)/Espalhar(-se). **3** *pop* «o tempo» Começar a melhorar, a seguir à chuva/Levantar(+).

arranca *s f* (<arrancar) **1** A(c)to ou efeito de arrancar. **2** A(c)to de, com força, extrair do solo, pela raiz, ervas, plantas, ... **Ex.** A ~ das batatas «com enxada ou charrua» era uma tarefa que juntava muita gente. **3** Haste ou pernada de planta que se arrancou. **4** *Br* Colheita da mandioca.

arrancada *s f* (<arrancar+-ada) **1** A(c)to ou efeito de arrancar. **2** Partida impetuosa/ Largada «dos atletas/corredores». **Ex.** A ~ dos remadores a caminho da meta foi saudada pela multidão que assistia à prova. **3** Ataque súbito/Arremetida/Investida. **4** *(D)esp* Aceleração repentina «do maratonista» para se adiantar ao adversário a caminho da meta. **Ex.** «o futebolista» Numa impressionante ~ ganhou logo uns três metros ao adversário e rematou à baliza) sem oposição. **5** Movimento violento/ Ímpeto. **6** Trabalho de limpar a terra, extraindo mato, raízes, ... para a deixar apta a receber uma cultura. **7** Campo onde se fez esse trabalho.

arrancadeira *s f* (<arrancar+-deira) Instrumento ou máquina de arrancar.

arrancamento *s m* (<arrancar+-mento) A(c)ção de arrancar, de extrair com força o que está agarrado/preso/Arranca. **Ex.** O ~ do mato obriga a empregar muita força. Temia ter de pedir o ~ do dente.

arrancão *s m* (<arranco+-ão) Impulso violento e súbito para extrair algo que está preso. **Ex.** Com um ~ tirou-lhe o dente. **Sin.** Puxão.

arranca-pregos *s m* (<arrancar+...) Utensílio para arrancar pregos/Pé de cabra.

arrancar *v t* (<lat *erúnco,áre*: limpar de ervas daninhas) **1** Extrair do solo, empregando força. **Ex.** Andámos a ~ as batatas. Está a ~ as ervas daninhas. **2** Desprender/ Tirar com esforço algo que está agarrado, preso, fixo. **Ex.** O médico resolveu ~-lhe o dente. Na pedreira arrancam grandes pedaços [blocos] de pedra. O miúdo *idi* não arrancava os olhos da [não deixava de olhar para a] montra. **Loc.** ~ pregos. **Idi.** *Valer tudo menos ~ olhos* [Admitir usar quaisquer meios, mesmo criticáveis, desde que pareçam eficazes]. **3** Fazer sair de/ Retirar. **Ex.** Conseguiram ~ o barco dos rochedos. Ninguém o *fam* arranca da cama antes das dez horas. **4** Puxar por/Sacar/ Tirar. **Ex.** Arrancou a espada da bainha [Puxou da espada (+)]. **5** Tirar com força/ Arrebatar/Roubar. **Ex.** O larápio arrancou a mala à moça. **Idi.** *~ a máscara a alguém* [Impedir que continue a fingir/*pop* Descobrir a careca a/Desmascarar]. **6** Obter por processos indevidos/condenáveis/Extorquir. **Ex.** A organização criminosa recorre à chantagem para ~ dinheiro a empresários. **7** Obter a custo. **Ex.** A polícia conseguiu ~-lhe a confissão do crime. **8** Fazer sair de uma situação desfavorável/Libertar. **Ex.** Deve-se fazer tudo para ~ as pessoas da miséria. **9** Fazer desaparecer/esquecer/ Extirpar. **Ex.** Com umas férias bem longe, procurou ~-lhe da mente as imagens trágicas do passado recente. **10** Fazer brotar/

Despertar. **Ex.** O terrível desastre era de ~ lágrimas a qualquer pessoa. **11** Iniciar a marcha com ímpeto/Pôr-se em movimento. **Ex.** O carro arrancou a grande velocidade. **12** Ter início/Principiar/Começar. **Ex.** As obras do Centro Social vão ~ no próximo mês.

arranco *s m* (<arrancar; ⇒ arranque) **1** A(c)to ou efeito de arrancar/Arrancamento. **2** Gesto impetuoso e súbito de extrair alguma coisa de [com] um só impulso. **3** Movimento rápido e repentino para avançar ou acometer. **4** Movimento convulsivo do peito/Arquejo. **5** Movimento impulsivo para vomitar. **6** Movimento convulsivo à aproximação da morte/Agonia/Estertor. **Loc.** Dar o último ~.

arranha-céu(s) *s m* (<arranhar+...) Edifício extraordinariamente alto, com muitos andares.

arranhadela (Dé) *s f* (<arranhar+-dela) **1** A(c)to ou efeito de arranhar/Ferimento leve na pele, muito superficial, com qualquer ponta aguçada ou com as unhas. **2** Risco em superfície «no carro» feito com as unhas ou um obje(c)to aguçado/Arranhadura.

arranhador, ora *adj/s* (<arranhar+-dor) **1** (O) que risca/raspa ao de leve uma superfície com as unhas ou obje(c)to pontiagudo. **2** *fig depr* (O) que tem um conhecimento imperfeito, rudimentar, particularmente de uma língua estrangeira. **3** *fig depr* (O) que toca mal um instrumento/Principiante.

arranhão *s m* (<arranhar+-ão) **1** Pequena escoriação na pele em forma de risco provocado por unha ou obje(c)to pontiagudo/Ferida sem gravidade/Arranhadela/Arranhadura. **Ex.** Isto é só um ~, nada de [, que não merece] cuidado. **2** ⇒ Ranhura(+).

arranhar *v t* (<lat *arrádo* [*adrádo*]: tirar raspando<*ad+rádo,ere,rasum*: raspar, varrer) **1** Ferir/Riscar superficialmente a pele ou qualquer superfície com as unhas ou com um obje(c)to pontiagudo. **Ex.** O gato arranhou-me (n)a mão. Arranharam-me a pintura do carro. **2** Provocar uma sensação desagradável ao ouvido, ao ta(c)to/Irritar. **Ex.** Este tecido é áspero, arranha-me o pescoço. Quando menos se espera, o ruído ríspido do giz no quadro preto arranha os ouvidos dos alunos. **3** Produzir atrito exagerado. **Ex.** Ao fazer a mudança de velocidade, deixou ~ a embrai[bre]agem. **4** *fig* Ter conhecimento deficiente de uma matéria/língua/arte/técnica. **Ex.** Queria saber falar bem, mas só ainda arranha o inglês. **5** *fig* Executar de forma notoriamente imperfeita. **Ex.** Ele não toca viola, só arranha. **6** *fig* Ofender/macular. **Ex.** Aquele artigo da revista arranhou-lhe a reputação.

arranjadela *s f* (<arranjar+-dela) **1** Pequeno e rápido arranjo. **Ex.** Deu uma ~ na sala para receber as inesperadas visitas. **2** Pequeno conserto. **Ex.** O sapateiro deu-lhe uma ~ [um jeito] na sandália e resolveu-lhe o problema.

arranjado, a *adj* (<arranjar) **1** Que está arrumado, em ordem. **Ex.** A sala está ~a. **2** Que tem um aspe(c)to agradável/cuidado. **Ex.** Gosta de andar sempre bem ~o/a. **3** Combinado/Acordado. **Ex.** Está tudo ~, em breve vão começar as consultas médicas. Não terá sido um casamento de amor, terá sido antes [, pelo contrário, terá sido] ~ pelas duas famílias. **4** Que dispõe de bons recursos/Que tem boa situação econó[ô]mica. **Loc.** *iron pop* **Estar (bem)** ~ [Estar sob a ameaça de ficar numa situação difícil] (Ex. Estás (bem) ~ [Pobre de ti], não te livras de ter de pagar uma avultada inde(m)nização pelos prejuízos causados).

arranjador, ora *adj/s* (<arranjar+-dor) **1** (O) que apronta/arranja. **2** *Mús* (O) que faz arranjos musicais. ⇒ compositor.

arranjão *s m* (<arranjo+-ão) Grande ajuda/conveniência/utilidade/Jeitão(+). **Ex.** Aquele pré[ê]mio da lotaria foi para ele um ~ [deu-lhe um jeitão], permitiu-lhe comprar uma casa.

arranjar *v t* (<lat *árrigo*: pôr direito, levantar<*ad+régo*: dirigir) **1** Dispor de forma conveniente/Pôr em ordem/Arrumar. **Ex.** Está a ~ a sala para receber as visitas. **2** Melhorar o aspe(c)to de/Ajeitar. **Ex.** Foi ~ o cabelo e as unhas para a festa. **3** Vestir(-se)/Apresentar(-se) com aparência agradável. **Ex.** Ela esmera-se a ~ os filhos. **4** Enfeitar/Adornar. **Ex.** As mordomas estão a ~ o altar. **5** Reparar/Consertar o que se avariou/estragou. **Ex.** Vou levar o aparelho a ~ [compor] ainda hoje. **6** Preparar algo para se poder cozinhar. **Ex.** Na praça pedi à vendedora que me arranjasse o peixe para grelhar, raspando-lhe as escamas. **7** Preparar/Aprontar. **Ex.** A moça arranjou o almoço para os trabalhadores. São horas de ~ [fazer(+)] as malas para a viagem. **8** Conseguir adquirir/Obter. **Ex.** Arranjei ao meu neto o livro que lhe faltava. **9** Engendrar/Inventar/Descobrir. **Ex.** Hei de ~ [ver/conseguir] maneira de o convencer a aderir ao proje(c)to. É fértil a ~ [inventar] desculpas para as suas falhas. **10** Conseguir o que se desejava. **Ex.** Arranjou namorado e parece feliz. Já arranjou vários amigos, é muito popular. **Loc. ~ a vida** [Viver com desafogo/Ter boa situação financeira]. **11** Unir-se afe(c)tivamente a/Casar. **Ex.** Arranjou-se com um velho amigo. **12** ~-se/Obter meios de subsistência/Governar(-se). **Ex.** Sendo de família pobre, todos os irmãos se arranjaram. **13** Resolver/Solucionar. **Ex.** Ele é o(p)timista, pensa que tudo se vai ~ [que vai dar [sair] tudo certo]! **14** ~-se/Superar situação difícil. **Ex.** Não havia cadeiras para todos, mas lá [mas, por fim, lá] se arranjaram. Eu não faço mais nada, arranjem-se como puderem! **15** ~-se/Chegar a acordo/Entender-se. **Ex.** Vá lá! Deixem-se de questões, arranjem lá isso! **16** Combinar/Acordar. **Ex.** Foram os pais a ~ [os pais que arranjaram] aquele casamento. **17** Contrair/Apanhar. **Ex.** Com a sua vida dissoluta, arranjou [contraiu] uma doença grave. **18** *iron* Aplicar castigo. **Ex.** Ah malandro, anda cá que já te arranjo [que *idi* as vais levar/que vais apanhar (uma sova)]! **19** Criar situação difícil «por culpa própria» **Ex.** Está sempre a ~ sarilhos. *iron idi* Arranjaste-a bonita! Quero [Estou para] ver como te sais [como resolves o problema]! **20** Fazer arranjo [adaptação] de peça musical.

arranjinho *s m* (<arranjo+-inho) **1** *dim* de arranjo. **2** *fam* Combinação vantajosa feita em segredo/Conluio. **Ex.** Aquele negócio terá sido um ~ de que ambos beneficiaram. **3** Favor/Jeito que pode não ser [que talvez não seja] legal. **Ex.** A autorização para construir (uma casa) ali, parece-me ter sido um ~/favor(itismo). **4** Relação amorosa mantida em segredo.

arranjismo *s m depr* (<arranjar+-ismo) **1** Forma de proceder habitual de quem procura obter situações vantajosas para si próprio ou para familiares e amigos, por processos não transparentes; ⇒ jeit(inho). **2** A(c)to de tirar vantagens indevidas/de arranjar-se/governar-se. **Ex.** Esse negócio foi mais um dos seus ~s.

arranjista *adj/s 2g* (<arranjar+-ista) (O) que quer triunfar na vida usando processos desonestos [nada escrupulosos], sem respeito pelos direitos dos outros.

arranjo *s m* (<arranjar) **1** A(c)to de pôr em ordem/Arrumação. **Ex.** Preciso de dar [fazer] um ~ à [na] sala. **2** Boa apresentação/Vestuário e aspe(c)to exterior cuidados. **Ex.** O ~ que ela apresenta diariamente deixa [causa] a melhor impressão. **3** Conjunto harmonioso. **Comb.** ~ floral. **4** Decoração/Enfeite. **Ex.** O ~ da sala da conferência foi confiado a uma empresa. **5** Reparação/Conserto. **Ex.** O ~ do aparelho está para breve [não vai demorar]. **6** Boa gestão/Equilíbrio financeiro/Governo. **Ex.** As horas extraordinárias no emprego foram um bom ~ para a família. **7** *fam* Conveniência/Vantagem/Jeito(+). **Ex.** Dava-lhe ~ [jeito(+)] ter uma máquina para fazer esse trabalho. **Loc.** Fazer ~ [Dar jeito] (Ex. O móvel é velho, mas faz ~). **8** Casamento vantajoso. **Ex.** O tal médico pode ser um bom ~ [partido] para ela. **9** *pop* Relação amorosa secreta, sobretudo extraconjugal/Amante/*pop* Caso. **Ex.** Constou-me que ele tem para aí um ~... **10** Combinação/Acordo. **Ex.** O casamento deles foi um ~ dos pais. **11** Combinação fraudulenta/Conluio/Negociata. **Ex.** Eles congeminaram o ~ para tramar os outros concorrentes. **12** Adaptação de uma obra literária para um certo público ou para a levar à cena. **Ex.** O ~ do romance de Eça de Queirós *A Relíquia* ao teatro foi muito feliz [resultou muito bem]. **13** *Mús* Adaptação de uma composição a outra estrutura harmó[ô]nica, a vozes ou a outros instrumentos. **14** *Mat* Construção de diferentes agrupamentos possíveis com determinados elementos.

arranque *s m* (<arrancar; ⇒ arranco) **1** A(c)ção ou efeito de arrancar, de tirar, com um forte impulso, algo que estava preso/agarrado. **2** A(c)ção de extrair alguma coisa, de retirar uma planta do solo, pela raiz. **Ex.** A construção da barragem levou ao ~ de oliveiras numa vasta área. **3** Primeiro impulso no funcionamento de uma máquina motorizada. **Comb.** Motor de ~. **4** *(D)esp* Movimento impetuoso e repentino/Forte impulso no início de uma corrida ou de um ataque à baliza contrária. **Ex.** Na corrida dos 100 metros o arranque é decisivo. Aquele avançado é muito difícil de marcar, vence qualquer um no ~. **5** Começo/Início. **Ex.** O ~ do ano le(c)tivo é já amanhã. **6** *Arquit* Ponto onde começa a formação de um arco ou abóbada.

-arrão, rrona *suf* Significa aumentativo (Ex. homenzarrão, gatarrão, santarrona).

arrapazado, a *adj* (<arrapazar) Que tem comportamento ou aspe(c)to semelhante ao de rapaz. **Ex.** A moça, querendo sempre participar nestes jogos, parece-me um pouco ~a.

arrapazar(-se) *v t* (<a-¹+rapaz+-ar¹) Dar/Adquirir aparência ou modos de rapaz.

arras (Árras) *s f pl* (<lat *arrha*: penhor) **1** *Dir* Garantia dada por um dos contratantes ao outro pelo cumprimento do contrato/Sinal. **2** Vantagens oferecidas por um jogador considerado superior aos adversários para que a disputa ganhe mais interesse. **Loc.** Dar ~ a (alguém) **a)** Ser superior a; **b)** Proporcionar vantagens/oportunidades a. **3** Quantia ou bens que o noivo, por contrato antenupcial, garantia à futura mulher para sua alimentação e tratamento, para o caso de ela lhe sobreviver.

arrás *s m* (<*top* Arras (França)) **1** Tapeçaria ornamental com desenhos de cores vivas, produzida sobretudo na cidade de Arras. **2** Antigo tecido usado em vestuário.

arrasado, a *adj* (<arrasar) **1** Que se arrasou. **2** Deitado por terra/Destruído. **Ex.** Durante a guerra, grande parte da cidade foi ~a. **3** Muito cansado/Extenuado/Exausto. **Ex.** Com trabalhos tão duros, chegavam ao fim do dia ~s. **4** Muito abalado/deprimido. **Ex.** Ficou ~ com a morte do amigo. **5** Humilhado/Vexado. **Ex.** A infâmia que recaiu sobre a família deixou-os ~s. **6** Completamente cheio/Aplanado/Raso(+).

arrasador, ora *adj* (<arrasar+-dor) **1** Que arrasa. **2** Que torna raso/aplanado. **3** Que deita abaixo/desmorona/destrói. **Ex.** Um bombardeamento ~ lançou o pânico na cidade. **4** Que cansa muito/Extenuante/ Esgotante. **Ex.** O trabalho nas minas era ~. **5** Que abala psiquicamente/Deprimente. **Ex.** A notícia de que teria de pagar uma avultada inde(m)nização foi para ele ~a. **6** Vexatório/Humilhante. **Ex.** A divulgação daquele crime hediondo foi ~a para a família.

arrasamento *s m* (<arrasar+-mento) A(c)to ou efeito de arrasar/nivelar/destruir.

arrasar *v t* (<a-¹+raso+-ar¹) **1** Pôr ao mesmo nível/Tornar plano/raso/Aplanar(+). **Ex.** Para construir, começámos por ~ o terreno. **2** Encher completamente o recipiente «alqueire/rasa/rasão», nivelando os grãos «do cereal» com a passagem da rasoura sobre os seus bordos. **3** Destruir completamente/Desmoronar/Demolir. **Ex.** O bombardeamento visou ~ importantes instalações militares. **4** Provocar grave prejuízo/ Arruinar. **Ex.** As noitadas e a bebida [o álcool] arrasaram-lhe a saúde. **5** Esgotar as forças a alguém/Extenuar/Prostrar. **Ex.** Aquele trabalho era de ~ qualquer um! **6** Causar grande desgosto/*fam* Deitar abaixo/Abater/Deprimir. **Ex.** A notícia da morte do seu maior amigo arrasou-o. **7** Superiorizar-se claramente ao adversário/Vencer de forma categórica. **Ex.** Na defesa do seu constituinte, o advogado arrasou a argumentação da parte contrária.

arrastadeira *s f* (<arrastar+-deira) **1** Recipiente achatado próprio para recolher urina e fezes de doentes acamados/Aparadeira(+). **2** *pop* Carro muito baixo.

arrastado, a *adj* (<arrastar) **1** Que se arrastou. **2** Que, ao deslocar-se, vai tendo mais conta(c)to com o chão do que é normal. **Ex.** Tem um andar ~, que não é da [ainda devido à] idade. **3** Levado à força pelo chão. **Ex.** Só ~ pela polícia saiu do meio da estrada. Na praia levaram-no ~ até á água. **4** Feito de forma lenta/indolente. **Ex.** Foi um trabalho ~ [demorado], que nunca mais tinha fim! **5** Pobre/Difícil/Humilde. **Ex.** A sua vida foi sempre ~a, sem horizontes. **6** Demorado/Moroso. **Ex.** A negociação continua ~, não se sabe por quanto tempo. **7** *s m* Toque de guitarra ou viola em que os dedos se arrastam pelas cordas.

arrastamento *s m* (<arrastar+-mento) **1** A(c)ção ou efeito de arrastar(-se). **2** A(c)ção de levar/trazer de rastos pelo chão. **Ex.** Na aldeia, o ~ de grandes pedras para construção fazia-se usando uma zorra em forma de V, puxada por uma junta de bois. **3** Prolongamento no tempo. **Ex.** O ~ da situação causou grave prejuízo à família. **4** Influência/Imitação. **Ex.** Algumas empresas grandes pediram subsídios e, por ~, outras fizeram o mesmo. **Loc.** Por ~ [Na sequência/Em consequência].

arrastão *s m* (<arrastar+-ão) **1** A(c)to ou efeito de arrastar, de puxar com vigor de modo a deslocar de rastos pelo chão. **Idi.** Ir no ~/na onda(+) [Deixar-se influenciar pelo grupo]. **2** Rede grande de pesca que as traineiras arrastam pelo leito do mar. **3** Tipo de pesca assim realizada. **4** Barco a motor usado na pesca com essa rede. **5** Assalto feito por um grupo numeroso às pessoas por que passa. **Ex.** Causou grande alarido o ~ que alguns jovens fizeram numa praia concorrida. **6** Ramo que nasce no pé da videira e que avança pelo chão.

arrastar *v t* (<a-¹+rasto+-ar¹) **1** Fazer deslocar alguém/algo pelo chão, puxando-o atrás de si, contra sua vontade/Levar de rastos/ Obrigar a deslizar pelo chão. **Ex.** Na praia arrastaram-no até à água, obrigando-o a molhar-se. A polícia arrastou do meio da rua alguns manifestantes renitentes. **Loc.** *fig* ~ *alguém na lama/no lodo/pelas ruas da amargura* [Dizer muito mal de alguém]. ~ *a rede de pesca*. **2** ~-se/Deslocar-se deslizando pelo chão/Deslocar-se de rastos. **Ex.** A cobra arrasta-se [rasteja(+)] sorrateira entre as ervas. **3** Deslizar pelo chão. **Ex.** A cauda do vestido da noiva arrastava. **Loc.** *fig* ~ *a asa* «como o pombo/peru» [Cortejar/Seduzir/Namorar]. **4** Deslocar do lugar em que estava. **Ex.** Para pôr o motor do carro velho a trabalhar [funcionar], foi preciso arrastá[empurrá]-lo por uma centena de metros. Arrastou a arca cheia de roupa pelo soalho do corredor. O vento forte arrastou [levou/empurrou] o barco para a zona das rochas. **5** Deslocar-se com dificuldade, fazendo roçar o calçado pelo chão. **Ex.** O meu amigo está velho, coitado, já arrasta os pés. **Loc.** ~ *o andar*. **6** Levar alguém a agir mal, seduzindo/ Induzir/Desviar. **Ex.** As más companhias arrastaram-no para uma vida de vício. **7** Conduzir a uma situação desfavorável. **Ex.** A mania das grandezas arrastou- -o para a falência. **8** Levar [Ter] uma vida desinteressante, rotineira, medíocre. **Ex.** Arrastava-se num grande marasmo, sem uma esperança, sem um entusiasmo. **9** Decorrer lentamente. **Ex.** Na aldeia os dias arrastavam-se, pareciam intermináveis. **10** Atrasar o desenvolvimento de um processo/Fazer prolongar no tempo/Demorar. **Ex.** O processo no tribunal arrasta- -se há anos, não se vê quando estará concluído. **11** Pronunciar/Falar de forma muito lenta. **Loc.** ~ *a voz*. **12** Usar um ritmo lento no canto. **Ex.** Ali, na missa, arrastam muito os cânticos. **13** Levar consigo/Carregar com «lembranças funestas». **Ex.** O velho arrastava as suas queixas de um passado injusto. **14** *Info* Deslocar a imagem no ecrã do computador com o rato.

arrasto *s m* (<arrastar) **1** A(c)to ou efeito de arrastar(-se)/Arrastamento. **2** Tipo de transporte em que materiais pesados são deslocados de rojo/Material assim transportado. **3** A(c)to de arrastar rede de pesca. **Comb.** *Barco de ~. Rede de ~* [Arrastão 2]. **4** Tipo de pesca que utiliza essa rede. **Comb.** *Pesca de ~*. **5** Leito do rio de menor altura da água, em que os barcos roçam as areias do fundo.

arrátel *s m Hist* (<ár *ar-ratl*) Antiga unidade de peso correspondente a 459 g ou 16 onças.

arrazoado, a *adj/s m* (<arrazoar) **1** Conforme à razão/Sensato(+)/Razoável(o+). **2** Que tem a justa medida/Equilibrado. **3** *s m Dir* Defesa de uma causa/Alegação de direito. **Ex.** O ~ do advogado pareceu-me convincente. **4** *s m Dir* Conjunto de alegações ou razões das partes em litígio, feitas oralmente ou por escrito. **5** *fig* Enunciado longo de ideias ou argumentos/Discurso fastidioso. **Ex.** Já estava cansado daquele ~, foi um alívio quando terminou.

arrazoar *v t* (<a-¹+razão+-ar¹) **1** Enunciar razões que fundamentam uma opinião/ tese/Argumentar/Discorrer. **2** *Dir* Alegar em defesa de uma causa. **3** Invocar razões numa disputa/Discutir/Altercar.

arre *interj* (<ár *arrih*: grito para estimular camelos) **1** Exclamação usada para incitar animais a começar a andar. **Ex.** ~ [Anda] (burro/cavalo)! **2** *pop* Exclamação de enfado/raiva/impaciência. **Ex.** ~! Não há meio de se calar! ~! Não há paciência para aturar isto! ~, que é burro! Ainda não aprendeu!

arreado, a *adj* (<arrear) **1** «cavalo» Aparelhado com os devidos arreios. **2** Ornamentado/Adornado. **Ex.** Gostava de se apresentar nas festas (~a) com as suas joias.

arrear *v t* (<lat *árredo,áre*: adornar; ⇒ arriar) **1** Colocar arreios em cavalgadura. **2** Enfeitar(+)/Adornar/Ataviar(+). **Ex.** Gostava de se ~ com os seus ouros. **3** Vestir com elegância. **Ex.** Esmera-se a ~ (vestir(+)] as crianças em dias de festa. **4** Mobilar um espaço. **5** *fig* ~-se/Vangloriar-se(o+)/Gabar-se(+). **Ex.** Arreava-se de ser o primeiro a conseguir tal proeza.

arreata *s f* (<arreatar) **1** Corda ou tira de couro presa ao cabresto com que se conduzem animais/Rédea(+). **2** Grupo de animais de carga presos uns aos outros.

arreatar *v t* (<a-⁴+reatar) **1** Prender(+)/ Amarrar animal com arreata. **2** Atar com voltas de um cabo.

arrebanhamento *s m* (<arrebanhar+ -mento) **1** A(c)to ou efeito de arrebanhar/ de reunir animais em rebanho/manada. **2** A(c)ção de reunir/juntar «o lixo».

arrebanhar *v t* (<a-¹+rebanho+-ar¹) **1** Reunir(-se) um grupo de animais a formar rebanho. **2** *fam* Reunir rapidamente num local um grupo de pessoas. **Ex.** Vendo o perigo, tratou de ~ as crianças do pátio, meteu-as na carrinha e afastou-se para local seguro. **3** Convocar/Recrutar. **4** *fam* Juntar/Arrecadar/Apoderar-se de/Apossar-se de. **Ex.** Sem escrúpulos, arrebanhou os obje(c)tos de valor e partiu.

arrebatado, a *adj* (<arrebatar) **1** Que se arrebatou. **Ex.** Os obje(c)tos ~s nunca foram devolvidos. **2** Impetuoso/Veemente. **Ex.** Vociferava contra aquele abuso com gestos ~s. **3** Que revela excitação/Exaltado/Inflamado. **Ex.** Em voz ~a defendeu os direitos daquela pobre gente. **4** Apaixonado/Impulsivo. **Ex.** Era um espírito ~, à sua volta tudo era vivido com entusiasmo. **5** Deslumbrado/Maravilhado. **Ex.** Parecia ~ a contemplar a grandiosidade e beleza da catedral gótica.

arrebatador, ora *adj/s* (<arrebatar+-dor) **1** (O) que arrebata/que se apodera de. **2** Que entusiasma/apaixona. **Ex.** Pronunciou [Teve] um discurso ~, que uniu a todos na defesa dos seus direitos. **3** Que encanta/deslumbra. **Ex.** Dali desfruta-se um panorama ~.

arrebatamento *s m* (<arrebatar+-mento) **1** A(c)to ou efeito de arrebatar. **2** Atitude precipitada/impensada. **Ex.** Não esperava dele [Não pensava que ele tivesse] aquele ~. **3** Entusiasmo/Furor. **Ex.** É com ~ que abraça [se entrega a] qualquer causa. **4** Êxtase(+)/Enlevo. **Ex.** É conhecido o ~ dos místicos «S(anta) Teresa de Ávila».

arrebatar *v t* (<a-¹+rebate+-ar¹) **1** Tirar com força/Arrancar. **Ex.** O intruso arrebatou-lhe o telemóvel [*Br* celular]. **2** Retirar de repente/Tirar/Levar. **Ex.** A epidemia arrebatou- -lhe o [causou a morte do seu] único filho. **3** Ganhar/Arrecadar. **Ex.** O filme arrebatou vários prémios no festival. **4** Apoderar-se de/Conquistar. **Ex.** Na guerra, o inimigo ar-

rebatou-nos um extenso território. **5** Suscitar/Despertar/Provocar. **Ex.** A a(c)tuação do artista arrebatou [arrancou(+)] entusiásticos aplausos à plateia. **6** Deslumbrar/Encantar. **Ex.** A luminosidade do fim da tarde arrebatava-o. **7** Entusiasmar/Empolgar. **Ex.** Arrebatava-o a ideia de triunfar do velho rival. **8** Deixar-se dominar por um forte sentimento. **Ex.** Um ódio visceral àquela família arrebatou-o, toldando-lhe a mente.
arrebentar ⇒ rebentar.
arrebicado, a adj (<arrebicar) **1** depr Que tem demasiados enfeites/Adornado de mais. **2** Afe(c)tado/Pretensioso/Amaneirado. **Ex.** A sua prosa é ~a, fastidiosa, de [por] tanto pormenor.
arrebicar v t (<arrebique+-ar¹) **1** Pôr arrebiques em/Ornamentar(-se)/Enfeitar(-se). **2** depr Exagerar nos adornos/ataviar(-se) de forma pretensiosa/ridícula. **3** Maquiar(-se) demasiado.
arrebique s m (<ár ar-rabik) **1** Corante/Cosmético escarlate outrora usado para pintar o rosto. **2** Bot Planta borraginácea de cuja raiz se extrai esse corante. **3** Qualquer tipo de cosmético. **4** Ornamento/Enfeite exagerado ou ridículo. **Comb.** Casa feita com todos os [com demasiados] ~s. **5** Afe(c)tação/Pretensiosismo/Maneiramento no falar, nas atitudes. **Ex.** Não gosto dos teus ~s.
arrebitado, a adj (<arrebitar) **1** Que tem a ponta voltada para cima/Que ficou de pé, na vertical. **Idi.** *Ter o nariz* ~ [Ter mau génio/Ser irritadiço]. **2** Levantado/Alçado. **Ex.** As orelhas ~as do cão davam a entender que havia algo de novo. **3** Soberbo/Arrogante. **4** fig «miúdo» Esperto/Vivo. **5** ⇒ Insolente/Atrevido. **6** Br Irascível.
arrebitar v t (<arrebite+-ar¹) **1** Virar para cima a extremidade/aba de «chapéu». **Ex.** Gostava de ~ o bigode. **2** Pôr de pé/Levantar/Alçar. **3** Ganhar/Dar vigor/força. **Ex.** O velhinho esteve muito doente, mas já idi arrebitou. **4** Tornar(-se) esperto/vivo/Animar-se. **Ex.** O rapaz arrebitou, está diferente, mais trabalhador. **5** Mostrar soberba/presunção. **Ex.** Ganhou o pré[ê]mio e agora, todo vaidoso, deu em [, decidiu] ~. **6** Mostrar insolência/atrevimento. **7** Br Irritar-se/Abespinhar-se.
arrebite s m (<ár ar-ribat: laço) ⇒ rebite(+).
arrebol s m (<a-¹+lat rúbor,óris: rubor) Cor avermelhada do horizonte ao nascer e pôr do Sol.
arrecada s f (< ?) Brinco, geralmente de ouro, em forma de argola, muito trabalhado «usado em festas pelas mulheres rurais do Minho (Portugal)».
arrecadação s f (<arrecadar+-ção) **1** A(c)to ou efeito de arrecadar/recolher/guardar alguma coisa. **2** Local/Construção em que se guarda alguma coisa que não se está a utilizar/Depósito. **3** Cobrança(+)/Recolha de impostos, de dívidas e rendas.
arrecadar v t (<a-⁴+lat recaptáre: recolher) **1** Guardar em segurança. **2** Cobrar/Recolher. **Ex.** O governo cuida de ~ impostos. **3** Ganhar/Receber. **Ex.** Saiu-lhe o primeiro pré[ê]mio da lotaria e arrecadou uma fortuna [muito dinheiro]. **4** Acumular/Juntar/Reunir. **Ex.** Foi arrecadando moedas de vários países e agora tem uma valiosa cole(c)ção. **5** pop Meter na prisão/Prender. **Ex.** Finalmente conseguiram arrecadá-lo e idi pô-lo à sombra por uns tempos.
arrecear v t (<a-⁴+recear) ⇒ recear.
arrecuas s f pl (<recuar) Só us na **Loc.** às ~ [«andando» Para trás/Retrocedendo/Recuando].
arredar v t (<lat ad retro: para trás+-ar¹) **1** (Fazer) recuar/Afastar(-se)/Desviar(-se). **Ex.** Arredou as crianças para não caírem no precipício. **2** Remover/Retirar. **Ex.** Arredou a cadeira para o idoso passar mais à vontade [mais facilmente]. **3** Deixar o local/Ir embora. **Ex.** Não conseguimos que ele arredasse [fosse (embora)] dali, tivemos de aguentar a sua insolência. **Idi.** Não ~ pé [Manter-se firme no mesmo lugar] (Ex. Apesar da inclemência do tempo, não arredámos pé). **4** (Fazer) abandonar/deixar. **Ex.** Nenhum argumento foi suficiente para o ~ [afastar] da vida dissoluta. **5** Dissuadir/Demover. **Ex.** Custou arredá[demovê]-lo do propósito de ir reclamar junto do vizinho.
arredio, a adj (<arredar+lat errativus: que anda sem destino) **1** Que se afasta voluntariamente dos locais que frequentava ou dos amigos que tinha. **Ex.** Não sei o que se passa com ele, tem andado ~, não tem aparecido por cá [, não se vê]. **2** Que foge ao convívio social/Que se mostra esquivo. **3** «animal» Que se perdeu [separou] do rebanho/Tresmalhado(+)/Perdido(o+).
arredondado, a adj/s m (<arredondar) **1** Que tem uma forma quase circular/redonda/esférica. **2** Diz-se de um valor [número] aproximado, por excesso ou por defeito, não exa(c)to. **Ex.** Em números ~s/redondos(+), o carro fica-lhe por [custa-lhe] uns [cerca de] 25 000 euros. **3** s m A forma mais ou menos redonda. **Ex.** O ~ das pedras do muro deve-se ao desgaste por elas sofrido no leito do rio ao descer da montanha.
arredondamento s m (<arredondar+-mento) **1** A(c)to ou efeito de dar/tomar forma redonda/esférica. **2** Para facilidade de cálculo, aproximação, por excesso ou por defeito, a um número de mais fácil apreensão, como um múltiplo de 5, 10, 100, … **Ex.** O aparelho, com o imposto, ficava por [custava] 231,3 euros, mas a loja fez-me o ~ para 230 euros. **3** Desprezo do último número decimal de um número, mantendo o penúltimo ou juntando-lhe uma unidade, se o último número decimal for 5 ou superior a 5. **Ex.** Tive 9,4 na prova de exame e na pauta aparece a nota 9; dois colegas tiveram 9,5 e 9,7 e ambos têm na pauta 10.
arredondar v t (<a-¹+redondo+-ar¹) **1** Dar/Tomar forma redonda/circular/esférica. **Ex.** À medida que crescem [Ao crescer], os frutos costumam ~. A erosão arredonda as rochas. **Loc.** «carpinteiro» ~ os cantos da mesa. **2** Tornar mais cheio/roliço. **Ex.** Aos seis meses de gravidez, a barriga da mãe já arredondava. **3** Engordar/Engrossar. **Ex.** A celulite arredonda-lhe as formas do corpo. **4** Tornar harmonioso/belo/Aperfeiçoar/Tornear(+). **Ex.** Passava horas a ~ o texto do romance. **5** Mat Num número, desprezar o último algarismo decimal/Fazer o arredondamento de um número. **Ex.** O número exa(c)to era 163,42, mas arredondou para 163,4. É melhor ~ a conta, por dificuldade de trocos. **6** Fon Dispor os lábios em forma de círculo e proje(c)tados para a frente, ao pronunciar. **Ex.** Arredondamos os lábios para pronunciar o o aberto e fechado.
arredor(es) s m us pl (<a-¹+redor) Espaço em redor/em volta «de uma localidade»/Cercanias/Arrabaldes. **Ex.** Nos ~es havia um campo de futebol onde a miudagem se divertia. ⇒ subúrbio.
arreeiro ⇒ arrieiro.
arrefecer (Fé) v t (<a-¹+lat refrigésco,ere: arrefecer) **1** (Fazer) baixar a temperatura de/(Fazer) diminuir o calor de/Esfriar. **Ex.** O tempo arrefeceu. Pus a gelatina no frigorífico a [para] ~. **2** Fazer diminuir [Moderar] a intensidade de sentimentos e animosidades/Enfraquecer. **Ex.** Importava ~ os ânimos, chegar a pontos de acordo, procurar cedências de parte a parte. Com o tempo a paixão tende a ~. **Idi.** *Isso não (me) aquece nem arrefece* [É(-me) indiferente, não (me) interessa].
arrefecido, a (Fé) adj (<arrefecer) **1** Que perdeu calor/Que esfriou. **2** fig Que perdeu entusiasmo/vivacidade/energia/Que enfraqueceu.
arrefecimento (Fé) s m (<arrefecer+-mento) **1** A(c)to ou efeito de arrefecer. **2** Descida da temperatura do ar/Diminuição de calor. **Ex.** Um ~ brusco pode prejudicar a saúde. **3** Perda de calor excessivo. **Ex.** A água do radiador do veículo tem a ver com [é para] o ~ do motor. **4** Diminuição da intensidade de um sentimento. **Ex.** O ~ do entusiasmo aconteceu logo a seguir.
arregaçar v t (<a-¹+regaço+-ar¹) **1** Puxar para cima parte de uma peça do vestuário, dobrando-a ou enrolando-a/Arrepanhar. **Ex.** Para entrar na água arregaçou as calças. Costuma ~ as mangas da camisa antes de pegar na enxada. **2** Levantar.
arregalado, a adj (<arregalar) Diz-se dos olhos muito abertos em sinal de alegria, espanto, interesse. **Ex.** Os olhos ~s do miúdo mostravam que aquele presente era um dos seus sonhos.
arregalar v t (<a-¹+regalo+-ar¹) Abrir muito os olhos em sinal de interesse, espanto, alegria. **Idi.** Ser de ~ o olho [Ser muito bonito/Despertar o desejo de posse].
arreganhado, a adj (<arreganhar) **1** Que tem os lábios contraídos de modo a entreabrir a boca. **2** Diz-se dos dentes que ficam à mostra por esse movimento dos lábios, em sinal de frio, raiva, ataque ou desprezo. **Ex.** O cão, em vez de ladrar, tinha os dentes ~s para os rapazes. **3** fig Diz-se do fruto com gretas, mostrando as sementes.
arreganhar v t (<a-¹+lat recaniáre: fazer como o cão) **1** Contrair os lábios de modo a mostrar os dentes, em sinal de frio, raiva, ataque, … **Ex.** O cão, agarrado ao osso, arreganhou os dentes para outro cão que lhe disputava o manjar. **2** Entreabrir a boca de modo a verem-se os dentes, ao rir-se efusivamente. **Idi.** ~ *a tacha* [Rir, mostrando os dentes/a dentuça]. **3** Mostrar irritação, ira. **4** Fender-se o fruto maduro mostrando as sementes.
arreganho s m (<arreganhar) **1** O abrir a boca mostrando os dentes. **2** Atitude de quem ameaça. **3** Não era homem de temer ~s. **3** Empenho/Genica/Força. **Ex.** Lançou-se ao trabalho com ~/toda a força.
arregimentação s f (<arregimentar+-ção) **1** A(c)to ou efeito de arregimentar(-se). **2** A(c)ção de juntar/reunir. **3** Incorporação em regimento. **4** Agrupamento de pessoas em banda, organização, partido, …
arregimentar v t (<a-¹+regimento+-ar¹) **1** Integrar em regimento/Recrutar/Alistar. **Ex.** Com o ataque iminente, era preciso ~ quem os defendesse. **2** Juntar pessoas em grupo organizado/Reunir. **Ex.** Esteve a ~ pessoas com boa voz para o grupo coral.
arregoar v t (<a-¹+rego+-ar¹) **1** Abrir fendas, sulcos numa superfície «solo». **2** Abrirem-se vincos, rugas «no rosto». **Ex.** Uma velhice precoce arregoava-lhe o rosto. **3** «fruta madura» Gretar/Fender(-se).
arrei[ai]gado, a adj (<arreigar) **1** Fortemente preso pela raiz/Enraizado/Radicado. **2** Fixado/Firmado num lugar. **3** fig Gravado no espírito do indivíduo ou na mentalida-

de de uma comunidade. **Ex.** A rivalidade entre eles, ~a ao longo de anos, impedia qualquer colaboração. **Comb.** Hábito [Ódio/Vício] ~.

arrei[ai]gamento *s m* (<arreigar+-mento) **1** A(c)to ou efeito de arreigar(-se). **2** Processo de criar raízes/de se fixar de forma firme, duradoura.

arrei[ai]gar *v t/int* (<lat *arradíco,áre,átum*: enraizar) **1** «planta» Lançar raízes (+), fixando-se à terra e desenvolvendo-se. **2** *fig* ~-se/Firmar-se de forma definitiva/Estabelecer-se. **Ex.** A convicção de que o tinham prejudicado arreigou-se no seu espírito. **3** Fixar-se numa região/localidade de forma permanente.

arreio *s m* (<arrear) **1** Aparelho «sela/selim/albarda/cilha» de animal de carga. **Ex.** Colocou os ~s na cavalgadura. **2** *depr* Ornamento/Enfeite. **Ex.** A moça exagera nos ~s.

arrelampar *v t/int* (<a-⁴+relampar) **1** (Fazer) brilhar/faiscar como relâmpago. **2** Estontear/Atordoar/Apalermar/Assombrar. **3** ~-se/Ficar assombrado.

arrelia *s f* (<arreliar) **1** A(c)to ou efeito de arreliar(-se). **2** Grande irritação/aborrecimento/contrariedade. **Ex.** Causou-lhes grande ~ o insucesso escolar do filho. **3** Quezília/Contenda/Rixa. **Ex.** Tiveram uma ~ tal que ainda hoje não se falam.

arreliar *v t* (<arre+l+-iar) Causar contrariedade a/Aborrecer/Importunar/Enervar. **Ex.** Mentiu-me e fiquei arreliado com ele. Por tudo e por nada [Sem razão], o filho *col* não se cansa de [o filho está sempre a] ~ a mãe.

arrelvar [**relvar**] *v t* (<a-¹+relva+-ar¹) **1** Cobrir(-se) de relva. **Ex.** Arrelvou o terreno fronteiro à casa e plantou roseiras. **2** Tomar a cor verde da vegetação/Atapetar(-se). **Ex.** Depois do verão, com as primeiras chuvas, vemos os campos arrelvarem.

arremangar *v t* (<a-⁴+remangar) **1** Pôr as mangas para cima, dobrando-as e deixando os braços nus/Arregaçar. **2** Levantar a mão e o braço em gesto de ameaça. **3** *fig* Dispor-se a começar um trabalho.

arrematação *s f* (<arrematar+-ção) **1** A(c)to ou efeito de arrematar/Leilão. **Ex.** Numa ~ vence quem apresenta a maior oferta. **2** *Dir* Venda judicial quando feita em hasta pública. **3** Aquisição de bens em leilão ou em hasta pública.

arrematador, ora [**arrematante**] *adj/s* (<arrematar+-dor) **1** (O) que adquire um bem em leilão ou hasta pública. **2** (O) que conclui/finaliza/remata ou arremata. **3** Leiloeiro.

arrematar *v t* (<a-⁴+rematar) **1** Prender com um nó o fio com que se coseu, para impedir que se desfaça o trabalho realizado/Rematar. **Loc.** ~ *a bainha*. ~ *a costura*. **2** Concluir/Terminar. **Ex.** Arrematou o discurso com um apelo à solidariedade de todos. **3** Servir de remate/acabamento. **4** «o leiloeiro» Declarar vendido um bem a quem ofereceu o lanço mais alto. **5** Adquirir um bem em leilão ou hasta pública. **6** *(D)esp* Atirar (a bola) à baliza, na conclusão de jogada de ataque.

arremate [**remate**] *s m* (<arrematar) **1** A(c)to ou efeito de arrematar. **2** O que completa/Remate/Acabamento. **3** Forma de prender a linha com que se coseu, impedindo que se desfaça a costura. **Ex.** No [Para o] ~, costuma dar [fazer] um ou mais nós.

arremedar [**remedar**] *v t* (< a-⁴+lat *re*-+*ímitor, ári*: imitar) **1** Imitar(+)/Reproduzir de forma imperfeita. **Ex.** Divertia os colegas arremedando a voz do professor. **2** Fazer lembrar/Assemelhar-se a/Imitar. **Ex.** Os seus gritos arremedavam os dos macacos no Jardim Zoológico.

arremedo (Mê) [**remedo**] *s m* (<arremedar) **1** A(c)ção de arremedar. **2** Reprodução/Cópia. **3** Imitação imperfeita ou caricatural. **4** Vaga manifestação/O mínimo de. **Ex.** Não tem um ~ [mínimo(+)] de *col* vergonha na cara [É muito [um] desonesto].

arremelgado, a (Mél) *adj* (<arremelgar) **1** Que tem o rebordo da pálpebra virado para fora/Remelgado. **2** «olhos» Muito abertos/~os.

arremelgar (Mél) *v t* (< ?) Abrir muito/Arregalar(+) «os olhos».

arremessão [**remessão**] *s f* (<arremessar+-ão) **1** Impulso de arremessar, de lançar para longe. **Loc.** *De* ~ [De forma súbita e impetuosa]. **2** Arma de arremesso com a mão, como: a lança, o dardo, …

arremessar [**remessar**] *v t* (<a-¹+remessar) **1** Atirar com força para longe, para um alvo distante/Arrojar/Lançar/Jogar. **Ex.** Arremessou a lança contra um inimigo. **2** Empurrar com violência/Repelir. **Ex.** Arremessou o intruso contra a porta. **3** *fig* Proferir palavras ofensivas, de forma violenta, contra alguém. **Ex.** Arremessou-lhe um chorrilho de acusações caluniosas.

arremesso (Mê) [**remesso**] *s m* (<arremessar) **1** A(c)to ou efeito de arremessar. **2** A(c)ção de atirar com força para longe/Lançamento. **Ex.** O ~ de pedras contra a polícia levou à prisão de alguns desordeiros. **Loc.** De ~ [De forma repentina e impetuosa]. **Comb.** Arma de ~ **a)** Arma que se lança com a mão; **b)** *fig* Acusação a que alguém habitualmente recorre para atacar facilmente o adversário. **3** O que se lança/Projé(c)til. **4** Gesto de quem parece ir iniciar alguma a(c)ção/Menção/Ameaça/Assomo. **Ex.** Afinal continuou ali, o gesto de ir partir foi apenas [não passou de] ~. **5** *(D)esp* Lançamento(+) da bola, com as mãos, para o terreno de jogo, quando ela sai pelas linhas laterais. **6** *(D)esp* No basquetebol, lançamento da bola ao cesto. **Ex.** Na execução deste livre [desta penalidade], há lugar a dois ~s.

arremeter *v int/t* (<a-¹+remeter) **1** Avançar rapidamente em força, movendo um ataque/Investir contra/Acometer. **Ex.** Arremetemos contra o inimigo e levámo-lo de vencida [e vencêmo-lo]. **2** Correr/Lançar-se rapidamente em dire(c)ção a. **Ex.** Perante a ameaça, arremeteu [correu(+)] à casa do amigo, pondo-o de sobreaviso. **3** *fig* Começar alguma coisa de forma diligente e empenhada. **4** Incitar um animal a atacar/Açular(+)/Atiçar(+).

arremetida *s f* (<arremeter) **1** A(c)to ou efeito de arremeter/Investida(+). **Ex.** A ~ do touro ainda atingiu o cavalo. **2** Ataque impetuoso/assalto. **3** A(c)to de irromper por/Avanço rápido em dire(c)ção a um alvo. **Ex.** Conseguimos suster a ~ dos intrusos. **4** A(c)ção corajosa/arrojada.

arrendado¹, a *adj/s m* (<arrendar¹) **1** Ornado com rendas/Rendado(+). **Comb.** *Lençol* ~*o*. *Toalha* ~*a*. **2** *s m Arquit* Ornato sofisticado/delicado a sugerir um trabalho de renda.

arrendado², a *adj* (<arrendar²) Que se toma ou entrega a alguém mediante o pagamento de uma renda por um período de tempo determinado/Alugado(+). **Ex.** A casa ~ na praia é muito fresca.

arrendamento *s m* (<arrendar²+-mento) **1** Contrato de locação entre duas partes, em que uma cede à outra o uso ou fruição de um imóvel de que é proprietária, por um período de tempo e por uma quantia determinados. **Ex.** É de [bom/preciso] promover o ~ de habitações, de lojas e de terrenos agrícolas. **Comb.** ~ *comercial*. ~ *rural*. *Lei do* ~. **2** Valor dessa locação/Preço por que se dá ou toma um bem de renda.

arrendar¹ *v t* (<a-¹+renda¹+-ar¹) **1** Decorar com rendas. **2** Dar forma de renda.

arrendar² *v t* (<a-¹+renda²+-ar¹) Tomar/Ceder, por um contrato, o uso ou a fruição de um imóvel por um período de tempo e uma quantia determinados/Alugar(+). **Ex.** Para nós talvez seja preferível ~ a [do que] comprar casa.

arrendatário, a *s* (<arrendar²+-tário) Indivíduo que toma um imóvel de arrendamento/Inquilino/Rendeiro.

arrendável *adj 2g* (<arrendar²+-vel) Que se pode arrendar/alugar.

arrenegado, a *adj/s* (<arrenegar) **1** (O) que abjurou a fé que professava/Apóstata/Renegado(+). **2** (O) que renegou/traiu uma causa. **3** Zangado/Irritado/Aborrecido. **4** *Br s m* O diabo.

arrenegar *v t* (<a-²+renegar) **1** Abandonar uma convicção profunda/Abjurar a crença que professava/Renegar(+). **2** Desejar mal a/Odiar/Amaldiçoar. **3** ~-se/Zangar-se/Irritar-se.

arrenego (Né) *interj* (<(Eu te/t') arrenego, 1.ª pes. pres. ind. de arrenegar) Exclamação de repulsa/repúdio/*col* Deus me livre! **Ex.** O quê? Eu concorrer para a polícia? ~!

arrepanhado, a *adj* (<arrepanhar) **1** Puxado para cima, fazendo refegos/pregas/Arregaçado(+). **Ex.** Com o vestido ~, dispôs-se a passar a ribeira. **2** Que forma rugas/«lençol» Engelhado. **Ex.** A pele ~a denotava muita canseira ao longo da vida. **3** Repuxado/Deformado. **4** Diz-se do cabelo puxado para trás, para o prender. **5** Arrebatado/Roubado. **6** Acumulado avaramente/Economizado.

arrepanhar *v t* (<arre(batar)+(a)panhar) **1** Puxar para cima formando refegos/dobras/Arregaçar(+). **Ex.** Arrepanhou as calças por causa da enxurrada. **2** Encarquilhar/Engelhar. **3** Repuxar só num sentido, podendo deformar. **Ex.** Uma trombose arrepanhou-lhe os lábios. **4** Juntar apressadamente/Arrebanhar. **5** Arrebatar/Roubar. **Ex.** Ele gosta de ~ (o que é dos outros). **6** Acumular avaramente/Entesourar/Amealhar.

arrepelão *s m* (<arrepelar+-ão) A(c)to de puxar/arrancar os cabelos, os pelos, as penas, …/Puxão. ⇒ repelão.

arrepelar *v t* (<a-⁴+repelar) **1** Puxar com força os cabelos, as barbas de alguém ou de si próprio, geralmente em sinal de raiva, furor ou frustração. **Ex.** Zangado, começou a ~-lhe os cabelos. Ao ler uma carta tão ofensiva, levou as mãos à cabeça e começou a ~-se. **2** ~-se/Penitenciar-se de males praticados irreparáveis.

arrepender-se *v* (<lat a-¹+*repóenitet*, ére) **1** Sentir remorso/pesar/pena de ter cometido qualquer falta. **Ex.** Arrependeu-se do mal que fizera [tinha feito]. **2** Lamentar qualquer atitude, a(c)to ou omissão que tenha tido. **3** Mudar de decisão, desistir do que se propusera (fazer). **Ex.** Estava para ir ao cinema, mas arrependeu-se [mas mudou de ideias] e ficou em casa.

arrependido, a *adj/s* (<arrepender) **1** (O) que mostra pesar/pena/arrependimento de ter cometido qualquer erro/falta. **2** (O) que lamenta atitude, a(c)to ou omissão que tenha tido. **3** *Dir* (O) que confessa em tribunal o seu crime e denuncia cúmplices, com a ideia de vir a ter menor pena.

arrependimento *s m* (<arrepender+-mento) **1** A(c)to ou efeito de arrepender-se. **2** Sentimento de pesar/pena/remorso em quem reconheceu culpa em erro ou falta que cometeu. **3** *Rel* Sentimento de pesar pelos pecados cometidos, com o propósito firme de os não repetir/Contrição.

arrepiado, a *adj* (<arrepiar) **1** Que está encolhido ou trémulo de [por causa do] frio ou de medo/Que tem arrepios. **2** Apavorado/Assustado com alguma coisa. **3** Eriçado/Esticado/Hirto. **Ex.** Estava ~, de cabelos em pé, e o vizinho perguntou-lhe, por graça, se tinha visto lobos... **4** *Náut* Diz-se do mar encrespado sem grandes ondas.

arrepiante *adj 2g* (<arrepiar+-(a)nte) Que causa calafrios/arrepia/aterroriza/atemoriza. **Ex.** O acidente foi um espe(c)táculo ~.

arrepiar *v t* (<lat *horripilo,áre,átum*) **1** Causar/Sentir arrepios. **2** Tiritar de frio/Encrespar a pele, de frio/Fazer eriçar/levantar os pelos ou os cabelos. **Ex.** A brisa gélida da manhã arrepiava-o. **3** Fazer estremecer de medo/emoção/Causar calafrios. **Ex.** Arrepiou-se ao deparar com um precipício a seus pés. **4** Franzir/Enrugar/Ondular. **Ex.** A brisa *fig* arrepiava a água do lago. **5** Esticar muito para trás «o cabelo». **6** Voltar para trás/Retroceder. **Loc.** ~ caminho **a)** Voltar ao ponto de partida; **b)** *fig* Desistir da decisão tomada. **7** Esfregar sal no peixe em sentido contrário ao das escamas.

arrepio *s m* (<arrepiar) **1** A(c)to ou efeito de arrepiar. **Loc. Ao ~** [Em dire(c)ção contrária à normal/Contra a corrente]. **Ao ~ de** [Em sentido contrário a/Contrariando/Desobedecendo a] (Ex. Procedeu ao ~ do que estava estabelecido).

arrequim *s m Icti* (< ?) Peixe seláquio, muito comprido, da família dos lamnídeos, também designado marroxo ou raposo.

arrestar *v t Dir* (lat *ad+résto,áre*: parar) Apreender, por ordem do tribunal ou de autoridade pública/Embargar. **Comb. ~ o navio**. ~ **o imóvel**.

arresto (RRés) *s m Dir* (<arrestar) Medida preventiva de apreensão judicial de bens do devedor como garantia do pagamento futuro da dívida/Embargo. **Ex.** O juiz determinou o ~ do imóvel.

arrevesado, a *adj* (<arrevesar) **1** Que não é direito/Sinuoso/Tortuoso. **2** Que tem um feitio difícil/Intratável/Insociável. **Ex.** Dizem ser pessoa ~. **3** Complicado/Difícil. **Ex.** Foi uma tarefa ~a, que obrigou a muito esforço e engenho. **4** Intrincado/Obscuro/Estranho/Esquisito. **Ex.** É um falar ~, é preciso estar muito atento para entender alguma coisa. **5** Diz-se de palavra difícil de pronunciar. **Ex.** Gosta de usar termos ~s.

arrevesar *v t* (<a-¹+revés+-ar¹) **1** Pôr do avesso, às avessas, ao revés. **Loc.** ~ uma (peça de) roupa. **2** Dar sentido contrário a/Inverter. **3** Tornar complicado/intrincado/obscuro. **4** ~-se/Ficar rebelde/intratável.

arrevessar *v t* (<lat *ad+reversáre<revérto, ere,vérsum*: voltar atrás) **1** Expelir pela boca alimentos e bebidas ingeridos/Vomitar(+)/Bolçar. **Loc.** ~ a alma [Morrer]. **2** Detestar/Odiar/Aborrecer. **3** *fig* Exprimir/Dizer alguma coisa inconveniente/disparatada. **Ex.** Apetecia-lhe ~ o mau humor quando ela estava presente. **4** «o mar» Ficar agitado/revolto.

arriar *v t/int* (⇒ arrear) **1** Fazer baixar/descer. **Ex.** Ao fim da tarde ia ~ a bandeira nacional. **Loc.** *fig* ~ **a bandeira** [Declarar-se vencido]. **~ as velas**. **2** Depor as armas/Render-se. **3** Perder a força/Não poder mais/Desistir/Ceder. **4** Dar pancada em/Bater em/Sovar. **Ex.** Arriou nele *col* sem dó nem piedade. **5** Pôr em baixo/Depor/Largar/Depositar. **Ex.** Arriou a mala, que não pesava pouco... **Loc.** *gír* **~ o cabaz/a canastra** [provocar um escândalo]. *gír* **~ o calhau/as calças** [*pop* Fazer o serviço/Defecar].

arriba *s f/interj* (<a-¹+riba) **1** Costa rochosa escarpada/Falésia. **Comb.** ~ fóssil [situada longe da linha da costa] (Ex. Na Costa da Caparica (Portugal) há uma ~ fóssil a cerca de dois quiló[ô]metros da praia). **2** Margem alta de rio ou lago. **Ex.** No rio Douro (Portugal) há muitas ~s. **3** *interj* Exclamação de incitamento/Upa!/Acima!/Levantar!/Força! **Loc.** Ala ~! [Exclamação de incitamento usada pelos pescadores ao puxar barcos e redes para terra]. **4** *adv* Para cima/Acima. **Loc.** Subir ~ do muro.

arribação *s f* (<arribar+-ção) **1** A(c)ção ou efeito de arribar. **2** A(c)ção de chegar a um lugar para aí permanecer pouco tempo. **3** *Zool* Migração periódica de certos animais, sobretudo aves e peixes, em determinadas épocas do ano. **Comb.** Ave de ~ **a)** Ave que migra para zona mais quente no inverno, regressando a seguir; **b)** *fig* Pessoa que não se fixa em parte alguma, mudando sempre a residência, de região para região (Ex. Ele é ave de ~). **4** *Náut* A(c)to de ancorar um navio num porto ou num ponto da costa devido a tempestade ou a um imprevisto. **5** *Br* Iguaria feita com arroz, feijão e pombas de ~. **6** *Br* ⇒ Arribada **3**.

arribada *s f* (<arribar+-ada) **1** A(c)ção ou efeito de arribar, de chegar à riba/margem. **2** *Náut* Entrada de um navio num porto que não era da sua escala ou de destino, devido a tempestade ou a um imprevisto/A(c)ção de aportar, ancorar. **3** *Br* Recuperação da saúde/Convalescença.

arribana *s f* (<arribar) Casa pequena, precária, coberta de colmo, podendo servir de habitação humilde ou para recolha de gado/Choça/Cabana/Choupana/Curral.

arribar *v int* (<lat vulgar *arripáre*: chegar à riba) **1** «o navio» Chegar a uma reentrância da costa, a um porto que não estava na escala, por tempestade ou uma emergência. **2** «o veleiro» Desviar o rumo para sotavento. **3** Partir por mar/Largar. **4** Chegar vindo de terra distante. **5** Ir [Vir] de arribação. **Ex.** As andorinhas começaram a ~. **6** (Fazer) subir/Erguer. **7** *col* Pôr-se a [de] pé/Levantar-se (da cama). **Ex.** Menino, são horas de ~! **8** Melhorar a saúde/Recuperar forças/Convalescer. **Ex.** Gosto de o ver, parabéns, já arribou! **9** Melhorar a situação econó[ô]mica ou financeira. **Ex.** Com o fim da crise, o negócio vai ~. **10** Ganhar ânimo/confiança/esperança. **Ex.** Não se pode desanimar, é preciso ~.

arri[e]eiro *s m* (<arrear+-eiro) **1** Condutor de cavalgaduras ou de animais de carga para alugar. **2** *depr* Pessoa de linguagem grosseira/rude. **3** Pessoa que inspe(c)ciona e cura animais da tropa.

arrife *s m* (<ár *ar-ríf*: rochedo da encosta) **1** Rochedo saliente/Recife/Penhasco. **2** Espaço aberto na floresta para facilidade de circulação ou defesa contra fogos.

arrimar *v t* (<a-¹+rima+-ar¹) **1** Apoiar(-se)/Encostar(-se)/Firmar(-se). **Ex.** Arrimou-se à parede para descansar um pouco. **2** Ter apoio/Amparar-se/Socorrer-se. **Ex.** Ainda se pode ~ ao irmão, que tem bens e é muito (seu) amigo. **3** ~-se/Tentar uma relação amorosa estável/Casar/*pop* Atirar-se a alguém. **Ex.** Precisava de se ~, de ter uma companheira para a vida.

arrimo *s m* (<arrimar) **1** Aquilo a que alguém se encosta/apoia/arrima. **2** *fig* Amparo/Auxílio/Sustentáculo. **Ex.** Ela foi o ~ que lhe valeu naquele infortúnio. **Comb.** ~ da família [Pessoa que fornece/garante os meios de subsistência à família].

arrió *s m* (< ?) Pedrinha redonda do jogo do alguergue [(jogo d)as pedrinhas(+)].

arriosca *s f* (<arrió+(mar)osca) **1** Ardil/Marosca(+)/Cilada/Trama. **2** Jogo com pedrinhas redondas/Arrió(s).

arriscado, a *adj* (<arriscar) **1** Que envolve risco/Perigoso. **Ex.** A missão [empresa/viagem] era ~a. **2** Corajoso/Ousado(+). **Ex.** Teve a decisão ~a de se lançar ao mar agitado para salvar a jovem. **Comb.** Gesto ~.

arriscar *v t* (<a-¹+risco+-ar¹) **1** Pôr em risco/perigo. **Ex.** Arriscou a carreira para dar apoio à família. **2** Expor-se a perigos/Aventurar-se a. **Ex.** A sede das riquezas «minas de oiro» levou muita gente a ~-se penetrando no sertão. **3** Ter alguma insegurança no que faz ou diz. **Ex.** À pergunta arriscou a resposta que lhe parecia a mais provável. Arriscou sair mais tarde para evitar o trânsito.

arritmia *s f Med* (<gr *arrythmía*) Irregularidade do ritmo das contra(c)ções [dos batimentos/do pulsar] do coração. **Ex.** Tinha problemas de ~ que muito o preocupavam. **Ant.** Eu(r)ritmia.

arrítmico, a *adj* (<arritmia+-ico) **1** Que tem falta de ritmo. **2** Que tem um ritmo irregular/Que apresenta arritmia. **Ex.** Como se sentia mal, verificou se o pulso estava ~.

arrivismo *s m* (<fr *arrivisme<arriver*: chegar) Comportamento de quem, à chegada a uma organização, se propõe triunfar rapidamente a todo o custo, ainda que tenha de recorrer a meios duvidosos [pouco ou nada escrupulosos].

arrivista *adj/s 2g* (⇒ arrivismo) (O) que, ao chegar a uma organização social, procura destacar-se rapidamente, aproveitando de forma oportunista qualquer situação que lhe possa ser favorável. **Ex.** É preciso contrariar as pretensões dos ~s.

arrizotónico, a [*Br* **arrizotônico**] *adj Ling* (<gr *árrizos*: fora da raiz+*tonikós*: tó[ô]nico) Diz-se das formas verbais em que o acento tó[ô]nico recai sobre a terminação e não sobre o radical. **Ex.** Os verbos têm formas rizotó[ô]nicas – *amo, amas, ama, amam* – e formas ~s – *amamos, amais*. **Ant.** Rizotó[ô]nico.

-arro ⇒ -arra; -rro, a.

arroba (Rrô) *s f* (<ár *ar-ruba'a*) **1** Antiga unidade de peso correspondente a 32 arráteis, hoje arredondada para 15 quilos. **2** *Info* Designação do símbolo @, utilizado nos endereços ele(c)tró[ô]nicos.

arrobe (Rrô) *s m* (<ár *ar-rubb*) **1** Designação comum de extra(c)tos de sumos não fermentados de alguns frutos, obtidos por evaporação. **2** Xarope de sumo de uva, concentrado por a(c)ção do fogo. **3** Conserva de frutas.

arrochada *s f* (<arrocho+-ada) Pancada dada com arrocho/Paulada(+)/Cacetada. **Ex.** Ameaçou dar-lhe uma ~. ⇒ bordoada.

arrochar *v t* (<arrocho+-ar¹) **1** Fixar carga, fardo, utilizando o arrocho no aperto das cordas. **2** Apertar muito/Comprimir fortemente. **3** Espancar com pau/arrocho.

arrocho (Rrô) *s m* (< ?) **1** A(c)to de arrochar. **2** Pau torto [curvo] e curto, usado para apertar uma carga, torcendo com ele as cordas. **Idi.** *fam* **Ser torto como [que nem] um ~** [Estar sempre a (querer) contrariar/Ser teimoso]. **3** Um pau qualquer/Cacete.

arrogação *s f* (lat *arrogátio,ónis*: ado(p)ção de adulto) **1** A(c)to ou efeito de arrogar(-se). **2** Perfilhação de pessoa adulta. ⇒ perfilhação.

arrogância s f (<lat *arrogántia*) **1** Qualidade de quem se julga superior aos outros/Sobranceria/Presunção/Prepotência. **Ex.** Devido à sua ~, as pessoas afastam-se dele. **2** Atitude que revela soberba/altivez/orgulho. **Ex.** Ninguém tolera tais ~s [tanta ~/~s daquelas]. **3** Atitude de menosprezo/Insolência/Atrevimento. **Ex.** Teve a ~ [o descaramento] de dizer que se devia a ele aquele melhoramento na aldeia.

arrogante adj/s 2g (<lat *árrogans,ántis*, de *arrogáre*: chamar a si) **1** (O) que arroga. **2** (O) que revela orgulho/presunção/altivez/arrogância. **Ex.** Uma pessoa ~ não atrai [faz(+)] amigos. **Comb.** «mandar com» Tom ~. **3** (O) que revela menosprezo dos outros/sobranceria/insolência.

arrogar v t (<lat *árrogo,áre,átum*: pedir para si) **1** Atribuir a si ou a outrem algo a que não tem direito, como: um poder, um privilégio. **Ex.** Ele arrogou-se o poder de resolver o litígio, mas foi contrariado, porque isso [esse poder] não lhe competia. **2** Perfilhar um adulto (⇒ arrogação).

arroio (Rrôi) s m (<lat *arrúgium*: galeria de mina) **1** Pequena corrente de água, permanente ou temporária. **2** Regato/Riacho/Ribeiro. **3** Pequeno curso de um líquido «lágrimas».

arrojado, a adj/s (<arrojar) **1** (O) que é ousado/destemido/audaz. **Ex.** No séc. XV, só gente ~a [audaz(+)] podia lançar-se na aventura dos descobrimentos marítimos. **2** Arriscado/Temerário. **Comb.** *Negócio ~. Decisão ~a*. **3** (O) que é corajoso/destemido/valente/resoluto. **Ex.** O grupo, ~, nunca vacilou frente a qualquer dificuldade. **4** Inovador/Progressista/Avançado. **Ex.** É um arquite(c)to ~, as linhas das suas construções são bem a expressão da modernidade [são ultramodernas].

arrojar v t (<lat *ad+jácio,jáctum*: atirar) **1** Lançar com força/violência/Arremessar(+)/Atirar(o+). **Ex.** Os rapazes começaram a ~ pedras aos rivais. **2** ~-se/Precipitar-se/Despenhar-se/Atirar-se. **Ex.** Arrojavam-se da aeronave com um pequeno paraquedas. **3** Aventurar-se/Abalançar-se/Ousar/Empreender. **Ex.** Decidiram ~[lançar]-se a construir uma nova fábrica com tecnologia inovadora. **4** Agir de forma atrevida e temerária. **Ex.** Arrojaram-se a enfrentar a fera apenas com paus. **5** Levar/Trazer de rojo/de rastos/Arrastar (pelo chão). **Ex.** Arrojaram [Arrastaram(+)] o animal pela arena.

arrojo (Rrô) s m (<arrojar) **1** A(c)to ou efeito de arrojar. **2** A(c)to de lançar/atirar com força/Arremesso(+). **3** Coragem/Audácia/Valentia. **Ex.** Só gente do [que tenha o] ~ daqueles heróis pode enfrentar um inimigo tão poderoso. **4** Atitude ousada/intrépida. **5** Potencial inovador. **Ex.** Aquela construção é de um ~ que impressiona. **6** Descaramento(+)/Desfaçatez/Atrevimento/Insolência. **Ex.** Teve o ~ de me vir pedir dinheiro para droga! **7** Br Ostentação/Pompa. **Ex.** As festas tiveram um ~, uma magnificência difíceis de igualar.

arrolado¹, a adj (<arrolar¹) Colocado em lista/rol/relação/inventariado.

arrolado², a adj/s m (<arrolar²) **1** Que tem a forma de rolo. ⇒ Cilíndrico. **2** (O) que é trazido à praia pelo mar/Arremessado.

arrolamento s m (<arrolar¹+-mento) **1** A(c)to ou efeito de regist(r)ar bens/mercadorias em lista/inventário/relação/rol, fazendo a sua descrição. **2** Lista de pessoas/Censo. **3** Dir Inventariação de bens móveis «estátuas das igrejas», se (for) necessário, para evitar o seu extravio.

arrolar¹ v t (<a-¹+rol+-ar¹) **1** Elaborar lista/relação/rol de pessoas ou bens/Inventariar/Inscrever. **2** Incluir/Inscrever em certa categoria. **Ex.** Arrolaram-no entre os beneficiários do subsídio. **3** ~-se/Inscrever-se num grupo/Alistar-se.

arrolar² v t (<a-¹+rolo+-ar¹) **1** Dar/Tomar a forma de rolo. ⇒ enrolar. **2** «o mar» Fazer vir à praia destroços, restos de naufrágios/Arremessar/Arrojar.

arrolar³ v int (<a-¹+rola+-ar¹) **1** Embalar, cantarolando. **2** Arrulhar(+). **3** pop Ressonar(o+)/Roncar(+).

arrolhar v t (<a-¹+rolha+-ar¹) **1** Tapar com [Pôr/Colocar a] rolha/Rolhar. **2** fig Fechar/Tapar. **3** Br Silenciar.

arrolo (Rrô) s m (<arrolar³) Canto para adormecer a criança/Arrulho(+).

arromba s f (<arrombar) Música muito viva e ruidosa, acompanhada à viola. **Idi.** De ~ [De causar [Que causa] espanto/Grandioso/Sensacional/Estrondoso] (Ex. Foi uma festa de ~, um casamento como nunca vi!).

arrombado, a (<arrombar) **1** Que se arrombou. **2** Que sofreu rombo(s). **3** Inutilizado/Quebrado. **4** Muito cansado/Abatido/Extenuado. **5** fig Que está em má situação econó[ô]mica ou financeira/Arruinado/Falido. **Ex.** Está ~, não sei quando se levantará!

arrombador, ora adj/s (<arrombar+-dor) (O) que abre «cofres» à força/que arromba/Ladrão/Assaltante.

arrombamento s m (<arrombar+-mento) **1** A(c)to ou efeito de abrir à força/de arrombar alguma coisa. **2** Dir Diligência ordenada pelo tribunal de forçar a entrada em imóvel fechado, à procura de coisas para apreensão.

arrombar v t (<a-¹+rombo+-ar¹) **1** Abrir à força/Forçar. **Ex.** Com um pé de cabra, os ladrões arrombaram a porta de entrada (da casa). **2** Abrir-se brecha/buraco numa superfície/Fazer(-se) rombo em. **Ex.** O choque com o recife arrombou o casco da embarcação. **3** fam Estragar/Inutilizar/pop Espatifar. **4** Abater psicologicamente. **5** Deixar exausto/extenuado. **6** Deixar sem dinheiro/recursos/Arruinar. **Ex.** O pagamento de pesada inde(m)nização arrombou-o.

arrostar v t (<a-¹+rosto+-ar¹) **1** Encarar de frente, sem medo/Enfrentar corajosamente uma situação difícil/desagradável/Afrontar. **Loc.** ~ (com os) perigos. **2** ~-se «com a morte»/Estar frente a frente.

arrotar v t (<lat *erúcto,áre*: vomitar) **1** Expelir pela boca gases estomacais com ruído/Dar um arroto. **2** Expelir gases com cheiro de alimentos ou bebidas ingeridos. **Loc.** ~ *a álcool/vinho/cerveja*. ~ *a alho*. **3** fig Pretender-se superior a/Vangloriar-se/Alardear(+)/Gabar-se. **Ex.** Gostava de ~ valentias do (seu) tempo de rapaz. **Idi.** ~ *postas de pescada* [Exagerar na boa imagem que pretende transmitir/Armar-se em rico/Vangloriar-se].

arroteamento s m Agr (<arrotear+-mento) A(c)to ou efeito de desbravar/limpar o terreno, preparando-o para ser cultivado.

arrotear v t (<a-¹+roto+-ear¹) **1** Agr Limpar de mato/Desbravar um terreno para ser cultivado/Surribar. **Ex.** Importa ~ as terras com aptidão agrícola. **2** fig Educar/Civilizar.

arroteia s f (<arrotear) **1** A(c)to ou feito de arrotear/desbravar/limpar terrenos para receberem cultura. **2** Terra desbravada que começa a ser cultivada.

arroto (Rrô) s m (<arrotar) **1** Emissão pela boca de gases estomacais, com ruído/Eructação. **2** Dito impróprio/obsceno/ Qualquer coisa que provoque repulsa/repugnância.

arroubamento s m (<arroubar+-mento) Arrebatamento/Enlevo/Fascinação. **Ex.** A beleza e a simpatia da jovem despertaram nele um ~ que o deslumbrava. **Sin.** Arroubo(+). ⇒ êxtase.

arroubar v t (<a-¹+roubar) Maravilhar/Deliciar/Encantar/Arrebatar. **Ex.** Aquele panorama grandioso era de ~ qualquer um.

arroubo s m (<arroubar) Enlevo/Arrebatamento/Êxtase. **Ex.** Teve os seus ~s de paixão, hoje está desiludido. **Comb.** ~ *lírico* [*poético*] «de Camões». ~ [Êxtase] *místico* «de S. Teresa de Ávila».

arroxeado, a adj/s m (<arroxear) **1** Que tem uma cor a tender para o roxo. **Comb.** Mãos ~as. **2** s m Cor próxima do roxo.

arroxear v t/int (<a-¹+roxo+-ear) Dar/Tomar uma cor roxa ou próxima do roxo. **Ex.** O céu arroxeou ao entardecer.

arroz s m (<ár *ar-ruzz*; ⇒ ~-doce) **1** Bot Planta gramínea de origem asiática, com várias espécies, cultivada em zonas alagadiças, cujos grãos são a base da alimentação de grande parte da população mundial. **Comb.** ~ *agulha* [de grão comprido e delgado]. ~ *carolino* [originário da Carolina do Norte (EUA)]. ~ *integral* [com [a que não se retira a] casca] (Ant. ~ beneficiado [sem casca]). **2** Grão dessa planta. **3** Qualquer cozinhado que o tenha por base. **Idi.** *Dar o ~ a alguém* [Repreender/Castigar] (Ex. Quando o vir a jeito, eu dou-lhe o ~!). **Comb.** ~ *malandro/malandrino* [cozido em muita água]. ~ *de miúdos* [feito com vísceras de animais]. ~ *de bacalhau*. ~ *de cabidela*. ~ *de cenoura*. ~ *de feijão*. ~ *de pato*. *Água de* ~ [Caldo de cozedura de ~]. **4** Farinha obtida a partir deste cereal. **Comb.** Bolo de ~. ⇒ pó de arroz.

arrozada s f (<arroz+-ada) Prato abundante à base de arroz.

arrozal s m (<arroz+-al) Campo alagadiço cultivado de arroz/Plantação de arroz.

arroz-doce s m Cul Doce que serve de sobremesa, feito com arroz cozido demoradamente em leite, a que geralmente se adiciona açúcar, manteiga, casca de limão ou ainda gemas de ovos, servido usualmente polvilhado de canela.

arroz-dos-telhados s m Bot Pequena planta herbácea da família das crassuláceas, frequente nos rochedos e nos telhados; *Sedum album*.

arrozeiro, a s/adj (<arroz+-eiro) **1** Produtor ou negociante de arroz. **2** Que gosta muito de (comer) arroz. **Ex.** O meu marido gosta mais de batatas; eu não, sou (muito) ~a.

arruaça s f (<a-¹+rua+-aça) **1** Motim de rua/Tumulto popular/Zaragata/Desordem. **Ex.** Foi à janela ver a ~ provocada por um grupo de desordeiros.

arruaçar v int (<arruaça+-ar¹) Provocar desordem/tumulto na rua.

arruaceiro, a adj/s (<arruaça+-eiro) (O) que provoca desordem/tumulto nas ruas/que faz arruaças/Desordeiro(+). **Ex.** A polícia interveio e pôs na ordem os ~s.

arruamento s m (<arruar+-mento) **1** A(c)to ou efeito de arruar, de demarcar/abrir ruas no espaço urbano. **Ex.** Está já estudado o ~ da zona. **2** Disposição/Alinhamento das ruas de um bairro/Loteamento. **3** Ordenamento dos prédios ao longo da rua. **4** Instalação, na mesma rua ou zona, de estabelecimentos comerciais de determinado ramo. **Ex.** A toponímia da Baixa de Lisboa documenta o ~ dos antigos mesteirais «fanqueiros, douradores, correeiros».

arruar v t (<a-¹+rua+-ar¹) **1** Dispor em ruas. **2** Traçar/Abrir ruas. **Ex.** Decidiram ~ geo-

metricamente o parque. **3** Andar/Passear/Vaguear pelas ruas. **4** Passear-se pelas ruas em atitude provocatória, geralmente para armar desordem. ⇒ arruaça.

arruçado, a *adj* (<arruçar) **1** Que tem uma cor grisalha/acinzentada/parda/Que tende para o ruço. **2** Que está desbotado. **3** Que tende para o loiro/branco «cabelo».

arruçar *v t* (<a-¹+ruço+-ar¹) **1** Tornar(-se) ruço/Tomar uma cor acinzentada/parda/grisalha. **2** Ficar desbotado. **Ex.** O casaco já estava velho, já arruçava. **3** Dar/Tomar uma cor aloirada/Ficar ruço.

arruda *s f Bot* (<lat *rúta*) Planta lenhosa subarbustiva, da família das rutáceas, de forte odor desagradável, com interesse medicinal; *Ruta graveolens*.

arruela (É) *s f* (<fr *rouelle*: pequena roda, rodela) **1** Círculo, em forma de moeda, em armas e brasões. **2** Pedaço de prata redondo que os ourives obtêm vazando no tijolo a prata fundida. **3** Chapa de metal com furo circular que é atravessada pelo parafuso e sobre a qual se aperta a porca, para evitar que esta desgaste a peça a aparafusar/Anilha(+). **4** Poço/Reservatório em terreno alto que distribui água para zonas mais baixas.

arrufar *v t* (< ?) **1** Irritar(-se)/Agastar-(-se)/Amuar. **2** Pôr/Ficar espetado/Encrespar(-se)/Eriçar(-se). **Ex.** O pavão arrufou a cauda. **3** Encher(-se) de ar/Entufar/Inchar. **Ex.** O vento arrufava as velas do barco.

arrufo *s m* (<arrufar) **1** A(c)to ou efeito de arrufar(-se). **2** Má disposição de espírito/Mau humor/Irritação. **3** Pequena zanga passageira entre pessoas que se estimam/Amuo/Despeito. **Comb.** ~ de namorados. **4** Encrespamento/Eriçamento.

arruinado, a *adj* (<arruinar) **1** «casa» Que está em ruínas/Desmoronado/Derrubado/Destruído. **2** «indivíduo» Que ficou sem os bens que possuía/Falido. **3** Que está com a saúde muito debilitada/Enfraquecido/Abalado. **4** Que sofreu grave abalo/prejuízo. **Ex.** Com [Devido a] este comportamento indigno, a sua reputação está ~a/de rastos.

arruinar *v t* (<a-¹+ruína+-ar¹) **1** Deixar em ruínas/Desmoronar/Destruir. **2** Causar/Sofrer grave prejuízo/abalo. **Ex.** Este estranho episódio arruinou-lhe a carreira diplomática. A tempestade arruinou a produção de vinho. A bebida [O álcool] arruinou-lhe a saúde. **3** Levar à perda dos bens/Empobrecer muito/Levar à falência. **Ex.** O vício do jogo arruinou-o.

arruivado, a *adj* (<a-¹+ruivo+-ado) Que tem cor próxima do [A tender para o] ruivo/Avermelhado. **Comb.** *Cabelo ~*.

arrulhar *v int* (< *on*) **1** «pomba/rola» Emitir arrulhos, sons suaves característicos/Arrolar³. **2** *fig* Falar em tom suave e terno. **Ex.** Ao cair da tarde, os namorados arrulhavam no jardim. **3** *fig* Cantarolar baixinho, para embalar/adormecer uma criança.

arrulho *s m* (<arrulhar) **1** Som suave emitido por pombos e rolas/Arrolo. **2** Cantarolar monótono para adormecer/embalar uma criança. **3** Conversa suave e meiga. **Comb.** ~ de namorados.

arrumação *s f* (<arrumar+-ção) **1** A(c)to ou efeito de arrumar/Arrumo. **2** Trabalho de pôr um espaço em condições de ser utilizado. **Ex.** No hotel, a ~ dos quartos faz-se ao fim da manhã ou ao começo da tarde. **3** Disposição conveniente das coisas num espaço/Arranjo. **Ex.** A ~ do quarto das crianças deixou-lhe boa impressão. **Ant.** Desarrumação; desordem. **4** Boa ordem/Organização. **Ex.** A ~ das ideias em qualquer trabalho científico é fundamental. **5** Lugar onde se guardam coisas que não estão a ser utilizadas/Arrecadação. **6** Capacidade para receber coisas a guardar. **Ex.** O móvel tem muita ~. **7** Situação estável por ter conseguido emprego fixo ou por ter casado. **Ex.** Aquele emprego foi a ~ que lhe permitiu resolver os problemas. **8** *Náut* Na carta geográfica, marcação da posição do navio ou do rumo a seguir. **9** *Náut* Acondicionamento adequado à segurança da carga do navio.

arrumadeira *adj/s f* ⇒ arrumador.

arrumadela *s f* (<arrumar+-dela) A(c)to de proceder rapidamente a uma arrumação ligeira. **Ex.** Dá-se [A gente dá/Eu dou] (aí) uma ~ na sala e já pode receber as visitas.

arrumado, a *adj* (<arrumar) **1** «compartimento» Que está em ordem/Arranjado. **Comb.** *Quarto ~. Sala ~a.* **Ant.** Desarrumado. **2** Que está no lugar próprio/Que está convenientemente guardado. **Ex.** Os livros já estão ~s na mochila (para ir para a escola). **3** *fam* Que gosta de ter as suas coisas no devido lugar. **Ex.** Ela é muito ~a, ali não há uma peça de roupa fora do lugar. **4** Bem vestido/Arranjado. **Ex.** Apresenta-se sempre ~o/a, com um toque de elegância. **5** Que tem uma situação social estável, sob o ponto de vista econó[ô]mico ou porque casou. **Ex.** Tens sorte, tens os filhos ~s, vêm aí os netos, és uma pessoa feliz! **6** Diz-se do carro estacionado. **Ex.** O carro ficou ~ no parque. **7** Concluído/Resolvido/Solucionado. **Ex.** Esse assunto está ~, não vamos perder mais tempo com ele. **8** Que foi posto de lado/de parte/*pop* Posto na prateleira/Desconsiderado/Menosprezado. **Ex.** No emprego sente-se ~ [posto de lado], o chefe parece ignorá-lo, não lhe confia tarefas de responsabilidade. **9** Que está numa situação difícil de saúde ou sob o ponto de vista financeiro. **Ex.** Uma vida de vícios deixou-o alquebrado, ~. Está ~, coitado! Não vê como (poderá) pagar as dívidas. **10** *(D)esp* Posto fora de combate/Incapacitado de discutir a obtenção de um bom resultado. **Ex.** Com o adversário a vencer por 3-0 a dez minutos do fim do [quando só faltavam 10´ para acabar o] jogo, a nossa equipa estava ~a/perdida.

arrumador, ora/eira *s* (<arrumar+-dor) **1** Pessoa que arruma. **2** Pessoa encarregada da limpeza e arrumação de interiores. **3** Pessoa que «no cinema» indica aos espe(c)tadores os lugares correspondentes aos seus bilhetes de ingresso. **4** Pessoa que, esperando alguma compensação, se propõe indicar aos condutores um possível local de estacionamento nas ruas e praças ou ajudar na manobra. **Ex.** A a(c)tuação dos ~es tem sido muito criticada.

arrumar *v t* (<a-¹+rumo+-ar¹) **1** Pôr em ordem/Colocar no lugar próprio. **Ex.** Esteve a ~ a sala para receber visitas. Preciso de ~ os meus papéis. **2** ~-se/Cuidar da aparência/Arranjar-se(+)/Aprontar-se. **Ex.** Ainda está no quarto a ~[assear]-se. **3** Resolver/Solucionar. **Ex.** É preciso ~ a questão logo que (seja) possível. **4** Saldar/Liquidar. **Ex.** Quero ~ as contas com ele ainda esta semana. **5** ~-se/Fazer pela vida/Desembaraçar-se/Lutar. **Ex.** Importa que cada um se arrume, que procure por si melhorar a própria condição. **6** Organizar metodicamente/Dispor segundo um critério. **Ex.** Antes de começar a escrever, convém ~ as ideias. **7** Arranjar um emprego «para alguém»/Conseguir boa situação econó[ô]mica. **Ex.** Neste tempo difícil, não foi fácil arrumá-la na empresa. **8** Casar. **Ex.** Já arrumou os filhos, agora só espera que lhe deem netos. **9** Deixar de usar/Pôr de lado. **Ex.** (Por) este ano, já arrumei o sobretudo. **10** Deixar de usar pondo fim a uma a(c)tividade. **Ex.** Arrumei de vez a arma de caça [Deixar de caçar]. **Idi.** *col ~ as botas/chuteiras* [Deixar de exercer a profissão]. **11** Pôr fora de combate/Deixar sem rea(c)ção/Aniquilar. **Ex.** Com três golos *col* de rajada [em tempo muito curto], a nossa equipa arrumou o adversário. **12** Desferir/Aplicar. **Ex.** Para calar o insolente, arrumou [deu/pregou]-lhe dois bofetões. **13** Estacionar/Aparcar. **Ex.** Arrumei o carro a meio da rua.

arrumo *s m* (<arrumar) **1** A(c)to de arrumar/Arrumação/Arranjo. **2** Lugar para guardar coisas/Arrecadação. **Ex.** Temos na cave da casa uns ~s que nos dão muito jeito. **3** Emprego estável. **Ex.** Procura ~ que lhe dê uma vida sossegada. **4** Casamento. **Ex.** Está a precisar de ~, a ver se assenta [se ganha juízo]!

arrunhar *v t* (< arranhar+unha?) **1** Fazer uma abertura em/Rasgar. **2** Fazer o recorte/entalhe na aduela para encaixar o tampo do tonel. **3** Aparar em redor. **Ex.** O sapateiro estava a ~ a sola «do sapato»..

arse, ársis *s f* (<gr *ársis*: elevação) **1** *Mús* Elevação da voz ou do tom. **2** *Mús* Tempo não acentuado de um grupo rítmico que conduz para um tempo acentuado. **3** *Gram* No verso, tempo forte de um pé marcado pelo acento métrico.

arsenal *s m* (<it *arsenale* <ár *dar as-sináHa*) **1** *Mil* Fábrica ou depósito de armamento militar. **2** *Mil* Estaleiro de construção ou reparação de navios de guerra. **Comb.** ~ *da Marinha*. **3** Lugar onde se encontram muitas armas e munições/Depósito de armamento. **Ex.** Regist(r)ou-se [Houve] uma explosão no ~ que vai ser investigada. **4** Grande quantidade de armamento. **Ex.** O inimigo dispõe de um vasto ~ que importa destruir. **5** *fig* Grande quantidade «de recursos/instrumentos destinados ao mesmo fim». **Ex.** Para o novo hospital vem um impressionante ~ de aparelhos sofisticados.

arsénico [*Br* **arsênico**] *s m/adj* (<gr *arsenikós*) **1** Antiga designação do arsé[ê]nio. **2** Nome vulgar do anidrido arsenioso e de outros compostos de arsé[ê]nio, todos altamente venenosos. **3** *adj* Diz-se do anidrido dos ácidos e dos compostos binários em que o arsénio entra com a maior valência.

arsénio [As 33] [*Br* **arsênio**] *s m Quím* Elemento sólido, semimetal, macio e quebradiço, de cor acinzentada, usado em ligas metálicas, semicondutores, … **Comb.** ~ *branco* [Um dos compostos de ~, com a forma de pó branco, muito venenoso].

arsenioso, a *adj* Diz-se do anidrido dos ácidos e dos compostos binários em que o arsé[ê]nio entra com a menor valência.

arsina *s f Quím* (<arsé[ê]nio+-ina) Composto gasoso AsH_3, extremamente tóxico e de cheiro aliáceo, *us* na dopagem de semicondutores.

ársis *s f* ⇒ arse.

arte *s f* (<lat *ars,ártis*) **1** Habilidade ou conhecimento desenvolvido conscientemente pelo homem visando a execução de uma finalidade, por oposição ao que é natural/espontâneo. **Ex.** Para uma obra humana valiosa contribuem geralmente o talento (natural) e a ~. **Comb.** ~ *da guerra*. ~ *dramática*. ~ *de navegar*. ~*s gráficas*. ~*s marciais*. ~*s mágicas*. **2** Conhecimento especializado orientado para a execução prática, por oposição ao conhecimento puro/teórico da ciência/

Técnica para produzir alguma coisa/Ofício. **Ex.** Ter uma ~ «cozinheiro/ele(c)tricista» facilita o emprego. **3** Conjunto de saberes e regras relativos a uma a(c)tividade ou profissão. **Comb.** ~ *cinematográfica*. *~s criativas* [Belas-Artes]. *~s mecânicas*. *~ recreativas*. *~s cé[ê]nicas*. **4** Tratado/Livro/Obra que contém esses saberes e regras. **Comb.** ~ Poética «de Aristóteles». **5** Conhecimento empírico dos processos e técnicas usados no exercício corre(c)to de ofício ou profissão manual/O próprio ofício. **Ex.** Qualquer pessoa pode ser boa na sua ~. **Comb.** ~ *do bordado*. *~ de marceneiro*. *~ de pedreiro*. **6** A(c)tividade de criação, expressão e produção do belo. **Ex.** As ~s dividem-se em plásticas – Arquite(c)tura, Escultura e Pintura – e rítmicas: Música, Dança e Poesia; como são seis, dá-se ao Cinema o nome de sétima ~. **Comb.** *~ pela ~* [Conce(p)ção de que a ~ é um fim em si mesma, não tendo qualquer função utilitária ou moral]. *~ rupestre* «pintura/desenho gravado». *Crítica de ~*. *Galeria de ~*. *História de ~*. **7** Conjunto de obras artísticas de um país, região, época. **Comb.** *~ africana*. *~ antiga*. *~ contemporânea*. *~ egípcia*. *~ flamenga*. *~ grega*. *~ medieval*. *~ moderna*. *~ renascentista* [do Renascimento]. *~ romana*. **8** Tendência geral para a criação artística em determinada época ou lugar/Corrente estética. **Comb.** *~ abstra(c)ta*. *~ impressionista*. **9** Estilo pessoal na produção artística. **Ex.** A ~ do pintor português José Malhoa retrata magistralmente cenas populares. **10** *Iron* Ardil/Travessura/Maneira «de enganar alguém/os outros». **Ex.** Tens uma ~.

artefacto [*Br* **artefato**] *s m* (<arte+lat *fáctus*: feito) Obje(c)to produzido por uma arte mecânica, não industrial/Obje(c)to manufa(c)turado. **Ex.** Na feira vendiam-se os mais variados ~s. ⇒ artifício.

arteirice *s f* (<arteiro+-ice) **1** A(c)to ou atitude de quem procura prejudicar outrem de forma astuciosa/Embuste/Ardil/Cilada. **2** *Br* Maldade de criança/Diabrura/Travessura(+).

arteiro, a *adj* (<arte+-eiro) **1** Que tem arte/habilidade/Esperto/Sagaz. **2** *depr* Manhoso/Astuto/Matreiro(+).

artelho (Tê) *s m* (<lat *artículus*, dim de *ártus*: articulação) **1** *Anat* Extremidade inferior arredondada dos ossos da perna na articulação com o pé/Tornozelo(+). **2** *Zool* Designação de algumas partes que constituem o corpo ou os apêndices dos artrópodes/Artículo 4.

artemísia *s f* (<lat científico *Artemisia*) Designação comum a arbustos e ervas da família das compostas asteráceas, de que há muitas espécies aromáticas, algumas usadas para fins medicinais, como tempero em culinária, em chá ou em infusões estimulantes, como o absinto, desenvolvendo-se sobretudo em zonas secas.

artéria *s f Anat* (<gr *artería*) **1** Cada um dos vasos que conduzem o sangue do coração até às diferentes partes do corpo. **Comb.** *~ aorta*. *~ pulmonar*. *~ coronária* [Cada uma das duas ~s responsáveis pela oxigenação do coração]. *~ carótida comum* [Cada uma das duas ~s que irrigam o pescoço e a cabeça]. **2** *fig* Grande via de circulação urbana. **Ex.** Essa é uma ~ que tem sempre muito trânsito.

arterial *adj 2g* (<artéria 1+-al) **1** Relativo às artérias. **Comb.** *Hipertensão ~*. *Hipotensão ~*. *Tensão ~*. **2** Diz-se do sangue vermelho vivo, bem oxigenado, que circula nas artérias depois da hematose. **Ant.** Venoso.

arterializar *v t* (<arterial+-izar) Transformar o sangue venoso em arterial.

arteríola *s f* (<artéria+-ola) Pequena ramificação de uma artéria, ligando-a a um (vaso) capilar. **Ant.** Vé[ê]nula.

arteriosclerose *s f Med* (<artéria+esclerose) Doença degenerativa em que há endurecimento e perda de elasticidade das (paredes das) artérias.

arteriosclerótico [arterioscleroso], a *adj/s m* (O) que sofre de [Relativo a] arteriosclerose.

arteriotomia *s f Med* (<artéria+-tomia) Incisão cirúrgica numa artéria, geralmente para retirar um êmbolo.

arterite *s f Med* (<artéria+-ite) Inflamação de artéria.

artesanal *adj 2g* (<artesão+-al) **1** Próprio de artesão. **2** Relativo ao artesanato. **3** Fabricado manualmente, usando processos tradicionais. **Ex.** Um dos produtos ~ais da região é o queijo, em cujo fabrico se usa ainda o cardo para obter o coalho. **4** *fig* Pouco elaborado/Nada sofisticado/Simples/Rudimentar. **Ex.** Os instrumentos usados no seu fabrico são o que há de mais ~.

artesanato *s m* (<artesão+-ato) **1** Conjunto de obje(c)tos «brinquedos/cadeiras»de produção artesanal. **Comb.** *Feira do ~*. **2** Arte e técnica do artesão, que manualmente produz obje(c)tos ao gosto tradicional e popular, com um intuito utilitário e artístico. **3** Conjunto dos artesãos de uma região, de um país. **Ex.** O ~ fez ouvir a sua voz junto do governo. **4** *Econ* Sistema de produção independente em que o fabrico e a venda dos produtos manufa(c)turados são feitos por um ou vários artífices, que ficam com o respe(c)tivo lucro. **Ex.** Também o ~ está a passar por uma forte diminuição da procura.

artesão¹, ã *s* (<it *artigiano*, pelo fr *artisan*) Pessoa que exerce uma arte manual, em que os produtos têm um cunho tradicional e popular, fazendo a sua venda dire(c)ta. **Ex.** Na oficina daquele ~ trabalhavam dois aprendizes.

artesão² *s m Arquit* (<esp *artesón*) Adorno emoldurado geralmente colocado em abóbadas, te(c)tos, voltas de arcos.

artesiano, a *adj* (<fr *artésien*<lat *top Artésium*: Artois, cidade francesa) Diz-se do poço/furo aberto com broca, do qual jorra água em repuxo que se eleva acima do solo.

ártico, a [*Br* **árctico**] *adj/s m Geog* [= árctico] (<gr *arktikós*: do norte <*árktos*: urso) Relativo à zona do polo norte/Setentrional/Boreal. **Comb.** *Oceano Glacial Á~*.

articulação *s f* (<lat *articulátio,ónis*) **1** A(c)ção ou efeito de articular(-se). **2** A(c)ção de ligar/encadear/compatibilizar elementos que formam [funcionam em] conjunto/Conexão/Interligação. **Ex.** A ~ das partes do discurso não foi bem conseguida. **3** *Anat* Junção natural de duas partes do corpo, de dois ou mais ossos. **Ex.** Tenho algumas dores na ~ do ombro. **4** Ponto de união de peças que formam uma estrutura. **5** *Zool* Junção de anéis ou segmentos nos artrópodes. **6** *Bot* Zona de ligação das partes da planta. **7** *Ling* Conjunto de movimentos dos órgãos do aparelho fonador que levam à produção dos vários sons da fala. **Ex.** Ele sente ainda alguma dificuldade na ~ de algumas consoantes. **8** *Dir* Exposição por artigos/parágrafos/Articulado 7/8.

articulado, a *adj/s m* (<lat *articulátus,a,um*) **1** Que se articulou. **2** Que tem uma ou mais articulações. **3** Unido/Ligado/Encadeado. **4** Que tem partes móveis que se articulam entre si. **Comb.** *Boneco ~*. **5** *Ling* Pronunciado de forma clara e distinta. **6** *Zool* (Diz-se de) animal ou espécies animais que têm o corpo formado por duas ou mais partes móveis, ou cujos apêndices estão divididos em segmentos. **7** *s m Dir* Peça processual escrita, organizada por artigos, onde os litigantes expõem os fundamentos da a(c)ção ou da defesa e também formulam os seus pedidos. ⇒ articulação 8. **8** *Dir* Conjunto dos artigos de um diploma legislativo ou de um documento formal. **9** *Gram* «infinitivo» Que está precedido de artigo «o falar».

articulador, ora *adj/s m* (<lat *articulátor,óris*) **1** (O) que articula. **2** *s m* Cada órgão «língua/cordas vocais» do aparelho fonador que intervém na produção dos sons da fala.

articular¹ *v t* (<lat *artículo,áre,átum*) **1** Ligar/Compatibilizar elementos que devem formar [funcionar em] conjunto/Adaptar/Harmonizar. **Ex.** Precisamos de ~ os nossos horários. **2** Encadear de forma lógica/coerente/Organizar. **Ex.** Ele é exímio a ~ a sua argumentação. **3** Ligar(-se)/Encaixar-se por articulações. **Ex.** Os ossos articulam-se de modo a permitir movimentos variados. **4** Mover as articulações. **Loc.** *~ movimentos*. **5** *Ling* Efe(c)tuar os movimentos do aparelho fonador ligados à produção dos sons da fala/Pronunciar. **Ex.** Ela articula bem, é muito fácil perceber tudo o que diz. **6** Propor/Apresentar um texto dividido em artigos.

articular² *adj 2g* (<lat *articuláris,e*) **1** *Anat* Relativo às [Próprio das] articulações. **2** *Gram* Relativo ao artigo «a, o, um».

articulatório, a *adj* (<articular+-tório) **1** Relativo a articulação. **2** *Ling* Relativo à articulação dos sons da fala.

articulável *adj 2g* (<articular¹+-vel) **1** Que se pode articular. **2** Que se pode ligar/integrar num todo. **3** *Ling* Que se pode pronunciar.

articulista *s 2g* (<artigo+-ista) Pessoa que escreve artigos em jornal/revista ou em outras publicações.

artículo *s m* (<lat *artículus*: articulação, artigo) **1** Divisão de um trabalho escrito/Artigo(+). ⇒ versículo. **2** *Anat* Cada falange dos dedos. **3** *Zool* Cada um dos segmentos que formam o corpo de animais articulados. **4** *Zool* Cada segmento dos apêndices dos artrópodes. **5** *Bot* Parte do caule «de cana/bambu» entre dois nós consecutivos.

artífice *s 2g* (<lat *ártifex,ficis*) **1** Pessoa que exerce uma arte manual ou mecânica/que produz artefa(c)tos/Artista 4. **2** Pessoa que cria/inventa/Autor. **Ex.** Ele foi o ~ [criador] do nosso regime democrático. **3** Pessoa que se empenhou na concretização de um obje(c)tivo/Obreiro.

artificial *adj 2g* (<lat *artificiális,e*) **1** Que é produto da a(c)ção humana/Que não é natural/Fabricado. **Comb.** *Luz ~*. *Satélite ~*. **Ant.** Natural. **2** Que substitui um órgão ou membro nas respe(c)tivas funções. **Comb.** *Rim ~*. *Inseminação ~*. ⇒ prótese. **3** Que não corresponde a exigência da natureza. **Ex.** A sociedade moderna é fértil na criação de necessidades ~ais. **4** Que revela falta de naturalidade/Que carece de espontaneidade/Afe(c)tado. **Ex.** Aquela simpatia é notoriamente ~.

artificialidade, artificialismo *s f/m* (<artificial+-ismo) **1** Qualidade de artificial, do que não é natural. **2** Falta de autenticidade/Afe(c)tação/Fingimento. **Ex.** O compor-

artificialmente adv (<artificial+-mente) **1** De modo artificial, não natural. **Ant.** Naturalmente. **2** Sem razão aceitável/Sem justificação. **Ex.** Dado o preço do crude, o preço da gasolina está ~ [demasiado] alto. **3** De forma afe(c)tada/fingida. **Ex.** Fala ~, querendo aparentar uma cultura que não tem. **4** De forma fútil/superficial/frívola. **Ex.** Há muita gente que se habituou a viver ~.

artifício s m (<lat *artifícium*) **1** Meio utilizado para conseguir determinado efeito. **Ex.** O orador serviu-se deste ~ para despertar o interesse do público. **2** Habilidade/Mestria. **Ex.** Esta bela joia é trabalho de grande ~. **3** Plano engenhoso/Estratagema(+)/Ardil. **Ex.** Simular um acidente foi o ~ com que atraiu pessoas para as roubar. **4** Procedimento para melhorar a aparência, corrigindo ou disfarçando algum defeito físico. **Ex.** Os ~s da maquilhagem são preciosa ajuda para melhorar a imagem. **5** Engenho mecânico, pirotécnico ou elé(c)trico, preparado para deflagrar carga explosiva. ⇒ fogo de artifício.

artificioso, a (Ôso, Ósa, Ósos) adj (<artifício+-oso) **1** Que tem artifício. **2** Feito com engenho/arte/mestria. ⇒ artístico. **3** Simulado/Fingido/Artificial.

artigo s m (<lat *artículus*: articulação) **1** Cada parte, marcada ou não com um número, em que se divide um texto de natureza legal, jurídica, ou outros documentos em que há pontos a destacar. **Comb.** ~ *da Constituição.* ~ *do Código Civil.* **2** *Dir* Cada parágrafo numerado em que se divide uma petição ou contestação apresentada em tribunal no decorrer de uma a(c)ção. **3** Matéria/Assunto. **Comb.** *Catol* ~ *de fé* [Cada um dos dogmas a professar pelo crente]. *Em* ~ *de morte* [Na iminência da morte/«estar» A ponto de morrer]. **4** Texto com algum desenvolvimento que constitui uma unidade independente numa publicação periódica. **Ex.** O jornal traz um ~ muito interessante sobre a crise da agricultura. **Comb.** ~ *de fundo* [que expressa o ponto de vista da dire(c)ção do jornal sobre o tema em análise, sendo publicado em lugar de destaque/Editorial]. ~ *de jornal.* ~ *de opinião* [que exprime a opinião do jornalista ou do colaborador da publicação sobre determinado tema]. ~ *de revista.* **5** Mercadoria/Obje(c)to/Produto posto à venda. **Ex.** Este tecido é um ~ [produto] de muita qualidade. **Comb.** ~ *de escritório.* ~ *de exportação* [que se destina a ser exportado]. ~*s de primeira necessidade* [Alimentos, vestuário e calçado]. **6** *Ling* Subcategoria dos determinantes do nome/substantivo. **Ex.** Na frase *O Pedro comprou um caderno*, os determinantes *o* (~ definido) e *um* (~ indefinido) são ~s. **7** *Ling* Texto que se segue a cada entrada de obras como: dicionário, glossário, enciclopédia, dando a sua definição e outra informação de natureza fonética, etimológica, gramatical, pragmática, ...

artiguelho s m depr (<artigo+-elho) Escrito de pouco valor publicado em jornal ou revista/Artigozito reles/sem conteúdo.

artilhar v t (<fr *artillier*) **1** *Mil* Equipar/Guarnecer com artilharia. **2** *fig* Fornecer os meios que permitem superar uma dificuldade.

artilharia s f *Mil* (<fr *artillerie*) **1** Material de guerra, não portátil, mais ou menos pesado, envolvendo armas de fogo, munições e veículos para o seu transporte, a usar pelo Exército e pela Marinha. **Ex.** Ouviu-se uma salva de ~ em sinal de festa. **Comb.** ~ *antiaérea* [para abater aviões e outros engenhos voadores]. ~ *da costa* [que consta de fortes localizados no litoral para proteger de ataques marítimos]. ~ *ligeira.* ~ *pesada.* *Barragem de* ~ [Bombardeio prolongado de uma faixa de terreno, impedindo o avanço do inimigo ou facilitando o ataque às suas posições]. **2** Ciência e técnica do manejo deste material. **3** Uma das armas do Exército. **Ex.** Além da ~, são ainda armas do exército a infantaria, a cavalaria, a engenharia e transmissões. **4** Corpo de artilheiros. **5** *fig* Argumentação cerrada de defesa ou ataque «no tribunal». **6** *(D)esp fig col* Linha avançada de uma equipa/Os avançados(+)/artilheiros.

artilheiro, a adj/s *Mil* (<fr *artilleur*) **1** (Militar) que pertence à arma de artilharia **3**. **2** Relativo ao manejo de peças de artilharia. **3** Indivíduo que sabe manejar peças de artilharia. **4** *(D)esp gír* Avançado(+) goleador de uma equipa.

artimanha s f (<arte+manha) **1** A(c)to de astúcia/Processo doloso de enganar alguém/Ardil(+)/Cilada(o+)/Estratagema. **2** Maquineta/Artefa(c)to rudimentar que permite alcançar um resultado prático/Engenhoca(+).

artiodáctilo, a [*Br* **artiodá(c)tilo** (dg)] adj/s (<gr *ártios*: bem proporcionado + *dáktylos*: dedo) (Diz-se de) mamífero ou da subordem de mamíferos ungulados que têm em cada membro um número par de dedos que assentam no chão. **Ex.** O porco, o camelo e os ruminantes «boi/ovelha» são ~s.

artista s/adj 2g (<arte+-ista) **1** (Pessoa) que tem espírito criador e sensibilidade estética. **Ex.** Ela tem gé[ê]nio de ~. **Comb.** ~ *plástico* [que se dedica às artes plásticas «escultura»]. **2** O que se dedica às [Profissional de] belas-artes «pintura/escultura/poesia». **Ex.** Ali era o bairro dos ~s. **3** Pessoa «cantor» que participa/a(c)tua em espe(c)táculo teatral, cinematográfico, televisivo, radiofó[ô]nico, de circo. **Comb.** ~ *convidado* [que é chamado a participar exce(p)cionalmente numa realização devido ao seu prestígio]. **4** Indivíduo que aprendeu/exerce uma arte/Artífice/Operário. **Ex.** Na reparação da casa andaram a trabalhar vários ~s. ⇒ artesão. **5** Pessoa que tem jeito/habilidade para realizar alguma coisa. **Ex.** Na decoração da sala ela é uma ~! **6** (O) que tem talento/engenho. **7** *iron* Autor de obra defeituosa ou de procedimento censurável. **Ex.** A que ~ se deve esta aberração arquite(c)tó[ô]nica? Quem foi o ~ que deixou o carro assim [mal] estacionado?

artístico, a adj (<artista+-ico) **1** Relativo à arte, às suas produções ou aos artistas. **Ex.** A preocupação ~a é bem visível no centro histórico das cidades. **Comb.** *Corrente* ~*a.* *Gé[ê]nio* ~. *Movimento* ~. **2** Que tem valor estético/Que tem arte/Belo. **Ex.** O cálice «da missa» usado nesta celebração festiva é ~. **3** Executado com mestria/habilidade. **Comb.** *Penteado* ~. **4** Relativo às artes do espe(c)táculo e aos a(c)tores. **Ex.** No meio ~ há grandes amizades.

artocarpo s m *Bot* (<gr *ártos*: pão + *karpós*: fruto) Planta tropical da família das moráceas cujo fruto, volumoso e pesado, tem o sabor de pão de trigo/Fruta-pão(+)/Árvore-do-pão(+)/Jaca(+)/Jaqueira.

artófago, a adj/s (<gr *artophágos*: que come pão) **1** (O) que se alimenta de pão. **2** (O) que tem o pão como alimento preferido/Pãozeiro(+). ⇒ arrozeiro **2**.

artola (Tó) adj/s 2g (<arte+-ola?) **1** *pop* (O) que tem pouco juízo/Doidivanas(+)/Janota/Estroina. **2** *pl* Pessoa apalermada/desajeitada.

artralgia s f *Med* (<artro-+algia) Dor em articulação.

artrite s f *Med* (<artro-+-ite) Inflamação numa articulação. **Comb.** ~ *degenerativa.* ~ *reumatoide.* ⇒ artrose.

artrítico, a adj/s (<gr *arthritikós*) **1** Relativo a artrite ou a artritismo. **2** (O) que sofre de artrite ou de artritismo.

artritismo s m *Med* (<artrite+-ismo) Predisposição do organismo, por vezes hereditária, para contrair doenças articulares.

artro- *pref* (<gr *árthron,ou*: juntura, articulação) Significa articulação (Ex. artrópode, artrose).

artrologia s f (<artro-+-logia) Estudo das articulações.

artropatia s f (<artro-+-patia) Designação genérica das doenças nas articulações.

artrópode adj 2g/s m *Zool* (<artro-+-pode) (Diz-se de) animal ou de grupo de animais invertebrados que têm o corpo segmentado, revestido por quitina, e apêndices articulados em número par. **Ex.** Os inse(c)tos «abelha/mosca», os aracnídeos «aranha» e os crustáceos «lagosta/caranguejo» são ~s. ⇒ articulado **6**.

artrose s f *Med* (<artro-+-ose) Processo degenerativo doloroso nas articulações. **Ex.** Atormentavam-na as ~s no joelho e na anca. ⇒ artrite.

aruaque adj/s 2g (<*etn* Aruaques) **1** (Diz-se de) indivíduos de grupos indígenas da zona setentrional da América do Sul. **2** s m Língua falada no norte da América do Sul, pertencente a uma família linguística de ampla distribuição geográfica, indo das Antilhas até à Argentina.

arúspice [harúspice] s m (<lat *haruspex, icis*) **1** *Hist* Sacerdote da antiga Roma que predizia o futuro pelo exame das vísceras das vítimas dos sacrifícios. **2** Pessoa que prevê o futuro/Adivinho(+). ⇒ profeta.

arvícola adj/s 2g (<lat *árvum*: campo cultivado+-cola) **1** Que habita no campo/Que vive em campos semeados. **2** Agricultor(+)/Lavrador/Camponês.

arvicultura s f (⇒ arvícola) Cultivo de terras aráveis/Agricultura(+).

arvoar v t (<lat *herbuláre*: envenenar com ervas) (Fazer) ficar tonto/(Fazer) perder o sentido das coisas/Estontear/Aturdir. **Ex.** Toda aquela confusão, a que não estava habituado, arvoou-o.

arvorada s f *Náut* (<arvorar **4**) Levantamento das velas nos mastros para iniciar viagem.

arvorado, a adj (<arvorar) **1** Que está plantado de árvores/Arborizado(+). **2** Erguido na vertical/Levantado/Içado/Hasteado. **Ex.** Na haste ~a no pátio içaram a bandeira do agrupamento. **3** Que atribui a si próprio indevidamente uma posição superior. **Ex.** Apresentou-se ~ em chefe, ele que não passava de [que era apenas um] simples auxiliar. **4** Elevado provisoriamente a um posto/cargo superior. **Ex.** Estava ~ em comandante do grupo dos descontentes. **5** s m *Mil* Soldado raso que exerce provisoriamente competências de cabo.

arvorar v t (<árvore+-ar¹) **1** Plantar árvores em/Arborizar(+). **2** Levantar(+) na vertical/Pôr ao alto. **Ex.** Na costa de África os descobridores portugueses arvoraram padrões com as armas de Portugal. **3** Erguer alto para ser bem visível/Hastear(+). **Ex.** Arvoraram a bandeira no cimo da torre. **4** *Náut* Desfraldar as velas para iniciar viagem. **5** Elevar(-se) a posição/cargo mais importante. **Ex.** Os revoltosos arvoraram-no em comandante das forças. **6** ~-se/Atribuir a si próprio um papel/uma função. **Ex.** Arvorou-se em defensor da honra da classe. **7** Alardear falsamente ter determinada(s) qualidade(s). **Ex.** Arvorou-se em mestre, mas o seu saber e cultura eram muito rudimentares, como seria fácil dete(c)tar.

árvore s f (<lat *árbor,oris*) **1** Planta lenhosa elevada, cujo tronco aparece ramificado acima do nível do solo, podendo atingir grande altura. **Ex.** Diz-se que cada homem deve plantar, pelo menos, uma ~ (, ter um filho e escrever um livro). **Loc.** *Plantar ~. Podar ~. Subir/Trepar a ~.* **Comb.** *~ de fruto. ~ de Natal* [(Ramo de) pinheiro erguido em casa na quadra natalícia, no qual se suspendem luzes e enfeites e se colocam as prendas dos familiares na noite de Natal]. pop *~ das patacas* [Lugar ou a(c)tividade que proporciona dinheiro/riqueza sem esforço]. **2** fig Estrutura ramificada à maneira de uma ~, a representar relações entre pessoas, coisas ou ideias. **Comb.** Info *~ de dire(c)tórios* [Diagrama com todos os dire(c)tórios e ficheiros de um disco]. *~ genealógica* [Representação, em forma de tronco ramificado, da ascendência ou descendência de uma família através das sucessivas gerações]. *Diagrama em ~*. **3** Ling Representação gráfica da estrutura da frase, evidenciando relações de hierarquia. **4** fig Qualquer coisa a lembrar uma ~, com as suas subdivisões e ramificações. **5** fig Mastro de embarcação. **6** Mec Peça principal rotativa de uma máquina/Veio de transmissão/Eixo/Fuso. **7** fig fam Pessoa muito alta/Torre(+).

árvore-da-borracha s f Bot Planta arbórea originária da Amazó[ô]nia, da família das euforbiáceas, de que se extrai o látex com que se fabrica a borracha/Seringueira; *Ficus elástica*.

arvoredo (Rê) s m (<lat *arborétum*: bosque) **1** Aglomerado de árvores. **Ex.** No meio do ~ havia caminhos onde muita gente passeava. **2** Lugar onde há muitas árvores próximas/espessas. **Ex.** Entrei no ~ para fugir à vigilância do inimigo. **3** Náut fig Conjunto de mastros de uma embarcação.

árvore-do-pão s m ⇒ artocarpo.

arvorejar v t (<árvore+-ejar) **1** Plantar árvores em/Arborizar(+). **2** ~-se/Cobrir-se de árvores que nascem espontaneamente. **Ex.** Em poucos anos o campo arvorejou-se [ficou uma mata(+)] de carvalhos.

as (<lat *illas*) **1** Pl de a². **Comb.** ~ maçãs. **2** Pl de a³. **Ex.** – As maçãs? Comprei-~ hoje. **3** Pl de a⁴. **Ex.** – ~ que comprei estão aqui.

às¹ contr da prep a + art def pl as. **Ex.** Saiu cedo de casa para ir ~ compras. Vestiu a saia ~ avessas.

às² contr da prep a + pron dem pl as. **Ex.** Fizeram-lhe várias perguntas. Respondeu ~ que lhe diziam respeito.

ás s m (<lat *ás,ássis*: unidade monetária romana; ⇒ asse) **1** Carta de jogar [Peça de dominó/Face de dado] que tem uma pinta. **Ex.** No póquer [Na sueca], o ~ é a carta que vale mais. No dominó, o ~ tem só uma pinta. **Comb.** ~ de copas [espadas/ouros/paus]. **2** Ponto dire(c)to no tê[ê]nis a partir do serviço. **Ex.** Dos dez pontos que ganhou no serviço, cinco foram ases. **3** fig Pessoa que se destaca numa a(c)tividade. **Ex.** Ganhou muitas corridas de carros. Era um ~ do volante! **Idi.** *Dar sota e ~* [Passar à frente/Vencer] (Ex. Na sua especialidade, dava sota e ~ a qualquer um [col ao mais pintado]).

asa s f (<lat *ansa*: asa de vaso) **1** Ornit Cada um dos membros anteriores das aves e morcegos ou o que se lhe assemelha. **Ex.** Apesar de terem ~s, as galinhas [avestruzes] não voam. O zumbido da abelha é produzido pelo bater das ~s. **Comb.** *As ~s das abelhas*. fig *As ~s do avião. As ~s do morcego. As ~s do pinguim*. ⇒ (barbatana) nadadeira. **Idi.** *~ negra* [Azarento]. *Arrastar a ~* [Seduzir] (Ex. O rapaz andava a arrastar a ~ à filha do vizinho). *Bater a ~* [Fugir] (Ex. Pouco antes do casamento, o noivo bateu a ~). *Cortar* [Aparar] *as ~s* [Retirar liberdade] (Ex. Queria ser futebolista, mas os pais cortaram-lhe as ~s). *Dar ~s à imaginação* [Devanear/Sonhar]. *Ter ~s* **a)** Ser rápido (Ex. Ele corre que até parece que tem ~s); **b)** Ser apto (Ex. – Estou a gostar do seu trabalho. Você tem ~s!). *Ter* [Levar] *~s nos pés* [Correr depressa]. *Ter um grão(zinho) na ~* [Estar embriagado]. **2** Parte lateral do nariz. **3** Expansão de certas sementes «pinhão», pétalas ou frutos. **4** Pega de alguns utensílios. **Ex.** Partiu a ~ da chávena. **Comb.** *A ~ do balde. As ~s do quadro*. **5** Arquit Nave lateral (+) de uma igreja. **6** fig Prote(c)ção. **Ex.** A pequen(it)a, com medo, acolheu-se às ~s da mãe. **Loc.** *Meter-se debaixo das ~s* [Procurar o amparo] de alguém.

asa-delta s f (D)esp **1** Planador com asa única em forma de triângulo. **Ex.** No dia da competição, o ar [céu] estava cheio de asas-deltas. **2** Modalidade praticada com **1**. **Ex.** A ~ tem cada vez mais adeptos.

asafia s f Med (<gr *asápheia*: obscuridade) Defeito de pronúncia.

asar v t (<asa+-ar¹) Prover de [Dar] asas(+).

asarina s f Quím (<*ásaro*+-*ina*) Substância medicinal extraída do ásaro.

asarina-da-praia s f Bot Planta vivaz das areias marítimas de Portugal.

ásaro s m Bot (<gr *ásaron*: nardo silvestre) Planta rasteira, aristoloquiácea, cultivada nas zonas temperadas.

asbestino, a adj/s m (<asbesto+-ino) **1** Que diz respeito ao asbesto. **2** Tecido/Pano incombustível.

asbesto (É) s m Min (<gr *ásbestos*: inextinguível) Variedade de amianto.

ascaricida adj/s 2g Med (<gr *askarís*: lombriga+-cida) (O) que mata ascáridas/es.

ascárida/e adj/s 2g Zool (<gr *askarís*) Verme intestinal/Lombriga(+).

ascarídeo, a adj/s m Zool (<ascárida+-ídeo) **1** Que diz respeito a ascáridas. **2** pl Família de vermes a que pertencem as lombrigas. **3** Espécime dessa família.

ascaridíase s f Med (<ascarídeo+-ase) Doença provocada por ascarídeos.

áscele adj/s 2g Med (<gr *askelés*: sem pernas) (O) que não tem pernas.

ascelia s f Med (<áscele+-ia) Ausência congé[ê]nita de pernas.

ascendência s f (<lat *ascendéntia*) **1** ⇒ Subida/Ascensão. **2** Linha genealógica/Antepassados. **Ex.** A sua ~ remontava aos primeiros reis de Portugal. Eu tenho [sou de] ascendência japonesa [Os meus antepassados são japoneses]. **Comb.** ~ *materna* [*paterna*]. **Sin.** Estirpe; linhagem. **Ant.** Descendência. **3** Predomínio de uma pessoa sobre outra. **Ex.** Por ser mais velho e experiente, tinha (muita) ~ sobre os amigos. **Sin.** Ascendente(+); influência(o+); preponderância.

ascendente adj/s 2g (<lat *ascéndens,éntis*) **1** Anat/Bot/Mat/Mús Que sobe. **Comb.** Movimento ~. **2** Antepassado. **Ex.** Orgulhava-se de ter vários ~s célebres. **Ant.** Descendente. **3** Influência. **Ex.** Era muito respeitado e tinha grande ~ sobre os conterrâneos. **4** Astro do zodíaco que sobe no horizonte na altura do nascimento de uma pessoa. **Ex.** Porque nasceu ao amanhecer, o signo e o ~ são os mesmos.

ascender v int (<lat *ascéndo,ere*) **1** Subir(+). **Ex.** O elevador ascendeu ao décimo andar. **Ant.** Descer. **2** Atingir certo montante. **Ex.** A dívida do Estado ascende a [atinge] vários milhões de euros. **Sin.** Montar/Chegar. **3** Atingir determinado cargo ou posto. **Ex.** O obje(c)tivo de todos os militares é ~ [chegar] ao generalato.

ascensão s f (<lat *ascénsio,ónis*) **1** Subida (+)/Elevação. **Ex.** A ~ do foguetão foi observada por centenas de pessoas. **Comb.** A *A~ de Cristo ao céu*. *A ~ «de D. João II» ao trono*. *~ re(c)ta* [*oblíqua*] *dum astro*. **2** Progressão/Promoção. **Ex.** Até chegar a primeiro-ministro, teve uma ~ rápida. **Comb.** *~ social*.

ascensional adj 2g (ascensão+-al) Que tende a (fazer) subir. **Ex.** A subida dos balões deve-se à propriedade ~ do ar quente. **Comb.** *Força ~* [que obriga à elevação [subida] de um corpo]. *Movimento ~* «do ar quente». ⇒ ascendente **1**.

ascensionista s 2g (<lat *ascénsio,ónis+-ista*) Pessoa que sobe «em balão» a pontos elevados.

ascenso s m (<lat *ascensus*) ⇒ ascensão.

ascensor s m (<lat *ascénsor,óris*: o que sobe) Elevador(+) «do edifício»/Carruagem que se desloca num curto trilho íngreme «do sopé ao cimo do monte». **Loc.** Ir no [Tomar o] ~.

ascensorista s 2g (< ...+-ista) Empregado de elevador. **Ex.** O ~ não deixou entrar mais pessoas (no elevador).

ascese (Cé) s f (<gr *áskesis*: exercício) Procura da perfeição (espiritual) através da renúncia ao que é só terreno. **Sin.** Austeridade; disciplina.

asceta (Cé) s 2g (<gr *askêtés*: praticante) Praticante/Exercitante da ascese. **Loc.** Ser [Levar vida de] ~.

ascetério s m (<gr *asketérion*) Retiro para meditação/Convento(o+)/Mosteiro(+).

ascética s f (<asceta+-ico¹) **1** Doutrina ou prática da ascese. **2** Parte da Teologia que estuda **1**. **Comb.** *Tratado de ~ e Mística*. **3** ⇒ ascese/ascetismo.

ascético, a adj (<gr *asketikós*: laborioso; ⇒ ascese; asceta) **1** Relativo ao ascetismo ou aos ascetas. **Comb.** *Práticas* [*Exercícios*] *~s*. **2** Austero. **Comb.** *Pessoa (muito) ~a*. *Vida ~a*.

ascetismo s m (<asceta+-ismo) **1** Doutrina que visa a perfeição espiritual através da renúncia ao que é só terreno. **Sin.** Ascética **1**(+). **2** ⇒ ascese.

ascídia s f Zool (<gr *askídion*: pequeno odre) Equinodermo em geral fixo a rochas.

ascidiáceo, a adj/s Zool (<ascídia+-áceo) (Diz-se de) animais tunicados/ascídias, que se fixam às rochas do litoral, quando adultos.

ascídio s m Bot (<gr *askídion*: pequeno odre) Órgão das plantas carnívoras que serve para capturar a presa. **Sin.** Asco².

áscio, a s (<gr *áskios*: sem sombra) Habitante das latitudes tórridas que, duas vezes por ano, nos equinócios, não tem ou não faz sombra, ao meio-dia, quando o Sol se encontra no Zé[ê]nite.

ascite s f Med (<lat *ascítes*) Acumulação de líquido seroso no abdómen [Hidropisia abdominal]. **Sin.** Barriga-d'água.

asclépia [asclepíada] s f Bot (<gr *asklépias,ádos*: planta de Asclépio; em latim Esculápio, deus da Medicina) Planta arbustiva, com propriedades medicinais, da família das asclepi(ad)áceas.

asclepiadáceo, a *adj Bot* (<asclépia+-áceo) Diz-se da família de plantas, a que pertence a asclépia, muitas delas trepadeiras e com cerca de três mil espécies.

asco¹ *s m* (<gr *eskhára*: crosta de chaga; ⇒ asqueroso) **1** Repugnância física. **Ex.** O cheiro do leite estragado causava-lhe ~. **Sin.** Náusea; nojo. **2** Sentimento de desprezo/Repugnância moral. **Ex.** A hipocrisia dos políticos causava-lhe ~. **Sin.** Aversão.

asco² *s m Bot* (<gr *askós*: odre) Órgão produtor de esporos em alguns fungos. **Sin.** Ascídio.

-asco *suf* (De origem pré-latina) Significa semelhança, aproximação; por ex. verd~.

ascocarpo *sm Bot* (<asco²+...) Porção reprodutora do corpo dos fungos, onde se encontra o asco.

ascóforo *s/adj Bot* (<asco²+-foro) (Fungo) que tem ascos.

ascoma (Ô) *s m Náut* (<gr *áskoma*) Revestimento de couro que protege o remo da fricção na borda do barco.

ascomicete/o (Cé) *s m Bot* (<asco²+-micete/o) Fungo de hifas septadas e provido de esporos formados em ascos.

ascórbico *adj/s Quím* (<a²-+escorbuto+-ico¹) (Diz-se de) ácido que constitui a vitamina C e existente em vários frutos cítricos, como o limão (Era por falta dele que os antigos navegadores sofriam de escorbuto).

ascoroso, a *adj* ⇒ asqueroso.

ascospóreo [ascospórico], a *adj Bot* (<ascósporo+...) Que diz respeito ao ascósporo.

ascósporo *s m Bot* (< asco²+esporo) Esporo que se forma no interior dos ascos.

áscua *s f* (De origem pré-latina) **1** Obje(c)to incandescente/Brasa. **2** *fig* Brilho [Lume] dos olhos de pessoa irada.

-ase *suf* (<gr *ásis*) **1** Significa estado mórbido; por ex. tení~. **2** Significa enzima; por ex. diást~, amíl~.

ASEAN *sigla* (<ing *Association of South-East Asia Nations*) Associação das Nações do Sudeste Asiático, a que pertence Timor-Leste.

as(s)eidade (dg) *s f* (<lat *a se*: «existir» por si +-dade) **1** *Fil* Cará(c)ter do que existe por si. **2** *Rel* Atributo só próprio de Deus, que consiste em ser causa da sua própria existência.

aselha (Zê) *s f/adj/s 2g* (<lat *ansícula*, dim de *ansa,ae*: asa «do vaso») **1** Pequena asa/Asinha. **2** Presilha(+) «para broches». ⇒ laçada. **3** *Gír Col* Desajeitado. **Ex.** Nunca acertava no alvo. Era muito [um] ~. A equipa/e de futebol estava cheia de ~s. Que ~ (tu és/tu me saíste)!

aselhice *s f* (<aselha3+-ice) Falta de jeito/Asneira. **Ex.** Em frente da baliza (De futebol), rematou ao lado. Foi uma ~ imperdoável [Que (grande) ~!].

asfalina *s f* (<gr *asphalés*: seguro, duro +-ina) Explosivo à base de nitroglicerina.

asfaltado, a *adj* (<asfaltar) Com [Coberto de] asfalto. **Ex.** O carro deslizava [corria bem] na rua [estrada] ~a.

asfaltador, ora *s/adj* (<asfaltar+-dor) (O/A) que aplica o asfalto.

asfaltagem *s f* (<asfaltar+-agem) A(c)to ou efeito de revestir com asfalto. **Sin.** Alcatroamento(+).

asfaltamento *s m* (<asfaltar+-mento) ⇒ asfaltagem.

asfaltar *v t* (<asfalto+-ar¹) Revestir de asfalto. **Ex.** O governo decidiu ~ as ruas da aldeia. **Sin.** Alcatroar.

asfáltico, a *adj* (<asfalto+-ico¹) Que contém asfalto. **Comb.** Betume ~.

asfaltite[a] *s f Min* (<asfalto+-ite) Substância que contém asfalto.

asfalto *s m* (<lat *asphaltus*: betume) **1** Rocha sedimentar com hidrocarbonetos resultante do envelhecimento de petróleos brutos. **2** Massa betuminosa obtida dos resíduos da destilação do petróleo. **3** Superfície revestida dessas substâncias misturadas com areia. **Ex.** O acidente aconteceu porque havia óleo no ~ (da estrada). **Sin.** Alcatrão. **4** *Br* «na cidade» Espaço urbano por oposição ao rural e às favelas.

asfixia *s f* (<gr *asphyxía*: falta de palpitação do pulso) **1** Diminuição ou suspensão da capacidade respiratória. **Ex.** A ~ pode ser provocada por estrangulamento, intoxicação ou afogamento. **Comb.** *Morte por ~*. *Vítima de ~*. **Sin.** Sufocação. **2** *fig* Constrangimento/Restrição. **Ex.** A subida dos impostos levou à ~ das empresas. A revolução pôs termo à ~ da [trouxe-nos a] liberdade. **Sin.** Estrangulamento.

asfixiante *adj 2g* (<asfixiar+-ante) **1** Que asfixia. **Ex.** O fumo «dos incêndios» é ~. **Comb.** Gás ~. **Sin.** Sufocante. **2** *fig* Constrangedor/Que constrange. **Ex.** Não suportava mais o ambiente ~ da ditadura. **Sin.** Opressivo; irrespirável.

asfixiar *v t/int* (<asfixia+-ar¹) **1** Provocar a diminuição ou suspensão da capacidade respiratória. **Ex.** O fumo asfixiou os moradores do prédio. **Sin.** Sufocar. **2** Ter dificuldade em respirar. **Ex.** Os passageiros clandestinos asfixiavam no contentor. **Sin.** Abafar. **3** *fig* Impor limites/Oprimir. **Ex.** Sentia que o casamento a estava a ~.

asfódelo *s m Bot* (<lat *asphodelus*) Designação de algumas plantas da família das liliáceas. **Sin.** Abrótea; gamão.

Ásia *s f Geog* (<assírio *aszu*: saída do sal) Vastíssima parte do globo terrestre entre a Europa e o Pacífico.

asiático, a *adj/s* (<lat *asiáticus,a,um*) **1** «habitante» Da Ásia. **Ex.** O Japão é um país ~. Portugal está muito ligado à história ~a. **2** *fig* ⇒ pomposo; rico; oriental.

asiati(ci)smo *s m* (<asiático+-ismo) **1** Palavra ou expressão de origem asiática. **Ex.** Na língua portuguesa existem alguns ~s. **2** *fig* ⇒ pomposidade; opulência.

asilado, a *adj/s* (<asilar) **1** (O) que está internado num asilo. **2** (O) que obtém asilo. **Comb.** ~ [Refugiado(+)] político [O que recebe prote(c)ção de um país estrangeiro].

asilar *v t* (<asilo+-ar¹) **1** Recolher em asilo/Albergar. **2** Conceder asilo a [Receber/Aceitar] refugiados políticos. **3** ~-se «em França»/Refugiar-se.

asilo *s m* (<gr *ásylos*: inviolável) **1** Instituição de internamento de pessoas carenciadas ou abandonadas. **Ex.** Antigamente, a polícia levava os sem-abrigo para o ~. **2** Lugar de refúgio de perseguidos. **Ex.** Na Idade Média, as igrejas tinham direito de [eram usadas como] ~. **3** Acolhimento/Prote(c)ção. **Comb.** ~ político [Prote(c)ção concedida por um país a um estrangeiro].

asimina *s f Bot* (<lat científico *Asimina*) Fruto do asimineiro/Planta que dá esse fruto.

asimineiro *s m Bot* (<asimina+-eiro) Arbusto da família das anonáceas, *Asimina triloba*, nativa da América do Norte, de madeira leve e flexível e folhas com propriedades cicatrizantes.

asinha *adv an* (<lat *agína,ae*: orifício onde se move o fiel da balança) Depressa(+). **Ex.** Aonde [Para onde] vai(s) ~ [tão depressa(+)], que não fala(s) a ninguém?

asinino, a *adj* (<lat *asininus,a,um*) **1** Relativo ao asno/burro(+). **Comb.** *Besta ~a*. *Gado ~*. **2** *fig* Falho de inteligência/Burro/Estúpido(+). **Comb.** Atitudes [Comportamentos] ~as/os.

asma *s f Med* (<gr *ásthma,atos*: pouco fôlego, respiração penosa) Doença respiratória que se manifesta por crises irregulares de falta de ar, respiração ofegante, tosse seca, opressão no peito. **Loc.** Sofrer de ~. Ter crises de ~.

asmático, a *adj/s* (<lat *asmáticus,a,um* <gr *asthmastikós*) (O) que sofre de asma. **Comb.** Um (doente) ~.

asna *s f* (<lat *asina,ae*) **1** *Zool* Fêmea do asno/Burra(o+)/Jumenta(+). **2** *Arquit* Armação de madeira ou ferro, de forma triangular, que suporta telhados [coberturas] inclinados/as. **Ex.** Também se utilizam ~s de betão armado, embora mais raramente. ⇒ burra **3** «dos serradores».

asnada *s f* (<asno+-ada) **1** Conjunto de asnos. **2** Dito disparatado/Asneirada/Tolice. **Ex.** A sessão, (dita de esclarecimento), foi uma ~ [asneirada(+)] do princípio ao fim.

asnal *adj 2g* (<lat *asinális,e*) Próprio de asno/Asinino.

asnear *v int* (<asno+-ear) Dizer [Fazer] asneiras/tolices/Disparatar(+). **Ex.** Sozinho, porta-se muito bem; quando se junta com o primo, começam logo a ~.

asneira *s f* (<asno+-eira) **1** A(c)to [Dito] impensado/Disparate/Tolice/Burricada. **Ex.** Esta criança está insuportável; só faz ~s! O teste correu-me mesmo [muito] mal; fiz ~s [erros] inconcebíveis! Não tens razões para te lamentares. Só estás a asneirar [a dizer ~s]. **2** Palavrões/Grosserias/Obscenidades. **Ex.** Que malcriado! Daquela boca (para fora) só saem ~s!

asneirada *s f* (<asneira+-ada) **1** Grande asneira/Muitas [Um chorrilho(+) de] asneiras. **Ex.** Ter deixado de estudar foi uma ~ [grande asneira] que muito me prejudicou. Nem vale a pena corrigir o teste: é uma ~ completa. **2** Palavrão/Obscenidade. **Ex.** Nunca vi homem tão malcriado; diz ~s de arrepiar!

asneirento, a *adj* (<asneira+-ento) Que costuma dizer [fazer] asneiras. **Comb.** Que rapaz [moço] tão ~!

asneiro, a *adj/s* (<asno+-eiro) **1** Que procede de cruzamento de cavalo e burra/Burrenho(+). **2** *s* Tratador de asnos.

asneirola (Ró) *s f* (<asneira+-ola) Dito malicioso/disparatado/Palavra grosseira/obscena. **Ex.** À passagem do político, ouviram-se umas ~s [piadas/*fam* bocas] mordazes.

asno, a *s* (<lat *ásinus,i*) **1** Mamífero quadrúpede, *Equus asinus*, *L.*, semelhante ao [menor (do) que o] cavalo, utilizado como animal de carga e de tra(c)ção/Burro/Jumento. **Ex.** O ~ [burro(+)], outrora muito utilizado no mundo rural, está em vias de extinção em alguns países. **2** *fig* Pessoa estúpida/ignorante. **Loc.** Ficar com cara de ~ [Mostrar-se surpreendido por se sentir enganado]. **Idi.** *Pedaço de ~* [Pessoa muito estúpida].

aspa *s f* (<gót *háspa*: dobradura) **1** Antigo instrumento de tortura formado por duas travessas de madeira em forma de X [cruz de santo André/Cada uma dessas peças de madeira]. **Loc.** Atar o criminoso à(s) ~(s). **2** Armação de madeira em X usada em construção para dar estabilidade a uma estrutura. **3** Armação das velas dos moinhos de vento. **4** *pl Gram* Sinal gráfico formado por duas vírgulas dobradas que se colocam antes e depois duma palavra [frase/citação] que se quer assinalar/Comas/"..."/'...'/«...». **Loc.** Abrir [Fechar/Pôr entre] ~s.

asparagina s f Bioq (<aspárago+-ina) Aminoácido com propriedades diuréticas, extraído do aspárago.

aspárago [aspargo] s m Bot (<gr aspáragos) ⇒ espargo.

aspártico, a adj/s Bioq (<aspar(go)+-t+-ico) Designativo dum aminoácido derivado da asparagina.

aspecto ⇒ aspeto.

aspectual (dg) adj 2g (<aspe(c)to+-al) Relativo a aspe(c)to 5. **Comb.** Valor ~.

aspereza s f (<áspero+-eza) 1 Qualidade do que é áspero/do que não é liso ou macio. **Comb.** ~ da lixa [do esmeril]. 2 Qualidade do que é inóspito/escarpado. **Comb.** ~ da paisagem. 3 Irregularidade superficial/Rugosidade. **Comb. ~ da pele. ~ dum caminho. ~ dum tecido.** 4 fig Característica que fere os sentidos/Rudeza. **Comb. ~ da música** [da voz dum cantor]. ~ [Acidez(+)] *do vinagre* [vinho/da fruta não madura]. 5 fig Rudeza de trato/Rigidez de modos/Rispidez/Severidade. **Loc.** Falar aos [Tratar os] outros «idosos» com ~. 6 fig Inclemência/Rigor. **Comb. ~ do tempo** [clima]. **~ duma profissão** [idi Ossos do ofício].

asperges s m pl (<aspergir 2) Aspersão. **Comb.** Capa de ~ [Pluvial/Capa usada pelo sacerdote católico quando preside a certos a(c)tos de culto «benção do Santíssimo/aspersão de água benta».

aspergilo s m Biol (<lat aspergillus: hissope) Fungo ou tipo de mofo que causa a aspergilose (Afe(c)ção das vias respiratórias).

aspergimento s m (<aspergir+-mento) A(c)to de aspergir/Aspersão(+).

aspergir v t (<lat aspérgo, is,ere,érsi,érsum) 1 Borrifar(-se) [Salpicar(-se)] com algumas gotas de líquido. **Loc. ~ a face** [o cabelo] «com perfume». **~(-se)** [Borrifar(-se)(+)/Salpicar(-se)(o+)] *com água para (se) refrescar.* 2 Rel Salpicar com água benta por meio do hissope. **Loc.** ~ a assembleia dos fiéis.

aspermia s f (<aspermo+-ia) 1 Biol Ausência de esperma/Esterilidade masculina. **Loc.** Sofrer de ~. 2 Bot Ausência de sementes nas espermatófitas. **Ex.** A ~ é uma característica de algumas variedades de laranjas e de uvas.

aspermo, a (Pér) adj (<gr áspermos,os,on) 1 Biol Que não produz espermatozoides. **Comb.** «mulo» Animal ~. 2 Bot Que não tem sementes. **Comb.** Planta ~.

áspero, a adj (<lat ásper,era,erum) 1 Que tem superfície rugosa/desigual/não lisa. **Comb.** *Mãos ~as* [calejadas(+)]. *Pedra ~a. Tecido ~.* **Ant.** Liso; macio. 2 Que é inóspito/acidentado/de difícil acesso. **Comb.** Caminho [Terreno] ~ [acidentado(+)]. 3 Desagradável aos sentidos «gosto/ouvido/ta(c)to». **Comb.** *Pele ~a. Sabor ~o* [acre/ácido]. *Som [Voz/Música] ~o [a]* [desarmó[ô]nico/a]. 4 fig Duro/Rude/Ríspido/Severo. **Loc.** Falar [Repreender] em tom *~o* [duro(+)/severo(o+)]. 5 Árduo/Penoso/Austero. **Comb.** Tarefa *~a* [árdua(+)/dura(o+)]. *Vida ~a* [austera(+)] «dos eremitas».

aspérrimo, a adj (<lat aspérrimus,a,um) Superlativo absoluto simples [absoluto sintético] de áspero (O analítico é: Muito áspero).

aspersão s f (<lat aspérsio,ónis) 1 (Resultado da) a(c)ção de aspergir/salpicar. **Comb.** Rega por ~. 2 Rel A(c)to de aspergir [borrifar/salpicar] com água benta. **Comb.** Ba(p)tismo por ~.

asperso, a adj (<lat aspérsus,a,um; ⇒ aspergir) Aspergido(+)/Borrifado/Salpicado.

aspersor, a s/adj (<asperso+-or) (O) que asperge. **Comb.** ~es de rega [que espalham água em pequenas gotas]. Mecanismo ~.

aspersório s m (<lat aspersórium,ii) ⇒ Hissope.

aspeto (Pé) **[Br aspe(c)to** (dg)**]** s m [= aspecto] (<lat a(d)spéctus,us<a(d)pício: olhar para, considerar) 1 Aparência exterior/O que se vê por fora. **Ex.** A sobremesa tem mau ~ mas ó(p)timo paladar. **Comb.** «casa com» ~ **degradado. Bom [Mau]** ~. 2 Semblante/Ar/Fisionomia. **Ex.** A tua mãe tem um ~ muito jovem. O ~ [ar] dele/a irradia felicidade. **Comb.** ~ [rosto] carregado [sombrio/triste]. 3 Ângulo [Perspe(c)tiva] pelo[a] qual alguma coisa é apreciada. **Ex.** O livro tem um ~ gráfico agradável. 4 Ponto de vista/Faceta/Lado. **Ex.** Há vários ~s a ter em conta para estudar a questão; o ~ social deve ser o mais importante. 5 Ling Categoria verbal que exprime o modo como se realiza a a(c)ção no que diz respeito à duração, ao desenvolvimento, à conclusão e à repetição ou não repetição. **Ex.** A diferença entre *saltar* e *saltitar* está no ~ verbal.

áspide s f (<lat áspis,idis) 1 Zool Nome vulgar das serpentes venenosas/Víbora(+). 2 fig Pessoa má/perversa/maldizente. **Comb.** Língua de ~ [Língua viperina(+)].

aspiração s f (<lat aspirátio,ónis) 1 A(c)to de aspirar/Inspiração. **Comb.** ~ [Inspiração(+)] *do ar na respiração. ~ do fumo «do cigarro».* **Ant.** Expiração. 2 Sucção de fluidos ou de partículas sólidas por meio duma bomba. **Loc. ~ da água** «dum poço». **~ de poeiras** [do pó]. **~ do ar** dum recipiente «para fazer o vácuo». 3 Desejo intenso de atingir algum obje(c)tivo/de conseguir algo/Ambição/Sonho/Meta. **Ex.** A sua grande ~ [A grande ~ dele/a] era ser médico/a. Comprei uma moto; consegui realizar a minha ~ [o meu sonho]. Nunca consegui passar de um funcionário subalterno porque não tinha ~ões. 4 Fon Ruído surdo produzido pelo ar [som] ao passar pela glote sem ser suficiente para fazer vibrar as cordas vocais. **Ex.** Na pronúncia de muitas palavras inglesas faz-se a ~ do h inicial «de home: casa».

aspirador, ra s m/adj (⇒ aspirar) 1 s m Aparelho ele(c)trodoméstico para aspirar pó e pequenos detritos. **Ex.** Tenho de [que] varrer a alcatifa porque o ~ está avariado. 2 Aparelho próprio para aspirar [movimentar por aspiração] gases, líquidos ou partículas sólidas. **Ex.** O ~ de poeiras mantém o ambiente da fábrica sempre limpo. O ~ de gases [O exaustor(+)] evita que o cheiro dos fritos se espalhe pela cozinha. **Loc.** Limpar a cera dos ouvidos com um ~. 3 (O) que aspira. **Comb.** Tubo [Conduta] ~or/ora [de aspiração(+)].

aspirante s/adj 2g (⇒ aspirar) 1 (O) que aspira/chupa/faz sucção. **Comb.** Bomba ~. 2 Que tem aspirações/Que deseja atingir um obje(c)tivo/Candidato. **Ex.** Ainda não sou enfermeiro. Enquanto aluno, sou apenas ~ [candidato] (a enfermeiro). ~ a Presidente da República, não sou; mas gostava de me dedicar à política. 3 Mil O posto mais baixo dos oficiais militares. **Ex.** O posto de ~ antecede o de alferes no exército e na força aérea e o de guarda-marinha na armada. 4 Funcionário público de categoria inferior à de terceiro oficial. 5 Rel Pessoa que se prepara para entrar no noviciado de algumas ordens ou institutos religiosos. **Ex.** A Sara esteve no Carmelo como ~, mas acabou por optar por uma congregação religiosa não contemplativa.

aspirar v t (<lat a(d)spíro,áre) 1 Respirar/Inspirar/Inalar/Chupar. **Ex.** Aspirei gás ao acender o fogão e fiquei tonta/o [maldisposta/o]. **Loc.** ~ o ar fresco [o perfume das flores]. 2 Limpar o pó com aspirador/Sorver/Chupar. **Ex.** Aspira o chão com cuidado porque perdi um brinco e pode estar no chão. A bomba do poço está a ~ muito mal [pouco]. 3 Desejar intensamente/Ambicionar/Almejar. **Ex.** Todos nós devemos ~ a uma vida melhor. 4 Fon Pronunciar com aspiração. **Ex.** Se não aspirares o h, a palavra inglesa *hand* (= mão) tem um significado diferente (*and* = e).

aspirina s f Quím (<al Aspirin) Medicamento analgésico e antipirético cujo princípio a(c)tivo é o ácido acetilsalicílico. **Loc.** Tomar um comprimido de ~ para aliviar as dores «de dentes».

asquerosidade s f (<asqueroso+-i+-dade) 1 Característica do que é asqueroso/do que causa asco ou nojo. **Comb.** A ~ dos bairros de lata [A ~ das favelas]. 2 A(c)to moralmente baixo/torpe/Infâmia. **Comb.** A ~ do vício dos pedófilos.

asqueroso, a (Ôso, Ósa, Ósos) adj (<lat escorósus,a,um <gr eskhára,as: crosta que se forma numa ferida, casca, carapaça de animal) Que causa asco/nojo/repugnância. **Comb. Aspe(c)to** [Ar] **~.** *Local* [Ambiente] **~o.**

assacar v t (<a¹-+sacar) Atribuir culpas/Imputar por malvadez/Caluniar. **Ex.** Bastou que fosse publicada nos jornais a notícia do desfalque, para logo assacarem as culpas ao gerente (do Banco).

assadeira [assador] s f [m] (<assar+-deira [dor]) Utensílio «espeto» que serve para assar. **Comb.** ~ «de barro/tabuleiro metálico» *de ir ao forno.* ~ [Assador(+)] *de castanhas.*

assado, a adj/s m (<assar+-ado) 1 Que se assou/Que foi cozinhado no forno/na brasa/no espeto. **Comb.** *Frango [Sardinha] ~o/a* «na brasa». *Vitela ~a* «no forno». **Idi.** *Assim e ~* [Diz-se do que não interessa contar em pormenor]. *Assim ou ~* [Desta maneira ou doutra]. 2 fig Que apresenta inflamação cutânea avermelhada que causa ardor. **Ex.** O/A bebé[ê] chora porque está ~; é preciso mudar-lhe a fralda (⇒ assadura 3). **Comb.** ~o/a pelo calor do sol. 3 s m Cul Prato de carne cozinhado no forno. **Ex.** O ~ «de lombo de porco» estava delicioso. **Idi.** *Meter-se em ~s* [em dificuldades escusadas/desnecessárias]. *Ver-se* [Estar] *em maus ~s* [em apuros].

assador s m ⇒ assadeira.

assadura s f (<assar+-dura) 1 A(c)to de assar. 2 Porção de carne que se assa duma (só) vez. **Ex.** A próxima ~ será para a vossa [sua/tua] mesa. 3 fig Irritação da pele [Queimadura/Escaldão] causada/o pelo sol ou por fricção. **Ex.** A ~ das costas não tem bom aspe(c)to; põe-lhe creme para aliviar as dores. O choro do bebé[ê] é provocado pela ~; deve estar molhado.

assalariado, a adj/s (<assalariar+-ado) (O) que recebe salário pelo seu trabalho/Trabalhador eventual/Jornaleiro. **Ex.** Os ~s são pagos à hora, ao dia ou à semana; os restantes empregados, ao mês.

assalariar v t (<a¹-+salário+-ar¹) 1 Contratar alguém para trabalhar a troco de salário. **Ex.** A minha empresa só assalaria [contrata(+)] pessoal para trabalhos eventuais. Para as vindimas, vamos precisar de ~ [angariar(+)/contratar(o+)] muitos trabalhadores. 2 Pagar a alguém para praticar um a(c)to desonroso ou criminoso. **Loc. ~ um espião** [informador]. **~ um guarda-costas** [capanga].

assaloiado, a adj (<a¹-+saloio+-ado) Que tem modos de saloio/Provinciano/Rústico/

Caipira. **Comb.** *Gosto ~. Modos [Atitudes] ~os/as.*

assaltada *s f* (<assalto+-ada) Assalto/Investida. **Ex.** A ~ [O assalto repentino/inesperado] ao café pouco rendeu aos gatunos: na caixa havia muito pouco dinheiro. **Comb.** De uma ~ [De uma assentada(+)/ De uma só vez/Num instante] (Ex. De uma ~ apanhei três gatunos/ladrões).

assaltador, ra *adj/s* ⇒ assaltante.

assaltante *adj/s 2g* (<assaltar+-ante) (O) que assalta/Ladrão/Gatuno. **Ex.** As tropas ~s [invasoras/atacantes] não sofreram baixas. O roubo foi praticado por vários ~s.

assaltar *v t* (<a¹-+salto+-ar¹) **1** Atacar de surpresa para roubar. **Ex.** Dois melianttes assaltaram uma senhora na rua e roubaram-lhe o fio de ouro que trazia ao pescoço. **Loc.** ~ um Banco [uma casa / um supermercado]. **2** Tomar de assalto/ pela força/Apossar-se. **Ex.** Os revoltosos assaltaram a Rádio e a Televisão e suspenderam as emissões. O palácio da Assembleia Nacional [do Congresso/do Parlamento] foi assaltado [invadido(+)] por manifestantes populares descontentes. **3** *fig* Acometer alguém inesperadamente e com insistência/Assediar. **Ex.** Jornalistas e fotógrafos assaltaram os noivos à saída da cerimó[ô]nia. **4** *fig* Surgir de repente uma ideia [um pensamento], um mal-estar físico ou mental. **Ex.** De repente, assaltou-me uma dúvida. Ao mais pequeno barulho era assaltado/a por um sentimento de pânico.

assalto *s m* (<assaltar) **1** Ataque repentino/Investida pela força. **Ex.** Empunhando uma arma, o encapuçado gritou: - Todos deitados! (Isto) é um ~! Os ~s na rua (para roubarem dinheiro, ouro, cartões bancários, …) são cada vez mais frequentes. **Comb.** ~ *à mão armada* [com arma]. *Mil Carro de* ~. **2** *Mil* Fase final de um ataque a uma posição inimiga. **Ex.** O assalto «ao quartel» foi cuidadosamente preparado para que o inimigo fosse apanhado de surpresa. **3** *(D)esp* Cada uma das fases do combate corpo a corpo. **Ex.** O pugilista foi derrotado ao terceiro ~. **4** *fig* Pedido insistente e importuno/Assédio. **Comb.** *O ~ dos jornalistas «ao juiz de instrução».*

assanhadiço, a *adj* (<assanhar+-diço) Que se assanha facilmente. **Comb.** *Animal ~/ perigoso. Feitio ~/irritadiço.*

assanhado, a *adj* (<assanhar+-ado) **1** Diz-se de animal enraivecido/Cheio de agressividade/Raivoso. **Comb.** *Gato ~.* **2** Cheio de sanha/Que está irritado/enfurecido. **Ex.** Nunca vi o chefe tão ~: chamaram-lhe incompetente!

assanhamento *s m* (<assanhar+-mento) **1** A(c)to de assanhar/Enfurecimento/Enraivecimento. **Comb.** ~ *do cão.* **2** Estado de irritação/Cólera/Exaltação/Fúria. **Ex.** O ~ das peixeiras (zangadas umas com as outras) pôs toda a praça [feira/pôs todo o mercado] em alvoroço.

assanhar *v t* (<a¹-+sanha+-ar¹) **1** Tornar(-se) enraivecido/raivoso/Enfurecer(-se). **Ex.** Não assanhes o cão porque te pode morder. O gato arranhou-o porque você o assanhou. **2** Causar [Sentir] cólera/ Irritar(-se)/Enfurecer(-se). **Ex.** Assanha-se [Irrita-se(+)/Enfurece-se(+)] todo quando lhe chamam a atenção para algum defeito. **3** Tornar mais intenso/Exacerbar/Estimular. **Loc.** ~ *a comichão.* ~ *as paixões.* **4** Tornar [Ficar] mais inflamado/Agravar. **Loc.** ~ *uma ferida.* **5** O mar [tempo] ficar agitado/ tempestuoso. **Ex.** Levantou-se uma grande tempestade; o tempo assanhou-se de repente.

assapar *v t/int* (<a¹-+sapo+-ar¹) **1** Esconder(-se) como um sapo/Baixar(-se)/ Agachar(-se)/Acaçapar. **Ex.** Quando presentiram a polícia, os assaltantes assaparam-se [agacharam-se(+)] (atrás do carro) para não serem descobertos. **2** Abater/ Cair/Baixar. **Ex.** A cobertura assapou [ruiu] com a tempestade. O bolo assapou [baixou/não ficou empolado]. **3** *pop* Dar/Pespegar. **Loc.** ~ *umas lambadas* [bofetadas] «num meliante atrevido».

assar *v t/int* (<lat *ásso,áre,átum*) **1** Cozinhar no forno ou no fogo. **Loc.** ~ *peixe no forno.* ~ *sardinhas na brasa.* ~ *frango no espeto.* **2** *fig* Fazer arder/Queimar. **Ex.** Um violento incêndio deixou tudo assado [queimado/destruído pelo fogo]. **3** *fig* Provocar assadura/Irritar a pele. **Ex.** As fraldas modernas não deixam os bebé[ê]s assarem. Os tecidos sintéticos geralmente assam o corpo. **4** *fig* Causar muito calor/ Abrasar. **Ex.** Está um calor de ~/rachar [um calor abrasador(+)]!

assarapantado, a *adj* (<assarapantar+--ado) **1** Que está atarantado/atrapalhado/aturdido. **Ex.** Dei uma grande queda, fiquei ~o/a [aturdido/a]. **Comb.** ~o/a [Atarantado/a(+)] pela confusão do trânsito citadino. **2** Assustado/Ató[ô]nito. **Ex.** De noite qualquer ruído estranho me deixa ~o/a [assustado/a(+)]. **Loc.** Ficar ~o/a [ató[ô]nito/a] com tal notícia. **3** Espantado/ Pasmado/Embasbacado. **Comb.** ~o/a com os anúncios luminosos [com a beleza das montras].

assarapantar *v t* (<a¹-+sarapantar) **1** Causar [Sentir] perturbações/Ficar assustado. **Ex.** O vozeirão do professor (quando se zangava) assarapantava a turma inteira. **2** Causar [Sentir] espanto/Ficar pasmado/embasbacado. **Ex.** A audácia dos trapezistas a trabalhar [a(c)tuar] sem rede assarapantava o público do circo. **3** Causar atrapalhação/Atarantar. **Ex.** Era incapaz de sair da rotina do trabalho. Se lhe pediam algo diferente, ficava logo assarapantado/a.

assassinar *v t/int* (<assassino+-ar¹) **1** Tirar a vida [Matar] intencionalmente alguém/ Cometer voluntariamente homicídio. **Ex.** Abusava das vítimas e depois assassinava-as. Bandos de malfeitores invadiram a cidade, roubando e assassinando com grande crueldade. **2** *fig* Causar a destruição/Aniquilar. **Ex.** As recentes leis assassinaram o proje(c)to de reforma anteriormente iniciado. **3** *fig fam* Fazer perder qualidade(s)/Executar mal/Maltratar. **Loc.** ~ *uma obra musical* [uma peça de teatro].

assassinato [assassínio(+)**]** *s m* (<fr *assassinat* [it *assassínio*]) A(c)to intencional de matar alguém/Homicídio voluntário. **Comb.** *Crime de ~. Morto/a por ~.*

assassino, a *s/adj* (<it *assassino*<ár *haxxâxîn*: consumidor de haxixe) **1** (O) que assassina/comete voluntariamente homicídio. **Ex.** O ~ «da jovem» não era conhecido na região. No local do crime foi encontrada a arma ~a «pistola/faca». **2** *fig* (O) que causa destruição de/que maltrata/ que faz perder qualidade a uma obra (de arte). **Ex.** Nem se lhes podia [devia] chamar músicos; eram ~s da música.

assaz (Ssás) *adv* (<lat *ad satis*: bastante) Bastante/Suficientemente. **Ex.** O magnate era ~ rico para comprar (um) iate, (um) avião e muitas coisas mais… Os dons que recebemos de Deus nunca são ~ [suficientemente] agradecidos.

asse *s m* (<lat *ás,ássis*) Antiga moeda de cobre de pouco valor e unidade de peso dos Romanos. **Ex.** Não se vendem dois passarinhos por um ~? (Mt 10, 29).

asseado, a *adj* (<assear+-ado) **1** Que revela asseio/arranjo/limpeza. **Ex.** Era uma senhora modesta mas ~a. **Comb.** *Aldeia [Cidade/Terra] ~a [airosa/limpa].* **2** Bem vestido/Ataviado/Enfeitado. **Ex.** Estás [Você está] muito ~o/a; vai(s) a alguma festa? **3** Esmerado(+)/Cuidado. **Comb.** *Trabalho ~.*

assear *v t* (<lat *assedáre*: pôr as coisas no seu lugar <*sédes,is*: assento, lugar; ⇒ asseio) **1** Tornar(-se) limpo/Arranjar(-se)/ Embelezar(-se). **Loc.** ~ [Pôr em ordem(+)/ Arrumar(o+)] *a casa.* ~ *as* [Pôr flores nas] *jarras.* **2** Vestir(-se) bem/Enfeitar(-se). **Loc.** ~ *as crianças para a festa.*

assedagem *s f* (<a¹-+seda+-agem) Operação de assedar o linho/Passagem do linho pelo sedeiro.

assedar *v t* (<a¹-+seda+-ar¹) **1** Passar o linho pelo sedeiro para alinhar as fibras. **2** Tornar macio e lustroso como a seda. **Loc.** ~ *o(s) cabelo(s).*

assedentado, a *adj* (<a¹-+sedento+-ado) Que tem sede/Sequioso. **Ex.** Entrou [Chegou] esbaforido e ~ [cheio de sede(+)].

assediador, ra *adj/s* (<assediar+-dor) (O) que assedia/Sitiante. **Comb.** *Tropas ~as [sitiantes(+)].*

assediar *v t* (<assédio+-ar¹) **1** Cercar/Sitiar. **Loc.** ~ [Cercar(+)/Sitiar(o+)] *uma cidade para a conquistar.* **2** *fig* Perseguir com propostas/Tentar insistentemente obter algo/ Importunar. **Ex.** Assediavam o autarca com pedidos de emprego. Os jornalistas assediaram o advogado do réu à saída do julgamento. O patrão não deixava a empregada sossegada; assediava-a constantemente com propostas desonestas.

assédio *s m* (<lat *obsídium, ii*: cerco, cilada <*ob*: diante de + *sédes, is*: lugar) **1** Conjunto de operações militares para conquistar uma posição inimiga/Cerco(+)/Sítio(+). **Ex.** A cidade capitulou [foi conquistada/ cedeu/entregou-se] ao fim de vários dias de ~. **2** *fig* Insistência importuna para obter algo/Perseguição com propostas desonestas. **Comb.** ~ *aos políticos para obter favores.* ~ *sexual.*

assegurado, a *adj* (<assegurar+-ado) **1** Que se assegurou/Que está seguro/ protegido. **Ex.** O dinheiro [Os valores] no Banco está/ão ~o/os [seguro/os(+)]. **2** Que está garantido/certo. **Loc.** *Ter o futuro [o emprego] ~.* **3** Que está confirmado/certificado/garantido. **Comb.** *Viagem [Passagem] ~a [confirmada(+)/comprada/paga].*

assegurar *v t* (<a¹-+seguro+-ar¹) **1** Tornar seguro/certo/garantido. **Ex.** A receita do primeiro espe(c)táculo assegurou a cobertura da totalidade das despesas. **2** Afirmar com segurança/certeza/Garantir. **Ex.** Quem me assegurou [garantiu(+)] que tinha sido aprovado (no exame) foi o próprio examinador.

asseidade *s f Fil* (<lat *a se*: por si+i+-dade) Cará(c)ter do que existe por si e não por outro (Só Deus).

asseio *s m* (<assear) **1** Qualidade do que é limpo/Higiene/Limpeza. **Ex.** Gosto deste restaurante porque prima pelo [se empenha no] ~. **2** Apuro no vestir/na apresentação. **Ex.** A tia veste-se com simplicidade mas com grande ~ [com muita elegância]. **3** Qualidade do que é bem feito/Esmero/ Capricho. **Ex.** Obra que lhe sai das mãos [Trabalho feito por ele/a] é um ~/mimo(+)].

asselvajamento *s m* (<asselvajar+-mento) A(c)to de tornar selvagem/brutal/grosseiro. **Ex.** O excesso de álcool [de bebidas

alcoólicas] é a causa de muitos ~s [muitas selvajarias(+)].

asselvajar v t (<a¹-+selvagem+-ar¹) Tornar(-se) selvagem/brutal/grosseiro/Abrutalhar(-se). **Ex.** Apesar da educação esmerada que recebeu, em conta(c)to com os marginais depressa se asselvajou. **Loc.** Um animal doméstico «gato» ~-se.

assembleia s f (<fr *assemblée* <lat *assímulo* (ad+simul): tornar semelhante, juntar) **1** Reunião de representantes políticos [de deputados] com competência para discutir, dar parecer ou deliberar sobre assuntos de interesse das pessoas [do povo/da comunidade] que representam. **Comb.** ~ *constituinte* [Órgão que elabora [altera] a constituição política da nação]. ~ *da República/~ Nacional/~ Legislativa*/Br *Congresso/Parlamento* [Órgão de soberania que exerce o poder legislativo e de fiscalização do governo]. ~ *de Freguesia/~ Municipal* [Órgão deliberativo local]. **2** Reunião de pessoas [sócios/a(c)cionistas] pertencentes ao mesmo grupo [à mesma sociedade/cole(c)tividade/associação] que tem o poder de deliberar sobre assuntos relativos ao grupo. **Comb.** ~ *geral* [Órgão com o máximo poder deliberativo da sociedade/cole(c)tividade/associação]. **3** Conjunto de pessoas que se reúnem num determinado local com um obje(c)tivo comum. **Ex.** Quando o conferencista acabou a palestra, a ~ [o público(+)/a assistência(o+)] aplaudiu entusiasmada/o. **Comb.** ~ de fiéis [de participantes no mesmo a(c)to de culto religioso]. **4** Conjunto de pessoas convocadas para um fim específico. **Ex.** Reuniu-se a ~ de pais para discutir o [para falar do] problema da indisciplina na escola.

assemelhar v t (<a¹-+semelhar) **1** Tornar(-se) semelhante. **Ex.** Quanto mais avançava a construção, mais a casa se assemelhava a um hotel (tão grande (que) ela era). **2** Ser semelhante a/Parecer(-se) com. **Ex.** O João assemelha-se ao [parece-se com o(+)] pai.

assemia s f (<a²-+ gr *sema*, atos: sinal+-ia) Incapacidade de comunicar (por gestos e palavras).

assenhorar v t (<a¹-+senhor+-ar¹) **1** Dar(-se) [Adquirir] modos de senhor/a. **Ex.** A garota [pequena/moça/miúda] cresceu muito; já começa a assenhorar-se [; está uma senhora(+)]. **2** ⇒ assenhorear.

assenhorear v t (< a¹-+senhor+-ear) **1** Tornar-se [Exercer o papel de] senhor. **Ex.** O psicólogo conseguiu livrá-lo dos fantasmas que lhe assenhoreavam a mente. **2** Tomar posse/Fazer-se senhor/Apoderar(se). **Ex.** Assenhoreou-se de tudo o que (de valioso) os pais tinham deixado.

assentada s f (<assentado) **1** Tempo em que (se) está sentado. **Ex.** Ao fim de cinco horas de marcha, preciso de uma longa ~ para descansar as pernas. **2** *Dir* Depoimento das testemunhas lavrado em auto. **Ex.** O advogado recordou-lhes tudo o que constava da ~. **3** Vez/Ocasião/Instante. **Comb.** «beber três cervejas» De uma ~ [De uma só vez/Num instante/Sem interrupção].

assentado, a adj (<assentar+-ado) **1** *pop* Que se assentou/Sentado(+). **Ex.** Grupos de reformados passavam longas horas ~s [sentados(+)] no banco do jardim. **2** Colocado sobre uma superfície/base. **Ex.** O piso acabou de ser ~, não se pode passar. **3** Decidido/Fixado/Resolvido. **Ex.** Foram ~as as bases do acordo. **4** Ajuizado/Equilibrado/Sereno/Assente. **Ex.** O moço cresceu; já se mostra mais ~ [; já está mais assente(+)].

assentador, a s/adj (<assentar+-dor) **1** (O) que assenta. **2** s Especialista no assentamento de máquinas, peças, revestimentos de construção civil, ... **Comb.** ~ *de alcatifas*. ~ *de azulejos*. ~ *de carris*. **3** s m Utensílio que serve para afiar/amaciar o fio das navalhas [lâminas] de barbear. **Ex.** O ~ tem uma das faces revestida a couro.

assentamento s m (<assentar+-mento) **1** Colocação no lugar de forma definitiva/fixa. **Comb.** ~ *de tijolos*. ~ *duma máquina industrial* «caldeira/rea(c)tor/tear». **2** Pressão vertical exercida por uma construção sobre os seus elementos e sobre o terreno/Abatimento do terreno provocado pela pressão da construção. **3** Regist(r)o escrito/Assento/Averbamento. **Comb.** ~ [Regist(r)o(+)] de casamento/óbito. **4** Lançamento de contabilidade/Anotação/Apontamento. **Comb.** ~ duma compra efe(c)tuada e não paga/da (importância em) dívida.

assentar v t/int (<a¹-+sentar) **1** *pop* Pôr(-se) sobre assento/Fazer sentar. **Ex.** A mãe (as)sentou a criança no chão, aos pés dela, para que estivesse quieta. **Loc.** ~ a mão [Adquirir destreza/perícia]. **2** Colocar no local definitivo/sobre base firme. **Loc.** ~ *a primeira pedra dum edifício*. ~ *uma máquina*. **3** Ter como base/apoio. **Ex.** O edifício assenta sobre quatro pilares. **4** Colocar [Fixar] peças ordenadamente para formar [construir] um todo. **Loc.** ~ *tacos de madeira* [Revestir o chão]. ~ *tijolos* [Construir a parede]. ~ [Montar(+)] *uma casa pré-fabricada*. **5** Tomar uma decisão/Combinar. **Ex.** Negócio fechado: finalmente assentámos o preço, as condições de pagamento e o prazo de entrega. Está assente [combinado], vamos passear amanhã. **6** Fixar(-se) de forma permanente. **Ex.** O meu filho correu [esteve em] várias terras, muitos empregos, mas acabou por ~ aqui, a trabalhar por conta própria. **Loc.** ~ *arraiais* [Instalar-se/Fixar acampamento]. ~ *praça* [Ingressar/Alistar-se no exército]. **7** Ter [Dar] como base/fundamento. **Ex.** A conclusão assenta numa premissa errada. **8** Tomar consistência sob pressão/Ficar firme/Abater. **Ex.** O aterro ainda não assentou [não ganhou consistência]. **9** Pousar no fundo/Depositar/Decantar. **Ex.** O vinho está turvo, ainda não assentou. O pó assenta sobre os móveis. **10** Tomar nota por escrito/Anotar/Regist(r)ar. **Loc.** ~ *as despesas*. ~ *o n.º do telefone* na agenda. **11** Ficar [Cair] bem/Ajustar(-se). **Ex.** O vestido assenta-lhe como uma luva [fica-lhe [cai-lhe] muito bem]. **12** A comida cair bem [mal] no estômago. **Ex.** Sinto-me mal disposto; o jantar não me assentou bem. **13** Ganhar juízo/sensatez/Acalmar/Amadurecer. **Ex.** Era bastante leviano, mas com o casamento assentou. **14** Aplicar um golpe [uma pancada] com força/Desferir/Pespegar. **Ex.** Assentou-lhe um par de bofetadas na cara. **15** Estar de acordo/Harmonizar-se/Condizer. **Ex.** A alcunha «de tagarela» assenta-lhe mesmo [muito] bem; não se cala um momento! Comentários destes não assentam [ficam(+)] bem a um político.

assente adj 2g (<assentar) **1** Colocado/Apoiado/Fixado. **Ex.** A mesa mexe [treme], não está bem ~. **Loc.** *idi* Ter a mão ~ [Ter adquirido destreza/perícia]. *idi* Ter os pés ~s na terra [Agir com segurança/ponderação]. **Comb.** Construção ~ sobre estacas. **2** Acordado/Combinado. **Ex.** Ficou ~ na reunião que as despesas seriam suportadas [divididas] por todos. **3** Anotado por escrito/Regist(r)ado. **Ex.** O que está ~ na a(c)ta é para se executar. **4** Fundamentado/Baseado. **Comb.** ~ em dados científicos. **5** Que depositou as impurezas/Claro/Límpido. **Comb.** Vinho ~ [sem borra em suspensão]. **6** Ajuizado/Responsável/Maduro. **Ex.** É novo mas muito ~ [ajuizado/sensato].

assentimento s m (<assentir+-mento) **1** A(c)ção de assentir/Concordância/Anuência. **Ex.** Casaram com ~ dos pais. **2** *Fil* Adesão da inteligência a um juízo/Aceitação da verdade duma proposição. **Comb.** ~ das [às(+)] verdades da fé.

assentir v int (<lat *adséntio,is,íre,sénsi,sénsum*) **1** Dar assentimento/Aprovar/Anuir. **Ex.** A família assentiu na data escolhida pelos noivos para o casamento. **2** *Fil* Aderir a uma verdade/a um princípio.

assento s m (<assentar) **1** Lugar [Móvel] onde alguém se pode sentar/Banco/Cadeira. **Ex.** Não há ~ para todos. Alguém tem que [de] ficar de pé. **2** Parte [Fundo] do móvel «cadeira/banco» onde se senta. **Comb.** *Bancos com o ~ estofado. Cadeiras com o ~ de palhinha. Sofás com ~s de molas almofadadas.* **3** Parte inferior do tronco [Nádegas] sobre a qual o corpo humano apoia quando está sentado/Rabo/*fam* Traseiro. **Ex.** Dói-me o ~ [rabo(+)] porque estou sentado há muito tempo «num banco de madeira». **4** Lugar sobre o qual se coloca [apoia] alguma coisa. **Loc.** *Preparar o ~ duma* [para uma] *máquina. Nivelar o terreno para o ~ duma casa*. **5** Parte inferior dum obje(c)to/Base/Fundo. **Ex.** Esta face da pedra está bastante direita; é boa para o ~. Esta boneca não se segura de pé, não tem ~ [base]. **6** Sedimento/Depósito/Pé/Fundo. **Ex.** O vinho do Porto deve servir-se com cuidado porque, com a idade, ganha ~ [pé(+)/depósito(o+)] no fundo da garrafa. **7** Espaço onde se permanece/Residência permanente. **Ex.** Já há muitos anos que o meu ~ é nesta cidade. **8** Lugar a que se tem direito «por eleição/nomeação». **Loc.** Ter ~ na assembleia/no conselho fiscal. **9** Regist(r)o em livro próprio/Assentamento/Anotação. **Comb.** ~/*juízo* [Regist(r)o(+)] de nascimento [óbito]. **10** Sensatez/Juízo/Ponderação. **Loc.** Ganhar ~/juízo [Ficar ajuizado]. **11** *Dir* Decisão judicial que fica a constituir precedente e assume cará(c)ter de lei interpretativa. **Ex.** Questão resolvida por ~ proferido pelo Supremo Tribunal de Justiça. **12** *Br* Parte plana no cimo dum monte/Planalto(+).

assépalo, a adj *Bot* (<a²-+sépala) Que não tem sépalas. **Comb.** Flor [Cálice] ~a/o.

assepsia s f *Med* (<a²-+gr *sépsis,eós*: putrefa(c)ção+-ia) Ausência de agentes infe(c)ciosos de micróbios/Processos preventivos contra a entrada de agentes patogé[ê]nicos no organismo.

asséptico, a adj *Med* (<assepsia+-ico) Relativo à assepsia/Imune a agentes patogé[ê]nicos. **Ex.** A sala de operações (cirúrgicas) deve ser totalmente ~a. **Comb.** Líquido [Gaze] ~/esterilizado/a.

asserção s f (<lat *assértio,ónis*) **1** Afirmação categórica. **Ex.** Por fazer fé [Por acreditar] nessa ~ (é que) não procurei mais informações. **2** *Lóg* Proposição, afirmativa ou negativa, tomada como verdadeira. **Ex.** A ~ distingue-se da afirmação [do juízo afirmativo] porque pode ser negativa.

asserir v t (<lat *ássero,sérui,sértum*: reivindicar, assegurar) ⇒ afirmar(+).

assertividade s f (<assertivo+-i+-dade) **1** Qualidade do que é assertivo. **Ex.** A ~

duma exposição «doutrinal». **2** *Psic* Conjunto de atitudes [comportamentos] que permite a alguém afirmar-se (social ou profissionalmente) sem violar os direitos dos outros.

assertivo, a *adj* (<asserto+-ivo) Que faz uma asserção/Afirmativo/Claro. **Loc.** Dizer [Fazer uma declaração] de modo ~.

asserto (Sêr) *s m* (<lat *assértum,i*) ⇒ asserção.

assertoar *v t* (<lat *ad+séro,sérere,sértum*: entrelaçar, ligar) Talhar roupa «casacos» de forma que uma banda se sobreponha à outra. **Comb.** Casaco assertoado [de trespasse].

assertor, a *s* (<lat *assértor [adsértor], óris*; ⇒ asserir) O que assere/assevera/afirma.

assertório, a *adj* (<lat *assertórius,a,um*) Que contém uma asserção/Afirmativo/Assertivo. **Comb.** Juízo ~.

assessor, a *s* (<lat *asséssor,óris*) **1** Especialista que auxilia [aconselha] alguém no desempenho das suas funções/Conselheiro/Adjunto. **Comb.** ~ jurídico «do Primeiro-Ministro». **2** Magistrado que auxilia o juiz principal. **Ex.** O processo está nas mãos do [está a ser estudado pelo] ~.

assessorado, a *adj/s m* (<assessorar+-ado) **1** *s m* Função [Cargo] de assessor/Duração dessas funções. **Ex.** Terminou o ~ quando o ministro foi substituído. **2** *adj* Que é [foi] assistido por um assessor. **Ex.** ~ por um psicólogo, pude decidir melhor.

assessorar *v t* (<assessor+-ar¹) Prestar assistência [Aconselhar] em assuntos de áreas específicas/Ser assessor. **Ex.** O Presidente escolheu técnicos especializados para o assessorarem nas áreas que não domina.

assessoria *s f* (<assessor+-ia) **1** Cargo [Função] de assessor. **Comb.** Trabalho de ~. **2** Órgão de estudo e aconselhamento dum chefe para o ajudar a fundamentar as suas decisões. **Comb.** ~ para a comunicação social. Gabinete [Empresa] de ~.

assessório, a [assessorial] *adj* [*adj 2g*] Relativo [Pertencente] a assessor.

assestar *v t* (<it *assestáre*) **1** Apontar peças de artilharia [armas] para o alvo. **Ex.** O general mandou ~ os canhões para o barco fundeado ao largo. **2** Dirigir para determinada dire(c)ção. **Ex.** Toda a assistência «do teatro» assestou o olhar para o local donde se ouviu o tiro. **3** Dirigir ataques contra alguém/Assentar **14**(+). **Ex.** Assestou-lhe um murro no nariz.

assetear *v t* (<a¹+seta+-ear) **1** Ferir ou matar com seta. **2** *fig* ⇒ atacar/injuriar/ferir.

assético ⇒ asséptico.

asseveração *s f* (<asseverar+-ção) Afirmação feita com convicção/Certeza.

asseverar *v t* (<lat *assevéro,áre,átum*: falar com gravidade, afirmar com certeza) **1** Afirmar com segurança/Dar como certo/Assegurar(+). **Ex.** No discurso, o ministro asseverou que a construção do novo hospital já tinha sido adjudicada. **2** Provar a verdade/Atestar/Comprovar. **Ex.** Várias testemunhas puderam ~ que o carro passara [tinha passado] em correria louca.

asseverativo, a *adj* (<asseverar+-ivo) Que assevera/Afirmativo/Confirmativo. **Loc.** Responder de modo ~.

assexuado, a (Csu) *adj* Biol (<a²+sexuado) **1** Que não tem sexo. **Comb.** Organismo ~. **2** Que se efe(c)tua sem intervenção dos gâmetas. **Comb.** Reprodução ~a.

assexual (Csu) *adj 2g* Biol (<a²+sexual) Que não tem sexo/Sem intervenção sexual/Assexuado(+). **Comb.** Organismo ~. Reprodução ~.

assexualidade (Csu) *s f* Biol (<a²+sexualidade) Qualidade do que é desprovido de sexo ou de funções sexuais.

assiduamente *adv* (<assíduo+-mente) Com frequência/Sem faltar. **Loc.** Ir ~ [muito(+)] à igreja [à praia].

assiduidade *s f* (<lat *assidúitas,átis*) **1** Presença regular num local onde se tem obrigação de comparecer/Frequência sem [com poucas] faltas. **Ex.** A ~ ao trabalho é um fa(c)tor com muito peso [muita importância] na avaliação dos trabalhadores. A ~ às aulas é importante para o aproveitamento escolar. **2** Repetição regular de determinada tarefa não obrigatória. **Ex.** O médico recomendou-me que medisse [vigiasse] a tensão arterial com mais ~/frequência(+)].

assíduo, a *adj* (<lat *assíduus,a,um*: *ad*: para+*sédeo*: sentar-se) **1** Que não falta. **Comb.** Aluno [Trabalhador] ~. **2** Que aparece regularmente. **Comb.** Frequentador ~ da biblioteca pública [do café]. **3** Que se aplica com vontade e persistência ao seu trabalho. **Comb.** Investigador ~. Empresário ~.

assim *adv* (<lat *ad*: para+*sic*: deste modo, assim) **1** Deste modo/Desta maneira. **Ex.** Se continuar(es) a fazer ~ e não como eu te ensinei [eu o ensinei/eu ensinei você], o trabalho vai ficar sempre mal(feito). Foi ~: chegou à minha beira [ao pé de mim], tirou-me a carteira e desatou a fugir [e fugiu a correr]. **Loc.** ~ *seja* [Que seja deste modo/Amém] (Ex. Quando o padre acabou a homilia, o povo respondeu: ~ seja). *Por ~ dizer* [De certo modo/Digamos] (Ex. Não sei se será só [apenas] preguiçoso; é, por ~ dizer, pouco inteligente). **Comb.** ~~~ [Nem muito, nem pouco/Nem bem, nem mal/Sofrivelmente] (Ex. Gostas de feijoada ? ~~~, não é o meu prato [alimento] preferido). ~ *como* ~ [De um e outro modo] (Ex. ~ como ~, tanto me faz [, é-me indiferente] ir no meu carro ou no teu). *idi ~ e assado* [Desta maneira e daquela] (Ex. la-me contando os passeios que deram, tudo o que fizeram, ~ e assado, uma longa conversa que uma vez já nem podia ouvir). ~ *por diante* [Etc.] (Ex. Começou a contar a história da família, do avô, do bisavô e ~ por diante, nunca mais acabava). ~ *que* [Logo que/Mal/Apenas] (Ex. ~ que acabou o jogo, saímos logo a correr). *Ainda [Mesmo]* ~ [Apesar disso/Todavia] (Ex. Ferido num braço, ainda [mesmo] ~ continuava a lutar). **2** Semelhante/Parecido/Igual. **Ex.** Que casa tão bonita! Gostava de ter uma ~. Eu sei como é, (porque) tive um carro ~ [parecido/igual]. Comprei uns sapatos bonitos, ~ como os [iguais aos/parecidos com os] teus. **3** Exprime desejo/Oxalá. **Ex.** ~ pudesse eu ter a certeza de que nada de mal lhe tenha acontecido. Vem cedo; ainda podemos conversar um pouco antes do jantar. **4** *Col* Indica (grande) quantidade. **Ex.** Com uma sala (~) cheia de gente, dá gosto a(c)tuar. Nunca vi coisa ~ [tão grande/feia/bela/…]! Gostaste do filme? – Não gostei (~/lá) muito.

assimbolia *s f* (<a²+gr *sýmbolon,ou*: símbolo+-ia) Perda de capacidade de se conhecerem os obje(c)tos pelo ta(c)to/Incapacidade para perceber o significado dos sinais. ⇒ assemia.

assimetria *s f* (<a²+simetria) **1** Falta de simetria. **Loc.** «no Japão» Usar a ~ como forma de expressão artística. **Comb.** *Quím* ~ *molecular*. ~ *radial*. Eixo [Plano] *de* ~. **2** Disparidade/Desigualdade. **Comb.** As ~s sociais [regionais].

assimétrico, a *adj* (<a²+simétrico) Que não tem simetria. **Comb.** *Desenho* [Traçado] ~ [que não tem plano(s)/eixo(s) de simetria]. *Disposição* ~*a* «de edifícios/móveis/quadros». *Faces* ~*as* «dum sólido geométrico».

assimilação *s f* (<lat *assimilátio,ónis*: semelhança, parecença) **1** A(c)to de assimilar «a lição/matéria» ou ser assimilado. **Loc.** Fazer a ~. **Comb.** Processo de ~. **2** Processo de tornar semelhante/Integração. **Comb.** ~ *de culturas*. ~ [Integração(+)] *social*. **3** *Fisiol* Transformação dos alimentos em substâncias do próprio organismo dos seres vivos. **Comb.** Boa [Má] ~ dos alimentos [nutrientes]. ⇒ anabolismo; fotossíntese; quimiossíntese. **4** *Fon* Fenó[ô]meno de evolução semântica em que um fonema se torna igual [semelhante] a outro. **Ex.** O pronome (*l*)*o* transforma-se em *no*, por ~, depois de *m*: *amam-no, fazem-no*. **Comb.** ~ *completa* [incompleta]. ~ *progressiva* [regressiva]. ⇒ dissimilação.

assimilado, a *adj/s* (<assimilar+-ado) (O) que se assimilou/foi tornado semelhante/Absorvido/Integrado. **Comb.** *Alimentos* ~*os*. *Conhecimentos* ~*s*. *Vogal* ~*a*.

assimilador, a *adj/s* (<assimilar+-dor) (O) que assimila/produz assimilação. **Ex.** O ~ é geralmente mais forte [intenso] (do) que o assimilado. **Comb.** Processo ~.

assimilar *v t* (<lat *assímilo [adsímilo],áre*) **1** Tornar(-se) igual ou semelhante/Integrar. **Ex.** Os goeses (Naturais de Goa, Índia) assimilaram a cultura ocidental pela convivência com os portugueses durante cinco séculos. A língua portuguesa assimilou muitas palavras árabes «alface/masmorra/alfândega». **2** *Fisiol* Transformar substâncias nutritivas e integrá-las no próprio organismo. **Loc.** ~ os alimentos. **3** *fig* Aprofundar conhecimentos/Interiorizar. **Ex.** Fez muitos erros no exame porque o estudo foi superficial; não assimilou a matéria. **4** *Fon* Um fonema tornar-se igual ou semelhante a outro que está na sua vizinhança, por influência deste. **Ex.** Na formação de *esse* o *p* do vocábulo latino *ipse* foi assimilado pelo *s*.

assimilativo, a *adj* (<assimilar+-ivo) Relativo a assimilação/Assimilador.

assimilável *adj 2g* (<assimilar+-vel) **1** Que se pode assimilar/Comparável. **Comb.** Construções ~eis [comparáveis(+)] a monumentos antigos. **2** Que é susce(p)tível de assimilação. **Comb.** Substâncias [Alimentos] ~eis.

assimptota [assintota] *s f Mat* (<gr *asymptótos,os,n*: que não se reduz, não coincidente) Linha re(c)ta que se aproxima duma curva sem nunca a tocar. **Ex.** A parábola (Có[ô]nica geométrica) tem duas ~s.

assimptótico [assintótico], a *adj* (<assímptota+-ico) Relativo à assímptota. **Comb.** Aproximação ~a.

assinação [assinamento] *s f/m* (<assinar+-…) **1** A(c)to de assinar/Assinatura(+). **2** Comunicação dum fa(c)to/Notificação/Citação/Aprazamento.

assinado, a *s m/adj* (<assinar+-ado) **1** *s m Hist* Título de dívida pública que funcionava como papel-moeda, emitido na Revolução Francesa. **2** *adj* Que tem assinatura/Autenticado/Autêntico. **Comb.** *Carta* ~*a* [que não é anó[ô]nima]. *Documento* ~ [autenticado/autêntico/verdadeiro].

assinalado, a *adj* (<assinalar+-ado) **1** Que tem sinal/Marcado. **Comb.** *Palavras* ~*as* «em itálico». *Frases* ~*as* «sublinhadas». **2** Distinto/Notável/Relevante. **Comb.** *As armas e os varões* ~*s* (Primeiro verbo d'*Os Lusíadas* de Camões). *Feitos* [Proe-

zas] **~os/as** [extraordinários/as/relevantes]. «mulher de» **~a** [Extraordinária(+)/Rara(o+)] *beleza*.

assinalador, ra *adj/s* (<assinalar+-dor) (O) que assinala. **Comb.** Dispositivos luminosos ~es da [que indicam a] velocidade máxima permitida.

assinalamento [assinalação] *s m [f]* (<assinalar+- ...) **1** Colocação de um sinal/Indicação(+). **Comb.** ~ de buracos na estrada. **2** *Br* Recorte feito na orelha duma rês para indicar a quem pertence.

assinalar *v t* (<a¹-+sinal+-ar¹) **1** Pôr um sinal/Marcar(+). **Ex.** Assinalei [Marquei(+)] a mala com uma etiqueta bem visível para não ma trocarem na viagem. As operárias do controle de qualidade assinalavam as peças defeituosas com uma cruz a giz branco. **2** Indicar por meio de sinal/Sinalizar/Anunciar. **Ex.** As placas assinalam [indicam(+)] o caminho para o centro da cidade e os pontos de interesse turístico. É uma estrada bem assinalada [sinalizada(+)]. **3** Designar/Escolher. **Ex.** O professor assinalou [designou(+)/escolheu(o+)] três alunos dos melhores para representar a escola. **4** Notar/Aperceber-se/Regist(r)ar. **Ex.** O guarda assinalou [notou(+)/apercebeu-se de(o+)] movimentos suspeitos atrás dos arbustos. O árbitro assinalou [regist(r)ou/notou/marcou] a falta. **5** Tornar notado/Celebrar. **Loc.** ~ uma data [um acontecimento/aniversário] «com música e foguetes». **6** ~-se/Distinguir-se/Notabilizar-se/Sobressair. **Ex.** O atleta português Carlos Lopes assinalou-se [sobressaiu(+)/distinguiu-se(o+)] como maratonista de renome [fama] mundial.

assinalável *adj 2g* (<assinalar+-vel) Que se pode [deve] assinalar/distinguir/Importante/Notável. **Comb.** *Data ~/importante. Proeza* [Feito] *~/notável*.

assinante *adj/s* (<assinar+-ante) **1** (O) que assina. **Ex.** Não fui (o) ~ de [Não assinei(+)] tal documento. **Comb.** Carta sem ~ [não assinada(+)/Carta anó[ô]nima(o+)]. **2** (O) que tem assinatura/Subscritor. **Ex.** Sou ~ dessa publicação há muitos anos. **Comb.** Revista com milhares de ~s/assinaturas.

assinar *v t/int* (<lat *assígno* [adsígno],*áre,átum*) **1** Pôr a assinatura/o nome/Autenticar. **Ex.** Se está de acordo «com os termos do contrato» peço-lhe que assine. Desculpe, esqueceu-se de ~ o cheque. Há analfabetos que, não sabendo ler nem escrever, sabem [aprenderam a] ~. **Loc.** ~ *em branco* [Concordar antecipadamente sem ter conhecimento do que está [vai ser] escrito]. ~ *de cruz* [Pôr uma cruz por não saber escrever/~ sem ler]. ~ *o ponto* [Regist(r)ar a hora de entrada no [de saída do] trabalho]. **2** Tomar de assinatura/Subscrever. **Loc.** ~ uma revista [publicação periódica]. **3** Aceitar os termos dum documento/Comprometer-se por escrito. **Ex.** Davam-me ó(p)timas condições se assinasse para ficar a trabalhar mais dois anos no estrangeiro. **4** Reconhecer [Assumir/Atestar] a autoria. **Loc.** ~ um artigo [um quadro/uma obra de arte]. **5** Estabelecer um acordo «de prestação de serviços/de colaboração. **Ex.** (O jogador) assinou por duas épocas» com um clube estrangeiro. **6** ~-se/Apelidar-se/Usar o nome. **Ex.** Depois do casamento passou a ~-se com o sobrenome do marido. Receba um abraço deste que se assina «A. Santos».

assinatura *s f* (<assinar+t+-ura) **1** A(c)to de assinar. **Ex.** Foi difícil conseguir a ~ do tratado de paz. **2** Apor [Escrever] o nome pela própria mão. **Ex.** Não sei quem escreveu esta carta; não percebo a ~ [; a ~ é [está] ilegível]. **3** Firma ou marca que autentica um documento/uma obra. **Comb.** Um quadro com a ~ de Picasso/Portinari. **4** Subscrição de publicação periódica. **Ex.** Fiz a ~ do jornal; assim recebo-o todos os dias pelo correio. **5** Reserva de lugar para determinado número de espe(c)táculos. **Ex.** Era grande apreciador de música clássica; até tinha ~ para a (temporada de) ópera.

assinável *adj 2g* (<assinar+-vel) Que se pode assinar. **Ex.** Depois das alterações (o documento) já está ~ [já o posso assinar(+)/já pode ser assinado(o+)].

assíncrono, a *adj* (<a²-+ ...) **1** Que não é síncrono/não apresenta sincronia. **Comb.** Movimentos ~s. **2** *Fís* Diz-se do motor elé(c)trico de corrente alternada cuja velocidade angular varia com a potência por ele fornecida.

assindético, a *adj Gram* (<assíndeto+-ico) Em que há assíndeto/Sem conjunção coordenativa expressa. **Comb.** Orações [Proposições] coordenadas copulativas ~as.

assíndeto *s m Ling* (<gr *asúndetos,os,on*: não unido, sem conjunção) Figura de retórica em que há supressão da conjunção coordenada «e» a ligar palavras/frases. **Ex.** *Cheguei, vi, venci* (Júlio César).

assinergia *s f Med* (<a²-+ ...) Coordenação deficiente entre órgãos [músculos] que normalmente trabalham em concordância.

assinérgico, a *adj/s* (<a²-+...) Relativo à [(O) que sofre de] assinergia. **Comb.** Os (doentes) ~s. Perturbações ~as.

assingelar *v t* (<a¹-+singelo+-ar¹) Tornar singelo/simples/leve/Simplificar(+). **Ex.** A descrição tem muitos floreados; se a assingelar(es) fica mais compreensível [mais clara(+)]. A antiga conduta de água era dupla; agora assingelaram-na [puseram uma simples] por motivos econó[ô]micos.

assintático, a [Br assintá(c)tico *(dg)*] [= assintáctico] *adj* (<a²-+...) Que não obedece à [não segue as regras da] sintaxe. **Comb.** Construção ~a (duma frase).

assintomático, a *adj* (<a²-+...) Que não apresenta sintomas. **Comb.** Doenças ~as.

assírio, a *adj/s Hist* (<Assíria *top*+-io) Relativo ao antigo reino da Assíria, no a(c)tual Médio Oriente. **Comb.** *Arte ~a. Código ~*.

assisado, a *adj* (<assisar) Que tem juízo/siso/Ajuizado/Ponderado/Sensato. **Comb.** Jovem [Rapaz/Moça] ~o/a.

assisar *v t* (<a¹-+siso+-ar¹) Tomar siso/juízo/Tornar(-se) sensato/Ajuizar(-se). **Ex.** O moço não está diferente; cresceu, (já) começou a ~(-se).

assísmico, a *adj* (<a²-+...) Sem a(c)tividade sísmica. **Comb.** Região ~a. ⇒ antissísmico.

assistência *s f* (<assistir+-ência) **1** A(c)to de assistir/estar presente/Presença. **Ex.** A ~ às aulas é obrigatória. **2** Pessoas presentes em [que assistem a] determinado a(c)to/Auditório/Espe(c)tadores/Público. **Ex.** O comício teve numerosa ~. A ~ não me pareceu muito entusiasmada com o espe(c)táculo. **3** Auxílio prestado a alguém em dificuldade/Apoio/Ajuda. **Ex.** Sem a tua ~ [ajuda(+)] não teria conseguido terminar o trabalho. As instituições de solidariedade social «Misericórdias» prestam ~ a um grande número de pessoas, sobretudo a idosos. **Comb.** ~ *judiciária* [Apoio jurídico gratuito prestado por advogados a pessoas pobres]. ~ *social* [Conjunto de organismos [serviços] públicos que garantem a prote(c)ção das pessoas nas situações legalmente previstas]. ~ *técnica* [Apoio a clientes prestado por pessoal especializado «carros/ele(c)trodomésticos»]. **4** Presença junto de alguém para a amparar material ou espiritualmente. **Ex.** Sentiu-se mal na rua, tiveram que lhe prestar ~ [que o socorrer/ajudar]. Apesar de ter uma vida muito ocupada nunca descurou a ~ aos filhos. Foram uns pais felizes: não lhes faltou a ~ duma filha dedicada. **Loc.** Morrer sem ~ [sozinho/sem ajuda de ninguém]. **5** Auxílio em situações calamitosas/Socorro. **Ex.** Médicos, enfermeiros e populares procuravam prestar ~ às vítimas do terramoto. **6** Prestação contratual de serviços específicos, de carácter ocasional. **Comb.** *~ a navios* ancorados num porto. *~ a passageiros* num aeroporto. **7** *(D)esp* Passe de um jogador a outro em situação de poder pontuar [marcar]. **Ex.** A ~ [O passe] para o golo [gol] da vitória foi dum defesa.

assistencial *adj 2g* (<assistência+-al) Relativo a [Que presta] assistência. **Comb.** Ajuda sem carácter ~. Obra [Organismo/Entidade] ~.

assistente *adj/s 2g* (<assistir+-ente) **1** (O) que assiste/Espe(c)tador. **Ex.** O desastre [acidente] ocorreu à vista de numerosos ~s [numerosas testemunhas]. Entre os ~s «à palestra» havia gente [pessoas] muito culta/as. **2** (O) que assiste sem estar vinculado/Ouvinte/Observador. **Ex.** Vou às aulas apenas como ~ [ouvinte] porque não estou matriculado. **3** (O) que presta assistência/auxílio/Auxiliar/Ajudante. **Ex.** Na consulta «de obstetrícia» trabalha a enfermeira-chefe e duas ~s [ajudantes]. **Comb.** ~ *de bordo* [Membro da tripulação dum avião que atende os passageiros]. ~ *social* [Profissional que presta assistência social a pessoas carenciadas]. *Médico ~* [que trata [segue] um doente com regularidade]. **4** Adjunto do professor catedrático encarregado das aulas práticas. **Comb.** ~ de Cálculo Infinitesimal [de Química Analítica].

assistido, a *adj* (<assistir) **1** Que recebeu ajuda ou apoio «de médico». **2** *Mec* Diz-se de dire(c)ção de carro em que o volante é auxiliado por um sistema «hidráulico». **Comb.** Dire(c)ção ~a. **3** *pop* ⇒ ajudada no parto «menstruada/grávida».

assistir *v t/int* (<lat *adsísto* [*assísto*],*is,sístere,stiti,stitum*< *ad+s(is)to*: colocar/estar) **1** Estar presente/Participar/Observar/Presenciar. **Ex.** Assisti a todas as aulas «de inglês», nunca faltei. Os pais assistiram à festa da escola. **2** Prestar assistência/Ajudar/Auxiliar. **Ex.** Quem assistiu (a)o parto foi a enfermeira. **3** Estar junto de alguém para o/a socorrer/Ajudar. **Ex.** Não conhecia tal pessoa, mas assisti-a no momento do acidente e ficámos amigos. Quando fiquei viúva tive muitos amigos que me assistiram e ajudaram a ultrapassar esse momento difícil. **4** Ter direito a/Caber por direito/Pertencer. **Ex.** Se acharem que alguma coisa está mal, assiste-lhes [têm] o direito de reclamar. A ninguém assiste [Ninguém tem(+)] o direito de ser mal-educado.

assistolia *s f Med* (<a²-+sístole+-ia) Incapacidade do coração de realizar a sístole completa.

assoadela *s f* (<assoar+-dela) A(c)to de assoar(-se) uma vez. **Ex.** Limpou o nariz com uma ~ forte.

assoalhada *s f* (<assoalhado¹) Cada uma das divisões duma casa à exce(p)ção da cozinha, despensa e casas de banho [e banheiros]. **Comb.** Apartamento com três ~s.

assoalhado¹, a adj (<assoalhar¹+-ado) Revestido com soalho. **Comb.** Chão [Pavimento/Piso] ~ com tacos.

assoalhado², a adj (<assoalhar²+-ado) 1 Exposto ao [cheio de] sol/Ensolarado(+)/ Soalheiro(o+). **Comb.** Casa [Terreno] ~a/o. 2 *fig fam* Tornado público/Divulgado. **Comb.** Fa(c)to [Vida] ~o/a.

assoalhador, a adj/s (<assoalhar¹+-dor) (O) que assoalha/aplica soalhos.

assoalhar¹ v t (<a¹-+soalho+-ar¹) Cobrir com soalho/Aplicar [Fazer] o soalho/Sobradar. **Ex.** A casa está quase pronta; falta ~ [pôr o soalho(+)] e pintar.

assoalhar² v t (<a¹-+soalhar<sol) 1 Expor ao sol. **Ex.** Abrir as janelas para ~ a casa. 2 *fig fam* Tornar público/Divulgar. **Ex.** Aqueles pais sofriam mais por terem a vida assoalhada na praça pública do que pelo mau passo dado [pela asneira feita] pela filha.

assoante adj 2g ⇒ assonante.

assoar v t (<lat *assóno* [adsóno],*as áre,ui, itum*: soar juntamente, repetir o som) Fazer sair [Expelir] o ar pelo nariz para limpar as secreções nasais. **Loc.** ~-se ruidosamente. **Idi.** *Não ser bom* [Ser mau] *de* ~ [Ter mau feitio/Ser de trato difícil]. *Assoa-te a esse guardanapo* [Fizeste mal, que te sirva de lição]!

assoberbado, a adj (<assoberbar+-ado) 1 Tornado soberbo/altivo. **Comb.** ~ [Envaidecido/Arrogante] com os elogios que recebeu. 2 Repleto/Sobrecarregado/Cheio. **Comb.** ~ [Sobrecarregado] *com* [de(+)] *trabalho*. *Sala ~a com* [repleta de(+)] *bibelôs*.

assoberbamento s m (<assoberbar+-mento) A(c)to ou efeito de assoberbar. **Ex.** Com o ~ do trabalho nem tempo tinha para comer.

assoberbante adj 2g (<assoberbar+-ante) 1 Que sobrecarrega. **Comb.** Um trabalho demasiado ~. 2 ⇒ imponente/grande «edifício».

assoberbar v t/int (<a¹-+soberba+-ar¹) 1 Tornar(-se) altivo/arrogante/soberbo. **Ex.** Assoberbou-se depois que enriqueceu [(depois) de ter enriquecido]. 2 Ter demasiadas ocupações/Sobrecarregar(-se) com trabalho. **Ex.** Assoberba-se com trabalho, não conhece [não tem/não sabe o que são] domingos nem feriados.

assobiada s f (<assobiado) 1 Silvo de assobio forte e prolongado. 2 Apupo/Assuada/Vaia. **Loc.** (Artista) vaiado com uma ~.

assobiadela s f (<assobiar+-dela) 1 Chamada por assobio. **Ex.** Deu uma ~ para chamar os trabalhadores «para o almoço». 2 Apupo/Desaprovação. **Ex.** O presidente, ao passar, ouviu umas ~s (de descontentamento).

assobiado, a adj (<assobiar+-ado) 1 Executado assobiando/Tocado em assobio. **Comb.** Melodia ~a. 2 Apupado/Vaiado. **Ex.** O artista foi ~.

assobiador, a [assobiante] adj/s (<assobiar+-dor) (O) que assobia. **Comb.** Vento forte, ~. ⇒ silvo/var.

assobiar v int (<lat *adsíbilo* [assíbilo],*áre*) 1 Dar [Emitir/Produzir] (som de) assobio. **Ex.** Não sei ~. **Idi.** *Assobia-lhe às botas* [Não há nada a fazer/Já não há remédio] (Ex. Não quiseste pedir o lugar [emprego] para ti, agora assobia-lhe às botas, já está ocupado por outro). 2 Chamar [Dirigir piropos] assobiando/com um assobio. **Ex.** Quando estava perto da casa da namorada, assobiava para ela chegar [para que ela chegasse] à janela. **Loc.** ~ *às raparigas* [Chamar a atenção das moças em sinal de piropo]. 3 Executar uma melodia por meio de assobio. **Ex.** Enquanto trabalhava na oficina, o carpinteiro assobiava as canções da moda [em voga]. 4 Emitir sons semelhantes ao assobio humano/Silvar/Sibilar. **Ex.** Os melros [O vento] assobiam [assobia]. 5 Vaiar/Apupar. **Ex.** O público assobiou (os) jogadores e (o) treinador.

assobio s m (<assobiar) 1 Som agudo produzido pela passagem do ar pelos lábios quase fechados ou pelo orifício de um instrumento «apito/flauta»/Silvo. **Loc.** Chamar o cão com um ~. **Idi.** *(Ser) de três ~s* [ó(p)timo/excelente/idi de se lhe tirar o chapéu] (Ex. Um almoço de três ~s!). **Comb.** O ~/silvo das cobras. 2 *pop* Pequeno instrumento de barro, metal, madeira, plástico, ... que produz o som do ~/Apito. **Ex.** Trouxe da romaria um ~ de barro para cada um dos (filhos) pequenos. 3 Apupada/Assobiadela. **Ex.** No final (do espe(c)táculo) ouviram-se ~s (de protesto).

associação s f (<associar+-ção) 1 A(c)to de ligar/unir/União/Combinação. **Comb.** *~ de cores.* *~ de ideias.* *Direito de ~*. 2 Grupo organizado e duradouro de pessoas com obje(c)tivos comuns/Organismo/Sociedade. **Comb.** *~ de pais duma escola*. *~ humanitária* «de bombeiros voluntários». *~ recreativa e cultural.* 3 Lugar [Sede] onde funciona essa entidade. **Ex.** Combinaram encontrar-se na ~ «de estudantes/recreativa». 4 *Psic* Ligação de ideias [representações] por apresentarem entre si relações de semelhança, contraste ou continuidade. 5 *Biol* Conjunto de seres vivos ocupando o mesmo habitat. **Ex.** Nas ~ões biológicas há geralmente uma espécie dominante.

associado, a adj/s (<associar+-ado) (O) que se associou/está ligado/relacionado/Sócio/Membro de uma associação. **Comb.** *Criminalidade ~a à toxicodependência*. *Empresas ~as*. *Grupo com centenas de ~os* [sócios/membros]. *Ideias ~as.* *Professor ~* [adjunto] (⇒ assistente 4).

associar v t (<lat *assócio* [adsócio],*áre* <*ad+sócius*: companheiro) 1 Pôr em conjunto/Unir/Ligar. **Ex.** O orador [conferencista] conseguiu ~ vários aspe(c)tos importantes no seu discurso. **Loc.** *~ ideias.* *~* [Juntar(+)] *o útil ao agradável.* 2 Fazer participar/Tornar sócio. **Ex.** Associei o João ao meu trabalho porque é um bom colaborador. A empresa associou-se com um Banco para poder sobreviver [para evitar a falência]. 3 Reunir-se em sociedade/Formar associação. **Ex.** Se os pequenos comerciantes não se associarem, não poderão competir com as grandes superfícies comerciais [com os supermercados]. 4 Compartilhar/Ser solidário. **Loc.** ~-se à [Compartilhar a] dor [alegria] de alguém. 5 Combinar/Conjugar. **Loc.** ~ cores [peças de vestuário]. 6 Estabelecer relação/Ligar. **Loc.** ~ uma doença a determinada causa «o cancro ao cigarro». 7 Envolver/Implicar. **Ex.** Não quero ~ a família à minha a(c)tividade profissional.

associatividade s f *Mat* (<associativo+-i-+dade) Qualidade de um conjunto que goza da lei [propriedade] associativa. **Ex.** Os números reais gozam de ~ [da propriedade associativa] em relação à adição e à multiplicação.

associativismo s m (<associativo+-ismo) 1 Fomento [Implemento] do movimento associativo/Medidas que favorecem a formação de associações. **Comb.** ~ (d)esportivo [cultural/recreativo]. 2 *Econ* Sistema que preconiza a associação dos pequenos agentes econó[ô]micos para solução [defesa] dos interesses comuns. 3 *Fil* Doutrina psicológica que explica o desenvolvimento da vida mental pelo encadeamento dos estados psíquicos elementares sem intervenção da vontade. **Ex.** Ao ~ opõe-se a Psicologia de Forma (*Gestaltpsycologie*) segundo a qual os fenó[ô]menos psicológicos não podem ser dissociados em fenó[ô]menos elementares unidos por associações.

associativo, a adj (<associar+-tivo) Relativo [Pertencente] a uma associação. **Comb.** *Massa ~a* [Conjunto dos sócios]. *Movimento ~*. *Mat Propriedade ~a* (⇒ associatividade). *Série ~a* (de palavras).

associável adj 2g (<associar+-vel) Que se pode associar/Que pode ser associado. **Comb.** *Elementos ~eis*. *Palavras ~eis* «foneticamente/morfologicamente».

assolação s f (<assolar+-ção) Devastação(+)/Destruição/Ruína. **Ex.** A guerra deixou atrás de si a ~ de cidades e vilas totalmente arrasadas.

assolador, a adj/s (<assolar+-dor) (O) que assola/Destruidor/Devastador(+). **Comb.** Efeito ~. Tufão ~.

assolapado, a adj (<assolapar+-ado) Escondido/Oculto/Encoberto. **Comb.** ~ no esconderijo. *fig* Sentimentos ~s «de revolta».

assolapar v t (<a¹-+solapar) Ocultar(-se)/ Esconder(-se)/Agachar(-se). **Ex.** Assolapou o ouro roubado, num buraco da parede. O assaltante assolapou-se [agachou-se] atrás duns arbustos para não ser notado [visto]. ⇒ socapa; solapa.

assolar v t (<lat *assólo,áre*: pôr ao nível do solo) 1 Deitar por terra/Arrasar/Devastar/ Destruir. **Ex.** Hordas [Bandos] de malfeitores assolaram a cidade deixando atrás de si um panorama desolador. 2 *fig* Causar grande aflição/Consternar. **Ex.** A crise que assola o país.

assomadiço, a adj (<assomar+d+-iço) Que se irrita facilmente/Que tem assomos de fúria/Irritadiço. **Ex.** O patrão anda ~, ninguém o pode aturar!

assomar v t/int (<lat *assummáre*<*ad+summus,a,um*: o mais alto) 1 Subir ao ponto mais alto/ao cume. **Ex.** Aos cumes das altas montanhas poucos conseguem ~. 2 Aparecer em lugar alto [visível] para observar ou ser visto. **Ex.** Quando pressentia que o namorado ia passar, assomava à janela para o ver (e ser vista por ele). **Loc.** ~ [Espreitar] por cima do muro. 3 Começar a aparecer/Aflorar/Surgir. **Ex.** O sol começar a ~ por detrás das altas montanhas. 4 Acorrer ao pensamento/Lembrar de repente. **Ex.** (Quando menos esperava) tive [assomou-me à cabeça] uma ideia luminosa. 5 Açular/Assanhar/Enraivecer um animal. **Loc.** ~ [Açular(o+)/Assanhar(+)] os cães.

assombrado, a adj (<assombrar+-ado) 1 Que tem sombra/Ensombrado. **Comb.** Terra ~a por sobreiros. 2 Espantado/ Deslumbrado/Pasmado. **Comb.** ~ com a beleza da paisagem/com a imensidão do mar. 3 Aterrado/Horrorizado/Apavorado. **Comb.** ~ [Aterrado(+)/Horrorizado(o+)] com a crueldade do atentado. 4 *fig* Diz-se do local onde consta que aparecem fantasmas [almas do outro mundo]. **Comb.** Casa [Castelo] ~a/o.

assombramento [assombração] s (<assombrar) 1 A(c)to ou efeito de assombrar(-se). **Ex.** Com o ~ da notícia até me esqueci do que tinha ao lume [no fogão]; deixei queimar o jantar. 2 Espanto/Admiração. **Ex.** Para as pessoas de idade, a informática é um ~. 3 Medo [Pavor] causado por

fantasmas. **Ex.** Gritava apavorada pelo ~ dos ruídos estranhos que ouvia [dizia ouvir] à meia-noite. **4** Proje(c)ção de sombra. **Ex.** O quintal não produzia nada por causa do ~ [da sombra(+)] das árvores do vizinho.

assombrar *v t/int* (<a¹-+sombra+-ar¹; ⇒ ensombrar) **1** Fazer [Cobrir com] sombra. **Ex.** O prédio do lado assombra [ensombra/faz sombra a] grande parte do nosso quintal. Nos eclipses do Sol, a Lua assombra [proje(c)ta a sombra sobre(+)] a Terra. **2** Tornar triste/sombrio/Escurecer. **Ex.** O dia amanheceu cheio de sol, mas de repente assombrou-se [escureceu], ficou (um dia) triste, nem parece verão! **3** Causar assombro/espanto/admiração/Deslumbrar. **Ex.** Passava horas a contemplar o mar e a ~-se com a imensidão da água e o marulhar das ondas em contínua agitação. A grandiosidade do espe(c)táculo assombrou [deslumbrou(+)] a numerosa assistência. **4** Causar medo/terror/Atemorizar. **Ex.** A população vivia assombrada com o aumento da criminalidade violenta. **5** Aparecer sob a forma de fantasma/alma do outro mundo. **Ex.** A mansão assombrou-se depois de a dona ter sido encontrada morta (assassinada, dizia-se); diziam que aparecia durante a noite…

assombrear *v t* (<a¹-+sombrear) ⇒ sombrear.

assombro *s m* (<assombrar) **1** Espanto/Admiração/Deslumbramento. **Ex.** Os pequenos vinham delirantes com o ~ do espe(c)táculo de circo. **2** Maravilha/Prodígio/Portento. **Ex.** Jogava a bola com elegância, alegria, destreza, força, um ~ [portento] de jogador! **3** Sentimento de terror/espanto/pavor. **Ex.** Não conseguia dormir com o ~ das imagens proje(c)tadas em sombra nas paredes do quarto, lembrando fantasmas.

assombroso, a (Ôso, Ósa, Ósos) *adj* (<assombro+-oso) Que causa assombro **1/2**/Espantoso/Impressionante/Maravilhoso. **Ex.** Moisés contemplou o ~ espe(c)táculo da sarça ardente. **Comb.** *A(c)tor ~. Fenó[ô]meno ~. Força ~a. Notícias ~as. Obra ~a. Paisagem ~a. Tempestade ~a.*

assomo (Ssô) *s m* (<assomar) **1** A(c)to de assomar/Aparecimento. **Comb.** *O ~ da manhã*. **2** Sinal té[ê]nue/Indício. **Ex.** Aos primeiros ~s da gripe comecei logo a medicar-me [tratar-me/tomar remédios]. **3** Ímpeto/Impulso/Arrebatamento. **Ex.** Num ~ de cólera atirou [bateu] com a porta, saindo a gritar.

assonância *s f Liter* (<assonar+-ância) Repetição intencional de sons vocálicos idênticos no final dos versos (Rima toante) ou no meio da frase (Insistência melódica/Reforço da ideia). **Ex.** Variados exemplos de ~ encontram-se na lírica galaico-portuguesa «cantigas de amigo» e nos simbolistas «Eugénio de Castro». ⇒ dissonância.

assonante *adj 2g* (<assonar+-ante) **1** Que tem [produz] assonância. **2** (O) que tem a mesma sonoridade da vogal tó[ô]nica e diferentes os restantes sons/Toante. **Comb.** *Rima ~* (Ex. Carta e mala; chá e paz).

assonar *v int* (<lat *assóno* [adsóno],as,áre,ui,itum/a¹-+soar) **1** Produzir assonância. **2** ⇒ Fazer eco/Ecoar/Ressoar.

assopradela *s f* (<assoprar+-dela) **1** A(c)to de assoprar ligeiramente/Assopro/Sopro. **Loc.** Apagar uma vela com uma ~. **2** *fig fam* Auxílio a alguém com uma informação segredada (para não ser notada pelos outros). **Ex.** O aluno, com as ~s dos colegas, (lá) ia respondendo ao professor.

assoprado, a *adj* (<assoprar+-ado) **1** Que se assoprou/Que tem ar introduzido pelo sopro/Soprado. **Comb.** *Balão ~.* **2** Cheio de ar/Enfunado/Inchado/*fam* Gordo. **Ex.** O garoto [pequeno] cresceu e engordou; parece ~. **3** *fig* Vaidoso/Inchado. **Ex.** Agora como é rico passa na rua todo ~ [inchado(+)], não fala a ninguém. **4** Sugerido/Lembrado. **Ex.** A maior parte das respostas foram-lhe ~as pelos colegas.

assoprador, a *adj/s* (<assoprar+-dor) (O) que assopra/instiga/Instigador/Fole. **Ex.** Não quero ~es – avisava o professor. **Comb.** *~* [Fole(+)] *da forja. ~es* [Instigadores(+)] *da revolta*.

assoprar *v t/int* (<a¹+soprar) **1** Fazer deslocar o ar/Soprar(+)/Ventar. **Loc.** *~ (n)as brasas* (para atear o lume). *~ as velas* (para as apagar). *~ o balão* (para o encher). *~ numa queimadura* [ferida] (para aliviar a dor). *O vento ~* «com força». **2** *fig* Sugerir segredando/Lembrar. **Loc.** *~ a resposta a um colega*.

assopro (Ssô) [**assopradura/assopramento**] *s m [f/m]* (<assoprar [+- …]) **1** A(c)to de assoprar/Ar expelido duma só vez/Sopro(+). **Ex.** Com um ~ apagou as velas (do bolo) todas. **Comb.** *Num ~* [instante]. **2** *gír* Denúncia/Delação. **Ex.** A polícia descobriu o cabecilha [chefe] dos assaltantes com o ~ de um deles.

assoreamento *s m* (<assorear+-mento) Acumulação de terras e detritos no leito [na foz] dum rio/lago/… **Ex.** O ~ da barra dificulta [impede] a entrada no porto de navios de grande porte.

assorear *v t/int* (<a¹-+so(b)+areia+-ar¹) Produzir assoreamento/Encher(-se) «o leito do rio» com areia e detritos. **Ex.** O rio assoreou(-se), já não é navegável.

assuada *s f* (<assuar) **1** Ajuntamento de pessoas armadas para fazer desordem/Tumulto popular/Motim/Algazarra. **Ex.** Como não gostava de confusões, quando viu que se gerava uma ~, esgueirou-se [fugiu apressadamente] para casa. **2** Gritaria de protesto/Vaia/Apupo. **Ex.** (O político) não quis falar à multidão, mas não se livrou duma ~ (quando se dirigia para o carro).

assuar *v t* (<lat *ad+sub+unáre*: reunir o povo para deliberar/fazer motim) **1** Reunir pessoas para uma revolta/Amotinar. **2** Apupar/Vaiar.

assumido, a *adj* (<assumir+-ido) Que se assumiu/Que assume a sua maneira de ser e de pensar/Convicto. **Comb.** *Cristão ~. Feminista ~a/o. Monárquico ~*.

assumir *v t* (<lat *assúmo* [adsúmo],is,ere, súmpsi,súmptum) **1** Tomar sobre [para] si/Atribuir a si/Apropriar-se. **Loc.** *~ a responsabilidade* (de determinado a(c)to). *~ o poder. ~ um cargo*. **2** Tomar a aparência/Mostrar. **Ex.** Quando queria impor respeito [disciplina] à turma, assumia um ar zangado. **3** Vir a ter/Alcançar/Atingir. **Ex.** A catástrofe «do terramoto» assumiu [atingiu(+)] proporções nunca imaginadas. **4** Tomar consciência/Aceitar/Admitir. **Ex.** Assumindo com verdadeira a informação, então *idi* podemos dormir descansados.

assumptível [**assuntível**] *adj 2g* (⇒ assumir) Que se pode assumir/Que é susce(p)tível de ser assumido/Admissível. **Comb.** *Conclusão ~* [admissível(+)]. *Posições ~eis* [aceitáveis(+)].

assumpto, a *adj* (<lat *assúmptus,a,um*) **1** Promovido/Elevado. **Comb.** *~ à dignidade* «de cardeal/de Presidente do Supremo». **2** Transportado ao Céu. **Comb.** (Maria, mãe de Jesus) *~a* [elevada(+)] ao Céu em corpo e alma.

assunção *s f* (<lat *assúmptio,ónis*) **1** A(c)ção de assumir/de tomar sobre [para] si. **Ex.** A ~ do cargo acarretou-lhe grandes dissabores. **2** Aceitação/Vinculação. **Comb.** *~ da* [O assumir a] responsabilidade «política». **3** *Rel* Elevação da Virgem Maria ao Céu/Comemoração dessa festa. **Ex.** Em Portugal, há numerosos santuários dedicados à ~ (de Nossa Senhora); este privilégio de Maria, mãe de Jesus, é celebrado no dia 15 de agosto (de cada ano).

assuntar *v t Br* (<assunto+-ar¹) **1** Prestar atenção/Observar/Reparar. **Loc.** *~ o que se passa à sua volta*. **2** Pensar demoradamente/Refle(c)tir. **Loc.** *~ na vida*. Passar longas horas assuntando. **3** Apurar/Verificar. **Loc.** *~ as razões* «de tão estranho comportamento».

assunto *s m/adj* (<lat *assúmptus,a,um*: assumido, tomado; ⇒ assumir) **1** Matéria de que se trata/Tema/Conteúdo/Argumento. **Ex.** O ~ do filme é muito a(c)tual. A vossa conversa não tem nada a ver com o [este] ~. **Comb.** *~ de família* [que só interessa à família]. *Sem ~* [Sem ter sobre o que falar ou escrever/Sem inspiração]. **2** *Br adj* ⇒ assumpto.

assurgente *adj 2g* (<lat *assúrgens,éntis*) **1** Que se leva/ergue/surge. **Ex.** Ao dobrar [passar] a curva, as montanhas ~es deslumbram-nos pela beleza e grandiosidade. **2** Que se apresenta na posição vertical(+)/Aprumado. **Ex.** Encontraram o cadáver num armário, em posição ~.

assustadiço, a *adj* (<assustado+-iço) Que se assusta com facilidade/Que tem medo de tudo. **Ex.** Desde que foi assaltada ficou ~a; qualquer ruído estranho lhe mete [causa] medo.

assustado, a *adj* (<assustar+-ado) Que se assustou/Que apanhou [Que lhe meteram] um susto. **Comb.** *~ com o barulho. ~a com a demora do marido. ~ com as palavras do médico* (sobre a possibilidade de doença grave).

assustador, ra *adj/s* (<assustar+-dor) (O) que assusta/mete medo/Aterrador. **Ex.** O mendigo tinha uma cara ~a. Há doentes mentais com acessos de cólera ~es. **Comb.** *Barulho ~* «da trovoada/dos canhões».

assustar *v t* (<a¹-+susto+-ar¹) Causar [Sentir] medo/Amedrontar(-se)/Atemorizar(-se)/Intimidar(-se). **Ex.** O barulho assustou os moradores do prédio. «desconhecido à criança» Não te assustes [Não tenhas medo] (por)que não te faço mal! Divertia-se a ~ [meter sustos à] avó.

astacídeo, a *adj/s* (<gr *astakós,ou*: lavagante, lagosta+-ídeo) **1** Relativo [Pertencente] aos ~s. **2** *s m pl* Infraordem de crustáceos que compreende diversas espécies de caranguejos, lagostins e lagostas.

astasia *s f Med* (<gr *astasía,as*: instabilidade) Dificuldade [Impossibilidade] de manter o corpo ere(c)to ou de se conservar de pé.

astático, a *adj/s* (<gr *ástatos,os,on*: instável+-ico) **1** *Med* (O) que não tem equilíbrio estável/Relativo à [(O) que sofre de] astasia. **2** *Fís* Que não tem um estado de equilíbrio indiferente/Instável. **Comb.** *Agulhas* (magnéticas) *~as. Sistema ~*.

ástato [At 85] *s m Quím* (<gr *ástatos,os, on*: instável) Elemento radioa(c)tivo semelhante aos halogé[ê]neos, descoberto em 1940/Astatínio. **Ex.** O ~ é um elemento químico artificial.

asteca *adj/s 2g Hist* (<língua indígena *aztecatl*: homem do Norte) **1** Relativo [Pertencente] aos ~s. **Comb.** *Cultura ~. Templo ~*. **2** *s m pl* Povo indígena do México/Nahuas. **Ex.** Os ~s foram dominados pelos espanhóis em 1521.

asteísmo s m (<gr *asteísmos*: agudeza) Linguagem delicada e iró[ô]nica que disfarça um elogio em tom de censura. **Ex.** "Até tinha vergonha de ser como tu" é um ~ para significar a bondade [as qualidades] exce(p)cional[ais] do interlocutor.

astenia s f Med (<gr *asthéneia,as*) Falta de forças/Debilidade geral/Fraqueza. **Comb.** ~ física [nervosa/psíquica]. ⇒ neurastenia.

asténico, a [*Br* **astênico**] adj/s (<astenia+-ico) (O) que sofre de astenia/(O) que tem sentimentos depressivos. **Comb.** *Pessoa ~a. Sintomas ~os.* ⇒ neurasté[ê]nico.

áster s m (<lat *áster,eris*: estrela) **1** *Bot* Designação comum de centenas de espécies de ervas da família das compostas muito abundantes nos vários continentes. **2** *Biol* Elementos estruturais da célula [do citoplasma] dispostos em forma estrelada/Cada um dos filamentos radiais que circundam o centrossoma. **Comb.** ~ acromático [cromático]. ⇒ cariocinese; metáfase; mitose.

asterácea s f Bot (<lat *asterácea,ae*) (Diz-se de) família de plantas com milhares de espécies, também designada por compostas.

asteriognose [**arteriognosia**] s f Med (<a²-+estereognose: capacidade de conhecer pelo ta(c)to+-ia) Impossibilidade de reconhecer os obje(c)tos pelo ta(c)to.

astéria s f (<lat científico *Astérias*) **1** *Zool* ⇒ estrela-do-mar. **2** *Miner* Espécie de opala que, exposta à luz solar, apresenta uma imagem estrelada. **3** *Fís* Ponto luminoso em forma de estrela que, por vezes, se observa no interior dum cristal exposto à luz.

asteriforme adj 2g (<áster+i+-forme) Em forma de estrela. **Comb.** *Equinoderme ~. Imagem ~.*

asteriídeo, a adj/s Zool (<áster+i+-ídeo) (Diz-se de) família de equinodermes de configuração estrelada ou globosa de cuja parte central irradiam cinco ou mais braços. **Ex.** O ~ mais comum é a estrela-do-mar.

astério s m Anat (<gr *astérios,a,on*: que tem estrela) Ponto de união dos ossos cranianos occipital, temporal e parietal.

asterisco s m (<gr *asterískos,ou*: pequena estrela) Sinal gráfico (*) em forma de estrela que remete o leitor para uma nota, podendo também ter outro significado convencionado. **Ex.** O ~ remete geralmente para uma nota de rodapé.

asterismo s m (<gr *asterísmos,ou*: constelações representadas sobre uma esfera, joia estrelada) **1** *Astr* Conjunto de estrelas menor do que uma constelação, apresentando uma forma definida. **2** *Miner* Qualidade de certos minerais em que se dá a dispersão da luz em forma de estrela.

asteroide s m/adj 2g (<áster) **1** *Astr* Pequeno corpo celeste que gravita à volta do Sol/Planetoide. **Ex.** A maior parte dos ~s circulam em órbitas situadas entre Marte e Júpiter. **2** adj 2g Parecido com [Que tem a forma de] uma estrela. **Comb.** *Configuração [Formato] ~.* **3** adj 2g Zool (Diz-se de) subclasse dos equinodermes conhecida vulgarmente por estrelas-do-mar.

astigmático, a adj (<a²-+estigmático) Que apresenta astigmatismo. **Comb.** *Meio ó(p)tico ~.*

astigmatismo s m (<a²-+estigmatismo) **1** *Med* Perturbação visual resultante da desigualdade do poder refra(c)tivo do sistema dióptrico ocular em diferentes meridianos. **Ex.** A corre(c)ção do ~ faz-se com lentes cilíndricas. **2** *Fís* Defeito dos sistemas ó(p)ticos que consiste em não existir um único ponto imagem para cada ponto obje(c)to/Ausência de estigmatismo. **Comb.** *Aberração de ~.*

astomático [**astómato**/*Br* **astômato**], **a** adj Bot (<a²-+gr *stóma,atos*: boca) «cápsula de planta briófita» Sem boca.

astomia s f Med (<ástomo+-ia) Ausência congé[ê]nita de boca.

ástomo ⇒ astomático.

astracã s f (<top *Astrakhan*, cidade russa) Pele de cordeiro da raça caracul(o), morto à nascença, de pelo muito encaracolado/Tecido de lã que imita essa pele. **Comb.** *Casaco de ~.*

astragália s f Arquit (<astrágalo+-ia) Parte da cornija ou contorno da moldura terminada em astrágalo.

astrágalo s m (<gr *astrágalos,ou*: vértebra, osso pequeno) **1** *Anat* Osso do tarso entre a tíbia e o calcâneo. **Ex.** O ~ tem forma aproximadamente cúbica. **2** *Arquit* Moldura arredondada que contorna o fuste de uma coluna. **Ex.** O ~ tem a forma de cordão.

astral adj 2g/s m (<astro+-al) **1** Relativo aos astros/Sideral/Ástreo. **Comb.** *Espaço ~.* **2** Brilhante/Fulgurante. **Comb.** *Brilho ~.* **3** s m Na teoria dos teósofos e dos ocultistas, parte fluida do ser humano intermédia entre o corpo físico e a alma. **Ex.** Segundo o Espiritismo, o homem é composto de corpo físico, corpo ~ e alma.

astro s m (<gr *ástron,ou*) **1** Designação comum dos corpos celestes com ou sem luz própria. **Comb.** *Estudo dos ~s (estrelas, planetas, cometas, ...). Movimento dos ~s.* **2** *fig* Pessoa notável/Artista consagrado/Estrela «de cinema». **Ex.** Luís de Camões, P. Antó[ô]nio Vieira e Fernando Pessoa contam-se entre os [são dos] maiores ~s da literatura portuguesa.

astrobiologia s f (<astro+biologia) Estudo das possibilidades da existência de vida fora da Terra.

astrodinâmica s f Astr (<astro+dinâmica) Estudo dos movimentos dos astros e das suas forças de intera(c)ção mútua. **Ex.** A ~ é a dinâmica dos astros.

astrofísica s f (<astro+física) Aplicação das leis da Física aos corpos celestes. **Ex.** A ~ é um ramo da Astronomia.

astrofísico, a adj/s (<astro+físico) **1** Relativo à Astrofísica. **Comb.** *Estudos ~s.* **2** *s* Pessoa especializada em astrofísica. **Ex.** Copérnico, Galileu e Kepler foram notáveis ~s/astró[ô]nomos (séc. XV, XVI e XVII).

astrofobia s f (<astro+fobia) Pavor dos trovões e dos relâmpagos/Medo do espaço. **Loc.** *Sofrer de ~.*

astrofotometria s f Astr (<astro+fotometria) Ramo da Astronomia que estuda a intensidade luminosa dos corpos celestes.

astrolábio s m Astr (<gr *astrolábos[lábion],ou*) Instrumento usado desde a antiguidade para medir a altura dos astros sobre o horizonte. **Ex.** O ~ servia para determinar a latitude e a longitude dum lugar. **Comb.** ~ *de prisma. ~ impessoal. ~ náutico.*

astrolatria s f (<astro+latria) Adoração dos [Culto prestado aos] astros. **Ex.** O Sol e a Lua são os astros predominantes na ~.

astrologia s f (<astro+-logia) Estudo dos astros e da sua influência nos seres humanos e nos fenó[ô]menos terrestres. **Ex.** A ~ é considerada a arte de predizer o futuro.

astrológico, a adj (<astrólogo+-ico) Relativo à astrologia. **Comb.** *Ciência ~a. Símbolos ~s.*

astrólogo, a s (<gr *astrólogos,ou*) O que se dedica à astrologia. **Ex.** Julga-se que os Magos que foram visitar Jesus seriam ~s.

astronauta s 2g (<astro+nauta) Tripulante de uma nave espacial que viaja fora da atmosfera terrestre/Cosmonauta. **Ex.** Y. Gagarine foi o primeiro ~ que viajou fora da atmosfera terrestre (1961), mas N. Armstrong foi o ~ que primeiro alunou [poisou na Lua] (1969).

astronáutica s f (<astro+náutica) Ciência e técnica que se ocupa das viagens espaciais e interplanetárias. **Ex.** A ~ ocupa-se também das condições de sobrevivência fora da atmosfera terrestre.

astronáutico, a adj (<astronauta+-ico) Relativo à astronáutica. **Comb.** *Estudos ~s. Viagens ~as*/espaciais(+).

astronave s f (<astro+nave) Veículo [Nave/Cápsula] espacial.

astronomia s f (<gr *astronomia,as*) Ciência que estuda o espaço sideral e os corpos celestes. **Ex.** Embora a ~ tenha interessado todos os povos desde a mais remota antiguidade, é com N. Copérnico (1473-1543) que se inicia a ~ moderna.

astronómico, a [*Br* **astronômico**] adj (<astronomia+-ico) **1** Relativo à astronomia. **Comb.** *Conhecimentos ~s. Observações ~as.* **2** *fig* Enorme/Gigantesco/Exagerado. **Comb.** *Quantidade ~a* [enorme/imensa/muito exagerada]. *Unidade ~a* [Distância média da Terra ao Sol, igual a 149,5 milhões de quiló[ô]metros].

astrónomo, a [*Br* **astrônomo**] s (<gr *astronómos,ou*) (Pessoa) especialista em [que se dedica à] astronomia. **Ex.** O herói do filme era ~.

astroquímica s f (<astro+química) Ciência que estuda a composição dos astros e os fenó[ô]menos de libertação de energia que ocorrem no seu interior. **Ex.** Na ~ estudam-se as rea(c)ções que dão origem à libertação de energia no Sol e noutras estrelas.

astro-rei s m Fig O Sol.

astúcia s f (<lat *astútia,ae*) **1** Habilidade para enganar alguém sem que ele se aperceba/Ardil/Manha(+). **2** Argúcia/Esperteza/Sagacidade. **Ex.** Era um mecânico conhecido pela ~ [argúcia(+)/pelo jeito] com que inventava soluções de emergência para reparar as mais diversas avarias.

astucioso, a (Ôso, Ósa, Ósos) (<astúcia+-oso) **1** Que tem astúcia/Astuto/Sagaz. **Comb.** *Caçador ~.* **2** Que tem manha/Ardiloso. **Ex.** Sujeitaram o suposto criminoso a um ~ interrogatório tentando apanhá-lo em contradição.

asturiano, a adj/s (<top Astúrias, região montanhosa do norte de Espanha, província de Oviedo+-ano) **1** Natural ou habitante das [Relativo às] Astúrias. **Ex.** Os ~s dedicavam-se tradicionalmente a tarefas agropastoris e à exploração mineira. **2** Diale(c)to falado nas Astúrias.

astuto, a adj (<lat *astútus,a,um*) **1** Esperto/Sagaz/Astucioso. **Comb.** *Empresário ~.* **2** Matreiro/Manhoso/Ardiloso. **Ex.** Nas ruas e praças, ~s vendedores ambulantes procuravam vender [impingir(+)] por bom [elevado] preço toda a espécie de bugigangas inúteis.

ata s f /s f pl [= acta] (<lat *ácta,órum*: coisas feitas) Regist(r)o escrito do conteúdo de uma reunião. **Ex.** As deliberações da reunião da dire(c)ção constam da(s) respe(c)tiva(s) ~(s). A ~ foi lida e aprovada na sessão seguinte da assembleia. **Loc.** *Exarar [Pôr/Regist(r)ar] em ~.* **Comb.** *Livro de ~s.* **2** *pl* Publicação com as comunicações apresentadas em congressos/colóquios/conferências. **Ex.** Para fazer a tese teve de consultar as ~s do congresso sobre História Medieval.

atabafado, a *adj* (<atabafar+-ado) **1** Que se atabafou/Coberto de agasalhos. **Comb.** ~ **com cobertores**. *Muito ~ por causa do frio*. **2** Que torna a respiração difícil/Asfixiante/Abafado. **Comb.** Dia ~ [abafado(+)]. **3** Escondido/Encoberto. **Comb.** Processo (disciplinar/judicial) ~ [que não teve seguimento/esquecido propositadamente].

atabafador, a *adj/s* (<atabafar+-dor) (O) que atabafa/causa atabafamento. **Comb.** Calor ~ [sufocante(o+)/asfixiante(+)].

atabafamento *s m* (<atabafar+-mento) A(c)to ou efeito de atabafar. **Ex.** Com tanto calor e no meio de tanta gente ia morrendo abafado [de ~]!

atabafar *v t/int* (<abafar+tapar(?)) **1** Apagar o fogo. **Ex.** Os bombeiros atabafaram [abafaram(+)] o lume com água e pazadas de terra para que não (se) pegasse à floresta. **2** Cobrir(-se) excessivamente com agasalhos. **Ex.** Atabafou-se com o cachecol enrolado ao pescoço, para sair para a rua. **Loc.** ~-se com cobertores. **3** Tornar a respiração difícil/Abafar/Asfixiar/Sufocar. **Loc.** Calor [Dia] de ~. **4** Não dar seguimento/Ocultar/Encobrir. **Loc.** ~ um processo.

atabalhoar *v t/int* (< ?) **1** Agir [Dizer] de forma imperfeita e apressada/Atamancar/Aldrabar. **Ex.** Nunca dava [transmitia] um recado direito [corre(c)to]; atabalhoava tudo. Tive que despedir a empregada; era muito imperfeita no trabalho, atabalhoava tudo [deixava o trabalho todo aldrabado(+)]. **2** Causar [Sentir] perturbação/Atrapalhar(-se). **Ex.** Não estava acostumado ao movimento da cidade; sentia-se atabalhoado [atrapalhado(o+)/confuso(+)] no meio do trânsito.

ataca *s f* (<atacar) ⇒ atacador.

atacadista *adj/s 2g* (<atacado+-ista) **1** «comércio» Feito por atacado. **2** O que vende por atacado/Grossista. ⇒ retalho; retalhista; varejo.

atacado, a *adj* (<atacar+-ado) **1** Que sofreu ataque/Assaltado/Acometido. **Ex.** ~ pela tosse, passei a noite em claro. O meu filho foi ~ pela segunda vez por um bando de marginais. **Loc.** Vender por ~ [por junto/ em grandes quantidades]. **Comb.** De ~ [Duma só vez]. **2** Cheio até cima/Atestado. **Comb.** *Uma mochila ~a* [a abarrotar(+)] *de livros*. *Um saco ~* [atestado(+)] *de trigo*. **3** *Br* Mal-humorado(+)/Irritado(o+). **Ex.** O patrão hoje acordou muito ~ [mal-humorado(+)].

atacador, a *s m/adj* (<atacar²+-dor) **1** (O) que ataca. **Ex.** Para carregar os cartuchos de caça, usava como ~ [calcador] um pau com a extremidade achatada e bordos arredondados. **Comb.** Instinto ~ [contundente/belicoso]. **2** Cordão [Fita/Correia] para apertar o calçado ou o vestuário. **Ex.** O vestido apertava atrás com ~ de fita de seda que rematava com um laço. **Comb.** ~res [Cordões/Cadarços] das botas.

atacante *adj/s 2g* (<atacar²+-ante) **1** (O) que ataca/inicia a ofensiva/provoca o adversário/Agressor. **Loc.** Responder ao ~ (na mesma moeda [do mesmo modo]). **Comb.** Procedimentos [Atitudes/Gestos] ~s. **2** Que ofende/Injurioso. **Comb.** Palavras [Escritos/Artigos] ~s. **3** *(D)esp* O que joga na frente/Avançado. **Ex.** A sua tá(c)tica era manter sempre três ~s na equipa/e.

atacar¹ *v t/int* (<it *attaccare*) **1** Executar uma a(c)ção ofensiva/Assaltar/Agredir. **Ex.** Quando todos dormiam, o exército inimigo atacou pela calada da noite. Os assaltantes atacaram o dono da loja de pistola em punho e roubaram todo o dinheiro que havia no cofre. Os cães atacaram a criança com tal violência que a deixaram às portas da morte [que a deixaram moribunda/muito maltratada]. **2** Manifestar-se contra/Reprovar/Criticar/Censurar. **Ex.** A oposição atacou duramente o governo nos debates mensais da Assembleia. A imprensa (d)esportiva atacou toda a equipa/e de arbitragem pelos erros grosseiros que cometeu. **3** Ter efeitos nocivos [destrutivos]/Contagiar/Acometer. **Ex.** A doença atacou-lhe o coração. O fumo ataca os pulmões. A gripe ataca principalmente as crianças e os idosos. **4** Causar dano/Corroer/Estragar. **Ex.** A ferrugem atacou [corroeu] os portões e o gradeamento. Uma onda [praga] de míldio atacou as videiras e destruiu por completo as uvas. **5** Iniciar uma a(c)ção com ímpeto. **Ex.** O artista pegou no acordeão e atacou uma valsa para animar a assistência. A infe(c)ção foi debelada [não avançou] porque o médico atacou logo de início com uma dose forte de antibiótico. **Loc.** ~ [Enfrentar/Procurar solucionar] um problema. **6** Começar a comer [Atirar-se à comida(+)] com muito apetite. **Ex.** Atacaram o queijo e o presunto com uma sofreguidão tal que parecia que não comiam nada há vários dias. **7** *(D)esp* Iniciar uma a(c)ção ofensiva/Obrigar o adversário a defender-se. **Ex.** Sempre que a equipa nacional portuguesa «de futebol» atacava pelo flanco direito, o adversário via-se em apuros [tinha dificuldade em defender-se]. O piloto «de fórmula 1» atacava na re(c)ta procurando ultrapassar o carro da frente.

atacar² *v t* (< ?) **1** Prender [Ligar/Unir] por meio de atacador/Atar(+). **Loc.** ~ os sapatos. **2** Encher até cima/Atestar(+)/Atafulhar(-se)/Abarrotar(-se). **Ex.** Atacou [Encheu] tanto a mala (com roupa) que (até) estragou o fecho. **Loc.** ~-se [Atafulhar-se(+)] com comida. **3** Exercer pressão [Apertar] com um calcador. **Ex.** Depois de plantar uma árvore é preciso ~[calcar(+)]-lhe a terra junto ao caule, para que fique bem firme. **Loc.** ~ uma arma (de carregar pela boca). **4** *Br* Comprar [Vender] por junto/por atacado. **Ex.** Atacou[Comprou]-lhe toda a fruta do pomar.

atado, a *adj* (<atar+-ado) **1** Ligado por um nó/Preso/Apertado. **Idi.** *Estar* [Ficar] *de mãos ~as* [impossibilitado de agir]. **Comb.** *Dois cordéis ~s* [emendados] «para aumentar o comprimento». *Pacote «de livros» bem ~* [seguro/apertado]. **2** *fig* Acanhado/Tímido. **Ex.** É um empregado tão ~ que nem de graça o queria a trabalhar para mim. Que atad(inh)o tu és [me saíste], não consegues fazer nada sozinho! **3** *s m* Conjunto de coisas amarradas/Embrulho/Pacote. **Ex.** Só hoje recebi o ~ da mercadoria que já esperava há uma semana. O carteiro trazia a correspondência num ~ por cada rua.

atador, a *s/adj* (<atar+-dor) **1** (O) que ata. **2** Máquina ou instrumento para atar.

atadura *s f* (<atar+-dura) **1** A(c)ção de atar/ Nó ou «e laçada». **Ex.** A corda vai soltar-se [desprender-se] porque a ~ [o nó(+)] está malfeita/o. **2** Aquilo que ata/Ligadura. **Ex.** Apertou o molho de erva com uma ~ de vime. Trazia o braço ao peito com uma ~ [ligadura(+)] de pano. **3** O que está unido [apertado/seguro] pela ~/Feixe/Atado **3**. **Ex.** As lavadeiras caminhavam para o rio com grandes ~s [trouxas(+)] de roupa à cabeça.

atafal *s m* (<ár do Magreb *at-tafár* <ár *táfr*) Correias presas aos dois lados e atrás da sela [albarda] e que ficam na anca da montada/Retranca/Atafais(+).

atafegar *v t* (< ?) Sufocar(-se)/Asfixiar(-se). **Ex.** O calor era tanto que tive que [de] desapertar o colarinho porque me sentia ~ [sufocar(+)/asfixiar(+)].

atafona *s f* (<ár *at-tahúna*) Moinho(o+)/Azenha(+). **Comb.** ~ manual [movida à mão ou por um animal].

atafulhar *v t* (<a¹-+tafulho+-ar¹) **1** Encher até transbordar/Abarrotar. **Loc.** ~ a mala de [com] roupa. **2** Comer demasiado/Empanturrar(-se)/Empanzinar(-se). **Ex.** Quando ia a um casamento, *idi* tirava a barriga de misérias [atafulhava-se com comida]; saía (de lá) empanzinado!

atalaia *s* (<ár *at-talái'a*) **1** *s 2g* O/A que vigia/ Sentinela. **Loc.** Estar [Pôr-se] de ~ [Estar alerta/Pôr-se de sobreaviso]. **2** *s f* Torre [Lugar elevado] de vigia/Guarita da sentinela. **Ex.** Escondida na ~, a sentinela observava os movimentos do inimigo.

atalhada *s f* (<atalhar) Corte feito nas matas para evitar a propagação do fogo/Aceiro.

atalhar *v t/int* (<a¹-+talhar) **1** Impedir a progressão/Não deixar continuar. **Ex.** Quando a discussão entre os dois irmãos começou a azedar [tornar-se violenta], o pai atalhou: – Acabou a conversa, nem mais uma palavra! Os bombeiros conseguiram ~ o incêndio e impedir que atingisse as casas. **2** Interromper alguém que fala/Fazer uma observação a meio duma conversa. **Ex.** Mais alto! – atalhou o professor. Não se percebe o que está(s) a dizer… Ao ouvir o nome da rapariga [moça] atalhou de imediato: – E ela é *iron* fresca/boa [: – Ela é uma leviana]! **3** Encurtar caminho/Seguir por atalho(s). **Ex.** No cruzamento, deixou o caminho e atalhou a direito pela mata em dire(c)ção a casa. **4** Pôr fim [cobro] a um conflito/Sanar uma situação difícil. **Ex.** A intervenção dos pais fez o casal refle(c)tir e conseguiu ~ [resolver] a situação de desentendimento que se estava a agravar. **Loc.** ~ a [Prevenir/Parar] uma doença.

atalho *s m* (<atalhar) **1** Caminho estreito mais curto que a via principal/Corte/Vereda/Carreiro. **Ex.** Só vou pelo ~ quando tenho pressa de chegar à escola. **Prov.** *Quem se mete em ~s, mete-se em trabalhos* [Soluções aparentemente mais rápidas podem tornar-se mais complicadas]. **2** *fig* Meio mais rápido de atingir um fim. **Ex.** Nalguns programas informáticos há ~s que permitem uma execução mais rápida. **3** Obstáculo inesperado/Estorvo/Impecilho. **Ex.** Foram tantos os ~s [as dificuldades/os entraves] que teve de admitir que não conseguia acabar o curso.

atamancado, a *adj* (<atamancar+-ado) Feito à pressa e mal acabado/Imperfeito/Aldrabado. **Ex.** O trolha deixou tudo [o trabalho] ~/aldrabado/malfeito.

atamancar *v t* (<a¹-+tamanco+-ar¹) **1** Fazer mal e à pressa/Atabalhoar. **Ex.** A costureira atamancou(-me) o vestido de tal maneira que tive o de fazer de novo para o poder vestir usar. **2** Arranjar [Reparar] de forma imperfeita ou provisória. **Ex.** Enquanto não vieram os portões atamanquei uma cancela de madeira para que a entrada não ficasse devassada [sem nada].

atamento *s m* (<atar+-mento) **1** ⇒ atadura **1**, **2**. **2** Falta de desembaraço/Acanhamento(+)/Timidez. **Ex.** O ~ daquele empregado (até) faz nervos!

atanado, a *s m/adj* (<atanar+-ado) **1** Casca de carvalho ou de outras plantas com tanino que, depois de triturada, é utilizada para curtir peles. **2** Couro curtido com ~. **Comb.** Botas de ~. **3** Que se assemelha pela cor e consistência ao couro curtido com tanino. **Comb.** Pele (artificial) ~a.

atanar *v t* (<fr *tanner*) Curtir uma pele com tanino.

atanazar v t ⇒ atenazar.
atapetar v t (<a¹-+tapete+-ar¹) **1** Cobrir com tapete/Alcatifar. **Loc.** ~ uma sala. **Comb.** Longos corredores atapetados. **2** fig Cobrir/Juncar. **Loc.** ~ as ruas com [de] flores.
atapulhar v t (<a¹-+tapulho+-ar¹) **1** Tapar com tapulho/(Ar)rolhar. **Loc.** ~ uma garrafa [um pipo]. **2** Encher demais/Atafulhar(+). **Ex.** Atapulhou [atafulhou(+)] o garrafão até deitar por fora [até transbordar].
ataque s m (<atacar¹) **1** A(c)to ou efeito de atacar/A(c)ção violenta contra alguém [algo]/Assalto/Agressão. **Ex.** Os ~s (dos) terroristas são cada vez mais frequentes. **Comb.** ~ à mão armada [feito com arma de fogo]. **2** Operação militar de conquista ou destruição dum alvo. **Ex.** A cidade não resistiu aos vários ~s do exército inimigo. **Comb.** ~ aéreo [terrestre/marítimo]. **3** Palavras de reprovação/Crítica severa/Censura. **Ex.** O governo foi alvo de violentos ~s por parte da oposição. **4** Manifestação súbita de doença/Acesso. **Comb.** ~ *cardíaco*. ~ [Acesso(+)] *de cólera* [ira/raiva]. *~ de tosse*. *~s epilé(p)ticos*. **5** (D)esp A(c)ção ofensiva procurando marcar golos/es [pontos] para derrotar o adversário. **Ex.** Para ganhar, é preciso jogar ao ~. **Comb.** Linha de ~ [Linha avançada/dianteira]. **6** A(c)ção corrosiva/destruidora. **Comb.** *~ da água salgada* [do mar]. *~ da ferrugem*. **7** Br Enchimento [Bucha] com argila nas minas e pedreiras.
atar v t (<lat *ápto,áre,átum*: adaptar, acomodar, preparar, unir, juntar) **1** Unir [Ligar] com fio, corda, fita, … **Ex.** A florista atou o ramo das flores com uma vistosa fita amarela. **Loc.** ~ [Emendar(+)/Unir] *dois cordéis*, um ao outro. **Idi.** *~ de mãos e pés* [Tirar a liberdade de a(c)ção]. fam *~ o burrinho* [Amuar]. **Idi.** *~ e pôr ao fumeiro* [Acontecer [Fazer-se] muito rapidamente]. *Não ~ nem desatar* [Não haver progresso/evolução/decisão] (Ex. Ele é um irresoluto, não ata nem desata). **2** Amarrar/Prender/Segurar. **Loc.** ~ [Prender/Segurar] *a carga* «dum cami(nh)ão». ~ *(a boca d)o saco*. ~ [Amarrar] *o idoso à cama* [cadeira de rodas] (para não cair). **3** Cingir/Apertar. **Loc.** ~ [Apertar(+)] *o cinto*. *~ uma fita à cabeça* (para segurar o cabelo). **4** Unir(-se)/Vincular(-se). **Ex.** A desgraça dele foi ter-se atado [ligado(+)] àquela mulher. Não pude aceitar outro emprego porque estava atado [amarrado(o+)/vinculado(+)] por um contrato. **5** Impedir «de falar/de andar»/Tolher(-se)/Conter(-se). **Loc.** ~*-se a voz* [Ficar sem fala]. *Atarem-se* [Tolherem-se(+)] *os movimentos*. **6** Tirar a liberdade/Subjugar. **Ex.** A filha, atada [subjugada(+)] por uma mãe autoritária, não podia dar um passo [não tinha liberdade para nada].
atarantação s f (<atarantar+-ção) A(c)to ou efeito de atarantar/Atrapalhação/Confusão. **Comb.** ~ geral [de todo o povo/da multidão].
atarantado, a adj col (<atarantar+-ado) **1** Atrapalhado/Embaraçado/Confuso. **Ex.** Quando desceu do comboio [trem] na estação da grande cidade e não tinha ninguém à sua espera, ficou ~ [idi como o tolo no meio da ponte/desorientado/perdido]. **2** Aturdido(+)/Assarapantado. **Comb.** ~ com o estrondo [barulho] da explosão.
atarantar v t (<a¹-+taranta+-ar¹) **1** Ficar confuso/Atrapalhar(-se)/Embaraçar(-se). **Ex.** Se lhe ralhas, então é que se ataranta, não faz nada direito [bem feito]. Atarantou-se [Ficou hesitante/Atrapalhou-se] ao atravessar a rua e acabou por ser atropelado. Atarantou-se no exame e não conseguiu responder nada certo. **2** Ficar aturdido/estonteado/Assustar-se. **Ex.** Dei uma (grande) queda que me deixou atarantado [estonteado/aturdido]. **Loc.** ~-se [Amedrontar-se] com a trovoada.

ataraxia (Csi) s f Fil (<gr *atarakxía,as*) Estado de tranquilidade de espírito, conseguido pela indiferença perante a dor e as paixões e pela renúncia a julgar e a a(c)tuar/Serenidade. **Ex.** A ~ é o ideal do epicurismo e tem aspe(c)tos comuns com o estoicismo. **Comb.** ~ medicamentosa [provocada por tranquilizantes]. ⇒ apatia; indiferença.
atardar v t (<a¹-+tardar) Atrasar(+)/Demorar/Retardar. **Ex.** Reuniões infindáveis que se atardam [prolongam(+)] (pela) noite dentro.
atarefado, a adj (<atarefar+-ado) Muito ocupado/Azafamado/Afadigado. **Ex.** ~a/o com os preparativos do casamento, nem comia [nem tinha tempo para comer].
atarefar v t (<a¹-+tarefa+-ar¹) **1** Sobrecarregar(-se) [Afadigar(-se)] com trabalho. **Ex.** Não lhe bastava o emprego e o trabalho da casa; ainda tinha que se ~ a tratar dos netos. Antes das reuniões do conselho (de administração) atarefava as secretárias com pedidos de relatórios urgentes. **2** Trabalhar apressadamente/com desembaraço/Azafamar-se. **Ex.** Ó vizinha, sempre atarefada! – Eu (cá) sou assim, não sei [posso] estar parada!
atarracado, a adj (<atarracar+-ado) **1** Baixo e gordo. **Comb.** Estatura [Porte/Homem] ~a[o]. **2** Mais largo (do) que alto/Bojudo. **Comb.** *Entrada* [Porta] *~a*. *Jarra* [Pote] *~a/o*.
atarracar v t (<a¹-+ár *tarráqa*: martelo de ferrador, chapa de ferro redonda+-ar¹) **1** Tornar [Ficar] baixo e gordo [largo]. **Loc.** ~ uma casa (fazendo-a mais larga do que alta). **2** Preparar a ferradura [os cravos] com martelo, na bigorna, para a/os adaptar ao casco do animal.
atarraxador, ra (Cha) s/adj (<atarraxar+-dor) (O) que atarraxa/Aparafusador. **Comb.** Máquina [Instrumento/Dispositivo] ~ora/or.
atarraxar (Char) v t (<a¹-+tarraxa+-ar¹) **1** Apertar com tarraxa/Encaixar duas peças roscadas/Enroscar. **Loc.** ~ [Enroscar] uma porca (num perne roscado). **2** Fixar com parafusos/Aparafusar. **Loc.** ~ a fechadura à porta.
atascadeiro s m (<atascar+-deiro) Lugar onde há lama/Atoleiro(+). **Ex.** Quando chove, o caminho fica (transformado) num ~. **Sin.** Lamaçal(o+); lodaçal(+).
atascar v t (< ?) **1** Enterrar(-se) no lodo/na lama/Atolar(-se). **Ex.** No inverno, não se pode andar nas ruas (da aldeia); a gente atasca-se de lama, chega a casa toda suja. **2** fig Aferrar-se aos vícios/aos maus costumes/Corromper-se/Degradar-se. **Ex.** Fugiu de casa e atascou-se numa vida de miséria e podridão.
ataúde s m (<ár *at-tabút*) Caixão (funerário)(+)/Urna(o+)/Esquife/Féretro. **Ex.** Nos funerais, o ~ [o caixão/a urna] é aberto/a pela última vez no cemitério.
ataviar v t (<gót *taujan*) Pôr atavios/Vestir(-se) bem/Ornar(-se)/Enfeitar(-se). **Ex.** Ataviou-se para a festa com um lindo vestido de seda e joias valiosas. **Loc.** ~ [Preparar/Adornar(+)] o andor para a procissão.
atavio s m (<ataviar) **1** Enfeite/Adorno. **Ex.** Apesar de rica, era muito simples; não gostava de grandes [muitos/valiosos] ~s. **2** Modo de se apresentar/Compostura. **Ex.** O sorriso amável e a simplicidade do ~ cativavam toda a gente.

atávico, a adj (⇒ atavismo) Transmitido por atavismo. **Comb.** Um ódio ~ «entre dois parentes».
atavismo s m (<lat *átavus,i*: tetravô+-ismo) Reaparecimento de caracteres que pareciam extintos há várias gerações. **Ex.** Os fenó[ô]menos de ~ devem-se aos genes de caracteres recessivos que se manifestam nos indivíduos de raça pura.
ataxia (Csi) s f Med (<gr *ataksía,as*: abandono do seu posto, desordem, confusão) Dificuldade de coordenação dos movimentos do corpo.
atáxico, a (Csi) adj (<ataxia+-ico) Que sofre de [Relativo à] ataxia.
até prep/adv (<ár *hátta*) **1** prep Indica limite de tempo, espaço ou quantidade. **Ex.** ~ agora não tive dificuldades na matemática. Fico aqui ~ que deixe [pare] de chover. O terreno é nosso ~ ao muro. Vem ~ (cá) à minha casa e depois vamos juntos para a festa. ~ duas dúzias de sardinhas, podes comprar; mais não. Tão pequenino e já sabe contar ~ dez! **Comb.** *~ certo ponto* [Parcialmente] «eu também tive culpa». Idi «bebi/comi» *~ dizer chega*/ *~ mais não*/ *~ vir a mulher da fava rica*/ *~ vir a peixeira* [Em grande quantidade/Muito]. *~ já* [daqui a pouco]/ *~ logo*/ *~ para a semana*/ *~ para o ano*/ *~ qualquer dia* [Fórmula de despedida indicando a data previsível de novo encontro]. «adeus» *~ mais* [que nos tornemos a] *ver*. *~ que enfim* [Expressão de alívio por ter terminado algo desagradável/Finalmente] (Ex. Acabei hoje o trabalho «da tese»; ~ que enfim!). *~ ver* [Enquanto a situação se mantiver/Por enquanto] «não digas isso a ninguém». **2** adv Ainda/Mesmo/Também/Inclusive. **Ex.** Pode ~ [mesmo/também] acontecer que não precise do (de gastar o) dinheiro que me emprestaste. Estava toda a família no funeral, ~ [inclusive] os parentes mais afastados. Não gosto da moça; mas ~ [ainda/mesmo] que gostasse também a repreenderia. O professor ~ [ainda] está mais cansado do que os alunos. Sendo brasileiro, é um defensor acérrimo de Portugal, o que ~ lhe fica bem porque é aí (Pt) que vive e ganha a vida.
ateador, a adj/s (<atear+-dor) (O) que ateia/Fomentador. **Comb.** ~ [Fomentador(+)] *de conflitos*. *~ de fogos* [Incendiário].
atear v t (<a¹-+teia<lat *taeda,ae*: facho, archote+-ar¹) **1** Acender [Pegar] fogo/Inflamar. **Ex.** Atearam o fogo para fazer uma queimada «da erva seca». No verão, é absolutamente proibido ~ [acender] fogueiras. **2** Avivar o lume/Levantar a chama. **Loc.** ~ a braseira [o lume] com o fole [abanico]. **3** Atingir maiores proporções/Propagar/Alastrar. **Ex.** O fogo ateou-se à floresta. **4** fig Tornar mais intenso/Fomentar/Inflamar. **Loc.** ~ [Exacerbar(+)] *o fogo da paixão*. ~ [Fomentar(o+)/Incentivar(+)] *a revolta* «dos trabalhadores descontentes».
ateísmo s m Fil (<ateu+-ismo) Doutrina filosófica que nega a existência de Deus. **Comb.** *~ prático* [Indiferença religiosa]. *~ teórico* [que formula juízo negativo sobre a existência de Deus].
ateísta adj/s 2g (<ateu+-ista) **1** (O) que segue [professa] o ateísmo/(O) que não acredita em Deus/Ateu(+). **Ex.** A maior parte dos ~s são indiferentes [não se preocupam com o problema de Deus]. **2** Relativo ao ateísmo. **Comb.** Doutrina [Sistema] ~.
atelectasia s f Med (<gr *ateles*: incompleto+*éktasis*: dilatação) Falta de expansão dos pulmões por obstrução dos brônquios.

ateliê [*atelier*] *s m* (<fr *atelier*<lat *ástula*: fragmento ou lasca de madeira) Local de trabalho dum artista/Gabinete/Oficina. **Comb.** ~ **de arquite(c)tura**. ~ **de costura**. ~ **de fotografia**. ~ **de pintura**. ~ [*Escola*] **de teatro**.

atemorização *s f* (<atemorizar+-ção) A(c)to ou efeito de atemorizar/Temor/Intimidação(+). **Ex.** Passada uma hora ainda sentia a ~ do terramoto [tremor de terra].

atemorizador, ra *adj/s* (<atemorizar+-dor) (O) que atemoriza/Medonho. **Comb.** *Ar* ~. *Tempestade* ~*ora*.

atemorizar *v t* (<a¹-+temor+-izar) **1** Causar [Sentir] temor/medo/pavor. **Ex.** Quando o professor carregava o sobrolho [mostrava uma cara muito séria/se mostrava zangado] e levantava a voz [e falava com voz mais forte] toda a turma se atemorizava [ficava amedrontada/tremia]. **2** Assustar(-se)/Espavorir(-se). **Ex.** O gato atemorizava-se [assustava-se(+)] só de me ver pegar numa vassoura (e fugia espavorido).

atempadamente *adv* (<atempado+-mente) **1** Em devido tempo/Em tempo útil/A tempo. **Ex.** O atraso na inscrição não tem justificação; todos foram ~ avisados. **2** Na altura própria/Quando for oportuno. **Ex.** ~ [Oportunamente(+)] lhe comunicarei a decisão que vier a ser tomada.

atempado, a *adj* (<atempar+-ado) **1** Feito dentro do prazo. **Comb.** Obra bem feita e ~a [concluída no prazo previsto]. **2** Com prazo fixado/Aprazado. **Ex.** A data para conclusão dos trabalhos foi ~a [fixada(+)] desde a adjudicação.

atempar *v t/int* (<a¹-+tempo+-ar¹) Marcar o prazo. **Ex.** Atemparam um período de observação «de um ano» antes da decisão definitiva. **Loc.** ~ [Fixar(+)] o prazo de conclusão.

atemporal *adj 2g* (<a²-+temporal) Que não é temporal/afe(c)tado pelo tempo/Fora do domínio do tempo. **Ex.** Uma forma verbal que não localiza a a(c)ção num tempo definido é ~, por ex. "amar e viver".

atenazar *v t* (<a¹-+tenaz+-ar¹) **1** Apertar com tenaz. **Ex.** Atenazavam os picos (de pedreiro) na forja para os aguçarem, martelando-os na bigorna enquanto estavam em brasa [ao rubro]. **2** *fig* Submeter a tortura/Causar dor/Supliciar. **Ex.** Não conseguia livrar-se do remorso que constantemente o atenazava. **3** *fig* Importunar insistentemente/Espicaçar [Arreliar] com palavras provocadoras. **Ex.** Levava [Passava] o dia inteiro a ~ [implicar com/irritar] a irmã mais nova.

atença *s f* (<ater+-ença) A(c)to ou efeito de ater-se/Aquilo a que alguém se atém/Confiança. **Loc.** Estar às ~s de [Fiar-se em/Depender de] alguém.

atenção *s f/interj* (<lat *atténtio,ónis*; ⇒ atender) **1** Concentração da a(c)tividade mental sobre um obje(c)to determinado. **Loc.** Dar [Ouvir com/Prestar] ~ «ao que o professor diz/ao que está a fazer». **2** Estado de vigilância orientado para a apreensão de determinados conteúdos/fa(c)tos. **Ex.** Estava nas aulas sempre com muita ~ [muito atento/a]; nem o barulho da rua, nem as brincadeiras dos colegas o/a perturbavam [lhe desviavam a ~]. **Sin.** O estar atento/a. **Ant.** Desatenção; distra(c)ção. **3** Simpatia/Delicadeza/Cortesia/Favores. **Ex.** Ela era o alvo das ~ões [da simpatia/cortesia] dos rapazes da turma. Fui visitar uma amiga mas ela continuou a trabalhar e não me deu ~ nenhuma [não me ligou nada(+)]. Sempre recebi dele inúmeras ~ões [muita delicadeza/simpatia/muitos favores]. Interessei-me pelo caso em ~ aos [por consideração para com os] teus pais. **4** Cuidado/Dedicação/Interesse. **Ex.** As crianças precisam da ~ dos pais [dos adultos]. **5** *interj* Aviso para pedir concentração/para alertar para o perigo. **Ex.** ~! O presidente vai falar. ~ aos comboios [trens]! Pare, escute, olhe! ~ [Cuidado(+)]! Não te queimes! O ferro (de engomar) ainda está muito quente.

atencioso, a (Ôso, Ósa, Ósos) *adj* (<atenção+-oso) **1** ⇒ Que presta atenção/Atento(+)/Concentrado. **2** Amável/Cortês/Gentil. **Ex.** O Pedro é muito ~ para com a avó. **Comb.** Empregado [Médico] (muito) ~.

atendedor, a *adj/s* (<atender+-dor) (O) que atende. **Comb.** ~ de chamadas [Aparelho que recebe e grava mensagens telefó[ô]nicas]. Balcão com «três/vários» ~es/empregados(+).

atender *v t/int* (<lat *atténdo,is,ere,téndi,téntum*: esticar, apontar, dirigir <ad+téndere; ⇒ tender) **1** Dar [Prestar] atenção/Acolher/Receber. **Ex.** A senhora que está ao balcão atende os clientes com muito bons modos [com delicadeza/amabilidade]. **Loc.** ~ [Dar ouvidos] aos conselhos dos pais. **2** Dar audiência [consulta]/Receber. **Ex.** O senhor doutor [O médico] não vai poder atendê-lo/a hoje. Não tenho audiência [entrevista] marcada, mas espero que o dire(c)tor me atenda [receba]. **3** Dar (bom) seguimento/Despachar favoravelmente/Deferir/Aceder. **Ex.** O chefe atendeu o [acedeu ao] meu pedido. **4** Receber uma chamada telefó[ô]nica/Responder a quem bate à porta. **Ex.** Atende o telefone (por)que eu estou ocupado. Estão a bater [tocar] à porta, podes ~? **5** Levar em consideração/Ter em vista/Considerar. **Ex.** Você não está a ~ aos [a ter em consideração os/a fazer caso dos] argumentos que lhe apresentei! **6** Prestar socorro/Acudir/Socorrer. **Ex.** Os bombeiros passaram o dia a ~ [socorrer] as vítimas da cheia.

atendimento *s m* (<atender+-mento) A(c)to de atender/Acolhimento/Rece(p)ção. **Comb.** (Banco com) ~ **personalizado**. *Bom* [Mau] ~ dos empregados aos clientes. *Horário de* ~/*expediente*. *Lugar* [Local] *de* ~ [rece(p)ção/inscrição].

atendível *adj 2g* (<atender+-vel) Que pode ser atendido/Que merece consideração. **Comb.** *Pedido* ~. *Argumento* [Justificação/Motivo] ~.

ateneu *s m* (<gr *athénaion*: templo de Atena [Minerva para os romanos], deusa da sabedoria e das artes) **1** *Hist* Lugar público da antiga Grécia onde os literatos liam as suas obras. **2** Instituição particular com fins culturais e de recreio/Academia(+). **Ex.** Os ~s são locais onde os literatos se reunem para cursos e conferências.

ateniense *adj/s 2g* (<gr *athenáios*) De Atenas. **Ex.** A designação de ~s aplica-se tanto aos habitantes da antiga cidade-estado de Atenas como aos da a(c)tual capital da Grécia. **Comb.** *Filósofos* [Sábios] ~*s*. *Monumentos* ~*s*.

atentado¹ *s m* (<atentar¹+-ado) **1** Prática [Tentativa] de crime contra pessoas ou bens/A(c)to criminoso. **Ex.** Faleceu [Morreu/Foi] vítima de ~. **Comb.** ~ **político** [contra o regime]. ~ **terrorista**. **2** Grave ofensa à lei/a valores éticos/morais/culturais/Violação. **Ex.** O desperdício de bens alimentares é um ~ à pobreza. **Comb.** ~ *ao pudor* [à moral/aos bons costumes]. ~ [*Crime*] **ecológico**.

atentado², a *adj* (<atentar²+-ado) Que tem tento/Atento/Ponderado. **Comb.** *Aluno* ~ [atento(o+)/desperto(+)].

atentar¹ *v t/int* (<lat *attémp[en]to,áre,átum*: tocar com a mão, experimentar, procurar corromper, atacar, acometer, empreender, intentar) **1** Cometer atentado. **Loc.** ~ **contra a segurança do Estado**. ~ **contra a vida** (própria ou alheia). **2** Desrespeitar a lei/o bem comum/Transgredir/Violar. **Loc.** ~ **contra a saúde** pública. ~ **contra o meio ambiente**. ~ **contra os direitos humanos**. **3** Importunar/Aborrecer/Irritar. **Ex.** Já disse que hoje não te deixava ir ao cinema; não insistas, não me atentes!

atentar² *v t/int* (<atento+-ar¹) **1** Prestar atenção(+)/Ouvir atentamente/Observar(+). **Ex.** No gabinete sobranceiro à oficina, o dire(c)tor atentava em [observava(+)] tudo o que os operários faziam. **Loc.** ~ no trânsito antes de atravessar a rua. **2** Ter em conta/Ponderar/Considerar. **Ex.** Depois de ~ na [ponderar a(+)] justificação que me foi apresentada mudei de opinião.

atentatório, a *adj* (<atentar¹+-tório) **1** Em que há [Que envolve] atentado. **Ex.** Saiu ileso da emboscada ~a contra a sua vida. **2** Que vai contra algo ou alguém. **Comb.** *Barulho* ~ *do direito* ao descanso no(c)turno. *Política* ~*a da liberdade* de ensino.

atento, a *adj* (<lat *atténtus,a,um*; ⇒ atender *attíneo*) **1** Que presta atenção/Concentrado/Aplicado. **Comb.** Aluno/a ~o/a nas aulas. **2** Observador/Vigilante. **Comb.** *Judoca* ~ *aos golpes* do adversário. *Porteiro* ~ *aos movimentos* de entrada e saída. **3** Feito com atenção/Cuidadoso/Meticuloso. **Comb.** *Exame* ~ [minucioso(+)]. *Leitura* ~*a* [cuidadosa]. **4** Que revela disponibilidade/Cortês/Atencioso. **Comb.** Empregado (de balcão) [Rece(p)cionista] ~.

atenuação *s f* (<atenuar+-ção) **1** A(c)to de atenuar/Abrandamento/Diminuição. **Ex.** Os analgésicos provocam a ~ das dores. **2** Diminuição da gravidade moral. **Ex.** Os antecedentes familiares podem ser causa de ~ para os crimes cometidos por adolescentes e jovens.

atenuador, ra *adj/s* (<atenuar+-dor) (O) que atenua. **Ex.** As lentes escuras têm um efeito ~ sobre a luminosidade solar.

atenuante *adj 2g/s f* (<atenuar+-ante) **1** Que atenua/torna menos intenso/Atenuador. **Comb.** Circunstâncias [Fa(c)tores] ~s. **2** *s f* Circunstância que torna menos grave um crime/delito/uma infra(c)ção. **Ex.** O bom comportamento anterior foi a ~ que mais pesou na redução da pena.

atenuar *v t* (<lat *atténuo (adténuo),áre, átum*) **1** Tornar mais fraco/menos intenso/Diminuir. **Ex.** Com o tempo, a diferença de tonalidade das cores vai-se atenuando. **Loc.** *Juntar* água *para* ~ [diminuir(+)] *a consistência* «da tinta». ~ [aliviar(+)] *as dores*. **2** Suavizar/Abrandar/Enfraquecer. **Ex.** O mau feitio foi-se atenuando [suavizando] com a idade.

atenuável *adj 2g* (<atenuar+-vel) Que se pode atenuar/Passível de ser reduzido. **Comb.** *Castigos* [Penas] ~*veis*. *Responsabilidade* ~.

aterina *s f Icti* (<gr *athér,eros*: espiga+-ina) Peixe teleósteo, *Atherina presbyter*, semelhante ao arenque.

aterinídeo, a *adj/s* (<lat *Atherinidae*) **1** Relativo aos [Espécie dos] ~s. **2** *s m pl* Família de peixes teleósteos dos mares temperados e quentes, que compreende várias espécies. **Ex.** A aterina, o camarão-bruxo e o peixe-rei pertencem aos ~s.

atermar *v t* (<a¹-+termo+-ar¹) **1** Marcar um prazo (+) «para pagar uma casa». **Ex.** Atermaram-se em duas semanas para resolver a questão. **2** ⇒ Pôr fim/termo/Terminar. Limitar.

atermia s f Fís (<gr áthermos,os,on) Qualidade do que é atérmico/Ausência de calor.

atérmico, a adj (<a²-+térmico) Impenetrável ao [Que não absorve nem liberta] calor. **Comb.** Materiais ~s.

ateroma s m Med (<gr atheróma,atos) Placa formada por deposição de gorduras «colesterol» na parede das artérias. **Ex.** O ~ é uma lesão evolutiva que pode ulcerar, cicatrizar ou calcificar.

aterosclerose s f Med (<gr atheróma, atos+esclerose) Tipo de arteriosclerose caracterizada pela formação de placas de ateroma nas artérias. **Ex.** A ~ atinge principalmente as pessoas idosas.

aterosclerótico, a adj (<aterosclerose+-ico) Relativo à [Que sofre de] aterosclerose. **Comb.** Doença ~a.

aterrador¹, ora adj/s (<aterrar¹+-dor) (O) que causa terror/Atemorizador/Ameaçador. **Comb.** *Abismo* [Precipício] *~*. *Ambiente ~* «da guerra». *História ~ora* «dum massacre». *Olhar ~* «dum assassino».

aterrador², ora adj/s (<aterrar²+-dor) (O) que cobre com terra/faz o aterro. **Ex.** A abertura das valas foi muito demorada; a fase ~ora, feita com ~es [máquinas ~as] adequados/as, é muito mais rápida.

aterragem s f (<aterrar²+-agem) A(c)to do avião [helicóptero/da aeronave] pousar em terra. **Ex.** A ~ envolve sempre algum risco de acidente. **Comb.** *~ forçada* [de emergência]. *Pista de ~*. **Ant.** De(s)colagem.

aterraplenar v t ⇒ terraplenar.

aterrar¹ v t (<a¹-+lat térreo,ére,térritum: ~) Causar medo/terror/Aterrorizar. **Ex.** Aterrei-me [Fiquei aterrado(+)] só de [por] ver a cara de aflição da mulher. **Loc.** ~ *as crianças* «com o papão».

aterrar² v t/int (<a¹-+terra+-ar¹) **1** Encher [Cobrir] com terra. **Ex.** É preciso ~ o buraco antes que alguém lá caia. Para nivelar o terreno, foi necessário ~ a zona em declive [inclinada]. **2** Descer na pista/Pousar no solo. **Ex.** O avião aterrou (na pista) sem problemas. **Ant.** Des[De]colar.

aterrissagem (<fr aterrissage) ⇒ aterragem.

aterriss[rriz]ar ⇒ aterrar² 2.

aterro (Tê) s m (<aterrar² 1) **1** A(c)to ou efeito de aterrar [cobrir/encher com terra]. **Comb.** O ~ *dum pântano* [duma vala]. **2** Entulho [Terra/Pedra/Detritos vários] depositado/a/os em local apropriado. **Ex.** O ~ saído da abertura da nova rua foi utilizado na construção do campo de futebol. **3** Lugar feito com [destinado à deposição de] entulho. **Ex.** O ~ não fica longe daqui. **Loc.** *Construir sobre o ~*. **Comb.** *~ sanitário* [Terreno onde são depositados resíduos sólidos (Lixo), em camadas compactadas para reduzir os efeitos nocivos sobre o ambiente].

aterrorização s f (<aterrorizar+-ção) A(c)to ou efeito de aterrorizar. **Comb.** Palavras de ~ [intimidação(+)].

aterrorizador, ora adj/s (<aterrorizar+-dor) (O) que infunde terror/mete medo/Aterrador¹/Pavoroso/Horroroso. **Comb.** *Ar ~*. *Gritos [Palavras] ~es/oras*.

aterrorizante adj 2g (<aterrorizar+-ante) Que aterroriza/Capaz de aterrorizar.

aterrorizar v t (<a¹-+terror+-izar) Causar [Sentir] terror/Amedrontar(-se)/Aterrar¹. **Ex.** O capataz aterrorizava os trabalhadores com castigos e ameaças de despedimento. No bairro, andavam [estavam] todos aterrorizados, com medo de novos assaltos.

ater-se v t (<lat atti[dti]neo,es,ére,ui,éntum: ter perto, reter, reprimir) **1** Apoiar-se(+)/Arrimar-se(+)/Encostar-se(+). **Loc.** ~ *à parede* (para não cair). **2** Confiar/Fiar-se. **Ex.** Em vez de estudar, ateve-se à esperteza e à sorte e, (claro está,) idi chumbou [reprovou]! Trabalhar não era com ele [Não gostava de trabalhar], estava sempre atido a que os pais o sustentassem. **3** Cingir-se/Limitar-se. **Ex.** O meu filho atém[agarra]-se ao computador e nem sai à rua. Dívidas não faço; atenho-me ao [; conto com o] que ganho e não gasto nem mais um cêntimo!

atesar v t (<a¹-+teso+-ar¹) ⇒ entesar.

atestação s f (<atestar¹+-ção) Declaração que comprova a veracidade de determinado fa(c)to/Testemunho/Certificado.

atestado¹, a s m/adj (<atestar¹+-ado) **1** s m Documento que comprova a veracidade de determinado fa(c)to ou situação. **Ex.** As faltas por doença têm que ser justificadas com ~ *médico* [hospitalar]. **Comb.** *~ de bom comportamento*. *~* [Certidão(+)] *de óbito*. *~ de residência*. **2** adj Que se comprovou/Que foi certificado. **Ex.** O acontecimento «Aparições de Nossa Senhora em Fátima» é verdadeiro pois foi ~ por todos os jornais da época.

atestado², a adj (<atestar²+-ado) Que se atestou/Totalmente cheio/A abarrotar. **Ex.** Não vais meter gasolina? – Não, tenho o depósito ~. **Comb.** *Carteira ~a* [recheada(+)] *de notas*. *Secretária ~a* [abarrotada/a abarrotar(+)] *de papéis*.

atestador¹, ora adj/s (<atestar¹+-dor) (O) que atesta/comprova/dá testemunho. **Comb.** Documentos [Declarações] ~es/oras. ⇒ comprovativo.

atestador², ora adj/s (<atestar²+-dor) **1** s m Vasilha utilizada para atestar uma pipa ou um tonel. **2** (O) que atesta/enche até ao cimo.

atestadura s f (<atestar²+-dura) Porção de líquido com que se atesta uma pipa ou um tonel.

atestamento s m (<atestar²+-mento) A(c)to de atestar. **Loc.** *Fazer o ~ das pipas/dos tonéis*.

atestante adj/s 2g (<atestar¹+-ante) (O) que atesta/passa atestados¹/Atestador¹. **Ex.** O/A ~ tem que [de] ser pessoa qualificada.

atestar¹ v t (<lat attéstor,áris,ári,átus sum) **1** Afirmar [Provar] que alguma coisa é verdadeira/Certificar/Garantir. **Ex.** Todos os companheiros atestaram que ele estivera [tinha estado] na aula. **2** Comprovar oficialmente por escrito/Passar atestado¹. **Ex.** A carteira profissional atesta a capacidade para exercer determinada profissão. **Loc.** *~ a morte de alguém*. **3** Provar/Confirmar/Demonstrar. **Ex.** As boas a(c)ções atestam a virtude de quem as pratica.

atestar² v t (<a¹-+testo+-ar¹) **1** Encher completamente/Abarrotar. **Loc.** *~ o depósito de* [com] *gasolina*. *~ uma pipa*. **2** fam Comer [Beber] demasiado/Empanturrar-se. **Loc.** *~-se de vinho*.

atestar³ v int (<a¹-+testa+-ar¹) Ficar frente a frente/Defrontar(-se). **Ex.** A casa atesta com a igreja. Quando atestei [encarei(o+)/dei de frente [de caras(+)] com o ladrão], fiquei idi sem pinga de sangue [fiquei aterrado/gelado].

atestatório, a adj (<atestar¹+-ório) Que atesta/Atestador. **Comb.** Declaração ~a da competência do candidato.

atesto (Tês) s m (<atestar²) ⇒ atestamento.

ateu, ateia s/adj (<gr átheos,os,on) (O) que não crê em Deus/nega a existência de Deus. **Ex.** K. Marx, F. Nietzche, J. P. Sartre são ~s radicais. **Comb.** *Comunismo* [Existencialismo] *~*. *Correntes filosóficas ateias*. ⇒ ateísta.

atiçador, ora adj/s (<atiçar+-dor) (O) que atiça/Espevitador/Instigador. **Comb.** *~ de brigas* [discussões/lutas]. *~ do fogo* (nos fornos/nas fogueiras).

atiçamento s m (<atiçar+-mento) A(c)to ou efeito de atiçar/Instigação/Incitamento. **Comb.** *~ do lume*. *~ duma desavença* [luta/quezília/discussão].

atiçar v t (<a¹-+tição+-ar¹) **1** Avivar [Espevitar] o lume/Atear. **Ex.** Sopra nas brasas com o fole para ~ o lume. O fogo atiçou-se com o vento no piquenique. **2** Provocar o desenvolvimento/(Fazer) surgir com mais intensidade. **Loc.** *~ as paixões*. *~ o ódio*. **3** Instigar/Incitar/Acicatar. **Ex.** A repressão da polícia ainda atiçou mais a revolta dos manifestantes. **Loc.** *~* [Acirrar(+)/Açular(+)] *os cães para a luta*.

aticismo s m (<ático) **1** Palavra, estilo ou política da Ática. **2** fig ⇒ elegância; concisão [pureza] «de estilo».

ático, a adj/s (<gr attikós,é,ón) **1** Relativo à Ática (Região da Grécia onde se situa Atenas) ou aos atenienses. **Comb.** Estilo ~. **2** s m Diale(c)to grego antigo falado na Ática. **3** Arquit Meio e último andar/recuado em relação ao plano da fachada.

atilado, a adj (<atilar+-ado) **1** Que é cumpridor das suas obrigações/Corre(c)to/Meticuloso. **Comb.** Jovem [Aluno/Empregado] ~. **2** Ajuizado/Sensato/Ponderado. **Ex.** A Sara é muito ~a: sabe o que quer, não se deixa levar [influenciar] pelos outros. **3** Vivo/Perspicaz/Esperto. **Comb.** Criança ~a [vivaça/rápida «a responder/a reagir»].

atilar v t (< a¹-+til+-ar¹ ?) **1** Fazer com cuidado/perfeição/Dar os últimos retoques. **Ex.** Era uma senhora muito perfeita; atilava-se [esmerava-se] em tudo, até nos mais pequenos pormenores. **2** Enfeitar-se muito. **Loc.** *~-se para ser [se fazer] notada*. **3** Tornar-se ajuizado/ponderado/Ficar atilado. **Ex.** Os adolescentes, à medida que vão crescendo, vão também atilando. ⇒ atinar.

atilho s m (<atar+-ilho) Tira estreita/Fita/Ligadura/Cordel. **Loc.** *Atar «a boca do saco» com ~*. *Prender «os arbustos à estaca» com ~*. **Sin.** Baraço; fio; guita. ⇒ vincilho; cordão; nastro.

atimia¹ s f Med (<gr athymía,as: inquietude, desânimo) Perturbação de humor caracterizada por abatimento e desânimo profundos. **Ex.** A ~ pode provocar ina(c)tividade completa e grande melancolia. ⇒ melancolia; depressão.

atimia² s f Med (a²-+timo+-ia) Ausência congé[ê]nita de timo.

atímico, a adj (<atimia+-ico) Relativo à [Que sofre de] atimia. **Comb.** Doença ~.

átimo s m Br (<it attimo) **1** Pequena porção. **2** Instante/Momento/Ápice. **Comb.** *Num ~* [ápice(+)/idi Num abrir e fechar de olhos].

atinado, a adj (<atinar) **1** Que tem juízo/tino/Ajuizado/Prudente. **Comb.** Pessoa ~a. **2** Inteligente/Esperto. **Comb.** Aluno ~.

atinar v t/int (<a¹-+tino+-ar¹) **1** Descobrir/Encontrar/Dar com. **Loc.** *~/Dar com o caminho* [com a casa]. **2** Encontrar a solução/Perceber/Deduzir. **Ex.** Levei horas a ~ com este [com a solução deste] problema. **3** Dar-se conta/Tomar consciência/Reparar. **Ex.** Quando atinou com a [se deu conta da(+)] situação da empresa, já era tarde; estava falido. **4** Passar a ter juízo/a agir de forma sensata. **Ex.** Ó mulher [Você], não se preocupe, deixe a sua filha crescer que ela há de ~!

atinente adj 2g (<lat áttinens,éntis; ⇒ ater-se) Que diz respeito/Concernente/Relativo/Respeitante a. **Comb.** Leis ~s [respeitantes(+)] a todos os cidadãos.

atingir *v t/int* (<lat *attíngo,is,ere,tigi,táctum*) **1** Chegar a/Tocar. **Ex.** Os alpinistas atingiram o cimo da montanha. **2** Bater/Ferir. **Ex.** A bola atingiu-o [bateu-lhe] na cabeça. Foi atingido [ferido] por um estilhaço da explosão. **3** Elevar-se/Ir até/Ascender. **Ex.** Hoje a temperatura atingiu os 40° C. Poucas pessoas atingem os 100 anos. **4** Abranger/Interessar/Incluir. **Ex.** As medidas preventivas da epidemia «gripe das aves» atingiram apenas as grandes explorações. **5** Dizer respeito a/Ofender. **Ex.** As críticas atingiram (dire(c)tamente) o chefe do escritório. **6** *fam* Perceber/Compreender. **Ex.** Não vale a pena adiantar [estar com] mais explicações, tu não atinges [não percebes/ não entendes]…

atingível *adj 2g* (<atingir+-vel) Que se pode atingir/Acessível. **Comb.** Obje(c)tivos ~veis. **Ant.** In~.

atino *s m* (<atinar) Tino(+)/Juízo/Acerto. **Loc.** Proceder com ~. **Ant.** Desatino.

atipia *s f* (<gr *áthupos,os,on*: que não se refere a nenhum tipo, sem caráter próprio+-ia) **1** *Biol* Falta de conformidade com um determinado tipo ou padrão. **2** *Med* Irregularidade no aparecimento de certas doenças periódicas.

atípico, a *adj* (<a²-+típico) Que se afasta do padrão normal/Que não representa um tipo comum. **Comb. Doença** [Febre] *~a*. *Sintomas ~os*.

atiradeira *s f Br pop* (<atirar+-eira) ⇒ funda/fisga/bodoque/estilingue.

atiradiço, a *adj* (<atirar+-diço) **1** Dado a aventuras amorosas/Conquistador/Atrevido. **Ex.** Aproveita todas as ocasiões para meter conversa com as [dizer piropos às] moças que encontra; é muito ~! **2** Ousado/ Destemido/Atrevido. **Ex.** Os rapazes são mais ~s [ousados/atrevidos] (do) que as moças.

atirador, ora *adj/s* (<atirar+-dor) **1** (O) que atira/Disparador. **Comb.** *~ furtivo* [que, escondido, dispara sobre alguém]. ***Bom*** [Mau] *~*. *Mil **Soldado** ~* [de infantaria, especializado no combate com armas de fogo ligeiras]. **2** *(D)esp* Praticante de esgrima.

atirar *v t/int* (<a¹-+tiro+-ar¹) **1** Lançar(-se)/ Arremessar(-se)/Proje(c)tar(-se). **Ex.** A velha atirou com um pau ao gato. Atira [Passa]-me a bola. Cansado, atirou-se para o sofá. Quando viu as chamas [o fogo] perto de si, atirou-se à água. **Loc.** *idi ~ à cara* [Proferir críticas/insultos na presença da pessoa visada]. *idi ~ a primeira pedra* [Ser o primeiro a acusar]. *idi ~* [Deitar(+)] ***abaixo*** [Criticar/Desfazer/Destruir] (Ex. Estás sempre a ~ abaixo tudo o que eu faço). *(D)esp ~ ao alvo* [Praticar o desporto [esporte] de tiro]. *idi ~* [Lançar(+)] *às feras* [Deixar ao abandono/Desamparar]. *~ fora* [Deitar ao lixo/Desfazer-se de]. *idi ~-se ao ar* [Ficar furioso/irritado]. *idi ~-se de cabeça* [Agir sem hesitação/com impetuosidade]. *~ um beijo* [Fazer o gesto de dar um beijo a alguém que está afastado]. **2** Movimentar (bruscamente) uma parte do corpo. **Loc.** *~ a cabeça para trás* [o corpo para a frente]. **3** Alterar a situação. **Ex.** A droga atirou-o para a desgraça. A sorte [O acaso] atirou-o para uma carreira brilhante. A crise da empresa vai ~ muitos trabalhadores para o desemprego. **4** Ter um valor aproximado/Ser da ordem de. **Ex.** O apartamento que me agrada atira para mais de cem mil euros. **5** Prolongar-se no tempo. **Ex.** A reunião vai ~ para muito tarde. **6** Disparar com arma de fogo/ Fazer disparos/Dar tiros. **Ex.** Não sendo caçador, gosto de ~ aos pardais com a espingarda de pressão de ar. **Loc.** *~ flechas* [pedras]. **7** Ter parecenças/Assemelhar-se. **Ex.** O menino atira [puxa] para o [assemelha-se ao/é (mais) do lado do/sai(-se) ao] pai. **8** Ter tendência [queda] para. **Ex.** Naquela família todos atiram para o gordo [têm tendência para engordar]. **Loc.** Uma cor a ~ para o azul. **9** *~-se*/Dirigir piropos/ Procurar conquistar/Galantear. **Ex.** Mesmo sem conhecer a moça, atirava-se a ela descaradamente. **10** *~-se*/Empenhar-se/ Lançar-se. **Loc.** *~-se* ao trabalho com entusiasmo.

atitude *s f* (<lat *actitúdo,inis*<*actus*: a(c)to, a(c)ção, gesto) **1** Posição do corpo/ Postura. **Ex.** Endireita as costas, que ~ de velho! **Comb.** *~ desleixada* [~ corre(c)ta]. **2** Comportamento/Conduta/Procedimento. **Ex.** O empregado, ao entregar ao cliente a carteira que ele tinha perdido, teve uma ~ (muito) honesta. **3** Posição assumida/Orientação. **Ex.** O barulho era tanto que a professora teve que tomar uma ~ drástica. Os partidos não tiveram [tomaram] uma ~ unânime [a mesma ~] perante a nova lei. A Igreja tem uma ~ favorável à liberdade religiosa. **4** Decisão enérgica/ Medida urgente. **Ex.** É preciso (re)agir [tomar uma ~] para acabar com o vandalismo nas escolas.

ativa (Àti) *s f Gram* (<ativo) ⇒ voz *~*.

ativação (Àti) *s f* [= activação] (<a(c)tivar+ -ção) A(c)to ou efeito de a(c)tivar(-se). **Sin.** Desencadeamento; impulso; o (pôr em) funcionamento; aceleração.

ativado, a (Àti) *adj* [= activado] (<a(c)tivar) Que aumentou de a(c)tividade/Intensificado. **Ex.** Os bombeiros foram chamados a combater o fogo *~*. **Comb.** *Negócio ~*. *Proje(c)to* (de novo) *~/re~/retomado*.

ativador, ora [ativante] (Àti) *adj/s* [= activador/activante] (<ativar+...) Agente/Estimulante. **Comb.** *Proteína ~* [capaz de iniciar a expressão de um gene específico].

ativar (Àti) *v t* [= activar] (<a(c)tivo+-ar¹) **1** Fazer [Pôr a] funcionar/Desencadear. **Ex.** Os protestos a(c)tivaram o processo de reforma política. O governo ainda não a(c)tivou [pôs a andar] a comissão já constituída. **Loc.** *~* [Começar] *a digestão*. *~* [Acender o rastilho a] *uma bomba*. **Sin.** Impulsionar. **Ant.** Desa(c)tivar. **2** Aumentar/Intensificar. **Ex.** A retoma da economia a(c)tivou a produção industrial. O fogo foi a(c)tivado [puxado] pelo [aumentou com o] vento. **Sin.** Estimular; acelerar. **3** *Quím* Acelerar uma rea(c)ção por meio de um fa(c)tor energético.

atividade (Àti) *s f* [= actividade] (<lat *actívitas,átis*) **1** Faculdade ou capacidade de agir. **Ex.** A ~ das pessoas vai diminuindo com a idade. **Ant.** In~. **2** Exercício dessa faculdade/A(c)ção. **Ex.** Depois das férias, regressou à ~ [, voltou ao seu trabalho]. A ~ (Ataques repetidos) dos guerrilheiros causou muitas baixas. **Comb.** *~ física*. *~ intelectual*. **3** Energia/Vigor. **Ex.** Apesar da idade, era uma pessoa cheia de ~ [pessoa muito a(c)tiva (+)]. **Sin.** Dinamismo. **4** (Realização de) uma função específica. **Ex.** As *~s* escolares «aulas» são interrompidas no Natal. **Comb.** *~s* extracurriculares [Complemento da formação escolar]. **5** Conjunto de a(c)tos de uma dada área. **Comb.** *~ política*. *~ econó[ô]mica*. *~ (d)esportiva*. *~ agrícola*. *~ industrial*. **6** Profissão/Ocupação. **Ex.** – Qual é a sua ~? – Sou empresário. **7** Exercício das funções profissionais. **Ex.** Já há poucos alfaiates em ~ [a exercer a sua profissão]. **8** Funcionamento/Laboração. **Ex.** Apesar da crise, a fábrica estava em plena *~*. **9** Processo ou a(c)ção natural. **Ex.** A leitura estimula a ~ cerebral. O vulcão entrou em *~*. A ~ dos fungos prejudica as plantas. **Comb.** *~ sísmica* [(Manifestação de) oscilação da crosta terrestre]. Vulcão a(c)tivo [em *~*] (**Ant.** Extinto).

ativismo (À) *s m* [= activismo] (<a(c)tivo+ -ismo) **1** *Fil* Corrente [Tendência] «(norte-) americana» que favorece a a(c)ção. **Sin.** Pragmatismo. **2** Militância política ou cívica.

ativista (Àti) *adj/s 2g* [= activista] (<ativo+ -ista) (O) que tem uma intervenção política ou cívica a(c)tiva. **Ex.** Era tão ~ que ia a todas as manifestações. É um ~ dos direitos humanos.

ativo, a (À) *adj/s* [= activo] (<lat *activus,a,um*) **1** Que tem a faculdade ou capacidade de agir. **Loc.** *Ter voz ~a* [Poder falar/votar/ decidir]. *Tomar parte ~a* na luta contra a pobreza. **2** Que exerce essa faculdade. **Ex.** Há idosos que continuam [se mantêm] *~a* durante muito tempo. **Comb.** *Assistência ~a*/participativa «às aulas». *População ~a* [que trabalha]. **3** Dinâmico/Enérgico. **Ex.** Foi sempre uma criança muito *~a*. **4** Interveniente/Influente. **Ex.** Começou cedo a ter um papel ~ na política. **Comb.** Pessoa *~a* [prática/mexida]. **5** Que produz efeito intenso. **Ex.** Estava a tomar um medicamento muito ~/forte. **6** Intenso. **Ex.** O detergente tinha um cheiro ~/forte/irritativo. **7** *Geol* «vulcão» Que está ou pode entrar em erupção. **Ant.** Extinto. **8** *Quím* «elemento» Que desencadeia a a(c)ção. **Comb.** *Princípio ~* «substância presente num medicamento que é causa do seu efeito curativo/terapêutico». *Substância ~a*. **9** *Gram* «verbo» Que exprime a a(c)ção/«sujeito» Que é agente. **Comb.** *«'ele comeu o bolo' é uma* **Frase** [Construção] *~a*. *(Voz) ~a* «amar o filho» [passiva «ser amado pelos pais»] do verbo. **10** *Ele(c)tri* «componente ou circuito» Que tem carga elé(c)trica. **11** *Econ* Todos os valores pertencentes ou devidos a uma empresa. **Ant.** Passivo. **12** Exercício efe(c)tivo de uma a(c)tividade ou profissão. **Ex.** Os militares no ~ [ao serviço/*Br* na *~a*] têm um subsídio de risco. Os políticos mantêm-se no ~ até idade avançada.

atlante *s m/adj 2g* (⇒ atlas) **1** *Mit* Gigante fabuloso dos Titãs, filho de Jápeto e Climenes, condenado por Zeus a sustentar a esfera celeste e a parar o mar [oceano] Atlântico. ⇒ hércules. **2** *Arquit* Estátua de homem, com meio corpo «em móvel» ou corpo inteiro «como coluna», que sustenta pesos «entablamento/esfera/cornija». **3** *fig* (O) que é muito forte/Agigantado/Enorme. **4** *Hist* ⇒ Relativo aos [Membro dos] *~s*, antigo povo do norte de África.

atlântico, a *adj/s m* (⇒ atlante) **1** Relativo ao oceano *~*. **Comb.** *Clima ~o*. *Costa ~a*. **2** Relativo às montanhas africanas do Atlas. **3** *s m Geog Maiúsc* Oceano que banha as costas ocidentais da Europa e da África e as orientais do continente americano. **Ex.** A primeira travessia aérea do A~ Sul foi realizada pelos portugueses Gago Coutinho e Sacadura Cabral em 1921.

atlanto-mediterrâneo, a *adj* «clima» Do oceano Atlântico e do mar Mediterrâneo.

atlas *s m sing e pl* (<gr *Átlas,ántos*: deus grego que sustentava as colunas do céu e detinha o oceano) **1** Livro de estudo que contém cartas [mapas] e dados geográficos. **Comb.** *~ da Europa* [do Mundo de *Pt*]. **2** Livro que contém uma cole(c)ção de gravuras, gráficos e informações várias de determinada ciência. **Comb.** *~ de anatomia* [zoologia]. **3** *Anat* Primeira vértebra

cervical que suporta a cabeça. **4** *Geog Maiúsc* Cada um dos conjuntos de montanhas do norte e do sul da Argélia (África). **Comb.** ~ *sariano* [do Sul da Argélia]. ~ *teliano* [do Norte da Argélia].

atleta (Tlé) *s 2g* (<gr *athlétes,ou*) **1** (D)esportista profissional. **Ex.** Os ~s da sele(c)ção [do time] de futebol foram ovacionados pelo público. **2** Praticante de atletismo. **Ex.** ~s portugueses já conquistaram a medalha de ouro olímpica da maratona de homens «Carlos Lopes» e de senhoras «Rosa Mota». **3** Pessoa forte/robusta/bem constituída. **Ex.** Como cresceu o teu filho! Está um ~! **4** *Hist* Antigo lutador [gladiador] greco-romano.

atlético, a *adj* (<atleta+-ico) **1** Relativo a [Próprio de] atleta. **Comb.** *Desfile* ~. *Marcha* ~*a*. **2** Robusto/Forte/Vigoroso. **Comb.** *Porte* ~. *Tipo* [Físico/Corpo] ~.

atletismo (Tlé) *s m (D)esp* (<atleta+-ismo) Conjunto de modalidades (d)esportivas de marcha, corridas, saltos e lançamentos. **Ex.** O ~ compreende classes de exercícios de força, de velocidade e de fundo [resistência].

atmómetro [*Br* **atmômetro**] *s m Met* (<gr *átmos*: vapor+-metro) Instrumento para medir a massa de água evaporada na atmosfera durante certo período.

atmosfera *s f* (<gr *átmos*: vapor+esfera) **1** Camada gasosa [de ar] que envolve a Terra, constituída aproximadamente por 78% de azoto e 21% de oxigé[ê]nio. **Ex.** A ~ terrestre varia de composição com a altitude. ⇒ estratosfera; troposfera. **2** Camada gasosa que envolve qualquer corpo celeste. **Comb.** ~ *estelar*. ~ *lunar*. **3** Ar que se respira em determinado local/Ambiente. **Comb.** ~ *controlada*. ~ *húmida*. ~ *poluída* [viciada]. **4** Condições meteorológicas/Estado do tempo. **Ex.** A ~ ameaçava chuva. **5** *fig* Ambiente(+) [Clima] social. **Ex.** Os atletas foram recebidos em ~ festiva/triunfal. **Comb.** ~ hostil [acolhedora]. **6** *Fís* Unidade de medida de pressão equivalente a 101 325 Pa (Pascal). **Ex.** Uma ~ equivale a 1033,23 g/cm².

atmosférico, a *adj* (<atmosfera+-ico) «temperatura/calor/ar» Da atmosfera.

ato *s m* [= acto] (<lat *áctus,us*; ⇒ agir) **1** A(c)ção ou o seu resultado. **Ex.** O simples ~ de se vestir deixava-o cansado. Arrependeu-se do ~ irrefle(c)tido que cometeu[tera]. **Idi.** *Fazer* ~ *de presença* [Ir «à reunião» só por conveniência ou obrigação]. **Comb.** ~ *contínuo* [Imediatamente]. ~ *de cobardia* [A(c)ção cobarde]. ~ *de contrição* [Oração de arrependimento]. ~ *de fala* [Enunciado com que se pretende produzir um efeito]. ~ *eleitoral* [Eleição/ções]. ~ *falhado* [Expressão verbal que não corresponde à intenção por interferência do inconsciente]. ~ *heroico* [de heroicidade]. ~ *jurídico* [que produz efeitos de direito]. ~ *reflexo* [Rea(c)ção instintiva]. ~ *sexual* ⇒ coito. **2** Conduta reprovável. **Ex.** Sabia que ia pagar pelos seus ~s. **3** Ocasião/Acontecimento. **Ex.** A [O ~ da] despedida foi dolorosa[o]. O Chefe de Estado preside aos ~s solenes [mais formais] do protocolo. **Comb.** ~ *de posse* [Cerimó[ô]nia de investidura num cargo]. **4** *Teat* Cada uma das partes de uma peça. **Ex.** O [Este] drama tem três ~s. No fim de cada ~ cai o pano. ⇒ cena.

-ato *suf* (⇒ ato) Designa: **a)** Dignidades, funções, profissões: *baronato, cardinalato, catecumenato, diaconato, generalato*; **b)** Cole(c)tividades, instituições: *colonato, externato, orfanato, patronato, sindicato*; **c)** Qualidade, característica, diminuição: *chibato, gaiato, novato, regato*; **d)** A(c)ção, resultado da a(c)ção, situação: *assassinato, boato, campeonato, mandato, pugilato*; **e)** *Quím* Sal derivado de um ácido terminado em -ico: *acetato, carbonato, nitrato, sulfato*; **f)** *Br* Simplificação fonética e ortográfica do grupo -ct- : *ato, exato, fato, intato, transato*.

à-toa *adj 2g sing e pl* (<à+toa (Cabo de reboque)) **1** Sem nexo/Irrefle(c)tido/Desnecessário. **Comb.** Perguntas ~. **2** Que não exige esforço/Fácil. **Comb.** Trabalho ~. **3** Sem importância/Desprezível/Insignificante. **Comb.** Um bocad(inh)o ~. **4** Que não merece consideração. **Comb.** Uma pessoa [Um fulano] ~.

atoada *s f* (<a¹-+toada) ⇒ atoarda.

atoalhado, a *adj/s* (<atoalhar+-ado) **1** Semelhante ao tecido [pano] das toalhas. **Comb.** Pano ~. **2** Coberto com toalha. **Comb.** Mesa (~a) com toalha de linho. **3** *s m* Pano próprio para fazer toalhas. **Ex.** Comprei um ~ branco para fazer uma toalha grande e doze guardanapos. **4** *s m pl* **a)** Conjunto de toalha e guardanapos; **b)** Jogo [Conjunto] de toalhas de *Br* banheiro [de casa de banho(+)]. **Comb.** Um ~ bordado, lindíssimo!

atoalhar *v t* (<a¹-+toalha+-ar¹) **1** Cobrir com toalha. **Loc.** ~ *a mesa*. **2** Dar o aspe(c)to/formato de toalha. **Loc.** ~ *um retalho de pano*.

atoarda *s f* (<a⁴-+toada+atroar) Notícia vaga/Boato(+)/Rumor. **Loc.** Espalhar ~s.

atochado, a *adj* (<atochar+-ado) Comprimido/Entalado/Apertado. **Comb.** ~s [Apinhados(+)] num compartimento minúsculo.

atochar *v t* (<esp *atochoar*: encher de esparto) **1** Apertar com um/Meter à força. **Ex.** Mesmo com a engarrafadeira, tive grande dificuldade [*idi* vi-me nelas] para ~ a rolha na garrafa. **2** *fig* Encher completamente e à força/Atulhar. **Loc.** ~ [Atulhar(+)] a mala com roupa.

atocho (Tô) *s m* (<atochar) A(c)to de atochar/Aperto com pau [tocho] ou cunha.

atobá [**tobá**] *s m Ornit* (< ?) Nome comum de aves mergulhadoras parecidas ao pelicano; *Sula*. ⇒ corvo-marinho.

atol (Tól) *s m* (<divehi, língua indo-ariana das ilhas Maldivas, *atolu*) Ilha de coral em forma de anel com laguna no interior. **Ex.** Os ~óis formam-se por aglomeração de polipeiros em suportes rochosos.

atoladiço, a *adj* (<atolado¹+-iço) Que é lamacento/se transforma em atoleiro/Alagadiço. **Comb.** Terrenos ~s [alagadiços(+)].

atolado¹, a *adj* (<atolar¹+-ado) **1** Que se atolou/Enterrado num lamaçal. **Comb.** ~ até aos joelhos. **2** *fig* Metido em complicações/Carregado de vícios. **Comb.** ~ [Carregado] *de dívidas*. ~ [Metido] *na droga*. **3** *fig* Cheio de trabalho/Sobrecarregado(+). **Comb.** ~ com aulas, conferências, relatórios, …

atolado², a *adj* (<atolar²+-ado) Que parece tolo/Aparvalhado/Atoleimado. **Ex.** Não se pode confiar no que ele diz, é (meio) ~ [atoleimado(+)].

atolar¹ *v t* (< ?) **1** Enterrar(-se) na lama/Atascar(-se). **Ex.** O António atolou o tra(c)tor no lameiro. **2** *fig* Meter(-se) em complicações/vícios. **Loc.** ~-se numa vida dissoluta. **3** *fig* Ficar envolvido/Encharcar(-se)/Sobrecarregar(-se). **Loc.** ~-se em papéis. ~-se com mil e uma ocupações.

atolar² *v t* (<a¹-+tolo+-ar¹) Tornar(-se) tolo/Aparvalhar(-se)/Atoleimar(-se). **Ex.** Na adolescência as crianças começam a ~ [atoleimar(+)], mas depois passa-lhes [assentam].

atoleimado, a *adj* (<atoleimar+-ado) Um pouco tolo/tonto/Apalermado/Apatetado. **Comb.** Pessoa ~a.

atoleimar *v t* (<a¹-+toleima+-ar¹) Tornar(-se) tolo/Apatetar(-se). **Ex.** As crianças, quando crescem, é normal começarem a ~ um pouco.

atoleiro *s m* (<atolar+-eiro) **1** Terreno lamacento/pantanoso. **Loc.** Atascar-se de lama [Enlamear-se] num ~. **2** *fig* A(c)tividade [Situação] ilícita/aviltante. **Ex.** Os negócios em que se metia eram ~s de corrupção.

atomatado, a *adj* (<atomatar+-ado) Semelhante a [Vermelho como] um tomate. **Loc.** Ficar ~ [corado(+)] com vergonha. **Comb.** Fruto ~ [com aspe(c)to de tomate].

atomatar *v t* (<a¹-+tomate-+ar¹) Tornar(-se) vermelho como [semelhante a] um tomate. **Loc.** ~-se [Corar(+)] com vergonha.

atomicidade *s f Quím* (<ató[ô]mico+i+-dade) Número de átomos que constituem a molécula duma substância. **Ex.** A ~ da (molécula da) água (H_2O) é três.

atómico, a [*Br* **atômico**] *adj* (<átomo+-ico) **1** *Quím* Referente ao átomo. **Comb.** *Calor* ~ [Energia calorífica contida numa mole de átomos]. *Massa* ~*a* [Massa do átomo referida à unidade de massa ~a (1/12 da massa do isótopo 12 do Carbono)]. **2** *Fís/Quím* Relativo ao núcleo do [à cisão do] átomo. **Comb.** *Bomba* ~*a* [Engenho explosivo de enorme poder destrutivo resultante da energia libertada pela cisão do núcleo do átomo do isótopo 235 do urânio]. **3** Referente à utilização prática da energia libertada pela cisão dos átomos. **Comb.** *Energia* ~ [nuclear(+)]. *Guerra* ~*a*.

atomismo *s m* (<átomo+-ismo) **1** *Fil Hist* Teoria de filósofos gregos da antiguidade «Demócrito/Leucipo» segundo a qual toda a matéria era formada por partículas indivisíveis, átomos, e eternas. **Ex.** O ~ filosófico pretendia explicar a natureza [o ser] das coisas. **Comb.** *Psic* ~ *mental* [Teoria segundo a qual a a(c)tividade psíquica resulta da associação de fa(c)tos simples]. **2** *Fís* Teoria científica da constituição da matéria surgida no séc. XIX/Teoria ató[ô]mica. **Ex.** O ~ científico foi iniciado por Dalton e Proust.

atomista *adj/s 2g* (<átomo+-ista) **1** Referente ao atomismo. **Comb.** Correntes [Teorias] ~s. **2** *s 2g* Seguidor/Partidário do atomismo. **Ex.** Epicuro foi um dos ~s da antiguidade.

atomístico, a *adj/s f* (<atomista+-ico) **1** Referente ao [Próprio do] atomismo ou da ~a. **2** *s f* Qualquer teoria que explique a constituição da matéria a partir dos átomos.

atomização *s f* (<atomizar+-ção) **1** Redução a átomos. **Ex.** A ~ separa as moléculas diató[ô]micas dos gases «H_2/O_2» nos átomos das respe(c)tivas substâncias. **2** *fig* Redução duma substância a partículas muito pequenas/Pulverização. **Comb.** ~ dum líquido [em gotículas formando uma névoa]. **3** *fig* Divisão em partes menores. **Comb.** A ~ do movimento sindical.

atomizador *s m* (<atomizar 4) ⇒ pulverizador.

atomizar *v t* (<átomo+-izar) **1** *Quím* Reduzir a átomos. **Loc.** ~ as moléculas dum gás «H_2/N_2». **2** *Quím* Submeter à a(c)ção de radiações ató[ô]micas. **3** Reduzir a partículas pequeníssimas. **Loc.** ~ um combustível. **4** Aspergir com o atomizador. **Loc.** ~ [Curar(o+)/Tratar(+)] uma vinha «com fungicida/enxofre».

átomo *s m* (<gr *átomos,os,on*: o que não pode ser dividido, indivisível) **1** *Fil* Partícula mínima, indivisível, que por aglomeração formava a matéria. **Ex.** Para os filósofos

atomistas, os ~s eram partículas eternas e indivisíveis, todas da mesma natureza material. **2** *Quím* Porção mínima de um elemento que pode entrar na constituição duma molécula ou numa rea(c)ção química. **Ex.** O ~ é composto por um núcleo com protões [prótons] e neutrões [nêutrons], circundado pela nuvem ele(c)tró[ô]nica. **3** *fig col* Partícula muito pequena. **Comb.** Um ~ [grão(zinho)] de pó.

átomo-grama *s m Quím* Designação antiga da mole de átomos/Quantidade de um elemento cuja massa expressa em gramas tem um valor igual ao da sua massa ató[ô]mica. **Ex.** O ~ do hidrogé[ê]nio é 1,0079 g e o do oxigé[ê]nio 15,999 g.

atonal *adj 2g Mús* (<a^2-+tonal) Que não segue o sistema tonal/os princípios da tonalidade.

atonalidade *s f Mús* (<atonal+i+dade) Sistema moderno de composição musical, sem a tonalidade clássica, que aproveita todas as potencialidades da escala cromática. **Ex.** O compositor austríaco A. Schönberg foi um dos grandes impulsionadores da ~, nos primeiros anos do séc. XX.

atonia *s f* (<gr *atonía, as*) **1** *Med* Falta da tonicidade [do tó[ô]nus] normal dum tecido ou dum órgão/Fraqueza. **Comb.** **~ intestinal**. **~ muscular**. **Estado de ~** [debilidade] **geral**. **2** Abatimento moral/intelectual/Inércia. **Ex.** A doença física pode ter reflexos na [pode causar a] ~ da alma.

atónico, a [Br atônico] *adj* (<atonia+-ico) **1** *Med* Relativo à [Que denota] atonia. **Comb.** Doença [Doente] ~a/o. **2** *Ling* ⇒ Que não tem acento/Átono(+).

atónito, a [Br atônito] *adj* (<lat *attónitus,a,um*) **1** Espantado/Surpreendido/Estupefa(c)to. **Comb.** ~ com a grandiosidade do monumento. **2** Confuso/Atrapalhado/Aturdido. **Comb.** ~ no movimento [na confusão] citadino/a.

atonizar *v t* (<atonia+-izar) Causar atonia/Debilitar/Enfraquecer.

átono, a *adj Ling* (<gr *átonos,os,on*: sem vigor) «pronome vos/nos» Sem acento tó[ô]nico. **Comb.** Vogal [Sílaba] ~a. **Ant.** Tónico.

atontado, a *adj* (<atontar) ⇒ «ficar meio/um pouco» estonteado.

atontar *v t* (<a^1-+tonto+-ar^1) Tornar(-se) tonto/Entontecer(+).

atopetar *v t* (<a^1-+topete+-ar^1) **1** *Náut* Içar a vela [bandeira] até ao tope do mastro. **2** *Br* Encher até cima/Abarrotar(+). **Loc.** ~ a sala de móveis.

atopia *s f Med* (<a^2-+-topia) Tendência para ter alergias «asma/rinite/urticária».

ator, atriz (À) *s* [= actor, actriz] (<lat *áctor,óris*) **1** O que desempenha um papel numa representação artística. **Ex.** Os ~es de cinema são muito bem pagos. Ganhou o óscar de melhor ~ secundário. **Sin.** Intérprete. **2** *fig* O que participa a(c)tivamente num processo. **Ex.** Os militares foram os verdadeiros ~es da revolução. **Sin.** Agente; protagonista. **3** *fig* Dissimulador/Fingidor. **Ex.** Engana toda a gente, é um a(c)tor.

atorar *v t* (<a^1-+toro+-ar^1) **1** Cortar ou serrar «troncos de árvores» em toros(+). **2** *col br* ⇒ ir-se embora; partir; sair.

atordoado, a *adj* (<atordoar+-ado) **1** Que sente a cabeça a andar à roda/Perturbado nas suas faculdades mentais/Aturdido/Estonteado. **Comb.** ~ pela pancada na cabeça. ~ com o excesso de vinho. **2** Estouvado/Turbulento. **Ex.** Nunca vi rapaz [moço] tão ~ [estouvado(+)]! Aonde chega põe tudo em alvoroço!

atordoador, ora *adj/s* (<atordoar+-dor) (O) que atordoa. **Comb.** Barulho ~ [ensurdecedor(+)].

atordoamento *s m* (<atordoar+-mento) **1** Estonteamento/Tontura/Aturdimento. **Ex.** O ~ da explosão deixou-os inconscientes. **2** Perturbação emocional/Pasmo. **Ex.** Com o ~ da triste notícia, nem reagiu; parecia apalermado/a.

atordoante *adj 2g* (<atordoar+-ante) Que causa atordoamento/Atordoador/Estonteante. **Comb.** Brilho [Luz] ~. Velocidade ~ [estonteante(+)].

atordoar *v t* (<a^1-+tordo (Pássaro que fica tonto ao fartar-se de uvas)+-ar^1) **1** Causar [Sofrer] perturbação nos sentidos por a(c)ção de pancada, queda, bebida, estrondo, …/Aturdir/Estontear. **Ex.** Quando, ao entrar na capoeira, o galo se atirou à dona, ela atordoou-o com uma paulada na cabeça. **Loc.** «trovão» ~ os ouvidos. **2** Ficar perturbado pela surpresa/Abalar-se/Deslumbrar-se. **Ex.** A inesperada nomeação para tão elevado cargo atordoou-o. **3** Tornar(-se) menos sensível/Adormecer os sentidos. **Ex.** Para não sentir a dor de dentes atordoava-se com calmantes.

atormentação *s f* (<atormentar+-ção) Tormento/Aflição. **Ex.** Vivia numa ~ [num tormento(+)] constante por causa do filho.

atormentador, ora *adj/s* (<atormentar+-dor) (O) que atormenta/provoca sofrimento/Molestador/Carrasco. **Comb.** *Aulas ~oras* [muito maçadoras]. *Feitio ~* [implicativo/molestador/desagradável(+)].

atormentar *v t* (<a^1-+tormento+-ar^1) **1** Infligir tormentos/Maltratar/Torturar. **Ex.** Os polícias atormentavam [torturavam(+)] os presos para os obrigar a confessar (os crimes). **2** Mortificar/Afligir. **Ex.** A incerteza quanto ao paradeiro do marido atormentava-a dia e noite [constantemente]. **Loc.** Viver atormentado/a [Levar uma vida cheia de aflições/sofrimentos]. **3** Importunar/Molestar. **Ex.** Os cães todas as noites me atormentam; ladram tanto que não me deixam dormir.

atóxico, a (Csi) *adj* (<a^2-+tóxico) Que não é venenoso/não é tóxico/não produz intoxicação. **Comb.** Medicamento ~.

ATP *Bioq* (<iniciais ing de *Adenosine Tri-Phosphate*) Sigla que designa o trifosfato de adenosina, fonte de energia para todas as a(c)tividades vitais.

atrabile ⇒ atrabílis.

atrabiliário, a *adj* (<atrabílis+-ário) **1** Que tem [Referente a] atrabílis/Melancólico(+). **Comb.** Feitio [Humor] ~. **2** Propenso a encolerizar-se/Que tem mau humor/Colérico. **Ex.** O homem tornou-se tão ~ que a mulher já não o podia suportar. **3** Injusto/Desrespeitador/Violento. **Comb.** Decisões [Procedimentos] ~as/os.

atrabílis *s f sing e pl* (<lat *ater,atra,atrum*: negro+bílis) **1** Suposto/a humor negro [bílis negra] causador/ora da melancolia, da irritabilidade e da hipocondria. **2** ⇒ Mau humor/Melancolia/Irritação.

atracação *s f Náut* (<atracar+-ção) A(c)to de atracar/de amarrar uma embarcação a outra ou ao cais/Amarração. **Loc.** Fazer a ~ do rebocador ao navio.

atracadou[oi]ro *s m Náut* (<atracar+-dou[oi]ro) Lugar onde se atracam [amarram] as embarcações.

atração *s m* (<atracar+-ão) **1** Encontrão forte/Choque entre pessoas. **Ex.** Com o ~ [empurrão(+)/encontrão(o+)] que me deram [que levei] quase caí ao chão. **2** Abordagem a alguém com pedido insistente/Impertinência. **Ex.** Já não suportava o ~ daquela mulher que lhe pedia emprego para o filho.

atração (Trà) *s f* [= atracção] (<lat *attráctio* [adtráctio],ónis; ⇒ atrair) **1** A(c)ção de atrair/de puxar para si. **Comb.** A ~ do ferro pelo íman. **2** *Fís* Força que dois corpos exercem um sobre o outro e que tende a aproximá-los. **Ex.** A queda dos graves [A ~ universal/gravítica] é devida à [é a] ~ que a Terra exerce sobre eles. **3** Inclinação de uma pessoa para outra/Empatia/Fascínio/Simpatia. **Loc.** Sentir ~ pelas crianças [pelas pessoas bondosas]. **4** Centro de interesse/Propensão. **Ex.** Os jovens a(c)tuais, em geral, têm uma grande ~ pelo computador. **5** A(c)to artístico [de variedades]/Vedeta/Artista. **Ex.** O espe(c)táculo tinha como ~ duas bandas «rock». O ilusionista era a principal ~ da noite [do sarau]. **6** *Ling* Alteração morfológica duma palavra por influência doutra que com ela se relaciona. **Ex.** Na evolução de *rabia(m)* (Latim) para *raiva* e de *capio* (Latim) para *caibo* dá-se o fenó[ô]meno de ~ da vogal átona *i* pelo *a* da sílaba tó[ô]nica.

atracar *v t/int* (<it *attraccare*<hol *trekken*: puxar, arrastar) **1** *Náut* (Fazer) encostar uma embarcação num ancoradouro/Prender uma embarcação a outra ou ao cais/Acostar. **Ex.** O navio atracou. **Loc.** ~ o rebocador «para puxar a traineira encalhada». **2** Agarrar [Prender] com os braços. **Loc.** ~-se ao adversário na luta. **3** Buscar companhia/Juntar-se. **Ex.** Como estava sozinho, atracou-se [*gír* atrelou-se] a nós e não nos largou em [durante] todo o dia. **4** *Ele(c)tri* O relé fechar conta(c)to. **Ex.** O relé deste motor só atraca 10 segundos depois de a(c)cionado o botão de comando.

atracção/atractivo ⇒ atração/atrativo.

atraente *adj 2g* (<lat *áttrahens,éntis*; ⇒ atrair) **1** Que atrai/agrada/cativa/seduz/Agradável/Acolhedor. **Comb.** Pessoa [Rosto/Feitio] ~. **2** Que desperta interesse/Atra(c)tivo/Vantajoso. **Comb.** *Emprego ~*. *Negócio ~*. **3** Que agrada/Convidativo/Aprazível. **Comb.** *Ambiente ~*. *Cidade ~*.

atrafegar-se *v t* (<a^1-+tráfego+-ar^1) Encher-se de trabalho/Sobrecarregar-se/Cansar-se. **Ex.** Anda [Está] cansado/a? – Não admira, você atrafega-se com trabalho!

atraiçoador, ora *adj/s* (<atraiçoar+-dor) (O) que atraiçoa/Traiçoeiro(+).

atraiçoamento *s m* (<atraiçoar+-mento) A(c)to de atraiçoar/Traição(+).

atraiçoar *v t* (<a^1-+traição+-ar^1) **1** Trair a confiança/Cometer traição. **Ex.** Atraiçoou a empresa desviando os clientes para a concorrência. **2** Ser infiel/Cometer infidelidade/Trair/Enganar. **Loc.** ~ a mulher [o marido]. **3** Revelar o íntimo/um segredo/Denunciar(-se)/Trair(-se). **Ex.** As lágrimas (que não conseguiu conter) atraiçoaram-no/a [mostraram o que ele sentia]. Foi atraiçoado pelo medo. **4** Denunciar alguém com quem estava comprometido/conluiado. **Ex.** Atraiçoou o traficante que lhe fornecia a droga. **5** Deturpar(+) o sentido/Desvirtuar. **Loc.** ~ um texto [o sentido duma frase]. **6** Não corresponder às expe(c)tativas/Deixar ficar mal/Falhar. **Ex.** Tenho uma memória que nunca me atraiçoa. O carro atraiçoou-me: avariou em plena estrada.

atrair *v t* (<lat *áttraho [ádtraho],is,ere,áxi, áctum*) **1** Puxar para si/Fazer aproximar. **Ex.** O mel atrai as moscas. O estrondo do embate dos carros atraiu muitos populares para o local. **2** Exercer força de atra(c)ção à distância. **Ex.** O íman atrai o ferro.

O para-raios atrai as faíscas [os raios]. **3** Fazer desejar/Seduzir/Encantar. **Ex.** O jogo [prazer/dinheiro] atrai muita gente. **4** Chamar a atenção/Captar. **Ex.** O exagero da pintura [maquil(h)agem] atraía a atenção de toda a gente. **Loc.** ~ as atenções/vistas. **5** Despertar interesse/Provocar a adesão/Motivar. **Ex.** A escola fez uma campanha para ~ os jovens para a prática (d)esportiva. **6** Seduzir/Fascinar/Prender. **Ex.** Entre tantas colegas amigas só aquela o atraiu [só por (aqu)ela se sentiu atraído].

atramento s m Hist (<lat *atraméntum,i*) **1** Tinta de escrever usada pelos Romanos. **2** Líquido escuro usado antigamente como tinta ou verniz.

atrancamento s m (<atrancar+-mento) A(c)to ou efeito de atrancar(-se). **Comb.** ~ *das portas.* ~ *duma rua.*

atrancar v t (<a¹-+tranca+-ar¹) **1** ⇒ trancar. **2** Impedir a movimentação/Atravancar(+)/Bloquear(o+). **Ex.** Não trabalha(s), nem deixa(s) trabalhar; só está(s) aqui a ~. Não se pode passar no corredor, está atrancado [atravancado(+)] com móveis.

atrapalhação s f (<atrapalhar+-ção) **1** Confusão/Desordem/Trapalhada. **Ex.** Todos corriam para apanhar lugar sentado. Na ~ até houve quem perdesse os sapatos. Que grande ~ [desordem/trapalhada] (vai [está]) nesta sala! Aproveitou-se da ~ [confusão] para me roubar a carteira. **2** Embaraço/Perturbação/Acanhamento. **Ex.** No exame, com a ~ não conseguiu responder nada certo. A cara dele/a mostrava grande ~.

atrapalhador, ora adj/s (<atrapalhar+-dor) (O) que atrapalha/estorva/Empecilho. **Ex.** A jogar «futebol» era mais ~ do que (bom) jogador.

atrapalhar v t (<a¹-+trapa [trapalhão]+-ar¹) **1** Confundir/Perturbar/Embaraçar. **Ex.** Não atrapalhe(s) a criança com essas perguntas [com perguntas dessas]. Atrapalhou-se tanto [Ficou tão atrapalhado/perturbado] com tanta gente a assistir que disse mal o poema. Sabia tão bem esta matéria, mas atrapalhei-me [*gír* baralhei-me] e não fiz nada direito [certo] no exame. **2** Fazer de forma imperfeita/Atabalhoar. **Ex.** Mandei a empregada embora [Despedi a empregada]; não fazia nada bem feito, atrapalhava tudo. **Comb.** Trabalho [Obra] atrapalhado/a.

atrás adv (<a¹-+trás <lat *ad trans*: para lá, além) **1** N[D]o lado oposto à face/Nas costas. **Ex.** O vestido tinha ~ um grande laço. ~, o casaco não cai [assenta] bem. Dói-me a cabeça ~, na nuca. **Loc. Andar ~ de** [Pretender conquistar/Perseguir/Procurar alguém]. *idi* **Estar** [Ficar] **de pé ~** [Desconfiar]. *Ir ~* **a)** Seguir na mesma dire(c)ção; depois de alguém; **b)** *idi* Deixar-se levar/influenciar (Ex. Foi ~ dos colegas e embebedou-se como eles). *Ver a vida a andar para (a)trás* [A vida estar a correr mal]. *Voltar ~* [Voltar ao lugar inicial/Recuar no tempo] (Ex. Enganei-me no caminho; tive que voltar ~. Se pudesse voltar ~, procederia de modo bem [muito] diferente). *Voltar com a palavra ~* [Faltar ao prometido/combinado]. **Idi.** «vim para a Europa» *Com uma mão à frente (e a) outra ~* [Em situação financeira difícil/Sem nada]. **2** Na retaguarda/Nas traseiras/Após. **Ex.** Aí ~ [ao fundo], ouve-se bem? ~ da casa fica o jardim. Ela sentou-se ~ de mim no autocarro [ônibus]. **3** Em lugar distante/ultrapassado. **Ex.** A igreja fica (lá) muito ~. **4** Em tempo passado/Antes/Anteriormente. **Ex.** Há (uns) dias (~) encontrei na rua um grande amigo de infância que já não

via há [faz] muitos anos. **5** No encalço/Em perseguição/Na procura. **Ex.** Correu ~ do ladrão para o apanhar. Há quanto tempo eu ando ~ desta moeda (antiga)! Tanto andou ~ do lugar [emprego] que o conseguiu. **6** Em posição inferior/Depois. **Ex.** Era um aluno muito brioso [aplicado]; não gostava de ficar ~ dos colegas [de saber menos do que os colegas]. O teu clube ficou ~ do meu no campeonato.

atrasado, a adj/s (<atrasar+-ado) **1** Que se atrasou/Retardado no tempo/Demorado. **Ex.** Se não te despachas [apressas] vais chegar ~o/a «ao emprego». O comboio [trem] vem ~ 10 minutos. **2** Em estado de desenvolvimento inferior ao normal. **Ex.** Choveu pouco, as culturas [colheitas] estão atrasadas. É uma aldeia ~a: não tem água, nem luz elé(c)trica. **3** Física ou mentalmente subdesenvolvido. **Ex.** Ele não pode andar muito depressa porque é ~. Não se (lhe) pode exigir que acompanhe os colegas na aprendizagem porque é ~. **Comb.** ~ mental [Deficiente mental/Intelectualmente diminuído/Idiota]. **4** Antiquado/Desa(c)tualizado/Retardado. **Comb.** *Conhecimentos* [Ideias/Conceitos] *~os/as. Costumes ~s. Gente ~a. Pão* [Comida] *~o/a* [que não é fresco/a/Retardado/a]. **5** s m O que não foi feito em devido tempo/O que é relativo a tempo anterior. **Loc.** *Pagar os ~s* [«salários/mensalidades/prestações» que estavam em dívida]. *Rever o ~* [a matéria dada anteriormente «na aula de matemática»].

atrasador, ora adj/s (<atrasar+-dor) (O) que atrasa/Retardador. **Comb.** Mecanismo ~ [retardador(+)].

atrasar v t/int (<atrás+-ar¹) **1** Fazer recuar/Pôr para trás/Protelar. **Ex.** Na mudança para a hora de inverno, os relógios atrasam(-se) 60 minutos. O ministério atrasou uma semana o início das aulas. O relógio da torre não regula muito bem: atrasa. **Ant.** Adiantar. **2** (Fazer) demorar/Impedir de avançar/Retardar/Adiar «a viagem para amanhã». **Ex.** Atrasei-me no [a fazer o] almoço. Estás a atrasá-lo/a com a tua conversa. As obras na ponte atrasaram a viagem. **3** Impedir o desenvolvimento [progresso] normal. **Ex.** O mau tempo atrasou as colheitas. As guerras atrasam os povos. **4** (Fazer) ficar para trás. **Ex.** O atleta da frente atrasou-se na última volta. O empurrão do adversário atrasou-o na corrida.

atraso s m (<atrasar) **1** Demora/Retardamento. **Ex.** O ~ no engarrafamento fez-me perder [impediu-me de apanhar/tomar] o avião. **Ant.** Adiantamento; avanço. **2** Falta de progresso/Subdesenvolvimento. **Ex.** A miséria e a ignorância são das principais causas do ~ dos povos. **3** Desenvolvimento físico ou intelectual inferior ao normal. **Comb.** *fam ~ de vida* [O que só atrapalha «ter um carro que gasta muita gasolina e está sempre a avariar» ou é pouco desenvolvido]. *~ mental* Desenvolvimento intelectual inferior à média (Ex. Uma criança com um ~ de dois anos). **4** O que impede o desenvolvimento/Contrariedade/Contratempo. **Ex.** O ~ da doença prejudicou-lhe muito a carreira.

atratantado, a adj (<a¹-+tratante+-ado) Que tem modos de [procede como] tratante. **Comb.** Jovem ~.

atrativo (Trà) adj/s m [= atractivo] (<lat *attractívus,a,um*) **1** Que exerce atra(c)ção. **Comb.** Força ~a «do íman. **Ant.** Repulsivo. **2** Que cria simpatia/cativa/seduz. **Comb.** *Aulas ~as. Professor* [Companheiro] *~* atraente(+). **3** Que desperta desejo/Aliciante. **Comb.** *Carreira* [Profissão] *~a.*

Proposta ~a. **4** s m O que desperta interesse/simpatia/agrado. **Ex.** Ver o Papa é, para os católicos, o principal ~ duma viagem a Roma. A segurança no emprego é um dos ~s da função pública. Jovem [Moça] com muitos ~s.

atravancado, a adj (<atravancar+-ado) **1** Com a passagem dificultada/impedida. **Comb.** Rua ~a com [por] carros mal estacionados/aparcados. **2** Com o espaço muito ocupado/Cheio/Pejado. **Comb.** Sala ~a de móveis.

atravancamento s m (<atravancar+-mento) **1** A(c)to ou efeito de atravancar/Impedimento de passagem/Obstrução. **Comb.** *~ duma arrecadação. ~ duma rua.* **2** *Mec* Espaço mínimo ocupado por [necessário para instalar] uma máquina. **Ex.** A proposta de fornecimento da motobomba deve indicar o seu ~. **Comb.** Dimensões de ~.

atravancar v t (<a¹-+travanca+-ar¹) **1** Pôr travanca [obstáculo]. **Loc.** ~ a entrada [porta]. **2** Impedir o trânsito/Obstruir. **Loc.** ~ [Cortar(+)] uma rua com pedras/troncos de árvores. **3** *fig* Causar dificuldades/Embaraçar/Estorvar. **Ex.** O advogado interpôs recurso apenas para ~ [protelar(+)/adiar(o+)] o processo. **4** Encher completamente/Atulhar. **Loc.** ~ um armazém com velharias.

através adv (<a¹-+través <lat *transvérse*: obliquamente) **1** Pelo meio de/Por entre/Atravessando. **Ex.** Vejo a rua ~ do vidro. O líquido passa ~ do filtro. Desapareceu fugindo pela [~ da] multidão. **2** De um lado para o outro. **Ex.** Coloquem as mesas não à volta da sala mas no meio, ~ da sala. Os peregrinos caminharam longas [muitas] horas ~ de vilas e aldeias. **3** Ao longo de/No decorrer. **Ex.** Uma tradição que se manteve ~ dos séculos. **4** Por meio [intermédio] de/Mediante. **Ex.** O pedido foi apresentado ao ministro pelas [~ das] vias oficiais.

atravessado, a adj (<atravessar+-ado) **1** Que se atravessou/Colocado transversalmente. **Comb.** Uma árvore ~a na rua. **2** Não paralelo/Oblíquo. **Comb.** Duas linhas [re(c)tas] ~as [oblíquas(+)]. **3** Cruzado/Traçado. **Comb.** Parque ~ por um regato. **4** Perfurado/Varado/Trespassado. **Comb.** Peito ~ por uma bala. **5** Que olha de esguelha/Vesgo. **Ex.** Lançou-lhe um olhar ~ [*idi* Olhou-o/a de lado]. **Comb.** Olhos ~s [vesgos(+)]. **6** Resultante de cruzamento de raças. **Comb.** Cão ~ «de *pastor alemão*». **7** *fig* Travesso(+)/Irrequieto/Estouvado. **Comb.** Criança ~a. **8** *fig* Que tem maus instintos/Torto. **Comb.** Feitio ~. **9** Que não se consegue esquecer. **Ex.** Estou muito ofendido/a; ainda (cá) trago ~as na garganta as más palavras que me dirigiste [que você me disse]. **10** Em viés/No sentido da largura. **Ex.** Aproveita-se melhor o pano se se fizer [cortar/talhar] o vestido ~.

atravessador, ora/eira adj/s (<atravessar+-dor) **1** (O) que atravessa. **2** *Br* (O) que compra por junto para revenda/Intermediário(o+)/Açambarcador(+). **Comb.** Negociante ~.

atravessadou[oi]ro s m (<atravessar+-dou[oi]ro) **1** Passagem [Serventia] particular em terrenos alheios. **Ex.** O ~ não é caminho permanente. **2** Direito de passagem por terreno alheio. **Ex.** Este terreno está desvalorizado por causa do ~ [direito de passar] do vizinho.

atravessamento s m (<atravessar+-mento) A(c)to de atravessar. **Ex.** Foi atropelado/a no passeio, quando se pre-

parava para o ~ da [para atravessar a(+)] rua.

atravessar *v t* (<lat *ad+transversáre*) **1** Passar de um lado para o outro. **Ex.** A avenida principal atravessa a cidade toda. **2** Caminhar ao longo de/por entre. **Loc.** ~ *o deserto*. ~ *a multidão*. **3** Passar através de/Penetrar/Perfurar/Trespassar. **Ex.** A bala [espada] atravessou-lhe o corpo. A chuva era tanta que atravessou o sobretudo! **4** Estender-se [Prolongar-se] ao longo do tempo/Perdurar. **Ex.** O cristianismo, apesar das perseguições, atravessou os séculos. **5** Estar a passar/sentir/viver/Suportar. **Ex.** A moça está a ~ uma crise difícil. **6** ~-se/Colocar-se transversalmente. **Ex.** O carro atravessou-se na estrada. **7** ~-se/Intrometer-se/Incomodar. **Ex.** Desde que aquela pessoa se atravessou na vida deles, nunca mais o casal foi feliz. **8** ~-se/Impedir/Opor-se. **Ex.** O negócio não se concretizou porque alguém se atravessou no meio [se interpôs]. Se não era [acontecia] eu ~[meter/interpor]-me, os dois pegavam-se à tareia [envolviam-se em zaragata/luta].

atreguar *v t* (<a¹-+trégua+-ar¹) **1** ⇒ dar trégua ou descanso. **2** ⇒ fazer as pazes.

atreito, a *adj* (<lat *attráctus,a,um*: puxado, levado à força; ⇒ atrair) **1** Que tem inclinação para/Propenso. **Comb.** ~ a gripes/constipações/resfriados. **2** Habituado(o+)/Acostumado(+). **Ex.** A colega de quarto anda ~a a que lhe faça tudo [todo o trabalho], mas engana-se: de [daqui para o] futuro nem a comida lhe faço/hei de fazer.

atrelado, a *adj/s m* (<atrelar+-ado) **1** Que se atrelou/Preso com [pela] trela. **Loc.** Levar o cão ~. **Comb.** Burro ~ à carroça. **2** (Veículo) engatado [preso] a outro. **Comb.** Caravana [Rulote] ~a ao automóvel. **3** *s m* Veículo sem motor rebocado por outro. **Comb.** ~ *agrícola*. *Cami(nh)ão com* ~.

atrelagem *s f* (<atrelar+-agem) **1** A(c)to de atrelar. **Loc.** Fazer a ~ do tra(c)tor ao reboque. **2** Aparelho que serve [Dispositivo] para atrelar a locomotiva às carruagens.

atrelar *v t* (<a¹-+trela+-ar¹) **1** Prender [Levar preso] com trela. **Loc.** ~ *os cães*. **2** Prender os animais ao veículo que vão puxar. **Loc.** ~ [Pôr] *os bois ao carro*. **3** Engatar [Prender] um veículo a outro. **Comb.** ~ *a locomotiva às carruagens*. ~ *o tra(c)tor ao reboque*. **4** *fig* ~-se/Acompanhar insistentemente. **Ex.** O miúdo [O pequeno/A criança] atrelou-se a nós na viagem e nunca mais nos largou.

atremar *v int* (<a¹-+termo+-ar¹ ?) **1** Agir [Raciocinar] com sensatez. **Ex.** A avó, fisicamente está bem, mas já não atrema [não raciocina direito]. **2** Atinar/Acertar. **Ex.** Não gosto que o meu pai saia sozinho. Às vezes já lhe custa ~ [atinar(+)] com o caminho para casa.

atresia *s f Med* (<a²-+gr *tresis*: orifício, abertura) Estreitamento ou oclusão de um órgão «pupila; canal da urina».

atrever-se *v t* (<lat *attríbuo,is,ere,ui,útum*: entregar, dar, atribuir «a si mesmo») **1** Ter coragem/ousadia/audácia para (se) arriscar/Aventurar-se/Ousar. **Ex.** Depois de os pais o/a proibirem, já não se atreveu a chegar tarde a casa. Gat(inh)o, não te atrevas a tocar no [comer o] canário! **Ant.** Temer; ter medo. **2** Afrontar [Enfrentar] um perigo. **Ex.** Os descobridores portugueses (séc. XIV-XVI) atreveram-se a enfrentar (os perigos d)o mar desconhecido. **3** Opor-se/Enfrentar. **Ex.** Era tido por [Era considerado] assassino; todos lhe tinham medo; ninguém se atrevia com ele [se lhe opunha].

atrevido, a *adj/s* (<atrever-se+-ido) **1** Que se atreve/Audaz(+)/Audacioso(o+). **Ex.** O alpinismo é para gente [pessoas] ~a/as. **2** Abusador/Insolente/Malcriado/Petulante. **Ex.** Para a festa dos meus anos, não convido nenhum desses colegas ~s. A rapariga [moça] é bonita, mas demasiado ~a para o meu gosto.

atrevidote, a (Dó) *adj/s* (<atrevido+-ote) *Dim* de atrevido/(O) que é um pouco atrevido. **Ex.** É bom colega. Às vezes abusa um pouco na linguagem, é ~.

atrevimento *s m* (<atrever-se+-mento) **1** Ousadia/Audácia(o+)/Coragem(+). **Ex.** Para trabalhar no trapézio [do circo] sem rede, é preciso um grande ~ [uma grande coragem(+)]. **2** Falta de vergonha/Descaramento/Insolência. **Ex.** Que (grande) ~! Quem o autorizou a entrar no meu quarto? Seja educado no que diz [Veja como fala(+)]. Não lhe tolero o [tal] ~!

atribuição *s f* (<atribuir+-ção) **1** A(c)to de atribuir/Prerrogativa/Direito/Competência. **Ex.** A ~ de subsídios aos alunos compete à dire(c)ção da escola. Fazer cumprir a lei, é ~ do governo; julgar as infra(c)ções, é ~ dos tribunais. **2** *pl* Funções/Obrigações/Jurisdição. **Ex.** Antes de aceitar o cargo, quis saber quais seriam as suas ~ões. Fazer pagamentos é das ~ões do tesoureiro. Autorizar compras não é das minhas ~ões.

atribuidor, ora *adj/s* (<atribuir+-dor) (O) que atribui. **Loc.** Ser ~ «de benefícios».

atribuir *v t* (<lat *attríbuo* [*adtríbuo*],*is,ere,ui,útum*) **1** Dar/Conferir/Outorgar. **Ex.** Para além das funções que já exercia, atribuíram-lhe também a coordenação das a(c)ções de formação. **Loc.** ~ *poderes especiais*. **2** Considerar como causa/Imputar. **Ex.** O desmoronamento da ponte foi atribuído à extra(c)ção de areias. Atribuíram o atentado ao terrorismo internacional. A falência da empresa foi atribuída à má gestão. **3** Tomar para si [Considerar de alguém] prerrogativas [atributos] que não lhe pertencem. **Ex.** Atribui-se o direito de mandar nos colegas. Querem ~ aos animais direitos que (eles [os animais]) não têm.

atribuível *adj 2g* (<atribuir+-vel) Que pode [deve] ser atribuído. **Comb.** ~ a causas desconhecidas.

atribulação *s f* (<lat *attribulátio,ónis*; ⇒ tribulação) **1** Sofrimento moral/Angústia/Mortificação. **Ex.** Enquanto aguardava o resultado das análises, viveu horas de grande ~. **2** O que causa dor/aflição/Acontecimento penoso/Adversidade. **Ex.** Haverá maior ~ do que a morte dum filho? A guerra não acabou; estamos sempre à espera de novas ~ões.

atribulado, a *adj* (<atribular+-ado) Sofredor/Atormentado/Angustiado/Aflito. **Comb.** ~ *pela doença*. *Coração* ~.

atribulador, ora *adj/s* (<atribular+-dor) (O) que atribula/faz sofrer/magoa. **Comb.** *Acontecimentos* ~*es*. *Notícias* ~*oras*.

atribular *v t* (<lat *ad+tribuláre<tríbulo,áre*: debulhar com trilho, atormentar, afligir) Causar tribulação/Fazer sofrer/Atormentar/Afligir. **Ex.** Quando o capelão do hospital se aproximou, o marido atribulou-se julgando que lhe vinha trazer más notícias da mulher. O medo dos bombardeamentos trazia a população atribulada.

atributivo, a *adj* (<atributo+-ivo) **1** Que atribui/confere direito ou atribuição. **Comb.** Documento [Legislação] ~o/a «de direitos/benefícios». **2** Que indica [enuncia] um atributo. **Comb.** Proposição ~a. **3** *Gram* Que desempenha a função gramatical de atributo. **4 Comb.** Adje(c)tivo ~ «pó *fino*».

atributo *s m* (<lat *attribútus,a,um*; ⇒ atribuir) **1** O que é próprio/peculiar de alguém/Característica/Qualidade. **Ex.** A simplificação da burocracia é um ~ da reforma administrativa em curso. É uma pessoa que se evidencia pelos ~s de bondade e simplicidade. **2** Sinal distintivo/Emblema. **Ex.** O brasão é ~ da nobreza. **3** *Fil/Teol* Perfeições [Qualidades] de Deus. **Ex.** Omnipotência, imensidão, bondade são ~s que Deus possui em grau infinito. **4** *Ling* Palavra que se junta a um substantivo para o qualificar sem o alterar (⇒ atributivo **4 Comb.**].

atrição *s f* (<lat *attrítio,ónis*; ⇒ atrito) **1** *Rel* Pesar de ter ofendido a Deus suscitado pelo receio do castigo/Arrependimento imperfeito. ⇒ contrição. **2** Efeito [Desgaste] provocado pelo atrito.

atril *s m* (< ?) ⇒ estante (para ler); ambão[bom].

atrigueirado, a *adj* (<a¹-+trigueiro+-ado) De tez escura/Moreno. **Comb.** Homem [Mulher] ~o/a.

átrio *s m* (<lat *átrium,ii*) **1** Espaço que serve de entrada principal dum edifício/Vestíbulo. **Comb.** ~ duma escola [dum cinema/hotel]. **2** Pátio central das antigas casas romanas que dava acesso a vários aposentos. **3** Pátio [Claustro(+)] interno cercado por arcadas. **Ex.** Os ~s das antigas basílicas tinham geralmente ao centro uma fonte.

atrioventricular ⇒ auriculoventricular.

atriquia *s f Med* (<a²-+gr *thriks,khós*: cabelo, pelo+-ia) ⇒ calvície.

atritar *v t* ⇒ (causar) atrito.

atrito *s m* (<lat *attrítus,us<áttero,érere, ttrítum*: friccionar, desfazer raspando) **1** *Fís* Resistência ao movimento um sobre o outro, de dois corpos em conta(c)to/Fricção. **Ex.** As superfícies rugosas geram maior ~ do que as lisas. **Comb.** ~ *de escorregamento* [deslizamento]. ~ *de rolamento*. *Desgaste de* ~. *Força de* ~ [Força necessária para iniciar o movimento (vencendo o ~)]. **2** *fig* Dificuldade de entendimento entre duas pessoas. **Ex.** Houve sempre um grande ~ entre eles; têm feitios muito diferentes e conflituosos.

atriz *s f* ⇒ ator

atro, a *adj* (<lat *ater,ra,um*: negro) **1** ⇒ negro. **2** ⇒ «dia» triste/sombrio. **3** ⇒ terrível.

atroada *s f* (<atroar) Grande barulho(+)/Estrondo(o+). **Ex.** A multidão apinhou-se na praça em grande ~. A ~ das explosões ouviu-se a quiló[ô]metros de distância.

atroador, ora *adj* (<atroar+-dor) **1** Que atroa/Ruidoso/Estrondoso. **Comb.** Ruído ~ de canhões. **2** *fig* Perturbador/Amotinador. **Comb.** Discursos ~es de políticos inflamados.

atroamento *s m* (<atroar+-mento) **1** Estrondo/Aturdimento provocado por estrondo. **Ex.** O ~ dos morteiros. **2** *Vet* Doença nos cascos dos cavalos.

atroar *v t/int* (<a¹-+trom+-ar¹) **1** Fazer estremecer com o estrondo. **Ex.** Os rebentamentos [As explosões] na pedreira atroavam a aldeia vizinha; já havia casas com brechas nas paredes. **2** Fazer grande barulho/Retumbar. **Ex.** Os caças [aviões militares] atroavam os ares com o ruído dos rea(c)tores. Uma forte trovoada atroava ao longe. **3** Aturdir/Atordoar. **Ex.** O professor, quando se zangava, atroava a turma com um vozeirão que se ouvia por [em] toda a escola.

atrocidade *s f* (<lat *atrócitas,átis*; ⇒ atroz) **1** Qualidade do que é atroz/Crueldade/Ferocidade. **Comb.** A ~ dum crime [mas-

sacre]. **2** A(c)to cruel/desumano/bárbaro. **Loc.** Cometer ~s.

atrocíssimo, a *adj* (<lat *atrocíssimus,a, um*; ⇒ atroz) Superlativo absoluto simples de atroz/Muito atroz/Crudelíssimo.

atroçoar *v t* (<a¹-+troço+-ar¹) **1** ⇒ partir ou dividir em troços/pedaços. **2** ⇒ esmagar ou moer só um pouco «grão de milho».

atrofia *s f* (<gr *atrophía,as*) **1** *Biol/Med* Falta de desenvolvimento/Insuficiência de nutrição. **Comb.** ~ «muscular/cerebral» dum membro [órgão]. **Ant.** Hipertrofia. **2** Enfraquecimento/Definhamento. **Comb.** ~ intelectual [da memória] «pelo envelhecimento». **3** Falta de vigor/Decadência. **Ex.** A importação de produtos estrangeiros «chineses» mais baratos provocou a ~ do nosso se(c)tor têxtil.

atrofiado, a *adj* (<atrofiar+-ado) **1** *Biol/Med* Que não se desenvolveu por insuficiência de nutrição ou doença. **Comb.** Músculos [Órgãos] ~s. **2** Enfraquecido/Definhado/Diminuído. **Loc.** Sentir-se ~ [diminuído] «no meio de tantos sábios». **Comb.** *Economia ~a. Memória ~a.*

atrofiador, ora *adj/s* (<atrofiar+-dor) (O) que atrofia. **Comb.** *Castigos* [Vexames] *~es. Medidas ~oras* «da economia».

atrofiamento *s m* (<atrofiar+-mento) A(c)to de atrofiar(-se)/Falta [Insuficiência] de desenvolvimento/Enfraquecimento. **Ex.** A falta de exercício físico pode causar o ~ dos músculos. ⇒ atrofia.

atrofiante *adj 2g* (<atrofiar+-ante) Que atrofia/Atrofiador. **Comb.** *Ambiente ~. Disciplina* [Regras] *~e/es.*

atrofiar *v t/int* (<atrofia+-ar¹) **1** *Biol* Provocar [Sofrer] atrofia/Ficar atrofiado. **Ex.** Aqui as plantas atrofiam(-se) rapidamente porque o solo está esgotado, falta-lhe matéria orgânica. O álcool atrofia a inteligência. **2** Tornar [Ficar] enfraquecido/Debilitar/Definhar. **Ex.** Acolhidos em lares [instituições], muitos idosos veem-se ~ [definhar(+)]: sentem [estranham(+)] a mudança de ambiente e a falta da família.

atrófico, a *adj* (<atrofia+-ico) Que apresenta [Relativo à] atrofia/Atrofiado(+). **Comb.** Paralisação ~a.

atroo ⇒ atroamento.

atropelado, a *adj* (<atropelar) **1** Que sofreu [foi vítima de] atropelamento. **Ex.** ~ por um carro partiu a perna direita. **2** *fig* Feito sem ordem ou cuidado/Atabalhoado. **Comb.** Trabalho (feito de modo) ~. **3** ⇒ posto de lado; deixado para trás; maltratado «por um rival».

atropelador, ora *adj/s* (<atropelar+-dor) (O) que atropela. **Comb.** ~ dos direitos dos outros.

atropelamento *s m* (<atropelar+-mento; ⇒ atropelado) Choque de um veículo com um obstáculo/Embate/Colisão. **Ex.** Os ~s de peões continuam [sucedem-se]. **Comb.** Morte por ~.

atropelar *v t* (<a¹-+tropel+-ar¹) **1** Colidir [Embater/Chocar] com alguém ou alguma coisa. **Ex.** Atropelaram uma velh(inh)a na passadeira; teve morte imediata. Um cami(nh)ão despistou-se e atropelou vários carros estacionados na berma da estrada. **2** Abrir caminho ao empurrão/Acotovelar(-se). **Ex.** Para chegar primeiro à cantina, muitos alunos correm atropelando tudo e todos. **3** Apinhar-se desordenadamente/Aglomerar(se). **Ex.** No dia da abertura dos saldos, a multidão atropelava-se à entrada da loja. **4** Fazer mal/de forma desordenada/imperfeita/Atamancar. **Ex.** A minha empregada não merece o que ganha; atropela tudo [todo o serviço que faz]. **5** Desrespeitar [Não cumprir] leis/normas/Transgredir(+). **Loc.** *~ as normas de segurança. ~ o código da estrada.* **6** Atrapalhar(+)/Aturdir/Confundir. **Ex.** ~ (alguém) com perguntas. **7** Alterar a ordem/Baralhar(+). **Loc.** *~ as etapas dum trabalho. ~ as ideias* [o raciocínio]. *~ as palavras* [o discurso].

atropelo (Pê) *s m* (<atropelar) **1** A(c)to de atropelar/Atropelamento(+). **Loc.** Brincar [Correr] sem ~s. **2** Desrespeito da lei [dos princípios/direitos]/Arbitrariedade. **Loc.** Cometer ~s «para subir na vida [carreira]». **Comb.** O ~ [espezinhar] dos direitos humanos. **3** Falta de organização/Confusão/Tumulto. **Loc.** Fugir do ~ [da confusão(+)] da multidão. **Comb.** Um ~ [Uma barafunda(+)] de papéis.

atropina *s f Quím* (<al *Atropin*<gr *Átropos*: parca que cortava o fio da vida) Alcaloide muito venenoso, extraído de plantas solanáceas «beladona, *Atropa belladonna*», usado em medicina. **Loc.** Dilatar a pupila com umas gotas de ~.

átropo, a *adj Anat/Bot* (<gr *átropos,ou*: não virado, direito) Diz-se de óvulo que é direito e tem o eixo longitudinal e o funículo em linha/Ortótropo.

atroz (Trós) *adj 2g* (<lat *átrox,ócis*) **1** Cruel/Feroz/Desumano. **Comb.** *Crimes ~es. Tortura ~.* **2** Muito doloroso/Horrível/Insuportável. **Comb.** *Dor ~. Sofrimento ~.*

atuação *s f* [= actuação] (<a(c)tuar+-ção) **1** Ato ou efeito de agir/A(c)ção. **Ex.** A ~ rápida da polícia evitou o pior. **2** Desempenho/Procedimento. **Ex.** Teve uma boa ~ no jogo. A ~ do governo tem sido muito criticada. **3** Representação artística. **Ex.** A peça contou com a ~ de um a(c)tor famoso.

atual *adj 2g* [= actual] (<lat *actuális,e*: a(c)tivo, prático) **1** Que existe ou vigora no presente. **Ex.** No panorama ~ a diplomacia é muito importante. Nas ~ais circunstâncias «de crise», qualquer emprego é bom. ⇒ contemporâneo «de Camões». **2** Que tem interesse para a época. **Ex.** A mensagem da Bíblia continua [será sempre] ~. **Sin.** Pertinente.

atualidade *s f* [= actualidade] (<lat *actuálitas,átis*) **1** Tempo presente. **Ex.** A sida é a doença da ~. **2** Interesse/Pertinência. **Ex.** Os romances de Eça de Queirós mantêm (a sua) ~ [continuam/mantêm-se a(c)tuais]. **3** Conjunto de acontecimentos com valor informativo. **Ex.** Acompanhava a ~ política e (d)esportiva pelos jornais.

atualismo *s m* [= actualismo] (<atual-ismo) Importância do presente, mesmo para estudar fenó[ô]menos passados.

atualização *s f* [= actualização] (<atualizar+-ção) Modernização/Adaptação/Revisão. **Ex.** A situação internacional levou à ~ do programa do nosso partido (político). A ~ salarial [O aumento dos salários] não satisfez os sindicatos. **Comb.** ~ de um computador.

atualizar *v t* [= actualizar] (<a(c)tual+-izar) **1** Adaptar/Modernizar. **Ex.** Os programas escolares foram a(c)tualizados. O governo a(c)tualizou o preço dos combustíveis. **2** ~-se/Adequar-se ao seu tempo/Modernizar-se. **Ex.** – Essas roupas já não se usam; a(c)tualiza-te!

atualmente *adv* [= actualmente] (<...+-mente) No tempo presente. **Ex.** ~, é fácil chegar [viajar] a qualquer ponto do mundo. **Sin.** Agora; presentemente; hoje (em dia).

atuante *s/adj 2g* [= actuante] (<a(c)tuar+-ante) **1** (O) que a(c)tua ou age/Operante. **2** A(c)tivo/Empreendedor. **Ex.** Era a pessoa mais ~ [a(c)tiva] do grupo de trabalho.

atuar *v int* [= actuar] (<lat *actuáre*<*actus*: a(c)to) **1** Agir/Proceder. **Ex.** A polícia a(c)tuou [agiu/interveio] rapidamente e prendeu o ladrão. **2** Produzir efeito. **Ex.** O analgésico a(c)tuou imediatamente. **3** Influenciar/Influir. **Ex.** O patronato a(c)tuou sobre [pressionou] o governo para liberalizar os despedimentos. **4** Desempenhar [Ter/Fazer] um papel num espe(c)táculo. **Ex.** «este famoso a(c)tor» Começou por ~ em espe(c)táculos da escola. **Sin.** Representar(+).

atuarial *adj 2g* [= actuarial] (<atuário2+-al) De a(c)tuário.

atuário *s m* [= actuário] (<lat *actuárius*) **1** *Hist* Escriba da antiga Roma que redigia as a(c)tas do senado. **2** Técnico especialista em cálculos de seguros de vida.

atucanar *v t Br* (<a¹-+tucano+-ar¹) **1** Dar bicadas em. **2** ⇒ Causar transtorno/Apoquentar(-se)/Aborrecer(-se).

atufar *v t* (<a¹-+tufo+-ar¹) **1** ⇒ tornar inchado; enfunar. **2** ⇒ atulhar. **3** ⇒ atolar(-se) «na lama».

atulhar *v t* (<a¹-+tulha+-ar¹) **1** Meter em tulha. **Loc.** ~ o cereal. **2** Encher até não caber mais. **Comb.** Um autocarro [ônibus] atulhado [a abarrotar] de gente.

atum *s m Ict* (<gr *thúnos,ou*) Peixe teleósteo, *Thunnus*, da família dos escombrídeos, de ampla distribuição nos oceanos «Atlântico» e frequente nas costas marítimas portuguesas «Algarve». **Comb.** *Lata* [Conserva] *de ~. Pesca do ~.* **Sin.** Albacora¹.

atuneiro, a *adj/s m* (<atum+-eiro) **1** Relativo ao atum. **Comb.** Indústria ~a. **2** *s m* Barco de pesca preparado para a pesca do atum. **Comb.** Frota de ~s.

atuosidade *s f* [= actuosidade] (<a(c)tuoso+-idade) A(c)ção/Operância.

atuoso, a *adj* [= actuoso] (<lat *actuósus*) ⇒ a(c)tuante.

aturado, a *adj* (<aturar+-ado) **1** Aplicado/Persistente/Perseverante/Paciente. **Ex.** Foi o trabalho ~ de muitos investigadores que levou à [possibilitou a] descoberta da vacina. **2** Duradouro e penoso/Constante. **Ex.** «os emigrantes» Passam ~s trabalhos para ganhar a vida.

aturar *v t/int* (<lat *obturáre*: tapar, fechar ?) **1** Suportar com custo e resignação/Tolerar. **Ex.** Há pessoas «idosos» muito difíceis de ~. Vai-te [Sai] daqui que não estou para te ~ [não te posso ~]. Aturei-lhe muitos maus tratos; agora já não aturo [tolero/aguento(+)] mais. **2** Ser capaz de aguentar/arcar. **Ex.** Não quero [Não posso] ~ [arcar com(o+)/aguentar(+)] tanta responsabilidade. **3** Permanecer longo tempo/Durar(+)/Persistir. **Ex.** A convalescença começou há um mês mas ainda está para ~ [durar(+)]. Aturou longos meses doente na cama.

aturdimento *s m* (<aturdir+-mento) **1** Perturbação/Estonteamento/Atordoamento. **Ex.** Quando veio a si [Quando acordou/recuperou a consciência/os sentidos] do ~ provocado pela queda, não sabia onde estava. **2** Falta de ponderação/A(c)tuação precipitada/impensada. **Ex.** O ~ [A surpresa] da notícia endoideceu-o [pô-lo doido]. Começou aos saltos, parecia maluco!

aturdir *v t* (<a¹-+tordo+-ir; *sin* atordoar) **1** Perturbar a mente/Atordoar(-se)/Estontear(-se). **Ex.** A pancada na cabeça foi muito forte, deixou-o aturdido [atordoado/estonteado]. **Loc.** ~-se com o barulho «da discoteca». **2** Perder a lucidez de espírito/Deslumbrar(-se). **Loc.** Deixar-se ~ com o [Ficar aturdido pelo] sucesso. **3** Causar espanto/surpresa/Maravilhar. **Ex.**

A beleza da paisagem aturdiu [surpreendeu(+)/maravilhou(o+)] os turistas.

audácia s f (<lat *audátia,ae*; ⇒ ousadia) **1** Coragem/Ousadia Intrepidez. **Ex.** A criança foi salva pela ~ do irmão (que a tirou do rio). **Sin.** Arrojo: denodo; temeridade. **2** Arrogância/Atrevimento/Insolência. **Ex.** Deixou o emprego porque não gostava dos patrões e dizia muito mal deles. Depois, teve a ~ [ousadia(+)] de lhes pedir que o tornassem a admitir. **3** Capacidade de tomar atitudes opostas às da maioria/de lutar por ideias novas. **Comb.** A ~ [coragem] de ser diferente «dos colegas que seguem a moda». A ~ dum artista «pintor/músico». A ~ duma teoria.

audacioso, a (Ôso, Ósa, Ósos) adj (<audácia+-oso) **1** Destemido/Arrojado/Corajoso. **Comb.** Soldado [Atleta] ~. **2** Temerário/Imprudente. **Ex.** O acidente deu-se [aconteceu] porque o condutor foi demasiado ~ [imprudente(o+)/irresponsável(+)], não mediu [avaliou] o perigo. **3** Arrogante/Descarado/Petulante. **Ex.** Era (um aluno) ~ com os professores e com toda a gente; não tinha respeito a [por] ninguém. **4** Original/Inovador. **Comb.** Músico [Arquite(c)to] ~.

audaz adj 2g (<lat *áudax,ácis*) Ousado/Atrevido/Temerário. **Ex.** Há pessoas audacíssimas [muito audazes] «que sobem sós os Himalaias». ⇒ audacioso.

audibilidade s f (<audível+-i+-dade) Qualidade do que é audível. **Comb. Frequência(s) de ~. Sons sem [com] ~.**

audição s f (<lat *audítio,ónis*; ⇒ ouvir) **1** Sentido do ouvido/Perce(p)ção de sons pelo ouvido. **Ex.** A ~ é um dos cinco sentidos. **Loc.** Ter problemas de ~. **2** A(c)ção de ouvir/Escuta. **Ex.** Deliciei-me com a ~ da quinta sinfonia de Beethoven. **3** Depoimento oral. **Ex.** O juiz marcou para hoje a ~ das testemunhas. **4** Demonstração pública dos alunos duma escola de música, canto, teatro, .../Curta apresentação dum artista/Prestação de provas. **Ex.** Vai haver uma ~ dos alunos de piano. **Comb.** ~ dos concorrentes a apresentadores de TV.

audiência s f (<lat *audiéntia,ae*; ⇒ ouvir) **1** A(c)to de ouvir [prestar atenção a] quem fala. **Ex.** Se prestassem ~ ao [Se ouvissem o(+)] que se diz nas aulas, não faziam [fariam] perguntas descabidas. **2** Rece(p)ção dada por alguém que exerce cargos elevados às pessoas que desejam falar-lhe. **Ex.** Vou pedir uma ~ ao Presidente da Câmara [ao Prefeito]. **3** Sessão do tribunal para julgamento duma causa. **Ex.** O juiz declarou aberta a ~. **Comb.** ~ à porta fechada [não aberta ao público]. **4** Conjunto de pessoas que assistem a [ouvem] determinado a(c)to/Ouvintes/Espe(c)tadores/Público. **Ex.** A ~ [Os ouvintes] deste programa de rádio são sobretudo os jovens. As aulas do professor «de Literatura» têm sempre grande ~ [afluência de alunos]. **Comb. Guerra das ~s. Um jornal [Uma revista] sem grande ~** [com poucos leitores].

áudio s m/adj 2g sing e pl (<lat *áudio,ire*: ouvir) **1** Conjunto de técnicas usadas no regist(r)o, reprodução e transmissão do som. **Comb.** Especialista em [Técnico de] ~. **2** Relativo ao som «gravação/transmissão» e audição. **Comb. Aparelhagem ~. Cassete ~.** ⇒ DVD.

audio- elem de formação (<lat *áudio,ire*: ouvir) Exprime a ideia de audição/ouvido: *audiograma, audiometria, audiovisual*.

audiofone s m (<audio-+-fone) Aparelho amplificador do som usado por pessoas com deficiência auditiva.

audiofrequência s f Fís (<audio-+frequência) Qualquer uma das frequências incluídas no domínio de audibilidade do ouvido humano. **Ex.** Os limites da ~ situam-se entre vinte e mil ciclos por segundo.

audiograma s m Med (<audio-+-grama) Gráfico representativo da relação entre a capacidade auditiva e a frequência do som.

audiologia s f Med (<audio-+-logia) Estudo da audição e suas perturbações.

audiometria s f Med (<audio-+-metria) Medição da acuidade auditiva duma pessoa. **Ex.** A ~ faz a comparação da capacidade auditiva duma pessoa com a capacidade considerada normal [padrão].

audiómetro [Br audiômetro] s m (<audio-+-metro) Aparelho utilizado para medir a acuidade auditiva.

audiovisual adj 2g/s m (<audio-+visual) **1** Relativo simultaneamente ao ouvido e à visão. **Comb. Deficiência [Perturbação] ~. Sistema de comunicação ~** «cinema». **2** s m pl Meios de comunicação dirigidos preferentemente [simultaneamente] à vista e ao ouvido. **Ex.** A publicidade serve-se dos ~ais para atingir o grande público «pela TV».

auditar v t (<lat *audíto,are*< *áudio,íre*: ouvir) Fazer uma auditoria. **Loc.** ~ as contas duma empresa.

auditivo, a adj (<lat *áudio,íre,ítum*+-ivo) Relativo ao ouvido/à audição. **Comb. Acuidade ~a. Canal ~** «externo/interno». **Nervo ~**.

auditor, ora s/adj (<lat *audítor,óris*) **1** ⇒ Ouvinte. **2** Técnico com conhecimentos para emitir parecer sobre determinado assunto. **Comb.** ~ de contabilidade. **3** Dir Magistrado qualificado que exerce funções de consulta permanente junto de serviços públicos sobre aplicação da lei.

auditoria s f (<auditor+-ia) **1** Cargo [Função] de auditor. **2** Tribunal [Local] onde se exercem funções de auditor. **3** Exame pericial às contas [ao funcionamento] duma empresa/instituição. **Ex.** O conselho de administração mandou realizar uma ~ externa [feita por pessoas alheias] à empresa.

auditório s m (<lat *auditórium,ii*) **1** Conjunto de ouvintes/Assistência/Público. **Ex.** O ~ [público/A assistência] ovacionou demoradamente o artista. **2** Sala preparada para a realização de conferências, espe(c)táculos, concertos, ... **Ex.** No ~ «municipal/da escola» há sessões de cinema todos os fins de semana. **3** Sala de audiências/Tribunal(+). **Ex.** Era um advogado muito afamado [conhecido] nos ~s [tribunais(+)] da capital.

audível adj 2g (<lat *audíbilis,e*) Que se pode ouvir/Perce(p)tível. **Comb.** Sons (dificilmente) ~eis. **Ant.** Inaudível.

auferir v t (<lat *áufero,áufers,auférre,ábstuli, ablátum*: tirar, levar, arrebatar, furtar) Tirar proveito/Obter rendimento/Colher/Receber. **Loc.** ~ **benefícios** [vantagens]. ~ [Gozar(+)] **da estima** «dos alunos». ~ [Receber(+)] **um (bom) ordenado**.

auferível adj 2g (<auferir+-vel) Que se pode auferir. **Comb.** Lucro ~/possível.

auge s m (<ár *awdj*) **1** O mais alto grau/Apogeu/Clímax. **Ex.** Ao ser eleito Presidente da República atingiu o ~ da sua carreira política. Com a morte do pai, a família atingiu o ~ do infortúnio. **2** ⇒ O ponto mais alto/Cume.

augite/a s f Miner (<lat *augítes,ae*: tipo de pedra preciosa) Mineral da família das piroxenas, monoclínico, em cuja composição complexa entram predominantemente silicatos de cálcio, magnésio e ferro e também titânio e alumínio. **Ex.** A ~, de cor verde ou escura [negra], ocorre em muitas rochas eruptivas, tanto plutó[ô]nicas, como vulcânicas.

auguração s f (<augurar+-ção) **1** A(c)to de augurar/Fazer augúrios. **2** Ciência dos áugures/Adivinhação.

augural adj 2g (<áugure+-al) **1** Relativo a áugure. **Comb.** Ciência ~. **2** Que diz respeito ao augúrio/Agoural. **Comb.** Previsão ~. ⇒ divinatório.

augurar v t/int (<lat *áuguro,áre*) **1** Prever o que está para acontecer/Pressagiar/Vaticinar. **Ex.** As fal(inh)as mansas com que se dirigiu à mãe não auguravam coisa boa. O próximo jogo é fácil, mas pode acontecer que o teu clube perca. – Não estejas (já) a ~ (um mau resultado)! **2** Dar indício/Deixar antever/Adivinhar. **Ex.** Aquelas nuvens negras auguram uma forte tempestade. As boas classificações obtidas durante o curso auguravam-lhe uma carreira brilhante. **3** Exprimir como desejo/Fazer votos. **Ex.** Resta-me ~-lhes [«desejar aos noivos»] as maiores felicidades.

áugure s m (< lat *áugur,uris*) **1** Hist Sacerdote [Pessoa qualificada] romano/a que, pela observação do canto e do voo das aves, previa o futuro. **2** Adivinho(+)/Agoureiro. **Loc.** Consultar os ~s.

augúrio s m (<lat *augúrium,ii*) **1** Previsão feita por áugure/Auspício/Sorte. **2** Prognóstico/Presságio/Vaticínio. **Ex.** Gaivotas em terra são ~ [presságio] de tempestade.

augustal adj 2g Hist (<lat *augustális,e*) **1** Relativo ao primeiro imperador romano O(c)taviano César Augusto (63 a.C.-14 d.C.). **Comb.** Período ~. **2** Relativo aos imperadores romanos/Majestoso. **Comb.** Colégios [Corporações] ~ais.

augustiniano [agostiniano], a adj/s m (<lat *Augustinus*: antr Agostinho+-ano) **1** Relativo a [à Ordem/doutrina de] Santo Agostinho (354-430). **Comb. Escola ~a. Teólogo ~**. **2** Membro [Religioso] da Ordem de S. Agostinho. **Ex.** Santo António de Lisboa, também conhecido por Santo Antó[ô]nio de Pádua, começou por ser ~, aderindo posteriormente aos [entrando depois nos] franciscanos. **Sin.** Agostinho.

augustini(ani)smo [agostinismo] s m Fil/Teol (<Agostinho+-ismo) Conjunto da doutrina augu[ago]stiniana/Patrimó[ô]nio doutrinal inspirado em Santo Agostinho (354-430). **Ex.** O ~ influenciou durante séculos muitos pensadores cristãos.

augusto, a adj (<lat *augústus,a,um*: sagrado, santo, religioso <*áugeo,ére,áuxi, áuctum*: aumentar, engrandecer) **1** Digno de respeito e admiração. **Comb.** Figura [Personalidade] ~a. **2** Majestoso/Magnífico/Solene. **3** Hist Epíteto dado a O(c)taviano César e a todos os imperadores romanos que se lhe seguiram. ⇒ augustal.

aula s f (<lat *aula,ae*: pátio de casa ou palácio) **1** Sala [Recinto/Espaço] onde são dadas lições. **Ex.** Antigamente, nas escolas primárias portuguesas, havia ~s [salas] separadas para rapazes e para raparigas. Os alunos saíram da ~ a correr. **Comb.** ~ Magna [Salão Nobre] «de Universidade». **2** Grupo de alunos do mesmo nível/Classe/Turma. **Ex.** A Joana é minha colega na ~ de música, mas na escola está mais atrasada. **3** Sessão de ensino ministrada por um professor. **Comb. ~ de Geografia. ~ de dança**. **4** pl A(c)tividade le(c)tiva/escolar. **Ex.** Em Portugal, as ~s começam [o ano le(c)tivo começa] em setembro.

aulido *s m* (<aulir) Grito de qualquer animal/Berro(+) «de boi/ovelha»/Latido(+) «de cão»/Uivo(+) «de lobo».

aulir *v int* (<lat *úlulo,áre*) Uivar/Latir.

aumentação *s f* (<aumentar+-ção) **1** ⇒ aumento. **2** *Mús* Ampliação do valor duma nota pela aposição de um (ou mais) ponto(s). **Ex.** O (primeiro) ponto faz a ~ de metade do valor da nota. **3** ⇒ gradação ascendente «da voz».

aumentador, ora *adj/s* (<aumentar+-dor) (O) que aumenta. **Comb.** Efeito ~ [ampliador].

aumentar *v t/int* (<lat *augménto,are* <*áugeo,ére*) **1** Tornar(-se) maior/mais extenso/Ficar com maior dimensão/tamanho/Acrescentar. **Loc.** ~ *uma casa* [sala]. ~ [Prolongar(+)] *uma rua.* ~ [Alargar(+)] *um parque* «de estacionamento». **2** Tornar(-se) mais forte/mais intenso. **Loc.** ~ *a iluminação* [intensidade luminosa]. ~ [Subir] *o* (volume do) *som*. **3** Crescer em quantidade/Adquirir maiores proporções. **Ex.** O número de acidentes tem vindo a [não para de] ~. Este ano houve menos fogos [incêndios] mas os prejuízos aumentaram. **4** Crescer/Desenvolver-se. **Ex.** O bebé/ê está a ~ [desenvolver-se/crescer(+)] bem [muito]. **Loc.** ~ de peso. **5** Expandir(-se)/Dilatar(-se)/Progredir. **Ex.** A empresa continua a ~. No primeiro semestre o volume de negócios aumentou «25%» **6** Ter maior duração/Prolongar(-se) no tempo. **Ex.** Aproxima-se a primavera, os dias já estão a ~. A idade de [para ter direito à] reforma aumentou para os 65 anos. **7** Agravar(-se)/Elevar(-se)/Subir. **Ex.** O preço da gasolina aumentou [subiu/A gasolina encareceu] muito. **8** Acentuar/Agudizar/Intensificar. **Ex.** A falta de notícias (do filho) aumentava-lhe o sofrimento. O mal-estar das populações tem vindo a ~/piorar. **9** Fazer parecer maior/Ampliar/Exagerar. **Ex.** Os jornais aumentaram [exageraram] as vantagens do acordo. Você está a ~ o que acontece… **10** Tornar mais a(c)tivo/mais rápido. **Ex.** A nova disposição das bancadas fez [ajudou a] ~ o ritmo de trabalho. **Loc.** ~ a velocidade.

aumentativo, a *adj/s m* (<aumentar+-ivo) **1** Que aumenta/amplifica. **Comb.** Efeito ~. **2** *Gram* Constituinte «sufixo/prefixo» que reforça [aumenta] o sentido da palavra. **Ex.** -*aço* e *hiper-* são constituintes (sufixo e prefixo, respe(c)tivamente) ~s das palavras *ricaço* e *hipersensível*. **Ant.** Diminutivo. **3** *s m Gram* Palavra derivada cujo prefixo ou sufixo lhe imprimiu [conferiu/deu] a noção de aumento. **Ex.** *Superabundante* e *homenzarrão* são ~s de *abundante* e *homem*. **Ant.** Diminutivo.

aumentável *adj 2g* (<aumentar+-vel) Que pode aumentar/Susce(p)tível de ser aumentado.

aumento *s m* (<aumentar) **1** A(c)to de aumentar. **Comb.** Obras de ~ da casa. **2** Acrescentamento/Acréscimo/Acréscimo. **Ex.** A saia está curta. Podia fazer-lhe um ~ [acrescento(+)] mas é capaz de ficar mal [mas talvez fique mal]… O ~ dos salários foi muito pequeno. **3** Crescimento/Desenvolvimento. **Ex.** O ~ de tráfego tornou a cidade insuportável. **4** Melhoria/Progresso. **Comb.** O ~ do nível [das condições] de vida. **5** Ampliação/Dilatação. **Comb.** ~ *de capital* [Operação para reforço do capital duma empresa por venda de a(c)ções]. *Óculos de* ~. Uma lente que aumenta [dá o ~ de] cem vezes.

aura *s f* (<lat *áura,ae*) **1** Vento brando/Brisa. **Comb.** ~ matinal. **2** *Med* Sintoma que precede certas crises. **Comb.** ~ epiléptica. **3** *fig* Irradiação [Halo] que parece envolver os corpos. **Comb.** ~ de santidade. **4** *fig* Estima pública/Fama. **Comb.** «Presidente do país com grande» ~ popular.

áureo, a *adj/s m* (<lat *áureus,a,um*) **1** Relativo ao [Da cor do] ouro/Dourado. **Comb.** *Brilho* ~. *Cor* ~*a*. **2** *fig* Grandioso/Magnífico/Augusto. **Comb.** Período [Época] ~*o/a*. **3** *s m* Antiga moeda de ouro romana e portuguesa.

auréola *s f* (<lat *auréolus,a,um*: da cor do ouro) **1** Halo [Nimbo], geralmente dourado, que rodeia a cabeça das imagens de Cristo e também dos santos/Resplendor. **Ex.** Nas imagens, esculpidas ou pintadas, a ~ fica por vezes reduzida a um simples aro. **2** Coroa/Diadema. **3** Círculo luminoso que circunda um astro ou qualquer obje(c)to/Luz resplandecente/Clarão. **4** *fig* Glória/Fama/Prestígio. **Ex.** Regressou à pátria com ~ de herói.

aureolar *v t/adj 2g* (<auréola+-ar$^{1/2}$) **1** Enfeitar [Adornar/Ornar] com auréola. **Ex.** Os pintores modernos não costumam ~ as imagens dos santos. **2** Adquirir [Cobrir(-se) de] prestígio/glória. **Ex.** O/A atleta aureolou-se com a conquista da medalha de ouro. **3** *adj 2g* Que tem a forma de [se assemelha a] auréola. **Comb.** *Adorno* [Enfeite] ~. *Clarão* ~.

auri¹- *elem de formação* (<lat *aurum,i*) Exprime a ideia de ouro, por ex. *aurífero, auricolor*.

auri²- *elem de formação* (<lat *áuris,is*: orelha, ouvido) Exprime a ideia de orelha; ⇒ ~forme.

auricerúleo, a *adj* (<auri-+cerúleo) Que tem a cor dourada e azulada.

auricolor *adj 2g* (<auri-+-color) Da cor do ouro/Dourado(+). **Comb.** Fitas e laços [Enfeites] ~es. Raios [Reflexos] ~es.

aurícula *s f* (<lat *aurícula,ae* <dim de *auris, is*: ouvido, orelha) **1** *Anat* Cada uma das cavidades superiores do coração que recebem de todas as partes do corpo o sangue trazido pelas veias. **Ex.** Das ~s o sangue passa aos ventrículos respe(c)tivos. O coração dos peixes tem apenas uma ~. **2** *Anat* ⇒ Pavilhão auricular/do ouvido/Orelha. **3** *Bot* Prolongamento em forma de orelha situado no pecíolo ou na base do limbo. **4** ⇒ obje(c)to/saliência em forma de orelh(inh)a.

auriculado, a *adj Bot* (<aurícula 3+-ado) Provido de aurícula. **Comb.** Folha ~a.

auricular *adj 2g/s m* (<aurícula 2/1+-ar²) **1** Relativo ao ouvido/à orelha/à escuta. **Comb.** *Músculos* ~*es*. *Pavilhão* ~. *Testemunha* ~. **2** Relativo à aurícula **1**. **Comb.** *Cavidade* ~. **3** *s m* Dispositivo que serve para adaptar um aparelho «rádio/gravador» ao ouvido/Auscultador «do médico». **Loc.** Colocar os ~es (nos ouvidos).

auriculoventricular [atrioventricular] *adj 2g Anat* (<auricular+ventricular) Que pertence simultaneamente à aurícula e ao ventrículo. **Comb.** Orifício [Válvula] ~.

aurífero, a *adj* (<auri-+-fero) Que contém ouro. **Comb.** Aluviões [Minas] ~*os/as*.

aurífice *s 2g* (<lat *auríflex,ícis*) O que trabalha o ouro/Ourives(+). **Comb.** Um ~ especializado em filigrana.

aurifícia *s f* (<aurífice+-ia) Arte de ourives/Ourivesaria(+). **Comb.** Empresa de ~.

aurífico, a *adj* (<lat *aurificus,a,um*) Que contém [Da cor do] ouro. **Comb.** *Brilho* ~. *Escórias* [Resíduos] ~*as/os*.

auriflama *s f* (<auri-+flama) **1** *Hist* Bandeira vermelha com reflexos dourados que os reis de França, na Idade Média, levavam para a guerra. **2** ⇒ Bandeira/Pendão.

auriforme *adj 2g* (<lat *auri²-+-forme*) Que tem a forma de orelha.

aurifulgente *adj 2g* (<auri¹-+fulgente) Que brilha como o ouro.

auriga *s m* (<lat *auríga,ae*) **1** Cocheiro [Condutor de cavalos] das antigas quadrigas romanas. **2** *Maiúsc Astr* Constelação boreal [Cocheiro] com 13 estrelas.

auriginoso, a (Ôso, Ósa, Ósos) *adj* (<lat *auriginósus,a,um*) Que tem a cor do ouro/Amarelado. **Comb.** Febre ~a [acompanhada de icterícia].

auriluzente *adj 2g* (<auri¹-+luzente) ⇒ aurifulgente.

auriluzir *v int* (<auri¹-+luzir) Brilhar como o ouro.

auripigmento *s m Min* (<auri¹-+pigmento) Mineral constituído por sulfureto de arsé[ê]nio. **Ex.** O ~ usa-se como pigmento amarelo e na preparação de peles.

auripurpúreo, a *adj* (<auri¹-+purpúreo) Da cor do ouro e da purpúra.

auriverde *adj 2g* (<auri¹-+verde) Que é amarelo e verde. **Ex.** A bandeira do Brasil é ~.

aurívoro, a *adj* (<auri¹-+-voro) **1** Que devora ouro. **2** *fig* Dissipador/Perdulário/Gastador.

aurora *s f* (<lat *auróra,ae*) **1** Claridade que precede o nascer do dia. **Loc.** Ao romper da ~. **Comb.** *Geog* ~ *austral* [do polo sul]. ~ *boreal* [do polo norte]. **2** *fig* Primeiras manifestações de alguma coisa/Começo/Início. **Ex.** O nascimento de Jesus Cristo foi a ~ dum tempo novo. **Comb.** A ~ [O dealbar/O despontar] da vida [A infância].

auror(e)al *adj 2 g* (<aurora+-al) Relativo à aurora/às auroras polares. **Comb.** *Claridade* ~. *Estrutura* ~.

auscultação [ausculta] *s f* (<auscultar) **1** *Med* Escuta dos ruídos internos do organismo dire(c)tamente pelo ouvido ou por meio do estetoscópio. **Comb.** ~ do coração [dos pulmões]. **2** Procura de conhecimento duma opinião/Pesquisa/Sondagem. **Comb.** ~ [Sondagem(+)] *da opinião pública* «sobre a a(c)tuação do governo». ~ *dos trabalhadores* [delegados sindicais].

auscultador, ora *adj/s* (<auscultar+-dor) (O) que ausculta. **Ex.** Para a sondagem, foram efe(c)tuadas entrevistas telefó[ô]nicas por ~oras (femininas) e por ~ores (masculinos). **Comb.** Aparelho ~. **2** *s m* Aparelho que se ajusta ao ouvido para escutar. **Comb.** ~ de telefone. ⇒ estetoscópio; auricular; audiofone.

auscultar *v t* (<lat *auscúlto,áre*) **1** *Med* «o médico» Ouvir dire(c)tamente ou com o auxílio de aparelhos os sons/ruídos do interior do organismo/Fazer auscultação. **Ex.** O médico auscultou-lhe o tórax mas não lhe encontrou [dete(c)tou] nada de anormal. **2** *fig* Procurar saber a opinião/Indagar/Sondar. **Ex.** Os delegados sindicais auscultaram os trabalhadores sobre a oportunidade duma greve.

ausência *s f* (<lat *absêntia,ae*) **1** Afastamento temporário do lugar de permanência [residência/emprego] habitual. **Ex.** Chegaste [Chegou]?! Ainda não tinha dado pela [reparado na] tua [sua] ~ (de casa). Os filhos sentiram muito a ~ do pai. **2** Não [Falta de] comparência. **Ex.** O jogo «de futebol» não pôde realizar-se por [não comparência(+)] do árbitro. **Comb.** ~ [Falta] às aulas. **3** Período de tempo em que se está ausente. **Ex.** Depois duma ~ prolongada por motivo de doença, retomou o trabalho. Na ~ do chefe, o encarregado assume a responsabilidade da oficina. **4** *Dir* Desaparecimento de alguém da sua

morada com a consequente impossibilidade de ser conta(c)tado. **Ex.** A ~ do arguido impediu a sua notificação para prestar declarações. **5** Falta/Carência. **Ex.** A ~ de cauda é uma das características dos (batráquios) anuros. **Comb.** ~ de gravidade. **6** *Psic* Suspensão transitória, por vezes momentânea, da consciência. **Ex.** A ~ (mental) pode ser sintoma de epilepsia leve.

ausentar-se *v t* (<lat *abséntо,are*<*ábsum, abésse,áfui,afutúrum*) **1** Deixar temporariamente o lugar onde se está [devia estar]/Afastar-se/Sair. **Ex.** O chefe não está [não se encontra aqui] porque se ausentou para ir ao Banco. Vou ~-me de casa por uns momentos para ir tomar (um) café. **2** Ir(-se) para longe/Partir. **Ex.** Muitos «africanos» têm que se ~ dos seus países [têm de emigrar(+)] para melhorar a [as condições de] vida. **3** Ficar momentaneamente distraído/desatento/Alhear-se. **Ex.** É bom aluno, mas às vezes ausenta-se [fica absorto(+)/alheado/distraído] e nem sequer dá por que falam com ele [e nem sabe que estão a falar com ele].

ausente *adj/s 2g* (<lat *ábsens,éntis*) **1** (O) que não está no [se afastou do] lugar onde dev(er)ia estar. **Ex.** O empregado está ~ porque anda [está] em serviço externo. Os ~s vão ser avisados, por escrito, da nova data da reunião. **Comb.** ~ da aula [de casa]. **Ant.** Presente. **2** Que está distante/saiu para longe/Afastado. **Ex.** O marido da Rosa esteve muitos anos ~ no estrangeiro. **3** Que falta/não existe/não se verifica. **Ex.** Naquela família as boas maneiras sempre estiveram ~s. **4** Que revela falta de atenção/Distraído/Absorto. **Loc.** Ter um ar ~ [absorto(+)/distante(o+)/lunático].

áuspice [harúspice] *s m* (<lat *áuspex/haruspex,ícis*) ⇒ áugure.

auspiciador, ora *adj/s* (<auspiciar+-dor) (O) que auspicia/De bom auspício/augúrio. **Comb.** Sinal ~ de bom tempo.

auspiciar *v t* (<auspício+-ar¹) Fazer auspício/Augurar(+)/Prognosticar/Indiciar. **Ex.** O tempo tem (de)corrido de molde [maneira/feição] a ~ [fazer prever] boas colheitas. A vida faustosa (que leva) acima das suas posses auspicia-lhe um fim triste.

auspício *s m* (<lat *auspícium,ii*) **1** Previsão [Predição] do futuro a partir da observação (do canto, voo, maneira de comer, …) das aves/Augúrio(+). **Ex.** Na antiga Roma, os ~s eram tomados pelos áugures. **2** Sinal do que vai [está para] acontecer/Presságio/Agou[oi]ro. **Comb.** Bom [Mau] ~. **3** *s m pl* Prote(c)ção/Patrocínio. **Ex.** Obter um emprego sob os ~s de alguém importante. Pedi os seus «do rei» ~s para a realização dum evento cultural.

auspicioso, a (Ôso, Ósa, Ósos) *adj* (<auspício+-oso) De bom augúrio/Esperançoso/Favorável/Prometedor. **Ex.** Um aluno inteligente e trabalhador tem à sua frente [pode esperar] um futuro ~. **Comb.** Época ~a para montar um negócio.

austenite/a *s f* (<antr *William Austen* (1843--1902)+-ite/a) Solução sólida de carbono em ferrite/a. **Ex.** A ~ ocorre em aços com elevado teor de carbono. ⇒ cementite/a; martensite/a.

austenítico, a *adj* (<austenite/a+-ico) Que contém austenite. **Comb.** Aços ~s.

austeridade *s f* (<lat *austéritas,átis*<gr *austerós,á,ón*: seco, rude, acre) **1** Qualidade do que é austero/Severidade para consigo próprio/Frugalidade. **Ex.** Os eremitas viviam [optavam por] uma vida de ~. **2** Grande rigor nos princípios/na disciplina/Falta de tolerância. **Loc.** Educar alguém com [na] ~. **3** Contenção de gastos por falta de meios/Comedimento/Rigor/Disciplina. **Comb.** Tempo de ~. **4** Qualidade do que é despido de ornatos/enfeites. **Comb.** Arquite(c)tura simples [de grande ~].

austerismo *s m* (<austero+-ismo) Excesso de austeridade.

austero, a *adj* (<gr *austerós,a,on*) **1** Que pratica a austeridade/Que tem carácter severo/Que é muito rigoroso consigo próprio. **Comb.** Juiz ~ [intransigente/severo]. Pessoa de vida ~a. **2** Rígido/Férreo/Inflexível/Intolerante. **Comb.** Educação [Disciplina] ~a. **3** Que é penoso para os sentidos/Árduo/Duro. **Comb.** Trabalho [Profissão] ~o/a. **4** Ríspido/Áspero/Desabrido. **Comb.** Tom de voz ~. **5** Sem enfeites/Simples/Sóbrio. **Comb.** Cores ~as. *Estilo* (arquite(c)tó[ô]nico) ~.

austinado, a *adj* (<tino) ⇒ desaustinado.

austral *adj 2g/s m* (<lat *austrális,e*) **1** Do sul/Meridional. **Comb.** *Aurora* (polar) ~. *Hemisfério* ~ [sul(+)]. *Vento* ~ [sul(+)]. **2** *s m Econ* Unidade monetária da Argentina desde junho de 1985. **Ex.** O ~ equivalia a 1000 pesos quando substituiu esta moeda.

Australásia *s f* (<Austrália+Ásia) Região do hemisfério sul formada pela Austrália, Tasmânia e Nova Zelândia. **Ex.** Os países da ~, muito diferentes entre si, foram povoados quase exclusivamente por ingleses e têm uma evolução política comum. **Sin.** Oceâ[a]nia(+).

Austrália *s f Geog* Enorme país do hemisfério sul, entre os oceanos Índico e Pacífico, ao qual pertence a ilha Tasmânia e cuja capital é Camberra. ⇒ australiano.

austrália *s f Bot* (<Austrália) Árvore da flora australiana, da família das leguminosas (*Acácia melanoxylon*, Brown), de folhas persistentes reduzidas a um pecíolo laminar. **Ex.** A ~ é cultivada em Portugal para aproveitamento da madeira. **Sin.** Acácia--preta. ⇒ acácia; mimosa.

australiano, a *adj/s* (<Austrália+-ano) Relativo à [Natural da] Austrália. **Ex.** Os ~s de origem europeia concentram-se nas grandes cidades do litoral. A língua dos ~s é o inglês. **Comb.** Fauna «canguru, coala» [Flora «acácia, eucalipto»] ~a.

australopiteco *s m Pal* (<austral+gr *píthekos*: macaco) Hominídeo fóssil que viveu nos primeiros tempos do Quaternário, de pequeno tamanho, descoberto na África Austral em 1925 por Dart.

Áustria *s f Geog* (<al *Österreich*: império oriental) República democrática da Europa Central, capital Viena, que fez parte do Império Austro-Húngaro. A língua oficial é o alemão e a religião predominante é a católica.

austríaco, a *adj/s* (<Áustria+-aco) Relativo à [Natural ou habitante da] Áustria. **Ex.** Os ~s são grandes [bons] apreciadores de música. **Comb.** Folclore ~.

austro *s m* (<lat *áuster,tri*) **1** Vento (do) sul. **2** O sul/Região meridional.

austro-¹ *elem de formação* (<lat *áuster,tri*) Exprime a noção de meridional ou do sul. **Comb.** ~ africano. ⇒ sul-africano. Línguas ~[sul]-asiáticas.

austro-² *elem de formação* (<top Áustria ou Austrália) Exprime a ideia de austríaco ou australiano.

austro-africano, a *adj* (<austro-²+...) Relativo à Austrália [Áustria] e à África.

austro-húngaro, a *adj* (<austro-²+...) **1** Relativo ao império formado pela Áustria e pela Hungria. **2** Da Áustria e da Hungria.

austromancia *s f* (<austro+ gr *manteía,as*: adivinhação) Adivinhação por observação dos ventos.

austronésio, a *adj/s* (<austro¹-+gr *nésos,ou*: ilha) (O) que é das ilhas do sul do oceano Pacífico. ⇒ Polinésia.

autarca *s 2g* (<gr *autarkés*: que se basta a si próprio) **1** O que governa uma autarquia/Edil. **Comb.** ~ *da junta de freguesia*. ~ *municipal*. *Encontro de* ~s [Presidentes da Câmara/Prefeitos] *de várias regiões*. **2** O que se governa a si próprio/que pratica a autarcia. **Ex.** É um escritor não só autodida(c)ta mas também ~: fez-se (alguém) (só) por ele.

autarcia *s f* (<gr *autárkeia,as*) **1** Estado [Sociedade] que se basta a si mesmo/a. **2** Autossuficiência(+) individual ou social. ⇒ autocracia.

autarquia *s f* (<gr *autarkhía,as*: poder absoluto) **1** *Fil* Ideal subje(c)tivo de procura do autogoverno tanto na vida individual como na vida do Estado. **Ex.** A ~ pressupõe o aperfeiçoamento subje(c)tivo que é depois transposto para a realidade externa. **2** *Dir* Faculdade conferida a certas pessoas jurídicas de direito público de se administrarem com autonomia através da a(c)tividade administrativa da mesma natureza que a do Estado. **3** Entidade territorial e administrativa dotada de órgãos representativos autó[ô]nomos/Autonomia administrativa. **Ex.** Os municípios e as freguesias são ~s locais.

autárquico, a *adj* (<autarquia+-ico) Relativo à autarquia. **Comb.** *Administração* ~a. *Contribuição* ~a. *Eleições* ~as.

autêntica *s f* (<autêntico) **1** Certidão [Atestado] de veracidade comprovada/Documento autenticado. **2** *Hist rel* Testemunho fidedigno passado pela autoridade competente confirmando a autenticidade das relíquias dos santos. **Ex.** A ~ deve levar a assinatura e o selo da autoridade competente «bispo do lugar». **3** *s f pl Dir* Conjunto das 134 constituições justinianas (*Authenticum* ou *Liber authenticorum*<*Authenticae seu Novellae Constitutiones*)/Cole(c)ções jurídico-canó[ô]nicas aprovadas pelo legislador.

autenticação *s f* (<autenticar+-ção) **1** A(c)to pelo qual um documento é reconhecido como verdadeiro. **Ex.** Uma fotocópia dum documento pode substituir o original se tiver a ~ do notário. **2** Reconhecimento da veracidade/Certificação. **Comb.** ~ por abonação (testemunhal).

autenticador, ora *adj* (<autenticar+-dor) Que autentica. **Ex.** O selo branco é um sinal ~ de documentos oficiais.

autenticado, a *adj* (<autenticar+-ado) Reconhecido [Certificado] como verdadeiro. **Comb.** Documento [Fotocópia] ~o/a.

autenticar *v t* (<autêntico+-ar¹) **1** Garantir que é verdadeiro/Certificar. **Loc.** ~ [Reconhecer(+)] *a assinatura* no notário. ~ *um documento*. **2** Conferir autenticidade/Tornar autêntico. **Ex.** O selo branco autentica o certificado [a declaração].

autenticidade *s f* (<autêntico+i+-dade) **1** Qualidade daquilo que é autêntico/verdadeiro. **Loc.** Verificar a ~ dum documento [duma obra de arte]. **2** Qualidade do que é feito [dito] com verdade/sinceridade/Veracidade. **Comb.** ~ *de vida*. ~ *dum depoimento*. ~ [Genuinidade] *dum produto* «regional». **Ant.** Falsidade.

autêntico, a *adj* (<gr *authentikós,é,ón*: que tem poder ou força absolutos; ⇒ autêntica) **1** Reconhecido oficialmente como verdadeiro. **Comb.** *Assinatura* ~a. *Documento* «testamento» ~. **2** Verídico/Real/

Fidedigno. **Ex.** O que acabo de contar é ~, aconteceu comigo. **3** Que não é falsificado/Genuíno/Original. **Comb. Uma amizade ~a** [sincera/verdadeira/genuína]. **Um brasileiro** [português] **~**. **Um quadro** [Uma pintura] **~o/a** [original] «de Portinari/Grão Vasco». **Vinho do Porto ~**. **4** Que se aproxima do modelo perfeito/acabado/ Que tem todas as características daquilo que se menciona. **Ex.** O meu marido faz uns petiscos deliciosos; é um ~ [verdadeiro] cozinheiro! O garoto [pequeno/moço] a trepar às árvores é um ~ [perfeito] macaco!

autígeno, a [autigénico/Br antigênico, a] adj Geol (<gr authigenés,és,és: indígena, aqui gerado) Diz-se de componente(s) de rocha originado(s) no próprio lugar em que se formou a rocha mãe. **Ex.** A alteração das rochas ígneas dá origem a minerais ~s. ⇒ alogé[ê]nico; alotígeno.

autismo s m Psiq (<gr áutos: de si mesmo+ -ismo) Patologia mental caracterizada pelo alheamento da realidade exterior e concentração em si mesmo. **Ex.** O termo ~ foi criado pelo suíço E. Bleuler para designar a evasão da realidade.

autista s/adj 2g Psiq (<gr autós: de si próprio+-ista) (O) que sofre de [Relativo ao] autismo. **Ex.** Os ~s podem ser a(c)tivos ou passivos, conforme respe(c)tivamente sobrevalorizam ou infravalorizam o eu. **Comb. Comportamento ~/autístico. Fenó[ô]meno ~**.

auto¹ s m (<lat actus,us: movimento, a(c)ção, impulso, representação duma peça teatral<ágo,ere,áctum: pôr em movimento; ⇒ ~ de fé) **1** Teat Gé[ê]nero dramático cultivado em Espanha e Portugal no fim da Idade Média e durante os séc. XVI e XVII. **Ex.** Gil Vicente, em Portugal, e Juan del Encina, em Espanha, foram os patriarcas do ~. **Idi. Não estar pelos ~s** [Não concordar]. **Comb.** ~ **sacramental** [Gé[ê]nero dramático religioso que surgiu na evolução do ~ sacro e alegórico de Gil Vicente]. **2** Dir Documento oficial escrito que regist(r)a determinado a(c)to ou uma ocorrência. **Loc. Levantar um ~. Comb.** ~ **de notícia** [Denúncia feita obrigatoriamente pelo agente da autoridade quando em presença de flagrante delito]. **3** Dir Documento oficial assinado pelo juiz e pelo funcionário que o lavrou [escreveu] para dar notícia ou fazer prova de fa(c)tos judicialmente relevantes. **Loc. Constar dos ~s** (do processo). **Ler os ~s**.

auto² s m/adj 2g sing e pl (<automóvel) Abreviatura de automóvel//Relativo a automóvel ou a viaturas automóveis. **Comb. Escola de condução ~. Mecânica ~. Oficina ~**.

auto-¹ elem de formação (<gr autós: de si próprio) Exprime a noção de próprio: autobiografia, autocolante, autocrítica, autodeterminação, autonomia, ...

auto-² elem de formação (<gr autós: de si próprio) Exprime a ideia de automóvel: autocarro, autódromo, ...

autoacusação (Tò) s f (<auto-¹+...) **1** A(c)to de imputar a si mesmo a culpa de a(c)ção reprovável/Rel Confissão dos próprios pecados. **Ex.** O arguido reconheceu-se culpado e fez a ~ do [e confessou o(+)] crime. A ~ é uma das partes essenciais do sacramento da penitência. **2** Psiq Perturbação que consiste em culpabilizar-se a si próprio, podendo até acusar-se de delitos que não cometeu. **Ex.** A ~ observa-se principalmente nos melancólicos e nos histéricos.

autoadesivo adj/s m ⇒ autocolante.

autoajuda (Tò) s f (<auto-¹+...) **1** A(c)to que consiste na utilização das próprias capacidades (físicas/mentais/morais) para alcançar um obje(c)tivo ou resolver uma dificuldade. **Ex.** A ~ para vencer a crise veio-lhe da fé e da grande força de vontade. **2** Conjunto de orientações e conselhos que têm por fim possibilitar essa prática.

autoanálise (Tò) s f (<auto-¹+...) A(c)to de se analisar a si próprio/Introspe(c)ção. **Ex.** A ~ é importante para o conhecimento da própria personalidade.

autoavaliação (Tò) s f (<auto-¹+...) A(c)to de se avaliar a si próprio/Autoanálise. **Ex.** Os alunos fizeram ~ na disciplina de matemática.

autobiografia (Tò) s f (<auto-¹+...) Narração da vida de alguém escrita pelo próprio. **Ex.** A ~ pode apresentar-se de vários modos: memórias, diários, confissões, apologias, ...

autobiográfico, a (Tò) adj (<autobiografia+-ico) Relativo à autobiografia. **Comb. Romance ~**.

autobiógrafo, a (Tò) s (<auto-¹+biógrafo) Autor da própria biografia.

autobomba (Tò) s f (<auto-²+...) Veículo automóvel equipado com bomba para o serviço de incêndios.

autocarro (Tò) s m (<auto-²+...) Grande veículo automóvel para transporte cole(c)tivo de passageiros/Ônibus. **Ex.** Para grandes [longas(+)] viagens, prefiro o comboio [trem] ao ~ [à camioneta/e] porque é mais có[ô]modo/a e menos poluente.

autocatálise (Tò) s f Quím (<auto-¹+...) Catálise em que o catalisador é um dos produtos da rea(c)ção química.

autocefalia (Tò) s f Hist Rel (<auto-¹+-cefalia) Independência e autonomia das Igrejas Orientais [Ortodoxas] (Constantinopla, Alexandria, Antioquia; Rússia, ...) em relação ao Pontífice Romano. **Ex.** Apesar da ~, as Igrejas Ortodoxas mantêm-se unidas na fé e nos sacramentos à Igreja Católica Romana.

autocéfalo, a (Tò) adj/s (<auto-¹+-céfalo) **1** Que se governa a si próprio/Autónomo/ Independente. **Comb. Igreja** (oriental) **~a. Província ~a**. **2** s m Bispo grego fora da jurisdição do patriarca.

autocensura (Tò) s f (<auto-¹+ ...) Exame crítico [Censura] (que se é) feito/a a si próprio. **Ex.** Numa atitude de ~ cortou algumas frases ao discurso que ia proferir na tomada de posse.

autochina s m Teat Chin (Macau) (<auto-¹ ...) Representação tradicional chinesa de histórias mitológicas acompanhada de tantãs e representada ao ar livre/Ópera chinesa.

autocinese [autocinesia] (Tò) s f (<gr autokinesía,as) Propriedade que tem a matéria [um ente] de se mover a si próprio. **Ex.** Nos seres vivos, a ~ pode ser espontânea (causada pelos reflexos condicionados) ou livre (originada pelo sistema neuropsíquico).

autoclástico, a (Tò) adj Geol (<auto-¹+...) Diz-se das rochas transformadas em brechas por a(c)ções mecânicas no próprio lugar em que existiam.

autoclave (Tò) s (<auto-¹+lat clavis: chave) Recipiente hermético próprio para aquecimento sob vapor a pressão e temperatura elevadas. **Ex.** Os ~s são utilizados em operações de cozedura, esterilização e como rea(c)tores químicos a pressões e temperaturas elevadas.

autóclise s f (<auto-¹+gr klýsis: lavagem) Seringa de ja(c)to permanente que serve para dar clisteres a si próprio.

autoclismo (Tò) s m (<auto-¹+gr klýsis: lavagem+-ismo) Reservatório de enchimento automático colocado sobre a sanita ou mictório para descarga da água de lavagem. **Loc.** Puxar o [Carregar no] ~.

autocolante (Tò) adj/s 2g (<auto-¹+...) (O) que tem num dos lados substância adesiva que adere sem ser humedecido/Autoadesivo. **Ex.** Só podia participar na reunião quem tivesse o ~ de identificação. **Comb. Etiqueta ~**.

autocolimador, ora adj/s m (<auto-¹+...) Instrumento que serve para medir com precisão pequenas variações na inclinação duma superfície refle(c)tora. **Comb. Luneta ~ora. Telescópio ~**.

autocombustão (Tò) s f (<auto-¹+...) Combustão espontânea duma substância. **Loc.** Entrar em ~. **Comb.** Processo de ~.

autocomiseração (Tò) s f (<auto-¹+...) Sentimento de compaixão por si mesmo.

autocomplacência (Tò) s f (<auto-¹+...) A(c)to de se comprazer a si mesmo/Condescendência consigo próprio. **Loc.** Compensar os fracassos com ~. Possuir ~. ⇒ autossatisfação.

autocomplacente (Tò) adj 2g (<auto¹-+ ...) Satisfeito consigo mesmo/Acomodado.

autocondução (Tò) s f (<auto-¹+...) **1** A(c)to de se conduzir a si próprio. **2** Ele(c)tri Indução elé(c)trica em corpos vivos por meio de correntes alternadas de alta frequência.

autoconfiança (Tò) s f (<auto-¹+...) Sentimento de confiança em si próprio/nas suas capacidades. **Ex.** O excesso de ~ é muitas vezes prejudicial. **Loc.** Ter [Não ter/ Faltar«-lhe»] ~.

autoconfiante (Tò) adj 2g (<autoconfiar+ -ante) Que confia em si mesmo/Que tem autoconfiança/Seguro. **Ex.** Foram para o jogo ~s [muito convencidos(+)] da sua superioridade e acabaram (por ser) derrotados.

autoconfiar (Tò) v int (<auto-¹+...) Confiar em si mesmo/nas suas capacidades.

autoconsciência (Tò) s f Fil (<auto-¹+...) Consciência de si próprio e dos seus a(c)tos/Formalização consciente da vida psíquica. **Ex.** A ~ [reflexão] permite-me tomar consciência de que existo e que existem outras realidades fora de mim.

autocontrole/o (Tò) s m (<auto-¹+...) Controle/o de si mesmo/Autodomínio/ Contenção. **Ex.** O ~ evita comportamentos impulsivos [irrefle(c)tidos].

autocracia (Tò) s f (<gr autokráteia,as) Exercício da soberania por direito próprio sem limitações/Poder absoluto/Despotismo. **Ex.** O Império Romano, governado por imperadores que se diziam deuses, era uma ~. ⇒ democracia.

autocrata (Tò) s/adj 2g (<gr autokratés,es, es) (O) que tem poder autocrático/Soberano absoluto. **Comb. Governante ~**. ⇒ ditador; déspota.

autocrático, a (Tò) adj (<autocrata+-ico) Que é autocrata/Relativo à autocracia/ao autocrata/Autoritário/Prepotente. **Comb. Atitude** [Comportamento] **~a/o. Poder ~**. ⇒ ditatorial; despótico.

autocrítica (Tò) s f (<auto-¹+ ...) Crítica que se faz a si próprio ou às suas obras/Exame de consciência. **Ex.** Os protestos do povo obrigaram o governo a fazer a ~ da sua governação [a sua ~].

autocrítico, a (Tò) adj (<auto-¹+...) Que se critica a si próprio/Que pratica a autocrítica. **Comb. Apreciação** [Exame] **~a/o**.

autóctone adj/s 2g (<gr autókhthon,on) **1** (O) que é originário da região onde habi-

ta. **Comb.** Os ~s do Tibete/da Amazó[ô]nia. **2** Que pertence a determinada zona geográfica onde teve origem. **Comb.** *Espécies* «botânicas» ~*s*. *Línguas* ~*s*. *Rochas* ~*s*.

autodecomposição (Tò) *s f* (<auto-¹+...) Decomposição lenta sem intervenção doutros agentes além dos atmosféricos. **Loc.** Entrar em ~ [Deteriorar-se].

auto de fé *s m Hist* **1** Leitura pública da sentença nos processos da Inquisição (com a aplicação da sanção de pena de morte pelo fogo por crimes de heresia). **Ex.** A execução das sentenças de morte não era feita no lugar do ~ mas em lugar diferente [próprio] nas imediações da povoação. **2** *fig* ⇒ queima/destruição «de tudo o que podia ser mau para os filhos».

autodefesa (Tò) *s f* (<auto-¹+...) **1** A(c)to de se defender por seus próprios meios. **Ex.** Os cágados, quando pressentem o perigo, recolhem-se na carapaça em ~. **2** *Mil* Defesa duma povoação [instituição/empresa] assegurada pelos próprios habitantes/empregados. **Comb.** ~ duma cidade. Forças [Exército] de ~ «do Japão».

autodestruição (Tò) *s f* (<auto-¹+...) A(c)to de destruir-se a si próprio/Aniquilamento pessoal. **Ex.** O vício do álcool [da droga] pode levar à ~.

autodestrutivo, a (Tò) *adj* (<auto-¹+...) Que se destrói a si mesmo. **Comb.** Poder ~. ⇒ contraproducente.

autodeterminação (Tò) *s f* (<auto-¹+...) **1** A(c)to de decidir por si próprio/Escolha livre das suas opções. **Ex.** Os pais reconheceram-lhe ~ [liberdade(+)] total na escolha do curso. **2** Escolha livre dum povo, por sufrágio dire(c)to e universal, do futuro estatuto político. **Comb.** Direito de [à] ~. Independência obtida por ~ do povo.

autodidata (Tò) *adj/s* [= autodidacta] (<gr *autodídaktos,os*) (O) que aprende [se instrui] por si próprio sem ajuda de mestres. **Ex.** Ele é um grande historiador, mas [e é] ~! **Comb.** *Artista* ~. *Escritor* ~.

autodidática [**autodidatismo**] (Tò) *s f* [*m*] [= autodidáctica] (<autodidata+-ica [ismo]) Processo de aprendizagem sem auxílio de outrem.

autodidático, a (Tò) *adj* [= autodidáctico] (<autodidata+-ico) Relativo a autodidata. **Comb.** Formação ~a.

autodinâmico, a *adj* (<auto¹-+...) Que se move por si (próprio). ⇒ automotor.

autodisciplina (Tò) *s f* (<auto-¹+...) Regras [Disciplina] impostas/a a si próprio para dominar os seus impulsos/para se controlar. **Ex.** A ~ na alimentação é indispensável para uma boa saúde.

autodomínio (Tò) *s m* (<auto-¹+...) Capacidade de dominar os seus impulsos e de agir racionalmente/Autocontrole/o. **Ex.** Foi insultado mas teve ~ suficiente para não responder da mesma maneira [*idi* na mesma moeda].

autódromo *s m (D)esp* (<auto-²+gr *drómos*: recinto para corridas) Local destinado ao desporto [esporte] automóvel (Corridas de automóvel e de veículos motorizados). **Ex.** O ~ engloba as pistas e as instalações sociais: escritórios, restaurante, balneários, etc.

autoeducação (Tò) *s f* (<auto-¹+...) Educação feita pelo próprio sem o auxílio de orientadores ou com orientação de alguém mas adquirindo conhecimentos e progredindo à custa do próprio esforço. **Ex.** Adquiriu boas maneiras apenas com ~. ⇒ autodida(c)ta.

autoescola *s f* (<auto-²+...) ⇒ Escola de condução(+) de veículos automóveis.

autoestima (Tò) *s f* (<auto-¹+...) Sentimento de apreço por si próprio e pela sua dignidade. **Ex.** O elogio do professor fez aumentar a ~ do aluno e ajudou-o a ganhar confiança nas suas capacidades.

autoestrada (Tò) *s f* (<auto-²+...) Estrada exclusiva para veículos automóveis, própria para circular a velocidades elevadas, com pistas independentes para [em] cada sentido, sem cruzamentos e com acesso condicionado. **Ex.** Em algumas ~s a circulação está sujeita ao pagamento de portagem [*Br* pedágio].

autoexcitação *s m Ele(c)tri* (<auto-¹+...) Excitação com a corrente produzida pela própria máquina [pelo dínamo].

autoexcitadora [**autoexcitatriz**] *s f Ele(c)tri* (<auto-¹+...) Máquina que gera corrente contínua e alternada sendo a excitação produzida por rotação. ⇒ dínamo; gerador elé(c)trico.

autofagia (Tò) *s f* (<auto-¹+-fagia) **1** Nutrição a partir da própria carne. **2** *Biol* Autodestruição das células [dum tecido] pelas suas próprias enzimas hidrolisantes.

autofágico, a *adj* (<autofagia+-ico) Relativo à autofagia/ao autófago. **Comb.** Processo ~.

autófago, a *s* (<auto-¹+-fago) O que se mantém à custa da própria substância/que se autoconsome.

autofecundação (Tò) *s f* (<auto-¹+...) Fecundação realizada por gâmetas do mesmo indivíduo. **Ex.** A ~ dá-se em flores e animais hermafroditas.

autofilia (Tò) *s f* (<auto-¹+-filia) Amor exagerado [patológico] por si mesmo/Egolatria(+). ⇒ narcisismo.

autofinanciamento (Tò) *s m Econ* (<auto-¹+...) Financiamento efe(c)tuado apenas com recursos próprios. **Ex.** O ~ pode ser realizado à custa do capital próprio ou dos lucros [dividendos não distribuídos].

autofinanciar (Tò) *v t* (<auto-¹+...) Praticar o autofinanciamento/Financiar-se uma empresa com recursos próprios. **Ex.** As pequenas empresas dificilmente se podem ~.

autoflagelação (Tò) *s f Hist* (<auto¹-+...) A(c)ção de se flagelar/atormentar/penitenciar «com flagelo ou disciplina».

autogamia *s f* (<autógamo+-ia) ⇒ autofecundação.

autógamo, a *adj Biol Bot* (<auto¹-+-gamo) Que se reproduz por autogamia.

autogéneo, a [*Br* **autogêneo**] (Tò) *adj* (<auto¹-+-gé[ê]neo) **1** Que se gera a si próprio. **Comb.** Soldadura ~a [realizada pela fusão das partes que se querem ligar]. **2** *Bot* Diz-se de bolbo que dá folhas antes de ser metido na terra. **Comb.** Bolbo ~ «do narciso».

autogénese [*Br* **autogênese**] (Tò) *s f Biol* (<auto-¹+...) Reprodução em que intervém apenas um indivíduo/Geração espontânea. **Ex.** A partenogé[ê]nese e o hermafroditismo suficiente são processos de ~.

autogenético, a (Tò) *adj* (<autogé[ê]nese+-ico) Relativo à autogé[ê]nese. **Comb.** Reprodução ~a.

autógeno, a *adj* ⇒ autogé[ê]neo.

autogestão (Tò) *s f* (<auto-¹+...) Gestão feita pelos próprios geridos/Administração duma empresa pelos próprios trabalhadores. **Comb.** Empresa em ~.

autogiro *s m Aer* (<auto-¹+...) Aeronave dotada de uma hélice na parte superior que lhe permite deslocar-se verticalmente. **Ex.** Os ~s foram substituídos [ultrapassados] pelos helicópteros.

autognose *s f Psic* (<gr *autognósis,eos*) Conhecimento (de si) próprio(+).

autografar *v t* (<autógrafo+-ar¹) **1** Assinar pelo próprio punho/Dar um autógrafo. **Ex.** Na apresentação do livro, o autor autografou muitos exemplares adquiridos pelos seus admiradores. **2** Reproduzir (um manuscrito) pelo processo de autografia.

autografia *s f* (<autógrafo+-ia) Processo de reprodução por decalque em pedra litográfica. **Ex.** Na ~, a chapa de zinco pode substituir a pedra litográfica. ⇒ zincogravura.

autográfico, a *adj* (<autógrafo+-ico) **1** Relativo à autografia. **Comb.** Papel [Tinta] ~o/a. **2** Referente a autógrafo/ao que foi escrito pela própria mão. **Comb.** Texto [Manuscrito] ~. ⇒ biográfico.

autógrafo, a *s m/adj* (<gr *autógrafos,os, on*) **1** Assinatura de pessoa em evidência [notável], recolhida por outrem. **Ex.** No lançamento do novo álbum, o artista deu uma sessão de ~s. **Comb.** Exemplar (dum livro) com assinatura ~a. **2** Texto escrito pela própria mão do autor/Original. **Ex.** No espólio do escritor «Fernando Pessoa», foram encontrados vários ~s [manuscritos(+)/originais(o+)] de poemas inéditos. A cópia da a(c)ta da reunião foi enviada em ~ a todos os sócios. **3** *Top* Aparelho que serve para desenhar automaticamente cartas geográficas a partir de duas fotografias do mesmo lugar, tiradas de pontos diferentes/Estereograma.

autogoio (Tò) *s m (D)esp* (<auto¹-+...) Gol(o) na própria baliza. **Sin.** *Br* Gol contra.

autoguiado, a *adj* (<auto-¹+...) Diz-se de engenho equipado com dispositivo que lhe permite guiar-se automaticamente.

autoimagem (Tò) *s f* (<auto¹-+...) Imagem ou ideia (que se tem) de si mesmo/próprio.

autoimunidade (Tò) *s f Med* (<auto-¹+...) Estado patológico de um organismo que consiste na rea(c)ção contra os constituintes dos próprios tecidos/Autoalergia. **Ex.** A artrite reumatoide é uma doença de ~.

autoimunização (Tò) *s f Med* (<auto-¹+...) Processo imunológico mediante o qual o organismo reage contra elementos da sua própria constituição. **Ex.** O fa(c)tor primordial que define a ~ consiste nas rea(c)ções resultantes da ligação de anticorpos com elementos autólogos [autoanticorpos].

autoindução (Tò) *s f Fís* (<auto-¹+...) Formação de correntes induzidas resultantes da variação do campo magnético criado pela corrente principal que percorre o circuito/*Self*-indução. **Comb.** Bobine/a de ~.

autoinfeção [*Br* **autoinfe(c)ção** (*dg*)] (Tò) *s f Med* [= autoinfecção] (<auto-¹+...) Infe(c)ção provocada por agentes infe(c)ciosos já existentes no organismo. **Ex.** Muitas infe(c)ções urinárias são ~ões.

autointoxicação (Ksi) *s f Med* (<auto-¹+...) Intoxicação provocada por toxinas formadas no [não eliminadas do] próprio organismo. **Loc.** Sofrer uma ~.

autolábio *s m* (<auto-¹+...) Pinça «com mola» que aperta automaticamente.

autólatra *s/adj 2g* (<autolatria) (O) que pratica o culto da própria pessoa/Relativo à autolatria. ⇒ narcisista; orgulhoso.

autolatria *s f* (<auto-¹+latria) Culto de si próprio/Excesso de amor-próprio.

autólise *s f Biol* (<auto-¹+-lise) Destruição espontânea do próprio tecido orgânico/Autodecomposição. ⇒ deterioração.

autolítico, a *adj* (<autólise+-ico) Relativo à autólise. **Comb.** Decomposição ~a.

automaca *s f* (<auto-²+...) Maca montada num veículo automóvel. **Loc.** Ser transportado em ~.

automação s f Econ (⇒ autó[ô]mato) Substituição da a(c)tividade humana por órgãos tecnológicos que executem as mesmas tarefas reduzindo o esforço e aumentando a produtividade. **Ex.** A ~ abrange não só a introdução de mecanismos, mas também a planificação e a reestruturação do trabalho.

automática s f (<automático) Ciência que trata das técnicas de automação.

automático, a adj (<autó[ô]mato+-ico) **1** Que funciona por si mesmo não necessitando de operador. **Comb.** *Comando ~. Distribuidor ~. Funcionamento ~. Piloto ~. Pistola ~a*. **Ant.** Manual. **2** Que tem movimentos de autó[ô]mato. **Comb.** *Gesto ~. Rea(c)ções ~as*. **3** Que se realiza sem intervenção de novas causas. **Comb.** *Preenchimento ~ duma vaga. Promoção ~a*. **4** s m Dispositivo que comanda o funcionamento dum sistema mecânico/elé(c)trico de forma autó[ô]noma. **Ex.** O forno não desliga; tem o ~ avariado.

automatismo s m (<autó[ô]mato+-ismo) **1** Qualidade do mecanismo capaz de prosseguir a(c)tos sucessivos de uma função após comando inicial. **Ex.** O ~ das linhas de produção dispensa a [não necessita da] presença permanente do operador. **2** Modo de realizar alguma coisa maquinalmente/A(c)tividade que, por repetição ou por hábito, se tornou automática. **Ex.** Um condutor experiente faz a maior parte dos movimentos de condução por ~. **3** *Fisiol/Psic* A(c)tividade involuntária e inconsciente de um órgão (sem intervenção do sistema nervoso central). **Comb.** O ~ da respiração [do coração].

automatização s f (<automatizar+-ção) A(c)to de introduzir o automatismo na execução de determinadas operações. **Comb.** *~ do funcionamento duma bomba de água. ~ duma linha de produção* [montagem «de carros»].

automatizar v t (<autó[ô]mato+-izar) **1** Dotar de meios que permitam o funcionamento sem intervenção dum operador/Tornar automático. **Loc.** *~ uma fábrica* [linha de produção]. **2** Substituir o trabalho humano por máquinas/Mecanizar. **Loc.** *~* [Mecanizar(+)] *a agricultura*. **3** Fazer inconscientemente/sem reflexão. **Loc.** *~ hábitos de higiene. ~ uma tarefa manual repetitiva*.

autómato [Br **autômato**] s m (<gr *autómatos,e,on*) **1** Aparelho que, movendo-se pelos próprios meios, imita os movimentos [executa tarefas] dos seres humanos/Robô. **Ex.** Na indústria, muitas tarefas penosas passaram a ser executadas por ~s. Há muitos ~s nos brinquedos modernos. **2** Aparelho que funciona por seus próprios meios. **Ex.** O relógio pode ser considerado um ~. **3** *fig* Pessoa que age maquinalmente/inconscientemente. **Ex.** Apareceu à porta em roupão, muito ensonado, parecia um ~ [sonâmbulo].

automedicação (Tò) s f Med (<auto-¹+...) Consumo de medicamentos por iniciativa própria, sem indicação do médico. **Ex.** A ~ é uma prática reprovável.

automedicar-se (Tò) v t (<auto-¹+...) Fazer a automedicação.

autometralhadora s f Mil (<auto-²+...) Viatura militar de reconhecimento, motorizada, equipada com armamento ligeiro, própria para a(c)tuar em vias de comunicação.

automobilismo s m (<automóvel (lat *móbilis*)+-ismo) **1** Conjunto de a(c)tividades econó[ô]micas ligadas ao automóvel. **Ex.** O ~ continua em expansão. Há milhões de trabalhadores dependentes do ~. **2** *(D)esp* Prática (d)esportiva ligada aos automóveis. **Ex.** As corridas da Fórmula 1 são as competições mais importantes do ~ mundial.

automobilista s 2g (⇒ automobilismo+-ista) **1** Pessoa que conduz um automóvel. **Ex.** Todos os ~s devem conduzir com prudência para evitar acidentes. **2** *(D)esp* Praticante do desporto [esporte] automóvel. **Ex.** Nas provas da Fórmula 1, o número de ~s [pilotos(+)] participantes é limitado.

automobilístico, a adj (<automobilista+-ico) Relativo ao automobilismo ou aos automóveis. **Comb.** *Indústria ~a. Receitas (fiscais) ~as. Tráfego ~*.

automorfismo s m (<automorfo+-ismo) **1** *Álg* Isomorfismo em que o domínio e o contradomínio se confundem. **2** *Psic* Tendência dum indivíduo para proje(c)tar noutrem os seus sentimentos. **Ex.** O ~ verifica-se em pessoas encerradas em si mesmas, incapazes de ter a perce(p)ção das diferenças entre si e outrem.

automorfo, a adj (<auto-¹+ gr *morphe*: forma) ⇒ idiomorfo.

automotor, ora [**automotriz**] adj (<auto-² + ...) Que se move por si próprio. **Comb.** *Aparelho ~*.

automotora s f (<automotor) Veículo de ferrovia [de caminho de ferro] com motor, semelhante a autocarro, para transporte de passageiros. **Ex.** As ~s substituíram os comboios [trens] em percursos habitualmente com poucos passageiros.

automóvel s m/adj 2g (<auto-²+móvel) **1** Veículo de quatro rodas que se movimenta com motor próprio, para transporte de pessoas e bens/Carro/Viatura. **Ex.** Há dias, vi um acidente de ~ neste mesmo lugar. Todos estes ~eis estão estacionados em transgressão [contra as leis do trânsito]. **Comb.** *~ a gasolina* [gasóleo]. *~ novo* [usado]. **2** adj Que se move pelos próprios meios. **Ex.** O tra(c)tor também é um veículo ~. **3** adj Relativo ao ~. **Comb.** *Comércio ~. Indústria ~. Parque ~*.

automutilação (Tò) s f (<auto-¹+...) A(c)to de se mutilar a si próprio. **Ex.** Praticou a ~ para receber uma inde(m)nização do Seguro.

autónimo, a [Br **autônimo**] adj/s m (<auto-¹+-ó[ô]nimo) **1** Diz-se de obra que foi publicada sob o verdadeiro nome do autor. **Comb.** *Livro* [Poema] *~*. ⇒ anó[ô]nimo. **2** s m Nome verdadeiro de um escritor/artista. ⇒ heteró[ô]nimo; pseudó[ô]nimo.

autonomeação s f (<auto-¹+...) A(c)to de se autonomear.

autonomear-se v t (<auto-¹+...) **1** Dar a si mesmo um nome/título/Autodenominar-se/Intitular-se. **Loc.** *~* [Intitular-se(+)] (grande) *perito em antiguidades*. **2** Dar a si mesmo um cargo/uma função. **Loc.** *~ chefe da delegação*.

autonomia s f (<gr *autonomía,as*) **1** Condição [Estado] do que é autó[ô]nomo/Independência. **Loc.** *Gozar de* [Ter] *~*. **2** Faculdade de estabelecer as normas pelas quais se rege. **Comb.** *~ duma escola. ~ duma região. ~ econó[ô]mica. ~ política*. **3** Direito de um povo escolher o regime político que pretende para o seu país/Autodeterminação. **Ex.** Os povos têm direito à ~. **4** Capacidade de se bastar e poder decidir por si próprio. **Ex.** Logo que começou a trabalhar deixou a [saiu da] casa dos pais e adquiriu ~. **5** Distância máxima que um veículo pode percorrer sem necessidade de reabastecimento de combustível. **Comb.** *~ de voo* «20h». (Um automóvel com) *~ superior a* «500 km».

autonómico, a [Br **autonômico**] adj (<autonomia+-ico) **1** Relativo a autonomia. **Comb.** *Leis ~as. Procedimentos ~s*. **2** Autó[ô]nomo/Independente. **Comb.** *Regime ~* [autó[ô]nomo(+)].

autonomismo s m (<autonomia+-ismo) Sistema político que defende a [luta pela] autonomia das regiões (dum país)/Separatismo. **Comb.** *~* [Separatismo(+)] *basco* (Espanha).

autonomista s/adj 2g (<autonomia+-ista) (O) que defende a [é partidário da] autonomia «da sua terra».

autonomização s f (<autonomizar+-ção) A(c)to de autonomizar/Processo de aquisição da autonomia. **Comb.** *~ dum departamento* [duma se(c)ção].

autonomizar v t (<autó[ô]nomo+-izar) Tornar autó[ô]nomo/Dar [Adquirir] autonomia. **Ex.** Os laboratórios de Física e de Química funcionam melhor desde que foram autonomizados.

autónomo, a [Br **autônomo**] adj (<gr *autónomos*) **1** Que se rege pelas suas próprias leis. **Comb.** *Escola ~a. Região ~a* «dos Açores, *Pt*». **2** Independente/Autossuficiente. **Loc.** *Ter vida ~a*. **3** Que funciona de forma independente/sem ligação a outro sistema. **Comb.** *Organismo* [Dispositivo] *~*.

autoobservação s f (<auto-¹+...) Observação [Exame] de si mesmo. **Loc.** *Fazer ~*.

autoplastia s f Med (<auto-¹+-plastia) Operação cirúrgica pela qual se restauram tecidos destruídos com outros retirados do mesmo indivíduo.

autoplástico, a adj (<autoplastia+-ico) Relativo à autoplastia. **Comb.** *Reconstituição ~a*.

autopolinização s f Bot (<auto-¹+...) Polinização com o pólen da própria flor/Autogamia/Autofecundação.

autopromoção (Tò) s f (<auto-¹+...) A(c)to de se autopromover.

autopromover-se (Tò) v t (<auto-¹+...) **1** Ascender a um grau hierárquico superior por decisão [nomeação] própria. **2** Fazer propaganda das [Alardear as] próprias qualidades. **Ex.** No discurso que proferiu, não fez mais do que [não disse nada de novo além de] *~*.

autopropulsão s f (<auto-¹+...) Capacidade de uma máquina se movimentar por seus próprios meios.

autoproteção (Tè) s f [= autoprotecção] (<auto-¹+...) Prote(c)ção de si mesmo. **Ex.** Fizeram uma lei de ~ do seu partido. ⇒ autodefesa.

autópsia s f (<gr *autopsía*: a(c)to de ver com os próprios olhos) **1** *Anat* Estudo minucioso dum cadáver para descobrir as causas da morte ou observar lesões orgânicas/Necropsia. **Ex.** Nas mortes por acidente ou por a(c)to criminoso, a ~ é obrigatória. **2** *fig* Exame crítico minucioso. **Loc.** *Fazer a ~ duma obra literária*.

autopsiar (Tò) v t (<autópsia+-ar¹) **1** *Med* Fazer a autópsia dum cadáver. **2** *fig* Fazer uma análise crítica detalhada(+).

autopunição s f (<auto-¹+...) Censura [Castigo/Punição] de si próprio. **Ex.** A ~, em casos patológicos, pode chegar ao suicídio. ⇒ masoquismo; sadismo.

autor, ora s (<lat *áuctor,óris*; ⇒ agir) **1** O que faz/realiza alguma coisa. **Comb.** *~ dum livro* [proje(c)to/duma obra]. *~ dum crime. ~ moral* [O que induz/leva/obriga outros a praticar certo a(c)to]. *Direitos de ~*. **2** Criador/Inventor. **Ex.** Einstein é o ~ da teoria da relatividade. **Comb.** *~ da bomba ató[ô]mica*. **3** *Dir* O que promove uma causa [um processo] judicial. **Ex.** Nas cau-

sas crime, o ~ [acusador] é o promotor da justiça.
auto-rádio ⇒ autorrádio.
autoral *adj 2g* (<autor+-al) Que diz respeito a autor(es) de obras artísticas, literárias ou científicas/Relativo a um autor. **Comb.** Direitos ~ais [de autor].
auto-regulação/auto-regulador/auto--retrato ⇒ autorregulação/...
autoria *s f* (<autor+-ia) **1** Qualidade [Condição] de autor. **Ex.** Atribuíram-lhe a ~ de muitos crimes que não praticou. **Comb.** ~ duma obra «literária/artística». **2** Presença em juízo [audiência] do autor da causa.
autoridade *s f* (<lat *auctóritas,átis*) **1** Direito ou poder de se fazer obedecer. **Ex.** Os pais têm ~ sobre os filhos menores. **Comb.** ~ *do professor [chefe]*. *Crise de* ~. **2** Capacidade para influir nos outros devido a alguma superioridade que lhe reconhecem/Crédito/Competência. **Loc.** Ter [Não ter] ~ para se pronunciar sobre o [para falar do] assunto. **Comb.** *Médico de reconhecida* ~ «em neurologia». *Uma* ~ *em* Direito Internacional. **3** Entidade que detém o poder público civil, militar ou religioso. **Comb.** *Agentes da* ~. *Alta* ~ [Organismo oficial com competência para regular certos domínios] (Ex. Alta ~ para a comunicação social). **4** Agente que exerce a ~. **Ex.** Foi preso porque desrespeitou a ~ [o polícia/*Br* o policial].
autoritário, a *adj* (<autoridade+-ário) **1** Que abusa da autoridade sobre os outros/Despótico/Ditador. **Comb.** Chefe [Patrão] ~. **2** Que se impõe pela autoridade. **Comb.** *Normas* ~*as*. *Gestão* ~*a*. **3** Que tem tendência para mandar/Adepto duma autoridade forte/Dominador. **Comb.** Feitio [Maneiras] ~o/as.
autoritarismo *s m* (<autoritário+-ismo) **1** Atitude sistemática de se impor pela autoridade/Carácter de quem é autoritário. **Ex.** Os pais insurgiram-se contra o ~ da dire(c)ção da escola. Ninguém tolerava o ~ do chefe. **2** Regime político autoritário/Despotismo. **Comb.** O ~ dos regimes ditatoriais.
autorização *s f* (<autorizar+-ção) **1** Permissão [Licença/Consentimento] que é dada/o a alguém para fazer alguma coisa. **Loc.** ~ (dum avião) *para aterrar*. ~ *para assistir a um espe(c)táculo* (sem pagar). ~ *para sair da aula* (ir para o WC). ~ *legislativa* [concedida pela assembleia [pelo parlamento] ao governo para legislar sobre determinada matéria]. **Ant.** Proibição. **2** Regist(r)o escrito [Documento] onde consta a ~. **Comb.** ~ [Licença(+)] *de caça/pesca*. ~ [Carta(+)/Carteira] *de condução*. ~ *de residência*.
autorizado, a *adj* (<autorizar+-ado) **1** Que (ob)teve autorização/tem licença. **Loc.** ~ *a entrar*. ~ *a faltar às aulas*. **2** Que tem autoridade/é digno de crédito/Abalizado. **Comb.** *Comentador* ~. *Opinião* ~*a*.
autorizar *v t* (<lat *áugeo,ére,áuxi,áuctum*: aumentar, enriquecer) **1** Conceder autorização/Dar licença/Permitir. **Ex.** Quem te autorizou a [deu licença para] partires o bolo? Exce(p)cionalmente, autorizei o meu filho a faltar à aula de ginástica. **2** Conferir autoridade/crédito/Acreditar(+). **Loc.** ~ um embaixador no respe(c)tivo cargo. **3** Dar justificação/Tornar lícito/válido/legítimo. **Ex.** Os erros dos teus colegas não te autorizam a que faças o mesmo. As tuas palavras autorizaram-me [é que me autorizaram] a tirar a conclusão de que eras culpado.

autorizável *adj 2g* (<autorizar+-vel) Que pode ser autorizado. **Comb.** Pretensões ~eis.
autorrádio *s m* [= auto-rádio] Aparelho [Rece(p)tor] de rádio próprio para veículos automóveis.
autorregulação *s f* [= auto-regulação] **1** Processo de uma máquina se regular a si própria. **Comb.** Mecanismo de ~. **2** *Biol* Propriedade de uma função fisiológica de se regular a si mesma. **Ex.** Os bebé[ê]s manifestam ~ tanto no horário da aleitação como na quantidade de alimento a ingerir.
autorregulador, ora *adj* [= auto-regulador] Que se regula a si próprio/possui autorregulação. **Comb.** Mecanismo ~.
autorretrato *s m* [= auto-retrato] Retrato duma pessoa feito por ela própria. **Comb.** O ~ de Bordalo Pinheiro/Almada Negreiros.
auto-satisfação ⇒ autossatisfação.
autoscopia *s f* (<auto+-scopia) **1** Avaliação [Exame «médico»] de si próprio. **2** *Psiq* Psicopatologia que consiste em perceber o corpo como uma realidade exterior fora de si/como um segundo eu. **Ex.** A ~ pode ser interna (se "vê" os órgãos internos) ou externa (se "vê" a própria figura corporal).
auto-serviço ⇒ autosserviço.
autossatisfação *s f* [= auto-satisfação] Satisfação de alguém consigo próprio/com as suas capacidades/com o seu comportamento. **Ex.** O dever cumprido contribui para a ~. ⇒ autocomplacência.
autosserviço *s m* [= auto-serviço] **1** Sistema em que o próprio cliente se serve do que precisa «comida/gasolina». **Ex.** Este restaurante é [tem] ~. **2** Local com **1**. **Ex.** Vamos comer naquele ~. ⇒ *self-service*.
autossoma/o *s m Biol* (<auto[1]-+gr *sóma, atos*: corpo) Cada um dos cromossomas [os] que formam o patrimó[ô]nio genético dum indivíduo, com exce(p)ção dos heterocromossoma[o]s que determinam o sexo.
autossuficiência *s f* [= auto-suficiência] **1** Condição do que é autossuficiente/se basta a si próprio/Autó[ô]nomo. **Ex.** Não gosto de pedir nada [favores] a ninguém; aprecio muito a minha ~ [independência(+)]. **2** Contentamento excessivo consigo próprio/Orgulho/Petulância. **Ex.** Não suporto [Irrita-me] a ~ daquele/a colega, julga-se o/a melhor do mundo! **3** *Econ* Produção suficiente para o consumo próprio. **Comb.** ~ *alimentar*. «país com» ~ *energética*.
autossuficiente *adj 2g* [= auto-suficiente] **1** Que se basta a si próprio/Autó[ô]nomo/Independente. **Comb.** País ~ em bens alimentares. Pessoa economicamente ~. **2** Que revela excessiva confiança em si próprio/Presunçoso(+)/Convencido(+). **Ex.** Tem muitas qualidades mas torna-se antipático a por ser tão ~.
autossugestão *s f* [= auto-sugestão] Sugestão originada na própria pessoa sem influência exterior. **Ex.** A ~ pode ser utilizada como método de terapia psicológica.
autossugestionar-se *v t* [= auto-sugestionar-se] Persuadir-se (a si mesmo) de algo por sugestão própria. **Ex.** Pessoas que se autossugestionam com fantasmas passam a vida apavoradas.
auto-suficiente/auto-sugestão/auto--sugestionar-se ⇒ autossuficiente/...
autotanque *s m* (<auto[2]+-...) Viatura automóvel equipada com tanque [depósito] para transporte de líquidos. **Comb.** ~ *dos bombeiros*. ~ *para transporte de gasolina* [vinho/gás liquefeito].

autotomia *s f Biol* (<auto[1]+-tomia) Mutilação de parte do corpo feita por alguns animais para se libertarem do inimigo. **Ex.** Os lagartos, quando agarrados, fazem a ~ da cauda para mais facilmente escaparem.
autotransformador *s m Ele(c)tri* (<auto[1]+...) Transformador de potência com um enrolamento único em parte comum aos circuitos primário e secundário. **Ex.** O ~ utiliza-se na interligação de linhas elé(c)tricas de tensões diferentes mas com valores da mesma ordem de grandeza (relação de transformação próxima da unidade).
autotrofia *s f Biol* (<auto[1]+-trofia) Qualidade do que é autotrófico.
autotrófico, a *adj Biol* (<autotrofia+-ico) Diz-se do ser vivo que é capaz de elaborar a sua substância orgânica [sua alimentação] a partir da matéria inorgânica. **Ex.** As plantas verdes e algumas bactérias são organismos ~s. **Ant.** Heterotrófico.
autovacina *s f Med* (<auto[1]+-...) Vacina preparada com germes [antigé[ê]nios] tirados do [que infe(c)tam o] próprio doente.
atuação *s f* (<autuar+-ção) **1** A(c)to de lavrar um auto. **Comb.** ~ por estacionamento irregular. **2** Termo com que se inicia um processo judicial.
autuar *v t* (<auto **2/3**+-ar[1]) **1** Fazer o relato escrito duma dada ocorrência, para fins legais/Lavrar um auto. **2** O agente da autoridade passar uma multa. **Ex.** O polícia autuou o condutor que fez uma manobra perigosa. **3** Reunir documentos em processo. **Ex.** O escrivão autuou a sentença.
autunite/a *s f Miner* (<top *Autun* (França), local da sua descoberta) Mineral radioa(c)tivo [radiativo] de urânio, fosfato de urânio e cálcio $(PO_4)_2(UO_2)Ca.8H_2O)$, amarelo--esverdeado, que cristaliza no sistema tetragonal em cristais tubulares/Uranite/a. **Ex.** A ~ abunda nas minas portuguesas de urânio «Urgeiriça(Nelas)/Beiras/Alentejo».
auxiliador, ora (Si) *adj/s* (<auxiliar+-dor) (O) que auxilia/presta auxílio/ajuda. **Ex.** A bengala é um bom ~ das pessoas com dificuldade de andar ou de se equilibrar.
auxiliar (Si) *v t/adj/s 2g* (<lat *auxiliáris,e*; ⇒ auxílio) **1** *v t* Prestar auxílio/Dar ajuda/apoio. **Ex.** Estava sobrecarregada de [com] trabalho; valeu-me a minha mãe que me veio ~ [*fam* dar uma ajud(inh)a]. Um camionista simpático auxiliou a senhora a mudar o pneu furado. Na Matemática, tive colegas que me auxiliaram muito: estudávamos juntos e tiravam-me todas as dúvidas. **2** Prestar assistência/Socorrer. **Loc.** ~ *os* [Prestar assistência aos] *doentes*. ~ [Socorrer(+)] *sinistrados*. **3** Dar amparo/prote(c)ção/conforto moral/Acarinhar. **Ex.** Há muitas instituições que auxiliam famílias pobres, não só materialmente mas procurando também a sua promoção social. **Loc.** ~ *os sem-abrigo* [peregrinos/as crianças da rua]. ~ *alguém* com palavras de conforto. **4** *adj 2g* Que colabora/ajuda/auxilia. **Comb.** *Bispo* ~. *Enfermeiro* ~. *Professor* ~. **5** Secundário/Acessório/Complementar. **Comb.** *Bomba* (de água) ~. *Depósito* ~. *Sistema* ~. *Travão* ~. *Gram Verbo* ~ [que entra na formação dos tempos de outros verbos] (Ex. *Ter* e *Ser* são os verbos ~*es* mais comuns «Tenho andado doente»). **6** *s 2g* Pessoa que auxilia/Ajudante/Colaborador/Subalterno. **Ex.** O trabalho era muito só para mim; tive que meter [contratar] um ~. **Comb.** ~ *de educação*. ~ *de enfermagem*.
auxílio (Si) *s m* (<lat *auxílium,ii*) **1** Ajuda/Apoio. **Ex.** Sozinho, sem ~ [ajuda(+)], não consigo arrastar o móvel. Ofereci-lhe o meu ~ mas ele recusou. Com (o ~ de) uma

escada, os bombeiros entraram pela janela. **Loc.** Pedir ~ [ajuda/socorro/prote(c)ção]. **2** Assistência/Prote(c)ção/Socorro. **Ex.** A senhora dava ~ a [socorria] uma família pobre. **Loc.** Dar ~ às [Socorrer as(+)] vítimas duma catástrofe. **3** Apoio monetário/Subsídio/Esmola. **Ex.** Para execução do proje(c)to, não quis recorrer [candidatar-se] aos ~s [subsídios/apoios] comunitários [da UE]. Vivia do ~ [das esmolas] de pessoas caridosas.

auxina (Csi) *s f Bot* (<gr *auxeín*: crescer+-ina) Substância que a(c)tiva o crescimento das plantas, cuja composição é o ácido indolacético/Hormona de crescimento. **Ex.** A ~ tem também influência na diferenciação das células e dos órgãos.

auxómetro [*Br* **auxômetro**] *s m* (<gr *auxé*: aumento+-metro) Instrumento que serve para medir o aumento do diâmetro aparente produzido pelas lentes convergentes.

avacalhar *v t Br* (<a-[1]+vaca+-alhar) **1** Tornar(-se) digno de escárnio/Desmoralizar(-se)/Ridicularizar(-se). **Ex.** Os alunos avacalharam [ridicularizaram(+)] o professor. **2** Criticar severamente/Rebaixar. **Ex.** O candidato «da esquerda» avacalhou [rebaixou(+)] o seu opositor, no debate televisivo. **3** Fazer mal/Desleixar(-se). **Loc.** ~ um trabalho.

aval *s m* (<fr *aval*<*à valoir*: a valer) **1** Garantia de pagamento duma letra comercial, cheque ou livrança, prestada sob forma escrita por uma terceira pessoa, caso o aceitante [sacado] não venha a respeitar o seu compromisso/Fiança. **Ex.** Aceitar-lhe-iam o pagamento por meio de letra comercial desde que tivesse o ~ de [fosse avalizada por] pessoa idó[ô]nea. **2** Consentimento/Aprovação. **Ex.** O casamento teve o ~ [a aprovação(+)] da família. Candidatou-se a Presidente da República com o ~ [apoio(+)] dos dois maiores partidos. O proje(c)to cultural teve o ~ [a aprovação/o apoio] da Câmara.

avalanche/a *s f* (<fr *avalanche*) **1** Massa de neve que se desprende duma montanha e rola pelas encostas/para o vale. **Ex.** A ~ soterrou uma estância turística. **2** *fig* Grande quantidade de alguma coisa que surge de repente/Enchente. **Ex.** Caiu-lhe em cima da [Chegou-lhe] à] secretária uma ~ de processos, todos com o rótulo [a indicação] de urgente. Uma ~ [enchente] de miúdos [crianças] entrou a correr na sala de espe(c)táculos.

avaliação *s f* (<avaliar+-ção) **1** A(c)to ou efeito de avaliar/Determinação feita por peritos do valor presumível de bens ou direitos/Estimativa. **Comb.** *~ da incapacidade para o trabalho. ~ de prejuízos. ~ do impacto ambiental. ~ do valor* [preço] *duma casa.* **2** Processo pelo qual, com base em critérios definidos, se emite um juízo de valor sobre algo/Apreciação do mérito de alguém. **Comb.** *~ do funcionamento* das urgências num hospital. *~ dos alunos* em matemática. *~ dos candidatos* a um emprego. *~ dum proje(c)to.* **3** Parecer/Opinião/Comentário. **Ex.** O livro teve uma ~ favorável/recebeu o *imprimatur*.

avaliador, ora *adj/s* (<avaliar+-dor) **1** (O) que avalia/faz uma avaliação/Apreciador. **Comb.** *Bom* [Mau] *~. Júri ~ dum concurso. Olhar ~.* **2** Perito [Profissional] especializado em avaliações de determinado ramo. **Comb.** *~ de heranças. ~ de prédios. ~ de seguros.*

avaliar *v t* (<a-[1]+valia+-ar[1]) **1** Fazer a avaliação/Determinar o valor. **Ex.** Os peritos «das Finanças» avaliaram a casa em «90 000» euros. O custo do proje(c)to foi avaliado em milhões de euros. **2** Fazer uma estimativa/Determinar um valor aproximado/Calcular. **Loc.** *~ a quantidade de cimento* «para (fazer) uma obra». *~ a temperatura do ar. ~ uma distância* [área/um comprimento]. **3** Fazer a apreciação da aprendizagem/do merecimento/do desempenho/Julgar/Examinar. **Loc.** *~ o funcionamento* duma instituição. *~ os alunos* numa disciplina. *~ os concorrentes* a uma vaga. **4** Fazer uma ideia aproximada/Calcular/Imaginar/Supor. **Ex.** Não podes ~ [imaginar(+)] a alegria que senti por te encontrar! **Loc.** ~ a dor [o esforço/o sacrifício].

avalista *s 2g* (<aval+-ista) O que dá o aval a um título de crédito. **Ex.** Para a concessão do empréstimo, o Banco exigiu um ~.

avalizador, ora *adj/s* (<avalizar+-dor) (O) que avaliza/Avalista/Fiador. **Ex.** Bastou a palavra ~ora dum amigo para ser [para que fosse] recebido pela administração. O louvor concedido pela empresa onde trabalhara a(c)tuou como [serviu de] ~ da sua competência profissional.

avalizar *v t* (<aval+-izar) **1** Dar o aval/Garantir um compromisso financeiro. **Loc.** ~ uma letra comercial [uma livrança]. **2** Dar apoio/assentimento/Tornar(-se) corresponsável/Concordar. **Loc.** *~ a boa conduta* [a competência/as qualidades] *de alguém. ~ um proje(c)to.*

avançada *s f* (<avançado) **1** A(c)to de avançar/Investida/Assalto. **Ex.** Foram surpreendidos a meio da noite pela ~ das tropas inimigas. **2** Avanço significativo/rápido/Adiantamento. **Ex.** Este ano, dei mais uma ~ na (construção da) casa. **Comb.** Às ~s [Aos poucos]. **3** Dianteira(+)/Vanguarda(+). **Loc.** Caminhar na ~ [frente]. **Ant.** Retaguarda; traseira. **4** *(D)esp* Movimento de ataque duma equipa/e/dum jogador. **Ex.** Na primeira ~ a nossa equipa/e marcou (logo um) gol(o).

avançado, a *adj/s* (<avançar+-ado) **1** Que vai à [está na] frente/Adiantado. **Ex.** Os soldados mais ~s [soldados da frente] correm maiores riscos/perigos. É mais novo mas está mais ~ [adiantado] nos estudos. **Comb.** *Guarda ~a.* (D)esp *Linha ~a* [de ataque]. *Posto ~.* **2** Que se modernizou/Progressista. **Loc.** Ter ideias ~as [Ser progressista/Estar modernizado/a(c)tualizado]. **Ant.** Conservador; retrógrado. **3** Que está perto do fim/da conclusão. **Comb.** Relatório [Trabalho] (muito) ~. **Ant.** Atrasado. **4** Que já passou [decorreu] a maior parte. **Ex.** Era já noite ~a quando cheguei a casa. **Comb.** Idade ~a [Muita idade]. **5** *s m* Parte da construção saliente em relação ao corpo do edifício/Cobertura de lona que prolonga a caravana de turismo. **Comb.** Moradia com ~ [varanda/telheiro/coberto]. ⇒ avarandado. Caravana com ~. **6** *(D)esp s* Jogador da linha de ataque. **Ex.** No futebol, os ~s metem [marcam] mais golos/es (do) que os defesas.

avançador, ora *s/adj* (<avançar+-dor) **1** (O) que avança/faz avançar. **2** Depositário de bens ou dinheiro que os utiliza sem permissão/Larápio/Gatuno. ⇒ desfalque.

avançamento *s m* (<avançar+-mento) **1** ⇒ avanço(+). **2** *Arquit* Parte saliente dum edifício. **Comb.** Casa com ~ «varanda/sacada/avançado **5**».

avançar *v t/int* (<lat *ab+ante*: à frente+-ar) **1** Andar [Ir/Seguir] em frente/Deslocar(-se) para a frente. **Ex.** Os alunos deixam a [saem da] estrada e, porque é mais perto, avançam para a escola pelo meu quintal como se fosse caminho público! **2** Expor/Adiantar/Sugerir. **Ex.** A dire(c)ção da escola avançou com [fez] uma proposta de novos horários. **3** Levar por diante/Realizar. **Ex.** Gostava de montar um café, parece-me bom negócio. – Então não avanças porquê? O Governo vai construir [~ com] o novo aeroporto. **4** Atirar(-se)/Investir/Acometer. **Ex.** Furioso, avançou para mim com ar ameaçador. O touro avançou para [investiu contra] o toureiro que se esquivou com uma elegante faena. **5** Estender-se/Prolongar-se. **Ex.** O pátio avança sobre o jardim. O restaurante tem uma esplanada que avança sobre o rio. **6** Fazer progressos/Progredir/Tornar(-se) melhor/maior. **Ex.** A medicina avançou muito nas últimas décadas. Com a mudança de professor, até os alunos mais fracos avançaram [progrediram/melhoraram]. Na última semana, as obras pouco avançaram. **Ant.** Atrasar; regredir. **7** Adiantar(-se)/Decorrer. **Ex.** Este relógio não regula bem: avança [adianta-se(+)] um pouco. À medida que a idade avança, as forças vão faltando. O outono avança, os dias tornam-se [ficam] mais frios. **8** Adiantar uma importância para pagamento/Dar um contributo/uma esmola. **Ex.** Avançaram-lhe algum dinheiro para as despesas de deslocação. Impressionados [Chocados] com a grande miséria, todos avançaram com algum dinheiro para matar a fome ao pobre homem. **9** *(D)esp* Aproximar-se da baliza adversária. **Ex.** O jogador avançou para a baliza contrária driblando todos os adversários (que lhe apareceram pela frente).

avanço *s m* (<avançar) **1** A(c)ção de avançar. **2** Progressão no terreno. **Comb.** O ~ das tropas. **Ant.** Recuo. **3** Progresso/Melhoria/Aumento. **Comb.** *~ da ciência. ~ duma obra. ~ no estudo.* **Ant.** Atraso. **4** Vantagem no espaço ou no tempo. **Ex.** O primeiro ciclista passou com um ~ de 2 minutos sobre o pelotão. O ~ do atleta vencedor sobre o segundo classificado foi inferior a 1 metro. **5** Pagamento adiantado/Adiantamento. **Ex.** Recebeu (o ordenado de) um mês de ~ para despesas de instalação. Pediu o ~ das ajudas de custo.

avantajado, a *adj* (<avantajar+-ado) **1** Que tem [leva] vantagem sobre. **Ex.** Com os apoios que tem tido, não admira que esteja mais ~ [adiantado(+)] do que os colegas. **2** Que excede a média/Corpulento/Robusto. **Comb.** Atleta ~o/a. Estatura ~a. **3** Abundante/Excessivo. **Comb.** *Diferença ~a* [(muito) grande]. *Vitória ~a/folgada.*

avantajar *v t/int* (<a-[1]+vantagem+-ar[1]) **1** Fazer sobressair/Distinguir(-se)/Salientar(-se). **Ex.** A natureza avantajou-o/a [favoreceu-o/a(+)] com muitas qualidades que ele/a nem sempre soube aproveitar. Avantajou-se aos [Passou à frente dos(+)] demais [outros] concorrentes porque sabia línguas estrangeiras. **2** Dar [Ganhar] vantagem/Favorecer/Privilegiar. **Ex.** O euro avantajou-se sobre o [valorizou-se em relação ao(+)] dólar por causa da guerra no Médio Oriente. A simpatia que o professor tinha por aquele aluno, inconscientemente, avantajava [favorecia/exagerava/aumentava] o mérito que ele realmente tinha. **3** Tornar(-se) maior/melhor/Aumentar/Ampliar. **Ex.** O fato largueirão avantajava-lhe [fazia parecer maior] a figura [estatura/o aspe(c)to]. De repente, a tempestade avantajou-se [agravou-se/tornou-se mais intensa].

avante (Àvân) *adv/interj* (⇒ avançar) **1** Para diante/Para a frente. **Loc.** *Ir* [Levar] *~* [Progredir/Avançar] (Ex. O negócio não foi ~). *idi Levar a sua ~* [Realizar o que pretende/Vencer/Dominar] (Ex. Tinha a oposição de muita gente mas conseguiu levar a sua ~ e mudar a hora da reunião). **Seguir** ~ [para a frente/em frente]. *loc prep* **De hoje** [ora] ~ [Daqui para a frente/ em diante(+)]. **2** *interj* Exclamação que indica incitamento/estímulo. **Ex.** ~ [Coragem], camaradas! Vamos para a luta! ~ [Coragem]! Sê forte! Não renegues a tua fé!

avarandado, a *adj* (<a¹-varanda+-ado) Que tem varanda. **Comb.** Casa [Janela] ~a. ⇒ avançado **5**.

avarento, a *adj/s* (<avaro+-ento) Obcecado pelo dinheiro ou por bens materiais/Avaro/Sovina. **Ex.** Era podre de rico [Era muito rico], mas tão ~ que não dava (uma) esmola a ninguém. De que lhe valeu ser tão ~? Levou uma vida de miséria e (quando morreu) cá deixou tudo. **Sin.** Agarrado; forreta; unhas de fome. **Ant.** Esbanjador; generoso; perdulário; pródigo. **2** Que tem um desejo incontrolável/Sôfrego/Ávido. **Comb.** ~ **do poder** [das honrarias]. ~ **[Ávido(+)] dos prazeres**.

avareza *s f* (<lat *avarítia,ae*) **1** Característica de quem é avarento/Desejo excessivo de possuir riquezas/Acumular/Avidez/Cupidez. **Ex.** Por ~ [Para não gastar], alimenta-se mal. A ~ é um dos sete pecados capitais/mais graves. **2** Falta de generosidade/Mesquinhez. **Ex.** Podia ajudar mais os filhos se não tivesse tanta ~ [se não fosse tão agarrado/sovina]. Tinha uma ~ [mesquinhez(o+)/falta de generosidade(+)] tão grande que não emprestava os apontamentos das aulas a nenhum colega.

avaria *s f* (<ár *hawáriya*, pl de *hawár*: prejuízo, dano) **1** Desarranjo [Mau funcionamento] dum mecanismo. **Ex.** A ~ da máquina de lavar roupa complicou-me [atrasou-me] muito a vida. O carro [automóvel] deixou-me na estrada [parou] por ~ no sistema elé(c)trico. **2** Estrago/Dano/Prejuízo. **Ex.** A tempestade provocou grande ~ [prejuízo(o+)/estrago(+)] na carga do navio. A trovoada provocou uma ~ tão grande no computador que o deixou inutilizado. **3** *fam* A(c)to irrefle(c)tido/imprudente/perigoso/Disparate. **Ex.** Esta criança pula, salta, corre, não mede [avalia] o perigo; só faz ~s! Levei o meu filho ao circo e agora quer fazer as mesmas ~s que lá viu. **4** *fam* A(c)to ousado/Proeza/Habilidade/Extravagância. **Ex.** Hoje fizemos uma ~ [extravagância(+)]: fomos jantar a um restaurante de luxo.

avariado, a *adj* (<avariar+-ado) **1** Que deixou de funcionar/Estragado/Danificado. **Ex.** Não tenho [Estou sem] Internet, o computador está ~. **Comb.** *Automóvel* ~. *Intestinos* ~s [desarranjados(+)]. *Máquina* ~a. **2** Que tem falta de sensatez/Amalucado/Estouvado. **Ex.** O rapaz [moço] foi sempre um pouco ~ (da cabeça).

avariar *v t/int* (<avaria+-ar¹) **1** Causar [Sofrer] avaria/Deixar de funcionar. **Ex.** O carro avariou, não anda [não funciona]. Com as tuas brincadeiras avariaste-me o vídeo [leitor de CD]. **2** *fig* Perder o juízo/Sofrer perturbação mental/Enlouquecer/Tresloucar. **Ex.** A avó não é muito velha mas já começou a ~.

avaro, a *adj/s* (<lat *avarus,a,um*) ⇒ avarento.

avassalador, ora *adj/s* (<avassalar+-dor) (O) que avassala/domina/subjuga/aterroriza. **Ex.** Tinha medo de tudo; os pequenos ruídos da noite «o ranger duma porta» surgiam ~es. **Comb.** *Chefe* ~ [dominador(+)]. *Força* ~*ora* [devastadora]. *Paixão* ~*ora/forte/violenta*.

avassalamento *s m* (<avassalar+-mento) A(c)to ou efeito de avassalar(+)/Sujeição. **Comb.** ~ dos povos vencidos [conquistados].

avassalante *adj 2g* (<avassalar+-ante) Que avassala/Avassalador(+). **Comb.** Intenções ~s. Propósitos ~s.

avassalar *v t* (<a-¹+vassalo+-ar¹) **1** Tornar vassalo/Submeter/Dominar/Subjugar. **Ex.** Os descobridores portugueses (séc. XV e XVI) avassalavam ao rei de Portugal os povos e as terras recém-descobertas. **2** Causar devastação/Arrasar/Destruir. **Ex.** As ondas avassalaram a zona costeira. O *tsunami* [maremoto/A onda avassaladora] do Índico (2004) avassalou uma enorme região do sudoeste asiático. **3** *fig* Ocupar completamente a mente/Obcecar. **Ex.** O medo do terrorismo avassala as nações civilizadas. **Loc.** Andar avassalado [aterrado(+)/obcecado(o+)] com o pavor de ficar doente. ~ o espírito.

avatar *s m* (<sân *avatára*: descida do céu à terra) **1** *Rel* Divindade do hinduísmo que pode assumir a forma humana ou dum animal. **Ex.** Krishna e Rama são ~es do deus Vixnu. **2** *fig* Transformação/Metamorfose. **Comb.** O ~ dum artista.

AVC *s m Med* Sigla de Acidente Vascular Cerebral. **Ex.** O meu pai teve um ~.

ave¹ *s f Ornit* (<lat *ávis, is*) **1** Animal vertebrado, ovíparo, que respira por pulmões, com o corpo coberto de penas e membros anteriores transformados em asas/*pl* Grupo taxonó[ô]mico "Classe". **Ex.** Existem milhares de espécies de ~s espalhadas pelo mundo inteiro. **Comb.** ~ *canora* [que canta de forma melodiosa «canário»]. «andorinha» ~ *migratória* [de arribação/que emigra em determinada época do ano «no inverno» regressando no ano seguinte «na primavera/no verão»]. ~ *de bom* [*mau*] *augúrio* [que faz prever bons [maus] acontecimentos]. ~ *de mau agoiro* [agoirenta/sinal de desgraça]. ~ *de rapina* [carnívora, com fortes garras «águia»]. *Idi* ~ *rara* [Pessoa estranha]. **2** *fig* Pessoa estranha/manhosa. **Ex.** Aquela ~ que apareceu por cá não (me) inspira confiança. Aquilo [Aquela/e] é que é uma ~!

ave² (Áve) *interj/s m* (<lat *áve*, imperativo de (h)áveo,ére: passar bem) **1** Forma latina de saudação/Eu te saúdo. **Sin.** Salve(+). **2** *s m Rel* Primeira palavra da saudação do anjo Gabriel a Maria, mãe de Jesus. **Ex.** Quando Maria ouviu aquele ~ [*Ave, ó cheia de graça, o Senhor está contigo*], ficou sobressaltada. ⇒ ave-maria.

ave-do-paraíso *s f Ornit* Ave da Nova Guiné e da Austrália, notável pela beleza da plumagem dos machos.

aveia *s f Bot* (<lat *avéna,ae*) **1** Planta anual da família das gramíneas, utilizada como cereal e como forragem para animais; *Avena sativa*. **Comb.** Campo de ~. **2** Grão [Farinha] dessa planta. **Ex.** A ~ tem elevado valor nutritivo. Cozi flocos de ~ para o pequeno-almoço.

avejão¹ *s m* (<ave+j+-ão) Ave grande. **Ex.** O ~ «águia» lançou-se sobre o coelho como uma seta!

avejão² *s m* (<lat *avísio,ónis*<*visio,ónis*: visão, fantasma) **1** Fantasma/Abantesma. **Ex.** As sombras na parede lembravam-lhe ~ões, que o/a faziam levantar da cama assustado/a. **2** Homem corpulento e feio.

-ável *suf* (<lat –*abilis*) ⇒ -vel.

avelã *s f Bot* (<lat *avellána,ae*<*Abella*, cidade da Campânia, Itália) Fruto redondo da avel(an)eira envolvido por casca lenhosa. **Ex.** A ~ é comestível e também dela se extrai óleo usado em farmácia.

avelado, a *adj* (<avelar+-ado) **1** Endurecido como a avelã/Enrugado/Engelhado. **Comb.** «castanha» Fruto ~o [cuja casca se despega facilmente]. **2** *fig* Que envelheceu/Enrugado(+). **Comb.** Pele ~a.

avelar *v int/s m* (<avelã+-ar¹) **1** *v int* Engelhar devido à secura. **Ex.** As castanhas já começa(ra)m a ~. **2** *fig* «a pele» Envelhecer.

aveleira *s f Bot* (<avelã+-eira) Pequena árvore da família das coriláceas que dá avelãs; *Corylus avellana*. **Ex.** A ~ também é cultivada como planta ornamental.

avelhacado, a *adj* (<a-¹+velhaco+-ado) Que é um pouco [tanto] velhaco/Pouco escrupuloso/sério. **Comb.** «ele tem» *Ar* ~ [de velhaco(+)]. *Proposta* ~*a* [pouco séria/desonesta].

avelh(ent)ado, a *adj* (<avelhentar+-ado) Que tem ar [aspe(c)to] de velho/Envelhecido. **Comb.** ~*o/a antes da idade*. *Aparência* [*Ar*] ~*a/o*.

avelh(ent)ar *v t/int* (<a-¹+velho+-(ent)ar) **1** Tornar(-se) velho antes do tempo. **Ex.** O vício da droga avelhenta as pessoas. **2** (Fazer) parecer velho. **Ex.** Não era muito nova, mas a roupa que trazia avelhentava-a ainda mais.

avelório *s m* (<a-¹+ár *ballór*: cristal<gr *bérullos*: berilo, cristal de cor verde-mar +-io) **1** Missanga/Vidrilho. **Comb.** Vestido enfeitado com ~s. **2** *fig* Ninharias/Bagatelas.

aveludado, a *adj* (<aveludar+-ado) **1** Semelhante ao veludo/Macio como o veludo. **Comb.** *Papel* [Tecido] ~. *Textura* ~*a*. **2** Agradável ao ta(c)to/ao gosto/Suave/Doce. **Comb.** *Sabor* ~ [doce/macio]. *Toque* ~ [macio]. *Voz* ~*a* [suave/meiga/doce]. **Sin.** Doce; macio; sedoso; suave. **Ant.** Áspero; duro; rugoso.

aveludar *v t* (<a-¹+veludo+-ar¹) **1** Dar o aspe(c)to/a textura do veludo/Amaciar. **Ex.** O amaciador aveluda os tecidos «toalhas turcas». **2** Tornar suave/macio/doce. **Ex.** Um vinho excelente que aveludou com a idade. **Loc.** ~ [Suavizar] a voz. ~ o olhar.

ave-maria (Ávé) *s f Rel* (<lat *ave*: eu te saúdo+*antr* Maria, mãe de Jesus) **1** Oração dirigida à Virgem Maria e que começa com as primeiras palavras da saudação que o anjo Gabriel lhe dirigiu quando lhe anunciou que ia ser mãe de Jesus. **Loc.** Rezar a ~. **2** Cada uma das contas do terço [rosário]. **Ex.** Cada mistério do rosário, correspondente a um mistério da vida de Cristo, tem dez ave-marias. **3** *pl* Toque do sino, de manhã, ao meio-dia e ao anoitecer lembrando o dever de rezar três ~s [O *Angelus*/As trindades]. **Comb.** Hora das ~s [do toque das Trindades ao anoitecer].

avenca *s f Bot* (<lat *vinca,ae*: congorsa, pervinca) Planta pteridófita, da família das polipodiáceas (*Adiantum capillus-veneris*, L.), de folhagem muito delicada em forma de leque, espontânea em Portugal e cultivada em estufa com fins ornamentais. **Comb.** *Rebuçados de* ~ «para a tosse». *Vaso de* ~.

avença *s f* (<lat *adveniéntia,ae*) **1** Contrato para prestação dum serviço durante um certo período. **Comb.** ~ anual com o médico para consultas de todos os familiares. **2** Quantia certa e regular que se recebe pela realização de determinada tarefa ou serviço. **Ex.** A manutenção corrente dos carros da empresa é feita pelo guarda da garagem e paga por ~. **3** Quantia certa paga adiantadamente por conta de impostos. **Comb.** ~ tributária. **4** ⇒ acordo; ajuste.

avençado, a *adj* (<avençar+-ado) Que está em regime de avença/Que é pago por avença. **Comb.** *Assistência jurídica* (à empresa) ~*a*. *Jornal* ~*o*.

avençal s/adj 2g (<avença+-al) **1** O que está avençado/contratado por avença. **Comb.** ~ para conservação [tratamento] do jardim. **2** Que paga avença. **Comb.** Assinatura ~ «de revista».

avenção s m Bot (<avenca+-ão) Nome vulgar do feto Asplenium trichomanes, L., da família das polipodiáceas, frequente nos rochedos, muros e sebes/Nome comum de várias plantas pteridáceas, sobretudo do Acrostichum aureum.

avençar v t (<avença+-ar[1]) **1** Fazer contrato de avença. **Ex.** Avençaram a limpeza dos escritórios a uma empresa. **2** Tornar(-se) avençal. **Ex.** Deixou o emprego e avençou-se com várias empresas como consultor. **3** fig Entrar em entendimento/Coligar-se. **Ex.** Descontentes, vários trabalhadores avençaram-se para recusarem fazer horas extraordinárias.

avenida s f (<fr avenue <lat advénio,íre: vir, chegar) Via urbana larga, geralmente com faixas de rodagem independentes para cada sentido, quase sempre ladeada de árvores/Alameda. **Idi.** *Fazer ~* [Passear, rua abaixo, rua acima]. **Comb.** «Brasília/Curitiba» Cidade moderna com amplas ~s.

avental s m (<avante+-al) **1** Peça de prote(c)ção do vestuário, de pano, plástico ou cabedal, que se prende à cintura, com ou sem peitilho. **Ex.** Na cozinha, o ~ é indispensável para proteger a roupa da sujidade. Os sapateiros artesãos usam ~ais de couro. **2** Peça de metal, plástico ou borracha que protege certos órgãos de alguns aparelhos ou máquinas/Resguardo. **3** Peça de adorno do vestuário feminino. **Comb.** ~ de traje folclórico.

aventar v t (<a-[1]+vento+-ar[1]) **1** Expor ao vento/Arejar. **Loc.** ~ o grão [cereal] para separar as palhas ou restos de espigas. **2** fam Lançar fora/Arremessar. **Ex.** A criança fez uma birra e aventou [atirou(+)] (com) o brinquedo para o chão. **3** Expor uma ideia/Sugerir/Alvitrar. **Ex.** Não falta quem avente soluções para a crise.

aventura s f (<lat adventúrus, a <advénio, íre, advéntum: chegar) **1** Acontecimento extraordinário e imprevisto/Peripécia. **Ex.** Vou contar uma ~ em que, sem querer, me vi metido [envolvido]. **2** Empreendimento arriscado/A(c)ção perigosa. **Ex.** O passeio de barco foi uma verdadeira ~: arrastados pela corrente, vimos a nossa vida idi por um fio [vimo-nos em perigo de morte]. O negócio pode ser bom, mas é arriscado; é uma autêntica ~. **Loc.** Ter espírito de ~. **3** Iniciativa imponderada/irrefle(c)tida/ao acaso/sem plano. **Ex.** Mete-se em ~s e depois queixa-se da [de que não tem] sorte. **Comb.** «lançar-se ao negócio» À ~ [À sorte/Ao acaso]. **4** A(c)ção movimentada com peripécias imprevistas. **Ex.** A minha filha só gosta de ler romances de ~. **5** Relação sentimental passageira e de pouca importância. **Comb.** Pessoa dada a ~s amorosas.

aventurado, a adj (<aventurar+-ado) **1** Que se aventura/Ousado/Aventureiro(+). **2** ⇒ Bem-~/Feliz/Afortunado.

aventurar v t (<aventura+-ar[1]) **1** Agir de forma arriscada/temerária/Expor-se ao perigo. **Ex.** A ponte está em risco de cair mas ainda há quem se aventure a atravessá-la. **Loc.** ~-se num empreendimento [negócio]. **2** Dizer [Sugerir/Fazer] alguma coisa a medo [com timidez], com hesitação. **Ex.** Não dou esmolas a quem até pode ter mais do que nós. Ó homem – aventurou a mulher – se pedem (dinheiro), é porque estão mesmo a passar necessidade.

aventureirismo s m (<aventureiro+-ismo) Tendência para tomar decisões precipitadas/arriscadas/Espírito aventureiro. **Comb.** O ~ dos grupos revolucionários. ⇒ temeridade: irresponsabilidade.

aventureiro, a adj/s (<aventura+-eiro) **1** (O) que procura a aventura/Ousado. **Ex.** É um ~; já correu meio mundo [viajou por muitos países] e não assenta [não se fixa] em lado nenhum. Tanto está rico, como fica na miséria; é um ~: não há negócio em que não se meta. **2** (O) que vive de expedientes/é pouco escrupuloso. **Ex.** A velh(ot)a foi vítima dum ~ que lhe levou [roubou] o ouro todo. **3** Que é arriscado/perigoso. **Comb.** *Decisão ~a* [arriscada]. *Política ~a* [perigosa].

aventuroso, a (Ôso, Ósa, Ósos) adj (<aventura+-oso) **1** Que se aventura/arrisca/Que procura o desconhecido/Audacioso. **Comb.** Feitio [Gé[ê]nio/Índole] ~o/a. **2** Que é dominado pela aventura/Acidentado. **Comb.** Vida ~a.

averbamento [averbação] s (<averbar+-mento) **1** A(c)to de averbar/Anotação complementar feita à margem do documento principal. **Comb.** *~ da mudança de estado civil. ~ da nova morada.* **2** Nota à margem dum título de regist(r)o/Alteração [A(c)tualização] de regist(r)o. **Comb.** ~ de hipoteca.

averbar v t (<a-[1]+verba/o+-ar[1]) **1** Fazer o averbamento/Anotar à margem dum documento/Regist(r)ar. **Loc.** ~ (no título de regist(r)o) a identidade do novo proprietário. **2** Adicionar mais um fa(c)to [feito/uma proeza] na sequência de outros semelhantes. **Loc.** ~ mais uma vitória [derrota]. **3** Gram Converter um nome em verbo/Empregar como verbo.

averiguação s f (<averiguar+-ção) Recolha de informações/Investigação/Inquérito. **Ex.** A polícia começou as ~ões para descobrir o autor do crime.

averiguador, ora adj/s (<averiguar+-dor) (O) que averigua/Investigador. **Loc.** Nomear um ~. **Comb.** Processo na fase ~ora [de averiguação(+)].

averiguar v t/int (<lat ad+vérus,a,um+díco, ere: para dizer a verdade; ⇒ verificar) **1** Procurar descobrir a verdade/Colher informações/Inquirir/Indagar. **Ex.** A polícia andou (por aí) a ~ para ver se descobria o autor do assalto. **2** Conseguir descobrir/apurar/Concluir/Verificar. **Ex.** Já averiguou [se chegou à conclusão de/se viu] que a data do documento não está corre(c)ta.

averiguável adj 2g (<averiguar+-vel) Que se pode averiguar.

avermelhado, a adj (<avermelhar+-ado) Que apresenta tonalidade vermelha. **Comb.** *Água ~a. Faces ~as* [coradas(+)]. *Tecido ~/um pouco vermelho*.

avermelhar v t (<a-[1]+vermelho+-ar[1]) Tornar(-se) vermelho/Adquirir a cor vermelha. **Ex.** A fenolftaleína (Indicador ácido-base) avermelha com as bases [os hidróxidos]. **2** Pôr-se [Ficar] vermelho/Corar. **Ex.** Envergonhado, avermelhou [fez-se/ficou muito vermelho(+)/corou(+)] e começou a chorar.

averroísmo s m Fil (<antr Averróis, sábio muçulmano (1126-1198) +-ismo) Corrente filosófica que se desenvolveu por influência de Averróis, caracterizada pela supremacia da razão sobre a fé [pelo racionalismo] e que nega a imortalidade da alma. **Ex.** Várias heresias (teológicas e filosóficas) são provenientes do ~.

averrumar v t (<a-[1]+verruma+-ar[1]) **1** Abrir furos com verruma. **2** fig Causar sofrimento/Torturar/Afligir. **Ex.** Tenho uma dor [tristeza] que me averruma [roi] o coração.

aversão s f (<lat avérsio, ónis) **1** Sentimento de repulsa [repugnância] em relação a alguma pessoa ou coisa/Antipatia. **Ex.** Ela tinha uma tal ~ aos ratos que quando via um [algum] ficava toda arrepiada. **Comb.** *~ a espe(c)táculos violentos. ~ a* (alimentos) *fritos. ~ aos ditadores.* **2** Ódio/Rancor. **Loc.** Sentir por alguém uma ~ [um ódio(+)] de morte.

avessas s f pl (<f e pl de avesso) Coisas contrárias/em oposição. **Idi.** *Andar de candeias às ~* [Estar zangado/Não se dar bem] com alguém]. **Comb.** loc adv Às ~ [Ao contrário/Do avesso] (Ex. Saiu-lhe tudo às ~ [ao contrário do que esperava]. Loc. Calçar as meias às ~ [do avesso]).

avesso (Vê) s m/adj (<lat avérsus,a,um) **1** s m Lado oposto ao principal [ao direito/ao da frente]/Reverso. **Ex.** Este tecido é mais bonito do ~ do que do direito; até (me) parece que nem tem direito nem ~. **Idi.** *Virar tudo do ~* [Alterar completamente/Pôr tudo ao contrário]. **2** adj Que é contrário/Oposto/Hostil. **Ex.** A minha mulher é ~a ao cigarro [ao vício de fumar/ao tabaco]. **3** Não inclinado/Pouco propenso. **Ex.** Sempre fui ~ a manifestações políticas. **4** Desfavorável/Pouco afortunado/Mau. **Ex.** A vida [sorte/fortuna] tem-lhe sido ~a.

avestruz s 2g Ornit (<ave[1]+gr strouthokamélos: pássaro camelo) **1** Ave corredora da família dos estrutionídeos (Struthio camelus, L.), com pernas fortes e longas, apenas com dois dedos em cada pata, sem capacidade para voar. **Ex.** A/O ~ é a maior das aves a(c)tuais. **Idi.** *Meter a cabeça na areia como a ~* [Fazer política de ~/Obstinar-se na sua opinião/Não querer enfrentar as dificuldades]. **2** Designação imprópria da ema e do casuar. **3** fig Pessoa ignorante/desajeitada. **Ex.** Aquela/e ~ perdeu-se e ficou ali parada/o; não foi capaz de pedir ajuda ou meter-se num táxi e vir para casa.

avezar v t col (<a-[1]+vez+-ar[1]) Adquirir o hábito/Habituar(-se)/Acostumar(-se)/Afazer. **Ex.** As pessoas avezaram-se ao telemóvel [Br celular] e já não sabem viver sem ele. Porque lhe dei um chocolate dois dias seguidos, já se estava a ~: aparecia-me aqui todos os dias «o miúdo».

aviação s f (<fr aviation; ⇒ ave[1]) **1** Navegação aérea utilizando aviões ou helicópteros para fins civis ou militares. **Ex.** A ~ comercial desenvolveu-se após a 2.ª Guerra Mundial. O brasileiro Alberto Santos Dumont é um dos pioneiros da ~. **Comb.** *Campo de ~* [Aeroporto/Aeródromo]. *Companhia de ~* «TAP». **2** Conjunto das a(c)tividades ligadas ao sistema de navegação aéreo/Aeronáutica. **Ex.** Teve várias profissões mas sempre ligadas à ~. **3** Conjunto de aviões/Rede de transporte aéreo/Frota aérea. **Comb.** *~ brasileira* [japonesa]. *~ militar poderosa*.

aviado, a adj/s (<aviar+-ado) **1** Que se aviou/Despachado/Concluído/Pronto. **Ex.** O arranjo [conserto] do carro foi rápido; ao fim de meia hora já estava ~ [pronto/despachado]. **Idi.** iron *Estar bem ~* [Estar em dificuldade/idi Estar em maus lençóis] (Ex. «perdi o emprego» Estou bem ~ com a minha vida!). **2** s m Br Pessoa que negoceia por conta de outrem/Mascate. **3** s m Br Seringueiro que tem pessoal próprio para trabalhar em seringais de terceiros.

aviador[1], ora adj/s (<aviar+-dor) (O) que avia/despacha/fornece. **Comb.** Empregado ~ (de balcão). **2** s m Br Pessoa que

contrata seringueiros e lhes fornece mercadorias.

aviador², ora s (<fr *aviateur*; ⇒ ave¹) Piloto de aviação. **Ex.** Quando era pequeno queria [gostava de] ser ~. Os ~es Gago Coutinho e Sacadura Cabral foram os primeiros a sobrevoar o Atlântico Sul, de *Pt* ao *Br*.

aviamento s m (<aviar+-mento) **1** A(c)to ou efeito de aviar. **Comb.** ~ [Atendimento(+)] ao balcão. **2** Andamento de um assunto/Execução/Despacho. **Comb.** ~ duma encomenda [receita médica]. **3** pl Materiais necessários para a conclusão duma obra/Aprestos. **Ex.** Já comprei todos os ~s para acabar a casa. **4** pl Conjunto de materiais acessórios para a costura/Miudezas/Avio(s) «de caça». **Ex.** Os ~ (linhas, botões, fechos, …) custaram quase tanto como o tecido.

avião s m Aer (<fr *avion*; ⇒ ave¹) Meio de transporte aéreo movido por propulsor próprio/Aeroplano. **Ex.** Os ~ões levantam e aterram nos aeroportos. **Comb.** ~ *a ja(c)to*. ~ *comercial* (De carga ou de passageiros). ~ *militar*. ~ *supersó[ô]nico*.

aviar v t (<a-¹+via+-ar¹) **1** Dar andamento [seguimento] a um assunto. **Ex.** Estou quase a sair (do escritório): falta-me só [preparar] a agenda da reunião de amanhã. **2** Atender clientes/Despachar. **Loc.** ~ *clientes ao balcão*. ~ *receitas*. ~ *uma encomenda*. **3** Executar com eficiência e rapidez. **Ex.** Estás há tanto tempo com esse trabalho; vê se te avias; despacha-te! Esta empregada avia em duas horas o que a outra fazia em quatro. **4** fam Mandar embora/Despachar. **Ex.** A vizinha quando começa a conversar nunca mais despega [acaba], mas eu avio-a num instante [*idi* em dois tempos].

aviário, a s m/adj (<lat *aviárius,a,um*; ⇒ ave¹) **1** Conjunto de instalações onde se criam aves em grande quantidade/Viveiro de aves. **Loc.** Dedicar-se à exploração de ~s. **Comb.** Frango de ~. **2** Loja onde se vendem aves. **Ex.** Comprei o canário no ~ da esquina. **3** adj Relativo às aves/Avícola(+). **Comb.** Produção ~a.

avicénia [Br avicênia] s f Bot (<antr Avicena, médico persa, 980-1037) Designação comum de árvores e arbustos equatoriais da família das verbenáceas, cuja casca se utiliza em curtumes.

avícola adj/s 2g (<ave+-cola) **1** Relativo à criação de aves/à avicultura. **Comb.** *Comércio* ~. *Exploração* ~. **2** s 2g ⇒ Avicultor(+).

avicultor, ora s (<ave+cultor) O que se dedica à avicultura/Criador de aves. **Comb.** Profissão de ~.

avicultura s f (<ave+cultura) Criação de aves (domésticas). **Loc.** Dedicar-se à ~.

avidamente adv (<ávido+-mente) Com avidez/sofreguidão/Com grande desejo/muito interesse. **Loc.** *Beber* ~ [sofregamente(+)]. *Ouvir* ~ [atentamente(+)] *uma história*.

avidez s f (<ávido+-ez) **1** Grande desejo/Sofreguidão/Voracidade. **Loc.** Comer [Beber] com ~ [sofreguidão(+)]. **2** Estado de ansiedade/expe(c)tativa/Ânsia. **Loc.** ~ por [para] saber notícias «dum doente».

ávido, a adj (<lat *ávidus,a,um*) **1** Que tem um desejo intenso/Ansioso/Sôfrego. **Comb.** ~ *por comida*. ~ *por divertimentos* [prazeres]. ~ *por notícias* «do filho». **2** Ganancioso/Ambicioso/Avaro. **Comb.** ~ por dinheiro [riquezas].

avifauna s f Ornit (<ave+fauna) Conjunto das aves duma região.

avigorar ⇒ revigorar.

avilanar v t (<a-¹+vilão+-ar¹) Tornar(-se) [Proceder como] vilão/Degenerar. **Ex.** Avilanou-se ao [por] conviver com marginais.

aviltado, a adj (<aviltar+-ado) **1** Que se aviltou/perdeu valor/Desvalorizado. **Comb.** *Moeda* ~*a* [(muito) desvalorizada(+)]. *Produto* ~. **2** Desonrado/Rebaixado/Humilhado. **Ex.** O ministro saiu ~ da reunião; até incompetente lhe chamaram!

aviltamento s m (<aviltar+-mento) **1** Redução[Perda] de valor/Desvalorização. **Ex.** A alta do preço do petróleo é também consequência do ~ [da grande desvalorização(+)] da moeda em que são feitas as transa(c)ções «dólar». **2** Rebaixamento/Humilhação/Vexame. **Ex.** «ministro» Cancelou a visita para evitar o ~ a que a população descontente o sujeitaria.

aviltante adj 2g (<aviltar+-ante) Que avilta/Desonroso/Rebaixador. **Comb.** Comportamento ~.

aviltar v t (<lat *vílito,áre*: menosprezar; ⇒ vil) **1** (Fazer) baixar o preço/Desvalorizar(+). **Ex.** O excesso de produção pode ~ o preço do vinho. **2** Tornar(-se) indigno/vil/Desacreditar(-se). **Loc.** Deixar-se ~ pela ambição do dinheiro. **3** Submeter(-se) a vexames/humilhações/ultrajes. **Ex.** Abusava do poder aviltando [humilhando] os subordinados com insultos grosseiros.

avinagrar v t (<a-¹+vinagre+-ar¹) **1** Temperar com (excesso de) vinagre. **Loc.** ~ *a comida* [salada]. **2** Tornar(-se) azedo/Transformar(-se) em vinagre. **Ex.** O vinho avinagrou(-se) [azedou]. **Comb.** Bebida avinagrada. **3** fig Deixar-se irritar/Ficar irritado ou irritável/maldisposto. **Ex.** Hoje o chefe vem [está] avinagrado. É boa pessoa mas deixa-se ~ facilmente.

avindo, a adj (<avir) Que se aveio/Convencionado/Ajustado/Combinado. **Ant.** Desavindo.

avindor, ora s/adj (<avir+-dor) (O) que harmoniza desavindos sem ir a tribunal/Árbitro de pazes(+). ⇒ conciliador.

avinhado, a adj (<avinhar+-ado) **1** Que cheira [sabe] a vinho. **Comb.** Comida ~*a*. Hálito ~ [a vinho(+)]. **2** Da cor do [Misturado com] vinho (tinto). **Comb.** Bebida ~*a*. Tecido escuro, ~. **3** Embebido em [Impregnado com] vinho. **Comb.** Vasilha [Pipa/Tonel] ~*a/o*. Rabanadas feitas de grossas fatias de pão bem [muito] ~*as*. **4** Ébrio(+)/Bêbado(+). **Ex.** Todas as noites vai para casa ~.

avinhar v t (<a-¹+vinho+-ar¹) **1** Juntar [Misturar com] vinho. **Loc.** ~ [Temperar com vinho] *a carne* (para assar). **2** Impregnar com vinho. **Loc.** ~ *um tonel* (novo). **3** ~*-se*/Beber muito vinho/Embebedar-se(+)/Embriagar-se. **Loc.** ~*-se* «numa festa» com os amigos. **3** Plantar um terreno com vinha/bacelo. **Loc.** ~ uma encosta.

avio s m (<aviar) **1** A(c)to de aviar/Aviamento(+). **Ex.** Pediu ao empregado que lhe fizesse o ~ porque estava com muita pressa. **2** Provisão de mantimentos. **Comb.** O ~ para uma semana. **3** *Br* ~ apetrecho(s).

avioneta (Né) s f (<fr *avionnette*) Avião pequeno com motor de fraca potência. **Comb.** ~ particular.

avir v t (<lat *advénio,is,íre,éni,éntum*: chegar) **1** Chegar a acordo/Harmonizar(-se)/Entender(-se). **Ex.** Avenham-se! Não vale a pena discutir por coisas que não têm importância nenhuma. **2** Fazer diligências para resolver um problema/uma situação difícil/Entrar em entendimento. **Ex.** O cliente está novamente a reclamar que a reparação do carro não ficou bem feita. Atende-o e vê se te avéns com ele. **3** Adaptar-se/Habituar-se. **Ex.** Estranhei bastante os novos métodos de trabalho. Ainda não me avenho [entendo(+)] muito bem com este novo sistema.

avisado, a adj (<avisar+-ado) **1** Que recebeu aviso/Informado. **Ex.** ~s [Tendo já avisado] os sócios, só nos resta esperar que compareçam à reunião. **2** Prudente/Sensato. **Comb.** Pessoa ~*a* [sensata(+)]. **3** Bem pensado/Acertado. **Comb.** Decisão ~*a* [acertada(+)].

avisador, ora adj/s (<avisar+-dor) (O) que avisa/Alvissareiro. **Comb.** Sinal [Lâmpada] ~or/ora [de aviso(+)].

avisar v t (<lat *ad+vídeo,ére,vísum*: para ver +-ar¹) **1** Dar aviso/Fazer saber/Dar a conhecer/Anunciar. **Ex.** Avisaram na [pela] rádio que iam cortar [fechar] a água toda a manhã. Quando o comboio [trem] estiver a chegar, avisa-me para eu te ir buscar à estação. **2** Chamar a atenção/Prevenir/Advertir. **Ex.** Eu avisei-te de que ele era mau pagador. Eu não te avisei de que ia [era capaz de] chover? **Prov.** *Quem me avisa meu amigo é*. **3** Aconselhar/Admoestar. **Ex.** Tantas vezes o avisei de [vezes lhe disse] que aquelas companhias o levariam por maus caminhos! **4** ~*-se com alguém*/Tomar parecer/Aconselhar-se. **Ex.** Depois de me avisar [aconselhar(+)] com a professora de Biologia, acabou a indecisão: vou para [vou estudar/vou formar-me em] Bioquímica.

aviso s m (<avisar) **1** A(c)to ou efeito de avisar/O que se dá a conhecer. **Ex.** Está um ~ afixado na porta. Que diz o ~? – É sobre o prazo de pagamento das propinas. **2** Anúncio/Comunicação/Notícia. **Ex.** A rádio fez o ~ de [avisou] que a autoestrada estava cortada [interrompida] devido a um acidente. **3** Documento que transmite uma informação/Notificação. **Ex.** Recebi hoje o ~ para levantar a encomenda. O ~ [A notificação(+)] para ser ouvido em tribunal foi-me entregue pelo oficial de diligências. **Comb.** ~ *de rece(p)ção* [Documento para ser assinado pelo destinatário a fim de comprovar que recebeu «a carta»]. ~ *prévio* [para rescisão do contrato]. *Sem* ~ [avisar/Inesperadamente]. **4** Aquilo que adverte/Sinal. **Ex.** Puseram lâmpadas de ~ para assinalar as obras na estrada. **Loc.** Estar atento [de ~/de prevenção] «à entrada da escola». **5** Admoestação/Advertência/Conselho. **Ex.** Se não se emendou, não foi por falta de ~s. Segue os ~s [conselhos] de teus pais que vais bem encaminhado. **6** Opinião/Parecer. **Ex.** Vamos deitar tudo [as instalações] abaixo e construir de novo, salvo melhor ~ [opinião] da administração. **7** Náut Pequeno navio de guerra para transmitir informações, serviço de vigilância e escolta doutros navios.

avistar v t (<a-¹+vista+-ar¹) **1** Alcançar com a vista/Ver ao longe. **Ex.** Voltei para trás porque avistei o polícia ao fundo da rua e não levava documentos. **2** Começar a ver/Divisar/Descortinar/Enxergar. **Ex.** Ao longe avistam-se uns pontos negros: são barcos de pesca. Consegui ~ [ver(o+) descortinar(+)] o nosso grupo de jovens no meio da multidão. **3** ~*-se*/Ter entrevista/Encontrar-se. **Ex.** O professor avistou-se com o [foi ao] dire(c)tor da escola para lhe apresentar o problema da falta de disciplina.

avistável adj 2g (<avistar+-vel) Que se pode avistar. **Comb.** Estrela «polar» ~ [visível(+)] a olho nu.

avitaminose s f Med (<a-²+vitamina+-ose) Doença cara(c)terizada por falta de vitaminas. **Ex.** A ~ pode causar atraso no crescimento e falta de resistência às infe(c)ções.

avivado, a *adj* (<avivar+-ado) **1** Que se tornou mais vivo/mais intenso. **Comb.** Lume [Chama] ~o/a. **2** Retocado/Realçado. **Comb.** Cores [Pintura] ~as/a. **3** Entusiasmado(+)/Animado(+). **Ex.** O grupo apresentou-se ~, com novo [grande] entusiasmo. **4** Desperto/Recordado/Presente. **Comb.** ~ [Bem vivo/presente(+)] na memória. **5** Enfeitado com vivos/vistas/debruns/Debruado. **Comb.** Gola e punhos ~s com cetim.

avivador, ora *adj/s* (<avivar+-dor) (O) que aviva/realça. **Comb. Efeito ~. Retoque ~.**

avivamento *s m* (<avivar+-mento) A(c)to ou efeito de avivar(-se). **Ex.** Com um ligeiro [leve] ~ a pintura ficará muito valorizada.

avivar *v t* (<a-¹+vivo+-ar¹) **1** Tornar mais vivo/intenso/A(c)tivar. **Loc.** ~ [Atiçar] *o lume*. ~ antigos rancores. **2** Dar mais realce/destaque/Acentuar. **Loc.** ~ *as cores* «duma tela». ~ *as marcações* [traços] «dum campo de futebol». **3** Tornar mais animado/Entusiasmar. **Loc.** ~ [Animar(o+)/Entusiasmar(+)] *um grupo (d)esportivo*. ~ *um debate*. **4** Trazer à lembrança/Recordar. **Loc.** ~ *a memória*. **5** Guarnecer [Enfeitar] com vivos/vistas/debruns. **Loc.** ~ *o bibe nos punhos e nos bolsos*.

aviventar *v t* (<a-¹+vivo+-entar) **1** Dar nova vida/novo vigor/Avivar(-se). **Ex.** A equipa/e aviventou-se [tomou nova vida/novo alento] com a mudança de treinador. **2** Cobrar ânimo/Reanimar(-se). **Ex.** O tratamento «psicoterapia» fê-lo ~ [deu-lhe nova vida]. **3** Fortificar/Rejuvenescer. **Ex.** Bastou um dia de chuva para as plantas (se) aviventarem [reverdescerem(+)/despertarem].

avizinhar *v t* (<a-¹+vizinho+-ar¹) **1** Tornar(-se) mais próximo/Aproximar(-se)/Acercar(-se). **Loc. ~-se da entrada. ~-se dum doente.** ~ [Puxar para cá/si] *o candeeiro* (para junto do sofá). **2** Tornar(-se) vizinho. **Ex.** Mudou de casa e avizinhou-se dos pais: foi morar para a mesma rua. **3** Estar para chegar/Aproximar-se no tempo. **Loc. ~-se a noite. ~-se** [Vir aí] *a velhice*. *Avizinharem-se* [Virem aí] *dias difíceis*.

avo *s m* (<terminação de oita*vo*) **1** Cada uma das partes iguais, superiores a dez e que não sejam potência de dez, em que a unidade é dividida. **Ex.** A fra(c)ção 2/99 lê-se: dois noventa e nove ~s. **2** Centésima parte da pataca em Macau e da rupia em Timor-Leste. ⇒ cêntimo. **3** *fig* O que não vale nada/Bagatela/Insignificância. **Ex.** Isto não vale um ~ [chavo(+)]. Nunca me deu (nem tanto como) um ~.

avó *s f* (<lat *avíola,ae,* dim de *ávia,ae*) **1** Mãe do pai ou da mãe. **Ex.** Já só tenho a ~ materna; a ~ paterna já morreu. As duas ~s eram da mesma idade. **2** *s m pl* O casal, avô e avó em conjunto/Os antepassados excluindo os pais; ⇒ avô **Ex. Ex.** Gosto muito dos meus ~ós maternos. Os ~ós paternos vejo-os poucas vezes. **Comb.** História do tempo dos nossos ~ós.

avô *s m* (<lat *ávus,i*) Pai do pai ou pai da mãe. **Ex.** Tenho dois ~ôs: o pai do meu pai (~ paterno) e o pai da minha mãe (~ materno). ⇒ avó **2**.

avocação *s f* (<lat *advocátio, ónis*: ofício de advogar, patrocinar uma causa) **1** A(c)ção de avocar/de chamar a si. **Comb.** ~ [Tomada] *de poderes*. **2** *Dir* Chamamento dum processo [duma causa] a outro juízo. **Ex.** A ~ resulta sempre de circunstâncias exce(p)cionais.

avocar *v t* (<lat *advóco, áre*) **1** Chamar a si/Trazer para o seu lado/Arrogar-se. **2** *Dir* O juiz chamar a um tribunal um processo que estava noutro. **3** ⇒ evocar.

avocatório, a *adj* (<avocar+-tório) Que serve para avocar/Relativo à avocação. **Comb.** (Carta) ~a. Processo ~.

avoengo, a *adj/s* (<avô+-engo) **1** Que procede dos avós ou dos antepassados. **Comb.** Bens ~s. **2** Que é muito antigo/de tempos longínquos/remotos(+). **Comb.** Costume [Tradição] ~o/a. **3** *s m pl* Os ascendentes dire(c)tos/Os avós/Os antepassados. **Ex.** Nas paredes do solar pendiam quadros de ~s de várias gerações. Os ~s dos portugueses nunca quiseram ser integrados na Espanha.

avolumar *v t* (<a-¹+volume+-ar¹) **1** (Fazer) aumentar de volume. **Ex.** O balão, com o calor da fogueira, foi avolumando até que rebentou. Este fato avoluma-me muito; faz-me parecer mais gordo/a (do que sou). **Loc.** ~ *as dívidas*. **2** Fazer parecer maior/Dar maior importância/Exagerar. **Loc.** ~ *os problemas*. **3** Concentrar uma grande quantidade num local/Acumular(+). **Ex.** A greve do serviço de recolha fez ~ o lixo pelas ruas da cidade. Os livros avolumavam[amontoavam]-se pelo chão porque eram tantos que já não cabiam nas estantes.

à-vontade *s m* Forma desinibida de estar/Descontra(c)ção/Naturalidade. **Ex.** Apresentou-se em frente das câmaras (de TV) com grande ~ [com naturalidade/muito desinibido/todo descontraído].

avulsão *s f* (⇒ avulso) **1** ⇒ extra(c)ção «dum dente». **2** *Dir* O deslocar algo dum modo violento de um prédio para outro.

avulso, a *adj/adv* (<lat *avúlsus,a,um <avéllo, ere,avúlsum*: cortar «uma flor») **1** Desligado daquilo de que fazia parte/Separado/Solto. **Comb. Chávenas ~as** [desirmanadas da cole(c)ção]. **Folhas ~as. Ideias ~as. Número de revista** «Brotéria» ~o. **Peça de mobília ~a. Notícias ~as** [vagas/pouco consistentes]. **2** *adv* Sem ser previamente embalado/à retalho/Separadamente. **Loc.** Vender vinho [açúcar/arroz] ~.

avultado, a *adj* (<avultar+-ado) **1** Que avulta/tem grandes dimensões/Grande/Volumoso. **Ex.** O frigorífico é muito ~ [tem muito vulto(+)], não cabe aqui. Para não ficar um pacote muito ~, é preferível fazer dois (embrulhos) mais pequenos. **2** De estatura forte/robusta/Corpulento/Vultoso. **Ex.** Não esperava encontrar o menino tão ~. **3** Que atingiu grande importância/Que tem muito valor. **Comb. Dívidas ~as/grandes. Roubo de quantia ~a.**

avultar *v t/int* (<a-¹+vulto+-ar¹) **1** Tornar [Ficar] maior/Aumentar. **Ex.** A caixa de ressonância «do violino» faz ~ [aumentar/amplificar] o som das cordas. **2** Apresentar grande vulto/Realçar/Sobressair. **Ex.** Uma grande estátua de Neptuno avultava à entrada da baía. No meio dos [Entre os] jogadores avultava [sobressaía(+)] um com mais de dois metros de altura. **3** Ter grande importância/Assumir grande relevo. **Ex.** Entre os problemas do continente africano avultam [destacam-se/sobressaem] o da paz e o da fome.

axadrezado, a *adj* (<axadrezar+-ado) Aos quadrados de cor alternada, como o tabuleiro de xadrez. **Comb. Equipamento ~** «do Boavista Futebol Clube, Portugal». **Papel ~. Tecido ~.**

axadrezar *v t* (<a-¹+xadrez+-ar¹) Tornar semelhante a um tabuleiro de xadrez/Dispor aos quadrados de cor alternada. **Loc.** ~ *um pavimento com mosaicos pretos e brancos*.

axe (Che) *s m Infan* (< ?) Pequeno ferimento/Dói-dói [Dodói]. **Loc.** Fazer [Ter] um ~.

axé *s m/interj* (<ioruba *axe*: ordem, poder) **1** Poder dos espíritos «orixás». **Comb.** Música ~ «com dança muito ritmada da Bahia». **2** *interj* ⇒ oxalá.

axial (Csi) *adj 2g* (<lat *áxis,is*: eixo+-al) Do [Relativo ao] eixo. **Comb. Corte ~/que divide ao meio.** *Miner* **Cruz ~** [Conjunto dos eixos cristalográficos]. *Miner* **Relação ~.** *Med* **Tomografia ~ computorizada. 2** Que serve de eixo. **Comb.** Linha ~. **3** Que é fundamental/Primordial. **Comb.** Função [Papel] ~.

axila (Csi) *s f* (<lat *axílla,ae<ála*: asa) **1** *Anat* Cavidade entre a parte superior interna do braço, o ombro e o tórax/Sovaco. **2** *Bot* Ângulo formado pela folha com o ramo em que está inserida ou por um ramo e pelo tronco. **Comb.** ~ foliar.

axilar (Csi) *adj 2g Anat/Bot* (<axila+-ar²) Que diz respeito à [está inserido na] axila. **Comb. Artérias ~es. Gema** [Gomo/Rebento] **~. Glândulas ~es. Pelos ~es.**

axiologia (Csi) *s f Fil* (<gr *áxia*: valor+-logia) Estudo ou teoria do valor [da dignidade] da existência e da sua relação com valores particulares: culturais, estéticos, morais, econó[ô]micos, ... **Sin.** Teoria dos valores(+).

axiológico, a (Csi) *adj Fil* (<axiologia+-ico) Que é relativo à axiologia/aos valores. **Comb. Aspe(c)to ~. Problema ~o.**

axioma (Csiô) *s m* (<gr *axióma,atos*: o que é digno, evidente) **1** *Fil/Mat* Proposição «O todo é maior do que as partes/Nada pode ser e não ser ao mesmo tempo sob o mesmo aspe(c)to» que numa ciência se aceita como verdadeira sem necessidade de demonstração/Postulado. **Comb.** ~ **lógico**. ~ **matemático**. **2** Verdade evidente, inquestionável/Máxima.

axiomático, a (Csi) *adj* (<gr *axiomátikos*) Relativo a axiomas/Que tem carácter de axioma/Evidente/Incontestável. **Comb. Princípio ~. Verdade ~a.**

axiómetro (Csi) [*Br* **axiômetro**] *s m Náut* (<gr *áxios*: justo, conveniente) Aparelho que serve para indicar a posição da roda do leme.

axiónimo (Csi) [*Br* **axiônimo**] *s m* (<gr *áxia*: preço, valor+-ó[ô]nimo) Palavra ou locução usada como tratamento de dignidade/cortesia. **Ex.** *Excelentíssimo Senhor, Doutor, Vossa Excelência* são ~s.

áxis (Csi) *s m 2n* (<lat *áxis, is*: eixo) **1** Eixo. **2** *Anat* Segunda vértebra cervical sobre a qual roda a primeira (Atlas). **Comb. Apófise do ~. Dente do ~.**

axónio (Csi) [*Br* **axônio**] *s m Anat* (<gr *áxon*: eixo+-io) Prolongamento da célula nervosa, de diâmetro constante em cada célula, geralmente ramificado na extremidade e que transmite o fluxo nervoso a outra célula nervosa.

azabumbado, a *adj* (<azabumbar+-ado) **1** Semelhante a um bombo/a uma zabumba. **Comb. Feitio** (de saia) **~. Ruído** [Som] ~. **2** *pop* Aturdido/Atarantado/Espantado. **Ex.** Ficámos todos ~s com a notícia.

azabumbar *v t* (<a-¹+zabumba+-ar¹) **1** Tocar (na) zabumba. **Ex.** Não havia festa na aldeia sem os *Zés-pereiras* a ~ pelas ruas. **2** Bater como quem toca bombo. **Ex.** Até dizem que o pobre-diabo do marido, quando vem com o vinho, azabumba [zumba(+)/bate(o+)] na mulher e nos filhos sem dó nem piedade. **3** *fig* Espantar/Aturdir. **Ex.** Ouvir uma notícia dessas sem contar [esperar/assim de repente] azabumba qualquer um [qualquer pessoa/quem quer que seja].

azado, a *col adj* (<azar²+-ado) **1** Que é conveniente/oportuno(+)/propício(+). **Ex.** O de-

putado esperava o momento ~ para atacar o governo. **2** Que é próprio para alguma coisa/Adequado/Apropriado. **Ex.** Não era a ferramenta ~a [própria(+)/boa] para aquele trabalho.

azáfama *s f* (<ár *az-zahama*) **1** Tarefa executada com grande pressa/Atrapalhação/Rebuliço. **Ex.** Lá em casa ninguém parava: era a ~ dos últimos preparativos para a festa. Andar numa ~ [*idi* numa roda viva/atarefado/a/com grande pressa].

azafamado, a *adj* (<azafamar+-ado) Muito atarefado/Sobrecarregado com trabalho/Afadigado. **Ex.** Não para um minuto, sempre ~/atarefado!

azafamar *v t* (<azáfama+-ar) Sobrecarregar(-se) com trabalho/Afadigar/Atarefar. **Ex.** Eu bem lhe digo que não tem necessidade de se ~ com tanto trabalho porque o dinheiro chega [é suficiente], mas aquilo nela já *idi* é um vício, não é capaz de estar parada!

azagaia *s f* (<ár *az-záya*) Lança curta de arremesso com haste de madeira e ponta de ferro/Zagaia. **Ex.** A ~ é muito usada na caça, em África.

azagaiar *v t* (<azagaia+-ar¹) **1** Ferir [Matar] com azagaia. **2** Arremessar a azagaia. **Loc.** Ensinar a ~.

azálea *s f Bot* (<gr *azaléos,a,on*: seco, árido) Nome comum de várias plantas da família das ericáceas, cultivadas nos jardins, com flores de cores variegadas; *Rhododendron molle*. **Ex.** As ~s dão uma grande beleza à ilha de S. Miguel (Açores, Portugal) onde abundam.

azamboado, a *adj* (<azamboar+-ado) Entontecido/Atordoado. **Loc.** Sentir a cabeça ~a [zonza(+)].

azamboamento *s m* (<azamboar+-mento) A(c)to ou efeito de azamboar/Atordoamento(+). **Ex.** Com o ~ da pancada quase (que) desmaiava [ia desmaiando].

azamboar *v t* (<a-¹+zamboa-ar¹) Ficar tonto/entontecido/zonzo. **Ex.** O carrossel dos aviões fez-me ~. É um barulho ensurdecedor que me azamboa a cabeça.

azambrado, a *adj* (<a-¹+zambro [jambro]+-ado) Cambado das pernas/Desajeitado. **Ex.** Aparece-me a pedir trabalho cada ~ [incapaz/aleijado]!

azar¹ *s m* (<ár *az-zahr*: flor (Dado que tinha uma flor pintada numa das faces)) **1** Sorte adversa/Má fortuna/Adversidade. **Ex.** É a terceira vez que repito o exame e ainda não passei. Já é ~! **Loc.** *Dar* ~ [Ser causador de má sorte/Ser mau sinal/Trazer mau agoiro]. *Ter* ~ [pouca sorte]. *Ter* ~ *a* [Não gostar de/Ter ódio a] (Ex. Tenho ~ aos ratos). **Comb.** Jogo de ~ [cujo resultado depende apenas do acaso]. **2** Acontecimento muito desfavorável/Desgraça/Desdita. **Ex.** Só lhe acontecem ~es [*idi* Um ~ nunca vem só]: já tinha o marido doente, agora o filho teve um acidente de moto; a pobre da mulher, carregada de dívidas, não sabe o que há de fazer à vida!

azar² *v t* (<azo+-ar¹) **1** ⇒ causar; motivar. **2** ⇒ vir a propósito; ser azado; coadunar-se.

azarado, a *adj* (<azarar+-ado) Que tem pouca sorte/tem azar/Azarento. **Ex.** É muito ~, tudo lhe corre mal!

azarar *v t* (<azar¹+-ar¹) Dar [Levar/Transmitir] má sorte a alguém/Agourar. **Ex.** Essas palavras só servem para me ~: só lembram o que de mal me pode acontecer.

azarento, a *adj* (<azar+-ento) Que tem [dá] azar. **Comb.** *Dia* ~*o*. *Pessoa* ~*a*.

azebre (Zê) *s m* (<ár *ax-xibar*) **1** Substância esverdeada formada à superfície dos obje(c)tos de cobre em conta(c)to com a (h)umidade e o CO₂ (Dióxido de carbono) atmosféricos, constituída por carbonato e hidróxidos de cobre/Verdete(+). **Loc.** Limpar o ~. **2** *Bot* Nome de algumas plantas da família das liliáceas, de folhas carnudas/Aloés. **3** Suco extraído das folhas do aloés.

azeda(s) (Zê) *s f Bot* (<azedo) Erva vivaz da família das poligonáceas (*Rumex acetosa, L.*) com folhas comestíveis «temperadas com sal e azeite» de sabor ácido. ⇒ azedinha(s).

azedamento *s m* (<azedar+-mento) A(c)to ou efeito de azedar/de se tornar azedo. **Ex.** O conta(c)to com o ar provoca o ~ do vinho. **2** *fig* Deterioração duma relação humana/Agastamento. **Ex.** Quando a desconfiança e o ciúme se instalaram no casal, aí começou o ~ das suas relações.

azedar *v t/int* (<azedo+-ar¹) **1** Tornar(-se) azedo/Adquirir o sabor acre. **Ex.** Você azedou a salada, pôs muito vinagre. O vinho parece estar a ~; tem um ligeiro sabor ácido [; já pica]. **2** Estragar-se «a comida» devido a fermentação. **Ex.** A sopa azedou. No verão, os bolos azedam com facilidade [facilmente]. **3** *fig* Tornar(-se) irritável/agressivo. **Ex.** A doença fê-lo ~, ele que tinha tão bom feitio! **Loc.** ~-se uma discussão.

azedinha(s) *s f Bot* (⇒ azeda) **1** Planta da família das poligonáceas (*Rumex angiocarpus, Murb.*), mais pequena e mais ácida do que a azeda, frequente em Portugal. **2** *Br* Designação comum de várias ervas da família das oxalidáceas, comestíveis, ricas em ácido oxálico.

azedo (Zê) *adj* (<lat *acétum,i*: vinagre) **1** Que tem sabor ácido semelhante ao vinagre [limão]/Acre. **Ex.** Não gosto do café sem açúcar, acho-o ~. **Comb.** *Laranja* (ainda) ~*a*. *Vinho* ~. **Ant.** Doce. **2** Que se estragou devido a fermentações/Que azedou. **Comb.** Comida [Sopa/Bolo] ~a/o. **3** *fig* Mal-humorado/Antipático/Rude. **Ex.** Hoje não se pode falar com o chefe, está muito ~ [está de mau humor(+)]! **4** *s m* Sabor ácido. **Ex.** Prova este vinho para ver se notas o ~. Juntar açúcar a uma limonada para cortar [dissimular] o ~.

azedume *s m* (<azedo+-ume) **1** Sabor azedo. **Ex.** Neste vinho já se nota algum ~. **2** Acidez do estômago/Azia(+). **Ex.** Quando como fritos, sinto logo um ~ no estômago que me atormenta. **3** *fig* Mau humor/Aspereza(+) no trato/Irritabilidade. **Ex.** Magoa-me muito o ~ com que a minha filha me trata.

azeitada *s f* (<azeite+-ada) **1** Grande quantidade de azeite. **Ex.** Este ano a ~ vai ser farta; as oliveiras estão carregad(inh)as de azeitona. **2** Quantidade (grande) de azeite que casualmente se entorna ou se põe na comida. **Ex.** Bacalhau assado na brasa, regado com farta ~ e batatas a murro, que prato [manjar] delicioso!

azeitar *v t* (<azeite+-ar¹) **1** Temperar com [Pôr(+)] azeite. **Loc.** ~ a comida [salada]. **2** Embeber em azeite. **Loc.** ~ os filtros das prensas (do lagar). **3** Olear/Lubrificar. **Loc.** ~ [Olear(+)/Lubrificar(o+)] uma máquina. ⇒ untar.

azeite *s m* (<ár *az-zaít*) Óleo vegetal gordo extraído das azeitonas. **Ex.** O ~ é menos denso do que a água e insolúvel nela. **Prov.** *A verdade é como o* ~*: vem sempre ao* (lado) *de cima*. **Loc.** *idi Estar com os* ~*s* [de mau humor]. *Temperar [Cozinhar/Refogar] com* ~.

azeiteira *s f* (<azeite+-eira) Almotolia para azeite. **Comb.** ~ inox [de alumínio]. ⇒ galheteiro.

azeiteiro, a *adj/s m* (<azeite+-eiro) **1** Relativo ao azeite. **Comb.** Indústria ~a. **2** *Hist* Homem que vende azeite. **Ex.** Antigamente os ~s percorriam as aldeias numa carroça onde carregavam as almotolias [os bidões] do azeite para vender.

azeitona *s f* (<ár *az-zaitúna*) Fruto da oliveira, carnudo, com caroço, donde se extrai o azeite. **Loc.** *Enfeitar uma travessa com* ~*s*. *Petiscar* ~*s* «com presunto». **Comb.** Verde-~ [Que tem cor de ~ verde].

azeitonado, a *adj* (<azeitona+-ado) Da cor [Do formato] da azeitona. **Comb.** Colar de contas ~as.

azeitoneira *s f* (<azeitona+-eira) **1** Prato [Travessa/Recipiente] em que se servem azeitonas. **Comb.** Uma ~ inox [de porcelana]. **2** Vasilha onde se guardam azeitonas/Talha/Pote. **Ex.** Guardava as azeitonas numa ~ [talha(o+)/num pote(+)] de barro.

azeitoneiro, a *s/adj* (<azeitona+-eiro) (O) que trabalha na apanha da azeitona ou se dedica à compra e venda de azeitonas. **Loc.** *Contratar* ~*s para a apanha*. *Vender a azeitona aos* ~*s* [ajuntadores(+)]. **2** Relativo à azeitona. **Comb.** *Produção* ~*a* [olivícola(+)]. *Safra* ~*a*.

azémola [*Br* azêmola] *s f* (<ár *az-zámila*) **1** Besta de carga. **Comb.** ~s carregadas com sacos de farinha. **2** Cavalgadura velha e magra. **Ex.** Traziam a ~ (à) solta no lameiro; já não tinha força(s) para fugir. **3** *fig* Pessoa estúpida.

azenha (Zê) *s f* (<ár *as-sániya*) Moinho de água, movido por uma grande roda. **Ex.** Ainda hoje se veem (desa(c)tivadas) muitas ~s, em rios e ribeiros.

azeotrópico, a *adj* (<a-²+gr *zein*: ferver+*trópos*: mudança+-ico) Relativo ao [Que apresenta] azeotropismo. **Comb.** *Destilação* ~*a*. *Mistura* ~*a*.

azeotropismo *s m Quím* (<a-²+gr *zein*: ferver+*trópos*: mudança+-ismo) Fenó[ô]meno que consiste no fa(c)to de algumas misturas de líquidos (geralmente dois) se comportarem durante a destilação como uma substância pura por terem composição e ponto de ebulição constantes. **Ex.** O álcool etílico obtido por destilação do vinho é uma mistura com ~, cuja composição ponderal é: 95,5% de etanol e 4,5% de água e o ponto de ebulição 78,1° C.

Azerbaijão *s m Geog* República do ~. **Ex.** A capital do ~ é Baku e os seus habitantes são azerbaijanos.

azereiro *s m Bot* (<lat *acerárius,a,um*<*ácer, eris*: bordo, madeira do bordo) Arbusto da família das rosáceas (*Prunus lusitanica, L.*), semelhante ao loureiro, de folha persistente e frutos drupáceos vermelhos, muito amargos/Ginjeira-brava.

azevém *s m Bot* (< ?) Erva da família das gramíneas semelhante ao joio, utilizada como forragem.

azevia *s f Icti* (< ?) Peixe teleósteo da família dos pleuronectídeos (*Solea azevia*), semelhante ao linguado, muito frequente na costa marítima portuguesa. **Comb.** ~ grelhada [assada].

azeviche *s m Miner* (<ár *az-zabadj*: glóbulos negros) Variedade de lenhite negra ou de antracite utilizada como pedra ornamental/Âmbar negro. **Ex.** O ~ utiliza-se principalmente em amuletos e adornos femininos. **Comb.** Cabelo(s) de ~ [negrinho(s)/muito negro(s)].

azevinho *s m Bot* (<lat *aci[aqui]fólium*) Arbusto da família das aquifoliáceas (*Ilex aquifolium, L.*) de folhas persistentes verde-escuro e frutos vermelhos globosos. **Ex.** O ~ é muito utilizado como ornamento pelo Natal.

azia *s f* (<lat *acédia,ae*: desânimo, negligência) Sensação de ardor que vem do estômago até à garganta/Azedume. **Loc.** Causar [Sentir] ~.

aziago, a *adj* (<lat *aegyptiácus,a,um*: egípcio) De mau agoiro/Que pressagia desgraça/Funesto/Nefasto. **Comb.** Dia ~ [de azar].

aziar *s m* (<ár *az-ziár*) Espécie de torniquete para apertar o focinho das cavalgaduras enquanto são ferradas ou tratadas.

ázimo *adj/s m* (<gr *azymos,o,on*) (Pão) sem fermento. **Comb.** Festa dos ~s [Páscoa dos judeus].

azimutal *adj 2g* (<azimute+-al) Relativo ao azimute. **Comb.** Ângulo ~.

azimute *s m Astr* (<ár *as-sumut* pl de *samt*: dire(c)ção, ponto do horizonte) Ângulo medido no plano horizontal entre o meridiano do lugar do observador e o plano vertical que contém o astro [ponto] observado. **Loc.** Tomar o ~. **Comb.** ~ magnético.

Azina *s f Quím* (< Nome dos compostos heterocíclicos com seis átomos, sendo um, pelo menos, de azoto.

azinha *s f* (<lat *ilicína,ae*< *ílex,icis*: azinheira) Fruto [Bolota] da azinheira.

azinhaga *s f* (<ár *az-zinaiqa*) Caminho rústico estreito, ladeado por muros ou sebes altas. **Loc.** Andar [Seguir] pela ~.

azinhal *s m* (<azinha+-al) Terreno plantado de [com] azinheiras. **Ex.** Do grande ~ não restava uma [nenhuma] árvore: o incêndio *idi* devorou [queimou(+)] tudo.

azinheira *s f Bot* (<azinha+-eira) Árvore da família das fagáceas (*Quercus rotundifolia, Lam.*) de copa ampla arredondada, característica das regiões mais secas da Península Ibérica, França mediterrânica e Norte de África, que produz madeira rija e compacta/Árvore afim desta (*Quercus ilex, L.*) que cresce nas regiões mais (h)úmidas, mais esbelta e elevada. **Comb.** ~-*doce* [Variedade que produz bolota doce (comestível)]. ~-*macha* [Híbrido da ~ e do sobreiro].

azinho *s m* (<azinha) Madeira de azinheira. **Comb.** *Carvão de ~. (Madeira de) ~.*

-ázio *suf* (<lat *áceus*) Desempenha a função de aumentativo: *balázio, copázio*. **Sin.** -aço, a.

aziumar *v t/int* (<aziúme+-ar¹) 1 Tornar(-se) azedo/Azedar. **Ex.** O leite aziumou [azedou(+)]. 2 Provocar azedume/Irritar(-se). **Ex.** Aziumou[Irritou]-se porque lhe disse que o trabalho não estava bem feito.

aziúme *s m* (<azia+-ume) ⇒ azedume.

azo *s m* (<provençal *aize*: espaço vazio ao lado de alguém, comodidade) Motivo/Oportunidade/Causa. **Ex.** O texto é ambíguo: dá ~ a [pode ter] duas interpretações. Dar ~ a falatório [Ser motivo de crítica/Ser causa de murmuração].

azoada *s f* (<azoar) Barulheira/Zunido. **Comb.** *A ~ do mar. A ~ do trabalho das máquinas.*

azoado, a *adj* (<azoar+-ado) Atordoado/Entontecido. **Ex.** A estrada tinha tantas curvas que fiquei meio ~o/a.

azoamento *s m* (<azoar+-mento) Atordoamento/Aturdimento. **Ex.** Ao fim do dia, já não conseguia ouvir os alunos; sentia na cabeça um ~ constante.

azoar *v t/int* (<a-¹+z[s]oar) 1 Fazer andar a cabeça à roda/Atordoar. **Ex.** Não posso ler no autocarro, começo logo a ~ [ficar tonto/a/enjoar]. 2 Agastar(-se)/Irritar(-se). **Ex.** Revoltava-se com o que via, mas como não podia dizer nada, (lá) por dentro azoava.

azoeirado, a *adj* (<a-¹+zoeira+-ado) Amalucado/Aluado. **Comb.** Moço ~.

azoico¹, a *adj Geol* (<gr *ázoos*: sem vida +-ico) Desprovido de fósseis. **Comb.** Era ~a [anterior ao Paleozoico].

azoico², a *adj Quím* (<azo(to)+-ico) Grupo de compostos químicos que possuem dois átomos de azoto ligados entre si (Grupo [Radical] azo(to): -N=N-). **Ex.** Os compostos ~s encontram-se em muitos corantes.

azoinar *v t/int* (<a-¹+zoina+-ar¹; ⇒ azoar) 1 Causar perturbação com o ruído ou falando constantemente. **Ex.** Cada vez que se encontra com a amiga, chega a casa e azoina-me os ouvidos com as novidades todas. 2 Causar [Sentir] irritação. **Ex.** O pai gosta pouco [não gosta] da confusão das festas. Refugia-se no quarto para não se ~ [para que não o azoinem].

azoospermia *s f Med* (<a-²+zoo-+esperma+-ia) Ausência de espermatozoides no líquido seminal. **Ex.** A ~ é uma das causas de esterilidade masculina.

azoratado, a *adj* (<azoratar+-ado) 1 Atordoado/Entontecido. **Ex.** Ficaram ~s com o barulho da explosão. 2 Estroina/Doidivanas.

azoratar *v t* (<a-¹+zorate+-ar¹) 1 Ficar atordoado/Desorientar(-se)/(Fazer) perder a lucidez. **Ex.** A miséria fazia-o ~. 2 Tornar(-se) estroina/doidivanas. **Ex.** Azoratou-se com as más companhias.

azorragar *v t* (<azorrague+-ar¹) Açoitar com azorrague(o+). **Loc.** ~ um criminoso.

azorrague *s m* (< ?) Chicote formado por correias [cordas] presas num pau. **Loc.** Castigar um malfeitor com golpes de ~.

azotação *s f* (<azotar+-ção) A(c)to ou efeito de azotar/Combinação com [Fornecimento de] azoto. **Comb.** ~ das terras. Processo de ~.

azotado, a *adj* (<azotar+-ado) Que contém [recebeu] azoto. **Comb.** *Adubo ~. Substâncias ~as. Terrenos ~s.*

azotar *v t Quím* (<azoto+-ar¹) 1 Combinar com [Adicionar] azoto/Nitrar. **Loc.** ~ uma mistura [uma rea(c)ção química]. 2 Fornecer [Alimentar com] azoto. **Loc.** ~ um terreno com adubo (azotado).

azotemia *s f Med* (<azoto+-emia) Excesso de ureia e outras substâncias azotadas no sangue. **Ex.** A ~ pode ser causada, por exemplo, por desidratações acentuadas ou por perturbações metabólicas. ⇒ azotúria.

azótico, a *adj Quím* (<azoto+-ico) Relativo ao azoto/Nítrico. **Comb.** Ácido ~/nítrico(+).

azoto [N7] (Zó) *s m Quím* (<fr *azote*<a-²+gr *zoe,es*: vida) Elemento químico de número ató[ô]mico 7, símbolo N e peso ató[ô]mico 14,008. Gás incolor, inodoro e insípido pouco solúvel na água. **Ex.** O ~ entra na composição de inúmeros compostos químicos, orgânicos e inorgânicos. O ~ é o componente dominante do ar, cerca de 4/5 em volume. **Sin.** Nitrogé[ê]nio.

azotúria *s f Med* (<azoto+-úria) Doença caracterizada pelo excesso de ureia na urina. ⇒ azotemia.

azougado, a *adj* (<azougar+-ado) 1 Esperto/Vivo/Irrequieto(+). **Comb.** Criança ~. 2 Volúvel/Leviano(+). **Comb.** Jovens ~s.

azougamento *s m* (<azougar+-mento) Qualidade do que é azougado/Vivacidade/Esperteza. **Ex.** Ganhou juízo mas não perdeu o ~ [o azougue(+)].

azougar *v t/int* (<azougue+-ar¹) 1 Misturar com azougue/mercúrio/Amalgamar. **Loc.** ~ o estanho. 2 Tornar vivo/irrequieto. **Ex.** Era muito sossegado; azougou quando foi para a escola.

azougue *s m* (<ár *az-zauq*) 1 *Quím* Nome vulgar do mercúrio. 2 *Br Bot* Planta da família das euforbiáceas/Mercurial; *Mercurialis annua/herba*. 3 Pessoa [Animal] esperta/o/viva/o/irrequieta/o. **Ex.** Esta criança é um ~: quer ver tudo, mexe em tudo, não para quieta! 4 Vivacidade/Esperteza. **Loc.** Ter ~.

azucrim *s m* (< ?) 1 ⇒ importunação «dos vizinhos/dum ruído». 2 ⇒ pessoa impertinente. 3 ⇒ aflição «no peito».

azucrinar(-se) *v t* (<azucrim+-ar¹) ⇒ importunar(-se); maçar(-se).

azul *s m/adj 2g* (<ár *lazurd*<*lazaward*: lápis-lazúli) 1 Cor do arco-íris que no espe(c)tro solar se situa entre o verde e o anil. **Ex.** Vamos ter bom tempo, o céu está ~. **Idi.** «ver» *Tudo ~* [em ordem/em paz/às mil maravilhas]. **Comb.** ⇒ *~-celeste/-claro/-cobalto/-da-prússia/-de-metileno/-escuro/-ferrete/-marinho/-turquesa. Olhos ~uis. idi* «se a empresa, além da viagem, pagar a estadia, será» *Ouro sobre ~* [Combinação perfeita]. *idi Sangue ~* [Origem nobre/Fidalguia] (**Ex.** Tem a mania que é de sangue ~). 2 Qualquer tonalidade/gradação desta cor. **Ex.** Não achas que este ~ é demasiado escuro? **Comb.** *~-bebé/ê. ~-marinho. ~-turquesa.* 3 Que perdeu a cor rosada/Amarelo(+). **Loc.** Ficar ~ «com uma má notícia». 4 ⇒ embriagado. 5 ⇒ assustado/atrapalhado.

azulad(inh)a *s f col Br* (<azulado+-(inha)) Aguardente de cana/Cachaça(+).

azulada, a *adj* (<azular+-ado) Que tem tonalidade [é levemente] azul. **Comb.** *Cor ~a. Olhos ~s. Tom ~.*

azulão *s m* (<azul+-ão) 1 Tecido grosseiro de algodão de cor azul/Zuarte. **Comb.** Casaco de ~. 2 Tom forte de azul. **Comb.** Tecido [Pano] ~. 3 *Ornit* Nome comum de várias espécies de pássaros azuis, da família dos fringilídeos e dos icterídeos, frequentes nas Américas.

azular *v t* (<azul+-ar¹) 1 Dar [Adquirir] a cor [tonalidade] azul. **Ex.** O céu está a ~ [ficar azul(+)]; o tempo vai melhorar. 2 *col Br* ⇒ fugir.

azul-celeste *s m/adj 2g* (O) que tem cor azul-clara como a do céu quando limpo. ⇒ azul-marinho.

azul-claro, a *s m/adj* Tom claro do azul. ⇒ azul-escuro.

azul-cobalto *s m/adj 2g* Corante utilizado em pintura, que se obtém por calcinação duma mistura de alumina e fosfato de cobalto.

azul-da-prússia *s m Quím* Ferrocianeto férrico ([Fe (CN)₆]₃ Fe₄)/Pigmento azul usado em tintas e vernizes.

azul-de-metileno *s m/adj 2g Quím* Corante azulado com propriedades antissépticas.

azulejador, ora *adj/s* (<azulejar+-dor) (O) que assenta azulejos. **Ex.** As paredes estão preparadas para o ~ começar a trabalhar [a assentar os azulejos].

azulejar *v t* (<azulejo+-ar¹) Pôr [Assentar] azulejos. **Ex.** Na cozinha e casas de banho mandei ~ as paredes até cima [até ao te(c)to].

azulejaria *s f* (<azulejo+-aria) 1 Produção [Fábrica] de azulejos. **Ex.** Na região, havia várias ~s. **Comb.** Desenvolvimento das ~. 2 Arte decorativa do azulejo. **Ex.** A ~ portuguesa atingiu o seu maior esplendor nos séc. XVII e XVIII. **Comb.** ~ moderna.

azulejo (Lê) *s m* (<ár *az-zuléidj*) Placa de cerâmica, pintada e vidrada numa das faces, utilizada no revestimento de paredes. **Ex.** O ~ foi introduzido na Península Ibérica pelos mouros/árabes(+). **Comb.** Painel de ~s.

azul-escuro *s m/adj 2g* (Que tem o) tom escuro do azul. **Comb.** Fato [Terno] ~. ⇒ azul-claro.

azul-ferrete *s m/adj 2g* (Que tem o) tom azul bastante carregado. **Ex.** O céu ~ pressagiava tempestade.

azulino, a *adj* (<azul+-ino) De cor azul, anilada [de anil].

azul-marinho *s m/adj 2g* (Que tem a) tonalidade azul muito escura, lembrando o fundo do mar. **Ex.** O ~ é utilizado em muitas fardas civis e militares. ⇒ azul-celeste.

azul-turquesa *s m/adj 2g* (Que tem o) tom do mineral turquesa (De cor verde-azulada). **Comb.** Blusa ~.

azurado, a *s m/adj* (<fr *azur*: azul+-ado) (O) que tem riscos paralelos, re(c)tos ou ondeados, onde se escreve por extenso (para impedir rasuras) a importância do documento «recibo/cheque/letra». **Ex.** A importância do recibo deve ser escrita por extenso no ~ do impresso [documento].

azuraque *s m Bot* ⇒ bons-dias.

azurite/a *s f Miner* (<fr *azurite*) Minério de cobre (Carbonato básico de cobre) de cor azul que cristaliza no sistema monoclínico. **Ex.** A ~ é utilizada como pedra ornamental e também pelos pintores como corante azul.

B/b (Bê) *s m* **1** Segunda letra do alfabeto português e latino. **2** *adj* **Comb.** Casa 6-b «da Avenida da Liberdade». Fila 5b «no teatro». **3** Abrev de bom (Nota no exame), de bit [byte] e de boro.

baalita *s 2g Hist* (<Baal+-ita) Pessoa que prestava culto a Baal, divindade dos assírios e fenícios.

Baamas *s f pl Geog* Arquipélago das Antilhas. **Ex.** Os habitantes são os baameses.

baba *s f* (<on; ⇒ ~ de camelo; ~ de moça) **1** Saliva. ⇒ ~-de-boi. **2** Mucosidade. **Loc.** A ~ do bicho-da-seda. **3** *Pop* Látex/Resina/Viscosidade. **Loc.** A ~ [viscosidade] do quiabo. **4** *gír br* **a)** Falas melífluas. **b)** Uma bolada [Grande soma] de dinheiro.

babá¹ *s m Cul* (<pol *baba*) Bolo muito leve feito com farinha de trigo, leite, ovos e passas e depois embebido em calda com rum ou licor.

babá² *s f Infa br* (⇒ bá) **a)** Ama-seca; **b)** Ama de leite.

babá³ *s f Bot* Arbusto solanáceo de bagas comestíveis; *Solanum agrarium*.

babaca *adj 2g Br cal* (<baba? basbaque?) **1** ⇒ tolo/simplório. **2** ⇒ superficial/inútil/oco. **3** ⇒ vulva.

b[m]abaça[ço] *s 2g Br* Irmão gé[ê]meo(+).

babaçu *s m Bot* (<tupi *iwa*: fruta + *gwasu*: grande) Uma palmeira do *Br*. **Sin.** Uauaçu.

baba-de-boi *s f Bot* **1** Uma palmeira da Baía de sementes comestíveis. **2** Seiva de 1.

baba de moça [baba de camelo] *s f Cul* Doce pastoso feito com leite «de coco», ovos e açúcar.

babadinho, a *adj Col* (<babado + -inho) **1** Que deseja muito. **Ex.** Ela baba-se [é ~a] por gelado. O Carlos anda [está] ~ pela Maria. **2** Muito contente. **Ex.** Com tantos elogios, ficou todo ~ [babado]. **3** Afe(c)tuoso/Meigo. **Ex.** Olhem o menino (como está) todo ~ [meiguinho(+)] para a mãe!

babado¹, a *adj* (<babar) **1** Com baba; sujo nos lábios. **Ex.** Comi a melancia à mão e fiquei todo ~. **2** «pai» Enamorado/Orgulhoso «dos filhos».

babado² *s m Br* (<babar) **1** Folho «da saia». **2** *Gír* ⇒ intriga; mexerico. **3** *pl* ⇒ sobras/restos «de comida».

babadou[oi]ro *s m* (<babar + -douro) Babeiro(+) «da criança».

babão, ona *adj/s* (<babar + -ão) **1** Baboso; que se baba muito. **2** ⇒ Pasmado/Pateta/Parvo/Bruto.

babar *v t/int* (<baba + -ar¹) **1** Molhar com baba. **Loc.** ~ o travesseiro [a camisa]. **2** Lançar fora. **Ex.** O bebé[ê] babou [lançou fora] o leite. Gritava, babava(-se) muito [que eu sei lá]! **3** Enlevar-se. **Ex.** Babava-se (todo) com as gracinhas do neto. **4** *fig* ~-se por [Gostar muito de]. **Ex.** Ele baba-se [Ele é louco] por chocolate. Luís babava-se por ela.

babaré(u) *s m* (<concani *bábá-rê*: aqui-d'el-rei) Grito de alarme ou instrumento com que se dá esse alarme. **Sin.** Alarido(o+); banzé(+); gritaria(+).

babatar *v int* (<quimbundo *kubabata*: bater de leve+-ar) Orientar-se tenteando [apalpando]. **Loc.** ~ na(s) treva(s)/na escuridão(+). **Sin.** Andar às apalpadelas(+).

babau! *interj Pop* (<on) **1** Acabou-se!/Ardeu! **Ex.** Perdeu a oportunidade e agora ~. **2** Não tem remédio. **Ex.** ~ Sr. Doutor!

babeiro *s m* (<baba + -eiro) Resguardo de pano ou de outro material que se coloca no peito das crianças atado ao pescoço/*Br* Babadouro. **Idi.** *Usar* ~ [Ser dependente como uma criança] (**Ex.** Ele ainda usa ~!).

babel *s f* (<Babel, *top* = Babiló[ô]nia) **1** *Bíb* A torre de B~. **Comb. idi** Um edifício alto como a torre de ~. **2** Confusão de línguas/Vozearia. **Ex.** O tribunal transformou-se numa [parecia uma] ~. **3** ⇒ Desordem/Pandemó[ô]nio.

babélico [babelesco], a *adj* (<babel + ...) **Sin.** Confuso(o); desordenado(+).

babésia *s f* (<V. Babes, *antr*) Protozoário parasita do sangue dos mamíferos «bovinos».

babilónia [*Br* babilônia] *s f Fig* (<Babiló[ô]nia, *top an*) Cidade grande e confusa/Grande confusão. **Ex.** Aquilo é uma ~! **Sin.** Babel 3.

babilónico, a [*Br* babilônico] *adj* **1** *Hist* Relativo a Babiló[ô]nia. **2** Grande e desordenado.

babilónio [*Br* babilônio] *s m Hist* **1** Antigo habitante e língua de Babiló[ô]nia. **2** ⇒ babiló[ô]nico.

babona *adj* ⇒ babão.

babosa *s f* (<baboso) **1** *Bot* ⇒ Aloés. **2** *Icti* ⇒ Mussurungo.

baboseira *s f* (<baboso + -eira) **1** Muita sujidade nos lábios/Sujeira «no queixo de resto do chocolate». **2** *fig* Dito ou a(c)ção tola. **Sin.** Asneira(+). **3** Obra suja/indecente «romance». **4** Obra sem valor. **Ex.** Este livro é uma ~.

baboso, a (Ôso, Ósa, Ósos) *adj* (<baba + -oso) **1** Que se baba/Babado¹. **2** Que não sabe falar; tolo. **3** Amorudo.

babucha *s f* (<ár *bábúj*) Pantufa; chinelo/a.

babugem *s f* (<baba + -ugem) **1** Baba «do boi/quiabo». **2** Espuma da água «do mar». **3** Quaisquer restos sobretudo de comida. **Loc.** Andar à ~ [a viver das sobras]. **4** ⇒ Ridicularia/Bagatela. **5** *Br* Capim que brota com as primeiras chuvas.

babuíno *s m Zool* (<fr *babouin*: tolo, babuíno) Macaco africano cinocefalídeo de focinho comprido.

babujar *v t* (<babugem + -ar¹) **1** Sujar com baba. **Ex.** O bebé[ê] babujou-me a cara toda. **Sin.** Babar(+). **2** ~-se. **Ex.** Babujei-me todo com a melancia [com o gelado]. **Sin.** Lambuzar-se(+). **3** Pronunciar a [com] medo. **Ex.** Que estás (para aí) a ~? **4** Enxovalhar/Conspurcar. **5** *Br* Lambiscar a comida.

bacaba *s f Bot* (<tupi *yuakáua*: fruto oleoso) Espécie de palmeira.

bacáceo, a *adj Bot* (<baga + -áceo) **1** Da natureza da baga. **2** ⇒ baciforme.

bacada *s f* (<baque + -ada) Baque [Trepidação] de veículo em piso acidentado.

bacalhau *s m Icti* (<hol *cabbeliau*) Peixe gadídeo abundante nos mares do norte; *Gadus morrhua*. ⇒ badejo; mangangá-liso. **Idi.** *Apertar* [Estender] *o ~ a alguém* [Cumprimentar com um aperto de mão]. *Ficar* [Dar] *tudo em águas de ~* [Frustrar-se um plano ou negócio/Falhar]. *Para quem é, ~ basta* [Para pessoa insignificante qualquer coisa serve]. *Br ~ de porta de venda* [Pessoa muito magra].

bacalhoada *s f* (<bacalhau + -ada) **1** *Cul* Cozinhado de bacalhau. **2** *fig Fam* Aperto de mão(+). **Sin.** Mãozada(+). **3** *fig Br* Surra.

bacalhoeiro *adj/s m* (<bacalhau + -eiro) **1** Barco de pesca/transporte de bacalhau. **2** Relativo a [à pesca do] bacalhau. **3** *fig* Grosseiro. **4** *Ornit* ⇒ milhafre(+).

bacamarte *s m* (<fr <hol *breecmes*: cutelo) **1** *Hist* Arma de fogo. **2** *fig* Livro grande e velho. ⇒ alfarrábio. **3** *fig* Pessoa grande e sem préstimo. **4** *fig Br* Cavalo, fraco corredor.

bacana (Cã) *adj 2g Pop* (<Gír de Buenos Aires) **1** Bonito/Giro/Engraçado/Maravilhoso(+). **2** *s m* ⇒ grã-fino.

bacanal *adj 2g s f* (<lat *bacchanális,e*: de Baco) **1** Relativo a Baco, deus romano do vinho. **Sin.** Orgíaco; báquico. **2** *Hist* Festa romana em honra de Baco. **Comb.** As (festas) ~ais. **3** Orgia licenciosa.

bacante *s f* (<Baco + -ante) **1** *Hist* Sacerdotisa de Baco. **2** *fig* Mulher dissoluta.

bacará *s m* (<fr *baccara*) Jogo de azar com cartas.

bacelo (Cê) *s m* (<lat *bacíllum*: varinha) **1** Vara cortada da vide(ira) para plantar. **2** Videira brava para enxertar. **3** Vinha nova.

bacento, a *adj* (<baço + -ento) Um tanto baço/Sem brilho.

bacharel, ela *s* (<fr an *bacheler*) **1** Indivíduo que obtém o primeiro grau acadé[ê]mico num curso universitário. **Comb.** *~ em Direito*. *Grau de ~* [Bacharelado]. ⇒ doutor. **2** *fig* Palrador. **Ex.** Aquele ~ de meia-tigela [~ sem importância] não se calava!

bacharelado *s m* (<bacharel + -ado) Grau [Curso] de bacharel. **Ex.** Ele terminou [fez/tem] o ~ [Ele é bacharel]. ⇒ mestrado.

bacharelar *v t* (<bacharel + -ar¹) **1** Formar bacharéis. **2** ~-se/Obter o grau de bacharel. **3** *fig* Falar muito e à toa/Palrar.

bacharelice *s f* (<bacharel + -ice) Vício de falar de mais. **Sin.** Palavrório(+).

bacharelismo *s m* (<bacharel + ismo) **1** Pretensiosismo/Doutorice(+). **2** *Br* Predominância dos «advogados» bacharéis na vida cultural e política.

bachiano, a (Baqui) *adj/s* (<*antr* João Sebastião Bach) **1** Relativo a Bach. **2** *s m* Admirador/Conhecedor da música de Bach.

bacia *s f* (<lat *báccia*: vaso para água ou vinho) **1** Vasilha redonda para lavagens. **Ex.** Lavei a cara [as mãos] na ~. **Comb.** *Br ~ das almas* [Prato das esmolas nas igrejas]. **idi** *Comprar* [Vender] *na ~ das almas* [Comprar ou vender a custo extremamente baixo]. **2** Concavidade. **Comb.** *~ oceânica* [Ampla depressão do fundo submarino]. **3** Conjunto de vertentes «do (rio) Amazonas». **Comb.** *~ hidrográfica/fluvial* [Conjunto de terras drenadas por um rio (e seus afluentes)]. **4** *Anat* Pelve. **Loc.** Ter [Sentir] dores na ~. **5** *Arqui* Peitoril «do púlpito/da janela»/Assento de pedra «das grades da sacada».

bacidez *s f* (<baço + -dez) Qualidade ou estado de baço.

bacífero, a *adj Bot* (<baga + -fero) Que produz/dá bagas.

baciforme *adj* (<baga + forma) Semelhante a [Em forma de] baga. ⇒ bacáceo.

bacilar *adj 2g* (<bacilo + -ar²) **1** Comprido, delgado e redondo como bacilo. **2** Referente a bacilo. **Comb.** Disenteria ~.

bacilemia *s f Med* (<bacilo + -emia) Presença de bacilos no sangue.

baciliforme *adj 2g* (<bacilo + forma) Em forma de bacilo/Bacilar **1**.

bacilizar *v t* (<bacilo + -izar) Causar bacilização ou contaminação com bacilos.

bacilo *s m Biol* (<lat *bacillum*: varinha, pequeno bastão) Bactéria em forma de bastonete, visível ao microscópio. **Comb.** *~ de Ducrey* [do cancro/câncer mole]. *~ de Eberth* [da febre tifoide/do tifo]. *~ de*

Gaertner [da salmonela/lose]. ~ *de Koch* [da tuberculose].

baciloscopia *s f Med* (<bacilo + gr *skopein*: examinar + -ia) Exame dos bacilos nos escarros, fezes, etc.

bacilose *s f Med* (<bacilo + -ose) Doença «tuberculose» provocada por bacilos.

baciloterapia *s f Med* ⇒ bacterioterapia.

bacinete (Nê) *s m* (<bacia + -ete) **1** *Anat* Pequeno reservatório do rim onde começam os ureteres. **2** *Hist Mil* Peça usada por baixo do capacete.

bacio *s m* (<bacia) Recipiente alto e redondo para defecar e urinar. **Comb.** ~ de bebé[ê]. **Sin.** Vaso de noite (+); *pop* penico; *fam* (bis)pote. ⇒ urinol.

bacívoro, a *adj* (<baga + -voro) Que se alimenta de bagas.

background ing ⇒ base «de conhecimentos»; fundo «musical»; pano de fundo «da cena filmada».

Baco *s m Mit* ⇒ bacanal.

baco *adj/s Br* **1** Diz-se de gado que tem pelo vermelho-amarelado. **2** Espécie de canoa à margem dos rios para lavagem dos diamantes.

baço[1]**, a** *adj* (<lat *opácus,a,um*: que dá [está à] sombra) **1** Embaciado(+). **Comb.** *Olhos* ~*s* [embaciados «de emoção/lágrimas»]. *Vidro* ~ [embaciado] «das janelas». ⇒ fosco. **2** Pard(acent)o/Trigueiro.

baço[2] *s m Anat* (<gr *hepátion*, *dim* de *hépar,tos*: fígado) Órgão situado entre o estômago e as falsas costelas e que ajuda à regeneração e purificação do sangue.

bacoco, a (Côco) *adj Pop* ⇒ pacóvio, palerma.

bacorada *s f* (<bácoro + -ada) **1** Vara de bácoros. **2** *fig* Obscenidade/Asneira(+).

bacorejar *v t/int* (<bácoro + -ejar) **1** Grunhir(+). **2** *fig* Insinuar/Sugerir. **Ex.** Bacorejou-lhe a solução do problema. **3** *fig* ~-se/ Correrem boatos. **Ex.** Bacoreja-se que você está enganado/errado. **4** *fig* Palpitar/ Prever. **Ex.** (O meu coração) bacoreja-me (que vou ter) uma visita.

bacorejo *s m* (<bacorejar) **1** Boato(+). **2** Palpite(+).

bácoro, a *s Zool* (<germânico *bakko*: porco ou <ár *bakuñ*: cordeirinho) Porco (pequeno). **Sin.** Porco(+); suíno. ⇒ leitão.

bactéria *s f Biol* (<gr *baktería*: bastão/bastonete) Designação de seres vivos microscópicos sem núcleo individualizado, que podem ter forma alongada «os bacilos», esférica «os cocos» ou em espiral, encontrando-se em toda a parte e podendo causar doenças. ⇒ vírus.

bacteriano, a *adj* (<bactéria + -ano) Relativo a bactéria. **Comb.** Infe(c)ção ~a.

bactericida *adj 2g* (<bactéria + -cida) «substância» Que elimina [destrói] bactérias.

bacteriemia *s f Med* (<bactéria + -emia) Presença de bactérias no sangue.

bacteriófago *s m* (<bactéria + -fago) Vírus que destrói as bactérias.

bacteriólise *s f* (<bactéria + -lise) Rompimento ou destruição da célula bacteriana.

bacteriologia *s f* (<bactéria + -logia) Ciência que tem por obje(c)to o estudo das bactérias e os efeitos da sua a(c)ção.

bacteriose *s f Med* (<bactéria + -ose) Qualquer doença provocada por bactérias.

bacteriostático, a *adj* (<bactéria + gr *statikós*: equilíbrio) Diz-se de substância que provoca bacteriostase (Paragem da proliferação de bactérias).

bacterioterapia *s m Med* (<bactéria + ...) Aplicação de bactérias na cura ou prevenção duma doença.

bacteriúria *s f Med* (<bactéria + -úria) Presença anormal de bactérias na urina.

báculo *s m* (<lat *báculum*: bastão) **1** Bastão alto, de extremidade curva usado pelos bispos. **2** *fig* Amparo/Arrimo.

baculómetro [*Br* **baculômetro**] *s m* (<báculo + metro) Vara graduada usada para medir terrenos (Baculometria) de difícil acesso.

bacum[b]ixá *s m Bot* (<tupi *vacumixá*) Árvore sapotácea de frutos comestíveis; *Sideroxylum vastum*.

bacupari *s m Bot* (<tupi *yuakupari*) Nome de várias plantas de bagas comestíveis.

bacurau *s m Ornit* (<tupi *uakuráua*) **1** Nome de várias aves no(c)turnas. ⇒ noitibó; urutau. **2** *fig* ⇒ No(c)tívago; sonâmbulo.

bacuri *s m Bot* (<tupi *yuakuri*) Grande árvore de madeira nobre e bagas comestíveis próprias para fazer doces e refrescos.

badalada *s f* (<badalar + -ada) Pancada do badalo/Um toque do sino. **Ex.** Damos nove ~s quando morre alguém.

badalar *v t/int* (<badalo + -ar[1]) **1** O sino tocar. **Ex.** O sino badala [está a ~] «ding, dong/dlão, dlão». O sino já badalou [deu/ bateu] as nove (horas). ⇒ repicar. **2** Tocar o sino. **Ex.** Quem está a ~ a estas horas «três da manhã»?! **3** *fig* Propagandear/ Promover «o dicionário». **4** *fig* Ser indiscreto. **Ex.** Ainda era segredo e ele já badalava por aí a toda a gente. **5** *fig* ~-se/Exibir-se/ Pavonear-se.

badalejar *v int* (<badalo + -ejar) **1** ⇒ badalar. **2** Bater os dentes(+) «com o frio».

badalhoca (Óca) *s f* (<badalo + -oca) Excremento que se agarra à lã «das ovelhas» ou pelo dos animais.

badalhoco (Ôco) *adj* (⇒ badalhoca) Sujo/ Porco.

badalo *s m* (<lat *bat(t)uáculum* <*battúere*: bater) Peça metálica suspensa por uma argola no interior de sino ou campainha para tocar/soar. **Idi.** *Correr o* [Dar ao(+)] ~ **a)** Falar muito/Tagarelar; **b)** Ser indiscreto/ Divulgar segredos.

badame *s m* ⇒ bedame.

badameco (Mé) *s m* (<lat *váde mécum*: vai comigo, pasta escolar) Rapazola pretensioso e atrevido.

badana *s f* (<ár *bitana*: forro de pele) **1** Ovelha magra ou a sua carne. **2** Extremidades dos couros/das peles de animais/Pele flácida e mole «que pende do pescoço do boi». **3** Aba da capa de livro que dobra para dentro. **Ex.** Nas ~s do livro vinha a foto e resumo da vida do autor. **4** *Pop* Barbatana «de bacalhau». **5** *s 2g Col Gír* Mole(nga); pacóvio; parvo.

badanal *s m* (<hebr *beadonay*) **1** Balbúrdia/ Confusão. **2** Lufa-lufa.

badejo *s m Icti* (<esp *abadejo*) **1** Nome de vários peixes parecidos ao [com o] bacalhau. **2** *adj Pop Br* Grande/Vistoso.

badeleíta *s f Min* (<antr *J. Baddeley* + -ita) Óxido de zircó[ô]nio usado como gema e material refra(c)tário.

baderna[1] (Dér) *s f Mar* (<it *baderna*: cordame velho) **1** *Mar* Cabo delgado para fixar os colhedores quando se recolhe a enxárcia. **2** *fig* Coisa/Pessoa inútil.

baderna[2] *s f Br* (<*Baderna*, uma famosa dançarina do séc. XIX) ⇒ confusão; estroinice; patuscada.

badiana *s f Bot* (<persa *bádián*: anis) **1** Planta magnoliácea que produz um fruto aromático usado em perfumaria e medicina. **2** Fruto de **1** ⇒ anis-estrelado.

badil *s m* (<lat *batíllum*: pá para brasas) ⇒ apanhador.

badio *adj/s* (<crioulo de Cabo Verde: vadio) **1** Relativo à ilha de Santiago. **2** Habitante/ Camponês dessa ilha.

badminton *s m (D)esp* ⇒ peteca.

badulaque *s m* (<esp *badulaque*: cosmético) **1** *Cul* Guisado de fígado e bofes em bocados pequenos. **2** *pl Gír Br* Trastes sem valor.

baeta (Ê) *s f* (<lat *bádius,a,um*: baio, trigueiro) Pano grosso de lã ou de algodão.

bafa(fá) *s m Br* (< *on*) Confusão/Tumulto/ Conflito entre muitas pessoas.

bafagem *s f* (<bafo + -agem) **1** A(c)to de bafejar/Bafejo/Bafo(+). **2** *fig* Imaginação criadora/Inspiração(+)/Estro(+).

bafar *v int* (<bafo + -ar[1]) ⇒ bafejar(+).

bafejar *v t/int* (<bafo + -ejar) **1** Aquecer com bafo. **Ex.** ~ as mãos frias. **2** *fig* Favorecer/ Dar/Inspirar. **Ex.** Ele esperava ter [ser bafejado pela] sorte [que a sorte o bafejasse]. **3** Exalar bafo/Soprar. **Ex.** Depois da corrida ele bafejava de cansaço [ele até bufava!]. Uma leve aragem bafejava as flores.

bafejo *s m* (<bafo + - ejo) **1** Bafo suave. **2** *fig* Auxílio. **Loc.** Ganhar o jogo por (um ~ da) sorte.

bafiento, a *adj* (<bafio + -ento) **1** Mofento. **Ex.** A cave do prédio é ~a. **2** *fig* Antiquado/ Ultrapassado. **Comb.** Ideias ~as.

bafio *s m* (<bafo + -io) Cheiro desagradável de lugares fechados «cave». **Sin.** Mofo; bolor.

bafo *s m* (< *on*) **1** Ar expirado pela boca. **Idi.** *Br* ~ *de boca* [Conversa fiada/Bazófia]. ~ *de tigre/onça* [de alcoólico/~ desagradável]. **2** *fig* Carinho/Favor/Bafejo **2**. **3** Inspiração «das musas».

baforada *s f* (<bafo + -ada[1]) **1** Bafo forte. **2** Bafo malcheiroso. **3** Fumaça «do charuto/cigarro». **4** *fig* Fanfarronada/Alarde.

baforar *v t/int* (<bafo + -ar) **1** Expelir bafo. **2** Expelir fumaça. **Loc.** ~ colunas de fumo [a fumaça] do charuto. **3** *fig* Dizer/Proferir «mentiras». **Loc.** ~ imprecações. **4** *fig* Jactar-se.

baga *s f Bot* (<lat *baca*) **1** Fruto sem caroço mas com sementes, como a uva e o tomate. **2** *Br* Semente de mamona. **3** *fig* Gota. **Loc.** Suar muito [em ~].

bagaçada *s f* (<bagaço + -ada) **1** Montão de bagaço. **2** *fig Br* Montão de lenha miúda/ de cacarecos/de palavreado oco. ⇒ bagaceira.

bagaceira *s f* (<bagaço + -eira) **1** Lugar para o bagaço «de cana(-de-açúcar)». **2** Aguardente do bagaço de uva. ⇒ cachaça. **3** *Br* Pilha [Montão] de lenha. **4** *fig* Conjunto de pessoas/coisas/palavras sem valor/Palavreado. **5** *Br* ⇒ (a)moreira.

bagaceiro, a *adj* (<bagaço + -eiro) **1** Relativo a bagaço. **2** «indivíduo» Que transporta o bagaço (de cana) verde ou seco. **3** «animal» Que come bem o bagaço de cana(--de-açúcar). **4** *fig* Mandrião/Que gosta de conviver com a ralé.

bagaço *s m* (<baga + -aço) **1** Resíduo ou restos de alguns frutos «uvas/cana-de--açúcar/azeitona» depois de esmagados e espremidos. **2** *Gír Br* **a)** Meretriz velha; **b)** Pessoa abatida (Ex. Ficou um ~ com a morte do amigo). **3** *Gír* Produto obtido do ~. **Sin.** Aguardente; cachaça. **4** *Gír* Dinheiro/Bagalhoça. **Loc.** Ter (muito) ~ [Ser (muito) rico].

bagada *s f* (<bago + -ada) Grande quantidade de bagos/pingos/bagas. **Ex.** O suor corria-lhe às ~s [em baga (+)] pelo rosto. **Comb.** Uma ~ [Um rio(+)] de lágrimas.

bagageira *s f* (<bagagem + -eira) **1** *Br* Subsídio do governo pago aos militares para transporte de bagagem. **2** *Gír Br* ⇒ meretriz. **3** Espaço do carro destinado à baga-

gem/Mala. ⇒ bagageiro,a 4. 4 *Geol* Seixo rolado que aparece junto ao diamante.

bagageiro, a *adj/s* (<bagagem + -eiro) **1** Pessoa que por profissão transporta a bagagem de passageiros «nas estações» ou clientes «nos hotéis»/Carregador. **2** Comboio/Trem/Carruagem que transporta mercadorias. **3** *Br* Último cavalo a chegar à meta. **4** *Br s m* Porta-bagagens em cima da capota do carro.

bagagem *s f* (<fr *bagage*) **1** Conjunto de malas, etc., quando se viaja. **Idi**. *Com armas e ~ns* [Com tudo] (Ex. Fugiu «do marido» e instalou-se em casa dos pais com armas e ~ns!). **Comb**. Depósito de ~ns nas estações e aeroportos. **2** *fig* Conjunto de conhecimentos ou obras. **Ex**. O meu professor tem uma grande ~ histórica. O doutor Carlos é um médico com grande ~ [é um grande especialista].

bagalhoça *s f Gír* (<bago + -alho + -oça) Dinheiro.

bagana *s f Br* (<baga/o ?) **1** Ponta de cigarro depois de fumado. ⇒ prisca(+). **2** Alimento de má qualidade. **3** ⇒ ninharia.

baganha *s f* (<bago + -anha) Casulo que envolve as sementes «do linho».

bagatela *s f* (<it *bagattella*) **1** Coisa de pouco valor/Insignificância/Ninharia. **2** Soma irrisória de [Pouco] dinheiro. **Ex**. Vendeu a quinta [fazenda] por uma ~. **3** Algo sem importância. **Ex**. Zanga-se por qualquer ~ [por tudo e por nada(+)]. **4** *iron* Preço alto. **Ex**. A nova casa custou-lhe a ~ de um milhão de euros.

bago *s m* (<baga) **1** Cada fruto [baga] de um cacho de uva. ⇒ grão «de trigo». **2** Fruto como **1**. **3** *Gír* Dinheiro. **Sin**. Bagalhoça(+). **4** ⇒ conta «do rosário».

bagoado, a *adj* (<bago + -ado) Com forma de bago.

bagre *s m Icti* (<gr *párgos*) **1** Nome comum de vários peixes teleósteos com barbilhões, marinhos ou de água doce, que vivem nos fundos. **2** *Gír* Pessoa feia.

bagual *adj/s 2g Br* (<guarani *mba'gwa*) **1** (O) «cavalo» que é arisco. **2** Selvagem.

bagudo, a *adj* (<bago + -udo) Que tem bagos grandes.

bagulho *s m* (<bago + -ulho) **1** Grainha «da uva/romã». **2** *Gír Br* Pessoa ou coisa desprezível.

bagunça *s f* (< *on*) **1** *Br* Máquina para remover aterro. **2** Confusão(+)/Desordem(o+).

bagunçar *v t/int* (<bagunça **2** + -ar[1]) Fazer ou provocar bagunça.

bagunceiro, a *adj/s* (<bagunçar + -eiro) (O) que faz ou gosta de bagunça. **Sin**. Desordeiro(+).

baia *s f* (<quimbundo *(ri)baia*: tábua) **1** Tábua, barrote ou trave para separar animais «na cavalariça». **2** Lugar demarcado «para esperar em fila a sua vez de entrar».

baía *s f Geog* (< ?) Reentrância da costa, de forma semicircular, mais larga que o golfo e mais estreita que a enseada. **Comb**. ~ de Guanabara (No Rio de Janeiro) [de Tóquio].

baiacu *s m Icti* (<tupi *baya'ku*) **1** Peixe teleósteo muito apreciado «no Japão» mas com partes venenosas. **2** *fig* **a)** Homem baixo, inchado, antipático, …; **b)** Mulher feia, mal-encarada, …

baianada *s f Depr* (<baiano + -ada) **1** ⇒ fanfarronada; fanfarr(on)ice. **2** Falta de jeito «para montar a cavalo»/Coisa malfeita. **Ex**. Fez uma ~ no trânsito e foi multado.

baiano, a *adj/s* (<*top* Baí[hi]a + -ano) **1** Do ou relativo ao Estado da Baía, Brasil. **2** ⇒ baião. **3** *s f* Indumentária «carnavalesca» das negras e mestiças da Bahia.

baião *s m Mús* (<*top* Baía + -ão) Música ou canto sertanejo do nordeste do *Br*.

baila *s f* (<bailar) Moda. **Loc**. *Andar* [Estar agora] *na ~* [Algo ser muito falado/mencionado]. *Chamar [Trazer] à ~* [Mencionar]. *Vir à ~* [Vir a propósito/Falar-se de algo].

bailadeira *adj/s f* (<bailar + -deira) (A) que baila ou que gosta de bailar. ⇒ bailarino.

bailado *s m Arte* (<bailar + -ado) Dança artística, figurada, executada em palco por um ou mais bailarinos. **Ex**. O concerto inclui trechos de ~. **Sin**. Dança. ⇒ baile; coreografia; balé [ballet].

bailar *v t/int* (<gr *pallo*: saltar, menear) **1** Mover o corpo de maneira ritmada, geralmente ao som de música/Dançar. **Loc**. *~ sambas* [valsas]. **2** *fig* Oscilar/Mover-se. **Ex**. O fio da antena está a ~. Os pirilampos bailavam pelos campos.

bailarico *s m* (<bailar + -ico) Baile improvisado/popular.

bailarino, a *s* (<it *ballerino/a*) Dançarino de profissão.

baile *s m* (<bailar) **1** Reunião festiva com dança. **Comb**. *~ (com vestes) de fantasia*. *~ de máscaras* [em que os dançarinos vão disfarçados]. ⇒ bailado; dança. **2** *iron* Briga/Perigo. **Ex**. «bateram-te?» A culpa foi tua! Foste meter-te no ~ … **Idi**. *Dar ~ a* [Dar um ~ em] *alguém* **a)** Zombar ou troçar de alguém; **b)** Dar uma ensinadela/Repreender.

bailéu *s m* (<mal *bailai*: estrado alto) **1** Andaime pênsil e móvel suspenso por cordas ou cabos de aço usado em trabalhos «de limpeza» de fachadas «de edifícios altos». **2** *Náut* Piso não corrido ou espaço «para arrumações» entre ele e o piso corrido do convés. **3** Prateleira saliente na parede/Sacada.

bailio *s m Hist* (<fr *bailli*: administrador) Magistrado a quem o rei ou os nobres confiavam os seus bens.

bailundo, a *adj/s* (Relativo aos) Bailundos, da província de Huambo, Angola.

bainha *s f* (<lat *vagína*) **1** Estojo longitudinal «da espada/catana». **2** Costura dobrada na extremidade do tecido «da saia». **3** *Anat* Membrana ou tecido que envolve um órgão. **Comb**. ~ nervosa [que envolve um nervo] (⇒ sinovial; mielina). **4** *Bot* Base da folha que envolve parte do ramo ou do caule.

bainhar *v t* (<bainha + -ar[1]) Fazer bainhas em. **Loc**. ~ um lenço. **Sin**. Fazer a bainha(+); a[em]bainhar.

baio, a *adj/s m* (<lat *bádius,a,um*) **1** Cor de ouro-mate ou amarelo-castanho. **Comb**. Boi [Cavalo] ~. **2** «homem/caboclo» Amulatado/Trigueiro.

baioneta (Nê) *s f* (<fr *baïonnette* <*Bayonne*, cidade onde se fabricava esta arma). Espécie de punhal que se adapta à extremidade do cano da espingarda, para o combate corpo a corpo. **Ex**. Os guardas avançaram de ~ calada (Encaixada na boca da espingarda).

bairrismo *s m* (<bairro + -ismo) Apego à sua terra natal/Característica bairrista.

bairrista *adj/s 2g* (<bairro + -ista) **1** (O) que defende o seu bairro/a sua terra. ⇒ nacionalista. **2** (O) que só pensa na sua terra.

bairro *s m* (<ár *barrï*: exterior, subúrbio) Parte de povoação. **Comb**. *~ de lata* [Favela/Musseque]. *~ chique* [rico/de luxo]. *O ~ de Copacabana*, Rio de Janeiro, [*de Asakusa*, Tóquio/*de Alfama*, Lisboa].

baita *adj 2g Br* (< ?) **1** Enorme. **Ex**. Comprou uma ~ casa. **2** Crescido/Alto. **Ex**. Tornou-se um ~ rapaz. **3** Muito bom naquilo que faz/Exímio/Excelente/Corajoso. **Comb**. Um ~ professor/jogador/cantor/…

baite *s m Info* ⇒ byte.

baiuca *s m* ⇒ tasca; taberna.

baixa *s f* (<baixo) **1** Depressão do terreno/Lugar baixo. **Ex**. A povoação fica numa ~. **Sin**. Baixa da **2**. **2** Parte plana da cidade e seu centro administrativo e comercial. **Ex**. Vou hoje à ~ fazer várias compras. **3** Diminuição/Descida. **Comb**. A ~ [descida(+)] do avião. **4** *Met* Ciclone; área de baixa pressão. **5** Decadência(+) «do Império Romano». **6** Morto. **Ex**. O exército inimigo teve [sofreu] muitas ~s [teve muitos mortos]. Nós só sofremos uma ~ [só tivemos um (soldado) morto]. **7** Internamento em hospital para tratamento. **Loc**. Dar ~ ao [Ir para o] hospital/Ser internado. **Ant**. Alta. **8** Dispensa do serviço por falta de saúde. **Ex**. Ontem tive [dei] ~ mas hoje já vou trabalhar. **9** *Dir* Isenção judicial de culpa.

baixada *s f* (<baixo + -ada) **1** ⇒ Descida/Ladeira. **2** Terreno baixo. **Sin**. Baixa **1**.

baixa-mar *s f* Nível mais baixo da maré [da água do mar]. **Sin**. Maré baixa(+); vazante. **Ant**. Preia-mar [Preamar/Praia-mar(+)].

baixar *v t/int* (<lat *básis*: base + -ar[1]) **1** Pôr (em) baixo. **Loc**. *~ a cabeça*. *~ a persiana*. *~ a voz*. *~ os olhos* [Olhar para o chão]. *~ o preço* [Fazer (um bom) desconto]. *~ o som da TV* [Baixar a TV]. *~ o tom* (da música). **Idi**. *~ a crista [grimpa]* (Ex. Ele chegou aqui todo fanfarrão mas eu fiz-lhe [fi-lo] ~ a crista). *~ o cacete* [Dar paulada/cacetada]. **Sin**. Abaixar. **2** Descer. **Ex**. Jesus baixou (desceu) do céu (à terra) para nos salvar. O caminho baixava ao [era a descer para o] vale. **Loc**. ~ à sepultura [Ser sepultado/enterrado]. **3** Diminuir/Cair. **Ex**. A frequência [O número] dos clientes [turistas] subiu ou baixou? **4** Ser hospitalizado. **Ex**. O doente baixou [deu baixa **7**] ao hospital. **5** Expedir/Ser expedido. **Ex**. Baixou há pouco um ofício [uma ordem] do Ministério.

baixaria *s f Br* ⇒ baixeza.

baixela (Xé) *s f* (<lat *vásculum*, dim de *vas,asis*: vaso) **1** Conjunto de pratos, travessas, copos, etc., da sala de jantar. **Comb**. Uma (rica) ~ de prata [de cobre]. **2** *Rel* Conjunto de vasos da mesa da comunhão/da missa.

baixete (Xê) *s m* (<baixo + -ete) Assento (curvo) de tanoeiros ou escultores para colocar o material pesado que trabalham. **Sin**. Malhal.

baixeza (Xê) *s f* (<baixo + -eza) **1** Qualidade do «muro/monte» que é ou está baixo. **2** Indignidade; a(c)ção torpe. **Loc**. Praticar [Cometer] uma ~. **Ant**. Nobreza.

baixinho (<baixo + -inho) **1** *adv* Em [Com] voz muito baixa. **Loc**. Falar [Cantar] ~. **2** *adj* Muito baixo de estatura. **Ex**. A minha avó é o ~. baixíssimo.

baixio *s m* (<baixo + -io) **1** Banco de areia ou rochedo escondido. ⇒ escolho, recife. **2** *fig* ⇒ escolho(+); obstáculo; revés.

baixíssimo *adj/adv* (<baixo + -íssimo) Muito baixo. **Ex**. Ele falava ~ [baixinho, baixinho], não se ouvia [entendia] nada! A tensão (arterial) do doente está ~a!

baixista[1] *s/adj 2g* (<baixa **3** + -ista) **1** Bolsista que joga na baixa [quando o câmbio está baixo]. **2** Especulador que provoca a baixa das cotações. **3** *adj* Que está a baixar. **Comb**. A tendência ~ da Bolsa. **Ant**. Altista.

baixista[2] *s 2g Mús* (<baixo + -ista) Instrumentalista de baixo ou contrabaixo.

baixo, a *adj/s m/adv* (⇒ baixar) **1** De pouca altura ou fundura. **Idi**. «a vida tem» *Altos e ~s*. *Dar para ~* [Bater] *em alguém*. «pintar a parede» *De alto a ~* (Toda). *Estar* [Andar] *de orelha ~a* [Sentir-se humilhado]. *Estar muito em ~* [Estar fraco] (Ex. A equipa deles agora está muito em ~). **Comb**.

Homem ~. *Nuvens* ~*as*. *Poço* [Lago] ~. *Ramos* ~*s* «da cerejeira». *Rio que vai* ~ [que leva pouca água]. *Temperatura* ~*a*. **Ant**. Alto. **2** Virado para ~. **Ex**. Ele ouviu a repreensão de olhos ~s [de cabeça ~a]. **3** Da parte de ~/Do sul. **Comb**. O ~ Amazonas [A parte do rio Amazonas do meio para a [até à] foz]. O bairro sul [de ~] da povoação. **Ant**. Alto. **4** *s m* A parte de ~. **Ex**. A persiana vai para cima e para ~ [A persiana sobe e desce]. Eu vou [estou] indo para ~ [para a porta do piso de ~]. "Os ~s da casa" significa rés do chão ou cave. **5** *s m* ⇒ baixio/recife. **6** De categoria inferior. **Comb**. *Câmara* ~*a*. *Classe* ~*a*. *Instintos* ~*s* [grosseiros/vis]. *Linguagem* ~*a* [indecente/má]. *Ouro* ~ [de poucos quilates]. **7** *adv* Em voz baixa. **Loc**. Falar [Cantar] ~. **8** *Hist* Tempo mais perto do a(c)tual. **Comb**. A ~a Idade Média. **9** *Mús* **a)** (Cantor de) voz grave. **Ex**. Os baixos [As vozes graves] ficam atrás; **b)** Instrumento de cordas grossas. **Ex**. O clarinete ~ [em si bemol] no Brasil diz-se "clarone".

baixo-astral *adj/s 2g Br* ⇒ infeliz/deprimido.

baixo-império *s m Hist* **1** Império Romano do Oriente, com capital em Constantinopla: 395-1453. **2** Império Romano do Ocidente entrado em decadência.

baixo-latim *s m* Latim, não clássico, falado pelo povo, que se desenvolveu na Europa depois da queda do Império Romano em 476.

baixo-relevo *s m Arte* Escultura pouco saliente sobre uma superfície, da qual se destaca em menos da metade do seu volume real.

baixote, a *adj* (<baixo + -ote) **1** «homem» Um tanto baixo. **2** *s m Zool* Cão de pernas muito curtas e orelhas pendentes/*col* Salsicha.

baixo-ventre *s m* Parte inferior do abdómen [*Br* abdômen/abdome]. **Ant**. Boca do estômago.

bajoujar *v t* (<lat *bájulo,áre*: carregar às costas) **1** Lisonjear com termos demasiado afe(c)tuosos/Bajular. **2** Cobrir de carinhos/Amimar.

bajoujice *s f* (<bajoujo + -ice) A(c)ção ou qualidade de bajoujo.

bajoujo, a *adj/s* (<bajoujar) **1** Adulador. **2** Enamorado. **3** Tolo.

bajulação *s f* (<bajular + -ção) Lisonja interesseira/servil. **Sin**. Adulação(+).

bajulador, ora *adj/s* (<bajular + -dor) (O) que bajula. **Sin**. Adulador(+).

bajular *v t* (⇒ bajoujar) Lisonjear com fins interesseiros. **Sin**. Adular(+).

bajulatório, a *adj* Próprio de bajulador. **Comb**. Discurso [Elogio] ~.

bala *s f* (<germânico *ball*: bola) **1** Projé(c)til metálico de arma de fogo. **Comb**. ~ de borracha [que fere mas não mata]. **Idi**. *Partir como uma* ~ [Fugir/Correr/Largar a grande velocidade]. **2** *Br* Rebuçado(+). **3** Fardo(+) «de algodão»/Pacote. **4** Dez resmas [5000 folhas] de papel.

balaço *s m* (<bala 1 + -aço) **1** Bala grande. **2** Tiro de bala. **3** *fig Br* Bola arremessada ou chutada com muita força. **Sin**. Balázio(+).

balada *s f Poe* (<provençal *ballada*) **1** Canção antiga de dança. **2** Poesia narrativa «de lendas». **3** *Mús* Composição vocal ou só instrumental, de forma livre.

balaio *s m* (<bretão *balai*: vassoura de giesta) **1** Cesto «de vindima». **2** Dança parecida ao [com o] fandango.

balalaica *s f* (<ru *balalaika*) **1** Instrumento musical russo de forma triangular e com três cordas. **2** Peça de vestuário africanista com dois ou quatro bolsos.

balança *s f* (<lat *bilanx,ancis*: balança de dois pratos) **1** Instrumento que serve para pesar. **Ex**. A ~ é o símbolo da Justiça. **Idi**. *Fazer pender a ~ para um lado* [Favorecer uma das partes] (Ex. A última razão apresentada por José fez pender a ~ para o lado dele). *Pesar na* ~ [Ter importância/muito peso]. **Comb**. ~ *automática* [*digital/ele(c)tró[ô]nica*]. ~ *centesimal* [*decimal*]. ~ *de mola*. ~ *de precisão*. ~ *de torção* [que mede pequenas forças por uma fibra ou fio torcido]. *Prato(s) da* ~. **2** *fig* Ponderação/Equilíbrio/Critério. **Ex**. Antes de decidir temos de ponderar [pôr na ~] as duas opiniões. Tem-se mantido a ~ [o equilíbrio] das forças «políticas». **3** *Econ* **Comb**. A ~ comercial [O quadro estatístico que expõe os montantes [o volume/a quantidade] das exportações e importações de um país]. **4** *maiúsc Astr* **a)** Constelação zodiacal/Libra; **b)** Signo do Zodíaco entre Virgem e Escorpião.

balançante *adj 2g* (<balançar + -ante) ⇒ baloiçante(+).

balançar *v t/int* (<balança + -ar) **1** Mover-se como uma balança. **Ex**. O barco balança. A mãe balança o berço do filhinho. ⇒ baloiçar. **2** *fig* Equilibrar/Compensar/Ponderar. **Ex**. As duas opiniões estão bem balançadas/equilibradas. **3** *Econ* Fazer o balanço de. **Loc**. ~ a conta [Tornar iguais as somas dos débitos e dos créditos, adicionando algo à menos elevada].

balancé[ê] *s m* (<fr *balancé*: passo de dança) **1** Passo de dança «da quadrilha» em que se balanceia o corpo apoiando-se ora num pé ora no outro sem sair do lugar. **2** Prensa de rosca para cunhagem ou impressão a relevo. **3** ⇒ baloiço. **4** ⇒ bailarico.

balanceamento *s m* ⇒ balanço.

balancear *v t/int* ⇒ balançar.

balanceiro *s m* (<balança + -eiro) **1** *Mec* Peça oscilante e reguladora «do relógio». **2** Encarregado de pesar «nas fábricas».

balancete (Cê) *s m Econ* (<balanço 3 + -ete) **1** Balanço de verificação/Simples avaliação. **2** Balanço parcial relativo a um período inferior a um ano.

balancim *s m* (<balanço + -im) **1** ⇒ balanceiro 1. **2** Peça com ganchos nas pontas para atrelar animais «à carroça». **3** *pl Ent* Formações rudimentares em vez das asas posteriores. ⇒ amantilhos; halteres.

balancista *s 2g* (<balança + -ista) **1** Aferidor de balanças. **2** ⇒ balanceiro **2**.

balanço *s m* (<balançar) **1** A(c)to ou efeito de balançar. **Loc**. Dar ~ ao corpo [Ganhar ~] para saltar. **2** ⇒ baloiço. **3** Salto/Solavanco(+) «do carro que passou um obstáculo». **4** *Econ* Acerto de contas/Verificação das receitas e despesas [dos débitos e dos créditos/do dever e haver]. **5** *fig* Exame sério. **Loc**. Fazer o ~ da a(c)tuação da equipa/e. **6** *fig* Equilíbrio(+). **Comb**. O ~ do programa. **7** *Arquit* Distância da parede ou coluna até ao fim da parte suspensa. **Comb**. Sacada em ~. **8** *Náut* **a)** Oscilação lateral do navio; **b)** Parte saliente «da proa» do navio.

balandra *s f* (<hol *bijlander*: barcaça de transporte) Embarcação costeira de um só mastro.

balandrau *s m* (<?) **1** *An* Capa ou capote compridos. **2** *Pop* Qualquer vestimenta larga e desajeitada.

balangandã *s m Br* (<on) ⇒ penduricalho.

balanídeo, a *s/adj Zool* (<bálano + -ídeo) (Diz-se de) crustáceo cirrípede, como o bálano **3**.

balanífero, a *adj* (<bálano + -fero) Que dá [produz] bolotas «azinheira».

balanite *s f Med* (<bálano **2** + -ite) Inflamação da glande do pé[ê]nis.

bálano *s m* (<gr *bálanos*: bolota, glande) **1** *Bot* Bolota(+)/Glande. **2** *Anat* Glande/Cabeça do pé[ê]nis. **3** *Zool* Crustáceo balanídeo que se fixa aos rochedos banhados pelas águas do mar. ⇒ bolota-do-mar.

balanófago, a *adj* (<bálano **1** + -fago) «esquilo» Que se alimenta de bolotas.

balanoforáceo, a *s/adj Bot* (<balanóforo + -áceo) (Diz-se de) planta sem clorofila que vive na raiz de outra planta formando inflorescências vistosas «fel-da-terra».

balanóforo ⇒ balanífero.

balanoide *adj 2g* (<bálano **1** + -oide) Que tem a forma de bolota.

balanorragia [balanorreia] *s f Med* (<bálano **2** + ...) Corrimento mucoso pela glande do pé[ê]nis.

balanta *adj/s 2g Etn* **1** Dos Balantas. **2** Um dos povos da Guiné-Bissau. **3** Língua dos ~s.

balante *adj 2g* (<balar + -ante) Que dá [solta] balidos.

balantídio *s m Zool* (<gr *balántion*: bolsa) Parasita ciliado do intestino de animais «homem».

balantidiose *s f Med* (<balantídio + -ose) Doença causada por balantídio.

balão *s m* (<it *pallone*; ⇒ ~ de ensaio) **1** Um aeróstato dirigível. **Loc**. Dar a volta ao mundo em ~. **2** ~ com mecha para lançar ao ar. **Loc**. Lançar balões «nas festas de S. João». **Idi**. *Mandar um* ~ [Chutar/Lançar a bola muito alto «no futebol»]. **3** Globo cheio de ar ou gás. **Ex**. Ó mamã(e), compre-me um ~! **Comb**. ~ *de anestesia* «para operar alguém». ~ *cativo* [preso a algo «para anúncios»]. ~ *livre* [que se move ao sabor do vento]. ~ *piloto /sonda* [para observações na alta atmosfera]. **4** Globo de papel com luz dentro. **Ex**. A praça, com tantos balões vermelhos, estava bonita. **5** *fig* Risco/Círculo arredondado com os dizeres «da caricatura/manga». **6** *fig Br* Lugar «da rua» para os carros fazerem a manobra de retorno. **7** *fig* Mentira/Exagero. **Idi**. *Deixar-se ir no* ~ [Deixar-se enganar/Ser enganado]. **8** *Quím* **a)** Contentor (Comb. ~ [Garrafa] de oxigé[ê]nio); **b)** Para experiências ⇒ ~ de ensaio **4**.

balão de ensaio *s m* **1** Pequeno balão que se solta antes de outro maior para ver a dire(c)ção do vento. **2** *fig* Notícia ou boato «lançado pelo governo» para sondar a rea(c)ção das pessoas. **3** *fig* ~ tentativa; experiência. **4** Recipiente esférico de vidro com gargalo estreito que se usa em laboratórios de química. ⇒ proveta.

balar *v int* (<lat *balo,áre*) «ovelha» Soltar balidos/Balir(+).

balastrar *v t* (<balastro + -ar) Colocar o balastro na via-férrea/ferrovia.

balastro *s m* (<ing *ballast* + lastro) Empedrado sobre o qual assentam as travessas [chulipas /os dormentes] nas vias-férreas/ferrovias/nos caminhos de ferro.

balata *s f Bot* (<caribe *balata*: que se agarra) Nome comum de árvores sapotáceas de que se extrai látex. **Sin**. Guta-percha.

balaustrada *s f* (<balaústre + -ada) Série de balaústres que formam corrimão ou resguardo «de varanda».

balaustrar *v t* (<balaústre + -ar¹) Guarnecer de balaústres.

balaústre *s m Arquit* (<it *balaustro*) **1** Colunela de corrimões e peitoris «de varandas». **2** Encosto de cadeira com a forma de **1**. **3** Apoio como **1** para pessoas numa

entrada «do autocarro/ó[ô]nibus». **4** Parte lateral da voluta do capitel jó[ô]nico.

balázio s m (<bala **1** + -ázio) **1** Bala grande. **2** Balaço **3**; chuto com muita força.

balbo, a adj (<lat *bálbus,a,um*) ⇒ gago.

balbuciar v t/int (<lat *balbútio,tíre* <*bálbo,áre*: gaguejar) **1** Pronunciar mal ou com hesitação. **Ex.** O doente balbuciou umas palavras que ninguém entendeu. Ele balbuciou uma desculpa que via-se que era culpado. **2** *fig* Exprimir-se sem conhecimento da matéria. **3** ⇒ gaguejar. **4** «criança que ainda não fala» Pronunciar sons sem sentido.

balbúcie s f (<balbuciar) **1** Defeito orgânico de pronúncia. **2** Modo hesitante de falar.

balbucio s m (<balbuciar) **1** Fase pré-linguística da criança, sucedendo aos vagidos e precedendo o chilreio/Balbuciação. **2** *fig* Início/Primeiras tentativas.

balbúrdia s f (<céltico *balbord*) **1** Voze(a)ria. **Ex.** Então? Que ~ é esta?! **2** Confusão/Trapalhada/Complicação.

balburdiar v t/int Armar/Causar balbúrdia (+).

balça s f (<lat *báltea*, pl de *bálteum,tei*: cinto; cintura) **1** Mato inculto. **2** Sebe viva.

balcânico, a adj Geog (<top Balcãs + -ico) Diz-se da península e países dos Balcãs.

balcanização s f Hist (<balcanizar) Fragmentação que leva à formação de vários estados em detrimento dum território unificado.

balcanizar v t (<top Balcãs + -izar) Fragmentar(-se) em vários estados, como nos Balcãs.

balcão s m Arquit (<it *balcone*: parte superior de muro externo) **1** (Peitoril da) varanda/sacada. **2** Mesa fixa, comprida e estreita para atender os clientes. **Comb.** *O ~ de bar*. *O ~ do talho* [do açougue]. **3** Assentos de teatro. **Comb.** *~ nobre* [situado logo acima dos camarotes]. *~ de primeira classe*. *~ simples* [de segunda ordem].

Balcãs s m pl Geog Grande península meridional da Europa com várias cordilheiras e que engloba vários países: antigas Checo(e)slováquia e Jugoslávia, Roménia, Bulgária, Albânia, Turquia e Grécia.

balceiro, a adj (<balça + -eiro) **1** Relativo a balça. **2** Silvestre.

balconista s 2g Br (<balcão + -ista) Empregado de loja/Caixeiro.

balda s f (<baldar) **1** Mania/Veneta/Fraco. **Loc.** *Ter a ~ de mentir*. *Dar na ~* [Tocar no (ponto) fraco] *de alguém*. **2** Desperdício/Desordem. **Ex.** Na casa deles é [anda] tudo à ~! **3** «no jogo de cartas» Descarte; carta inútil. **4** pl s/adj 2g (O) que é muito desleixado/desorganizado/irresponsável. **Ex.** É um(a) ~s como nunca vi!

baldada s f (<balde + -ada) Líquido que um balde leva. **Ex.** Deita [Joga] duas ou três ~s [dois ou três baldes] de água ao [no] carro, só para tirar o pó.

baldado, a adj (<baldar) Que não deu resultado/Que foi em vão. **Ex.** Fiz tudo para salvar a situação, mas foram ~s os meus esforços. **Sin.** Inútil(o+); vão(+).

baldão s m (<fr *an bandon*: tratamento arbitrário) **1** Contratempo/Trambolhão. **Loc.** Andar aos ~ões/trambolhões [Sofrer contratempos uns atrás dos outros]. **Idi.** *Fazer do ~ glória* [Vangloriar-se de coisas não honrosas]. **2** Onda grande. **Loc.** «entrar no cinema» De ~ [roldão(+)].

baldaquino s m (<it *baldacchino*: fazenda de seda para dosséis <*Baldacco* <*Bagdad*,top) Dossel de leito, trono, altar. **Sin.** Sobrecéu. ⇒ pálio.

baldar v t (<baldo + -ar) **1** Frustrar/Inutilizar. **Ex.** Baldaram[Frustraram(+)]-se todas as esperanças de [todos os esforços para] concretizar o proje(c)to. ⇒ debalde. **2** ~-se a /Desfazer-se de cartas inúteis (no jogo das cartas). **Ex.** Baldei-me a copas. **Sin.** Descartar-se(+). **3** *Fig* Não levar em consideração; fugir à responsabilidade. **Ex.** Tínhamos [Devíamos ter «hoje»] um encontro mas ele baldou-se [não veio]. **Loc.** ~-se [Faltar] ao trabalho/emprego.

balde s m (<lat *batíllus*[m],*i*: recipiente para brasas) **1** Vasilha «de plástico» com asa. **Idi.** *Ser (um) ~ de água fria* [Ser desmancha-prazeres/Ser uma dece(p)ção!]. **2** *Br* Paredão de açude.

baldeação s f (<baldear + -ção) **1** A(c)to ou efeito de baldear «água». **2** Mudança de mercadoria/de pessoas para outro transporte. **3** Terreno ou passagem à volta das salinas.

baldear v t (<balde + -ear) **1** Tirar com balde. **Loc.** ~ água do poço. **2** Mudar (Pessoas ou coisas) para outro transporte/lugar. **Ex.** É nesta estação que temos de ~ [mudar de comboio(+)/trem]. **3** *Fig* ~-se/Ir/Mudar. **Ex.** Ele baldeou-se para o inimigo [para o lado contrário].

baldio, a adj/s m (<ár *bátil*: inútil, vão + -io) **1** adj Inculto/Desaproveitado/Sem dono. **Comb.** Terreno ~. **2** s m Terreno comunitário/de todos. **Ex.** A nossa aldeia tem muitos ~s.

baldo, a adj (<ár *bátil*: baldado, inútil) **1** Inútil(+)/Falho(+)/Carente(+). **2** Sem algum dos quatro naipes «copas/ouros/paus/espadas» das cartas/do baralho. **Ex.** Estou ~ «a ouros».

baldoar v t/int (<baldão + -ar¹) **1** Insultar(+)/Injuriar(o+). **2** Berrar; falar aos gritos.

baldrame s m ⇒ alicerce.

baldréu s m (<fr *an baldré*: tira de couro) Couro macio e fino «para luvas». **Sin.** Pelica(+).

baldroca (Dró) s f (<balda + troca) Fraude/Trapaça. **Ex.** Com [Depois de] tantas trocas e ~s eu já não entendo nada.

baldrocar v t/int Fazer baldroca/batota «no jogo». **Sin.** Enganar(+).

balé s m Arte (<fr *ballet*) **1** Dança artística. **Comb.** ~ clássico [moderno]. **2** Conjunto de bailarinos que executam 1. **Comb.** ~ estadual de São Paulo. ⇒ bailado; baile; dança.

baleado, a adj (<balear) **1** Ferido/Morto a [com] bala. **2** *Br* «jogador» Debilitado/«cavalo» Doído.

balear v t (<bala + -ear) Ferir [Atingir] com bala.

Baleares s f pl Geog Arquipélago do Mediterrâneo que pertence à Espanha e cuja capital é Palma de Maiorca.

baleeira s f Mar (<baleia + -eira) **1** Barco para pesca da baleia/Baleeiro **2**(+). **2** Barco/Bote/salva-vidas. **Comb.** As ~s do navio.

baleeiro, a adj/s Mar (<baleia + -eiro) **1** Que diz respeito à pesca da baleia. **Comb.** Frota ~a «do Japão». **2** Navio para pescar/arpoar baleias. **3** Pescador de baleias.

baleia s f Zool (<lat *ballaena*) **1** Mamífero cetáceo. **Comb.** ~-azul [de cor azul-acinzentada e que, sendo o maior animal hoje existente, pode atingir 30 m de comprimento e pesar 120 toneladas]. ⇒ baleote; rorqual; cachalote. **2** *Astr* Constelação a leste de Aquário e ao sul de Áries e de Peixes. **3** *fig pop* Mulher muito gorda.

balela s f (<balbuciadela) **1** Dito sem fundamento/Boato falso. **2** Mentira. **Ex.** Deixa-te de ~s/tretas [Não digas mentiras]!

balenídeo [balenopterídio], a (⇒ baleia) s/adj Zool (Diz-se de) baleia sem barbatana dorsal.

baleote s m (<baleia + -ote) **1** Filhote de baleia. **Sin.** Baleato/Seguilhote. **2** Baleia pequena/anã.

balestilha s f Astr Náut an (<esp *ballestilla*) *Hist* Instrumento usado pelos navegadores portugueses para medir a altura dos astros, o que lhes permitia saber a que latitude se encontravam no alto mar, indicação importante para a inflexão da rota. **Ex.** No regresso da Índia, para evitar os ventos contrários, os marinheiros das naus e galeões navegavam no meio do Atlântico Norte e, ao verem, usando a ~, que a estrela Polar estava à mesma altura que em Lisboa, rumavam para oriente e, por fim, entravam no estuário do rio Tejo.

balido s m (<balir + -ido) Voz da ovelha/Balado.

balinês, esa adj/s (<Bali, top indonésio) Habitante [Língua] de Bali.

balir v int (⇒ balar) Ovelha/Cordeiro/Carneiro emitir a sua voz «mé».

balista s f Hist (<lat *ballísta*) Engenho de arremesso de pedras e virotões. ⇒ aríete.

balística s f (<lat *ballista*: próje(c)til + -ica) Ciência que estuda o movimento dos próje(c)teis, especialmente de armas de fogo.

balístico, a adj (<balística) **1** Relativo à balística. **Comb.** *Míssil (~)*. *Onda ~a* [sonora provocada pela passagem de um próje(c)til]. *Pêndulo ~* [Instrumento que mede a velocidade dum próje(c)til]. **2** *Ele(c)tri* **Comb.** Galvanó[ô]metro ~ [que tem grande período de oscilação, permitindo medir a quantidade de ele(c)tricidade que se escoa através do circuito onde está instalado].

baliza s f (<lat *palítia* <*pálus*: pau, estaca) **1** Tudo o que marca um limite «num terreno». **2** (D)esp **a)** Arco «do futebol». **b)** Linha/Meta «da maratona». **3** *Náut* Boia que serve de sinal à navegação. **4** s 2g Pessoa que vai à frente. **Comb.** O ~ do pelotão [do desfile] «vai fazendo acrobacias ou brandindo um bastão». ⇒ barreira; fim; linha; meta.

balizagem s f (<baliza + -agem) **1** Colocação de balizas/referências/Marcação. **2** Conjunto de boias e balizas a sinalizar um canal, rio, etc.

balizamento s m ⇒ balizagem.

balizar v t (<baliza + -ar¹) **1** Marcar com/Pôr balizas. **Comb.** ~ um canal [as pistas do aeroporto com luzes]. **2** Calcular/Determinar a medida de algo. **3** Separar/Distinguir.

ballet fr ⇒ balé.

balnear adj 2g (<lat *balneáris* <*bálneum*: banho) Relativo a/Em que há ou onde se tomam banhos. **Comb.** Época ~ «julho/agosto». *Estância ~* [Local de repouso à beira da água]. *Praia ~* [boa/própria para banho/nadar].

balneário s m (<lat *balneárius,a,um*: relativo ao banho) **1** Recinto para tomar banho «nos clubes, escolas, hospitais». ⇒ chuveiro; quarto de banho; Br banheiro. **2** Edifício só para banho. ⇒ termas.

balneologia s f (<banho + -logia) Ciência dos banhos e do seu emprego terapêutico.

balneoterapia s f Med (<banho + terapia) Tratamento de doenças por meio de banhos. ⇒ termas.

balofo, a (Lô) adj (<balão + fofo?) **1** Com muito volume e pouco peso. **Comb.** Obesidade [Gordura] ~a. **2** Com grande aparência mas sem conteúdo. **Comb.** Palavras ~s/ocas/vazias. **3** ⇒ fofo.

baloi[ou]çar v t/int (<lat *bállo,áre*: dançar) **1** Abanar; sacudir de um lado para o outro. **Comb.** ~ o berço. **2** Oscilar; mover-se em [andar/brincar no] baloiço.

baloi[ou]ço s m (<baloiçar) **1** Movimento de abanar ou de oscilar. **2** Assento suspenso onde as crianças se baloiçam. **Sin.** Balancé[ê]; retouça; balanço.

balonismo s m (<balão + -ismo) **1** Pilotagem de balões. **2** Arte de soltar balões.

balote s m (<bala + -ote) **1** Bala pequena/Bal(az)ita. **2** Estalo/Estalinho/Bombinha de carnaval. **3** Fardo de algodão.

balsa s f (< ?) **1** Bagaço de uva a fermentar com o mosto. **2** Dorna para 1. **3** Talha para carnes curadas. **4** Jangada de várias espécies. **Comb.** ~ pneumática [salva-vidas]. **5** *Bot* Árvore de madeira levíssima «para jangadas»; *Ochorama pyramidale*.

balsamar v t (<bálsamo + -ar¹) **1** «planta» Destilar bálsamo. **2** Aromatizar(+)/Perfumar(o+). **3** *Fig* Suavizar(+).

balsâmico, a adj (<bálsamo + -ico) **1** Da natureza do/Que contém bálsamo. **2** *Fig* Que suaviza «a dor»/Reconfortante/Consolador.

balsamífero, a adj (<bálsamo + -fero) «planta» Que produz bálsamo.

balsamina s f *Bot* (<gr *balsamíne*: olho-de-boi, crisântemo amarelo) **1** Planta odorífera, boraginácea; *Impátiens balssamína*. **Sin.** Baunilha-dos-jardins; beijo-de-frade. **2** Planta cucurbitácea; *Momórdica balsamína*. **Sin.** Balsamina-de-purga.

bálsamo s m (<gr *bálsamon*) **1** *Bot* Resina aromática vegetal «do benjoim». **Comb.** ~ de tolu ⇒ tolu. ~ do canadá [Líquido viscoso do abeto, de cheiro semelhante ao pinh(eir)o]. **2** *Med* Unguento de plantas narcóticas com azeite doce/~ tranquilo. **3** Aroma/Perfume/Fragrância. **4** *Fig* Conforto/Lenitivo. **Ex.** As suas palavras foram um ~ para [que me aliviou] o (meu) coração.

báltico, a adj/s m *Geog* (<lat *Báltia*: Escandinávia + -ico) **1** Pertencente ao [à região do] (mar) Báltico. **2** Grupo linguístico que inclui o letão, o lituano e o *an* prussiano.

baluarte s m (<hol *an bolwerc*: obra feita com vigas) **1** Forte construído nos ângulos da fortaleza. ⇒ bastião; reduto. **2** *Fig* Lugar onde se entrincheiram defensores duma ideia ou do partido. **3** *Fig* Suporte/Sustentáculo. **Ex.** O grande ~ da independência foi o povo «timorense».

balúrdio s m *Fam* (< ?) Quantia muito avultada «de dinheiro».

bamba adj 2g (<quimbundo *mbamba*: exímio, mestre) **1** Valente[tão]. **2** Perito/Uma autoridade. **Ex.** Ele é ~ [um barra 9 (+)] em matemática.

bambá s m (< *on*?) **1** Sedimento do azeite de dendê para farofa. **2** Uma dança. **3** Um jogo de cartas. **4** Desordem.

bambalhão, ona adj (<bambo + -alho + -ão) **1** Muito bambo. **2** Indolente(o+)/Molengão(+).

bambear (<bambo + -ear) **1** v t Afrouxar(+). **Loc.** ~ a [Dar] corda. **2** v int Vacilar/Hesitar.

bâmbi s m *Zool* (<quimbundo: *mbambi*) **1** Filhote de gazela ou corça. **2** Mamífero bovídeo da África; *Sylvicápra grímmia*.

bambinar v int (<bambo + -ar¹) **1** Agitar-se com a aragem. **2** bambolear.

bambinela s f (<it *bandinella*) Cortina dividida ao meio para enfeitar janelas.

bambo, a adj (< *on*) Frouxo(+)/Não esticado. **Idi. Dançar na corda ~a** [Estar numa situação delicada/perigosa].

bambochata s f (<it *bambocciata*: pintura burlesca <*Bamboccio*, alcunha do pintor holandês P. Van Laer, 1592-1645) **1** Pintura burlesca. **2** Patuscada/Orgia. **3** Negócio que não é sério. **Ex.** O proje(c)to é (tudo) uma ~.

bamboleante adj 2g (<bambolear + -ante) Que bamboleia.

bambolear v t/int (< *on*) **1** Menear/Saracotear. **Ex.** Ela cantava, bamboleando o corpo [bamboleando-se]. **2** «cadeira» Oscilar/«ébrio» Vacilar.

bamboleio [bamboleamento] s m (<bambolear) A(c)to de bambolear(-se). **Sin.** Meneio(o+); saracoteio(+).

bambolim s m (<bambolina) Sanefa colocada por cima dos cortinados de portas e janelas.

bambolina s f *Teat* (<bambolear + -ina) Partes superiores do cenário fingindo o te(c)to ou o céu.

bambu s m *Bot* (<marata *bámbu*) Planta de caule fistuloso e longo, usada para muitas coisas e com espécies cujos brotos [rebentos] são comestíveis. **Ex.** Eu tenho uma bengala de ~. ⇒ cana.

bambual s m (<bambu + -al) Mata de bambus. ⇒ canavial.

bambueira s f (<bambu + -eira) Broto/Rebento (comestível) de bambu (+).

bamburral s m (<bamburro + -al) Lugar pantanoso com vegetação emaranhada, imprópria para gado. **Sin.** Brejo(+); chavascal(+); matagal(o+).

bambúrrio s m (< ?) **1** Acaso feliz. **2** Sorte «no jogo». **Loc.** Por (um) ~ [Por sorte]. **Sin.** Achado(+).

bamburrista s 2g (<bambúrrio + -ista) ⇒ felizardo.

bamburro s m (< ?) ⇒ matagal; bamburral.

banal adj 2g (<fr *banal* <*ban*: circunscrição feudal) **1** *Hist* «moinho» Do senhor do feudo. **2** *Fig* Sem importância/Trivial/Vulgar. **Comb.** *Elogios* [Palavras] *banais*. «levar uma» *Vida ~/inútil*.

banalidade s f (<banal + -idade) **1** *Hist* Obrigação de usar o que era do senhor feudal e pagando. **2** Coisa sem importância/Trivialidade. **Ex.** Você no discurso [na reunião] só disse ~s!

banalização s f (<banalizar + -ção) O fa(c)to de algo «bom» se tornar banal. **Comb.** A ~ das palavras «amor». ⇒ vulgarização.

banalizar v t (<banal + -izar) (Fazer) perder o valor [a graça/originalidade] «da palavra amor». ⇒ vulgarizar(-se).

banana s f *Bot* (<ár *banana*: dedo) **1** Fruto da bananeira. **Comb.** Um cacho de ~s. **Idi.** «estar» *A preço de ~* [Muito barato]. **Comb.** ~-anã [-da-china/-d'água/nanica]. **2** *Fig* Animal de chifres inclinados para baixo. **Sin.** Cabano(+). **3** *Fig* Pessoa mole/Palerma. **4** *Cal Chu Br* Pé[ê]nis ou gesto que o imita.

bananal s m (<banana + -al) Plantação de bananeiras.

bananeira s f *Bot* (<banana + -eira) Nome comum de planta musácea com muitas variedades. **Idi.** *~ que já deu cacho* [Pessoa ou coisa que já não serve para nada/«isso é» Chão que já deu uvas]. *Plantar ~* [Fazer o pino/Pôr-se de pernas para o ar].

bananeiral s m ⇒ bananal.

bananeiro, a adj/s (<banana + -eiro) Relativo a cultivador, vendedor, transportador ou barco de bananas. ⇒ bananicultor.

bananicultor, ora s (<banana + cult(ivad or) O que cultiva [se dedica à plantação de] bananas.

bananose s f (<banana + -ose) Farinha de banana «para crianças».

bana(n)zola s 2g ⇒ banana 3(+).

banca s f (<banco) **1** Mesa re(c)tangular e tosca/simples. **Comb.** *~ de carpinteiro. ~ de legumes* (e frutas). *~ de jornais* [revistas] (⇒ quiosque). **2** Mesa-lavadouro de cozinha. **3** Escritório/Profissão de advogado. **Loc.** Abrir ~ de advogado. **4** Banca (examinadora). **Sin.** Mesa do júri [dos examinadores] (+). **5** Fundo ou quantia posta pelo banqueiro no começo do jogo (de azar). **Idi.** *Br Abafar/Quebrar a ~/Levar a ~ à glória* [Alcançar grande sucesso/Causar muita admiração/Ganhar tudo]. *Botar* [*Pôr*] *~* [Vangloriar-se] (Ex. Depois que trocou de carro está sempre botando ~). ⇒ abancar; bancar. **6** Todos os bancos nacionais ou o seu movimento financeiro. ⇒ banco 2.

bancada s f (<banco + -ada) **1** Conjunto de assentos de bancos ou cadeiras dispostos em filas. ⇒ arquibancada. **2** Banco comprido e fixo. **3** Conjunto de pessoas sentadas/Assistência. **Comb.** «ecoavam ao longe» Os aplausos da ~. **4** A representação de um estado «federal», partido, fa(c)ção, ... **Comb.** A ~ mineira [de Minas (Gerais), Brasil]. A ~ (do Partido) Socialista.

bancal s m (<banco + -al) **1** Pano para cobrir bancos ou mesas/Coberta(+). **2** Pano que se põe na mesa por baixo da toalha.

bancar v t/int *Br* (<banca 5 + -ar¹) **1** Ser banqueiro no jogo de azar/Abancar. **2** *Fig* Dar-se ares/Armar(-se). **Loc.** ~ *que é amigo do ministro*. ~ *o* [Fazer-se(+)] *importante* «para impressionar a namorada». **3** ⇒ fingir.

bancário, a adj/s (<banco + -ário) **1** Relativo a banco **2** ou à banca 6. **Comb.** «ter/abrir uma» Conta ~a. **2** Funcionário/Empregado de banco. ⇒ banqueiro.

bancarrota (Rrô) s f *pop* (<it *bancarrotta*: falência) **1** Impossibilidade de uma empresa ou Estado poder cumprir os seus compromissos financeiros. **Sin.** Falência(+). **2** *Fig* ⇒ decadência; ruína.

bancarrotear v int ⇒ falir; abrir bancarrota(+).

bancarroteiro, a adj/s (<bancarrota + -eiro) (O) que declara bancarrota. **Sin.** Falido(+).

banco s m (<frâncico *bank*: assento fixo à parede) **1** Assento fixo ou móvel. **Ex.** «estou cansado» Eu sento(-me) já aqui neste ~. **Idi.** *Br Não esquentar o ~/o lugar* [Não se demorar «em visita»]. **Comb.** ~ [*Tempo*] *da escola* (Ex. Sentámo-nos nos mesmos ~s [Somos do mesmo tempo] da escola). ⇒ cadeira; escabelo; mesa [banca] «de carpinteiro»; mocho; tripé. **2** *Econ* Instituição financeira cuja a(c)tividade se centra no depósito e empréstimo de dinheiro. **Comb.** *~ do Brasil. ~ comercial. ~ de depósito. ~ emissor* [de circulação/de emissão]. *~ industrial. ~ de investimento. ~ prestamista*. ⇒ banca 6. **3** Reserva de várias coisas para futuro uso ou ajuda. **Comb.** *~ alimentar. Info ~ de dados*. *Med ~ de olhos* [*de sangue*]. **4** *Mar* De peixe ⇒ cardume. **5** *Geol* Baixio/Escolho/Recife. **Comb.** ~ de areia.

banda¹ s f (<provençal *banda*: lado <gótico *bandwa*: estandarte) **1** Grupo. **Ex.** Ele foi para a ~ dos dissidentes. **2** Grupo de músicos. **Comb.** *~ marcial/militar* [que só tem cornetas e pandeiretas/bombos]. *A ~ (de música)* «da terra». **3** *Pop Col* Lado(+)/Margem(+). **Ex.** Vá sempre pela ~ [beira(+)/margem/pelo lado] da estrada. As janelas da minha casa dão para a ~ [o lado(+)] do mar. Ele nasceu aqui mas emigrou e foi para outras ~s [terras/outro(s) lado(s)]. **Loc.** À ~ [Com inclinação para um dos lados] (Ex. O janota andava sempre de [com o] chapéu à ~). *Br idi Comer da ~ podre* [Ter pouca sorte]. *De ~ a* ~ [De ponta a ponta (+)/De lado a lado (+)]. *Ficar de cara*

à ~ [Ficar desapontado/triste]. **Mandar àquela ~/**cal à merda) [Reagir com desprezo e palavras feias].
banda[2] *s f* (<fr *bande*: faixa, laço) **1** Faixa, barra ou listra larga «na calça». **2** De condecorações, brasões, oficiais do exército. **3** *Econ* A ~ cambial [de preços]. **4** *Arte* A ~ desenhada [A história em quadr(ad)inhos]. **5** *Fís/Ele(c)tri* A ~ magnética [Fita plástica para gravação de sons e imagens]. A ~ sonora [do som] «da película do filme».
bandada *s f* (<bando + -ada) **1** Multidão de aves em voo. **2** Grande número.
bandagem *s f Med* (<fr *bandage*) ⇒ ligadura; gaze.
bandalheira [bandalhice] *s f* (<bandalho) **1** Negócio ilícito/Ladroeira. **2** A(c)ção vergonhosa [de bandalho **3**/Patifaria(+)].
bandalho *s m* (<banda[1] + -alho) **1** Trapo grande/Frangalho. **2** Maltrapilho. **3** Patife.
bandar *v t* (<banda[2] + -ar[1]) **1** Ligar [Envolver] com gaze/banda «uma ferida no braço». **2** Colocar banda em vestuário.
bandarilha *s f (D)esp* (<esp *banderilla*: pequena bandeira) Farpa enfeitada que na tourada se espeta no lombo do touro.
bandarilhar *v t* (<bandarilha + -ar[1]) ⇒ farpear.
bandarilheiro *s m* (bandarilha + -eiro) ⇒ capinha; toureiro.
bandarra *s 2g* (<bando +-arro/a) **1** Indivíduo mandrião, vadio. **Ex.** Levou uma vida de ~ e agora não tem quem lhe valha na doença. **2** ⇒ pândega.
bandarrear *v int* (<bandarra + -ear) Vadiar(+).
bandear *v t/int* (<banda[1] + -ear) **1** Mudar(-se) a/com/para outra banda. **Ex.** Eles bandearam-se aos revolucionários. Ele bandeou-se com os conservadores. Por essa razão, eu bandeei-me para a fa(c)ção contrária. **2** Inclinar(-se) para o lado/Descambar. **Ex.** Olhava fixamente para o mastro que bandeava.
bandeira *s f* (<banda[1] + -eira) **1** Pano, geralmente re(c)tangular, de uma ou mais cores, com ou sem emblema e legendas, que serve de distintivo a uma nação ou instituição. **Loc.** *Arriar* [Baixar/Descer] *a ~*. *Hastear* [Içar/Subir] *a ~*. **Idi.** *Dar uma ~/um fora* [Ser descoberto/apanhado]. *Levar uma ~/um fora* [Ter um pedido ou pretensão recusados de forma grosseira]. *Rir a ~s despregadas* [Rir às gargalhadas]. **Comb.** ~ *branca* [Sinal de rendição ou de paz]. «morreu o Presidente e pusemos a» *~ a meia haste* (+)/a meio pau. ⇒ estandarte; bandeirola; pendão; penacho; galhardete. **2** De país/Bandeira Nacional. **Comb.** *A ~ do Brasil*. *A ~ do Japão*. *A ~ de Portugal* [~ das quinas/~ verde-rubra]. **3** *Bot* Inflorescência do milho e da cana-de-açúcar. **4** *Arquit* Parte superior de portas e janelas que pode ser fixa ou móvel. **Ex.** Abra só a ~. **5** *Hist br* Expedição armada de bandeirantes. **6** *Fig* Partido/Lema/Ideal. **Ex.** Fizeram da liberdade a sua ~. **7** Cata-vento metálico no alto das torres. **8** Refle(c)tor ou quebra-luz(+) de candeeiro/lâmpada. **9** Letreiro que indica o destino ou situação «Livre» dos veículos de transporte público «táxi». ⇒ ~da.
bandeirada *s f* (<bandeira **9** + -ada) Pagamento mínimo, estabelecido por lei, que é indicado no taxímetro (do táxi) ao [no] começo da corrida.
bandeirante *s m Hist br* (<bandeira **5** + -ante) Explorador que, a partir de S. Paulo, desbravou o interior do Brasil. ⇒ desbravador; escu[o]teiro; explorador; pioneiro.
bandeirinha *s f* (<bandeira + -inho) **1** Bandeira pequena/Bandeirola. **2** *s (D)esp* Árbitro auxiliar colocado na margem do campo para fazer sinal ao árbitro do jogo. **Sin.** Juiz [Fiscal] de linha(+). **3** *Fig* Pessoa volúvel «em política»/Cata-vento(+).
bandeir(ant)ismo *s m Hist br* (<bandeira **5**/bandeirante + -ismo) **1** Maneira de agir dos bandeirantes. **2** Sistema educativo extra-escolar criado por Baden-Powell.
bandeirola *s f* (<bandeira **1** + -ola) **1** Bandeirinha **1**. **2** Bandeira de sinalização «do campo de futebol».
bandeja *s f* (<bandejar) **1** Tabuleiro para servir alimentos ou levar algo «copos». **Idi.** *Dar de ~* [ídi de mão beijada(+)/de graça]. **Comb.** ~ *de* [para] *chá*. ⇒ escudela. **2** ⇒ joeira; crivo.
bandejar *v t* (<bandejar) ⇒ aventar; crivar(o+); joeirar(+).
bandelete ⇒ bandolete.
bandido *s m* (<it *bandito*: proscrito) **1** Salteador/Malfeitor. **Ex.** Os ~s assaltaram a casa do meu vizinho. **2** *pop* Pessoa de maus sentimentos. **Ex.** Foi um ~ para a mulher, toda a vida a maltratou.
banditismo *s m* (⇒ bandido) Vida de salteador/ladrão. **Sin.** Ladroagem.
bando *s m* (<banda[1] **1**) **1** Grupo (sobretudo de aves). **Comb.** *col ~ de crianças*. *~ de pardais* [estorninhos/pombas]. ⇒ rancho. **2** Grupo fa(c)cioso/fechado. **Comb.** ~ *político de direita* [esquerda]. **3** Grupo criminoso. **Comb.** ~ [Quadrilha de ladrões]. **Sin.** Súcia. ⇒ ~leiro. **4** ⇒ pregão/anúncio.
bandó *s m* (<fr *bandeau*; ⇒ bandolete) **1** Cada uma das partes em que se divide o cabelo «de senhora» por meio de risca (que vai) da testa à nuca e disposto em madeixas sobre as fontes. **2** Faixa de pano ou renda usada na cabeça.
bandola[1] (Dó) *s f* (<banda[2] + -ola) Cinto para levar dependurado o recipiente da pólvora.
bandola[2] (Dó) *s f Mús* (<it *mandola* <lat *pandúra*: alaúde) Instrumento de oito cordas semelhante ao bandolim.
bandoleira *s f* (<esp *bandolera*: correia a tiracolo) Correia para levar a arma a tiracolo [a arma dependurada do ombro].
bandoleiro, a *s/adj* (<esp *bandolero*) **1** Salteador. **2** Vadio.
bando[e]lete (Lé) *s f* (<fr *bandelette*) Barra semicircular e ornamento com que as meninas e senhoras cingem a cabeça para prender(em) o cabelo.
bandolim *s m Mús* (<it *mandolino*, *dim* de *mandola*) Instrumento soprano, de corpo encurvado, com quatro cordas duplas «tocadas com palheta/plectro».
bandolinista *s 2g* (<bandolim + -ista) Tocador de bandolim.
bandulho *s m* (<lat *pantúculus, dim* de *pántex,icis*: pança) **1** *Anat* Primeira e maior cavidade do estômago dos ruminantes «boi/ovelha/veado». ⇒ barrete **4**. **2** *pop* Barriga/Pança. **Loc.** Encher o ~ [Comer muito/Fartar-se].
bandurra *s f Mús* (<lat *pandúra*: alaúde) Instrumento semelhante ao alaúde, em forma de pera, com seis pares de cordas e braço curto. ⇒ guitarra.
bangaló[ô] *s m* (<concani *bangló*: casa campestre) Casa «de campo» de um andar, rodeada por [de] uma varanda, típica de países tropicais «Índia».
Bangladesh *s m Geog* País asiático cuja capital é Daca e cujos habitantes são os bangladeshianos.
bango [bangue] *s m Bot* (<sân *bhanga*) Espécie de cânhamo-da-índia de que se extrai o haxixe ou a maconha.
bangué[ê] *s 2g* (<quimbundo *mbanguê*) **1** Indivíduo de tribo moçambicana «Beira/Dondo». **2** *Br* ⇒ padiola «de engenho de cana-de-açúcar».
bangue-bangue *s m/interj* (<ing *bang-bang* <on) «filme/cena de» Tiroteio/Pancadaria/Catanada». ⇒ pumba.
bangulê *s m* (<quimbundo *bangula*: destruir) Dança negra, ao som da cuíca e cantigas obscenas.
banha *s f* (<?) **1** Gordura «de porco»/Pingue. **2** Zona adiposa do corpo humano. **Ex.** Estás a criar ~! ⇒ manteiga.
banhado [banhadal] *s m Br* ⇒ pântano.
banhar *v t* (<lat *bálneo,áre*: banhar-se) **1** Dar banho a (+). **Loc.** ~ *a* [Dar banho à (+)] *criança*. ⇒ lavar «o rosto/os pés». **2** Tomar banho. **Ex.** Banharam-se na ribeira. Ontem fui à praia mas não me banhei [não entrei na água(+)]. **Idi.** *~-se em água de rosas* [Andar todo [muito] satisfeito «com elogios de todos»]. ⇒ nadar. **3** Embeber(+). **Ex.** Banhei [Embebi] as peças em óleo para (lhes) tirar a ferrugem. **4** Encher. **Ex.** Abraçou o filho, banhando-o de lágrimas. O sol banhava de luz toda a cidade. **Loc.** Ficar banhado em [de] suor. **5** Passar por/junto a. **Ex.** O rio São Francisco banha cinco Estados do Brasil. **Comb.** O mar do [que banha o] Algarve.
banheira *s f* (<lat *balneárius,a,um*: relativo ao banho) Tina [Bacia grande (e comprida)] para (tomar) banho de imersão.
banheiro *s m* (<banho + -eiro) **1** *Br* Quarto/Casa de banho (+). ⇒ retrete. **2** O responsável pelos banhistas na praia ou termas/*Br* Salva-vidas. **3** Proprietário de estabelecimento balnear.
banhista *s 2g* (<banho + -ista) Pessoa que está a banhos na praia ou nas termas. ⇒ aquista.
banho *s m* (<lat *bálneum*) **1** Imersão total ou parcial do corpo. **Loc.** *Dar ~* «à criança/ao velhinho». *Ir a ~s* [Passar vários dias na praia ou nas termas para cuidar da saúde]. *Tomar ~*. **Idi.** «aquela batalha foi um» *~ de sangue* [Uma mortandade/Muitos mortos]. *Vá (mas é) tomar ~!* [Expressão de recusa]. **Comb.** ~ *de assento/asseio* [Semicúpio]. ~ *de chuveiro*. ~ *de imersão*. ~ *de mar*. ~ *de sol*. *Traje* [*Calção/Fato*] *de ~*. **2** *Quím* Fluido que, pela variação de temperatura, é usado em transformações físico-químicas de substâncias nele imersas. **Comb.** ~ *ele(c)trolítico* [de ele(c)trólise]. ~ *fixador* «de fotografia». ~ *de platina* «do anel». ⇒ ~-maria. **3** *Fig* Grande envolvimento em. **Loc.** Mergulhar na [Tomar um ~ de] multidão. **Comb.** «a estadia dum mês em Lisboa foi» *Um ~ de civilização*. *Um ~ de* [Grande] *entusiasmo* (Ex. A vitória da nossa equipa/e gerou um ~ de entusiasmo pelo clube). **4** *pl* Proclamas [Anúncio] de casamento na igreja.
banho-maria *s m Cul* Modo de aquecer, cozinhar, derreter ou evaporar uma substância que está num invólucro e que é colocada dentro dum recipiente com água a ferver. **Ex.** Para servir [comer], aqueça «o pacote/a lata de feijão» cinco a dez minutos em ~. **Idi.** *Em ~* [Adiado/Meio esquecido] (Ex. O proje(c)to está em ~ na Câmara/*Br* Prefeitura].
banir *v t* (<lat *vanésco*: desaparecer <*vanus,a,um*: vazio) **1** Expulsar «do país»/Desterrar. **Ex.** Baniram-no do clube. **2** Afugentar/Suprimir. **Loc.** ~ *o ódio* do coração [os maus pensamentos]. «precisa de» *~ tal* [semelhante] *ideia* (da cabeça). **3** Proibir. **Loc.** ~ as armas e a droga.
banja *s f Br* ⇒ batota [trapaça].
banjista *adj/s 2g Br* ⇒ batoteiro/trapaceiro/intrujão.

banjo s m Mús (<ing *banjo*; ⇒ bandurra) **1** Instrumento norte-americano de cordas dedilhadas, com caixa de ressonância semelhante a um pandeiro. **2** Tocador de ~/ Banjoísta.

banqueiro, a s (<banco + -eiro) **1** Proprietário de banco. **2** Pessoa que explora o comércio bancário. **3** O que, no jogo, maneja [dá] as cartas. **4** *Fig* ⇒ rico/capitalista.

banqueta (Ê) s f (<banca 1 + -eto) **1** Banca pequena. **2** Degrau de apoio «para atirador numa carreira de tiro para facilitar os disparos». **3** Parapeito [Peitoril(+)] ou assento junto à janela. ⇒ plataforma.

banquete (Ête) s m (<fr <it *banchetto*: pequeno banco ou mesa) **1** Refeição formal e com muitos convidados. **2** Refeição lauta/Banquetaço. **3** *Crist* Ceia do Senhor. **Comb.** O ~ sagrado [eucarístico/da comunhão].

banquetear v t (<banquete + -ear) **1** Dar um banquete «aos amigos». **2** ~-se/Comer lautamente/Regalar-se.

banquisa s f (<escandinavo *bank-is*) Camada espessa de gelo «que impede o acesso de embarcações à barra». **Sin.** Campo de gelo (+).

banto, a adj/s (<cafre: *ba-*, pref do pl + *ntu*: homem = pessoas/povo/gente) Termo que engloba tudo «povos/línguas/culturas» o que respeita à África centro-meridional. **Ex.** Há centenas de línguas ~as. Os (povos) Bantos incluem os Ngoni, Lunda, Zulu, Suáíli, ... e constituem um quarto da população africana negra.

banza s f Mús (<quimbundo *mbanza*: terra natal) **1** Guitarra africana de 4 cordas. **2** *pop* Qualquer guitarra ou viola. **3** Residência do soba em África.

banzar v t/int (<banzo¹ + -ar¹) Pasmar ou ficar pasmado. **Ex.** Fiquei banzado com o que vi! **2** ⇒ cismar; matutar.

banzé s m (<jp *banzai*: viva!) Barulho alegre. **Ex.** As crianças faziam grande ~ no recreio «da escola». ⇒ chinfrim.

banzeiro, a adj (<banzo + -eiro) **1** «mar» Pouco agitado/«jogo» Parado. **2** Bêbedo. **3** Triste.

banzo¹ (<banza) **1** s m *Hist* Grande (e mortal) nostalgia dos escravos trazidos de África. **2** adj Pasmado/Surpreendido/Banzado. **3** Triste.

banzo² s m (<céltico *wankjos*: trave, travessa) **1** Lados da escada de mão. **2** Pega «do esquife/do andor». **3** *Arquit* Viga.

baobá s m *Bot* (<ár *buhibab*) Planta bombácea, tropical, de tronco baixo mas muito grosso/Embondeiro(+); *Adansónia digitáta*.

baptismal/baptismo/baptista/baptistério/baptizado/baptizando/baptizante/baptizar ⇒ batismal/...

baque s m (<*on*) **1** Ruído que um corpo faz ao cair. **2** Choque «de dois carros». **3** Ruína repentina/Revés. **4** Mau pressentimento súbito. **Ex.** «ao saber do desastre» Deu-me um ~ no coração. **5** *Br* Instante(+).

baquear v int (<baque + -ear) **1** Cair com baque. **Ex.** O soldado baqueou: uma bala certeira atingira-lhe o coração! **2** Sofrer baque. **Ex.** O carro baqueou [chocou] numa cova [num buraco(+)] «da estrada». **3** *Fig* Deixar-se (con)vencer/Ir-se abaixo. **Ex.** E não baqueou, apesar de tantos reveses. **4** ⇒ cair/prostrar-se(+).

baquelite[a] s f *Quím* (<antr *Baekeland*, químico belga (1863-1944)) Resina plástica obtida a partir do fenol e do aldeído fórmico.

baqueta (Ê) s f (<it *bacchetta* <*bacchío*: bastão) **1** Vareta de madeira para tocar/percutir «tambor/timbale». **2** Vareta(+) de guarda-chuva [-sol].

baquet(e)ar v t/int (<baqueta + -ear) Percutir com baquetas.

báquico, a adj (<gr *bakkhikós*) **1** De Baco [Dióniso], deus do vinho. **2** Próprio de bêbedos/Orgíaco/Bacanal. **Comb.** Festa ~a [Orgia].

baquista s 2g (<Baco + -ista) Pessoa dada à embriaguez/às orgias/ao vinho.

bar¹ s m (<ing *bar*: barra; pl *bares*) **1** Balcão para beber (e comer). **2** Sala com mesas onde (se) servem sobretudo bebidas. **Comb.** ~ do clube [do aeroporto]. ⇒ botequim. **3** «em casa» Armário/Prateleira onde se guardam bebidas.

bar² s m *Fís* (<gr *barús*: pesado) Unidade de pressão equivalente a um milhão de bárias; 10^5 pascals.

baraça s f (<baraço) **1** Correia que prende o linho à roca. **2** Fio para jogar o pião.

baraço s m *Pop* (<ár *maraça(t)*: corda) **1** Fio(+)/Cordel(+). ⇒ barbante; guita/Desordem(+). **2** Corda para estrangular.

barafunda s f (<esp *barahunda*) **1** Mistura desordenada de pessoas ou coisas/Desordem(+). **2** Vozearia/Confusão. ⇒ baralhada.

barafustar v int (< ?) Protestar com palavras e gestos. **Loc.** ~ com os vizinhos. **Sin.** Ralhar.

baralha s f (< ?) **1** Resto do baralho das cartas. **2** ⇒ baralhada. **3** ⇒ enredo; mexerico.

baralhada s f (<baralhar + -ada) Confusão; desordem. ⇒ barafunda.

baralhar v t **1** Misturar as cartas antes do jogo [antes de as dar]. **Ex.** Quem é a ~ [(é que) baralha]? **2** Perturbar/Confundir. **Ex.** Não me baralhe (ainda) mais as ideias, cale-se! Ele, em vez de ordenar os livros, baralhou-os! O problema [assunto] está cada vez mais baralhado. ⇒ enlear.

baralho s m (<baralhar) Conjunto de cartas cujo número depende do jogo a que se destinam «40 cartas (dos quatro naipes) na bisca/sueca».

barão s m (<germânico *baro*: homem livre, apto para a luta; f baronesa) **1** Título nobiliárquico inferior ao de visconde. **2** Homem corajoso ou ilustre/Varão(+). **Comb.** Os "barões assinalados" (Palavras do primeiro verso d'*Os Lusíadas* cantados por Luís de Camões). **3** *Pej* Rico e egoísta. **Loc.** Os ~ões da bola [do futebol]. «fazendeiros» Os ~ões do café.

barata¹ s f *Ent* (<lat *blatta*) Inse(c)to ortóptero blatídeo, praga doméstica. **Idi.** *Ficar como* [pior que] *uma* ~ [Ficar furioso/muito zangado]. *Ficar entregue às* ~s/ aos bichos [Ficar abandonado]. **Comb.** *idi* ~ *tonta* [Pessoa que anda dum lado para outro, desnorteada, atarantada] (Ex. Ele parece (como) uma ~ tonta).

barata² s f (<fr *baratte*: batedeira de nata) Vasilha onde se bate o leite ou nata para fazer manteiga. **Sin.** Batedeira(+).

baratar v t (<provençal *baratar*: agir, negociar, enganar) **1** Desbaratar/Destruir. **2** ⇒ baratear(+).

barataria s f (<barato + -aria) **1** O dar para receber. **2** Especulação. **3** *Dir* A(c)to doloso do capitão do navio que resulta prejudicial para o proprietário do mesmo (navio).

barateamento s m (<baratear + -mento) Baixa de preço.

baratear v t/int (⇒ baratar) **1** Baixar o [de] preço. **2** ⇒ menosprezar(+). **3** ⇒ regatear(+). **4** Conceder sem dificuldade. **Loc.** ~ um sorriso.

barateiro, a adj/s (<barato + -eiro) (O) que vende barato. **Ex.** Aquela loja é boa, é ~a. **Ant.** Careiro.

barateza (Ê) s f (<barato + -eza) **1** Qualidade do que é barato. **2** Modicidade de preço. **Ant.** Carestia.

baratinar v t (⇒ baratar) ⇒ enganar(+).

baratinha s f (barata¹ + -inho) **1** *Bot* Árvore leguminosa da Amazó[ô]nia. **2** *Ent* Inse(c)to parecido à [com a] barata e menor que ela. **3** ⇒ prisca/beata.

barato, a adj/adv m (<barat(e)ar) **1** Que custa pouco dinheiro. **Prov.** *O ~ sai caro*. **Comb.** *Carpinteiro ~. Coisas ~as. Vida ~a.* **2** Banal/Comum. **Comb.** *Ironia ~a. Piada ~a* [Sem graça (+)]. **3** Pe[o]rcentagem do jogo dada [paga] ao dono da casa (de jogos). **4** Concessão fácil. **Loc.** Dar de ~ [Admitir sem discussão/Conceder gratuitamente]. **5** *Adv* Por baixo preço. **Loc.** «toda a gente gosta de» Comprar ~.

báratro s m (<gr *bárathron*: ravina em Atenas para onde eram lançados os criminosos, abismo) ⇒ inferno(+); geena.

baratrómetro [*Br* **baratrômetro**] s m *Mar* (<báratro + -metro) Instrumento para medir a dire(c)ção e velocidade das correntes submarinas.

baratucho, a adj (<barato + -ucho) «artigo» Barato e mau/Fraco.

baraúna s f *Bot* (<tupi *ybyra'una*: madeira preta) Árvore de flores amarelas, produtora de madeira negra muito dura usada em construção.

barba s f (<lat *barba*) **1** Conjunto de pelos que nascem no rosto do homem. **Loc.** *Deixar* (crescer a) ~. *Fazer a* ~ [Barbear-se] «com máquina/navalha/lâmina/gilete». *Usar* ~. **Idi.** «história/piada» *Já ter* ~s [Já ser velho/muito conhecido]. *Nas* ~s [Mesmo diante] «da polícia/do dono». *Pôr as* ~s *de molho* [Acautelar-se/Precaver-se]. **Comb.** ~ *cerrada*/espessa/cheia. ~ *de bode* [Pera]. ~ *hirsuta* [inculta/não aparada]. «os chineses têm» ~ *rala* [Pouca ~]. ⇒ barbaças; barbicha; barbudo; bigode. **2** Queixo. **Idi.** *Dar*-«me» *água pela* ~ [Ser penoso/dificultoso]. **3** Pelos do focinho de alguns animais e de certas plantas. **Comb.** ~s *de baleia.* ~s (da espiga) *do milho.* ⇒ cerda «do porco/javali»; bigode(s) «do gato». **4** Pontas irregulares/*Gír* Orelhas(+) «do papel»/Rugosidades filiformes «da madeira».

barbacã s f *Arquit* (<lat vulgar *barbacana* <persa *barbahhane*) **1** Muro baixo do fosso da fortaleza/Antemuro. **2** Fresta ou seteira na muralha para vigia ou disparo. **3** Fresta ou orifício em muros para escoamento de infiltrações.

barbaça s f (<barba + -aço) Barba cerrada/cheia/grande/comprida.

barbaças s m (<barbaça) **1** Homem com barbaça. ⇒ barbaçudo; barbudo. **2** *fig* Homem respeitável. **3** *Zool* Cão de caça com cerdas brancas e grandes no focinho.

barbaçudo adj (<barbaça + -udo) Homem com muita barba ou barbas grandes. ⇒ barbaças; barbudo.

barbada s f (<barba + -ada) **1** Beiço inferior «do cavalo». **Sin.** Barbela(+). **2** *Gír br* **a)** Cavalo que vai ganhar a corrida; **b)** Vitória fácil. **Sin.** Canja(+).

barbadinho s m **1** *pop* ⇒ capuchinho. **2** *Icti* Peixe com franja bucal e focinho com muitos filamentos. **3** *Bot* Amor-do-campo(+).

barbado, a adj/s m (<barbar) **1** Que (já) tem barba. **Ex.** Era um homem ~. **Ant.** Imberbe. ⇒ barbudo. **2** *Bot* Bacelo com radículas para plantio. **3** *Zool* ⇒ bugio(+).

Barbados *Geog* Ilha mais oriental das Pequenas Antilhas cuja capital é Bridgetown.

barbalho s m *pop* (<barba + -alho) Raiz filamentosa. **Sin.** Radícula(+).

barbalhoste adj/s (<barbalho) **1** «homem» Com pouca barba. **2** ⇒ zé[joão]-ninguém(+).

barbante *s m* (<*Brabant,* top belga) Fio para atar. **Comb.** ~ alcatroado [embebido em alcatrão] «do foguete/do jardineiro». **Sin.** Guita; cordel.

barbar *v int* (<barba + -ar¹) **1** Começar a ter [a nascer a] barba. **2** Lançar barbalhos.

barbaresco, a (Ê) *adj* (<bárbaro + -esco) «costume» Próprio dos bárbaros. ⇒ berberesco.

barbaria *s f* (<bárbaro + -ia) **1** A(c)ção ou vida de bárbaro/Barbárie(+). **2** Terra ou multidão de bárbaros. **3** ⇒ barbaridade.

barbárico, a *adj* ⇒ barbaresco.

barbaridade *s f* (<bárbaro + -dade) **1** A(c)ção (própria) de bárbaro/Selvajaria/Crueldade/Barbarismo 3. **2** Expressão grosseira. **3** Proposição ou opinião absurda/Disparate. **Ex.** Isso (que você diz) é uma ~! **4** *Interj br* de admiração ⇒ ah! **5** *fam* Grande quantidade. **Loc.** Comprar uma ~ de coisas.

barbárie *s f* (<lat *barbáries:* país estrangeiro, dos bárbaros) Estado ou condição de bárbaro. **Ex.** Eles ainda vivem na ~!

barbarismo *s m* (<gr *barbarismós*: linguagem ininteligível) **1** Palavra estranha ao nosso idioma quer na forma quer no significado «galicismo». **2** ⇒ erro/solecismo. **3** ⇒ barbaridade 1.

barbarizar *v t* (<lat *barbarízo,áre*: falar como um bárbaro) **1** Introduzir barbarismos. **Loc.** ~ a língua [linguagem] (do seu país). **2** ⇒ embrutecer(-se).

bárbaro, a *adj/s m* (<lat *bárbarus* <gr *bárbaros* <on *bar-bar,* para linguagem ininteligível) **1** *Hist* Não grego (e) não romano/Estrangeiro. **2** *Hist europeia* Invasor pré-islâmico (⇒ huno). **Comb.** Os bárbaros do Norte. **3** Inculto/Grosseiro/Cruel. **Comb.** Um costume ~. **4** *Br* ⇒ bacana; barbaridade **4**. **5** *Ling* Estrangeiro. **Comb.** Termo ~ [Palavra ~a]. ⇒ barbarismo.

barbarolexia *s f Ling* (<bárbaro + gr *léxis*: dicção + -ia) **1** Junção de elemento estrangeiro ao vernáculo da palavra. **Ex.** Stressado «stress + -ado». **2** Pronúncia incorre(c)ta de palavra estrangeira.

barbasco *s m Bot* (<lat *verbascus*) ⇒ verbasco.

barbata *s f* (<barba + -ata) Parte sem dentes da boca do cavalo onde assenta o freio.

barbatana *s f* (<lat *barbita* dim de *barba* + -ana) *Icti* Órgão de natação dos peixes. **Comb.** ~ dorsal [peitoral/caudal]. ⇒ nadadeira. **2** Hastezinha flexível «de plástico» para vestuário «cintas/colarinhos». **3** Sapato de borracha cuja frente se prolonga em forma de barbatana e que ajuda a deslocação dos mergulhadores.

barbeação *s f* (<barbear + -ção) O fazer a barba (+).

barbeado, a *adj* Com a barba feita. **Comb.** Cara bem ~a.

barbeador *s m Br* (<barbear + -dor) Aparelho «elé(c)trico» de barbear. **Sin.** Máquina de barbear (+). ⇒ barbeiro?.

barbear *v t* (<barba + -ear) Fazer a barba. **Ex.** Eu barbeio-me [faço a barba (+)] todos os dias. Esta gilete barbeia [corta] bem. **Loc.** ~ o [Fazer a barba ao (+)] velhinho.

barbearia *s f* (<barbear + -aria) **1** Loja de barbeiro. **2** Profissão de barbeiro. ⇒ cabeleireiro.

barbecue *ing* ⇒ churrasco; churrasqueira.

barbeiragem *s f* (<barbeiro 3 + -agem) **1** Condução a rasar outro carro ou um obstáculo. **2** *fig* Imperícia/Disparate.

barbeiro *s m* (<barba + -eiro) **1** O que barbeia por ofício. **Ex.** Hoje vou ao ~ [à barbearia] «a cortar o cabelo». **Sin.** Cabeleireiro(+). **2** *Pop* Curandeiro/Sangrador.

3 *Br* Mau condutor/Imperito. **4** *fig* Vento muito frio e cortante. **5** *Ent br* Inse(c)to transmissor da tripanossomose ou doenças de Chagas; *Comorrinus megistus*.

barbela *s f* (<lat *bárbula,* dim de *barba*) **1** *Zool* Prega de pele pendente do pescoço de alguns ruminantes «boi». **Sin.** Barbada; papada. **2** Parte adiposa por baixo do queixo das pessoas. **3** Parte (De metal dentado) do freio do cavalo que passa por baixo do queixo. **4** Ponta de anzol ou de agulha de croché. **Sin.** Farpa.

barbelões *s m pl Vet* (<barbela + -ão) Pequenos tumores ou bolhas por baixo da língua dos bois e dos cavalos.

barbialçado, a *adj* (<barba + alçado) **1** Que tem a barba levantada. **2** *Fig* «ir/estar» De cabeça erguida.

barbicacho *s m* (<barba + queixo) **1** Cabeçada de corda. **Sin.** Cabresto(+). **2** Cordão «de couro» para segurar o chapelão/chapéu ao queixo. **3** *Fig* Empecilho/Dificuldade/Estorvo. **4** *Fig Br* Condição para fazer o negócio/Trela. **Loc.** Pôr (o) ~ a/em [Segurar pela trela].

barbicha *s f* (<barba + -icho) **1** Barba pequena, fina ou rala. **2** Barba estreita e comprida. **Comb.** A ~ do bode. **Sin.** Pera(+).

barbichas *s m* (<barbicha) Homem com pouca barba e de aspe(c)to desprezível.

barbilhão *s m* **1** *Ornit* Saliência carnosa por baixo do bico de aves «peru/galo/galinha». **2** *Icti* ⇒ barbilho 1. **3** *Zool* ⇒ barbelões.

barbilho *s m* (<barba + -ilho) **1** *Icti* Filamento sensitivo dos maxilares dos peixes e do bicho-da-seda. **Comb.** Os ~s do barbo «4 e compridos», do bagre e do esturjão. **Sin.** Barbilhão 2. **2** Açaime. **3** ⇒ barbante. **4** *Fig* ⇒ empecilho/estorvo.

barbilongo, a *adj* (<barba + longo) De barba comprida. **Comb.** Cara ~a.

barbilou[oi]ro, a *adj* (<barba + ...) Que tem barba loira.

barbinegro, a *adj* (<barba + ...) Que tem barba negra.

barbirrostro, a *adj Ornit* (<barba + rostro) «ave» Que tem formações filiformes no bico.

barbirruivo, a *adj* (<barba + ruivo) Diz-se de homens ou animais «aves» que tenham barba ou formações ruivas.

barbital *s m Med* (<barbitúrico + -al) Substância usada como antiespasmódico e hipnótico.

barbiteso, a *adj* (<barba + teso) **1** Que tem barba tesa. **2** ⇒ enérgico/forte/dominador.

barbiturato *s m Quím/Med* (<barbitúrico + -ato) Nome genérico dos sais ou ésteres do ácido barbitúrico.

barbitúrico, a *adj/s m Quím/Med* (<fr *barbiturique*) Ácido obtido a partir da ureia e do ácido malónico de propriedades hipnóticas e antiespasmódicas. **Loc.** Ingerir ~s «por prescrição médica».

barbiturismo *s m Med* (<barbitúrico + -ismo) Intoxicação produzida por barbitúricos.

barbo *s m Icti* (<lat *barbus*) Peixe ciprinídeo de água doce, parecido à carpa; *Barbus bocage* [*comiza*].

barbote *s m* (<barba + -ote) **1** *Hist* Parte do elmo que cobria a cara. **2** Nó ou saliência resultante da emenda do fio ao tear.

barbudo, a *adj/s m* (<barba + -udo) **1** Que tem muita barba ou a tem comprida. ⇒ barbaças. **2** *Bot* ⇒ barbado 2. **3** *Ornit* Ave tropical, bucónídea, também chamada joão-barbudo e barbuda; *Malacoptíla torquáta*.

barca *s f* (<lat *barca*) **1** Embarcação larga e pouco funda. **Comb.** *Mit gr* ~ *de Caronte* [Embarcação em que o barqueiro do Inferno fazia passar o Estígio aos que morriam]. ~ *de passagem/travessia* «do rio». *fig* ~ *de (S.) Pedro* [A Igreja Católica]. *Ponte de* ~*s* «para o exército atravessar o rio». ⇒ barcaça; barquinha **1**; barco. **2** ⇒ gôndola/barcarola. **3** *fig* Vida. **Loc.** Saber guiar a sua ~ [Saber orientar a sua vida].

barça *s f* (< ?) Capinha ou bolsa para proteger «garrafas de vidro ou de barro».

barcaça *s f* (<barca + -aço) **1** Barca grande. **2** Embarcação para serviços auxiliares de navegação, transportes, etc.

barcada *s f* (<barco + -ada) Carga de barco/a «de areia».

barcagem *s f* (<barco + -agem) **1** Contrato de transporte em barco. **2** Frete pago por esse transporte. **3** ⇒ barcada.

barcarola (Ró) *s f* (<it *barcarola*) **1** Canção dos barqueiros (italianos) de Veneza. **2** *Mús* Peça vocal ou instrumental inspirada em **1**, utilizando o ritmo ternário, de modo a sugerir o movimento dos remos. **3** *Liter* Composição poética medieval «cantiga de amigo» cuja temática é o mar.

barco *s m* (<barca) **1** *Náut* Qualquer embarcação. **Loc.** *Apanhar o* [Chegar a tempo da partida do] ~. *Ir/Viajar de* [Tomar o] ~. **Idi.** *Estamos todos no mesmo* ~ [O risco é de (nós) todos]. *Deixar* [Largar] ~*s e redes* [Deixar tudo «e dedicar a vida a Deus e aos outros»]. **Comb.** ~ *de* (pesca de) *arrasto* [Arrastão]. ~ *de papel.* ~ *rabelo* [típico do rio Douro, Portugal]. *Um* ~ *à vela* [*a remos/a motor/a vapor*]. *Um* ~ (*carregado*) *de arroz* [de pipos «de vinho»]. ⇒ navio. **2** *Fig* Empresa/Vida. **Ex.** Vou tentar aguentar o ~, mas posso falhar [não conseguir/não ser capaz].

barco-dragão *s m Macau* Cada um dos barcos enfeitados para festa com um grande dragão em cima.

barco-patrulha *s m* (pl: barcos-patrulha) Barco especialmente equipado para patrulhar (Vigiar e defender) a costa marítima.

barda *s f* (<céltico *barrita*: pau) **1** Cerca de silvas ou ramos/Sebe(+). ⇒ tapume. **2** Escora de pranchas grandes para paredes. **3** *Fig* Grande quantidade. **Loc.** «peixe/caça» Em ~ [abundância/Aos montões].

bardana *s f Bot* (<fr *bardane* <lat *parietana*: das paredes) Planta asterácea de raiz comestível e uso medicinal; *Lapa tomentosa*.

bardar *v t* (<barda + -ar¹) Cercar ou cobrir com bardas.

bardino, a *adj Pop* (<bardo²?) ⇒ estroina; ladrão; malvado.

bardo¹ *s m* (<céltico *bardd*: poeta) **1** Poeta épico entre os celtas. **2** Poeta(o+)/Vate(+). **Comb.** O nosso grande ~ [poeta(+)] Camões.

bardo² *s m* (<barda) **1** Curral ou redil de ovelhas no campo. **2** Cerca ou renque de plantas ou estacas.

Barém [**Baharain**] *s m Geog* País do golfo Pérsico cuja capital é Manama e cujos habitantes são os baremenses/bareinitas/baremitas.

barganha *s f* (<barganhar) **1** ⇒ trapaça. **2** *Pop Br* Pequena troca ou negócio.

barganhar *v t* (<it *bargagnare*) **1** Trocar/Negociar. **2** Negociar com dolo/fraude.

barganta[e]ria *s f* ⇒ velhacaria.

bargante *s m* (<esp *bergante*) **1** Velhaco/Patife. **2** Des(a)vergonhado/Devasso/Libertino.

bargantear *v int* (<bargante + -ear) Viver como um bargante/Vadiar.

bari- *pref* (<gr *barús*: pesado) Exprime a ideia de pesado, grave. **Sin.** Baro-.

bária *s f Fís* (<bari- + -ia) Unidade de pressão do sistema CGS (Centímetro, grama,

segundo) com valor igual à pressão de um dine por centímetro quadrado; dine/cm². ⇒ bar².

baril s/adj 2g Gír (<ár bari: excelente) Ó(p)timo/Magnífico. **Ex.** O professor é um ~. **Comb.** Do ~ [Ó(p)timo] (Ex. O baile da fest(inh)a foi do ~). **Sin.** Fixe; giro; bacana.

barimetria s f Fís (<bari- + -metria) Medição da gravidade ou do peso.

bário [Ba 56] s m Quím (<bari- + -io) Metal esbranquiçado, usado em velas de ignição, tubos de alto vácuo, etc. (O sulfato de ~, de suspensão aquosa opaca aos raios X, é empregado nos exames radiológicos do tubo digestivo). ⇒ barite.

barisfera s f Geol (<bari- + esfera) Núcleo da Terra que se supõe formado por metais pesados «ferro/níquel». **Sin.** Nife. ⇒ litosfera; pirosfera.

barite[a] s f Min (<bário + -ite) Composto bárico [de bário] usado em tintas, papel, tecidos, etc. **Sin.** Hidróxido de bário (+).

barítono s m Mús (<gr barýtonos: de voz grave) **1** Tom de voz masculina de regist(r)o médio entre o tenor e o baixo. **2** Cantor com voz de **1**. **3** Instrumento de sopro com pistões e o pavilhão virado para cima. **4** Tocador de **3**.

barjuleta s f (<esp barjuleta: bolsa de caminhante) Mochila de couro (+).

barlaventear v int Náut (<barlavento + -ear) **1** Navegar contra o vento. **Ant.** Sotaventear. **2** ~-se/Pôr-se a barlavento de outro navio ou terra/Abrigar-se.

barlavento s m Náut (<fr par le vent: pelo [por onde vem o] vento) **1** Lado de onde sopra o vento. **Comb.** O ~ de oeste. **Ant.** Sotavento. **2** Bordo/Lado da embarcação virado para **1**.

barman ing ⇒ empregado de bar.

barn s m Fís (<ing barn) Unidade em que se exprimem as se(c)ções eficazes nas colisões nucleares, igual a 10⁻²⁴ cm².

barnabita adj/s m (<S. Barnabé + -ita) Membro dos clérigos regulares de S. Paulo, Ordem fundada em Milão, Itália, em 1538 no Convento de S. Barnabé.

baro- pref (<gr báros: peso, gravidade, pressão atmosférica) Exprime a ideia de pesado. **Sin.** Bari-.

barógrafo s m Fís (<baro- + -grafo) Baró[ô]metro regist(r)ador.

barologia s f Fís (<baro- + -logia) Estudo da gravidade.

barometria s f Fís (<baro- + -metria) Medida da pressão atmosférica.

barométrico, a adj Fís (<baró[ô]metro + -ico²) **1** Do baró[ô]metro. **Comb. Câmara ~a** [Espaço compreendido entre o nível do mercúrio, no tubo de Torricelli, e a extremidade superior deste, que não contém ar]. Meteor **Pântano ~** [Área onde as variações de pressão são muito fracas]. **2** Medido/Calculado por baró[ô]metro. **Comb. Pressão ~a. Variações ~as.**

barómetro [Br **barômetro**] s m Fís (<baro- + -metro) **1** Instrumento que serve para medir a pressão atmosférica. **Comb. ~ aneroide** [cujo funcionamento é baseado na elasticidade duma caixa metálica onde se rarefez o ar]. **~ de mercúrio**. **2** fig Ponto de referência. **Ex.** As greves são um ~ da economia do país.

baronato s m (<barão + -ato) Título ou dignidade de barão. **Sin.** Baronia 1.

baronesa (Nê) s f (<barão + -esa) **1** Mulher com a dignidade de ou casada com barão. **2** Bot br Planta aquática ninfeácea com flor azul. **Sin.** Dama-do-lago. **3** pl Brincos de oiro em forma de lira. **4** Br Col ⇒ cachaça.

baronia s f Hist (<barão + -ia) **1** ⇒ baronato(+). **2** Terra e senhorio dos barões.

baronial adj 2g (<baronia + -al) Relativo a barão ou baronia.

barosânemo s m (<gr báros: peso + ánemos: vento) Instrumento que avalia a força de impulsão do vento.

baroscópio s m Fís (<baro- + -scópio) Instrumento que serve para mostrar que os gases exercem uma impulsão sobre os corpos que neles mergulham.

barostática s f Fís (<gr statikós: relativo ao equilíbrio dos corpos) Estudo do equilíbrio dos corpos, no âmbito da gravidade.

baróstato s m Fís (<baro- + gr statós: estável, que está) Aparelho para manter constante a pressão no interior dum recipiente.

barotaxia s f Biol (<baro- + gr táxis: ordenação + -ia) Rea(c)ção de um organismo ou célula às variações de pressão.

barotrópico, a adj (<baro- + gr trópos: volta+-ico) Diz-se de um fluido cuja densidade depende da pressão.

barquear v int (<barco + -ear) Andar de barco (+).

barqueiro, a s (<barco + -eiro) Tripulante de um barco. **Idi. ~ passa ~** [Os da mesma profissão ajudam-se uns aos outros]. **Comb. ~ do Inferno** ⇒ Caronte. ⇒ capitão (do navio); marinheiro; remador.

barqueta (Quê) s f (<barca + -eta) Barcazinha, barquinha 1(+).

barquinha s f (<barca + -inho) **1** Barca pequena. **2** Aer Espécie de cesto pendente num aeróstato onde viajam os aeronautas.

barra s f (<lat barra: divisória <céltico barr: tábua) **1** Peça re(c)tangular, mais ou menos grossa e comprida. **Comb.** Náut **~ corre(c)tora** [que corrige o desvio de uma agulha de marear]. **~ de chocolate**. **~ de ferro** [ouro]. **~ de sabão** (⇒ sabonete). **2** Tira/Banda/Listra «de tecido»/Orla/Friso «de parede». **Comb. ~ [Friso] de azulejos** da parede. Info **~ de botões/ferramentas**(+) [Régua com botões clicáveis que é possível deslocar numa interface gráfica. **~ [Orla] do tapete**. **Código de ~s** [Conjunto de traços paralelos de diferentes larguras, impressos numa embalagem, que indicam o fabricante e o preço do produto por meio de um leitor ó(p)tico]. **3** (D)esp Aparelho de ginástica «para exercícios de suspensão». **Comb. ~ fixa** [Varão «de ferro» colocado a cerca de dois metros e meio do solo e apoiado em dois suportes verticais]. **~s assimétricas** [Varões paralelos fixados a alturas diferentes]. **~s paralelas** [Varões fixos sobre suportes a 1,60 m do solo]. **Exercícios de ~**. **4** Zool Espaço sem dentes dos maxilares «do cavalo». **5** Dir Grade do tribunal entre o juiz e o público. **Loc.** Levar a empresa a [à ~ do] tribunal. **6** Sinal gráfico de separação, re(c)to (Na pauta de música=II) ou inclinado(/). **7** Náut Banco de areias e sedimentos na foz de rio ou a sua entrada (estreita). **Idi. Ir de** [pela] **~ fora** [Ser degredado]. **Comb.** A ~ [entrada] do Tejo, Portugal. **8** Nome de dois ou três jogos (de crianças). **9** Fig Indivíduo muito sabedor/forte. **Ex.** Ele é um ~ em Matemática [na matéria/neste assunto]. **10** Gír br Situação/Coisa/Pessoa difícil. **Loc. Aguentar a ~** [Aguentar-se numa situação difícil]. **Forçar a ~** [Exagerar(+)]. **Limpar a ~** [Resolver uma situação difícil].

barraca s f (<catalão barraca) **1** Casa pobre ou provisória. **Comb.** As ~s dos bairros da lata [As ~s das favelas]. **Sin.** Casebre; barraco; choupana; cabana. **2** Casa humilde. **Ex.** Esta é a minha ~. **3** Tenda. **Loc.** Montar [Desmontar] a ~. **Comb. As ~s da feira** [festa]. **As ~s da praia. As ~s de campismo** [do acampamento]. **4** fig Fiasco/Bronca/Asneira/Disparate. **Loc.** Dar ~ [Sair disparate/Causar escândalo/Disparatar] (Ex. Ele vai falar sem estar dentro do assunto [sem saber de que se trata], vai dar ~!).

barracão s m (<barraca + -ão) **1** Barraca ou tenda grande. **2** Br Estabelecimento comercial fora das povoações. ⇒ galpão; telheiro.

barraco s m Pop (<barraca) Barraca(+).

barracório s m (<barraca + -ório) Barracão ordinário.

barracuda s f Icti ⇒ bicuda.

barradela s f (<barrar + -dela) O barrar um pouco com barro/manteiga/....

barrado¹, a adj (<barrar² + -ado) Coberto de barro/manteiga/....

barrado², a adj (<barra +-ado) **1** Com/Em barras. ⇒ **4**. **2** List(r)ado/Orlado. **Comb.** Saia ~a de vermelho. **3** Impedido. **Ex.** Tentámos passar, mas o caminho estava ~. **4** Traçado. **Comb.** (Campo de) brasão [escudo] ~. Cheque ~.

barradura s f ⇒ barradela; barramento **3**.

barragem s f (<barrar¹ **3** + -agem) **1** Grande dique ou paredão (e sua albufeira) «para gerar energia». **Ex.** O Br tem muitas e grandes ~ns. **Comb. ~ de acumulação** [derivação/regularização]. **Sin.** Represa. ⇒ albufeira; usina. **2** Tapume ou paliçada nos rios para deter os peixes. ⇒ açude. **3** Impedimento/Obstrução. **Comb. A ~ da entrada** [do caminho]. idi **Uma ~ de artilharia** [Bombardeio forte e prolongado]. **Sin.** Barreira(+).

barral s m ⇒ barreira².

barra-limpa adj/s 2g Gir br (pl barra-limpas) (Pessoa) impecável/em quem se pode confiar.

barramento s m Info/Ele(c)tri (<barra + -mento) **1** Ele(c)tri Ligações entre diferentes componentes que constituem vias de encaminhamento. **Comb.** ~ de chamadas [Serviço que permite controlar a utilização do telefone]. **2** Info Conjunto de condutores que interligam diferentes partes de um computador, permitindo a transferência de dados entre vários dispositivos. **3** Colocação de barras.

barranca s f ⇒ barranco.

barrancal s m (<barranco + -al) Sítio/Terreno com muitos barrancos.

barranco s m (<?) **1** Pequeno despenhadeiro/precipício. **Idi. A trancos e ~s** [Aos tombos/Com dificuldade]. **2** Margem abrupta de curso de água. **Sin.** Ribanceira(+). **3** ⇒ obstáculo. **4** Br Ilha flutuante de capim nas enxurradas/correntezas.

barranqueira s f Br ⇒ despenhadeiro; barrancal; ribanceira.

barranqueiro s m Ornit ⇒ abelharuco.

ba[be]rrão s m Zool ⇒ varrão.

barra-pesada adj/s 2g Br **1** Pessoa capaz mas perigosa. **2** Coisa difícil «exame de matemática».

barraqueiro, a adj/s (<barraca + -eiro) **1** Pessoa que faz, aluga ou vende em barraca. **Sin.** Tendeiro. **2** Fig Que dá barraca/Disparatado. **3** Fig Espalhafatoso/Divertido.

barraquim s m (<barraca + -im) Barraco[a] pequeno[a]. **Sin.** Barraquita[quinha].

barrar¹ v t (<barra + -ar¹) **1** Fundir metais «ouro» em barras. **2** Enfeitar com barra. **Loc.** ~ um vestido. **3** Impedir/Vedar. **Loc. ~ a entrada e a saída** dos carros com uma tranca (automática). **~ o caminho** [a passagem] com troncos (de árvores). **~ [Cruzar/Traçar(+)] o/um cheque. 4** Br ⇒ enganar. **5** Br ⇒ pôr [colocar] «um jogador» na reserva.

barrar² *v t* (<barro + -ar¹) **1** Cobrir com barro. ⇒ argamassar; rebocar. **2** Untar com. **Loc.** ~ o pão com manteiga [com doce de laranja]. **Sin.** Passar «manteiga na torrada»; (bes)untar.

barrasco *s m* ⇒ varrasco; varrão.

barreado, a *adj Br* **1** ⇒ barrado¹. **2** *s m Cul* Prato típico cozido em panela de barro.

barrear *v t* ⇒ barrar²(+).

barredo (Rrê) *s m* (<barro + -edo) ⇒ barreira².

barregã *s f* ⇒ barregão.

barregana *s f* (<ár *barrakan*) Pano de lã «de camelo» muito duradouro.

barregão, gã *s* (<gótico *barica*, *dim* de *baro*: homem livre) Homem [Mulher] que tem amante. **Sin.** Amante; amásio. ⇒ concubina.

barregar *v int Pop* (<berrar) Berrar(+); gritar(o+).

barregueiro¹ *s m* (<barregar + -eiro) Berreiro(+); gritaria(o+).

barregueiro², a *adj* (<barregão + -eiro) Que vive com um/a barregão[ã].

barreira¹ *s f* (<barra +-eira) **1** Estacada/Trincheira «militar/de tiro». **Ex.** *futebol* Os jogadores fizeram ~ na marcação do (pontapé) livre. **Comb.** A ~ da praça de touros. **2** *Fig* Obstáculo/Dificuldade. **Ex.** A neve de dois metros foi a maior ~ que encontrámos na (nossa) travessia da Ásia. **Loc. Erguer** [Levantar/Colocar] **~s** «ao plano». **Saltar** [Transpor/Ultrapassar] (todas as) **~s** «e conseguir». **Comb.** As ~s alfandegárias [culturais/linguísticas/sociais]. **3** Limite/Extremidade. **Comb.** ~ **do som** [Aumento súbito da resistência ao avanço de qualquer avião ou proje(c)til na camada de ar frontal ao atingir a velocidade do som, produzindo um estrondo]. ~ **térmica** [Limite de velocidade a partir do qual o calor desenvolvido pelo atrito com a atmosfera danifica ou inutiliza uma nave espacial]. **4** Posto fiscal à entrada de povoação para controle de trânsito ou mercadoria. ⇒ portagem [pedágio]. **5** Lugar escarpado à beira de caminho, rio ou mar. **Ex.** Abateu [Desmoronou-se/Desabou] uma ~ sobre a linha férrea [a ferrovia]. **Comb.** *Br* Queda de ~ [Desabamento de terras].

barreira² *s f* (<barro + -eiro,a) Terreno donde se extrai barro ou argila. **Sin.** Barreiro.

barreirar *v t* (<barreira¹ + -ar¹) **1** Pôr barreiras. **Sin.** Entrincheirar(+). **2** ⇒ barrar¹ 3.

barreiro *s m* (<barro + -eiro) **1** Barreira(+). **2** *Br* Terreno salitroso aonde vai o gado e os animais selvagens em busca de sal «lambendo».

barrela (Rré) *s f* (<barrilha) Lavagem com água a ferver e cinza/lixívia. **Loc.** Fazer uma ~ «da roupa branca». **Idi.** Água de ~ **a)** Sopa ou café muito ralos; **b)** *Br Pop* Água suja. *Br* **Cair na ~** [Perder a reputação]. **2** *Fam* Lavagem a sério. **Ex.** Fiquei todo sujo, preciso duma ~! **3** *Fam* ⇒ barrete **3**; bronca; engano; fiasco.

barreleiro, a *adj/s* (<barrela + -eiro) **1** (Diz-se de) tudo o que se usa para fazer barrela e de quem a faz. **2** *Depr* Pessoa baixa e gorda.

barrento, a *adj* (<barro + -ento) **1** Com [Cheio de] barro. **Comb.** Águas ~as. **Rio** ~ (das cheias). **2** Do [Como o] barro. **Comb.** Cor ~a. ⇒ argiloso; barracento; barroso.

barretada *s f* (<barrete + -ada¹) **1** O cumprimentar tirando o barrete/chapéu. **Ex.** Ele fez[deu]-me uma grande ~ ao passar. **Sin.** Chapelada. **2** Um barrete cheio. **Ex.** Deu-lhe uma ~ de laranjas/cerejas. **3** *Fam* Dece(p)ção/Vergonha/Logro. **Ex.** O espe(c)táculo foi uma ~ (de todo o tamanho). **Sin.** Barrete **3**.

barrete (Ête) *s m* (<it *barreta*) **1** Gorro(+)/Carapuça. **Ex.** O ~ ribatejano [dos campinos do Ribatejo, Portugal] é verde e em (forma de) saco. **Comb.** ~ frígio (Alto e inclinado para o lado). ⇒ boina; touca. **2** Espécie de capelo ou chapéu sem aba (e com uma borla na copa). **Comb.** ~ cardinalício [vermelho dos cardeais]. **3** *Fig* Vergonha/Fiasco/Logro. **Ex.** Afinal, o novo produto é um grande ~! **Idi. Enfiar o** [um] ~ [Ser enganado]. **Enfiar o** [um] ~ **a** [Enganar] **alguém** (⇒ pregar uma partida). **4** *Zool* Segunda cavidade do estômago dos ruminantes. **Sin.** Crespina. ⇒ bandulho **1**. **5** *Ornit* Ave laniídea de bico curvo e penas avermelhadas na cabeça; *Lanius senator*. **Sin.** Barreteiro; picanço(+).

barrica *s f* (<gascão *barrico*: pipa pequena) **1** Tonel/Pipa/Pipo pequeninos. **Comb.** *cul* ~ de ovos moles «de Aveiro, Portugal». **2** *Fam* Pessoa gorda e baixa.

barricada *s f* (<barricar + -ada¹) Acumulação de coisas pesadas «troncos/pedras/carros» para impedir a passagem. **Ex.** O povo amotinou-se e cortou a [e fez uma ~ na] estrada.

barricar *v t* (<barrica + -ar¹) **1** Barrar. **Loc.** ~ a estrada «como protesto contra uma ordem governamental». ~se/Impedir a entrada aos de fora/Entrincheirar-se «dentro de casa».

barrido *s m* (<barrir) ⇒ barrito.

barriga *s f* (<barrica; ⇒ ~-de-freira) **1** Ventre(o+)/Abdómen [*Br* abdômen/abdome]/Estômago(+). **Ex.** Dói-me o estômago [a ~]. O bebé/ê mamou bem, tem a ~guinha cheia. **Loc. Criar ~** [Ficar barrigudo/Engordar]. **Encher a ~** [Comer muito/Fartar-se] «de doces». **Estar** [Andar] **mal da ~**. **Ter muita ~** [Ter a ~ grande]. **Comb.** «cair/ficar» **De ~ para baixo**. «estar/dormir» **De ~ para cima** [para o ar(+)]. **Idi.** «mulher estar/andar» **De ~** [Grávida]. **Chorar de ~ cheia** [Queixar-se sem razão]. **Empurrar com a ~** «um problema [Tentar adiar a solução]. *Br* **Estar com a ~ no espinhaço** [Estar muito magro ou com muita fome]. **Estar** «todo o dia» **de ~ para o ar** [Não trabalhar/Preguiçar]. **Ter** [Estar com] **a ~ a dar horas** [Estar com (muita) fome]. **Ter mais olhos** (do) **que** ~ [Encher muito o prato e não comer tudo]. **Ter o rei na ~** [Ser muito arrogante]. **Tirar a ~ de misérias**/da miséria [Gozar plenamente de alguma coisa que até então não pôde ter «comida/festas»]. ⇒ bandulho; pança. **2** *Fig* Bojo/Saliência. **Comb.** A ~ [parte muscular de trás] **da perna**. **A parede com** [que faz] ~ [que está torta]. **3** *Gír br* Notícia falsa (do jornal).

barrigada *s f* (<barriga + -ada) **1** Muita comida ou bebida ingerida. **Sin.** Pançada. **2** O ficar cheio/farto. **Sin.** Fartote. **3** *Fig* Grande quantidade. **Comb.** ~ de riso. **4** Pancada «na água ao mergulhar» dada com a barriga. **5** *Br* ⇒ ninhada/«de leitões». **6** ⇒ vísceras (de animal abatido).

barriga-d'água *s f Med Pop* ⇒ ascite, hidropisia.

barriga de freira *s f Cul* (*pl* barrigas de freira) ⇒ baba de moça [baba de camelo].

barriga[o]na *adj/s 2g* (<barriga + ...) (O) que tem barriga grande. **Ex.** Tens uma barrigona/Estás um barrigana! **Sin.** Barrigudo(+); pançudo.

barriguda *s f Br* (<barrigudo) **1** Mulher grávida. **2** Árvore-da-lã. **3** ⇒ paineira.

barrigudo, a *adj/s* (<barriga + -udo) **1** Que tem barriga grande/Pançudo. **2** *Zool br* Um macaco de barriga grande e pelo curto.

barrigueira *s f Br* (<barriga + -eiro,a) **1** ~ cilha(+)/cincha «para segurar a albarda ou sela dos animais». **2** Couro ou carne da barriga de animal.

barril *s m* (<provençal *bar(r)il*) **1** Recipiente de madeira de forma abaulada/Pipo. **Ex.** Este ano fiz [tive] cinco barris de aguardente [cachaça]. **Comb.** ~ **de vinho** [cerveja]. ~ **de pólvora a)** *Mil* Recipiente com material inflamável, a(c)cionado por espoleta e usado para incendiar fortificações inimigas; **b)** *Fig* Situação tensa em que o conflito pode explodir a qualquer momento. ⇒ pipa; tonel. **2** Unidade de medida de capacidade usada para o petróleo bruto = 159 litros = 42 galões. **3** *Fam/Depr* Pessoa gorda para o [em relação ao] tamanho. ⇒ gorducho.

barrilada *s f* (<barril + -ada¹) **1** (Conteúdo dum) barril. **2** *Pop* ⇒ desordem.

barrilete (Ête) *s m* (<barril + -ete) **1** Barril pequeno. **2** Instrumento de ferro com que o marceneiro, entalhador ou carpinteiro prendem ao banco a madeira que lavram. **3** *Mec* Cilindro onde gira o êmbolo da bomba. **4** (Em *Fís*) **Comb.** Distorção em ~ [Aparência distorcida da imagem de um quadrado dada por uma lente diafragmada e originada pelo fa(c)to de a ampliação lateral diminuir com o tamanho do obje(c)to]. **5** *Mec* Tambor de revólver. **6** *Mús* Pequeno tubo de madeira em que se introduz a boquilha «do clarinete».

barrilha *s f* (<esp *barrilla*) **1** Cinzas de barrilheira/soda. **2** *Com* Carbonatos de sódio e de potássio.

barrilheira *s f Bot* (<barrilha + -eiro,a) Planta herbácea que contém muita soda e de cuja cinza se faz barrela. **Sin.** Barrilha-espinhosa; soda.

barrir *v int* (<lat *bárrio,íre*) Emitir a voz «o elefante». **Ex.** O elefante barriu. ⇒ barrito.

barrista¹ *s 2g* (<barro + -ista) ⇒ ceramista; oleiro.

barrista² *s 2g (D)esp* (<barra **3** + -ista) (O) que pratica acrobacias em barras fixas, paralelas ou assimétricas.

barrito *s m* (<lat *barrítus*; ⇒ barrir) Voz do elefante.

barro *s m* (<?) **1** Terra de sílica e alumínio, impermeável e moldável, usada no fabrico de muitos obje(c)tos/Argila. **Loc.** Modelar o ~ «na roda do oleiro». **Idi. Atirar** [Deitar/Jogar/Lançar] **o ~ à parede** [Insinuar o que se pretende obter na tentativa de o conseguir]. **Comb.** ~ **branco** [forte] ⇒ caulim. ~ **vidrado** [envernizado por meio de uma camada de areia que se derrete com o fogo]. **Bonecos de ~**. **Louça de ~**. **2** Obje(c)to de ~. **Comb.** Casa enfeitada com muitos ~s. **3** *fig* Fragilidade humana/Matéria frágil. **Ex.** É este o ~ de que fomos [somos] feitos! [Temos de aceitar [ver/reconhecer] que todos somos fracos/humanos]. **4** *pl* Borbulhas ou espinhas vermelhas no rosto.

barroca (Rró) *s f* (<barro + -oca) **1** Monte ou rocha de barro ou de piçarra. **Sin.** Barroco². **2** ⇒ barreira². **3** ⇒ barranco 1/2.

barrocal *s m* (<barro/a + -al) Lugar onde há barrocas/os.

barroco¹, a (Ôco, a) *adj s m Arte* (<fr *baroque*) **1** Estilo luxuriante nas diversas artes «arquite(c)tura/escultura/pintura» cujas cara(c)terísticas são o movimento e a expressão exaltada do sentimento. **Ex.** O período (do) ~ vai dos fins do séc. XVI aos fins do séc. XVIII. **Comb.** ~ **japonês** de Nikkō. ~ **português** «da cidade do Porto». **Arte ~a**. **Escultura ~a** brasileira «do Aleijadinho». **Música ~a** «de J.S.Bach». **Oratória** [Retórica] **~a** «do Pe. Antó[ô]nio Vieira». **Talha ~a** «das igrejas da Baía». ⇒ classicismo; renascimento; romantismo.

2 «estilo/discurso» Extravagante; muito ornamentado; rebuscado. 3 Irregular. **Comb.** Pérola ~a/natural.
barroco[2] (Óco) s m (<barroca) ⇒ barroca 1(+).
barroquismo s m (barroco[1] + -ismo) 1 Qualidade do que é barroco. 2 Estilo barroco tardio.
barroso, a (Ôso, Ósa, Ósos) adj/s m (<barro + -oso) 1 ⇒ barrento(+). 2 Zool Diz-se de gado bovino branco-amarelado/«boi» Barrosão(+). 3 Icti Peixe seláquio espinacídeo, muito voraz. ⇒ cação.
barrote (Rró) s m (< ?) Pequeno caibro para sustentar tábuas «do forro/soalho». ⇒ caibro; viga; trave.
barulhar v t/int (<barulho + -ar[1]) 1 Fazer barulho(+). 2 ⇒ amotinar. 3 ⇒ atrapalhar/misturar.
barulheira s f (<barulho + -eiro,a) 1 Muito barulho. **Ex.** As crianças, ao sair da (sala de) aula, faziam uma ~! 2 Confusão/Gritaria. **Ex.** Na cidade amotinada era uma ~ por toda a parte.
barulhento, a adj (<barulho + -ento) 1 Que faz barulho. **Comb.** Criança ~a. **Sin.** «motor» Ruidoso. **Ant.** Silencioso. 2 Em que há barulho/muito movimento de pessoas. **Comb.** Local ~. **Ant.** Sossegado. 3 Que provoca agitação/confusão/barulho. **Comb.** Assembleia [Reunião] ~a. **Sin.** Turbulento; agitado. **Ant.** Calmo; tranquilo.
barulho s m (<marulho <mar + -ulho) 1 Ruído. **Ex.** Pouco [Não façam] ~! **Idi.** *Fazer* (muito) *~ para nada* [Dizer muito e fazer pouco/Ser só léria]. *Fazer muito ~ por uma coisa de nada* [Exaltar-se sem razão/com insignificâncias]. **Comb.** ~ [Agitação] *da cidade*. **Gír br Do ~** [Exce(p)cional] (**Comb.** Um programa musical *do ~*). **Ant.** Silêncio. 2 Desordem/Tumulto. **Ex.** Ouvia-se a sirene/a da polícia. Deve haver ~. **Loc.** *Meter (alguém) ao* [no] *~* [Fazer intervir num problema sem avisar]. *Meter-se ao* [no] *~* [Intervir numa briga]. *Não se meter no* [ao] *~* [Fugir de brigas]. **Idi.** *Br Comprar o ~ de* [Defender] *alguém*. 3 Algazarra/Confusão/Barulheira(+). **Ex.** Que ~ na festa! 4 Protesto/Contestação. **Ex.** O nosso chefe não queria, mas nós fizemos ~ e ele teve de ceder. 5 Alarde/Publicidade/Propaganda. **Ex.** Precisamos de fazer ~ para juntar toda a gente. 6 ⇒ rumor.
basal adj 2g (<base + -al) Que é relativo a uma base. **Comb.** Metabolismo ~ **a)** Quantidade de calor que um indivíduo em jejum e em repouso produz por hora e por metro quadrado da superfície do seu corpo; **b)** Quím Mudança da natureza molecular dos corpos. **Sin.** Básico; basilar.
basáltico, a adj Geol (<basalto + -ico) Que é formado de [Da natureza do] basalto. **Comb.** Rocha ~a.
basalto s m Geol (<gr basanítes líthos: pedra de toque) Rocha vulcânica, de cor escura ou negra, muito dura e resistente. **Ex.** O ~ utiliza-se no empedramento [calcetamento(+)] de ruas e passeios.
basbaque s m (<embasbacar) 1 Pessoa que fica pasmada sem razão «*idi* como boi a olhar para um palácio». 2 Pessoa pouco esperta. **Sin.** Palerma; pateta. 3 Br Pescador à espreita de cardume.
basbaquice [basbaqueira] s f (<basbaque) A(c)ção ou modos de basbaque. **Sin.** Palermice.
basco, a adj/s (<lat vásco,nis) Do "País" Basco (Região dos Pireneus Ocidentais do lado da Espanha e da França). **Comb.** O ~ [A língua ~a]. Os ~s. Pelota ~a [Jogo de pela em que se atira a bola contra uma grande tabela-parede].
báscula s f Mec (<fr bascule) 1 Balança de braços desiguais e base horizontal para grandes pesos. 2 ⇒ básculo.
basculante adj 2g (<básculo + -ante) Que tem um dispositivo com básculo permitindo levantar uma extremidade baixando a outra. **Comb.** *Cami(nh)ão ~* [que descarrega virando ou levantando a carroçaria]. *Ponte ~*.
bascular v t (<básculo/a + -ar[1]) 1 Virar um recipiente de boca para baixo, fazendo-o girar em torno de um eixo horizontal. 2 Impor movimento giratório ou inclinação a cami(nh)ão/janela/ponte/...
basculhar v t ⇒ vasculhar.
basculho s m ⇒ vasculho.
básculo s m Mec (⇒ báscula) 1 Peça de ferro, que gira numa cavilha e serve para abrir ou fechar alternadamente dois ferrolhos de uma porta. 2 Ponte levadiça com contrapeso.
base s f (<gr básis: pé, o andar) 1 Fundamento/Apoio. **Loc.** *Cair* [Pecar] *pela ~* [Falhar completamente]. *Estar na ~ de* «tudo» [Ser fundamental/muito importante]. **Idi.** *Br Tremer nas ~s* [das pernas(+)]. *À ~ de* [Tomando como fundamento ou componente] «remédios/paciência». **Comb.** *Info ~ de dados. A ~ do copo. A ~ do crânio. Com ~* [Apoiado] *em* «várias provas». *As ~s* [Os membros que nos apoiaram sem cargos] *do nosso partido* «também serão consultadas». *Uma conclusão sem ~* nenhuma [sem fundamento/sem provas]. *Formação de ~* [Instrução e educação fundamental «para poder ser considerado minimamente apto para a vida/especialidade»]. ⇒ indústria de ~; ordenado ~. 2 Ponto de inserção. **Comb.** *A ~ da unha. A ~ da folha* (Da planta). 3 Conhecimento básico. **Ex.** Se assim for, os estudantes terão uma boa ~ para entrar(em) na universidade. 4 Componente predominante. **Ex.** A ~ da nossa cultura é o cristianismo. A ~ da porcelana é o caulim. A ~ do chocolate é o cacau. **Comb.** *A ~ da alimentação* [O alimento principal]. *A ~* [O componente principal] *do perfume*. 5 Camada «de pintura» por baixo de outra. **Comb.** *A ~ da maquil(h)agem. A ~ do pavimento*. 6 Arquit **a)** Elemento onde assenta um fuste ou coluna (**Comb.** *A ~* [O pedestal] *da coluna/pilastra*); **b)** ⇒ alicerce/fundação. 7 Mil Complexo de instalações e de serviços colocados sob a autoridade única de um comando. **Comb.** *~ aérea. ~ de operações* [Local donde partem e aonde regressam os soldados que andam na guerra]. *~ militar. ~ naval*. 8 Ling Parte principal de uma palavra. **Ex.** Feliz é a ~ de *infeliz, felicitar*, etc. **Sin.** Radical(+). 9 Geom Lado de uma figura que se considera em baixo. **Comb.** *~ de cone* [triângulo/pirâmide/re(c)tângulo]. 10 Quím Substância que combinada com um ácido produz um sal e água. 11 Ele(c)tron Num transístor, região entre o emissor e o cole(c)tor na qual são inje(c)tados os portadores minoritários de carga. **Comb.** *~ de tempo* [Circuito cuja voltagem de saída é um pulso com forma de dente de serra]. *~ noval* [de válvula ele(c)tró[ô]nica com nove pinos de fixação]. *~ loctal* [de válvula com um pino central de fixação mecânica]. 12 Mús Nota fundamental ou tó[ô]nica. 13 Mat Número que exprime a relação entre unidades de ordem imediata superior/inferior. **Ex.** No sistema decimal a base é 10.

baseado, a adj/s (<basear) 1 Funda(menta)do. 2 Br Firme/Valente/Astuto/Conhecedor. 3 Gír br Cigarro de maconha.
basear v t (<base + -ar[1]) 1 Estabelecer a base de /Fund(ament)ar. **Ex.** Em que (é que) baseia a sua teoria [argumentação]? 2 Ter como base/~-se. **Ex.** Ao afirmar isto, baseio[apoio]-me nos fa(c)tos. **Sin.** Apoiar-se; fundar-se.
basebol s m (D)esp (<ing baseball) ⇒ beisebol.
basi- pref (<gr básis: pé, o andar) Exprime a ideia de base, sustentáculo.
BASIC s m info (<ing *Beginner's All-purpose Symbolic Instruction Code*) Linguagem de programação de aprendizagem de utilizações, concebida para principiantes.
basicamente adv (<básico + -mente) 1 Essencialmente/Sobretudo/Quase só. **Ex.** A vida da criança é ~ brincar. 2 Mais ou menos/Por assim dizer. **Ex.** A política dos dois partidos é ~ igual [a mesma].
basicidade s f (<básico + -idade) 1 Qualidade de básico. 2 Quím Propriedade que um corpo tem de servir de base numa combinação.
básico, a adj (<base + -ico) 1 Fundamental. **Comb.** Ensino [Aprendizado/Ciclo] ~ «e obrigatório». Saneamento ~ «da cidade». 2 Quím Relativo às bases ⇒ base 10/Alcalino. **Comb.** Composto ~. Corante ~. Substância ~a.
basicromatina s f Biol (<basi- + ..) Substância constituinte da cromatina, com grande afinidade para corantes básicos.
basídio s m Bot (<gr basidion, dim de básis: base) Célula (ovo) localizada na parte inferior do cogumelo, na qual ocorre a formação de esporos.
basidiomicetes[tos] s m pl Bot (<basídio + gr *mykes*, etos: fungo) Ordem de cogumelos de esporos formados por basídios.
basidiósporo s m Bot (<basídio + esporo) Esporo formado por meiose a partir dos basídios e que dá origem às hifas dos fungos basidiomicetes.
basificar v t Quím (<base 10 + ...) Converter(-se) em base.
basifixo, a adj (<basi- + ...) Que se encontra fixo pela base. **Comb.** Bot Antera ~a (⇒ apicifixo).
basilar adj 2g (fr basilaire) 1 Básico(+)/Fundamental. **Comb.** Conceitos ~res duma ciência. 2 Anat Que está situado na base. **Ex.** O esfenoide (na base do crânio) e o sacro (na base da coluna vertebral) são ossos ~res. **Comb.** Nervo ~ [que forma a base de um órgão].
basílica s f (<gr basileus + oikia: casa do rei) 1 Hist **a)** Casa do magistrado de Atenas; **b)** Grande edifício público de várias naves em Roma. 2 Catol Igreja grande e especial. **Comb.** A ~ de S. Pedro [de Fátima/da Aparecida]. ⇒ catedral.
basilical adj 2g (<basílica + -al) Relativo a [Em forma de] basílica.
basilisco s m (<lat basilíscus: serpente venenosa) 1 Mil Réptil fabuloso que matava com a vista. 2 Zool Lagarto do México e Colômbia; *Basiliscus americanus*. ⇒ iguana. 3 Mil/An Canhão grande.
basinérveo, a adj Bot (<basi- + nervo) Diz-se de folha cujas nervuras partem da base para o ápice [para a ponta].
básio s m Anat (<base + -io) Ponto da linha média da base do crânio sob o bordo anterior do orifício occipital, cuja situação varia uma tanto de raça para raça.
baso- ⇒ basi-.
basofilia s f Fisiol (<baso- +-filia) 1 Propriedade de fixação de corantes básicos. 2 Produção exagerada de basófilos.

basófilo, a *adj/s m Fisiol* (<baso- + -filo) **1** Que fixa os corantes básicos. **2** Leucócito que se cora pelas bases [que fixa os corantes básicos].

basquete(bol) *s m (D)esp* (<ing *basketball*: bola ao cesto) Jogo que consiste em meter a bola num cesto sem fundo, fixo a uma tabela.

basquetebolista *s 2g* (<... + -ista) Jogador de basquete.

basta¹ *interj* (<bastar) Cale-se [Cala-te]!/ Acabou!/ Chega! **Ex.** ~! Não aguento mais! **Idi.** *pop* **Dar o ~** [Pôr termo] «à discussão» (Ex. Foi o pai que deu o ~).

basta² *s f* (<al *bastjan*: pespontar, cerzir) **1** Ponto e cordel para segurar o enchimento «de colchões». **2** Pequena peça «de pano» que remata **1**. **3** ⇒ prega [bainha/ barra] «de saia, para encurtar».

bastante *adv/pron/adj 2g* (<bastar + -ante) **1** Que basta/Suficiente. **Ex.** «não sou rico, mas» Tenho o ~ para viver. Vinho? –Temos ~ para hoje. ⇒ assaz. **2** Muito(s). **Ex.** Ele põe [coloca/deita] ~ [muito] açúcar «no café». Eu tive ~s [muitos] problemas com ele. O exame de Matemática foi ~ difícil. Já é ~ tarde. Há ~s pessoas na reunião. **Loc.** Dormir ~ [muito/bem]. **Comb. Maçãs ~s** [suficientes(+)]. **~s maçãs** [Muitas maçãs]. **3** *Dir* Que satisfaz os requisitos. **Comb. Procurador ~**/legítimo. **Fiador ~** [que tem bens suficientes para se responsabilizar por dívidas de alguém]. **Procuração ~** [em que se conferem os poderes juridicamente necessários para um fim].

bastão *s m/adj* (<lat *bástum,i* + -ão) **1** Bengala/Bordão/Pau. **Ex.** Deu[Bateu]-lhe com o ~. **Idi. Lançar o ~** (no meio da contenda) [Parar uma briga]. **2** *Mil* Insígnia e distintivo dos mais altos postos militares. **Comb.** ~ de marechal [general]. **3** *Fig* Autoridade. **Loc.** Tomar o ~ do comando. **4** Palas do escudo/brasão. **5** *adj* ⇒ espesso; «vinho» encorpado.

bastar *v int* (<gr *bastázein*: levar um peso) Ser suficiente/Chegar. **Ex.** Basta de (dizeres) [Não digas mais/Acaba com esses] disparates. Para este mês, o dinheiro basta/chega. Bastava teres-me dito [que me tivesses dito] e eu emprestava-te o carro. Bastou a mãe chegar para a criança deixar (logo) de chorar. Como se não bastasse ter-me roubado, (no fim/por cima) ainda me bateu! **Loc.** Bastar-se a si próprio [Não precisar de ajuda].

bastardia *s f* (<bastardo + -ia) **1** Ilegitimidade de nascimento. **2** Abastardamento/Degeneração.

bastardinho *s m* (<bastardo + -inho) **1** *Tip* Bastardo **3** menor. **2** *Bot* ⇒ bastardo **4**.

bastardo, a *adj/s m* (<lat *bastárdus*) **1** Filho ilegítimo/natural. **Ex.** D. João I era (filho) ~ de D. Pedro I. **2** Que degenerou. **Comb.** Oliveira ~a. **3** *Tip* Tipo de letra um pouco inclinada para diante, com ligações arredondadas e hastes simples. **4** *Bot* Uva de bagos pretos, pequenos e muito doces.

bastear *v t* (<basta² + -ear) Pôr bastas «nos colchões».

bastião *s m* (<it *bastione*) **1** *Mil* Parte da fortaleza que avança em ângulo saliente. **Sin.** Baluarte. **2** *Fig* Sustentáculo/Pilar. **Ex.** S. Inácio de Loiola, além de grande místico, foi um dos ~iões da Contra-Reforma.

bastida *s f* (<?) **1** ⇒ Paliçada(+). **2** ⇒ Vedação/Prote(c)ção. **3** *Mil/Hist* Armação sobre rodas para assaltar castelos.

bastidor *s m* (<bastir + -dor) **1** Espécie de caixilho para bordar. **2** *Teat* Armação ou quadro móvel do palco. **3** *Teat* Espaço do palco que não é visto pelos espe(c)tadores. **4** *Pl Fig* Lado oculto/Por trás do que se vê. **Comb. Nos ~res** [Às ocultas/Em segredo] (Ex. Tudo foi decidido nos ~res). **Os ~res da política. Intrigas** [Jogo] **de ~res.**

bastilha *s f Hist* ⇒ bastião.

bastir *v t* (<germânico *bastjan*: construir) **1** ⇒ bastear. **2** ⇒ construir.

basto, a *adj/adv/s m* (<bastar; ⇒ vasto) **1** Espesso(+)/Denso. **Ex.** As batatas [bataeiras] estão muito bastas, não vamos ter batatas grandes como antes «o ano passado». **Loc.** Plantar (demasiado) basto o arroz. **Comb.** Arrozal [Arvoredo/Cabelo/ Milheiral] ~/espesso. **2** *adv/adj* Muito(s). **Ex.** Vós sois [Vocês são] uns tipos [caras] basto perigosos! Já fui bastas [muitas(+)] vezes (comer) àquele restaurante. **3** O ás de paus, no jogo do voltarete.

bastonada *s f* (<bastão + -ada) Golpe [Pancada] com bastão. **Sin.** Paulada; bordoada; porrada; bengalada.

bastonário, a *s* (<lat *bastonárius*: o que tem o bastão/a autoridade) **1** *An* O que presidia «a uma cerimó[ô]nia/festa» e usava uma vara como insígnia. **2** Título do presidente de três Ordens [associações/grupos]. **Comb.** ~ da Ordem dos Advogados [Engenheiros/Médicos].

bastonete (Ête) *s m* (<bastão + -ete) **1** Bastãozinho/Varinha. **2** *Biol* Bacilo [Microrganismo] em forma de ~. **3** *Fisiol* Cada um dos elementos sensoriais em forma de bastão que juntamente com as células em cone constituem a retina. **Comb.** Os cones e os ~s.

bata *s f* (<ár *batta*) Veste de trabalho mais ou menos comprida e leve. **Comb. ~ branca. ~ da escola** «azul/amarela/cor-de-rosa». **~ de enfermeiro** [médico/professor]. ⇒ blusa; guarda-pó; roupão; balandrau; capa.

batalha *s f* (<lat *batt(u)ália*: esgrima) **1** Peleja/Combate. **Loc.** Decidir combater o [dar ~ ao] inimigo. Travar uma ~ [Pelejar/Combater]. **Comb. ~ aérea** [campal]. **~ naval** a) ~ no mar; b) Jogo que imita uma ~ naval. ⇒ guerra. **2** *Fig* Luta/Esforço. **Ex.** A vida dele foi uma ~ (contínua) contra a doença. **3** *Fig* Confronto entre ideias contrárias/Controvérsia. **4** *Br* Árvore laureácea; *Nectandra robusta*.

batalhação *s f Fam* (<batalhar + -ção) ⇒ teima; persistência.

batalhador, ora *adj/s* (<batalhar + -dor) **1** Lutador(+)/Lidador. **Comb.** Espírito ~ [lutador/combativo(+)/aguerrido]. **2** Grande/Tenaz defensor «dos direitos humanos».

batalhante *adj 2g* (<batalhar + -ante) ⇒ batalhador.

batalhão *s m Mil* (<batalha + -ão) **1** Corpo [Unidade] militar menor que um regimento e maior que uma companhia. **2** *fig* Grande número. **Ex.** À chegada, um ~ de jornalistas esperava o ilustre visitante.

batalhar *v int* (<batalha + -ar¹) **1** Dar batalha/Combater/Pelejar/Lutar(+). **2** Esforçar-se/Porfiar. **Loc.** *Br* ~ (por) um emprego.

batata *s f Bot* (<taino *patata*: batata-doce) **1** Planta solanácea e tubérculo muito usado na alimentação; *Solánum tuberósum*. **Ex.** A ~ é originária da América «Peru» e mudou os hábitos alimentares da Europa no séc. XVI. **Idi. Passar a ~ quente**/Passar o abacaxi [Passar a outra pessoa um problema difícil]. **Vai plantar ~s** [Deixa-me em paz/Vai bugiar/Vai à fava]! ⇒ batata-doce; bolbo; tubérculo. **2** *Fig* Nariz grosso e achatado. **3** *gír* ⇒ mentira; peta. **4** *gír* ⇒ asneira [asnice]; parvoíce.

batatada *s f* (<batata + -ada) **1** Grande porção de batatas. **Idi. Correr à ~**/pedrada(+) [Afastar com insultos] (Ex. Fui ao encontro «dos sócios» mas fui corrido à ~). **2** Doce de batata-doce.

batata-doce *s f Bot* Planta convolvulácea e tubérculo doce; *Ipomóea batátas*. ⇒ batatada **2**.

batatal *s m* (<batata + -al) Terreno plantado de batatas/Batateiral.

batateira *s f Bot* ⇒ batata **1**(+).

batateiro, a *adj/s* (<batata + -eiro) **1** (O) que gosta muito de batatas. **Ex.** Eu não como pão [arroz], sou (muito [mais]) ~. **2** ⇒ mentiroso; batoteiro. **3** *Br* (O) que pronuncia mal as palavras ou disparata.

batatinha *s f* (<batata + -inha) **1** Batata pequena. **2** *Br Moç* Uma planta medicinal.

batatudo, a *adj* (<batata + -udo) Do feitio de batata/«nariz» Grosso e redondo/achatado (⇒ batata **2**).

batávio, a *s/adj* (<top an *Batávia*, hoje Holanda ou Países Baixos) **1** *s f* Pano de linho fino. **Sin.** Holanda(+). **2** *Hist* (Povo) batavo.

batear *v t* (<bateia + -ar¹) Lavar (o minério) na bateia.

bate-boca *s m* (<bater + boca) **1** *Br* Discussão violenta. **2** Conversa simples; bate-papo(+); cavaqueira(o+).

bate-bola *s m* (<bater + bola) **1** Jogo informal de futebol. **2** Troca de passes/Uns pontapés «antes do jogo, para aquecimento». **3** *fig* Manobra para adiar ou conseguir algo.

bate-chapa *s m* (<bater + chapa) **1** Operário que desempena, alisa ou molda chapas de metal, por meio de percussão. ⇒ bate-folhas. **2** *Br* ⇒ lanterneiro. **3** *Pop pl* Fotógrafo ambulante. **Ex.** É um ~s simpático, os turistas gostam dele.

bate-cu *s m pop* (<bater + cu) **1** Pancada com as nádegas ao cair. **2** Palmada no rabo (+). **3** *Ornit Br* ⇒ tuim(+).

batedeira *s f* (<batida + -eira) **1** Aparelho elé(c)trico que serve para desfazer alimentos. ⇒ triturador. **2** Aparelho manual para bater ovos, natas, etc./Batedor.

batedela *s f* (<batida + -ela) Pequena batida/Pequeno choque «no carro».

batedor, ora *s/adj* (<bater + -dor) **1** Aquele ou aquilo que bate. **2** O que levanta a caça para que ela vá ter onde a esperam. **3** Soldado que vai adiante de um exército to para explorar o terreno. **4** ⇒ batedeira. **5** ⇒ malho. **6** O que cunha moedas. **Comb.** ~ de ouro. **7** Ladrão. **Comb.** ~ de carteiras [Carteirista/*Br* Punguista].

batedou[oi]ro *s m* (<bater + -ouro) **1** Pedra em que as lavadeiras batem (e lavam) a roupa. **2** Lugar onde se bate ou saco de qualquer obje(c)to. **3** Série de ruídos provenientes de pancada.

batedura *s f* (<bater + -ura) **1** A(c)to ou efeito de bater. **Comb.** A ~ das natas. A ~ da roupa ao lavá-la, batendo-a em algo. **2** ⇒ malha [debulha] (do cereal).

bate-estacas *s m 2n* **1** Máquina para cravar estacas no terreno. **2** Macaco hidráulico.

bate-folhas *s m 2n* **1** Indivíduo que reduz o ouro e outros metais a folhas finíssimas batendo-os. ⇒ bate-chapa **1**. **2** Latoeiro.

bátega *s f* (<ár *batiya*; ⇒ bateia) **1** Antiga bacia de metal. **2** Chuvada. **Comb.** ~ [Pancada] de água [Aguaceiro].

bateia *s f* (<ár *batiya*: vasilha; ⇒ bátega) Gamela [Bacia] em que se lavam os minérios em busca de pedras «diamantes» ou metais «ouro» preciosos.

batel *s m Náut* (<anglo-saxão *bat*: bote + -el) **1** Embarcação de fundo chato, com um mastro e vela bastarda. **2** *Poe* Pequeno barco/«lindo» Barquinho. ⇒ canoa.

batelada *s f* (<batel + -ada) **1** Carga que enche um batel. **2** *fig* Grande quantidade. **Ex.** Trouxe uma ~ de livros para ler nas férias.

batelão *s m* (<batel + -ão) Grande barca para transporte de obje(c)tos muito pesados. ⇒ barcaça.

bate-latas *s m 2n fam* (<bater + lata) Automóvel velho. ⇒ carripana; caranguejola.

batente *s m* (<bater + -ente) **1** Entalhe, rebate, ressalto na ombreira onde a porta ou janela se encaixa ou bate ao fechar. **2** Cada metade móvel de porta ou janela. **Comb.** Porta de dois ~s. **3** Peça exterior de metal com que se bate à porta para chamar. **4** Lâmina com ranhura onde entra a lingueta da fechadura/Chapa-testa. **5** *Br* Trabalho ou ocupação com que se ganha a vida/Ganha-pão(+).

bate-orelha *gír s m* Indivíduo estúpido/Burro(+).

bate-papo *s m Br* Conversa animada, amigável e simples. **Sin.** Cavaco; cavaqueira.

bater *v t/int* (<lat *bát(t)uo,túere*: bater, ferir) **1** Dar pancadas em/Sovar. **Ex.** Ontem um colega bateu-lhe e hoje não quer ir para a escola. O polícia e o ladrão bateram-se [bateram um ao outro]. **2** Ir de encontro a/Chocar/Sacudir. **Ex.** O sino ainda não bateu [deu] as dez (horas). A chuva, com o [, puxada pelo] vento, batia na janela. «fecha [corre] a cortina» O sol [A luz] bate-me nos olhos. **Loc.** «pomba/galinha» ~ [Agitar/Sacudir] *as asas*. ~ *a porta* [Fechar a porta com estrondo]. ~ *à porta* [~ com a mão na porta para chamar ou poder entrar]. ~ *em retirada* [«exército» Fugir]. ~ *o(s) dente(s)* [queixo(s)] «com o frio». ~ *ovos/claras/natas* «na batedeira». ~ *palmas* [Aplaudir (dando com a palma de uma mão na da outra)]. ~ *o(s) tapete(s)* «num [contra um] poste/muro». **Idi.** ~ *a boa porta*/à porta certa [Encontrar a pessoa ou instituição que nos pode ajudar]. ~ *a bota/Br canastra* [Morrer]. ~ *a mesma tecla*/Estar sempre com a mesma cantiga [Repetir o que já se disse muitas vezes]. ~ *certo* [Ser exa(c)to/verdade/Resultar] (Ex. O que você está a dizer não bate certo). ~ *com a língua nos dentes* [Revelar um segredo (sem querer)]. ~ *com o nariz na porta* [Encontrar fechada uma porta que se esperava estar aberta]. ~ *à porta de alguém* [Ir pedir ajuda]. ~ *com a porta* [Sair irritado por não concordar com «os sócios/o plano»]. ~ *a todas as portas* [Recorrer a todas as ajudas possíveis]. ~ *no peito* [Mostrar-se culpado/arrependido/Pedir perdão]. «criança» ~ *o pé* [Teimar] «até que lhe façam a vontade». ~ *o ponto* [Ser o centro/fulcro da questão] (Ex. Eu não quero sociedade com você porque quer ser sócio mas sem assumir os riscos do negócio; aí é que bate o ponto!). ~ *uma soneca* [Fazer uma sesta/Dormir]. *Não* ~ [regular] *bem* (da bola/cabeça) [Não ter juízo]. **3** Derrotar. **Ex.** Os portugueses bateram os castelhanos na famosa batalha de Aljubarrota (Centro de Portugal, 14 de agosto de 1385). **4** Superar/Ultrapassar. **Ex.** O vinho do Porto, cá para mim [, na minha opinião] bate qualquer outro vinho. **Loc.** ~ *o recorde mundial* «em natação/na maratona». **5** Enfrentar/Lutar. **Ex.** *idi* O velhote batia-se com [comia] um frango assado, sozinho. O meu ideal é bater-me [é lutar] pela justiça/pelo progresso. **6** Explorar/Inspe(c)cionar/Percorrer. **Ex.** Batemos a cidade toda à procura de um restaurante de comida coreana. Alguns soldados foram ~ o terreno inimigo. **7** Fazer uma batida «ao javali»/Levantar a caça. **8** ⇒ cunhar (moeda).

bateria *s f* (<bater + -ia) **1** *Ele(c)tri* Conjunto de condensadores, pilhas ou acumuladores ligados em série. **Comb.** A ~ do carro «descarregou por ter deixado as luzes acesas toda a noite». **Idi.** *Carregar as ~s* [Recuperar o ânimo ou as energias «com o almoço para continuar o trabalho»]. **2** *Mús* Conjunto de instrumentos de percussão (Tambores, pratos, etc). **Ex.** À [A tocar a] ~ estava um famoso baterista de jazz. **3** *Mil* Conjunto de bocas de fogo «canhões» de artilharia ou local onde estão instaladas. **Loc.** Assestar/Postar/Apontar/Disparar as ~s «contra o inimigo [para conseguir algo]». **4** *fig* Qualquer conjunto de coisas para o mesmo fim. **Comb.** ~ [Trem(+)] *de cozinha* [Utensílios de alumínio, cobre, etc. para cozinhar]. ~ [Série] *de* [Muitos] *testes* «na escola/no hospital».

baterista *s 2g Mús* (<bateria + -ista) Pessoa que toca bateria.

bati/o- *pref* (<gr *bathús,éia,ú*: (pro)fundo< *báthos*: fundura) Exprime a ideia de profundidade.

batida *s f* (<batido) **1** A(c)to de bater em [de ir contra] algo. **Ex.** O carro tem [está com] uma ~ na frente, chocou [foi contra algo/qualquer coisa (+). **Idi.** *De* ~ [De forma apressada/À pressa/De corrida (+)]. **Comb.** A ~ [palpitação/O pulsar/O palpitar/O bater] do coração. **2** A(c)ção de percorrer um campo, batendo o mato para levantar a caça grossa e obrigá-la a passar ao alcance dos caçadores. **Loc.** Fazer uma ~ «aos javalis». **3** *Mil* A(c)ção de explorar o [ver a situação do] terreno (do) inimigo. **4** A(c)ção de buscar criminosos «traficantes de droga». **Comb.** ~ [Rusga(+)] policial. **5** Caminho estreito aberto no mato/Trilho(+). **6** *Br Cul* Bebida feita com cachaça ou aguardente, açúcar ou mel, e sumo de frutas. **Comb.** ~ de maracujá [de coco]. ⇒ batido **3**. **7** *Mús* Ritmo/Toque. **Comb.** A ~ do samba. **8** Ritmo/Rapidez no trabalho. **Ex.** Não consigo acompanhar a ~ dele «a apanhar castanhas/a vindimar». **9** ⇒ descompostura/censura/repreensão.

batido, a *adj/s* (<bater + -ido) **1** Que recebeu pancada. **Comb.** Ferro ~/forjado [malhado com martelo na bigorna]. **2** Que foi mexido com força, com um instrumento. **Comb.** Claras (de ovo) ~s em castelo «para o bolo». **3** *s m Cul* Bebida feita de leite mexido com gelo e frutos. **Comb.** ~o de morango/pêssego/ananás/chocolate. ⇒ batida **6**. **4** Pisado/Percorrido «por muita gente». **Comb.** Caminho [Carreiro] ~. Estrada de terra ~a. **5** *Fig* Que já foi visto/ouvido/usado muitas vezes. **Ex.** O tema [assunto] do livro está muito ~, não tem interesse [nada de novo]. **6** *fig* Experiente/Rodado/Calejado. **Ex.** É um especialista muito ~ «nesta matéria/ciência», merece inteira [toda a nossa] confiança. **Comb.** Político ~ [rodado/*idi* (como macaco de rabo coçado)].

batimento *s m* (<bater + -mento) A(c)to ou efeito de bater/Batida(+). **Comb.** O ~ cardíaco/do coração. ⇒ batida **1 Comb.**.

batimetria *s f* (<bati/o- + -metria) Estudo ou medida da profundidade e do relevo do fundo do mar/dos fundos oceânicos.

batímetro *s m* (<bati/o- + -metro) Instrumento para medir a profundidade do mar através das variações da gravidade.

batina *s f* (<lat *abattína vestis*: veste própria de abade) Veste, preta ou branca, que cobre todo o corpo. **Ex.** O Papa usa ~ branca. ⇒ túnica «árabe»; alva «para dizer missa».

batipelágico, a *adj* (<bati- + ...) Relativo às profundezas do mar ou aos organismos que as habitam.

batique *s m* (<mal *batik*) Método «indonésio» manual de estampar tecido cobrindo com cera parte dele e embebendo-o num corante, retirando depois por fervura a cera e repetindo a mesma operação para cada cor que se queira dar ao tecido.

batiscafo *s m Náut* (<bati- + gr *skáphos*: embarcação) Veículo autó[ô]nomo, em forma de esfera, usado para descer a grandes profundidades marítimas.

batisfera *s f* (<bati- + esfera) **1** *Geol* Núcleo central da Terra. **2** ⇒ batiscafo; atmos[estratos]fera.

batismal (Bà) *adj 2g* [= baptismal] (<batismo + -al) Respeitante a batismo. **Comb.** Pia/Fonte ~ [Grande vaso e coluna de pedra para administrar o batismo].

batismo (Bà) *s m* [= baptismo] (<gr *baptismós*: imersão, batismo) **1** *Rel* O primeiro dos sete sacramentos instituídos por Cristo e que torna cristão aquele que o recebe. **Comb.** ~ *de desejo*. ~ *de sangue* [Martírio]. *Assento* [Regist(r)o/Certidão/Atestado] *de* ~. ⇒ batizado. **2** A(c)to de dar nome a pessoa ou coisa. **Comb.** ~ [Bênção/Lançamento] de navio. **3** *Fig* Iniciação/Primeira experiência. **Comb.** ~ *do ar* [Primeiro voo ou viagem de avião]. ~ *de fogo* [Primeira batalha em que um militar toma parte «e fica ferido»]. ~ *da linha/do mar* [Diversão em que os marinheiros molham os que cruzam pela primeira vez o [a linha do] equador]. **4** *Fig Iron* Adulteração [Aumento] do vinho ou do leite com água.

batista (Bà) *s 2g* [= baptista] (<gr *baptistés*: o que imerge/batiza) **1** O que batiza. **Comb.** S(ão) João Batista. **Sin.** Batizante(+). **2** Relativo à ou membro da igreja ~.

batistério (Bà) *s m* [= baptistério] (<gr *baptistérion*: local de banho) Lugar dentro da igreja ou construção anexa onde está a pia batismal.

batizado, a (Bà) *adj/s* [= baptizado] (<batizar) **1** (O) que recebeu o batismo. **Comb.** A criança ~a «chama-se Joana/Maria». ⇒ batizando. **2** *s m Pop* Batismo(+). **Comb.** *A cerimó[ô]nia do* ~. *A fest(inh)a do* ~.

batizando, a (Bà) *s* [= baptizando] (<batizar + -ando) O que se vai batizar. ⇒ batizado **1**; catecúmeno.

batizante (Bà) *adj/s 2g* [= baptizante] (O) que batiza. **Sin.** Ministro do batismo (+).

batizar (Bà) *v t* [= baptizar] (<gr *baptízein*: imergir, batizar) **1** Administrar o batismo. **Ex.** Nesta Páscoa batizaram-se [foram batizados] vinte adultos. **2** Pôr nome, alcunha ou epíteto. **Ex.** «J. da Silva Xavier» Por ser [Como era] dentista de profissão, batizaram-no Tiradentes. ⇒ chamar; cognominar; denominar. **3** Benzer(+). **Loc.** ~ *um avião* [navio]. **4** *Pop* Adulterar [Aumentar] com água. **Loc.** ~ *o vinho* [o leite]. **5** *col* Molhar com líquido. **Ex.** O meu net(inh)o batizou-me todo «com o leite vomitado».

bato- ⇒ bati/o-.

batocada *s f* (<batoque + -ada) **1** Grande prejuízo financeiro. **2** Despesa [Perda «ao [no] jogo»] inesperada.

batocar *v t* (<batoque + -ar¹) **1** Pôr [Tapar com] um batoque/Embatocar. **Loc.** ~ *um/a pipo/a*. **2** Fazer [Abrir] um batoque. ⇒ botoque.

batofobia *s f Med* (<bati/o + ...) Medo patológico das profundezas (do mar ou do espaço aéreo).

batografia *s f* (<bati/o- + ...) **1** Representação gráfica das profundidades oceânicas. **2** Estudo descritivo do relevo submarino.

batólito *s m Geol* (<bati/o- + -lito) Enorme massa ígnea e rochosa, criada pela intrusão e solidificação de magma, alguns com extensão superior a 100 km².

batom *s m* (<fr *bâton*; ⇒ bastão) **1** Cosmético em forma de um pequeno cilindro para pintar ou proteger os lábios. **2** Haste metálica com a extremidade inferior em círculo para apoio dos esquiadores. **Comb.** ~ns de esqui.

batometria/bató[ô]metro ⇒ batimetria/batímetro.

batoque *s m* (<basco *bartoc*) **1** Orifício largo em cima das pipas para deitar o vinho. **2** Rolha «de cortiça» para tapar **1**. **3** ⇒ botoque.

batota *s f* (< ?) **1** Desrespeito das regras «do jogo». **Ex.** Não gostava de jogar com ele porque fazia ~. **2** Um jogo de azar. **Ex.** Gastava tudo na ~. **3** ⇒ burla/aldrabice.

batotar *v t/int* (<batota + -ar¹) Fazer batota (+).

batoteiro, a *adj/s* (<batota + -eiro) (O) que não respeita as regras do jogo/que faz batota. ⇒ trapaceiro.

batracoide *adj 2g* (<gr *bátrakhos*: rã + -oide) Semelhante a rã ou sapo.

batráquio *adj/s Zool* (⇒ batracoide) (Diz--se de) animal, anuro no estado adulto, de pele nua e viscosa, que passa por metamorfoses e que pertence ao grupo mais antigo de vertebrados terrestres. **Ex.** A rã é um ~. ⇒ girino.

batucada *s f* (<batuque + -ada) **1** Ritmo/Canto/Dança de origem africana acompanhada de percussão do batuque. **2** Ruído produzido por golpes repetidos. **3** *Br* Reunião popular na rua onde se toca o samba em instrumentos de percussão.

batucador, ra *adj/s* (<batucar) **1** (O) que batuca. ⇒ batuqueiro. **2** *Depr* Mau pianista. ⇒ batucar **3 Ex.**

batucar *v t/int Mús* (<batuque + -ar¹) **1** Tocar o [Dançar ao som do] batuque. **2** Tamborilar. **Loc.** ~ na mesa com as mãos. **3** Bater reiteradamente e com força. **Ex.** Batucam o dia inteiro na obra aqui ao lado. É uma desgraça [É insuportável] ouvir o vizinho a altas horas da noite a ~ [martelar] no piano.

batuíra *s f Ornit* (<tupi *mba'e*: coisa + *tu'ira*: parda) **1** ⇒ maçarico. **2** ⇒ narceja.

batuque *s m Mús* (<ronga *batchuk*: tambor, baile) **1** Tambor cilíndrico de origem africana coberto de pele numa das extremidades. **2** Dança (com canto) acompanhada por **1**. **3** ⇒ batucada.

batuqueiro, a *s/adj* (<batuque + -eiro) Tocador/Dançador de batuque. ⇒ batucador.

batuta *s f Mús* (<it *battuta*) **1** Varinha com que os maestros regem uma música «de orquestra». **Ex.** *idi* Ele é que tem a ~ [Ele é que(m) manda/dirige/orienta]. **2** *adj 2g Br* «discurso/colega/carro» Bom/Excelente. **3** *Br* ⇒ valentão. **4** *Br* ⇒ cabecilha.

baú *s m* (<pt an *baúl*) Mala grande ou arca re(c)tangular com tampa abaulada/convexa. **Idi. ~ de segredos** [Pessoa discreta/«meu» Confidente].

baunilha *s f Bot* (<lat *vagína*: bainha «da espada», invólucro) **1** Planta orquidácea, cujos frutos são umas vagens que possuem uma essência aromática, a vanilina. **2** Fruto desta planta. **3** Licor ou gelado feito da essência deste fruto.

baunilha-dos-jardins *s f Bot* Planta odorífera boraginácea/Balsamina.

bauxite/a *s f Miner* (<top fr *Baux-de-Province* + -ite) Rocha parecida à argila, contendo sílica em estado livre, hidróxidos e óxidos de alumínio e ferro. **Ex.** A ~ é a principal fonte de alumínio.

bávaro, a *adj/s* (<lat *bávarus/Bavária*) Da Baviera. ⇒ Alemanha.

bazar *s m* (<persa *bazar*: mercado, rua de lojas) **1** Loja provisória onde se vendem artigos «artesanais» e se fazem rifas para fins de beneficência. **Ex.** Hoje, na festa «de Natal», vamos fazer um ~. **2** Loja onde se vendem brinquedos, louças e quinquilharias. **Ex.** Têm um ~ perto da praia. **3** «no Norte de África e no Médio Oriente» Rua de lojas com variadíssimas mercadorias, geralmente coberta. **4** *Hist* Grande centro de trocas comerciais «com instalações para as caravanas».

bazófia *s f* (<it *bazzofia*) **1** *s f* Vaidade infundada. **Ex.** Ele diz que vai ser o homem mais rico d(est)a terra, mas é tudo [, mas aquilo é só] ~. **2** *s m* Indivíduo fanfarrão. **Ex.** Ele é um bazófia(s)/gab(ar)ola. ⇒ fanfarr(on)ice.

bazofiador, ora *adj/s* (<bazofiar) (O) que bazofia/Bazófia **2**(+)/Blasonador.

bazofiar *v t/int* (<bazófia + -ar¹) Dizer bazófias/ Fanfarronar/Alardear/Blasonar.

bazófio, a *adj* (⇒ bazófia) Que revela bazófia. **Comb.** Procedimento/A(c)to ~.

bazuca *s f Mil* (<ing *bazzooka*) **1** Arma com um tubo metálico de 150 cm de comprimento, usada como um foguete «contra carros blindados». **2** *Gír* Copo alto para cerveja/Imperial/Chope. **3** *Moç* Garrafa de cerveja de um litro.

bazulaque *s m* ⇒ badulaque.

bê-á-bá *s m Col* (<b + a = ba) **1** Primeiras lições de leitura/Exercício de soletração. **Ex.** Já (era) adulto e não sabia o ~ [e não sabia ler]! **2** (era) Noções rudimentares de algum assunto ou matéria. ⇒ á-bê-cê.

beata *s f* (< ?) Ponta de cigarro fumado/Prisca(+)/*Br* Guimba.

beataria [beatério/beatice/beatismo] *s* (<beato 4 + ...) Devoção (religiosa) superficial/falsa/fingida/Hipocrisia religiosa. ⇒ farisaísmo.

beatificação *s f Rel* (<beatificar) A(c)to solene de o Papa declarar inscrito no número dos bem-aventurados [idos para o céu] um indivíduo falecido, limitando a sua veneração pública só a alguns lugares. ⇒ canonização.

beatificamente *adv* (<beatífico + -mente) De modo beatífico. **Ex.** *iron* O ladrão roubava tudo o que podia na loja e o dono limitou-se a olhar ~ [sem dizer nada]!

beatificar *v t* (<lat *beatífico,áre,átum*: tornar feliz) **1** Proceder à beatificação de alguém [Declarar bem-aventurado]. **Ex.** João Paulo II foi beatificado no dia 1 de maio de 2011. **2** ⇒ louvar/engrandecer/exaltar.

beatífico, a *adj* (<lat *beatíficus,a,um*: que torna feliz) Que dá a suprema [maior] felicidade. **Comb.** A visão ~a [de Deus no céu (depois da morte)].

beatíssimo *sup* (<beato + -íssimo) Tratamento honorífico dado aos Papas. **Ex.** Santidade [~ Padre]: «parabéns pelo seu aniversário».

beatitude *s f* (<lat *beatitúdo,dinis*) **1** Felicidade tranquila. **Ex.** «a contemplar o mar/as estrelas» Vivia momentos de profunda ~. **2** ⇒ bem-aventurança. **3** ⇒ beatíssimo.

beato, a *adj/s* (<lat *beátus,a,um*: feliz) **1** Pessoa que foi beatificada pela Igreja católica. **Comb.** ~ João Paulo II. ⇒ beatificar. **2** ⇒ bem-aventurado(+). **3** ⇒ devoto(+)/fervoroso(+). **4** *pej* Santo fingido/Falsamente devoto/Hipócrita. **Comb.** ~ falso.

bêbado ⇒ bêbedo.

bebé/ê *s/adj 2g* (< on) **1** Criança recém--nascida ou de pouca idade. **Ex.** Deitou a/o ~ no berço e embalou-o. **2** Cria ou filhote(+) de animal. **Comb.** Os ursinhos bebés. Uma pantera. ~. **3** Que revela infantilidade. **Ex.** O jovem tomou aquela atitude porque é muito ~ [muito criança (+)].

bebedeira *s f* (<bêbedo + -eira) Estado de bêbedo [de quem ingeriu demasiadas bebidas alcoólicas]. **Loc. Apanhar uma ~** [Ficar bêbedo]. ***Curar/Curtir/***Cozer/Cozinhar ***a ~*** [Esperar que a ~ passe]. ⇒ embriaguez.

bebedice *s f* (<bêbedo + -ice) Hábito de se embebedar/Vício do álcool. ⇒ alcoolismo.

bêbedo, a *s/adj* (<beber) **1** (O) que ingeriu bebida alcoólica em excesso. **Ex.** Ele é um ~! Ela (hoje) está ~a. **Idi.** ***Estar ~ como um cacho*** [Estar muito ~]. ***Estar a cair de ~*** [Estar tão ~ que mal se pode segurar em pé]. ***Estar morto de ~*** [Estar tão ~ que não sente nada]. **Sin.** Ébrio; borracho. ⇒ embriagado; ressaca; beberrão. **2** *Fig* Zonzo(+)/Aturdido/Estonteado/Atarantado(+). **Ex.** A pancada na cabeça deixou-o completamente ~. **3** *fig* Cheio. **Loc. Estar ~** [cheio(+)] ***de sono***. ***Estar ~ de felicidade*** [Estar muito feliz].

bebedolas *s 2g 2n* (<bêbedo + -ola) Pessoa que se embebeda com frequência.

bebedor, ora *s/adj* (<beber) **1** (O) que ingere bebidas alcoólicas (sem se embriagar). **Ex.** Ele é um bom ~ [um *idi* bom copo/Ele bebe muito/é bom para os copos]. **2** ⇒ bêbedo.

bebedou[oi]ro *s m* (<beber + -douro) **1** Vaso ou lugar onde se pode beber água. ⇒ torneira; font(an)ela; nascente. **2** Lugar onde os animais «selvagens» vão beber. ⇒ laguna.

bebé-proveta *s* Criança gerada artificialmente mediante a implantação no útero materno de um óvulo fecundado *in vitro*.

beber *v t/int* (<lat *bíbo,ere, bíbitum*) **1** Ingerir líquidos. **Ex.** Hoje ao almoço bebi uma (garrafa de) cerveja [dois copos de vinho]. Ela bebe muita água, diz que é bom para a saúde. Ele bebe muito [ingere bebidas alcoólicas em grande quantidade], aquilo é mau para a saúde. **Loc. ~ à saúde de** [~ desejando a felicidade «do aniversariante»]. ***Dar de ~*** [Servir uma bebida] «à velhinha/a toda a gente». **2** *fig* ⇒ «terra seca/esponja/areia» Impregnar-se/Absorver/Chupar. **3** *fig* Receber/Adquirir. **Ex.** Os ouvintes bebiam [ouviam com toda a atenção] as palavras [cada palavra] do ilustre conferencista/orador/professor. **Loc. ~** [Respirar] ***os bons ares do campo/***da serra/da praia. ***Ir ~ às fontes*** [Adquirir (os) conhecimentos em escritos originais] (Ex. Um bom historiador vai sempre (~) às fontes, não se contenta com segundas opiniões/com citações).

bêbera *s f Bot* (<lat *bíferus,a,um*: que produz duas vezes seguidas) Variedade de figo «pingo-de-mel», grande e comprido, com polpa vermelha. ⇒ bebereira.

beberagem *s f Depr* (<beber + -agem) **1** Bebida qualquer/fraca/desagradável. **Ex.** Da mistura de licores resultou uma ~ [mistela] intragável. **2** *Vet* Decocto ou só água com sêmeas «e um purgativo» que se dá aos animais.

bebereira *s f Bot* (<bêbera + -eira) Variedade de figueira. ⇒ bêbera.

beberes *s m pl* (<beber) ⇒ bebes.

beberete (Rê) *s m* (<beber + -ete) Refeição ligeira em que predominam as bebidas. **Ex.** Foi um casamento discreto com um ~ oferecido aos amigos mais íntimos. ⇒ copo-d'água; coquetel.

bebericar *v t/int* (<beber + -icar) **1** Beber aos poucos [em pequenos goles]. **Ex.** O

passarinho bebericava numa poça de água. A avó beberica o seu café com leite. 2 Beber com frequência. **Ex.** Ele, quando fica em casa [, nos dias de folga], passa o dia a ~ «chá/sumo/vinho».

beberrão, ona [beberraz] s Pessoa que bebe muito «vinho/uísque». ⇒ bêbado.

bebes s m pl (<beber(es)) Só usado na combinatória Comes e ~ [Comidas e Bebidas] «da festa». **Comb.** Casa «restaurante» de comes e ~.

bebezaina Br s f (<beber + -zaina) Ingestão ou apresentação «na festa» de muitas bebidas. **Ex.** No dia do meu casamento foi uma ~ ...!

bebida s f (<bebido) 1 Líquido que se bebe. **Ex.** Que calor! Vou pedir uma ~ fresca «cerveja/limonada». **Comb.** ~ *alcoólica* [que tem certo grau de álcool] «vinho». ~ *aromática* [com infusão de plantas ou frutos odoríferos] «café/chá/cidreira/camomila». ~*s brancas* [todas as ~s alcoólicas além do vinho]. ~ *gasosa* [com gás]. ~ [Um] *refrigerante*. 2 Vício de beber. **Ex.** O marido era muito dado à [tinha o vício da] ~. 3 A(c)ção de beber. **Sin.** O beber (+).

bebido, a adj (<beber + -ido) 1 «o vinho» Que se bebeu/Ingerido/Consumido «na festa». 2 Que bebeu. **Ex.** Depois de bem comidos e ~s [Depois de termos comido e bebido bem], ficámos à conversa no jardim. 3 Embriagado. **Ex.** Ele já estava muito ~ [já estava com os copos] «e começou a disparatar com toda a gente».

bebível adj 2g (<beber + -vel) 1 Que se pode beber/«água» Potável(+). 2 fam Com pouco gosto mas não intragável. **Ex.** A cerveja (ainda) está ~.

beca (Bé) s f (< ?) 1 Veste talar [que desce até aos pés], preta, usada por magistrados judiciais. ⇒ túnica; batina. 2 Dignidade/Pessoa que usa ~.

beça (Bé) (< ?) Só usada na locução À beça [Em grande quantidade/Muito]. **Ex.** Tem carros [relógios] à ~. Gostei à ~ deste filme [romance].

bechamel s m Cul (<antr fr Bechamel) Molho cremoso feito com leite, farinha, e manteiga derretida e temperado com pimenta, sal e noz moscada.

beco (Bê) s m (<via + -eco) Rua estreita e escura/Viela. **Ex.** Este bairro é muito antigo, só tem [, tem muitos] ~s. **Idi.** *~ sem saída* [Dificuldade impossível de ultrapassar] (Ex. Estamos num ~ sem saída «temos de voltar para trás/temos de desistir»).

becquerel [Bq] s m Fís (<antr fr A. H. Becquerel) Unidade do sistema internacional de radi(o)a(c)tividade que equivale a a(c)tividade resultante da desintegração de um nuclídeo radioa(c)tivo por segundo.

bedame (Dã) s m Mec (<fr bédane <bec--d'âne) Formão comprido e com o feitio [a forma] da ponta adaptado aos diversos fins «do carpinteiro, do serralheiro, do ferrador».

bedel (Dél) s m (<frâncico bidal: oficial de justiça) 1 Encarregado do bom comportamento de determinado grupo. **Comb.** O ~ da aula/classe. ⇒ monitor. 2 Funcionário encarregado de marcar as faltas dos alunos e dos professores «da universidade de Coimbra, Portugal».

bedelhar v int (<bedelho + -ar¹) Meter o bedelho (+).

bedelho (Dê) s m (< ?) 1 Tranqueta que se levanta com a aldraba para abrir ou fechar a porta. ⇒ ferrolho. **Idi.** *Meter o ~ em* [Intrometer-se «numa conversa/reunião»]. 2 col Fedelho(+).

beduíno, a s/adj (<ár badawin: campesino/o que vive no deserto) (Relativo a) nó[ô]mada árabe que habita o deserto «do Norte de África».

bege (Bé) adj 2g 2n/s m (<fr beige) (Diz-se da) cor entre o café com leite e o creme. **Ex.** O ~ é a minha cor predile(c)ta. **Comb.** Tecido [Blusa/Vestido] ~[castanho claro].

begónia [Br **begônia**] s f Bot (antr Bégon, intendente da ilha de S. Domingos; foi em honra dele que Plumier criou este nome) Planta com muitas variedades begoniáceas, cultivada em estufas, jardins e habitações pela beleza das suas folhas e flores.

beguino, a (Gu-i) s Hist (<hol beggen: pedir) Frade ou freira sem votos que levava vida semelhante à dos religiosos.

behaviorismo (Biei) s m Psic (<ing behaviourism: comportamento) Teoria e método de investigação psicológica (De J. Watson) que procura examinar o comportamento humano e dos animais com ênfase nos fa(c)tos obje(c)tivos, estímulos e rea(c)ções, sem recurso à introspe(c)ção. **Ex.** Este método também se pode usar em linguística da comunicação entre falantes.

beiça s f col (<beiço) 1 Lábio/Beiço. **Ex.** Tem a mania de limpar as ~s à toalha [à manga da camisa]! ⇒ beicinho. 2 Lábio inferior [grande e caído]. ⇒ focinho.

beiçana s 2g (<beiço + -ana) Pessoa com lábios grossos e/ou caídos. ⇒ beiçudo.

beicinho s m (<beiço + -inho) Lábio pequeno. **Idi.** *Estar* [Ficar preso] *pelo ~* [Estar/Ficar enamorado]. «criança» *Fazer ~/a* [Amuar antes de chorar].

beiço s m Anat (<celta baikkion: boca grande) 1 Cada uma das duas partes carnudas que contornam a boca pela frente/Lábio(+). **Idi.** *Estar pelo ~/beicinho* [Estar enamorado/apaixonado]. «criança» *Fazer ~/beicinho/a* [Amuar e [antes de] chorar]. *Ficar de ~ caído* a) Ficar triste; b) Ficar admirado ou surpreendido. *Lamber os ~s* [Mostrar que (se) gostou muito de coisa doce] (Ex. Comeu [Chupou] um gelado e ficou a lamber os ~s). *Morder os ~s* «de [com] raiva/para não se rir». *Trazer* (preso) *pelo ~/pela rédea* [Dominar alguém]. **Comb.** ~ *rachado* ⇒ lábio leporino. 2 Fig Bordo(+) «da ferida». 3 Fig Rebordo(+) «da chávena».

beiçola [**beiçorra**] s f (<beiço + ...) Beiço grande/Beiça 2.

beiçudo, a adj/s (<beiço + -udo) (O) que tem beiços grossos/saídos.

beijador ⇒ beijoqueiro.

beija-flor s m Ornit Ave troquilídea muito pequena, de bico comprido para chupar o néctar das flores onde pode pairar pela grande frequência do bater das asas/Colibri.

beija-mão s m A(c)to de beijar a mão «de um rei/de uma senhora» como sinal de homenagem ou cortesia. **Idi.** *Ir ao ~ de alguém* a) Prestar homenagem «ao rei»; b) Sujeitar-se (Ex. Eu não gosto do novo chefe [presidente] mas (lá) fui ao ~). ⇒ lava-pés.

beijar v t (<beijo + -ar¹) 1 Tocar com os lábios em sinal de amor/Dar um beijo/Oscular. **Loc.** *~ a mão de uma senhora*. *~ o filh(inh)o*. **Idi.** *~ o chão/o pó* [Ser deitado ao chão/Ser derrotado]. *De mão ~ada* [Sem ter de fazer nada/Gratuitamente] (Ex. Recebeu aquele grande negócio [proje(c)to/trabalho] de mão ~ada). 2 fig Tocar levemente/Banhar. **Ex.** O sol beijava-lhe o rosto. O mar beijava a praia.

beijinho s m (<beijo + -inho) 1 fam Beijo leve, terno. **Ex.** «no fim de carta ou de telefonema» Muitos ~s para toda a família. 2 fig A melhor parte de alguma coisa/A Flor/A nata (+). 3 Cul Biscoito pequenino coroado com açúcar colorido de vermelho.

beijo s m (<lat básium,ii) 1 Toque dos lábios numa pessoa ou coisa. **Ex.** Termino «carta/e-mail» enviando muitos ~s/beijinhos para a mãe [para todos]. 2 Fig Conta(c)to leve. **Comb.** O ~ da brisa «no rosto».

beijoca (Jó) s f fam (<beijo + -oca) Beijo com ruído «para fazer rir a criancinha/o bebé/ê».

beijocar v t (<beijoca + -ar¹) Beijar repetidamente ou com ruído/estalido. **Ex.** Passava o dia a ~ o bebé/ê.

beijoqueiro, a adj/s (<beijocar + -eiro) (O) que gosta muito de dar beijos.

beiju Br ⇒ biju.

beira s f (<ribeira?) 1 Espaço que ladeia ou circunda alguma coisa/Borda/Margem/Orla. **Ex.** A criança sentou-se à ~ [ao lado] da mãe. A minha casa fica à ~ da [fica junto à] estrada. As ~s da mesa são redondas/arredondadas. **Idi.** *Não ter eira nem ~* [Ser muito pobre/Não ter casa] ⇒ extremidade; ponta. 2 Proximidade. **Ex.** Os exames estão mesmo à ~. O doente está à ~ da morte. A empresa/firma está à ~ da ruína/falência. **Idi.** *«estar» À ~ de um abismo* [Em grande perigo].

beiral s m (<beira 1 + -al) Ponta inferior do telhado a sobressair da parede. **Ant.** Cume.

beira-mar s f Espaço junto ao mar. **Ex.** Tenho uma casa à ~ [na/perto da praia]. ⇒ litoral; costa; praia; beira-rio.

beirão, roa, rã adj/s (<top Beira) 1 Relativo ou pertencente a uma das três províncias do centro-norte de Portugal (Beira Alta, Beira Baixa e Beira Litoral). **Ex.** A cidade beirã da Guarda é a que fica a maior altitude em Portugal: 1056 m. 2 (O) que é natural ou residente em alguma das três províncias de 1.

beirar v t (<beira + -ar) 1 Deslocar-se à beira de/Ir pela margem de/Ladear. **Ex.** Na subida beirámos um precipício [abismo/desfiladeiro] muito perigoso. 2 Fazer limite com/Confinar. **Ex.** A lagoa beira com o nosso quintal. 3 Contar aproximadamente/Abeirar-se. **Ex.** O avô está a ~ os [está a abeirar-se/está perto dos] cem (anos)! 4 Ser semelhante a/Ser quase/Raiar(+). **Ex.** A sua busca de perfeição beirava a loucura.

beira-rio s f Terrenos nas margens de rio. **Comb.** Uma casa à ~.

beisebol s m (D)esp (<ing baseball) Jogo «americano» praticado com um bastão e uma bola de borracha maciça, disputado por equipas de nove jogadores num campo com quatro bases.

bel ⇒ decibel.

belacidade ⇒ belicosidade.

belacíssimo, a adj (<lat béllax,ácis: belicoso) Muito belicoso/aguerrido.

beladona s f Bot (<it belladona: bela mulher, devido ao cosmético violáceo extraído da planta) Erva solanácea, venenosa, mas usada em terapêutica; Atropa belladona.

belamente adv (<belo + -mente) 1 De forma muito agradável/bonita/linda. **Ex.** Apareceu na festa uma senhora ~ vestida. 2 De forma perfeita/muito boa. **Ex.** A lição foi ~ explicada pelo professor.

Belarus ⇒ Bielorrússia.

belas-artes s f pl Artes que visam a representação do belo, como a pintura, escultura, arquite(c)tura, gravura, música e dança. **Ex.** O meu filho quer estudar [quer tirar um curso de] ~, mas ainda não decidiu o [que] ramo.

belas-letras ⇒ Letras/Literatura.

belchior s m Br (< ?) **1** ⇒ (comerciante de) bricabraque/ferro-velho/quinquilharia. **2** ⇒ alfarrabista.

beldade s f (<provençal *beltat*) **1** ⇒ beleza. **2** Mulher bela. **Ex.** As tuas filhas são duas ~s!

beldro (Bêl) s m Bot ⇒ bredo.

beldroega (Béldroé) s f Bot (<lat *portulaca*) Planta portulácea, rasteira, carnosa e muito suculenta, usada em saladas.

beleguim s m Hist (<ár *baleguin* <*balaga*: acompanhar) Oficial de justiça, ajudante do alcaide.

beleléu s m col Br (< ?) ⇒ morte; desaparecimento; desistência.

beleza (Lê) s f (<provençal *belleza*) **1** Qualidade de belo/lindo/bonito. **Idi. Em ~** [Com êxito/Bem] (Ex. Tudo «a festa» terminou em ~ [Foi um grande êxito]). **Comb.** *A ~ da paisagem. A ~ da virtude. A ~ de um gesto* «amigo/carinhoso». *A ~ espiritual* [da alma]. *A ~ física* [do rosto/corpo]. *Concurso de ~. Salão* [**Instituto**] *de ~*. **2** Qualidade de agradável/bem-feito/agrado/maravilha. **Ex.** Que ~! Este bolo [vinho/prato] está uma ~.

belfa s f Anat (<belfo) **1** Excrescência carnosa da parte inferior da cabeça de algumas aves «galinha». **2** pl «levas/dou-te um sopapo nas» Faces bochechudas.

belfo, a (Bél) adj (<lat *bífidus*: dividido em duas partes) **1** Que tem o beiço inferior mais grosso ou saliente do que o superior «como os cavalos»/Beiçudo(+). **2** Que tem dificuldade em mastigar ou em falar, como se tivesse a boca cheia.

belga[1] adj/s 2g ⇒ Bélgica.

belga[2] s Agric (<celta *el*: ir + *ambi*-) Pedaço de terreno cultivado/Jeira/Courela.

Bélgica s f Geog País monárquico da Europa. **Ex.** A capital da ~ é Bruxelas e os habitantes são os belgas.

beliche s m (<mal *biliq kechil*: alcova pequena) **1** Conjunto de duas ou três camas sobrepostas. **2** Náut Pequeno quarto de navio/Camarote(+).

belicismo s m (<bélico + -ismo) Tendência «americana» para resolver os conflitos [para dominar] por meio da guerra. **Ant.** Pacifismo. ⇒ armamentismo.

belicista adj/s 2g (<bélico + -ista) (O) que é partidário da guerra «como solução de conflitos internacionais». **Ant.** Pacifista. ⇒ belicoso.

bélico, a adj (<lat *béllicus,a,um*) Relativo à guerra. **Comb.** *Material ~o* [Armamento/Armas]. *Poder* [Força/Capacidade] *~*[a].

belicosidade s f (<belicoso + -dade) Qualidade de [Cará(c)ter] belicoso/Agressividade. ⇒ belicosismo.

belicoso, a (Ôso, Ósa, Ósos) adj (<lat *bellicósus*) **1** Que tem inclinação para a guerra/Aguerrido/Guerreiro. **Comb.** *Espírito* [Cará(c)ter/Temperamento] *~. Povo ~*. **2** Que incita à guerra. **Comb.** *Discurso ~*. ⇒ conflituoso.

belida s f Med (<lat *vélo,áre*: cobrir com véu) Mancha da córnea que consoante [segundo] a espessura se designa por nefélio, albugem ou leucoma.

beligerância s f (<lat *bellígero,áre*: fazer a guerra) Estado ou qualidade de beligerante. ⇒ combatividade; belicismo.

beligerante adj/s 2g (⇒ beligerância) (O) que faz [está em] guerra. **Ex.** Ontem os (países/exércitos) ~s decidiram aceitar a mediação das NU [da ONU].

belipotente adj 2g (<lat *bellípotens,téntis*) Poderoso em armas/na guerra. **Comb.** *Nações ~s* «e perigosas, como os EUA».

beliscadela s f (<beliscar + -dela) Pequena beliscadura. ⇒ arranhadela.

beliscado, a adj (<beliscar) **1** Que se beliscou. **2** De que foram tirados pedacinhos. **Ex.** O bolo está todo ~ «quem foi?». **3** fig Que foi ofendido/Magoado. **4** Fig Que foi estimulado/excitado «para agir».

beliscadura s f (<beliscado + -ura) **1** A(c)ção ou efeito de beliscar. **2** Ferimento ligeiro. ⇒ arranhadela.

beliscão s m (<beliscar + -ão) Beliscadura grande.

beliscar v t (<lat *véllico,áre*, frequentativo de *véllo,ere*: puxar, arrancar) **1** Apertar a pele com as unhas dos dedos polegar e indicador. **Ex.** Mãe, o José beliscou-me no braço «está-me a doer»! Beliscou-se para ver se não estava a sonhar. **2** fig Tirar um pedacinho com os dedos. **Ex.** Beliscou o bolo «para provar/às escondidas». ⇒ petiscar. **3** fig Estimular/Picar(+). **4** fig Irritar/Magoar/Ofender.

belisco s m (<beliscar) ⇒ beliscão[cadela/cadura].

Belize s m Geog País da América Central e nome da sua capital. **Ex.** Os habitantes são os belizenhos/belizenses.

belo, a (Bé) adj/s (<lat *béllus,a,um* <*bénulus* <*bónus*) **1** (O) que tem formas, cores e proporções harmoniosas. **Ex.** s m Arte Os pintores renascentistas italianos tinham o culto do ~. **Idi.** *O ~ sexo* [As mulheres/O sexo/gé[ê]nero feminino]. **Comb.** *Um ~ corpo* [rosto/edifício/quadro]. **Ant.** Feio. ⇒ bonito; lindo. **2** Bom/Excelente. **Ex.** «irmos todos à festa?» Mas que ~a [rica] ideia a sua! É ~ viver por um ideal. **Comb.** *Um ~ coração* [Uma ~ alma/pessoa]. **3** Grande/Muito/a. **Ex.** A nossa equipa/e de futebol ganhou por 5-0. Que ~a vitória/~o resultado! Eles têm uma ~ casa: cinco quartos, sala de visitas, sala de jantar, ...! **Comb.** *~a* [Muita] *saúde. ~a* [Grande] *herança*/fortuna. **4** col Inesperado. **Ex.** «imagine!» Um ~o dia fugiu do país, sem se despedir de ninguém!

belonave s f Br Mar (<lat *bellum*: guerra + nave) Navio de guerra (+).

bel-prazer s m (<belo + ...) Vontade própria/Talante/Capricho (Só usado na locução "A seu ~"). **Ex.** Ele muda as regras «do jogo/trabalho» a seu ~ [como ele quer/como lhe apetece/como lhe dá na gana/veneta].

beltrano, a s (<antr Beltrão + (ful)ano) Indivíduo indeterminado/Outro. **Ex.** Ele disse-me que convidou fulano, sicrano e ~, mas nenhum (dos três) aceitou o convite «para (ser) sócio».

belug[c]a s f (<ru *beluga/kha*) **1** Zool Mamífero cetáceo dos mares do norte/Golfinho-branco; *Delphinápterus leucas*. **2** Icti Esturjão branco do mar Cáspio e do mar Negro, de cujas ovas se faz o caviar; *Huso huso*.

beluíno, a adj (<lat *beluínus,a,um* <*bélua*: animal corpulento, fera, besta) **1** Relativo a feras/Ferino(+). **2** Selvagem/Animalesco(+).

belvedere (Dé) s m Arquit (<it *belvedere*) **1** Pequena construção isolada num jardim ou parque, de onde se desfruta um panorama/Mirante/Miradouro. **2** Pequeno terraço ou pavilhão no alto de um edifício do qual se avista um vasto panorama. **3** Palácio «barroco» erigido em local elevado.

Belzebu (Bélzebú) s m (<hebr *ba'alzebúl*: satanás) Divindade filisteia, tida pelos hebreus como o principal dos espíritos infernais/Príncipe das trevas. ⇒ demó(ô)nio; diabo; mafarrico.

bem adv/s m/adj/interj (<lat *bene*) **1** adv Completamente/Perfeitamente/Exa(c)tamente/Corre(c)tamente. **Ex.** A porta não fecha ~. O tiro foi [acertou-lhe] ~ [mesmo] no coração. Tu, cala-te (muito) ~ calad(inh)o! Como muito ~ disse [Como disse, e ~,] o meu colega [interlocutor]. «o acidente» Não foi ~ como você disse! A conta está ~ feita. O meu filho (já) fala ~ inglês. **Loc.** Ouvir [Responder] *~*. *(Se) ~ que* [Ainda que/Apesar de/Embora] (Ex. Pedi ajuda ao meu amigo, se ~ que talvez não fosse necessário). *~ assim/ ~ como* [Assim como/E também/E] (Ex. Devem ser analisados os fa(c)tos, ~ como [~ assim] as circunstâncias em que ocorreram). **2** adv De maneira agradável/perfeita/conveniente/favorável. **Ex.** Ela veste muito ~. Hoje foi um dia ~ passado. Porta-te [Porte-se] ~ na escola. A casa está ~ feita. «a mesa» Está ~ assim? «saudação/cumprimento» – (Então) tudo ~? – Tudo ~, obrigado/a. O exame correu-me ~. Ela está muito ~ na vida. **Loc.** «resolver o litígio» *A ~* [Concordando/Sem guerra(s)]. «aqui/a flor» *Cheirar ~. Começar ~* (Ex. O jogo [negócio/encontro] começou ~). «o cozinhado» *Sair ~. Sair-se ~* «da discussão» [Ter êxito]. *Ser* [Estar] *~ de ver* [Ser evidente]. *Sentir-se* [Estar] *~ de saúde. Sentir-se ~ na companhia dos amigos. Tudo ~* [Está bom/Como está]? **3** adv Facilmente. **Ex.** A subida da montanha faz-se ~ em três horas. A rua é estreita e os cami(nh)ões não passam ~. **4** adv Pelo menos/No mínimo/Seguramente. **Ex.** Este trabalho leva ~ um mês (a fazer). **Comb.** *Um quilo* «de peixe» *~ pesado*. **5** Iron adv Mal. **Ex.** – Reprovaste (logo) no primeiro teste? Começaste ~ ! **6** adv Ó(p)timo (Para concordar/aplaudir). **Ex.** – Nós vamos todos à festa. – ~! Então eu também vou. – Tirei nota máxima em [a/no exame de] Matemática. – Muito ~ ! **7** adv Para início ou mudança de assunto. **Ex.** ~ ! Passemos ao segundo ponto da agenda [do programa]. ~ ! Eu (já) vou (indo) para casa. **Sin.** Pronto; então; bom. **8** adv Para hesitação. **Ex.** – Você vai ou não (vai)? – Bem… eu… **9** adv Muito. **Ex.** Quero o copo [prato] ~ cheio. Ontem [No norte] choveu ~ ! Você cale-se ~ calad(inh)o! Você é um traidor ! – disse-lhe eu, a olhá-lo ~. Isso é ~ dele! **10** adv Para ênfase. **Ex.** Naquele ermo, ~ podia gritar, que ninguém o ouvia [, por mais que gritasse, ninguém o ouviria]. **11** s m Coisa boa/ Haveres (No plural). **Ex.** Meu ~ [tudo/querido/amor/Minha querida]! ~ haja [Obrigado/a]! Para si foi um ~ deixar esse emprego. Eu tenho poucos bens. **Prov.** *Fazer o ~ sem olhar a quem. Não há ~ que sempre dure nem mal que não* [nunca] *acabe*. **Loc.** *Dizer ~ de* [Elogiar] (Ex. Dizer ~ do professor). *Fazer (o) ~* ⇒ Praticar o ~. *Haver por ~* [Decidir/Concordar]. *Não levar a ~* [Ficar ofendido]. *Querer ~ a* [Gostar de] (Ex. Querer ~ aos pais). *Para ~ de* [Em benefício de] (Ex. Para ~ da [Por amor à] paz, não levei a tribunal o teu irmão). *Por ~* [Com boa intenção] (Ex. Eu fiz aquilo por ~, mas ele levou (tudo) a mal). *Praticar o ~* [Fazer coisas boas/Ajudar]. *Vir por ~* [Trazer benefício] (Prov. Há males que vêm por ~ns). **Comb.** *~ comum.* (Um) *~ cultural.* (Um) *~ público. ~ns imóveis* [de raiz]. *~ns móveis. Os ~ns* [Haveres] «herdados dos pais». *Os ~ns de consumo. Pessoa boa* [*de ~*]. «Deus é o» *Soberano* [Supremo] *~*. **12** adj Pertencente à alta sociedade/Rico. **Ex.** Ah! É um menino [uma menina] ~ ! **13** interj **a)** Agora. **Ex.** ~, vamos cantar [falar de outra coisa]; **b)** Concordar. **Ex.** ~, (então) fico aqui. Muito ~ [Bravo] ! Ora ~ [Você tem razão]; **c)** Ameaçar. **Ex.** Bem [Mau]! (Olha que) eu zango-me. ⇒ **5**.

bem- *pref* (<lat *bene*; significa perfeição e usa-se antes das palavras que começam por vogal ou h; e também das que começam por consoante mas têm relação especial com este prefixo).

bem-afortunado, a *adj/s* **1** Feliz/Ditoso. **2** Próspero/Rico. **Ex.** A vida é fácil para os ~s.

bem-agradecido, a *adj/s* Grato/Reconhecido. **Ex.** Ser ~ é dever de quem recebe um favor.

bem-amado, a *adj/s* (O) que é muito estimado/querido. **Ex.** Nunca se esquece o/a [Nunca nos esquecemos do]~.

bem-apanhado, a *adj* **1** Que tem graça ou sentido de humor. **Ex.** O amigo dele é muito ~. Essa (Graça/Partida/Solução) está ~a! **Sin.** Bem-disposto; có[ô]mico. **2** ⇒ bonito/bem-posto.

bem-apessoado, a *adj* De boa aparência/Elegante. **Ex.** Como era ~, despertava o interesse das moças.

bem-apresentado, a *adj* **1** Que tem boa figura ou (boa) apresentação. **Sin.** Elegante. **2** Que está bem-posto/bem vestido.

bem-arranjado, a *adj* Bem vestido. **Sin.** Bem-apresentado [-posto]; bem trajado.

bem-aventurado, a *adj/s* **1** Muito feliz/Ditoso/Afortunado. **2** *Crist* (O) que goza da felicidade eterna/Santo. **Ex.** O céu é a morada dos ~s. ⇒ beato **1**.

bem-aventurança *s f* **1** Felicidade perfeita/Suma perfeição moral. **2** *Crist* Glória eterna (no céu). **3** *Crist* No plural: conjunto de virtudes cristãs. **Ex.** No Sermão da Montanha, Cristo enunciou oito ~s.

bem-avisado, a *adj* Sensato/Prudente/Cauteloso. **Ant.** Mal-avisado.

bem-bom *s m* Comodidade/Conforto/Bem-estar. **Ex.** Apreciava o ~ da casa dos pais.

bem-comportado, a *adj* Que é ajuizado ou tem bom comportamento. **Ex.** Parabéns pelo seu filho, muito ~! **Ant.** Mal-comportado.

bem-criado, a *adj* Bem-educado(+)/Cortês/Respeitador. **Ex.** É fácil lidar com crianças ~as. **Ant.** Malcriado.

bem-disposto, a *adj* **1** Que está bem de saúde ou com boa disposição. **Ex.** Gosto de te [o] ver assim ~. **Sin.** Contente. **Ant.** Mal-disposto **2** Que é jovial ou divertido. **Ex.** Admiro-o, porque está sempre ~.

bem-dormido, a *adj* Com um sono reparador. **Ex.** Quando estou ~, o (meu) trabalho rende mais.

bem-educado, a *adj* Que é cortês ou respeitador. **Ex.** É uma criança ~a e afável. **Sin.** Bem-criado; delicado; educado. **Ant.** Insolente; mal-educado; malcriado.

bem-encarado, a *adj* Que tem boa aparência ou modos agradáveis. **Ex.** Gostei do rapaz, (que) é ~. **Sin.** Bem-parecido(+).

bem-estar *s m* **1** Estado de satisfação. **Ex.** Todos aspiramos ao ~. **2** Sensação de conforto ou sentimento de segurança. **Ex.** Muitos invejavam o seu ~. **3** Posse de muitos bens materiais. **Ex.** O palacete onde vivia era sinal de ~. **Sin.** Prosperidade.

bem-fadado, a *adj* Que teve boa sorte. **Sin.** Afortunado(+); feliz(o+).

bem-falante *adj /s 2g* **1** (O) que é agradável no falar. **Ex.** Importa não ir na conversa dos ~s. **2** (O) que fala com corre(c)ção e fluência. **Ex.** Um político ~ passa bem a mensagem ao povo.

bem-fazer *v int/s m* **1** *v int* Praticar o bem/Beneficiar. **Prov.** *Por bem-fazer, mal haver* [Deparar com ingratidão]. **2** *s m* A(c)to de benevolência/Caridade. **Ex.** O ~ enobrece o homem.

bem-feito, a *adj* Perfeito/Harmonioso. **Ex.** Aquele corpinho ~ despertava a atenção.

bem-haja *s m /interj* (<bem**11** + *pres conj* de haver) **1** *s m* Agradecimento. **Ex.** Expressou a sua gratidão com um ~. **2** *interj* Fórmula de agradecimento. **Ex.** Por tudo o que me fez, ~! **Sin.** Obrigado/a.

bem-humorado, a *adj* **1** «hoje estar» De bom humor/Com boa disposição. **2** Que fala com graça/humor. **Ex.** Não há tristezas ao pé de alguém ~.

bem-intencionado, a *adj* Com boa intenção/Sem malícia. **Ex.** Parece um homem ~. **Sin.** Sincero.

bem-mandado, a *adj* Obediente. **Ex.** Tem sorte em ter um filho tão ~/Dócil/Submisso. **Ant.** Desobediente; insubmisso; rebelde.

bem-me-quer *s m Bot* Planta [Flor] asterácea; *Aspilia foliácea*. **Ex.** A cor do ~ é amarela. **Sin.** Malmequer; margarida-dos-prados.

bem-nascido, a *adj* Oriundo de família nobre ou rica.

bemol *s m/adj Mús* (<it<lat *b mollis,e*: suave; *pl* bemóis) Sinal «antes da nota» para baixar meio tom. **Ex.** Em música gregoriana apenas a nota *si* pode apresentar ~. **Ex.** O trecho musical está composto na escala de *si* ~.

bem-parecido, a *adj* Que tem boa aparência. **Ex.** É um cavalheiro ~. **Sin.** Bonito; elegante.

bem-posto, a *adj* Que veste bem/está bem-apresentado. **Ex.** Hoje o teu irmão vem todo ~.

bem-querer *v t/s m* **1** *v t* Ter afeição a/Amar. **2** *s m* Amizade/Benevolência. **Ex.** O ~ de alguém é uma grande ajuda.

bem-so(n)ante *adj/2g* Que soa bem/Que é agradável ao ouvido. **Sin.** Eufónico.

bem-sucedido, a *adj* **1** Rico/Endinheirado. **Ex.** É um empresário ~, tem ganho muito dinheiro. **2** Que teve (bom) sucesso. **Ex.** Foi uma campanha ~a.

bem-te-vi *s m Ornit* (<on) Ave tiranídea, com poupa ou coroa, muito frequente no Br; *Pitangus sulphuratus*. **Ex.** As penas do ~ são pretas, brancas e amarelas.

bem-vindo, a *adj* **1** Que chegou bem. **2** Que é bem acolhido/Que é recebido com agrado. **Ex.** Seja ~ a esta casa.

bem-visto, a *adj* Que é estimado ou bem considerado. **Ex.** É uma pessoa ~ na aldeia.

ben- *pref* ⇒ bem-.

bênção *s f* (<lat *benedíctio,ónis*) **1** A(c)ção de abençoar ou bendizer. **Ex.** Pediu ao sacerdote a ~ para a nova casa. **Loc.** Dar [Deitar] a ~. **2** Graça divina/Benefício. **Ex.** Desejou-lhes mil ~s para a nova etapa de vida. Aquela chuva foi uma ~ para os campos. **3** Voto de prosperidade/Concordância. **Ex.** O avô mandou a sua ~ para aquele casamento.

benchmark(ing) *ing Com* Marca comparativa/de referência; teste de desempenho.

bendito, a *adj* (<lat *benedíctus*) **1** Que é louvado ou digno de louvor. **Loc.** ~ seja Deus! **2** Que foi abençoado. **3** Bondoso/Benfazejo. **4** Feliz/Ditoso. **Ex.** (Recordo a) ~ hora em que vim para aqui! **Loc.** Pelas ~as almas do Purgatório.

bendizer *v t* (<lat *benedíco,cere*) **1** Louvar/Glorificar. **Ex.** É justo ~ a Deus. **2** Julgar feliz ou ditoso. **Ex.** Ao regressar a casa, fez questão de ~ os dias que aqui passou [tinha passado/passara] co(n)nosco.

bene- *pref* ⇒ bem-.

beneditino, a *adj/s* (<lat *benedictínus*) **1** Da Ordem de S. Bento. **Ex.** Nos mosteiros ~s, o cântico religioso tem grande beleza. **2** *fig* (O) que é erudito ou paciente. **Comb.** Trabalho/Obra ~.

beneficência *s f* (<lat *beneficéntia*) A(c)to de bem-fazer ou de ajudar alguém. **Ex.** Ali a ~ é prática comum. **Comb.** *Instituição de ~. Obra de ~*(social). **Sin.** Caridade(+).

beneficente *adj 2g* (<lat *benefíciens,éntis*) Que faz bem a outrem/Caritativo.

beneficiação *s f* (<beneficiar + -ção) A(c)to de melhorar ou beneficiar. **Ex.** A casa recebeu obras de ~. **Sin.** Melhoramento; melhoria.

beneficiado, a *adj/s* (<beneficiar; ⇒ beneficiário) **1** (O) «povo/clérigo» que recebeu benefício ou foi ajudado. **2** Que foi melhorado. **Ex.** A estrada foi ~ há pouco tempo. **3** (O) que foi favorecido. **Ex.** Entendo que ele foi injustamente ~ no concurso. **Ant.** Prejudicado.

beneficiador, a *s/adj* (<beneficiar + -dor) **1** ⇒ benfeitor; beneficente. **2** *Br* ⇒ castrador.

beneficiamento *s m* ⇒ beneficiação.

beneficiar *v t/int* (<benefício + -ar¹) **1** Auxiliar/Ajudar. **Ex.** Os subsídios beneficiam os agricultores. **2** Melhorar/Apurar. **Ex.** O calor (do clima) beneficia a qualidade do vinho. **Ant.** Piorar. **3** Favorecer. **Ex.** Esta lei vem ~ os trabalhadores. **Ant.** Prejudicar. **4** *int* Ter vantagens/Ficar melhor. **Ex.** O trânsito beneficiou [ganhou/melhorou] com a abertura da nova artéria/estrada.

beneficiário, a *adj/s* (<lat *beneficiárius*) **1** *Dir* (O) que usufrui de um direito ou regalia. **Ex.** O meu pai é ~ da Caixa de Previdência. **2** (O) que tira vantagem de uma situação. **Ex.** O ~ neste caso acabou por ser o meu amigo. **Sin.** Aproveitado.

benefício *s m* (<lat *benefícium*) **1** Favor/Mercê. **Loc.** Dar a alguém o ~ da dúvida [Confiar em alguém até prova em contrário]. **Comb.** «no governo, agir» *Em ~* [proveito] *próprio. Em ~ do* [Para o] *partido*. **2** Vantagem/Lucro. **Ex.** O clima agreste traz o ~ de uma fruta mais saborosa. **Ant.** Prejuízo; malefício. **3** Melhoramento/Benfeitoria. **Ex.** A estrada recebeu alguns ~s [arranjos] no último ano. **4** Ganho/Proveito. **Ex.** O negócio trouxe algum ~. **Comb.** *~ adicional. ~ fiscal.* **5** Privilégio concedido por lei. **Comb.** ~ de inventário.

benéfico, a *adj* (<lat *benéficus*) **1** Que faz bem/traz vantagem. **Ex.** Este medicamento é ~ para as dores de cabeça. **2** Que favorece/Favorável/Propício. **Ex.** Este clima é ~ para as culturas.

BENELUX *s m* (<**Bél**gica + **Nee**derland: Países Baixos + **Lux**emburgo) Sigla da União Econó[ô]mica e Aduaneira formada pelos três países.

benemerência *s f* (<benemerente) **1** Generosidade/Bondade. **Ex.** Foi notável a ~ do nosso conterrâneo a favor dos pobres. **Ant.** Malevolência. **2** Direito a honras pelo bem praticado. **Sin.** Mérito.

benemerente *adj/s 2g* (<lat *bene*: bem + *mérens,éntis*: que merece) (O) que é digno de honras pelo bem praticado. **Sin.** Benemérito.

benemérito, a *adj/s* (<lat *béne*: bem + *méritus*: que mereceu) **1** (O) que é digno de honras pelo bem praticado. **2** (O) que prestou serviços relevantes. **Ex.** A estátua da praça é de um ~ da cidade.

beneplácito *s m* (<lat *beneplácitum*) Licença/Aprovação. **Comb.** ~ régio [Autorização do rei]. **Sin.** Autorização(+).

benesse (Né) *s f* (<lat *bene*: bem + *esse*: estar) **1** Rendimento sem esforço/Regalia. **Ex.** Há quem usufrua de ~s que hoje parecem [são consideradas] injustas. **2** ⇒

Favor/Auxílio. **Comb.** ~ do ministro. **3** *Rel* Tributo devido ao pároco.

benevolência *s f* (< lat *benevoléntia*) **1** Boa vontade/Bondade. **Ex.** A ~ para com os fracos denota nobreza de espírito. **2** ⇒ benquerença. **3** Tolerância/Complacência. **Ex.** Confiava na ~ do pai para desculpar alguns exageros.

benevolente *adj 2g* (<lat *benévolens,éntis*) **1** Bondoso. **Ex.** Como era rico e ~, ajudava muito os pobres. **Sin.** Benévolo(+). **2** Complacente/Tolerante. **Sin.** Indulgente.

benévolo, a *adj* (<lat *benévolus*) **1** Bondoso/Benevolente. **Comb.** Pessoa (de aparência) ~a. **Ant.** Malévolo. **2** Indulgente/Tolerante. **Ant.** Rigoroso.

benfazejo, a *adj* (<bem- + fazer + -ejo) **1** Que pratica o bem/Que ajuda os outros. **Ex.** O seu cará(c)ter ~ era louvado na aldeia. **2** Que é favorável/útil. **Ex.** A subida da temperatura foi ~a para as vinhas.

benfeitor, ora *s/adj* (<lat *benefáctor,óris*) (O) que pratica o bem ou ajuda os outros. **Ex.** Estava muito agradecido ao seu ~. **Sin.** Benemérito. **Ant.** Malfeitor.

benfeitoria *s f* (<benfeitor + -ia) Melhoramento/Beneficiação. **Ex.** Tinham-se feito ~s na quinta. **Sin.** Melhoria(+).

benfiquista *s/adj 2g (D)esp* (<S. L. Benfica + -ista) Do clube de futebol Benfica.

Bengala *s f* Grande região, hoje dividida entre a Índia e o Bangladesh[deche]. ⇒ bengalês[li].

bengala *s f* (<*top* Bengala) **1** Bastão/Bordão. **Ex.** Antes os cavalheiros costumavam usar ~. **Comb.** ~ branca [Bastão usado pelos cegos]. **2** Tecido de seda e lã.

bengalada *s f* (<bengala + -ada) Pancada (dada) com bengala ou bastão. **Sin.** Bastonada; bordoada.

bengaleiro *s m* (<bengala + -eiro) **1** Móvel com cabides ou compartimento para guardar agasalhos, pastas, guarda-chuvas, ... **Ex.** Ao entrar no cinema, deixo o guarda-chuva no ~. **Sin.** Vestiário. **2** Fabricante ou vendedor de bengalas.

bengalês, esa *adj/s* (<*top* Bengala + -ês) De Bengala.

bengali *adj 2g/s 2g/s m* (<*top* Bengala) **1** Bengalês. **2** *Ling s m* Língua de Bengala. **3** *Ornit* Tentilhão de Bengala.

benignidade *s f* (<lat *benígnitas,átis*) **1** Afabilidade. **2** Qualidade do que é agradável ou útil. **3** *Med* Ausência de gravidade ou perigo. **Ex.** O meu irmão sossegou quando soube da ~ do tumor. **Ant.** Malignidade.

benigno, a *adj* (<lat *benígnus*) **1** Que é bondoso, suave ou agradável. **Ex.** Nesta região o clima é ~. **2** *Med* Que não é grave/Leve. **Loc.** Tumor ~ [não canceroso]. **Sin.** Inofensivo. **Ant.** Maligno.

Benim *s m* País africano cuja capital é Porto Novo.

beninense *adj/s 2g* (<*top* Benim + -ense) «habitante/língua» Do Benim.

benjamim *s m* (<*antr* bíblico Benjamim, filho mais novo de Jacob) **1** Filho mais novo ou predile(c)to. **2** Membro mais jovem de um grupo. **3** Criança mimada. **4** *Br* Ficha elé(c)trica tripla.

benjoeiro *s m Bot* (<benjoim + -eiro) ⇒ estoraque.

benjoim *s m* (<ár *lubán jáví*: incenso) Resina aromática do benjoeiro/estoraque.

benodá(c)tilo, a *adj Zool* (<gr *baínein*: caminhar + *dáktilos*: dedo) «macaco» Que caminha sobre os dedos.

benquerença *s f* (<bem- + querer + -ença) Amizade/Estima. **Sin.** Bem-querer.

benquistar *v t* (<benquisto + -ar¹) Tornar benquisto/Tornar querido/Conciliar.

benquisto, a *adj* (<lat *béne*:bem + *quaesítus*: querido) **1** Muito amado. **Loc.** Ouvir ao telefone a ~a voz do amigo. **2** Bem aceite/Bem-visto. **Ex.** Percebi logo que ele era ~ na aldeia.

bens *s pl* ⇒ bem **11**.

bentinho(s) *s m* (<bento + -inho) Escapulário. **Ex.** Tinha muita fé no(s) ~ que trazia ao peito.

bento¹, a *adj/s* (<lat *benedíctus*) **1** *Crist* (O) que foi benzido. **Comb.** Água ~a. Pia da água ~a. **2** *pop* (O) que é bendito(+) ou abençoado.

bento², a *adj/s Catol* (<*antr* S. Bento) (O) que pertence ou é relativo à Ordem de S. Bento. **Sin.** Beneditino(+).

bentos *s m pl Zool* (<gr *bénthos*: fundo do mar) Fauna do fundo do mar.

benzedeiro, a *s* (<benzer + -deiro) Feiticeiro/Curandeiro. **Ex.** É com rezas e feitiços que o/a ~ pensa afastar os males.

benzedela *s f* (<benzer + -dela) ⇒ benzedura.

benzedor, ora *adj/s* (<benzer + -dor) **1** (O) que benze «água/imagens». **2** ⇒ benzedeiro.

benzedura *s f* (<benzer + -dura) A(c)to de benzer com rezas supersticiosas. ⇒ bênção.

benzeno (Zê) *s m Quím* (<lat *benzoe*: benjoim + -eno) Hidrocarboneto aromático extraído da hulha. **Ex.** O ~ é um bom dissolvente.

benzer *v t* (<lat *benedíco,cere*: bendizer) **1** *Rel* Lançar a bênção. **Ex.** O padre benze a água no ba(p)tismo. **Loc.** ~ *o navio*. ~ [Sagrar(+)] *a nova igreja*. **Sin.** Abençoar. **2** Fazer o sinal da cruz/~-se. **Ex.** Ao entrar em campo [começar o jogo], há jogadores que se benzem. **3** Mostrar estranheza ou indignação/~-se. **Ex.** Deixou-se enganar por ele, *idi* benza-o Deus [, que vergonha]! – Ainda não te calaste? Benza-te Deus, mulher! Você é um ignorante. Até me benzo!

benzidina *s f Quím* (<benzina + diamina) Diamina aromática primária, obtida pela a(c)ção da acetona sobre o azobenzeno em presença do cloreto de zinco. **Ex.** A ~ usa-se como reagente e na indústria de corantes «tetrazoicos»..

benzido, a *adj* (<benzer + -ido) Que se benzeu. **Comb.** Casa [Igreja] ~a.

benzina *s f Quím* (<lat *benzoe*: benjoim + -ina) Produto líquido obtido da destilação do petróleo. **Ex.** A ~ usa-se como solvente ou como tira-nódoas. **Sin.** Éter de petróleo.

benzoato *s m Quím* (<benjoim + -ato) Designação genérica dos sais e dos ésteres derivados do ácido benzoico.

benzoico, a *adj Quím* (<lat benjoim + -oico) Diz-se de ácido, aldeído e diversos compostos retirados do benjoim. **Ex.** O ácido ~ endurece a borracha.

benzol *s m Quím* (<benjoim + -ol) Mistura de benzeno e outros hidrocarbonetos aromáticos, como o tolueno, etc. **Ex.** O ~ é um solvente industrial.

beócio, a *adj/s* (<*top* Beócia) **1** Da Beócia, província da Grécia. **2** *Fig* ⇒ Ignorante/Inculto.

bequadro [♮] *s m Mús* (<it *b quadro*: b quadrado) Acidente musical que repõe a nota no tom natural. **Ex.** O ~ anula o efeito do sustenido e do bemol. **Comb.** ~ de precaução [~ colocado no compasso seguinte].

beque¹ (Bé) *s m* (<lat *beccus*: bico) **1** *Náut* Extremidade da proa. **2** Parte posterior do vestido da mulher. **Loc.** Dar ao ~ [Saracotear-se]. **3** *Fig* Nariz comprido. **Loc.** Achatar o ~ [Sentir-se logrado].

beque² *s m* (<turco *bék* <ár *bái*: senhor) Governador de província turca.

beque³ (Bé) *s m Fut* (<ing *back*: atrás) (Jogador da) defesa. **Sin.** *Br* Zagueiro; o defesa (+).

bera *adj 2g* (<*antr Baer*, nome de um comerciante falsificador) **1** Falso/Que não é genuíno/Que não presta. **Ex.** A camisola parece-me ~. **2** Que não é favorável. **Ex.** Não vamos passear, que o tempo está ~. **3** *fam* Que está de mau humor. **Ex.** Não peças nada ao chefe, que ele hoje está ~.

berbequim *s m* (<fr *vilebrequin*<hol *wimmelkijn*: trado) Aparelho para fazer furos. **Ex.** Para fixar os quadros na parede, serviu-se do ~. **Comb.** **~ *de manivela*. *~ elé(c)trico*. Sin.** *Br* Furadeira.

berbere (Berbére) *adj/s 2g* (<ár *berber*) **1** «habitante/língua» Da Berbéria.

Berbéria *s f Hist* (<berbere + -ia) Antiga região que se estendia pelo norte de África. ⇒ Magreb.

berbicacho *s m* (<*barbicacho*) Situação difícil. **Ex.** Foi (cá) um ~ que não queiras saber! **Sin.** Dificuldade; problema.

berbigão *s m Zool* (<gr *bérberi*: concha) Molusco bivalve. **Ex.** O ~ é mais barato que a amêijoa.

berça *s f* (<lat *virídia, pl* de *víridis,e*: verde) **1** *Bot* Couve-galega. **2** *pl Cul* Verduras/Couves. **3** *pl* Zona distante da cidade. **Loc.** Ser das ~s [Ser provinciano]. **Sin.** Parvónia.

berçário *s m* (<berço + -ário) Zona de crianças de berço. **Ex.** Estive no ~ da Maternidade.

berço (Bêr) *s m* (<fr *berceau* <gaulês *berta*: sacudir com força) **1** Leito de crianças de colo. **Idi.** *Nascer em ~ de ouro* [Ser filho de família rica/ *Br* Ter ~]. **Comb.** *Arquit* Abóbada de ~ [de volta perfeita]. **2** Origem/Começo. **Loc.** Do ~ (até) à tumba [Durante toda a vida]. **3** Primeira infância. **Ex.** Desde o ~ morou sempre em Lisboa. **4** Terra natal/Lugar de origem. **Ex.** Viajando por todo o mundo, nunca esqueceu o (seu) ~. **5** Gradeamento que circunda «canteiro/sepultura». **6** Almofada «de carimbos» ⇒ apoio/suporte. **7** Estrutura de apoio do navio «no lançamento à água». **8** *Náut* Abertura na fêmea do leme. **9** *Tip* Do prelo.

bergamota (Mó) *s f Bot* (<it<turco *beg armúdi*: pera do bei [príncipe]) **1** Variedade de laranjeira ou seu fruto. **2** Planta aromática das Labiadas. **3** Variedade de pera aromática. **4** *Br* Tangerina.

bergantim *s m Náut* (<it *brigantino*, de *brigante*: bandido) **1** Barco a remos muito veloz. **Comb.** ~ real [Barco a remos luxuoso para uso exclusivo do rei]. **2** *an* Navio veloz, à vela, armado com 12 a 20 peças.

beribéri *s m Med* (<cing *beri*: debilidade) Doença por carência da vitamina B1. **Ex.** O ~ pode ser mortal.

bericídeo, a *adj/s Icti* (<lat *bérix,icis* + -ídeo) Diz-se de peixes teleósteos cuja nadadeira pélvica tem um espinho. **Ex.** O cardeal é um ~.

berílio [Be 4] *s m Quím* (<berilo + -io) Elemento metálico, descoberto em 1798, branco-acinzentado, *us* em tubos de raios X, computadores, rea(c)tores ató[ô]micos, etc. **Ex.** O ~ pode provocar o cancro.

berilo *s m Min* (<gr *bérulos*: gema de cor verde-mar) Metal transparente composto por berílio e silicato de alumínio e que forma cristais verticalmente estriados que podem atingir vários metros de comprimento.

berimbau s m Mús (<quimbundo *mbirimbau*) **1** Instrumento musical em forma de ferradura. **2** ~ de barriga/Marimba.

beringela s f Bot (<esp *berenjena* <ár *badinjana*) Planta solanácea e seu fruto roxo e brilhante; *Solánum melongéna*. **Ex.** Apreciava muito ~s fritas.

berkélio s m ⇒ berquélio.

berlinda s f (<fr *berline*<top Berlim) Carruagem antiga de dois assentos. **Idi. *Estar/Andar na* ~** [Ser alvo de muitos comentários]. ⇒ coche.

berlinde s m (< ?) **1** Pequena esfera (colorida). **2** Jogo infantil com **1**. **Ex.** Na minha escola jogamos muito ao ~.

berlinense adj /s 2g (< Berlim + -ense) De Berlim.

berliques elem de loc (<fr *brelique-breloque*: ao acaso) **Loc.** Por artes de ~ e berloques [Por magia ou forma misteriosa].

berloque s m (<fr *breloque*) **1** Enfeite pendente de pulseira ou relógio. **Sin.** Pende[u]ricalho. **2** Obje(c)to sem valor/Insignificância. **Loc.** Por artes de berliques e ~s [Por magia].

berma (Ê) s f (<hol *berm*: corte inclinado de terreno) **1** Orla de estrada. **Ex.** Na estrada deve-se caminhar pela ~, de frente para os carros. **Sin.** Beira; borda; *Br* acostamento. **2** *Mil* Espaço entre a base da muralha e o fosso. **3** Caminho entre um molhe e a borda de um canal.

Bermudas s f pl Geog Ilhas do Atlântico Norte.

bermuda(s) s f pl (<top Bermudas) Calções compridos até ao joelho. **Ex.** No verão andava de ~.

bernaca s f Ornit (<fr *bernache*) ⇒ Ganso bravo (+).

bernarda s f (<Bernarda, revolução de 1862, em Braga) ⇒ Revolta/Motim/Desordem.

bernardo, a adj/s (<antr S. Bernardo) **1** (O) que pertence ou é relativo à Ordem de S. Bernardo. **Sin.** Monge de Cister. **2** ⇒ estúpido; glutão.

bernardo-eremita s m Zool (<fr *bernard-l'ermite*) ⇒ Casa-alugada[-roubada]; paguro; eremitão.

berne¹ s m (<corr de verme) **1** Zool Larva que produz tumores subcutâneos. **2** Vet Tumor provocado pela larva.

berne² s m (<top Berna, cidade suíça) Pano vermelho de reposteiros.

berquélio [Bk 97] s m Quím (<top Berkeley, cidade da Califórnia) Elemento transuraniano, radia(c)tivo, obtido artificialmente em 1949. **Sin.** Berkélio.

berra s f (<berrar) **1** A(c)to de gritar muito «a criança». **2** Cio «dos veados». **Idi. *Estar/Andar na* ~** [Estar em moda/Ser muito falado]. **3** Ornit ⇒ narceja.

berrador, ora adj/s (<berrar + -dor) (O) que berra/grita.

berrante adj 2g (<berrar + -ante) De cores vivas/Garrido. **Ex.** Ela deu nas vistas com o seu vestido ~. **Comb.** Cor (muito) ~.

berrão, ona s (<berrar + -ão) **1** Criança que chora ou grita muito. **2** *pop* ⇒ varrão.

berrar v t/int (<berro + -ar¹) **1** Gritar a chorar. **Ex.** O miúdo berrava tanto que tapei os ouvidos. O gado, com fome, berrava nos estábulos. ⇒ bramir; uivar. **2** Falar muito alto. **Ex.** Não berre [grite] (, que eu não sou surdo)! ⇒ ralhar. **3** Dar nas vistas pelas cores vivas. **4** Destoar/Não condizer.

berraria s f (<berrar + -ia) Gritaria/Choradeira. **Sin.** Berreiro(+).

berrata s f (<berrar + -ata) ⇒ berreiro.

berregar v int (<berro) Berrar sem parar.

berreiro s m (<berrar + -eiro) Berros altos e repetidos, acompanhados de choro.

berrida s f Ang (<berro + fugida) ⇒ fuga (com medo); afugentamento.

berro s m (<lat *vérres,is*: porco por capar, varrão) **1** Voz de alguns animais. **2** Grito/Brado. **Loc.** Dar dois ~s a alguém [Repreender/Ameaçar em voz alta]. **Idi. *Dar o* ~** [Avariar-se/Acabar/Morrer] (**Ex.** Já não vamos passear, porque o meu carro deu [acaba de dar] o ~). **Comb.** «falar» Aos ~s [Gritando]. **3** *Br* ⇒ revólver.

bertoldo, a s/adj (<it *antr Bertoldo*) ⇒ parvo/tolo.

Berzabu, Berzabum, Berzebu ⇒ Belzebu.

besou[oi]rar v int (<besouro + -ar) **1** Zunir. **2** Falar baixo/Sussurrar. **Sin.** Bichanar(+).

besou[oi]ro s m (< ? esp *abejorro*, aum de *abeja*: abelha) **1** Ent Inse(c)to que produz forte zunido. **2** Icti Peixe teleósteo de cor escura. **Sin.** Olhudo; peixe-diabo. **3** Sinal sonoro semelhante ao ruído [à voz] de **1**. **4** Campainha que produz um zunido. **5** Br ⇒ estilhaço (de rebarbas) «da broca».

besta¹ (É) adj 2g/s f (<lat *béstia*) **1** Animal irracional/de carga. **Ex.** O burro é ~ de carga [de tiro]. Ele trabalha como uma ~ [Ele trabalha muito]. **Idi. cal *Não seja* ~! *Fazer-se tolo/de* ~** [Fingir não compreender]. *Br* **Metido a** ~ ⇒ pretensioso. ⇒ cavalgadura. **2** *depr* Pessoa rude/bruta. **Ex.** Aquilo não é um homem, é uma besta! **Sin.** Brutamontes. **3** Pessoa de corpo desajeitado e possante. **4** Bruto/Grosseiro. **Ex.** Ele tem-se revelado muito ~/bruto/estúpido. **5** *Br* ⇒ vaidoso/presunçoso. **6** *Br* ⇒ «febrezinha» Insignificante/ Sem importância.

besta² (É) s f Mil (<lat *ballísta*) Arma antiga para disparar setas, virotes, ... **Ex.** Antes das [de haver] armas de fogo, a ~ era importante arma de ataque.

besta-fera (Bês) s f **1** Animal feroz. **2** *fig* Pessoa cruel/violenta.

besta-quadrada (Bês) s f *depr* Pessoa grosseira ou muito rude.

bestar v int Br (<besta¹) **1** ⇒ asneirar. **2** ⇒ vaguear; perder tempo.

besteira¹ s f (<besta¹ + -eira) **1** *Br* A(c)to estúpido/irrefle(c)tido. **Ex.** Foi ~ ir hoje à praia. **2** ⇒ insignificância.

besteira² (Bés) s f Mil (<besta² + -eira) Abertura em parte alta da muralha. **Ex.** Atiravam-se setas ao inimigo através das ~s. ⇒ seteira.

besteiro, a (Bés) s Mil (<besta² + -eiro) **1** Soldado que maneja a besta². ⇒ archeiro.

bestiaga s f (<besta¹) **1** Animal de pouco valor. **2** *Fig depr* Pessoa estúpida.

bestial adj 2g (<lat *bestiális*) **1** Próprio de animal ou besta. **Comb.** Instintos ~ais. **2** «a(c)to» Estúpido/Grosseiro. **3** *fam col* Muito grande. **Comb.** Fortuna ~. **Sin.** Colossal; enorme. **4** *gír* Excelente. **Ex.** Ele é um colega ~. **Sin.** Fantástico(o+); formidável(+).

bestialidade s f (<bestial + -idade) **1** ⇒ Brutalidade. **2** ⇒ Animalidade/Grosseria. **3** ⇒ estupidez. **4** Prática de sexo de ser humano com animal. **5** ⇒ enormidade.

bestialização s f (<bestializar + -ção) Processo ou efeito de embrutecer.

bestializar v t (<bestial + -izar) Tornar ou tornar-se estúpido ou semelhante a animal. **Sin.** Embrutecer(+).

bestialmente adv (<bestial + -mente) **1** ⇒ estupidamnte. **2** *fam* Em elevado grau/Muito. **Comb. *Casa* ~ *grande. Pessoa* ~ *simpática*. **3** *fam* Muito bem. **Ex.** Ele toca ~, daí o entusiasmo da assistência. **Sin.** Lindamente(+).

bestiário s m/adj (<lat *bestiárius*) **1** Recinto para guarda de feras no circo romano. **Sin.** Jaula (+). **2** Gladiador que lutava com as feras. **3** Tratado medieval sobre animais, muitas vezes com intuito moral «fábulas». **4** Cole(c)tânea de textos ou imagens sobre animais. **5** adj De besta/fera.

bestificar v t (<besta + -ficar] **1** ⇒ embrutecer. **2** ⇒ embasbacar.

best-seller ing s m Livro/Disco que se vende muito. **Ex.** Esse livro é um ~ [um êxito de livraria]. **Sin.** Publicação de venda recorde.

bestunto s m pop (<besta¹) Cabeça pouco ajuizada. **Idi. *Puxa pelo* ~** «a ver se te lembras». **Sin.** Cachimó[ô]nia.

besugo s m (<catalão *besuc*: zarolho) **1** Icti Peixe teleósteo; *Pagellus acarne*. **2** Fig Pessoa muito gorda.

besuntadela s f (<besuntar + -dela) A(c)ção de besuntar ao de leve.

besuntão, ona s (<besuntar + -ão) Pessoa muito suja ou com roupa cheia de nódoas.

besuntar v t (<lat *bis*: duas vezes + untar) **1** Untar muito. **Loc.** ~ o pão com manteiga. **2** Fazer nódoas/Sujar. **Loc.** ~ a camisa de chocolate [as mãos de óleo].

beta¹[B] (É) s m/adj 2g sing e pl Ling (<gr *béta*) Segunda letra do alfabeto grego. **Ex.** O ~ corresponde ao B/b do alfabeto latino/português. **Comb.** *Fís* **Ondas** ~. **Partícula** ~. **Raios** ~. *Info* **Teste** ~. **Versão** ~.

beta² s m Bot (<céltico *bett*: vermelho) Gé[ê]nero de plantas suculentas, entre elas a beterraba.

beta³ (É) s m (<lat *vitta*: faixa) **1** Lista de cor diferente em pelo de animal, em penas de ave ou em tecido. **Idi.** *Br* **Ver-se em** ~**s** [apuros(+)]. **2** ⇒ veio; corda; faixa.

betão s m (<fr *béton* <lat *bitúmen, minis*) **1** Argamassa usada na construção de casas. **Comb.** «prédio alto de» ~ armado [~ reforçado com estrutura metálica]. **Sin.** *Br* Concreto. ⇒ formigão. **2** Fig Construção civil. **Ex.** Criticam o Governo pela política do ~, preterindo a política social.

betar v t Br (<beta³) **1** Fazer betas/Listrar. **2** ⇒ misturar/combinar. **3** ⇒ harmonizar.

betarda s f Ornit ⇒ abetarda.

bétele s m Bot (<mal *vettila*: folha de mastigar) **1** Planta aromática, piperácea, cujas folhas são muito *us* na Índia, Malásia, Timor-Leste, ... em mistura mastigatória; *Piper betle*. **2** Mastigatório tó[ô]nico, adstringente, feito da noz-areca e outros ingredientes e enrolado na folha de ~.

beterraba s f Bot (<fr *beterrave*) Planta de raiz suculenta. **Ex.** Na Europa fabrica-se muito açúcar de ~. A raiz da ~ serve para saladas e as folhas servem para sopas.

betesga (Tê) s f (< ?) **1** Rua estreita. **Idi. *Meter o Rossio na Betesga*** [Não ter o sentido das proporções]. **Sin.** Beco; viela; ruela. **2** ⇒ Corredor escuro. **3** ⇒ Lojeca. **4** ⇒ Tasca. **5** ⇒ Cubículo.

Bética s f an ⇒ Andaluzia.

betilho s m (< ?) ⇒ bocal/açaime/focinheira.

betoi[ou]ra s f ⇒ abetou[oi]ra.

betonagem s f (<betão + -agem) A(c)to de revestir de betão. **Ex.** Estavam a proceder à ~ do pavimento.

betonada s f (<betão + -ada) Uma betoneira cheia.

betonar v t (<betão + -ar¹) Revestir com betão. **Sin.** *Br* Concretar.

betoneira s f (<betão + -eiro) Máquina (Caldeira giratória) de fazer betão.

betónica [*Br* betônica] s f Bot (<lat *Vettóna, top an*) Planta herbácea, aromática, da família das labiadas, também conhecida por cestro.

bétula s f Bot (<lat *bétula*) ⇒ Vidoeiro.

betuláceas s f pl Bot (<bétula + -ácea) Família de plantas de zonas frias do Norte.

betumagem s f (<betumar + -agem) A(c)to de betumar.

betumar v t (<betume + -ar¹) Aplicar betume. **Ex.** Antes de pintar, teve o cuidado de ~ a parede da sala. **Loc.** ~ o soalho. **Sin.** Abetumar.

betume s m (<lat *bitúmen,minis*) **1** Geol Petróleo natural. **Comb.** ~ asfáltico [Asfalto]. **2** Massa para fixar vidros nos caixilhos, tapar fendas ou vedar.

betuminoso, a adj (<lat *bituminósus*) **1** Geol «rocha» Que contém betume. **2** Como betume.

béu-béu s m (< *on*) **1** Infan Cão. **2** Voz de cão pequeno. **Ex.** O cãozinho [cachorrinho] faz ~ (O cão grande faz ão-ão).

bexiga s f (<lat *vesíca*) **1** Anat Órgão que acumula a urina. **Ex.** Para alguns exames médicos importa que a ~ esteja cheia. **Loc.** Aliviar a ~ [Urinar]. **2** pl Med Varíola ou vestígios deixados na pele por esta doença. **Ex.** O miúdo não viera à escola por estar com ~s. **Comb.** **~s loucas/doidas** [Varicela]. **Picado das ~s** [Com vestígios de varíola na pele].

bexiga-natatória s f Icti Órgão dos peixes. **Ex.** Os peixes sobem ou descem na água graças à ~.

bexigoso [bexiguento] adj/s (<bexiga + ...) (O) que tem marcas de varíola. **Comb.** O rosto [A cara] ~/a.

bezedor s m Icti (< ?) Peixe teleósteo. **Sin.** Lua, mola, pendão, roda, rodim, rolim.

bezerro, a (Zê) s Zool (<lat *ibicírrus* <*íbex, bicis:* camurça) Cria (jovem) de bovino. **Idi.** *Pensar na morte da* **~a** [Estar alheado/distraído]. **Comb.** ~ marinho ⇒ foca. *idi* ~ de oiro **a)** Ídolo; **b)** Dinheiro. **Sin.** Vitelo(+).

bi- pref (<lat *bis*: duas vezes) Significa o dobro «do tempo/da quantidade».

bianual adj 2g (< bi- + ...) **1** Que dura dois anos. **Comb.** Planta ~. **2** Que se realiza cada [de dois em] dois anos. **Comb.** Congresso ~. ⇒ bienal; semestral.

biarticulado, a adj (<bi- + ...) Que se articula em dois pontos.

bias ing ⇒ **1** Viés/Inclinação. **2** Preconceito. **3** Parcialidade. **4** Polarização (Em *Ele(c)tron*).

biatómico, a [*Br* **biatômico**] adj Quím (<bi- +...) Que tem dois átomos. **Sin.** Diató[ô]mico.

biauricular adj 2g (<bi + ...) Que é relativo aos dois ouvidos. **Comb.** Otite ~.

biaxial (Acss) adj 2g (<bi + ...) Que tem dois eixos. **Comb.** Cristal ~.

bibe s m (<ing *bib* <lat *bíbo,ere*: beber) **1** Bata de criança. ⇒ babeiro [babadouro]. **2** *Ornit* ⇒ abibe.

bibelô s m (<fr *bibelot*) **1** Pequeno obje(c)to de adorno. **Ex.** A estante da sala apresentava muitos ~s. **2** Obje(c)to sem utilidade.

bibelot fr s m ⇒ bibelô.

biberão s m (<fr *biberon* <lat *bíbo,ere*: beber) Frasco com tetina. **Ex.** O bebé/ê bebia água pelo ~. **Sin.** *Br* Mamadeira.

Bíblia s f (<gr *biblíon* <*bíblos:* papiro/papel) **1** *maiús Crist* Cole(c)ção de Livros do Antigo e Novo Testamento. **Ex.** S. Jeró[ô]nimo traduziu a ~ para latim. **Sin.** Escrituras; Sagrada Escritura. **2** *fig* Obra fundamental num domínio. **Ex.** O tratado escrito por esse autor é uma ~ no Direito Administrativo. **3** Livro preferido ou de leitura assídua. **Ex.** *Os Lusíadas* são a minha ~. **4** adj ⇒ papel ~. **5** s m br ⇒ protestante.

biblicista s 2g (<bíblico + -ista) Entendido/Formado em Bíblia. **Sin.** Escriturista.

bíblico, a adj (<Bíblia + -ico) Da Bíblia. **Ex.** Ele citava muitas vezes textos ~s.

biblio- pref (<gr *biblíon*: livro) Significa livro.

bibliofilia s f (<*bibliófilo* + -ia) Amor aos livros. ⇒ bibliomania.

bibliófilo, a adj/s (<*biblio-* + -filo) (O) que aprecia/colec(c)iona livros, sobretudo raros ou preciosos.

bibliofobia s f (<*bibliófobo* + -ia) Aversão aos livros.

bibliófobo, a adj/s (<*biblio-* + gr *phóbos:* aversão) (O) que tem aversão aos livros.

bibliografia s f (<gr *bibliographía*) **1** Ciência da história, descrição e classificação dos livros. **2** Lista de livros e trabalhos sobre um assunto. **Ex.** No fim do trabalho [da tese de formatura], o aluno indicou uma vasta ~. **3** Lista de obras de um autor. **4** Se(c)ção de divulgação e crítica de obras recentes «da revista».

bibliográfico, a adj (<bibliografia + -ico) Que é relativo a bibliografia.

bibliógrafo, a s (<gr *bibliográphos*) **1** Pessoa perita em bibliografia. **2** Pessoa que escreve sobre livros e edições.

bibliologia s f (<*biblio-* + gr *lógos:* tratado + -ia) Conhecimento teórico do que respeita aos livros.

bibliológico, a adj (<bibliologia + -ico) Que é relativo à bibliologia.

bibliólogo, a s (<*biblio-* + gr *lógos:* tratado) Pessoa conhecedora do que respeita aos livros.

bibliomania s f (<*biblio-* + -mania) **1** Paixão pelos livros. **2** Mania de adquirir livros. ⇒ bibliofilia.

bibliómano [*Br* **bibliômano**] [**bibliomaníaco**], **a** adj/s (<bibliomania) (O) que tem paixão pelos livros.

biblioteca s f (<gr *bibliothéke*) **1** Cole(c)ção de livros classificados e ordenados. **Ex.** A nossa escola tem uma bela ~. **Comb.** **~** *itinerante* [Cole(c)ção de livros transportados em viatura]. **~** *pública*. **Idi.** **~** *viva* [Pessoa sábia]. **2** Cole(c)ção de livros publicados por um editor sobre um mesmo assunto. **3** Edifício, sala ou estante com livros para consulta. **Idi.** *Rato de* **~** [Frequentador assíduo de ~]. **4** *Info* Conjunto de programas à disposição do utilizador.

bibliotecário, a adj/s (<lat *bibliotecárius*) **1** Que é relativo a biblioteca. **2** Pessoa que tem a seu cargo uma biblioteca ou é aí funcionário. **Ex.** Na consulta dos livros, pode ser muito útil uma indicação do ~.

bibliotecnia s f (<*biblio-* + gr *téchne:* arte + -ia) Conjunto de técnicas de produção de livros.

biblioteconomia s f (<gr *bibliothéke*: biblioteca + *nómos* + regra + -ia) Ciência da organização de bibliotecas.

biboca s f *Br* (<tupi *y'by'boka:* fenda na terra) **1** Fenda na terra em resultado de enxurrada/Barranco. **2** Vale profundo de acesso difícil/Desfiladeiro. **3** Casa humilde/de palha. **4** Loja pequena/Venda.

bica s f (<bico) **1** Cano donde sai água/Torneira/Chafariz. **Idi.** *Em* **~** [A fio/ Sem interrupção/ Em grande abundância] (Ex. As lágrimas corriam-lhe em ~ pela cara abaixo. Com aquele calor e cansaço, suava em ~). *Estar à [na]* **~** [Estar iminente/a chegar a sua vez] (Loc. Estar à [na] ~ para ser ministro). **2** ⇒ Bico/Ponta. **3** *Gír* Café expresso. **Ex.** Fomos tomar uma ~ ao bar da Escola. **4** *Icti* Peixe teleósteo. **Sin.** Dourada, breca. **5** *Gír br* ⇒ mina «de dinheiro»; enxurrada «de aprovações em exame».

bicada s f (<bico + -ada) **1** Golpe feito com o bico. **Ex.** O papagaio deu uma ~ no dono. **Idi.** Dar ~s em [Picar] alguém [Maldizer]. ⇒ Picada. **2** Porção que a ave leva no bico. **3** *fig* Pequena quantidade. **Ex.** Deu duas ou três ~s na comida e não quis comer mais. **4** ⇒ ponta; cume [pico] de um monte. **5** Ramada alta das árvores.

bicado, a adj (<bicar) **1** «figo» Picado pelos pássaros. **2** «ave» Que, no brasão, tem o bico de cor diferente. **3** *Br* Um pouco embriagado.

bical adj 2g (<bico + -al) **1** «fruta» Que tem bico. **Ex.** A cereja ~ é muito apreciada. **2** ⇒ bicudo(+).

bicame s m br (<bica + -ame) Canalização de águas.

bicameral adj 2g (<bi- + câmara + -al) Que apresenta duas câmaras legislativas. **Ex.** No Japão [Reino Unido] vigora um sistema político ~.

bicameralismo s m (<... + -ismo) Sistema político bicameral.

bicampeão, ã adj /s (<bi- + ...) (O) que em dois anos consecutivos é [recebe o título de] campeão.

bicanca s f (<bico + -anca) **1** Nariz grande e pontiagudo/Bicanço 2(+). **2** *Br* ⇒ biqueirada; biqueiro.

bicanço s m (<bico + -anço) **1** Bico grande. **2** *pop depr* Nariz grande e pontiagudo. **Sin.** Bicanca; penca(+).

bicão adj/s m (<bico + -ão) **1** (O) que é intrometido. **Sin.** Intruso; metediço; *Br* penetra. **2** *Br* (O) que vive à custa de outrem.

bicar v t/int (<bico + -ar¹) **1** Picar com o bico/Dar bicadas. **2** Mordiscar ou beberricar. **Sin.** Debicar(+). **3** *Br* Ficar um pouco embriagado.

bicéfalo, a adj (<bi- + gr *kephalé:* cabeça) **1** Que tem duas cabeças. **2** Bot Que tem dois capítulos.

bicelular adj 2g (<bi- + célula + -ar²) Que possui duas células.

bicentenário, a adj/s m (<bi- + ...) **1** Que tem dois séculos. **2** s m Comemoração dos duzentos anos de um acontecimento.

bíceps s m (<lat *bíceps,cípitis*) **1** Anat Músculo com dois ligamentos na parte superior. **Comb.** **~** *braquial* [do braço]. **~** *crural* [da coxa]. ⇒ bicípite **3**. **2** Força muscular.

bicha s f (<lat *bístia* <*béstia:* animal) **1** Fêmea de animal. **Ex.** A gata morreu(-lhes) e andam (muito) tristes com a morte da ~. **Idi.** *Ver se as* **~***s pegam* [Tentar conseguir algo difícil]. **2** Animal alongado e sem patas. ⇒ lombriga. **3** *Fig* Pessoa de trato difícil. **Idi.** *Br Fazer* **~***s*/travessuras(+). *Ficar como* [pior que] *uma* **~** [Ficar furioso] **4** Fila(+) de pessoas que esperam a sua vez. **Ex.** Quando cheguei, já a ~ para o táxi era longa. **5** Tubo metálico maleável. **Comb.** **~** [Serpentina] *de alambique*. **~** *de chuveiro*. **6** ⇒ ~ de rabear. **7** Divisa da patente de militares. **8** *Br depr* Homossexual efeminado. **9** Brinco comprido em forma de serpente.

bicha-cadela s f Ent Inse(c)to alongado com duas fortes pinças no abdómen.

bicha de rabear s f Peça de fogo de artifício que avança pelo chão em ziguezague.

bichanar v t/int (<bichano + -ar¹) **1** Chamar pelo gato «bich(o), bich(o)». **2** Falar baixinho. **Sin.** Segredar.

bichano, a s fam (<bicho + -ano) Gato doméstico.

bichão s m *Br* (<bicho + -ão) **1** Homem corpulento/valentão. **2** *fig* Um ás «em matemática». **Ex.** – Como vai, ~? ⇒ bicharrão.

bichar v int (<bicho + -ar¹) **1** Criar bicho. **Ex.** Sem tratamento fito-sanitário, a fruta pode ~. **2** *Br* ⇒ bichanar; segredar. **3** *Moç/Guiné* ⇒ fazer bicha/fila.

bicharada s f (<bicho + -r- +-ada) Conjunto de vários bichos/animais. **Idi.** *Estar entregue à* **~** [Estar em dificuldades].

bicharia s f (<bicho + -aria) **1** Grande número de bichos/vermes. **2** *Fig* Ajuntamento de pessoas.
bicharoco s m (<bicha + -r- + -oco) **1** Qualquer bicho, sobretudo inse(c)to ou verme. **2** Animal de aspe(c)to asqueroso.
bicharrão s m (<bicho + -arrão) Animal muito grande «gato».
bicha-solitária s f *Zool pop* ⇒ té[ê]nia.
bicheira s f (<bicho + -eira) **1** Conjunto de bichos/Bicharia. **2** Ferida de animal onde se criam larvas de inse(c)tos. **3** *Br* Larvas em ferida ou em carne putrefa(c)ta.
bicheiro, a adj/s/s m (<bicho + -eiro) **1** Que se alimenta de bichos. **2** *Fig* Que é muito meticuloso. **Sin.** Coca-bichinhos(+). **3** *fam* Muito entendido em alguma coisa. **4** s m Frasco de vidro para guardar sanguessugas. **5** s m Haste de ferro com gancho para pesca. **6** s m Vara de barqueiro com gancho para atracar. **7** *Br* Banqueiro do jogo do bicho. **8** *Br* O que anota as apostas no jogo do bicho.
bichento, a adj (<bicho + -ento) **1** Que tem larvas de inse(c)tos ou bichos. **Sin.** Bichoso(+). **2** *Br* Atacado pelo bicho-do-pé.
bicheza s f (<bicho + -eza) Grande número de animais pequenos.
bichinha s f (<bicha + -inha) **1** Bicha pequena/Gatinha. **2** Pequeno bolo/Sonho. **3** *Br* Mulher nova/Mocinha.
bichinha-gata s f Gesto de carinho. **Sin.** Carícia, afago.
bicho s m (<lat *bístius*: animal; ⇒ ~ de sete cabeças/do buraco/do mato/do ouvido) **1** Qualquer animal, exce(p)to o homem. **Ex.** A maçã tem ~. Veja aquele elefante. Que ~! **Prov.** ~ *ruim não morre*. **Idi.** ~ *da consciência* [Remorso]. ~ [Criado] *da cozinha*. ~ *raro* [Pessoa estranha pelo vestuário ou comportamento]. *Andar com o ~ no ouvido* [Andar desconfiado]. *Matar o ~* [Ingerir bebida alcoólica (em jejum)]. *Pancada/Bordoada de criar ~* [Grande pancadaria]. *Que ~ lhes* [te/vos] *mordeu?* [Estranheza pela rea(c)ção de alguém]. *fam Ter o ~ a roer* [Ter fome]. *Br Ver que ~ dá* [Esperar o resultado]. *Br Virar ~* [Enfurecer-se]. **Comb.** ~ de pena [Ave]. **2** *depr* Pessoa má/feia/grosseira. **3** Pessoa amiga. **Ex.** Vem cá ~, dá cá um abraço. ⇒ bichão **3**. **4** *Gír br* Pessoa corajosa/sabedora. ⇒ bichão **2**. **5** *Br* Jogo do ~. **6** *Gír* ⇒ Caloiro. **7** *pop* ⇒ Piolho. **8** *pop* ⇒ Cancro/Câncer. **9** *Br gír* Gratificação por vitória no futebol. **10** *pop* ⇒ «essa» coisa.
bichoca s f (<bicho + -oca) **1** ⇒ verme. **2** ⇒ Minhoca. **3** ⇒ Furúnculo. **4** *Br fam* Pé[ê]nis de criança.
bicho-careta/o s m Indivíduo vulgar. ⇒ zé[joão]-ninguém.
bicho-carpinteiro s m **1** Inse(c)to que rói a madeira. **Sin.** Caruncho. **2** Escaravelho. **Idi. Ter** ~ [Não parar quieto].
bicho-da-seda s m *Zool* Inse(c)to que segrega a seda.
bicho-de-conta s m *Zool* Crustáceo que habita entre as pedras em sítios (h)úmidos e quando se lhe toca fica como uma bolinha. **Sin.** Nígua.
bicho de sete cabeças s m Coisa complicada de difícil solução. **Ex.** – Mudar de casa é algum ~ ?
bicho do buraco s m **1** ⇒ Bicho-do-mato/Misantropo. **2** Pessoa que quase não sai de casa.
bicho do mato s m **1** Animal selvagem/Fera. **2** *Fig* Pessoa pouco sociável. **Sin.** Misantropo.
bicho do ouvido s m *Fig* Tímpano auricular. **Loc.** Massacrar/Matar/Moer o ~ [Importunar de forma continuada].

bicho-do-pé s m *Zool* Inse(c)to que se introduz na pele do pé.
bicho-homem s m *Fig* A espécie humana.
bicho-papão s m Ente imaginário para assustar as crianças. **Sin.** Papão(+).
bichoso, a adj (<bicho + -oso) Que está atacado pelo bicho. **Ex.** Esta maçã está ~a [tem bicho]. **Sin.** Bichento.
bicicleta (É) s f (<fr *bicyclette* <bi- + gr *kýklos*: círculo, roda) **1** Veículo de duas rodas movido a pedal. **2** *Futebol* Chuto acrobático. **3** *Gír* Classificação de oito valores em escala de zero a vinte.
bicípite adj 2g/s m (<lat *bíceps,cípitis*) **1** Que tem duas cabeças. **2** *Bot* Que tem dois capítulos. **3** s m *Anat* Músculo do braço com dois tendões na parte superior.
bico s m (<lat *beccus*; ⇒ de gás/de obra/de papagaio) **1** *Zool* Extremidade córnea da boca das aves. **Idi.** ~ *calado* [Silêncio]. *Calar o* ~ [Deixar de falar]. *Levar* [Trazer] *água no* ~ [Ter uma intenção reservada]. *Melro de* ~ *amarelo* [Pessoa astuta]. *Meter o* ~ [Intrometer-se]. *Molhar o* ~ [Beber «vinho»]. **2** *fam* Ave doméstica. **3** ⇒ biscate/gancho. **4** Ponta/Extremidade. **Idi.** *Ir em* ~s *de pés* [Andar sem fazer ruído]. *Virar o* ~ *ao prego* **a)** Desvirtuar o sentido; **b)** Fugir a um compromisso assumido. **Comb.** ~ *da caneca*. ~ *da caneta*. ~ *da chaleira*. ~ *do fogão-a-gás*. ~ *do lápis*. ~ *do peito* [Mamilo]. **5** *Br* ⇒ Chupeta. **6** *Fig* Pessoa a [que é preciso] alimentar/Boca(+). **7** Aparo de escrever. **Comb.** ~ *de pena (de escrever)*. **8** Extremidade de queimador de gás. **9** *fam* Bebedeira leve. **10** ⇒ ~-de-obra.
bico de gás s m **1** Tubo de gás de iluminação. **2** Queimador do fogão.
bico-de-lacre s m *Ornit* Pássaro de cor parda e bico vermelho.
bico de obra s m Situação complicada/Problema difícil.
bico de papagaio s m **1** *fig* Nariz adunco. **2** *Bot* ⇒ Ca(c)to. **3** *Med pop pl* Excrescências ósseas na coluna vertebral. **Ex.** Os bicos de papagaio causam dores fortes. **Sin.** Osteófito.
bicolor (Ôr) adj 2g (<lat *bícolor,óris*) «sapato» Que tem duas cores. **Comb.** Impressão ~ [a duas cores(+)]. ⇒ bicromia.
bicôncavo, a adj (<bi- + ...) «lente» Que tem duas superfícies opostas côncavas.
biconvexo, a adj (<bi- + ...) «lente» Que tem duas superfícies opostas convexas.
bicorne adj 2g/s m (<lat *bicórnis*) **1** Que tem dois cornos. ⇒ unicorne; unicórneo. **2** «antera» Que termina em duas pontas. **3** s m Chapéu de dois bicos.
bicórneo, a adj (<bi- + corno + -eo) ⇒ bicorne **1/2**.
bicos s m pl (<bico) **1** Renda «de avental» que termina em pontas. **2** *Br* Restos de alguma coisa. **Idi.** ~ *de alfinetes* [Minudências]. ⇒ bico de papagaio **3**.
bicromia s f (<bi- + gr *chróma*: cor + -ia) **1** Presença de duas cores. ⇒ bicolor. **2** *Tip* Impressão a duas cores.
bicuda s f (<bicudo) **1** *Icti* Peixe(s) de cabeça alongada e pont(iag)uda. **Sin.** Barracuda. **2** *Ornit* Galinhola. **3** *Br* Faca pont(iag)uda. **Sin.** Punhal. **4** *Bot* Variedade de azeitona. ⇒ bical.
bicudo¹, a adj (<bico + -udo) **1** Que tem bico. **2** Que é pont(iag)udo. **3** *fig* Complicado. **Ex.** Esse é um problema ~. **4** *Br* Mal-humorado/Zangado. **5** *Br fam* Meio embriagado.
bicudo² s m (<bico + -udo) **1** *Icti* Peixe teleósteo. **Sin.** Sargo, sargueta. **2** *Icti* Peixe teleósteo. **Sin.** Tainha. **3** *Icti br* Peixe teleósteo com boca em forma de bico. **4** *Ornit* Pássaro de bico grosso.

bicúspide adj 2g (<bi- + lat *cúspis,idis*: ponta de lança) **1** «dente» Que termina em duas pontas. **2** *Anat* Que tem duas lâminas. **Comb.** Válvula ~ [mitral] «do coração». ⇒ cúspide; bífido **Ex.**
bidão s m (<fr<gr *píthos*: tonel) Grande recipiente cilíndrico de metal. **Ex.** Antes, o alcatrão para pavimentar as estradas vinha em grandes bidões. ⇒ bujão.
bidé[ê] s m (<fr *bidet*) Bacia oblonga para higiene das partes inferiores do tronco.
bidimensional adj 2g (<bi-+ dimensão + -al) Com duas dimensões. **Ex.** A pintura é uma arte ~.
biebdomadário, a adj (bi- + lat *hebdómada*: semana) ⇒ bissemanal.
bieiviorismo ⇒ behaviorismo.
biela s f *Mec* (<fr *bielle*) Peça metálica. **Ex.** A ~, articulada com a manivela, transforma o movimento de vaivém em movimento circular.
Bielorrússia [Belarus/Bielo-Rússia] s f *Geog* (<*byel*: branco + ...) República do leste da Europa, com a capital em Minsk. **Ex.** Os habitantes de ~ são os bielorrussos.
bielorrusso, a adj/s (< *top* Bielorrússia) Da Bielorrússia.
bienal adj 2g/s f (<lat *biennális,e*) **1** Que se realiza de dois em dois anos. **Ex.** A Festa da Rainha Santa em Coimbra é ~. **2** Que dura dois anos. **Comb.** Planta ~ [bianual(+)]. **3** s f Evento cultural que se realiza cada dois anos. **Ex.** A primeira B~ de S. Paulo foi em 1951.
biénio [Br biênio] s m (<lat *biénnium*) Período de dois anos. **Ex.** Os corpos sociais da Cooperativa foram eleitos para o ~ iniciado em um de janeiro (último).
bifada s f (<bife + -ada) **1** Grande quantidade de bifes. **2** ⇒ bofetada.
bifana s f (<bife +-ana) Pequeno bife de porco em sanduíche. **Ex.** Quando tenho fome peço uma ~.
bifar v t (<fr *biffer*: riscar, cortar) **1** *fam* Roubar. **Sin.** Surripiar(+). **2** *Br* Tirar um bife.
bifásico, a adj (<bi- + fase + -ico) Que tem duas fases. **Comb.** Corrente ~a [difásica].
bife s m (<ing *beef* <fr <lat *bos,óvis*: boi) Posta/Fatia de carne ou peixe. **Ex.** Comia ~ de bovino ou de porco mas também apreciava ~ de atum ou de espadarte. **Idi.** *Estar feito ao* ~ [Estar em dificuldades]. **Comb.** ~ *bem passado*. ~ *(com ovo) a cavalo* [~ frito com um ovo estrelado em cima]. ~ *mal passado* [~ sangrento/em sangue]. ~ *panado* [à milanesa/passado por ovo e pão ralado]. ~ *tártaro* [Carne picada com ovo e molho].
bifeira s f (<bife + -eira) Utensílio de fazer bifes.
bifendido, a adj (<bi- + fender + -ido) Separado em duas partes. **Comb.** Corola ~. **Sin.** Bífido(+).
bífero, a adj *Bot* (<lat *bíferus*) Que dá flor ou fruto duas vezes por ano.
bífido, a adj (<lat *bífidus*) Fendido em duas partes. **Ex.** A víbora tem a língua ~. **Comb.** *Espinha* ~ [Malformação da coluna vertebral, que apresenta uma fissura]. *Pétala* ~.
biflexo, a adj (<bi- + lat *fléxus*: dobrado) Dobrado para os dois lados.
bifloro, a adj *Bot* (<bi- + lat *flos,óris*: flor) Que tem duas flores.
bifocal adj 2g (<bi- + ...) Que tem dois focos. **Comb.** Lentes bifocais.
bifoliado, a adj *Bot* (<bi- + ...) Que tem duas folhas.
biforme adj 2g (<lat *bifórmis*) **1** Que tem duas formas. **Comb.** Planta [Flor] ~. **Sin.**

Dimorfo. **2** *Gram* Que tem uma forma para o masculino e outra para o feminino. **Comb.** Adje(c)tivo ~ «bom, boa». **Ant.** Uniforme. **3** *Min* «cristal» Que apresenta duas faces diferentes.

bifronte *adj 2g* (<lat *bífrons*,óntis) **1** Que tem duas caras. **Comb.** Estátua [Busto] ~. **2** Que é falso. **Sin.** Traiçoeiro(+); «homem» de duas caras (o+).

bifurcação *s f* (<bifurcar + -ção) **1** Divisão «da estrada» em duas partes divergentes. ⇒ cruzamento. **2** Ponto de divisão em dois ramos. **Ex.** Na ~ da traqueia, começam os brônquios.

bifurcar *v t* (<lat *bifúrcus*: de dois ramos + -ar) **1** Dividir(-se) em dois ramos divergentes. **Ex.** A Linha do Oeste bifurca-se em dire(c)ção a Coimbra e à Figueira da Foz. **2** ~se/Montar «a/no cavalo» com uma perna para cada lado. **Sin.** Escarranchar-se(+).

bigamia *s f* (<bígamo + -ia) Estado de casado com duas pessoas.

bígamo, a *adj/s* (<lat *bígamus*) (O) que está casado com duas pessoas.

big-bang ing Explosão da matéria que deu origem ao universo. **Sin.** O grande [primeiro] estrondo.

bigémeo, a [*Br* **bigêmeo**] *adj Bot* (<lat *bigéminus*) Diz-se de flor ou folha cujo pecíolo se divide em dois que, por sua vez, se tornam a dividir em dois folículos.

bigeminado, a *adj* (<bi- + geminado) **1** *Bot* ⇒ bigé[ê]meo. **2** *Med* «pulso arrítmico» Com pulsações duas a duas, entre pausas.

bigeminismo *s m* (<lat *bigéminus* + -ismo) **1** *Bot* Qualidade de bigé[ê]mio. **2** *Med* Arritmia do pulso com batimentos aos pares.

bigle *s m* (<ing *beagle*) Cão de corrida. **Sin.** Galgo.

bignónia [*Br* **bignônia**] *s f Bot* (<fr antr *Bignon*) Trepadeira ornamental.

bignoniáceo, a *adj Bot* (<bignó[ô]nia + -áceo) Das (plantas trepadeiras) ~as.

bigode *s m* (< ?) **1** Pelos ou penugem que crescem sobre o lábio superior. **Ex.** Com treze anos já fazia [cortava] o ~, como um homem. **Loc. *Deixar (crescer o) ~. Ter*** [Usar] ~. **Idi.** *fam* **Levar [Apanhar]** *um ~* [Ser derrotado/repreendido]. *fam* **Dar um** *~* [idi] Levar a melhor/Ganhar] *a alguém* **a)** Vencer alguém; **b)** Matar a caça que outrem tentara abater; **c)** Pregar uma partida. **Comb.** ~ retorcido [~ de arame]. ⇒ bigodeira; buço. **2** *fam* Restos de alimentos no lábio superior. **Ex.** Ficou com um grande ~ de cerveja. **3** *pl* Pelos crescidos no focinho de animais. **4** *pl* Homem que usa bigode. **Ex.** Olha o ~s! **5** *Br* Friso de água e espuma levantado pela proa. **6** *Br* Friso de espuma no copo de cerveja. **7** Jogo de cartas.

bigodear *v t* (<bigode +-ear] **1** Não cumprir o contratado/Lograr. **Sin.** Iludir; enganar; ludibriar. **2** *fam* Fazer pouco de/Escarnecer.

bigodeira *s f* (<bigode + -eira) **1** Grande bigode/Bigodaço/ Uns bigodes! **2** Bigodes dos felinos «gato/leão». **3** Escova para limpar cavalgaduras.

bigodinho *s m* (<bigode + -inho) **1** Bigode pequeno. **2** *Ornit* Pintassilgo verde.

bigodudo, a *adj/s* (<bigode + -udo) **1** (O) que tem bigode farto. **2** (A) que tem bigode visível.

bigorna (Gór) *s f* (<lat *bicórnis*: de dois cornos) **1** Peça da oficina «do ferreiro» sobre a qual se molda a chapa/ferradura/… **Idi. *Estar entre o martelo e a ~*** [Estar entre dois perigos]. **2** *Anat* Pequeno osso do ouvido médio.

bigorrilha(s) *s m depr* (< ?) Indivíduo sem valor. ⇒ zé[joão]-ninguém.

bigota (Gó) *s f Náut* (< Por *vigota*, *dim* de *viga*) Moitão do barco à vela. **Ex.** A ~ tem furos por onde passam os colhedores de velas e os cabos de enxárcia.

bigotismo *s m* (<fr *bigotisme*: beatice, carolice) Hipocrisia/Intolerância (religiosa).

bigoudi fr ⇒ Rolo (para encaracolar o cabelo).

bigúmeo, a *adj* (<bi- + gume + -eo) Que tem dois gumes. **Comb.** Faca [Lâmina] ~.

bijagó *adj/s 2g* (<top Bijagós) **1** Do arquipélago ou da tribo dos Bijagós. **2** *s m* Língua falada nos Bijagós, Guiné-Bissau.

bijou fr ⇒ biju.

biju *s m* (<fr *bijou*: jóia) **1** Membro mais novo de família ou «do» grupo. **Sin.** Amorzinho(+); encanto; joia(o+); mirno. ⇒ benjamim. **2** Pão pequeno de trigo. **Sin.** Um pãozinho [Pãezinhos] ; ⇒ carcaça. **3** *Br* ⇒ beiju(+).

bijutaria *s f* ⇒ bijuteria.

bijuteria *s f* (<fr *bijouterie*<*bijou*) **1** Obje(c)to de adorno pessoal de reduzido valor. **2** Conjunto ou loja desses obje(c)tos. **3** Ramo da ourivesaria que fabrica esses obje(c)tos.

bikini ing ⇒ biquíni.

bilabiado, a *adj Bot* (<bi- + labiado) Que tem o limbo dividido em duas partes ou lábios. **Comb. *A corola ~a*** da salva. ***O cálice ~***.

bilabial *adj 2g /s f Fon* (<bi- + labial) (A) que envolve os dois lábios. **Ex.** Entre as (consoantes) ~ais contam-se as oclusivas *p* e *b*.

bilaminado, a *adj* (<bi- + laminado) Que tem duas lâminas.

bilateral *adj 2g* (<bi- + lateral) **1** Que tem [está nos] dois lados. **Comb.** Folhas bilaterais [bilateradas]. **2** *Dir* Que obriga a deveres recíprocos de ambas as partes. **Comb.** Contrato [Acordo/Tratado] ~.

bilateralidade *s f* (<bilateral + -idade) Cará(c)ter ou qualidade de bilateral.

bilboqué[ê] *s m* (<fr *bilboquet*) **1** Utensílio de dourador. **2** Jogo infantil.

bile *s f* ⇒ bílis.

bilénio [*Br* **bilênio**] *s m* (<bi- + milénio) Período de dois mil anos.

bilha *s f* (<fr *bille*: bola) **1** Vasilha portátil para líquidos. **2** Recipiente metálico para gás. **Ex.** Quando cheia, a ~ é bastante pesada. **Sin.** Botija; *Br* bujão.

bilhão *s m* (<bi- + milhão) *Br* Mil milhões/10⁹. **Sin.** *Br* Bilião/10⁹. ⇒ bilião.

bilhar *s m* (<fr *billard*: taco) **1** Jogo. **Ex.** No ~, a bola batida com o taco deve tocar as outras duas. **Comb.** ~ *francês*. ~ *inglês*. *Mesa de* ~. **2** Sala com equipamento para este jogo. **Ex.** Vou ao ~.

bilharda *s f* (<fr *billard*: taco) **1** Jogo infantil com dois paus. **2** Pau mais curto desse jogo aparado em cunha nas pontas, que se faz saltar do chão com o mais comprido.

bilhardar *v t/int* (<bilhar(da)) **1** No jogo de bilhar, bater duas vezes na bola ou em duas bolas ao mesmo tempo. **2** Jogar a bilharda. **3** *pop* Vadiar/Mandriar.

bilhardeiro, a *s* (<bilharda + -eiro) **1** Jogador de bilharda. **2** Vadio/Mandrião.

bilharista *s 2g* (<… + -ista) Jogador de bilhar.

bilhárzia *s f Zool* (<antr *T. Billarz*) Verme parasita.

bilharziose *s f Med* (<bilhárzia + -ose) Doença provocada pela bilhárzia. **Sin.** Esquistossomose.

bilhete (Lhê) *s m* (<fr *billet*) **1** Pequeno papel com mensagem. **Ex.** Como não o encontrei em casa, deixei-lhe um ~. **Comb.** *Br* ~ *azul* [Dispensa de emprego]. ~ [Carteira] *de identidade*. ~ [Cartão(+)] *de visita*. ⇒ ~-postal. **2** Título de transporte. **Ex.** No comboio [trem], o revisor pede o ~ aos passageiros. **Comb.** ~ *de ida*. [*Meio* ~]. ~ *de ida e volta*. **3** Papel de ingresso. **Ex.** Já temos ~s (de entrada) para o filme. **4** Impresso indicativo de participação em lotaria ou rifa. **Comb.** ~ *branco* [~ não premiado]. ~ *de lota[e]ria*. ~ *do totoloto*. ~ *premiado*. **5** Título de crédito. **Comb.** ~ *do Tesouro* [Título de dívida pública] (Ex. Como não gostava de correr riscos, investia em ~s do Tesouro). **6** *pop* ⇒ Bofetada.

bilheteira [*Br* **bilheteria**] *s f* (<bilhete + -eira) **1** Local de venda de bilhetes. **Ex.** Ao meio-dia já havia bichas [filas] junto às ~s do estádio. **Comb.** Êxito de ~ [Grande afluência de público a um espe(c)táculo. **Sin.** Guiché/ê; portinhola **2** Prato/Salva para receber os cartões de visita. **3** Carteira ou lugar para bilhetes.

bilheteiro, a *s* (<bilhete + -eiro) **1** Vendedor de bilhetes. **2** *Br* Vendedor de bilhetes de lota[e]ria. **Sin.** Cauteleiro.

bilhete[cartão]-postal *s m* Cartão com franquia para envio de breve mensagem pelo correio. **Sin.** Postal «ilustrado».

bilheteria *Br* ⇒ bilheteira.

bilião *s m* (<fr *billion*) **1** Um milhão de milhões/10¹². **2** *Br* Mil milhões/10⁹.

biliar *adj 2g* (<bílis + -ar²) Da bílis. **Comb.** Vesícula ~.

bilinear *adj 2g* (<bi- + …) Que apresenta duas linhas. **2** Que envolve a descendência matrilinear e patrilinear.

bilingue [*Br* **bilíngue**] *adj/s 2g* (<lat *bilínguis*) **1** (O) que faz uso regular de duas línguas. **Ex.** A Bélgica é um país ~. Os meus filhos são (todos) ~s. **2** Que está escrito em duas línguas. **Comb.** Dicionário ~.

bilinguismo *s m* (<bilingue + -ismo) Utilização regular de duas línguas.

bilionário, a *adj/s* (<bilião + -ário) (O) que possui, pelo menos, um bilião de euros/dólares/reais… **Sin.** Multimilionário. ⇒ milionário.

bilionésimo, a *num* (<bilião + -ésimo) **1** O último de uma série de um bilião. **2** Cada parte numa divisão por um bilião.

bilioso, a (Ôso, Ósa, Ósos) *adj* (<lat *biliósus*) **1** ⇒ biliar. **2** Que tem muita [a cor da] bílis. **Comb.** Palidez ~a. **Sin.** Esverdeado. **3** *fig* Irascível.

bilirrubina *s f Bioq* (<bílis + rubina) Pigmento eliminado pela bílis.

bílis *s f Fisiol* (<lat *bílis*; ⇒ bile) **1** Produto da secreção do fígado. **2** *fig* Irascibilidade. **Sin.** Mau humor (+).

biliteral *adj 2g* (<bi- + lat *líttera*: letra + -al) «sigla» Que tem duas letras.

bilobado, a *adj* (<bi- + lobo + -ado) «folha» Que tem dois lobos ou lóbulos.

bilocação *s f* (<bi- + …) Presença, por milagre, em dois lugares ao mesmo tempo.

bilocular *adj 2g* (<bi- + lóculo + -ar) «antera/vagem/tumor» Que tem duas cavidades/lóculos.

bilontra *s m depr* (< ?) **1** Pessoa pelintra e velhaca, mas com ares de importante. **Sin.** Caloteiro; patife. **2** *Br* Conquistador amoroso. **Sin.** D. Juan; devasso.

bilontragem *s f* (<bilontra + -agem) **1** A(c)ção de bilontra. **2** Grupo de bilontras.

bilontrar *v int* (<bilontra + -ar) Praticar a(c)ções de bilontra.

biloto *s m* (fr *billot*) **1** Apoio da cabeça do cadáver na mesa de anatomia. **2** *Br* excrescência; tumor.

bilrar *v int* (<bilro + -ar) Trabalhar com bilros.

bilreira *s f* (<bilro + -eira) Mulher que trabalha com bilros. **Sin.** Rend(ilh)eira.

bilro s m (<lat *pírulum*<*pírum*: pera) **1** Pequeno fuso para fazer renda de almofada. **2** *pl* Renda. **Comb.** (Renda de) ~s da Madeira, *Pt.* **3** *pl* Paus cilíndricos num jogo popular. **Ex.** No jogo, a bola, arremessada à mão, vai derrubar o conjunto dos ~s. **4** *pl* Colunas de madeira, finas e retorcidas, na decoração de mobiliário. **Comb.** Cama de ~s. **5** *fig* Homem de pequena estatura, mas elegante. **Sin.** Janota. **6** *Ornit* ⇒ andorinha. **7** Baqueta flexível para percutir tímpanos/timbales.

biltre, a s/adj (<fr *bélitre*: mendigo) **1** Pessoa sem escrúpulos. **Sin.** Patife(+). ⇒ bilontra. **2** ⇒ desprezível/vil.

bimaculado, a adj (<bi- + ...) Que tem duas manchas/malhas.

bimba s f (< ?) **1** *gross* Parte superior da coxa. **2** *Br* Pé[ê]nis de criança. **3** ⇒ Barrote. **4** *Bot* Árvore africana de madeira clara. **5** *Ornit* Ave granívora africana.

bimbalhada s f (<bimbalhar + -ada) **1** Toque simultâneo de vários sinos. **2** Grupo de bimbos/provincianos. **Ex.** Não gostava de conviver com aquela gente, considerava-a uma ~.

bimbalhar v t (<fr *brimbaler*: agitar, badalar) **1** Fazer soar os sinos. **Sin.** Repicar(o+); tocar(+). **2** Fazer mover de um lado para o outro. **Sin.** Balançar(+).

bimbar v t (< bimba + -ar¹) *pop* Entrechocar as coxas.

bimbarra s f (<fr *brimbale*: alavanca) **1** Alavanca de madeira. **2** Engenho para tirar água do poço. **Sin.** Cegonha(+).

bimbo, a s/adj (< ?) **1** *depr* Pessoa provinciana e ingé[ê]nua. **Ex.** Dizia que não queria nada com aqueles ~s. **Sin.** Bisonho; pacóvio(+); provinciano. **2** *depr* Recruta que vem da província para o serviço militar. **Ex.** Na caserna gostava de gozar com os [de zombar dos) ~s que chegavam das berças.

bimembre adj 2g (<lat *bimémbris*) «frase/oração» Que tem dois membros.

bimensal adj 2g (<bi- + ...) Que tem lugar duas vezes por mês. **Sin.** Quinzenal.

bimensário s m (<bi- + ...) Jornal/Revista que se edita duas vezes por mês. **Sin.** Quinzenário.

bimestral adj 2g (<bimestre + -al) **1** Que dura dois meses. **2** Que se realiza/publica de dois em dois meses. **Ex.** Essa revista é ~, saem seis números por ano.

bimestre adj 2g/s m (<lat *biméstris*) **1** s m Período de dois meses. **2** ⇒ bimestral.

bimetal s m (<bi- + ...) Metal coberto de camada de outro (metal).

bimetálico, a adj (<bi + ...) **1** «chapa/lâmina» Composto de dois metais. **2** Referente ao bimetalismo.

bimetalismo s m (<... + -ismo) Existência de moeda cunhada em dois metais «ouro e prata» com valor legal fixo.

bimetalista adj/s 2g (<... + -ista) (O) que é partidário do/relativo ao bimetalismo.

bimotor adj/s m (<bi- + ...) (O) «avião» que tem dois motores.

binação s f (<binar + -ção) **1** *Rel* Celebração de duas missas num dia. **2** *Agr* Segundo amanho da terra antes de semear.

binagem s f *Sericicultura* (<binar + -agem) Junção de dois fios ao fio já torcido do casulo.

binar v int (<lat *bínus*: duplo + -ar¹) **1** *Rel* «um sacerdote» Celebrar duas missas no mesmo dia. **2** *Agr* Dar segundo amanho à terra antes de semear. **3** *Sericicultura* ⇒ binagem.

binário, a adj/s m (<lat *binárius*) **1** Que é formado de 2 elementos [duas partes] ou se baseia em dois valores. **Comb.** *Mat* Operação ~a. **2** *Biol* Que classifica animais e plantas com um binó[ô]mio **2. Comb.** Nomenclatura ~a. **3** *Mús* Ritmo de base dois. **Comb.** Compasso ~. **4** *Info* Sistema de numeração de base 2. **Comb.** Dígito ~.

binde s m (<crioulo *binde*) **1** Vaso de barro ou metal para fazer cuscuz. **2** Cabaça de barro.

binga s f *br* (<quimbundo *mbinga*: corno) ⇒ isqueiro.

bingo s m/interj (<ing *bingo*) **1** Jogo de sorte ou azar. **Ex.** O jogador de ~ ganha quando é o primeiro a regist(r)ar no seu cartão um conjunto completo de números sorteados. **2** Local onde se realiza esse jogo. **Ex.** À noite fomos até ao ~ do meu clube tentar a sorte. **3** *interj* Exclamação de júbilo por ter ganho. **Ex.** ~ ! Cá estão os cinco números em linha!

bin(i)- pref (<lat *bini*: dois; exprime a noção de *par*). ⇒ bi(s)-.

binocular adj 2g (<binóculo + -ar²) **1** Dos dois olhos. **2** *Ó(p)tica* Que tem duas oculares. **Ex.** O microscópio ~ permite a observação simultânea com os dois olhos.

binóculo(s) s m *Ó(p)tica* (<bini- + lat *óculus*:olho) Instrumento com duas oculares para visão à distância. **Ex.** Com o(s) ~(s) pudemos ver, ao pormenor, os movimentos da fera à distância de quinhentos metros. ⇒ monóculo.

binominal adj 2g (<lat *binóminis,e*: que tem dois nomes + -al) Que tem dois nomes. **Comb.** Nomenclatura ~ [binária].

binómio [*Br* **binômio**] s m (<lat *binómius,a,um*: que tem dois nomes) **1** *Álg* Expressão com dois monó[ô]mios separados pelo sinal +/-. **Comb.** ~ de Newton. **2** *Biol* Nome científico de plantas e animais que usa duas palavras latinas que indicam «gé[ê]nero e espécie»; por ex.: *Oryza sativa*: arroz. **Ex.** O sueco Lineu fez a classificação de cada planta [animal] através dum ~.

binubo adj/s m (<lat *binúbus*) (O) que é casado em segundas núpcias.

-bio- pref/suf (<gr *bíos*:vida) Exprime a noção de *vida*, também no meio das palavras.

bioacústica s f (<bio- + ...) Estudo científico dos sons produzidos por [das vozes de] animais.

bioastronáutica s f (<bio- + ...) Estudo das relações entre a biologia e o voo espacial.

bioastronomia s f (<bio- + ...) Estudo da possibilidade de condições de vida fora do sistema solar.

biobibliografia s f (<bio- + ...) Vida de um autor com a indicação das suas obras.

biobibliográfico, a adj (<bio- + ...) Da vida e obra de um autor.

biocatalisador s m *Bioq* (<bio- + ...) Substância do organismo que apressa as rea(c)ções bioquímicas.

biocenose s f *Biol* (<bio- + gr *koinós*: comum + -ose) Associação equilibrada de seres vivos numa área natural/Comunidade. ⇒ hábitat.

biocenótico, a adj (<bio- + gr *koinós*: comum + -ico) Da biocenose.

biociência s f (<bio + ...) Investigação científica interdisciplinar dos seres vivos.

biócito s m *Biol* (<bio- + gr *kýtos*: célula) Célula viva.

bioclimatologia s f (<bio- + ...) Estudo da influência do clima na evolução [no desenvolvimento] dos seres vivos.

bioclimatológico, a adj (<bio- + ...) Da bioclimatologia.

bioco (Biô) s m (<lat *vélum*: véu + -oco) **1** Mantilha/Véu que cobre a cabeça e parte do rosto. ⇒ capuz. **2** *Fig* Simulação. **Comb.** ~s [Laivos] de honra [Pretensões]. ⇒ hipocrisia. **3** *Fig* Atitude/Gesto de ameaça.

biocoloide s m *Bioq* (<bio- + ...) Coloide aquoso nos seres vivos. **Ex.** O sangue e o leite são ~s.

biodegradação s f (<bio- + ...) Decomposição por a(c)ção de microrganismos.

biodegradável adj 2g (<bio- + ...) Decomponível por a(c)ção de microrganismos. **Ex.** Hoje a preocupação ecológica leva à utilização de substâncias biodegradáveis. **Comb.** Lixo ~ «restos de comida».

biodinâmica s f (<bio- + ...) Ciência que estuda a energia [a(c)tividade] nos seres vivos.

biodiversidade s f *Biol* (<bio- + ...) Variedade das espécies/Diversidade genética dentro de cada espécie.

bioeletricidade s f *Biol* [= bioelectricidade] (<bio- + ...) Ele(c)tricidade que os seres vivos produzem e utilizam.

bioenergética s f *Fisiol* (<bio- + ...) Estudo das transformações da energia «gerada pela alimentação» nos seres vivos.

bioenergético, a adj (<bio- + ...) **1** Referente à bioenergética. **2** Referente à bioenergia.

bioenergia s f (<bio- + ...) **1** Energia obtida por transformação química da biomassa. **2** *Biol* Energia produzida pelos seres vivos. **3** *Psic* Energia da mente e do corpo (a libertar) para o equilíbrio do indivíduo.

bioengenharia s f (<bio- + ...) **1** Engenharia genética. **2** Criação/Aplicação de equipamentos [modelos] de engenharia na solução de problemas biomédicos. **Ex.** A ~ tem um papel fundamental na preparação das viagens espaciais.

bioestatística s f (<bio- + ...) Aplicação da estatística aos fenó[ô]menos biológicos.

bioética s f (<bio- + ...) Estudo das implicações éticas de técnicas e procedimentos da Biologia e Medicina. **Ex.** A ~ estuda a licitude de utilização de técnicas como [, por exemplo,] a clonagem.

biofeedback ing *Med* Técnica de [para] o indivíduo tomar consciência do funcionamento dos seus órgãos. **Sin.** Autorresposta orgânica.

biofilia s f (<bio- + -filia) Amor à vida/Alegria de viver. **Sin.** Instinto de conservação (+).

biofísica s f *Biol* (<bio- + ...) Estudo dos fenó[ô]menos biológicos usando métodos e modelos da Física.

biofobia s f (<bio- + ...) Horror à vida ou ao que é vivo «aranhas/ratos».

biófobo, a adj/s (<bio- + -fobo) (O) Que tem biofobia.

biogás s m (<bio- + gás) Gás da fermentação de lixos e estrume animal. **Ex.** O ~, rico em metano, pode ser utilizado para aquecimento doméstico.

biogénese [*Br* **biogênese**] s f *Biol* (<bio- + ...) Teoria que põe a origem de um ser vivo só noutro ser vivo. **Ex.** A ~ é contrária à ideia de geração espontânea.

biogenética s f ⇒ genética.

biogenético, a adj *Biol* (<bio- + ...) Relativo à biogé[ê]nese. **Comb.** Lei ~a.

biogeografia s f (<bio- + ...) Estudo da distribuição dos seres vivos na Terra.

biogeográfico, a adj (<bio- + ...) Relativo à biogeografia.

biogeógrafo, a s (<bio- + ...) Especialista em biogeografia.

biografar v t (<bio- + -grafo- + -ar) Fazer a biografia [Escrever a vida] de alguém. **Ex.** O biografado é o meu avô.

biografia s f (<bio- + -grafia) **1** Descrição «oral» da vida de alguém. **2** Obra sobre a vida de alguém. **3** *Liter* Gé[ê]nero literário.

Ex. A ~ antiga relatava a vida de heróis ou de santos. **Comb.** Especialista em ~.
biográfico, a *adj* (<bio- + -grafo + -ico) Relativo a biografia.
biógrafo, a *s* (<bio- + -grafo) Autor de biografia.
bioindústria *s f* (<bio- + ...) **1** Utilização industrial da biotecnologia. **2** Conjunto das empresas que exploram a biotecnologia.
biólito *s m* (<bio- + -lito) Rocha sedimentar formada de restos de organismos vivos.
biologia *s f* (<bio- + -logia) **1** Estudo científico dos seres vivos. **Comb.** ~ celular. **2** *maiúsc* Disciplina/Curso escolar. **Ex.** Hoje, por motivo de força maior, tive de faltar à aula de B~. **Comb.** ~ geral.
biológico, a *adj* (<biologia + -ico) **1** Relativo à biologia. **Comb.** Agricultura ~a [«cultivo» Sem fertilizantes sintéticos]. **2** Relativo à vida ou a seres vivos. **Comb.** *Arma ~a. Filho ~* (Ant. «filho» Ado(p)tivo). *Mãe ~a* (Ant. «mãe» Ado(p)tiva/De aluguer). *Pais ~s. Química ~a.*
biólogo, a *s* (<bio- + -logo) Especialista em biologia.
bioluminescência *s f* (<bio- + ...) Produção de luz por um organismo vivo. **Ex.** A ~ [luz(+)] do pirilampo, na noite escura, atraía a curiosidade das crianças.
bioma (Ô) *s m* (<bio- + -oma) **1** Vasta área ecológica «o mar» de plantas e animais em equilíbrio estável. ⇒ habitat. **2** Conjunto de seres vivos de uma área.
biomagnetismo *s m Biol* (<bio-+ ...) Sensibilidade dos seres vivos aos campos magnéticos.
biomassa *s f* (<bio- + ...) **1** *Biol* Matéria viva «plantas e animais» em equilíbrio num habitat. **2** Matéria orgânica convertível em (potencial) fonte de energia «elé(c)trica».
biombo *s m* (<jp *byóbú*: parar o vento) Móvel constituído por painéis verticais articulados para isolar um espaço ou resguardar de correntes de ar. **Ex.** O ~ japonês combina a arte com a funcionalidade. ⇒ painel.
biomecânica *s f* (<bio- + ...) Estudo das funções dos organismos (vivos) à luz (dos princípios) da Mecânica.
biomedicina *s f* (<bio- + ...) Ciência que engloba a biologia e a medicina. **Ex.** A imunologia é obje(c)to da ~.
biomédico, a *adj/s* (<bio- + ...) **1** Da biologia e medicina. **Comb.** Ciências ~as. **2** Especialista em biomedicina.
biometria *s f Biol* (<bio- + -metria) Aplicação da matemática ao estudo da dimensão e crescimento dos seres vivos. **Comb.** ~ estatística.
biométrico, a *adj* (bio- + ...) Da biometria.
biomolécula *s f Bioq* (bio- + ...) Molécula própria dos seres vivos.
biomórfico, a *adj* (<bio- + morfo- + -ico) Que tem forma ou estrutura de um organismo vivo. **Comb.** Pintura ~a.
biomorfismo *s m Arte* (bio- + morfo- + -ismo) Representação inspirada no mundo animal/vegetal.
biomorfose *s f Biol* (<bio- + morfo- + -ose) Alteração estrutural num organismo por a(c)ção de um ser vivo. **Ex.** É frequente a ~ nas plantas atacadas por parasitas.
biongo *s m Br* (< ?) **1** Taberna/Venda. **2** Casebre coberto de palha. **Sin.** Choça(+).
biónica [*Br* biônica] *s f* (<bio- + Ele(c)tró[ô]nica) **1** Ciência orientada para o desenvolvimento tecnológico [industrial] a partir do estudo dos fenó[ô]menos [das estruturas] biológicos. **Ex.** A ~ é um exemplo de que a invenção científica se baseia muito na observação da natureza. **2** Ciência que visa criar sistemas artificiais para substituir mecanismos biológicos. **Ex.** A sobrevivência e a qualidade de vida de alguns doentes está dependente do avanço da ~.
biónico, a [*Br* **biônico**] *adj/s* (<bió[ô]nica) **1** Da bió[ô]nica. **2** *Br pop* (O) «deputado» que é nomeado por imposição antidemocrática para um cargo que é ele(c)tivo. **Ex.** A situação do ~ é um tanto incó[ô]moda.
biopse, bió[o]psia *s f Med* (<bio- + gr *ópsis*: visão + -ia) Colheita e exame de tecido de um ser vivo para diagnóstico. **Ex.** Através da ~ pôde concluir-se que o tumor era benigno.
bioquice *s f* (<bioco + -ice) Simulação de grande pudor/modéstia. **Ex.** Não posso com a ~ daquele beatério. ⇒ hipocrisia.
bioquímica (Ò) *s f* (<bio- + ...) Ciência que estuda as rea(c)ções químicas dos organismos vivos. ⇒ química biológica; química fisiológica.
bioquímico, a (Biò) *adj/s* (<bio- + ...) **1** Da bioquímica. **2** Especialista em bioquímica.
biorritmo (Biò) *s m Biol* (<bio- + ritmo) Ciclo de processos biológicos cara(c)terístico de um(a) indivíduo/espécie. Ritmo biológico(+).
bioscópio *s m* (<bio- + -scópio) **1** *Med* Aparelho para verificar a continuação da vida pela secreção de suor. **2** *Cine* Cinematógrafo dos primeiros tempos do cinema.
biosfera (Biòsfé) *s f* (<bio- + esfera) **1** Zonas da Terra «crusta/atmosfera/hidrosfera» onde é possível a vida. **2** Conjunto dos seres vivos existentes na Terra. ⇒ biogeografia.
biossatélite (Biò) *s m* [= bio-satélite] Satélite preparado para transportar seres vivos. ⇒ bioengenharia.
biossíntese (Biò) *s f* [= bio-síntese] Formação «por síntese/degradação» de compostos químicos por organismos vivos. **Comb.** ~ *de hormonas.* ~ *de proteínas.*
biotax(inom)ia *s f* ⇒ taxinomia.
biotecnia [biotécnica] *s f* ⇒ biotecnologia.
biotecnologia (Biò) *s f* (<bio- + ...) Técnicas de modificação de propriedades hereditárias dos seres vivos. **Ex.** A ~, através das manipulações genéticas, permite obter novos produtos na indústria e na agricultura.
biotecnológico, a *adj* (<bio- + ...) Da biotecnologia.
bioterapia (Biò) *s f Med* (<bio + ...) Tratamento com emprego de substâncias vivas. **Comb.** ~ dos fermentos lá(c)ticos e leveduras.
biotério *s m* (<bio- + -tério) **1** Local de criação de animais destinados a experiências. **Ex.** Anexo ao laboratório, há um ~ onde se criam cobaias. **2** Dependência «de Jardim Zoológico» em que se criam pequenos animais para alimentar outros que estão em cativeiro.
bioterrorismo *s m* (<bio- + ...) Terrorismo (com utilização) de armas biológicas.
biótico, a *adj* (<gr *biotikós*) Relativo à vida e aos seres vivos.
biótipo *s m* (<bio- + gr *týpos*: tipo) Conjunto de caracteres «físicos e psicológicos» comuns a vários indivíduos.
biotipologia (Biò) *s f* (<bio- + ...) **1** Ciência que estuda os tipos humanos. **2** Ciência que estuda a relação entre temperamento [cará(c)ter] e a constituição física dos seres humanos.
biotite[a] *s f Min* (<antr J.B. *Biot* + -ite) Silicato básico de potássio, ferro, magnésio e alumínio/Mica preta.
biótopo *s m Biol* (<bio- + gr *tópos*: lugar) Área geográfica com condições favoráveis de solo e clima para um conjunto de seres vivos (adaptados ao meio).

bióxido *s m Quím* (<bi- + ...) Óxido cuja molécula tem dois átomos de oxigé[ê]nio. **Sin.** Dióxido(+).
bip(e) *s m* (<ing *beep<on*) **1** Som agudo de equipamento ele(c)tró[ô]nico. **2** Som agudo e breve que ocorre nas comunicações espaciais. **3** Aparelho portátil que recebe e transmite mensagens/Mensagem por ele enviada.
bíparo, a *adj* (<bi- + lat *pário,rere*: gerar) **1** Que produz ou se reproduz aos pares. **2** «fêmea» Que já teve dois partos.
bipartição *s f* (<lat *bipartítio,ónis*) Divisão em duas partes «de seres unicelulares». ⇒ bissecção.
bipartidário, a *adj Política* (<bi- + partido + -ário) «sistema» Onde há dois partidos relevantes. **Ex.** Nos EUA vigora um sistema ~ (Partido Democrático e Republicano).
bipartidarismo *s m* (<bipartidário + -ismo) Relevância de dois partidos no sistema político. **Ex.** O ~ facilita a constituição de governos estáveis num país.
bipartido, a *adj* (<bi- + partir) **1** Que está partido/dividido em 2 partes/elementos. **Comb.** Acordo ~. **2** *Bot* Dividido em 2 partes/segmentos. **Comb.** Folha ~a.
bipartir *v t* (<bi- + partir) Dividir(-se) em duas partes. ⇒ bifurcar.
bipe *s m* ⇒ bip(e).
bipé *s m* (<bi- + pé) Aparelho «portátil» com dois pés que serve de suporte a obje(c)tos pesados. ⇒ tripé.
bipedal *adj 2g* (<lat *bipedális*: de dois pés) De bípede.
bípede *adj/s 2g* (<lat *bípedis*) **1** Que tem ou se desloca em dois pés. **Ex.** As aves são ~. **Sin.** Bípode. **2** O ser humano. **3** *Zool* Cada par de patas de um quadrúpede. **Comb.** O ~ anterior [As patas da frente(+)].
bipene (Pé) *adj 2g/s f* (<lat *bipénnis*) **1** Que tem duas asas. **Sin.** Bipenado. **2** *s f* Machada de dois gumes.
biperfurado, a *adj* (<bi- + ...) Que tem 2 furos/perfurações.
bipétalo, a *adj Bot* (<bi- + pétala) «flor/corola» Que tem duas pétalas».
bipirâmide *s f Geom* (<bi- + ...) Sólido/Cristal em que duas pirâmides estão unidas pela base.
biplano, a *adj/s* (<bi- + ...) **1** Que tem dois planos. **2** Aeroplano com duas superfícies planas e paralelas nas asas.
bipolar *adj 2g* (<bi- + polo + -ar) **1** Que tem dois polos. **Comb.** *Coordenadas ~res. Dínamo ~. Neuró[ô]nio ~.* **2** Em que há duas forças opostas.
bipolaridade *s f* (<bipolar + -idade) Existência «no íman» de dois polos (contrários). **Comb.** A ~ entre emoção e razão. A ~ entre socialismo e capitalismo.
bipolarização *s f* (<bipolarizar + -ção) **1** Concentração em dois polos. **Comb.** ~ dos militares. **2** Reagrupamento das forças políticas «de um país/uma zona» em dois blocos opostos.
bipolarizar *v t* (<... + -izar) **1** Concentrar(-se) em dois polos. **2** *Política* Agrupar as forças políticas em dois blocos opostos.
biprisma *s m* (<bi- + ...) **1** *Geom* Sólido formado por dois prismas unidos pela base. **2** *Fís* Aparelho de ó(p)tica «com a forma de dois prismas unidos pela base» para estudar a interferência de ondas luminosas.
biquadrado, a *adj Álg* (<bi- + ...) «equação» Do 4.º grau, de incógnita só com expoentes pares/Com coeficiente elevado à 4.ª potência. **Comb.** Equação ~a.
biqueira *s f* (<bico + -eira) **1** Extremidade em bico. **2** Ponta do calçado. **Comb.** ~

de prata dos sapatos. ~ *reforçada* das meias. 3 Remate ou reforço duma extremidade. Sin. Ponteira 4 ⇒ caleira. 5 *fam* ⇒ biqueirada; biqueiro. 6 *Br* ⇒ boquilha. 7 *Br* ⇒ açaime/o; focinheira.

biqueirada *s f* (<biqueira 2 + -ada) Pontapé com a biqueira.

biqueirão *s m Icti* (< biqueira 1 + -ão) Peixe teleósteo. Sin. Anchova; boqueirão; chacaréu.

biqueiro, a *adj/s m* (<bico + -eiro) Que não come de tudo/Esquisito na comida. Ex. – Às vezes é um castigo para o meu filho comer alguma coisa, é muito ~... 2 *s m* Pontapé com a biqueira do calçado/Biqueirada. Ex. – Se me vais às canelas [me dás uma canelada], levas um ~ que até vês (as) estrelas!

biquinho *s m* (<bico + -inho) *dim* de bico. Idi. «a criança» *Fazer ~/beicinho/a* [Estar quase a chorar].

biquíni *s m* (<*top* Bikini, ilhota na zona tropical do Pacífico) 1 Fato de banho de senhora com duas peças. 2 Cuecas de tamanho reduzido.

birbante *s m* (<it *birbante*) Homem vil/falso. Sin. Patife(+); tratante (o+); velhaco.

birita *s f Br* (< ?) Aguardente de cana/Bebida alcoólica.

birmã, birmane *adj/s 2g* ⇒ birmanês.

birmanês, esa *adj/s* (<*top* Birmânia) 1 Da Birmânia. Comb. Um ~. O ~ [A língua ~a]. 2 *s m* Gato de cor acastanhada/dourada e olhos azuis. ⇒ siamês.

Birmânia *s f Geog* (<*top* Birman) País do Su(d)este Asiático. Sin. Myanmar.

birr *s m* Unidade monetária da Etiópia e da Eritreia.

birra *s f* (<lat *vérrea*<*vérres,is*: porco) 1 Obstinação caprichosa/Teimosia. Ex. Não quer fazer as pazes, só por ~. 2 Choro persistente de criança quando contrariada. Ex. – Aquele miúdo é impossível [terrível], dá-lhe [tem] cada ~ ! Loc. *Estar com a ~*. *Fazer ~* [Ser birrento]. 3 Amuo/Zanga. Comb. Uma antiga ~ entre rivais. 4 Sentimento de antipatia/aversão. Comb. ~ com o genro. 5 Mania. Ex. – Nunca se pode contar muito com ele, é de ~s, e então [quando lhe dá a ~] não há nada a fazer. 6 Vício das cavalgaduras de morderem coisas duras, por ex. a manjedoura.

birrar *v int* (<birra + -ar¹) 1 Fazer birra (+)/ Teimar. 2 Antipatizar/Embirrar(+). 3 ⇒ brigar; zangar-se.

birreator, a (Rreàtôr) *adj/s m* [= birreactor] Que tem dois rea(c)tores. Comb. Um (avião) ~.

birrefração (Frà) *s f Fís* [= birrefracção] Fenómeno ó(p)tico de dupla refra(c)ção.

birrefrangência *s f Fís* (<bi- + ...) 1 Dupla refra(c)ção «de raio luminoso». 2 Propriedade de «corpos transparentes» dividirem um raio luminoso em dois.

birrefrangente *adj 2g Fís* (<bi- + ...) De birrefrangência.

birrefringência/birrefringente ⇒ birrefrangência/birrefrangente.

birreme (Rré) *adj 2g/s f Náut* (<lat *birémis*: com dois remos) 1 Que tem dois remos. 2 *s f* Embarcação «romana» antiga com duas ordens [filas] de remos. Sin. Galera.

birrento, a *adj* (<birra + -ento) 1 Que tem birra. Ex. O miúdo é ~, difícil de aturar. Sin. Caprichoso; teimoso. 2 Que mostra mau humor ou aversão. Sin. Antipático; irritadiço.

birrostrado, a *adj Zool* (<bi- + rostro + -ado) «tarso de ave» Com dois esporões.

biruta *adj 2g/s f* (fr *biroute*) 1 *s f Aer* Aparelho indicador dos ventos de superfície «nos aeródromos». ⇒ cata-vento. 2 *adj* ⇒ amalucado; irrequieto; atoleimado.

bis *adv/interj/s m* (<lat *bis*: duas vezes; ⇒ bisar) 1 *adv* «número de ordem» A repetir. Ex. Construiu a versão 3 ~ do aparelho. 2 *interj* Grito de aplauso, pedindo ao artista repetição da última a(c)tuação. Ex. Um coro interminável de "~ ! ~ !" irrompeu na sala de espe(c)táculos. 3 Repetição. Ex. Entusiasmados, todos pediram ~. 4 *Mús* Indicação, na pauta, para se repetir um trecho da música.

bis- *pref* (<lat *bis*: duas vezes, significando repetição por uma vez). ⇒ bi-.

bisalho *s m* (<lat *bisáculus* <*bis* + *dim* de *sáccus*: duplo saquinho) 1 Pequena porção de alguma coisa. Sin. Biscato. 2 Saquinho para guardar joias/preciosidades. 3 *pl* Adornos femininos de pequeno valor.

bisanual *adj 2g* ⇒ bianual/bienal.

bisão *s m* ⇒ bisonte.

bisar *v t/int* (<bis- + -ar¹) 1 Aplaudir a a(c)tuação de um artista, pedindo repetição com gritos de bis. 2 « o artista» Repetir a a(c)tuação a pedido do público. 3 Fazer ou dizer duas vezes. Ex. O avançado acabou por ~ [marcar segundo golo] já no final da partida. Loc. ~ [Repetir] a sobremesa.

bisarma *s f* (<bis + arma) 1 Antiga arma de guerra com gume em (forma de) meia-lua e um gancho na ponta. Ex. A ~ dizimava ferindo com o espigão e cortando com o gume da comprida lança. 2 Coisa ou pessoa de enorme tamanho.

bisavó *s f* (<bis- + ...) Mãe do avô ou da avó.

bisavô *s f* (<bis- + ...) Pai do avô ou da avó.

bisavós *s m pl* (<bis- + ...) 1 Pais da avó ou do avô. 2 Ascendentes distantes/Antepassados. Ex. Há uma grande diferença entre os nossos hábitos e os dos nossos ~.

bisbilhar *v int Br* (<it *bisbigliare*) Falar baixo/ Murmurar. Sin. Cochichar. ⇒ bisbilhotar.

bisbilhotar *v t* (<it *bisbigliare*) 1 Andar a ver para ir contar/Meter o nariz em toda a parte. 2 Intrigar/Mexericar(+). Sin. Murmurar.

bisbilhoteiro, a *adj/s* (<bisbilhotar + -eiro) 1 Intriguista/Mexeriqueiro(+). Sin. Coscuvilheiro. 2 Que procura saber da vida alheia/Intrometido.

bisbilhotice *s f* (<bisbilhotar + -ice) Mexerico/Enredo. Ex. A ~ é um dos defeitos dos meios [das terras] pequeno[a]s. Sin. Coscuvilhice.

bisbórria(s) *s 2g* (<bis- + borra <lat *burra*: tecido grosseiro de lã + -ia) 1 Pessoa sem valor ou ridícula. Sin. Bigorrilhas; troca-tintas. 2 Coisa sem valor/Resto.

bisca *s f* (<it *bisca*: casa de jogo) 1 Jogo(s) de cartas. ⇒ sueca. 2 Carta de jogar com maior número de pintas. Sin. Manilha. 3 Pessoa de mau cará(c)ter. Ex. – Deixa lá [Convence-te/Olha] que está ali uma (boa) ~ !... Sin. Canalha; patife; tratante. 4 ⇒ piada(+); remoque. 5 *fam* ⇒ bofetada. 6 *fam* ⇒ escarro. 7 ⇒ meretriz.

biscainho, biscaio *adj/s/s m* (<*top* Biscaia) 1 Da Biscaia, na Espanha. 2 *s m* Casta de uva preta.

biscar *v t* (<bisca + -ar¹) 1 Jogar à bisca (+). 2 Tirar (uma nova carta) do baralho. Sin. Ir ao baralho (+).

biscate *s m* (<biscato) 1 Pequeno trabalho/ serviço. Ex. Como não tem emprego, vive de ~s. Sin. Gancho; bico. 2 ⇒ remoque.

biscatear *v int* (<biscate + -ar¹) Fazer pequenos trabalhos ocasionais/Fazer biscates.

biscato *s m* (<lat *vescus,a,um*: que come pouco+-ato) 1 Porção de alimento que a ave leva no bico aos filhotes. 2 Pequena porção de alguma coisa/Resto. 3 Obra/Trabalho de pouca importância. ⇒ biscate.

biscoi[ou]tada *s f* (<biscoito + -ada) 1 Grande quantidade de biscoitos. 2 Iguaria feita com biscoitos.

biscoi[ou]tar *v t* ⇒ abiscoitar.

biscoi[ou]teira *s f* (<biscoito + -eira) Recipiente para guardar biscoitos.

biscoi[ou]teiro, a *s* (<biscoito + -eiro) Pessoa que faz/vende biscoitos.

biscoi[ou]to *s m* (<lat *biscoctus*: cozido duas vezes) 1 Pequeno bolo seco bem cozido no forno (Antigamente (era) uma das principais provisões nas naus portuguesas). 2 *Br* Parte saliente à volta do pneu. 3 *fam* ⇒ bofetada. 4 Obra de porcelana não vidrada.

bisegre (Zé) *s m* (fr *bisagüe*) Brunidor de sapateiro para alisar os rebordos da sola.

bisel (Zél) *s m* (<esp *bisel*<lat *biaxius*: com dois eixos) 1 Corte oblíquo de aresta. 2 Rebordo talhado obliquamente para evitar aresta viva. Sin. Chanfradura. 3 Gume de utensílios de corte. Comb. ~ do formão.

biselar *v t* (<bisel + -ar¹) Cortar obliquamente/em bisel «o espelho». Sin. Chanfrar; facetar.

bisesdrúxulo, a *adj Gram* (bis- + ...) «palavra» Com acento tó[ô]nico em sílaba anterior à antepenúltima «devido à adjunção de enclíticas». Ex. «nós» Tomávamo-lo «a sério».

bismutina, bismutinite[a] *s f Quím* (<bismuto) Sulfureto de bismuto.

bismuto [Bi 83] *s m Quím* (<al *Wismut*<*top* Wiesen + *muten*: extrair) Metal branco-acinzentado redutível a pó. Ex. O ~ utiliza-se em medicina e na composição de algumas ligas metálicas.

bisnaga *s f* (<lat *pastináca*: espécie de cenoura) 1 Tubo com pasta dentífrica/cola/ produto medicinal/... 2 Tubo com água ou outro líquido usado nas brincadeiras de Carnaval. 3 *Br* Tipo de pão comprido e cilíndrico. Sin. Cacete(+). 4 *Bot* Planta da família das Umbelíferas. Sin. Paliteira.

bisnagada *s f* (<bisnaga 2 + -ada) Molhadela com esguicho de bisnaga.

bisnagar *v t* (<bisnaga + -ar¹) Apertar a bisnaga para provocar o esguicho do líquido. Sin. Borrifar(+).

bisnau *adj m* (< ?) Astucioso/Finório/Manhoso. Idi. *Pássaro ~* [Pessoa finória e velhaca].

bisneto, a (Né) *s* (<bis- + ...) Filho/a de neto ou de neta.

bisonhice *s f* (<bisonho + -ice) 1 Procedimento do que é bisonho. 2 Inabilidade/ Inexperiência. 3 Acanhamento/Timidez.

bisonho, a *adj* (<it *bisogno*: necessidade (de receber)) 1 Inexperiente e assustado/ Provinciano. 2 Acanhado/Tímido/Carrancudo.

bisonte *s m Zool* (<gr *bíson,óntis*) Mamífero selvagem ruminante, corpulento, de chifres curtos. ⇒ bisão; toiro; búfalo.

bispado *s m* (<bispo + -ado) 1 ⇒ episcopado. 2 Área de jurisdição de um bispo. Sin. Diocese(+).

bispal *adj 2g* (<bispo + -al) ⇒ episcopal(+).

bispar *v t/int* (<bispo + -ar¹) 1 ⇒ ver ao longe/avistar(+). 2 Espreitar/Espiar. 3 *pop* ⇒ bifar(+)/roubar/surripiar. 4 *fam* Deixar queimar [Esturrar] um cozinhado. Ex. O arroz bispou [tem bispo]. A cozinheira bispou o [deixou entrar o bispo no] cozinhado. 5 *pop* ~-se/Evadir-se/Fugir. 6 *v int* ⇒ ser bispo «em S. Paulo».

bispo *s m* (<gr *epískopos*: o que olha à volta «como o pastor») 1 Eclesiástico que recebeu a plenitude do sacerdócio. 2 Prelado

responsável por uma diocese. **3** Pedra do jogo de xadrez. **4** *fam* Esturro na comida. **Idi.** «*arroz*» ***Cheirar a* ~** [a esturr(ad)o]. *pop* ***Trabalhar para o* ~** [de graça/Perder o tempo]. **Comb. ~ *auxiliar*. ~ *coadjutor*. ~ *residencial*. ~ *resignatário*. ~ *titular*.**

bispote *s m pop* (<ing *piss*: urinar + *pot*: vaso) ⇒ penico.

bissecção [*Br* bisse(c)ção (*dg*)**]** *s f* (<bi- + …) Divisão em duas partes iguais.

bisse(c)tor (*dg*) (È) *adj/s m* (<bi- + …) (O) que divide em duas partes [secções] iguais. **Comb.** Plano ~.

bissetriz [*Br* bisse(c)triz (*dg*)**]** (È) *s/adj f* [= bissectriz] (<bisse(c)tor + -triz) Semirre(c)ta que, partindo do vértice, divide o ângulo em dois iguais. **Ex.** A ~ de um ângulo re(c)to divide-o em dois de 45 graus.

bissecular *adj 2g* (<bi- + …) «árvore/conflito» Que tem dois séculos.

bissemanal *adj 2g* (<bi- + …) Que se faz ou publica duas vezes por semana.

bissexto (Sseis) *adj m* (<lat *bisséxtus*) **1** "Com dois seis": 366 dias, quando fevereiro tem 29 dias. **Ex.** No calendário gregoriano [ocidental/solar] são ~s os anos que são divisíveis por quatro «2012/2016/2020/...». **Comb. Ano ~ Dia ~** [29 de fevereiro]. **2** *Br* Que produz pouco. **Comb.** Escritor ~.

bissexuado, a (Ks) *adj* (<bi- + …) **1** *Biol* Que possui os dois sexos ou as suas características. **Sin.** Bissexual; hermafrodita. ⇒ assexuado. **2** *Bot* «flor» Que tem androceu e gineceu. **Sin.** Bissexual; hermafrodita(+).

bissexual (Ks) *adj/s* (<bi- + …) **1** Dos dois sexos. **Comb.** Moda [Roupa] ~. **2** *Biol/Bot* ⇒ bissexuado. **Ant.** Unissexual. **3** (O) que tem apetência sexual em relação a indivíduos de ambos os sexos. **Comb. Comportamento ~. Tendências ~ais.**

bissexualidade (Ks) *s f* (<bissexual + -idade) Qualidade de bissexual.

bissílabo, a *adj/s m* (<lat *bisýllabus*) ⇒ dissílabo.

bisso *s m* (<gr *býssos*: linho da Índia) Linho muito fino com que os antigos fabricavam tecidos preciosos.

bissulfato *s m Quím* (<bi- + …) Sal de ácido sulfúrico que contém um átomo de hidrogé[ê]nio ácido (substituível).

bissulfito *s m Quím* (<bi- + …) Sal de ácido sulfuroso que contém um átomo de hidrogénio ácido (substituível).

bissulfureto (È) *s m Quím* (<bi- + …) Sal de ácido sulfídrico com dois átomos de enxofre na molécula.

bisteca (Té) *s f Br* (ing *beefsteak*) **1** *Cul* ⇒ bife; posta. **2** Peça de carne com osso para bife.

bistre *s m* (<fr *bistre*) **1** Cor escura um tanto amarelada. **2** Tinta feita com fuligem e água, usada em aguarelas, desenho, … **3** Área mais escura das olheiras.

bisturi (Rí) *s m Med* (<fr *bistouri* <it *pistorino* <*top* Pistóia) Instrumento cortante usado em cirurgia. **Ex.** O ~ elé(c)trico, ao cortar, coagula o sangue. **Sin.** Lanceta.

bit *s m Info* (<*abrev* do ing *binary digit*: dígito binário) **1** Unidade de informação mínima transmissível por sistema binário. **2** Unidade de capacidade de memória de um computador. ⇒ byte.

bitacaia *s f Ang* ⇒ bicho-do-pé/nígua.

bitácula *s f* (<lat *habitáculum*: morada) **1** *Náut* Caixa cilíndrica, em pedestal fixo, com cobertura de vidro, para guardar a bússola. **2** *Br* ⇒ botequim. **3** *fam* Nariz/Cara, sobretudo quando se usa óculos. **Idi. Levar nas ~s** [Apanhar bofetadas].

bitola (Tó) *s f* (< ?) **1** Medida padrão/Valor de referência. **Idi. *Medir tudo pela mesma ~/craveira*** [Não distinguir entre o bom e o mau/Não ligar às diferenças]. **Comb.** Atletas com físicos da mesma ~. **Sin.** Modelo; critério; norma; padrão. **2** Distância entre os carris da via-férrea/ferrovia. **Ex.** Há muitas ~s, mas a internacional [normal] é de [tem] 1,435 m. **Comb. ~ *estreita*. ~ *europeia*. ~ *ibérica*. ~ *larga*. 3** Pedaço de cartão usado em trabalhos de costura.

bitolado, a *adj* (<bitolar) **1** Medido com bitola. **1**. **2** Que tem uma visão estreita [limitada] da realidade. **Sin.** Antiquado; fechado. **Ant.** Aberto.

bitolar *v t* (<bitola + -ar) **1** Medir com bitola. **2** Avaliar/Estimar/Julgar. **3** *Br* ~-se/Ganhar uma perspe(c)tiva/visão estreita das coisas. ⇒ bitolado **2**.

bitonalidade *s f Mús* (<bi- + …) Sobreposição de duas melodias de tons diferentes.

bitoque *s m Cul col* (< ?) Bife grelhado [frito] com batatas fritas e ovo estrelado.

bitransitivo *adj m Gram* (<bi- + …) «verbo» Que exige dois complementos: dire(c)to e indire(c)to. **Ex.** O verbo *entregar* é ~: entregar a carteira ao dono.

bitributação *s f* (<bi- + …) Dupla tributação de uma ou mais entidades relativamente ao mesmo bem ou a(c)tividade.

biunívoco, a *adj Mat* (<bi- + …) «relação entre conjuntos» Em que a um elemento de um conjunto corresponde um só elemento do outro conjunto e vice-versa.

biureto (Rê) *s m Quím* (<bi- + ureia + -eto) Reagente usado na dete(c)ção de aminoácidos, na análise de prótidos, … **Comb.** Rea(c)ção do ~.

bivalência *s f Quím* (<bi- + …) **1** Propriedade do elemento químico que tem duas valências. **Ex.** O enxofre [S 16] é um exemplo de ~ pois combina-se com dois átomos de hidrogé[ê]nio. **2** O ter duas funções/capacidades.

bivalente *adj 2g* (<bi- + …) **1** *Quím* Que tem a valência de dois. **Ex.** O oxigé[ê]nio é ~, combina-se com dois átomos de hidrogé[ê]nio para formar a água. **2** *Fil* «lógica» Que só admite os valores de verdadeiro ou falso. **3** *Ling* «predicado» Que requer dois argumentos. **4** *Biol* «cromossomas homólogos» Em que há associação aos pares. **5** *fam* Que tem duas funções ou usos.

bivalve *adj/s 2g* (<lat *bis* + *válvae*: porta de dois batentes) **1** *Biol/Bot* «concha/fruto» Com duas valvas. **Ex.** A amêijoa é ~. **2** *s m pl Biol* Subclasse de moluscos revestidos por concha com duas peças simétricas.

bivaque *s m* (<al *biwak*: acampamento ao ar livre) **1** *Mil* Aquartelamento de tropas em tendas ou abrigos improvisados. **2** Barrete comprido que integra [faz parte de] algumas fardas «militares».

bivitelino, a *adj* (<bi- + …) «dupla gravidez/gé[ê]meos» A partir de óvulos distintos. **Ex.** Os gé[ê]meos ~s não apresentam as grandes semelhanças dos gé[ê]meos monozigóticos. **Ant.** Monozigótico; Univitelino.

bixina (Ks) *s f Quím* (<caraíba *bixa*: vermelho + -ina) Corante vermelho extraído das sementes do urucu.

bizantinice *s f* (<bizantino + -ice) ⇒ futilidade(+)/esquisitice(o+).

bizantinismo *s m* (<bizantino + -ismo) Hábito de discutir temas su(b)tis ou inúteis.

bizantino, a *adj/s* (<lat *byzantínus*) **1** De Bizâncio, hoje Istambul. **Ex.** A arte ~a floresceu sobretudo no séc. VI, no tempo do imperador Justiniano. **2** *depr* Su(b)til/Inútil.

bizarria *s f* (<bizarro + -ia) **1** Bravura/Valentia. **2** Distinção/Elegância/Primor. **Ex.** (Então) como vai essa ~ [disposição]? **3** Bazófia/Bravata. **4** Ostentação/Vaidade.

bizarro, a *adj* (<esp *bizarro*: esforçado) **1** Generoso/Nobre. **2** Elegante/Garboso. **3** Estranho/Excêntrico. **4** Pomposo/Pretensioso.

blá-blá-blá *s m* (<*on*) Conversa fiada, desinteressante, sem conteúdo.

blackout ing *Ele(c)tri* Corte de energia/Apagão. **Idi. ~ *informativo*** [Corte de informação/O ficar sem notícias].

blague *s f* (<fr *blague*<hol *blagen*: soprar, encher) Dito com humor/Gracejo/Piada.

blandícia[e] *s f* (<lat *blandítia*) **1** Carícia/Meiguice/Afago. **2** Lisonja.

blandicioso, a *adj* (<blandícia + -oso) **1** Que afaga meigamente. **Sin.** Carinhoso(+); meigo(o+). **2** ⇒ lisonjeiro.

blasé fr ⇒ enfastiado/frio/indiferente.

blandífluo, a *adj* (<lat *blandífluus*) Que corre suavemente.

blandíloquo, a *adj* (<lat *blandus*: brando + *lóquor,ere,locútus sum*: falar) Que fala com brandura/suavidade.

blasfemador, ora *adj/s* (<lat *blasphemátor,óris*) (O) que profere blasfé[ê]mias.

blasfemar *v int* (<lat *blasphémus*: blasfemo + -ar) **1** Proferir blasfé[ê]mias/ultrajes contra Deus ou a religião. **2** Insultar/Injuriar/Praguejar. **Loc.** ~ da [contra a] má sorte.

blasfematório, a *adj* ⇒ blasfemo.

blasfémia [*Br* blasfêmia] *s f* (<lat *blasphémia*) **1** Injúria feita a Deus ou à religião. **2** ⇒ insulto/calúnia/difamação.

blasfemo, a (È) *adj/s* (<lat *blasphémus*) **1** (O) que diz ou contém blasfé[ê]mia. **Ex.** Porque é um livro ~, não será de aconselhar. **Comb.** «morra Deus! é» Palavra ~a. **2** Insultuoso/Ultrajante.

blasonador, ora *adj/s* (<blasonar + -dor) (O) que se vangloria. **Sin.** Bazófias; fanfarrão(+).

blasonar *v t/int* (<fr *blassoner*: decifrar brasões) **1** Vangloriar-se/Gabar-se. **Sin.** Alardear; ostentar. **2** ⇒ brasonar.

blasonaria *s f* (<blasonar + -aria) A(c)to ou cará(c)ter de blasonador.

blastema (Tê) *s m Biol* (<gr *blastéma*: embrião) Agregado de células embrionárias ainda indiferenciadas.

blasto *s m Bot* (<gr *blastós*: rebento) Parte do embrião que se desenvolve por germinação.

-blasto- *pref* (<gr *blastós*: rebento, significando a ideia de gérmen).

blastocele/a *s m Biol* (<blasto- + gr *kóilos*: côncavo) Cavidade do embrião na fase de blástula.

blastoderma[e] *s f Biol* (<blasto- + gr *dérma*: pele) Membrana que rodeia a cavidade do ovo na fase de blástula.

blastogénese [*Br* blastogênese] *s f Biol* (<blasto + …) Formação da forma embrionária inicial por fragmentação do ovo.

blastomicete(s) *s m Biol* (<blasto- + gr *mýkes, etos*: fungo) Fungo que se reproduz por germinação.

blastomicose *s f Med* (<blasto- + …) Doença provocada por um blastomicete.

blástula *s f Biol* (<blasto- + -ula) Fase inicial de desenvolvimento do embrião.

blateração *s f* (<blaterar + -ção) **1** A(c)to de tagarelar. **2** Voz (semelhante à) do camelo.

blaterar *v int* (<lat *blátero,áre*: tagarelar) **1** Tagarelar/Parolar. **2** Gritar contra algo/alguém. **3** Berrar «o camelo».

blátida(s), blatídeo(s) *adj/s 2g Zool* (<lat *blátta*: barata + -ida/-ídeo) Inse(c)to com asas, corredor, de corpo alongado e oval.

Ex. A barata pertence à família dos Blátidas ou Blatídeos.
blau *adj 2g /s m* (<fr antigo *blau*: azul) (Da) cor azul dos brasões.
blazer *ing* **1** Casaco desportivo [esportivo] de cor viva. **Ex.** O ~ assentava-lhe muito bem, parecia feito por medida. **2** Casaco curto de modelo clássico/*Br* Japona. ⇒ blêizer.
blecaute *s m* ⇒ blackout.
blefarite *s f Med* (<gr *blépharon*: pálpebra) Inflamação da borda livre da pálpebra.
blefaroplastia *s f Med* (<gr *blépharon*: pálpebra +...) Operação cirúrgica para restaurar a pálpebra.
blefe *s m Br* ⇒ fingimento; logro.
blêizer *s m* ⇒ blazer.
blematómetro [**blemómetro**] [*Br* **blemômetro**] *s m* (<gr *bléma,atos*: tiro + *métron*: medida) Aparelho para medir a força da mola nas pequenas armas de fogo.
blenda *s f Min* (<al *blende*) Mineral, sulfureto de zinco, que cristaliza no sistema cúbico e em várias cores. **Sin.** Esfalerite.
bleniída(s), bleniídeo(s) *s m Icti* (<gr *blénnos*: muco + -ida/-ídeo) Família de peixes teleósteos, sem escamas, de corpo em forma de fuso e pele lisa. **Ex.** O caboz é um ~.
blenorragia *s f Med* (<gr *blénnos*: muco + *rhagé*: erupção + -ia) Inflamação purulenta da mucosa dos órgãos genitais originada pelo gonococo. **Sin.** Gonorreia(+). ⇒ blenorreia.
blenorrágico, a *adj* (<blenorragia + -ico) Da blenorragia.
blenorreia *s f Med* (<gr *blénnos*: muco + *rhéo*: correr + -ia) Corrimento mucoso pela uretra sem inflamação. ⇒ blenorragia.
blindado, a *adj/s m* (<blindar) **1** Com revestimento de metal/aço. **2** *fig* Bem protegido/defendido. **3** *Mil* Equipado com carros de combate. **Comb.** Divisão ~a. **4** *s m Mil* Carro de combate revestido de aço, deslocando-se com rodas ou lagartas. **Comb.** Trinta ~s.
blindagem *s f Mil* (<blindar + -agem) **1** A(c)ção ou resultado de blindar. **Ex.** Resolveu encomendar a ~ da porta de casa por causa de eventual assalto, agora que vai de férias. **2** *Mil* Revestimento com chapas de aço para prote(c)ção contra projé(c)teis. **3** *Fís* Dispositivo de prote(c)ção contra campos elé(c)tricos/magnéticos ou radiações.
blindar *v t* (<al *blenden*: cegar) **1** Revestir com metal/aço. **2** Proteger/Reforçar. **3** *Fís* Proteger da a(c)ção de campos elé(c)tricos [magnéticos] ou de radiações.
blindas *s f pl* (<fr *blindes*: estacadas) Peças de madeira para sustentar as faxinas de um fosso. **Ex.** As ~ são uma segurança para quem trabalha num fosso.
blocagem *s f* (<blocar + -agem; ⇒ bloqueio) **1** A(c)to de blocar. **2** Fixação de uma coisa a outra, evitando folgas. **3** *Com* Medida para estabilizar os preços. **4** *(D)esp* Interce(p)[ta]ção do jogador que conduz a bola no râguebi. **5** *Tip Br* Se(c)ção onde se fazem blocos de papel.
blocar *v t* (<bloco + -ar[1]) **1** Juntar «informação/brita» num todo compacto, num bloco. **2** ⇒ bloquear. **3** *Tip br* Fazer blocos de papel. **4** *(D)esp* «o guarda-redes/goleiro» Segurar bem a bola rematada pelo adversário. **Sin.** Agarrar(o+); segurar(+).
bloco *s m* (<hol *bloc*: tronco) **1** Massa coesa e volumosa de substância sólida. **Comb.** ~ de gelo [mármore]. **2** Paralelepípedo de betão. **Ex.** Ali, na construção das casas, usam mais ~s (do) que tijolos. **Idi.** *Br Botar o ~ na rua* [Morrer]. **3** Prédio/Edifício de vários andares. **Ex.** O meu apartamento fica no Bloco A. ⇒ quarteirão. **4** Caderno «de desenho» de folhas separáveis. **5** Conjunto de elementos formando um todo. **Ex.** A nossa equipa/e a(c)tuou como um ~. **Loc.** «ir protestar» *Em bloco* [Conjuntamente/Todos juntos]. *Formar um (só)* ~. **Comb.** ~ *operatório* [Local para fazer cirurgias]. ~ *informativo* [Conjunto de notícias de um serviço informativo]. **6** Grupo de pessoas/partidos/movimentos unidos por um mesmo obje(c)tivo. **Comb.** *Bloco Central. Bloco de Direita* [das direitas]. *Bloco de Esquerda* [das esquerdas]. **7** Grupo de países [regiões] com ideologia comum. **Comb.** Bloco de países ricos.
blogue *s m Info* (<ing *blog*) Página da Internet com uma estrutura que permite uma a(c)tualização rápida, acrescentando novos artigos que se organizam por ordem cronológica inversa. **Ex.** Há alguns ~s focados numa temática particular, recebendo comentários de uma ou de várias pessoas, enquanto [mas] outros (~s) funcionam como diários *online*. Na formação da opinião pública tem vindo a crescer a influência [o papel] dos ~s.
bloqueador, ora *adj/s* (<bloquear + -dor) (O) que bloqueia.
bloquear *v t/int* (<bloco + -ear) **1** ⇒ cercar/rodear/fechar. **2** Obstruir/Impedir. **Ex.** Aquele jogador «de voleibol» bloqueia muito bem. **Loc.** ~ *um proje(c)to* [plano]. «você está a » ~ *a passagem* [porta]. **3** Travar/Impedir o movimento. **Ex.** A polícia anda a ~ os carros mal estacionados. **4** *v int Psic* Ficar subitamente impedido de falar/pensar. **Sin.** Inibir; paralisar.
bloqueável *adj 2g* (<bloquear + -vel) «porto» Que pode ser bloqueado/fechado.
bloqueio *s m* (<bloquear) **1** Interrupção de passagem. **Comb.** ~ da estrada. **2** *Mil* Cerco de um território, impedindo relações com o exterior. **Loc.** *Furar o ~*. *Levantar* [Terminar] *o ~*. **Comb.** ~ *econó[ô]mico* [naval]. **3** *Med* Interrupção de uma função. **Comb.** ~ [Paragem] *cardíaco/a*. **4** *Psic* Dificuldade súbita de falar/raciocinar. **Comb.** ~ [Paralisação] *emocional*. **5** *Mec* Imobilização. **Comb.** ~ *dos travões* [freios]. **6** Recusa. **Comb.** ~ *informativo*. **7** *(D)esp* «no voleibol» Barreira de braços erguidos junto à rede travando ataque adversário. **Sin.** Corte.
bloquista (Ò) *s 2g* (<bloco + -ista) **1** Pessoa que pertence a um bloco. **2** *Tip Br* O que prepara blocos de papel.
blue-jeans *ing* «calça(s)» Ganga(+).
blues *ing* Música/Dança de ritmo lento e temática melancólica dos anos 20.
bluff *ing* ⇒ fingimento; logro.
blusa *s m* (<fr *blouse*) Vestuário leve, até aos quadris. **Loc.** «mulher» *Sair de saia e* ~. **Comb.** ~ *de marinheiro*. ~ *de trabalho*. ⇒ bata; jaqueta; casaco [paletó]; camisola [suéter].
blusão *s m* (<blusa + -ão) Blusa larga e comprida para agasalho.
blush *ing* Cosmético a aplicar no rosto para mudar tonalidade.
boa[1] *adj/s f* ⇒ bom.
boa[2] *s f* (<lat *boa*: serpente) **1** *Biol* Grande serpente da América tropical. **Sin.** Jiboia. **2** ⇒ boá.
boá *s m* (<boa[2]) Estola de plumas ou pele usada pela mulher em redor do pescoço. **Ex.** O ~ pode servir de agasalho ou só de decoração.
boa-fé *s f* **1** Sinceridade de intenção/Honestidade. **Comb.** «fez isso» *De* ~ [Sem segundas intenções]. **2** Ingenuidade/Inocência. **Ex.** Na minha ~, aceitei a proposta; só depois me arrependi.
boal *s m* (< ?) Nome inicial de algumas castas de videira. **Ex.** Na região são comuns o boal-de-alicante, o boal-dona-branca, ...
boamente *adv* (<bom + -mente) Com bons modos/Às boas/Agradavelmente. **Ex.** Discutimos (muito), mas tudo se resolveu [mas acabou tudo] ~. ⇒ bem.
boana *s f* (< ?) **1** Cardume de peixes miúdos. **2** Tábua delgada para fazer caixotes. **3** Conjunto de folhas ou tábuas finas para revestimento. ⇒ casquinha.
boa(s)-noite(s) *s f* **1** *s f /Br s m* Saudação usada à noite (a partir do escurecer), na chegada ou despedida. **Ex.** ~; como está [; tudo bem]? ~ [Até amanhã]. **2** *Ornit* ⇒ noitibó. **3** *Bot* Planta trepadeira ornamental; *Ipomoéa álba*.
boa-nova *s f* **1** Notícia feliz. **Ex.** Quando soube a nota do exame, veio logo dar [comunicar]-nos a ~. **2** *Crist* Mensagem de salvação/Anúncio evangélico. **3** *Ent* Borboleta branca «sinal de ~».
boa-pinta *adj/s 2g Col* (De) boa aparência/ *Br* Elegante. **Loc.** *Ser ~*. *Ter ~*.
boas ⇒ boamente; bom **11**.
boas-entradas *s f pl* Cumprimento e voto de felicidades pelo Ano Novo. **Ex.** Via-se que toda a gente era amiga, entre si trocavam votos de ~.
boas-festas *s f pl* **1** Cumprimento, desejando Bom Natal ou (Hoje menos) Boa Páscoa. **2** Cartão a expressar esses votos. **Ex.** Nunca se esqueça de lhe mandar as ~ pelo Natal. **Loc.** *Dar* [Mandar] *as ~*. **Comb.** *Votos* [Desejos/Saudações] *de ~*.
boa(s)-tarde(s) *s f* **1** Cumprimento usado durante a tarde (depois das 12 h exa(c)tas até escurecer). ⇒ bons-dias **1**. **2** *Bot* Planta ornamental cujas flores «amarelas» abrem ao fim da tarde. ⇒ bons-dias **2**.
boas-vindas *s f pl* Acolhimento cordial à chegada (de alguém). **Ex.** É costume o Presidente da Câmara [o Prefeito] dar as ~ aos visitantes ilustres.
boatar *v int* (<boato + -ar) Lançar ou espalhar boatos(+). **Sin.** Correr o rumor (+). ⇒ divulgar.
boataria *s f* (<boato + -aria) Proliferação de boatos/Mania dos [de espalhar] boatos.
boate *s f* ⇒ *boîte*.
boateiro, a *adj/s* (<boato + -eiro) (O) que difunde [espalha/lança/inventa] boatos.
boato *s m* (<lat *boátus*: grito forte de boi) Notícia «comprometedora» não confirmada que rapidamente se espalha. **Ex.** É nos momentos de crise que mais proliferam os ~s. **Sin.** Atoarda; rumor.
boa-vai-ela *s f* (<... + v ir + ...) Boa vida/ Diversão/Farra. **Idi.** *Andar na ~* [Não trabalhar/Gozar].
boa-vida *s 2g Br* Pessoa pouco trabalhadora que procura uma vida agradável e sem esforço. ⇒ preguiçoso; gozador.
boazona, boazuda *adj/s f* (<boa[1] + z + -ona/-uda) *cal* (Mulher) de corpo atraente ou provocante.
bobagem *s f* (<bobo + -agem) **1** A(c)ção de bobo/Palhaçada. **Sin.** Bobice(+). **2** *Br* Coisa insignificante. **3** *Br* Ideia disparatada/ Tolice. **Ex.** – Deixe lá, não ligue, isso é ~.
bobalhão, ona *s* (<bobo + -alhão) Pessoa muito tola ou ridícula.
bobear *v t/int Br gír* (<bobo + -ear) **1** Falar ou agir como bobo. **Sin.** Ser bobo (+). **2** Deixar-se enganar/Descuidar-se. **3** Enganar.
bobeira *s f Br fam* (<bobo + -eira) A(c)to [Dito] tolo. **Loc.** *Marcar ~* **a)** Desperdiçar uma oportunidade; **b)** Deixar-se enganar. **Sin.** Disparate(+).

bobice s f (<bobo + -ice) **1** A(c)to ou dito de bobo. **2** Br Asneira/Tolice. **3** Br Coisa sem importância.

bobina/e s f (<fr bobine) **1** Carrinho cilíndrico com fio enrolado. ⇒ carretel. **2** Cine Cilindro para filme. **3** Ele(c)tri Fio condutor enrolado num suporte. **Comb.** ~ de indução [Transformador de tensão de correntes elé(c)tricas]. **4** Tip Grande rolo de papel usado em rotativas de grande tiragem.

bobinadeira s f (<bobinar + -deira) Máquina de enrolar [bobinar] filme, fita ou papel num cilindro. **Sin.** Bobinador 2.

bobinador, ora s (<bobinar + -dor) Trabalhador que manobra máquina de bobinar. **2** s m Máquina/Aparelho para enrolar na bobina «fita, papel, …».

bobinagem s f (<bobinar + -agem) Operação de enrolar «fio, papel, película» em bobina.

bobinar v t (<bobina + -ar¹) Enrolar «fio, papel, película» em bobina.

bobinete (Nè) (<ing bobbinet) ⇒ filó/tule.

bobo, a (Bôbo) adj/s (<lat balbus: gago) **1** (O) que diverte os outros com palavras ou gestos có[ô]micos ou apalermados. **Loc.** Ser o ~ da festa [o que faz rir toda a gente com palermices]. **Sin.** Palhaço(+). **2** s m Homem, geralmente defeituoso, que antigamente divertia príncipes e nobres com ditos có[ô]micos e momices. **Comb.** ~ da Corte. Truão. **3** (O) que é simplório/ingé[ê]nuo/tolo(+). **Ex.** Ele é ~.

boboca (Bobó) s 2g Br (<bobo + -oca) Pessoa pouco esperta ou ingé[ê]nua. **Sin.** Palerma; tolo.

boca (Bô) s f (<lat búcca; ⇒ ~ de fogo/de incêndio/de sino; ~ a ~) **1** Cavidade que, na espécie humana, se situa na parte inferior da face, servindo de entrada dos alimentos no aparelho digestivo e de saída da voz. **Ex.** Na ~ inicia-se o processo digestivo, por a(c)ção dos dentes, da língua e das glândulas salivares, formando-se o bolo alimentar. Não se deve falar com a ~ cheia. Na ~, através das papilas gustativas, damo-nos conta do sabor e da qualidade dos alimentos a ingerir. Com o nariz col entupido [obstruído] devido a forte constipação, era forçado a respirar pela ~. **Prov.** *Da mão à ~ se perde a sopa. Quem tem ~ vai a Roma* [Comunicando, obtemos as informações de que podemos precisar para atingir qualquer obje(c)tivo]. **Loc.** Limpar a ~. **Idi.** *Adoçar a ~ a alguém* [Tentar seduzir/Lisonjear para proveito próprio]. *Andar com o credo na ~* [Manifestar angústia constante/Parecer sempre aflito]. *Andar/Correr de ~ em ~* [Divulgar-se rapidamente]. *Andar nas ~s do mundo* [Ser obje(c)to de crítica/censura pública]. *Andar em todas as ~s* [Ser muito falado]. *Apanhar alguém com a ~ na botija* **a)** Surpreender em flagrante; **b)** Dar com [Encontrar] alguém a praticar um delito, algo censurável. *Bater ~* [Discutir com força]. *Br Botar a ~ no trombone* **a)** Protestar; **b)** Denunciar alguém publicamente de ter cometido um erro, uma injustiça, … *Cala/e a ~!* [Ordem para deixar de falar]. *Correr de ~ em ~* ⇒ Andar de ~ em boca. *Crescer(-lhe/me, …) água na ~* **a)** Despertar o apetite; **b)** Despertar interesse/curiosidade. *Dar com a mão na ~* [Repreender]. *De ~* [Oralmente] (Ex. Fizeram o contrato de ~, não por escrito). *Dizer à ~ cheia* [abertamente]. *Dizer à ~ pequena* [em segredo/ao ouvido]. *Dizer da ~ para fora* [Falar sem convicção/sinceridade]. *Dizer o que vem à ~* [Não ser prudente/comedido nas palavras/Ser desbocado]. *Falar pela ~ de alguém* [Reproduzir opinião alheia]. *Pedir por ~* [Pedir dire(c)tamente, sem receio/retraimento]. *Tapar a ~ a alguém* [Obrigar a calar-se]. *Ter amargos de ~* **a)** Sentir a ~ amarga; **b)** Sofrer desgostos, contrariedades. *Ter a ~/língua suja* [Dizer palavras feias/palavrões]. *Ter boa [má] ~* [Ser fácil [difícil] de contentar quanto à comida]. *Ter o coração ao pé da ~* [Ser franco/aberto/dire(c)to]. *Tirar a(s) palavra(s) da ~ de alguém* [Dizer exa(c)tamente o que o outro queria dizer] (Ex. É isso mesmo, tirou-me as palavras da ~!). *Tirar da ~ para poupar* [Economizar na comida em proveito de outra coisa]. **2** Parte externa dessa cavidade/Lábios. **Ex.** O velhinho, sem apetite, por vezes recusa-se a abrir a ~. **Idi.** *Abrir a ~* **a)** Falar (Ex. Na reunião não abriu a ~); **b)** Bocejar (Ex. Vá dormir (por)que você já abriu a ~ várias vezes). *Ficar de ~ aberta* [Ficar boquiaberto]. **3** Pessoa (que se expressa pela fala). **Ex.** No estádio, milhares de ~s entoaram em uníssono o hino nacional antes do jogo internacional. **4** Dito mordaz, provocatório. **Ex.** Ele fez [fingiu] que não entendeu a ~ que a colega lhe dirigiu, mas não vai ficar sem resposta. **5** Cada uma das pessoas a cujo sustento alguém está obrigado. **Ex.** Tenho lá em casa quatro ~ a sustentar, por mais que eu trabalhe nunca vou ganhar para satisfazer todas as necessidades. **6** Na cabeça de animais, cavidade com funções semelhantes às indicadas em **1**, ou a sua abertura para o exterior. **Ex.** A ~ de cada animal está adaptada ao seu regime alimentar, sendo muito diferente a dentição de herbívoros e carnívoros. O cão, sem ladrar, abriu a ~ e ferrou uma valente dentada na perna do larápio. **Prov.** *Pela ~ morre o peixe* [Muitas vezes se perde [padece] por falar demais ou inconsideradamente]. **Idi.** *Meter-se na ~ do lobo* [Correr perigo por culpa própria]. **7** Abertura de entrada ou saída. **Ex.** Esperámos à ~ da mina que nos dessem os capacetes para a ver [visitar]. **Comb.** ~ d'água [de incêndio]. ~ de cena [Parte anterior do palco, junto à plateia]. ~ do estômago [Parte de cima da barriga]. ~ [Porta/Tampa] do forno. ~ [Entrada] do Metro[ô]. ~ do rio [Embocadura]. ~ [Começo] da rua. ~ [Entrada/Saída] do túnel. ~ do vulcão ⇒ cratera. **8** Abertura de cano de arma de fogo. **Idi.** Mil *Ser de carregar pela ~* **a)** Diz-se da arma em que a munição entra pela extremidade do cano; **b)** col Ser pouco sofisticado/Não precisar de grandes apuros na tarefa. **Comb.** ~ do canhão. ~ da espingarda. **9** Mús Abertura do tubo do órgão por onde sai o ar. **10** Bico de queima de gás. **Ex.** O meu fogão tem quatro ~s, mas nem sempre são suficientes para os cozinhados que quero fazer. **11** Início/Começo. **Ex.** À ~ da noite reunimo-nos na praça, prontos para uma noite de farra. **12** Mossa/Falha no gume de obje(c)to cortante. **Ex.** A lâmina da faca tem ~s, já corta pouco. **13** Náut A maior largura do barco. **Comb.** ~ do navio. **14** Br gír Ponto de reunião de marginais ou de venda de produtos ilícitos.

boca-aberta s 2g **1** Pessoa que se admira de tudo. **Sin.** Palerma; pateta. **2** Indivíduo indolente ou aparvalhado. **Ex.** Não se lhe pode confiar nada, é um ~.

boca a boca adj/s m Método de respiração artificial em situação da máxima urgência. **Ex.** O ~ que o amigo lhe aplicou [fez] salvou-lhe a vida. **Comb.** Respiração ~ a ~.

bocaça s f (<boca + -aça) Boca muito grande. **Sin.** Bocarra(+).

boca de fogo s f Mil Tubo para expelir proje(c)teis [peça] de artilharia. ⇒ canhão.

boca de incêndio s f Válvula na canalização de água das casas na via pública. **Ex.** Para apagar o fogo na casa, os bombeiros ligaram a mangueira à ~.

boca-de-leão s f Bot Trepadeira ornamental com flores em forma de boca de animal; Antirrhinum majus.

boca de sino adj/s 2g **1** «manga ou perna das calças» Que é mais larga na parte inferior. **Ex.** Nos anos 70 estiveram na moda, para os homens, as calças à ~. **2** Mil Bacamarte antigo com cano em forma de sino.

bocadinho s m (<bocado + -inho) **1** Pouco tempo. **Ex.** Espera um ~, por favor. Gostei muito deste ~ «em que estivemos a conversar». **2** Pequena porção. **Ex.** Queria só um ~ de salsa [de bolo]. **3** Pouco(chinho). **Ex.** Saber um ~ de tudo é útil para a vida diária. **Comb.** adv Um ~ (Ex. Ele parece-me um ~ [nadinha/pouco] prepotente).

bocado s m (boca + -ado) **1** Pequena quantidade. **Ex.** Bebeu um ~ [pouco(+)] de leite e ficou satisfeito. **Comb.** adv Um ~ [Um pouco] (Ex. Estou um ~ aborrecido porque ele faltou ao prometido). **2** Espaço de tempo não longo. **Ex.** Esperei por ele um bom ~ [ele bastante tempo] e vim-me embora. Há ~ ele passou por aqui. **Idi.** *Passar um mau ~* [Estar em sérias dificuldades]. **3** Pedaço/Fragmento/Porção. **Ex.** Partiu o pão aos ~s. **4** Parte do freio que entra na boca do cavalo. ⇒ bocal 9.

bocal s m (<boca + -al) **1** Abertura de garrafa/frasco/vaso/castiçal/… **2** Peça onde enrosca a lâmpada elé(c)trica/Casquilho(+). **3** Parte do telefone junto à boca de quem fala. **4** Peça onde encaixa a chaminé do candeeiro «a petróleo». **5** Punho do casaco. ⇒ canhão. **6** Muro de parapeito à volta de poço ou cisterna. **7** Mús Peça móvel que serve de embocadura a instrumentos de sopro. **8** Mús Parte inferior dos tubos do órgão, onde se produz o som. **9** Parte do freio que entra na boca da cavalgadura. ⇒ bocado 4. **10** Açaime/o para impedir os animais de comer. **Sin.** Barbilho; betilho; focinheira.

boçal adj 2g (<esp bozal) Estúpido/Grosseiro/Rude. **Ex.** Não tem um mínimo de educação, é mesmo ~.

boçalidade s f (<… + -idade) Estupidez/Grosseria.

bocarra s f (<boca + -arra) Boca grande «do hipopótamo» ou muito aberta.

bocas-de-lobo s f pl ⇒ boca-de-leão.

bocejar v int (<boca + -ejar) Abrir a boca com ou sem ruído, por sono/cansaço/aborrecimento. **Ex.** A palestra foi muito enfadonha, viam-se pessoas a ~.

bocejo s m (<bocejar) Gesto de abrir involuntariamente a boca, revelando sono/cansaço/enfado. **Loc.** *Dar um ~* [Bocejar]. *Disfarçar um ~* «com a mão/virando a cara»

bocel s m (<fr bosel: relevo) **1** Arquit Ornato circular na base de coluna/Toro. **2** Moldura que remata a extremidade dos degraus de escada.

boceta (Cê) s f (<fr an boucette: pequena caixa) **1** Pequena caixa, redonda ou oval, para guardar obje(c)tos pessoais. **Comb.** Mit ~ *de Pandora* [Fonte de todos os males]. ~ do rapé. **2** Br gross ⇒ vulva.

bocete (Cê) s m (<fr bossette) **1** Arquit Ornato circular, geralmente pendente, na interse(c)ção dos artesões do te(c)to/Florão. **2** Ornato das antigas armaduras com a forma de cabeça de prego.

boche (Bó) s m / interj (< ?) **1** Víscera de animal usada na alimentação/Fressura/

Miúdos. Ex. No cozido à portuguesa não deve faltar, entre outros enchidos, a chouriça de ~s. 2 *interj* Forma de chamamento de cães. ⇒ poche.

bochecha (Chê) *s f* (< ?) 1 Parte saliente das faces. **Ex.** – Ele está bem gordinho, olha(-me) para [vê] aquelas ~s. **Idi. Nas ~ de** (alguém) [Nas barbas de (+)/Mesmo diante da polícia]. 2 *Mar* Parte curva do bojo do navio junto à proa.

bochechar *v t/int* (<bochecha + -ar¹) Agitar, por algum tempo, um líquido na boca movendo as bochechas. **Ex.** O médico mandou-lhe ~ aquele produto dissolvido num pouco de água.

bochecho *s m* (<bochechar) 1 A(c)to de reter e agitar um líquido na boca movendo as bochechas. 2 Quantidade de líquido que se pode bochechar de cada vez. **Idi.** *fam* **Aos ~s** [Pouco a pouco/Aos poucos].

bochechudo, a *adj* (<bochecha + -udo) Que tem bochechas grandes.

bochinche *s m Br* (<esp *bochinche*: taberna pequena) 1 ⇒ arrasta-pé/dança/batuque. 2 ⇒ arruaça/bagunça/desordem.

bochorno *s m* 1 (<lat *vultúrnus*: vento do sudeste) 1 Ar abafadiço. 2 Vento quente.

bócio *s m Med* (<lat *bócius*) Papo no pescoço por mau funcionamento da tiroide.

boda(s) (Bô) *s f* (lat *vóta*, pl de *vótum*: oferenda [promessa] aos deuses; ⇒ bodo) 1 Festa e banquete de celebração de casamento. **Ex.** Convidaram-nos para a ~ e iremos com muito gosto. **Sin.** Casamento(+). ⇒ matrimó[ô]nio. 2 Banquete/Festim. **Ex.** Aquele jantar parecia uma ~. 3 Celebração do aniversário de acontecimento significativo. **Ex.** Os meus avós celebraram há pouco as ~s de ouro de casados. O nosso clube de futebol vai celebrar no próximo ano as suas ~s de diamante. **Comb. ~s de diamante** [75 anos]. **~s de ouro** [50 anos]. **~s de prata** [25 anos].

bode (Bó) *s m Zool* (< ?) Macho da cabra. **Idi. Br Amarrar o ~ a)** Tomar um ar sério; **b)** Ficar mal-humorado. **Comb.** ~ expiatório **a)** *Rel* Na religião hebraica, animal que se expulsava carregando os males a afastar do povo; **b)** Aquele a que se atribuem todas as culpas dos outros/Vítima. 2 Homem com barba muito comprida ou muito feio. **Loc.** Ser feio como [que nem] um ~. 3 *Br* Homem libidinoso. 4 Caixinha para guardar dinheiro. 5 ⇒ farnel. 6 ⇒ complicação. 7 *Br gír* Estado de drogado ou de depressão ou sonolência. 8 *Br* Papagaio grande.

bodega (Dé) *s f/interj* (<gr *apothéke*: armazém) 1 Taberna/Tasca. **Sin.** Baiuca; casa de pasto. 2 Casa [Instalação] muito suja. 3 *fam* Comida mal feita. 4 *fam* O que não presta. **Sin.** *fam* Porcaria. 5 *Br* ⇒ insignificante. 6 *interj* Expressão de irritação ou frustração. **Ex.** (Que) ~! Já vou perder o emprego.

bodegão, ona *s* (<bodega + -ão) 1 Pessoa com pouco asseio/que se suja a comer. **Sin.** Porcalhão(+). 2 Pessoa pouco cuidadosa no que faz. **Sin.** Trapalhão(+).

bodeguice *s f* (<bodega + -ice) 1 Sujidade/Porcaria(+). 2 Coisa mal feita/Trapalhice(+).

bodelha *s f Bot* (<botelha) Alga marinha de cor castanha; *Fucus vesiculosus*.

bodião *s m Icti* (<lat *góbio, ónis*: cadoz) Peixe teleósteo.

bodo (Bô) *s m* (<lat *vótum*: promessa/oferenda) 1 Banquete que, nas igrejas, antigamente se dava aos pobres em dia festivo. **Ex.** Ali todos tiveram prendas: parecia um ~ aos pobres! 2 Distribuição de alimentos, dinheiro e roupa aos pobres. 3 ⇒ banquete. 4 ⇒ iguaria.

bodum (Dúm) *s m* (<bode + -um) 1 Cheiro do bode não castrado. 2 Cheiro e sabor a sebo na carne de carneiro. 3 Cheiro de louça mal lavada. 4 Transpiração desagradável de alguém.

body *ing* Peça de roupa interior justa, elástica, que cobre todo o tronco.

bodyboard *ing* (D)esp em que o surfista vem sobre as ondas até à praia em pequena prancha.

body-building *ing* ⇒ culturismo.

boémia [*Br* **boêmia]** *s f* (<top Boé[ê]mia, região da a(c)tual República Checa) 1 Vida alegre e despreocupada, sem regras. **Ex.** O rapaz teve vários anos de ~ mas, felizmente, agora assentou [porta-se bem]. 2 ⇒ ociosidade/vadiagem.

boémio, a [*Br* **boêmio]** *adj/s* (<boémia) 1 Da Boémia, região da República Checa. 2 ⇒ vagabundo. 3 (O) que leva vida desregrada.

bóer *adj/s* (<hol *boer*: camponês) Sul-africano descendente dos colonizadores holandeses. **Sin.** Africânder.

bofar *v t/int* (<bofe + -ar¹; ⇒ bufar) 1 Lançar dos pulmões/bofes. **Loc.** ~ sangue [Deitar sangue às golfadas]. **Sin.** Golfar. 2 ⇒ arrotar. 3 *fig* Fazer-se valente/Gabar-se.

bofe *s m* (<on; ⇒ ~s) 1 *pop* Pulmão(+). 2 *Br pop* ⇒ Pessoa feia/Meretriz em decadência física/Homossexual/…

bofes *s m pl* (<on) 1 *pop* Pulmões. **Idi. Abrir os ~** [Gritar]. **Deitar os ~ pela boca** [Esforçar-se demasiado]. «indivíduo» **De maus ~** [Mau/Temperamental]. **Ter bons ~** [Ter voz forte/Aguentar sem respirar]. 2 ⇒ fressura/miúdos «do porco». 3 Folhos ou pregas nos peitilhos das camisas. **Comb.** Camisa de ~.

bofetada *s f* (<bofete + -ada) 1 Pancada com a mão na cara de alguém. **Ex.** A moça não gostou do atrevimento e desferiu uma ~ na cara do [e deu uma ~ ao] rapazola. **Sin.** Chapada; estalada; estalo; tabefe. 2 Insulto/Ofensa/Desfeita. **Comb.** ~ com [de] *luva branca* [Insulto iró[ô]nico]. **~ sem mão** [Lição ou humilhação verbal]. 3 *Br* ⇒ bofetão 2.

bofetão *s m* (<bofete + -ão) 1 Bofetada forte. **Sin.** Sopapo. 2 *Br* Roubo/Furto.

bofete (Ê/*Br* É) *s m* (<bofar + -ete) Bofetada leve.

bofetear *v t* (<bofete + -ear) ⇒ esbofetear.

bófia *s f* (< ?) *pop* Polícia.

boga (Bó) *s f Icti* (<lat *bóca*) Peixe teleósteo. **Sin.** Boga-do-mar. 2 Peixe de água doce; *Condostroma polylepsis*. 3 *fam* Mentira(o+)/Peta(+).

bogari(m) *s m Bot* (<concani *mogri*: planta) 1 Arbusto trepador de flores brancas e perfumadas; *Jasminum sambac*. 2 Flor dessa planta.

bóhrio [Bh 107] *s m Quím* (<antr Niels Bohr + -io) Elemento transuraniano obtido artificialmente.

boi *s m* (<lat *bos, bóvis*; ⇒ bezerro/novilho/vitelo/tou[oi]ro) 1 *Zool* Macho da vaca, designando a espécie bovina/Touro castrado. **Ex.** O ~ e a vaca mugem. Até há não muitos [há poucos] anos, entre nós o ~ era o companheiro do homem nos trabalhos agrícolas mais duros. **Idi. Andar** [Pôr] *o carro à frente dos bois* [Alterar a ordem natural das coisas]. **Chamar os ~s pelos nomes** [*idi* Ser pão pão, queijo queijo/ Ser frontal nas palavras]. **Pegar o ~** [touro(+)] **pelos chifres/cornos**(+) [Ser corajoso a enfrentar uma situação difícil]. **Comb. ~ de cobrição** [Touro (reprodutor)]. **Carro de ~s. Junta de ~s. Mugido de ~** «múuu». «ir a» **Passo de ~**/caracol/tartaruga [Andar lento]. 2 Personagem principal do bumba-meu-boi. 3 *cal depr* Marido ou companheiro traído pela mulher. **Sin.** *gross* Cornudo(+). 4 *Gír* Haxixe. **Sin.** Erva; liamba; maconha. 5 *Br Mús* Instrumento de couro com o som semelhante ao mugido do boi/Berrante.

boia (Bói) *s f* (<al *bauh*: sinal) 1 *Náut* Obje(c)to a flutuar que serve de baliza às embarcações. **Ex.** No estuário do rio são bem visíveis as ~s que orientam os pilotos quanto à rota a seguir entre as margens. **Idi.** *Não ver ~/nada* [Não perceber nada do assunto]. 2 Pedaço de cortiça ou plástico ligado à rede ou linha de pesca. **Ex.** A ~ permite ao pescador ter a rede ou linha à profundidade desejada. 3 Pneumático de apoio à aprendizagem da natação. 4 Corpo [Obje(c)to] flutuante. **Comb.** ~ salva-vidas [de salvação].

boiada *s f* (<… + -ada) Manada de bois.

boiadeiro, a *s* (<boiada + -eiro) 1 Pessoa que trata, guarda ou conduz bois. **Sin.** Vaqueiro; boieiro. ⇒ campino; gaúcho; toureiro. 2 *Br* Negociante em gado bovino.

boia-fria (Bói) *s 2g Br* 1 Trabalhador rural sem contrato fixo que se alimenta da comida levada na marmita. 2 Pessoa que leva de casa comida para o trabalho.

boião *s m* (<mal *búyong*: bilha) Vaso bojudo de boca larga para guardar doces, compotas, molhos, … e outros usos.

boiar *v int* (<boia + -ar¹) Permanecer à superfície de um líquido, sem submergir. **Ex.** Quando o mar está calmo, é agradável ficar a ~. Viram um cadáver a ~ à distância e chamaram as autoridades. **Sin.** Flutuar. **Ant.** Ir ao fundo; afundar-se.

boiça ⇒ bouça.

boicotar *v t* (<ing *to boycott*) 1 Impedir ou suspender, no campo econó[ô]mico, como forma de pressão, o relacionamento com uma pessoa, instituição ou estado. **Sin.** Bloquear; cortar com; embargar. 2 Fazer oposição/Recusar participar. **Ex.** ~ as elei(c)ões é atitude antidemocrática.

boicote *s m* (<boicotar <antr C.C. *Boycott*, proprietário irlandês muito severo) 1 A(c)to ou efeito de boicotar. **Comb.** ~ informativo «das contas do clube». 2 ⇒ bloqueio.

boídeo(s) *adj/s m Zool* (<boa² + -ídeo) Tipo de serpentes muito grandes, não venenosas, das zonas tropicais. **Ex.** A anaconda, a boa, a jiboia, o pitão [píton] são ~s.

boieiro, a *s/adj* (<…+ -eiro) 1 Pessoa que conduz ou guarda bois. 2 *Ornit* Pássaro que anda junto dos bois na pastagem ou nos trabalhos agrícolas. **Sin.** Alvéola; lavandisca. 3 *s f maiúsc Astr* Estrela da manhã/de alva(+). 4 *adj f* Diz-se de vaca no cio.

boi-marinho *s m Zool* Foca.

boina *s f* (<vasconço *boina*) Espécie de boné redondo e achatado, sem pala. **Ex.** Nas zonas de fronteira com Espanha, era muito usada a ~, artigo de contrabando.

boîte *fr* 1 Lugar de diversão, onde se dança ou ouve música e se tomam bebidas. **Ex.** Hoje a juventude diverte-se sobretudo nas ~s. **Sin.** Discoteca(+). 2 Clube no(c)turno.

bojar *v t/int* (<lat *volvo*: andar de roda, rolar) 1 Fazer bojo (+). 2 ⇒ contornar «o cabo/a ilha».

bojarda *s f* (<it *bugiardo*: falso) 1 O que é atirado com força/Projé(c)til. **Ex.** Aquele jogador «de futebol» tem remates que são cá uma ~ ! 2 Dito disparatado ou obsceno/Asneira. **Ex.** Daquela boca sai cada ~ ! 3 *Bot* Variedade de pera sumarenta.

bojo (Bô) *s m* (<bojar) 1 Forma convexa da parede exterior dum obje(c)to/vaso. **Comb.** ~ *do navio*. ~ *da pipa*. **Sin.** *pop* Barriga. 2 Ventre dilatado. **Sin.** Barriga(+);

pop pança(+). **3** *fig* Capacidade/Envergadura. **Loc.** Ter ~ para suportar a adversidade.

bojudo, a *adj* (<bojo + -udo) **1** Que tem grande bojo. **2** ⇒ arredondado. **3** ⇒ barrigudo.

bola[1] (Ó) *s f* (<lat *búlla*) **1** Obje(c)to esférico. **Ex.** As ~s douradas da Árvore de Natal eram o encanto das crianças. **Comb.** ~ *de cristal* [Instrumento de adivinhação]. *Br* ~[Bolinha] *de gude* [Berlinde]. **Idi.** ~ *de neve* [O que vai tomando proporções sempre maiores]. ~ *de sabão* a) Bolha formada ao soprar água com sabão; b) *Fig* Esperança vã. **2** *(D)esp* Obje(c)to geralmente esférico e elástico. **Ex.** A ~ é o centro das atenções de jogadores e público. **3** *pop* Futebol. **Ex.** Jogar futebol [à ~] era o divertimento preferido dos miúdos da escola. **Loc.** *A ~ estar do lado de* (alguém) [Caber a este fazer agora alguma coisa]. *Jogar a* [Tocar na] ~ (**Ex.** O árbitro não devia assinalar falta por derrube, pois o nosso atleta jogou a ~ antes de o adversário cair). **Idi.** *Baixar a ~/Bater a ~ baixa* [Refrear-se]. *Br Bater ~* [Jogar informalmente, para descontrair]. *Não ir à ~* [Não simpatizar] *com* (alguém). *Passar a ~ a* (alguém) [Confiar a resolução dum problema a outrem]. *Trocar as ~s* [Confundir as coisas]. **4** *Gír* Cada ponto que uma equipa obtém num jogo. **Ex.** Ganhámos por duas ~s a uma (2-1). **Sin.** Ponto. ⇒ gol(o). **5** *Gír* Jogada/Lance. **Ex.** Atirámos duas ~s à trave e no fim do jogo foi um chuveirinho de ~s sobre a baliza adversária. **6** Bolo redondo de pastelaria recheado ou não de creme. **Ex.** É costume o meu filho pedir-me uma ~ (de Berlim) na praia. **7** *fam* Cabeça/Juízo. **Idi.** *Não bater bem* [Não regular bem/Não ser bom] *da ~* [Não ser sensato]. *Ter tento na ~* [Agir ajuizadamente]. **Sin.** *fam* Cachimó[ô]nia; *fam* mona; *fam* tola. **8** Pessoa baixa e muito gorda. **Ex.** A miúda está uma ~, deve haver ali qualquer disfunção hormonal. **9** *pl pop* ⇒ testículos(o+)/tomates(+). **10** *Br* Piada.

bola[2] (Ô) *s f* (<bolo) **1** Massa espalmada, redonda e de pequena espessura, cozida no forno. **Ex.** Antes, na aldeia, quando se cozia o pão para quinze dias, a ~ acabada de sair do forno comum era um manjar invejável. **2** *Cul* Bolo com pedaços de presunto e outras carnes. **Comb.** ~ de carne. ⇒ folar.

bolacha *s f* (<bolo + -acha) **1** Pequeno bolo achatado, geralmente redondo, cozido no forno. **Ex.** É comum as crianças gostarem [As crianças costumam gostar] de ~s. **Comb.** ~ *de água e sal*. ~ *integral*. *Bolo de camadas* ~. **Idi.** *Cara de* ~ [Rosto arredondado]. **2** Ornato ou obje(c)to em forma de círculo. **Ex.** Para a reprodução do CD que vai sair sobre matéria de Linguística, estivemos a estudar a melhor configuração dos elementos que deverão aparecer na ~. **3** *fam* ⇒ bolachada. **4** *Br* Base de copos e garrafas «na (toalha da) mesa». **5** *gír* Papelão usado em bares e restaurantes para contar os copos de cerveja consumidos.

bolachada *s f* (bolacha + -ada) *pop* Bofetada(+). **Ex.** Ele «instrutor» perdeu a paciência, e o castigo foi corrê-los todos à ~.

bolacheiro, a *s* (<bolacha + -eiro) **1** Pessoa que fabrica ou vende bolachas. ⇒ doceiro; pasteleiro. **2** *s f* Recipiente para guardar bolachas.

bolachudo, a *adj fam* (<bolacha + -udo) Que tem a cara redonda e rechonchuda.

bolada[1] *s f* (<bola[1] + -ada) **1** Pancada forte com a bola. **Ex.** Levou uma ~ na cabeça e ficou atordoado. **2** *Fig* Grande choque/abalo. **Ex.** A falência da empresa foi cá uma ~ para ele... **3** *Br* Ocasião/Vez.

bolada[2] *s f* (<bolo 3 + -ada) Grande quantidade de dinheiro «ganho ou perdido no jogo».

bola-de-neve (Bó) *s f Bot* **1** Planta ornamental de flores brancas; *Vibúrnum ópulus*. **2** ⇒ bola[1] **1 Idi.**.

bolandas *s f pl* (<esp *en volandas*: pelo ar) Grande azáfama. **Loc.** Andar em ~ [Andar atarefado/numa roda-viva(+)].

bolandeira *s f Br* (<esp *volandera*) Grande roda ou placa giratória «que move a mó dos moinhos de açúcar».

bolar[1] *v t/int* (<bola[1] + -ar[1]) **1** *(D)esp* Pôr a bola em jogo. **Ex.** Antes, no voleibol, só quando uma equipa estava a ~, podia marcar pontos. **2** Dar forma de bola «ao barro». **3** Acertar com a bola «nos paus». **4** *pop Br* ⇒ arquite(c)tar/conceber «um plano».

bolar[2] *v int* (<bolo + -ar[1]) **1** «em jogo de cartas em que se fazem vasas» Fazer bolo 3. **2** *Fig* Ter êxito/sorte.

bolbilho *s m Bot* (<bolbo + -ilho) **1** Pequeno bolbo. **2** Gomo na parte aérea de algumas plantas que, enraizando, origina nova planta.

bolbo (Bôl) *s m* (<gr *bolbós*: cebola) **1** *Bot* Caule subterrâneo «carregado de reservas nutritivas». **Ex.** A cebola é um ~. **2** *Anat* Parte (dilatada) do corpo em forma de globo. **Comb.** ~ [Globo(+)] *ocular*. ~ *piloso*. ~ *raquidiano* [Base do encéfalo].

bolboso, a (Ôso, Ósa, Ósos) *adj* (<bolbo + -oso) **1** «planta» Que tem/produz bolbo. **2** Com pedra de bolbo.

bolçado *s m* (<bolçar) Leite coalhado que a criança de peito expele pela boca.

bolçar *v t/int* (<lat *vómito,áre*: vomitar) «involuntariamente, o bebé» Deitar fora, pela boca, um líquido, normalmente leite. **Ex.** A mãe era toda cuidadosa nos movimentos com a criança para ela não ~. **Sin.** Deitar [Lançar] fora (+).

bolchevique *adj/s 2g* ⇒ bolchevista.

bolchevismo *s m Hist* (<ru *bol'chói*: grande + -ismo) Sistema político-social instaurado na Rússia em 1917 por Lenine. ⇒ comunismo.

bolchevista *adj/s 2g Hist* (<ru *bol'chói*: grande + -ista) **1** Do bolchevismo. **2** Partidário do comunismo russo/leninista. **Ant.** Menchevique.

boldrié *s m Mil* (<fr *baudrier* <lat *bálteus*: cinturão, talabarte) Correia a tiracolo para segurar uma arma ou firmar a haste de uma bandeira. **Loc.** *A* ~ [A tiracolo (+)].

boleado, a *adj* (<bolear) Arredondado(o+)/Torneado(+). **Ex.** Onde andam crianças, para não se ferirem, convém que as esquinas dos móveis sejam ~as.

bolear *v t* (<bola + -ear; ⇒ bolar; embolar) **1** Arredondar/Tornear/Burilar(+) «a frase». **2** *Fig* Aperfeiçoar/Apurar. **3** Menear para um e outro lado/Bambolear(+). **Loc.** ~ *as ancas*. **4** *Br (D)esp* Atirar a bola/Bolar[1] 1(+). **5** Cair para trás «o cavalo» depois de empinar-se.

boleeiro *s m* (<boleia + -eiro) **1** O que monta/o cavalo na carruagem da boleia. **2** Cocheiro(+).

boleia *s f* (< fr *volée*) **1** «na carruagem» Peça de madeira torneada a que se prendem os tirantes das bestas dianteiras/Assento do cocheiro. **2** Transporte gratuito em veículo. **Ex.** Antes, porque havia maior segurança nas estradas, era fácil viajar de [à] ~. **Loc.** *Apanhar* ~. *Dar* ~. *Ir à* ~. *Pedir* ~. **Sin.** *Br* Carona.

boleima *s 2g* (<bolo + -eima) **1** *s f* Bolo grosseiro. **2** Pessoa indolente ou apalermada.

boleio *s m* (<bolear) **1** A(c)to de bolear/arredondar/tornear. **2** ⇒ aperfeiçoamento/esmero.

boleiro, a *s* (<bolo/a + -eiro) **1** O que faz ou contém bolos. **2** O que faz [apanha/joga] a bola[1].

bolero *s m* (<esp *bolero*: dançarino) **1** *Mús* Dança espanhola de três tempos/Música que a acompanha. **2** *Mús* Canção e dança cubanas de ritmo binário. **3** Casaco curto de senhora.

boletar *v t* (<boleto[1] 2 + -ar[1]) Dar boleto/Alojar.

boletim *s m* (<it *bollettino*: documento breve) **1** Informação ao público sobre assunto do seu interesse dada por uma autoridade. **Comb.** ~ *clínico*. ~ *médico*. ~ *meteorológico*. ~ *de saúde*. **2** Publicação periódica «muitas vezes órgão de divulgação de uma entidade». **Ex.** Costumo receber o ~ paroquial da minha aldeia. **Comb.** ~ *da Associação*. **3** Resenha noticiosa sobre operações militares/policiais ou observações científicas. **4** Impresso para preencher, regist(r)ando informação ou opção. **Ex.** No dia das eleições, o ~ de voto, depois de dobrado em quatro para garantir o sigilo, é introduzido na urna. **Comb.** ~ *de candidatura*. ~ *de inscrição*. ~ *de voto*.

boletineiro, a *s* (<boletim + -eiro) **1** Portador de boletins. **2** Distribuidor de telegramas.

boleto[1] *s m* (<it *bolleta*: salvo-conduto) **1** *Mil* Ordem oficial a requisitar alojamento para militar(es). **2** *Mil* Alojamento de militar em casa particular, por requisição oficial. **3** *Econ* Documento que regist(r)a os dados de uma transa(c)ção «na bolsa de valores».

boleto[2] *s m* (<fr *boulet*) **1** *Zool* Articulação arredondada acima do pé do cavalo. **2** *Bot* ⇒ cogumelo.

boléu *s m* (<esp *boleo*: lançamento) Baque/Queda/Trambolhão. **Comb.** Aos ~s [trambolhões(+)].

bolha (Bô) *s f* (<lat *búlla*) **1** Glóbulo de ar ou gás libertado em líquido a ferver ou em fermentação. **Ex.** No mosto, à superfície, veem-se rebentar pequenas ~s. **Comb.** ~ *de água*. **2** Vesícula na pele/Empola. **Ex.** Os sapatos novos fizeram-lhe ~s nos pés. As ~s que lhe apareceram na pele foram provocadas por alergia a um medicamento que tomou. **3** Espaço com ar no meio de substância fundida. **Ex.** O vidro era um tanto imperfeito, aqui e ali apareciam umas ~s. **4** *fam* Má disposição/Mau humor/Neura. **Ex.** Cuidado, parece que hoje o nosso chefe vem com a ~... **Idi.** *Andar [Estar] com a* ~ [Andar mal humorado]. **5** *fam* Mania. **Idi.** *Dar-lhe na* ~ «fazer qualquer coisa». **Sin.** *fam* Telha(+).

bolhar *v t/int* (<bolha + -ar[1]) **1** ⇒ borbulhar. **2** ⇒ sair muito; golfar; borbotar. **3** ⇒ bojar.

bolhelho (Ê) *s m Cul* (<bol(h)o + -elho) Bolo comprido e arredondado.

boliche *s m Br* (<esp *boliche*) ⇒ bowling.

bólide[o] *s m* (<gr *bolís,idos*: dardo) **1** *Astr* Meteoro em forma de globo brilhante que, por vezes, deixa rast(r)o luminoso. ⇒ estrela cadente. **2** Corpo que se desloca a grande velocidade. **3** *fig* Carro de corrida. **Ex.** A miudagem rodeava o ~, encantada com as suas linhas aerodinâmicas.

bolina *s f* (<ing *bowline*: corda da proa) **1** *Náut* Cabo com que se manobra a orientação das velas dum barco. **Ex.** Para os nossos antigos navegadores, era mais fácil avançar à ~ com vela triangular ou la-

tina. **2** *Náut* Navegação à vela com vento lateral. **Loc.** Navegar [Ir] à ~.
bolinar *v t/int* (<bolina + -ar¹) **1** *Náut* Navegar com a vela de modo a receber o vento de lado/Navegar à bolina. **2** Andar de banda/de lado. **3** *Br* Procurar conta(c)tos libidinosos «em lugares de aperto». **4** *Br* Enganar/Ludibriar.
bolineiro, a *adj* (<bolina + -eiro) «embarcação» Que navega bem com o vento de lado ou à bolina.
bolinete (Nê) *s m* (<molinete) Cilindro de madeira colocado à proa a servir de cabrestante para manobras do barco.
bólingue *s m* ⇒ *bowling*.
bolívar *s m* (<antr Simão Bolívar, libertador da Venezuela) Unidade monetária da Venezuela.
Bolívia *s f Geog* (<antr Simão Bolívar) País da América do Sul. **Ex.** A moeda [O dinheiro] da ~ é o boliviano; e os seus habitantes são bolivianos.
bolo (Bô) *s m* (<bola²) **1** *Cul* Alimento cozido no forno ou frito, geralmente arredondado, à base de [feito com] ovos, açúcar, massa, ... **Ex.** Naquela pastelaria fazem uns ~s que são uma delícia. **Prov.** *Com papas e ~s se enganam os tolos* [É fácil enganar os ingé[ê]nuos]. **Loc.** *Br Dar ~ em* «alguém» [Ser mais competente que outrem]. *Br Dar um ~* [Fazer desfalque]. *Fazer/Ficar/Pôr* «alguma coisa» *num ~* [Deixar/Estar sem conserto]. **Comb.** *Fisiol ~ alimentar* [Massa de alimentos na boca depois de mastigados e salivados e antes de deglutidos]. *~ de amêndoa. ~ de arroz. ~* [Bolinho] *de bacalhau* [~ frito feito de batata, bacalhau, ovos e salsa]. *~ de bolacha. ~ de casamento. ~ inglês. ~ lêvedo. ~ de mármore* (Devido ao aspecto). *~ de noiva* ⇒ *~ de casamento. ~ de noz.* ⇒ *~-podre; ~-rei.* **2** O que se juntou em dinheiro. **3** Soma de dinheiro de apostas e multas que se acumula na mesa de jogo. **Sin.** Bolada². **4** Prémio/Recompensa. **5** *Gír* Palmatoada forte. **Loc.** *Apanhar* [Levar] *~. Dar ~.* **6** *Br fam* ⇒ burla/golpe/logro/engano.
bolo-arménio [*Br* **bolo-armênio**] *s m* Argila untuosa usada como mordente pelos douradores e outrora como medicamento adstringente.
bolómetro [*Br* **bolômetro**] *s m* (<gr *bolé*: jacto + -metro) Instrumento elé(c)trico para medir o calor radiante.
bolo-podre *s m Cul* Bolo escuro feito de ovos, mel, azeite e açúcar amarelo.
bolor (Lôr) *s m* (<lat *pállor,óris*: palidez) **1** Aglomerado de fungos que se desenvolvem em matéria orgânica em decomposição. **Ex.** O pão tinha já alguns dias e começava a ganhar ~. **Loc.** *Criar ~. Encher-se de ~. Tirar o ~.* **Comb.** *~ do queijo.* **2** Bafio/Mofo. **Loc.** *Cheirar a ~.* **3** *Fig* Decadência/Velhice. ⇒ caruncho.
bolorecer *v int* (<... + -ecer) Ganhar bolor (+)/Abolorecer.
bolo-rei *s m Cul* Bolo enriquecido [feito] com licores, frutos secos e cristalizados, típico (da quadra) do Natal.
bolorento, a *adj* (<... + -ento) **1** Que tem bolor. **2** Com cheiro a bafio/mofo. **Sin.** Bafiento. **3** *Fig* Decadente/Velho.
bolota (Ló) *s f* (<ár *bollotã*) **1** Fruto, em forma de galho, do carvalho, azinheira e sobreiro. **Prov.** *Quem quer ~ trepa* [Para colher há que semear]. **2** ⇒ borla. **3** Pequena bola/Bolinha. **Comb.** *~ de barro* [lama].
bolsa *s f* (<gr *bursa*: couro, odre para vinho) **1** Pequeno saco para levar dinheiro em moedas. **Ex.** Quando ia pagar o jornal vi que deixara a ~ em casa e fiquei envergonhada. **Idi.** *Abrir* [Alargar/Afrouxar] *os cordões à ~* [Gastar dinheiro/Pagar bem]. *Apertar os cordões à ~* [Diminuir despesas]. ⇒ carteira; bolso. **2** Dinheiro. **Ex.** Comprar esse carro não está ao alcance da minha ~. **Comb.** *~ de estudo* [Subsídio dado a alunos e professores para prosseguirem estudos]. **3** *s 2g* Aquele que recebe dinheiro para as despesas do grupo. **Ex.** Ele/a é (que é) o/a ~. **Sin.** Caixa; tesoureiro. **4** Saco/Mala onde uma senhora leva obje(c)tos de uso pessoal. **5** *maiúsc Econ* Mercado público para realização de negócios/Edifício onde ele funciona. **Ex.** O Palácio da ~ no Porto é uma maravilha de arte. **Loc.** *Jogar na ~.* **Comb.** *~ de Mercadorias. ~ de Valores* [Mercado de Capitais). **6** *Anat* Cavidade em forma de saco. **Comb.** *~ das águas* [Saco que se rompe antes do parto]. *~ de fel* [Vesícula biliar]. *~ do ferrado* [Glândula de alguns moluscos «lula/polvo» cujo produto turva a água na fuga ao inimigo). *~ marsupial* [de acolhimento das crias] «do canguru». *~ testicular* [Escroto]. **7** *Mil* Zona em que militares se encontram cercados. **Ex.** As ~s de resistência depressa foram aniquiladas. **8** *pl* Alforges.
bolsada *s f* (<bolso/a + -ada) Conteúdo dum/a bolso/a. **Comb.** *Uma ~ de castanhas.*
bolsa-de-pastor *s f Bot* **1** Planta herbácea da família das crucíferas; *Capsella bursa-pastoris*. **2** ⇒ braço-de-preguiça.
bolsar *v t* (<bolso + -ar) **1** Fazer bolso, bolsa ou fole. **2** Tornar mais volumoso. **Sin.** Enfunar.
bolseiro, a *s* (<bolsa + -eiro) **1** Pessoa que usufrui de bolsa de estudo. **Ex.** Quando ela é ~, tem-se maior facilidade em desenvolver um proje(c)to de investigação. **Sin.** *Br* Bolsista. **2** ⇒ tesoureiro. **3** Pessoa que faz ou vende bolsas.
bolsista *adj/s 2g* (<bolsa + -ista) **1** Da Bolsa de Valores. **Comb.** *Mercado ~.* **2** Pessoa que joga na Bolsa. **3** *Br* ⇒ bolseiro **1**.
bolso (Bô) *s m* (<bolsa) **1** Pequeno saco de pano no vestuário para enfeite ou para guardar pequenos obje(c)tos. **Ex.** Os ~s das calças serviam-lhe para meter o lenço (de assoar), as chaves e as moedas (de trocos). **Idi.** *Br Botar no ~* a) Superar; b) Burlar. *Encher os ~s* [Enriquecer (de forma ilícita)]. *Meter a mão no ~ de alguém* [Apoderar-se sorrateiramente do dinheiro de outrem]. *Meter ao/no ~* a) Receber; b) Roubar. *Meter* «alguém» *num ~* a) Superar (Ex. Comparando os dois irmãos quanto ao talento, o mais novo mete o outro num ~); b) Dominar com facilidade (Ex. O nosso defesa [zagueiro] meteu num ~ o avançado que marcava). **Comb.** *~ de dentro* [de fora] *do casaco. ~ falso* «da gabardina». *~ metido* [cuja única parte visível é a abertura]. *Calculadora* [Livro/Relógio] *de ~.* **Sin.** Algibeira. **2** Dinheiro. **Ex.** Paguei do meu ~ todas as despesas com os estudos do meu afilhado. **3** ⇒ bolsa **6**.
bom, boa *adj/s/interj* (<lat *bónus,a,um*) **1** Que tem a qualidade esperada ou desejável. **Ex.** Este vinho é ~, mas aquele é melhor, é ó(p)timo! A estrada está ~a, demora-se pouco tempo a chegar. A fruta é ~a, muito doce. Para fazer um ~ trabalho, importa ter a ferramenta. Um ~ dicionário ajuda muito na aprendizagem de uma língua. É muito ~a mãe, trata dos filhos com esmero. **Loc.** *Ter ~a memória. Ter ~ apetite. Ter ~ gosto.* **Idi.** *Dar ~a conta de si. Não estar ~ da cabeça. Ser de ~a têmpera.* *Ironia* «com os terroristas na Europa, vai» *Ser o ~ e o bonito* [Ser complicado]. **Comb.** *Pessoa de ~as contas.* (Ao começo da refeição) *~ proveito* [apetite]! ⇒ *~ bom*[-bocado/-dia/-nome/-serás/-tom]. **2** Favorável. **Ex.** Bom dia [Boa tarde]! Boa viagem! A moça acabou por fazer um ~ casamento. Sobretudo nas férias, convém que o tempo esteja ~. Penso que fiz um ~ negócio. **Loc.** *Levar a ~ termo.* **Idi.** *Ver com bons olhos. Ter as boas graças de alguém. Ser de ~ augúrio.* **Comb.** *Em ~a hora.* **3** Eficiente/Competente. **Ex.** Ele é ~ [forte] em História. As boas práticas garantem ganhos na produtividade. Quando se tem um ~ professor, aprender não parece difícil [aprende-se bem]. **Idi.** *Ter ~ remédio* [Ser fácil de resolver]. **Comb.** *Ironia ~a desculpa! ~ volante* [condutor]. *De ~ conselho.* **4** Que faz bem a outrem/Bondoso. **Ex.** Era ~ para (com) todos, ajudava em qualquer dificuldade. **Sin.** Altruísta; caritativo. **5** Honesto. **Ex.** Os bons costumes dão consistência às sociedades. Segundo se dizia, era ~a moça. **Comb.** *Teoria do ~ selvagem.* **6** Seguro. **Ex.** A casa tinha um ~ alicerce, assentava na rocha. **Loc.** *Chegar a ~ porto.* **7** De elevado valor. **Ex.** Sempre lhe conheci [o vi com/o vi andar em] bons carros. Esta é uma ~a casa. **8** Grande. **Ex.** É um ~ armazém, ali cabe tudo. Saiu-lhe um ~ pré[ê]mio na lota[e]ria. Esperei por ele um ~ bocado. **9** De algum excesso. **Idi.** *Ser um ~ copo. Ser um ~ garfo.* **10** Para reforço da expressão. **Ex.** Levei um ~ quarto de hora a chegar lá. Foi rir a ~ rir [Rimo-nos muito/Ai quanto nos rimos!]. Chovia muito [a ~ chover]. **11** Afável/Cortês. **Ex.** A discussão não leva a nada, são preferíveis os bons modos. Então [Antes/Nesse tempo] atendia-se mais às boas maneiras. Ali era tudo ~ gente. **Loc.** *Ter ~ perder* [Aceitar de bom grado uma derrota]. *«resolver a desavença» Às boas.* **12** Que dá prazer/Agradável. **Ex.** À saída desejaram-lhe boas férias. De manhã apreciava sobretudo um ~ banho. **Idi.** *Levar ~a vida* [Não trabalhar]. **13** Válido. **Ex.** O documento parece-me ~, não tenho qualquer reparo a fazer. A jogada foi ~a, o árbitro não tinha que apitar. **14** *pop* Apetitosa/Sensual. **Ex.** Era mulher ~a, *idi* de virar cabeças. **15** *s* Pessoa justa ou virtuosa. **Ex.** Segundo Platão, só os bons são verdadeiramente felizes. **16** *s* O que satisfaz. **Prov.** *O ó(p)timo é inimigo do ~.* **Idi.** *Comer do ~ e do melhor.* **17** *interj* Para interromper conversa, expressando algum desacordo. **Ex.** ~, depois havemos de ver isso! ~, ~, não sei se será mesmo assim! *iron* (Essa) é boa [Isso é que era bom]! Não querias mais nada!... [Isso é um grande erro/Estás muito enganado/Não tem razão nenhuma].
bomba¹ *s f* (<it *bomba*) **1** *Mil* Engenho explosivo ou incendiário. **Ex.** Foram lançadas várias ~s sobre a cidade. **Comb.** *~ ató[ô]mica. ~ de hidrogé[ê]nio* [~ (Agá)/termonuclear]. *~ de napalm. ~ de neutrões. ~ de relógio ~ ~-relógio. ~ incendiária. ~ nuclear. ~ vulcânica* [Massa de lava que, proje(c)tada pelo vulcão, solidificou em forma de elipse]. **2** Projé(c)til apto a rebentar. **Ex.** No Carnaval a miudagem delirava lançando ~s de rabear. **Comb.** *~ de Santo António/de S. João* [que rebenta ao conta(c)to com o solo]. **3** Acontecimento/Notícia com grande impacto. **Ex.** A falência da empresa caiu como uma ~. **Idi.** *Rebentar a ~* [Saber-se a notícia/o escândalo]. **Sin.** Escândalo. **4** *(D)esp* Pontapé forte na bola. **Ex.** O avançado desferiu uma ~ [um tiro] sem defesa possível. **5** *Br* Reprovação em exame. **Sin.** *Pop* Chumbo. **6** *Br Cul* Bolinho recheado coberto de cho-

colate ou glacé. **Sin.** Ecler. **7** *Br* Obje(c)to/Trabalho de má qualidade.

bomba² *s f* (<hol *pompe*) **1** Máquina para aspirar e elevar líquidos. **Loc.** Dar à ~. **Comb.** *~ aspirante*. *~ centrífuga*. *~ de incêndio*. *~ hidráulica*. **2** Aparelho para aspirar, impulsionar ou comprimir fluidos. **Ex.** Como é asmático, traz sempre consigo a ~ para os momentos de crise. **Comb.** *~ de inje(c)ção*. *~ de óleo*. *~ de gasolina* [de combustível]. **3** Posto de gasolina [distribuição de carburante]. **Ex.** Preciso de ir à ~, pois já tenho pouco combustível. **4** Aparelho para comprimir o ar de pneumáticos. **Ex.** Tive um furo na bicicleta e, depois de remendar a câmara de ar, estive um tempo a dar à ~. **5** Para-choques entre os vagões do comboio, em forma de disco metálico. **6** Dispositivo para extrair leite do seio da mulher. **7** *Náut* Aparelho para retirar água que entre no navio. **8** *Mús* Tubo de ligação nos instrumentos de sopro. **9** *Arquit* Espaço vazio ao centro nos lanços de escada.

bombacáceo, a *adj/s Bot* (<lat *bómbax, ácis*: algodão) Da família das (árvores) bombacáceas. **Ex.** O embondeiro é uma ~a. ⇒ paina; paineira.

bombachas *s f pl* (<esp *bombacho*: calção curto) Calças largas que ficam justas pelo [junto ao] tornozelo.

bombada *s f* (<bomba² + -ada) **1** A(c)cionamento de bomba para extrair ou impulsionar um fluido. **2** Quantidade de líquido ou ar que a bomba movimenta de cada vez. **3** *Br* ⇒ perda/prejuízo.

bombagem *s f* (<bomba + -agem; ⇒ bombear) Extra(c)ção por meio de bomba².

bombarda *s f* (<it *bombarda*) **1** *Mil* Antiga máquina de guerra para arremessar pedras grandes. **2** *Mil* Pedra arremessada por aquela máquina. **3** *Mil* Boca de fogo [Canhão] para lançar grandes próje(c)teis.

bombardeamento *s m* (<bombardear + -mento) **1** *Mil* Ataque com bombas ou peças de artilharia. **Comb.** *~ estratégico*. **2** *Fís* Lançamento sobre um alvo de um fluxo de partículas. **3** *Fig* Insistente sujeição de alguém a perguntas, pedidos ou críticas.

bombardear *v t* (<bombarda + -ear) **1** *Mil* Atacar com bombas ou próje(c)teis. **2** *Fig* Sujeitar alguém a sucessivas perguntas, solicitações ou críticas. **3** *Fís* Proje(c)tar a alta velocidade partículas sobre os átomos de um elemento.

bombardeio *s m* ⇒ bombardeamento.

bombardeira *s f* (<bombarda + -eira) **1** *Mil* Intervalo entre ameias de castelos e fortificações «para colocar boca de canhão ou bombarda». **Sin.** Canhoneira(+). ⇒ seteira. **2** *Mil* Pólvora grossa usada em artilharia. **3** *Mar* Antigo navio armado com morteiros ou bombardas. **Sin.** Canhoneira(+).

bombardeiro, a *adj/s* (<bombarda + -eiro) **1** *Mil* «avião» Que lança bombas. **Comb.** Caça ~o. **2** *s m Mil* Avião de grande porte que lança bombas. **Ex.** O avistar [A vista] dos ~s lançava o pânico na população da cidade. **3** ⇒ artilheiro.

bombardino *s m Mús* (<it *bombardino*) Instrumento «da banda» mais pequeno e suave que a tuba.

bomba-relógio *s f* Engenho explosivo que deflagra a hora previamente fixada.

bombástico, a *adj* (<ing *bombastic*<lat *bómbax*: algodão) Empolado/Extravagante/Estrondoso. **Comb.** *Discurso ~*. *Estilo ~*. *Frase ~a*. **Sin.** Afe(c)tado; pomposo. ⇒ balofo.

bombazina[e] *s f* (<it *bombagina* <*bombagia*: algodão) Tecido canelado de algodão semelhante a veludo.

bombeamento *s m* (<bombear + -mento) **1** ⇒ bombardeamento. **2** Extra(c)ção ou inje(c)ção de fluido por meio de bomba. **Comb.** O ~ da água «para regar».

bombear *v t* (<bomba + -ear) **1** ⇒ reprovar (o aluno). **2** ⇒ bombardear. **3** ⇒ detonar. **4** *Br* ⇒ espiar/espreitar. **5** Extrair ou inje(c)tar um fluido com bomba. **Loc.** ~ água com motor.

bombeiro, a *s* (<bomba + -eiro) **1** Membro de corporação (preparada) para apagar incêndios e acorrer a emergências. **Ex.** Os ~s expõem [arriscam] a própria vida para salvar vidas e bens. **Comb.** *Batalhão [Corporação/Corpo] de ~s*. *Posto de ~s*. **2** *Br* ⇒ canalizador/encanador. **3** *Br* Criança que molha a cama. **Sin.** *Pop* Mijão. **4** *Mil* ⇒ artilheiro. **5** *Br Mil* Espião no campo inimigo.

bombicida [bombicídeo] *s m Ent* (<gr *bómbyx*: bicho-da-seda + -ídeo) Da família dos ~s, inse(c)tos cujas larvas tecem casulos de seda.

bombista *adj/s 2g* (<bomba¹ + -ista) **1** (O) que fabrica ou lança bombas (explosivas). **Ex.** Foram presos três ~s implicados no atentado. **Sin.** Terrorista. **2** Com (o emprego de) bombas. **Ex.** A a(c)tividade ~ parece ter terminado na região. **Comb.** *Rede ~*.

bômbix *s m Ent* ⇒ bicho-da-seda(+); bombicida.

bombo *s m* (<gr *bombós*: ruído) **1** Tambor grande. **Idi.** *pop* ***Andar de ~*** [Estar grávida]. **Idi.** ***Ser o ~ da festa*** [Ser obje(c)to de múltiplas críticas]. **2** Pessoa que toca esse instrumento.

bom-bocado *s m Cul* Doce feito com açúcar, gemas de ovos, amêndoa e chila ou coco ralado.

bombom *s m* (<bom) Guloseima de chocolate com ou sem recheio. **Ex.** Quero um quilo(grama) [uma caixa] de bombons.

bombonaça *Br s f Bot* (< ?) **1** Planta nativa da América do Sul, da família das ciclantáceas, com o aspe(c)to de uma palmeira em forma de leque; *Carludovica palmata*. **Ex.** A ~ é uma planta ornamental e está também ligada à indústria dos chapéus-panamá. **Sin.** Jipijapá; lucativa. **2** Fibra extraída das suas grandes folhas, com que se fabricam os chapéus-do-chile, uma variedade fina dos chapéus-panamá.

bombordo *s m Náut* (<hol *bak*: atrás + *boord*: bordo) Lado esquerdo do barco, quando nele se viaja voltado para a proa. **Comb.** *A ~* [À esquerda]. *De ~ a estibordo* [De lado a lado]. **Ant.** Estibordo.

bom-dia *s m* (⇒ bom 2) **1** Saudação usada na parte da manhã, desde o acordar até às 12 h. **Loc.** Cumprimentar com um ~ caloroso. Dar os bons-dias a todos. **2** Designação de várias espécies de plantas. ⇒ bons-dias.

bom-nome *s m* **1** Boa reputação. **Ex.** É obrigação das autoridades velar pelo ~ de todo o cidadão até prova em contrário. **2** *Br* Plantas com longos espinhos nos ramos. **Sin.** Pau-de-colher.

bom-serás *s m* (<bom + ser) Pessoa boa e ingé[ê]nua. **Sin.** Bonacheirão; simplório.

bom-tom *s m* Elegância de maneiras/Cortesia/Delicadeza. **Loc.** Ser de ~ [Ficar bem] (Ex. Não é de ~ fazer os outros esperarem).

bonachão [bonacheirão], ona *adj/s* (<bom + -acho + -ão) (Pessoa) de grande bondade e simplicidade. **Ex.** O seu ar ~ atraía a simpatia de todos.

bonacheirice *s f* (<bonacheirão + -ice) Excesso de bondade e simplicidade. **Ex.** A sua ~ permitia [fazia com] que todos abusassem dele.

bona fide *lat* De/Com boa-fé.

bonança *s f* (<lat vulgar *bonácia*, por *malácia*: calmaria no mar) **1** *Náut* Ausência de agitação/Calmaria. **Prov.** *Depois da tempestade vem a ~*. **Ant.** Tempestade. **2** *Fig* Tranquilidade de espírito/Serenidade.

bonançoso, a (Ôso, Ósa, Ósos) *adj* (<bonança + -oso) Calmo(+)/Sereno. **Comb.** *Mar ~*.

bondade *s f* (<lat *bónitas,átis*) **1** Disposição para fazer o bem/Benevolência. **Ex.** Todos admiravam a ~ do santo [bom] homem. **Ant.** Maldade. **2** Brandura/Doçura. **Loc.** Tratar os doentes com ~. **3** Amabilidade/Cortesia/Gentileza. **Ex.** Foi ~ da sua parte convidar-me para esta festa. **Loc.** Tenha a ~ [Faça favor] de «me ajudar a levantar-me». **4** ⇒ qualidade «do vinho». **5** Adequação/Justeza/Validade. **Ex.** A assembleia ficou convencida da ~ [força(+)] dos nossos argumentos. **6** *pl* Favores(+). **Ex.** Devo-lhe muitas ~s.

bonde *s m* (<ing *bond*: apólice) **1** Título de dívida pública pagável ao portador. **2** *Br* Carro elé(c)trico(+). **Ex.** Prefiro tomar o ~ a andar de autocarro/ó[ô]nibus. **Idi.** ***Comprar ~*** **a)** Ser enganado; **b)** Fazer um mau negócio. ***Tomar o ~ errado*** [Estar enganado/Equivocar-se]. **3** *Br* Mulher feia. **4** *Br (D)esp* Mau jogador.

bondosamente *adv* (<bondoso + -mente) Com bondade. **Ex.** A enfermeira atendia ~ todos os doentes.

bondoso, a (Ôso, Ósa, Ósos) *adj* (<bondade + -oso) **1** Caridoso/Generoso. **2** Acolhedor/Amável/Benévolo. **Ex.** O seu ar ~ atraía a miudagem [as crianças(+)].

boné *s m* (<fr *bonnet*) Cobertura da cabeça, sem abas, com pala sobre os olhos. **Ex.** Quando vai para o futebol gosta de levar o ~ [gosta de ir de]. **Idi.** ***Passa a vida a apanhar ~s*** [A sua vida é uma contínua frustração]. ⇒ barrete; boina; chapéu.

boneca *s f* (<lat *monna*: ama + -eco) **1** Brinquedo representando senhora ou menina. **Ex.** A miúda entretinha-se a vestir as ~s. **Comb.** *Cara de ~* [Rosto pequeno e bonito]. **2** *fig* Menina bonita. **Ex.** A sua filha é mesmo uma ~. **3** *fig* Mulher bonita de pequena estatura e muito enfeitada. **4** *fig* Mulher bonita mas fútil. **5** *Cul* Bola¹ de temperos envolta em pano para não deixar resíduo. **6** Bola¹ de qualquer substância envolvida em pano. **7** Rolha de madeira na boca da espingarda para a proteger. **8** Peça móvel que se adapta ao torno mecânico. **9** *Br* Espiga de milho antes de criar [de lhe crescer muito o] grão. **Comb.** *Sopa de ~s de milho*. **10** *Br* Expressão dirigida a alguém que traz notícia já conhecida.

bonecada *s f* (boneco + -ada) **1** Conjunto de bonecos. **2** ⇒ fantochada.

boneco *s m* (<boneca) Brinquedo representando figura masculina. **Comb.** *~ articulado* [de engonço(s)]. *~ de corda*. **Idi.** ***Falar para o ~*** [Falar sem lhe prestarem atenção]. **2** Figura de pessoa ou animal. **Comb.** *~s japoneses* [portugueses, de Barcelos]. *Livro com ~s* [figuras]. **3** Indivíduo influenciável/sem personalidade. **Ex.** Aquilo não é um homem, é um ~, não inspira confiança a ninguém. **Sin.** Bonifrate; fantoche; títere. **4** *Fig* Homem bem-posto. **Sin.** Janota(+).

bonequeiro, a *s* (<boneco/a + -eiro) **1** O que faz ou vende bonecos/as. **2** O que manipula bonecos no teatro de fantoches.

bonificação s f (<bonificar + -ção) **1** (Concessão de) bó[ô]nus. **2** Vantagem (em negócio ou em prova (d)esportiva). **Ex.** O regulamento desta prova atribui a ~ de trinta segundos ao ciclista que primeiro cortar a meta. **3** ⇒ beneficiação/melhoria.

bonificar v t (<lat *bónum*: vantagem + *fácio, ere*: criar) **1** Conceder bó[ô]nus/vantagem. **Ex.** O Estado concede crédito bonificado aos deficientes na aquisição de casa própria. **Comb.** Juro bonificado. **2** ⇒ premiar. **3** ⇒ melhorar.

bonifrate s m (<lat *bónus fráter*: bom irmão) **1** Boneco articulado. **Ex.** As crianças deliram com o teatro de ~s. **Sin.** Fantoche(+); marioneta/e; títere. **2** Indivíduo ridículo [presumido] no vestuário ou nas atitudes. **3** Pessoa facilmente manipulável.

bonina s f *Bot* (<bom + -ina) **1** Qualquer flor silvestre. **Comb.** As ~s [flores] do campo. **2** Margarida ou a flor dela. **3** *Br* Boas-noites ou a flor dela.

boníssimo, a adj sup (<bom + -íssimo) ⇒ ó(p)timo(+).

boniteza s f (<bonito + -eza) **1** Beleza/Lindeza. **2** *pop* Pessoa muito bonita. **Ex.** O miúdo é uma ~, um (verdadeiro) encanto!

bonito¹, a adj (<bom + -ito) **1** Agradável/Belo/Lindo. **Ex.** Este é um quadro muito ~. Temos um dia ~ para a excursão. **Comb.** *Cara ~a. Região ~a. Terra ~a.* **Ant.** Feio. **2** Que deleita o espírito. **Ex.** A história do filme é ~a, vale a pena (ir) vê-lo. **3** Generoso/Nobre. **Ex.** Cumprimentar o adversário é uma atitude ~a. **Comb.** Gesto ~. **4** Digno de louvor/Positivo/Valioso. **Ex.** A nossa equipa/e desenvolveu uma jogada muito ~a à beira do intervalo. **5** Apreciável/Avultado/Importante. **Ex.** Aquele negócio rendeu-me uma ~a quantia, bem superior às minhas expe(c)tativas. **6** *Iron* Censurável/Mau. **Ex.** Olha que fizeste uma ~a figura! B~o! Se calhar, ainda achas bem o que fizeste! Fizeste-a [Arranjaste-a] ~a ! E agora! **Idi.** «a luta/briga» *Foi o bom e o ~!* [Foi terrível]. ~ *serviço!* [Que coisa mal feita!]. **7** s m A(c)to/Movimento agradável à vista mas pouco eficaz. **Ex.** O avançado quis fazer um ~ [quis brilhar(+)] e perdeu o ângulo de remate. O miúdo tentou um ~ mais arriscado [quis fazer uma avaria(+)] na bicicleta e estatelou-se no [caiu ao] chão.

bonito² s m *Icti* (<bom + -ito) Espécie de atum. **Comb.** ~ seco [em aparas]. **Sin.** ~-cachorro; ~-pintado; gaiado; serra.

bonitote adj m (<bonito + -ote) Um tanto bonito.

bonomia s f (<bom + homem + -ia) Bondade/Simplicidade/Paciência.

bonsai s m *Bot* (<jp *bonsai*: cultura em vaso raso) **1** Planta anã «de várias espécies» cultivada em vasos rasos com técnicas especiais. **2** Arte de jardinagem japonesa no cultivo de tais plantas.

bons-dias s m pl *fam* **1** Saudação usada na parte da manhã. **Comb.** Dar os ~. **Sin.** Bom-dia(+). ⇒ boa(s)-tarde(s). **2** *Bot* Designação de várias plantas cujas flores abrem de dia e fecham à noite.

bónus [*Br* **bônus**] s m (<lat *bónus*: bom) **1** Pré[ê]mio concedido a clientes ou sócios. **2** Pré[ê]mio concedido por sorteio em vendas a prestações. **3** ⇒ desconto.

bon vivant fr Indivíduo que aprecia gozar a vida. **Sin.** Gozador; o que vive à farta.

bonzo s m (<jp *bôzu*) **1** *Rel* Monge budista. **2** *depr* Indivíduo fechado/impassível.

boom ing **1** Alta súbita na cotação de valores. **Sin.** Alta [Subida(+)]; salto; surto. **2** Expansão rápida de a(c)tividade econó[ô]mica ou de fenó[ô]meno social. **Comb.** ~ da natalidade. ~ do investimento. ~ dos preços. ~ econó[ô]mico. ~ turístico.

boomerang ing ⇒ bumerangue.

boquear v t/int (<boca + -ear) **1** ⇒ abrir a boca por dificuldade de respirar. **2** ⇒ agonizar. **3** ⇒ falar baixo/murmurar. **4** ⇒ criticar.

boqueira s f (<boca + -eira) **1** Inflamação no canto da boca «do cavalo». **2** ⇒ embocadura/entrada «da rua».

boqueirão s m (<boqueira + -ão) **1** Boca grande. **2** Abertura larga «no litoral/na foz dum rio/entre montanhas». **3** Cova grande ou profunda. **4** *Náut* Zona livre de recifes. **5** Rua com acesso a rio ou canal.

boquejar v t/int (<boca + -ejar) **1** ⇒ tocar com a boca; abocanhar. **2** ⇒ abrir a boca/bocejar. **3** ⇒ falar baixo /murmurar. **4** ⇒ criticar.

boquejo s m (<boquejar) **1** ⇒ bocejo. **2** ⇒ murmúrio. **3** ⇒ conversa informal. **4** ⇒ boato.

boquiaberto, a adj (<boca + aberto) **1** De boca aberta/Pasmado. **Ex.** Quando lhe dei a inesperada notícia, ficou ~. **2** ⇒ apalermado/aparvalhado.

boquilha s f (<boca + -ilha) **1** Obje(c)to em forma de tubo em que se mete o cigarro ao fumar. **2** Embocadura de instrumentos de sopro. **Comb.** ~ de clarinete [saxofone]. **3** Encaixe para unir caixilhos de portas e janelas.

boquinha s f (<boca + -inha) **1** Boca pequena. **Comb.** *idi* À ~ da noite [Ao anoitecer/Ao cair da noite]. **2** Trejeito com a boca. **Loc.** *Fazer ~* [Franzir os lábios (de) contrariado/«criança» Fazer beicinho/a(+)]. *Fazer ~s* [Fazer gestos com os lábios para chamar a atenção]. **3** *Br* ⇒ beijinho. **4** ⇒ refeição leve.

boracite[a] s f *Min* (bórax + -ite) Cloroborato de magnésio, usado na obtenção do boro.

boragináceo, a adj/s *Bot* (<lat *borágo,inis*: borragem + -áceo) Da família das Boragináceas, plantas arbustivas herbáceas.

borato s m *Quím* (<boro + -ato) Qualquer sal resultante da rea(c)ção do ácido bórico com uma base. **Comb.** ~ de sódio.

bórax s m *Quím* (<lat *bórax* <persa *burah*: salitre) Tetraborato de sódio. ⇒ boro.

borboleta s f (< ?) *Ent* **1** Designação geral de inse(c)tos lepidópteros que passaram por metamorfoses. **Ex.** As ~s atraem a atenção das crianças, que as perseguem no seu voo irregular. **Sin.** Mariposa. **2** *Fig* ⇒ pessoa leviana/inconstante. **3** ⇒ prostituta (que vagueia de noite). **4** ⇒ indivíduo efeminado. **5** Dobradiça com duas asas a girar em torno de um eixo. **6** Peça que regula a entrada de ar no carburador. **7** Peça que regula a passagem de um fluido num contador. **8** Bico de gás em que a chama toma a forma de asas que se abrem. **9** Dispositivo que regula a entrada das pessoas num recinto. **10** *Bot* Planta ornamental de flores violáceas; *Schizanthus pinnatus*. **11** *Bot* Ranúnculo dos jardins; *Ranunculus asiaticus*. **12** *Icti* Peixe teleósteo; *Chaetodon striatum*. **13** *Zool* Molusco em que os lobos laterais dos pés a(c)tuam como barbatanas. **14** *Náut* Peça metálica usada para trancar tampa de vigia ou porta estanque.

borbolet(e)ar v int (<borboleta + -ear) **1** Mover-se como a borboleta. **2** Andar sem destino/Vaguear.

borborejar v int (< *on*) Fazer o ruído da água em cachão/borbotão.

borborigmo s m (<gr *borborygmós*: ruído dos intestinos) Ruído produzido por gases nos intestinos.

borbotão s m (<borbotar + -ão) **1** Saída impetuosa de um líquido/gás. **Comb.** «água a sair» Aos [Em] borbotões. **Sin.** Golfada. **2** ⇒ rajada de vento intermitente.

borbotar v t/ int (<borbulhar x brotar) **1** Jorrar com ímpeto. **Ex.** A nascente borbotava (água) [A água borbotava da nascente]. **2** Dizer de forma impetuosa. **3** Aparecer de forma súbita e violenta. **4** «a planta» Abrolhar/Abotoar.

borboto (Bôt) s m (<borbotar) **1** *Bot* Broto(+)/Rebento(o+)/Gomo. **2** Pequeno tufo formado em alguns tecidos de lã. **Ex.** Quase ainda não usei a camisola e já está a tomar ~s.

borbulha s f (<borbulhar) **1** Pequena elevação na pele geralmente com formação de líquido ou pus. **Ex.** Muitos adolescentes apresentam [têm] ~s na face. **Sin.** Espinha. **2** ⇒ bolha (gasosa no interior ou à superfície de um líquido). **3** *Bot* Gomo (nos ramos das plantas)/Rebento/Broto(+). **Comb.** Enxerto de ~. **4** ⇒ Ponto fraco de alguém/Defeito/Mácula. **5** ⇒ discussão/rixa.

borbulhagem s f (<borbulha + -agem) **1** Grande número de borbulhas. **2** Erupção cutânea.

borbulhar v int (<lat *bulbulliáre*<*bulla*: bolha) **1** Encher-se de borbulhas. **2** «um líquido» Aparecer em sucessivas gotas. **Ex.** Com o calor, o suor começava a ~ nas faces coradas do jovem. **3** «um líquido» Criar bolhas/Fervilhar. **Ex.** A água para o café começava a ~. **4** *Bot* ⇒ Surgirem novos botões/rebentos/Brotar/Abrolhar.

borbulhento, a adj (<borbulha + -ento) Com borbulhas. **Comb.** Cara [Rosto] ~.

borcar v t (<lat *volvicáre*<*volvo,ere*: voltar) **1** Pôr de barriga para baixo/Virar de boca para baixo/Emborcar. **2** ⇒ vomitar.

borco (Ôr) s m (<borcar) Posição de voltado para baixo. **Comb.** De ~ [Com a face [barriga] (voltada) para baixo] (Loc. Cair de ~ [de bruços (+)]).

borda (Bór) s f (<fr *bord*: lado [bordo] do barco) **1** Extremidade/Limite/Orla. **Comb.** ~ [Berma /Acostamento] *da estrada*. ~ *do bosque* [terreno]. ~ *da prancha* [tábua/mesa]. À ~ de [À Beira de/Junto de]. **2** Zona em volta de um buraco/fosso. **Comb.** ~ do poço. **3** ⇒ Margem [Beira(+)] de mar/rio/lago. **4** *Náut* Parte superior de costado de embarcação. **Loc.** *Dar a ~* [Inclinar-se muito a embarcação, arriscando-se]. *Lançar pela ~ fora* [Lançar ao mar].

bordada s f (<bordo + -ada) **1** *Náut* Navegação à vela com mudança contínua de rumo para apanhar vento favorável. **2** *Náut* Caminho feito pelo barco que navega à bolina. **3** *Náut* Descarga de artilharia feita de um dos lados do navio.

borda-d'água s f **1** ⇒ beira-mar. **2** ⇒ margem de rio ou lago. **3** s m *gír* Calendário popular.

bordado s m (<bordar) Ornato feito com agulha ou à máquina em tecido ou tela. **Comb.** ~ de aplicação. ⇒ renda.

bordador, ora [**eira**] s (<bordar + -dor) Quem faz lavores em tecido ou tela.

bordadura s f (<bordar + -dura) **1** Reforço da extremidade de alguma coisa. **2** Cercadura decorativa. **3** Cercadura de plantas que delimita terreno cultivado ou canteiro de jardim. **4** *Arquit* Moldura de baixo-relevo. **5** *Mús* Nota melódica entre duas notas da mesma altura.

bordalo s m *Icti* (< ?) Peixe teleósteo de água doce; *Squalio Cephalus*. **Sin.** Escalo; robalinho.

bordão s m (<lat *búrdo,ónis*: mulo [macho/mu]) **1** Pau grosso de apoio ao caminhante. **Comb.** ~ de peregrino «a Fátima/a

Santiago de Compostela». **Sin.** Bastão; cajado. ⇒ bengala. **2** *Fig* Ajuda/ Amparo/ Arrimo. **Ex.** Nada temo, encostado ao ~ da tua amizade. **3** *Ling* Palavra ou expressão que alguém repete de forma automática e sem significado para o discurso. **Ex.** Ele exagera, é que não diz uma frase sem o malfadado ~ «Que lhe(s) parece?», o que torna a conversa enfadonha e irritante. **4** *Mús* Nota grave prolongada e invariável que serve de acompanhamento em alguns instrumentos. **5** *Mús* Corda grossa de alguns instrumentos que produz sons graves.

bordão-de-são-josé *s m* ⇒ açucena.

bordar *v t* (<fr border<bord: lado [bordo] do barco) **1** Fazer um lavor decorativo «num tecido». **Loc.** ~ *uma toalha de mesa*. «um artífice medieval» ~ *maravilhas na pedra*. **2** *Fig* ⇒ fantasiar/imaginar. **3** ⇒ Ornar o discurso com figuras de retórica/Burilar. **4** Cercar/Ladear/Guarnecer. **Comb.** As árvores que bordam [ladeiam] a estrada.

borde(j)ar *v int* (<borda + -e(j)ar) **1** Náut Ao navegar, ir mudando de rumo para apanhar vento favorável. **2** Andar à borda de/ Andar em redor de/Ladear(+). **Ex.** Bordeou o bosque e regressou à estrada. **3** ⇒ bordar **4**. **4** ⇒ cambalear/ziguezaguear.

bordel (Dél) *s m* (<fr bordel: cabana) **1** Casa de prostituição. **Sin.** Lupanar; prostíbulo. **2** Lugar de devassidão.

bordéus *s m* (<top Bordeaux, cidade do Sudoeste de França) Vinho produzido na região de Bordéus.

bordo¹ (Ór) *s m* (<fr bord) **1** *Náut* Lado do navio. **Loc.** Virar de ~. **Comb.** Aos ~. **2** *Náut* No [Interior do] navio. **Comb.** *Comandante de ~. Comissário de ~. Diário de ~*. **3** Interior de meio de transporte. **Ex.** A ~ «da camioneta/do avião» iam várias crianças. **Comb.** *Hospedeira de ~. Pessoal de ~*. **4** Limite duma superfície/Beira/ Borda. **Comb.** ~ [Cimo/Borda] do copo. **5** *Fig* Disposição de espírito/Humor.

bordo² (Ôr) *s m Bot* (< ?) Designação de algumas árvores de madeira branca, leve e compacta, usada em marcenaria. **Comb.** ~-doce «do Canadá». **Sin.** Ácer.

bordoada *s f* (<bordão + -ada) **1** Pancada com bordão/pau/bastão. **Idi.** *Foi ~ de criar bicho* [Houve muita pancadaria]. **2** ⇒ abalo psicológico; golpe. **3** *Fig* ⇒ grande quantidade.

boreal *adj 2g* (<lat *boreális*) Do lado do norte. **Comb.** Aurora ~. **Sin.** Setentrional(+).

bóreas *s m* (<gr *bóreas*) Vento norte. **Sin.** Setentrião(+).

borga *s f* (< ?) Farra/Pândega/Vadiagem. **Loc.** *Andar na ~. Ir para a ~*.

borgonha *s m* (<lat top *Bourgogne*, região no oriente da França) Vinho (da ~).

borguista *adj/s 2g* (<borga + -ista) **1** Da borga. **2** Pessoa amiga da farra/borga.

bórico, a *adj Quím* Em que está presente o boro.

bório ⇒ bóhrio.

borla *s f* (<lat *búrrula<burra*: lã grosseira) **1** Usufruto de bem ou serviço sem pagar. **Comb.** «o almoço foi» À [De] ~ [De graça]. **2** Ornato em forma de campânula donde pendem fios ou franjas. **Comb.** A(s) ~(s) da bandeira. **3** Barrete de doutor. **Loc.** Tomar ~ [Doutorar-se]. **Comb.** De ~ e capelo [Com as insígnias de doutor]. **4** *Bot* Planta ornamental; *Dombeya tiliacea*.

borlista *adj/s 2g* (<borla + -ista) (O) que costuma assistir a espe(c)táculos ou comer sem pagar.

bornal *s m* (< ?) **1** Saco de pano ou couro usado a tiracolo para transportar provisões. **2** Saco de forragem a colocar ao [no] focinho dos animais para comerem «grão» no interva(i)o dos trabalhos.

borne *s m* (<fr borne) **1** Peça metálica terminal de circuito elé(c)trico. **Ex.** Os ~s da bateria do carro devem ficar bem apertados. **2** *Bot* ⇒ alburno.

bornear *v t* (<borne + -ear) **1** Alinhar com a vista/Ver se está ao nível. **Loc.** ~um terreno. **2** Mover horizontalmente «o canhão» para apontar.

boro [B 5] *s m* (<bórax) Elemento não metálico, presente nos boratos «bórax/tincal», pouco fusível e muito duro na forma cristalina.

borra¹ (Ô) *s f* (<lat *burra,ae*: tecido grosseiro) **1** Parte sólida inicialmente em suspensão num líquido que depois fica no fundo. **Ex.** Na aldeia, quando as ~s já deviam ter assentado, mudava-se o vinho dum tonel para outro para evitar que turvasse com alguma trovoada mais forte. **Comb.** *~(s) do azeite. ~(s) do café. ~(s) do chá. ~(s) do vinho*. ⇒ assento; depósito; lia; sedimento. **2** Parte do casulo que não se fia/ Desperdício de seda. **3** *fig* Camada de menor consideração de uma sociedade. **Sin.** Escória(+); ralé(o+).

borra² (Ó) *s f* (<borrar 6) **1** *pop* ⇒ diarreia. **2** *Ornit* ⇒ chasco.

borra-botas (Bó) *s 2g* (<borrar + bota) **1** *pop* Pessoa sem valor. **Sin.** Zé[João]- ninguém. **2** Mau engraxador de sapatos.

borracha *s f* (<ár *al-miraxa*: redoma; 6) **1** Látex extraído de plantas tropicais, depois de coagular. **Comb.** Árvore da ~ [Seringueira]. **Comb.** ~ natural. ⇒ resina. **2** Substância elástica com várias aplicações industriais. **Ex.** No inverno, as botas de ~ dão bastante comodidade. **Ex.** ~ *esponjosa* [Espuma de ~]. ~ *sintética*. ~ *vulcanizada. Barco de ~. Bola de ~*. **3** Pedaço desta substância com que se apagam traços de lápis. **Ex.** Não contente com o desenho, o aluno apagou-o logo com a ~. **Idi.** *Passar uma ~ por cima de* «alguma coisa» [Fazer por esquecer/ Apagar o passado/ Perdoar]. **4** Pedaço de goma elástica «para amortecer o conta(c)to entre duas superfícies». **5** Recipiente de líquido para inje(c)tar/Inje(c)ção de ~. **6** Pequeno odre com bocal para levar líquidos. **Ex.** O que ele nunca esquecia era a ~, que passar sem vinho *idi* não era com ele.

borrachão, ona *s* (<borracho + -ão) **1** *pop* Pessoa que bebe de mais. **Sin.** Beberrão. **2** Odre grande. **3** *Br* Chifre para levar um líquido.

borracheira *s f* (<borracho + -eira) **1** Bebedeira/Embriaguez. **2** Disparate. **3** Trabalho mal feito/Obra sem valor.

borracho¹, a *adj* (<borracha 6) Bêbedo/ Embriagado/Ébrio.

borracho² *s m* (<lat *búrrus*: vermelho + -acho) **1** Pombo muito novo, implume, vermelho. **2** *fig pop* Pessoa nova e bonita.

borrachudo, a *adj* (<borracha + -udo) **1** Inchado como borracha cheia/Bojudo/Gordo. **2** *Ent* Nome vulgar de inse(c)to díptero, hematófago, da família dos simuliídeos; *Simulium pertinax*.

borrada *s f* (<borrar + -ada) **1** A(c)to de borrar/sujar. **2** Derramamento de borra²/Imundície/Porcaria/Fezes. **2** *fig* Obra criticável/ Asneira/Tolice. **Loc.** *Fazer uma ~* [coisa muito mal feita]. *Sair uma ~* [Ficar malfeito]. **Idi.** *Uma ~ em três a(c)tos* [Obra muito mal feita].

borradela *s f* (<borrar + -dela) **1** A(c)to de manchar com tinta/Borrão. **2** *fig* Aplicação imperfeita de tinta/Pintadela. **3** Mancha de excremento de inse(c)to «geralmente de mosca».**4** *fam* Fezes.

borrado, a *adj* (<borrar) **1** Com nódoas de tinta. **2** Sujo de fezes. **Idi.** *cal ~* [Cagado/ Cheio] *de medo* [Muito amedrontado].

borrador, a *s* (<borrar + -dor) **1** Mau pintor/ escritor. **2** Escrito para passar a limpo. **Sin.** Borrão; rascunho(+). **3** Caderno de rascunho.

borragem *s f Bot* (<lat *borrágo,inis*) Planta herbácea da família das Boragináceas; *Borago officinalis*. **Comb.** Chá (da flor) de ~.

borraina *s f* (<?) **1** Estofo interior da sela. **2** Dobra de fixação na extremidade das placas de chumbo quando não soldadas.

borralheiro, a *adj* **1** Que gosta de estar junto do borralho. **Ex.** Eu sou muito ~. **Comb.** Gata ~a. **Sin.** Friorento. **2** *Fig* ⇒ caseiro.

borralho *s m* (<borra¹ + -alho) **1** Conjunto de brasas, no forno ou lareira, cobertas parcialmente de cinza. **Ex.** Aquece aqui as mãos [os pés] (por)que ainda há (um pouco de) ~. **2** *fam* ⇒ lume/lareira. **3** *fam* ⇒ casa/lar. **4** *Mar* Ausência de vento/Calmaria(+). **5** *adj* «touro» De cor acinzentada.

borrão *s m* (<borra¹ + -ão) **1** Mancha de tinta. **2** Texto ainda para emendar/Rascunho(+)/Minuta(+). **3** Esboço de desenho ou pintura. **Ex.** O quadro ainda está no ~. **4** O que mancha a reputação de alguém/A(c)ção indecorosa. **Ex.** Aquela mentira deixou [foi] um ~ [uma nódoa] no bom nome dele.

borrar *v t* (<borra + -ar¹) **1** Sujar com borrões «de tinta». **Loc.** ~ os dedos [o papel/o desenho]. **Idi.** ~ *a pintura/escrita* [Estragar o que foi feito]. **2** *fam* Pôr nódoas/ Deixar sujo. **Loc.** ~ os dedos [lábios] «com chocolate». **3** Fazer perder a reputação/ Deslustrar. **Ex.** Acusado de corrupção, borrou a sua imagem. **4** Escrever *graffitti* «nas paredes»/Pichar. **5** *Br* ⇒ Procurar ocultar/Obscurecer. **6** ~-se/Ficar sujo de fezes. **Loc.** ~ as cuecas. **Idi.** *cal ~-se todo* (de medo) [Ficar muito amedrontado].

borrasca *s f* (<it *burrasca*) **1** Ventania forte e repentina acompanhada de chuva no mar. **Sin.** Procela. **Ant.** Calmaria. ⇒ ciclone; tufão. **2** *Fig* ⇒ motim/tumulto/zaragata. **3** Contrariedade inesperada que inspira cuidados. **4** ⇒ cólera passageira; furacão.

borrascoso, a (Ôso, Ósa, Ósos) *adj* (<borrasca + -oso) **1** De borrasca. **2** ⇒ revolto/ tempestuoso.

borratada *s f* (<borratar) Quantidade de [Muitos] borrões.

borratar *v t* (<borrão + -t- + -ar¹) Sujar com borrões.

borrega (Rrê) *s f* (<borrego) **1** Ovelha nova. **2** Bolha(+) nos pés ou nas mãos. **3** *pop* Mulher/Moça atraente.

borregada *s f* (<borrego + -ada) **1** Rebanho de borregos. **2** *Fig* A(c)to de errar/Cabeçada/Disparate.

borregar *v t* (<borrego + -ar¹) **1** Berrar como borrego. **2** *Aer* Abortar a aterragem. **3** «o cavalo» Recusar saltar o obstáculo.

borrego (Ê) *s m pop* (<borro + -ego; ⇒ borrega 1) **1** Carneiro com idade até um ano. **Sin.** Cordeiro(+). **2** Carne desse animal. **Ex.** Nesse restaurante aprecio sobretudo o ensopado de ~. **3** *Fig* Animal muito manso. **Ex.** Este cavalo é um ~. **4** *Fig depr* Pessoa muito pacífica e ingé[ê]nua.

borreguice *s f* (<borrego + -ice) **1** ⇒ burrice. **2** ⇒ indolência.

borrelho *s m* (<lat *búrrus*: ruço + -elho) **1** *Zool* Molusco gastrópode; *Littorina littorea*. **Sin.** Burgau, burrié. **2** *Ornit* Ave que anda no lodo. **Sin.** Maçarico(+).

borrifadela (Dé) *s f* (<borrifar + -dela) **1** O salpicar com água. **Ex.** Como fazia [estava] muito calor, uma ~ era recebida pelos

miúdos como uma bênção. **2** Chuva miudinha e passageira.
borrifador s m (<borrifar + -dor) **1** Utensílio com crivo de pequenos orifícios para borrifar «roupa antes de a passar a ferro». **2** ⇒ regador.
borrifar v t (<borra¹ + ficar?) **1** ⇒ aspergir/salpicar. **2** Molhar ligeiramente. **Loc.** ~ *a roupa*. ~ *as folhas* [pétalas] *das plantas*. **3** ⇒ chuviscar. **4** *gír* ~-se/Decidir não dar importância (a alguma coisa). **Ex.** Estou-me borrifando para [Não me importa nada] o que ele possa pensar.
borrifo s m (<borrifar) **1** ⇒ salpico. **2** Gota miúda de chuva. **Ex.** Choveu pouco, (foi) só uns ~s. **3** *Fig* Pequeno ponto ou pinta. **Ex.** Há aqui uns ~s na secretária.
borro (Bô) s m (<lat *búrrus*: ruço) Carneiro com idade entre um e dois anos. ⇒ Borrego(+)/Cordeiro(o+).
borzeguim s m (<hol *borsekeni*) **1** Bota até meio da perna com atacadores ou botões. **Sin.** Botim(+); botina. **2** Espécie de meia grossa usada pelos árabes. **3** *Fig* Calçado delicado/fino.
bosca (Ô) s f (< ?) Rede de forma có[ô]nica para pesca da lagosta e lavagante.
Bósnia-Herzegóvina s f *Geog* República dos Balcãs. **Ex.** A capital da ~ é Sarajevo.
bósnio, a adj/s Da Bósnia.
bosque s m (<lat *bóscus*) **1** Mata transitável. **Ex.** No verão é agradável ir até ao ~ gozar a frescura que árvores e arbustos proporcionam. ⇒ floresta; mata. **2** *fig* Conjunto de coisas que se assemelham a árvores. **Comb.** Um ~ de antenas «eólicas/de TV».
bosquejar v t (<bosque + -ejar) Fazer o esboço/Dar os traços gerais. **Ex.** O artista estava ainda a ~ o quadro que o viria a tornar famoso.
bosquejo s m (<bosquejar) **1** ⇒ esboço. **2** Descrição sumária. **Comb.** ~ histórico «de Lisboa». **Sin.** Rascunho; resumo.
bossa s f (<fr *bosse*) **1** *Med* Inchaço em consequência de pancada. **Sin.** *fam* Galo(+) «na cabeça». **2** Saliência anormal nas costas. **Sin.** Corcunda; marreca(+). **3** Saliência arredondada na cabeça. **Ex.** Os frenologistas atribuíam uma especial aptidão de alguém a qualquer ~ que tivesse. **Comb.** ~ *frontal* «na estátua de Moisés/Buda». ~ *parietal*. **4** Aptidão especial para uma a(c)tividade. **Ex.** Desde miúdo revelou ~ para a música. **Loc.** Ter ~ para «alguma coisa» [Ter jeito/habilidade]. **Comb.** *Br* ⇒ ~-nova. **Sin.** Propensão; queda(+). **5** *Zool* Saliência típica no dorso de alguns animais. **Ex.** O dromedário tem uma ~ e o camelo duas. **6** Saliência arredondada numa superfície «do osso chato». **7** Forma esférica dada à matéria vitrificada no fabrico de obje(c)tos de vidro.
bossagem s f (<bossa + -agem) **1** Saliência numa superfície. **2** O que sai fora da prumada duma construção. **3** Conjunto de bossas.
bossa-nova s f *Mús* Movimento da música popular brasileira dos fins da década de 50, com novos ritmos e melodia, valorizando a letra.
bosta (Bós) s f (<lat *bóstar,áris*: estábulo, curral de bois) **1** Excremento de gado bovino. ⇒ cagalhão; caganita. **2** *depr cal* O que não presta/Porcaria. **3** *depr cal* Pessoa indolente/mole.
bostela (Tê) s f (<lat *pústula*: bolha, empola) **1** Pequena ferida com crosta/Pústula. **2** *fig* Mau hábito/Vício. **3** *pop* ⇒ bosta 2.
bota (Bó) s f (<fr *botte*; ~ de elástico) **1** Calçado que envolve o pé e parte da perna. **Ex.** No inverno as ~s são mais confortáveis face ao frio e à chuva. **Loc.** *Calçar as ~s*. *Descalçar as ~s*. **Idi.** *Arranjar um par de ~s* [Meter-se em grande dificuldade]. *Arrumar as ~s* [Deixar de exercer uma a(c)tividade]. *Bater a ~* [Morrer]. *Dar ~* [Não ter sucesso]. *Descalçar a ~* [Resolver um grave problema]. *Engraxar/Lamber as ~s a* [de] *alguém* [Bajular/Lisonjear]. *Meter as ~s* (em algo ou alguém) [Falar mal de/Criticar]. *Não dar a ~ com a perdigota* [Haver desajuste entre elementos de uma situação/Algo não bater certo numa situação]. **Comb.** ~ *alta*. ~ *caneleira*. ~ *de água* [para a chuva]. ⇒ ~-de-elástico. ~ *de meio cano*. ~ *de montar*. ~ *ortopédica*. **2** *Br* ⇒ Mentira/Peta. **3** *Br* Obra mal feita. **4** *Br* Jogo infantil.
bota-abaixo s m sing e pl (<botar + ...) **1** Lançamento(+) de um navio/Bota-fora 1(+). **2** Crítica destrutiva. **Comb.** «a repreensão ao aluno foi (mesmo)» **De ~**. **3** *Br* ⇒ Demolição «de prédios»/Destruição. **4** *Br* Ordem do caçador para que o cão se deite.
bota de elástico adj/s 2g sing e pl [= ~-de-elástico] (Pessoa) que é avessa ao progresso ou antiquada. **Ex.** Não posso com as críticas daquela gente, são todos uns botas de elástico [uns conservadores]!
bota-fogo s/adj 2g (<botar + ...) **1** *Hist Mil* Vareta com morrão na ponta com que se incendiava a peça de artilharia. ⇒ rastilho. **2** Pau com morrão para pegar fogo a peças de pirotecnia. **3** Pessoa com essa função. **4** *Fig* (Pessoa) que provoca discórdias/Pessoa briguenta ou irascível. **5** Que lança fogo pela boca.
bota-fora s m sing e pl (<botar + ...) **1** Lançamento(+) de navio à água/Partida/Saída. **2** *Fam* Despedida de alguém que vai de viagem. **Loc.** Ir ao ~ de um amigo «que terminou a universidade». **3** ⇒ Esbanjamento. **4** ⇒ Grande a(c)tividade.
botânica s f (<gr *botaniké*: erva, planta) Ciência/Disciplina que estuda o reino vegetal.
botânico, a adj/s (<gr *botanikós*: relativo a plantas) **1** Da botânica. **Comb.** Jardim ~ «de S. Paulo, *Br*». **2** Especialista em botânica. **Comb.** Um[a] grande ~o [a].
botante s m *Arquit* (<fr *boutant*: que empurra) Porção do arco que vai dos contrafortes ao nascimento da abóbada. ⇒ arco-botante(+).
botão s m (<fr *bouton*: rebento) **1** *Bot* Gomo/Rebento(+) que dará flor ou folha. **2** *Bot* Flor antes de desabrochar. **Comb.** ~ *de rosa*. «flor/ciência» *Em ~* [A começar]. **3** Acessório no vestuário para apertar ou servir de adorno. **Ex.** Os botões de fantasia no casaco eram particularmente bonitos. Arrancou-se [Caiu/Saltou] o ~ do casaco. **Loc.** Pregar um ~. **Idi.** *Dizer/Falar com os seus botões* [Pensar algo sem o revelar a outrem]. **Comb.** ~ *do colarinho*. ~ *de punho*. *Casa de* ~ [Botoeira 1]. **4** Jogo infantil de botões lançados contra a parede. **5** Brinco sem pingente. **6** ⇒ Pega «de tampa de panela»/Maçaneta «da porta»/Puxador «da gaveta». **7** ⇒ quisto/verruga. **8** *Fig* ⇒ mamilo. **9** *Ele(c)tri* Comando em aparelho [circuito] elé(c)trico. **Comb.** ~ *da campainha* [do elevador/do rádio]. **10** Peça de metal no couro na ponta do florete, na esgrima, para evitar ferimentos. **11** Pequena bola na ponta de ferro em brasa para cauterizar. **Comb.** ~ [Ponta] de fogo. **12** *Náut* Forte ligação entre dois cabos ou partes do mesmo cabo.
botão-de-ouro s m *Bot* Planta herbácea de flores douradas, da família das Ranunculáceas; *Ranunculus repans*.
botar v t/int (<fr *bouter*: empurrar, avançar) **1** *pop* Atirar/Deitar/Expelir. **Ex.** O cavalo botou-o ao [no] chão. **Loc.** ~ *fora* [Deitar ao/Jogar no lixo]. ~ *sangue pelo nariz*. **Idi.** ~ *a carga ao mar* [Vomitar]. **2** Colocar/Depositar/Pôr. **Loc.** ~ *água no arroz*. **3** Calçar/Vestir. **4** Arranjar/Preparar. **5** Estabelecer/Montar. **6** Deitar/Estender. **7** Aplicar/Investir. **8** Apresentar/Mostrar. **9** Fazer/Produzir. **Loc.** *pop* ~ *discurso*. *pop* ~ *sentenças*. **10** Pôr ovos. **11** Atribuir/Imputar. **12** ~-se/Começar. **13** *Br* ⇒ traduzir.
botaréu s m (<esp *botarel*; ⇒ botante) **1** *Arquit* Contraforte de reforço que sustenta arcos ou paredes. **2** Escora/Pilastra.
botarra s f (<bota + -arra) Bota grande e grosseira. ⇒ botifarra(+).
bote¹ s m (<fr *bot*) **1** Pequeno barco a remos ou à vela. **Idi.** *Ir no ~* [Deixar-se enganar]. **Comb.** ~ *inflável*. ~ *salva-vidas*. **2** Pequeno pacote «de rapé».
bote² s m (<botar) **1** Cutilada/Golpe. **2** Ataque/Investida. **3** Desfalque. **4** Censura/Crítica. **5** Baque/Revés. **6** *Br* Salto sobre a presa.
botelha (Tê) s f *pop* (<fr *bouteille*) **1** ⇒ frasco; garrafa. **2** *reg* ⇒ abóbora.
botequim s m (<it *botteghino*: lojinha) Estabelecimento de venda de bebidas, café e comidas leves. **Sin.** Bar.
botica s f *an* (<lat <gr *apothéke*: armazém) **1** Local de preparação e venda de medicamentos/Farmácia. **2** Loja de venda a retalho. **Idi.** *Ali há de tudo como na ~* [Ter grande sortido de artigos].
boticão s m (<botica + -ão) Forte alicate [pinça] para arrancar dentes. ⇒ fórceps.
boticário, a s *an* (<botica + -ário) ⇒ farmacêutico.
botifarra s f (<bota + -if- + -arra) Bota grande e grosseira.
botija s f (<esp *botija*) **1** Recipiente metálico para gás de consumo doméstico. **Ex.** Temos uma ~ para o esquentador e outra para o fogão. **2** Recipiente para água quente, para aquecer a cama ou uma parte do corpo. **Ex.** A avó dele, nas noites de inverno, não dispensa a ~ na cama. **3** Vaso cilíndrico para vinhos e licores, com gargalo curto e asa. **Idi.** «apanhar alguém» *Com a boca na ~* [Em flagrante]. **4** Pessoa gorda/Pipa(+). **5** *Náut* Entrançado em forma de pera para revestir um cabo. **6** *Br* Tesouro enterrado.
botim s m (<esp *botín*) Bota de cano curto a terminar junto ao tornozelo.
botina s f (<fr *bottine*) **1** Bota de senhora ou de criança de cano curto. **2** *Br* Bota de homem de cano curto/Botim.
botirão s m (< ?) Rede de verga em forma de funil para pesca da lampreia.
boto¹, a (Bô) adj (< ?) **1** Que perdeu o fio ou a ponta. **Sin.** Embotado; rombo. **2** ⇒ Deformado/Torto. **3** *Fig* ⇒ Bronco/Obtuso. **4** ⇒ Indolente/Preguiçoso.
boto² s m *Zool* (< ?) Nome vulgar de mamíferos cetáceos da família dos delfinídeos «como os golfinhos». **Sin.** Toninha.
botoaria s f (<botão + -aria) Fábrica/Loja/Indústria de botões. ⇒ retrosaria.
botocudo, a adj/s *Hist Etn* (<botoque + -udo) **1** Índio «de Iguaçu» que usava botoque. **2** *fig* ⇒ caipira; saloio.
botoeira s f (<botão + -eira) **1** Casa do botão. **2** Casa na lapela do casaco para pôr um distintivo ou uma flor.
botoque s m (<batoque) Adorno em forma de disco ou botão usado no lábio inferior, nariz ou orelhas entre alguns povos ou tribos.

botrioide *adj 2g* (<gr *botrys*: cacho + -oide) «doença na pele» Em forma de cacho de uva.

botsw[u]ano, a *adj/s* (< *top* Botsw[u]ana, república do centro-sul de África) Do Botsw[u]ana.

botulismo *s m* (<lat *bótulus*: chouriço + -ismo) Intoxicação por bacilos desenvolvidos em carnes, conservas ou artigos de charcutaria.

bouça *s f* (<lat *báltea*: o que cerca/cinge) Terreno inculto onde crescem árvores e mato/Baldio.

bouganvíllea *s f Bot* ⇒ buganvília.

boulevard fr Rua larga ladeada de árvores. **Comb.** Comédia/Teatro de ~ [Peça ligeira e frívola]. **Sin.** Avenida(+).

bouquet fr **1** Ramo de flores dispostas harmoniosamente. **Sin.** Ramalhete(+). **2** Conjunto de elementos onde há harmonia. **Sin.** Belo conjunto. **3** ⇒ aroma «do vinho».

boutique fr ⇒ botica **2**.

bovídeo, a *adj/s Zool* (<lat *bos,óvis*: boi + -ídeo) (O) que é da família dos Bovídeos, mamíferos ruminantes. **Ex.** O boi, o búfalo, a gazela e a cabra são ~s. ⇒ ovídeo.

bovini[o]cultura *s f* (<bovino + ...) Criação de gado bovino (Vacas e bois).

bovino, a *adj/s* (<lat *bovínus*) (O) que é dos Bovinos, subfamília dos Bovídeos. **Comb.** *Carne ~a. Espécie ~a. Gado ~.* ⇒ ovino.

bowling ing **1** Jogo em que uma bola de madeira é atirada para derrubar fitos [bonecos] em forma de garrafa. **Sin.** *Br* Boliche; bólingue. **2** Bola desse jogo. **3** Local desse jogo.

boxe (Cse) *s m* (<ing *box*: caixa) **1** *(D)esp* Desporto em que cada um de dois adversários tenta derrubar o outro dando-lhe murros. **Sin.** Pugilismo; jogo do murro. **2** Armadura de metal que se enfia nos dedos para dar socos. **3** *s f pl (D)esp* Zona junto da pista de automóveis de corrida onde se dá apoio aos pilotos e se faz a manutenção dos carros. **Ex.** Numa corrida, importa que seja mínimo o tempo de demora nas ~s. **4** Parte da casa de banho, isolada por cortina ou porta de correr, destinada ao duche. **5** *Br* Compartimento para um só cavalo nas cavalariças.

boxeador, ora (Cse) *s* (<boxear + -dor) Atleta de boxe/Pugilista.

boxear (Cse) *v int (D)esp* (<boxe + -ar) Jogar ao [Praticar o] boxe.

bóxer *s 2g* (<ing *boxer*) Cão de guarda robusto, de pelo curto e focinho escuro.

boximane (Chimã) *adj/s 2g* (<hol *bosjesman*: homem da floresta) (O) que é do povo dos Boximanes, na África meridional.

boy ing Moço de recados/Paquete.

boyfriend ing ⇒ namorado.

boysband ing *Mús* Banda constituída só por elementos jovens do sexo masculino.

bozó *s m Br* (<?) Um jogo de dados.

braça *s f* (<lat *brácchia*, pl de *brácchium*: braço) **1** Medida de comprimento que vai de mão a mão com os braços estendidos, equivalente a 2,20 m(etros). **Comb.** *~ craveira* [Medida de dez palmos craveiros]. *~ quadrada* [Medida agrária correspondente a 3,052 metros quadrados]. **2** *Náut* Medida de comprimento anglo-saxónica equivalente a duas jardas (1,83 metros) para calcular a profundidade da água.

braçada *s f* (<braço + -ada) **1** Quantidade do que se pode abarcar com os dois braços. **Comb.** Às ~s [Em grande quantidade]. *Uma ~ de flores.* ⇒ braçado. **2** Ramo grosso de árvore/Pernada(+). **3** Movimento largo com os braços «na natação».

braçadeira *s f* (<braçado + -eira) **1** Argola para unir duas peças. **Ex.** A ~ a aplicar no tubo do gás deve ficar muito bem apertada. **2** Tira que se coloca à volta do braço indicando o exercício de uma função. **Ex.** O capitão de uma equipa/e reconhece-se por envergar uma ~. **3** Argola que liga o cano da espingarda à coronha. **4** *Mil* Correia do escudo por onde se enfiava o braço. **5** Presilha que segura o apanhado lateral de reposteiro ou cortina.

braçado *s m* (<braço + -ado) Quantidade do que se abarca com os braços. ⇒ braçada **1**.

braçagem *s f* (<braço + -agem) **1** Trabalho braçal (+). **2** *Br* Força do braço.

braçal *adj 2g/s m* (<braço + -al) **1** Do braço. **2** Com utilização dos braços e das mãos. **Comb.** Trabalho ~ [Esforço físico]. **3** ⇒ braçadeira **2**. **4** *Mil* Parte da armadura que protegia [cobria] o braço.

bracear *v int* (<braço + -ear) **1** Fazer movimentos com os braços/Bracejar(+). **2** Dar braçadas [aos braços] ao nadar. **3** *Náut* Movimentar a verga para adequar a posição da vela ao vento. **4** «o cavalo» Levantar muito as patas dianteiras. **5** *fig* Lutar pela vida.

braceira *s f* (<braço + -eira) **1** Faixa de cal [argamassa] para fixar telhas ou vedar canais. **2** ⇒ braçadeira.

braceiro, a *adj* (<braço + -eiro) **1** Que tem força nos braços. **2** ⇒ braçal. **3** *Br* Diz-se do cavalo que levanta muito as patas dianteiras.

bracejar *v t/int* (<braço + -ejar) **1** Fazer movimentos rápidos com os braços. **Sin.** Esbracejar(+); gesticular(o+). **2** ⇒ trabalhar duramente. **3** *Bot* «a planta» Lançar braços/ramos. **Sin.** Estender-se; expandir-se. **4** ⇒ bracear **4**.

bracejo *s m* (<bracejar) A(c)to de esbracejar [mover (muito) os braços].

bracelete (Lé) *s f* (<fr *bracelet*) Adorno do braço com a forma de aro/Pulseira. **Comb.** ~ [Pulseira(+)] do relógio.

braço *s m* (<lat *brácchium*; ⇒ ~ de ferro) **1** Membro superior, do ombro até à mão. **Ex.** Estendeu os ~s para apanhar a bola. **Idi.** *Abrir os ~s a alguém* [Recebê-lo bem]. *Andar de [com o] ~ ao peito. Andar de ~ dado com* [Colaborar estreitamente]. *Caírem nos ~s um do outro* [Abraçarem-se]. *Cortar os ~s a* «alguém» [Impedi-lo de realizar os seus obje(c)tivos]. *Cruzar os ~* [Ficar ina(c)tivo]. *Dar o ~ a torcer* [Ceder]. *Estar [Ficar] a ~s com* [Enfrentar um problema difícil]. *Estar* [Descansar] *nos braços de Morfeu* [Dormir]. *Estender os ~s* [Pedir ajuda]. *Br Meter o braço em alguém* [Bater em alguém/Espancar]. *Receber* «alguém» *de ~s abertos* [Acolher com alegria]. *Ser o ~ direito de alguém* [Ser o primeiro e principal colaborador]. *Tirar alguém dos ~s da morte* [Livrar da morte/Salvar]. **Comb.** *~ direito. ~ esquerdo. A* (poder de) *~* [Usando só a própria força/Sem recurso a força mecânica]. *Cova do ~. idi De ~s caídos* [Sem agir]. «ir» *De ~ dado* [Com o ~ enlaçado no de outra pessoa]. **2** *Anat* A parte do membro superior, do ombro ao cotovelo. ⇒ antebraço; mão. **3** *fig* Parte lateral de cadeira, sofá ou poltrona em que se apoia o ~. **4** Membro anterior de quadrúpede. **Sin.** Mão(+); pata da frente(+). **5** Tentáculo(+)/Apêndice de alguns animais. **Ex.** O polvo tem ~s com que imobiliza as presas. **6** Ramificação de planta. **Ex.** Do robusto tronco saíam grossos ~s em várias dire(c)ções, alargando a frondosa copa. **Sin.** Pernada(+). **7** Ramificação do rio ou do mar. **Ex.** Perto da foz, o rio avança em vários ~s, entrecortando a planície de aluvião. ⇒ delta; fiorde. **8** Apêndice [Parte alongada] de um obje(c)to. **Ex.** Aos ~s da maca pegaram dois possantes bombeiros, um à frente e o outro atrás. **9** Parte alongada de alguns instrumentos de corda. **Comb.** ~ da guitarra [viola/do violino/…]. **10** Parte da alavanca entre o fulcro e o ponto de resistência/potência. **Ex.** Quanto maior é o ~ da potência, menor é a força a empregar. **11** Parte do travessão da balança entre o fulcro e o ponto de suspensão. **12** Cada um dos segmentos horizontais de uma cruz. **13** *Náut* Cabo que prende na extremidade das vergas, movendo-as em torno do mastro. **14** *Náut* Cada um dos dois segmentos da barra curva, entre a cruz e a cunha da âncora. **15** Conjunto de cebolas atadas umas às outras. **Sin.** Réstia; cabo(+). **16** *fig* Poder/Força/Autoridade. **Comb.** *~ de Deus. ~ da justiça. ~ secular* [Poder da justiça civil].

braço de ferro *s m* **1** Autoridade forte. **Loc.** Governar com ~ [mão forte]. **2** Medição de forças entre dois indivíduos, apoiando os cotovelos numa mesa. **3** *fig* Prova de força. **Loc.** Fazer um ~ [Tentar fazer prevalecer uma opinião ou ideia]. **4** *(D)esp* Exercício de ginástica, com um braço fle(c)tido, preso a uma argola, a aguentar o peso do corpo em suspensão.

braçola *s f Mar* (<braço + -ola) Chapa vertical na borda das escotilhas para impedir a entrada da água.

bráctea *s f Bot* (<lat *bráctea*) Cada folha modificada que cobre a flor antes de ela abrir. **Comb.** As ~s da buganvília.

braçudo, a *adj* (<braço + -udo) Que tem braços compridos e robustos.

bradal *s m* (ing *bradawl*) Espécie de sovela com a ponta em forma de cinzel, para fazer furos e colocar pregos sem cabeça.

bradar *v t/int* (<lat *bláttero, ráre*) **1** Dizer em voz alta/Clamar/Gritar. **Idi.** «alguma coisa» *~ aos céus* [Ser revoltante]. **2** Pedir/Reclamar. **Ex.** Junto ao tribunal bradou por justiça perante tão nefando crime.

bradi- *pref* (<gr *bradús*; significa lentidão).

bradicardia *s f Med* (<... + -cardia) Retardamento do ritmo cardíaco «com menos de 60 batimentos [pulsações] por minuto».

bradicinesia *s f Med* (<bradi- + …) Dificuldade nos movimentos, como na doença de Parkinson.

bradifasia [bradilalia] *s f Med* (<... + -fasia/-lalia) Lentidão na fala.

bradipepsia *s f Med* (<... + -pepsia) Digestão difícil e demorada.

brado *s m* (<bradar) Voz forte e enérgica/Clamor/Grito. **Loc.** Dizer em [Soltar] altos ~s [Falar muito alto]. **Idi.** «alguma coisa» *Dar ~* [Ser muito falado/Ficar célebre].

braga *s f* (<lat *bracae*: calções compridos) **1** Argola que era aplicada ao tornozelo dos condenados às galés. **2** *Náut* Cabo para içar obje(c)tos pesados. **3** *Mil* Muro que protegia a base das antigas fortificações. **4** *an pl* Calças largas e curtas/Calções(+). **Idi.** *Não se pescam trutas a ~s enxutas* [Nada se alcança sem esforço/sofrer].

bragado, a *adj* (<braga **4**) Diz-se do animal com cor diferente na barriga ou nas patas.

bragal *s m* (<braga + -al) **1** *an* Tecido grosseiro de que se faziam as bragas. **2** Roupa branca de uma casa/Enxoval(+). **3** Par de anilhas de ferro preso a corrente curta para impedir a fuga de condenados.

braguilha *s f* (<braga **4** + -ilha) Abertura na parte da frente de calças ou calções. **Sin.** Carcela(+).

braile *adj 2g/s m* (<antr Louis Braille, 1927) Sistema de escrita caracterizado por ter

pontos salientes, a usar pelos cegos. **Comb.** *Escrita ~. Texto em ~.*
brainstorming ing Modelo de reunião em que cada um espontaneamente propõe soluções (criativas) para um problema. **Sin.** Troca [Bombardeamento] de ideias(+).
brama s f (<bramar 3) Berro «do veado» do [no] cio. ⇒ bramido **1**.
brâmane s m (<sân *brahmana*<*brahmá*: princípio supremo) Membro da casta sacerdotal, a mais alta entre os hindus.
bramanismo s m (<brâmane + -ismo) Organização religiosa, política e social da Índia, em que os brâmanes têm supremacia sobre as outras castas.
bramar v int (<gótico *brammôn*: uivar) **1** Falar alto e com veemência/Reclamar. **2** ⇒ bradar/berrar/gritar. **3** «um animal» Estar no cio. **4** ⇒ bramir(+).
bramido s m (<bramir) **1** Rugido (de animal). **Comb.** *O ~ do leão.* **2** ⇒ berro/brado. **3** Estrondo. **Comb.** *O ~ das ondas* [do mar]. *O ~ da multidão* (enfurecida).
bramir v t/int (<bramar) **1** «animal selvagem» Soltar o som [a voz] da espécie/Rugir. **2** ⇒ berrar/bradar. **3** Produzir grande estrondo/Ribombar.
branca s f (<branco) **1** Cabelo branco/Cã. **Ex.** Com a presunção da sua juventude, procurava disfarçar as ~s que despontavam. **2** Clara(+) do ovo. **3** *Br pop* ⇒ Aguardente/Branquinha/Cachaça.
branco, a adj/s (<al *blanck*: límpido) **1** Da cor da neve ou do leite. **Ex.** As paredes da minha casa são ~as. **Loc.** Vestir de ~o. **Idi.** *~ é, galinha o põe* [É fácil de adivinhar]. *Passar do ~ ao preto* [Ado(p)tar opinião contrária à de antes]. ⇒ **6 Idi. Comb.** *~ de* [como a] *neve. ~ do olho. ~-sujo* [~ com tonalidade acinzentada]. *Açúcar ~/refinado. Bandeira ~a* [Quando em guerra, sinal de que se pretende negociar ou deixar de combater]. *idi Elefante ~* [Empreendimento de dispendiosa manutenção e de reduzida utilidade]. *Livro ~* [Compilação de documentos oficiais sobre um assunto]. *Magia ~a* [que visa fins benéficos]. *Pomba ~a* [Símbolo da paz]. *Roupa ~a* **a)** Roupa interior/*Br* íntima/de baixo; **b)** Roupas de uso doméstico, como lençóis, toalhas, … *Veste ~a* «do batismo». **Sin.** Alvo. **2** «indivíduo» De pele com fraca pigmentação. **Ex.** A população é uma pequena minoria naquele país. Os ~s predominam em várias partes do mundo. **Idi.** *Escravatura ~a* [Tráfico de mulheres para prostituição]. **3** De cor clara. **Ex.** Quem tem a pele muito ~a precisa de ter mais cuidado com o sol na praia. Esta uva ~a é muito doce. **Idi.** *Passar a noite em ~* [Não conseguir dormir/Passar a noite em claro/Não conseguir *idi* pregar olho]. **Comb.** *Bebida ~a* [que tem muito álcool]. *Carne ~ «de galinha». Formiga ~a. Verso ~* [que não deve rimar/livre]. *Vinho ~.* **Sin.** Descorado. **Ant.** Escuro; moreno; preto. **4** Com cor pálida. **Ex.** Ele estava a sentir-se mal, a ficar ~, e todos nos assustámos. Como ainda não foi à praia, a pele dele está ainda muito ~a. **5** Da cor da prata. **Comb.** *Arma ~a* [A que tem lâmina cortante ou perfurante]. *Ouro ~* [Liga de ouro e níquel]. **6** Que não foi escrito/preenchido. **Ex.** Pedi uma folha ~a [em ~(+)] para redigir uma breve declaração. **Loc.** Assinar em ~ [Assinar um papel sem que esteja preenchido]. **Idi.** *Estar em ~* [«o aluno» Nada saber sobre um assunto. *Ficar em ~* [Não marcar pontos/Nada entender/conseguir]. *Passar um cheque em ~* [Arriscar/Confiar de mais]. *Pôr o preto no ~* [Falar claro/Esclarecer bem]. *Ter carta ~a* [Ter plena liberdade de a(c)ção]. **Comb.** *Espaço em ~* (entre partes escritas). *Papel (em) ~. Voto (em) ~* [Aquele em que não foi regist(r)ada uma opção]. **7** Que não foi contemplado/premiado. **Ex.** Na agência disseram-me que o meu bilhete de lotaria estava ~.

branco-marfim adj 2g/s m (Que tem/De) cor branco-amarelada, como a do marfim.
branco-pérola adj 2g/s m (De) cor semelhante à da pérola.
brancura s f (<branco + -ura) Qualidade do que é branco. **Ex.** Na publicidade a detergentes, exibe-se como trunfo a ~ da roupa com eles lavada. **Sin.** Alvura.
brandal s m *Náut* (<brando + -al) Cabo para segurar mastaréus ou mastros.
brandamente adv (<brando + -mente) Com pouca força/Com suavidade. **Sin.** Docilmente; levemente; suavemente. **Ant.** Asperamente; violentamente.
brandão s m (<brando + -ão) Vela de cera, comprida e grossa. **Sin.** Círio(+).
brande [ing *brandy*] s m Bebida com muito álcool e de cor acastanhada. **Ex.** Ele gostava de rematar sempre a refeição com um ~. ⇒ aguardente.
brandir v t (<fr *brandir*<*brand*: tição) **1** Empunhar uma arma erguendo-a e agitando-a. **Ex.** No meio daquela confusão, o bêbedo começou a ~ ameaçadoramente a bengala e temermos que não se ficasse por ali [que nos batesse]. **2** ⇒ agitar «as bandeiras».
brando, a adj (<lat *blándus*) **1** Que se molda facilmente/Que cede a [com] leve pressão. **Sin.** Flexível; mole. **Ant.** Duro; rijo. **2** De fraca intensidade. **Ex.** Esse prato deve ser cozinhado em lume ~. **Comb.** *Aragem* [Brisa] *~a. Fogo ~.* **Sin.** Ameno; leve; suave. **3** Que revela afabilidade/condescendência/ docilidade/moderação. **Comb.** *Homem ~.* «*Pt*» *País de ~s costumes.* **4** Diz-se do cavalo com pouca energia ou vigor. **Comb.** «ir a» *Passo ~* [lento].
brandura s f (<brando + -ura) **1** Qualidade do que é maleável/mole/flexível/brando. **Loc.** Tratar os filhos [alunos] com ~. **Comb.** *A ~ do clima* [tempo outonal]. *A ~ da manteiga* [cera/do chumbo]. **2** pl Palavras ou gestos carinhosos/Meiguices/Afagos. **Ex.** O nosso avô não era (amigo) de ~s/meiguices(+).
brandy ⇒ brande.
branqueador, ora adj/s (<branquear + -dor) **1** (O) que branqueia/torna mais branco. ⇒ lixívia. **2** Pessoa que «na fábrica», com produtos químicos, descolora têxteis, ramas, fios. **3** Indivíduo que esfola animais, retirando-lhes o que não serve para consumo no talho. **4** Pessoa que faz lavagem [branqueamento] de dinheiro.
branqueamento s m (<branquear + -mento) **1** A(c)to ou efeito de tornar branco/branquear. **Comb.** *~ dos dentes.* **2** *Quím* A(c)to de descorar fibras para receberem outra cor. **3** Introdução no mercado financeiro de dinheiro obtido de modo ilícito. **Ex.** O ~ [a lavagem] de dinheiro obtido por tráfico de droga é ilegal. **Comb.** *~ de capitais.*
branquear v t/int (<branco + -ear) **1** Tornar/Ficar mais branco. **Ex.** À volta viam-se os campos branqueados de [pela] neve. **2** ⇒ branquejar. **3** ⇒ caiar. **4** Criar cãs/Encanecer. **Comb.** *Cabeça branqueada.* **5** Introduzir no mercado financeiro dinheiro obtido de forma ilícita, procurando apagar a sua origem. **Loc.** ~ dinheiro do narcotráfico.
branquejar v int (<branco + -ejar) **1** Sobressair na sua cor branca/Alvejar. **Ex.** Em março, viajando no Alentejo, gostei de ver ao longe as localidades a ~ no meio da planície verde. **2** Adquirir a cor branca. **Ex.** Via-se o linho a ~ ao sol.
branqueta (Ê) s f (<branco + -eta) Pano de lã/Flanela(+).
brânquia s f *Zool* (<gr *bragkhíon*) Órgão de respiração dos peixes. **Sin.** Guelra(+).
branquiado, a adj (<brânquia + -ado) Que tem brânquias/guelras.
branquial adj 2g (<brânquia + -al) Relativo às brânquias.
braqui- pref (<gr *brakhýs*: curto; significa pequena extensão).
braquia s f (<braqui- + -ia) Sinal gráfico (˘) indicativo de que é breve a vogal a que se sobrepõe.
braquial adj 2g (<lat *brachiális*) Do braço. ⇒ braçal.
branquidão s f (<branco + -dão) ⇒ alvura(+); brancura(o+).
braquicéfalo, a adj (<braqui- + -cefal(o)-) Com o crânio curto e ovoide.
braquidáctilo, a adj (<…+ -dáctilo) Com [Que tem] os dedos muito curtos.
braquigrafia s f (<… + -grafia) Arte/Processo de escrever por abreviaturas. ⇒ taquigrafia.
braquiópode adj/s 2g (<gr *brakhíon*: braço + *pous, podós*: pé) (O) que pertence ao grupo dos Braquiópodes, moluscos marinhos bivalves «com dois braços bucais».
braquiúro adj/s m *Zool* (<braqui- + gr *oúra*: cauda) **1** (O) «macaco» que tem cauda curta. ⇒ anuro. **2** s m pl Crustáceos de cinco pares de patas e abdó[ô]men curto.
brasa s f (< ?) **1** (Pedaço de madeira ou) carvão incandescente (sem chama). **Ex.** Fez ~s para assar (umas) sardinhas. **Idi.** *Chegar a ~ à* [Puxar a ~ para a] *sua sardinha* [Defender apenas os seus interesses]. *Ir na ~* [Deslocar-se «num veículo» a grande velocidade]. *Passar como gato por ~s* **a)** Tocar ao de leve; **b)** Não aprofundar um assunto. *Passar pelas ~s* [Dormir um sono leve e curto]. **2** Estado de incandescência. **Ex.** Em cima da chama do gás, o ferro estava já em ~. **3** Calor intenso/escaldante. **Ex.** Ontem, pelas duas da tarde, estava cá uma ~ ! **4** Estado de afogueamento. **Ex.** A testa do miúdo estava em ~, por isso chamei o médico. **5** Parte acesa do morrão/cigarro/charuto. **6** *(D)esp* Remate forte. **Ex.** Na marcação do livre, ele atirou uma ~ tal que o guarda-redes [*Br* goleiro] ficou com as mãos a arder. **7** Estado de ansiedade. **Loc.** Andar/Estar/Ficar sobre ~s [Estar inquieto]. **8** *pop* Mulher/Moça bonita e fisicamente atraente. **Sin.** Borracho.
brasão s m (<fr *blason*: escudo de armas) **1** Insígnia de pessoa/família nobre. **Ex.** Nas propriedades das famílias nobres, o ~ estava em lugar de destaque. **Comb.** *~* [Escudo] *de armas.* **2** Insígnia [Lema] de um bispo ou do Papa. **3** Insígnia de uma cidade ou nação. **4** *fig* Honra/Glória. **Ex.** O ~ da minha família é a honestidade «nos negócios». **5** Numa floresta, núcleo de árvores de maior porte a preservar para produção de madeira.
braseira s f (<brasa + -eira) **1** Utensílio com brasas para aquecimento na época fria. **Ex.** Importa que o compartimento onde se coloque uma ~ seja bem ventilado para evitar intoxicação com monóxido de carbono. **Comb.** *~ elé(c)trica* [Instrumento de aquecimento com a passagem da corrente elé(c)trica por uma ou mais resistências]. **2** ⇒ fogareiro.
braseiro s m (<brasa + -eiro) **1** Grande quantidade de brasas obtidas por combustão de madeira ou carvão. **Ex.** Em várias zonas de Portugal, na noite de Natal,

os rapazes da aldeia fazem um enorme ~ na praça pública. 2 ⇒ braseira.

brasido s m (<brasa + -ido) **1** Grande quantidade de brasas/Braseiro. **2** Calor forte de lume. **3** *Fig* ⇒ ardor/entusiasmo.

brasil s/adj 2g (<brasa + -il; ⇒ brasis) **1** ⇒ pau-brasil. **2** *Hist* ⇒ brasileiro.

Brasil s m *Geog* (<pau-brasil <brasa) O maior país da América do Sul. **Ex.** A capital do ~ é Brasília. **Sin.** República Federativa do ~.

brasileirismo s m (<brasileiro + -ismo) **1** *Ling* Palavra ou expressão típica do português do Brasil. **Ex.** O povo português conhece muitos ~s devido à popularidade das telenovelas brasileiras. **2** Modo de ser [Cará(c)ter] do brasileiro/Brasilidade/Brasilismo. **3** Amor à pátria e às coisas do Brasil. **Comb.** ~ dos portugueses.

brasileiro, a adj/s (<top Brasil + -eiro) **1** Do Brasil ou dos seus habitantes. **2** Natural ou habitante do Brasil. **3** *Hist* Português que foi emigrante no Brasil. **Ex.** Muitos palacetes antigos do norte de Portugal são obra de ~s.

brasiliense adj/s 2g (<top Brasília + -ense) De Brasília. **Comb.** Os ~s.

brasilólogo, a adj/s (<top Brasil + -logo) Versado na história do Brasil.

brasis s m pl (<top Brasil) Terras do Brasil. **Ex.** Os ~ e as suas proverbiais riquezas atraíram muitos portugueses.

brasonado, a adj (<brasonar) Que tem brasão. **Comb.** Palácio [Casa] ~.

brasonar v t (<fr *blasonner*) Decorar com [Colocar] brasão.

brassagem s f (<fr *brassage*) Operação de misturar o malte e a água no fabrico da cerveja.

bravata s f (<it *bravata*; ⇒ bravo) **1** Provocação/Intimidação em tom arrogante. **2** ⇒ bazófia/fanfarronice.

bravatear v int (<bravata + -ear) **1** Ameaçar/Intimidar com arrogância. **2** Presumir de valente/Gabar-se.

bravejar v int (<bravo + -ejar) Ficar bravo/furioso. **Sin.** Enfurecer-se(+); barafustar (o+).

braveza s f (<bravo + -eza) **1** Qualidade do que não tem medo do perigo. **Sin.** Bravura(+); coragem(o+). **2** Qualidade do que é feroz/selvagem. **Comb.** ~ [Ferocidade] do touro. **3** Qualidade do que é agreste/bravio. **Comb.** ~ do mato [da caatinga]. **4** Violência/Fúria(+)/Força. **Comb.** ~ do mar [da ventania].

bravio, a adj (<bravo + -io) **1** «pessoa» Que é rude/Que não é educado. **Comb.** Gente ~a/Selvagem. **2** «animal» Não domesticado/Selvagem/Montês. **Comb.** Animal ~. **3** ⇒ feroz. **4** Não cultivado/Sem intervenção do homem. **Comb.** Mato ~. **5** «mar» Agitado/Tempestuoso/Bravo(+).

bravo, a adj/s/interj (<bárbaro) **1** (O) que demonstra coragem/bravura perante o perigo. **Ex.** O ~ [valente/corajoso] bombeiro, no meio do incêndio, conseguiu salvar a criança. A sorte protege os ~s. **Comb.** Festa ~a [Corrida de touros/Tourada]. **2** «animal» Não doméstico/Selvagem(+)/Montês. **Comb. Coelho ~. Pombo ~. Porco-~** [Javali]. **Ant.** Manso; doméstico. **3** Que tem manifestações de cólera/fúria. **Ex.** Quando bebe de mais, por vezes fica ~ e intratável. **4** Tempestuoso(+)/Forte/Agitado. **Ex.** O frio hoje aperta [Está ~]. **Comb. Mar ~. Tempo ~. 5** *Bot* Que cresceu de modo espontâneo/Em que não houve enxertia. **Comb.** Videira ~a [silvestre]. **6** *loc adv fam* À ~a [Em alto grau/Muito] (Ex. Divertimo-nos à ~a [-nos (tanto, tanto) tanto!]. Ele é có[ô]mico à ~a [Ele é muito, muito cómico]). **7** *interj* Manifestação de forte aplauso. **Ex.** Como era de esperar, o público, eufórico, no fim do espe(c)táculo gritou: ~! ~! Bis! Bis!...

bravo-de-esmolfo s m *Bot* (<... + top Esmolfe, Pt) Variedade de maçã muito doce e cheirosa.

bravo-de-mondão s m *Bot* (<... + top Mondão) Pera de inverno com muito sumo.

bravura s f (<bravo + -ura) **1** Qualidade do que não teme o perigo. **Ex.** O ministro enalteceu a ~ dos nossos soldados. **Sin.** Coragem. **2** A(c)to de valentia. **Loc.** Contar as suas ~s «aos filhos». **3** *fig Mús* Arte. **Loc.** Atacar com ~ [Executar com mestria] «a sinfonia». **Comb.** «ária/peça» De ~ [Que exige muita arte/técnica]. **4** ⇒ ferocidade/força/violência.

brear v t (<breu + -ar) Revestir de breu. **Loc.** ~ um barco [uma corda]. ⇒ alcatroar.

breca (Bré) s f (< ?) **1** Furor/Fúria. **Idi. *Fazer coisas da ~*** [Realizar coisas extraordinárias]. ***Levar a ~*** [Morrer] (Ex. Era um bêbedo e lá o levou a ~). ***Ser levado da ~*** [Ser irrequieto/travesso/insuportável]. **2** *interj* **Com a ~**! [Com mil diabos/Apre!] (Expressão de espanto ou de desapontamento). **3** Contra(c)ção dolorosa dos músculos. **Sin.** Cãibra(+). **4** Doença das cabras que lhes provoca queda do pelo.

brecagem (Bré) s f (<breque + -agem) Amplitude máxima da dire(c)ção de um veículo. **Ex.** Quando um carro tem pouca ~, é mais difícil estacionar ou fazer inversão de marcha.

brecar (Bré) v t (<breque + -ar) *Br* travar.

brecha (Bré) s f (<fr *brèche*) **1** Ru(p)[Ro]tura conseguida na frente inimiga. **Loc.** Abrir uma ~ na defesa adversária e furar [passar] com a bola. **Idi. *Abrir uma ~*** [Influir, de forma determinante, em pessoa ou situação]. ***Estar na ~*** **a)** Ser obje(c)to de observação/de reparo; **b)** Lutar com ardor por uma causa; **c)** Espreitar uma oportunidade «para a aproveitar». ***Morrer na ~*** [Morrer combatendo por uma causa]. ***Voltar à ~*** [Voltar ao combate/à luta]. **2** Fenda(+)/Racha. **Ex.** Com o terra[e]moto abriu-se uma ~ na parede [estrada]. **3** *Fig* Falta de alguma coisa/Carência/Lacuna. **Ex.** Esta ~ foi colmatada pelo esforço suplementar dos restantes responsáveis. **4** ⇒ dano/prejuízo. **5** Depressão estreita e profunda entre rochedos ou montes.

bredo [beldro] (Brê) s m *Bot* (<gr *blíton*) Planta amarantácea, espontânea em *Pt*, boa para sopa e esparregado; *Amarantus viridis*.

brega[1] (Bré) s f (<esp *brega*) **1** ⇒ luta/briga. **2** Lide na corrida de touros/Toureio. **Comb.** Peão de ~ **a)** Lidador subalterno que prepara o touro para as sortes ou socorre outros em caso de perigo; **b)** *fig* Agente auxiliar em qualquer tarefa.

brega[2] (Bré) adj/s 2g (< ?) **1** (O) que é de mau gosto/de fraca qualidade. **2** ⇒ saloio/rústico.

brejeirada (Bré) s f (<brejeiro + -ada) **1** Grupo de pessoas brejeiras. **Ex.** Como naquela terra é tudo uma ~, é melhor não estranhar certas brincadeiras. **2** Palavras ou a(c)ções maliciosas. **Sin.** Brejeirice(+).

brejeirice (Bré) s f (<brejeiro + -ice) **1** Expressão/A(c)ção maliciosa. **2** ⇒ Garotice/ Travessura.

brejeiro, a (Bré) adj/s (<brejo + -eiro) **1** (O) que tem vida ociosa. **Sin.** Malandro; vadio. **2** (O) que não tem cará(c)ter/que age de forma desonesta. **Sin.** Canalha; patife. **3** (O) que põe malícia no que diz ou faz. **Sin.** Lascivo; malicioso. **4** (O) que gosta de brincar/de se meter com outras pessoas/de fazer travessuras. **Sin.** Brincalhão; travesso. **5** (O) que é de fraca qualidade. **Comb.** Espe(c)táculo ~, sem arte. **Sin.** Ordinário; reles.

brejeirote adj/s m (<brejeiro + -ote) **1** (O) que é um tanto brejeiro. **2** (O) que é de fraca qualidade/que é reles ou ordinário.

brejo (É) s m (<céltico *bracum*: lama, lodo) **1** Terreno alagadiço/Pântano/Lamaçal. **2** Terreno que apenas produz mato. **3** Terreno baixo e plano entre colinas, fértil e bem irrigado. **4** *fam* Lugar frio e húmido. **Idi.** *Br* Ir para o ~ [Não conseguir um obje(c)tivo/Fracassar]. **5** ⇒ urze.

brenha s f (<céltico *brigna* <*briga*: monte) **1** Mata emaranhada/Matagal espesso. **Ex.** Os caçadores emboscaram-se na ~, seguindo o ladrar dos cães. **2** *fig* Situação difícil e indecifrável/Confusão. **Comb.** Uma ~ de sentimentos contraditórios.

breque s m *Br* (<ing *brake*: freio, travão) ⇒ travão.

bretanha s f (<top Bretanha, região no Oeste da França) Tecido branco de algodão [linho] muito fino.

bretão, ã adj/s (<lat *bríto,ónis*) **1** (O) que é da Bretanha, região francesa. ⇒ britânico. **2** Que se refere aos povos celtas da Bretanha ou da Grã-Bretanha (Inglaterra). **3** s m *Ling* Língua celta falada na Bretanha francesa. ⇒ francês; inglês.

brete s m (<gótico *brid*: tábua) **1** Armadilha para pássaros feita com paus. ⇒ aboiz. **2** *fig* ⇒ Cilada/Ardil. **3** Corredor curto e estreito para onde se encaminha gado «para tosquiar/desparasitar».

breu s m (<fr *brai*: lodo) **1** Resíduo muito escuro da destilação de alcatrão, resinas, petróleo. **Idi.** Escuro como ~ [Muito escuro]. **Sin.** Pez. **2** *Br* **a)** Bote que atraca a navios mercantes para venda de fruta. **b)** Tripulante desse bote.

breve adj/s 2g /adv (<lat *brévis*) **1** Que é de curta duração/Que tem pequena extensão. **Ex.** Fez um discurso ~ mas com muito interesse. A vida é ~. (Então) até ~. **Loc. *Estar [Ser] para ~*** [Ir ocorrer dali a pouco tempo]. ***Ser ~*** [Expressar-se de forma concisa]. **Comb. A ~ trecho** [Dali a/Dentro de pouco (tempo)]. ***Até ~*** (Fórmula de despedida com perspe(c)tiva de afastamento por pouco tempo). (Dentro)/(Muito) **Em ~** [Dentro de pouco tempo]. *Ling* **Sílaba/Vogal ~** [A que se pronuncia rapidamente, ao contrário da sílaba [vogal] longa]. **Sin.** Curto; pequeno; sucinto; sumário. **Ant.** Comprido; demorado; grande; longo. **2** Ligeiro/Superficial. **Comb.** Cumprimento ~/rápido ~. **3** s m *Catol* Documento pontifício de cará(c)ter privado. **4** s f *Mús* Figura de longa duração, equivalente a duas semibreves, ou seja, oito tempos. **5** *Br* Quadradinho de pano com parte escrita que se traz ao pescoço por devoção. **Sin.** Bentinho; escapulário(+). **6** *adv* Muito proximamente. **Ex.** (Dentro em) ~ [Brevemente](+) eu irei aí e resolverei tudo/o problema.

brevete [brevê] s m (<fr *brevet*) Carta de piloto aviador.

breviário s m (<lat *breviárium*: resumo) **1** Livro que contém orações e leituras para recitar diariamente. **Loc.** Rezar o ~. **Idi. *Ler/Rezar pelo mesmo ~*** [Ter as mesmas ideias e procedimento que outrem]. **2** *fig* Livro que se lê frequentemente. **Sin.** Vade-mécum(+). **3** ⇒ resumo; sinopse.

brevidade s f (<lat *brévitas,átis*) **1** Curta duração/demora. **Ex.** Espero que ele chegue com a maior ~ [chegue quanto antes]. **2** Pequena extensão. **Ex.** A ~ do poema [texto] facilita a sua aprendizagem. **3** *Br*

Cul Pequeno bolo quebradiço e farinhento.
briáceo, a *adj* (<gr *brýon*: musgo + -áceo) Relativo aos musgos.
brial *s m* Hist (<*an* provençal *blial*) 1 Túnica que os cavaleiros vestiam sobre as armas ou sobre o fato interior quando sem armas. 2 Vestido longo de seda ou tecido fino, apertado com cinto, que antigamente as mulheres usavam.
bricabraque *s m* (<fr *bric-à-brac*) 1 Conjunto de obje(c)tos antigos como móveis, quadros, louças, vestuário. 2 Loja onde se vendiam esses obje(c)tos.
bricolagem *s f* (<fr *bricolage*: trabalho feito aos poucos) 1 Pequena reparação ou trabalho manual feitos por amador. 2 Trabalho manual na ocupação de tempos livres.
brida *s f* (<fr *bride*: rédea) Correia que se prende ao freio do cavalo para o guiar. **Comb.** «ir/correr/cavalgar» A toda a ~ [A grande velocidade/À desfilada/À rédea solta]. **Sin.** Rédea.
bridão *s m* (<brida + -ão) Freio do cavalo com argolas a que se prendem as rédeas.
brídege, bridge *s m* (<ing *bridge*) Jogo de cartas, com quadro jogadores, em que dois jogam contra os outros dois com 52 cartas.
briefing *ing* 1 Reunião breve em que se dão informações e indicações para a realização de uma tarefa. 2 Conjunto de informações e instruções dadas nessa reunião. **Sin.** Ponto da situação; informação estratégica.
briga *s f* (<it *briga*: problema difícil, luta) 1 Desavença/Luta entre pessoas com recurso à violência física **Ex.** Antes, com a rivalidade entre duas aldeias, as ~s entre os rapazes de cada uma eram frequentes. **Comb.** *Br* ~ **de foice** [Luta encarniçada com recurso a todos os meios]. ***Galo de* ~** [O que é treinado para a luta com outros]. **Sin.** Rixa. 2 Desentendimento verbal ou no plano das ideias. **Idi.** ***Comprar*** ~ [Meter-se em lutas sem necessidade ou proveito]. 3 Rompimento de relações sociais ou amorosas.
brigada *s f* (<fr *brigade*: tropa) 1 Conjunto de pessoas que realizam um trabalho sob orientação de um chefe. **Ex.** A ~ de fiscalização visitou a maior parte das empresas do se(c)tor naquela zona do País. **Comb.** ~ *fiscal* [de cobrança de impostos]. ~ [Polícia] *de trânsito*. *Chefe de* ~. 2 *Mil* Unidade do exército reunindo vários batalhões «de várias armas» capaz de a(c)tuar de forma independente. 3 *Mil* Grande unidade da força aérea capaz de desenvolver uma a(c)ção de combate durante bastante tempo. 4 Unidade militar com muitos efe(c)tivos/soldados.
brigadeiro *s m* (<brigada + -eiro) 1 *Mil* Oficial general do exército ou da força aérea, com patente entre coronel e general. 2 *Cul* Pequeno bolo redondo feito com chocolate e leite condensado.
brigão, ona *adj/s* (<briga + -ão) (O) que é dado a desordens/brigas. **Sin.** Briguento.
brigar *v int* (<it *brigare*) 1 Lutar corpo a corpo. 2 Altercar/Desentender-se no campo das ideias. 3 Romper relações sociais ou amorosas. 4 ⇒ Não condizer/Destoar.
brigue *s m Mar* (<ing *brig*) Embarcação de dois mastros e velas redondas.
briguento, a *adj* ⇒ brigão.
brilhante *adj 2g/s m* (<brilhar + -ante) 1 Que emite/refle(c)te luz. **Ex.** Viu-se um estranho obje(c)to ~ no céu e houve quem pensasse tratar-se de [que era] um ovni. **Sin.** Cintilante; luminoso. **Ant.** Baço; fosco. 2 Que brilha/reluz. **Ex.** Usava um calçado ~, bem engraxado. **Sin.** Lustroso; luzidio. 3 Que se distingue pelo talento ou outra qualidade. **Ex.** Como é um aluno ~, os pais esperam muito dele. A [Se] continuar assim, espera-o [vai ter] um futuro ~. **Sin.** Excelente; exce(p)cional. **Ant.** Mau; apagado; medíocre. 4 Que revela alto nível artístico/ mestria/virtuosismo. **Ex.** Foi um espe(c)táculo ~ aquele a que assistimos. 5 *s m* Diamante lapidado. 6 *s m pl* Pedacinhos de papel do mesmo formato e de várias cores que se atiram no Carnaval.
brilhantemente *adv* (<… + -mente) De maneira hábil/bonita/inteligente. **Ex.** Respondeu ~ [lindamente] a todas as perguntas «do professor».
brilhantina *s f* (<fr *brillantine*) 1 Pó mineral que serve para dar brilho. 2 Cosmético que põe o cabelo brilhante (e perfumado). 3 *Bot* Erva de flores brancas, amarelas ou cor de púrpura, da família das crassuláceas, *us* como calmante; *Sedum rhodiola*.
brilhantismo *s m* (<brilhante + -ismo) 1 ⇒ magnificência/pompa. 2 Excelência/Grande perfeição/Talento. **Ex.** Saiu-se com ~ [Foi brilhante] no exame. 3 ⇒ brilho/fama/ resplandescência.
brilhar *v int* (<it *brillare*: cintilar) 1 Emitir/ Refle(c)tir luz. **Ex.** Gostava de ver ~ as estrelas no céu. O sol brilha. 2 *fig* Ser excelente/Distinguir-se/Salientar-se. **Ex.** Quem acabou por ~ na nossa equipa e foi o guarda-redes [*Br* goleiro]. **Idi.** *iron* ~ *pela ausência* [Distinguir-se por não vir «à reunião». 3 Manifestar vivacidade/entusiasmo. **Ex.** Via-se o semblante dos miúdos ~ perante a perspe(c)tiva da vitória iminente.
brilharete[o] (Rê) *s m* (<brilhar + -ete) A(c)tuação digna de aplauso. **Idi.** *Fazer um* ~ [A(c)tuar de forma brilhante/excelente].
brilho *s m* (<brilhar) 1 Luz que um corpo irradia/refle(c)te. **Comb.** ~ *metálico* [O que é próprio de superfície polida]. 2 ⇒ Esplendor/Magnificência. 3 Alto nível/Excelência. **Ex.** O ~ daquela a(c)tuação lançou-a para uma carreira invejável. 4 Luminosidade «no semblante»/Vivacidade. **Ex.** O ~ daquele olhar denotava o entusiasmo com que vivia o acontecimento.
brim *s m* (<fr *brin*) Tecido forte de linho ou algodão. ⇒ ganga.
brincadeira *s f* (<brincar + -deira) 1 A(c)to de brincar/Divertimento de criança. **Ex.** A ~ é fundamental ao desenvolvimento da criança. 2 A(c)tividade de entret(en)imento. **Ex.** Dedico-me a isso apenas por ~. 3 Dito engraçado/Gesto ou comportamento que provoca o riso. **Idi.** *Deixar-se de* ~**s** [«convite para» Passar a levar a sério alguma coisa]. *Levar tudo para a* ~ [Nada tratar a sério]. *Não estar a gostar da* ~ [Sentir necessidade de intervir para corrigir o que considera errado]. *Não estar [ser] para* ~**s a)** «alguém» Não ter disposição para ouvir gracejos/Ser sisudo; **b)** «o caso» Ser de difícil solução. **Comb.** *Em ar de* [Na/Por] ~ [Com a ideia de divertir]. *Fora de* ~ [(Passando a falar) a sério] «zangou-se e queria-me bater!». 4 *fig* A(c)to irrefle(c)tido/leviano. **Idi.** *Custar/Sair cara a* ~ «a alguém» [Ter grave prejuízo]. 5 Partida que se prega a alguém. **Ex.** Essas ~s ficam bem no Carnaval! **Comb.** ~ *de mau gosto* [Que ofende/sem graça (nenhuma)]. 6 *pop* A(c)to libidinoso.
brincalhão, ona *adj/s* (<brincar + -alhão) 1 (O) que gosta de brincar. **Ex.** O garoto é mesmo ~! 2 Folgazão/Jovial. **Ex.** Gosto muito dele porque é ~. 3 Que é propenso a brincadeiras maliciosas. **Ex.** Tenha cuidado com ele, (por)que é um pouco ~. **Sin.** Brejeiro.
brincar *v int* (<brinco + -ar¹) 1 Entreter-se «a jogar»/Manusear brinquedos. **Ex.** Vamos ~ às escondidas! *idi* Brinca(ndo) brincando é (quase) meia-noite. **Prov.** *Quando o gato está longe, os ratos brincam*. **Loc.** ~ com uma bola. Aprender «português» a ~. **Idi.** ~ *com o fogo* [Lidar com coisas perigosas]. 2 Representar um papel fictício. **Ex.** Foram ~ aos polícias [*Br* de policiais] e ladrões. 3 Mexer num obje(c)to distraidamente. **Ex.** Estava a ~ com a colher e deixou-a cair ao chão. 4 Não levar a sério/Não se empenhar «numa a(c)tividade». **Ex.** ~ com os estudos leva habitualmente a mau resultado no futuro. 5 Dizer gracejos/Zombar. **Ex.** Não se brinca [se deve ~] com coisas sérias! Não se pode ~ com ele, (por)que fica logo de mau humor. 6 Ver-se/Ter. **Ex.** Brincava-lhe no rosto um sorriso de satisfação. 7 *Br* Envolver-se em a(c)tos libidinosos.
brinco *s m* (<lat *vínculum*: ligação) 1 Adorno usado na parte inferior das orelhas. **Comb.** ~ *de mola* [Peça de aço que, num carro, liga uma mola ao corpo dele]. 2 ⇒ brinquedo/bugiganga. 3 ⇒ gracejo/zombaria. 4 Coisa ou pessoa com boa apresentação/ Primor. **Ex.** Apresentou-se na festa que nem [Ela vinha] um ~! Esta casa está num ~ [bem arrumad(inh)a]. 5 Peça colocada na orelha de um animal ou corte para o identificar. 6 *Náut* Amarra que, num porto, por pouco tempo, prende a embarcação à boia.
brinco(s)-de-princesa *s m pl Bot* Designação de plantas ornamentais da família das Enoteráceas, do gé[ê]nero *Fuchsia*, com vistosas flores vermelhas ou violáceas.
brindar *v t/int* (<brinde + -ar¹) 1 Dirigir um brinde/Beber à saúde [ao/pelo êxito] de alguém. **Ex.** Não podia ficar sem ~ a uma auspiciosa carreira do novo advogado. **Loc.** ~ *à saúde dos presentes*. ~ *à* [pela] *grande vitória da equipa/e*. 2 Dar um presente [Fazer algo que é agradável] a alguém. **Ex.** Brindei-o com um computador novo. 3 *Iron* Fazer a outrem alguma coisa que lhe desagrada. **Ex.** Quando menos era de esperar, lembrou-se de o ~ com [de lhe dar] um par de estalos (na cara).
brinde *s m* (<fr *brinde*) 1 A(c)to de brindar. **Ex.** À hora dos ~s, foi ele que se levantou em primeiro lugar, erguendo o seu cálice de vinho do porto. 2 Oferta condicionada à compra de uma mercadoria. **Ex.** Sobretudo para as crianças, os ~s que as marcas oferecem acabam por ser a principal razão para compras supérfluas. 3 Pequeno presente/Oferta. **Ex.** O bolo-rei traz, além da indesejada fava, um ~ que desperta a curiosidade das crianças.
brinquedo *s m* (<brinco + -edo) 1 Obje(c)to de brincadeira de crianças. **Ex.** Não há comparação entre os a(c)tuais ~s das crianças e os que tiveram os seus pais. **Comb.** Loja de ~s. 2 Divertimento/Brincadeira/Jogo. **Ex.** Trabalhar no jardim, isso para mim é um ~/uma distra(c)ção. 3 *fig* Pessoa de que se faz o que se quiser. **Ex.** Ele é um ~, um pau mandado, nas mãos do primo sem escrúpulos. **Sin.** Joguete(+).
brinquinho *s m* (<brinco + -inho) 1 Pequeno brinco. 2 ⇒ brinquedo 1/bugiganga. 3 *fam* Pessoa/Coisa muito arranjada/agradável à vista. **Ex.** Quando apareceu na festa, estava (que nem) um ~! 4 Pessoa melindrosa.
brio *s m* (<esp *brio*) 1 Sentimento de dignidade pessoal que leva a empenho na a(c)ção. **Ex.** A ofensa feriu-lhe o ~ e ele reagiu. **Loc.** *Meter* «alguém» *em* ~**s** [Incentivar alguém a esforçar-se ao máximo]. *Meter-se em* [Tomar-se/Encher-se de] ~**s** [Em-

penhar-se muito a(o) agir]. **2** Consciência do próprio valor/Pundonor. **Comb.** Pessoa com muito [cheia de] ~. **3** ⇒ elegância/galhardia/garbo.

brio- *pref Bot* (<gr *brúon*: musgo <*brúo*: crescer; significa "dos musgos"). ⇒ ~logia.

brioche *s m Cul* (<fr *brioche*) Bolo muito fofo confe(c)cionado com farinha de trigo, ovos, manteiga e sal.

briófito, a *adj/s Bot* (<brio- + -fito) (O/A) que pertence ao grupo dos Briófitos.

briol *s m* (<esp *briol*) **1** *Náut* Cabo para ferrar e colher as velas. **2** *fam* Vinho de fraca qualidade.

briologia *s f Bot* (<brio- + -logia) Estudo dos musgos.

brioso, a (Ôso, Ósa, Ósos) *adj* (<brio + -oso) **1** Que tem brio/Que se empenha numa a(c)tividade. **2** Que revela dignidade/pundonor. **3** Que revela coragem/valentia. **4** Que se preocupa com a elegância/galhardia.

briozoário, a *adj/s Zool* (<brio- + gr *zóon*: animal + -ário) (O) que se refere ou pertence ao grupo dos Briozoários, animais invertebrados aquáticos que vivem associados em coló[ô]nias.

briquete (Quê) *s m* (<fr *briquette*: tijolinho) **1** Aglomerado de um minério «níquel» e carbono usado na redução de óxidos. **2** Aglomerado combustível em forma de tijolo, constituído por pó de carvão e um aglutinante, como pez, breu ou alcatrão.

brisa *s f* (<fr *brise*) Vento fresco e brando. **Sin.** Aragem; viração.

brita *s f* (<britar) Pedra partida em pequenos pedaços e usada em betões e na pavimentação de estradas. ⇒ areão; cascalho.

britadeira *s f* (<britar + -deira) Máquina para partir pedra/fazer brita.

britânico, a *adj/s* (<lat *británnicus*) (O) que é da Grã-Bretanha. **Comb. Comunidade ~a. Humor ~o**/inglês. ⇒ bretão **1**.

britar *v t* (<anglo-saxó[ô]nico *brittian*: despedaçar) **1** Partir pedra em pequenos fragmentos. **2** Fazer em pedaços/Partir/Destruir. **3** ⇒ contundir/esmagar/macerar.

broa (Ô) *s f* (< ?) **1** Pão de milho. **2** *Cul* Bolo em que entra farinha de milho. **3** Pequeno bolo da quadra do Natal feito com farinha de milho, mel e azeite. **4** *pl fig* Presentes de Natal/Subsídio de Natal/13.º mês de ordenado.

broca (Ó) *s f* (<lat *bróccus,a,um*: que tem dentes salientes) **1** Instrumento para (per)furar ou desgastar por rotação. **Comb. ~ de dentista. ~ de mineiro. Sin.** Pua; verruma. **2** Haste cortante de metal que se adapta ao berbequim. **3** Instrumento para fazer furos de sondagem no solo. **4** Instrumento de ferro com que se fazem furos em pedreiras para receberem cartuchos de dinamite. **5** Buraco ou furo aberto por ~. **6** Eixo da fechadura que entra na cavidade da chave fêmea. **7** *Ent* Qualquer inse(c)to que perfura ou corrói madeira, cereal, casco ou chifre de animal.

brocado *s m* (<it *brocatto*) Tecido de seda com motivos [adornos/figuras] em relevo a [feito com] fio de ouro ou prata.

brocar *v t* (<broca + -ar) (Per)furar com broca.

brocha (Ó) (<lat *brocchus,a,um*: saliente) **1** Prego curto de cabeça larga/Tacha. **2** Fecho de metal em livro, pasta, … ⇒ Broche. **3** Cunha nas pontas do eixo do carro de bois para segurar as rodas. **Idi. Estar/Ver-se à ~** [Estar aflito/em grandes dificuldades]. **4** Corda a atar aos fueiros do carro de bois para segurar a carga. **5** Correia de couro a ligar o pescoço do animal à canga. **6** Obje(c)to de limpeza feito com fios de igual tamanho amarrados a um suporte. **7** Pincel grande para fazer caiação ou pintura corrida. **Ex.** Com uma ~, a pintura da casa demora pouco tempo.

brochado, a *adj Tip* (<brochar) «livro» Que tem as folhas cosidas e capa em papel ou cartolina. ⇒ encadernado.

brochar *v t* (<brocha + -ar¹) **1** Pregar «tamancos» com brochas. **2** Atar [Fechar] com brocha. **3** Coser as folhas de um livro pondo-lhe capa de cartolina ou de papel. ⇒ Encadernar. **4** ⇒ Dar pancada/Surrar.

broche *s m* (<fr *broche*: alfinete de peito) **1** Peça de adorno com alfinete e fecho usada no vestuário para o prender ou apenas com fim decorativo. **Sin.** Pregadeira. **2** Mola ou colchete para prender vestuário feminino. ⇒ brocha **2**.

brochura *s f* (<brochar **3** + -ura) **1** *Tip* A(c)to de coser as folhas de um livro pondo-lhe capa só de papel ou cartolina. **2** Livro assim cosido. **Comb.** Uma [Um livro em] ~. ⇒ folheto. ⇒ encadernação.

brócolos *s m pl Bot* (<it *broccolo*) Planta hortícola da família das Crucíferas semelhante à couve-flor; *Brassica botrytis cymosa*. **Ex.** Os ~ são uma verdura cozida que pode servir de acompanhamento de vários pratos. **Idi. Estar feito num molho de ~ a)** Estar em situação complicada; **b)** Estar profundamente abatido/arrasado.

bródio *s m* (<it *brodo*: caldo) **1** Festa farta «em comes e bebes». **Sin.** Comezaina; patuscada. **2** Caldo que antigamente se dava aos pobres à porta dos conventos.

broeiro *adj/s* (<broa + -eiro) **1** (O) que gosta muito de broa. **2** «pão/queijo» Que se esfarela bem.

broker *ing* ⇒ Corretor.

broma¹ (Ó) *s f Ent* (<gr *bróma*: alimento) Inse(c)to que rói a madeira. **Sin.** Broca **7**(+).

broma² (Ô) *adj/s* (< ?) **1** (O) que é pouco educado. **2** Que é de fraca qualidade.

bromatologia *s f* (<gr *bróma,atos*: alimento + -logia) Ciência que estuda os alimentos, analisando os seus componentes.

bromeliáceo, a *adj/s Bot* (<antr Olaf Bromel + -áceo) Da família das Bromeliáceas, cujo fruto é uma baga ou uma cápsula. **Ex.** O ananás [abacaxi] é uma planta ~.

brometo (Mê) *s m Quím* (<bromo + -eto) Sal derivado do ácido bromídrico. **Comb. ~ de hidrogé[ê]nio. ~ de potássio. ~ de prata**.

brómico, a [Br **brômico**] *adj Quím* (<bromo + -ico) Referente ao bromo ou a compostos «$H Br O_3$» em que ele está presente.

bromídrico *adj Quím* (<bromo + -ídrico) Composto de hidrogé[ê]nio e bromo/H Br. **Comb.** Ácido ~.

bromo [Br **35**] *s m Quím* (<gr *brómos*: cheiro fétido) Elemento líquido não metálico do grupo dos halogé[ê]neos, de cor vermelha, com cheiro sufocante, muito tóxico e corrosivo.

bromofórmio *s m* (<bromo + clorofórmio) **1** *Quím* Composto de bromo usado na separação de metais. **2** *Med* Composto líquido de bromo usado como calmante para a tosse ou anestésico local.

bronca *s f* (<bronco) **1** *fam* Confusão/Desentendimento/Desordem. **2** *fam* Situação embaraçosa/Escândalo. **Ex.** Que grande ~! Não sei como vai ele sair desta! **Idi. Dar ~ a)** Provocar confusão; **b)** Causar escândalo; **c)** Ter consequências nefastas/Dar mau resultado. **3** *Br* ⇒ censura; repreensão.

bronco, a *adj* (<lat *brúncus*<*bróchus*: de boca saliente) **1** Que é agreste ou tosco/Que não foi trabalhado. **Comb.** Rocha ~a. **2** Que é pouco educado/Grosseiro/Rude. **Ex.** Casou com um ~. **3** Que é pouco inteligente. **Ex.** É inútil argumentar [discutir] com um ~.

bronco- *pref* (<gr *brógkhion*; significa brônquio).

broncopleurisia *s f Med* (<… + pleurisia) Inflamação dos brônquios e da pleura.

broncopneumonia *s f Med* (<… + pneumonia) Inflamação dos brônquios e dos pulmões.

broncoscopia *s f Med* (<… + -scopia) Exame visual do interior dos brônquios com o broncoscópio.

broncoscópio *s m Med* (<… + -scópio) Instrumento usado para examinar o interior dos brônquios.

broncotomia *s f Med* (<… + gr *tomé*: corte + -ia) Incisão nas vias respiratórias em caso de sufocação.

bronquial [brônquico, a] *adj* (<brônquio + -al/-ico) Referente aos brônquios.

brônquio *s m Anat* (<gr *brógkhion*) Cada um dos dois canais em que se divide a traqueia, por onde passa o ar que vai para os [vem dos] pulmões.

bronquíolo *s m Anat* (<lat *bronchiolum*) Cada uma das pequenas ramificações dos brônquios.

bronquite *s f Med* (<brônquio + -ite) Inflamação (da membrana mucosa) dos brônquios. **Ex.** No inverno a ~ incomoda-o mais. ⇒ asma.

bronze *s m* (<it *bronzo*) **1** Liga de cobre e estanho. **Idi. Ter coração [Ser] de ~** [Ser insensível/duro]. **Comb. ~ de alumínio** [Liga de alumínio e cobre]. **~ coríntio** [Liga de metais preciosos utilizada em estátuas e obje(c)tos de luxo]. **Idade do ~**. **2** Obra feita com esse material. **Ex.** No jardim da cidade há um ~ desse benemérito com grande imponência. **3** Coloração escura da pele obtida por exposição ao sol ou a outras radiações. **Idi. Trabalhar para o ~** [Expor o corpo ao sol para conseguir tez morena]. **4** ⇒ canhão. **5** ⇒ sino. **6** *pop* ⇒ dinheiro.

bronzeado, a *adj/s m* (<bronzear) **1** Semelhante ao bronze. **Sin.** Brônzeo. **2** Que adquiriu uma cor de pele escura. **Comb.** Garota ~a. **3** *s m* Tom moreno da pele por exposição prolongada ao sol. **Comb.** O ~ do rosto.

bronzeador, a *adj/s* (<bronzear + -dor) **1** Que dá ao aspe(c)to [Que cobre de] bronze. **2** Que se aplica na pele para que escureça mais depressa por exposição ao sol. **Comb.** Creme ~. **3** *s m* Produto a aplicar na pele para bronzeamento mais rápido. **Comb.** Um ó(p)timo ~.

bronzeamento *s m* (<bronzear + -mento) **1** Operação para dar a obje(c)tos a cor ou o aspe(c)to do bronze. **2** Escurecimento da pele por exposição prolongada ao sol. **3** Alteração da cor das plantas, que passa de verde a acastanhada, por a(c)ção de pragas.

bronzear *v t* (<bronze + -ear) **1** Dar a obje(c)tos a cor ou o aspe(c)to do bronze. **2** Dar à pele uma cor mais escura por exposição ao sol.

brônzeo, a *adj* (<bronze + -eo; ⇒ bronzeado(+)) **1** Relativo ao [Próprio do] bronze. **2** Que tem a cor do bronze/Bronzeado/Bronze **3**. **3** Feito de bronze. **4** Que tem a dureza do bronze.

broquel (Quél) *s m* (<fr *an bocler*: escudo) **1** Antigo escudo pequeno. **2** O que serve de prote(c)ção ou defesa. **Sin.** Égide; escudo. **3** Tábua em que estucadores e

pedreiros levam a cal ou a argamassa. **Sin.** Talocha(+).

brossa (Bró) *s f* (<fr *brosse*: escova) **1** Escova para limpar animais. **2** *Tip* Escova para limpar as formas de impressão. **3** Máquina para limpar as fazendas na fábrica de lanifícios.

brotar *v int* (<broto + -ar¹) **1** «uma planta» Sair do solo/Nascer ou desenvolver rebentos. **Ex.** Passado o inverno, dos gomos dos ramos começam a ~ as folhas. **Sin.** Germinar; rebentar. **2** Sair um líquido (com ímpeto e em grande quantidade). **Ex.** Dos seus olhos brotaram lágrimas de gratidão. Em plena encosta da montanha, vê-se ~ água abundante que vai alimentar o rio que corre no vale. ⇒ jorrar. **3** Ter origem/Proceder. **Ex.** Da reunião brotaram [surgiram(+)/saíram] várias ideias. **4** Aparecer de súbito. **Sin.** Irromper; surgir.

broto (Brô) *s m* (<gótico *brut*: rebento) **1** *Bot* ⇒ gomo; rebento. **2** *Br fam* ⇒ namorado. **3** *Br fam* ⇒ adolescente.

brotoeja *s f* (<broto + -eja) **1** Erupção cutânea com prurido. **2** *Br* Jovem no início da puberdade.

browser *ing* Programa de computador para fazer pesquisa na Internet. **Sin.** Navegador(+).

bruaá *s m* (<fr *brouhaha*) Ruído de mistura de vozes de muita gente.

bruaca *s f Br* (< ?) Alforg[j]e. **Idi.** *Bater as ~s* [Sair em [de] viagem].

brucela (Cé) *s f* (<*antr* David Bruce, médico australiano + -ela) Bactéria causadora da brucelose/febre de Malta.

brucelose *s f Med* (<brucela + -ose) Doença provocada pela brucela em caprinos, bovinos e suínos, transmissível ao homem.

brucina *s f Quím* (<*antr* James Bruce) Alcaloide muito venenoso extraído da noz-vó[ô]mica.

brucite/a *s f* (<*antr* A. Bruce, mineralogista + -ite) Mineral usado como material refra(c)tário e como fonte de magnésio.

bruços *s m pl* (<borco; só us na *loc* "de ~" e (d)esp) Estilo de natação em que o ventre e a cabeça estão voltados para baixo. **Loc.** *De ~* [De barriga para baixo]. *Cair de ~*. *Dormir de ~*.

brulho *s m* (< ?) Bagaço de azeitona depois de esmagada e espremida.

bruma *s f* (<lat *bruma*: solstício de inverno) **1** Nevoeiro, especialmente o do mar. **Ex.** A ~ impedia que se avistasse o barco à distância. **2** Ar com pouca visibilidade devido a fumos ou poeiras. ⇒ cerração; neblina. **3** *fig* Incerteza/Sombra/Obscuridade. **Comb.** *~s do futuro*. «perder-se um fa(c)to» *Nas ~s da história*.

brumoso, a *adj* (Ôso, Ósa, Ósos) (<lat *brumósus*) **1** Que tem nevoeiro/bruma. **Comb.** Dia [Tempo] ~/escuro. **2** Que é pouco nítido/Que é vago. **Comb.** Olhos ~s de bêbedo.

Brunei *s m Geog* Estado/Sultanato de ~ (Na Ásia). **Ex.** A capital de ~ é Bandar Seri Begawan e os habitantes são bruneínos.

brunidor, a *adj/s* (<brunir + -dor) **1** Que dá brilho. **2** Pessoa que brune. **3** *s m* Utensílio para brunir. **Sin.** Polidor.

brunir *v t* (<provençal *brunir*) **1** Dar um aspe(c)to lustroso/brilhante «ao oiro». **2** Passar (a roupa) a ferro (e engomar). **3** Dar um retoque «em alguma coisa» para maior perfeição/Polir «o estilo/uma ideia»(+).

brusca *s f Bot* (<lat *ruscus*, nome de planta espinhosa, com influência de *brusco*) ⇒ gilbardeira.

bruscamente *adv* (<brusco + -mente) **1** De forma agressiva ou rude. **Ex.** Empurrou-o ~ e fê-lo cair. **2** De forma inesperada e de um momento para o outro. **Loc.** Sair ~ da reunião. **Sin.** De repente; subitamente.

brusco, a *adj* (<provençal *brusc*: rude, grosseiro) **1** Que é áspero/rude. **Comb.** *Cará(c)ter ~o*. *Palavras ~as*. **2** Que é repentino/súbito/inesperado. **Ex.** Os movimentos ~s do carro castigavam os nossos corpos já cansados. **Comb.** *Mudança ~ de temperatura*. **3** Que é desagradável ou desabrido. **Comb.** *Tempo ~*. *Vento ~*.

brushing *ing* Arranjo do cabelo molhado, madeixa a madeixa, com escova redonda e secador manual. **Sin.** Secagem.

brusquidão *s f* (<brusco + -idão) **1** Falta de delicadeza/Qualidade de brusco. **2** Qualidade do que é imprevisto ou repentino.

brutal *adj 2g* (<lat *brutális*) **1** Que é próprio dos animais/brutos. **Sin.** Animal; bestial. **2** Que é muito violento/Grande. **Ex.** Aconteceu um ~ acidente, um choque frontal entre dois carros a grande velocidade. **3** Que é chocante/impressionante. **4** ⇒ grosseiro; rude. **5** ⇒ desumano; cruel. **6** Muito intenso/Desmedido. **Ex.** Fiz um esforço ~ para conseguir esse obje(c)tivo, mas valeu a pena. ~ [Bravo]! Foste um herói.

brutalidade *s f* (<brutal + -idade) **1** Qualidade própria dos animais/brutos. **2** ⇒ crueldade; desumanidade. **3** Grande violência/intensidade. **Comb.** ~ do choque dos carros. **4** Qualidade do que é chocante. **5** A(c)ção violenta/cruel. **6** Estupidez/Rudeza. **Loc.** Dizer ~s [estupidezes]. **7** Grande quantidade. **Ex.** Você comeu uma ~ !

brutalizar *v t* (<brutal + -izar) **1** Fazer perder as capacidades de raciocínio e sensibilidade/Embrutecer/~-se. **2** Tornar violento/desumano. **3** Tratar com brutalidade/violência.

brutalmente *adv* (<... + -mente) **1** De forma cruel ou agressiva. **Loc.** Tratar ~ os prisioneiros (de guerra). **2** Em grande quantidade ou intensidade/Muito. **Ex.** Choveu ~ [muito] todo o dia.

brutamontes *s 2g sing e pl* (<bruto + monte) **1** Pessoa grosseira/violenta. **2** Pessoa corpulenta ou desconforme.

brutesco, a (Têsco) *adj* (<bruto + -esco) **1** ⇒ «desenho» tosco; imperfeito. **2** ⇒ «novo-rico» ridículo; grotesco. **3** ⇒ «estado de coisa» agreste; inóspito.

bruto, a *adj/s* (<lat *brutus*: bruto, pesado) **1** Que está no estado natural/Que não foi modificado pelo homem. **Comb.** *Diamante (em) ~*. *Em (estado) ~*. *Matéria ~a*. *Petróleo ~*. **2** Que é bravio/selvagem. **Comb.** «jogar futebol» *À ~a* [De forma violenta]. *Força ~a*. **3** Que é mal-acabado/tosco. **4** (O) que age com violência/brutalidade. **Ex.** Você foi ~ a agarrar-me: magoou-me... **5** Que não é racional. **6** Que é absurdo/disparatado. **7** (O) que é pouco inteligente ou estúpido. **Ex.** Ele é ~ como uma porta [é um brutinho], não conseguiu terminar os estudos. **8** Que é muito grande/muito valioso/em grande quantidade. **Ex.** Quem me apareceu com um ~ carro foi o nosso primo emigrante. **9** Sem abatimento/Total. **Ex.** A polícia levou o camião à balança e o peso ~ era de doze mil quilos. **Comb.** *Lucro ~*. *Peso ~*. *Produto interno ~* [PIB]. *Receita ~a*. **10** *s m* Animal não racional. **Ex.** Alguns comportamentos humanos mais parecem próprios de ~s.

bruxa (Cha) *s f* (Origem pré-romana) **1** ⇒ bruxo. **2** Lamparina de luz fraca/Pavio dessa lamparina. **3** *Icti* Nome vulgar de peixes seláquios das famílias dos cilídeos [*Sayliorhinus canicula*] e dos espinacídeos [*Centroscimno, C. Caelolepis*]. **3** *Ent* Borboleta das américas, grande e escura, que voa à noite; *Erebus odorata*.

bruxaria (Cha) *s f* (<bruxo + -aria) **1** Poder mágico atribuído aos bruxos. **2** A(c)ção mágica, normalmente maléfica, atribuída a bruxo. **3** Fa(c)to extraordinário que não se sabe explicar. **Sin.** Bruxedo; feitiço.

bruxedo (Chê) *s m* (<bruxo + -edo) **1** A(c)ção mágica atribuída a bruxo. **Ex.** Ainda agora aqui tinha a chave e não há meio de aparecer, parece ~ ! **2** ⇒ bruxaria **3**.

bruxo, a (Cho) *s* (⇒ bruxa) **1** Pessoa que faz bruxarias/Feiticeiro. **Ex.** Dizia o miúdo que gostava de encontrar uma ~a boa para ela lhe ensinar uns truques... **Comb.** *~o do inferno* ⇒ diabo. *~a má*. *Caça às ~s* [Perseguição obstinada a adversários políticos]. **2** ⇒ curandeiro. **3** ⇒ adivinho; vidente. **4** *s f depr* Mulher velha e antipática. **Ex.** Aquela ~a anda sempre a resmungar, ninguém a pode ver.

bruxuleante (Chu) *adj 2g* (<bruxulear + -ante) **1** «chama» Que não se mantém constante/Que oscila. **2** ⇒ mortiço.

bruxulear (Chu) *v int* (<pt arcaico *brúxula*: bússola) **1** Brilhar de modo intermitente, oscilando. **Ex.** Num canto (da casa) bruxuleia uma vela. **2** Produzir luz fraca.

bubão *s m Med* (<gr *boubón*: virilha) Inchaço nos gânglios linfáticos. **Sin.** Íngua.

bubonalgia *s f Med* (<bubão + algia) Dor na virilha.

bubónia [*Br* **bubônia**] *s f* (<bubão + -ia) Erva da família das Compostas usada no tratamento dos bubões; *Inula bubonium*.

bubónico, a [*Br* **bubônico**] *adj Med* (<bubão + -ico) Com inflamação ou tumor nos gânglios linfáticos. **Comb.** Peste ~a.

bubonocele *s f Med* (<bubão + -cele) Hérnia inguinal (+).

bucal *adj 2g* (< boca + -al) Da boca. **Comb.** *Armadura ~* [Conjunto das peças que rodeiam a boca dos artrópodes]. *Higiene ~* «limpeza dos dentes». *Mucosa ~*.

bucha *s f* (<fr *an bouche*: feixe) **1** Pedaço de madeira ou plástico a aplicar na parede para fixar um prego. **Idi.** *Na [Em cima da] ~* [Imediatamente/Naquele momento]. **2** Rodela em couro ou borracha para vedar torneiras. **3** Rodela de feltro, cartão ou cortiça antes usada para calcar a carga de caçadeira de carregar pela boca. **4** Chumaço/Tampão. **Comb.** ~ do lagar (do vinho). **5** *pop* Pedaço de pão ou pequena quantidade de alimento para aliviar ou evitar a fome. **Ex.** Agora vai [come/a] uma ~ para forrar o estômago. Então vamos à ~ [vamos comer]. **6** *Gír* Aparte(+) que o a(c)tor acrescenta ao texto original. **Ex.** O povo delirava com as ~s [os cacos] que aquele a(c)tor metia. **7** Rolo de madeira para brunir as solas do calçado. **8** Mentira/Logro. **Idi.** *Levar [Tomar] uma ~* [Ser enganado]. **9** ⇒ contratempo; incó[ô]modo. **10** *Bot* Planta da família das cucurbitáceas, com interesse medicinal e industrial; *Luffa cylindrica*. **11** *fig adj/s 2g* (O) que é muito gordo.

buchada *s f* (<bucho + -ada) **1** Bucho e vísceras dos animais. **2** Ingestão de muita quantidade de alimento. **Sin.** Barrigada(+). **3** *fam* ⇒ prejuízo. **4** *fig* ⇒ maçada.

bucho *s m* (< ?) **1** Estômago dos animais. **Ex.** O animal tinha o ~ cheio [estava farto(+)]. **2** *fam* Estômago da gente. **Idi.** *Despejar o ~ a* [Tirar do ~ de] *alguém* [Fazer alguém falar]. *Meter no [na pá do] ~* [Comer exageradamente]. **Sin.** Pança; barriga. **3** *Gír br* Mulher velha e feia. **4** *Gír br* ⇒ prostituta (de baixa condição).

buchudo, a *adj Br* (<bucho + -udo) **1** ⇒ barrigudo. **2** *f* ⇒ grávida; prenhe.

bucinador *adj/s m* Anat (<lat *buccinátor, óris*) Músculo da face ligado à mastigação e ao sopro. **Comb.** Músculo ~.

buço *s m* (<lat *búcceum*<*bucca*: boca) Penugem no lábio superior de adolescente ou de mulher.

bucólica *s f* Liter (<bucólico) Poesia [Poema] pastoril. ⇒ écloga.

bucólico, a *adj/s* (<gr *boukolikós*: de bois e pastores) **1** Do campo. **Ex.** Os citadinos apreciam também uma paisagem ~a. A poesia ~a «do poeta romano Virgílio» canta a vida simples dos pastores. **Sin.** Campestre; rústico. **2** Que desperta a sensação de suavidade e paz. **Comb.** Recantos ~s. **3** Que é sensível aos encantos da natureza. **4** «F. Rodrigues Lobo/Bernardim Ribeiro» Autor de poesia pastoril.

bucolismo *s m* (<bucólico + -ismo) **1** Liter Género clássico da poesia pastoril. **2** Apreço pela natureza e pela vida simples do campo. **3** Simplicidade e suavidade da vida campestre.

bucolista *adj/s 2g* **1** Relativo ao bucolismo. **2** ⇒ bucólico 3. **3** ⇒ bucólico 4.

buconasal *adj 2g* Med (<boca + nasal) Relativo à boca e ao nariz. ⇒ otorrinolaringologia.

buconídeo, a *adj* (<lat *búcco,ónis*: de boca grande + -ídeo) Que é referente ou pertence à família dos buconídeos, pássaros inse(c)tívoros tropicais, comuns no Brasil; *Bucconidae*.

Buda *s m* (<sân *buddha*: iluminado) **1** Fundador da religião budista, que os seus crentes admitem ter atingido a iluminação espiritual e a sabedoria. **2** Estátua/Estatueta que o representa.

budismo *s m* Rel (<antr Buda + -ismo) Sabedoria proposta por Buda na Índia que visa o acesso ao estado de nirvana ou libertação final do sofrimento.

budista *adj/s 2g* (<budismo) **1** Referente ao budismo. **2** Seguidor do budismo.

bué [buereré] *gír adv* (<?) ⇒ muito.

bueiro *s m* (<lat *búa*: água + -eiro [<fueiro]) **1** Abertura em muro ou parede para esgoto de águas à superfície. **2** Abertura com ralo nas sarjetas. **Sin.** Boca de lobo. **3** Náut Canal na caverna do navio para escoamento de água acumulada. **4** Tubo [Chaminé] de arejamento em fornalhas.

bufa *s f* (<bufar) **1** *pop* ⇒ bufo¹ **2**. **2** Icti ⇒ toninha. **3** *pl* ⇒ suíças.

búfalo, a *s* Zool (<lat *búfalus* <gr *bóubalos*<*bous, boós*: boi) Grande mamífero ruminante, da família dos bovídeos, com chifres curtos voltados para cima; *Bubalus bubalis*. **Comb. Bolsa de** (pele de) ~. **Botões de** (chifre de) ~.

bufão *s m* (<bufo + -ão) **1** ⇒ bobo. **2** ⇒ fanfarrão.

bufar *v t/int* (<on buf + -ar) **1** Expelir ar ou vapor, com força. **Ex.** Quando atacado [o atacam], o gato bufa. **Loc.** ~ para tirar o pó [apagar a vela]. **Sin.** Soprar(+). **2** Respirar de modo ruidoso. **Loc.** ~ depois de correr [subir uma escada de cem degraus]. **3** Dar um bufo. **4** Fazer-se de valente ou importante. **Ex.** Estás para aí a ~, só tens garganta… **5** Reclamar. **Ex.** Há que pagar e não ~, de outro modo a situação pode ainda piorar! Pague e não bufe! **6** Denunciar alguém à autoridade/Ser delator/bufo.

bufarinha *s f* (< ?) Obje(c)to (antigo) de pouco valor. **Sin.** Bugiganga(+).

bufarinheiro, a *s* (<bufarinha + -eiro) Vendedor ambulante de bugigangas.

bufê [bufete] *s m* (<fr *buffet*: aparador) **1** Móvel da sala de jantar/Aparador. **2** Mesa onde se dispõem as iguarias de uma festa. **3** Iguarias e bebidas várias à escolha «em reuniões e rece(p)ções». **Sin.** *Cocktail*. **4** Local onde se servem refeições rápidas, bolos e bebidas. **Ex.** Na escola, se queres encontrar esse professor a esta hora, aconselho-te a passares pelo ~. ⇒ bar.

buffer ing **1** Info Memória intermediária para despacho de dados. **2** Ele(c)tri Circuito separador/isolador.

bufo¹ *s m* (<bufar) **1** A(c)to de bufar/Sopro forte. **Comb.** O ~ do gato atacado. O ~ [sopro(+)] para apagar todas as velas. **2** *pop* Ventosidade sem estou[oi]ro expelida pelo ânus.

bufo² *s m* Ornit (<lat *búbo,ónis*: coruja) Ave no(c)turna semelhante à coruja; *Strix bubo*. **Sin.** Corujão. ⇒ mocho.

bufo³, a *adj/s* (<it *buffo*) **1** Teat A(c)tor ou personagem có[ô]mico/Bobo(+). **2** (O) que denuncia alguém às autoridades/Delator(+). **3** *pop* Agente da polícia secreta. **4** ⇒ avarento. **5** Próprio de farsa/Burlesco. **Comb. Cantor ~. Comédia ~a. Ópera ~a.**

bufonaria *s f* (<bufão + -aria) ⇒ fanfarr(on)ice; bazófia; palhaçada.

bufonídeo, a *adj/s* (<lat *búfo,ónis*: sapo + -ídeo) (O) que se refere ou pertence aos bufonídeos, batráquios anuros como o sapo.

bug ing Info Falha do programa. ⇒ vírus.

bugalha *s f* (<bugalho) **1** Bugalho pequeno. **2** ⇒ Noz-de-galha.

bugalho *s m* (<celta *bullaca*: pústula) **1** Excrescência arredondada nas árvores «carvalho» provocada por picada de inse(c)tos. **Idi. Misturar alhos com ~s** [Confundir coisas completamente diferentes]. **Falar-se-lhe em alhos e responder em ~s** [Dar resposta desajeitada à pergunta]. **2** *fig* Obje(c)to esférico. **3** Bot Planta da família das umbelíferas; *Cachrys laevigata*.

bugalhudo, a *adj* (<bugalho + -udo) **1** Em forma de bugalho. **2** «olho» Esbugalhado/Arregalado.

buganvília *s f* Bot (<antr L. Bougainville, navegador francês) Planta trepadeira ornamental, com florinhas brancas envoltas por [em] brácteas de cor vermelha/púrpura; *Bougainvillea spectabilis*.

bugia *s f* (<top Bugia, cidade portuária da Argélia donde vinham macacos e cera) **1** Pequena vela com o castiçal. **2** Med Sonda cilíndrica para introduzir na uretra.

bugiar *v int* (<bugio + -ar) **1** Fazer coisas de pouco valor. **2** Fazer macaquices. **Idi. Ir/Mandar ~** [Mandar embora «em sinal de desprezo»] (Ex. Mandou-o ~ porque estava a ser impertinente).

bugiaria *s f* (<bugio + -aria) Gesto/Trejeito de bugio. **Sin.** Macaquice. **2** ⇒ bugiganga; ninharia.

bugiganga *s f* (<esp *bogiganga*, antiga companhia ambulante de teatro) Obje(c)to de pouco ou nenhum valor/Coisa inútil/Quinquilharia/Bagatela. **Ex.** O pobre homem ocupava-se a vender umas ~s que agradavam às crianças de pais pobres.

bugio, a *s* (<bugia) **1** Zool Macaco corpulento, de cor escura, com barba no queixo. **2** *fig* Homem feio e engraçado. **Sin.** Macaco(+). **3** Maquinismo para levantar pesos grandes. **Sin.** Macaco(+). **4** ⇒ pantógrafo.

bujão *s m* (<fr *bouchon*: tampão; ⇒ bidão) **1** ⇒ bucha. **2** Rosca usada nos automóveis. **3** Náut Rolha de madeira para tapar fendas a bordo. **4** ⇒ cunha.

bujarda *s f* (<fr *boucharde*) Martelo de duas cabeças, com pontas aguçadas, usado em cantaria.

bujarrona *s f* (<fr *boujaron*) **1** Mar Vela triangular à proa. **2** Br Papagaio de papel em forma de polígono regular.

bula *s f* (<lat *bulla*: bola) **1** Hist Pequena bola de metal que em Roma os filhos dos patrícios usavam ao pescoço até à juventude. **2** Selo antigamente usado por papas e soberanos em documentos. **Ex.** A ~ chamava-se assim por levar um selo com uma bola de metal pendente. **3** Carta contendo um decreto papal. **Comb.** ~ de cruzada [A que concedia indulgências pela luta contra os infiéis]. **4** Impresso que acompanha o medicamento informando sobre a sua composição, propriedades e modo de usar. **5** *pl* Habilitações/ Qualificações. **Idi. Contar ~s** [Inventar/Mentir].

bulbilho, bulbo, bulboso ⇒ bolbilho, bolbo, bolboso.

bulcão *s m* (<vulcão) **1** Aglomeração de nimbos, prenunciando tempestade. **2** Nuvem densa a deslocar-se rapidamente. **3** ⇒ escuridão. **4** ⇒ remoinho. **5** *fig* Tristeza/Aflição.

buldogue *s m* (<ing *bulldog*: cão de touros) Cão de raça inglesa, de pelo curto, cabeça grande, boca larga e orelhas pequenas.

buldózer [Br buldôzer] *s m* (<ing *bulldozer*) Máquina potente, com lagartas, usada em terraplanagens e demolições.

bule *s m* (<mal *búli*: frasco) Recipiente bojudo para servir chá. ⇒ cafeteira; garrafa-termo.

bulevar *s m* ⇒ *boulevard*.

Bulgária *s f* Geog República da ~. **Ex.** A capital da ~ é Sófia, a língua é o búlgaro e os habitantes são búlgaros.

bulha *s f col* (<esp *bulla*: gritaria) **1** Mistura de sons ou vozes/Barulho/Gritaria. **2** Rixa/Luta/Briga. **Loc. Andar à ~** [Brigar]. **Meter à ~** [Incitar à luta/à desordem].

bulhar *v int* (bulha + -ar) **1** Lutar/Brigar. **Ex.** As crianças gostam de ~ por tudo e por nada. **2** Armar confusão/desordem.

bulhento, a *adj* (<bulha + -ento) **1** Que gosta de armar desordem. **2** Que faz muito ruído/Irrequieto.

bulício *s m* (<lat *bullítio,ónis*: formação de bolhas na fervura) **1** Rumor confuso e prolongado de vozes/ruídos. **2** Agitação de muita gente em movimento. **Ex.** A ele, que vinha da aldeia, custou-lhe habituar-se ao ~ da capital. **3** ⇒ murmúrio.

buliçoso, a (Ôso, Ósa, Ósos) *adj* (<bulício + -oso) **1** Que se mexe [movimenta] muito. **Comb. Olhos ~s. Ondas ~as. 2** Que é vivo/irrequieto. **Comb.** Criança ~a.

bulimia *s f* Med (<gr *boulimía*: fome devoradora) Apetite insaciável/Incontrolável desejo de comer *col* Fome de cão.

bulir *v int* (<lat *búllio,íre*: agitar) **1** Mudar de posição/Fazer mexer ou mexer-se um pouco. **Ex.** Teve medo de saltar o muro, porque, com a pressão do corpo, fazia ~ as pedras. A mesa está a ~ um pouco, é preciso segurá-la melhor. **2** Interferir no estado emocional de alguém/Despertar um sentimento. **Ex.** A morte do colega veio a ~ [mexer] com ele [abalou-o muito], nunca mais foi o mesmo. **3** Incomodar/Apoquentar/Chatear. **Ex.** Não bula comigo!

bum *interj* (<on) Exclamação imitativa de estrondo, tiro ou pancada. **Ex.** Ao sair bateu com a porta, ~! **Sin.** Pum.

bumba *interj* (<on) Exclamação imitativa do som de uma queda ou pancada. **Ex.** O cão queria-lhe morder e ele, ~ !, deu[bateu]-lhe com o guarda-chuva. **Sin.** Pumba.

bumbo *s m* (<bombo) **1** *pop* ⇒ bombo. **2** Selha alta onde se expõe o peixe na lota.

bume *s m* ⇒ *boom*.

bumerangue *s m* (<ing *boomrang*) Arma de arremesso que volta ao (lugar do) atirador quando falha o alvo. **Comb.** Efeito ~

[O "virar-se o feitiço contra o feiticeiro"/Ser contraproducente].

bunda *s f* (<quimbundo *mbunda*: nádega) Nádegas(+). **Idi.** *Br* ***Nascer com a ~ virada para a Lua*** [Ter muita sorte na vida]. **Sin.** Rabo; traseiro.

bundo, a *adj/s* (<quimbundo *mbundu*: negro) **1** ⇒ quimbundo. **2** (O) que pertence ou diz respeito aos Bundas, uma das tribos bantas de Angola. **3** *depr* Linguagem incorre(c)ta.

-bundo, a (<lat *–bundus,a,um*; significa intensidade, seriedade). ⇒ nausea~.

bungalow ing ⇒ bangaló[ô].

bunho *s m Bot* (<lat *búda*: junco) Planta da família das ciperáceas, sendo o caule usado para confe(c)ção de cadeiras e esteiras; *Scirpus lacustris.* ⇒ vime.

bunker al Abrigo subterrâneo fortificado, construído sobretudo para proteger de bombardeamentos. **Sin.** Casamata(+).

buque *s m Mar* (<catalão *buc*: casco de navio) Barco pequeno para auxiliar nos cercos de pesca.

buquê *s m* ⇒ *bouquet*; ramalhete.

buraca *s f* (<buraco) **1** Buraco grande e largo. **2** ⇒ caverna; gruta. **3** Cova «para plantar videira».

buraco *s m* (< ?) **1** Abertura/Cavidade/Orifício. **Ex.** Há pássaros «pardal» que fazem o ninho nos ~s de muros e paredes. Fazer um ~ no chão. **Idi.** ***Ter um ~ no estômago*** [Sentir fome]. **Comb.** ***~ da agulha [fechadura]**, *fig ~ financeiro*. **~ do ozono** [Zona de grande redução da densidade deste gás na alta atmosfera]. **~ negro** [Região do espaço que não emite qualquer radiação]. ⇒ furo. **2** *fam* Cova/Sepultura. **Ex.** Coitado, era tão novo e já foi para o ~. **3** Depressão natural numa zona geográfica. **4** *Fig* Casa pequena e pobre. **Comb.** O meu ~. **5** Pequena aldeia isolada/Local afastado dos grandes centros. **Loc.** Viver num ~ do interior. **6** Abrigo natural de animais. **Comb.** O ~ [A toca] da lebre. **7** Falta [Falha] em organização/Pequena dívida ou necessidade. **Idi.** ***Tapar ~s*** [Remediar (uma coisa) com o que há [se tem] à mão]. **8** Problema difícil de resolver. **Idi.** ***Estar metido num ~*** [Estar em apuros sem solução à vista]. ***Sair do ~*** [Resolver problema grave]. **9** *Anat* Orifício que dá acesso a uma cavidade ou passagem a nervos ou vasos sanguíneos. **Comb.** **~ nutritivo** [Orifício nos ossos por onde passa a artéria que os vai irrigar]. **~ occipital** [Orifício do osso occipital onde passa o bolbo raquidiano]. **10** *Fig* Falha de memória. **11** *Br* Jogo de cartas semelhante à canastra. **12** ⇒ Ânus.

burburejar *v int* (<on) Fazer o ruído da água a borbulhar. **Sin.** Borborejar(+).

burburinho *s m* (<on) **1** Som indistinto de muitas pessoas a falar/Murmurinho. **Comb.** O ~ vindo da rua. **2** Som continuado produzido pela água a correr ou pelo ramalhar das árvores/Murmurinho/Murmúrio. **3** Grande movimentação/Desordem/Tumulto. **Ex.** Ao ouvir os disparos da polícia, a multidão fugiu num grande ~.

bureau fr ⇒ escritório; gabinete.

burel *s m* (<lat *búra*: tecido grosseiro de lã) **1** Tecido grosseiro de lã de cor escura. **2** Hábito de frade [freira] com esse tecido. **3** Traje de luto.

bureta (Rê) *s f Quím* (<fr *burette*) Tubo de vidro cilíndrico, graduado e com torneira, para medir volumes variáveis de líquidos e gases.

burgalhão *s m* (<burgau + -alhão) Banco de conchas, areia, seixos, cascalho formado no fundo dos rios ou do mar.

burgau [burgo] *s m* (<fr *burgau*) **1** Cascalho de pequenas pedras e seixos com areia. **2** *Zool* Molusco da família dos gastrópodes, de concha bivalve, de que se extrai o nácar. **3** Concha desse molusco. **4** Nácar(+) extraído da concha desse molusco.

burgaudina *s f* (<fr *burgaudine*) Nácar que se extrai da concha do burgau/burrié.

burgo *s m* (<germânico *burg*: cidadela, fortaleza) **1** *Hist* Povoado junto a castelo, mosteiro ou casa nobre na Idade Média. **2** Povoação menor ou bairro (nos arredores) de cidade ou vila. **Ex.** Ele é (cá) do nosso ~.

burgomestre *s m* (<al *burgmeister*) Primeiro magistrado municipal em alguns países europeus.

burguês, esa *adj/s* (<burgo + -ês) **1** De burgo/Da burguesia. **2** Habitante do burgo, na Idade Média, que não fosse nobre nem trabalhador manual/Comerciante. **3** (O) que, tendo posses, cultiva hábitos de conforto ou se preocupa muito com o bem-estar e a segurança. **Ex.** Reconhece que sou um (pouco) ~ [que tenho uma vida burguesa]. **4** *depr* Que é materialista/Que não tem grandeza de espírito.

burguesia *s f* (<burguês + -ia) **1** Condição de burguês. **2** Classe média da sociedade. **3** *Hist* Na Idade Média, classe moradora no burgo e dedicada ao comércio.

burguesismo *s m* (<burguês 3/4 + -ismo) Ideologia/Comportamento de burguês.

buril *s m* (<it *an burino*: cinzel) **1** Instrumento com ponta de aço com que se grava em metal e noutros materiais duros. **Comb.** **~ curvo** (Para escavar em madeira; *tb* se diz ~-escopro e língua de gato). **~ lentiforme** [Instrumento para fazer traços finos e profundos]. **~ raiado** [Instrumento com múltiplas pontas para gravar traços paralelos na madeira]. **Sin.** Cinzel. **2** Gravura feita com tal instrumento. **3** *Fig* Arte de gravar. **4** Modo de escrever a traço firme ou estilo rendilhado. **Ex.** O ~ de Eça de Queirós legou-nos vários escritos de grande valor literário.

burilado, a *adj* (<burilar) **1** Gravado ou lavrado com buril. **2** «estilo/escrita» Que foi aperfeiçoado/trabalhado. **3** Que foi escrito em estilo enérgico.

burilador, ora *adj/s* (<burilar + -dor) **1** Que grava/lavra com buril. **2** Que retoca/aperfeiçoa. **Ex.** Miguel Torga foi um grande ~ do estilo.

burilar *v t* (<buril + -ar¹) **1** Abrir sulcos com buril. **Loc.** ~ uma (gravura na) pedra. **2** *fig* Gravar ou incutir na memória ou no espírito. **Loc.** ~ bons ideais nas crianças. **3** Aprimorar/Apurar. **Loc.** ~ um texto.

buriti *s m Bot* (<tupi *mbiriti*: espécie de palmeira) Planta e fruto duma palmeira; *Mauritia flexuosa*.

burjaca *s f* (<esp *burjaca*: bolsa de mendigo ou peregrino) **1** ⇒ Saco/Alforge. **2** Jaquetão comprido e folgado/Albornoz.

burla *s f* (< ?) **1** ⇒ engano; trapaça. **2** *Dir* Crime de defraudar alguém para se apoderar de valores/dinheiro.

burlão, ona *adj/s* (burla + -ão) **1** (O) que pratica burla. **2** (O) que engana para se apoderar de alguma coisa. **Sin.** Trapaceiro.

burlar *v t* (burla + -ar¹) Enganar alguém para o lesar/roubar.

burlesco, a (Lês) *adj* (<it *burlesco*) **1** *Liter* «género/estilo» Que ridiculariza pela extravagância ou por expressões có[ô]micas/grotescas. **2** ⇒ có[ô]mico; caricatural. **3** *s m Liter* Género/Estilo literário que trata temas elevados de forma có[ô]mica ou ridícula.

burocracia *s f* (<fr *bureaucratie*) **1** Sistema de administração em que o despacho dos assuntos depende da assinatura de vários funcionários numa linha hierárquica. **2** *depr* Ineficiência e morosidade que caracterizam este sistema. **Ex.** Com a ~ que impera [há] no país a economia é muito prejudicada. **3** Trâmites a seguir fixados por esse sistema. **Ex.** A ~ não vai permitir que a constituição da empresa seja para breve.

burocrata *s 2g* (<fr *bureaucrate*) **1** Funcionário público. **2** *depr* Funcionário que, no seu trabalho de rotina, atende sobretudo a formalismos.

burocrático, a *adj* (<burocrata + -ico) Que diz respeito ou é próprio da burocracia.

burocratismo *s m* (<burocrata + -ismo) Domínio abusivo da burocracia.

burocratização *s f* (<burocratizar + -ção) Aumento do poder dos serviços administrativos/A(c)to de burocratizar.

burocratizar *v t* (<burocrata + -izar) Submeter a normas precisas que, pretendendo atingir maior rigor, atrasam a resolução dos assuntos/Dar cará(c)ter burocrático.

burótica *s f* (<fr *bureautique*) Aplicação da informática e das novas tecnologias aos trabalhos de escritório.

Burqui[ki]na Faso *s m Geog* República de ~ (África central). **Ex.** A capital de ~ é Uagadugu e os habitantes são burquinos.

burra *s f* (<burro) **1** Arca ou cofre para transportar ou guardar obje(c)tos de valor. **Idi.** ***Encher a ~*** [Ganhar muito dinheiro/Ficar rico]. **2** Terra que se desprende de ribanceira [talude] por a(c)ção da chuva. **3** ⇒ cavalete; suporte.

burrada *s f* (<burro + -ada) **1** Manada de burros. **2** *fam* ⇒ asneira; burrice.

burricada *s f* (<burrico + -ada) **1** Ajuntamento de burros. **Sin.** Jericada. **2** Passeio de burro feito por um grupo de pessoas. **3** ⇒ asneira; parvoíce.

burrice *s f* (<burro + -ice) **1** ⇒ estupidez. **2** Atitude ou dito que denota falta de inteligência. **3** ⇒ amuo.

burrico *s m* (<burro + -ico²) Burro pequeno. **Sin.** Burrinho 1.

burrié *s m Zool* (<lat *búrrus*: ruço) Molusco gastrópode de concha bivalve da qual se extrai a burgaudina. **Sin.** Burgau; caramujo.

burrinho, a *s* (<burro + -inho) **1** Pequeno burro. **Idi.** ***Ir no ~ de S. Francisco*** [Ir a pé]. **Sin.** Burreco; burrico. **2** Bomba de aspirar líquidos. **3** Compressor de ar ou de óleo. **4** Pequeno motor que a(c)ciona uma bomba de incêndio em embarcações. **5** *Icti* ⇒ bodião. **6** *Ent* ⇒ besouro.

burro, a *s/adj* (<lat *burríchus, i*: cavalinho) **1** Animal de carga da família dos equídeos, de cabeça e orelhas grandes; *Equus ásinus*. **Ex.** Até há alguns anos, na aldeia, para auxiliar nos trabalhos agrícolas, cada família tinha um ~, animal muito resistente e de alimentação frugal. **Prov.** ***~ morto, cevada ao rabo*** [(Depois de) casa roubada, trancas à porta/A(c)tuar tarde de mais]. **Idi.** ***Albardar o ~ à vontade do dono*** [Fazer a vontade de outrem ainda que se discorde dela]. ***Amarrar [Estar com/Prender] o ~*** [Ficar amuado ou melindrado]. ***A pensar morreu um ~*** [Crítica a quem adia uma decisão sob o pretexto de ter de a ponderar]. ***Dar com os ~s [burrinhos] na água*** **a)** Fazer uma asneira; **b)** Não se controlar. ***Descer do ~*** [Deixar de ser arrogante]. ***Estar com um olho no ~ e outro no cigano*** [Atender ao mesmo tempo a vários

fa(c)tores «para não ser prejudicado». *Ir [Passar] de cavalo para ~* [Passar a ter situação pior que a anterior]. *Quando um ~ fala, o(s) outro(s) baixa(m) as orelhas* [Ordem para não interromper quem está a falar]. *Ser teimoso como* [que nem] *um ~* [Exagerar no apego a uma posição que se assumiu]. *Ser um ~ de sorte* [Ter muita sorte]. *Ser ~ de Vicente* [Ir de mal a pior]. *Vozes de ~ não chegam ao céu* [Palavras tolas não merecem atenção]. **Comb.** *fam ~ carregado de livros* [Doutor]. *~ de carga* [O que faz o seu trabalho e o dos outros ou as tarefas mais difíceis]. *~ de trabalho* [O que trabalha em excesso]. *(Cabeça de) ~* [Pessoa pouco inteligente]. *Cor de ~ a fugir* [Cor indefinida]. *Br* «ter dinheiro/fazer frio» *Pra ~* [Muito]. **Sin.** Asno; jerico; jumento. ⇒ ónagro **2** *gír* Tradução literal de um (autor) clássico usada como auxiliar na aprendizagem de uma língua. **3** Jogo de cartas. **Ex.** Como havia muita gente, o melhor era jogar ao ~. **4** Pessoa que perde nesse jogo. **Loc.** Ficar «6 anos de» ~. **5** Cavalete «antes usado pelos serradores de (troncos de) madeira»/Burra **3**(+). **6** Instrumento para aparar as arestas da cortiça. **7** Engenho para extrair água de poços e rios. **Sin.** Cegonha(+). **8** Cama de campanha. **9** Pequeno motor auxiliar de bomba. **10** *Zool* Nome vulgar dos crustáceos sapateira e santola. **11** *adj depr* Pouco inteligente/De cabeça dura. **Ex.** Havia quem atribuísse o mau aproveitamento nos estudos ao fa(c)to de o miúdo ser ~. **12** *adj fam* Imprudente/Desastrado. **Ex.** Fui ~, não atendi aos conselhos do meu pai e (daí) sofro agora as consequências.

burseráceo, a *adj Bot* (<*antr* J. Burser, naturalista alemão + -áceo) Que se refere ou pertence à família das burseráceas, plantas tropicais produtoras de resinas e bálsamos aromáticos, como o breu e a mirra.

Burundi *s m Geog* República do ~ (África central). **Ex.** A capital do ~ é Bujumbura e os seus habitantes são burúndios.

bus ing Veículo de transporte cole(c)tivo de passageiros. **Comb.** Corredor ~ [Faixa de rodagem exclusiva dos transportes públicos]. **Sin.** Autocarro(+); ó[ô]nibus(+).

busca *s f* (<buscar) **1** Tentativa de encontrar alguma coisa. **Loc.** *Dar ~* [Procurar] (Ex. Dei ~ à casa toda e não encontro o livro). *Ir à [em] ~* [Ir à procura] «do filho». **2** Diligência de autoridades oficiais para encontrar obje(c)tos a apreender. **Comb.** ~ domiciliária. **3** Tentativa de conseguir alguma coisa. **Comb.** ~ da felicidade. **4** *Info* Procura de uma frase ou palavra num texto feito pelo processador. **Sin.** Barramento.

busca-pé *s m* (<buscar + pé) Pequena peça de fogo de artifício que rodopia pelo chão. **Sin.** Bicha de rabear(+).

busca-polos (Pó) *s m Ele(c)tri* (<buscar + polo) Instrumento para indicar a polaridade de uma fonte de corrente elé(c)trica.

buscar *v t* (< ?) **1** Procurar achar ou descobrir. **Loc.** *~ a* [Andar à procura da] *chave por toda a casa*. *~ uma palavra no dicionário*. **2** Investigar/Pesquisar. **Loc.** *~ a origem* [razão de ser] *duma coisa*. **3** Procurar conseguir/obter. **Ex.** Para muitos é insensato ~ a felicidade nas honras e no dinheiro. **4** Apanhar/Pegar. **Ex.** Veio ~ a chave de que se tinha esquecido. **Loc.** *Ir ~ o casaco ao quarto*. *Mandar ~* [trazer] *o jornal*.

busca-vida(s) *s m sing e pl* (<buscar + vida) **1** Fateixa para procurar no fundo da água um obje(c)to ou um cadáver. **2** Instrumento para escorvar o ouvido da arma de fogo.

busílis *s m sing e pl* (<lat *dié-bus íllis*) Fulcro do problema. **Ex.** O ~ da questão é que o divórcio é litigioso. Aí é que está o ~ [O problema é esse/está aí].

bússola *s f* (<it *bússola*<lat *búxtula*: caixinha de buxo) **1** Caixa com agulha magnética que indica o norte magnético do lugar. **Comb.** *~ de declinação*. *~ de inclinação*. **2** *fig* O que serve para orientar/guiar. **Ex.** A seriedade foi sempre a minha ~ nos negócios. **3** *Náut* Agulha (magnética) de marear.

busto *s m* (<lat *bústum*: lugar para queimar os mortos, monumento fúnebre) **1** Parte do corpo humano da cintura para cima. **2** Obra de arte que representa essa parte do corpo. **3** Conjunto dos seios da mulher.

bustrofédon *s m* (<gr *boustrophedón*: volta do boi «ao lavrar») **1** Escrita arcaica em que se ia da esquerda para a direita e vice-versa «ao chegar ao fim da linha – imitando a marcha dos bois quando se anda a lavrar». **2** Anagrama perfeito. **Ex.** A forma verbal *saras* (Do verbo sarar) é um ~, pois pronuncia-se do mesmo modo lendo em qualquer dos sentidos.

butano *s m Quím* (<butilo + -ano) Hidrocarboneto saturado constituído por hidrogé[ê]nio e carbono/C_4H_{10}. **Ex.** Na minha aldeia, o gás das botijas de consumo doméstico é o ~.

Butão *s m Geog* Reino do ~. **Ex.** A capital do ~ é Thimphu e os seus habitantes são butaneses.

butarga *s f Cul* (<ár *butari*: ova de peixe) Conserva de ovas de sargo, mugem, tainha, ...

bute *m* (<ing *boot*) Bota grande e grosseira. **Loc.** *Ir a ~s* [Ir a pé (+)]. *Meter ~s* [Meter conversa com alguém].

butílico, a *adj Quím* (<butilo + -ico) Que contém o radical butilo.

butilo *s m Quím* (<lat *butýlium*<*butyrum*: manteiga) Radical derivado do butano [Alquilo], com átomos de hidrogé[ê]nio e carbono/C_4H_9.

bútio *s m* (< ?) **1** *Ornit* Espécie de falcão. **2** Tubo que conduz água nas fábricas de papel. **3** Tubo que leva ar aos foles nas minas. **4** Pessoa preguiçosa/indolente.

butique *s f* ⇒ boutique.

butiráceo [butírico], a *adj* (<lat *bútyrum*: manteiga) **1** *Quím* Relativo a compostos orgânicos em cuja molécula há quatro átomos de carbono. **Comb.** Ácido ~. *Anidrido ~*. **2** Referente a manteiga. **Comb.** Fermentação ~a.

butirina *s f* (<lat *bútyrum*: manteiga + -ina) **1** *Quím* Glicérido do ácido butírico. **2** Gordura do leite/Manteiga.

butirómetro [*Br* **butirômetro**] *s m* (<butirina **2** + -metro) Instrumento para medir a quantidade de gordura [manteiga] no leite.

buxáceo, a (Chá) *adj* (<buxo + -áceo) Que é relativo ou pertence às buxáceas, família de plantas em que se integram as variedades de buxo.

buxo (Cho) *s m Bot* (<lat *búxus*<gr *púksos*) **1** Arbusto da família das buxáceas, que fornece madeira muito dura; *Buxus sempervirens*. **Comb.** *~-anão* [Arbusto cultivado para adorno de caminhos de jardins, sendo aparado]. **2** Madeira desse arbusto.

buzina *s f* (<lat *bucína*: corneta de boieiro) **1** Aparelho sonoro de automóveis para chamar a atenção. **Loc.** *Tocar a ~* [Buzinar]. **Idi.** *Br Ficar ~* [Irritar-se]. **2** Trombeta de corno ou metal usada na caça. **3** Búzio grande com que se produz um som. **4** Espécie de corneta ac(c)ionada com o ar pela compressão de uma pera de borracha. **Comb.** *~ da bicicleta* [dos carros antigos]. **5** Qualquer aparelho que produza um som forte/Esse som. **Ex.** Soou a ~ da fábrica. *fam Cala a ~* [Cala-te]. *fam Ele (a dormir) tem uma ~* [ressona *idi* que não te digo nada]!

buzinada *s f* (<buzinar + -ada) Toque de buzina. **Ex.** Dá uma ~ para que o carro da frente ande.

buzinadela *s f* (<buzinar + -dela) Toque rápido da buzina.

buzinão *s m* (<buzinar + -ão) Som resultante do a(c)cionamento simultâneo de muitas buzinas, sobretudo em sinal de protesto. **Sin.** Buzinaria.

buzinar *v int* (<buzina + -ar) **1** Fazer soar/Tocar a buzina. **Ex.** É proibido ~ junto a hospitais. **2** *fig* Falar alto/Gritar/Dizer. **Ex.** Que estás (para aí) a ~? **3** *Br* ⇒ apregoar.

búzio *s m* (<lat *búcinum*: corneta, concha, trombeta) **1** *Zool* Designação de moluscos gastrópodes marinhos de concha univalve e fusiforme. **2** Concha desses moluscos, utilizada para produzir um som forte. **3** ⇒ trombeta. **4** ⇒ mergulhador.

bypass ing *Med* Operação para restabelecer a circulação sanguínea pelo transplante de vaso sanguíneo ou introdução de tubo de plástico. **Sin.** Desvio [Contorno] (circulatório)(+).

byte ing *Info* Unidade básica de informação/Sequência de oito bits.

c (Cê) *s m* (<lat *c*) **1** Terceira letra do alfabeto português. **Comb.** ~ cedilha [Ç] (Ex. 'Maçã' é [escreve-se] com ~ cedilha). Fila ~ [três] «da sala de cinema». Número 30 ~ «da minha rua em Lisboa». **2** *Mús* ⇒ (nota) dó(+).

cá *adv* (<lat *ecce*: eis + *hac*: por aqui, deste lado) **1** Este lugar/Aqui. **Ex.** Ela passou [esteve] por ~ ontem. **Ex.** Quando eu cheguei, não estava ~ ninguém. Vem ~ depressa! **2** Esta terra/Eu/Nós/Nosso. **Ex.** Ele não é de ~ mas já fez [tem] muitos amigos. Repete-me ~ o que disseste! Traz [Dá-(me)] ~ esse livro. ~ está [Eis aqui] a chave que procurava(s)! Eu ria-me mas ~ por dentro estava furioso. **Loc.** Meio ~ meio lá [Em dois lugares] (Ex. Tenho casa aqui em Lisboa e em Bragança, vivo meio ~ meio lá). Para ~ e para lá [De ~ para lá/ De um lado para (o) outro] (Ex. Passei a tarde para ~ e para lá à procura [em busca] dela). **Idi.** *Por dá ~ aquela palha* [Pela mínima razão/ Sem motivo] (Ex. Ela anda nervosa e chora por dá ~ aquela palha). *Nós* (~) sabemos portar-nos em público, senhor doutor! *Eu ~* sei o que vou [penso] fazer, mas não lho/to digo. *~ este* vinho [Este sim (é que)] é bom! *Tu ~ tu lá* [Com muita confiança ou intimidade] (Ex. O Presidente da República e eu, é tu ~, ~ lá [somos amigos/tratamo-nos por tu]). **3** O momento presente/ Agora. **Ex.** De janeiro para ~ tem feito [estado] sempre frio. De(sde) então para ~ [A partir daí] nunca falei com ele.

cã *s f* (<lat *cánus,a,um*: branco) Cabelo branco. **Ex.** (Meu) filho, faz como eu (te) digo, respeita as minhas ~s [a minha velhice]! Com [Tem] quarenta anos e não se lhe vê uma ~!

caá *s 2g Bot* (<tupi *káa*: mato, folha, erva) **1** Qualquer erva ou planta, sobretudo mate e tabaco. **2** Infusão ou chá de mate ou congonha.

caaba *s f* (<ár *ka aba*: dado de jogar, casa quadrada) (Pedra sagrada do) santuário muçulmano de Meca, Arábia Saudita.

caatinga *s f Br* (<caá 1+tupi *tinga*: branco) ⇒ catinga.

caba *s f Br* (<tupi *kawa*: vespa) ⇒ marimbondo.

cabaça¹ *s f* (< ?) **1** *Bot* Planta da família das cucurbitáceas. **Sin.** Cabaceira. ⇒ abóbora. **2** O seu fruto em forma de grande pera com gargalo. **3** Recipiente para líquidos, feito da ~ seca e esvaziada da polpa. ⇒ cuia; cabaço.

cabaça² *s 2g Br* (<quimbundo *ká basa*) **1** Criança gé[ê]mea que nasce em segundo lugar. **2** ⇒ idiota, palerma.

cabaceira *s f Bot* (<cabaça¹+-eiro) Planta da família das cucurbitáceas. ⇒ cuieira; aboboreira.

cabaço *s m* (<cabaça¹) **1** *Bot* ⇒ bucha **10**. **2** ⇒ regador de cabo comprido. **3** *Icti* Peixe teleósteo da família dos triglídeos; *trigla lucerna*. **Sin.** Ruivo. **4** *cal* ⇒ hímen, virgindade.

cabagem *s f* (<cabo+-agem) Conjunto de fios e cabos elé(c)tricos e ele(c)tró[ô]nicos de um equipamento ou veículo. **Comb.** Fábrica de ~. **Sin.** Cablagem.

cabaia *s f* (<ár *kabāiă*) Túnica de grandes mangas, aberta ao lado, usada por alguns povos orientais. ⇒ cetim.

cabal *adj 2g* (<cabo+-al) Completo/Rigoroso/Perfeito/Satisfatório. **Loc.** Dar uma explicação ~ ao juiz.

cabala *s f* (<hebr *qabbalah*: tradição, oposta à lei escrita) **1** Tratado filosófico-religioso dos séc. XII-XIII que resume os pontos essenciais de uma religião secreta que supostamente coexistiu com a religião popular dos hebreus/Interpretação judaica da Bíblia através do simbolismo dos números e das letras do Antigo Testamento. **2** ⇒ ocultismo; espiritismo. **3** Maquinação/Intriga/Conluio.

cabalar *v t/int* (<cabala+-ar¹) **1** ⇒ conspirar; intrigar. **2** ⇒ aliciar; comprar «votos/eleitores».

cabalista *s adj* (<cabala+-ista) **1** (O) que é versado na cabala ou em ciências ocultas. **2** (O) que participa em maquinações.

cabalístico, a *adj* (<cabalista+-ico) **1** Relativo à cabala. **2** ⇒ misterioso; enigmático; obscuro; secreto.

cabalmente *adv* (<cabal+-mente) De modo [maneira] cabal/Completamente/Plenamente. **Ex.** Não sei se você conhece ~ o problema.

cabana *s f* (<lat *capanna*: casa pequena) Pequena construção rústica no campo. ⇒ choupana; barraca; casebre.

cabano, a *s/adj* (Diz-se de) boi que tem chifre(s) para baixo ou de animal de carga «cavalo» com orelha(s) descaída(s). **2** *Hist* Partidário da Cabanada de Pernambuco (1832) ou da Cabanagem do Grão-Pará (1835). **3** Cesto alto de boca larga.

cabaré *s m* (<fr *cabaret*) Estabelecimento público onde se pode beber, dançar e assistir a espe(c)táculos de variedades.

cabaz *s m* (<lat *cápax,ácis*: que contém ou pode levar) **1** Cesto «de verga» geralmente com tampa e asa. **Comb.** *~ de compras/ Br* Cesta básica [Conjunto de produtos essenciais cujo preço máximo é garantido periodicamente pelo governo e serve de base ao cálculo da inflação]. *~ de Natal* [Cesto com produtos natalícios, como frutos secos, vinhos licorosos, bacalhau, etc.]. **2** *pop* Bebida quente de [preparada com] café, vinho, açúcar e canela.

cabazada *s f* (<cabaz+-ada) **1** Conteúdo de um cabaz. **2** *fig* Grande quantidade.

cabeça (Bê) *s f* (<lat *cáput,pitis*; ⇒ ~ de casal/de vento/no ar) **1** *Anat* Parte superior e principal dos homens e dos animais. **Ex.** Ele tem uma ~ grande [uma cabeçorra]. **Loc.** *Abaixar a ~* «para não se ferir». *Coçar a ~*. *Cortar a ~* [Decapitar/Degolar]. *Lavar a ~*. *Mergulhar* [Atirar-se à água] *de ~* [com a ~ para baixo]. **Idi.** *Andar a ~ à roda* [Sentir/Ter tonturas]. *De ~* [De cor/Sem escrever] (Loc. Fazer contas de ~). «foi ao escritório do presidente da firma» *De ~ baixa* [Cheio de vergonha/Humilhado/Cabisbaixo]. «vou sair do emprego mas (quero fazê-lo)» *De ~ erguida/levantada/alta* [Com honra/Respeitado por toda a gente]. *Deitar/ Levar as mãos à ~* [Mostrar-se/Ficar espantado ou aflito]. «não vale a pena/não é preciso» *Esquentar a ~* [Ficar preocupado/Afligir-se]. *Levar na ~* [Apanhar para trás/Sair-se mal/Ser castigado ou prejudicado]. *Meter na ~* [Aprender/Decorar]. *Meter na ~ de alguém*. *Não saber onde tem a ~* [Não ter juízo/Não saber o que faz]. *Não sair da ~* [Ter uma ideia fixa/Não conseguir esquecer]. «um plano/proje(c)to» *Não ter [Sem] pés nem ~* [Ser disparatado]. *Passar pela ~* [Vir ao pensamento] (Ex. «ele pagar a minha viagem?» Nem (tal coisa) me passou pela ~). *Perder a ~* [Ficar furioso]. *Quebrar a ~* [Pensar demasiado num problema]. *Saber onde tem a ~* [Ter juízo/Não estar confuso]. *Subir à ~* [Fazer sentir-se importante] (Ex. A fama subiu-lhe à ~ e agora pensa que só ele é que sabe tudo). *Ter a ~ a pré[ê]mio* [Ser procurado pelas autoridades que darão dinheiro a quem o descobrir e denunciar]. *Ter a ~ no lugar* ⇒ saber onde tem a ~ . *Ter (muita) ~* [Ser capaz/inteligente] (Ex. Eu não tenho ~ para matemática. Ele tem (muita/boa) ~ para fixar [se lembrar de] nomes). *Usar a ~* [Proceder com inteligência/Discorrer] (⇒ **7**). **Comb.** *idi ~ fria* [Serenidade/Calma] (Ex. É preciso (man)ter a ~ fria [não esquentar a ~]). *Dor de ~* [no cérebro]. *idi Duro de ~* [Teimoso]. *Grande ~* [Pessoa inteligente]. ⇒ *~ de casal/~ de vento/~ no ar/~-dura/cabeçalho/cabeçorra/cabeço*. **2** Uma pessoa/Um animal. **Comb.** *Despesa* [Preço/Custo] «da viagem/excursão» *por ~*. *Cem ~s de gado* «bovino» [100 vacas]. **3** *Bot* Bolbo de planta. **Comb.** ~ de alho [lírio/açucena]. **4** *fig* Ponta larga/redonda. **Comb.** *A ~ do prego* [osso]. **5** *fig* Primeiro/Frente/Começo. **Comb.** *~* [Começo/Princípio] *da lista* «dos alunos/sócios». *~* [Frente] *da procissão*. **Ant.** Fim; traseira. **6** *fig* Pessoa ou maior. **Comb.** A/O [chefe] do grupo. ⇒ cabecilha. **7** *fig* Juízo/Tino/Inteligência/Memória/Sábio. **Ex.** Ele/a é uma das maiores ~s do nosso país. ⇒ **1** Idi.

cabeçada *s f* (<cabeça+-ada) **1** Pancada [Movimento rápido «do cavalo»/ O bater] com a cabeça. **Ex.** O jogador [futebolista] fez o gol(o) com uma ~ [com um toque de cabeça]. Eu caí e dei uma (grande) ~ [trombada] na porta de casa. **2** Parte dos arreios que cinge a [que se põe na] cabeça das cavalgaduras. **3** *fig* A(c)to insensato e imprudente/Disparate/Erro. **Loc.** Dar muitas ~ s [Cometer erros/ Fazer disparates] «na juventude».

cabeça de casal *s 2g* Pessoa responsável pela administração duma herança até fazer as partilhas.

cabeça de vento [no ar] *s 2g* Pessoa inconstante/irresponsável/distraída/leviana.

cabeça-dura *s 2g* Pessoa dura de cabeça, teimosa.

cabeçalho *s m* (<cabeça+-alho) **1** Título, sobretudo de artigo de jornal. ⇒ parangona/manchete. **2** Primeira(s) linha(s) da página impressa/Cimo. **3** ⇒ (peça ou só ponta do) timão «do carro/ arado».

cabeção *s m* (<cabeça+-ão) **1** Colarinho(+) «romano ou de clérigo» (de traje). ⇒ gola. **2** ⇒ cabresto/cabeçada. **3** ⇒ cabeçorra **1**.

cabeceamento *s m* (<cabecear **1**+-mento) A(c)to ou efeito de cabecear «a bola»/ Cabeçada **1**.

cabecear *v t/int* (<cabeça+-ear) **1** *(D)esp* Impulsionar [Dar um toque] com a cabeça. **Ex.** Cabeceou a bola para o gol(o) [Fez o gol(o) com uma cabeçada]. **2** Mexer a cabeça para baixo e para cima/Dormitar/Cochilar. **Loc.** *~ de [com o] sono*. **3** Dizer que sim ou que não com a cabeça (+). **Loc.** *~ um agradecimento* [Agradecer com uma vé[ê]nia (+)]. *~ uma resposta negativa* [Dizer que não com a cabeça (+)]. **4** ⇒ dar cabeçadas «zangado, nas paredes». **5** *Náut.* O navio balançar levantando e baixando a proa.

cabeceira *s f* (<cabeça+-eira) **1** Parte da cama onde fica a cabeça. **Loc.** Estar [Ficar] à ~ de um doente [Cuidar de alguém que está de cama]. **Comb.** *Livro de ~* [Livro

predile(c)to que se lê com prazer ou proveito/que se lê antes de dormir]. *Mes(inh)a de ~* [ao lado da cama]. **2** Ponta principal ou parte superior. **Comb.** «às refeições o avô [a visita] fica na» *~ da mesa.* «não chego à» *~* [Cimo(+)] *da porta*. **3** Frente(o+)/Vanguarda(+)/Dianteira(+). **Ex.** O nosso corredor «da maratona» ia na ~. **4** Cimo/Começo/ Princípio. **Comb.** *~ da lista* «dos alunos». *~ (s) do rio*.

cabecilha *s f* (<cabeça+-ilho/a) Chefe de um grupo perigoso «de ladrões/de amotinados/de revoltosos».

cabecinha *s f* (<cabeça+-inha) **1** ⇒ cabeça pequena. **Ant.** Cabeçorra. **2** *Idi* Grande cabeça/Inteligência. **Ex.** Aquele aluno tem uma ~! [é muito inteligente].

cabeço (Bê) *s m* (<cabeça) **1** (Cimo de) monte arredondado e pequeno/Morro(+). **2** ⇒ cabeçalho. **3** *Náut* ⇒ pequeno banco de areia; recife.

cabeçorra *s f* (<cabeça+-orro/a) Cabeça grande (+). **Ant.** Cabecinha **1**.

cabeçote *s m* (<cabeça+-ote) Nome genérico para acessório ou ponta de vários instrumentos ou máquinas.

cabeçudo, a *adj/ s* (<cabeça+-udo) **1** (O) que tem a cabeça grande. **2** (O) que é teimoso/casmurro. **3** *col pop* (Tudo o) que tem uma cabeça grande (⇒ girino «rã»).

cabedal *s m* (<lat *capitális,e*: relativo à vida ou morte, importante, principal) **1** Conjunto de bens/Riqueza/Dinheiro. **2** Conjunto de qualidades/Capacidade/Habilitações. **Loc.** Fazer ~ de [Dar importância a] «uma nova teoria». **Comb.** ~ de [Muitos/Uma série de] conhecimentos. **3** ⇒ talento/poder/inteligência. **4** ⇒ Força física/Corpo/Físico. **5** Pele curtida/Couro. **Comb.** Sapatos de ~.

cabeiro, a *adj/ s* [<cabo+-eiro) (O «dente») que está no cabo/canto/fim.

cabeleira *s f* (<cabelo+-eiro/a) **1** Conjunto dos cabelos quando (são) compridos ou volumosos. **Comb.** ~ postiça [Peruca/Chinó]. **2** *Astr* Nebulosidade que circunda o núcleo dos cometas/Coma³. **3** *pop* ⇒ bebedeira.

cabeleireiro, a *s* (<cabeleira+-eiro) **1** Pessoa que corta e arranja o cabelo, podendo oferecer outros cuidados de beleza. **2** Estabelecimento comercial ou loja de **1**. **Ex.** Hoje vou ao/à ~. **3** ⇒ pessoa que faz cabeleiras postiças.

cabelo (Bê) *s m Anat* (<lat *capíllus,i*; ⇒ pelo) **1** Desenvolvimento filiforme no couro humano/na cabeça. **Ex.** Jesus disse que nem um (só [único]) ~ nos cai sem que Ele o saiba. Hoje arranquei um ~ branco [uma branca/uma cã]. **Idi.** *Agarrar a ocasião pelos ~ s* [Não deixar passar uma (boa) oportunidade «de ficar rico»]. «um crime/uma tragédia» *De arrepiar o(s) ~(s)* [Horrível]. *Estar pelos ~ s* [contra vontade] «num emprego longe da família». *Pôr os ~ s em pé* [Meter medo a/Atemorizar alguém]. «evitámos o choque com outro carro» *Por um ~* [um nad(inh)a/um triz(+)/pouco]. **Comb.** *~s brancos* [Cãs/Brancas]. *Em ~* [Sem chapéu]. **2** Conjunto dos ~ s (da cabeça). **Loc.** "ir" Cortar o ~. **Comb.** *~ aos caracóis. ~ castanho. ~ crespo* (⇒ carapinha). *~ grisalho* [já com algumas cãs/brancas]. *~ liso. ~ loiro. ~ preto. ~ todo branco* [~ branquinho (branquinho)!]. ⇒ peruca [cabeleira postiça]. **3** *fig* Filamento «metálico»/Fit(inh)a de aço «de corda de relógio».

cabeludo, a *adj* (<cabelo+-udo) **1** Que tem cabelo espesso (e comprido). ⇒ peludo. **2** *col* «problema de matemática» difícil; complicado. **3** *col* ⇒ grosseiro; indecente; exagerado.

caber *v int* (<lat *cápio,ere, cépi, cáptum*; tomar, apanhar, entender, conter) **1** Ficar dentro/contido. **Ex.** O vinho deste ano [da colheita] não cabe nas pipas, tenho de comprar mais duas. Nesta sala só cabem trinta alunos. O piano não cabe [passa] por essa porta. **2** Ter cabimento (+)/Vir a propósito/Ser compatível/admissível. **Ex.** Cabe aqui [agora] recordar um precedente. **3** Pertencer por direito ou dever/Competir. **Ex.** Cabe-me metade da herança. Não cabe [compete] ao [Não pode o] discípulo julgar o mestre. Cabe a todos nós [Compete-nos a todos] trabalhar pelo progresso da nossa terra [aldeia]. **4** Tocar em sorte/Calhar. **Ex.** A sorte [O pré[ê]mio/O dinheiro «da lota[e]ria» coube[calhou(+)]-me a mim!.

cabide *s m* (<ár *qibda*: pega <*qabada*: agarrar) **1** Peça mais ou menos simples para pendurar roupa/Gancho/Bengaleiro. **Ex.** Tem ~(s) à entrada «da casa/do restaurante». ⇒ cruzeta. **2** *col iron Br* Pessoa alta e magra/Espeto(+). **Comb.** ~ (ambulante). *~ de emprego(s)* **a)** Pessoa com muitos empregos [*col* tachos]; **b)** Local para onde se nomeiam pessoas sem fazer [ir a] concurso. ⇒ sinecura.

cabidela (Dé) *s f* (cabo+-dela) **1** Conjunto das vísceras e extremidades das aves «galinha». **2** *Cul* Prato feito com esses miúdos, regados no sangue da ave. **Comb.** *~ branca* [sem o sangue]. *Arroz de ~*. **3** *Br* **a)** ⇒ confusão; mixórdia; **b)** ⇒ petisco; coisa boa. **4** *pop* ⇒ cabimento.

cabido¹, a *adj* (<caber+-ido) Que tem cabimento/Admissível/Oportuno. **Ex.** A sua observação foi muito bem ~a; (está de) parabéns! **Ant.** Des~ .

cabido² *s m* (<lat *capítulum*: pequena(s) cabeça(s)) Conjunto dos có[ô]negos duma catedral «de Lisboa».

cabimento *s m* (<caber+-mento) **1** Qualidade ou condição de caber. **2** Qualidade do que é conveniente/oportuno/Aceitação/Admissão. **Ex.** Que coisa (mais [tão]) sem ~, esse novo imposto! Isso «que você diz» não tem ~ [Isso é inaceitável/Isso não faz sentido].

cabina/e *s f* (<ing *cabin* <provençal *cabana*) Pequeno compartimento mais ou menos isolado. **Comb.** *~ de avião* (para os pilotos). *~ de comboio* [trem] para o maquinista/motorista. *~ [Caixa] de elevador. ~ de loja* «para o cliente experimentar roupa/vídeo/…». *~ de navio* [Camarote(+)]. *~ sonora* «do cinema/salão/auditório». *~ telefó[ô]nica* (do telefone público). *Carruagem com ~ s* [camas/beliches].

Cabinda *Geog* (<quicongo *ka-binda*) Província costeira que é um enclave de Angola no Congo-Kinshassa. **Ex.** Os habitantes de ~ são cabindas. **Comb.** Língua [Cultura] ~.

cabisbaixo, a *adj* (<lat *cáput,pitis*+baixo) **1** Com a cabeça baixa/A olhar para o chão. **Ex.** Entrou no meu escritório, ~, a pedir desculpa. **2** *fig* Desanimado/Envergonhado/Triste. **Ex.** Há dias [pouco] vi-o na rua ~ [murcho].

cabiúna *s f* (<tupi *kawi-una*: mato verde e preto) **1** ⇒ jacarandá. **2** ⇒ negro «escravo»; «boi de pelo» preto.

cabível *adj* (<caber+-vel) Que tem cabimento. **Comb.** Medidas ~veis [aceitáveis/ próprias/boas].

cablagem *s f Ele(c)tri* (<ing *cable*: cabo+ -agem) Conjunto de fios ou cabos elé(c)tricos «dum automóvel/computador» ou a sua montagem. **Sin.** Cabagem(+).

cablar *v t Br* (<cabo+-ar) ⇒ telegrafar (por cabo submarino) «para a Europa».

cabo *s m* (<lat *cápulum,i*: **a)** corda para prender «o cavalo»; **b)** cabo para pegar «da espada/ faca» <*cáput,pitis*: cabeça; ⇒ ~ de esquadra) **1** Extremidade/Ponta/Fim. **Loc.** *Ao ~* [fim(+)] *de* «três dias morreu». *Ao fim e ao ~* [Em resumo/ Finalmente] «ele e os outros cúmplices foram todos presos». **Idi.** ~ [Fim] *do mundo* [Muito longe] (Ex. Eu gostava de lhe fazer uma visita mas a sua terra fica lá no ~ do mundo!). *Dar ~ de* [Estragar] (Ex. O gerente deu-me ~ da [fez-me perder a] paciência e eu saí da firma). *Ir às do ~* [Zangar-se/Ameaçar]. *Levar a ~* [Realizar] «um proje(c)to que parecia irrealizável/impossível». *Passar (Ser) o ~ dos trabalhos* [uma grande dificuldade] (Ex. Consegui fugir dos assaltantes mas passei [foi] o ~ dos trabalhos!). **Comb.** ~ [Fim/Extremidade/Termo] *do terreno*. **2** Feixe de fios/Corda/Fio. **Comb.** ~ [Fio] *elé(c)trico. ~ para amarrar o barco ao cais. ~ submarino* [no fundo do mar «para transmissão telegráfica entre a Europa e a América»]. **3** Ponta de terra que entra pelo mar/Promontório. **Comb.** ~ *da Boa Esperança. ~ de S. Vicente* (Sagres, Portugal). **4** ⇒ réstia/cordão/fiada «de cebolas presas umas às outras pelas folhas e dependuradas». **5** *Mil* Segundo posto militar a contar de baixo ou quem tem esse posto. ⇒ ~ de esquadra.

caboclo, a (Bô) *s/ adj* (<tupi *kari'woka*: casa de homem branco) **1** ⇒ indivíduo nascido de índio e branco. **2** ⇒ caipira. **3** Vocábulo usado também na forma "caboclinho" para várias plantas e aves do Brasil.

cabo de esquadra *s m* (⇒ cabo **5**) (Só usado na expressão "Ser de ~". **Ex.** O comentário que ele fez ao filme foi de ~ [foi disparatado/estúpido/de quem não sabe nada]).

caborje *s m* (<ioruba *ka*: enrolar+ *boro*: viscosamente+ *je*: seduzir) **1** ⇒ feitiço. **2** ⇒ amuleto. **3** ⇒ prostituta.

cabotagem *s f Náut* (<fr *cabotage*) Navegação costeira, com terra à vista. **Comb.** *Grande ~* [~ entre portos mais distantes]. *Pequena ~* [Navegação mercante entre portos não muito distantes e em águas territoriais].

cabotar *v int* <fr *caboter*) Navegar com terra à vista.

cabotinismo *s m* (<cabotino) ⇒ exibicionismo

cabotino *s m* (<antr fr *Cabotin*, a(c)tor có[ô]mico ambulante) **1** ⇒ pantomineiro. **2** ⇒ charlatão; exibicionista.

caboucar/cabouco/cabouqueiro ⇒ cavoucar/…

Cabo Verde *Geog* **Ex.** ~ é um país de língua oficial portuguesa e crioula; a capital é a cidade da Praia, na Ilha Santiago; os habitantes são cabo-verdianos.

cabra *s f Zool* (<lat *cápra,ae*; ⇒ bode) **1** Mamífero ruminante da família dos bovídeos; *Capra hircus*. **Ex.** Há muitas espécies de ~s domésticas e selvagens. ⇒ caprino. **2** ⇒ cábrea; pé de ~. **3** *cal* Mulher lasciva. **4** *Br* ⇒ cara(+)/gajo/sujeito/indivíduo. **5** *Br* ⇒ capanga; pistoleiro.

cabra-cega *s f* Jogo de crianças em que uma fica de olhos vendados e tem de agarrar outra para a substituir.

cabrada *s f* (<cabra+-ada) Rebanho de cabras.

cabrão *s m cal* (<cabra+-ão) **1** Marido a quem a mulher é infiel/Corno. **2** ⇒ sacana; devasso.

cábrea *s f Eng* (<lat *cáprea,ae*: cabra selvagem) Espécie de guindaste em forma

de pirâmide e com roldanas para deslocar grandes pesos. ⇒ cabrestante.

cabr(e)ar *v t/int* (<cabra+-ar¹) ⇒ «cavalo/avião» empinar(-se)(+).

cabreiro, a *s/adj* (<cabra+-eiro) **1** Pastor de cabras. **2** *Br* ⇒ esperto; diligente. **3** ⇒ enganador; trapaceiro «no jogo». **4** ⇒ «queijo» de cabra.

cabrestante *s m Eng Náut* (<cabresto+-ante) Diapositivo de eixo vertical para içar a amarra ou cabos pesados.

cabrestear *v int Br* (<cabresto+-ear) **1** «cavalo/boi» Deixar-se levar bem pelo cabresto/pela rédea. **2** *fig* Deixar-se guiar inteiramente por outrem.

cabresteiro, a *adj/s* (<cabresto+-eiro) **1** ⇒ o que faz ou vende cabrestos; albardeiro. **2** «boi/cavalo» Que vai bem pelo cabresto. **3** *fig* ⇒ dócil; submisso; muito obediente.

cabresto (Brês) *s m* (<lat *capístrum,i*) **1** Arreio que assenta na cabeça e tem uma corda/Cabeçada **2. Loc.** Tirar o ~ ao cavalo para andar à vontade no pasto. **Idi.** *Andar de* ~/pela rédea(+)/à corda [Ser dominado «pela esposa»]. *De* ~ *curto*/De rédea curta (+) [Sem liberdade/Dominado]. ⇒ freio; rédea; mordaça; corda. **2** *fig* Boi manso ou vaca que guia a manada/Choca. **3** *Náut* Cabo ou corrente que segura fortemente o gurupés.

cabril *s m/adj 2g* (<lat *caprílis* <*cápra*) **1** Curral ou bardo de cabras. **2** ⇒ caprino. **3** ⇒ agreste; escarpado.

cabrilha *s f Eng* (<cábrea+-ilha) **1** ⇒ pequena cábrea. **2** ⇒ aparelho de elevar água. **3** ⇒ Alavanca de mover o cabrestante/Bimbarra. **4** Máquina móvel para levantar grandes pesos.

cabriola *s f* (<cabra+-ola) **1** Salto de cabra. **2** *fig* Salto ágil/elegante. **Sin.** Pirueta. **3** ⇒ Mudança rápida/Reviravolta(+). **4** ⇒ cambalhota.

cabriolar *v int* (<cabriola+-ar¹) **1** Saltar como as cabras. **2** *fig* Dar cabriolas/Fazer piruetas (+). **3** ⇒ ziguezaguear.

cabriolé *s m* (<fr *cabriolet*) **1** ⇒ descapotável. **2** ⇒ pequeno coche.

cabrita *s f Zool* (<cabra + -ita) **1** Cabra pequena/nova/Cabrinha. **Idi.** «as crianças gostam de ir» Às ~s/cavalitas(+) [Aos ombros de outrem e aos saltos]. **2** Mulher (jovem) muito morena.

cabrito, a *s/adj Zool* (⇒ cabrita) **1** Filho [Cria] de cabra. **Idi.** *Deitar o* ~ *fora/os* ~*s ao mar* [Vomitar]. **2** *Cul* Prato de **1. Ex.** Eu gosto muito de ~ «assado». **3** *fig* Com chifres curtos e virados para trás. **Comb.** *Boi* ~. *Pão* ~ [sovado e com esta forma].

cábula *s 2g/adj 2g* (<catalão *cábula*: tramoia, ardil) **1** Aluno que não estuda ou falta às aulas/Gazeteiro. **Ex.** Ele é um ~. **2** Manhoso que foge ao trabalho/Preguiçoso. **3** Fuga ao dever/trabalho/Cabulice(+)/Preguicite. **4** Apontamento para [de] quem não estuda e quer fazer [passar no] exame. **5** *Br* ⇒ má sorte; azar(+).

cabular *v int* (<cábula **3** +-ar¹) Faltar às aulas/Não estudar.

cabulice *s f* (<cábula **3** +-ice) O faltar muito às aulas.

cabuloso, a *adj* (<cábula **5** +-oso) **1** ⇒ Azarento. **2** ⇒ aborrecido; desagradável. **3** ⇒ complicado; obscuro.

cabúqui *s m Arte* (<jp *kabuki*) Teatro japonês, mais acessível e popular que o "nõ" e o "bunráku".

caburé *s m* (<tupi *kawu're*: ave no(c)turna da família dos falconídeos) **1** ⇒ cafuzo; caboclo. **2** Vaso pequeno e bojudo. **3** Pessoa baixa e gorda/feia. **4** *Ornit* ⇒ coruja.

caca *s f* (<lat *cáco,áre*: defecar) **1** *cal* ⇒ fezes. **2** *Infan* ⇒ sujidade; cocó. **3** ⇒ coisa desprezível; trabalho mal feito.

caça *s f* (<caçar) **1** A(c)ção de caçar. **Loc.** Ir à ~ [Fazer uma caçada «com mais caçadores»/Caçar]. **Comb.** ~ *submarina* (⇒ pesca). **2** Animal para [que se pode] caçar. **Loc.** Levantar a ~ **a)** Fazê-la aparecer [sair do esconderijo]; **b)** *idi* Fazer algo que é depois aproveitado por outro (Ex. Você levantou a ~ e ele roubou-lhe o negócio; devia ficar [ter ficado] calado/guardar segredo). **Comb.** ~ *grossa* «veado/javali». ~ *miúda* «coelho/perdiz». **3** *fig* Perseguição/Busca. **Loc.** «andar» À ~ *de notícias/novidades*. *Dar* ~ *a* [Perseguir]. **Comb.** ~ *aos traficantes de narcóticos*. *Um* (avião de) ~.

caçada *s f* (<caça+-ada) **1** Caça em grupo/Batida «ao javali». **2** O que se caçou/capturou. **Ex.** Foi [Fizemos] uma boa ~!

caçadeira *s f* (<caça+-deira) Espingarda/Arma própria para caçar (Carregada com cartuxos e não balas).

caçador, ora *s* (<caçar+-dor) Quem pratica a caça. **Comb.** ~ *de talentos* [Descobridor de pessoas com dotes artísticos]. «estátua/pintura de» Diana ~ora.

caçamba *s f* (<quimbundo *kisambu*) **1** Balde agarrado a uma corda para tirar água dum poço fundo/Cegonha(+). **Idi.** «amigos» *Serem a corda e a* ~ [Serem inseparáveis/ *idi* Serem unha e carne (+)]. **2** ⇒ alcatruz. **3** ⇒ alforg[j]e. **4** Recipiente/Rece(p)táculo «da betoneira». **Idi.** *Arear a* ~ [Não trabalhar/*idi* Fazer cera (+)].

caça-minas *s m 2n Mil* Navio ou carro de combate para dete(c)tar e destruir minas.

caça-níqueis *s m 2n* (<caça+níquel **2**) **1** Máquina de jogar com moedas. **2** *fig* O produto/trabalho que é só para ganhar dinheiro.

cação *s m Icti* (<caçar+-ão) Nome comum de vários peixes como um pequeno tubarão.

caçapo *s m* (<?) **1** Coelho pequeno, ainda novo/Láparo. **2** *fig* Homem baixo e gordo.

caçar *v t/int* (<lat *cápto,áre* <*cápio,ere, cáptum*: tomar, apanhar) **1** Perseguir e apanhar animal selvagem. **Loc.** ~ *coelhos* [veados/perdizes/rolas]. **2** *fig* Perseguir e conseguir algo difícil/Conquistar(+). **3** *Náut* Alar/Puxar as velas.

cacaracá *s m* (<*on*) Voz da galinha. **Idi.** *De* ~ [Insignificante/Simples] (Ex. Isso é um problema de ~, já está resolvido). ⇒ cocorocó; quiquiriqui.

cacareco (Ré) *s m* (<caco+tareco) Obje(c)to velho e sem valor.

cacarejar *v int* (<*on*) **1** Cantar a galinha. ⇒ cacaracá. **2** *fig* Alardear/Tagarelar.

cacarejo *s m* (<cacarejar) **1** Canto [Voz(+)] da galinha «cacaracá» ou parecido. **2** *fig* ⇒ tagarelice.

caçarola *s f* (<fr *casserole*; ⇒ caço) Recipiente mais largo do que alto para cozinhar. ⇒ panela; tacho.

cacatua *s f Ornit* (<mal *katatuwa*: "tenazes", por alusão ao bico) Ave do sudeste asiático «Indonésia/ Austrália» parecida ao periquito e papagaio.

cacau *s m* (<nauatle *cacauatl*: caroço de cacau) *Bot* **1** Fruto do cacaueiro. **2** Pó solúvel feito das suas sementes *us* como bebida e para fazer chocolate. **3** *col* ⇒ dinheiro.

cacau(z)al *s m Bot* (<cacau+-al) Plantação de cacau(eiros).

cacau(z)eiro *s m Bot* (<cacau+-eiro) Árvore esterculiácea de cujas sementes se faz o cacau; *Theobroma cacao*.

caçava/e *s f /m* (<taíno *caçabi*) Farinha grossa e pão de mandioca.

cacear *v int Náut* (< ?) **1** Garrar a âncora do barco no fundo, com a ré a descair. **2** Soltar-se o barco da amarra e andar à deriva.

caceia *s f Náut* (<cacear) A(c)to ou efeito de cacear. **Loc.** Ir à ~/à deriva (+) [Ir ao sabor do vento ou da corrente/Ir garrando].

cacetada *s f* (<cacete+-ada) **1** Pancada/Agressão com cacete. ⇒ mocada; paulada; porrada. **2** *Br* Grande quantidade/Porrada(+). **3** *Br* ⇒ incó[ô]modo; apoquentação; moléstia(+).

cacete (Cê) *s m* (<caço+-ete) **1** Pau curto para bater. **Loc.** Levar um(a surra) de ~. **Idi.** *Baixar* [Descer] *o* ~ *em* **a)** Bater com ~ /*idi* Chegar a roupa ao pelo; **b)** Agredir com violência; **c)** Falar muito mal de alguém/Criticar. «ser» *Do* ~ [Bom/Espe(c)tacular». *E o* ~ *(a quatro)* [E não sei que mais/ *Et cétera*] (Ex. Faz natação, montanhismo, e o ~). **2** *Cul* Pão fino e comprido «para fazer rabanadas»/Pão-bengala. **3** *Br s/adj* Maçador/Chato.

cacet(e)ar *v t/int* **1** Bater com cacete. **2** *Br* ⇒ aborrecer(-se); maçar(-se).

caceteiro, a *s* (cacete+-eiro) **1** O que anda com cacete. **2** Brigão/Desordeiro. **3** *Br* ⇒ maçador.

cacha *s f* (<cachar) **1** O que se faz às escondidas/Dissimulação. **2** Notícia importante dada por um jornal(ista) antes de todos os outros/Caixa/Furo. **3** ⇒ fingimento; blefe.

cachaça *s f* (<cacho «de uvas» +-aça) **1** Aguardente de cana(-de-açúcar). **2** Qualquer bebida alcoólica destilada. **3** *Br* ⇒ bêbe[a]do; bebedeira. **4** *Br fig* A maior delícia/paixão/Gosto. **Ex.** Os netos são a sua ~.

cachaçada [cachação] *s f [m]* (<cachaço) Pancada no cachaço/pescoço.

cachaço *s m Anat* (<cacho **4**+-aço) **1** Parte posterior do pescoço de animal «boi/cavalo». ⇒ cerviz; nuca. **2** ⇒ cachaçada. **3** ⇒ varrão.

cachalote (Ló) *s m Icti* (<cachola+-ote) Baleia dentada de cabeça grande, da família dos fiseterídeos; *Physeter catodon*.

cachão *s m* (<lat *cóctio,ónis*: cozedura) **1** Bolhas grandes de um líquido. **Ex.** A (água da) panela está a ferver em ~. **2** ⇒ cachoeira.

cachar *v t/ int* (<fr *cacher*) **1** ⇒ ocultar(-se); dissimular. **2** ⇒ enganar; ludibriar.

cacharolete *s m* (<?) Mistura de várias bebidas alcoólicas/Coquetel.

cache *s m* (<fr *cacher* <lat *coácto,áre*: constranger, comprimir) **1** *Info* Área de memória para acesso rápido, onde é mantida uma cópia temporária de dados. **2** *Fot* Chapa de metal com orifício(s) colocada entre a obje(c)tiva e o obje(c)to a fotografar.

caché/ê *s m* (<fr *cachet*) Pagamento/Honorários que um artista «cantor/a(c)tor/ conferencista» recebe pelos seus serviços.

cachear *v int* (<cacho+-ear) **1** «videira» Formar cachos/«arroz» Espigar(+). **2** Enrolar-se/Encaracolar-se. **Comb.** Cabelo cacheado [aos caracóis (+)].

cachecol (Cól) *s m* (<fr *cache-col*) Faixa de lã ou seda para agasalhar o pescoço.

cacheira *s f* (< ?) ⇒ moca; cajado; cacete.

cacheirada *s f* (<cacheira+-ada) Mocada/Cajadada/Paulada.

cachené/ê *s m* (<fr *cache-nez*) Agasalho para o pescoço e rosto.

cachepô *s m* (<fr *cache-pot*) Obje(c)to ou vaso decorativo para esconder vaso de plantas de material mais singelo.

cachetar *v int Br* (< ?) ⇒ caçoar; zombar; brincar.

cachimbada *s f* (<cachimbo+-ada) **1** Porção de tabaco que cabe no fornilho de um cachimbo. **2** Fumaça que se aspira do

cachimbo. **Ex.** Deu umas ~s sentado no jardim. **3** *Br* Trago ou dose de cachimbo **3**. **Loc.** Tomar [Beber] uma ~.
cachimbar *v t/int* (<cachimbo+-ar¹) **1** ⇒ Fumar cachimbo (+). **2** *col* ⇒ «vulcão» fumegar(+). **3** *Br fig* ⇒ considerar; matutar; meditar. **4** *fig* ⇒ fazer pouco de alguém; desprezar.
cachimbo *s m* (<quimbundo *kishimba*: coisa oca) **1** Obje(c)to para fumar composto de um recipiente – fornilho – e de um tubo que nele encaixa. **Loc.** Fumar ~. **Idi. Apagar o ~** [Perder o entusiasmo]. **Ser um ~ apagado** [Ser um inútil/um «político» derrotado]. **2** (Parte de) peça onde outra encaixa. **3** *Br* Bebida preparada com aguardente e mel. **4** ⇒ aziar.
cachimónia [*Br* **cachimônia**] *s f Col* (<cacho?) Cabeça/Tola/Bestunto. **Ex.** Você não está bom da ~ [cabeça/do juízo]. **Idi. Meter na ~** [Aprender «de cor»/Fixar/Lembrar-se]. **Puxar pela [da] ~** [Pensar muito «para resolver o problema»/Procurar lembrar-se]. **Perder a ~** [paciência «e agredir alguém»].
cachinada *s f* (<cachinar+-ada) Gargalhada trocista/de escárne[i]o.
cachinar *v int* (<lat *cachinno,áre*) Soltar cachinadas/Dar grandes risadas [gargalhadas] de escárnio.
cacho *s m* (<lat *cápulus*: punhado, mancheia, punho «da espada») **1** *Bot* Inflorescência no mesmo pé e eixo. **2** *Bot* Infrutescência de 1/race[i]mo. **Idi. Dar o ~** [*idi* Esticar o pernil(+)/Morrer]. **Estar (bêbedo) como um ~**/um odre [Estar muito embriagado]. **Comb. ~ de bananas**. **Um ~ de uvas** [Uma uva (+)]. **3** Mecha pendente de cabelo «humano/da cauda do cavalo». **4** *an* ⇒ pescoço; cachaço.
cachoar *v int* (<cachão+-ar¹) **1** ⇒ ferver em cachão. **2** ⇒ «água» correr em cachão. **3** *fig* ⇒ agitar-se «o pensamento»; tumultuar.
cachoeira *s f* (<cachão+-eira) Lugar onde a água corre em cachão. ⇒ catadupa; catarata.
cachola *s f* (<cacho 4+-ola) **1** *col* Cabeça. **Loc.** Ele não tem nada na ~ [É um cabeça-oca]. **Idi. Ficar com uma grande ~** [Ficar desiludido/Ter uma dece(p)ção]. **2** ⇒ cabeça de peixe «sardinha; fígado «de porco». **Sin.** Cachimó[ô]nia; toutiço; bestunto.
cacholada [**cacholeta**] *s f* (<cachola+-...) **1** *col* Pancada na cabeça com as mãos ou com vara. **2** ⇒ cabeçada **1**. **3** *fig* ⇒ repreensão.
cachopa (Ópa) *s f* (<cachopo) ⇒ rapariga; moç(oil)a; cachopo **1**.
cachopo, a (Ôpo) *s* (<cacho 1/2) **1** Moço/rapaz(ito). **2** *fig* ⇒ escolho; recife. **3** *fig* ⇒ perigo; obstáculo.
cachorra (Ô) *s f Zool* (<cachorro) **1** Cadela. **2** *fig* ⇒ mulher devassa. **3** *Icti* ⇒ atum. **4** *col* Embriaguez. **Idi. Estar com a ~** [de mau humor]. **Estar com a ~ cheia** [embriagado].
cachorrada *s f* (<cachorro+-ada) **1** ⇒ grupo de cachorros; matilha; canzoada. **2** *fig* ⇒ grupo de gente má; súcia. **3** *fig* ⇒ canalhice.
cachorro, a *s Zool* (<lat *cátulus*: cãozinho/cachorrinho+-orro) **1** Cão; *Canis familiaris/lúpus*; ⇒ cachorra/cadela. **Prov. ~ [Cão] que ladra não morde** [«não tenha medo» Quem ameaça com palavras não é perigoso]. **Idi. ~ sem dono** [Pessoa pela qual ninguém se interessa/Vagabundo]. **Soltar os ~s** (em cima de alguém) [Insultar/Agredir]. **2** ⇒ cria/filhote «de leão/leão/onça». **3** *col Br* Muito grande/Intenso. **Loc.** «choveu» **Pra ~**/burro [Muito]. **Um frio ~** [intenso]. **4** *Arquit* ⇒ consola; mísula. **5** *depr* ⇒ canalha/velhaco.
cachorro-quente *s m Cul* (<ing *hot: quente+dog*: cão) Sand(uích)e de salsicha quente (+) com mostarda ou molho de tomate.
cachupa *s f C V* (<crioulo *katchupa*) *Cul* Prato tradicional à base de milho cozido e feijão, com toucinho, peixe ou carne.
cacife *s m Br* (<cacifo) **1** Quantia depositada «na mesa» para entrar em jogo «de cartas». **2** ⇒ dinheiro/capital «para abrir um negócio». **3** ⇒ qualidade/capacidade «para vencer na vida».
cacifo *s m* (<ár *qafíz*: medida de secos, cofre) **1** Pequeno armário «em instalações públicas ou nas estações» para guardar bagagem ou obje(c)tos pessoais. **2** ⇒ cesto; cofre; gaveta; caixa. **3** ⇒ vão; nicho; buraco. **4** ⇒ cov(inh)a; depressão «na pele». **5** ⇒ escaninho.
cacilda *interj Br* ⇒ caramba.
cacimba *s f* (<quimbundo *kixima*: poço) **1** Poça larga escavada no solo «pântano» para recolher a água filtrada por terrenos adjacentes. **2** ⇒ cisterna. **3** ⇒ olho de água. **4** ⇒ cacimbo(+).
cacimbo *s m* (<quimbundo *kixibu*: inverno, nevoeiro) **1** Chuva miudinha/Cacimba **4**. **2** Neblina/Nevoeiro «desagradável». **3** Época de 1/2 «de maio a setembro em Angola».
cacique *s m* (<taino *cachique*: chefe) Indivíduo com muita influência política na terra/Manda-chuva(+).
caciquismo *s m* (<cacique+-ismo) Poder dos caciques/ Arbitrariedade.
caco *s m* (<lat *cáccabus*: caçarola, panela) **1** Fragmento de loiça «malga/copo», de ladrilho, de mármore, ... **Loc.** Fazer em ~s [Partir completamente «uma rima de pratos»/Escaqueirar]. **2** ⇒ Obje(c)to velho ou sem valor; cacareco(+). **3** *fig* Pessoa velha, alquebrada, sem forças. **Ex.** Estou (para aqui) um ~ velho, não sirvo para nada. **4** *col* Cabeça/Juízo. **Comb.** Falta de ~ [Estupidez]. **5** *Br* Pó de tabaco torrado e moído num pedaço de louça/Tabaco de caco. **6** ⇒ ranho.
caço *s m* (<gr *káthos*: concha para tirar líquidos de um recipiente) **1** ⇒ concha(+) «para tirar a sopa da panela/da terrina». **2** ⇒ frigideira. **3** ⇒ tacho(+) com cabo.
caco- *pref* (<gr *kakós,é,ón*: mau, ruim) Exprime a ideia de mau, errado, feio; ⇒ ~fonia, ~grafia.
caçoada *s f* (<caçoar+-ada) **1** Troça(+)/Zombaria/Pilhéria. **Loc.** Fazer ~/pouco(+) [Caçoar/Troçar/Rir-se de] «do chefe/professor». **2** Promessa feita sem tenção de a cumprir.
caçoar *v t/int* (<?) **1** Fazer caçoada [pouco(+)] de/Zombar. **Ex.** Caçoaram muito (do defeito) dele. **2** Brincar. **Ex.** Não me leves a mal, estava apenas a ~ contigo. **3** Mentir sem má intenção.
cacodilo *s m Quím* (<gr *kakódes*: que cheira mal + *hýle*: matéria) Substância venenosa/Dimetilarsé[ê]nio.
cacoépia *s m Gram* (<caco-+gr *épeia*: pronúncia, acentuação) Pronúncia irregular, viciosa, má. **Ant.** Ortoépia.
cacoete *s m* (<gr *kakoéthes*: mau costume, malvado) **1** ⇒ Mau hábito/costume/Vício/Mania. **2** ⇒ Movimento involuntário dos músculos/Tique. **3** ⇒ jeito «de ponta do atacante no futebol».
cacofagia *s f* (<caco- +-fagia) Ingestão de excrementos ou imundícies.
cacófato *s m* (<caco- +gr *pháton*: dito) Som ou palavra feia resultante do final duma palavra e do começo de outra/Cacofonia **1**(+).
cacofonia *s f* (<gr *kakophonía*) **1** Qualidade de som feio ou palavra desagradável formados pela união de palavras próximas/Cacófato. **Ex.** Há uns que gabam tudo e outros que nun*ca ga*bam nada. **2** *Mús* Conjunto de sons ou vozes desafinadas. **3** *Gram* Repetição de palavras que ferem o ouvido.
cacofónico, a [*Br* **cacofônico**] *adj* (<cacofonia+-ico) «expressão» Em que há cacofonia.
cacografar *v t/int* (<caco- + ...) Fazer [Escrever com] erros de ortografia. **Loc.** ~ palavras estrangeiras.
cacografia *s f* (<caco- +...) Erro ortográfico/de ortografia(+).
caçoleta (Lê) *s f* (<caçoula+-eta) **1** Cadinho de ourives. **Idi. Bater a ~** [a bota (+)/Esticar o pernil/Morrer]. **2** Pequeno vaso ou caçoula para queimar perfumes. **3** Espécie de frigideira. **Comb.** Bife (de vitela) na ~. **4** ⇒ escorva.
cacologia *s f* (<caco- +-logia) Expressão, estilo ou linguagem defeituosa.
caçoula/o *s* (< ?) **1** ⇒ caçarola. **2** ⇒ caçoleta.
cacto ⇒ cato.
caçula *adj/s 2g* (<quimbundo *kasule*: último filho) O/A mais novo/a da família. **Comb.** O (filho/ irmão) ~. **Sin.** Benjamim.
cacúmen[**cacume**] *s m* (<lat *cacúmen, minis*) **1** ⇒ topo/cume/cimo «da árvore». **2** ⇒ clímax/auge/ápice/sumo «da perfeição».
cacunda *s 2g Br* (<quimbundo *kakunda*) **1** ⇒ corcunda. **2** ⇒ consciência. **3** ⇒ prote(c)ção. **4** ⇒ traiçoeiro/caluniador.
cada *pron indef/adj/s* (<gr *katá*: de alto abaixo, no fundo) **1** Qualquer (de) entre dois ou mais. **Ex.** ~ um daqueles [Todos aqueles] quadros custa [custam] uma fortuna! ~ um [qual] pagará o bilhete de entrada. **2** Em vez do substantivo da frase. **Ex.** As maçãs custam 30 cêntimos ~ [cêntimos a maçã]. **3** Indica repetição. **Ex.** Eu vou às [Eu faço] compras ~ três [compras de três em três] dias. O ó[ô]nibus passa (aqui) ~ meia hora «às 8 h, 8:30 h, 9 h, ...». **4** Indica ênfase. **Ex.** Você tem ~ uma [~ ideia]! (Ele) há ~ um [Há homens muito tontos]! Você faz ~ uma [~ disparate]! A minha mulher prepara ~ sobremesa [prepara sobremesas saborosíssimas]!
cadafalso *s m* (<provençal *cadafalcs*) **1** Estrado alto para execução de condenados/Patíbulo. **2** Execução/ Condenação. **3** ⇒ Estrado alto/Armação/Palanque(+) «para exibição de artistas/discurso de políticos».
cadarço *s m* (<gr *kathartéon*: seda bruta) **1** Barbilho «dos casulos de seda não aproveitada na fiação». **2** Tecido de seda ordinária/bruta. **3** *Br* Cordão/Atacador de sapatos. **4** ⇒ nastro(+); fita; cordel; correia; atilho.
cadaste *s m Náut* (<lat *catásta*: estrado para leilão de escravos ou tortura) Peça resistente onde se prende o eixo do leme.
cadastrado, a *adj/s* (<cadastrar) **1** Pessoa já antes condenada. **Loc.** Identificar o ladrão entre os retratos [as fotos] dos ~s. **2** Regist(r)ado publicamente. **Comb.** Bens [Informes/Dados] ~s.
cadastrar *v t* (<cadastro+-ar¹) ⇒ Fazer o regist(r)o ou cadastro.
cadastro *s m* (<gr *katá stíkhon*: linha a linha, inventário, regist(r)o) **1** Regist(r)o policial de criminosos. **Loc.** «ladrão/desordeiro» Ter ~ [Estar cadastrado]. **Ter o ~ limpo** [Não ter antecedentes criminais]. **2** Regist(r)o dos prédios rústicos ou ur-

banos de uma região «nas Finanças». **3** Regist(r)o da vida oficial do funcionalismo público. **Ex.** Consultou o ~ para ver quantas faltas dera no ano anterior. **4** Regist(r)o dos clientes «de um banco/ de contribuintes». **5** ⇒ recenseamento da população; censo; listagem; inventário.

cadáver *s m* (<lat *cadáver,eris*) **1** Corpo morto, sobretudo humano. **Ex.** Se vocês vierem para raptar o meu filho terão de passar por cima do meu ~ [terão de me matar]. ⇒ carcaça. **2** *Col Gír* Corpo de pessoa viva/Ossos. **Loc.** *Tratar do ~* [Comer e beber]. *Moer o ~/os ossos(+)* [Trabalhar de mais/*Br* demais]. **3** *fig* Pessoa que parece um ~. **Comb.** ~ ambulante. **4** *fig.* ⇒ ruína. **5** *Br col* Credor. **Loc.** Enterrar o ~ [Pagar a dívida].

cadavérico, a *adj* (<cadáver+-ico) Parecido a [Como] um cadáver. **Comb.** *Rigidez ~a* [de corpo morto/dos defuntos]. *Rosto ~* [definhado/lívido] (⇒ magro/encovado/chupado).

cadê *loc col Br* = Que é de [Onde está]? «o meu livro».

cadeado *s m* (<cadeia **1**+-ado) Cadeia [Corrente] que fecha com (a)loquete. **Loc.** Fechar uma porta a [com] ~. **Idi.** *Pôr um ~ na boca de alguém* [Impedir «os deputados mais radicais do partido» de falar] (⇒ açaimar).

cadeia *s f* (<lat *caténa*) **1** Série de elos «de ferro» para prender/Corrente. **Comb.** ~ *da âncora* (do barco). ~ *do agrimensor* [para medir terrenos]. *Ponto de ~* [Maneira de coser fazendo anéis]. **2** Servidão/Peias/Grilhões. **Loc.** Quebrar as ~ s [Libertar-se] «das ideias racistas». **3** Prisão/Cárcere. **Loc.** *Ir para a ~* [Ser preso/encarcerado]. *Meter na ~* [Prender/Encarcerar/Aprisionar]. **4** Série/Sequência/Conjunto linear de sucessão. **Comb.** *Quím* ~ *aberta/acíclica* [~ de átomos que não formam anel quando se unem]. ~ *alimentar/trófica* [Sistema/Ecossistema em que seres vivos se alimentam e servem de alimento a outros]. *Quím* ~ *cíclica/fechada* [~ em que os átomos formam anel quando se unem]. ~ *de emissão/transmissão* «nacional de estações de televisão». ~ *de explosões* [Explosão em ~]. ~ *de montanhas* [Cordilheira]. ~ *de solidariedade* «para apoio aos refugiados». ~ *de supermercados* «Pingo Doce/Pão de Açúcar/Continente/Bonmarché». ~ *evolutiva*/de desenvolvimento «de uma espécie/ palavra». ~ *silogística* «de argumentação». *Montagem em ~* [Linha de montagem] «de automóveis». *Trabalho em ~*/série/sucessão «no fabrico de alimentos».

cadeira *s f* (<gr *kathédra*: assento) **1** Peça de mobília com assento e espaldar/encosto. **Comb.** ~ *de balanço*. ~ *de braços*. ~ *de encosto* [Sofá/Poltrona/Cadeirão]. ~ *de rodas*. ⇒ cátedra; trono; banco. **2** Assento/Cargo/Posição oficial. **Comb.** ~ de deputado. **3** Matéria/Disciplina/Assunto. **Comb.** ~ de Direito [de História] «da universidade». **4** *pl* Quadris/Nádegas/Anca. **Loc.** *col* Sacudir as ~s [Dançar movendo os quadris/Saracotear].

cadeirado [cadeiral] *s m* (<cadeira) Fila de cadeiras ligadas umas às outras e junto às paredes. ⇒ bancada.

cadeirinha *s f* (<cadeira+-inha) **1** ⇒ cadeira pequena. **2** ⇒ liteira.

cadela (Dé) *s f Zool* (<lat *catélla*: cadelinha, filhota) **1** Fêmea de cão/Cachorra. **2** *depr cal* ⇒ prostituta; égua; cabra; gata.

cadência *s f* (<lat *cadéntia* <*cádo,ere*: cair, declinar, baixar) **1** Sucessão, a intervalos regulares, de sons ou movimentos. **Sin.** Ritmo. **2** *Mús* Se(c)ção de exibição virtuosística no final «de uma ária/do primeiro andamento». **3** *Ling* Abaixamento da ento(n)ação. **Comb.** ~ do verso. **4** ⇒ inclinação natural; tendência; propensão; queda; vocação.

cadenciado, a *adj* (<cadenciar) Que tem cadência/Compassado/ Ritmado. **Comb.** Passo [Marcha] ~.

cadenciar *v t* (<cadência+-ar[1]) Dar cadência a/Fazer com ritmo/Compassar/Ritmar.

cadente *adj 2g* (<lat *cádens,éntis* <*cádo,ere*: cair; ⇒ cadência) **1** Que cai. **Comb.** *A neve ~* [a cair(+)] na cidade. *Estrela ~* (⇒ meteoro). **2** ⇒ cadenciado.

cadernal *s m* (<lat *quatérni,ae,a*: grupo de quatro) **1** Conjunto de «quatro ou mais» roldanas com eixo comum para levantar pesos ou pontes levadiças. **2** ⇒ talha.

caderneta (Nê) *s f* (<caderno+-eta) Caderno pequeno/Caderninho (especial). **Comb.** ~ *de* [para] *apontamentos*/anotações. ~ *de banco*. ~ [Livro] *de cheques*. ~ *de poupança* [com juros garantidos pelo governo «do Br»]. ~ *escolar* [em que o professor regist(r)a o aproveitamento do aluno]. ~ *militar* [em que se regist(r)am informações sobre o soldado]. ~ *predial* [Conjunto de folhas com os prédios rústicos e urbanos cadastrados]. ⇒ agenda; livrete.

caderno (Dér) *s m* (<lat *quaternus* <*quattuor*: quatro) **1** Conjunto de folhas para escrever unidas como um livro. **Comb.** ~ *de encargos* [Documento com as condições ou regras jurídicas e administrativas para executar um proje(c)to]. ~ *de espiral* [de folhas soltas/separáveis]. ~ *escolar/diário* [do aluno para apontamentos das aulas e resolver exercícios]. ~ *eleitoral/~s eleitorais/~s de recenseamento* [Folhas com os nomes dos cidadãos eleitores]. ~ *reivindicativo*/de reivindicações [Texto com as exigências ou condições contratuais entre pessoas cole(c)tivas]. **2** Suplemento «de jornal»/Separável «de revista». **Ex.** O (jornal) semanário «Expresso» tem um ~ de Economia. **3** ⇒ fólio «de folhas dobradas depois da impressão e antes da encadernação do livro».

cadete (Dê) *s m* (<gascão *capdet*: chefe) **1** *Mil* Aluno que frequenta o curso de oficiais milicianos na Academia Militar ou Escola Naval. **2** *fig* ⇒ janota; catita; peralta.

cadilho *s m* (<lat *catéllus,i*: corda ou cadeia pequena) **1** Franja [Fios soltos] de tecido «toalha». **2** *fig* Problema/Cuidado/Preocupação. **Prov.** *Quem tem filhos tem ~s*.

cadinho *s m* (<lat *catínus,i*: tigela, malga, caçarola) **1** Vaso para fundir metais/Crisol. **Comb.** ~ *de ourives*. ~ *do laboratório de Química*. **2** *fig* Lugar onde as pessoas se misturam/fundem. **Ex.** O Brasil é um ~ de raças. **3** *fig* Lugar ou situação «difícil» que serve para provar/testar/purificar. **Ex.** Os anos difíceis por que passou na juventude foram o ~ em que se forjou [formou] a sua forte personalidade.

cadmia *s f Quím* (<gr *kadmeía*: calamina <top *Cadmo* (Tebas)) Mistura de óxidos de zinco e ferro «que fica na chaminé dos fornos com a fuligem».

cádmio [Cd 48] *s m Quím* (<cadmia) Elemento semelhante ao zinco, usado em rea(c)tores nucleares, fusíveis, etc.

cadoz (Dós) *s m* (<ár *qadus*: cubo,vaso) **1** ⇒ covil; esconderijo. **2** ⇒ lixeira. **3** *Icti* ⇒ bodião.

caducar *v int* (<caduco+-ar[1]) **1** Terminar/Acabar/Passar. **Ex.** O prazo «do subsídio» já caducou. **2** Ser anulado/ Prescrever. **Ex.** Essa lei já caducou/prescreveu. **3** ⇒ decair; envelhecer.

caducidade *s f* (<caduco+-dade) Qualidade do que é caduco. **Comb.** A ~ da lei.

caduco, a *adj* (<lat *cadúcus,a,um*: que cai, sujeito a cair) **1** Que está a cair de velho ou fraco/Decrépito. **Ex.** Estou ~, já não presto [sirvo] para nada. **Comb.** Uma instituição «academia» ~a/inútil. **2** Que perdeu a validade/prescreveu. **Comb.** *Contrato ~*. *Lei ~a*. **3** *Bot* Que cai completamente. **Comb.** Árvore «cerejeira/plátano/castanheiro» de folha ~a/decídua. **Ant.** Perene.

caeté *s 2g* (< ?) **1** *Bot* Nome de várias plantas *br*. **2** *Etno* Grupo indígena *br*.

cafajeste *s/adj 2g* (< ?) ⇒ pessoa sem educação/da ralé; canalha.

cafanga *s f Br* (< ?) **1** Simulação de indiferença ou desprezo por algo a que se dá importância ou se deseja. **Loc.** Botar ~ [Cafangar/Fingir]. **2** ⇒ susce(p)tibilidade. **3** ⇒ defeito.

café *s m/adj 2g 2n* (<ár *qahwa* <top *Kaffa*, terra da Etiópia onde a planta é nativa; ⇒ ~ com leite/com mistura/com isca/da manhã) **1** *Bot* Planta do ~/Cafe(z)eiro; *Coffea arábica*. **Ex.** O ~ tem flores brancas e bagas vermelhas. O Brasil e Angola têm grandes plantações de ~. **2** *Bot* Fruto/Semente do cafe(z)eiro. **Ex.** A parte carnuda [de fora] do ~ é vermelha e doce; a parte de dentro é castanha [marrom] e amarga. **3** Bebida preparada com ~ torrada e moída. **Ex.** Já pedi ~s para todos. **Comb.** ~ *com leite*. ~ *de mistura*. ~ *Br comprido/P cheio* [~ aguado/fraco]. ~ *curto* [(só) meio/ pequeno/forte]. *Br ~ pequeno* **a)** ⇒ cafezinho; **b)** Coisa fácil/Canja; **c)** Coisa sem importância ou pessoa desprezível. *(~) pingado* [só com uma ping(uinh)a de leite]. ~ *preto* [simples/sem leite]. ~ *solúvel* [instantâneo]. **4** Primeira refeição do dia. **Ex.** Já tomou o ~? **Sin.** ~ da manhã; pequeno-almoço. **5** Estabelecimento que serve ~, bebidas, sandes, doces, … **Sin.** Cafeta[e]ria; botequim; bar. **6** Cor castanha/marrom. **7** Bebida parecida ao ~ mas feita com sementes moídas de outras plantas. **Comb.** ~ *de cevada*. ~ *de chicória*.

café com leite *s/adj* Cor parecida à da mistura de café com leite/Bege(+). **Ex.** A cor do meu carro [casaco] é ~.

café com mistura [com isca] *s m Cul* Café acompanhado de bolo ou outra iguaria.

café-concerto [-teatro/-cantante] *s m* Pequeno teatro onde se pode beber (e fumar) assistindo a programas musicais e de variedades.

café da manhã *s m Br* ⇒ café **4**.

cafeeiral *s m* (<café(z)eiro+-al) ⇒ cafezal.

cafe(z)eiro *s/adj Bot* (<café+-eiro) **1** (Planta do) café; *Coffea arábica*. ⇒ café **1 Ex. 2** Relativo ao café. **Comb.** Comércio [Indústria] ~.

cafeicultor, ora *s* (<café+cult(ivad)or) Proprietário de plantação de café/Cafezeiro/Cafezista.

cafeicultura *s f* (<café+cultura) Cultivo de café(z)eiros «em grandes plantações».

cafeína *s f Quím* (<café+-ina) Substância alcaloide do café. ⇒ teína.

cafeinar *v t* (<cafeína+-ar[1]) Adicionar ou combinar com cafeína.

cafetã *s m* (<persa *khaftan*: vestimenta) Túnica oriental ricamente ornada.

cafetaria *s f* (<café+-aria) Estabelecimento ou local «da universidade» onde se serve café, bebidas, doces, sandes, … ⇒ cantina.

cafeteira s f (<café+t+-eira) **1** Recipiente metálico para fazer ou servir café/para ferver água. ⇒ chaleira; bule; termo(s) [garrafa térmica]. **2** Br ⇒ máquina de/aparelho com café.
cafeteria s f Br ⇒ cafetaria.
cafez(eir)al s m (<cafezeiro+-al) Conjunto ou plantação de cafe(z)eiros. **Comb.** Os cafezais do Brasil, Angola e Timor.
cafezinho (Fè) s m (<café **3**+-inho) Café curto/pequeno/forte/(só) meio «servido em xícaras pequenas». **Ex.** Aceita um ~?
cafifar v t (⇒ afi(n)far) **1** Dar má sorte «ao parceiro de jogo». **2** ⇒ importunar; cismar.
cafife s m (<quimbundo *kafife*: sarampo, moléstia que amofina mas não mata) **1** Série de fracassos/aborrecimentos. **Idi. Dar o ~** [Aborrecer-se(+)]. **2** ⇒ desânimo; depressão.
cáfila s f (<ár *qáfila*: caravana) **1** Grupo ou rebanho de camelos. **2** Caravana de transporte em camelos/dromedários. **3** *depr* ⇒ corja; súcia.
cafona adj 2g/s 2g (<it *cafone*) **1** (O) que revela mau gosto/Pouco refinado. **Comb.** «ele é» ~ **mas boa pessoa. Ambiente** ~. **Gosto** ~. **Roupas** ~s. **2** ⇒ simplório; caipira; provinciano.
cafraria s m Geog/Hist (<cafre+-aria) Região mal definida mas vasta do sudeste africano habitada por povos não muçulmanos.
cafre s 2g/adj 2g Hist (<ár *kafr*: infiel) Pessoa, língua, civilização da cafraria.
cáften, cafetina s (<lunfardo (Gíria da Argentina) *cáften*) Pessoa que vive à custa de prostitutas ou tem casa de prostituição. ⇒ chulo; gigolô.
cafua s f (<?) **1** ⇒ esconderijo; caverna. **2** Quarto isolado/escuso/de arrumações/de castigo «para aluno mal comportado».
cafundó s m (< ?) Lugar distante ou de acesso difícil. **Comb.** Nos ~s do sertão de Pernambuco. **Sin.** Fim do mundo; ~ de judas; onde Judas perdeu as botas; cascos de rolha.
cafuné s m (<quimbundo *kifune*: estalido produzido com os dedos na cabeça) **1** O coçar ou afagar a cabeça «da criança para dormir». **2** Carícia/Mimo/Afago. **Loc.** Fazer ~ [Acariciar/Afagar/Agradar].
cafuzo, a adj/s (<?) **1** Filho de negro e índia ou vice-versa. **2** ⇒ mestiço.
cagaço s m cal (<cagar+-aço) ⇒ medo; cov[b]ardia.
cagado, a adj/ s f cal pop (<cagar) **1** Sujo «de fezes»/Porco(+). **2** s f ⇒ evacuação; defecação. **3** Br ⇒ sortudo; felizardo.
cágado s m Zool (<cagado?) **1** Réptil anfíbio da ordem dos queló[ô]nios. ⇒ sapo-concho; jabuti. **2** *fig* ⇒ vagaroso; preguiçoso.
cagalhão s m (<cagar+- lhão) Excremento «de cavalo» em forma de grandes bolas. ⇒ caganita «de cabra/coelho»; bosta «de boi».
caga-lume s m cal Ent ⇒ pirilampo [vaga-lume].
caganeira s f cal (<cagão+-eira) **1** ⇒ diarreia. **2** *fig* ⇒ cagaço/medo.
caganita s f cal (<cagar+-ita) Excremento «de cabra/coelho» em forma de pequenas bolas.
cagão, ona s cal (<cagar+-ão) **1** Indivíduo que defeca muito. **2** *fig* ⇒ medroso; medricas: cagarolas. **3** Br ⇒ sortudo; felizardo.
cagar v t/int cal (<lat *cáco,áre*) **1** ⇒ evacuar(+)/defecar. **2** Sujar(+)/Borrar. **Loc. ~-se todo** [Ficar todo sujo(+)] «a pintar a casa». **Ficar cagado** [cheio(+)] **de medo**. **3** *fig* Não dar importância/Desprezar. **Idi.** ~ **nas** [e andar para as] **convenções sociais**.
cagarolas s 2g 2n cal (<cagar+-ola) ⇒ medricas/medroso.
caiação s f (<caiar+-ção) A(c)to ou efeito de caiar «paredes». ⇒ caiadura.
caiadura s f (<caiar+-dura) **1** ⇒ caiação. **2** ⇒ maqui(lh)agem; branqueamento. **3** *fig* ⇒ disfarce; (falsa) aparência.
caiapó s/adj Etn (<tupi *kaia pó*: o que traz fogo na mão) Grupo indígena *br* «do Pará».
caiaque s m (<esquimó *qayaq*) **1** Pequena embarcação de pesca feita de peles de foca presas a uma armação de madeira. **2** *(D)esp* Pequena canoa parecida a/com **1**.
caiar v t (<cal+-ar[1]) **1** Pintar com cal diluída em água. **Loc.** ~ (toda) a casa (por fora). **2** *fig col* ⇒ maqui(lh)ar; branquear. **3** *fig* ⇒ disfarçar/dissimular.
cãibra s f Med (<germânico *kramp*: gancho) Contra(c)ção espasmódica e dolorosa dos músculos/Breca. **Comb.** ~ **de escrivão** [nos três dedos que seguram o instrumento com que se escreve (e no braço)]. ~ **na barriga da perna**.
caibrar v t (<caibro+-ar[1]) Assentar/Pôr/Colocar os caibros.
caibro s m Arquit (<lat *cápreus,a,um*: caprino) Peça de madeira «do telhado» mais fina que a viga e mais grossa que a ripa para apoiar as telhas (ou outra cobertura).
caiçara s 2g (<tupi *kaái sa*: cerca de ramos, barreira, paliçada) **1** Cerca de aldeia «indígena» para prote(c)ção contra inimigos ou animais. **2** ⇒ abrigo; palhoça «para guardar canoa de pesca». **3** ⇒ malandro/vagabundo. **4** ⇒ estúpido; caipira; matuto.
caída s f (<cair) **1** A(c)to ou efeito de cair/Queda(+). **2** *fig* ⇒ declínio/decadência. **3** Med ⇒ prolapso. **4** ⇒ vertente; descida.
caído, a adj/s (<cair) **1** Que caiu. **Ex.** Ficou ~ de bruços no chão. **Comb.** Fruta ~a [do chão(+)]. **2** Para baixo/Descaído. **Comb.** Braços [Seios/Bigode] ~s. **3** Sem forças/Alquebrado. **Ex.** Depois da difícil operação «ao coração», fui encontrá-lo muito ~. **4** Triste/Prostrado/Desanimado. **Ex.** Vi[Encontrei/Achei]-o muito ~ depois da morte do pai. **5** s m pl **a)** Restos/ Desperdícios. **Idi. Andar aos ~s** [Aproveitar os restos dos outros]; **b)** Br ⇒ afagos; caimentos **4**. **6** Rendas vencidas [fora de prazo] mas não pagas. **Comb.** Juros ~s. **7** *col* Muito apaixonado. **Ex.** Estava ~ (de todo) por ela.
caieira s f (<cal/caiar+-eira) **1** ⇒ caleira[2]. **2** Br ⇒ forno/fornalha «para cozer tijolos».
caimão s m Zool (<caribe *acayuman*) Réptil semelhante ao crocodilo/Jacaré; *Alligator Caiman*.
caimento s m (<cair+-mento) **1** Inclinação «do telhado». **2** ⇒ enfraquecimento; abatimento. **3** «vestido» O ficar ou cair «bem/mal». **4** Br Grande inclinação amorosa/Paixão. ⇒ caído **5b**).
cai-não-cai [tem-te não caias (+)] adj 2g 2n / loc Que está prestes a [em perigo de] cair. **Ex.** O bêbedo [A parede] está ~.
cainça(da) s f (<lat *canitia* <*canis*: cão) ⇒ canzoada(+).
caiota s f Bot (<nauatle *cayotli*) ⇒ chuchu.
caipira s 2g/adj 2g (tupi *kai pora*: habitante do mato) **1** (Diz-se de) quem vive fora da cidade e não tem instrução/Provinciano/Saloio/Labrego. **Comb.** Gosto ~ [Mau gosto] «no vestir». **2** *fig* ⇒ acanhado; tímido. **3** ⇒ malandro.
caipirinha s f Br (<caipira+-inha) Bebida forte preparada com limão, açúcar, gelo e cachaça ou outra aguardente.
caíque s m Náut (<turco *qaíq*) Embarcação de fundo chato e proa levantada, movida a remos ou velas e usada sobretudo em navegação costeira.
cair v int (<lat *cádo,is,ere*) **1** Ir ao chão/Dar uma queda/Tombar(-se). **Ex.** Caíam-lhe pelo rosto grossas lágrimas. De noite caiu muita neve. A ponte caiu. Escorreguei no gelo e caí de costas. Ele desequilibrou-se para a frente e caiu de bruços [de nariz]. As flores de cerejeira caem depressa [em duas ou três semanas]. **Idi.** ~ **de cama** [Ficar retido no leito por doença]. ~ **o coração aos pés** [Sofrer grande susto ou desilusão] (Ex. A mãe, ao ver o filho preso, caiu-lhe...). ~ **redondo** [com todo o peso do corpo/redondamente/completamente] (no chão). «um bom conselho» **Não ~ em cesto [saco] roto** [Ser ouvido/Não ser [ficar] esquecido]. **Não ter onde ~ morto** [Ser muito pobre]. **2** Descer depressa/Baixar. **Ex.** A temperatura caiu ao fim da tarde. O dólar tornou a ~ [caiu outra vez]. As cortinas da sala caíam [chegavam/vinham] até (a)o chão. O prestígio [A autoridade/A popularidade] do Presidente (da República) caiu muito. **3** Sair/Desprender-se. **Ex.** Caiu-me um botão do casaco e não consigo encontrá-lo. Já me caíram cinco dentes. **4** Ficar cortado/interrompido/Sucumbir/Morrer. **Ex.** Dizem [Parece] que o governo vai ~. O Presidente caiu às mãos [foi morto pelos] revoltosos. A linha (telefónica) caiu [A ligação foi cortada]. Milhares de soldados caíram numa guerra sem sentido. **Loc. idi ~ [Morrer] de sono** [Ter muito sono] (Ex. Estou morto [a cair] de sono, vou deitar-me). «um proje(c)to/plano» ~ **no esquecimento** [Ficar por realizar/Ser esquecido]. **5** Ficar/Ser. **Loc.** ~ [Ficar/ Parecer] **bem** (Ex. Essa palavra «merda» é feia, não cai [fica] bem entre pessoas educadas). ~ [Ficar] **doente**. ~ [Ficar] **mal** (Ex. As tuas perguntas na reunião caíram mal [Ninguém gostou das tuas perguntas]). ~ **nos braços de** [Abraçar] **alguém** (Ex. Ao ver-me ao longe, o meu filho caiu-me nos braços [correu a abraçar-me]). **6** Ocorrer/Acontecer/Ser. **Ex.** O Natal este ano cai à [a uma] quinta-feira. Nas palavras agudas [oxítonas] «também/bambu» o acento tó[ô]nico cai [é] na última sílaba. **Loc.** ~ **a noite** [Anoitecer]. *idi* «um prédio a» ~ **aos pedaços** [Estar muito estragado]. ~ **como uma bomba** [Causar grande (e desagradável) surpresa]. ~ **em graça** [Conquistar a simpatia «do chefe»]. **7** Atacar. **Ex.** A polícia caiu sobre [atacou] os manifestantes. A imprensa caiu em cima dos políticos da extrema direita. **8** Incorrer em erro/Falhar/Enganar-se. **Ex.** Caiu no erro de lhe emprestar o carro e teve um acidente. Eu disse-lhe uma mentira e ele caiu [deixou-se enganar]. Nessa não caio eu [Nessa eu não caio/Nisso (que você diz) não me deixarei enganar]. **Loc.** ~ **como um pat(inh)o/rato** [Deixar-se enganar facilmente]. ~ **em desgraça** [Perder o favor de alguém]. ~ **em [na] tentação** [Deixar-se tentar/Fazer o que é mau/Pecar]. ~ **na asneira** [no disparate] «de roubar e ser preso». ~ **na esparrela/ratoeira/no laço** [Ser enganado por alguém]. **9** Prestar atenção/Ser consciente/Arrepender-se. **Ex.** Perdi a carteira mas só caí na conta [só vi que a tinha perdido] quando ia pagar os livros. **Loc.** ~ **em si** [Tomar consciência/Refle(c)tir] (Ex. Zangou-se e gritou como um louco, depois caiu em si e pediu desculpa). **10** Vir (ter)/Ir. **Ex.** A dúvida do crime caiu sobre ele. Caiu-me nas [Veio-me ter

às] mãos uma carta que me esclareceu toda a verdade.

cais s m 2n (<celta *caio*) **1** Infraestrutura à beira de água para acostagem de barcos, embarque de passageiros e despacho de mercadorias. **2** Plataforma(+) de embarque nas estações de comboio [trem] ou do metropolitano.

caixa s f /s 2g (<lat *cápsa,ae*: caixa redonda para guardar livros que tinham forma de rolo) **1** Recipiente «de cartão» para guardar coisas. **Comb.** ~ *de chocolates* [bombons]. ~ *de comprimidos*. ~ *de fósforos* **a)** ~ com fósforos; **b)** fig Casa ou espaço pequeno (Ex. As casas daquele bairro são umas ~s de fósforos!). ~ [Marco/Posto] *do correio*. ~ *postal* [Cacifo individual, numa agência dos correios] (⇒ código **2 Comb.** postal). ⇒ caixote; arca; cofre; estojo. **2** Peça ou estrutura que guarda outra/Cobertura/Rece(p)táculo. **Idi.** *Cala a ~/boca* [Não digas disparates/Cala-te!]. **Comb.** ~ *acústica* Br/*de som* [Altifalante/Alto-falante]. *anat* ~ *craniana* [Crânio]. ~ *de ar* [Espaço vazio entre a terra e o soalho]. ~/*Poço do elevador* [Abertura onde ele sobe e desce]. ~ *de velocidades*/marchas/mudanças/câmbio [Conjunto de engrenagens que permite a mudança de velocidade do carro]. ~ *de Pandora* ⇒ Pandora. ~ *negra*/preta [Aparelhagem «de avião» que regist(r)a e mantém vedados [secretos/selados] todos os dados]. *anat* ~ *torácica* [Tórax]. *Cami(nh)ão de* ~ [carroçaria] *aberta*. **3** Econ **a)** Valores em reserva/Fundos/Capital. **Ex.** Temos pouco dinheiro em ~ [pouco capital disponível]; **b)** Instituição ou estabelecimento que recebe e aplica fundos para determinado fim. **Comb.** ~ econó[ô]mica/de depósitos [~ de pequenas poupanças «sob a garantia da hipoteca»]; **c)** Local, livro ou pessoa das contas ou pagamentos. **Ex.** Pague na ~ (regist(r)adora) se faz favor. Ele é o ~. **Comb.** ~ *automática*/Br ~ *eletrônica*/~*multibanco* [Equipamento bancário que presta serviços usando o cliente um cartão magnético]. **4** *Mús* Instrumento da família dos tambores ou quem o toca. **Ex.** Ele é o (da) ~. **Idi.** *Toque de* ~ [Imposição/Prepotência] (Ex. Eu não ando ao toque de ~ [não ando às ordens] de ninguém! Ele foi a toque de ~ [Ele foi logo ou a toda a pressa] «ao ver que o pai lhe batia se não obedecesse»). **Comb.** ~ *de ressonância* [Parte oca de instrumentos de corda para amplificar o som]. **5** *Tip* Tabuleiro dividido em várias se(c)ções para distribuição do tipo. **Comb.** ~ *alta* [para as (letras) maiúsculas]. ~ *baixa* [para as (letras) minúsculas].

caixa-d'água s f Reservatório de água em local elevado para abastecimento da população/Mãe-d'água.

caixa-forte s f Recinto de alta segurança contra roubo ou incêndio para guardar dinheiro, documentos ou obje(c)tos de valor/Casa-forte/Cofre-forte.

caixão s m (<caixa+-ão) **1** ⇒ caixotão. **2** Urna/Esquife/Ataúde/Féretro. **Ex.** O cadáver [(corpo do) morto] já está no ~ e o funeral [enterro] vai ser amanhã. **Idi.** *De ~ à cova* [Terrível/Muito grande] (Ex. Apanhou uma bebedeira de ~ à cova. A sua resposta ao adversário foi de ~ à cova [foi (mesmo) a matar/foi fulminante]).

caixeiro s m an (<caixa+-eiro) ⇒ caixa **3 c)**; Br balconista; vendedor.

caixilho s m (<caixa+-ilho) Moldura/Armação/Cercadura para encaixar vidros das janelas, quadros, …

caixinha s f (<caixa+-inha) **1** Caixa pequena/Caixeta. **2** *gír* Bolso ou dinheiro secreto/Vaquinha. **Idi.** *Fazer* [Guardar na] ~ [Guardar segredo].

caixotão s m (<caixa/caixote+-ão;⇒ caixão) **1** Caixa ou caixote grande. **2** *Arquit* Ornato simples em te(c)to de igreja formado por divisões em forma de masseira.

caixote (Chó) s m (<caixa+-ote) Recipiente «de madeira» de tamanho variável para colocar, guardar ou transportar qualquer coisa. **Comb.** ~ [Cesto/Balde] *do lixo*. ~ [Grade] *para fruta* «maçãs».

cajá s m *Bot* (<tupi *aka'ya*) Fruto da cajazeira, amarelo e aromático, usado em refrescos.

cajadada s f (<cajado+-ada) Pancada com cajado/Bordoada/Paulada. **Idi.** *De [Com] uma ~ matar dois coelhos* [Conseguir duas coisas com um a(c)to único] (Ex. Quer ir conhecer Angola e rever os seus amigos? –Vamos. Assim, de uma ~ matamos dois coelhos).

cajado s m (<lat *caja(tus)*) **1** Bordão «de pastor» com a ponta de cima recurvada. ⇒ bastão; bengala. **2** *fig* ⇒ apoio; arrimo.

cajazeira s f *Bot* (<cajá+-eira) Árvore de até 25 metros, de inúmeros usos medicinais e produtora do cajá; *Spondias mombin*.

caju s m *Bot* (<tupi *aka'yu*: fruto amarelo) **1** Fruto completo do cajueiro, que tem uma parte maior comestível ao natural, e outra menor que se come assada (e salgada). **2** Parte pequena (Ponta) do fruto do cajueiro/Castanha-de- ~. **3** ⇒ cajueiro. **4** *Br* Ano de existência. **Ex.** Parece novo mas já tem muitos ~s. **Loc.** De ~ em ~ [De ano a ano].

cajueiro s m *Bot* (<caju+-eiro) Árvore anacardiácea/Caju/Anacárdio; *Anacardium occidentale*.

cal s f *Quím* (<lat *calx,cis*: pedra pequena, cal, calcanhar) Nome vulgar do óxido de cálcio (~ viva) obtido por queima de uma rocha cinzenta calcária que fica inteiramente branca. **Ex.** A ~ misturada com água e areia forma a argamassa que é usada na construção civil. **Idi.** *De pedra e* ~ [Resistente/Duradoiro/Inflexível/Muito seguro]. **Comb.** ~ *apagada*/extinta/hidratada [~ obtida por tratamento da ~ viva com água]. ~ *hidráulica* [que endurece com muita água]. ~ *viva*/virgem/cáustica/não apagada [~ que não sofreu a a(c)ção da água]. Água de ~ [Solução aquosa de hidróxido de cálcio]. *Forno de* ~ [para queimar a rocha cinzenta que se desfaz e fica branca] (⇒ caleira[2]).

cala s f (<ár *kallá*: ancoradouro de rio) **1** Enseada estreita com margens íngremes (e rochosas). **2** Abertura num fruto «melão/melancia» para ver se está maduro (⇒ calar **4**).

cala-(a-)boca s m *Br* (<calar+…) Suborno(+)/Luvas. **Loc.** Dar um ~ [Subornar].

calabouço s m (<esp *calabozo*) **1** Prisão subterrânea/escura/Masmorra(+). **2** Lugar de detenção provisória «na polícia». **3** *fig* ⇒ Enxovia/Lugar escuro/fechado/(h)úmido.

calabre s m (<lat *cápulum,i*: corda para prender animais) **1** Cabo ou corda grossa «para amarrar um barco». **2** *Hist* Antiga máquina de guerra para arremessar pedras/Catapulta(+).

calacear v int (<?) Ser calaceiro/Viver sem fazer nada/Mandriar(+).

calaceiro, a adj/s (< ?) (O) que não tralha/Mandrião(+)/Preguiçoso(o+).

calacre s m (< ?) ⇒ Dívida por pagar [não paga]/Aperto de dinheiro/Calote(+). ⇒ encalacrar.

calada s f (<calar+-ada) **1** Silêncio completo/profundo. **Loc.** «entrar numa casa» *Na ~ da noite*. «saiu da reunião» *Pela* ~ [Sorrateiramente/Às escondidas]. **2** *Náut* ⇒ calmaria.

caladão, ona adj/s (<calado+-ão) Pessoa de poucas falas/muito calada.

calado, a adj/s (<calar) **1** Que se calou/Que fala pouco. **Ex.** Para [Em vez de] dizeres tanto disparate naquela reunião era melhor teres ficado ~. Ele é muito ~ [é um caladão], não se lhe arranca uma fala. **2** Silêncio. **Idi.** *Dar o ~ como resposta* [Não responder/Ficar ~ (+)]. *Entrar mudo e sair* ~ [Não abrir a boca/Não dizer nada do princípio ao fim «na festa/reunião»]. **3** *fig* ⇒ «trabalho» silencioso/escondido. **4** *Náut* Distância entre a parte inferior da quilha e a linha de flutuação. **Comb.** Navio de grande [pequeno] ~. **5** Abaixado. **Comb.** Baioneta ~a. **6** ⇒ cala **2**.

calafate s m (<gr *kalaphátes*) Operário especializado que calafeta.

calafetagem s f (<calafetar+-agem) **1** A(c)to ou efeito de calafetar. **2** Material usado para calafetar.

calafetar v t (calafate+-ar[1]) **1** Vedar a entrada e saída de líquido «com estopa alcatroada». **Loc.** ~ *o costado e o pavimento do navio*. ~ *as pipas (do vinho)*. **2** Tapar as fendas ou aberturas para não entrar vento ou sair calor. **Loc.** ~ as janelas e as portas.

calafrio s m (<calor+frio) **1** Contra(c)ção súbita da pele e dos músculos causada pelo frio ou por medo/susto/Arrepio. **Ex.** Ao ver entrar no tribunal o assassino, senti um ~. **2** Tremor do corpo (e bater dos dentes) antes de um ataque de febre. **Ex.** Estou com ~s, deve ser [, isto é] febre.

calamidade s f (<lat *calámitas,átis*) **1** Grande mal/desgraça/desastre/infortúnio. **Ex.** A tempestade «de granizo» destruiu quase toda a fruta das árvores; foi uma ~. **Comb.** ~ *pública* [Interrupção da vida normal «na cidade/no país»]. ⇒ catástrofe; cataclismo. **2** *fig* Algo que aflige ou desagrada. **Ex.** O trânsito na minha cidade é uma ~; eu deixei de andar de carro. Eu tenho uma sogra que é uma ~, «não sei que fazer com ela».

calamina s f (<lat *calamina* <*cadmia*) Silicato ou carbonato de zinco/Hemimorfite. **Ex.** A ~ é usada em farmácia como adstringente e prote(c)tor da pele.

calamitoso, a adj (<calamidade+-oso) **1** Desastroso/Funesto/Desgraçado. **Comb.** Fracasso ~. Guerra ~a. **2** Desagradável/Aflitivo. **Comb.** Tempo ~ «com chuva e vento».

cálamo s m (<lat *cálamus*: cana, haste, junco, pena (de escrever), tubo, colmo) **1** *Bot* Caule «das gramíneas». **2** (Antiga) pena de escrever feita de cana ou pena de ave. **3** *fig* Modo de escrever/Estilo. **4** *poe* ⇒ flauta.

calandra s f *Mec* (<gr *kúlindros*: cilindro; ⇒ calhandra) Máquina constituída por cilindros rotativos que serve para prensar, ondear, alisar papel, tecidos ou placas metálicas.

calandrar v t (<calandra+-ar[1]) Ondear, acetinar, alisar na calandra.

calão s m *Ling* (<esp *caló*: cigano) **1** Palavra «merda» ou linguagem grosseira. ⇒ gíria. **2** *pop* ⇒ calaceiro. **3** ⇒ caleira[1].

calar v t/int (<gr *khaláo*: baixar, penetrar, cortar «um pedaço para ver ou provar», …) **1** Não [Parar de] falar. **Ex.** É muito importante saber ~ [guardar silêncio] «para não ofender». Cala a boca [o bico]/Cala-te! **Prov.** *Quem cala consente* [Quem

não diz nada ao ouvir uma pergunta [opinião] é porque [é sinal de que] concorda]. **2** Obrigar a não falar/Impor silêncio. **Loc. ~ as crianças com um berro. ~ o povo** [a opinião pública] «é próprio dos ditadores/tiranos». **3** Penetrar/Entrar. **Loc.** «um bom conselho» **~ fundo** (no coração) [Causar grande impressão/Atingir o âmago/íntimo]. **4** Fazer cala 2 na fruta «melão». **Sin.** *pop* Capar «a melancia».

calaza *s f Anat Bot* (<gr *khálaza,es*: (grão de) granizo) **1** Ponto do óvulo das plantas por onde entra o funículo que alimenta o embrião. **2** Cada uma das membranas que ligam a gema aos dois polos do ovo das aves.

calça *s f* (<calçar) **1** ⇒ calças. **2** Fita ou atilho que se põe nas patas das aves. **3** *Bot* Anel que rodeia o pé dos cogumelos.

calçada *s f* (<calçar+-ada) **1** Rua ou caminho pavimentada/o com pedras ou paralelepípedos. **Loc.** Empedrar a ~ [Calcetar a rua]. **2** *Br* Partes da rua mais elevadas ao longo das casas para os peões [*Br* pedestres]/Passeio(+). **3** ⇒ ladeira.

calçadeira *s f* (<calçar+-deira) Utensílio em forma de meia cana para calçar os sapatos.

calçado, a *adj/s* (<calçar) **1** Toda a peça de vestuário para os pés, menos as meias. **Comb.** Loja de ~. **2** Com sapatos/botas/... **Ex.** Já posso ir para a rua, já estou ~. **Ant.** Descalço. **3** ⇒ calcetado (Em calcetar). **4** ⇒ «roda de carro» com calço.

calcador, ora *s/adj* (calcar+-dor) **1** (O) que calca. **2** Peça das máquinas de costura para segurar o tecido. **3** Peça que prende o papel na guilhotina/Balancim.

calcanhar *s m* (<lat *calcáneum,ei*; ⇒ calcar) **1** *Anat* Parte de trás do pé. **Idi. ~ de Aquiles** [Ponto fraco/ vulnerável] «do José é a vaidade». **Dar aos ~es** [Fugir «da polícia»]. **Não chegar aos ~es** [Ser muito inferior/Não se poder comparar] (Ex. Em (conhecimentos de) História o seu filho não chega aos ~es do meu!). **2** Parte de trás do calçado ou das meias. **3** ⇒ termo/fim/extremo/ponta «do país».

calção *s m* (<calça+-ão; *pl* calções) **1** Peça de vestuário presa à cintura e que pode ter vários tamanhos mas nunca passando do joelho. **Comb. ~ de banho. ~ de futebol. ~ de montaria** [dos caçadores «de javalis»]. **~ de toureador.** ⇒ bermudas; calcinha(s). **2** *Ornit* Revestimento de penas que cobrem até aos pés as patas de algumas aves.

calcar *v t* (<lat *cálco,áre,átum*: pisar) **1** Comprimir com os pés/Pisar. **Ex.** O gato arranhou-te porque lhe calcaste [pisaste] o rabo. **Idi. ~ aos pés** [Desprezar/Desobedecer a] «as leis do país». **2** Fazer pressão/Preme[i]r/Comprimir/Apertar/Carregar. **Loc. ~** bem a roupa para fechar a mala. **3** ⇒ decalcar(+) «um desenho»; copiar. **4** ⇒ recalcar.

calçar *v t* (<lat *cálceo,eáre,eátum*) **1** Usar calçado, meias ou luvas. **Ex.** Vai ~ o menino. – Não é preciso, ele já se calça sozinho [já se sabe ~]. **2** Usar determinado tipo de calçado. **Ex.** Quanto [Que número] calça? – Calço 26/ 34/... Ela calça botinas de cabedal. **3** Ficar bem adaptado ao pé. **Ex.** Este(s) sapato(s) calça(m) bem. **4** ⇒ calcetar. **5** Pôr um calço «à roda do carro/à mesa para não mexer».

calcário, a *s m/adj* (<lat *calcárius,a,um*: relativo a cal) **1** Relativo à cal ou ao cálcio. **Comb.** Águas ~as. **2** *Min* Rocha constituída por carbonato de cálcio «cré/estalactites». **3** *Zool* Espécime(n) dos ~s, espongiários com esqueleto de matéria ~a «estrelas do mar».

calças *s f pl* (⇒ calça; calção; calcinhas) Peça de roupa presa à cintura e a cobrir a anca e as pernas. **Loc.** Vestir as ~ e apertá-las com o cinto. **Idi.** «fugir» **Com as ~ na mão** [Em situação aflitiva/embaraçosa]. **Usar ~** [Ser homem/Mandar «em casa»]. **Ver-se em ~ pardas** [Ver-se aflito]. **Comb. ~** de ganga [*Jeans*]. Braguilha [Carcela] (das ~).

calcedónia [*Br* **calcedônia**] *s f Miner* (<gr *top Kalkédon*, antiga cidade da Ásia Menor) Variedade de quartzo ou sílica, translúcida, de tons leitosos, acinzentados ou azulados, muito usada em joalharia.

calcetamento *s m* (<calcetar+-mento) A(c)ção ou efeito de calcetar/Empedramento.

calcetar *v t* (⇒ calçar) Cobrir com pedras ou paralelepípedos. **Loc. ~** a praça [o passeio].

calceteiro, a *s* (<calcetar+-eiro) Quem calceta «os passeios de Lisboa».

cálcico, a *adj* (<cálcio+-ico) Relativo a cálcio ou à cal/Calcário **1** (+).

calcificação *s f* (<calcificar+-ção) **1** *Med* Depósito de sais de cálcio durante a formação dos ossos. **2** *Med* Depósito patológico de cálcio em qualquer órgão «artérias» ou tecido. **3** *Miner* Acumulação de carbonato de cálcio ou magnésio no solo. **4** Transformação por queima de rocha em cal/Calcinação(+) (⇒ caleira[2]).

calcificar *v t/ int* (<cálcio/cal+ficar) Sofrer ou causar calcificação.

calcinação *s f* (<calcinar+-ção) A(c)ção ou resultado de calcinar.

calcinado, a *adj* (<calcinar) **1** Reduzido a cinzas ou carvão. **2** Esto[u]rricado/Queimado/Abrasado. **Comb.** Corpos ~s «pelo fogo/pela bomba ató[ô]mica».

calcinar *v t* (<cal+-ar[1]) **1** Transformar rocha calcária em cal pela a(c)ção do calor. ⇒ caleira[2]. **2** *fig* Aquecer muito/Abrasar. **Ex.** O sol forte calcinava a terra. **3** Reduzir a cinzas/Queimar. **Ex.** O incêndio calcinou o bosque. **4** *fig.* ⇒ inflamar; agitar; excitar.

calcinha(s) *s* (*dim* de calça(s)) Peça de vestuário interior feminino que cobre a parte inferior do tronco e parte das coxas. ⇒ cuecas; calção.

cálcio [Ca 2O] *s m Quím* (⇒ cal) Quinto elemento mais abundante na crosta terrestre, muito oxidável e cujo óxido é a cal. **Ex.** Tinha falta de ~ «nos ossos» e está a fazer calcioterapia.

calcite/a *s f Min* (<cálcio+-ite) Carbonato de cálcio, constituinte dos calcários e dos mármores.

calco *s m* (<calcar) ⇒ decalque(+).

calço *s m* (<calçar) **1** Peça ou pedaço «de madeira» para segurar «roda de carro». **Loc.** Pôr um ~ à mesa para assentar bem/para não mexer. **Comb.** ~ do travão (do carro). **2** *Br* ⇒ rasteira(+); cambapé.

calções *s m pl* ⇒ calção.

calcolítico, a *adj/s m* (<gr *khalkós*: cobre, bronze) (Diz-se de) período de transição entre o neolítico e a idade do bronze/Eneolítico.

calcopirite/a *s f Min* (<gr *khalkós*: cobre) Sulfureto natural de cobre e ferro, de cor amarela brilhante, não muito duro/Pirite de cobre.

calcorrear *v int* (<esp *calcorrear* <*calcorro*: sapato) **1** Percorrer grande distância a pé/Andar muito. **Ex.** Calcorreámos toda a cidade e estamos cansados. **2** *Br* Andar depressa.

calçudo, a *adj* (<calça+-udo) **1** Que traz calças muito compridas ou caídas. **2** *Ornit* «pombo» Que tem as pernas cobertas de penas.

calculador, ora *adj/ s* (<calcular+-dor) **1** (O) que faz cálculos. **2** ⇒ (máquina) ~ora. **3** ⇒ calculista.

calculadora *s f* (<calculador) Máquina ele(c)tró[ô]nica «de bolso» para efe(c)tuar operações matemáticas/Máquina de calcular.

calcular *v t/ int* (<cálculo+-ar[1]) **1** *Mat* Determinar (quantidades) por (meio de) cálculo/Contar. **Loc.** ~ [Fazer contas] de cabeça [sem escrever os números]. ⇒ soma/adição; subtra(c)ção; multiplicação; divisão. **2** Avaliar/Imaginar/Pensar. **Ex.** Calcularam [Avaliaram] o prejuízo em vinte milhões de euros mas creio [parece-me/penso/julgo] que foi [está] mal calculado. Não calcula [imagina] a alegria que senti com [que me deu] a notícia do seu casamento. Quando me disseram que estava(s) doente calculei [pareceu-me/vi/imaginei/pensei/supus] logo que não poderia(s) vir à nossa festa. **Loc. ~ a distância** «200 metros» entre as duas igrejas. **~ a olho nu** [sem medir] o comprimento da rua. **~ os gastos** [as despesas] do próximo mês.

calculável *adj 2g* (<calcular+-(a)vel) Que se pode calcular. **Ant.** In~.

calculista *adj 2g* (<cálculo+-ista) Pessoa que só pensa no seu proveito/Interesseiro. ⇒ calculador.

cálculo *s m* (<lat *cálculus,i*: pedrinhas para contar; ⇒ cal) **1** A(c)to ou efeito de calcular/de fazer uma soma, subtra(c)ção, multiplicação ou divisão. **Idi. Fazer ~s de cabeça** [Dormitar/Cabecear/Cochilar]. **Comb. ~ computacional** [Conjunto de métodos para resolver problemas numéricos no computador]. **~ de probabilidades** [Parte da matemática que estuda ou trata os fenó[ô]menos aleatórios]. **~ diferencial** [relativo às derivadas e às diferenciais]. **~ infinitesimal** [Conjunto do ~ diferencial e do ~ integral]. **~ integral** [relativo aos integrais]. **~ mental**/ de cabeça [feito sem escrever]. **~ ve(c)torial** [infinitesimal de funções com valores ve(c)toriais]. **2** Conje(c)tura/Suposição/Ideia/Plano. **Ex.** Pelos [Segundo os] seus ~s [planos] só pod(er)iam acabar o trabalho [a obra] até (a)o fim do ano. **Idi. Saírem os ~s furados** [Enganar-se] (Ex. Eles pensavam que iam ser campeões [ganhar o campeonato «de futebol»] mas saíram-lhes os ~s furados). **3** *Med* Concreção dura «de cálcio ou colesterol» que se forma sobretudo na vesícula e nos rins. **Comb. ~ biliar** [que se forma na vesícula ou nas vias biliares/Pedra]. **~ renal**/nos rins [Nefrólito].

calculose *s f* (<cálculo 3+-ose) Formação de cálculos/Litíase.

calda *s f* (<lat *cal(i)dus,a,um*: «água» quente) **1** Mistura mais ou menos xaroposa de açúcar e água fervida. **Ex.** Fez uma ~ para regar o bolo [pudim]. **2** Sum[c]o fervido de alguns frutos para os guardar de conserva. **Comb. ~ de tomate. Pêssegos em ~**. **3** *Quím/Agric* Solução para pulverizar plantas e matar os seus parasitas «pulgão/míldio». **Comb. ~** bordalesa [Mistura de sulfato de cobre, cal e água]. **4** *Metalurgia* Estado de fusão ou incandescência de metal «ferro». **5** *Construção* Mistura de água, cimento e substâncias aglomerantes. **6** *Br* Resíduo da destilação do álcool ou da aguardente de cana(-de-açúcar). **7** *pl* Estação de águas termais. **Loc.** Ir às ~s [termas(+)/águas] «para curar o reumatismo».

caldeação [**caldeamento**] *s* (<caldear) A(c)to ou efeito de caldear.

caldear v t (<calda+-ear) **1** Tornar incandescente um material «ferro/vidro» para o trabalhar/moldar. **2** Pôr ou mergulhar na água «ferro em brasa» para lhe dar têmpera/Temperar «a catana». **3** ⇒ soldar(+) «dois metais». **4** Fazer calda. **5** *fig* Misturar/Fundir/Juntar/Ligar. **Ex.** O romancista caldeou fa(c)tos imaginários com outros reais. **6** *fig* Dar ou adquirir têmpera/força. **Ex.** As duras experiências por que passou caldearam-lhe o carácter.

caldeira s f (<lat *caldária,ae*: banho quente, vaso para água quente, ~) **1** Recipiente «de cobre» redondo, de fundo côncavo, geralmente sem tampa, usado para aquecer água ou alimentos dependurando-o de um gancho por cima da lareira. ⇒ caldeiro; caldeirão; caldeirinha. **2** Recipiente fechado e cheio de água para fornecimento de água quente ou produção de vapor «em locomotiva ou barco a vapor». **Comb.** A ~ da água da calefa(c)ção. **3** *Geol* Depressão (côncava) no fundo de cratera (vulcânica). **Comb.** A ~ das Sete Cidades (Açores). **4** Cova baixa à volta do tronco da árvore «macieira» para a regar ou adubar.

caldeirada s f (<caldeira+-ada) **1** Conteúdo de uma caldeira. **2** *Cul* Guisado, geralmente de peixe, feito em caldeira, panelão ou tacho, com cebola, tomate e batatas, à maneira dos pescadores. **3** *fig* ⇒ salgalhada; miscelânea.

caldeirão s m (<caldeira/o+-ão) **1** Caldeira grande. **2** Depressão ou cova com água «em leito de rio ou entre rochedos». **3** *Mús* ⇒ fermata.

caldeireiro, a s (<caldeira/o+-eiro) **1** Pessoa que faz, vende ou conserta utensílios de cobre ou latão. **2** *Br* Pessoa que exerce várias funções nas caldeiras dos engenhos de açúcar.

caldeirinha s f (<caldeira+-inha) **1** ⇒ caldeira pequena. **2** Vaso de metal, portátil, para água benta. **Idi.** *Estar entre a cruz e a* ~ [Correr grande perigo/Estar quase a morrer].

caldeiro s m (<lat *cal(i)dárium,i*: banho quente, caldeiro) Recipiente redondo de fundo raso, usado sobretudo para preparar e levar comida aos animais «porcos». ⇒ balde; caldeira.

caldeu, eia s/adj *Hist* (<lat *chaldaeus,a,um*) (Diz-se de) povo e língua da Caldeia, país que do estuário dos a(c)tuais rios Tigre e Eufrates se estendeu até Babiló[ô]nia.

caldo s m *Cul* (<lat *cal(i)dus,a,um*: quente) **1** Prato líquido e quente servido ao começo da refeição/Sopa(+). **Idi.** *Temos* [Está] *o ~ entornado* [«com a chegada da polícia» O nosso plano «de roubar» vai falhar]. **Comb.** ~ *de galinha* [Canja]. ~ *verde* [de couve cortada em tiras finíssimas, batata esmagada, azeite, sal e uma rodela de chouriço]. **2** Preparado/Prato líquido de várias substâncias utilizado como alimento ou para juntar a outros pratos. ⇒ calda. **3** *Quím/Biol* Líquido com diversas substâncias utilizado em laboratório para cultura de microrganismos/~ de cultura. **4** Sum[c]o obtido por compressão ou esmagamento de frutas. **Comb.** ~ *de abacaxi* [ananás]. ~ *de cana*(-de-açúcar).

calefação (Fà) s m [= calefacção] (<lat *calefáctio,ónis*) **1** Aquecimento. **Comb.** ~ [Aquecimento] *central* [~ em ambiente fechado «casa/hotel»]. **2** *Fís* Fenó[ô]meno de um líquido se manter sobre uma placa fortemente aquecida, sob a forma de pequenas bolhas sustentadas por uma almofada de vapor gerado no conta(c)to com a placa.

calefaciente adj 2g (<lat *calefáciens,éntis*) Que aquece/Quente.

cal(e)idoscópio s m (<gr *kálos*: belo+-*éidos*: forma+-scópio) **1** Artefa(c)to ó(p)tico recreativo de forma cilíndrica, que tem vários espelhos paralelos e pedacinhos coloridos «de vidro», e que, ao mexê-lo, apresenta figuras variadas e simétricas. **2** *fig*. Sucessão rápida e variada «de sensações/imagens/acontecimentos».

caleira[1] s f (<lat *canális,e*: canal+-eira) **1** Cano de meia cana [aberto na parte de cima] para recolher a água do beiral do telhado/Algeroz. **2** Vala «de cimento» para escoamento das águas. ⇒ conduta[1]; canal; agueira; sarjeta; valeta.

caleira[2] s f (<cal+-eira) **1** Pedreira de pedra [rocha] de cal. **2** Forno de fazer cal.

calejado, a adj (<calejar) **1** Que tem calos/calosidades. **Comb.** *Pés* ~*os* [com calos]. **2** *fig* Duro/Endurecido. **Comb.** *Mãos* ~*as* [duras/rijas] «do operário». **3** *fig* Habituado/Experimentado/Batido/Experiente. **Comb.** *Um profissional* [comerciante] ~ / *com muita experiência.* **4** *fig* Empedernido/Insensível. **Comb.** *Coração* ~/empedernido(+).

calejar v t/int (<calo+-ejar) **1** Fazer calo/Nascerem calos «nos pés». **2** *fig* Dar ou ganhar calo/Tornar-se experiente. **Ex.** As dificuldades que teve calejaram-no [fizeram-lhe ganhar calo]. ⇒ calejado **3**.

calembur(go)s s m (< ?) ⇒ trocadilho (de palavras).

calendário s m (<lat *calendárium,ii*: livro de contas <*caléndae,árum*: calendas, dia em que as contas eram pagas) **1** Sistema de dividir o tempo em anos, meses e dias, baseado nos fenó[ô]menos astronó[ô]micos e noutras convenções. **Comb.** ~ *gregoriano* [ocidental] (O mais universal). ~ *litúrgico* [das celebrações cristãs na igreja]. ~ *lunar* [baseado nas fases da lua]. ~ *solar* [baseado nas posições da Terra em relação ao Sol]. **2** Quadro com uma ou mais folhas ou livreto [livrinho] onde se indicam meses, dias, feriados, … de um ano «2015»/Almanaque. **3** Proje(c)to de ocupação do tempo/Calendarização/Programa/Agenda(+).

calendarização s f (<calendarizar) Marcação das datas do que se vai fazer/Programação(+).

calendarizar v t (<calendário+-izar) Marcar(+) a(s) data(s) de determinado acontecimento/Programar.

calendas s f pl *Hist* (<lat *c[k]aléndae,arum*) Primeiro dia de cada mês entre os romanos. **Idi.** *iron* «a ajuda prometida pelo Governo vai chegar» *Pelas ~ gregas* [Nunca] (Porque os gregos não tinham ~s).

calentura s f (esp *calentura*: febre) **1** ⇒ quentura; aquecimento. **2** *Hist Med* Febre «com delírio» por causa do calor tropical.

calha[1] s f (<lat *canália* <*canális*: canal, conduta[1]) **1** Cano ou vala para condução de um líquido «água». ⇒ caleira[1]. **2** Depressão parecida à **1**, para deslocação de algo. **Idi.** «o proje(c)to» *Estar na ~* [Estar para ser anunciado/realizado]. **Comb.** ~ *da linha do* (carro) *elé(c)trico* [do bonde]. ~ *da vareta da* [para dependurar a] *cortina*.

calha[2] s m col (<calhar **2**) Acaso(+)/Sorte. **Ex.** Encontrarmo-nos os dois em Lisboa foi (mesmo) um ~ porque eu não sabia que estava(s) em Portugal! Respondeu ao ~ e acertou.

calhamaço s m (<canhamaço) **1** Livro muito volumoso «de anatomia». **Ex.** Muito pesa «5 quilos» este ~! **2** *depr* Livro grande, antigo, mas de pouco valor/Alfarrábio. **3** ⇒ canhamaço.

calhambeque (Bé) s m (< ?) **1** Veículo «carro» velho e estragado. **Sin.** Caranguejola; bate-latas; lata(-velha). **2** ⇒ barco velho, inseguro. **3** ⇒ traste.

calhandra s f *Ornit* (<gr *kálandra*: (espécie de) cotovia) Ave da família dos alaudídeos, maior que a cotovia; *Melanacorypha calandra*; *Alaudia arvensis*.

calhar v int (<calha[1]+-ar[1]) **1** Entrar na [Ajustar-se à] calha. **2** Caber em sorte/Ganhar. **Ex.** O melhor pré[ê]mio do (jogo do) bingo calhou-me a mim. **3** Ocorrer/Coincidir/Acontecer/Ser. **Ex.** Este ano o (dia de) Natal calha a um domingo. Calhou encontrarem-se naquele dia. **4** Ser oportuno/Convir. **Ex.** Hoje não me calha (nada) bem [Hoje calha-me (bastante) mal/Hoje não me convém] ir à reunião. Com este [tanto] calor calha(va) bem uma cerveja fresca. **5** Ser pertinente/Estar bem. **Ex.** Eu podia avisá-los [repreendê-los] mas acho que não calha bem; são estrangeiros. **Loc.** *Se* ~ [Talvez] (Ex. Se ~ vai chover [Pode ser que/Talvez chova], é melhor levar o guarda-chuva. *Vir mesmo a* ~ [Acontecer oportunamente] (Ex. A sua visita veio mesmo a ~ ! Hoje temos um jantar de família e o senhor vai conhecê-la toda).

calhau s m (<celta *caljo*: pedra) **1** Fragmento de rocha/Pedra um pouco grande. **Idi.** *iron Esperto como um* ~ [Estúpido]. ⇒ seixo. **2** *Jornalismo* Pequeno espaço «em coluna de jornal» ou notícia ou anúncio «barato» para o encher.

calibrador, ora s adj (<calibrar) **1** (O) que calibra. **2** Instrumento para medir o diâmetro interior «da boca da arma de fogo» ou o exterior «de proje(c)teis». **3** Máquina que separa «sementes/fruta» segundo os vários tamanhos.

calibragem[bração] s f (<calibrar) A(c)to ou efeito de calibrar.

calibrar v t (<calibre+-ar[1]) **1** Medir o calibre «do cano». **2** Dar o calibre adequado/certo. **3** Separar «fruta» por tamanho. **4** Medir/Aferir. **Loc.** ~ *bem os* [as doses dos] *ingredientes* «do bolo». ~ *os* [o ar dos] *pneus do carro antes de viajar*.

calibre s m (<ár *qalib*: forma (de calçado), molde) **1** Diâmetro interior das bocas de fogo, canos, … **2** Diâmetro exterior/Grossura «dum cilindro». **3** *fig* Qualidade/Importância/Medida. **Ex.** O filho é mau «ladrão», mas o pai é de grosso ~ [o pai também é]. **Comb.** *Historiador de grande* ~ [Grande historiador]. *Mentira de grosso* ~ [Grande mentira].

caliça s f (<cal+-iça) Pó ou fragmentos de argamassa que se despegam das paredes ou dos te(c)tos velhos. **Ex.** Roçaste na parede e tens a manga do casaco cheia de [suja da] ~.

cálice s m (<lat *cálix,icis*: taça, vaso de beber) **1** Vaso sagrado «de metal» com a forma de copo grande, com pé, no qual se consagra o vinho da missa. **Comb.** Elevação da hóstia e do ~ (depois da consagração). **2** Copo com pé, usado para vinhos finos e licores, ou o seu conteúdo. **Ex.** Traga [Ponha na mesa] os ~s do vinho do Porto. Bebi dois ~s. **3** *fig* Sofrimento/Castigo/Humilhação. **Ex.** Antes de ser preso, Jesus orou [rezou]: "Pai, se é possível, afasta de mim este ~". **Idi.** *Beber o ~ da amargura* (até às fezes) [Aceitar um grande sofrimento, provação ou humilhação até (a)o fim]. **4** *Bot* Conjunto das sépalas na base das flores de perianto diferenciado. **5** *Anat Zool Arquit* Qualquer estrutura em forma de ~ ou taça.

cálido, a *adj* (<lat *cal(i)dus,a,um*: quente/ *cállidus,a,um*: esperto) **1** ⇒ quente. **2** ⇒ esperto/sagaz/ versado.
calidoscópio ⇒ caleidoscópio.
califa *s m* (<ár *halifa*: sucessor (de Maomé)) Chefe muçulmano «representante de um sultão marroquino».
califado *s m* (<califa+-ado) Dignidade, reinado ou território de um califa.
califórnio [Cf 98] *s m* Quím (<top Califórnia) Sexto elemento transuraniano, artificial, radioa(c)tivo, obtido em 1950.
caligem *s f* (<lat *calígo,inis*: escuridão) **1** ⇒ nevoeiro. **2** Perturbação/Escuridão da vista. ⇒ catarata.
caliginoso, a *adj* (<caligem+-oso) ⇒ tenebroso; escuro; cego.
caligrafia *s f* (<gr *kalós*: belo, bonito+grafia) **1** Arte de escrever com letra bonita, de traçar com perfeição e beleza de caracteres «chineses/latinos» da escrita. **Ex.** Nos países de matriz chinesa a ~ é uma arte. **2** Maneira de escrever de cada pessoa/ Letra/Escrita. **Ex.** Você tem uma ~ [letra] bonita.
calígrafo, a *s* (⇒ caligrafia) Pessoa que tem a letra bonita.
calinada *s f* (<antr fr Calino, que fazia o papel de bobo) **1** Erro (grave) de pronúncia. **Ex.** Pronunciar a palavra latina *secúritas* securítas é uma ~. **2** Erro/Asneira/Disparate.
caliptra *s f* Bot (<gr *kolúptra*: touca (de mulher)) **1** Cálice ou corola em forma de capuz/touca «do eucalipto». **2** ⇒ coifa/ touca.
calista *s 2g* Med (<calo+-ista) Especialista no tratamento dos pés, sobretudo dos calos/Pedicuro.
calistenia *s f* (<gr *kalós*: belo+-stenia) Ginástica natural para dar harmonia ao corpo. ⇒ tai-chi(-chuan).
calisto *s m* (<antr Calisto) Indivíduo que traz [dá] azar «no jogo»/Agoirento.
cálix (Lis) ⇒ cálice.
calma *s f* (<gr *káuma,atos*: calor, incêndio) **1** Grande calor e ausência de vento «no mar»/Calmaria(+). ⇒ bonança. **2** Ausência de perturbação/Serenidade/Paz. **Ex.** Não te irrites [Não tenhas pressa/Não é preciso correr]; ~! ⇒ aí [Isso agora *idi* mais devagar] «o que você disse não é verdade»! **Idi. Nas ~s a)** Devagar/Sem pressa (Ex. Podemos ir nas ~s porque o hotel é perto); **b)** Facilmente/Sem dificuldade (Ex. Ele resolve o nosso problema «de não sabermos chinês» nas ~s). **Levar tudo na ~** [Nunca se afligir]. **Perder a ~** [Ficar aflito/Zangar-se]. **3** Estado de inércia/ina(c)ção. **Comb.** A ~ das [O acalmar as] paixões [O domínio dos sentidos].
calmamente *adv* (<calma 2+-mente) **1** Com serenidade. **Ex.** O aluno respondeu ~ à repreensão do professor. **2** ⇒ «ir» devagar. **3** ⇒ «fazer» facilmente.
calmante *s/adj 2g* Med (<calmar + -ante) **1** Remédio que alivia a dor ou diminui a excitação nervosa/Sedativo/Tranquilizante. **Loc.** Tomar um ~. **Ant.** Excitante. **2** *fig* O que acalma/dá paz. **Ex.** A música é um ~.
calmar *v* ⇒ acalmar.
calmaria *s f* (<calma + -aria) **1** *Náut* Calor continuado, sem vento/Calma **1**. **Ex.** Os navegadores portugueses temiam as grandes [longas] ~s das costas da Guiné. **2** O estar tudo parado/A falta de notícias. **Ex.** Que ~ [pasmaceira(+)] nesta terra!
calmeirão, ona *s* (<calmo+-eirão) **1** Pessoa corpulenta e muito calma, que nunca se zanga. **2** ⇒ lento; indolente; preguiçoso.

calmo, a *adj* (<calma **2**) Sereno/Tranquilo/ Sossegado. **Ex.** Ele é muito ~ mas quando vê uma injustiça não fica calado, chega a gritar [, às vezes até grita]! A cidade «agora/hoje» está ~a. Esta terra [Este lugar] é ~. O mar está ~. Eu levo [tenho] uma vida ~a «aqui na aldeia». Era uma tarde ~ [sossegada] de outono. **Ant.** Agitado.
calmoso, a *adj* (<calma **1**+-oso) Quente/ Calorento. **Comb.** Ar [Dia/Tarde] ~.
calo *s m* Med (<lat *cállum,i*) **1** Espessamento duro da pele causado por atrito ou pressão. **Ex.** Deixei de calçar aqueles sapatos porque me faziam ~s (nos pés). **Idi. Pisar os ~s a** [Irritar/Ofender] **alguém**. ⇒ calosidade; verruga; cravo. **2** Crosta de substância dura que solda as partes de osso fra(c)turado/ ~ ósseo. **3** *Bot* Endurecimento ou excrescência formados à volta do corte, depois de poda ou enxertia «numa videira». **4** *fig* Experiência/Treino/Hábito. **Loc.** Ter [Ganhar/Criar] muito ~ [Estar habituado/treinado/Ter muita experiência]. **5** *fig* ⇒ insensibilidade.
caloi[ou]ro, a *s Gír* (< ?) **1** Estudante do primeiro ano de um curso superior/Primeiranista. **2** Principiante em qualquer matéria/Novato. **3** ⇒ (indivíduo) acanhado/ encabulado.
calombo *s m* (<quimbundo *ka'luma*) **1** Líquido «leite/sangue» coagulado «em forma de grânulos». **2** ⇒ inchaço; tumor. **3** *Br Zool* Raça de gado com bossa no cachaço ou no lombo.
calor (Lôr) *s m* (<lat *cálor,óris*) **1** Sensação de quente/de temperatura alta. **Ex.** Hoje faz [está] muito ~ ! **Loc.** Estar com [Ter/ Sentir] ~. **Comb.** ~ **animal** [dado pelo corpo de pessoas ou animais/Catabolismo] (⇒ **4**). ~ [Temperatura] **da febre**. ~ **da lâmpada**. **Idi.** ~ **de rachar** [~ terrível/intenso]. Os grandes ~es [As altas temperaturas] do verão. **2** *Fís* Forma de energia que se transfere de um sistema [um corpo] para outro graças à diferença de temperatura entre eles. **Comb.** ~ **ató[ô]mico** [Produto do ~ específico de um elemento pelo átomo-grama]. ~ **específico/mássico** [Relação entre o ~ fornecido a uma unidade de massa de uma substância e a variação de temperatura resultante]. **3** Entusiasmo/ Animação/Ardor/Veemência. **Ex.** No ~ da discussão deixou escapar palavras impróprias. Fez o discurso com grande ~/ardor. **4** Amor/ Cordialidade/Afe(c)to. **Comb.** O ~ humano «no trato com as pessoas». **5** ⇒ susto; aflição. **6** ⇒ repreensão.
caloraça [calorão] *s f [m]* (<calor+-aça/ ão) Calor atmosférico intenso. **Ex.** Estava um(a) (tal) ~ que não se podia andar na rua!
calorento, a *adj* (<calor+-ento) **1** «quarto/ casa» Onde faz [há] calor. **2** Muito sensível ao calor. **Ex.** As pessoas ~as sofrem muito no verão.
caloria *s f* (<calor+-ia) Unidade de calorimetria definida como a quantidade de calor necessária para elevar a temperatura de um grama de água de 14,5 ° a 15,5° C. **Ex.** Um adulto não deve ultrapassar as 2500 cal(orias) por dia na alimentação.
calórico, a *adj* (<calor+-ico) **1** Relativo a calor ou a caloria. **2** «alimento» Rico em [Que tem muitas] calorias.
calorífero, a *adj/s m* (<calor+-fero) **1** Que tem ou produz calor. **2** Aparelho para aquecer o ambiente/Aquecedor(+).
calorificar *v t* ⇒ aquecer.
calorífico, a *adj* (<lat *calorificus,a,um*) **1** Que fornece calor. **Comb.** Capacidade [Poder] ~. Substância [Material] ~. **2** *s m* ⇒ aquecedor.

calorífugo, a *adj* (calor+-fugo) **1** Que impede a propagação do calor. **2** ⇒ incombustível.
calorimetria *s f Fís* (<calor+-metria) Técnica de medir a quantidade de calor recebida ou libertada por um corpo «numa rea(c)ção química ou física». **Comb.** ~ de raios X [de um feixe de raios X transformados em calor].
calorímetro *s Fís* (<calor+-metro) Aparelho para medições calorimétricas. **Comb.** ~ isotérmico [sempre à mesma temperatura].
calorosamente *adv* (<caloroso+-mente) **1** ⇒ «cumprimentar» Afe(c)tuosamente. **2** ⇒ «saudar» Entusiasticamente.
caloroso, a (Ôso, Ósa, Ósos) *adj* (calor **4**+-oso) **1** Afe(c)tuoso/Cordial. **Comb.** *Abraço ~. Cumprimento* [Aperto de mão] ~. **2** Entusiástico. **Ex.** A cantora gostou da rea(c)ção ~a do público. O discurso dele recebeu [arrancou] ~os aplausos da assistência. **3** ⇒ «discurso/protesto» enérgico; veemente. **4** ⇒ «dia» calorento; quente.
calosidade *s f* (caloso+-i+-dade) Endurecimento e espessamento da pele semelhante ao calo **1** mas menos profundo e mais extenso.
caloso, a *adj* (<calo **1**+-oso) **1** Que tem calos/Calejado(+). **2** Parecido ao ou da natureza do calo.
calota (Ló) *s f* (<fr *callote*: pequeno gorro que cobre só o alto da cabeça, solidéu) **1** Qualquer cobertura [parte superior «de um sino»] recurvada ou abaulada. **Comb.** *Anat* ~ **craniana** [Vértice do crânio]. ~ **polar** [Superfície esférica de gelo que cobre os polos da Terra]. **2** *Geom* Cada uma das duas partes de uma superfície esférica quando interse(c)tada por um plano. **3** *Br* Peça côncavo-convexa por fora do centro dos pneus do carro para proteger o eixo/ Tampão(+). **4** *Arquit* ⇒ (pequena) abóbada.
calote (Ló) *s m col* (<fr *culotte*: pedra de dominó que ficou na mão de quem perdeu) Dívida que não vai ser paga. **Loc.** Pregar [Dar/Passar] um ~ «de vinte mil euros» [Não pagar].
calotear *v t/int* (<calote+-ar¹) Não pagar uma dívida/Pregar calotes.
caloteiro, a *adj/s* (<calote+-eiro) Pessoa que contrai dívidas e usa vários expedientes para não pagar/Ladrão/Malandro.
caluda *interj Gír* (<calar+-uda) Exclamação para mandar calar alguém/Silêncio!(+)/Xiu!
calunga *s 2g* (<quimbundo *ka'lunga*: mar, Deus pregado pelos missionários) **1** ⇒ divindade sujeita a Iemanjá «no umbanda». **2** ⇒ boneco/a «de pano». **3** *Icti* ⇒ pargo. **4** ⇒ pessoa de baixa estatura.
calungagem *s f* (<calunga+-agem) **1** ⇒ palhaçada/macaquice. **2** ⇒ algo pequeno/ ridículo/sem importância. **3** ⇒ vadiagem.
calúnia *s f* (<lat *calúmnia,ae*: fraude, acusação falsa) Mentira grave que ofende a honra de ou causa prejuízo a alguém/Difamação. **Loc.** Levantar ~s [Caluniar].
caluniador, ora *s/adj* (<lat *calumniátor,óris*) Quem levanta calúnias.
caluniar *v t/int* (<lat *calúmnio,áre,atum*) Mentir gravemente ferindo a honra ou causando prejuízo a outrem/Difamar. **Ex.** Fui caluniado por um colega de trabalho mas ele é que foi expulso «da empresa».
calunioso, a *adj* (<lat *calumniósus,a,um*) Que encerra calúnia/Difamatório/Injurioso. **Ex.** Ele escreveu um artigo ~ contra mim.
calva *s f* (<lat *calva,ae*: crânio sem cabelo) **1** Parte da cabeça que perdeu o cabelo/ Careca. **Idi. Descobrir a ~ de alguém** [Pôr

a ~ [careca(+)] de alguém à mostra/Desmascarar]. **2** Parte «do monte» sem vegetação/Clareira(+).

calvário *s m* (<lat *top Calváriae lócus*: lugar da caveira) **1** Monte Calvário, fora de Jerusalém, onde Jesus foi crucificado. **2** Local onde foi erguida uma cruz (e a cena da crucifixão[cificação] de Jesus). **3** Pintura ou escultura da Paixão. **Comb.** Um ~ do séc. XVI atribuído a Grão Vasco. **4** *fig* Sofrimento/Tormento/Dificuldade. **Ex.** Aquela senhora tem um grande ~ com o marido e o filho paraplégicos. Subir esta(s) escada(s) até ao quinto andar é um ~! **Idi. Levar a cruz ao ~** [Cumprir uma missão difícil/Suportar «a doença» até ao fim].

calvície *s f* (<lat *calvíties,ei*) **1** Queda/Ausência total ou parcial do cabelo. **2** *fig* Ausência de [Sem] vegetação.

calvinista *adj/s 2g* (<antr João Calvino (1509-64)) (Diz-se de) de pessoa que segue a doutrina de Calvino, reformador francês.

calvo, a *adj/s* (<lat *cálvus,a,um*: sem cabelo) **1** (O) que tem pouco ou nenhum cabelo. **Ex.** Fiquei ~ muito cedo, aos trinta e tal anos. **Sin.** *col* Careca. **2** *fig* Sem vegetação. **Comb.** Monte ~ [nu(+)/escalvado(+)/árido]. **3** ⇒ «cão» pelado; «pêssego» careca.

cama *s f* (<lat *cama,ae*: leito baixo e estreito) **1** Móvel para dormir/Leito. **Loc.** *idi Br* **Cair da ~** [Sair mal/Fracassar «o negócio»]. **Cair [Ficar] de ~** [Adoecer e ter de ficar na cama]. **Estar de ~** [Estar doente na ~]. *idi* **Fazer a ~ a alguém** [Montar uma armadilha/Preparar tudo para que alguém cometa um erro ou sofra as consequências do mal que fez]. **Fazer a ~. Ir para a ~** [Ir dormir/Deitar-se]. **Comb. ~ e mesa** [«ter direito a»/«hospedagem incluir» Dormida e comida]. **~ de casal**. ⇒ leito; beliche; catre; enxerga; tálamo; tarimba. **2** Qualquer lugar onde dormem pessoas ou animais. **Ex.** Fiz uma ~ com erva seca e dormi à sombra de uma árvore. ⇒ toca; covil; ninho. **3** *fig* Camada de material macio «para colocar fruta».

camada *s f* (<cama+-ada) **1** Porção de materiais da mesma espécie estendidos uniformemente sobre uma superfície. **Ex.** Recheou o bolo com uma ~ de creme. **2** Sedimento/Estrato. **Comb. ~ de ozono** [ozónio]. **~ de pó** «nas mesas da escola». **~ ele(c)tró[ô]nica**/de ele(c)trões/de elétrons [Conjunto de ele(c)trões de um átomo que têm o mesmo número quântico principal]. **~** [Estrato(+)] **geológica**/o. **3** Revestimento/Cobertura. **Loc.** *Dar uma ~* [mão] *de verniz* no móvel. «parede» *Levar duas ~s* [mãos] *de tinta* [Ser pintada duas vezes (seguidas)]. **4** Categoria/Classe. **Comb. ~** [Estrato] *dos intelectuais* «do nosso país». «pertencer à mesma» **~** [classe] *social*. **5** *fig* Grande quantidade/Série. **Ex.** Na entrevista ele disse uma ~ [série(+)/data(+)/quantidade(+)] de disparates.

camafeu *s m* (< ?) **1** Pedra semipreciosa com duas camadas de duas cores ou só tonalidades da mesma cor em que se esculpiu uma figura em alto-relevo. **2** Figura em relevo «numa moeda ou sinete». **3** Pessoa muito feia. **Ex.** A filha dela era um ~.

camaleão *s m Zool* (<gr *chamaileón,óntos*: leão anão) **1** Lagarto ou sáurio da família dos camaleontídeos arborícolas, cuja pele, por mimetismo, muda facilmente de cor. **2** *fig* Pessoa volúvel que muda facilmente de opinião, segundo o que lhe convém/Cata-vento.

câmara *s f* (<gr *kamára,as*: abóbada, quarto abobadado; ⇒ ~ de ar; camarata) **1** Quarto «de dormir»(+)/Aposentos (+)/Recinto/ Sala. **Comb. ~ ardente** [«capela» mortuária] (Ex. O corpo (do falecido) já está em ~ ardente). **~ de gás** [Recinto fechado para matar com gás]. **~ frigorífica** [Compartimento a temperatura muito baixa para conservação de alimentos]. **~ escura** ⇒ **5 a)**. *Música de ~* [para poucos instrumentos e para ser tocada num recinto ou sala pequenos]. **2** Edifício/Sede da administração de uma localidade importante/Prefeitura. **Ex.** Preciso de falar com o Presidente da C~ (Municipal) «de Lisboa» [com o Prefeito «de São Paulo»]. **Loc.** Convocar/Reunir a ~ [os vereadores]. **3** Assembleia regularmente constituída que se ocupa de assuntos de interesse comum. **Ex.** Em Portugal a ~ dos deputados é a Assembleia da República. **Comb.** *Br* **~ alta** [dos Vereadores]. **~ baixa** [dos Deputados «do Congresso Nacional e do Senado»]. **~ de Comércio** «Luso-Nipónica/Nipo-Brasileira» [Instituição que discute e defende os interesses econó[ô]micos dos seus associados]. **~ Municipal** [do município/do concelho/da cidade]. **4** *Ó(p)tica* Máquina fotográfica (+)/de filmar. **Comb. ~ clara**/lúcida [Dispositivo adaptável a um microscópio que permite desenhar o que se observa]. **~ de televisão** [de filmar para depois transmitir]. **~ digital** [que capta a imagem de modo a poder ser gravada e armazenada em disco rígido]. **~ lenta** [Técnica de filmagem e de apresentação de uma cena numa velocidade mais lenta que o normal] (Comb. Imagens «do jogo de futebol» em ~ lenta). **~ rápida** «de filme de desenhos animados». *Operador de ~* [Técnico de filmagem «para televisão»]. **5** *Fís* **~ escura a)** Compartimento onde se faz a revelação e fixação de chapas e provas fotográficas; **b)** Caixa em forma de paralelepípedo, com orifício numa face, usada para provar a propagação re(c)tilínea da luz.

camarada *s/adj 2g* (câmara **1**+-ada) **1** *Gír* Companheiro/Colega/Amigo. **Ex.** O José é um bom ~. *idi* O tempo foi ~ [favorável] e as praias ficaram cheias. Fomos ~s na tropa e somos ~s no Partido «socialista». **2** *Depr/Iron* Fulano/Tipo/Sujeito/Gajo/Cara. **Ex.** Esse ~ anda a falar mal de mim, mas eu qualquer dia vou calá-lo.

camaradagem *s f* (<camarada+-agem) **1** Convivência [Amizade] entre camaradas/colegas/companheiros. **Ex.** O importante «na tropa/na escola/no trabalho» é a ~ [é o companheirismo]. **2** Favor/Magnanimidade. **Ex.** Graças à ~ dos meus amigos fiz uma viagem de graça.

câmara de ar *s f* [= câmara-de-ar] Tubo circular de borracha cheio de ar nas rodas dum veículo.

camarão *s m Zool* (gr *kámmaros,ou*) **1** Crustáceo decápode, marinho ou de água doce, muito apreciado como alimento. **Ex.** No primeiro dia de praia fiquei (vermelho) como um ~. ⇒ gamba; lagosta. **2** Prego ou parafuso em gancho que se fixa na parede ou te(c)to para dependurar algo.

camarário, a *adj* (<câmara **2** +-ário) Relativo ou pertencente à câmara (municipal). **Comb.** Estrada ~. ⇒ prefeitoral.

camarata *s f* (<it *camerata*; ⇒ câmara **1**) ⇒ dormitório(+).

camareiro, a *s* (<câmara **1**+-eiro) **1** *Hist* Encarregado/a dos aposentos reais. **2** Pessoa que arruma os quartos e está ao serviço dos hóspedes, em hotéis, navios, ... ⇒ hospedeiro; camaroteiro.

camarilha *s f Depr* (<esp *camarilla*; ⇒ câmara) Grupo fechado «em lugares de influência» para defender os seus membros, lesando os que ficam de fora. ⇒ capelinha; seita; panelinha.

camarim *s m* (<câmara **1**+-im) **1** Pequeno quarto ou aposento. ⇒ camarote. **2** Compartimento num teatro onde os a(c)tores se caracterizam e vestem. **3** ⇒ nicho(+).

camarinha *s f* (<câmara+-inha) **1** *Bot* Fruto drupáceo, globoso, branco ou róseo da tamarinh(eir)a; *corena álbum*. **2** ⇒ camarim **1**. **3** ⇒ camarim **3**; nicho; prateleira. **4** *fig* Gota «de suor/orvalho» pequena e redonda como ~.

camaroeiro *s m* (<camarão+-eiro) **1** Rede para pescar camarões. **2** Pescador de camarão. **3** Rede ou saco em forma de cone para aviso de tempestade. **4** *(D)esp* ⇒ cesto/a «de basquete(bol)/bola ao cesto».

Camarões *s pl Geog* República dos ~ (Na África ocidental). **Ex.** A capital dos ~ é Yaoundé e os habitantes são camaroneses.

camarote (Ró) *s m* (<câmara+-ote) **1** Quarto (pequeno) do navio. **2** Pequeno compartimento de teatro, sobranceiro à plateia. **Idi. Assistir de ~** «à queda [ao desmoronar] duma grande instituição» [Estar numa situação privilegiada, irresponsável].

camaroteiro *s* (<camarote+-eiro) **1** Empregado de teatro que vende bilhetes de camarotes e de outros lugares/Bilheteiro. **2** Encarregado do arranjo dos camarotes nos navios/Camareiro(+).

camartelo *s m* (<lat *cáput*: cabeça+martelo) **1** Martelo com um lado achatado e outro aguçado, usado por pedreiros ou canteiros para bater e partir pedras. **2** *fig* Instrumento ou agente demolidor/destruidor. **Idi.** «resolver o problema» *A ~* [Violentamente/À força].

camba *s f* (<gr *kampé*: curvatura) **1** Cada uma das duas peças curvas «de madeira» que, ajustadas à do meio – meão –, fazem a roda do carro de bois. **2** Qualquer (parte de) peça curva. **3** Bocado de tecido para aumentar a roda «da saia». **4** ⇒ cambota.

cambada *s f* (<cambo+-ada) **1** Porção de [Várias/Muitas] coisas «chaves/peixes» enfiadas (e dependuradas). **2** Grande quantidade «de miúdos/de primos e primas». **3** Pessoas de má fama/Corja(+)/Súcia.

cambado, a *adj* (<cambar) **1** «calçado/mesa» Que se entortou. **2** Que tem as pernas tortas, metendo os joelhos para dentro/Zambro/Cambaio **1** (+).

cambaio, a *adj* (<cambar) **1** Que tem as pernas tortas, arqueadas. **2** Que tem dificuldade em andar/Trôpego(+). **3** ⇒ «calçado» acalcanhado/torto.

cambalacho *s m* (<esp *cambalache*: troca de obje(c)tos de pouco valor) **1** Vigarice(o+)/Trapaça/Intrujice(+). **2** Combinação para prejudicar terceiros/outra pessoa/Conluio(+)/Tramoia.

cambaleante *adj 2g* (cambalear+-(a)nte) Que cambaleia/oscila/Oscilante. **Ex.** O bêbe[a]do seguia, (em passo) ~, roçando pelos prédios.

cambalear *v int* (<camba+l+-ear) Caminhar sem firmeza nas pernas ou a cair para os lados/Oscilar/Balançar. ⇒ cambaleante.

cambaleio *s m* (<cambalear) A(c)to ou efeito de cambalear/Oscilação/*col* Tem-te-não-caias. ⇒ cambaleante.

cambalhota (Lhó) *s f* (<cambalear+-ota/e) **1** Volta que se dá virando o corpo sobre a cabeça. **Loc.** Dar ~s «no tapete da sala». **2** ⇒ reviravolta; pirueta; cabriola. **3** ⇒

trambolhão. **4** *fig* Mudança completa de condição, situação ou opinião. **Ex.** De repente, a vida dele deu uma ~/reviravolta [, a vida dele mudou completamente]. **5** *fig* Desaire/Fracasso/Revés. **Ex.** Meteu-se em grandes negócios mas deu uma ~ [mas saíram-lhe mal].

cambão *s m* (<cambo+-ão) **1** Cordas ou cabo com que se ligam duas juntas de bois para puxar a um carro. **Idi. Ir [Estar] no ~** [Ser/Estar preso]. **2** Pau da nora/da atafona/da azenha. **3** Pau com gancho «para apanhar fruta»/Cambo.

cambapé *s m* (<cambar+pé) **1** Rasteira(+)/ Alçapé. **Loc.** Dar [Armar] um ~ a [Fazer tropeçar (e cair)] alguém «no futebol». **2** *fig* ⇒ cilada/armadilha/tramoia.

cambar *v t/int* (<camba 1/2+-ar¹) **1** Ganhar camba/Tornar cambo/Curvar/Entortar. **Ex.** Com o peso «a prateleira/a cama» cambou/entortou(-se). Em menos de um mês cambei os sapatos [fiquei com os sapatos acalcanhados]. **2** Andar com as pernas tortas/Ser cambaio/trôpego. **3** ⇒ virar; mudar; cambiar.

cam(b)ará *s m Bot br* Nome comum de várias árvores e arbustos.

cambial *adj/s 2g* (<câmbio+-al; ⇒ cambista) **1** Relativo a câmbio. **Comb.** Mercado [Operação] ~. **2** Qualquer título de crédito que representa uma promessa ou ordem de pagamento em dinheiro «letra de câmbio/cheque».

cambiante *s/adj 2g* (<cambiar+-(a)nte) **1** Mudança ou diferença de cor, pequena ou gradual/Matiz/Gradação. **Ex.** Todos tinham a [Eram todos da] mesma opinião, embora com vário[a]s ~s. Ele teve uma vida agitada, passou por todos os ~s [por todas as situações] entre a felicidade e o desespero. Admirava o sol poente com todas as suas ~s. **2** Irisado/Matizado/Oscilante/Variegado. **Comb.** O céu ~ do crepúsculo.

cambiar *v t/int* (<lat *cámbio,áre*) **1** ⇒ mudar; trocar. **2** *Econ* Trocar moeda de um país pela (moeda) de outro. **Loc.** ~ euros por dólares. **3** ⇒ alterar; transformar.

cambiável *adj* (<cambiar 2+-vel) «moeda» Que se pode cambiar/Que tem câmbio.

câmbio *s m* (<cambiar) **1** ⇒ mudança/troca; modificação/alteração. **2** *Econ* (Valor da) troca de moeda dum país pela doutro. **Comb.** **~ ao par** [em que há pari[igual]dade entre o ~ oficial e o ~ paralelo]. **~ flutuante/livre** [Livre-~]. **~ negro/paralelo**. **~ oficial** [imposto pelo Governo]. **Taxa de ~** [Preço duma moeda expresso em termos [no valor] duma moeda estrangeira]. **3** *Bot* Camada de tecido vegetal [Meristema] entre o líber e o lenho.

cambista *s 2g* (<câmbio 2+-ista; ⇒ cambial) **1** Proprietário de casa de câmbio. **2** *Br* Pessoa que açambarca [compra] bilhetes de espe(c)táculos para os vender mais caros.

cambito *s m Br* (< ?) **1** Pernil «de porco». **Idi. Esticar o ~** /o pernil (+) [Morrer]. **2** ⇒ gancho; forquilha; cambo; arrocho; pau.

cambo *s m/adj* (<camba) **1** Pau com gancho na ponta «para apanhar fruta»/Cambão **3**. **2** ⇒ cambaio; torto.

camboa *s f* (<camba) **1** Cova ou pequeno lago que fica submerso na maré alta e onde fica retido o peixe na maré baixa. **2** Rede ou cerca de estacas para pescar nos baixios.

Camboja *s m Geog* País do sudeste da Ásia. **Ex.** A capital do ~ é Phnom Penh e os seus habitantes são cambojanos.

cambota (Bó) *s f* (<camba+-ota) **1** Peça curva, usada como molde, para construção de arcos ou te(c)tos/Cimbre. **2** *Mec* Eixo que transforma em movimento de rotação o movimento re(c)tilíneo do êmbolo do motor. **3** *Br* ⇒ cambaio(+). **4** *Br* ⇒ cambalhota(+).

cambraia *s f* (<*top* fr *Cambrai*) **1** Tecido muito fino de algodão ou linho. **Comb.** Blusa branca de ~. **2** ⇒ cachaça; aguardente. **3** *adj 2g Br* Todo branco. **Comb.** Cavalo ~.

cambriano [câmbrico(+)], a *adj/s Geol* (<*top an* Câmbria/*Cymru*, País de Gales) Período mais antigo do Paleozoico entre 570 e 500 milhões de anos a.C.

cambulha *s f* (<camba+-ulha) ⇒ cambada.

cambulhada *s f* (<cambulho/a+-ada) **1** Muitos cambulhos. **2** Quantidade de coisas. **Loc.** De ~ [À mistura/De qualquer maneira] (Ex. O miúdo cresceu [foi criado de ~ com os garotos da rua). **3** ⇒ confusão.

cambulho *s m* (<camba-ulho) **1** Rodela de barro furada, presa à rede de pesca para a afundar. **2** Qualquer coisa para fazer peso. **3** *Depr* ⇒ trambolho.

came *s m Mec* (<al *kamm*: pente) Peça de um mecanismo que, ligada a outra, se destina a regular o seu funcionamento.

camelão *s m* (<camelo+-ão) Tecido impermeável feito de pelo «de cabra».

camélia *s f Bot* (<antr *George Kamel*, S. J., que nos fins do séc. XVII trouxe a planta para a Europa) Árvore nativa do Japão, de folha perene, flores vermelhas, brancas ou variegadas; *Camellia japónica*. **Sin.** Cameleira; japoneira; ros(eir)a-do-japão.

camelo (Mê) *s m Zool* (<gr *kamélos*) **1** Animal de carga nas regiões desérticas, com duas bossas; *Camelus bactrianus*. ⇒ dromedário. **2** *depr* ⇒ estúpido; burro.

camelô *s m Br* (<fr *camelot*) ⇒ vendedor ambulante (+).

camerlengo *s m* (germânico *kamerlinc*: inspe(c)tor de câmara) **1** Denominação dada ao cardeal que desempenha as funções do Papa, interinamente, e governa a igreja católica entre a morte de um pontífice e a eleição do seu sucessor.

camião *s m* (<fr *camion*; ⇒ caminhão) **1** Veículo motorizado para transporte de cargas pesadas. **Comb.** **~-basculante** [~ que descarrega inclinando a corroça[ce]ria]. **~-cisterna/-tanque** [~ para transporte de líquido ou gás]. **~ do** [que recolhe o] **lixo**. **~ TIR** [com facilidades aduaneiras «por Espanha»] (⇒ TIR). **2** ⇒ carreta.

camicase *s m/adj2g* (<jp *kamikaze*: vento dos deuses) **1** Ataque arrasador/Força destruidora/que leva tudo raso. **2** *Hist* Piloto suicida da Força Aérea Japonesa na Segunda Grande Guerra. **3** *fig* (O) que é destruidor/temerário/suicida. **Ex.** Ele tem uma condução ~ [Ele a conduzir é um ~], qualquer dia tem [provoca] um acidente na estrada.

camilha *s f* (<cama+-ilha) **1** Canapé ou cama de encosto «para uma pequena sesta ou repouso». **2** Mesa com acolchoado para conservar o calor de uma braseira.

camiliano, a *adj Liter* (<*antr* Camilo Castelo Branco: 1825-1890) Relativo a este escritor português/De Camilo. **Ex.** A cole(c)ção das obras deste autor e dos escritos sobre ele e a sua obra diz-se ~a. **Comb.** Estilo ~.

caminhada *s f* (<caminhar+-ado) A(c)to ou efeito de caminhar/Passeio a pé.

caminhador, ora *adj / s* (caminhar+-dor) (O) que anda ou caminha muito/Andarilho.

caminhante *s/adj2g* (<caminhar+-ante) Viandante (+)/Caminheiro/Transeunte. **Ex.** Ao longo do caminho havia lugares com sombra e água corrente para os ~s. ⇒ peão/pedestre.

caminhão *s m Br* (<caminho+-ão) ⇒ camião **1**.

caminhar *v int* (<caminho +-ar¹) **1** Andar a pé. **Ex.** Não quer ir de [no meu] carro? – (Não,) obrigado; prefiro ~. Eu caminho [ando/percorro] 5 km todos os dias durante uma hora. **Loc.** ~ pela [na] praia. ~ até à estação. **2** Fazer progressos/Ir/Tender/ Andar(+). **Ex.** O proje(c)to está a ~ bem. Se não mudar de rumo, o país caminha para a guerra.

caminheiro, a *adj/s* **1** ⇒ caminhador. **2** *Ornit* Nome comum de várias aves motacilídeas da América do Sul; *Anthus lutecens*.

caminho *s m* (<lat *cammínus*) **1** Via de comunicação. **Ex.** De casa ao local do piquenique há dois ~s: um pela estrada, mais longo, e outro por um atalho, muito mais curto. **Prov.** *Todos os ~s levam [vão dar(+)] a Roma*. **Loc. Abrir ~** a) Desimpedir o acesso/Passar (Ex. Abri ~ na [Passei pelo meio da] multidão «e fui saudar o cantor»); b) *fig* Subir/Triunfar (Ex. Ela vai com certeza abrir ~ na vida). **Arrepiar ~** [Voltar para trás/Dar meia volta/Regressar]. **Cortar ~** a) Ir por atalho; b) *fig* Usar um método mais rápido/eficiente. **Pôr-se a** [Fazer-se ao] **~** [Começar a caminhar/a viagem]. **Comb. idi ~ de cabras** [muito mau/perigoso]. **~ de ferro** [Via-férrea/Ferrovia]. **~ da roça** [Carreiro]. **~ marítimo** [do mar] «para a Índia, descoberto por Vasco da Gama». ⇒ estrada; via; trilho; carreiro; vereda. **2** *fig* Meio/Modo/Maneira. **Ex.** A revolução não é o único ~ para salvar o país da crise. **3** Extensão percorrida/andada/Distância/ Itinerário. **Ex.** Daqui (até) à cidade são três horas de ~ «a pé/de carro». **Loc.** «fui ao correio e» **De ~** [Em seguida/Sem voltar a casa] «fiz as compras que tu querias». **Pelo ~** [Durante a viagem/o passeio] «falámos das nossas famílias [vidas]». **idi Ser meio ~ andado** [Ser uma situação meio resolvida/Ser parte da solução] (Ex. Quero construir uma casa; se os pais me emprestarem o dinheiro, é meio ~ andado). **Comb.** Um dia de ~ [Viagem que demorou um dia] «de Roma a(té) Lisboa». **4** Dire(c)ção/Rumo/Orientação/Tendência. **Ex.** Na encruzilhada havia vários ~s: tomei o [fui pelo] do norte. **Loc. Estar a ~** [Vir] (Ex. A crise «de mão de obra» está a ~ [vem já aí/está à vista]). **Ficar em ~** [na mesma dire(c)ção/no mesmo percurso] (Ex. Quando for a Lisboa, faça-me uma visita; a minha casa fica em ~). **Ficar fora de ~/ de mão**(+) [Ficar desviado/ noutra dire(c)ção]. **Ficar pelo ~** [Não terminar/Desistir] (Ex. Na retirada muitos soldados, feridos e sem forças, ficaram pelo ~. Alguns dos meus colegas não terminaram os estudos, ficaram pelo ~). **Idi. Levar ~** [Desaparecer/ Perder-se] (Ex. Que ~ levou [Como desapareceu/usaste] o dinheiro que te emprestei?). **Por este ~** [Pelo rumo que as coisas levam/Deste modo] «a nossa firma vai falir». **5** Carreira profissional/Modo de vida. **Ex.** Fomos colegas de escola mas depois seguimos ~s diferentes: ele é professor, eu sou comerciante. **6** Norma/Critério/ Conduta/Princípio. **Comb. Bom ~** [comportamento/Boa conduta] (Loc. Ensinar os filhos a andar no bom ~ [a ser bons/honestos/re(c)tos]). **Tomar ~** [Começar a ter juízo/Emendar-se].

caminhoneiro, a *s/adj Br* (<caminhão+ -eiro) ⇒ camionista.

caminhonete (Né) *s m Br* (<fr *camionnette*) ⇒carrinha.

camionagem *s f* (<camião+-agem) **1** Transporte por camião. **2** Custo desse transporte.

camioneta/e (Né) *s f* (<fr *camionnette*) **1** Veículo para transporte cole(c)tivo dentro e fora das cidades/ Ó[Ô]nibus/Autocarro. **2** Viatura menor que cami(nh)ão para transporte de mercadoria/Carrinha.

camionista *s 2g* (<camião+-ista) Condutor ou dono de camião. **Ex.** A greve dos ~s espanhóis afe(c)tou os transportes terrestres de Portugal.

camisa *s f* (<lat *camísia* <*cama*: leito; ⇒ ~ de forças/de onze varas/de vé(ê)nus) **1** Peça de vestuário de tecido leve, com colarinho e mangas. **Ex.** No verão transpiro [suo] muito, estou sempre a mudar [, mudo muito] de ~. **Idi.** *Dar a* ~ *(do corpo)* [«ele é generoso, capaz de» Dar tudo o que tem «a quem lhe pede»]. *Estar em mangas de* [Estar só com a] ~ (sem casaco). *Ficar sem* ~ [Perder tudo]. **Comb.** ~ *de dormir/de noite* [*Br* Camisola]. **2** *Bot pop* Invólucro [Brácteas] da espiga do milho/Folhelho. **3** *fig* ⇒ revestimento/invólucro/envoltório. **4** Peça do revestimento interior dos cilindros nos motores de explosão. **5** Revestimento metálico exterior dos projé(c)teis de armas portáteis. **6** *Arquit* Revestimento de argamassa em parede ou te(c)to.

camisa de força(s) *s f* Peça em forma de casaco, com mangas compridas que permitem que os braços sejam cruzados e apertados atrás das costas para dominar o prisioneiro/o louco. **Sin.** Colete de forças(+).

camisa de onze varas *s f* **1** *Hist* Túnica dos condenados ao cadafalso. **2** *fig* Situação difícil/Grande aperto/aflição. **Loc.** Meter-se [Ficar] numa ~.

camisa de vé(ê)nus *s f* ⇒ preservativo.

camisaria *s f* (<camisa+- ia) Loja que vende (e faz) sobretudo camisas.

camiseiro, a *adj/s* (<camisa+-eiro) (Parte de) móvel com gavetas para guardar camisas, etc.

camiseta (Zê) *s f* (<camisa+-eta) Espécie de camisa ou camisola interior, usada sobre a pele, com ou sem mangas. **Sin.** Camisola interior.

camisola (Zó) *s f* (<camisa+-ola) **1** Peça de roupa, de malha, usada por cima da camisa como agasalho/Pulôver/Suéter. **Comb.** ~ *interior* [*Br* Camiseta]. **2** *Br* Peça de vestuário feminino, com ou sem mangas, usada para dormir. ⇒ camisa **1 Comb.**

camita *adj/s 2g* (<*antr* Cam, filho de Noé+-ita) (Diz-se de) descendente de Cam.

camito-semítico, a *adj/s* (<camita+semita+-ico) (Que diz respeito aos) povos e línguas faladas desde a Arábia até Marrocos.

camomila *s f Bot* (<gr *khamamélon*: maçã do chão) Nome comum de várias plantas da família das compostas de cabeça amarela e pétalas brancas que têm usos farmacêuticos – chá digestivo – e cosméticos; *Matricaria chamomilla*.

camoniana *s f* (<camoniano) Cole(c)ção das obras de Camões ou dos escritos sobre ele e a sua obra.

camoniano, a *adj/s* (<*antr* Luís Vaz de Camões (1524-1580), o maior poeta português +-iano) **1** Da autoria de ou relativo a Camões. **2** Conhecedor da obra de Camões/Camoni(ani)sta.

camorra (Mô) *s f* (<it *camorra*) **1** Associação de criminosos «de Nápoles». **2** *Br* ⇒ briga/contenda/rixa.

campa[1] *s f* (<lat *campus,i*: grande espaço [recinto] plano) (Pedra que cobre a) sepultura. ⇒ campal.

campa[2] *s f* (<lat *campan(ul)a*) ⇒ sineta.

campainha *s f* (<campa[2]+-inha) **1** Sininho de mão para chamar (a atenção de) alguém. ⇒ chocalho; guizo. **2** Dispositivo (elé(c)trico) para o mesmo efeito de **1**. **Comb.** ~ *da porta*/entrada. ~ */Toque do despertador* [do telefone]. **3** *Anat* ⇒ úvula. **4** *fig* Pessoa que conta tudo o que ouve. **5** *Bot* Planta e flor campanulácea/amarilidácia/corvalvulácea: *Campanula glomerata*/...

campainhada *s f* (<campainha+-ada) Toque de campainha. ⇒ badalada.

campal *adj 2g* (<lat *campus,i*: espaço plano+-al) Que se realiza em campo aberto. **Comb.** *Missa* ~ [fora da igreja/ao ar livre].

campana *s f* ⇒ campa[2].

campanário *s m* (⇒ campa[2]) (Parte da) torre dos sinos «da igreja».

campanha *s f* (⇒ campo) **1** *Mil* Série de operações ou batalhas/Parte de uma guerra. **Ex.** A ~ de Napoleão na Rússia foi um desaire. **2** Conjunto de esforços para um fim. **Comb.** ~ *a favor das vítimas* «das cheias». ~ *eleitoral* [das eleições «presidenciais»]. ~ *publicitária* [de publicidade/de propaganda «de um novo produto»]. **3** Período que decorre entre a partida e a volta do barco de pesca «do sável/do bacalhau». **4** Período em que os agricultores vendem aos comerciantes as colheitas «do arroz/ amendoim»/Conjunto das colheitas/safras. **5** ⇒ campina; planície/lezíria.

campaniforme *adj 2g* (<campan(ul)a+-forme) Que tem forma de campânula/campainha/Campanulado(+).

campanil *s m* (<it *campanile*) **1** Liga de metais própria para sinos, campainhas, etc. **2** ⇒ campanário.

campanudo, a *adj* (<campana+-udo) **1** ⇒ campanulado(+). **2** *fig* ⇒ «discurso/estilo» empolado/pomposo.

campânula *s f* (<lat *campánula*: sino pequeno) **1** Obje(c)to «de vidro» em forma de sino «para proteger alimentos, etc.». ⇒ redoma. **2** *Bot* Nome comum a várias plantas herbáceas com flores em forma de campainha **1** (+).

campanulácea, a *adj Bot* (<campânula+-áceo) (Diz-se de) planta dicotiledó(ô)nea, de corola simpétala, a que pertence o rapúncio, as campainhas, ...

campanulado, a [campanular] *adj* Que tem forma de campânula.

campar *v int* (⇒ campa) **1** ⇒ acampar(+). **2** ⇒ morrer. **3** Vangloriar-se. **Ex.** Ela (é que) fez tudo mas foi o marido que campou. ⇒ campear.

campeão, ã *s* (⇒ campo) **1** *Hist* Cavaleiro que lutava em campo fechado, nos torneios, em defesa de uma causa ou de alguém. **2** *fig* Defensor/Lutador. **Comb.** ~ *da liberdade* [dos direitos humanos]. **3** *(D)esp* Vencedor de campeonato. **Comb.** Rosa Mota, campeã da maratona. **4** *fig* Quem sobressai [é eminente] em algo. **Comb.** ~ *em contar anedotas* [em beber cervejas].

campear *v t/int* (⇒ campo) **1** ⇒ acampar «em tendas». **2** ⇒ campar **3**. **3** Prevalecer/Imperar. **Ex.** A miséria e a doença campeavam em todo o país. **4** *Br* Andar no campo a cavalo «em busca do gado». **5** *Br* ⇒ buscar/procurar «chave perdida».

campeche *s m Bot* (<*top* Campeche, estado do México) Árvore da família das leguminosas de cujo caule e raízes se extrai a hematoxilina; *Haematoxilum campechianum*.

campeiro, a *adj* (<campo+-eiro) **1** ⇒ campestre(+). **2** Que vive/trabalha habitualmente no campo «cuidando do gado».

campeonato *s m (D)esp* (<campeão+-ato) Competição para apurar o melhor concorrente.

campesinato *s m* (<campesino+-ato) Todos os camponeses/Condição camponesa. ⇒ operariado.

campesino, a *adj/s* (<campo+-ino) **1** ⇒ «ambiente/ar» campestre(+). **2** *s* ⇒ camponês **1**(+).

campestre *adj 2g* (<lat *campéster,tris,tre*) Do campo/Bucólico. **Comb.** Vida [Ar/Ambiente] ~.

campina *s f* (<campo+-ina; ⇒ campino) Campo extenso sem árvores/Planura/Descampado. ⇒ planície; lezíria; savana; montado; estepe[1].

campino *s m/adj* (<campo + -ino) **1** ⇒ campestre; camponês. **2** Pastor de [Homem dos] toiros (Só se usa no Ribatejo, Portugal). **Sin.** Boi(ad)eiro; vaqueiro. ⇒ pastor.

campismo [*Br* camping] *s m* (<campo+-ismo) A(c)tividade de lazer que consiste em acampar em recintos próprios para isso ou em tendas ou caravanas em qualquer lugar. ⇒ acampamento.

campista *s/adj 2g* (<campo+-ista) (O) que faz campismo.

campo *s m* (<lat *campus,i*: grande espaço plano) **1** Extensão de terreno para cultivo. **Ex.** Em abril os ~s verdejavam [estavam todos verdes]. **Comb.** ~ [Planta(c)ão de batatas. ~ [Seara(+)] de trigo. **2** Localidade fora da cidade. **Ex.** Eu gosto de viver no ~ [na aldeia/província/roça]. **Comb.** Casa de ~ [Residência para férias, fora da cidade]. **3** Espaço com determinadas características/Área marcada para alguma a(c)tividade. **Idi.** *Abrir* ~ *a* [Dar ocasião/azo] «novo plano». *Abrir* ~ *fora* [Fugir «da pista de corrida»]. *Chamar alguém a* ~ [Desafiar «para luta»]. *Deixar o* ~ *livre* [Dar liberdade «aos filhos para eles decidirem»]. *Entrar em* ~/a(c)ção [A(c)tuar/Agir]. *Pôr em* ~ [Movimentar «os seus partidários»]. *Ter o* ~ *livre* [Não ter estorvos ou entraves «para agir a sua vontade»]. *Trazer a* ~ /à conversa [Falar de algo]. **Comb.** ~ *da feira* [Mercado ao ar livre]. ~ *de aviação*/de pouso [Aeroporto/Aeródromo]. ~ *de concentração* [Local cercado onde se mantêm presos de guerra geralmente em más condições]. ~ *de futebol* [de té(ê)nis]. ~ *de golfe*. ~ *de tiro* [treino com armas de fogo]. ~ *elé(c)trico* [criado por cargas elé(c)tricas, diferente da força gravitacional]. ~ *lexical* [Área de um grupo de palavras relacionadas entre si ou de todo o vocabulário de uma disciplina «Medicina»]. ~ *magnético* [Espaço à volta de um corpo magnetizado ou de um circuito elé(c)trico, onde há força de atra(c)ção não gravitacional]. ⇒ área. **4** Espaço abrangido pelo olho humano ou obje(c)to ó(p)tico parados. **Comb.** ~ [Alcance] *da obje(c)tiva da máquina fotográfica*. ~ *visual*/[abrangido pela vista]. **5** *fig* Ramo de a(c)tividade/Âmbito/Domínio/Esfera. **Ex.** O romance [livro] foi ~ para largas discussões. **Comb.** ~ [Ramo/Área] *da Física*. ~ *de a(c)ção* [Limite dentro do qual se pode agir/a(c)tuar] (Ex. Esse proje(c)to está fora do meu ~ de a(c)ção). **6** *fig* Partido/Fa(c)ção/Lado. **Ex.** Ele passou(-se) para o ~ (do) inimigo.

camponês, esa *s/adj* (<campo+-ês) **1** Pessoa que vive e trabalha no campo. **Ex.** Os ~eses andavam revoltados por não poderem vender todos os seus produtos. **2** ⇒ campestre.

campónio [*Br* campônio] *s m fam/depr* ⇒ Homem do campo/Camponês **1**(+).

campo-santo *s m* ⇒ cemitério.

campus *s m* (<ing<lat *campus*) Terreno e edifícios duma universidade. ⇒ espaço/recinto/propriedade.

camuflado, a *adj/s* (<camuflar) **1** Disfarçado/Dissimulado. **2** ⇒ oculto. **3** *s* Roupas em tons de verde e castanho usadas pelos militares para não serem vistos «no meio da vegetação».

camuflagem *s f* (<camuflar+-agem) A(c)to ou efeito de camuflar/Disfarce/Fingimento. **Comb.** ~ *de* [com] *ramos* (de árvores). ~ *do próprio interesse* [das verdadeiras intenções]. ⇒ mimetismo.

camuflar *v t* (<fr *camoufler*) **1** Mudar o aspe(c)to de acordo com o ambiente para não ser visto. **Ex.** Os soldados camuflaram os capacetes com ramos. **2** Disfarçar/Encobrir/Dissimular. **Ex.** O sorriso dele camuflava intenções malévolas «desejo de vingança».

camundongo *s m* (<quimbundo *kamun'dongo*: originário do reino de Ndongo) **1** *Zool* Pequeno roedor, também chamado rato catita; *Mus musculus*. ⇒ musaranho. **2** *gír Ang* Natural de Luanda.

camurça *s f Zool* (< ?) **1** Mamífero ruminante de pelo liso e castanho, com chifres em forma de gancho nas pontas; *Rupicapra rupicapra*. **Ex.** A ~ é parecida à cabra, trepa pelas rochas «dos Alpes» com agilidade. **2** Pele curtida de ~ para fazer vestuário, calçado, etc. **3** Pele «de carneiro ou cabra» ou tecido a imitar ~. **Comb.** Sapatos de ~.

cana *s f Bot* (<gr *kanna,es*) **1** Planta de caule [colmo] lenhoso mas oco, da família das gramíneas, usada como vara dos foguetes, como estaca «dos feijões», etc. **Ex.** Um lugar com ~s é um cana(via)l. **Idi.** *De uma ~* (só) [«homem» Muito bom/Forte/Enérgico]. *Voz de ~ rachada* [Voz estridente e desafinada]. **Comb.** ~ *de pesca* «de bambu». *fig* ~ *da perna* [Osso da tíbia/Canela]. *fig* ~ [Parte óssea e saliente] *do nariz*. ⇒ bambu; ratã; caniço. **2** ⇒ cana-de-açúcar. **3** Caule de muitas gramíneas «milho/capim/junco». **4** *Col br* ⇒ prisão/xilindró. **5** *Br* ⇒ polícia. **6** *Br* ⇒ Dificuldade/Frete.

canabi(n)áceo, a *adj Bot* (<canabis+-áceo) Da família do cânhamo.

canábis [*Br* **cânabis**] *s f Bot* (<gr *kánnabis*) Cânhamo(+). ⇒ maconha.

canada *s f* (<cana+-ada) **1** Pancada com cana. **2** ⇒ carreiro/a(+).

Canadá *s m Geog* (<?) País do continente norte-americano. **Ex.** A capital do ~ é Otava, as línguas são o inglês e o francês, e os habitantes são canadianos/canadenses.

cana-de-açúcar *s f Bot* Planta gramínea de caule espesso e suculento; *Sáccharum officinárum*.

canadense [**canadiano**] ⇒ Canadá.

canadiana *s f* (<Canadá) Muleta com duplo apoio: para a mão e para o braço. **Ex.** Ele usa [anda de] ~s.

canafístula *s f Bot* (<cana+fístula) Nome comum de várias árvores e arbustos, do gé[ê]nero *Cassia, Senna* e *Petrophorum*.

canal *s m* (<lat *canális,e*: cano) **1** Passagem ou vala para água. **Comb.** ~ *da Mancha* [de Suez/do Panamá]. ~ *de* [para] *irrigação*. ~ *de ventilação* «da mina». ⇒ agueira; conduta[1]; caleira. **2** *fig* Via/Meio/Intermediário. **Loc.** Pedir «uma licença/a patente» pelos [através dos] ~ais competentes. **3** *Anat/Bot* Cavidade em forma de tubo por onde passa algo num organismo ou planta. **Comb.** ~ *cístico* [que sai da vesícula biliar e que, reunindo-se ao ~ hepático, vem a constituir o ~ colédoco]. ~ *lacrimal* [excretor das lágrimas]. ~ *micropilar* ⇒ micrópila. ~ *nasal* [do nariz e fossas nasais] (⇒ narina). ~ *raquiano/raquidiano* [que contém a medula da coluna vertebral]. **Sin.** Ducto. **4** *fig* Meio ou suporte de ondas de rádio/televisão/... enviadas de um emissor para um rece(p)tor. **Ex.** A nossa televisão tem [capta] vários ~ais.

canalha *s/adj 2g* (<it *canaglia*<lat *canis*: cão) **1** Pessoa desprezível/má. **Ex.** Não quero que a minha filha ande com essa [tal] ~ ! Ele é um ~ [patife]. **Comb.** Gente ~/má. **2** *fam/pop* Grupo de crianças/Criançada/Os garotos.

canalhada *s f* (<canalha 1+-ada) **1** Bando de canalhas. **2** ⇒ canalhice.

canalhice *s f* (<canalha 1+-ice) A(c)ção própria [só] de canalha.

caniculado, a *adj* (<canalículo+-ado) Que tem canalículo(s).

canalículo *s m* (<lat *canalículus*: pequeno canal) Pequeno tubo «das folhas de alguns vegetais»/Canalzinho.

canaliforme *adj 2g* (<canal+-forme) Em forma de canal/tubo.

canalização *s f* (<canalizar+-ção) **1** Abertura ou construção de canais «de irrigação, numa zona agrícola». **2** Conjunto de canos «da casa, para a água/dos esgotos da aldeia ou cidade». **3** *fig* Encaminhamento «do pedido pelos canais competentes».

canalizador, ora *s* (<canalizar+-dor) Indivíduo que instala ou conserta canalizações, repara máquinas de lavar, etc.

canalizar *v t* (<canal+-izar) **1** Construir ou abrir canais «para irrigar terrenos». **2** Instalar canos «na casa para as águas/na povoação para a água (potável)/gás/esgotos». **Ex.** As aldeias ainda não têm água canalizada, só têm poços onde vão buscar a água. **3** *fig* Encaminhar/Dirigir. **Ex.** Vamos (procurar) ~ todas as energias para a realização de (nosso) proje(c)to.

cananeu, eia *adj Hist* (<Canaã, região antiga da Fenícia e Palestina) Da terra, tribo ou língua de Canaã.

canapé *s m* (<fr *canapé*) **1** Móvel com assento alongado, braços e espaldar, para (mais de) duas pessoas. **2** *Cul* Pequena fatia de pão ou tosta guarnecida com presunto, pasta de marisco, ... servida como aperitivo/Entrada(+).

Canárias *s f pl Geog* Arquipélago espanhol do Atlântico, a noroeste do Sara. **Ex.** Os habitantes das ~ são canarinos. ⇒ canarim; canarinho.

canarim *adj/s* (<top Canará, Índia) **1** *Hist* Habitante de Goa e Canará/Goês. **2** Uma das línguas decânicas da Índia. **3** *Br* Homem de (pele trigueira e) pernas compridas.

canarinho, a *adj/s* (<canário+-inho) (Diz-se da) sele(c)ção brasileira de futebol que ostenta o conjunto das cores em que se destaca o amarelo-canário. **Comb.** Avançados ~s.

canário, a *s Ornit* (<top Canárias) **1** Ave fringilídea, de lindas cores onde predomina o amarelo, e de voz melodiosa; *Serinus canaria*. **2** *fig* Pessoa que tem uma linda voz, que canta muito bem.

canastra *s f* (<gr *kánastron*: cesto grande; ⇒ cana) **1** Espécie de cesta mais comprida do que larga, e sem asa. **2** *Br* ⇒ canastrão 2.

canastrão, ona *s* (<canastra+-ão) **1** Pessoa alta e desajeitada. **2** *Br* Mau a(c)tor.

canastro *s m* (⇒ canastra) **1** ⇒ cesto «grande das vindimas». **2** *fig* Corpo humano/Costado/Costas. **Idi.** *Dar cabo do ~ a* [Dar uma grande sova a/Matar] alguém.

cana-verde *s f* Dança e modinha popular originária do norte de Portugal/Caninha-verde.

canavial *s m* (⇒ canábis/cana) **1** Lugar com canas/caniços. **2** Plantação de cana-de-açúcar.

canavieiro, a *adj* (<canavial 2+-eiro) Relativo a cana-de-açúcar.

canção *s f* (<lat *cántio,iónis*: a(c)ção de cantar) **1** Composição musical cantada/Cantiga. **Ex.** Já aprendi duas ~ões portuguesas. **Comb.** ~ *de amor*. ~ *de embalar* [de berço/de ninar]. ~ *de Natal* «Noite Feliz/de Paz». ~ *fúnebre*. ~ [Cantiga(+)] *popular*. ~-*tema* [~ principal «do filme»]. ⇒ cântico «religioso»; hino «nacional»; canto «gregoriano»; mod(inh)a. **2** Poema ou poesia que podem ser cantados. **Comb.** ~ *de gesta* [dos feitos (heroicos) dos cavaleiros medievais]. **3** *fig* Voz de ave/Canto(+). **Comb.** ~ *do rouxinol*. ~ *do vento*.

cancela (Cé) *s f* (<lat *cancélli,órum*, dim de *cáncer,cri*: grade) Porta ou armação gradeada, maior que o cancelo. **Comb.** ~s [Taipais/Caniças] do carro de bois. ~s do bardo «das ovelhas». ~ da loja [do curral] «dos porcos». ~ do jardim. ⇒ portão.

cancelamento *s m* (<cancelar+-mento) Anulação/Corte/Supressão. **Comb.** ~ *da dívida*. ~ *da licença*. ~ *da viagem*.

cancelar *v t* (<lat *cancéllo,áre*: pôr grades, riscar, parar; ⇒ cancela) Anular/Cortar/Suprimir/Invalidar/Suspender. **Ex.** A companhia aérea cancelou o voo. Cancelei a reserva no hotel. Cancelaram o cheque porque não tinha provisão/cobertura.

cancelo (Cé) *s m* (⇒ cancela) **1** Porta «gradeada, de madeira» mais estreita que a cancela. **Comb.** Um ~ ao fundo das escadas que vão [dão(+)] para o jardim. **2** ⇒ bardo; cerca.

câncer *s m* (<lat *cáncer,cri*: caranguejo) **1** *Maiúsc* Constelação/Quarto signo do Zodíaco (De 21 de junho a 22 de julho). **Comb.** Trópico de Câncer [Paralelo terrestre de 23° 27' de latitude norte] (⇒ capricórnio **2 Comb.**). **2** *Br* ⇒ cancro(+).

canceração *s f Med* (<cancerar) ⇒ cancerização.

cancer(iz)ar *v int* (<cancro+-...) Ganhar [Transformar-se/Degenerar em] cancro.

cancerígeno, a *adj Med* (<cancro+-geno) «substância/tóxico/gás» Que favorece ou provoca cancro.

cancerização *s f Med* (<cancerizar) Transformação progressiva de células normais em células cancerosas ou tumores malignos.

canceroso, a (Ôso, Ósa/os) *adj/s* (<cancro+-oso) **1** «tumor» Da natureza do cancro. ⇒ carcinoma. **2** Pessoa com cancro.

cancha *s f Br* (<quéchua *kántxa*: recinto, paliçada) **1** Pista para corridas «de cavalos», jogos, etc. **Loc.** Abrir ~/caminho [Dar passagem/Desimpedir]. **2** Lugar de pousio de animais ou parada de pessoas. **3** ⇒ eira/estendal/sequeiro «para tijolos». **4** ⇒ pose. **5** ⇒ «ter» experiência.

cancioneiro *s m Liter* (<canção+-eiro) **1** *Mús* Livro de canções «populares». **2** Cole(c)tânea de poesia lírica «galaico [galego]-portuguesa/medieval/chinesa/japonesa». **Comb.** ~ *da* (Biblioteca da) *Ajuda*. ~ *Português da* (Biblioteca) *Vaticana* (Publicado em 1878 por Teófilo Braga).

cancionista *s 2g* (<canção+-ista) Pessoa que faz canções/Cançonetista.

cançoneta (Nê) *s f Mús* (<canção+-eta) Pequena canção ligeira, bem-humorada ou satírica.

cançonetista *s/adj 2g* (<cançoneta+-ista) **1** Pessoa que faz ou canta cançonetas/Cancionista. **2** Que é próprio da cançoneta.

cancriforme *adj 2g* (⇒ câncer) **1** Que tem a forma de caranguejo. **2** Que tem aspe(c)to de cancro.

cancro *s m Med* (<lat *cáncer,cri*: caranguejo) **1** Tumor maligno que invade um tecido do organismo e pode gerar metástases/Câncer/Carcinoma. **Comb.** ~ *duro/sifilítico* [Lesão «genital» da sífilis, provocada por uma bactéria]. ~ *mole/Cancroide* [Doença sexualmente transmissível provocada por um bacilo]. **2** *fig* Mal/Defeito que se agrava progressivamente. **Ex.** A inveja é um ~ que destrói a amizade [as boas relações] entre as pessoas. **Comb.** «corrupção» ~ *da sociedade* [dum país]. ~ *do vidro* [Defeito de fabrico que faz com que ele se estilhace]. **3** *Bot* Doença dos vegetais «hortaliças/laranjeira/macieira» que causa tumores cavernosos nos caules, tubérculos e raízes. **4** *Mec* Peça de ferro para segurar madeira nos bancos de carpinteiro.

cancroide (Krói) *s m Med* ⇒ cancro **1 Comb.**

candeeiro *s m* (<candeia+-eiro; ⇒ candelabro) **1** Obje(c)to de iluminação elé(c)trica (hoje em dia). **Comb.** ~ *da mes(inh)a de cabeceira.* ~ *de parede.* ~ *de te(c)to* [Lustre/Candelabro]. ⇒ lâmpada; lanterna; lampião. **2** *Br* ⇒ bailarico; fandango.

candeia *s f* (<lat *candéla*: vela, candeia) **1** Luminária cuja luz vem de uma torcida [mecha/dum pavio] mergulhada num pequeno recipiente com óleo/azeite. **Idi.** «casal» *Andar/Estar/Ficar de ~s às avessas* [Andar/... zangados]. **Comb.** Festa das ~s ⇒ candelária. **2** *Bot* Nome comum de várias plantas ou flores «do castanheiro/da faia aromática».

candeio *s m* (<candeia) (Archote para) pesca no(c)turna.

candela (Dé) *s f Fís* (⇒ candeia) Unidade de medida de intensidade luminosa/cd.

candelabro *s m* (<lat *candelábrum*: castiçal) **1** Castiçal «judaico» para muitas velas/Serpentina. **2** Lustre. **Ex.** Do te(c)to da sala pendia um vistoso [lindo] ~ com dez lâmpadas. **3** *Bot* **a)** Uma espécie de cacto; **b)** Planta de jardim como a primavera.

candelária *s f* (⇒ candeia) **1** *Bot* Planta ornamental/Rosa-grega/Candeias; *Verbascum lychtinis*. **2** *maiúsc Rel* Festa da (Purificação de Nossa Senhora e) Apresentação de Jesus no templo, celebrada a 2 de fevereiro.

candência *s f* (<lat *candéntia*: brancura) Estado de candente. **Sin.** Incandescência(+).

candengue *s/adj 2g Ang* (<quimbundo *kandenge*: criancinha) ⇒ garoto.

candente *adj 2g* (<lat *cándens,éntis*: branco, brilhante) **1** «ferro» Que está em brasa/Aquecido ao rubro-claro. **2** ⇒ «sol» ardente. **3** *fig* «problema/assunto/tema» Que causa viva polé[ê]mica.

cândi *adj/s* (<ár *qandi*: açúcar de cana) (Diz-se de) açúcar refinado e cristalizado. ⇒ caramelo **1/2.**

cândida *s f Med* (<cândido) **1** Fungo causador de micoses, vaginites, aftas e sapinhos. ⇒ candidíase. **2** *Br* ⇒ cachaça.

candidatar *v t* (<candidato+-ar¹) **1** Propor para um fim/cargo. **Ex.** Vou ~-me a Presidente da República com o apoio do meu partido. **Loc.** *~-se a uma bolsa de estudo* [a um emprego no banco]. ~ *a cidade a patrimó[ô]nio mundial*. **2** *fig* ~-se/Oferecer-se. **Loc.** ~-se para ajudar um amigo. **3** *iron* ~-se/Arriscar-se. **Loc.** ~-se a ser expulso da escola [a ir para a cadeia].

candidato, a *s* (<lat *candidátus,a,um*: vestido de branco; ⇒ cândido) **1** Pretendente a alguma coisa. **Ex.** Este colégio tem sempre muitos ~s [pedidos de admissão]. **2** Pessoa que se candidata a um cargo ele(c)tivo. **Ex.** Nestas eleições há dois ~s presidenciais [~s à Presidência (da República)].

candidatura *s f* (<candidato+-ura) Qualidade/Pretensão de candidato. **Ex.** Apresentei [Entreguei] hoje a minha ~, que é apoiada por muita gente.

candidez ⇒ candura.

candidíase *s f Med* (<cândida+-íase) Infe(c)ção «da boca/vagina/do intestino» causada pelo fungo cândida.

cândido, a *adj* (<lat *cándidus,a,um*: branco, belo, feliz; ⇒ cândida) **1** Branco/Alvo. **Comb.** Veste ~a. **2** *fig* Puro/Inocente. **Comb.** *Um ar* [rosto] ~/inocente/encantador. *Uma alma ~a*/pura. *Uma criancinha ~ /inocente/linda*.

candiru *s m Icti* Nome tupi de vários peixes.

candomblé *s m* (< ?) Religião animista trazida pelos negros para o Brasil e praticada na Baía. ⇒ orixá.

candonga *s f* (< ?) **1** ⇒ «dólares/computadores de» contrabando(+). **2** ⇒ carinho fingido; lisonja/bajulação. **3** ⇒ mexerico.

candongueiro, a *s/adj* (<candonga+-eiro) **1** ⇒ contrabandista. **2** ⇒ impostor/lisonjeiro. **3** ⇒ mexeriqueiro.

candor *s m* (<lat *cándor,óris*: brancura, brilho) ⇒ candura.

candura *s f* (<cândido+-ura) **1** Inocência «de criança»/Pureza. **2** Simplicidade/Ingenuidade/Franqueza «de homem do campo». **3** ⇒ alvura «da neve».

caneca (Né) *s f* (<cana+-eca) **1** Copo grande com asa. **Comb.** Uma ~ de cerveja. **2** *pop* Jarra. **Ex.** Fui à pipa e trouxe uma ~ de vinho.

canecada *s f* (<caneca+-ada) Conteúdo da caneca.

caneco (Né) *s m* (<caneca) **1** Púcaro grande. **Idi.** *Pintar o ~*/o sete [Causar distúrbio/Ralhar]. «ser/ ele é» *Levado do ~*/do diabo [Perigoso/Mau/Assassino]. **2** *Br* ⇒ taça «do campeonato de futebol».

canéfora *s f Arquit* (<gr *kanephóros*: que leva açafate) Estátua feminina «cariátide» com açafate de flores à cabeça.

caneiro *s m* (<cano+-eiro) **1** Canal pequeno e estreito «de pedra/de bambu» por onde corre a água «para regar». ⇒ agueiro/a. **2** Qualquer passagem estreita com água «no mar entre rochedos/no rio para apanhar o peixe ou passar o barco».

canejo, a *adj* (<cão+-ejo) **1** De ou parecido a cão. **Sin.** Canino(+). **2** Que tem as pernas tortas.

canela (Né) *s f* (<cana+-ela) **1** *Bot* ⇒ caneleira. **2** *Bot* Casca acastanhada da caneleira, de aroma e sabor agradáveis, usada para vários fins, em pó ou canudinhos. **Comb.** *Arroz doce* [Creme] *com ~. Casaco cor de ~. (Moça) morena de tez ~.* **3** *Anat* Parte da frente da perna. **Idi.** *Dar às ~s* [Fugir]. *Esticar a ~* /o pernil(+) [Morrer]. *Ter ~ de cachorro* [Poder andar muito]. **Comb.** ~s [Pernas] de maçarico [compridas e finas]. **Ant.** Barriga da perna. ⇒ canelada. **4** *Mec* Canudo em que se enrola o fio de tecer «nas fábricas». **5** *Br* Tribo indígena do Maranhão.

canelãceo, a *adj Bot* (<canela+-áceo) Relativo às árvores do tipo canela e magnólia.

canelada *s f* (<canela 3+-ada) Pancada na canela da perna «no futebol/contra um obstáculo».

canelado, a *adj/s* (<canelar) **1** «papelão/cartão» Com caneluras/«coluna/vidro» Estriado. **2** *s* Ponto de malha «nos punhos» que forma caneluras ou estrias.

canelão *s m* (<canela+-ão) **1** Grande ou forte pontapé [canelada] «no futebol». **2** *Cul* Confeito de canela [cidra] e açúcar.

canelar *v t* (<canelura+-ar¹) Formar caneluras «no papel(-cart)ão/nos punhos da roupa»/Abrir estrias «no mármore».

caneleira *s f* (<canela +-eira) **1** *Bot* Árvore laureácea nativa da Índia e do Sri Lanka, cuja casca aromática é a canela; *Cinnamomum zeylanicum*. **2** *(D)esp* Material acolchoado para defender as pernas «no hóquei em patins».

canelura *s f Arquit* (<canela+-ura) Sulco ou estria em forma de meia-cana «numa coluna de mármore/no caule de uma planta/no miolo do livro encadernado».

caneta (Nê) *s f* (<cana+-eta) **1** Utensílio para escrever com tinta/Pena «com cabo de pau e aparo». **Comb.** ~ *de feltro* [com ponta grossa e porosa/para assinatura/Marcador]. ~ *de tinta permanente* [~ com depósito ou carga de tinta]. (~) *esferográfica* [com bolinha metálica na ponta]. ~ *luminosa* [sensível à luz e que, tocando no visor do computador, transmite ordens]. ~ *ó(p)tica* [Dispositivo de identificação fotossensível para leitura de código de barras e digitalização automática de texto]. **2** *Med* Cabo ou pinça com que os cirurgiões seguram o cautério. **3** *fig col* Perna comprida e delgada. **Idi.** *Ir-se abaixo das* [Não se aguentar nas] *~s* [Fraquejar ou desistir por falta de forças ou de coragem/Cair].

caneta-tinteiro[-fonte] *s f Br* ⇒ caneta de tinta permanente.

canfeno *s m Quím* (<cânf(ora)+-eno) Um terpeno usado no fabrico de cânfora artificial/sintética.

cânfora *s f* (<ár *al-kafur*) **1** *Bot* ⇒ canforeira. **2** *Quím* Substância branca, cristalina, extraída da canforeira e usada em terapêutica e fabrico de celuloide, etc.

canforeira *s f Bot* (<cânfora+-eira) Árvore laurácea, aromática, de cuja madeira se extrai a cânfora; *Cinnamomum canphora*.

canga *s f* (< ?) **1** Jugo «para os bois». **2** Pau que assenta no ombro de dois homens para transportar coisas pesadas. **3** *Hist* Instrumento de suplício chinês carregado aos ombros. **4** *fig* Opressão/Jugo/Domínio.

cangaceiro *s m* (<cangaço+-eiro) Antigo bandido armado do Nordeste br.

cangaço *s m* (<canga+-aço) **1** Bagaço(+) das uvas depois de pisadas. **2** Conjunto de trastes «de um pobre»/Tralha(+). **3** ⇒ banditismo.

cangalha *s f* (<canga+-alha) **1** Artefa(c)to «de madeira» colocado em cima da albarda «do cavalo» para levar carga de ambos os lados e bem equilibrada. **Idi.** «cair» *De ~s* [De cabeça para baixo/De pernas para o ar/De ponta-cabeça]. *pl col* Óculos. **Ex.** Perdi [Não sei onde pus] as minhas ~s.

cangalhada *s f col* (<cangalha+-ada) Montão de coisas sem valor/de cangalhos/tarecos/cacarecos.

cangalheiro, a *s/adj* (<cangalho+-eiro) **1** Agente funerário. **2** ⇒ almocreve/arrieiro.

cangalho *s m* (<canga+-alho) **1** Pau do jugo ou da molhelha. **2** Pessoa ou coisa fraca e sem préstimo.

cangote *s m* ⇒ cogote.

canguru *s m Zool* (<ing *kanga[oo]roo* < ?) Mamífero marsupial «da Austrália», herbívoro, de membros posteriores longos e fortes para saltar.

canhamaço *s m* (<cânhamo+-aço) Tecido grosseiro de fio de cânhamo ou de estopa de linho. ⇒ calhamaço.

cânhamo s m Bot (<lat *cánnabum* <gr *kánnabis*) Planta herbácea, ere(c)ta, da família das canabináceas, com fibras usadas nos têxteis e folhas e sementes usadas para drogas; *Cannabis sativa*. ⇒ liamba; maconha; marijuana.

canhangulo s m (<quimbundo *kunyanga*: matar + *ngulu*: porco) Qualquer espingarda de carregar pela boca, de fabrico artesanal.

canhão s m (<esp *cañon*; ⇒ cana) **1** Arma de elevado calibre para proje(c)tar granadas. **2** Várias coisas em forma de ~ «tubo de microscópio/cano de bota/cilindro de fechadura». **3** Extremidade revirada «da manga de farda/da camisa». **4** Vale estreito e profundo «do Colorado, EUA»/ Garganta (+)/ Desfiladeiro(o+). **5** *Futebol* ⇒ canhonaço 2.

canhenho (Nhê) s m (<?) Caderno(+) de apontamentos. ⇒ agenda.

canhestro, a (Nhês) adj (<canhoto+destro) **1** Falto de habilidade/Desajeitado/ Desastrado. **Ex.** Desculpe, eu sou um pouco ~. **2** Feito ao contrário/Malfeito. **Ex.** A obra «estátua/poesia» era uma imitação ~a do original. **3** ⇒ tímido/acanhado.

canhonaço s m (<canhão+-aço) **1** Tiro/Disparo de canhão. **2** *Futebol* Chuto/e violento/Balázio.

canhonada [canhoneio] s (<canhão+...) Descarga de canhões/Tiroteio.

canhoneira s f (<canhão+-eira) **1** *Arquit* Abertura em parapeito na muralha ou costado de navio onde estão os canhões. **2** *Mar* Navio com canhões de calibre reduzido «para operações de defesa de rios e costas».

canhoto, a (Nhô, Nhó) adj/s (< ?) **1** Que usa mais a mão e o pé esquerdo/Sinistro/ Esquerd(in)o(+). **Ex.** Eu sou ~, como e escrevo com a (mão) esquerda. **Ant.** Destro; direito; destrímano. **2** ⇒ canhestro. **3** ⇒ acha (torta ou nodosa para queimar). **4** ⇒ diabo. **5** Parte de um bloco de cheques/ recibos/notas fiscais» que não se destaca [tira/corta] para ficar como prova.

canibal adj/s 2g (<esp *caníbal* <caraíba, antiga língua das Antilhas *caribal/caribe*: ousado) **1** Pessoa que come carne humana/ Antropófago(+). **2** Bicho que pode devorar os da sua espécie «escorpião/gata». **3** *fig* Pessoa cruel/Assassino(+).

canibalesco, a (Lês) adj (<canibal+-esco) Próprio de canibal.

canibalismo s m (<canibal+-ismo) **1** Hábito de comer carne humana/Antropofagia(+). **2** A(c)to de alguns animais comerem os da mesma [sua] espécie. **3** *fig* ⇒ ferocidade.

caniçada s f (caniço+-ada) Sebe, latada ou armação feita com caniços ou canas. ⇒ paliçada.

caniche s *Zool* (<fr *caniche*) Cão de água (de pelo) felpudo e frisado.

canície s f (<lat *caníties*: cor branca «do cabelo», velhice) **1** Cabelos brancos/Cãs (da idade). **2** ⇒ velhice.

canicho s (<fr *caniche*) ⇒ cão(zinho/zito).

caniço s m Bot (cana+-iço) **1** Planta gramínea de colmo lenhoso; *Phragmitis communis*. **2** Utensílio ou armação feitos com ~s. **3** *fig* ⇒ magricela. **4** *fig* ⇒ caneta 3. **5** *Moç* Bairro de casas pobres/Bairro de lata/Favela.

canícula s f *Astr* (<lat *canícula*: cadelinha) **1** *maiúsc* Antigo nome de Sírio, a estrela mais brilhante da constelação Cão Maior. **2** Época do ano em que Sírio está em conjugação com o Sol, em agosto, nos grandes calores de verão no hemisfério norte. **3** Calor intenso a meio do dia. **Ex.** Passara a ~, já podíamos retomar a caminhada.

canicular adj 2g (<canícula+-ar²) **1** Relativo ao tempo da canícula/Calmoso. **Comb.** Dias [Calores] ~res/de canícula. **2** ⇒ ardente; fogoso.

canicultura s f (<cão+...) Criação e aperfeiçoamento de raças de cães.

canídeo, a adj/s (<cão+-ídeo) (Diz-se de) mamífero carnívoro, com garras não retrá(c)teis «lobo/ raposa». ⇒ canino.

canídromo s m (<cão+-dromo) Recinto «em Macau» onde se realizam corridas de cães.

canifraz s m (⇒ cão; escanifrado) Magro como cão faminto/Escanzelado/Magricela.

canil s m (<cão+-il) Local onde se guardam, criam ou vendem cães.

canino, a adj/s (<lat *canínus,a,um*: de cão) **1** Relativo a [De] cão. **Comb.** *Exposição* ~a. *idi* *Fome* ~a [que leva a comer em excesso/insaciável/devoradora]. *Raça* ~a «são bernardo». ⇒ canídeo. **2** *Anat* (Diz-se de) dentes situados entre os incisivos e os molares, com função de rasgar os alimentos. **Ex.** Os dentes ~s são quatro.

canivete (Vé) s m (<frâncico *knif*: faca, navalha) **1** Navalha pequena «de trazer no bolso». **Idi.** *Dar aos* ~*s* [Fugir]. «vou enfrentar o meu adversário» *Nem* [Mesmo] *que chovam* ~*s* [Custe o que custar/Haja o que houver]. *Ser espirra-~s* [agastadiço/violento/descontrolado].

canja s f (mal *kanji*: arroz com água) **1** *Cul* Sopa/Caldo de galinha com arroz. **Idi.** *Ser* ~ [Ser coisa muito fácil] (Ex. Você é capaz de resolver este problema «de matemática»? - (Sou.) Isso, para mim, é ~). **2** *Br Mús* Canção (pedida pelo público) fora do programa/Bis(+). **3** ⇒ embriaguez.

canjica s f *Br* (<canja+-ica) **1** *Cul* Papa cremosa de milho ralado e cozido com leite e açúcar. **Idi.** *Pôr fogo na* ~ a) Provocar confusão «na reunião»; b) Animar «a festa/a reunião». **2** *pl* Dentes. **Idi.** *Pôr as* ~*s de fora* [Sorrir mostrando os dentes]. **3** ⇒ cachaça. **4** ⇒ bebedeira. **5** ⇒ argamassa com mistura de areão/cascalho. **6** *pop* ⇒ cisticerco.

canjirão s m (<quicongo *cangilu*: tacho) **1** Jarro de boca larga «para vinho». **2** *fig* Coisa ou pessoa grande e malfeita/desajeitada.

cano s m (<cana) **1** Tubo para condução de líquido ou gás. **Comb.** ~ da chaminé. **Idi.** *Dar o* ~ [Não comparecer «à reunião»/ Fazer gazeta]. *Entrar pelo* ~ [«negócio» Falhar]. ⇒ canal(izar)/aqueduto/goteira. **2** Parte da arma por onde sai a bala/o proje(c)til. **Comb.** ~ da espingarda. **3** Parte tubular de bota, meia ou luva. **Comb.** Bota de ~ alto [de meio ~]. **4** *Br fig* Situação difícil/Mau negócio (⇒ **1** *Idi.*).

canoa (Nô) s f *Náut* (<aruaque *canoa*) **1** Pequena embarcação a remos, estreita e comprida «feita dum tronco de árvore e us para (d)esp»/Piroga/Esquife. **Idi.** *Não embarcar em* ~ *furada* [Não se arriscar/ Ser previdente]. *Não ir/«vou» nessa* ~ / treta [Não se deixar enganar]. **2** *fig* Algo «frigideira de barro/banheira/pão/...» em forma de ~ . **3** *col* Viatura policial para levar presos.

canoagem s f (<canoa+-agem) **1** *(D)esp* Competição «olímpica» geralmente em rios com rápidos, feita em canoa ou caiaque. **2** Transporte em canoa.

canoeiro, a adj/s (<canoa+-eiro) (Diz-se de) «quem faz/conduz» canoa.

canoísta s 2g *(D)esp* (<canoa+-ista) Pessoa que pratica canoagem.

cânon(e) s m (<gr *kánon,nónos*: haste «de junco», régua, regra, padrão) **1** Norma geral que é regra ou modelo de normas concretas/particulares. **Ex.** A simetria é um dos ~es da arquite(c)tura. «a estátua» Embora bonita sai fora dos ~es da beleza clássica. Os artistas «escultores» não têm todos o mesmo ~. **2** Decreto ou lei da Igreja. ⇒ (direito) canónico. **3** Lista/Catálogo. **Comb.** ~ (dos livros) da Sagrada Escritura. ⇒ apócrifo. **4** (Orações da) parte mais importante e menos variável da Missa. **5** *Mús* Composição ou canto em que se repete «a contraponto», em tempos diferentes, a parte inicial. **Comb.** ~ à oitava [em que o coro repete a parte inicial uma oitava acima].

canonicato s m (⇒ cónego) ⇒ conezia.

canónico, a [*Br* **canônico**] adj (gr *kanonikós*: feito segundo as regras) **1** Relativo aos cânones/Segundo as regras/ Conforme às normas. **Comb.** *Horas* ~*as* «da liturgia/para rezar o breviário». *Livro* ~ «da Sagrada Escritura». ⇒ có[ô]nego. **2** *col* Corre(c)to/Bom. **Ex.** Um professor (a) dizer palavrões [embebedar-se] não é (lá) muito ~.

canonista s 2g (<cânon(e) **2** +-ista) Especialista em direito canó[ô]nico.

canonização s f (<canonizar+-ção) **1** Declaração solene do Papa que estabelece culto público e universal a uma pessoa falecida e que passa a ser denominada santo/a. **Comb.** ~ de São João de Brito (em 1947). ⇒ beatificação. **2** *fig* ⇒ glorificação/consagração/enaltecimento.

canonizar v t (<cânon(e) **3** +-izar) **1** Inscrever na lista dos santos/Declarar santo/a. ⇒ canonização. **2** *fig* ⇒ consagrar «um costume»/enaltecer/glorificar.

canoro, a (Nó) adj (<lat *canórus,a,um*) **1** Que canta/Sonoro/Cantante. **Comb.** «rouxinol» *Ave* ~*a*. *Voz* ~*a*/linda «de jovem». **2** ⇒ melodioso/suave.

cansaço s m (<cansar+-aço) **1** Fadiga. **Ex.** Estou morto de ~ [Estou muito cansado/ fatigado]. **2** ⇒ aborrecimento/tédio.

cansado, a adj (<cansar) **1** Sem forças/ Fatigado/Exausto. **Ex.** Hoje trabalhei dez horas, fiquei ~. **2** *fig* Farto/Cheio/Aborrecido. **Ex.** Já estou ~ das [de ouvir as] suas queixas/reclamações. **3** *fig* Gasto/Fraco/ Acabado. **Comb.** *Máquina* ~/acabada/ gasta. *Terreno* ~ (por cultivo excessivo). *Vista* ~ /enfraquecida/fraca «do velhinho».

cansar v t/int (<lat *cámpso,áre*: dobrar «o cabo da Boa Esperança») **1** Produzir cansaço/Deixar sem forças/Fatigar. **Ex.** Cansei-me muito na subida do monte. **Prov.** *Quem corre por gosto não (se) cansa* [Quem faz aquilo de que gosta não sente o cansaço]. **2** Fartar/Enfadar/Saturar/Aborrecer. **Ex.** Cansei-me de esperar (pel)o autocarro/ônibus. Cansei-me [Fiquei farto/ cheio] de estudar, abandonei a escola e arranjei um emprego. Cansaram-no «o conferencista» com perguntas disparatadas. **Loc.** ~ *o auditório* [os ouvintes] «falando duas horas». «ruído» ~ *os ouvidos*. **3** Diminuir ou esgotar a capacidade de agir/ produzir. **Loc.** ~ *a cabeça* «com preocupações». ~ a vista «a ler com pouca luz». ~ *a terra* «com as mesmas ou sucessivas sementeiras».

cansativo, a adj (<cansar+-ivo) **1** Que causa cansaço/Fatigante/Extenuante. **Comb.** Trabalho ~. **2** ⇒ «discurso» enfadonho/ pesado.

canseira s f (<cansar+-eira) **1** ⇒ cansaço. **2** Trabalho/Luta/Preocupação. **Ex.** Com a [Por causa da] morte do (meu) marido, passei muitas ~s para criar os filhos.

cantábile *adj/s Mús* (<it *cantabile*) 1 ⇒ cantável/cantante. 2 Trecho melodioso próprio para canto.

cantada *s f* (<cantar + -ada; ⇒ cantata) 1 ⇒ cantoria. 2 *Br* A(c)to de conquistar com palavras elogiosas/Cantilena. **Idi.** *Dar* [Passar] *uma ~ em* [Tentar seduzir] *alguém*. ⇒ cantiga; cantata 2; conversa/léria/lábia.

cantadeira *s f pop* (<cantado+-eira) Mulher que canta ou gosta de cantar/Cantora(+). **Ex.** Na minha terra há muitas ~s. ⇒ cantor.

cantante *adj/s 2g* (<cantar+-ante) 1 Próprio para ser cantado/Cantábile. 2 Que canta/Canoro 1. 3 *s* ⇒ relógio despertador. 4 *Br* ⇒ fulano/cara «vigarista». 5 *Br* ⇒ dinheiro; moeda sonante.

cantão *s m* (<canto+-ão) 1 Divisão territorial e administrativa. **Ex.** A Suíça está dividida em ~ões. 2 Cada um dos quatro cantos dum brasão divididos por uma cruz.

cantar *v int/t/s m* (<lat *cánto,áre* frequentativo de *cáno,ere*) 1 «pessoa/ave/inse(c)to» Emitir sons melodiosos/Entoar. **Loc.** *~ bem*. *~ desafinado*. *~ o hino nacional* [da escola]. **Idi.** *~ de galo* [Falar com arrogância]. *~ vitória* [Alegrar-se por ter conseguido o que queria] (Ex. Espere [Cuidado] ! Ainda é cedo para ~ vitória!). **Comb.** Missa cantada. 2 Celebrar/Enaltecer «em verso ou em prosa»/Louvar. **Ex.** Camões cantou os (grandes) feitos dos portugueses no seu poema épico *Os Lusíadas*. **Loc.** *~ a primavera*. *~ o amor*. 3 *col* Dizer/Repreender/Replicar. **Ex.** Ele não cumpriu a sua obrigação, mas eu cantei[disse]-lhas [mas eu repreendi-o bem/severamente]. 4 *Br* Atrair/Conquistar. **Ex.** Cantou o amigo para entrar no clube. 5 *s* Canção/Cantiga/Cântico. **Comb.** ~es do Alentejo (Portugal).

cântara *s f* (<cântaro) Vasilha bojuda, menor que o cântaro e maior que a caneca ou o jarro.

cantaria *s f* (<canto+-aria) Pedra «de granito» trabalhada em forma geométrica «quadrada/re(c)tangular» para construção. **Comb.** Edifício «casa» de ~.

cantárida *s f Ent* (<gr *kantharis,idos*) Besouro de cor brilhante de que se prepara(va) um pó medicinal; *Litta vesicatoria*.

cântaro *s m* (<lat *cántharus*) Vasilha bojuda com asa(s) para transporte de líquidos. **Idi.** *Chover* [A chuva cair] *a ~s* [Chover torrencialmente].

cantarolar *v t/int* (<cantar+-ola+-ar¹) 1 Cantar baixo/a meia voz/Trautear. 2 ⇒ cantar mal; desafinar. 3 *col* ⇒ cantar 3.

cantata *s f Mús* (<it *cantata*) 1 Composição vocal-instrumental constituída por árias, recitativos e coros. **Comb.** ~s de João Sebastião Bach. 2 *col* ⇒ léria/conversa/*Br* cantada 2.

canteira *s f* (<canto+-eira) 1 Pedreira onde se extrai pedra para cantaria. 2 Qualquer mina a descoberto/à superfície.

canteiro *s m* (<canto+-eiro) 1 Pedaço de terreno demarcado para semear algo «arroz» para transplantar/Viveiro/Alfobre/Tabuleiro. **Ex.** As couves do ~ já nasceram. 2 Cada divisão do jardim. **Comb.** Lindos ~s de flores com pequenas sebes de buxo. 3 Artista que trabalha em cantaria. 4 ⇒ estaleiro(+) «das obras». 5 Poial ou suporte «de madeira para colocar tonéis, etc.».

cântico *s m Mús* (<lat *cánticum,ci*) Canto religioso. **Comb.** ~ [Canção] *de Natal*. *~ fúnebre*. *~ dos Cânticos* [Livro do Antigo Testamento atribuído a Salomão]. ⇒ hino; canção.

cantiga *s f* (<cântico) 1 *Mús* Canto popular «em estrofes ou quadras» com rima».

Comb. ~ [Canção(+)] *de embalar/ninar* [~ para adormecer crianças]. *~ de rua* [~ popular/da moda]. 2 *Liter* Poesia de versos curtos «própria para ser cantada pelos trovadores medievais». **Comb.** *~ de amigo* [em que a amada se dirige ao amigo/namorado]. *~ de escárnio e maldizer* [~ mais ou menos satírica/mordaz]. 3 *iron* Conversa feita com astúcia/Léria. **Ex.** Eu bem [já] o conheço; você é sempre [vem sempre com] a mesma ~/história/léria/desculpa! **Idi.** «convenci-o» *Com duas ~s* [Com toda a facilidade/Facilmente]. *Deixar-se de ~s* [Pôr termo a argumentos/desculpas] (Ex. Deixa-te de ~s e paga-me o que deves!). *Ir na ~* [Deixar-se enganar/levar] (Ex. Foste na ~ do charlatão, agora sofres as consequências...). «eu já te disse tudo (o que era para dizer)» *O resto são ~s*/histórias [Não há mais nada a dizer/O resto não importa]. 4 *col* ⇒ mentira.

cantil *s m* (< ?) 1 Recipiente redondo e achatado para levar líquidos «água» na mochila. ⇒ cabaça; garrafa. 2 Instrumento de carpinteiro para esquadria das tábuas parecido à plaina. 3 Instrumento de escultor para alisar ou trabalhar a pedra.

cantilena (Lê) *s f* (<lat *cantilena*) 1 Melodia ou canto dolente «das carpideiras». 2 Canto suave «pastoril»/mavioso «do rouxinol». 3 *col* Conversa para enganar ou se desculpar/Cantiga 3. **Idi.** «pessoa teimosa» *Estar* [Voltar/Vir] *sempre com a mesma ~* «mas não convencer ninguém». 4 Cantiga monótona/enfadonha «de bêbedo». 5 Repetição de queixas/lamúrias.

cantina *s f* (<it *cantina*: adega «de vinho») 1 Refeitório «da escola/fábrica». 2 Pequeno estabelecimento «no mato» para venda de alimentos e bebidas.

cantinho *s m* (<canto+-inho) 1 Lugar pequeno/modesto/escondido. **Ex.** O pobre(zinho) disse que se contentava com [que lhe bastava] um ~ para viver. 2 Jogo infantil em que a criança que está no meio tenta ocupar o lugar [canto] de mais quatro. **Loc.** Jogar [Brincar] aos quatro ~s. 3 Pequeno canto.

canto¹ *s m Mús* (<lat *cantus,us* <*canto,áre*: cantar) 1 A(c)to de cantar/Emissão de sons melodiosos. **Loc.** Estudar ~ [a arte de cantar]. **Comb.** *~ coral* [por um grupo [coro] de pessoas a uma ou mais vozes]. *~ gregoriano* [litúrgico fixado pelo papa Gregório I no fim do séc. VI]. *O ~* [A voz] *da cigarra*. *O ~ do rouxinol*. **Idi.** «deixou-se ir no» *~ de sereia* [Palavras lisonjeiras mas enganadoras/Cilada] «e o sócio ficou dono único da firma». «o papel naquele filme foi» *O ~ do cisne* [A última mas boa a(c)tuação] «do a(c)tor». ⇒ cantiga 1. 2 *Liter* Cada uma das partes ou capítulos em que se divide um longo poema épico. **Ex.** *Os Lusíadas* têm dez ~s. ⇒ cantiga 2.

canto² *s m* (< ?) 1 Ângulo formado por duas linhas ou superfícies. **Comb.** *~ «superior direito» da página*. «os quatro» *~s da sala*. ⇒ esquina; aresta. 2 Lugar. **Ex.** Esta planta nasce/dá-se/cresce em qualquer [todo o] ~. 3 Lado/Ponta/Extremidade. **Idi.** *Olhar pelo ~ do olho* [Olhar de soslaio para disfarçar]. *Pôr* «o aparelho de TV a preto e branco» *para um ~* [Arrumar/Não usar]. *Ser posto a um ~* [Ser tratado como incapaz/inútil] «pelos colegas da equipa/e». **Comb.** *~ /Lado «esquerdo» da boca* [dos lábios]. *~ do olho*. 3 *Arquit* Pedra angular para fazer [formar] o ângulo de duas paredes. 4 *futebol* Falta que dá origem a chutar a bola de um dos ~s do campo na linha da baliza do que fez a falta. **Loc.** *Chutar para ~* [para fora da linha da própria baliza]. *Marcar o* [Chutar a bola do] *~*.

cantochão *s m Mús* (<canto¹+chão) 1 Canto da liturgia cristã, monódico e de ritmo livre/Variedade do canto gregoriano. 2 *fig* Algo muito monótono/repetido/Cantilena.

cantoneira *s f* (<canto²+-eira) 1 Prateleira móvel ou fixa num canto «da sala, para expor loiças antigas». 2 Qualquer obje(c)to ou peça que reforça um canto «da mala/da parede/do livro encadernado».

cantonense ⇒ cantonês.

cantonês, esa *adj/s* (<*top* Cantão/Guangzou) (Pessoa, língua ou diale(c)to) de Cantão «e Macau», sul da China.

cantor, ora *s* (<lat *cántor,óris*) 1 Quem canta «por profissão». 2 ⇒ poeta épico «Camões».

cantoria *s f* (<cantor+-ia) 1 A(c)ção de cantar/Canto¹ 1/Cantiga. 2 *depr* O cantar mal/desafinado/sem graça. ⇒ cantilena.

canudo *s m* (cana+-udo) 1 Tubo cilíndrico «de papel/plástico/metal». **Ex.** Gosto de beber o sumo «de laranja» por um canud(inh)o [uma palhinha]. **Idi.** *Ver por um ~* [Não poder ter o que se deseja/Perder] (Ex. Viu a herança dos tios por um ~). 2 *fig* Sarilho(+)/Complicação/Desgraça(o+). **Ex.** Que ~ ! «roubaram-me o carro». **Loc.** Apanhar [Levar] um ~ [Ser enganado «roubado»]. 3 *col* Diploma(+) de formatura «na universidade, enrolado e metido num invólucro redondo». **Ex.** Já recebi [tenho] o meu ~. 4 *fig* Rolo de cabelo de mulher em espiral e a cair dos lados.

cânula *s f Med* (<lat *cánnula*; ⇒ cana) Pequeno tubo «de plástico» que se pode adaptar a seringas ou outros instrumentos cirúrgicos. **Ex.** Depois de utilizar o irrigador desinfe(c)tava a ~.

canutilho *s m* (<lat *cannútus,a,um*: como cana+-ilho) 1 Fio de oiro ou prata enrolado em espiral próprio para bordar, compor flores artificiais, etc. **Comb.** Bordado a ~. 2 Fio de latão prateado que se enrola em torno das cordas de tripa para fazer os bordões dos instrumentos de corda. 3 ⇒ vidrilho.

canzá *s m Mús* (<quimbundo *nganza*: cabaça, chocalho) Instrumento de bambu ou rama de coqueiro que se toca passando com uma vareta sobre as suas incisões ou dentes. ⇒ reco-reco.

canzarrão *s m Zool* (<cão+-arrão) Cão muito grande.

canzoada *s f* (<cão+z+o+-ada) 1 Aglomeração de cães «a ladrar». 2 *fig* ⇒ Cambada/Corja/Súcia.

cão¹ *s m* (<lat *cáni[e]s,is*; ⇒ cadela) 1 *Zool* Mamífero doméstico, amigo e defensor do homem; *Canis familiáris*. **Prov.** *~ que ladra não morde* [Quem ameaça com muitas palavras não é perigoso]. **Idi.** *Ser como (o) ~ e (o) gato* [Andar às turras/Não se entender/Brigar «é a vida daqueles dois empregados». *Viver como um* [*Levar vida de*] *~* [Viver abandonado/pobre/como um desgraçado]. *Ter fome de ~* [Andar sempre com vontade de comer]. *Serem trinta* [muitos/dois] *cães a um osso* [Disputar/Quererem vários a mesma coisa «emprego que é só para uma pessoa»]. **Comb.** *~ de fila* [de guarda]. ⇒ *~-guia*. *~ polícia* [Pastor-alemão]. **Sin.** Cachorro. 2 *cal* Pessoa má. **Ex.** Ah ~, que me roubaste! 3 *Astr* Nome de duas constelações **a)** Cão Maior (Do hemisfério norte, onde está Sírio, a estrela mais brilhante); **b)** Cão Menor (Do hemisfério sul). 3 Peça de percussão sobre a cápsula do cartucho «da espingarda» que provoca a explosão. 4 ⇒ calote.

cão² s m (<tártaro *(k)han*: príncipe, senhor) *Hist* Título do imperador mongol. **Comb.** Gengis Cão [khan].

-ção *suf* (<lat *-tio* «*auditio*: audição») Exprime a ideia de a(c)ção do verbo de que deriva/vem «*áudio,íre,ítum*: ouvir».

cão-guia s m Cão treinado para guiar deficientes visuais.

caolho, a (Càò) *adj/s* (<quimbundo *ka*: pequeno+...) **1** (O) que tem só um olho/Zarolho(+). **2** ⇒ estrábico; vesgo.

caos (Cá-òs) s m 2n (<gr *kháos*: abismo) **1** Vazio primordial e informe do Universo. **Ant.** Cosmos. **2** Situação indefinida/Estado indiferenciado de vários elementos «físicos/químicos». **3** *fig* Confusão/Desordem. **Ex.** A vida [família/casa] dele é um ~.

caótico, a *adj* (<fr *chaotique*) Em estado de caos/Desordenado/Confuso. **Comb.** Trânsito ~.

capa¹ s f (<lat *cappa*: manto com capuz) **1** Veste ampla e sem mangas que se usa sobre a outra roupa. **Comb.** ~ *de asperges* [Pluvial] (A que se usa na igreja para aspergir água benta). ~ *de borracha/* chuva/oleado [Impermeável]. **Idi.** «filme/romance» *De ~ e espada* [Em que os heróis [a(c)tores] travam grandes lutas]. ⇒ capote; manto; sobretudo. **2** Parte de fora/Cobert(ur)a. **Ex.** O título do livro vem na ~ e na lombada. Vou pôr uma ~ ao livro «que comprei». A foto dessa a(c)triz vem na ~ da revista. Preço de ~ [Valor de um livro para o consumidor]. **3** ⇒ camada «de ozono/ozó[ô]nio»; demão «de tinta»; revestimento «de parede». **4** Pedaço de tecido vermelho (por um dos lados) usado nas touradas para lidar o touro. **5** *fig* Aparência/Disfarce. **Comb.** ~ *de santidade* [Santidade falsa/só por fora/Hipocrisia]. **6** *fig* Prote(c)ção/Invólucro. **Loc.** Ser ~ de [Encobrir/Proteger] alguém.

capa² [K] s m *Ling* (<gr *káppa*) Nome da décima letra do alfabeto grego e da décima primeira do alfabeto português.

capa [capação/capadura] s f (<capar) A(c)to ou efeito de capar/castrar «animais». ⇒ emascular.

capacete (Cê) s m (<cabaz+-ete) **1** Armadura para proteger a cabeça. **Idi.** *Abanar o ~* [Dançar]. **Comb.** *fig* ~ *de gelo* [Camada/Compressa de gelo aplicada à cabeça dos doentes]. ~ *de prote(c)ção* «nas obras». ⇒ elmo. **2** *col* ⇒ cabeça/tola/cachimónia. **3** *fig* Parte superior «de alambique/cabrestante/moinho de vento/...»/Cobertura.

capacete-azul s m Militar ao serviço da Organização das Nações Unidas.

capacho s m (⇒ cabaz) **1** Agasalho de esparto, cilíndrico, onde se metem os pés. **2** (Pequeno) tapete de esparto [arame/borracha] para limpar os pés «sapatos» à entrada de casa. **Idi.** *Fazer ~ /gato-sapato de* [Humilhar/Espezinhar] *alguém*. *Ser (o) ~* «do chefe/dos colegas» [Deixar-se dominar]. **3** *fig* Pessoa servil/bajuladora. **4** ⇒ seira; esteira.

capacidade s f (<lat *capácitas,tátis*; ⇒ capaz) **1** Espaço de uma coisa «garrafa/salão» para conter algo. **Ex.** O estádio tem ~ para cem mil pessoas! **Comb.** ~ *calorífica*. ~ *de memória* «de pessoa/de computador». ~ *elé(c)trica* «de um condensador /condutor». ~ *de tráfego* «da rodovia/autoestrada». *Medida de ~* «litro». **2** Qualidade de capaz/Aptidão/Habilidade. **Ex.** Ele tem ~ para ser professor de filosofia. **Comb.** ~ *de amar*. ~ [Possibilidade] *de pagar*. ~ *financeira* da firma. **Ant.** In~. **3** *Dir* Aptidão legal «para gozar de um direito/contrair obrigações».

capacitância s f *Ele(c)tri* (<capacitar) ⇒ impedância.

capacitar *v t* (<capaz+-ar¹) **1** Tornar capaz/Habilitar/Qualificar. **Ex.** A sua experiência capacitava-o para (ser) presidente da firma. **2** Fazer acreditar/Convencer/Persuadir. **Ex.** Tens de te ~ de que, agora, para ti, o melhor [a solução] é sair do país. Capacitei-me da necessidade que tinha de o [Vi que o devia] ajudar. Não me sinto capacitado [habilitado/capaz] para (desempenhar) esse cargo.

capacitor s m *Ele(c)tri* (<capacitar) ⇒ condensador.

capador s m (<capar) O que capa animais. ⇒ castrador.

capanga s (<quimbundo *kappanga*: entre sovaco, tiracolo) **1** s f Pequena bolsa levada a tiracolo ou dependurada do pulso para levar diamantes/pedras preciosas». **2** s m *Br* Guarda-costas. **Comb.** Os coronéis (manda-chuva político) e os seus ~s. **3** s f Compra de diamantes feita dire(c)tamente aos garimpeiros.

capangueiro s m *Br* (<capanga 3+-eiro) Comprador de diamantes aos [da mão dos] garimpeiros.

capão s m (<lat *cáppo,ónis*: galo capado) **1** Frango capado e de engorda rápida para alimentação. **2** Animal «carneiro/cavalo» capado.

capar *v t* (<lat *cappo,áre*) **1** Extrair ou inutilizar os órgãos reprodutores/Castrar. **2** Cortar rebentos ou flores das árvores para os frutos serem maiores. **3** ⇒ mutilar; reduzir; subtrair.

capar(id)áceo, a *s/adj Bot* (<gr *kápparis*: alcaparra) Da família dos arbustos dicotiledó[ô]neos, a que pertence a alcaparra.

capataz s m *col* (⇒ cabeça) **1** Chefe de um grupo de trabalhadores braçais. **2** Qualquer chefe [encarregado/responsável] de alguma coisa ou a(c)tividade.

capaz (Pás) *adj 2g* (<lat *cápax,ácis*: que pode conter, compreender) **1** Que tem capacidade/Apto/Competente. **Ex.** O governo tomou medidas ~es [aptas] para superar a crise. Antes de ir à escola ele já era ~ de [já sabia] contar até cem! **Idi.** *Ser ~ de tudo* [Ser perigoso] (Ex. Cuidado! (Olhe que) ele é ~ de tudo!). **Comb.** Professor ~ /competente. **Ant.** In~. **2** Que é possível/susce(p)tível/Que pode acontecer. **Ex.** Amanhã pode [é ~ de] chover. Este domingo sou ~ de ir [é possível que vá] à praia (para) nadar. **3** *Dir* Hábil perante a lei. **Ex.** Com [Aos] dezoito anos todo o cidadão é ~ para votar.

capazmente *adv* (<capaz+-mente) De modo satisfatório/Devidamente/Bem. **Loc.** Desempenhar [Cumprir] ~ as obrigações do seu cargo.

capcioso, a (Ôso, Ósa, Ósos) *adj* (<lat *captiósus,a,um*) Que tende a [Para] enganar. **Comb.** Pergunta ~a «ao chefe/professor». **Sin.** Ardiloso; astucioso.

capeador s m (<capear) ⇒ o que capeia; capinha 3 (+).

capeamento s m (<capear+-mento) A(c)to ou efeito de capear.

capear *v t* (<capa+-ear) **1** Cobrir com [Pôr] capa /Encapar «livro»(+). **2** ⇒ revestir «parede». **3** ⇒ encobrir «as próprias falhas»; disfarçar; enganar «os fregueses». **4** *Náut* Navegar à capa/de través «para proteger o barco». **5** *Tauromaquia* Lidar o touro com a capa.

capela (Pé) s f (<lat *cappela*, dim de *cappa* «de S. Martinho») **1** Igreja pequena. **Idi.** *(Per)correr as capelinhas* [Beber «vinho» em várias tabernas]. **Comb.** ~ *ardente* [mortuária]. ⇒ câmara(-)ardente. ~ *do hospital* [do colégio]. ~ *lateral* [dentro e nos lados da igreja]. ⇒ ~-mor; ermida. **2** Grupo de cantores ou executantes de música polifó[ô]nica ligados a uma igreja ou instituição. **Comb.** ~ [Coro/Coral] da Sé de Lisboa. Mestre de ~. **3** ⇒ grinalda(+) «de flores». **4** ⇒ capelista; retrosaria.

capela-mor (Mór) s f Capela [Recinto] do altar-mor (da Igreja).

capelania s f (<capelão+-ia) Cargo de capelão.

capelão s m (⇒ capela) Padre/Sacerdote encarregado do serviço religioso numa capela ou instituição. **Ex.** Em Portugal há capelães dos hospitais.

capelinha s f (<capela+-inha) **1** Capela pequena. **2** *iron* Taberna. ⇒ capela **1 Idi.** **3** *Idi Depr* Grupo fechado de pessoas que se defendem de eventuais ataques exteriores/Seita. **Loc.** Fazer ~ [Juntar-se para se defender].

capelista s 2g (<capela 4+-ista) Loja ou pessoa [dono] de bugigangas/Retrosaria(+).

capelo (Pê) s m (⇒ capa¹) **1** Antigo capuz «de monge» ou touca «de viúva/freira» ligado à capa ou ao manto. **2** Capa ou murça dos doutores/Insígnia ou título de doutor. **Ex.** Receber [Obter/Tomar] o ~/ doutoramento «na Universidade de Lisboa». ⇒ barrete; borla. **3** Chapéu cardinalício(+). **4** ⇒ dossel/cobertura.

capenga *s/adj 2g Br* (<?) **1** Coxo/Manco/ Perneta. **2** *fig* ⇒ defeituoso.

capengar *v int* ⇒ coxear/mancar.

capeta (Pê) *s/adj Br* (<capa+-eta) **1** ⇒ diabo. **2** Traquinas/Diabrete/Irrequieto. **Comb.** Menino [Criança] ~.

capiango s m *Ang Br* (<quicongo *kapiangu*: pessoa desonesta) **1** ⇒ roubo. **2** ⇒ surripiador/larápio.

capicua s f (<catalão *cap i cua*: cabeça e cauda) **1** Número «54345» que se pode ler também de trás para a frente. **Ex.** Vou ganhar a lota[e]ria, o meu número é ~! **2** Frase «amo Roma» que se pode ler ao contrário/Palíndromo(+). **3** Pedra (última) do dominó que permite ganhar o jogo colocando-a em qualquer das duas pontas.

capilar *adj 2g* (<lat *capilláris,e*: relativo ao cabelo) **1** Do/Para o cabelo. **Comb.** *Loção ~*. *Tó[ô]nico ~* [para o cabelo (+)]. **2** *Fís* Tubo «de vidro» muito fino, estreito como um cabelo. **Comb.** Fenó[ô]meno ~ [Efeito/Fenó[ô]meno de capilaridade(+)]. **3** *Anat* Tubo muito estreito das últimas ramificações [pontas] das artérias e veias. **Comb.** Vasos ~es.

capilária s f *Bot* (<lat *capíllus,i*: cabelo+-aria) ⇒ avenca.

capilaridade s f *Fís* (capilar+-dade) Conjunto dos fenó[ô]menos que se produzem em líquidos contidos em canais muito estreitos ou num meio poroso «esponja». **Ex.** Pelo efeito de ~, a água contida numa vasilha sobe mais alto num tubo capilar que lá se coloque. A ascensão da seiva nos vegetais é um fenó[ô]meno de ~.

capilé s m (<fr *capillair*) **1** Xarope feito com suco de feto/avenca. **2** Refresco de frutas com água e açúcar.

capiliforme *adj 2g* (<cabelo+-forme) Em forma de cabelo.

capim s m *Bot* (<tupi *ka'pii*: mato fino) **1** Nome de variadíssimas plantas gramíneas e ciperáceas/Erva. **2** *Br col* ⇒ dinheiro.

capina(ção) s f (<capinar) A(c)to ou efeito de capinar.

capinar *v t* (<capim+-ar¹) **1** Retirar o capim «com a enxada»/Dar uma cavadela para

limpar o terreno/Roçar. **Loc.** ~ a roça. ⇒ cavar; mondar. **2** *fig* Falar mal de alguém/ *idi* Cortar na casaca (+).

capin(z)al *s m* (<capim+-izar+-al) Terreno de capim, sobretudo se é para corte.

capinha *s f/m* (<capa+-inha) **1** Capa pequena. **2** Capa do toureiro. **3** Toureiro que capeia/Capeador/Bandarilheiro.

capiscar *v t* (<it *capisco*: entendo <*capire*: entender) **1** ⇒ descobrir «as manhas/o ardil». **2** ⇒ compreender/entender/perceber(+).

capitação *s f* (<lat *capitátio,ónis*) **1** Imposto por pessoa/cabeça/Quotização(+). **2** Em regime de racionamento o que cada pessoa recebe em gé[ê]neros.

capital *adj/s* (<lat *capitális,e* <*caput*: cabeça) **1** *adj* Importantíssimo/Essencial/Vital. **Comb.** *Importância* ~ «da família na educação dos filhos». *O problema* ~/vital «da falta de água». **2** *Dir* Relativo à morte/condenação. **Comb.** *Execução (~)* [Morte] «do réu/condenado». *Os "sete" pecados ~ais* [mortais/mais graves]. *Pena* ~ [de morte]. **3** *s f* Cidade que é sede administrativa. **Ex.** O Brasil teve duas ~ais, Bahia e Rio de Janeiro, mas a a(c)tual é Brasília. A ~ do Estado brasileiro de Minas Gerais é Belo Horizonte. **4** *fig* Cidade que é centro famoso de algo. **Ex.** Diz-se que Paris é a ~ da moda. **5** *s m Econ* Dinheiro/Valores/Bens/Riqueza. **Loc.** Investir (~) num negócio. **Comb.** *~ de risco* [Dinheiro investido num proje(c)to cujo sucesso não está garantido]. *~ social* [Soma das contribuições dos sócios «duma empresa/organização»]. *~ técnico* [Bens utilizados na produção de outros bens]. **6** *fig* Valores/Bens de natureza imaterial. **Ex.** O saber [A instrução/educação/formação] é um ~ inestimável/precioso. **Comb.** *~ artístico*. *O ~ da experiência*. **7** *Ling* ⇒ (letra) maiúscula.

capitalismo *s m Econ* (<capital 5+-ismo) **1** Sistema econó[ô]mico baseado na propriedade privada e na (livre) concorrência. **Comb.** O ~ de Estado [em que o Estado intervém nos se(c)tores produtivos e nos serviços]. **2** Conjunto de indivíduos, países,... capitalistas. **Comb.** *~ mundial*. *Vítimas do ~ desenfreado/amoral* «países/pessoas».

capitalista *adj/s 2 g* (<capital 5 +-ista) **1** Relativo ao capitalismo. **Comb.** *Economia ~*. *Sociedade* [Sistema/Regime] *~*. **2** Pessoa que tem [vive do] rendimento de capitais. **3** ⇒ financiador; investidor. **4** *fig* Pessoa muito rica. **Ex.** Nasceu pobre mas hoje [agora] é um(a) ~.

capitalização *s f Econ* (<capitalizar+-ção) **1** Acumulação/Aumento de capitais. **2** Liquidez [Boa situação] financeira. **3** Conversão dos juros em capital. **4** *fig* ⇒ aumento «das vantagens/dos méritos», aproveitamento.

capitalizar *v t/int Econ* (<capital 5+-izar) **1** Juntar ao capital. **Ex.** Mensalmente o banco capitaliza os juros dos depósitos a prazo. **2** Transformar em capital. **Loc.** ~ imóveis. **3** Acumular capital. **Ex.** Convenceu os filhos a ~ as suas economias logo que começaram a trabalhar. O bom financeiro sabe ~. **4** *fig* ⇒ tirar partido de/aproveitar(-se); juntar «para a velhice»; reunir «boas vontades/ esforços»; aumentar.

capitanear *v t* (<capitão+-ear) Ser o responsável pela condução de um grupo/Chefiar/Comandar.

capitania *s f* (<capitão+-ia) **1** Dignidade ou posto de capitão. **2** Sede ou repartição administrativa do Ministério da Marinha a que são atribuídas jurisdição e responsabilidades de segurança em águas territoriais, sob o comando do capitão do porto. **3** *Hist* Antiga divisão administrativa das coló[ô]nias portuguesas sob o comando de um capitão-mor. **Comb.** ~ hereditária de S. Vicente (Sul do Brasil).

capitânia *s/adj Hist* (<capitão+-ia) (Diz-se de) embarcação em que vai o comandante ou capitão-mor. **Comb.** Nau ~ «da frota de Vasco da Gama». **Sin.** Navio-chefe(+).

capitão *s m* (<lat *capitánus*; ⇒ cabeça; ~ de fragata/de mar e guerra) **1** *Mil* Oficial superior que comanda um número expressivo de combatentes. **Comb.** Os ~ães que fizeram a "Revolução das Flores" de 25 de abril de 1974, em Portugal. **2** *Náut* Comandante de um navio mercante. **3** *Náut* Encarregado do policiamento de um porto de mar. ⇒ capitania **2**. **4** *(D)esp* Chefe de uma equipa/e «de futebol».

capitão de fragata *s m Mar* Oficial superior da marinha abaixo de capitão de mar e guerra e acima de capitão-tenente.

capitão de mar e guerra *s m Mar* Oficial superior da marinha abaixo de contra-almirante.

capitão-tenente *s m Mar* Oficial superior da marinha abaixo de capitão de fragata.

capitel (Tél) *s m Arquit* (<lat *capitéllum* [*capítulum*], dim de *cáput*: cabeça; *pl* capitéis) **1** Parte superior da coluna ou de balaústre. **Ex.** As colunas são constituídas por base, fuste e ~. **2** *fig* ⇒ capacete «de alambique»; remate «de foguete/de peça de artilharia».

capitiforme *adj 2g* (<cabeça+forma) Em forma de cabeça.

capitólio *s m* (<lat *Capitólium*: uma das sete colinas de Roma onde foi edificado um templo a Júpiter) **1** ⇒ templo (pagão). **2** ⇒ (local/edifício de) esplendor/glória/triunfo.

capitoso, a *adj* (<it *capitoso*) **1** Que sobe à cabeça/Que embriaga. **Comb.** Vinho ~. **2** ⇒ cabeçudo; teimoso.

capitulação *s f* (<capitular+-ção) **1** *Mil* Rendição. **Ex.** A ~ foi difícil porque as condições impostas pelo país vencedor eram muito duras. **2** Transigência/Cedência/Renúncia/Desistência. **Comb.** ~ de [O ir ou agir contra a própria] consciência.

capitular[1] *v t/int* (lat *capituláre*: fazer um pacto «com capítulos/cláusulas») **1** *Mil* Render-se. **Ex.** O general capitulou. **2** Transigir/Ceder. **Ex.** Perante a tentação «de tanto dinheiro» ele capitulou «roubou». **3** ⇒ descrever; enumerar.

capitular[2] *adj 2g* (<capítulo 3+-ar[2]) **1** Relativo a capítulo/assembleia. **Comb.** Sala ~ [do capítulo/de reuniões] do mosteiro «beneditino». **2** ⇒ maiúscula/o.

capítulo *s m* (<lat *capítulum*, dim de *caput*: cabeça) **1** Divisão de livro, etc. **Ex.** A nossa gramática «de Português» tem nove ~. **2** Assunto/Matéria/Caso. **Ex.** Isso é um ~ à parte [Isso é outro caso]. No ~ dos transportes «aéreos/terrestres» o Brasil melhorou muito. **3** Assembleia «de religiosos de um convento»; ⇒ cabido. **Idi.** *Chamar* «um aluno/empregado/professor» *a ~* [Pedir contas/Repreender]. **4** *Bot* Tipo de inflorescência (em ~) de flores sésseis à volta de um círculo «margarida».

capivara *s f Zool* (<tupi *kapii-gwara*: comedor de capim) Grande roedor, o maior que existe, espalhado na América do Sul; *Hydrochaeris*.

capô *s m* (<fr *capot*;⇒ cabeça; capota) Cobertura móvel que protege o motor do veículo.

capoeira[1] *s f* (<capão+-eira) **1** Espécie de gaiola, cesto grande de varas ou compartimento gradeado onde se guardam ou criam galinhas e outras aves. ⇒ galinheiro; poleiro. **2** Conjunto dessas aves. **Ex.** A raposa assaltou a ~.

capoeira[2] *s f Br* (<tupi *ko'pwera*) **1** Roça com mato. **2** *(D)esp* Arte marcial de ataque e defesa introduzida por escravos bantos. **3** Pessoa que pratica a capoeira(gem)/Capoeirista/Valentão/Desordeiro.

capoeiro, a *adj* Relativo a capoeira[1/2].

capota (Pó) *s f* (<fr *capote*; ⇒ capô) **1** Parte superior do automóvel/Tejadilho. **2** Cobertura(+) móvel, de material impermeável para proteger qualquer coisa da intempérie.

capotagem *s f* (<capotar+-agem) A(c)to de «carro» capotar.

capotar *v int* (<capota+-ar[1]) **1** «veículo» Virar-se completamente ficando a capota no chão e as rodas para o ar. **Ex.** «na curva/fez uma travagem brusca e» O automóvel capotou. **2** *fig* ⇒ «proje(c)to» fracassar. **3** *Br fig* De repente cair em sono profundo. **Ex.** Depois de um banho morno, capotou.

capote (Pó) *s m* (<capa+-ote) **1** Capa comprida «até aos pés», com parte dupla nos ombros, gola larga, com ou sem capuz e bolsos. **Ex.** O ~ protege bem do frio e até de alguma chuva. **Idi.** *Sacudir a água do ~* [Livrar-se de responsabilidades]. **2** ⇒ sobretudo/casacão «de militar». **3** ⇒ capinha **2**. **4** *fig* ⇒ disfarce «encapotar». **5** *fig* Vitória completa «na bisca/sueca». **Idi.** *Dar um ~* [Ganhar/Vencer por muitos pontos ou a zero]. *Levar* [Apanhar] *um ~* [Perder vergonhosamente].

caprichado, a *adj* (<caprichar **1**; ⇒ caprichoso) Feito com esmero/Perfeito (Diz-se de coisas). **Comb.** Café ~. ⇒ caprichoso **2**.

caprichar *v int* (<capricho 3+-ar[1]) **1** Ter capricho em/Fazer com esmero/Esmerar-se(+). **Loc.** ~ na caligrafia [em fazer bom café]. **2** ⇒ Ter pundonor/Timbrar. **3** ⇒ Insistir/Teimar.

capricho *s m* (<it *capriccio*: arrepio «de medo», desejo bizarro) **1** Vontade extravagante e sem razão. **Ex.** As crianças têm ~s. **Loc.** Agir por ~ (, erradamente). **2** Arbitrariedade/Extravagância. **Comb.** ~s da moda «de mau gosto». **3** Esmero/Aplicação/Apuro. **Loc.** *A ~* [Esmeradamente/Com (todo o) esmero/apuro] (Ex. Ela fez o bordado a ~). *Cozinhar com ~* [Caprichar na cozinha]. **4** Brio/Pundonor. **Loc.** Vestir [Cantar/...] com ~. **5** ⇒ teima/obstinação/birra.

caprichoso, a (Ôso, Ósa, Ósos) *adj* (<capricho+-oso; ⇒ caprichado) **1** Que tem caprichos/Que age por capricho. **Comb.** Criança (muito) ~. **2** Extravagante. **Comb.** Penteado [Vestido] ~. **3** Brioso/Exigente. **Comb.** ~ no trajar/vestir. **4** ⇒ teimoso.

capricórnio, a *adj/s* (<cabra+corno) **1** Que tem chifres como a cabra ou o bode. **2** *Astr maiúsc* Constelação e décimo signo do Zodíaco, entre Sagitário e Aquário, referente ao período entre 22 de dezembro e 20 de janeiro. **Comb.** Trópico de ~ [Paralelo de latitude sul 22º 27'] (⇒ câncer **1**). **3** *Ent* Inse(c)to coleóptero com longas antenas.

caprifoliáceo, a *adj/s Bot* (<lat *caprifólium*: madressilva+-áceo) (Diz-se de) planta dicotiledó[ô]nea de flores geralmente hermafroditas, a que pertence a madressilva.

caprino, a *adj Zool* (⇒ cabra) De cabra/Caprum/Caprín[id]eo. **Comb.** Gado ~ [caprum/de cabras e bodes]. ⇒ ovino; bovino.

cápsula s f (<lat *cápsula*, dim de *capsa*: caixa) **1** Rolha ou tampa ou invólucro que recobre a boca de garrafa ou de frasco. ⇒ carica; rolha. **2** *Med* (Medicamento com) invólucro ou película gelatinosa. **Ex.** Tomo três ~s diferentes todas as manhãs ao levantar [em jejum]. **3** *Anat* Estrutura envolvente de um órgão ou articulação. **Comb.** ~s suprarrenais [Glândulas endócrinas por cima dos dois rins]. **4** *Aer* Compartimento estanque, lançado por um foguetão e onde se encontram os astronautas e tudo o que é necessário à sua permanência no espaço. **Comb.** ~ espacial. **5** *Bot* Fruto «da papoila» seco, deiscente com invólucro glandiforme que contém as sementes/ Urna das briófitas. ⇒ silíqua. **6** *Quím* Recipiente de forma arredondada usado em laboratórios «para evaporações». **7** Pequeno cilindro metálico carregado de material explosivo, que se destina a inflamar a carga dos cartuchos, nas armas de fogo/ (~) fulminante.

capsular adj 2g/v t (<cápsula+-ar$^{2/1}$) **1** Encerrado em cápsula **5**. **Comb.** Fruto ~. **2** Pôr «medicamento» dentro de cápsula **2**.

captação s f (<captar+-ção) A(c)to ou efeito de captar.

captar v t (<lat *cápto,áre,átum*: agarrar, apanhar <frequentativo de *cápio,ere,ptum*: tomar, receber; ⇒ caber) **1** Atrair a si/ Conquistar/Granjear. **Ex.** Aquele quadro captou [atraiu] a atenção dos visitantes. **Loc.** ~ *adeptos para o clube*. ~ *a confiança dos alunos* [filhos]. ~ *a* [Ser vítima da (+)] *inveja dos colegas*. ~ *o* [as boas graças do] *professor*. ~ *o interesse dos média*. ~ *investimentos* «para a empresa/para o país». **2** Recolher e usar. **Loc.** ~ a água do rio para os campos «de arroz». **3** Receber e ouvir qualquer sinal ou transmissão audiovisual. **Ex.** No meu rádio consigo ~ emissões de vários países/ da BBC. **4** Entender/Compreender. **Ex.** Os alunos não conseguem ~ o sentido [significado/conteúdo] desta frase, tenho de lho explicar (melhor). **5** ⇒ capturar.

captor, ora adj/s (⇒ captar) (O) que capta/ captura. ⇒ caçador; predador.

captura s f (<lat *captúra,ae*; ⇒ captar) **1** A(c)to de capturar «animais selvagens/peixes»/ Apreensão. **Comb.** A ~ [apreensão(+)] da mercadoria e da droga. **2** Aprisionamento/Arresto/Prisão «do criminoso». **Comb.** Mandato de ~ [Ordem de prisão] «do fugido à justiça». **3** *Fís* Qualquer processo pelo qual um átomo ou molécula adquire uma partícula adicional.

capturador, ora adj/s (<capturar) ⇒ captor; apreensor.

capturar v t (<captura + -ar^1) Fazer a captura. **Ex.** A população ajudou a polícia a ~ [prender/apanhar/aprisionar] os ladrões. Alguns animais selvagens são difíceis de ~ [apanhar]. A alfândega do aeroporto capturou [apreendeu(+)] muita droga «cocaína».

capucha s f (<capa + -ucha) **1** Capa que só cobre a cabeça e os ombros, *us* no campo. **Loc.** À ~. **a)** Às escondidas (+); **b)** Modestamente/Sem alarde (+). **2** ⇒ capuchinho, a.

capuchinho, a adj/s (⇒ capucha) **1** (Diz-se de) religioso/a de um ramo da Ordem Franciscana. ⇒ franciscano; clarissa. **2** s m *Bot* Nome de várias plantas tropeoláceas da América do Sul também conhecidas por chaga(s).

capuchino s m *Cul* (<it *cappuccino*) Café com leite espumoso, polvilhado com chocolate ou canela.

capucho, a adj/s (⇒ capucha) **1** ⇒ capuchinho. **2** ⇒ capuz. **3** *Bot* ⇒ cápsula.

capulana s f *Moç* (<landim *kap(u)lana*) Pano com que as mulheres cobrem o corpo até abaixo do joelho. ⇒ sari; tais.

capulho s m *Bot* **1** Gomo floral prestes a abrir/desabrochar/Botão. **2** Cápsula que envolve as sementes e fios do algodoeiro e de outras plantas.

capuz s m (<lat *cáput,itis*: cabeça) Cobertura de forma có[ô]nica para a cabeça, geralmente presa a outra «capa/sobretudo/ hábito».

caqueiro s m (<caco + -eiro) **1** Vaso ou resto de cântaro de barro «partido/velho/ inútil». **2** ⇒ Coisa velha «chapéu»; caco **1**.

caquético, a adj [= caquéctico] (<gr *kakhektikós*: que tem má constituição física) **1** Que sofre de caquexia/Alquebrado/ Sem forças. **2** Senil; envelhecido.

caquexia (Kssi) s f *Med* (<gr *kakheksía*: má constituição física ou moral) **1** Estado de extrema debilidade e emagrecimento devido a doença cró[ô]nica ou a fome. **2** Abatimento senil.

caqui^1 s m/adj 2g (<hindustani *káki*: cor de pó/barro) **1** Cor barrenta, entre o castanho [marron] e o amarelo. **Ex.** Ficava-lhe bem o castanho, o verde e o ~. **2** Tecido resistente de algodão com essa cor, *us* em uniformes militares.

caqui^2 s m br *Bot* (<jp *kaki*) Fruto do caqui(zeiro)/diospireiro/*Pt* Dióspiro.

cara s f (<gr *kára*: cabeça; ⇒ ~ de pau/de lata) **1** Parte anterior da cabeça/Rosto/ Face/Fisionomia/Semblante. **Prov.** *Quem vê ~s não vê corações* [As aparências iludem/As pessoas podem ser uma coisa por fora e outra por dentro]. **Loc.** Lavar a ~ [o rosto]. **Idi.** «disse-lhe o que pensava» ~ *a* ~ [Frente a frente/Pessoalmente]. ~ *de pau* [~ carrancuda/fechada]. «pagou-me a dívida/fez o que lhe mandei, mas» *À má* ~ [À força/Contrariado]. *Custar os olhos da* ~ [Ser muito caro] (Ex. Aquela casa custou-lhe os olhos da ~). *Dar a* ~ [Sair a campo/a público/Ser corajoso] «e defender o amigo». *Dar de ~s* [Encontrar-se repentinamente] «com alguém «na rua». *Estar com* ~ *de poucos amigos* [Estar zangado/mal-humorado/Ser perigoso]. *Estar de má* ~ [de ~ fechada]. *Fazer boa* ~ *a* [Gostar de] «vinho/este proje(c)to». *Fazer má* ~ [~ *feia*] [Não gostar]. *Não ir com a* ~ [Não gostar] *de alguém*. *Ser a* ~ *(chapada) de* [Ser muito parecido a/com] (Ex. Ele é a ~ do pai [do tio]). *Ter duas* ~s [Ser falso/Mentiroso/Não ser sincero/Ser hipócrita]. **2** *fig* Aspe(c)to; Aparência. **Ex.** Este vinho [melão/cozinhado] tem boa ~/ parece bom. **3** *fig* Atrevimento/Ousadia/ *col* Lata. **Ex.** Não tive ~ para lhe pedir tal coisa «muito dinheiro». **4** Anverso/Frente/ Lado da moeda onde está a efígie. **Idi.** *Tirar* ~ *ou coroa* [Apostar/Escolher/Decidir atirando ao ar uma moeda]. **Ant.** Verso/ Cunho/Coroa. **5** s m *Br* Indivíduo; sujeito; tipo; gajo; fulano. **Ex.** Conheço aquele ~.

cará s m *Bot* (<tupi: *ka'ra*) Nome de várias plantas dioscareáceas cultivadas pelos seus tubérculos comestíveis. ⇒ batata-doce.

carabina s f (<fr *carabine*) Arma parecida à espingarda mas mais curta e de menor calibre.

carabineiro s m (<carabina + -eiro) Soldado ou guarda «espanhol/italiano» armado de carabina.

caracacá *Br* ⇒ cacaracá(+) **Idi.**.

caraças interj pop (< ?) Exprime admiração, irritação/Caramba(+). **Loc.** «tive um medo» *Do* ~ [Muito grande]. «fez uma casa» *Do* ~ [Rica/Bonita]. «dizem que ele é inteligente mas é» *O* ~ [Mentira!/Não é].

caracol (Cól) s m *Zool* (<lat *coc(h)lea,ae*) **1** Molusco gastrópode, da família dos helicídeos, de corpo coberto por concha univalve em espiral e com dois pares de tentáculos/*col* corninhos. **Idi.** «ir/andar» *A passo de* ~ [Muito devagar]. «anel/enfeite» *Não valer um* ~/dois ~cóis [Não valer nada]. **2** Espiral/Hélice. **Comb.** Escada de ~ [em espiral]. **3** Ziguezague(+). **Comb.** Estrada íngreme de ~. **4** Madeixa/Cacho de cabelo enrolado em espiral. **Ex.** Quem fez aqueles lindos ~cóis à criança? ⇒ «cabelo» encaracolado/cacheado. **5** *Anat* Parte do ouvido interno em forma de ~ / Cóclea(+).

caracolar v int (<caracol) **1** «parafuso/eixo» Entrar/Mover-se em espiral. **2** «cavalo» Mover-se dando voltas ora para a esquerda ora para a direita/Ir em ziguezague.

cará(c)ter (dg) s m [= caráctér] (<gr *kharaktér,eros*: o que grava, sinal, marca «de estilo») **1** Sinal gravado ou escrito/Letra. **Ex.** O chinês tem dezenas de milhar de cara(c)teres/ideogramas(+). **Comb.** Cara(c)teres latinos [Letras/Alfabeto do latim]. ~ hieróglifo; cuneiforme; gótico. **2** Traço/Sinal cara(c)terístico/Especificidade/Cara(c)terística. **Comb.** ~ *específico* «de (família de) planta/animal» [que o/a distingue de outro/a]. ~ *hereditário* [transmissível geneticamente]. «livro» *De* ~ [conteúdo] *científico*. «visita/carta» *De* ~ [qualidade/categoria] *oficial*. **3** Maneira de ser ou de agir/Temperamento/Gé[ê]nio/Índole. **Ex.** Ela tem um ~ [temperamento] meigo/ agradável/pacífico/bondoso. Ele tem um ~ franco/aberto/leal. Nas aulas de Psicologia, o que mais me interessou foi o estudo dos cara(c)teres «fleumático...» (⇒ eneagrama). **Comb.** ~ *do* (do povo/cidadão) brasileiro. **4** Sentido do dever/Honestidade/Responsabilidade/Energia/Firmeza. **Ex.** Ele é uma pessoa de [com] ~! **Comb.** *A* ~ [A preceito/*idi* Como manda a lei] (Ex. As mulheres «baianas/bailarinas/do grupo folclórico» vinham vestidas a ~). «homem» *De* ~ [Honrado/Sério/Honesto]. *Força de* ~ [Firmeza/Energia/Personalidade]. **5** ⇒ tipo(+) de imprensa.

cara(c)terística (dg) s f [= característica] (<cara(c)terístico) Qualidade (especial)/ Propriedade (distintiva). **Ex.** A alegria é uma ~ do (povo) brasileiro. Esta máquina tem várias ~s: é toda automática, facilmente transportável... **Sin.** Cará(c)ter **2**.

cara(c)terístico (dg), **a** adj [= característico] (<gr *kharakteriskós*: que serve para distinguir) **1** Que cara(c)teriza/Distintivo/ Marcante. **Ex.** Este jovem tem os traços ~s da família. **2** Típico/Específico/Próprio. **Ex.** A rea(c)ção dele foi ~a/típica [foi mesmo dele/foi o que se esperava].

cara(c)terização (dg) s f [= caracterização] (<cara(c)terizar + -ção) **1** Descrição ou determinação do cará(c)ter de alguém ou das cara(c)terísticas duma situação ou lugar. **Comb.** A ~ das personagens «político/aldeão» na obra [nos romances] de Camilo Castelo Branco. **2** *Arte* Modificação efe(c)tuada no rosto e corpo do a(c)tor para representar um papel «tirano/escravo/galante».

cara(c)terizador (dg), **ora** s/adj [= caracterizador] (<cara(c)terizar + -dor) **1** Pessoa que faz cara(c)terização **1**. **2** Pessoa que faz cara(c)terização **2** «no Teatro Nacional». **3** ⇒ cara(c)terístico.

cara(c)terizar (dg) v t [= caracterizar] (<gr *kharakterízo*: marcar com um sinal; ⇒ cara(c)terístico) **1** Descrever/Explicar/Qua-

lificar. **Ex.** Como (é que) você cara(c)teriza(ria) o (povo) brasileiro [português]? **2** Ser próprio de/Distinguir/Tipificar. **Ex.** O que cara(c)teriza o português é a [O português cara(c)teriza-se pela] saudade. **3** *Arte* Fazer a cara(c)terização **2**. **Ex.** Antes de representar [entrar em cena/no palco] sou eu (próprio) que me cara(c)terizo (ao espelho).

cara(c)terologia (*dg*) *s f Psic* [= caracterologia] (<cará(c)ter + -logia) Ramo da psicologia que estuda o cará(c)ter e a classificação dos (seus) vários tipos «fleumático...» (⇒ eneagrama).

cara(c)terológico (*dg*), *a adj Psic* [= caracterológico] (<carácter + -lógico) Relativo à cara(c)terologia. **Comb.** Descrição ~a «do tipo fleumático».

caracul(o) *s/adj Zool* (<top *Karacul*, cidade do Usbequistão) **1** (Diz-se de) ovino de pelo curto e encaracolado logo ao nascer. **2** Pele de cordeiro recém-nascido ou nonato/Astracã. **Ex.** Tenho um casaco de ~.

cara de pau/cara de lata/caradura *s* 2*g* ⇒ insensível; descarado.

caradriídeo, a *adj/s Ornit* (<gr *kharadriós*: tarambola) (Diz-se de) ave pernalta, palmípede que habita na água e na costa «gaivota/tarambola/maçarico».

carago *interj cal* (<esp *carajo*) ⇒ caramba.

caraguatá [gravatá] *s m Bot* (<tupi *karagwa'ta*) Nome comum de várias plantas bromeliáceas, aromáticas «no Amazonas».

caraíba *adj/s* 2*g* (<tupi *kara'iwa*) **1** *Etn* Antigo habitante das Antilhas, Guianas e Venezuela. **2** *Ling* ⇒ tupi. **3** *Bot* Nome comum de várias árvores. **4** *Geog* ⇒ Antilhas.

caralho *s m/interj/Gross* (< ?) **1** ⇒ pé[ê]nis. **2** ⇒ Carambа(+).

caramanchão *s m* (⇒ câmara) Construção ligeira, armada com postes, ripas e plantas, formando cobertura, para descanso ou recreação.

caramba *interj pop col* (<esp *caramba!*) Exprime admiração, impaciência ou irritação. **Ex.** ~! Que maravilha/lindo! ~! Não consigo lembrar-me do nome do cantor. Cala-te [Não me aborreças] ~! **Loc.** P(a)ra ~ [Muito] (Ex. Veio gente pra ~ [muita gente] à apresentação «do novo futebolista»).

carambola *s f* (<sân *karmaranga*) **1** *Bot* Fruto vermelho da carambol(eir)a. **2** (*D*)*esp* No bilhar, embate da bola com que se joga noutras duas. **Loc. *Por*** ~/tabela(+) [Indire(c)tamente] «ser atingido». **3** Bola vermelha do bilhar que não pertence a nenhum dos jogadores. **4** Trapaça/Tramoia. ⇒ caramba.

carambolar *v int* (<carambola + -ar[1]) **1** Fazer carambola. **2** Trapacear/Intrujar/Ludibriar.

carambol(eir)a *s f Bot* Árvore tropical da Ásia, de bagas vermelhas comestíveis – carambolas; *Averrhoa carambola*.

caramboleiro, a *adj* (<carambola 4 + -eiro) ⇒ trapaceiro; intrujão.

carambolice *s f* (<carambola 4 + -ice) ⇒ trapaça; intrujice.

caramelização *s f* (<caramelizar + -ção) A(c)to ou efeito de caramelizar.

caramelizar *v t/int* (<caramelo + -izar) **1** Transformar-se o açúcar por a(c)ção do calor numa pasta acastanhada, o caramelo, que se utiliza em doçaria. **Ex.** Deve-se ~ em lume brando. **2** Dar aspe(c)to de caramelo. **Loc.** ~ fruta «maçã». **3** Untar com caramelo a forma em que se faz o doce «pudim».

caramelo (Mé) *s m* (<lat *canna méllis*: cana de mel) **1** Açúcar que, derretido a lume brando, forma uma pasta acastanhada, brilhante e aromática. **Ex.** Cobri [Untei] com ~ espesso a forma em que ia fazer o pudim. **Comb.** Ponto de ~ [Estado pastoso em que fica o açúcar derretido a lume brando]. **2** ⇒ rebuçado(o+)/*Br* bala(+). **3** *fig* Pingente de gelo/Sincelo. **4** *Gír* ⇒ fulano/tipo/indivíduo. **5** *Bot* Planta trepadora cucurbitácea/Melão-de-são-caetano; *Momordica charantia*.

cara-metade *s f Col* Um dos cônjuges em relação ao outro. **Ex.** Ele/a faz tudo pela sua ~.

caraminhola *s f* (< ?) **1** Penteado em que o cabelo é atado com fita no alto da cabeça. **2** ⇒ guedelha; trunfa. **3** ⇒ Sonho impossível/Fantasia. **4** ⇒ História inventada/Mentira/Patranha.

caramujo *s m Zool* (< ?) **1** Molusco gastrópode, de concha mais sólida (do) que a do caracol/Pequeno búzio; *Trochochlea lineata*. **2** *Cul* Pastel doce de massa folhada, em forma da concha do ~, recheado com creme. **3** *Bot* Variedade de couve (de) repolho/Borrelho; *Littorina littorea*. **4** *Col Br* ⇒ indivíduo introvertido/ensimesmado/arredio.

caramunha *s f* (<lat *querimónia*: queixa) **1** Demonstração de aborrecimento/Lamúria/Queixa. **Idi. *Fazer o mal e a*** ~ [Fazer mal a alguém «batendo-lhe» e queixar-se em vez da vítima]. **2** Choradeira de criança. **3** Cara que a criança faz quando chora/Cara de choramingas.

caramuru (Rú) *s m* (<tupi *karamu'ru*: moreia) **1** *Icti* ⇒ moreia. **2** *Hist* Nome dado pelos índios do *Br* a Diogo Álvares, "homem (branco) molhado", quando em 1510 chegou às praias da Baía/Europeu.

carangídeo, a *adj/s Icti* (< ?) (Diz-se de) peixe teleósteo, marinho e costeiro «carapau/anchova».

caranguejeiro, a *adj/s* (<caranguejo + -eiro) **1** O que apanha ou vende caranguejos. **2** *Br* Aranha grande, escura, peluda e venenosa.

caranguejo *s m Zool* (<lat *câncer,cri*: caranguejo, câncer + -ejo) **1** Crustáceo decápode, marinho ou terrestre, com várias espécies comestíveis. **Idi. *Andar*** (para trás) ***como o*** ~ [Retroceder em vez de avançar]. **2** *maiúsc Astr* ⇒ câncer 1(+). **3** *fig* Peça ou guindaste com ganchos que lembram as patas do ~. **4** *Mús* ⇒ (dança/música do) fandango.

caranguejola (Jó) *s f* (<caranguejo + -ola) **1** *Zool* Grande caranguejo/Santola/Sapateira; *Cancer pagurus*. **2** Armação ou construção pouco sólida, em perigo de cair. **3** Carro ou aparelho velho/desconjuntado/Calhambeque.

carantonha *s f* (< car(ranc)a + -onha) **1** Cara (grande) e feia. **2** Cara fechada/Expressão ou trejeito que torna o rosto feio/Esgar. ⇒ careta. **3** Máscara grande «de Carnaval». ⇒ gigantone.

carão *s m* (<cara + -ão) **1** Cara grande. **2** *Br* Repreensão. **Loc. *Dar um*** ~ [Repreender «as crianças»]. ***Levar um*** ~/raspanete [Ser repreendido].

carapaça *s f* (<casca + couraça) **1** *Zool* Prote(c)ção córnea [dura como corno] do corpo de alguns animais «tartaruga/caranguejo». **2** Cobertura rija que lembra uma ~. **3** *fig* Algo usado como defesa ou véu. **Ex.** Ele tem um coração muito sensível, aquele ar de frieza ou indiferença é uma ~ [é só por fora].

carapau *s m Icti* (< ?) Peixe teleósteo, da família dos carangídeos. **Idi. *Estar magro como [que nem] um*** ~. ⇒ chicharro.

carapela *s f* (<cara + pele) **1** Camisa(+) da espiga do milho/Folhelho. **2** Película que se desprende de ferida quase cicatrizada/curada.

carapeta *s f* (< ?) **1** Pião pequeno ou pi(t)orra que se faz girar com os dedos «para jogar (a)o rapa». **2** *Bot Br* ⇒ carrapeta; bilreiro. **3** ⇒ Peça torneada que remata alguns móveis «cama»/Maçaneta(+). **4** *col* Mentira leve/inofensiva. ⇒ peta.

carapinha *s f* (<carapuça + pinha) Cabelo crespo muito frisado, comum na gente de raça negra.

carapuça *s f* (⇒ capuz) Cobertura funda para a cabeça, parecida ao capuz. **Idi. *Enfiar [Vestir] a*** ~ [Sentir-se culpado/Abaixar a crista/Calar-se]. ***Qual*** ~/nada/o quê! [O que você disse é mentira/não existe]. ⇒ barrete; gorra; boina; boné.

carapuço *s m* (⇒ capuz) Cobertura para a cabeça, mais estreita e mais comprida que a carapuça. ⇒ gorro; boné.

caraté/ê *s m* ⇒ karaté.

caráter/caraterística/caraterístico/caraterização/caraterizador/caraterizar ⇒ cará(c)ter/...

caravana *s f* (<persa k*arwan*: fila de camelos, grupo de viajantes) **1** Grupo de indivíduos que se juntam para viajar com maior segurança. ⇒ cáfila; excursão. **2** Veículo sem motor [Reboque] atrelado a um automóvel e apetrechado para servir de habitação «ao fazer campismo/r(o)ulo(t)te».

caravela (Vé) *s f Náut* (<lat *cárabus*: barco árabe «no Mediterrâneo» coberto de peles + -ela) Embarcação de velas latinas, de pequeno calado, mas veloz, desenvolvida pelos portugueses e utilizada nos descobrimentos. ⇒ nau; galeão; fusta; galé.

carbonáceo, a *adj* (<carbono + -áceo) «rocha» Que é da natureza do carvão/Carbonoso.

carbonado, a *adj/s* (<carbono + -ado) **1** Que tem carbono. ⇒ carbonizado **2** Diamante negro, amorfo, duríssimo, usado nas máquinas perfuradoras «de rocha».

carbonário, a *adj/s Hist* (<it *carbonaro*: carvoeiro) **1** *s f Maiúsc* Sociedade secreta revolucionária fundada na Itália em 1810 e em Portugal em 1822. **2** *adj/s* Membro de **1** ou de outra parecida. ⇒ (franco-)maçonaria.

carbonatar *v t Quím* (<carbonato + -ar[1]) **1** Transformar(-se) em carbonato. **2** Carregar de [Absorver] dióxido de carbono.

carbonato *s m Quím* (<carbono + -ato) Sal ou éster do ácido carbó[ô]nico. **Comb.** ~ de cálcio «us em cosméticos, tintas, ...».

carboneto (Nê) *s m Quím* (<carbono + -eto) Combinação [Composto binário] de carbono com outro corpo simples «cálcio/hidrogé[ê]nio».

carbónico, a [*Br* **carbônico**] *adj/s m* (<carbono + -ico) **1** Que tem carbono. **Comb. *Anidrido [Gás]*** ~ [Dióxido de carbono (+)]. ***Neve*** ~*a* [Dióxido de carbono solidificado]. **2** *Geol maiúsc* Período da era paleozoica entre 360 e 290 milhões de anos/Carbonífero.

carbonífero, a *adj/s m* (<carvão + -fero) **1** Que tem ou produz carvão/carbono. **Comb.** Floresta [Terreno] ~. **2** *Geol* ⇒ Carbó[ô]nico **2**.

carbonização *s f* (<carbonizar) **1** Redução «da madeira» a carvão. **2** *Quím* Queima por meio de metal em ignição ou de substância cáustica. **3** *Pal* Fossilização em que os tecidos de um organismo ficam reduzidos a uma película de carbono no interior de uma rocha.

carbonizado, a *adj* (<carbonizar) Reduzido a carvão/Calcinado. **Comb.** Cadáveres ~s no incêndio.

carbonizar v t (<carvão + -izar) **1** Reduzir «madeira em achas» a carvão. **2** *Quím* Queimar, por metal em ignição ou substância cáustica, tecidos orgânicos de animal ou vegetal.

carbono [C 6] (Bó) s m *Quím* (<carvão) Elemento sólido, não metal, que está na base da constituição do corpo dos seres vivos e que se encontra na natureza sob várias formas: diamante/grafite/hulha/coque, e no ar. **Comb.** ~ *amorfo* «grafite». ~ *cristalizado* [Diamante]. ~*14/catorze* [Isótopo radioa(c)tivo do ~ que se forma na atmosfera por bombardeamento dos raios cósmicos e que permite fixar a idade de materiais com milhares de anos]. *Dióxido de* ~ *[CO_2]. Monóxido de* ~ *[CO]*.

carbúnculo s m *Med/Vet* (<lat *carbúnculus*: pequeno carvão, pedra preciosa, areia vermelha) Doença infe(c)ciosa causada pelo *Bacíllus anthracis*, que afe(c)ta sobretudo os animais herbívoros «cavalo/bois/ovelhas» e pode atingir o homem provocando hemorragias e pústulas/Antraz.

carburação s f (<carburar) **1** Mistura de ar com um combustível para alimentação de um motor de explosão. **Ex.** A ~ do (nosso) carro não está bem [A ~ ... é deficiente].

carburador s m (<carburar) Aparelho «do automóvel» no qual se faz a carburação [mistura explosiva] nos motores de combustão interna.

carburante s/adj (<carburar) (Diz-se de) produto ou combustível «gasolina» para alimentar os motores de explosão. **Idi.** *Meter* ~ *na máquina* [Alimentar-se/Comer)].

carburar v t/int (<fr *carburer*; ⇒ carvão) **1** Fazer bem a mistura explosiva de carburante com ar. **Ex.** O motor (do carro) está a ~ mal. **2** *fig* Funcionar. **Ex.** O meu estômago não anda [está] a ~ bem.

carbureto s m *Quím* ⇒ carboneto.

carcaça s f (<gr *karkhásion*: cesto de gávea, recipiente) **1** Esqueleto de animal «de zebra comida pelos leões»/Ossada. **2** Cadáver de animal de açougue «porco» sem as patas, a cabeça e as vísceras. **3** Qualquer estrutura ou armação em bom «~ em construção do barco» ou mau estado/Arcabou[oi]ço/Ossatura. **Comb.** A ~ do barco «velho, a apodrecer na praia». **4** *Col* Corpo humano. **Ex.** Aperta cá esta velha ~ meu rapaz! Estou uma ~ [Estou velho, magro, ...]. **5** *Col/depr* Pessoa magra e velha. **Ex.** «apontando alguém» Que [Vejam aquela] ~! **6** *Cul* Pão de forma oval/Papo-seco.

carcamano, a s f *Br/Ang* (< ?) Alcunha de alguns estrangeiros «italianos/árabes/sul-africanos».

carcela (Cé) s f (<lat *carcélula*, dim de *cárcer*; ⇒ cárcere) **1** Tira de pano «de casaco/camisa» com casas dum lado para abotoar os botões do outro lado. **2** Abertura na parte dianteira de calças ou calções/Braguilha(+).

carceragem s f (<cárcere + -agem) **1** A(c)to ou efeito de encarcerar/Aprisionamento(+). **2** Despesa com a manutenção dos presos.

cárcere s m (<lat *cárcer,eris*) **1** Casa de detenção/Cadeia(o+)/Prisão(+). **Comb.** ~ *privado* [Lugar onde alguém é mantido preso por um particular] (Ex. O crime de ~ privado é punido por lei). **2** *fig* Local ou situação em que a pessoa (sente que) não tem liberdade. **Ex.** A fábrica onde trabalhei antes da guerra era um ~.

carcereiro, a s 2g (<cárcere + -eiro) Guarda prisional (+) [de cárcere/cadeia/prisão].

carcinogéneo [*Br* carcinogêneo] [carcinógeno/gênico], a adj/s *Med* (<gr *karkínos*: caranguejo, cancro, câncer + ...) (Agente) causador do cancro/câncer. **Sin.** Cancerígeno.

carcinologia s f *Zool* (<gr *karkínos*: caranguejo + -logia) Estudo dos crustáceos.

carcinoma (Nô) s m *Med* (<gr *karkinóma,atos*: cancro) Tumor maligno epitelial que tende a invadir tecidos circundantes com metástases.

carcinomatoso, a adj *Med* (⇒ carcinoma) Canceroso. **Comb.** *Células* ~*as. Lesão* ~*a.*

carcinose (Nó) s f *Med* (<gr *karkínos*: cancro + -ose) Disseminação de um carcinoma a diversos órgãos por metástases múltiplas.

carcoma (Cô) s f/m (⇒ carcinoma) **1** *Ent* ⇒ caruncho(+); cupim. **2** Pó/Podridão da madeira carcomida. **3** *fig* Podridão/Ferrugem/Sujidade. **4** *fig* ⇒ verme(+) «da consciência/da angústia».

carcomer v t (<carne + comer) **1** Reduzir madeira a pó, roendo/Corroer. **Ex.** O caruncho carcomeu a mesa. **2** *fig* ⇒ arruinar; destruir; desfazer.

carcomido, a adj (<carcomer) **1** (Cor)roído pelo caruncho/Carunchoso. **Comb.** *Troncos (de árvore) velhos e* ~*s.* **2** *fig* Envelhecido/Gasto. **Comb.** *Um rosto enrugado e* ~. **3** *fig* Consumido/Abatido/Minado. **Comb.** *Ânimo* ~ *pela angústia/tristeza.*

carda s f (<cardar) **1** A(c)to ou efeito de cardar/Cardação/Cardagem. **2** Máquina «nas fábricas» ou pequena prancha de madeira com pontas metálicas para cardar «fibra têxtil, algodão, linho, lã». **3** Prego muito curto de cabeça larga e grossa «para calçado». ⇒ brocha; tacha. **4** ⇒ cardina; surro.

cardamomo (Mômo) s m *Bot* (<gr *kardamómon*) Nome comum de plantas amomáceas cujas sementes são usadas como condimento ou em perfumaria.

cardápio s m *Br* (<lat *charta*: papel + *daps,pis*: banquete dos deuses) Lista (dos pratos)/Ementa «no restaurante».

cardar v t (<cardo + -ar) **1** Desenredar/Pentear/Limpar «lã/algodão/linho/fibra têxtil» com carda. **2** *pop* ⇒ roubar; extorquir. **3** *fam* ⇒ repreender.

cardeal s m (<lat *cardinális*: do gonzo, principal; ⇒ cardial) **1** *Catol* Prelado do Sacro Colégio escolhido pelo Papa. **Ex.** Os ~ais são os principais conselheiros do Papa e também escolhem um novo Papa quando ele morre ou abdica; usam barrete e vestes vermelhos. **Comb.** *Cardeal Patriarca de Lisboa.* **2** *Ornit* Nome de várias aves com poupa [topete/cabeça/uma parte] vermelha. **3** *fig* Principal/Fundamental. **Comb.** *Geog Pontos* ~*ais* «norte, sul, este, oeste». *Virtudes* ~*ais* «prudência, justiça, fortaleza e temperança».

cárdia s f *Anat* (<gr *kardía*: orifício superior do estômago perto do coração) Orifício que estabelece [faz] a passagem do esófago para o estômago.

-cardia suf (<gr *kardía*: coração) ⇒ -cárdio; taqui~.

cardíaco, a adj/s *Med/Anat* (<gr *kardiakós*: do coração) **1** Relativo ao coração. **Comb.** *Ataque* ~*o* [do coração]. *Músculo* ~. **2** s Pessoa que sofre do coração. **Ex.** Sou ~. [Tenho problemas do coração]. **Comb.** *Rosto* [Aspe(c)to] *de* ~.

cardial adj 2g *Anat* (<cárdia + -al) Relativo à cárdia. ⇒ cardeal.

cardialgia s f *Med* (<gr *kardialgía*) **1** Dor no coração. **2** Dor na boca do estômago/no epigástrio/Gastralgia.

cardina s f (<carda + -ina) **1** Grumos de imundície agarrados à lã ou pelo dos animais. **2** Sujidade na pele das pessoas/Surro. ⇒ crosta.

cardinal adj 2g/s (<lat *cardinalis*: do gonzo, principal; ⇒ cardeal) **1** (Diz-se de) número natural que só indica a relação entre a unidade e a quantidade «1, 2, 3, ...». ⇒ ordinal; fra(c)cionário. **2** Relativo a gonzo/eixo.

cardinalato s m *Rel* (<lat *cardinalátus*)) Função de cardeal **1**.

cardinalício, a adj (<cardeal **1** + -ício) De cardeal. **Comb.** *Barrete* ~.

-cárdio [cardi(o)-] suf/pref (<gr *kárdia*: coração) Exprime a ideia de coração. **Ex.** *Mio*~; *cardiograma*.

cardiografia s f *Med* (<cardio- + ...) Estudo e interpretação do regist(r)o gráfico dos movimentos do coração. ⇒ cardiógrafo/cardiograma.

cardiógrafo s m *Med* (<cardio- + -grafo) Aparelho que regist(r)a num gráfico os movimentos do coração.

cardiograma s m *Med* Gráfico ou regist(r)o dos movimentos do coração obtido por meio do cardiógrafo. ⇒ cardiografia.

cardiologia s f *Med* (<cardio- + -logia) Ramo que se ocupa das doenças do coração e dos vasos sanguíneos. **Ex.** A ~ evoluiu tanto, que possibilitou os transplantes do coração. **Comb.** *Médico especializado em* ~. *Se(c)ção de* ~ (do hospital).

cardiológico, a adj *Med* «exame/teste/serviço/hospital» De cardiologia.

cardiologista s 2g *Med* (<cardiologia + -ista) Médico especializado em doenças do coração.

cardiopatia s f *Med* (<cardio- + -patia) Doença do coração (+). ⇒ cardíaco **2**.

cardiovascular adj 2g (<cardio- + ...) «doença» Do coração e dos vasos sanguíneos. **Ex.** Não se devem comer gorduras em excesso para evitar as doenças ~*res.*

cardioversão s f *Med* ⇒ desfibrilação.

cardite s f *Med* (<cardi(o)- + -ite) Inflamação do coração, em especial do miocárdio: miocardite.

cardo s m *Bot* (<lat *cardu(u)s,i*) Nome vulgar de várias plantas herbáceas mais ou menos espinhosas das Cactáceas e Umbelíferas. ⇒ alcachofra [~-de-coalho]; centáurea.

cardume s m *Icti* (<carda + -ume) **1** Conjunto numeroso de peixes «sardinhas». **2** *fig* Aglomeração/Ajuntamento/Enxame(+) «de gente».

careação ⇒ acareação.

carear v t <cara + -ear) **1** ⇒ acarear(+). **2** *Br* ⇒ atrair/granjear «a estima/o respeito». **3** *Br* ⇒ carregar; levar.

careca (Ré) s/adj (<cara/carecer + -eca; ⇒ calvície) **1** s f Parte da cabeça que perdeu [a que caiu] o cabelo/Calva. **Ex.** Ele, com 35 anos, já tem ~. **Idi.** *Pôr a* ~ *à mostra a* [Descobrir os defeitos de] *alguém.* *Br Estar* ~ [farto] *de* «ouvir uma [a mesma] história». **2** s 2g Pessoa a quem caiu o cabelo. **Ex.** Ele é ~. **3** adj 2g Sem cabelo, pelo ou penugem/Liso/Calvo. **Comb.** *Homem* ~. *Pêssego* ~ [de pele lisa/Nectarina]. **4** Sem frisos/saliências/plantas. **Comb.** *Pneu* ~/ *gasto/liso.* *Relvado* [Gramado] ~. *Terreno* [Montanha] ~. **5** *Com/col* Sem dinheiro. **Comb.** *Cheque* ~ [sem cobertura (+)].

carecedor [carecente] adj (<carecer) ⇒ carente.

carecer v int (<lat *care(sc)o,ere*) Não ter/Ter falta/necessidade/Precisar/Necessitar. **Ex.** As vítimas «do terramoto» carecem de tudo: casa, alimentos, ... A opinião dele carece de fundamento/provas «para nós a podermos aceitar».

carecido, a *adj* (<carecer) ⇒ necessitado.
carecimento *s m* (<carecer) ⇒ carência; privação; necessidade.
careiro, a *adj* (<caro + -eiro) Que vende [cobra/se paga] caro. **Ex.** Aquele estabelecimento «de mobílias» é ~ mas tem (de) tudo [mas é de confiança]. A minha cabeleireira é ~a mas é uma verdadeira artista.
carena (Rê) *s f Náut* (<lat *carína*: cada metade da casca de noz, quilha do barco) **1** Peça da estrutura inferior duma embarcação/Querena/Quilha(+). ⇒ costado/calado. **2** *Ornit* Saliência no (osso) esterno das aves voadoras/Quilha(+). **3** *Bot* Formação de duas pétalas unidas por baixo/Naveta(+)/Quilha.
carenagem *s f* (<carenar + -agem) Revestimento exterior «de avião/mota» para reduzir o atrito do ar «e dar aspe(c)to aerodinâmico».
carenar *v t Mec* (<carena **1** + -ar¹) Prover de carenagem.
carência *s f* (<lat *caréntia*; ⇒ carecer) **1** Falta (daquilo que é preciso). **Comb.** ~ **de alimentos**. *Muitas ~s de ordem social* «escolas/seguros de saúde». *Psic.* ~ **afe(c)tiva** [Privação do afe(c)to que pode causar perturbações psíquicas «à criança/ao adulto»]. **2** *Econ/Dir* Período entre a concessão dum financiamento e o início da sua amortização. **Ex.** Concederam-me o empréstimo, a [para] ser pago em prestações, após um período de ~ de doze meses. ⇒ moratória.
carenciado, a *adj* (⇒ carência; carecer) Que tem falta de algo indispensável à vida/Necessitado/Precisado. **Comb.** Povoação [Terra] ~a de meios para se desenvolver. Pessoas pobres/necessitadas [economicamente (muito) ~as]. ⇒ carente.
carente *adj 2g* (<carecer + -ente) Que tem grande necessidade de afe(c)to/carinho. **Ex.** É um(a) jovem ~ que requer muita atenção. ⇒ carenciado.
carepa (Ré) *s f* (< ?) **1** Descamação ou aspereza da pele ou do couro cabeludo/Caspa(+). **Idi.** *Levado/a da ~/da breca* (+) [«pessoa» Irrequieto/Difícil de aturar/Terrível/Perigoso]. *Limpar-se da ~* [Sair da miséria/Melhorar de vida]. **2** Lanugem [Pelinhos] ou pó na casca da fruta «figo seco». **3** Faúlhas que saltam do ferro em brasa ao ser martelado. **4** ⇒ fuligem. **5** ⇒ escabiose(+)/sarna(o+)
carestia *s f* (⇒ carecer; (estar) caro) **1** Escassez ou falta «de víveres/dum determinado produto». **2** Encarecimento ou preço acima do valor real. **Ex.** A ~ de vida [dos bens de primeira necessidade] estava [ficara/era] insuportável.
careta (Rê) *s/adj* (<cara + -eta) **1** *s f* Contra(c)ção ou trejeito do rosto/Esgar desagradável/Momice. **Ex.** Ele provou «a bebida/comida» mas não gostou, fez uma ~ [fez cara feia]. Os miúdos divertiam-se a fazer ~s [momices] uns aos outros. **Idi.** *Não (con)dizer a letra com a careta* [Haver contradição «entre o que se diz e faz»]. **2** ⇒ máscara «de gigantone/Carnaval». **3** *Br s/adj 2g* ⇒ «indivíduo» antiquado/conservador/tradicional/bota-de-elástico.
carga *s f* (<carregar) **1** A(c)to de carregar/Carregamento(+). **Comb.** «àquelas horas é proibido fazer» Cargas e descargas «nesta rua estreita». **2** Aquilo que é transportado por pessoa, animal ou meio de transporte «avião». **Idi.** ~ *de ossos* [Pessoa muito magra/Esqueleto]. *Arriar a ~* [Parar o trabalho/Cansar-se/Desistir]. *Deitar a ~ ao mar* [Vomitar]. *Ser burro [besta] de ~* [Trabalhar de mais/Fazer o trabalho de outro] (Ex. Levar eu a sua bagagem [mala]? Leve-a você, (que) eu não sou burro de ~). **Comb.** ~ *máxima* «permitida ao cami(nh)ão». *Camioneta de* ~ [Cami(nh)ão]. *Operação de* ~ [Carregamento de um navio]. ⇒ carrego. **3** (Grande) quantidade. **Ex.** Tinha muita [uma ~ de] roupa para passar a ferro. **Comb.** ⇒ ~*-d'água*. ~ *fiscal* [tributária/de impostos]. ~ *horária* [Número de horas de a(c)tividade «aulas» a cumprir/fazer/dar]. **4** Quantidade de pólvora e balas que se metem de uma vez numa arma de fogo. **5** *Ele(c)tri* Quantidade de energia acumulada num corpo «bateria». **Ex.** As pilhas estão sem ~. **6** *Mil* Ataque. **Comb.** ~ *cerrada* [Descarga ou disparo simultâneo de grande número de armas]. ~ *da polícia sobre os manifestantes*. **Idi.** *Voltar à* ~ [Tornar a dizer/fazer/Insistir]. **7** *fig* Encargo/Peso/Incó[ô]modo/Responsabilidade/Fardo. **Ex.** O idoso [velhinho] não quis ser uma ~ para os filhos e foi para um lar (da terceira idade). **8** ⇒ bebedeira/carraspana. **9** ⇒ resfriado forte.
carga-d'água *s f* Forte pancada de chuva/Bátega/Chuvada. **Ex.** De repente caiu uma ~ que inundou a praça. **Idi.** *Por que* ~ [Por que razão] «você anda (para aí) a falar mal de mim»?
cargo *s m* (<carrego <carregar) **1** Conjunto de obrigações aceites por alguém/Ofício/Função. **Ex.** Ela está (mais que) habilitada para desempenhar [exercer] esse ~. **Loc.** Desempenhar [Ter] um ~. **Comb.** ~ *administrativo*. ~ *de confiança* [em comissão]. ~ *importante de uma empresa*. ~ *honorário* [honorífico]. ~ *(de funcionário) público* [do Estado] «no Ministério da Educação». ⇒ posto; emprego; função. **2** Encargo/Obrigação/Responsabilidade. **Loc.** A ~ *de* [Por conta de/À responsabilidade de] (Ex. A elaboração dos horários da escola fica a ~ de três professores. A compra dos livros dos alunos está a ~ [a expensas] da família).
cargueiro *adj/s m* (<carga + -eiro) **1** Navio de carga/Que só transporta mercadorias. **Ex.** Deu agora entrada no porto de Lisboa um ~ que trazia bananas da ilha da Madeira. ⇒ petroleiro. **2** *Br* ⇒ besta de carga. **3** *Br* ⇒ almocreve.
cariar *v t/int Med* (<cárie + -ar¹) Causar [Ficar com/Ganhar] cárie. **Ex.** Os doces cariam os dentes. Tenho um (dente) molar cariado [com cárie], vou ao dentista.
cariátide *s f Arquit/Arte* (<gr *kariátis,tidis*: sacerdotisa de Diana, de Cária, antiga cidade da Grécia) Estátua feminina que faz de coluna «em fachada de edifício/na acrópole de Atenas».
caribe (Rí) *adj/s 2g Etn/Ling* (<caraíba) (Diz-se de) vários grupos étnicos do mar e das línguas espalhadas pelas Antilhas, Venezuela, Guianas e Brasil.
caribu (Bú) *s m Zool* (<algonquino *khalibu*: o que esgaravata) Rena (+) «do Canadá»; *Rangifer Tarandus*.
carica *s f pop* (<cara + -ico/a) Cápsula **1**(+) de garrafa «para jogar».
caricáceo, a *adj Bot* (<lat *cárica*: (figo seco) de Cária, cidade grega que o exportava para Roma) (Diz-se de) plantas tropicais, a que pertence o mamão/mamoeiro/a papaia.
caricato, a *adj* (<it *caricato*: carregado, afe(c)tado) **1** Que é digno de escárnio/Que se presta a ridículo/Burlesco/Ridículo/Grotesco/Caricaturesco. **Ex.** Era ~ ver os dois polícias [*Br* policiais] a discutir e o ladrão a fugir. **2** ⇒ có[ô]mico; engraçado.
caricatura *s f* (<it *caricatura* <*caricare*: carregar, exagerar) **1** Desenho, descrição ou figura feita com exagero para provocar riso ou desprezo. **Ex.** Este jornal traz sempre a ~ de algum político/governante/ministro. **2** *fig/depr* Tentativa falhada/Imitação ou reprodução imperfeita. **Ex.** É um pintor sem valor, os quadros dele são uma ~ de arte moderna. **3** *depr* Pessoa ridícula pelo aspe(c)to ou pelos modos. **Ex.** Ele julga-se [pensa que é] elegante mas não passa de uma ~.
caricatural *adj 2g* (<caricatura + -al) **1** Referente a caricatura. **Comb.** Representações ~ais «da alta sociedade». **2** Que se presta ao ridículo/Caricato(+). **Comb.** Uma figura [pessoa]/Um indivíduo] ~.
caricaturar *v t* (<caricatura + -ar¹) **1** Fazer a caricatura de/Representar, grotesca ou comicamente. **Loc.** ~ *a falsa espertesa* «do vaidoso». ~ *os políticos*. **2** Descrever pessoas ou acontecimentos exagerando o lado có[ô]mico. **Ex.** Camilo Castelo Branco, grande romancista português, caricaturou os políticos do seu tempo. ⇒ satirizar.
caricaturesco, a *adj* (<caricatura + -esco) Semelhante a caricatura/Um pouco caricato. **Ex.** Ele tem um aspe(c)to [riso/olhar] ~.
caricaturista *s 2g* (<caricatura + -ista) Pessoa «Rafael Bordalo Pinheiro» que faz [pinta/desenha] caricaturas.
carícia *s f* (<lat *carítia* <*cárus,a,um*: querido, amado) **1** Gesto de afe(c)to (com a mão)/Afago. **Ex.** A mãe fazia ~s na face do menino para ele adormecer. ⇒ fest(inh)a. **2** *fig* Toque ou conta(c)to suave. **Ex.** Deitado na praia sentia a doce e quente ~ do sol. A ~ das suas palavras, do seu olhar, deu-me nova coragem. ⇒ acariciar; carinhoso.
caridade *s f* (<lat *cáritas,átis*) **1** Amor (de Deus e do próximo das pessoas). **Ex.** A ~ é a maior [mais importante] das três virtudes teologais (fé, esperança e ~). **Prov.** *A ~ (bem ordenada) começa por nós mesmos* [Não devemos amar os outros prejudicando-nos a nós]. **2** Benevolência/Bondade/Compaixão/Piedade. **Ex.** O pobre(zinho) [ferido/doente] pediu que o ajudassem por ~. **3** A(c)to de beneficiência/Esmola/Favor. **Ex.** Dê-me de comer, faça-me essa ~. **Loc.** Estender a mão à ~ [Pedir esmola/Mendigar]. **4** *iron* ⇒ Ajuste de contas/Vingança/Ofensa/Castigo.
caridoso, a (Ôso, Ósa, Ósos) *adj* (<caridade + -oso) Que tem caridade/Que ama e ajuda as pessoas. **Ex.** Ele é ~ para com todos, não murmura [não diz mal] de ninguém. ⇒ caritativo.
cárie *s f Med* (<lat *cáries,iéi*: caruncho, podridão) **1** Destruição progressiva «de dente/osso». **Comb.** ~ *dentária* [do esmalte/dentina/polpa do dente] (⇒ tártaro). ~ *óssea* ⇒ osteoporose. **2** *Bot* Necrose provocada por fungos ou larvas nos vegetais. **Comb.** ~ *do trigo* [da madeira]. ⇒ cravagem, míldio. **3** *fig* ⇒ Causa de destruição progressiva/Verme que corrói/Caruncho(+).
caril *s m Cul* (<tâmil *ka'i*) **1** Condimento indiano de várias especiarias: gengibre, coentro, malagueta, pimenta, açafrão, … **Comb.** Pó de ~ [~ em pó]. **2** Molho preparado com **1**. **3** Prato «de arroz/camarão» com **1/2**.
carimbador *s/adj* (<carimbar + -dor) (Diz-se de) pessoa ou máquina que carimba «correspondência postal».
carimbagem *s f* (<carimbar + -agem) A(c)to ou efeito de carimbar.
carimbar *v t* (<carimbo + -ar¹) **1** Marcar com [Pôr o] carimbo. **Ex.** As certidões «de casamento» são sempre [devem ser] carimbadas. **Loc.** ~ *o correio/a correspondência/a*

carta. ⇒ autenticar. 2 *fig iron* ⇒ sujar «a roupa com tinta». 3 *fig iron* ⇒ marcar/assinalar/classificar/apodar/chamar.

carimbo *s m* (<quimbundo *ka+rimbu*: pequena marca) 1 Obje(c)to para marcar com tinta. **Loc.** Pôr ~ [Carimbar]. **Comb.** ~ «de borracha» *datador* [numerador]. *Almofada de* ~. 2 Marca desse obje(c)to/Sinete/Selo. **Ex.** O documento [A carta] já tem ~ [já está carimbado/a]. ⇒ cunho; ferrete. 3 *fig/col* Qualquer marca ou sinal distintivo.

carina *s f* ⇒ carena.

carinho *s m* (<caro + -inho) Manifestação de amor/Afe(c)to/Delicadeza/Meiguice. **Ex.** Manifestava-lhe todo o ~ de que era capaz. Foi criado [educado] com (muito) ~. Gosto muito de plantas e trato-as com ~. ⇒ dedicação/mimo/afago/carícia.

carinhosamente *adv* (<carinhoso + -mente) Com carinho. **Loc.** Abraçar [Beijar/Olhar/Tratar] ~.

carinhoso, a (Ôso, Ósa, Ósos) *adj* (<carinho + -oso) Que tem [revela] carinho. **Ex.** A mãe é muito ~a com os filhos. **Comb.** *Olhar* [Sorriso] ~. *Palavras* ~*as*.

cario- *pref* (<gr *káryon*: noz, amêndoa, caroço, núcleo) Exprime a ideia de núcleo. **Ex.** ~pse.

carioca *adj/s 2g* (<tupi *kara'iwa*: homem branco + *oka*: casa) 1 Relativo à [Habitante da] cidade do Rio de Janeiro/Fluminense. 2 *Cul* (Diz-se de) café já preparado a que se adiciona água para que fique mais fraco. **Comb.** ~ de limão [Chá feito com aparas de casca de limão, sobre as quais se verte água a ferver, servido em chávena de café].

cariocinese (Né) *s f Biol* (<cario- + ...) Divisão indire(c)ta do núcleo celular «mitose/meiose».

cariofiláceo, a *adj Bot* (<gr *karyóphyllon*: crav(eir)o) (Diz-se de) várias plantas dicotiledóneas, herbáceas ou subarbustivas, com fruto capsular, em geral hermafroditas, a que pertence o cravo.

carioplasma *s m Fisiol* (<cario + ...) ⇒ nucleoplasma.

cariopse *s f Bot* (<cario- + gr *ópsis*: aparência) Fruto seco cujo pericarpo adere à semente, característico das gramíneas/Grão(+) «de trigo».

carisma *s m* (<gr *kharisma,atos*: graça (divina), favor, dom) 1 *Teol* Dom especial «de pregador/profeta/esmoler» de Deus concedido para determinada missão na Igreja. **Ex.** Aquele santo «padre Cruz» tinha o ~ de atrair as pessoas para Deus. 2 Qualidade marcante/Dom. **Ex.** É um chefe com [que tem] ~.

carismático, a *adj/s* (⇒ carisma). 1 Relativo a [Que tem] carisma. **Ex.** A empresa [O partido] tem um dirigente ~, considerado insubstituível. **Comb.** *Dons* ~*os*. *Político* ~. 2 *Teol* (Diz-se de) pessoa ou grupo que na oração e na vida exterioriza os dons de Deus, do Espírito Santo.

caritativo, a *adj* (<caridade + -ivo) Que pratica a caridade/Que dá esmolas/Esmoler/Compassivo. ⇒ caridoso.

cariz *s m* (<cara + nariz) 1 Aspe(c)to/Aparência. **Ex.** Foi à janela ver como estava o ~ do céu [das nuvens]: iria chover ou não? 2 Qualidade/Cará(c)ter/Natureza. **Ex.** Era um proje(c)to [uma obra] de ~ político «que não beneficiava o país». 3 *pop* ⇒ carão/carantonha. 4 *Bot* ⇒ alcaravia/cominho.

carlinga *s f Náut* (<escandinavo *kerling*) 1 Peça de madeira colocada longitudinalmente por cima da quilha do navio e onde assenta o mastro. 2 ⇒ cabine/a «do avião». 3 Viga transversal sobre a qual se apoiam as longarinas de uma ponte.

carma *s m Fil* (<sân *karma*: a(c)ção, efeito, fa(c)to) «no budismo e bramanismo» Relação entre as ou encadeamento das nossas a(c)ções e reencarnação a caminho da salvação. ⇒ destino, fado; signo; princípio de causalidade «todo o efeito tem uma causa».

carmear *v t* (<lat *cármino,áre*: cardar a lã) 1 Desfazer os nós da lã antes de a cardar. 2 ~-se/«tecido» Desfazer-se em farripas.

carmelita *adj/s 2g* (<lat *carmelítes*: habitante do monte Carmelo, na Galileia (Israel)) (Diz-se de) membro «S. João da Cruz/S. Teresa de Ávila» da Ordem (Religiosa) do Carmo/do Monte Carmelo. **Sin.** Carmelitano.

carmesim *adj 2g/s m* (<ár *quirmizi*: vermelho) (Diz-se de) cor vermelha muito viva/Vermelho-cravo. **Comb.** Almofada [Cortinado] ~. ⇒ carmim.

carmim *s m/adj 2g* (<carmesim + lat *mínium*: vermelhão) 1 Substância corante artificial ou extraída da cochonilha ou de plantas «índigo/anil». **Ex.** O ~ é *us* em cosmética e microscopia. Há vários ~ins «de púrpura/naftalina». 2 (Diz-se de) cor vermelha brilhante. **Comb.** Lábios (de) ~.

carmíneo, a *adj* (<carmim) Da cor do carmim/Carminado.

carminativo, a *adj m Med* (⇒ carmear) (Diz-se de) medicamento «salva/funcho» que expulsa ou reduz os gases do intestino.

carnação *s f* (⇒ carne) 1 Cor da carne [da pele/do corpo] humana/o. **Comb.** Senhora de ~ ebúrnea [cor de marfim]. 2 Representação do corpo humano nu e com a cor natural. **Ex.** Ticiano é inexcedível na pintura das ~ões.

carnadura *s f* (⇒ carne) 1 Qualidade da carne: pele e músculos/Constituição muscular/física «rija». **Loc. Ter boa** ~ [Não estar sujeito a inflamar-se-lhe qualquer ferida externa/Cicatrizarem-se depressa as próprias feridas]. ***Ter má*** ~ [As feridas não curarem facilmente]. ⇒ compleição; «bom» físico; musculatura. 2 Parte mais carnuda do corpo.

carnal *adj 2g* (<lat *carnális,e*) 1 Da carne. **Comb.** Espinha ~ [Pequeno furúnculo na pele]. 2 Diz-se de parentesco próximo/Consanguíneo. **Comb.** Irmão ~. Primos carnais [em primeiro grau]. ⇒ cárneo. 3 Só do corpo, por oposição a espiritual/Sensual/Lascivo. **Comb.** Amor ~ [que só busca a satisfação sexual].

carnaúba *s f Bot* (<tupi *karana'iwa*) 1 Palmeira do Nordeste do *Br* de fruto comestível e folhas e raízes usadas em culinária; *Copernica prunífera*. **Sin.** Carnaubeira. 2 Cera extraída das suas folhas.

carnaval *s m* (<it *carnevale* <lat *caro, vale!*: adeus, carne!) 1 Folguedo de origem pagã mas mantido ainda hoje nos três dias que antecedem a Quarta-Feira de Cinzas, começo da Quaresma. **Ex.** O ~ do Rio (de Janeiro) tem deslumbrantes [vistosos/grandes] desfiles das escolas de samba. **Sin.** Entrudo. 2 *fig* Festa ruidosa e aparatosa/Folia/Catarse.

carnavalesco, a (Lês) *adj/s* (<carnaval + -esco) 1 Do Carnaval. **Comb.** Desfile ~o/Festejos ~s. 2 *s* Quem vê, participa ou organiza desfiles de Carnaval ou semelhantes. ⇒ folião; extravagante; grotesco.

carnaz *s m* (<carne + -az) 1 Parte interna da pele «de animal» oposta ao pelo [à cútis]. 2 *fig* O oposto/avesso.

carne *s f* (<lat *cáro,rnis*) 1 *Zool* Tecido muscular do homem e dos animais. **Ex.** Vou comprar ~ para o jantar. **Idi.** «não duvide(s), sou o José» *Em* ~ *e osso* [Em pessoa/«Eu» mesmo]. «no acidente, o rosto dele ficou» *Em* ~ *viva* [Sem pele/Muito ferido]. *Não ser* ~ *nem peixe* [Ser indeciso/indefinido/sem gosto] (Ex. Não entendo aquele homem, (tem um feitio que) não é ~ nem peixe. *Sentir/Sofrer na própria* ~ [Sofrer intensamente por dentro e por fora] «a desgraça/separação/morte do amigo». *Ser* ~ *de [para] canhão* [Ir lutar numa guerra perdida, sem sentido, sem esperança de vitória]. «duas pessoas» *Ser unha e* ~ [Ser(em) inseparáveis/muito amigos]. **Comb.** ~ *assada* [Churrasco]. ~ *branca* [de cor clara, não vermelha] «de galinha/coelho». ~ *de porco* [vaca]. ~ *gorda* [magra]. ⇒ charque. *Pessoa seca de* ~*s* [magra mas forte]. **Ant.** Osso; espinha. 2 *fig* Natureza animal/Matéria ou corpo (por oposição ao espírito). **Ex.** Jesus disse aos discípulos no Getsemani: o espírito está pronto mas a ~ é fraca (Mt. 26:41). **Loc.** Mortificar/Dominar a ~ [a concupiscência/os maus desejos]. **Comb.** *Exigências da* ~ [do corpo(+)] «necessidade de comer/descansar». *Pecado da* ~ [contra a castidade]. *Ressurreição da* ~ [Glorificação total da pessoa no céu]. 3 *fig* Consanguinidade/Parentesco. **Ex.** Os filhos são ~ da nossa ~ «pais». ⇒ carnal 2. 4 *Icti* Parte comestível. **Comb.** ~ *de peixe*. ~ *de ostra* [caranguejo/atum/camarão]. 5 *Bot* ⇒ polpa(+); mesocarpo.

carné/ê *s m* (<fr *carnet*: regist(r)o) Pequeno caderno (+) «para apontamentos» ou bloco(+) «com talões ou folhas destacáveis para pagamento em prestações». ⇒ agenda.

carnear *v t/int* (<carne + -ar[1]) Abater um animal, esquartejá-lo e preparar a carne «para secar». ⇒ charque.

carneira *s f* (<carneiro) 1 Pele de carneiro (ou outra pele fina) depois de curtida. **Comb.** *Livro* (encadernado) *em* ~. *Mala de* ~. 2 Tira fina de couro que se coloca na parte interna e inferior de um chapéu, etc., e que assenta [encaixa] na cabeça. 3 *Br* ⇒ ovelha(+) [fêmea do carneiro].

carneirada *s f* (<carneiro + -ada) 1 Rebanho (grande) de carneiros e ovelhas. ⇒ cabrada. 2 *fig* Grupo de pessoas sem personalidade que obedecem em tudo a quem vai à frente, como as ovelhas. 3 *fig* Conjunto de coisas «nuvens/ondas» brancas que lembram uma ~1. ⇒ carneirinho 3. 4 ⇒ malária.

carneirinho *s m Zool* (<carneiro + -inho; ⇒ ovelh(inh)a) 1 Carneiro pequeno/Cordeir(inh)o(+). 2 *col/depr* ⇒ indivíduo sem personalidade/que se deixa levar [guiar] pelos outros, obediente; maria-vai--com-as-outras(+). 3 *fig* ⇒ (cirro)-cúmulo.

carneiro *s m Zool* (<lat (*agnus*) *carnarius*: cordeiro de boa carne, para talho) 1 Ovídeo ruminante com muitas espécies; *Ovis aries*. **Idi.** *Olhos de* ~ *mal morto* a) Olhar mortiço/inexpressivo; b) Olhar amoroso/libidinoso/lascivo. ⇒ ovelha [*Br* carneira 3]. 2 *Cul* ⇒ carne de ~/cordeiro(+). 3 *Astr* Constelação e primeiro signo zodiacal (21 de março a 19 de abril). ⇒ Aries. 4 *Mil* ⇒ Antiga máquina de guerra/Ariete(+). 5 *Mec* Aparelho para elevar água de um rio, movido pela força da corrente/Ariete. 6 *fig* ⇒ carneirinho 3. 7 ⇒ necrópole. 8 *Ent* ⇒ gorgulho.

cárneo, a *adj* (<lat *cárneus,a,um*) Que tem (cor/aspe(c)to de) carne/Encarnado(+). ⇒ carnal; carnudo.

carniça *s f* (<lat *carnítia*: carne de animal morto) 1 Carne de animais mortos. 2 ⇒

carnificina(+) [grande matança/mortandade]. **3** ⇒ jogo de rapazes em que saltam em fila uns por cima dos outros/Eixo(+). **4** ⇒ «ser alvo de» zombaria.

carniçaria s f (<carniça + -aria) **1** ⇒ açougue/talho(+). **2** ⇒ carnificina(+); morticínio.

carniceiro, a adj/s (carniça + -eiro) **1** Que se alimenta de carne/Carnívoro(+). **Comb.** Dente ~o [Molar dos animais carnívoros apto para destrinçar a carne] (⇒ canino). **2** fig Sanguinário/Cruel/«cirurgião» Que corta demasiado. **Comb.** Instintos ~s/cruéis. **3** O que mata e esfola reses/Magarefe/Açougueiro/Talhante.

carnificina s f (<lat carnificína: trabalho do carrasco, lugar de tortura) Grande matança/Chacina/Mortandade/Extermínio/Morticínio. **Ex.** O exército entrou na cidade e fez uma ~ [e matou toda a gente].

carnívoro, a adj/s (<lat carnívorus,a,um) Que come [se alimenta de] carne. **Ex.** Os (animais) ~os «cães/ursos» têm fortes caninos e dentes carniceiros aptos para desfazer carne. O meu marido é mais ~ [vai mais para a [gosta mais de] carne (+)] do que vegetariano [do que para as verduras e frutas]. A águia é (uma ave) ~a. Há plantas ~s «dioneia» [que captam inse(c)tos nas folhas e os absorvem]. **Ant.** Herbívoro. ⇒ inse(c)tívoro.

carnosidade s f (<carnoso + -(i)dade) **1** Qualidade do que é carnoso. **2** Formação anormal de tecido carnoso. ⇒ calo; carnadura **2**.

carnoso, a adj (<lat carnósus: que tem carne ou polpa) **1** ⇒ carnudo(+). **2** Que tem aparência de carne. **Comb.** Matéria [substância] ~a.

carnudo, a adj (<carne + -udo) **1** Que tem muita carne. **Comb.** Boca pequena mas ~a. Lábios ~os/grossos(+). ⇒ musculoso. **2** Bot Que tem abundância de parte mole. **Comb.** Ameixa ~a. Folha ~a. Pêssego ~/suculento(o+)/sumarento(+).

caro, a adj/adv (<lat cárus,a,um: que custa muito, amado, querido) **1** De preço elevado. **Ex.** A vida está ~a [O preço das coisas [dos bens de primeira necessidade] é alto/elevado]. Tóquio é uma cidade ~a. **Loc.** Custar ~/muito. Ficar mais ~ [Custar mais] «na loja do que na fábrica». **Idi.** *Fazer-se ~* [Não ceder facilmente a um pedido] (Ex. Convidei-o para sócio na empresa, mas ele ainda não aceitou: está-se a fazer ~). **Comb.** Artigo [Material] ~. **Ant.** Barato. ⇒ careiro; custoso. **2** Que excede o valor real/Que cobra ou onde se cobra ~. **Ex.** As casas estão ~as, há muita especulação. É um dentista ~ [careiro]. É um restaurante ~ [de luxo]. **Loc.** «lojista» Vender/Pagar-se ~ [Ser careiro/Cobrar muito]. **3** Que implica [tem] despesas ou sacrifícios. **Ex.** Ganhamos o jogo «de futebol» mas tivemos várias lesões; saiu[ficou]-nos ~a a vitória. **Idi.** «dizer mal/rir-se do chefe» *Sair [Ficar] ~a a brincadeira* [Ter más consequências]. (Ex. Hoje não fui às aulas [para a escola] mas saiu-me ~a a brincadeira «os meus pais já não me compram a bicicleta»). **4** Que se estima/aprecia. **Ex.** Aquela amizade [pessoa] era-lhe ~a (ao coração). «ao começo das cartas costuma escrever-se»: Caro [Prezado/Estimado] amigo. ⇒ querido.

caroba (Rô) s f Bot (<tupi kaa'rowa) Nome de várias árvores pequenas, bignoneáceas, gé[ê]nero jacarandá.

carocha (Rô) s f (<?) **1** Ent Besouro grande de coleóptero. ⇒ vaca [cabra]-loira; escaravelho; barata. **2** ⇒ ponta de cigarro; beata; prisca. **3** ⇒ bruxa(ria). **4** ⇒ mentira. **5** Primeira fatia cortada dum pão redondo, com mais côdea do que miolo. **Ex.** Eu gosto da ~.

carochinha s f (<carocha + -inha) Mulher velha [bruxa] mas com graça. **Idi.** *História* [Conto] *da ~* **a)** Conto para crianças; **b)** Coisa em que ninguém acredita/Patranha (Ex. Isso (que você conta/diz) são histórias/contos da ~).

caroço (Rô) s m Bot (<gr karúdion: avelã, pequena noz) **1** Parte interna e dura dos frutos carnudos «pêssego» que contém a semente ou amêndoa. **2** Pequena porção de farinha não desfeita «no creme/na água»/Grumo. **3** col Med Formação globosa. **Ex.** Apareceram-lhe dois ~s no pescoço quando teve anginas. ⇒ gânglio; íngua; bubão. **4** col ⇒ dinheiro. **5** Br ⇒ engasgo; entalação. **6** Br ⇒ «vendedor» chato/maçador.

carola (Ró) s/adj 2g Col (<lat corolla, dim de corona: coroa) **1** Padre ou frade que usava tonsura/coroa. **2** Pessoa que se dedica totalmente a uma coisa «difícil». **Ex.** O clube [A associação] mantém-se, graças a meia dúzia de ~s. Ele é um ~ do Benfica/Porto/Sporting. **Sin.** Torcedor fanático. **3** ⇒ «tipo/indivíduo/cara» raro/maluco.

carolice s f (<carola **2** + -ice) Qualidade ou a(c)to de carola.

carolo (Rô) s m (<lat caríolus: núcleo, pequena noz?) **1** ⇒ maçaroca (de milho) já sem grão. **2** Farinha grossa de cereal. ⇒ farelo. **3** Col Pancada (dada) na cabeça com vara ou com os nós dos dedos. **Ex.** Porta-te bem, senão dou-te [levas/apanhas] um ~ idi que (até) ficas a ver estrelas ao meio-dia... **4** Col Inchação provocada por **3**/Galo.

carona (Rô) s f Br (< ?) **1** Manta colocada no lombo do cavalo por baixo da sela. **2** Transporte gratuito/Boleia(+). **Loc.** *Dar ~* «até S. Paulo». *Pedir* [Viajar de] *~*. **3** fig ⇒ calote(+); pessoa que explora/não paga/usa marca falsa para vender.

caroteno (Tê) s m Quím (<fr carotte: cenoura + -eno) Hidrocarboneto existente nas cenouras, manteiga, folhas verdes, etc. e que se converte na vitamina A no corpo dos animais.

carótida s f Anat (<gr karótides: as duas artérias ~) Cada uma das artérias que, da aorta, levam o sangue à cabeça.

carotídeo [carótico], a adj Anat Relativo às (artérias) carótidas.

carpa s f Ict (<lat cárpa) Peixe ciprinídeo de água doce; Cyprinus carpio.

carpelar adj 2g Bot (<carpelo + -ar[2]) Do carpelo.

carpelo (Pé) s m Bot (<gr karpós: fruto + -elo) **1** Conjunto das folhas florais, produtoras de óvulos, que formam o gineceu. **2** Invólucro da espiga do milho/Camisa(+)/Folhelho(o+).

carpete (Pé) s f (<fr carpette <it carpita: manta peluda) **1** Tapete grande e solto do chão. **Ex.** A ~ fica bem nesta sala. **2** s m br ⇒ alcatifa.

carpiano [cárpico], a adj Bot (<carpo) Relativo ao carpo.

carpideira s f (<carpir + -deira) **1** Mulher mercenária que chora os mortos durante os funerais. **Ex.** Os gritos das ~s ouviam-se ao longe. **2** Mulher que tem o hábito de se lamentar [por tudo e por nada]. **Ex.** Ela queixa-se tanto que parece [Ela é] uma ~. **Comb.** As ~s gregas [africanas/árabes].

carpido s m (<carpir) **1** Lamento/Pranto(+). **Ex.** Todos os dias se ouvia o doloroso ~ daquela viúva. ⇒ gemido; pranto. **2** Ornit Ave pernalta da família dos caradriídeos. **Sin.** Borrelho; corrião; maçarico.

carpintaria s f (<carpinteiro + -aria) **1** Ofício/Trabalho de carpinteiro. **Ex.** O meu primo trabalha em ~. **2** Lugar/Oficina onde se trabalha a madeira. **Ex.** Ele tem uma ~. **3** fig ⇒ estrutura; orgânica.

carpinteirar v t/int (<carpinteiro+-ar[1]) Trabalhar a madeira. **Ex.** Ele passa os dias a ~.

carpinteiro s m (<lat carpentárius: artesão de carro(ça)s) **1** Operário especializado nos trabalhos em madeira. **Comb.** ~ perfeito mas lento. ⇒ marceneiro. **2** Zool ⇒ bicho-~(+).

carpintejar v t/int ⇒ carpinteirar.

carpir v t (<lat cárpo,ere: arrancar, afligir) **1** Lamentar/Lastimar/Chorar. **Ex.** Viveu a ~ a morte do filho. **Comb.** Muito carpido [chorado] pelos pais. **2** Expressar dor/~-se]. **Ex.** É triste ouvi-lo sempre a ~-se. **Loc.** *~ misérias. ~ saudades*. **3** ⇒ capinar/mondar/arrancar.

carpo s m (<gr karpós: a) juntura do braço com a mão; b) fruto) **1** Anat Juntura da mão com o pulso, constituída por oito pequenos ossos. **Ex.** Dói-me o ~ que não posso mexer a mão. **2** Bot ⇒ fruto(+).

carpófago, a adj (<carpo **2** + -fago) Que se alimenta de frutos. **Comb.** «o macaco é um» Animal ~. **Sin.** Frugí[tí]voro(+). ⇒ herbívoro; carnívoro.

carpogénese [Br carpogênese] s f Bot (<carpo **2** (+) ...) Fenó[ô]menos que ocorrem na flor até à formação do fruto.

carpólito s m Bot (<carpo **2**+ -lito) **1** Nódulo duro em certos frutos. **2** Fruto fóssil.

carpologia s f (<carpo **2** + -logia) Área da Botânica que trata dos frutos.

carqueja s f Bot (< ?) **1** Planta rasteira de folha rija e flor amarela (Boa para chá); Pterospartum tridentantum. **2** Br Planta amargosa e medicinal; Baccharis genistelloides.

carquilha s f (< ?) ⇒ ruga(+); encarquilhar.

carraça s f Ent (<?) **1** Aracnídeo que suga o sangue dos animais. **Ex.** O cão [boi] tem ~s. **Sin.** Carrapato. **2** fig Pessoa importuna/Parasita.

carrada s f (<carro + -ada) **1** Carga de um carro. **Loc.** Levar três ~s de tijolos e uma de areia. **2** fig Grande quantidade. **Ex.** Fui à biblioteca e trouxe uma ~ de livros. **Loc.** «colher maçãs; levar turistas» Às ~s [Em grande número/quantidade].

carranca s f (<cara + -anca) **1** Cara feia ou de mau humor. **Ex.** Ele chegou do trabalho com uma ~ medonha. ⇒ carantonha; máscara. **2** Escul Cara ornamental de pedra, madeira ou metal «da aldrava/do chafariz».

carrancudo, a adj (<carranca+-udo) **1** Trombudo. **Ex.** Hoje estás [vejo-te] muito ~ ... **2** fig «céu/tempo» Sombrio/Carregado.

carranquear v int (<carranca + -ar[1]) **1** Fazer carranca(s) (+). **Ex.** O médico disse ao doente, carranqueando, que não podia levantar-se da cama. **2** Ficar trombudo/mal-humorado. **Ex.** Quando soube que tinha reprovado, o aluno carranqueou.

carrão s m (<carro+-ão) **1** Carro grande. **2** Carro espe(c)tacular/muito bom. **Ex.** O meu primo comprou um verdadeiro ~; chega a dar 250 km/h! **3** Instrumento que os pescadores usam para puxar os barcos para terra. **4** fam A dobra seis dobrado [duplo] (Com doze pintas) no dominó.

carrapata s f (<carrapato) **1** Ferida difícil de curar. **Ex.** Cortei um dedo e arranjei uma grande ~. **2** fig Situação complicada/dificuldade. **3** ⇒ carraça(+).

carrapateiro s m (<carrapato+-eiro) **1** Bot ⇒ rícino; mamoeira. **2** Br Ornit Caracará.

carrapato s m (<garra+-pata) **1** Zool ⇒ carraça. **2** Bot ⇒ rícino. **3** Br fig Pessoa maçadora/"pegajosa". **4** fig Homem baixo e gordo.

carrapeta (Pê) s f (< ?) **1** ⇒ carapeta. **2** Br Bot Árvores pequenas da família das meliáceas, pertencentes aos gé[ê]neros Guarea e Trichilia, com flores geralmente brancas e frutos capsulares.

carrapicho s m (< ?) **1** Cabelo apanhado no alto ou atrás da cabeça. **Ex.** Aquela menina traz um ~ muito bem feito. **Sin.** Carrapito.⇒ rabo de cavalo; corucho. **2** Br Bot Várias plantas das famílias das compostas Malváceas e Leguminosas cujos pequenos frutos se dividem em articulações com espinhos que se prendem facilmente ao pelo dos animais ou à roupa dos homens.

carrapito sm (< ?) **1** Carrapicho 1. **Ex.** Há uns anos todas as mulheres da minha aldeia usavam ~s. **2** Anel ou pequena madeixa de cabelo.

carrara s m (<top Carrara) Mármore da região de Carrara (Itália).

carrascal s m Bot (<carrasco 2+-al) **1** Mata de carrascos ou carrasqueiros. **2** Br Terreno árido com vegetação muito pobre.

carrascão adj/ s m (<carrasco+-ão) **1** Vinho de cor carregada, taninoso e adstringente. **Loc.** Servir um bom ~. **2** depr ⇒ zurrapa.

carrasco¹ s m (<antr Belchior Carrasco) **1** Aquele que executa a pena de morte/ Algoz. **2** Pessoa cruel/Tirano. **Ex.** O meu chefe é mesmo um ~: não admite a mínima falha! **Idi.** «todos a fazerem-lhe perguntas mas ele,» **Moita ~** [Nem uma palavra/Caladinho]!

carrasco² s m Bot (< ?) **1** Planta arbustífera da família das fagáceas; Quercus coccifera. **Comb.** ⇒ melão [oliveira/uva] ~. **2** Br Bot Mata anã de arbustos com caule duro e esguio/Caatinga/Carrascal. **3** Br Terreno/ Caminho pedregoso.

carraspana s f (< ?) **1** Bebedeira(+). **Ex.** O rapaz andava sempre nos bares, chegava a casa com cada ~ ! **Loc.** Apanhar uma ~ [Embebedar/Embriagar-se]. **2** Gripe violenta. **Ex.** Apanhei uma ~ tal que tive de ir ao médico. **3** Repreensão/Raspanete(+). **Ex.** O miúdo levou [apanhou] uma ~ do professor por não ter feito os trabalhos.

carrasqueiro, a s Bot ⇒ carrasco².

carrê s m Cul (<fr carré: quadrado) Lombo de porco, carneiro ou vaca. **Ex.** No jantar da Embaixada Portuguesa serviram um ~ excelente.

carrear v t (<carro+-ear) **1** Transportar/ Carregar(+). **Ex.** Tive pena de ver a criança a ~ pesados baldes de água. **2** Levar/ Arrastar(+). **Loc.** «o vendaval» ~ pedras e troncos de árvores. **3** Provocar(+)/Ocasionar. **Ex.** A construção de casas em ravinas pode ~ tragédias. **4** Juntar/Acumular(+). **Loc.** ~ desgostos.

carregação s f (<carregar+-ção) **1** ⇒ carga; carregamento. **2** Br Afe(c)ção/Doença. **Loc.** «móvel/trabalho» De ~ [Mal-acabado/ Fraco]. **Comb.** ~ **do peito** ⇒ bronquite. ~ **dos olhos** ⇒ conjuntivite. ~ **dos dentes** ⇒ gengivite.

carregadeira s f (<carregar+-deira) **1** Náut Cabo com que se colhem ou carregam as velas dos navios. **2** Mulher que transporta fardos à cabeça. **Ex.** Aquela ~ parece não aguentar o peso que leva à cabeça. ⇒ carregador. **3** Br Zool ⇒ Formiga obreira/ operária.

carregado, a adj (<carregar) **1** Que transporta [tem] carga. **Ex.** Com tantos embrulhos, vais muito ~! O cami(nh)ão está ~ ou descarregado? **Comb.** **Arma ~a. Bateria** (elé(c)trica) ~**a. 2** Cheio. **Loc.** Estar ~ de dúvidas. **Comb.** Árvore ~a (de fruta). **Ant.** Aliviado; vazio. **3** Encoberto/ Escuro. **Ex.** Está um tempo muito ~, vamos ter chuva(da). Verde ~ [escuro] da (pintura) da porta. **4** Carrancudo/Sombrio. **Ex.** Aquele homem chega a casa com um aspe(c)to [ar/semblante] muito ~, deve andar com problemas! **Comb.** Ambiente ~ [pesado/ tenso] da reunião.

carregador s m (<carregar+-dor) **1** Pessoa que transporta carga/mercadorias. **Ex.** Quando chegar à estação, chamo um ~ para levar a minha bagagem. **Sin.** Bagageiro/Br Portador. **2** Instrumento que se liga à corrente elé(c)trica para carregar. **Comb.** ~ de baterias [pilhas/telemóveis]. **3** Mil Pente de balas nas armas automáticas. **Comb.** ~ de cartuchos. **4** Mil Militar que carrega as bocas de fogo.

carregamento s m (<carregar+-mento) **1** A(c)ção de carregar mercadorias. **Ex.** Foi demorado o ~ do barco porque o mar estava agitado. **2** A(c)ção de carregar arma. **3** ⇒ Carga. **4** Br ⇒ Carregação 2.

carregar v t (lat carricare <carrus/m: carroça) **1** Pôr carga para transportar. **Ex.** Os operários carregaram o contentor com [de] cimento. Não podes [deves] ~ demasiado o cami(nh)ão. **Ant.** Des~. **2** Levar. **Ex.** O furacão (ciclone/tufão) carregou (com) o telhado de zinco. Conseguirás ~ (sozinho) o trabalho da companhia [empresa]? **Loc.** ~ [Levar] **a mala** até ao carro. ~ **o filho ao** [no] **colo.** ~ [Arcar com/Suportar] **o peso dos anos.** ~ [Sofrer] **o peso do crime.** **3** Pôr/Colocar alguma coisa para «a máquina» funcionar. **Loc.** ~ **a arma** com balas [cartuchos]. ~ **a bateria** [as pilhas]. ~ **a caneta** (esferográfica/lapiseira). ~ **a máquina fotográfica. 4** Fazer pesar/Exercer pressão/Apertar/Oprimir. **Ex.** Pôs o pé no travão e carregou com força. Se a chuva ~ [apertar], abrigamo-nos na primeira casa que encontrarmos. O professor carregou-nos de [marcou-nos muita] matéria para estudar. **Loc.** ~ **no botão** «da campainha elé(c)trica/do elevador». fig ~ **o povo de impostos. 5** Ter muito. **Ex.** Este ano a macieira do quintal carregou muito [tem muita maçã]. **Loc.** ~-se de [Ter muitos] filhos. **6** Exagerar. **Ex.** O pintor carregou (muito) nas cores. Quando fala carrega (muito) nos rr [érres]. **Loc.** ~ **no** [Pôr muito] **açúcar.** idi ~ **no acelerador** [Dar muita/demasiada velocidade]. ~ **na maquil(h)agem. 7** Tornar-se sombrio/ameaçador. **Ex.** O céu carregou-se [ficou (muito) carregado (+)] para os lados do mar. Ao ler a trágica notícia carregou-se-lhe a fisionomia [o rosto]. **Loc.** ~ o sobrolho [Fazer má cara]. **8** Investir/Atacar. **Loc.** ~ no [sobre o] inimigo em fuga. **9** Info Transferir conteúdos.

carrego (É) s m pop (<carregar) **1** ⇒ carga. **2** Remorso(+). **Ex.** Sentirei sempre o ~ por ter testemunhado a favor da condenação daquele réu. **3** Br Mil Carga para peças de artilharia. **4** ⇒ carregação 2. **5** Br Herança de obrigação religiosa.

carregoso, a adj (carrego+-oso) **1** ⇒ Pesado. **2** ⇒ Árduo/Incó[ô]modo/Oneroso.

carreira s f (<lat via carraria: caminho para carros) **1** ⇒ Caminho estreito/Carreiro(+)/ Trilho(+). **2** Caminho determinado [fixo] de um serviço de transportes. **Ex.** O autocarro [ó/ônibus] 727 não faz ~ por [não passa (+)] aqui. **Comb.** Avião de ~. Cami(nh)oneta [Cami(nh)onete] de ~ (Ex. Eu fui na ~ das sete). **3** Corrida. **Ex.** Os miúdos adoram jogar às ~s. **4** Fil(eir)a/ (A)linha(mento). **Comb.** Uma ~ de árvores [casas]. ~ de tiro [Local de instrução e treino para acertar no alvo]. **5** Via/Profissão. **Ex.** Ele formou-se em Direito e seguiu a ~ diplomática. **Loc.** Fazer ~ [Continuar/Subir na profissão escolhida]. **Comb.** ~ acadé[ê]mica [de professor].

carreirismo s m (<carreira+-ismo) Modo de viver interesseiro de quem tem por obje(c)tivo fundamental o êxito e não o bem público.

carreirista adj/ s 2g (<carreira+-ista) **1** (O/A) que é pouco escrupuloso, mais preocupado com o (seu) êxito/sucesso. **Ex.** A minha colega de sala é (uma verdadeira) ~: só lhe interessa a (sua) promoção. **2** Br Apreciador ou frequentador de corridas de cavalos.

carreiro s m (<carro+-eiro) **1** Caminho estreito/Trilho(+) «do monte». **Comb.** ~ **de formigas.** ~ ao longo da horta [plantação]. ⇒ atalho; carreira; rodeira. **2** ⇒ condutor de carro «de bois».

carreta (Ê) s f (<carro+-eta) Carro pequeno de uma ou mais rodas e com ou sem varais. **Ex.** O caixão (do morto) ia numa ~. Mudei a areia para outro lugar às ~s [com uma ~]. ⇒ reboque; carroça; padiola; carreto **1**; maca.

carretão s m (<carreta+-ão) **1** Veículo usado para levar vagões de uma via para outra. **2** Br Carro de duas rodas destinado ao transporte de toros de madeira.

carrete (Rrê) s m (<carro+-ete) ⇒ carretel **1**.

carreteiro, a s/adj (carreto+-eiro) **1** Barco usado para carga ou descarga de grandes navios. **2** ⇒ Condutor. **3** Br Proprietário de transporte de cargas. **Sin.** Transportador(a) (+).

carretel s m (<carreto+-el) **1** Carrinho de linhas (+). **2** Rolo de madeira colocado sob obje(c)tos pesados para os mover. **3** ⇒ bobina.

carretilha s f (<carreto+-ilha) **1** Pequeno instrumento de roda dent(e)ada usado para cortar massa ou marcar fazenda. **2** Broca de ferreiro. **3** Liter pop br Verso de cinco sílabas em desafios/Miudinha. ⇒ desgarrada.

carreto (Rrê) s m pop (<carro+-eto) **1** Carregamento ou transporte de carga. **2** ⇒ roda de engrenagem.

carriça s f Ornit (<carriço) **1** Pássaro muito pequeno, da família dos troglodíteos; Troglodites europaeus. **2** Br Pássaro pequeno que se alimenta de inse(c)tos, aranhas e sementes; Troglodytes aedon. **Sin.** Garriça; cambaxirra.

carriço(-da-areia) s m Bot (<lat cárex,icis: tabua, espadana ou junco das lagoas) Planta que cresce no litoral, da família das ciperáceas, e cujas raízes são medicinais; Carex arenaria.

carril s m (<carro+-il) Cada uma das barras de ferro paralelas sobre as quais andam as rodas «das locomotivas». **Idi. Entrar nos carris** [Começar a andar bem] (Ex. O meu proje(c)to ainda não entrou (bem) nos carris [não tem pés para andar]). ⇒ trilho.

carrilar ⇒ encarrilar.

carrilhão s m Mús (<fr carillon <lat quatérnio,ónis: grupo de quatro) **1** Conjunto de sinos com sons diversos. **Comb.** O famoso ~ de Mafra (Portugal). **2** Instrumento de orquestra com tubos de metal, que imita os sinos. **3** Relógio que marca as horas imitando 1/2.

carrinha s f (<carro+-inha) Veículo automóvel preparado para transportar pessoas e/ ou carga. **Ex.** Ainda bem que trouxeste a ~, senão não cabíamos os seis e a bagagem no carro. ⇒ cami(nh)onete; perua.

carrinho s m (<carro+-inho) Carro pequeno. **Ex.** No Natal vou dar um ~ «teleco-

mandado» ao meu sobrinho. **Comb.** **~ de bebé/ê**. **~ de chá** [Mesa pequena, com rodas, que se usa como apoio a pequenas refeições]. **~ de compras**. **~ de linhas** ⇒ carretel **1**. **Idi.** *Vir de ~* [Pretender enganar alguém, usando (de) manha] (Ex. Cá para mim [Parece-me que] vens de ~, com essa história de uma viagem espe(c)tacular e baratíssima!).

carripana *s f* (<carro+?) Carro velho/fraco/antiquado. **Ex.** Os meus vizinhos continuam a andar naquela ~; qualquer dia avaria e têm um acidente!

carro *s m* (<lat *carrus,i*: carro(ça)) Veículo para transportar pessoas ou carga. **Idi.** *Pôr* [Botar] *o ~ adiante* [à frente] *dos bois* [Fazer coisas ao contrário [Fazer antes o que se devia fazer depois]. **Loc.** «gostar de» *Andar de ~* [Conduzir/ Guiar]. *Arrumar* [Estacionar] *o ~*. *Ir* «a Madrid» *de ~*. *Ligar o ~. Travar (o ~)*. **Comb.** *~ alegórico* [com figuras, em desfiles]. *~ armadilhado* [~-bomba]. *(~) blindado*. *~ comercial* [para o serviço]. *~ de assalto* [Tanque]. *~ de bois*. *~ de bombeiros*. *~ de corrida*. *~ de mão* [*~* empurrado ou puxado por pessoas]. *~ de praça* [Táxi]. *~ (d)esportivo*. *~* [Caixa(+)] *do elevador*. *(~) elé(c)trico* [*Br* Bonde]. *~ fúnebre* [para transporte de defuntos]. **Sin.** Veículo; viatura; automóvel. ⇒ carruagem; vagão; ascensor; teleférico; funicular; carrinho/a.

carroça *s f* (<carro+oça) **1** Veículo tosco de tra(c)ção animal. **Ex.** Na minha aldeia ainda se veem algumas ~s puxadas por machos/mulos. **Idi.** *Pôr fora da ~* [Despedir de um posto/cargo]. **2** Quantidade que leva uma ~/Carroçada. **Ex.** Trouxe duas ~s de erva para os animais. **3** *fam depr* Carro velho ou lento/Carripana/Calhambeque. **4** *fig* Pessoa muito vagarosa. **Ex.** A minha irmã chamava-me ~ porque eu andava mais devagar do que ela na rua.

carroção *s m* (<carroça+-ão) **1** Carroça grande, coberta. ⇒ carrão **1**. **2** *Gír br* Problema ou expressão matemática formada de muitos termos.

carroçaria *s f* (<carroça+-aria) **1** Toda a parte superior do carro assente no chassi. **2** Só a parte traseira «do cami(nh)ão» para (transporte de) carga. ⇒ mala.

carroceiro, a *s* (<carroça+-eiro) **1** O que faz fretes com carroça/Camionista(+)/Caminhoneiro. **2** *depr* Indivíduo malcriado/grosseiro. **Ex.** A falar é (mesmo) um ~.

carroceria ⇒ carroçaria.

carrossel (Ssél) *s m* (<it *carosello*: torneio de cavaleiros em evoluções circulares) Engenho de diversões com carrinhos de andar às voltas/Roda de cavalinhos. **Ex.** As crianças gostam dos [de andar nos] carrosséis.

carruagem *s f* (<carro+-agem) **1** Vagão do comboio/trem. **Ex.** O meu lugar [assento] é o (número) 88 da ~ 21. **Comb.** *~ de metro(politano)*. *~ de primeira* [segunda] *classe*. **Composição** [Comboio/Trem] *de/com dez ~ns*. **2** Veículo de quatro rodas com suspensão de molas puxado por animais. ⇒ coche; sege; carroça.

carta *s f* (<lat *c(h)arta*: folha de papel/papiro) **1** Mensagem escrita (par)a alguém. **Ex.** Vou levar uma ~ regist(r)ada ao correio. **Comb.** *~ aberta* [dirigida a alguém mas publicada «em jornal»]. *~ anó[ô]nima* [sem assinatura «para atacar alguém»]. *~ circular* [dirigida a vários «sócios»]. *~ de amor* [de namorado ou apaixonado por alguém]. *~ de recomendação* [a falar bem do portador]. *~ pastoral* [dirigida pelo bispo aos fiéis da sua diocese]. *~ (enviada) "por avião"* [via aérea]. ⇒ correspondência; epístola; epistolar. **2** Documento comprovativo de um título ou aptidão. **Comb.** *~ credencial* [levada por um diplomata ao Presidente de outro país como prova de crédito/Credenciais(+)]. *~ de condução*/*Br* Carteira de motorista [que autoriza a conduzir veículos]. *~ de curso* [Diploma oficial comprovativo de posse de um curso]. *~ dimissória* [~ em que um bispo autoriza a ordenação sacerdotal dum seu diocesano por outro bispo]. *~ magna* [Constituição] «de um país». ⇒ patente; diploma. **3** Lista/Elenco/Catálogo/Cardápio. **Comb.** *~ de vinhos* «do restaurante». **4** *~ geográfica/Mapa*. **Comb.** *~ náutica* [de navegar/*an de marear*]. **5** Cartão «re(c)tangular» para jogar/brincar. **Loc.** *Dar ~s* **a)** Distribuir as ~s aos jogadores; **b)** *idi* Ter poder/Ser capaz/Mandar (Ex. Ele dá ~s a qualquer um). *Jogar às ~s* «no jardim com os amigos». ⇒ cartada. **Idi.** *Mostrar as ~s/Pôr as ~s na mesa* (o+)/Abrir o jogo (+) [Falar sem esconder nada]. *Ser ~ fora do baralho* [Não ter valor/préstimo]. *Ter as ~s na mão* [Ser senhor da situação/(Co)mandar com segurança]. **Comb.** *~* [Cartão] *de* [com] *botões* [alfinetes/autocolantes].

carta-branca *s f Idi* Autorização plena/Toda a liberdade. **Loc.** *Dar ~ a alguém* [Deixar-lhe fazer o que achar bem] (Ex. Para a compra do carro, tenho ~ do meu pai [, o meu pai deu-me ~]).

cartada *s f* (<carta+-ada) **1** Lance/Volta/Rodada num jogo de cartas. **2** *fig* A(c)ção arriscada mas necessária/importante. **Ex.** Foi uma ~ [saída/ um lance] decisiva para ganhar o proje(c)to [o concurso]. **Idi.** *Jogar a última ~* [Usar o último recurso/meio].

cartaginês, esa *adj/s Hist* (<*top* Cartago, na a(c)tual Tunísia) Relativo a Cartago. **Ex.** Os ~eses eram rivais dos romanos e falavam uma língua fenícia, o ~. **Sin.** Púnico.

cartão *s m* (<carta+-ão) **1** Papelão, feito de várias camadas de papel/Papel grosso/rijo. **Comb.** *~ canelado* [ondulado] «para embalagens». *Caixa de ~* [de papelão]. **2** Pequeno re(c)tângulo de papel grosso «cartolina» para vários fins. **Idi.** *Não passar ~* [Não dar atenção] «a desconhecidos». **Comb.** *~ de Boas Festas* «de Natal». *~ de crédito* [com que se pode comprar sem pagamento imediato/à vista]. *~* [Bilhete(o+)/Carteira(+)] *de identidade* [que identifica o possuidor]. *~ de visita* **a)** com o nome, endereço, título do portador; **b)** *fig* Sinal/Cara(c)terística (Ex. O Cristo Redentor do Corcovado é o ~ de visita do Rio de Janeiro. Aquela maneira de vestir é o seu ~ de visita). *~ magnético/ele(c)tró[ô]nico* [com informação ou dados regist(r)ados]. *~ multibanco/de débito* [para retirar ou pagar da conta (do banco)]. *~* [Bilhete] *postal* [de correio]. *~ telefó[ô]nico* [para telefonar]. *~ resposta* [Impresso para responder, fixo a um postal ou revista]. ⇒ bilhete; senha; carteira.

cartapácio *s m* (<carta+?) **1** Livro grande/grosso. **Sin.** Calhamaço(+). **2** Livro antigo/Alfarrábio(+). **3** ⇒ cole(c)ção de escritos em forma de livro. **4** *depr* Livro grande sem conteúdo/Livrório.

cartaz *s m* (<ár *qi[a]rtáz* <lat/gr; ⇒ carta) **1** Folha (grande) de propaganda/Anúncio. **Ex.** É proibido afixar ~es [Afixação proibida]! O filme está em ~ [em exibição/está a passar]. **2** *Br* Fama/Popularidade. **Ex.** Esse atleta tem [está com] ~ é muito famoso. **3** *fig* (A razão do) êxito/sucesso. **Loc.** *Ser cabeça de ~* [Ser a vedeta [a figura principal/o grande trunfo] de um espe(c)táculo. **4** *Br* (O dar) importância/atenção. **Loc.** *Fazer ~* **a)** Elogiar (Ex. Ela faz ~ das qualidades do marido); **b)** Merecer elogios/Tornar-se famoso (Ex. Fez seu ~ [Ganhou fama/importância] cantando nas ruas do bairro).

cartear *v t/ int* (<carta-ear) **1** ⇒ jogar (às) cartas; distribuir [dar] «rapidamente» as cartas. **2** *Náut* Calcular ou regist(r)ar na carta náutica a posição do navio/Marcar o rumo e a distância/Pôr o ponto. **3** ⇒ ~-se; escrever-se mutuamente; corresponder-se(+).

carteira *s f* (<carta+-eira) **1** Estojo (com divisões) para trazer dinheiro, etc., no bolso. **Ex.** Só tenho dez euros na ~. ⇒ porta-moedas. **2** Mal(inh)a de mão «de senhora»/Bolsa(+)/Pasta. **3** Documento oficial de habilitação. **Comb.** *Br ~* [Cédula/ Cartão/ Bilhete(+)] *de identidade* [com os dados essenciais do portador/dono]. *~ de jornalista*. *Br ~ de motorista* [Carta de condução (+)]. *~ profissional* «de jornalista» [de trabalho/que prova a própria profissão]. **4** *Econ/Com* Posse ou conjunto de títulos, clientes, etc. **Comb.** *~ comercial* «do nosso banco». *~* [Conjunto/Número] *de clientes* «de uma empresa». *~ de encomendas* [de pedidos] «feitas/os a uma empresa». **5** *Br* ⇒ maço [caixa] de cigarros. **6** Mesa «individual» dos alunos numa escola/Escrivaninha. **Ex.** Vão todos estudar para as suas ~s até chegar [vir] o professor.

carteirista *s 2g* (<carteira **1**+-ista) Ladrão de carteiras «nos transportes públicos». **Sin.** *Br* Punguista.

carteiro, a *s* (<carta+-eiro) Funcionário dos correios que distribui a correspondência pelas casas.

cartel[1] *s m Econ* (<*antr* al *Karttell*) Acordo (limitado e temporário) entre empresas do mesmo ramo para dominar o mercado/Consórcio fechado. **Comb.** *~ da droga*.

cartel[2] *s m* (<it *cartello*<*carta*) **1** Mensagem de desafio «para duelo». **2** ⇒ cartaz; anúncio; dístico.

cartela [**cártula**] *s f Arte* (<lat *chártula*, dim de *charta*: folha de papel) Superfície lisa dum monumento que imita uma folha ou pergaminho semienrolado com uma inscrição.

cartesiano, a *adj/ s* (<lat *Cartesius* <*antr* Descartes) **1** De Descartes. **Comb.** Doutrina [Física] *~a*. **2** Adepto/Seguidor do cartesianismo. **Comb.** Filósofo [Pensador] *~*. **3** ⇒ lógico(+); metódico(o+).

cartilagem *s f Anat* (<lat *cartilágo,inis*: cartilagem dos animais; polpa dos frutos) Tecido «dos ouvidos/da laringe/do feto/do cação» mais rijo que a carne e menos do que os ossos.

cartilagíneo [**cartilaginoso**]**, a** *adj Anat/Bot* (<cartilagem) De [Que tem] cartilagem. **Comb.** *Esqueleto ~* «do cação». *Órgão ~*. *Tecido ~*.

cartilha *s f* (<carta+-ilha) **1** Livro para aprender a ler. **Ex.** O meu avô português (ainda) aprendeu a ler pela *Cartilha Maternal* do poeta João de Deus. ⇒ á-bê-cê. **2** Livr(inh)o da doutrina cristã/Catecismo(+). **3** Livro com os rudimentos [as coisas fundamentais] de uma ciência. **Sin.** Compêndio(o+); sinopse(+). **4** *depr* Conjunto rígido de ideias, boas ou más. **Idi.** *Ler* [Rezar] *pela mesma ~* [Ter as mesmas ideias/Ser iguais] (Ex. Esses dois «vigaristas/ladrões» leem pela mesma ~). *Não ler pela mesma ~* [Pensar de outra maneira] (Ex. Desculpe, eu não leio pela sua ~).

cartografar *v t* (<carta+grafar) **1** Representar em mapa as formas de uma área geográfica. **Loc.** *~ o litoral* [os portos] *de um país*. **2** Fazer a representação de coisas

que correspondem a uma área. **Loc.** ~ o(s) resultado(s) das eleições «legislativas».

cartografia s f (<carta+grafia) **1** Ciência [Arte] de fazer mapas/de cartografar. **Ex.** A ~ portuguesa desenvolveu-se muito a partir do séc. XV. Hoje [Agora] a moderna ~ utiliza os satélites. **2** Representação gráfica. **Comb.** ~ linguística «do português no mundo».

cartográfico, a adj (<cartografia+-ico) De ou relativo à cartografia. **Comb.** Estudos ~s. Instituto ~.

cartógrafo, a s (<carta+-grafo) Especialista ou técnico de cartografia. **Ex.** Fernão Vaz Dourado e D. João de Castro foram dois grandes ~s portugueses.

cartograma s m (<carta+-grama) Quadro ou mapa que representa alguma coisa. **Comb.** ~ dos índices de natalidade. ⇒ organograma.

cartola (Tó) s f (⇒ cabeça/tola) Chapéu alto e redondo, de homem. **Ex.** Hoje já é raro ver um cavalheiro de [com] fraque e ~.

cartolina s f (<it cartolina: cartão) Papel grosso e rijo. **Ex.** Na festa da escola fizemos cartazes com ~ de várias cores. ⇒ cartão; papelão.

cartomancia s f (<carta+-mancia) Suposta adivinhação (da sorte) por meio de cartas de jogar.

cartomante s 2g Pessoa que pretende adivinhar com cartas de jogar.

cartonagem s f (<cartonar+-agem) **1** Encadernação de livros com cartão. **2** Livro cartonado. ⇒ brochura. **3** Fabrico de obje(c)tos de cartão. **Comb.** Trabalho de ~. **4** Indústria de várias qualidades de cartão «para embalagens».

cartonar v t (<cartão+-ar) **1** Encadernar (livro) com cartão. **2** Forrar ou proteger «encomenda» com cartão.

cartoon [cartum/tune] ⇒ caricatura; desenhos animados; histórias aos quadr(ad)inhos; boneco.

cartorário, a adj/s (<cartório+-ário) **1** Relativo a cartório. **2** Empregado de um cartório/Escriturário(+). ⇒ arquivista. **3** Livro de regist(r)o de documentos públicos.

cartório s m (<carta «papel» +-ório) **1** Repartição/Arquivo de documentos públicos. **Idi. Ter culpas no ~** [Ser culpado] (Ex. Não acuse (só) os outros, porque você também tem ...). **2** Repartição pública onde se regist(r)am a(c)tos oficiais «escrituras/procurações/casamentos»/Notariado/Escritório de notário.

cartucheira s f (<cartucho+-eira) Banda ou cinturão de couro ou lona com bolsinhas para os cartuchos.

cartucho s m (<carta «papel»+-ucho) **1** Pequeno saco/Saquinho de papel. **Ex.** O vendedor [A vendedeira] de castanhas assadas faz ~s de papel. **2** Tubo «de cartão com base de metal» com a carga «chumbo» para armas de fogo. **Idi. Queimar o(s) último(s) ~(s)** [Usar o único meio que ainda resta «para ganhar»]. **3** Info Cassete de dados que pode ser inserida numa consola. **4** Qualquer dispositivo de gravação «vídeo» que pode ser inserido dire(c)tamente numa máquina «computador/proje(c)tor». **5** ⇒ canudo.

cartum [cartune] ⇒ cartoon.

Cartuxa (Cha) s f Rel (<fr top Chartreuse) **1** Ordem religiosa de muita austeridade, fundada por S. Bruno em 1066. **2** Convento de **1. Comb.** A ~ de Évora (Portugal).

cartuxo (Cho) adj/s m (<Cartuxa) **1** Relativo à Cartuxa **1**/Cartusiano. **2** Religioso/Monge da Cartuxa.

caruja [carujeiro] s f [m] (<lat calígo,inis: escuridão, cerração) ⇒ neblina intensa; nevoeiro.

caruma s f (< ?) Conjunto de folhas [agulhas] secas de pinheiro. **Loc.** Apanhar ~ «para fazer lume/uma fogueira».

carunchento [carunchoso], a adj (<caruncho) **1** Que tem [Roído pelo] caruncho. **Comb.** Armário [Te(c)to] (de madeira) ~. **2** fam Com os males da idade/Ferrugento. **Ex.** Estou velho e ~. **3** fig Gasto/Ultrapassado. **Comb.** Ideias ~as.

caruncho s m Ent (< ?; ⇒ gorgulho) **1** Inse(c)to que rói a madeira/Carcoma. **Ex.** A mesa já tem ~. **2** Pó da madeira carcomida por ?. **Ex.** Aquilo sujo debaixo da mesa é ~. **3** fam Male(ita)s da idade/Ferrugem/Velhice. **Ex.** Já me custa andar; isto é o ~.

carúncula s f (<lat carúncula: bocadinho [excrescência] de carne <caro: carne) **1** Saliência carnosa avermelhada «no nariz». **Comb.** ~ lacrimal [do canto interno do olho]. **2** Ornit Saliência/Formação carnosa (e carnuda) na cabeça de algumas aves «pomba». **Ex.** A crista do galo é uma ~ grande. **3** Bot Excrescência da pele da semente «do feijão/da mamona». ⇒ arilo.

caruru s m Bot (<tupi caa: folha+ ruru: inchada, grossa) **1** Nome comum de plantas Amaranthus, algumas de folhas comestíveis. **2** ⇒ bredo. **3** Cul Prato típico afro-brasileiro «da Bahia».

carvalhal s m/ adj 2g Bot (<carvalho+-al) **1** Mata/Bosque de carvalhos. **2** Diz-se de algumas variedades de árvores de fruto «uva/pera/cereja/tangerina/figo».

carvalho s m Bot (<?) Árvore da família das Fagáceas, de madeira rija e boa, cujo fruto é a bolota; Quercus de várias espécies. **Comb.** Tonel [Mesa] de (madeira de) ~. ⇒ azinheira; sobreiro; carrasco². .

carvão s m (<lat cárbo,ónis) **1** Geol/Min Matéria sólida com muito carbono, que, extraído das minas, se usa como combustível. **Sin.** ~ mineral [de pedra]. ⇒ antracite; grafite; hulha; lenhito; turfa; coque. **2** Lápis para desenhar ou pintar feito de **1**. **Comb.** Retrato (feito) a ~. **3** Brasa(s) apagada(s) «usadas como absorvente». **Comb.** ~ animal [de ossos carbonizados]. ~ vegetal [de madeira]. ⇒ tição. **4** fig ⇒ negro; escuro; pão, bife» muito esturrado.

carvoaria s f (<carvão+-aria) Lugar onde se faz (e vende) carvão de madeira.

carvoeiro, a s/adj (<carvão+-eiro) **1** De carvão. **Comb.** Indústria ~a. **2** Pessoa que faz carvão de madeira.

cãs s f pl (⇒ cã) **1** Cabelos brancos. **Ex.** Já tenho algumas ~ [col algumas brancas]. As ~ dão autoridade. **2** fig Idade avançada/Velhice. **Ex.** Meus filhos, respeitai as minhas ~!

casa s f (<lat cása,æ: cabana, barraca «de soldados»; ⇒ casarão/casario) **1** Construção para viver/Habitação/Domicílio/Residência/Moradia. **Ex.** «a dona de casa diz às visitas:» idi A ~ é sua [Faça de conta que está em sua ~/Não faça cerimó[ô]nia]! **Loc. Estar (em ~)** (Ex. Pode vir a qualquer hora, vou estar [ficar em ~] todo o dia). **Montar** [Pôr] ~ [Mobilar e equipar a ~ para viver]. **Idi.** ~ **roubada, trancas à porta** [Remédio/Solução que vem depois do o mal ter acontecido]. **Estar de ~ e pucarinho** [Ter vida conjugal com alguém/Viverem (os dois) como se fossem casados]. **Estar** (como) **em sua ~** [Estar à vontade/sem cerimó[ô]nia ou preocupação]. **Sentir-se em ~** [Dominar um assunto/Saber bem] (Ex. Em história do Brasil sinto-me em ~). **Comb.** ~ [Quarto] **de banho** [Br Banheiro] «com chuveiro, banheira e sanita». ~ **de campo** [de descanso fora da cidade]. ~ **de Deus** [Uma igreja]. ~ **de praia** [de férias à beira-mar]. ⇒ ~-forte. **Dona de ~** [A que é mulher, mãe e tudo]. ⇒ apartamento; andar; divisão; sala; quarto; anexo; prédio; vivenda. **2** Conjunto dos membros e bens duma família. **Idi. Ser de ~** [Ser amigo/íntimo] (Ex. Você é de ~, não é visita). **Comb.** ~ [Família] **real**. **Governo da ~** [dos membros e bens familiares]. **Lida da ~** [Trabalhos domésticos]. **(Visitas) da ~** [Amigos íntimos]. **3** Estabelecimento comercial/Loja/Empresa. **Ex.** Tenho trinta anos de ~ [Há/Faz 30 anos que trabalho nesta firma/empresa]. **Comb.** ~ **comercial**. ~ **de câmbio** [Cambista]. ~ **de chá** (⇒ café **5**). ~ **de ele(c)trodomésticos** [móveis]. ~ **de fados** [Restaurante onde se canta o fado]. ~ **de hóspedes** [Pensão/Hospedaria/Pousada]. ~ **de passe** [tolerância] (⇒ bordel/prostíbulo). ~ **de penhor(es)** [de prego]. ~ **de saúde** (⇒ clínica/hospital). ~ **editora** (⇒ editora). **4** Organismo de interesse público. **Comb.** ~ civil [Órgão auxiliar] «do Presidente da República». ~ **do Brasil** [que apoia os brasileiros] «em Tóquio/Lisboa». ~ **do estudante** «de qualquer país». **5** Divisão quadricular/Posição. **Comb.** ~ **decimal** [das décimas/do número a seguir à vírgula «5,3»]. **A ~ das unidades** [dos 9/ dum dígito] «na tabuada». **A ~ das dezenas** [de dois dígitos ou algarismos] «11/99». «no tabuleiro de xadrez/das damas» **As ~s brancas e as pretas**. **6** Divisão de tempo/Década. **Ex.** Ele deve andar na ~ dos sessenta [deve ter entre sessenta e sessenta e nove anos]. **7** Buraco/Entrada do botão «do casaco».

casaca s f (<persa kasagand: jaqueta) **1** Peça do vestuário masculino, de cerimó[ô]nia, parecida ao casaco, com lapelas largas e abas compridas só atrás. **Idi. Cortar na ~ de alguém** [Falar mal de alguém por trás/na sua ausência]. **Virar a ~** [Mudar de opinião/de partido «por interesse/medo»]. **Comb.** Um cavalheiro de ~ e cartola (⇒ fraque). **2** ⇒ patrão «da loja». **3** ⇒ repreensão/descompostura. **4** Br ⇒ caipira/saloio.

casacão s m (<casaco+-ão) Casaco largo/Sobretudo(+).

casaco s m (<casaca) Peça de vestuário com mangas e vários bolsos, us por cima da camisa/Br Paletó. **Ex.** O fato [Br terno] consta de três peças: ~, calça (e colete). **Comb.** ~ **comprido** (De senhora). ⇒ **a três quartos** [um pouco acima do joelho]. «senhora que veste» **Conjunto de saia e ~**. ⇒ sobretudo.

casado, a adj/s (<casar) **1** Ligado/Unido por matrimó[ô]nio. **Ex.** Sou (homem) ~. Tenho uma irmã ~ e outra solteira. **Comb.** Jogo de ~s e [contra] solteiros. ⇒ cônjuge. **2** ⇒ combinado; harmonizado; acertado; unido; junto.

casadoi[ou]ro, a adj (<casar+-doiro) Em idade de casar. **Comb.** Moça bonita e ~a.

casa[caixa]-forte s f Compartimento «de banco» de paredes grossas e porta reforçada, à prova de incêndio, para guardar valores. ⇒ cofre.

casal s m (<casa+-al) **1** Marido e mulher/Os cônjuges. **Comb.** Cama de ~. **2** Macho e fêmea. **Comb.** Um ~ de pombos . **3** Conjunto de dois indivíduos de ambos os sexos. **Ex.** Casámos há [faz] cinco anos mas já temos um ~ [um menino e uma menina]. **Comb.** Um ~ de bailarinos [artistas/ namorados]. **4** Propriedade(s) rústica(s) duma família. **5** ⇒ pequeno povoado; lugarejo. **6** ⇒ par; parelha.

casamata s f Arquit mil (<it casamatta: falsa casa) **1** Construção subterrânea abobadada para instalação de canhões e prote(c)ção de materiais e pessoas. **2** Parapeito encouraçado para canhões em convés de navio.

casamenteiro, a adj/ s (<casamento+-eiro) **1** ⇒ relativo a casamento; matrimonial(+). **2** (O/A) que gosta de arranjar casamentos. **Ex.** Santo Antó[ô]nio de Lisboa [de Pádua] tem fama de ~. A minha tia é a mais ~ do bairro.

casamento s m (<casar+-mento) **1** A(c)to ou efeito de casar/Estado de casado/Matrimó[ô]nio/Núpcias. **Comb.** ~ **branco** [sem relações sexuais]. ~ **civil** [segundo a lei do país, perante uma autoridade]. ~ **religioso** [na igreja, perante uma testemunha autorizada]. **Cerimó[ô]nia do ~. Festa** [Banquete] **de ~** [Boda]. **Padrinhos** [Testemunhas] **do ~. 2** fig Ligação/Associação/Aliança. **Ex.** O juntar as duas empresas não foi um ~ feliz. O ~ entre a música e a letra da canção é perfeito. **3** fig ⇒ combinação «harmoniosa entre a repreensão [o castigo] e o elogio/estímulo».

casar v t/int (<casa+-ar) **1** Unir-se para a vida como marido e mulher. **Ex.** Conhecemo-nos, namorámos e casámos. **2** Ser o ministro ou testemunha do casamento. **Ex.** Aquele foi [é] o padre que nos casou. **3** Querer/Promover o casamento. **Ex.** O pai fez tudo para ~ o filho com a jovem mais linda da terra. **4** fig Associar/Combinar/Ligar. **Ex.** São [Têm] temperamentos que não casam (entre si/um com o outro). O azul casa [liga/combina] bem com o branco e o doirado.

casarão s m (<casa+-ão) **1** Casa grande e boa. **Ex.** É um ~ antigo de dois andares, com vários quartos e salas, um verdadeiro palácio! **2** Casa grande de um só piso e sem divisões/Barracão.

casario s m (<casa+-io) Aglomerado/Conjunto de casas «na parte mais habitada da vila».

casca s f Bot/Zool (<cascar) **1** Parte exterior de caules, frutos e sementes. **Loc.** Tirar a ~ a [Descascar «batatas»]. ⇒ vagem. **2** Revestimento exterior/Invólucro. **Loc.** Sair da ~ **a)** «pint(ainh)o» Nascer; **b)** idi «jovem» Começar a [Querer] mostrar-se adulto. **Comb.** ~**s do camarão.** ~ **dos ovos.** ~ [Pele(+)] **do queijo.** ⇒ crosta «da ferida». **3** fig Aparência/Exterioridade. ⇒ ~-grossa.

cascabulho s m (<casca + capelo) **1** Casca lenhosa ou grossa «da castanha/avelã/bolota». **2** Montão de cascas. **3** fig Coisa sem importância.

casca-grossa adj/s 2g (Pessoa) de trato rude. **Ex.** São uns cascas-grossas que só têm dinheiro.

cascalhada s f (<cascalho + -ada) **1** Ruído como o do cascalho quando se remexe «de granizo/vento». **2** fig Gargalhada. **3** Monte de cascalho/Cascalheira(+).

cascalhar v int (<cascalho + -ar¹) **1** Fazer ruído como o do cascalho remexido. **2** fig Dar gargalhadas/risadas.

cascalheira s f (<cascalho + -eira) **1** Lugar com [onde se junta/acumula] muito cascalho. **2** fig Respiração ruidosa e ofegante/Farfalheira.

cascalho s m (<cascar + -alho) **1** Lascas ou pedaços de pedra «usados na construção/em ferrovias». ⇒ brita; seixo; areão. **2** Mistura de pequenas pedras roladas, conchas, etc. «em aluvião aurífero ou diamantino/nas praias». **Ex.** Havia tanto ~ que nos feríamos nos pés. **3** Escórias «de ferro forjado». **4** fig Coisa sem utilidade/Restos. **5** col Dinheiro miúdo/Moedas. **Ex.** Na carteira só tinha ~, não dava [chegava] para o almoço.

cascão s m (<casca + -ão) **1** Casca dura e grossa/Cascarrão. **2** Crosta(+) «de ferida». **3** Camada de qualquer substância ou de sujidade «na pele/no fundo da panela». **4** Laje de pedra tosca ou mal trabalhada.

cascar v t/int (<lat quassicáre, frequentativo de quásso,áre: sacudir com força, quebrar) **1** ⇒ descascar. **2** Bater. **Ex.** Ele fez-me zangar e eu casquei[bati(+)]-lhe.

cascata s f (<it cascata <lat cádo,ere: cair) **1** Queda de água/Cachoeira «em rio/ribeira». ⇒ catarata(s) «do Iguaçú»; catadupa. **2** Arranjo «em jardim» à maneira de pequena ~/queda-d'água. **3** fig Série sucessiva. **Loc.** Em ~ [Um a seguir ao outro] (Ex. Naquele ano os infortúnios [desastres/as desgraças] surgiram [foram] em ~). **4** Br ⇒ mentira «de jornal».

cascavel (Vél) s (<provençal cascavel: guizo) **1** s m Esfera oca de metal com uma ou mais bolas dentro que produzem som ao agitar/Guizo(+) «do bebé/ê/do gato». **2** s f Zool Serpente venenosa que ao deslocar-se faz um ruído semelhante ao do ~/Cobra-cascavel(+). **3** fig Pessoa traiçoeira/má. **Ex.** Aquela mulher é uma ~ [é uma víbora(+)].

casco s m (<casca) **1** Envoltório córneo de pé de animal grande «cavalo/boi/veado/elefante». **Idi.** ~**s de rolha** [Muito longe] (Ex. Ele trabalha aqui mas mora em ~s de rolha. Br **Bom de** [Na ponta dos] ~**s** [«estar» Em boa forma física/De boa saúde]. ⇒ unha (de vários animais «homem/porco/ovelha». **3** Carcaça de embarcação. **Comb.** ~ do navio. ⇒ costado; Br canoa. **4** Anat Invólucro do crânio/Parte superior da cabeça. **Ex.** idi Este moço tem o ~ duro [é pouco inteligente/aprende mal «na escola»»]. **5** Vasilha com aduelas para conservação de bebida alcoólica. **Ex.** Esta aguardente foi conservada em ~ de carvalho. **Sin.** Pipo/Tonel/Barril.

cascudo¹ [**cascoso**]**, a** adj (<casca) Que tem casca grossa.

cascudo² s m (<casco 4) **1** Pancada na cabeça com o nó dos dedos. **Sin.** Carolo/Castanha/C(r)oque². **2** ⇒ besouro. **3** Ict ⇒ corvina. **4** Bot Nome de árvore.

caseado s m (<casear) A(c)to ou resultado de casear.

casear v t (<casa + -ear) Abrir casas para botões «da camisa/do casaco».

case[é]ase s f Quím (<lat cáseus/m,i: queijo + -ase) Fermento que dissolve a albumina e coagula a caseína.

casebre s m (<provençal casebre) Casa pequena, sem conforto. ⇒ tugúrio; choupana.

caseificar v t/int (⇒ casease) Transformar (leite) em queijo/Fazer a caseificação de.

caseína s f Quím (⇒ casease) Proteína rica em fósforo e principal constituinte do queijo. **Ex.** A ~ usa-se no fabrico de plásticos, adesivos, colas, …

caseiro, a adj/s (<casa + -eiro) **1** Feito em casa. **Comb.** Remédio [Pão/Comida] ~o/a. **2** Criado/Usado em [perto de] casa/«animal» Doméstico(+). **3** Que gosta de ficar em casa «em vez de andar por fora». **Comb.** Marido [Gato] ~. **4** fig Simples/Modesto/Familiar. **5** ~ arrendatário. **6** s m Encarregado de uma quinta [herdade/casa «de veraneio»]. ⇒ feitor.

caseoso, a adj (⇒ casease) **1** Da natureza do [Como o] queijo. **2** Com aparência de queijo «com buracos ou bolhas na pele».

caserna (Zér) s f (<lat quaterni,ae,a: Grupo de [Aos] quatro) Casa onde dormem soldados «no quartel»/Dormitório.

casimira s f (<top Caxemira) ⇒ caxemira.

casinha s f (<casa + -inha) **1** Casa pequena «e bonita». **2** ⇒ latrina/retrete. **3** ⇒ guarita/posto «da guarda».

casinhola/o (Óla, Ôlo) s (<casinha + -ola) Casa humilde, fracota/Casinhoto/a. ⇒ casota.

casino s m (<it casino: pequena casa, clube) Edifício licenciado para jogos de azar e onde existem grandes salas para espe(c)táculos, dança, restaurantes, … **Sin.** Br Cassino.

casmurrice s f (<casmurro + -ice) Característica de quem não desiste de uma opinião ou se agarra às suas ideias mesmo que toda a gente pense o contrário. **Ex.** Só por ~ (é que) ficou sozinho em casa «e não veio con(n)osco à festa». **Sin.** Teimosia; obstinação.

casmurro, a adj/s (<cabeça + b[m]urro?) Pessoa muito aferrada [agarrada] à sua ideia, contra o parecer de todos. **Ex.** Por ser (tão) ~ perdeu a oportunidade de fazer um bom negócio. **Sin.** Teimoso ao máximo [como um burro]; cabeçudo; turrão. ⇒ sorumbático; ensimesmado.

caso s m (<lat cásus: queda, acontecimento, caso; ⇒ cair) **1** Aquilo que acontece ou pode acontecer. **Ex.** Hoje choveu, ~ raro nesta época (do ano). **Loc ~ a ~** [Um a [por(+)] um] (Ex. Os problemas da empresa» vão ser resolvidos ~ a ~). «ele está com» **Cara de ~** [Aspe(c)to de quem está preocupado]. **Fazer ~ de** [Dar importância a/Interessar-se por] (Ex. Ele fez pouco ~ [Ele não fez ~ (nenhum)] do que eu lhe disse e (por isso) fracassou/arruinou-se). **Comb.** ~ **de consciência** [Assunto moral difícil de resolver] (Ex. Este assassínio dentro de casa [da família] é um verdadeiro ~ de consciência!). ~ **de vida ou de morte** [~ de importância extrema]. ~ **grave** [sério/de força maior/que tem de ser resolvido]. **Sin.** Acontecimento; ocorrência. **2** Circunstância ou conjunto de circunstâncias. **Loc. Em [No] ~ de** [Quando houver/acontecer] (Ex. Em ~ de incêndio soa logo o alarme). **Em todo o ~** [Ainda assim/Mesmo assim] «eu não mudarei de opinião». **Nesse ~** [Se assim é/for] (Ex. «não aceitam o meu filho como sócio?» Nesse ~ eu saio da empresa). **Vir ao ~** [a propósito] (Ex. Isso «que você diz» não vem agora ao ~). **3** Med Doença num indivíduo concreto. **Ex.** Tivemos dois ~s de hepatite na escola. **4** Dir Conflito que pode ser obje(c)to de um processo em tribunal/Demanda. **Ex.** O meu advogado aceitou tomar conta do ~. **5** Gram **a) conj** Na hipótese de/Se. **Ex.** «não sabemos se vem ou não» ~ ele venha [Se ele vier], é preciso preparar-lhe o quarto. «o pagamento dos salários tem de ser feito amanhã!» ~ **contrário** [A não ser assim/Doutra maneira] haverá (uma) greve! **b)** Cada uma das funções que desempena e das formas que toma uma palavra. **Ex.** O latim tem seis ~s: nominativo «dóminus», genitivo «dómini», dativo «dómino», acusativo «dóminum», vocativo «dómine» e ablativo «dómino».

casório s m col (<casar + -ório) ⇒ casamento.

casota (Zó) s f (<casa + -ota) **1** Pequena casa «de madeira» para cães/cachorros. **2** ⇒ casinh(ol)a.

caspa s f (⇒ cascar) Pequenas escamas esbranquiçadas que se desprendem da pele, sobretudo do couro cabeludo [da cabeça].

caspento [**casposo**]**, a** adj (<caspa) Que tem ou cria muita caspa.

Cáspio s m Geol Mar interior [Lago salgado] entre a Europa e a Ásia, a norte do Irão.

cáspite interj (<it caspita) Exprime admiração com rejeição. **Ex.** «vi uma cobra venenosa dentro da nossa tenda» ~! **Sin.** Deus nos [me] livre!/Livra!

casqueiro s m (<casca + -eiro) **1** Lugar onde se tira a casca à madeira para a serrar. **2** Tanque onde se tingem as redes de pesca com cascas de árvores. **3** Naco [Pedaço] de broa/pão «para a ração de soldados». **4** Br ⇒ cascalho **2**.

casquejar v int (<casco + -ejar) **1** Criar novo casco «animal grande». **2** ⇒ «ferida» criar crosta/cicatrizar(+).

casquento, a adj ⇒ cascudo¹(+).

casquete s m (⇒casco **4**) Qualquer cobertura para a cabeça. ⇒ boné; barrete.

casquiha s f (<casca + -ilha) **1** Casca fina. **2** Pedaço de casca.

casquilharia [casquilhice] s f (<casquilho) **1** Adornos de casquilho. **2** ⇒ garridice.

casquilho, a s/adj (<casca + -ilho) **1** (Diz-se de) indivíduo que se veste com apuro excessivo/Janota/Taful. **2** Mec Peça para abrandar o atrito sobre os eixos. **3** Rosca exterior que liga dois tubos. **4** Terminal metálico de uma lâmpada elé(c)trica por onde se enrosca no encaixe.

casquinada s f (<casquinar + -ada) Gargalhada iró[ô]nica/de escárnio/Cachinada.

casquinar v int (<lat cachíno,áre,átum) Soltar gargalhadas/Dar risadas «com ironia/por escárnio».

casquinha s f (<casca + -inha) **1** Casca fina «do amendoim». **2** Camada muito fina de ouro ou prata que reveste obje(c)tos de outro metal. **Comb.** Uma bandeja em ~. **3** Obje(c)to de metal fundido que levou um banho de prata. **Comb.** Uma jarra de ~. **4** Br Rece(p)táculo de massa para colocar o sorvete/gelado. **Sin.** Cone. **5** Br pop Proveito/Vantagem. **Loc.** Tirar ~/proveito(+) [Ter também parte, embora pequena, em alguma coisa].

cassa s f (<mal kasa) Tecido transparente de algodão ou linho/Musselina.

cassação s f (<cassar) Anulação/Abrogação. **Comb.** ~ de direitos políticos.

cassar v t (<lat cásso,áre,átum) **1** Impedir que tenha efeito/Anular. **Loc.** ~ a licença «de pesca». **2** Br ⇒ demitir (+)/retirar «a palavra ao orador».

cassete (Ssé) s m (<fr cassette: caixa pequena) Caixinha de plástico que contém uma fita magnética «gravada com música». **Comb.** Leitor de ~s [Gravador]. ⇒ CD.

cassetete (Téte) s m (<fr casse-tête) Bastão curto de borracha, madeira forrada ou couro rijo, com argola ou alça «usado pela polícia».

cássia s f Bot (<gr kasía: falsa canela) Nome comum de várias plantas de casca aromática, cultivadas como ornamentais ou medicinais. ⇒ canafístula; canel(eir)a.

cassino s m Br ⇒ casino(+).

cássis s m Bot (< ?) ⇒ groselha.

cassiterite/a s f Miner (<gr kassíteros: estanho) Mineral castanho ou negro de brilho adamantino e com risca branca ou amarela. **Ex.** A ~ «do Norte de Portugal» é a principal fonte de estanho.

casta s f (<gótico kasts: ninhada «de aves»; ⇒ casto) **1** Grupo de indivíduos (animais ou vegetais) que se distinguem de outros da mesma espécie e podem constituir uma raça «de cães» ou variedade «de uvas». **2** Grupo de cará(c)ter hereditário em que os membros pertencem à mesma etnia, profissão ou religião e casam entre si. **Comb.** *A ~ dos brâmanes*. *Espírito de* ~. **3** fig Grupo social fechado sobre si «e com privilégios». ⇒ clã; tribo. **4** Qualidade/Natureza/Espécie. **Comb.** «na festa/multidão havia» Gente de toda a ~. ⇒ raça.

castaneáceo, a adj Bot (<castanha + -áceo) (Diz-se de) planta lenhosa a que pertence o castanheiro.

castanha s f Bot (<lat castánea) **1** Cada uma das sementes «aqué[ê]nio» do fruto capsular «ouriço» produzido por várias árvores, sobretudo pelo castanheiro. **Idi.** *Estalar a ~ na boca a* [idi Sair o tiro pela culatra/Ter mau resultado/Falhar]. **2** Ponta [Parte dura] do fruto do cajueiro/(Castanha de) caju. **3** fig Pancada na cabeça/Carolo/Cascudo.

castanhal [castanhedo] s m (<castanha) ⇒ souto(+).

castanheiro s m Bot (<castanha + -eiro) Árvore de grande porte da família das castaneáceas [fagáceas]; *Castánea sativa*. **Ex.** O ~ manso [enxertado] é a árvore que tem o tronco mais grosso «em Portugal» e o castanh(eir)o bravo dá uma preciosa madeira onde não entra o bicho/caruncho. ⇒ castinceira.

castanho, a adj/s (<castanha) **1** Madeira do castanheiro bravo. **Ex.** Os móveis da minha casa são todos de ~o. **2** Cor das ~as maduras/Br Marrom. **Comb.** *Cabelo* ~ «da criança». *Olhos* ~s. *Pelo* ~ «do boi/cavalo».

castanholar v t/int (<castanholas + -ar¹) **1** Tocar castanholas (+). **2** Tocar [Fazer soar] como castanholas. **Loc.** ~ os dedos.

castanholas (Nhó) s f pl Mús (<castanha+ -ola) **1** Instrumento de percussão, composto por duas peças de madeira dura ou de marfim, em forma de concha, ligadas por cordel ao pulso ou aos dedos que as fazem bater uma contra a outra. **2** Estalidos parecidos aos das ~ produzidos pelos dedos médio e polegar.

castão s m (<germânico kasto: caixa <hol kast: cofre) Ornato de metal, osso ou marfim na parte superior de bengalas, bastões, etc.

castelão, ã adj/s (<lat castellánus,a,um: de castelo ou praça forte) **1** Relativo a castelo. **Comb.** Cidade «medieval» ~ã. **2** Hist Senhor de um castelo que exercia a sua jurisdição numa certa área. **3** Hist Governador de castelo/Alcaide. **4** Bot Casta de videira/uvas.

castelhano, a adj/s (<esp castellano) **1** De Castela, a maior região de Espanha. **2** Língua falada em toda a Espanha/Espanhol(+). ⇒ basco; catalão; galego.

castelo s m (<lat castéllum, dim de cástrum: lugar fortificado) **1** Hist Construção em lugar elevado, com muralhas e torres «a torre de menagem do ~ de Guimarães, Portugal» para defesa. ⇒ fortaleza; praça-forte. **2** Hist Residência senhorial fortificada. **3** Náut Parte mais alta do convés do navio. **Comb.** O ~ da popa [proa]. **4** fig Amontoado [Monte] de coisas. **Idi.** *~ de nuvens* [Amontoado de nuvens (sobrepostas)]. *~s de vento/no ar* (+) [Proje(c)tos pouco sólidos/Fantasias/Sonhos/Imaginação] (Loc. Armar/Fazer/Construir ~s no ar). *Claras em ~* [Claras de ovo batidas].

castiçal s m (<cana + pedestal?) Utensílio «de metal/porcelana» que tem na base um bocal onde se encaixa a vela. **Comb.** *Os ~ais da igreja*. *Um ~* [candeeirinho] *elé(c)trico* «na mes(inh)a de cabeceira da cama».

castiçar v t (<castiço + -ar¹) **1** Tornar castiço «o estilo». **2** Juntar o macho com a fêmea para a reprodução/cobrição(+)/Chegar(+) «à égua».

casticismo s m (<castiço + -ismo) Qualidade do «estilo» que é castiço/Vernaculidade «da linguagem».

castiço, a adj (<casta + -iço) **1** De boa casta/«cavalo» De raça (+). **2** Muito próprio de uma língua/Vernáculo. **Comb.** Estilo ~/vernáculo «de Camilo Castelo Branco/de Miguel Torga/Erico Veríssimo». **3** O que mantém as boas cara(c)terísticas da tradição/Original/Peculiar/Engraçado. **Ex.** Alfama é um bairro ~ [típico] de Lisboa. O meu tio era um português [aldeão] ~/de gema.

castidade s f (<lat cástitas,átis) **1** Qualidade de casto/Abstenção dos prazeres sexuais imorais. **Loc.** Fazer voto de ~. **2** ⇒ pureza; virgindade.

castigar v t (<lat castígo,áre,átum) **1** Fazer sofrer alguém por ter feito alguma coisa má/errada. **Ex.** A lei castiga «com a prisão» os criminosos. Os pais devem saber ~ os filhos malcomportados. **Ant.** Premiar. **2** Causar prejuízo/Prejudicar. **Ex.** As vinhas foram castigadas [fustigadas] por uma tempestade de granizo. **3** Tornar mais hábil/Aperfeiçoar/Melhorar. **Loc.** *~ o estilo* «do português dos alunos». *~ um cavalo* [Feri-lo «com chicote/as esporas» para o ensinar].

castigo s m (<castigar) **1** Sofrimento infligido a alguém por ter feito alguma coisa má/errada. **Ex.** O aluno portou-se mal e ficou de ~ na aula durante o intervalo «do recreio». **Comb.** ~ corporal [físico]. **Sin.** Punição/Sanção/Pena. **Ant.** Pré[ê]mio. **2** Consequência penosa/que dói. **Ex.** Não tenha(s) pena dele «por ter ido à falência»; foi ~ de nunca querer ouvir os outros. **3** Aborrecimento/Sofrimento. **Ex.** Este calor «40°» é um ~! «o cão do vizinho está sempre a ladrar» Que [É só para meu] ~! **4** Grande dificuldade/Martírio. **Ex.** Nunca tem apetite, é sempre um ~ para ele [para o fazer] comer. É um ~ viajar neste ó[ô]nibus «superlotado».

castina s f (<al kalstein: pedra de cal) Calcário que se junta ao minério de ferro para lhe facilitar a fusão, quando tem muita argila.

castinceira s f Bot (⇒ castanheiro) Castanheiro bravo/por enxertar/que brotou e cresceu em toco de castanheiro manso.

casting ing = elenco/personagens «do filme/drama/da peça teatral».

casto, a adj (<lat cástus,a,um: sagrado, puro) **1** Que se abstém de prazeres sexuais imorais. **Comb.** Um casal ~ [que vive castamente o seu matrimó[ô]nio]. **2** Que não fez [não foi atingido por] nada impuro/Inocente/Puro. **Comb.** *Amor ~*. *Lábios ~s*. *Mãos ~s* [que nunca fizeram mal a ninguém].

castor s m Zool (<gr kastor) **1** Mamífero roedor anfíbio, de pelo denso de cor castanha ou acinzentada, que constrói a sua habitação nas margens de rios ou lagos com ramos por ele cortados. **2** Tecido/Chapéu/Bolsa da pele ou pelo de ~. ⇒ castorina. **3** Astr Estrela (Alfa) da constelação de Gé[ê]meos.

castorina s f (<castor + -ina) Tecido de lã fina, macia e sedosa «com ou sem pelo de castor».

castração s f (<lat castrátio,iónis) **1** Extra(c)ção dos orgãos reprodutores «do gato/porco»/Capa(dura). **Comb.** ~ *cirúrgica* [por meio de operação]. *~ química* [por meio de fármacos]. *Complexo de ~* [Medo infantil de perder os orgãos genitais ou a sua capacidade reprodutora. **2** Bot Supressão dos estames antes de soltarem o pólen. **Ex.** A ~ de uma planta é feita para se obter um cruzamento artificial. **3** Psic

Impedimento do normal desenvolvimento dos impulsos da personalidade. **4** *fig* Impedimento da prossecução de vontades ou opiniões. **Ex.** A censura é uma ~ da liberdade de pensamento.

castrado, a *adj* (<castrar) **1** Que, por operação, perdeu a capacidade reprodutora. **Comb.** Porco/a ~. **Ant.** «cavalo/vitelo» Inteiro. **2** *Psic* Que não desenvolve normalmente a sua personalidade. **Ex.** É um verdadeiro ~, um infeliz que não conseguiu libertar-se da imagem do pai.

castrador, ora *s/adj* (<lat *castrator,óris*) **1** Pessoa que castra [capa] os animais/Capador(+). **2** *fig* Que impede o desenvolvimento normal da personalidade. **Comb.** Educação ~ora. Pai ~.

castrar *v t* (<lat *cástro,áre,átum*; ⇒ castração) **1** Extrair os orgãos reprodutores dos animais/Capar. **2** *fig* Impedir o desenvolvimento natural da personalidade «da criança». **3** *fig* Impedir o livre exercício de uma a(c)tividade. **4** *Bot* Eliminar os estames (de flor hermafrodita), antes da abertura das anteras, para fazer um cruzamento artificial.

castrense *adj 2g* (<lat *castrénsis,e* <*cástra,órum*: acampamento militar) **1** Relativo ao exército/à classe militar. **2** Relativo a castro/Castrejo(+).

castro *s m Hist* (<lat *cástrum,i*: lugar fortificado) Lugar fortificado das épocas pré-romana e romana, na Península Ibérica/ Citânia «de Briteiros, entre Braga e Guimarães, Pt».

casual *adj 2g* (<lat *casuális,e*) **1** Que acontece por acaso/sem estar planeado/Fortuito. **Comb.** Encontro ~ «na rua, com um conhecido». **2** ⇒ «cliente/freguês» ocasional/raro/esporádico. **3** ⇒ «roupa» caseira [de andar por casa].

casualidade *s f* (<casual + -(i)dade) Eventualidade/Acaso. **Loc.** Por ~ [Casualmente] (Ex. Vi-o por ~ no cinema e «no intervalo» fui falar com ele).

casualmente *adv* (<casual + -mente) **1** Por acaso/Sem querer/Acidentalmente. **Ex.** Encontrei-me ~ com o Rui. **2** ⇒ ocasionalmente [de vez em quando].

casuar *s m Ornit* (<mal *kasuwári*: ave pernalta) Ave corredora, de grande porte. ⇒ ema; avestruz.

casuarina *s f Bot* (<casuar + -ina) Nome comum de três espécies de árvores «da Austrália» de boa madeira e assim chamadas por terem folhas parecidas às penas do casuar.

casuísta *adj/s 2g* (<caso (de consciência) + -ista) «teólogo» Moralista que se ocupa de [que explica] casos de consciência.

casuística *s f* (<casuísta + -ica) **1** Teologia moral que no ensino usa casos concretos para aprendizagem dos alunos «teólogos». **2** *pej* Explicação sofista ou farisaica para defender a(c)tos morais injustificáveis/Farisaísmo/Hipocrisia. **3** *Br Med* Regist(r)o pormenorizado de casos clínicos das doenças.

casula *s f* (<lat *cásula*: pequena casa) **1** Veste litúrgica que o sacerdote usa por cima da alva [túnica] na missa. **2** *Bot* ⇒ vagem (de feijão).

casulo *s m* (⇒ casula) **1** *Ent* Invólucro filamentoso feito pela larva do bicho-da-seda (e de outros inse(c)tos). **2** *Bot* Invólucro ou cápsula das sementes «do algodão». **3** *fig* Abrigo de misantropo/ensimesmado. **Ex.** Ele vive (metido) no seu ~ e quase ninguém o vê.

cata *s f col/fam* (<catar) A(c)ção ou resultado de procurar/Busca(+)/Procura(+). **Loc.** À ~ de [Procurar] (Ex. Ontem fomos [andámos] à ~ de borboletas). ⇒ garimpagem; escolha; rebusco.

catabolismo *s m Bioq* (<gr *katabolé*: a(c)ção de atirar de cima para baixo + -ismo) Conjunto de fenó[ô]menos do metabolismo dos seres vivos para transformar macromoléculas nutritivas noutras mais pequenas, com libertação de energia/Desassimilação. **Ant.** Anabolismo.

cataclismo *s m* (<gr *kataklysmós*: inundação) **1** Grande fenó[ô]meno ou transformação da superfície terrestre «ciclone/terramoto/inundação». **2** *fig* ⇒ (Grande) catástrofe/abalo/Derrocada. **3** *fig* Grande convulsão social «Guerra de 1914 na Europa».

catacrese (Cré) *s f Ling* (<gr *katakhrésis*: emprego ou uso abusivo) Figura de estilo que consiste no emprego de termos com significado diferente do usual por falta de termos próprios. **Ex.** *Pernas* da mesa/*Nariz* do avião, ...

catacumba *s f* (<gr *katá*: em baixo + *túmbos*: sepultura) **1** *Hist* Galeria subterrânea com sepulturas nas suas paredes, usada «em Roma» nos primeiros séculos da Igreja para celebrar o culto. **2** *fig* Lugar recôndito.

catador, eira *s/adj Br* (<catar) **1** (O/A) que cata. **2** Máquina ou aparelho usados no beneficiamento do café para separar os diversos tipos.

catadupa *s f* (<gr *katádoupós*: ruído de coisa que cai do alto; ⇒ catarata(s) «do Nilo»). **1** ⇒ queda de água; cachoeira; catarata. **2** *fig* Grande quantidade/Jorro. **Loc.** Em ~ [grande quantidade/A jorros] (Ex. As lágrimas corriam-lhe em ~).

catadura *s f* (<catar (Olhar franzindo a testa) + -dura) **1** Expressão ou aspe(c)to do semblante/rosto. **Comb.** Má ~ [*idi* Cara de poucos amigos/Má cara] (Ex. Tenha cuidado com o [Acautele-se do] chefe! Ele hoje está de má ~). ⇒ disposição; humor. **2** Aspe(c)to/Aparência/Cariz/Cara. **Comb.** **A ~ do tempo** «nuvens». **A ~ da cicatrização** (da ferida).

catafalco *s m* (<it *catafalco*) Estrado onde se coloca o caixão do cadáver durante as cerimó[ô]nias fúnebres, antes do enterro. **Sin.** Essa.

catalão, ã *adj/s* ⇒ Catalunha.

catalepsia *s f Med* (<gr *katalépsis*: a(c)ção de apanhar e imobilizar, paralisia) Estado «hipnótico» ou perturbação psicomotora «esquizofrenia» em que o paciente conserva os membros na posição que lhe foi dada por terceiros. ⇒ cataplexia.

cataléptico *s f Med* Relativo a [Que sofre de] catalepsia.

catalisador, ora *s/adj* (<catalisar) **1** *Quím* Substância que provoca um aumento ou diminuição de uma rea(c)ção química, ficando ela própria inalterada/que provoca a catálise. **Ex.** O carvão pulverizado é um ~ para a água oxigenada. **2** *Mec* Dispositivo acoplado ao sistema de escape dos automóveis que retém gases tóxicos e os impede de serem lançados para a atmosfera. **3** *fig* (O) que estimula/dinamiza/anima «um grupo/proje(c)to». **Ex.** Ele foi o (elemento) ~ da reestruturação da empresa.

catalisar *v t* (<catálise + -ar[1]) **1** *Quím* Alterar a velocidade de uma rea(c)ção química, geralmente acelerando-a. **Ex.** O carvão pulverizado catalisa os efeitos da água oxigenada. **2** *fig* Estimular/Intensificar/Animar/Galvanizar(+). **Ex.** Conseguiu ~ o interesse de todos «para construir a ponte».

catálise *s f Quím* (<gr *katálysis*: dissolução) Modificação da velocidade de uma rea(c)ção química provocada por uma substância (Catalisador) que está presente em pequenas quantidades e pode ser recuperada no final. ⇒ catalisar.

catalítico, a *adj Quím* (<gr *katalytikós*: próprio para dissolver) De catálise. **Comb.** *A(c)ção*/Rea(c)ção ~. *Fenó[ô]meno* ~.

catalogação *s f* (<catalogar) A(c)to ou efeito de catalogar.

catalogar *v t* (<catálogo + -ar[1]) **1** Classificar e pôr na lista de um catálogo. **Loc.** ~ documentos [livros «na biblioteca»/peças ou obras «no museu»]. ⇒ inventariar. **2** *fig* Fazer uma apreciação [Emitir um juízo], geralmente negativa/o sobre alguém. **Ex.** Ao ouvirmos tanto disparate catalogámo-lo de [como] idiota. ⇒ rotular; julgar; classificar.

catálogo *s m* (<gr *katálogos*: lista «dos soldados recrutados») Lista(gem) de coisas ou pessoas «com breves explicações». **Comb.** ~ da Exposição «de pintura». ~ dos livros. ⇒ catalogar; arquivo; ficheiro[chário].

Catalunha *s f Geog* Região autó[ô]noma do nordeste de Espanha. **Ex.** A capital da ~ é Barcelona e os (seus) habitantes são os catalães; a língua é o catalão.

catamarã *s m Náut* (<tâmil *ka'umaram*: pau que liga) **1** Espécie de jangada feita de troncos de coqueiro, usada no Sri Lanka e no sul da Índia. **2** Embarcação formada por dois cascos paralelos ligados por peças transversais. ⇒ hidroavião.

cataménio [*Br* **catamênio**] *s m Fisiol* (<gr *kataménios*: mensal) ⇒ menstruação.

catana *s f* (<jp *katana*: espada de um gume) Espécie de espada, sabre ou faca de lâmina larga e curta, com cabo ou punho de madeira, usada como arma «no Japão» ou como utensílio agrícola «em África/Timor». **Idi.** *Meter a ~ em* [Falar mal de] *alguém*.

catanada *s f* (<catana + -ada) **1** Golpe com catana. **Ex.** Matou a fera à ~. **Sin.** Espadeirada. **2** *fig* Ataque enérgico «aos políticos da oposição/do governo». **Ex.** O deputado dava ~ no adversário, *idi* sem dó nem piedade.

cataplasma *s f Med* (<gr *kataplasma*) **1** Medicamento que consiste numa papa feita com [à base de] farinhas, pós de raízes ou folhas e se coloca sobre parte dorida ou inflamada do corpo. **Comb.** ~ de linhaça «para dores de fígado». **2** *fig* Pessoa mole e indolente/Um banana(+).

cataplexia *s f Med* (<gr *katáplexis*: espanto, atordoamento) Incapacidade temporária de movimento como rea(c)ção a uma emoção forte. ⇒ apoplexia.

catapulta *s f* (<gr *katapéltes*) **1** *Hist* Antigo engenho de guerra usado para lançar proje(c)teis «pedras». **2** Aparelho «de porta-aviões» que lança os aviões dando-lhes um forte impulso para levantar voo.

catapultar *v t* (<catapulta + -ar[1]) **1** *Hist* Arremessar com catapulta. **2** Lançar avião com catapulta **2**. **3** Fazer sair ou voar. **Ex.** O embate catapultou[proje(c)tou]-o para fora do carro. **4** *fig* Promover/Elevar. **Ex.** Aquele sucesso catapultou-o para presidente da empresa.

catar *v t* (<lat *cápto,áre,átum*: tentar aprender, buscar, procurar) **1** Procurar e matar parasitas «carraças/piolhos» que se alojam no pelo dos animais. **Ex.** Era engraçada a arte da macaca a ~ o filho. **Idi.** *Vai-te ~* [Não me chateies/me aborreças/*idi* Vai bugiar/à fava]. **2** Procurar e apanhar um(a) a um(a). **Loc.** ~ *o* [as impurezas do] *arroz*/feijão. ~ *ostras na praia*. ~ [Andar [Ir] à cata de] *diamantes*. ⇒ rebuscar. **3** ⇒ espiolhar «os defeitos dos outros/

todos os cantos da casa». **4** ⇒ captar «o sentido duma palavra». **5** ⇒ acatar.

C[K/Q]atar *s m Geol* País do golfo Pérsico. **Ex.** A capital do Estado de ~ é Doha.

catarata *s f* (<gr *katarrhátes*: que se precipita) **1** Grande queda de água em altura e volume. **Comb.** As ~s do (rio) Zambeze [Iguaçú/Niágara]. ⇒ cascata; cachoeira. **2** *Med* Opacidade parcial ou total do cristalino ocular. **Ex.** Fiz operação às ~s e vejo bem. **Idi.** *Tirar as ~s a alguém* [Fazer-lhe ver a verdade] (Ex. Ele dizia que eu (é que) estava errado mas (eu) tirei-lhe as ~s dos olhos).

catarral *adj 2g/s m* (<catarro + -al) **1** Relativo a catarro. **Comb.** Voz grossa, ~. **2** Angina ou bronquite aguda. **Ex.** Ficou [Caiu] de cama com um ~.

catarro [catarreira] *s* (<gr *katárrous*: que corre para baixo) **1** *Fisiol* Muco originado pela inflamação das mucosas «dos brônquios/da bexiga/...». **2** *Med* Resfriado acompanhado de tosse e expe(c)toração/ Bronquite. ⇒ escarro; monco.

catarse *s f* (<gr *kátharsis*: purificação, limpeza, libertação) **1** *Hist* Ritual religioso de purificação na Antiguidade «grega». **2** Efeito da purificação [purgação/libertação] das paixões ou dos medos «produzida por representação dramática». **Ex.** O Carnaval é uma ~ para os que nela participam. A tourada é uma ~ para os espe(c)tadores. **3** *Psic* Libertação de traumas psicológicos que se encontram ao nível do inconsciente. **4** *Med* ⇒ evacuação/ purga(ção).

catártico, a *adj/s m* (<gr *kathartikós*: próprio para purificar) **1** Relativo a catarse. **Comb.** Efeito ~ da arte/do boxe/... **2** *Med* ⇒ (um) purgativo/laxativo(+).

catassol *s m* (<catar **4** + sol) **1** Antigo tecido muito lustroso e fino. **2** *Arte* Cor que se modifica conforme a luz sobre ela proje(c)tada/Cambiante/Furta-cor.

catástase *s f Teat* (<gr *katástasis*: estado ou condição final) Terceira e última parte de um drama ou tragédia/Desenlace/Desfecho.

catástrofe *s f* (<gr *katastrophé*: desastre, ruína, morte) **1** Acontecimento «terramoto de Lisboa de 1755» de que resultam vítimas humanas e grandes prejuízos materiais. **2** Fim trágico. **Ex.** Tudo terminou numa [A Guerra foi uma (grande)] ~. **3** ⇒ catástase.

catastrófico, a *adj* (⇒ catástrofe) Que causa a ruína/morte/Que tem graves consequências. **Ex.** «decidiram invadir o Iraque» O resultado foi ~: milhares de mortos, civis e militares. **Sin.** Dramático; terrível; calamitoso; extraordinário.

catastrofismo *s m* (<catástrofe + -ismo) Tendência para esperar sempre o pior/ Pessimismo(+).

catatau *s m/interj* (<on) **1** Castigo físico/ Pancada. ⇒ tautau. **2** *interj* ⇒ pumba. **3** *Br* ⇒ calhamaço(+). **4** Pessoa/Coisa velha/disforme/ferrugenta/...

catatonia *s f Med* (<gr *katá*: em baixo + *tónos*: tensão) Síndrome de esquizofrenia caracterizada por um estado de inércia motriz e psíquica com ado(p)ção de posições bizarras que se podem manter durante horas.

cata-vento *s m* (<catar **4**) **1** Utensílio simples «manga de aeroporto/bandeirinha (triangular)» constituído por uma lâmina metálica enfiada numa haste para indicar o sentido do vento (e tendo por baixo a cruzeta dos pontos cardeais). **2** *fig* Pessoa volúvel, que muda de opinião segundo as circunstâncias em que se encontra. **Ex.** Aquele político [O nosso chefe] é um ~.

catecismo *s m* (<gr *katékhismós*: instrução de viva voz) **1** *Rel* Livro que contém a mensagem de Jesus nos Evangelhos [os principais ensinamentos da fé cristã] e as principais orações dos cristãos. **Sin.** Doutrina cristã. ⇒ catequese. **2** *fig* Conjunto dos principais elementos duma ciência, arte, crença, ... **Ex.** Ele segue o ~ [a doutrina] marxista.

catecumenato *s m* (<catecúmeno + -ato) Estado de [Tempo em que se é] catecúmeno.

catecúmeno, a *s* (<gr *katékhóumenos*: o que é instruído de viva voz) **1** Pessoa que estuda a mensagem evangélica [de Jesus] e se prepara para o ba(p)tismo/Neófito. **2** *fig* ⇒ aspirante; noviço; aprendiz.

cátedra *s f* (<gr *kathédra*: assento; ⇒ cadeira) **1** Cadeira [Posição/Lugar/Tribuna] de professor universitário (⇒ catedrático). **Idi.** *Falar de* ~ [de maneira pretensiosa, alardeando conhecimento(s)] (Ex. Ele é antipático, gosta muito de falar de ~). **2** Disciplina/Matéria ensinada por esse professor. **Ex.** Ele tem a ~ [cadeira(+)] de História. **3** Cadeira(l) como símbolo de autoridade de ensinar do Papa e dos Bispos. **Loc.** «o Papa» Falar *ex cathedra* [em nome de toda a Igreja]. **Comb.** A ~ de Pedro [A autoridade de ensinar do Papa].

catedral *s f /adj 2 g* (<lat *cathedralis*) (Diz-se de) igreja principal de uma diocese «Lisboa/S. Paulo» onde está a cátedra do Bispo. **Sin.** Sé. ⇒ basílica.

catedrático, a *adj/s* (<cátedra + -ico) **1** Relativo à [Que tem] cátedra. **Comb.** O corpo ~ [Conjunto dos professores ~s]. **2** Grau cimeiro da carreira docente universitária. **Ex.** Ele ainda não é [não subiu/não foi promovido a] ~. **3** Professor encarregado da orientação pedagógica e científica de uma ou mais disciplinas. **4** Que revela certa imponência/Doutoral/Grave/Magistral. **Ex.** Discursou em tom ~o. **Comb.** *depr* Ar ~ [de doutor].

categoria *s f* (<gr *katégoría*: qualidade atribuida a um obje(c)to, acusação) **1** Classe/Qualidade/Valor. **Ex.** Este vinho «do Porto» é uma [é de alta] ~! É um escritor [artista/trabalho] sem ~/qualidade/valor. A exposição tem obje(c)tos de diversas ~s/classes «pintura/escultura/livros». Na manifestação havia gente de todas as ~s [proveniências/idades] «crianças/empregados/artistas». **Loc.** *De* [Com] ~ [Muito bom/Excelente] (Ex. É um automóvel [político] de ~). «vinho» *De segunda* ~ [De pouca ou inferior qualidade]. *Ter* ~ [Ser excelente] (Ex. O novo dire(c)tor tem ~). **2** Posição/Escalão «na hierarquia»/Grau. **Ex.** Ele demitiu-se [saiu da firma] porque queria subir de ~. **3** *Ling* Cada uma das classes de elementos de uma língua. **Ex.** As ~s funcionais são: *sub, adj, adv, v, pron, prep, conj, interj* e *art*. As ~s flexionais são: gé[ê]nero, número, tempo, modo, caso e pessoa. **4** *Fil* Cada um dos conceitos genéricos, abstra(c)tos, fundamentais «substância/qualidade/relação/lugar/tempo» de que se pode servir a mente para expressar pensamentos.

categórico, a *adj* (<gr *katégorikós*: afirmativo) **1** Que não deixa qualquer [nenhuma] dúvida/Terminante/Explícito/Claro. **Ex.** Ele foi ~o [Ele deu uma resposta ~a] «disse: não vou, não, não e não». **2** *Fil* Independente de qualquer condição/Absoluto. **Comb.** Juízo ~o [Afirmação ~a] «Todo o homem é mortal».

categorizado, a *adj* (<categorizar **2**) Que tem categoria/qualidade/valor/Importante/ Competente/Abalizado. **Ex.** É um médico ~.

categorizar *v t* (<categoria + -izar) **1** Classificar ou dispor por categorias. **Ex.** O Ministério da Saúde vai ~ todos os medicamentos. **2** Dar categoria a/Promover/ Prestigiar/Dignificar. **Ex.** Aquela atitude [a(c)ção/palavra] categorizou[dignificou]-o perante todo o país.

catenária *s f* (<lat *catenárius,a,um*: preso com cadeia) **1** *Geom* Curva plana descrita por um fio pesado, flexível, suspenso pelas extremidades, sujeito apenas ao seu próprio peso. **2** Cabo metálico condutor de ele(c)tricidade suspenso nas vias-férreas/nas ferrovias.

caténula [*Br* **catênula**] *s f* (<lat *caténula, dim* de *caténa*: cadeia) **1** Pequena cadeia. **2** Risco [Traço] em forma de cadeia.

catequese (Ké) *s f Rel* (<gr *katékhésis*: a(c)ção de instruir oralmente) **1** Ensino «às crianças/aos adultos» da mensagem evangélica [de Jesus Cristo]. **Sin.** Doutrina (cristã). ⇒ catecismo; catecúmeno. **2** Aula ou sessão de **1**. **Ex.** Os meus filhos vão à [andam na] ~. **3** ⇒ ensino/doutrinação.

catequético, a *adj* (<catequese + -ico) Relativo à catequese. **Comb.** Ensino [Preparação] ~ «para a primeira comunhão».

catequista *s 2g* (<gr *katékhistés*: o que ensina de viva voz) Pessoa que catequiza/ que ensina a doutrina cristã «às crianças/ aos adultos».

catequização *s f* (<catequizar + -ção) A(c)ção de catequizar/Instrução religiosa. **Ex.** Os pais devem fazer a [cuidar da] ~ dos (seus) filhos.

catequizar *v t* (<gr *katékhízo,zein*: instruir por palavra «na religião cristã») **1** Ensinar a mensagem e a vida de Jesus Cristo/Dar instrução religiosa. **Loc.** ~ crianças e adultos. ⇒ evangelizar. **2** *fig* Ensinar/Converter. **Ex.** O marido porta-se bem «volta para casa cedo», foi [está] bem catequizado pela mulher.

catering *ing s m* Fornecimento de refeições e de outros serviços «a restaurantes/organizadores de festas/companhias de aviação».

caterpílar *s m* (<ing *caterpillar*: lagarta) Veículo que se desloca sobre lagartas de ferro, se adapta a terrenos acidentados e serve para lavrar, escavar, etc. **Sin.** Tra(c)tor de lagartas/Lagarteiro(+).

caterva (Tér) *s f* (<lat *catérva*: batalhão de tropas bárbaras, multidão) Grande número/quantidade. **Comb.** Uma ~ de gente [de livros/de animais/de bandidos].

cateter (Tér) *s m Med* (<gr *kathetér,os*: sonda de cirurgião) Sonda que se introduz num canal do organismo «artéria/uretra/ canal lacrimal» para vários fins: retirar conteúdo, introduzir medicamento, examinar, etc.

cateterismo *s m Med* (<gr *katheterismós*) Sondagem com [Uso de] cateter.

cateto (Té) *s m Geom* (<gr *kathetos*: perpendicular) Cada um dos lados do ângulo re(c)to de um triângulo re(c)tângulo. **Ex.** Um triângulo re(c)tângulo tem dois ~s e uma hipotenusa.

catetómetro [*Br* **catetômetro**] *s m Fís* (<cateto + -metro) Instrumento com uma escala vertical ao longo da qual se pode correr um telescópio ou microscópio e que serve para medir extensões verticais ou a diferença de nível entre dois pontos.

catião [**cátion**] *s m Fís* (<gr *kátion* <*katiémi*: fazer descer) Ião de carga elé(c)trica positiva que, durante uma ele(c)trólise, se dirige para o cátodo [elé(c)trodo negativo].

catilinária s f (<lat *catilinárius,a,um* <antr L. S. Catilina, um conspirador romano) **1** *Hist* Cada um dos discursos de M. T. Cícero contra Catilina. **2** *fig* Acusação ou discurso violento (e eloquente) contra alguém «em tribunal».

catimbau s m (<?) Homem ridículo/Truão. ⇒ cachimbo «de feitiçaria».

ca(a)tinga s f (<tupi *ka'a*: mato + *tinga*: esbranquiçado) **1** Vegetação pouco densa, de arbustos «no nordeste do Br». **2** *Bot* Nome vulgar de várias plantas «bignoniáceas/caparidáceas/leguminosas». **3** Que cheira a ~/Malcheiroso.

catita adj 2g/s f (<quimbundo *katita*: pequeno?) **1** Agradável à vista/Bem vestido/Bonito. **Ex.** Hoje estás [vens] toda/o ~. Comprou uma blusa ~. ⇒ janota; giro; chique; elegante. **2** s f *Náut* Pequena vela latina quadrangular que se iça num mastro curto da popa em pequenas embarcações.

cativante adj 2g (<cativar + -(a)nte) Que cativa/prende/seduz/encanta pelas suas boas qualidades «sorriso/linguagem/inteligência»/Fascinante/Atraente.

cativar v t (<lat *captívo,áre,átum*) **1** Tornar cativo/Prender(o+)/Aprisionar(+). **Loc.** *Hist* ~ índios. **2** Despertar viva simpatia/atenção/Encantar/Conquistar/Seduzir. **Ex.** Tinha uma maneira de ser que cativava as pessoas. No discurso é preciso (, primeiro,) saber ~ a audiência [os ouvintes]. O professor depressa cativou a amizade dos alunos.

cativeiro s m (<cativar + -eiro) **1** Perda de liberdade/Estado de cativo. **Ex.** «Xanana Gusmão» Durante o ~ escreveu poesia e pintou. **2** Lugar onde (se) está cativo/Prisão. **3** *fig* Escravidão/Servidão/Sujeição/Domínio «pela droga/pelo medo/amor».

cativo, a adj/s (<lat *captívus,i*: prisioneiro de guerra) **1** Que está privado da liberdade/Prisioneiro(+)/Preso(o+). **Comb.** *Animal* «macaco» ~. *Balão* ~ [preso/seguro por uma corda para fins científicos ou militares]. *Lugar* ~ [Assento/Posto/Cargo reservado a uma pessoa particular]. **2** Escravizado. **3** *fig* Que foi seduzido ou atraído por algo. **Comb.** *Coração* ~. **4** *Econ* Retido/Hipotecado «terreno». **Ex.** Tem o cheque ~ por não ter cobertura [dinheiro suficiente no banco].

cato [*Br* **cacto**] s m *Bot* [= cacto] (<gr *káktos*: cardo, alcachofra) Nome comum de plantas cactáceas; *Cactus mammillaria/ agave/ hirsuta*.

catódico, a adj *Fís* (<cátodo + -ico) Do cátodo. **Comb.** «tubo de» *Raios* ~s [constituídos por ele(c)trões muito rápidos que saem do cátodo numa ampola elé(c)trica onde se fez o vácuo].

cátodo s m *Ele(c)tri/Fís/Quím* (<gr *káthodos*: descida) Elé(c)trodo negativo [que liberta ele(c)trões]. **Ant.** Ânodo.

catolicidade s f (<católico + -(i)dade) **1** Característica ou qualidade da Igreja Católica que tem como símbolo da sua unidade o Papa. **2** Qualidade de bom católico. **3** Conjunto dos católicos/Cristandade(+). **4** ⇒ universalidade.

catolicismo s m (<católico + -ismo) **1** Religião anunciada por Jesus Cristo e, como tal, única verdadeira, porque historicamente fundada na plena revelação de Deus no Seu próprio Filho. **2** Conjunto das expressões visíveis «rituais/igrejas» de **1**. **3** Conjunto dos católicos/Catolicidade/Cristandade.

católico, a adj/s (<gr *katholikós*: universal) **1** (O) que ama [aceita o ensino de] Jesus Cristo. **Ex.** Eu sou ~. **Comb.** *Igreja* ~*a*. *Escola* ~. *Religião* ~. ⇒ catolicismo. **2** *fig* Bom. **Ex.** O carro já não está muito [nada] ~ «temos de comprar outro». Hoje não estou [o meu estômago não está] muito ~ «não tenho apetite».

catóptrico, a adj/s *Fís* (<gr *katoptrikós* <*katóptron*: espelho) **1** s f Parte da física que estuda a luz refle(c)tida. **2** Relativo a **1**. **Comb.** *Elemento* ~ [Nome dado a superfícies polidas «de metal/vidro» capazes de a(c)tuar como um espelho].

catorze [**14**] num card (<lat *quatuórdecim*) **Comb.** ~ *pessoas*. *Número* ~. *Fila* [*Lugar/Assento/Cadeira*] ~.

catorzeno, a num ord (<catorze + -eno) Décimo quarto (+).

catraca s f (<on) **1** Dispositivo que permite a(c)cionar os arcos de pua nos lugares que não deixam dar uma volta completa ao braço «do trado». **2** Espécie de cancela rotativa que só deixa passar um passageiro de cada vez «no ó[ô]nibus»/Borboleta.

catrafilar v t *pop* (⇒ filar) **1** Deitar as unhas «ao ladrão»/Agarrar «o ladrão». **2** Deitar a unha/Roubar(+).

catraio, a s (< ?) **1** Rapazinho/Mocinho/a/Garoto/a. **2** Pequena barca «de pesca».

catrapiscar v t *gír/pop* (⇒ piscar) **1** Perceber/Saber. **Ex.** Tu não catrapiscas [*idi* pescas/percebes] nada disto «jogo/habilidades». **2** Piscar o olho a/Namorar «uma moça».

catrapus (Pús) interj/s m (<on) **1** O galope/ar do cavalo: ~,~, ~. **2** Imitativo de queda repentina e aparatosa. **Ex.** Tropeçou e a rima de pratos que levava, ~, foi toda ao chão! ⇒ pumba.

catre s m (<malaiala *katil*: leito, sofá) **1** Cama de lona, dobrável e transportável. **2** Qualquer cama/Leito pobre.

caturra adj/s 2g (<cada + turra/ão) **1** (O) que não desiste da sua opinião/*idi* não dá o braço a torcer/Teimoso/Embirrento. **Ex.** Ele é muito ~ [é um ~/turrão]. **2** (O) que é aferrado [agarrado] a velhos hábitos ou ninharias. **Ex.** Já não muda, é um velhote ~, obsoleto.

caturrar v int (<caturra + -ar¹) **1** Mostrar-se caturra/Teimar(+). **2** *Náut* Balançar(-se) mergulhando a proa por a(c)ção do mar/Arfar.

caturrice s f (<caturra + -ice) Teimosia sem fundamento. **Ex.** Deixe lá [Não faça caso], aquilo são ~s de velh(inh)o.

cau[co]bói [**cowboy**] s m (<ing *cow*: vaca + *boy*: homem, jovem) Pastor herói de gado bovino. **Comb.** *Filme de* ~s *e índios*. ⇒ boiadeiro [gaúcho]; vaqueiro [campino].

caução s f (<lat *cáutio,ónis*: cautela, precaução, garantia) **1** *Dir* Bem ou valor aceite [depositado] como garantia de um compromisso ou de uma obrigação. **Ex.** Ao arrendar a casa, o novo inquilino teve de dar de ~ ao senhorio [dono] a importância [quantia] relativa [correspondente] a um mês de renda. **Comb.** ~ *fidejussória* [prestada por terceira pessoa]. ~ *promissória* [fundada exclusivamente na promessa do devedor]. **2** ⇒ penhor; fiança; garantia(+).

caucasiano, a adj (<top Cáucaso, cordilheira do sul da Rússia, da Geórgia e do Azerbaijão) Relativo a habitante ou às línguas do Cáucaso.

cauchu/o s m *Bot* (<diale(c)to do Peru *kautxuk*) **1** Árvore morácea ou artocarpácea «do Amazonas», própria para pasta de papel e produtora de látex; *Castilloa ulei*. ⇒ seringueira. **2** Borracha.

cauchutar v t ⇒ recauchutar.

caucionante adj/s 2g (<caucionar) (O) que presta caução. ⇒ caucionário.

caucionar v t (<caução + -ar¹) Garantir/Afiançar/Assegurar. **Ex.** A mãe [presença maternal] cauciona os filhos de segurança. **Loc.** ~ «por lei» a integração racial. ~ a libertação provisória do detido/preso.

caucionário, a adj/s (<caução) **1** Relativo a caução. **2** ⇒ caucionante.

cauda s f (<lat *cáuda,ae*) **1** *Anat* Apêndice posterior dos animais ou penas posteriores das aves/Rabo «do porco». **Comb.** ~ *do cavalo*. *A linda* ~ *em leque do pavão*. **2** *fig* Parte posterior de várias coisas. **Ex.** A ~ do vestido da noiva tinha cinco metros! **Comb.** *A* ~ [O rasto luminoso] *do cometa*. *A* ~ *do avião*. *A* ~ [traseira] *do cortejo* [desfile]. *A* ~ [O coice/O fim] *da fila*/procissão. *Piano de* ~.

caudal¹ s m 2g (<lat *caveális,e*: encerrado numa cavidade) Volume de água que passa durante uma unidade de tempo num ponto dum rio e que se mede em metros cúbicos por segundo. **Ex.** O rio Amazonas tem o maior ~ do mundo: 150 000 m³/s na foz. ⇒ torrente; caudaloso.

caudal² adj 2g (<cauda + -al) Relativo a [Da] cauda. **Comb.** *Barbatana* ~. ⇒ caudato.

caudaloso, a adj (<caudal¹ + -oso) **1** «rio» Que tem grande caudal/leva grande quantidade de água/Torrencial. **2** *fig* ⇒ abundante; rico.

caudatário, a s/adj (<lat *caudatárius*) **1** Pessoa que segura a cauda da capa ou manto de altas autoridades. **2** *fig* ⇒ partidário/adepto. **3** *fig/depr* Pessoa subserviente/que segue servilmente alguém.

caudato, a adj (<cauda) Que tem cauda. **Ant.** Anuro.

caudilho s m (<esp *caudillo* <lat *capitéllum* <*caput*: cabeça) **1** Chefe militar «de forças irregulares». **2** ⇒ Chefe político/Ditador/Cabecilha(+). **3** ⇒ manda-chuva.

caule s m *Bot* (<gr *kaulós*) Haste [tronco] da planta que suporta as ramificações ou folhas. **Comb.** ~ *da couve*. ~ *da roseira*. ⇒ rizoma.

caulículo s m *Bot* (<lat *caulículus,i*, dim de *cáulis*) **1** Caule rudimentar/pequeno. **2** Eixo do embrião contido na semente.

caulim [**caulino**] s m *Miner* (<top *kao ling*, norte da China) Substância argilosa, branca, com cheiro a barro, constituída por caulinite associada a outros metais, utilizada em farmácia e na fabricação de papel, lacas, etc. **Ex.** O ~ é produzido por alteração de rochas graníticas.

caulinite/a s f *Miner* (<caulino + -ite) Mineral secundário constituinte do caulim.

cauri(m) s m *Zool* (< ?) **1** Molusco gastrópode, ciprídeo, dos Oceanos Índico e Pacífico, cuja concha foi usada como moeda na África e na Ásia; *Cypráea monéta*. **2** ⇒ logro.

causa s f (<lat *cáusa,ae*) **1** Tudo o que determina [origina/produz/provoca] a existência de alguma coisa/Origem/Razão/Motivo. **Ex.** Os médicos não descobrem a ~ da doença do meu pai. **Loc.** *Por* ~ *de* [Devido a/Porque] (Ex. Faltou às aulas por ~ da [devido à/porque houve] greve dos transportes públicos). **Comb.** ~ *imediata* [dire(c)ta/principal/próxima] «do acidente de trânsito foi o sono do condutor». ⇒ remoto/a). **2** Assunto/Fa(c)to. **Loc.** *Em* ~/questão [Ser assunto] (Ex. Estava em ~ [Tratava-se de] tudo aquilo por que tinha lutado). *Falar com conhecimento de* ~ [Falar fundamentadamente/sabendo o que diz]. *Interessar-se pelas* ~s [questões] *sociais* «pobreza/discriminação». **3** Proje(c)to/Obje(c)tivo/Ideal/Missão. **Loc.** Fazer

~ comum com [Aliar-se a] alguém «para concretizar o proje(c)to». **Comb.** Uma boa [grande/importante] ~ «é a liberdade/é a erradicação da malária/é a paz entre os povos e as culturas». **4** *Dir* A(c)ção [Pleito/Litígio] judicial/Demanda/Processo. **Ex.** Confiou [Entregou] a (sua) ~ a um advogado muito conhecido. **Prov.** *Ninguém é bom* [justo] *juiz* [Ninguém pode ser juiz] *em ~ própria/que lhe diz respeito*.

causador, ora *adj/s* (<causar) (O) que causa/ocasiona/faz/provoca alguma coisa. **Ex.** Foi você o ~ deste desastre! ⇒ agente; autor.

causal *adj/s 2g Gram* (<lat *causális,e*: relativo às causas) (O) que indica [expressa] (um)a causa. **Comb.** Conjunção subordinativa ~ «porque». Oração subordinada ~ (Ex. O aluno foi reprovado *porque não sabia a matéria*). ⇒ causador.

causalidade *s f* (<lat *causálitas,tátis*) Ligação entre a causa e o efeito/Relação entre o sujeito [a origem] da a(c)ção e o seu resultado/Qualidade do que produz efeito [do que produz algo]. **Comb.** *Fil* Princípio de ~ [Verdade que não se pode nem precisa de se explicar «*Tudo o que existe* [*começa a ser*] *exige uma causa*»].

causar *v t* (<causa + -ar^1) Ser causa de/Originar/Produzir/Motivar/Provocar. **Ex.** A morte da esposa causou-lhe tal tristeza que ele faleceu pouco (tempo) depois. A tempestade «de granizo» causou grandes estragos «nas vinhas».

causativo, a *adj* (<lat *causatívus*) **1** ⇒ causador. **2** *Gram* Diz-se do verbo que indica a causa. **Ex.** Na frase "A cheia do rio inundou as casas", inundar é ~.

causídico, a *s* (<lat *causídicus*) ⇒ jurisconsulto; advogado.

causticar *v t* (<cáustico + -ar^1) **1** *Med* Aplicar uma substância ou instrumento que queima/Cauterizar(+) «uma ferida». **2** *fig* Causar efeito semelhante a uma queimadura. **Ex.** O frio também caustica a pele. O sol causticava [calcinava (+)/abrasava(o+)] «a planície/os caminhantes». **3** *fig* Criticar severamente. **Loc.** ~ as instituições [pessoas] desonestas/prepotentes. **4** *fig* ⇒ importunar; maçar.

causticidade *s f* (<cáustico + -(i)dade) **1** Qualidade do que é cáustico «ácido sulfúrico». **2** Mordacidade/Sarcasmo. **Comb.** A ~ dum discurso «eleitoral».

cáustico, a *adj/s* (<gr *kaustikós*: que queima) **1** (O) que destrói tecidos orgânicos/Que queima/Corrosivo. **Ex.** Aplicou o ~ do ferro em brasa no animal [prisioneiro]. O nitrato de prata é (um) ~. **Comb.** *Soda ~a* [Hidróxido de sódio]. *Um ácido ~*. **2** ⇒ cauterizante. **3** *fig* Mordaz/Sarcástico. **4** *fig* ⇒ importuno. **5** *s f Geom* Curva formada por raios luminosos ou caloríferos refle(c)tidos ou refra(c)tados por uma superfície curva.

cautchu ⇒ cauchu/o.

cautela (Té) *s f* (<lat *cautéla,ae*) **1** Precaução/Cuidado (que se tem) para evitar um mal. **Ex.** «pode cair/escorregar» Cautela [Cuidado (+)]! Deves ter ~ com os amigos que escolhes. Tem ~ com o cão, (por)que ele morde! Tem ~ com o [Acautela-te/Protege-te do] sol. **Loc.** À [Por] ~ [Prudentemente/Por prudência] (Ex. À ~, levamos o guarda-chuva, não vá [, porque pode] chover...) **2** *Econ* Título ou senha que serve de recibo sobretudo em casa de penhores. **Comb.** ~ de penhor. **3** *Dir* Qualquer formalidade para garantir [assegurar] validade jurídica. **4** Subdivisão de bilhete de lota[e]ria/Décimo.

cautelar *adj 2g* (<cautela + -ar^2) Que previne/protege/garante (algo) de possíveis danos ou infra(c)ções. **Ex.** O governo tomou medidas ~res. **Comb.** *Dir* Providência ~ [Processo judicial que pretende prevenir ou evitar qualquer dano/perigo pela demora a que está sujeito o processo principal]. ⇒ acautelar.

cauteleiro, a *s* (<cautela + -eiro) Vendedor «ambulante» de cautelas de lota[e]ria/*Br* Bilheteiro.

cautelosamente *adv* (<cauteloso + -mente) Com muita cautela. **Ex.** Abriu ~ a porta para não fazer ruído e não acordar o doente.

cauteloso, a (Ôso, Ósa/os) *adj* (<cautela) Que pensa bem nas consequências dos seus a(c)tos, nos riscos que pode correr/Prudente/Cuidadoso. **Ex.** Ele é muito ~ ao volante [a conduzir/a guiar].

cautério *s m* (<gr *kautérion*: ferro em brasa para queimar) **1** *Med* Cáustico ou agente químico ou físico «bisturi elé(c)trico» para queimar instantaneamente tecidos orgânicos lesados ou para estancar sangramentos. **2** Instrumento para desenhar na madeira queimando as zonas onde vão ficar as sombras e os traços. **3** *fig* Tortura moral violenta/Castigo forte/Remédio enérgico.

cauterização *s f* A(c)to ou efeito de cauterizar.

cauterizante *adj 2g* (<cauterizar) Que cauteriza.

cauterizar *v t* (<lat *cautéri(z)o,áre,átum*: queimar com ferro em brasa) **1** Aplicar cautério. **Loc.** ~ uma chaga/ferida. **2** ⇒ marcar com ferrete «os animais/os prisioneiros»; ferret(e)ar. **3** *fig* Corrigir por meios enérgicos. **Loc.** ~ os abusos/os vícios/os malcomportados.

cauto, a *adj* (<lat *cáutus,a,um*) **1** Acautelado/Prevenido/Cauteloso(+). **Ex.** Ele é muito ~, não gosta de se arriscar. **Ant.** Incauto. **2** ⇒ desconfiado.

cava *s f* (<cavar) **1** A(c)tividade/Trabalho do campo que consiste em abrir e revolver a terra com a enxada. ⇒ lavra. **2** ⇒ fosso; vala. **3** ⇒ cova. **4** ⇒ cave. **5** Abertura em peça de vestuário. **Ex.** A modista [costureira] fez-lhe umas ~s demasiado grandes no vestido. **Loc.** De mangas ~s/à ~ [«camisa» Sem mangas (+)].

cavaca *s f Cul* (<cava(co)) Doce leve e quebradiço, em forma de concha, feito de farinha e ovos e revestido de açúcar.

cavação *s f* (<cavar + -ção) **1** ⇒ cava **1**(+). **2** Abertura de cava **4**. **3** ⇒ escavação(+) «de minérios». **4** *Br* Negócio lucrativo/Vantagem/Favoritismo.

cavaco *s m* (< ?) **1** Pedaço de madeira/Acha «para o lume/para lenha». **Idi.** *Estar* [Ficar] *um ~* [Estar ou ficar muito magro]. ⇒ lasca. **2** Conversa amigável e despreocupada/Cavaqueira(+)/*Br* Bate-papo. **Ex.** Ele ficava all horas e horas ao ~ com o amigo. **3** Atenção/Resposta/Desejo. **Idi.** *Dar o ~* [Avisar/Prevenir]. *Dar o ~ por* [Gostar muito/Adorar] (Ex. Ele dava o ~ por um bom bife). *Não dar ~* [Não responder/Não prestar atenção/Não fazer caso]. **4** *Mús* ⇒ cavaquinho(+).

cavada *s f* (<cavar + -ada) ⇒ cava **1**(+); cavadela.

cavadela *s f* (<cavado + -ela) **1** A(c)ção de cavar só à superfície. **Ex.** Vou dar uma ~ às batatas [ao batatal], só para arrancar algumas ervas e para a rega. **2** Golpe com a enxada/Enxadada(+).

cavado, a *adj/s* (<cavar) **1** «terra/terreno» Que se cavou. **2** ⇒ cava **5** (+). **3** ⇒ «rosto» encovado. **4** ⇒ côncavo.

cavador, ora *s/adj* (<cavar) **1** (O) que cava/Trabalhador de enxada. **Comb.** Máquina (es)cavadora. **2** *Br* ⇒ furão; fura-vidas.

cavala *s f Icti* (< ?) Peixe teleósteo escombrídeo, também conhecido por sarda.

cavalada *s f* (<cavalo + -ada) ⇒ asneira; burrice(+).

cavalagem *s f* (<cavalo + -agem; ⇒ cavalaria) **1** O montar a cavalo/O cavalgar(+). **2** Padreação de éguas. ⇒ garanhão. **3** *Mec* Potência de um motor expressa em cavalos-vapor.

cavalão, ona *s m* (<cavalo + -ão) **1** Cavalo grande. **2** *fig* Pessoa alta e corpulenta mas abrutalhada.

cavalar *adj 2g* (<cavalo + -ar^2) **1** Relativo ao cavalo. **Comb.** Crina ~. Gado ~. Raça ~. ⇒ equídeo. **2** *fig* Acima do normal/Excessivo. **Comb.** Doses ~res de analgésicos [antibióticos].

cavalaria *s f* (<cavalo + -aria; ⇒ equitação) **1** Conjunto de cavalos ou cavaleiros. **2** *Mil* Parte do exército «arma de ~» montado em cavalos e agora em veículos motorizados e blindados. **Idi.** *Meter-se em altas ~s* [Lançar-se em empresas que estão acima das próprias forças e que envolvem grandes riscos]. **3** *Hist* Instituição militar da Idade Média composta por nobres que eram armados cavaleiros. **Comb.** *~ andante* [Cavaleiros «D. Quixote» que corriam o mundo à procura de ocasião para fazer grandes proezas/façanhas]. *Livro* [Novela/Romance] *de ~*/de proezas guerreiras «para defender uma [a sua] dama».

cavalariça *s f* (<esp *caballeriza*) Construção para cavalos e outros animais de tiro/carga/Estrebaria. ⇒ cocheira.

cavalariço *s m* (<esp *caballerizo*) Moço de cavalariça/Estribeiro(-mor). ⇒ escudeiro.

cavaleiro, a *s* (<lat *caballárius*; ⇒ cavalheiro/cavalheiresco) **1** O «militar/homem» que anda a cavalo/Montador. **Comb.** *Às ~as /cavalitas*(+) [Sentado nos ombros de alguém] (Ex. O pai levava o filho às ~as. As crianças gostam de ir às ~as). *Os ~s da tourada*. **2** Indivíduo agraciado [condecorado] com o primeiro grau das a(c)tuais ordens honoríficas militares. **3** *Hist* **1)** Nobre que «nos torneios» tomava a defesa de uma dama. **Ex.** O epíteto de D. Quixote, personagem do romance de Miguel de Cervantes, é *cavaleiro da triste figura*. **Comb.** ~ andante **a)** *Hist* O que corria o mundo em busca de praticar proezas defendendo uma dama; **b)** *fig* O que luta por ideais quiméricos/irreais. **2)** Membro de uma ordem religiosa e militar. **Comb.** ~ da Ordem do Templo [Um templário]. **4** *Arquit* Sobranceiro(+). **Loc.** A ~o [Por cima de] (Comb. Varanda a ~o da [sobranceira à] rua).

cavalete (Lê) *s m* (<it *cavalletto*: cavalo pequeno, instrumento de tortura) **1** *Hist* Instrumento de tortura em forma de pirâmide em cima do qual sentavam o supliciado dependurando-lhe dos tornozelos pesos cada vez maiores. **Sin.** Ecúleo; potro. **2** Estrutura móvel com três pés que serve de suporte para tela de pintor, etc. ⇒ tripé, estante «da partitura». **3** *Arquit* Trave que encima o cume da casa. **Comb.** ~ do telhado [Cumeeira(+)]. **4** *Mús* Peça de madeira «do violino» entre o tampo e as cordas que serve para as segurar e transmitir as vibrações à caixa de ressonância. **5** *Bot* ⇒ cavalo **3**(+).

cavalgada *s f* (<cavalgar + -ada) **1** Marcha ou corrida a cavalo. **Ex.** Depois daquela ~, cavaleiros e montadas estavam exaustos [a bufar/alagados em água/em suor]. **2** Conjunto de pessoas a cavalo. **Ex.** Era

uma ~ de dez ou mais caçadores «na batida ao javali». **3** ⇒ cavalaria **2 Idi**.

cavalgadura *s f* (<cavalgar + -(d)ura) **1** Besta cavalar, muar ou asinina, para montar/Montada. **2** *depr/cal* Pessoa grosseira/indelicada/prepotente/Burro(+). **Ex.** Que [Grande] ~!

cavalgamento *s m* (<cavalgar + -mento) **1** (A(c)to de) montar a cavalo (+). **2** Posição de uma coisa sobre outra. ⇒ a[en]cavalar «dos dentes». **3** *Liter* ⇒ encavalgamento/encadeamento. **4** *Med* Deslocamento com sobreposição «dos ossos». **5** ⇒ oportunismo/aproveitamento.

cavalgar *v t/int* (<lat *cabállico,áre*) **1** Montar a cavalo. **2** Escarranchar-se «em muro/corrimão» como se montasse a cavalo. **Ex.** Brincava a ~ numa cana [vassoura]. **3** Saltar(+)/Galgar(+) «o muro». **4** *Br* Chefiar com dificuldade «uma equipa indócil».

cavalhada(s) *s f pl* (<cavalo + -ada) **1** Folguedo, com origem nos torneios medievais e ainda vivo no Brasil, em que os cavaleiros ricamente trajados se exibem em várias proezas ou jogos como o de tocar com as suas lanças ou varas em obje(c)tos suspensos por cordas com as suas lanças ou varas. **2** Gado cavalar ou manada de cavalos. **3** *fig* Empresa arriscada/Façanha/Proeza/Cavalaria(+).

cavalheiresco, a (Ês) *adj* (<cavalheiro + -esco) Que tem o cará(c)ter nobre da antiga cavalaria medieval/Digno de um cavaleiro/Delicado/Distinto. **Ex.** Num [Com um] gesto ~ ofereceu-se para levar a (pesada) mala duma senhora.

cavalheirismo *s m* (<cavalheiro + -ismo) A(c)to [Modos/Gesto] de cavalheiro/Distinção/Delicadeza(+). **Ex.** O seu ~ era apreciado pelas senhoras. ⇒ civismo.

cavalheiro *adj/s* (<lat *caballárius*; ⇒ cavaleiro) **1** Homem/Senhor. **Ex.** Os lavabos para ~s [dos homens (+)] são do outro lado. A pessoa que perguntou por si era um ~/homem/senhor. **Ant.** Senhora. **2** Homem cortês/fino/delicado. **Ex.** É um (autêntico) ~! **Comb.** Acordo de ~s [Entendimento em que a garantia é a palavra dada]. **Idi.** *~ de indústria* [Intrujão/Embusteiro]. **Ant.** Mal-educado. **3** Em dança, homem que faz par com mulher. **Ant.** Dama.

cavalicoque *s m* (<cavalo + -ico + -ote) Cavalo pequeno ou fraco/Cavalito.

cavalinha *s f* (<cavalo + -inha) **1** *Bot* Planta pteridófita equissetácea de espiga oblonga/Equisseto. **Loc.** Às ~s ⇒ cavaleiro **1 Comb. 2** *Icti* ⇒ cavala; chicharro.

cavalinho *s m* (<cavalo + -inho) **1** Cavalo pequeno. **Idi.** *Tirar o caval(inh)o da chuva* [Desistir de um plano]. ⇒ cavalicoque; potro. **2** *Br* Couro curtido de cavalo.

cavalitas ⇒ cavaleiro **1 Comb.**

cavalo *s m* (<lat *caballus*: cavalo castrado/de trabalho; ⇒ égua; ~ de batalha) **1** Mamífero perissodá(c)tilo, equídeo, usado como animal de carga e de recreio «equitação»; *Caballus*. **Idi.** *A ~ dado não se olha o dente* [Não devemos depreciar o «presente/emprego» que nos deram (de graça)]. *Passar de ~ para [a] burro* [Baixar de categoria/Piorar de situação]. *Tirar o ~ da chuva* [Desistir prudentemente de um plano]. **Loc.** A ~ [Montado (num ~ ou noutro animal)] (Ex. Eu gosto de andar a ~). **Comb.** *~ de corrida* «no hipódromo». *~ de lançamento* [padreação/reprodução/Garanhão]. *~ de raça* [de [Um] puro sangue]. **2** (D)esp Aparelho constituído por um (semi)-cilindro forrado, assente em quatro pés, utilizado para exercício de salto/Plinto. **3** *Bot* Tronco [Ramo (grosso)] onde se faz a enxertia de garfo/Cavalete/Porta-enxerto. **4** Uma das peças do jogo de xadrez. ⇒ valete «jogo de cartas».

cavalo de batalha *s m fig* Argumento/Ponto/Assunto em que repetidamente alguém insiste. **Ex.** A falta de segurança no trabalho tem sido o ~ dos sindicatos.

cavalo-marinho *s m* **1** *Icti* Pequeno peixe teleósteo que nada em posição vertical e cujo perfil se assemelha ao do cavalo. **Sin.** Hipocampo **3**. **2** *Zool* Hipopótamo(+). **3** Tira ou bengala feita com o couro de **2**.

cavalo(-vapor) *s m Fís* Unidade industrial de potência equivalente a 75 quilogrâmetros por segundo, ou 736 watts; cv.

cavanhaque *s m Br* (*antr fr L.E.Cavaignac*) Barba crescida e aparada em ponta no queixo. **Sin.** Pera(+).

cavaquear *v int* (<cavaco **2** + -ear) **1** Conversar familiarmente/*Br* Ter um bate-papo «com os amigos». **2** *Br* ⇒ irritar-se; reagir «a provocação».

cavaqueira *s f* (<cavaco **2** + -eira) Conversa informal, agradável/*Br* Bate-papo.

cavaquinho *s m Mús* (<cavaco **1** + -inho) Instrumento de quatro cordas, de pequeno formato, tocado de rasgado e também denominado machete, cavaco, brag(uinh)a e rajão. **Idi.** *Dar o ~ por* [Gostar muito de] «um bailarico».

cavar *v t/int* (<lat *cávo,áre,átum*: abrir covas, fazer buracos) **1** Abrir e revolver a terra com enxada ou sacho. **Loc.** *~ a terra para semear alface/feijão…* **Idi.** *Mandar ~ batatas*/à fava/passear(+)/bugiar [Mandar embora quem nos está a aborrecer ou a irritar] (Ex. Olha, (sabes que mais?), vai batatas). ⇒ abrir «uma sepultura»; escavar «ouro/mina». **2** Abrir «mais a» cava **5**. **Ex.** Mandou a costureira [modista] ~ um pouco mais as mangas [o decote] da blusa. **3** Tornar côncavo/Encovar/Esburacar. **Ex.** A doença cavou-lhe o rosto. Cavou um tronco (de árvore) e fez uma canoa. **4** *fig* Investigar/Aprofundar. **Ex.** Cave nessa ideia até chegar a uma conclusão. **5** Ser causa dire(c)ta de uma situação negativa [má]. **Ex.** Há pessoas «pessimistas» que cavam a sua própria infelicidade/a sua sepultura. **6** *col* Ir-se embora/Fugir/Pirar-se. **Ex.** Ao ouvir o alarme, o ladrão cavou [pôs-se a ~]. **7** *Br* Tentar obter algo por meios ilícitos. **Ex.** Por mais que cave não conseguirá o voto do professor.

cavatina *s f Mús* (<it *cavatina*) Pequena ária para solista, com se(c)ção única sem repetição. **Idi.** *Dar a ~* [Desaparecer] (Ex. Perseguido, deu a ~ e acabou em Paris).

cave/a *s f* (<fr *cave* <lat *cavea*: cavidade) Compartimento de uma casa, abaixo do nível da rua ou por baixo do rés do chão, utilizado para arrecadações, etc. ⇒ «andar» subterrâneo; cripta «de igreja»; adega «para garrafeira».

caveira *s f* (<lat *calv(ári)a*: crânio sem a pele) O crânio e osso da face descarnados. **Ex.** Estava magro, magro, parecia uma ~!

caverna (Vér) *s f* (<lat *caverna*: cavidade, covil <*cavus*: oco) **1** Grande cavidade no interior de um rochedo ou da terra/Gruta. **Ex.** O(s) homem(ns) primitivo(s) vivia(m) em ~s [era(m) cavernícola(s)]. ⇒ antro/covil. **2** *Med* Cavidade em órgãos do corpo, resultante de infe(c)ção. **Ex.** A radiografia mostrava uma ~ no pulmão. **3** *Náut* Cada uma das peças curvas perpendiculares à quilha que dão a forma ao casco da embarcação. **Comb.** *~ alta/de reforço*. ⇒ cavername.

cavernal *adj 2g* (<caverna + -al) **1** Relativo a caverna. **2** *Bot* Que cresce nos subterrâneos. **Comb.** *Planta ~*.

cavername (Nã) *s m* (<caverna + -ame) **1** *Náut* Conjunto das cavernas **3** que constituem o arcaboiço [esqueleto] do barco. **2** *fam* Parte interna do peito/tórax/arcaboiço(+). ⇒ carcaça; ossada.

cavernícola *adj/s 2g* (<caverna + -cola) (O) «homem primitivo» que vivia [«planta» que se dá] em cavernas. ⇒ cavernal; caverna **1 Ex.**

cavernoso, a *adj* (<lat *cavernósus*: cheio de covas/cavidade) **1** Com [Relativo a] cavernas. **Comb.** *Região [Zona] ~a*, cheia de grutas e galerias. **2** Que é côncavo ou cavo. **Comb.** *Órbitas (dos olhos) ~as*. **3** Que (res)soa como voz numa caverna/Rouco/Gutural. **Ex.** Tinha uma voz ~a por causa do tabaco. **4** *Anat* Tecido [Corpo] esponjoso com muitas pequenas cavidades «pénis/clítoris».

caviar *s m Cul* (<persa/turco *hawyar*) Iguaria de ovas de esturjão, ou de suas espécies «mugem/carpa», salgada ou marinada.

cavicórneo, a *adj/s Zool* (<lat *cavus*: oco + *córneo*) (Diz-se de) animal ou grupo de ruminantes «boi/carneiro/cabra» que tem os chifres [cornos] ocos.

cavidade *s f* (<lat *cávitas,átis*) **1** Espaço cavado ou vazio de um corpo sólido. **Ex.** O tronco do velho castanheiro tinha uma grande ~ onde me pude abrigar. **2** Escavação em superfície/Depressão/Cova/Concavidade. **Ex.** A ~ aberta pela máquina foi depois [de novo] aterrada. ⇒ buraco; mina; túnel. **3** *Anat* Parte oca no interior do corpo humano ou de um dos seus orgãos. **Comb.** *~ abdominal* [Parte do abdó[ô]-men revestida por uma membrana fixa que permite o movimento dos órgãos contidos nela]. *~ bucal* [da boca]. *~s nasais* [do nariz/Narinas].

cavilação *s f* (<lat *cavillátio,ónis*: gracejo, zombaria, sofisma; ⇒ caviloso) **1** A(c)to ou efeito de cavilar/Razão falsa/Maquinação/Ardil. **Ex.** Usou de muita ~ para convencer [enganar] o cliente. **2** Dito iró[ô]nico. **3** ⇒ sofisma; falácia.

cavilar *v int* (<lat *cavíllo,áre*) **1** ⇒ sofismar(+). **2** Interpretar falsamente [Zombar de] «dogmas religiosos/leis justas».

cavilha *s f* (<lat *c(l)avícula* <*clávis*: chave) **1** Prego grande de madeira ou de metal para tapar orifícios, ligar ou segurar peças. **Ex.** A granada de mão tinha uma ~ de segurança. **2** *Mús* Peça para segurar e regular a tensão das cordas «da guitarra».

cavilhar *v t* (<cavilha + -ar[1]) Meter cavilhas em/Segurar ou pregar com cavilhas.

caviloso, a *adj* (<lat *cavillósus*) Que se destina a enganar. **Loc.** *Agir cavilosamente/fraudulentamente*. **Comb.** *Uma pergunta ~a/capciosa*.

cavitação *s f* (⇒ cavidade) **1** *Fís* Formação de bolhas gasosas em meios submetidos a vibrações mecânicas intensas. **Ex.** A ~ em volta das pás duma hélice «de navio» reduz a sua capacidade propulsora. **2** *Med* Formação de cavidades ou cavernas num organismo.

cavitário, a *adj* (⇒ cavidade) **1** Diz-se de órgão ou quisto situado numa cavidade. **2** Diz-se de órgão que tem cavidades.

cavo, a *adj* (<lat *cavus*: oco, vazio, côncavo) **1** Com cavidade/Que tem o interior vazio. **Comb.** *Cilindro ~*. *Tronco ~* «de castanheiro velho/para canoa». **2** Cavernoso/Rouco. **Ex.** Ouvia-se ao longe o ruído ~ da trovoada. Tinha uma voz ~a/rouca/cavernosa, de ventríloquo. **3** Côncavo/Encovado(+)/Cavado. **Ex.** O rosto largo na testa e nas têmporas era ~ nas faces.

cavoucar *v t/int* (<cavouco + -ar[1]) **1** Abrir valas ou fossos. **2** Assentar em cavoucos.

3 Br ⇒ propor/apresentar «uma questão». 4 Br ⇒ cutucar «o nariz».

cavouco s m (<cavo/var) 1 Cova/Escavação/Vala. 2 Base de uma construção/Sapata. 3 Buraco feito na rocha para a fazer rebentar com pólvora.

cavouqueiro, a s (<cavouco + -eiro) 1 Pessoa que abre valas/que faz cavoucos. 2 ⇒ mineiro. 3 fig Pioneiro/Fundador «de uma grande firma». 4 depr Mau oficial em qualquer profissão ou serviço.

caxemira (She) s f (<top Caxemira, grande região entre a Índia e o Paquistão) 1 Tecido fino de lã. **Comb.** Um pulôver muito quente de ~. 2 Tecido que imita [em que entra] 1.

caxumba (Shum) s f Med Br (<?) ⇒ parotidite (epidé[ê]mica); trasorelho; papeira.

cazaque ⇒ Cazaquistão.

Cazaquistão s m Geog País asiático cuja capital é Alma Ata e cujos habitantes são cazaquistaneses/cazaques.

CD abrev Info (<ing Compact Disc: Disco Compacto) **Ex.** Eu tenho um ~ com muitos fados de Amália Rodrigues. ⇒ DVD.

cear v t/int (<lat céno,áre,átum) Tomar [Comer] a última refeição do dia «ceia/jantar(+)». **Ex.** Hoje cearemos [vamos ~ (+)] às 20h. Ontem ceámos frango assado com batatas fritas e salada. ⇒ jantar; almoçar.

Ceará s m top Br (<?) Estado do nordeste cuja capital (estadual) é Fortaleza e cujos habitantes são os cearenses. **Ex.** A antonomásia do ~ é Terra da Luz.

cebola (Bô) s f Bot (<lat caepúlla, dim de caepa: cebola) 1 Planta hortícola, aliácea, de bo[u]lbo carnudo comestível, de odor forte e picante; Allium c(a)epa. ⇒ cebolinho. 2 Cul Bo[u]lbo que é a parte comestível de 1. **Ex.** A ~ come-se crua «em saladas», cozida «na sopa» e frita. 3 fig Relógio redondo de bolso «e que não regula (lá) muito bem». **Ex.** Pela minha ~ já passa da hora [já é tarde]. 4 col Pessoa indolente, cansada/Molengão(+).

cebola-albarrã s f Bot (⇒ albarrã) Planta bo[u]lbosa, liliácea, de valor medicinal; Drima [Schilla] maritima. **Sin.** Cila.

cebolada s f Cul 1 Molho feito de cebolas alouradas em guisado. **Comb.** Almôndegas de ~. 2 fig Situação confusa/Alhada(+).

cebolal s m (<cebola + -al) Plantação de cebolas.

cebol(inh)o s m Bot (<cebola + -(inh)o) Planta da cebola ainda nos viveiros, para ser transplantada. **Ex.** Foi à feira comprar (uns manhuços [feixinhos] de) ~.

cecal adj 2g (<ceco + -al) Relativo ao ceco. ⇒ apêndice.

cecear v int (<c (Cê) + c+ -ar¹) Pronunciar o s e o z aproximando muito a língua dos dentes. **Ex.** Carlos ceceia: diz meça em vez de mesa.

ceceio [ceceadura] s (<cecear) A(c)ção ou efeito de falar com muitos cês.

cecídia/o s Bot (<gr kekídion, dim de kékis,ídos: galha do carvalho) Espécie de galha que se forma nas plantas [num tecido vegetal] por a(c)ção de fungos ou inse(c)tos. **Comb.** ~ [Bugalho(+)] do carvalho.

ceco (Cé) s m Anat (<lat cáecus,a,um: cego) Parte inicial [Começo], alargada[o], do intestino grosso, e onde se abrem o íleo, o cólon e o apêndice.

cecografia s f (<cego + …) Processo de escrever ou de ensinar os invisuais. **Sin.** «escrita» Braile(+).

cedência s f (⇒ ceder; cessão) 1 A(c)ção de transigir, conceder ou admitir alguma coisa para chegar a um acordo/Concessão. **Ex.** Nas negociações houve ~s de parte a parte [dos dois lados]. 2 A(c)ção de oferecer ou dar alguma coisa. **Comb.** A ~ do [O emprestar o] automóvel a um amigo «que tinha o dele na reparação». 3 Dir Transmissão de direitos ou obrigações/Cessão(+).

ceder v t/int (<lat cédo,ere,céssum: acontecer, dar, …) 1 Desistir de um direito ou opinião/Não resistir/Transigir. **Ex.** O filho tanto lhes pediu que os pais acabaram por ~. Eu cedi a minha vaga a outro candidato ao emprego. O inimigo era mais forte e nós [e o nosso exército] tivemos de ~ terreno [teve de recuar]. 2 Dar/Oferecer. **Ex.** Na fila de espera cedeu a vez a um velhinho/doente. Como estava grávida cediam-lhe sempre o lugar nos transportes. 3 Perder a resistência/força. **Ex.** Ele cedeu à [caiu na] tentação (do dinheiro) e roubou mil euros. O governo foi obrigado a ~ perante a ameaça de greve. Ele empurrou a porta com o ombro [com toda a força] e ela cedeu/abriu(-se). 4 ⇒ «a febre/o terreno/o suporte» baixar. 5 ⇒ «o nó/o parafuso» afrouxar.

cediço, a adj (<ceder?) 1 Meio podre/putrefa(c)to. **Comb.** Ovo ~. 2 Desagradável ao paladar. **Comb.** Água ~a [salobra(+)]. 3 Sabido de todos/Velho. **Comb.** Uma história/Um caso ~. 4 Que está fora de uso ou de moda. **Comb.** Praxes ~as. 5 Transformado em hábito/Rotineiro/Corriqueiro. **Comb.** Expressão [Frase] ~a/gasta(+).

cedilha s f Gram (< ?) Sinal gráfico que se põe sob o c antes das vogais a, o, u para se pronunciar s, mas só usado no meio das palavras. **Ex.** Maçã; coração; açúcar; aço.

cedilhar v t (<cedilha + -ar¹) Pôr/Colocar cedilha no c. **Ex.** Antes de e ou i o c não se cedilha.

cedimento s m (<ceder) ⇒ cessão.

cedinho adv (<cedo + -inho) 1 Muito cedo/Logo no começo da manhã. **Ex.** Amanhã temos de sair [de nos levantar] ~ porque o avião parte às 6h (da manhã). ⇒ cedo 3. 2 Antes da hora marcada/Com tempo. **Ex.** Chegámos ~ à festa/à reunião. **Sin.** Cedo 2.

cedível adj 2g (<ceder + -vel) Que se pode ceder/Cessível.

cedo (Cê) adv (<lat cíto: dentro de pouco tempo, depressa) 1 Antes [Próximo] do tempo próprio ou normal/Prematuramente. **Ex.** A festa acabou (muito) ~. A criança começou a falar bastante ~. Ainda é ~ (de mais) para fazer proje(c)tos. «casaram sem se conhecerem» ~ [Depressa] se hão de arrepender… **Loc.** Br Com ~ [«chegar/resolver/desistir» A tempo (+)]. **Desde** ~ [criança] «revelou talento para a música». **Mais** ~ [Antes] (Ex. Ele é um grande amigo, tenho pena de não o ter conhecido mais ~). **Mais ~ ou mais tarde** [Certamente/Inevitavelmente] (Ex. Não se preocupe, mais ~ ou mais tarde vai saber-se a verdade). **Não é ~ nem é tarde/Não é tarde nem é ~** [Expressão para indicar uma decisão na hora/nesse momento] (Ex. É aquele o [Foi aquele] que te bateu? Olha, não é ~ nem é tarde, vou dar-lhe uma sova/uns bons sopapos). **O mais ~ [Tão ~ quanto] possível** [Quanto antes «melhor»] (Ex. Quero ir ao médico o mais ~ possível). **Tão ~** [Não é fácil (que…)] (Ex. Vamos aceitar este negócio. Tão ~ não vamos ter outra oportunidade). 2 Antes da hora (marcada)/Antes do tempo. **Ex.** «são as 8» Desculpe, (mas) você chegou muito ~, o expediente [atendimento/serviço] só começa [abre] às 9h. Porque tem [está com] tanta pressa? Ainda é ~ para ir para o avião, vamos tomar um café. **Loc.** Ausentar-se/Sair muito ~ [antes de terminar «a reunião»]. Morrer ~ [novo/a(+)]. 3 Ao começo da manhã/De madrugada/Ao alvorecer. **Ex.** Hoje levantei-me ~, mas os meus filhos dormem até ao meio-dia.

cedro (Cé) s m Bot (<gr kédros) Árvore de grande porte e madeira aromática; tem muitas variedades: ~-do-buçaco, ~-do--himalaia, ~-do-líbano, ~ japonês. **Comb.** Có[ô]moda de (madeira de) ~. Óleo de ~. Sebe de ~. ⇒ cipreste; tuia; zimbro.

cédula s f (<lat schédula, dim de schéda: folha de papel) 1 Documento escrito, justificativo de informações, de identidade. **Ex.** Teve de apresentar a (sua) ~ (pessoal) para pedir o bilhete de identidade. **Comb.** Br ~ [Carteira/Bilhete(+)] **de identidade.** **~ pessoal** [Documento com o nome completo, nomes dos pais e lugar e data de nascimento]. Dir ~ [Carta] **testamentária** [Escrito que altera um testamento]. ⇒ bilhete; boletim «de voto»; documento. 2 Documento escrito de obrigação, reconhecimento de dívida, compromisso. **Ex.** O funcionário da companhia perguntou-me pela ~ do contrato. **Comb.** Econ ~ [Letra] **hipotecária** [Título de crédito, nominativo e endossável, garantido por hipoteca]. Dir ~ **pignoratícia** [Título de garantia real sobre mercadorias depositadas em armazéns gerais]. 3 Dinheiro em papel/Nota(+). 4 ⇒ apólice.

cedular adj 2g (<cédula+-ar²) Relativo a cédula.

cefal(al)gia s f Med (<gr kephalalgía) Dor de cabeça(+). ⇒ cefaleia.

cefalálgico, a adj (<cefalalgia+-ico) (Que sofre) de dores de cabeça.

cefaleia s f Med (<gr kephalaía) Dor de cabeça forte e contínua. **Ex.** Ontem acordei com uma terrível ~ que me impediu de trabalhar. **Sin.** Enxaqueca(+).

cefálico, a adj Anat (<gr kephalikós) Relativo a cabeça ou ao encéfalo. **Comb.** Antr Índice ~o [Razão entre os diâmetros máximos transverso e ântero-posterior da cabeça].

cefalite s f Med (<cefal-+-ite) Inflamação do cérebro/Congestão cerebral.

-cefal(o)- (<gr kephalé) Elemento de formação de palavras que exprime a ideia de cabeça; ⇒ encefálico, macrocéfalo, encefalograma, cefalite, cefaloide.

cefalocordado, a s/adj Zool ⇒ acrânio 2.

cefaloide (Lói) adj 2g (<cefal-+-oide) Que tem forma de cabeça.

cefalometria s f Antr (<cefalo-+-metria) Medição da cabeça.

cefalómetro [Br **cefalômetro**] s m Antr (<cefalo-+-metro) Instrumento usado em cefalometria.

cefalópode s/adj 2g Zool (<cefalo-+-pode) (O) que tem tentáculos – "pés"– na cabeça. **Ex.** O polvo e a lula são [pertencem aos] ~s.

cefalorraqui(di)ano, a adj Anat (<cefalo-+raquidiano) Relativo à cabeça ou ao encéfalo e à coluna vertebral. **Comb.** Líquido ~.

cefalotórax (Acs) s m sing e pl Zool (<cefalo-+tórax) Parte anterior do corpo dos artrópodes e aracnídeos resultante da fusão da cabeça e do tórax.

cegada (Cè) s f (<cego+-ada) 1 Bando de mascarados que, no Carnaval, pedem pelas ruas à maneira de cegos. **Ex.** Todos os anos, no tempo do avô, havia ~s, pelo Carnaval, nas ruas de Lisboa. 2 Grupo de cegos. 3 Música cantada por cegos. 4 Confusão(+)/ Trapalhada(o+). **Ex.** Nin-

guém entendia nada do que estava escrito, era uma autêntica ~.
cegagem *s f* (<cegar+-agem) Extra(c)ção das gemas ou olhos das árvores.
cegamente (Cé) *adv* (<cego+-mente) Sem pensar/Inconscientemente/Às cegas. **Loc.** Caminhar ~ para a ruína [morte].
cegante *adj 2g* (<cegar+-ante) **1** Que cega. **2** Que impede a vista/Ofuscante.
cegar *v t/int* (<lat *caeco,áre*) **1** (Fazer) perder definitivamente a vista/Ficar cego (+). **Ex.** A varíola cegou-o [Ele cegou com a varíola]. **2** Impedir a visão. **Ex.** Ao meio-dia o sol (até) cegava. **3** *fig* Perder a razão/o juízo. **Ex.** É fácil ~(-se) com a ambição do lucro. Aquela paixão [Um amor louco] cegou-o completamente de todo. **4** *fig* Tornar inútil uma arma ou sistema de defesa ou de ataque. **Ex.** Era preciso ~ a artilharia inimiga. **5** ⇒ embotar «tesouras/faca». **6** ⇒ tapar «passagem»; obstruir «poço». **7** ⇒ apagar(-se) «a inscrição antiga».
cegarrega [cega-rega] (Cè-rré) *s f Zool* (<*on*) **1** *col* Cigarra(+). **2** *fig* Melodia sem tom nem som, repetitiva e desagradável. **Ex.** Desliga o rádio e para(-me com) a ~ dessa música. **3** Instrumento que imita a voz da cigarra. **4** *fig* Pessoa que fala muito, de voz desagradável e impertinente.
cegas (Cé) (<cego; só usado na loc "às ~".) **Ex.** Não havia luz e tive de ir à garagem às ~ [às apalpadelas/às escuras]. **Loc.** Começar um negócio (um pouco) às ~ [à sorte/ao calha/sem pensar]. Disparar às ~ [sem ver o alvo].
cego, a (Cé) *adj/s* (<lat *caecus,a,um*: cego, obscuro, espesso) **1** Que não vê. **Ex.** Ele é ~ de nascença [Ele nasceu ~]. **Prov. Na terra dos ~s quem tem um olho é rei. Idi. Não ter com que mandar cantar um ~** [Não ter dinheiro nenhum]. **Sin.** Invisual. **2** (O) que perdeu momentaneamente a vista ou a razão. **Ex.** ~ pelo ódio matou o inimigo. O sol bateu-me (mesmo) de frente e eu fiquei ~. **Prov. O amor é ~. Comb.** Voo ~. **3** *fig* Ignorante. **Ex.** É preciso estar ~ para não ver como [o quanto] ela gosta dele. **4** *fig* Total/Completo. **Comb.** *Nó ~* [difícil de desatar] (Ant. Nó com) laçada). *Obediência* [Submissão] *~a* [absoluta/completa] *ao chefe*. **5** *fig* ⇒ tapado/obstruído. **6** ⇒ embotado/rombo. **7** *Anat* ⇒ ceco. **8** *s f pop* ⇒ bebedeira.
cegonha (Gô) *s f Ornit* (<lat *ciconia*) **1** Ave pernalta de arribação, de grande porte, plumagem branca com parte negra. **Idi. Chegar a ~** [Nascer uma criança]. **2** Engenho rudimentar para tirar água a pouca profundidade, constituído por uma vara que tem um balde suspenso numa extremidade e um peso na outra. **Sin.** Burra; picota; picanço. **3** *Náut* Lança de ferro, usada no castelo de alguns navios ou num cais para a manobra de pesos. **4** *fig* Pessoa alta e magra. **5** *fig* Pessoa hipócrita, cínica. **6** *pop* ⇒ borrachão; bebedeira. **7** *Br* Cami(nh)ão especial para transporte de muitos carros.
cegueira *s f Med* (<cego+-eira) **1** Estado de cego. **Comb. ~ cromática** [Dificuldade em distinguir as cores] (⇒ daltó[ô]nico). **~ diurna** [O não ver de dia]. **~ moral** [Ausência ou carência de qualquer sentimento ou valor moral]. **~ no(c)turna** [O não ver de noite] «da abelha/vespa». **~ psíquica** [Incapacidade de reconhecer os obje(c)tos]. **~ verbal** [Incapacidade de ler]. **2** *fig* Falta de lucidez ou de sensatez/Perturbação/Ignorância. **Ex.** Era tal a sua [Vivia em tal estado de] ~ que não se apercebia [se dava conta] da infidelidade do marido. **3** *fig* Afeição extrema/Paixão violenta. **Ex.** Tinha uma tal ~ por ela que não podia passar um dia sem a visitar. **4** *fig* Deslumbramento/Fanatismo/Obcecação. **Ex.** Tinha uma tal ~ pelo desporto [esporte] que abandonou os estudos.
cegueta (Cègüê) *adj/s 2g fam* (<cego+-eta) **1** (O/A) que vê mal/Pitosga. **Ex.** O avô está tão ~ que tem de aumentar a graduação dos óculos. **Sin.** Míope. ⇒ vesgo; zarolho. **2** *fig* Pessoa que não se apercebe do [não vê o] que é evidente. **Ex.** Só mesmo um ~ é que não vê o que ele pretende com toda aquela conversa.
ceia *s f* (<lat *cena*) Refeição da noite. **Sin.** Jantar(+). ⇒ almoço; café. **Comb.** *Rel* Última Ceia [Refeição de Cristo com os Apóstolos antes da Sua Paixão, durante a qual foi instituída a Eucaristia] (Sin. ~ do Senhor; Santa ~).
ceifa *s f Agric* (<ár *çaifá*: verão, colheita) **1** Corte dos cereais maduros «trigo/centeio/cevada». **Ex.** Na Europa a ~ faz-se no verão. **Sin.** Sega(da). **2** *fig* Grande destruição, desbaste ou mortandade. **Ex.** Este ano, a seca fez uma (tal) ~ no gado que deixou muita gente arruinada. A batalha foi uma (autêntica) ~ [carnificina(+)] do inimigo.
ceifar *v t/int Agric* (<ceifa+-ar[1]) **1** Cortar cereais/Segar. **Loc.** ~ arroz [trigo]. **2** *fig* Tirar a vida a/Matar. **Ex.** O cancro está a ~ muitas vidas. **3** *fig* Pôr (o cavalo) as mãos para fora, ao andar.
ceifeira *s f Agric* (<ceifeiro) Máquina de ceifar. **Comb.** ~-atadeira. ~-debulhadora.
ceifeiro, a *s Agric* (<ceifar+-eiro) (O/A) que ceifa/Segador. ⇒ ceifeira.
ceitil *s m* (<ár *septi*: de Ceuta) **1** *Hist* Moeda portuguesa antiga mandada cunhar, em memória da conquista de Ceuta, por D. João I, e que valia um sexto do real. **2** *fig* Moeda de pouco valor/Quantia insignificante. **Sin.** Vintém/Tostão/Chavo.
cela (Cé) *s f* (<lat *cella*: adega, despensa, cave) **1** Quarto pequeno nos conventos «das Carmelitas». **2** Compartimento prisional. **3** *Ent* Cada uma das cavidades dos favos das abelhas. **Sin.** Alvéolo(+).
celacanto *s m Icti* (<gr *koilos*: côncavo+*ákantha*: espinho) Peixe, de grande porte, existente nos mares de Madagáscar; *Latimeria chalumnae*.
celação *s f* (<lat *celátio,ónis*: a(c)ção de esconder) A(c)to de ocultar «a gravidez/uma deformação fisiológica». **Sin.** Disfarce(+).
celada *s f* (<lat *caelata*: elmo cinzelado) *Hist* Antiga armadura de ferro, defensiva da cabeça.
celagem *s f* (<lat *caelum*: céu+ -agem) Aspe(c)to [Cores] do céu ao nascer ou pôr do sol.
celamim *s m Hist* (<ár *thamani*: oitava parte) Antiga unidade de medida equivalente à décima sexta parte do alqueire; = 2,2668 litros.
-cele *suf* **1** Significa tumor, hérnia, como no gr *kele,es*. **2** Significa vazio, côncavo, como no gr *koilos,e,on*.
celebérrimo, a *adj sup Gram* (<lat *celebérrimus,a,um* <*céleber,ris,e*:célebre) Muito célebre.
celebração *s f* (<lat *celebrátio,ónis*: afluência, solenidade) **1** A(c)to ou efeito de celebrar, com solenidade, um fa(c)to, um acontecimento ou uma data. **Comb.** A ~ (do dia/do aniversário) da independência. **Sin.** Comemoração. **2** Estabelecimento de um acordo, de um contrato legal, por escrito. **Sin.** Assinatura; realização. **3** *Rel* Realização de uma cerimó[ô]nia do culto religioso presidida pelo sacerdote. **Ex.** A ~ do casamento teve lugar num antigo mosteiro. **Comb.** ~ da eucaristia [missa]. ⇒ liturgia.
celebrante *adj/s 2g* (<lat *célebrans,ántis*) (O/A) que faz uma celebração **3**. **Comb.** O ~ da missa. O bispo ~.
celebrar *v t/int* (<lat *célebro,áre*: ir em grande número, solenizar, elogiar) **1** Realizar com solenidade. **Ex.** No Natal celebra[comemora]-se o nascimento de Jesus. **Loc.** ~ um casamento. **2** Comemorar/Festejar. **Ex.** Decidiram ~ o fim do curso, abrindo uma garrafa de champanhe. **3** Elogiar/Louvar. **Ex.** Cantaram o hino português [a portuguesa] para ~ a vitória da sele(c)ção nacional. **4** Estabelecer um contrato. **Ex.** O Conselho Europeu decidiu ~ [fazer/assinar] um acordo de cooperação com o Brasil. **5** *Rel* Realizar uma cerimó[ô]nia religiosa. **Ex.** O sacerdote [pároco] prefere ~ (a missa) na igreja matriz.
célebre *adj 2g* (<lat *céleber,bris,bre*; ⇒ celebérrimo; celebr(iz)ar) **1** Que tem grande fama/Famoso. **Comb.** Cantor/ora ~. **Ant.** Desconhecido. **2** Notável/Ilustre/Grande. **Ex.** O ~ declamador português João Villaret é ainda lembrado com saudade. **3** Extravagante/Invulgar/Raro. **Ex.** Não esqueço aquela tua ~ queda da cadeira para a piscina no inverno.
celebridade *s f* (<lat *celébritas,átis*) **1** Qualidade do que é célebre/Notabilidade/Fama/Renome. **Ex.** Após a publicação do livro, gozou alguns dias de ~. **2** Pessoa muito conhecida/célebre. **Ex.** Com a medalha de ouro ganha nos Jogos Olímpicos, Rosa Mota tornou-se uma ~. **Comb.** ~ nacional [no [do] nosso país].
celebrização *s f* (<celebrizar+-ção) A(c)to ou efeito de celebrizar(-se). ⇒ celebração; comemoração.
celebrizar *v t* (<célebre+-izar) Tornar célebre/conhecido. **Ex.** Os romances policiais celebrizaram Agatha Christie. Celebrizou-se após [logo com] o concerto de estreia.
celeiro *s m Agric* (<lat *cellárium,ii*:despensa) **1** Casa, compartimento ou parte de uma habitação rural onde se guardam os cereais. ⇒ tulha; depósito; adega. **2** *fig* Região ou país de muito cereal ou de outras coisas. **Ex.** O Baixo Alentejo é o ~ de Portugal. **Comb.** ~ de gente famosa.
celenterado, a *s/adj Zool* (<celêntero) (Diz-se de) animal aquático, de consistência gelatinosa, com células urticantes. **Ex.** A medusa e o pólipo são [pertencem aos] ~s.
celêntero *s m Zool* (<gr *koilos*: oco+*énteron*: intestino) Cavidade única central do corpo dos celenterados que serve para a digestão e para a circulação. **Sin.** Êntero(+).
celerado, a *s/adj* (<lat *sceleratus,a,um*: criminoso, perverso) (O/A) que é capaz de cometer grandes crimes. **Ex.** Num instinto de vingança, o empresário contratou o mais cruel dos ~s. **Comb.** A(c)ção ~a [perversa]. **Sin.** Facínora(+).
célere *adj 2g* (<lat *céler,eris,ere*: rápido, expedito) Que anda depressa/Rápido/Ligeiro/Veloz. **Ex.** As más notícias são [correm/espalham-se] ~s. ⇒ acelerar.
celeridade *s f* (<lat *celéritas,átis*) Rapidez(+)/Velocidade. **Ex.** A ~ dos meios de comunicação foi muito eficaz no socorro às [das] vítimas. ⇒ pressa; prontidão.
celerígrado, a [celerípede] *adj Zool* (<célere+...) (Animal) andadeiro/que anda bem [com rapidez].
celesta (Lés) *s f Mús* (<celeste) Instrumento de orquestra, de som suave, semelhante a um pequeno piano vertical.
celeste (Lés) *adj 2g* (<lat *caeléstis,e*: do céu; ⇒ celestial) **1** Relativo ao céu, ao espaço.

Ex. Ele estava fascinado pela antiga astronomia e pela maneira como eram descritos os astros [corpos ~s]. **Comb. C~ Império** ⇒ China. **Abóbada ~** [do céu/Firmamento]. **2** Da cor do céu. **Ex.** O vestido azul-~ favorece-a. **3** Relativo ao sobrenatural. **Ex.** Ele acredita que os anjos [espíritos ~s] influenciam o destino de cada homem. **Comb.** Morada ~ [Céu]. **Sin.** Divino. **Ant.** Terrestre; terreno; humano. **4** *fig* Que é puro/perfeito. **Ex.** Ela tem uma voz ~ [celestial/divina(l)]. **Sin.** Maravilhoso.

celestial *adj 2g* (<celeste+-al) Próprio de Deus ou do Céu. **Comb. Alegria** [Paz] ~. **Voz ~** [angélica/linda/de anjo]. **Sin.** Divino; divinal. **Ant.** Infernal.

celestina[stita] *s f Miner* (<celeste) **1** Sulfato de estrôncio branco ou azulado. **2** *Liter br* ⇒ alcoviteira «de prostíbulo».

celeuma *s f* (<gr *keleu(s)ma*: canto dos remadores, grito, comando) **1** Discussão/Controvérsia/Polé[ê]mica. **Ex.** A venda da casa gerou uma ~ entre os filhos herdeiros. **2** Barulho/Gritaria/Desordem.

celga (Cél) *s f Bot* ⇒ acelga.

celha (Cê) *s f* (<lat *cília, pl* de *cílium,i*: pálpebra; ⇒ selha) **1** *Anat* ⇒ pestana(o+)/cílio(+). ⇒ pálpebra; sobran~; sobrolho. **2** *Bot* ⇒ cílio(+).

celíaco, a *adj* (<gr *koiliakós*; ⇒ celialgia) **1** *Anat* Relativo à cavidade abdominal. **2** *Bot* Diz-se de órgão ou parte vegetal que é oca.

celialgia *s f Med* (<gr *koilía*: cavidade, ventre+...) Designação genérica das dores abdominais profundas e de diferentes origens. **Sin.** Dor de [no] ventre (+).

celibatário, a *adj/s* (<celibato+-ário) (O/A) que não casou/Solteiro. **Ex.** Optou pela vida de ~ e não pensa em casar(-se).

celibato *s m* (<lat *caelibátus,us*: estado de solteiro) Estado de pessoa que não casou, por opção. **Comb. Rel** ~ eclesiástico [dos padres «católicos»].

celofane *s m/adj 2g* (<celulose+-fano/e-) Película transparente de hidrato de celulose. **Ex.** Embrulhei o presente em ~. **Comb.** Papel ~.

celoma (Lô) *s m* (<gr *koiloma,atos*:cavidade) **1** *Biol* Cavidade do corpo derivado do mesoderma do embrião e que, transformando-se em duas pleuras, uma pericárdica e uma peritoneal, contém os órgãos internos. **2** *Med* Ferida na córnea transparente.

celóstato *s m Astr* (<celeste+-stato) Aparelho que permite observar uma porção do céu de modo fixo, apesar do movimento de rotação da Terra.

celsitude *s f* (<lat *celsitúdo,inis*: elevação) Altura/Alteza/Sublimidade. ⇒ excelso.

celsius (Cél) *adj 2g/s m sing e pl Fís* (<antr Anders *Celsius*, astró[ô]nomo sueco) (Relativo a) um grau de temperatura na escala ~ . **Ex.** A partir da Conferência Geral de Pesos e Medidas, de 1948, usa-se ~ em vez de centígrado. **Comb.** Grau ~ [°C].

celso, a *adj* (<lat *celsus,a,um*) ⇒ alto/elevado/excelso.

celta (Cél) *adj/s 2g Hist* (<lat *celtae,arum*) **1** (Diz-se de) indivíduo ou de povo indo-europeu que se espalhou pela Europa ocidental. **2** Língua de **1**.

celtibérico [celtibero], a *s/adj Hist* (<celta+...) (Indivíduo de) um povo formado por celtas e primitivos habitantes da Península Ibérica.

céltico, a *adj/s m* (<lat *celticus,a,um*) ⇒ celta.

célula *s f* (<lat *céllula,ae*: pequena cela) **1** *Biol* Unidade microscópica, estrutural e funcional de qualquer organismo vivo/A menor unidade de matéria viva que pode existir de maneira independente e reproduzir-se. **Ex.** No organismo [corpo] humano há vários tipos de ~s. **Comb. ~ adiposa** [de gordura]. **~ gustativa** [do gosto]. **~** [Fibra] **muscular. ~ nervosa** [Neurónio]. **~s resiníferas** «do pinheiro». **2** *fig* Pequeno grupo de pessoas. **Ex.** A família é a ~ fundamental da sociedade humana. **Comb. ~s do partido** «comunista» espalhadas pelo país. **~s de resistência ao ocupante** [inimigo invasor]. **3** *Ele(c)tron* Dispositivo que, com a [quando estimulado pela] luz, é capaz de gerar uma corrente ou tensão elé(c)trica. **Comb. ~ fotoelé(c)trica** [fotelétrica/fotemissiva]. «para indicar o preço/abrir as portas» **~ fotovoltaica. ~ solar**. **4** ⇒ cela **1**(o+); cubículo(+); cochicho². **5** *Ent* ⇒ alvéolo(+); cela **3**. **6** *Bot/Anat* ⇒ cápsula (da semente); cavidade; invólucro; caroço; casulo.

celular *adj 2g/s m* (<célula+-ar²) **1** *Biol* Relativo a célula. **Comb. Degeneração ~. Divisão ~. Membrana ~** [Invólucro da célula viva]. **Tecido ~** [conjuntivo «subcutâneo»]. **2** *Dir* Diz-se de regime de isolamento dos prisioneiros. **Comb. Carro** [Carrinha] **~** [para transporte de presos]. **Prisão ~** [em isolamento]. **3** *s m Br* (Telefone) ~ [Telemóvel(+)].

celulite *s f Med* (<célula+-ite) Nódulos de gordura em tecido subcutâneo. **Ex.** Normalmente as mulheres têm ~ nas coxas.

celuloide (Lói) *s 2g Quím* (<celulose+-oide) Material plástico fabricado (a partir) da cânfora e da nitrocelulose. **Ex.** A ~ usa-se no fabrico de artigos de toalete, brinquedos e filmes fotográficos.

celulose *s f Bot/Quím* (<célula **1**+-ose) Produto vindo das membranas das células vegetais «do eucalipto», us na fabricação do papel.

cem [100] *s/adj num* (<lat *centum*; ⇒ cento/centena) **1** Expressão de quantidade. **Ex.** Tenho ~ livros. **Loc.** Ir [Conduzir/Andar] a ~ (km) à hora. **Comb.** ~ mil [100 000] pessoas. Página ~. **2** Muito/Perfeito/Tudo. **Ex.** Você já me contou essa história mais de ~ vezes, mas é mentira! Ele é um tipo [cara] ~ por cento [Ele é impecável]. Ele é brasileiro ~ por cento [é nascido e educado no Brasil]. A (construção da) casa está toda [completamente/~ por cento] terminada.

cementação *s f* (<cementar+-ção) **1** Processo através do qual se introduzem elementos químicos nas camadas exteriores dos obje(c)tos metálicos, por difusão a alta temperatura. **2** *Med* Recobrimento da raiz dos dentes com cemento. ⇒ obturação.

cementar *v t* (<cemento+-ar) **1** Provocar (num metal) a formação de uma liga pelo processo de cementação. **Loc.** ~ ferro com carvão vegetal. **2** *Med* Recobrir (a raiz dos dentes) de cemento.

cementite/a *s f Quím* (<cemento+-ite) Carboneto de ferro.

cemento *s m* (<lat *caementum,i*: pedra de alvenaria; ⇒ cimento) **1** Matéria com que se rodeia uma peça metálica para que, mediante o aquecimento a alta temperatura, um ou vários dos seus elementos se difundam no metal. **2** *Med* Tecido fino e rico em cálcio que recobre a raiz dos dentes e assegura a coesão desta com o maxilar/Material *us* para «obturar» os dentes.

cemitério *s m* (<gr *koimetérion*: lugar para dormir) **1** Lugar para enterrar mortos. **Ex.** Alguns ~s de Lisboa têm crematório. **Comb.** Um ~ canino [para cães]. **2** *fig* Lugar onde há muitas mortes. **Ex.** A epidemia mal começou, e a cidade já é um ~. **3** *fig* Local de obje(c)tos inutilizados/Sucata. **Comb. Um ~ de automóveis** (velhos/abandonados). **Um ~** [depósito de lixo] **radioa(c)tivo**.

cena (Cê) *s f* (<lat *sc(a)ena,ae*: cena, teatro <gr *skene*: barraca) **1** *Teat* Espaço onde se representam peças de teatro/Palco. **Ex.** Pisou a ~ [o palco(+)] pela primeira vez aos quinze anos. **Loc.** «a(c)tor» **Entrar em ~**. «um drama/uma comédia» **Ir à ~** [Ser encenado/representado] «em várias cidades». **Levar à ~** [Pôr em] ~ [Representar]. **Comb.** Boca de ~ [do palco/Proscénio]. **Dire(c)tor de ~** [Encenador/Ensaiador]. **2** Cada uma das unidades de a(c)ção de uma peça. **Comb. Terceira ~** do segundo a(c)to [A(c)to II, ~ 3] do drama. ⇒ cenário. **3** *Teat* e *Cine* Episódio, situação ou parte de uma peça teatral ou de um filme. **Ex.** O filme tem ~s de uma violência incrível. **Comb. ~ de amor. có[ô]mica. ~ lírica. ~ muda. ~ trágica**. **4** Conjunto do que se oferece à vista/Panorama/Perspe(c)tiva/Cenário. **Ex.** Do castelo de São Jorge tem-se uma bela ~ [vista(+)] de Lisboa. **5** *fig* Fa(c)to ou acontecimento que se apresenta como fingido, inconveniente, censurável ou escandaloso. **Loc.** Fazer ~(s) [Armar escândalo] (Ex. Ela fez uma ~ de ciúme que deixou toda a gente constrangida. Ele diz que lhe dói a cabeça mas aquilo é só [tudo] ~). **6** Situação geral ou conjunto de situações que cara(c)terizam um certo estado de coisas relativo a um se(c)tor da vida nacional ou internacional/Cenário(+). **Ex.** A ~ política portuguesa ficou muito agitada com a descolonização (1974-).

cenáculo *s m* (<lat *c(o)enaculum,i*: sala de jantar) **1** Sala onde, antigamente, se comia a ceia ou o jantar. **2** *Rel* Sala onde Cristo se reuniu com os Apóstolos na Última Ceia. **3** Grupo de pessoas com ideias e obje(c)tivos afins/Agremiação. **Ex.** O ~ dos escritores românticos.

cenário *s m* (<lat *scaenárium,ii*: lugar da cena) **1** Decoração que compõe o espaço onde se apresenta um espe(c)táculo. **Ex.** Nesta peça [representação] não é preciso mudar de [o] ~. No cinema, o ~ é muitas vezes o próprio ambiente natural. ⇒ cenografia. **2** Lugar onde decorre a a(c)ção ou parte da mesma. **Ex.** Aquela praça já foi ~ [palco] de um massacre. **3** Ambiente que rodeia um acontecimento/Situação. **Ex.** O ~ da economia «portuguesa» não é muito animador. **4** Vista/Panorama/Espe(c)táculo. **Ex.** O ~ da Serra da Estrela (no centro de Portugal) é uma beleza!

cenestesia *s f Fisiol* (<gr *koinós*: comum+*aisthesis*: sensibilidade+-ia) Impressão geral de bem-estar ou de mal-estar resultante de um conjunto de sensações internas não específicas/Sensibilidade.

cenestésico, a *adj* (<cenestesia+-ico) Relativo à cenestesia.

cenho *s m* (<lat *cinnus*: piscar [sinal com] o olho) **1** Expressão do rosto. **Ex.** O avô estava de ~ carregado, muito aborrecido com o que lhe contaram. **2** *Vet* Excrescência circular entre o casco e o pelo de uma cavalgadura.

cénico, a [*Br* cênico] *adj* (<lat *sc(a)énicus,a,um*: de cena **1**) Relativo a teatro. **Comb.** Efeito ~. Artes ~s.

cenismo *s m Ling* (<gr *koinismós*: mistura de vários diale(c)tos) Emprego abusivo de palavras de várias línguas ao falar ou escrever.

cenóbio *s m* (<gr *koinóbios*: que vive em comunidade) **1** *Rel* Habitação de cenobitas/Comunidade religiosa. **Sin.** Convento(o+); mosteiro(+). **Ant.** Er(e)mitério. **2** *Biol Bot* Coló[ô]nia(+) de protozoários [organismos

cenobita s/adj 2g (<cenóbio+-ita) **1** Rel (O/A) que vivia em comunidade, nos primeiros séculos do cristianismo. ⇒ monge; convento[tual]. **2** fig ⇒ er(e)mita.

cenobítico, a adj (<cenobita+-ico) Relativo a cenobita.

cenofobia s f (<gr kénos: vazio+fobia) Medo do [Horror ao] (espaço) vazio. **Sin.** Agorafobia(+). ⇒ vertigem.

cenografia s f Teat (<gr skenographía: narrativa dramática; decoração de pintura para o teatro) **1** Arte e técnica de pintar segundo as regras da perspe(c)tiva, dando a ilusão de distância e profundidade. **2** Arte e técnica de conceber e realizar os cenários para espe(c)táculos. **3** Conjunto de arranjos materiais e decorativos que constituem o cenário.

cenográfico, a adj (<gr skenographikós) Relativo a cenografia.

cenógrafo, a s (<gr skenográphos) «Filipe la Féria» Profissional de cenografia.

cenoira s f ⇒ cenoura.

cenologia s f (<gr kenós: vazio, vácuo+-logia) Estudo do vácuo.

cenotáfio s m (<gr kenotáphion: túmulo vazio) Túmulo ou monumento fúnebre em memória de um morto (que está) sepultado noutro local, conhecido ou não.

cenoura s f Bot (<ár (is)sanaria) Planta herbácea cuja raiz, de cor alaranjada, é comestível, com grande valor nutritivo, rica em açúcar e vitaminas; Daucus carota.

cenozoico, a (Zói) s/adj Geol (<gr kainós: novo+-zoico) (Referente à) era da história da Terra, que sucede ao Mesozoico e precede o Antropozoico, cara(c)terizada pelo grande desenvolvimento dos mamíferos e das plantas a(c)tuais, e que se divide em duas sub(-)eras: o Terciário e Quaternário; tem 65 milhões de anos.

censo s m (<lat census,us <cénseo: catalogar os cidadãos, pensar) Contagem ou catalogação geral da população de um país, de uma região ou de uma comunidade/Recenseamento(+). **Loc.** Fazer o ~ eleitoral [dos eleitores].

censor, a (Sô) s (<lat cénsor,óris) **1** Hist Magistrado que, na antiga Roma, recenseava a população, velava pela moral e bons costumes e estabelecia os impostos. **2** Funcionário público com poder de reprovar o que se escreve. ⇒ censura. **3** ⇒ crítico(+); juiz(+). **4** Br ⇒ bedel.

censório, a adj (<lat censórius,a,um) Relativo a censor ou censura. **Comb.** Hist Real Mesa ~a (criada em Portugal no séc. XVIII para examinar manuscritos destinados a publicidade). ⇒ censura 2.

censual [censuário/censuísta] adj (<lat censualis/...) Relativo a censo.

censura s f (<lat censúra,ae: ofício de censor) **1** A(c)ção de criticar ou repreender alguém pelos seus a(c)tos. **Ex.** O mau comportamento do aluno mereceu [teve] a (devida) ~ do professor. **Comb.** *Moção de ~* [Sanção (dirigida) à política de um governo e apresentada (a uma assembleia) para votação]. **Sin.** Reprovação; repreensão. **2** Exame a que são submetidos [entregues/obrigados] escritos ou outras obras que se destinam ao público. **Ex.** A ~ (Os censores) do Governo não deixou sair [publicar] o meu livro. **Comb.** *~ prévia* [feita antes da publicação ou exibição] «do filme». **3** Psic Recalcamento no inconsciente de elementos da vida psíquica considerados inaceitáveis pela sociedade. ⇒ autocensura. **4** ⇒ crítica; juízo; vigilância.

censurar v t (<censura+-ar¹) **1** Condenar/Repreender. **Ex.** O professor censurou-a de negligente [pela sua negligência] (no estudo). **2** Apontar algum defeito/Criticar. **Ex.** Os amigos censuravam[criticavam]-lhe a falta de ambição. **3** Cortar/Proibir. **Ex.** O filme foi (todo) censurado [proibido]. **4** ⇒ examinar.

censurável adj 2g (<censurar+-vel) Que merece crítica, censura ou reprovação. **Comb.** A(c)ção [Comportamento] ~. **Sin.** Repreensível; criticável; reprovável.

centão s m (<lat cénto,ónis: manta de retalhos) **1** Manta de remendos ou retalhos. **2** Cobertura grosseira das peças de artilharia. **3** Liter Mús Composição feita de versos, frases ou melodias de diferentes autores. ⇒ miscelânea; rapsódia.

centáurea s f Bot (<lat centaurea) Planta herbácea ornamental e medicinal; tem muitas variedades: ~-azul, ~-calcitrapa, ~-da-terra, ~-do-brasil, ~-maior, ~-menor, ~-menor-perfolhada. ⇒ cinerária.

centauro s m (<gr kentauros) **1** Mit gr Monstro metade homem e metade cavalo. **2** Astr Constelação austral, próxima do Cruzeiro do Sul. **3** fig Cavaleiro hábil.

centavo s m (<cento+avo) **1** A centésima parte/Centésimo. **2** Unidade mais baixa [Centésima parte] da moeda (do Brasil/México/...). ⇒ cêntimo «do euro». **3** fig Quantidade ínfima. **Ex.** Isso não vale nada [um ~/vintém/chavo].

centeio, a s m/adj (<lat centénum,i) **1** Bot Planta herbácea de cujo grão, depois de moído, se faz pão; Secále cereále. **Comb.** Seara de ~. **2** (Diz-se de) pão feito de **1**. **Ex.** O pão (de) ~ é mais escuro que o pão (de) trigo. Comprei dois pães ~s [de ~]. **Comb.** Farinha ~a [de ~].

centelha (Tê) s f (<lat scintílla,ae; ⇒ cintilar) **1** Partícula luminosa que salta de um corpo em brasa. **Sin.** Chispa(+); faúlha(+). **2** Luz produzida pelo choque de dois corpos duros «amolador e faca» ou ele(c)trizados «em curto-circuito». **Sin.** Faísca(+). **3** Inspiração súbita. **Ex.** (A invocação de) Camões acendeu a ~ criadora dos poetas nacionais. **4** Aparecimento rápido/Lampejo/Fulgor/Rasgo. **Comb.** Uma ~ de gé[ê]nio. **5** Manifestação/Brilho. **Ex.** O espírito humano é uma ~ de Deus. **6** fig Assomo/Mostra. **Ex.** Mesmo vendo [Até depois de ver] o erro que cometera, não teve uma ~ de humildade. **Comb.** Uma ~ [Um assomo(+)] de ciúme.

centena (Tê) s f Mat (<cento+-ena/o; ⇒ cem) Grupo de cem unidades ou obje(c)tos/Cento. **Ex.** Comprei este ano cem [uma ~ de/um cento de] livros. Uma ~ são [corresponde a] dez dezenas. Aqui, ~s de famílias vivem da pesca. **Idi.** *~s de* [Muitas/Mil] *vezes*. Às ~s [Em grande quantidade] (Ex. Os interessados virão às ~s; vai ver (que é verdade)). **As** [A casa/ordem das] *~s* (Ex. A casa das ~s é o terceiro algarismo a contar da direita).

centenar adj 2g/s m (<centena+-ar²) **1** ⇒ «costume» secular; centenário(+). **2** ⇒ cento/centena «de livros».

centenário, a adj/s (<lat centenárius,a,um: composto de cem «quilos/folhas», centuplicado) **1** (O) que tem cem anos ou mais/Secular. **Comb.** Árvore ~a. Um «meu avô» ~. **2** Centésimo aniversário de construção, evento ou instituição. **Ex.** Cinco de outubro de 2010 foi o primeiro ~ da República Portuguesa. ⇒ centúria; século.

centesimal adj 2g (<centésimo+-al) Diz-se de (uma) divisão em cem partes iguais. **Comb.** *Escala ~*. *Fra(c)ção ~* [cujo denominador é cem]. *Sistema «métrico» ~*. Fís *Termó[ô]metro ~* (da escala Celsius).

centésimo, a num/adj/s (<lat centésimus, a,um: um de cem) **1** num ord Que ocupa a posição do número cem. **Ex.** A ~a pessoa já não teve lugar sentada/o. **2** num frac Uma das cem partes em que se divide «um bolo/uma moeda». **Ex.** Um ~ [A ~a parte] do euro diz-se cêntimo.

centi- pref (<lat centum: cem) Elemento de formação de palavras que significa **a)** Centésima parte; ⇒ centímetro; **b)** Cem. ⇒ cêntuplo; centifólio.

centiare [ca] s m (<centi- **a)**+are) Unidade de medida agrária, equivalente à centésima parte do are. **Sin.** Um metro quadrado. ⇒ hectare.

centifólio, a adj (<centi- **b)**+fólio) Que tem cem folhas.

centigrado s m Geom (<centi- **a)**+grado²) Centésima parte do grado. ⇒ quadrante.

centígrado adj Fís (<centi- **a)**+grau) ⇒ celsius.

centigrama s m Fís (<centi- **a)**+grama) Centésima parte do grama.

centil s m ⇒ percentil.

centilitro [cl] s m Fís (<centi- **a)**+litro) Centésima parte do litro.

centímano adj (<lat centímanus) «Briareu» Que tem cem mãos.

centimetragem s f (<centímetro+-agem) Medição em centímetros «do espaço para anúncio num jornal».

centimétrico, a adj (<centímetro+-ico) Relativo a [Medido em] centímetros. **Ex.** Estacionou o carro com uma precisão ~a. ⇒ milimétrico.

centímetro [cm] s m Fís (<centi- **a)**+...) Centésima parte do metro. **Comb.** *~ cúbico [cm³]*. *~ quadrado [cm²]*. ⇒ decí[milí]metro.

cêntimo s m (<fr centime; cento+décimo) **1** Centésima parte da unidade monetária «euro: de Portugal/da Europa». **Ex.** Faltavam no troco três ~s. **2** fig Pequena quantidade de dinheiro. **Ex.** Não lucrou um ~ com o negócio. **Sin.** Vintém.

centípede adj 2g (<lat céntipes,ípedis) Que tem cem pés ou patas. ⇒ centopeia.

cento s m (<lat centum) Grupo de cem unidades/Cem/Centena. **Comb.** Cem [Um ~ de/Uma centena de] bananas. ~ e um [101] estudantes. **idi** Aos ~s [Em grande número] (Ex. Os refugiados atravessavam a fronteira aos ~s). Cem por ~ [100%/Completamente] (Ex. Os obje(c)tivos foram cumpridos (a) cem por ~). Dez por ~ [10%] «do salário». Por ~ [Em cada cem].

centola (Tó) s f Zool (<lat centócula: que tem cem olhos) Caranguejo grande comestível de carapaça grande e com picos. **Sin.** Santola; Br caranguejola [caranguejo-aranha].

centopeia s f Zool (<lat centumpeda: tem cem pés) **1** Animal artrópode, com 15 ou mais pares de patas, que produz uma secreção venenosa; Sentigera aracnoide. **Sin.** Lacraia. **2** fig ⇒ mulher velha e repugnante; bruxa.

centragem s f (<centrar+-agem) A(c)ção de colocar no [determinar o] centro de um obje(c)to. ⇒ centralização.

central adj/s 2g (<lat centrális,e) **1** Situado no centro/meio. **Ex.** O ponto ~ da cidade é esta praça. **Ant.** Periférico. **2** Que é de fácil acesso. **Ex.** Prefiro este supermercado porque é mais ~. **Sin.** Acessível. **3** Principal/Fundamental/Primordial/Essencial. **Ex.** O problema ~ é a falta de água. **Comb.** *Banco ~*. *Figura* [Personagem/Pessoa] *~*. *Pavilhão* [Edifício] *~*. *Poder* [Governo/Administração] *~* (Ant. Local/Regional).

4 *Ele(c)tri* Estação geradora. **Comb.** ~ [*Br* Usina] *elé(c)trica*. ~ *elevatória* [Edifício onde estão instaladas bombas para elevar água destinada ao abastecimento]. ~ *hidroelé(c)trica* [*Br* Usina hidrelétrica]. ~ *nuclear* [produtora de energia elé(c)trica cuja fonte térmica é um rea(c)tor nuclear]. **5** *(D)esp* Jogador de futebol, colocado na zona frontal da baliza para travar o (ataque do) adversário. **Ex.** O (defesa) ~ [zagueiro de área] não deixou passar uma única bola.

centralidade *s f* (<central+-idade) Atributo ou característica do que é central.

centralismo *s m* (<central+-ismo) Sistema «político» que centraliza todas as a(c)tividades.

centralização *s f* (<centralizar+-ção) A(c)to ou efeito de centralizar «o poder/a administração». **Ant.** Des~.

centralizador, ora *adj/s* (<centralizar+-dor) (O/A) que centraliza.

centralizar *v t* (<central+-izar) **1** Reunir num centro comum/Concentrar. **Ant.** Delegar; des~. **2** ⇒ centrar. **3** ⇒ atrair.

centrar *v t* (<centro+-ar¹) **1** Colocar no centro. **Loc.** *(D)esp* ~ *a bola* [Cruzar para o meio]. ~ *o quadro na parede*. **Ant.** Des~. **2** Focalizar/Concentrar. **Ex.** Toda a conversa se centrou na questão dos aumentos de salário. **Loc.** ~ *a atenção no que se está a fazer*. Optou por ~-se nos estudos e afastou-se dos amigos.

centrifugação *s f* (<centrifugar+-ção) Processo de deslocação ou de afastamento de um ou mais corpos, do centro para a periferia, por meio de rotação rápida, produzida por um motor. **Ex.** A máquina de lavar tem o programador avariado e não faz a ~ da roupa. **Loc.** Separar elementos de uma mistura por ~ [aplicação da força centrífuga].

centrifugador, ora *adj/s* (<centrifugar+-dor) (Diz-se de) dispositivo ou máquina para (provocar a) centrifugação. **Comb.** ~ de sumos de frutos «morango» e legumes «alface». **Sin.** Separador centrífugo. ⇒ triturador.

centrifugar *v t* (<centrífugo+-ar¹) Fazer a centrifugação/Afastar do centro.

centrífugo, a *adj Fís* (<centro+-fugo) Que se afasta ou tende a afastar-se do centro. **Comb.** Força ~. **Ant.** Centrípeto. ⇒ divergente.

centrípeto, a *adj Fís* (<centro+-peto) Que puxa ou se desloca da periferia para o centro. **Sin.** Convergente. **Ant.** Centrífugo.

centrista *adj/s 2g* (<centro+-ista) (O) que, politicamente, é equidistante de posições extrem(ad)as. **Ex.** Eu sou (um) ~.

centro *s m* (<lat *céntrum,i*) **1** Ponto ou lugar que fica no meio. **Ex.** Preveem-se chuvas para o ~ do país. **Comb.** ~ *da cidade. Geom* ~ *da circunferência* [do círculo]. ~ *da Terra*. ~ *de gravidade*. ~ *de inércia* [massa(+)]. ~ *da mesa*. ⇒ ~ *de mesa*. **Ant.** Periferia. ⇒ núcleo. **2** Lugar de convergência/Concentração/Irradiação. **Comb.** ~ *comercial* **a)** ⇒ supermercado; **b)** Lugar com muita a(c)tividade econó[ô]mica. ~ *cultural* [para promover a cultura dos cidadãos]. «ela foi o» ~ *das atenções*. ~ *de dia* «com almoço e jogos para idosos». ~ *histórico* «de Lisboa é o Castelo e Alfama». ~ *nervoso* «da visão». ~ [Posto] *de saúde*. **3** *Meteor* Região de pressões e de ventos. **Comb.** Anticiclone [~ *de alta pressão*/~ de pressões altas/~ anticicló[ô]nico]. Ciclone [~ *de baixa pressão*/~ de pressões baixas/~ cicló[ô]nico].

centro-americano, a *adj* Relativo à América Central.

centro de mesa *s m* Obje(c)to de forma e material vários que se usa como adorno «e com flores» no centro de uma mesa «da sala de jantar».

centuplicar *v t* (<lat *centúplico,áre*) **1** Multiplicar(-se) por cem/Aumentar cem vezes. **Ex.** O obje(c)tivo do empresário era ~ o seu capital. **2** *fig* Aumentar muito. **Ex.** As nossas despesas centuplicam todos os anos [ano após ano]!

cêntuplo, a *adj/s m* (<lat *céntuplus,a,um*) **1** Que é cem vezes mais. **Ex.** A joia que ela comprou vale o ~ do vestido! **2** Produto da multiplicação por cem. **Ex.** O ~ de 100 é 10 000.

centúria *s f* (<lat *centúria,ae*) **1** *Hist* Na antiga Roma, unidade militar formada por cem soldados (⇒ centurião); era também unidade agrária e populacional. **2** ⇒ século; centenário.

centurião *s m Hist* (<lat *centúrio,ónis*) Chefe de centúria romana.

cepa (Cê) *s f* (<cepo) **1** *Bot* Tronco de videira ou planta inteira. **Ex.** Trouxe do campo um molho de ~s que ficaram da poda. Arranquei as ~s velhas. ⇒ sarmento; vide. **Idi.** *Não passar* [sair] *da* ~ *torta* [Não progredir/Não melhorar de situação] (Ex. Está(s) há [faz] um ano a estudar inglês e não passa(s) da ~ torta!). **2** ⇒ cepo(+). **3** *fig* Casta. **Ex.** O meu vinho é da melhor ~ da região. **4** *fig* Origem social ou familiar. **Loc.** Ser de boa ~ [Ser sério/honrado]. **Comb.** Brasileiros da velha ~. **Sin.** Linhagem/Estirpe/Ascendência/Família.

cepáceo, a *adj* (<lat *c(a)epa*: cebola+-áceo) Que tem forma ou cheiro de cebola.

cepilho *s m* (<cepo+-ilho) **1** Pequena plaina para alisar superfícies de madeira. **2** Lima pequena e fina (própria) para alisar metais. **3** Parte dianteira elevada da sela. **Sin.** Arção(o+); maçaneta(+).

cepo (Cê) *s m* (<lat *cippus,i*: estaca, marco, poste) **1** Pedaço maior ou menor de um tronco de árvore. **Comb.** ~ [Assento] *de bigorna*. ~ [Prancha(+)] *do talho* [açougue] para cortar carne. ~ *para decapitar condenados*. ~ *para prender* animais pelas patas ou homens pelos pés (⇒ peias). ⇒ toro; prancha; cavaco; pau. **2** Parte inferior de uma árvore cortada incluindo a raiz/Toro(+). **3** Espécie de plaina. **4** Uma armadilha de caçar. **5** Nas igrejas, caixa das esmolas (+). **6** *Br* ⇒ travão; tamanco(+); freio. **7** *fig* Pessoa pesada que anda com dificuldade, pouco ágil. **Ex.** Com a idade, está (a ficar) um ~; já mal se consegue mexer. **8** *fig* Pessoa desajeitada/indolente/estúpida. **Sin.** Trambolho(+).

cepticismo/céptico/ceptro ⇒ ceticismo/...

cera (Cê) *s f* (<lat *cera,ae*; ⇒ cerieira/o) **1** Substância amarelada e mole, produzida pelas abelhas, onde fazem os favos. **Ex.** «apanhei-o em flagrante/a roubar e ele» *idi* Ficou branco [amarelo] como a ~ ! **Idi.** *De* ~ [Como a ~] (Comb. Cor de ~ [Cor pálida]). *Coração de* ~ [Coração bondoso/dócil]). *Fazer* ~ [Fingir que (se) trabalha/Mandriar/Preguiçar]. *Gastar* ~ (Velas de ~) *com mau/ruim defunto* [Ter trabalho ou fazer uma despesa com quem é mau ou não merece]. **Comb.** ~ *em rama* [~ amarela/virgem/bruta, tal qual se extrai do favo]. **2** *Quím/Miner/Bot* Substância «esteariana» semelhante à ~ . **3** Produto para dar brilho a pisos, móveis e calçado. **Ex.** O piso ficou brilhante depois de levar ~. **Loc.** Dar [Passar] ~ [Encerar «o piso»]. **Comb.** Fósforo de (papel com) ~. ⇒ encáustica **3**; parafina; terebintina; ceresina. **4** Secreção produzida nos ouvidos/Cerume(+). **Ex.** Tirou a ~ dos ouvidos com uma cotonete. **5** *Ornit* Membrana mole que envolve a base do bico das aves.

ceráceo, a *adj* (<cera+-áceo) Que tem a aparência ou a consistência da cera. **Sin.** Céreo.

cerambicídeo, a *s/adj Ent* (<gr *kerámbuks, ukos*: capricórnio, besouro longicórneo +-ídeo) (Diz-se de) inse(c)to de corpo alongado e cilíndrico, de coloração vistosa, antenas longas, conhecido como serrador. **Ex.** O besouro pertence aos ~s.

cerame (Rã) *s m* (<malaiala *xrambi*:varanda) Habitação ou abrigo construído sobre quatro troncos e coberto de palmas.

cerâmica *s f* (<cerâmico) **1** Arte e técnica de fabricar obje(c)tos tendo a argila como matéria-prima. **Ex.** As Caldas da Rainha, *Pt*, têm uma tradição importante na ~. ⇒ porcelana; faiança **2** Obje(c)to/Peça resultante de **1**. **Ex.** Na feira de artesanato havia ~s de todo o país. **3** Fábrica/Oficina de (obje(c)tos de) ~ /Olaria.

cerâmico, a *s/adj* (<gr *keramikós,é,ón*: de argila) **1** ⇒ ceramista(+); oleiro. **2** Relativo a cerâmica. **Comb.** Indústria ~. **3** Feito em ~a. **Comb.** Vaso ~.

ceramista *s/adj 2g* (<céramo+-ista) **1** «Rafael Bordalo Pinheiro» Artista que trabalha em cerâmica. **2** Relativo a cerâmica. **Comb.** A(c)tividade ~.

céramo *s m* (<gr *kéramos*: argila,vaso de barro) Vaso de barro usado pelos Gregos às refeições. **Sin.** Taça [Copo/Púcaro/Caneca] de barro (+).

ceramografia *s f* (<céramo+grafia) **1** Descrição de louças antigas. **2** Tratado histórico e té(c)nico da (arte) cerâmica.

cerar *v t* (<lat *céro,áre*: cobrir com cera) Fechar «carta ou escrito» com cera/Lacrar(+). ⇒ encerar.

cerasina *s f* (<lat *cerasínus,a,um*: (que tem) cor de cereja <*cérasum,i*: cereja) Resina [Cola] de cerejeira. ⇒ ceresina.

cerasta *s f Zool* (<lat *cerasta[es],ae*: serpente com chifres «do Egi(p)to») Serpente/Cobra com formações córneas sobre os olhos que lembram chifres/Víbora-cornuda.

ceratina *s f Quím* (<gr *kerátinos,é,ón*: feito de chifre <*kéras*:chifre) Substância orgânica dos tecidos córneos que se encontra nos chifres e nas unhas. ⇒ queratina.

ceratite *s f Med* (<cerato-+-ite) Lesão na córnea.

cerato *s m* (<lat *cerátus,a,um*: untado de cera) Medicamento composto essencialmente por óleo e cera.

cerato- *pref* (<gr *kéras,atos*: chifre, corno) Exprime a ideia de córnea, chifre, ponta; ⇒ ~ma **1**.

ceratoma (Tô) *s m* (<cerato-+-oma) **1** *Med* Tumor da córnea transparente. **2** Espécie de faca curva usada pelos apicultores.

ceratómetro [*Br* **ceratômetro**] *s m Med* (<cerato-+-metro) Instrumento clínico moderno que serve para medir o astigmatismo da superfície frontal da córnea.

ceratoscópio *s m Med* (<cerato-+-scópio) Instrumento que serve para examinar a curvatura da córnea.

ceratoplastia *s f Med* (<cerato-+-plastia) Cirurgia plástica da córnea.

ceratose *s f Med* (<cerato- + -ose) Espessamento da pele/Calosidade.

ceráunia *s f* (<gr *keraunós*: raio) Pedra meteórica que os antigos acreditavam cair sobre a Terra como um raio/Ceraunite[a]/Jade.

cérbero *s m* (<gr *kérberos*) **1** *Mit* Na Grécia antiga, cão tricéfalo, guardião dos infernos. **2** *Astr* Nome da constelação boreal

Hércules(+). **3** *fig* Porteiro/Guardião muito vigilante, bruto, violento.

cerca (Cêr) *s f/adv* (<lat *circa*: ao redor) **1** Tapume «de madeira/vegetação», rede, muro que rodeia um terreno. **Ex.** Em volta do terreno havia uma ~ de arame farpado. O cavalo saltou a [pulou por cima da] ~. **Comb.** ~ [Sebe(+)] viva [Renque de plantas]. **Sin.** Vedação. ⇒ muralha; barreira; cercadura. **2** Terreno fechado por uma vedação/Cercado **2**(+)/Quintal. **Loc.** *(d)esp* Estar na ~ [reserva(+)]/Não a(c)tuar na equipa principal]. **3** Perto/Próximo/Junto. **Ex.** Cheguei a casa ~ do meio-dia [das doze horas]. A igreja fica ~ do Mercado Municipal. **4** Quase/Aproximadamente. **Ex.** Ela demorou ~ de [demorou aproximadamente] duas horas no cabeleireiro! Engordei quase [~ de] doze quilos!

cercado, a *adj/s m* (<cercar) **1** Delimitado/Circundado/Rodeado/Vedado. **Comb.** Avó ~a [rodeada/cumulada] de carinhos pelos [dos(+)] netos. **2** Terreno rodeado [vedado] por uma cerca, muro ou sebe. **Ex.** As ovelhas pastam no ~. **3** *Br* Móvel (desmontável) com grades ou rede, destinado às crianças de tenra idade para que fiquem em segurança. **Sin.** Parque(+).

cercadura *s f* (<cercar+-dura) O que está à volta. **Ex.** Em [À] volta do prado havia uma ~ de arbustos. **Comb.** A ~ do painel [quadro] de azulejos. ⇒ orla; moldura.

cercania(s) *s f* (<esp *cercanía*: vizinhaça; ⇒ cerca) Arredores(+)/Proximidade(s)/Vizinhança(s) (Mais *us* no *pl*). **Ex.** Havia lobos nas ~s da aldeia.

cercar *v t* (<lat *circo,áre*: andar à volta de; ⇒ cerca) **1** Pôr cerca/Circundar/Rodear. **Ex.** Era preciso ~ o terreno com arame farpado. **2** Pôr cerco/Sitiar. **Ex.** A polícia cercou [isolou] o bairro para prender os assaltantes/ladrões. O comandante mandou ~ o palácio com as suas tropas. **3** *fig* Cumular. **Ex.** Cercou sempre a esposa de carinho. **4** Estar próximo. **Ex.** Os (nossos) primeiros [maiores] deveres são para com aqueles que nos cercam [que nos são mais chegados]. **5** Assediar/Perseguir. **Ex.** Os jornalistas cercaram o Ministro à sua chegada. **6** Guarnecer/Emoldurar. **Loc.** ~ uma fotografia com vinhetas.

cerce *adv/adj 2g* (<lat *círcinus,i*: compasso<*círcu(lu)s,i*: círculo; ⇒ cerne) Rente/Pela raiz. **Loc.** Cortar ~ **a)** Cortar «a relva/o capim/a árvore» pela raiz; **b)** *idi* Eliminar na origem ou de modo drástico (Ex. É preciso cortar ~ esses abusos de autoridade).

cerceamento *s m* (<cercear+-mento) Corte(+). **Comb.** O ~ da(s) liberdade(s) conquistada(s)/adquirida(s).

cercear *v t* (<lat *círcino,áre*; ⇒ cercar) **1** Cortar cerce/rente(+). **2** Pôr fim a/Cortar/Restringir. **Loc.** ~ os abusos [privilégios].

cérceo, a *adj* ⇒ cerce(+).

cerceta *s f Ornit* ⇒ (pato) marreco.

cercilho *s m Hist* (<lat *circéllus,i*: pequeno círculo; ⇒ cerce) **1** Tonsura(+) circular no alto da cabeça antes usada pelos religiosos contra a vaidade das cabeleiras. **2** Extremidade áspera do pergaminho que costumava ser cortada/Aparas.

cerco (Cêr) *s m* (<cercar) **1** A(c)to ou efeito de cercar. **Ex.** Fizemos o ~ à caça [ao peixe «atum»]. O ~ [A cerca **1**] da propriedade foi feito com um muro alto. **2** ⇒ Local cercado/Cerca(+). **3** Bloqueio. **Ex.** Os polícias fizeram um ~ à volta do foragido. **4** Sítio/Assédio. **Ex.** D. Afonso Henriques pôs ~ a [cercou/sitiou] Lisboa e conquistou-a aos mouros. **Loc.** Levantar o ~ [Desistir de cercar]. **5** *fig* Sucessão de a(c)tos que visam insistentemente algo ou alguém. **Ex.** Os admiradores da moça faziam-lhe um ~ constante. **Loc.** Apertar o ~ «aos criminosos/aos contribuintes» [Reduzir as possibilidades de escapar].

cercopitecídeo *s m Zool* (<gr *kérkos*: cauda «comprida» + *pithekos*: macaco) Família de primatas de África e da Ásia. **Ex.** O mandril, o macaco-rhesus e o babuíno são [pertencem aos] ~s.

cerda (Cêr) *s f* (<lat *cirrus,i*: tufo de pelos) **1** Pelo rijo e espesso de javali, porco ou outros animais. **Comb.** As ~s do pincel. Escova de dentes com ~s de boa qualidade. **2** Pena rígida semelhante a um pelo em volta do bico de algumas aves.

cerdeira, o *s Bot* ⇒ cerejeira.

cerdo (Cêr) *s m* (<esp *cerdo* <basco *z*[*ch*]*erri*: porco) **1** ⇒ Porco(+). **2** *fig* Homem grosseiro, boçal/Porco(+).

cerdoso, a *adj* (<cerda+-oso) Que tem cerdas ou pelo rijo. **Comb.** Sobrancelhas ~as. Um pincel ~/áspero(+).

cereal *s m Agric* (<lat *cereális,e*: relativo ao trigo ou à deusa das searas, Ceres; ⇒ cerealífero) **1** (Planta) gramínea cujo fruto é um grão farináceo. **Ex.** Os principais cereais são: milho, trigo, centeio, arroz e cevada. **2** Fruto da seara. **Comb.** *Cul* Flocos de cereais. Um saco de ~.

cerealicultura *s f Agric* (<cereal+cultura) Cultura de cereais(+)/Indústria cerealífera.

cerealífero, a *adj Agric* (<cereal+-fero) Relativo a ou que produz cereais. **Ex.** O Alentejo (Portugal) é uma região ~a. **Comb.** Indústria ~a. «trigo/arroz» Planta ~a.

cerebelar *adj 2g* (<cerebelo+-ar[2]) Relativo ao cerebelo. ⇒ cerebral.

cerebelite *s f* (<cerebelo+-ite) Inflamação do cerebelo.

cerebelo (Bê) *s m Anat* (<lat *cerebéllum,i*: pequeno cérebro) Parte posterior do cérebro, responsável pela coordenação muscular e pela manutenção do equilíbrio.

cerebração *s f* (<cérebro+-ção) A(c)tividade do cérebro/Capacidade intelectual. **Comb.** ~ progressiva [Aumento do cérebro, na série evolutiva dos vertebrados].

cerebral *adj 2g* (<cérebro+-al) **1** Relativo a cérebro. **Ex.** Ele já era idoso e sofria de problemas de irrigação ~. **Comb.** *Os dois hemisférios ~ais. Esgotamento ~. Tumor ~.* **2** *fig* Relativo ao intelecto/Mental. **Comb.** A(c)tividade [Trabalho] ~/mental(+)/intelectual(o+). **3** *fig* Pouco emotivo/Que a(c)tua mais pela razão, pelo raciocínio. **Ex.** Ela sempre foi uma pessoa muito fria, imune às emoções, muito ~. **Ant.** Afe(c)tivo.

cerebralizar *v t* (<cerebral+-izar) **1** ⇒ Intelectualizar. **2** ⇒ Julgar/Avaliar/Ponderar. **3** ⇒ Pensar/Raciocinar.

cérebro *s m Anat* (<lat *cérebrum,i*) **1** Órgão situado na caixa craniana, e que é a sede das funções psíquicas e nervosas. **Ex.** O ~ humano é composto por dois hemisférios. A ausência de estímulos pode conduzir o ~ à inércia. **Comb.** *info* ~ *ele(c)tró*[*ô*]*nico* [Computador]. *idi* «fazer uma» *Lavagem ao ~* [Método desonesto que leva outra pessoa a pensar como outros querem]. **2** Faculdade mental/Capacidade intelectual/Inteligência. **Ex.** Já não tenho ~ para fazer contas [cálculos] de cabeça [sem escrever]. **3** Pessoa muito inteligente, com muito talento. **Ex.** Ela é um grande ~! Ele foi o ~ [autor principal] deste proje(c)to. As empresas fazem uma autêntica caça aos ~s. **4** Pessoa que privilegia a razão em detrimento da emoção. **Ex.** O João é só [todo] ~ (Ant. Coração). **5** ⇒ encéfalo.

cerebrospinal (Cé) *adj 2g Anat* (<cérebro+espinal) Relativo ao cérebro e à medula espinal. **Comb.** Meningite ~.

cereja *s f/adj 2g* (<lat *cérasum,i*) **1** Fruto da cerejeira. **2** *Br* Grão de café maduro com a casca vermelha. **3** *idi* A última porção de comida de que ninguém ousa servir-se por timidez ou cerimó[ô]nia. **Ex.** Tira o último pedaço de queijo para não ficar ali no prato a ~ da noiva. **4** Que tem a cor avermelhada da cereja. **Comb.** O «lindo» ~ do vestido. Tecido [Pano/Fazenda] (cor de) ~.

cerejal *s m Bot* (<cereja+-al) Terreno plantado de cerejeiras. **Ex.** Alfândega da Fé (Portugal) tem o maior ~ da Europa.

cerejeira *s f Bot* (<cereja+-eira) Árvore frutífera de casca lisa e cinzenta, flores brancas, que produz a cereja; tem muitas variedades: ~-da-europa, ~-das-antilhas, ~-do-brasil; *Prúnus ávium*. **Comb.** Có[ô]-moda de (madeira de) ~. ⇒ ginjeira.

céreo *adj* (<lat *céreus,a,um*) De ou como a cera. **Sin.** Ceráceo(+); ceroso.

ceresina *s f* (<céreo+-ina) Resina mineral semelhante à cera das abelhas. ⇒ cerasina.

cerieira *s f Bot* (<cera+-eira) Planta de que se extrai a cera vegetal.

cer(i)eiro *s m* (<cera+-eiro) Indivíduo que trabalha ou negoceia em cera. ⇒ cirieiro.

cerimónia [*Br* **cerimônia**] *s f* (<lat *caerimónia,ae*) **1** A(c)to ou conjunto de a(c)tos formais que têm lugar num culto religioso ou acontecimento solene. **Comb.** A(s) ~(s) do ba(p)tismo. **Sin.** Rito; ritual; celebração. **2** Padrão de comportamento que expressa relação formal entre pessoas. **Ex.** Foi uma festa muito informal, sem nenhuma ~. **Sin.** Etiqueta; protocolo. **Loc.** Fazer ~ [Demonstrar timidez ou acanhamento]. *idi* Sem mais ~s [explicações] «disse-lhe que se calasse». **Comb.** *Traje/o de ~. Visita de ~. Sem ~.* [À vontade/Sem formalidades]. **3** Acanhamento/Timidez/Constrangimento. **Ex.** Ele fez ~ no banquete, por desconhecer como usar os talheres. – Vá, come, não faças ~.

cerimonial *adj 2g/s m* (<lat *caerimoniális,e*; ⇒ cerimonioso) **1** Relativo a formalidade ou cerimó[ô]nia. **Ex.** Todos os requisitos cerimoniais foram devidamente cumpridos na visita do Presidente da República. **Comb.** Traje [Preceito/Norma] ~. **2** Que usa (de) etiqueta ou que é formal. **Ex.** O cônsul era muito ~. **3** Que possui cará(c)ter artificial. **Ex.** Ele fez um discurso pomposo e ~. **4** Conjunto de cerimó[ô]nias. **Comb.** O ~ da missa. **Sin.** Rito. ⇒ ritual. **5** Conjunto de formalidades. **Ex.** Ele conhecia todo o ~ da Presidência da República. **Sin.** Protocolo(+). **6** *Rel* Livro litúrgico que se ocupa das cerimó[ô]nias e ritos solenes da Igreja/Ritual(+).

cerimoniar *v t* (<cerimó[ô]nia+-ar[1]) **1** ⇒ Dirigir uma cerimó[ô]nia. **2** ⇒ Tratar com cerimó[ô]nia. **3** Festejar com solenidade.

cerimoniário, a *s* (<cerimó[ô]nia+-ário) **1** *Rel* ⇒ mestre de cerimó[ô]nias(+). **2** ⇒ chefe de protocolo(+).

cerimoniático, a *adj* (<cerimó[ô]nia+-ático) Demasiado ou falsamente cerimonioso.

cerimonioso, a (Ôso, Ósa/os) *adj* (<lat *caerimoniósus,a,um*) **1** Relativo a cerimó[ô]nia/Cerimonial **1**(+). **2** Rigoroso na observância da(s regras de) etiqueta. **Ex.** Ele é uma pessoa muito [toda] ~a. **3** Polido (no trato)/Afável/Delicado. **4** *Depr* Que demonstra falta de naturalidade/Que usa de cerimó[ô]nias em excesso/Mesureiro. **Ant.** Singelo; simples; natural.

cério [Ce 58] s m Quím (<lat cerium) Elemento pertencente ao grupo dos lantanídeos, de cor semelhante à do ferro, extraído da cerite e de outros minerais raros, que é associado ao ferro no fabrico das pedras de isqueiro.

cerite/a s f Min (<cério+-ite) Substância mineral que consiste num silicato hidratado natural de cálcio e cério.

cerne s m/adj 2g (<lat círcinus,i; ⇒ cerce) 1 Bot Parte mais interna e mais rija do tronco das árvores. **Sin.** Âmago. 2 ⇒ Parte inta(c)ta da madeira queimada. 3 ⇒ Parte de um tronco submerso que fica fora da água. 4 ⇒ Madeira que não apodrece na água. 5 ⇒ Resina contida na madeira. 6 fig Pessoa resistente/Pessoa idosa e forte. **Loc.** Estar no ~ [Estar em pleno vigor físico e mental]. 7 fig Parte/Ponto central ou essencial de/Âmago/Centro/Núcleo/Fulcro. **Ex.** Não é bem [propriamente/exa(c)tamente] este o ~ da questão. **Loc. Ir ao ~** [Falar do ponto mais importante] **da questão**/do problema/do assunto.

cerneiro, a adj/s f (<cerne+-eiro) 1 Que tem cerne. 2 Parte lenhosa do tronco ou do ramo que perdeu a casca e o alburno. **Comb.** Madeira de ~a/do cerne.

cernelha (Nê) s f (< ?) 1 Parte do cachaço do animal «boi/porco» onde se juntam as espáduas. **Sin.** Cachaço. **Comb.** Tauromaquia Pega de ~ [feita por um forcado que se atira à ~ do touro para o dominar]. 2 A carne de certos animais dessa zona do corpo.

cernir v t/int (<lat cérno,ere: crivar, peneirar) 1 Andar de um lado para o outro. 2 ⇒ Mover-se com requebros/Rebolar(-se)/Saracotear(-se).

ceroferário s m Rel (<lat ceroferárius,ii) O que, nas procissões, leva castiçal, círio ou tocha/Acólito. **Comb.** Arte Anjo ~.

ceroide (Rói) adj 2g (<gr keroeidés) Da cor da ou brando como a cera. **Comb.** Pigmento ~ «de quem sofre do fígado».

ceroilas s f pl ⇒ ceroulas.

cerol s m (<cera+-ol) Massa de cera, pez e sebo us por sapateiros para encerar linhas de coser as solas.

ceroma s f Ornit (<gr kéroma,atos) ⇒ cera 5.

ceromancia s f (<cera+-mancia) Suposta adivinhação por meio de figuras feitas de cera derretida.

ceromel s m (<cera+mel) Unguento composto de cera e mel us como emplastro.

ceroplastia/ceroplástica s f (<gr keroplastiké) Arte de moldar figuras de cera.

ceroplástico, a adj (<gr keroplastiké) Relativo a ceroplástica/Modelado em cera.

ceroso, a (Rô) adj (<lat cerósus,a,um: cheio de cera) ⇒ ceráceo/céreo.

ceroto (Rô) s m (<lat cerótum,i) 1 ⇒ cerato. 2 Sujidade provocada na pele por falta de higiene.

ceroulas s f pl (<ár sarauil: calça) Peça de vestuário interior masculino, que vai até ao tornozelo, envolvendo toda a perna, e é us por baixo das calças/Cuecas compridas. **Ex.** O avô no inverno usa ~.

cerração s f (<cerrar+-ção) 1 A(c)to ou efeito de cerrar/Fecho(+). **Comb.** fig ~ **da fala** [Dificuldade de falar/Rouquidão]. fig ~ **do peito** [Dificuldade de respirar/Sufocação]. 2 Névoa ou nevoeiro muito denso. **Ex.** Com aquela ~ não se via um palmo à frente do nariz. 3 ⇒ escuridão.

cerrado, a adj/s m (<cerrar) 1 Fechado(+)/Vedado. **Ex.** O portão do jardim estava ~/fechado. 2 Fortemente unido/Apertado/Espesso. **Ex.** Ele tem uma barba ~a/espessa. O bosque apresentava uma vegetação ~a/densa. 3 Espesso/Denso. **Ex.** Estava um nevoeiro ~. 4 fig Insistente/Vigoroso/Forte. **Ex.** Os jogadores da equipa adversária fizeram uma marcação ~a ao avançado português «Cristiano Ronaldo». 5 Terminado/Feito/Encerrado(+)/Fechado. **Comb. Negócio ~. Testamento ~** [fechado com lacre após autenticação]. 6 fig Rigoroso/Exigente. **Comb.** Crítica ~ (dos partidos) da oposição «ao governo». 7 Difícil de entender/Ininteligível/Fechado. **Ex.** Falava um inglês ~ que quase ninguém percebia. 8 Impenetrável/Impassível. **Ex.** Apesar da boa notícia manteve o rosto ~. 9 ⇒ cerca(do); curral; bardo; redil. 10 Br Mata xerófita dos planaltos, de arvoredo rasteiro/Mato grosso. 11 Vet Diz-se de equino «cavalo» que já mudou os dentes «com sete anos». ⇒ cerrar 7.

cerradoi[ou]ro s m ⇒ atilho.

cerra-fila s m (cerrar + fila) Último «militar ou atleta» de cada fila de uma formatura.

cerramento s m (<cerrar+-mento) A(c)to de cerrar/Cerração 1/Fecho(+). **Comb.** ~ dos lábios.

cerrar v t (<lat séro,áre <sera: tranca de porta, fecho; serrar) 1 Fechar(+). **Ex.** Mandou ~ portas e janelas por causa do [porque vinha um] tufão. 2 Contrair/Apertar. **Ex.** Ele teve de ~ os dentes para não gritar de dor [com a(s) dor(es)]. A ferida já cerrou [fechou(+)/cicatrizou]. O ladrão cerrou-se [foi rente/colado] à parede e entrou pela(s) traseira(s) da casa. **Loc.** ~ [Fechar] **a mão** «para não deixar fugir o pássaro». ~ **os olhos** [lábios]. ~ **os punhos** «a ameaçar/com desespero». **Idi.** ~ **de cima** [Dar ordens/Mandar]. ~ **fileiras** [Agir todos unidos] «para livrar [limpar] a cidade dos drogados». 4 Acumular/Concentrar/Adensar. **Ex.** O nevoeiro cerrou (a atmosfera) e não se via nada à nossa volta. Cerrou-se a noite [Anoiteceu/Escureceu completamente]. O céu cerrou-se [enevou-se/escureceu]. 5 Finalizar/Acabar/Encerrar(+)/Terminar. **Ex.** O espe(c)táculo acabou (de ~) [terminou(+)]. 6 Náut ⇒ Carregar o leme para um dos bordos/Fechar a bolina. 7 Vet Atingir (uma cavalgadura) a idade em que os dentes estão completamente desenvolvidos. 8 Ocultar/Impedir/Esconder. **Ex.** O arvoredo cerrava a vista do horizonte.

cerro (Cê) s m (<lat cirrus,i: tufo ou caracol de cabelo) 1 Colina pequena, íngreme e pedregosa/Elevação/Alt(inh)o. **Ex.** Do cimo do ~ via-se a pastagem em redor. 2 Dorso ou lombo dos animais. 3 fig ⇒ Costas.

certa (Cér) s f (<certo) Ausência de dúvida/Certeza. **Loc. À [Pela] ~** [Com certeza/Certamente/Pelo seguro/Seguramente] (Ex. Com tanta gente ainda a entrar, pela ~ vão faltar cadeiras). **idi Levar alguém à ~** [Enganar/Iludir alguém].

certame (Tã) s m (<lat certámen,inis) 1 ⇒ luta(+). 2 (D)esp Jogo/Competição/Campeonato. **Comb.** ~ futebolístico [Jogo de futebol]. 3 Concurso com atribuição de pré[ê]mios. **Loc. Organizar um ~. Concorrer ao** [Participar no] ~. **Comb.** ~ **artístico** «de piano». ~ **linguístico** «de português».

certamente adv (<certo+-mente) 1 Provavelmente/Com certeza. **Ex.** Ele ~ [provavelmente] não sabe que temos reunião. 2 Usa-se como resposta afirmativa: É claro/Sim/Sem dúvida. **Ex.** Dá-me um minuto de atenção? – ~ (que sim) [– Faz favor]. Podia [Pode] dar-me uma informação? – ~.

certeiro, a adj (<certo+-eiro) 1 Que acerta «no alvo» com precisão. **Ex.** Ele alvejou-o com [deu-lhe] um tiro ~. 2 Desprovido de falha/Corre(c)to. **Comb.** Palavras cert(eir)as. Palpite ~o «do médico, confirmado pelas análises». 3 Perspicaz/Sensato. **Ex.** Ele fez perguntas ~as/perspicazes.

certeza (Tê) s f (<certo+-eza) 1 Qualidade do que é certo. **Loc. Com ~ a)** Sem dúvida/Certamente; **b)** Talvez/Provavelmente/Certamente 1 (Ex. O meu filho não me telefonou, com ~ esqueceu-se). «ele vem hoje» **De** [Com toda a] ~. **Comb.** ~ do fa(c)tos [do que (realmente) aconteceu]. **Sin.** Verdade/Evidência. **Ant.** Incerteza/Probabilidade. 2 Firmeza no que se afirma. **Ex.** Vencer as eleições era já uma ~. Disse que vinha mas não deu a ~ [mas pode não vir]. **Sin.** Realidade. **Ant.** Ilusão/Incerteza. 3 Confiança (em si próprio). **Ex.** Falou com tanta ~ que convenceu toda a audiência. 4 Estado de espírito de quem não tem dúvida. **Ex.** Sei que vou melhorar [curar] e essa ~ basta-me. **Sin.** Convicção. 5 Coisa certa/Crença/Fé. **Ex.** Que Deus existe é uma ~.

certidão s f Dir (<lat tardio certitúdo,inis) Documento legal comprovativo de determinado dado, a(c)to ou fa(c)to. **Loc. Requerer** [Pedir] **uma ~. Lavrar** [Passar] **uma ~. Comb. ~ de nascimento. ~ de óbito** [falecimento]. **~ de teor** [~ que reproduz integralmente o documento original]. **~ narrativa** [que transcreve uma parte do documento original]. **Sin.** Atestado; certificado. ⇒ Carta 2.

certificação s f (<lat tardio certificátio,ónis) 1 A(c)to ou efeito de certificar(-se). 2 Reconhecimento da verdade/Verificação. **Ex.** Foi feita a ~ dos seus dados pessoais. **Comb.** ~ de um cheque «feita pelo banco». 3 Dir Emissão de certidão. **Ex.** A ~ do casamento foi realizada na mesma hora.

certificado s m/adj (<certificar) Documento emitido por uma entidade competente que certifica a verdade de alguma coisa. **Comb. ~ de aforro** [Título destinado a conceder uma aplicação remunerada às pequenas economias de pessoas singulares]. ~ **de frequência de curso**. ~ **de garantia** [Documento válido por um tempo determinado, que garante a substituição de uma mercadoria no caso de se verificarem defeitos de fabrico]. ~ **de habilitações**. ~ **de origem** [Documento que serve para atestar a proveniência e a qualidade de um produto «vinho»]. ~ **de regist(r)o criminal**. Mil ~ **de reservista** [Prova de cumprimento do serviço militar obrigatório]. ~ **de seguro** [Documento emitido pela entidade seguradora que substitui a apólice]. **Cheque ~** [autenticado/visado].

certificador, ora [certificante] adj (<certificar) (O/A) que certifica.

certificar v t (<lat tardio certífico,áre,átum) 1 Provar que é verdade ou que está certo. **Loc. ~ a conclusão de um curso. ~ o estado civil de alguém. Sin.** Atestar; autenticar; comprovar. 2 Assegurar(-se). **Ex.** Ele olhou em (seu) redor para ver se alguém [para se ~ de que ninguém] o observava. Antes de tomar uma decisão quero ~-me da verdade dos fa(c)tos relatados. Quero certificá-lo de [dizer-lhe] que estou ao seu dispor para o que for preciso.

certificativo, a adj (<certificar+-tivo) Que serve para comprovar. **Ex.** Ele apresentou documentos ~s [comprovativos] dos seus dados pessoais.

certo, a adj/pron indef/adv/s m (<lat certus, a,um; ⇒ certa; decerto) 1 Exa(c)to/Corre(c)to. **Ex.** O resultado do problema de matemática está (absolutamente) ~. Ele respondeu ~ [bem] à pergunta do professor. A conta de somar está ~a. **Ant.** Errado.

2 Evidente. **Ex.** É ~ que o dia tem 24 horas. **Idi.** *Ser ~ e sabido* [Ser mais (do) que ~/ Ser evidente] «que ele quer casar». «o negócio» *Dar ~* [Ter bom resultado]. **3** Que não suscita dúvidas. **Ex.** É ~ [claro/fora de dúvidas] que o autocarro [ó/ônibus] passará às 5 horas. Trocar o ~ pelo incerto é estupidez. Morte ~a, hora incerta [Sabemos que vamos morrer, só não sabemos quando]. **Loc.** «não saber» *Ao ~* [Com certeza] «a hora da chegada». *Por ~* [Provavelmente] «vai chover». **Sin.** Seguro; garantido. **4** Que tem precisão. **Ex.** O meu relógio anda sempre ~ [regula bem]. **5** Combinado/Concertado/Fixo/Previsto/Marcado. **Ex.** Ele apareceu [veio] no dia ~o, eu é que me enganei. Ele não tem morada ~a/fixa. Ficou ~/combinado que levava o carro à [para a] oficina. **6** Que está de acordo com uma unidade determinada. **Ex.** A divisão deu conta ~. **7** Que é adequado/Ajustado/Apropriado. **Ex.** Ela tem o peso ~ para a sua altura. Ele é a pessoa ~a no lugar ~o. **8** Certeiro/Preciso. **Ex.** O veado levou um tiro ~ [certeiro(+)] que o derrubou imediatamente. **Loc.** Ter mão ~a para os temperos. **9** Regular. **Ex.** Caminhava num passo ~ e decidido. **10** Sem irregularidades/Firme. **Comb.** Letra/Escrita ~a. **11** Convicto/Convencido/Seguro. **Ex.** Estou ~ de que isso é verdade. **12** Autêntico/Fiel. **Ex.** Cuidado! Olhe que ele não é (lá) muito ~ [não merece confiança]. Já os latinos diziam: o amigo ~ conhece-se [mostra-se] na hora incerta. **Ant.** Falso; desleal. **13** Conveniente/Corre(c)to/Adequado/Justo/Merecido/Devido. **Ex.** Paguei o preço ~ [justo] pela casa. **14** Que é mentalmente saudável/Equilibrado. **Ant.** Desequilibrado. **15** Assíduo. **Ex.** É um cliente ~/fiel. **16** Indeterminado/(Alg)um/Qualquer. **Ex.** Falei com ~as [(alg)umas] pessoas interessadas no proje(c)to. Há muito que não via este amigo, mas ~ [um] dia apareceu-me aqui em casa, e foi uma alegria. «vivo em Portugal há muito tempo» De ~ [algum] modo «sou português». **17** Indica um grau intermédio ou elevado. **Ex.** O rapaz tem um ~ [tem algum] valor. **18** *Concordância* Com certeza/ Sim Senhor/Certamente. **Ex.** Esteja amanhã aqui às 9 horas! – (Está) ~.

cerúleo, a *adj* (<lat *caer[l]úleus,a,um*) Da cor do céu/Azul celeste «dos olhos/das vagas do mar».

cerume *s m* (<cera+-ume) Cera dos [segregada pelos] ouvidos.

cerusa *s f Quím* (<lat *cerussa*) Carbonato básico de chumbo/Alvaiade(+).

cerus(s)ite/a *s f Min* (<cerusa+-ite/a) Minério que se forma por alteração da galena, constituído por carbonato de chumbo que, quando (é) puro, apresenta cor branca, sendo cinzento quando contém impurezas.

cerval *adj 2g* (<lat *cervárius,a,um*) Relativo ao cervo/veado.

cerveja *s f* (<lat *cervésia,ae*) Bebida alcoólica obtida a partir da fermentação da cevada germinada «malte» ou de outros cereais, aromatizada com flores de lúpulo e adicionada de água. **Ex.** Na festa, os empregados serviram grandes canecas de ~. Há ~ com e sem álcool. **Comb.** *~ choca* [morta/sem pressão]. *~ de pressão* [retirada dire(c)tamente do barril/Imperial/Chope/Fino]. *~ preta* [feita com o grão mais torrificado ou mais carregado em cor por meio de extra(c)to de chicória].

cervejaria *s f* (<cerveja+-aria) Local onde se servem bebidas, sobretudo cerveja e petiscos/comida.

cervejeiro, a *adj/s m* (cerveja+-eiro) Relativo a cerveja. **Comb.** Indústria ~a.

cervical *adj 2g Anat* (<lat *cervical(e),ális*: travesseiro) **1** Relativo à zona posterior do pescoço. ⇒ cerviz. **Comb.** *Vértebra(s) ~ais*/do pescoço. *Nervo ~*. **2** Relativo à parte inferior do colo do útero ou de outros órgãos «bexiga/dente».

cervicórneo, a *adj Zool* (<cervo+córneo) «inse(c)to» Que tem chifres ou antenas semelhantes aos cornos do veado.

cervídeo, a *s m pl Zool* (<cervo+-ídeo) Família de mamíferos ruminantes, que inclui cervos, alces, renas e veados.

cérvix (Vics) *s f Anat* (<lat *cérvix,ícis*) Parte/Região inicial e estreita de um órgão. **Comb.** A ~ [O colo] uterina[o]. **Sin.** Cerviz. ⇒ colo; pescoço; ponta; gargalo.

cerviz (Vís) *s f Anat* (<lat *cérvix,ícis*; ⇒ cervical) **1** (Zona posterior do) pescoço. **Idi.** *Curvar/Dobrar a ~* [Obedecer/Submeter-se]. *Sacudir a ~* [Revoltar-se]. *Pessoa de dura ~* [Espírito rebelde/independente/Cabeça-dura]. **Sin.** Cachaço; nuca. **2** Porção estreita de um órgão/Colo. **Comb.** A ~ do útero. **Sin.** Cérvix(+). **3** *fig* Cimo/Cume do monte. **4** *fig* Copa ou topo da árvore.

cervo *s m* (<lat *cervum,i*) Veado(+).

cerzideira *s f* (<cerzir+-deira) **1** Mulher que cerze/se emprega em cerzir. **2** Agulha de cerzir.

cerzido *adj/s m* **1** Que se cerziu. **2** A(c)ção ou efeito de cerzir/Cerzidura. **3** Conserto/Remendo com pontos tão miúdos que se não conhece a costura.

cerzir *v t* (<lat *sárcio,íre*: remendar, coser) **1** Coser com pontos miúdos. **Ex.** Agulhas finas são melhores para ~ «uma gola». **2** Reunir/Incorporar/Combinar. **Ex.** Decidiu ~ comentários ao texto do amigo. **3** Incluir «algo»/Intercalar/Misturar. **Ex.** Cerziu ao texto novas notas.

césar *s m* (<lat antr *Julius Caesar,is*) **1** *Hist* Título dos onze imperadores romanos que se seguiram a Júlio César (101-44 a.C.). **Prov.** *(Dar) a ~ o que é de ~* [O seu a seu dono/Honra ao mérito]. **2** ⇒ Imperador/monarca/soberano. **3** *Cine* Nome da estatueta ou do pré[ê]mio atribuído anualmente no festival de Cannes.

cesáreo, a *adj* (<lat *caesáreus,a,um*) Referente aos césares romanos ou à Roma imperial. ⇒ cesariano; romano; imperial.

cesária *s f* (<lat *caesúra* <*caedo,ere,caesum*: cortar+-ária) Espécie de guilhotina para aparar as folhas dos livros brochados. **Sin.** Cisalha. ⇒ cesariana.

cesariana *s f Med* (<lat *caesúra,ae*: corte+-ano,a) Corte na parede abdominal da mãe para extra(c)ção do feto. **Ex.** A posição anormal do feto fez com que o parto tivesse de ser por ~. **Sin.** *pop* Cesária.

cesariano, a *adj* (<lat *caesariánus,a,um*) Relativo a César ou ao poder absoluto.

cesarismo *s m* (<César 1/2+-ismo) **1** *Hist* Governo dos césares romanos. **2** *fig* Poder pessoal despótico.

cesaro[i]papismo *s m* (<césar+o[i]+papismo) Regime político em que a suprema autoridade civil detém também o poder religioso. **Ex.** O regime político-eclesiástico que vigorou no império bizantino foi o ~.

césio [Cs 55] *s m Quím* (<lat *caesius,a,um*: esverdeado) Metal alcalino de cor metálico-prateada. **Comb.** Célula fotoelé(c)trica de ~.

céspede *s m* (<lat *céspes,itis*: terreno relvado) **1** Torrão [Pedaço] de terra com erva. **2** ⇒ Relva(do).

cespitoso, a *adj Bot* (<céspede +-oso) Diz-se da planta que se desenvolve formando um conjunto de caules. **Comb.** Palmeira ~ [multicaule].

cessação *s f* (<lat *cessátio,ónis*) A(c)to ou efeito de cessar/Desistência. **Ex.** Fui à Repartição de Finanças requerer [pedir] a ~ da minha a(c)tividade económica. **Comb.** *Dir ~ da instância*. *~ das hostilidades*. *~ de pagamento*. *~ de trabalho*. **Sin.** Fim.

cessante *adj 2g* (<lat *céssans,ántis*) **1** Que deixa de estar em vigor/Que termina. **Ex.** A lei ~ era mais favorável aos trabalhadores. **Comb.** Lucro ~. **2** Que deixa de exercer um cargo. **Ex.** O dire(c)tor ~ despediu-se do pessoal da empresa.

cessão *s f* (<lat *céssio,ónis*) A(c)to de ceder/Transferência da posse de bens ou direitos. **Ex.** Foi feita a escritura da ~ do terreno para construção da escola. **Sin.** Cedência(+).

cessar *v t/int* (<lat *césso,áre*) **1** Parar/Desistir de/Suspender uma a(c)ção ou a(c)tividade/Ter fim. **Ex.** O general deu ordem para ~ o combate. A chuva cessou [parou(+)] durante a noite. **Loc.** «criticar» *Sem ~* [Continuamente/Sempre]. **2** ~ *de/ Não* prosseguir. **Loc.** ~ [Deixar] *de falar dos proje(c)tos*. ~ *com as reivindicações*.

cessar-fogo *s m Mil* Interrupção ou fim das hostilidades entre exércitos inimigos. **Loc.** *Assinar o ~* [Formalizar num documento o cessar da guerra].

cessionário, a *adj Dir* (<cessão+-ário) **1** Pessoa ou entidade a quem se faz cessão [cedência] de um bem. **Ex.** O ~ agradeceu publicamente ao seu benfeitor. **2** Que é obje(c)to dessa cessão. **Ex.** O notário descreveu o bem ~.

cessível *adj 2g* (<lat *cessíbilis,e*) Que se pode ceder. **Sin.** Cedível(+).

cesta (Cê) *s f* (<lat *cista,ae*; ⇒ cesto) **1** Recipiente de verga, com asa. **Ex.** Levava no braço uma ~ de fruta. ⇒ cabaz; canastra; balde. **2** Conteúdo desse recipiente. **Ex.** Apanhei [Colhi] uma ~ de maçãs. **Comb.** *Br básica/Pt Cabaz de compras* [Bens essenciais para uma família de quatro pessoas durante um mês]. **3** *Br (D)esp* Aro de metal e rede/Pt «bola ao» Cesto **2(+)**. **Comb.** A ~ de basquetebol. ⇒ cestinha.

cestada *s f* (<cesto/a+-ada) Cesto/a cheio/a de algo. **Ex.** Vindimei [Colhi] uma ~ de uvas para comer em casa.

cestaria *s f* (<cesto/a+-aria) Arte ou local do fabrico artesanal de cesto[a]s. **Ex.** Na minha aldeia há uma ~. **Comb.** *~ típica da Camacha* (Madeira). *~ típica nordestina* (Brasil).

cestinha *s m Br (D)esp* (<cesta 3+-inha) Jogador que marca mais pontos no basquetebol. **Ex.** Ele é o ~ desta equipa/e.

cesto (Cê) *s m* (<cesta) **1** Recipiente feito de vários materiais e geralmente com tampa. **Prov.** *Ver o fundo ao ~* [Gastar tudo o que há]. **Comb.** *Náut fig ~ da gávea* [Plataforma assente no alto do mastro principal]. *~ [Caixote] do lixo*. *~ dos papéis*. ⇒ balde; cabaz; canastra. **2** *(D)esp* Aro de metal e rede na tabela de basquetebol.

cesura *s f* (<lat *caesúra,ae*: corte) **1** *Med* Incisão(+) com lanceta/bisturi. **Sin.** Corte. **2** *Med* Cicatriz(+) ou marca deixada por **1**. **3** *Liter* Pausa métrica a meio de um verso «latino».

cesurar *v t* (<cesura+-ar¹) **1** *Med* Fazer uma cesura. **Loc.** *~ [Lancetar/Cortar] o tumor «da cara»*. **2** *Liter* Fazer cesura num verso «latino».

cetáceo, a *adj Zool* (<lat *cetus,i*: baleia+-áceo) Da ordem dos mamíferos aquáticos. **Ex.** A baleia e o golfinho são (animais) ~s.

ceticismo (Cè) [*Br* **ce(p)ticismo** (*dg*)] *s m Fil* [= cepticismo] (<cético +-ismo) **1** Atitude ou doutrina segundo a qual o espírito humano não pode chegar a qualquer conhecimento seguro/certo. **Comb.** O ~ do filósofo grego Pirro. **Ant.** Dogmatismo. **2** *fig* Estado de quem duvida de tudo/Negativismo/Desconfiança/Dúvida/Reserva/Descrença. **Ex.** Esse teu ~ em relação ao progresso do país é infundado [não tem razão de ser].

cético, a [*Br* **cé(p)tico** (*dg*)] *adj/s* [= céptico] (<gr *skeptikós,é,ón*: que observa) **1** *Fil* Adepto do ceticismo filosófico. **2** *fig* Que duvida de tudo/Descrente/Incrédulo. **Ex.** Ele manteve uma atitude ~a perante o que ouviu, mesmo depois dos esclarecimentos. Estou um pouco [um tanto] ~ sobre a hipótese [possibilidade] de ser admitido no concurso.

cetim *s m* (<ár *zaituni*: deTseu-Toung, cidade chinesa onde primeiro se fabricou) Tecido de seda ou algodão, muito macio e lustroso. **Comb.** Pele macia [de ~].

cetinoso, a *adj* (<cetim+-oso) Macio e lustroso. **Sin.** Acetinado(+).

cetona *s f Quím* (<acetona) Composto orgânico de fórmula R-CO-R. **Ex.** A acetona é o composto mais importante das ~s.

cetose *s f Med* (<cetona+-ose) Doença causada por cetona no organismo, como acontece na acidose diabética. **Sin.** Cetoacidose.

cetro *s m* [= ceptro] (<lat *sceptrum,i*: bastão de comando, chefia) **1** Bastão que simboliza a autoridade real. **Ex.** O ~ «do imperador» era de ouro. **2** *fig* Poder supremo/Qualquer autoridade/Superioridade/Supremacia. **Ex.** O (~ do) poder não podia sair das suas mãos. **Loc.** Empunhar o ~ [Governar/Dirigir/Reinar].

céu *s m* (<lat *cae[oe]lum,i*) **1** Espaço acima das nossas cabeças, limitado pelo horizonte/Abóbada celeste/Firmamento. **Ex.** Hoje o ~ está (todo) azul. **Loc.** «fazer escavações (arqueológicas)» *A ~ aberto* [Sem prote(c)ção/cobertura]. «querer» *idi Abraçar o ~ com as mãos* [Fazer uma coisa impossível]. «o (disparar do) canhão» *idi Atroar os ~s* [Fazer grande estrondo]. «com tanta chuva, parecer» *idi Desabar o ~* [Vir o ~ abaixo]. **Comb.** *idi ~(-)aberto* [Paisagem ou lugar encantador(a)/Felicidade]. *Fig ~ da boca* [Abóbada palatina/Palato]. *~ carregado* [Muito nublado/~ a ameaçar chuva]. **2** Morada de Deus, dos anjos e dos santos. **Ex.** Eu quando morrer quero ir para o ~. As primeiras palavras da oração que Jesus nos ensinou são "Pai nosso que estais no ~". *Fig* A minha casa é um ~, nunca tivemos uma [a mínima] zanga. **Loc.** «crime [ofensa] de» *Bradar* [Que brada] *aos ~s* [Ser muito grave]. «viver nesta terra [casa] é» *Estar no ~* [Gozar]. *Ir para o ~* **a)** «o bom ladrão» Entrar no ~; **b)** Morrer. *idi Mover ~s e terra* [Fazer tudo] «para conseguir emprego». **Comb.** *idi* Uma coisa caída do ~ [Algo bom e inesperado]. **Sin.** Paraíso; reino dos ~s; bem-aventurança; pátria celeste. **Ant.** Inferno. **3** Deus/Providência. **Ex.** Rezo para que Deus [o Céu] proteja sempre os meus filhos. **4** *pl interj* Exclamação de espanto ou surpresa agradável ou desagradável. **Ex.** Oh, céus!, que alegria termos um filho! Céus [Meu Deus/(minha) Nossa (Senhora)]!, os alunos partiram as cadeiras!

ceva (Cé) *s f* (<cevar) **1** A(c)ção de cevar [engordar] animais. **Ex.** Depois da ~ os porcos iam para o mercado. **Sin.** Engorda(+). **2** Alimento utilizado nela/Cevo **1**. **3** *Br* Alimento que serve de engodo [isca(+)/chamariz/Cevo **2**] na caça ou na pesca. **4** *Br* Argila diluída em água e utilizada na produção do açúcar.

cevada *s f Bot* (<cevar+-ada; ⇒ cevadinha) Cereal parecido ao trigo; *Hordeum vulgare*. **Ex.** A [O grão da] ~ é utilizada[o] no fabrico da cerveja e até do "café". **Comb.** Café de ~.

cevadeira *s f* (<cevada+-eira) **1** Espécie de saco que se enfia na cabeça dos animais de carga para comerem a ração. **Sin.** Bornal(+). **2** *Br* Aparelho de ralar mandioca/Cevador. **3** *pop* Emprego onde se auferem grandes e indevidos proveitos/Tacho/Mamadeira(+). **4** *Náut* Pequena vela à proa, suspensa de uma verga.

cevadeiro *s m* (<cevada+-eiro) **1** ⇒ cevadou[oi]ro. **2** Aquele que prepara os falcões para a caça de altanaria. **3** *Br* Local onde se coloca o isco ou engodo na caça/pesca.

cevadilha *s f* (<esp *cebadilla*) Planta vivaz da família das Apocináceas; *Bromus unioloides/catharticus*. **Ex.** As sementes da ~ são usadas para espirrar. **Sin.** Espirradeira; loendro.

cevadinha *s f Cul* (<cevada+-inha) Cevada descascada ou pilada, para fazer sopa.

cevado, a *adj/s* (<cevar+-ado) **1** Porco que se engordou ou está na engorda. **2** *fam* (O) que está muito gordo.

cevador *s m* (<cevar+-dor) **1** Aquele que trata da ceva dos animais. **2** *Br* ⇒ cevadeira **2**.

cevadou[oi]ro *s m* (cevar+-dou[oi]ro) **1** Local onde se cevam animais de engorda. **2** Local onde se coloca a isca para caçar ou pescar. ⇒ aboiz.

cevadura *s f* (<cevar+-dura) **1** ⇒ ceva **1/2**. **2** Restos de presa deixados por ave de rapina ou outros animais «leão». **3** ⇒ vingança; carnificina. **4** *Br* ⇒ ceva **4**.

cevar *v t* (<lat *cíbo,áre*: alimentar) **1** Engordar animais. **Loc.** ~ porcos. **2** *fig* Dar largas a/Satisfazer(-se). **Loc.** ~ o (seu) rancor/ódio «num inocente». **3** Colocar ceva/isca/engodo. **4** *Br* Passar mandioca pelo cevador.

cevo (Cé) *s m* (<lat *cibus,i*: alimento; ⇒ ceva) **1** Alimento para engordar animais. **2** *Br* Isca ou engodo utilizados na pesca e na caça/Ceva.

cf. *abrev* de conferir/confrontar com *v(ide)*.

CGS *Fís* Sigla de centímetro, grama e segundo, no sistema internacional de unidades.

chá *s m* (<chin *ch'a*) **1** *Bot* Planta baixa da família das Teáceas, de florinhas brancas; *Thea sinensis*. **Loc.** Colher as folhas do ~. **2** Folhas secas e tratadas dessa planta embebidas em água quente. **Ex.** Os chineses e japoneses tomam ~ a qualquer hora. **Loc.** Beber [Tomar(+)] ~. **Idi.** *Não ter tomado ~ em pequeno* [Não ter a devida educação]. *Br Tomar ~* [Gracejar]. *Tomar ~ com* [Fazer pouco de] *alguém*. **Comb.** *~ preto* (feito com folhas tostadas ou secas depois de alguma fermentação). *~ verde* (feito com folhas ligeiramente tostadas logo depois de colhidas). *Casa [Salão] de ~*. **3** Infusão de folhas ou flores de outras plantas. **Comb.** *~ de* (erva) *cidreira*. *~ mate*. *gír ~ de parreira* [Vinho]. *~ de tília*. ⇒ tisana. **4** Reunião à tarde com ~ e bolos. **Loc.** Convidar «alguns conhecidos» para um ~. **Comb.** *~ dançante* [informal com dança]. **5** *fig* ⇒ repreensão/raspanete.

chã *s/adj f* (<lat *planus,a,um*: plano, nivelado; ⇒ chão) **1** Terreno plano. **Ex.** Eu tenho uma ~ boa para (plantar) batatas. **Comb.** Terra ~ [plana]. **2** (No talho) Carne bovina da (parte da) coxa. **Comb.** ~ de dentro [Pojadouro]. ~ de fora.

chabéu *s m* (<crioulo *tche bém*) Fruto da palmeira dendê donde se extrai um óleo utilizado na culinária.

chacal (Cál) *s m Zool* (<turco *chaqal*) **1** Mamífero carnívoro selvagem, semelhante ao lobo/cão; *Canis aureus*. **2** *fig* Pessoa gananciosa que explora os outros.

chácara *s f Br* (<quéchua *chacra*) Horta(+) ou quinta, perto da cidade. ⇒ machamba.

chacareiro *s m Br* (<chácara+-eiro) Proprietário ou administrador de chácara/Hortelão.

chacha (Chácha) *s f fam* (<?) Coisa sem valor/Insignificância. **Comb.** Conversa de ~ [sem importância nenhuma]. Salário de ~.

chachachá *s m Mús* (<on) Dança de origem cubana, derivada da rumba e do mambo.

chachada *s f* (<chacha+-ada) Coisa malfeita/tola/disparatada. **Ex.** Este filme é uma ~ «acho que me vou embora [vou sair do cinema]».

chacina *s f* (<?) **1** Grande número de mortos. **Ex.** A peste negra fez uma ~ na Europa. **Sin.** Carnificina(+); massacre(o+); mortandade; morticínio. **2** ⇒ matança «do porco». **3** *fig* Muitas reprovações/corre(c)ções/... **Ex.** O professor reprovou trinta alunos! (Aquilo) foi uma ~.

chacinar *v t* (<chacina+-ar[1]) **1** Matar muita [toda a] gente. **Ex.** O exército chacinou a população da aldeia. **2** ⇒ espostejar/esquartejar(+)/retalhar «a rês/o porco».

chaço *s m* (<?) **1** Pedaço de madeira utilizado pelo tanoeiro para apertar os arcos dos tonéis. **2** *pop* Obje(c)to de muito má qualidade ou já em desuso. **Ex.** Este meu carro é um ~ velho. **3** ⇒ barrote; pau.

chacoalhar *v t/int Br* (<chocalhar) **1** ⇒ chocalhar. **2** ⇒ repreender/insultar. **3** ⇒ sacudir/abanar/agitar. **4** ⇒ incomodar.

chacota (Có) *s f* (<esp *chacota<on* "chac") **1** Antiga trova burlesca e satírica, quase sempre cantada e dançada. **2** Zombaria/Troça/Escárnio. **Loc.** Fazer ~ [troça] de alguém. Ser alvo [motivo] de ~.

chacotear *v t/int* (<chacota+-ear) ⇒ fazer chacota(+); escarnecer; troçar; zombar.

chacra *s f Fil hind* (<sân *chakra*: roda, círculo) Centro [Ponto] de energia espiritual no corpo humano.

Chade *s Geog* (<*Tchad*: lago) República do Chade. **Ex.** A capital do ~ é Djamena e os habitantes chadianos.

chafalho ⇒ chanfalho.

chafarica *s f* (<?) ⇒ taberna [tasca/baiuca] (ordinária).

chafariz *s m* (<ár *çahrij*: cisterna, bebedouro) **1** Fontanário com uma ou mais bicas para abastecimento público. ⇒ bica; repuxo; fonte. **2** *fig* Pessoa que chora muito. ⇒ chorão; choramingas.

chafurda *s f* (<chafurdar) **1** Lama(çal) onde os porcos foçam. **2** *fig* Lugar imundo.

chafurdar *v int* (<lat *suffúndo,áre*: meter por baixo, afundar) **1** «o porco» Revolver-se na chafurda/lama/imundície. **2** *fig* Envolver(-se) em torpezas. **Loc.** ~ [Atolar-se] *nos* (piores) *vícios*. *~ a honra da família*.

chafurdice *s f* (<chafurda+-ice) **1** Sujeira/Porcaria/Imundície. **2** *fig* Coisa ou situação indecente. **Ex.** Ele considerava a política uma ~.

chaga *s f* (<lat *plága,ae*: ferida, corte; ⇒ ~s) **1** Ferida aberta/Úlcera. **Ex.** (Tendo estado) Tanto tempo acamado [de cama], ficou com ~s nas costas. ⇒ escara. **Idi.** *Pôr o dedo na ~/ferida* [Indicar a causa exa(c)ta de um problema]. **Comb.** *As* (cinco) *~s de Cristo*. *Em ~* [carne viva/Muito ferido] (Ex. Caminhou tanto que os seus pés ficaram

em ~ [ficaram uma ~ viva]). **2** ⇒ Incisão (feita na casca de uma árvore). **3** *fig/col* Pessoa importuna e maçadora. **Ex.** Aquele indivíduo é uma ~ que não me larga! **4** *fig* Problema grave de cará(c)ter social. **Ex.** A droga é uma ~ social. **5** *fig* Desgosto profundo/Mágoa. **Ex.** A perda do filho foi ~ que nunca mais cicatrizou. Esta saudade é ~ que não cura.

chagar *v int* (<lat *plágo,áre*: ferir) **1** Fazer chagas em/Ulcerar. **Loc.** Ter (todo) o corpo chagado. **2** *fig* Aborrecer/Importunar(+). **Ex.** O amigo não deixava de o ~ por causa de [~ para que lhe fizesse] um empréstimo.

chagas *s f pl Bot* (<chaga) Erva ornamental da família das Tropeoláceas; *Tropaeolum majus*. **Sin.** Cinco ~; capuchinha.

chagrém *s m* (<turco *çagri*: garupa de cavalo) Qualidade de pele dos quartos traseiros de vários animais, curtida, granulosa e utilizada em encadernação e marroquinaria.

chaguento, a *adj* (<chaga+-ento; ⇒ chagar) Coberto de chagas/Lazarento. **Sin.** Chagado(+).

chaira *s f Br* (<esp *chaira*) Peça fusiforme de aço para afiar facas. ⇒ pedra de afiar; rebolo.

chairar *v t Br* (<esp *chairar*) **1** Afiar na chaira. **2** *fig* Aparar bem rente à crina do cavalo.

chalaça *s f* (<chalar+-aça) Dito zombeteiro/trocista/malicioso. ⇒ gracejo; piada.

chalaçar [chalacear(+)**]** *v int* (<chalaça) Dizer chalaças/Zombar/Escarnecer.

chalado, a *adj* (<chalar+-ado) **1** *Cul* Insípido/Sem sabor. **Idi.** Água ~a [Bebida sem (bom) sabor]. **2** *col* Amalucado/Tonto. **Ex.** Ele é meio ~, não faça(s) caso.

chalana *s f Náut* (<esp *chalana*) Pequena embarcação de fundo chato, utilizada no transporte fluvial.

chalar *v int* (<al *schal*: insípido+-ar¹; ⇒ chalado) **1** *pop* ⇒ estragar-se. **2** *gír* ⇒ fugir.

chalé *s m* (<fr *chalet*) Casa «de veraneio» semelhante às dos camponeses dos Alpes suíços.

chaleira *s f* (<chá+l+-eira) **1** Recipiente com asa superior e gargalo em bico, utilizado para ferver água. ⇒ bule. **2** *Br* ⇒ adulador/bajulador.

chaleirar *v t Br* (<chaleira **2** + -ar¹) ⇒ adular/bajular.

chalota *s f Bot* (<lat *ascalonia*: cebola de Ascalão (Palestina)) Planta da família das Liliáceas, semelhante ao cebolinho e com aplicação na culinária; *Allium ascalonicum*.

chalr(e)ar *v int* (<it *ciarlare*; ⇒ charlar) **1** ⇒ Falar (muita gente ao mesmo tempo)/Palrar(+)/Tagarelar(o+). **2** ⇒ chilrear (dos pássaros).

chalreada *s f* (<chalrear+-ada) **1** ⇒ Ruído de muitas vozes simultâneas (sobretudo de crianças)/Tagarelice(+)/Vozearia(o+). **2** ⇒ chilreio de muitos pássaros juntos/Chilreada(+).

chalupa *s f Náut* (<fr *chaloupe*) **1** Pequena embarcação com uma vela e remos «para serviço de navios». ⇒ batel. **2** *fam* Pessoa pouco ajuizada/Amalucado/Tonto. **Sin.** Chalado **2**.

chama *s f* (<lat *flámma,ae*) **1** Combustão luminosa de matéria incandescente. **Ex.** A casa foi destruída pelas ~s [pelo fogo]. **Loc.** «a explosão deixou o prédio» Em ~s [A arder]. ⇒ labareda. **2** *fig* Entusiasmo/Ardor. **Ex.** Com a idade declinou a ~ daquela paixão. **Comb.** ~ do amor. **3** *fig* Inspiração criativa. **Ex.** O autor revelou a sua ~ nos poemas da juventude.

chamada *s f* (<chamado) **1** A(c)to de chamar/Chamamento. **Ex.** O professor assinalou as faltas, fazendo a ~. **Comb.** ~ [Toque/Sinal] «para começarem as aulas». ~ *de atenção* [Aviso/Repreensão]. «os alunos inscrevem-se na» *Primeira/Segunda* ~ [Primeira/Segunda época de exames]. **2** Sinal de referência [remissão] num manuscrito/livro/revista/jornal. **Ex.** Uma ~ de primeira página alerta para a entrevista nas páginas interiores. **3** Pedido/Convocatória. **Ex.** O médico recebeu uma ~ «por pessoa/telefone» urgente para ir ver um doente. **Loc.** *Mil* À [Ao toque de] ~ todos os soldados acorreram à parada. **Comb.** «o candidato recebeu» Carta de ~ (para se apresentar no novo emprego). **4** Comunicação telefó[ô]nica. **Loc.** Fazer [Receber/Atender/Passar] uma ~. **Comb.** Atendedor [Gravador/Arquivador] de ~s (telefó[ô]nicas). **5** *(D)esp* Último batimento com o pé no chão, antes do salto. **Ex.** O atleta fez uma ~ irregular antes do salto em comprimento. **6** *Br pop* Gole de bebida alcoólica. **Loc.** Dar uma ~ [Beber um bom trago de aguardente].

chamado, a *s/adj* (<chamar + -ado) **1** Com o nome de/Apelidado/Denominado. **Ex.** Aquele homem ~ [apesar de ser (considerado)] marginal era a tábua de salvação dos familiares. Eu tenho um amigo ~ Carlos. **2** Convidado/Recrutado. **Ex.** Todos os ~s foram admitidos. **3** Convite; chamamento; vocação «para a vida religiosa». **Ex.** Ouviu o ~ do Senhor [de Deus] e foi para padre.

chamadou[oi]ro *s m* (<chamar + -dou[oi]ro) ⇒ chamariz; atra(c)ção.

chama[e]lote *s m* (<fr *camelot*: tecido de pelo de camelo<ár *hamlát*: carneiros) Tecido de pelo de animais, parecido ao tafetá, e em que a posição do fio produz um efeito ondeado.

chamamento *s m* (<chamar + -mento) **1** Convocatória/Chamada **1**. **2** Vocação/Apelo/Chamado **3**. **Ex.** O jovem sentiu ~ para a vida religiosa.

chamar *v t /int* (<lat *clámo,áre*: gritar) **1** Acenar ou dizer o nome de pessoa ou animal para que responda ou se aproxime. **Ex.** Terminada a refeição, levantei o braço para ~ o empregado e pedir a conta. Amanhã chame[acorde]-me cedo «para ir para o aeroporto». O sino chamava os fiéis à oração [tocava para a missa]. **Loc.** ~ *(pel)o cão*. ~ *o elevador*. **2** Mandar vir/Convocar. **Ex.** O ministro chamou [mandou comparecer] o embaixador (à sua presença). **Loc. idi** ~ *a capítulo/a contas/à pedra* [Pedir explicações]. ~ *a atenção/à ordem* [Avisar/Repreender]. ~ *à razão* [Convencer]. ~ *à baila/a colação* [Trazer o assunto à conversa/à discussão]. ~ *à liça/a terreiro* [Desafiar]. ~ *a juízo* [Fazer comparecer em tribunal]. ~ *a si* [Tomar/Apropriar-se/Responsabilizar-se] (Ex. Ele chamou a si a responsabilidade daquele plano). **Loc.** *Deus ~ a Si* [Morrer] *alguém*). *pop* ~ *ao estreito* [Engolir/Comer]. *pop* ~ *pel[o] gregório*/ *Br raul* [Vomitar]. **3** Atribuir um nome/Apelidar. **Ex.** Os pais informaram, no Regist(r)o Civil, como queriam ~ a criança. Os colegas chamavam-no Droguinha. **Loc.** ~ *nomes (feios)* [Insultar com palavras injuriosas] «fuinha! maricas!». **4** ~-se/Apelidar-se/Denominar-se. **Ex.** Jorge Bergoglio, ao ser eleito Papa, quis ~-se Francisco. **5** Atrair. **Ex.** A luz chama as mariposas/borboletas. O poder [querer mandar] chamava-o cada vez mais.

chamariz *s m* (<chamar + perdiz) **1** O que serve para atrair pessoas ou animais. **Ex.** As montras iluminadas são um ~ [atra(c)tivo] para o consumidor. ⇒ engodo; isca/o. **2** Ave, ou instrumento que a imita, para atrair a caça/Negaça/Reclamo. **3** ⇒ anúncio; reclame.

chamarrita [chama-rita] *s f* (<chamar + *antr* Rita) Dança popular da Madeira e dos Açores.

chamativo, a *adj/s* (<chamar + -tivo) Que dá nas vistas/Atra(c)tivo/Vistoso. **Ex.** Ela apreciou na montra um ~ vestido às flores. **Comb.** Cores ~as [garridas/vivas].

chambão, ã *s/adj* (<*pt an* chamba: perna) **1** Parte com mais osso do presunto/Pernil. **2** *depr* (Carne) chambã/de má qualidade. **3** *fig* Pessoa grosseira/de apresentação desleixada. ⇒ poltrão.

chambaril *s m* (<chambão + -il) **1** *Cul* Pata de bovino. **2** Pau recurvado ou gancho de ferro por onde se pendura o porco (morto) para o abrir e lhe retirar as entranhas.

chamboíce *s f* (<chambão + -ice) **1** *depr* Trabalho malfeito. **Ex.** A pintura da casa ficou uma ~. **2** *fig* Comportamento rude/grosseiro.

chambre *s m* (<fr *robe de chambre*: roupão) Peça de vestuário que se usa sobretudo ao levantar. **Loc.** *Br fam* Abrir (d)o ~ [Fugir/Escapar]. **Sin.** Roupão(+); robe.

chambrié *s m* (<fr *chambrière*) Chicote comprido para adestrar potros/cavalos.

chamego (Mê) *s m Br* (< ?) Grande paixão, com ou sem conotação sexual/Apego/Excitação. **Ex.** Ele tem enorme ~ pela irmã [por aqueles livros]. ⇒ cafuné.

chamejante *adj 2g* (<chamejar + -ante) **1** Que lança chamas/Que arde. ⇒ flamejante. **2** Que brilha muito. **Comb.** *fig* Olhar ~ [ardente] «de felicidade/ódio». **Sin.** Cintilante.

chamejar *v int* (<chama + -ejar) **1** Fazer chama/Arder. **Ex.** A lareira [O lume] já chamejava. *fig* O chefe dos revoltosos chamejava ameaças. **2** Brilhar/Cintilar. **Ex.** O diamante chamejava-lhe no dedo. **Ex.** *fig* Tinha os olhos a ~ de raiva. **3** Passar pela chama «para aquecer/desinfe(c)tar». **Ex.** Costumava ~ a agulha [lanceta] antes de a utilizar.

chamelote ⇒ chamalote.

chamiça *s f* (<chama + -iça) **1** Gravetos (Pequenos ramos secos) para atear o lume. ⇒ acendalha; chamiço. **2** *Bot* Arbusto da família das Ericáceas; *Erica Australia*. **Sin.** Urze(+).

chamiço *s m* ⇒ chamiça **1**.

chaminé *s f* (<fr *cheminée* <lat *camínus*: fornalha, forno) **1** Conduta que liga ao exterior um forno/fornalha/fogão/lareira. **Ex.** Esta ~ tem boa tiragem [expele bem o fumo, os gases da combustão]. **Ex.** *idi* Ele fuma como [que nem] uma ~ [fuma muito]. **Comb.** *algarvia* (Típica da casa tradicional do Algarve, *Pt*). *Geol* «a lava é expelida pela» ~ *vulcânica* [Cratera]. ⇒ lareira; fogão; estufa. **2** Tubo de vidro a rematar um candeeiro. **3** Parte do cachimbo onde arde o tabaco. **4** ⇒ ventilador; escape; respiradouro.

chamorro (Mô) *s m Hist* (<esp *chamorro*: tosquiado) **1** Alcunha que os espanhóis, em tempos de D. João I, deram aos portugueses por estes usarem barba rapada e cabelo curto. **2** Alcunha dos partidários de D. Pedro IV e da sua Carta Constitucional de 1826.

champaca *s f Bot* (<sân *c'ampaka*) Planta de flores aromáticas, da família das Magnoliáceas; *Michelia alba*. **Ex.** Para perfumar os cabelos, as (mulheres) chinesas ornamentam a cabeça com flores de ~. ⇒ magnólia.

champanhe *s m* (<fr *top Champagne*) **1** Vinho espumante fabricado originariamente na região francesa de Champagne.

2 Qualquer vinho espumante parecido ao ~. **Comb.** «encheram» Taças de ~ «para brindar».

champô s m (<ing shampoo/hind chhämpnä: massajar) Líquido ou creme para lavar o cabelo e o couro cabeludo. **Sin.** Br Xampu.

chamuar s m (<Sena (Moç) xamuar) Amigo/Companheiro inseparável.

chamuça s m Cul (<hind samoosa/samusa) Pastel triangular, de origem indiana, muito apreciado em Portugal.

chamusca(mento) s (<chamuscar) A(c)to de chamuscar. **Ex.** Urze e carqueja são muito utilizadas na/o ~ do porco (morto).

chamuscad(el)a s f (<chamuscar + ...) Queimadura ligeira. **Ex.** Apanhei uma ~ [queimadela(+)] ao assar castanhas.

chamuscar v t (<chama + faiscar) **1** Queimar ao de leve/superficialmente. **Ex.** Depois de morto, o porco é chamuscado. **2** Br Sair furtivamente/Esgueirar-se.

chamusco s m (<chamuscar) **1** ⇒ chamusca(mento). **2** Cheiro a coisa queimada. **Loc.** Cheirar a ~ **a)** Cheirar a queimado; **b)** fig Suspeitar que (numa relação/num negócio/na política) as coisas vão correr mal (Ex. Posso estar enganado, mas isto cheira-me a ~ [a esturro(+)]). **3** Material usado para chamuscar o porco. **4** Br ⇒ planalto.

chana s f Ang (<quioco xana: ribeira em terreno alagadiço) Zona baixa desprovida de arvoredo e alagada no tempo das chuvas.

chanca s f (<lat plánca, ae: tábua) **1** Calçado rústico com base de madeira. **Sin.** Tamanco(+); soco². **2** Qualquer calçado largo e grosseiro. **Ex.** Ponho [Calço] umas ~s (quaisquer) para cuidar da [trabalhar na] horta. **3** fig Pé grande e malfeito.

chança s f (<it ciancia: discurso fútil; troça <on) **1** Presunção/Vaidade. **2** Troça/Zombaria.

chance s f (<fr chance < lat cadéntia, ae: caída dos dados, sorte) Acaso ou ocasião favorável/Possibilidade(+)/Oportunidade(o+).

chancear v int (<chança 2 + -ear) Dizer chanças 2. **Sin.** Troçar(o+); zombar(+).

chanceiro s m (<chança 2 + -eiro) Que gosta de chancear. **Sin.** Trocista(o+); zombeteiro(+).

chancela (Cé) s f (<chancelar) **1** Selo/Carimbo/Assinatura para autenticar um documento. **Ex.** Esta obra tem a ~ da editora que também edita os meus livros. **Loc.** «o ministro» *Pôr a sua ~. Ter [Trazer] a ~ do ministro.* ⇒ aprovação; patrocínio. **2** Carimbo ou sinete em relevo aplicado ao lacre «para fechar uma carta». **3** fig Marca que permite reconhecer obras de determinado estilo ou autor. **Ex.** A ~ do estilo manuelino está na decoração com motivos relacionados com o mar e os descobrimentos.

chancelar v t (<lat cancéllo,áre: meter em ou fazer a modo de grades) **1** Autenticar com chancela/selo/assinatura/carimbo. **2** fig Subscrever/Aprovar/Confirmar. **Ex.** A Assembleia da República chancelou a proposta presidencial.

chancelaria s f (<chancela + -aria) **1** Repartição onde se chancelam documentos «diplomáticos» oficiais. **Ex.** Havia muito serviço acumulado na ~ da Embaixada. **Comb.** ~ apostólica [Departamento do Vaticano que emite e autentica os documentos pontifícios]. **2** Cargo de chanceler «alemão» (= primeiro-ministro).

chanceler (Lér) s (<lat cancellárius,ii: porteiro/guarda) **1** Hist Antigo magistrado que guardava o selo real. **2** O que reconhece e autentica documentos oficiais. **Comb.** ~-mor [Chefe de chancelaria]. **3** Chefe de governo em alguns países. **Ex.** Konrad Adenauer foi o primeiro ~ da República Federal Alemã.

chanchada s f Br (<chacha + -ada) Coisa malfeita/tola/disparatada. **Sin.** Chachada(+).

chaneza s f (<chão + -eza) **1** Qualidade do que é chão/plano. **2** fig an ⇒ lhaneza; simplicidade.

cha(n)falho s m (< ?) **1** Espada velha e ferrugenta. **2** Qualquer ferramenta ou obje(c)to estragados pelo uso/Faca que não corta. **Ex.** Aquela bicicleta está um ~.

chanfana s f (<esp chanfaina: guisado de bofes <lat synphónia,ae: concerto) **1** Cul Prato típico português de carne de cabra ou borrego, assada no forno em vinho tinto. **2** depr Comida [Bebida] mal preparada/Mixórdia.

chanfrado, a adj (<chanfrar + -ado) **1** Que tem chanfradura. **2** pop depr Apalermado/Maluco/Chalado **2**/Chalupa **2**.

chanfradura s f (<chanfrar + -dura) **1** (Re)corte «na madeira» em bisel ou em diagonal para encaixe. **2** Rebaixamento das arestas de uma peça. ⇒ bisel.

chanfrar v t (<fr an chanfreiner: cortar o canto ou ângulo) **1** Fazer uma chanfradura «para um entalhe»/Biselar. **Loc.** *~ a tábua. ~ um vidro grosso.* **2** Aparar as arestas.

chanfreta s f Br (<chanfrar + -eta) Dito espirituoso/Chacota/Zombaria.

chanfro s m (<chanfrar) ⇒ chanfradura(+).

changa s f Br (<esp (Argentina) changa) **1** Frete [Serviço] feito por carregadores. **2** Gratificação (e gorgeta) por esse trabalho. **Comb.** Boa ~ [Bom negócio].

changador s m Br (<changa + -dor) Changueiro/Aquele que faz changa. ⇒ carregador.

chanta s f Agr (<chantar) Estaca ou ramo que se planta sem raiz. **Loc.** Pegar de ~ [estaca(+)]. **Sin.** Chantão; tanchão; tanchoeira.

chantagem s f (<fr chantage <chanter: extorquir algo com ameaças) Extorsão de dinheiro sob ameaça de revelações escandalosas. **Sin.** Extorsão; ameaça.

chantagista s/adj 2g (<chantagem + -ista) O que faz chantagem. **Sin.** Extorsionista. ⇒ explorador.

chantão s m Agr (<chanta + -ão) ⇒ chanta/tanchão/tanchoeira.

chantar v t (<lat planto,áre: plantar) Tanchar/Plantar de estaca (+). ⇒ cravar; fixar(-se).

chantili s m Cul (<fr top Chantilly) Creme de natas batidas com açúcar. **Ex.** São muito apreciados os morangos com ~. **Comb.** «bolo com» Cobertura de ~. **Sin.** Creme de natas doce (+).

chantre s m Crist (<fr chantre <lat cántor, óris: cantor) Clérigo ou leigo encarregado da dire(c)ção dos coros numa igreja catedral. **Comb.** «o padre Carlos é» O ~ da Sé de Lisboa.

chão, ã s m/adj (<lat plánus,a,um; ⇒ chã) **1** Superfície da terra que pisamos/Solo. **Ex.** Não devemos deitar papéis [jogar (o) lixo] no [para o] ~. **Loc.** «livro/criança» *Cair ao ~. Deitar ao ~* [Derrubar] «o adversário/uma árvore». «ao ser repreendido, o aluno» *Não levantar os olhos do ~.* «ter tal veneração por alguém, a ponto de» *Ser capaz de beijar o ~ que pisa.* **Idi.** Br *Fazer [Ganhar/Riscar] ~* [Ir(-se) embora/Fugir]. «um bom conselho» *Não cair no ~* [Não passar despercebido/Ser ouvido ou seguido] (Ex. Os bons conselhos que dei aos meus filhos não caíram no chão, graças a Deus). **Comb.** ~ *escorregadio* «com o gelo». ~ *firme* [seguro]. *Caminho* ~ [direito/plano]. *Terreno* ~ [plano]. **Ant.** Cima; alto; ar. **2** Pavimento/Soalho. **Ex.** O ~ dos quartos era revestido de cortiça. **Loc.** Limpar [Varrer] o ~. **3** Terreno de cultivo. **Ex.** O quintal [A horta/A chácara] dele era o melhor (pedaço de) ~ da aldeia. **Idi.** «o negócio do contrabando» *Foi ~ que deu uvas* [Foi um bom negócio mas acabou]. **4** Arte Fundo de um quadro/tecido/brasão. **Ex.** Era uma tapeçaria com desenhos amarelos em ~ azul. **5** Br Lugar onde se nasceu ou se prefere viver. **Ex.** Todos sonhamos voltar ao nosso ~ [torrão (natal)/à nossa terr(inh)a(+)/às nossas raízes (o+)]. **Idi.** Br *Cair no ~ de* [Cair nas boas graças de (alguém)]. **6** Liso/Plano/Raso. **Ex.** O território português é mais ~ no sul que no norte. **Ant.** Acidentado. **7** (Mar) Calmo/Sereno. **Ex.** «os pescadores gostam de sair (à pesca) com» Mar ~. **8** Franco/Despretensioso/Simples. **Comb.** *Comerciante chão* [franco/honesto/simples]. *Gesto chão* [despretensioso/agradável]. *Linguagem chã* [Estilo chão]. ⇒ lhano; simples.

chapa s f (<lat cappa: capa; ⇒ placa) **1** Folha/Lâmina/Placa de material consistente e de pouca espessura. **Ex.** Tinha uma ~ de lama na sola dos sapatos. A cobertura da garagem era com [de] ~s onduladas [canaladas] de zinco. O broche é uma ~ de oiro com pedras incrustadas. fig O lago era uma grande ~ reluzente. **Loc.** «ao meio-dia o sol bater» *De ~* [De frente] «na parede». «despistar-se e ir embater» *De ~* [Em cheio] «contra o muro». «dar uma notícia triste» *De ~* [De chofre/Sem preparação]. **Comb.** ~ *acústica* [para melhorar a acústica de um espaço]. ~ [Chaparia] *do automóvel.* ~ *de couraça* [para reforçar o casco dos navios de guerra]. Br ~ *de fibras* (prensadas) [Placa de aglomerado de madeira/Contraplacado]. «assado na» ~ *do fogão.* Br ~ *fria* [Matrícula falsa (do carro)]. ~ *isolante* «de cortiça» [para proteger as paredes da (h)umidade]. *Mús* ~ *de leque* [Conjunto de cravelhas na guitarra portuguesa]. ~ [Placa] *da matrícula* (do carro). ~ *de trilho* [Revestimento em aço das rodas dos comboios/trens]. *Remendo de* ~ [aplicado sobre o tecido primitivo]. **2** Fot pop Negativo fotográfico/Fotografia(+). **Loc.** «sorrir para o fotógrafo e» *Bater [Tirar] a ~.* **3** pop Imagem revelada pelos raios X. **Ex.** Ela levou a ~ [radiografia (+)] para mostrar ao médico. **4** Tip Composição tipográfica pronta para impressão/Matriz(+). **5** Distintivo que identifica um funcionário. **Sin.** Crachá(+). **6** an Dinheiro/Moeda. **Idi.** «naquela casa era» ~ *ganha, ~ gasta* [Quanto se ganhava se gastava]. **7** Br Prótese/Placa(+) dentária. **8** Lista(+) de candidatos inscritos num boletim de voto. **Loc.** Votar de ~ [sempre nos mesmos candidatos]. **9** gír Palavra ou frase muito repetida. **Loc.** Não mudar de ~ [Repetir sempre a mesma coisa]. **Comb.** Notícia de ~ [com a mesma versão em todos os jornais]. **Sin.** Chavão(o+); clichê; estereótipo(+). **10** Br fam Amigo/Companheiro. **Comb.** «aquele colega é um» Bom ~.

chapada s f (<chapa+-ada) **1** Bofetada/Lambada/Lapada/Tapa. **Ex.** Apanhas [Levas/ Dou-te] uma (tal) ~ que ficas a ver estrelas (ao meio-dia)! **Loc.** Andar à ~ [Pegar-se/Bater-se/Brigar]. **2** Porção de líquido ou massa atirada duma vez. **Comb.** «nos dias de chuva os carros atiram» ~s de água «aos transeuntes». ~ *de barro* «atirada à parede». **3** Extensão de terreno plano. **Sin.** Planura; chã. **4** Br Planalto(+)/Chapadão. **5** Remendo que se aplica so-

bre «vela de navio/caldeira/porta/parede/chão».

chapado, a *adj* (<chapa+-ado) **1** ⇒ «móvel» chapeado(+). **2** Aplicado sobre algo. **Ex.** Caiu e ficou ~ na lama (do caminho). **Comb.** «camisa com um» **Bolso ~.** Cara do ladrão ~a [publicada] no jornal. **3** Exa(c)tamente igual. **Ex.** O filho é a cara ~a do pai [é o pai chapad(inh)o, (sem tirar nem pôr)]. **Comb.** «aquilo era uma» **Mentira ~a** [Grande mentira]. **Tolo** [Burro] **~/**rematado [Muito tolo].

chapar *v t* (<chapa+-ar¹) **1** ⇒ chapear **1** (+) «uma porta (com enfeites) de prata». **2** Exibir/Mostrar algo, com ar triunfante. **Ex.** Terminado o curso, foi ter com os amigos e chapou-lhes (com) o diploma na cara. **Loc.** ~ um [uma] grande carimbo [assinatura] na carta de protesto. ~ um grande cartaz em toda a cidade. **3** Dar/Atirar. **Ex.** Ele chapou-me uma resposta malcriada e eu saí da reunião. A criança ia a correr e chapou-se [caiu] na lama. **Loc.** ~ [Dar] uma bofetada.

chaparia *s f* (<chapa+-aria) **1** Conjunto de chapas metálicas de um veículo ou máquina. **Ex.** Naquele acidente, (grande parte d)a ~ do carro ficou amolgada. **2** Ornatos metálicos de um obje(c)to «arca/armário». **Ex.** Era um guarda-joias com ~ dourada.

chaparral *s m* (<chaparro+-al) Conjunto de chaparros/azinheiras. ⇒ sobr(eir)al.

chaparro *s m* (<vasconço *sapharra*: matagal) **1** Sobreiro ainda novo ou azinheira de pequeno porte. **2** *depr* Qualquer pequena árvore defeituosa que só serve para lenha.

chapa-testa *s f* Pequena chapa com abertura [Batente] onde entra a lingueta da fechadura.

chape *s m* (<on; ⇒ ~-~) Ruído da queda de um líquido no chão ou de um obje(c)to numa superfície líquida. **Ex.** Levava o prato de sopa muito cheio e, ~, entornei um pouco na mesa. A pedra fez um ~ na água.

chapeamento *s m* (<chapear+-mento) **1** Colocação de chapas. **2** Chaparia. **Ex.** Este carro tem bom ~. **Comb.** ~ [Revestimento] de chumbo.

chapear *v t/int* (<chapa-ear; ⇒ chapar) **1** Revestir com chapas. **Loc.** ~ o casco duma embarcação. **2** Transformar os lingotes em chapas ou lâminas.

chape-chape *s m* (<on; ⇒ chape) Som de passos ou de água. **Ex.** No [Do] quarto ouvia o ~ dos passos [da chuva] no jardim. Como chovia, os sapatos faziam ~ nas poças de água.

chapeirada *s f* ⇒ chapelada(+); caldeirada.

chapeirão *s m* (<fr *chaperon*: espécie de capuz) **1** Chapéu de grandes abas. **Sin.** Chapelão(+). **2** *Br* Rochedo à flor da água, isolado e em forma de cogumelo.

chapeiro *s m* (<chapa+-eiro) Operário especializado em reparar chaparia (de carros). **Sin.** Bate-chapa; *Br* chapista [lanterneiro]. ⇒ mecânico.

chapelada *s f* (<chapéu+-ada) **1** Conteúdo de um chapéu cheio. **Ex.** A menina colheu uma ~ de morangos. **2** Cumprimento cerimonioso com [tirando] o chapéu. **Loc.** Dar uma (grande) ~ «ao presidente». **3** *fam* Elogio ao que alguém fez ou disse. **Ex.** «este teu trabalho» Merece uma ~.

chapelão *s m* (<chapéu+-ão) Chapéu grande/desproporcionado. ⇒ chapeirão **1**.

chapelaria *s f* (<chapéu+-aria) Loja [Arte/Fábrica] de chapéus.

chapeleira *s f* (chapéu+-eira) **1** Caixa para guardar ou transportar chapéus. **2** Cabide para pendurar chapéus. ⇒ bengaleiro; vestiário.

chapeleiro, a *s m* (chapéu+-eiro) Quem faz ou vende chapéus.

chapeleta[e] (Lê) *s f* (chapéu+-eta) **1** *depr* Chapéu pequeno e ridículo/Chapelório/Chapeuzeco. **2** Válvula em forma de chapéu, nas bombas de água. **3** Ricochete/Ressalto. **4** *fam* Pequena pancada na cabeça. **Sin.** Carolo. **5** Roseta/Rubor na face.

chapéu *s m* (<lat *capellus* <*cappa*: capa; ⇒ chapeuzinho; boina; boné; chapelada; sombreiro; sombrinho) **1** Cobertura para a cabeça, com copa e aba. **Loc. Pôr o ~** [Cobrir a cabeça/Cobrir-se]. **Tirar o ~** [Descobrir-se/Descobrir a cabeça] «para cumprimentar». **Idi.** «chegaste atrasado» **Agora ~** [ardeu(+)/pronto(+)/bolas] «já não tens lugar». «vir» **De ~ na mão** [Em atitude respeitosa ou de quem precisa]. «ser» **De se (lhe) tirar o ~** [Muito bom/Excelente] (Ex. Ela é uma cozinheira excelente [de se lhe tirar o ~/de trás da orelha]). **Tirar o ~** [Reconhecer o mérito] (Ex. Tiro o (meu) ~ aos [ao trabalho dos] Médicos sem Fronteiras). **Comb. ~ alto** [Cartola]. **~ armado** (Sem aba e *us* com grande uniforme «militar/acadé[ê]mico»). **~ claque** [de molas]. **~** [Barrete(+)] **cardinalício**/de cardeal. *idi* **~ de capitão** [Remuneração dada ao capitão do navio no caso de o levar a porto de salvamento]. **~** (de chuva) ⇒ guarda-chuva. **(~ de) coco** (De copa dura e parecida a um coco). **~ de dois bicos** ⇒ bivaque. **~ de palha** [palhinha]. **~ de sol** [Guarda-sol] «de praia». **~ de três bicos** [Tricórnio]. **(~~)panamá** (Feito de fibras vegetais «de bombonaça»). **2** *fig* Qualquer cobertura, remate ou ponta parecidos com chapéu. **Comb. ~ da chaminé. ~** [Cabeça] **do cogumelo. 3** (D)*esp* Chuto por cima do adversário/Balão. **Loc.** «o avançado decidiu» Fazer um ~ «ao guarda-redes/goleiro». **4** *fam* ⇒ acento circunflexo «de pôr»; chapeuzinho **2**.

chapeuzinho (Péu) *s m* (<chapéu+-inho) **1** Chapéu pequeno ou bonito. **2** *fam* Acento circunflexo «de pôr».

chapim *s m* (<chape-chape+-im) **1** Sapato de senhora, elegante, de sola alta. **Sin.** Coturno. **2** ⇒ patim «de gelo». **3** Chapa de ferro que liga os carris (da via-férrea) às travessas/aos dormentes. **4** Peça ou base para fixar o balaústre. **5** Base/Suporte de uma estátua. **Sin.** Pedestal(+); peanha. **6** *Ornit* Ave passeriforme, com grande diversidade de nomes em Portugal, onde é representada por quatro espécies: *Parus major* [*caeruleus harteti/ater vieirae/cristatus weigoldi*] *Br* Canário-da-terra; *Sicalis flaveola*.

chapin(h)ar *v t/int* (<chape+-inhar) **1** Espirrar água dando-lhe de chape com os pés/as mãos. **Ex.** Quando chove as crianças gostam de ~ nas poças de água. Os animais chapinhavam na água [lama]. ⇒ salpicar; espirrar; borrifar. **2** *fig* Enlamear-se/Atolar-se/Chafurdar. **Loc.** ~ num enredo de mentiras.

chapuz/s *s m* (<fr *an chapuis*: pedaço de madeira) **1** Bucha(+) utilizada para fixar um prego ou parafuso na parede. **Idi. Atirar-se de ~** [de cabeça para baixo] à água. «sem bater à porta tentou» **Entrar de ~** [de chofre/de rompante] «pela sala dentro». **2** Pedaço de madeira que se prega a uma peça para reforçá-la ou ligá-la a outra.

chapuz[ç]ar *v int* (<chapuz+-ar¹) **1** Atirar-se de chapuz/Lançar-se de cabeça para baixo. **Ex.** No verão, os rapazes gostam de ~ na represa. **Sin.** Mergulhar. **2** ~-se/Agachar-se para se esconder/Sentar-se sobre as pernas dobradas. **Sin.** Acaçapar-se(+).

charada *s f* (<provençal *charrado*: palavrório confuso) **1** Enigma cuja solução é uma palavra ou frase que se compõe sílaba a sílaba ou palavra a palavra. **Ex.** 'A primeira está na música, a segunda aqui, e todo na mesa'. Solução: faca. Há charadistas que são peritos em [capazes de] decifrar todo o tipo de ~s. **Sin.** *fam* Quebra-cabeças. **2** *fig* Linguagem confusa, obscura ou ininteligível/Coisa disparatada. **Ex.** Eu não gosto de (ver/ouvir) ~s, vou-me já embora (daqui)!

charadismo *s m* (<charada **1**+-ismo) Arte de decifrar charadas.

charadista *s/adj* 2g (<charada **1**+-ista) O que faz ou decifra [Relativo a] charadas.

charamela (Mé) *s f Mús* (<lat *calamellus*: caniço <*calamus*: cana, flauta campestre) **1** Antigo instrumento de sopro, precursor do clarinete e do oboé. **Sin.** Flauta; gaita; pífaro. **2** Regist(r)o do órgão de tubos que imita flauta pastoril. **3** Regist(r)o grave de clarinete. **4** Tubo da gaita de foles.

charanga *s f Mús* (<on) **1** Pequena banda(+) formada sobretudo por instrumentos de sopro. **2** *depr* Banda filarmó[ô]nica de pouca qualidade. **3** *Br fam* Coisa indeterminada/Negócio/Troço. **Ex.** Que ~ é essa?

charão *s m* (<chin *chí-liau*: laca) **1** Verniz de laca da China/do Japão. **2** Obje(c)to tratado com esse verniz e decorado com motivos orientais. **Comb.** Caixa de ~. Cole(c)ção de charões [móveis de ~].

charco *s m* (< ?) **1** Água estagnada numa depressão de terreno. **Ex.** Em dias de chuva formam-se ~s na berma da estrada. **Sin.** Poça. **Idi.** *fig* «a sua reportagem foi» **Uma pedrada no ~** [Uma primeira tentativa de denúncia] «relativamente aos abusos cometidos naquela região». **2** *fig* Situação de decadência ou vício. **Loc.** Cair no ~ «de uma vida imoral». **Sin.** Pântano(+); lamaçal.

charcutaria *s f* (<fr *charcuterie* <*chair cuite*: carne cozida) Fabrico/Comércio/Loja de preparados de carne de porco (Enchidos, carne fumada ou salgada) e também de conservas e la(c)ticínios. **Ex.** Foi à ~ [ao supermercado] abastecer-se de vários produtos. **Sin.** Salsicharia.

charivari *fr* ⇒ gritaria; balbúrdia; chinfrim.

charla *s f* (<charlar) **1** Conversa casual sem obje(c)tivo definido. **2** Palestra informal. **Comb.** As ~s linguísticas «do P. Raúl Machado na TV».

charlar *v int* (<it *ciarlare*: palrar, tagarelar) Conversar por mero passatempo, sem assunto determinado.

charlatanice *s f* (<charlatão+-ice) Modo de proceder [falar] de charlatão. **Sin.** Impostura; intrujice; vigarice(+).

charlatão, ona *s/adj* (<it *ciarlatano*; ⇒ charlar) **1** (O) que, por praças e feiras, se aproveita da boa fé dos ouvintes para impingir produtos de duvidosa qualidade. **2** O que se proclama detentor de virtudes que realmente não possui/Impostor. **Comb.** Médico ~. **Sin.** Embusteiro; trapaceiro; vigarista(+).

charlota[e] *s f Cul* (<fr *charlotte*<?) Doce de sobremesa composto por creme de fruta e fatias de pão de ló ou biscoito francês.

charme *s m* (<fr *charme*<lat *carmen*: canto, poema, fórmula mágica) Qualidade de quem agrada ou atrai simpatia. **Sin.** Sedução; graça(+); encanto(o+). **Loc.** Fazer ~/charminho [Fingir que não se quer ou (que) não se gosta]. **Comb.** Operação de ~ [Tentativa de atrair a simpatia da clientela, dos eleitores, …].

charmoso, a *adj* (<charme+-oso) Que tem charme. **Sin.** Atraente; encantador(+); simpático (o+).

charneca (Né) *s f* (<ibero-basco *txarna*: areia grossa de rio) Terreno árido de vegetação rasteira. **Ex.** 'Charneca em Flor' é um livro de poemas de Florbela Espanca.

charneira *s f* (<fr *charnière*: junção articulada <lat *cárdo,inis*: gonzo, ponto de apoio) **1** Articulação de duas peças que giram num mesmo eixo. **Comb.** ~ *da porta. Ponto de* ~. **Sin.** Dobradiça(+). **2** Ponto de união das duas valvas de uma concha. **3** Extremidade de uma correia ou cinto que é dobrada para aplicar a fivela. **4** *fig* Grupo ou pessoa que se situa entre duas entidades diferentes. **Ex.** João prefere militar num partido de ~. Portugal é a ~ entre (a) África e (a) Europa.

charola (Ró) *s f* (<charão+-ola) **1** *Rel* Espécie de padiola sobre a qual as imagens religiosas são levadas nas procissões. **Idi.** *pop* «o jogador lesionado» *Ir* [Sair] *de* ~ [Ser transportado em maca]. «alguém» *Ser levado em* ~ [levado e aclamado em ombros]. **Sin.** Andor(+). **2** Nicho na parede onde se colocam imagens religiosas. **3** *Arquit* Deambulatório semicircular por detrás da capela-mor, nas igrejas românicas e góticas. **Comb.** As célebres ~s do Convento de Cristo (Tomar, Portugal) e da Sé de Lisboa. ⇒ abside.

charolês, esa *adj* (<fr *top Charolles*+-ês) Raça de bovinos de origem francesa famosa pela qualidade da sua carne.

charpa *s f* (<fr *écharpe*: fita, banda; ⇒ echarpe) **1** Faixa de tecido usada a tiracolo como insígnia de dignitário. **2** Pano suspenso do pescoço para apoiar um braço lesionado/Cinta(+). **Sin.** *Br* Tipoia.

charque *s m Br* (<esp *charque[i]*; ⇒ charquear) Carne bovina cortada em pedaços [mantas] salgada e posta a secar ao sol. **Sin.** *Br* Jabá; carne-seca [do ceará/do sul].

charqueada *s f Br* (<charque+-ada) Local onde se abatem as reses e se prepara o charque. **Idi.** «no jogo» *Fazer* ~ [Deixar o adversário sem dinheiro/Depenar(+)].

charquear *v int* (<charque+-ar¹) Cortar, salgar e (pôr a) secar a carne para o charque. **Loc.** ~ na estação seca os animais abatidos.

charrete (Éte) *s f* (<fr *charrette*) Carroça(+) de duas rodas altas «para passeio». ⇒ coche.

charro *adj/s* (<ibero-basco *txar*: mau, como sarro) **1** De mau gosto/ Ordinário. **Ex.** Ao vê-la chegar, fez um comentário ~. **Sin.** Grosseiro(+); soez. **2** *gír* Cigarro de marijuana/liamba/haxixe. **Loc.** «muitos caem na toxicodependência ao» Fumar uns ~s. **Sin.** *gír* Ganza. **3** *Icti* Variedade de peixes teleósteos da família dos carangídeos, muito abundantes no sul de Portugal. ⇒ carapau; chicharro.

charrua *s f* (<lat *carruca*: carro; é vocábulo de origem gaulesa) **1** *Agric* Arado com roda(s) e uma só aiveca, de tra(c)ção animal.⇒ ~deira; relha. **Idi.** «muitos emigram para a cidade para» *Fugir à* ~ [ao trabalho do campo]. **2** *Náut* Navio de carga ou de guerra, de três mastros e fundo chato, para transporte de tropas, víveres e munições. **3** *Bot* Arbusto da família das compostas; *Eupatorium bartsiaefolium*. **4** *Etn* Grupo indígena que habitava o sul do estado do Rio Grande do Sul (Brasil) e o Uruguai.

charruadeira *s f Agric* (<charruar+-eira) Charrua grande com diversas aivecas e relhas, preparada para ser atrelada a um tra(c)tor.

charruar *v t/int Agric* (<charrua+-ar¹) Lavrar com charrua. **Sin.** Arar(+); lavrar(o+).

charter *ing* ⇒ aluguer/el; «avião» fretado; alugar; frete.

charutaria *s m* (<charuto+-aria) **1** Técnica ou fábrica de fazer charutos. **2** ⇒ tabacaria(+).

charuteira *s f* (<charuto+-eira) Caixa de bolso [Estojo de mesa] para guardar charutos.

charuteiro, a *s/adj* (<charuto+-eiro) **1** Dono/Operário de uma fábrica de charutos. **2** *Ent pop* Inse(c)to coleóptero que enrola as folhas das videiras em forma de charuto, para aí depositar os ovos.

charuto *s m* (<ing *cheroot* <tâmil *churuttu*: tabaco enrolado) **1** Rolo de folhas secas de tabaco preparadas para serem fumadas. **Comb.** (~) havana[o]. **2** *Cul* Biscoito ou rebuçado em forma de ~. **3** *Náut* Barco de recreio esguio, movido com um só remo de dupla pá. **4** *Br depr* Indivíduo de cor negra. **5** *gír* ⇒ pé de cabra. **6** *Br* Bebida fabricada com mel e vinho. **7** *Br Icti* Peixe teleósteo da família dos Caracídeos; *Leporellus cartledgei*.

charuto-do-rei *s m Bot* Planta arbustiva semelhante ao tabaco, da família das Solanáceas; *Nicotiana glauca*.

chasco *s m* (<esp *chasco* <on¹) **1** *Ornit* Pássaro de arribação da família dos Turdídeos; *Saxícola rubetra rubetra*. **2** *Ornit* Pássaro da mesma família, mas sedentário e muito abundante em Portugal, onde também é conhecido por cartaxo; *Saxícola torquata hibernans*. **3** ⇒ escárnio; gracejo(+); troça(o+); zombaria.

chasqueador, ora *s/adj* (<chasquear+-dor) (O) que gosta de chasquear/escarnecer/gracejar. **Sin.** Escarnecedor(+); trocista(o+).

chasquear *v int* (<chasco+-ear) Ridicularizar uma pessoa/situação. **Loc.** ~ (d)o jovem presumido. **Sin.** Escarnecer de (+); troçar de (o+); zombar de.

chassi(s) *s m* (<fr *châssis*<*châsse* <lat *capsa*: caixa) **1** *Mec* Suporte metálico;⇒ carcaça, esqueleto de uma máquina/Estrutura (da carroçaria e do sistema mecânico) de um veículo. **2** *Fot* Caixilho para suporte do papel ou chapa fotográfica. **3** *Fot* Pequeno tambor ou caixa do rolo fotográfico. **3** *Ele(c)tron* Estrutura onde se fixam os elementos de um circuito.

chat *s m Info* (Ing) Forma de comunicação, escrita, à distância e em tempo real, através de um computador ligado à Internet. **Sin.** Conversa; bate-papo.

chata *s f Náut* (<chato) Barco de pequeno calado e fundo chato/Barcaça.

chateação *s f Col* (<chatear+-ção) A(c)to ou efeito de chatear. **Sin.** Aborrecimento(o+); *fam* chatice(+); maçada; ralação; *Br* amolação.

chateado, a *adj Col* (<chatear+-ado) **1** Mal-disposto/Entediado. **Loc.** Estar ~. **Sin.** Aborrecido(+); enfadado. **2** Fortemente irritado. **Sin.** *fam* Lixado.

chatear *v t/int Col* (<chato+-ear) **1** Causar aborrecimento. **Ex.** A monotonia do conferencista chateou os ouvintes. **Sin.** Aborrecer(+); maçar. **2** ~-se/Aborrecer-se(+); Zangar-se/Irritar-se. **Ex.** Ele chateou-se com isso [com o que lhe disse(ste)]. **3** *Br* Pôr-se de cócoras/Abaixar-se/Agachar-se. **4** *Br fig* ⇒ rebaixar-se/humilhar-se.

chateza *s f Col* (<chato+-eza) **1** Qualidade do que é chato. **2** ⇒ chateação(+)/ chatice(o+).

chatice *s f Col* (<chato+-ice) O que é chato **2**/maçador/aborrecido. **Ex.** *fam* Que ~! «este atraso do comboio/trem». **Sin.** Aborrecimento(+); maçada.

chatim *s m* (<dravídico *chetti*<sân *xresthi*: mercador) Negociante [Traficante] pouco honesto.

chatinar *v t/int* (<chatim+-ar¹) **1** Mercadejar sem escrúpulos/Traficar desonestamente. **2** Subornar alguém para conseguir lucros ilícitos.

chato, a *adj/s* (<lat *pop pláttus,a,um* <gr *platys*: largo e plano) **1** Que é largo e liso/plano. **Comb.** Nariz ~. *Med* Pé ~ [Malformação do pé]. **Sin.** Achatado. **2** *fam* Maçador/Aborrecido/Sem interesse. **Ex.** Não suporto este «conferencista» ~! O ~ [A chatice] é ter de sair com esta chuva. Desculpe (que lhe diga) mas você está a ser (muito) chat(inh)o. **Comb.** *Br* ~ *de galochas* [Indivíduo muito maçador ou importuno]. *Conversa* ~*a. Estilo* ~. **Ant.** Interessante. **3** *gír* Que está liso(+)/teso(+) (Sem dinheiro). **4** *Zool pop* Parasita humano da família dos Pediculídeos que se instala na região púbica, provocando prurido intenso; *Pthirus púbis*. ⇒ piolho(-ladro).

chau [tchau] *interj fam* (<it *ciao!*: adeus, até breve) Cumprimento de despedida/Saudação. **Sin.** Adeus(inho); até à vista(+); até logo(+); até à próxima.

chau-chau *s/adj m Cul* (<chin *cháu*: refogar) Refogado à maneira chinesa, com mistura de carnes e legumes. **Ex.** Os portugueses apreciam muito o arroz ~ dos restaurantes chineses.

chauffage *fr* ⇒ aquecimento/calefa(c)ção.
chauffeur *fr* ⇒ motorista/condutor.

chau[cho]vinismo *s m* (<antr *N. Chauvin*, um soldado francês +-ismo) Patriotismo fanático, com desprezo sistemático do que é estrangeiro. **Sin.** Ultranacionalismo(+).

chau[cho]vinista *s/adj 2g* (⇒ chauvinismo). ⇒ ultranacionalista.

chavão *s m* (chave grande) **1** Molde/Forma utilizada em pastelaria. **2** Obje(c)to de ferro que, depois de aquecido ao rubro, serve para marcar árvores, madeira ou animais. **3** *depr* Fórmula ou ideia muito repetida e gasta. **Ex.** Ele usava sempre os mesmos ~ões nos seus brindes. **Sin.** Bordão; frase feita; lugar-comum; estribilho. **4** Autor/Obra de grande autoridade. **Ex.** Pedro Machado foi um ~ em etimologia portuguesa.

chavascal [chavasqueiro] *s m* (< ?) **1** Lugar sujo/imundo. **Sin.** Atoleiro; chiqueiro. **2** Terreno improdutivo onde só crescem plantas bravias. **Sin.** Moitedo; silvado. **3** *fam* Espaço muito desarrumado/Confusão. **Ex.** Este quarto está um ~. **Loc.** *pop* Armar um ~ [Provocar grande confusão/discussão/briga (num grupo de pessoas)].

chave *s f* (<lat *clávis,is*: clave; fecho) **1** Instrumento para abrir ou fechar «portas». **Loc.** *Fechar à* ~ [de tal maneira que só poderá abrir (a porta) quem tiver chave] (Ex. Quando saio e não fica ninguém em casa, deixo sempre a porta fechada à ~). **Idi.** *Fechar a sete* ~*s* [Fechar bem (fechado)]. *Fechar com* ~ *de ouro* [Terminar «cargo/discurso/poema/trabalho» de maneira brilhante/perfeita/*col* em beleza]. **Comb.** ~ *de ignição* «do motor a gasolina». ~ *falsa* [doutra fechadura]. ~ *mestra* [que serve para todas as fechaduras [portas] do prédio]. «livro(s) de valor» *Debaixo de* [Fechado(s) à/com] ~ «no armário». *Porta-* ~*s* ⇒ chaveiro. **2** *fig* Direito de posse ou de uso/Entrega. **Ex.** Dei muito dinheiro pela ~ desta loja. **Loc.** Passar [Vender] a (~ da) loja. **Comb.** *idi As* ~*s da cidade* «entregues a ilustre visitante em sinal de

boas-vindas». *As chaves de (São) Pedro* [A autoridade do Papa/da Santa Sé]. **3** Peça(zinha) para dar corda a um mecanismo. **Comb.** A ~ do brinquedo. A ~ do relógio. **4** Ferramenta ou instrumento para aparafusar/(des)apertar/(des)atarraxar. **Comb.** *~ de boca* [com mandíbulas fixas que se adaptam à [ao tamanho da] porca/rosca]. *~ de fenda(s)* [parafusos]. *~ inglesa* [com uma mandíbula móvel]. **5** *fig* (Re)solução/Explicação/Decifração. **Ex.** Ficou tão contente quando descobriu a ~ do enigma [problema/ mistério]! **6** *adj/s fig* Pessoa/Lugar/Posição/Ponto importante/fulcral/principal. **Ex.** Pelé foi a ~ [a alma/o pilar] da sele(c)ção brasileira de futebol. Gibraltar é uma das ~s do (Mar) Mediterrâneo. Você é a pessoa ~ da nossa empresa! Meu pai ocupa um lugar [posto/uma posição] ~ na (administração da) empresa. **7** *Arquit* Aduela do cimo ou última/Fecho/Remate. **Comb.** *~ da abóbada* «gótica». *~ do arco* «românico». **8** *Mús* **a)** Ferramenta para afinar instrumentos com cravelhas de aço «pianos/harpas»; **b)** Peça móvel para abrir ou tapar orifícios de instrumentos de sopro. **9** *Mat/Gráficos* Sinal { } us para agrupamento. **Sin.** Chaveta. **10** *(D)esp* Golpe que comprime parte do adversário com os braços ou pernas. **11** *Br Zool* Molusco mesogastrópode da família dos Cipreídeos, vulgar no Atlântico sul; *Cypraea zebra*. **12** ⇒ palma (da mão/do pé). **13** ⇒ prisão.

chavear *v t Br* ⇒ fechar à chave (+); girar a [dar a volta à] chave (na fechadura).

chaveiro *s m* (<chave+-eiro) **1** Pequeno obje(c)to para levar chaves (no bolso)/Porta-chaves. **2** Indivíduo que guarda as chaves. **3** Quadro com suportes para guardar as chaves. **4** ⇒ rodeiro(+).

chavelha *s f Agric* (<lat *clavícula,ae*: chav(ez)inha) **1** Peça de madeira ou ferro com que se prende a ponta [o cabeçalho] do carro (de bois) à canga/ao jugo. **2** ⇒ cunha.

chavelho *s m pop* (<chavelha) ⇒ chifre; corno.

chavelhudo, a *adj* (<chavelho+-udo) ⇒ chifrudo; cornudo.

chávena *s f* (<jp *cha-wan*: xícara de chá) Recipiente de porcelana ou outro material, provido de asa, para beber. **Comb.** «tomar» Uma ~ de chá [café]. **Sin.** Xícara. ~ copo; malga; púcaro; taça.

chaveta *s f* (<chave+-eta) **1** Peça metálica que se aplica à extremidade de um eixo para que a roda não saia. **2** Haste/Eixo em que rodam as dobradiças. **3** *Br* ⇒ chavelha **1**. **4** ⇒ chave **9** { }.

chavetar *v t* (<chaveta+-ar¹) Prender/Segurar com chaveta.

chavo *s m fam* (<lat *octávus,a,um*: oitava parte) Moeda de valor insignificante/Vintém. **Loc.** Não valer um ~ [Não ter qualquer préstimo].

chazada (Chà) *s f Col* (<chá+-z+-ada) Chá em abundância/Chávena grande/cheia. **Ex.** Tomei uma ~ de leite bem quente para curar a gripe.

chazeiro, a (Chà) *s/adj* (<chá+-z+-eiro) **1** (Planta de) chá (+). **2** *fam* (Pessoa) que gosta muito de chá.

ché/chê *interj Col* (<on; ⇒ chi) **1** Exprime espanto. **Ex.** ~, que cara «de doente» tens! **2** Forma de chamar/deter alguém. **Ex.** ~, escuta [tu aí]! **3** Exprime troça/rejeição. **Ex.** ~, está(s) doido [, nem pensar/só faltava isso]!

Checa ⇒ República Checa.

checar *v t Br* (<ing *to chek*+-ar¹) **1** ⇒ verificar; conferir. **2** ⇒ comparar; confrontar.

Chechénia [*Br* **Chechênia**] *s f Geog* República russa, pequena, cuja capital é Groznyy. **Ex.** A língua caucasiana falada na ~ é o (t)che(t)cheno.

check-in *s m* (ing) **1** Verificação do bilhete e pesagem da bagagem antes de embarcar num avião. **Sin.** Regist(r)o de embarque (+). **2** Regist(r)o de dados pessoais ao chegar ao hotel. **Sin.** Regist(r)o de entrada (+).

check-out *s m* (ing) Pagamento(+) à saída do hotel.

check-up *s m Med* (ing) **1** Exame médico geral (+). **2** ⇒ verificação; vistoria.

(Checo)slováquia *Hist* ⇒ Eslováquia; República Checa.

chefão *s m Br pop* (<chefe+-ão) Chefe todo-poderoso ou criminoso. **Ex.** Prenderam vários chefões do narcotráfico [da máfia]. **Sin.** Cabecilha; manda-chuva.

chefe (Ché) *s/adj 2g* (<fr *chef*<lat *cáput,itis*: cabeça) **1** Quem manda. **Ex.** Aqui o ~ sou eu! **Idi.** *Ele é o ~ dos preguiçosos* [o mais preguiçoso (de todos)]. **Comb.** *~* [Presidente] *da firma* [empresa]. *~ da polícia*. *~ da estação* «do comboio/trem». *~ de família* [Pai]. «aluno/soldado» *~ de* [Primeiro (à frente) do] *fila*. *~ de mesa* [Responsável pelo atendimento aos clientes num restaurante]. *~ de orquestra* [Músico principal]. *~ de se(c)ção* «da empresa». *~ de Estado* [Presidente/Rei]. *~ do governo* [Primeiro-ministro]. *~* [Cabecilha] *dos revoltosos*. Cozinheiro ~. Enfermeiro ~. *Qualidades de ~* [chefia/liderança]. **2** *Col* Pessoa desconhecida ou de confiança a quem não nos sentimos obrigados. **Ex** Bom dia, ~ [pá]. Por favor, ~, desejava uma informação: onde são os correios?

chefia *s f* (<chefe+-ia) **1** Cargo [Posição] de chefe/A(c)ção de chefiar. **Comb.** Qualidades [Capacidade] de ~/liderança. **Sin.** Comando; dire(c)ção. **2** Pessoa que exerce a função de chefe. **Ex.** Foi convocada uma reunião das ~s [dos chefes] militares.

chefiar *v t/int* (<chefia+-ar¹) Ser chefe de/Exercer a [Exercer/Ter funções de] chefia. **Loc.** *~ o governo* [Ser primeiro-ministro]. *~ as operações de socorro*. **Sin.** Comandar; dirigir.⇒ governar.

chega (Chê) *s f* (<chegar) **1** Censura/Repreensão. **Loc.** Apanhar [Levar] uma ~. Dar uma ~ [Chegar **7**] a alguém. **Sin.** ~dela; raspanete; *Br* chamada. **2** *fam* ⇒ sova; surra; tareia. **3** *interj* Exclamação que exprime impaciência/exasperação/saturação. **Ex.** ~, não quero ouvir mais! **Sin.** Basta! **4** *adv pop Br* Até/Mesmo. **Ex.** Toda a gente, ~ [até(+)] o vigário, acorreu à praça.

chegada *s f* (<chegar+-ada) **1** Vinda. **Ex.** Esperavam ansiosamente a ~ do filho. **2** Local/Ponto/Marco onde termina qualquer circuito/corrida/viagem. **Sin.** Meta. **Ant.** Partida. **3** O ir e vir logo/rapidamente. **Ex.** Vou dar uma chega(dela)/um salto/saltada aos correios a ver se tenho correspondência e já volto. **4** *Br* ⇒ chega **2**.

chegadela *s f* (<chegar+-dela) **1** ⇒ chegada **3**. **2** ⇒ chega **1/2**; sova.

chegadiço, a *adj* (<chegar+-iço) ⇒ metediço(+); intrometido(o+).

chegado, a *adj* (<chegar+-ado) **1** Que chegou. **Comb.** Um amigo ~ [que acaba de chegar] de viagem. **2** Ligado por afeição/Próximo. **Ex.**Os amigos mais ~s [próximos] compareceram no funeral. **Comb.** Parente [Familiar] ~. **Ant.** Afastado. **3** Contíguo/Junto. **Comb.** Carros ~s uns aos outros. Jardim ~ [pegado(+)] à casa. **4** *Br* Inclinado a/Dado. **Ex.** Eles são muito ~s a brincadeiras. **Comb.** ~ à música [ao fumo/a bebidas].

chega-pra-lá *s m Col* (<chegar **3** + para + lá) **1** ⇒ encontrão; empurrão. **2** Recusa/Rejeição de um pedido. **Ex.** Quando foi pedir aumento (de salário) recebeu um ~ do patrão. O ~ do amigo deixou-o magoado. **Comb.** «levar/apanhar» Um ~ do/a namorado/a.

chegar *v t/int* (<lat *plíco,áre*: dobrar as velas (do navio) ao chegar ao porto; ⇒ cheio) **1** Atingir o destino ou o fim do caminho/Vir. **Ex.** Vamos a casa às sete (horas) da tarde. Os vizinhos chegam [regressam] hoje de férias. Já chegou [veio] o correio/a correspondência. **Loc.** ~ a tempo/horas/tempo e horas/à hora marcada [Ser pontual]. **Ant.** Partir. **2** Começar a acontecer/Sobrevir. **Ex.** Chegou a hora «de dizer sim/de lutar pela independência»! Vou aí quando ~ a primavera. **Idi.** *Vai ~ a barba d'água* [Está para chover]. **3** Aproximar algo [alguém] de alguma coisa ou de alguém/Acercar. **Ex.** Podes-me ~ [passar] o sal? Chega essa cadeira (mais) para lá. Chega aqui [Vem cá]. **Prov.** *Chega-te aos bons e serás como eles* (chega-te aos maus e serás pior que eles). **Loc.** *~ a bom termo* [Concluir com êxito «as negociações»]. *~/Ir à fala* [Entrar em ou estabelecer diálogo] «com o inimigo». **Idi.** *~ a brasa à sua sardinha* [Defender os próprios interesses ou conveniências]. *~ às boas/pop ao rego* [Concordar com a opinião do outro]. *~ ao bico* [Ir ao encontro dos desejos de alguém]. *~ a mostarda ao nariz* [Perder a paciência/Ficar irritado]. *~ a roupa ao pelo* [Bater a/em alguém/Espancar] (⇒ **7**). **4** Ser suficiente/Bastar. **Ex.** Julgo que este dinheiro deve ~. O banco [assento] chega para os [para nós] dois. Chega [Basta] de [Não quero ouvir mais] queixas! **Loc.** *~ e sobrar* [Haver muito] (Ex. Não se preocupe: as bebidas chegam e sobram). «vinho?» Já chega [basta/Não quero mais]. **5** Alcançar/Comparar/Atingir/Lograr. **Ex.** Subiu na empresa até ~ à presidência. A água subiu até ~ à porta. A lâmpada (do te(c)to) está muito alta; não chego [consigo ~] lá; preciso de um escadote. Não há nada como a [que chegue à/que se compare a] saúde. **Loc** *~ ao(s) limite(s)* «das forças/da paciência». **Idi.** *~ a vias de fa(c)to* [Andar à pancada devido a um desentendimento]. *Não ~ a/à craveira de/aos calcanhares de* [Ser muito inferior a] *alguém* (Ex. Ele é inteligente mas não chega [se compara] à irmã). **6** Ir ao extremo [ponto] de/Atrever-se a. **Ex.** Gastou tudo até ~ a [até precisar de] mendigar. Já cheguei a esperar duas horas no dentista. «com essa conversa» Onde queres ~ [Que pretendes atingir]? Não cheguei a ir à polícia porque o agressor pediu-me perdão. Tu zangaste-te e chegaste a ser malcriado! **7** *fam* Bater/Castigar. **Ex.** Se fazes isso vou-te ~. Chega[Carrega/Bate/Dá]-lhe, (por)que ele partiu o prato de propósito. **8** *Br* Fazer uma proposta de compra. **Ex.** Foi à imobiliária ~ um milhão «de reais» pela casa. **Sin.** Licitar. **9** *Zool* Conduzir fêmea «égua» ao macho «cavalo» para padreação/cobrição/coito/acasalamento. **Ex.** Vou ~ a vaca. **10** *Br* Ir para casa/Retirar-se. **Ex.** Com medo da chuva, disse que já ia chegando/indo(+).

cheia *s f* (<cheio) **1** Enchente de um rio ou ribeira. **Ex.** Outrora, as ~s provocavam grandes inundações no [na província do/nas lezírias do] Ribatejo (Portugal). **2** *fig* Invasão/Multidão. **Ex.** Este ano houve uma ~ [fartura(+)] de maçãs [colheu-se muita maçã]. O Algarve (Sul de Portugal), no verão, recebe uma ~ de veraneantes.

cheio, a *adj/s* (<lat *plenus,a,um*) **1** Que contém o máximo da sua capacidade/Completo/Pleno. **Ex.** O anjo disse a Maria: Ave, ó ~a [plena] de graça. O estádio «de futebol» ficou ~ [lotado/repleto] em pouco tempo. Ao abastecer o carro, pedia sempre o depósito ~. Só passam táxis ~s [com gente/ocupados]! **Idi.** ~ *de si* [Presunçoso/Convencido/Enfatuado]. «dizer» À boca ~a [A todos/Abertamente] «que a culpa foi minha». «tirar água do tanque» Às mãos ~as [Fazendo concha com as mãos]. **Comb.** *Copo* ~ «de água». *Página* ~*a* [compacta/sem intervalos] **Sin.** Lotado; repleto. **Ant.** Vazio. **2** Que possui algo em abundância/Com muito/a. **Ex.** Ele está ~ de dinheiro [de dívidas]. Hoje tive um dia ~ [dia com muito trabalho]. Estou ~ de [Tenho muitas] dores. **Comb.** ~ *de corpo* [Corpulento/Gordo]. ~ *de ombros* [De ombros largos]. ~ *de* [Com muito] *sono*. «ser um jovem» ~ *de vida* [Com alegria de viver/Muito a(c)tivo]. *Barba* ~*a* [«homem» Com muita barba]. *Faces* ~*as* [Gordo de cara]. *Jardim* ~ *de* [com muitas] *flores*. *Vestido* «da criança» ~ *de* [com muitas] *nódoas*. *Viagem ao Brasil* ~*a de* (boas) *recordações*. *Voz* ~*a* [sonora/grossa/forte] *do cantor*. **Loc.** *Em* ~*o* a) Plenamente/Com satisfação (Ex. O espe(c)táculo agradou em ~. Passei um dia agradável [dia em ~] com os meus amigos); b) Com toda a exa(c)tidão/No alvo (Ex. O javali fugiu, mas eu disparei a tempo e acertei-lhe em ~); c) De chapa/Mesmo de frente (Ex. O sol deu[bateu]-me em ~ na cara e (até) espirrei). **3** «vaca/ovelha/égua» ~*a* ⇒ prenhe(+).

cheira(-cheira) *s 2g pop* (<cheirar) **1** ⇒ bisbilhoteiro; metediço; intrometido. **2** ⇒ bajulador.

cheirar *v t/int* (<lat *frágro,áre*: exalar um cheiro forte e suave; ⇒ fragrância) **1** Aspirar pelo nariz para captar o odor de algo. **Ex.** Cheirou a casa toda mas não viu o bolo. No jardim costumava baixar-se para ~ as flores. **2** Exalar cheiro. **Ex.** Há flores que não cheiram. O cozinhado já cheira. Notou que o quarto cheirava a tabaco. **Loc.** ~ *a* [Ter cheiro de]. ~ *bem* [mal]. **Idi.** «uma situação» *a chamusco/esturro* [Inspirar suspeitas]. «uma casa» ~ *a* [Dar a impressão de] *riqueza/pobreza*. **3** Exalar mau cheiro. **Ex.** Mal tratada, a ferida começou a ~. O defunto já cheirava. **4** *fig pop* Bisbilhotar/Intrometer-se. **Ex.** Que vens cá ~ [intrometer-te] «à [na] nossa reunião». Gostava muito de ~ na casa dos vizinhos. **5** *fig fam* Assemelhar-se/Ter sinais de. **Ex.** Pelo estilo, este texto cheira-me a [deve ser de] Eça de Queirós. Aquele negócio está-me a ~ a vigarice. **6** *fig pop* Agradar/Convir. **Ex.** Este assunto [negócio/caso] não me cheira (bem)/não me agrada/não me convém.

cheirete (Rê) *s m fam* (<cheiro+-ete) Um forte mau cheiro. **Ex.** Ui! Que ~ (mais insuportável/desagradável)! **Sin.** Fedor(+). **Ant.** Cheirinho **1**.

cheiricar *v t/int* (<cheirar+-icar) **1** Cheirar repetidamente. **Ex.** Os cães costumam [andam sempre a] ~ [farejar(+)] em todo o lado. **2** *fig* Meter o nariz em tudo/Ser intrometido/curioso. **Ex.** *fam col* Que andas por aí a ~?

cheirinho *s m pop* (<cheiro+-inho) **1** Cheiro agradável. **Ex.** Ai que ~ ! **Sin.** Aroma; fragrância. ⇒ perfume. **2** Pequena quantidade/Só um bocadinho. **Ex.** Ela punha apenas um ~ de sal na comida. **Comb.** Café/Bica com um ~ [uma pequena quantidade] de aguardente.

cheiro *s m* (<cheirar) **1** Propriedade que têm alguns corpos de emanar partículas que são captadas pelo olfa(c)to. **Loc.** *Dar* [Ter] ~ (Ex. As rosas dão [têm] ~). *Contentar-se com o* ~ «do vinho [jantar]» [não (querer) beber nem comer]. **Comb.** ~ *a* [de] *peixe*. *fig* «morrer em/com» ~ [Odor(+)] *de santidade* [Fama de santo]. ~ *forte*. ~ *imperce(p)tível*. ~ *inebriante*. ~ *nauseabundo* [que dá náuseas]. **2** (O sentido do) olfa(c)to. **Ex.** Ele perdeu o ~ depois daquela operação. **Loc.** Ter um ~ muito apurado [Distinguir com rigor todos os ~s]. **3** Essência aromática/Perfume. **Loc.** Pôr ~ no(s) cabelo(s). **Comb.** Frasco [Frasquinho] de ~/perfume(+). **4** Sensação/Impressão. **Comb.** ~ a [de] fraude «no negócio». **5** *Cul* Ervas aromáticas «coentro; salsa; lou(rei)ro; hortelã». **Ex.** Salgue a carne e junte os ~s.

cheiroso, a *adj* (<cheiro+-oso) **1** Que exala (bom) cheiro. **Comb.** Flor ~a. Guisado ~. **Sin.** Aromático; perfumado. ⇒ mal~. **2** *Iron fam* Que está malfeito/Que tem mau aspe(c)to. **Ex.** Este trabalho está ~ [lindo(+)], não há dúvida!

cheirum(e) *s m* (<cheiro+-um(e)) ⇒ fedor; bodum.

che[i]lique *s m pop* (<on) Desfalecimento(+)/Desmaio(o+) momentâneo/Fanico. **Loc.** Dar [Ter] um ~ (Ex. Deu-lhe [Teve] um ~ mas está consciente).

cheque (Ché) *s m* (<ing *(to) check*: controlar, verificar <ár *xah*: (olha o) rei!; ⇒ xeque) Título de crédito dando ao banco ordem de pagamento da soma nele inscrita. **Loc.** *Assinar um* ~. *Depositar um* ~. *Endossar um* ~ [Designar no seu verso um novo beneficiário]. *Levantar* ~*s*. *Pagar em* [com] ~. *Passar um* ~. *Requisitar* (um livro/módulo de) ~*s*. **Comb.** ~ *administrativo/bancário/caixa/tesouraria* [utilizado apenas para transferências entre bancos]. ~ *ao portador* [não nominal]. ~ *avulso* [fornecido pelo banco para uma transa(c)ção concreta]. ~ *barrado/cruzado/traçado* [que apenas pode ser depositado em conta]. *Br* ~ *borracha/bumerangue* [devolvido por irregularidade no preenchimento]. ~ *careca* [sem cobertura/provisão/fundos]. ~ *de viagem* [que pode ser levantado fora do país]. ~ *em branco* a) ~ que não tem expresso o valor a sacar; b) *fig* Confiança em alguém sem conhecer as suas reais capacidades (Ex. Entregar a empresa a um filho gastador e inexperiente foi passar um ~ em branco, uma estupidez). *Br* ~ *marcado* [pré-datado]. ~ *nominal/nominativo* [em que vem expresso o nome do beneficiário]. ~ *pré-datado* [que só deve ser cobrado na data nele expressa]. ~ *visado/certificado* [com garantia bancária de que tem provisão].

cherne *s m Icti* (<ár *chírnia* <lat *acernia*) Peixe teleósteo perciforme da família dos Serranídeos; *Epinephelus niveatus*. **Sin.** Cherne pintado/vermelho; pardilho; chernete; chernote.

cheta *s f* (< ?) **1** Antiga moeda de cobre de pouquíssimo valor. **2** *fig pop* (Nenhum) dinheiro. **Ex.** Estou[oi]rou toda a fortuna e ficou sem ~/nada. **Sin.** Chavo; vintém.

cheviote *s m* (<*top Cheviot*) Tecido de lã dos carneiros dos montes Cheviot (Serra entre a Escócia e a Inglaterra).

chi *interj/s m* (< *on*; ⇒ ché) Como *interj* exprime admiração, pena ou desprezo. ⇒ ~-coração(+).

chiadeira *s f* (<chiar+-deira) **1** A(c)ção de chiar produzindo um som repetido, agudo ou estridente. **Ex.** Aplicou óleo para acabar com a ~ da porta. O carro «de bois» ia muito carregado; fazia uma [tal] ~! O médico dete(c)tou-lhe uma ~ nos pulmões. **Sin.** Chio; chiada; chieira. **2** ⇒ chinfrim. **3** *fig fam* Pedido/Queixa insistente. **Ex.** Deixa-te de ~s e faz o que te digo. **4** *Ornit* Pássaro da família dos Silviídeos; *Acrocephalus scirpaceus*.

chiante *adj 2g Fon* (<chiar+-ante) Diz-se das consoantes fricativas, de articulação pré-palatal; por ex. *chá* e *já*.

chiar *v int* (<chi + -ar[1]) **1** Emitir som agudo/Ranger. **Ex.** A porta chia (ao abrir e fechar). ~ é a voz de alguns animais. De noite ouviam-se os ratos a ~ no velho sótão. **2** *fig fam* Reclamar/Lamentar-se. **Ex.** São estas as ordens (recebidas/que há) e não vale a pena ~.

chiba *s f* (<chibo) **1** ⇒ Cabra; cabrita. **2** *gír* ⇒ Bebedeira. **3** *gír* ⇒ Indigestão. **4** *pop* ⇒ Protuberância irregular nas costas/Bossa/Giba.

chibanca *s f Br Agric* (< ?) Ferramenta «para cortar e arrancar árvores», que de um lado serve de machado e do outro de picareta. **Sin.** Alvião(+).

chibança *s f* (<chibante+-ança) Presunção de valentia. **Sin.** Fanfarronice; gabarolice; prosápia(+).

chibante *s/adj 2g pop* (<chibo+-ante) **1** Que se proclama valente. **Sin.** Brigão; fanfarrão. **2** De porte altivo. **Sin.** Orgulhoso; soberbo. **3** Bem vestido. **Ex.** Hoje estás todo ~. **Sin.** Janota(+).

chibarro, a *s* (<chibo, a+-arro,a) **1** ⇒ Bode novo castrado/Chiba. **2** *Br* ⇒ Bode não castrado. **3** *Br depr* ⇒ Mestiço/Mulato.

chibata *s f* (<chibo+-ata) Vara fina e comprida para vergastar. **Sin.** Vergasta(+). ⇒ chicote.

chibatada *s f* (<chibata+-ada) Golpe de chibata. **Sin.** Açou[oi]te(o+); chicotada(+); vergastada(+).

chibo *s m* (<on, voz para chamar animais; ou <lat *cibus*: comida)) **1** Cabrito(+)/Bode(+). **2** Cavalo que tem um andar desajeitado. **3** *gír fig* Pessoa que denuncia outra/Delator/Bufo(+).

chica *s f* (< ?; ⇒ chico) **1** *fam antr* Francisca, *dim* afe(c)tuoso. **2** *Etn* Uma dança africana, lúbrica e ruidosa. **3** *Br* Qualquer bebida alcoólica. **Sin.** Chicha. **4** *pop* ⇒ Menstruação. **5** *Br gír* Ponta de cigarro/charuto já fumado/Guimba. **Sin.** Beata; prisca. **6** *Br Bot* ⇒ piranga.

chiça *s/interj* (< ?; ⇒ chi) **1** Voz que exprime dor, espanto ou repugnância. **Ex.** ~ [Apre(+)], que relâmpago! **2** *Br* Coisa aborrecida ou problemática. **Ex.** Então essa ~ [porcaria/droga] não anda?

chicana *s f* (<fr *chicane*) **1** Su(b)tileza falaciosa/Má fé na argumentação judicial ou parlamentar. **Comb.** ~ política. **Sin.** Ardil; trapaça; treta; enredo; sofisma.

chicanear *v int* (<chicana+-ear) Usar de má fé na argumentação judicial ou parlamentar.

chicante *adj 2g Br* (<chique+-ante) Bem vestido. **Sin.** Chique; elegante; chibante **3**.

chicha *s f* (<?) **1** *pop fam* Carne «de vaca». **2** *gír* Notas entre linhas para facilitar a tradução numa prova ou exame/Cábula(+). **3** *Br* ⇒ Chica **3**.

chícharo *s m Bot* (<lat *cícer,eris*: grão-de-bico, ervilha, feijão) Designação comum a diversas plantas da família das Leguminosas, assim como da sua semente, nalguns casos comestível; *Cicer arietinum* (Grão-de-bico); *Lathyrus sativas* [*silvestris* «~ brasileiro para forragem»]; *Vigna unguiculata* (Feijão-frade [-fradinho]) (o+).

chicharro *s m Icti* (<?) Carapau grande/Peixe teleósteo perciforme da família dos Ca-

rangídeos; *Trachurus trachurus/picturatus/ Decapterus macarellus/punctatus*.

chichi [xixi] *s m fam* (<*on*) Urina(+). **Loc**. Fazer ~ [Urinar(+)].

chicle, chiclete *s m/f* (<nauatle: *chictli*) **1** *Bot* Goma insolúvel e pegajosa da sapota. **2** Pastilha elástica aromatizada, fabricada com o látex [a goma] da sapota. **Comb**. Caixa de ~s.

chico *s m* (< ?) **1** Diminutivo afe(c)tuoso de *Francisco*. ⇒ chica **1**. **2** Macaco (pequeno) doméstico/Mico. **3** *interj Us* para chamar o porco: ~, ~, ~. **4** Comandante de marinha mercante. **5** Uma modalidade de fandango.

chi-coração *s m fam* Abraço. **Ex**. «ai meu rico filh(inh)o, dá-me cá um» ~!

chicória *s f* (<lat *cichórium*,ii <gr *kikhóreia*) **1** *Bot* Planta hortícola da família das Compostas, utilizada em farmácia e na culinária (Saladas); *Cichorium intybus/endívia*. **2** *Cul* Pó obtido da raiz torrada dessa planta. **Ex**. Várias misturas de café ou cevada contêm ~ na sua composição.

chicotada *s f* (<chicote+-ada) **1** Golpe de chicote. **Sin**. Açou[oi]te; chibatada; vergastada. **2** *fig* Dor repentina e aguda. **Ex**. Senti (aqui) uma ~ no estômago. **3** *fig* Acontecimento inesperado que provoca uma rea(c)ção. **Ex**. O desastre e a morte do filho foi uma ~ para os pais. **4** ⇒ estímulo.

chicote (Có) *s m* (< ?) **1** Entrançado de corda ou cou[oi]ro com cabo, utilizado para chicotear. **Ex**. O domador «de leões» faz estalar o ~ no circo. **Loc**. Tratar (alguém) a ~ [com aspereza ou ameaças]. **Comb**. *Br* ~-queimado [Jogo infantil em que um lenço ou uma barra de tecido servem de ~]. ⇒ apanha(da). **Sin**. Azorrague; látego. **2** *Náut* Extremidade de qualquer cabo de amarração. **3** *Ele(c)tri* Cabo condutor que liga um aparelho à antena. **4** *Br* Tufo amarrado de fios de estopa, utilizado na lavagem de automóveis. **5** *Mec* Movimento rápido e sacudido provocado pelo andamento de uma locomotiva.

chicot(e)ar *v t/int* (<chicote+-ear) Bater [Dar] com o chicote (+). **Loc**. ~ a cavalgadura.

chifrada *s f* (<chifre+-ada) Golpe com os chifres. **Ex**. O toureiro sofreu uma ~ [colhida(+)] na perna. **Sin**. Cornada(+); marrada(o+).

chifre *s m* (<esp *chifle*: corno «para assobiar e atrair a caça») **1** Haste óssea que sobressai na cabeça de alguns mamíferos «boi, carneiro, veado». **Idi**. *gross* **Pôr** [Botar] **os** [um par de] **~s/cornos** [Ser infiel ao cônjuge/Cornear]. **Sin**. Corno; haste; galho. **2** *fig* Qualquer ponta (recurvada) que se assemelhe a um corno. **Loc**. **Pôr «alguém» nos ~s da lua** [Apregoar as suas virtudes/Enaltecer]. *Br pop* **Ser do ~ furado** [Ser pessoa audaz/lançada]. **Idi**. **Comb**. **~s** [Pontas (+)] **da bigorna** «do ferreiro». **~s** [Pontas(+)] **da lua** «nova».

chifrudo, a *adj/s* (<chifre+-udo) **1** *pop* Diz-se de animal que tem chifres/Cornudo. **2** *Br fig gross* Que foi enganado pelo cônjuge. **Sin**. Corn(ud)o(+). **3** *fig pop* ⇒ Diabo.

chila *s f Bot* (<nauatle: *tzila*) Planta – e seu fruto – da família das Cucurbitáceas, também conhecida por abóbora-~, ~-caiota e gila; *Cucurbita ficifolia*. **Comb**. Compota [Doce] de ~].

Chile *s m Geog* (< ?) República do ~. **Ex**. A moeda do ~ é o peso, a capital é Santiago e os habitantes são chilenos. **Comb**. Chapéu (do) ~ [panamá].

chile[i] *s m* (<nauatle: *chilli*) **1** *Bot* Pimenta mexicana muito picante, também conhecida por pimenta de Macau. **2** *Cul* Molho de carne condimentada com ~.

chilindró *s m pop* (< ?) ⇒ Cadeia; calabou[oi]ço; prisão.

chilique ⇒ che[i]lique.

chilr(e)ar *v int* (<*on*) **1** «ave» Gorjear; pipilar; trinar. **2** *fig* «criança» Falar/Cantar livre e animadamente.

chilr(ei)o *s m* (<chilr(e)ar) ⇒ gorjeio.

chilro, a *adj* (<esp *chirle*: insípido; ⇒ chilr(ei)o) **1** *Cul* Sem sabor/tempero/Insípido. **Ex**. Esta sopa é (uma água) ~a. **2** *fig* Coisa sem graça/Desinteressante. **Ex**. O velho militar costumava contar umas anedotas ~as.

chim *adj 2g/s an* (<*top* China) ⇒ chinês.

chimarrão *s m Br* (< ?; ⇒ mate) **1** Chá-mate verde, sem açúcar, numa cuia de água quente, e bebido por um canudo. **2** ⇒ «gado» bravio/selvagem/«bebida» sem açúcar.

chimpanzé *s m Zool* (<dial congolês *ka[i]mpenzi*) Macaco preto antropoide de origem africana, da ordem dos primatas e da família dos Pongídeos, com braços mais compridos que as pernas; *Anthropopithecus troglodytes*.

chimpar *v t/int pop* (< ?) ⇒ chapar **3** (+).

China *s Geog* (<*Ch'im*, nome da região e da dinastia que unificou a ~, 250 a.C.) **1** República Popular da ~. **Ex**. A ~ é o país mais populoso do mundo, a capital é Pequim, a moeda é o yuan [renminbi] e os habitantes são os chineses. **Comb**. **Papel da ~** [de textura fina e resistente] (**Sin**. Papel de arroz). ⇒ sino-japonês; tinta da China.

chinchila *s f Zool* (< ?) Mamífero roedor, com cerca de 25 cm, da região andina do Peru e Chile, da família dos Chinchilídeos, cuja pele rara e valiosa é utilizada na alta costura; *Chinchilla lanígera*. **Comb**. **Casaco de ~** [feito com pele desse animal]. **Coelho ~** [de raça cinzenta e pelo semelhante à ~].

chinela (Né) *s f* (<lat *planella* <*planus,a um*: plano) **1** Calçado feminino, com ou sem salto, aberto no calcanhar, *us* em certos trajes regionais. ⇒ sandálias; alperc[g]atas; socas. **2** Calçado raso e confortável de trazer por casa e que cobre apenas a frente do pé. **Sin**. Chinelo.⇒ pantufa.

chinelo (Né) *s m* (⇒ chinela) Calçado raso e aberto no calcanhar para usar em casa «ao levantar e deitar». **Loc**. *Br fam* **Amanhecer de ~s trocados** [Começar o dia de mau humor]. *pop* **Meter** [*Br* Botar/Pôr] **«alguém» num ~** [Suplantar alguém numa discussão/disputa]. **Sin**. Chinela. ⇒ pantufa; sandália.

chinês, esa *adj/s* (<*top* China+-ês) **1** Relativo à China ou aos seus habitantes. **Ex**. A gastronomia [culinária/comida] ~a conquistou o Ocidente. **Comb**. **Cerâmica ~a**. **Etn Dragão ~**. **Lou[oi]ça ~a**. **Paciência ~a** [de ~]. **Pagode ~**. *Teat* **Sombras ~as**. **Sin**. *Hist* Chim; china; chino. **2** *Ling* Conjunto de línguas faladas na China. **Idi**. *Isso «que diz/está a explicar» para mim é ~* [incompreensível]. ⇒ mandarim; cantonense [cantonês].

chinesice *s f* (<chinês+-ice) **1** ⇒ Esquisitice; miudeza. **2** Obje(c)to/Brinquedo/Obra [que exige] grande paciência. **3** *fig* Tarefa demasiado complexa. **Ex**. Construir aquele puzzle era uma verdadeira ~. **4** Formalidade burocrática inútil. **Ex**. Deixemo-nos de (mais) ~s e aprovemos já essa lei.

chinfrim *s/adj 2g col* (< ?) **1** Grande confusão/barulho de vozes. **Ex**. Era tal o ~ (dos alunos) naquela sala que nem deram pela chegada do dire(c)tor. **Loc**. Fazer ~ [Chinfrinar]. **Sin**. Algazarra; chinfrineira; banzé; balbúrdia. **2** *depr* De mau gosto. **Ex**. Ela apareceu com um vestido muito ~. **Sin**. Reles; ordinário. **3** *Br* ⇒ Baile popular/Arrasta-pé. **4** ⇒ pequeno; sem valor.

chinó *s m* (<fr *chignon*: cabelos enfeixados sobre a nuca) Cabeleira postiça (+).

chinquilho *s m* (<esp *cinquillo*) Jogo da malha com cinco fitos/bonecos.

chio *s m* (<chiar) **1** ⇒ som agudo «de porta». **2** O chiar de certos animais/Guincho. **Comb**. O ~ dos ratos.

chip *s m Info* (<ing *chip*: pedacinho «de madeira») Porção mínima de material semicondutor suficiente para formar um circuito integrado. **Sin**. Pequeno circuito integrado.

Chipre *s m Geog* (<gr *Kyprios*) República/Ilha de ~. **Ex**. A capital de ~ é Nicósia e os habitantes são os cipriotas/cíprios.

chique *s/adj 2g* (<fr *chic*: elegância,finura) Bom gosto/Elegância/Elegante. **Ex**. Hoje, com esse casaco, está(s) todo/a [muito] ~! **Idi**. «ele não tem» **Nem ~ nem mique** [Coisa nenhuma/Nada]. ⇒ refinado; requintado.

chiqueiro *s m pop* (<chico **3**+-eiro) **1** Curral de porcos. **Sin**. Pocilga. **2** Lama(çal)/Lodaçal onde os porcos fossam/foçam. **Sin**. Chafurda. **3** *Br* Pequeno curral para bezerros/ovelhas/cabras. **4** *fig* Casa/Espaço muito sujo e desarrumado. **Ex**. Depois da festa com os amigos a casa estava um ~. **5** *Br* Pequena barragem de estacaria *us* para aprisionar o peixe de rio.

chiquismo *s m* (<chique+-ismo) Qualidade de quem ou do que é chique. **Ex**. Eça de Queirós ironizou o ~ de certa sociedade lisboeta do final do séc. XIX. **Sin**. Elegância(+); requinte.

chisco *s m fam* (<cisco) Porção muito diminuta/Bocadit[nh]o. **Ex**. Apesar de diabética, a avó provou um ~/chisquit[inh]o do seu bolo de anos.

chispa *s f* (< *on*) **1** Pequeno fragmento incandescente que se desprende de um corpo. **Loc**. Lançar ~s «ao soldar o ferro». **Sin**. Centelha; fagulha; faúla; faísca. **2** *fig* (Rasgo de) inteligência/Ideia genial. **Ex**. Ele tem ~ [é inteligente]. De repente tive uma ~ e resolvi o problema.

chispalhada *s f Cul pop* (<chispe+-alho+-ada) Feijoada portuguesa à base de feijão branco, chispe, orelheira e enchidos diversos.

chispar *v int* (<chispa+-ar¹) **1** Lançar chispas. **Sin**. Faiscar. **2** Emitir intensos reflexos de luz. **Ex**. O sol chispava nas vidraças. **Sin**. Cintilar. **3** *fig* Brilharem intensamente os olhos de cólera. **Ex**. Com a raiva ele até chispava. **4** *fig fam* Ausentar-se de forma repentina/Fugir. **Ex**. Teve de ~ «da reunião» para não perder o comboio [trem]. Chispa(-te) daqui! [Põe-te a andar!/Desaparece!]. Chispou-se sem dizer nada. **Sin**. Desaparecer; disparar.

chispe *s m Cul* (<lat *sus,is*: porco+*pes,edis*: pé) Pé de porco.

chiste *s m* (<esp *chiste*) Dito engraçado/espirituoso. **Sin**. Graça; gracejo; piada(+); pilhéria; facécia.

chistoso, a *adj* (<chiste+-oso) ⇒ engraçado/jocoso/brincalhão.

chita *s f* (<sân *chitra*: pintado, matizado, salpicado) **1** Tecido de algodão de pouco valor, geralmente estampado. **Ex**. A blusa de ~ faz parte do traje feminino no folclore português. **2** *Zool* Animal selvagem da África e sudoeste asiático, semelhante ao leopardo; *Acinonyx jubatus*. **Ex**. A ~ é o felino mais veloz da natureza [mais veloz que existe]. **Sin**. *Br* Guepardo.

choca (Chó) s f (<?) 1 ⇒ Chocalho(+) grande que se suspende ao pescoço do gado. 2 Vaca com esse chocalho para guiar os touros bravos. **Ex.** Na tourada portuguesa são as ~s que, depois da lide, encaminham o touro para o curro. **Sin.** Cabresto 2. 3 *gír* Estudante que só pensa em estudar/Marrão(+). 4 *Br Ornit* Nome comum a um grupo de aves da família dos Formicarídeos com numerosos gé[ê]neros e espécies no Brasil; *Thamnophilus*. 5 *Ornit Guiné* Ave galinácea da família dos Fasianídeos, também conhecida por perdiz africana; *Francolinus bicalcaratus*. 6 ⇒ polo².

choça s f (< ?) 1 Cabana rudimentar feita de ramos entrelaçados, paus e coberta «de palha»/Choupana/Palhota. 2 *depr* Casebre rústico/tosco/sujo. **Sin.** Casinhoto. 3 *gír* Prisão/Cadeia. **Loc.** Ir para a ~ [Ser preso]. **Sin.** Choldra 4. 4 *pop* Carvão vegetal feito da raiz da urze e torga.

chocadeira s f (<chocar+-deira) Aparelho utilizado para desenvolver o embrião dos ovos fecundados. **Comb.** ~ elé(c)trica. **Sin.** Incubadora.

chocagem s f (< chocar+-agem) A(c)to de chocar artificialmente ovos fecundados/Choco. **Sin.** Incubação.

chocalhada s f (<chocalho+-ada) 1 A(c)to ou efeito de chocalhar/Som de muitos chocalhos. **Ex.** Da lezíria chegava a ~ dos cabrestos [das chocas]. 2 Qualquer som que se assemelhe ao de muitos chocalhos/Chocalheira «das chaves/moedas».

chocalhar v t/int (<chocalho+-ar¹) 1 Fazer soar um chocalho. **Sin.** Badalar. 2 Agitar o que está dentro de um recipiente. **Ex.** Não se deve ~ a garrafa para o vinho não turvar. **Loc.** ~ as chaves. ~ os dados no copo. **Sin.** Vascolejar. 3 *fig* Divulgar/Espalhar um segredo. **Sin.** Bisbilhotar; mexericar; *Br fam* fazer fofoca. 4 *fam* Rir às gargalhadas.

chocalheiro, a s/adj *fig* (<chocalho+-eiro) 1 Que chocalha. 2 Falador indiscreto/Fala-barato/Bisbilhoteiro/Mexeriqueiro/*Br fam* Fofoqueiro.

chocalhice s f (<chocalho+-ice) Bisbilhotice/Intriga/Mexerico.

chocalho s m (<choca+-alho) 1 Espécie de campainha de som cavo que se pendura ao pescoço de alguns animais do rebanho. ⇒ campainha; guizo. 2 *Mús* Recipiente com pedras ou sementes que se agita para marcar o ritmo. 3 *Br* Guizo com que se entretêm os bebé[ê]s. 4 *fig* Pessoa linguareira/linguaruda. **Loc.** Andar com/de ~ [Propagar boatos/Bisbilhotar]. 5 *Br Zool* Formação caudal da cobra cascavel com que faz ruído/Guizo que imita o som do ~. 6 *Br Bot* ⇒ feijão-de-guizos; xique-xique.

chocante adj 2g (<chocar+-ante) 1 Impressionante/Comovente. **Ex.** O reencontro dos amigos foi um momento ~. 2 «a(c)to» Muito desagradável/Escandaloso.

chocar¹ v int (<choque+-ar¹) 1 Ir contra algo ou alguém. **Ex.** O carro chocou com outros [contra a parede]. **Sin.** Colidir; embater; esbarrar. 2 *fig* Não ser compatível/Entrar em choque. **Ex.** Têm problemas porque as suas personalidades chocam [porque são incompatíveis/por incompatibilidade]. 3 *fig* Ferir a sensibilidade/o pudor de alguém. **Ex.** A crueldade dos assassinos chocou a opinião pública. Vestiu-se daquela forma para ~ os outros convidados. **Sin.** Escandalizar; ofender.

chocar² v t/int (<lat *clocco,are*: cacarejar) 1 A ave cobrir os ovos/Manter os ovos na temperatura adequada ao desenvolvimento do embrião. **Ex.** A incubadora «elé(c)trica» nova choca mais ovos do que a antiga. **Sin.** Incubar. 2 *fig* Acalentar um proje(c)to. **Loc.** ~ uma traição. **Sin.** Congeminar; matutar. 3 *fig* Dar sinais de que vai contrair uma doença. **Ex.** Notava-se nos olhos que andava a ~ uma gripe. 4 *Br* Rodear de cuidados/mimos. **Ex.** A mãe não se cansava de ~ o filho quando ele voltou do hospital. 5 *Br* Cobiçar com o olhar. **Ex.** Não parava de ~ aquelas lindas moradias junto ao rio. 6 *Br* «a maionese» Deteriorar-se/Perder qualidade. **Ex.** A cerveja fora da data de validade pode ~ [ficar choca/desenxabida]. 7 *Br col* Esperar muito tempo para ser atendido. **Ex.** Só foi atendida depois de ~ três horas na cabeleireira. **Sin.** *col* Secar.

chocarrear v int (<chocar²+-ear) Dizer chocarrices/Gracejar de forma atrevida. **Ex.** Gil Vicente no seu teatro gostava de ~ das [de dar umas alfinetadas nas/de picar as] classes dominantes. **Sin.** Chalacear; escarnecer.

chocarreiro, a adj (<chocarrear+-eiro) Que diz chocarrices/gracejos atrevidos. **Sin.** Chalaceador; escarnecedor.

chocarrice s f (<chocarrear+-ice) Dito jocoso/Chalaça atrevida. **Sin.** Graçola.

chochar v int (<chocho+-ar¹) Ficar chocho (+)/Secar prematuramente. **Ex.** Devido à seca a fruta começou a ~ ainda verde.

chochice s f (<chocho+-ice) 1 Característica de chocho. 2 *fig* Coisa sem graça nem interesse/Disparate. **Ex.** Aquela festa foi uma ~.

chocho, a (Chôcho/a) adj (<lat *fluxus,a,um*: fluido, mole) 1 Vazio/Sem suco ou miolo. **Ex.** Algumas castanhas [nozes] ficaram ~as por causa da chuva. *fam* Oh! Chochinho/a [palerminha] «que te deixas enganar tão facilmente»! **Idi. Ser uma cabeça de alho ~** [Ter pouco tino]. **Sin.** Engelhado; murcho(+). 2 *fig* Sem conteúdo/consistência. **Ex.** Escreveu um artigo sobre o evento. **Comb.** Desculpa ~a [sem consistência]. 3 *fig* Sem interesse/graça. **Ex.** O programa de televisão foi muito ~. 4 *fam* Adoentado/Desanimado. **Ex.** O avô fica um pouco ~ quando chega o inverno. 5 *fam* Beijo ruidoso «no rosto da criança». **Sin.** Beijoca(+).

choco¹, a (Chôco, Chóca, Chócos) s/adj (<chocar²) 1 A(c)ção de chocar os ovos. **Ex.** A galinha está ~a [em estado de poder chocar]. A galinha está no ~ [está a chocar (os ovos)]. **Loc.** *fig fam* «alguém» Ficar no ~ [Ficar de cama «de manhã adoentado»]. 2 Diz-se do ovo já com o embrião desenvolvido ou de certos produtos já estragados. **Ex** Este ovo está ~. **Comb.** Água [Cerveja] ~a.

choco² (Chô) s m *Icti* (<lat *cucullus,i*: cartucho) Molusco cefalópode que segrega sépia (Tinta), da família dos Sepiídeos; *Sepia officinalis*. **Ex.** Ele aprecia muito ~s servidos com a sua tinta. **Sin.** *Br* Siba.

chocolataria s f (<chocolate+-aria) Fábrica de pasta de chocolate/Estabelecimento onde se vende chocolate ou bebidas com ele preparadas. **Ex.** São famosas as ~s da Bélgica.

chocolate s m (<nauatle *chocolatl*) 1 Pasta alimentícia que tem como matéria-prima o cacau, a que se adicionam leite, açúcar e outros ingredientes. **Comb.** ~ **em pó. Bolo de ~. Caixa de ~s.** 2 Bebida preparada com ~ em pó, dissolvido em água ou leite. **Ex.** De manhã, às vezes, tomo uma chávena em vez de café.

chocolateira s f (<chocolate+-eira) 1 Recipiente onde se prepara ou serve chocolate. ⇒ bule. 2 Fervedor para aquecer água ao lume. **Sin.** Cafeteira(+); chaleira. 3 *pop depr* Automóvel velho/que faz muito ruído. 4 *Br gír* Cabeça/Cara/Cachimó[ô]nia.

chocolateiro s m (<chocolate+-eiro) 1 Aquele que fabrica/vende chocolate. 2 *Br col* Negociante ou produtor de cacau.

chofer (Chòfér) s 2g (<fr *chauffeur*: fogueiro) Motorista(+)/Condutor. **Comb.** ~ **de praça** [Taxista]. ~ **particular.**

chofrada s f (<chofrar+-ada) Notícia/Golpe/Tiro dados de chofre. **Ex.** Aquela má notícia foi uma ~ que o deitou abaixo.

chofrar v t/int (<chofre+-ar¹) 1 Dar/Bater de forma imprevista contra algo. **Sin.** Chocar¹(+). 2 *Br* Bater uma coisa contra outra. **Ex.** Os barcos chofram devido ao movimento do mar. 3 *fig* Agastar(-se). **Ex.** Começou a ~ com o comportamento do filho.

chofre s f (< on) 1 Choque ou pancada inesperada. **Loc. De ~ a)** De repente/Inesperadamente/Abruptamente (Loc. Entrar de ~ na sala de reunião); **b)** Em cheio/De chapa (Ex. Desequilibrou-se e foi de ~ contra a parede). 2 Tiro na ave que inesperadamente levanta voo junto do caçador.

choldra s f *pop* (<provençal *gelda*: tropa de infantaria) 1 (Grupo de) gente de má reputação. **Sin.** Malta; ralé; súcia. 2 Coisa reles e desprezível. **Sin.** Porcaria. 3 *cal* ⇒ choça 3; prisão.

chona (Chô) s m Indivíduo dos chonas ou língua banta por eles falada a sul do rio Zambeze (Zimbábue e Moçambique).

choné adj 2g *col* (< ?) ⇒ Idiota/Tolo.

choninha(s) s 2g *pop* (< ?) 1 Pessoa enfezada e sem energia/Zé[João]-ninguém/Lingrinhas. 2 Indivíduo insignificante/medroso. 3 Indivíduo efeminado/Maricas(+).

chope s m *Br* (<alsaciano *schoppe*: caneca [copo com asa]) Caneca de cerveja fresca tirada do barril à pressão. **Sin.** Imperial/Fino.

choque s m (<fr *choc* < on) 1 Embate violento. **Comb.** ~ **de comboios** [trens]. ~ **em cadeia** [de vários carros] «na autoestrada». ~ **elé(c)trico.** ~ **operatório** [Rea(c)ção negativa depois de uma intervenção cirúrgica]. ~ **petrolífero** [do preço alto do petróleo]. **Polícia de ~** [de intervenção rápida]. **Tratamento de ~** [violento/que força a rea(c)ção/que obriga a reagir]. **Sin.** Colisão; encontrão. 2 *fig* Conflito de ideias/interesses. **Loc.** Entrar em ~/confronto(+) [Chocar] com (Ex. Perdeu o emprego quando entrou em ~ com o chefe). **Sin.** Antagonismo; embate; confronto. 3 *fig* Abalo emocional. **Comb.** «ficar em» **Estado de ~.**

choradeira s f (<chorar+-eira) 1 A(c)to de chorar muito/Choro continuado/Pranto. **Ex.** A criança não parava com a ~. ⇒ carpideira. 2 Lamúria/Queixa/Pedincha. **Ex.** Se não tens dinheiro [não tens para comer], deixa-te de ~s e vai trabalhar.

choradinho s m (<chorado+-inho) 1 Lamúria/Pedincha. **Ex.** Ele fazia sempre um ~ para comprar mais barato. **Sin.** Choro 2. ⇒ regateio. 2 *pop* Fado ou outra canção em tom plangente. 3 *Br* Canto e dança populares ao som do violão. ⇒ choro 5.

chorado, a adj/s (<chorar+-ado) 1 Que se chorou. **Ex.** A mãe morreu nova e foi muito ~a pelo marido e filhos. 2 Canto, poesia ou dança sentimental/Choradinho. 3 Dado de má vontade. **Ex.** Pagou-me mil euros (mas) muito ~os.

choramingão, ona adj (<choramingas +-ão) Que chora facilmente e sem motivo. **Sin.** Chorão 1; choramingas.

choramingar v int (<chorar+miga com míngua) 1 Chorar baixinho. **Ex.** Foi a ~ que o filho contou (aos pais) como caiu da bicicleta. 2 Lamuriar-se/Queixar-se/Pedinchar. **Ex.** Não lhe emprestes dinheiro (por)que ele não precisa; anda sempre a ~.

choramingas *adj/s 2g* (<choramingar) O que chora por tudo e por nada. **Sin.** Chorão 1; choramingão.

chorão, ona *s/adj* (<chorar+-ão) **1** Pessoa que chora muito. **Sin.** Choramingão; choramingas. ⇒ lamecha. **2** *Bot* Nome vulgar de certas plantas carnosas e prostradas, da família das Aizoáceas; *Carpobrotus edulis*. **3** *Bot* ⇒ salgueiro-~. **4** *Bot* Nome comum a várias plantas cujos ramos crescem pendentes. **Comb.** Cerejeira ~ona. Samambaia ~ona. **5** *Br Ornit* Tipo de papagaio domesticável da família dos Pistacídeos: *Amazona preteri*. **6** *Br Icti* Pequeno peixe teleósteo do rio da família dos Pimelodídeos e que parece chorar ao ser capturado; *Pimelodella brasiliensis*. **7** *Br Zool* Nome vulgar de certo macaco brasileiro; *Cebus apelles*.

chorar *v t/int* (<lat *plóro,áre*) **1** Derramar lágrimas. **Ex.** Quanto chorei quando vi o meu filho morto no acidente! **Prov.** *Quem não chora não mama*. **Loc.** *De ~* [Triste/Lamentável/De cortar o coração] (Ex. Ver as crianças magrinhas era de ~). *Cortar cebola e ficar com a vista [os olhos] a ~*. **Idi.** *~ a morte da bezerra* [Lamentar o que já não tem remédio]. *~ lágrimas de sangue* [Ter um sofrimento profundo]. *Fazer ~ as pedras* [Comover qualquer pessoa] (Ex. A dor das vítimas «do acidente» fazia ~ as pedras]. «o bolo/doce/vinho» *Ser de ~* (e gritar) *por mais* [Ser muito bom/saboroso]. **2** *fig* Escorrer/Pingar/Gotejar. **Ex.** As videiras choram depois de (serem) podadas. Os beirais do telhado «coberto de neve» choravam baixinho. **3** *fig* Emitir voz [som/ruído] plangente/triste. **Ex.** O gamo chora quando se sente acuado/perseguido. Os violinos choram agora uma valsa (triste). O pinh(eir)al chorava com a ventania. **4** *fig* Sentir profunda [grande] tristeza. **Ex.** Ainda (agora) choro os [a morte dos] meus pais. **Loc.** *~ a ausência dos filhos* «emigrantes». *~ os entes queridos* (já falecidos). *~ os pecados* «contra o próximo». **5** Afligir-se/Atormentar-se/Protestar. **Ex.** «o carro roubado não aparece» Agora não adianta [não serve para nada] ~; o que é preciso é comprar outro. **6** *fig* ~-se/Lastimar-se/Lamuriar-se/Queixar-se. **Ex.** Ele chorava o dinheiro gasto «no carro que lhe roubaram». Mesmo nas piores situações não o vemos ~-se. **7** *Br* Regatear «o preço». **8** Pedir com insistência ou lamúrias «um empréstimo». **9** *Br* «o empregado do bar» Encher bem o copo «de uísque para o freguês». **10** *Br* Espreitar «no jogo, as cartas do vizinho».

choro (Chô) *s m* (<chorar) **1** Derramamento de lágrimas. **Ex.** A criança rompeu num (grande) ~ quando a mãe saiu. **Sin.** Pranto; choradeira. **2** *fig* Lamúria/Regateio. **Ex.** Não esqueça um pouco de ~ para comprar mais barato. **Sin.** Choradinho 1. **3** *pop* O gotejar da seiva das árvores quando se lhes corta um ramo. **Comb.** O ~ da videira. **4** *fig* Som plangente/triste. **Comb.** *O ~ da coruja*. *O ~ da guitarra*. *O ~ do vento*. **5** *Br Mús* Conjunto musical formado por flauta, violão, cavaquinho e outros instrumentos, para a(c)tuar em bailes e festas populares/Composição musical «de Villa Lobos» tocada por esse conjunto instrumental/Baile popular ao som dessa música. **Sin.** Arrasta-pé. ⇒ choradinho 3.

choroso, a (Ôso, Ósa/os) *adj* (<choro+-oso) **1** Que está a chorar. **Ex.** O filho voltou para casa todo ~ com uma ferida no joelho. (Ainda) tinha os olhos ~s [de ter estado a chorar]. **Sin.** Lacrimejante; lacrimoso. **2** *fig* Magoado/Sentido/Triste. **Ex.** Voltou ~ depois daquela traição. **3** Que reconhece o erro. **Ex.** Foi todo ~ [arrependido/pesaroso] pedir desculpa pelo engano.

chorrilho *s m* (<esp *chorrillo*) **1** Sucessão rápida e contínua. **Ex.** O seu discurso foi um ~ de frases sem nexo. **Comb.** ~ de disparates. **Sin.** Enfiada; série(+). **2** *pop* Grande número/quantidade «de turistas».

chorudo, a *adj* (<lat *flos,oris:* flor+-udo) **1** Gordo/Substancial/Suculento. **Ex.** Escolhia sempre as laranjas mais ~as [suculentas(+)]. **2** *fig* Avultado/Rendoso. **Comb.** *Negócios ~s* [rendosos]. *Receitas* [Entradas] *~as*/avultadas.

chorume *s m* (<lat *florúmen,inis*) **1** Gordura que ressuma da carne cortada. ⇒ banha; unto; pingue. **2** *fig* Abundância/Fartura. **Ex.** Gozava o ~ de uma generosa herança. **3** Resíduo de decomposição de matéria orgânica.

choupa¹ *s f* (<fr *échoppe:* ferramenta de gravador <lat *scalprum:* cinzel, buril) **1** Ponta de ferro em cabo comprido. **Ex.** Nas antigas touradas picavam-se os touros com uma ~. **Sin.** Chuço; garrocha. **2** Ferro de dois gumes em cabo curto para abater reses. **Comb.** *fig* Meter a ~ a [Explorar «num negócio»]. **3** Ponta aparada em bisel para gravar ou abrir traços grossos e finos.

choupa² *s f Icti* (<lat *clúpea,ae:* sável) Nome vulgar de um peixe teleósteo da família dos Esparídeos; *Spondyliosoma cantharus*. **Sin.** Alcorraz; mucharra; sargo; *Br* caicanha(+).

choupal *s m Bot* (<choupo+-al) Plantação de choupos. **Ex.** O fado de Coimbra (Portugal) canta o ~ do rio Mondego.

choupana *s f* (<choupo+-ana) Habitação rústica «feita de madeira e coberta de ramos ou palha». **Sin.** Cabana; casota; palhota.

choupo *s m Bot* (<lat *pópulus,i:* choupo) Árvore de grande porte da família das Salicáceas; *Populus*. ⇒ álamo.

chouriço *s m* (<lat *salsícius,a,um:* temperado com sal) **1** Enchido de carne de porco e diversos condimentos, conforme a região de fabrico. ⇒ salsicha; alheira; chouriça; fumeiro; linguiça; morcela; paio; salpicão. **2** *fam col* Saco estreito e comprido, cheio de areia ou serradura, *us* para tapar a base das portas/janelas/Rolo(+). **3** Almofada *us* pelos carregadores para prote(c)ção do ombro/Chinguiço. **4** *fig depr* Pessoa muito gorda. **5** *gír* ⇒ carteirista(+). **6** *Br Cul* Iguaria feita com sangue de porco, especiarias e açúcar [~ doce (+)]. **7** *Br Equitação* Correia acolchoada que passa sob a base da cauda do cavalo.

chout(e)ar *v int* (<saltar) «cavalo» Ir a trote. **Sin.** Trot(e)ar. ⇒ correr (à desfilada).

chouto *s m* (<chout(e)ar) Trote miúdo «do cavalo» que causa solavancos e incomoda quem monta. **Loc.** *Br* Sair de ~ [Sair (todo) atrapalhado/Fugir apressadamente].

chovediço, a *adj* (<chover+-diço) **1** Que anuncia chuva. **Ex.** O tempo [céu] está ~ [chuvoso(+)]. **2** Onde chove com frequência. **Comb.** Uma região ~a [de muita chuva(o+)/chuvosa(+)].

chove-não-molha *s 2g 2n col* Situação ou pessoa indecisa. **Ex.** As autoridades estão há meses nesse [num] ~. **Comb.** Cheio de ~/exigências [Difícil de contentar/Mal-humorado]. **Sin.** Nem sim nem não [nem sopas].

chover *v t/int* (<lat *pluo,ere:* chover) **1** Cair chuva. **Ex.** Está a ~ [Está chovendo]. **Idi.** *Chover a cântaros/a potes* [Chover torrencialmente]. «não adianta; isso» *É chover no molhado* [É trabalhar inutilmente]. *Chove/Chovia que Deus a dá/dava* [Chove/Chovia muito]. *Quer chova quer faça sol* [De qualquer maneira/Em qualquer circunstância] (Ex. Entregas-me [Tens de me entregar/Quero que me entregues] este trabalho amanhã, quer chova quer faça sol). **2** Cair do alto como chuva. **Ex.** Choveu maná no deserto aos israelitas guiados por Moisés. Choveram cinzas sobre Pompeia. **Loc.** Deus chova [derrame(+)] as Suas bênçãos «sobre esta união (matrimonial)». **3** *fig* Chegar/Vir em abundância. **Ex.** Choveram dardos das muralhas. Choveram aplausos da plateia. Após o apelo «pela TV» choveram os donativos [os telefonemas].

chovinismo/chovinista ⇒ chauvinismo/...

chuçada *s f* (<chuçar+-ada) Pica(del)a com o chuço/Aguilhoada/Choupada.

chuçar *v t* (<chuço+-ar¹) **1** Impelir utilizando um chuço/Espicaçar/Picar. **Loc.** ~ as reses [o touro]. **2** *Br fig* Estimular/Incitar/Picar. **Ex.** É preciso ~ esse preguiçoso.

chucha *s f* (<chuchar) **1** A(c)to de chuchar/sugar. **Idi.** *À ~ calada* a) «sair» À socapa/Sem ninguém dar por isso; b) «ouvir» Em silêncio/Sem protestar. **2** *fam* Seio materno/Mama/Peito. **Loc.** *fam* Dar a ~ [Dar de mamar] (ao bebé/ê). **3** *fam* Chupeta(+). **4** *fig pop* ⇒ Chacota/Mangação.

chuchadeira *s f* (<chucha+-eira; ⇒ chocho; chochice) **1** ⇒ chucha 3(+). **2** Negócio chorudo/Emprego muito rendoso. **Ex.** Aquele emprego [negócio] é uma ~! **Sin.** Mama; pechincha; tacho. **3** ⇒ Caçoada/Mangação/Troça(+). **4** ⇒ Coisa ridícula e sem valor/Chachada/Palhaçada.

chuchar *v t Infan Col* (<sugar) **1** Chupar(+) sugando/Mamar(+). **Ex.** O bebé/ê adormecido chuchava o ded(inh)o. **Idi.** *fig* «perdeste a aposta/chegaste tarde» *Agora, chucha no dedo!* [Agora já não há!]. *Ficar a ~ no dedo* [Ficar sem o que apetecia/desejava/*idi* Ficar a ver navios]. **Sin.** Sugar. **2** Ter que suportar algo desagradável. **Ex.** Não pagaste dentro do prazo, agora chucha [aguenta/apanha]; tens de pagar juros (de mora). **Loc.** ~ [Apanhar/Levar] uma bofetada (Ex. Chucha! «batendo a alguém»). **3** *fam* ⇒ Gozar/Mangar/Brincar. **4** Obter/Conseguir de graça. **Ex.** Chuchou dois bilhetes «para ver o [ir ao] desafio de futebol».

chucharrão *s m* (<chuchar+-arro+-ão) (Bebé/ê) que chucha/mama muito.

chucho *s m* (<chuço) **1** ⇒ chuço. **2** *Br* ⇒ calafrio; febre; sezão.

chuchu *s m Bot* (<quíchua *chufhuf*) **1** Planta hortícola trepadeira da família das cucurbitáceas/Fruto dessa planta; *Sechium edule*. **2** *Br fam* Pessoa muito bonita/carinhosa/querida. **Ex.** Essa garota é (mesmo) um ~. **Idi.** *Br pop Pra (Para) ~* [Muito] (Ex. A praia hoje tinha gente pra ~ [tinha muita gente]. Hoje comi pra ~. Isso é caro pra ~). **Comb.** *Br fam* ~-beleza [Coisa muito boa/bonita].

chuchurrear *v t/int* (<chuchar) **1** Beber(r)icar, sorvendo com ruído. **Ex.** Sentam-se no bar para ~ uma batida. **2** *fig* Fazer ruído com os lábios «ao tomar a sopa/ao beijar». **Comb.** Beijo chuchurreado [ruidoso/repenicado] «na face da criança».

chuço *s m* (< ?) **1** Pau armado na ponta com aguilhão/choupa. **2** *Col* ⇒ Guarda-chuva. **3** *pl Col* ⇒ Tamanco(s).

chucro, a *adj Br* (<quíchua *chucru:* duro) **1** ⇒ «animal» bravio/não domado. **2** *fig* ⇒ Pessoa esquiva ou tímida. **3** ⇒ (indivíduo) ignorante; grosseiro. **4** ⇒ «café» amargo.

chucrute *s m Cul* (<fr *choucroute*<al *sauverkraut:* repolho azedo) Repolho cortado

fino e fermentado em salmoura. **Ex.** Os alemães co(nso)mem muito ~ com salsichas.

chué *adj 2g* (<ár *xuy:* pouco) **1** Reles/Trivial/Sem valor. **Comb.** Um poema ~. **2** ⇒ «moço» Sem graça/Feio/Desleixado. **3** ⇒ «fato/terno» Gasto/Surrado. **4** «rosto» Chupado/Doentio/Mirrado.

chufa *s f* (<chuf(e)ar) **1** Mofa/Caçoada/Troça(+). **2** Bebida fresca que se faz do rizoma da junça.

chuf(e)ar *v t/int* (<lat *súfilo* <*síbilo,are:* sibilar/assobiar) Zombar/Caçoar/Troçar(+)/Mofar. **Loc.** ~ os caloiros. ~ do sotaque dos estrangeiros.

chufista *adj 2g* (<chufar+-ista) Pessoa que diz chufas/Trocista(+).

chula *s f Mús* (<chulo) Música e dança folclórica com rabeca e ferrinhos (Portugal) ou com canto e sapateado (Brasil).

chulé *s/adj 2g pop* (<sola do pé) **1** Cheiro ou sujidade dos pés. **2** *Br fig* «filme» De má qualidade/Reles. **Ex.** Ela usa uma roupa ~.

chulear *v t* (<lat *súbligo,áre:* atar, ligar) Coser a ponto largo ou pequeno para que não se desfie a orla do tecido. **Loc.** ~ uma saia.

chuleta *s m Br Cul* ⇒ costeleta.

chulice *s f* (<chulo+-ice) Dito ou comportamento de chulo/Grosseria. ⇒ chulismo.

chulipa[1] *s f* (<ing *sleeper*) Cada uma das travessas em que assentam os carris da ferrovia/Dormente(+).

chulipa[2] *s f* (<ing *slipper*) **1** ⇒ Alperg[c]ata/Chinelo. **2** *pop* Pancada com o lado exterior do pé nas nádegas. **3** *pop* ⇒ Bofetada/Estalada/Piparote. **4** Jogo infantil em que se utiliza um chapéu, boné ou barrete.

chulismo *s m* (<chulo+-ismo) Palavra ou expressão chula. ⇒ chulice.

chulo, a *s/adj* (<esp *chulo* <it *ciullo:* rapaz) **1** Indivíduo que vive à custa de prostitutas/Rufião/Gigolô. **2** Grosseiro/Rude/Obsceno/Soez. **Comb.** Modos ~s. Palavra ~a. **3** *Moç* Indivíduo que se junta a uma mulher para viver à sua custa.

chumaçar *v t/int* (<chumaço+-ar[1]) Meter chumaços em ou dar forma de chumaço a/Almofadar(+)/Estofar(o+)/Acolchoar. **Ex.** O estofador não chumaçou bem o sofá. **Loc.** ~ a gaze esterilizada. ~ a ponta do florete. ~ um casaco.

chumaceira *s f Mec* (<chumaço+-eira) **1** Peça de apoio *us* para diminuir o atrito de um eixo/Bucha/Mancal. **2** Apoio de madeira ou couro em que giram os remos. **3** Peça de ferro com que se reforça o dente já gasto de um arado ou charrua.

chumaço *s m* (<lat *plumácium,i*: leito de penas/plumas) **1** Qualquer matéria flexível que serve para almofadar interiormente certas peças de vestuário «nos ombros». ⇒ estofo. **2** *Med* Compressa de algodão ou gaze para absorver o sangue nas intervenções cirúrgicas. ⇒ emplastro. **3** *pop* Inchaço/Tumefa(c)ção em qualquer parte do corpo/Papo. **4** *gír* Circunstância ou coisa maçadora/Chatice. **5** *Br* Peça de madeira em que gira o eixo do carro de bois. **Sin.** Chumaceira 1.

chumbada *s f* (<chumbo+-ada) **1** Tiro de chumbo ou ferimento por ele causado. **Ex.** A ~ na perna deixou-o a coxear. **Loc. Apanhar** [Levar] **uma ~. Dar** [Disparar/Atirar] **uma ~. 2** Peso(s) de chumbo preso(s) à rede ou à(s) linha(s) de pesca para que não flutue(m). **3** *gír* Reprovação de um grande número de alunos. **Sin.** Razia(+). **4** *fam* ⇒ Maçada/Chatice.

chumbado, a *adj* (<chumbar+-ado) **1** Fixo com chumbo. **Ex.** As dobradiças/Os gonzos do portão estão ~s ao muro. **2** Obturado [Tapado] com chumbo/cemento. **Ex.** Já tenho dois dentes ~s. **3** *gír fig* Reprovado «num exame ou concurso». **4** *pop fig* Embriagado. **Ex.** Aquele já vai ~ [com um grão [chumbo] na asa]. **5** *Br fam fig* Tocado [Ferido/Atingido] por paixão amorosa/Apaixonado. **6** *Br fam fig* Atingido por doença grave, sobretudo contagiosa.

chumbador *s m* (<chumbar+-dor) **1** Aquele que chumba. **2** Peça de ferro chumbada [fixa com chumbo] à parede «para colocar caixilhos».

chumbadou[oi]ro *s m* (<chumbar+-douro) **1** Lugar onde se faz chumbagem. **2** ⇒ chumbador 2.

chumbagem *s m* (<chumbar+-agem) A(c)to de fixar/tapar/guarnecer com chumbo. **Ex.** Antes do funeral procedeu-se à [fez-se a] ~ da urna. **Comb.** A ~ [obturação] dum dente.

chumbar *v t* (<*plúmbo,áre*) **1** Fixar/Prender com chumbo ou outro metal derretido. **Loc.** ~ uma grade [um portão] «à parede». ~ um caixão (Revestindo-o todo para conservar o cadáver). ⇒ soldar. **2** Aplicar um selo de chumbo. **3** Guarnecer com peso(s) de chumbo. **Loc.** (O pescador) ~ *a rede*. (A costureira) ~ *o casaco* [Aplicar uns pesos para que caia [assente] melhor]. **4** Tapar ou (pre)encher com chumbo ou outro material. **Loc.** ~ [Obturar] um dente (⇒ cemento). **5** Ferir com tiro de chumbo. **Ex.** Apenas consegui ~ a perna da lebre. **6** *gír* Reprovar/Rejeitar/Derrotar. **Ex.** Se ele não estudar, vai ~. A proposta do governo foi chumbada no Parlamento. **7** *fam* ⇒ Causar aborrecimento/tédio/Aborrecer. **8** *fam* ⇒ Deixar entre a espada e a parede/Encalacrar. **9** *gír* ⇒ embriagar. **10** *Br gír* ⇒ enamorar(-se)/apaixonar(-se).

chúm(b)ea *s f Mar* (<ár *jam'â:* algema+chumbar) Peça com encaixe e fixa por braçadeiras com que se reforçam os mastros estalados.

chum(b)ear *v t/int* (<chúmbea+-ar[1]) Segurar/Reforçar com chúm(b)eas.

chumbeira *s f* (<chumbo+-eira) **1** Rede de pesca artesanal que consiste num cone com um peso de chumbo no vértice. ⇒ tarrafa. **2** ⇒ chumbeiro 2/chumbada 2.

chumbeiro *s m* (<chumbo+-eiro) **1** Operário que trabalha em chumbo. **2** Bolsa/Estojo de cou[oi]ro onde o caçador leva o chumbo.

chumbo [Pb 82] *s m Quím* (<lat *plúmbum,i*) **1** Elemento metálico [Metal] escuro e muito pesado *us* para soldar e contra [e proteger «o radiologista» de] radiações «de raios X». **Comb.** «fato» Cor de ~ [Cinzento(+)]. **2** Grão desse metal *us* nas munições «cartuchos» de caça. **3** ⇒ chumbada **2. 4** *gír* Reprovação num exame/concurso/Rejeição duma proposta. **Ex.** Levou [Apanhou] um ~ [Chumbou] a Matemática. A proposta de aumento de impostos levou um ~ no Parlamento. **5** *fig* Coisa muito pesada. **Ex.** Esta criança é ~ [pesa como o ~]. **6** ⇒ disparo/tiro/fogo/bala.

chumeco *s m depr* (<ing *shoemaker:* sapateiro) **1** Sapateiro remendão/reles. **2** ⇒ Pessoa (tida por) ordinária/reles.

chuna [chunambo] *s f/m* (<mal *chunambu*) Cal da Ásia, muito resistente, feita com casca de ostras esmagada *us* em muralhas de Macau».

chunga *adj 2g* (<?) Reles/Ordinário. **Ex.** Não gostou do ambiente ~ daquele baile.

chungaria *s f fam depr* (<chunga+-aria) Coisa ordinária/reles/sem gosto. **Ex.** O ambiente daquele bar era uma perfeita ~.

chupa *s m* (<chupar; ⇒ ~-~, ~-flor, ~-mel, ~-tinta) **1** *Col* ⇒ mata-borrão. **2** ⇒ ~-~(+). **3** *Br* Laranja descascada e não partida à qual se tira um tampo para lhe sorver o sum[c]o. **4** Máquina aspiradora «*us* na descarga de granéis finos»/Chupador/Aspirador. **5** *gír* ⇒ Ladrão de carteiras/Carteirista(+)/Punguista. **6** *Br* ⇒ Preguiçoso que se aproveita do trabalho alheio. **7** ⇒ chupista(+); oportunista(o+). **8** *Bot* Árvore de fruto comestível nativa da Guiana e do Brasil, da família das Lecitidáceas; *Gustávia speciósa*.

chupa-chupa *s m* (*pl* chupa-chupas) Rebuçado [*Br* Bala] fixo num palito para segurar.

chupada *s f* (<chupar+-ada) **1** A(c)to de chupar/Chupadela. **Ex.** Deu uma (grande) ~ no cigarro. **2** *Br fam* ⇒ Repreensão/Reprimenda.

chupadeira *s f* (<chupar+-deira) **1** ⇒ Chupeta/Mamadeira. **2** *pop* ⇒ Exploração/Abuso.

chupadela *s f* (<chupar+-dela; ⇒ chupada) A(c)ção de chupar ou o que se chupa de uma (só) vez. **Ex.** A sua conversa era interrompida por rápidas ~s no cachimbo.

chupado, a *adj* (<chupar+-ado) **1** Sugado «com a boca/(Ab)sorvido «pela terra seca». **2** *fam* Seco de carnes/Magro/Definhado. **Ex.** Tinha um rosto ~. **3** *Br fam* ⇒ Bêbedo/ Embriagado. **4** *Br fig* ⇒ Copiado/Plagiado.

chupador, ora *s/adj* (<chupar+-dor) **1** (O) que chupa/Tubo de aspiração/Sugador/Aspirador. **Comb.** Máquina ~ora «de água/de cereal/de lixo». **2** *fig* ⇒ Chupista(+)/Oportunista(o+).

chupadou[oi]ro *s* (<chupar+-douro) **1** Pequeno orifício por onde é sugado um líquido. ⇒ palhinha. **2** A(c)ção continuada de chupar. **3** *fig* Gasto/Dispêndio contínuo. **Ex.** Aquelas obras foram o ~ [sorvedoiro(+)] das suas poupanças. **4** *Br* ⇒ Redemoinho (de água) que se forma nos rios e lagos.

chupa-flor[-mel] *s m Ornit* (<chupar+...) ⇒ colibri/beija-flor.

chupa-mel *s m Bot* (<chupar+mel) Designação comum das plantas cujas flores têm mel em abundância. **Sin.** Flor-mel.

chupão *s m* (chupar+-ão) **1** Mancha avermelhada na pele devido a sucção com a boca ou só essa sucção. **2** *pop* Beijo ruidoso, com sucção. **3** ⇒ chaminé.

chupar *v t/int* (< *on*) **1** Sorver/Sugar/Chuchar. **Loc.** ~ *a teta* [o leite materno]. «a criança» ~ *o dedo*. ~ *um rebuçado* [*Br* uma bala]. ~ *(gomos de) tangerina*. **Idi.** ~ *os olhos da cara a* [Deixar alguém sem nada/Roubar (tudo)]. *Ficar a* ~ *no dedo* [Ficar sem o que apetecia/desejava/queria]. **2** Absorver. **Ex.** A esponja [terra seca/areia] chupa a água. **3** *fig depr* Aproveitar-se de/Mamar. **Ex.** Chupou [Mamou/Apanhou/Lambeu] a fortuna da tia e nunca mais deu sinal de vida. **4** *Iron* Ter de suportar algo desagradável. **Ex.** Atrasaste-te, agora chupa [leva/toma/aprende/aguenta] «tens de sair mais tarde/já não há para ti»! Chupa *idi* que é cana doce [Acarreta com as consequências do que fizeste]! **5** *Br* ⇒ Cometer um furto/Roubar. **6** *Br* Aproveitar-se (de forma abusiva) do trabalho de outrem/Abusar/Explorar. **Ex.** Deixe de ~, reme direito [como deve]!

chupa-tinta *s m* (<chupar+tinta) ⇒ mata-borrão(+).

chupeta (Pê) *s f* (<chupar+-eta) **1** Tetina do biberão/da mamadeira. **2** Obje(c)to com tetina para os bebé[ê]s chuparem e sossegarem/Chucha. **Idi.** *Col* «isto é» *De* ~ [De primeira qualidade/Excelente]. **3** Tub(inh)o

por onde se aspira um líquido «vinho da pipa». ⇒ argau; palhinha; sifão.

chupim s m Ornit (<on) **1** ⇒ tentilhão. **2** Br Pássaro da família dos Icterídeos, com outras designações, como ~-do-banhado, ~-do-brejo ou ~-do-charco; *Molóthus bonariensis*. **3** Br depr ⇒ Marido que vive à custa da mulher.

chupista adj/s 2g (<chupar+-ista) O que procura obter dos outros o máximo proveito/Oportunista/Explorador. **Ex.** Ele é um ~ ; sempre que pode, crava um almoço [, almoça à custa dos outros].

chupitar v t/int (<chupar+-itar) **1** Chupar/Beber devagar e repetidamente. **Loc.** ~ uma limonada. **2** Br Conseguir algo/Abichar. **Ex.** Ele chupitou [abotoou-se com] um bom emprego.

churdo, a adj/s (<lat *sórdidus,a,um*: sujo, sórdido) **1** Diz-se de lã suja, tal qual é retirada dos animais/Por lavar/Sujo. **2** fig Imundo/Miserável/Churro/«líquido» Turvo. **Comb.** Um ~ [homem vil].

churrascada s f (<churrasco+-ada) Refeição «de festa» à base de carnes e enchidos grelhados [assados na brasa] e servida geralmente ao ar livre. **Ex.** No seu aniversário ofereceu uma ~ [Br um churrasco] aos amigos.

churrascaria s f (<churrasco+-aria) Restaurante que serve churrasco. **Comb.** Uma ~ rodízio. ⇒ churrasqueira.

churrasco s m Cul (esp *churrasco*) **1** Carne assada. **Comb.** Churrasquinho [Bifinho «com pão»]. Frango/Febras no [de] ~. **2** Br ⇒ churrascada.

churrasqueira s f (<churrasco+-eira) **1** ⇒ churrascaria. **2** Local «na horta/no jardim» [Grelha/Aparelho] para preparar churrasco.

churriado, a adj Br (< ?) Diz-se do gado bovino, avermelhado ou escuro e com list(r)as brancas.

churro, a s adj/s m (<lat *sórdidus,a,um*: sujo) **1** ⇒ churdo. **2** ⇒ surro. **3** Cul Espécie de filhó cilíndrica feita de farinha e ovos, com açúcar e canela. **Sin.** Fartura 2(+).

chus adv (<lat *plus*: mais) Agora é só *us* na expressão «foi-se embora e» **Nem ~ nem bus** [Sem retrucar/Não disse (uma) palavra].

chusma s f (< ?) Grande quantidade/Multidão/Magote/Montão. **Comb.** «vieram muitos» Às ~s [Aos montões/magotes. Uma ~ de [Muita] gente.

chuta interj (<on) Exprime pedido de silêncio. **Sin.** Silêncio!; caluda!; psiu!; pss!; xiu!

chutador, ora s/adj (D)esp (<chutar+-dor) **1** (O) que chuta «bem/certeiro». **2** Br (Aquele) que arrisca uma afirmação ou resposta à sorte. **3** Br ⇒ gab(ar)ola; fanfarrão; mentiroso.

chutar v t/int (D)esp (<chuto[e]+-ar¹) **1** Atirar «a bola» com [Dar] um pontapé. **2** fam Atirar alguma coisa a alguém/Mandar. **Ex.** Chuta para cá essa borracha [essa cadeira]. **3** Br fam Dizer algo ao acaso/Atirar à sorte/ao calha. **Ex.** Chutou algumas (das) respostas no teste de História. **Idi.** Br ~ **alto** [Contar vantagens/Vangloriar-se]. **4** fam Passar a solução de um problema para outra pessoa ou instância. **Ex.** Resolveu ~ [passar (+)] o assunto para a Administração. **5** fam Convidar/Forçar alguém a sair/Mandar embora/Expulsar/Enxotar. **Ex.** O dire(c)tor chutou-os [pô-los fora (+)] do gabinete. **6** gír Inje(c)tar-se com droga. **7** Br ⇒ mentir.

chuteira s f (D)esp (<chuto[e]+-eira) Bota de [própria para jogar] futebol. **Idi. Col Pendurar as ~s** [Terminar a carreira futebolística ou outra/Parar (de trabalhar)].

chuto[e] s m (D)esp (<ing *shoot*: disparar, atirar) **1** Pontapé (forte) na bola. **Loc.** Dar um ~ [pontapé] na bola/Chutar. ⇒ remate; passe; tiro; arremesso. **2** Pancada com o pé em qualquer coisa. **Ex.** O filho tinha o mau hábito de dar ~s nas pedras do [de ir aos pontapés às pedras pelo] caminho. **3** gír Inje(c)ção de substância estupefaciente «heroína». **Loc.** Dar um ~ [Inje(c)tar-se com droga]. **Comb.** Casa [Sala] de ~ [Local de tratamento de toxicodependentes]. **Idi. No** ~ [À sorte/À toa/Ao calha/Ao acaso] (Ex. Não é bom aluno, acerta no ~ [acerta só quando calha]).

chuva s f Meteor (<lat *plúvia,ae*) **1** Água que cai do céu/Precipitação atmosférica. **Ex.** O boletim meteorológico «da TV» dá [anuncia/prevê] ~ (para) amanhã. **Loc.** Andar à [Apanhar] ~. **Idi.** ~ **molha-tolos** ⇒ chuvisco. Br ~ **no roçado** [Um bom negócio]. «algo» **Estar/Ser ao preço da** ~ [muito barato]. pop **Manda-~** [Chefe todo poderoso]. **Dar a ~ e o bom tempo** [Ter poderes absolutos]. «alguém» **Tirar o cavalinho da** ~ [Ter de desistir de uma pretensão]. **Comb.** ~ **ácida** [contaminada por gases poluentes da atmosfera]. Br ~ **criadeira** [miúda e continuada/que penetra bem no solo]. fig ~ **de estrelas** [Clarões/Luzes de meteoros]. ~ **de pedra** [Granizo/Saraiva]. ~ **fina** [miudinha/miúda/fraquinha]. ~ **forte** [a valer]. ~ **grossa** [de gotas grandes]. ~ **torrencial** [que inunda tudo]. **Época/Estação das ~s**. **2** fig Tudo o que vem [cai] em abundância. **Comb.** ~ de aplausos [de balas/de perguntas/de pétalas «sobre o cortejo/a procissão»/de protestos]. **3** Br fam ⇒ bebedeira. **4** Guiné ⇒ ano (de idade).

chuva(ra)da s f (<chuva+-ada) Chuva intensa/forte/valente. ⇒ aguaceiro.

chuva-de-ouro s f Bot **1** Planta ornamental brasileira de flores amarelas da família das Orquidáceas; *Oncídium flexuosum*. **2** ⇒ canafístula.

chuveiro s m (<chuva+-eiro) **1** Dispositivo com crivo para tomar banho. **Ex.** Instalou um ~ na [sobre a] banheira. **Comb.** ~ automático [que lança água quando há perigo de fogo]. **2** Banho tomado com esse dispositivo/Duche. **Ex.** Preferia o banho de ~ ao (banho) de imersão. **3** Quarto de banho só com ~ **1. Idi.** Br **Mandar para o** ~ [Expulsar do campo (o futebolista). **Comb.** Os ~s do pavilhão gimnodesportivo [da piscina]. **4** ⇒ crivo(+). **5** Br ⇒ chuva 2(+). **6** Br ⇒ gambiarra. **7** fig Joia [Anel/Brinco] com pedra preciosa rodeada de pequenos brilhantes. **7** Br (D)esp (No futebol) Passe de bola a pingar [cair] sobre a área do adversário/Chuveirinho(+).

chuviscar v int (<chuvisco+-ar¹) Cair chuvisco.

chuvisco s m (<chuva+-isco) Chuva miudinha/Chuvinha/Chuvita/Umas ping(uit)as.

chuvoso, a adj (<lat *pluviósus,a,um*) **1** Onde [Em que] chove muito. **Ex.** Hoje choveu muito [foi um dia ~]. Em Portugal, o norte(-litoral) é mais ~ que o sul. **Comb.** Estação ~a [das chuvas (+)]. **2** Que traz chuva. **Ex.** (Hoje) o dia [tempo] está ~ [com cara de chuva]. O vento sul é quase sempre ~ [é de/traz chuva].

CIA s f Sigla de **C**entral **I**ntelligence **A**gency «criminoso» Serviços secretos dos EUA.

cianamida s f Quím (<ciano+amida) **1** ~ de cálcio, *Ca(NCN)*. **2** Derivado de substituição do amoníaco, *HNCNH*.

cianeto s m Quím (<ciano-+-eto) Sal inorgânico derivado do ácido cianídrico [prússico] que é um poderoso veneno. **Comb.** ~ de potássio.

cianita[e] s f Min (<ciano-+-ita[e]) Silicato de alumínio. **Sin.** Distena; palha-de-arroz.

cian(i/o)- (<gr *kyanós*: azul-escuro) Exprime a ideia de azul.

cianómetro [Br **cianômetro**] s m (<ciano-+-metro) Instrumento para medir a intensidade do azul do céu.

cianose s f Med (<gr *kyánosis*: cor azul-escura) Doença circulatória, por falta de oxigé[ê]nio, que se manifesta pela coloração azulada das mucosas ou da pele/Cianopatia.

ciar¹ v int Náut (<on) **1** Remar para trás «para manobrar a embarcação». **2** ⇒ recuar; retroceder; parar e virar para trás.

ciar² v int (<cio+-ar¹) ⇒ Ter ciúmes de.

ciática s f Med (<ciático) Dor devida à compressão do nervo ciático. **Ex.** Custa-me a andar, é a ~.

ciático, a adj Med (<gr *skhiadikós <skíon*: osso da bacia onde encaixa o fé[ê]mur) Relativo à anca ou à parte posterior da coxa. **Comb.** Nervo ~.

ciatiforme adj 2g (<cíato-+-forme) Em forma de cíato/copo/taça.

cíato s m (<gr *kýathos*: taça) **1** Hist Taça antiga com asa para vinho. **2** Bot (Tipo de) inflorescência em forma de taça/Br Ciático. **3** Anat Conduto do infundíbulo encefálico.

cia-voga s f Náut (<ciar¹+vogar) Movimento do barco quando os remadores de um lado remam para diante e os do outro remam para trás.

cibalho s m (<lat *cibus,i*: comida+-alho) Alimento que as aves levam no bico. **Sin.** Biscato 1(+).

ciber- (<gr *kybernétes*: piloto, dirigente) Exprime a ideia de comandar, dirigir, mover.

cibercafé s m Info (<ciber-+...) Bar ou café equipado com computadores com acesso à Internet, para uso dos clientes.

cibercultura s f Info (<ciber-+...) Conjunto de produtos e valores culturais veiculados pela Internet.

ciberespaço s m Info (<ciber-+...) Espaço virtual constituído pela informação que circula na Internet.

ciberliteratura s f Info (<ciber-+...) Escrita criativa difundida pelos seus autores através da Internet.

cibernauta s f Info (<ciber-+...) Pessoa que *navega* na Internet.

cibernética s f (<gr *kybernétike*: arte de pilotar/governar) Ciência que estuda os sistemas e mecanismos de controle não só nos organismos vivos mas também nas máquinas.

cibernético, a adj (<gr *kybernetikós*) Diz-se da técnica de representar coisas em movimento, utilizando os meios modernos. **Comb.** Estudo ~ do cérebro.

ciberpirata s 2g Info (<ciber-+...) Pessoa que utiliza os seus conhecimentos de informática para a(c)tividades ilícitas através da Internet.

cibersexo s m (<ciber-+...) Situação em que um utilizador da Internet participa virtualmente em jogos sexuais com outro(s) utilizador(es).

cibo s m (<lat *cibus,i*: alimento, refeição) **1** ⇒ cibalho; biscato 1(+). **2** fig ⇒ pedaço; bocado «de pão/de queijo».

cibório s m (<gr *kibórion*: fruto do nenúfar em forma de taça ou pequena vasilha para guardar alimentos) **1** Vaso sagrado em que se guardam as hóstias consagradas/Píxide(+). **2** ⇒ baldaquino.

cicatricial adj 2g (<cicatriz+-ial) De [Que diz respeito a] cicatriz.

cicatrícula s f (<lat *cicatrícula*) **1** Pequena cicatriz. **2** Biol Pequena mancha branca circular, na superfície do ovo fecundado,

por onde se inicia a formação do novo ser. 3 *Bot* Ponto superficial na semente, por onde começa a germinação.

cicatriz *s f* (<lat *cicátrix,ícis*) 1 Marca deixada na pele por um golpe ou uma ferida já cicatrizados/curados. **Ex.** O criminoso foi identificado [descoberto] pela ~ no rosto. ⇒ escara. 2 *Bot* Sinal que a folha caída deixa no caule. 3 *fig* Má recordação ou ressentimento deixado por um acontecimento doloroso. **Ex.** A morte da mãe deixou-lhe profundas ~es [marcas] para toda a vida.

cicatrização *s f* (<cicatrizar+-ção) Formação da cicatriz/Cura.

cicatrizante *adj 2g* (<cicatrizar+-ante) Que favorece a cicatrização. **Ex.** Este pó [Esta pomada] é um bom ~.

cicatrizar *v t/int* (<cicatriz+-ar¹) 1 Transformar(-se) em cicatriz/Curar/Sarar. **Ex.** A pele cicatrizou(-se) rapidamente. 2 *fig* Apagar uma má recordação. **Ex.** Foi preciso deixar ~ a mágoa daquela separação.

cícero *s m* (<lat *antr Cícero,ónis*, eloquente orador e político romano, 106-43 a.C.) 1 *Tip* Unidade de medida tipográfica equivalente a 12 pontos, 4,511 mm, *us* numa edição de 1469 das *Epistolae ad Familiares* (Cartas aos Familiares) de Cícero. 2 *Tip* ⇒ quadratim. 3 *fig* ⇒ Pessoa eloquente.

cicerone *s 2g* (<it *cicerone* <Cícero) Pessoa que explica «o museu» aos visitantes/Guia(+).

ciceroniano, a *adj* (<lat *ciceroniánus,a,um*; ⇒ cícero) 1 De Cícero. **Comb.** Obra [Eloquência/Estilo] ~. 2 Semelhante a 1. **Comb.** Orador [Estilo] ~.

ciciante *adj 2g* (<ciciar+-ante) Que produz um ruído ligeiro/Que cicia/Cicioso. **Comb.** Voz ~ [muito baixinha mas clara]. **Sin.** Rumorejante; sussurrante; sibilante.

ciciar *v int* (<cicio+-ar) Pronunciar palavras em cicio/Dizer em voz baixa. **Loc.** ~ segred(inh)os. **Sin.** Segredar; sibilar; sussurrar.

cicio *s m* (<on) 1 Som ou rumor brando e sibilante. **Ex.** Ao ver o perigo, disse-lhe num ~: – fujamos daqui! 2 Palavras proferidas em voz muito baixa. **Sin.** Murmúrio; sussurro; cochicho **1**.

cicioso, a *adj* (<cicio+-oso) Que cicia/Ciciante. **Ex.** Escutava a ~a aragem entre as folhas. **Sin.** Sibilante; sussurrante.

ciclagem *s f Ele(c)tri* (<ciclo+-agem) Frequência de oscilação de uma corrente ou tensão elé(c)trica alterna(da).

ciclamato *s m Quím* (<ciclâmico+-ato) Sal ou éster do ácido ciclâmico. **Ex.** O ~ de sódio é um [é *us* como] adoçante sintético.

ciclâmen *s m Bot* (<gr *kykláminos;* pl ~ns) Planta ornamental da família das Primuláceas ou Ciclamíneas; *Cyclamen*. ⇒ artanita.

ciclâmico, a *adj Quím* (<ciclo+amida+-ico) Diz-se de um só ácido. ⇒ ciclamato.

cíclico, a *adj* (<gr *kýklikos:* circular) 1 Que se repete num dado tempo ou ritmo. **Comb.** A(c)tividade [Festa/Fenó[ô]meno/Crise/Acontecimento/Doença] ~. ⇒ ciclo; periódico. 2 *Bot* Diz-se de flor, folhas ou ramos dispostos em círculo à mesma altura.

ciclismo *s m (D)esp* (<ciclo+-ismo) Prática de corrida de bicicleta/Velocipedismo. **Loc.** Praticar ~.

ciclista *adj/s 2g* (<ciclo+-ista) 1 Praticante de ciclismo/Corredor de bicicleta/Velocipedista. 2 De bicicleta. **Comb.** Indústria ~. Uma habilidade ~.

ciclizar *v t Quím* (<cíclico+-izar) Transformar um composto ou ião acíclico num cíclico.

ciclo *s m* (<gr *kýklos:* círculo, roda; ⇒ bicicleta, tri~) 1 Espaço de tempo em que se completa um fenó[ô]meno, ou uma sucessão regular de fenó[ô]menos que se repetem. **Ex.** O ~ lunar é de 19 anos e o ~ solar é de 28 anos. **Comb.** *O ~* [A volta] *das 4 estações* (do ano). ~ *econó[ô]mico* [Espaço de tempo em que a economia passa pelas 4 fases de expansão, auge [ponto mais alto], recessão e depressão]. ~ *litúrgico* [Conjunto do Advento, Natal, Quaresma, Páscoa e Tempo Comum/Volta completa das celebrações anuais do Mistério da Salvação]. ~ *menstrual* [Período de mais ou menos 28 dias entre duas menstruações consecutivas]. 2 Conjunto/Série. **Ex.** No verão organizou-se um ~ de conferências para estudantes estrangeiros sobre literatura portuguesa. 3 *Liter* Conjunto de criações literárias atribuídas a determinada época. **Comb.** ~ homérico. 4 *Liter* Série de obras do mesmo ou de diversos autores tematicamente interligadas. **Comb.** O ~ da cana-de-açúcar «da obra do escritor brasileiro José Lins do Rego» [do ouro do Brasil/das 'Histórias Trágico-marítimas']. ⇒ período «medieval/renascentista».

cicloadição *s f Quím* (<ciclo+...) Rea(c)ção em que moléculas não saturadas se combinam para formar um composto cíclico.

ciclocrosse *s m* (<ing *cyclocross*) Corta-mato em bicicleta (+).

cicloide (Klói) *s f/adj 2g* (<gr *kikloeides:* circular; ⇒ ciclo; -oide) 1 Curva descrita por um ponto duma circunferência que roda, sem deslizar, sobre uma re(c)ta. 2 *Psic* ⇒ ciclotímico. 3 ⇒ Que tem forma mais ou menos circular.

ciclomotor *s m* (<ciclo+...) (Bicicleta) motorizada(o+)/Motociclo(+)/Motocicleta(o+).

ciclone *s m* (<gr *kyklóma:* obje(c)to redondo <*kyklóo:* rodar em círculo) 1 *Meteor* Região ou centro de baixa pressão atmosférica. **Ant.** Anti~ . 2 *Meteor* Vento muito forte e destruidor/Furacão/Tufão. **Ex.** A associação de uma frente fria com uma frente quente pode provocar um ~. 3 *Mec* Máquina ventiladora com movimento centrífugo «com que se fabrica o pó de cortiça». 4 *fig* Fenó[ô]meno ou indivíduo que destrói ou arrasa tudo à sua passagem.

ciclónico, a [*Br* **ciclônico**] *adj* (<ciclone+-ico) Relativo ou semelhante ao ciclone. **Ex.** Ventos ~s tornaram perigosa a travessia da ponte. **Comb.** Movimento ~ [em espiral].

ciclope *s m* (<gr *kíklop:* olho redondo) 1 *Mit* Gigante mitológico, descrito na *Odisseia*, com um só olho na testa. 2 *Zool* Pequeno crustáceo de água doce.

ciclópico, a *adj* (<ciclope+-ico) 1 Dos/Relativo aos ciclopes. 2 *fig* Gigantesco/Colossal/Enorme. **Ex.** Construir as pirâmides do Egi(p)to foi um trabalho [uma empresa] ~. **Comb.** *Esforço ~* [enorme/extraordinário/gigantesco].

ciclorama *s m Teat* (<ciclo+-orama) Grande tela semicircular para dar a ilusão de expansão e relevo ao fundo do palco. ⇒ cinemascópio.

ciclose *s f Biol* (<gr *kyklósis:* a(c)ção de mover(-se)) Movimento de substâncias em correntes intracelulares.

ciclóstomo, a *s/adj Icti* (<ciclo+gr *stoma:* boca) Classe de vertebrados pisciformes «lampreia», de boca circular e sugadora, também denominados ágnatos, ciclostomados e agnatóstomos.

ciclotimia *s f Psic* (<ciclo+gr *thymós:* ânimo+-ia) Estado psicológico caracterizado por fases alternadas de excitação ou euforia e depressão ou apatia.

ciclotímico, a *adj/s Psic* (<ciclotimia+-ico) O que se caracteriza pela ciclotimia.

ciclotrão/cíclotron *s m Fís* (<ciclo+...) Acelerador de partículas em espiral.

cicloturismo *s m* (<ciclo+turismo) Ciclismo não competitivo.

ciclovia *s f* (<ciclo+via) Pista (lateral à estrada) para bicicletas.

cicnoide (Ói) *adj 2g* (<cisne+-oide) Parecido ao [com o] cisne.

ciconiídeo, a *s/adj Ornit* (<cegonha+-ídeos) (Diz-se de) ave pernalta ciconiiforme, com centenas de espécies.

cicuta *s f Bot*(<lat *cicúta,ae*) Planta venenosa da família das Umbelíferas; *Cónium maculátum*/Suco venenoso da planta.

-cida *suf* (<lat *caedo:* matar, cortar; ⇒ -cídio) (Exprime a ideia de *que mata, que deita abaixo*; por ex. homi~, inse(c)ti~).

cidadania *s f* (<cidadão+-ia) Condição de cidadão/Vínculo jurídico que constitui um indivíduo como sujeito de direitos e obrigações [deveres] num estado de direito. **Comb.**~ [Nacionalidade] portuguesa. Direito de ~. Formação (da consciência do cidadão) para a ~.

cidadão, ã *s* (<cidade+-ão; ⇒ citadino) 1 Indivíduo pertencente a um estado livre e no gozo dos seus direitos. **Comb.** Cidadãos e cidadãs [Homens e mulheres] de todos os países. ~ *do mundo* [Pessoa devotada aos grandes interesses da humanidade]. ~ português [brasileiro]. 2 *Hist* Habitante de uma cidade-estado da Grécia antiga ou de Roma. 3 *Br* Qualquer indivíduo/sujeito. **Comb.** Um ~ [sujeito(+)] esquisito.

cidade *s f* (<lat *cívitas,átis*) 1 Aglomerado populacional de certa importância e com determinadas infraestruturas necessárias a essa condição. **Comb.** ~ *aberta* [sem grandes instalações militares e que não deve ser atacada] (Ex. Roma, na Segunda Guerra Mundial, foi declarada ~ aberta). ~ *alta* [Zona elevada e periférica da ~]. ~ *baixa* [Zona plana e central da ~] (Ex. Vou fazer compras à (~) baixa). ~-*berço* [onde nasceu o país]. ~ *celeste* [Céu]. ~ *das sete colinas* [Roma/Lisboa]. ~-*dormitório* [Zona residencial nos arredores de uma grande cidade]. ~ *eterna* [Roma]. «Atenas» ~-*estado* «na Grécia antiga». ~ *invicta* [Porto, Pt]. ~ *universitária* [Zona onde estão implantadas as diversas faculdades duma universidade]. *Br pop* ~ *dos pés juntos* [Cemitério] (Ex. Ir para a ~ dos pés juntos [Morrer]). 2 Conjunto dos habitantes desse aglomerado. **Ex.** A ~ agitou-se com a visita do Presidente. 3 Tipo de vida próprio do meio urbano. **Ex.** Faltava-lhe a [o ambiente de] ~ naquele recanto de província. 4 *Br* ⇒ centro; município.

cidadela *s f* (<cidade+-ela) 1 Baluarte/Fortaleza/Reduto que protege uma cidade. **Ex.** Ele visitou a ~ de Cascais (Portugal). ⇒ castelo. 2 *fig* Local onde se reúnem os seguidores de determinada doutrina ou ideologia/Centro/Reduto. **Ex.** Minas Gerais (Brasil) foi a ~ da Inconfidência Mineira (1789). 3 *Br* ⇒ gol; arco; baliza.

-cídio *suf* (<lat *caedo;* ⇒ -cida, homicídio).

cidra *s f* (<lat *cítrea,ae:* cidreira, limoeiro) Fruto da cidreira, verde e maior (do) que o limão.

cidrada *s f* (<cidra+-ada) Doce feito com casca de cidra cozida em calda e cristalizada.

cidreira *s f Bot* (<cidra+-eira) 1 Árvore da família das Rutáceas; *Citrus médica*. 2 Erva medicinal da família das Labiadas, mais conhecida por erva-~. **Comb.** Chá de ~.

cieiro s m (<lat *cérium*: ferida com buraquinhos como favo de mel) **1** Pequenas fendas na epiderme, provocadas sobretudo pelo frio. **Ex.** No inverno o ~ gretava-lhe os lábios. ⇒ frieira. **2** *pop* Vento frio de nordeste, em Portugal continental.

ciência s f (<lat *scientia,ae*) Conjunto de conhecimentos mais ou menos exa(c)tos de tudo o que existe. **Ex.** Segundo os domínios [ramos] que investiga ou maneira de investigar, a ~ tem nomes diferentes: biologia, filosofia, física, teologia, ... **Idi.** ~ *de algibeira* [~ falsa/superficial]. *Poço de ~* [Pessoa que sabe muito/Grande sábio/a]. **Comb.** «matemática» ~ *abstra(c)ta* [que estuda as qualidades lógicas, conce(p)tuais ou convencionais da realidade]. «medicina» ~ *aplicada* [que visa resultados práticos/utilitários]. ~ *da pesca* [Pescaria] (⇒ ictiologia). «química» ~ *experimental* [que se baseia na experimentação]. ~ *infusa* [inspirada por Deus/adquirida sem livros]. ~ *pura* [do saber/Filosofia]. «geologia/botânica/zoologia» ~*s naturais*. «psicologia/sociologia/história» ~*s sociais/ humanas* [que estudam a sociedade humana]. «saber» *De ~ certa* [De fonte segura/Por verificação pessoal «saber quem foi o ladrão»]. *Progresso* [Avanço] *da ~*. **Ant.** Ignorância. ⇒ conhecimento; erudição; sabedoria; técnica.

ciente adj 2g (<lat *scíens,éntis* <*scio,re*: saber) Conhecedor/Informado/Sabedor. **Ex.** Quero que fiques ~ [consciente] das [que saibas quais são as] tuas obrigações.

cientificamente adv (<científico+-mente) «investigar» De forma científica/Do ponto de vista científico.

cientificar(-se) v t (<científico+-ar¹) ⇒ informar; certificar.

cientificidade s f (<científico+-dade) Cará(c)ter/Qualidade do que é científico.

científico, a adj (<ciência+-fico) Relativo a/Que revela ciência. **Comb.** *Conselho ~* [Órgão formado por professores doutorados] «de uma universidade». *Investigação* [Pesquisa] ~*a*. *Método ~* [que segue todas as regras da investigação].

cienti(fici)smo s m Fil (<ciência+-ismo) Corrente filosófica que afirma estar na ciência a resolução de todos os problemas. ⇒ positivismo.

cientista s 2g (<ciência+-ista) Pessoa cuja a(c)tividade se desenvolve no âmbito da ciência/Investigador científico. **Ex.** Egas Moniz, médico português, foi um grande ~.

cifose s f Med (<gr *kýphosis*: curvatura) Acentuada curvatura, para a frente, da coluna vertebral. ⇔ corcunda; giba.

cifra s f (<lat *cifra* <ár *çifr*: zero, vazio) **1** Algarismo zero, sem valor absoluto. **2** Número total/Importância/Quantidade/Valor. **Ex.** Era preciso justificar a ~ das despesas. O negócio atinge a ~ de oito milhões «de euros». **3** Sinal convencional/Código «Morse». **Ex.** O Ministério enviou a ordem em ~.

cifrão s m (<cifra+-ão) Símbolo ($) usado em muitos países para expressar a unidade monetária. **Idi.** *Só ver cifrões* [Só pensar em dinheiro/no lucro].

cifrar v t/int (<cifra+-ar¹) **1** Escrever em cifra/Codificar. **Ex.** O Ministério cifrou a mensagem. **Comb.** Mensagem cifrada. **2** *fig* ~-se/Reduzir(-se)/Resumir(-se). **Ex.** Os gastos da viagem cifraram-se em pouco [foram reduzidos]. O seu trabalho nestes dias cifra-se [resume-se(+)] em [dias é só] estar junto dos velhinhos.

cigano, a s/adj (<húngaro *cigány* <gr *athínganos*: que se separa dos outros) **1** Indivíduo duma etnia nó[ô]mada. **2** *fig* Pessoa esperta [ladina] nos negócios/Finório. **3** *depr* Que tenta enganar nos negócios/Trapaceiro. **4** *depr* Sem terra/Vadio. **Loc.** Levar vida de ~.

cigarra s f (<lat *cicáda,ae*) **1** *Ent* Inse(c)to da família dos Cicadídeos; *Cicada gigas*. **Ex.** No verão a ~ emite um som estridente. **Comb.** A fábula da ~ e da formiga. **2** *fig* Brinquedo ou dispositivo que produz um som estridente como o das ~s. **3** *Ornit* Pássaro brasileiro, também denominado chorão e papa-capim, da família dos Tiranídeos; *Myiornis auricularis*.

cigarrada s f (<cigarro+-ada) **1** A(c)to de fumar um cigarro. **Ex.** No fim do almoço costumava perguntar aos amigos: – Vai uma ~? ⇒ fumada.

cigarreira s f (<cigarro+-eira) Caixa ou estojo em que se trazem os cigarros.

cigarreiro, a s adj (<cigarro+-eiro) **1** Relativo a cigarros. **2** O/A que trabalha numa fábrica de cigarros/charutos. ⇒ tabaqueiro/a.

cigarrilha s f (<cigarro+-ilha) Charuto mais fino/Cigarro envolvido em folha de tabaco.

cigarro s m (<esp *cigarro*: charuto «maia *sicar*: fumar) **1** Porção de tabaco enrolado na mortalha [papel fino] para se fumar. **Idi.** *Não valer a ponta dum ~*/Não valer um ~ fumado [Não valer nada]. **Comb.** ~ com [sem] filtro. **2** *fig* Porção de chocolate ou de outra substância em forma de cigarro. **Comb.** ~ de marijuana [*Br* maconha]. ⇒ charro **2**.

cila s f Bot (<lat *scílla*: cebola albarrã vermelha) ⇒ cebola-albarrã.

cilada s f (<lat *celátus,a,um* <*célo,áre,átum*: esconder) **1** Emboscada/Armadilha/Laço para apanhar ou matar «a caça». **2** Situação enganadora para apanhar alguém em falso/Embuste/Ardil/Estratagema/Traição. **Ex.** A ~ resultou [foi boa] e o ladrão foi apanhado em flagrante. **Loc.** Armar uma ~. Cair numa ~.

cilha s f (<lat *cíngula,ae*: cinta;⇒ cingir) Faixa de tecido ou cou[oi]ro que ajusta a sela ou albarda ao dorso das cavalgaduras. ⇒ cilhão.

cilhão adj/s (<cilha+-ão) **1** Cilha grande para segurar a carga/Arreio de animal de tiro que inclui cilha e cataplasma/Sobrecilha. **2** Diz-se do cavalo que tem o espinhaço muito curvado.

cilhar v t (<cilha+-ar¹) Pôr/Apertar a cilha(+)/ Cintar/Cingir.

ciliado, a s/adj Zool (<cílio+-ado) **1** Que tem cílios. **Comb.** Planta [Folha] ~a. ⇒ ciliar. **2** Diz-se de protozoários «paramécia/o» com cílios locomotores.

ciliar adj 2g (<cílio+-ar²) Relativo a [Em forma de] cílio. **Comb.** Músculo ~ [do olho que permite a modificação da distância focal].

cilício s m (<lat *cilícium,ii*: pano da Cilícia (Ásia Menor) feito de pelo de cabra usado como armadura dos soldados) **1** Tecido ou túnica de lã grosseira. **2** Cinto áspero de corda ou pontas de arames usado sobre a pele para mortificação. **3** *fig* Contrariedade suportada com resignação. **Sin.** Cruz(+).

cilindrada s f Mec (<cilindro+-ada) **1** Volume máximo «de gás» admitido de cada vez por um cilindro [uma máquina] de êmbolo/pistão. **2** Soma das capacidades dos cilindros de um motor de explosão. **Ex.** Os carros de alta [grande/muita] ~ gastam muito combustível.

cilindragem s f (<cilindrar+-agem) **1** A(c)to ou efeito de cilindrar «os vários pavimentos de uma estrada». **2** A(c)to/Processo de passar entre cilindros «pasta de papel/ tecido, ...».

cilindrar v t (<cilindro+-ar¹) **1** Comprimir com cilindro «o pavimento duma estrada». **2** ⇒ cilindragem **2**. **3** *fig* Esmagar/Derrotar completamente. **Ex.** As rodas do cami(nh)ão cilindraram o gato. A nossa equipa/e cilindrou o adversário. **4** Dar forma de cilindro.

cilíndrico, a adj (<cilindro+-ico) Que tem forma de cilindro. **Comb.** Frasco [Lata] ~. Superfície ~a.

cilindro s m (<gr *kýlindros*) **1** *Geom* Sólido geométrico gerado pela rotação completa do re(c)tângulo em torno de um dos seus lados. **Comb.** ~ de revolução [~ circular re(c)to]. **2** Qualquer obje(c)to redondo em toda a sua extensão. **Loc.** Fazer um ~ [canudo] com uma folha de papel. **3** *Mec* Peça oca no interior da qual se move o êmbolo [pistão] de um motor de explosão ou de uma máquina a vapor. **Ex.** Tinha um carro muito potente com um motor de seis ~s (⇒ cilindrada). **3** Grande rolo metálico ou de pedra «que serve para compactar o pavimento das estradas». **4** Tambor [Rolo] de uma máquina de impressão.

cilindroide (Drói) adj 2g (<cilindro+-oide) Que tem a forma aproximada de um cilindro. ⇒ cilíndrico.

cílio s m (<lat *cílium,ii*: cílio, pestana) **1** *Anat* Cada um dos pelos que guarnecem os bordos das pálpebras/Celha/Pestana. **2** *Biol* Cada um dos filamentos filiformes no citoplasma de certos organismos unicelulares «bactérias» e que lhe asseguram a locomoção. **Comb.** ~s vibráteis. **3** *Bot* Cada um dos pelos que guarnecem os órgãos de certos vegetais.

cima s f (<gr *kyma*: onda, rebento (superior) de planta) A parte mais alta/Cimo/Cume/ Topo. **Ex.** Da janela observava ao longe as ~s [o cimo(+)] da serra. **Loc.** *Ainda por ~* [Além disso] (Ex. Ele é bonito e ainda por ~ simpático). *De ~* **a)** Da parte mais alta (Ex. O barulho vem do piso de ~. Os chineses e japoneses escrevem verticalmente [de ~ para baixo] e da direita para a esquerda); **b)** De Deus/Do alto (Ex. A fé e a coragem vêm-lhe de ~); **c)** De quem manda/Da autoridade (Ex. São ordens superiores [de ~], temos de as cumprir!). *Em ~ de* [Sobre] (Ex. Os livros estão em ~ da mesa). *Ao de ~* [Ao cimo/À superfície/À tona] (Prov. *A verdade é como o azeite*, «misturado com a água» *vem sempre ao de ~*). *Para cima* **a)** Posição superior (Ex. Filho, estão-te a cair as calças, puxa-as para ~. O vento levou a roupa para ~ do telhado); **b)** Além/Mais (Ex. Gastei para ~ de dois milhões de euros). *Por ~* **a)** Em posição superior/exterior (Ex. Saltar o [por ~ do] muro. Pôr a coberta (da cama) por ~ do lençol); **b)** Além disso (Ex. Roubou-o e (ainda) por ~ bateu-lhe!); **c)** A ganhar/ Em melhor situação (Ex. A nossa equipa/e está por ~ [é a melhor] de todas!).

cimácio s m Arquit (<gr *kymátion*, dim de *kyma*: cima) Moldura que remata a cornija.

cimalha s f Arquit (<lat *cimácula,ae* dim de *cima*: cima) **1** A parte mais alta da cornija. **2** Remate superior da parede de um edifício.

címbalo s m Mús (<gr *kýmbalon*) Antigo instrumento musical de percussão que deu origem aos pratos e ao cravo.

cimbre s m (<lat *cinctura* ?) Armação «de madeira» que suporta os arcos e abóbadas durante a sua construção.

cimeira s f (<cimo+-eira) **1** Ponto mais alto/ Cimo/Cume/Topo. **Comb.** (Parte) ~ da porta. **2** Reunião entre autoridades máximas de vários países. **Ex.** Realizou-se em

Díli, TL, a ~ entre os Chefes de Estado da CPLP. **3** Ornamento no cimo de um capacete. **4** Adorno «figura de animal» que, na heráldica, remata certos escudos de armas. **5** *Bot* Inflorescência «do miosótis» formada por um eixo principal com uma flor na ponta e eixos secundários laterais.

cimeiro, a *adj* (<cimo+-eiro) Que está no cimo/Alto/Importante. **Ex.** Mal entrou, fixou os olhos na imagem ~a do altar. Ele ocupa um lugar ~ [importante/de topo] na empresa.

cimélio *s m* (<gr *keimélion*) Obje(c)to «livro» cuidadosamente guardado. **Comb.** ~s [Preciosidades bibliográficas/Incunábulos] da Biblioteca Nacional.

cimentação *s f* (<cimentar+-ção) A(c)to de cimentar.

cimentar *v t* (<cimento+-ar¹) **1** Unir ou revestir com cimento/argamassa. **2** *fig* Consolidar/Firmar. **Ex.** Fez tudo para ~ aquela amizade «entre os dois países».

cimenteira *s f* (<cimento+-eira) Fábrica de [onde se produz] cimento.

cimento *s m* (<lat *caementum,i*: pedra miúda, de alvenaria) **1** Substância em pó obtida a partir da mistura de calcário e argila triturados. **Comb.** ~ *amianto* [de asbesto/Fibrocimento]. ~ *branco* [de cor clara, para revestimentos]. ~ *hidráulico* [que endurece debaixo de água]. ***Saco de ~.*** **2** Argamassa obtida a partir da mistura desse pó com areia e água. **Comb.** ~ [Concreto/Betão] armado. **3** Massa aglutinante usada pelos dentistas/Cemento(+). **4** *Anat* Substância que reveste a raiz dos dentes. **5** ⇒ Substância aglutinante/que liga outras.

cimicídeo, a *adj/s Zool* (<lat *címex,icis*: percevejo+-ídeo) Que pertence à família dos inse(c)tos hemípteros, em que se incluem parasitas como o percevejo.

cimicífugo, a *adj* (⇒ cimicídeo+-fugo) Diz-se da planta que tem a propriedade de afastar os percevejos.

cimitarra *s f* (<persa *shimshara*: espada) Sabre de lâmina larga e curva. **Ex.** A ~ é um pouco mais comprida do que o alfange.

cimo *s m* (<cima) Parte mais elevada de qualquer coisa/Alto/Cume/Topo. **Ex.** Subiram ao ~ do monte para apreciar a paisagem. Já atingiu o [chegou ao] ~ [topo (+)] da carreira «é professor catedrático».

cimógrafo *s m* (<gr *kyma*: pulsação+-grafo) Aparelho que regist(r)a as variações de pressão ou movimento.

cinabre [cinábrio] *s m Min* (<gr *kinnábari*) Mineral vermelho cuja composição química é sulfureto de mercúrio (HgS).

cinamomo *s m* (<lat *kinnamomon*: caneleira) **1** *Bot* Planta da família das Lauráceas, a que pertence a caneleira e a canforeira; *Cinnamonum*. **2** *Bot* Árvore exótica e ornamental da família das Meliáceas. **3** *Min* Mineral cor de canela da família das granadas e que cristaliza no sistema cúbico.

cinca *s f* (<cinco) **1** Perda de cinco pontos em certos jogos de bola. **Loc.** Dar ~. ⇒ cincar. **2** *fig* Engano/Erro/Gralha.

cincar *v int* (<cinca+-ar¹) Dar cinca(s)/Errar/Falhar.

cincerro *s m* (<vasco *zinzerri*) Chocalho(+) para pendurar ao pescoço de certos animais (de rebanho).

cincha *s f Br* (<esp *cincha*) ⇒ cilha.

cincho *s m* (<lat *cíngulum,i*: cinto) **1** Aro cilíndrico «de latão» com furos em que se espreme a coalhada para fazer queijo. **2** Grade, seira ou crivo cilíndrico onde se deita o bagaço da azeitona para ser espremido.

cinchona *s f Bot* ⇒ quina².

cinco *num*/s (<lat *quinque*) **1** O número/algarismo 5. **Ex.** A porta da sua residência tinha o número ~. A mão tem ~ dedos. **Loc.** *idi* «algo» ***Não valer ~ réis*** (de mel coado) [Não ter qualquer valor]. **Comb.** *idi* ~ *réis de gente* [Miúdo/Fedelho]. **2** Nota [Classificação] correspondente a ~ valores. **Ex.** Teve ~ a Matemática. **3** Carta de jogo/Peça de dominó/Face de dado que apresenta ~ pontos. **Ex.** Foi com aquele ~ de ouros «que eram trunfo» que ganhou a cartada decisiva.

cindir *v t* (<lat *scíndo,ere,scíssum*: cortar, rachar, rasgar, fender) **1** Provocar cisão/Dividir/Separar. **Ex.** A política acabou por ~ [desfazer(+)] aquele grupo de amigos. O partido cindiu-se em duas fa(c)ções. **Loc.** ~ [Rescindir(+)/Romper(o+)] um contrato. **2** *fig* Atravessar/Cortar/Cruzar/Sulcar. **Ex.** Uma estrela cadente cindiu [atravessou(+)] o espaço.

cine- *pref* (<gr *kínema,atos/kinesis*: movimento; ⇒ cinema/cinética,o) Exprime a ideia de movimento; e é abreviatura de *cinema*.

cineasta *s 2g* (<cine-+-asta) Pessoa que se dedica à arte do cinema/Realizador.

cineclube *s m* (<cine-+...) Associação que dinamiza entre os seus membros a cultura cinematográfica.

cinefilia *s f* (<cine-+-filia) Paixão pelo cinema.

cinéfilo, a *adj/s* (<cine-+-filo) (O) que é grande apreciador de cinema.

cinegética *s f* (<gr *kúon,kunós*: cão+*hegetikós*: próprio para guiar) Arte da caça especialmente com a ajuda de cães. **Sin.** Venatória(+).

cinegético, a *adj* (⇒ cinegética) Relativo à caça. **Ex.** O parque ~ nacional português está saturado de caçadores. **Sin.** Venatório(+).

cinema (Nê) *s m* (abrev de cinematógrafo) **1** Espe(c)táculo que consiste na proje(c)ção de filmes. **Ex.** Era um grande apreciador de ~. **2** Sala [Edifício] destinada/o à proje(c)ção de filmes. **Ex.** Fui à inauguração do novo ~ do bairro. **3** Arte/Indústria de produzir filmes. **Ex.** O ~ é considerado a sétima arte. No mundo do ~ há muita gente famosa. **Idi.** ***Fazer ~ /fita***(+) [Fingir/Exagerar «nas manifestações de tristeza/alegria»]. **Comb.** ~ *de animação* [em que as personagens são desenhos animados]. ~ *falado/sonoro* [com som sincronizado com as imagens]. ~ *mudo* [em que as personagens não falam]. ***Realizador (de ~)*** [Cineasta].

cinemascópio [cinemascope] *s m* (<cinema+...) Técnica de proje(c)ção cinematográfica em ecrã panorâmico, por meio de lentes especiais. **Ex.** O ~ dá-nos a sensação de estarmos no local do filme/no meio da cena.

cinemateca (Nêmaté) *s f* (<cinema+-teca) Cole(c)ção de [Lugar onde se guardam] filmes e outros documentos cinematográficos de valor artístico e cultural. **Ex.** Na ~ fazem-se sessões com obras clássicas do cinema. ⇒ filmoteca.

cinemática *s f Fís* (⇒ cine-+-ica) Capítulo [Parte/Ramo] da mecânica que estuda o movimento independentemente das forças que o produzem ou modificam. ⇒ cinética.

cinemático, a *adj Fís*(<gr *kinematikós*;⇒ cine-) Que diz respeito ao movimento mecânico. **Comb.** As quatro equações ~as.

cinematografar *v t* (<cinematógrafo+-ar¹) Regist(r)ar em imagens cinematográficas/Filmar(+).

cinematografia *s f* (⇒ cine-+grafia) **1** Técnica de filmar/de produzir e proje(c)tar na tela imagens em movimento. **Ex.** O início da ~ remonta aos fins do séc. XIX. **2** Arte que utiliza esse processo como meio de expressão. **Ex.** Dedicou-se à ~ [Escolheu ser cineasta]. ⇒ filmagem. **3** Conjunto de filmes. **Comb.** A ~ de Manuel Oliveira. A ~ portuguesa da década de (19)30.

cinematográfico, a *adj* (<cinematografia +-ico) Relativo ou pertencente à cinematografia.

cinematógrafo *s m* (⇒ cinematografia) Aparelho de fotografia e proje(c)ção de cenas animadas/Animatógrafo. ⇒ proje(c)tor.

cinerária *s f Bot* (<cinerário) Nome vulgar de uma planta ornamental, de flores vistosas, da família das Compostas; *Senecio cruentus*. ⇒ centáurea.

cinerário, a *adj/s* (<lat *cinerárius,a,um*) Relativo a cinza(s). **Comb.** Um vaso ~ [com cinzas do morto]. ⇒ mortuário; funerário; ossário; sepultura; jazigo.

cinéreo, a *adj* (<lat *cinéreus,a,um*<*cínis, neris*: cinza) Da cor da cinza/Cinzento(+).

cinescópio *s m* (<cine-+-scópio) Tubo de raios catódicos *us* nos rece(p)tores de televisão para reproduzir a imagem.

cinese *s f Biol* (<gr *kínesis*: movimento) Aceleração ou retardamento nos movimentos de um ser vivo em resposta a estímulos externos.

cinesia *s f* (<cinese) **1** *Biol* Capacidade de reagir a estímulos exteriores/Cinese. **2** *Med* Método de tratamento através da execução de movimentos a(c)tivos e passivos/Cinesi(o)terapia.

cines(i)algia *s f Med* (<cinese+algia) Dor nas fibras profundas de um músculo posto em movimento.

cinestesia *s f Med* (<cine-+estesia) Sentido por onde se tem a perce(p)ção dos próprios membros e dos movimentos corporais. ⇒ sinestesia.

cineteatro *s m* (<cine-+...) Casa de espe(c)táculos preparada para proje(c)ção de filmes e representação teatral.

cinética *s f Fís* (⇒ cinético) **1** ⇒ cinemática(+). **2** Estudo da velocidade das rea(c)ções químicas e dos fa(c)tores que as influenciam.

cinético, a *adj Fís* (<gr *kinetikós*: que põe em movimento; ⇒ cine-) Relativo ao movimento. **Comb.** Energia ~a de um corpo.

cingalês, esa *adj/s* (<sân *cingalá*: do Ceilão, a(c)tual Sri Lanka+-ês) **1** Relativo ao Sri Lanka. **2** Indivíduo natural ou habitante do Sri Lanka. **3** Língua falada no Sri Lanka. **Ex.** O ~ é língua oficial do Sri Lanka juntamente com o tâmil e o inglês.

cingir *v t* (<lat *cíngo,ere,nctum*) **1** Pôr em volta de/Cercar/Envolver/Rodear. **Ex.** No séc. XIV o rei cingiu Lisboa com uma nova muralha. **Loc.** ~ *à cabeça uma coroa de louros*. ~ *a espada* [Pôr a espada à cintura]. **2** Apertar contra si/Abraçar/Estreitar «ao peito». **Ex.** Com medo a criança cingia-se ao pescoço da mãe. **3** Atar/Apertar com cinto. **Ex.** Um largo cinturão cingia-lhe a túnica larga. **4** Coar(c)tar/Reprimir. **Ex.** O olhar reprovador do irmão cingiu-lhe a espontaneidade. **5** ~-se/Pôr-se muito chegado a alguma coisa. **Ex.** Cingiu[Colou]-se ao muro para avançar sem ser visto. **Loc.** *Náut* ~-se ao vento [Velejar o mais possível na linha do vento]. **6** ~-se/Não exceder determinado limite/Limitar-se/Restringir-se. **Ex.** O juiz disse: cinja-se à pergunta que (eu) lhe fiz e não esteja a divagar.

cíngulo *s m* (<*cingulum,i*: cinto, cordão) **1** Cordão com que o sacerdote aperta a alva na cintura. **2** *Anat/Bot* ⇒ Qualquer órgão ou parte em forma de cinto/cintura.

cinianja *s m* (<*chi+Nyanja*: língua do mar (Lago Niassa)) Língua banta aglutinante falada em certas zonas de Moçambique, Malawi e Zâmbia.

cínico, a *adj* (<gr *kunikós*: próprio do cão;⇒ cino-) **1** *Hist Fil* «Diógenes» Seguidor do cinismo. **2** Desenganado/Trocista/Derrotista/Sarcástico. **Comb.** Atitude [Olhar/Palavra] ~.

cinismo *s m* (<gr *kunismós* <*kúon*: cão) **1** *Hist Fil* Doutrina filosófica grega, fundada por Antístenes, discípulo de Sócrates, e que, desprezando as convenções, tomava como modelo a vida livre do cão. **2** Desprezo completo/Sarcasmo/Desfaçatez/Impudência. **Comb.** Um ~ incrível.

cino- (<gr *kúon,kunós*: cão) Prefixo que exprime a ideia de cão.

cinocéfalo *adj/s Zool* (<cino-+-céfalo) **1** Que tem cabeça [focinho] semelhante à/ao do cão. **2** Gé[ê]nero de macacos «mandril/babuíno» com cabeça semelhante à do cão.

cinofagia *s f* (<cino-+-fagia) Costume de [O] comer carne de cão.

cinofilia *s f* (<cino-+-filia) Amor aos cães/Promoção das raças caninas.

cinofobia *s f* (<cino-+...) Horror aos cães.

cinologia *s f* (<cino-+-logia) Estudo sobre raças dos cães.

cinquenta [50/L] *num* (<lat *quinquaginta*) **Ex.** Na lista eu sou o (número) ~ [Eu sou o quinquagésimo da lista]. **Comb.** ~ anos [alunos/metros]. Nos anos ~ do século vinte [entre 1950 e 1960].

cinquentão, ona *adj/s* Pessoa que tem ou aparenta ter entre 50 e 60 anos/que está na casa dos 50.

cinquentena *s f* (<cinquenta + -ena) Conjunto de 50 «pessoas/árvores».

cinquentenário *s m* (<cinquentena + -ário) (Celebração do) quinquagésimo aniversário «de um acontecimento».

cinta *s f* (<cinto) **1** Faixa de pano ou couro para cingir. ⇒ cinto; cinturão; correia; cilha. **2** Tira de papel para pôr à volta de algo «livro, como propaganda/impressos enviados por correio/embalagem». **3** Parte que marca a zona do corpo acima dos quadris/Cintura/Cós «das calças». **4** Faixa «ortopédica» mais ou menos larga à volta do corpo/colete. **Ex.** Eu uso uma cinta-suporte para cavalgar. **5** Faixa «de azulejos à volta de parede interior». **6** *Arquit* **a)** Moldura em forma de faixa ou anel que guarnece o cimo ou pedestal de coluna/filete; **b)** Espécie de braçadeira de cimento ou de ferro colocada por fora de um edifício para consolidação. **7** *Náut* Fileira de chapas colocadas no costado do navio à altura do convés.

cintado, a *adj* (<cinta + -ado) **1** «livro/impresso» Que tem uma cinta à volta. **2** «vestido» Que é mais justo [apertado] na cint(ur)a.

cintar *v t* (cinta + -ar¹) **1** Pôr/Colocar cinta em «livro/jornal/pessoa/edifício». **2** Apertar uma peça de vestuário «vestido/casaco/pijama» de modo a vincar bem [a moldar] a cintura.

cinteiro *s m* (<cinta + -eiro) ⇒ cinta **1**; tira (de pano); nastro.

cintel *s m* (<cinto + -el) **1** Espaço circular «à volta da nora ou do engenho de açúcar, onde o animal anda a puxar». **2** Espécie de compasso *us* por canteiros e pedreiros para traçar arcos ou grandes círculos. **3** ⇒ cincho(+) «para fazer o queijo».

cintigrafia *s f Med* ⇒ cintilografia.

cintilação *s f* (<lat *scintillátio,ónis*) **1** Brilho intermitente/O tremeluzir «das estrelas/do farol distante». **Ex.** A ~ das estrelas é devida às diferenças do índice de refra(c)ção da sua luz ao penetrar nas altas camadas da atmosfera. **2** Brilho «do ouro/dos cristais do lustre da sala». **3** *fig* Fulgor «do espírito/talento/olhar».

cintilante *adj 2g* (<cintilar + -ante) **1** «estrela/luz/joia» Que tem brilho intermitente. ⇒ faiscante. **2** *fig* Fulgurante; vivo; fascinante. **Comb.** Olhar ~.

cintilar *v int* (<lat *scintíllo,áre*) **1** Luzir com variações rápidas de brilho e cor/Tremeluzir. **Comb.** O diamante [As estrelas/O lustre] a ~. **2** *fig* Luzir/Brilhar. **Ex.** Os seus olhos cintilavam de [irradiavam] alegria. ⇒ faiscar; dardejar.

cintilografia *s f Med* (<cintilação + grafia) Técnica que permite a observação de um órgão interno «para dete(c)tar tumores», através da emissão de raios gama, depois de inje(c)tar no organismo uma substância radioa(c)tiva.

cinto *s m* (<lat *cínctus*; ⇒ cingir) **1** Tira/Correia/Faixa estreita de couro ou de outro material para apertar o vestuário «calças» à cintura. **Ex.** O ~ tem fivela (e ilhós). **Idi.** *Apertar o ~* [Cortar nos gastos/Economizar]. **Comb.** *~ de cartuchos* ⇒ cartucheira. *~ de castidade* [Dispositivo de ferro para impedir a(c)tos sexuais]. *~ de segurança* [~ largo e corredio nos meios de transporte para evitar ferimentos ou mortes]. *~ salva-vidas* [de salvação/de salvamento/que impede a pessoa de se afogar]. ⇒ cinta; cinturão; suspensórios; correia; alça. **2** ⇒ cerca/cintura **3** «de muro/muralha/plantas/verde».

cintura *s f* (<lat *cinctúra*; ⇒ cingir) **1** *Anat* Parte do corpo humano acima dos quadris. **Ex.** Ele tem 80 cm de ~. **Loc.** Levar «caça/espada/revólver» à ~. **Idi.** *~ de vespa* [de pilão/de tanajura/muito fina de mulher]. **2** Parte do vestuário que rodeia e se aperta nessa zona. **Ex.** A calça [O vestido] está muito larga[o] na ~ «não me fica bem». **3** Coisa que envolve ou aperta em [à] volta. **Comb.** *~ de muralhas* «da cidade». *Anat ~ escapular* [Conjunto dos ossos da clavícula e da omoplata que sustentam os braços]. *~ industrial* [de fábricas à volta duma cidade]. *anat ~ pélvica* [Conjunto dos ossos da bacia que sustentam as pernas]. *Linha de ~* **a)** Conjunto de fortes dispositivos a certa distância de uma fortificação, castelo ou povoação, para a sua defesa; **b)** Ferrovia que circunda uma cidade. ⇒ «estrada ou via de» circunvalação.

cinturão *s m* (<cintura + ão) **1** Qualquer cinto largo. **Ex.** Levava a arma [o dinheiro] no ~. O grau mais elevado no judô e caraté é o ~ negro. **2** ⇒ cintura **3**; cinto **2**.

cinza *s f/adj 2g* (<lat *cinísia* <*cínis,eris*: cinza) **1** Resíduo em pó proveniente de combustão completa «da madeira». **Idi.** *Deitar/Botar ~* [poeira(+)] *nos* [para os] *olhos de alguém* [(Tentar) enganar/iludir]. *Reduzir a ~s* [Destruir] «uma opinião/uma teoria/o adversário» (Ex. Com os bombardeamentos a cidade ficou reduzida a ~s [toda destruída]. *Renascer das ~s* [Começar nova vida/Ressurgir do nada]. **Comb.** *~ do cigarro*. *~ da lareira*. *~ vulcânica* [expelida pelo vulcão]. **2** *pl* Restos mortais/Ossos/Cadáver «do falecido/dos avós». **3** *adj/s m* Cinzento(+). **Comb.** O [A cor de] ~.

cinzeiro *s m* (<cinza + -eiro) **1** Pequeno recipiente para a cinza e pontas [restos] do cigarro/tabaco. **2** Doença das plantas, sobretudo das videiras, causada por fungos/Cinza(+)/Oídio/Pulgão.

cinzel *s m* (lat *caédo*: cortar + pincel) **1** Instrumento de aço, de ponta cortante, para lavrar [gravar em] pedras, madeira ou metais. **2** ⇒ cinzelador.

cinzelado, a *adj/s* (<cinzelar) **1** Esculpido/Lavrado/Gravado a cinzel. **Comb.** Prata [Mármore] ~a [o]. **2** «estilo» Elaborado com arte/Burilado/Aprimorado. **3** Trabalho esmerado/perfeito. **Comb.** O ~ da obra camoniana. **4** ⇒ cinzelamento.

cinzelador, ora *adj/s* (<cinzelar) O que cinzela; escultor(+); gravador. **Ex.** Ele é um grande ~ de frases [é um primoroso escritor].

cinzelamento [cinzelagem] *s* (<cinzelar) A(c)to de cinzelar/O esculpir.

cinzelar *v t* (<cinzel + -ar¹) **1** Lavrar a cinzel; esculpir. **Loc.** *~ o cobre*. *~ o nome* [uma inscrição] *na pedra*. **2** *fig* Burilar; aprimorar; apurar. **Loc.** *~ uma frase*. Ter um estilo bem cinzelado/burilado(+).

cinzento, a *adj/s* (<cinza + -ento) **1** Da cor da cinza; pardacento. **Comb.** Um fato [terno] ~. **2** *s m* O [A cor de] cinza. **Ex.** O ~ é uma cor neutra. **3** *fig* Pouco claro; meio nublado. **Ex.** Estava uma manhã ~a. **4** *fig* Sem brilho; apagado. **Ex.** Ela levava [tinha] uma existência ~a.

cio *s m Biol* (<gr *zélos*: ardor, obje(c)to de desejo) Período de a(c)tividade sexual dos animais. **Loc.** Andar no [com o] ~. Estar na altura do ~.

ciografia *s f* (<gr *kíon,ónos*: coluna, úvula + grafia) **1** Desenho que representa o corte de um edifício ou de uma máquina para se ver a disposição interior. **2** Processo de conhecer as horas pela sombra proje(c)tada pela luz do sol ou da lua.

cioso, a (Ôso, Ósa, Ósos) *adj* (<cio + -oso) **1** Que deseja conservar intacto o seu prestígio/os seus direitos/Que defende o que é seu. **Ex.** Ele é muito ~ da sua reputação [do bom nome da família]. **2** ⇒ ciumento. **3** ⇒ invejoso.

ciperáceo, a *adj/s Bot* (<gr *kýpeiron*: junça + -áceo) (Diz-se de) planta herbácea e de família a que também pertence o junco aromático.

cipo *s m* (<lat *cíppus,i*: marco, poste) **1** Coluna truncada [sem capitel] «de sepultura romana». **2** Marco miliário.

cipó *s m Bot* (<tupi *isi'po*) **1** Nome de várias trepadeiras com caule sarmentoso. **2** Chicote; vergasta; vara.

cipolino *s m Geol* (<it *cippolino*: cebolinha) Rocha calcária com pequenos veios que facilitam a disjunção em finas películas/Mármore verde e branco.

cipreste *s m Bot* (<gr *kupárissos*) Nome de algumas cupressáceas de copa estreita e esguia. **Ex.** O ~, símbolo da tristeza e da oração «dirigida ao Céu [a Deus]» pelos defuntos, vê-se com frequência nos cemitérios.

cíprio [cipriota(+)**]** *adj/s* (<gr *kyprios*) Relativo a [Habitante de] Chipre.

ciranda *s f* (<ár *çârand*) **1** Peneira grossa para joeirar [peneirar] grãos, areia, etc. ⇒ crivo. **2** *Mús* Cantiga e dança popular/Cirandinha. **3** *fig* Movimentação/Agitação/Dança. **Comb.** A ~ dos políticos.

cirandagem *s f* (<ciranda + -agem) **1** A(c)to de cirandar/Peneiração. **2** Porção «de areia» cirandada. **3** Restos «palha» que não passam na ciranda. **4** *fig* Frioleira/Bagatela/Inutilidade.

cirandar *v t/int* (<ciranda + -ar¹) **1** Passar [Limpar] na ciranda/Peneirar(+)/Joeirar. **2** «crianças a» Cantar e dançar a ciranda. **3** Andar às voltas [de um lado para o outro] «no jardim». **Ex.** «mãe para os filhos:» Que

andais para aí a ~? Estai [Ficai] quietos/sossegad(inh)os!

circense *adj 2g* (<circo + -ense) «espe(c)táculo/artista» De circo. **Comb.** *Hist* Os (jogos) ~s romanos.

circinado, a [circinal] *adj Bot* (<lat *circíno,áre,átum*: fazer um [dobrar-se em] círculo) «cotilédone/verticilo/folha nova» Disposto/Enrolado em espiral «como a ponta dos fetos novos».

circo *s m* (<lat *círcus,ci*) **1** *Hist* Grande anfiteatro ou arena «Coliseu de Roma» onde se realizavam jogos (⇒ circense) e espe(c)táculos. **2** Recinto coberto, desmontável, onde se apresentam movimentados espe(c)táculos com acrobatas, palhaços e animais domados. **3** Conjunto desses artistas. **Comb.** O ~ de Moscovo. **4** Espe(c)táculo circense. **Ex.** As crianças gostam de ~. **5** *fig* Ambiente ruidoso e alegre. **Ex.** Quando todos os amigos se juntavam, armavam logo um animado ~. **6** Disposição circular/Roda(+)/Círculo(+). **7** *Geol* ~ glaciário/glacial [Concavidade onde a neve ou gelo se acumulam]. **8** *Astr* ~ lunar [Extensa depressão circular na superfície da Lua].

circuitar *v t/int* (<circuito + -ar[1]) **1** ⇒ Andar à roda/Rodear/Girar. **2** ⇒ Cercar/Circundar.

circuito *s m* (<lat *circúitus*: movimento ao redor de) **1** Linha que limita um espaço «cratera/piscina» a toda a volta/Contorno/Perímetro/Circunferência. **2** Percurso «organizado» no fim do qual se volta ao ponto de partida/Volta. **Ex.** Vamos fazer o ~ «turístico» dos principais monumentos [dos museus] de Lisboa. **Idi.** *Estar fora de ~* [Não ter parte numa a(c)tividade]. *Sair de ~* [Abandonar um negócio]. **Comb.** O ~ «Fórmula 1/da maratona» tem vários quiló[ô]metros. **3** Sucessão de fenó[ô]menos que se repetem/Ciclo/Cadeia. **Comb.** ~ comercial «da fruta» [Percurso seguido por uma mercadoria desde o momento em que está apta a ser consumida e o momento em que o é]. **4** *Ele(c)tri/Ele(c)tron/Fís* Conjunto de elementos interligados que desempenham uma determinada função. **Loc.** Cortar [Fechar/Restabelecer] o ~. **Comb.** ~ *aberto* **a)** *Rádio/TV* Sistema de emissão em que os programas chegam a qualquer ouvinte ou telespe(c)tador; **b)** O que não tem circulação de corrente elé(c)trica por força de interrupção do seu caminho. ~ *fechado* **a)** *TV* Fonte de programa que não difunde para uso geral mas só para unidades monitoras distantes; **b)** O que tem circulação de corrente elé(c)trica. ~ *integrado*/Chip [~ constituído por componentes ele(c)tró[ô]nicos montados numa placa semicondutora de pequena dimensão]. ⇒ curto-circuito.

circulação *s f* (<circular[2]) **1** Movimento circular/Giro. **2** Deslocação de líquido/ar/ventos. **Comb.** ~ sanguínea [do sangue]. **3** *Econ* Movimentação de bens através do comércio e dos transportes/Distribuição. **Idi.** *Sair de ~* [Deixar de aparecer/trabalhar] (Ex. Aquele cantor já saiu [já está fora] de ~). **Comb.** ~ monetária [da moeda/do dinheiro]. **4** Movimento de veículos/Trânsito. **5** Movimento de propagação/Transmissão/Difusão. **Comb.** ~ de conhecimentos [dados/ideias].

circulador, ora *adj/s* (<circular[2]) (O) que faz circular alguma coisa. **Comb.** ~ de água «quente»/de ar/de microondas.

circulante *adj 2g* (<circular[2]) **1** Que circula/se desloca/é levado. **Comb.** Biblioteca [Exposição/População] ~/itinerante(+). **2** *Econ* Que anda em movimento ou serviço. **Comb.** *A(c)tivo ~. Capital ~. Material ~.*

circular[1] *adj 2g/s f* (<círculo + -ar[2]) **1** Que tem forma de círculo ou circunferência/Redondo. **Comb.** *Movimento ~* «de um satélite». *Praça ~. Voo ~* [às voltas]. **2** *s f* Mensagem enviada a várias pessoas. **Ex.** O dire(c)tor da escola enviou pelo correio uma (carta) ~ a todos os professores.

circular[2] *v t/int* (<lat *círculo,are,atum*) **1** Andar/Girar à volta. **Ex.** A Terra circula o [gira à volta do (+)] Sol. **2** Andar/Transitar/Passar. **Ex.** Nesta rua circulam muitos carros [há muito trânsito]. **3** Andar por/Percorrer. **Ex.** Circulámos por todo o país. **4** Passar de mão em mão [de boca em boca]. **Ex.** A piada circulou por toda a cidade! O livro «que eu comprei» está a ~ [a dar a volta] por todos os professores. **5** *Econ* Ser aceite/o. **Ex.** O euro circula em quase toda a Europa.

circulatório, a *adj* Relativo à circulação **2**. **Comb.** *Aparelho ~* [Conjunto das artérias, veias e coração]. *Fluxo ~* «do sangue/linfa/seiva» *Problema* [Distúrbio] ~.

círculo *s m* (<lat *círculus,i*) **1** Superfície limitada por uma linha (curva e) fechada/Roda/Circo **6**. **Loc.** Fazer/Descrever um ~ no chão «para um jogo». **2** *Geom* ⇒ circunferência(+). **3** *fig* Argumento ou procedimento que se desenvolve voltando ao princípio e não resolvendo nada. **Comb.** ~ *vicioso* [Falso argumento/raciocínio]. **4** Grupo de pessoas com relações de lugar ou de interesses comuns. **Comb.** ~ *familiar* [Conjunto da família: pais, filhos (primos e tios)]. ~ [Gré[ê]mio/Clube] *literário*/de escritores. «o meu» ~ *de relações* [de pessoas com quem se trata] «é muito restrito/limitado». **5** Domínio/Área/Extensão. **Ex.** Ele tem aumentado o seu ~ de conhecimentos sobre física. **Comb.** ~ *eleitoral* [Circunscrição/Território onde os eleitores aí inscritos usam o seu direito de voto]. **6** *Geog* Qualquer linha imaginária por fora da esfera terrestre. **Comb.** ~ *máximo* [de um plano que corta o centro da Terra] (Ex. O equador e os meridianos são ~s máximos). ~ *menor* [cujo plano não passa pelo centro da Terra] (Ex. Os paralelos (terrestres) são ~s menores). ~ *polar* (ár(c)tico ou antár(c)tico) [menor, à latitude de 66° 33' aproximadamente].

circum/n- *pref* (<lat *círcum*: à volta [roda] de, perto de, em todos os sentidos) Significa o mesmo que em latim (O uso de *m* ou *n* e do hífen ainda não é uniforme na CPLP).

circum-adjacente ⇒ circunvizinho.

circum-ambiente *adj 2g* Diz-se do ar que há em volta. **Comb.** Poluição ~.

circum-escolar *adj 2g* Centrado/Realizado na escola. **Comb.** A(c)tividades ~res [para além das disciplinas escolares normais].

circum-navegação [circunavegação] *s f* (<circum-navegar + -ção) A(c)to de navegar à volta de. **Ex.** A primeira viagem de ~ da Terra foi feita por Fernão de Magalhães em 1521.

circum-navegar [circunavegar] *v t* Navegar ao redor de. **Loc.** ~ a Terra. ⇒ circunvoar.

circuncidar *v t* (<lat *circumcído,ere,císum*: cortar «árvore à volta», Praticar [Fazer] a circuncisão/Cortar o prepúcio. **Ex.** Jesus foi circuncidado oito dias depois de nascer.

circuncisão *s f* (<circuncidar) A(c)to de circuncidar. ⇒ excisão.

circunciso, a *adj* (⇒ circuncidar) «judeu» Que foi circuncidado. **Ant.** In~.

circundante *adj 2g* (<circundar) Que circunda. **Comb.** O muro ~ [à volta] do jardim. ⇒ cerca; sebe.

circundar *v t* (<lat *circúmdo,áre,átum*) **1** Estar à volta de/Rodear. **Ex.** A vedação «de arame» circunda todo o terreno. **2** Andar à volta. **Ex.** É obrigatório ~ a rotunda «do cruzamento» pela (mão) direita.

circunferência *s f* (<lat *circumferéntia*) **1** *Geom* Linha curva fechada cujos pontos são equidistantes de um mesmo ponto, que é o seu centro. **Loc.** Fazer uma ~ com o compasso. **2** Perímetro/Contorno. **Comb.** Tronco de árvore com dois metros de ~ [grossura]. **3** ⇒ periferia «da cidade».

circunferente *adj 2g* (<lat *circúmfero*: levar [andar] à volta) Que anda à volta/Que cerca/Circundante(+).

circunflexão *s f* (<circun- + flexão) A(c)to ou efeito de dobrar [fle(c)tir] em arco. **Comb.** A ~ de um arame. A ~ das folhas do acanto. ⇒ genuflexão.

circunflexo, a *adj* (<lat *circumflécto,ere, fléxum*: descrever um círculo, dobrar «um ramo») **1** Dobrado em arco/Recurvado(+). **Comb.** Forma ~a «de ferradura». **2** *Gram* Diz-se do sinal diacrítico (^). **Comb.** Acento ~ «de ângulo/êxito/côvado».

circunfluência *s f* (⇒ circunfluir) Movimento circular de um líquido ou fluido.

circunfluente *adj 2g* (⇒ circunfluir) Que corre às voltas de.

circunfluir *v t/int* (<lat *circumflúo,ere, flúxum*) **1** Fluir/Correr à [em] volta de. **2** Transbordar/Derramar-se. **Ex.** A água «da cheia» circunfluiu [transbordou] em todas as dire(c)ções.

circunjacência *s f* (⇒ circunjazer) **1** Qualidade do que está à volta. **2** ⇒ circunvizinhança.

circunjacente *adj 2g* (⇒ circunjazer) ⇒ circunvizinho.

circunjazer *v int* (<lat *circumjáceo,ére*) Ficar/Estar à volta/Ser circunvizinho. **Ex.** À volta da Áustria circunjazem várias nações.

circunlocução *s f* (<lat *circumlocútio,ónis* <*circumlóquor,qui,locútus sum*: usar (de) ~ções/rodeios) ⇒ circunlóquio **1**(+).

circunlóquio *s m* (⇒ circunlocução) **1** Expressão (do pensamento) feita de forma indire(c)ta por meio de palavras desnecessárias/Rodeio de palavras ⇒ perífrase. **2** Sequência de locuções ou (frases) evasivas. **Loc.** Usar ~s para anunciar uma notícia desagradável «uma derrota».

circunscrever *v t* (<lat *circumscríbo, ere,críptum*) **1** *Geom* Traçar uma figura por fora de outra. **Loc.** ~ um triângulo a uma circunferência. **2** Marcar limites a/Limitar. **Ex.** O problema circunscreve[limita]-se apenas ao se(c)tor dos vinhos. **Loc.** ~ [(De)limitar] o terreno. ~-se ao tema da discussão.

circunscrição *s f* (<lat *circumscríptio,ónis*: círculo traçado em volta; contorno; limite) **1** A(c)to de circunscrever. **Comb.** A ~ do debate/terreno/trabalho. *Geom* A ~ dum polígono a uma circunferência ou vice-versa. **2** Linha que limita uma área por todos os lados. **3** Divisão [Área] territorial. **Comb.** ~ [Círculo **5**] eleitoral.

circunscritivo, a *adj* (<circunscrito + -ivo) Que circunscreve ou limita.

circunscrito, a *adj* (⇒ circunscrever) **1** Traçado/Descrito/Feito em volta de. **Ex.** *Geom* A circunferência tinha um triângulo ~. **2** «terreno» Limitado por todos os lados/a toda volta «por um muro». **3** Que tem limites determinados/Localizado. **Ex.** O tumor estava ~/localizado, não tinha metástases. Como o incêndio estava ~ foi fácil de combater/apagar. **4** Restrito/Limitado. **Ex.** Tinha um campo de a(c)ção muito ~ (à sua especialidade), não era o chefe.

circunspeção (Pè) *s f* [= circunspecção] (<lat *circumspéctio,ónis*: observação em volta) Prudência/Cautela/Cuidado. **Ex.** Neste caso (tão delicado) é preciso proceder com muita ~. **Ant.** Leviandade.

circunspeto, a (Pé) *adj* [= circunspecto] (<lat *circumspéctus,a,um*) Prudente/Cauteloso. **Ant.** Leviano.

circunstância *s f* (<lat *circumstántia,ae*: a(c)ção de estar ao redor, situação, ~s) **1** Algo que acompanha um acontecimento/Estado de algo/das coisas. **Ex.** Temos de ver [averiguar] em que ~s ocorreu [se deu] o acidente. **Loc.** Atender às [Ter em conta as] ~s. **Comb.** ~s *agravantes* [que agravam/aumentam a pena]. ~s *atenuantes* [que atenuam/diminuem a pena]. *Dir* ~s *dirimentes/isentivas*(+) [que anulam a pena]. ~s *particulares* [só da pessoa/Razões pessoais]. **2** Ocasião/Situação/Caso/Fa(c)to. **Ex.** Nesta ~[Neste caso/Sendo assim/Então] tenho de [, só me resta] desistir do proje(c)to. A ~ [O fa(c)to] de estar embriagado torna-o ainda mais culpável. Uma ~ [causa/razão/Um motivo] qualquer, não sei qual, impediu-o de viajar. **Loc.** Estar [Mostrar-se] à altura das ~s [Saber resolver os problemas que se apresentam]. **Comb.** Discurso de ~ [próprio para a ocasião].

circunstanciado, a *adj* (<circunstanciar) Em que se enumeram todas as circunstâncias/Pormenorizado/Minucioso. **Ex.** Fez um relatório ~ dos acontecimentos [de tudo o que aconteceu/se passou].

circunstancial *adj 2g* (<circunstância + -al) **1** Que é relativo a circunstância(s). **Ex.** Foi uma escolha/decisão ~. Demitiu-se (do posto/cargo) por razões ~ais. **Comb.** *Dir* Prova ~ [que só se baseia em indícios e deduções]. **2** Que se reveste de formalidade/solenidade/Formal/Solene. **Comb.** Um cumprimento [Uma saudação] ~. **3** *Gram* Que indica a circunstância da a(c)ção expressa pelo verbo. **Comb.** Complemento ~ *de lugar* «vou *ao Brasil*»/*modo ou meio* «vou *de avião*»/*tempo* «vou *(no) sábado*».

circunstanciar *v t* (<circunstância + -ar¹) Relatar as circunstâncias de um fa(c)to com (todas as) minúcias/Pormenorizar/Situar(+) um acontecimento.

circunstante *adj/s 2g* (⇒ circunstar) (O) que está perto [à volta de]. **Ex.** Cumprimentou os ~s [presentes/a assistência/o auditório] e começou a reunião.

circunstar *v int* (<lat *circumsto,áre*: estar em volta <*circum+sto,áre,átum*: estar de pé). **Loc.** Estar perto [presente/à volta].

circunvagar *v t/int* (<lat *circúm-vagor, ári,átus sum*) **1** Vagar/Olhar ao redor. **Loc.** ~ *a vista* [Lançar um olhar] «pela assistência». **2** Andar sem destino «pela cidade»; vaguear; errar.

circunvalação *s f* (⇒ circunvalar) **1** Vala ou fosso à volta de forte [castelo] sitiado. **2** *fig* Estrada à volta duma cidade «Porto» para escoar o trânsito.

circunvalar *v t* (<lat *circumvállo,áre,átum*) Cercar com vala/fosso/barreira.

circunver *v t* (<circun- + ver) Ver «do alto da torre» em todas as dire(c)ções.

circunvizinhança *s f* (<circun- + ...) Território ou população à volta de determinado núcleo/Lugares ou terras vizinhas.

circunvizinho, a *adj* (<circun- + ...) Que está próximo e em redor. **Comb.** As aldeias ~as «da nossa».

circunvoar *v t/int* (<circun- + voar) Voar à volta/em redor. **Loc.** ~ *a Terra* [Dar a volta à Terra de avião]. ⇒ circum-navegar.

circunvolução *s f* (⇒ circunvolver) Contorno sinuoso «de rio»/Volta/Dobra. **Comb.** *Anat* ~*ções cerebrais* [Pregas/Dobras sinuosas dos hemisférios do cérebro]. *Anat* ~*ções intestinais* [Curvas do intestino delgado]. *Arquit* ~*ções de coluna torcida*/salomó[ô]nica.

circunvolver *v t/int* (<lat *circumvólvo,ere, volútum*: dar volta, enrolar) Volver em roda/Dar a volta (+)/Contornar(+) «a praça».

cireneu, neia [cirenaico, a] *adj/s* (<gr *kurenáios*) **1** Relativo a/Habitante de Cirene, capital da província de Cirenaica, hoje na Líbia. **2** *fig* O que dá uma ajuda a quem precisa [não pode] «como o cireneu Simão ajudou Jesus a levar a cruz até ao Calvário».

cirial *s m* (<círio + -al) **1** Castiçal grande terminado em lanterna, que acompanha a cruz. **2** Tocheira para o círio.

cirieiro, a *s* (<círio + -eiro) O que faz (e vende) círios e velas. ⇒ cer(i)eiro.

cirílico, a *adj s m* (<*antr* S(ão) Cirilo, 869) (Diz-se do alfabeto) ~. **Ex.** O (alfabeto) ~ é usado nas línguas eslavas «russo/búlgaro».

círio *s m* (<lat *céreus* (*funis*): (corda) de cera) **1** Vela grande. **Comb.** ~ *pascal* [que é símbolo de Cristo ressuscitado e benzido na Páscoa]. **2** ⇒ Procissão/Festa de romagem «da Senhora da Nazaré, Pt».

cirrípede *adj/s 2g Zool* (<cirro + -pede) (Diz-se de) espécime de crustáceos inferiores «perceves/cracas» que flutuam enquanto larvas e como adultos se fixam «às rochas»; têm seis pares de patas que constituem cirros.

cirro¹ *s m* (<lat *círrus,i*: tufo de pelos, topete de penas) **1** *Meteor* Nuvem estreita constituída por pequenos cristais de gelo e formando aglomerados/cirro-cúmulos/cirro-estratos «*pop* carneirinhos» a cerca de 10 000 m de altitude. **2** *Zool Anat* Apêndice de vários gé[ê]neros e diferentes funções «locomoção/digestão/copulação», encontrado em crustáceos «cirrípede», inse(c)tos e peixes. **3** *Bot* ⇒ gavinha.

cirro² *s m Med* (<lat *scírros,i*: tumor duro) **1** Tumor canceroso muito duro. **2** (Respiração com) estertor traqueal «de moribundo».

cirrose *s f Med* (<cirro² + -ose) Doença, sobretudo do fígado, por endurecimento (e aumento) granuloso do tecido conjuntivo. **Ex.** A causa mais comum da ~ é o alcoolismo.

cirrosidade *s f Med* (<cirro² + -(i)dade) **1** Qualidade de cirroso. **2** Tumor cirroso.

cirroso, a (Ôso, Ósa, Ósos) *adj* Qualidade de [Que tem] cirro¹ᐟ².

cirrótico [cirroso], a *adj* Relativo a cirro(se).

cirurgia *s f Med* (<gr *kheirourgía*: trabalho de mãos) **1** Ramo da medicina [Especialidade] que se concentra no tratamento de doenças e lesões usando instrumentos. **Ex.** Ele especializou-se em ~ «cardíaca». **2** Intervenção cirúrgica/Operação(+). **Ex.** Já fiz duas ~s [fui operado duas vezes]. **Comb.** ~ *estética* [para melhorar a aparência física]. ~ *plástica* [para reconstruir ou modificar uma parte externa do corpo humano].

cirurgião, ã *s Med* (<lat *chirúrgus,gi*) Especialista em cirurgia/Operador. **Comb.** ~ estético/plástico.

cirúrgico, a *adj* (<cirurgia + -ico) **1** De cirurgia. **Ex.** O bisturi é um instrumento ~. **2** *fig* Que lembra uma cirurgia. **Ex.** Montou o computador com uma precisão ~a. **3** *fig* Supostamente realizado só contra um alvo limitado «edifícios do exército». **Comb.** Bombardeamento ~.

cisalha *s f* (<lat *caesalis,e*: próprio para cortar) **1** Aparelho «de encadernar» próprio para cortar papel e cartão/Guilhotina(+). **2** *pl* Aparas/Fragmentos de (folhas de) metal.

cisalpino, a *adj Hist* (<lat *cis*: aquém de + *alpínus*) Diz-se de território aquém dos Alpes «Lombardia e Piemonte» em relação a Roma. **Ant.** Transalpino.

cisão *s f* (<lat *scíssio,ónis*; ⇒ cindir) **1** Separação/Corte/Divisão. **Comb.** *Fís* ~/*Fissão nuclear* [Desintegração do núcleo de um átomo em dois ou mais «por choque de um neutrão»]. *Econ* ~-*dissolução* [Divisão de uma sociedade comercial para que cada parcela seja uma nova sociedade]. ~-*fusão* [União das partes resultantes da divisão de uma sociedade, entre si ou com as de outras]. **2** *fig* Dissidência/Desinteligência/Clivagem. **Ex.** Houve uma ~ do partido «liberal» [entre os órgãos dirigentes «da empresa»].

cisatlântico, a ⇒ cisalpino.

ciscalho *s m* (<cisco + -alho) Aparas/Restos/Miudezas «de carvão».

ciscar *v t/int* (<cisco + -ar¹) **1** ⇒ Limpar «ervas daninhas»/Tirar os ciscos a. **2** ⇒ «galinha» Esgaravatar «o chão». **3** ⇒ ~-se/Fugir sorrateiramente/*col* Pisgar-se/Escapulir-se. **4** ⇒ Acirrar/Açular «o(s) cachorro(s)».

cisco *s m* (<lat *cínis,eris*: cinza + *cíccum,i*: bagatela) **1** Pó [Miudezas] de carvão. **2** Aparas «de madeira»/Restos «juntos pela enxurrada»/Lixo. **Idi.** «haver» *Como* ~ [Em grande quantidade]. **3** Qualquer corpúsculo que entrou nos olhos/Argueiro. **Ex.** Meteu-se-me (aqui) um ~ [argueiro] no olho esquerdo. Entraram-me ~s para os olhos.

cisma *s* (<gr *skhísma*: divisão, fenda) **1** *s m Rel* Separação/Divisão de uma igreja. **Ex.** O ~ de 1054 dividiu a igreja em ocidental latina e oriental ortodoxa. **2** *s m* ⇒ cisão 2 (+). **3** *s f* A(c)to de cismar/Ideia fixa/Mania. **Ex.** Tinha a ~ (de) que ninguém gostava dele. **4** *s f* Ideia erró[ô]nea [sem fundamento]/Teimosia. **Ex.** Isso é ~ dele, porque tudo leva a crer o contrário. Cala-te [Fica/Está quieto], ai que ~! **5** *s f Br* Hostilidade/Desconfiança infundada. **Ex.** Nem ele sabe porque tem aquela ~ com o colega. **6** *s f* ⇒ capricho/birra «de criança».

cismado, a *adj Br* ⇒ cismático; desconfiado; aborrecido; acautelado.

cismar *v t/int* (<cisma **3/4/5** + -ar¹) **1** Pensar demasiado nalguma coisa. **Ex.** Passa a vida a ~ naquilo «que vai morrer novo». **2** Teimar. **Ex.** O garoto cismou que não tomava [não ia tomar] o remédio. **3** Ensimesmar-se/Meditar. **Ex.** Não faz nada, passa o dia a ~, sozinho, ... **4** Antipatizar com alguém/Embirrar/Inimistar-se. **Ex.** Cismou com o aluno e pediu ao dire(c)tor para o expulsar.

cismarento, a *adj Br* ⇒ cismático; apreensivo; pensativo.

cismático, a *adj/s* (<gr *skismatikós*) **1** *Rel* «Bispo» Que se separou da Igreja/Que segue um cisma. **2** Ensimesmado/Maníaco. **Ex.** Ele é um ~, um misantropo. **3** Demasiado pensativo/Preocupado/Apreensivo. **Ex.** Tem um ar ~.

cismativo, a *adj* (<cismar + -ivo) Relativo a cisma ou preocupação constante.

cisne *s m Ornit* (<gr *kyknos*) **1** Ave de pescoço comprido e elegante, cor alvíssima [muito branca], da família dos anatídeos. **Ex.** Só há uma espécie de ~ de cor preta,

na Austrália. **Comb.** *idi Canto do ~* [Última palavra ou produção de um gé[ê]nio «poeta/músico» antes de morrer]. *idi Colo de ~/*de garça(+) [Colo feminino elegante (e branco)]. «ele tem um» *Pescoço de ~* [comprido]. **2** *fig* Grande poeta/artista/... **Comb.** O ~ de Mântua, o poeta latino Virgílio. **3** *Astr* Constelação boreal cujas estrelas formam uma cruz invertida, a cruz do ~.

cisqueiro *s m* (<cisco + -eiro) **1** Lugar onde se junta lixo/Lixeira(+). **2** Apanhador de lixo.

ci[fi]ssiparidade (⇒ ci[fi]ssíparo) *s f Biol* Forma de geração na qual o organismo «de protozoário/bactéria» se divide em duas partes/Divisão binária/Bipartição igual.

ci[fi]ssíparo, a *adj Biol* (<lat *scissus* <*shíndo*: rasgar [<*findo*: fender, dividir] + *pário,ere*: gerar, parir) Que se gera por divisão.

cissura *s f* (<lat *scissúra*: corte <*shindo*: rasgar, cortar) **1** Abertura estreita e longa numa superfície/Fenda(+)/Racha. **2** *Med* ⇒ fissura «na pele». **3** *fig* ⇒ Quebra/Rompimento de relações amistosas/familiares.

cistáceo, a *adj/s Bot* (<gr *kístos*: esteva + -áceo) (Diz-se de) espécime e ordem das violares, plantas subarbustivas a que pertence a esteva.

cistalgia *s f Med* (<cist(o/i/e)- + algia) Dor na bexiga.

cistálgico, a *adj Med* (<cistalgia + -ico) Relativo a cistalgia.

cistectomia (Tè) *s f Med* (<cist(o/e)- + -(ec)tomia) Ablação total ou parcial da bexiga.

cisterciense (Tèr) *adj/s 2g* (<lat *cisterciénsis* <Cister/Citeaux, na França) (Diz-se de) membro da Ordem de Cister fundada em 1098 que veio para Portugal logo no séc. XII tendo o seu centro no Mosteiro de Alcobaça.

cisterna (Tér) *s f* (<lat *cistérna* <*císta*: cesta/o) **1** Reservatório de água da chuva «nos castelos e fortalezas». **2** Poço estreito e fundo com água potável. **3** Grande recipiente ou tanque «em avião» para transporte de líquidos ou gases. **Comb.** Cami(nh)ão-~ «com gasolina». **4** *Anat* Qualquer cavidade ou espaço fechado do organismo que serve de reservatório, em especial do quilo, da linfa e do líquido cefalorraquidiano.

cisticerco (Cêr) *s m Zool* (<-cisto/i- + gr *kérkos*: cauda) Verme «té[ê]nia» na sua fase larvar, que se enquista num animal «porco/boi» e, passando para o homem, nele acaba de se desenvolver.

cisticercoide (Cói) *adj 2g* Referente ou semelhante ao cisticerco.

cisticercose *s f Med Vet* Doença «dos porcos» causada por cisticercos, também conhecida como a grainha ou chaveira.

cístico, a *adj Anat* (<gr *kýstis*: bexiga + -ico) «canal» Da bexiga.

cisticotomia *s f Med* Operação cirúrgica para abertura do canal cístico. ⇒ cistectomia.

cistina *s f* (⇒ -cisto/i-) Aminoácido que entra na constituição de muitas proteínas. **Ex.** A ~ é a componente principal da queratina da pele, pelos, lã, penas e unhas.

cistite *s f Med* (<cist(o/i/e)- + -ite) Inflamação da bexiga/Infe(c)ção urinária.

-cist(o/i/e)- *pref/suf* (<gr *kýstis*: bexiga, vesícula) Exprime a ideia de bexiga.

cisto(s)tomia *s f Med* ⇒ ciste(c)tomia.

cita [citação[1](+)] (<citar 1) **1** Referência a/Menção de algum autor. **2** Frase ou texto de outro/Abonação. **Ex.** As ~ões eram muitas e não fiquei a saber a opinião do articulista [autor do artigo].

citação[2] *s f* (<citar 2) **1** *Dir* Notificação judicial para o réu se apresentar em tribunal e se poder defender. **2** Distinção honrosa por algum serviço/mérito.

citadino, a *adj/s* (<it *citadino*) **1** Relativo a cidade. **Comb.** *Hábitos ~s. Vida ~a.* **Sin.** Urbano. **2** O que mora na [gosta da] cidade.

citânia *s f Hist* (<lat *civitatánia*) ⇒ castro.

citar *v t* (<lat *cito,are,átum*: mover, provocar, mencionar) **1** Mencionar como autoridade, prova ou esclarecimento. **Ex.** No congresso (internacional) esse historiador foi citado várias vezes. **Loc.** *~ «artigo/trecho/capítulo» na íntegra* [~ integralmente/~ todo «o trecho»]. *~* [Dar] *um exemplo. ~ uma passagem* [um trecho] *da Bíblia.* **2** *Dir* Intimar [Dar ordem/Avisar] para comparecer no tribunal «e se defender». **Ex.** Ele foi citado pelo juiz.

cítara *s f Mús* (<gr *kithára*) **1** O mais importante instrumento dedilhado greco-romano, parecido à lira, e com caixa de ressonância. **Comb.** ~ de arco [~ tocada com arco em vez de dedos]. **2** *fig* Símbolo do gé[ê]nio poético/Lira(+) «de Camões».

-cito- *pref/suf* (<gr *kytos*: rece(p)táculo) Exprime a ideia de cavidade, célula, ...

citocinese *s f Biol* (<cito- + cinese) Conjunto dos fenó[ô]menos da divisão da célula até à formação dos dois novos núcleos.

citólise *s f Biol* (<cito- + -lise) Destruição de células (por uma molécula chamada citolisina).

citologia *s f Biol* (<cito- + -logia) Parte da biologia que estuda a estrutura e função das células.

citoplasma *s m Biol* (<cito- + -plasma) Fluido de aspe(c)to gelatinoso à volta do núcleo da célula. ⇒ protoplasma.

citotoxina *s f Biol Med* (<cito- + ...) Toxina ou anticorpo que ataca determinado tipo de células. **Ex.** Se a ~ ataca um nervo diz-se neurotoxina.

citral *s m Quím* (<lat *cítrus*: limoeiro + *aldeído*) Substância líquida volátil presente na erva-cidreira e nos óleos de limão e laranja, muito usada em perfumaria.

citrato *s m Quím* (<citral + -ato) Todo o sal, éster ou complexo derivado do ácido cítrico.

cítrico *adj Quím* (⇒ citral) Diz-se do ácido que se pode extrair dos citrinos.

citricultura *s f Agric* (<cidra + ...) Cultura de citrinos sobretudo laranj(eir)as e tangerin(eir)as.

citrino, a *s/adj* (⇒ citral) **1** (Diz-se de) fruto e planta de família das rutáceas (*Citrus*), como a cidra, o limoeiro e a laranjeira. **Ex.** Os ~s são ricos em vitamina C. **2** (Diz-se da) cor ou sabor dos ~s/Creme/Bege. **Ex.** O ~ é uma tonalidade do amarelo. **3** *s f* Essência de limão. ⇒ citral. **4** *s f Miner* Pedra semipreciosa semelhante ao quartzo-topázio.

citronela *s f Bot* (<fr *citronelle*) ⇒ erva-cidreira.

ciumar *v int* (<ciúme + -ar[1]) Ter ciúmes (+)/Ser (muito) ciumento (+).

ciúme *s m* (<lat *zelúmen* < *zélus,i*: inveja) **1** Inveja de alguém que tem aquilo que queríamos (só) para nós. **Ex.** Ficou cheio de ~s por ela ter sido promovida, e ele não. **2** Sentimento de posse(ssividade) em relação a algo ou alguém. **Ex.** A criança guardava com ~ o presente [brinquedo] que recebeu/lhe deram. **3** Sentimento gerado pela suspeita de infidelidade do parceiro. **Ex.** A namorada tem muitos ~s dele. O marido tem muitos ~s da mulher.

ciumento, a *adj/s m* (<ciúme + -ento) (Diz-se de) quem tem ciúme(s). **Ex.** Ele é um [é muito] ~! **Comb.** Um olhar ~.

cível *adj 2g/s m Dir* (<civil) **1** Referente ao direito civil. **Comb.** A(c)ção/Causa/Matéria ~. **2** Tribunal onde se julgam causas do direito civil. **Comb.** Corregedor do ~.

civeta (Vê) *s f Zool* (<ár *zabad*: almíscar) Mamífero carnívoro das regiões tropicais que tem uma bolsa com uma substância almiscarada usada em perfumaria. **Sin.** Almiscareiro; gato-de-algália.

cívico, a *adj* (<lat *cívicus,a,um*) **1** Relativo ao(s) cidadão(s) ou à nação. **Comb.** *Dever* [Obrigação] ~. ⇒ cidadania. *Direito ~* [de todos os cidadãos] «de votar/voto». **2** Patriótico. **Comb.** *Amor ~. Entusiasmo ~. Virtudes ~s.* **3** Respeitante ao bem público/comum. ⇒ civismo.

civil *adj 2g/s m* (<lat *civílis,e*: do cidadão <*civis*: cidadão) **1** Relativo aos cidadãos (de um país). **Comb.** *Ano ~* [de 1 de janeiro a 31 de dezembro]. *A sociedade ~* [Conjunto dos cidadãos em geral] (Ant. A classe militar [política/empresarial]). **2** Que se dá [passa] entre cidadãos do mesmo país. **Comb.** *Guerra ~.* **3** Feito segundo lei não religiosa. **Comb.** *Casamento ~. Regist(r)o ~.* **4** Que não é militar nem eclesiástico ou religioso. **Ex.** Depois da tropa regressou à vida ~. **Loc.** *Ir* (vestido) *à* (maneira) *~* [à paisana/sem uniforme/em traje normal]. **Comb.** *Aeronáutica ~. A população ~* [O povo]. *Os ~is* e os militares. **5** *Dir* Segundo as leis do país. **Comb.** *Direito ~* (⇒ cível). *Processo ~* (⇒ criminal). **6** ⇒ civilizado.

civilidade *s f* (<lat *civílitas*: arte de governar, condição de cidadão, simplicidade) Conjunto de regras e formalidades dum grupo social. **Sin.** Cortesia(+); educação; boas maneiras. ⇒ civismo.

civilista *s 2g* (<civil 4/5 + -ista) **1** O que se opõe ao predomínio da classe militar na governação/Democrata(+). **2** O que é versado [especialista] em direito civil.

civilização *s f* (<civilizar + -ção) **1** Conjunto das instituições, técnicas, e costumes de uma sociedade. **Ex.** *Gír* Aqui «na aldeia» estou fora da ~ … **Comb.** A ~ moderna [a(c)tual]. A ~ ocidental [oriental]. As grandes ~ões «grega/romana/chinesa/egípcia/inca». **2** Conjunto dos conhecimentos e realizações de uma sociedade evoluída. **Ex.** Nesta segunda ace(p)ção ~ é sinó[ô]nimo de cultura; mas esta refere-se mais ao espírito.

civilizacional *adj 2g* (<civilização + -al) Relativo à civilização. **Comb.** Nível [Aspe(c)to] ~.

civilizado, a *adj/s* (<civilizar) **1** Polido/Culto/Cortês/Urbano. **Comb.** Um senhor muito ~. **Ant.** Rude, rústico, mal-educado. **2** Adiantado em progressos materiais/Moderno. **Comb.** Uma terra [nação/Um povo] ~. **Ant.** Atrasado.

civilizador, ora *adj/s* (<civilizar + -dor) (O) que transmite conhecimentos de todo o gé[ê]nero. **Ex.** Vários países «Pt» se orgulham da sua missão [a(c)ção] ~a.

civilizar *v t* (<civil + -izar) **1** Difundir a civilização em «toda a parte/por todo o país». **2** Levar o progresso a «uma terra pobre/atrasada». **3** ⇒ instruir; educar; polir «uma criança rebelde/um rústico/analfabeto».

civilizadamente *adv* ⇒ cortesmente/delicadamente/polidamente.

civismo *s m* (<lat *civis*: cidadão + -ismo) Sentido cívico [das responsabilidades e deveres de um cidadão]. ⇒ cidadania; patriotismo; civilidade.

cizânia *s f Bot* (<lat *zizánia, niórum*: joio, ~) **1** ⇒ joio(+). **2** *fig* Discórdia/Desavença.

Loc. Semear a ~ «na aldeia/família» [Criar/Provocar a discórdia/desunião].

clã s m (<gaélico *clann*: família) **1** *Antr Hist* Conjunto de famílias com um antepassado «mítico» comum. **Ex.** O ~ tinha um chefe hereditário. ⇒ totem; tribo. **2** *fig* Família/Partido/Grupo/Sociedade. **Loc.** Pertencer a um ~ muito restrito [fechado]. ***Ter espírito de* ~** [Gostar só do seu grupo/Ser fechado/tribal].

clamar v t/int (<lat *clámo,áre*: gritar, clamar) **1** Queixar-se em voz alta/Bradar/Gritar. **Ex.** O acidentado clamava [gritava] por socorro. **2** Implorar/Pedir. **Loc.** ~ por justiça. **3** Reclamar/Exigir. **Ex.** Desorientado, clamava que não era [fora] ele o assassino. **Loc.** ~ [Gritar/Vociferar] contra a censura e (contra) a injustiça.

clâmide s f (<gr *chlamys,ydos*) Manto rico usado pelos antigos «gregos» e preso no ombro por um broche/alfinete. ⇒ toga.

clamor s m (<lat *clámor,óris*) **1** A(c)ção de clamar/Brado/Grito/Gritaria. **Ex.** Ouviu-se um ~ [grito(+)] de alegria quando o jogador marcou o gol(o) da vitória. **2** Protesto/Reclamação. **Ex.** Ouviam-se os ~res da multidão contra o ocupante (estrangeiro). **Comb.** «com a subida brusca dos impostos levantou-se [houve] um» **~ *público/geral*.**

clamoroso, a (Ôso, Ósa/os) adj (<lat *clamorósus*) **1** Dito com clamor/em alta(s) voze(s)/aos gritos. **Comb.** Os gritos ~s da multidão. **2** *fig* Que brada ao(s) céu(s)/Grande. **Comb.** Um erro ~. **3** ⇒ insistente; veemente.

clandestinidade s f (<clandestino+i+-dade) **1** Qualidade do que é feito em segredo/de modo clandestino. **2** Estado ou condição da pessoa que vive escondida. **Ex.** Antes do 25 de abril de 1974 ("Revolução dos Cravos/das Flores", em Portugal) muitos políticos tiveram de viver na ~. Ele vive na ~ [à margem/fora da lei].

clandestino, a s/adj (<lat *clandestinus* <*cláudo,ere*: fechar) **1** Feito às escondidas/Ilegal. **Ex.** Esta construção é ~a, pois não obteve a licença da Câmara Municipal [da Prefeitura]. **Loc.** Viajar ~o/a [sem bilhete ou sem passaporte]. **Comb.** *Encontro* **~.** *Reunião* **~a.** *Sociedade* [Seita] **~a/**secreta. **2** Indivíduo que entra num país com infra(c)ção das leis de imigração. **Ex.** Hoje em dia [A(c)tualmente] há ~s em todos os países. **3** Pessoa que viaja ou trabalha ilegalmente. **Ex.** Aquela empresa tem um empregado ~.

clangor (Ôr) s m (<lat *clángor,óris*) **1** Som forte da trombeta ou de qualquer outro instrumento metálico de sopro. **Comb.** O ~ [toque] das trombetas. **2** Qualquer som forte/estridente. **Ex.** Ouviam-se os ~res da fanfarra a percorrer as ruas. **Comb.** O ~ [tinir] das espadas na esgrima.

clangorar v t/int (<clangor+-ar¹) **1** Soar com clangor. **Ex.** A fanfarra do cortejo clangora sem parar [sem interrupção]. **2** *fig* ⇒ apregoar.

claque s f (<fr *claque*: palmada,estalo,~) **1** Grupo de pessoas aliciadas [pagas] para aplaudir ou apoiar um espe(c)táculo, uma causa, um partido ou uma pessoa. **Ex.** Este partido teve, ao longo de toda a campanha (eleitoral), uma grande ~. **2** *fig* Grupo de admiradores/apoiantes/amigos. **Ex.** Ele tem a sua [uma boa] ~. **Comb.** A ~ [*Br* torcida] do Benfica «Pt». **3** Chapéu alto, de molas, que se fecha.

claquete s f (⇒ claque) Pequeno quadro negro onde se regist(r)am informações técnicas de cada sequência de filmagens de modo a facilitar posteriormente a montagem do filme.

clara s f (<claro) **1** Substância albuminosa [com proteínas] que envolve a gema do ovo. **Comb.** *Cul* **~-*d'ovo*.** **~*s em castelo*** [que são batidas de forma a adquirirem uma consistência firme] «para fazer pão de ló». **2** Membrana exterior, branca, dos olhos. **Comb.** ~ do olho [Esclerótica]. **3** ⇒ clareira. **4** Abertura no navio por onde passa o cabo ou outra peça. **Comb.** ~ da hélice. **5** *pl* Abertamente/Sem preconceitos/Publicamente. Só *us* na *loc* Às ~s (**Ex.** Beijou-os às ~s [à vista de todos]. Ele faz (sempre) tudo às ~s, não gosta de agir às escondidas como os ladrões).

claraboia s f (<fr *claire-voie* <lat *clara via*: passagem iluminada) **1** Estrutura envidraçada [Telhas de vidro] «no te(c)to» para iluminar (e ventilar) o interior da casa. **2** Abertura ou fresta para entrar luz. **Ex.** A única luz que o meu quarto tem vem da ~. **Comb.** ~ [Boca] da mina.

claramente adv (<claro+-mente) De modo claro/Sem dúvida/Bem. **Ex.** Percebi ~ [perfeitamente/bem] a explicação do professor. Você está ~ [certamente/muito] errado.

clarão s m (<claro+-ão) **1** Luz intensa/Grande claridade. **Ex.** O ~ do incêndio era visível a grande distância. Viste o (~ [raio luminoso] do) relâmpago? (⇒ trovão). **2** *fig* Revelação momentânea de um sentimento. **Comb.** *Um* **~** [assomo] ***de esperança***. *Um* **~** [rasgo/lampejo] ***de inteligência***.

clareação [clareamento] s (<clarear+...) A(c)to ou efeito de clarear. **Ex.** Fiz a/o ~ (da cor) do meu cabelo.

clarear v t/int (<claro+-ear; ⇒ clarificar) **1** Tornar(-se) claro/Ficar mais iluminado. **Ex.** Clareou a voz com uma tossidela. O céu clareou um pouco. *fig* Um sorriso de alegria avivou[clareou]-lhe a expressão [o rosto]. **Sin.** Aclarar; iluminar. **2** Romper a aurora/Fazer-se dia/Amanhecer. **Ex.** Fui trabalhar assim que clareou. **3** Desbastar(o+)/Rarear(+). **Loc.** ~ um bosque (⇒ clareira). **4** *fig* ⇒ esclarecer; clarificar; explicar.

clareira s f (<claro+-eira) Espaço sem vegetação ou só com vegetação rasteira no meio de mata, bosque ou floresta. **Ex.** O fogo queimara parte da floresta, abrindo ~s.

clarete (Ête) adj 2g/s m (<claro+-ete) **1** *s* Vinho de cor vermelho-clara. **2** (Que se assemelha à) cor de **1**. **Ex.** Onde compraste a tua camisola [o teu pulôver] (de cor) ~ ?

clareza (Ê) s f (<claro+-eza; ⇒ claridade) Qualidade do que é claro/transparente/límpido. **Ex.** Eu vejo bem [claro/claramente/com ~], não preciso de óculos. A ~ [limpidez] da água permitia ver o nosso reflexo. A ~ com que escreves [A tua ~ de frase/estilo] facilita a compreensão. Fala com ~, é um prazer ouvi-lo. **Loc.** Ter ~ de ideias. **Comb.** **~ *do discurso*.** **~ *de espírito***. **~ *meridiana*** [absoluta] (Como a luz do sol ao meio-dia).

claridade s f (<lat *cláritas,átis*; ⇒ clareza) Qualidade do que é claro/Luz. **Ex.** A nossa sala tem bastante ~. **Comb.** A ~ da lua [O luar]. A ~ matinal [da manhã]. A intensa ~ [luz] do sol. ⇒ alvura; brancura.

clarificação s f (<lat *clarificátio,ónis*) **1** A(c)to ou efeito de clarificar. **Sin.** Esclarecimento(+); elucidação. **2** *Quím* A(c)ção de tornar claros líquidos turvos ou escuros.

clarificador, ora s/adj (<clarificado+-or) **1** (O) que clarifica ou esclarece. **Ex.** Esta explicação é de fa(c)to, ~a. **Comb.** Produto [Substância] ~ «do vinho». **2** Tanque de sedimentação «da água potável».

clarificar v t (<lat *clarífico,áre*; ⇒ clarear) **1** Dar claridade ou clareza/Tornar claro/Purificar. **Ex.** Temos de ~ este vinho. **2** Esclarecer/Não deixar dúvidas «quanto a/sobre». **Ex.** Clarificou [Esclareceu/Resolveu] toda aquela confusão. A situação [O problema/caso] clarificou-se. **Loc.** ~ [Tirar/Esclarecer] (todas) as dúvidas. **3** ~-se/Tornar-se claro/límpido. **Ex.** Depois de ler o seu artigo, as minhas ideias clarificaram-se.

clarim s m *Mús* (<lat *clárus,a,um*: «som/brilho» claro) **1** Instrumento de sopro, metálico, semelhante à corneta. **2** Regist(r)o de órgão que reproduz o ~. **3** Pessoa que toca **1**. **Ex.** O meu irmão é ~ do exército.

clarinete, a (Ête) s *Mús* (<clarim+-ete) **1** Instrumento de sopro, feito de madeira, de tubo cilíndrico, com orifícios e bocal de palheta simples. **2** Pessoa que toca **1**. **Sin.** Clarinetista(+).

clarinetista adj/s 2g *Mús* (<clarinete+-ista) Pessoa que toca clarinete.

clarissa[ista] s f (<*antr* Clara) Freira da ordem fundada em 1211, em Assis, por Santa Clara, segundo o ideal de S. Francisco.

clarividência s f (<claro+vidência; ⇒ visão clara) **1** Qualidade ou cará(c)ter de quem é inteligente ou prudente. **Ex.** A sua atitude foi de grande ~, como o futuro mostrou [se encarregou de demonstrar]. **2** Faculdade paranormal «de vidente/adivinho» de adivinhar o presente e o futuro.

clarividente adj 2g (<claro+...) **1** Que vê com clareza/Inteligente/Prudente. **Ex.** É uma pessoa ~ e respeitada por todos nós. **2** ⇒ adivinho.

claro, a adj/s m/adv/interj (<lat *clarus*; ⇒ clara) **1** Que tem, refle(c)te ou dá luz/Iluminado. **Ex.** Já era dia ~o [havia muita luz] quando saímos de casa. O meu apartamento é ~ [tem muita luz(+)]. **Comb.** ⇒ ~-escuro. *Cor* **~a** «do vestido/do rosto». *Luz* **~a** [forte] «do sol/da lâmpada». *Noite* **~a** [de luar]. *Sala* **~a** (com (muita) luz]. *Vestido* [Roupa] **~o/**a. **Ant.** Escuro. ⇒ branco; preto. **2** Límpido/Transparente/Translúcido. **Comb.** *Água* **~a** «de uma nascente». *Atmosfera* [Ar] **~a/o**. *Espelho* **~**. *Lente* «dos óculos» **~a**. *Olhos* **~s**. *Vidro* **~**. **3** Que se distingue [entende] bem/Inteligível/Evidente/Convincente. **Ex.** É ~/evidente [Está mais que provado] que os portugueses foram os primeiros europeus a chegar ao Japão. Não ficou muito ~ se foi ele que(m) praticou o delito. **Idi.** ***~ como (a) água*** [a luz do dia] (**Ex.** A culpa dele era ~a como água [Era (mais que) evidente que o culpado era ele]). **Comb.** *Demonstração* [Prova/Argumento] **~a/o**. *Regras* [Normas] **~as**. *Visão* **~a *dos problemas***. **4** Que é visível/audível/distinto/bom. **Loc.** «distinguir» Pelo ~ [Com clareza (+)] «um marido rico e um marido pobre». **Comb.** *Contornos* **~s** [bem definidos] «da figura/do problema». *Intenção* **~a** «de matar». *Memória* **~a** [boa]. *Som* **~** «de passos no jardim». *Voz* «fraca mas» **~a**. **5** Ilustre/Pre~/Célebre. **Comb.** «ser de» **~a** estirpe [Família ilustre]. **6** adv Claramente/Indubitavelmente/Certamente/Evidentemente. **Ex.** Ele sempre falou ~ [claramente]. Será que [Sabe(s) se] ela vem? – Claro! Ela vai/-se curar [certamente/sem dúvida]. **7** *s Arte* Parte com mais luz. **Comb.** ⇒ ~-escuro. O ~ da pintura «de Rafael». **8** Espaço sem nada/Intervalo/Branco/Clareira/Lacuna/Buraco. **Loc.** *Em* **~ a)** Sem mencionar/referir/falar (**Ex.** Passou este assunto em ~); **b)** Sem dormir (**Ex.** Passei (toda) a noite em ~); **c)** Sem preencher/escrever (**Ex.**

Deixou duas respostas do exame em ~ [Não fez/Saltou duas respostas]).

claro-escuro s m Arte (Em pintura, gravura ou desenho) Combinação de luz e sombras. **Ex.** Rembrandt foi [é] um mestre do ~ [dos claros-escuros].

classe s f (<lat classis: exército, frota, grupo «dos principais cidadãos») **1** Conjunto de pessoas, animais ou obje(c)tos com características semelhantes. **Comb.** ~ **alta** [rica] (da sociedade). ~ **baixa** [pobre/dos pobres]. ~ **dirigente** [dominante/dos que mandam]. ~ **empresarial** [dos empresários]. ~ **etária** «dos zero aos quatro anos». ~ **média** [nem rica nem pobre] (da sociedade). ~ **médica**. ~ **operária** [dos trabalhadores]. ~ [Grupo] **dos o(p)timistas**. «existem três grandes» ~**s sociais**: alta, média e baixa. **Consciência** [Espírito] **de** ~. **Luta de** ~**s**. **Mercadorias de diversas** ~/qualidades. **Sin.** Grupo; conjunto. **2** Turma. **Ex.** A nossa ~ foi elogiada pelo dire(c)tor (da escola). **Comb.** ~/Aula de português [ginástica]; ⇒ aula [sala]; lição; ano. **3** Qualidade/Categoria. **Ex.** Estes móveis não são antigos mas têm ~ [mas são de primeira (qualidade)]. Aquele sujeito não tem ~ [sujeito é fraco «um vaidoso/mentiroso»]. **Comb.** Gram «nove» ~**s de palavras** «: substantivo, adje(c)tivo, numeral, artigo, pronome, verbo, advérbio, preposição, conjunção e interjeição». ~ **econó[ô]mica** [turística] **de avião**. **Arroz de primeira** ~ [qualidade(+)]. **Hotel** fraco [econó[ô]mico/**de segunda** ~]. «viajar de avião em» **Primeira** ~. **Romancista** bom [**de primeira** ~]. idi **Velhaco de primeira (~)** [Grande velhaco]. **4** Variedade/Espécie. **Ex.** Temos várias ~s de maçãs. Este programa «de TV» destina-se a toda a ~ de pessoas. **5** Bot Zool Em taxonomia, principal subdivisão do filo.

classicismo s m (<clássico+-ismo) **1** Qualidade do que é clássico/Literatura clássica, sobretudo greco-latina. **Comb.** ~ chinês [português/japonês]. **2** Corrente artística e literária que pretende imitar a arte greco-latina, manifestada em Portugal entre os séculos XVI-XVIII. **3** Época dos artistas e escritores clássicos «gregos/chineses/indianos»/Época áurea (⇒ clássico **2**). **4** Cultivo do estilo claro, sóbrio e harmonioso característico dos autores de obras artísticas ou literárias da Antiguidade Clássica «Homero/Virgílio/Cícero/...». **5** depr Imitação servil ou abusiva dos (autores) clássicos.

classicista s/adj 2g (<clássico+-ista) **1** Relativo ao classicismo. **2** Admirador da ou especialista na época clássica.

clássico, a adj/s (<lat clássicus: de uma (primeira) classe «de cidadãos/de escritores») **1** Que tem classe/Que é considerado um modelo/Modelar/Exemplar. **Ex.** Ontem comprei um ~ da literatura portuguesa, Os Maias de Eça de Queiroz. Machado de Assis e Graciliano Ramos são dois (escritores) ~s do Brasil. O filme brasileiro Luzes da Cidade é um ~ do cinema mundial. O P. António Vieira é, depois de ou com Camões, o maior ~ da língua portuguesa. Miguel Torga, pela corre(c)ção e poesia da sua escrita, já se pode considerar um ~. **2** Diz-se da arte «de um país» na época em que ela atingiu a maior perfeição. **Ex.** A Ilíada e a Odisseia são duas obras ~as da literatura grega. O chinês é considerado a língua ~a do Japão. Virgílio, com as suas Geórgicas, Bucólicas e Eneida é o maior poeta ~o latino. **Comb. Escultura** ~**a** grega. **Literatura** ~**a** indiana. **Pintura** ~**a** chinesa [japonesa]. **3** Fiel à arte ou aos modelos ~s. **Ex.** A Castro, de Antó[ô]nio Ferreira, é um exemplo da tragédia ~a. **4** Que é simples, sóbrio e belo. **Comb.** Roupa ~a. Fato [Br Terno] ~. **5** Gír Costumado/Habitual/Inveterado. **Ex.** Depois do almoço acende o ~ charuto. **Comb.** O ~o desfile do Carnaval carioca (Rio de Janeiro). O ~ (jogo) Benfica-Sporting (Lisboa). O ~o traje acadé[ê]mico.

classificação s f (<classificar+-ção) **1** Distribuição ou arranjo por classes ou grupos. **Comb.** ~ **gramatical** [das palavras segundo a sua categoria «de s, adj, ...»] (⇒ classe **3 Comb.**). ~ **decimal** «das bibliotecas». Quím A ~ **periódica** [em que os elementos são dispostos em ordem crescente dos números ató[ô]micos]. **2** Biol Sistema de ~ dos seres vivos por categorias/grupos. ⇒ taxonomia. **3** Resultado final obtido num exame, concurso, etc./Avaliação/Nota(+)/Posição. **Ex.** As classificações [notas] dos exames de matemática foram (muito) boas/altas.

classificado, a s m/adj (<classificar) **1** Que se classificou/Escolhido/Aprovado/Vencedor. **Ex.** A correspondência ~a de Fernando Pessoa está num arquivo. Rosa Mota, na maratona de Seoul, foi a primeira ~a. **2** ⇒ anúncio (~).

classificador, ora adj/s m (<classificar+-dor) **1** (O) que classifica. **Comb.** Máquina ~ora. **2** Pasta [Móvel] em que se guardam documentos ordenados. ⇒ ficheiro/fichário.

classificar v t (<lat classífico,áre) **1** Distribuir em classes/grupos/categorias/Ordenar. **Comb.** ~ **os** (animais) **vertebrados**. ~ **os documentos**. ~ **os livros** «da biblioteca». ~ **uma planta**. ~ **os substantivos**. **2** Aprovar [Ser aprovado] em exame, concurso, etc. **Ex.** Classificaram-se para as meias-finais do campeonato. Aquele gesto classificou-o aos olhos da sua equipa/e. **3** Qualificar/Julgar/Considerar. **Ex.** Classificou-o de [como] ladrão, imagine! **4** Declarar de interesse público. **Comb.** Imóvel [Prédio] classificado. ⇒ tombar.

classificativo, a adj/s f (<classificar+-ivo) (A) que serve para classificar. **Ex.** Passei na (prova) ~a [de apuramento(+)].

classificável adj 2g (<classificar+-vel) Que se pode classificar. **Ex.** Esta espécie «de planta» é dificilmente ~. **Ant.** In~.

classista s 2g/adj 2g (<classe+-ista) (O) que representa ou defende uma [a sua] classe social alta. **Ex.** As declarações ~s do candidato dece(p)cionaram os (seus) apoiantes.

-clasta suf (<gr kláo: quebrar+-asta) Exprime quebra, destruição. **Ex.** Icono~. ⇒ clasto-.

clástico, a adj (<clast(o)-+-ico) **1** Anat «modelo» Que se pode desmontar em partes. **2** Geol Diz-se das rochas sedimentares formadas por detritos [restos] de outras.

clasto- pref (<gr klastós: quebrado, roto) Exprime a ideia de quebrar, destruir. **Ex.** ~mania ⇒ -clasta.

clastomania s f (<...+mania) Tendência doentia para quebrar obje(c)tos e rasgar roupas.

claudicação s f (<lat claudicátio,ónis) **1** A(c)to ou efeito de claudicar. **2** Deficiência no andar/Coxeio. **Ex.** Ficou com aquela ~ [Ficou a coxear(+)] depois do acidente. **3** Falta de certeza/Hesitação/Vacilação. **4** fig Falta ao cumprimento dos deveres/Erro.

claudicante adj 2g (<lat cláudicans,antis) **1** Que claudica/coxeia. **Comb.** Passo [Andar/Caminhar] ~. **2** Que revela incerteza/Hesitante/Vacilante(+). **3** fig Que comete erros. **Ex.** Alguns políticos têm um comportamento ~; raramente cumprem o que prometem.

claudicar v int (<lat cláudico,áre: mancar, ser desigual ou inferior) **1** Arrastar de uma perna/Coxear(+). **Ex.** O velhinho, pelo [, dado o] (estado) avançado da idade, (já) claudicava de uma perna. **2** fig Cair em erro/falta. **Ex.** Ao passar o sinal vermelho, aquele condutor claudicou [foi contra as regras de trânsito]. **3** Conter falhas/imperfeições/deficiências. **Ex.** O teu trabalho claudica na conclusão. **Loc.** ~ na [(come)ter erros de] linguagem.

claustral adj 2g (<lat claustrális) Relativo ao claustro. **Comb.** Recolhimento ~ [conventual/monástico].

claustro s m (<lat claustrum: fecho, barreira, cerca, tranca) **1** Pátio interior, arqueado, de um convento ou de outro edifício, rodeado por [de] galerias. **Comb.** O ~ do Mosteiro dos Jeró[ô]nimos (Lisboa). **2** Vida monástica/Convento/Mosteiro. **Loc.** Abraçar a vida monástica/do ~ [Ir/Entrar para o convento(+)]. **3** Assembleia de professores universitários. **Comb.** O ~ [corpo docente (+)] da Universidade «de Coimbra».

claustrofobia s f (<...+fobia) Medo de entrar ou permanecer em espaços fechados ou pequenos. **Ex.** Não usava [entrava no/ia de] o elevador porque sofria de ~.

cláusula s f (<lat cláusula: conclusão, fim, termo, extremidade, última palavra <cl(a)udo,ere: fechar) **1** Cada um dos artigos ou disposições de um documento/contrato/a(c)to/testamento/... **Ex.** Não concordo com a segunda ~ deste contrato. **Comb.** ~ **à ordem** «do cheque» [~ que ~o torna transferível por endosso]. **Dir** ~ **de estilo** [~ não explícita]. ~ **de nação mais favorecida**. ~ **penal** [que fixa a multa se não se cumprir o contrato]. **2** ⇒ fim/conclusão; encerramento. **3** Mús ⇒ cadência «do gregoriano». **4** Gram ⇒ inciso «na/da frase».

clausular v t/adj 2g (<cláusula+-ar[1/2]) **1** Estabelecer as cláusulas. **Ex.** Já leste tudo o que está clausulado? **2** Relativo a cláusula.

clausura s f (<lat clausúra: fechadura, fecho, praça fortificada <cl(a)udo,ere: fechar) **1** Espaço ou recinto fechado. **2** Rel Parte da casa religiosa donde, sem licença do superior, não podem sair os que lá vivem nem outros entrar. **Comb.** Lei da ~. Vida retirada/de ~. ⇒ reclusão; prisão.

clava s f (<lat clava: maça, cacete) Pau pesado e mais grosso numa das extremidades, usado como arma/Moca(+)/Maça.

clave s f Mús (<lat clávis: chave) Sinal colocado no início da pauta musical que atribui o seu nome à nota que estiver na linha em que ela esteja inscrita. **Ex.** Nas aulas de música aprende-se a ~ de sol, raramente a ~ de fá ou a ~ de dó.

clavi- pref (<lat clavis: chave, tranca) Tem múltiplos significados, relacionados com clave, clava, chave, prego, cravo e cravar.

clavicímbalo [clavecino] s m Mús (<lat clavicymbalus) ⇒ cravo[2]/clavicórdio.

clavicórdio s m Mús (<lat clavichordium) Instrumento antigo, renascentista e barroco muito semelhante ao cravo, com teclado e cordas. **Ex.** O ~ é um dos antepassados do piano.

clavicórneo, a adj/s Ent (<clava+corno) (Diz-se de) inse(c)to da família dos ~s que têm antenas curtas e dilatadas na ponta.

clavícula s f Anat (<lat clavícula: chave pequena) Osso largo e par, em forma de S deitado que articula o esterno com a omoplata. **Ex.** Tenho o ombro todo ligado, porque parti a ~.

clemência s f (<lat *cleméntia*) Virtude que modera [suaviza] o rigor da justiça. **Loc.** Implorar [Pedir] ~ «aos guardas/ao juiz». **Sin.** Indulgência. ⇒ amenidade «do clima».

clemente adj 2g (<lat *clémens,éntis*) Que tem clemência/Indulgente/Benigno.

clepsidra s f (<gr *klepsúdra*: a que rouba água) Relógio de água *us* pelos antigos que media o tempo pela quantidade de água escoada. **Sin.** Ampulheta(+).

clepto- (<gr *klépto*: roubar) Elemento de formação de palavras que exprime a ideia de roubo.

cleptocracia s f (<...+-cracia) Sistema em que se permitem políticos que roubam o dinheiro do país.

cleptofobia s f (<...+-fobia) Medo mórbido de roubar ou de não pagar o que se deve.

cleptomania s f (<...+mania) Impulso que leva a roubar obje(c)tos. **Ex.** Não era por necessidade que roubava, era por (doença de) ~.

cleptomaníaco [cleptómano/Br **cleptômano], a** adj/s Que sofre de cleptomania. **Ex.** É um (indivíduo) ~ que necessita de tratamento.

clerezia s m (<lat *clericia*) Classe clerical/do clero.

clerical adj 2g (<lat *clericális*) Do clero. ⇒ eclesiástico; sacerdotal.

clericalismo s m (<clerical+-ismo; ⇒ clero) **1** Poder ou influência indevidos do clero/da Igreja. **2** *Hist* (Corrente de) opinião que pretendia submeter à influência [ao poder] do clero assuntos políticos e da vida social.

clérigo s m (<lat *cléricus*) Que pertence à classe eclesiástica/ao clero. **Sin.** Sacerdote cristão/católico(+); padre(o+).

clero s m (<gr bizantino *kléros*: lote dado a uma igreja. No gr clássico: pedrinhas ou a(c)ção de tirar à sorte) Conjunto de pessoas com ordens sacras dedicadas ao culto divino/Classe sacerdotal. **Comb.** ~ **regular** [de uma ordem ou congregação religiosa]. ~ **secular/diocesano** [que depende do bispo (da diocese)]. **Alto** ~ [Bispos e cardeais]. **Baixo** ~ [Sacerdotes e diáconos].

clicar v t (<clique+-ar[1]) **1** Fazer clique(+)/Disparar/Estalar. **Ex.** O incêndio alastrava clicando. **2** *Info* Premir o botão do rato. **3** *Br col* Fotografar. **Ex.** Clicou o modelo para uma revista.

clicável adj *Info* (<clicar+-vel) Diz-se de elemento de ligação entre dois sistemas que, quando se clica, desencadeia a execução de um comando ou de uma opção.

cliché/ê s m (<fr *cliché < on*) **1** Placa «de zinco» gravada fotomecanicamente por estereotipia em relevo, destinada à impressão. **Sin.** Matriz (estereotipada)(+). **2** Imagem ou texto impressos por este processo. **3** *Fot* Imagem negativa. **Sin.** Negativo(+). **4** Palavra ou expressão sem originalidade/Lugar-comum(o+)/Chavão(+). **Ex.** O discurso dele foi [reduziu-se a] uma série de ~s [chavões/lugares-comuns] (sem interesse nenhum).

cliente s 2g (<lat *cliens,éntis*: protegido, que tem patrono) **1** Comprador (habitual) de um estabelecimento/Freguês. **Ex.** Comunicamos aos nossos [estimados/prezados] ~s que (a partir de) agora estamos abertos aos sábados. Sou ~ deste banco [desta pastelaria] desde os meus vinte anos. **2** Pessoa que recorre aos serviços de outra pagando [a pagar]. **Comb.** ~ *de um advogado* [Constituinte]. ~ *de um médico* [Doente]. ~ *de uma modista*. **3** Pessoa que fica satisfeita com o produto ou serviço e pensa voltar. **Loc.** Comprar e ficar ~. **Comb.** ~ comum [normal/tipo].

clientela s f (<lat *clientéla*) **1** Conjunto de clientes. **Ex.** Modernizou a loja [as instalações] para atrair a [mais] ~. **2** *Depr* Grupo de pessoas que dão apoio «a um político» em troca de algum benefício. **Comb.** ~ eleitoral [partidária/política].

clientelismo s m (<clientela+-ismo) Troca de favores/Favoritismo. **Ex.** Para obterem mais votos, os políticos recorrem ao ~. O ~ prejudica a [é inimigo da] democracia.

clima s m (<lat *clíma,atis*: região, latitude <gr *klíma,atos*: inclinação (da terra em relação ao sol)) **1** Conjunto de condições atmosféricas que caracterizam uma região. **Ex.** Portugal tem um [é conhecido pelo seu bom] ~ marítimo temperado. Preciso de ir para um ~ mais seco por causa dos [para tratar os] meus pulmões. **2** *fig* Conjunto de condições/Ambiente(+). **Ex.** A declaração do primeiro-ministro criou um ~ de tranquilidade no [tranquilizou] país. **Loc.** Mudar de ~ [ambiente(o+)/ares(+)]. **Comb.** ~ *continental* [do interior dos continentes, com diferenças de temperatura entre o verão e o inverno]. ~ *desértico* [sem chuvas]. ~ *frio*. ~ *glacial* [dos polos/muito frio]. ~ *marítimo* [constante]. ~ *de montanha* [imprevisível]. ~ *quente* [ardente]. ~ *subtropical*/temperado [sem inverno] «da ilha da Madeira».

climactérico, a [Br **climatérico]** adj *Med* (<gr *klimaktérikos*) Relativo ao clima(c)tério.

climactério [Br **climatério]** s m *Med* (gr *klimaktér*: ano crítico da vida <*klímaks,akos*: escada, degrau) Fim da fertilidade humana. **Ex.** O ~ feminino [da mulher] é a menopausa, o masculino [do homem] é a andropausa.

climáctico, a adj (<clímax+-ico) Referente a clímax.

climático [climatérico], a adj (<clima+-...) Relativo ao clima. **Ex.** As condições ~as do «nosso» país, Portugal, são excelentes para (passar) férias.

climatização s f (<climatizar+-ção) Conjunto de meios (técnicos usados) para criar ou manter, num recinto fechado, condições de temperatura favoráveis. **Ex.** Vou ligar o ar condicionado, para termos uma boa ~ na sala. **Comb.** ~ *de uma aeronave* [um avião]. ~ *de uma estufa* para plantas tropicais. ~ *de uma sala de cirurgia*. ⇒ aclima(ta)ção.

climatizador, ora adj/s (<climatizar+-dor) (Diz-se de) aparelho *us* para manter um recinto a temperatura ou (h)umidade constante.

climatizar v t (<clima+-izar) Criar e manter, através de processos adequados, condições de temperatura favoráveis. **Ex.** Agora, com [tendo] a sala climatizada, já trabalhamos melhor. **Loc.** ~ todo o prédio.

climatologia s f (⇒ clima) Estudo dos climas e da sua influência ecológica.

climatoterapia s f (⇒ clima) Tratamento de doenças através de climas especiais/Mudança de ares (+).

clímax (Acss) s m (<gr *klímaks,akos*: escada, degrau, gradação) **1** Ponto culminante [mais alto ou importante] de algo. **Ex.** O ~ da evolução (animal) é o homem. **Com.** O ~ *da doença* [febre]. *O* ~ *do discurso*. *O* ~ *da* (entoação da) *frase*. *O* ~ *da novela* [do drama/do espe(c)táculo/do filme]. **2** ⇒ orgasmo.

clina s f ⇒ crina.

clínica s f *Med* (<gr *kliniké*: cuidados médicos a um doente acamado <*klinikós*: relativo ao leito <*klino*: inclinar-se, deitar-se) **1** Exercício da medicina. **Ex.** Ele exerce [pratica/faz] ~ [medicina] há [faz] muito tempo. **Comb.** ~ *cirúrgica* [Cirurgia]. ~ *geral* [médica]. *Chefe de* ~ [Dire(c)tor clínico]. **2** Estabelecimento hospitalar privado. **Ex.** Fui operado numa ~. **Comb.** ~ *dentária* [Dentista(+)]. ~ *pediátrica* [de pediatria/para crianças]. **3** Conjunto de doentes ou clientela de um médico. **Loc.** Ter muita [grande] ~.

clinicamente adv *Med* (<clínica+-mente) Do ponto de vista clínico/médico. **Ex.** ~ as melhoras são boas «mas ele diz que está pior». **Comb.** ~ morto «mas em estado vegetativo, ligado às máquinas».

clínico, a adj/s (⇒ clínica) **1** Relativo à prática ~ ou ao tratamento médico dos doentes. **Ex.** Fiz as análises ~as que o médico (me) recomendou. **Comb.** *Caso* ~ [Doença que só os médicos podem curar]. *História* ~a (do doente). **Sin.** *adj* Médico. **2** Que se realiza junto ao leito ou por observação dire(c)ta. **Ex.** Essas borbulhas que tens na pele são sinais ~os de alergia. **Loc.** Ter olho ~ **a)** Acertar rapidamente no diagnóstico/exame; **b)** *fig* Ser perspicaz/Descobrir rapidamente. **Comb.** *Demonstração* [Lição] ~a. *Psicologia* ~a.

clinómetro [Br **clinômetro]** s m (<gr *klino*: inclinar-se+-metro) Instrumento que serve para medir, num navio, o balanço de um bordo para o outro e numa superfície plana «terreno» a sua inclinação em relação ao horizonte.

clinoterapia s f *Med* (<gr *klino*: deitar-se+terapia) Terapêutica por meio do repouso na cama (+).

clínquer s m *Quím* (<hol *klinker*: espécie de tijolo, escória) **1** Escória de fornos siderúrgicos. **2** Produto da calcinação de calcário e argila.

clipboard ing *Info* ⇒ área de transferência.

clipe s m (<ing *clip*) **1** Pequena peça de metal ou plástico, *us* para prender papéis. **Ex.** Prende as folhas com um ~, para saberes a ordem delas. ⇒ agrafe/o. **2** ⇒ broche. **3** ⇒ vídeo~; teledisco.

clique[1] s m/interj (<ing *click <on*) **1** Ruído breve/Estal(id)o. **Ex.** O ~ da máquina fotográfica ouviu-se bem. Fez um ~ [estalido(+)] com a língua «e a criança riu(-se)». **2** *fig* Ideia que surge repentinamente e esclarece uma dúvida. **Loc.** Fazer um ~. Não estava a perceber a explicação, até que se fez um ~ na minha cabeça e entendi tudo). **3** [Interj] **Ex.** Estendeu a mão e ~: apagou a luz. **4** *Info* O premir o botão do rato (⇒ clicar).

clique[2] s f *depr* (<fr *clique <on*) Grupo fechado e interesseiro/Bando. **Ex.** Não te quero ver com pessoas daquela ~!

clister s m *Med* (<gr *klustér,éros*: seringa) Introdução de ar ou líquido pelo re(c)to [ânus] para exame radiológico «~ opaco» ou lavagem do intestino.

clítico, a adj/s m *Ling* (<ing *clitic-*) (Diz-se do) pronome pessoal oblíquo átono e de preposições, etc., que perdem a tonicidade. **Ex.** Ele e eu. Foi-*me* fácil convencê-*lo*.

clítoris, clitóris s m 2n *Anat* (<gr *kleitorís,ídos*: certa pedra (preciosa)) Pequeno órgão eré(c)til situado na parte superior e anterior do aparelho genital feminino.

clitoritomia s f (<...+-tomia) Amputação do clítoris. **Ex.** A ~ ainda é praticada em alguns países.

clivagem s f (<clivar+-agem) **1** A(c)to ou efeito de clivar/de separar. **Comb.** A ~ do zigoto. **2** *Min* Propriedade de certos minerais de se deixarem dividir mais facilmente ao longo de planos paralelos. **Comb.** A

~ da mica em lamelas de feldspato. **3** *fig* Separação. **Ex.** Há uma grande ~ [divisão/diversidade] de opiniões acerca deste novo governo. **Comb.** A ~ das camadas [classes] sociais.

clivar *v t* (<hol *klieven*: fender, rachar) **1** Fragmentar um mineral «mica» segundo os seus planos paralelos de clivagem. **2** *fig* ⇒ separar.

clivo *s m* (<lat *clivus*) **1** Inclinação de terreno/Ladeira/Encosta. **Sin.** Declive(+). **2** ⇒ colina; outeiro.

cloaca *s f* (<lat *cloáca*) **1** Fossa, canal ou cano destinados a receber deje(c)tos ou imundícies/Esgoto(s). **Sin.** Fossa(+). ⇒ monturo; sarjeta; latrina. **2** *fig* Lugar onde vai parar tudo o que é mau/imundo. **Ex.** Aquela zona é a ~ da cidade. **3** *Zool* Cavidade terminal do intestino de aves, peixes e répteis onde terminam também os ductos urinário e genital.

cloacal *adj 2g* (<lat *cloacális,e*: de cloaca) Relativo a cloaca.

cloasonado, a *adj/s m Arte* (<fr *cloisonné*: separado) (Diz-se de) obje(c)to em que as cores do desenho decorativo estão separadas por tiras ou filetes de metal.

clonagem *s f Gené* (<clone+-agem) Produção de células, de fragmentos de ADN ou de indivíduos geneticamente idênticos. **Comb.** ~ embrionária [com células de um embrião]. ~ somática [feita com qualquer célula dum organismo].

clonar *v t Gené* (<clone+-ar¹) Produzir por (meio de) clonagem/Criar clones. **Comb.** Ovelha [Vaca] clonada.

clone *s m Gené* (<gr *klón*: rebento, broto, ramo pequeno) **1** Indivíduo geneticamente idêntico a outro, produzido por manipulação genética. **Ex.** O primeiro ~ realizado com sucesso foi a ovelha Dolly. ⇒ clonagem. **2** *fig* ⇒ cópia; imitação «fraca/inferior».

clorar *v t* (<cloro+-ar¹) **1** Tratar ou purificar (a água) com cloro. **Ex.** É preciso ~ a água para evitar doenças. **2** Combinar cloro com algo.

cloreto (Êto) *s m Quím* (<cloro+-eto) **1** Sal ou éster derivado do ácido clorídrico. **Comb.** ~ de sódio [Sal marinho]. **2** Cal com cloro *us* na lavagem da roupa como desco(lo)rante, posteriormente substituído pela lixívia. **Ex.** A minha avó usava ~ para fazer a barrela da roupa. **Sin.** ~ de cálcio.

clórico, a *adj Quím* (<cloro+-ico) Relativo ao cloro. **Comb.** Ácido ~ [HCLO$_3$].

clorídrico, a *adj Quím* (<cloro+hidrogé[ê]nio+-ico) Diz-se de um ácido composto só, e por volume igual, de hidrogé[ê]nio e de cloro/Cloreto de hidrogé[ê]nio.

cloro [Cl 17] *s m Quím* (<gr *khlóros*: verde) Elemento gasoso nas condições normais de temperatura e pressão, amarelo-esverdeado, cheiro forte e sufocante, muito tóxico e descorante. **Ex.** O ~ é utilizado no tratamento da água canalizada e das piscinas. ⇒ cloreto **1 Comb.**.

clorofila *s f Biol* (<gr *khlóros*: verde+*phýllon*: folha) Pigmento que dá a cor verde aos vegetais, localizado no interior das células e que desempenha um papel essencial na fotossíntese.

clorofórmio *s m Quím* (<clor(o)-+-fórmio) Líquido incolor e de cheiro agradável, antigamente muito *us* como anestésico, hoje utilizado como solvente em extintores.

cloroplasto/a *s m Bot* (<cloro+-plasto) Corpúsculo [Organito] das células vegetais, portador de clorofila, que assegura a fotossíntese.

cloropreno *s m Quím* (<cloro+isopreno) Substância *us* na produção de borracha sintética (que é) mais resistente que a (borracha) natural.

clorose *s f* (<gr *khlóros*: verde+-ose) **1** *Bot* Amarelecimento das folhas seguido de degenerescência da planta. **2** *Med* Anemia das mulheres jovens caracterizada pelo tom amarelo-esverdeado da pele, devido à falta de ferro ou outras causas.

clorótico, a *adj* (<clorose+-ico) Relativo a ou que apresenta clorose/Pálido.

close-up ing *Fot* ⇒ (primeiro [grande]) plano; focar.

clube *s m* (<ing *club*: bastão *us* em certos jogos de bola) **1** Local de reuniões de carácter recreativo, cultural, político, etc. **Ex.** Hoje vou ao meu ~ praticar natação. **2** Associação de pessoas que se juntam regularmente em certo local com um fim comum. **Ex.** Na (minha) escola há vários ~s: de poesia, leitura, té[ê]nis, etc. **3** (D)esp Agremiação (d)esportiva. **Ex.** Em Portugal e no Brasil há muitos ~s de futebol.

clubismo *s m* (<clube+-ismo) **1** Tendência para formar clubes. **2** Dedicação ao clube.

clubista *adj/s 2g* (<clube+-ista) **1** Relativo a clube ou clubismo. **Comb.** Febre [Paixão] ~. **2** Membro de clube. **Ex.** Sou o ~ [sócio] número 1 (do meu clube)! **3** Pessoa sociável ou que tende a juntar-se com outras em clube.

cluniacense *adj 2g Hist* (<top fr Cluny: Clúnia+-ense) Relativo ao antigo Mosteiro de Cluny, aos monges beneditinos que lá viveram e ao papel que teve em toda a Europa.

clupeídeo, a *adj/s Icti* (<lat *clúpea,ae*: sável+-ídeo) Espécime dos ou relativo aos ~s, peixes teleósteos da ordem dos clupeiformes, que inclui a sardinha, o arenque...

cluster ing **1** *Info* Tamanho mais pequeno de ficheiro que é possível gravar em disco. **2** ⇒ aglomerado; bloco; conjunto.

co- *pref* (<lat *cum*: com) Exprime a noção de companhia, união; ⇒ ~autor; ~laborador; ~rrespondência. **Sin.** Col-; com-; con-.

coa *s f* (<coar) A(c)to de coar ou o que é [foi] coado. **Comb.** A ~ do café [(das folhas) do chá]. **Sin.** Coadura; ⇒ coador.

coabitação *s f* (<lat *cohabitátio,ónis*) **1** Vida na mesma habitação/A(c)to de coabitar. **Ex.** Marido e mulher [Os cônjuges] têm o dever de ~. **2** *fig* Convívio pacífico de partidos, ideologias, teorias, etc. diferentes. **Comb.** A ~ (política) de um Presidente de direita com um governo de esquerda.

coabitar *v t/int* (<lat *cohábito,áre*) **1** Morar (juntamente) na mesma casa/habitação. **Ex.** Coabito [Partilho(+)] o apartamento com os meus irmãos. Há muito (que) eles coabitam nessa casa. **2** Viver com outra pessoa maritalmente, sem ter casado. **Ex.** Eles coabitaram [viveram juntos] durante um ano, antes de casarem. **3** *fig* Conviver pacificamente «em». **Ex.** Na sua mente coabitavam ideias contrárias.

coação¹ (Coà) [= coacção] *s f* (<lat *coáctio,ónis*: a(c)ção de recolher, obrigação; ⇒ coagir) A(c)ção ou resultado de coagir/Imposição/Constrangimento/Violência. **Ex.** Ele assinou aquela declaração forçado [à força de/sob ~]. **Loc. Agir por** [sob] ~. **Sofrer** ~. **Usar de** ~. ⇒ coerção **1/2**.

coação² *s f* (<coar+-ção) A(c)to ou resultado de coar. **Sin.** Coa(+).

coacção ⇒ coação¹.

coacervação *s f Quím* (<lat *coacervátio,ónis*) Transformação de uma solução coloidal estável numa rica em coloide e noutra aquosa.

coacervar *v t Quím* (<lat *coarcévo,áre*) Fazer a coacervação.

coactar/coactivo/coactor ⇒ coatar/...

coacto, a [*Br* **coa(c)to** (*dg*)] *adj* (<lat *coactus,a,um*) **1** Vítima de coação/Constrangido/Forçado. **Sin.** Coagido(+). **2** Sem livre arbítrio. **Ant.** Livre.

coacusado, a *adj/s Dir* [= co-acusado] Pessoa a quem, juntamente com outra(s), se faz uma acusação. **Ex.** São estes os ~s. **Sin.** Coarguido.

coadjutor, ora *adj/s* (<lat *coadjútor,óris*) Que ajuda [coadjuva] outrem num trabalho/Ajudante(+). **Comb.** ~ do pároco [Padre que o ajuda]. *Bispo* ~ [com direito de suceder ao a(c)tual]. *Irmão* ~ [Religioso leigo].

coadjutoria *s f* (<coadjutor+-ia) Cargo ou função de coadjutor/Serviço.

coadjuvação *s f* (<coadjuvar+-ção) A(c)ção ou resultado de ajudar/de auxiliar/Cooperação. **Sin.** Ajuda(+).

coadjuvante *adj/s 2g* (<lat *coádjuvans,ántis*) **1** Que ajuda (para) a concretização de um obje(c)tivo comum. **2** A(c)tor ou a(c)triz que desempenha papel secundário.

coadjuvar *v t* (<lat *coádjuvo,áre*) Prestar auxílio «a»/Auxiliar/Colaborar/Cooperar. **Ex.** Estou disposto a coadjuvá-lo na luta contra a pobreza.

coadministrar *v t* [= co-administrar] Administrar (juntamente) com outro(s). **Ex.** Eu e os meus irmãos coadministramos a empresa.

coador, ora *adj/s m* (<coar+-dor) **1** (O) «filtro/pano/papel» que coa ou serve para coar. **2** Saco de pano [Utensílio de metal «com rede»] para coar «café/chá». ⇒ passador.

coadquirente *adj 2g/s 2g* (<co-+...) Que ou quem adquire com outro(s) em comum/Sócio.

coadquirição *s f* (<coadquirir+-ção) A(c)to de coadquirir. **Sin.** Coaquisição.

coadquirir *v t* (<co-+...) Adquirir (em sociedade) com outro(s) ou em comum.

coadunabilidade *s f* (<coadunável+-dade) Qualidade do que é coadunável.

coadunação *s f* (<lat *coadunátio,ónis*: reunião, soma, totalidade) **1** A(c)to de juntar em um/de coadunar/União. **Comb.** ~ de esforços [vontades]. **2** Harmonização/Combinação. **Ex.** A ~ das tarefas domésticas com o emprego não é fácil.

coadunar *v t* (<lat *coadúno,áre*) **1** Juntar em um. **Ex.** Procurou ~ as «duas/várias» opiniões (apresentadas). **2** Combinar/Harmonizar/Conformar(-se). **Ex.** Consegui ~ o meu horário com os jogos de futebol. **Loc.** ~ autoridade com bondade «é a qualidade do bom educador».

coadunável *adj 2g* (<coadunar+-vel) Que se pode coadunar/Harmonizável. **Ex.** São pessoas [temperamentos] que não são ~eis [não se coadunam]. **Ant.** Incompatível.

coadura *s f* (<coar+-ura) A(c)to de coar. **Sin.** Coa; coação².

coagido, a *adj* (<coagir+-ido) Forçado/Obrigado.

coagir *v t* (<lat *cógo,ere*: coagir, obrigar <*cum+ágo,ere*: empurrar [guiar] com) Obrigar (alguém) a fazer ou não (fazer) alguma coisa/Forçar. **Ex.** Com todas aquelas provas, o réu foi coagido [obrigado(+)] a dizer a verdade.

coagulação *s f* (<lat *coagulátio,ónis*) A(c)to ou resultado de coagular/Passagem de um líquido «sangue» ao estado sólido. **Ex.** A ~ do leite é [dá] a coalhada, com que se faz queijo. **Sin.** Solidificação.

coagulador, ora *adj/s m* (<coagular+-do) **1** (O) que faz coagular/Coagulante. **2** *Anat* ⇒ abomaso; coalheira.

coagulante *adj 2g/s m* (<lat *coágulans, ántis*) (Substância) que faz coagular ou aumenta a coagulabilidade «do sangue».

coagular *v t/int* (<lat *coágulo, áre*) Transformar(-se) uma substância líquida numa (matéria) mais sólida/Solidificar. **Ex.** O frio coagula o azeite. As baixas temperaturas coagulam a água, transformando-a em gelo. O leite coagula com (sumo de) limão; não se deve misturar. O sangue do porco [da galinha] coagulou(-se) porque não foi mexido ao tirá-lo. ⇒ aglutinar; flocular.

coagulável *adj 2g* (<coagular+-vel) Sujeito a [Que se pode] coagular. **Ex.** O sangue, o azeite e o leite são ~veis.

coágulo *s m* (<lat *coágulum*) **1** Porção de um líquido coagulado. **Comb.** ~ *de leite*. ~ *de sangue*. ⇒ coalho **3**; grânulo; grumo. **2** Substância ou produto que faz coagular. **Ex.** A caseína é um ~ do leite. ⇒ coalho **2**.

coala *s m Zool* (<australiano *kúlla*) Mamífero australiano, trepador, sem cauda, de pelagem cinzenta e orelhas grandes, semelhante a um urso pequeno; *Phascolarctos cinereus*.

coalescência *s f* (<coalescer+-ência) **1** Aderência [Junção] de partes (que se encontram) separadas. **Ex.** Levei dois pontos para que a ~ (dos lábios [das bordas]) da ferida fosse mais rápida. **2** Crescimento em massa de uma gotícula de líquido através do conta(c)to com outras (gotículas). **3** *Gram* Redução de um ditongo a vogal/Aglutinação(+).

coalescente *adj 2 g* (<lat *coaléscens, éntis*) Que está unido/aderente/Aglutinante.

coalescer *v t* (<lat *coalésco, ere* <*cum+alésco*: crescer <*álo, ere*: criar, alimentar) (Fazer) aderir/Aglutinar. **Ex.** Os dois órgãos coalesceram [aderiram] devido à proximidade.

coalhada *s f* (<coalhado) Leite coalhado. **Ex.** É com ~ (bem espremida/comprimida) que se faz o queijo. ⇒ requeijão.

coalhar *v t/int* (<lat *coágulo, áre*) **1** Transformar uma substância líquida numa massa sólida. **Ex.** O leite ainda não coalhou (bem). **2** *fig* Encher-se ou cobrir-se inteiramente. **Ex.** A praça estava coalhada de gente «que viera para o comício». **Comb.** Casa coalhada [abarrotada/cheia] de móveis.

coalheira *s f* (<coalhar+-eira) **1** *Anat* Víscera de alguns animais *us* para coalhar o leite/Abomaso. **2** Líquido segregado pelo abomaso «do cabrito» *us* nas queijarias para coalhar o leite. **Sin.** Coalho(+). **3** ⇒ (produto) coagulador.

coalho *s m* (<lat *coágulum*) **1** Efeito de coalhar. **2** Substância *us* para coalhar (o leite). **Ex.** A flor do cardo e o quarto estômago do cabrito são *us* como ~ de leite. **3** Porção de um líquido coalhado/Coágulo(+).

coalizão *s f* (<ing *coalition*) ⇒ coligação.

coalizar-se *v t* (<fr *coaliser*) ⇒ coligar-se.

coaptação *s f* (<lat *coaptátio, ónis* <*cum+aptus,a,um*: apto) **1** Adaptação recíproca de partes que estavam separadas. **2** *Med* Processo cirúrgico que consiste em reduzir ossos deslocados ou manter as extremidades dos ossos fra(c)turados em boa posição.

coaptar *v t* (<lat *coápto, áre*) Adaptar reciprocamente/Fazer a coaptação de.

coaquisição *s f* (<co-+...) A(c)to ou efeito de adquirir com outrem. **Ex.** Os irmãos decidiram-se pela ~ da quinta. **Sin.** Coadquirição.

coar *v t* (<lat *cólo, áre*: verter pouco a pouco, filtrar) **1** Fazer passar um líquido «chá/café» por um coador/Filtrar. **Ex.** Coo sempre o leite, porque detesto natas [não gosto (nada) da nata(+)]. **2** *fig* Deixar passar, retendo parte da intensidade. **Ex.** Os cortinados (das janelas) coavam a luz do amanhecer. As nuvens cinzentas coavam uma chuva miúda. **3** ⇒ vazar. **4 ~-se/Escapar-se/Esgueirar-se. Ex.** O fugitivo coou-se por um atalho e desapareceu.

coarctação/coarctada/coarctar ⇒ coartação/...

coarrendar *v t* [= co-arrendar] Arrendar juntamente com outra(s) pessoa(s).

coartação [*Br* coar(c)tação (*dg*)] *s f* [= coarctação] (<lat *coarctátio, ónis*) **1** A(c)to ou efeito de coartar/Restrição/Aperto. ⇒ coerção. **2** Contra(c)ção ou estreitamento de uma cavidade ou canal.

coartada [*Br* coar(c)tada (*dg*)] *s f* [= coarctada] (<coartado) **1** *Dir* Alegação de defesa/Justificação. **2** Resposta pronta e convincente/Desmentido.

coartar [*Br* coar(c)tar (*dg*)] *v t* [= coarctar] (<lat *coárcto, áre*: estreitar, apertar) Restringir/Limitar. **Ex.** A legislação coartava a liberdade de imprensa.

coatar [*Br* coa(c)tar (*dg*)] *v t* [= coactar] (<lat *coácto, áre* <*cógo, ere*) ⇒ coagir.

coativo, a (Coà) [*Br* coa(c)tivo (*dg*)] *adj* [= coactivo] (<coactar+-ivo) Que tem o direito ou o poder de obrigar/de coagir. **Ex.** A lei obriga [é ~a].

coator, ora (Coà) [*Br* coa(c)tor (*dg*)] *adj/s* [= coactor] (<lat *coáctor, óris*) (O) que coage/obriga/força.

coautor, ora *s* [= co-autor] Pessoa que fez um trabalho em colaboração com outrem. **Comb.** ~ [Cúmplice] do crime. A lista dos ~res do dicionário.

coautoria *s f* [= co-autoria] Qualidade de coautor.

coaxar (Char) *v int* (<lat *coáxo, áre* <*on*; coaxo) **1** Produzir, a rã ou o sapo, sons característicos da sua espécie. **Ex.** Rãs e sapos coaxavam próximo [perto] (de nós). **2** *fig* Soar ou falar de uma maneira que lembra a voz da rã. **Ex.** Dece(p)cionado com a vida, coaxava reclamações. As ondas coaxavam contra o barco [sobre as pedras].

coaxial *adj 2g* (<co-+axial) Que tem o mesmo eixo. **Comb.** Cilindros ~ais.

coaxo (Cho) *s m* (<coaxar) Voz da rã ou do sapo.

cobaia *s f Zool* (<sul-americano *çabujê*: rato que se come) **1** Roedor da família dos caviídeos, muito usado em experiências de laboratório; *Cavia porcellus*. **Sin.** Porquinho-da-índia. **2** *fig* Animal ou pessoa utilizado numa experiência. **Loc.** «não quero» Servir de [Ser] ~.

cobaltizar *v t* (<cobalto+-izar) Dar ou adquirir «vidros e porcelanas» a cor azul do cobalto.

cobalto [Co 27] *s m/adj 2g* (<al *kobalt*: duende mau das minas) **1** *Quím* Elemento químico *us* em cerâmicas, catalisadores, aços, ... **2** Que tem a cor azul-escura do cobalto. **Comb.** Uniformes [Camisas] (de cor) ~.

cobaltoterapia *s f Med* (<cobalto+...) Tratamento feito com raios gama do cobalto 60 para destruir células cancerosas.

cob[v]arde *adj/s 2g* (<fr *couard*: de cauda baixa [rabo entre as pernas] <lat *cauda*) Que não tem coragem/Medroso/Traiçoeiro. **Ex.** Os (homens) ~s fogem sempre dos problemas [das situações difíceis].

cob[v]ardia *s f* (<cobarde+-ia) A(c)ção ou qualidade de cobarde/Falta de ousadia. **Ex.** Foi uma ~ não ter protegido [salvo] dos raptores a criança indefesa.

cob[v]ardice *s f depr* (<cobarde+-ice) Cobardia traiçoeira/mesquinha/de garoto.

coberta *s f* (<coberto) **1** O que serve para cobrir/Cobertura. **Idi.** *Br* **Baralhar as ~s** [Meter-se em conflitos/Brigar]. **Comb.** ~ [Colcha] *da cama*. ~ [Toalha/Pano] *da mesa*. **2** ⇒ telhado; coberto; cobertura; te(c)to. **3** *fig* ⇒ dissimulação/disfarce/capa/encoberto. **4** *Náut* Cada um dos conveses situados abaixo do convés principal. **5** Conjunto de diferentes iguarias que vêm à mesa ao mesmo tempo. **Comb.** A ~ dos doces.

cobertalho *s m* (<coberta+-alho) Peça qualquer [fraca/velha] de roupa que serve para cobrir. **Ex.** Estava frio [a chover] e como não tinha outra coisa à mão trouxe este ~ para me proteger.

coberto[1], a (Bér) *adj* (<lat *coopertus* <*coopério, eríre, értum*: cobrir) **1** Resguardado/Abrigado/Protegido. **Ex.** No inverno, nadamos sempre na piscina ~a. **Comb.** Área ~. Panela tapada [~a com tampa]. *Prato* ~ «com outro/com plástico». *Varanda ~a*. **2** Cheio/Carregado/Envolto. **Ex.** O carro está ~ de pó. **Comb.** Doce ~o «com [de] natas». Uma mulher ~a de joias. **3** Que não está visível/Oculto. **Ex.** O céu está ~ [nublado/com nuvens]. ⇒ en~. **4** Que tem garantia/ajuda/Protegido. **Loc.** A ~ com «a noite/a parede» [Às escondidas]. *A* ~ [salvo] *de* (Ex. Disse estar [que estava] a ~ de qualquer crítica e portanto sem receio/medo). Pôr a ~/a salvo [Proteger/Abrigar «os animais»]. **Comb.** Cheque ~ [garantido/com cobertura].

coberto[2] (Bér) *s m* (⇒ coberto[1]) Lugar com cobertura/telhado/Abrigo/Cabana/Alpendre/Telheiro «para as alfaias agrícolas/para a carroça». **Ex.** Por trás da casa fiz um ~ que serve para arrumações, para tudo.

cobertor *s m* (<coberto[1]+-or) Peça de lã ou de algodão que se usa na cama por cima dos lençóis. **Ex.** (N)este inverno tenho dormido com três ~res. **Comb.** ~ elé(c)trico [ligado à ele(c)tricidade]. ⇒ manta; colgadura; coberta **1**.

cobertura *s f* (<coberto[1]+-ura) **1** A(c)to ou efeito de cobrir. **Ex.** A ~ dos móveis, por causa do pó das obras, fica ao teu cuidado [, és tu que a fazes]. **2** O que tapa, envolve, protege ou cobre. **Ex.** Aqui há [levanta-se] muita poeira; por isso uso esta ~ de plástico para (tapar) o carro. Este bolo tem ~ de chocolate. **Comb.** ~ [Revestimento] de cobre. **3** ⇒ coberta; coberto[2]; telhado. **4** Garantia financeira. **Ex.** Este cheque não tem ~. **5** Reportagem televisiva/jornalística de um acontecimento. **Ex.** O jornalista fez a ~ da visita do Presidente. **6** Apoio dado a alguém numa situação difícil ou ilícita. **Loc.** Dar ~ a um soldado ferido [a um criminoso]. **6** *Arquit Br* Apartamento construído no último andar de um edifício, sendo uma grande parte da sua superfície constituída por um terraço.

cobiça *s f* (<lat *cupidítia* <*cupíditas*: desejo, ambição) Desejo imoderado de possuir «dinheiro/propriedades/um cargo rendoso»/Cupidez/Avidez. **Ex.** *fam* Estás com olhos [olhar] de ~ para os doces. A ~ dos herdeiros dividiu [destruiu] a família. ⇒ ambição; ganância.

cobiçar *v t* (<cobiça+-ar[1]) Ter cobiça de/Ambicionar. **Ex.** Sempre cobiçou um cargo de chefia. Não ~ a mulher do próximo! **Comb.** Cargo cobiçado por todos [que todos querem].

cobiçável *adj 2g* (<cobiçar+-vel) Que se pode cobiçar ou que é digno de ser muito

cobiçoso, a

desejado. **Ex.** Tinha uma fortuna ~ [invejável/muito grande]. É um cargo pouco ~, só dá trabalhos.

cobiçoso, a (Ôso, Ósa, Ósos) adj/s m (<cobiça+-oso) Que tem cobiça/Que deseja muito algo. **Ex.** Os jornalistas, ~s de notícias, apinharam[concentraram/aglomeraram]-se à porta do hospital. **Comb.** «lançar» Um olhar ~ «ao bolo/brinquedo».

co[cau]bói s m (<ing cowboy) ⇒ caubói.

COBOL s f Info (<acr de **Co**mmon **B**usiness **O**riented **L**anguage) Linguagem comum de orientação comercial.

cobra s f Zool (<lat cólubra) 1 Réptil carnívoro, de corpo alongado e sem membros/Serpente; Coluber. **Idi.** Br **Comer ~** [Zangar-se]. **Dizer ~s e lagartos** [Falar mal] de alguém. **Matar a ~ e mostrar o pau** [Afirmar (alg)uma coisa e prová-la]. **Ser mau como as ~s** [Ser muito mau/perigoso]. **Comb.** Encantador de ~s. 2 fig Pessoa má. **Loc. Virar** [Ficar como uma] **~** [Ficar furioso/Enfurecer-se]. 3 Br Muito sabedor/entendido. **Ex.** Ele é ~ [um urso(+)] em xadrez/matemática.

cobra-capelo s f Zool Serpente da Ásia, muito venenosa. **Sin.** Naja.

cobra-cascavel s f Zool Serpente venenosa que tem na cauda uma espécie de anéis córneos que produzem um som semelhante ao de guizos quando se desloca; Crotalus durissus.

cobra-cega s f Zool Cobra com até 1,5 m de comprimento, de corpo revestido de escamas que formam anéis e com os olhos cobertos pela pele.

cobra-coral s f Zool Cobra venenosa que apresenta uma combinação de anéis vermelhos, amarelos e pretos; Micrurus corallinus.

cobra-cuspideira s f Zool Pequena serpente venenosa, da África e da Ásia, que lança o seu veneno cuspindo; Naja nigricollis.

cobra-d'água s f Zool Cobra da família dos colubrídeos, de cor esverdeada/castanha, com menos de 1 m de comprimento e que se alimenta de pequenos peixes; Helicops leopardinus.

cobrador, ora s/adj (<cobrar+-dor) Pessoa que recebe pagamentos «de viagem/luz/impostos»/que faz cobranças. ⇒ fiscal; revisor.

cobrança s f (<cobrar+-ança) 1 A(c)to ou efeito de cobrar/receber. **Ex.** A ~ das quotas será [passa a fazer-se] por transferência bancária. 2 Conjunto de operações efe(c)tuadas pelas instituições bancárias, em nome dos seus clientes, com recibos, letras, valores, ... mediante uma comissão. **Loc.** À ~ [A/Por pagamento (extra)].

cobrar v t (<recobrar) 1 Receber/Exigir/Pedir um pagamento/Fazer a cobrança. **Ex.** O mecânico cobrou-me 70 € pela revisão do carro. **Loc. ~ caro** [muito] (Ex. O pedreiro é bom mas cobra caro [paga-se bem/é careiro/carote]). **~ uma dívida.** 2 Voltar a adquirir o que se havia perdido/Recuperar/Ganhar/Ter/Arranjar. **Ex.** A [Vamos] ver se agora [daqui por diante] cobras [ganhas/tens] juízo. Ele cobrou [encheu-se de] coragem «e derrotou o adversário». Quando se cobrou [se refez(+)] do susto, sentiu-se ridículo [, até se riu (do medo que tivera)]. O avô cobrara [ganhara] grande afeição ao neto. O preso cobrou [recuperou] a liberdade. 3 Exigir um favor em troca de outro. **Ex.** Ele (qualquer [um] dia) vai-te ~ a ajuda que te deu [o favor que te fez].

cobrável adj 2g (<cobrar+-vel) Que se pode cobrar.

cobre [Cu 29] s m Quím (<lat cúprum [cýprium]: cobre <gr kýpros: (ilha de) Chipre) 1 Metal simples de cor vermelha escura, maleável e dúctil e bom condutor de ele(c)tricidade. **Ex.** O ~ com o estanho dá o bronze; e com o zinco dá o latão [~ amarelo]. **Comb.** «ter muitos» ~s [Loiças de ~] da cozinha. Idade do ~ [Período eneolítico] (Entre a Idade da Pedra e a Idade do Bronze). 2 Utensílio desse metal. 3 pl pop Dinheiro (miúdo)/Trocados. **Ex.** Deu aos filhos uns ~s [umas moedas] para guloseimas. **Idi.** Br **Cair com** [Espichar/Passar] **os ~s** [Pagar a despesa]. **Juntar** [Amealhar] **uns ~s. Meter o pau no(s) ~(s)** [Gastar o dinheiro todo]. **Torrar nos ~s** [Vender por qualquer preço/Liquidar].

cobrear v t (<cobre+-ar[1]) 1 Revestir de cobre. 2 Dar ou ganhar o aspe(c)to ou a cor do cobre. **Sin.** Acobrear.

cobrição s f (<cobrir+-ção) A(c)to de um quadrúpede macho ter coito com [cobrir] a fêmea. **Comb.** Cavalo de ~ [Garanhão]. Porco de ~ [Varrão]. Touro [Boi] de ~. ⇒ cobrir 9.

cobrir v t (<lat coopério,íre) 1 Pôr algo sobre alguma coisa, para a tapar, proteger ou esconder. **Ex.** Cobriu rapidamente a cara, para que ninguém o visse chorar. **Loc.** ~ a cabeça com um véu «de seda». ~ o piano com um pano. ~ o prédio a toda a volta com um tapume, para não haver perigo para os transeuntes». **Ant.** Des-~. 2 Ocupar inteiramente/Encher. **Ex.** O nevoeiro cobre a cidade. A neve cobria toda a serra. O mar [Os oceanos] cobre(m) mais de metade da superfície da Terra. As árvores cobriam-se de flores (na primavera). **Loc.** ~ «o filho» **de beijos. ~-se de glória** [Ganhar fama/Triunfar] «no futebol». **Comb.** Corpo todo ferido [coberto de feridas]. 3 Proteger alguém/Defender(-se). **Ex.** Durante a manifestação, se [quando] eram atacados, os polícias cobriam-se uns aos outros. **Loc.** ~ a retirada das tropas [Proteger do inimigo as tropas que se retiram do combate]. 4 Desculpar/Esconder. **Loc.** «ser boa pessoa e» ~ os defeitos alheios [dos outros]. 5 (Ter um valor suficiente para) pagar alguma coisa. **Ex.** O seguro de saúde não cobre a cirurgia estética. O ordenado não dava [chegava] para ~ as despesas da família. 6 Não deixar ouvir/Abafar. **Ex.** O som alto da TV cobria a voz dos presentes. 7 Fazer a cobertura «televisiva» [o relato] de um acontecimento. **Ex.** Uma equipa[e] de jornalistas foi destacada para ~ a visita papal. 8 Percorrer determinada distância. **Ex.** Andámos [Cobrimos] 10 km numa hora. 9 Um quadrúpede macho cobrir [copular com] uma fêmea. ⇒ cobrição. 10 Falar de/Tratar. **Ex.** A sua palestra tratou [cobriu] vários temas/assuntos. 11 Jogar uma carta [Oferecer uma soma] superior. **Ex.** «na sueca» Eu joguei o rei mas ele cobriu com a bisca. «no leilão» Cobri todas as (outras) ofertas e fiquei com esta obra-prima.

cobro (Cô) s m (<cobrar) 1 ⇒ cobrança. 2 Fim/Termo. **Loc.** Pôr ~ [fim] a [Procurar que não se repita] (Ex. É preciso pôr ~ a estes abusos).

coca[1] (Ó) s f Bot (<quéchua kuka) 1 Arbusto frondoso, com flores pequenas esbranquiçadas, aromáticas e folhas us para chá, para mastigar e para se extrair a cocaína; Erythroxylum coca. 2 ⇒ cocaína.

coca[2] (Ó) s f (<cocar[1]) A(c)to de observar sem ser visto. **Loc.** À ~ [Às escondidas]. **Estar** [Pôr-se] à ~ [Espiar].

coca[3] (Ó) s f (<coco 1) 1 Parte de capa ou de outra peça de roupa semelhante que cobre a cabeça, deixando descoberto apenas o rosto/Capuz/Bioco. 2 fig pop Ser fantástico us para meter medo às crianças/Papão(+). **Ex.** A minha mãe diz que, se eu não comer a sopa, a ~ leva[vem buscar]-me.

coça (Ó) s f pop (<coçar) 1 A(c)to de coçar/Coçadura/Esfregadela. ⇒ coceira. 2 Surra/Tareia/Sova.

coca-bichinhos (Có) adj/s 2g 2n Indivíduo «historiador» que descobre coisas miúdas ou preocupado com minúcias. **Ex.** O nosso revisor (de provas tipográficas) é um ~. Ela é uma (autêntica) ~.

coca(-cola) (Ó) s f (< ?) Refrigerante escuro, com gás e aromatizado com extra(c)tos vegetais.

cocada (Ó) s f (<coco+-ada) 1 Doce seco de coco ralado e calda de açúcar, apresentado em losangos ou outras formas. 2 Cabeçada(+)/Turra.

coçadela s f (<coça 1 +-dela) A(c)ção de coçar «a cabeça».

coçado, a adj (<coçar) 1 Gasto pelo uso ou atrito. **Ex.** De tanto vestir aquela camisa, o colarinho já estava muito ~. 2 «braço» Roçado «com as unhas». 3 Que levou [apanhou] uma coça/surra/sova.

coçadoi[ou]ro s m (<coça 1 +...) 1 A(c)ção de «o cão/o boi» se coçar frequentemente. 2 Obje(c)to «árvore» em que os animais se coçam. ⇒ coceira.

cocaína s f Quím (<coca[1]+-ina) Alcaloide extraído das folhas da coca, us como anestesiante e difundido e consumido como estupefaciente/droga. **Ex.** A ~ faz parte do grupo das drogas pesadas.

cocainismo s m (<cocaína+-ismo) Intoxicação pela cocaína. **Ex.** Está internado com ~, devido ao excesso de cocaína que consumiu.

cocainomania s f (<cocaína-+mania) Dependência da cocaína.

cocainómano, a [Br **cocainômano**] adj/s (<cocaína-+-mano) Pessoa que depende física e psicologicamente da cocaína.

cocanha s f (<fr cocagne < ?) 1 Divertimento com um mastro alto e untado de sebo com pré[ê]mios no topo para quem conseguir alcançá-los/Mastro de ~/Pau de sebo. 2 fig ⇒ cornucópia/abundância.

cocar[1] v t (<al an guckan: observar) 1 Estar ou ficar à coca de/Espreitar/Espiar. **Ex.** O professor, desconfiado das cábulas, resolveu ~ os alunos. 2 Fazer festas a/Mimar. **Loc.** ~ uma criança.

cocar[2] s m (<fr cocarde<coq: galo) 1 Ornamento (Fita, penas, laço, etc.) us na cabeça ou no chapéu. **Comb.** ~ [Penacho(+)] dos índios «do Brasil». 2 Distintivo, geralmente redondo, de um partido, de uma nacionalidade, etc.

coçar v t (<lat cóctito,táre<cóquo: cozer, atormentar, arder) 1 Esfregar uma parte do corpo com as unhas ou com um obje(c)to próprio/Fazer ou sentir comichão. **Ex.** Dizia que a ferida (lhe) coçava [fazia comichão]. Por causa da comichão, não parava de se ~. **Prov. Comer e ~ estão no começar. Loc.** ~ a [~-se na] cabeça. **Idi.** Br **Não se ~** [Não fazer menção de pagar] (Ex. Na hora de pagar o cafezinho, ele não se coça). **Não ter tempo para se ~** [para nada]. 2 «manga do vestido» Gastar(-se) lentamente pelo uso continuado ou por roçar constantemente com outra coisa. 3 Dar uma coça(+)/Surrar/Bater. **Ex.** Os populares coçaram os assaltantes.

cocção (Cssão) s f (<lat cóctio,ónis <cóquo,cóctum: cozer) A(c)to ou efeito de

cozer/Cozimento/Cozedura. **Ex.** A ~ torna os alimentos mais digeríveis.
coccídeo, a (Cssî) *adj/s Ent* (<lat *Coccidae* <gr *kókkos*: grão,grânulo) (Relativo aos) coccídeos, inse(c)tos hemípteros, muito pequenos, que incluem um grande número de parasitas nocivos à agricultura. ⇒ cocho[i]nilha.
coccígeo, a (Cssi) *adj Anat* (<cóccix+-eo) Do cóccix. **Comb.** Nervo [Nevralgia/Região] ~.
coccinelídeo, a *adj/s Ent* (<lat *Coccinellidae* <gr *kókkinos*: escarlate) (Relativo aos) coccinelídeos, inse(c)tos coleópteros que incluem o gé[ê]nero *Coccinela*, ao qual pertence a joaninha. **Ex.** Os ~s são úteis à agricultura pois destroem os piolhos das plantas.
cóccix (Cssis) *s m 2n Anat* (<gr *kókkuks, ugos*: «bico do» cuco) Pequeno osso resultante da fusão de 4 a 6 vértebras e que é a parte terminal da coluna vertebral. **Ex.** Bateu com o ~ quando caiu.
cócegas *s f pl* (< ?) **1** Sensação de contra(c)ção muscular produzida por toques leves e repetidos e que geralmente provoca riso involuntário. **Loc.** Fazer ~ ao colega na aula, e ele rir-se». Ter ~ nos pés [~ debaixo dos braços]. **2** *fig* Falta de paciência/Tentação/Desejo. **Ex.** Fazia-lhe ~ ver coisas bonitas e não as poder comprar. **Idi.** Ter [Estar com] **~ na língua** [Desejar muito falar].
coceguento, a *adj* (<cócegas+-ento) **1** Que sente facilmente [Que tem (muitas)(+)] cócegas. **2** *pop* Que tem bichos-carpinteiros(+)/Rabugento/Irrequieto.
coceira *s f* (<coça+-eira) Grande comichão/Prurido.
cocha¹ (Ó) *s f* (< ?) **1** *Náut* Cada um dos cordões ou cabos nus que, torcidos, formam um cabo grosso. **2** *Br* Pessoa que protege ou recomenda alguém. **3** *Br* Energia/Ânimo. **Loc.** Perder a ~ [Desanimar].
cocha² (Ô) *s f* ⇒ cocho.
cochar¹ *v t* (<cocha¹+-ar¹) **1** *Náut* Torcer fios ou cordões para formar um cabo/Apertar «nó, amarra, etc.». **2** Procurar prote(c)ção. **3** Meter «a sardinha» em canastras.
cochar² *v t* (<cocho+-ar¹) Tirar água «de um poço» com cocho.
coche (Ô) *s m* (<checo *kotxi*) Carruagem fechada, antiga e rica «puxada a cavalos». **Ex.** Em Sintra (Perto de Lisboa) ainda se anda de ~; é um belo passeio turístico.
cocheira *s f* (<coche+-eira) Lugar dos [para guardar] coches. **Loc.** *Br* De [Confidencial(mente)] (Ex. A notícia da separação do casal fora-lhe dada de ~. **Comb.** Informação de ~). ⇒ cavalariça; garagem.
cocheiro *s m* (<coche+-eiro) Indivíduo que guia «os cavalos de» um coche/Boleeiro. ⇒ condutor; motorista.
Cocheiro *s m Astr* (<coche+-eiro) Constelação boreal, situada entre Perseu e a Ursa Maior. **Sin.** Auriga(+).
cochichar *v t/int* (<cochicho+-ar¹) Dizer alguma coisa a alguém falando muito baixinho/em segredo/Segredar/Sussurrar. **Ex.** Para que não pudessem ser ouvidos [Para ninguém os ouvir], os rapazes cochichavam no canto da sala. ⇒ mexericar; murmurar.
cochicho¹ *s m* (<*on*) **1** A(c)to de cochichar/Segredinho. **2** *Ornit* **a)** Ave da família dos furnariídeos encontrada no Brasil, de dorso pardo [escuro] e garganta branca, manchada de negro/João-graveto; *Anumbius annumbi*; **b)** ⇒ cal(h)andra; *Melanocorypha calandra*.

cochicho² *s m* (<cubículo+nicho) Casa ou quarto muito pequenos/Cochicholo. **Ex.** Vivia com a família num ~, em condições infra-humanas.
cochilar *v int Br* (<quimbundo *koxila*: dormitar) **1** Passar pelo sono/Cabecear(+)/Dormitar. **2** *fig* Descuidar-se/Errar/Distrair-se. **Ex.** Cochilou no último exercício [problema] de matemática.
cochilo *s m Br* (<cochilar) **1** A(c)ção de cochilar/Sono leve e curto/Cabeceio/Soneca. **Loc.** Tirar um ~ [Fazer uma soneca(+)] depois do almoço. **2** Pequeno descuido/Distra(c)ção.
cochinada *s f* (<cochino+-ada) **1** ⇒ vara(+) de porcos. **2** ⇒ porcaria; sujeira. **3** ⇒ indecência. **4** Grande ruído de gente grosseira.
cochinar *v int* (<cochino+-ar¹) Grunhir(+) (como os porcos)/Roncar(+).
cochinchino, a *adj/s Hist* (<*top an* Cochinchina) ⇒ Vietname; vietnamita.
cochino *s m/adj* (<esp *cochino*) **1** ⇒ porco (não cevado). **2** *fig* (Pessoa) porca/imunda/suja. **Sin.** Sujo(+); porco(o+).
cocho (Ôcho) *s m* (< ?) **1** Palavra *us* com os mais diversos significados, desde tabuleiro para transportar argamassa até bebedouro feito de um tronco escavado, depósito para fermentar garapa, etc. **Idi.** *Comer no mesmo* ~ [Nivelar-se ou aparceirar-se com alguém]. ⇒ escudela; masseira[rão]; balde; caldeira; pia.
cocho[i]nilha *s f Ent* (<gr *kogkhúlion*: concha) Inse(c)to coccídeo, de que existem variadas espécies e de algumas das quais se extrai uma tinta escarlate, o carmim; *Coccus cacti*. **Ex.** O limoeiro tinha [estava atacado de] ~.
cockpit *ing* ⇒ cabine/a «do piloto de avião».
cocktail ⇒ coquetel; porto de honra; chá; mistura [preparado].
cóclea *s f Anat* (<gr *kokhlías*: caracol <*kókhlos*: grande concha em espiral) Parte do ouvido interno, denominação a(c)tual de caracol.
coclear *adj 2g* (<cóclea+-ar²) **1** Relativo a cóclea. **Comb.** Canal ~. **2** ⇒ cocleiforme.
cocleária *s f Bot* (<lat *Cochleária* <*cóchlear,áris*: colher) Planta crucífera, de propriedades medicinais, empregada contra o escorbuto; *Cochleária officinalis* (Assim chamada pelas folhas em forma de colher).
cocleariforme *adj 2g* (⇒ cocleária) Em forma de colher.
cocleiforme [cocleado, a] *adj* (<gr *kokhlías*: caracol+-...) Em forma de caracol/espiral.
coco (Ôco) *s m* (<gr *kókkos*: semente, pevide (de romã)) **1** Máscara com que se mete medo às crianças/Papão(+). ⇒ coca³ **2**. **2** *Bot* Coqueiro(+); *Cocos nucifera*. **3** *Bot* Fruto do coqueiro. **Comb.** Água [Leite] *de* ~. *fig (Chapéu de)* ~. Óleo de ~. **4** Miolo, geralmente ralado, desse fruto. **Ex.** O bolo vinha coberto com ~. **5** Qualquer recipiente ou utensílio feito de ~ (Fruto) ou só com a sua forma. **6** *fig* Toutiço/Cabeça. **Loc.** *Levar no/*Comer do ~ [Levar pancada]. *Partir o* ~ *a rir* [Rir(-se) muito]. *Puxar pelo* ~/bestunto/pela cabeça [Pensar muito/Esforçar-se por entender]. **7** *Br* Muito dinheiro/Dinheirama/Massa/Cacau. **8** *Br* aguardente de cana/cachaça. **9** *Br* Canção ou dança de roda, cantada em coro que responde ao coqueiro (Cantor) e acompanhada por percussão/Pagode.
cocó [Br cocô] *s m Col* (< ?) Evacuação/Fezes. **Loc.** «a criança» Fazer ~ «no bacio» [Ir ao quarto de banho/Evacuar]. ⇒ cocorocó.

cócoras *s f pl* (<?; só *us* na expressão «de ~») **Loc. De** ~ [Agachado e apoiado sobre os calcanhares] (Ex. Para que ninguém o visse pôs-se de ~ atrás do muro). *Estar de* ~ [Rebaixar-se/Humilhar-se] *perante alguém*.
cocorocó *s m* (<*on*) Canto ou voz do galo. **Ex.** Acordava, todas as manhãs, com o ~ [cantar(+)] dos galos. ⇒ cacaracá; quiquiriqui.
cocorote *s m Br* Pancada na cabeça com o nó dos dedos/Cascudo/Carolo(+).
cocote *s f* (<fr *cocotte*<*on*) Prostituta elegante.
cocredor, ora (Crè) *adj/s m* (<co-+...) Quem é credor juntamente com outrem.
cocuana *s 2g Moç* (<tsonga *kokuana*) Pessoa idosa/Velho «respeitado/honrado».
cocuruto *s m* (<coco?) **1** O ponto mais elevado de alguma coisa/Cume/Pico/Cimo/Ponta/Alto. **Ex.** Subi até ao ~ [cume(+)] do [Conquistei o (+)] Monte Everest. **Comb.** ~ (da cabeça). ~ do telhado. **2** ⇒ saliência; elevação; inchaço.
coda (Có) *s f Mús* (<lat *códa*: cauda) Parte final de uma composição que consiste num certo número de compassos em que se recordam os temas principais. **Comb.** A ~ de uma fuga.
códão *s m* (<coda+-ão) Congelação da água e da geada formando pingentes. **Sin.** Sincelo.
côdea *s f* (<lat *cutina* <*cútis*: pele) **1** Parte exterior e mais dura [cozida] do pão. **Ex.** Para mim a ~ é o melhor do pão [Eu gosto mais da ~ do que do miolo]. **Loc.** Comer (já) pão com ~ **a)** Já ter dentes para comer coisas duras; **b)** *Idi* Já ser homem/esperto/experiente/grande. **Ant.** Miolo. ⇒ casca «de árvore»; crosta «de ferida»; pele. **2** *fam* Pedaço de pão. **Ex.** Hoje (só) comi uma ~ com queijo antes de sair para o campo (a trabalhar). **3** *fig* Sujidade na pele, na roupa ou em qualquer obje(c)to doméstico/Crosta(+). **Ex.** Aquele casaco já tem ~, devia ser lavado ou ir para o lixo.
codeína *s f Quím* (<gr *kódeia*: cabeça da papoila+-ina) Alcaloide, extraído do ópio e sobretudo da morfina, analgésico e calmante contra a tosse.
codesso (Ê) *s m Bot* (<gr *kútisos*) Nome comum de um arbusto ornamental, de flores amarelas dispostas em cacho e boa madeira «para instrumentos de música»; *Laburnum anagyroides/alpinum*.
codeúdo, a *adj* (<côdea+-udo) Que tem côdea grossa. **Ex.** O pão do Alentejo é muito ~ [tem muita côdea(+)].
codevedor, ora *adj/s* [= co-devedor] (<co-+...) Pessoa que, com outro(s), tem uma dívida. **Ex.** Espero que pelo menos um dos ~res venha saldar [pagar] a dívida.
códex (Ècs) *s m* (<lat *có[cáu]dex,icis*: tronco de árvore, tabuinha de escrever, regist(r)o, escrito, livro) ⇒ códice.
codialeto [Br codiale(c)to (dg)] *s m* [= co-dialecto] (<co-+...) Dialeto de uma língua com relação a outro(s).
códice *s m Liter/Hist* (⇒ códex) **1** Pequena placa encerada, de marfim ou madeira «*us* pelos antigos romanos» para escrever/Tábula. **Ex.** A Lei das Doze Tábuas é constituída por doze ~s nos quais estavam inscritas as leis romanas. **2** Conjunto dessas placas, articuladas por dobradiças, constituindo uma espécie de livro. ⇒ dí-[trí/polí]ptico. **3** Grupo de folhas de pergaminho manuscritas, unidas, numa espécie de livro, por cordões e/ou cosedura e encadernação. **Ex.** No séc. IV (Quarto) o ~ veio substituir o rolo de papiro (Folha volante). **4** Cole(c)ção ou compilação de ma-

nuscritos, de documentos históricos ou de leis. **Ex.** O *Cancioneiro Colocci-Brancuti* ou *Cancioneiro da Biblioteca Nacional* é o ~ 10991 da Biblioteca Nacional de Lisboa. O *Cancioneiro da Vaticana* é o ~ 4803 da Biblioteca Apostólica Vaticana. **5** Obra antiga de um autor clássico. **Comb.** ~ reescrito [Palimpsesto].

codicilar *adj 2g* (<lat *codicilláris,e*) Relativo a/Que tem a forma de/Contido em codicilo.

codicilo *s m* (<lat *codicillus,i*; ⇒ *códex*) **1** Pequeno códice. **2** *Dir* Escrito pelo qual o testador pode modificar, tirar ou acrescentar alguma parte do seu testamento/ Aditamento.

codificação *s f* (<codificar+-ção) **1** *Dir* Reunião em código de leis dispersas. **2** *Info* Representação de um programa em determinado código, para ser aceite e compreensível por um sistema de processamento de dados. **3** Conversão [Transformação] de uma mensagem escrita ou falada, em letras, algarismos ou quaisquer outros sinais, segundo um código. **Ex.** Nas guerras é frequente a ~ das mensagens militares.

codificador, ora *adj/s* (<codificar+-dor) **1** (O) que codifica. **2** *Info* Dispositivo que traduz um programa para uma forma aceitável por um computador. **3** Circuito que transforma uma sequência de sinais em cara(c)teres codificados. **Ex.** Em ele(c)tró[ô]nica, a maior parte dos ~res são conversores analógicos e digitais.

codificar *v t* (<códice [código] +-ficar) **1** Reunir numa só obra vários textos ou documentos/Fazer um códice/Coligir(o+)/ Compilar(+). **Ex.** ~ os escritos antigos «dos Santos Padres (da Igreja)» em vários volumes tem sido uma obra de muito proveito para a cultura. **2** *Dir* Reunir leis ou regras (num conjunto). **Ex.** A empresa decidiu ~ num livro as suas leis internas. **Loc.** ~ as leis trabalhistas. ~ o direito comercial. **3** Reproduzir uma mensagem ou informação em (determinado) código. **Ex.** Ao prever o naufrágio, o comandante codificou um pedido de [mandou um(+)] S.O.S. em [por meio do] código Morse a outro navio. **Loc.** ~ símbolos num guia turístico. **Ant.** Descodificar. **4** *Info* Pôr em linguagem de programação.

código *s m Dir* (⇒ *códex*; codificar) **1** Conjunto de leis, normas, decretos ou regulamentos. **Ex.** Para esclareceres as dúvidas acerca da legislação [das leis] portuguesa[as] consulta o ~ civil. **Idi.** *Aplicar o ~* [Castigar] (Ex. Se o teu filho não quer ir à escola castiga-o [aplica-lhe o ~]). **Comb.** ~ *administrativo* [da administração territorial]. ~ *de conduta*/educação (Ex. O seu ~ de conduta é muito rígido). ~ *deontológico* [da profissão «médica»]. ~ *eleitoral*. ~ *genético* [bioquímico do ADN] (Ex. Herdei a cor dos olhos do meu avô; foi-me transmitida pelo ~ genético). ~ (do direito) *penal*. **2** Sistema de sinais convencionais, números ou símbolos que, através de certas regras, permite transmitir ou receber informações. **Ex.** Os namorados [prisioneiros] comunicavam entre si através de um ~ secreto. Conheço bem o ~ da estrada e, por isso, não cometo nenhuma infra(c)ção quando conduzo. **Loc.** Comunicar por [Enviar mensagens em] ~. **Comb.** *Com ~ de barras* [Traços paralelos, de espessuras diferentes, impressos numa embalagem, que indicam a origem, o fabricante e o preço dos artigos por meio de um leitor ó(p)tico]. ~ *M[m]orse*. ~ (de endereçamento) *postal* [de algarismos, que indicam a estação distribuidora e que permite a triagem mecânica da correspondência]. **3** Palavra-chave/Senha/ Truque. **Ex.** Esqueci-me do ~ para abrir o meu cacifo «das cartas/da bagagem». **4** *Info* Sistema de símbolos usado para representar informações e instruções, para que um programa possa ser processado só pelo computador. **Comb.** ~ *binário* [em que existem só dois números – o zero e o um – como símbolos de todo o conteúdo informático]. ~ [Linguagem] *de máquina* [Conjunto de instruções de programas que são lidas e executadas pelo computador].

codilhar *v t* (<codilho+-ar[1]) **1** Dar ou passar codilho/Ganhar no voltarete. **2** Vencer em astúcia/Enganar «o parceiro».

codilho *s m* (<esp *codillo* <lat *cúbitum*: cotovelo) **1** A(c)to de perder no voltarete (Jogo de cartas). **2** *fig* Engano/Logro/Prejuízo. **3** *Vet* Articulação [Junta] dos membros dianteiros «do cavalo/Joelho(+)».

codiretor *s m* [= co-director] (<co-+...) O que é diretor «da Associação» juntamente com outro(s).

codonatário *s m* (<co-+...) O que recebe uma doação juntamente com outro(s).

codório *s m* (<lat *quod ore sumpsimus Domine...*: "o que tomámos (pela boca) Senhor...") **1** Gole de vinho ou de aguardente(+). **2** Pequena porção de bebida ou alimento. **Sin.** Cib(inh)o «de pão com queijo»(+).

codorniz [codorna] *s f Ornit* (<lat *cotúrnix,ícis*) Ave de arribação, parecida com a perdiz mas que voa pouco; em cativeiro é apreciada pela carne e sobretudo pelos ovos; *Coturnix communis*.

coeducação *s f* (<co-+...) Educação conjunta para pessoas dos dois sexos. **Ex.** Hoje em dia, nas escolas e colégios predomina a ~.

coeducar *v t* (<co-+...) Educar em conjunto. **Ex.** «em S. Paulo» Aquele colégio foi o primeiro a ~ rapazes e raparigas [moças].

coeficiente *s m* (<co-+...) **1** Condição ou circunstância que contribui para um determinado fim/Fa(c)tor. **Ex.** O ~ de insucesso escolar em Portugal «neste momento» é elevado e traz graves [sérios] problemas sociais e econó[ô]micos. **2** ⇒ *índice*; grau; nível; percentagem. **3** *Mat* Número ligado a uma expressão algébrica para a quantificar. **Ex.** Na expressão algébrica 1x+2y, o 1 e o 2 são os ~s e as letras as variáveis. **4** *Mat Fís* Número que mede, para cada substância, determinados efeitos nela exercidos. **Comb.** ~ *angular* (de uma re(c)ta) [Declive]. *Econ* ~ *de aceleração*. ~ [percentagem] *de aproveitamento* «de um lote para construção». ~ *de atrito* [fricção]. ~ *de dilatação* [expansão].

coelheira *s f* (<coelho+-eira) **1** Casota ou local para (criação de) coelhos. **Ex.** Fiz uma ~ na parte mais abrigada do quintal. ⇒ lura; toca. **2** *Br* ⇒ coleira **2**.

coelheiro, a *adj/s* (<coelho+-eiro) (Diz-se de) cão bom para caçar coelhos. ⇒ perdigueiro.

coelho, a (Ê) *s* (<lat *cunículus*: coelho, canal subterrâneo; ⇒ lebre) **1** *Zool* Mamífero herbívoro, da família dos Leporídeos, de orelhas compridas e cauda pequena, apreciado pela sua carne e pele; *Oryctolagus cuniculus*. **Ex.** O ~ é um símbolo da Páscoa (Por sair da toca como Cristo do túmulo). **Idi.** *Matar dois coelhos de uma cajadada* [Resolver dois assuntos de uma vez]. *Ter dente de ~* [Ser de (re)solução difícil/*col* Ter que se lhe diga(+)]. *Como ~ na toca* [Muito Bem escondido]. **Comb.** ~ *bravo* [selvagem/do mato]. ~ *manso* [doméstico]. **2** *s m Cul* Iguaria preparada com a carne deste animal. **Ex.** Aquele restaurante é conhecido pelo seu famoso ~ à caçador(a). **Comb.** ~ guisado. **3** *s m* A pele deste animal depois de preparada. **Comb.** Casaco de (pele de) ~. **4** *Br* No jogo do bicho, o grupo dez, a que correspondem as dezenas 37, 38, 39 e 40. **5** *Br/(D)esp* «Por comparação com este animal (ou com a lebre)» Corredor não competitor que segue durante algum tempo à frente do pelotão da corrida a fim de estimular o ritmo da prova.

coentro *s m Bot* (<gr *koríannon* [*koríandron*]) Erva parecida à salsa, da família das Umbelíferas, que se usa, especialmente as folhas, como condimento; *Coriandrum sativum*. **Ex.** Gosto muito de temperar a comida com ~s picados ou molho de ~s.

coenzima *s f Bioq* (<co-+...) Qualquer enzima não proteica associada a uma proteína enzimática e que é necessária à a(c)tividade desta última. **Ex.** Algumas vitaminas, em particular as do grupo B, hidrossolúveis, são ~s.

coerção *s f* (<lat *coercítio,ónis*: a(c)ção de reprimir, castigo <*coérceo,citum*: conter, reprimir) **1** A(c)to ou efeito de reprimir/Repressão/Coibição/Coa(c)ção. **2** *Dir* Força exercida pelo Estado para fazer valer o direito. **Comb.** Poder de ~.

coercitivo, a *adj* (⇒ coerção) ⇒ coercivo(+).

coercível *adj 2g* (⇒ coerção) **1** Que se pode reprimir/coibir/conter/Reprimível. **Ex.** Há abusos da lei que, se houvesse mais autoridade, seriam coercíveis. **2** Susce(p)tível de ser comprimido ou encerrado em menor espaço. **Ex.** O gás que impulsiona as bolas nas pistolas de *paintball* é ~.

coercivo, a *adj* (⇒ coerção) **1** Que obriga/ Coa(c)tivo/Compulsivo. **Comb.** *Medidas ~as*. *Meios ~s*. **2** *Dir* Que impõe sanção ou pena. **Comb.** Juiz ~. Tribunal ~.

coerência *s f* (<lat *cohaerentia,ae*: conexão, ligação <*coháereo,áesum*: ligar com) Ligação, nexo, consistência, harmonia, conexão, lógica, congruência entre duas ou mais coisas. **Ex.** A falta de ~ entre o que os pais dizem e fazem tem a pior influência nos filhos. **Ant.** In~. ⇒ sinceridade; verdade.

coerente *adj 2g* (<lat *cohaerens,éntis*: que está ligado a) Que tem nexo/Lógico/ Racional. **Ex.** O arguido apresentou uma explicação ~. Ele é ~ em relação aos seus ideais. Este político é ~; o que diz, cumpre! **Comb.** *Discurso ~. Pessoa ~. Raciocínio ~*. **Ant.** In~. ⇒ sincero; verdadeiro.

coerir *v int* (<lat *coháereo*: ligar com; ⇒ coerência) Aderir reciprocamente/Ligar/Unir-se(+). **Ex.** Explicou que, naquele caso, as moléculas não podiam ~. As circunstâncias levaram os partidos de oposição a ~.

coesão *s f* (<lat *cohāesio,ónis*<*coháereo*; ⇒ coerência) **1** Ligação forte/íntima/União entre os vários elementos de um grupo. **Ex.** É a sua força e o seu dinamismo que mantêm a ~ do grupo. Havia falta de ~ entre os membros do partido. **Ant.** Desunião. ⇒ cisão. **2** Unidade lógica/Coerência de um pensamento, discurso ou obra. **Ex.** O autor demonstrou com clareza a ~ das suas ideias. **3** *Fís* Força que atrai [une] entre si as moléculas de um corpo e que resiste a que este se quebre ou desagregue. **Ant.** Dissolução; dispersão; desintegração; separação.

coesivo, a *adj* (<coesão+-ivo) Em que há coesão física.

coeso, a (Ê) *adj* (<lat *cohaesus,a,um*) Muito [Intimamente] unido/Com coesão moral/de

ideias. **Ex.** Aquela turma forma um grupo bastante ~. **Ant.** Desunido. ⇒ harmó[ô]nico; coerente; conciso; sintético.

coesor, ora *adj/s m Fís* (<coeso+-or) **1** (O) que proporciona coesão. **2** Aparelho dete(c)tor de ondas ele(c)tromagnéticas.

coetâneo, a *adj/s* (<lat *coaetáneus,a,um* <*cum+aetas,átis*: idade, tempo de vida, época) (O) que é da mesma idade/época. **Ex.** Os ~s [contemporâneos(+)] do Modernismo não compreenderam as ideias do [deste] movimento. **Sin.** Coevo(+); contemporâneo(o+).

coevo, a (É) *adj/s* (<lat *coáevus,a,um* <*cum+aevum*: duração ilimitada) (O) que tem a mesma idade/é contemporâneo. **Sin.** Contemporâneo(+). ⇒ coetâneo.

coexistência (Zis) *s f* (<co-+...) Existência simultânea. **Comb.** ~ de dois grandes pintores no mesmo país. ~ *pacífica* [Compromisso de tolerância entre Estados com sistemas políticos contrários/diferentes].

coexistir (Zis) *v t/int* (<co-+...) Existir em simultâneo/Conviver. **Ex.** No nosso país a mais terrível pobreza coexiste com a mais ostentosa riqueza! Coexistem aqui pacificamente homens de raças e culturas diferentes.

cofator [*Br* **cofa(c)tor** *(dg)*] *adj/s m* [= cofactor] (<co-+...) **1** *Mat* Complemento algébrico/Cada um de dois fa(c)tores de um monó[ô]mio em relação ao outro. **2** *Bioq* Componente não proteico essencial para a a(c)tividade de algumas enzimas. **Ex.** O ~ pode ser um ião metálico ou uma espécie orgânica chamada coenzima. **Comb.** ~ *enzimático.* ~ *metálico.*

cofiador, ora *s* [= co-fiador] (<co-+...) (O) que, juntamente com outrem, se obrigou por fiança.

cofiar *v t* (<lat *cofea* <germânico *kufia*+-ar[1]) Afagar ou alisar o cabelo, barba [pera] ou bigode, passando repetidamente a mão. **Ex.** A criança cofiava o pelo ao gato. Cofiava o bigode, de forma a ajeitá-lo.

cofinanciar *v t* [= co-financiar] (<co-+...) Financiar em conjunto. **Comb.** «proje(c)to» Cofinanciado por três bancos.

cofo (Ôfo) *s m* (<gr *kóphinos*: cesto «de flores») Cesto oblongo *us* por pescadores em casas rurais.

cofose *s f Patol* (<gr *kophósis,eos*) Surdez completa(+). **Ex.** Por mais que gritasse, a avó não ouvia, pois sofre de ~ [porque é completamente surda (+)].

cofragem *s f* (<cofre+-agem) **1** Dispositivo amovível destinado a conter as massas de betão [concreto] fresco na forma proje(c)tada/Molde. **2** Armação «para proteger ou disfarçar tubos ou fios elé(c)tricos».

cofre (Có) *s m* (<gr *kóphinos*: cesto; ⇒ cofo) **1** Móvel em forma de caixa ou de armário em que se guarda dinheiro ou obje(c)tos de valor. **Ex.** Os ~s dos hotéis costumam estar dentro do guarda-roupa. **Idi.** *Pagar à boca do ~* [imediatamente/a pronto(+)/à vista(o+)]. **Comb.** ~ de carga ⇒ contentor. ⇒ ~-forte. **2** Conteúdo do ~. **Comb.** Os ~s do Estado [Tesouro público]. **3** Caixa blindada para transporte de materiais radioa(c)tivos. **4** *Tip* Nas prensas planas, mesa ou plano onde vai a forma para ser impressa.

cofre-forte *s m* Cofre à prova de roubo e fogo. **Sin.** Caixa-forte.

cofundador *s m* [= co-fundador] (<co-+...) Aquele que funda juntamente com outrem. **Ex.** Eu sou ~ da empresa do (meu) tio.

cogerência *v t* [= co-gerência] (<co-+...) Administração ou gerência exercida por mais de uma pessoa ou entidade. **Ex.** A ~ da empresa era assegurada [feita] por duas pessoas. **Sin.** Cogestão.

cogerente *s* [= co-gerente] (<co-+...) Pessoa que é gerente com outrem. **Ex.** Os ~s da empresa decidiram transformá-la.

cogestão *s f* [= cogestão] (<co-+...) **1** Gestão exercida por mais de uma entidade. **2** Participação dos trabalhadores de uma empresa na sua gestão em conjunto com os representantes do capital.

cogitabundo, a *adj* (<lat *cogitabúndus,a,um*) Profundamente imerso a pensar/Pensativo(+)/Meditabundo. **Ex.** Estava a olhar pela janela, distraído, ~.

cogitação *s f* (<lat *cogitátio,ónis*: pensamento, meditação) **1** A(c)to ou efeito de cogitar. **Ex.** Sozinho, andava de um lado para o outro da sala, perdido em ~ões. **2** Proje(c)to/Intenção/Plano. **Ex.** Eu ando (cá) com umas ~ões e creio que vou ficar rico. **Loc.** «um plano» Estar fora de ~ [Não ser tomado em consideração]. ⇒ cisma.

cogitar *v t/int* (<lat *cógito,áre*: agitar no espírito, pensar) **1** Pensar com insistência a respeito de (algo)/Pensar em/sobre. **Ex.** Começou a ~ um plano. Ficava horas a ~ «sobre as manias do marido». **2** Estar a pensar fazer qualquer coisa/Tencionar. **Ex.** Eu ando [estou] (cá) a ~ um negócio e creio que vou ter sucesso.

cognação *s f* (<lat *cognátio,ónis*: parentesco por afinidade; ⇒ cognato) **1** No direito romano, parentesco pelo lado feminino que era destituído de direitos civis. **2** Descendência do mesmo tronco, masculino ou feminino/Parentesco.

cognato, a *adj/s* (<lat *cognátus,a,um*) **1** (O) que é parente por cognação. **2** *Gram* (Diz-se de) palavra que tem o mesmo radical que outra(s). **Ex.** *Ângelo*, *anjo* e *angélico* são ~os [palavras ~as].

cognição *s f* (<lat *cognítio,ónis*: a(c)ção de conhecer) Faculdade de adquirir um conhecimento/de conhecer. **Ex.** Começaram por estudar a função mental do afe(c)to; seguiu-se a da ~ e a da volição. ⇒ conhecimento; perce(p)ção.

cognitivamente *adv* (<cognitivo+-mente) No que diz respeito ao processo mental de aprender/conhecer. **Comb.** Uma metodologia ~ corre(c)ta.

cognitivo, a *adj* (<cógnito+-ivo) Que é relativo ao [à capacidade de adquirir] conhecimento/Cognoscitivo. **Ex.** Quanto maior é a criança, maior é o seu estádio ~. **Comb.** *Ciências ~as* [epistemológicas]. *Faculdade* [Capacidade] *~a. Psicologia ~.*

cógnito, a *adj* (<lat *cógnitus,a,um*; ⇒ conhecer) ⇒ conhecido(+).

cognome (Gnô) *s m* (<lat *cognómen,inis*: sobrenome) Epíteto/Antonomásia. **Ex.** O ~ do primeiro rei de Portugal, D. Afonso Henriques, é o *Conquistador*. D. Pedro I (De Portugal), cognominado [por ~], o *Cruel*, mandou matar os três assassinos de Inês de Castro. **Idi.** *Conhecer* (alguém) *pelo nome e ~* [Conhecer muito bem] (**Ex.** Conhecia o presidente da empresa pelo nome e pelo ~). ⇒ apelido; sobrenome.

cognominar *v t* (<lat *cognómino,áre*: a) pôr sobrenome; b) ser sinó[ô]nimo) Dar um cognome. **Ex.** Era um mestre em ~ pessoas. Eça de Queiroz e alguns amigos resolveram cognominar-se "Os Vencidos da Vida". D. Dinis foi cognominado o Lavrador. **Sin.** Apelidar.

cognoscente *adj 2g* (<lat *cognóscens,éntis*) Que conhece ou possui a faculdade de conhecer. **Comb.** Sujeito ~. **Ant.** Conhecido. ⇒ conhecedor.

cognoscibilidade *s f* (⇒ cognoscível) Qualidade do que é cognoscível.

cognoscitivo, a *adj* (<cognoscente+-ivo) Que tem a capacidade de conhecer. **Comb.** Faculdade ~a. **Sin.** Cognitivo.

cognoscível *adj 2g* (<lat *cognoscíbilis,e*) Que se pode conhecer facilmente. **Ant.** «Deus é» In~.

cogote [**cangote**] *s m* (<provençal *cogot*: cabeça) ⇒ nuca; cerviz.

cogula *s f* (<lat *cuculla*) Capa larga, com capuz «dos monges beneditinos».

cogular *v t* (<cogulo+-ar[1]) ⇒ acogular.

cogulhado, a *adj Arquit* (<cogulho+-ado) Enfeitado com cogulhos.

cogulho [**cogoilo**] *s m Arquit* (< ?) Ornato de extremidades curvas e encrespadas, como folhas de repolho, com que se adornam cornijas. ⇒ paquife.

cogulo *s m* (<lat *cucúllus,i*) Porção de grão «de trigo» que excede as bordas de uma medida/Excesso. **Comb.** Um litro de sal com ~ [sal bem medido/cheio].

cogumelo *s m Bot* (<lat *cucuméllum* <*cúcuma,ae*: caldeira, tacho grande) **1** Fungo, sem flores nem clorofila, formado por um pé e uma cabeça em forma de chapéu, com numerosas espécies, umas comestíveis e outras venenosas. **Ex.** Os míscaros são uma das várias espécies de ~s comestíveis. **2** *fig* Tudo o que aparece rapidamente e em quantidade. **Ex.** Os coelhos reproduziram-se como ~s [tortulhos(+)].

co-herdar *v t* (<co-+...) Herdar com outro(s). **Ex.** Os irmãos co-herdaram a casa dos pais. Ele co-herdou uma propriedade com os primos.

co-herdeiro, a *s/adj* (<co-+...) (O) que herda com outrem. **Ex.** São aquelas as duas «sobrinhas» ~as da fortuna.

coibição *s f* (<lat *cohibítio,ónis*: a(c)ção de deter) A(c)to ou efeito de coibir ou de se coibir.

coibir *v t* (<lat *cohíbeo,bére*: conter, reter <*cum+hábeo*) **1** Fazer cessar/Impedir que aconteça ou continue/Refrear. **Ex.** O Governo tomou medidas para ~ o consumo de álcool. **2** Provocar timidez/Inibir/Constranger/Tolher/Intimidar. **Ex.** Queria roubar, mas o medo coibia-o. A presença do seu superior coibiu-o de dar a resposta adequada. **3** Obrigar/Forçar. **Ex.** O Tribunal coibiu-a [proibiu-a(+)] de se ausentar do país. **4** Privar-se de/Abster-se. **Ex.** Agora, por razões de saúde, coíbe-se [abstém-se(+)] da bebida. Quando está zangado não se coíbe de injuriar os outros. **5** Restringir (a certos limites)/Limitar/Circunscrever. **Ex.** A Constituição coíbe os poderes presidenciais [do Presidente da República].

coice *s m* (<lat *calx,cis*: calcanhar) **1** Pancada para trás com o calcanhar [pé] (Pessoas) ou com o casco [as patas traseiras] (Animais). **Ex.** A mula começou [desatou] aos coices. **Idi.** *Não ter pé e querer dar ~* **a)** Pretender ofender ou prejudicar alguém que não está ao alcance dos seus a(c)tos ou palavras; **b)** Ser uma pessoa pretensiosa. **Loc.** *Apanhar* [Levar] *um ~ do cavalo. Dar ~s* [Escoicear]. **2** *fig* Má paga de [por] um benefício/Agressão/Patada(+). **Ex.** Fez o pedido educadamente, mas, em troca, recebeu um ~. Responde sempre daquela maneira, sempre aos ~s. **3** Recuo violento de arma de fogo «contra o ombro», quando é disparada. **4** Parte inferior da coronha da espingarda. **5** (Parte) traseira/Retaguarda/Último lugar. **Comb.** O ~ [fim(+)/A cola[2]] do cortejo/da procissão. **6** ⇒ coiceira(+).

coicear *v t/int* (<coice+-ear) Dar coices(o+)/Escoicear(+).

coiceira s f (<coice+-eira) Parte da (folha da) porta em que se pregam as dobradiças ou os gonzos/Coice. ⇒ soleira.

coifa s f (<germânico *kufia*) **1** Rede para os cabelos, geralmente *us* por mulheres/ Touca. **Idi. Enfiar a ~/**o barrete(+) a [Enganar] alguém (Ex. É fácil enfiar-lhe a ~, pois acredita em tudo o que ouve). **2** Qualquer pano ou saco que serve de invólucro. **3** Cobertura, em forma de sino, de fogão a gás ou de compartimento fechado em laboratórios de química. **4** *Mil* Cobertura da cabeça da espoleta, nas peças de artilharia. **5** *Bot* Cobertura da urna dos musgos/Caliptra/Trunfa. **6** *Bot* Revestimento prote(c)tor da extremidade das raízes das plantas/Pil(e)orriza/Caliptra. **7** *Anat Zool* ⇒ barrete **4**(+).

coima s m (<lat *calumnia,ae*: acusação falsa) **1** Pena/Multa(+). Ex. Com o novo Código da Estrada as ~s [multas] são muito mais pesadas. **2** ⇒ imputação.

coimar v t/int (<coima+-ar¹) **1** Obrigar a pagar coima/Multar(+). Ex. O polícia [*Br* policial] coimou [multou(+)] o condutor por excesso de velocidade. **2** ⇒ acoimar **2**(+).

coimável adj 2g (<coimar+-vel) Que está sujeito a coima.

coimbrão, brã adj/s (<*top* Coimbra (Portugal)) De Coimbra/«teólogo/filósofo jesuíta do séc. XVII» Conimbricense(+). **Comb.** Ambiente ~.

coincidência s f (<coincidir+-ência) **1** Realização simultânea de dois ou mais acontecimentos/Simultaneidade. Ex. Termo-nos encontrado aqui, tão longe da nossa terra natal, foi uma feliz ~. **Comb.** Mera [Pura/Só] ~ (Ex. Entrarmos na mesma empresa foi só [pura/mera] ~ «porque eu nem sabia que você estava cá, em Pt»). ⇒ acaso; ocorrência. **2** Igualdade/Identidade/Justaposição/Sobreposição. **Comb.** ~ de duas figuras geométricas. **3** ⇒ concorrência/concomitância «de pontos de vista».

coincidente adj 2g (<lat *coíncidens,entis*) **1** Que coincide. Ex. Têm ideias perfeitamente ~s. **Comb.** Triângulos ~s. **2** Que ocorre ao mesmo tempo/Simultâneo. **Comb.** Chegadas ~s «de visitas, à minha casa».

coincidir v t/int (<lat *coíncídere*: cair juntamente no mesmo ponto <*cum+in+cado,ere*: cair) **1** Ser igual/Combinar/Concordar. Ex. Os dois triângulos coincidem [são iguais]. A minha opinião coincide com a [é igual à] dele. A declaração do réu não coincidia [concordava] com a da testemunha. **2** Acontecer ao mesmo tempo/Suceder/Calhar. Ex. As nossas férias não coincidem. A inauguração da loja coincide com o [calha no (mesmo) dia do] casamento. Coincidiu [Aconteceu/Calhou/Sucedeu] que, naquela manhã, encontrassem a criança desaparecida.

coincineração s f [= co-incineração] (<co-+...) Processo de coincinerar.

coincineradora s f [= co-incineradora] (<co-+...) Forno industrial para reduzir a cinzas diversos materiais.

coincinerar v t [= co-incinerar] (<co-+...) **1** Reduzir a cinzas diversos materiais em simultâneo. **2** Eliminar resíduos através da sua combustão em fornos industriais.

coiné s/adj 2g Ling (<gr *koiné diálektos*: língua comum) **1** *Hist* Língua baseada no grego ático e falada no período helenístico e bizantino no Mediterrâneo oriental. **2** Qualquer língua comum resultante de várias outras. Ex. O galego[galaico]-português dos Cancioneiros é uma ~.

coio (Có) s m (<?) **1** ⇒ esconderijo (de malfeitores). **2** ⇒ adultério. **3** ⇒ seixo.

coió s m/adj 2g *Br* **1** *Icti* ⇒ (peixe) voador. **2** ⇒ namorado(r) ridículo.

coiote s m *Zool* (<nauatle *coyotl*) Mamífero carnívoro das Américas, semelhante ao lobo e ao chacal; *Canis latrans*.

coiraça/coiraçado/coiraçar/coirão/ coirela/coiro ⇒ couraça/...

coirmão, mã adj/s (<co-+...) (Diz-se dos) primos que são filhos de irmãos. **Sin.** Primos direitos [em primeiro grau](+). **Comb.** *fig* Agências coirmãs.

coisa (Côi) s f (<lat *caus(s)a,ae*: causa, razão, motivo, origem) **1** Tudo o que existe. Ex. Praticar desporto [esporte] é (uma ~) muito importante. A ~ [O] que mais detesto é gente mentirosa. **Idi.** *Aí é que a ~ fia* (mais) *fino* [Aí é que são elas/*col* Aí é que a porca torce o rabo/Aí é que está a ~/Aí é que eu o quero ver/Aí é que você há de mostrar o que vale]. *Falar* [Dizer] *é uma ~, fazer é outra*. *Não dizer ~ com ~* [Falar de maneira incoerente/Ser trapalhão]. *Não fazer ~ com ~* [Não fazer bem o «trabalho»]. «o funcionário/carro» *Não ser (lá) grande ~* [Não ser bom]. *Ver a ~ preta/as ~s malparadas* [Prever perigo ou fracasso] (Ex. O ladrão fugiu à polícia; mas, quando viu as ~s malparadas, pôs mãos ao ar [, levantou os braços] e entregou-se). **Comb.** *~ alguma/nenhuma* [Nada] «me fará calar». *~ corpórea*/sensível/palpável/visível [Que pode ser apreendida pelos sentidos]. *~ de* [Mais ou menos/Cerca de] «meia hora». *~ (digna) de respeito* [~ importante]. *~ do outro mundo* [~ difícil/estranha] (Ex. Subir o Monte Fuji, Japão não é uma ~ do outro mundo [...é relativamente fácil]). *~s e loisas* [Muitas ou várias ~s] (Ex. Discursou sobre [Disse para ali] ~s e loisas mas ninguém entendeu nada). *~* [Bem/Propriedade] *imóvel*. *~ julgada* [Caso julgado/Sentença irrecorrível]. *~* [Bem/Propriedade] *móvel*. *~ pública* [Bens e interesses do Estado]. ⇒ ~(-)ruim. *~s do arco-da-velha* [Acontecimentos incríveis/Monstruosidades]. «já comi/fiz» *Alguma ~* [Um pouco]. *E mais alguma ~* [Além do que era obrigatório/Muito/Demasiado] (Ex. Eu fiz o que você me mandou e mais alguma ~. *Iron* Ele repreendeu-me e mais alguma ~ [e «bateu-me»]!). *Uma ~* **a)** Algo de belo/Extraordinário (Ex. Aquela mulher era uma ~!); **b)** Feio/Horrível (Ex. Aquele acidente de trânsito foi uma ~!). *Uma porção de* [Muitas] *~s* «que comprei».
2 Obje(c)to, por oposição a espírito ou vivente. Ex. As pessoas não são ~s, devem ser tratadas com respeito/carinho. **Comb.** Os animais, as plantas e as ~s [e os seres inanimados]. **3** Causa/Motivo/Razão. Ex. Que ~ provocou o rompimento [corte] dos dois [Por que cortaram relações]? Não me venha(s) com ~s [desculpas/razões]; eu quero saber a verdade! **4** O que não se sabe/Mistério/Segredo. Ex. Estava bem, mas deu-lhe [teve/sentiu] uma ~ e levaram-no para o hospital. *pop* – Ó ~ (Mulher) [coiso] (Homem), diga-me onde são os [onde é a estação dos] correios, se faz favor. **Idi.** «é preciso investigar, porque» Ali anda [há/tem] ~/há gato «, ele hoje está muito calado». **5** *pop* ⇒ órgão sexual. **6** *pop* ⇒ menstruação. **7** *pop* ⇒ droga; cigarro de maconha.

coisar v t/int *pop* (<coisa **4**+-ar¹) **1** Fazer. **Loc.** ~ o café [almoço]. **2** (Usa-se em vez de qualquer outro verbo que ignoramos ou que não queremos dizer).

coisa(-)ruim s f **1** *Br pop* ⇒ diabo; feitiçaria. **2** Mau/Feio. Ex. Porque me bateste, ~?!

coisificação s f (<coisificar+-ção) Redução «do operário/empregado/do ser humano» a obje(c)to ou coisa.

coisificar v t (<coisa+-ficar) **1** Dar ou tomar forma de coisa/Identificar com um a(c)to ou obje(c)to concreto. **Loc.** ~ conceitos [um sentimento «do amor»]. **2** Reduzir o homem e a sua consciência a coisa, obje(c)to ou valores materiais. **Comb.** Seres humanos [Pessoas] coisificados[as] pela burocracia.

coisíssima s f *Col* (<coisa+-íssima) Coisa. **Comb.** ~ nenhuma [alguma] (Ex. Ela não quer ~ nenhuma [não quer nada, nada, nada] do que ele mandou «de presente». «guardou segredo» Não disse ~ nenhuma [absolutamente nada]).

coiso, a s/adj *pop* (<coisa **4**/**5**) (O) que não se sabe ou não quer dizer. Ex. Isso foi o ~ que disse. Eles são tão ~os, tão raros [esquisitos] que toda a gente se ri deles.

coita s f an (<coitar) ⇒ sofrimento; perda; dor (por motivo de amores); necessidade.

coitado, a adj/s/interj (<coitar+-ado; ⇒ couto (coutada)) (O) que é infeliz/desgraçado/desditoso. Ex. ~a de mim, que trabalho tanto e ganho tão pouco! ~!, perdeu tudo o que tinha no incêndio da casa. Coitadinho do velho que já mal [que quase não] pode andar! **Sin.** Pobre.

coitar v t an (<provençal *coitar*) Causar sofrimento [dor/mágoa] a. ⇒ coutar.

coito s m (<lat *cóitus,us*: a(c)ção de juntar-se, acasalamento (De animais), casamento) Relação ou a(c)to sexual/Cópula. **Comb.** ~ interrompido [sem ejaculação na vagina]. ⇒ couto.

cola¹ (Có) s 2g (<gr *kólla,es*) **1** Produto líquido ou em pasta para fazer aderir papel, madeira, louça, etc./Goma/Grude/Visco. Ex. A goma arábica é uma das muitas espécies de ~. **Comb.** Tubo [Bisnaga] de ~. **2** *Br fig* Cópia clandestina/Cábula levada para um exame escrito/Copianço/Plágio. **3** *fig* Pessoa importuna/maçadora/Lapa. Ex. Ele é (cá) um ~; não há maneira de me largar!

cola² (Có) s f (<lat *cola* [*colon*] <*cauda,ae*) Cauda/Rastro/Encalço/Fim. **Loc.** *Br Alçar a ~* [Querer-se ir logo embora]. *Andar na ~ de* [Seguir alguém de perto]. *Bater com a ~ na cerca* [Morrer]. *Ir na ~* [Seguir no rastro/encalço] de «pessoas/animais». *Ir na ~* [no fim] *do desfile*.

-cola suf (<lat *colo,ere*: cultivar, habitar, tratar bem) Exprime a ideia de *habitante* (⇒ silví-~), *cultivador* (⇒ agrí-~; hortí-~), *criador* (⇒ aví-~; piscí-~).

colabar v t/int *Med* (<lat *collábor,bi,collápsus sum*: cair (com)) (Fazer) baixar (parte de) um órgão/(Des)cair. Ex. O pulmão colabou.

colaboração s f (<colaborar+-ção) **1** Cooperação/Participação/Contribuição. Ex. Sem a ~ de todos teria sido impossível realizar este trabalho. **2** Ajuda/Donativos. Ex. Graças à ~ de diversas entidades foi possível construir o Infantário e o Lar da Terceira Idade. **3** Artigo de publicação periódica escrito por alguém que não faz parte do quadro efe(c)tivo da reda(c)ção. Ex. Aquele jornal tem sempre a ~ de vários políticos que escrevem semanalmente um artigo de opinião. **4** (Conjunto de) colaboradores. Ex. A revista precisa de mais ~. **Comb.** Em ~ [parceria] (Ex. O trabalho não é individual, foi feito em ~ «com outros professores».

colaboracionismo s m (<colaboração+-ismo) A(c)tividade, comportamento, atitude ou interesse de colaboracionista/Colaboração com o inimigo público.

colaboracionista *adj/s 2g* (<colaboração +-ista) (Pessoa) que colabora com ou apoia o inimigo que ocupa, total ou parcialmente, o território do seu país. **Comb.** A(c)ção ~.

colaborador, ora *adj/s* (<colaborar+-dor) **1** (O) que colabora com ou que ajuda outrem. **Ex.** É uma pessoa acessível, ~a, prestável, ... **2** (O) que faz com outro(s) qualquer trabalho/Coautor. **Ex.** Fez a lista dos principais ~es do dicionário. **3** (O) que escreve artigos para uma publicação periódica sem pertencer ao quadro efe(c)tivo da reda(c)ção. **Ex.** Há vários políticos ~es de jornais.

colaborar *v t/int* (<lat *collabóro,áre*: trabalhar com <*cum+laboráre*) **1** Trabalhar com uma ou mais pessoas numa obra/Cooperar/Participar. **Ex.** Desde jovem (que) colabora em várias campanhas de solidariedade. Todos temos de ~ para manter as praias limpas. Colaborou com outros investigadores num proje(c)to de grande importância «para a nossa empresa». **2** Concorrer/Contribuir. **Ex.** O tempo (também) colaborou [contribuiu(+)] para que a festa corresse bem. **3** Escrever sem ser reda(c)tor. **Ex.** Colaboro neste dicionário há muito tempo. **Loc.** ~ na revista. **4** ⇒ ajudar; contribuir (com donativos).

colação *s f* (<lat *collátio,ónis*: a(c)ção de pôr em comum, comparação, encontro, embate, contribuição) **1** ⇒ colagem. **2** O pôr em comum/Confronto/Comparação/Cotejo. **Loc.** Trazer à ~ /conversa [Referir]. Vir à ~ [a propósito]. **Comb.** ~ de documentos históricos. **3** A(c)to de conferir [dar] um título/cargo/direito/grau. **4** *Dir* Restituição, à massa de herança, de valores recebidos antecipadamente por herdeiros, durante a vida do doador, com o obje(c)tivo de que haja igualdade nas partilhas. **5** *Hist* Refeição ligeira/Merenda.

colacia *s f* (<colaço+-ia) **1** Relação entre colaços. **2** *fig* ⇒ intimidade.

colacionar *v t* (<colação+-ar¹) **1** Conferir(+)/Confrontar(+)/Comparar(o+)/Cotejar(+). **Ex.** Ele colacionou duas cópias do manuscrito. **2** *Dir* Trazer ou proceder (cada herdeiro) à colação **4**.

colaço, a *adj/s* (<lat *collácteus,ei*: irmão de leite) **1** (O) que, não sendo irmão de outro, foi amamentado com leite da mesma mulher/Irmão de leite(+). **Ex.** «ela/e» Orgulhava-se do seu irmão ~. A mãe via [considerava/tinha] os seus ~s como verdadeiros filhos. **2** *fig* ⇒ (amigo) íntimo.

coladeira (Ô) *s f CV* (<crioulo *coladera*) Música tradicional de Cabo Verde, de ritmo sacudido, dançada aos pares e ao som, por vezes, de um só instrumento de corda (violão, viola ou cavaquinho).

colador, ora *adj/s m* (<colar² **1**+-dor) (Diz-se de) dispositivo *us* para colar.

colagem *s f* (<colar²+-agem) **1** A(c)to ou efeito de unir com cola. **Comb.** A ~ dos cartazes «dos partidos». **2** *Arte* Processo de composição plástica que consiste na utilização de elementos de diferente textura ou relevo, colados num suporte. **Ex.** Picasso foi um dos primeiros pintores a utilizar a técnica de ~ (nas suas obras). **3** *Cine* Técnica de ligar em sequência pedaços de filme previamente cortados ou separados. **4** Processo ou método de moldagem de peças cerâmicas que consiste em verter, para um molde, a mistura da pasta/barbotina. **5** Adição de cola à pasta de papel «para evitar o alastramento da tinta de escrever no papel». **6** Operação destinada a clarificar o vinho ou outros líquidos que consiste em adicionar-lhe determinadas substâncias, ditas colas «clara de ovo, cola de peixe, gelatina», para precipitar as partículas em suspensão.

colagogo, a *adj/s m Med* (<gr *kholagogós*: condutor de bílis) (Diz-se de) medicamento excitante da secreção biliar.

colante *adj 2g* (<colar²+-ante) **1** Que cola. **2** «vestido» Muito ajustado ao corpo.

colapsar *v t/int* (<colapso+-ar¹) **1** Ter ou causar um colapso. **2** ⇒ decair; falhar; arruinar-se.

colapso *s m* (<lat *collápsus,a,um*: caído juntamente, arruinado <*collábor,ábi,ápsus sum*) **1** *Patol* Estado semelhante ao choque/Inibição ou falência repentina de uma função vital. **Ex.** Quase teve um ~ nervoso quando ouviu a terrível notícia. (⇒ esgotamento; depressão). **Loc.** Dar [Ter/Sofrer] um ~ (Ex. Deu-lhe [Teve/Sofreu] um ~). **Comb.** ~ *cardíaco*/cardiovascular [Enfarte/Infarto]. ~ *pulmonar* (Aderência ou impossibilidade de expansão das paredes do pulmão). **2** Diminuição súbita de força/Queda/Quebra/Falha(nço)/Desmoronamento/Ruína. **Ex.** O ~ da ditadura era há muito esperado. **Comb.** ~ *da banca*. ~ *financeiro* «da empresa». ~ [Queda(+)] *da ponte*. ⇒ crise; decadência.

colar¹ *s m* (<lat *collare,is*: gargantilha, coleira, colar <*collum,i*: pescoço) **1** Ornato à volta do pescoço. **Ex.** Ela trazia ao pescoço um lindo ~ de diamantes. As crianças fizeram ~es com [de] flores. O *Grande* ~ é um grau especial que existe em algumas Ordens Honoríficas Portuguesas. **Comb.** ~ *da Ordem* do Infante D. Henrique. ~ *de oiro* com uma cruz(inha). ~ *de pérolas* «verdadeiras/artificiais». **2** *Zool* Sinal natural ao redor do pescoço de um animal.

colar² *v t/int* (<cola+-ar¹) **1** (Fazer) aderir com [Pôr] cola. **Ex.** Colou [Pôs(+)] o selo à carta/ao envelope. Colei [Pus(+)] o rótulo à garrafa. O adesivo não colava [pegava/agarrava]. Tenta ~ a cabeça da boneca, talvez cole [segure]. As mãos transpiradas colavam-se à secretária. **Idi.** *A mentira não colou* [pegou/deu/resultou]. **2** Pôr(-)-se bem junto/Chegar(-se)/Encostar. **Ex.** Colou-se ao muro para não ser visto. *fig* Este aborrecido anda colado a mim há mais de um ano! **Loc.** «no futebol» ~-se ao [Marcar o] adversário. **Ant.** Afastar(-se) de. **3** Ajustar-se bem a/Moldar. **Ex.** O vestido colava-se ao [moldava o(+)] seu corpo. **4** Clarificar o vinho ou outros líquidos por meio de cola ou outra substância que produza resultado semelhante. **5** *Br gír* Copiar(+) pelos outros ou pelo livro numa prova ou exame/Filar. **Ex.** Colou todas as respostas do exame. Só teve positiva porque colou.

colar³ *v t/int Br* (<colação; ⇒ agraciar; condecorar) **1** Investir (alguém) em [Conferir um] cargo, grau, direito, etc. **Ex.** O professor mais velho vai ser colado na reitoria. **2** Receber grau acadé[ê]mico/Formar-se(+) «em Medicina». **Loc.** ~ grau de médico.

colarinho *s m* (<colar¹+-inho) **1** Gola de vestuário à volta do pescoço. **Ex.** A camisa estava[ficava]-lhe pequena, já não apertava no ~. Agarrou-o pelos ~s e disse-lhe um soco. **Loc.** *pop Amarrotar os* [Ir aos] ~*s (a alguém)* [Agredir ou espancar uma pessoa]. *Apertar o* ~. *Desapertar o* ~. **Comb.** ~s engomados. ~ postiço. **2** *Arquit* Moldura chata e estreita como uma fita, *us* no alto das colunas. **3** *Br fam* Camada de espuma num copo «de cerveja».

colãs [fr **collant(s)**] *s m pl* ⇒ meias-calças.

colatário, a *s Dir* (<lat *collatus,a,um* <*cónfero,conférre,collátum*: juntar num lugar, dar, reunir) Pessoa que beneficia da colação/Beneficiário.

colateral *adj 2g* (<co-+...) **1** Que está ao lado ou que é paralelo. **Comb.** Ruas ~rais [paralelas(+)]. Nervos ~rais. **2** *Dir* Que é parente, mas não em descendência dire(c)ta. **Ex.** Sobrinho e tio são parentes ~rais. **Comb.** Linha ~. **3** Que é acessório ou secundário. **Ex.** Este medicamento tem efeitos ~rais [secundários(+)/nocivos]. O noroeste é um ponto ~. **4** *Lóg* Que é acessório ou de natureza diferente do argumento principal. **Comb.** Provas ~rais [circunstanciais/secundárias/adicionais].

colateralidade *s f* (<colateral+-i-+-dade) Qualidade ou particularidade do que é colateral.

colativo, a *adj* (<lat *collatívus,a,um*) **1** Relativo a colação. **2** Que se pode dar ou conferir.

colator, ora *s* (<lat *collátor,óris*: o que contribui, subscritor, contribuinte) Pessoa que faz colação. ⇒ d(o)ador; conferente.

colcha (Ô) *s f* (<lat *culcita,ae*) Coberta de cama, *us* por cima dos lençóis ou cobertores. **Comb.** ~ [Manta(+)] *de retalhos* **a)** ~ feita com pedaços ou restos de tecido; **b)** *Idi* Obra «livro/artigo/tese/sinfonia» sem unidade. ~ *de seda*. **Sin.** Coberta.

colchão *s m* (<colcha+-ão) **1** Peça principal que se coloca no estrado da cama e que é feita de vários materiais. **Comb.** ~ *de água*. ~ *de espuma*. ~ *de molas*. ~ *ortopédico*. ~ *de palha*. ~ *de penas*. ⇒ enxerga; enxergão. **2** Qualquer peça parecida ao ~ e que serve de prote(c)ção ou de amortecimento. **Comb.** ~ *de ginástica*. ~ *de praia* [piscina] «para boiar».

colcheia *s f* (<frâncico *croc*: gancho) **1** *Mús* Figura de ritmo que vale a metade da semínima correspondente a meio tempo. **2** *Br* ⇒ sextilha.

colcheta (Ê) *s f* (<colchete) Espécie de argol(inh)a, semelhante a uma lira, na qual se encaixa o colchete. **Sin.** Colchete-fêmea.

colchete (Chê) *s m* (<fr *crochet* <frâncico *croc*: gancho) **1** Pequeno gancho geralmente metálico para ajustar ao corpo peças de vestuário e que se divide em duas partes: o ~-macho e o ~-fêmea, que formam um conjunto ao encaixarem(-se) um no outro. **Ex.** A saia da farda do colégio tem dois ~s no cós. **Comb.** ~ *de gancho*. ~ *de pressão*. ⇒ botão; broche; (alfinete de) segurança; presilha. **2** *Ling/Mat* Símbolo gráfico, [ ], de associação ou substituição. **Sin.** Parêntese re(c)to. **3** *Odont* ⇒ grampo.

colchoaria *s f* (<colchão+-aria) **1** Estabelecimento onde se fabricam ou vendem colchões, travesseiros, almofadas, etc. **2** Conjunto formado pelo colchão, almofadas, travesseiro[as] e acolchoados ou cobertas da cama. **Ex.** A ~ do quarto dos meus pais condiz com os cortinados.

colcotar *s m Quím* (<ár *qolqotar*) Óxido de ferro, vermelho, *us* como pigmento e abrasivo para polimento de vidros ó(p)ticos.

coldre (Côl) *s m* (<lat *córytus*: aljava) **1** Aljava, estojo ou bolsa onde, «suspensos de ambos os lados do arção da sela» se guardam armas de fogo. **Ex.** O bandido do filme tirou a arma do ~ e apontou-a à sua vítima. **2** Estojo para revólver «preso à correia da cintura». **Ex.** [*Br* policiais] guardam [levam/trazem] as suas armas de fogo no ~.

coleante *adj 2g* (⇒ colear) Que coleia/Serpenteante/Sinuoso. **Comb.** Andar ~ (Ex. O bêbedo tinha um andar ~). Carreiro ~.

colear *v t/int* (<colo+-ear) Mover a cabeça e o pescoço/Serpe(nte)ar. **Ex.** A serpente coleava por entre as folhas. *fig* Aí, o caminho coleava [ziguezagueava] em dire(c)ção ao rio. *fig* Montes e outeiros coleiam [rodeiam às voltas/aos ziguezagues] o vale.

coleção (Lè) *s f* [= colecção] (<lat *colléctio,ónis*: a(c)ção de juntar, reunir) **1** Reunião ou conjunto de obje(c)tos. **Ex.** Os numismatas fazem ~ de moedas. Eu tenho uma boa [grande] ~ de livros antigos. **Loc.** «livro» *De* ~ [Procurado por cole(c)cionadores/Raro]. *Fazer ~ de quadros* [selos]. ⇒ cole(c)ta; colheita; recolha. **2** Compilação(o+)/Cole(c)tânea(+). **Ex.** Todos os alunos terão de fazer uma ~ de adivinhas ou de provérbios. **Comb.** ~ [Compilação] de leis. ~ [Cole(c)tânea] de máximas/adágios. **3** Conjunto de títulos com uma certa unidade. **Ex.** Na biblioteca existe toda a ~ de Camilo Castelo Branco. Esta obra faz parte da ~ dos *Nossos Clássicos*. **Comb.** ~ *Grandes Navegadores*. **4** *Alta Costura* Conjunto de novos modelos apresentados no início de cada estação/Criações de um costureiro. **Ex.** Fátima Lopes (Estilista portuguesa) apresentou a sua nova ~ em Paris. **Comb.** ~ de inverno. ~ primavera-verão. **5** *fig* Grande número/Quantidade/Muitos. **Ex.** Na manifestação estava uma ~ [quantidade] de populares. Aquela família é uma ~ de [são todos] malucos.

colecção/colecionação/coleccionador/coleccionar/coleccionismo ⇒ coleção/colecionação/...

colecionação (Lè) *s f* (⇒ coleção+-ar¹)) A(c)to ou efeito de colecionar/Escolha/Coleção(+).

colecionador, ora (Lè) *adj/s* [= coleccionador] (<colecionar+-dor) (O) que coleciona. **Ex.** A minha avó era ~ra de selos. **Comb.** Espírito ~.

colecionar (Lè) *v t* [= coleccionar] (⇒ coleção+-ar¹) **1** Reunir em coleção/Fazer coleção de/Coligir. **Loc.** ~ selos [livros/quadros/moedas]. **2** *fam* Ter em grande quantidade. **Ex.** Ele coleciona namoradas. **Loc.** *iron* ~ [Ter vários] cursos [diplomas/inimigos].

colecionismo (Lè) *s m* [= coleccionismo] (⇒ coleção) A(c)tividade ou gosto de colecionar. **Ex.** Tinha o vício do ~. ⇒ alfarrabista.

coleciste *s f Anat* (<gr *kholé*: bílis+*kýstis*: vesícula) Vesícula biliar (+).

colecist(i)ectomia *s f Med* (<coleciste+...) Extra(c)ção da vesícula biliar.

colecist(i)o(s)tomia *s f Med* (<coleciste+...) Incisão cirúrgica na vesícula biliar, para drenagem externa de seu conteúdo.

colecta/colectânea/colectâneo/colectar/colectável/colectivamente/colectividade/colectivismo/colectivista/colectivização/colectivizar/colectivo/colector/colectoria ⇒ coleta/...

colédoco *adj/s m Anat* (<gr *kholédokhos,os,on*: que contém a bile) (Diz-se do) canal resultante da união dos canais hepático e cístico e que transporta a bílis ao duodeno.

colega *s m* (<lat *collèga,ae*: companheiro, co-herdeiro) **1** Pessoa que, em relação a outra(s), tem a mesma profissão, exerce funções semelhantes ou trabalha no mesmo local. **Ex.** Fizeram uma festa de rece(p)ção ao ~ que acabava de chegar. **Comb.** ~ *de escritório*. ~ *de magistratura*. ~ *de trabalho*. **2** Companheiro de escola/estudos. **Ex.** Somos ~s desde os seis anos (de idade). **Comb.** ~ *de faculdade* [universidade]. ~ *de turma*. **3** *col* Amigo/Camarada/Companheiro.

colegiada *s f Hist* (<colégio+-ada) Igreja não-catedral, com cabido sem bispo. **Comb.** ~ de Nossa Senhora da Oliveira (Em Guimarães, Portugal).

colegial *adj/s 2g* (<lat *collegiális,e*) **1** Relativo a colégio (Escola de ensino pré-universitário). **Comb.** Assuntos ~ais [do colégio(+)]. ⇒ estudantil; jovem. **2** Que é composto por um grupo de pessoas. **Comb.** *Governo* [Dire(c)ção] ~ «do clube». Órgão ~. **3** Aluno/a de colégio.

colegialidade *s f* (<colegial 2+-dade) Qualidade de colegial **2**. **Comb.** A ~ dos bispos católicos no governo da Igreja.

colégio *s m* (<lat *collégium,ii*: reunião de colegas, associação) **1** Estabelecimento de ensino particular. **Ex.** Frequentou o ~ desde a infância. O ~ organiza sempre uma festa de Natal. **Comb.** ~ *externo*. ~ *de* [dirigido por] *freiras*. ~ *interno*. ~ *militar*. **2** Conjunto de indivíduos com determinada a(c)tividade. **Comb.** ~ *eleitoral* «de uma academia» [Conjunto de eleitores]. ~ *dos professores* [Corpo docente]. *Sacro* ~ [Conjunto dos cardeais]. ⇒ gré[ê]mio; corporação.

coleguismo *s m* (<colega+-ismo) ⇒ camaradagem; companheirismo.

coleira *s f* (<colo+-eira) **1** Peça «de couro» que se põe à volta do cachaço/pescoço. **Loc.** Pôr uma ~ ao cão para (facilmente) lhe atar a trela. **Idi.** *Andar de ~ larga* [Viver à vontade, sem depender de ninguém]. **Comb.** ~ inse(c)ticida. **2** *pop* Gravata/Colarinho. **3** *Ornit* Várias aves da família dos emberizídeos, com um colar; *Sporophila caerulescens/albogularis*. **Sin.** Coleir(inh)o; gola. ⇒ borrelho **2**.

colélito *s m Med* (<gr *kholé*: bílis+-lito) Cálculo biliar(+).

colemia *s f Med* (<gr *kholé*: bílis+-emia) Presença de bílis no sangue.

coleóptero, a *adj/s Ent* (<gr *koleós*: estojo+*pterón*: asa) (O) que pertence à ordem dos ~s/Besouro.

cólera *s f* (<gr *kholéra*: cólera, doença) **1** Raiva/Fúria/Ira. **Loc.** Deixar-se levar pela ~. Provocar a ~ de alguém. **Comb.** *A ~ dos deuses* pagãos. *A ~* [raiva(+)] *do tigre*. *Cego de* [Com muita] ~. **Ant.** Calma; serenidade. **2** *fig* Agitação violenta/Impetuosidade/Furor/Ímpeto. **Comb.** ~ *do mar* [vento]. **3** *Med* Doença epidé[ê]mica causada pelo bacilo vibrião colérico e que provoca diarreia, cãibras, etc. **Comb.** ~ *asiática* [que vem da Ásia]. *Vet* ~ *aviária* [que ataca as aves domésticas]. ~ *suína* [que ataca os suínos/porcos].

cólera-morbo *s 2g Med* (<...+lat *mórbus*) ⇒ peste (mortífera).

colérico, a *adj* (<gr *kholerikós*: doente de cólera) **1** *Med* Relativo à ou contagiado da cólera. **Ex.** O tratamento dos (pacientes) ~s exige grandes cuidados. **Comb.** *Contágio* ~. *Doença* ~*a* [de tipo ~o]. *Febre* ~*a*. **2** Que tem tendência para se enfurecer ou encolerizar/Furioso/Irascível. **Ex.** Evitava sempre os violentos e ~s. **Comb.** Cará(c)ter [Temperamento] ~. **Ant.** Pacífico.

colesterol *s m Bioq* (<gr *kholé*: bílis+*stereós*: sólido+-ol) Composto orgânico muito importante na química fisiológica por ser a base de várias hormonas. **Ex.** *Med* A aterosclerose deve-se em parte a um aumento significativo de ~ no sangue.

coleta [*Br* cole(c)ta (dg)] *s f* [= colecta] (<lat *collecta,ae*: qu[c]ota-parte, recolha) **1** A(c)to ou efeito de cobrar ou recolher/Cotização/Arrecadação. **Ex.** A ~ rendeu [foram] quinze mil euros. Na missa é costume fazer-se uma ~. Nas clínicas fazem-se ~s [colheitas(+)] de sangue. **Comb.** ~ [Recolha(+)] de dados. ⇒ colheita; cole(c)ção. **2** Oração da missa antes da epístola. **3** ⇒ imposto. **4** ⇒ peditório.

coletânea (Lè) [*Br* cole(c)tânea (dg)] *s f* [= colectânea] (<lat *collectánea,órum*: coisas recolhidas; ⇒ coletâneo) **1** Conjunto ou compilação de trechos de diferentes obras. **2** ⇒ cole(c)ção. **3** ⇒ antologia.

coletâneo, a (Lè) [*Br* cole(c)tâneo (dg)] *adj* [= colectâneo] (<lat *collectáneus,a,um* <*cólligo* <*cum+légo,ere,léctum*: colher, ler) Extraído de vários autores ou obras. **Comb.** Textos ~s. **Sin.** Coligido(+). ⇒ cole(c)tivo.

coletar (Lè) [*Br* cole(c)tar (dg)] *v t* [= colectar] (<coleta+-ar¹) **1** Recolher/Juntar. **Ex.** Os hospitais necessitam de ~ mais sangue para as transfusões. **Comb.** ~ dados. ~ informações. ~ plantas. **2** Designar ou indicar cota a/Tributar/Cotizar(-se). **Ex.** O presidente da associação coletava todos os (seus) sócios. Os moradores coletaram-se para ajudar os desabrigados. Coletaram-se para a(s) despesa(s) da festa. **Loc.** ~ uma empresa.

coletável (Lè) [*Br* cole(c)tável (dg)] *adj 2g* [= colectável] (<coletar+-vel) Que está sujeito a imposto ou que pode ser coletado. **Comb.** Matéria ~. Rendimento ~.

colete (Lè) *s m* (<colo+-ete; ⇒ ~ de forças) **1** Peça de vestuário sem gola nem mangas, curta, justa ao peito e aberta à frente. **Ex.** Usava sempre fato [*Br* terno] completo com ~. **Comb.** *fig* ~ *salva-vidas* [de salvação] (Peça *us* em caso de acidente, para colocar à volta do tronco e se encher de ar comprimido). ⇒ espartilho. **2** *Med* Faixa larga ortopédica *us* sobre o tronco em casos de desvio ou fra(c)tura da coluna (vertebral). ⇒ ~ de forças. **3** *Br* Resguardo ou grade circular para proteger os arbustos.

colete de forças *s m Med* Veste com mangas muito compridas, fechadas, cingindo os braços ao corpo, atando e cruzando, por detrás do tronco, *us* para dominar os movimentos de doentes em estado de grande agitação e agressividade. **Sin.** Camisa de força(s).

coletivamente (Lè) [*Br* cole(c)tivamente (dg)] *adv* [= colectivamente] (<coletivo+-mente) Em grupo/No conjunto/Juntamente. **Loc.** Multar os infra(c)tores ~ [todos].

coletividade (Lè) [*Br* cole(c)tividade (dg)] *s f* [= colectividade] (<coletivo+-i-+-dade) Grupo social/Sociedade. **Comb.** As ~s de recreio. Um proje(c)to aceite pela ~.

coletivismo (Lè) [*Br* cole(c)tivismo (dg)] *s m* [= colectivismo] (<coletivo+-ismo) Doutrina ou sistema social em que os bens de produção e consumo são igualmente distribuídos por cada membro da coletividade.

coletivista (Lè) [*Br* cole(c)tivista (dg)] *adj/s 2g* [= colectivista] (<coletivo+-ista) Relativo ao ou adepto do coletivismo.

coletivização (Lè) [*Br* cole(c)tivização (dg)] *s f* [= colectivização] (<coletivizar+-ção) **1** Posse coletiva. **2** Apropriação coletiva dos meios de produção.

coletivizar (Lè) [*Br* cole(c)tivizar (dg)] *v t* [= colectivizar] (<coletivo+-izar) **1** Tornar(-se) coletivo. **2** Organizar(-se) de acordo com os princípios do coletivismo.

coletivo, a (Lè) [*Br* cole(c)tivo (dg)] *adj/s m* [= colectivo] (<lat *collectivus,a,um*: recolhido, agrupado <*cólligo*: recolher <*cum+légo,léctum*: colher, ler) **1** Que compreende ou abrange muitas pessoas ou coisas/Pertencente a um conjunto de pessoas ou coisas. **Ex.** Esta pintura «mural» é (uma) obra ~a. **Comb. Consciência** ~a. **Contratação** ~a de trabalho. **Manifestação** ~a de apreço «ao professor». **Movimento** ~ de protesto «contra a guerra». **Propriedade** ~a. **Psicologia** ~a [conjunto de fenó[ô]menos mentais, sociais e morais que constituem a maneira de ser de um povo]. **2** s Gram (Diz-se de) substantivo que no singular designa um conjunto de pessoas, animais ou coisas da mesma espécie e de numeral de um conjunto. **Ex.** Lenha, fruta e povo são substantivos ~s. Dezena, dúzia e centena são exemplos de numerais ~os. **3** s Br Transporte coletivo/público «bonde; comboio [trem]; ó[ô]nibus». **4** s m Conjunto de indivíduos reunidos para um fim comum. **Comb.** O ~ dos juízes.

coletor, ora (Lè) **[**Br **cole(c)tor** (dg)**]** adj/s m [= colector] (<lat collector,óris) **1** ⇒ compilador; cole(c)cionador. **2** ⇒ cobrador. **3** Dispositivo, aparelho ou recipiente destinado a receber algo. **Comb.** ~ **de electrões** [elétrons]. ~ **de escape de automóvel.** ~ [Cano principal] **de esgotos.** ~ [Painel] **solar.**

coletoria (Lè) **[**Br **cole(c)toria** (dg)**]** s f [= colectoria] (<coletor+-ia) **1** Br Repartição pública onde se pagam coletas e impostos. ⇒ finanças. **2** Cargo de coletor.

colgadura s f (<colgado+-ura) Peça de pano, colcha ou tapeçaria, vistosa e/ou rica, que se pendura nas paredes ou janelas como adorno.

colgar v t (<lat cólloco,áre) **1** ⇒ pendurar. **2** Ornamentar com colgadura(s).

colhão s m cal (lat cóleus: bolsa (dos testículos); pl colhões) ⇒ testículo.

colhedeira s f Arte (<colher+-deira) Espátula de madeira com que os pintores juntam as tintas quando as moem.

colhedor, ora adj/s (<colher+-dor) **1** (O) que colhe ou recolhe. **2** Mar Cabo us para ligar peças de madeira (Bigotas) com que se retesam outros cabos que aguentam os mastros.

colheita s f (<lat collecta,ae: recolha; ⇒ coligir) **1** Agric A(c)ção de (re)colher produtos agrícolas/Apanha «da fruta». **Loc.** Fazer a ~ [ceifa/recolha] do trigo. **Comb. A** ~ [O varejo] **da azeitona. A ~ das uvas** [A vindima]. **A ~ do café. 2** Agric Conjunto dos produtos agrícolas colhidos num determinado período/Safra. **Ex.** Devido à seca, a ~ este ano foi fraca [má]. **Comb.** Uma boa [rica/grande] ~. **3** fig Recolha/Arrecadação/Cole(c)ta. **Ex.** Os alunos fizeram uma boa ~ de expressões idiomáticas e de provérbios. Aquela feira foi uma ~ de boas compras. Os ladrões fizeram uma grande ~ [roubaram muitas coisas] naquele bairro. **Idi. Ter (alguma coisa) da sua** (própria) ~ [lavra(o+)/invenção(+)]. **4** Med Recolha de sangue, urina ou outros produtos fisiológicos. **Ex.** Naquele laboratório as ~s fazem-se todos os dias, entre as 8 e as 10 horas.

colher¹ (È) v t/int (<lat cólligo,llígere <cum+lego: ler, recolher; ⇒ colheita) **1** Apanhar da planta. **Loc.** ~ flores [frutos/(folhas de) chá]. **2** Ter determinado cultivo ou plantação/Cultivar/Produzir. **Ex.** No Brasil colhe[produz/cultiva]-se muito café. **Prov. Quem semeia ventos, colhe tempestades** [Quem faz coisas más, sofrerá outras piores/O mal não compensa]. **3** Reunir/Recolher(+)/Juntar/Conseguir/Obter/Cole(c)tar/Coligir; ⇒ **8. Ex.** Ando a ~ dados para a minha tese. Daquela conversa colhi fa(c)tos muito importantes. **Loc.** ~ [Recolher(+)] **assinaturas.** ~ [Obter] **informações.** ~ [Saber mais] **notícias. 4** fig Alcançar ou apanhar de surpresa/Atingir/Atropelar. **Ex.** O furacão colheu[apanhou]-os a meio do [quando ainda vinham a] caminho. A morte colheu[atingiu]-o ainda jovem. A notícia colheu[apanhou]-os desprevenidos. O tiro colheu [apanhou(+)/atingiu(o+)] a ave em pleno voo. Desgovernado, o carro colheu [atropelou(+)] vários transeuntes. **5** (Conseguir) perceber/Depreender. **Ex.** Daqui se colhe [depreende(+)/conclui(o+)] que tudo isso é falso. Não colhi [percebi(+)/apanhei(+)] bem o que ela disse. **6** Obter como pré[ê]mio/Alcançar. **Ex.** Não chegou a ~ [ver] os louros da vitória porque morreu das feridas. **7** Ser concludente ou pertinente/Ter cabimento/Resultar. **Ex.** O argumento apresentado não colhe [tem cabimento/convence/resulta/prova]. **8** Mar Recolher/Juntar. **Loc.** ~ as redes [velas/os cabos].

colher² (É) s f (<gr kokhliárion: colher <kokhlías: concha do caracol) **1** Utensílio de mesa ou de cozinha. **Ex.** A sopa toma[come]-se com a ~. **Idi.** Br gír **Dar uma ~ de chá a** (alguém) [Dar uma oportunidade a/Facilitar/Favorecer]. «o problema ser» **De ~** [Fácil/idi Canja]. **Meter a ~**/a sua colherada **onde não é chamado** [Meter-se/Intrometer-se] (prov Entre marido e mulher não metas [se mete] a ~). **Ser pau para toda a ~** [Estar disposto para todo o serviço]. **Comb.** ~ **de chá**/café (Pequena). ~ **de pau** (Para mexer os alimentos durante a sua preparação). ~ **de servir** [de travessa]. ~ **de sopa** (Maior que a de chá; ⇒ concha **3**). **2** O conteúdo de uma ~/Colherada. **Ex.** Tomei uma ~ de xarope para a tosse. Juntou ao preparado uma ~ de farinha, para o engrossar. **3** Nome de vários utensílios semelhantes à ~. **Comb.** ~ de trolha/pedreiro (Pequena pá triangular de aço).

colherada s f (<colher²+-ada) Porção (do) que cabe numa colher. **Ex.** Tirou do frasco uma ~ de geleia. **Idi. Meter uma** [a sua] ~ [Meter a colher/Meter-se onde não é chamado/Intrometer-se]. **Comb.** Às ~s (Ex. Comeu o iogurte às ~s).

colhereiro s m Ornit (<colher²+-eiro) Ave pernalta da família dos Tresquiornitídeos, de bico grande em forma de colher; Platalea ajaja. ⇒ pato trombeteiro.

colheril/m s m (<colher²) Colher pequena us pelos estucadores.

colhida s f (<colher¹ **4**) A(c)ção de o touro atingir o toureiro ou o cavalo, com as hastes/Cornada. **Ex.** O toureiro ficou gravemente ferido com a ~ (inesperada) do touro.

colhimento s m (<colher¹+-i-+mento) A(c)to ou efeito de colher/Colheita(+)/Recolha(o+). ⇒ acolhimento.

coli-¹ pref (<gr kólon,ou: intestino grosso) Exprime a ideia de intestino grosso. ⇒ coli[o]bacilo.

col(i)-² pref (<lat collum,i: pescoço) Exprime a ideia de pescoço. ⇒ colar.

coli[o]bacilo s m Med (<coli¹-+...) Bactéria que existe muitas vezes na água, no leite e em certos alimentos e que vive nos intestinos do homem e dos animais, causando infe(c)ção (Colibacilose), principalmente nas vias urinárias.

colibri (Brí) s m Ornit (<caraíba colibri) Designação de várias aves da família dos troquilídeos, de tamanho reduzido, plumagem de cores vivas e brilhantes, voo muito veloz e bico e língua compridos que lhes permite chupar o néctar das flores; Trochilus. **Sin.** Beija-flor(+); chupa-mel.

cólica s f Med (<lat colica passio: sofrimento dos intestinos; ⇒ coli¹-) **1** Dor violenta no cólon ou em qualquer parte da cavidade abdominal. **Ex.** Contorcia-se com (dores por causa das) ~s na barriga. **Comb.** ~ **hepática** [no fígado]. ~ **intestinal.** ~ **renal. 2** pl fig Aflição/Medo/Apertos/Dificuldades.

cólico, a adj **a)** Relativo ao cólon; ⇒ coli¹-; **b)** Relativo a bílis; ⇒ colélito.

colidir v t/int (<lat collído,dere: bater contra <cum+laedo,ere: ferir) **1** (Fazer) ir de encontro a/Ter uma colisão. **Ex.** O carro colidiu [foi] contra o [foi de encontro ao] muro. Os dois carros colidiram (um contra o outro). **Sin.** Chocar; embater. **2** Ser incompatível/Ser o oposto. **Ex.** Os meus interesses colidem com [vão contra] os dele. As medidas anti-infla(c)cionistas do governo colidem com os interesses dos comerciantes. ⇒ contradizer(-se).

coliforme¹ adj 2g (<coli²-+-forme) Que tem a forma de pescoço.

coliforme² adj 2g/s Med (<coli¹-+-forme) (Relativo a) bacilo encontrado no intestino de homens e animais; Escherichia coli. **Comb.** ~ **fecal** [proveniente de fezes/excrementos].

coligação s f (<lat colligátio,onis: ligação conjunta, encadeamento) **1** A(c)ção ou efeito de coligar/União/Ligação/Asso-ciação. **Comb.** ~ **eleitoral** [para partidos diferentes apresentarem os mesmos candidatos às eleições]. ~ **de interesses.** ~ **de partículas. Governo de** ~ [formado por dois ou mais partidos políticos]. **3** ⇒ confederação; aliança; liga. **4** ⇒ trama; conluio.

coligar v t (<lat cólligo,áre<cum+ligo,áre: ligar, juntar) **1** Unir(-se) para uma finalidade comum. **Loc.** ~ os partidos (políticos) da oposição «para impedir um proje(c)-to de lei muito injusto do governo». «dois países» Coligarem-se para se defenderem melhor. **2** Dar identidade semelhante a/Identificar. **Ex.** A crença em Deus (co)ligava-os dois escritores.

coligir v t (<lat cólligo,ere: colher, juntar) **1** ⇒ cole(c)cionar «moedas/selos». **2** Juntar/Reunir. **Ex.** Já coligi todos os dados para o meu trabalho [a minha tese «de mestrado»]. Os textos das conferências do congresso já foram coligidos. **3** Concluir/Inferir. **Ex.** Das provas disponíveis coligiu [concluiu(+)] que perdera a pista do suspeito.

colimação s f Astr Fís (<colimar **3**+-ção) A(c)to de colimar.

colimador, ora adj/s (colimar+-dor) **1** Fís (Diz-se de) dispositivo para restringir o ângulo sólido de um feixe de radiação de partículas. **2** (Diz-se de) instrumento ó(p)tico com várias lentes, para (se) obter um feixe de raios luminosos paralelos.

colimar v t (<lat collíneo,áre: pôr em linha ou na mira, apontar, endireitar) **1** Observar com colimador. **2** fig Ter em vista/Visar/Pretender. **Ex.** O amor dela, eis o que ele sempre colimara [pretendera(+)]. **3** Fís Astr Tornar paralelos os raios luminosos ou traje(c)tórias das partículas de um feixe.

colina¹ s f (<lat collína,ae: pequeno morro <cóllis: morro, outeiro) Pequena elevação de terreno com declive suave e menos de 50 metros de altitude. **Ex.** Lisboa é conhecida por cidade das sete ~s. **Loc.** Subir à [ao cimo da] ~. ⇒ encosta; subida.

colina² [$C_5H_{14}NO$] s f Quím (<gr kholé: bílis+-ina) Substância constituinte da lecitina, bile, sementes, leite, etc., com uma importante função no metabolismo das gorduras.

colineação s f Geom (<lat *collíneo;*⇒ colimar) Transformação matemática que associa a elementos colineares (Pontos ou linhas) elementos correspondentes num outro plano ou espaço. ⇒ homografia; colimação.

colinear adj 2g/v t Geom (<co-+linear) 1 Diz-se dos pontos que estão sobre a mesma re(c)ta. **Comb.** Planos ~es. Ve(c)tores ~es. 2 Dispor em linha re(c)ta.

colírio s m Med (<gr *kollúrion,ou*) 1 Medicamento tópico aplicado sobre o globo ocular para tratamento de conjuntivite ou para alívio dos olhos. **Ex.** Tinha o olho tão inflamado que teve de aplicar um ~. 2 *Br fam* ⇒ Pessoa «menina» muito bonita.

colisão s f (<lat *collísio,ónis;* ⇒ colidir) 1 Embate entre dois ou mais corpos/Choque/Batida. **Ex.** Havia um grande aparato na estrada devido à ~ de vários automóveis. **Comb.** Em rota de ~ a) Numa dire(c)ção tal que, a manter-se, leva a [provoca] ~ (Comb. Um meteoro em rota de ~ com a Terra); b) Em conflito ou confronto iminente (Ex. Os dois «cônjuges» entraram em rota de ~, (já) só lhes resta a separação). 2 Luta/Conflito/Confronto. **Ex.** Houve uma grande ~ entre as duas fa(c)ções do partido. **Comb.** ~ *de direitos.* ~ *de interesses.* ⇒ dilema; divergência; contrariedade. 3 *Fís* ⇒ choque «entre partículas». 4 *Gram* ⇒ cacofonia.

coliseu s m (<lat *colosséus,a,um* <gr *kolossiaios,a,on*: «estátua» colossal, gigantesco <*kolossos,ou*: colosso) 1 Anfiteatro ou circo de grande tamanho em que, na Antiguidade, se realizavam jogos públicos. **Ex.** O ~ de Roma é o maior circo construído no império romano. 2 ⇒ estádio; ginásio. 3 Grande local de espe(c)táculos fechado. **Comb.** O ~ de Lisboa. ~ dos Recreios (No Porto).

colite s f Med (<cólon+-ite) Inflamação do cólon. **Comb.** ~ cró[ô]nica.

collant(s) [colãs] fr ⇒ meias-calças.

colmar¹ v t (<colmo+-ar) Cobrir de colmo (+) «a cabana».

colmar² v t (<lat *cúmulo,áre:* amontoar, cumular) 1 ⇒ Elevar ao ponto mais alto/Sublimar/Engrandecer. 2 ⇒ Concluir alguma coisa de determinada maneira/Tornar completo/Rematar. **Ex.** Colmou [rematou(+)] a conferência de forma brilhante. 3 Dar a alguém alguma coisa em abundância/Encher/Cumular «de presentes/elogios» (+).

colmatar v t (<it *colmata:* terrapleno <lat *cúmulo,áre,átum*: encher, amontoar) 1 ⇒ Atulhar/Aterrar. 2 Fazer com que terrenos baixos absorvam águas ricas em detritos minerais e orgânicos de inundações. 3 Atenuar os maus efeitos de algo/Resolver qualquer carência.

colmeal s m (<colme(i)a+-al) 1 Lugar ou ajuntamento de colmeias. **Ex.** Conheço um apicultor que tem um ~ muito grande. 2 *fig* Série de casas ou lugar com grande aglomeração de habitações. ⇒ colmeia 3.

colmeeiro, a s (<colme(i)a+-eiro) Cultivador ou negociante de colmeias. **Sin.** Apicultor(+).

colmeia s f (<céltico *kolména*<*kolmos*: palha) 1 Grupo ou coló[ô]nia de abelhas/Enxame(+). 2 Cortiço [Habitação artificial] de abelhas. **Ex.** As ~s são geralmente de vime, madeira ou cortiça. 3 *fig* Casa ou lugar onde vivem muitas pessoas/Cortiço(+). **Ex.** Com avós, filhos e netos são quinze na mesma casa, aquilo é uma ~!

colmo (Côl) s m (<lat *culmus,i*: haste, cana, talo) 1 *Bot* Caule característico das plantas gramíneas «centeio/trigo» e juncáceas «junco/eulália». 2 Palha comprida, especialmente de centeio, depois de malhada e que pode servir para atar feixes, encher colchões ou enxergas, cobrir cabanas, etc.

colo s m (<lat *collum,i*: pescoço) 1 Parte do corpo humano e dos animais que liga a cabeça ao tronco/Pescoço(+). **Comb.** ~ de garça/cisne [Pescoço branco, flexível e elegante de mulher]. ⇒ cachaço. 2 Parte onde alguma coisa se estreita. **Comb.** ~ *da bexiga.* ~ *do fé[ê]mur.* ~ *do útero.* ⇒ gargalo. 3 Peito (e braços/e pernas). **Ex.** O pai pôs a criança ao ~ [pegou/colocou a criança nos braços] e ela parou de chorar. A avó sentou o neto no ~ e contou-lhe uma história. **Loc. Andar com** [Trazer] *(alguém) ao ~* a) Trazer nos braços (Ex. A mãe anda com o bebé/ê ao ~); b) *fig* Proteger [Ter exagerados cuidados com] alguém. **Comb.** Criança de ~ [que ainda não anda]. 4 *Geog* Depressão entre duas elevações numa crista montanhosa, geralmente *us* para passagem de uma vertente para outra.

colobacilo ⇒ colibacilo.

colocação s f (<lat *collocátio,ónis*) 1 A(c)to ou efeito de colocar num [em certo] lugar. **Ex.** Não gostei da ~ do quadro naquela parede. A ~ do vidro na porta foi difícil. 3 Lugar, numa classificação. **Ex.** Naquela prova «de corrida», ele ficou na segunda ~. Obteve uma ó(p)tima ~ na lista dos concorrentes. 4 Emprego/Ocupação/Trabalho. **Ex.** Logo que acabou o curso, conseguiu ~ num banco da sua cidade. 5 Venda/Distribuição. **Ex.** Não foi feliz na ~ [venda] dos [Vendeu poucos] brinquedos na época do Natal. A ~ [distribuição] da nova marca no mercado sofreu um atraso. 6 Aplicação (De valores, títulos, etc.). 7 *Br* ⇒ Apresentação(+) «de um problema ou fa(c)to»/Exposição(+) «de uma tese ou ideia».

colocar v t/int (<lat *cólloco,áre:* dar lugar a qualquer coisa, pôr no seu lugar) 1 Pôr em algum lugar, situação ou posição). **Ex.** O empregado [livreiro] colocou os produtos nas prateleiras [livros nas estantes]. Antes de sair, colocou o chapéu na cabeça [pôs o chapéu]. Colocaram os quadros na parede. Temos de ~ [pôr] os selos nas cartas. Os alunos já aprenderam a ~ acentos nas [a acentuar as] palavras. «aquele mal-educado» Colocou[Virou/Pôs]-se de costas para nós. **Loc.** ~ *o dever acima de tudo* [Primeiro (está) o dever!]. «saber» ~*-se bem* [Ficar/Estar em boa posição] «no campo de futebol». ~ [Pôr] *tudo em ordem* no [Arrumar o(+)] quarto. *Deixar o amigo* [filho/súbdito] *mal colocado* [em má situação/sem saber como agir]. 2 Conseguir emprego/Empregar. **Ex.** Colocou vários amigos a trabalhar consigo [com ele]. Os médicos (que forem) colocados na província [no interior] auferem [recebem] subsídios. 3 ~*-se*/Atingir determinada posição. **Ex.** Na competição, «o corredor» colocou-se [ficou] em primeiro lugar. 4 Vender/Distribuir/Escoar. **Ex.** A fábrica de calçado já não consegue vender [~ os seus artigos (no mercado)]. 5 Investir/Aplicar. **Ex.** Coloquei as minhas economias em a(c)ções. Colocou [Investiu] parte do (seu) ordenado na Bolsa. 6 Trazer à baila/Propor. **Ex.** Nas aulas, costumava ~ [fazer(+)] muitas perguntas. **Loc.** ~ [Apresentar/Expor/Propor] habilmente um assunto. 7 *Ang* Obrigar a render-se/Dominar alguém com uma arma. **Ex.** Uns bandidos do musseque colocaram [dominaram]-me ontem à noite.

colódio s m Quím (<gr *kollódes*: colante, aglutinante) Solução viscosa de nitrocelulose em álcool e éter *us* em medicina (Cobertura de feridas) e fotogravura.

colofão s m (<gr *kolophón,ônos*: cumeeira «da casa», acabamento) Nos manuscritos medievais, nota final que fornece referências sobre a obra e indicações relativas à sua autoria, transcrição, impressão, lugar e data da sua execução/Nos livros a(c)tuais, inscrição final onde o tipógrafo indica a data e o lugar da realização da obra.

colofónia [*Br* colofônia] s f Quím (<gr *kolophonía*: resina <Kolophón, cidade da Jó[ô]nia (Ásia Menor), de onde veio este produto) Substância resinosa, dura, frágil, insolúvel na água, de cor amarela ou castanha, obtida como resíduo de destilação da terebentina e de resinas brutas segregadas por pinheiros e outras coníferas e *us*, especialmente, na produção de óleo de resina. **Sin.** Breu(+); pez louro.

cologaritmo s m Mat [= co-logaritmo] Logaritmo do inverso do número dado.

coloidal adj 2g (<coloide+-al) Relativo a coloide. **Comb.** Estado ~. Substância ~.

coloide (Lói) adj 2g/s m (<cola+-oide) (O) que é semelhante à cola de gelatina/Coloidal. **Ant.** Cristaloide.

Colômbia s f Geog República da ~. **Ex.** A capital da ~ é Bogotá e os seus habitantes são os colombianos.

cólon s m Anat (<gr *kólon,ou*: alimento, intestino grosso) Parte média e quase total do intestino grosso entre o ceg[c]o e o re(c)to. **Ex.** O ~ divide-se em ascendente, transverso e descendente.

colonato s m (<lat *colonátus,us*) Estado, condição, instituição, conjunto ou sistema de colonos. ⇒ coló[ô]nia.

colónia [*Br* colônia] s f (<lat *colónia,ae*: exploração ou propriedade agrícola; ⇒ água-de-~) 1 Conjunto de pessoas originárias do mesmo país ou lugar e que se fixam noutro. **Ex.** No séc. XIX, estabeleceu-se no Porto uma ~ inglesa. **Comb.** *Hist* As ~s *gregas* que se fixaram ao longo do Mediterrâneo e em Lisboa. *A ~ portuguesa* [brasileira/japonesa] *em França. A ~ paraibana de S. Paulo.* 2 Local onde se estabelecem essas pessoas com determinado fim. **Comb.** ~ *agrícola* [Terra dividida em lotes para ser explorada e habitada]. ~ *de povoamento* [Grupo povoador/Povoação]. 3 *Hist* Território subordinado em tudo a outro país. **Comb.** As antigas ~s de Portugal. 4 Local para a(c)tividades mais ou menos duradouras. **Comb.** ~ *balnear* [à beira-mar para nadar]. ~ *de férias* «na montanha/praia». ~ *de pesca* [Associação legal de pescadores]. 5 *Zool* Agrupamento de seres vivos intimamente ligados. **Comb.** ~ *de abelhas* [Enxame/Colmeia]. ~ *de formigas* [Formigueiro]. ~ *de morcegos.* ~s *de protozoários* «corais».

colonial adj/s 2g (<coló[ô]nia+-al) 1 Relativo ou pertencente à coló[ô]nia ou a colonos. **Comb.** O ~ [estilo artístico do período ~] *brasileiro. Arquite(c)tura* [Móvel/Igreja] (de estilo) ~. *Br Telha* ~ [de meia-cana]. *Territórios* ~*ais.* 2 ⇒ Especialista em assuntos relativos às coló[ô]nias.

colonialismo s m Hist (<colonial+-ismo; ⇒ colonização) Forma de domínio exercido por um país colonizador sobre um território que é colonizado. **Ex.** O ~ português terminou em 1974.

colonialista adj/s 2g (<colonial+-ista) Relativo ao colonialismo. **Comb. *Mentalidade*** [Maneira de pensar] ~. ***Política*** ~. ⇒ colonizador.

colonização *s f* (<colonizar+-ção) A(c)ção de administrar e povoar com colonos (parte de) um território. **Comb.** A ~ *forçada* «de uma tribo indígena». *Hist* A ~ *grega* do Mediterrâneo. **Ant.** Descolonização. ⇒ colonialismo.

colonizador, ora *adj/s* (<colonizar+-dor) (O) que coloniza. **Ex.** Por todo o mundo existiram ~es (Fenícios, gregos, romanos, portugueses, espanhóis, ...). ⇒ colonialista.

colonizar *v t* (<coló[ô]nia+-izar) **1** Um país administrar, sobretudo em proveito próprio, um território estrangeiro. **Ex.** Os ingleses colonizaram a Índia. **2** Habitar como colonos. **Ex.** Algumas terras da Amazó[ô]nia foram colonizadas por japoneses.

colono *s m* (<lat *colónus,i*: cultivador, agricultor, lavrador, caseiro de um sítio) **1** Membro de uma coló[ô]nia/Colonizador/Povoador. **Comb.** Os primeiros ~s «da Amazó[ô]nia». ⇒ caseiro; rendeiro.

colonoscopia *s f Med* (<cólon+-scopia) Exame visual do intestino grosso realizado com colonoscópio.

colonoscópio *s m Med* (<cólon+-scópio) Instrumento que consiste num tubo flexível e espelho que se introduz pelo ânus.

colonostomia ⇒ colostomia.

coloquial *adj 2g/s m* (<colóquio+-al) **1** Relativo a colóquio. **2** Próprio do discurso oral/Que é *us* em conversa. **Ex.** O texto estava escrito num tom demasiado ~. O estilo ~ deste autor agrada-me. **Comb.** Expressão [Frase] ~. **Ant.** Literário. ⇒ familiar; infantil; gíria.

coloquialismo *s m Ling* (<coloquial+-ismo) Palavra [Característica do que é] coloquial.

colóquio *s m* (<lat *collóquium,ii*) **1** Conversa(ção) entre duas ou mais pessoas. **Ex.** Em amigável ~, discutiram (o assunto d)a divisão do terreno. **2** Debate entre várias pessoas sobre assunto de especialidade. **Ex.** O ~ sobre literatura para crianças foi muito proveitoso. Na Fundação Calouste Gulbenkian (Em Lisboa), decorrem, ao longo do ano, ~s [encontros] sobre os mais variados temas. **Sin.** Seminário. ⇒ congresso; fórum.

coloração *s f* (<colorar+-ção) A(c)to ou efeito de colorar. **Ex.** A ~ [O colorido/A cor] das folhas no outono parece magia. A ~ do teu cabelo nesse tom ficou maravilhosa! Os camaleões possuem uma ~ prote(c)tora que lhes permite confundirem-se com o ambiente. **Sin.** Cor; colorido.

colorante *adj/s 2g* (<colorar+-ante) ⇒ corante.

colorar *v t* (<lat *colóro,áre*: dar cor) ⇒ colorir.

colorau *s m Cul* (<esp *colora(d)o*) Pó de cor avermelhada, preparado com pimentão, que é empregue como condimento e corante. **Ex.** Gostava muito de ~ na comida. Temperava a carne com ~.

colorido, a *s/adj* (<colorir) **1** Que se coloriu/A cores/Efeito das cores. **Ex.** O desenho ficou mais bonito depois de (ser) ~. Os sofás da sala eram bastante ~. O ~ das faces denunciou [mostrou/provou/revelou] o embaraço em que ficou. O ~ do quadro sobressaía na parede branca. **Comb.** *Foto(grafia)* ~a [a cores]. *Vidro* ~. **2** Cheio de imagens/Vivo/Brilhante/Pitoresco. **Ex.** Descreveu a cena com muito ~ [muita vida/graça]. **Comb.** *Estilo* ~ [cheio de imagens]. *Linguagem* ~a [viva/engraçada/pitoresca]. **3** *Arte* Conjunto ou combinação das cores *us* numa obra. **Comb.** ~ sólido [forte/vivo].

colorimetria *s f Fís* (<cor+-metria) Medição pela cor/Análise quantitativa baseada na comparação da cor de uma solução com a cor de outras de concentração conhecida e tomadas como padrão/Cromometria.

colorir *v t* (<lat *color*: cor+-ir) **1** Dar cor/Pintar. **Ex.** O menino entreteve-se a ~ [pintar] os desenhos do livro. **2** *fig* Tornar mais belo/alegre/Enfeitar. **Ex.** *fig* Com a chegada [vinda] da primavera, o jardim coloriu-se de mil matizes. As luzes coloriam a árvore de Natal. Coloria habilmente os seus discursos. Coloria as histórias com pormenores interessantes. Era um escritor hábil em ~ as descrições que fazia das personagens. **3** «o rosto» ⇒ corar. **4** *Iron* Disfarçar/Camuflar. **Loc.** ~ a falta.

colorizar *v t* ⇒ colorir.

colossal *adj 2g* (<colosso+-al) **1** Muito grande/Descomunal/Gigantesco. **Ex.** Um edifício com uma altura ~ «de mais de cem metros». O tamanho ~ das estátuas egípcias. **2** Extraordinário/Prodigioso/Espantoso. **Ex.** Apesar de pequeno, «o meu filho» tem uma força ~. **Comb.** Bravura ~. Riqueza [Fortuna] ~.

colosso (Ôsso) *s m* (<gr *kolossós,ou*: estátua maior que o natural) **1** Estátua ou outra coisa de proporções gigantescas. **Ex.** O ~ de Rodes representava Hélios, o deus do Sol. O monte Fuji (Japão) é um ~ (de monte) [é colossal]! **2** *fig* O que tem grande poder ou qualidade. **Ex.** O Japão é um ~ econó[ô]mico. Miguel Torga é um dos ~s [grandes vultos (+)] da literatura portuguesa. Aquele concerto foi um ~ [foi colossal/extraordinário(+)/maravilhoso(+)]! **3** *Br* ⇒ Grande quantidade ou número.

colo(no)stomia *s f* (<cólon+gr *stoma*: boca) Abertura cirúrgica no cólon, para «temporariamente» criar um ânus artificial.

colostro (Ôs) *s m Med* (<lat *colostrum,i*) Primeiro leite de parturiente rico em anticorpos mas pobre em lactose e gorduras.

colpite/colposcopia/colpotomia *s f Med* ⇒ vaginite/vaginoscopia/vaginotomia.

colquicina [$C_{22}H_{25}NO_6$] *s f* (<cólquico+-ina) Alcaloide extraído da semente do cólquico e *us* como analgésico «no tratamento da gota».

cólquico *s m Bot* (<gr *kolkhikón,ou*) **1** Plantas da família das colquicáceas, *us* como ornamentais e para a obtenção de colquicina; *Colchicum*. **2** *Med* Tintura feita dos colmos e sementes dessas plantas.

colubrear *v int* ⇒ Movimentar-se como as cobras/Colear(+)/Serpentear(o+).

colubrídeo, a *adj Zool* (<lat *cóluber,bri* ou *cólubra,ae*: cobra) Espécime dos ~s ou ofídios, a que pertencem as cobras.

colubrino, a *adj* (<lat *colubrínus,a,um*: de cobra) **1** Da cobra. **2** Em forma de [Semelhante à] cobra. **Comb.** Coluna ~a [salomó[ô]nica(+)/em espiral].

columbário *s m* (<lat *columbárium,ii*: pombal ou construção com nichos para urnas <*colúmba,ae*: pomba) **1** ⇒ pombal. **2** *Hist* Sepulcro subterrâneo, com pequenos nichos. **Comb.** ~ das catacumbas «de Roma».

columbicultura *s f* (<lat *columba/us*: pomba/o +...) Criação de pombas/os. ⇒ columbofilia.

columbídeo, a *ad/sj Ornit* (<lat *colúmbus,i*: pombo+-ídeo) (Espécime) dos ~s, família e ordem (Columbina) a que pertencem as pombas e as rolas.

columbino, a *adj* (<lat *columbínus,a,um*: de pombo/a) **1** De pomba. **2** *fig* ⇒ inocente; simples; cândido.

columbofilia *s f* (<lat *columbus,i*: pombo +-filia) Arte de criar e adestrar pombos-correio. **Ex.** Dedicou-se de alma e coração à ~ e já criou vários pombos-correio campeões. ⇒ columbicultura.

columbófilo, a *adj/s* (⇒ columbofilia) (O) que se dedica à criação e adestramento de pombos-correio. **Ex.** Está inscrito numa sociedade ~a.

coluna *s f* (<lat *colúmna,ae*: coluna; ou <lat *cólumen,minis*: alto, cume «do telhado») **1** *Arquit* Suporte vertical de edificações e monumentos. **Ex.** Uma parte do edifício assenta em ~s. **Comb.** ~ comemorativa «de Trajano, em Roma». [Monumento colunar]. **2** Qualquer coisa que lembre [seja parecida a/com] uma ~. **Comb.** ~ *barométrica* [Tubo de vidro com números do baró[ô]metro de mercúrio]. ~ [Fila] *de elefantes*. ~ *de fogo*. ~ *de fumo*. ~ *de jornal*. ~ [Lista] *de números*. ~ [Fila] *de peregrinos* «a caminho de Fátima». ~ [Formatura/Destacamento] *militar*/de soldados. *Anat* ~ *vertebral* [dorsal] (dos vertebrados). ~s *de Hércules* [As duas montanhas do Estreito de Gibraltar]. **3** *fig* Sustentáculo/Arrimo/Apoio/Esteio/Pilar/Sustento. **Ex.** O pai morreu num [de] acidente, e o filho Carlos é agora a ~ [o pilar(+)] da família. Este bispo é uma das ~s da Igreja no Brasil. **Comb.** Quinta ~ [Apoiantes clandestinos na guerra]. **4** *Mec* Em prédios de vários andares [pisos], conduta principal de água, ele(c)tricidade ou gás à qual se ligam as condutas de cada andar.

colunar *adj 2g/ v t* (<lat *columnáris,e*) **1** Que é [tem forma de] coluna. **Comb.** Monumento ~ [Coluna comemorativa]. **2** Dispor em colunas/filas. **3** Dar forma de coluna a.

colunário, a *adj* (<lat *columnárius,a,um*: com colunas) «moeda» Com representação de colunas.

colunata *s f Arquit* (<lat *columnátus,a,um*) Série de colunas dispostas simetricamente para adornar um edifício. **Comb.** A ~ da praça de S. Pedro, em Roma.

colunável *adj/s 2g* (<coluna+-vel) (O) que pode figurar nas colunas sociais da imprensa. **Ex.** A maior parte do público lê algumas revistas para acompanhar as figuras públicas colunáveis.

colunelo (Né) *s m Arquit* (<coluna) **1** Pequena coluna «gótica/medieval» que apresenta um fuste largo/Coluneta. **2** Marco de pedra.

coluneta (Nê) *s f* (<coluna+-eta) Coluna pequena/Colunelo **1**.

colunista *adj/s 2g* (<coluna+-ista) Jornalista ou colaborador que tem a seu cargo a reda(c)ção de uma coluna [se(c)ção/página] de jornal. ⇒ comentarista; cronista.

colusão *s f Dir* (<lat *collúsio,ónis*: conluio <*collúdo*: brincar com) Acordo entre partes para enganar (o juiz) e prejudicar terceiros/Conluio.

colutório *s m Med* (<lat *cólluo,úere,útum, úere*: lavar bem, fazer gargarejos) Líquido medicamentoso *us* para gargarejos, higiene da boca ou tratamento das gengivas.

com *prep* (<lat *cum*) **1** Em companhia de/Em concordância. **Ex.** Ele tem [está ~] clientes no escritório. Estou [Concordo] ~ o poeta (João de Deus) quando fala da vida *como fumo que se esvai/desfaz/desaparece*. **Loc.** *Ir* [Sair] ~ *os filhos* «a passear». *Levantar-se* (da cama) ~ *a aurora*. *Viver* ~ *os* [na companhia dos] *pais*. ⇒ comigo; consigo; con(n)osco. **2** Junto/Juntamente/Simultaneamente/Ao mesmo tempo. **Ex.** As preocupações [dificuldades] vieram ~ o desaparecimento do marido. Fiquei triste, vendo [~ ver/ao ver] tanta miséria/pobreza! **Comb.** «prato de» *Arroz* ~ [e] *feijão*. «gosto de» *Café* ~ *leite*. *Homem* ~ [de] *vistas largas*. **3** «indicando» Modo/Maneira/

Estado/Situação. **Ex.** «foi ele o ladrão» ~ certeza [Certamente]! «ou você se cala ou eu não sei que lhe faço!» ~ a breca [~ os/ Co'os diabos]! Correu a [para] dar a notícia, (~) o coração aos pulos. **Loc.** Chegar atrasado [~ «duas horas de» atraso]. *Estar ~ fome* [sono/dores/raiva]. **Comb.** *Casa ~* [que tem] *vista para o mar. Mesa ~ flores. Professor ~* [de] *gravata*. 4 Meio/Instrumento/Matéria. **Ex.** ~ o (passar do) tempo, a doença [ferida] curou. Eu fiz o que pude para o ajudar, agora é ~ ele [agora tudo depende dele]. **Loc.** Cortar o pão à [~ a] faca. Pintar as janelas e as portas ~ tinta branca. 5 «indicando» Causa/Razão/ Motivo/Culpa. **Ex.** Entrou na loja para [~ o intuito/a intenção de] roubar. Ficou alegre ~ [ao ouvir/saber] a notícia. **Loc.** Morrer ~ [à(o+)/de(+)] fome. 6 «indicando» Relação/ Relativamente. **Ex.** ~ ela nunca se sabe o que fazer [Ela é imprevisível/difícil/complicada]. **Loc.** Conversar ~ os vizinhos. Lutar ~ [contra] o adversário. **Comb.** *Caridoso* (para) *~ os pobres. Conflituoso ~ toda a gente.* Parecido ao [~ o (+)] pai. 7 Apesar de/Embora. **Ex.** ~ [Apesar de ter/ receber] um salário de 3 000 € (ainda) não está satisfeito! A casa dele ~ [apesar de] ser pequena, está sempre aberta a toda a gente. 8 *Gram* Obje(c)to. **Ex.** Todos devemos cumprir (~) as nossas obrigações. Se a fruta está estragada, lixo ~ ela [deite-a fora/jogue-a no lixo]!

com- *pref* (<lat *cum*: com) ⇒ co-.

coma¹ s m Med (<gr *kôma,atos*: sono profundo) 1 Estado de inconsciência, com diferentes graus de gravidade. **Ex.** Devido ao acidente, entrou em ~ profundo. **Loc.** Estar em ~. Sair do ~. **Comb.** Estado de ~. 2 *fig* ⇒ Insensibilidade/Indiferença/Apatia.

coma² s f (<gr *kómma,atos*: o que está cortado, um inciso ou pedaço) 1 *Gram* ⇒ vírgula. 2 *pl* ⇒ aspas. 3 *Mús* Nona parte de um tom ou a diferença real que existe entre o meio tom maior e o menor.

coma³ s f (<gr *kóme,es*) 1 Cabelo abundante e comprido. **Sin.** Cabeleira(+). **Comb.** ~ [Copa(+)] *das árvores.* ~ [Crina(+)] *do cavalo.* ~ [Juba(+)] *do leão.* 2 *Astr* Nuvem luminosa de gás e poeira dos cometas. 3 *Fís* Aberração de uma lente na qual a imagem de um ponto fora do eixo apresenta o aspe(c)to de um cometa.

comado, a *adj* (<coma¹+-ado) 1 Que tem coma/cabeleira. 2 Frondoso.

comadre s f (<lat *commáter,átris*) 1 Madrinha em relação aos pais e ao padrinho do afilhado. 2 Mãe duma pessoa em relação à madrinha e ao padrinho dessa pessoa. 3 Mãe duma pessoa em relação aos sogros dessa pessoa. **Ex.** A minha ~, sogra do meu filho mais novo, é muito simpática e prestável. 4 *pop fig* Amiga/Vizinha/ Companheira. **Ex.** Ó ~, conte-me (lá) o que aconteceu à sua filha; por que (é que) está tão chorosa? **Prov.** *Zangam-se as ~s, descobrem-se as verdades* [Quando as amig(uinh)as se zangam já não guardam os segredos/as confidências]. **Comb.** Quinta-feira das ~s [Quinta-feira que precede o dia de Entrudo/Carnaval]. ⇒ compadre.

comadresco, a (Drês) *adj* (<comadre 4+- esco) De [Relativo a] comadre. **Comb.** Histórias [Ditos] ~as/os.

comadrice s f (<comadre 4+-ice) Coisa de comadres/Intriga/Mexerico.

comanche *adj/s* 2g (<asteca *komántxi* <*kópa*: topo da cabeça + *mántxi*: tufo de cabelo amarrado) 1 Relativo aos ~s. 2 Membro do povo ~. 3 s m pl Indígenas nó[ô]madas/es da América do Norte que viviam no Wyoming e a(c)tualmente se encontram numa reserva no Oklahoma.

comandante s 2g (<comandar+-ante) (O) que comanda/dá ordens a subordinados. **Comb.** *~ duma corporação* de bombeiros voluntários. *~ duma expedição.* 2 *Mil* Oficial de qualquer patente [posto/ grau] quando exerce funções de comando. **Comb.** *~ de batalhão. ~ de quartel.* 3 *Aer/Náut* Título que se dá ao oficial que comanda um avião/navio.

comandante-(em-)chefe s 2g Comandante-supremo.

comandar v t (<fr *commander*) 1 Exercer o comando/Dirigir uma a(c)ção/um movimento/Chefiar. **Ex.** Um sindicalista, à frente da marcha, comandava a manifestação. Muitas vezes é a mãe que comanda a economia da casa. 2 *Aer/Mil/Náut* Exercer as funções de comandante. **Loc.** *~* [Pilotar(+)] *um avião. ~ um exército* [uma esquadra]. 3 Exercer o controlo/e/ Manter na dependência/Dominar(+). **Loc.** ~ os impulsos/instintos. 4 Fazer funcionar um mecanismo/A(c)cionar um comando. **Loc.** ~ à distância [Fazer funcionar «ligar/ desligar» um aparelho «portão/televisão» à distância por meio de um botão ou dispositivo próprio (Telecomando)].

comandita s f (<fr *commandite* <it *accomandita*: custódia, tutela) 1 *Econ* Forma de sociedade comercial em que há um ou mais sócios com responsabilidade solidária ilimitada e outro(s) sócio(s) capitalista(s) só responsáveis até à importância do capital que subscreveram. **Comb.** Sociedade em ~. 2 *col depr* Grupo de pessoas cujo comportamento é suspeito/duvidoso. **Ex.** Passou aí, rua abaixo, uma ~ de rapazes em grande algazarra, não iam fazer coisa boa!

comanditado, a s *Econ* (<comanditar+ -ado) Sócio de sociedade em comandita que intervém na administração com responsabilidade ilimitada e solidária.

comanditar v t *Econ* (<comandita+-ar¹) Encarregar alguém da administração dos fundos duma sociedade em comandita.

comanditário, a s *Econ* (<fr *commanditaire*) Sócio duma sociedade em comandita responsável apenas até ao limite do capital com que entrou na sociedade e que não intervém na administração.

comando s m (<comandar) 1 A(c)to ou efeito de comandar/Dire(c)ção/Governo. **Ex.** A equipa/e «de futebol», sob o ~ do a(c)tual treinador, nunca perdeu. 2 *Mil* A(c)ção de dirigir uma força militar. **Loc.** Assumir o ~ das tropas. **Comb.** *Voz de ~* [Ordem transmitida em frente da tropa, com voz forte e distinta pelo respe(c)tivo chefe militar «Companhia! Em frente, marche!». *Náut Ponte de ~* [Pavimento de onde o navio é dirigido]. 3 Lugar «gabinete» onde o comandante exerce as suas funções. **Loc.** Levar o correio ao ~. **Comb.** Posto de ~. 4 *Mil* Elemento de uma formação militar de intervenção rápida em missões arriscadas. **Ex.** Para as funções de "segurança" só admitiam quem na tropa tivesse sido ~. 5 Dispositivo que a(c)ciona um aparelho ou mecanismo. **Comb.** ~ «da televisão» *à distância* [Telecomando]. *Botão de ~.* 6 *Info* Instrução dada ao computador para executar qualquer tarefa.

comarca s f (<com+marca) 1 Circunscrição básica da divisão judicial do País. 2 Sede de um tribunal comum de jurisdição plena (Tribunal de 1.ª instância).

comarcão, ã *adj* (<comarca+-ão) 1 Relativo à comarca. 2 Confinante/Limítrofe.

comas s f pl (< gr *kómma,atos*: fragmento) ⇒ aspas.

comatoso, a (Ôso, Ósa, Ósos) *adj* (<coma 1+-oso) Relativo a coma. **Comb.** Estado ~.

comba s f (< fr *combe*) Vale que se alonga entre montanhas que o rodeiam.

combalido, a *adj* (<combalir+-ido) 1 Fraco/ Abalado/Enfraquecido. **Ex.** A doença deixou-o ~. 2 Afe(c)tado/Perturbado/Entristecido. **Loc.** Ficar ~ «com uma má notícia».

combalir v t (< ?) 1 Tornar(-se) fraco/ Abalar(-se)/Enfraquecer(-se). **Ex.** A gripe combaliu-me muito. 2 Abater psicologicamente. **Ex.** O desaparecimento da criança combaliu toda a família. 3 Tornar menos firme/Diminuir a solidez. **Ex.** O terramoto combaliu muitos edifícios da cidade.

combate s m (<combater) 1 Luta entre exércitos ou entre adversários armados/ Batalha/Peleja. **Ex.** Há ~s nas ruas entre grupos de revolucionários e as forças da ordem. **Comb.** *Carro de ~. Fora de ~* [Sem condições para continuar a lutar/Vencido/ Derrotado]. 2 *(D)esp* Confronto físico entre atletas de forma organizada. **Comb.** ~ de boxe [luta livre]. 3 Luta(+) entre animais treinados para esse efeito. **Comb.** ~ de galos «em Timor». ~ [Luta(+)/Chegada(o+)] de touros. 4 *fig* Confronto verbal entre pessoas com opiniões ou ideais diferentes/Discussão/Debate. **Comb.** ~ político «entre deputados de partidos diferentes». 5 *fig* A(c)ção concertada em defesa duma causa ou contra uma situação. **Comb.** *~ à droga. ~ pela liberdade.*

combatente s/adj 2g (<combater+-ente) (O) que combate. **Comb.** *~ da 1.ª Grande Guerra Mundial. ~ político* «antifascista».

combater v t/int (< lat *combáttere* <*combattúere*) 1 Travar combate/Entrar em luta/ Fazer a guerra. **Ex.** Enquanto o rei combatia [andava na guerra], a rainha rezava para que ele regressasse são e salvo. Os portugueses combateram os mouros e expulsaram-nos de várias cidades "Leiria/ Santarém/Lisboa". 2 Opor-se a/Ser contra. **Loc.** ~ a ditadura [as ideologias totalitárias]. 3 Tentar debelar/suprimir/vencer/ extinguir. **Loc.** *~ a doença. ~ um incêndio.* 4 Contestar/Debater/Refutar. **Loc.** ~ os argumentos «do advogado opositor».

combatível *adj* 2g (<combater+-vel) 1 Que pode ser combatido. **Comb.** Doença ~/ curável. 2 Contestável(+)/Discutível(+). **Comb.** Opinião ~.

combatividade s f (<combatível+-i-+-dade) 1 Qualidade do que é combativo. **Ex.** A equipa/e venceu graças à ~ dos seus jogadores. 2 Tendência para combater/para não se deixar vencer pelas dificuldades. **Comb.** Empresário de grande ~/espírito combativo.

combativo, a *adj* (<combater+-ivo) 1 Que tem tendência para combater/Lutador(+). **Comb.** Jogador «de futebol» ~. 2 Fogoso/ Belicoso/Arrebatado.

combinação s f (<lat *combinátio,ónis*) 1 A(c)to ou efeito de combinar(-se). 2 Reunião de coisas segundo determinada ordem/Arranjo/Disposição. **Ex.** *Amor* tem as mesmas letras de *Roma*, mas outra ~. 3 Conjugação para obter determinado efeito/Ajuste/Harmonização. **Comb.** ~ de cores «num desenho/no vestuário». 4 Pacto entre duas ou mais pessoas/Acordo/ Plano. **Ex.** A ~ dos generais para derrubar o governo, falhou [não resultou]. 5 *Mat pl* Número de grupos de *p* elementos distintos, de um conjunto com *n* elementos, tomados *p* a *p*. **Ex.** Num torneio de pin-

gue-pongue disputado por cinco pessoas, há dez ~ões de pares distintos para efe(c)tuar os jogos. **6** *Quím* União de átomos ou moléculas para formar um composto/Composto formado por essa união. **Ex.** Da ~ do cloro com o sódio resulta o cloreto de sódio. **7** Peça de roupa interior feminina, com alças, geralmente de tecido leve/*Br* Camisola. **Sin.** Camisa de dormir.

combinado, a *adj/s m* (<combinar+-ado) **1** (O) que se combinou/ajustou/Acordado. **Ex.** Não foi isso o ~ [o que se combinou]! **Comb.** «só pago o» *Preço* ~. *Serviço* «de transportes» ~ «entre o *metro* e o comboio». **2** Que está unido/ligado. **Comb.** *Cul Prato* ~ [Refeição rápida e ligeira «rissóis/salsichas/salada» servida num snack-bar]. *Quím Substâncias* ~*as* [cujos átomos estão ligados quimicamente]. **3** Agrupado por certa ordem/Harmonioso. **Comb.** Cores ~as. Peças de vestuário (bem) ~as. **4** *s m* Conjunto vertical de frigorífico e congelador em compartimentos separados.

combinador, ora *adj/s* (< combinar+-dor) (O) que combina.

combinar *v t* (<lat *combináre* <*cum+bini*: unir) dois a dois) **1** Fazer combinação/Juntar de forma ordenada. **Ex.** Comprei uma blusa bege que combina bem com a saia castanha. Esses cortinados não combinam com os sofás. A salada «de alface» combina com a maioria dos pratos cozinhados. **2** *Quím* Juntar duas substâncias para formar um composto/Reagir com. **Ex.** O ferro combina-se com o oxigé[ê]nio do ar e forma óxido de ferro (Ferrugem). **3** Misturar uma substância com outra(s) para obter um produto com características diferentes. **Loc.** ~ «tinta/guache» azul com amarelo para dar verde. **4** Possuir simultaneamente duas ou mais características. **Ex.** «um cientista que» Combina uma enorme sabedoria com a simplicidade de uma criança. **5** Fazer um acordo/Entrar em combinação. **Ex.** Não posso ir contigo «às compras»; já combinei ir ao cinema com os amigos.

combinatório, a *adj/s f* (<combinar+-tório) **1** Relativo a combinações. **Comb.** *Mat* Análise ~a. **2** *s f* Sequência de palavras (sem verbo e, consequentemente, sem sujeito).

combinável *adj 2g* (<combinar+-vel) Que se pode combinar.

comboiar *v t* (<comboio+-ar¹) **1** Transportar em [formando] comboio. **Loc.** ~ as tropas [um regimento] para o teatro de operações. **2** Acompanhar com o fim de proteger/Escoltar.

comboieiro, a *adj/s* (<comboio+-eiro) **1** (O) que guia ou escolta comboios. **2** Navio que faz a escolta a outros navios.

comboio [*Br* trem] *s m* (<fr *convoi*) **1** Meio de transporte constituído por carruagens atreladas umas às outras, rebocadas por uma locomotiva, que se desloca sobre carris. **Idi.** *Apanhar o* ~ [Aproveitar uma oportunidade/Participar numa a(c)ção já iniciada para colher benefícios] (Ex. Filiou-se à pressa no partido na mira de apanhar o ~ para conseguir um emprego). *Não ir em* ~*s* [Não se deixar levar/Não ir a reboque de ninguém]. *Ver passar os* ~*s* [Ficar indiferente/Não ter o sentido da oportunidade/do momento de agir]. **Comb.** ~ *de mercadorias* [que transporta apenas carga]. ~ *de passageiros* [que faz o transporte cole(c)tivo de pessoas]. ~ *expresso* [que só para em algumas estações]. ~ *pendular* [que tem uma suspensão oscilante que o torna mais confortável e seguro]. ~ *TGV* [de grande velocidade (*Train à Grande Vitesse*) capaz de circular a uma velocidade de cerca de 300 km/h]. **2** Fila de navios carregados e escoltados por embarcações de guerra. **3** Conjunto organizado de pessoas, coisas ou animais que, seguindo determinado percurso, se assemelham a um ~. **Ex.** Um ~ de gente seguia atrás do cortejo nupcial do príncipe herdeiro «de Inglaterra». **Comb.** Um ~ de casas. **4** Coluna de viaturas que transportam pessoas «militares» e material «munições/mantimentos», geralmente escoltada por forças militares. **5** Conjunto de carros de transporte, carregados, que seguem juntos para o mesmo destino. **Comb.** ~ de dezenas de cami(nh)ões carregados com estilha [aparas] de madeira para uma fábrica de celulose.

comboio-correio *s m* Comboio que transporta correspondência postal.

comborça (Bó) *s f* (<céltico *combortia*) Amante de homem casado/Concubina/Barregã.

comborçaria *s f* (<comborça+-aria) ⇒ concubinato.

comborço (Bô) *s m* (<comborça) Amante de mulher casada.

combretáceo, a *adj/s f pl Bot* (<combreto+-áceo) (Diz-se de) família de plantas lenhosas dicotiledó[ô]neas, geralmente trepadoras, das regiões tropicais e subtropicais.

combreto (Brê) *s m Bot* (<lat *combretum,i*: junco) **1** Planta da família das combretáceas com propriedades medicinais. **2** Tintura preparada com extra(c)to dessa planta.

combro *s m* (<lat *cúmulus,i*) ⇒ cômoro.

comburência *s f* (<lat *comburentius,a,um*) Qualidade de comburente.

comburente *s/adj 2g* (<lat *combúrens,éntis*) Substância que permite a combustão no seu seio e nela participa juntamente com o combustível. **Ex.** O oxigé[ê]nio é o ~ da maior parte das combustões. O ar é um ~ de fraca qualidade devido à reduzida percentagem de oxigé[ê]nio e à forte presença de azoto, que é inerte.

comburido, a *adj* (<comburir+-ido) Queimado/Assado «pelo calor».

comburir *v t* (<lat *combúro,ere,ússi,ústum*) Queimar/Combustar.

combustão *s f* (<lat *combústio,ónis*) **1** A(c)to ou efeito de queimar/arder. **Loc.** *Entrar em* ~. **2** *Quím* Rea(c)ção química acompanhada de libertação de calor (~ lenta) e (também) de luz (~ viva). **Ex.** Para que uma ~ se realize é necessário que estejam em presença um combustível «gasolina/madeira» e um comburente «oxigé[ê]nio/cloro». ⇒ motor de combustão. **3** *fig* Alvoroço/Rebuliço/Balbúrdia. **Sin.** Polvorosa.

combustar *v t* ⇒ queimar.

combustibilidade *s f* (<combustível+-i-+ -dade) Propriedade do que é combustível.

combustível *s m/adj 2g* (<fr *combustible*) **1** (O) que arde/alimenta a combustão/o fogo. **Ex.** A madeira é o [a substância] ~ utilizado/a desde tempos imemoriais. **Ant.** Incombustível. **2** Tudo o que pode entrar em combustão produzindo energia. **Comb.** ~ *fóssil* «petróleo/carvão/gás natural». ~ *nuclear* [Substância que mantém a rea(c)ção num rea(c)tor nuclear].

combustivo, a *adj* (<combusto+-ivo) Que arde/tem a propriedade de arder/Combustível(+).

combusto, a *adj* (<lat *combústus,a,um*) (Que foi) queimado(+)/comburido. **Comb.** «aproveitamento de» Madeiras ~as [queimadas(+)] «nos incêndios florestais».

combustor *s m Br* (<combusto+-or) Poste de iluminação pública/Bico de gás.

começador, ora *adj/s* (<começar+-dor) (O) que começa/Iniciador(+).

começante *adj/s 2g* (<começar+-ante) ⇒ Principiante.

começar *v t/int* (<lat *cominítio,áre,átum* <*cum+initiáre*) **1** Dar início/Principiar. **Ex.** Comecei este trabalho «relatório de estágio» há mais de uma semana e ainda não o acabei. O Antó[ô]nio vai ~ outro negócio. **2** Ter origem/início/começo. **Ex.** O incêndio começou no último piso; deve ter começado num [com um] curto-circuito. Há grandes desavenças que começam por pequenos desentendimentos. **3** Estar no início/Aparecer [Ser mencionado] em primeiro lugar/Principiar por. **Ex.** A palavra que começa o texto está errada. O orador começou o discurso cumprimentando a assistência. **4** Ter o limite/a fronteira. **Ex.** A avenida começa na praça principal e termina junto ao rio. **5** Passar a acontecer a partir de determinado momento. **Ex.** Está a ~ a chover. Não comeces outra vez com a mesma choradeira.

começo (Mê) *s m* (<começar) **1** A(c)to de começar/Primeiro momento/Instante inicial. **Ex.** Estive na festa desde o ~. O filme tem um ~ inesquecível. **Comb.** *pl* ~*s* [Período de tempo inicial sem limites precisos] (Ex. Nos ~s do séc. XX...). *Do ~ ao fim* [Todo o tempo/espaço/obra/...]. **2** O que está no princípio/Parte inicial/Início. **Ex.** O livro tem um ~ bastante enfadonho. **Ant.** Fecho; fim. **3** Origem/Causa. **Ex.** Um pequeno golpe foi o ~ duma grande infe(c)ção.

comedeira *s f* (<comer+-deira) Ganho desonesto/Ladroagem **Ex.** Em impostos, vai [paga]-se quase metade do ordenado, é uma ~ [roubalheira(o+)/ladroagem(+)]!

comédia *s f Teat* (<lat *comoedia,ae*) **1** Peça de teatro [Filme] de cará(c)ter ligeiro e divertido. **Comb.** ~ *de costumes* [baseada nos usos/costumes/sentimentos/..., habituais em determinado meio social]. ~ *musical* [cujos diálogos são entremeados com trechos musicais, canto, bailado]. **Ant.** Tragédia. **2** Obra dramática clássica escrita em tom satírico, que se opõe à tragédia. **Comb.** ~ grega/latina. **3** *fig* Acontecimento ridículo. **4** *fig* Farsa/Fingimento/Hipocrisia. **Comb.** A ~ de algumas discussões parlamentares.

comediante *s 2g* (<comédia+-ante) **1** A(c)tor/A(c)triz que representa comédias. **2** Pessoa que faz teatro/A(c)tor. ⇒ dramaturgo. **3** *fig* Impostor/Farsante.

comedido, a *adj/s* (<comedir+-ido) **1** Moderado/Sóbrio/Prudente. **Comb.** Jovem muito ~. **2** Respeitador. **Comb.** Brincalhões, mas ~s.

comedimento *s m* (<comedir+-mento) **1** Moderação/Ponderação/Sobriedade/Prudência. **Ex.** O dire(c)tor «da escola» usou de grande ~ na aplicação do castigo. **2** Modéstia. **Ex.** Uma moça que dava nas vistas [que se fazia notar] pelo ~ das suas atitudes.

comediógrafo, a *s* (<comédia+-grafo) Autor de comédias.

comedir *v t* (<lat *commétio,is,íre* por *commetior,íri,ménsus sum*: confrontar um fa(c)to com o tempo da sua ocorrência) **1** Usar de moderação/Moderar(-se)/Controlar(-se). **Loc.** ~-se nas palavras. **2** Obedecer às exigências/Respeitar/Sujeitar(-se). **Ex.** Um professor tem de ~ os [tem de manter o respeito dos] alunos na aula. As crianças devem ~-se [devem saber estar (+)] à mesa.

comedor, ora adj/s (<comer+-dor) **1** (O) que come. **Ex.** Hoje, há mais «três» ~es para o almoço; faz comida que chegue [comida abundante]. Os jovens costumam ser bons ~es [costumam comer muito]. **2** pej Chupista/Parasita/Perdulário/Comilão. **Ex.** Quando aparece algum ricaço esbanjador, logo se vê rodeado de ~es a aproveitar-se da situação. **3** depr O que, no exercício das suas funções «de fiscalização», indevidamente exige dinheiro ou outros bens/Concussionário.

comedoria s f (<comedor+-ia) **1** Extorsão. **2** pl (Quantia destinada à compra de) alimentos.

comedouro, a s m/adj (<comer+-douro) **1** Recipiente [Lugar] em que se dá comida «farelo/ração» aos animais «frangos/galinhas»/Manjedoura/Pia «dos porcos». **2** Lugar onde os animais selvagens costumam ir comer. **3** adj Em condições de [Bom para] ser comido/Apetitoso. **Comb.** Arroz «de pato» ~.

come-e-dorme s/adj 2g (O) que é indolente/que só sabe comer e dormir.

comelináceo, a adj/s pl Bot (<lat commelina+-áceo) (Diz-se de) família de plantas herbáceas monocotiledó[ô]neas, na maioria suculentas, das regiões tropicais da África e da América do Sul.

comemoração s f (<lat commemorátio, ónis) **1** A(c)to de comemorar/Evocação/(Recordação. **Comb.** ~ do aniversário «de casamento». **2** Cerimó[ô]nia formal de homenagem a figuras ilustres ou de recordação de fa(c)tos importantes. **Ex.** O programa das ~ões «do dia da independência nacional» incluía um desfile militar e uma sessão solene. **3** Rel Forma reduzida da celebração dum ofício ou missa, recordando a Virgem Maria ou algum Santo, no ofício ou na missa correspondentes ao dia litúrgico do tempo. ⇒ memória.

comemorar v t (<lat commemóro,áre, átum) **1** Trazer à memória/Recordar/Lembrar. **Ex.** No dia 5 de outubro, em Portugal, comemora-se a implantação da República (1910). **2** Celebrar acontecimentos importantes/Festejar. **Ex.** A mãe fez anos na quinta-feira, mas vamos comemorá-los [fazer a festa] no sábado [seguinte].

comemorativo, a adj (<comemorar+-tivo) Que comemora. **Comb. Cerimó[ô]nias** [Festejos] **~as/os. Lápide ~a.**

comemorável adj 2g (<comemorar+-vel) Que é digno de comemoração/Memorável.

comenda s f (<lat commenda,ae) **1** Hist Benefício que se concedia a eclesiásticos ou a cavaleiros das ordens militares. **Ex.** As ~s eclesiásticas atribuíam uma renda utilizada, em parte, para o beneficiário, e, em parte, para os encargos da igreja. **2** Distinção honorífica correspondente a um dos graus das antigas ordens militares e das a(c)tuais ordens civis. **Loc.** Ser agraciado com a ~ «da Ordem da Liberdade». **3** Insígnia correspondente à distinção/Condecoração. **Comb.** ~ da Torre e Espada.

comendador, eira s (<lat commendátor, óris) **1** O que é agraciado com uma comenda. **2** s f Religiosa de convento que tinha comenda.

comendadoria s f (<comendador+-ia) **1** Dignidade de comendador. **2** Benefício de comenda.

comendatário, a adj/s (<lat commendatárius,ii) **1** Hist (Diz-se de) abade, leigo ou membro do clero secular ou de ordem religiosa que recebia da Santa Sé em comenda uma abadia/Encomendado. **2** (O) que administra, por encomendação, um bem eclesiástico.

comendatício, a adj (<lat commendatícius,a,um) Que encerra uma recomendação. **Comb.** Carta ~ [de recomendação(+)].

comendativo, a adj (<lat commendatívus, a,um) Que recomenda/Próprio para recomendar/Laudativo.

comendatório, a adj ⇒ comendatício.

comenos s m an (<lat cum minus) Momento/Ocasião. **Comb.** Neste ~ [Neste instante].

comensal s 2g (<lat commensális,e <cum mensa) **1** Pessoa que come habitualmente com outra à mesma mesa. **Ex.** É um restaurante que tem quase todos os dias os mesmos ~ais. **2** Biol Organismo que vive associado a outro em comensalismo.

comensalício, a adj (<comensal+-ício) Relativo a comensal.

comensalidade s f (<comensal+-i-+-dade) **1** Qualidade de comensal. **2** Camaradagem entre comensais.

comensalismo s m Biol (<comensal+-ismo) Associação entre dois seres vivos em que um deles (Comensal) depende do outro (Hospedeiro) sob o ponto de vista de prote(c)ção e nutrição, sem reciprocidade nem prejuízo para o hospedeiro.

comensurabilidade s f (<comensurável+-i-+-dade) Qualidade do que é comensurável.

comensuração s f (< comensurar+-ção) A(c)to de comensurar/Medida.

comensurar v t (<com-+mensurar) **1** Medir com a mesma unidade duas ou mais grandezas. **2** Medir/Determinar (a medida).

comensurável adj 2g (<comensurar+-vel) **1** Mat Diz-se de grandezas da mesma espécie que admitem uma unidade de medida comum. **Ex.** A diagonal dum quadrado (Expressa sempre por um número irracional) não é ~ com o lado. **2** Que admite uma medida comum/Que se pode medir em comparação com outro. **Ant.** Incomensurável.

comentador, ora s/adj (<comentar+-dor) **1** (O) que comenta. **Comb.** ~ (d)esportivo [artístico/musical/de cinema]. **2** Autor de um comentário [parecer] «literário/jurídico». **3** Crítico.

comentar v t (<lat comménto,áre,átum) **1** Fazer comentários/Emitir opinião/Fazer reparo/observação. **Ex.** Durante a conferência, foi comentado com o colega aquilo em que discordava do orador. **2** Explicar por meio de comentários/Analisar/Apreciar. **Loc.** ~ uma obra «literária/poética». **3** Criticar/Analisar. **Loc.** ~ a a(c)tuação do governo «face à crise econó[ô]mica».

comentário s m (<lat commentárius,ii) **1** Série de notas explicativas «duma obra/dum texto». **Comb.** Edição «de Os Lusíadas» com anotações e extensos ~s. **2** Breve informação sobre uma obra/um tema. **Ex.** Depois da proje(c)ção do filme, o moderador introduziu o debate com um breve ~ sobre o autor e a sua obra. **3** Aparte/Observação/Reparo. **Ex.** O professor avisou (os alunos) em tom severo: Já chega de ~s! Não quero ouvir nem mais uma palavra! **4** Crítica mordaz. **Ex.** Sobre o caso «do desaparecimento da jovem» ouvem-se ~s pouco edificantes.

comentarista s 2g (<comentário+-ista) O que comenta/Comentador.

comento s m (<lat commentum,ii) **1** ⇒ comentário. **2** Tradução literal duma obra clássica para uso das escolas.

comer v t/int/s m (<lat cómedo,ere,ési, ésum) **1** Tomar como alimento. **Ex.** Ao almoço, comi sopa e peixe assado no forno com batatas. **Idi.** ~ **a dois carrinhos** [Obter dois proventos ao mesmo tempo]. ~ **à tripa forra** [muito/até fartar]. ~ **as papas na cabeça** [Enganar/Ludibriar] (Ex. Ele é um pouco atrasado mental; todos lhe comem as papas na cabeça [todos o enganam]). ~ **com os olhos** [Olhar muito fixamente «para um bolo» com desejo de o ~/Olhar «para alguém» manifestando agressividade]. **De se ~ e chorar por mais** [Muito bom] (Ex. O bolo estava de se ~ e chorar por mais). ~ **o pão que o diabo amassou** [Passar grandes tribulações]. **2** Tomar as refeições/Alimentar-se. **Ex.** São horas «de almoço», vamos ~. Ele está muito doente; agora deixou de ~. Hoje vamos ~ fora [no restaurante]. **3** fig Causar desgaste/erosão/Destruir/Consumir. **Ex.** O sol comeu a cor dos cortinados. O mar comeu uma grande extensão da praia. **4** fig Gastar sem limites/Dissipar. **Ex.** Em pouco tempo comeu [esbanjou(+)] a fortuna que os pais lhe deixaram. **5** fig Enganar/Iludir. **Ex.** O avançado comeu sempre o defesa contrário (em todas as jogadas disputadas pelos dois). Fizemos um mau negócio; fomos comidos [enganados] pelo vendedor. **6** Ganhar pedras ao adversário no jogo das damas ou do xadrez. **Ex.** Comi-lhe três pedras numa (só) jogada [de uma (só) vez]. **7** pop Levar pancada. **Ex.** Por seres malcriado já levaste um murro; mas se continuas a insultar-me, ainda comes mais. **8** fig fam Acreditar/Engolir. **Ex.** Contou uma grande história para se desculpar de ter faltado ao trabalho mas o patrão não a comeu [engoliu(+)]. **9** fig cal Ter relações sexuais ilícitas/Copular. **10** s m Alimento/Comida. **Loc.** Gastar muito dinheiro no ~. **Idi. Ser de bons ~es a)** Ter boa boca/Não ser esquisito com a alimentação; **b)** Ser tolerante quando o ofendem/Suportar as ofensas sem se irritar. **Prov.** O ~ e o coçar estão no começar [Quando não apetece fazer alguma coisa, depois de começar já não custa [começar dá vontade de] continuar].

comercial adj 2g/s m (<lat commerciális,e) **1** Relativo ao comércio/à a(c)tividade de compra e venda. **Comb. Casa ~. Centro ~. Direito ~. Estabelecimento ~. Serviços ~ais. Veículo** ~ (⇒ 5). **2** Concebido para venda em grande escala/Que se vende facilmente. **Comb.** Produto [Modelo] (muito) ~. **3** depr Que visa em primeiro lugar o lucro/Sem grande qualidade. **Ex.** Apesar de ser um grande escritor, «Camilo Castelo Branco» escreveu muitas obras meramente ~ais. **4** s m Anúncio publicitário transmitido no intervalo de programação na rádio/televisão/cinema. **Ex.** A televisão, em determinadas horas «no intervalo de telenovelas», abusa de [ocupa muito tempo com] ~ais. **5** s m Automóvel ligeiro utilitário, de dois lugares, destinado ao transporte de mercadorias. **Ex.** O novo ~ «Opel Corsa» é muito econó[ô]mico.

comercialismo s m (<comercial+-ismo) **1** Espírito, métodos ou instituições comerciais. **Ex.** O ~ tem grande pujança nos países desenvolvidos. **2** Preponderância [Hegemonia] do lucro comercial. **Ex.** A publicidade assenta fundamentalmente no ~.

comercialista s 2g (<comercial+-ista) Especialista em direito comercial.

comercialização s f (<comercializar+-ção) Colocação dos produtos no mercado. **Ex.** Há muitas empresas interessadas na ~ dos novos automóveis elé(c)tricos.

comercializar v t (<comercial+-izar) Colocar no circuito comercial/Pôr à venda. **Ex.** Este estabelecimento, antigamente,

comercializava tecidos; agora passou a ~ pronto-a-vestir.

comerciante *s 2g* (<comerciar+-ante) **1** Profissional do comércio/Vendedor/Negociante. **Comb.** ~ *de feira* [Feirante/Negociante/Tendeiro]. ~ *de ourivesaria.* ~ *de produtos alimentares.* **2** *depr* O que procura [consegue] obter lucro em todos os negócios. **Ex.** É um grande ~ [Tem jeito para o negócio], nunca fica a perder.

comerciar *v t/int* (<lat *commércio,áre, átum*) **1** Exercer o [Ter um] comércio/Vender. **Ex.** Começou a ~ «produtos alimentares» percorrendo as aldeias com uma carrinha e hoje [a(c)tualmente] é dono duma cadeia de supermercados. **2** Comprar e vender/Negociar. **Ex.** Os navegadores portugueses traziam do Oriente especiarias e outros produtos exóticos que comerciavam em Lisboa.

comerciável *adj 2g* (<comerciar+-vel) Que se pode comerciar/Vendável.

comércio *s m* (<lat *commércium,ii*) **1** A(c)tividade de compra, venda ou permuta de bens e serviços/Troca de bens ou serviços por dinheiro. **Ex.** Deixou de estudar e dedicou-se ao ~. **Comb.** ~ *a retalho* [Venda em pequenas quantidades dire(c)tamente ao consumidor]. ~ *por grosso* [em grandes quantidades, dirigido a revendedores ou a grandes consumidores]. **2** Conjunto [Classe] dos comerciantes. **Ex.** O ~ lamenta-se da quebra nas vendas «causada pela crise econó[ô]mica». As obras da rua prejudicaram o ~ e os moradores. **3** Conjunto dos estabelecimentos comerciais. **Ex.** O ~ está aberto aos sábados e encerra aos domingos. **Comb.** Horário do ~. **4** Estabelecimento comercial/Loja. **Ex.** Deixou o emprego e abriu um ~ na cidade. **5** Convivência [Relacionamento] social. **Comb.** ~ entre povos de diferentes culturas/etnias. **6** *fig* Relações ilícitas/Prostituição. **Comb.** ~ *do corpo.*

comes *s m pl* (<comer) Aquilo que se come/Comida(+). **Comb.** ~ *e bebes* [Comidas e bebidas] (Ex. Na festa não faltaram ~ e bebes com fartura).

comestibilidade *s f* (<comestível+-i-+-dade) Qualidade do que é comestível. **Comb.** Produto de ~ duvidosa.

comestível *adj 2g/s m pl* (<lat *comestíbilis,e*) **1** Que se pode comer/*col* Comível. **Comb.** Fruto ~. **2** *s m pl* Gé[ê]neros alimentícios/Víveres. **Ex.** Para os piqueniques levam-se os ~eis de casa.

cometa (Mè) *s m Astr* (<gr *kométés,ou*) Astro do sistema solar que descreve uma órbita muito excêntrica, constituído por um núcleo brilhante, rodeado de uma nuvem luminosa (Cabeleira) da qual se destaca um fluxo esbranquiçado (Cauda) estendendo-se em dire(c)ção oposta ao Sol. **Comb.** ~ *Halley.*

cometedor, ora *adj/s* (<cometer+-dor) (O) que comete/Empreendedor.

cometente *s 2g* ⇒ comitente.

cometer *v t* (<lat *commítto,ere,mísi,míssum*) **1** Praticar um a(c)to condenável/Levar a efeito/Perpetrar/Executar. **Ex.** Foi preso na sequência [por causa] dos crimes que cometeu. **Loc.** ~ *erros* [injustiças]. **2** Expor-se a risco/Empreender. **Loc.** ~ *notáveis feitos* «na guerra». ~ *proezas* «escalar a Torre Eiffel». **3** Encarregar duma missão/tarefa/Confiar(+)/Entregar(+). **Ex.** Cometeram-lhe a difícil missão de negociar o acordo de paz. Cometeu-se a si mesmo o encargo de sustentar [Comprometeu-se a pagar] uma bolsa de estudo a favor de um estudante pobre. **4** Enfrentar [Ir ao encontro de] alguém/Acometer(+)/Atacar(o+).

cometida *s f* (<cometido) Ataque/Investida.

cometimento *s m* (<cometer 3/4+-mento) **1** A(c)to de cometer/Acometimento. **2** Perpetração/Execução. **Ex.** Ele é acusado (do) de vários crimes graves. **3** A(c)to praticado. **4** Empresa arrojada/difícil/Aventura. **Ex.** A descoberta do caminho marítimo para a Índia, no séc. XVI, pelo português Vasco da Gama, foi ~ que ficou na História. **5** ⇒ Ataque/Assalto.

comezaina *s f* (<comer+-z-+-aina) Refeição abundante/Patuscada de comes e bebes. **Ex.** Arruinou a saúde por andar sempre em [por abusar das] ~s.

comezinho, a *adj* (<comer+-z-+-inho) **1** Que é fácil de [é bom para] comer. **2** Fácil de entender. **Comb.** «explicar com» Palavras ~as. **3** Despretensioso/Simples/Trivial. **Comb.** Hábitos [Vida] ~os/a.

comichão *s f* (<lat *coméstio,ónis*: a(c)ção de comer, alimentação) **1** Sensação de irritação cutânea/Vontade de coçar/Prurido. **Loc.** Sentir ~ «no nariz/braço/na barriga». **2** *fig* Desejo intenso/Impaciência/Tentação. **Ex.** Quando ouvi tamanha falsidade, senti (cá) umas ~ões, não pude ficar calado! Tive que protestar!

comichar *v t/int* (<comichão+-ar¹) **1** Provocar [Sentir] comichão (+). **Loc.** Sentir as costas a ~ «por ter estado muito tempo ao sol, na praia». **2** Coçar.

comichoso, a (Ôsos, Ósa, Ósos) *adj* (<comichão+-oso) **1** Que tem (com frequência) comichão. **2** *fig col* Que se melindra facilmente/Susce(p)tível. **Ex.** As colegas não gostavam de brincar com ela por ela ser ~a; por tudo e por nada [por qualquer insignificância] amuava.

comicial *adj 2g* (<comício+-al) Relativo a [Próprio de] comício. **Comb.** *Deliberação ~. Reunião ~.*

comicidade *s f* (<có[ô]mico+-i-+-dade) Qualidade do que é có[ô]mico.

comicieiro, a *adj/s* (<comício+-eiro) **1** Relativo a [Próprio de] comício/Comicial. **Comb.** *Discursos ~s.* **2** O que frequenta [gosta de frequentar] comícios.

comício *s m* (<lat *comítium,ii*) **1** *Hist* Reunião do povo romano, convocado por um magistrado, no Foro, para deliberar, por grupos, sobre propostas apresentadas. **Ex.** No ~ não havia debates, nem emendas: as propostas eram aceites ou rejeitadas. **2** Reunião pública de cidadãos para discutir assuntos «políticos/sindicais» de interesse geral. **Comb.** ~ *de propaganda eleitoral.*

cómico, a [*Br* cômico] *adj/s* (<lat *cómicus,a,um*) **1** Relativo à comédia. **Comb.** *A(c)tor ~. Gé[ê]nero ~.* **2** Que faz rir/Jocoso/Ridículo. **Ex.** Ele é muito ~, faz rir toda a gente. **Sin.** Divertido; engraçado. **3** *s* A(c)tor de comédias/Comediante. **4** *s* Autor de comédias/Comediógrafo. ⇒ dramaturgo.

comida *s f* (<comido; ⇒ ~ *de urso*) **1** Tudo o que se come/que é próprio para comer/Alimento. **Ex.** O ordenado vai-se todo na [quase não chega para a] ~. **Comb.** ~ *para cães* [gatos]. **2** Alimento preparado/cozinhado. **Ex.** «a mãe» Passa horas na cozinha a fazer a ~. **3** Refeição. **Ex.** À hora da ~ não se fazem visitas. **4** Conjunto de pratos característicos dum país/duma região. **Comb.** ~ *brasileira* [japonesa/portuguesa].

comida de urso *s f pop* Pancadaria/Sova. **Loc.** Levar ~ «por se meter em zaragatas».

comido, a *adj* (<comer+-ido) **1** Ingerido/Engolido. **Comb.** «refeição» ~o/a à pressa. **2** Alimentado/Saciado. **Ex.** Fiquei bem ~o/a; o alimento «a carne» foi mais que suficiente. **3** *fig col* Enganado/Ludibriado. **Ex.** A torradeira comprada *idi* há dois dias [há muito pouco tempo] já não funciona; fomos ~s [enganados(+)] pelo vendedor. **4** Gasto/Safado. **Comb.** Cor ~a pelo sol.

comigo *pron pessoal* (<lat *cum+mecum*) Pronome que se refere à primeira pessoa gramatical do singular [à pessoa que fala/escreve]. **Ex.** Ele veio ~ «da escola». Estás a falar ~ [para mim]? Tenho o teu telemóvel ~. Dei ~ [Vi-me, não sei como,] a recordar os bons tempos de escola.

comilança *s f* (<comilar+-ança) Comezaina/Ladroeira.

comilão, ona *adj/s* (<comer+-ão) **1** (O) que come muito/Glutão. **2** *fig* (O) que é explorador dos outros/Interesseiro/Trapaceiro. **Ex.** Não gosto de jogar «às cartas» com ele porque (ele) é ~ [faz batota].

cominação *s f* (<lat *comminátio,ónis*) **1** A(c)to de cominar/Ameaça de pena ou castigo. **2** *Dir* Pena em que incorre o réu se, depois de citado, não contestar a acusação.

cominador, ora *adj/s* (<cominar+-dor) **1** (O) que comina. **2** Ameaçador.

cominar *v t* (<lat *cómminor,ári,átus sum*) **1** Ameaçar com pena ou castigo. **2** Impor [Decretar/Prescrever] a pena/o castigo.

cominativo [cominatório], a *adj* (<lat *comminatívus[tóruius],a,um*) Que encerra cominação/Que envolve ameaça. **Comb.** *Afirmações ~as. Cláusula ~a.*

cominho *s m Bot* (<lat *comínum,i*) **1** Nome vulgar da planta da família das umbelíferas, *Cuminum cyminum*, originária do Egi(p)to e da Etiópia, muito aromática, cultivada em Portugal. **2** *pl Cul* Sementes dessa planta usadas em culinária como condimento.

comiseração *s f* (<lat *commiserátio,ónis*) Sentimento de piedade para com a infelicidade alheia/Compaixão. **Ex.** Socorria os pobres não apenas por ~ mas por caridade cristã.

comiserador, ora *adj* (<comiserar+-dor) Que inspira [tem/sente] compaixão. **Comb.** *Olhar ~* [compassivo(+)/que mostra compaixão]. *Situação ~ora.*

comiserar *v t* (<lat *commiseror,ári,átus sum*) Inspirar [Sentir/Ter] compaixão/comiseração/dó/Compadecer-se.

comiserativo, a *adj* (<comiserar+-tivo) Que inspira comiseração/Comiserador.

comissão *s f* (<lat *commíssio,ónis*) **1** Incumbência(+)/Encargo(+)/Missão. **Ex.** Mesmo sem ter recebido de ninguém ~, nunca se deitava sem primeiro [antes] verificar se a vizinha idosa estava bem. **2** Desempenho temporário de funções. **Ex.** Tinha a ~ [missão(+)/o encargo(o+)] de orientar o negócio na ausência do patrão. **3** Destacamento temporário para desempenhar as próprias funções em lugar diferente do habitual. **Comb.** ~ *de serviço* [Encargo recebido duma autoridade para desempenhar temporariamente determinada a(c)tividade pública] (Loc. «militar» Ir em ~ *de serviço* «para o Kosovo»). **4** Conjunto de pessoas que se organizam com vista à resolução de problemas comuns. **Comb.** ~ *de moradores* [trabalhadores]. **5** Conjunto de pessoas encarregadas [eleitas/nomeadas] para desempenhar determinada missão ou a(c)tividade específica. **Comb.** ~ *Europeia* [Organismo da U(nião) E(uropeia), sediado em Bruxelas, com funções legislativas e executivas]. ~ *instaladora* [que tem por missão lançar as bases dum organismo/serviço]. ~ *parlamentar* [formada com deputados dos diferentes partidos políticos com a função de estudar assuntos específicos e de propor decisões ao plenário]. **6** Percentagem que um ven-

comissariado s m (<comissário+-ado) 1 Cargo de comissário. 2 Tempo de duração das funções de comissário. **Comb.** ~ de três anos «na OMS». 3 Repartição [Instalações] do comissário. **Comb.** ~ da polícia.

comissário, a s (<lat *commissarius,ii* <*commítere*: cometer) 1 Membro duma comissão/Pessoa incumbida oficial e temporariamente duma missão/Delegado. **Comb.** ~ Europeu [Membro da Comissão Europeia]. 2 Chefe da polícia de um distrito. **Ex.** Deixou a chefia da esquadra (da polícia) por ter sido promovido a ~. 3 *Náut* Oficial de bordo que trata da a(c)tividade administrativa do navio. 4 Pessoa que compra/vende à comissão.

comissionado, a adj/s (<comissionar+-ado) (O) que exerce um cargo por comissão. ⇒ comitente.

comissionar v t (<comissão+-ar¹) 1 Dar uma comissão/um cargo/mandato/missão/Nomear para uma comissão. **Loc.** ~ alguém «um administrador» para negociar um contrato. 2 Encarregar alguém duma tarefa temporária.

comissionista s 2g (<comissionar+-ista) 1 Pessoa que trabalha [vende] à comissão. 2 Encarregado duma comissão/Comissário.

comisso s m (<lat *comissum,i*: falta, erro) Pena [Multa] em que incorre quem falta ao cumprimento duma cláusula [condição] imposta por lei. **Loc.** Cair em ~ [Incorrer em falta].

comissório, a adj *Dir* (<comisso+-ório) Diz-se de um a(c)to cuja inexecução determina a anulação dum contrato. **Comb.** Cláusula ~a.

comissura s f (<lat *comissúra,ae*) 1 *Anat* Zona de junção dos bordos livres de uma abertura ou fenda. **Comb.** *~s do cérebro*. *~ labial*. *~ palpebral externa* [interna]. 2 Ponto [Linha/Superfície] de união de duas partes correspondentes. 3 Abertura/Fenda.

comissural adj 2g (<comissura+-al) Da [Referente a] comissura. **Comb.** *Estigma ~. Face ~.*

comitativo, a adj (<lat *comitátum* <*cómitor*: acompanhar +-ivo) 1 *Gram* Diz-se da preposição que precede os pronomes pessoais *migo* «co**migo**», *tigo, sigo, nosco, vosco*. 2 Que acompanha.

comité/ê s m (<fr *comité*) Grupo de pessoas [Comissão(+)] que delibera/dirige por mandado de muitos/Delegação. **Loc.** Eleger [Nomear] um ~. **Comb.** ~ de luta.

comitente adj/s 2g (<lat *commítens,éntis* <*commítere*: confiar) 1 (O) que incumbe alguém duma comissão/dum encargo. **Comb.** Preso por ordem do (juiz) ~. 2 (O) que consigna mercadoria ou dá ordens de compra/venda a outrem. **Ex.** O comissionado recebe do ~ uma comissão «sobre as vendas».

comitiva s f (<it *comitiva* <lat *cómes,itis*: pessoa que faz parte do séquito) Conjunto de pessoas que por homenagem acompanham alguém/Séquito. **Comb.** ~ do presidente «da República».

comme il faut (Còmilfô) Expressão francesa utilizada com os significados: Bem apresentado/Como convém/Elegante/Perfeito.

como adv/conj/s m (<lat *quómodo* <*quo modo*) 1 *adv* De que modo/À maneira de/Em que condições. **Ex.** ~ chegaste aqui [vieste] «de carro ou de comboio»? Ele é um homem inteligente, mas, ~ ministro, foi desastroso. Não estou bem, não sei ~ me sinto. 2 Forma interrogativa de pedir para explicar/repetir/de mostrar estranheza. **Ex.** ~? Não percebi; podia repetir? Não vais? ~ assim? Não estava [tínhamos] combinado? 3 Quanto. **Ex.** ~ estás bonita! ~ lhe custou ver o filho partir! 4 *conj* Do mesmo modo que/Igual a (Estabelece a comparação entre dois termos). **Ex.** Dias (de sol) ~ este são raros no inverno. Este casaco é ~ o meu. Vamos ter um dia ~ (o de) ontem. De nada lhe valeu ter emigrado: foi e veio sem dinheiro, (assim) ~ partiu, assim voltou. ~ tiver sido o estudo, assim serão os resultados/as notas. Apanhei um susto, fiquei ~ que petrificado. Sinto-me aqui ~ se estivesse no meu país. **Prov.** *Filho és, pai serás; ~ fizeres, assim acharás* [Os teus filhos tratar-te-ão ~ (tu) tiveres tratado os teus pais]. **Comb.** *Bem/*Assim ~ [E] (Ex. Naquela família, os filhos, bem ~ os pais [os filhos e os pais] são todos esbanjadores. 5 Porque. **Ex.** ~ eu sabia que ele gostava de lampreia, nesse dia convidei-o para jantar. 6 s m A maneira/O modo. **Ex.** O que se faz, sei eu; o ~ (se faz) é que não sei.

comoção s f (<lat *commótio,ónis*) 1 Abano físico/Abanão/Sacudidela. **Ex.** Com a ~ da queda, sentia-se estonteado. **Comb.** ~ [Choque] elé(c)trica/o [Estremecimento nervoso causado por uma descarga elé(c)trica]. 2 Sentimento de enternecimento/Emoção forte. **Ex.** Sentiu uma enorme ~ ao ver o sofrimento e a miséria da pobre viúva. Apesar de ser o causador dos desgostos, ouvia as queixas da mãe sem sinais de ~. 3 *Med* Perturbação orgânica violenta causada por um abalo ou choque, dire(c)to ou indire(c)to. **Comb.** ~ cerebral. 4 ⇒ Agitação social/Motim/Desordem.

cómoda [*Br* **cômoda**] s f (<có[ô]modo) Móvel com gavetas para guardar roupa. **Ex.** A ~ faz parte da mobília de quarto. **Comb.** ~ *de castanho*. ~ *de estilo* «D. Maria».

comodante s 2g *Dir* (<lat *cómmodans,ántis* <*commodáre*) O que empresta gratuitamente um móvel ou um imóvel, para ser utilizado, com a obrigação de ser restituído na data combinada.

comodatário, a s *Dir* (<comodato+-ário) O que contrai empréstimo por comodato. **Comb.** ~ de um terreno para cultivo «por dois anos».

comodato s m *Dir* (<lat *commodátum,i*) Contrato pelo qual alguém (Comodante) cede a outrem (Comodatário), por empréstimo temporário e gratuito, um bem móvel ou imóvel. **Ex.** O ~ é um empréstimo para uso, devendo o bem ser restituído no prazo estipulado.

comodidade s f (<lat *commóditas,átis*) 1 Qualidade do que é có[ô]modo. **Ex.** O que mais aprecio neste carro é a ~, tanto da condução como dos assentos. 2 O que é có[ô]modo. **Ex.** O aquecimento central é uma ~ de que, em Portugal, poucas casas dispõem. 3 Bem-estar/Conforto/Agrado. **Loc.** Zelar pela ~ dos doentes/hóspedes. 4 Atitude de não se querer incomodar/Comodismo/Oportunismo. **Ex.** Por ~ [comodismo(+)] ficou em casa «a ver televisão» e não foi à reunião de pais, na escola.

comodismo s m (<cómodo+-ismo) 1 Atitude de quem foge às dificuldades por dar mais importância ao bem-estar e conforto próprios. **Ex.** Não cozinha por ~; não é por não saber ou não poder «é mais fácil ir ao restaurante». 2 *pej* Egoísmo.

comodista adj/s 2g (<cómodo+-ista) 1 (O) que preza muito o bem-estar pessoal. **Ex.** Levantar-se cedo, não é com ele; é muito ~. Ele é muito ~; se puder *idi* não levanta uma palha [não faz nada]. 2 (O) que foge às dificuldades (em vez de as enfrentar). **Ex.** A amiga era muito ~. Quando pressentia que lhe iam pedir ajuda, arranjava logo uma desculpa para se ausentar. 3 Egoísta.

cómodo, a [*Br* **cômodo**] adj/s (<lat *cómodus,a,um*) 1 Que é de uso fácil/Prático. **Ex.** O micro-ondas é muito ~ «descongela/aquece/assa». 2 Que proporciona bem-estar/Confortável. **Comb.** *Cadeira* [*Sofá*] *~a/o. Sapatos ~s.* 3 Adequado/Favorável. **Ex.** O sistema de abertura fácil «das latas de conserva» é muito ~. 4 s m Comodidade/O que é có[ô]modo. **Comb.** «cozinha» Equipado com todos os ~s. 5 Bom acolhimento/Conforto/Hospitalidade. **Loc.** Oferecer ~ «aos hóspedes/às visitas». 6 s f ⇒ có[ô]moda. 7 *pl* Compartimentos duma casa/Aposentos/Arrumações. **Comb.** Casa com muitos ~s.

comodoro s m *Náut* (<ing *commodore*) Oficial general da Armada cujo posto é imediatamente superior ao de capitão de mar e guerra e inferior ao de contra-almirante/Título honorífico de algumas associações náuticas.

comoração s f (<lat *comorátio,ónis*) Insistência de um orador num ponto importante do seu discurso. ⇒ ênfase.

comoriente adj 2g (<lat *commóriens,éntis*) Que morre juntamente com outrem. **Comb.** Funeral conjunto de todos os ~s «dum desastre».

cômoro s m (<lat *cúmulus,i*) 1 Pequena elevação isolada de terreno/Montículo. 2 Parede de suporte de terreno em socalco/Valado. 3 Canteiro/Alegrete.

comoso, a (Ôso, Ósa, Ósos) adj (<coma¹+-oso) Que tem a forma de coma/Comado. **Comb.** Inflorescência ~a.

comovedor, ora adj (<comover+-dor) Que comove/Comovente. **Comb.** *Cena ~ora*.

comovente adj 2g (<comover+-ente) Comovedor/Impressionante/Emocionante. **Comb.** *Discurso* [*Palavras*] *~e/es*.

comover v t (<lat *commóveo,ére,móvi, mótum*) 1 Provocar profunda emoção/Enternecer/Condoer/Impressionar. **Ex.** Na hora da despedida, todos se comoveram; houve muitas lágrimas. 2 *fig* Tornar [Ficar] alguém favorável/Impressionar/Demover. **Ex.** Muito chorou de volta do professor para que lhe desse (nota) positiva, mas ele não se comoveu.

comovidamente adv (<comovido+-mente) Com comoção/emoção/Sentidamente. **Ex.** «no filme» Houve quem ~, não contivesse as lágrimas.

comovido, a adj (<comover+-ido) 1 Enternecido. **Ex.** ~, deu um beijo à criança «que lhe ofereceu as flores». 2 Impressionado/Emocionado. **Ex.** ~ «com o sofrimento alheio», não pôde conter as lágrimas.

compacidade s f (<fr *compacité*) Qualidade do que é compacto.

compactação s f (<compactar+-ção) 1 Consolidação por a(c)ção mecânica. **Comb.** ~ de terras. 2 *Info* Compressão de ficheiros.

compactador s m (<compactar+-dor) Máquina (Espécie de pilão) que serve para compactar «massa de cimento das construções».

compactar v t (<compacto+-ar¹) 1 Tornar compacto/mais denso/Comprimir/Calcar. **Loc.** ~ o solo «uma zona de aterro». 2 Juntar [Unir] para reduzir espaços. **Loc.** ~ um texto «para caber numa única página». 3 *Info* Comprimir ficheiros.

compacto, a *adj/s m* (<lat *compáctus,a, um*) 1 Que tem as suas partes [os seus componentes] unidos/Comprimido. **Comb.** *Terreno ~. Textura ~a.* 2 Denso/Espesso. **Comb.** *Nevoeiro ~. Massa ~a.* 3 Que tem poucos espaços livres [em branco]. **Comb.** *Texto ~* [sem parágrafos]. 4 Condensado/Reduzido. **Comb.** *Versão ~a* «duma novela». 5 *Info* Diz-se de disco de pequenas dimensões, de leitura ó(p)tica, com grande capacidade de regist(r)o/CD. 6 *s m* Resumo de programas de rádio/TV previamente difundidos. 7 *Br* Disco pequeno de vinil com uma ou duas (~ simples ou duplo) músicas por cada lado.

compactuar *v t* (<com-+...) Pactuar juntamente com outrem. **Loc.** Não ~ «com corruptos».

compadecedor, ora *adj/s* (<compadecer+-dor) ⇒ compassivo(+).

compadecer *v t* (<com-+...) 1 Sentir dó/pena/compaixão/Comover(-se)/Condoer(-se). **Ex.** Todos se compadeceram com tamanha desgraça. Deus se compadeça de nós. 2 Ser compatível/conforme com alguma coisa/Coadunar-se/Compatibilizar-se/Harmonizar-se. **Ex.** O progresso desenfreado não se compadece com [desenfreado é contra] a defesa do ambiente. O motorista «da camioneta» não se compadeceu com os atrasados e deixou-os em terra [e partiu sem eles].

compadecido, a *adj* (<compadecer+-ido) Que sente o sofrimento alheio/Apiedado/Condoído. **Ex.** ~ com o estado do doente, dirigiu-lhe algumas palavras de conforto. Fitou-o com olhar ~.

compadecimento *s m* (<compadecer+-mento) ⇒ Compaixão/Comiseração.

compadre *s m* (<lat *compáter,pátris* <*cum+pater*; ⇒ comadre) 1 Padrinho em relação aos pais e à madrinha dum mesmo afilhado. 2 Pai em relação aos padrinhos do/a filho/a. 3 Pai em relação aos sogros do/a filho/a. 4 Sogro do/a filho/a em relação aos pais. 5 *pop* Amigo/Vizinho/Companheiro. 6 *pop/col* Cada um dos participantes num conluio/Parceiro/Conivente.

compadrice [compadrio(+)**]** *s f* [*m*] (<compadre+-...) 1 Relação de parentesco entre compadres. 2 *fig* Prote(c)ção exagerada/Favoritismo/Conivência. **Ex.** Há muitos lugares [cargos] que são atribuídos por ~ política/o.

compaginação *s f* (<compaginar+-ção) 1 Formação duma página tipográfica. 2 União/Conexão.

compaginador, ora *s* (<compaginar+-dor) O que compagina.

compaginar *v t* (<lat *compágino,áre,átum*) 1 Compor [Formar] graficamente páginas. 2 *fig* Ligar intimamente «as duas a(c)tividades/os dois aspe(c)tos».

compaixão *s f* (<lat *compássio,ónis*) Sentimento de quem partilha o sofrimento alheio/Comiseração/Dó/Piedade. **Loc.** *Sentir ~* «por quem está gravemente doente». *Agir* [Mover-se] *por ~* «na ajuda aos sem-abrigo».

companha *s f* (<lat *compánia,ae* <*cum: com+panis*: pão) 1 Tripulação de navio ou barco de pesca. **Comb.** *Mestre da ~* «duma traineira de pesca». 2 Associação de pescadores.

companheirão, ona *s* (<companheiro+-ão) Bom companheiro/Camarada com quem se pode contar.

companheirismo *s m* (<companheiro+-ismo) Lealdade entre companheiros/Convívio cordial/Camaradagem. **Ex.** No grupo [Na equipa/e] reinou [houve/existiu] sempre um grande ~ entre todos.

companheiro, a *s/adj* (<companha+-eiro) 1 (O) que acompanha/faz companhia. **Ex.** O cão era o seu ~ de todas as horas. Andam sempre juntos; são dois ~s inseparáveis. 2 Colega/Camarada/Parceiro. **Comb.** *~ de escola/da tropa/de viagem.* 3 Parceiro [Amante] em união de fa(c)to [como se fosse cônjuge]. 4 (O) que acompanha/Companhia. **Ex.** A tristeza não é boa ~.

companhia *s f* (<companha+-ia) 1 A(c)to de acompanhar [estar com] alguém. **Loc.** *Fazer ~* «a um doente/à mãe». 2 Alguém [Algum animal/obje(c)to] que está junto de uma pessoa para evitar [minorar] a sua solidão. **Ex.** O neto [gato/A televisão] era a sua única ~. **Comb.** *idi Dama de ~* [Senhora contratada para estar junto de outra «idosa/doente» prestando-lhe assistência]. 3 Grupo de pessoas que se juntam para determinado fim. **Loc.** *Escolher as ~s. Evitar más ~s.* 4 Sociedade «comercial/industrial» fundada por sócios/Firma/Empresa. **Comb.** *~ de ele(c)tricidade «EDP». ~ de gás.* 5 Associação de pessoas com obje(c)tivos comuns «religiosos» que se regem pelos mesmos estatutos/Instituição/Instituto. **Ex.** A C~ de Jesus foi fundada por Santo Inácio de Loiola em 1540. 6 Grupo de artistas e trabalhadores do espe(c)táculo. **Comb.** *~ de bailado* [teatro]. 7 *Mil* Unidade militar de nível inferior ao batalhão, comandada por um capitão.

comparabilidade *s f* (<comparável+-i-+-dade) Qualidade do que é comparável. **Ex.** Duas grandezas «comprimento e peso» que carecem de [que não têm] ~. ⇒ Comparação(+).

comparação *s f* (<lat *comparátio,ónis*) A(c)to de comparar/Exame simultâneo de dois elementos «obje(c)tos/textos» para procurar diferenças e semelhanças ou fazer um juízo de valor/Confronto/Paralelo. **Ex.** Para escolher bem «uma casa/um curso/uma máquina» é necessário fazer a ~ entre várias possibilidades. **Loc.** *Não haver/ter ~* [Ser tão diferente que não é possível fazer o confronto/estabelecer paralelo/Ser muito superior ou inferior].

comparado, a *adj* (<comparar+-ado) 1 Em comparação/Confrontado. **Ex.** Portugal, ~ com os países do terceiro mundo, é um país rico. 2 Semelhante/Parecido. **Ex.** A tua casa «no tamanho/conforto» é ~a [semelhante a(+)/parecida com(o+)] a minha. **Comb.** *Anatomia* [Psicologia/Direito] *~a/o.*

comparador, ora *adj/s* (<comparar+-dor) 1 (O) que compara. 2 Instrumento usado para comparar com precisão determinadas grandezas «intensidade de cor/comprimentos/amplitudes/tensões».

comparança *s f pop* (<comparar+-ança) ⇒ comparação.

comparar *v t* (<lat *cómparo,áre,átum* <*cómpar, áris* <*cum*: com+*par, páris*: par) 1 Examinar simultaneamente para determinar semelhanças e diferenças/Confrontar/Cotejar. **Ex.** Compara os dois textos e assinala as ideias comuns. Comparando as duas máquinas «características/preço/qualidade», prefiro a mais barata. 2 Pôr em paralelo/Igualar/Equiparar. **Ex.** Dois craques [ases/Duas estrelas] do futebol «Pelé e Eusébio» que se comparam (um ao outro). 3 *Ling* Fazer uma comparação/metáfora. **Ex.** Os poetas comparam o amor ao fogo. 4 Pôr em paralelo estabelecendo relações de igualdade [superioridade/inferioridade]. **Ex.** Este vinho não se compara com [vinho é muito melhor/pior do que] o de [o que bebemos] ontem. Este romance não é nada que se compare com [romance é muito pior do que] o primeiro (Do mesmo autor).

comparativamente *adv* (<comparativo+-mente) Em comparação/De modo comparativo/Analogamente. **Ex.** Dizem que agora se vive (economicamente) mal; ~ vive-se muito melhor do que há alguns anos. A colheita de uvas deste ano foi boa mas, ~ [comparada] com a do ano passado, foi pior.

comparativo, a *adj/s m* (<lat *comparatívus,a,um*) 1 Que estabelece comparação. **Comb.** *Análise ~a. Método ~. Quadro ~.* 2 *Gram* Que serve para estabelecer comparação/Que compara. **Comb.** *Conjunção ~a* [subordinativa que introduz uma oração que contém o segundo membro duma comparação] (**Ex.** Na frase "Fiquei tão envergonhado com a atitude agressiva do meu companheiro como se tivesse sido eu o culpado", *como* é uma conjunção ~a). *Grau ~* (de igualdade/inferioridade/superioridade; ⇒ 3 **Ex.**) dum adje(c)tivo. 3 *s m Gram* Forma de um adje(c)tivo que mostra se a qualidade por ele expressa é igual, maior ou menor do que a indicada noutro elemento. **Ex.** Na frase "O alumínio é tão [mais/menos] valioso como [do que] o cobre", o adje(c)tivo *valioso* está no (grau) ~ de igualdade. Na frase "O João é grande mas o Pedro é maior", *maior* é o ~ de superioridade de *grande*. Na frase "O João é grande (mas) o Pedro é menor", *menor* é o ~ de inferioridade.

comparável *adj 2g* (<comparar+-vel) Que se pode comparar/Semelhante. **Comb.** *«Corsa e Clio» Dois carros ~eis.* «exercícios de matemática de» *Dificuldade ~.*

comparecente *adj 2g* (<comparecer+-ente) Que comparece/Presente(+).

comparecer *v int* (<lat *comparéscere*, frequentativo de *comparére*: aparecer) Ir a [Estar presente em] determinado local em data [hora] combinada/Apresentar-se. **Ex.** A testemunha compareceu no tribunal para depor em juízo. Os candidatos devem ~ na sede da empresa às 9 h da manhã de 2.ª feira para serem entrevistados.

comparecimento *s m* (<comparecer+-mento) A(c)to de comparecer/Comparência(+)/Presença.

comparência *s f* (<compare(cer)+-ência) Apresentação [Presença] em determinado lugar à hora prevista. **Comb.** *~ às aulas. ~ em tribunal.* (D)*esp* «derrota por» *Falta de ~* [Um jogador [Uma equipa/e] não se apresentar para disputar um jogo].

comparsa *s 2g* (<it *comparsa*) 1 *Teat* A(c)tor que desempenha um papel de pouca importância. 2 Pessoa que toma parte insignificante em qualquer a(c)to. **Ex.** Político acompanhado por muitos ~s que nada fazem. 3 Parceiro/Cúmplice/Conivente. **Ex.** Ele e mais dois ~s assaltaram o Multibanco.

comparte *adj/s 2g* (<com-+...) (O) que toma parte em/Participante(+)/Parceiro/Cúmplice. **Comb.** *Os ~s da reunião* «de condóminos».

compartição *s f* (<com-+...) A(c)to de compartir/Repartição(+).

comparticipação *s f* (<com-+...) 1 Participação conjunta com outrem. **Ex.** Reunião de moradores que teve também a ~ dum vereador da Câmara e do Presidente da Junta de Freguesia. 2 Participação [Ajuda financeira] nas despesas/no custo/Valor dessa ajuda. **Ex.** Os bombeiros obtiveram uma ~ de 10 000 € para a compra duma ambulância. Obra «Lar de idosos» executada com a ~ da Segurança Social.

comparticipado, a *adj* (<comparticipar+-ado) Que recebe(u) ajuda financeira. **Comb.** Obra ~a «pelo Estado/pela UE».

comparticipante *adj/s* 2g (<comparticipar+-ante) (O) que comparticipa/participa juntamente com. **Comb.** ~ *nos lucros da empresa. Entidade* ~. *Obra com vários* ~*s.*

comparticipar *v t* (<lat *compartícipo,áre, átum*) **1** Tomar parte com/conjuntamente. **Ex.** Várias turmas comparticiparam na recolha de fundos «para as vítimas do sismo». **2** Partilhar lucros ou despesas com alguém. **Loc.** «um Banco» ~ *nas despesas de construção* «dum infantário». «um gestor» ~ *nos lucros da empresa.*

comparticipável *adj* 2g (<comparticipar+-vel) Que pode ser comparticipado. **Comb.** Despesas ~eis [não ~eis].

compartilha *s f* (<compartilhar) Partilha entre várias pessoas/Comparticipação(+). **Ex.** Não roubaram mas são cúmplices porque entraram na ~ [partilha(+)] do dinheiro roubado.

compartilhador, ora [compartilhante] *s* [2g] (<compartilhar+-...) O que compartilha.

compartilhar *v t* (<com-+...) **1** Tomar parte em/Pôr [Ter] em comum. **Ex.** Estudámos juntos [Fomos colegas] e compartilhámos momentos de grande alegria, e tristezas também. **2** Dividir com alguém/Partilhar/Quinhoar. **Ex.** Todos os filhos, legítimos e ilegítimos, compartilharam a herança por igual. **Loc.** ~ o quarto «com um colega».

compartimentação *s f* (<compartimentar+-ção) Divisão em compartimentos. **Comb.** ~ dum salão «em gabinetes».

compartimentar *v t* (<compartimento+-ar¹) **1** Dividir em compartimentos. **Loc.** ~ um armazém «para separar os produtos por categorias». **2** Separar em classes ou categorias. **Loc.** ~ uma ciência «nos seus ramos». **3** Juntar no mesmo compartimento. **Ex.** As obras de remodelação do quartel obrigaram a ~ os sargentos com os [sargentos nas camaratas dos] soldados.

compartimento *s m* (<compartir+-mento) **1** Divisão(+) duma casa/Aposento/Quarto. **Comb.** Casa com muitos ~s. **2** Divisão num móvel «gaveta/cofre/mala». **Comb.** Armário com um ~ para os sapatos. Gaveta dividida em pequenos ~s.

compartir *v t* (<com-+...) **1** Dividir por si e por outros/Compartilhar(+). **Loc.** ~ [Dividir(o+)/Partilhar(+)] lucros e prejuízos. **2** Dividir em compartimentos/Compartimentar(+). **Loc.** ~ «com divisórias» uma sala em gabinetes. **3** Tomar parte em/Partilhar(+). **Loc.** ~ alegrias e tristezas.

compassadamente *adv* (<compassado+-mente) De modo compassado/Devagar. **Ex.** Não tenhas pressa! O trabalho feito ~ fica mais perfeito. **Loc.** Ler ~.

compassado, a *adj* (<compassar+-ado) **1** *Mús* Executado a compasso/Cadenciado. **Loc.** Dançar ao ritmo ~ «da valsa». **2** Separado por intervalos de tempo iguais/Cadenciado. **Comb.** *Andamento* ~. *Respiração* ~*a.* **3** Dividido em espaços iguais. **Comb.** Plantação «de oliveiras» ~a. **4** Pausado/Lento. **Comb.** Leitura ~a. **5** Medido a compasso.

compassar *v t* (<compasso+-ar¹) **1** Medir com um compasso. **Loc.** ~ a espessura duma lâmina de ouro. **2** Calcular [Estimar] as dimensões/Medir *idi* a olho. **Loc.** ~ a altura duma torre/o comprimento dum terreno. **3** Dividir em espaços iguais. **Loc.** ~ *as covas duma plantação* de videiras. ~ *os pilares dum edifício.* **4** Executar a compasso/Cadenciar. **Loc.** ~ *a execução dum trecho musical.* ~ *o andamento/a marcha.* **5** Alongar os intervalos de tempo/Espaçar. **Loc.** ~ as idas ao [as consultas do] médico. **6** ~-se/Moderar-se.

compassível *adj* 2g (<lat *compassíbilis,e*) Que se compadece facilmente/Sensível.

compassividade *s f* (<compassivo+-i-+-dade) Qualidade de quem é compassivo.

compassivo, a *adj* (<lat *compassívus,a, um*) Que tem compaixão/Que se compadece. **Ex.** Deus é clemente e ~.

compasso *s m* (<fr *compas*: medida, regra, instrumento de medida <lat *compassáre*: medir com o passo) **1** Instrumento formado por duas hastes articuladas que serve para traçar arcos circulares e fazer medições. **Idi.** *Alargar* [Abrir] *o* ~ [Andar mais depressa/Alargar o passo]. **Comb.** ~ *de desenho* [com tira-linhas ou ponta de lápis para traçar arcos]. ~ *de pontas* [utilizado em medições]. ~ *de pontas curvas* [para medir diâmetros (interiores e exteriores) e espessuras]. *A* [Por] ~ [Com intervalos iguais/Cadenciado/Ritmado]. **2** *Mús* Unidade de medida do tempo em intervalos iguais. **Ex.** Na pauta musical, os ~s são separados por barras verticais. O ~ é binário, ternário ou quaternário consoante o número de tempos (2, 3 ou 4) que cada intervalo tem. **Loc.** Marcar o ~ [Fazer movimentos com a mão [batuta] para indicar a ordem e a duração dos tempos]. **Comb.** ~ *de espera*: **a)** *Mús* Pausa de um instrumento [da voz] até chegar o momento de tocar [cantar]; **b)** *fig* Intervalo/Interrupção/Pausa «entre duas a(c)tividades» (Ex. Entre a consulta médica e a hora do autocarro houve um grande ~ de espera). **3** *region* Visita pascal feita pelo pároco ou um seu representante às casas dos fiéis para anunciar a alegria da Ressurreição de Jesus Cristo. **4** Medida/Regra. **Comb.** Plantação de oliveiras com o ~ [com distâncias] de três metros. **5** *fig* Movimento [Andamento/Marcha] regular cadenciado/a. **Ex.** Tenho que ir [andar/caminhar] mais devagar; não aguento o teu ~ [passo(+)].

compatibilidade *s f* (<compatível+-i-+-dade) Qualidade do que é compatível. **Comb.** ~ *de feitios.* ~ *de horários* «da escola e do ballet». ~ dum acessório «informático» com o instrumento «computador». ~ entre habilitações acadé[ê]micas «possuídas e as exigidas para determinado emprego».

compatibilizar *v t* (<compatível+-izar) Tornar compatível/Conciliar/Adaptar. **Loc.** ~ as exigências [reivindicações] dos empregados com as possibilidades econó[ô]micas da empresa. ~ o trabalho com a vida familiar.

compatível *adj* 2g (<lat *compatíbilis,e*) **1** Que se pode conciliar/Passível de coexistir. **Comb.** *Feitios* ~*eis. Horários* ~*eis* «da escola e da dança». **2** Diz-se de cargos ou funções que se podem acumular. **Ex.** O exercício da medicina nos hospitais públicos por médicos sem contrato de exclusividade é ~ com o exercício da medicina privada. **3** *Mat* Diz-se dum sistema de equações que admite pelo menos uma solução comum. **4** *Info* Diz-se de instrumentos, componentes ou acessórios que podem funcionar em conjunto mesmo sendo de origens e marcas diferentes.

compatrício, a [compatriota(+)] *s/adj* [2g] (<com-+...) O que tem a mesma pátria/Patrício. **Comb.** «português» Ajudado no estrangeiro «em França» por muitos ~s.

compelação *s f Dir* (<lat *compellátio,ónis*) A(c)to de chamar alguém a juízo/Acusação(+).

compelativo, a *adj* (<lat *compellátus,a um* <*compelláre*: dirigir palavras a alguém +-ivo) Diz-se de palavra ou frase com que, num discurso, o orador interpela alguém.

compelido, a *adj/s* (<compelir+-ido) **1** Que é forçado/obrigado. **Loc.** Agir ~o/a [contra vontade/forçado/a]. **2** *s* Indivíduo que faltou ao recenseamento e à incorporação militar.

compelir *v t* (<lat *compéllo,ere,puli,púlsum*) **1** Fazer deslocar/Empurrar/Impelir. **Loc.** [Empurrar(+)] alguém para a frente. **2** *fig* Constranger a fazer alguma coisa/Obrigar/Forçar. **Ex.** Os colegas compeliram-no a faltar às aulas «para irem todos ao cinema».

compendiar *v t* (<lat *compéndio,áre,átum*) **1** Reunir num só volume textos/documentos de forma organizada/Fazer compêndio. **Loc.** ~ *as encíclicas sociais dos Papas* (A Doutrina Social da Igreja). ~ *a* [o programa de] *Física* do 10.º ano. **2** Fazer o resumo/Compilar. **Loc.** ~ as alterações à lei portuguesa do arrendamento urbano.

compêndio *s m* (<lat *compéndium,ii*: peso de prata, pouco gasto, lucro, economia de tempo, suma, resumo) **1** Resumo/Síntese. **Comb.** «Basílica de S. Pedro em Roma» ~ da arte renascentista. **2** Sumário. **3** Livro de texto para as escolas. **Comb.** ~ de Biologia/Física/Matemática/...

compendioso, a (Ôso, Ósa, Ósos) (<compêndio+-oso) **1** Que tem a forma de compêndio. **2** Resumido ao essencial. **Comb.** Descrição ~a «duma teoria». **Ant.** Palavroso; prolixo; por extenso.

compenetração *s f* (<compenetrar+-ção) **1** A(c)to de compenetrar-se. **2** *fig* Convicção íntima/Certeza profunda/Persuasão.

compenetrado, a *adj* (<compenetrar+-ado) Profundamente convencido/Convicto/Persuadido.

compenetrar *v t* (<com-+...) **1** Fazer penetrar bem. **Loc.** «uma estaca só» ~ [Penetrar(+)/(Só se) espetar] no chão duro «à marretada [batida com uma marreta]». **2** Convencer(-se) profundamente/Persuadir(-se). **Ex.** A repreensão severa do pai compenetrou-o a mudar de vida [a corrigir-se]. Temos de nos ~ bem dos perigos dum capitalismo desenfreado. **3** Provocar viva impressão/Comover. **Ex.** Ficámos compenetrados [impressionados(+)] com o horror das imagens.

compensação *s f* (<lat *compensátio,ónis*) **1** A(c)to de compensar/de restabelecer um equilíbrio. **Comb.** *Aula de* ~ «para substituir outra que não foi dada/para recuperar matéria que não ficou sabida». *Psic Mecanismo de* ~ [Processo psicológico que permite minimizar uma inferioridade física ou psíquica mediante a procura de uma satisfação supletiva desenvolvida com grande persistência]. «num jogo de futebol» *Tempo de* ~ *de paragens* [interrupções] «com substituições». **2** O que se recebe ou dá em troca de alguma coisa/Lucro/Paga. **Ex.** Como ~ por me ter ajudado «na mudança de casa», vou levá-la comigo para férias na praia. **3** Indemnização. **Ex.** Recebeu do seguro uma avultada ~ [indemnização(+)] pelos danos sofridos no acidente. **4** Benefício/Vantagem. **Ex.** Não ganhei dinheiro com as explicações que dei de graça mas tive a ~ moral de ter ajudado quem precisava. **5** *Dir* Liquidação recíproca de obrigações entre duas pessoas devedoras uma à outra/Pagamento recíproco/Encontro de contas. **Comb.** ~ de saldos.

compensador, ora *adj/s* (<compensar+-dor) **1** Que compensa/traz vantagens/

ganhos. **Comb.** Esforço [Trabalho] ~/que valeu a pena. **2** Que equilibra/contrabalança/Que anula um efeito contrário. **Ex.** Os ascensores têm contrapesos ~es do peso da cabine para diminuir a energia consumida na movimentação. **3** *s m* Qualquer aparelho que serve para compensar/equilibrar/anular a(c)ções/efeitos/influências. **Comb.** *Náut* ~ *magnético* [que anula o efeito magnético exercido por grandes massas sobre a agulha magnética da bússola]. *Fís* ~ *ó(p)tico* [que mede a diferença de fase entre as componentes de luz polarizada elipticamente].

compensar *v t/int* (<lat *compénso,áre, átum*) **1** Equilibrar [Anular] um efeito opondo-lhe outro contrário/Contrabalançar. **Ex.** A melhor qualidade do produto compensa a diferença de preço. Tens que ~ as aulas perdidas «por doença», estudando mais. **2** Igualar/Neutralizar. **Ex.** O lucro duma se(c)ção da loja de roupa de senhora compensou o prejuízo de outra de roupa de criança. **3** Indemnizar/Reparar/Ressarcir. **Ex.** O dinheiro recebido do seguro compensou apenas uma pequena parte dos prejuízos causados pelo temporal. **4** Valer a pena/Trazer vantagens. **Ex.** Apesar de ser mais longe, ir pela autoestrada «pagando» compensa «é mais rápido e mais seguro».

compensativo, a *adj* (<lat *compensatívus, a,um*) Que pode ser usado para compensar.

compensatório, a *adj* (<lat *compensatórius,a,um*) Que envolve compensação/Que serve para compensar/Compensativo. **Comb.** Juros ~s.

compensável *adj 2g* (<compensar+-vel) Passível de ser compensado. **Ex.** Falta ao trabalho ~ com trabalho fora do horário normal (para não ter desconto no vencimento).

competência *s f* (<lat *competéntia,ae*: proporção, simetria) **1** Conhecimento aprofundado e reconhecido que confere a quem o possui a capacidade de julgar, decidir ou exercer determinadas funções/Aptidão/Capacidade. **Ex.** (Não) ter ~ para desempenhar o lugar de dire(c)tor/para ensinar matemática. **2** *Dir* Capacidade legal para realizar determinados a(c)tos jurídicos. **Ex.** A ~ legislativa pertence à Assembleia da República. **Comb.** ~ *do Ministério Público* «para instruir um processo». ~ *dum tribunal* «para julgar uma causa». **3** *col* Pessoa competente (+)/Sumidade. **Ex.** Foram ouvidas as mais altas ~s na matéria. **4** *Ling* Interiorização pelo sujeito falante do sistema de regras e elementos a que estas regras se aplicam e que possibilitam a formação e compreensão de um número indeterminado de frases inéditas. **5** ⇒ Concorrência/Competição.

competente *adj 2g* (<lat *cómpetens,éntis*) **1** *Dir* Que tem competência legal para tomar conhecimento e decidir sobre determinada matéria. **Comb.** Órgão [Entidade] ~ para autorizar a realização duma manifestação na via pública. **2** Que tem capacidade [conhecimentos/qualificação] para exercer de forma satisfatória determinada a(c)tividade/Idóneo. **Comb.** Profissional «médico» muito ~. **3** Capaz/Qualificado. **Ex.** A(c)tualmente, qualquer estudante é ~ para [é capaz de (+)/sabe] utilizar [trabalhar com] o computador. **4** Adequado/Indicado/Próprio. **Ex.** «jogador de futebol» Agrediu um adversário e sofreu o castigo ~ que merecia «foi expulso».

competição *s f* (<lat *competítio,ónis*) **1** Disputa entre duas ou mais pessoas [entidades] para alcançar o mesmo obje(c)tivo «lugar/prémio» ou o melhor resultado. **Ex.** Entre eles houve sempre uma ~ saudável para ver quem tinha melhor nota nos testes. **2** Concorrência/Rivalidade. **Ex.** A entrada na UE proporcionou uma enorme ~ de produtos estrangeiros «espanhóis» no mercado português. **3** Luta/Desafio. **Comb.** Dois empregados em ~ pelo mesmo lugar de chefia. **4** *(D)esp* Prova (d)esportiva. **Ex.** A *Liga dos campeões (Champions League)* é a ~ mais importante do futebol europeu.

competidor, ora *adj/s* (<lat *compétitor, óris*) **1** (O) que compete/Concorrente. **Ex.** A(c)tualmente, a mulher é ~ora com o homem em quase todos os domínios. **Loc.** Ter espírito ~ [lutador(+)]. **2** Adversário/Rival/Concorrente. **Ex.** Vencer uma prova (d)esportiva é o obje(c)tivo de todos os ~es [concorrentes(+)].

competir *v int* (<lat *cómpeto,íre,ítum*) **1** Entrar em concorrência com outro(s) na mesma pretensão/Disputar/Rivalizar. **Ex.** A equipa/e [sele(c)ção(+)] nacional vai ~ com as melhores equipas/es de futebol no campeonato europeu. Duas empresas competirem pelo domínio do mercado/pela adjudicação duma obra. **2** Ser das atribuições de alguém/Ser de direito. **Ex.** O direito de educar compete, em primeiro lugar, aos pais. Aos alunos, compete-lhes ouvir os ensinamentos dos professores. **3** Entrar em comparação/Igualar [Ultrapassar] «em qualidade/preço». **Ex.** Os vinhos portugueses competem com [portugueses igualam/até são melhores do que] os melhores vinhos franceses.

competitividade *s f* (<competitivo+-i-+-dade) Qualidade do que é competitivo.

competitivo, a *adj* (<competir+-ivo) **1** Relativo a competição. **Comb.** «calendário das» Provas ~as de futebol «taça de Portugal/taça da Liga». **2** Que sempre gosta de competir. **Comb.** (D)esportista ~. **3** *Econ* Que suporta [aguenta] a competição/concorrência. **Comb.** *Preço* ~. *Produto* ~.

compilação *s f* (<compilar+-ção) **1** Reunião de textos/documentos sobre determinado assunto/natureza/proveniência. **Comb.** ~ *de leis* do trabalho. ~ *de canções* populares. ~ *dos discursos* «do Presidente da República». **2** Conjunto dos elementos reunidos/Cole(c)tânea. **Ex.** A Ordem dos Advogados publicou a ~ das alterações ao Código Civil. **3** *Info* Tradução de um programa para outro equivalente em linguagem de máquina.

compilador, ora *s/adj* (<compilar+-dor) **1** (O) que compila/reune/colige. **Comb.** ~ de provérbios/contos populares. **2** *Info* Programa que efe(c)tua a tradução de uma linguagem simbólica para linguagem de máquina.

compilar *v t* (<lat *compílo,áre,átum*) **1** Reunir de forma organizada escritos/documentos/textos sobre o mesmo assunto. **Loc.** ~ anedotas [adivinhas/charadas]. **2** Fazer a compilação num ou mais volumes de obras literárias ou doutra natureza/Compendiar. **Loc.** ~ a poesia lírica de Luís de Camões/os sermões do P. Antó[ô]nio Vieira. **3** *Info* Traduzir uma linguagem de programação para linguagem de máquina própria para o computador.

compilatório, a *adj* (<compilar+-tório) Relativo a compilação. **Comb.** *Fase* ~a [de compilação/elaboração] «do dicionário». *Processo* ~.

compincha *s 2g pop* (< ?) Companheiro/Camarada/*Br* Cupincha. **Ex.** Aqueles ~s andam sempre juntos.

compita *s f col* (<competir) Disputa/Rivalidade/Competição. **Comb.** À [Em] ~ [Em competição/À porfia] (Loc. Andar à ~ «a ver quem era o melhor aluno»).

cômpito *s m* (<lat *cómpitum,i*) Ponto de encontro de vários caminhos/Encruzilhada(+).

complacência *s f* (<lat *complacéntia,ae*) **1** Disposição para aceitar/aprovar atitudes/comportamentos/sentimentos/gostos dos outros sem crítica nem castigo/Condescendência/Contemplação. **Loc.** Tratar os filhos com ~. **2** Benignidade(+)/Benevolência(+). **Loc.** Usar de ~ nos castigos. **3** Satisfação íntima/Agrado/Comprazimento. **Loc.** Falar de si próprio com ~.

complacente *adj 2g* (<lat *complácens, éntis*; ⇒ comprazer) **1** Que tem complacência/Benévolo. **Comb.** Pessoa «mãe/pai/professor» ~. **2** Que denota aceitação/Tolerante/Benevolente. **Comb.** Olhar [Sorriso] ~.

complanar[1] *v t* (<lat *compláno,áre,átum*) Pôr ao nível de/Pôr no mesmo plano/Nivelar com. **Loc.** ~ [Nivelar(+)] um terreno com a estrada. ~ a entrada duma casa com a rua.

complanar[2] *adj 2g* (<com-+plano+-ar[2]) Que está no mesmo plano. **Comb.** Figuras [Pontos/Re(c)tas/Re(c)ta e ponto] ~es.

complectível [*Br* **comple(c)tível** (*dg*)] *adj 2g* (<lat *complectíbilis,e*) Que pode ser abraçado/abrangido.

compleição *s f*(<lat *compléxio,ónis*) **1** Constituição [Estrutura] física. **Comb.** ~ débil [robusta]. **2** Disposição de ânimo/Temperamento. **Comb.** ~ irascível.

complementar[1] *v t* (<complemento+-ar[1]) Dar em [Receber de] complemento/Completar. **Loc.** ~ *a refeição* com uma saborosa sobremesa. ~ *o diagnóstico* com mais algumas análises.

complementar[2] *adj 2g* (<complemento +-ar[2]) **1** Que completa/serve de complemento. **Comb.** *Geom* Ângulos ~es [cuja soma perfaz 90º]. *Cores* ~es [puras que, misturadas nas devidas proporções, dão a cor branca]. **2** Relativo a complemento. **Comb.** *Cadeira* ~ *dum curso. Parte* [Cláusula] ~ *dum contrato*.

complementaridade *s f* (<complementar[2]+-i-+-dade) **1** Qualidade do que é complementar/do que completa. **Comb.** ~ de dois proje(c)tos [de duas ideias]. **2** *Fís* Diz-se de descrições diferentes do mesmo fenó[ô]meno que podem ser verificadas separadamente mas não simultaneamente. **Comb.** *Fís* A ~ das teorias corpuscular, de Heisenberg, e ondulatória, de Schrödinger.

complemento *s m* (<lat *compleméntum,i*) **1** A(c)to ou efeito de complementar/O que se acrescenta para completar. **Ex.** Para ~ do processo de admissão, envio o certificado de habilitações literárias. O subsídio de refeição é um ~ salarial. **2** Acessório «cinto/gravata» que completa [termina/remata(+)] o conjunto «de vestuário». O cata-vento é um ~ de muitas torres. **3** *Gram* Palavra ou expressão que completa o sentido de outra. **Comb.** ~ *circunstancial* [indica uma circunstância «de lugar/tempo/modo»]. ~ *de verbo/frase/substantivo*. ~ *dire(c)to* [geralmente não precedido de preposição, completa o sentido do verbo]. ~ *indire(c)to* [antecedido de preposição, completa o sentido do verbo e de alguns substantivos] (Ex. Na frase: "os filhos devem obediência aos pais", *aos pais* é o ~

indire(c)to pedido pelo substantivo *obediência*). **4** *Arit* Diferença entre um número do sistema decimal e a unidade de ordem imediatamente superior à do seu último algarismo da esquerda. **Ex.** O ~ de 206 é 794 (Diferença de 206 para 1 000). **5** *Geom* Parte que é necessário acrescentar a um ângulo para fazer um ângulo re(c)to. **Ex.** O ~ do ângulo de 74° é 16°. **6** *Biol* Substância do soro sanguíneo que a(c)tua como imunizante de certas bactérias.

completamente *adv* (<completo+-mente) **1** Por completo/Inteiramente/Totalmente. **Ex.** Gastou tudo; ficou ~ na miséria. O terramoto destruiu ~ a cidade. O copo já não leva mais (água); está ~ cheio. **2** Absolutamente/Totalmente. **Ex.** Isso é ~ falso. Ficámos ~ estarrecidos «com o horror do acidente».

completar *v t* (<completo+-ar¹) **1** Tornar completo/Fazer até ao fim/Concluir/Terminar. **Ex.** O empreiteiro completou a obra um mês antes do prazo previsto. «diz o vendedor/lojista» Leve mais duas laranjas para ~ um quilo [uma dúzia]. Falta-me uma cadeira para ~ o curso de Direito. **2** Formar um conjunto harmonioso/mais perfeito/Acrescentar um complemento. **Ex.** Completou a decoração da sala com um bonito jarrão chinês cheio de verdura. Eles, marido e mulher, têm qualidades que os completam. **3** Finalizar/Terminar/Concluir. **Ex.** O orador completou [concluiu(+)] o discurso com uma palavra de agradecimento. **4** Percorrer até ao fim determinado percurso ou traje(c)tória. **Ex.** O automobilista partiu atrasado mas ao ~ a 1.ª volta já ia na frente. **5** Atingir a idade/Perfazer determinado período de tempo. **Ex.** Faleceu no dia em que completava 85 anos. Estamos quase a ~ 50 anos de casados.

completas (Plé) *s f pl Rel* (<completo) Última oração da Liturgia das Horas que se recita antes do descanso no(c)turno.

completivo, a *adj* (<lat *completívus,a,um*) **1** Que completa. **Ex.** O estágio profissional é uma parte ~a do curso. **2** Que serve de complemento. **Comb.** *Gram* **Conjunção** *~a* [Conjunção subordinativa «que/se» que liga a oração principal uma outra que lhe completa o sentido]. ***Oração*** *~a* [que completa o sentido de outra] (Ex. Na frase: "disse-lhe que viesse", *que viesse* é uma oração ~a).

completo, a (Plé) *adj* (<lat *complétus,a,um*) **1** Que possui todos os elementos próprios da sua constituição/A que não falta nada. **Comb.** **Equipamento** ~ «de futebol (Camisola, calções, botas, ...)». **Obra literária** *~a* «de Luís de Camões». ***Serviço*** «de jantar/chá/café» ~. **Ant.** In~. **2** Que não tem lacunas/falhas/Totalmente preenchido. **Ex.** O quadro de pessoal [O número de funcionários/empregados] está ~; não há vagas. **Comb. Inquérito** [Questionário] ~ [totalmente respondido/preenchido]. ***Por*** ~ [Totalmente/Completamente]. **3** Que não pode conter mais nada/Cheio/Repleto. **Comb.** Lotação «dum avião/duma sala de espe(c)táculos» ~a. **4** Totalmente realizado/Concluído/Terminado. **Ex.** Ele faz proje(c)tos de arquite(c)tura mas não tem o curso ~. **5** Que tem todas as características requeridas/Total/Perfeito. **Comb. Um alimento** ~ «pão/arroz». ***Um atleta*** *~*. **6** Que se cumpriu na totalidade. **Comb. Uma volta** *~a* à praça. **Vinte anos** *~s/feitos(+)*. **7** *fam* Que é exemplo acabado de algo/Total. **Ex.** Confesso a minha ~a ignorância desse assunto. **Comb.** Um idiota ~ [*col* chapado(+)].

completude *s f* (<completo+-ude) Qualidade do que é completo/perfeito/acabado/Perfeição(+).

complexado, a (Csa) *adj/s Psic* (<complexar+-ado) (O) que tem complexo(s)/Inibido.

complexão (Csão) *s f* (<lat *compléxio, ónis*; ⇒ compleição) **1** Conjunto de elementos [partes] que perfazem um todo/Complexo. **2** *Fís* Cada uma das diferentes maneiras de realizar a distribuição energética dum sistema quântico em equilíbrio térmico a uma dada temperatura.

complexidade (Csi) *s f* (<complexo+-i-+-dade) Qualidade do que é complexo/complicado/difícil. **Comb. ~ das ideias** «expressas num texto/discurso». ~ **dum problema.** ~ **duma situação. Ant.** Simplicidade.

complexo, a (Cso) *adj/s m* (<lat *compléxus,a,um*) **1** Que é composto por diversos elementos inter-relacionados. **Comb.** *Legislação ~a. Personalidade ~a.* **2** Complicado(+)/Difícil/Intrincado(+). **Comb.** *Linguagem ~a. Problema* [Questão] *~o/a. Situação ~a.* **3** *s m Econ* Conjunto de instalações «industriais/(d)esportivas» existentes num mesmo local e que mantêm entre si inter-relações funcionais. **Comb.** ~ **(d)esportivo.** ~ **fabril.** ~ **petrolífero.** ~ **siderúrgico.** ~ **turístico. 4** *Psic* Conjunto de sentimentos, ideias e impulsos interligados, geralmente inconscientes e adquiridos na infância, que organizam a personalidade e orientam o comportamento individual. **Loc.** Ter ~s [Ter exagerada falta de confiança em si mesmo]. **5** *Quím* Composto de coordenação formado (pelo menos) por um átomo [ião/íon] central ao qual estão ligados vários átomos [grupos de átomos/iões/íons] chamados ligandos. **Ex.** Na molécula [Co(NH$_3$)$_6$]Cl$_2$ o átomo central é o átomo ionizado Co^{3+} e a parte dentro de [ ] é o ião/íon ~. **6** *s m pl Mat* Números da forma $a+bi$, onde a e b são números reais e i a unidade imaginária igual a $\sqrt{-1}$ ($i^2 = -1$). **Ex.** O corpo (números) ~s pode considerar-se como uma ampliação do corpo dos (números) reais.

complexometria (Cso) *s f Quím* (<complexo+-metria) Técnica analítica em que a determinação duma substância [dum elemento/composto] se faz provocando a formação de um complexo solúvel (que é medido).

complexona(s) (Csô) *s f Quím* (<complexo+-ona) Agentes complexantes muito utilizados em complexometria como titulantes.

complicação *s f* (<lat *complicátio,ónis*: a(c)ção de dobrar, embrulhar) **1** A(c)to ou efeito de complicar(-se). **Ex.** Ao desemprego sobreveio [seguiu-se] a ~ econó[ô]mica da família. **2** Confusão/Embaraço. **Ex.** Não gosto de conduzir na cidade «em Lisboa»; não me entendo [não sei desembaraçar--me] naquela ~ do trânsito. **3** Dificuldade/Impedimento. **Ex.** Para obter a autorização de permanência no país de acolhimento, quantas ~ões os imigrantes (não) têm que vencer! **Comb. Exercício** [Problema] de grande ~. **4** *Med* Agravamento duma doença durante a fase de recuperação. **Ex.** Surgiram ~ões pós-operatórias.

complicado, a *adj/s* (<complicar+-ado) **1** Que tem complicações/Difícil de resolver/Complexo. **Comb. *Problema* ~*o*. *Situação* [Vida] *~a*. **2** Que tem uma estrutura [um funcionamento] difícil de compreender/tratar. **Comb. *Aparelho*** [Máquina] ~. ***Caminho*** [Percurso/Traje(c)to] ~. **3** (O) que cria dificuldades/não age de forma simples. **Ex.** Ele é um ~, só causa problemas. **Comb.** Feitio [Pessoa] ~o/a.

complicador, ora *adj/s* (<complicar+-dor) ⇒ complicado **3**.

complicar *v t* (<lat *cómplico,áre,átum*: enrolar, enroscar, dobrar enrolando) **1** Tornar menos simples/mais complicado. **Ex.** O telecomando do portão só veio ~; está sempre a avariar. **2** Tornar mais difícil/confuso/complexo/Dificultar. **Ex.** As alterações ao programa complicaram-no muito. **Ant.** Simplificar. **3** Embaraçar/Piorar/Agravar. **Ex.** As obras da rua complicaram imenso o trânsito; há engarrafamentos *idi* a toda a hora [engarrafamentos constantes]. O estado do doente complicou-se. **Ant.** Facilitar; melhorar.

complô [*complot*] *s m* (<fr *complot*) Acordo secreto entre pessoas [grupos] para derrubar o poder ou prejudicar alguém/Conluio/Conjura/Conspiração. **Ex.** Há quem afirme que o presidente dos EUA John Kennedy foi vítima dum ~. **Sin.** Maquinação; trama.

componente *adj/s 2g* (<lat *compónens, éntis*; ⇒ compor) **1** (O) que compõe/entra na composição. **Comb. Órgãos** ~s duma máquina. **2** *Quím* Elemento [Substância] que entra na formação dos compostos e das misturas. **Ex.** Nos compostos e nas misturas homogé[ê]neas (Soluções) os ~s não se distinguem. **3** *Fís* Cada um dos ve(c)tores em que uma força se pode decompor. **Ex.** Qualquer força pode sempre decompor-se em duas ~s, uma horizontal e outra vertical.

componível *adj 2g* (<lat *componíbilis,e*) Que se pode compor.

compor *v t* (<lat *compóno,ere,pósui,pósitum*) **1** Formar de várias coisas uma só. **Ex.** Apenas com duas flores e verdura compôs um lindo ramo. Forças políticas [Partidos] que compõem [formam/constituem] a Assembleia da República. Peças que compõem um puzzle. A Bíblia compõe-se de duas partes: o Antigo e o Novo Testamento. **2** Entrar na composição/Pertencer a/Formar. **Ex.** A água compõe-se [é um composto] de oxig[ê]nio e hidrogé[ê]nio. A família era: [compunha-se de] pai, mãe e três filhos. **3** Dar forma a uma obra artística/Criar/Conceber. **Loc.** ~ **um poema.** ~ **uma obra musical. 4** Fazer composição tipográfica. **Loc.** ~ a capa duma revista [a primeira página dum jornal]. **5** Pôr em ordem/Dar outra disposição/Ajeitar. **Loc.** ~ **a cama** [a sala/as almofadas do sofá]. **6** Tratar da aparência própria ou de outrem. **Loc.** ~ **os cabelos.** ~ **o vestido** [a saia]. **7** Pôr a funcionar (o que estava avariado)/Consertar/Arranjar. **Loc.** ~ **a máquina de lavar.** ~ **os travões do carro.** ~ **uma torneira** «que pinga». **8** *fig* Harmonizar/Conciliar. **Ex.** Andaram zangados algum tempo mas já se compuseram [mas acabaram por se ~]. Componham-se! Se se casaram, não é para andar a vida inteira de costas voltadas um para o outro [inteira zangados um com o outro].

comporta *s f* (<com-+porta) Porta móvel que sustém a água duma barragem/dum açude/dique. **Loc.** Abrir [Fechar] as ~s.

comportado, a *adj* (<comportar+-ado) **1** Que tem bom [mau] comportamento. **Comb.** Aluno bem [mal] ~. **2** Contido. **Ex.** É grande de mais para ficar [entrar/ser ~] num espaço tão pequeno.

comportamental *adj 2g* (<comportamento+-al) Relativo a comportamento. **Comb.** Problemas ~ais [de comportamento(+)].

comportamento *s m* (<comportar+-mento) **1** Maneira de agir/Procedimento/Con-

duta. **Ex.** Alguma coisa se passa: ele tem um ~ muito estranho [~ fora do normal]. **2** *Psic* Conjunto de rea(c)ções observáveis motivadas por um estímulo exterior [pelo meio].

comportar *v t* (<lat *compórto,áre,átum*) **1** Ter capacidade para conter/Admitir. **Ex.** O elevador não comporta [leva] mais passageiros. O depósito do carro comporta [leva] 50 litros de combustível. **2** Ter como consequência/Implicar. **Ex.** «fazer alpinismo» Uma aventura com [que comporta/tem] muitos riscos. **3** Ter determinado comportamento/Agir/Portar-se(+)/Proceder. **Ex.** Se te comportares bem durante o ano, deixo-te ir à viagem de fim de curso. Não faças isso «pôr as mãos na comida»; comporta-te como gente (educada)! **4** Suportar/Aguentar. **Ex.** O orçamento familiar não comporta [não pode arcar com] mais despesas.

comportável *adj 2g* (<comportar+-vel) Que pode ser comportado/Admissível/Tolerável/Suportável. **Comb. *Despesas ~eis. Dores ~eis*** [suportáveis(+)]. **Ant.** In~.

composição *s f* (<lat *composítio,ónis*) **1** Maneira de formar um todo pela reunião de várias partes/Formação/Organização/Constituição/Disposição. **Ex.** Qual a ~ do teu [seu] agregado familiar? A ~ do grupo «coral» é muito heterogé[ê]nea. Vamos mudar a ~ [disposição(+)] do gabinete. **2** O que resulta da interligação dos componentes/Combinação. **Ex.** Na ~ de licores usam-se muitas vezes essências em substituição dos produtos naturais. A fibra sintética entra na ~ desse tecido. **3** Produção literária [artística/científica]/Criação. **Ex.** O professor mandou fazer uma ~ [reda(c)ção] sobre os perigos da energia nuclear. **Comb.** ~ poética [Poesia/Poema]. **4** *Mús* Arte de compor obras musicais/Obra musical. **Ex.** É maestro e também faz ~. Ouvimos três ~ões de autores diferentes sobre o mesmo tema «*Ave Maria/Kyrie*». **5** A(c)ção (tipo)gráfica de compor obra para impressão. **Ex.** O livro já está na ~ [no prelo]; brevemente será posto à venda. **6** *Gram* Processo de formação de palavras novas pela junção de palavras já existentes. **Comb. ~ *por justaposição*** «couve-flor/saca-rolhas». ***~ por aglutinação*** «aguardente/pernalta». **7** *Quím* Proporção em que entram os elementos que se combinam para formar um composto. **Comb.** ~ qualitativa [quantitativa] «do sulfato de cobre». **8** *Mat* Qualquer processo que a cada par ordenado de elementos dum conjunto associa determinado elemento do mesmo ou de outro conjunto. **9** Conjunto de carruagens ferroviárias/Comboio(+). **Ex.** A primeira ~ de Lisboa para o Porto sai [parte] às seis da manhã. Os adeptos do Benfica deslocaram-se numa ~ extraordinária [especial] para assistirem ao jogo no Porto.

composicional *adj 2g Ling* (<composição+-al) Diz-se de expressão complexa cujos constituintes são separáveis a nível de sentido e não formam uma unidade lexical.

compositivo, a *adj* (<lat *compositívus,a,um*) **1** Relativo a composição. **2** Próprio para compor. **Comb.** Regras ~as.

compósito, a *adj/s m* (<lat *compósitus,a,um*) **1** Mesclado/Heterogé[ê]neo. **Comb.** *Arquit* Ordem ~a [em que entram elementos das ordens jó[ô]nica e coríntia]. **2** *s m* Material constituído por duas ou mais substâncias. ⇒ composto.

compositor, ora *s* (<lat *compósitor,óris*) **1** O que compõe. **2** *Mús* Pessoa que escreve [compõe] obras musicais. **Ex.** Domingos Bontempo foi um grande ~ português do séc. XVIII. **3** Pessoa que faz composição tipográfica.

compostagem *s f* (<fr *compostage*) Processo biológico através do qual a matéria orgânica constituinte do lixo é transformada por a(c)ção de microrganismos, existentes no próprio lixo, em material estável utilizado como fertilizante das terras.

compostas *s f pl Bot* (<composto) Diz-se de família de plantas, geralmente ervas ou arbustos, com inflorescência em capítulo e folhas alternas, que inclui milhares de espécies espontâneas e algumas cultivadas, como a margarida, a dália, a alface, a alcachofra, o girassol, ...

composto, a *adj/s m* (<lat *compósitus,a,um*; ⇒ compósito **2**) **1** Formado por dois ou mais elementos. **Comb. *Adubo ~. Estrutura ~a. Palavra ~a. Substância ~a*.** **Ant.** Elementar; simples. **2** Arrumado/Ordenado. **Ex.** Não sais [Não te deixo sair] de casa sem teres o quarto e a sala ~s [arrumados(+)]. Ena! De casaco e gravata, estás muito bem ~ [arranjado]! **3** Consertado/Arranjado. **Ex.** Vou à oficina buscar o carro que já está ~. **4** *fam* Bem-disposto/Satisfeito. **Ex.** Não quero (comer) mais nada; já estou (bem) ~. **5** *s m Quím* Substância pura formada por dois ou mais átomos combinados em proporções invariáveis, com propriedades físicas e químicas bem definidas e diferentes das dos átomos que a compõem. **Ex.** A água e o sal são ~s [substâncias ~as]. **Comb. ~ *inorgânico*** [de origem mineral «água/soda cáustica»]. **~ *orgânico*** [que contém carbono (formando cadeias) «aminoácidos/gasolina»]. **6** *Agr* Corre(c)tivo do solo e fertilizante obtido por compostagem da matéria orgânica.

compostura *s f* (<lat *compositúra,ae* <*compósitum*; ⇒ compor) **1** Arranjo/Conserto. **Ex.** Não vale a pena [Não se justifica] fazer a ~ da máquina, fica quase pelo mesmo preço de [, custa quase tanto como] uma nova. **2** Atitude/Porte/Comedimento/Postura. **Ex.** É uma rapariga [moça] duma ~ exemplar. **3** Modo de se apresentar/Maneira de vestir/Apresentação. **Ex.** Aquela senhora não prima pela [não se esmera na] ~: anda sempre mal arranjada. **4** Composição/Constituição. **Ex.** A amêndoa é um ingrediente que entra na ~ de muitos bolos. **5** Mistura. **Ex.** Este refresco é uma ~ [mistura(+)] de vários sumos.

compota *s f Cul* (<fr *compote* <lat *compósitus*; ⇒ compor) Doce preparado com fruta cozida em calda de açúcar. **Comb.** ~ de maçã [pêssego/marmelo/pera].

compoteira *s f* (<compota+-eira) Recipiente de vidro ou loiça em que se guarda [serve] a compota.

compra *s f* (<comprar) **1** A(c)to ou efeito de comprar/Aquisição a troco de dinheiro. **Loc.** Ir às [Fazer] ~s. **Comb. *Carrinho das ~s*.** «*pão*» ***De ~*** [Que é [foi] comprado não é feito em casa]. ***Lista das ~s. Poder de ~*** [Capacidade econó[ô]mica para adquirir bens ou serviços]. **2** O que se compra/Aquisição. **Ex.** Este carro foi uma boa ~ [foi bom e barato]. Alguns hipermercados trazem as ~s a casa. **3** Suborno. **Ex.** Suspeita-se que houve ~ do árbitro nesta partida de futebol.

compradiço, a *adj* (<comprar+-diço) Que se deixa comprar/Venal. **Comb.** Fiscal [Polícia] ~.

comprador, ora *adj/s* (<comprar+-dor) (O) que compra. **Ex.** Tenho amêndoa para vender mas não aparecem ~es. **Ant.** Vendedor.

comprar *v t* (<lat *cómparo,áre,átum*) **1** Adquirir mediante pagamento. **Ex.** Vou ~ um carro novo. Comprei maçãs na feira muito baratas. **Prov. *Quem desdenha quer ~*** [Quando alguém mostra desinteresse exagerado por alguma coisa é porque a quer obter e, ou não pode, ou receia que outros se lhe antecipem na compra, ou a quer ~ barata]. **2** *fig* Alcançar/Obter/Ganhar. **Ex.** Sair da casa dos (meus) sogros trouxe-me mais despesas, mas comprei o sossego e a independência. **3** Subornar/Corromper/Dar luvas. **Ex.** O réu tentou ~ as testemunhas.

comprável *adj 2g* (<comprar+-vel) **1** Que se pode comprar/Comerciável(+). **2** Que se deixa subornar/Subornável. **Comb.** Árbitro ~ [subornável(+)].

comprazedor, ora *adj/s* (<comprazer+-dor) **1** (O) que gosta de se comprazer. **2** Condescendente/Transigente.

comprazer *v t/int* (<lat *compláceo,ére,ui,itum*) **1** Ser [Tornar-se] agradável a alguém/Dar [Sentir] prazer/Agradar. **Ex.** Muito me comprazia vê-lo com saúde. Tinha maus instintos: comprazia-se em fazer sofrer os colegas. **2** Fazer a vontade a alguém/Ser condescendente/Transigir. **Ex.** Os avós têm tendência a comprazerem-se com os pedidos e as traquinices dos netos.

comprazimento *s m* (<comprazer+-i-+-mento) **1** Agrado/Satisfação. **Ex.** Gosto muito do campo. Sinto um enorme ~ na contemplação da natureza. **2** Congratulação/Regozijo. **Ex.** Já não atinava com os nomes dos netos, mas notava-se o ~ que a presença deles lhe dava.

compreender *v t* (<lat *compre[ae]héndo, dere, comprehénsum*) **1** Abranger/Incluir/Englobar. **Ex.** O preço da viagem compreende [inclui(+)] o transporte e a estadia. A obra completa de Luís de Camões compreende a lírica e *Os Lusíadas*. **2** Alcançar com a inteligência/Entender/Perceber. **Ex.** Ele leu mas não compreendeu (o que leu). **3** Dar-se conta/Captar/Perceber. **Ex.** Bastou um sinal para eu ~ [perceber/saber] o que ele queria. **4** Entender [Aceitar] as atitudes [os comportamentos/sentimentos] de alguém. **Ex.** Compreendo o teu desgosto por teres reprovado no exame mas *idi* o mundo não acaba por causa disso [mas isso não é o fim do mundo]. Os adolescentes e os jovens precisam de quem os compreenda. **5** Ter uma conce(p)ção [ideia] pessoal acerca de alguma coisa. **Ex.** É asim que eu compreendo a religião cristã: amar a Deus e aos outros sem esperar nada em troca.

compreendido, a *adj* (<compreender+-ido) **1** Que faz parte/Incluído/Abrangido. **Comb.** Matéria ~a no programa. **2** Percebido/Entendido(+). **Ex.** Traz [Compra] só o que vai indicado na lista, ~? **3** Implicado/Comprometido.

compreensão *s f* (<lat *comprehénsio,ónis*; ⇒ compreender) **1** A(c)to de compreender. **Comb.** Pessoa de ~ lenta [que demora a compreender as coisas]. **2** Faculdade de entender/Perce(p)ção/Entendimento. **Ex.** Usava palavras e imagens acessíveis à ~ das crianças. **3** Capacidade de entendimento [aceitação] de atitudes/maneiras de ser/pensar diferentes das suas/Benevolência/Tolerância/Simpatia. **Ex.** Para educar adolescentes e jovens é preciso ter [usar de] muita ~. **Ant.** In~. **4** *Fil* Conjunto de características comuns a todos os elementos duma classe e que a distinguem. ⇒ extensão.

compreensibilidade s f (<compreensível+-i-+-dade) **1** Qualidade do que é compreensível. **2** Faculdade de compreender/perceber. **Loc.** Usar de ~ «para com as crianças».

compreensível adj 2g (<lat *comprehensíbilis,e*) **1** Que pode ser compreendido/entendido/percebido/Inteligível. **Comb.** Texto [Mensagem] (facilmente) ~. **Ant.** In~. **2** Que pode ser tolerado/aceite/Admissível. **Ex.** Nos idosos, as falhas de memória são ~eis/naturais. Um atraso de alguns minutos «para quem mora (tão) longe» é ~ [admissível/desculpável].

compreensivo, a adj (<lat *comprehensívus,a,um*) **1** Que compreende/é capaz de compreender. **Ex.** O homem é um ser ~ [racional(+)], que tem capacidade ~a. **2** Propenso à compreensão do outro/Benevolente/Indulgente/Tolerante. **Comb.** Pessoa ~ [capaz de desculpar]. **3** Abrangente(+)/Pormenorizado. **Comb.** Descrição ~a «duma escola/paisagem».

compressa (Pré) s f (<compresso) Tira de gaze [pano] hidrófila/o, geralmente esterilizada, em folhas ou dobrada várias vezes, utilizada para fins cirúrgicos «estancar hemorragias/aliviar dores/isolar feridas».

compressão s f (<lat *compréssio,ónis*) **1** A(c)to ou efeito de comprimir/Redução do volume «dum gás/duma esponja» por efeito da pressão. **Comb.** ~ *do ar. Bomba de* ~. **Ant.** Des~; expansão. **2** *Med* Pressão exercida sobre um tecido ou órgão. **Comb.** ~ *cerebral.* ~ *dum nervo* «raquidiano». **3** *Info* Redução do tamanho dum ficheiro sem alteração do seu conteúdo/Compactação. **4** *fig* Opressão/Coa(c)ção/Repressão.

compressibilidade s f (<compressível+-i--+-dade) **1** Qualidade do que é compressível. **2** *Fís* Propriedade geral da matéria que consiste na redução de volume por a(c)ção duma força exterior. **Comb.** Módulo de ~ [Inverso da deformação unitária de volume produzida por um esforço deformador].

compressível adj 2g (<compresso+-vel) ⇒ comprimível.

compressivo, a adj (<compresso+-ivo) **1** Que comprime. **Comb.** *Força ~a. Mola ~a.* **2** *fig* Que oprime/reprime/Repressivo. **Comb.** *Dor ~a. Regime disciplinar* ~ [repressivo(+)].

compresso, a (Pré) adj (<lat *compréssus, a,um;* ⇒ comprimir) Que sofreu redução de volume/Comprimido(+)/Apertado(+).

compressor, a s m/adj (<lat *compréssor, óris*) **1** (O) que comprime. **Comb.** Mecanismo [Mola] ~or/ora. **2** *Mec* Máquina que se destina a elevar a pressão de um gás, comprimindo-o (e reduzindo o seu volume). **Comb.** ~ *alternativo* [de êmbolo]. ~ *rotativo.*

compressório, a adj (<compresso+-ório) Próprio para comprimir/Que envolve compressão. **Comb.** *A(c)ção ~a. Força* [Esforço] *~a/*o. ⇒ compressor.

comprido, a adj (<*an* comprir <lat *complére:* encher, completar) **1** Extenso no sentido longitudinal/Cujo comprimento é muito maior do que a largura/Longo. **Comb.** *Campo* [Terreno] *~. Corredor ~. Folha* «de papel» *~a.* **Ant.** Largo; curto; pequeno. **2** *fig* Que cresceu/Crescido. **Comb.** *Cabelo ~. Unhas ~as.* **Ant.** Curto; pequeno. **3** De elevada estatura/Alto(+). **Ex.** Ele é *col fam* ~, não precisa de escadote para chegar ao armário. **Comb.** *Ao* ~ [No sentido longitudinal] (Loc. Estender-se [Cair no chão] ao ~. Cortar uma tábua ao ~). *Sobre o* ~ [Longitudinalmente]. **Ant.** Baixo; pequeno; curto. **4** Extenso. **Comb.** Texto [Teste/Lição/Matéria] ~o/a. **Ant.** Breve; reduzido. **5** Que se prolonga no tempo/Demorado. **Comb.** *Dias ~s de verão. Sessão* «de cinema» *(muito) ~a.* **Ant.** Breve; curto; pequeno.

comprimento s m (<*an* comprir+-mento; ⇒ comprido) **1** *Fís* Grandeza linear fundamental. **Ex.** O metro é a unidade de ~. **2** Extensão longitudinal entre duas extremidades. **Loc.** *Fazer um muro* [Vedar] *a todo o ~ do terreno. Campo de futebol com 120 m de ~.* **Comb.** O ~ da saia. **Ant.** Largura. **3** Distância(+)/Traje(c)to. **Comb.** Um ~ muito grande «para se fazer [percorrer] a pé». **4** Tamanho/Altura(+). **Ex.** Já viste o ~ daquele cedro? É mais alto do que a torre da igreja! **5** Duração(+). **Comb.** Variação do ~ dos dias ao longo do ano.

comprimido, a adj/s m (<comprimir+-ido) **1** Reduzido a menor volume por a(c)ção duma pressão exterior/Compactado. **Comb.** Ar ~. Biscoitos formados por massa ~a num molde e depois cozida. Tábua formada por aparas de madeira embebidas em cola e ~as (⇒ contraplacado). **2** Apertado(+)/Estreitado. **Ex.** Os passageiros iam tão ~s n(as carruagens d)o metro que a porta quase não se podia fechar. **Ant.** À larga; à vontade. **3** s m Pastilha obtida por compressão de substâncias medicamentosas para ser consumida por via oral/Pílula. **Ex.** O médico receitou-me uns ~s para as dores de cabeça que me fizeram muito bem.

comprimir v t (<lat *comprímo,ere,préssi, préssum*) **1** Exercer [Sofrer] compressão/Apertar. **Loc.** ~ *uma veia* depois de tirar sangue. ~ *a roupa dentro duma mala.* **2** Reduzir o volume por a(c)ção da pressão/Fazer contrair(-se). **Loc.** ~ *ar* com um compressor [uma bomba] para encher os pneus do carro. ~ *aparas de cortiça com cola numa prensa* para fazer placas de corticite. **3** Contrair(-se) por falta de espaço/Encolher(-se)/Apertar(-se)(+). **Ex.** Num comboio apinhado [cheio/superlotado] de gente, os passageiros comprimem-se para que outros também possam entrar. **4** *fig* Causar [Sentir] aflição/constrangimento/Afligir/Constranger. **Ex.** A dor causada pela morte do marido comprimia-lhe o coração.

comprimível adj 2g (<comprimir+-vel) Que se pode comprimir/Compressível.

comprobatório, a adj (<lat *comprobatórius,a,um*) ⇒ comprovativo.

comprometedor, ora adj (<comprometer+-dor) **1** Que compromete/pode comprometer/Vinculador/Comprovador. **Comb.** *Assinatura ~ora* «de que teria participado na decisão». *Documento* ~ [vinculativo(+)] para as partes envolvidas. **2** Que denuncia/deixa perceber algo que se quer ocultar. **Comb.** *Atitude ~ora. Olhar* [Sorriso] *~. Palavras ~oras.* **3** Que expõe a algum risco/perigo. **Comb.** «beber/fumar» Vida desregrada ~ora da saúde.

comprometer v t (<lat *compromitto,ere, mísi,míssum*) **1** Obrigar por [Assumir um] compromisso/Obrigar-se. **Ex.** Ele prometeu-se a pagar todos os meses «uma prestação da compra». Um contrato comprometer [obriga(+)] ambos [todos] os outorgantes. **2** Assumir a responsabilidade/Empenhar-se afincadamente. **Ex.** Comprometi-me a ir ajudar na mudança da casa, não vou faltar. Envolveu-se na política a sério [de forma comprometida]. **3** Dar como garantia/Empenhar/Hipotecar. **Ex.** Ele comprometeu toda a fortuna num proje(c)to que se afigura pouco viável; oxalá não venha a perdê-la. **Loc.** ~ *a honra* [palavra]. **4** *~-se*/Ficar comprometido/Aceitar a obrigação de casar/Ficar noivo. **Ex.** Ela/e já está [é] comprometida/o [já decidiu com quem casar]. **5** Incriminar(-se)/Colocar(-se) em situação delicada ou suspeita/Pôr(-se) em xeque. **Ex.** Não quis revelar os nomes dos amigos [cúmplices] para não os ~.

comprometido, a adj (<comprometer+-ido) **1** Que assumiu compromisso. **Ex.** Não posso ir contigo porque vou estudar com uns colegas; já estou ~ com eles. **2** Implicado/Envolvido/Enredado. **Ex.** Ele faz parte do mesmo grupo que tem praticado vários assaltos; também deve estar ~. **3** Envergonhado/Embaraçado. **Loc.** Sentir-se ~ [pouco à vontade/embaraçado]. **4** Que está noivo ou casado. **Ex.** Deixa a moça em paz; ela é [já está] *~a.* **Ant.** Livre; solteiro.

comprometimento s m (<comprometer+-mento) A(c)to de comprometer(-se)/Vinculação/Compromisso.

compromissário, a adj (<compromisso+-ário) **1** Relativo a [Que envolve] compromisso. **2** *Dir* Diz-se de juiz ou árbitro escolhido para decidir uma questão.

compromisso s m (<lat *compromíssum,i;* ⇒ comprometer) **1** Obrigação assumida por acordo ou promessa/Comprometimento/Contrato. **Ex.** Assumi o ~ de levar ao almoço todos os dias a uma vizinha idosa e doente. **Loc.** *Faltar a um ~. Tomar (um)* ~ [Comprometer-se/Obrigar-se]. **Comb.** ~ *de honra* [Solene]. *Sem* ~ [Sem cará(c)ter vinculativo/de obrigatoriedade absoluta]. *Solução de* ~ [envolvendo cedência(s)]. **2** *Dir* Acordo jurídico entre as partes para resolver um conflito por arbitragem. **Comb.** ~ *arbitral.* **3** *Dir* Acordo do falido com os seus credores.

compromissório, a adj (<compromisso+-ório) Que envolve compromisso. **Comb.** Cláusula ~.

compromitente adj/s 2g (<lat *compromíttens,éntis;* ⇒ comprometer) (O) que tomou [assumiu] um compromisso «de vender uma casa».

compropriedade s f (<com-+...) Propriedade comum a duas ou mais pessoas.

coproprietário, a s (<com-+-...) O que partilha com outrem a mesma propriedade.

comprovação s f (<lat *comprobátio,ónis*) **1** Confirmação/Verificação. **Ex.** Fui [Voltei] lá ver as pautas (das notas na tabela) para ~ de que realmente tinha reprovado. **2** Prova que se apresenta ou se junta a outra. **Ex.** Para justificação da falta é preciso juntar a ~ [o documento comprovativo(+)] da consulta médica «passada pelo Centro de Saúde».

comprovadamente adv (<comprovado+-mente) De maneira comprovada/Com provas/Provado. **Ex.** O saldo é ~ inferior ao apresentado nas contas.

comprovador, ora adj/s (<comprovar+-dor) **1** (O) que comprova/serve para comprovar. **2** Instrumento usado em columbofilia no qual se insere a anilha do pombo-correio para comprovar a hora de chegada.

comprovante adj 2g/s m (<comprovar+-ante) **1** Que comprova. **2** *Br* Documento que comprova uma despesa. **Ex.** Para reembolso da despesa, o caixa [tesoureiro] exigiu o ~.

comprovar v t (<lat *compróbo,áre,átum*) **1** Provar através de documento «certificado/declaração». **Loc.** ~ *a idade* [identidade] com o passaporte. ~ *um pagamento*

com o recibo. **2** Afirmar a verdade dum fa(c)to/Confirmar/Corroborar. **Ex.** Todos os vizinhos comprovaram que era uma família muito carenciada. **Loc.** Uma testemunha ~ o depoimento do réu. **3** Tornar evidente/Mostrar com clareza. **Ex.** Isso só vem ~ que eu tinha razão no que dizia «que se ele não abandonasse aquele grupo, acabaria viciado na droga».

comprovativo, a *adj/s m* (<comprovar+-tivo) (O) que serve para comprovar. **Comb.** Documento ~ da ida ao médico (Razão de faltar ao trabalho).

comprovável *adj 2g* (<comprovar+-vel) Que se pode comprovar. **Ex.** Se faltou ou não à aula, é (um fa(c)to) facilmente ~.

compulsação *s f* (<lat *compulsátio,ónis*; ⇒ compulsar) **1** *Dir* A(c)ção dum tribunal superior que tem por obje(c)tivo obrigar um tribunal inferior a cumprir uma decisão desse mesmo tribunal. **2** *Psic* Impulso irresistível que leva à repetição dum a(c)to ou a determinado comportamento, independentemente da vontade do sujeito. **Ex.** A ~ alivia a obsessão e a ansiedade do doente.

compulsar *v t* (<lat *compúlso,áre,átum*: bater contra, impelir) **1** Manusear [Consultar(+)] escritos/documentos/livros para extrair alguma nota/algum apontamento. **2** Obrigar a fazer/Compelir/Coagir. **Ex.** O delinquente agiu compulsado pela carência da droga.

compulsivamente *adv* (<compulsivo+-mente) De modo compulsivo/À força. **Comb.** Aposentado [Reformado] ~.

compulsivo, a *adj* (<lat *compulsívus,a, um*; ⇒ compelir) **1** Que compele/obriga/força. **Comb.** Pagamento [Cobrança] ~o/a duma dívida por ordem do tribunal. **2** Que não é facultativo/Obrigatório. **Comb.** Inspe(c)ção médica ~a por ter faltado ao recenseamento militar. **3** *Psic* Que leva à repetição de um a(c)to independentemente da vontade do sujeito.

compulsório, a *adj/s f* (<lat *compúlsus+-ório*; ⇒ compelir) **1** Que compele/obriga. **Comb.** Decisão ~a. **2** *s f Dir* Mandado de juiz de tribunal superior para instância inferior.

compunção *s f Rel* (<lat *compúnctio,ónis*) Sentimento de pesar e arrependimento por ter ofendido a Deus/Contrição. **Ex.** Uma das manifestações características da ~ é o chorar [o dom das lágrimas].

compungido, a *adj* (<compungir+-ido) Em que há compunção/Arrependido/Pesaroso. **Loc.** Manifestar-se ~, pedindo perdão. **Comb.** «participar num funeral» Com ar ~.

compungir *v t* (<lat *compúngo,ere,púnxi, púnctum*: picar em muitas partes, causar impressão desagradável, ferir, ofender) **1** Causar compunção a/Tornar pesaroso. **Ex.** Confrontado com a gravidade dos crimes que tinha cometido, não se compungiu [, não mostrou arrependimento]. **2** Afligir/Enternecer/Sensibilizar-se. **Loc.** ~-se com a desgraça alheia.

compungitivo, a *adj* (<compungir+-tivo) Relativo a [Que causa] compunção.

computação *s f* (<lat *computátio,ónis*) **1** A(c)to ou efeito de computar/Cálculo/Cômputo. **Comb.** ~ orçamental. **2** *Info* A(c)tividade exercida com o computador. **3** *Info* Processamento de dados no computador. **Comb.** Centro de ~.

computacional *adj 2g Info* (<computação+-al) Relativo ao computador ou à computação. **Comb. Cálculo ~. Linguística ~.**

computador *s m Info* (<computar+-dor) Aparelho ele(c)tró[ô]nico capaz de receber, armazenar e processar grande quantidade de informação de acordo com um programa prévio de instruções. **Ex.** Estamos na era dos ~es; as crianças já usam mini~es na escola. Passa o tempo a jogar no ~. **Comb.** ~ *analógico* [que utiliza grandezas físicas cujas medidas correspondem aos números das operações]. ~ *digital* [que utiliza uma representação numérica ou digital]. ~ *pessoal.* ~ *portátil.*

computadorizar *v t* (<computador+-izar) ⇒ computorizar.

computar *v t* (<lat *cómputo,áre,átum*) **1** Fazer o cômputo de/Contar. **2** Calcular/Orçar. **Loc.** ~ as despesas «do mês». **3** *Info* Utilizar o computador «no tratamento de dados estatísticos».

computável *adj 2g* (<computar+-vel) Que pode ser computado/calculado. **Comb.** Despesas ~eis.

cômputo *s m* (<lat *cómputus,i*) Contagem/Cálculo. **Loc.** Fazer o ~ dos prejuízos «causados por uma tempestade». **Comb.** *Hist/Rel* ~ *eclesiástico* [Conjunto de cálculos que permite calcular a data da Páscoa e das restantes festas móveis do calendário eclesiástico/litúrgico cristão].

computorizar *v t/int Info* (<comput(ad)orizar) **1** Empregar o computador para processar dados. **2** Informatizar [Introduzir o computador na execução de] determinada tarefa ou a(c)tividade. **Loc.** ~ o sistema de análises clínicas.

comum *adj 2g/s m* (<lat *commúnis,e*) **1** Que é de todos. **Ex.** O *Português* é a língua ~ da Comunidade dos Países de Língua Portuguesa – CPLP. **Comb.** «pele com escamas» *Característica* ~ *dos peixes. De* ~ *acordo* [Com o consentimento de todos]. *Em* ~ [Conjuntamente]. *Gram Substantivo* ~ [que designa coisas, pessoas, animais, a(c)ções, qualidades ou estados «mesa/lavrador/gato/auxílio/alegria/ansiedade»]. *Substantivo* ~ *de dois* [que tem apenas uma forma para os dois géneros «jovem/mártir»]. *Mat Denominador* ~. *Máximo divisor* ~. *Menor múltiplo* ~. **2** Que é público/cole(c)tivo. **Idi.** É voz ~ [É opinião geral]. **Comb.** «refeitório» Área ~ «duma empresa». «enterrado em» *Vala* ~. **3** Que é muito frequente/Habitual/Normal/Vulgar. **Comb.** *Linguagem* [Palavras] ~*m/ns.* «João/Silva» *Nome* [Apelido] ~ «em Portugal». «fazer férias na praia» *Prática* ~ «de muitos portugueses». *Roupa* ~. **4** Que pertence a mais que um/Que é partilhado. **Comb.** *Carro* ~ «de toda a família». *Conta bancária* ~ [conjunta(+)]. **5** Que não é [não merece tratamento] especial/individualizado/Geral/Ordinário. **Comb.** *Ano* ~ [que não é bissexto]. *Delito* ~. *Tribunal* ~. **Ant.** Especial; particular; próprio. **6** *s m* A generalidade/A maior parte. **Ex.** Ruas estreitas e sinuosas é o ~ dos bairros antigos. **Comb.** *Rel* ~ *dos mártires* [confessores/das virgens] [Diz-se do ofício que se reza na comemoração dum santo (mártir/confessor/...) que não tem ofício próprio]. *O* ~ *dos mortais* [A maioria das pessoas/A generalidade dos seres humanos].

comummente [*Br* **comumente**] *adv* (<comum+-mente) Vulgarmente/Geralmente/Habitualmente.

comuna *s f Hist* (<lat *commúnis,e*) **1** Bairro próximo duma povoação [cidade] mas separado desta, onde viviam, organizados de forma independente e sob prote(c)ção real, judeus (Judiarias ou alfamas) e mouros (Mourarias). **2** A mais pequena circunscrição administrativa de França e doutros países. **3** (**A**) ~ Nome dado ao governo municipal de Paris, de 1789 a 1795. **4** (~ **de 1871**) Insurreição que governou Paris de 18 de março a 28 de maio de 1871. **5** *s 2g pop* ⇒ comunista.

comunal *adj 2g* (<comum+-al) Relativo à comuna. **Comb. *Cadeia*** [Cemitério] ~. ***Direitos*** ~*ais.* ***Regime*** [Organização] ~ «das judiarias».

comunalismo *s m* (<comunal+-ismo) Sistema [Doutrina] que preconiza a autonomia dos municípios/⇒ Municipalismo.

comungante *s/adj 2g* (<comungar **1**+-ante) (O) que comunga/que vai comungar. **Ex.** Os ~s geralmente aproximam-se do altar em fila. **Comb.** Criança ~.

comungar *v t/int* (<lat *commúnico,áre, átum*) **1** *Rel* Receber Jesus Cristo no sacramento da eucaristia/Receber a (sagrada) comunhão. **Ex.** Muitos fiéis comungam habitualmente na missa dominical; outros apenas em ocasiões festivas especiais «Páscoa/Natal/Casamento». **2** *fig* Ter em comum/Partilhar/Participar. **Ex.** Na família, todos comungam do que há em casa. **Loc.** ~ das mesmas ideias.

comunhão *s f* (<lat *commúnio,ónis*) **1** A(c)to ou efeito de comungar/ter em comum/Partilha/Compartilhação. **Comb.** ~ *de bens* [Regime matrimonial que regula o direito dos cônjuges sobre os bens patrimoniais «~ geral ou ~ de adquiridos»]. ~ *de ideias.* **2** *fig Psic* Comunicação recíproca de duas consciências em presença. **Ex.** A ~ implica, no momento em que se realiza, uma fusão afe(c)tiva total. ⇒ empatia. **3** *Rel* Sacramento da Eucaristia. **Ex.** A ~ é parte integrante da missa na qual Cristo se torna presente para ser alimento espiritual do sacerdote celebrante e dos fiéis. **4** *Rel* A(c)to de receber o Corpo de Cristo sob as espécies sagradas do pão (e do vinho). **Loc. *Levar a*** ~ «aos doentes». ***Receber*** [Dar] ***a*** ~. **Comb.** Primeira ~ [1.ª vez que se recebe Jesus no sacramento da eucaristia]. **5** *Rel* Participação dos fiéis no Corpo Místico de Cristo que os une a Jesus Cristo e uns aos outros. **Loc.** Estar em ~ com a Igreja. **Comb.** ~ dos santos [Igreja, Corpo Místico de Cristo] **a)** Participação dos bens (Das coisas santas) da Igreja; **b)** União dos fiéis, vivos e defuntos, com Cristo e entre si.

comunicabilidade *s f* (<comunicável+-i-+-dade) Qualidade ou estado do que é comunicável. **Loc.** Restabelecer a ~ [as comunicações(+)] «por estrada» entre duas cidades «isoladas pela tempestade».

comunicação *s f* (<lat *communicátio, ónis*) **1** A(c)to ou efeito de comunicar/transmitir [receber] mensagens. **Loc.** «um repórter duma estação emissora» ***Entrar em*** ~ ***com os ouvintes.*** ***Estar em*** ~ ***com um amigo*** «pelo telemóvel». **2** Troca de informação através de meios e códigos diversos «escrita/fala/sinais». **Ex.** A língua é um conjunto de sinais verbais que serve para a ~ entre os indivíduos duma comunidade. Um em cada canto da sala, (os dois amigos) passavam as aulas em ~ por sinais. **3** O que é comunicado/Mensagem. **Ex.** A ~ da morte «da avó» foi recebida com grande pesar. Recebi a ~ da realização do jantar de confraternização por *e-mail.* **4** *Ling* A(c)to que consiste na codificação e descodificação duma mensagem verbal. **Ex.** Os fa(c)tores de ~ são o emissor, o rece(p)tor, a mensagem, o código, o canal e o referente. **5** Declaração/Participação/Mensagem/Aviso/Informação. **Ex.** O Presidente da República vai falar [fazer uma ~] ao país. **6** Exposição oral ou escrita de um trabalho sobre um tema específico. **Ex.** Vou apresentar no congresso uma ~ sobre os recentes avanços da medicina no

tratamento do cancro [câncer]. **7** Difusão de notícias e outro tipo de informação. **Comb.** ~ social/de massas **a)** Conjunto dos órgãos «jornais/revistas/meios audiovisuais/TV» que têm como missão principal informar o público; **b)** O que é transmitido por esses meios para o grande público. **8** Relação de cará(c)ter intelectual ou afe(c)tivo entre pessoas ou seres vivos/ Capacidade de entendimento. **Ex.** A ~ entre eles «marido e mulher» nunca foi fácil. A ~ entre os domadores e os animais que pretendem controlar [dominar] é intensa e constante. **9** Ligação entre lugares/O que faz [permite fazer] a ligação entre duas localidades [dois espaços]. **Ex.** As duas vivendas têm ~ pelo quintal. **Comb.** *Meios de ~* «automóvel/comboio». *Vias de ~* «aérea/marítima/terrestre». ⇒ estrada; rota; canal; rio. **10** Transmissão(+) de alguma coisa «doenças/vícios» a outrem/ Contágio(+).

comunicado, a *adj/s m* (<comunicar+-ado) **1** Que foi transmitido/divulgado/participado. **Ex.** A alteração da data do exame foi ~a por meio de aviso afixado nos locais habituais. Não lhe disseram «que a reunião tinha sido adiada» e deviam ter-lhe ~. **2** *s m* Informação [Aviso] de cará(c)ter público e formal difundido pelos meios de comunicação social. **Comb.** ~ do Gabinete do Primeiro Ministro/da Prote(c)ção Civil. **3** Informação oficial de cará(c)ter público restrito divulgado pelos meios usuais. **Comb.** ~ da Associação de Estudantes «de Medicina»/ da Dire(c)ção dum clube «de futebol».

comunicador, ora *adj/s* (<comunicar+-dor) **1** (O) que comunica/transmite uma mensagem/Transmissor. **Comb.** «jornal local» Órgão ~/informativo(+) «das notícias da terra». **2** O que gosta de comunicar e o faz com agrado dos interlocutores [ouvintes]/ Comunicativo/Conversador. **Comb.** Um bom ~. **3** *s* Profissional da comunicação social ou pessoa especialmente dotada para comunicar com o público. **Ex.** Mais que um apresentador, ele/a é sobretudo um bom [uma boa] ~or/ora.

comunicante *adj 2g* (<comunicar+-ante) Que comunica/estabelece [está em] ligação. **Comb.** *Dependências* «sala e quarto» *~s*. *Fís Sistema de vasos ~s.*

comunicar *v t* (<lat *commúnico,áre,átum*) **1** Dar a conhecer/Dizer/Informar/Participar. **Ex.** Ele ficou de me ~ [combinou comunicar-me] a hora de chegada «ao aeroporto/à estação». Vou ver as pautas dos resultados dos exames e depois comunico-tos. **2** Estabelecer conta(c)to/ comunicação/Conta(c)tar. **Ex.** O avião deixou de ~ com a torre de controle «às 11 horas». **Loc.** *~ por escrito* «carta/fax». *~ pela Internet*. *~ por telemóvel*. **3** Fazer sentir/Transmitir/Passar. **Ex.** As crianças comunicam vida e alegria. **Loc.** ~ confiança [simpatia]. **4** Contagiar/Espalhar/Propagar. **Ex.** Apanhou a gripe «A» e comunicou-a a [e contagiou(+)] toda a família. As doenças infe(c)ciosas comunicam-se facilmente de umas pessoas a outras. **5** Ter ligação/comunicação/Dar para. **Ex.** A sala e os quartos comunicam com [dão para] a varanda. A cozinha comunica dire(c)tamente com o exterior. **6** *Mec* Transmitir «movimento/energia»/Passar. **Ex.** O veio de transmissão comunica o movimento do motor às rodas.

comunicativo, a *adj* (<lat *communicatívus,a,um*) **1** Que comunica facilmente/Expansivo/Conversador. **Comb.** Pessoa ~a. **2** Que se transmite com facilidade/Contagioso. **Comb.** *Alegria ~a*/contagiante. Vírus ~ [contagioso(+)].

comunicável *adj 2g* (<comunicar+-vel) **1** Que se pode comunicar. **Comb.** Notícias ~eis. **2** Com que(m) se pode comunicar. **Ex.** Estive todo o dia muito ocupado mas sempre ~/conta(c)tável. **Ant.** In~.

comunidade *s f* (<lat *commúnitas,átis* <*commúnis*: comum) **1** Qualidade do que é comum/que pertence a todos/Comunhão. **Comb.** *~ de bens. ~ de interesses* [deveres/obrigações]. **2** Conjunto de pessoas com uma forma de vida «econó[ô]mica/cultural/social» orientada por princípios [interesses/ideais] comuns. **Comb.** *~ agro-pastoril. ~ cigana*. **3** Conjunto de pessoas que vivem num determinado espaço ou território/Sociedade. **Ex.** Os autarcas [poderes locais] têm o dever de zelar pelos interesses da ~. **Comb.** ~ urbana [rural]. **4** Grupo de pessoas ligadas entre si por fortes elos comuns «nacionalidade/língua/religião/tradições». **Comb.** *~ islâmica* [judaica]. *~s portuguesas* espalhadas pelo mundo. *~ dos Países de Língua Portuguesa – CPLP*. *Rel ~ religiosa* [Grupo de pessoas com a mesma regra de vida, pertencentes a uma ordem ou instituto, que vivem na mesma casa]. **5** Grupo de pessoas que têm em comum fa(c)tores de ordem profissional, social ou outros. **Comb.** *~ artística. ~ científica. ~ (d)esportiva*. **6** Conjunto de países ligados por interesses e obje(c)tivos comuns expressos em acordos e geridos por instituições próprias. **Comb.** *~ Britânica* (*Commonwealth*) [Grupo de países formado pela Grã-Bretanha e suas antigas coló[ô]nias]. *~ Europeia* (CE) [Antecessora da União Europeia (UE)]. **7** *Biol* Conjunto de organismos (animais ou vegetais) que habitam no mesmo espaço e se inter-relacionam. **Comb.** ~ de morcegos.

comunismo *s m* (<comum+-ismo) **1** *Fil* Doutrina ou proje(c)to de organização social que transfere para a comunidade os direitos e prerrogativas individuais «direito de propriedade/cole(c)tividade dos bens de produção». **2** Sistema econó[ô]mico e social com origem na obra e no pensamento de K. Marx (1818-1883), F. Engels (1820-1895) e V. Lenine (1870-1924) que se opõe ao capitalismo e preconiza a cole(c)tivização dos meios de produção e a ditadura do proletariado. **3** Conjunto de adeptos e partidos políticos que perfilham essa ideologia.

comuníssimo, a *adj* (<comum+-íssimo) (Superlativo absoluto simples de comum) Muito comum/Vulgaríssimo/Trivial.

comunista *s/adj 2g* (<comum+-ista) **1** Relativo ao comunismo/marxismo-leninismo. **Comb.** *Ideologia ~. Movimento ~. Partido ~. Regime ~.* **2** Partidário do comunismo/Membro de partido comunista. **Ex.** Os ~s defendem ideais igualitários utópicos. Nos congressos dos ~s raramente se ouvem vozes discordantes das cúpulas partidárias.

comunitário, a *adj* (<lat *commúnitas*: comunidade +-ário) **1** Relativo à comunidade. **Comb.** *Espírito ~. Organização ~. Vida ~a.* **2** Que pertence a uma comunidade. **Comb.** *Bens ~. Forno ~. Terrenos ~s.* **3** Relativo à Comunidade Europeia. **Comb.** Dire(c)tivas [Normas] ~as.

comunitarismo *s m* (<comunitário+-ismo) Doutrina que preconiza uma forma de governo que privilegie o que é cole(c)tivo ou comunitário. ⇒ corporativismo.

comunização *s f* (<comunizar+-ção) A(c)to ou efeito de comunizar/Imposição da ideologia comunista. **Comb.** *~ dos camponeses. ~ do exército* [dos marinheiros/ da marinha].

comunizar *v t* (<comuni(smo)+-izar) **1** Tornar(-se) comunista/Converter(-se) ao comunismo. **2** Implantar o comunismo.

comuns *s m pl* (<ing (*House of*) *Commons*: Câmara dos Comuns) Membros da Câmara baixa do parlamento inglês.

comutabilidade *s f* (<comutável+-i-+- -dade) Qualidade ou estado do que pode sofrer comutação.

comutação *s f* (<lat *commutátio,ónis*) **1** A(c)to ou efeito de comutar/Permuta/Troca. **Comb.** *~ dum comando* «de automático para manual». *~ do combustível* «de gasolina para gás GPL». **2** *Dir* Substituição duma pena por outra menos severa. **Comb.** ~ de 30 dias de prisão por multa pecuniária. **3** *Ele(c)tri* Inversão do sentido duma corrente elé(c)trica/Transformação de corrente alternada em contínua/ Entrada em funcionamento dum circuito com interrupção de outro. **4** *Ling* Substituição de um elemento linguístico por outro do mesmo nível com a finalidade de verificar a sua identidade paradigmática. **5** *Mat* Operação de troca mútua de elementos num conjunto. **Comb.** ~ de fa(c)tores numa multiplicação [de parcelas numa adição algébrica].

comutador, ora *adj/s* (<comutar+-dor) **1** (O) que comuta/troca. **Comb.** Mecanismo ~ «da dire(c)ção do movimento». **2** *Ele(c)tri* Dispositivo que permite inverter o sentido da corrente, num circuito elé(c)trico, ou modificar as ligações de diversos circuitos. **Comb.** ~ de escada [Interruptor que permite comandar a iluminação a partir de qualquer dos patamares].

comutar *v t* (<lat *commúto,áre,átum*) **1** Fazer a comutação. **Loc.** *~ o sentido* duma corrente elé(c)trica. *~ a dire(c)ção* dum movimento. **2** Permutar/Trocar/Cambiar. **Ex.** Alunos do mesmo curso e de escolas diferentes comutarem entre si. **3** *Dir* Substituir uma pena por outra menos gravosa. **Loc.** ~ multa pecuniária por serviço à comunidade. **4** *Mat* Efe(c)tuar a comutação de elementos dum conjunto. **Loc.** ~ a ordem dos fa(c)tores numa multiplicação.

comutatividade *s f* (<comutativo+-i-+- -dade) **1** Qualidade do que é comutativo. **2** *Mat* Propriedade de uma operação cujo resultado é independente da ordem dos fa(c)tores. **Comb.** ~ da adição [multiplicação].

comutativo, a *adj* (<lat *commutatívus,a, um*) **1** Que comuta/pode comutar. **Comb.** Elementos [Órgãos] ~s. **2** *Mat* Que goza de comutatividade/Cujo resultado é independente da ordem dos fa(c)tores. **Comb.** Propriedade ~a «da adição/multiplicação».

comutável *adj 2g* (<comutar+-vel) Que se pode comutar/permutar/trocar.

cona *s f gross* (<lat *cunnus,i*: meretriz) Órgão genital feminino/Vagina.

con altezza *loc adv it Mús* Com alegria.

con anima *loc adv it Mús* Com alma/entusiasmo.

conativo, a *adj Psic* (<conato+-ivo) Diz-se de processo não cognitivo e não quantificável mas identificável pela aplicação de testes de personalidade.

conato, a *adj* (<com-+nato) **1** Nascido com outro/Gé[ê]meo(+). **2** Inato.

conatural *adj 2g* (<com-+natural) **1** Conforme à natureza de. **2** Congé[ê]nito.

conaturalidade *s f* (<com-+ …) Fa(c)to de ter a mesma naturalidade de outro(s).

concani(m) *s m* (<concani *konknī*) Língua falada em Concão, antigo território indiano na costa do Malabar onde se situa Goa.

concatenação *s f* (<concatenar+-ção) *s f* (<concatenar+-ção) Ligação/Encadeamento/Nexo/Sequência. **Comb.** ~ de ideias.

concatenar *v t* (<lat *concaténo,áre,átum*) **1** Prender com cadeia. **2** Ligar/Encadear. **3** Estabelecer relações lógicas/(Cor)relacionar/Associar. **Loc.** ~ ideias.

concavidade *s f* (<lat *concávitas,átis*) **1** Qualidade [Forma/Disposição] do que é côncavo. **Ant.** Convexidade. **2** Cavidade/Depressão. **Comb.** ~ *da mão.* ~ *duma lente.* ~ *duma curva.*

côncavo, a *adj/s m* (<lat *cóncavus,a,um* <*cávus*: oco, cavo) **1** Que tem a forma interior curva. **Comb.** *Face* ~*a* «duma lente». *Lado* ~ «duma curva». **Ant.** Convexo. **2** Escavado/Oco. **Comb.** *Zona* ~*a* «duma encosta». **3** *s m* Concavidade. **Comb.** *O* ~ *da orelha.*

côncavo-convexo, a (Vécso) *adj* Que é côncavo dum lado e convexo do outro. **Comb.** *Lente* ~-~*a.*

conceber *v t/int* (<lat *concípio,ere,cépi, céptum*) **1** Ficar grávida/Gerar um novo ser/uma nova vida/Ser fecundada. **Ex.** Ela concebeu pela terceira vez. Tomava a pílula para não ~ [engravidar(+)]. A Virgem Maria concebeu pelo poder do Espírito Santo. **2** Formar uma ideia/Imaginar/Inventar. **Loc.** ~ um plano «para reorganizar a empresa». **3** Criar através da reflexão/Imaginar/Perspe(c)tivar. **Ex.** Não concebo o que seria a minha vida sem (a) fé! **4** Aceitar como possível/Cair na conta de [que]/Admitir/Imaginar. **Ex.** Não posso [Custa-me] ~ que me tivessem feito tamanha injustiça!

concebível *adj 2g* (<conceber+-vel) **1** Que se pode conceber. **2** Imaginável. **Ant.** In~.

conceção (Cè) [*Br* **concepção**] *s f* [= concepção] (<lat *concéptio,ónis*; ⇒ conceber) **1** *Biol* A(c)ção de conceber/gerar um novo ser/Fecundação do óvulo pelo espermatozoide/Geração. **2** Operação mental pela qual se forma um conceito/uma ideia. **Comb.** ~ dum proje(c)to [plano/duma estratégia]. **3** Faculdade de entender/Entendimento. **4** Conceito/Noção/Ideia. **Ex.** A ~ de liberdade dos cristãos é diferente da dos pagãos. **5** Maneira de entender/julgar/Conceito/Opinião/Perspe(c)tiva. **Comb.** ~ da vida.

concecional (Cè) [*Br* **concepcional**] *adj 2g* [= concepcional] (<conceção+-al) Que diz respeito à conceção.

concecionismo (Cè) [*Br* **concepcionismo**] *s m Fil* [= concepcionismo] (<conceção+-ismo) Doutrina que considera como obje(c)tivo imediato da perce(p)ção não o mundo sensível em si mesmo, mas a sua conce(p)ção ou representação intelectual.

concecionista (Cè) [*Br* **concepcionista**] *s 2g* [= concepcionista] (<conceção+-ista) **1** Membro da congregação religiosa masculina dos Irmãos Hospitaleiros, Filhos da Imaculada Conceição, que se dedica à assistência aos enfermos e à educação de órfãos. **2** Membro da congregação feminina de Santa Beatriz da Silva (Irmãs Concecionistas), fundada em Elvas (Portugal), em 1936, para assistência às classes mais pobres e abandonadas.

concedente *adj/s 2g* (<conceder+-ente) (O) que concede.

conceder *v t* (<lat *concédo,ere,céssi,céssum*) **1** Tornar disponível/Pôr à disposição. **Ex.** O Banco concedeu-lhe o empréstimo [emprestou-lhe o dinheiro] «para a compra da casa». **Loc.** ~ favores. **2** Fazer a concessão/outorga/Dar/Outorgar. **Ex.** A Câmara Municipal concedeu a exploração do serviço de transportes escolares a uma empresa da região. **3** Dar autorização/Permitir. **Ex.** O chefe concedeu-me que saísse [-me licença para sair] mais cedo do trabalho. **4** Admitir como hipótese válida/Supor verdadeiro/Aceitar. **Ex.** Procurei educar corre(c)tamente os filhos, mas concedo [confesso] que muitas vezes errei. **5** Dar consentimento/Consentir. **Ex.** Foste [Deixei-te ir] brincar sem teres acabado os trabalhos de casa mas não to volto a ~ [não volto a consentir que faças o mesmo].

concedível *adj 2g* (<conceder+-vel) Que se pode conceder. **Ex.** Não pedi nada que não fosse ~ [O que pedi era ~].

conceição *s f* (<lat *concéptio,ónis*; ⇒ conceber) A(c)ção de conceber/Conce(p)ção. **Comb.** *Rel* Imaculada ~: **a)** Privilégio de Maria, mãe de Jesus, ter sido isenta do pecado original desde o primeiro instante da sua conce(p)ção no ventre de sua mãe; **b)** Um dos títulos da Virgem Maria, também designada por Nossa Senhora da ~, sob o qual foi ado(p)tada para padroeira de Portugal, em 1646, pelo rei D. João IV (**Ex.** A festa da Imaculada ~ celebra-se todos os anos no dia 8 de dezembro).

conceitista *s/adj 2g* (<conceito+-ista) (O) que gosta de formular conceitos/ditar máximas/sentenças.

conceito *s m* (<lat *concéptus*; ⇒ conceber) **1** *Fil* Apreensão ou representação intelectual e abstra(c)ta da essência dum obje(c)to/Ideia. **Ex.** O ~, pelo seu cará(c)ter intelectual, distingue-se de toda a representação meramente sensível. **2** Juízo apreciativo/Opinião. **Loc.** Ter (um) bom ~/Fazer (um) mau [errado] ~ de algo. **3** Ideia [Princípio moral] que se pretende transmitir/Lição/Moral(idade). **Comb.** O ~ duma fábula. **4** Dito sentencioso/Máxima.

conceituado, a *adj* (<conceituar+-ado) Que é tido num certo conceito/Que goza de fama [reputação]. **Comb.** *Marca* [Produto] *bem* ~*a/o* no mercado. *Político mal* ~ junto do público.

conceitual/conceitualismo ⇒ conceutal/concetualismo.

conceituar *v t* (<conceito <lat *concéptus* +-ar¹) **1** Desenvolver um conceito/Formular uma noção/Definir. **Ex.** Einstein conceituou [formulou(+)] a teoria da relatividade. **2** Fazer conceito/Formar opinião/Avaliar. **Ex.** Os produtos daquela marca «Nestlé» são geralmente bem cenceituados no mercado. **3** Contribuir para a boa reputação. **Ex.** A a(c)ção desenvolvida ao longo dos anos em favor dos doentes cancerosos conceituou a Liga Portuguesa Contra o Cancro «como benemérita da sociedade».

conceituoso, a (Ôso, Ósa, Ósos) *adj* (<conceito+-oso) **1** Que encerra conceito. **Comb.** *Definição* ~*a.* **2** Sentencioso. **Comb.** *Dito* ~.

concelebração *s f* (<concelebrar+-ção) Celebração em conjunto. **Ex.** Estiveram vários bispos e padres «em Fátima» na ~ da missa.

concelebrante *adj/s* (<concelebrar+-ante) (O) que celebra juntamente com. **Ex.** A missa foi presidida pelo bispo acompanhado de vários ~s.

concelebrar *v t/int* (<lat *concélebro,áre, átum*) **1** *Rel* Celebrar em conjunto uma a(c)ção litúrgica, sobretudo a missa. **Ex.** O pároco concelebrou (a missa) com dois colegas «missionários». **2** Festejar conjuntamente/em comum. **Ex.** Os dois partidos «da coligação» concelebraram [celebraram em conjunto(+)] a vitória eleitoral.

concelhio, a *adj* (<concelho+-io) Do [Relativo ao] concelho. **Comb.** *Comissão «política»* ~*a.* *Disposições* [Normas] ~*as.* *Terreno* ~.

concelho *s m* (<lat *concílium,ii*) Divisão administrativa do território de categoria imediatamente inferior ao distrito. **Ex.** A Câmara Municipal é o órgão representativo do ~.

concentração *s f* (<concentrar+-ção) **1** A(c)to de concentrar(-se)/fazer convergir para o mesmo local/Reunião/Convergência. **Ex.** A ~ dos manifestantes estava marcada para a praça principal. Os arredores das grandes cidades são geralmente locais de ~ de pobreza. **2** *fig* Capacidade de dirigir a atenção e o pensamento para uma ideia/tarefa/um assunto. **Ex.** Uma operação cirúrgica «às cataratas/ao coração» exige grande ~. **Comb.** ~ na leitura [no estudo]. **3** *Econ* Constituição de unidades produtivas por integração doutras mais pequenas. **Ex.** A ~ visa atingir uma dimensão com maior viabilidade econó[ô]mica. **4** Reunião forçada/Prisão. **Comb.** *Campo de* ~ [Local onde são mantidos sob prisão rigorosa e apertada vigilância prisioneiros de guerra]. **5** *Quím* Grandeza que traduz a quantidade relativa duma substância numa fase líquida ou gasosa. **Ex.** A ~ exprime-se em molaridade, normalidade, percentagem, gramas/litro, ... **Loc.** Aumentar [Diminuir] a ~ «de ácido num banho de decapagem química».

concentracionário, a *adj* (<concentração+-ário) Relativo aos campos de concentração. **Comb.** *Práticas* [*Torturas*] ~*as.*

concentrado, a *adj/s m* (<concentrar+-ado) **1** Que tem uma concentração elevada. **Comb.** *Solução* ~*a* «de ácido clorídrico». **Ant.** Diluído. **2** Reunido num ponto/Centralizado. **Ex.** A multidão ~*a* em frente do palácio «do governador» grita *slogans* de protesto. **Ant.** Disperso; espalhado. **3** *fig* Que mostra concentração/Atento. **Comb.** *Aluno* ~ *no estudo.* **Ant.** Disperso; distraído. **4** *s m Quím* Solução que tem uma concentração relativamente alta de um soluto. **Loc.** Filtrar e recolher o ~ «para fazer a titulação». **5** *s m Cul* Produto alimentar que geralmente se dissolve num líquido ou em outro alimento para se consumir. **Comb.** ~ *de groselha.* ~ *de tomate.*

concentrador, ora *adj/s* (<concentrar+-dor) **1** (O) que concentra. **2** *s m Quím* Aparelhagem utilizada para fazer a concentração.

concentrar *v t* (<com-+centro+-ar¹) **1** Fazer convergir para um centro/ponto/Centralizar/Focar. **Ex.** As lentes convergentes concentram os raios solares num ponto (Foco). O comércio concentra-se na zona baixa da cidade. O orador não conseguiu ~ [atrair(+)] a atenção dos ouvintes. **2** Reunir/Juntar. **Ex.** Os operários concentraram-se à porta da fábrica. **3** Fixar a atenção/o pensamento numa ideia/tarefa/num assunto/Pensar/Refle(c)tir. **Loc.** ~-se no estudo. **4** *Quím* Aumentar a concentração (duma solução). **Loc.** ~ uma solução salina «por evaporação do solvente».

concentrável *adj 2g* (<concentrar+-vel) Que se pode concentrar.

concentricidade *s f* (<concêntrico+-i-+-dade) Qualidade do que é concêntrico. **Comb.** ~ de vários círculos [arcos de círculo].

concêntrico, a *adj* (<com-+centro+-ico) Que tem o mesmo centro. **Comb.** Curvas [Superfícies] ~as.

concentrismo *s m* (<concentrar 2+-ismo) Sistema político que advoga a concentração de partidos políticos.

concepção/concepcional/concepcionismo/concepcionista ⇒ conceção/...

conce(p)táculo (dg) (Cè) *s m Bot* [= conceptáculo] (<lat *conceptáculum,i*) **1** Órgão ou cavidade de alguns vegetais onde se alojam os gérmen(e)s da reprodução. **2** Rece(p)táculo.

conce(p)tismo (dg) (Cè) *s m Liter* [= conceptismo] (<conceito <lat *concéptus*+-ismo) Estilo cara(c)terizado pelo emprego de conceitos muito elaborados.

conce(p)tista (dg) (Cè) *adj/s 2g* [= conceptista] (<conceito +-ista; ⇒ conce(p)tismo) **1** (O) que segue o conce(p)tismo. **2** ⇒ conce(p)tualista.

conce(p)tivo (dg), **a** (Cè) *adj* [= conceptivo] (<lat *conceptívus,a,um*) **1** Que é susce(p)tível de conceber. **2** Próprio para conceber.

conce(p)tual (dg) (Cè) *adj 2g* [= conceptual] (<lat *concéptus,a,um* +-al; ⇒ conce(p)ção) **1** Que diz respeito a conce(p)ção/conceito/ ideia/Mental. **Comb.** Operação material, operação ~. **2** Que contém/organiza conceitos. **Comb.** Esquema ~.

conce(p)tualismo (dg) (Cè) *s m* [= conceptualismo] (<conce(p)tual+-ismo) **1** *Fil* Doutrina que, admitido a existência de conceitos universais, nega o valor obje(c)tivo dos mesmos. **Comb.** ~ empirista [racionalista]. **2** Gosto literário que consiste no emprego de conceitos subtis.

conce(p)tualista (dg) (Cè) *s/adj 2g* [= conceptualista] (<conce(p)tual+-ista) (O) que segue o [Relativo ao] conce(p)tualismo.

conce(p)tualização (dg) (Cè) *s f* [= conceptualização] (<conce(p)tualizar+-ção) **1** A(c)ção de formar conceitos. **2** A(c)ção de organizar em conceitos.

conce(p)tualizar (dg) (Cè) *v t* [= conceptualizar] (<conce(p)tual+-izar) **1** Formar ideia de algo/Organizar mentalmente/ Criar/Conceber. **Loc.** ~ uma campanha «publicitária/de angariação de fundos». **2** Tratar sob a forma de conceito ou sistema de conceitos. **Loc.** ~ uma teoria.

concernente *adj 2g* (<concernir+-ente) Que diz respeito/Respeitante/Referente/ Atinente. **Comb. Dados ~s a um processo** «judicial». **Matéria ~ à biologia** [física/química].

concernir *v int* (<lat *concérno,ere*) Dizer respeito a/Ter relação com/Referir-se a. **Ex.** Isso só a nós concerne; mais ninguém se deve intrometer. **Comb.** No que concerne [Quanto/No que toca] a (Ex. No que concerne [respeita/diz respeito] a aumentos salariais, só mais tarde o assunto será apreciado).

concertação *s f* (<concertar+-ção) A(c)to ou efeito de concertar/Ajuste de opiniões/ interesses/Acordo/Conciliação. **Comb.** ~ social [Acordo entre governo e parceiros sociais «sindicatos/associações patronais» sobre problemas laborais].

concertadamente *adv* (<concertado+-mente) De acordo/Em combinação. **Loc.** «dois partidos políticos» Agirem ~.

concertado, a *adj* (<concertar+-ado) **1** Que foi combinado/acordado. **Comb.** A(c)ção «de protesto» ~a «entre as duas centrais sindicais». **2** Em consonância/ Harmonioso. **Comb.** Coro de vozes ~as. **3** Calmo/Sereno/Recatado. **Comb.** Jovem ~o/a. **4** Bem arranjado/Composto. **Comb.** Apresentação «cabelo/fato» bem ~a. **5** Confrontado/Comparado/Cotejado.

concertador, ora *adj/s* (<concertar+-dor) (O) que concerta/Conciliador. **Comb.** Atitude ~ora [conciliadora(+)].

concertante *adj/s 2g* (<concertar+-ante) **1** (O) que entra em concerto. **2** (O) que peleja/batalha/Combativo. **3** (O) que concilia/ harmoniza. **4** *Mús* Diz-se de solo musical dum concerto ou do músico [instrumento] que o executa. **5** *s 2g Mús* Concertista.

concertar *v t/int* (<lat *concérto,áre,átum*: combater, lutar, porfiar, harmonizar, ajustar; ⇒ consertar) **1** Pôr(-se) de acordo/ Harmonizar(-se)/Conciliar(-se). **Ex.** As duas partes (litigantes) concertaram-se. **2** Fazer um acordo/Combinar/Ajustar. **Ex.** Os dois partidos concertaram uma estratégia comum "para vencer a crise". Concertaram entre todos mudar o dia da reunião. **3** *Mús* Harmonizar sons [vozes]/ Fazer soar em harmonia. **Ex.** Ao romper da manhã, o canto das aves concerta com o rumor da brisa nas folhas das árvores. **4** *Mús* Dar concerto. **Ex.** Músicos [Bandas] famosos/as irão ~ [a(c)tuar(+)], no verão, em Lisboa.

concertina *s f* (<it *concertina*) **1** *Mús* Instrumento musical de fole e palheta livre, da família dos acordeões mas mais pequeno e de caixa hexagonal. **Comb.** Música popular «minhota» acompanhada à ~. **2** *Mil* Obstáculo defensivo formado por espirais de arame farpado.

concertino, a *s Mús* (<it *concertino*) **1** Primeiro-violinista duma orquestra. **2** Executante de instrumentos de corda.

concertista *s 2g Mús* (<concerto+-ista) Músico que toca em concertos/Solista.

concerto *s m* (<concertar) **1** A(c)to de concertar/Acordo/Concertação. **Ex.** Não foi possível o ~ de opiniões tão divergentes. A ONU/UNO é um organismo que procura promover o ~ das nações em torno de obje(c)tivos comuns. **2** Consonância de sons/Harmonia. **Ex.** Coro musical muito trabalhado, em que o ~ das vozes é perfeito. **3** Ordem/Harmonia. **Ex.** Apesar do grande atraso com que os trabalhos começaram, a assembleia manteve-se em grande ~. **4** *Mús* Composição musical com uma certa extensão para um instrumento com acompanhamento de orquestra. **Comb.** ~ para piano e orquestra «de Bach». **5** *Mús* Espe(c)táculo musical «em Lisboa, de Pedro Abrunhosa/Rui Veloso, no Coliseu dos Recreios/da Orquestra Sinfó[ô]nica Nacional, no Teatro de S. Carlos».

concessão *s f* (<lat *concéssio,ónis*; ⇒ conceder) **1** A(c)to ou efeito de conceder/Cedência/Transigência. **Ex.** Para salvaguarda da paz «nas famílias» torna-se necessário muitas vezes fazer ~ões. Há matérias «de fé/moral» em que a Igreja não pode fazer ~ões. **2** Permissão/Autorização/Licença. **Ex.** Foi preciso insistir muito para obter a ~ de sair à noite sem hora de chegada marcada. **3** Privilégio/Favor/Mercê. **Comb.** dum título honorífico «nobiliárquico»/duma condecoração. **4** *Dir* Transferência temporária do direito de exploração dum serviço público, feita pelo Estado [entidade pública] para uma entidade privada. **Comb.** ~ **da construção** e exploração duma auto-estrada. ~ **da exploração duma mina**. **5** *Gram* Expressão que indica uma condição que contraria uma a(c)ção sem impedir que ela se realize. **Ex.** Na frase: "Tenho que ir hoje ao dentista, embora me custe muito", *embora me custe muito* exprime a ~.

concessionar *v t* (<concessão+-ar[1]) (O Estado) outorgar uma concessão/conceder uma licença de exploração. **Loc.** ~ **a exploração de águas minerais**. ~ **um serviço ferroviário**.

concessionário, a *s/adj* (<concessão+-ário) **1** (O) que obteve uma concessão. **Comb.** Empresa ~a da conservação e exploração duma ponte «Lusoponte, Lisboa». **2** Representante exclusivo de uma marca dum produto em determinada região. **Comb.** ~ da Toyota em Portugal.

concessível *adj 2g* (<lat *concessus*) ⇒ concedível.

concessivo, a *adj* (<lat *concessívus,a,um*; ⇒ conceder) **1** Relativo a [Que envolve] concessão. **Comb.** Condições ~as. **2** *Gram* Que exprime ou introduz uma circunstância que contraria uma a(c)ção sem impedir a sua realização. **Comb. Conjunção ~a** «embora/se bem que/conquanto». **Oração ~a** (⇒ concessão 5 Ex.).

concessor, ora *s* (<lat *concéssus*+-or; ⇒ conceder) O que concede/faz concessão.

concessório, a *adj* (<lat *concéssus*+-ório; ⇒ conceder) ⇒ concessivo.

concetáculo/concetismo/concetista/ concetivo/concetual/concetualismo/concetualista/concetualização/concetualizar ⇒ conce(p)táculo/...

concha *s f* (<lat *concha,ae*) **1** *Zool* Formação resistente geralmente de origem calcária que protege o corpo de animais moluscos e braquiópodes. **Idi. Meter-se na ~** [Fechar-se/Retrair-se/Não se manifestar]. **Sair da ~** [Perder a timidez/modéstia/Manifestar-se]. **Comb.** ~ **bivalve**. ~ **do caracol**. **2** *Zool* Carapaça(+) córnea/ Couraça «do cágado/da tartaruga». **3** Colher grande e arredondada utilizada para servir. **Comb.** ~ **da sopa**. ~ **do açucareiro**. **4** Conteúdo dessa colher. **Ex.** Serviu-lhe duas ~s de sopa. **5** Concavidade. **Comb.** A ~ da mão. **6** *Anat* Pavilhão auricular. **7** Enseada recortada em círculo.

conchada *s f* (<concha 3+-ada) O que uma concha pode conter/Conteúdo duma concha. **Loc.** Pôr açúcar «no leite» às ~s.

conchado, a *adj* (<concha+-ado) Em forma de concha/Enconchado.

conchar *v t* (<concha+-ar[1]) ⇒ conchear.

concharia *s f* (<concha+-aria) Grande quantidade de conchas.

conchavar *v t/int* (<lat *concláyo,áre,átum*) **1** Encaixar/Ligar/Ajustar. **Loc.** ~ **duas peças**. ~ **ideias**. **Ant.** Des~. **2** Pôr-se de acordo/Entender-se. **Ex.** Discutiram muito mas acabaram por se ~. **3** Conluiar-se/Tramar. **Loc.** ~ [Combinar(+)] o assalto «a uma loja de telemóveis».

conchavo *s m* (<conchavar) **1** ⇒ Conluio. **2** ⇒ Ajuste/Acordo. **Ant.** Des~.

conchear *v t* (<concha+-ear) **1** Revestir de conchas. **Loc.** ~ uma parede «com conch(inh)as de amêijoa». **2** ~-se/Meter-se na concha/Fechar-se.

conchegar *v t* (<lat *complíco,áre,átum*: enrolar, enroscar, agachar-se, encolher-se) ⇒ aconchegar.

conchego (Chê) *s m* (<conchegar) ⇒ aconchego.

concheiro *s m* (<concha+-eiro) **1** Depósito natural de conchas e moluscos. **2** *Geol* Amontoado, de origem artificial, de conchas, ossos, restos de cozinha, ... pré-históricos/*Br* Sambaqui. **Comb.** ~s de Muge (Portugal).

conchelo (Chê) *s m Bot* (<lat *calicélus,i*: copo pequeno) Nome vulgar de erva vivaz suculenta da família das crassuláceas, *Umbicus rupestris*, também conhecida

por sombreirinho-dos-telhados, umbigo-de-vénus e, na Madeira, por inhame-de-lagartixa.

concho, a adj/s m (<concha) **1** Protegido por concha. **Comb.** Sapo-~. **2** fig pop Senhor de si/Vaidoso/Ufano/Enfatuado. **Ex.** Olha [Olhem para] ele, todo ~! **3** s m region Vaso de cortiça para tirar água dos poços.

conchoide (Ói) adj 2g (<concha 1+-oide) Que tem a forma de concha/Conchudo/Concoidal.

conchoso, a (Ôso, Ósa, Ósos) adj (<concha+-oso) Em que há muitas conchas. **Comb.** Areal [Praia] ~o/a.

conchudo, a adj (<concha+-udo) **1** Conchoide. **2** fig ⇒ Vaidoso/Enfatuado/Concho.

concidadão, ã s (<com-+...) Aquele que é da mesma terra/nação/Compatriota. ⇒ (com)patrício.

conciliábulo s m (<lat conciliábulum,i) **1** Pequeno concílio/Assembleia. **2** Reunião secreta/Conluio.

conciliação s f (<lat conciliátio,ónis) **1** A(c)to ou efeito de conciliar(-se)/Apaziguamento. **Ex.** Lamentava-se por não ter conseguido (fazer) a ~, que tanto desejava, entre os irmãos. **2** Concordância entre o que é oposto/divergente. **Ex.** Não há ~ possível entre as duas opiniões [ideias] totalmente opostas. **3** Dir Processo que visa chegar a uma solução de equidade e compromisso entre partes litigantes. **Comb.** Tentativa de ~ «promovida pelo juiz».

conciliador, ora s/adj (<conciliar+-dor) (O) que concilia/Apaziguador/Pacificador. **Comb.** *Atitude ~ora. Espírito ~.*

conciliante adj 2g (<conciliar+-ante) Que concilia/promove a conciliação/Conciliador.

conciliar¹ v t (<lat concílio,áre,átum) **1** (Fazer) chegar a um entendimento/Pôr [Ficar] de acordo/Concertar. **Ex.** O casal desavindo já se conciliou. **Idi.** ~ o sono [Adormecer]. **2** Tornar compatível/Harmonizar. **Loc.** ~ a vida familiar com as obrigações profissionais. **3** Aliar/Associar/Combinar. **Loc.** ~ a qualidade dum produto com um preço competitivo. **4** Captar/Atrair/Conseguir. **Ex.** (O ministro) teve uma atitude que lhe conciliou [granjeou(+)] simpatia.

conciliar² adj 2g (<concílio+-ar²) Do [Relativo a] concílio. **Comb.** *Bispos ~es. Documentos ~es.*

conciliário, a adj (<concílio+-ário) ⇒ conciliar².

conciliatório, a adj (<conciliar¹+-tório) Próprio para conciliar. **Comb.** *Atitudes [Medidas] ~as. Tentativa ~a.*

conciliável adj 2g (<conciliar¹+-vel) Que se pode conciliar. **Comb.** *Feitios ~eis. Horários ~eis. Ocupações [Tarefas] ~eis.*

concílio s m Rel (<lat concílium,ii) Reunião regular de bispos e outros dignitários eclesiásticos para deliberar, decidir e legislar sobre problemas de interesse para a Igreja. **Comb.** ~ *diocesano* [Designação imprópria de sínodo diocesano]. ~ *ecumé[ê]nico* [que reúne os bispos de todo o mundo, convocado e presidido pelo Papa]. ~ *plenário* [que reúne os bispos de várias províncias eclesiásticas/nacional/geral/regional]. ~ *provincial* [que reúne os bispos de determinada província eclesiástica].

concisão s f (<lat concísio,ónis <concído,ere: cortar aos bocadinhos <cum + cáedo,ere,sum: cortar) **1** Qualidade do que é conciso/Precisão/Exa(c)tidão. **2** Brevidade no dizer/falar. **Loc.** Expor um assunto com ~. **Sin.** Laconismo. **Ant.** Prolixidade.

conciso, a adj (<lat concísus,a,um; ⇒ concisão). **1** Que tem concisão. **2** Exposto em poucas palavras/Sucinto/Breve/Exa(c)to. **Comb.** *Estilo ~. Explicação ~a.* **Sin.** Lacó[ô]nico. **Ant.** Extenso; prolixo. **3** Preciso.

concitação s f (<lat concitátio,ónis) Instigação/Incitação/Estimulação.

concitar v t (<lat concíto,áre,átum) **1** Instigar à desordem/ao tumulto/Incitar. **Ex.** Os a(c)tivistas concitaram [incitaram(+)] os operários para a greve. **2** Estimular/Encorajar. **Ex.** A família não deixou de o ~ [estimular(+)] para que não abandonasse os estudos «reprovar um ano não era razão para desistir».

concitativo, a adj (<concitar+-tivo) Que concita/instiga/estimula. **Comb.** Palavras ~as.

conclamação s f (<lat conclamátio,ónis) **1** A(c)to de conclamar/Gritaria em tumulto. **2** Aclamar em conjunto com outros. **Comb.** ~ [Aclamação(+)] da equipa/e vencedora «do campeonato» pelos adeptos do clube.

conclamar v int (<lat conclámo,áre,átum) **1** Bradar tumultuosamente em conjunto com outros. **2** Aclamar em conjunto.

conclave s m (<lat conclávis,e: lugar fechado à chave <cum clave: com chave) **1** Rel Lugar onde se reúnem os cardeais, em rigorosa clausura, para eleição do Papa. **Ex.** Desde Pio IX, o ~ tem sido sempre no Palácio Apostólico do Vaticano. **2** Rel Reunião dos cardeais para eleição do Papa. **Ex.** As votações do ~ são efe(c)tuadas na Capela Sistina. **3** fig Reunião de cará(c)ter sigiloso.

conclavista s m (<conclave+-ista) Pessoa que presta assistência a um cardeal no conclave. **Ex.** Os ~s, obrigados também a rigoroso sigilo, não assistem às votações.

concludência s f (<lat concludéntia,ae; ⇒ concluir) Qualidade do que é concludente.

concludente adj 2g (<lat conclúdens,éntis; ⇒ concluir) **1** Que conclui/Terminante. **Comb.** Capítulo [Página] ~ dum livro. **2** Convincente/Decisivo. **Comb.** Argumentos [Provas] ~s «da inocência».

concluir v t (<lat conclúdo,ere,úsi,úsum) **1** (Fazer) chegar ao fim/Acabar/Terminar. **Loc.** ~ *um curso.* ~ *uma obra* [um trabalho]. **2** Encerrar/Rematar. **Ex.** Concluiu secamente a conversa «agora não quero falar nisso» e retirou-se. Um deslumbrante fogo de artifício concluiu os festejos. **3** Tirar a conclusão/Deduzir. **Ex.** As suas [tuas] palavras permitem-me ~ que vai(s) casar brevemente.

conclusão s f (<lat conclúsio,ónis) **1** A(c)to ou efeito de concluir/Acabamento/Termo/Fim. **Ex.** A ~ da obra está prevista para daqui a dois meses. **Comb.** Em ~ [Para terminar/Resumindo/Finalmente] (Ex. Em ~, querem emprego mas não querem trabalhar). **2** Parte final duma tese [obra científica]/Epílogo/Fecho. **Ex.** O relatório «de estágio» está pronto; falta só a ~. O livro desenvolve o tema e apresenta uma ~ muito interessante. **3** Resolução duma situação/Desfecho. **Ex.** Só depois de terminada a fase de instrução do processo será conhecida a ~ «se é ou não constituído arguido». **4** Proposição final dum raciocínio/Dedução/Ilação. **Ex.** Se mais ninguém (além dele) entrou em casa e o dinheiro desapareceu, é fácil tirar a ~. **5** Lóg Proposição que necessariamente se infere das premissas. ⇒ silogismo.

conclusivo, a adj (<concluso+-ivo) **1** Relativo a [Que contém] conclusão. **Comb.** Frase ~a «dum discurso». Resposta ~a «duma conversa». **2** Que fundamenta uma conclusão/Concludente. **Ex.** Os resultados da análise não foram ~s. **3** Gram Diz-se de conjunção [locução] coordenativa que liga à oração anterior uma outra que exprime conclusão «logo/portanto/pelo que/por consequência».

concluso, a adj (<lat conclúsus,a,um; ⇒ concluir) **1** Que foi concluído/Terminado/Findo. **2** Dir Diz-se de processo entregue ao juiz para despacho/sentença.

concoidal adj 2g (<concoide+-al) **1** Semelhante a concha/Concoide. **Comb.** Aspe(c)to [Forma] ~. **2** Referente a concha. **Comb.** Detritos ~ais. **3** Min Diz-se de tipo de fra(c)tura de certos minerais cara(c)terizado por apresentar concavidades e convexidades.

concoide (Cói) adj 2g/s f (<gr kógkhe: concha+-oide) **1** ⇒ concoidal. **2** s f Geom (Dada uma curva e um ponto pertencente ao mesmo plano, define-se como) lugar geométrico dos pontos do feixe de re(c)tas que passam pelo ponto, equidistantes (para um e outro lado) do ponto de interse(c)ção de cada re(c)ta com a curva. **Comb.** ~ de Nicomedes [Caso particular em que a curva de referência é uma re(c)ta].

concomitância s f (<concomitar+-ância) Existência simultânea de duas ou mais coisas/Coexistência. **Ex.** A situação da família agravou-se muito com a ~ do desemprego do marido com a doença da mulher.

concomitante adj 2g (<lat concómitans, ántis) Que se apresenta em simultâneo com outra coisa. **Comb.** Visita ~ «do filho e da cunhada». **2** Que acompanha outro/Acessório. **Comb.** Efeitos [Variações] ~s.

concomitantemente adv (<concomitante+-mente) Ao mesmo tempo (+)/Simultaneamente. **Ex.** Ouviu-se o estrondo e (~) os vizinhos apareceram [vieram(+)] todos à janela.

concordância s f (<concordar+-ância) **1** A(c)to de concordar/Acordo/Harmonia «de ideias/sentimentos entre pessoas». **Ex.** Para a venda da casa é necessária a ~ de todos os herdeiros. **Loc.** Fazer um gesto de ~ [aprovação/assentimento]. **Sin.** Conciliação; concórdia. **Ant.** Desacordo; discordância. **2** Conformidade/Adequação. **Comb.** ~ *da música com a letra.* ~ *de traduções* «feitas por pessoas diferentes». **3** Gram Identidade «de gé[ê]nero/número/pessoa» entre elementos da mesma oração. **Comb.** ~ *em gé[ê]nero e número* «do adje(c)tivo com o substantivo: lindos olhos». ~ *em número e pessoa* «do sujeito com o predicado: ela é linda». **4** Geom Ligação entre duas linhas (curvas/re(c)ta e curva) sem apresentar quebra. **5** Fís Relação entre duas vibrações sinusoidais de natureza e períodos idênticos, quando a diferença de fase é nula. **6** Geol Disposição paralela de camadas geológicas.

concordante adj 2g (<lat concórdans,ántis; ⇒ concordar) **1** Que concorda. **Comb.** Ideias [Vozes] ~s. **Ant.** Discordante. **2** Em conformidade/Condizente. **Ex.** Maneira de vestir «fato/vestido» ~ com a cerimó[ô]nia em que vai participar. **Ant.** Discordante; em desacordo; impróprio; que destoa. **3** Harmó[ô]nico. **Comb.** Sons ~s. **Ant.** Desarmó[ô]nico; dissonante. **4** Sem quebra de ligação/Coincidente. **Comb.** Arcos ~s. **5** Geol Diz-se de camadas geológicas paralelas. **Comb.** *Estratificação ~. Montanhas ~s* [paralelas à costa].

concordar v t/int (<lat concórdo,áre,átum) **1** Estar [Pôr-se] de acordo. **Ex.** Depois de lhe explicar «que era melhor adiar o passeio», (ele) concordou comigo. **2** Estabelecer harmonia/Concertar. **Ex.** Desfizeram

a sociedade por não terem conseguido ~ numa estratégia para o desenvolvimento da empresa. **3** Estar de acordo com o que se afirma/Achar verdadeiro. **Ex.** Todos (os partidos) concordam que para sair da crise são necessárias medidas de austeridade. **4** Consentir/Anuir/Assentir. **Ex.** Com alguma relutância, a mãe concordou que o baile de Carnaval fosse cá em casa. **5** Admitir/Conceder/Convir. **Ex.** Deves ~ que o castigo que deste ao teu filho foi demasiado severo. **6** Condizer/Coincidir. **Ex.** As versões (dos fa(c)tos), apresentadas pelas duas testemunhas concordam uma com a outra. **7** *Gram* Seguir as regras gramaticais de relação sintá(c)tica entre palavras da mesma oração. **Ex.** O verbo concorda com o sujeito em número e pessoa «eu amo/eles amam». O adje(c)tivo concorda com o substantivo respe(c)tivo em gé[ê]nero e número «casa linda/olhos lindos».

concordata *s f* (<lat *concordáta,órum*, pl neutro de *concordátum*) **1** *Rel* Convenção entre a Santa Sé e um Estado soberano, pela qual são reguladas as relações entre a Igreja e o Estado. **Ex.** As ~s são celebradas entre sociedades distintas, soberanas na respe(c)tiva ordem, mas que exercem autoridade sobre os mesmos súbditos. **2** *Dir* Acordo entre uma empresa e os seus credores como meio de evitar [suspender] a declaração de falência. **Ex.** A ~ carece de homologação judicial.

concordatário, a *adj/s* (<concordata+-ário) **1** Relativo a concordata. **Comb.** *Artigo ~. Matéria ~a. Pacto ~. Privilégio ~.* **2** *s Dir* Empresa [Negociante] falida/o a que(m) foi aceite a concordata.

concordável *adj 2g* (<lat *concordábilis,e*) Com que se pode concordar/Aceitável. **Comb.** Documento redigido em termos ~eis.

concorde *adj 2g* (<lat *cóncors,córdis*) **1** Que está de acordo/é da mesma opinião. **Ex.** Todos foram ~s «na escolha da data das eleições». **2** Que revela concordância/harmonia. **Comb.** ~s nos mesmos sentimentos «de júbilo».

concórdia *s f* (<lat *concórdia,ae*) **1** Estado de harmonia/entendimento. **Ex.** Depois de «marido e mulher» fazerem as pazes, a ~ voltou a reinar naquela casa. **Ant.** Desavença; discórdia. **2** Conformidade «de opiniões/sentimentos»/Acordo/Paz. **Loc.** Viver em ~ com toda a gente.

concordismo *s m* (<concórdia+-ismo) Movimento que pretendia harmonizar a ciência com a descrição bíblica da origem do mundo, da vida e do homem. **Ex.** Os exageros do ~ ajudaram a conhecer melhor os gé[ê]neros literários bíblicos.

concorrência *s f* (<concorrer+-ência) **1** A(c)to ou efeito de concorrer. **2** Afluência ao mesmo lugar. **Ex.** Hoje, na feira, a ~ era tanta que não se podia dar uma volta [que era difícil circular]. O espe(c)táculo «jogo de futebol» não teve grande ~ (de público). **3** Confluência/Convergência «de ideias/opiniões/pontos de vista». **Ex.** A aprovação da lei só foi possível com a ~ dos votos do partido do governo e dum partido da oposição. **4** Disputa entre pessoas [entidades] pelo mesmo obje(c)tivo/Competição. **Ex.** Os produtos de consumo corrente estão sujeitos a uma ~ feroz (entre as várias marcas/os vários produtores). **5** Conjunto dos que disputam a mesma prova/lutam pelo mesmo lugar/emprego. **Ex.** A marcha pela paz teve uma enorme ~. Há cursos superiores com muito pouca ~.

concorrencial *adj 2g* (<concorrência+-al) Relativo a concorrência/Competitivo. **Comb.** Preços ~ais.

concorrente *adj/s 2g* (<lat *concúrrens, éntis*; ⇒ concorrer) **1** Que concorre para o mesmo ponto. **Comb.** Linhas ~s. **2** Que conflui/converge. **Comb.** Forças ~s. **3** (O) que entra no mesmo concurso/disputa o mesmo lugar/a mesma prova/Competidor/Candidato/Pretendente. **Comb.** *Atleta ~* «à prova dos 100 metros». *Filmes ~s* «aos óscares». *Lista dos ~s* «premiados». **4** (O) que disputa a preferência dos consumidores. **Ex.** Com preços tão baixos, eliminou todos os ~s. **Comb.** Marcas [Produtos] ~s.

concorrer *v int* (<lat *concúrro,ere,cúrri, cúrsum*) **1** Juntar-se com outro(s) no mesmo local/Acorrer/Confluir/Convergir. **Ex.** Quando se ouviu falar do incêndio «da igreja», logo uma enorme multidão concorreu para o [acorreu ao(+)] local. **2** Pretender o que os outros pretendem/Ser candidato «a um lugar»/Candidatar-se. **Ex.** É difícil entrar «para a função pública» porque são muitos os que concorrem. **3** Participar numa competição/Disputar/Competir. **Loc.** ~ numa prova (d)esportiva «de atletismo». **4** Entrar no mercado juntamente com outras marcas/outros produtos. **Ex.** As empresas [Os produtos] nacionais são obrigadas/os a ~ com as/os estrangeiras/os. **5** Contribuir para determinado efeito/resultado. **Ex.** Para uma boa saúde concorrem vários fa(c)tores: alimentação saudável, boas práticas de higiene, exercício físico, vida ao ar livre, …

concorrido, a *adj* (<concorrer+-ido) **1** Que tem [teve] concorrência/é [foi] alvo de competição. **Comb.** Prova (d)esportiva muito ~a. **2** Frequentado por muita gente. **Comb.** Local [Café/Praia] ~o/a.

concreção *s f* (<lat *concrétio,ónis*) **1** A(c)to [Processo] de (se) tornar concreto/sólido. **2** Agregação de partículas formando um corpo sólido no interior doutro. **Comb.** *Biol ~ biliar. ~ óssea.* **3** *Geol* Agregado nodular ou irregular mais resistente do que a rocha sedimentar envolvente e que fica saliente.

concrecionar *v t* (<concreção+-ar¹) Formar concreção.

concrescência *s f Bot* (<lat *concrescéntia, ae*) União de órgãos ou partes de órgãos «pétalas» contíguos/as.

concrescibilidade *s f* (<concrescível+-i-+--dade) Qualidade do que é concrescível.

concrescível *adj 2g* (<concrescer+-vel) Susce(p)tível de concrescer/Concretizar-se.

concretamente *adv* (<concreto+-mente) **1** Comprovadamente/Positivamente. **Ex.** O erro do árbitro prejudicou ~ a equipa/e «fê-la perder o título de campeã». **2** Especificamente/Obje(c)tivamente. **Ex.** Ninguém percebeu ao que ele ~ se queria referir.

concretismo *s m* (<concreto+-ismo) **1** *Liter* Movimento de poesia vanguardista que elimina o verso, dissolve a sintaxe normal do discurso e concede grande relevância aos elementos espaciais, gráficos e pictóricos do poema. **2** Predomínio do que é concreto.

concretização *s f* (<concretizar+-ção) **1** A(c)to ou efeito de concretizar(-se)/Materialização. **Comb.** ~ dum sonho. **2** Explicitação/Ilustração. **Ex.** Para ajudar à ~ da ideia (que acabara de expor) serviu-se de exemplos, figuras e esquemas.

concretizar *v t* (<concreto+-izar) **1** Tornar(-se) concreto/Realizar(+)/Materializar. **Loc.** ~ um desejo [sonho]. **2** Provar com fa(c)tos/Explicitar/Ilustrar. **Loc.** ~ *uma acusação. ~ um plano* [uma ideia].

concreto, a *adj/s m* (<lat *concrétus,a,um*) **1** (O) que é real/verdadeiro/(O) que existe. **Comb.** *Aplicação ~a. Caso ~. Em ~* [De forma precisa/Ao certo/Com exa(c)tidão]. *Ideias ~as. Provas ~as.* **Ant.** Abstra(c)to; hipotético; irreal; virtual. **2** Apreensível pelos sentidos/Material/Palpável. **Comb.** *Coisas* [Obje(c)tos] *~as/os. Gram Substantivos ~s* [que designam coisas «mesa», pessoas e animais]. **Ant.** Abstra(c)to; imaginário. **3** Espesso/Condensado. **4** Particular/Individual. **Loc.** Referir-se a uma pessoa ~a/determinada. **5** *Fil* O existente em si, em oposição ao meramente pensado. **Ex.** Partir do ~ para o abstra(c)to. **6** *Br* Argamassa de cimento. **Comb.** ~ armado [Betão armado].

concubina *s f* (<lat *concubína,ae*; ⇒ concubino) **1** Mulher que vive com um homem em relação ilegítima/Amante. **2** Na poligamia, cada uma das mulheres além da que ocupa o primeiro lugar (Esposa).

concubinal *adj 2g* (<concubina+-al) Relativo a concubinato. **Comb.** «viver em» Estado ~.

concubinário, a *s m/adj* (<concubina+-ário) (O) que vive em concubinato.

concubinar-se *v t* (<concubina+-ar¹) Viver em concubinato.

concubinato *s m* (<lat *concubinátus,us*) Estado de homem e mulher que vivem como cônjuges sem serem casados.

concubino *s m* (<concubina) O que vive com uma mulher com a qual não é casado.

concúbito *s m* (<lat *concúbitus,us*) Relação sexual/Cópula/Coito.

concular *v t* (<lat *concúlco,áre,átum*) **1** Calcar com os pés/Espezinhar. **2** *fig* Tratar com desprezo/Desdenhar.

concunhado, a *s* (<com-+ …) Marido da cunhada [Esposa do cunhado].

concupiscência *s f* (<lat *concupiscéntia, ae*) **1** Atra(c)ção não deliberada pelos prazeres materiais ou sensuais. **Ex.** A ~ enfraquece as decisões livres da vontade. **2** Desejo sensual intenso/Lascívia/Luxúria. **Loc.** Olhar (alguém) com ~.

concupiscente *adj 2g* (<lat *concupíscens, éntis <concupíscere*: cobiçar) **1** Que possui concupiscência. **Comb.** Humanidade ~. **2** Que exprime/traduz concupiscência/Sensual. **Comb.** Um olhar ~.

concupiscível *adj 2g* (<lat *concupiscíbilis,e <concupíscere*: cobiçar) **1** Que produz [pode despertar] concupiscência. **2** *Fil* Diz-se de tendência dinâmica do apetite frente àquilo que realiza o (ou dificulta e impede o desenvolvimento pleno do) seu próprio ser. **Ex.** A alegria e a tristeza, o amor e o ódio são manifestações do apetite ~.

concursista *s/adj 2g* (<concurso+-ista) (O) que participa num concurso «de pesca (d)esportiva/de beleza canina»/Concorrente(+).

concurso *s m* (<lat *concursus,us*) **1** A(c)to ou efeito de concorrer. **Loc.** Inscrever-se [Participar] num ~ «televisivo/de quadras populares». **2** Prestação de provas para admissão em determinado lugar «emprego/escola». **3** Apresentação dos documentos exigidos para concorrer. **Comb.** ~ documental. **4** Processo de avaliação de candidatos, propostas, provas, … com vista à sua classificação, admissão, adjudicação, … **Comb.** Júri do ~. **5** Competição organizada com vista à obtenção de um título/pré[ê]mio. **Comb.** *~ de beleza. ~ de piano. ~ televisivo.* **6** Afluência de pessoas ao mesmo lugar/Afluência(+)/

Concorrência. **Ex.** O ~ do público «à feira do livro» excedeu as expe(c)tativas. **7** A(c)ção conjunta/Convergência(+)/Ajuda/Colaboração. **Ex.** O ~ [conjunto] de várias circunstâncias negativas, nacionais e internacionais, fez despoletar a crise. Vitória alcançada com o ~ [a colaboração(+)] de todas as pessoas ligadas ao clube. **8** *Dir* Apresentação de várias pessoas que se consideram com direito a um mesmo obje(c)to. **Comb.** ~ de credores (do mesmo devedor).

concussão *s f* (<lat *concússio,ónis*; ⇒ concutir) **1** Choque violento (+)/Abalo(+). **Comb.** ~ produzida por uma explosão. **2** *fig* Comoção violenta/Choque. **3** *Dir* Crime praticado por funcionário público que, abusando das suas funções, procura obter proveitos ilícitos/Peculato/Extorsão(+).

concussionário, a adj/s (<concussão+-ário) (O) que pratica o crime de concussão.

concutir *v t* (<lat *concússio,útere,ússi,ússum*) **1** ⇒ Fazer tremer/Abalar/Agitar. **2** ⇒ Comover.

condado *s m* (<conde+-ado) **1** Dignidade de conde. **Loc.** Aspirar a (receber/ser agraciado com) um ~. **2** Território sob jurisdição de conde. **Comb.** *Hist* ~ Portucalense [Território entre os rios Minho e Tejo que veio a dar origem ao reino de Portugal] (⇒ conde 2 Ex.).

condão *s m* (<condoar) **1** Qualidade [Poder misterioso] a que se atribuem efeitos benéficos ou maléficos. **Ex.** A fada tinha o ~ de transformar as pessoas em animais. **Comb.** Varinha de ~. **2** Qualidade [Virtude] especial/Dom/Prerrogativa. **Ex.** Ele tinha o ~ especial de pôr toda a gente à sua volta bem disposta.

conde *s m* (<lat *cómes,itis*: companheiro; ⇒ condessa) **1** Título de nobreza [distinção] inferior a marquês e superior a visconde. **2** Soberano de um condado. **Ex.** O rei de Leão, Afonso VI, entregou, em 1095, ao Conde D. Henrique de Borgonha (França), o governo do Condado Portucalense. **3** No jogo de cartas, valete.

condecoração *s f* (<condecorar+-ção) **1** A(c)to de condecorar/Imposição de insígnia de agraciamento. **Loc.** Assistir à cerimó[ô]nia da ~ «do comandante dos bombeiros». **2** Distinção honorífica simbolizada numa insígnia. **Loc.** Receber a ~ «da Cruz de Guerra/da Ordem da Liberdade».

condecorado, a s/adj (<condecorar+-ado) **1** A quem foi atribuída condecoração. **Ex.** Fez um discurso de agradecimento em nome de todos os ~s. **2** Que tem [usa] condecoração. **Ex.** Apareceu na cerimó[ô]nia fardado a rigor e ~.

condecorar *v t* (<lat *condecóro,áre,átum*) **1** Conceder condecoração/insígnia honorífica/Agraciar. **Ex.** O Presidente da República condecorou várias personalidades «no dia de Portugal (10 de junho)». **2** Distinguir com um título ou designação honrosa um produto. **Ex.** O júri condecorou vários vinhos portugueses.

condecorativo, a *adj* (<condecorar+-tivo) **1** Relativo a condecoração. **Comb.** Cerimó[ô]nia ~a. **2** Que serve para condecorar. **Comb.** Medalha [Insígnia] ~a.

condenação *s f* (<lat *condemnátio,ónis*) **1** A(c)to ou efeito de condenar. **Comb.** ~ da vitória/do mal. **2** Decisão da justiça que considera alguém culpado/Sentença de culpa. **Ex.** Ao ouvir a ~, o réu não mostrou sinais de arrependimento. **3** Pena atribuída por sentença. **Ex.** Crime susce(p)tível de ~ até 20 anos de prisão. **4** Indício ou prova de culpa/falta grave. **Ex.** A rea(c)ção dele revela ~. **5** Reprovação/Censura/Ataque. **Ex.** O filme explicita bem a ~ de todas as formas de violência. «escritor que» Lutou contra a ~ das novelas fi(c)cionais a pretexto de serem apenas sonho.

condenado, a adj/s (<condenar+-ado) **1** (O) que, por sentença, foi considerado culpado/que sofreu condenação. **Ex.** Os réus foram todos ~s. **Comb.** ~ a prisão perpétua. **2** (O) que não pode escapar a um fim previsível. **Ex.** É um doente ~/incurável(+); não há qualquer possibilidade de cura. **3** *Rel* O que sofre as penas eternas. ⇒ inferno.

condenador, ora adj/s (<condenar+-dor) (O) que condena/Condenatório.

condenar *v t* (<lat *condémno,áre,átum*) **1** Proferir sentença condenatória/Declarar culpado/Sentenciar. **Ex.** O juiz condenou o réu a 3 anos de prisão. **2** Proibir formalmente/Não admitir/Rejeitar. **Ex.** Os Direitos Humanos condenam toda a forma de exploração dos mais fracos. **3** Censurar/Criticar. **Loc.** *~ a política de esbanjamento* dos dinheiros públicos. *~ uma decisão do árbitro*. **4** Fornecer prova ou indício de culpa. **Ex.** «impressões digitais/obje(c)tos pessoais no local do crime» Fa(c)tos que condenam o suspeito. **5** Obrigar a uma situação difícil e penosa. **Ex.** O desrespeito pelas normas de segurança pode ~ os infra(c)tores à invalidez. A doença e a pobreza condenaram-no a uma vida de sacrifício permanente. **6** Declarar incurável/Desenganar. **Ex.** Não há qualquer esperança de cura; os médicos já o condenaram [desenganaram(+)].

condenatório, a *adj* (<condenar+-tório) Que envolve condenação. **Comb.** Palavras ~as. Sentença ~a.

condenável adj 2g (<condenar+-vel) **1** Que merece condenação. **Comb.** A(c)to [Crime] ~. **2** Reprovável/Repreensível/Abominável. **Comb.** «desperdiçar água/poluir o ambiente» Práticas ~eis. **Ant.** Louvável; recomendável.

condensação *s f* (<lat *condensátio,ónis*) **1** A(c)to ou efeito de condensar. **2** *Fís* Passagem do estado de vapor ao estado líquido. **Ex.** A formação de orvalho é um fenó[ô]meno de ~ do vapor de água atmosférico. **Comb.** Cauda de ~ [Rasto de nuvem que se forma à passagem dum avião em altitude a grande velocidade]. **Sin.** Liquefa(c)ção. **Ant.** Vaporização. **3** *Quím* Rea(c)ção em que se forma uma ligação entre dois átomos de carbono (C – C) libertando uma molécula mais pequena «água». **Ex.** As rea(c)ções de ~ são importantes para a síntese orgânica. **4** *Ele(c)tri* Fenó[ô]meno pelo qual a capacidade elé(c)trica dum condutor, a um determinado potencial, é aumentada se se colocar na sua vizinhança outro condutor ao potencial zero. **5** Redução a menos volume/extensão/Resumo/Sinopse. **Comb.** ~ duma obra literária «da *Peregrinação*, de Fernão Mendes Pinto».

condensado, a adj/s m (<condensar+-ado) **1** Que se condensou/concentrou. **Comb.** Leite ~. **2** Resumido. **Comb.** História [Conto] ~a/o. **3** Amontoado/Comprimido/Apertado. **Comb.** Multidão ~a [apinhada(+)] à volta do propagandista «*idi da banha da cobra*». **4** *s m* Líquido resultante da condensação de vapor. **Loc.** Recolher o ~ duma destilação «numa tina». **5** *s m* Resumo. **Ex.** Não li a obra completa «*Os Maias*, de Eça de Queirós»; limitei-me a ler um ~ «apenas para ter uma ideia do romance».

condensador, ora adj/s (<condensar+-dor) **1** Que condensa. **Comb.** «desumificador» Aparelho ~. **2** *Ele(c)tri* Conjunto de dois condutores (Armaduras) separados por um isolador (Dielé(c)trico). **Comb.** *~ ele(c)trolítico* [de mica/papel]. *~ plano* [esférico]. **3** *Fís* Sistema ó(p)tico (Espelhos ou lentes) que serve para concentrar sobre um obje(c)to os raios luminosos provenientes duma fonte. **Comb.** *~ de máquina fotográfica. ~ de microscópio.* **4** *Mec* Dispositivo das caldeiras e máquinas a vapor destinado a condensar [liquefazer] os gases de escape ou o vapor após a sua utilização, para a água recolhida ser novamente introduzida na caldeira.

condensante adj 2g (<condensar+-ante) Que condensa/Condensador. **Comb.** Condições ~s.

condensar *v t* (<lat *condénso,áre,átum*) **1** Produzir condensação/Liquefazer. **Loc.** ~ a aguardente produzida por destilação de vinho [bagaço de uva]. **2** Tornar mais denso/Concentrar. **Loc.** ~ leite [um xarope]. **3** Tornar mais conciso/Resumir/Sintetizar. **Loc.** ~ uma história. **4** Manter juntos/unidos/Amontoar/Aglomerar. **Loc.** ~ [Unir(+)] esforços.

condensável adj 2g (<condensar+-vel) Que se pode condensar/Que pode ser resumido. **Ex.** Escreveu em várias [*idi* em não sei quantas (+)] páginas o que era ~ apenas numa.

condescendência *s f* (<condescender+-ência) **1** Qualidade do que é condescendente/Complacência/Transigência. **Loc.** Usar de ~ com adolescentes e jovens. **2** Atitude de superioridade paternalista.

condescendente adj 2g (<lat *condescéndens,éntis*) **1** Que denota condescendência/Compreensivo/Tolerante/Transigente. **Comb.** Pais ~s. **2** Demasiado transigente/Paternalista/Permissivo. **Ex.** Reconheço que não devia ter sido ~. **Ant.** Rigoroso; severo.

condescender *v int* (<lat *condescéndo, ere*: abaixar-se, pôr-se ao nível de) **1** Acabar por concordar/Anuir/Aceder. **Ex.** Farta de ouvir o [os pedidos do] filho, a mãe acabou por ~ «e deixou-o sair com os amigos». **2** Ser tolerante/Transigir. **Ex.** Podem ter a certeza que não vou ~ com a mentira.

condessa[1] (Dê) *s f* (<lat *comitissa,ae* fem de *comes*; ⇒ conde) **1** *fem* de conde/Mulher do conde. **2** Senhora dum condado.

condessa[2] (Dê) *s f* (< ?) Pequena cesta de vime ou verga, com tampa, redonda ou oval. ⇒ cabaz.

condestabre *(an)* [**condestável**(+)] *s m Hist Mil* (<lat *cómes stábuli*: encarregado da estrebaria) **1** Superintendente das cavalariças do exército/Estribeiro-mor. **2** Chefe militar/Chefe de artilheiros. **3** Chefe supremo, imediato ao rei no comando do exército. **Comb.** *~ do Reino* [Cargo militar que aparece em Portugal no tempo do rei D. Fernando e que mais tarde passou a título honorífico] (Ex. D. João I de Portugal deu o cargo de ~ do Reino a D. Nuno Álvares Pereira. *Santo ~* [São Nuno Álvares Pereira (São Nuno de Santa Maria)].

condição *s f* (<lat *condítio,ónis*) **1** *Fil* Tudo aquilo de que alguma coisa depende. **Comb.** *~ lógica* [Relação formal entre duas afirmações tal que a verificação da primeira determina necessariamente a posição da segunda «se ..., então...»]. **2** Circunstância que acompanha a ocorrência dum fa(c)to/fenó[ô]meno. **Ex.** A água é ~ necessária para a existência de vida. **Comb.** *~ sine qua non* [Circunstância ou requisito indispensável]. **3** Situa-

condicionado, a

ção em que se encontra um ser humano/Estado. **Loc.** Não estar em ~ões [Não ter os requisitos mínimos necessários/Não satisfazer as exigências]. **Comb.** ~ *de ignorância*. ~ *de pecador*. ~ *de pobreza*. *~ões meteorológicas* [Estado do tempo]. *Quím ~ões normais de pressão e temperatura* [Pressão e temperatura de referência «1 bar, 15° C»]. **4** Cláusula/Imposição/Exigência. **Comb.** ~ões contratuais «de pagamento/de rescisão». **5** Classe social. **Ex.** É aconselhável acompanhar com pessoas da mesma ~. **Comb.** Gente [Pessoas] de baixa ~/da classe pobre (+).

condicionado, a *adj/s m* (<condicionar+-ado) **1** Que está sujeito a condição[ões]. **Comb.** *Acesso* ~ «à enfermaria do hospital». *Ar* ~ [ajustado artificialmente a condições de temperatura (e humidade) tidas por convenientes]. *Trânsito* ~ «por causa das obras». **2** *s m Fil* Tudo «o mundo/o ser humano» o que se encontra em conexão com [encontra subordinado a] uma condição. **Sin.** Contingente; relativo. **Ant.** Absoluto; incondicionado.

condicionador, ora *adj/s m* (<condicionar+-dor) **1** (O) que condiciona. **Comb.** «estado do tempo» Circunstância ~ora «da afluência de público ao espe(c)táculo». **2** *s m* Aparelho [Produto] utilizado para criar [submeter a] determinadas condições. **Comb.** ~ *de ar*. *Agric* ~ *de solos*. ~ *do cabelo*.

condicional *adj 2g/s m* (<lat *conditionális,e*) **1** Dependente de condição. **Comb.** *Autorização* [Licença] ~. *Liberdade* ~. **2** Que exprime condição [restrição]. **Comb.** *Cláusula* ~. *Gram Conjunção* [Oração] ~ *«se»*. **3** *s m Gram* Modo verbal que concebe a realização duma a(c)ção dependente duma condição. **Ex.** Na frase: "Trabalharia, se tivesse saúde" *Trabalharia* está no ~. **4** *s m Gram* Tempo verbal que exprime um futuro relativo a um passado. **Ex.** Na frase: "Ele disse-me que viria" *viria*, no ~, exprime uma a(c)ção que, quando foi anunciada, se realizaria no futuro.

condicionalidade *s f* (<condicional+-i+-dade) Estado do que é condicional/Contingência.

condicionalismo *s m* (<condicional+-ismo) **1** Dependência de condições. **Ex.** A realização do passeio ainda não é certa; está dependente de vários ~s. **2** Conjunto de condições. **Ex.** As viagens de avião têm a(c)tualmente um ~ muito rigoroso.

condicionamento *s m* (<condicionar+-mento) **1** Conjunto de circunstâncias [condições] em que um fa(c)to se realiza ou pode realizar-se. **Comb.** ~ *industrial* [Sistema de intervenção que vigorou em Portugal no regime do *Estado Novo* que visava impulsionar o desenvolvimento industrial do país segundo determinada orientação]. ~ *de ar* [Técnica de criar e manter um ambiente interior sob determinadas condições «temperatura/humidade» independentemente das condições atmosféricas exteriores]. **2** *Psic* Propriedade de um organismo reagir, obedecendo a determinadas leis, a um agente exterior. **Ex.** O ~ está na origem dos reflexos condicionados.

condicionante *adj 2g/s f* (<condicionar+-ante) (O) que condiciona/impõe condições. **Ex.** A vida moderna está sujeita a ~s que a tornam muito agitada [stressante]. **Comb.** Fa(c)tor ~.

condicionar *v t* (<condição+-ar¹) **1** Pôr condições. **Ex.** Condicionou-lhe a saída com os amigos à obtenção de (nota) positiva no teste de matemática. **2** Impor restrições/Limitar. **Ex.** A ocorrência de vários eventos à mesma hora condicionou a afluência de público ao concerto. **3** Fixar regras/Regular. **Ex.** O Estado condiciona a instalação de novas indústrias ao cumprimento das normas de prote(c)ção do ambiente. **4** Determinar/Influenciar. **Ex.** A moda condiciona a maneira de vestir e muitas outras atitudes dos jovens. **5** *Psic* Provocar reflexos condicionados.

condignamente *adv* (<condigno+-mente) De acordo com a dignidade [importância/o valor] de alguém/Com dignidade/À altura. **Ex.** Temos que tratar os convidados ~ «não vamos pô-los a dormir no sofá». Recompensar alguém ~ [de acordo com o mérito do serviço/favor prestado].

condigno, a *adj* (<lat *condígnus,a,um*) **1** Proporcional ao mérito/valor/à importância. **Comb.** Pré[ê]mio [Retribuição] ~o/a. **2** Que tem a dignidade conveniente/Adequado. **Comb.** Tratamento ~.

côndilo *s m Anat* (<gr *kóndulos,ou*) Extremidade óssea arredondada, de contorno elíptico, cara(c)terística de algumas articulações móveis (Condilartroses). **Comb.** ~(s) ~(ais). ~ *do fé[ê]mur*. ~ *do úmero*.

condiloide (Lói) *adj 2g* (<côndilo+-oide) Em forma de côndilo.

condiloma (Lô) *s m Med* (<côndilo+-oma) Neoformação, provocada por um vírus, da pele [das mucosas dermopapilares] que faz saliência na superfície do revestimento. **Ex.** O ~ é uma lesão pré-neoplástica e deve ser extirpado cirurgicamente.

condimentação *s f* (<condimentar+-ção) A(c)to ou efeito de condimentar/Tempero. **Ex.** Alguns restaurantes abusam [exageram] na ~.

condimentar *v t* (<condimento+-ar¹) **1** Adicionar condimentos/Temperar. **Loc.** ~ *a carne* [o assado] . **2** *fig* Tornar mais agradável/Dar mais interesse. **Loc.** ~ *um discurso* «com apartes hilariantes». **3** *fig* Tornar malicioso/picante. **Loc.** ~ *a conversa* «com anedotas picantes».

condimento *s m* (<lat *condiméntum,i*) **1** *Cul* Substância «pimenta/colorau/piri-piri» que adicionada à comida lhe dá melhor sabor/Tempero/Adubo. **2** *fig* O que dá mais realce/torna mais interessante uma obra/conversa. **Ex.** A novela tem os ~s necessários para agradar ao público.

condimentoso, a (Ôso, Ósa, Ósos) *adj* (<condimento+-oso) Muito condimentado/Bem apaladado.

condiscípulo, a *s* (<lat *condiscípulus,i*) O que estuda juntamente com outro na mesma escola/aula/Colega de estudo. **Ex.** Foram ~s desde o 1.º ano e durante todo o liceu.

condizente *adj 2g* (<condizer+-ente) **1** Que condiz/Bem combinado. **Comb.** *Maneira de vestir* ~ *com* a moda. *Sapatos* «encarnados» ~s com (a cor d)o vestido. **2** Harmonioso/Ajustado. **Comb.** *Delicadeza* ~ *com* a educação que teve. *Sorriso* ~ *com* a bondade da pessoa.

condizer *v int* (<lat *condíco,ere,díxi,díctum*) **1** Estar em harmonia/Assentar bem/Combinar. **Ex.** Os cortinados não condizem com o verde dos sofás. **2** Estar na proporção corre(c)ta/Corresponder. **Ex.** A vivenda «enorme» não condiz com o tamanho da família «apenas duas pessoas». **3** Estar de acordo/Ter coerência/Convergir. **Ex.** A versão oficial dos acontecimentos não condiz com a realidade.

condoar *v t* (<lat *condóno,áre,átum*) Doar juntamente com. **Ex.** Os dois irmãos condoaram a quinta à Misericórdia local.

condoer *v t* (<lat *condóleo, ére, ui*) Inspirar dó/compaixão a/Compadecer(-se)/Contristar(-se). **Ex.** Tanta miséria condoeu-nos o coração.

condoído, a *adj* (<condoer+-ido) Que se condoeu/Compadecido. **Ex.** Saiu do hospital ~a/o com o sofrimento da mãe.

condolência *s f* (<lat *condoléntia,ae*; ⇒ condoer) **1** Sentimento de quem tem dó/Compaixão. **2** *pl* Expressão de pesar pela morte de alguém/Pêsames. **Loc.** Apresentar ~s «aos familiares do falecido».

condolente *adj 2g* (<lat *condólens,éntis*; ⇒ condoer) Que se condói/Compassivo. **Comb.** Atitude ~.

condomínio *s m* (<lat *condomínium,ii*) **1** Domínio exercido conjuntamente por mais do que uma entidade/Copropriedade. **Ex.** A quinta é ~ de todos os irmãos. **2** Propriedade indivisa que pertence a vários titulares, cada um deles com direitos exclusivos sobre uma determinada parte. **Comb.** ~ *de apartamentos* «em propriedade horizontal». ~ *fechado* [Área residencial de acesso condicionado, isolada do exterior, com equipamentos «jardim/piscina» que podem ser usufruídos por todos os moradores].

condómino, a [Br **condômino**] *s* (<lat *condóminus, i*) **1** Coproprietário. **2** Dono de propriedade horizontal e coproprietário das partes comuns «escadas/elevadores/telhado».

condonatário, a *s* (<com-+donatário) O que recebe a doação com outro.

condor *s m Ornit* (<quíchua *kúntur*) Ave de rapina diurna de grande porte, da família dos catartídeos, *Vultur gryphus*, da América do Sul, especialmente da cordilheira dos Andes.

condor(eir)ismo *s m Liter Br* (<condor+-(eir)ismo) Corrente da poesia brasileira entre 1850 e 1870, de cará(c)ter social e político e que divulgava ideais igualitários.

condral *adj 2g* (<gr *khóndros*: cartilagem+-al) Que diz respeito a cartilagem.

condrina *s f Bioq* (<gr *khóndros*: cartilagem+-ina) Espécie de gelatina que se obtém por co(c)ção de cartilagens. **Ex.** A ~ não é uma substância única, é uma mistura.

(-)condrio(-) *pref/suf* (<gr *khóndrion, ou*: grânulo, dim de *khóndros, ou*: cartilagem) Exprime a ideia de cartilagem.

condrioconto *s m Med* (<gr *khóndros*: cartilagem + *kontós*: frecha, dardo) Condriossoma em forma de bastonete.

condrioma *s m Med* (<gr *khóndros*: cartilagem + *(ogk)oma*: tumor) Conjunto de condriossomas duma célula.

condriossoma *s m Med* (<gr *khóndros*: cartilagem + *soma*: corpo) ⇒ mitocôndria.

condrite *s f Med* (<gr *khóndros*: cartilagem+-ite) Inflamação duma cartilagem.

condrito *s m Geol* (<gr *khóndros*: cartilagem+-ito) Meteorito que contém grânulos (Côndrulos) envolvidos por uma matriz finamente cristalina de piroxena, olivina e ferro-níquel.

condrologia *s f Med* (<gr *khóndros*: cartilagem+-logia) Estudo das cartilagens.

côndrulo *s m Geol* (<gr *khóndros*: cartilagem+-ulo) Pequeno corpo arredondado, existente nos condritos, constituído por piroxena e olivina.

condução *s f* (<lat *condúctio,ónis*) **1** A(c)to de conduzir/levar/transportar. **Comb.** ~ *de mercadorias* «para o porto de embarque». ~ *de passageiros* «para a cidade». **2** A(c)to de dirigir/exercer o comando/chefiar. **Comb.** ~ *duma orquestra*. ~ *duma empresa*. **3** A(c)ção de guiar [pilotar] uma

conducente *adj 2g* (<lat *condúcens,éntis*; ⇒ conduzir) **1** Que conduz/leva a determinado fim. **Comb.** «abuso da droga» ~ à desgraça «morte por *overdose*». **2** Que visa determinado obje(c)tivo. **Comb.** Medidas ~s a minorar a pobreza.

conduta *s f* (<conduto) **1** Modo de agir/proceder/Procedimento. **Comb.** Pessoa de ~ irrepreensível. **2** Tubo condutor/Conduto/Tubagem. **Comb.** ~ *de abastecimento de água*. ~ *de ar condicionado*. ~ *de gás natural*.

condutância *s f Ele(c)tri* (<conduto+-ância) Recíproco da resistência dum condutor; tem por unidade no S.I. o *siemens* (Condutância dum condutor cuja resistência é de um ohm).

condutibilidade *s f Fís* (<condutível+-i-+-dade) Propriedade que os corpos têm de transmitir calor, ele(c)tricidade, som. **Comb.** ~ *calorífica ou térmica*. ~ *elé(c)trica*.

condutível *adj 2g* (⇒ conduzir) **1** Que pode ser conduzido/transmitido. **Ex.** O som é ~ «pelo ar/pela água». **2** Que tem condutibilidade. **Comb.** Materiais ~eis.

condutividade *s f Ele(c)tri* (<condutivo+-i-+-dade) Recíproco da resistividade/Condutância específica. **Ex.** No S.I. a unidade de ~ é o *siemens*/*metro* (Símbolo S/m ou Sm^{-1}). **Comb.** ~ térmica [Quantidade de calor que passa, por segundo, na dire(c)ção perpendicular a duas faces opostas de um cubo de 1 cm de aresta, quando a diferença de temperatura dessas faces (atingido o regime permanente e sem perdas) é de 1º C (1K); exprime-se em *calorias por centímetro, por segundo e por grau centígrado* ($cal.cm^{-1}.s^{-1}.{}^\circ C^{-1}$).

condutivo, a *adj* (<conduto+-ivo) Que conduz ou serve para conduzir.

conduto *s m* (< lat *conductus,a,um*) **1** Tubo/Cano/Conduta/Ducto. **2** *pop* Alimento que se come juntamente com o pão «queijo/presunto»/Presigo.

condutor, ora *adj/s* (<lat *condúctor,óris*) **1** Que serve para conduzir. **Comb.** Canal ~ «da bílis». *Fio* ~ «de ele(c)tricidade». *Material bom* [mau] ~ «de calor/ele(c)tricidade». *Nervo* ~ «de sensações dolorosas». **2** *s m Ele(c)tri* Material [Meio] que permite a passagem da corrente elé(c)trica. **Comb.** ~ *de cobre* [alumínio]. ~ *ele(c)trolítico*. **Ant.** Isolador ou dielé(c)trico. **3** *s* Pessoa que guia [conduz] um veículo [uma máquina]. **Ex.** A lotação do carro é de 4 passageiros, além do ~. **4** *s* Pessoa que lidera/comanda «um grupo/uma equipa/e». **Comb.** Técnico de futebol «José Mourinho», excelente ~ de homens.

conduzir *v t/int* (<lat *condúco, ere,xi,ctum*) **1** Levar alguém por determinado caminho/Acompanhar/Guiar. **Ex.** O porteiro conduziu-nos à rece(p)ção. **2** Dirigir/Orientar. **Ex.** O mal dele foi deixar-se ~ pela conversa [pelos conselhos] do advogado «gastou muito dinheiro e acabou por perder a questão». **3** Servir de condutor/Transportar. **Ex.** O barco conduziu-nos à outra margem do rio. **4** Guiar um veículo/uma máquina. **Ex.** A minha mulher não gosta de ~. Nunca conduzi um cami(nh)ão. **5** Guiar animais. **Loc.** ~ um rebanho «para o pasto». **6** Fazer passar/Transmitir/Levar. **Ex.** Rede de rega «gota-a-gota» que conduz a água até junto de cada planta. **7** Ter a responsabilidade de dirigir/Comandar/Coordenar. **Loc.** ~ *os trabalhos de reparação* «duma ponte». ~ [Dirigir(+)/Chefiar/Gerir(o+)] *uma empresa*. *Mús* ~ [Dirigir(+)] *uma orquestra*. **8** Ter como consequência/Ser responsável por determinado resultado. **Ex.** A política errada do governo quase conduziu o país à bancarrota. **Loc.** Não ~ a nada [Não ter quaisquer efeitos/Ser inútil]. **9** *Geom* Traçar uma linha fazendo-a passar por um ponto. **Ex.** Conduzindo pelo vértice dum triângulo uma perpendicular ao lado oposto, traça-se a altura. **10** Ir ter [dar] a. **Ex.** Esta rua conduz [vai dar (+)] dire(c)tamente à praça principal. **11** ~-se/Agir/Comportar-se. **Ex.** Não gosto de acompanhar com ela «para não passar vergonhas»; ela não se sabe ~ [portar como deve ser(+)].

cone *s m* (<gr *kônos, ou*) **1** *Geom* Lugar geométrico das re(c)tas (Geratrizes) de um espaço que unem todos os pontos duma linha (Dire(c)triz) a um dado ponto do espaço (Vértice). **2** *Geom* Sólido limitado por uma superfície có[ô]nica e por um plano secante que contém a dire(c)triz (Base). **Comb.** ~ *circular re(c)to*/~ *de revolução* [cuja base é um círculo; pode ser gerado por um triângulo re(c)tângulo que executa uma revolução de 360º em torno de um dos catetos]. ~ *de sombra* [Zona de sombra originada por um corpo opaco colocado perante uma fonte luminosa pontual/Sombra em forma de cone proje(c)tada por um planeta na dire(c)ção oposta à do Sol]. ~ *vulcânico* [Relevo resultante da acumulação de materiais expelidos por um vulcão em torno da respe(c)tiva chaminé]. **3** *Anat* Célula nervosa visual da retina sensível à luz. **4** Qualquer corpo ou superfície que tenha essa forma. **Comb.** ~ *aluvial*. ~ *de gelado*.

conectar *v t* (<ing *to connect* <lat *cum+nécto,ere,néxum*: atar, ligar) **1** Estabelecer ligação/Ligar/Unir. **Loc.** ~ dois aparelhos [fios]. **2** *Info* Ligar sistemas informáticos.

cone(c)tivo (dg), **a** (Né) *adj/s m* [= conectivo] (<conectar+-ivo) **1** Que liga. **Comb.** Acessório [Elemento] ~. **2** *s m Anat* Filamento nervoso que liga entre si os pares de gânglios duma cadeia nervosa. **3** *s m Bot* Região média da antera que une as partes laterais (Tecas) salientes. **4** *s m Gram Br* Forma linguística (Conjunção, Advérvio, Pronome relativo) que estabelece ligação entre dois termos duma oração ou entre orações num período.

cónego [*Br* **cônego**] *s m Rel* (<lat *canónicus,i*) Clérigo membro de cabido ou de colegiada. **Comb.** ~ *penitenciário* [que tem a função de confessar e absolver os fiéis mesmo dos pecados reservados ao bispo]. ~ *Regrante* [Religioso que além de pertencer a uma ordem é também ~].

conexão (Nècsão) *s f* (<lat *connéctio,ónis*) **1** Estado de coisas ligadas/Dependência/Ligação. **2** Relação/Nexo/Analogia. **Ex.** A polícia investiga a ~ entre os dois crimes «de assalto a gasolineiras (Posto de gasolina)». **3** *Ele(c)tri/Info* Ligação entre aparelhos/circuitos/sistemas.

conexidade (Csi) *s f* (<conexo+-i-+-dade) Qualidade do que é conexo.

conexo, a (Cso) *adj* (<lat *conexus,a,um*) **1** Que está ligado/unido. **Comb.** *Bot* Folhas ~as [unidas pela base dos pecíolos]. **2** Que tem nexo/relação/afinidade/analogia com algo ou entre si. **Comb.** *Ideias* ~*as*. *Medidas* [Estratégias] ~*as*.

conezia *s f* (<lat *canonícia,ae*) **1** (Rendimento de) canonicato. **2** *fig* Emprego rendoso e de pouco trabalho/Sinecura.

confabulação *s f* (<lat *confabulátio,ónis*) **1** Conversa informal. **2** Conversa sobre assuntos secretos, misteriosos ou suspeitos.

confabular *v t/int* (<lat *confábulor,ári,átus sum*) **1** Conversar amigavelmente. **2** Conversar sobre assuntos secretos, misteriosos ou suspeitos. **3** Contar fábulas.

confarreação *s f Hist* (<lat *confarreátio, ónis*) Casamento entre os antigos Romanos, com a presença de dez testemunhas, em que era oferecido ao deus *Júpiter Farreus* o bolo de farro (Trigo vermelho).

confeção (Fè) [*Br* **confecção**] *s f* [= confecção] (<lat *conféctio,ónis*) **1** A(c)to de confe(c)cionar/Preparação/Execução/Fabrico. **Comb.** ~ *de artigos de artesanato*. ~ *de roupa* «de criança». ~ *dum prato especial* «para jantar de aniversário». **2** Vestuário fabricado em série/Pronto-a-vestir. **Comb.** ~ *de homem* [senhora/criança]. *Fábrica de* ~ «de camisas/calças».

confecionar (Fè) [*Br* **confeccionar**] *v t* [= confeccionar] (⇒ confeção) **1** Preparar/Fazer. **Loc.** ~ uma refeição. **2** Fazer obra de costura/Fabricar vestuário em série. **Loc.** ~ camisas [calças «jeans»].

confederação *s f* (<lat *confoederátio,ónis*) **1** Associação de Estados para prossecução de obje(c)tivos comuns sob orientação de um órgão central mas conservando cada um a sua autonomia nos outros domínios. **Ex.** A Suíça, embora conservando o nome, evoluiu de *Confederação Helvética* para estado federal. **2** Agrupamento de associações «políticas/(d)esportivas/sindicais» tendo em vista a defesa de interesses comuns. **Comb.** ~ *dos Agricultores de Portugal*. ~ *Geral do Trabalho* (CGT). ~ *Patronal*.

confederado, a *adj/s* (confederar+-ado) Que faz parte ou é membro duma confederação.

confederar *v t* (<lat *confoedero,áre,átum*) Reunir em confederação.

confederal *adj 2g* (<confederação) Relativo a confederação/Que tem cará(c)ter confederativo.

confederativo, a *adj* (<confederar+-tivo) Da [Relativo a] confederação.

confeição *s f* (<lat *confíctio,ónis*) A(c)to de confeiçoar/Confe(c)ção(+).

confeiçoar *v t* (<confeição+-ar¹) **1** *Cul* Preparar bolos/iguarias. **2** Confe(c)cionar(+) roupa. **3** Executar/Fazer.

confeitado, a *adj* (<confeitar+-ado) **1** Com cobertura de açúcar. **2** *fig* Tornado mais agradável/atraente/Dissimulado/Disfarçado.

confeitar *v t* (<confeito+-ar¹) **1** Cobrir com açúcar. **2** *fig* Adoçar/Suavizar. **3** *fig* Dissimular.

confeitaria *s f* (<confeito+-aria) Estabelecimento onde se fabricam [vendem] bolos, pastéis e outros doces/Pastelaria.

confeiteiro, a *s* (<confeito+-eiro) Fabricante [Vendedor] de doces ou produtos de pastelaria.

confeito *s m* (<lat *conféctum* <*confício,fícere,féci,féctum*: preparar, confe(c)cionar) **1** Pequena semente [Amêndoa] coberta de calda de açúcar e seca pelo calor. **2** Pastilha à base de açúcar, colorida, usada na decoração de bolos.

conferência *s f* (<lat *conferéntia,ae*) **1** A(c)ção de conferir/Verificação(+)/Confronto. **Loc.** Fazer a ~ das contas [do dinheiro em

caixa]. **2** Reunião oficial de representantes e altos dignitários de diferentes países sobre problemas de ordem internacional/ Congresso. **Comb.** ~ para a paz [o desarmamento]. **3** Reunião de pessoas com o fim de discutirem assuntos de interesse comum. **Ex.** Os dire(c)tores estão (reunidos) em ~ com a administração da empresa. **Comb.** ~ *de imprensa* [Reunião com jornalistas convocada por uma instituição [individualidade] para esclarecimento da opinião pública]. ~ *médica* [Reunião de médicos para confronto de opiniões sobre determinada doença/doente]. ~ *sobre energias renováveis* «na Ordem dos Engenheiros». **4** Discurso [Palestra] proferido/a em público sobre tema específico «científico/cultural/religioso». ⇒ conferencista.

conferenciar *v int* (<conferência+-ar¹) **1** Fazer conferência. **2** Discutir [Estar] em conferência. **Ex.** A administração, depois de ~ com os dire(c)tores, decidiu aumentar os ordenados. **3** *col* Conversar. **Ex.** Enquanto a minha mulher conferenciava com uma amiga, eu fui tomar um café.

conferencista *s 2g* (<conferência+-ista) O que faz conferência(s) em público **Ex.** A ~, professora universitária, é uma sumidade na matéria.

conferente *adj/s 2g* (<lat *conférens,éntis*) (O) que confere «a mercadoria com a fa(c)tura»/faz verificação «das contas».

conferidor, ora *adj/s* (<conferir+-dor) (O) que confere/verifica.

conferir *v t* (<lat *conferíre* por *conférre*: ajuntar, amontoar, conferir) **1** Proceder à verificação de. **Loc.** ~ a mercadoria «com a nota de encomenda e a fa(c)tura». **2** Confrontar/Comparar. **Loc.** ~ a cópia com o original [o texto com o rascunho]. **3** Verificar se está certo/conforme. **Loc.** ~ uma coisa. **4** Conceder/Dar/Outorgar. **Ex.** A lei concede-me esse direito «de reclamar». **5** Fazer ter/Imprimir. **Ex.** Ele conferiu ao discurso um tom iró[ô]nico.

confessado, a *adj/s* (<confessar+-ado) (O) que confessou.

confessando, a *s* (<confessar+-ando) O que se vai confessar.

confessar *v t/int* (<lat *conféssus,a,um* <confíteor, éri+-ar¹) **1** Declarar abertamente/Fazer uma confidência/Revelar. **Ex.** Nunca tive receio de ~ abertamente a minha fé em Jesus Cristo. Cozinhar, confesso [devo ~/reconheço], não é trabalho que me agrade. Recordo muito bem o dia em que pela primeira vez ele me confessou que gostava de mim. **2** Reconhecer como verdadeiro/Declarar/Admitir. **Ex.** Confrontado com os depoimentos das testemuhas, acabou por se ~ [declarar/reconhecer] culpado. Não te castigo «por teres faltado à aula» porque confessaste [disseste] a verdade. **3** *Rel* Dizer ao sacerdote, no sacramento da confissão, os seus pecados. **Ex.** A Igreja Católica recomenda a todos os fiéis adultos que confessem, pelo menos uma vez por ano, os pecados graves de que têm consciência. **4** *Rel* O padre (Confessor 1) ouvir os pecados de alguém que, arrependido, quer receber o perdão de Deus. **Ex.** Estimo muito o padre que me ba(p)tizou e confessou pela primeira vez.

confessável *adj 2g* (<confessar+-vel) Que se pode confessar/dizer abertamente sem vergonha nem receio. **Ant.** «a(c)ção vergonhosa» Inconfessável.

confessional *adj 2g* (<lat *confessionális,e*) **1** Relativo à confissão. **Comb.** *Ministério* ~ (do padre). *Sigilo* ~. **2** Relativo a uma crença religiosa. **Comb.** Escola ~ [cristã/muçulmana].

confessionário *s m Rel* (<lat *confessionárium, ii*) Lugar onde o confessor ouve as confissões dos fiéis (católicos).

confesso¹, a (Fé) *adj/s* (<lat *conféssus, a,um*; ⇒ confessar) **1** Que confessou os seus erros/aceita como verdadeira a acusação. **Comb.** Réu ~. **2** Declarado/Assumido. **Comb.** *Ateu* [Cristão/Muçulmano] ~. *Comunista* ~. **3** *s Rel* Monge que vive em convento. **Comb.** Freira ~a.

confesso² (Fê) *s m pop* (<confessar) ⇒ confissão.

confessor *s m* (<lat *conféssor,óris*) **1** *Rel* Ministro do sacramento da penitência ou confissão/Sacerdote que tem jurisdição para ouvir de confissão. **Ex.** O convento tem um novo capelão, mas o ~ das religiosas é [ficou] o mesmo. É um grande pregador e também muito bom ~. **2** *Hist Rel* Qualificativo dado a um santo não mártir. **Ex.** S(anto) Inácio de Loiola, S. Vicente de Paulo, S. João Bosco são santos ~es.

confete [confetti] *s m pl* (<it *confetti*) Pedacinhos circulares de papel de várias cores que as pessoas atiram umas às outras nos festejos carnavalescos.

confiadamente *adv* (<confiado+-mente) Com confiança/Seguramente. **Ex.** Lançou-se ~ no negócio «e teve sorte». Atravessou ~ a rua «na passadeira de peões».

confiado, a *adj* (<confiar+-ado) **1** Que confia/tem confiança/Seguro/Confiante. **Ex.** Entrou para o exame ~ num bom resultado «estava seguro [senhor(+)] da matéria». **2** Esperançado. **Ex.** ~ de que entrava em Medicina, não concorreu para mais nenhum curso «e não entrou». **3** À guarda/Entregue. **Comb.** *Chaves* ~*as* à criada. *Missão* ~*a* ao embaixador. *Segredo* ~ à amiga. **4** *pop* Atrevido. **Ex.** Não se lhe pode dar conversa, é muito ~ [, abusa logo].

confiança *s f* (<confiar+-ança) **1** Sentimento de segurança íntima/Convicção do seu próprio valor/Força interior. **Ex.** Sempre demonstrou grande ~ nas suas capacidades. **Loc.** *Abusar da* [Ganhar/Tomar] ~ [Ultrapassar o limite admissível da familiaridade, faltando ao respeito ou ofendendo]. *Dar* ~ [Permitir familiaridade excessiva]. *Depositar* ~ *em* [Acreditar na seriedade de alguém/Confiar]. **Comb.** À ~ [Com segurança/certeza/Sem receio]. **2** Segurança de quem crê em alguém/Crédito. **Loc.** *Pedir* (o governo) *um voto de* ~. *Ter* ~ «nos amigos/filhos». **Comb.** Pessoa de ~ [em quem se pode acreditar/que merece crédito/séria]. **3** Convencimento/Certeza. **Ex.** Faço uma condução rápida [Conduzo com velocidade] porque tenho ~ no carro [porque sei que o carro é seguro]. **4** Ânimo/O(p)timismo. **Loc.** Encarar o futuro com ~. **5** *pop* Excesso de familiaridade/Atrevimento/Ousadia. **Ex.** Há pessoas a quem não se pode dar ~; abusam logo *idi* «dá-se-lhes a mão e tomam logo o braço».

confiante *adj 2g* (<confiar+-ante) **1** Que confia/tem confiança/Crédulo/Esperançado. **Ex.** Estou ~ num bom resultado «do exame/do meu clube». **2** Que revela confiança/O(p)timista. **Comb.** *Atitude* ~. *Olhar* ~.

confiar *v t/int* (<lat *confidáre* <*cum*+*fído, fídere,físus sum*: fiar-se) **1** Ter confiança em/Acreditar na seriedade de. **Loc.** ~ cegamente [totalmente/sem reservas] «no marido/na esposa». **2** Dar a guardar/Deixar ao cuidado de/Entregar. **Ex.** Confiou-lhe «à tia/avó» os filhos enquanto foi às compras. Tenho uma amiga a quem confio as chaves de casa; é ela que me trata das plantas quando eu saio. **3** Atribuir uma missão/Encarregar. **Ex.** Confiou ao filho a negociação do empréstimo com o Banco. **4** Fazer confidências/Revelar. **Loc.** ~ um segredo a alguém. **5** Ter esperança/Fiar-se/Crer. **Loc.** ~ *em Deus.* ~ *no futuro.*

confidência *s f* (<lat *confidentia,ae*) **1** Comunicação de um segredo. **Loc.** Fazer ~s [Revelar a alguém algo que é muito íntimo]. **Comb.** Em ~ [Em segredo/Confidencialmente]. **2** Segredo comunicado/confiado. **Loc.** Ouvir as ~s de alguém.

confidencial *adj 2g* (<confidência+-al) **1** Que tem cará(c)ter privado/íntimo. **Comb.** Assunto [Conversa] ~. **2** Que não deve ser revelado/Secreto/Reservado. **Comb.** *Correspondência* [Mensagem] «diplomática» ~. *Reunião* ~ «do Presidente da República com um embaixador».

confidencialidade *s f* (<confidencial+-i-+-dade) Qualidade do que é confidencial/reservado/secreto. **Ex.** A polícia deve garantir a ~ duma denúncia de corrupção. **Comb.** ~ dos resultados duma análise clínica.

confidenciar *v t/int* (<confidência+-ar¹) **1** Dizer em confidência. **Ex.** Confidenciou-lhe os nomes de algumas pessoas que tencionava convidar para o governo. **2** Dizer segredos/Segredar. **Ex.** Confidenciou à amiga que iria para religiosa [freira].

confidente *adj 2g* (<lat *confídens,éntis*) **1** (O) que faz [recebe] confidências. **Ex.** Tinha muitos amigos, mas nenhum era seu ~ e também não era ~ de ninguém. O diário era o seu ~ preferido. **2** *Teat* Personagem cuja função é permitir ao protagonista revelar os seus sentimentos íntimos para que o público os conheça.

configuração *s f* (<lat *configurátio,ónis*) **1** Forma exterior/Aspe(c)to geral/Figura/Feitio. **Ex.** O jardim, com doze canteiros em forma de estrela, tem a ~ da bandeira da UE. **Comb.** ~ *gráfica* [Arranjo dos elementos «figuras/texto/títulos» que compõem uma página]. *Piscina com a* ~ *duma concha.* **2** *Astr* Posição aparente de um astro em relação a outro. **Ex.** As ~ões dos planetas em relação ao Sol classificam-se em conjunções, oposições e quadraturas. **3** *Info* Organização dum sistema informático com vista às necessidades específicas do seu funcionamento.

configurar *v t* (<lat *configúro,áre,átum*) **1** Dar determinada forma a/Modelar o aspe(c)to/Desenhar. **Ex.** Nuvens negras no céu configuravam uma enorme montanha. O jardineiro aparava as sebes e, aqui e ali, configurava cabeças de animais. **2** Fazer uma ideia/Conceber/Imaginar. **Loc.** ~ *um plano* «para reestruturação da empresa». ~ *a solução dum problema.* **3** Ter as cara(c)terísticas de/Constituir/Consubstanciar. **Ex.** Uma lei do aborto que configura um atentado contra a vida humana. **4** *Info* Estabelecer as condições de funcionamento de programas ou de acessórios informáticos. **Loc.** ~ uma impressora.

confim *adj 2g/s m* (<lat *confínis,e*) **1** ⇒ confinante. **2** *pl* Limites/Fronteiras. **Comb.** Os ~ns do território «nacional». **3** *pl* Lugares remotos. **Ex.** A notícia «da vitória do português Carlos Lopes na maratona olímpica» chegou aos ~ns do mundo.

confinante *adj 2g* (<confinar+-ante) Que confina/tem limites comuns/Fronteiriço/Limítrofe. **Comb.** Terrenos [Países] ~s.

confinar *v t/int* (<confim+-ar¹) **1** Definir limites/Demarcar. **Ex.** Os vizinhos deslocaram-se ao local para ~ a propriedade de cada um. **2** Circunscrever/Limitar. **Ex.** O

incêndio confinou-se a uma pequena zona de mato. **3** Ter fronteiras [limites] comuns/Ser limítrofe. **Ex.** Propriedade que confina com a estrada. **4** Restringir(+)/Limitar(o+). **Loc.** ~ ao mínimo indispensável as alterações «a um proje(c)to».

confirmação *s f* (<lat *confirmátio,ónis*) **1** A(c)to ou efeito de confirmar/Tornar uma afirmação mais consistente/Reafirmar. **Ex.** Já chove; aí está a ~ das minhas previsões. **2** Comprovação/Certificação. **Ex.** Dizem que morreu, mas ainda não há ~ (da morte). **Comb.** ~ duma transferência bancária «por consulta ao extra(c)to de conta». **3** Reconhecimento oficial/Ratificação. **Loc.** Obter do tribunal a ~ do direito de posse «dum terreno». **4** *Rel* Sacramento da Igreja Católica que confirma a fé e as promessas ba(p)tismais e dá o Espírito Santo em plenitude/Crisma. **Ex.** O rito da ~ consiste na imposição das mãos pelo bispo, ministro ordinário, ou por um presbítero por ele delegado, e na unção de cada um dos crismandos com o óleo do crisma ao mesmo tempo que pronuncia a fórmula sacramental.

confirmador, ora [confirmante] *adj/s [2g]* (<confirmar+-...) (O) que confirma.

confirmar *v t* (<lat *confírmo,áre,átum*) **1** Afirmar de novo/Reafirmar. **Ex.** Disse e confirmo (aquilo que disse). **2** Garantir a verdade/Comprovar. **Ex.** Todos os colegas confirmaram que ele faltara à aula porque tinha estado doente. **3** Certificar/Ratificar/Sancionar. **Loc.** ~ um contrato «por meio de escritura pública». **4** *Rel* Administrar o sacramento da Confirmação/Crismar(+). **Ex.** O bispo vem ~ [crismar(+)] um grupo de jovens e também alguns adultos.

confirmativo, a *adj* (<confirmar+-tivo) Que confirma/Comprovativo. **Comb.** *Documento ~. Gesto ~.*

confirmatório, a *adj* (<confirmar+-tório) Que contém [envolve] confirmação/Confirmativo. **Ex.** A persistência da febre é um sintoma ~ da infe(c)ção.

confiscação *s f* (<lat *confiscátio,ónis*) ⇒ confisco.

confiscar *v t* (<lat *confísco,áre,átum*) **1** Apreender por ordem judicial bens que revertem para o Estado/Arrestar. **Ex.** Prenderam-no e confiscaram-lhe droga e uma grande soma de dinheiro. **2** Apoderar[Apossar]-se transitoriamente de alguma coisa. **Ex.** A professora confiscou-lhe o telemóvel e só lho devolveu no fim da aula.

confiscável *adj 2g* (<confiscar+-vel) Que pode ser confiscado.

confisco *s m Dir* (<confiscar) Apreensão de bens de alguém, que são transferidos para o Estado, como sanção por crime cometido. **Comb.** *~ de armas proibidas. ~ de dinheiro* de transa(c)ções criminosas. *~ de produtos falsificados* «roupa de marca contrafeita».

confissão *s f* (<lat *conféssio,ónis*) **1** A(c)to de (se) confessar. **Ex.** A polícia interrogou demoradamente o preso, procurando obter a ~ (do crime). **2** Declaração de faltas cometidas/Reconhecimento de culpa. **Ex.** A ~, livremente prestada, poderá servir de meio de prova, mas não dispensa o apuramento da verdade por outros meios. **3** *Rel* Sacramento da Igreja Católica da penitência ou reconciliação. **Ex.** A ~ é necessária para obter o perdão dos pecados graves cometidos depois do ba(p)tismo. **Comb.** Horário das ~ões. **4** *Rel* Autoacusação dos pecados feita a um sacerdote, como parte essencial do sacramento da penitência. **5** *Rel* Oração que se reza «no princípio da missa» como a(c)to penitencial de quem se reconhece pecador. **6** *Rel* Crença religiosa/Fé. **Ex.** A ~ da fé cristã levou-o ao martírio. **7** *fig* Revelação de segredo/Confidência. **Ex.** Vou fazer-te uma ~: decidi pôr fim ao namoro. **8** *pl Liter* Gé[ê]nero literário autobiográfico cara(c)terizado pela ambição de absoluta sinceridade. **Comb.** *~ões*, de Santo Agostinho.

confitente *adj/s* (<lat *cónfitens,éntis*; ⇒ confessar) (O) que (se) confessa/Confesso[1].

conflagração *s f* (<lat *conflagrátio,ónis*) **1** Incêndio que alastrou ou tende a alastrar. **Ex.** O descuido duma fogueira mal apagada pode originar uma grande ~. **2** *fig* Grave conflito social ou político. **3** *fig* Guerra súbita e generalizada/Grande conflito internacional. **4** *fig* Propagação rápida duma epidemia. **5** *fig* Veemência de um sentimento ou paixão/Grande excitação.

conflagrar *v t* (<lat *conflágro,áre,átum*) **1** Incendiar(-se) de modo violento e devastador. **Ex.** Um enorme incêndio conflagrou uma extensa zona florestal. **2** *fig* Pôr em convulsão/Causar perturbação/conflito súbita/o e violenta/o. **3** *fig* Excitar ânimos/sentimentos/paixões.

conflito *s m* (<lat *conflictus,us*) **1** Oposição violenta/Confronto/Contenda. **Ex.** Envolveram-se em ~ e foram parar ao hospital. Não eram capazes de discutir sem acabar em ~. **2** Luta entre potências/Guerra. **Comb.** *~ armado. ~* [Guerra(+)] *mundial.* **3** Oposição de ideias/sentimentos/interesses/Antagonismo. **Comb.** *~ de gerações. ~ social.* **3** *Dir* Confronto de autoridades que se arrogam os mesmos direitos, ou de princípios [leis] que se contradizem. **Comb.** *~ de jurisdição/competência* de tribunais. *~ de leis* «sucessivas sobre a mesma matéria». **5** Estado de hesitação entre tendências ou impulsos antagó[ô]nicos. **Comb.** *~ da falta de sentido para a vida. ~ de insatisfação* «familiar/profissional».

conflitual *adj 2g* (<conflito+-al) Que envolve conflito. **Comb.** *Psiq* Situação ~ [Perturbação que se sobrepõe aos conflitos evolutivos habituais e se traduz em vicissitudes «rivalidade fraternal/separação dos pais» que afe(c)tam as relações interpessoais].

conflitualidade *s f* (<conflitual+-i-+-dade) Qualidade ou estado que envolve conflito. **Ex.** São adversários políticos, mas entre eles não há ~.

conflituosidade *s f* (<conflituoso+-i-+-dade) Qualidade ou estado do que é conflituoso.

conflituoso, a (Ôso, Ósa, Ósos) *adj* (<conflito+-oso) **1** Que provoca conflitos. **Comb.** Maneira de ser [Temperamento] ~a/o. **2** Em que há desentendimento/antagonismo. **Ex.** Ela e a mãe tiveram sempre uma relação ~a.

confluência *s f* (<lat *confluéntia,ae*) **1** Qualidade do que se dirige para o mesmo ponto/Convergência. **Comb.** ~ do tráfego «em dire(c)ção à cidade». **2** Ponto de junção de dois cursos de água. **Comb.** ~ dos rios Zêzere e Tejo em Constância (Portugal). **3** Ponto onde se unem elementos convergentes/Junção. **Ex.** A praça principal situa-se na ~ de três ruas.

confluente *adj 2g/s m* (<lat *cónfluens,éntis*) **1** Que conflui/corre para o mesmo ponto/Que converge. **Comb.** *Linhas de água ~s. Ruas ~s.* **2** *s m* Rio que conflui noutro ou no mesmo ponto que este/Afluente.

confluir *v int* (<lat *cónfluo,ere,flúxi,flúxum*) **1** Correr para o mesmo ponto/Afluir. **Ex.** É uma zona de inundações frequentes porque para lá confluem várias linhas de água. **2** Dirigir-se para o mesmo lugar/Acorrer/Convergir. **Ex.** Pela manhã, as pessoas confluem para a [afluem à(+)] cidade, quer nos transportes cole(c)tivos, quer em carros particulares.

conformação *s f* (<lat *conformátio,ónis*) **1** Disposição geral dos elementos dum corpo ou sistema/Configuração/Constituição/Estrutura. **Ex.** A ~ do macaco é diferente da do homem. **Comb.** *~ duma estátua* «a partir dum bloco de mármore». *Processo de ~ dum ser humano* no seio materno. **2** *fig* Aceitação duma situação nova desagradável/Resignação. **Comb.** ~ perante a adversidade. **3** Adaptação/Adequação. **Ex.** Tem-lhe sido difícil a ~ com a situação [o estado] de reformado.

conformado, a *adj* (<conformar+-ado) **1** Que se conformou/Resignado. **Ex.** Sofreu muito com a perda do marido, mas está ~a. **2** Que tem determinada conformação/constituição. **Comb.** «corpo» Bem [Mal] ~.

conformador, ora *adj/s* (<conformar+-dor) (O) que conforma.

conformar *v t* (<lat *confórmo,áre,átum*) **1** Dar forma/Configurar(-se). **Ex.** A erosão vai conformando o relevo do solo. **2** Tornar(-se) conforme/Adequar(-se)/Adaptar(-se). **Ex.** Depressa se conformou à maneira de viver da cidade. **3** Conciliar/Ajustar. **Loc.** ~ a vida familiar com as obrigações profissionais. **4** Resignar-se/Aceitar. **Ex.** Ele não se conforma [não está satisfeito] com o resultado do exame de matemática «vai pedir a revisão da prova».

conformativo, a *adj* (<conformar+-tivo) Próprio para conformar.

conforme *adj 2g/conj/prep* (<lat *confórmis, e*) **1** Que tem a mesma ou semelhante forma/Idêntico/Análogo. **Ex.** Não interessa a marca da linha; (o que) interessa (é) que seja ~ (a que acabou) «da mesma cor e grossura». **2** Apropriado ao fim em vista/Conveniente. **Ex.** Fazem as leis ~s aos seus interesses. **3** Que está de acordo/Concordante/Corre(c)to. **Ex.** O contrato está ~ com a proposta. **4** *fig* Que está resignado/Conformado. **Ex.** De início estava muito revoltado; agora está mais ~. **5** *conj* Como/Consoante/Segundo. **Ex.** Faz [Procede] ~ vires fazer. ~ se toca, assim se dança. **6** *prep* Segundo/Consoante. **Ex.** Poderei ou não fazer o trabalho, ~ o tempo de que dispuser para esse efeito.

conformidade *s f* (<lat *confórmitas,átis*) **1** Qualidade do que é conforme/Semelhança/Analogia. **Ex.** A ~ dos testes dos dois alunos faz suspeitar que um deles tenha copiado. **2** Fa(c)to de obedecer a certas regras/normas/Concordância. **Ex.** Proje(c)to elaborado em ~ com a lei vigente. **Comb.** *Em ~* [De acordo/Em harmonia]. *Nesta ~* [Sendo assim/Segundo o estabelecido].

conformismo *s m* (<conforme+-ismo) **1** Aceitação sem obje(c)ções das normas e costumes dominantes. **Ex.** Reclamar é incó[ô]modo; é mais fácil viver no ~. **2** *pej* Atitude de resignação excessiva.

conformista *adj/s 2g* (<conforme+-ista) (O) que segue o [se adapta ao] conformismo.

confortabilidade *s f* (<confortável+-i-+-dade) Qualidade do que é confortável/Conforto(+). **Comb.** Camas [Colchões] com grande ~.

confortação *s f* (<confortar+-ção) A(c)to ou efeito de confortar/Consolação/Conforto. **Comb.** Palavras de ~ [consolação(+)/conforto(+)].

confortado, a *adj* (<confortar+-ado) **1** Consolado. **Ex.** As tuas [suas] palavras deixaram-me mais ~. **2** Fortalecido. **Ex.** Não comi muito, mas já me sinto mais ~. **3** Aconchegado/Agasalhado. **Ex.** A noite está fresca; leva um casaco que sempre ficarás mais ~.

confortador, ora [confortante] *adj [2g]* (<confortar+-dor[(a)nte]) **1** Que conforta. **2** Consolador.

confortar *v t* (<lat *confórto,áre,átum*) **1** Dar conforto a. **Ex.** Muito me conforta saber que és feliz. **2** Tornar forte/Fortificar. **Loc.** Tomar alguma coisa «uma sopa» quente para ~ o estômago. **3** Consolar/Animar. **Ex.** Nas horas difíceis da doença teve sempre alguém da família que o confortasse.

confortativo, a *adj/s m* (<confortar+-tivo) **1** Que serve para confortar. **Comb.** Presença ~a dos amigos «na doença». **2** *s m* Medicamento que fortifica/Fortificante/Tó[ô]nico.

confortável *adj 2g* (<confortar+-vel) **1** Que proporciona bem-estar/dá comodidade/Có[ô]modo. **Comb.** Casa [Cama/Sofá] ~. **Ant.** Desconfortável; incó[ô]modo. **2** Aconchegado. **Ex.** Se queres ponho-te uma almofada nas costas para te sentires mais ~. **3** Que garante tranquilidade/Seguro. **Ex.** O atleta da frente ganhou um avanço ~ sobre os restantes corredores.

conforto (Fôr) *s m* (<confortar) **1** Solidariedade nos momentos difíceis/Consolo/Alívio. **Ex.** Na doença, nunca lhe faltou o ~ dos amigos; sentiu-se sempre acompanhado. **2** Bem-estar material/Comodidade. **Ex.** A casa não é luxuosa mas tem o ~ indispensável. **3** Sensação de bem-estar físico. **Ex.** Nas noites frias de inverno, aconchegava-se no sofá, no ~ quente da lareira, e acabava por adormecer.

confrade *s m* (<lat *confráter,átris*) **1** Membro duma confraria/irmandade/Irmão. **2** Pessoa que exerce a mesma profissão, geralmente liberal/Colega/Camarada.

confrangedor, ora [confrangente] *adj [2g]* (<confranger+-dor[(e)nte]) **1** Que confrange/Aflitivo/Angustiante. **Comb.** *Cenário* «de guerra» ~. *Sofrimento* ~. **2** Lamentável/Desolador. **Comb.** Ignorância ~ora.

confranger *v t* (<lat *confrángere <frango, ere, frégi, fráctum*: quebrar, dilacerar) **1** Causar [Sentir] angústia/aflição/Afligir/Angustiar/Atormentar. **Loc.** ~-se com a miséria [o sofrimento] alheia/o. **2** Causar [Sentir] impressão negativa/Impressionar/Arrepiar. **Comb.** Ignorância [Pobreza artística] que confrange. **3** ~-se/Apertar-se/Contrair-se/Contorcer-se. **Loc.** ~-se com dores.

confrangido, a *adj* (<confranger+-ido) **1** Contraído. **Comb.** ~ [Tolhido(+)] com frio. **2** Aflito/Angustiado/Atormentado. **Comb.** ~ com a dor alheia. **3** Contrafeito/Constrangido.

confrangimento *s m* (<confranger+-mento) **1** Contra(c)ção provocada pela dor. **2** Estado de quem não se sente à vontade/Constrangimento/Angústia.

confraria *s f* (<fr *confrèrie*; ⇒ confrade) **1** *Hist* Associação de pessoas de meios sociais diversos que, em condições de igualdade de benefícios e encargos, se propõem atingir determinado obje(c)tivo religioso, socioeconó[ô]mico ou cultural/Irmandade/Fraternidade. **Ex.** A maior parte das ~s tem a finalidade religiosa de promover o culto público «~ do Santíssimo Sacramento». **2** Conjunto de pessoas que exercem a mesma profissão ou têm os mesmos interesses/sentimentos. **Comb.** ~ do Vinho do Porto.

confraternal *adj 2g* (<confraterno+-al) Que é reciprocamente fraternal.

confraternar *v t* (<confraterno+-ar¹) Unir como irmãos.

confraternidade *s f* (<confraternal+-i-+-dade) **1** Relação amistosa que une pessoas da mesma profissão, que trabalham no mesmo local ou têm interesses comuns. **2** Amizade comparável à de irmãos.

confraternização *s f* (<confraterizar+-ção) A(c)to de confraternizar/Reunião de pessoas com os mesmos interesses e ocupações/Convívio. **Comb.** Encontro [Jantar] de ~.

confraternizar *v int* (<confraterno+-izar) **1** Conviver fraternalmente/Tratar como irmãos. **Ex.** Bairro com muito bom ambiente; os vizinhos todos confraternizam e ajudam-se mutuamente. **2** Encontrarem-se várias pessoas pelo prazer de estarem juntas/Conviver. **Ex.** Os colegas «da tropa» todos os anos se juntam para ~.

confraterno, a *adj* (<com-+fraterno) ⇒ confraternal.

confreira *s f* (<com-+freira) *fem* de confrade.

confrontação *s f* (<confrontar+-ção) **1** A(c)to de confrontar/Comparação/Cotejo. **Comb.** ~ *de dados* [resultados]. ~ *de textos*. **2** Oposição violenta/Conflito. **Comb.** ~ *de dois grupos rivais*. ~ *de exércitos* [Guerra]. **3** *Dir* Comparação de testemunhos sobre a mesma matéria/Acareação. **4** *pl* Limites de um terreno/Estremas. **Ex.** As ~ões constam do regist(r)o predial.

confrontador, ora *adj/s* (<confrontar+-dor) (O) que confronta.

confrontante *adj 2g* (<confrontar+-ante) **1** Que confronta. **2** Confinante(+). **Comb.** Terreno ~ «com a estrada».

confrontar *v t* (<com-+fronte+-ar¹) **1** Comparar sistematicamente/Cotejar/Conferir. **Loc.** ~ *dois relatos* do mesmo acontecimento. ~ *resultados* «de análises» obtidos por entidades diferentes. **2** Pôr frente a frente/Fazer enfrentar/Acarear(+). **Loc.** ~ as duas partes em litígio. **3** Entrar em confronto físico ou verbal/Lutar/Defrontar. **Ex.** As duas equipas/es de futebol «Barcelona e Real Madrid» confrontaram-se quatro vezes na mesma época. **4** Fazer frente/Enfrentar/Deparar-se com. **Ex.** Os deputados da oposição confrontaram o ministro com a ineficácia das medidas para combater a crise. **Loc.** ~-se com um problema. **5** Ter limites/fronteiras comuns/Confinar(+). **Ex.** Portugal confronta com a Espanha e com o Atlântico.

confrontável *adj 2g* (<confrontar + -vel) Que se pode confrontar.

confronte *adj 2g* (<com-+...) **1** Que está defronte/em frente. **Comb.** Dois prédios ~s. **2** Que delimita/Confinante. **Comb.** «divisória de» Terrenos ~s.

confronto *s m* (<confrontar) **1** A(c)to de confrontar/Comparação/Paralelo. **Ex.** Do ~ das duas empresas conclui-se que uma tem maior dimensão, mas a outra usa tecnologia mais avançada. **Comb.** ~ de opiniões. **2** Oposição/Conflito/Disputa. **Ex.** O ~ entre as duas equipas/es «Benfica e Porto» proporcionou sempre um grande espe(c)táculo de futebol. Assistiu-se a um interessante ~ de ideias «no debate televisivo». **Comb.** ~ físico [Agressão]. **3** *Dir* ⇒ Acareação(+).

confucia[o]nismo *s m Hist Rel* (<confuciano+-ismo) Movimento religioso (e também filosófico e cultural) iniciado por Confúcio (*Kung Fu-tse*, 551-479 a.C.) que modelou o espírito da sociedade chinesa e constituiu a base do Estado até à implantação da república em 1912. **Ex.** O ~ busca a coexistência harmoniosa dos homens.

confucia[o]nista *s 2g* (<confuciano+-ista) O que professa o confucianismo.

confuciano, a *adj* (<antr Confúcio (551-479 a.C.), filósofo chinês) Relativo a Confúcio ou à sua doutrina.

confugir *v int* (<lat *confúgio,úgere,úgi, úgitum*) **1** Pedir auxílio/Refugiar-se(+). **Ex.** «desempregados» Viram-se obrigados a ~-se à casa dos pais. **2** Fugir juntamente com. **Ex.** Confugiram vários presos da mesma ala da cadeia.

confundido, a *adj* (<confundir+-ido) **1** Que está em confusão/Misturado/Unido. **Ex.** Os ladrões avançavam de noite ~s com as [noite colados às] sebes do jardim. **2** Tomado por/Trocado. **Ex.** Sombras das árvores agitadas pelo vento, ~as com pessoas que fogem. **3** Envergonhado/Embaraçado. **Ex.** Tantas atenções deixavam-no ~.

confundir *v t* (<lat *confúndo,fúndere,fúdi, fúsum*) **1** Unir sem ordem/Misturar. **Ex.** Com a subida da maré, a água do rio começa a ~-se com a do mar, muitos quiló[ô]metros antes da foz. **2** Tomar uma coisa por outra/Não distinguir. **Ex.** Fui-lhe falar [Fui cumprimentá-lo], confundindo-o com outra pessoa. O camaleão muda de cor e confunde-se com o ambiente onde se encontra. **3** (Fazer) ficar confuso/Baralhar. **Ex.** A pergunta, ambígua, capciosa, confundiu muitos alunos. Confundi-me e fui parar longe do local pretendido [onde queria ir/chegar]. **4** Causar perturbação/Embaraçar/Envergonhar. **Ex.** Tanta amabilidade confunde-me; não sei como lhe hei de agradecer.

confundível *adj 2g* (<confundir+-vel) Que se pode confundir.

confusamente *adv* (<confuso+-mente) **1** De modo confuso/pouco claro. **Ex.** Via-se ~ qualquer coisa a boiar sem se conseguir identificar o que seria. **2** Em confusão/Desordenadamente. **Ex.** As ideias agitavam-se ~ na sua cabeça [na cabeça dele].

confusão *s f* (<lat *confúsio,ónis*) **1** Estado [Situação] do que se encontra confuso/que tem falta de clareza. **Ex.** Naquela cabeça [cabecinha(+)] reina a ~. A multiplicidade de opções «cursos» só serve para lhe criar ~ e dificultar a escolha. **2** Desordem/Barafunda/Baralhada. **Ex.** Que grande ~ reina nesta casa! Está tudo desarrumado! **3** Tumulto/Agitação/Balbúrdia. **Ex.** Quando começaram a discutir em altos berros, vi logo que ia haver ~. **Loc.** Armar ~ [Provocar desordem/zaragata]. **4** O que se apresenta de modo confuso/sem clareza. **Ex.** O relatório é uma ~ do princípio ao fim, idi não tem ponta por onde se lhe pegue. **5** Erro/Equívoco/Troca/Engano. **Ex.** Faço ~ com os [~ quanto aos] dois gé[ê]meos, nunca sei com qual deles estou a falar. Fiz ~: estavas a falar duma pessoa e eu a pensar noutra [eu a ligar para outra]. **6** Causar estranheza/Dúvida/Perplexidade. **Ex.** Faz ~ [Levanta dúvidas/suspeitas] vê-la sair várias vezes ao dia com um saco cheio na mão; será traficante de droga? **7** Dificuldade em perceber ideias, raciocínios, emoções/Perplexidade. **Ex.** O discurso não esclareceu nada, só serviu para lançar a ~ nos espíritos. **Comb.** *Psiq* ~ mental [Estado patológico cara(c)terizado pela perturbação do raciocínio, da memória e da orientação no espaço e no tempo].

confuso, a *adj* (⇒ confundir) **1** Que se apresenta misturado/desordenado. **Comb.** Imagens ~as. **2** Que tem falta de clareza/Mal organizado/Obscuro. **Comb.** *Linguagem* [Legislação] *~a. Texto ~.* **3** Desconcertado/Atrapalhado/Perplexo. **Ex.** Durante o exame, comecei a sentir-me ~: parece que tinha esquecido tudo. **4** Embaraçado/Envergonhado/Confundido. **Comb.** ~ [Confundido(+)] com tantos elogios.

conga *s f Mús* (<*top* Congo) **1** Dança afro-americana com ritmo semelhante ao da rumba. **2** Instrumento de percussão de origem africana, semelhante ao tambor.

congada *s f Br* (<conga+-ada) Autos populares brasileiros de origem africana com música e danças.

congelação *s f* (<lat *congelátio,ónis*) **1** A(c)to ou efeito de congelar(-se). **Comb.** ~ da água «nos charcos/na canalização» no inverno. **2** Passagem do estado líquido ao sólido por arrefecimento. **Comb.** Ponto [Temperatura] de ~ [Temperatura a que, no arrefecimento sob pressão constante, se dá a passagem do estado líquido a sólido]. **3** Processo de conservação de alimentos efe(c)tuada a temperaturas inferiores a -18° C. **4** Entorpecimento devido ao frio intenso. **5** *Econ* Embargo à transferência de capitais depositados/Congelamento.

congelado, a *adj/s m* (<congelar+-ado) **1** Solidificado por a(c)ção do frio. **Comb.** Água ~a. Alimentos ~s. **2** Muito frio/Frio como gelo. **Ex.** Tenho [Sinto] os pés ~s. **3** *Econ* Que não pode ser alterado. **Comb.** *Promoções ~as. Salários ~s.* **4** *Econ* Diz-se de conta [capitais] que não pode(m) ser movimentada [transferidos]. **5** *s m* Produto conservado pelo processo de congelação. **Comb.** Loja de ~s.

congelador, ora *adj/s m* (<congelar+-dor) **1** Que congela. **Comb.** Arca ~ora. **2** *s m* Compartimento do frigorífico onde se faz a congelação e se guardam alimentos congelados. **Comb.** Frigorífico com ~ separado.

congelamento *s m* (<congelar+-mento) **1** ⇒ congelação. **2** *fig* Manutenção sem modificações durante um certo período. **Comb.** *~ de preços. ~ de salários.* **3** *Econ* Embargo à transferência de capitais/à movimentação de contas bancárias.

congelante *adj 2g* (<congelar+-ante) Que congela/Congelador. **Comb.** Frio [Ar/Vento] ~.

congelar *v t* (<lat *cóngelo,áre,átum*) **1** (Fazer) passar do estado líquido ao estado sólido por um processo de arrefecimento. **Ex.** O frio foi tanto que, durante a noite, a água congelou nos canos. **2** Submeter a um processo de conservação pelo frio. **Loc.** ~ alimentos «carne/peixe/legumes». **3** Ficar entorpecido com o frio. **Ex.** No inverno, mesmo com luvas, congelam-me as mãos com frequência. **4** Solidificar/Coagular. **Loc.** O azeite ~ no inverno. **5** *fig* Fixar valores não permitindo qualquer variação. **Loc.** ~ preços [salários]. **6** *Econ* Imobilizar capitais depositados.

congelável *adj 2g* (<congelar+-vel) Que se pode congelar.

congeminação *s f* (<lat *congeminátio, ónis*) **1** A(c)to de congeminar/Cisma. **2** Formação dupla e simultânea.

congeminante *adj 2g* (<congeminar+-ante) Que congemina/Cismático.

congeminar *v int* (<lat *congémino,áre, átum*) Pensar demoradamente/Imaginar/Arquite(c)tar. **Ex.** Vejo-o muito pensativo; não deve andar a ~ [tramar] coisa boa! Os rapazes divertiam-se a ~ as partidas que iam pregar [fazer] às primas.

congeminativo, a *adj* (<congeminar+-tivo) ⇒ congeminante.

congénere [*Br* **congênere**] *adj 2g* (<lat *cóngener,eris*) **1** Do mesmo gé[ê]nero/tipo/classe. **Comb.** Animais ~s. Plantas ~s. **2** Que tem a mesma natureza/finalidade. **Comb.** *Organismos* «escolas/sindicatos» *~s. Problemas ~s.* **3** Que tem a mesma origem. **Comb.** Imigrantes orientais: indianos, paquistaneses e outros ~s. Palavras ~s.

congénito, a [*Br* **congênito**] *adj* (<lat *congénitus,a,um*) **1** De nascença. **Comb.** Defeito [Malformação] ~o/a. **2** Natural/Inato/Espontâneo. **Comb.** Qualidades [Tendências] ~as. **3** Apropriado/Adequado.

congestão *s f* (<lat *congéstio,ónis*) **1** *Med* Acumulação anormal de líquidos [sangue] num órgão ou em determinada região do corpo. **Comb.** ~ cerebral [pulmonar]. **2** *fig* Afluxo/Aglomeração. **Comb.** ~ de processos judiciais nos tribunais.

congestionado, a *adj* (<congestionar+-ado) **1** Que sofreu congestão. **2** Muito corado/Afogueado. **Comb.** Rosto ~. **3** *fig* Acumulado/Aglomerado/Obstruído. **Comb.** *Linhas telefó[ô]nicas ~as. Trânsito ~* [engarrafado(+)].

congestionamento *s m* (<congestionar+-mento) **1** Congestão. **2** Acumulação/Aglomeração. **Comb.** ~ de pessoas «à (porta de) entrada da igreja». **3** Impedimento de livre circulação na rua/Engarrafamento de trânsito.

congestionante *adj 2g* (<congestionar+-ante) Que causa congestão. **Comb.** Efeito ~ «do excesso de álcool».

congestionar *v t* (<congestão+-ar¹) **1** Causar [Sofrer] congestão. **Ex.** Sentir-se congestionado «com o calor». **2** Sofrer ligeira acumulação de sangue provocada pela indignação/cólera/Ruborizar-se. **3** (O trânsito) tornar-se lento por acumulação de veículos ou por obstrução da via/Provocar engarrafamento de trânsito. **Ex.** Nas grandes cidades, o trânsito congestiona-se nas horas de ponta e nos dias de chuva.

congestivo, a *adj* (⇒ congestão) **1** Referente a [Que envolve] congestão. **Comb.** *Estado ~. Febre ~a.* **2** Predisposto à [Que indica possibilidade de] congestão. **Comb.** Temperamento ~.

conglobação *s f* (<lat *conglobátio,ónis*) **1** Reunião em globo. **2** Acumulação/Concentração.

conglobar *v t* (<lat *conglóbo,áre,átum*) **1** Reunir em globo/Englobar. **2** Acumular/Concentrar.

conglomeração *s f* (<lat *conglomerátio, ónis*) **1** Reunião/Junção. **2** Amontoado.

conglomerado, a *adj/s m* (<conglomerar+-ado) **1** Que se conglomerou. **Comb.** Detritos ~s. **2** *s m Min* Rocha sedimentar detrítica consolidada, formada por elementos rolados. **Ex.** A formação dos ~s é semelhante à das brechas. **3** Massa compacta formada por materiais fragmentados «madeira/cortiça» ligados por um produto aglutinante «grude/cola». **4** *Econ* Grupo formado por empresas de ramos de a(c)tividade diferentes.

conglomerar *v t* (<lat *conglómero,áre, átum*) **1** Formar conglomerado. **Ex.** Detritos [Cascalheiras] que conglomeram. **2** Unir(-se)/Congregar. **Loc.** ~ [Congregar(+)] esforços. **3** Agregar num grupo econó[ô]mico. **Loc.** ~ empresas.

conglutinação *s f* (<lat *conglutinátio,ónis*) União de duas ou mais coisas por meio de uma substância glutinosa/Aderência.

conglutinante *adj 2g* (<conglutiar+-ante) Que conglutina [provoca a conglutinação].

conglutinar *v t* (<lat *conglútino,áre,átum*) **1** Unir por meio duma substância viscosa/Aglutinar. **2** Pegar-se/Aderir.

conglutinoso, a (Ôso, Ôsa, Ôsos) *adj* (<conglutinar+-oso) Viscoso/Pegajoso/Glutinoso.

Congo[1] *s m Geog* (<quicongo '*kongo*') **1** *Hist* Antigo reino da África Equatorial a sul do rio Zaire, entre o Atlântico e o rio Cuango e que se estendia até às proximidades do Cuanza. **2** O maior rio de África em caudal (e o segundo do mundo, a seguir ao Amazonas), também denominado Zaire.

congo[2] *s m* (< chin *kung hu*) Chá usado na China.

Congo[3] **(Brazzaville)** República Democrática do Congo, formada em 15/08/1960 por independência do antigo Congo Francês.

Congo[4] **(Kinshasa)** República do Congo que resultou da independência do Congo Belga (Congo-Leopoldeville), em 15/12/1959.

congolês, esa(+) [**conguês, esa/congolense/conguense**] *adj/s* (<*top* Congo[3+4]) **1** Relativo ao Congo ou aos seus habitantes. **2** Natural ou habitante do Congo.

congonha *s f Bot* (<tupi *kõ'gõi*) Nome comum de várias plantas brasileiras cujas folhas servem para chás ou tisanas/Erva-mate.

congor[s]sa *s f Bot* (< ?) Designação vulgar de plantas da família das apocináceas entre as quais a erva-da-inveja ou pervinca, *Vinca difformis*, com propriedades medicinais.

congosta (Gós) *s f* (<lat *canalis,e:* canal + *angustus,a,um:* apertado) Rua estreita e comprida/Cangosta.

congraçar *v t* (<com-+graça+-ar¹) **1** Estabelecer [Refazer] a paz/amizade entre pessoas/Reconciliar. **Loc.** ~ dois colegas (que andavam zangados). **2** Conciliar/Harmonizar. **Loc.** ~ esforços [obje(c)tivos].

congratulação *s f* (<lat *congratulátio,ónis*) **1** A(c)ção de congratular(-se)/Felicitação. **Ex.** Perdemos o jogo, mas o esforço da equipa/e é digno de ~. **2** *pl* Parabéns/Felicitações. **Comb.** Mensagem de ~ões [parabéns(+)].

congratulador, ora [**congratulante**] *adj* [*2g*] (<congratular+-...) (O) que congratula.

congratular *v t* (<lat *congrátulo,áre,átum* por *congratulári*) **1** Apresentar congratulações/Felicitar. **Ex.** Congratulou [Felicitou(+)] o filho pelo bom resultado obtido no exame. **2** Alegrar-se com o sucesso/a felicidade de outrem. **Ex.** Devemos ~-nos com os êxitos dos nossos filhos ainda que pareçam [sejam] insignificantes. Congratulo-me com a sua [tua] nomeação para tão elevado cargo.

congratulatório, a *adj* (<congratular+-tório) Que encerra congratulação.

congregação *s f* (<lat *congregátio,ónis*) **1** A(c)ção de juntar/reunir/Combinação/Reunião/União. **Ex.** O êxito da festa ficou a dever-se à ~ de esforços de muita gente. **2** Reunião/Assembleia. **3** *Rel* Associação religiosa de leigos/Confraria. **Comb.** ~ mariana [que tem por base uma sólida devoção à Virgem Maria, padroeira e modelo dos congregados]. **4** *Rel* Instituto ou ordem religiosa. **Ex.** A Revolução Francesa suprimiu as ~ões religiosas em 1790, por determinação dos Estados Gerais. **Comb.** *~ das Irmãs Conce(p)cionistas* de Santa Beatriz da Silva. *~ do Espírito Santo* e do Imaculado Coração de Maria (Espiritanos). **5** *Rel* Organização eclesiástica nos países protestantes. **6** *Rel* Comissão de cardeais e bispos que se ocupa de assuntos da

Igreja na Cúria Romana. **7** Conselho dos lentes duma faculdade.

congregacional *adj 2g* (<congregação+-al) Relativo a congregação.

congregacionismo *s m Rel* (<congregação+-ismo) Forma de organização eclesiástica protestante originada no movimento de inconformismo contra a Igreja oficial da Inglaterra, que rejeita o presbiterado e o episcopado e defende a autonomia de cada comunidade.

congregacionista *s/adj 2g* (<congregação+-ista) **1** Relativo ao congregacionismo. **2** Seguidor ou membro duma comunidade que segue o congregacionismo.

congregado, a *adj/s* (<congregar+-ado) **1** Que faz parte duma congregação. **Comb.** Detritos ~s por um cimento «argiloso». **2** Junto/Unido. **Comb.** Jogadores «de andebol» ~s à volta do treinador. «trabalhadores duma empresa» Todos ~s no mesmo obje(c)tivo. **3** *s* Membro duma congregação **3**. **Comb.** *~ do Oratório. ~ mariano.*

congregante *adj 2g* (<congregar+-ante) Que congrega. **Comb.** Esforço [Entusiasmo] ~.

congregar *v t* (< lat *congrégo,áre,átum*) **1** Juntar/Reunir/Agregar. **Ex.** O funeral do Papa João Paulo II congregou centenas de estadistas do mundo inteiro na Praça de S. Pedro. No final da procissão do Corpo de Deus, os fiéis congregam-se na praça para receber a bênção com o Santíssimo Sacramento. **2** Convocar. **Ex.** O bispo congregou todos os membros do cabido. **3** Unir capacidades/esforços com um obje(c)tivo comum. **Ex.** «para sair da crise» É necessário um governo forte que congregue todas as forças vivas da nação.

congressional [congressual] *adj 2g* (<congresso+-...) Relativo [Pertencente] ao congresso.

congressista *s 2g* (<congresso+-ista) **1** Participante num congresso. **Ex.** Os ~s tiveram uma rece(p)ção nos Paços do Concelho. **2** Membro de Congresso/Deputado(+)/Senador (Parlamento/Assembleia Legislativa).

congresso *s m* (<lat *congressus,a,um*) **1** Reunião internacional de chefes de Estado ou outras personalidades «políticas/diplomáticas» para tratar de assuntos de interesse internacional/Conferência Internacional. **2** Reunião de grande número de participantes para estudo, debate, apresentação de comunicações sobre um tema específico «científico/cultural/religioso». **Comb.** *~ de Ortodôncia. ~ eucarístico.* **3** Assembleia legislativa de alguns países «EUA».

congro *s m Icti* (<lat *congrus,i*) Designação comum de peixes teleósteos da família dos congrídeos, de corpo cilíndrico alongado e liso, com as barbatanas [nadadeiras] dorsal e anal contínuas com a caudal/ Safio.

côngrua *s f* (<côngruo) **1** Contribuição anual dos paroquianos para sustento do seu pároco. **2** Conjunto dos rendimentos duma paróquia.

congruência *s f* (<lat *congruéntia,ae*) **1** Relação dire(c)ta de um fa(c)to ou obje(c)to com o fim a que se destina/Adequação/ Conveniência. **2** Articulação lógica entre afirmações ou partes de um texto/discurso/Coerência. **3** *Mat* Relação binária que se traduz pela sobreponibilidade de duas figuras geométricas.

congruente *adj 2g* (<lat *cóngruens,éntis*) **1** Em que há congruência/Coerente. **Comb.** Figuras ~s. Ideias ~s. Unidades ~s [coerentes(+)]. **2** Conveniente/Adequado. **Comb.** Medidas ~s com o obje(c)tivo pretendido. *Mat* Números ~s [que divididos por um terceiro dão restos iguais].

congruísmo *s m Rel* (<côngruo+-ismo) Sistema teológico que procura explicar a a(c)ção eficaz da graça pela congruência [adaptação] dessa mesma graça à vontade do homem numa circunstância determinada. **Ex.** O ~ insere-se na problemática geral da cooperação livre do homem com a a(c)ção e vontade salvífica de Deus.

congruísta *s 2g* (<côngruo+-ista) Partidário do congruísmo.

côngruo, a *adj/s f* (<lat *côngruus,a,um*) **1** Conveniente/Adequado/Congruente. **2** Declarado em termos claros/precisos. **Comb.** Linguagem ~a. **3** Que está em conformidade/harmonia. **4** *s f* ⇒ côngrua.

conhaque (Cónhá) *s m* (<*top* Cognac, cidade francesa) Aguardente da região francesa de Conhaque ou semelhante a esta. **Loc.** Beber um (cálice de) ~ com o café, após a refeição. ⇒ aguardente; cachaça.

conhecedor, ora *adj/s* (<conhecer+-dor) (O) que conhece/Sabedor/Entendido/Perito. **Ex.** Não é advogado, mas é ~ das leis do trabalho. **Comb.** Pessoa ~ora «de mecânica».

conhecer *v t* (<lat *cognósco,ere,óvi,itum*) **1** Ter conhecimento/informação de algo ou de alguém. **Ex.** Conheço bem o autor, mas esse livro não conheço. Tão peque(ni)no, já conhece as cores. **Idi.** *Desde que me conheço* [Desde que tenho consciência da minha existência/Desde o uso da razão/Desde sempre]. *~ de nome* [Ter ouvido falar de alguém]. *~ de vista* [Ser capaz de identificar alguém por já o ter visto]. *~ melhores dias* [Ter passado ou esperar vir a passar tempo(s) mais feliz(es)]. *Dar a ~* [Fazer saber/Revelar]. **2** Ser versado/Ter conhecimento profundo. **Ex.** Para ele, os computadores não têm segredos; de informática, conhece ele! **3** Identificar/Reconhecer. **Ex.** Conheço-o ao longe pelo andar. Não estou a vê-la, mas conheço-a pela fala [voz]. **4** Ter convivência/Relacionar-se. **Ex.** Nesta terra ninguém me conhece; vivo aqui há pouco tempo. Conhecemo-nos desde crianças. **5** Ter conta(c)to dire(c)to/Visitar. **Ex.** Conheço vários países da Europa mas não doutros continentes. **6** Encontrar pessoalmente pela primeira vez/Ser apresentado. **Ex.** Finalmente, conheci os pais da minha futura nora. **7** Ter experimentado/passado por/Viver. **Ex.** Os nossos avós conheceram tempos bem [muito] mais difíceis do que os de agora. **8** Aperceber-se da forma como alguém vive ou em que condição se encontra. **Ex.** Nunca trabalhou; sempre o conheci à boa vida «a vaguear pelas ruas ou sentado nos cafés». Está gordo, mas nunca o conheci mais magro. **9** Ter comportamento de quem é grato/reconhecido. **Ex.** Fiz-lhe tanto bem e agora fala[cumprimenta]-me como se não me conhecesse. **Prov.** *É cão que não conhece o dono* [É pessoa ingrata].

conhecido, a *adj/s* (<conhecer+-ido) **1** Que se conhece/De que há informação/conhecimento/Descoberto. **Ex.** O chá não era ~ na Europa antes dos descobrimentos portugueses do séc. XVI. **Comb.** Fa(c)to ~. Terras [Mundo] ~as/o «dos Romanos». **2** Que muitos conhecem/Familiar/Comum. **Ex.** O vinho do Porto é muito ~ no estrangeiro «na Inglaterra». **Comb.** «OK» Expressão muito [mais que] ~a. **3** Célebre/Famoso. **Comb.** «Shakspeare/Camões/Dante» *Autor* [Escritor] *muito ~*. «Pélé/Eusébio» *(D)esportista mundialmente ~*. **4** Muito frequentado. **Comb.** *Praia* [Local turístico] *~a/o. Restaurante* [Café] *muito ~*. **5** *s* Pessoa com quem se mantêm relações superficiais. **Ex.** Ele não é meu amigo, é apenas ~; ~ do [porque o encontro no] café.

conhecimento *s m* (<conhecer+-mento) **1** Faculdade de conhecer. **Ex.** Tive ~ «da morte do professor» através dos jornais. **2** A(c)to de conhecer/de se informar. **Ex.** «os filhos» Levaram [Saíram com] o carro sem meu ~. **Idi.** *Dar* [Levar ao] *~ de* [Informar/Comunicar/Participar]. *Perder o ~* [Perder os sentidos/Desmaiar]. *Ter ~ de* [Estar informado/Saber]. *Tomar ~ de* [Ficar a saber/Receber a informação]. *Travar ~ com* [Estabelecer relação [Falar] pela primeira vez]. **Comb.** *Com ~ de causa* [Estando devidamente informado/Sabendo perfeitamente do que se trata]. **3** *Fil* A(c)to pelo qual a consciência torna intencionalmente o mundo circundante presente a si mesma. **Ex.** O ~ é um fenó[ô]meno consciente; consciência e ~ constituem uma unidade indissolúvel. **Comb.** Teoria do ~ [⇒ gnosi[e]ologia/epistemologia]. **4** O que se conhece e aprendeu pelo estudo ou pela experiência/Noção/Informação. **Ex.** O meu ~ de informática é muito limitado [escasso/reduzido]. **Loc.** Ter ~ de línguas estrangeiras. **5** Relação entre pessoas que, não sendo amigas, têm relações sociais. **Ex.** Ouvi falar dele porque é conhecido [do ~] dos meus sogros. **6** *Com* Documento comprovativo da expedição de mercadorias «por via fluvial/marítima»/Recibo. **7** *pl* Matérias conhecidas/Saber/Instrução. **Ex.** A Internet facilita a aquisição de ~s. **Comb.** Pessoa de vastos [grandes] ~s «artísticos/literários». **8** *pl* Pessoas conhecidas/Relações. **Ex.** Quem tem muitos ~s [Quem conhece muita gente] (mais) facilmente arranja emprego «para os filhos».

conhecível *adj 2g* (<conhecer+-vel) Que se pode conhecer/Cognoscível(+). **Ant.** Irre~.

cónica [*Br* **cônica**] *s f Mat* (<có[ô]nico) Linha [Curva] plana que resulta da interse(c)ção de um plano com uma superfície de revolução. **Ex.** As ~s são: a elipse (de que a circunferência é um caso particular), a parábola e a hipérbole. ⇒ có[ô]nico.

conicidade *s f* (<cónico+-i+-dade) **1** Qualidade do que é có[ô]nico. **2** Forma có[ô]nica. **Comb.** ~ do pico duma montanha.

conicina *s f Quím* (<gr *kóneion*) ⇒ cicutina.

cónico, a [*Br* **cônico**] *adj/s f* (<cone+-ico) **1** Que tem a forma de cone. **Comb.** Chapéu ~ «de palhaço». **2** Que diz respeito ao cone. **Comb.** Superfície ~a. **3** *s f Mat* ⇒ có[ô]nica.

conídeo, a *adj/s m pl Zool* (<cone+-ídeo) (Diz-se de) família de moluscos gastrópodes marinhos, com concha có[ô]nica ou fusiforme.

conídio *s m Bot* (<gr *kónis,eos*: poeira+-ídeo) Esporo de propagação vegetativa formado na extremidade de uma hifa (Conidióforo).

conidióforo *s m Bot* (<conídio+ gr *phóros*: fecundo) Célula-mãe (Hifa fértil, simples ou ramificada) dos conídios que se formam na extremidade (um único ou seriados em cadeia ou rosário).

conífero, a *adj/s f pl Bot* (<lat *cónifer,eris*) (Diz-se de) classe de plantas gimnospérmicas, árvores ou arbustos, em geral resinosas, de folhas em forma de agulha ou espinho e frutos de forma có[ô]nica, como o pinheiro, cedro, abeto, cipreste, ...

conifloro, a *adj Bot* (<cone+flor) Com flores dispostas em forma de cone.

coniforme *adj 2g* (<cone+-forme) Em forma de cone.

conina *s f Quím* (<gr *kóneion*) ⇒ cicutina.

conirrostro, a *adj/s m pl Ornit* (<cone+-rostro) (Diz-se de) grupo de pássaros cujo bico é resistente, grosso e có[ô]nico.

conivalve *adj 2g Zool* (<cone+-valve) Que tem concha có[ô]nica.

conivência *s f* (<lat *coniuéntia,ae*) **1** A(c)to de ser conivente/Colaboração material ou moral num delito/Cumplicidade. **Ex.** O roubo foi praticado com a ~ de alguns empregados. **2** *Bot* Aproximação de dois órgãos vegetais «pétalas» até se tocarem, sendo livres na base.

conivente *adj 2g* (<lat *conníuens,éntis* <*conníueo,ére,íui íxi*: fechar os olhos, dissimular) **1** Cúmplice/Conluiado. **Comb.** ~s na agressão «a um colega». **2** Que finge não ver ou encobre o mal praticado por outrem. **Comb.** Fiscal ~ com os traficantes. **3** Que se aproxima ou tende a aproximar-se. **Comb.** Asas ~s. Folhas ~s.

conjetura (Jè) **[Br conje(c)tura** (dg)**]** *s f* [= conjectura] (<lat *conjectúra,ae*) **1** Juízo formado sobre aparências/indícios/probabilidades/Suposição/Hipótese. **Ex.** Não faltaram ~s tentando explicar o desaparecimento da menina. **2** Opinião formada sobre uma hipótese não verificada/Presunção. **Ex.** Dizer que a equipa/e teria ganho se o jogo tivesse sido (efe(c)tuado) à noite, não passa de mera ~.

conjetural (Jè) **[Br conje(c)tural** (dg)**]** *adj 2g* [= conjectural] (<conjetura+-al) Que se baseia em conjeturas/Hipotético.

conjeturar (Jè) **[Br conje(c)turar** (dg)**]** *v t/int* [= conjecturar] (<conjetura+-ar¹) **1** Julgar por conjetura. **Ex.** Vi tudo muito fechado (janelas e portas fechadas, persianas corridas), conjeturei que estivessem para fora «mas enganei-me». **2** Fazer conjeturas/Pensar/Idealizar. **Ex.** Falavam em emigrar e logo ele conjeturava ganhar muito [idi rios de] dinheiro e regressar à terra com um grande carro.

conjeturável (Jè) **[Br conje(c)turável]** *adj 2g* [= conjecturável] (<conjeturar+-vel) Que se pode conjeturar/Presumível.

conjugação *s f* (<lat *conjugátio,ónis*) **1** A(c)to ou efeito de conjugar/Junção/União. **Comb.** ~ de esforços «de todos para salvar a empresa». **2** O que se conjugou/Combinação. **Ex.** A crise foi provocada pela ~ de vários fa(c)tores de ordem nacional e internacional. **3** *Gram* Conjunto ordenado sistematicamente de todas as flexões dum verbo de forma a exprimir os modos, tempos, número e pessoas. **Comb.** ~ *perifrástica* [formada por um verbo auxiliar, que indica o tempo, e pelo verbo principal, que exprime a realização progressiva da a(c)ção. (Ex. Nas frases: *Está chovendo* e *enquanto conduzia, ia comendo* «umas bolachas para entreter o estômago», *está chovendo* e *ia comendo* são formas da ~ perifrástica de *chover* e *comer*). ~ *pronominal* [em que o verbo é acompanhado de um pronome pessoal átono «bater-lhe/calar-me/fazê-lo/guiar-se/querem-nos»]. *Primeira/Segunda/Terceira* ~ [Conjunto dos verbos terminados respe(c)tivamente em *ar/er/ir*]. **4** *Biol* Processo de reprodução sexual dos Protozoários Euciliados e Sugadores, o qual consiste na união temporária de dois indivíduos que trocam entre si parte da substância micronuclear e, após a separação, cada um deles se reproduz assexuadamente.

conjugado, a *adj* (<conjugar+-ado) **1** Combinado/Junto/Ligado. **Ex.** A chuva torrencial, ~a com o vento forte, devastou parte da cidade. **2** Que tem correspondência/Relacionado. **Comb.** Domínios/Focos/Planos/Pontos ~s [quando um se pode considerar a imagem do outro]. **3** *Gram* Diz-se de verbo nas suas diferentes flexões de modo, tempo, número e pessoa. **Comb.** ~ como auxiliar. **4** *pl Bot* (Diz-se de) grupo de algas clorofíceas microcelulares, de água doce, que se reproduzem por conjugação de dois gâmetas, originando um único corpo, o ovo ou zigoto.

conjugal *adj 2g* (<lat *conjugális,e*) Relativo aos cônjuges ou ao casamento. **Comb.** *Deveres* [Direitos] ~*ais*. *Leito* [União/Vida] ~.

conjugalidade *s f* (<conjugal+-i-+-dade) Qualidade do que é conjugal.

conjugar *v t* (<lat *cónjugo,áre,átum*) **1** Unir/Ligar/Combinar. **Loc.** ~ *as a(c)tividades (d)esportivas com o horário escolar*. ~ [Combinar(+)] *os sapatos com o vestido*. ~ [Unir] *esforços* «para conseguir determinado obje(c)tivo». **2** *Gram* Expor ordenadamente as flexões dum verbo. **Ex.** ~ o verbo *ter* no presente do indicativo: eu tenho, tu tens, ele tem, nós temos, vós tendes, eles têm.

conjugativo, a *adj* (<conjugar+-tivo) Respeitante à conjugação.

conjugável *adj 2g* (<conjugar+-vel) Que se pode conjugar. **Ex.** Os verbos defe(c)tivos «florir/chover» (Pessoais, unipessoais e impessoais) não são ~eis em todas as formas.

cônjuge *s m* (<lat *cónjux,ugis*) Pessoa unida a outra pelo vínculo do casamento. **Ex.** Os ~s celebraram há pouco (tempo) as bodas de ouro. **Comb.** *O ~ masculino* (Esposo/Marido). *O ~ feminino* (Esposa/Mulher).

conjúgio *s m* (<lat *conjúgium,ii*) ⇒ Casamento/Matrimó[ô]nio.

conjunção *s f* (<lat *conjúnctio,ónis*) **1** União [Conjugação] de pessoas ou coisas. **Comb.** ~ [Acoplamento] *de duas naves espaciais*. *Ponto de* ~ [confluência] *de dois rios*. **2** Encontro acidental de circunstâncias que concorrem para um fim comum/Conjuntura. **Ex.** A ~ [coincidência] do desemprego com a doença lançou aquela família na miséria. **3** *Astr* Posição de dois astros na mesma longitude celeste. **Ex.** A Lua está em ~ com o Sol quando passa entre a Terra e o Sol (Na lua nova). **4** *Lóg/Mat* Ligação lógica de duas proposições. **5** *Gram* Palavra invariável que liga duas frases (Orações) ou partes da mesma frase (Oração). **Comb.** ~ *coordenativa* «copulativa: e, não só, nem/adversativa: mas, porém, todavia». ~ *subordinativa* «causal: porque/final: para que/temporal: até que».

conjuncional *adj 2g* (<conjunção+-al) **1** Relativo a conjunção. **Comb.** Posição ~ de dois astros (⇒ conjunção **3 Ex.**). **2** *Gram* Introduzido por uma conjunção.

conjungir *v t* (<lat *conjúngo,ere,xi,ctum*) ⇒ Unir/Casar(+)/Consorciar.

conjuntamente *adv* (<com-+...) ⇒ juntamente.

conjuntar *v t* (<conjunto+-ar¹) **1** Formar conjunto/Combinar. **Ex.** Comprei uma saia para ~ [fazer conjunto(+)] com uma blusa (que já tinha). **2** Reunir/Juntar. **Ex.** Passavam horas a ~ (as peças d)o puzzle.

conjuntiva *s f Anat* (<conjuntivo) Membrana mucosa que forra a parte anterior do globo ocular e o une às pálpebras.

conjuntival *adj 2g* (<conjuntiva+-al) Que diz respeito à conjuntiva.

conjuntivite *s f Med* (<conjuntiva+-ite) Inflamação da conjuntiva.

conjuntivo, a *adj/s* (<lat *conjunctívus,a, um*) **1** Que une/junta. **Comb.** *Anat* Tecido ~ [que liga partes orgânicas]. **2** *Gram* Que serve para ligar palavras ou frases. ⇒ conjunção **5 Comb. 3** *Gram* Que exprime uma a(c)ção dependente de outra. **4** *s m Gram* Diz-se do modo verbal que apresenta a a(c)ção como possível ou contingente. **Ex.** Nas frases: *Oxalá ele venha* e *Se eu tivesse saúde* «não precisava de ajuda», *venha* e *tivesse* estão no (modo) ~.

conjunto, a *adj/s m* (<lat *conjúnctus,a,um*) **1** Que está unido. **Ex.** Mil alunos?! Nem as duas escolas ~as os têm! **Comb.** *Em* ~ [Em colaboração/Associadamente] (Loc. Estudar em ~]. *Em* ~ *com* [Juntamente com] (Ex. Resolução tomada em ~ com todos os colegas). **2** Que ocorre em simultâneo. **Comb.** Operação «de fiscalização» ~a «da PSP e da GNR, Pt». **3** Que está próximo/adjacente/contíguo. **Comb.** Terras ~as. **4** *s m* Totalidade de elementos que formam um todo/Grupo/Cole(c)ção. **Ex.** O alfabeto [abecedário] é o ~ das letras duma língua [dum sistema de escrita]. O talher é um ~ de garfo, faca e colher. Um ~ [grupo(+)] de operários esperava o patrão à porta da fábrica. **5** Unidade resultante da ordenação ou disposição de vários elementos/Composição/Complexo. **Ex.** O filme tem alguns pormenores caricatos mas no ~ é muito agradável. **Loc.** Ter uma visão de ~ «da cidade/do problema». **Comb.** ~ *arquite(c)tó[ô]nico*. ~ *harmonioso* «de elementos decorativos». **6** Grupo de intérpretes musicais, vocais ou instrumentais/Banda. **7** Combinação de peças de vestuário para serem usadas conjuntamente. **Comb.** ~ *de malha*. ~ *de saia e casaco*. **8** *Mat* Cole(c)ção de elementos que têm uma ou mais propriedades comuns. **Comb.** ~ *dos números reais* [naturais/inteiros]. ~ *finito* [infinito]. ~ *vazio* [que não tem qualquer elemento]. *Teoria dos* ~*s*.

conjuntura *s f* (<conjunto+-ura) **1** Situação resultante da simultaneidade [do encontro/da confluência] de circunstâncias ou acontecimentos num dado momento. **Comb.** ~ política favorável [adversa] a determinado partido. **2** *Econ* Conjunto de cara(c)terísticas econó[ô]micas variáveis que, ao longo do tempo, vão provocando modificações sensivelmente regulares de outros dados, permitindo fazer a previsão da evolução. **3** Ocasião/Ensejo/Oportunidade.

conjuntural *adj 2g* (<conjuntura+-al) **1** Relativo a conjuntura/Circunstancial. **Comb.** Dados ~ais [Variáveis de comportamento sensivelmente previsível]. **2** Que depende da conjuntura. **Comb.** Aliança ~ «entre dois partidos políticos». ⇒ estrutural.

conjura(ção) *s f* (<lat *conjurátio,ónis*) **1** Conspiração contra a autoridade estabelecida. **Ex.** A ~ é geralmente feita por pessoas ligadas por juramento secreto. **2** A(c)ção concertada de várias pessoas com a finalidade de fazer mal a outrem/Conluio/Trama. **3** *Dir* Juramento feito por um incriminado e corroborado pelos conjuradores como meio de prova para demonstrar a improcedência da acusação.

conjurado, a *adj/s* (<conjurar+-ado) **1** (O) que toma parte numa conjuração/Conjurador. **2** Imprecado por conjuro.

conjurador, ora *s* (<conjurar+-dor) **1** O que toma parte numa conjuração/Conjurado(+). **2** ⇒ O que faz esconjuros/Esconjurador/Exorcista.

conjurante *adj/s 2g* (<conjurar+-ante) (O) que conjura.

conjurar *v t/int* (<lat *conjúro,áre,átum*) **1** Planear uma conjuração/Conspirar/Maquinar. **Ex.** Em 1640, vários nobres portugueses conjuraram-se contra o rei espanhol para restaurar a independência de Portugal. **2** Desviar uma ameaça/Esconjurar. **Loc.** ~ [Esconjurar(+)] a fome. **3** Fazer exorcismo/Esconjurar/Exorcizar. **Loc.** ~ o diabo.

conjuratório, a *adj* (<conjurar+-tório) **1** Relativo a conjuro. **2** Que encerra conjuro.

conjuro *s m* (<conjurar) **1** Imprecação mágica. **2** Exorcismo/Esconjuro.

conluiado, a *adj* (<conluiar+-ado) Envolvido em conluio com outrem.

conluiar *v t* (<conluio+-ar[1]) Reunir em conluio. **Ex.** O serão cultural era o disfarce que lhes permitia ~ sem levantar suspeitas. **2** Combinar um conluio/Tramar/Maquinar. **Ex.** O chefe era mau [*idi pej* fraca rês]; os operários procuravam [espreitavam(+)] a ocasião propícia para se conluiarem contra ele.

conluio *s m* (<lat *collúdium,ii*) **1** Combinação entre duas ou mais pessoas para prejudicarem outrem. **Ex.** Porque nunca fez [alinhou em(+)] greves, sentia que os colegas (sindicalistas) andavam em ~ contra ele. **2** Conspiração/Trama/Maquinação.

connosco [*Br* **conosco**] *pron pessoal* (<lat *cum+noscum* por *nobiscum*) **1** Primeira pessoa do plural do pronome pessoal complemento. **2** Com as nossas pessoas. **Loc.** Falar ~. **3** Em nossa companhia. **Loc.** Ir ~ «para a praia». **4** Ao mesmo tempo que nós. **Ex.** Os filhos entraram ~ na igreja. **5** Por nossa causa. **Loc.** Sofrer ~. **6** A nosso respeito. **Ex.** Isso «que você está a dizer» é ~? **7** Em nosso benefício. **Loc.** Gastar dinheiro ~. **8** Próprio para nós. **Ex.** Esse trabalho é ~ [é nosso/é da nossa responsabilidade]. **9** Na nossa posse. **Ex.** As chaves «de casa» estão ~. **10** À nossa responsabilidade. **Ex.** Deixe isso «a resolução desse assunto» ~.

conoidal *adj 2g* (<conoide+-al) Em forma de cone.

conoide (Nói) *adj 2g* (<cone+-oide) Que tem a forma de cone.

conosco *pron pessoal Br* ⇒ connosco.

conotação *s f* (<lat *connotátio,ónis*) **1** *Ling* Sentido que uma palavra [expressão] evoca ou sugere para além do sentido literal, associado a um certo contexto. **Ex.** A palavra *sindicalista* tem por vezes uma ~ pejorativa de grevista/contestatário/revolucionário. **2** *Fil* Propriedade que um termo tem de designar, além do obje(c)to, alguns dos seus atributos. **Ex.** A ~ opõe-se, na lógica escolástica, à denotação (Definição em extensão).

conotar *v t* (<lat *connóto,áre,átum*) **1** Atribuir uma conotação. **Ex.** Por ser inconformista, não se pode só por isso conotá-lo de revolucionário. **2** Relacionar/Aproximar. **Loc.** ~ a praia com as férias.

conotativo, a *adj Ling* (<conotar+-tivo) Que encerra ou exprime conotação. **Comb.** Palavra «luar/silêncio» com função ~a «de paz, num poema».

conquanto *conj* (<com-+quanto) Embora/Ainda que/Se bem que. **Ex.** Compreendo a tua rea(c)ção, ~ entenda que ela te prejudicou muito.

conquícola *adj 2g* (<gr *kógke, es*+-cola) Que vive numa concha.

conquífero, a *adj* (<gr *kógke, es*+-fero) Que tem conchas. **Comb.** Depósito ~.

conquiforme *adj 2g* (<gr *kógke, es*+-forme) Em forma de concha.

conquilha *s f Zool* (<concha + -ilha) Molusco bivalve da família dos donacídeos, *Donax trunculus*; semelhante à amêijoa mas mais pequeno, que se encontra na areia das praias portuguesas ao sul de Lisboa/Cadelinha/Coquilha. **Ex.** A ~ é um marisco muito apreciado.

conquiliologia *s f* (<gr *kogkhylion,ou*: conchinha+-logia) Estudo das conchas.

conquista *s f* (<conquistar) **1** A(c)ção de conquistar/Tomada. **Ex.** A ~ de Ceuta, em 1415, marca o início da expansão portuguesa pelo mundo. **2** O que é conquistado/Domínio. **Ex.** Santarém e Lisboa foram duas ~s decisivas, em 1147, para conseguir o domínio da zona sul de Portugal. **3** A(c)ção desenvolvida para se obter o que se pretende/Luta. **Ex.** A ~ do diploma «de engenheiro» obrigou-o a grandes sacrifícios. **4** O que se obtém através de esforço ou trabalho. **Ex.** A liberdade foi uma ~ da revolução democrática. **5** A(c)ção de exploração e descoberta. **Ex.** O séc. XX foi marcado pela ~ do espaço pelos americanos e pelos russos. **6** Descobertas e avanços conseguidos «na ciência/técnica». **Comb.** As ~s da medicina «no combate ao cancro». **7** *fig* A(c)ção de seduzir/Sedução. **Comb.** Pessoa dada a ~s amorosas. **8** *fig* Pessoa seduzida. **Ex.** «o galã» Vinha acompanhado da sua última ~.

conquistador, ora *adj/s* (<conquistar+-dor) **1** (O) que conquista. **Ex.** D. Afonso Henriques, primeiro rei de Portugal, foi denominado "O Conquistador" porque conquistou muitas terras aos mouros. **Comb.** Exército [Povo] ~. **2** *fig* (O) que gosta de seduzir/Sedutor. **Ex.** Ele tem fama de ~. **Comb.** Indivíduo gabarola, ~.

conquistar *v t* (<lat *conquísto,áre,átum*) **1** Dominar, geralmente pela força das armas/Subjugar/Submeter. **Ex.** Nos princípios do séc. VIII, os árabes conquistaram grande parte da Península Ibérica. **2** Vencer pré[ê]mio/uma disputa/Obter um troféu/Ganhar. **Ex.** A equipa/e de futebol «do Porto» conquistou vários títulos no mesmo ano. **3** Alcançar pelo empenhamento/pela força do trabalho/pela aplicação de conhecimentos, determinado obje(c)tivo. **Loc.** ~ *direitos.* ~ *o espaço.* ~ [Desbravar(+)] *terras* «para as tornar aráveis». **4** *fig* Obter sentimentos favoráveis/Cativar. **Loc.** ~ simpatia/admiração de alguém. **5** *fig* Seduzir/Encantar. **Ex.** Ele gosta muito da colega e anda a tentar conquistá-la.

conquistável *adj 2g* (<conquistar+-vel) Que se pode conquistar.

consabedor, ora *adj/s* (<com-+...) (O) que sabe algo juntamente com outrem. **Ex.** Todos os colegas eram ~es de quem tinha furado os pneus do carro do professor.

consabido, a *adj* (<com-+...) Que é sabido ao mesmo tempo por muitos. **Comb.** Fa(c)to ~ «por toda a gente».

consagração *s f* (<lat *consecrátio,ónis*) **1** A(c)to de consagrar(-se). **Comb.** «a vida cristã é uma» ~ a(o serviço de) Deus. **2** Dedicação a uma causa. **Ex.** Madre Teresa de Calcutá optou pela sua [por uma vida de] ~ aos mais pobres dos pobres. **3** Manifestação pública de homenagem/apreço/admiração. **Comb.** Cerimó[ô]nia da ~ dos campeões «na praça principal da cidade». **4** *Rel* A A(c)ção de transubstanciação do pão e do vinho no Corpo e no Sangue de Cristo, efe(c)tuada pelo celebrante na eucaristia. O centro da celebração eucarística [da missa] é a ~ do pão e do vinho que, pelas palavras de Cristo pronunciadas pelo sacerdote e pela invocação do Espírito Santo, se tornam Corpo e Sangue do mesmo Cristo. **5** *Rel* Participação dos fiéis na missão de Jesus Cristo, sacerdote, profeta e rei, pelos sacramentos do ba(p)tismo e da confirmação. **Ex.** A ~ dos fiéis, conferida pelos sacramentos do ba(p)tismo e da confirmação, torna-os participantes do sacerdócio único de Cristo. ⇒ ordenação (de diácono, presbítero [sacerdote/padre] e de bispo); sagração «da nova igreja».

consagrado, a *adj/s* (<consagrar+-ado) **1** Que se consagrou/recebeu a consagração/Sagrado. **Comb.** ~ *a(o serviço de) Deus* «na vida sacerdotal/religiosa». *Espécies* [Pão/Vinho/Hóstia] ~*as*/o/a [transubstanciadas no Corpo e no Sangue de Cristo]. **2** Reconhecido publicamente como notável. **Comb.** Autor [Escritor] ~. **3** Dedicado(+) a uma causa. **Comb.** Vida ~a «à política/investigação». **4** Tornado habitual/Sancionado pelo uso/Aprovado. **Comb.** Fórmula [Expressão] ~a. **5** *s* Aquele/a que consagrou a sua vida a Deus pela profissão dos conselhos evangélicos. **Ex.** O bispo reuniu(-se) com os ~s (Membros de todas as congregações e institutos religiosos) da diocese.

consagrador, ora [**consagrante**] *adj/s* [2g] (<consagrar+-...) (O) que consagra.

consagrar *v t* (<lat *consécro,áre,átum*) **1** *Rel* Tornar sagrado/Dedicar a Deus/ao culto divino/Sagrar. **Loc.** ~ a vida a Deus. **2** *Rel* Fazer a consagração na celebração da missa. **Loc.** ~ o pão e o vinho. **3** Dedicar em exclusivo a determinada missão ou tarefa. **Ex.** Todos os dias consagro algum tempo à leitura. **4** ~-se/Dedicar-se em exclusivo/Dar-se/Votar-se. **Ex.** Raoul Follereau consagrou-se inteiramente ao combate à lepra. **5** Estabelecer como válido/Aprovar o uso transformando-o em norma. **Ex.** Expressão [Forma de dizer] errada, mas que o uso [a repetição] consagrou como corre(c)ta. **6** Reconhecer publicamente o valor. **Ex.** Obra que o consagrou como grande cineasta. **7** Prestar homenagem/Exaltar/Louvar. **Ex.** O público consagrou os campeões que regressavam vitoriosos.

consagrável *adj 2g* (<consagrar+-vel) Que se pode consagrar.

consanguíneo, a *adj* (<lat *consanguíneus, a,um*) Que é do mesmo sangue/Proveniente de ascendência genética comum. **Comb.** *Casamento* [União] ~*o*/a [entre pessoas da mesma ascendência «primos»]. *Irmãos* ~*s* [que são filhos do mesmo pai e de mães diferentes].

consanguinidade *s f* (<lat *consanguínitas, átis*) **1** Cara(c)terística dos indivíduos provenientes de uma ascendência com origem genética comum/que descendem do mesmo sangue. **2** *Dir* Parentesco que liga pessoas que descendem umas das outras ou de um tronco comum. **Ex.** A ~ conta-se por graus (em linha re(c)ta ou colateral).

consciência *s f* (<lat *conscientia,ae*) **1** Conhecimento que se tem da própria existência. **Ex.** Deu uma queda e, por momentos, perdeu a ~ [os sentidos]. **Loc.** Recobrar a ~ [os sentidos]. **2** *Psic* Conhecimento dos próprios a(c)tos ou estados internos no momento em que são vividos. **Comb.** ~ *dire(c)ta* [Advertência ou perce(p)ção imediata dos próprios a(c)tos presentes]. ~ *indire(c)ta ou reflexiva* [resultante da reflexão, ou seja, da incidência da atenção sobre os próprios a(c)tos]. **3** *Psic* Parte da a(c)tividade psíquica de que o sujeito tem conhecimento intuitivo/Conjunto dos fenó[ô]menos conscientes/Consciente]. **Comb.** ~ *marginal* [Conjunto dos fenó[ô]menos confusamente percebidos]. ⇒ subconsciente. **4** *Fil* Estado no qual o sujeito se conhece enquanto tal e se

distingue dos obje(c)tos que o rodeiam. **5** Conhecimento partilhado [cole(c)tivo] da experiência de vida em sociedade. **Comb.** *~ cole(c)tiva* [Forma de pensar e de agir comum à generalidade dos membros de determinado grupo social]. *~ de classe* [Conhecimento das condições sociais e econó[ô]micas específicas do grupo social a que se pertence]. **6** Sentimento íntimo de aprovação [desagrado] dos próprios a(c)tos/Faculdade de se julgar moralmente. **Idi.** *Meter a mão na ~* [Examinar atentamente os próprios a(c)tos/sentimentos]. *Ter a ~ tranquila [limpa]* [Estar convicto de ter agido bem]. *Ter boa [má] ~* [Sentir que agiu bem/mal]. *Ter um peso na ~* [Saber que agiu mal/Sentir remorsos]. **Comb.** Por descargo de ~ [Para tranquilizar o espírito] «restitui em segredo o que tinha roubado». **7** Faculdade de distinguir o bem do mal/de avaliar eticamente os a(c)tos humanos. **Comb.** *Exame de ~* [Análise moral dos próprios a(c)tos]. *Obje(c)ção de ~* [Recusa do cumprimento de determinada lei que a sua ~ considera moralmente reprovável]. **8** Sentido de responsabilidade/Honradez/Re(c)tidão. **Ex.** «deitar lixo para o chão» Procedimento que revela falta de ~ cívica. **Loc.** Trabalhar com ~ [com todo o cuidado/Fazer o melhor que for capaz/Esmerar-se].

consciencialização *s f* (<consciencializar+-ção) A(c)to ou efeito de consciencializar(-se)/tomar consciência/*Br* Conscientização.

consciencializar *v t* (<consciência+-al+--izar) (Fazer) tomar consciência/Tornar consciente/*Br* Conscientizar. **Ex.** O povo ainda não se consciencializou da gravidade da situação. Só passados alguns meses (é que) se consciencializou de que não tinha cura.

consciencioso, a (Ôso, Ósa/os) *adj* (<consciência+-oso) **1** Que tem consciência/é honesto/honrado/re(c)to. **Comb.** Pessoa [Profissional] ~a/o. **2** Que é feito com rigor e cuidado. **Comb.** «reparação do carro» Trabalho ~.

consciente *adj 2g/s m* (<lat *cónsciens,éntis*) **1** Que é dotado de consciência. **Ex.** O homem é um ser ~. **2** Que tem consciência da própria existência/Que sabe o que faz/Lúcido. **Ex.** Está muito doente, mas (ainda) está ~. **3** *s m* Conjunto dos fa(c)tos psíquicos de que se tem consciência. **Ex.** Freud dedicou-se ao estudo do ~ e do inconsciente. ⇒ subconsciente.

conscientemente *adv* (<consciente+--mente) **1** De modo consciente/Deliberadamente. **Ex.** Ofendeu-me ~. **2** Tendo em conta a realidade/Com conhecimento. **Loc.** Agir [Viver] ~ [tendo em conta as condições concretas «posses/recursos disponíveis»]. **3** De forma cuidada/honesta/De modo consciencioso. **Loc.** Dedicar-se ~ à profissão.

conscientização/izar *br* ⇒ consciencialização/izar.

cônscio, a *adj* (<lat *cônscius,a,um*) Que tem conhecimento íntimo do que lhe compete fazer/Ciente. **Comb.** ~ dos seus deveres.

conscrição *s f* (<lat *conscríptio,ónis*) Alistamento no serviço militar.

conscrito, a *adj* (<lat *conscríptus,a,um*) Alistado/Recrutado.

consecrante *adj 2g* (<lat *consécrans,ántis*) ⇒ consagrante.

consecratório, a *adj* (<lat *consecrátus+--ório*) Próprio da consagração. **Comb.** *Oração ~a da ordenação* «episcopal/presbiterial». *Palavras [Fórmula] ~as/a* da consagração das espécies eucarísticas (Do pão e do vinho).

consectário, a *adj* (<lat *consectárius,a, um*) Que acontece como consequência/Consequente/Concludente.

consecução *s f* (<lat *consecútio,ónis*) **1** A(c)ção de conseguir/alcançar/Concretização. **Comb.** ~ dum obje(c)tivo. **2** Série/Sequência.

consecutivamente *adv* (<consecutivo+--mente) Sem interrupção/Seguidamente/Logo a seguir. **Ex.** Foram chamados ao palco, ~, todos os premiados.

consecutivo, a *adj* (<lat *consecútus <conséquere* +-ivo) **1** Que se segue imediatamente/Sucessivo/Ininterrupto. **Ex.** Faltou «ao trabalho/às aulas» três dias ~s/seguidos. **2** Consequente/Resultante. **Ex.** Depois do esbanjamento, veio a ~a necessidade de contenção de despesas [*idi* de apertar o cinto]. **3** *Gram* Diz-se de conjunção [oração] que indica consequência/resultado. **Ex.** Na frase "Esforçou-se tanto que acabou por desfalecer" a conjunção *que* e a oração por ela introduzida são ~as.

conseguido, a *adj* (< conseguir+-ido) Que atingiu o obje(c)tivo/Obtido/Conquistado/Perfeito(+). **Comb.** Desenho [Obra de arte] bem ~o/a.

conseguidor, ora *adj/s* (<conseguir+-dor) (O) que consegue.

conseguimento *s m* (<conseguir+-mento) Bom êxito/Obtenção/Consecução.

conseguinte *adj 2g* (<com-+ ...) Consecutivo/Consequente/Resultante. **Comb.** Por ~ [Por consequência/Portanto].

conseguir *v t* (<lat *conséquere <conséquor, eris,conséqui,cútus sum*) **1** Chegar a determinada posição/determinado obje(c)tivo. **Ex.** Consegui subir [trepar(+)] até ao cimo da árvore. **2** Entrar na posse de/Obter/Alcançar. **Ex.** Já não consegui bilhetes para o concerto; estavam esgotados. Ele conseguiu um bom emprego. **3** Ter como consequência/Originar. **Ex.** O temporal [A tempestade] conseguiu destruir grande parte do molhe do cais.

conseguível *adj 2g* (<conseguir+-vel) Que se pode conseguir.

conseguro *s m* (<com-+ ...) Seguro em que dois ou mais seguradores participam, de comum acordo, na cobertura do mesmo risco, responsabilizando-se individualmente por uma quota-parte do valor seguro.

conselheiral *adj 2g* (<conselheiro+-al) Que tem modos de conselheiro. **Comb.** Discurso (em tom) ~.

conselheiro, a *adj/s* (<conselho+-eiro) **1** (O) que aconselha. **Ex.** Além de amigo e confidente era também o seu ~ [o ~ dele]. **Comb.** Atitude apaziguadora e ~a. **2** Pessoa cuja função é aconselhar em áreas específicas. **Comb.** ~ matrimonial. **3** Membro de um conselho. **Comb.** *~ de embaixada. ~ de Estado* [Membro do Conselho de Estado]. **4** Membro do Supremo Tribunal de Justiça e de outros supremos tribunais. **Comb.** Juiz ~.

conselho (Sê) *s m* (<lat *consílium,ii*) **1** Opinião que se emite sobre o que convém fazer/Parecer/Sugestão. **Ex.** Queres um ~? Não decidas já; pensa no assunto durante mais algum tempo. Procura quem te possa dar bons ~s. **Loc.** *Dar (de) ~* [Aconselhar]. *Tomar ~ com* [Aconselhar-se com/Consultar]. **Comb.** *A [Por] ~ de* [Por sugestão de/De acordo com a opinião de]. **2** Grupo de pessoas que funciona como órgão de consulta ou deliberação sobre assuntos de interesse público ou privado. **Comb.** *~ científico* [Grupo de professores doutorados duma universidade]. *~ de administração* [Grupo de administradores encarregado da gestão duma empresa]. *~ de família* [Órgão de tutela que toma decisões sobre os interesses dos menores ou dos incapacitados]. *Mil ~ de guerra* **a)** Tribunal militar que funciona em tempo de guerra; **b)** Reunião dos oficiais generais do exército em campanha. *~ de ministros* [Reunião dos ministros sob a presidência do primeiro ministro]. *~ de Segurança das Nações Unidas [da ONU]* [Órgão pertencente à ONU, responsável pela manutenção da paz e da segurança internacional]. *~ de turma* [Conjunto dos professores duma turma sob coordenação do dire(c)tor da turma]. *~ dire(c)tivo* [Órgão de administração e gestão dum estabelecimento de ensino]. *~ disciplinar* [Reunião de professores, delegados de turma e representantes dos encarregados de educação para tratar de problemas de comportamento ou disciplinares]. *~ fiscal* [Grupo de pessoas que fiscaliza a a(c)tividade duma empresa ou cole(c)tividade]. **3** Local onde se realizam as reuniões dum ~. **Comb.** Sala do ~. **4** *Rel* Aquilo que é recomendado para aperfeiçoamento moral e espiritual. **Comb.** ~s evangélicos [Pobreza, castidade e obediência]. **5** *Rel* Um dos sete dons do Espírito Santo que capacita o homem para ajuizar sobre o melhor modo de proceder em cada circunstância concreta.

consenso *s m* (<lat *consénsus,us*) **1** Assentimento geral/Conformidade de opiniões/sentimentos/Consentimento/Acordo. **Ex.** Há ~ sobre a maior parte dos pontos em discussão. **2** Opinião generalizada/Parecer geral. **Ex.** A decisão de organizar o torneio «de futsal» foi apoiada por um amplo ~ de sócios.

consensual *adj 2g* (<consenso+-al) **1** Que depende de consenso. **Ex.** A solução só será ado(p)tada se for ~. **2** Que obteve [se fundamenta num] consenso. **Comb.** *Escolha ~* «do presidente».

consensualidade *s f* (<consensual+-i-+--dade) Qualidade do que é consensual.

consentaneidade *s f* (<consentâneo+-i+--dade) Qualidade do que é consentâneo.

consentâneo, a *adj* (<lat *consentáneus,a,um*) Apropriado/Adequado. **Loc.** Apresentar[Vestir]-se de forma ~a com a posição que ocupa.

consentimento *s m* (<consentir+-mento) **1** A(c)to ou efeito de consentir/Permissão/Autorização/Licença. **Ex.** Não quero que convides ninguém [nenhum colega] para almoçar cá em casa sem o meu ~. **2** Aceitação/Anuência/Acordo. **Ex.** Queria pintar as paredes do quarto de azul, mas não teve o ~ da irmã.

consentir *v t/int* (<lat *conséntio,tíre,sénsi, sénsum*) **1** Dar consentimento/Permitir. **Ex.** Vou consigo ao cinema se os meus pais consentirem. **2** Deixar que aconteça/Não impedir/Tolerar/Admitir. **Ex.** Se ele fala assim [falta ao respeito] aos pais, é porque eles consentem. São desleixados no trabalho porque os chefes consentem. **3** Estar de acordo/Anuir/Concordar. **Ex.** Sabendo de antemão que não lhe podia dar emprego, apesar disso consentiu em recebê-lo.

consequência *s f* (<lat *consequéntia,ae*) **1** Resultado natural [provável] duma a(c)ção/situação/dum fa(c)to/Efeito. **Ex.** A crise econó[ô]mica a(c)tual é ~ da política de esbanjamento dos anos anteriores. A reprovação foi a ~ da falta de estudo [Reprovou em ~ de não ter estudado]. A doença

que o afe(c)ta é ~ da vida desregrada que levou. **Idi.** *Ir até às últimas ~s* [Analisar um problema/Levar uma questão/um conflito até onde for possível]. **Comb.** *Em ~* [Por esse fa(c)to/essa causa] (Ex. Discordava totalmente do modo de proceder do chefe; em ~ despediu-se). *Em ~ de* [Por causa de] (Ex. Os preços dos combustíveis subiram em ~ da crise do petróleo). *Por ~* [Por essa razão/Por isso] (Ex. Não quis estudar quando era novo; por ~ [por conseguinte] agora tem menos possibilidades de emprego). **2** Dedução lógica tirada de um princípio/Ilação/Conclusão. **Ex.** Se as premissas são verdadeiras a ~ [ilação(+)/conclusão(o+)] também o é. **3** Importância/Efeito. **Ex.** Sofreu um acidente, felizmente sem ~(s) grave(s). Muitos jovens agem irresponsavelmente sem medir [ponderar] as ~s.

consequencial *adj 2g* (<consequência+-al) Que diz respeito a consequência.

consequente *adj 2g/s m* (<lat *conséquens, éntis*) **1** Que resulta de/Que segue. **Ex.** Porque era muito faltoso [chegava tarde ao emprego] teve a ~ penalização: não foi promovido. **2** Que se deduz. **Comb.** Afirmação [Resultado] ~. **3** Que pensa/fala/a(c)tua com lógica/Coerente(+). **Comb.** Pessoa ~. **4** *s m Lóg* Segunda proposição de um raciocínio face à primeira (O antecedente) da qual depende logicamente. **5** *Mat* Segundo termo duma razão.

consequentemente *adv* (<consequente+-mente) Por causa de/Por conseguinte(+)/Por isso (o+). **Ex.** Desconheço totalmente esse assunto; ~ não posso dar opinião. Bares, discotecas, clubes de diversão no(c)turna são meios onde proliferam os vícios; ~ devem ser evitados.

consertador, ora *adj/s* (<consertar+-dor) (O) que conserta.

consertar *v t* (<lat *consertáre*, frequentativo de *consérere*: atar, ligar; ⇒ concertar) **1** Pôr bem o que estava estragado/Arranjar/Reparar. **Ex.** A máquina de lavar estava avariada, mas eu próprio a consertei; já funciona. **2** Compor/Remendar. **Ex.** O sapateiro consertou-me os sapatos «pôs-lhe meias-solas»; ficaram como novos. Fui à costureira levar umas calças para ~ «tinham a bainha descosida». **3** Corrigir/Emendar/Remediar. **Ex.** Não entregue o relatório sem primeiro o ~ [corrigir(o+)/emendar(+)]: tem erros de ortografia e de concordância.

conserto (Sêr) *s m* (<consertar) **1** Arranjo/Reparação. **Ex.** O ~ do carro foi muito caro. A máquina de lavar avariou; já não tem [não paga/merece o] ~. **2** Emenda/Corre(c)ção. **Ex.** O exercício (de matemática) está errado. É melhor fazê-lo de novo do que tentar o ~ [tentar corrigi-lo]. **3** *fig* Restabelecimento da harmonia/Melhoria de relações. **Ex.** Os pais dele e dela contribuíram muito para o ~ do casal [para que o casal se harmonizasse].

conserva (Sér) *s f* (<conservar) **1** Processo [Operação] de conservação de produtos alimentares. **Comb.** *~ de pimentos* em salmoura. Fábrica *de ~ de peixe. Latas de ~* «de atum/sardinha». **2** Alimentos preparados, geralmente enlatados, para que se possam guardar sem sofrer deterioração. **Loc.** Comprar ~s «atum/salsichas». **Comb.** ~ de frutas. Tomate [Pimento] de ~.

conservação *s f* (<conservar+-ção) **1** A(c)to de conservar/manter sem deterioração/Preservação. **Comb.** *~ da natureza. ~ de monumentos* [do patrimó[ô]nio artístico]. *Cuidados de ~* (da saúde) *do corpo. Fís Princípios de ~* [Postulados que enunciam propriedades dos conceitos fundamentais da Física: ~ da quantidade de movimento, ~ da massa e ~ da energia]. **2** Estado do que é conservado ou preservado. **Ex.** Enquanto a fábrica esteve parada, a ~ das máquinas foi mantida. **Comb.** Produto para a ~ da madeira. **3** Processo de preparação de alimentos de modo (a) que se possam guardar sem se deteriorarem. **Comb.** ~ de alimentos «pelo frio/pela salga». **4** Processo de subsistência que ocorre em todos os seres vivos. **Comb.** *~ da espécie* [Conjunto de fenó[ô]menos biológicos pelos quais é assegurada a continuidade da vida através das gerações]. *Instinto de ~ (individual).* **5** *Fil* Permanência de um ente real no seu existir. **Ex.** A ~ implica a a(c)ção criadora de Deus que mantém os seres na sua existência.

conservacionista *adj/s 2g* (<conservação+-ista) **1** Referente à conservação do meio ambiente. **2** (O) que defende a prote(c)ção da natureza/Ambientalista.

conservador, ora *adj/s* (<conservar+-dor) **1** (O) que conserva. **2** (O) que é favorável à [é defensor da] manutenção de determinada situação/(O) que se opõe a mudanças radicais. **Ex.** As pessoas de idade são, em geral, ~as; não gostam de mudanças. **Comb.** *Espírito ~. Partido ~.* **3** *s* Funcionário público encarregado de processar livros de regist(r)o. **Comb.** ~ do Regist(r)o Civil/Predial. **4** *s* Funcionário superior de museu ou biblioteca.

conservadorismo *s m* (<conservador+-ismo) **1** Posição política hostil ou reticente em relação a grandes mudanças, políticas, econó[ô]micas e sociais. **2** Corrente moral e intelectual que defende a manutenção de determinado sistema, estrutura ou situação.

conservante *adj 2g/s m* (<conservar+-ante) **1** Que conserva. **Comb.** Produto [Função] ~. **2** *s m* Aditivo que impede ou retarda a deterioração de um alimento. **Ex.** Em geral, as pessoas preferem alimentos e bebidas sem corantes nem ~s.

conservantismo *s m* (<conservante+-ismo) ⇒ conservadorismo.

conservar *v t* (<lat *consérvo,áre,átum*) **1** Manter em bom estado/Preservar. **Ex.** Uma dieta equilibrada é indispensável para ~ a saúde. A pintura conserva os equipamentos de ferro «grades/portões» expostos ao tempo. **2** Pôr em conserva. **Loc.** ~ azeitonas em água e sal. **3** Fazer durar/Manter. **Ex.** Não se aflija; conserve-se calmo. A vela [lâmpada] ainda se conserva acesa. **4** Reter na memória. **Ex.** Conservo as melhores recordações das férias que passámos juntos. **5** Manter a posse/Não deitar fora/Guardar. **Ex.** Ainda conservo o primeiro televisor que comprei há dezenas de anos. Conservava no sótão da casa brinquedos dos filhos e muitas outras velharias que faziam o encanto dos netos. **6** Fazer continuar/Permanecer. **Ex.** Chamei-o várias vezes, mas ele conserva-se a dormir. Apesar da idade, conserva um ar muito jovem. Não havia lugares sentados; tive que me ~ [manter(+)] de pé durante mais de uma hora.

conservativo, a *adj* (<conservar+-tivo) Que conserva/tem a propriedade de conservar. **Comb.** Efeito [A(c)ção] ~o/a.

conservatória *s f* (<conservatório) Repartição pública onde funcionam os serviços de regist(r)o de determinada circunscrição. **Comb.** ~ do Regist(r)o Civil/Predial.

conservatório *s m* (<it *conservatório*) Estabelecimento público destinado ao ensino da música, teatro e bailado. **Ex.** O primeiro ~ (destinado ao ensino da música) foi criado em Paris, em 1795.

conservável *adj 2g* (<conservar+-vel) Que se pode conservar.

conserveiro, a *adj* (<conserva+-eiro) Relativo a conservas. **Comb.** Indústria ~a.

consideração *s f* (<lat *considerátio,ónis*) **1** A(c)to de considerar/analisar atentamente/Ponderação/Reflexão. **Ex.** O assunto vai ser levado à ~ da dire(c)ção. **Loc.** Levar [Tomar/Ter] em ~ [Atribuir importância/Ter em conta]. **2** Respeito [Estima] que se dedica a alguém ou a alguma coisa/Apreço. **Ex.** Um mestre por quem todos tinham a maior ~. Os Bancos não têm ~ por ninguém: tratam os clientes como se fossem números. **3** Motivo/Razão. **Ex.** Recuso-me a votar nesse partido por ~ões [razões(+)] de ordem moral. **4** *pl* Observações sobre um tema/Comentários. **Idi.** *Tecer ~ões* «sobre o momento político».

considerando *s m* (<gerúndio de considerar) **1** Cada uma das razões em que se apoia uma lei, sentença, etc. e que começa, geralmente, por essa palavra. **Ex.** Os ~s ocupavam mais de uma página. **2** Motivo/Razão/Argumento/Prolegó[ô]meno. **Ex.** Não vale a pena perder-se em [apresentar muitos] ~s; é melhor dizer logo [já] o que pretende.

considerar *v t/int* (<lat *considéro,áre,átum*) **1** Olhar atentamente/Observar/Examinar. **Ex.** «em exame escrito» Considere atentamente a figura antes de responder ao questionário. **2** Apreciar através dum estudo crítico/Submeter a análise e reflexão/Analisar/Ponderar. **Ex.** A decisão só será tomada depois de ~ minuciosamente todas as propostas. **3** Ter em conta/Admitir. **Ex.** Considerando o que diz a lei, a infra(c)ção é grave. Será melhor [mais prudente] ~ uma solução alternativa «para o caso de chover». **4** Ter em consideração/Respeitar/Estimar. **Ex.** É uma pessoa que eu muito considero. **5** Ter por opinião/Achar/Pensar. **Ex.** Sempre considerei que o governo não ia terminar o mandato. Os críticos consideram-no um grande escritor. **6** Pensar/Meditar/Refle(c)tir. **Ex.** Não posso responder já; deixe-me ~. Depois de muito ~, acabei por decidir não fazer a viagem.

considerável *adj 2g* (<considerar+-vel) **1** Que pode ser considerado. **Comb.** Razão [Motivo] ~/para ter em conta (+). **2** Que excede o normal em quantidade ou qualidade/Importante. **Comb.** *Distância ~. Duração ~. Esforço ~.*

consideravelmente *adv* (<considerável+-mente) De modo considerável/Muito/Bastante. **Comb.** *Distância ~ longa. Tempos ~ mais difíceis* do que os anteriores.

consignação *s f* (<lat *consignátio,ónis*) **1** A(c)to de consignar/Afe(c)tação. **2** Depósito de valores em cofre oficial para pagamento de despesas obrigatórias. **3** Contrato pelo qual uma parte entrega à outra mercadorias para venda por conta da primeira, recebendo uma percentagem do preço fixado. **Ex.** Os quiosques e as papelarias geralmente só vendem jornais e revistas a ~. **4** Mercadoria consignada. **Loc.** Receber uma ~.

consignador, ora [consignante] *adj/s* [2g] (<consignar+...) (O) que consigna.

consignar *v t* (<lat *consígno,áre,átum*) **1** Atribuir uma verba para pagamento de determinada despesa. **Ex.** Consignou a verba para pagamento de salários «ao pessoal adventício». **2** Entregar mercadorias para serem vendidas à comissão. **3** Estabelecer como válido/Confirmar/Va-

lidar. **Ex.** Os acordos cole(c)tivos de trabalho consignam os direitos de determinada classe de trabalhadores «ele(c)tricistas/metalúrgicos». **4** Assinalar formalmente/Regist(r)ar. **Ex.** Um dos participantes exigiu que as suas declarações ficassem consignadas na a(c)ta da reunião.

consignatário, a *s* (<lat *consignátus*+-ário) **1** O que recebe mercadorias à consignação. **2** Vendedor de mercadorias que lhe são entregues à consignação. **Ex.** Os ~ recebem uma percentagem do valor das vendas. **3** Depositário de valores litigiosos ou destinados a certas despesas. **4** Agente de navegação.

consigo *pron pessoal* (<lat *cum+sécum;* ⇒ conseguir (1.ª pes. pres. ind.)) **1** Forma da terceira pessoa sing e pl do pron pessoal complemento regido pela preposição "com". **2** A(s) pessoa(s) de quem se fala. **Ex.** Ele dizia lá ~ [dizia ~ próprio]: *idi* nessa não caio eu [: sou incapaz disso/de maneira nenhuma faria tal coisa/nunca agiria assim]. Os refugiados traziam ~ a família inteira. **Comb.** Metido ~ [De poucas falas/Introvertido]. **3** No tratamento de cortesia «o/a senhor/ora», a pessoa a [com] quem se fala. **Ex.** Avô, posso ir ~? Conto ~ para o jantar.

consistência *s f* (<lat *consisténtia,ae*) **1** Cara(c)terística de solidez [firmeza/segurança] dum corpo sólido. **Ex.** A estrutura de suporte «da bancada provisória» não tem boa ~. **2** Cara(c)terística de um material líquido ou pastoso espesso/denso. **Loc.** Juntar farinha ao molho/à massa até obter a ~ desejada. **3** Firmeza [Robustez] psicológica/de cará(c)ter. **4** *fig* Fundamento/Credibilidade/Validade. **Comb.** Afirmações sem ~. **5** *fig* Qualidade do que está bem estruturado/Coerência. **Comb.** Proje(c)to [Estudo] com muita ~.

consistente *adj 2g* (<lat *consístens,éntis*) **1** Que tem consistência/Firme/Sólido. **Comb.** «edifício suportado por» Colunas ~s. **2** (Diz-se de líquido) espesso/pastoso. **Comb.** *Massa* ~ [Lubrificante pastoso espesso]. *Molho* ~ [espesso]. **3** Que consiste em/consta de. **Comb.** Caderno com [~ de/constituído por(+)] texto impresso e gravuras. **4** *fig* Diz-se de alimento substancial/que fortalece. **Comb.** «favas guisadas com carne» Prato muito ~. **5** *fig* Firme(+)/Estável/Constante. **Comb.** Amizade ~/firme/verdadeira(+). **6** *fig* Bem estruturado/Válido/Seguro(+)/Credível. **Comb.** Informação [Notícia] ~. **7** *fig* Bem fundamentado/Coerente. **Comb.** Argumentação ~.

consistir *v int* (<lat *consísto,ere,cónstiti, cónstitum*) **1** Ser constituído por/Compor-se de. **Ex.** A refeição consiste numa entrada, num prato de carne ou de peixe e sobremesa. **2** Fundamentar-se/Resumir-se. **Ex.** A verdadeira felicidade consiste em fazer os outros felizes. **3** Traduzir-se por/Ser equivalente a. **Ex.** A operação à vesícula consistiu em destruir os cálculos [a pedra] com raios laser.

consistorial *adj 2g* (<consistório+-al) Relativo [Pertencente] a consistório.

consistório *s m* (<lat *consistórium,ii*: lugar de reuniões «dos conselheiros do imperador») **1** *Rel* Reunião dos cardeais da Cúria Romana, presidida pelo Papa, para tratar de assuntos importantes relativos ao governo da Igreja Católica. **Ex.** À Sagrada Congregação Consistorial compete fazer a compilação dos assuntos que devem ser tratados em ~. **2** Lugar onde se realiza esta assembleia. **3** Qualquer assembleia onde se tratem assuntos importantes.

consoada *s f* (<consoado) Refeição familiar íntima e festiva, na noite de Natal, antes da Missa do Galo.

consoante *adj 2g/prep/s f* (<lat *cónsonans, ántis*) **1** Que soa conjuntamente/Consonante. **Ex.** Um acorde é um conjunto de notas [sons] ~s [consonantes(+)]. **2** *Ling* Diz-se da rima em que há correspondência de sons produzidos pela última vogal tó[ô]nica e todos os sons que se lhe seguem no final do verso «assinal*ado*-coloc*ado*/procura-ter*nura*». **3** *s f Gram* Som que só pode ser pronunciado com uma vogal que lhe sirva de apoio e em cuja produção intervém uma fricção ou uma obstrução realizada pelos órgãos fonadores. **4** *s f* (Diz-se de) letra que representa um fonema dessa classe. **Comb.** «rr/SS» ~ dobrada. «construir» Palavra com muitas ~s. **5** *prep* De acordo com/Conforme/Segundo. **Ex.** O atendimento é ~ a ordem de chegada. Irei ou não, ~ o estado do tempo.

consoar[1] *v int* (<lat *cónsono,ui,áre,átum*) **1** Soar conjuntamente/Ouvir-se ao mesmo tempo. **Ex.** As notas [Os sons] do acorde conso(n)am. **2** Rimar. **Ex.** *Cardo* consona [rima(+)] com *fardo*.

consoar[2] *v int* (<lat *consólor,ári,átus sum*: consolar, confortar) Celebrar a consoada/Participar na ceia familiar da noite de Natal. **Ex.** As famílias juntam-se na noite de Natal para ~.

consociar *v t* (<lat *consócio,áre,átum*) **1** Unir em sociedade/Associar. **Ex.** As duas empresas consociaram-se para terem uma posição mais forte no mercado. **2** Estabelecer a harmonia/Conciliar. **Loc.** ~ interesses de duas partes.

consociável *adj 2g* (<consociar+-vel) **1** Que se pode consociar. **2** Conciliável.

consócio, a *s* (<lat *consócius, a, um*) **1** Sócio em relação a outros sócios. **2** Companheiro/Colega.

consogro, a *s* (<com-+...) Diz-se do pai [da mãe] de um dos cônjuges em relação aos pais do outro.

consola (Ssó) *s f* (<fr *console*) **1** *Arquit* Peça saliente da parede para sustentar estatuetas, vasos, etc./Mísula. **2** Pequena mesa comprida e estreita que se encosta a uma parede e serve, geralmente, para colocar obje(c)tos decorativos. **3** Viga com um só apoio (Encastrada). **4** *Info* Parte do computador constituída pelo teclado e pelo monitor. **5** Aparelho ele(c)tró[ô]nico para videojogos.

consolação *s f* (<lat *consolátio,ónis*) **1** A(c)to ou efeito de consolar/Alívio. **Ex.** Vi-o tão triste «por ter reprovado no exame» que lhe dirigi algumas palavras de ~. Depois de tomar o comprimido «para as dores de cabeça», senti alguma ~ [algum alívio(+)]. **2** Conforto/Contentamento. **Ex.** As visitas aos doentes dão-lhes bastante ~. **3** Motivo de alegria/contentamento/Satisfação. **Ex.** A grande ~ dos pais é saber que os filhos estão bem. **4** *Rel* Alegria interior que impele ao amor de Deus. **Ex.** As ~ões, tanto as sensíveis como as que a(c)tuam mais sobre a inteligência, contribuem para criar hábitos de oração e de amor a Deus. ⇒ aridez.

consolador, ora *adj/s* (<consolar+-dor) (O) que consola. **Ex.** *Rel* O Espírito Santo é também designado por *O Consolador*. **Comb.** Palavras ~oras.

consolar *v t* (<lat *consólo,áre,átum*) **1** Aliviar a dor/o sofrimento/Confortar. **Ex.** As massagens «nas costas» com o unguento consolavam-na um pouco. **2** Dar alegria/contentamento/Satisfazer. **Ex.** «saber que estás de saúde/que passaste no exame» Notícia que muito me consola. **3** Dar prazer/Regalar/Deleitar. **Ex.** Vinha cheio de calor e com sede; consolou-me [consolei-me com] um copo de água fresca.

consolativo, a *adj* (<consolar+-tivo) Que serve para consolar/Consolador.

consolatório, a *adj* (<consolar+-tório) Que dá consolo. **Comb.** Efeito ~.

consolável *adj 2g* (<consolar+-vel) Que se pode consolar. **Ant.** In~.

console *s m Br* ⇒ consola 1/4/5.

consolidação *s f* (<lat *consolidátio,ónis*) **1** A(c)to ou efeito de consolidar/tornar mais firme/sólido. **Loc.** Fazer a ~ dum muro «que ameaça ruir»/dum terreno [solo] «poroso/solto». **2** Estabilização. **Comb.** *~ do regime democrático. ~ duma empresa.* **3** *Med* Formação de calo num osso fra(c)turado/Cicatrização(+) da união de tecidos cortados ou rasgados. **4** Conversão de uma dívida pública em títulos de renda permanente.

consolidado, a *adj/s m* (<consolidar+-ado) **1** Que foi tornado firme/Sólido/Seguro. **Comb.** Construção [Casa/Parede] ~a. **2** Garantido. **Comb.** Dívida ~a. **3** *s m Econ* Título de dívida pública que tem o pagamento de juros garantido por determinadas receitas ou que foi transformado em renda perpétua.

consolidante *adj 2g* (<consolidar+-ante) Que consolida.

consolidar *v t* (<lat *consólido,áre,átum*) **1** Tornar [Ficar] mais sólido/firme. **Loc.** ~ a estrutura duma ponte. **2** Tornar mais estável/Fortalecer/Robustecer. **Loc.** *~ uma amizade.* Fazer revisões para *~ a matéria estudada.* **3** *Med* Fazer aderir tecidos cortados/feridos/fra(c)turados. **Loc.** *~ um osso* [tíbia/peró[ô]nio] *fra(c)turado. ~ uma costura.* **4** *Econ* Tornar permanente o rendimento de um título de dívida pública.

consolo (Sô) *s m* (<consolar) **1** Consolação. **2** Lenitivo/Alívio. **Ex.** O beijo que a mãe deu ao dói-dói [pequeno ferimento] do filho, que choramingava, não lhe tirou as dores mas serviu-lhe de [deu-lhe algum] ~. **3** Prazer/Satisfação. **Ex.** Este refresco gelado é mesmo um ~ [até me regala].

consonância *s f* (<lat *consonántia,ae*) **1** *Mús* Conjunto agradável [harmó[ô]nico] de sons/Harmonia. **Comb.** ~ perfeita. **Ant.** Dissonância. **2** Conformidade de opiniões, interesses, etc./Acordo/Concordância. **Ex.** As Bolsas europeias reagiram todas em ~ «em baixa» à crise financeira americana. **3** Coincidência de sons na terminação de palavras, frases, versos. **Ex.** A rima é um caso (particular) de ~.

consonantal *adj 2g* (<consonante+-al) **1** Relativo a consoante. **2** Formado por consoantes.

consonante *adj 2g* (<lat *cónsonans,ántis;* ⇒ consoante 1) **1** Que soa juntamente com. **Comb.** Vozes ~s. **2** Em que há ou se produz consonância. **Comb.** Notas ~s dum acorde. **3** Que tem uma relação de conformidade com outra coisa. **Ant.** Discordante; dissonante.

consonântico, a *adj* (<consonante+-ico) **1** Que diz respeito às consoantes. **2** Formado por (letras) consoantes. **Comb.** Grupo ~ «ch/cr/nh/pl». **3** Que tem consonância.

consonantismo *s m Gram* (<consonante+-ismo) Sistema de consoantes duma língua/Conjunto de fa(c)tos que dizem respeito à fonologia das consoantes.

consonantização *s f* (<consonantizar+-ção) Mudança fonética que sofre um som vocálico transformando-o em consonantal. **Ant.** Vocalização.

consonantizar v t (<consonante+-izar) Transformar o som duma vogal ou semivogal em consoante. **Ant.** Vocalizar.

consonar v t/int (<lat cónsono,ui,áre,itum) **1** Soar em conjunto/Formar consonância. **2** Estar em harmonia/conformidade/Harmonizar-se.

cônsono, a adj (<lat cónsonus,a,um) Que tem consonância/Consoante.

consorciar v t (<consórcio+-ar¹) **1** Formar consórcio/Associar-se/Unir-se. **Ex.** As duas empresas consorciaram-se para construir uma autoestrada. **2** ~-se/Unir-se por casamento. **Ex.** Os noivos consorciaram-se no Santuário de Fátima (Portugal).

consórcio s m (< lat consórtium,ii) **1** Associação de empresas, geralmente temporária, para realizarem operações em conjunto. **Ex.** A adjudicação da obra foi efe(c)tuada a um ~ de empresas nacionais e estrangeiras. **2** Associação de interesses/União/Ligação. **3** Companhia/Convivência. **Ex.** A criança foi retirada do ~ [da companhia(+)/tutela(o+)] dos pais. **4** Casamento/Enlace.

consorte s/adj 2g (<lat cónsors,sórtis) **1** Cada um dos cônjuges em relação ao outro. **2** Pessoa que partilha com outra a mesma sorte/situação/o mesmo destino/Companheiro/a na sorte. **3** adj Diz-se do príncipe casado com uma rainha. **Ex.** A rainha Isabel II de Inglaterra e o Príncipe ~ andam em viagem pelos países da Commonwealth.

conspeção (Pè) [*Br* **conspecção**] s f [= conspecção] (<lat conspéctio,ónis) Reserva/Seriedade/Circunspe(c)ção(+).

conspecto s m (<lat conspéctus,us) **1** A(c)to de ver/Aspe(c)to. **2** Exame/Observação.

conspicuidade s f (<conspícuo+-i-+-dade) **1** Qualidade do que é conspícuo/Distinção. **2** Respeitabilidade/Gravidade/Seriedade.

conspícuo, a adj (<lat conspícuus,a,um) **1** Que dá nas vistas. **2** Notável/Distinto/Ilustre. **Comb.** Uma figura ~a no meio artístico/literário. **3** Sério/Respeitável/Grave. **Comb.** «juiz/sacerdote» Pessoa ~a.

conspiração s f (<lat conspirátio,ónis) **1** Acordo secreto entre duas ou mais pessoas contra algo ou alguém/Conluio/Conjuração/Cabala. **Ex.** O primeiro-ministro foi alvo duma ~ para derrubar o governo. **2** Conjugação de fa(c)tores desfavoráveis. **Ex.** Tudo me corre mal; até a natureza parece em ~ contra mim.

conspirador, ora s/adj (<lat conspirátor, óris) (O) que conspira. **Ex.** Discordava das chefias do partido mas nunca participou em manobras ~oras.

conspirar v int (<lat conspíro,áre,átum) **1** Planear uma conspiração para derrubar ou contrariar a a(c)ção de poderes constituídos. **Loc.** ~ para derrubar um ditador. **2** Unir-se em conluio contra alguém/Conjurar/Tramar. **Ex.** Os jogadores, na sequência dos maus resultados da equipa/e, começaram a ~ contra o treinador (para que fosse substituído). **3** Tentar prejudicar por meios ardilosos e obscuros. **Ex.** Tinham inveja da colega que fora promovida a encarregada e conspiravam por todos os meios para a prejudicar. **4** Planear [Ter conversas suspeitas] em segredo. **Ex.** Quando se via o grupinho a cochichar [falar em segredo] pelos cantos, adivinhava-se que estava a ~ [tramar(+)] alguma [a combinar alguma tramoia]. **5** Concorrer para determinado fim/para um mau resultado. **Ex.** Parece que tudo conspira contra mim: primeiro, avariou o carro; depois, por causa da chuva torrencial, não se consegue arranjar um táxi «por este andar ainda acabo por perder o avião».

conspirata s f (<lat conspiráta,ae) Conspiração de pouca importância.

conspirativo, a adj (<conspirar+-tivo) Que conspira/concorre para determinado fim. **Comb.** *Clima ~. Conversas ~as.*

conspiratório, a adj (<conspirar+-tório) Relativo a conspiração. **Comb.** *Acordo ~.*

conspurcação s f (<cospurcar+-ção) **1** A(c)to ou efeito de conspurcar/manchar com sujidade. **Ex.** Depois do concerto, ficava a ~ do recinto com toda a espécie de lixo espalhado pelo chão. **2** fig Desonra/Aviltamento. **Ex.** Nem estuda, nem trabalha; anda por aí numa vida de ~.

conspurcar v t (<lat conspúrco,áre,átum) **1** Cobrir de imundície/Manchar com sujidade/Pôr nódoas. **Ex.** As crianças conspurcam [sujam(o+)/mancham(+)] a parede com as mãos sujas de tinta. Nos dias de chuva, o átrio da escola fica totalmente conspurcado com lama. **2** Aviltar/Manchar. **Loc.** ~ a honra/o nome. **3** Corromper. **Ex.** Maus exemplos que conspurcam crianças e jovens.

conspurcável adj 2g (<conspurcar+-vel) Susce(p)tível de se conspurcar.

constância s f (<lat constántia,ae) **1** Firmeza de ânimo/Perseverança/Tenacidade. **Ex.** Apesar de muito contrariado pelos amigos, a ~ das suas convicções religiosas nunca foi abalada. **2** Persistência/Continuidade. **Ex.** A conversão de Santo Agostinho é atribuída à ~ das orações de sua mãe, S(anta) Mó[ô]nica. **3** Regularidade. **Ex.** As boas notas (que teve nos exames) devem-se à ~ no estudo ao longo do ano e não a dotes exce(p)cionais de inteligência (que não possui).

constantan s m Ele(c)tri (<fr constantan) Liga de cobre e níquel usada no fabrico de resistências elé(c)tricas e termopares.

constante adj 2g/s f (<lat cónstans,ántis) **1** Que é persistente/perseverante. **Ex.** As lamúrias ~s da criança afligiam os pais e incomodavam todos os passageiros do autocarro [ó/ônibus]. **2** Que permanece/Contínuo/Incessante. **Ex.** Tenho [Sinto] um zumbido ~ nos ouvidos que muito me incomoda. **3** Que não muda/Inalterável/Invariável. **Comb.** *Pessoa de humor ~. Preços ~s. Valor ~.* **4** Que consta/Mencionado. **Comb.** *Informação ~ do aviso* (afixado no placar). **5** Que é formado por/Que consiste em. **Comb.** *Biblioteca com* [~ de] *milhares de livros.* **6** Que não se desloca/Fixo. **Ex.** No movimento diurno aparente, o Sol gira e a Terra mantém~se ~. **7** s f O que aparece com frequência, de maneira dominante/O que tem cará(c)ter permanente. **Ex.** A falta de respeito pelos professores está a tornar-se numa ~ na maioria das escolas. **8** s f Mat Letra ou símbolo que representa sempre o mesmo elemento. **Ex.** Os números (Símbolos numéricos) são ~s. π (Pi) é uma ~. **9** s f Fís Fa(c)tor invariável, representado por letra ou símbolo, que faz parte de muitas leis e fórmulas fundamentais da Física. **Ex.** h (Constante de Planck), F (Constante de Coulomb), N (Número de Avogadro), R (Constante dos gases perfeitos) são algumas das ~s utilizadas na Física.

constantiniano, a adj Hist (<antr Constantino (274-337), imperador romano) Relativo ao imperador romano Constantino, O Grande, ou à sua época.

constar v int (<lat cónsto,áre,átum) **1** Chegar ao conhecimento de alguém sem ser comprovado/Ouvir(-se) dizer/Saber(-se). **Ex.** Consta que o ministro «da Educação» vai ser substituído. Não sei se é verdade, mas consta que a prova vai ser anulada. **Loc.** Ao que consta/Segundo consta [De acordo com o que se sabe/Pelo que se ouve dizer]. **2** Estar escrito/mencionado. **Ex.** Todas as informações necessárias para concorrer constam do regulamento da prova. **3** Fazer parte de/Figurar. **Ex.** O nome do jogador não consta da [não está na] lista dos convocados (para fazer parte da sele(c)ção nacional). **4** Consistir em/Ser formado por. **Ex.** O livro consta de duas partes, uma teórica, outra prática. A refeição consta de sopa e um prato de carne ou peixe.

constatação s f (<fr constatation) A(c)to ou efeito de constatar/Comprovação/Verificação. **Ex.** A ~ de que a casa tinha ficado totalmente destruída deixou-o completamente arrasado.

constatar v t (<fr constater) **1** Dar-se conta/Descobrir a verdade/Verificar. **Ex.** Ao ler o documento, imediatamente constatei que tinha vários erros. **2** Certificar/Testemunhar. **Ex.** O médico limitou-se a ~ o óbito.

constelação s f (<lat constellátio,ónis) **1** Astr Agrupamento de estrelas convencionalmente unidas por linhas imaginárias, formando uma figura correspondente ao nome que lhe é atribuído «Cassiopeia/Dragão/Ursa Maior/Ursa Menor». **2** Conjunto de adornos ou obje(c)tos brilhantes. **Comb.** «enfeitada com» *Uma ~ de joias.* **3** Conjunto de pessoas famosas/notáveis. **Ex.** Na apresentação do livro, estava presente uma ~ de estrelas do mundo literário e artístico.

constelado, a adj (<lat constellátus,a,um) **1** (Diz-se do céu) coberto de estrelas/Estrelado(+). **2** Que tem a forma de estrela. **3** Que tem muitos obje(c)tos brilhantes. **Comb.** *Peito ~ de joias.*

constelar v t (<lat constéllo,áre,átum) **1** Cobrir(-se) de estrelas. **2** Dar [Adquirir] a forma de constelação. **3** Adornar com obje(c)tos brilhantes. **4** Elevar aos céus/Divinizar.

consternação s f (<lat consternátio,ónis) Profundo abatimento de ânimo/Grande desalento/Desolação/Angústia/Tristeza. **Ex.** A notícia da morte inesperada do jovem a(c)tor causou grande ~ no meio artístico.

consternado, a adj (<consternar+-ado) Muito triste/Pesaroso/Abatido/Prostrado. **Comb.** *Olhar* [Sorriso] *~. Semblante ~.*

consternador, ora adj (<consternar+-dor) Que causa consternação.

consternar v t (<lat constérno,áre,átum) Causar [Sentir] consternação/Contristar/Desolar. **Ex.** Todos se consternaram com a triste notícia.

constipação s f (< lat constipátio,ónis: a(c)ção de concentrar forças, diminuição de espaço, aperto de multidão) **1** Inflamação das vias respiratórias acompanhada de corrimento e obstrução nasal, e, por vezes, dores de garganta e tosse/Resfriado. **2** Br Med Prisão de ventre(+).

constipado, a adj (<constipar+-ado) Que sofre de constipação. **Ex.** Nota-se na fala [voz] que está(s) ~o/a.

constipar v t (<lat constípo,áre,átum: reunir, estreitar, apertar) **1** Produzir constipação. **Ex.** Brincar com os pés na água fria constipa as crianças. **2** Apanhar uma constipação. **Ex.** Constipei-me com o ar frio da noite.

constitucional adj 2g/s m (<constituição+-al) **1** Relativo [Pertencente] a constituição. **Comb.** *Direito ~. Lei ~. Revisão ~.* **2** Que tem uma constituição política. **Comb.** *Mo-*

narquia ~. ***Regime*** ~/democrático. **3** Inerente à constituição «física/psicológica». **Comb.** Defeito ~. **4** *Hist s m* Partidário da *Carta Constitucional* outorgada à Nação Portuguesa por D. Pedro IV, em 1826/Cartista.

constitucionalidade *s f* (<constitucional+-i-+-dade) Qualidade do que é constitucional. **Loc.** Verificar a ~ duma lei.

constitucionalismo *s m* (<constitucional+-ismo) Doutrina ou regime político que se baseia na ideia de que o Estado se deve reger por uma constituição.

constitucionalista *adj/s 2g* (<constitucional+-ista) **1** Partidário do constitucionalismo. **2** Especialista em direito constitucional. **Ex.** Os ~s nem sempre estão de acordo sobre a constitucionalidade de algumas leis.

constitucionalizar *v t* (<constitucional+-izar) **1** Tornar constitucional. **Loc.** Modificar um proje(c)to-lei para o ~. **2** Converter em regime constitucional.

constituição *s f* (<lat *constitútio,ónis*) **1** A(c)to [Processo] de formação de alguma coisa/Composição/Organização. **Ex.** O primeiro-ministro começou os conta(c)tos [as consultas] para a ~ do governo. Para a ~ da equipa/e nacional de futebol, o sele(c)cionador convocou 25 jogadores. **2** Conjunto de elementos essenciais que formam uma unidade/um todo. **Ex.** O oxigé[ê]nio e o hidrogé[ê]nio são os únicos [dois(+)] elementos que entram na ~ da água pura. O quartzo entra na ~ do granito. **Comb.** Água de ~ [Molécula de água que faz parte integrante dum composto]. **3** *Med* Conjunto de cara(c)terísticas somáticas e psíquicas que define um indivíduo e o diferencia de outro. **Ex.** A ~ cromossó[ô]mica determina a morfologia e as tendências somáticas e psíquicas do indivíduo. **4** Compleição física. **Comb.** Pessoa de ~ robusta [fraca]. **5** *Dir* Lei fundamental [Conjunto de normas e princípios] que regula a organização política de um Estado e os direitos e garantias dos cidadãos. **Loc.** Fazer a ***revisão da*** ~. ***Violar*** [Não cumprir/Desrespeitar] ***a*** ~. **6** *Rel* Conjunto de disposições legislativas e regulamentares pelas quais se rege uma instituição «a Igreja/uma diocese/ordem religiosa». **Comb.** ~ Apostólica [Designação dada a documentos importantes e solenes do Papa que contêm decisões pontifícias para toda a Igreja ou para certa região ou diocese].

constituidor, ora *adj/s* (<constituir+-dor) (O) que constitui/Constituinte(+).

constituinte *adj/s 2g* (<constituir+-inte) **1** (O) que constitui. **Loc.** Decompor uma substância nos seus ~s. **Comb. *Assembeia* ~** [destinada a elaborar ou modificar uma constituição política]. ***Poder* ~**. **2** *s* Pessoa que constitui outra seu procurador ou representante. **Ex.** O advogado pediu ao juiz um pequeno intervalo para falar com o seu ~. **3** *s* Membro duma assembleia ~. **4** *Ling* Unidade linguística [Sintagma] que faz parte duma construção de nível superior «frase». **Ex.** Um sintagma nominal pode ser formado por três ~s: o determinante, o nome e o adje(c)tivo.

constituir *v t* (<lat *constítuo,ere,útum*) **1** Reunir vários elementos para formar um todo/Compor/Formar. **Loc. ~ *uma sociedade*** [comissão/um grupo de trabalho]. **~ *um pé-de-meia*** [pecúlio resultante de pequenas poupanças]. **2** Fazer parte essencial de/Entrar na constituição. **Ex.** As células constituem os tecidos dos seres vivos. «casaco/calças/boné/botas» Partes da vestimenta que constituem uma farda «militar». **3** Ser a base de/Consistir em/Representar. **Ex.** A família constitui a unidade [célula] fundamental da sociedade. A passagem de alguém por aquele local deserto constituía a única hipótese de as vítimas do acidente serem socorridas. **4** Conferir determinadas prerrogativas «privilégios/direitos/deveres» a alguém. **Ex.** Para o representar nas negociações, constituiu seu procurador um advogado. Como não tinha filhos, constituiu a Misericórdia local herdeira de todos os seus bens.

constituível *adj 2g* (<constituir+-vel) Que se pode constituir.

constitutivo, a *adj* (<lat *constitutívus,a, um*) **1** Que constitui/Constituinte. **Comb. *Elementos* ~s** «duma frase». Órgãos ~ «duma máquina». **2** Que é essencial/característico. **Comb.** «carne/peixe/vegetais» Alimentos ~s duma dieta saudável. **3** Que tem o poder jurídico de constituir. **Comb.** Título ~ de propriedade.

constrangedor, ora *adj* (<constranger+-dor) **1** Que constrange. **Comb.** Lei [Medida] ~ora. **2** Que é incó[ô]modo/embaraçoso/inconveniente. **Ex.** O cinto de segurança (dos automóveis) protege mas não deixa de ser [mas é] ~.

constranger *v t* (<lat *constríngo,ínxi,íngere, íctum*) **1** Obrigar alguém a fazer algo contra a vontade/Coagir/Compelir/Forçar. **Ex.** Os assaltantes constrangeram-no a revelar o código secreto do cartão multibanco. **2** Impedir [Dificultar] os movimentos do corpo/Apertar/Comprimir. **Ex.** A cinta «ortopédica» constrange-me; tenho que a tirar, já não aguento mais. A gravata constrange-me o pescoço. **3** Deixar pouco à vontade/Inibir/Embaraçar. **Ex.** Ter que pedir ajuda [dinheiro] aos pais, era uma situação que o constrangia.

constrangido, a *adj* (<constranger+-ido) **1** Que foi obrigado/forçado/Que agiu contrafeito. **Ex.** Despediu-se do emprego ~. **2** Que se sente pouco à vontade/Embaraçado/Inibido. **Ex.** Esteve na festa todo o tempo ~; aquele não era o seu meio. **3** Apertado/Comprimido/Sufocado. **Comb.** Pés ~s pelos sapatos apertados. Pescoço ~ pelo colarinho demasiado justo. **4** *fig* Pesaroso/Triste. **Comb.** Ar ~.

constrangimento *s m* (<constranger+-mento) **1** Aperto/Compressão/Incó[ô]modo. **Ex.** Não suporto o ~ de me ver envolvido por uma multidão compacta de gente. **2** Falta de à-vontade/Acanhamento/Timidez. **Ex.** Ficou com fome porque teve ~ [acanhamento(+)] de pedir mais comida. **3** Pressão [Imposição] exercida sobre alguém/Coa(c)ção/Compulsão. **Ex.** Sofreu ~s de gente influente para não denunciar a irregularidade. **4** Insatisfação/Desagrado. **Ex.** O mau ambiente de trabalho causava-lhe ~; estava ansioso por mudar de emprego.

constrição *s f* (<lat *constríctio,ónis*) **1** A(c)to ou efeito de constringir/Pressão circular que faz diminuir o diâmetro de um obje(c)to/Estreitamento. **Comb. ~ *da pupila*. ~ *duma artéria*.** **2** Aperto/Compressão/Estrangulamento. **3** *Med* Estreitamento patológico de qualquer canal ou esfíncter. **Comb. ~ *do esófago*. ~ *do piloro*.**

constringente *adj 2g* (<lat *constríngens, éntis*) Que constringe/Constritivo. **Comb.** A(c)ção [Efeito] ~.

constringir *v t* (<lat *constríngo,íngere, ínxi,íctum*) Apertar em volta de/Diminuir de diâmetro. **Ex.** A cinta constringe-me a zona abdominal.

constritivo, a *adj* (< lat *constrictívus,a,um*) **1** Que constringe/Constritor. **2** *Fon* Diz-se de consoante cuja articulação implica um estreitamento num ponto do canal vocal. **Comb.** Consoante ~a «g».

constritor, ora *adj* (<lat *constríctor,óris*) Que constringe/aperta em volta. **Comb.** *Anat* Músculo ~ [que rodeia um orifício «boca/piloro/ânus» e regula a sua abertura/Esfíncter].

construção *s f* (<lat *constrúctio,ónis*) **1** A(c)ção [Processo] de construir. **2** Se(c)tor industrial que, em vários ramos de a(c)tividade, se dedica à preparação e concretização de obras formando um todo a partir dos materiais [das peças/partes] que as constituem. **Comb. ~ *civil*** [que se se dedica a fazer edifícios e obras similares]. **~ *mecânica*** [que fabrica máquinas ou peças de máquinas]. **~ *naval*** [de navios]. **3** Obra resultante do exercício dessa a(c)tividade/Edifício/Estrutura/Maquinismo. **Ex.** Hotéis, pontes, estruturas metálicas, viadutos são ~ões de grande porte e complexidade. **4** Conjunto de peças que encaixam umas nas outras e se montam (e desmontam) para formar um brinquedo, ou como passatempo. **5** Organização [Estruturação] de alguma coisa. **Comb. ~ *da democracia*. ~** dum espe(c)táculo. **~** dum livro. **~** duma empresa. **6** Traçado metódico de figuras geométricas. **Comb. ~** dum pentágono regular. **~** duma elipse. **7** *Gram* Disposição das palavras que formam uma unidade sintá(c)tica. **Comb.** Frase [Texto] com erros de ~. **8** A(c)to de fazer evoluir/de consolidar. **Comb. ~ *da personalidade*. ~** duma amizade.

constructo *s m* (<lat *constrúctus,a,um*) **1** Construção mental criada a partir de elementos mais simples para fazer parte duma teoria. **2** *Psic* Obje(c)to de perce(p)ção [Pensamento] formado pela combinação de impressões passadas e presentes.

construir *v t* (<lat *cónstruo,ere,úxi,úctum*) **1** Formar [Edificar/Erigir] a partir de materiais diversos e de acordo com um plano. **Ex.** As abelhas constroem favos, os pássaros (constroem) ninhos. **Loc.** ~ casas [pontes/estradas]. **2** Combinar peças [elementos] já fabricados de modo a formar um todo desmontável. **Loc. ~ *um puzzle*. ~** uma miniatura dum barco. **3** Conceber e realizar segundo uma determinada estrutura/Dar forma/Elaborar. **Loc. ~ *um raciocínio*. ~ *uma notícia*. ~ *uma obra musical*.** **4** Fazer evoluir/Desenvolver/Consolidar. **Loc. ~ *a personalidade*. ~** uma amizade. **5** *Geom* Traçar figuras segundo as regras da Geometria. **Loc.** ~ um arco em ogiva. ~ um trapézio isósceles. **6** *Gram* Dispor as palavras para formar uma frase segundo as regras da sintaxe. **Ex.** Frase que se pode ~ de duas maneiras.

construtivismo *s m Arte* (<construtivo+-ismo) Movimento artístico originário da Rússia, relacionado com a pintura cubista no uso das formas geométricas «cilindro/cone/esfera» e com a arquite(c)tura funcionalista. **Ex.** O ~ foi iniciado pelo escultor e arquite(c)to Vladimir Tatlin na 2.ª década do séc. XIX.

construtivista *adj/s 2g Arte* (<construtivo+-ista) **1** Relativo ao construtivismo. **Comb.** Movimento ~. **2** *s 2g* Artista que segue o construtivismo. **Ex.** Os ~s pouco influenciaram a arquite(c)tura.

construtivo, a *adj* (<lat *constructívus,a, um*) **1** Que serve para construir. **Comb.** Material com aplicações ~as. **2** Capaz de construir/Criativo. **Comb.** Capacidade [Imaginação] ~a. **3** Que contribui para aperfeiçoar/melhorar/renovar/Positivo.

Comb. *Crítica* ~a. *Espírito* ~. *Ideia* ~a. **Ant.** Destrutivo.

construtor, ora *adj/s* (<lat *constrúctor,óris*) **1** (O) que constrói. **Comb.** ~ *civil.* ~ *de máquinas-ferramenta. Empresa* ~*ora.* **2** (O) que concebe/realiza/aperfeiçoa. **Comb.** ~ dum programa informático. Políticos ~es do Proje(c)to Europeu [da UE].

consubstanciação *s f* (<consubstanciar+-ção) **1** *Rel* Presença real e simultânea do corpo e do sangue de Jesus Cristo no pão e no vinho consagrados na Eucaristia. **2** União de dois corpos numa só substância/União íntima/perfeita/Identificação.

consubstancial *adj 2g* (<lat *consubstanciális,e*) Que tem uma só substância. **Ex.** *Rel* O Concílio Ecumé[ê]nico de Calcedó[ô]nia (451) determinou: "... que se confesse um só e mesmo Filho, nosso Senhor Jesus Cristo, perfeito na divindade e perfeito na humanidade, ...~ ao Pai pela Sua divindade e ~ a nós pela Sua humanidade".

consubstancialidade *s f* (<consubstancial+-i-+-dade) **1** *Rel* Identidade substancial das três pessoas da Santíssima Trindade. **2** Identidade substancial de dois ou mais elementos.

consubstanciar *v t* (<com-+substância+--ar[1]) **1** Unirem-se duas ou mais substâncias numa única entidade. **Ex.** *Rel* A consagração eucarística consubstancia o pão e o vinho no Corpo de Cristo. **2** Reunir em si a essência ou substância de várias entidades. **Ex.** Uma proposta que consubstancia os interesses dos dois partidos. As liberdades, garantias e os deveres dos cidadãos estão consubstanciados na lei.

consuetudinário, a *adj* (<lat *consuetudinárius,a,um*) **1** Baseado nos [Relativo aos] costumes/Costumeiro. **Comb.** *Direito* ~. **2** Costumado/Habitual. **Comb.** *Hábitos* ~*s.*

cônsul *s m* (<lat *cónsul,ulis*) **1** Funcionário do Ministério dos Negócios Estrangeiros [das Relações Exteriores] de um Estado a quem compete, numa determinada zona de outro Estado, proteger os seus cidadãos e os interesses comerciais do seu país e desempenhar certas funções administrativas. **Ex.** Os a(c)tos de regist(r)o e notariais fazem parte das atribuições dos ~es. **2** *Hist* Supremo magistrado romano que exercia funções em Roma ou nas províncias por ela anexadas. **Ex.** Os ~es, propostos e sujeitos à aprovação do Senado, eram eleitos anualmente nos comícios centuriatos. **3** *Hist* Magistrado municipal das cidades do Sul de França, durante a Idade Média. **4** *Hist* Um dos três magistrados que governaram a França de 1799 a 1804, no seguimento do golpe de estado de 18 Brumário, organizado por Napoleão Bonaparte.

consulado *s m* (<lat *consulátus,us*) **1** Dignidade [Cargo] de cônsul. **Ex.** Chegou a ~ muito novo. **Comb.** *Hist* ~ *Romano* [A mais alta magistratura da República Romana, a partir do séc. VI a.C.]. **2** Serviço dirigido por um cônsul. **Comb.** ~ de Portugal «em Tóquio». **3** *Hist* Sistema de governo que vigorou em França entre 10 de novembro de 1799 e 18 de maio de 1804, data em que Napoleão Bonaparte se fez proclamar imperador.

consulagem *s f* (<cônsul+-agem) Direitos ou emolumentos consulares.

consular *adj 2g* (<lat *consuláris,e*) Relativo ao cônsul ou ao consulado. **Comb.** *Atribuições* ~*es. Serviço* ~.

consulente *adj/s 2g* (<lat *cónsulens,éntis*) (O) que consulta. **Loc.** Receber os ~s.

Comb. Serviço «biblioteca» com muitos ~s.

consulesa *s f* (<cônsul+-esa) **1** Mulher que desempenha as funções de cônsul. **2** Esposa do cônsul.

consulta *s f* (<consultar) **1** A(c)ção de pedir opinião/parecer/conselho. **Ex.** Antes de tomar uma decisão, é melhor fazer uma ~ a alguém da sua confiança, entendido no assunto. **2** Exame dum paciente feito por um médico. **Ex.** As ~s «de oftalmologia» são sempre de tarde. Tenho ~ marcada no médico de família. **Comb.** ~ *externa* [que se destina a doentes não internados na instituição hospitalar onde a mesma se realiza ou a doentes em ambulatório]. **3** Procura de informação numa obra «enciclopédia» ou noutra fonte «Internet». **Comb.** *Obra de* ~ *obrigatória.*

consultador, ora *adj/s* (<consultar+-dor) (O) que consulta.

consult(ad)oria *s f* (<consult(ad)or+-ia) **1** Lugar onde se dão [fazem] consultas. **2** Serviço [Função] que presta informações sobre assuntos específicos «fiscais/jurídicos/técnicos»/A(c)tividade de consultor.

consultante *adj/s 2g* (<consultar+-ante) (O) que consulta/Consultador.

consultar *v t/int* (<lat *consúlto,áre,átum*) **1** Pedir conselho/parecer/opinião. **Ex.** Não tomes uma decisão precipitada; consulta alguém «os teus pais/um amigo» que te possa esclarecer. **2** Recorrer a um especialista para obter informações ou orientação sobre determinada matéria. **Loc.** ~ *um advogado.* ~ *um consultor financeiro.* **3** Pedir ajuda a [Ser examinado por] um médico. **Ex.** Sinto-me muito cansado; vou ~ um (médico) cardiologista. **4** Dar consultas. **Ex.** O médico só consulta dez doentes em cada manhã. **5** Procurar informações/esclarecimentos. **Loc.** ~ *a agenda.* ~ *a lista telefó[ô]nica.* ~ *um mapa.* ~ *uma enciclopédia.* **6** Fazer uma sondagem. **Loc.** ~ *a população.* ~ *os filhos* [alunos]. **7** Refle(c)tir/Ponderar. **Idi.** ~ *o travesseiro* [Pensar demoradamente antes de tomar uma resolução].

consultável *adj 2g* (<consulta+-vel) Que pode ser consultado.

consultivo, a *adj* (<consulto+-ivo) **1** Referente a consulta. **2** Que emite parecer. **Comb.** *Conselho* [Órgão] ~. *Função* ~*a.*

consultor, ora *adj/s* (<lat *consúltor,óris*) **1** (O) que aconselha/dá parecer/emite opinião. **2** Perito que dá pareceres em matéria da sua especialidade. **Comb.** ~ *financeiro.* ~ *jurídico.*

consultoria *s f* (<consultor+-ia) ⇒ consultadoria.

consultório *s m* (<consulta+-ório) **1** Gabinete [Lugar] onde os profissionais dão consultas. **Comb.** ~ *de advogados.* ~ *médico.* **2** Se(c)ção de jornal ou revista onde se publicam respostas a consultas feitas pelos leitores. **Comb.** ~ *sentimental.*

consumação *s f* (<lat *consummátio,ónis*) **1** A(c)to ou efeito de consumar/Concretização/Realização. **Comb.** ~ *do matrimó[ô]nio* [União sexual conjugal]. ~ *dum plano.* **2** Conclusão/Fim. **Comb.** *Até à* ~ *dos séculos* [Até ao fim dos tempos/Até ao fim do mundo]. **3** *Br* Aquilo que se serve aos clientes num café, restaurante, bar, .../Consumo.

consumado, a *adj* (<consumar+-ado) **1** Terminado/Concluído/Realizado. **Comb.** *Fa(c)to* ~. *Matrimó[ô]nio não* ~ [no qual não houve união sexual conjugal]. **2** Que está completo/Perfeito/Excelente. **Comb.** *Obra duma beleza* ~*a.* **3** Que é profundo num ramo do saber/numa especialidade/ Abalizado/Distinto. **Comb.** *Escritor* [Artista] ~.

consumador, ora *s/adj* (<consumar+-dor) (O) que consuma/termina/aperfeiçoa. **Ex.** A morte e a ressurreição de Jesus Cristo foram os a(c)tos ~es da obra da redenção da humanidade.

consumar *v t* (<lat *consúmo,áre,átum*) **1** Levar ao fim/Completar/Terminar. **Ex.** Consumou o obje(c)tivo que se tinha proposto: deixar a obra pronta «antes de terminar o mandato». **2** Pôr em prática/ Concretizar/Realizar. **Ex.** Ameaçou bater--lhe mas não consumou a ameaça. **Loc.** ~ *o casamento* [Tornar o casamento válido e efe(c)tivo através da união sexual conjugal]. ~ [Praticar] *um crime.* **3** Levar ao ponto mais alto/ao apogeu/Coroar. **Ex.** Consumou uma carreira brilhante de maratonista conquistando a medalha de ouro olímpica. **4** ~-se/Tornar-se exímio/Aperfeiçoar-se. **Ex.** Consumou[Sagrou]-se como o melhor futebolista do mundo.

consumição *s f* (<consumir+-ção) **1** A(c)to de consumir/Destruição(+). **Comb.** ~ *de vastas áreas florestais pelo fogo.* **2** A(c)ção de maçar/causar enfado/Ralação. **Ex.** Dar aulas a alunos desinteressados e malcriados tornou-se para ela uma ~ insuportável. **3** Apreensão/Ansiedade/Mortificação. **Ex.** Vivia numa ~, preocupada com o futuro do filho deficiente.

consumido, a *adj* (<consumir+-ido) **1** Que se consumiu/Gasto. **Ex.** As horas ~as na Internet nem sempre são proveitosas. **Comb.** *Vela* ~*a* [gasta/ardida] até ao fim. **2** Que foi utilizado no consumo. **Comb.** *Bebidas* ~*as à refeição.* **3** *fig* Abatido/Debilitado. **Comb.** ~ *pela doença.* **4** *fig* Preocupado/Ralado. **Comb.** ~ *com comichão «das frieiras».*

consumidor, ora *adj/s* (<consumir+-dor) **1** Que causa consumição. **Comb.** *Barulho* ~. **2** Aquele que compra para gasto próprio. **Ex.** A publicidade procura aliciar os [despertar o interesse dos] ~es para o produto que anuncia. Os vendedores procuram satisfazer os desejos dos ~es. **Ant.** Fornecedores; vendedores. **3** (O) que consome muito/Gastador/Dissipador. **Comb.** *Equipamento* [Máquina] (grande) ~*or/ora de energia.*

consumir *v t* (<lat *consúmo,ere,consúmpsi, consúmptum* <*cum+sumo,ere,súmptum*: tomar) **1** Fazer desaparecer pelo uso/Gastar. **Ex.** Portugal importa a maior parte da energia que consome. Depois de aberto (o frasco), deve consumir-se o medicamento até ao fim. Este carro só consome gasolina de 98 octanas. **2** Comer/Beber para se alimentar ou satisfazer desejos e apetites. **Loc.** ~ *alimentos frescos.* ~ *carne* [peixe]. ~ *sal* [álcool]. **3** Causar [Sofrer] destruição/Destruir/Queimar. **Ex.** O incêndio consumiu uma vasta área florestal. A vela ficou acesa até se ~ (toda). **4** Causar [Sofrer] abatimento/cansaço/desânimo/ Afligir/Mortificar. **Ex.** A doença consome--o [fá-lo sofrer (muito)]. **Loc.** ~ *a paciência* [o juízo]. ~-*se de desgostos.* **5** Dar cuidados/preocupações. **Ex.** Tem um emprego [trabalho] que o consome. **Loc.** ~-se com os [Sofrer muito por causa dos] filhos.

consumismo *s m* (<consumo+-ismo) **1** Sistema econó[ô]mico e social que favorece o consumo exagerado. **Ex.** O ~ conduziu ao endividamento das pessoas e dos países. **2** Tendência para consumir em excesso qualquer tipo de bens ou produtos. **Ex.** O aumento do poder de compra e as facilidades de crédito favorecem o ~.

consumista *adj/s 2g* (<consumo+-ista) 1 Relativo ao consumismo. **Comb.** Mentalidade ~. 2 (O) que consome exageradamente. **Comb.** Sociedade ~.

consumível *adj 2g* (<consumir+-vel) Que se pode consumir.

consumo *s m* (< consumir) 1 Utilização de alguma coisa gastando-a/Gasto/Dispêndio. **Ex.** O ~ de água (n)este mês foi muito elevado «por causa da rega do jardim». Deve reduzir-se o ~ de sal na alimentação. 2 Utilização de produtos, naturais ou fabricados, na satisfação de necessidades humanas. **Comb.** ~ *de água* [bebidas]. ~ *de alimentos.* ~ *de medicamentos. Bens de ~. Sociedade de ~* [que não produz o que consome]. 3 Procura no circuito comercial/Gasto/Venda. **Ex.** O ~ de gelados e refrigerantes aumenta muito no verão. Produto que deixamos de ter «no supermercado» para venda porque não havia ~. 4 O que se consome. **Ex.** Neste café, o ~ é obrigatório. O ~ de luvas de prote(c)ção (na empresa) está limitado a dois pares por mês. **Comb.** ~ mínimo [Despesa mínima obrigatória por cliente, fixado pelo estabelecimento «bar/discoteca»]. 5 Quantidade de energia «combustível/ele(c)tricidade» necessária ao funcionamento de um motor/equipamento/uma máquina. **Comb.** Carro de elevado ~ de gasolina. Máquina de lavar de baixo ~ de ele(c)tricidade.

consumpção [consunção] *s f* (<lat *consúmptio,ónis*) 1 A(c)to ou efeito de consumir(-se). 2 *Med* Enfraquecimento lento e progressivo do organismo/Definhamento(+).

consumptivo [consuntivo], a *adj* (<consumpto+-ivo) Que tem a propriedade de consumir/destruir.

consumpto, a *adj* (⇒ consumir) Consumido/Gasto/Debilitado.

consútil *adj 2g* (< lat *consútilis,e*) Que tem costura/Cosido. **Ant.** In~.

conta *s f* (<contar) 1 Valor [Importância] de uma despesa/Total a pagar [receber]. **Ex.** «com o aumento do IVA» A ~ do supermercado é cada vez maior. Quando vi a ~ (exorbitante) da reparação do carro (até) fiquei assustado. **Idi.** *Andar a ~s com* «a justiça» [Estar envolvido com/empenhado em]. *Ajustar ~s com* [Castigar]. *Apanhar a sua ~* [Apanhar uma sova]. *Dar ~ do recado* [Ser capaz de resolver uma situação/de assumir a responsabilidade]. *Dar* [Entregar] *por ~* [Fazer um pagamento parcial]. *Dar-se* [Tomar] *~* [Aperceber-se/Tomar sentido]. *Deitar ~s a* [Calcular/Prever]. *Fazer ~* [Esperar/Contar com]. *Fazer de ~* [Não querer saber/Fingir/Imaginar/Supor]. *Levar em (linha de) ~* [Ter em consideração/Ponderar]. *Pagar* [Pedir] *a ~* [a fa(c)tura]. *Saírem as ~s furadas* [erradas] [Não acontecer o que se esperava]. *Ter em boa* [má] *~* [Dar [ou não] apreço a alguém]. *Ter-se na ~ de* [Considerar-se/Julgar-se]. *Tirar a ~* [Fazer a fa(c)tura da despesa]. **Comb.** ~ *calada* [Importância avultada/Preço exorbitante]. ~ *redonda* [em que se desprezam as fra(c)ções]. *idi ~s à moda do Porto* [em que cada um paga a sua parte da despesa comum]. À ~ [Na medida certa/exa(c)ta]. *Acerto de ~s* [Confronto para eventual re(c)tificação]. «beber» *Com ~ peso e medida* [Com moderação]. «homem» *De boas ~s* [que satisfaz os seus compromissos com pontualidade]. «a compra do carro ficou» *Em ~* [Por um preço favorável/razoável]. 2 Operação aritmética elementar. **Loc.** Aprender a ler e a fazer ~s. **Comb.** ~ de dividir/multiplicar/somar/subtrair [Divisão/Multiplicação/Adição ou Soma/Subtra(c)ção]. 3 Documento com a relação das despesas a pagar/Fa(c)tura. **Comb.** ~ *da farmácia.* ~ *do restaurante.* ~ *do telefone* [da água/ele(c)tricidade]. 4 Relação detalhada de receitas e despesas «duma empresa/instituição». **Comb.** *Encerramento* [Fecho] *das ~s do ano. Relatório de ~s. Técnico de ~s. Tribunal de ~s.* 5 Acordo entre um cliente e uma entidade financeira «Banco» para depósito e levantamento de dinheiro segundo certas condições. **Loc.** Abrir (uma) ~ [Iniciar o processo, cumprindo as formalidades contratuais e fazendo o primeiro depósito]. **Comb.** ~ *a descoberto* [com saldo negativo]. ~ *à ordem* [que pode ser movimentado pelo titular em qualquer altura]. ~ *a prazo* [que só pode ser movimentada ao fim de determinado período]. ~ *conjunta* [com vários titulares]. 6 Pequena peça «de madeira/vidro/plástico» com que se fazem rosários, colares e outros obje(c)tos de adorno. **Loc.** Passar as ~s [Rezar o rosário/o terço]. **Comb.** Colar de ~s de madrepérola. 7 *pl* Relação de acontecimentos/Explicação/Justificação. **Loc.** Prestar ~s [Fazer o relatório/Esclarecer/Justificar]. 8 Atribuição/Responsabilidade. **Loc.** Ser da ~ [da responsabilidade/das atribuições] (Ex. Esse trabalho é da minha ~ [sou eu que o faço]). 9 Conceito/Consideração. **Ex.** Sempre o tive na ~ de pessoa honesta.

contabescência *s f* (<contabescer+-ência) ⇒ Emagrecimento por efeito de doença/Definhamento(+).

contabescer *v int* (<lat *contabésco,béscere,bui*) ⇒ Perder a vitalidade/Definhar(+)/Consumir-se(+).

contabilidade *s f Econ* (<lat contábil+-i+-dade) 1 Estudo dos meios e técnicas de orientação, regist(r)to e controle usados na administração econó[ô]mica. **Comb.** *Curso de ~. Técnico de ~.* 2 Regist(r)o de receitas e despesas e outras operações financeiras. **Comb.** ~ *industrial.* ~ *pública.* 3 Serviço [Repartição] responsável pela escrituração das contas. 4 Cálculo/Computação. **Loc.** Fazer a ~ dos meios disponíveis «para organizar o evento».

contabilista *s 2g* (<contábil+-ista) Profissional que tem a seu cargo a contabilidade duma empresa ou instituição/Guarda-livros.

contabilístico, a *adj* (<contabilista+-ico) Relativo a contabilidade. **Comb.** *Dados ~s. Operação ~a. Regist(r)o ~.*

contabilização *s f* (<contabilizar+-ção) A(c)to ou efeito de contabilizar/Cálculo/Computação. **Comb.** ~ *dos prejuízos* «causados pela intempérie».

contabilizar *v t* (<contábil+-izar) 1 Fazer a escrita da contabilidade/Escriturar. **Loc.** ~ *as receitas e as despesas.* ~ *os juros* [impostos/encargos]. 2 Fazer o cálculo/a avaliação. **Loc.** ~ o tempo gasto «em viagens/à espera de ser atendido». 3 *fig* Atribuir valor, de modo interesseiro, a sentimentos, a(c)ções, ...

conta-corrente *s f* Escrituração de créditos e débitos de alguém em conta própria. **Loc.** Lançar [Escriturar] na ~ «as despesas de expedição». **Comb.** Cliente com ~ num determinado fornecedor.

contactar [*Br* **conta(c)tar** (*dg*)] *v t* (<contacto+-ar¹) 1 Pôr-se em contacto com [Abordar] alguém oralmente ou por escrito. **Ex.** Nunca o vi, mas contacto-o muitas vezes por telefone. Como (é que) posso contactá-lo [(é que) o posso ~]? 2 Estabelecer relacionamento frequente, pessoal ou profissional. **Ex.** O dire(c)tor comercial anda em viagem para ~ os clientes mais importantes. «porteiros/telefonistas» Profissionais que contactam regularmente com o público. 3 Entrar em contacto físico/Estabelecer contacto/Tocar. **Ex.** Se os fios não contactarem com os bornes da ficha, a corrente (elé)c)trica) não passa. Na disputa da bola, os jogadores de futebol contactam (corpo a corpo) muitas vezes com os adversários.

contactável [*Br* **conta(c)tável** (*dg*)] *adj 2g* (<contactar+-vel) Que se pode contactar. **Ex.** Só era ~ pelo telefone. **Ant.** In~.

contacto [*Br* **conta(c)to** (*dg*)] *s m* (<lat *contáctus,us*) 1 Posição relativa de dois corpos que se tocam/Toque. **Ex.** Quando os dois fios (Fase e neutro) entram em ~, dá-se um curto-circuito. No futebol há muitas situações de ~ físico entre os jogadores. 2 Contiguidade entre dois corpos permitindo a passagem da corrente elé(c)trica/Conexão/Ligação. **Ex.** A lâmpada não acende por falta de ~ em algum ponto do circuito. **Loc.** Fazer bom [mau] ~. 3 Relação entre pessoas ou instituições/Comunicação/Convívio. **Ex.** «novo dire(c)tor» Pessoa com quem nunca tive ~. Fomos colegas na escola e mantivemo-nos sempre em ~. A empresa mantém ~s frequentes com os seus clientes. **Ex.** Número de telefone/E-mail/Morada. **Ex.** Fico com o teu [seu] ~ telef[ô]nico e ligo-te [-lhe] logo que tenha notícias. 5 Pessoas com quem regularmente se fala ou mantém relações. **Ex.** Tenho alguns ~s em empresas da especialidade «construção civil». 6 Pessoa pertencente a [infiltrada em] determinado meio [organismo] e que presta informações ou outros serviços. **Ex.** A polícia serve-se de ~s para obter informações sobre traficantes de droga. 7 Cará(c)ter comum/Semelhança. **Comb.** Culturas muito diferentes «chinesa e europeia» com poucos ~s entre elas.

contactual [*Br* **conta(c)tual** (*dg*)] *adj 2g* (<contacto+-al) Que diz respeito a contacto.

contado, a *adj* (<contar+-ado) 1 De que se verificou a quantidade/o valor/Que se contou/Calculado. **Ex.** Guardou no cofre o dinheiro ~. **Idi.** *Ter os dias ~s* [Ter pouco tempo de vida ou de duração]. *Favas ~as* [Coisa certa]. 2 Narrado/Relatado. **Ex.** Fenó[ô]meno tão inverosímil (que) só visto, (porque) ~ ninguém acredita (que seja verdadeiro).

contador, ora *adj/s* (<contar+-dor) 1 (O) que conta. **Comb.** ~ *de água/*ele(c)tricidade/*gás.* *Fís* ~ *de partículas* «~ Geiger-Müller». *Mecanismo* ~ «de voltas». 2 Pessoa encarregada de fazer a contagem [leitura/de tomar nota do consumo]. **Ex.** O ~ da água só vem (fazer a leitura) de dois em dois meses. 3 Móvel de estilo em forma de armário assente sobre quatro pés tendo a parte superior numerosas gavetas destinadas a guardar valores. **Comb.** ~ indo-europeu com embutidos em madrepérola. ⇒ có[ô]moda. 4 Pessoa que narra [conta] com arte/graça. **Ex.** É um bom ~ de anedotas.

contadoria *s f* (<contador+-ia) 1 Repartição onde se verificam, recebem e pagam as contas/Pagadoria/Tesouraria(+). 2 *Hist Mil* Repartição por onde se ordenavam os pagamentos ao exército.

conta-fios *s m 2n* (<contar+fio) Lupa usada para contar os fios de um tecido por centímetro quadrado.

contagem *s f* (<contar+-agem) 1 A(c)to de contar. **Ex.** Mandou formar os presos na parada para fazer a ~. **Loc.** Fazer a ~ do

[Conferir o] dinheiro em caixa. **2** Salário do contador judicial (Funcionário encarregado das custas dos processos).
contagiante *adj 2g* (<contagiar+-ante) Que contagia/Que se transmite/propaga. **Comb.** *Alegria* [Riso] ~. *Medo* [Pavor] ~.
contagiar *v t* (<contágio+-ar¹) **1** Transmitir doença por contágio/Contaminar/Infe(c)tar. **Ex.** As crianças doentes «com sarampo» contagiam as outras. Muita gente se contagiou com vírus da gripe. **2** Transmitir aos que estão próximos um sentimento/estado de alma/uma atitude/Espalhar/Propagar. **Ex.** A alegria ruidosa dos jovens contagiou toda a sala. **3** *fig* Corromper. **Ex.** O Francisco deixou-se ~ pelas más companhias; está irreconhecível!
contágio *s m* (<lat *contágium,ii*) **1** Transmissão de doença por conta(c)to dire(c)to ou indire(c)to. **Ex.** Muitas doenças infe(c)ciosas são transmitidas por ~. **2** Doença contagiosa/Epidemia/Andaço. **3** Transmissão por influência ou imitação, entre pessoas, de vícios, modas, atitudes, ... **Ex.** A moda das calças manchadas e com rasgões contagiou jovens, crianças e até adultos.
contagiosidade *s f* (<contágio+-i-+-dade) Qualidade do que é contagioso.
contagioso, a (Ôso, Ósa, Ósos) *adj* (<contágio+-oso) **1** Que se transmite por contágio. **Comb.** Doença ~a. **2** Que se comunica [propaga] facilmente por influência ou imitação. **Comb.** Riso ~.
conta-gotas *s m 2n* (<contar+gota) Instrumento em forma de pipeta, geralmente aplicado na tampa dum frasco, que serve para tirar o líquido e servi-lo gota-a-gota. **Loc.** Aplicar com o ~ uma gota «de colírio» em cada olho, duas vezes por dia. **Comb.** A ~ [Em pequena quantidade] (Ex. A água da torneira corre mal [pouco/a ~]. Os doentes estão a ser atendidos a ~ [com grande demora]).
contaminação *s f* (<lat *contaminátio,ónis*) **1** Transmissão duma doença/Contágio/Infe(c)ção. **Ex.** Quem lida com [trata de] tuberculosos está sujeito a ~. **2** Invasão de um determinado meio por elementos que podem causar infe(c)ção ou outro tipo de doença/Poluição. **Comb.** ~ da água com partículas radioa(c)tivas. **3** *fig* Transmissão de vícios e outros males entre pessoas. **Comb.** ~ dos povos indígenas pelos colonizadores. **4** *fig* Influência de uma coisa sobre alguém ou algo. **Comb.** ~ da população pelos meios de comunicação social. ~ duma língua por outra.
contaminador, ora *adj/s* (<contaminar+-dor) (O) que contamina. **Comb.** Agente ~. Substância ~ora.
contaminar *v t* (<lat *contamíno,áre,átum*) **1** Transmitir uma doença/Contagiar. **Ex.** Apanhou a gripe «A» e contaminou a família toda. **2** Causar contaminação/Poluir/Corromper. **Ex.** Basta um fruto podre «maçã» para ~ os outros (que estão ao lado dele). Os fertilizantes contaminam os solos e a água. **3** Transmitir defeitos/vícios/Corromper/Degradar. **Ex.** A perda de valores morais contamina a juventude. Deixou-se ~ pela ganância do dinheiro.
contaminável *adj 2g* (<contaminar+-vel) Que é susce(p)tível de ser contaminado.
contanto que *elem de loc conj* (<com-+tanto+que) Desde que/Se. **Ex.** Empresto-lhe o livro, ~ que mo devolva [, se mo devolver] até ao fim desta semana.
conta-passos *s m 2n* (<contar+passo) Aparelho com que se contam os passos de quem caminha/Podó[ô]metro.
conta-quilómetros [*Br* **conta-quilômetros**] *s m 2n* (<contar+quiló[ô]metro) Aparelho (instalado no carro) que indica a velocidade instantânea e os quiló[ô]metros percorridos por um veículo.
contar *v t/int* (<lat *compúto,áre,átum*) **1** Enumerar uma série de números, um após outro. **Ex.** É muito pequeno mas já sabe ~ até dez. Para formar os grupos, vão contando de 1 a 5 e depois formam cinco grupos: o dos que têm o número 1, o número 2 e assim sucessivamente. **Idi.** ~ *as horas* [Esperar com impaciência]. ~ *os tostões* [Ter pouco dinheiro]. *~-se pelos dedos* [Ser em número reduzido]. **2** Determinar a quantidade ou valor/Calcular. **Ex.** Conta os talheres do serviço (Facas, garfos e colheres) para verificar se falta algum. A macieira tem 19 maçãs; contei-as todas (uma a uma). Vou ~ o dinheiro que apurámos [realizámos] hoje nas vendas. **3** Medir [Marcar] o tempo. **Ex.** Têm 30 segundos para responder; o tempo começa a ~ quando soar o sinal sonoro. **4** Ter uma dada idade/duração. **Ex.** A avó já conta mais de 90 anos. «Benfica» Um clube que conta [já tem (+)] mais de um século. **5** Incluir num todo. **Ex.** Para jantar são cinco, sem ~ com os de casa. **6** Ter intenção/Prever/Calcular. **Ex.** Conto ter tudo pronto antes do fim do mês. Estamos a ~ com as visitas para o jantar. **7** Dispor de/Compreender/Comportar. **Ex.** A Semana de Estudo contou com a participação de grandes especialistas. A Escola tem [conta com/dispõe de] equipamento informático acessível a todos os alunos. **8** Esperar ajuda/solidariedade/amor. **Ex.** Nas horas difíceis, os filhos contam com (a ajuda d)os pais. Podes ~ comigo para o que precisares. **9** Ter importância/em consideração/Considerar/Valer. **Ex.** As despesas de cosméticos não contam para (dedução n)o IRS. Os anos de trabalho sem descontos para a Segurança Social não contam para (o cálculo d)a reforma. Jogo a ~ para a Taça da Liga. **10** Transmitir oralmente/Narrar/Relatar. **Ex.** O meu filho, antes de adormecer, quer sempre que lhe conte uma história. Não sei se é verdade «que o dire(c)tor se vai demitir», mas foi o que me contaram/disseram.
conta-rotações *s m 2n* (<contar+rotação) Aparelho que indica o número de rotações «dum motor» por unidade de tempo «rpm: Rotações por minuto».
contatar/contatável/contatar/contato/contatual ⇒ contactar/...
contável *adj 2g* (<contar+-vel) **1** Que se pode contar. **Ant.** In~; infinito; inúmero. **2** ⇒ Considerável. **3** *col* Que pode ser narrado/Que não escandaliza/Decente. **Comb.** Anedota ~ (em público).
conta-voltas *s m 2n* (<contar+volta) Aparelho que serve para contar as voltas ou as rotações. **Comb.** ~ da máquina de tricotar.
conteira *s f* (<conta+-eira; ⇒ conteiro) **1** Reforço de metal na ponta da bainha duma espada/Ponteira. **2** Mulher que faz [vende] contas. **3** *Bot* Árvore ornamental da família das meliáceas, *Melia azedarach*, também conhecida por amargoseira.
conteiro *s m* (<conta+-eiro) O que faz [vende] contas de rosário, colares, etc.
contemplação *s f* (<lat *contemplátio, ónis*) **1** Observação atenta e demorada. **Ex.** Gostava de subir ao alto do monte e deliciar-se com a ~ da beleza natural que o cercava. **2** Concentração mental num assunto de natureza intelectual ou espiritual/Meditação. **Ex.** A ~ do mar imenso despertava nele o desejo de louvar a Deus pela grandeza das Suas obras. **3** *Rel* Estado de profunda união com Deus abstraindo totalmente de tudo o que o rodeia. **Ex.** A ~ começa por ser uma a(c)ção intelectual que conduz ao amor e ao conhecimento quase experimental da presença divina. **4** *fig* Consideração/Deferência/Atenção. **Ex.** O legislador não teve ~ por casos [situações] particulares aos/às quais a lei não se pode aplicar. Não gostou do que se estava a passar na assembleia e abandonou a sala sem mais ~ões. **Comb.** Por ~ [Em consideração/Por deferência].
contemplador, ora [**contemplante**] *adj [2g]* (<contemplar+-...) (O) que contempla/observa/medita. **Comb.** Atitude ~ora/contemplativa(+).
contemplar *v t/int* (<lat *contémplo,áre, átum* <*cum+templum*: templo) **1** Observar atenta e demoradamente/Absorver-se no exame/na observação. **Loc.** ~ *um quadro.* ~ *uma paisagem.* **2** Olhar com admiração/Admirar. **Ex.** A avó, da janela do quarto, contemplava enternecida as brincadeiras dos netos no jardim. **3** Pensar de modo demorado e profundo/Meditar. **Loc.** ~ a grandeza e o mistério da criação. **4** Dar como pré[ê]mio ou prova de estima/Conferir algum benefício. **Ex.** Várias famílias pobres foram contempladas com casas no novo bairro social. O júri contemplou-o com o 1.º pré[ê]mio. **5** Ter aplicação/Abranger. **Ex.** A lei não contempla casos exce(p)cionais.
contemplativo, a *adj/s* (<lat *contemplatívus,a,um*) **1** Relativo a contemplação. **Comb.** Ar [Atitude] ~o/a. **2** (O) que contempla/é dado à contemplação/Calmo/Meditativo. **Comb.** Pessoa ~/com temperamento ~. **3** (O) que se dedica à contemplação. **Comb.** *Ordem religiosa ~a. Vida ~a.*
contemplável *adj* (<contemplar+-vel) Digno de ser contemplado.
contemporaneidade *s f* (<contemporâneo+-i-+-dade) Qualidade do que é contemporâneo. **Ex.** A identidade de estilos indica a ~ dos edifícios.
contemporâneo, a *adj* (<lat *contemporáneus,a,um*) **1** Que é do mesmo tempo/da mesma época/Coevo. **Ex.** S(anta) Teresa de Ávila e S. João da Cruz foram ~s. **2** Que é do tempo presente/Hodierno. **Comb.** *Arte ~a. Escritor ~. Idade ~a.*
contemporização *s f* (<contemporizar+-ção) A(c)to ou efeito de contemporizar/Acomodação aos tempos/às circunstâncias/Transigência. **Ex.** A ~ com as exigências dos filhos pode ter efeitos deseducativos.
contemporizador, ora *adj/s* (<contemporizar+-dor) (O) que contemporiza/Condescendente/Transigente. **Comb.** Professor [Chefe] ~.
contemporizar *v t/int* (<com-+temporizar) **1** Condescender/Transigir. **Ex.** Posso ~ com alguns a(c)tos de indisciplina mas nunca (contemporizo) com a falta de respeito dos alunos. **2** Entreter [Distrair] alguém para ganhar tempo.
contenção *s f* (<conter+-ção) **1** A(c)to de conter/reprimir/refrear uma a(c)ção ou um comportamento. **Comb.** ~ *de despesas.* ~ *do riso.* ~ *verbal.* **2** *Med* Conjunto de meios empregados para manter na devida posição partes fra(c)turadas/deslocadas, hérnias, etc.
contencioso, a (Ôso, Ósa, Ósos) *adj/s m* (<lat *contentiósus,a,um*) **1** Em que há conflito ou litígio/Litigioso. **Ex.** A atribuição dos horários aos professores é muitas vezes ~a (há alguns que se sentem prejudicados). **2** Que é incerto/sujeito a dúvidas/Em que pode haver reclamação. **Comb.**

Processo ~. **3** *s m* A(c)tividade jurisdicional dos tribunais. **Comb.** ~ administrativo [criminal]. **4** *s m* Se(c)ção [Serviço] duma empresa que trata dos assuntos litigiosos. **Ex.** Depois de várias tentativas infrutíferas de cobrança da dívida, enviou o assunto para o ~.

contenda *s f* (<contender) **1** Combate [Conflito] físico entre duas ou mais pessoas/Luta/Briga/Rixa. **Ex.** Dois vizinhos envolveram-se em feroz ~ por divergências na fixação da estrema dos terrenos. **2** Debate/Disputa/Altercação. **Ex.** Houve acesa ~ na Assembleia entre os partidos da oposição e o governo por causa do aumento de impostos.

contendedor, ora [contendente] *adj/s [2g]* (<contender+-...) ⇒ contendor.

contender *v t/int* (<lat *conténdo,ere,téndi, tént[s]um*) **1** Entrar em contenda/Discutir/Altercar/Brigar. **Ex.** Passavam horas a ~ sobre [a discutir(+)] política. **2** Entrar em disputa/Lutar(+). **Ex.** Os dois partidos contendiam pelo poder. **3** *fig* Estar em desacordo/Contrastar/Destoar(+). **Ex.** A casa revestida a azulejo «de mau gosto» contende com as [» destoa das] restantes casas de granito da aldeia serrana.

contendor, ora *adj/s* (<contender+-dor) **1** (O) que contende. **2** (O) que luta [combate] com outro/Adversário/Rival.

contensão *s f* (<com-+tensão) Grande esforço de espírito para adquirir um conhecimento ou vencer uma dificuldade.

contentadiço, a *adj* (<contentar+-diço) Fácil de contentar.

contentamento *s m* (<contentar+-mento) **1** Estado de quem está contente/Satisfação/Alegria. **Ex.** O regresso à terra e o encontro com os familiares eram motivos de grande ~ para todos. **2** Prazer/Agrado.

contentar *v t/int* (<contente+-ar¹) **1** Dar [Sentir] satisfação/felicidade/Tornar [Ficar] contente. **Ex.** O sucesso dos filhos contenta-os a eles e aos pais. Contenta[Alegra]-me saber que vais voltar. **2** Fazer a vontade/Satisfazer. **Ex.** Quanto mais coisas os pais dão aos filhos para os ~, mais exigentes e insatisfeitos eles (Os filhos) se tornam. **3** Ficar satisfeito/Acalmar. **Ex.** Já que não posso ir ao estádio, contento-me em ver o jogo pela televisão. A explicação que lhe deste não o contentou.

contentável *adj 2g* (<contentar+-vel) Que se pode contentar.

contente *adj 2g* (<lat *conténtus,a,um* <*contíneo,ére*: conter) **1** Que se mostra feliz/satisfeito/alegre. **Ex.** Que ~ ele ficou com a prenda que eu lhe trouxe! Deu saltos de ~ quando a desembrulhou! **2** Que sente contentamento/agrado/Que é feliz. **Ex.** Estão os dois sozinhos mas vivem ~s, sem nada que os aflija. **Ant.** Aborrecido; descontente; insatisfeito; triste.

contento *s m* (<contentar) Contentamento/Agrado. **Comb.** A ~ [Conforme os «seus» desejos] (Ex. Acabou por se encontrar uma solução para o problema, a ~ de [, que agradou a] todos).

contentor *s m* (⇒ conter) **1** Grande caixa metálica, de medidas normalizadas, destinada ao transporte de mercadorias por via marítima, ferroviária ou rodoviária. **Loc.** Expedir um ~ de mercadorias diversas «para Angola». **Comb. Navio porta-~es. Terminal de ~es. 2** Recipiente metálico ou de plástico, destinado à recolha de lixo ou de materiais para reciclar. **Ex.** O vidro para reciclar é depositado no ~ verde.

contentorização *s f* (<contentorizar+-ção) **1** A(c)to de meter [dispor] as mercadorias no contentor. **2** Método de transporte de mercadorias em contentores. **Ex.** A ~ é um método moderno de expedição de mercadorias que possibilita um bom aproveitamento do espaço nos veículos «navios/vagões» transportadores.

contentorizar *v t* (<contentor+-izar) Arrumar [Dispor] as mercadorias dentro do contentor. **Loc.** ~ uma remessa de peças para a indústria de montagem de automóveis.

conter *v t* (<lat *contíneo,ére,ui,téntum*) **1** Ter dentro de si/Encerrar. **Ex.** Esta mala contém roupa de inverno. A lata redonda contém bolachas de água e sal. Esse frasco contém óleo lubrificante. **2** Ter a capacidade de/Comportar. **Ex.** Nas grandes adegas, há tonéis que contêm [levam] milhares de litros de vinho. O balde é pequeno (para o fim em vista); não contém [leva(+)] mais de 7 ou 8 litros. **3** Ter no seu conteúdo/na sua composição/Incluir. **Ex.** A água da torneira contém muito cálcio e impurezas. O texto contém citações de vários autores. **4** Frear o ímpeto/Impedir de avançar. **Ex.** O exército conteve os rebeldes fora da cidade. **5** Exercer controle sobre alguém ou algo/Dominar(-se)/Refrear(-se). **Ex.** Tive que fazer um grande esforço para os ~ [parar] e impedir que se batessem. **Loc.** ~ *as despesas.* ~ *as lágrimas.* ~ *o riso.*

contérmino *adj/s m* (<lat *contérminus,a, um*) **1** Que tem limite comum/Que confina/Adjacente. **2** *s m* Fronteira/Limite/Confim.

conterrâneo, a *adj/s* (<lat *conterráneus,a, um*) (O) que é da mesma terra/Compatriota/Patrício. **Ex.** Encontrei, em Paris, um ~ com quem tinha andado na escola. Pela fala [Pelo sotaque] vejo [creio/calculo/suponho] que somos ~s.

contestabilidade *s f* (<contestável+-i-+-dade) Qualidade do que é contestável.

contestação *s f* (<lat *contestátio,ónis;* ⇒ contestar) **1** A(c)to ou efeito de contestar/Expressão de discordância/Obje(c)ção. **Ex.** As medidas de austeridade anunciadas pelo governo originaram uma grande ~. A ordem para todos os funcionários marcarem obrigatoriamente o ponto (no relógio) foi alvo de forte ~. **2** Atitude de rebeldia a(c)tiva contra uma situação ou ideologia. **Ex.** A ~ é uma característica dos jovens. **3** Resposta que refuta/contradiz/se opõe a uma opinião/a um ataque/Réplica. **Ex.** Depois de a nota de culpa ser recebida, há um prazo limitado para apresentar a ~. **4** *Dir* Exposição escrita apresentada pelo réu para defesa contra a acusação que lhe é feita.

contestador, ora [contestante] *adj/s [2g]* (<contestar+-...) (O) que contesta. **Comb.** Jovens ~es.

contestar *v t/int* (<lat *contésto,áre,átum*) **1** Pôr em dúvida/Não aceitar como certo/verdadeiro/Contradizer. **Ex.** Houve quem contestasse os resultados das eleições. **Loc.** ~ uma teoria. **2** Dar testemunho/Comprovar. **3** Dar uma resposta de sentido contrário/Replicar/Refutar. **Ex.** Uma vez que estão todos de acordo... – todos menos eu – contestou uma voz da assembleia. **4** Fazer oposição/Manifestar-se em contrário/Desaprovar/Opor-se. **Ex.** Muitos automobilistas contestaram a introdução de portagens (em estradas anteriormente isentas). **5** *Dir* Apresentar as alegações contra uma acusação.

contestatário, a *adj/s* (<contestar+-ário) **1** Relativo a contestação. **Comb.** Panfleto ~. **2** (O) que contesta/se opõe sistematicamente ao poder ou à ideologia dominante. **Ex.** Há políticos moderados que na juventude foram ~s e inconformistas. **Comb.** Espírito [Feitio] ~.

contestável *adj 2g* (<contestar+-vel) Que se pode contestar/Discutível.

conteste *adj 2g* (<lat *contéstis,e*) **1** Cujo depoimento é igual ao de outro. **2** Comprovante.

conteúdo *s m* (<conter+-udo) **1** O que está contido ou encerrado num recipiente/numa embalagem. **Ex.** Ninguém sabia qual o ~ do pacote abandonado numa cabine/a telefó[ô]nica. A embalagem não importa; o que tem valor é o ~. **2** *fig* O que se diz num discurso/livro/programa/filme/Matéria/Assunto. **Comb.** ~ dum testamento. Livro banal, sem grande ~. Programas pobres [vazios] de [sem] ~.

contexto (Teis) *s m* (<lat *contéxtus,us*) **1** Conjunto de circunstâncias em que ocorre determinado fa(c)to ou se insere um acontecimento/Enquadramento/Conjuntura. **Ex.** Medidas de austeridade tão gravosas só são admissíveis no ~ da crise econó[ô]mica que estamos a viver. **2** Encadeamento das ideias num discurso ou de outro escrito. **3** *Ling* Conjunto de elementos que rodeiam uma palavra [frase/um enunciado] e que determinam o seu valor ou sentido. **Ex.** A afirmação [frase] deve ser apreciada [analisada] no ~ em que foi dita, porque fora do ~ adquire um significado totalmente diferente.

contextual (Teis) *adj 2g* (<contexto+-al) Relativo ao contexto.

contextu(aliz)ação (Teis) *s f* (<contextu(aliz)-ar+-ção) Definição dum [Integração num] contexto.

contextu(aliz)ar (Teis) *v t* (<contextual+-izar) **1** Inserir em determinado contexto/Enquadrar. **Loc.** ~ uma revolução nas condições sociais e políticas antecedentes. **2** Inserir «uma palavra/frase/afirmação» no conjunto de elementos linguísticos que o rodeiam/Pôr no contexto. **Ex.** Para analisar corre(c)tamente o sentido duma afirmação pode ser necessário contextualizá-la.

contextuar (Teis) *v t* (<contexto+-ar¹) **1** ⇒ Contextualizar. **2** Formar o contexto de algo. **3** Incluir num texto. **4** Integrar um fragmento textual no seu texto (ou um texto no seu contexto) para ser devidamente compreendido/interpretado.

contextura (Teis) *s f* (<contexto+-ura) **1** Ligação entre as partes de um todo/Constituição/Composição. **2** Encadeamento dos elementos duma composição literária. **3** Entrelaçamento dos fios dum tecido/Trama/Textura(+).

contigo *pron pessoal* (<lat *cum+técum*) **1** Forma da segunda pessoa do sing do pron pessoal complemento regido pela preposição "com". **2** Com a tua pessoa. **Ex.** Posso falar ~? **3** Em tua companhia. **Ex.** Vou ~ passear. Hoje almoço ~. **4** Ao mesmo tempo que tu. **Ex.** Disputo [Corro] ~ a prova dos 100 metros. **5** Por tua causa. **Ex.** Distraí-me ~ «e deixei esturrar o arroz». **6** A teu respeito. **Ex.** O que eu disse não era ~. **7** Próprio para ti. **Ex.** Dançar é ~ [Tu danças muito bem]! **8** Na tua posse. **Ex.** Tens ~ a chave de casa? **9** À tua responsabilidade. **Ex.** Deixo o caso [assunto] ~. **10** De ti para ti. **Ex.** Pensaste (lá) ~ que eu ia chegar atrasado à reunião... «mas enganaste-te, cheguei a tempo».

contiguamente *adv* (<contíguo+-mente) **1** De modo contíguo/Com contiguidade. **2** ⇒ Proximamente.

contiguidade *s f* (<contíguo+-i-+-dade) Estado do que é contíguo/Proximidade absoluta/Adjacência/Conta(c)to. **Ex.** A ~

dos dois edifícios permite que se passe de um para o outro pelas varandas.

contíguo, a adj (<lat *contíguus,a,um*) **1** Que toca/se encontra muito próximo sem nada de permeio/Adjacente/Junto/*fam* Pegado. **Comb.** *Edifícios ~s. Salas* [Gabinetes] *~as/os.* **2** Que está a seguir, numa sequência temporal ou lógica. **Comb.** *Ideias ~as. Múltiplos* «de três» *~os* «15, 18 e 21».

continência *s f* (<lat *continéntia,ae*) **1** Privação [Moderação] nos deleites que acompanham os a(c)tos de satisfação dos instintos de conservação individual (Alimentação) e da espécie (A(c)tividade sexual)/Abstenção. **Ex.** A ~ periódica (de relações conjugais) é um método natural de regulação da natalidade. **2** Moderação nas palavras e nos gestos/Sobriedade/Comedimento. **Comb.** ~ verbal. **3** *Mil* Saudação militar que consiste em estender o braço direito ao nível do ombro, dobrando-o de modo a tocar com as pontas dos dedos a extremidade da pala do capacete ou do boné. **Loc.** *Desfilar em ~. Fazer ~ à bandeira nacional.*

continental adj 2g/s (<continente+-al) **1** Relativo ao continente. **Comb.** *Clima ~. Via-férrea* [*Ferrovia*] ~. **2** Que pertence a um continente. **Ex.** Os Açores e a Madeira são territórios portugueses não ~ais. Portugal ~ não abrange os arquipélagos dos Açores e da Madeira. **3** Natural ou habitante dum continente. **Ex.** Os ilhéus «açorianos» têm hábitos diferentes dos dos ~ais.

continentalidade *s f* (<continental+-i-+-dade) **1** Qualidade [Estado] do que é continental. **Ant.** Insularidade. **2** Afastamento das terras em relação ao mar/Interioridade. **3** Relação entre a superfície de um continente e o comprimento da linha de costa.

continente *s m/adj 2g* (<lat *cóntinens,éntis*; ⇒ conter) **1** Cada uma das maiores extensões ininterruptas da superfície sólida do globo terrestre limitada por um ou mais oceanos. **Ex.** Os ~s são: Europa, Ásia, África, América, Oceânia e Antártida. **Comb.** *Novíssimo ~* [Austrália]. *Novo ~* [América]. *Velho ~* [Europa]. **2** Parte continental dum país com território além-mar. **Ex.** Muitos portugueses ilhéus (Madeirenses/Açorianos) vêm estudar para o ~ [para Portugal continental]. **3** A terra em relação a uma ilha. **Ex.** As (ilhas) Berlengas estão muito próximas do ~. **4** O que contém alguma coisa (em oposição ao contido). **Ex.** O óleo derramou-se porque o frasco (~) rachou [se fendeu]. **Ant.** Conteúdo. **4** adj/s 2g (O) que pratica a continência/Casto. **5** (O) que se contém/Moderado/Sóbrio. **Comb.** ~ nos gastos/nas despesas [Poupado(+)].

contingência *s f* (<lat *contingéntia,ae*) **1** Qualidade do que é contingente. **Comb.** A ~ das leis da natureza. **2** Fa(c)to possível mas incerto e que não tem uma importância fundamental/Eventualidade. **Ex.** Por causa da greve «dos controladores aéreos» vi-me na [passei pela] ~ de ficar retido um dia em Paris, no aeroporto. **3** *Fil* Simultaneidade da existência com a possibilidade de não existir. **Ex.** A ~ é cara(c)terística dos seres que não se fundamentam a si mesmos (Todos, exce(p)to Deus). **Ant.** Necessidade.

contingencial adj 2g (<contingência+-al) **1** Que pode suceder ou não/Eventual(+). **Ex.** Chover ou não «nesta altura do ano» é completamente ~/incerto(+). **2** Que não é essencial/necessário/Contingente(+). **Comb.** Circunstâncias ~ais.

contingenciamento/contingenciar ⇒ contingentação/contingentar.

contingentação *s f Econ* (<contingentar+-ção) Fixação pelo Estado ou por outra instituição da quantidade máxima de mercadorias [bens] que pode ser produzida/importada/exportada/consumida/Estabelecimento de quotas. **Ex.** As medidas da Política Agrícola Comum (PAC) estabeleceram a ~ de alguns produtos alimentares «leite» nos países da UE.

contingentar *v t* (<contingente+-ar¹) **1** *Econ* Fazer a contingentação [Fixar limites de importação/exportação] de mercadorias [bens/produtos]. **2** *Mil* Fixar o número de tropas para executar uma missão específica.

contingente adj 2g/s m (<lat *cóntingens, éntis* <*contíngere*: tocar a, estar em relação com, suceder) **1** Que pode ocorrer ou não/Incerto/Casual/Eventual/Fortuito. **Ex.** O êxito do empreendimento está dependente de muitos fa(c)tores ~s. **2** *Fil* Diz-se do ser (Todos) que existe, podendo não existir. **Ant.** Necessário (Só Deus). **3** *s m Econ* Quantidade máxima de bens ou produtos que, num certo período, cada país pode importar/exportar, fixada geralmente por acordos comerciais «Acordo Internacional do Café»/Quota de produção «de petróleo, fixada pela OPEP». **4** *Mil* Quantidade de tropas destinadas a uma missão específica/Conjunto de mancebos convocados cada ano para o serviço militar. **5** Conjunto de pessoas/Grupo. **Ex.** Vai partir (mais) um ~ de trabalhadores para França «para a apanha da maçã».

contingentismo *s m Fil* (<contingente+-ismo) Doutrina que atribui os acontecimentos e eventos da natureza à contingência/Casualismo.

continuação *s f* (<lat *continuátio,ónis*; ⇒ continuar) **1** A(c)to ou efeito de continuar/Prosseguimento/Sequência. **Ex.** Prevê-se a ~ do tempo chuvoso. **2** Prolongamento/Seguimento. **Ex.** Este episódio (da novela) é a ~ do anterior. O filme termina aqui; não tem ~. O mestrado é a ~ da licenciatura. **3** Manutenção no tempo sem alteração/Duração. **Ex.** Ele terminou «a conversa/carta» desejando-lhe a ~ de boas férias/de boa saúde.

continuado, a adj/s m (<continuar+-ado) **1** Que se prolonga/Sem interrupção/Contínuo. **Comb.** *Férias ~as. Ruído ~* «do motor». *Trabalho ~* «24 horas por dia». **2** Que não acaba/Persistente. **Comb.** *Chuva* [*Nevoeiro*] *~a/o. Pedidos ~os de ajuda*. **3** *s m Gram* ⇒ Aposto.

continuador, ora adj/s (<continuar+-dor) (O) que continua. **Ex.** O filho foi o ~ da obra iniciada pelo pai. Iniciativa que não teve ~es.

continuamente adv (<contínuo+-mente) Sem interrupção/Incessantemente. **Ex.** A água do mar agita-se ~. Os grandes aeroportos funcionam ~ «24h».

continuar *v t/int* (<lat *contínuo,áre,átum*) **1** Dar [Ter] seguimento/Não interromper. **Ex.** Apesar da chuva, vamos ~ a viagem. O médico recomendou que continuasse a tomar os medicamentos. **Ant.** Acabar; parar; terminar. **2** Permanecer em a(c)ção/Persistir. **Ex.** A chuva continua a cair [Continua a chover]. Continua «a correr, ainda não chegaste à meta»! Já disse que não, portanto não continues a insistir (no pedido). **3** Retomar uma a(c)ção interrompida «por uma pausa/paragem». **Ex.** Continue a leitura onde o seu colega acabou. Depois de uma paragem para abastecer combustível e tomar um café, continuámos a viagem. **4** Ter seguimento em/Prolongar-se por. **Ex.** A quinta continua pela floresta dentro. A avenida continua numa viela estreit(inh)a.

continuativo, a adj (<lat *continuatívus,a,um*; ⇒ continuar) Que indica continuação/Que tende a tornar-se contínuo. **Ex.** A pedinchice «em zonas de turismo intenso» está a tornar-se ~a.

continuidade *s f* (<lat *continúitas,átis*) **1** Qualidade do que é contínuo. **Comb.** *Solução de ~* [Interrupção/Lacuna]. **2** Ligação não interrompida. **Ex.** O interru(p)tor faz e desfaz a ~ dum circuito elé(c)trico. **3** Período de tempo [Duração] sem pausas nem interrupções. **Ex.** O espe(c)táculo teve ~; não houve intervalo nem pausas, todos os números foram seguidos. **4** Repetição incessante. **Ex.** Com a ~ deixei de me aperceber do ruído dos aviões que sobrevoam a minha casa. **5** *Mat* Propriedade que cara(c)teriza uma função contínua «~ num ponto/em todos os pontos do seu domínio». **Ex.** Os polinó[ô]mios são funções que apresentam ~.

contínuo, a adj/s m (<lat *contínuus,a,um*) **1** Que não apresenta interrupção num dado intervalo de espaço ou de tempo. **Comb.** *Fís Corrente ~a* [Corrente elé(c)trica cujo sentido é sempre o mesmo]. *Linha* [*Traço*] *~a/o* «a separar duas faixas de rodagem». *Trabalho* [*Laboração*] *~o/a* «24 horas (por dia)». **2** Que se prolonga até atingir um fim/Constante. **Ex.** Teve febre ~a até começar a ser medicado. **Comb.** *Trovoada ~a até de madrugada*. **3** Que se repete a intervalos regulares/Sucessivo/Seguido. **Comb.** *O tiquetaque ~ do relógio. O vaivém ~ da lançadeira no tear*. **4** *s m* Empregado auxiliar de uma repartição ou estabelecimento público. **Ex.** «em Pt» Os antigos ~s das escolas denominam-se a(c)tualmente *auxiliares de a(c)ção educativa*. **5** Máquina de fiar usada na indústria de fiação de lã e algodão.

contista *s 2g* (<conto+-ista) Autor de contos. ⇒ contador **4** «de histórias».

contitularidade *s f* (<com-+ ...) Situação em que duas os mais pessoas [entidades] são titulares do mesmo bem. **Comb.** ~ duma conta bancária.

conto¹ *s m Liter* (<contar **10**; ⇒ ~ da carochinha/do vigário) **1** Narrativa breve e fictícia de acontecimentos extraordinários. **Ex.** Escritor que se dedicou ao ~ e à novela. **Comb.** *Cole(c)tânea de ~s tradicionais portugueses*. **2** Historieta [Fábula] destinada especialmente a entreter crianças. **Ex.** Todas as crianças gostam que se lhes conte um ~ «antes de adormecerem». **Prov.** *Quem conta um ~ acrescenta um ponto* [Cada pessoa que narra um acontecimento acrescenta-lhe um pormenor da sua autoria]. **Comb.** *~ de fadas* [História para crianças em que intervêm personagens imaginárias e fantásticas]. *~s largos* [História complicada].

conto² *s m* (<lat *cómputus,i* <*computáre*) Contagem/Cálculo. **Idi.** *Não ter ~* [Ser em número muito elevado] (Ex. Não têm ~ as vezes em que já te disse que só te podias levantar da mesa quando todos acabassem de comer). *Perder o ~* [Perder o controle da contagem por ser em número elevado] (Ex. São tantos os carros que acompanham o casamento que já lhes perdi o ~). **Comb.** *Sem ~* [que não tem conta/Inúmero] (Loc. Repetir vezes sem ~/conta o mesmo erro).

conto³ *s m* (<lat *contus,i*) **1** Extremidade inferior da lança ou bastão. **2** Remate em esfera da parte posterior dos antigos canhões.

conto da carochinha s m **1** Historieta para crianças em que intervêm seres fantásticos, fadas e animais que falam. **2** col Invenção/Mentira.

conto do vigário s m Burla praticada por meio de história contada a pessoa crédula e ingé[ê]nua. **Idi.** *Cair no ~* [Ser enganado por acreditar numa história contada por um burlão].

contorção s f (<lat *contórtio,ónis*) **1** A(c)to ou efeito de contorcer(-se). **2** Movimento forçado e violento de um membro ou outra parte do corpo. **Ex.** Tenho dores enormes provocadas pela ~ do tronco «ao cair do escadote». **3** Movimento acrobático dos contorcionistas que voluntariamente põem o corpo em posições invulgares.

contorcer v t (<lat *contórqueo,ére,si,tum*) **1** Torcer violentamente/Dobrar(-se)/Torcer(-se). **Ex.** O vendaval contorceu [torceu(+)/dobrou(+)] a armação de ferro do placar de publicidade. **2** Causar [Sofrer] contra(c)ções [contorções] involuntárias/Contrair-se. **Loc.** *~-se com dores* «de estômago». **3** Fazer contorções voluntárias/Praticar contorcionismo.

contorcionar v t (<contorção+-ar¹) Fazer contorções acrobáticas/Praticar contorcionismo.

contorcionismo s m (<contorção+-ismo) Arte de fazer contorções.

contorcionista s 2g (< contorção+-ista) Acrobata que faz contorções.

contornar v t (<com-+...) **1** Traçar o contorno/Delimitar **Loc.** *~ um desenho* [uma figura] «a traço mais grosso». **2** Dar um acabamento periférico. **Loc.** *~ uma toalha de mesa com renda.* **3** Andar à volta de/Dar a volta/Ladear. **Ex.** Siga em frente, contorne a igreja e logo verá a farmácia, à direita. **Loc.** *~ um obstáculo.* **4** *fig* Solucionar incompletamente um problema/Esquivar-se à dificuldade/Evitar. **Ex.** Ele soube ~ com muita habilidade as questões às quais não queria responder abertamente. **5** *fig* Dar uma forma mais harmoniosa/Aperfeiçoar. **Loc.** *~ as frases dum discurso/texto*.

contornável adj 2g (<contornar+-vel) **1** Que se pode contornar. **Ant.** In~. **2** *fig* Que se pode vencer/ultrapassar. **Comb.** *Dificuldade ~*.

contorno (Tôr) s m (<contornar) **1** Limite exterior de um corpo/uma figura. **Ex.** As crianças gostam de pôr a mão numa folha de papel e desenhar o ~. **Comb.** *~ «arredondado/denteado» duma folha de árvore. Figura de ~s mal definidos.* **2** Delineamento/Limite/Borda. **Ex.** Demos um longo passeio seguindo os ~s do rio. **3** Linha cuja forma determina os relevos/Linha sinuosa/Sinuosidade. **4** Forma arredondada/bem torneada. **Comb.** *~s do corpo* «duma beldade». **5** *fig* Relevo [Elegância] do estilo.

contra prep/adv/s m (<lat *contra*) **1** Em oposição. **Loc.** *Lutar ~ o inimigo.* **2** Contrariamente/Em desacordo. **Loc.** *Agir ~ a moral.* **3** De encontro a. **Loc.** *Bater ~ a parede.* **4** Junto de. **Loc.** *Trazia* [Usava] *~ o peito um medalhão com a fotografia do marido.* **5** Em frente de/Defronte. **Ex.** As duas casas situam-se uma ~ a outra. **6** Em troca de. **Ex.** Só entregas o dinheiro [Só pagas] ~ recibo. **7** adv Desfavoravelmente. **Ex.** Quem vota ~ (a proposta)? **8** s m O que é desfavorável/Aspe(c)to negativo/Defeito. **Ex.** A implantação do armazém nesse terreno tem muitos ~s. **Idi.** *Dar [Receber] o ~* [uma resposta negativa]. *Ser do ~* [Contrariar constantemente os outros]. **Comb.** *Os prós e os ~s* [As vantagens e as desvantagens] *duma questão/dum plano.*

contra- pref (<lat *contra*) Exprime a ideia de contrário/oposto: *contra-atacar, contradizer, contragosto, contraindicação, contraordem*.

contra-alísio [-alisado] s m *Meteor* Vento que sopra em sentido contrário ao dos ventos alísios mas por cima destes.

contra-almirante s m *Mil* Oficial general da marinha de patente inferior a vice-almirante e superior a capitão de mar e guerra. **Ex.** O posto de ~ corresponde ao de brigadeiro, no exército e na força aérea.

contra-arrestar v t **1** Opor obstáculo/Sustar. **Loc.** *~ a onda de violência.* **2** Decidir contra/Opor-se a.

contra-atacante adj/s 2g (O) que contra-ataca.

contra-atacar v t **1** Atacar reagindo a um ataque sofrido. **2** *(D)esp* Dirigir-se rapidamente para o campo adversário em resposta a um ataque que estava a sofrer.

contra-ataque s m Ataque para ripostar a uma situação em que está a ser atacado. **Loc.** *(D)esp Jogar em ~* [Colocar-se sistematicamente numa posição defensiva e procurar colher o adversário de surpresa com ataques fortuitos inesperados].

contra-aviso s m Aviso que anula outro anterior.

contrabaixista (Chis) s 2g (<contrabaixo+-ista) Pessoa que toca contrabaixo.

contrabaixo (Cho) s m *Mús* (<it *contrabbasso*) **1** Instrumento de corda, o mais grave da família dos violinos/Rabecão. **Ex.** O ~ pode ter quatro ou cinco cordas. **2** Instrumento metálico de sopro semelhante à tuba. **3** Cantor [Voz] mais grave que o [a do] baixo.

contrabalançar v t (<contra-+...) **1** Compensar um peso com outro de igual valor/Equilibrar. **Ex.** O contrapeso dum elevador contrabalança o peso da cabine/a. Num orçamento, as receitas devem ~ as despesas. **2** Compensar/Opor-se. **Ex.** Vou passar um fim de semana calmo para ~ uma semana de trabalho muito agitada.

contrabalanço s m (<contrabalançar) Equilíbrio/Compensação. **Ex.** Levo uma mala em cada mão; uma serve de [uma faz] ~ à outra.

contrabaluarte s m (<contra-+...) Baluarte construído detrás de outro.

contrabandear v t/int (<contrabando+-ear) Fazer contrabando. **Ex.** Nunca teve outro ofício [outra profissão]: toda a vida contrabandeou.

contrabandismo s m (<contrabando+-ismo) Prática do contrabando.

contrabandista s 2g (<contrabando+-ista) Pessoa que faz contrabando. **Ex.** A maior parte dos ~s portugueses, antes da entrada para a UE, eram originários de povoações fronteiriças.

contrabando s m (<it *contrabbando*) **1** Importação/Exportação clandestina de mercadorias sem pagamento de direitos alfandegários. **Loc.** *Dedicar-se ao ~* «de tabaco/bebidas». **2** Produtos introduzidos clandestinamente num país sem passar pela alfândega. **Comb.** *Armazém repleto de ~*.

contrabater v t (<contra-+...) **1** Atacar com a contrabateria. **2** *fig* Exercício de a(c)ção contrária a/Rebater.

contrabateria s f (<contra-+...) Conjunto de fogos executados sobre sistema de tiro indire(c)to do inimigo.

contrabordo (Bór) s m *Náut* (<contra-+...) Forro de madeira ou metal que resguarda o casco do navio.

contracaixilho (Xi) s m (<contra-+...) Caixilho com pano [vidro], colocado por dentro ou por fora de outro «para isolar/atenuar a luz».

contracampanha s f (<contra-+...) Campanha feita em oposição a outra.

contração (Trà) s f [= contracção] (<lat *contráctio,ónis*) **1** Diminuição de volume de um corpo sem perda de massa. **Ex.** O arrefecimento provoca a ~ «dos metais». **Ant.** Dilatação. **2** Encolhimento de um músculo ou órgão. **Comb.** *~ da bexiga. ~ do músculo* da perna. **3** *Med* Movimento que aperta o útero à volta do feto empurrando-o gradualmente para a posição de parto. **4** *Econ* Fase de flutuação econó[ô]mica cara(c)terizada pela dimiuição do investimento/da produção/do consumo/dos lucros/do emprego, ... **Ant.** Crescimento; expansão. **5** *Gram* Redução de duas formas linguísticas a uma só. **Ex.** *Ao* é a ~ da prep *a* com o art definido *o*; *dele* é a ~ da prep *de* com o pron pessoal *ele*.

contracapa s f (<contra-+...) Face posterior de livro ou de revista. **Ex.** A ~ do romance apresentava alguns dados biográficos do autor.

contracarril s m (<contra-+...) Carril que em certos troços das vias-férreas [ferrovias] «curva apertada/cruzamento» se coloca ao lado dos carris ordinários para evitar descarrilamentos.

contracção ⇒ contração.

contraceção (Cè) [*Br* **contracepção**] s f [= contrecepção] (<ing *contraception*) Impedimento da conceção através de vários meios que provocam infertilidade temporária/Anticonceção.

contracenar v t/int *Teat* (<contra+cena+-ar¹) **1** A(c)tor Fingir que está a dialogar ao fundo da cena enquanto outros dialogam à boca do palco. **2** Desempenhar papel em cenas secundárias.

contracepção/contraceptivo ⇒ contraceção/contracetivo.

contracetivo, a (Cè) [*Br* **contraceptivo**] adj/s m [= contraceptivo] (<ing *contraceptive*) **1** Relativo à contraceção. **Comb.** *Medidas ~as. Propaganda* [Campanha] *~.* **2** (O) que impede a conceção. **Comb.** *Medicamento* [*Pílula*] *~o/a. Venda de ~s.*

contrachaveta s f (<contra-+...) Cunha de ferro [aço] que se introduz na fenda da chaveta para impedir que esta recue.

contracifra s f (<contra-+...) Chave para decifrar uma escrita enigmática.

contracobra s f *Br Bot* (<contra-+...) Nome vulgar de planta da família das verbenáceas, *Aegiphila salutaris*, cujas folhas são consideradas antídoto do veneno das cobras.

contracorrente s f (<contra-+...) Corrente contrária a outra. **Ex.** A maioria das pessoas deslocava-se em dire(c)ção ao centro; só nós íamos em ~.

contracosta s f (<contra-+...) Costa marítima do lado oposto a outra no mesmo continente ou na mesma ilha. **Ex.** Navegámos de Luanda (Angola) na costa atlântica até Maputo na ~ africana do Índico.

contrá(c)til (dg) adj 2g [= contráctil] (<contra(c)to+-il) Capaz de sofrer contra(c)ção/de se contrair. **Comb.** *Músculo ~. Vesícula ~ dos protozoários.*

contra(c)tilidade (dg) s f [= contractilidade] (<contra(c)til+-i-+-dade) **1** *Biol* Propriedade que permite o encurtamento da fibra muscular. **2** Qualidade do que é contrá(c)til.

contra(c)tivo (dg), a adj [= contractivo] (<lat *contráctus,a,um* <*contráhere*+-ivo) Que provoca contra(c)ção.

contra(c)to (dg), **a** adj [= contracto] (<lat *contráctus,a,um*) Que sofreu contra(c)ção/Contraído.

contra(c)tura (dg) s f Med [= contractura] (<lat *contractúra,ae*) Estado de contra(c)ção permanente e involuntária de um músculo.

contra(c)turante (dg) adj 2g [= contracturante] (<contra(c)trar+-ante) Que produz contra(c)tura.

contracultura s f (<contra-+...) Conjunto de ideias e comportamentos que se opõem aos valores dominantes duma sociedade.

contracurva s f (<contra-+...) Curva que se segue a outra mas em sentido oposto. **Comb.** Estrada perigosa com [cheia de] curvas e ~s.

contradança s f (<contra- + dança) **1** Dança de quatro ou mais pares, uns defronte dos outros/Quadrilha. **2** fig Mudanças sucessivas/Vicissitudes/Vaivém. **Ex.** Lá vamos nós, mais uma vez, mudar de gabinete; será que nunca mais para a ~?

contradançar v int (<contradança+-ar[1]) Dançar a contradança.

contradeclaração s f (<contra-+...) Declaração em sentido contrário ao de outra feita anteriormente.

contradeclarar v t (<contra-+...) Declarar o contrário do que se tinha declarado/Contradizer.

contradição s f (<lat *contradíctio,ónis*) **1** A(c)to ou efeito de contradizer(-se)/Afirmação em contrário do que se disse. **Loc.** *Cair em ~* [Dizer incoerências/coisas que se contradizem] *Entrar em ~* [Afirmar [Declarar] o contrário daquilo que anteriormente tinha dito]. **Comb.** *Espírito de ~* [Pessoa que sistematicamente contradiz os outros]. **2** Fil A(c)ção de afirmar e negar ao mesmo tempo a mesma coisa. **Comb.** *Princípio de ~* [Não se pode afirmar e negar a mesma coisa do mesmo sujeito, ao mesmo tempo e sob o mesmo ponto de vista/Uma proposição não pode ser verdadeira e falsa ao mesmo tempo]. **3** Incoerência entre a(c)tos [afirmações] sucessivos/as (que se contradizem). **Ex.** O depoimento apresenta graves ~ões em relação ao que a testemunha já tinha prestado. **4** Relação entre duas ou mais coisas que não estão de acordo entre si, que se opõem ou são incompatíveis. **Ex.** O mundo está cheio de ~ões! Um país tão rico e com tanta pobreza «Moçambique» é uma ~ inaceitável.

contradita s f Dir (<contradito; ⇒ contradizer) **1** Faculdade concedida à parte contra quem é apresentada uma testemunha de poder reagir contestando a credibilidade do depoimento. **Ex.** Na ~ ataca-se a idoneidade da testemunha para produzir um depoimento sincero, verdadeiro e completo. **2** Contestação/Impugnação.

contraditado, a adj (<contraditar+-ado) **1** Contestado/Impugnado. **2** Dir A que se opôs contradita. **Comb.** Testemunha ~a.

contraditar v t/int (<contradita+-ar[1]) Alegar contra/Contestar/Impugnar.

contradito, a adj (<lat *contradictus,a,um*; ⇒ contradizer) Que se contradisse/Contraditado/Impugnado.

contraditor, ora adj/s (<lat *contradíctor, óris*) **1** (O) que contradiz. **2** Dir O que opõe contradita.

contraditório, a adj/ s m e f (<lat *contradictórius,a,um*; ⇒ contradizer) **1** Que se contradiz/Que envolve contradição. **Comb.** Afirmações ~as. **2** Em que há discrepância/Discordante. **Comb.** Notícias [Boatos] ~as/os. **3** s m Fil Oposição radical entre dois conceitos. **Ex.** Dois conceitos ~os nada têm de comum: um é a negação do outro «ser e não ser/possível e impossível». **4** s f Fil Diz-se da proposição que nega e exclui outra (A sua ~a) «Pedro é meu filho; Pedro não é meu filho».

contradizer v t (<lat *contradíco,ere,díxi, díctum*) **1** Dizer o contrário de/Desmentir(-se). **Ex.** O ministro veio à TV ~ a notícia publicada no jornal. **2** Expressar opinião contrária/Contestar/Contrariar. **Ex.** Fiquei calado para não ~ o professor. **3** Estar em desacordo/Não condizer/Discrepar. **Ex.** A maneira de agir dele contradiz a fé que professa.

contradomínio s m Mat (<contra-+...) Conjunto de valores que a variável dependente duma função pode tomar.

contraente adj/s 2g (<lat *cóntrahens,éntis*; ⇒ contrair) **1** (O) que contrai matrimó[ô]nio. **2** (O) que celebra um contrato.

contraerva s f [= contra-erva] **1** Nome vulgar dado a algumas plantas existentes no Brasil cujas raízes são utilizadas em medicina popular/Ca(a)piá. **2** Raiz destas plantas.

contraespionagem s f [= contra-espionagem] **1** Dete(c)ção de movimentações de agentes espiões ao serviço de países adversários para os neutralizar. **2** Organização secreta destinada a neutralizar e destruir a espionagem adversária.

contrafação (Fà) s f [= contrafacção] (<lat *contrafáctio,ónis*) **1** A(c)to ou efeito de reproduzir ou imitar, de modo fraudulento, obras/produtos/marcas/Imitação fraudulenta/Falsificação.**Comb.** ~ de roupa de marca. **2** Produtos assim obtidos. **Ex.** A polícia fez uma operação de fiscalização na feira e apreendeu grande quantidade de ~.

contrafacção/contrafactor ⇒ contrafação/contrafator.

contrafagote s m Mús (<contra-+...) Instrumento musical de palheta dupla, o maior e mais grave da família dos fagotes. ⇒ contrabaixo.

contrafator, ora (Fà) [Br **contrafa(c)tor** (dg)] s [= contrafactor] (<contra-+...) O que faz contrafação.

contrafazer v t (<lat *contrafácio,ere,féci, fáctum*) **1** Reproduzir por contrafação/Imitar fraudulentamente/Falsificar. **Loc.** *~ roupa de marca.* ~ [Falsificar(+)] *uma assinatura.* **2** Reproduzir por imitação/Copiar. **Ex.** As crianças contrafaziam os gestos com que a educadora acompanhava a canção. **3** Tornar diferente/Dissimular/Disfarçar. **Loc.** *~ a voz.* **4** Fazer ficar indisposto/Contrariar a vontade de alguém. **Ex.** Contrafez-se [Ficou contrafeito] quando, ao passar, ouviu comentários pouco elogiosos a seu respeito.

contrafé s f (<contra-+fé) Cópia autêntica de intimação judicial para ser entregue à pessoa intimada.

contrafeição s f (<contra-+...) ⇒ contrafação.

contrafeitiço s m (<contra-+...) Feitiço que se opõe a outro.

contrafeito, a adj s m (<⇒ contrafazer) **1** Que não está à vontade/Forçado(+). **Ex.** Sentia-se ~ num ambiente que não era o seu. **Comb.** Riso ~. **2** Imitado fraudulentamente/Falsificado(+). **Comb.** *Assinatura ~a. Roupa ~a.* **3** s m Viga pregada na extremidade inferior dos caibros para suavizar a inclinação do telhado.

contrafila[fileira] s f Arquit (<contra-+...) Peça que, colocada obliquamente, segura a fileira do telhado/Br Contrafixa.

contrafixa s f (<contra-+...) ⇒ contrafila.

contraflanco s m (<contra-+...) Flanco esquerdo.

contraforte s m (<contra-+...) **1** Forro que reforça a parte do calçado que cobre o calcanhar. **2** Reforço vertical que contrabalança o impulso duma abóbada/Elemento de construção que reforça um muro/uma muralha. **Ex.** Os ~s têm, em geral, maior volume na base «forma tronco-piramidal». ⇒ botaréu. **3** fig Tudo o que fortalece/dá segurança/anima. **4** Geog Cadeia de montanhas que se destaca do maciço principal e parece servir-lhe de apoio.

contrafuga s f Mús (<contra-+...) Espécie de fuga em que o tema é executado em sentido inverso.

contragolpe s m (<contra-+...) **1** Golpe [Pancada/Ataque] em rea(c)ção a um golpe recebido. **2** Iniciativa «militar» que se antecipa a um golpe a fim de o anular.

contragosto (Gôs) s m (<contra-+...) Oposição ao gosto/à vontade/Constrangimento. **Ex.** «nem todos vieram ao convívio» A amizade não se vive a ~. **Comb.** A ~ [Contra ou sem vontade/Constrangidamente].

contraído, a adj (<contrair+-ido) **1** Que sofreu contra(c)ção. **Comb.** *Mola ~a. Músculo ~.* **2** Que diminuiu de tamanho/Que foi reduzido/Encolhido. **Loc.** Estar ~ [encolhido(+o)/tolhido(+)] com frio. **3** Que não se sente à vontade/Tenso(+)/Constrangido. **Ex.** Entrou para o exame oral muito ~. **Ant.** À vontade; descontraído. **4** Assumido. **Comb.** Dívida ~a «para fazer obras na casa». **5** Celebrado/Realizado. **Comb.** Matrimó[ô]nio ~ «no estrangeiro». **6** Adquirido/Apanhado. **Comb.** Doença ~a «na tropa».

contraindicação s f [= contra-indicação] **1** Indicação contrária a outra. **Ex.** Houve ~ «da direcção comercial» para não se alterar o programa de produção. **2** Circunstância que desaconselha o emprego de qualquer coisa. **Ex.** Nos folhetos dos medicamentos vêm sempre mencionadas as ~ões.

contraindicado, a adj [= contra-indicado] Que não serve para determinado fim/Desaconselhado. **Ex.** Alimentos com muito açúcar são ~s para os obesos.

contraindicar v t [= contra-indicar] **1** Dar uma indicação contrária a outra/Indicar o contrário. **Ex.** Uma ordem que contraindica [contradiz(+)] as recomendações das instruções «da máquina». **2** Desaconselhar/Desaprovar. **Ex.** O médico contraindicou o uso de anti-inflamatórios. **3** Opor-se/Proibir.

contrainformação s f [= contra-informação] Conjunto de meios e a(c)ções que visam frustrar ou neutralizar os serviços de informação do adversário/inimigo.

contrainterrogatório s m [= contra-interrogatório] Interrogatório de um réu ou de uma testemunha pela parte contrária.

contrair v t (<lat *cóntraho,ere,tráxi,tráctum*) **1** Causar [Sofrer] contra(c)ção/Apertar/Encolher. **Ex.** Os metais contraem-se ao arrefecer. **Ant.** Dilatar; expandir. **2** Provocar [Sofrer] contração/Retesar. **Loc.** ~-se com dores. **Comb.** Rosto contraído. **3** Adquirir [Apanhar] uma doença. **Ex.** A enfermeira contraiu a tuberculose no sanatório onde trabalhava. Contraiu o hábito de fumar com os colegas. **4** Tomar à sua responsabilidade/Assumir. **Loc.** ~ dívidas. **5** Celebrar um casamento. **Ex.** É de vossa livre vontade que desejais ~ matrimó[ô]nio? – pergunta o presidente aos noivos.

contralto s m/2g Mús (<contra-+...) **1** Voz feminina mais grave, entre a de soprano e a de tenor. **2** O que tem esta voz.

contraluz s f (<contra-+...) **1** Lugar oposto àquele em que bate em cheio a luz. **Ex.** Aí, na ~, nem te estava a (re)conhecer. **2** Fotografia [Desenho/Pintura] de obje(c)tos representados pela face sombreada. **Comb.** Fotografia em ~.

contramanifestação s f (<contra-+...) Manifestação cujo obje(c)tivo é anular os efeitos de outra.

contramanifestante s 2g (<contra-+...) Participante numa contramanifestação.

contramão s f (<contra-+...) Sentido contrário àquele em que um veículo deve obrigatoriamente circular. **Loc.** Entrar numa autoestrada em ~.

contramarca s f (<contra-+...) **1** Segunda marca que substitui ou reforça a primeira. **2** Teat Senha para entrada e saída num espe(c)táculo em curso.

contramarcha s f (<contra-+...) Marcha em sentido oposto ao que se levava.

contramarchar v int (<contra-+...) Fazer contramarcha.

contramaré s f (<contra-+...) Corrente oposta à maré.

contramargem s f (<contra-+...) Faixa de terreno junto à margem.

contramestre s m (<contra-+...) **1** Náut Graduado da marinha de posto inferior a sargento-ajudante. **2** Náut Chefe de pessoal da marinha mercante que a(c)tua sob as ordens do imediato. **3** Trabalhador qualificado responsável por uma equipa/e de operários.

contramina s f (<contra-+...) **1** Mil Mina que se destina a destruir [anular o efeito de] uma mina do inimigo. **2** fig Artimanha para desfazer uma intriga.

contramoldagem s f (<contra-+...) Reprodução de uma escultura por meio de contramolde.

contramoldar v t (<contra-+...) Reproduzir por meio de contramolde.

contramolde s m (<contra-+...) **1** Molde que é o inverso de outro para reproduzir este. **2** Pal Reprodução da forma do corpo de um ser vivo por preenchimento natural «com sedimentos» da cavidade deixada pelo corpo ao decompor-se.

contramonção s f (<contra-+...) **1** Monção contrária. **2** Época desfavorável à navegação por causa dos ventos contrários.

contramuralha[muro] s f [m] (<contra-+...) Muro construído para reforço de outro ou duma muralha.

contranatural adj 2g (<contra-+...) Que é contrário à natureza.

contranota s f (<contra-+...) Nota diplomática redigida em sentido oposto ao de outra.

contraofensiva s f [= contra-ofensiva] A(c)ção levada a cabo em rea(c)ção a uma ofensiva sofrida/Contra-ataque.

contraordem s f [= contra-ordem] Ordem em sentido contrário ao de outra já dada. **Ex.** A encomenda «de material» já não segue; houve ~.

contraordenação s f Dir [= contra-ordenação] Infra(c)ção de pequena gravidade, punida com uma coima.

contraordenar v t [= contra-ordenar] Dar contraordem.

contraparte s f (<contra-+...) **1** A outra parte. **2** Dir A parte contrária numa relação jurídica.

contrapartida s f (<contra-+...) **1** O que, numa negociação, uma parte apresenta à outra para equilibrar a oferta desta/Compensação. **Ex.** Para cedência do terreno, ofereceram-lhe em ~ uma casa e também algum dinheiro. **2** Coisa oposta a ou complementar de outra. **Comb.** Em ~ [Em compensação/troca/Por outro lado].

contrapasso s m (<contra-+...) **1** Passo dado em oposição ao que se dera antes. **2** Meio passo para acertar o passo por outrem.

contrapeso s m (<contra-+...) **1** Peso utilizado para compensar [equilibrar] outro. **Comb.** O ~ dum elevador. **2** Pequena porção que se acrescenta a outra para perfazer o peso desejado. **Ex.** O ~ que o talhante juntou para perfazer o quilo da carne, era só gordura; não se aproveita nada. **3** fam Empecilho/Estorvo. **Ex.** Ela, que tinha um carro muito velho, lamentava-se: "De pouco me serve esta sucata; é mais um ~ do que um meio de transporte «está sempre a avariar»".

contrapilastra s f Arquit (<contra-+...) Pilastra fronteira a outra numa galeria ou num pórtico.

contraplacado s m (<contra-+...) Placa de madeira constituída pela sobreposição de várias folhas de pequena espessura coladas entre si e com as fibras colocadas em dire(c)ção normal umas às outras. **Comb.** Móvel «armário» com as costas de ~.

contraponto s m Mús (<contra-+...) **1** Técnica de composição que consiste em sobrepor linhas melódicas a uma melodia principal. **2** Composição feita segundo esta técnica. **3** fig Fa(c)to ou motivo que se segue a outro e com ele contrasta. **Comb.** Em ~ a [Em oposição a/Paralelamente a].

contrapor v t (<lat contrapóno,ere,sui, situm) **1** Pôr em frente de. **Ex.** À foto da mãe, em cima da có[ô]moda, contrapôs a do pai, na outra extremidade. **2** Pôr em paralelo/Confrontar. **Loc.** ~ dois curricula [currículos] para sele(c)cionar um candidato. **3** Apresentar argumentos contrários/Contrariar/Opor(-se). **Ex.** Questionado sobre a injustiça do aumento dos impostos, o ministro contrapôs a necessidade do aumento imediato das receitas.

contraposição s f (<contra-+...) **1** A(c)to ou efeito de contrapor/Oposição. **Ex.** Os sócios não se entendem porque entre eles há ~ de interesses. **2** Posição oposta/num ponto contrário/frontal. **Ex.** A sala tinha numa parede um quadro de Pablo Picasso, e noutra, em ~, outro de Salvador Dali. **3** Fil Conversão duma proposição que consiste na inversão dos extremos da proposição, de modo a exprimir a mesma verdade.

contrapreparação s f Mil (<contra-+...) Conjunto de fogos intensivos incluídos em planos defensivos, desencadeados quando se prevê o ataque inimigo.

contrapressão s f (<contra-+...) Pressão exercida em oposição a [em sentido contrário ao de] outra pressão.

contraprestação s f Dir (<contra- +...) «nos contratos bilaterais» Cumprimento de obrigações por uma parte em correspondência às de outra parte.

contraproducente adj 2g (<contra-+...) **1** Que produz efeito contrário ao desejado. **Ex.** Medidas muito rigorosas na educação dos jovens são, em geral, ~s. **2** Que prova o contrário do que se queria demonstrar. **Ex.** O depoimento da testemunha de defesa foi ~: acabou por incriminar ainda mais o réu.

contraproduzir v t (<contra-+...) Produzir efeito contrário ao que se pretendia.

contrapropaganda s f (<contra-+...) Propaganda contrária a outra.

contrapropor v t (<contra-+...) Fazer contraproposta/Apresentar uma proposta alternativa. **Ex.** O sindicato contestou a proposta do governo sem contudo ~ nenhuma alternativa.

contraproposta s f (<contra-+...) Proposta feita em oposição [resposta/alternativa] a outra.

contraprotesto s m (<contra-+...) Protesto apresentado em resposta [oposição] a outro.

contraprova s f (<contra-+...) **1** Prova que anula [contradiz] outra já apresentada. **2** Arit Prova de verificação de uma operação [conta] por um processo diferente [inverso] do primeiro/Prova pela operação inversa. **Ex.** A ~ duma divisão é feita pela multiplicação. **3** Desenho copiado por pressão sobre uma gravura [estampa/prova] ainda fresca. **4** Segunda prova (+) tipográfica para verificação das corre(c)ções assinaladas em prova anterior.

contraprovar v t (<contraprova+-ar[1]) **1** Fazer a contraprova de. **2** Impugnar. **3** Verificar as emendas da primeira prova tipográfica.

contrarreação (Rreà) s f [= contra-reacção] Reação contrária a outra.

Contrarreforma s f Hist [Contra-Reforma] Movimento de renovação da Igreja Católica, surgido na segunda metade do séc. XVI em resposta à Reforma protestante. **Ex.** A Companhia de Jesus, ordem religiosa recém-fundada por Inácio de Loiola, teve uma a(c)ção preponderante na execução das medidas preconizadas pela ~.

contrarregra s m e f Teat [= contra-regra] **1** s f Roteiro [Guião] com a indicação das entradas dos a(c)tores e dos respe(c)tivos adereços. **2** s m Pessoa que tem a seu cargo a execução de **1**. **Ex.** A ordem no palco é da responsabilidade do ~.

contrarrelógio s m [= contra-relógio] **1** (D)esp Corrida em que é cronometrado o tempo que cada concorrente leva para fazer isoladamente um determinado percurso. **Ex.** A Volta a Portugal em bicicleta tem sempre uma ou mais etapas disputadas em ~. **2** Corrida contra o tempo. **Ex.** Trabalhei toda a manhã em ~ para deixar tudo em ordem antes de partir para férias.

contrarrevolução s f [= contra-revolução] Movimento político e social de combate a uma revolução e que procura restabelecer a ordem anterior.

contrarrevolucionário, a adj/s [= contra-revolucionário] **1** Relativo a contrarrevolução. **Comb.** Ideias ~as. Movimento ~. **2** s O que toma parte em [que defende] uma contrarrevolução.

contrariador, ora adj/s (<contrariar+-dor) (O) que contraria/se opõe/é contrário.

contrariamente adv (<contrário+-mente) Ao contrário/De modo contrário. **Ex.** ~ às previsões meteorológicas, o tempo aguentou-se sem chover. Fizeste asneira porque agiste ~ às ordens que te deram.

contrariar v t/int (<contrário+-ar[1]) **1** Querer [Dizer/Fazer] o contrário de. **Ex.** Eles (Pai e filha) chocavam-se muito: qualquer coisa que ele dissesse ou fizesse (logo) ela tinha que o ~. **Sin.** Contradizer; rebater; refutar. **Ant.** Concordar. **2** Estar em contradição com. **Ex.** O depoimento da testemunha contraria a versão do réu. **3** Fazer oposição [Opor-se] a/Combater. **Ex.** A oposição contraria sistematicamente o governo. **Ant.** Concordar. **4** Entravar/Estorvar/Impedir **Ex.** Os carros estacionados dos dois lados da rua contrariam a fluidez do trânsito. **5** Causar descontentamento/Desagradar. **Ex.** A mãe ficou muito contrariada com a atitude desrespeitosa do filho. **Sin.** Aborrecer; desgostar; molestar. **Ant.** Agradar; regozijar; satisfazer.

contrariável *adj 2g* (<contrariar+-vel) 1 Que se pode contrariar. 2 Discutível.

contrariedade *s f* (<lat *contrarietas,átis*) 1 Fa(c)to [Situação] difícil/Dificuldade/Obstáculo/Incó[ô]modo/Contratempo. **Ex.** A vida está repleta de ~s que temos que procurar vencer. 2 Sentimento causado por algo que se opõe ou causa desgosto/Descontentamento. **Ex.** Aceitou a ~ «o desemprego» sem se revoltar.

contrário, a *adj/s* (<lat *contrárius,a,um*) 1 Que é muito diferente/Inverso/Oposto/Incompatível. **Loc.** *Circular em sentido ~. Tomar um decisão ~a ao regulamento.* **Comb.** Ao ~ [Em sentido [Ao] inverso] (Loc. Vestir uma camisola ao ~ «do avesso/de trás para a frente». Abrir um livro ao ~ «de baixo para cima, *idi* de pernas para o ar»). 2 Que contraria/põe ou cria obstáculo/Adverso/Desfavorável/Oposto. **Loc.** Sair tudo ao ~ [Correr tudo mal/desfavoravelmente]. **Comb.** Ventos ~s. **Sin.** Hostil; nocivo. 3 Que prejudica/Contraindicado. **Ex.** O creme que apliquei na queimadura teve um efeito ~. **Sin.** Prejudicial. **Ant.** Benéfico. 4 *s m* O que é oposto/Oposição. **Ex.** A filha é o ~ da mãe: *idi* fala pelos cotovelos [fala muito/é muito faladora]. Dizias que cheguei atrasado? – Pelo ~, fui o primeiro a chegar. 5 Que tem sentido oposto/Antó[ô]nimo. **Ex.** Preto é o ~ de branco. Claro é o ~ de escuro. 6 O lado oposto/Reverso/Avesso. **Ex.** Ele vestiu a camisola do ~ [avesso(+)] e nem deu por isso [nem se apercebeu]. (No jogo da moeda ao ar) Se tu escolhes *cara* eu tenho que escolher o ~: *coroa*.

contrassafra *s f* [= contra-safra] Ano de intervalo em que não houve safra ou em que a colheita foi má.

contrasselo *s m* [= contra-selo] 1 Selo que se põe ao lado ou por cima de outro. 2 Carimbo de inutilizar selos.

contrassenha *s f* [= contra-senha] Palavra com que se deve responder à senha para que o acesso (lhe) seja franqueado.

contrassenso *s m* [= contra-senso] Afirmação [Atitude/Procedimento] contrário ao senso comum/Absurdo/Disparate. **Ex.** "É um ~ querer eliminar Deus para fazer viver o homem" (Bento XVI).

contrassinal *s m* [= contra-sinal] 1 ⇒ contrassenha. 2 *fig* ⇒ Disfarce.

contrastação *s f* (<contrastar+-ção) 1 A(c)to ou efeito de contrastar. 2 Oposição.

contrastador, ora *s/adj* (<contrastar+-dor) 1 (O) que contrasta/Contrastante. **Ex.** Na decoração da sala, serviu-se do efeito ~ dos claros e escuros. 2 (O) que põe o contraste. **Ex.** Os ourives levam as peças fabricadas «pulseiras/alianças» ao ~ para que lhes seja posto o contraste. **Comb.** Marca ~ora.

contrastante *adj 2g* (<contrastar+-ante) Que contrasta. **Comb.** Cores ~s.

contrastar *v t/int* (<lat *contrásto,áre,átum*) 1 Pôr em contraste/Fazer a comparação/Comparar. **Loc.** ~ a assinatura dum cheque com a da ficha bancária. 2 Destoar/Divergir/Opor-se. **Ex.** A voz meiga da rapariga [moça] contrastava com o seu aspe(c)to rude de trabalhadora rural. 3 Produzir contraste evidenciando diferenças. **Ex.** Na narrativa, o autor teve a intenção de ~ a atitude corajosa do herói com a cobardia dos seus companheiros. 4 Submeter metais preciosos à verificação da qualidade para apor o contraste.

contrastaria *s f* (<contrastar+-ia) Oficina onde se apõe a marca de contraste em metais preciosos. ⇒ contrastador 2 **Ex.**; ensaio 1 **Comb.**.

contrastável *adj 2g* (<contrastar+-vel) Que se pode contrastar.

contraste *s m* (<it *contrasto*, pelo fr *contraste*) 1 O que permite distinguir cada obje(c)to «forma/cor/brilho» em relação ao que o rodeia. 2 Comparação de obje(c)tos similares para se estabelecerem as diferenças. **Loc.** Pôr em ~ dois textos «para verificar a diferença de estilo». 3 *Hist* Homem de bem que fiscalizava o teor do ouro e da prata verificando a percentagem do metal precioso na liga e o seu toque, apondo-lhe por fim a marca de ~. **Ex.** Os ~s eram escolhidos pelos ourives entre os seus colegas mais sérios e conceituados. Os ~s foram substituídos em 1886 pelas a(c)tuais contrastarias. 4 Sinal [Marca] colocada nos metais preciosos «ouro/prata» que têm as cara(c)terísticas exigidas pela lei. 5 *Ling* Diferença entre unidades linguísticas contíguas, na cadeia sintagmática.

contrastear *v t* (<contraste 4+-ear) Avaliar o contraste de/Contrastar.

contratação *s f* (<contratar+-ção) A(c)to de contratar/Ajuste/Trato. **Ex.** Ele anda pelas aldeias ocupado na ~ de pessoal para as vindimas.

contratado, a *adj/s* (<contratar+-ado) (O) que trabalha sob [em regime de] contrato/Assalariado/Recrutado. **Ex.** Além do pessoal do quadro, a empresa tem um número considerável de ~s [empregados com contrato de trabalho temporário]. **Comb.** Pessoal ~ «para a apanha da maçã».

contratador, ora [contratante] *adj/s* 1 (O) que contrata pessoal para trabalhar. **Comb.** *~ por conta duma empresa. Empresa ~ora de pessoal* «para a construção civil». 2 (O) que faz contratos «de compra e venda»/Negociante. **Ex.** Muitos produtos agrícolas de pequenos produtores são muitas vezes vendidos a ~es.

contratar *v t/int* (<contrato+-ar¹) 1 Fazer contrato de. **Ex.** Contratei um empreiteiro para pintar a casa. 2 Admitir pessoal/Empregar/Assalariar. **Ex.** A empresa está em expansão: vai ~ um dire(c)tor comercial e outro de produção. As grandes limpezas da casa já não as posso fazer sozinha; contrato uma mulher para me ajudar. 3 Fazer um trato/Ajustar/Combinar. **Ex.** Para o transporte ficar mais barato, eu e a minha colega contratámos trazer só um carro, alternadamente, uma semana cada uma. 4 Negociar por contrato. **Ex.** A editora contratou comigo a preparação de um resumo da Química do 3.º ciclo, a publicar conjuntamente com o jornal dum sábado; já fiz o trabalho e já foi publicado, mas eu ainda não recebi nem um cêntimo!

contratável *adj 2g* (<contratar+-vel) Que pode ser contratado.

contratempo *s m* (<contra-+...) 1 Acontecimento [Circunstância] imprevisto/a que transtorna [impede/dificulta] os planos de alguém/Contrariedade. **Ex.** Tínhamos planeado ir hoje para férias, mas surgiu um ~ «do internamento da minha sogra» que nos obrigou a alterar os planos. **Comb.** A ~ [Fora de tempo/Inoportunamente]. 2 *Mús* Compasso musical apoiado nos tempos fracos.

contratenor *s m Mús* (<contra-+...) Voz masculina, de timbre feminino, mais alta do que a de tenor/Cantor que possui essa voz.

contratestemunhar *v t* (<contra-+...) 1 Rebater o testemunho de. 2 Testemunhar em contrário.

contrátil/contratilidade/contrativo ⇒ contrá(c)til/...

contrato¹ *s m* (<lat *contráctus,us*) 1 Acordo pelo qual duas ou mais pessoas [entidades] se obrigam a cumprir reciprocamente os compromissos assumidos. **Ex.** A empresa fez um ~ com um empreiteiro para a construção do edifício da nova fábrica. **Comb.** *~ cole(c)tivo de trabalho* [Convenção celebrada entre associações representativas dos trabalhadores e as entidades patronais de determinado se(c)tor econó[ô]mico, destinada a regular as relações laborais desse se(c)tor de a(c)tividade]. *~ de adesão* [cujo conteúdo é definido unilateralmente por uma parte, consentindo a outra em aceitar as cláusulas fixadas] (Ex. Os ~s de fornecimento de muitos bens de consumo «ele(c)tricidade/gás» são ~s de adesão). *~ de casamento* [Acordo jurídico que estabelece o regime de bens do casal]. *~ promessa* [pelo qual as partes se obrigam a realizar, no futuro, certo ~ definitivo]. *~ social* [Convenção pela qual os homens se teriam organizado em sociedade política]. 2 Documento que contém as condições do acordo. **Loc.** *Assinar um ~. Redigir um ~.* 3 A(c)to informal pelo qual as partes assumem um compromisso/Combinação/Ajuste. **Ex.** Prometi que ia ajudá-lo e vou; os ~s são para se cumprirem. **Loc.** Faltar ao ~ [Não cumprir o que foi combinado].

contrato² ⇒ contra(c)to.

contratorpedeiro *s m Náut* (<contra-+...) Navio rápido, destinado a combater torpedeiros e equipado com aparelhagem especial para dar caça a submarinos.

contratual *adj 2g* (<lat *contráctus+-al*) 1 Relativo a contrato. **Comb.** Relações ~ais. 2 Que consta do contrato. **Comb.** *Condições* [Cláusulas] *~ais. Prazo ~.*

contratura/contraturante ⇒ contra(c)tura/contra(c)turante.

contravapor *s m* (<contra-+...) 1 Inversão do sentido do fluxo de vapor para travar uma locomotiva. 2 Movimento de recuo causado pela inversão de sentido do vapor. 3 *fig* Oposição/Rea(c)ção. **Loc.** *Fazer ~* «à implementação de mudanças».

contravenção *s f* (<fr *contravention*) Transgressão da lei/ordem/do regulamento/das cláusulas dum contrato/Infra(c)ção. **Loc.** Agir em ~ do código da estrada «estacionando em local proibido».

contraveneno *s m* (<contra-+...) Remédio para anular a a(c)ção dum veneno/Antídoto. **Idi.** *Tomar o veneno e o ~* [Comer algo que faz mal à saúde e de imediato um remédio para combater [atenuar] esse mal].

contravento *s m* (<contra-+...) 1 Vento contrário. **Loc.** Caminhar [Velejar] a ~. 2 ⇒ Guarda-vento.

contraventor, ora *adj/s* (<lat *contraventum* <*contravenire* +-or) (O) que faz contravenção/Infra(c)tor/Transgressor.

contraversão *s f* (<contra-+...) 1 Versão contrária. 2 Contravenção/Transgressão.

contraverter *v t* (<contra-+...) 1 Voltar em sentido contrário/Inverter a marcha. 2 Dar significado [sentido] oposto ao que inicialmente tinha. **Loc.** ~ as regras do jogo.

contravir *v t/int* (<contra-+ lat *vénio,ire, véni,véntum*) 1 Fazer contravenção/Transgredir. **Loc.** ~ as [às] leis. 2 Retorquir/Replicar(+)/Redarguir. **Ex.** Não te queixes – contraveio ao pai; tens o que mereces.

contravolta *s f* (<contra-+...) Volta em sentido contrário ao de outra. **Ex.** Na ~ «do crochê» diminui-se uma malha «para estreitar/fazer o fecho».

contribuição *s f* (<contribuir+-ção) 1 A(c)to ou efeito de contribuir/Aquilo com que se contribui. **Ex.** Obra «salão» feita com a ~

de todos os habitantes da aldeia: uns deram uma ~ em dinheiro, outros em trabalho. **2** Colaboração prestada numa a(c)ção comum/Ajuda/Participação. **Ex.** O debate foi muito interessante e rico porque muitos participantes deram a sua ~. **3** Contributo para despesa comum/Quota-parte. **Ex.** A bolsa de estudo a favor de um estudante pobre foi mantida com a ~ mensal de várias pessoas da terra. **4** Quota ou imposto que cada cidadão ou pessoa cole(c)tiva paga para as despesas do Estado ou da autarquia. **Comb.** ~ *autárquica.* ~ *industrial* [predial]. *Dire(c)ção-Geral das ~ões e Impostos.*

contribuidor, ora *adj/s* (<contribuir+-dor) (O) que contribui.

contribuinte *adj/s 2g* (<contribuir+-inte) **1** (O) que contribui/Contribuidor. **2** (O) que paga impostos. **Comb.** *Cartão de ~. Direitos* [Deveres] *dos ~s.*

contribuir *v int* (<lat *contríbuo,ere,bui,bútum*) **1** Concorrer para uma despesa comum. **Ex.** A maior parte dos paroquianos contribuiu para as despesas de construção da nova igreja. **2** Pagar contribuição. **Ex.** Todos os contribuintes contribuem para as despesas do Estado pagando os impostos e as contribuições a que são obrigados. **3** Participar na execução de algo/Ajudar/Colaborar. **Ex.** A reportagem da TV contribuiu para que muitas pessoas se apercebessem dos casos de miséria gritante que existem no nosso país. **Loc.** ~ com trabalho «para reparação duma habitação degradada dum pobre». **4** Ser causa de/Concorrer para. **Ex.** O uso do automóvel contribui para o aumento da poluição do ar.

contributário, a *adj/s* (<contributo+-ário) (O) que é tributário [contribuinte] juntamente com outro(s).

contributivo, a *adj* (<contributo+-ivo) Relativo a contribuição. **Comb.** *Carga ~a* [fiscal(+)]. *Despesas ~as.*

contributo *s m* (⇒ contribuir) **1** Aquilo com que se contribui/Contribuição. **Ex.** Todos deram o seu ~ «para auxílio às vítimas do sismo». **2** Participação/Colaboração/Ajuda. **Ex.** O brilhantismo das festas deveu-se ao ~ «ideias/trabalho/ofertas» de muitas dezenas de pessoas.

contrição *s f* (<lat *contrítio,ónis*) **1** *Rel* Detestação do mal cometido com propósito de o evitar no futuro. **Comb.** ~ *perfeita* [que resulta do pesar pela ofensa à excelência e bondade de Deus]. ~ *imperfeita* [que resulta também das consequências funestas da transgressão para quem a pratica/Atrição]. **2** Arrependimento/Remorso. **Ex.** O criminoso não dava sinais de ~.

contristação *s f* (<lat *contristátio,ónis*) Tristeza/Consternação/Sofrimento.

contristar *v t* (<lat *contrísto,áre,átum*) Causar tristeza/Consternar/Desgostar/Entristecer. **Ex.** O acidentre sofrido pelo jovem contristou todos os seus colegas e amigos. Quem não se contrista ao ver tanto sofrimento e miséria?

contrito, a *adj* (<lat *contrítus,a,um* <*contérere*: esmagar) **1** *Rel* Que está arrependido dos seus pecados/Que tem contrição. **Comb.** «apresentou-se» Humilde e de coração ~. **2** Que manifesta arrependimento/Pesaroso.

controlador, ora *adj/s* (<controlar+-dor) (O) que controla. **Comb.** ~ *aéreo* [que dirige o tráfego aéreo]. *Mecanismo ~* «de velocidade».

controlar *v t* (<fr *contrôler*) **1** Fazer o [Submeter ao] controle/Examinar/Inspe(c)cionar/Fiscalizar. **Ex.** As empresas têm serviços que controlam vários departamentos «rece(p)ção de matérias-primas/produção/custos» **Loc.** ~ a qualidade das peças [dos produtos fabricados]. **2** Conferir/Verificar. **Ex.** A dire(c)ção controla todos os documentos de despesa dos funcionários quando em serviço externo. **3** Ter sob controlo/Dominar/Conter. **Ex.** A equipa/e nacional de futebol não só ganhou como controlou o jogo de princípio ao fim. **Loc.** ~ as despesas para respeitar o orçamento. **4** Ter sob o seu poder ou domínio/Dominar. **Ex.** A polícia restabeleceu a ordem e já controla a situação. **5** Superintender/Orientar. **Ex.** Não houve situações de violência: a polícia limitou-se a ~ os manifestantes para evitar que cometessem excessos e a(c)tos de vandalismo. **6** ~-*se*/Ser senhor de si/Dominar-se. **Ex.** Não conseguiu ~-se e *idi* desatou [começou] a chorar como uma criança.

controlável *adj 2g* (<controlar+-vel) **1** Que se pode controlar. **Ex.** Os alunos mais pequenos [novos] são mais facilmente ~eis. **2** Que se pode verificar. **Ex.** Todas as despesas que efe(c)tuámos são ~eis porque estão todas documentadas.

controle/o *s m* (<fr *contrôle*) **1** A(c)ção de controlar/Inspe(c)ção/Fiscalização. **Comb.** ~ *da tensão arterial.* ~ *de armamentos* [A(c)ção que visa limitar o potencial bélico das grandes potências mantendo o equilíbrio entre elas]. ~ *de entradas e saídas* «feito por câmaras de vídeo». ~ *de qualidade* [produção] *duma empresa.* ~ *do próprio peso.* **2** Vigilância exercida sobre o comportamento de alguém. **Ex.** Os pais têm o dever de exercer ~ sobre os filhos menores. Um ~ exagerado dos pais pode ser contraproducente. **3** Sistema que comanda o funcionamento duma máquina. **Comb.** ~ *remoto* [à distância] [Comando dum equipamento/mecanismo à distância/Telecomando]. *Mesa* [Painel/Torre] *de* ~. **4** Autodomínio físico e psíquico. **Ex.** Para nadar [cantar] é essencial o ~ da respiração. **Loc.** *Perder o ~* «das emoções/dos sentimentos» [*idi* Perder as estribeiras/Descontrolar-se]. *Perder o ~ duma máquina/viatura* [Não conseguir conduzi-la corre(c)tamente/Deixar de a dominar].

controvérsia *s f* (<lat *controvérsia,ae*) **1** Qualquer debate de certa amplitude em que se defendem opiniões diferentes/Polé[ê]mica/Impugnação/Contestação. **Ex.** Gerou-se a ~ na assembleia entre os que apoiavam o presidente e os que queriam a sua demissão. **2** *Rel* Termo usado para as discussões de cará(c)ter religioso sobretudo, após a Reforma, entre católicos e protestantes.

controversista *s 2g* (<controvérsia+-ista) Pessoa que entra em controvérsia/Polemista(+). **Comb.** ~ *católico* [protestante]. ⇒ apologista.

controverso, a *adj* (⇒ controverter) **1** Que gera controvérsia/discussão/Polé[ê]mico. **Comb.** «construção do TGV em Portugal» Assunto muito ~. **2** Que oferece dúvidas/Contestado. **Comb.** Político [Personalidade] ~o/a.

controverter *v t* (<lat *controvérto,ere,ti, vérsum*) Apresentar argumentos contrários/Sustentar a controvérsia/Discutir/Rebater. **Ex.** A Igreja Católica sempre procurou ~ as heresias e os inúmeros erros em matéria de fé e de costumes.

controvertível *adj 2g* (<controverter+-vel) Sujeito a controvérsia/Discutível.

contubernar(-se) *v t* (<contubérnio+-ar¹) **1** Amancebar(-se)/Amasiar(-se). **2** Fazer vida em comum/Coabitar.

contubérnio *s m* (<lat *contubérnium,ii*) **1** *Hist* União conjugal entre escravos ou entre escravos e pessoas livres. **Ex.** O ~, não sendo legal, era permitido por motivos de ordem prática. **2** Vida em comum/Concubinato.

contudo *conj* (<con-+...) Conjunção coordenativa adversativa que exprime restrição/obje(c)ção/oposição/Mas/Porém/Todavia/No entanto. **Ex.** O trabalho «da apanha das castanhas» pode ser penoso, ~ tem que se fazer. Ele queria sair à noite, ~ os pais não o deixaram. A Joana estudou pouco, ~ as notas foram razoáveis.

contumácia *s f* (<lat *contumácia,ae*) **1** *Dir* Falta de comparência em juízo tida como desprezo pela autoridade do magistrado. **2** *Rel* Desobediência pertinaz a decisões do juiz tomadas em julgamento. **3** Grande obstinação/Teimosia extrema.

contumaz *adj 2g* (<lat *cóntumax,ácis*) **1** *Dir* Que se recusa a comparecer em juízo. **2** *Rel* Que é reincidente na mesma falta/Que persiste em manter o erro. **3** Que revela contumácia/Teimoso/Obstinado/Pertinaz.

contumélia *s f* (<lat *contumélia,ae*) **1** Afronta injuriosa/Insulto. **2** *col* ⇒ Cumprimento/Salamaleque/Mesura.

contumelioso, a (Ôso, Ósa, Ósos) *adj* (<contumélia+-oso) Que encerra contumélia/Ofensivo/Injurioso.

contundência *s f* (<contundir+-ência) **1** Qualidade do que é contundente/que pode provocar lesão ou contusão. **Comb.** A ~ dum choque de veículos. **2** Qualidade do que é muito incisivo/que agride física ou psicologicamente/Agressividade/Violência. **Ex.** A discussão «no parlamento» ficou tristemente marcada pela ~ das palavras de alguns deputados.

contundente *adj 2g* (<lat *contúndens,éntis*; ⇒ contundir) **1** Que magoa/provoca lesão ou contusão. **Comb.** Obje(c)to ~. **2** *fig* Que fere/Agressivo/Ofensivo. **Comb.** Palavras ~s.

contundir *v t* (<lat *contúndo,ere,túsi,túsum*) **1** Fazer contusão/Ferir(+). **Ex.** Escorregou na rua e, na queda, contundiu o braço. **Loc.** ~ alguém com um murro. **2** *fig* Magoar(+) moral ou psicologicamente/Ferir(+) os sentimentos de alguém. **Ex.** Fiquei muito triste ao ouvir, de quem menos esperava, palavras injuriosas que me contundiram.

conturbação *s f* (<lat *conturbátio,ónis*) **1** Perturbação de ânimo/Agitação(+) íntima. **Ex.** O acidente causou grande ~ em todos os passageiros. **2** Alteração da ordem/Motim/Desordem(+). **Ex.** Os manifestantes estavam interessados em entrar em confronto com a polícia para provocar ~.

conturbadamente *adv* (<conturbado+-mente) Com perturbação/agitação/desordenadamente(+). **Ex.** As multidões manipuladas por agitadores agem ~.

conturbador, ora *adj/s* (<lat *conturbátor, óris*) (O) que causa conturbação.

conturbar *v t* (<lat *contúrbo,áre,átum*) **1** Causar conturbação/agitação(+)/alvoroço/desordem. **Ex.** Uma onda de violência está conturbando vários países da Europa. A crise econó[ô]mica conturbou o mundo inteiro. **2** Fazer perder a serenidade/paz/calma/Sofrer conturbação. **Ex.** As notícias dos crimes violentos que se sucedem por toda a parte conturbam-nos o espírito [deixam-nos conturbados(+)].

conturbativo, a *adj* (<conturbar+-tivo) Que conturba/causa conturbação.

contusão *s f Med* (<lat *contúsio,ónis*) Lesão produzida por choque ou pancada violenta/Pisadura. **Ex.** O acidente causou-lhe graves ~ões em várias partes do corpo. Na queda, sofreu uma ligeira ~ na cabeça.

contuso, a *adj* (<lat *contúsus,a,um*; ⇒ contundir) Que sofreu contusão/Pisado/Esmagado. **Comb.** Membro [Braço] ~.

conubial *adj 2g* (<lat *connubiális,e*) ⇒ Nupcial/Matrimonial.

conúbio *s m* (<lat *connúbium,ii*) ⇒ União matrimonial/Casamento.

conurbação *s f* (<con-+urba(niza)ção) Conjunto de duas ou mais cidades perfeitamente individualizadas mas que, devido à proximidade, se influenciam mutuamente e formam uma grande área urbana «~ do ABC de S. Paulo/da Grande Lisboa».

convalescença *s f Med* (<lat *convalescéntia,ae*) Período compreendido entre o cessar duma doença e o retorno à saúde. **Ex.** A duração da ~ varia conforme a doença.

convalescente *adj/s 2g* (⇒ convalescer) (O) que se encontra em período de recuperação do estado de saúde após uma doença ou intervenção cirúrgica. **Ex.** O ~ pode apresentar grande debilidade física e cerebral.

convalescer *v int* (<lat *convalésco,léscere, lúi*) Recuperar lentamente a saúde após uma doença ou uma intervenção cirúrgica/Restabelecer-se. **Loc.** ~ duma gripe [duma operação «a uma hérnia»].

convecção (Vè) *s f* (<lat *convéctio,ónis*) 1 *Fís* Processo de transmissão de calor pelo movimento relativo das partículas dum fluido. **Comb.** *Aquecimento por ~. Corrente de ~.* 2 *Meteor* Processo em que há transferência de calor e movimento de massas de ar devido a diferenças de densidade causadas pela desigualdade de temperatura. **Comb.** ~ livre [que se dá por aquecimento das camadas inferiores do ar acompanhado da diminuição de densidade e consequente movimento vertical].

conve(c)tor – convetor.

convenção *s f* (<lat *convéntio,ónis*) 1 Acordo entre duas ou mais partes/Ajuste/Pacto. **Comb.** ~ *antenupcial* [Acordo feito por escritura pública entre os nubentes destinado a fixar o regime de bens do casal]. 2 Princípio ou procedimento admitido por acordo tácito, explícito ou não. 3 O que é geralmente admitido como regra nas relações sociais. **Ex.** Os homens usarem calças e as mulheres saia, foi uma ~ que vigorou no Ocidente durante séculos. 4 *Dir* Acordo internacional em que dois ou mais estados soberanos acordam num plano comum para atingir determinado fim. **Comb.** ~ *de Lomé* [Acordo de cooperação e apoio ao desenvolvimento, assinado em Lomé (Togo), entre a UE e vários países de África, Caraíbas e Pacífico]. ~ *Europeia dos Direitos do Homem* (Assinada em Roma, em 1950, para defesa dos direitos e liberdades fundamentais). 5 Tratado de paz entre fa(c)ções ou países beligerantes/Convé[ê]nio.

convencedor, ora *adj* (<convencer+-dor) ⇒ convincente.

convencer *v t* (<lat *convínco,ere,víci,víctum*) 1 Fazer acreditar que é verdade/Persuadir. **Ex.** Vender a loja? Que disparate! – E quem o convence disso [que é disparate]?! 2 Levar alguém [Dispor-se] a agir de certa maneira. **Ex.** Ela não tinha vontade de ir ao cinema, mas o namorado convenceu-a a ir com ele. O pai está doente; temos que o ~ a ir ao médico.

convencido, a *adj/s* (<convencer+-ido) 1 Que se convenceu/Que está seguro/Persuadido/Convicto. **Ex.** Eu estou ~ de que o a(c)tual governo será muito melhor do que o anterior. Disse-lhe que soubera [que me tinham dito] que ele ia ser promovido mas ele não se mostrou ~. 2 Pessoa demasiado segura das suas convicções/cheia de si/presunçosa/Enfatuado/Presumido. **Ex.** Já não o posso ouvir; é um ~!

convencimento *s m* (<convencer+-mento) 1 A(c)to de persuadir alguém/de fazer acreditar em alguma coisa. **Ex.** Os meus pais não são de fácil ~; não sei se me deixarão ir ao baile. 2 Condição [Consciência] de quem está convencido/Convicção. **Ex.** Falei-lhe [Cumprimentei-o] no ~ de [pensando] que era outra pessoa. 3 *pop* Sentimento [Atitude] de convencido. **Ex.** O ~ [A presunção] dele irrita-me!

convencionado, a *adj/s* (<convencionar+-ado) 1 Ajustado/Combinado. **Ex.** Temos que [Devemos] respeitar o que foi ~. 2 *s m* Aquilo que se convencionou.

convencional *adj 2g* (<lat *conventionális,e*) 1 Referente a [Resultante de] convenção. **Comb.** *Número ~. Sinais ~ais.* 2 Combinado/Concertado. **Comb.** *Dia ~ para a reunião de dire(c)ção* «1.º sábado de cada mês». 3 Conforme às convenções sociais vigentes. **Loc.** *Vestir de modo ~. Fórmula ~ de tratamento.* 4 Que respeita de modo rígido as regras/convenções sociais/Conservador. **Comb.** *Pessoa muito ~.* 5 Pouco natural/Demasiado formal. **Comb.** *Cumprimento [Sorriso] ~.* 6 Que não é inovador/Tradicional(+). **Comb.** *Armas ~ais. Guerra ~. Medicina ~.*

convencionalismo *s m* (<convencional+-ismo) 1 Sistema ou conjunto de convenções. 2 Modo de proceder muito apegado às regras e convenções sociais.

convencionalista *adj/s 2g* (<convencional+-ista) (O) que segue [é partidário de] o convencionalismo.

convencionar *v t* (<convenção+-ar¹) Estabelecer por convenção/Ajustar/Combinar. **Ex.** Convencionou-se que a identificação dos edifícios nas ruas era feita com números pares dum lado e ímpares do outro. Vamos ~ [decidir(+)/marcar] um dia fixo para a nossa reunião mensal.

convencível *adj 2g* (<convencer+-vel) Que se pode convencer.

conveniência *s f* (<lat *conveniéntia,ae*) 1 O que convém a alguém. **Ex.** Decidi acompanhar-te ao médico sem ter em conta as minhas ~s. **Comb.** *Casamento de ~* [por interesse material/social (de uma) das partes]. 2 Qualidade do que é adequado para o fim a que se destina/Conformidade/Pertinência. **Ex.** Empresto-te o carro se lhe respeitares a ~: não é para transportar sacos de batatas nem outras mercadorias; é um carro de luxo! 3 Vantagem/Interesse/Proveito. **Ex.** Tenho toda a ~ em acabar rapidamente o trabalho. 4 O que está de acordo com as convenções sociais/Decência/Compostura. **Ex.** Ela deixou de acompanhar com certas colegas por razões de ~.

conveniente *adj 2g* (<lat *convéniens,éntis*; ⇒ convir) 1 Que convém/Vantajoso/Útil. **Comb.** *Acordo ~* [bom] para ambas as partes. *Preço ~* [justo]. 2 Adequado(+)/Apropriado/Oportuno. **Ex.** O garfo não é ~ para comer a sopa. Está bem escolhido/a: é a pessoa (~) para o lugar. **Comb.** *Data ~* [A melhor data(+)]. 3 Que respeita as convenções sociais/Corre(c)to/Decente. **Loc.** *Vestir-se [Falar] de modo ~.* **Ant.** Grosseiro; inconveniente; incorre(c)to.

convénio [*Br* **convênio**] *s m* (<lat *convénium,ii*) 1 Convenção política/Acordo/Pacto. 2 Acordo [Ajuste] entre duas ou mais pessoas. 3 Contrato entre duas entidades para realização de uma obra conjunta.

convento *s m* (<lat *convéntus,us*) 1 Edifício onde residem (certas) comunidades religiosas/Mosteiro. **Idi.** *Salvar a honra do ~* [Manter o bom nome/a boa reputação de alguma coisa após um desaire sofrido]. **Ex.** A Irmã Lúcia de Jesus, vidente de Fátima, pertenceu ao [viveu no] ~ das Carmelitas de Coimbra. 2 Vida religiosa de clausura. **Loc.** *Ingressar no [Entrar [Ir]para o] ~.*

conventual *adj 2g/s m* (<convento+-al) 1 Relativo [Pertencente] a um convento/Claustral. **Comb.** *Biblioteca ~. Doces* [Receitas] *~ais. Vida ~.* 2 Religioso de um dos ramos da Ordem Franciscana.

conventualidade *s f* (<conventual+-i-+-dade) 1 Morada fixa em convento. 2 Vida monástica sob determinada regra.

convergência *s f* (<convergir+-ência) 1 Junção de vários elementos que se dirigem para o mesmo ponto. **Comb.** ~ *da multidão* para o santuário. ~ *de ruas* na praça principal. ~ *dos olhares* dos espe(c)tadores para o palco. 2 Tendência para se chegar ao mesmo resultado/à mesma conclusão ou atingir o mesmo obje(c)tivo. **Comb.** ~ [União] *de esforços* [opiniões/vontades]. 3 *Biol* Qualidade de séries biológicas que, seguindo as leis da variação natural, tendem e realizam certas estruturas e órgãos de funções semelhantes. **Comb.** ~ *morfológica* «das asas de inse(c)tos e aves para a função voo». 4 *Fís* Propriedade de um feixe de partículas [radiações] se dirigir para um mesmo ponto. **Comb.** ~ *dos raios solares* no foco duma lente convergente. ~ *de uma lente* [Inverso da sua distância focal; exprime-se em dioptrias]. 5 *Mat* Propriedade de uma série [sucessão] que tende para um limite finito.

convergente *adj 2g* (<convergir+-ente) Que converge. **Comb.** *Esforços ~s. Opiniões ~s. Fís Feixe ~* [Cone de raios luminosos que se dirigem para o mesmo ponto]. *Sistema ~* [que transforma um feixe cilíndrico de luz, que sobre ele incide, num feixe ~]. *Mat Série* [Sucessão] *~* [que tem um limite finito]. **Ant.** Divergente.

convergir *v int* (<lat *convérgo,ere*) 1 Tender para um ponto comum/Encontrar-se em/Dirigir-se para. **Ex.** Várias ruas convergem na mesma praça. Ao início de cada dia, uma enorme multidão converge para a cidade. Os carris da via-férrea [ferrovia] nunca convergem; mantêm-se sempre paralelos. **Ant.** Afastar-se; divergir. 2 Concorrer para o mesmo obje(c)tivo/a mesma finalidade. **Ex.** As opiniões de várias correntes políticas convergem num ponto: é necessário equilibrar as contas públicas.

conversa *s f* (<conversar) 1 Conversação entre duas ou mais pessoas/Troca de palavras/Diálogo. **Ex.** Demorei(-me) um pouco mais porque estive em [na] ~ com uma amiga que já não via há muito tempo. Os colegas jantaram juntos e mantiveram-se em animada ~ até altas horas da noite. **Ex.** *idi* ~ *puxa* ~ [Expressão usada para significar que os assuntos se vão sucedendo na conversação por associação de ideias]. **Idi.** *Calhar em ~* [Surgir um assunto por acaso ou associação de ideias]. *Dar ~ a* [Dar confiança/atenção a alguém (que o não merece ou merece pouco)]. *Dar dois dedos de ~* [Conversar um pouco «para passar tempo»]. *Deixar-se de ~s* [Parar de falar (e começar a agir)/Parar de arranjar desculpas ou evasivas] (Ex. «um credor

que está, há muito tempo, à espera que o devedor pague, diz-lhe:» Deixa-te de ~s e paga o que me deves!). *Ir na* ~ *de alguém* [Ser ingé[ê]nuo e acreditar em balelas/Deixar-se levar]. *Meter* ~ [Entabular [Começar] um diálogo]. *Pôr a* ~ *em dia* [Conversar com alguém que já não se via há muito tempo e contar/ouvir todas as novidades]. *Puxar* [*Fazer*] ~ [Trazer deliberadamente determinado assunto à conversação]. *Ter uma* ~ *com* [Falar com alguém para lhe chamar a atenção para algo que não está corre(c)to]. *Ter muita* ~ [Falar muito mas agir pouco/idi Ter muita lábia]. *Vir com uma* ~ [Apresentar subrepticiamente um assunto estranho/duvidoso]. **Comb.** *col* ~ *de chacha* [inútil/sem interesse]. ~ *de surdos* [em que os interlocutores não se ouvem ou falam sem dar atenção ao que o outro diz]. ~ *fiada*/*Br mole* [sem resultado prático/que não conduz a nada/fam Lérias/Tretas]. **2** Tema [Assunto] de que se fala. **Loc.** Desviar a [Mudar de] ~. **3** Maneira de falar/conversar/Modo de se exprimir. **Loc.** Ter uma ~ agradável [interessante/viva]. **4** Afirmação pouco rigorosa ou falsa/Palavreado/Léria/Mentira. **Ex.** Com uns grandes rodeios, veio-me com uma ~ [, começou a falar-me] de um negócio chorudo em que se ia meter, para por fim me pedir dinheiro emprestado.

conversação *s f* (<lat *conversátio,ónis*) **1** Conversa de alguma intimidade/Comunicação entre duas ou mais pessoas. **Ex.** Passámos uma tarde em amistosa ~. **2** Arte de conversar numa língua estrangeira. **Ex.** Vou ter aulas de ~ de inglês e francês; estudei estas línguas mas tenho dificuldade em (as) falar.**3** *pl* Diálogo entre duas ou mais partes «empresas/estados» ou seus representantes visando o entendimento sobre um assunto previamente fixado/Negociações. **Ex.** Os delegados dos dois clubes tiveram ~ões sobre a troca de jogadores. **Comb.** ~ões de paz entre países em guerra.

conversadeira *s f* (<conversador+-deira) **1** Cadeira dupla com assentos opostos. **2** Mulher que gosta de conversar. **3** Namoradeira.

conversado, a *adj/s* (<conversar+-ado) **1** Que tem conversa/Que sabe conversar. **2** Que foi obje(c)to de conversa. **Loc.** Passar a escrito [Fazer o resumo] dos assuntos ~s [falados(+)/tratados(o+)] «na reunião». **3** *s pop* Namorado/a. **Ex.** Consta que ele tem uma ~a que é colega de trabalho.

conversador, ora *adj/s* (<conversar+-dor) (O) que gosta de conversar.

conversão *s f* (<lat *convérsio,ónis*) **1** *Rel* Processo de passagem da descrença à fé ou do abandono duma crença em favor de outra que se julga verdadeira. **Comb.** ~ de S(anto) Agostinho *à fé cristã*. ~ *ao islamismo*. **2** *Rel* Processo de passagem do estado de pecado ao estado de graça/à amizade com Deus. **Ex.** A ~ corresponde à passagem [à busca de] uma vida mais perfeita e por isso nunca está acabada; deve ser contínua. **3** Mudança de um estado [uma condição/situação] para outro/a/Alteração de cara(c)terísticas/Transformação. **Comb.** ~ [Transformação] da água em gelo por arrefecimento. **4** Mudança de opinião/comportamento/princípios ado(p)tando uma forma melhor de pensar e de viver. **Comb.** ~ [transformação] dum delinquente em cidadão honesto. **5** Determinação da equivalência entre valores ou unidades pertencentes a sistemas diferentes/Redução. **Comb.** ~ de calorias em joules. ~ de litros em metros cúbicos. ~ de polegadas em centímetros. **6** Operação financeira que envolve troca de valores ou títulos. **Comb.** ~ [Câmbio(+)] *de moeda* «dólares em euros». ~ *de títulos de dívida pública*. **7** *Dir* Substituição de uma pena por outra diferente. **Comb.** ~ *duma pena de prisão* «em multa pecuniária». **8** *Lóg* Inversão dos termos de uma proposição, passando o sujeito a predicado e vice-versa. **9** *Gram* Processo de alteração da categoria gramatical duma palavra cuja forma se mantém. **Ex.** Na frase "dar o dito por não dito", na primeira utilização, deu-se a ~ do particípio passado *dito* em substantivo. **10** *(D)esp* Concretização de uma penalidade «no futebol/andebol» em gol(o). **Ex.** O jogador encarregado da cobrança da penalidade «do livre dire(c)to» falhou a ~ [não marcou gol(o)].

conversar *v int* (<lat *convérsor,ári,átus sum*) **1** Falar com alguém em tom informal e amigável. **Ex.** Gosto de ir ao café para ~ com os amigos. Quando (as duas amigas) se encontravam, ficavam longas horas a ~. **Idi.** ~ *alguém* [Sondar as intenções]. ~ *com o travesseiro* [Refle(c)tir «durante a noite» profundamente/*idi* Dormir sobre o assunto]. **2** Trocar impressões [Colher opiniões] sobre um assunto/Discutir. **Ex.** Ainda não tenho autorização para ir passar o fim de semana fora; a mãe disse-me que primeiro queria ~ com o meu pai sobre o assunto. **3** *pop region* Namorar.

conversável *adj 2g* (<conversar+-vel) **1** Que tem conversa agradável/Afável/Sociável. **2** Que é acessível a uma conversa/um entendimento.

conversibilidade *s f* (<conversível+-i-+-dade) Qualidade do que é conversível.

conversível *adj 2g* (<lat *conversíbilis,e*) Que se pode converter/Convertível. **Ex.** Há moedas «cuanza/metical» que não são ~eis [convertíveis(+)] em todos os países.

conversivo, a *adj* (<converso+-ivo) Que é capaz de converter.

converso, a *adj/s* (<lat *convérsus,a,um*) **1** ⇒ Convertido. **2** *s* Leigo que vive num convento sem professar/Membro não clérigo dum instituto religioso «Irmão leigo/Irmão».

conversor, ora *adj/s m* (<converso+-or) **1** Que converte. **Comb.** Efeito [Força] ~or/ora. **2** *s Ele(c)tri* Máquina [Dispositivo] que transforma uma corrente elé(c)trica noutra de cara(c)terísticas diferentes. **Comb.** ~ *de corrente contínua em alternada*. ~ *de frequência*. **3** *Info* Dispositivo que converte uma linguagem [um sistema] noutra/o.

convertedor, ora *adj/s m* (<converter+-dor) **1** Que converte. **2** *s m* Aparelho onde se faz a transformação do ferro fundido (Gusa) em aço pela inje(c)ção de uma forte corrente de ar [oxigé[ê]nio].

converter *v t* (<lat *convérto,ere,vérsi,vérsum*) **1** Transformar alguma coisa noutra/(Fazer) passar de um estado [uma condição] a outro/a/Mudar. **Ex.** De simples operário (que era) converteu-se em líder partidário. O fogo converte a lenha em cinza. O vinho não se pode beber: converteu-se em vinagre autêntico! A reciclagem converte resíduos inúteis e perigosos em matérias-primas de valor apreciável. **2** (Fazer) mudar alguém de crença/opinião/comportamento. **Ex.** Os missionários católicos «S. Francisco Xavier/S. João de Brito» converteram muitos pagãos ao cristianismo. Tinha perdido a fé; converteu-se há pouco numa peregrinação «a Fátima». Já ninguém fala dela: converteu-se numa [: agora é uma] mulher séria. **3** Determinar a equivalência de unidades pertencentes a sistemas diferentes. **Loc.** ~ barris (de petróleo) em litros. ~ libras (peso) em quilogramas. ~ milhas (terrestres/marítimas) em quiló[ô]metros. **4** Mudar o obje(c)tivo/a função/Adaptar/Transformar. **Ex.** Converteram a fábrica (desa(c)tivada) num supermercado. **5** *(D)esp* Concretizar o obje(c)tivo de marcar gol(o) na cobrança duma penalidade. **Loc.** No futebol, ~ uma grande penalidade.

convertibilidade *s f* (<convertível+-i-+-dade) Qualidade do que é convertível/Conversibilidade. **Comb.** ~ *duma moeda noutra* «libras esterlinas em *yens*». ~ *de títulos de dívida pública noutros* sujeitos a novas condições.

convertido, a *adj/s* **1** (O) que se converteu. **Comb.** *Judeu* ~ ao cristianismo. *Retiro* [*Palestra/Conferência*] *dirigido[a] a* ~s. **2** Mudado/Transformado. **Comb.** Loja de comércio ~a em dependência bancária. Mó de lagar de azeite ~a em obje(c)to decorativo. Cábula ~o em aluno diligente e estudioso.

convertimento *s m* (<converter+-mento) ⇒ conversão.

convertível *adj 2g* (<converter+-vel) ⇒ conversível.

convés *s m Náut* (<catalão *cambés*) Qualquer dos pisos [pavimentos] dum navio. **Comb.** ~ principal [mais alto e que se estende da popa à proa do navio].

convetor (Vè) [*Br* conve(c)tor *(dg)*] *s m* [= convector] (<lat *convéctor,óris*) Aparelho [Calorífero] que transmite o calor por convecção.

convexidade (Csi) *s f* (<lat *convéxitas,átis*) Qualidade do que é convexo.

convexo, a (Cso) *adj* (<lat *convéxus,a,um*) Que tem relevo exterior curvo semelhante a uma calote esférica/Bojudo. **Comb.** *Fís Lente* [*Espelho*] *~a/o*. *Geom Polígono ~o* [que não é atravessado pelo prolongamento de qualquer dos seus lados]. **Ant.** Côncavo.

convexo-côncavo, a (Cso) *adj* Convexo dum lado e côncavo do outro.

convicção *s f* (<lat *convíctio,ónis*) **1** Sentimento íntimo de quem está convencido daquilo que afirma ou faz. **Loc.** *Afirmar* [*Defender*] *com* ~ as suas ideias. *Dedicar-se com* ~ a uma causa. **2** Aquilo em que se acredita/Certeza/Crença. **Ex.** Na ~ de que os convidados chegavam [chegariam] mais cedo, preparei o almoço com demasiada antecedência. Nunca tive receio [Nunca me acanhei] de afirmar e defender as minhas ~ões religiosas.

convicto, a *adj* (<lat *convíctus,a,um*) Que está convencido/Que possui convicção/Persuadido/Certo. **Comb.** *Ateu* [*Cristão*] ~. *Democrata* ~.

convidado, a *adj/s* (<convidar+-ado) (O) que recebeu um convite. **Loc.** *Receber* [*Dar as boas-vindas a*]*os* ~*s*. **Comb.** ~ *para um casamento*. *Artista* ~.

convidador, ora *adj/s* (<convidar+-dor) **1** (O) que gosta de convidar. **2** ⇒ Obsequioso.

convidar *v t* (<lat *convitáre* por *invitáre*) **1** Solicitar a participação/presença/Chamar/Convocar. **Ex.** Para o casamento do filho convidou apenas a família e os amigos mais íntimos. O autarca convidou o ministro da saúde para a inauguração do novo hospital. **2** Fazer um pedido/uma proposta/Requerer/Demandar/Instar. **Ex.** Convidaram a esposa do homenageado a subir ao palco. Delicadamente, o dono do restaurante convidou os jovens barulhentos a serem mais comedidos. **3** Despertar

o interesse/a vontade/Atrair/Predispor. **Ex.** A beleza e o silêncio da natureza convidam à contemplação e ao louvor de Deus. O calor excessivo convida ao relaxamento e à preguiça. **Sin.** Encorajar; incitar; levar. **Ant.** Desencorajar; dissuadir. **4** Incitar/Impelir/Provocar. **Ex.** A injustiça convida à revolta. Canções revolucinárias convidam à violência. **5** ~-se/Fazer-se convidado(+). **Ex.** Ninguém os chamou cá, mas eles convidaram-se.

convidativo, a *adj* (<convidar+-tivo) Que convida/atrai/seduz. **Comb.** Aspe(c)to ~ «duma sobremesa». Dia ~ para passear. *Preços ~s* [convenientes/módicos/acessíveis/baixos].

convincente *adj 2g* (<lat *convíncens,éntis*; ⇒ convencer) **1** Que convence/Persuasivo. **Comb.** Argumentos [Provas] ~s. **2** Que manifesta convicção/certeza. **Ex.** Tinha um ar ~ de quem está absolutamente certo do que afirma.

convir *v int* (<lat *convénio,veníre,véni,véntum*) **1** Chegar a acordo/Concordar. **Ex.** Depois de muito marralhar [regatear] com o vendedor, acabaram por ~ no preço do bezerro. Podes ficar alojado em casa da avó, mas convenhamos [mas parece-me] que não é a melhor solução: a casa é pequena e com poucas condições de conforto. **2** Ser conveniente/proveitoso/vantajoso/Aproveitar/Interessar. **Ex.** A mudança de emprego não me convém; ficaria a ganhar menos e com piores condições de trabalho. Vem cá amanhã, se te convier. **3** Ficar bem/Ser conforme/Adequar-se. **Ex.** Forma de vestir que não convém a uma pessoa de idade. **4** Ser aceite/considerado como importante/útil/Importar. **Ex.** Para a marcação das férias convinha [era bom] que estivessem presentes todos os empregados da se(c)ção. Não é absolutamente necessário, mas convinha [era bom/melhor/importante] que todas as crianças chegassem 15 minutos antes de começar a cerimó[ô]nia «missa».

convite *s m* (<catalão *convit*) **1** A(c)to de convidar. **Ex.** Está na altura [É tempo] de fazermos os ~s para o casamento. **2** Cartão [Carta/Impresso] por meio do qual se convida. **Ex.** Vou passar pela tipografia para trazer os ~s. **Loc.** Enviar [Expedir] os ~s «pelo correio». **3** Apelo/Chamamento/Exortação. **Ex.** Tomar conhecimento de tanta miséria, é um ~ à solidariedade. O descuido «com a carteira» é um ~ ao roubo [a ser roubado]. **4** Proposta para desempenhar uma tarefa/função/cargo. **Ex.** Fizeram-lhe um ~ para integrar as listas de candidatos a deputado.

conviva *s 2g* (<lat *convíva,ae*) Pessoa que participa como convidada numa festa/num banquete. **Ex.** O jantar de confraternização «dos antigos alunos» reuniu numerosos ~s.

convivência *s f* (<conviver+-ência) **1** A(c)to de conviver/Vida em comum/Convívio. **Ex.** A ~ com outras crianças no infantário ajudou-o a desenvolver-se. O prédio tem muitos inquilinos, mas não há ~ entre eles. **2** Familiaridade/Intimidade. **Ex.** Não me parece pessoa com quem seja aconselhável ter ~. **3** Coexistência harmoniosa. **Comb.** ~ *de grupos* «de clubes rivais». ~ *de raças* «de imigrantes com a população local».

convivente *adj/s 2g* (<conviver+-ente) (O) que convive. **Ex.** Reina boa harmonia entre todos os ~s do bairro. No final do banquete, os ~s [convivas(+)] riam de contentamento.

conviver *v int* (<lat *convívo,ere,víxi,víctum*) **1** Viver em comum com outrem/Ter convivência. **Ex.** Colega com quem convivi na mesma casa durante todo o curso. **2** Ter relações cordiais/Dar-se bem. **Ex.** Não tenho problemas com ninguém: convivo com todos os colegas de trabalho e com a vizinhança. **3** Habituar-se a uma situação desagradável. **Ex.** É [Há/Temos] sempre este cheiro desagradável da fábrica «de celulose»; enquanto não conseguirem resolver o problema temos que ~ com ele.

convívio *s m* (<lat *convívium,ii*) **1** A(c)to de conviver/Convivência/Familiaridade. **Ex.** Na empresa, há um ~ saudável entre todos os empregados. **2** Reunião social festiva/Banquete. **Ex.** Vai-se organizar um ~ de [para/entre] todos os grupos que trabalham na paróquia. No final do jantar, há um tempo de ~ com música e dança. **3** Proximidade diária [frequente] com determinadas situações. **Ex.** O ~ com o sofrimento pode tornar as pessoas «médicos/enfermeiros» insensíveis à dor alheia.

convocação *s f* (<lat *convocátio,ónis*) **1** A(c)to de convocar/Chamada. **Ex.** O toque dos sinos é o sinal da ~ dos fiéis «para a missa». **Comb.** ~ *de eleições*. ~ *para o serviço militar*. ~ *para uma reunião*. **2** Documento [Carta/Circular/Aviso] por meio do qual se convoca/Convocatória. **Loc.** Receber a ~.

convocador, ora *adj/s* (<convocar+-dor) (O) que convoca. **Comb.** Mensagem «SMS» ~ora «para uma manifestação».

convocar *v t* (<lat *convóco,áre,átum*) **1** Chamar formalmente/Solicitar a comparência de alguém. **Loc.** ~ para uma reunião. **2** Apelar à participação em a(c)to cole(c)tivo para o qual se fixa a data. **Loc.** ~ *eleições*. **3** Procurar colaboração/Fazer apelo/Convidar. **Ex.** O autarca convocou todos os munícipes a empenharem-se na manutenção duma cidade limpa.

convocatório, a *adj/s f* (<convocar+-tório) **1** Que convoca. **Comb.** Aviso ~. **2** *s f* A(c)to de convocar formalmente alguém. **Loc.** Pedir a ~a [convocação(+)] duma assembleia-geral extraordinária. **3** *s f* Documento que concretiza o a(c)to de convocar. **Loc.** *Assinar a ~a. Enviar a ~a* «aos membros dos corpos sociais».

convolução *s f* (<lat *convolútio,ónis*; ⇒ convolver) A(c)to de (se) enrolar.

convoluto, a *adj* (<lat *convolútus,a,um*; ⇒ convolver) Enrolado à volta de si mesmo ou de outro obje(c)to.

convolver(-se) *v t* (<lat *convólvo,vere,vi,volútum*) Volver sobre si/Enrolar/Enroscar/Revolver. **Ex.** O remorso faz com que o espírito se convolva.

convolvuláceo, a *adj/s f pl Bot* (<lat *convólvulus+-áceo*) (Diz-se de) plantas dicotiledóneas, herbáceas ou subarbustivas, a que pertence a batata doce.

convólvulo *s m Bot* (<lat *convólvulus,i*) Planta trepadeira pertencente às convolvuláceas, com flores semelhantes às do lírio, também conhecida por bons-dias, campainha e corriola.

convosco *pron pessoal* (<lat *cum+vobiscum*) **1** Com vocês. **Ex.** Alguém falou ~? **2** Em vossa companhia. **Ex.** Ele «a criança/o miúdo» quer ir ~. **3** Ao mesmo tempo que vós [vocês]. **Ex.** Ele é menor mas pode entrar «no cinema» ~. **4** Por vossa causa. **Ex.** O bebé[ê] chora; assustou-se ~. **5** A vosso respeito. **Ex.** Aquilo «que eles estavam a comentar» seria ~? **6** Em vosso benefício. **Ex.** Já gastei *idi* rios de dinheiro [uma fortuna] ~; agora acabou «não vos compro esse brinquedo»! **7** Próprio para vós [vocês]. **Ex.** Sair à noite e ir dançar para a discoteca, é ~. **8** Na vossa posse. **Ex.** As chaves, estão ~? **9** À vossa responsabilidade. **Ex.** Deixo isso [esse assunto/o negócio] ~.

convulsão *s f* (<lat *convúlsio,ónis*) **1** *Med* Sucessão de contra(c)ções musculares involuntárias, bruscas, momentâneas e intensas que atingem uma região ou todo o corpo. **Ex.** As ~ões são em muitos casos provocadas pela epilepsia. **2** Movimento intenso e descoordenado devido a grande carga emocional. **Comb.** ~ *de choro* [desespero/raiva]. **3** Agitação violenta dos elementos naturais/Abalo/Cataclismo. **Comb.** Terramoto seguido de ~ões [abalos/réplicas(+)] de menor intensidade. **4** Forte agitação social/Grande perturbação da ordem. **Ex.** Estamos a atravessar um período [tempo/uma época] de fortes ~ões sociais.

convulsionante *adj 2g* (<convulsionar+-ante) Que convulsiona/provoca convulsão.

convulsionar *v t* (<convulsão+-ar¹) **1** Pôr em [Causar] convulsão/Fazer tremer intensamente. **Ex.** A taluda (Pré[ê]mio maior da lota[e]ria) convulsionou a família. O vulcão convulsionou a ilha. **Loc.** ~-se com febre. **2** Revolucionar/Agitar/Conturbar. **Ex.** A informática convulsionou a vida moderna.

convulsionário, a *adj/s* (<convulsão+-ário) (O) que padece de convulsões/Relativo a convulsão. **Comb.** Um (doente) ~. Estado ~.

convulsivo, a *adj* (<convulso+-ivo) **1** Relativo a convulsão. **2** Que provoca convulsão. **3** Tré[ê]mulo/Agitado/Espasmódico/Convulso(+).

convulso, a *adj* (<lat *convúlsus,a,um* <*convéllere*: arrancar, puxar com força) **1** *Med* Que tem [resulta de] convulsões. **Comb.** *Movimentos ~s. Tosse ~a* [Tosse infe(c)ciosa violenta e asfixiante/Coqueluche]. **2** Que está abalado/muito agitado(+). **Comb.** Mar ~. **3** Que manifesta grande agitação/perturbação/desordem. **Comb.** Situação ~a «na Líbia».

coocorrência *s f* [= co-ocorrência] **1** Ocorrência simultânea. **2** *Ling* Combinação sintagmática possível de unidades linguísticas distintas, obedecendo a uma relação de interdependência. **Ex.** A ~ do substantivo *porta* é mais elevada com os verbos *abrir* e *fechar* do que com qualquer outro verbo.

coocupante *s 2g* [= co-ocupante] O que ocupa simultaneamente com outrem. **Comb.** «dois estudantes» ~s do mesmo quarto.

cooperação *s f* (<lat *cooperátio,ónis*) **1** Participação num proje(c)to [numa tarefa] comum/Conjugação de esforços/Colaboração. **Ex.** A festa de finalistas foi realizada com a ~ de todos os alunos do último ano e dos respe(c)tivos professores. **2** Ajuda econó[ô]mica, técnica ou militar dada por um país [uma organização internacional] a outro (país) para fins de reabilitação ou desenvolvimento. **Comb.** ~ de Portugal com Timor-Leste «na educação/formação das forças da ordem».

cooperador, ora *adj/s* (<lat *cooperátor,óris*) (O) que coopera/colabora. **Ex.** Obra realizada por [com o auxílio de] vários ~es.

cooperante *adj/s 2g* (<cooperar+-ante) **1** (O) que coopera/Cooperador. **Loc.** *Ser ~. Ter uma atitude ~.* **2** Pessoa [Entidade] que desenvolve [trabalha em] um programa de cooperação. **Ex.** Para Moçambique, partiram vários ~s portugueses. As

ONG são organizações ~s que trabalham em países pouco desenvolvidos.

cooperar v int (<lat *coóperor,ári,átus sum*) Trabalhar em conjunto com outros para o mesmo fim/Contribuir «com trabalho/esforços/dádivas»/Colaborar. **Ex.** Muita gente cooperou, uns com trabalho, outros com dinheiro, na reconstrução duma casa degradada duma família pobre. Portugal coopera com os PALOP em vários programas de desenvolvimento econó[ô]mico e social. Todos os países deviam ~ no combate ao tráfico de droga e na defesa da paz.

cooperativa s f (<cooperativo) Associação «de produtores/comerciantes/consumidores/artistas» que procura desenvolver determinada área «económica/social/artística» procurando beneficiar os seus associados pela redução de custos e encargos e conseguindo condições «preços» mais favoráveis à prossecução da sua a(c)tividade. **Comb.** ~ *agrícola* «de produtores de azeite/fruta/vinho». ~ *de consumo.* ~ *de habitação.* ~ *de teatro.*

cooperativismo s m (<cooperativo+-ismo) Movimento que visa a renovação social pelo desenvolvimento das associações cooperativas. **Ex.** O ~ é diferente do capitalismo porque promove uma distribuição equitativa da riqueza e distingue-se do cole(c)tivismo porque não suprime nem a iniciativa nem a propriedade privadas.

cooperativista adj/s 2g (< cooperativo+-ista) Referente ao [Partidário do] cooperativismo. **Comb.** *Movimento* [Sistema] ~. *Um ~ ferrenho.*

cooperativo, a adj/s f (< cooperar+-tivo) **1** Que coopera/trabalha em conjunto/Cooperador. **2** Em que há cooperação. **Comb.** Trabalho ~. **3** Relativo a cooperativa ou ao cooperativismo. **Comb.** Movimento [Sistema] ~. **4** s f ⇒ cooperativa.

cooptação s f (<lat *cooptátio,ónis*) **1** A(c)to de cooptar. **2** *Dir* Escolha do titular de um órgão pelos titulares do mesmo órgão. **Comb.** ~ de um administrador pelos outros administradores.

cooptar v t (<lat *coópto,áre,átum*) Admitir(+) alguém numa corporação [instituição/num organismo] sem cumprimento das formalidades habituais/Agregar(+). **Loc.** ~ um membro da dire(c)ção «dum clube».

coordenação s f (<lat *coordinátio,ónis*) **1** Disposição metódica e ordenada de um conjunto de elementos que estabelecem entre si relações mútuas/Composição/Arranjo. **Ex.** A equipa/e demonstrou durante todo o jogo uma ~ exce(p)cional. **Comb.** ~ *dos vários elementos decorativos* «dum salão». **2** Organização das partes de um todo/dos elementos que participam numa a(c)tividade [num programa] comum. **Comb.** ~ dos vários departamentos duma empresa. ~ *da segurança* num evento de grande envergadura «campeonato mundial de futebol/Jornadas Mundiais da Juventude». **3** *Med* Conjugação harmó[ô]nica da a(c)tividade dos músculos. **Comb.** ~ *de movimentos.* ~ *ocular.* **4** Organismo administrativo do qual depende o funcionamento de vários serviços ou se(c)ções. **Ex.** A ~ dos serviços de emergência médica nacional (INEM) está sediada em Lisboa. **5** *Gram* Ligação de palavras, expressões ou frases por meio de conjunção coordenativa. **6** *Quím* Diz-se dos compostos de adição (Compostos de ~/Complexos) formados por ligação covalente de vários (grupos de) átomos [iões/íons] a um átomo central. **Ex.** A fórmula [Co (NH$_3$)$_6$]Cl$_3$ representa um composto de ~. **Comb.** Número de ~ [Número de átomos (Coordenadores) ligados ao átomo central]. ⇒ *Quím* Complexo **5**.

coordenado, a adj/s f (<coordenar+-ado) **1** Em que há coordenação. **Ex.** Grupo que trabalha ~. **Comb.** A(c)tividades ~as. **2** *Gram* Ligado por conjunção coordenativa. **3** s f (pl) Cada um dos elementos que permitem determinar a posição de um ponto num plano ou no espaço em relação a um sistema de referência. **Comb.** *~as astronó[ô]micas* [As que permitem a localização de um astro na esfera celeste]. *~as cartesianas* [Números reais que permitem determinar a posição de um ponto num plano [no espaço] utilizando como referencial dois [três] eixos ortogonais que se cruzam num ponto (Origem) de ~as iguais a zero]. *~as geográficas* [que permitem a localização dum ponto à superfície do globo terrestre (Latitude, Longitude, Altitude)].

coordenador, ora adj/s (<coordenar+-dor) (O) que coordena. **Comb.** ~ *dos vendedores* duma empresa. *Organismo* ~ «das a(c)tividades culturais».

coordenar v t (<lat *coórdino,áre,átum*) **1** Dispor obedecendo a determinadas regras/normas. **Loc.** ~ *os horários* dos professores. ~ *a distribuição do pessoal* por turnos. **2** Organizar e orientar um proje(c)to/um grupo/uma a(c)tividade. **Loc.** ~ o trabalho de várias corporações de bombeiros no ataque a um incêndio. **3** Dispor de maneira eficaz e harmoniosa/Combinar. **Loc.** ~ a decoração duma sala para um banquete de gala. **4** *Gram* Ligar unidades linguísticas por meio de conjunção coordenativa.

coordenativo, a adj (<coordenar+-tivo) Que estabelece coordenação. **Comb.** Conjunção ~a «e, mas, porém».

coorte s f *Hist* (<lat *cóhors,órtis*) Unidade tá(c)tica da infantaria romana, correspondente à décima parte da legião.

coossificação s f (<co-+...) Reunião pela ossificação.

copa (Ó) s f (<lat *cúp(p)a*: vasilha grande, cuba) **1** Taça para bebidas. **Idi.** *De ~ e cozinha* [Da intimidade da casa/Muito íntimo]. *Fechar*[Fazer/Meter]-*se em ~s* [Ficar calado/Não dar satisfações] (Ex. Desde que (ele) chegou, fechou-se em ~s e não nos disse mais nada). **Comb.** ~ [Taça(+)] *de cerveja.* **2** *(D)esp* **a)** Taça artística que se dá como pré[ê]mio ao vencedor de uma competição (Ex. O nosso colégio ganhou [conquistou] a ~ de voleibol); **b)** Campeonato(+)/Torneio (Ex. O Brasil venceu a ~ do Mundo de futebol pela quinta vez em 2002). **3** Parte superior da árvore, constituída pelos ramos (e folhas). **Ex.** O pinheiro manso é uma árvore de ~ larga. **Comb.** ~ densa [redonda]. **4** Parte do chapéu que cobre dire(c)tamente a cabeça. **Comb.** A ~ e a aba. Chapéu de ~ alta [baixa/mole/rija/redonda]. **5** Divisão da casa onde se guardam e lavam as coisas da cozinha e da mesa. **6** Compartimento «em hospitais/hotéis» que atende ao serviço dos quartos ou de refeições leves. **7** ⇒ baixela(+). **8** Naipe (de cartas de baralho) representado por uma ~ [taça] ou um coração vermelho. **Ex.** O trunfo é ~s. **Comb.** Ás de ~s. **9** *pl* Jogo de cartas. **Loc.** Jogar às ~s.

copada (Ò) s f (<copo+-ada) **1** Copo cheio. **Ex.** Bebi uma ~ [um (bom) copázio(+)] «de vinho/de café com leite». **2** *Arquit* Parte saliente e arredondada da base de uma coluna.

copado, a adj (<copa+-ado) **1** (Diz-se de árvore) que apresenta copa (densa e) abundante. **Comb.** Árvores ~as. **2** Que tem forma de copa. **Comb.** Vela ~a. **Sin.** Bojudo/Convexo.

copaíba [copaibeira] s f *Bot* (<tupi *kopa'ïwa*) **1** Designação comum das árvores da família das leguminosas, nativas do Brasil, de boa madeira, de onde se extrai óleo medicinal; *Copaifera officinalis/martii*. **2** Óleo com propriedades medicinais extraído dessas árvores.

copal adj/s 2g (<asteca *copalli*: resina) (Diz-se de) resina dura e vítrea que se extrai de certas árvores das regiões tropicais, us na preparação de colas/lacas/vernizes.

copar v t/int (<copa+-ar[1]) **1** Podar, dando forma de copa. **Ex.** O jardineiro copou a árvore. **2** Formar [Ganhar] copa (+). **Ex.** As árvores estão a ~(-se). **3** Tornar arredondado/bojudo/convexo. **Ex.** O vento forte copava as velas do barco. **4** Erguer/Fitar. **Ex.** O cão copou [arrebitou(+)] as orelhas ao ver a cobra.

coparceiro, a s [= co-parceiro] Aquele que é parceiro com outro(s).

coparticipação/coparticipante/coparticipar [= co-participação/...] ⇒ comparticipação/...

copázio s m *aum* (<copo+-ázio) **1** Copo grande/Cop(arr)ão. **Ex.** Que ~! Isto é [parece] uma jarra. **2** Conteúdo desse copo. **Ex.** Bebeu um ~ de água de um fôlego.

copé s m *Br* (<tupi *ko'pe*: na roça) Cabana rústica de madeira e palha. **Sin.** Choupana(+); palhoça/palhota(o+).

copeiro, a s (<copa 1+-eiro) **1** Pessoa que tem por profissão tratar da lou[oi]ça, bebidas, roupa de mesa e de outros serviços da copa. **Comb.** ~-mor[-chefe]. **2** *Br* Empregado doméstico que serve à mesa ou atende a porta. **3** s f Armário ou aparador para guardar lou[oi]ça. **Sin.** Guarda-lou[oi]ça(+). **4** Intervalo de forma có[ô]nica entre os raios de uma roda de carruagem.

copejar v t (< ?) **1** Pescar peixe graúdo «atum», com arpão. **Sin.** Arpoar(+). **2** Tirar o peixe da armação ou da rede de galeão.

copela s f (<lat *cupélla*: vasilha pequena, *dim* de *cúp(p)a*: vasilha grande) Pequeno cadinho para copelar.

copelar v t (<copela+-ar[1]) **1** Separar o ou[oi]ro ou a prata de outros metais pelo fogo. **2** Submeter ligas de metais preciosos à análise. **Ex.** Os fiscais mandavam ~ as barras de ouro. **3** Afinar/Acrisolar. **Loc.** ~ ligas de proveniência diversa.

copépode adj/s 2g (<gr *kópe*: cabo de um remo+-pode) Relativo a ou espécime dos ~s/crustáceos microscópicos ou muito pequenos, de água doce ou salgada, de vida livre, comensais ou parasitas.

copeque (Pé) s m *Econ* (<ru *kopéyka*) Centésima parte do rublo, unidade monetária da Federação Russa e do Ta(d)jiquistão.

copernic(i)ano, a adj/s (<antr Copérnico (1473-1543)) **1** Relativo a Nicolau Copérnico, astró[ô]nomo polaco [polonês], ou à sua teoria cosmológica do sistema heliocêntrico. **2** Adepto da teoria de Copérnico.

copérnico s m (⇒ copernic(i)ano) Aparelho que representa o movimento dos corpos celestes segundo o sistema heliocêntrico.

cópia s f (<lat *cópia*: abundância, reprodução) **1** *Liter/Poe* ⇒ abundância, grande quantidade. **2** Transcrição [Traslado/Reprodução] de um texto. **Ex.** Como trabalho de casa, o aluno fez uma ~ e um desenho. **3** Traslado/Duplicado/Reprodução/Imitação de uma obra de arte ou de outro trabalho original. **Ex.** O filho é a ~ [cara/o retrato] do pai. **Loc.** Fazer [Tirar] uma ~

[Reproduzir o original]. Tirar vinte ~s «da carta». **Comb.** ~ *a cores*. ~ *a preto e branco*. ~ *autêntica* [de um documento feita pelo mesmo oficial que fez o original]. ~ *autenticada* [feita por um oficial que não lavrou o a(c)to, mas que é autenticada por um tabelião]. ~ *de segurança*/reserva «de arquivo(s) informático(s)/duma carta importante». ~ *de um quadro* «de Portinari». ~ *de uma certidão*. ~ *de uma estátua*. ~ *fotostática* [Fotocópia]. ~ *pirata* [ilegal]. ⇒ contrafa(c)ção; imitação falsa; plágio.

-cópia suf (<lat *cópia* <cum: com+*ops,ópis*: posses, recursos, força; exprime a ideia de reprodução, abundância; ⇒ cornu~; foto~).

copiador, ora s (<copiar+-dor) **1** Pessoa que reproduz [copia] textos à mão ou faz cópias. **Sin.** Copista(+). **2** Pessoa que imita [plagia] outra. **Sin.** Plagiário(+); imitador(o+). **3** s f *Cine/Fot* Máquina que se destina à reprodução de filmes, negativos, slides. **4** Máquina para tirar [fazer] cópias. **Sin.** Fotocopiadora.

copiar[1] v t (<cópia+-ar[1]) **1** Fazer uma cópia. **Loc.** ~ um [todo o] texto. ~ uma disquete. ~ uma pintura. **Sin.** Reproduzir; transcrever; imitar. **2** Inspirar-se em/Imitar(+). **Ex.** As crianças gostam de [tendem a] ~ os adultos. **Loc.** ~ (pondo o papel) por cima. ~ [Imitar(+)] o estilo de «um autor/pintor». **3** Imitar um trabalho feito por outra pessoa, procurando fazer crer que é original ou de sua autoria. **Loc.** ~ um Portinari. ~ uma assinatura. **Sin.** Contrafazer; falsificar; plagiar. **Ant.** Criar. **4** Fazer uma cópia ilegal. **Loc.** ~ no exame e ser reprovado. ~ uma marca de luxo.

copiar[2] s m *Br* (<tupi *kopi'ara*) Varanda, alpendre ou vestíbulo das casas rurais nordestinas.

copiloto (Lô) s [= co-piloto] **1** *Aer* Piloto auxiliar. **2** *(D)esp* Pessoa que vai sentada ao lado do condutor, num carro de corrida. **Ex.** O ~ ia dando informações sobre o traje(c)to da prova ao piloto.

copinho s m dim (<copo+-inho) Copo pequeno ou o seu conteúdo. **Ex.** Bebeu um ~ de licor. Um ~ de vinho [O vinho, só um [copito/copo] não faz mal a ninguém.

copiosamente adv (<copioso+-mente) Em grande cópia/quantidade. **Ex.** Foi uma refeição magnífica, ~ regada de vinhos excelentes. **Loc.** Chorar [Chover] ~/muito. **Sin.** Abundantemente; muito.

copiosidade s f (<copioso+-i+-dade) Qualidade do que é copioso. **Comb.** ~ de informações. **Sin.** Abundância(o+); cópia(+); fartura(+).

copioso, a (Ôso, Ósa) adj (<lat *copiósus*) **1** Em que há abundância/cópia/grande quantidade. **Ex.** A ceia era sempre ~a, requintada, regada com bons vinhos. **Comb.** Um ~ [opíparo(o+)/lauto(+)] banquete. **Sin.** Abundante; farto. **2** Em grande número ou quantidade. **Ex.** Corriam-lhe pelo rosto ~as lágrimas. **Comb.** Cabelos ~s. Chuva ~a. **3** Que é rico de [em] ideias e palavras. **Ex.** Tornou-se conhecido pelos seus eruditos e ~s escritos. **Sin.** Longo; profuso. **4** ⇒ prolixo.

copirraite [copyright] ing ⇒ direito(s de autor).

copista[1] s 2g (<cópia+-ista) **1** O que copia/transcreve manualmente «textos, partituras, obras». **2** *Hist* O que, antes da invenção da imprensa, se dedicava à reprodução dos manuscritos antigos/Escriba. **Ex.** A arte do ~ aliava ao trabalho de reprodução a arte da iluminura. **3** *depr* ⇒ imitador; plagiário(+).

copista[2] (Ó) s 2g (<copo+-ista) Pessoa que bebe muito/que se mete nos copos. **Sin.** Beberrão.

copla s f *Liter* (<lat *cópula*: ligação, cadeia de palavras) Estrofe, geralmente quadra ou sextilha, em redondilha maior e de rima toante ou consoante, muito cultivada desde a Idade Média em composições de raiz popular. **Loc.** Fazer ~s. ⇒ refrão; quadra.

copo s m (<copa; ⇒ ~-d'água) **1** Recipiente para beber, ou o seu conteúdo. **Ex.** Encheu o ~ de leite e bebeu. **Loc.** Deitar vinho nos [Encher os] ~s. Esvaziar o ~. Tomar [Beber] um ~. **Idi.** *Beber pelo mesmo* ~ [Ser uma pessoa íntima de outra/Ser unha com carne/Comer do mesmo prato] (Ex. Esses dois bebem pelo mesmo ~!). *Fazer uma tempestade num* ~ *de água* [Discutir por um motivo fútil/Reagir de forma exagerada. *Br* **Não beber nem desocupar o** ~ [Ser uma pessoa indecisa/*idi* Não atar nem desatar (+)]. **Comb.** ~ de água ⇒ ~-d'água. ~ *de balão* [~ bojudo na base «para beber aguardente»]. ~ [Taça/Caneca] *de cerveja*. ~ [Copinho] *de licor*. ~ *de pé* [Cálice/Copa/Taça]. ~ [Cálice (+)] *de vinho do Porto. A(s) borda(s) do* ~. *Base(s) para* ~*(s). O fundo do* ~. *Serviço de* ~*s*. **2** *fam* Bebida, em geral alcoólica, que se toma fora das refeições. **Ex.** Podemos ir beber um ~ depois do cinema. Bebeu um ~ a mais e fez-lhe mal. **Loc.** Oferecer [Pagar] um ~. **3** Pessoa que gosta de bebidas alcoólicas ou que bebe muito. **Ex.** Ele é (cá) um [é um bom] ~! **Sin.** Bebedor. **4** A(c)ção de beber bebidas alcoólicas. **Ex.** Os ~s é que o desgraçaram/A bebida deu cabo dele. Entre um ~ e outro, fizeram as pazes. **Loc.** *fam* **Andar** (metido) *nos* ~*s* [Estar a consumir bebidas alcoólicas em demasia/Abusar da bebida]. *Estar com os* ~*s* [Estar [Ficar] embriagado]. *Gostar dos* ~*s* [Ter tendência para abusar de bebidas alcoólicas]. *Meter-se nos* ~*s* [Beber de mais [demais]/Embriagar-se]. **5** *fig* Obje(c)to de forma semelhante a ~. **Comb.** ~ *da tulipa*. ~ *de jogar os dados*. ~ *graduado* [Recipiente para medir líquidos/arroz/farinha]. ~ *misturador* [Peça de ele(c)trodomésticos de cozinha onde se reduzem a líquido ou a pasta alimentos sólidos].

copo-d'água s m (<...+de+...) Refeição de pratos frios e quentes, doces e bebidas/Jantar de festa/*Br* Festinha. **Ex.** Este mês tive [fui a] dois copos-d'água. O ~ do casamento da filha foi muito bem servido. ⇒ banquete.

copo-de-leite s m *Bot* ⇒ açucena; jarro[2].

copofone s m (<copo+-fone) **1** *Mús* Instrumento musical constituído por uma série de copos com água de tamanhos diferentes, ordenados pela sua capacidade, que soam quando (são) friccionados pelos dedos ou percutidos por baqueta. **2** *fam* Pessoa que bebe bebidas alcoólicas em demasia/Copo **3**. **Idi.** *Tocar o* ~ [Beber de mais [demais]/Embriagar-se].

copofonia s f (<copofone+-ia) **1** *Mús* Música ou som do copofone. **2** *fam* Gosto exagerado por bebidas alcoólicas/copos.

copra s f (<sân *kharpara*: casca seca da amêndoa) Polpa da amêndoa do coco-da-baía, seca e preparada para dela se extrair um óleo para fabricar glicerina, manteiga de coco, copraol, ...

copraol s m (<...+-ol) Substância gorda extraída da copra, us no fabrico de velas, supositórios, ...

copr(o)- pref (<gr *kópros*: excremento, sujeira, estábulo) Exprime as noções de excremento, fezes, obscenidade. ⇒ coprofagia.

coprodução s f [= co-produção] **1** Produção que se efe(c)tua com a participação de mais de uma «pessoa, organização, empresa». **2** *Cine* Filme realizado em colaboração «financeira, técnica, artística» entre dois ou mais (países) produtores. **Ex.** Trata-se de [É] uma ~ franco-portuguesa e a crítica tem sido bastante favorável.

coprodutor, ora s [= co-produtor] O que co-produz. **Ex.** Um dos ~es assegurou a verba inicial [o(s) primeiro(s) fundo(s)] para o filme. ⇒ coprodução.

coproduzir v t [= co-produzir] Produzir com outro(s). **Ex.** Duas pequenas empresas vão ~ peças de confe(c)ção. ⇒ coprodução.

coprofagia s f (<gr copro-+-fagia) **1** *Psic* Tendência patológica que leva uma pessoa a beber urina ou comer excrementos. **2** Modo de alimentação de alguns inse(c)tos e aves que comem esterco/excrementos. **Sin.** Escatofagia; ontofagia.

coprófago, a s/adj (<copro-+-fago) **1** *Psic* O que pratica a coprofagia **1**. **2** *Zool* (Diz-se de) animal que se alimenta de excrementos de outros animais. **Ex.** O escaravelho é um ~. **Sin.** Escatófago; ontófago.

coprofilia s f *Psic* (<copro-+-filia) Interesse psicopatológico por fezes e pelo a(c)to de defecação e sua associação ao prazer sexual. ⇒ coprofobia.

coprófilo, a s/adj (<copro-+-filo) **1** (Diz-se de) bactéria que vive nas fezes ou de larva que se desenvolve nos excrementos. **Sin.** Escatófilo; ontófilo. **2** *Psic* (O) que tem inclinação para a coprofilia.

coprófito s m *Bot* (<copro-+-fito) Fungo que se desenvolve nos excrementos.

coprofobia s f *Psic* (<copro- +-fobia) Medo mórbido de defecar ou das fezes. ⇒ coprofilia.

coprolalia s f *Psic* (<copro-+-lalia) Necessidade compulsiva de proferir palavras ou expressões obscenas.

coprólito s m (<copro-+-lito) **1** *Pal* Massa fossilizada de excremento animal. **2** *Med/Vet* Matéria fecal endurecida e calcificada, com aspe(c)to de pedra. **Sin.** Fecálito.

coprologia s f (<copro- +-logia) **1** Estudo dos excrementos ou dos adubos orgânicos. **2** Uso de linguagem ou assuntos (tidos como) obscenos em obras literárias e afins.

copropriedade s f *Dir* [= co-propriedade] Propriedade comum a dois ou mais titulares. ⇒ condomínio.

coproprietário, a s/adj *Dir* [= co-proprietário] (O) que possui uma propriedade juntamente com outrem. **Ex.** Como ambos tinham herdado a casa, cada um deles era ~ e não a podia vender sem o acordo do outro.

copta s/adj 2g (<gr *(ai)gúptios*: egípcio) **1** *Etn* Descendente dos antigos egípcios. **2** *Lin* Língua camito-semítica, originada do egípcio antigo, escrita a partir do séc. III com caracteres derivados do grego, e que hoje se restringe ao uso litúrgico. **3** Relativo ao(s) copta(s). **Comb.** ~s católicos. Arte ~. Bispos ~s. Igreja ~.

cópula s f (<lat *cópula*: laço, cadeia) **1** ⇒ Ligação/União/Junção. **2** Relação sexual. **Sin.** Coito(+). **3** *Gram* Verbo «ser/estar/ficar» que liga o sujeito e o (nome) predicativo do sujeito/Verbo de ligação (+). **Ex.** Ele está [ficou/caiu] doente. **4** *Lóg* Identidade, expressa pelo verbo *ser*, entre o sujeito e o predicado/Elo dum juízo categórico. **Ex.** Todo o homem é mortal.

copulação s f (<lat *copulátio*) **1** ⇒ cópula **1/2**. **2** *Quím* ⇒ Ligação química/Combinação(+).

copular *v t/int* (<lat *cópulo,áre*) 1 ⇒ Ligar/Juntar/Unir/Acoplar. 2 Ter cópula/relações sexuais/Praticar o coito. **Sin.** Acasalar.

copulativo, a *adj* (<lat *copulatívus*: que liga) 1 Que liga/une. **Comb.** *Ling* Conjunção ~a «e» da expressão "correr e saltar". Verbo ~ «ser/estar» do exemplo "ele é/está doente" (⇒ cópula 3). 2 Relativo a cópula 2.

copyright *ing* ⇒ direito(s de autor).

coque[1] *s m Quím* (<ing *coke*) Carvão poroso de origem mineral ou vegetal que produz muito calor e arde sem chama nem fumo. **Comb.** ~ de petróleo. ~ metalúrgico.

coque[2] *s m* ⇒ croque(+).

coque[3] *s m* (<ing *cook*) ⇒ cozinheiro.

coque[4] *s m Br* (<fr *coque*) Penteado feminino que consiste em enrolar o(s) cabelo(s) no alto da cabeça ou junto à nuca. **Sin.** Carrapicho; carrapito; pitó; totó.

coqueiral *s m Bot* (<coqueiro+-al) Conjunto de coqueiros.

coqueiro *s m Bot* (<coco+-eiro) Variedade(s) de palmeira que produz(em) cocos; *Cocos nucifera*. **Sin.** Coco.

coqueluche *s f Med* (< ?) 1 Doença infe(c)to-contagiosa que ataca especialmente as crianças e se cara(c)teriza por fortes ataques de tosse espasmódica. **Sin.** Tosse convulsa. 2 Obje(c)to da preferência ou do entusiasmo momentâneos. **Ex.** O rapaz tornou-se a ~ das mulheres. **Sin.** Mania; moda.

coquete *adj/s 2g* (<fr *coquette* <*coq*: galo) 1 (Diz-se de) pessoa, especialmente do sexo feminino, que gosta de ser admirada ou de seduzir. **Ex.** Ela é muito ~. **Sin.** Vaidoso(+). ⇒ garrido; garridice. 2 (Diz-se de) pessoa inconstante/leviana/volúvel. **Sin.** Boneca 4.

coquetear *v int* (<…+-ear) Proceder como [Ter atitudes de] coquete. **Ex.** Ela tem um jeito especial de ~ e cativar.

coquetel *s m* (<ing *cocktail*: rabo (empinado) de galo) 1 Bebida feita com mistura «de duas ou mais substâncias alcoólicas, sumos», à qual é adicionado «gelo, açúcar, fruta». **Sin.** Cacharolete. **Comb.** ~ molotov [Bomba de fabrico caseiro, que consiste numa garrafa com um líquido inflamável e um pano ou pavio nele embebido] (Ex. Os manifestantes atacaram a polícia com ~éis molotov). 2 *fig* Combinação de dois ou mais medicamentos/Mistura farmacêutica. **Comb.** ~ *letal* de barbitúricos. ~ AZT para aidéticos [doentes de sida [aids]. 3 Reunião social em que são servidos aperitivos, salgados, bebidas. **Ex.** Os participantes na conferência foram convidados para um ~ na Embaixada de Angola. 4 Mistura de coisas distintas. **Ex.** O desfile de moda da cole(c)ção primavera-verão foi um ~ de cores. 5 *Cul* Iguaria preparada à base de marisco, peixe e molho especial, servida geralmente fria e em taça. **Comb.** ~ de camarão/gambas.

coquilh(eir)o *s m Bot* (<coco+…) Designação comum a diversas palmeiras ou aos seus pequenos frutos, *us* «na produção de óleos».

cor[1] (Ô) *s f* (<lat *cólor*; ⇒ ~ de laranja; ~-de-rosa) 1 Impressão que a luz difundida pelos corpos produz no órgão da visão. **Ex.** As ~es do arco-íris são sete. Fui à praia para ganhar uma ~zinha [para ficar bronzeado]. **Loc.** *Ter boa* ~ [Ter ~ sadia]. *Ter má* ~ [Estar com ar de doente]. **Idi.** ~ *de burro a fugir*/burro quando foge [Cor incerta/indefinida]. *Ficar de todas as* ~*es* [Sofrer ou ter uma emoção muito forte]. «com o susto/medo/a queda» *Mudar de* [Perder/Ficar sem] ~ [Ficar amarelo/lívido]. *Não ver a* ~ *do* [Não receber o] *di-*

nheiro. **Comb.** «não gosto de» ~*es carregadas*. ~ *(de) castanha* [de canela/de chá preto]. ~*-de-rosa*. ~ *fria* [perto do azul ou do verde]. «as» ~*es fundamentais* [primárias] «são o vermelho, o azul e o verde». ~ *quente* [perto do amarelo ou do vermelho]. ⇒ colorido; matiz; tom. «fotografia, televisão» *A* [Em] ~*es*. (⇒ colorido). «sala pintada/vestido» *Às* [Com várias] ~*es*. *De* ~ *a*) «homem» Negro/Preto; *b*) «fato/vestido» Que não é branco nem preto nem cinza. 2 Substância corante/Tinta/Pigmento. **Ex.** As anilinas são ~es artificiais. 3 *pl* Bandeira/Insígnia. **Ex.** O navio levava as ~es [a bandeira] do Panamá. Defendeu as ~es [insígnias] do clube com unhas e dentes [Jogou «futebol» esforçadamente]. 4 *fig* Sabor/Beleza/Colorido/Autenticidade/Realce. **Loc.** *Dar* ~ *ao discurso* [Discursar com vida]. *Dar* ~ *à frase*/ao estilo [Escrever com muita garra]. **Comb.** ~ [Sabor/Colorido/Matiz] local/do lugar/da «nossa» terra. 5 *fig* Aspe(c)to/Cará(c)ter/Feição/Aparência/Opinião/Partido. **Ex.** Estás com boa(s) ~(es) [bom aspe(c)to]. Contou o caso com ~es muito negras [como (se fosse) uma tragédia]. Os acontecimentos vieram a tomar uma ~ trágica. **Comb.** *Sob* ~ [a aparência/A pretexto] *de* «cansaço, não quis vir à reunião». «não sei qual é a» ~ *política* «dele».

cor[2] (Ó) *s m* (<lat *cor*: coração) Só *us* em locuções e com o significado de *memória*. **Loc.** *Aprender/Conhecer/Dizer/Recitar/Saber de* ~ [de memória] (Ex. Sei [Sou capaz de recitar/Recito] esse poema de ~). *idi Falar de* ~ [Dizer alguma coisa repetindo o que se ouve dizer, sem reflexão própria] (Ex. Não sabe(s) o que está(s) a dizer, fala(s) de ~). **Comb.** *De* ~ *e salteado* [Muito bem] (Ex. Sabe as lições de ~ e salteado [de trás para a frente e da frente para trás]).

cora (Ó) *s f* (<corar) A(c)to ou efeito de corar 3. **Ex.** Já pus a roupa à ~/a corar. **Sin.** Branqueamento.

coração *s m* (<lat *cór,rdis* + *aum* -ão) 1 Órgão central da circulação do sangue. **Ex.** Cardiopatia significa doença do ~. Abraçou-a de encontro ao ~ [peito(+)]. **Loc.** Levar a mão ao ~ [peito(+)] «e dizer: desculpe!». **Idi.** *Ter pelo(s) no* ~ *a*) *fam* Ter maus instintos/Ser cruel, insensível; *b*) Ser invulgarmente corajoso. **Comb.** O ~ *tubular* «da aranha/minhoca». *Ataque de* ~. *Transplante de* ~.
2 *fam* Lugar dos sentimentos, do amor, da generosidade, da coragem, da intuição, … **Ex.** Há razões do ~ que a razão não entende [que escapam à lógica]. Pensa com o ~ em vez de pensar com a cabeça. Aquelas férias ficaram no ~ [na memória/lembrança] do menino. Tens todo o meu ~ [amor/afe(c)to]. Diz-me o ~ que ele vai aparecer [ele me vem ver] hoje. **Idi.** *Abrir o* ~ *a alguém* [Desabafar com [Fazer confidências a] alguém]. *Apertar-se* ~ *aos* [Afligir-se/Angustiar-se]. *Cair-nos o* ~ *aos pés a*) Ser ou ficar desagradavelmente surpreendido; *b*) Apanhar um grande susto. «professor» *Conquistar (o* ~ *de)* todos os alunos. *Cortar-se o* ~ [Causar grande mágoa, tristeza/Comover-se] (Ex. Ver um pai bater assim [tanto] no filho corta-o ~). *Dar-me* [Sentir] *uma pancada no* ~ [Pressentir alguma coisa funesta/grave] (Ex. Ao ouvir a notícia do desastre, deu-me [senti] uma pancada no ~). *Entregar-se de alma e* ~ «aos filhos/ao trabalho» [Dedicar-se totalmente a/Empenhar-se em]. *Falar ao* ~ *a*) Sensibilizar alguém ou tornar-se agradável para o convencer; *b*) Despertar o afe(c)to/amor de alguém. *Fazer das tripas*

~ «e aguentar a dor/e ir salvar o amigo» [Suportar um mau momento com paciência, resignação/Encher-se de coragem apesar do risco ou repugnância]. *Ir direito* [Falar] *ao* ~ [Tentar comover/convencer alguém]. *Ler no* ~ [Adivinhar os sentimentos de uma pessoa]. *Não ter* ~ [Ser cruel/frio/insensível]. *Pôr o* ~ *ao largo* [Não se preocupar]. *Sentir* [Ter] *o* ~ *aos* «à espera da vitória/notícia». *Ser de cortar* [partir] *o* ~ [Causar grande compaixão/tristeza] (Ex. Ver os pais perder um filho tão bom era de cortar/de partir o ~). *Ser um* ~ *lavado a*) Ser franco; *b*) Mostrar-se bondoso. *Ser* [Ter] ~ *mole* [Ser sensível à dor alheia/Ser condescendente]. *Ser* [Ter] *um* ~ *de ouro* [de pomba] (Ex. Ela tem um ~ de ouro [, é muito bondosa]). *Ser* [Ter] *um* ~ *de pedra* [Ser cruel/desumano/insensível]. *Ter bom* [mau] ~. *Ter* [Meter] *no* ~ [Manifestar o seu apreço por alguém, de modo a captar-lhe a simpatia]. *Ter* [Ficar com] *o* ~ *a bater* [Estar agitado/com medo]. *Ter um* ~ *aberto* [Ser afável/rece(p)tivo]. *Ter* [Estar com/Sentir] *o* ~ *aos pulos* [Estar muito contente/Estar ansioso]. *Ter o* ~ *perto* [ao pé] *da boca* [Dizer o que se pensa [sente] de forma dire(c)ta/franca]. *Ter um* ~ *de leão* [Ter índole forte/Ser valente]. **Comb.** ~ *alegre* [triste]. ~ *de mãe*. ~ *despedaçado* [desfeito]. *Amigo do* ~ [peito]. *Com o* ~ *nas mãos a*) «falar» Com total franqueza/sinceridade; *b*) «ficar/estar/andar» Em constante sobressalto/temor. *De* ~ *aberto* [Com franqueza/sinceridade]. *De* ~ *ao alto* [Com ânimo/coragem/esperança]. *Do (fundo do)* [*De todo o*] ~ *a*) «ajudo-o [-te]» Com toda a boa vontade/Com todo o prazer; *b*) «digo-te isto» Com toda a sinceridade. «pai/chefe/rico» *Sem* ~ [Insensível].
3 *fam* Forma de tratamento carinhosa dada a pessoa de quem se gosta muito/Essa pessoa. **Ex.** Não chores, ~, vais ver que tudo se resolve. Minha querida, meu ~. 4 Qualquer coisa em forma de ~. **Ex.** Trazia ao pescoço um cordão com um ~ de ouro. Desenhou um ~ vermelho no caderno «porque estava apaixonada». ⇒ ~-de-boi; cordiforme. 5 Centro/Núcleo/Âmago/Sede. **Ex.** Será Nova Iorque o ~ econó[ô]mico e Paris o ~ do mundo artístico? **Comb.** O ~ [centro] da cidade. O ~ [âmago] da floresta. No ~ do [Em pleno (+)] inverno.

coração-de-boi *s m Bot* 1 Variedade de repolho, com a forma aproximada de um coração. 2 Certa variedade de manga. 3 Árvore anonácea com frutos em forma de coração; *Annona reticulata*.

coraciídeo, a [coraciiforme] *s/adj Ornit* (<lat *córax,acis* <gr *kórax,akos*: corvo + …) (Diz-se de) aves predadoras, de bico resistente, a que pertencem os martins-pescadores ou pica-peixes.

coracoide (Cói) **[coracoídeo]** *adj/s* (<gr *korakoeidé,és*: semelhante ao corvo) 1 Recurvado como o bico do corvo. **Comb.** Bico ~. 2 *Anat Zool* Osso da cintura escapular dos vertebrados tetrápodes, especialmente desenvolvido nas aves e répteis.

corado, a (Ó) *adj* (<corar + -ado) Que tem cor vermelha ou avermelhada. **Ex.** O meu filho é muito envergonhado, fica logo ~ quando o elogiam. Ficou ~a ao ser olhada dire(c)tamente nos olhos; por [tem muito] pudor. Que maçãs tão coradinhas naquela macieira! Estás muito ~: é de correr ou de beber? **Loc.** Ficar ~ com o calor da sala. Ser ~ [ruborizado] de vergonha. Ser ~ [Ter boas cores]. **Comb.** *Faces* ~*as* [ro-

sadas]. *Meninos ~s* [sadios/saudáveis]. **Ant.** Sem cor; pálido. ⇒ colorido. **2** Tostado/Dourado/Alourado. **Comb. Batatas** *~as* «na sertã». «quarto de» *Cabrito ~* «no espeto». *Frango ~* [alourado/lourinho] «na grelha». *Leitão* «da Bairrada (Portugal)» *assado e bem ~*.

coradou[oi]ro (Ó) *s m* (<corar + -douro) **1** A(c)to de corar «roupa, cera». **Sin.** Cora(+). **2** Local onde se põe a roupa ao sol a corar. **Sin.** Estendedou[oi]ro; estendal.

coragem *s f* (<coração + -agem) **1** Ânimo/Intrepidez/Valentia. **Ex.** Não teve ~ de saltar de uma altura de cinco metros. Enfrentou o problema com ~ e ficou tudo resolvido [bem]. Teve a ~ de assumir o próprio erro [de reconhecer que errou] «e eu fiquei a apreciá[admirá]-lo ainda mais». Deu provas de grande ~ quando perdeu o marido num acidente e ficou [e se viu] só, com quatro filhos para criar. **Loc. Ganhar** [Encher-se de] *~*. *Lutar com ~*. *Perder a ~* [Desistir/Desanimar]. **Comb.** A ~ dos santos [Uma grande ~/A ~ de quem se entrega a Deus e aos outros]. **Ant.** Cobardia; fraqueza; desânimo. **2** *interj* **Ex.** ~! (meus) amigos [senhores]. ~ [Ânimo/Força]! daqui ao cume (da montanha) é menos de uma hora. **3** *idi* Paciência/Nervos/Disposição. **Ex.** Não tenho ~ de [paciência para (+)] entrar nessa longa fila e esperar. **Loc.** Sofrer com ~ [paciência/sem se queixar]. **4** *Depr Iron* Atrevimento/Desfaçatez/Ousadia/Descaro. **Ex.** É preciso ter ~ para ser(es) tão mentiroso! Eu não te entendo! teres a ~ de levantar a mão ao [contra o] teu (próprio) pai! Viu cair o velhinho na rua e teve a ~ de o deixar lá caído em perigo de ser atropelado por um carro!

corajosamente *adv* (<corajoso + -mente) Sem medo/Com coragem. **Ex.** Os soldados resistiram ~ ao ataque. **Loc.** Lutar ~. **Ant.** Cobardemente.

corajoso, a (Ôso, Ósa, Ósos) *adj* (<coragem + -oso) (O) que tem coragem. **Ex.** Foi muito ~ na luta contra a (sua) doença. **Comb.** Homem ~. **Sin.** Bravo; intrépido; destemido; forte; valente. **Ant.** Cobarde; fraco; tímido; medroso.

coral[1] *s m/adj 2g 2n Zool* (<gr *korállion,ou*: pedra preciosa vermelha ou agregado calcário de cor avermelhada) **1** Animal celenterado, antozoário, de corpo em forma de pólipo, com esqueleto calcário externo e boca rodeada de tentáculos, que vive nos mares quentes, fixado a pouca profundidade, formando vastas coló[ô]nias. **Ex.** Os ~ais (calcários) são responsáveis pela formação de [dão origem a muitos] recifes e atóis. Os mergulhadores ficaram extasiados com um banco de ~ vermelho. **Loc.** Pescar ~. **2** Secreção calcária desses animais, especialmente do coral-vermelho, que formam rocha ou pedra, sendo *us* em joalharia. **Comb.** Um colar de contas de ~. **3** Cor vermelha, rosada ou alaranjada cara(c)terística do coral-vermelho. **Idi.** *Fino como um ~* [Muito esperto]. **Comb.** Blusas (cor de) ~. ⇒ cobra-~. **4** Saliência verrugosa, dura e vermelha, da cabeça e parte do pescoço dos perus e de outras aves. **Comb.** Patos de ~. Pombos de ~. **Sin.** Carúncula.

coral[2] *adj 2g/s m Mús* (<lat *chorális* <gr *khóros,oû*: coro de dança, coro musical) **1** Relativo a coro. **Comb.** Canto ~. Grupo ~ [Coro]. Regente ~. **2** Composição para instrumentos ou voz. **Ex.** Na escola, as crianças canta[entoa]vam ~ais em uníssono. **Comb.** Os 150 ~ais para órgão de Bach. **3** Grupo de pessoas que pratica o canto em coro. **Ex.** O ~ da Universidade. **Sin.** Coro(+).

coraleiro, a *adj/s* (<coral + -eiro) **1** «barco» Relativo à pesca do coral. **2** Pescador de corais.

coraliário, a *s/adj Zool* (<coral + -ário) ⇒ antozoário(+).

coralífero, a *adj* (<coral + -fero) Que tem ou é constituído por corais.

coralígeno, a *adj* (<coral + -geno) Formado por coral. **Comb.** Ilhas ~as. **Sin.** Coralíneo; coralino.

coralina *s f* (<coral + -ina) **1** *Bot* Alga calcária vermelha. **2** Incrustação dessas e de outras algas calcárias. **3** *Min* ⇒ cornalina.

coralináceo, a *s/adj Bot* (<coralina + -áceo) **1** (Diz-se de) espécime das coralináceas, a que pertence a coralina.

coralíneo [coralino], a *adj* (<coral + ...) **1** De coral. **Comb.** Atóis [Bancos/Recifes] ~os. Colar de contas ~as. **2** Da cor do coral. **Comb.** Flores ~as. **3** De forma ou textura semelhante à do coral. **Comb.** Algas ~as.

coramina (Ó) *s f Med* (<coração + am(oníaco) + -ina) Substância derivada do ácido nicotínico, *us* como estimulante cardíaco e respiratório.

corandel *s m Tip* (<lat *columna,ae*: coluna ?) **1** Composição tipográfica mais estreita ao lado do texto ou de uma gravura. **2** Colunas em que se dividem as tabelas.

corânico, a *adj* (<Corão + -ico) Relativo ao Alcorão.

corante (Ô) *adj 2g/s m* (<corar + -ante) (Diz-se de) substância que cora ou tinge. **Ex.** O índigo é um ~ natural, vegetal. Usou um ~ alimentar para dar mais cor ao bolo. **Comb.** ~ sintético [químico].

Corão *s m* ⇒ Alcorão.

corar (Ò) *v t/int* (<lat *colóro,áre*) **1** Dar determinado tom ou cor, geralmente avermelhada. **Ex.** Um batom clarinho corava-lhe os lábios. **Sin.** Colorir; pintar; tingir. **Ant.** Desbotar; des-~. **2** Tornar-se [Ficar] vermelho/rosado. **Ex.** Mesmo tendo apanhado pouco sol, o seu rosto corou muito. Corou [Ficou (todo) corado] ao receber um elogio em frente aos [dos] colegas. A criança corou ao ser repreendida. A moça cora sempre que o vê. **Loc.** ~ de vergonha [raiva]. **Sin.** Enrubescer; ruborizar. **Ant.** Empalidecer. **3** Clarear [Restituir a brancura ou a verdadeira cor à] roupa ensaboada pela exposição à luz do sol. **Ex.** As lavadeiras coravam os lençóis ao sol. **Sin.** Branquear. **4** *Cul* Tostar ligeiramente pela a(c)ção do fogo ou do calor. **Ex.** Levou a carne ao forno para ~. **Sin.** Dourar; alourar. **5** ⇒ atenuar; desculpar; disfarçar.

corbelha (Ò) *s f* (<lat *corbícula*: cestinha, *dim* de *córbis*: cesto[a] de vime) **1** Pequena cesta «de vime», na qual se põem «flores, fruta, doces», para decorar ou servir em ocasiões especiais. **Sin.** Açafate(+); cestinha(+). **2** Lugar onde se expõem os presentes de casamento. **Ex.** A ~ da noiva estava repleta [cheia] de prendas. **3** *Ent* Estrutura das patas posteriores das abelhas, constituída por uma franja de pelos, para levar o pólen/Cesta do pólen/Corbícula(+).

corcel (Cél) *s m* (<fr *coursier*: cavalo corredor <lat *cursus*; ⇒ correr) **1** Cavalo *us* nas batalhas/Cavalo de batalha/campanha. **Ex.** Os cavaleiros montaram os seus ~éis e prepararam-se para a batalha. **2** Cavalo veloz/corredor/lindo. **Ex.** O ~ corria à desfilada.

corcha (Ô) *s f* (<lat *córtex,icis*: casca de fora; cortiça) **1** *Bot* ⇒ Córtex/Casca (de árvore)/Cortiça. **2** ⇒ Rolha de cortiça. **3** *Mil* Bucha ou rolha para tapar a boca das peças de artilharia e impedir a entrada da água.

corcho (Côr) *s m* (⇒ corcha) **1** Conjunto das boias de cortiça *us* como flutuadores para suster as redes de pesca. **Comb.** Cabo [Corda] do ~ [que liga as boias]. **2** ⇒ cortiço(+); coisa feita de cortiça.

corço (Côr) *s m* (<lat *curtus*: encurtado) **1** Pequeno veado da Europa e Ásia, com rabo curto e galhos curtos e pontiagudos; Cria da corça; *Capreolus capreolus*. **2** ⇒ Leitão mais novo de uma ninhada.

corcoroca *s f Ict* (<on) **1** Designação de vários peixes com cores marcantes; *Haemulon plumieri/sciurus*/... **2** ⇒ roncador; corvina.

corcova (Côr) *s f* (<corcovar) **1** Saliência nas costas ou dorso de animal. **Comb.** A ~ [marreca (+)/giba/corcunda (o+)] *do velhinho*. A ~ [bossa(+)] *do dromedário*. As duas ~s [bossas (+)] *do camelo*. **2** Pequena elevação de terreno. O outeiro forma uma ~ na planície. **3** ⇒ Curva/Sinuosidade/Volta. **4** *Br* ⇒ salto; corcovo.

corcovado, a *adj/s m* (<corcovar) **1** Que tem ou forma corcova. **Ex.** O velhinho caminhava todo ~, apoiado numa bengala. O camelo é um animal ~. Tem as costas todas ~as [Está todo corcunda/marreco]. **Comb.** «aquelas duas» *Colinas ~as* «lembram dois seios». *Peito ~*. **Sin.** Arqueado; (en)curvado. **2** *Ornit* Ave galiforme que vive em pequenos bandos nas regiões amazó[ô]nicas; *Odontophorus gujanensis*.

corcovar *v t/int* (<lat *cum+cúrvo,áre*: curvar, dobrar, arredondar) **1** Dar ou tomar uma forma arqueada/Curvar-se(o+)/Dobrar-se(+). **Ex.** O gato corcovou [arqueou(+)] o lombo. **2** Tornar-se corcunda. **Ex.** Tão novo e já começou a ~ [acorcundar]. **3** Dar pinotes/corcovos/saltos, arqueando o dorso para cima. **Ex.** O cavalo, assustado, relinchava e corcovava. **Sin.** Pinotear. ~ curvetear. **4** ⇒ Fazer [Ir às] curvas, serpe(nte)ar.

corcovo (Côv) *s m* (<corcovar) **1** Salto ou pinote que as cavalgaduras dão, arqueando o dorso (para cima)/Corcova 4. **Ex.** A égua começou a dar ~s [começou aos pinotes(+)] e atirou o cavaleiro ao chão. **2** Qualquer salto em forma de curva ou arco. **Ex.** O barco, de vez em quando, dava um ~. **3** Pequena elevação de terreno. **Sin.** Montículo; outeiro; morro.

corcunda *s/adj* (< ?) **1** Saliência ou deformidade nas costas ou peito de homem ou em dorso de animal. **Ex.** A ~ [marreca] impedia-o de andar direito. As duas ~s [bossas(+)] do camelo distinguem-no do dromedário, que só tem uma. **Sin.** Corcova 1. **2** Pessoa que tem ~. **Ex.** O ~ caminhava apoiado numa bengala. Com a idade, estava cada vez mais ~ [corcovado/marreco].

corda (Cór) *s f* (<gr *khordé*: tripa; corda de tripa; corda de instrumento musical) **1** Conjunto de fios «de matéria têxtil», unidos e torcidos uns sobre os outros «*us* para atar». **Ex.** A carga «do cami(nh)ão» ia presa com ~s. Doíam-lhe os pulsos por terem estado atados com ~s «pelos assaltantes». **Loc. Esticar a** [Puxar pela] ~ «as meninas gostam muito de» *Saltar* [Pular] *à ~*.

Idi. Andar à ~ a) Andar «o cavalo, o potro» à guia, para ser ensinado; b) Agir de acordo com as ordens [Andar ao toque de caixa] de alguém; c) Preparar-se «o estudante todos os dias para ser interrogado pelo professor» e isso não acontecer/Estar sempre à espera/Estar com um pé no ar. *Andar* [*Estar*] *com a ~ na garganta* [ao

no pescoço] [Estar numa situação «financeira» muito difícil]. **Andar** [Dançar/Estar] **na ~ bamba** [Estar numa situação perigosa/instável]. **Arranjar ~ para se enforcar** [Prejudicar-se]. **Cantar por uma ~** [Dizer sempre a mesma coisa/Cantar sem variedade]. «advogado, mecânico» **Da ~ a)** Barato e de pouca qualidade; **b)** Desonesto; **c)** Falso. **Dar à ~** [Dar azo/ocasião] (Ex. Se fosse a dar à ~, já lhe tinha dado o dinheiro todo). **Dar ~ a** (alguém) **a)** Falar em determinado assunto a uma pessoa para (ob)ter informações sobre alguma coisa/ Incitar alguém a falar, a soltar a língua; **b)** Instigar/Estimular/Provocar (Ex. Deu ~ à vaidade do figurão); **c)** Alimentar pretensões amorosas a uma pessoa. **Dar ~ para se enforcar** [Levar alguém a fazer alguma coisa que lhe será prejudicial/Fazer-lhe a cama]. **Estar com a ~ toda a)** Estar livre de qualquer inibição; **b)** Falar muito/sem parar. **Estar na ~** [Estar preso]. **Esticar muito a ~** [Ser demasiado exigente/Levar as coisas ao extremo/Forçar a situação] (Ex. Eu sei que o teu chefe não tem razão, mas não estiques muito a ~, (por)que te pode despedir). **Roer a ~ a)** Não cumprir um acordo ou uma promessa/ Faltar ao prometido (Ex. Prometeu vir para me ajudar mas roeu a ~ [mas não veio]); **b)** Desfazer um negócio ou contrato que estava prestes a ser fechado. **Ser da ~ a)** Ser igual a outro/Ser da mesma laia(+); **b)** Ter a mesma opinião política ou o mesmo partido; **c)** Ser uma pessoa desprezível, reles. **Ter ~** [Ser uma pessoa enérgica, que não se cansa de falar] (Ex. Já trabalhou bastante e tem ~ para muito mais). **Tocar (n)a ~ sensível a)** Tocar no ponto fraco/no calcanhar de Aquiles de alguém (Ex. A crítica ao filho tocou-lhe (n)a ~ sensível); **b)** Falar ao coração/Apelar ao sentimento (Ex. O chefe queria despedir-me, mas o meu colega tocou-lhe na ~ sensível [falou-lhe ao coração/tocou-lhe no seu fraquinho] e eu continuei na empresa). **Tocar nesta** [nessa/naquela ~] [Falar em determinado assunto, tema, ponto]. **Comb.** «no circo, os equilibristas [acrobatas] andam [fazem piruetas] sobre a» **~ bamba** [frouxa] (⇒ **Idi.** Andar na ~ bamba). **A ~ da** [de estender a] **roupa** (a/para secar). **A ~** [O facho] **de luz** «que ilumina a entrada da tenda do circo». **A ~ de nós** [~ grossa, com nós espaçados, us para se subir por ela com a força dos braços]. **A ~ de saltar** [pular]. **A ~ de um arco** «e a seta». **A ~** [corrente] **do** [de tocar o] **sino**. ⇒ ~-d'água; ~-dorsal. **idi Uma ~** [fila/Um cordão(+)] **de pessoas**.
2 Mús Fio «de tripa, seda, aço», liso ou torcido, de instrumento musical. **Ex.** O músico esticou as ~s para afinar o violino [a guitarra/a harpa]. **Idi. Ferir as ~s** [Tocar um instrumento musical de ~s]. **Comb. As ~s** [O conjunto de instrumentos de ~] «de uma orquestra». **~ de ressonância** [que apenas vibra quando outra é tocada]. **3** Anat Cada uma das pregas membranosas da glote por intermédio das quais se produzem os sons. **Comb. ~as** [Pregas] **vocais**. **4** pop Fio(+) grosso/Cordão(+) de ou[oi]ro. **5** Fio ou lâmina de aço que faz mover o mecanismo de «relógios, máquinas, brinquedos». **Ex.** Teve de mandar arranjar o relógio, porque a ~ estava partida. **Loc. Dar ~** «ao relógio/brinquedo». **Estar com** [Ter] **~** [Estar ainda a funcionar «um maquinismo, brinquedo»]. **Comb.** Boneco de ~. **6** Sucessão de elevações de terreno. **Comb.** Uma ~ [fil(eir)a] de colinas [Cordilheira]. **7** Geom Segmento de re(c)ta que liga dois pontos de uma curva ou superfície. **Ex.** Numa circunferência, os diâmetros são as ~s de comprimento máximo.

corda-d'água s f (<...+de+...) Chuva muito forte/tocada a vento. **Ex.** Hoje já caíram várias ~s-d'água; tão depressa chove como não. Ontem caiu tamanha [tal] ~ que me molhei toda. **Sin.** Aguaceiro(o+); carga-d'água(+).

cordado, a adj/s m Zool (<corda 1+-ado) Dos ~s, grupo de animais que têm, pelo menos durante uma primeira fase da vida, uma corda-dorsal; Chordata. **Ex.** A lampreia é um (animal) ~.

corda-dorsal s f Anat/Zool Bastão dorsal flexível, presente apenas nas fases embrionárias dos vertebrados, em que é substituída, total ou parcialmente, pela coluna vertebral, e persistente nos anfioxos e lampreias, nos quais constitui o eixo de sustentação do corpo/Notocórdio/Notocorda.

cordame s m (<corda+-ame) Conjunto de cordas/Náut Conjunto dos cabos de um navio.

cordão s m (<fr cordon: corda pequena) **1** Corda fina e flexível. **Idi. Abrir os ~ões à bolsa** [Gastar dinheiro] (Ex. A filha pediu-lhe com jeit(inh)o que ele lhe comprasse um computador novo e (ele) lá teve de ...). **Comb. ~ de crochê** [Ponto de cadeia «nos bordados da Madeira»]. **Os ~ões** [atadores(+)] **dos sapatos**. **2** ⇒ cíngulo; faixa; corrente; corda; fita. **3** Fio/Volta de ou[oi]ro ou prata de trazer ao pescoço. **Ex.** Ela tem um ~ de várias voltas, herdado da avó. **4** Cadeia/Série alinhada/Sucessão. **Ex.** Os manifestantes fizeram [formaram] um ~ humano «à volta das árvores da praça para impedir o seu abate/corte». **Comb. ~** [Cadeia/Corda] **de serras** [Cordilheira(+)]. **~ policial** [de segurança feita pela polícia]. **~ sanitário** [Qualquer prote(c)ção para impedir epidemias ou imoralidade numa zona «da cidade»]. **5** Anat/Bot Órgão semelhante a um ~. **Comb.** «ao nascer, cortar o» **~ umbilical a)** Órgão que une o feto à placenta/Funículo; **b)** fig Laço muito forte (Ex. Liga-os um ~ umbilical, são inseparáveis) Loc. Cortar/Romper o ~ umbilical [Tornar-se independente/Libertar-se] (Ex. Gostava muito dos pais, mas não podia ficar sempre em casa [com eles], era preciso cortar o ~ umbilical).

cordato, a adj (<lat cordátus: sábio, sensato, cordato) **1** Calmo/Pacífico/Tolerante. **Ant.** Birrento; inflexível; teimoso. **2** Sábio/Sensato/Prudente/Ponderado. **Ex.** Os meus vizinhos são gente ~a e discreta. **Ant.** Descuidado; imprudente; insensato.

cordear v t (<corda+-ear) Medir «uma construção» ou nivelar «uma parede, um muro» com corda ou cordel.

cordeiro, a s (<lat c(h)ordárius <c(h)órdus: que nasce tarde; tardio) **1** Cria/Filhote da ovelha e do carneiro. **Comb.** fig **~ de Deus** [Jesus Cristo]. **~ pascal a)** Animal imolado pelos israelitas, todos os anos, na altura da Páscoa, em memória da sua libertação e saída do Egi(p)to; **b)** fig Jesus Cristo. **Casaco de pele de ~**. Cul **Um assado de ~/borrego**. **Sin.** Anho; borrego. **2** fig Animal «boi» manso/dócil. **Ex.** O meu cavalo é (como) um cordeir(inh)o. **Idi. Lobo com pele de ~** [Pessoa falsa/hipócrita] (Ex. Não te deixes iludir [enganar], ele é um ...).

cordel s m (<corda+-el; ⇒ cordelinhos) Cordinha/Fio/Baraço/Barbante/Guita. **Ex.** O embrulho vinha atado com ~éis. **Idi. Apertar os ~éis a** [Obrigar] **alguém**. «literatura, romance» **De ~ a)** Obras de cará(c)ter popular que se vendiam na rua, presas em ~éis (Comb. Versos/Poesia/Poemas de ~); **b)** depr De pouco valor ou qualidade. **Comb.** Teat «manobrar» Os ~éis das marionetas.

cor de laranja adj 2g 2n/s m (Que tem a) cor entre o amarelo e o vermelho, cara(c)terística da laranja. **Ex.** O pôr do sol [crepúsculo] tinha tonalidades ~. «na loja» Tenho muitos cores de laranja [muitos laranjas] do artigo que deseja (comprar). **Comb.** Calças (cor de) laranja. **Sin.** Laranja.

cordelinhos s m pl Idi (<cordel+-inhos) Influências/Meios/Truques. **Loc. Mexer os ~** [Mover influências, de modo secreto, para conduzir um negócio ou atingir determinado fim] (Ex. Conseguiu este emprego porque mexeu [soube mexer (todos)] os ~).

cor-de-rosa adj 2g 2n/s m **1** (Que tem a) cor resultante da combinação do vermelho com o branco, semelhante à da rosa comum. **Ex.** O enxoval da bebé/ê é ~. **Comb. ~ pálido** [velho]. **Blusa de seda ~**. **Sin.** Rosa. **2** Que é fácil/positivo/feliz. **Ex.** Sonhava com um futuro ~ [fácil/próspero/risonho]. **Idi. Ver tudo ~** [Ser o(p)timista]. **Comb. Romance ~**. **Sonhos ~** [Bons sonhos/Sonhos felizes]. ⇒ cor de laranja **Ex.**.

cordial adj 2g/s m (<lat cordiális <cor,dis: coração) **1** Afe(c)tuoso/Franco/Sincero/Verdadeiro. **Comb. Palavras ~ais** [que vêm [saem] do coração]. **Um abraço ~** [afe(c)tuoso]. **Um amigo ~** [do peito]. **2** Em que há boa vontade ou convergência de pontos de vista. **Comb. Relações ~ais** «entre patrão e empregados». «foi uma» **Reunião ~** «, em que se discutiu o futuro da empresa». **3** ⇒ «remédio» peitoral; estimulante.

cordialidade s f (<cordial+-i-+-dade) Manifestação sincera de afe(c)to/simpatia/ Maneira atenciosa e franca de tratar/receber alguém. **Ex.** Os anfitriões [senhores da casa] receberam os convidados com ~ e simpatia. **Sin.** Afabilidade; amabilidade; afe(c)tuosidade. **Ant.** Frieza; hostilidade.

cordialmente adv (<cordial+-mente) «cumprimentar» Amavelmente/Afe(c)tuosamente.

cordifoliado[cordifólio], a adj Bot Que tem folhas cordiformes.

cordiforme adj 2g (<lat cor,dis: coração+-forme) Em forma de coração. **Comb.** Bot **Folha ~**. **Semente ~**.

cordilheira s f Geog (<corda+-ilha+-eira) Vasta cadeia de montanhas. **Ex.** A ~ dos Andes tem uma extensão de cerca de sete mil e quinhentos quiló[ô]metros. ⇒ serrania.

cordite s f Quím (<corda+-ite) Explosivo violento, mistura de nitrocelulose e nitroglicerina, com vaselina.

cordo adj an ⇒ cordato.

cordoaria s f (<corda+-aria) **1** Indústria de fabrico de cordas [cabos] «para amarras ou embarcações». **Ex.** O cânhamo e o sisal são fibras vegetais us na ~, mas também há fibras sintéticas. **2** Lugar onde se fazem ou vendem cordas. **3** Artigo/Comércio de cordas. **Ex.** Nós [Aqui] só vendemos ~ nacional. **4** ⇒ cordame.

córdoba s m (<top esp Córdoba) Unidade monetária da Nicarágua, que se divide em cem centavos.

cordura s f (<cordo+-ura) Qualidade de cordato. **Sin.** Sensatez; ponderação; prudência.

coreano, a adj/s ⇒ Coreia.

coreia s f (<gr khoreía: dança) **1** Hist Dança acompanhada de cantos, na Grécia antiga. **2** Dança/Bailado. **3** Med Afe(c)ção [Doença] do sistema nervoso que provoca movimentos musculares involuntários, breves, rápidos e irregulares, lembrando

uma dança. **Comb.** ~ *de Huntington* [hereditária mas que aparece na idade adulta]. ~ *de Sydenham* [Dança de São Vito].

Coreia do Norte [República Democrática Popular da Coreia] *top* **Ex.** A Capital da ~ é Pyongyang [Pionguiangue]. A moeda da ~ é o won norte-coreano. Os habitantes da ~ são os norte-coreanos e falam o coreano.

Coreia do Sul [República da Coreia] *top* **Ex.** A Capital da ~ é Seul. A moeda da ~ é o won. Os habitantes da ~ são os sul-coreanos e falam o coreano.

coreico, a *adj* (<coreia+-ico) Relativo a coreia 1 e 2.

coreiforme *adj 2g Med* Que se assemelha a ou lembra a movimentação da coreia 3. **Comb.** Instabilidade ~.

coreografia *s f* (<coreia-+-grafia) **1** Arte de conceber os movimentos e passos que compõem uma dança ou bailado e respe(c)tiva notação. **Ex.** Está a estudar ~ no Conservatório. **2** Os movimentos e passos criados pelo coreógrafo. **Ex.** O bailarino executou a ~ «do Lago dos Cisnes» de forma exemplar. **3** *fig* Qualquer sequência de movimentos que lembra uma dança. **Comb.** A ~ das borboletas.

coreográfico, a *adj* (<coreografia+-ico) Relativo a dança/coreografia. **Comb.** «decidiu seguir a» Carreira ~a. Elementos ~s.

coreógrafo, a *s* (<coreia-+-grafo) Pessoa que concebe e compõe a sequência de movimentos, passos e gestos de uma dança ou bailado. **Ex.** Quer ser ~ porque adora dançar e criar novas formas de expressão corporal. Olga Roriz é uma ~a portuguesa conceituada. ⇒ bailarino; dançarino.

co-responsabilidade/co-responsabilizar/co-responsável ⇒ corresponsabilidade/...

coreto (Ê) *s m* (<coro+-eto) **1** *Mús* ⇒ Coro pequeno. **2** Construção com te(c)to e sem paredes, erguida em praças ou jardins públicos para concertos, recitais de poesia, ... **Ex.** O povo juntou-se à volta do ~ para ouvir a banda (tocar).

coreu *s m Liter* (<gr *khoreîos*: relativo a coro) Pé de um verso grego ou latino, formado por uma sílaba longa seguida de outra breve. **Sin.** Troqueu(+).

coriáceo, a *adj* (<lat *coriáceus*: de couro) Que é duro como couro ou semelhante ao couro.

coriambo *s m Liter* (<lat *choriámbus*) Pé de um verso grego ou latino, formado por duas sílabas breves entre duas longas, ou seja, por um coreu e um j[i]ambo.

coriandro *s m Bot* ⇒ coentro; *Coriandrum*.

coriária *s f Bot* (<lat *Coriária*) Arbusto único da família das coriariáceas, da ordem das sapindales, que fornece uma substância *us* em curtumes.

corifeu *s m* (<gr *koruphaîos*: o que ocupa o lugar mais alto; o que está à frente) **1** *Teat Hist* Chefe do coro na tragédia antiga, que intervinha no diálogo como intermediário entre o coro e as personagens principais. **2** *fig* Pessoa que dirige ou chefia/Pessoa destacada/de maior destaque. **Ex.** O Padre Antó[ô]nio Vieira e Camilo Castelo Branco são dois ~s da literatura portuguesa. **Sin.** Caudilho; chefe; dire(c)tor; dirigente; líder.

corimbo *s m Bot* (<gr *kórumbos*: cacho) Tipo de inflorescência em que as flores, nascendo a diversos níveis da haste, se elevam todas à mesma altura.

corindo [coríndon] *s m Miner* (<tâmil *kurundam*: rubi) Óxido de alumínio tetrago-nal, *us* como pedra preciosa e como abrasivo na indústria.

coríntio, a *adj/s* (<gr *korínthios*: de Corinto) **1** Da ou relativo à cidade grega de Corinto. **Ex.** Ele é grego, mais precisamente ~. Há duas cartas [epístolas] de S. Paulo dirigidas aos ~s. **2** *Arquit* Diz-se da terceira e mais rica [elaborada] das ordens arquite(c)tó[ô]nicas da Antiguidade Clássica grega. **Comb.** *Capitel* ~*o*. *Coluna* ~*a*. *Ordem* ~*a*. ⇒ dóri(c)o; jó[ô]ni(c)o.

corinto *s m* (<*top* Corinto) **1** Casta de videira que produz uvas de casca fina e sem grainha. **2** Passa dessa uva. **Ex.** Comprou cem gramas de ~s para pôr no bolo.

cório(n) *s m Biol* (<gr *khórion*: pele; membrana) **1** Membrana que envolve o embrião e o saco vitelínico (dos répteis, aves e mamíferos) ou o ovo (de peixes e inse(c)tos). **2** ⇒ derme.

coriscante *adj 2g* ⇒ coruscante.

coriscar *v t/int* (<lat *corúsco,áre*: «touro» abanar a cabeça para dar marrada, brandir a espada, brilhar, cintilar) **1** Relampejar/Faiscar. **Ex.** Que temporal, coriscou (durante) toda a noite! **2** Brilhar de modo intenso e súbito como um corisco. **Ex.** O anel de diamantes coriscava ao movimento da mão. Os flaches [disparos] dos fotógrafos coriscaram à chegada do cantor. Um relâmpago coriscou no horizonte. **Sin.** Brilhar; faiscar; fulgurar. **3** *fig* Lançar/Dardejar/Desferir/Disparar/Brandir. **Comb.** ~ ameaças [insultos]. **4** *fig* Surgir repentinamente/Lampejar. **Ex.** Coriscou pela sala e nunca mais o vimos nesse dia. Ideias coriscavam na sua mente.

corisco *s m* (<coriscar) **1** ⇒ centelha(+); faísca(o+). **2** *Meteor* Grande clarão, produzido por descarga elé(c)trica na atmosfera; ⇒ raio; relâmpago. **Ex.** De vez em quando, um ~ faiscava no céu negro. **Idi.** *Raios e* ~*s* [Palavras violentas ditas aos gritos]. *Chover(em) raios e* ~*s* **a)** Haver uma grande tempestade (Ex. Que temporal ontem à noite, choveram raios e ~s!); **b)** Dirigir/Ouvir fortes ameaças, ralhos, repreensões. *Dizer raios e* ~*s* [Dizer muito mal [o pior] de alguém].

corista *adj/s 2g* (<coro+-ista) **1** Pessoa que faz parte de um coro/Cantor. **Ex.** Os ~s ensaiavam cânticos para a missa. **2** Quem canta e dança em grupo em espe(c)táculos teatrais, particularmente em teatro de revista. **Ex.** As ~s apareciam em palco com plumas e trajes fulgurantes.

coriza *s f Med* (<gr *kóruza*: catarro) ⇒ rinite.

corja *s f* (<malaiala *hórcʰcʰu*: (en)fiada; ramada) **1** *an* Conjunto de vinte obje(c)tos «pedras preciosas/pratos» da mesma natureza. **2** *depr* Conjunto de pessoas de má reputação/mau cará(c)ter. **Comb.** Uma ~ de bandidos [malandros]. **Sin.** Cambada; súcia. ⇒ garotada.

cornaca *s m* (<cing *kuruva-nayaka*: amansador de elefantes) Tratador ou condutor de elefantes «na Índia».

cornáceo, a *adj/s Bot* (<lat *córnu(s/m)*: corno+-áceo) (Espécime da) família das cornáceas, que compreende ervas, arbustos e árvores, com folhas opostas, flores em cimeira e frutos drupáceos ou bacáceos; *Cornaceae*. **Ex.** O sanguinho é (um) ~. ⇒ cornis[z]o.

cornada *s f* (<corno+-ada; ⇒ escornar) Golpe dado pelo animal, investindo com os cornos. **Loc.** *Dar uma* ~. *Levar* [Apanhar] *uma* ~ (Ex. O toureiro não se desviou a tempo e levou [apanhou] uma ~ [colhida(+)] na coxa). **Sin.** Chifrada; marrada.

cornadura *s f* (<cornada+-ura) Cornos/Chifres/Hastes/Galha(da)(+)/Armação(+). **Ex.** A ~ do veado aumenta [ramifica-se] com os anos.

cornalina *s f Min* (<fr *cornaline*) Variedade de calcedó[ô]nia, espécie de ágata, normalmente avermelhada, *us* como gema em joalharia.

-corne- *suf/pref* (<lat *córnu(s/m),us*: corno) Exprime a ideia de corno/chifre. ⇒ uni-~.

corne *s m Mús* (<corno) ⇒ trompa.

córnea *s f Anat* (<córneo) Membrana fibrosa e transparente, situada na parte anterior do olho, diante da pupila. **Comb.** ~ opaca [⇒ esclerótica].

córneo, a *adj* (<lat *córneus*: de ou relativo a corno; ⇒ -corne-) **1** Relativo a/Da natureza do corno. **Comb.** «unhas, pelos, cascos, bico das aves são (formados de)» Tecido ~. **2** Feito de corno(+). **Comb.** O cabo ~ de uma faca.

corneta (Ê) *s f* (<-corne-+-eta) **1** Corno ou pequena trompa *us* outrora «por pastores» para produzir sons/Buzina. **2** *Mil/Mús* Instrumento de sopro «de metal», com bocal e tubo liso e có[ô]nico, *us* para produzir música «na banda» ou sinais. **Ex.** Os soldados iniciaram a marcha ao sinal [som/toque] da ~. **3** *s m* ⇒ corneteiro. **4** *Mús* Regist(r)o de órgão que imita os sons da ~. **5** Qualquer coisa que imita ~ **1** na forma ou no som. **Ex.** Ao assoares o nariz pareces uma ~!

corneteiro, a *adj/s* (<corneta+-eiro) (O) que toca corneta «num batalhão». **Ex.** Era missão [função/papel/obrigação] do ~ dar o toque de alvorada/de levantar (da cama).

cornetim *s m Mús* (<corneta+-im) **1** Corneta pequena/Instrumento de sopro com som mais agudo do que a corneta e o clarim. **2** Músico que toca ~.

corneto (Ê) *s m Anat* (<corno+-eto) Cada uma das lâminas ósseas situadas nas fossas nasais.

cornflakes *ing* ⇒ Flocos de milho «tomados ao pequeno-almoço, com leite».

corni- *pref* (⇒ -corne-; exprime a ideia de corno; ⇒ ~fero; ~forme).

cornicho *s m* (<corno+-icho) **1** Pequeno corno, em especial de animal jovem. **2** *Zool* Tentáculo do caracol/Antena dos inse(c)tos. **Ex.** O caracol recolhe os ~s mal [logo que] se lhe tocou. **3** Qualquer saliência ou ponta «no penteado/na albarda» semelhante a um corno pequeno.

cornífero, a *adj Zool* (<lat *cornifer*) Diz-se do animal «boi, rinoceronte» que tem corno(s) ou excrescência(s) em forma de corno/Cornígero/Cornudo(+).

cornificar *v t/int* (<corni-+...) Tornar(-se)/Ficar duro como corno. **Ex.** A cartilagem cornificou(-se). Águas calcárias cornificam certos tecidos.

corniforme *adj 2g* (<corni-+-forme) Que tem forma de corno.

cornija *s f Arquit* (<gr *korónis,nídos*: recurvado na extremidade) **1** Parte superior do entablamento [entabulamento] de uma obra de arquite(c)tura, que assenta sobre o friso. **Comb.** A arquitrave, o friso e a ~. **2** Moldura saliente que serve de remate superior à fachada de um edifício, ocultando o telhado e impedindo que as águas pluviais escorram pela parede. **3** Moldura sobreposta e saliente que remata/adorna a parte superior de uma parede, um móvel, uma porta, ...

corninho *s m dim* (<corno+-inho) Corno pequeno/Cornicho. **Idi.** *Deitar* [Pôr] *os* ~ *de fora*/ao sol [Perder o acanhamento/Sair da casca(+)] (Ex. Agora que [como] entrou na faculdade, começou finalmente a deitar os ~s de fora).

cornis[z]o s m Bot (<esp *cornizo*: arbusto de madeira resistente <lat *córnus[m],us*: pilriteira) Arbusto da família das cornáceas, nativo da Europa e da Ásia, de folhas ovais, flores amarelas e frutos vermelhos comestíveis; *Cornus mas*.

cornis[z]olo (Zô) s m Bot (<esp *corni[í]zolo*) Fruto do cornis[z]o.

corno (Côr) s m (<lat *córnu(s/m),us*; ⇒ escornar) **1** Anat/Zool Apêndice duro ou excrescência que alguns animais apresentam na cabeça/Chifre/Haste. **Ex.** O caracol pôs os corn(inh)os [tentáculos(+)/as antenas] de fora. **Idi.** «decidi» *Agarrar o touro pelos ~s* (Cór) [Enfrentar a sério [sem medo] um problema]. cal «pão» *Duro [Rijo] como um ~*. **Comb.** *fig O ~ de África* [A Somália]. *Os ~s* [As antenas(+)] *da borboleta*. *Os ~s da cabra* [do carneiro]. *Os ~s* [chifres] *do touro* «foram cortados nas extremidades». *Os ~s* [galhos/As hastes(+)] *do veado* «caem e crescem todos os anos». **2** Material proveniente do ~, *us* na indústria. **Comb.** *Talheres* (Faca, garfo e colher) *com cabo* (feito) *de ~*. *Pente* (feito) *de ~*. **3** *~ us* como obje(c)to. **Ex.** O ~ foi o primeiro instrumento de sopro; era também *us* como recipiente «para beber água/vinho». **Comb.** *~ da abundância* [⇒ cornucópia **1**(+)]. **4** Ponta ou saliência semelhante a ~/Bico. **Idi.** *Pôr (alguém) nos ~s da Lua* [Elogiar/Enaltecer exageradamente alguém]. **Comb.** *Os ~s da Lua* (em quarto crescente). **5** *pop cal* Homem traído/Cornudo/Chifrudo. **Loc.** *Levar* [Ter] *(um par de) ~s* [Ser traído (pela mulher)]. *Pôr os ~s* [Trair o marido/namorado]. **6** *pop pl* (Cór) Cabeça. **Idi.** *cal Levar nos ~s* [Levar uma sova]. *cal Partir os ~s* [Dar uma sova/Bater] *a alguém*.

cornucópia s f (<lat *córnus cópia*: corno da abundância) **1** Vaso ou obje(c)to em forma de corno representado com o interior cheio [representado a transbordar] de «frutos, flores», como antigo símbolo mitológico da fertilidade e abundância, e hoje símbolo da agricultura e do comércio. **2** Elemento decorativo de formato semelhante, *us* em ornatos «arquite(c)tó[ô]nicos, ourivesaria, tecidos estampados». **Ex.** Ofereceram-lhe uma gravata com ~s (estampadas). **3** *Cul* Bolo em forma de ~, recheado com creme. **4** *fig* Fonte de riqueza, felicidade, abundância. **Ex.** A guerra é uma desgraça para uns e uma ~ para outros.

cornudo, a adj/s (<lat *cornútus*: que tem cornos) **1** (O) «boi» que tem chifres/cornos/Cornífero. **Comb.** *fig O ~* [diabo]. **2** *pop* (O) que foi traído pelo cônjuge, namorado ou amante/⇒ corno **5**. **3** ⇒ «caso/problema» bicudo(+); complicado(o+). **4** *Icti* ⇒ peixe-martelo; *Sphyrna zygaena*.

coro (Cô) s m Mús (<gr *khorós*: conjunto de (dançarinos ou) cantores; ⇒ coreografia) **1** *Teat Hist* Grupo de a(c)tores que cantavam ou declamavam em uníssono no Teatro Grego. **2** Grupo de pessoas que cantam juntas, em uníssono ou a várias vozes, com ou sem acompanhamento musical. ⇒ **5** *fig.* **Comb.** *~ da igreja* [escola/universidade]. *~ de vozes brancas* [composto por crianças dos dois sexos]. *~ misto* [formado por homens e mulheres/por vozes masculinas e femininas]. ⇒ coral **2**; orfeão. **3** Composição musical destinada a ser cantada. **Comb.** *~ à capela* [Trecho executado a várias vozes, sem acompanhamento instrumental]. **4** Conjunto de idênticos instrumentos musicais. **Comb.** *~ de violinos*. **5** *fig* Conjunto de sons ou de vozes. **Idi.** *Fazer ~ com alguém* [Repetir aprovando o que alguém diz/Estar de acordo]. **Comb.** «os alunos repetiram» *Em ~* [Ao mesmo tempo/Em uníssono] «a resposta». *O ~* (de lamentações) *das carpideiras*. «a multidão levantava/entoava» *Um ~ de protestos* «contra o regime/governo». *Um ~ de rouxinóis* [andorinhas]. **6** *Arquit/Rel* Parte da igreja «ao fundo no alto/na capela-mor» onde se recitam, em conjunto, os ofícios divinos e se entoam os cânticos religiosos.

coroa (Rô) s f (<lat *coróna*: coroa; círculo; roda; assembleia) **1** Adorno de forma circular, *us* sobre a cabeça como enfeite ou insígnia de soberania, nobreza, vitória, ... **Ex.** A ~ e o ce(p)tro do rei eram de ouro com pedras preciosas incrustadas. As meninas traziam ~s de flores [traziam grinaldas(+)] sobre os cabelos. **Comb.** *~ de espinhos* **a)** ~ que puseram na cabeça de Jesus Cristo; **b)** *fig* Algo que causa grande sofrimento (Ex. O pobre homem já teve, durante a vida, a sua ~ de espinhos). ~ «olímpica» *de louros* **a)** *Hist* ~ de folhas de lour(eir)o entrelaçadas que «na Grécia» se atribuía aos guerreiros, poetas e artistas em reconhecimento pelos seus feitos; **b)** *fig* Reconhecimento público do mérito de alguém/⇒ laureado; laurear (Ex. Depois de tanto trabalho e dedicação, teve finalmente a sua ~ de louros [de glória]). *~ funerária* [de flores oferecida aos mortos «pela Pátria»]. *~ imperial* [real]. **2** *Hist* O poder real/imperial. **Loc.** *Aspirar à ~* [à realeza/a ser rei]. **3** A monarquia/O monarca. **Ex.** A ~ portuguesa [O rei] apoiou os Descobrimentos. As joias da ~ portuguesa encontram-se no Palácio da Ajuda, em Lisboa. **Comb.** *Os partidários da ~* [Os monárquicos]. **4** O que tem forma circular/redonda. **Ex.** O meu pai está a ficar com uma ~ na cabeça [está a ficar calvo] (⇒ tonsura). **Comb.** *Geom ~ circular* [Superfície compreendida entre duas circunferências concêntricas existentes no mesmo plano]. **5** Tufo «de penas, folhas, pétalas» como ~ **1**. **Comb.** *A ~ do ananás* [abacaxi]. *A ~* [poupa] *do grou*/pavão. *A ~ da romã*. **6** Cabeça/Alto/Cimo(+)/Cume(+). **Comb.** *A ~ da montanha* «estava coberta de neve». **7** *Arquit* ⇒ cornija; coroamento **2**. **8** *Anat* Parte superior do dente ou sua cobertura artificial. **Ex.** Tenho uma cárie num (dente) molar e vou dizer ao dentista para pôr uma ~ de ouro [de porcelana]. **9** *Astr/Meteor* Círculo luminoso «em volta de certos astros». **Ex.** A ~ solar é visível nos eclipses totais do Sol. **10** ⇒ Fim/Fecho/Remate. **11** *Rel* ⇒ Rosário/Terço. **12** Unidade monetária de diversos países. **Comb.** *A ~ checa* [eslovaca/dinamarquesa]. **13** *Br pop* Pessoa que já passou da meia-idade/Pessoa mais velha relativamente a quem fala. **Ex.** Ficou magoada quando a filha lhe chamou ~.

coroação s f (<coroar+-ção) **1** A(c)to ou efeito de coroar. **Comb.** *A ~ da miss(e) Mundo*. *A ~ da rainha do baile*. *A* (cerimó[ô]nia de) *~ do rei*. **2** *fig* Auge/Fim/(Des)fecho grandioso/Remate perfeito. **Ex.** A revelação do primeiro pré[ê]mio foi a ~ da cerimó[ô]nia de entrega dos Óscares. **3** *fig* Recompensa/Pré[ê]mio. **Ex.** O sucesso do (seu) livro foi a ~ de todo o seu trabalho.

coroamento s m (<coroar+-mento) **1** ⇒ coroação **1**(+). **2** *Arquit* Ornato que (ar)remata a parte superior de um edifício ou de qualquer elemento arquite(c)tó[ô]nico. **Comb.** *Um friso de magníficos relevos como* [para] *~ do edifício*.

coroar v t (<lat *coróno,áre*) **1** Cingir(-se) com coroa **1**. **Ex.** A noiva coroou-se com uma grinalda de flores. Coroaram[Elegeram]-no Papa. No final da festa, coroaram a rainha do baile. O rei foi solenemente coroado. **2** *fig* Encimar. **Ex.** Coroou o bolo com uma cobertura de chocolate. O pôr do sol coroava o horizonte. Um torreão imponente coroava o palacete. **3** *fig* Cingir/Circundar/Rodear. **Ex.** Os cabelos lou[oi]ros coroavam-lhe a fronte. Um halo esbranquiçado coroava a Lua. **4** *fig* (Ar)rematar. **Ex.** Coroou a narrativa com um final feliz. Essa missão coroou a sua carreira. **5** *fig* Recompensar/Premiar. **Ex.** A publicação do livro coroava de êxito [recompensava] uma vida de estudo e investigação. **6** *fig* Cumprir/Satisfazer «um desejo». **Ex.** O nascimento da filha coroou o sonho da mulher.

corografia s f Geog (<gr *khorographía* <*khóros*: lugar, terra, espaço) Estudo, descrição ou representação de um país, de uma região ou área geográfica num mapa ou carta. ⇒ geografia; orografia; topografia.

coroide/coroideia (Rói) s f/adj Anat (<gr *khorioeidés*: membrana semelhante à pele) **1** Membrana que envolve o olho, situada entre a esclerótica e a retina, constituída essencialmente por vasos sanguíneos. **2** Semelhante ao cório(n) ou a qualquer membrana.

corola s f Bot (<lat *corólla*: pequena coroa; grinalda de flores, *dim* de *coróna*: coroa, círculo) Conjunto das pétalas de uma flor. **Comb.** *~ campanulada* [em forma de pequeno sino ou campânula]. *~ cruciforme* [em forma de cruz]. *~ lobada* [cuja borda ou limbo tem lobos/lóbulos].

corolado, a adj Bot (<corola+-ado) Que apresenta [tem] corola. **Ant.** Des~.

corolário s m (<lat *corollárium*: pequena coroa de metal com folhas de prata ou ou[oi]ro) **1** *Hist* Coroa de folhas «de ou[oi]ro» oferecida aos grandes a(c)tores na Roma Antiga. **2** *Lóg/Mat* Proposição ou enunciado deduzidos de outros já demonstrados/Dedução/Inferência/Ilação. **Comb.** *~ lógico* [matemático]. **3** Consequência necessária. **Ex.** O ~ dessa má política econó[ô]mica foi a recessão.

coroliforme adj 2g Bot (<corola+-forme) Em forma de corola.

corona s f (<lat *coróna*: coroa) **1** *Arquit* Moldura situada na parte inferior de uma cornija/Coroa. **2** *Astr/Meteor* Série de um ou mais círculos coloridos de modo prismático que rodeiam concentricamente o Sol, a Lua ou outro astro, quando encobertos por uma nuvem té[ê]nue. **3** *Bot* ⇒ coroa **5**. **4** Fenó[ô]meno luminoso que acompanha uma descarga elé(c)trica.

coronal adj 2g/s m (<lat *coronális*: de ou relativo a coro(n)a) Relativo a/Em forma de coro(n)a/cimo/ponta.

coronária s f Anat (<coronário) Cada uma das artérias e veias que irrigam o coração. **Comb.** *~ estomáquica* [que irriga o estômago].

coronário, a adj Anat (<lat *coronárius*: relativo a/em forma de coroa ou círculo; ⇒ coronária) **1** Diz-se de coronárias. **Comb.** *Artérias* [Veias] *~as* (do coração). *Dor ~a* [nas ~as]. *Região* [Zona] *~a*. **2** Diz-se de qualquer órgão que forma uma espécie de coroa/Coronal. **Comb.** *Ligamentos ~os do cotovelo*.

corondel s m ⇒ corandel.

coronel, a s (<it *colonnéllo*: pequena coluna «de soldados» ou pilar <lat *colúmna*: coluna) **1** *Mil* Posto/Oficial superior do Exército ou da Força Aérea, hierarquicamente superior a tenente-~ e inferior a brigadeiro. **Ex.** Foi promovido a ~. **2** *Br* **a)** Indivíduo

do interior do país, geralmente proprietário de terras, que controla o poder político, econó[ô]mico e social da região/Cacique; **b)** *depr* Indivíduo poderoso e politicamente influente no seio de um grupo, partido, organização; **c)** Indivíduo endinheirado e gastador/Indivíduo que paga toda a despesa de um grupo de pessoas «num bar»; **d)** Indivíduo, geralmente idoso, que sustenta mulher. **Ex.** Ela arranjou um ~ que lhe dá do bom e do melhor. 3 ⇒ coroa **1**.

coronha (Rô) *s f* (<lat *colúmna*: coluna) Parte das armas de fogo portáteis, «de madeira», onde se encaixa o cano e pela qual são empunhadas.

coronhada *s f* (<coronha+-ada) Pancada dada ou levada com a coronha de uma arma.

corpaço *s m* (<corpo+-aço) **1** ⇒ corpanzil **1**. **2** *fam* Corpo muito bonito/bem feito. **Ex.** Aquela rapariga [moça] tem um ~ [corpinho]!

corpanzil *s m aum fam* (<corpo+-anzil) **1** Corpo grande (e forte). **Ex.** Que ~ tem esse culturista, parece um touro! **2** Indivíduo corpulento/de grande estatura. **Ex.** Aquele ~ não cabe no sofá!

corpete (Pê) *s m* (<corpo+-ete) **1** Peça de vestuário feminino que se ajusta ao peito, sem mangas, fechado à frente com botões ou atilhos/Colete. **2** Parte superior [Corpo] de um vestido, da cintura para cima. **3** ⇒ porta-seios; sutiã.

corpinho *s m dim* (<corpo+-inho) **1** Corpo pequeno/de pequenas proporções. **2** *fam* Corpo bonito, esbelto e atraente/Corpaço **2**. **Ex.** Essa mulher tem um ~ de deusa. **Idi.** *De* [Em] ~ *bem feito* [Com vestuário leve/Com poucos agasalhos] (Ex. Saiu em pleno inverno de [em] ~ bem feito, logo se constipou/resfriou). **3** ⇒ corpete.

corpo *s m* (<lat *córpus,poris*) **1** O organismo humano ou animal. **Ex.** O ~ humano é formado por cabeça, tronco e membros. Os educadores devem procurar que os jovens tenham mente sã em ~ são. *fig* Uma biblioteca sem leitores é um ~ morto. **Idi.** *Andar de* ~ *direito/de* ~ *ao alto* [Não trabalhar]. *Dar* ~ *a* [Concretizar/Realizar] *um proje(c)to*. **Comb.** *Rel* **C~** *de Cristo* [A hóstia consagrada/A Eucaristia]. **C~** *de Deus* [Festa do Santíssimo Sacramento/Eucaristia]. ~ *débil* [robusto]. *idi* «mulher» *De* ~ *inteiro* [De grande força física e moral]. *Retrato a meio* ~ [até à cintura]. *Retrato de* ~ *inteiro*. **2** Parte material do ~ humano por oposição ao espírito. **Ex.** Preocupava-se mais em satisfazer as necessidades do ~ [da carne] do que as do espírito. Ele não tem ~ [físico(+)] para jogar basquetebol. Colocaram o ~ [cadáver/defunto/morto] no caixão e levaram-no à igreja. **Idi.** «dedicou [entregou]-se» *De* ~ *e alma* [Inteiramente/Sem reservas] «a essa causa/a esse ideal». «saiu à rua» *De* [Em] *corp(inh)o bem feito* [Sem agasalho] «e constipou-se». *Criar* [Ganhar] ~ [Desenvolver-se/Crescer/Aumentar] (Ex. Era franzino, mas com os ares da serra começou a ...). *Dar o* ~ *ao manifesto* [Expor-se/Não se poupar a qualquer trabalho ou luta]. *Fazer* ~ [conjunto/bloco] *com* (Ex. O cavaleiro fazia ~ com a montada, como se fossem um só). «numa cerimó[ô]nia» *Fazer figura de* ~ *presente* [Estar presente fisicamente, mas alheio ao que se está a passar]. «o garoto parece» *Ter o diabo no* ~ [Fazer muitos disparates]. **Comb.** «luta» ~ *a* ~ [Confronto dire(c)to/sem armas]. *Missa de* ~ *presente* [na presença do morto].

3 *Anat* Elemento anató[ô]mico ou órgão de estrutura ou constituição especial. **Comb.** ~ *estranho* [externo ou alheio ao organismo]. **4** Parte do vestuário que cobre o tronco. **Ex.** O vestido tinha o ~ liso e a saia às riscas. **5** Parte essencial/central de alguma coisa. **Ex.** O ~ [A fuselagem] do avião ficou completamente destruído[a] na queda. **Comb.** ~ *de delito* [Fa(c)to ou obje(c)to material em que se baseia um processo penal]. *O* ~ *de um edifício* [uma igreja]. *O* ~ *de um dicionário e os apêndices*. **6** Conjunto de pessoas, coisas, leis, textos, ... **Ex.** O ~ acadé[ê]mico de um estabelecimento de ensino «universidade» é formado pelo ~ docente [conjunto/grupo dos professores] e pelo ~ discente [conjunto/grupo dos alunos]. **Comb.** ~ [Os oficiais] *da armada/marinha*. ~ *de baile* [Conjunto/Grupo de bailarinos] «de uma escola». ~ [Corporação] *de bombeiros*. ~ *diplomático* [Os diplomatas]. *Os* ~*s gerentes* [A gerência] *da empresa*. ⇒ corpus. **7** Obje(c)to material ou substância considerados na sua componente física ou química. **Ex.** Os ~s estão sujeitos [Tudo o que é matéria [material/físico] está sujeito] à lei da gravidade. **Comb.** ~ *sólido* [líquido/gasoso]. «as estrelas e os planetas são» ~*s celestes*. «a água é um» ~ *composto* «constituído por oxigé[ê]nio e hidrogé[ê]nio». «o oxigé[ê]nio é um» ~ *simples* [que tem só um elemento]. **8** Densidade de certos líquidos/Consistência/Espessura. **Ex.** Vou acrescentar mais ingredientes [coisas] para a sopa [o molho] ganhar ~. **Comb.** *O* ~ *do vinho*. *O* ~ [A espessura/grossura] *do papel*. *O* ~ [A espessura] «doze» *dos cara(c)teres tipográficos*. **9** Crescimento/Desenvolvimento. **Ex.** O boato surgiu e foi ganhando ~ [e foi aumentando]. **10** ⇒ Realce/Importância.

corporação *s f* (<lat *córporo,áre,átum*: dar ou tomar corpo) **1** *Hist* Forma associativa anterior à era industrial de mestres e aprendizes do mesmo ofício/Guilda(+). **2** Conjunto de profissionais. **Comb.** ~ *de bombeiros*. ~ *dos enfermeiros*. ~ *dos engenheiros*. **Sin.** Agremiação. ⇒ associação; classe; clube.

corporal *adj 2g* (<lat *corporális*) **1** Relativo ao corpo/Corpóreo. **Comb.** *Castigo* ~. «em arte dramática fazem-se» *Exercícios de expressão* ~/gestual. *Lesões* ~*ais*. *Linguagem* ~/gestual. *Trabalho* ~ [físico/braçal]. **2** Que tem corpo/Material. **Comb.** «eles têm uma» *Relação* ~ [carnal/física]. **Ant.** Espiritual. **3** *Rel* Pano de linho branco sobre o qual o sacerdote católico coloca o cálice com vinho e a hóstia para a consagração, na missa.

corporalidade *s f* (<lat *corporálitas,átis*: natureza material, materialidade) Qualidade do que é corporal ou corpóreo/Corporeidade.

corporalização *s f* (<corporalizar+-ção) ⇒ corporização.

corporalizar *v t* (<corporal+-izar) ⇒ corporizar.

corporativismo *s m* (<corporativo+-ismo) Sistema político e econó[ô]mico baseado na propriedade privada e no agrupamento dos grupos produtores em corporações. **Ex.** A Itália foi o primeiro país a ado(p)tar o ~. **Comb.** O ~ de Salazar, em Portugal.

corporativista *adj/s 2g* (<corporativo+-ista) **1** Relativo a corporativismo. **Comb.** Doutrina [Sistema/Teoria] ~. **2** (O «político») que defende/preconiza o corporativismo. **3** *Br depr* (O) que age segundo os interesses da profissão a que pertence/Classista(+). **Comb.** Prática ~ [classista/parcial/egoísta/interesseira].

corporativo, a *adj* (⇒ corporação) **1** Relativo a ou próprio de uma corporação. **Comb.** «um país com fortes» Tradições ~as. **2** Organizado ou baseado numa corporação. **Comb.** *Direito* ~. *Estado* ~. *Organismos* ~*s de produção*. *Organização* ~*a da sociedade* «portuguesa desde 1933 a 1974». *Sistema* ~.

corporeidade *s f* (<corpóreo+-i-+-dade) Qualidade/Propriedade do que é corpóreo. **Sin.** Corporalidade.

corpóreo, a *adj* (<lat *corpóreus*) Que tem corpo/Pertencente ou relativo ao corpo. **Ex.** Devemos preferir os prazeres ~s [do corpo] aos prazeres espirituais [do espírito]? **Sin.** Corporal; físico; material. **Ant.** Espiritual; imaterial; incorpóreo.

corporificar *v t/int* (<corpo+ficar) ⇒ corporizar.

corporização *s f* (<corporizar+-ção) A(c)to, processo ou efeito de corporizar. **Comb.** A ~ [concretização/realização] de uma ideia.

corporizar *v t* (<corpo+-izar) **1** Dar ou ganhar corpo. **Sin.** Consubstanciar(-se); concretizar(-se); materializar(-se). **2** Representar/Simbolizar. **Ex.** O timorense Xanana Gusmão corporizou a ambição [o desejo] da independência de todo um povo.

corpulência *s f* (<lat *corpuléntia*) **1** Qualidade do que é corpulento/Estatura elevada e forte constituição física/Grande físico ou envergadura. **Ex.** Este atleta destaca-se pela sua ~. **2** Volume/Dimensão considerável de um corpo. **Comb.** A ~ de um elefante. A ~ de uma árvore [montanha]. **3** ⇒ obesidade.

corpulento, a *adj* (<lat *corpuléntus*) **1** Que tem um corpo forte, musculoso e grande/Que é bem constituído/De forte compleição física. **Ex.** Está a tornar-se um rapaz ~ [encorpado], desde que começou a fazer desporto/esporte. **Ant.** Delgado; franzino; magro. **2** Grande/De grandes dimensões. **Comb.** «o hipopótamo é» Um animal ~. Uma árvore ~a. **3** ⇒ muito gordo/obeso/gorducho.

corpus *s m* (<lat *córpus,poris*: corpo; *pl corpora*) **1** Conjunto de material relativo a um autor, tema, ... **Comb.** *O* ~ *da poética camoniana* (Poesias e poema de Camões) [dos manuscritos do P.e Antó[ô]nio Vieira]. *O* ~ *juris canonici* [do direito canó[ô]nico]. **2** *Ling* Conjunto de documentos orais ou escritos, *us* como material para análise linguística. **Ex.** Reuniu os dados recolhidos em vários *corpora*. **Comb.** «um dicionário é» Um ~ de palavras.

Corpus Christi *lat* ⇒ corpo **1 Comb.**.

corpuscular *adj 2g* (<corpúsculo+-ar²) Relativo a corpúsculo. **Ex.** Ao microscópio viam-se animais ~es. **Comb.** Radiação ~ [Feixes de partículas, em geral carregadas, que podem ser constituídas por radiação alfa/beta/neutrões/...].

corpúsculo *s m dim* (<lat *corpúsculum*, *dim de córpus*: corpo) **1** Corpo muito pequeno/Partícula/Fragmento. **2** *Anat* Pequeno corpo individualizado dentro de um órgão ou tecido. **Comb.** ~ tá(c)til [do ta(c)to].

corrasão *s f Geol* (<lat *corrádo,is,ere,ási, ásum*: tirar raspando <*cum+rado*) A(c)ção corrosiva produzida pelas partículas sólidas transportadas pelo vento e proje(c)tadas contra as rochas. **Ex.** As rochas que sofreram ~ ficam polidas e como que envernizadas.

corré *s f Dir* [= co-ré] ⇒ corréu.

correada *s f* (<correia+-ada) Pancada com correia. **Loc.** *Correr* [Fazer fugir/Afugentar] *alguém à* ~.

correagem [**correame**] *s f [m]* Conjunto de correias «de equipamento militar».

correão s m (<correia+-ão) *aum* de correia/Correia larga e grossa.

correaria s f (<correia+-aria) Local onde se fazem ou vendem correias/Estabelecimento de correeiro.

correção (Rrè) s f [= correcção] (<lat *corréctio,ónis*) **1** A(c)ção ou efeito de corrigir. **2** Alteração que se faz «num texto/numa obra» mudando o que se considera errado ou imperfeito/Emenda/Re(c)tificação. **Ex.** Vai à mercearia para que façam a ~ da conta: enganaram-se e levaram 10 euros a mais. Já fiz a ~ dos erros ortográficos do [já corrigi o(+)] ditado. **3** Anotação [Indicação] de erros, falhas ou omissões. **Ex.** Antes de imprimir os convites, mande-me uma prova para ~ (pode ter alguma coisa errada). **Comb.** ~ [Revisão(+)] tipográfica [de provas tipográficas]. **4** Verificação do que «numa prova/num teste/concurso» está certo ou errado. **Ex.** A ~ de provas «de exame» é um trabalho fatigante e de responsabilidade. **5** Observância rigorosa das regras que determinam o que está certo/Exa(c)tidão/Precisão. **Loc.** *Falar com ~. Portar-se «à mesa» com ~.* **Ant.** Incorre(c)ção. **6** A(c)ção de compensar artificialmente uma deficiência ou disfunção física. **Comb.** *Aparelho de ~* «dos dentes». Óculos de ~ «da miopia». **7** A(c)ção de corrigir comportamentos ou tendências erradas. **Ex.** Aos professores e educadores incumbe o dever da ~ de comportamentos e atitudes reprováveis «faltas de respeito/educação/civismo». **Comb.** Casa de ~ [Estabelecimento para detenção e recuperação social de delinquentes menores]. ⇒ reformatório. **8** Valor da compensação que se introduz para corrigir um erro ou uma imperfeição. **Comb.** ~ *cambial* [Mudança do câmbio]. ~ *gregoriana* (do calendário) [feita em 1582 por ordem do Papa Gregório XIII, que consistiu na supressão de 10 dias desse ano]. ~ *juliana* [Alteração feita ao calendário por ordem do imperador romano Júlio César e que consistiu em acrescentar um dia de quatro em quatro anos, dando assim origem aos anos bissextos]. ~ *monetária* [Reajuste do valor da moeda].

correcção/correccional ⇒ correção/...

correcional (Rrè) adj 2g/s m [= correccional] (<lat *correctionális,e*) **1** Referente a correção 7/Que se destina a corrigir. **Comb.** Castigo ~. **2** *Dir* Diz-se de pena e do tribunal sem júri onde são julgados pequenos delitos. **3** *Dir* Processo penal em que eram instruídos e julgados crimes menores/Processo de polícia ~.

corre-corre s m col Correria(+)/Azáfama(o+)/Lufa-lufa. **Ex.** Anda sempre num ~/corrupio; não para o dia inteiro. **2** *Br* Corrida desordenada/Tumulto/Confusão.

correctivo/correcto/corrector ⇒ corretivo/...

corredator, ora adj [= co-redactor] (<co-+...) O que redige [escreve] com outrem. **Ex.** Eles são ~res de uma coluna (d)esportiva num jornal. ⇒ coautor.

corredeira s f *Br* (<correr+-deira) **1** Pedra situada na parte superior do moinho. **2** Parte dum rio onde a corrente é mais rápida/Rápido(+). ⇒ correnteza **1**.

corrediça s f (<corrediço) **1** Peça que corre num encaixe. **2** Encaixe por onde deslizam os batentes de portas e janelas de correr.

corrediço, a adj (<correr+-diço) **1** Corredio. **2** Que se move sobre corrediça. **Comb.** Porta [Janela] ~a. **3** Que se propaga. **Comb.** Doença «gripe» ~a [contagiosa(+)].

corredio, a adj (<correr+-dio) **1** Que corre [se move] facilmente. **2** Que desliza/Corrediço. **Comb.** Nó ~. **3** Que é liso. **Comb.** Cabelos ~s. **4** Que faz escorregar/resvalar. **Comb.** Ladeira [Encosta] ~a/escorregadiça(+). **5** Que flui/Fluente. **Comb.** Estilo ~/fluente. **6** Que é fácil/Sem obstáculos. **Comb.** Trabalho «renda/malha/tricô» ~.

corredoira/corredoiro ⇒ corredoura/corredouro.

corredor, ora adj/s (<correr+-dor) **1** (O) que corre. **Comb.** *Atleta ~or/ora de fundo.* «avestruz» *Ave ~ora.* **2** O que participa em corridas. **Comb.** ~ *de automóvel* [moto/bicicleta]. (Atleta) ~ *de velocidade* «100 m/200 m». **3** Passagem estreita no interior de uma casa. **Ex.** O gabinete do chefe é ao fundo do ~, à direita. **4** Caminho estreito/Espaço livre, comprido e estreito. **Ex.** A multidão abriu um ~ para deixar passar a comitiva presidencial. **5** Faixa da via pública reservada à circulação de transportes de serviço público. **Comb.** ~ aéreo [Zona do espaço aéreo destinada à rota dos aviões]. **6** Passagem estreita entre assentos «duma sala de espe(c)táculos/dum veículo»/Coxia(+). **Comb.** ~ central [lateral]. **7** Trecho estreito dum rio «perigoso/na foz». ⇒ Rápido/*Br* Corredeira. **8** s f pl *Ornit* (Diz-se de) ordem de aves de esterno raso, pernas robustas e asas curtas ou atrofiadas a que pertence a avestruz.

corredou[oi]ra s f (<correr+-dou[oi]ra) **1** Peça que fica por baixo da mó do moinho. **2** Local de passagem. **Ex.** Não respeitam nada; já fizeram uma ~ pelo meio [~ através] do canteiro. **3** Rua larga e direita própria para corridas. **4** Corrida/Correria. **Loc.** Andar numa ~ [azáfama(+)/correria(+)]. **5** Caminho em declive «de acesso ao forno onde se cozem as telhas».

corredou[oi]ro s m (<correr+-dou[oi]ro) **1** Lugar próprio para corridas/Corredoura. **2** Local de passagem/Trilho. **3** A(c)ção continuada de correr/Corrida continuada.

corredura s f (<correr+-dura) **1** Líquido «azeite» que fica aderente à medida e que constitui prejuízo para o comprador. **2** Corrida.

correeiro, a s (<correia+-eiro) O que faz [vende] obje(c)tos de couro.

corregedor, ora s *Dir* (<co(m)+regedor) **1** *Hist* Antigo magistrado representante do rei junto das comarcas. **Ex.** Os ~es, que desempenharam papel preponderante na fiscalização e administração da justiça, foram suprimidos em Portugal pela reforma administrativa e judiciária de 1832. **2** Juiz presidente de um círculo judicial.

corregedoria s f (<corregedor+-ia) Cargo ou área de jurisdição do corregedor. ⇒ comarca.

córrego s m (<lat *córrugus,i*) **1** Caminho apertado entre montes/Corgo. **2** Rego [Sulco] por onde corre bastante água/Regato/Regueiro/Riacho/Ribeiro/a(+).

correia s f (<lat *corrígia,ae*) **1** Tira estreita de couro para ligar «à coleira do cão» (⇒ trela) ou apertar «o calçado» (⇒ atacador/cordão). **Comb.** ~ [Cinto(+)] *das calças. Mala apertada com duas ~s.* ⇒ corrente **13**. **2** *Mec* Banda circular feita de couro ou outro material flexível usada para transmitir um movimento de rotação dum órgão a outro. **Comb.** ~ *de transmissão* **a)** A que transmite movimento; **b)** *fig* Pessoa ou entidade que, de modo intencional ou não, se faz eco de outrem ou se põe ao seu serviço (Ex. Alguns sindicatos são acusados de serem ~s de transmissão de partidos de esquerda).

correição s f (<lat *corréctio,ónis*) **1** ⇒ Corre(c)ção. **2** Visita dum corregedor às comarcas da sua jurisdição. **3** Inspe(c)ção do corregedor aos funcionários e serviços judiciais duma comarca. **4** Área de jurisdição dum corregedor.

correio s m (<correr; ⇒ ~ ele(c)tró[ô]nico) **1** Serviço de transporte e distribuição de correspondência. **Ex.** As cartas enviam-se pelo ~ nacional ou internacional. **Comb.** ~ *aéreo.* ~ *expresso* [azul/especial/…]. *Marco* [Caixa] *do ~.* **2** Pessoa que transporta e distribui a correspondência/Carteiro. **Ex.** A que horas costuma passar o ~ (nesta rua)? **3** Estação «central» postal [dos ~s(+)]. **Ex.** Vou ao ~ comprar selos. **4** Cartas, encomendas e outro tipo de correspondência que se recebe [envia] por este serviço. **Ex.** Respondi imediatamente/logo [na/pela volta do ~] à carta dele. Hoje não houve [chegou] ~. Vou tirar o ~ da caixa. Está a ler o ~. **5** Rubrica de jornal ou revista em que se publicam cartas dos leitores. **Ex.** A primeira coisa que leio na revista «Família Cristã» é o "~ dos Leitores". **6** Pessoa enviada a alguém com um despacho [notícia/comunicação] de assunto de responsabilidade. **Comb.** ~ protocolar. **7** *fig* Pessoa linguareira/indiscreta.

correio eletrónico [*Br* ~ **eletrônico**] s m [= ~ electrónico] Sistema de transmissão de mensagens escritas de um computador para outro via [por] Internet/*e-mail/email*. **Ex.** Recebi a convocatória «da reunião» por ~.

correlação s f (<co(m)+relação) **1** Relação [Correspondência recíproca] entre duas coisas «fenó[ô]menos/noções/termos» em que uma varia em função da outra/Interdependência. **Ex.** Há uma ~ nítida entre a instabilidade política dos países produtores de petróleo e o aumento de preço deste produto. A frequência de doenças pulmonares nos fumadores indica que há uma ~ entre os dois fenó[ô]menos (O fumar e a doença). **Comb.** ~ de forças [Situação de equilíbrio instável entre as várias forças que a(c)tuam num sistema] (Ex. A a(c)tual ~ de forças políticas não faz prever que um dos partidos venha a ganhar as eleições com maioria absoluta). **2** Relação mútua entre duas pessoas ou coisas. **3** *Lóg* Dependência biunívoca entre duas entidades (Variáveis ou constantes) que existem simultaneamente e não se podem definir uma sem a outra. **Ex.** A ~ é uma relação binária recíproca. **4** *Estatística* Expressão que liga duas variáveis e é calculada por determinados coeficientes. **Comb.** Coeficiente de ~ [Índice que exprime a variação concomitante de duas variáveis].

correlacionar v t (<correlação+-ar¹) Estabelecer [Ter] correlação/Relacionar. **Ex.** A propagação da sida [AIDS] e de outras doenças venéreas está correlacionada com a promiscuidade sexual.

correlatar v t (<co-+relatar) **1** Pôr em relação mútua/Correlacionar. **2** Relatar conjuntamente «a viagem de estudo».

correlatividade s f (<correlativo+-i-+-dade) Qualidade do que é correlativo.

correlativo, a adj (<lat *correlativus,a,um*) Que tem dependência mútua. **Ex.** Causa e efeito são ~s.

correlato, a adj (<lat *correlátus <cum relatus*) **1** Correlativo. **2** *Ling* Diz-se de palavra cujo significado tem relação com o de outra. **Ex.** *Mínimo* é ~ de *pequeno*.

correlator, ora s (<co-+relator) O que é relator juntamente com outro(s).

correligionário, a adj/s (<co-+religionário) (O) que professa [tem] a mesma religião ou pertence ao [ou é do] mesmo partido.

corrente adj 2g/s m/f (<lat *cúrrens,éntis*) **1** Que corre. **Ex.** É voz ~ «que o governo

se vai demitir». **Comb.** Água ~ **a)** que não está estagnada; **b)** canalizada. **2** Que decorre/está em curso/andamento. **Comb. Ano ~** [Este/Presente ano] (⇒ **16**). *Processo* ~ [em curso(+)]. **3** Fácil/Fluente. **Comb.** Estilo ~. **4** Vulgar/Comum/Usual. **Comb. *Costumes*** [Hábitos] *~s. Palavras ~s.* **5** Que é admitido pela generalidade das pessoas. **Comb. *Opinião ~. Uso ~.*** **6** Legal/Oficial. **Comb.** Moeda [Dinheiro] ~. **7** *s f* Movimento dum líquido [fluido] que segue determinada dire(c)ção. **Comb. ~ de lava. ~ marítima** «quente do Golfo/fria do Labrador». **~ sanguínea** [Circulação do sangue]. **8** Curso de água. **Ex.** Com as chuvadas que têm caído, a ~ do rio tornou-se fortíssima. **9** *Met* Movimento do ar provocado por variações térmicas. **Ex.** Fecha a porta por causa das [para evitar as] ~s de ar «que me constipam». **Comb. ~ de convecção** [Movimento ascensional dum fluido originado por diferenças de temperatura ou de densidade]. **~ de ja(c)to** [que gera ventos fortes nas altas camadas da atmosfera, com forma tubular e milhares de quiló[ô]metros de extensão]. **10** *Ele(c)tri* Movimento ordenado de cargas elé(c)tricas. **Comb. ~ alternada** [que inverte periodicamente o sentido]. **~ contínua** [unidire(c)cional e cuja intensidade se mantém constante ao longo de todo o circuito]. **11** Movimento intenso e ininterrupto de pessoas em determinada dire(c)ção. **Comb. ~ do tráfego. ~ migratória. 12** Movimento de opinião/ideias/Tendência. **Idi. *Remar*** [Ir] ***contra a ~*** [Lutar por uma causa que tem mais adversários do que adeptos]. **Comb. ~ literária. ~ solidária. Contra a ~** [De modo contrário à opinião generalizada ou à posição dominante]. **13** Cadeia metálica formada por elos que encaixam uns nos outros/Cadeia. **Ex.** A entrada da quinta não tinha portão; estava fechada com uma ~. **Comb.** ~ «de ouro» do relógio. **14** Cadeia metálica fechada, usada para transmitir movimento de rotação entre dois veios paralelos. **Comb. ~ da bicicleta. 15** *s m* Aquilo que se passa no momento a(c)tual. **Loc. *Estar*** [Andar] ***ao ~*** [Estar informado/a par do que se passa]. ***Pôr ao ~*** [Transmitir as informações mais recentes/Dar a conhecer os pormenores/Informar]. **16** O que decorre/ Mês em curso. **Ex.** O almoço de confraternização realiza-se a [no dia] 20 do ~ (⇒ **2**).

correntemente *adv* (<corrente+-mente) **1** Com facilidade. **Loc.** Ler ~ «o português/o jornal». **2** Habitualmente/Geralmente. **Ex.** Este é o produto ~ usado para tirar quaisquer nódoas.

correnteza *s f* (<corrente+-eza) **1** Movimento dum curso de água. **Ex.** O menino estava todo [muito] choroso porque a ~ do regato lhe levou o barquinho. **2** Corrente de ar. **Ex.** Tive de [que] mudar de lugar «no escritório» para evitar a ~ que sentia cada vez que abriam a porta. **3** Conjunto de elementos ordenados em linha/Enfiada/Fila/ Série. **Comb.** ~ de casas «do mesmo tipo» ao longo da rua. **4** Qualidade do que é corrente/Decurso/Sucessão. **Ex.** Ele gostava mais da cidade; não se dava bem com a ~ monótona dos dias na aldeia. **5** Facilidade de expressão/Fluência(+)/Desembaraço. **Comb.** ~ no falar.

correntio, a *adj* (<corrente+-io) **1** Que corre [flui] com facilidade. **Comb.** Águas ~as «duma enxurrada». **2** Que é vulgar/usual/ trivial. **Comb.** Linguagem ~a.

correntoso, a (Ôso, Ôsa, Ósos) *adj* (<corrente+-oso) Que tem corrente forte/Torrentoso. **Comb.** Rio ~/caudaloso(+).

correr *v t/int* (<lat *cúrro,ere,cucurri,cúrsum*) **1** Andar com velocidade superior à da marcha [à do passo]. **Ex.** Para não perder o comboio [trem], tive de ~. Se não corria atrás do miúdo [da criança/do garoto] ele fugia-me para a rua (⇒ **3/4/5**). **Idi. ~ *à bofetada/batatada/pancada*** [Obrigar alguém a fugir usando de violência]. **~ *a bom ~*** [~ muito depressa]. **~ *à desfilada*** [a toda a velocidade]. **~ *as capelinhas*** [Ir beber a vários sítios congé[ê]neres «cafés/ bares» num tempo relativamente curto]. **~ *atrás de foguetes*** [Cansar-se [Lutar] por coisa vã]. **~ *Ceca e Meca*** (e olivais de Santarém)/**~ *as sete partidas/~ mundo*** [Viajar por muitas terras]. **~ *de boca em boca*** [Ser dito/contado por toda a gente]. **~ *em bica*** [(Um líquido «sangue») jorrar abundantemente]. **~ *muita tinta*** [Escrever-se muito sobre determinado assunto]. **~ *nas veias*** [Estar enraizado/Ser cara(c)terístico]. **~ *perigo*** [Estar em risco/Poder morrer] (⇒ **21**). **~ *por conta* de alguém/ da casa»** [Ser pago]. **~ *sobre rodas*** [Desenvolver-se de modo satisfatório]. **~** [Lidar] ***um touro*** [Tourear]. ***Deixar ~*** [Não fazer nada para alterar uma situação/Não se importar]. ***Nos tempos que correm*** [No presente/Na a(c)tualidade/A(c)tualmente]. **Comb. *idi* Ao ~ da pena** [(Escrever) fluentemente/sem pensar muito]. **2** *(D)esp* Participar numa prova de corrida. **Ex.** Na prova «da maratona» correm vários atletas portugueses. **3** Ir depressa/ Deslocar-se com rapidez. **Ex.** Temos que ir mais devagar. Se vais assim a ~, não consigo acompanhar-te. **4** Deslocar-se velozmente. **Ex.** Até é para [de] admirar que não haja mais acidentes nesta rua: os carros correm por ela [vão por aí] abaixo a uma velocidade louca! **5** Precipitar-se para ajudar alguém. **Ex.** Os vizinhos, quando o/a ouviram gritar, foram logo a ~ para o/a socorrer. **6** Percorrer vários espaços/Ir ao longo de. **Ex.** Corri a casa toda à procura dos óculos; não sei onde os deixei. Perdi a carteira desde o café até casa. Já corri o caminho [Já fiz o traje(c)to] várias vezes à procura dela e nada [e não a encontrei]! **7** Percorrer vários lugares com características semelhantes/~ **as capelinhas**. **Ex.** Corri as sapatarias todas (da cidade) e não encontrei sapatos que me agradassem. **8** Passar um a um os elementos dum conjunto. **Ex.** Para descobrir o número do telefone «dum médico cujo nome não sabia ao certo», corri a lista (da terra) de princípio a(o) fim. Corri o jornal de ponta a ponta e não encontrei a tal notícia de que me falaste. **9** Expulsar/Afugentar/Perseguir. **Loc. ~ *a caça. ~ os cães*** [gatos] «que lhe rondam a casa». **~ *do café*** ***os desordeiros*. 10** Obrigar a afastar-se/Cortar relações/ Despedir. **Ex.** Ela correu com o namorado. O patrão correu com [despediu] o empregado «ele mexia-lhe na gaveta [roubava-lhe dinheiro]». **11** (Fazer) deslizar. **Ex.** O fecho «das calças» está estragado, não corre. **Loc.** ~ a cortina [as persianas]. **12** (Um fluido) escorrer/deslocar-se/ fluir em determinada dire(c)ção. **Ex.** As lágrimas corriam-lhe pela face «como duas fontes». O sangue corre nas veias. **13** Inspe(c)cionar com olhar/Fazer passar rapidamente. **Loc. ~ *os olhos pela multidão*** «à procura de alguém conhecido». **~ *os olhos pela pauta*** «para ver o resultado do exame». **14** Estar situado em determinados limites/Prolongar-se ao longo de determinada dire(c)ção. **Ex.** A rua principal corre a cidade de norte a sul. A muralha corre em volta do burgo medieval. **15** Tornar-se público/Propagar-se. **Ex.** Corre [Dizem/Consta] por aí que vai haver falta de açúcar. Não sei se é verdade que o governo se vai demitir, mas é o que corre [o que se diz]. **16** Desenvolver-se de determinada maneira/Decorrer/Desenrolar-se/ Passar-se. **Ex.** Como te correu o teste? A reunião correu muito bem. **17** Ter desenvolvimento/Estar em andamento/Processar-se/Decorrer. **Ex.** Tem a ~ contra ele vários processos em tribunal. **18** Passar o tempo/Decorrer/Progredir. **Ex.** Os dias corriam monotonamente, todos iguais. Vejo as horas a ~ e ainda falta tanto para acabar o trabalho (que tem que ser entregue hoje)! **19** Estar em vigor/Circular. **Ex.** O escudo já não corre em Portugal; agora é o euro. **20** Fazer passar através dum sistema audiovisual/ele(c)tró[ô]nico a fim de ser observado ou transmitido. **Loc. ~ *um filme*** [vídeo]. **~ *um programa informático*. 21** Estar sujeito a algo/Sujeitar-se. **Loc. ~** perigo [risco].

correria *s f* (< correr+-ia) **1** Corrida desordenada/Debandada. **Ex.** Quando terminam as aulas, alguns alunos saem numa ~ louca. **2** Grande pressa/Azáfama/Corrupio. **Ex.** Passei o dia numa ~ para deixar tudo em ordem [todas as tarefas concluídas]. **3** Assalto repentino/Investida/Incursão/ Surtida. **Comb.** ~ ao acampamento inimigo.

correspondência *s f* (<corresponder+-ência) **1** Relação lógica entre duas ou mais coisas/Reciprocidade/Ligação. **Ex.** Ao conferir a mercadoria verifiquei que não havia ~ entre o material recebido e o mencionado na fa(c)tura. **2** Relação de semelhança/Analogia/Afinidade. **Ex.** Os dois compêndios «de Física» são de autores diferentes mas há ~ entre um e outro [eles estão em ~ um com o outro]. **3** *Mat* Relação que a cada elemento dum conjunto associa um ou mais elementos doutro conjunto. **Comb. ~ biunívoca** [que associa a cada elemento dum conjunto apenas um elemento do segundo conjunto e vice-versa]. **~ unívoca** [idêntica à biunívoca mas sem reciprocidade]. **4** Troca de comunicação escrita «cartas/postais» (entre duas pessoas) recebida [enviada] através do correio. **Ex.** A mãe ficava toda [muito] contente quando recebia ~ [carta] dos filhos que estavam longe. Quando chego ao escritório, vou logo ver [abrir/ler] a ~. **5** Conjunto de escritos «cartas/jornais/revistas/encomendas» transportados e distribuídos pelo correio. **Ex.** Já chegou a ~ [o correio] (de hoje) mas não vieram os jornais nem nenhuma encomenda. **6** Ligação entre dois espaços. **Ex.** A sala tem ~ com a cozinha e com o corredor. **7** Ligação entre dois meios de transporte. **Ex.** Em algumas estações de Lisboa «Sete-Rios» o *metro* tem ~ com o comboio [trem] e os autocarros [ônibus].

correspondente *adj/s 2g* (<corresponder+-ente) **1** Que corresponde. **Ex.** Recebi a encomenda e a fa(c)tura ~. Compra o livro de texto e o caderno de exercícios ~. **Sin.** Respe(c)tivo. **2** Que tem uma relação de simetria/equivalência/proporcionalidade. **Ex.** O ordenado dele é ~ à sua categoria profissional. A menina tem um peso ~ à altura. **3** Apropriado/Adequado. **Ex.** O caçador pegou na arma e nos cartuchos [nas balas] ~s. **4** Diz-se de um sócio «de associação literária/científica» que não é efe(c)tivo. **5** *s* Aquele que se corresponde com alguém. **Ex.** Tenho um ~ em Inglaterra com quem pratico [aperfeiçoo] o inglês. **6** Jornalista que assegura a cobertura noti-

ciosa dos acontecimentos de determinada região fora do local onde se situa o órgão de comunicação social para o qual trabalha. **Ex.** A notícia foi transmitida pelo/a ~ da RTP em Madrid. **7** Pessoa que trata de negócios [Procurador] de outrem fora do local onde este se encontra. **Ex.** O negócio da transferência do jogador brasileiro foi tratado pelo ~ do Benfica no Brasil.

corresponder *v int* (<co-+responder) **1** Estar em correspondência/em relação mútua. **Ex.** Num triângulo, ao maior ângulo corresponde [opõe-se(+)] o maior lado. **2** Ser próprio/adequado. **Ex.** O João encontrou um emprego que corresponde exa(c)tamente ao [que é mesmo o] que ele queria. Estas porcas não correspondem aos parafusos «o tipo de rosca é diferente». **3** Ser equivalente/proporcional. **Ex.** A categoria de encarregado corresponde à de chefe de equipa/e. O peso dele corresponde à altura. **4** Estar de acordo com/Coincidir com. **Ex.** O relato «da testemunha» não corresponde à verdade. **5** Retribuir/Responder. **Ex.** «o professor» Correspondeu ao meu cumprimento com um sorriso e um aceno. Ela soube ~ aos sacrifícios que os pais fizeram para a educar «cuidou deles com todo o carinho até à morte». **Comb.** Amor não correspondido. **6** ~-se/Trocar correspondência com alguém. **Ex.** Tenho um amigo no Japão com quem me correspondo desde há anos.

corresponsabilidade *s f* [= co-responsabilidade] Responsabilidade dividida ou partilhada por duas ou mais pessoas ou entidades. **Ex.** A organização do evento foi da ~ de várias empresas. Houve ~ no acidente (por parte) de ambos os condutores (implicados).

corresponsabilizar *v t* [= co-responsabilizar] Atribuir a duas ou mais pessoas a responsabilidade/Tornar corresponsáveis. **Ex.** Corresponsabilizou os administradores pela (futura) gestão da empresa. Eles corresponsabilizaram-se pelo acidente.

corresponsável *adj/s 2g* [= co-responsável] (O) que partilha a responsabilidade com outrem. **Ex.** Os condutores foram considerados ~eis pelo acidente. Ele era, a partir de agora, um dos ~eis pela segurança da empresa.

corretagem *s f* (<corretar+-agem) **1** Trabalho [Comissão/Remuneração] do corretor. **Ex.** Ele já não trabalha no Banco; dedicou-se à ~. Paguei de ~ 1% do valor da transa(c)ção. **2** Contrato orientado por um corretor, celebrado entre duas pessoas que desejam efe(c)tuar uma operação comercial. **Comb.** ~ para aquisição de a(c)ções na Bolsa.

corretar *v int* (<corretor²+-ar¹) Fazer a corretagem/Exercer o ofício de corretor.

corretivo, a (Rrè) *adj/s m* [= correctivo] (<correto+-ivo) **1** Que corrige/é próprio para corrigir. **Comb.** Exercício [Tratamento] ~ «da fala». **2** Que modifica. **Comb.** ~ da acidez «dum vinho». **3** *s m* Correção/Castigo/Repreensão. **Ex.** Faltou às aulas, vai receber o ~ [castigo(+)] adequado. **4** *s m* O que é utilizado para corrigir ou melhorar «a composição/as cara(c)terísticas». **Comb.** *Um* ~ «calcário *dos solos. Um* ~ *da graduação alcoólica* «dum vinho».

correto, a (Rrè) *adj* [= correcto] (<lat *corréctus,a,um*; ⇒ corrigir) **1** Que não tem erros/Certo(+). **Comb.** *Conta* ~*a* [certa(+)]. *Exercício* «de Física» ~. **2** Que respeita as regras/normas. **Comb.** *Condução* «automóvel» ~*a*. *Postura* «ergonó[ô]mica» ~*a*. **3** Conforme os usos/Adequado/ Conveniente. **Comb.** *Forma* ~*a de cumprimentar* «o rei». *Pronúncia* ~*a*. **4** Que se conforma com os padrões morais/ Honesto/Decente. **Ex.** Não é ~ [honesto] fazer-se amigo de alguém e dizer mal dele pelas costas. **5** Adaptado ao fim em vista. **Ex.** É mais fácil trabalhar quando se tem a ferramenta ~a/própria(+).

corretor¹, ora (Corrè) *adj/s* [= corrector] (<lat *corréctor,óris*; ⇒ corretor) **1** (O) que corrige. **Comb.** ~ *ortográfico* [Ferramenta dos processadores de texto que corrige automaticamente ou sugere alterações]. ~ *de provas tipográficas.* **2** (O) que repreende/admoesta/castiga. **Ex.** Os pais desempenham também a função de ~es «dos erros/defeitos» dos seus filhos.

corretor² (Côrre) *s m Com Econ* (<it *correttore*; ⇒ corretora) Intermediário oficial instituído para transa(c)ções comerciais que, obrigatória ou facultativamente, se realizam na Bolsa/Agente comercial. **Ex.** O ~ age no interesse de terceiros como mandatário ou como comissário.

corretora *s f* (<corretor²) Agência que no mercado financeiro opera nas transa(c)ções da Bolsa.

corretoria (Rrè) *s f* [= correctoria] (<corretor¹+-ia) ⇒ corregedoria.

corretório (Rrè) *s m* [= correctório] (<corretor¹+-ório) Livro de regist(r)o «nas prisões» de correções e castigos.

corréu, corré *s Dir* [= co-réu] Pessoa acusada ou condenada pela participação com outrem num mesmo delito. **Ex.** Foram constituídos ~s num processo judicial. **Sin.** Coacusado; coarguido.

corrica *s f* (<corricar) **1** Pequena roda/Rodela(+). **2** Prega/Ruga. **3** Pesca à linha, com o pescador num barco em movimento/Corrico.

corricar *v int* (<correr+-icar) **1** Andar ligeiramente e com passo miúdo. **2** Andar de um lado para o outro. **3** Pescar à corrica.

corrico *s m* (<corricar) ⇒ corrica **3**.

corrida *s f* (<corrido) **1** A(c)to ou efeito de correr. **Ex.** Dei uma ~ para fugir à chuva. **Loc.** «li o jornal» *De* ~ [À pressa/Por alto]. **2** Modo de locomoção mais rápido do que a marcha em que, em cada passo, há um momento em que ambos os pés não tocam no solo. **Comb.** *Passo de* ~. **3** Prova de atletismo em pista [percurso predefinido] e distância preestabelecida. **Comb.** ~ *de fundo* «5000 m/10 000 m». ~ *de velocidade* «100 m/200 m». **4** Prova (d)esportiva numa montada ou num veículo, motorizado ou não, em que o competidor percorre um circuito [traje(c)to] em tempo mínimo. **Comb.** ~ *de automóveis.* ~ *de cavalos.* ~ *de obstáculos.* **5** Prova de competição de velocidade entre animais. **Comb.** ~ *de galgos.* **6** Percurso dum táxi ou automóvel de aluguer entre dois pontos. **7** Preço dum traje(c)to de táxi. **8** *fig* Sucessão precipitada de tarefas/Correria(+). **Ex.** Andei toda a manhã numa ~ para deixar a casa arrumada e o almoço pronto. **9** Afluência de pessoas a determinado lugar com um obje(c)tivo definido. **Comb.** ~ *aos saldos.* ~ *aos postos de combustível* «que vendem mais barato». **10** Medidas extraordinárias para assegurar a defesa, preparar um ataque ou obter a supremacia. **Comb.** ~ *aos armamentos.* **11** Espe(c)táculo tauromáquico em que são lidados touros/Tourada(+). **12** *fam* Repreensão enérgica. **Ex.** Se ele aparece [tem o descaramento de aparecer] por aí «depois de me ter faltado gravemente ao respeito» leva uma ~ que nunca mais lhe apetece cá voltar!

corridinho *s m* (<corrido+-inho) Dança originária da Europa Central que se tornou popular em Portugal, principalmente no litoral do Algarve.

corrido, a *adj* (<correr+-ido) **1** Que correu. **Comb.** *Touro* ~ [lidado(+)]. **2** Que se puxou/Que deslizou. **Comb.** *Cortinas* [*Persianas*] ~*as*. **3** Que se desloca com velocidade considerável/Que tem um andamento rápido. **Comb.** *Fado* ~. **4** Que se prolonga [Que corre] em determinado sentido. **Comb.** *Ponto* (de costura) ~. *Varanda* ~*a* [a toda a largura do edifício]. **5** Perseguido/Expulso. **Ex.** Não deve ser bom empregado pois já veio ~ de vários sítios. **6** *adj/s Br* (O animal) que está no cio. **7** *s m Br* Tipo de cascalho. **8** *Br* Galo que foi vencido na luta e foge sempre a novas investidas.

corrigenda *s f* (<lat *corrigendus,a,um*: coisas que se devem corrigir) **1** ⇒ errata. **2** Admoestação(+).

corrigir *v t* (<lat *córrigo,ere,réxi,réctum*: endireitar, corrigir, melhorar) **1** Fazer a corre(c)ção/Alterar o que está errado/ Emendar/Re(c)tificar. **Loc.** ~ *os erros* «de ortografia». ~ [Acertar] *uma conta* (que estava errada). ~ *a rota dum navio/avião.* **2** Assinalar os erros/as falhas/imperfeições/Verificar o que está certo [errado]. **Loc.** ~ *provas* «de exame». ~ *testes* «de filosofia». **3** Tornar mais exa(c)to/perfeito/ Melhorar/Re(c)tificar. **Loc.** ~ *o traçado duma estrada* «para eliminar curvas perigosas». **4** Alterar uma situação indesejável, tornando-a mais agradável/conveniente/ Reparar. **Ex.** Já corrigi a má impressão que tinha do professor «de filosofia». Nem sempre os pais conseguem ~ os (defeitos dos) filhos. **5** Fazer desaparecer ou diminuir um defeito [uma anomalia] físico/a. **Ex.** Tenho óculos para ~ a miopia. Ele usa um aparelho para ~ a curvatura das pernas. **Loc.** ~ *a fala* [pronúncia]. **6** Fazer ado(p)tar um procedimento corre(c)to/Disciplinar. **Ex.** É louvável o esforço que ele tem feito para ~ o vício da bebida, mas ainda não conseguiu dominá-lo totalmente. **7** Infligir um castigo/Castigar. **Ex.** Teve duas negativas, não o deixei ir ao cinema. Se não os corrigimos, nunca mais aprendem [se emendam].

corrigível *adj 2g* (<corrigir+-vel) Que pode ser corrigido. **Comb.** *Um erro* [defeito/ *Uma falha*] (facilmente) ~.

corrilheiro, a *s* (<corrilho+-eiro) Amigo de corrilhos/Mexeriqueiro(o+)/Bisbilhoteiro(+).

corrilho *s m* (<esp *corrillo*) **1** Conciliábulo/ Mexerico(+)/Conluio. **2** Aglomeração agitada de pessoas.

corrimão *s m* (<correr+mão) **1** Apoio existente ao lado duma escada para auxiliar na subida e na descida. **Comb.** *Escada* (ao centro do *hall* de entrada) com dois corrimões [corrimãos]. **2** Barra que serve de encosto ou parapeito numa varanda.

corrimento *s m* (<correr+-mento) **1** A(c)to ou efeito de correr. **2** Secreção de qualquer parte do corpo, normal ou por efeito de lesão. **Comb.** ~ *nasal.* ~ *vaginal.* **3** ⇒ Assuada/Apupada.

corriola *s f Bot* (<correia+-ola) **1** Planta herbácea vivaz, volúvel ou prostrada, da família das convolvuláceas, *Convolvulus arvensis*, espontânea e frequente em Portugal, também conhecida por bracilonga e verdizela. **2** *Br* Jogo de crianças em que se usa uma fita dobrada. **3** *Br* ⇒ armadilha. **4** *Br* ⇒ arruaça ou pessoa arruaceira.

corripo s m (< ?) Processo de pescar em que o anzol tem preso um obje(c)to brilhante para atrair o peixe.

corriqueiro, a adj (<corricar+-eiro) 1 Que corre [circula] habitualmente/Corrente/Habitual(+). **Comb.** *Linguagem ~a. Notícias ~as.* 2 Trivial(+)/Usual(+)/Vulgar(+). **Comb.** *Modelo* (de roupa) *~. Sapatos ~os.* 3 *Br* Inquieto/Desassossegado. 4 *Br* Presumido/Afe(c)tado.

corroboração s f (<lat *corroborátio,ónis*) A(c)to ou efeito de corroborar/Confirmação/Comprovação. **Comb.** ~ duma hipótese [teoria] «pelos mestres».

corroborante adj 2g (<corroborar+-ante) 1 Que corrobora/Confirmativo. **Comb.** *Declaração ~*. 2 Que fortifica/Fortificante. **Comb.** *Atitude* [Gesto] *~/animadora(+)* «dos amigos».

corroborar v t (<lat *corrobóro,áre,átum*) 1 Dar força a/Fortificar/Animar. **Ex.** Nos momentos de crise, os amigos corroboraram[animaram]-no para que a vencesse. 2 Comprovar/Confirmar/Ratificar. **Ex.** As testemunhas corroboraram o depoimento do arguido.

corroborativo, a adj (<corroborar+-tivo) ⇒ corroborante.

corroer v t (<lat *corródo,ere,si,sum;* ⇒ roer) 1 Destruir pouco a pouco/Consumir lentamente. **Ex.** A ferrugem corrói o ferro. 2 Carcomer/Deteriorar/Roer. **Ex.** O bicho-da-madeira corroeu a mesa de pinho da cozinha. As paredes da catedral vão sendo corroídas pela poluição. 3 *fig* Degradar progressivamente/Corromper. **Ex.** O ciúme corroeu a confiança e a amizade que existia entre eles.

corromper v t (<lat *corrúmpo,ere,úpi, úptum;* ⇒ romper) 1 Provocar a decomposição/Deteriorar/Estragar. **Ex.** Os alimentos, se não forem bem conservados, depressa se corrompem. 2 Fazer perder a pureza [perfeição/qualidade] original/Adulterar/Degradar. **Ex.** As mensagens escritas transmitidas por telemóveis (SMS) podem contribuir para que uma língua se corrompa. 3 Tornar [Ficar] desonesto/imoral/Aviltar/Perverter/Depravar. **Ex.** A ganância do dinheiro corrompe muita gente. É um político muito sério; nunca se deixou ~.

corrosão s f (<lat *corrósio,ónis*) 1 A(c)to ou efeito de corroer. 2 *Geol* Erosão química provocada por a(c)ção dos agentes naturais, móveis «água» ou não «(h)umidade». **Comb.** ~ das rochas calcárias pela água rica em CO_2. 3 *Quím* Destruição [Desgaste] progressiva/o duma substância por rea(c)ção química com outra substância exterior à primeira. **Comb.** *Inibidor de ~* [Anticorrosivo]. «pintura de» *Prote(c)ção contra a ~*. *Taxa de ~* [Perda de peso por unidade de área e de tempo].

corrosibilidade s f (<corrosível+-i-dade) Qualidade do que é corrosível. **Comb.** ~ do ferro «pela (h)umidade/pelos ácidos».

corrosível adj 2g (<corrosivo+-el) Que pode ser corroído/Susce(p)tível de sofrer corrosão.

corrosividade s f (<corrosivo+-i-+-dade) Qualidade do que corrói. **Ex.** Os ácidos são substâncias com elevada ~.

corrosivo, a adj/s m (<lat *corrosívus,a,um*) 1 (O) que corrói. **Comb.** Agente [Substância] *~o/a* «ácido clorídrico». 2 *fig* Que fere [ataca/destrói] no plano psicológico ou moral/Mordaz/Cáustico. **Comb.** *Crítica ~a* [destrutiva(+)].

corruda s f *Bot* (<lat *corrúda,ae:* espargo) Nome vulgar de duas espécies de subarbustos da família das liliáceas: *~-maior, Asparagus aphyllus,* de casca verde, folhas alternas escariformes, flores pequenas amarelo-esverdeadas e baga negra quando madura; *~-menor, Asparagus acutifolius,* cuja casca do caule é branca/Espargo-bravo.

corrume s m (<correr+-ume) 1 Entalhe feito numa peça para que outra nele encaixe. 2 Caminho próprio para percurso/Rumo.

corrupção s f (<lat *corrúptio,ónis*) 1 A(c)to ou efeito de corromper(-se). 2 Processo de degradação da matéria orgânica/Decomposição/Putrefa(c)ção. **Comb.** *~ dos alimentos. ~ dum cadáver.* 3 Degradação dos valores morais/Depravação/Perversão. **Comb.** *~ dos costumes.* 4 Aliciamento [Suborno] de alguém para a prática de a(c)tos ilícitos. **Comb.** *~ a(c)tiva* [praticada por alguém «dando dinheiro ou presentes de elevado valor» para obter benefícios indevidos]. *~ de menores* [Aliciamento ou sedução de menores para a prática de a(c)tos sexuais]. *~ passiva* [de quem se deixa subornar]. 5 Modificação de alguma coisa que se torna pior do que o seu estado original/Adulteração(+). **Comb.** ~ dum texto.

corrupião s m *Ornit* (<on) Nome de aves passeriformes, canoras, da família dos icterídeos, de plumagem preta com manchas vermelhas no dorso e na barriga, vulgares no Brasil. **Sin.** Sofrê; joão-pinto.

corrupiar v int (<corrupio+-ar[1]) Andar à maneira de corrupio/Rodopiar «um pião».

corrupio s m (< ?) 1 Jogo de crianças em que se anda à roda velozmente. **Loc.** Brincar ao ~. 2 Brinquedo de papel que gira como um cata-vento. 3 ⇒ Redemoinho/Rodopio. 4 Afã/Azáfama/Roda-viva. **Loc.** Andar num ~ [numa azáfama/Andar muito atarefado].

corruptela s f (<lat *corruptéla,ae*) 1 A(c)ção ou resultado de corromper/Abuso/Corrupção. 2 Forma errada de pronunciar ou escrever uma palavra ou locução. **Ex.** *Sordado* é ~ «minhota» de *soldado*.

corruptibilidade s f (<lat *corruptibílitas,átis*) Qualidade do que é corruptível. **Comb.** ~ dos fiscais.

corruptível adj 2g (<lat *corruptíbilis,e*) 1 Que é susce(p)tível de sofrer corrupção/Que pode ser corrompido. 2 Que se deixa subornar/Venal(+)/Subornável.

corruptivo, a adj (<lat *corruptivus,a,um*) Que provoca a corrupção/Capaz de (se) corromper. **Comb.** *Prática* [Processo] *~a/o*.

corrupto, a adj/s (<lat *corruptus,a,um;* ⇒ corromper) 1 Que sofreu corrupção/Que se corrompeu. 2 Apodrecido/Putrefa(c)to/Podre. **Comb.** *Cadáveres ~s.* 3 *fig* (O) que corrompe ou está corrompido/Depravado. **Comb.** *Sociedade ~a moralmente.* 4 (O) que aceita suborno. **Comb.** *Funcionário* «polícia» *~/venal/subornável*.

corruptor, ora adj/s (<lat *corrúptor,óris*) (O) que corrompe.

corsário, a s m/adj (<it *corsaro:* capitão de navio autorizado a realizar a(c)ções bélicas contra navios mercantes inimigos) 1 Navio particular autorizado pelo país a que pertence a atacar e pilhar navios mercantes ou de guerra de países inimigos/O que pratica o [que tem carta de] corso. **Ex.** Muitos ~s ingleses e holandeses (séc. XVII e XVIII) prosperaram com o assalto às naus portuguesas que regressavam da Índia. 3 Ladrão do mar/Pirata(+). 4 *adj* Relativo a corso.

corselete (Lê) s m (<fr *corselet*) 1 Antiga armadura para proteger o peito. 2 Corpete(+).

córsico, a adj/s (<lat *córsicus,a,um*) ⇒ Corso[2].

corso[1] (Côr) s m (<it *corsa*) 1 Caça que os navios particulares faziam antigamente aos barcos mercantes de um país inimigo. **Comb.** *Carta de ~.* 2 Pilhagem/Pirataria(+).

corso[2]**, a** (Côr) adj/s (<lat *corsus,a,um*) 1 Relativo à [Diale(c)to da] Córsega, ilha francesa do Mediterrâneo. 2 s Natural ou habitante da Córsega. **Ex.** Napoleão Bonaparte foi apelidado de *O Corso*.

corso[3] (Côr) s m (<it *corso*) Desfile(+) de carros «de Carnaval».

corta-arame s m (<cortar+...) Tesoura [Alicate] própria/o para cortar arame.

corta-charutos s m (<cortar+...) Utensílio que serve para cortar a ponta dos charutos.

cortada s f (<cortado) Caminho que vai [corta] a direito para o lugar aonde se pretende ir. **Ex.** Daqui para casa, pela estrada, é longe, mas há uma ~ [um atalho(+)] que encurta muito o caminho [traje(c)to/percurso].

cortadeira s f (<cortar+-deira) Qualquer instrumento que serve para cortar «chapa metálica/massa/tecido/tijolos».

cortadela s f (<cortar+-dela) Pequeno golpe com instrumento cortante/Incisão. **Ex.** Dei uma ~ num dedo com uma faca.

cortador, ora s/adj (<cortar+-dor) 1 (O) que corta/Máquina de cortar/Cortante. 2 Profissional que nos talhos corta a carne/Talhante.

cortadura s f (<cortado+-ura) 1 Golpe com instrumento cortante/Cortadela/Incisão/Corte(+). 2 Rego para escoamento das águas. 3 Fosso à volta dum acampamento. 4 Escavação transversal numa estrada para impedir a passagem.

corta-fogo s m (<cortar+...) Barreira para impedir a propagação de um incêndio. **Comb.** «hotel/hospital» Equipado com portas ~.

corta-mão s m ⇒ esquadro.

corta-mar s m (<cortar+...) 1 *Náut* Peça angulosa colocada no convés do navio a certa distância da proa para evitar a entrada de água/Quebra-mar. 2 Estrutura [Barreira natural] que protege uma praia ou zona de abrigo de barcos/Quebra-mar/Paredão. 3 Prolongamento anguloso dos pegões das pontes para maior segurança da construção.

corta-mato s m *(D)esp* (<cortar+...) Competição (d)esportiva [Exercício físico] que consiste em marchar ou correr a direito através de todo o terreno sem utilizar estradas ou caminhos. **Comb.** «ir» A ~ [A direito].

cortante adj 2g/s m (<cortar+-(a)nte) 1 Que corta. **Comb.** *fig Frio* [Ar] *~/gélido*. *Obje(c)to ~*. *fig Som ~* [agudo/lancinante]. 2 s m Instrumento [Parte de máquina «prensa»] que corta. **Comb.** *Cunhos e ~s*.

corta-papel [-papéis] s m (<cortar+...) Instrumento semelhante a uma faca que serve para cortar papel dobrado «abrir cartas». **Comb.** ~ de marfim.

cortar v t (<lat *cúrto,áre,átum:* encurtar, reduzir, cortar; ⇒ curto; corte) 1 Fazer incisões [ferimentos] com obje(c)to cortante «faca/lâmina»/Ferir. **Ex.** Ela cortou a mão com a faca «a descascar batatas». Na praia, cortou-se num pé, numa rocha. **Idi.** *~ a bola* [Interce(p)tar um passe/a traje(c)tória da bola]. *~ a direito* [Proceder com re(c)tidão e decisão/Ser imparcial]. *~ a meta* [Atingir o termo duma corrida]. *~ a retirada* [Impedir a fuga do adversário/inimigo]. *~ as asas* [~ as vazas] *a alguém* [Tirar a liberdade de a(c)ção/Impedir que

alcance os obje(c)tivos]. ~ *na casaca* [Dizer mal de alguém que está ausente]. ~ *o coração* [Causar [Meter] dó]. ~ *o mal pela raiz* [Eliminar completamente o que não presta ou causa problemas]. ~ *relações* [Deixar de se relacionar/Zangar-se com alguém].
2 Separar [Dividir] por meio de cortes/Serrar. **Loc.** ~ *um ramo da* [à] árvore. ~ *uma fatia* «de pão/bolo». ~ *ao meio uma folha de papel.* **3** Talhar «peça de vestuário» de acordo com um molde. **Loc.** ~ *chapa de ferro* «para fazer bidões». ~ *uma saia* [um vestido]. **4** Dividir em várias fra(c)ções/Se(c)cionar. **Loc.** ~ um bolo às fatias. **5** Fazer um corte cirúrgico/Amputar. **Ex.** Os médicos tiveram que lhe ~ uma perna «por ser diabético». Herodes Antipas mandou ~ a cabeça do [mandou degolar o] profeta João Ba(p)tista. **6** Causar pequenos golpes nas zonas sensíveis da pele. **Ex.** O (ar) frio corta os lábios. **Idi.** *Frio* [Nevoeiro] *de ~ à faca* [muito intenso]. **7** Percorrer ao longo de/Atravessar/Cruzar/ Sulcar. **Loc.** *Um avião ~ o céu* «deixando um rasto de vapor de água atrás de si». *Um barco ~ a água* «do lago». **8** Deslocar-se dire(c)tamente /Encurtar caminho. **Ex.** «para ir ao correio» Corta-se na primeira (rua) à direita. Não vou pela estrada; corto por um atalho (por)que é muito mais perto «para minha casa». **9** Reduzir o comprimento «do cabelo/das unhas» usando um instrumento adequado «tesoura/corta-unhas». **10** Suprimir algumas partes dum texto/Riscar/Censurar. **Ex.** O artigo excede o espaço disponível para ser publicado; é necessário ~ algumas linhas. O filme foi censurado: cortaram as cenas mais escandalosas. **11** Aparar/Podar. **Loc.** ~ *a relva.* ~ [Podar(+)] *os ramos duma árvore.* ~ [Aparar(+)] *uma sebe.* **12** Interromper uma a(c)ção/um discurso. **Ex.** O presidente da mesa cortou-lhe a palavra «porque estava a ser indelicado». **13** Interromper o fornecimento [abastecimento] de alguma coisa. **Ex.** Os Serviços Municipalizados cortaram a água para reparar a rotura duma conduta. Cortaram-lhe a ele(c)tricidade «porque já tinha várias fa(c)turas (atrasadas) por pagar». **14** Interromper a passagem/Impedir o avanço. **Ex.** A população cortou a estrada em sinal de protesto. Queria aproximar-me da zona do acidente, mas a polícia cortou-me o passo [não me deixou passar]. **15** Reduzir os gastos/ as despesas/Fazer cortes/restrições. **Loc.** ~ *as despesas supérfluas* «para que o ordenado chegue até ao fim do mês». ~ *no tabaco* [Fumar menos] *e nos cafés.* **16** Deixar de consumir/de usar. **Loc.** ~ com o tabaco [Deixar de fumar]. **17** Terminar uma relação afe(c)tiva. **Ex.** Ele cortou com a namorada «tinham feitios incompatíveis». **18** Dividir o baralho de cartas. **Ex.** Um dos parceiros baralha (as cartas), outro corta [parte(+)] e outro dá [distribui o jogo pelos parceiros]. **19** Jogar um trunfo para ganhar a jogada. **Loc.** ~ a vaza. **20** *pop* ~-se/Ter medo/Retrair-se/Encolher-se. **Ex.** Ele tinha combinado ir co(n)nosco fazer *surf* mas à última hora [mas no último instante] cortou-se [teve medo/ desistiu] «o mar estava muito picado».

corta-tubos *s m 2n* (<cortar+…) Ferramenta manual ou máquina para cortar tubos.

corta-unhas *s m 2n* (<cortar+…) Espécie de pinça com duas lâminas curvas que serve para cortar as unhas.

corta-vento *s m* (<cortar+…) **1** Dispositivo colocado à frente dos veículos para, em andamento a grande velocidade, diminuir a resistência do ar. **2** Espécie de cata-vento usada no topo dos mastros das embarcações de pesca. **3** Blusão de tecido resistente à chuva e ao vento usado sobretudo nos desportos [*Br* esportes] de montanha.

corte¹ (Cór) *s m* (<cortar) **1** A(c)to ou efeito de cortar. **Idi.** *pop Andar* **[Estar]** *no ~* [Falar (mal) da vida alheia]. **2** Incisão/Golpe. **Ex.** Fez um ~ na mão com o copo que se partiu ao lavar. **3** Separação [Divisão] de um corpo sólido «animal» por meio de obje(c)to cortante. **Comb.** ~ *da relva.* ~ [Derrube] *duma árvore* «eucalipto». ~ [Divisão/Se(c)cionamento] *duma árvore* «pinheiro» *em rolos/toros.* ~ *no tronco do pinheiro* para recolher a resina. *Gado de ~* [que se destina a ser abatido (no matadouro)]. **4** Operação e técnicas usadas para cortar em certas profissões e o respe(c)tivo resultado. **Comb.** ~ *de cabelo* «à escovinha». *Curso de ~ e costura. Roupa* «casaco/fato» *de bom ~.* **5** Pedaço de tecido suficiente para confe(c)cionar uma peça de vestuário. **Comb.** ~ de fato [vestido/saia]. **6** Diminuição da quantidade «de despesas» por motivos econó[ô]micos. **Comb.** ~ *de salários.* ~ *nas despesas* «supérfluas». ~ *no orçamento.* **7** Interrupção no fornecimento [abastecimento] de alguma coisa. **Comb.** ~ de corrente [ele(c)tricidade] «para reparações na linha». **8** Eliminação de certas passagens duma obra «texto/filme». **Ex.** A censura fez ~s em várias notícias/vários artigos. **9** Ru(p)[Ro]tura temporária ou definitiva com alguém ou com alguma coisa. **Comb.** ~ *com o passado.* ~ *de relações* «com um vizinho». **10** Desenho ou representação gráfica de um plano ou se(c)ção de modo a mostrar o interior. **Comb.** ~ longitudinal [transversal] «dum motor/edifício».

corte² (Cór) *s f* (<lat *cóhors,órtis*) Pátio/Curral. **Comb.** ~ *dos porcos* [bois/das ovelhas]. ⇒ cortelha/o; pocilga; loja.

corte³ (Côr) *s f* (<lat *cóhors,órtis*) **1** *Hist* Séquito do rei ou dum grande senhor. **Ex.** O rei «D. João VI» dirigiu-se para o teatro e toda a ~ o seguiu. **2** Residência dum soberano/monarca e das pessoas que o rodeiam/Paço(+). **Loc.** Frequentar a [Ser visita da] ~. **Comb.** *Rel ~ celestial/celeste* [Deus com os seus anjos e santos e todos os que alcançaram a bem-aventurança eterna]. *Os saraus da ~.* **3** A instituição monárquica. **Comb.** A ~ inglesa. **4** *fig* Conjunto de pessoas que rodeiam outra ou pertencem ao seu círculo de influência. **Loc.** Fazer a ~ [Tentar agradar/Galantear/ Cortejar]. **5** *pl Hist* Assembleia consultiva convocada pelo rei na qual estavam representados os Três Estados (Clero, nobreza e povo). **Comb.** ~s constituintes [As que, em Portugal, a partir do liberalismo (séc. XIX), tinham por função preparar uma constituição].

corte⁴ (Cór) *s m (D)esp* (<ing *court*) Local destinado à prática de determinado desporto [*Br* esporte] *té[ê]nis*». **Sin.** *Br* Quadra.

cortejador, ora *adj/s* (<cortejar+-dor) (O) que corteja/Galanteador/Cumprimentador. **Ex.** À volta dum cacique aparecem geralmente alguns ~es.

cortejar *v t* (<corte³+-ejar) **1** Fazer cortesias/Cumprimentar. **Ex.** O artista premiado passou por entre a multidão cortejando os que o vitoriavam. **2** Adular (para obter favores)/*idi pop* Lamber as botas. **3** Fazer a corte/Seduzir. **Ex.** Era bonita e simpática; muitos colegas a cortejavam [lhe faziam a corte].

cortejo (Tê/Tei) *s m* (<it *corteggio*) **1** A(c)to de cortejar/Galanteio. **2** Conjunto de pessoas [carros] que acompanham alguém «um político em campanha eleitoral». **Comb.** ~ fúnebre [Enterro/Funeral]. **3** Marcha de pessoas em fila ou coluna/ Desfile/Procissão. **Comb.** ~ [Desfile(+)] *de Carnaval.* ~ *de oferendas.*

cortelha/o (Tê) *s f/m* (<corte²+-elha/o) Pocilga(+) [Curral(+)] (do gado).

cortes (Côr) *s f pl* ⇒ corte³ 5.

cortês *adj 2g* (<corte³+-ês) **1** Relativo à corte (do rei)/Cortesão(+)/Palaciano. **Comb.** Poesia [Romance] ~. **2** Que usa de cortesia/Que é bem-educado/polido/fino. **Ex.** Num gesto ~ [Com toda a fineza], levantou-se para dar o lugar à senhora. **3** Afável/Delicado/Atencioso. **Comb.** Pessoa delicada, sempre ~ com toda a gente.

cortesão, ã *adj/s* (<it *cortigiano*) **1** Pessoa que vive na corte/Palaciano. **Comb.** Nobres ~s. **2** *adj* Cortês/Educado. **Comb.** Modos ~s [corteses(+)]. **3** *s f* Dama da corte/Favorita do rei. **4** Prostituta com clientela de estrato social elevado.

cortesia *s f* (<cortês+-ia) **1** Qualidade do que é cortês/Boa educação (+)/Boas maneiras (+)/Etiqueta. **Comb.** *Manual de ~. Regras de ~.* **2** Cumprimento/Mesura. **Ex.** Ao passar, saudou-a com uma vé[ê]nia e um sorriso de ~. **3** Atitude corre(c)ta e elegante/Gentileza(+). **Ex.** Ele fez(-me) [teve] a ~ de me acompanhar a casa. A consulta dos manuscritos inéditos, só foi possível graças à ~ da viúva do escritor. **4** *pl Tauromaquia* Saudações ao público feitas pelos cavaleiros, toureiros,…, antes e depois das corridas de touros.

córtex (Tecs) *s m* (<lat *córtex,ícis*: casca) **1** *Anat* Camada externa ou periférica de muitos órgãos. **Comb.** ~ cerebral [ganglionar/renal]. **2** *Anat* Substância cinzenta dos hemisférios cerebrais. **3** *Bot* Casca primária [exterior] da raiz e do caule das plantas.

cortiça *s f Bot* (<lat *cortíceus,a,um* <*córtex,icis*: casca) **1** Casca rugosa e espessa do sobreiro, *Quercus suber*. **Ex.** A ~ tem muitas aplicações industriais. A ~ tira-se geralmente de nove em nove anos e no verão. **Comb.** ~ *amadia* [A que se forma a partir da (~) secundeira ou de reprodução]. ~ *de reprodução* [~ *secundeira*] [A que se forma após a extra(c)ção da ~ virgem]. ~ *virgem* [A primeira que se forma no sobreiro e que só se deve tirar quando o tronco tem mais de 70 centímetros de grossura]. *Aglomerado de ~* [Material constituído por ~ moída e aglutinada sob a forma de placas, utilizado principalmente em revestimentos de superfícies «paredes»]. **2** Zona circular suberosa, derivada do felogé[ê]nio, na raiz ou no caule.

cortical *adj 2g/s m* (<córtex+-al) **1** Referente ao córtex. **2** *Bot* Relativo à casca primária do tronco ou da raiz das árvores. **Comb.** Anel ~. **3** *Anat* Relativo à camada externa de um órgão. **Comb.** Área ~ do cérebro. *Células ~ais.* **4** *s m* Cimento dos dentes.

córtice *s m* ⇒ córtex.

corticeiro, a *adj/s* (<cortiça+-eiro) **1** Relativo à cortiça. **Comb.** Indústria ~. **2** *s m* Operário que faz a extra(c)ção da cortiça. **Ex.** Os ~s usam machados especiais para tirar a cortiça. **3** Negociante [Industrial] de cortiça. **4** *s f* Local onde se junta cortiça para venda. **5** *Br* Designação comum de várias árvores leguminosas da família das papilionadas, como a coraleira-cristada, *Erythrina crista-galli*, a corticeira-do-campo, *Aeschynomene sensitiva*, e a corticeira-do-mato, *Erythrina falcata*.

corticento, a *adj* (<cortiça+-ento) Que tem a aparência de cortiça. **Comb.** Casca «da azinheira/do carvalho» ~a. Pele ~a «do lavrador/pedreiro».

corticite *s f* (<cortiça+-ite) Designação vulgar do aglomerado de cortiça. **Comb.** Chão de ~. Paredes revestidas a ~.

cortiço *s m* (<cortiça) 1 Caixa cilíndrica feita de cortiça onde as abelhas fabricam a cera e o mel. **Loc.** Crestar os [Tirar o mel dos] ~s. **Sin.** Colmeia 2(+). 2 *fig* Casa pequena e habitada por muita gente.

corticoide (Cói) *s m Bioq* (<córtex 2+-oide) Hormona segregada pelo córtex das glândulas suprarrenais.

corticosteroide (Rói) *s m Bioq* (<córtex+esteroide) Nome genérico das hormonas «cortisona» produzidas pelo córtex das glândulas suprarrenais (Corticoides) ou dos derivados sintéticos dessas hormonas.

corticotrofina *s f Fisiol* (<ing *corticotrophin*) Hormona segregada pela hipófise ou obtida por síntese, que favorece a secreção das hormonas córtico-suprarrenais com exce(p)ção da aldosterona. **Sin.** Adreno~ [ACTH].

cortina *s f* (<lat *cortina,ae*: tapeçaria) 1 Peça de tecido que se coloca numa janela [porta] para interce(p)tar a vista ou a luz. **Ex.** Vou comprar [fazer] ~s novas para as janelas da sala. **Idi.** Correr a ~ sobre [Não falar mais dum assunto/Ocultar [Silenciar] um fa(c)to]. **Comb.** ~s de renda [organdi/ tule]. *idi* Por detrás da ~/Nos bastidores (+) [Às ocultas/De forma encoberta]. ⇒ Cortinado. 2 Grande pano que se coloca a fechar o palco numa sala de espe(c)táculos/Pano de boca. **Loc.** Correr a ~/o pano(+) do [Abrir/Fechar o] palco. 3 Muro [Barreira/Resguardo] que serve para separar [proteger/isolar] espaços/zonas/coisas. **Comb.** *Maiúsc* ~ *de Bambu* [Fronteira que separava a China (e os países socialistas da Ásia) dos Estados de regimes políticos diferentes]. ~ *de Ferro* [Antiga separação política entre a URSS (e os estados comunistas satélites) e os restantes países europeus]. 4 O que encobre [oculta/protege] alguma coisa. **Comb.** *Mil* ~ *de fogo* [Linha contínua de fogo para impedir o avanço de tropas inimigas]. ~ *de fumo* [fumaça] a) Fumo real «lançado pelo barco para se defender do inimigo; b) *fig* Subterfúgio(+). 5 *Mil* Muro [Lanço de muralha] entre dois baluartes. 6 Conjunto de coisas ordenadas em fila/Correnteza/Fileira/Renque.

cortinado *s m* (<cortina+-ado) 1 Grande cortina de tecidos com cara(c)terísticas variadas, colocada sobre uma janela [porta] até ao chão com funções de resguardo ou decorativas/Reposteiro. **Comb.** ~s de veludo [damasco]. 2 Conjunto de peças de tecido ou outro material que formam o adereço de uma porta ou janela alta. **Ex.** A sala tinha uma janela a toda a largura, decorada com cortinas de organdi e ~s de veludo grená.

cortinar *v t* (<cortina+-ar¹) 1 Guarnecer de cortinas. 2 *fig* Ocultar.

cortinha *s f* (<corte²+-inha) Terreno de cultura, junto à habitação/Horta.

cortisona *s f Med* (<ing *cortisone*; ⇒ corticotrofina/corticosteroide) Hormona segregada pelo córtex das glândulas suprarrenais ou produzida sinteticamente. **Comb.** Medicamento à base de ~ «para tratamento das artrites».

coruchéu *s m Arquit* (<fr *clocher*: campanário) Parte mais elevada duma torre/Remate pontiagudo/Torreão/Zimbório/Minarete.

coruja *s f* (< ?) 1 *Ornit* Ave de rapina no(c)turna, *Tito alba*, de plumagem macia, cabeça grande e bico curto e curvo, com olhos grandes dirigidos para a frente, também conhecida por ~-das-torres e bebe-azeite. **Ex.** A ~ é considerada uma ave agoirenta. 2 Designação de outras aves de rapina no(c)turnas, como a ~-de-arribação, a ~-do-mato, o toupeirão, ... 3 *fig* Mulher velha e feia. 4 *Br fig* Pai ou mãe que protege exageradamente os filhos.

corujão *s m Ornit* (<coruja+-ão) ⇒ bufo.

corujar *v int* (<coruja+-ar¹) 1 Soltar seu pio a coruja. 2 *Br* Olhar para ente querido «filho». 3 ⇒ espreitar «curioso/a».

coruscante *adj 2g* (<coruscar+-(a)nte) Que corusca/Brilhante/Fulgurante/Faiscante. **Comb.** *Estrelas* ~s [cintilantes(+)]. *Olhos* ~s [faiscantes(+)].

coruscar *v int* (<lat *corúsco,áre,átum*) 1 Brilhar como o relâmpago/Relampejar. 2 Reluzir(+)/Cintilar(o+). **Ex.** Na escuridão da noite, uma luzinha coruscava ao longe. 3 Mostrar um sentimento agressivo e violento com o olhar. **Loc.** Olhos a ~ «de raiva».

coruta/o *s f/m* (<cocuruto) 1 Ponto mais alto/Pináculo/Cocuruto(+). **Loc.** Subir até à/ao ~ «da montanha/dum pinheiro». 2 *s f Bot* Bandeira do milho.

corvacho, a *s Ornit* (<corvo+-acho) 1 *pop* Corvo pequeno. 2 ⇒ gralha-de-bico-vermelho.

corvejar *v t/int* (<corvo+-ejar) 1 ⇒ crocitar. 2 Remoer uma ideia.

corveta (Vê) *s f Náut* (<fr *corvette*) 1 Navio de guerra antigo de três mastros. 2 Navio de guerra pequeno dotado de armas antiaéreas e antissubmarinas, utilizado para patrulhar a costa e escoltar navios e submarinos.

corvídeo, a *adj/s m pl* (<corvo+-ídeo) (Diz-se de) família de pássaras a que pertencem os corvos, os gaios e as pegas.

corvina *s f Icti* (<lat *corvina,ae*) 1 Peixe marinho que pode atingir grandes dimensões, da família dos cienídeos, comum na costa portuguesa e muito apreciado na alimentação. **Comb.** ~ cozida com grelos. 2 Peixe de outra espécie afim também conhecido por viúva.

corvino, a *adj* (<corvo+-ino) Relativo a corvo.

corvo *s m Ornit* (<lat *córvus,i*) 1 Ave carnívora da família dos corvídeos, *Corvus corax corax* e *Corvus corax hispanicus*, de bico, patas e plumagem pretos. **Ex.** O ~ crocita. 2 Nome extensivo ao corvelo ou gralha, *Corvus corone*, e também ao ~-calvo ou gralha-calva, *Corvus frugilegus*.

corvo-marinho *s m Ornit* Ave palmípede da família dos falacrocoracídeos também conhecida por calilanga, galheta, induro, ..., que no Oriente se usa para pescar. **Sin.** *Br* Biguá.

cós *s m* (<provençal *cors*: corpo) 1 Tira de tecido que se prende a certas peças de vestuário «calças/saias» na zona da cintura. 2 Tira de tecido que remata a parte inferior das mangas ou a zona do pescoço onde assenta o colarinho.

cos *abrev Mat* Abreviatura de cosseno.

coscorão *s m Cul* (< ?) 1 Doce feito de farinha e ovos, frito, que se polvilha com açúcar e canela. 2 ⇒ coscoro/crosta.

coscoro *s m* (<coscorão) 1 Camada dura e resistente que fica à superfície dum corpo/ Crosta. 2 Endurecimento dum corpo [tecido] «por a(c)ção do sol».

coscuvilhar *v int* (< ?) 1 Fazer mexericos/ Bisbilhotar(+). **Loc.** ~ a vida alheia. 2 Remexer «as gavetas» à procura de algo estranho/esquisito ou esquecido/perdido.

coscuvilheiro, a *s/adj* (<coscuvilhar+-eiro) (O) que é mexeriqueiro/Bisbilhoteiro. **Comb.** Velha ~a.

coscuvilhice *s f* (<coscuvilhar+-ice) Bisbilhotice/Mexerico.

cosec *abrev Mat* Abreviatura de cossecante.

co-secante ⇒ cossecante.

cosedor, ora *adj/s* (<coser+-dor) 1(O) que cose. **Comb.** ~ de sapatos. Agulha ~ora «de sacos». 2 Bastidor [Costurador] (Usado na encadernação de livros).

cosedura *s f* (<coser+-dura) A(c)to ou efeito de coser/Costura(+). **Loc.** Fazer uma ~ [Dar uns pontos] «num rasgão das calças».

co-seno ⇒ cosseno.

coser *v t/int* (<lat *cónsuo,ere,sui,sútum*; ⇒ cozer) 1 Unir com pontos dados com agulha e linha, à mão ou à máquina. **Loc.** ~ *a bainha* «duma saia» [o forro «dum casaco»]. «o sapateiro» ~ *as gáspeas dos sapatos*. *Roupa para* ~ [reparar o que está descosido/roto/Roupa para remendar]. **Idi.** ~ *para fora* [Ter a a(c)tividade de consertar [fazer arranjos na] roupa/Ser costureira]. ~-*se com alguma coisa* [Guardar (indevidamente) só para si/*fam* Abotoar-se]. *Saber as linhas com que se cose* [Ter perfeita consciência daquilo «do mal» que está a fazer]. 2 Confe(c)cionar roupa/ Costurar. **Ex.** Ela é peque(ni)na mas já sabe ~ à mão e à máquina. **Loc.** Aprender a ~. 3 *Med* Unir extremidades ou partes de tecido orgânico com pontos ou agrafes. **Ex.** O golpe que dei na mão «a descascar batatas» era grande, teve que ser cosido. 4 Chegar muito uma coisa a outra/Encostar. **Ex.** Para que não o vissem, coseu-se com a parede e foi avançando aos poucos.

cosicar *v t/int* (<coser+-icar) Fazer pequenos trabalhos de costura/*idi* Dar uns pontos.

cosido, a *adj* (<coser+-ido) 1 Que se coseu/Emendado com pontos. **Comb.** Bolsos «do casaco» ~s por fora [*idi* Bolsos de chapa(+)]. 2 Muito próximo/Encostado. **Loc.** Avançar rente[inho] ao [~ com o] muro «para não ser visto». 3 *fig* ⇒ Metido consigo/Ensimesmado.

co-signatário ⇒ cossignatário.

cosmética *s f* (<gr *kosmetiké*: adorno no vestir) 1 Disciplina [Arte/Técnica] que trata da valorização estética do corpo humano. **Comb.** *idi Operação de* ~ [A(c)ção de fachada «*idi* para inglês ver» que não resolve os verdadeiros problemas] (Ant. Solução radical). 2 Indústria de fabricação de cosméticos. 3 Conjunto de produtos «cremes/ loções/perfumes» utilizados nos cuidados de beleza e higiene corporal.

cosmético, a *s m/adj* (<gr *kosmetikós,é, ón*: que (se) adorna/enfeita) 1 Produto usado na higiene ou nos cuidados de beleza do corpo humano «pele/cabelo». **Ex.** Apenas uso como ~ um creme hidratante para a pele. **Comb.** Indústria de ~s. 2 Próprio para cuidar da beleza [aparência] física. **Comb.** Produtos ~s. 3 Que melhora a aparência. **Ex.** O móvel já é velho, mas fiz-lhe um tratamento ~ que o pôs [o deixou ficar] como novo.

cósmico, a *adj* (<gr *kosmikós,é,ón*; ⇒ cosmos) 1 *Astr* Relativo ao Universo/ao Cosmos. **Comb.** Espaço ~. 2 *Astr* Relativo ao espaço interstelar/interastral. **Comb.** *Navegação* ~a (⇒ espacial). *Poeira* ~a [Cnjunto de pequenos corpúsculos que circulam no espaço sideral e caem por vezes sobre a Terra]. *Raios/Radiações*

~*os/as* [Feixes de corpúsculos altamente energéticos, de origem desconhecida, que atingem a Terra, vindos do espaço sideral]. **3** Que é universal/Planetário. **Comb.** Fenó[ô]meno [Catástrofe] com repercussões ~as.
cosmo *s m* (<gr *kosmos*) ⇒ cosmos.
cosmogonia *s f* (<gr *kosmogonia*) Conjunto de teorias que têm por obje(c)to explicar a formação do Universo. ⇒ cosmologia.
cosmogónico, a [*Br* **cosmogônico**] *adj* (<cosmogonia+-ico) Relativo à cosmogonia. **Comb.** Tratado ~.
cosmografia *s f* (<cosmo+…) **1** Estudo dos corpos celestes, dos seus movimentos e posições relativas e da sua composição física e química. **2** Livro que trata desta ciência.
cosmográfico, a *adj* (<cosmografia+-ico) Relativo à cosmografia.
cosmógrafo, a *s* (<cosmos+-grafo) Especialista em cosmografia. ⇒ astró[ô]nomo; cosmólogo.
cosmolábio *s m Astr* (<cosmo+ gr *lábion* <*lambáno*: agarrar, obter, tirar) Antigo instrumento usado para medir a altura dos astros. ⇒ astrolábio.
cosmologia *s f* (<cosmo+-logia) **1** Estudo das leis gerais do Universo e da sua origem, constituição e evolução. **Ex.** A ~, no campo filosófico, investiga o Mundo, enquanto ser. ⇒ cosmogonia. **2** *Astr* Ramo da ciência que se ocupa das cara(c)terísticas físicas globais do Universo. **Ex.** Copérnico, Kepler, Galileu e Newton foram os precursores da ~ como ciência.
cosmológico, a *adj* (<cosmologia+-ico) Relativo à cosmologia. **Comb. Argumento ~** [Forma de raciocínio que se propõe provar a existência de Deus como Causa e Ser necessário, para explicar a existência contingente do Mundo]. **Teoria ~a.**
cosmólogo, a *s* (<cosmo+-logo) Especialista em cosmologia. ⇒ astró[ô]nomo.
cosmometria *s f* (<cosmo+-metria) Ciência da medida das distâncias cósmicas.
cosmonauta *s 2g* (<cosmo+…) Navegador, tripulante ou passageiro duma nave espacial. ⇒ astronauta(+).
cosmonáutica *s f* (<cosmo+…) ⇒ astronáutica(+).
cosmopolita *adj/s 2g* (<gr *kosmopolités*: cidadão de [de todo o] mundo) **1** Pessoa que viaja por muitos países e se adapta às várias culturas e formas de viver. **Sin.** Muito viajado. **2** (O) que se considera cidadão do mundo e não apenas dum país. **Comb.** Personalidade ~. **3** Que denota universalidade. **Comb.** Espírito ~. **4** Diz-se do local frequentado por estrangeiros de várias nacionalidades. **Comb. Ambiente ~** «duma festa». **Cidade ~. 5** *Biol* Diz-se do ser vivo «pardal» que se encontra disperso por todo o mundo.
cosmopolitismo *s m* (<cosmopolita+-ismo) **1** Cará(c)ter [Qualidade] de cosmopolita. **Comb.** O ~ das grandes cidades «Roma/Londres/Tóquio». **2** Interesse por uma cultura internacional [universalista] cara(c)terística dos grandes centros urbanos. **3** *Hist* Pensamento e atitude de quem afirma que a sua pátria é o mundo. **Ex.** O ~ opõe-se ao nacionalismo e não se confunde com o internacionalismo nem com o universalismo.
cosmopoli(ti)zação *s f* (<cosmopoli(ti)zar+-ção) A(c)ção ou efeito de cosmopolizar. **Ex.** A rapidez e a facilidade das deslocações favorecem a ~ das grandes cidades.

cosmopoli(ti)zar *v t* (<cosmopolita+-izar) Tornar cosmopolita/Internacionalizar/Universalizar.
cosmos[1] *s m 2n* (<gr *kosmos*) **1** *Fil* Universo considerado como um todo harmó[ô]nico e organizado, por oposição ao caos. **2** *Astr* Sistema estelar e planetário.
cosmos[2] *s m pl Bot* (<gr *kosmos*) Nome comum de várias espécies de plantas da família das compostas, cultivadas como ornamentais.
cosmovisão *s f* (<cosmos[1]+…) Visão do mundo/Conce(p)ção do mundo/Mundividência. **Comb.** ~ **helénica.** ~ **renascentista.**
cossaco, a *adj/s m* (<turco *quzzak*: vagabundo) **1** *s m* Cavaleiro russo recrutado em certas regiões do Sudoeste da Rússia. **2** *s m pl* Povo eslavo da Ucrânia e das margens do Don. **3** *adj* Relativo aos ~s. **Comb.** Coro ~ de vozes masculinas.
cossecante *s f Mat* [= co-secante] (<co(mplementar)+secante) Secante do arco complementar/Inverso [Recíproco] do seno.
cosseno *s m Mat* [= co-seno] (<co(mplemento)+…) Seno do ângulo [arco] complementar.
cossignatário, a *s* [= co-signatário] O que assina conjuntamente com outro.
costa *s f* (<lat *costa,ae*: costela, flanco, lado) **1** *Geog* Linha de conta(c)to entre os continentes e os oceanos/mares. **Ex.** As rias são ~s de submersão em que o mar penetrou pelos vales dos rios. **Idi. Andar mouro na ~** [Andar alguém a espiar/a tentar namorar]. **Loc.** «cadáver» **Dar à ~** [Ser trazido para terra pelo mar «após ter naufragado»]. **2** *Geog* Região [Faixa de terra] situada à beira dum oceano ou junto ao mar/Beira-mar/Litoral. **Ex.** A ~ portuguesa tem boas praias. **Loc.** ~ **algarvia.** ~ **mediterrânica** «espanhola». **3** Zona do mar próxima da terra. **Comb.** Barco de ~. **4** Encosta/Declive. **Loc.** Correr ~ abaixo [Descer a encosta a correr]. **Comb.** ~ [Encosta(+)] da serra. **5** *pl* Parte posterior do tronco humano, dos ombros aos rins. **Loc. Dormir [Nadar] de ~s** [de barriga para cima]. **Ter dor de ~s. Idi. Andar de ~s ao alto [de ~s direitas]** [Não fazer nada/Não trabalhar/Andar na boa vida]. **Andar de ~s voltadas** [Andar em confronto [Andar zangado] com alguém]. **Deitar para trás das ~s** [Não se importar/Fazer por esquecer/Ignorar]. **Falar nas ~s** [Criticar na ausência] **de alguém. Querer ver pelas ~s** [Desejar ver-se livre de alguém]. **Ter as ~s largas** [Aguentar com a responsabilidade que alguém lhe quer (indevidamente) imputar]. **Ter as ~s quentes** [Ter ou contar com a prote(c)ção de alguém]. **Voltar** [**Virar**] **as ~s a** [Manifestar desprezo/Abandonar]. **Comb.** «levar um fardo/a mochila» Às ~s [Sobre os ombros]. **6** *pl* Parte posterior de qualquer obje(c)to. **Comb.** ~**s da mão** [Lado oposto à palma]. ~**s do casaco.** ~**s dum armário** [quadro]. **Vestido «de baile» com** [sem] ~**s.**
costa-abaixo [**-acima**] *s f* Declive de terreno ao descer [ao subir]. ⇒ costa 4.
costado *s m* (<costa+-ado) **1** *fam col* Parte posterior do tronco humano/Costas/Lombo/Dorso. **Loc.** «é preciso» Ter um ~ para transportar (às costas) [*fam* para alombar com] um saco de batatas. **Idi. Dar** [**Malhar**] **com os ~s em** [Ir parar à/Dar com os ossos na «cadeia»]. **2** *Náut* Parte lateral exterior dos navios que reveste o cavername. **Comb.** Navio com um rombo no ~. **3** ⇒ Encosta(+) dum monte. **4** Cada um/uma dos avôs e das avós. **Comb.** *idi*

«português» **Dos quatro ~s** [Completo/Genuíno/Legítimo]. **5** *adj* «animal» Que tem cost(el)as.
Costa do Marfim *s f Geog* República da África Ocidental cuja capital é Abidjan e cujos habitantes são costa-marfinenses.
costal *adj 2g* (<costa+-al) Relativo [Pertencente] às costas. **Comb.** Região [Zona] ~. Vértebras costais.
costalgia *s f* (<costa+algia) Dor [Nevralgia] nas costas ou nas costelas.
costaneira *s f* (⇒ costa) **1** Tábua tirada do lado do tronco/Casqueira. **2** Papel de qualidade inferior que se põe dum e doutro lado das resmas para proteger o papel bom. **3** Papel de inferior qualidade que se usa para apontamentos, embrulhos, …
costaneiro, a *adj/s m* (⇒ costa) **1** De costaneira. **2** *s m* Cada um dos lados do lombo duma rês.
Costa Rica *s f Geog* República da América Central cuja capital é San José e cujos habitantes são costa-riquenhos.
costeamento [**costeagem**] *s m* [*f*] (<costear+-mento) A(c)to de costear/Cabotagem.
costear *v t/int* (<costa+-ear) **1** Navegar próximo da costa ou das margens dum rio/lago. **2** Fazer cabotagem.
costeiro, a *adj/s f* (<costa+-eiro) **1** Relativo à costa. **Comb. Barco ~. Navegação ~a. 2** *s f* Serra íngreme à beira-mar. **3** *s f pl Náut* Peças ligadas ao mastro do navio para o reforçar.
costela *s f* (<costa 5+-ela) **1** *Anat* Ossos alongados e curvos que se ligam, atrás, às vertebras dorsais, e, à frente, ao esterno, formando as paredes laterais do tórax. **Ex.** O corpo humano tem doze pares de costelas: sete ligadas dire(c)tamente ao esterno (Costelas verdadeiras); três ligadas indire(c)tamente (Falsas ~s) e as duas últimas livres (~s flutuantes). **Idi. Apalpar as ~s** [Agredir fisicamente/Espancar]. **2** *Bot* Nervura média de algumas folhas. **3** *fam* Origem/Ascendência. **Loc.** Ter ~ africana [inglesa/nórdica/de fidalgo]. **4** *fam* Inclinação natural/Vocação. **Loc.** Ter ~ para a música. **5** *Náut* Caverna dum navio. **5** *pop* Armadilha para pássaros. **Sin.** Aboiz(+).
costeleta *s f* (<costela+-eta) Costela de animais de abate «bois/porcos/carneiros» cortada com a carne aderente para ser utilizada na alimentação humana. **Comb.** ~ de borrego/vitela.
costilha *s f* (<esp *costilla*) **1** ⇒ costela 5. **2** *Mús* Lados da caixa de ressonância dos instrumentos de corda.
costoclavicular *adj 2g* (<costa(s)+…) Relativo às costas e à clavícula.
costoscapular *adj 2g* (<costa(s)+escapular) **1** Relativo às costas e à omoplata. **2** Diz-se do músculo grande-dentado.
costovertebral *adj 2g* (<costa(s)+…) Relativo às costas e às vértebras.
costumado, a *adj/s m* (<costumar+-ado) **1** Do costume/Habitual/Usual. **Ex.** A reunião realizou-se no local e à hora ~s. **2** Que se acostumou/Acostumado(+)/Habituado. **Ex.** Estou ~ ao café, já não me tira o sono. **3** *s m* O que é costume. **Ex.** Sentou-se à mesa (do café) e pediu: o ~ «café e brandy».
costumar *v t/int* (<costume+-ar[1]) **1** Ter o costume [hábito] de. **Ex.** O padeiro costuma passar por cá todos os dias, mas hoje ainda não veio. Nesta época do ano não costuma fazer tanto frio. **2** Adquirir o costume [hábito]/Acostumar-se/Adaptar-se. **Ex.** A maneira de viver aqui é diferente, mas depressa me costumei [acostumei(+)/adaptei(o+)].

costume¹ *s m* (<lat *consuetúmen,inis* <*consuetúdo,inis*) **1** Maneira de agir segundo regras estabelecidas [aceites] pela sociedade/Prática habitual de determinada comunidade ou grupo. **Ex.** Comer bacalhau no [ao] jantar da noite de Natal (Na consoada) é um ~ bem português. Infelizmente, já se perdeu o ~ de os jovens se levantarem para dar o lugar «nos transportes públicos» às pessoas idosas. **Comb. De ~** [Habitualmente] (Ex. Fui de bicicleta «para o emprego» como de ~). **Do ~** [Que é habitual] (Ex. Hoje «apesar de ser feriado» levantei-me à hora do ~). **O ~** [O que é habitual/O costumado] (Ex. Sentou-se à mesa do café e pediu o ~). **2** Comportamento individual que se repete e se torna frequente/Hábito. **Ex.** A vizinha do rés do chão tem o ~ de espreitar à janela sempre que alguém toca à campainha. **3** Regra implícita que resulta do uso generalizado e prolongado. **Ex.** O ~ é a mais antiga fonte de direito. **4** Procedimento habitual considerado errado/Mau hábito/Vício(+)/Mania(+). **Ex.** É bom homem, mas tem o (mau) ~ de beber. Quando acabas com esse (mau) ~ de roer as unhas?! **5** Traje cara(c)terístico/Moda/Uso. **Ex.** Agora há o ~ (de que os jovens gostam muito) dos cabelos compridos, das cabeças rapadas e das calças com rasgões. **6** *pl* Conjunto de práticas sociais, usos e tradições comuns a um povo ou a uma época. **Comb.** ~s burgueses. **7** Conjunto de normas baseadas nos princípios estabelecidos. **Comb. *Ofensa à moral e aos ~s. Pessoa de ~s duvidosos.***

costume² *s m Br* (<fr *costume*) **1** Traje formal «fraque/casaca» adequado a eventos sociais ou ocasiões especiais. ⇒ fato/terno. **2** Fato feminino composto por saia e casaco.

costumeiro, a *adj/s f* (<costume+-eiro) **1** Usual/Habitual/Costumado. **Ex.** Já dei o meu passeio ~ do fim da tarde. **2** *s f* Mau costume. **Ex.** Já não suporto a ~a de ver essa gente aí sentada no chão «à espera da droga». **3** *s f* O que é habitual/Rotina/Usança. **Ex.** Aqui «na província» todos os dias são iguais: é sempre a mesma ~a!

costura *s f* (<lat *consutúra,ae*) **1** A(c)to ou efeito de coser. **Ex.** Nas horas vagas dedico-me à ~. **2** Profissão de costureira/modista. **Loc.** Aprender ~. Fazer trabalhos de ~. **Comb. *Atelier de ~. Caixa de ~. Curso de corte e ~. Máquina de ~.*** **3** União de duas (ou mais) peças de tecido ou outro material por meio de pontos executados com agulha e linha. **Ex.** A ~ da manga do casaco [das calças] descoseu-se. **Loc.** Abrir as ~s com o ferro. Alinhavar [Coser/Desmanchar] as ~s. **Idi. Assentar as ~s a)** Bater em alguém levemente sobre um fato novo; **b)** Sovar/Tosar (Ex. O meliante nunca mais apareceu por aí; tem medo que lhe assentem as ~s). ***Rebentar pelas ~s*** [Estar superlotado/apinhado/Atingir o limite]. **4** *Med* Conjunto de pontos dados para suturar um golpe, incisão ou ferida. **Loc.** Tirar os pontos duma ~/sutura(+). **5** Cicatriz dum corte [duma ferida] que foi cosido/a. **Ex.** A ~ «da cesariana» quase não se nota. **6** União/Juntura. **Comb.** ~ de duas chapas metálicas unidas uma à outra por soldadura. **7** Intervalo entre duas peças «tábuas do soalho» adjacentes.

costurar *v t/int* (<costura+-ar¹) **1** Trabalhar de [em] costura. **Loc.** Gostar de ~. **2** Ter a profissão de costureira/modista/Coser. **Ex.** Passo o dia a ~; é a minha profissão!

costureiro, a *s* (<costurar+-eiro) **1** *s m/f* Pessoa (Homem/Mulher) que dirige uma casa de moda de alta costura, cria novos modelos [novas cole(c)ções] e organiza desfiles de modelos/Estilista. **2** *s f* Mulher que costura por profissão/Modista. **Ex.** Fui à ~a levar o tecido para (me fazer) uma saia. A minha ~a trabalha muito bem, é muito perfeita. ⇒ alfaiate. **3** *s m Anat* Músculo superficial da coxa situado na parte anterior e interna. **Ex.** O ~ é o músculo mais comprido do corpo humano.

cota¹ (Ó) *s f* (<fr *cotte*) **1** Armadura que os cavaleiros usavam sobre a roupa para proteger o corpo dos golpes do adversário. **Comb.** ~ de malha. **2** Espécie de gibão antigo.

cota² [quota] (Ó) *s f* (<lat *quota (pars)*: que parte? <*quotus,a,um*: que número, quanto(s)) **1** Parte [Parcela/Porção] de um todo. **Ex.** Antes de saírem para o campo, todos os soldados receberam a sua ~(-parte) de alimentos. **2** Quantia que cada membro duma organização «associação/clube» paga periodicamente para garantir o seu funcionamento normal/Prestação/Quota(-parte). **Loc. *Pagar as ~s. Ter as ~s em dia*** [~s pagas até à data]. **3** Parte com que cada sócio participa no capital duma sociedade ou empresa. **Loc.** Ceder [Vender] a sua ~(-parte) «a outro sócio». **4** Quantidade fixada oficialmente para determinado fluxo de bens «importação/exportação de algo» ou pessoas «admissão a um curso/número de deputadas»/Contingente/Contingentação. **5** Sinal [Número] que serve para classificar as peças dum processo/para a localização num arquivo. **6** Nota [Apontamento/Citação] à margem dum texto escrito. **7** *Geom* Diferença de nível entre qualquer ponto e outro tomado como referência. **Ex.** O 1.º piso (do edifício) situa-se à ~ «3,5 m» em relação ao terreno. **8** Distância de um ponto a um plano horizontal de proje(c)ção. **9** Número inscrito num desenho indicando a dimensão nominal da grandeza «linear/angular» do elemento a que se referre. **Ex.** Num desenho, as ~s podem ser dispostas em série, paralelo, combinadas ou em coordenadas.

cota³ (Ó) *s 2g gír* (< ?) Pessoa que pelos adolescentes é considerada velha/Adulto.

cotação *s f* (<cotar+-ção) **1** A(c)to ou efeito de cotar. **2** *Econ* Preço corrente [Valor de mercado] pelo qual se transa(c)cionam a(c)ções, títulos ou mercadorias na Bolsa. **Ex.** A ~ das a(c)ções «dos Bancos» está a descer [cair]/subir. **Comb.** ~ do ouro [da prata]. **3** Valor estabelecido oficialmente para câmbio das moedas em circulação. **Comb.** ~ do euro face ao dólar. **4** Conceito que se faz duma pessoa [dum produto] em função das suas qualidades ou cara(c)terísticas/Avaliação. **Comb. *Artista com elevada ~. Marca com boa ~ no mercado.*** **5** Indicação das cotas num desenho. **Ex.** Para concluir o desenho, falta apenas fazer a ~. **6** Valor em pontos atribuído a cada uma das respostas certas dum teste [questionário]. **Ex.** No teste «de matemática» errei o problema [exercício] que tinha a ~ mais elevada; vou ter má nota.

cotado, a *adj* (<cotar+-ado) **1** Que tem as cotas inscritas/marcadas. **Comb.** Desenho [Esboço] ~. **2** Que tem cotação «na Bolsa». **Comb.** Título (não) ~. **3** Apreciado/Conceituado. **Comb.** Bem ~o/a «no meio artístico/«aluno/professor» na escola».

cotador, ora *adj/s* (<cotar+-dor) (O) que cota.

cotangente *s f Mat* [= co-tangente] (<co-+...) Tangente do complemento do ângulo [arco]/Inverso da tangente.

cotanilho *s m* (<cotão+-ilho) Indumento de pelos finos que reveste alguns órgãos vegetais/Tomento.

cotão *s m* (<ár *qutun*: algodão) **1** Pelo que se desprende do vestuário e que, juntamente com o pó, se acumula nas dobras [costuras] da roupa e no(s cantos do) pavimento, junto aos móveis, debaixo das camas, ... **2** *Bot* Pelo ou lanugem que se desprende de certos frutos «marmelo/pêssego».

cota-parte *s f* ⇒ quota-parte.

cotar *v t* (<cota²+-ar¹) **1** Pôr cota em. **Loc.** ~ um desenho. **2** Atribuir cotação/Avaliar. **Ex.** A crítica cotou o filme como exce(p)cional. **3** Fixar um preço/Avaliar. **Ex.** O barril de petróleo já está (cotado) a mais de cem dólares. **4** Marcar o nível [a altura] de um ponto em relação a um plano de referência, geralmente o nível médio das águas do mar. **Loc.** ~ o ponto mais alto da cidade.

cotável *adj 2g* (<cotar+-vel) **1** Que se pode cotar. **Comb.** A(c)ções não ~eis «duma empresa insolvente». **2** Digno de cotação. **Ex.** Todas as obras desse artista são ~eis/valiosas.

cote¹ (Có) *s m* (<lat *cós,cótis*) Pedra de amolar/afiar «tesouras/facas».

cote² (Có) *s m* (< ?) **1** *Náut* Nó falso que se dá no cabo duma embarcação. **2** Nó na mangueira duma bomba. **3** Tortuosidade dum mastro.

cotejador, ora *adj/s* (<cotejar+-dor) (O) que coteja.

cotejar *v t* (<cota+-ejar) **1** Examinar cotas, comparando-as. **2** Fazer o confronto entre elementos/Analisar as diferenças/Comparar(+)/Confrontar. **Loc.** ~ duas propostas [dois orçamentos] «para execução duma obra».

cotejo (Tê/Tei) *s m* (<cotejar) A(c)to de cotejar/Comparação(+)/Confronto. **Ex.** Após o ~ dos *curricula*, escolhemos o candidato que nos pareceu com melhores aptidões para o lugar.

cotiado, a *adj* (<cotiar+-ado) Trazido [Usado] a cotio/Gasto pelo uso/Roçado/Coçado. **Ex.** O casaco está tão ~ que já vai sendo tempo de o deixares [de deixares de o usar].

cotiar *v t* (<cotio+-ar¹) Trazer a cotio/de cote [Usar qu[o]tidianamente]/Gastar com o uso.

cotícula *s f* (<lat *cotícula,ae*, dim de *cós, cótis*: cote¹) Pedra de toque do ouro e da prata.

cotidiano, a *adj* ⇒ quotidiano.

cotiledonar *adj 2g* (<cotilédone+-ar²) Referente às/aos cotilédones. **Comb.** Placenta ~.

cotilédone *s 2g* (<gr *kotilédon*: concavidade) **1** *Bot* Folha que faz parte da amêndoa das sementes. **Ex.** Nas leguminosas, os ~s possuem os materiais nutritivos que depois cedem à radícula, ao caulículo e à gé[ê]mula do embrião. **2** *Zool* Cada tubérculo vascular do útero dos ruminantes, onde se liga a placenta.

cotiledóneo, a [*Br* cotiledôneo] *adj* (<cotilédone+-eo) Que tem cotilédone(s).

cótilo *s m Anat* (<gr *kotýle*) Cavidade de um osso onde se articula a extremidade de outro.

cotiloide *adj 2g Anat* (<cótilo+-oide) Diz-se da cavidade do osso ilíaco onde se ligam o íleon, o ísquion e a púbis que formam este osso, e onde se articula o fé[ê]mur.

cotim *s m* (<fr *coutil* <lat *cúlcita*: colchão) Tecido um pouco grosseiro de algodão, tipo sarja, leve, utilizado em roupas de trabalho. **Comb.** ~ *militar* [~ cinzento usado nas fardas que os soldados antigamente

traziam diariamente no quartel]. *Calças de ~.*

cotinga *s f Ornit* (<tupi *còtinga*) Nome vulgar de pássaros da família dos cotingídeos, de plumagem vistosa, existentes no Brasil.

cotio *s m* (<lat *qu*[c]*otidie*: todos os dias) Uso diário. **Loc.** Roupa de (trazer a) ~ [de usar qu[c]otidianamente/de trazer por casa].

cotização *s f* (<cotizar+-ção) A(c)to de cotizar/Quotização/Contribuição/Tributo. **Ex.** «as professoras» Fizeram uma ~ para auxiliar uma colega que estava com dificuldades econó[ô]micas.

cotizar *v t* (<cota²+-izar) **1** Repartir uma despesa por cada um dos interessados. **2** Reunir fundos por meio de donativos [quota-partes] «para socorrer alguém»/Quotizar(-se).

cotizável *adj 2g* (<cotizar+-vel) Que se pode cotizar.

coto (Cô) *s m* (<lat *cúbitus,i*: cotovelo) **1** Parte que fica de um membro depois de amputado ou resultante de malformação. **Ex.** Ele só tem os ~s dos braços. Tive um acidente no trabalho: a máquina cortou[apanhou]-me o (dedo) polegar e só tenho [só ficou] o ~. ⇒ nó (Articulação). **2** Parte que fica depois de uma vela arder quase toda. **Ex.** A vela gastou-se [ardeu] até ao ~. **3** *Ornit* Parte das asas onde se inserem as penas. **4** *Gír* Mãos. **Ex.** Trabalha, trabalha! Para que queres [tens] os ~s? **5** *Mús* ⇒ koto.

cotonete (Né) *s f* (<fr *cotonnette*; ⇒ cotão) Pequena haste com algodão enrolado nas extremidades usada para fins higié[ê]nicos «limpar os ouvidos dos bebé[ê]s».

cotonicultor, ora *s* (<⇒ cotão) O que cultiva algodão.

cotonicultura *s f* (⇒ cotonicultor) Cultura de algodão.

cotovelada *s f* (<cotovelo+-ada) Pancada dada com o cotovelo. **Ex.** Havia tanta gente na praça que só consegui atravessá-la à ~. **Loc.** «um jogador de futebol» Agredir o adversário com uma ~.

cotoveleira *s f* (<cotovelo+-eira) **1** Parte da armadura usada antigamente para proteger os cotovelos. **2** Almofada usada pelos (d)esportistas para proteger os cotovelos. **3** Reforço de tecido [cabedal] aplicado nas mangas na zona do cotovelo. **Comb.** Casaco com ~s de cabedal.

cotovelo (Vê) *s m* (<lat *cúbital,ális*: almofada de prote(c)ção do cotovelo <*cúbitus,i*: cotovelo, côvado, canto) **1** *Anat* Parte saliente dos membros superiores correspondente à articulação do braço com o antebraço. **Ex.** O ~ é formado pelo olecrânio e o úmero. **Idi.** *Falar pelos ~s* [muito e com desembaraço]. *Ter dor de ~* [Ter ciúme/inveja]. **2** Parte da manga do vestuário que cobre essa zona dos membros. **Comb.** Mangas rotas [coçadas] nos ~s. **3** Dobra ou encurvamento pronunciado/Canto/Esquina. **Comb.** Rua com [a fazer] um ~ apertado. **4** Peça com a forma semelhante a um ângulo re(c)to. **Comb.** ~ de ferro galvanizado de canalizações.

cotovia *s f Ornit* (< ?) Nome de várias espécies de aves passeriformes, em geral de cor acinzentada, que se alimentam de sementes e inse(c)tos.

coturno *s m* (<lat *cothúrnus,i*) **1** Espécie de bota de cano que chegava até meio da perna. **Idi.** «indivíduo» *De alto ~* [De linhagem nobre/Importante]. **2** Meia curta/Peúga.

cotutela *s f* [= co-tutela] Tutela exercida conjuntamente com outra pessoa.

cotutor, ora *s* [= co-tutor] Tutor juntamente com outrem.

couce/coucear/couceira ⇒ coice/...

coudel *s m* (<lat *capitéllum,i* dim de *cáput, itis*: cabeça) **1** Antigo capitão de cavalaria. **2** Administrador de coudelaria.

coudelaria *s f* (<coudel+-aria) **1** Estabelecimento de criação e aperfeiçoamento de raças de cavalos. **2** Cargo de coudel.

coulomb *s m Fís* (<*antr* Charles Coulomb (1736-1806), físico francês) Unidade de quantidade de ele(c)tricidade do Sistema Internacional, equivalente à quantidade de ele(c)tricidade transferida pela corrente de um ampere durante um segundo.

coupé *s m* (<fr *coupé*) ⇒ cupê.

couraça *s f* (<lat *coriáceus,a,um*: de couro) **1** Armadura para proteger o tronco. **Comb.** ~ de ferro «dos antigos cavaleiros». **2** Blindagem «dos carros de combate/navios de guerra». **3** Revestimento resistente que protege o corpo de alguns animais/Carapaça(+). **4** *fig* Tudo o que serve de defesa ou prote(c)ção contra qualquer coisa «maledicência/contrariedades da vida». **Ex.** O nosso chefe tem boa ~ «para aguentar os invejosos».

couraçado, a *adj/s m* (<couraçar+-ado) **1** Que tem [Revestido com] couraça. **2** Protegido/Resguardado. **3** *s m Mil* Navio de guerra de grande tonelagem protegido por fortíssimas blindagens. **Ex.** Os ~s, muito utilizados nas duas Grandes Guerras Mundiais, caíram em desuso.

couraçar *v t* (<couraça+-ar¹) **1** Pôr a [Revestir com] couraça. **2** Proteger fortemente/Blindar. **Loc.** ~ portas e janelas «com chapa de aço». **3** *fig* Tornar(-se) insensível/Endurecer(-se)/Proteger(-se) «contra as desgraças/os reveses da vida».

courato *s m* (<couro+-ato) Couro de porco. **Comb.** Sande de ~.

courela *s f* (<lat *quadrélla*, dim de *quadra*: quarta parte) Parcela de terra cultivada, comprida e estreita.

cou[oi]ro *s m* (<lat *córium,ii*) **1** Pele espessa e dura de alguns animais «porco/boi/cavalo». **Idi.** «o joalheiro» *Levar ~ e cabelo* «pela joia» [Cobrar um preço exageradamente elevado]. **2** Pele de animais curtida para usos industriais. **Comb.** *Carteira* [Mala] *de ~*/cabedal. *Casaco* [Luvas/Cinto] *de ~*/cabedal. **3** *pop* Pele/Derme. **Comb.** ~ cabeludo [Pele coberta de cabelos que reveste a cabeça humana]. **4** *fig cal* Mulher muito feia.

cousa/couso ⇒ coisa/coiso.

coutada *s f* (<coutar+-ada; ⇒ couto) **1** Terra defesa, geralmente cercada, onde não é permitido entrar nem caçar/Tapada/Cerrado. **2** Mata onde se cria caça para usos particulares. **Comb.** ~ real.

coutar *v t* (<couto+-ar¹) **1** Tornar defeso/Proibir o acesso/Vedar. **2** ~-se/Acoitar-se/Refugiar-se.

coutente (Co-u) *s 2g* [= co-utente] O que usa algo simultaneamente «o mesmo computador» com outro(s).

couto *s m* (<lat *cautum,i*: cautela, precaução) **1** Terra defesa/vedada cujos donos gozavam de privilégios e isenções. **Comb.** ~ de homiziados [Local, legalmente estabelecido, onde os criminosos se podiam acolher ficando fora da alçada da justiça]. **2** Terra defesa que constitui reserva particular de caça/Coutada. **3** ⇒ *fig* Refúgio/Abrigo.

couval *s m* (<couve+-al) Terreno plantado de couves.

couve *s f Bot* (<lat *caulis,is*) Planta herbácea da família das crucíferas, com várias espécies e muito usadas na alimentação. **Loc.** *Cozer ~s* «tronchudas, com batatas e bacalhau». *Cortar ~s* «para o caldo verde». *Plantar ~s.* ⇒ repolho.

couve-chinesa *s f Bot* Variedade de couve, *Brassica oleracea rapa*, com talo largo e folhas tenras de cor verde-clara.

couve-de-bruxelas *s f Bot* Variedade de couve, *Brassica oleracea gemmifera*, com o aspe(c)to de pequenos rebentos arredondados/Cada um desses rebentos.

couve-flor [-brócolos] *s f Bot* Variedade de couve, *Brassica oleracea botrylis*, com inflorescência densa, compa(c)ta, branca, comestível.

couve-galega *s f Bot* Variedade de couve, *Brassica oleracea viridis*, de folhas grandes verde-escuras, usada na preparação de sopa, especialmente de caldo-verde.

couve-lombarda *s f Bot* Variedade de couve, *Brassica oleracea sabauda*, de folhas frisadas, de cor verde-escura, as exteriores, e verde-clara, as interiores.

couve-nabiça *s f Bot* Planta herbácea da família das brassicáceas, *Brassica napus*, hortícola, afim do nabo, da qual, para alimentação humana, se aproveitam apenas as folhas.

couve-portuguesa *s f Bot* Variedade de couve, *Brassica oleracea costata*, também designada por tronchuda, de folhas grandes, carnudas, com nervuras largas e brancas.

couve-roxa *s f Bot* Variedade de couve, de cor roxa, de folhas lisas alongadas, usada em saladas.

cova (Có) *s f* (<lat *cova* <*cávus,a,um*; ⇒ ~ *do ladrão*) **1** Escavação feita na terra. **Loc.** Fazer ~s «para plantar árvores». **Comb.** Rua cheia de ~s/buracos. **2** Espaço côncavo. **Comb.** *~ da mão.* «isso (Pedacinho de bolo) *idi* não chega para a» *~ de um dente. ~ do braço* ⇒ Axila). **3** Depressão/Vale. **Ex.** A aldeia fica numa ~, rodeada de montes. **4** Sepultura. **Loc.** Descer à ~ [Morrer/Ser sepultado]. **Idi.** *De caixão à ~* [De mais não poder ser/Total/Completo] (Ex. Apanhou uma bebedeira [*pop* piela] de caixão à ~ [de não se aguentar de pé]). *Estar com os pés para a ~* [com um pé na] ~ [Estar prestes a morrer].

côvado *s m* (<lat *cúbitus,i*) Antiga medida de comprimento equivalente a 0,66 m (Três palmos). ⇒ cotovelo.

cova [covinha] do ladrão *s f col* Depressão por baixo da nuca.

coval *s m* (<cova+-al) **1** Parte dum cemitério onde se podem abrir covas [sepulturas] para enterrar os mortos. **2** *Agric* Parte dum terreno destinado à sementeira.

covalência *s f Quím* (<co-+...) Tipo de ligação química interató[ô]mica formada por pares de ele(c)trões [elétrons] comuns aos átomos em causa.

covalente *adj 2g Quím* (<co-+...) Diz-se da ligação efe(c)tuada por partilha de pares de ele(c)trões [*Br* elétrons] pelos núcleos dos átomos que se ligam. **Comb.** Ligação ~ simples [que partilha apenas um par de ele(c)trões].

covarde/covardia ⇒ cobarde/...

covariância *s f Estatística* (<co-+...) Média aritmética do produto de duas variáveis aleatórias centradas nas suas esperanças matemáticas.

covariante *adj 2g Mat* (<co-+...) Diz-se de cada um dos índices inferiores de um tensor.

covato *s m* (<cova+-ato) **1** Ofício de coveiro. **2** Coval. **3** Cova para plantar bacelo.

coveiro, a (Cò) *s* (<cova +-eiro) Pessoa que abre covas no cemitério e dá sepultura aos cadáveres.

covelina [covelite/a] s f Miner (<antr N. Covelli (1790-1829), mineralogista italiano) Mineral de origem secundária, constituído por sulfureto de cobre, que cristaliza no sistema hexagonal.

covil s m (<lat *cubíle,is*: leito, cama <*cúbo, itum*: estar deitado/estendido) **1** Cova de feras/Toca. **Comb.** ~ de leões [lobos/raposas]. **2** Lugar onde se acolhem malfeitores/marginais. **Comb.** ~ de ladrões. **3** Casebre miserável e escuro. **Ex.** «casal de idosos» A viver num ~ miserável, indigno de seres humanos. **4** ⇒ Prostíbulo/Antro/Bordel.

covinha s f (<cova+-inha; ⇒ cova/~ do ladrão) **1** *Dim* de cova/Cova pequena. **2** Pequena depressão que algumas pessoas têm no queixo ou nas faces «ao sorrir». **3** *pl* Jogo de crianças. **Loc.** Jogar às ~s.

covo¹, a (Cô) *adj/s m* (<lat *cóvus,a,um*) (O) que apresenta concavidade/Côncavo. **Ex.** Aparava a água da bica (para beber) no ~ [na cova (+)] da mão. **Comb.** Prato ~/fundo(+).

covo² (Cô) s m (< ?) Aparelho de pesca com a forma dum cesto comprido, feito de vime. **2** Espécie de gaiola onde a galinha choca os ovos ou se aninha com os pintainhos.

cowboy ing ⇒ cau[co]bói.

coxa (Côcha) s f (<lat *coxa,ae*; ⇒ coxo) **1** *Anat* Parte dos membros inferiores entre a anca e o joelho. **Ex.** A ~ compreende o fé[ê]mur e os tecidos moles que o revestem. **2** Parte mais carnuda do membro posterior de certos animais «galinha/frango/peru» usada na alimentação humana.

coxal (Csal) *adj 2g* (<coxa+-al) Relativo à coxa. **Comb.** Região ~ «dos inse(c)tos».

coxalgia (Csal) s f Med (<coxa+algia) **1** Dor na articulação superior da coxa. **2** Osteartrite tuberculosa coxofemural.

coxeante (Che) *adj 2g* (<coxear+-ante) Que coxeia.

coxear (Che) v int (<coxo+-ear) **1** Andar com dificuldade inclinando-se para um dos lados por doença ou defeito numa perna/Mancar. **Ex.** Ele está quase recuperado «do acidente» mas ainda coxeia. **Loc.** ~ dum pé «por causa duma entorse». **2** *fig* Não ter segurança/Hesitar/Vacilar. **Loc.** Ler a ~. **3** *fig* Não assentar bem no solo/Não estar firme. **Loc.** Uma mesa ~.

coxeio [coxeadura] (Che) s m (<coxear) A(c)to de coxear/Modo de andar, coxeando. **Ex.** Conhecia-se ao longe pelo ~.

coxeira (Chei) s f (<coxo+-eira) Marcha irregular dum animal coxo/Manqueira(+).

coxia (Chia) s f (<it *corsia*) **1** Corredor estreito entre duas fileiras de obje(c)tos ou entre dois espaços. **Comb.** ~ central [lateral] «da plateia dum cinema». **2** *Náut* Passagem estreita [Prancha] por onde se vai da proa à popa do navio. **3** Assento suplementar preso por dobradiças, nos transportes públicos/nas casas de espe(c)táculos. **4** Espaço que um cavalo ocupa na estrebaria, preso à manjedoura.

coxim (Chim) s m (<fr *coussin*) **1** Espécie de sofá sem costas. **2** Almofada grande que serve de assento, no chão, ou onde se apoiam os pés. **3** Parte da sela onde se senta o cavaleiro. **4** Almofada forrada de pele sobre a qual os douradores cortam a folha de ouro. **5** *Ele(c)tri* Almofada da máquina ele(c)trostática. **6** Suporte de ferro fundido onde assentam os carris da via-férrea [ferrovia].

coxo, a (Côcho) *adj* (⇒ coxa) **1** (O) que coxeia/Manco. **Ex.** Ele ficou ~ depois [por causa] do acidente. **Prov. Mais depressa se apanha um mentiroso do que um ~** [A mentira rapidamente se descobre]. **2** (A quem/Ao qual) falta uma perna/*col* Perneta. **Ex.** O ~ que vende lota[e]ria na praça ficou assim porque tiveram que lhe amputar uma perna quando foi atropelado. **3** (O) que tem uma perna mais curta do que a outra. **Ex.** Usa um salto muito alto num dos sapatos porque é um pouco ~ de nascença. **4** *fig* Que não assenta bem no chão/Que não está bem equilibrado. **Comb.** Banco [Mesa] ~o/a. **5** *Poe fig* (Diz-se de) verso metricamente errado. **6** *fig col* Imperfeito/Incompleto. **Comb.** Frase [Obra] ~a.

coxofemural (Csó) *adj 2g* (<coxa+femural) Que diz respeito à anca e ao fé[ê]mur. **Comb.** Articulação ~.

cozedura s f (<cozer+-dura) **1** A(c)to de cozer/Cozimento. **Ex.** Para o prato [alimento/acepipe] ficar saboroso, a ~ deve ser em lume brando e prolongada. **Comb.** Água da ~ «da carne de galinha dá-se aos doentes». **2** A(c)to de cozinhar alimentos sob a(c)ção do calor ou do fogo. **Comb.** ~ do pão [dum bolo]. **3** Processo de preparação de certos materiais pelo calor ou pelo fogo. **Comb.** ~ *do barro* [da faiança]. *Forno de ~* «de tijolo». **4** Quantidade que se coze duma só vez. **Ex.** O forno é pequeno mas dá para [mas coze] quatro pães em cada ~. **5** Concentração dum xarope que atingiu o ponto.

cozer v t/int (<lat *cóquo* [*cóco*]*,ere,cóxi, cóctum*; ⇒ coser) **1** Preparar um alimento pondo-o ao lume num recipiente com água (até ferver) ou no vapor/Cozinhar. **Loc. ~ *bacalhau com batatas*** [peixe com hortaliça]. ~ *pescada a* [no] *vapor*. **2** Cozinhar por a(c)ção do calor ou do fogo. **Loc.** ~ (no forno) pão/bolos. **3** Submeter a a(c)ção do calor para dar determinadas propriedades a substâncias não comestíveis. **Loc.** ~ tijolos [loiça de barro]. **4** *fig fam* Deixar passar o efeito/Digerir. **Loc.** ~ uma bebedeira [uma gripe].

cozido, a *adj/s m* (<cozer+-ido) **1** Que foi preparado por cozedura. **Comb. *Alimentos*** «carne/peixe» *~s. Pão* «de fresco». **2** Diz-se do vinho que já terminou a fermentação. **3** s m *Cul* Prato composto de carne ou peixe e legumes preparados por cozedura. **Comb.** ~ à portuguesa [Prato típico da culinária portuguesa composto por vários tipos de carne, enchidos fumados, batatas, cenouras, nabos, couves, acompanhado com arroz].

cozimento s m (<cozer+-mento) **1** A(c)to de cozer/Cozedura(+)/Cocção. **2** Digestão de matérias industriais «aparas de madeira, na indústria da celulose» por ataque químico em meio líquido. **3** Infusão de plantas para preparar medicamentos.

cozinha s f (<lat *cocína* [*coquína*]*,ae*) **1** Divisão duma casa onde se preparam [cozem] os alimentos. **Comb. ~ *equipada*** com tudo o que há de mais moderno «microondas/máquina de lavar loiça». ~ *industrial. Loiça de ~. Pano de ~.* **2** Arte de cozinhar/de preparar alimentos. **Comb. Ter jeito para a** [Gostar da] *~. Livro de* (receitas de) *~.* **3** Conjunto de pratos cara(c)terísticos dum país/duma região. **Comb. ~ *portuguesa*** [chinesa/italiana]. *~ mediterrânica* [alentejana/transmontana].

cozinhado, a *adj/s m* (< cozinhar+-ado) **1** Que se cozinhou. **Comb.** Refeições «da cantina da fábrica» mal ~as. ⇒ **3**. **2** *fig* Planeado/Tramado/Arquite(c)tado para alcançar determinado [um] obje(c)tivo pouco honesto. **Ex.** A estratégia para aquele candidato «a deputado» conseguir uma votação favorável estava muito bem ~a. **3** s m Alimento preparado ao lume e pronto a ser servido/Comida pronta.**Ex.** Os netos gostavam muito dos ~s da avó e não paravam de os gabar.

cozinhar v t/int (<lat *cocíno* [*coquíno*]*,áre, átum*) **1** Preparar alimentos ao lume ou ao calor «no fogão/forno». **Ex.** Vou ~ a carne que descongelou para não se estragar. A mãe e a filha cozinham, à vez, uma refeição cada uma. Há mil e uma [Há muitas] maneiras de ~ bacalhau. **2** Ter a profissão de cozinheiro. **Ex.** Ela já há [faz] muitos anos que cozinha [que é cozinheira] no hotel. **3** *fig* Fazer planos pouco honestos/Tramar/Urdir. **Ex.** Quando vejo as duas a cochichar em segredo, já sei que não estão a ~ coisa boa [que estão a tramar alguma].

cozinheiro, a s (<cozinha+-eiro) **1** Pessoa que cozinha/prepara alimentos. **Ex.** A mãe é uma excelente ~a. **2** Pessoa cuja profissão é cozinhar. **Ex.** Foi admitido/a no restaurante como aprendiz de ~o/a.

CPLP *abrev* Comunidade dos Países de Língua Portuguesa. ⇒ PALOP.

craca¹ s f Zool (< ?) Crustáceo com concha calcária que vive agarrado aos rochedos ou ao casco dos navios, apreciado como marisco. ⇒ cirro¹ **2**; cirrípede.

craca² s f Arquit (< ?) Parte côncava das colunas estriadas.

crachá s m (<fr *crachat*) **1** Insígnia honorífica, geralmente chapa metálica com inscrições ou desenhos gravados, usada ao peito como sinal de distinção/Condecoração/Medalha. **2** Emblema de metal gravado com as insígnias duma corporação «polícia/bombeiros», usado juntamente com a farda. **3** Pequeno cartão de identificação com ou sem fotografia, usado ao peito pelos participantes em congressos, visitantes, funcionários em atendimento público, …

-cracia *elem de formação* (<gr *krátos,eos* [*ous*]: força, poder, autoridade +-ia) Exprime a noção de poder/autoridade: aristocracia, burocracia, democracia.

***cracking* [craqueamento]** s m (<ing *to crack*: estalar, quebrar) Decomposição térmica ou catalítica de compostos orgânicos de cadeia longa, especialmente do petróleo e seus derivados. ⇒ hidrocarboneto.

craião [creiom] s m (<fr *craie*: barro, giz +-on) **1** Lápis de grafite macio para desenho. **2** Esse desenho.

craniano, a *adj* (<crânio+-ano) Relativo ao crânio. **Comb. *Ossos ~s. Traumatismo ~.***

crânio s m Anat (<gr *kraníon,ou*) **1** Caixa óssea que encerra e protege o encéfalo, formada por oito ossos que encaixam uns nos outros/Caixa craniana. **Comb.** Fra(c)tura de ~. **2** Parte superior da cabeça. **Ex.** Agora é moda os homens andarem de ~ rapado. ⇒ toutiço. **3** *fig* Pessoa muito inteligente. **Ex.** Aquele rapaz [moço] é um ~! Para ele a informática não tem segredos!

craniologia s f (<crânio+-logia) **1** *Anat* Estudo do crânio humano em correlação com a ocorrência de aptidões e instintos/Frenologia. **2** Ramo da antropologia que se dedica ao estudo comparado dos vários tipos de crânios.

craniometria s f (<crânio+-metria) Ramo da antropometria que se ocupa das medições do crânio.

crápula s 2g (<lat *crápula,ae*: bebedeira) **1** Pessoa desonesta/Canalha/Malandro. **2** Pessoa que tem maus hábitos/que se entrega ao vício/Devasso/Libertino.

crapuloso, a (Ôso, Ósa, Ósos) *adj* (<crápula+-oso) **1** Que é dado aos vícios/à libertinagem/Devasso(+)/Libertino(o+). **Comb.** Vida ~a. **2** Torpe/Vil.

craque¹ *s m* (<al *krach*) **1** Som imitativo de estampido/desmoronamento/Barulho. **2** Série de falências de empresas/bancos/Colapso financeiro. **3** Baixa súbita e inesperada dos valores negociados na Bolsa/*Crash*.

craque² *s m* (<ing *to crack*) **1** Pessoa que pelos seus feitos é digna de elogio/Ás(+). **Comb.** ~ em matemática. **2** (D)esportista [Futebolista] famoso/Ídolo.

craque³ *s m* (<ing *crack*) Narcótico à base de cocaína.

crás-crás *s m* (<on) O crocitar [Voz] do corvo.

crase *s f* (<gr *krásis,eos*: a(c)ção de misturar) **1** *Gram* Contra(c)ção de duas vogais [dois sons] numa/num só. **Ex.** À resulta da ~ da preposição *a* com o artigo definido *a*. **2** Série de cara(c)terísticas que definem a personalidade ou a constituição de alguém/Temperamento.

crash *s m* (<ing *to crash*: quebrar de forma ruidosa) **1** *Econ* ⇒ craque¹ **3**. **2** *Info* Falha num sistema ou num programa que pode causar perda de dados.

crasiologia *s f* (<crase **2**+-logia) ⇒ cara(c)terologia.

crasso, a *adj* (<lat *crássus,a,um*) **1** Denso/Espesso/Grosso. **2** Grosseiro/Rude. **Comb.** Erro ~/imperdoável. *Ignorância ~a*/completa.

crassuláceo, a *adj/s f pl Bot* (<crasso+-áceo) (Diz-se de) família de plantas dicotiledó[õ]neas de folhas carnudas e flores hemafroditas a que pertencem o arroz-dos-telhados e a erva-pinheira.

crástino, a *adj Poe* (<lat *crástinus,a,um*) **1** Do dia seguinte. **2** Que diz respeito à manhã/Matutino/Matinal.

cratão *s m Geol* (<fr *craton*) Zona estável da Terra, em geral de grande extensão e antiguidade. **Ex.** Existem ~ões superiores (Continentais) e (~ões) inferiores (Oceânicos).

cratera (Té) *s f* (<lat *cratera,ae*) **1** *Geog* Depressão onde se situa a saída duma chaminé vulcânica. **Ex.** As ~s de grandes dimensões designam-se por caldeiras. **2** Abertura no solo produzida pelo rebentamento duma bomba [dum projé(c)til] ou duma carga explosiva. **3** *Hist* Vaso grego, com duas asas, onde se servia a água e o vinho, nos banquetes.

crava *s 2g col* (<cravar) **1** O que tem o hábito de pedir dinheiro, favores, … **Ex.** É um ~, pede cigarros a toda a gente. **2** *s f* A(c)ção de cravar/Cravanço. **Loc. Andar na ~. Fumar à ~.**

cravação *s f* (<cravar+-ção) **1** A(c)to ou efeito de cravar. **Loc. Unir** «duas chapas metálicas» *por meio de* **~**. *Fazer a* **~** «das latas de conserva». **2** Conjunto de pregos [cravos/rebites] que se fixam numa superfície para segurar alguma coisa. **3** Ornato formado por pregos [obje(c)tos pregados] fixados ordenadamente. **4** Fixação [Engaste] de pedras preciosas.

cravadeira *s f* (<cravar+-deira) Máquina de cravar «latas de conserva».

cravador, eira *s* (<cravar+-dor) **1** O que crava. **2** *s m* Furador de sapateiro.

cravagem *s f* (<cravar+-agem) **1** ⇒ Cravação(+). **2** *Bot* Doença das gramíneas produzida por um fungo ascomicete/Murrão/Fungão. ⇒ ~ do centeio.

cravagem do centeio *s f Bot* Nome vulgar do fungo ascomicete que se desenvolve nas espigas [nalguns grãos] de centeio. **Ex.** A ~ é utilizada para fins terapêuticos.

cravanço *s m col* (<cravar **6**+-anço) A(c)to de cravar/de pedir dinheiro/Crava **2**. **Loc.** Andar no [Viver do] ~.

cravar *v t* (<lat *clávo,áre,átum*) **1** Fazer penetrar (profundamente) um obje(c)to pontiagudo ou cortante/Enterrar. **Ex.** Irritado, cravou a faca na mesa com toda a força. **2** Fixar com cravos/pregos/rebites/Pregar. **Loc.** ~ no chassis do automóvel *a chapa de identificação do motor*. ~ *uma fechadura* num portão de ferro. **3** Fixar pedras preciosas numa joia/Engastar/Cravejar. **Loc.** ~ um rubi num anel. **4** *fig* Fixar [Dirigir fixamente] o olhar em algo/alguém. **Ex.** Quando subiu ao palco, sentiu que todos os olhares se cravaram nele. **5** ~-se/Introduzir-se/Enterrar-se/Fixar-se. **Ex.** Cravou-se-lhe no espírito a ideia de que tinha um cancro [câncer] e nunca mais foi o mesmo. **6** *fig col* Pedir dinheiro ou favores. **Ex.** Consegui ~ dinheiro a um amigo para ir ao cinema.

craveira *s f* (<cravo+-eira) **1** Instrumento [Bitola] que serve para medir «a altura duma pessoa». **2** Instrumento constituído por uma régua metálica graduada em milímetros que termina numa espera fixa, ao longo da qual desliza uma outra móvel que serve para medir diâmetros, espessuras, comprimentos. **3** Compasso utilizado pelos sapateiros para tomar a medida do pé. **4** *fig* Classe/Categoria/Nível. **Ex.** Só gostava de acompanhar com pessoas da sua ~ social. **Idi. Não chegar à ~ a)** Não ter a altura requerida «para ser polícia»; **b)** Não ter as aptidões exigidas «para o lugar»/Não prestar para nada.

craveiro *s m Bot* (<cravo¹**2**+-eiro) Nome vulgar de planta ornamental da família das cariofiláceas, *Dianthus caryophyllus*, vivaz, de flores aromáticas de diversas cores e matizes.

craveiro-da-índia *s m Bot* Árvore do cravo da família das mirtáceas, *Eugenia caryophyllata*, de copa cilíndrica, cujos botões ao amadurecerem adquirem o tom róseo-avermelhado e depois de secos se usam em culinária/Cravo-da-índia(+) (Também há em Timor).

cravejador *s m* (<cravejar+-dor) **1** O que craveja. **2** O que faz cravos para ferraduras/Ferrador(+).

cravejamento *s m* (<cravejar+-mento) A(c)to ou efeito de cravejar.

cravejar *v t* (<cravar+-ejar) **1** Fixar cravos/Cravar **2**. **2** Engastar pedrarias «em joias».

cravelha *s f* (<lat *clavícula,ae* dim de *clavis,is*: chave, tranca) **1** *Mús* Peça de madeira ou metálica que serve para retesar as cordas de instrumentos musicais para afinação. **2** ⇒ cravelho; taramela. **3** Obturador do ouvido dos canhões quando se carregam.

cravelhame [cravelhal] *s m* (<cravelha+-ame/-al) **1** Conjunto de cravelhas. **2** Parte do instrumento musical onde se encontram as cravelhas.

cravelho *s m* (<cravo¹**4**+-elho) Peça de madeira que, girando em torno dum prego ou deslizando numa calha, serve para fechar portas, postigos, …/Cravelha/Taramela.

crav(el)ina *s f Bot* (<cravo¹+-ina) Planta ornamental da família das cariofiláceas, *Dianthus plumarius*, semelhante ao craveiro mas de flores mais pequenas/Flor desta planta.

cravinho *s m* (<cravo¹ +-inho) **1** *Bot* ⇒ craveiro-da-índia. **2** *dim* de cravo/Cravo pequeno.

craviórgão *s m Mús* (<cravo²+...) Espécie de cravo com regist(r)os de órgão/Claviórgão.

cravista *s 2g* (<cravo²-ista) O que toca cravo.

cravo¹ *s m* (<lat *clávus,i*) **1** *Bot* Flor do craveiro, de pétalas franzidas e bordos serrados, de várias cores, muito perfumada. **Ex.** Os ~s vermelhos tornaram-se o símbolo da revolução portuguesa de 25 de abril de 1974 (Revolução dos ~s). **2** Craveiro, *Dianthus caryophyllus*. **Loc.** Plantar ~s. **3** ⇒ craveiro-da-índia. **4** Prego de se(c)ção quadrada usado para fixar as ferraduras nos equídeos [para ferrar]. **Idi. Dar uma no ~ e outra na ferradura** [Dar umas respostas certas e outras não/Dizer coisas que se contradizem/Não dizer toda a verdade]. **5** Prego com que se fixavam os supliciados na cruz. **Ex.** Dizia Tomé, referindo-se a Jesus Cristo Ressuscitado: "Se não vir nas suas mãos a marca dos ~s, não acreditarei (que ressuscitou)" (Jo 20, 25). **6** Pequena verruga cutânea. **Loc.** Queimar os ~s das mãos e dos pés.

cravo² *s m Mús* (<lat *clavicymbalum,i*) Instrumento musical de cordas e teclado muito usado desde o séc. XV ao XVIII/Clavicórdio. **Ex.** O ~ é o antecessor do piano.

cravo-da-índia(+)/**cravo-de-cabecinha** ⇒ craveiro-da-índia.

crawl (Cról) *s m (D)esp* (<ing *crawl*: rastejar, andar de gat(inh)as) Um dos estilos de natação.

crayon ⇒ craião [creiom].

cré *s m Miner* (<lat *créta,ae*: greda) Variedade de calcário orgânico de grão muito fino constituído por fragmentos de foraminíferos, equinodermes, moluscos, … **Prov.** *Lé com lé, ~ com ~* [Cada qual com seu igual].

creatina *s f Bioq* (<gr *kréas,kréatos*: carne+-ina) Aminoácido existente no tecido muscular dos vertebrados, constituído pelo ácido metil-guanidinoacético.

creatinina *s f Bioq* (<creatina+-ina) Produto de desassimilação resultante da desidratação da creatina.

cre(cré)che *s f* (<fr *crèche*: manjedoura, abrigo de crianças) Estabelecimento que recebe e cuida de crianças de idades entre os três meses e os três anos, durante o dia/Jardim de Infância/Infantário. **Loc.** Ir levar [buscar] os filhos à ~.

credência *s f* (<it *credenza*: crença, confiança) **1** *Rel* Mesa junto ao altar onde se colocam obje(c)tos de culto usados na missa. **2** Espécie de mesa de encostar à parede que serve de aparador, geralmente com fins apenas decorativos. **Ex.** Ao fundo do corredor, estava uma linda ~ de talha dourada.

credencial *adj/s f* (<it *credenziale* <lat *crédo,ere*: acreditar) **1** Que dá crédito/Que atesta a credibilidade. **Comb.** Carta ~. **2** *s f* Documento que dá crédito ou poderes/Carta ~. **Ex.** O médico de família passou-lhe uma ~ para consulta num especialista. **3** *s f pl* Documento oficial pelo qual um Estado acredita junto de outro um agente diplomático ou um membro duma missão especial. **Ex.** O novo embaixador «do Japão» apresentou ~ais ao Presidente [Chefe de Estado] «português».

credenciação[ciamento] *s f [m]* (<credenciar) A(c)to ou efeito de credenciar.

credenciar *v t* (⇒ credencial) **1** Conferir a alguém poderes de representação/Conceder credenciais/carta credencial. **Ex.** Os sindicatos credenciaram uma delegação para as negociações salariais com o patronato. **2** Conferir a alguém qualificação/crédito/Qualificar. **Ex.** A intensa a(c)tividade diplomática credenciou-o como possível ministro [titular da pasta] dos Negócios Estrangeiros/*Br* das Relações Exteriores.

crediário s m Br (Sistema de) venda a crédito ou por prestações.

credibilidade s f (<credível+-i-+-dade) **1** Qualidade do que é credível. **Ex.** «boato» Que não tem [merece] ~. **2** O que faz com que alguém mereça ser acreditado/Idoneidade/Autoridade. **Ex.** É um grande especialista no assunto; a sua ~ [a ~ das suas afirmações] não pode ser posta em causa.

credibilizar v t (<credível+-izar) Tornar credível. **Ex.** A remodelação ministerial foi mais uma tentativa do primeiro-ministro para ~ o governo. Os resultados obtidos credibilizaram a empresa no mercado.

credifone s m (<cré(dito)+(tele)fone) Cartão pré-pago, válido para um determinado número de impulsos, para ser utilizado em chamadas telefó[ô]nicas feitas em cabines públicas.

creditar v t (<crédito+-ar¹) **1** Lançar a crédito, numa conta, determinada quantia. **Ex.** Já creditámos na sua conta-corrente a importância correspondente ao material devolvido. **Ant.** Debitar. **2** Depositar dinheiro [Valores] «no Banco» para aumentar o montante duma conta. **3** Dar crédito a. **Ex.** O mérito da vitória deve ser creditado aos jogadores e também ao treinador. **4** Atribuir unidades de crédito «para efeitos curriculares».

creditável adj 2g (<creditar+-vel) Que pode ser creditado. **Ex.** O valor do material devolvido não é ~ porque não havia motivo para a devolução.

creditício, a adj (<lat credititius,a,um) Relativo a concessão de crédito público. **Comb.** Instituições «Institutos de crédito do Estado/Bancos» ~as. ⇒ creditório.

crédito s m (<lat créditum,i) **1** Confiança que alguém ou alguma coisa nos inspira. **Ex.** A [Essa] notícia não merece ~. **Idi. Dar ~ a** [Aceitar como verdadeiro/Acreditar]. **Não deixar o ~ por mãos alheias** [Não permitir que haja dúvidas sobre o mérito próprio]. **Comb.** Testemunha digna de ~. **2** Boa reputação/Opinião favorável. **Comb.** Pessoa «médico» de ~. **3** Capacidade adquirida em determinado ramo de conhecimento ou a(c)tividade/Autoridade/Credibilidade. **Ex.** Cineasta que goza de ~ internacional. **4** Facilidade [Credibilidade] que se tem «junto da Banca» para obter dinheiro por empréstimo. **Ex.** A empresa goza de ~ porque sempre honrou [cumpriu] os seus compromissos. **5** Autorização para fazer despesas que serão pagas posteriormente, geralmente com juros. **Loc.** Comprar a ~ [pagando posteriormente]. **Comb. ~ bancário** [Operação pela qual um Banco põe à disposição do beneficiário determinada quantia que será reembolsada no prazo e com os juros convencionados]. **Cartão de ~** [Cartão emitido por uma instituição bancária que permite obter bens e serviços que serão cobrados posteriormente, recebendo o fornecedor de imediato a importância respe(c)tiva deduzida de uma pequena taxa que reverte para o emissor do cartão]. **6** Em contabilidade, dinheiro ou valor a haver/A(c)tivo. **Ex.** Feitas as contas, ainda há um ~ a meu favor de ... **Comb.** Nota de ~ [Documento contabilístico comprovativo de importância a haver junto de quem a emite]. **7** Unidade de valor que em certos cursos corresponde a um certo número de horas de trabalho realizado ou de formação concluída. **Ex.** O curso «mestrado» corresponde a 40 ~s. ⇒ nota (da escola).

creditório, a adj (<crédito+-ório) Relativo a [Próprio de/Que envolve] crédito. **Comb.** «pacote de» Medidas ~as «para fomentar as exportações».

credível adj 2g (<lat credíbilis,e) Digno de crédito/Verosímil/Crível. **Comb.** Versão dos fa(c)tos (pouco) ~.

credo (Cré) s m (<lat credo: eu creio) **1** Rel Oração [Profissão de fé] contendo as verdades fundamentais da fé cristã também designada por Símbolo dos Apóstolos. **Ex.** Em todas as missas dominicais se reza [professa] o ~. **Idi. Com o ~ na boca** [Com grande medo/Em perigo iminente]. **Como Pilatos no ~** «padeceu sob Pôncio Pilatos» [Fora de propósito/Sem mérito/Sem interesse para o assunto que se está a tratar]. **2** Parte da missa em que se reza [canta] essa oração. **3** Crença (religiosa). **Ex.** Na manifestação «a favor da paz» estavam presentes gentes de vários ~s «cristãos/hindus/muçulmanos». **4** fig Crença política/filosófica/Ideário/Programa. **Ex.** Abandonou o partido porque não se identificava com o seu ~ político. **5** col Pouco tempo/Breve instante. **Ex.** Foi «às compras» e veio em menos dum ~. **6** Credo! Interj Exprime espanto ou repulsa. **Ex.** Se ele me dissesse isso a mim, levava logo dois murros. – Credo! Também não é [era] caso para isso!

credor, ora (Crè) s/adj (<lat créditor,óris) **1** Pessoa que emprestou [a quem se deve] dinheiro. **Ex.** O negócio está-lhe a correr mal. Os ~es não lhe largam a porta [~es procuram-no frequentemente para que pague o que lhes deve]. **2** fig Aquele que tem direito à gratidão/consideração de outrem/Merecedor. **Ex.** A(c)to de coragem «salvar um náufrago» que o tornou ~ da gratidão e consideração de todos. **3** adj Que tem saldo positivo na conta/Que emprestou dinheiro. **Comb.** Entidade ~ora.

credulidade s f (<lat credúlitas,átis) **1** Qualidade de quem acredita facilmente/de quem é crédulo/Ingenuidade. **Ex.** Ele é um simplório, duma ~ extrema; acredita em todas as balelas [patranhas/todos os boatos] que lhe dizem.

crédulo, a adj/s (<lat crédulus,a,um) (O) que crê facilmente/Ingé[ê]nuo/Simples. **Ex.** Por ser tão ~ e não desconfiar de ninguém (é que) todos [muitos] o enganam.

creiom ⇒ craião.

cremação s f (<lat cremátio,ónis) A(c)to ou efeito de cremar/Redução dum cadáver a cinzas/Incineração/Queima. **Comb.** Forno de ~ (de cadáveres).

cremado¹, a adj (<creme+-ado) Que tem (cor de) creme.

cremado², a adj (<cremar+-ado) Incinerado/Queimado. **Comb.** Cadáver ~.

cremador, ora adj/s (<cremar+-dor) (O) que queima/destrói pelo fogo. **Comb.** Incêndios florestais ~es [devastadores(+)] de vastas zonas.

cremalheira s f (<fr cremallière: haste de ferro <gr kremastér, éros: que suspende) **1** Peça dentada para levantar ou baixar uma peça (pesada) móvel. **2** Peça dentada re(c)tilínea que, associada a uma roda dentada, se utiliza para transformar o movimento de rotação em movimento re(c)tilíneo e vice-versa. **Ex.** A ~ tem aplicação no comando de mesas de diversas máquinas-ferramentas, comportas de barragens, dire(c)ção dos automóveis, ...

cremar v t (<lat crémo,áre,átum: queimar, ~) Proceder à cremação de/Incinerar. **Loc.** ~ cadáveres [resíduos hospitalares].

crematório, a adj/s (<cremar+-tório) **1** Relativo à [Que serve para fazer] cremação. **Comb. Forno ~. Prática ~a. 2** Local onde se faz cremação. **Comb.** ~ do cemitério.

creme (Cré) s m/adj 2g (<fr creme <lat cramum,i: creme ou nata do leite) **1** Cul Preparado culinário, doce ou salgado, feito com um caldo de leite e natas, engrossado com farinha e ovos, espesso, de consistência mole, não moldável. **Comb.** ~ de camarão «para rechear rissóis». **2** Doce de [que se come com] colher feito à base de leite, ovos, açúcar, margarina e outros ingredientes. **Ex.** À sobremesa, serviram leite-~. **Loc.** Cobrir um bolo com ~ de chocolate. **3** Sopa espessa e aveludada em que os ingredientes são cozidos e triturados [passados(+)] finamente. **Comb.** ~ de cenoura [espargos/ervilhas/alho-francês]. ⇒ cremoso. **4** Cosmético de consistência mole para a pele ou o cabelo. **Comb. ~ antirrugas. ~ bronzeador. ~ de barbear. ~ de dia para a pele** «mãos/cara». **5** Preparado farmacêutico de consistência mole [Pomada] com aplicações medicinais. **Comb.** ~ para as queimaduras [o cieiro]. **6** Qualquer produto de consistência pastosa para diversas aplicações. **Comb. ~ de limpeza** «de metais». ~ [Graxa(+)] «preto» **para os sapatos. 7** adj 2g Que tem cor branca levemente amarelada. **Ex.** Ela vestia saia preta e blusa ~.

cremona s f (<fr crémone) Ferrolho duplo comprido da altura da porta ou da janela que fecha simultaneamente em baixo e em cima.

cremor s m (<lat crémor,óris) Parte mais substancial e melhor que se obtém de uma planta, fruto ou grão, por cocção lenta e prolongada. **Sin.** Essência(+).

cremoso, a (Ôso, Ósa, Ôsos) adj (<creme+-oso) Que tem a consistência dum creme. **Comb. Loção ~a. Molho ~. Sopa ~a.**

crena s f (<lat créna,ae) **1** Entalhe/Encaixe. **2** Espaço entre os dentes duma roda dentada. **3** pl Bot Dentes arredondados dos bordos das folhas de algumas plantas.

crença s f (<lat credéntia,ae) **1** Rel A(c)to de crer/Sentimento de fé religiosa/Fé. **Ex.** A humanidade, através das suas ~s, manifesta uma busca incessante de Deus. Os cidadãos não devem ser discriminados em razão da sua ~. **2** Atitude de adesão voluntária a uma teoria verdadeira ou falsa/a uma ideologia boa ou má/Convicção. **Comb. ~ na astrologia. ~ no marxismo. 3** Crendice/Superstição. **Comb.** ~s populares «em bruxedos/maus olhados/Br simpatias».

crendeiro, a adj/s (⇒ crente) (O) que acredita em crendices «ditos absurdos/feitiçarias» ou em enganos [palavras enganosas].

crendice s f (⇒ crente) Crença absurda «em bruxedos»/Superstição.

crenoterapia s f Med (<gr krené,és: fonte+...) Tratamento à base de águas minerais. ⇒ hidroterapia; termas.

crente adj/s 2g (<lat crédens,éntis; ⇒ crer) **1** Rel (O) que crê [tem fé religiosa]. **Ex.** O discurso «do Papa» era dirigido a ~s e não-crentes. **Ant.** Agnóstico; descrente; incrédulo. **2** (O) que acredita em [está convencido de] alguma coisa/Convencido/Persuadido. **Ex.** O ministro mostrou-se ~ na rápida recuperação econó[ô]mica do país.

creolina s f Quím (<creosoto+-ol+-ina) Produto antisséptico extraído do alcatrão da hulha. **Loc.** Desinfe(c)tar com ~. **Comb.** Cheiro a ~.

creosoto s m Quím (<al kreosot: que evita a putrefa(c)ção de carnes) Líquido antisséptico, cáustico, de cheiro forte, extraído do alcatrão da madeira por destilação.

crepe s m (<fr crepe <lat críspus,a,um: crespo, ondulado) **1** Tecido leve, fino e rugoso ou encrespado, transparente, de seda ou lã. **Comb.** ~ *da china* [~ de seda, geralmente preto]. *Blusa de* ~. **2** Fita ou tecido negro, geralmente fino e rugoso, que se usa em sinal de luto. **3** pl Panejamentos pretos com dourados ou prateados, que se usam na câmara ardente ou em cerimó[ô]nias fúnebres. **4** Cul Iguaria feita à base de farinha, leite e ovos, frita, recheada com doce ou carne/Salgadinho. **Ex.** Os ~s das entradas estavam deliciosos.

crepitação s f (<crepitar+-ção) **1** A(c)to ou efeito de crepitar. **2** Ruído produzido pela madeira a arder e a lançar faúlhas ou pelo sal lançado ao fogo. **Ex.** Ouvia-se a ~ das achas na lareira. **3** Med Rumor ou ruído anormal que se nota em determinados estados patológicos das vias respiratórias, nos ossos fra(c)turados e outros.

crepitante adj 2g (<crepitar+-ante) **1** Que crepita. **Comb.** *Chama* [Fogo/Lume] ~. Med *Fervores* ~s [Ruídos de cará(c)ter superficial que, na auscultação torácica, se ouvem apenas na inspiração]. **2** fig Que é ardente/Impetuoso. **Comb.** *Paixão* ~.

crepitar v int (<lat crépito,áre,átum) Produzir estalidos por a(c)ção do fogo. **Ex.** As castanhas crepitam no assador quando se deita sal.

crepuscular adj 2g (<crepúsculo+-ar²) **1** Relativo ao [Próprio do] crepúsculo. **Comb.** *Luz* [Luminosidade] ~. **2** Que surge ao anoitecer. **Comb.** *Inse(c)to* ~. **3** Que se encontra em declínio/Decadente. **Comb.** *Civilização em estado* ~. **4** Med Que é pouco preciso/Indeterminado. **Comb.** *Estado de consciência* ~.

crepúsculo s m (<lat crepúsculum,i) **1** Período de claridade **a)** que precede o nascimento do sol (Alvorada) ou **b)** que se segue ao seu ocaso (Lusco-fusco). **Ex.** A duração do ~ varia com a latitude e com a inclinação do sol. **2** fig Período de declínio/Decadência/Ocaso. **Comb.** ~ *da vida* [Velhice]. ~ *duma carreira* «científica/política».

crer v t/int (<lat crédo,ere,crédidi,créditum) **1** Aceitar como certo/verdadeiro/real/Acreditar. **Ex.** Creio em Deus e (creio) na vida eterna. Não creio na reencarnação. **Idi.** *Ver para* ~ (como São Tomé) [Expressão que demonstra incredulidade]. **Ant.** Descrer; negar. ⇒ afirmar. ⇒ 6. **2** Considerar que é verdade «aquilo que me dizem»/Dar crédito «às notícias dos jornais». **Ex.** Não devemos ~ [acreditar(+)] em tudo o que ouvimos/que nos dizem. **3** Considerar possível/provável/Julgar/Pensar. **Ex.** Segundo se crê [Ao que parece/Pelos vistos] vai haver remodelação ministerial. Os governantes creem [pensam] que «com as medidas de austeridade» a crise será vencida. **4** Dar crédito/Confiar. **Loc.** ~ *na medicina/nos avanços da técnica*. **5** Ter determinada ideia/Supor/Imaginar. **Ex.** Não estou bem certo, mas creio que já te disse que não ia à festa. O ladrão teve [apanhou] um ano de cadeia; é de ~ [; imagino] que não torne a roubar. **6** Ter fé/crença. **Ex.** Ele já não crê (em Deus/na vida eterna); perdeu a fé. ⇒ **1.**

crescença s f (<lat crescéntia,ae) **1** A(c)to ou efeito de crescer/Crescimento(+)/Medrança. **Comb.** *Fase de* ~ [crescimento(+)] «duma planta». **2** Aumento de porte/estatura/volume. **Ex.** O enxerto «da videira» deitou uma ~ [um rebento] de mais de um metro. **Comb.** A ~ [O crescimento(+)] da massa do pão. **3** pop O que vai além de determinada quantidade/medida. **Ex.** Estive a ajudar o patrão a engarrafar dois almudes (2x25 l) de vinho que ele tinha comprado. Encheram-se as garrafas todas e no fim ele deu-me a(s) ~(s) (O vinho para o qual já não havia garrafas).

crescendo s m (<crescer, gerúndio) **1** Mús Aumento gradual da intensidade do som «da voz/dum instrumento». **2** Aumento progressivo/Gradação/Progressão. **Ex.** A dívida pública «desde o princípio do ano» tem vindo num ~ alarmante.

crescente adj 2g/s (<lat créscens,éntis; ⇒ crescer) **1** Que cresce/vai crescendo/aumentando/Progressivo. **Ex.** A empresa teve, nos últimos anos, um desenvolvimento sempre ~. A importância ~ dada à política após a revolução (Do 25 de abril de 1974 em Portugal) começou desde há muito a diminuir. **Ant.** Decrescente. **2** Diz-se da fase [do período de tempo] entre o novilúnio e o plenilúnio em que a visibilidade [a parte iluminada] da Lua aumenta. **Comb.** *Quarto* ~. **Ant.** Minguante. **3** Forma que a Lua apresenta quando menos de metade do seu hemisfério se encontra iluminado. **Comb.** O ~ *lunar*. **4** Símbolo do islamismo. **Ex.** No cimo [minarete] da mesquita, via-se ao longe, um ~. **5** *Maiúsc* Conjunto de países que seguem a religião islâmica/Islão. **Comb.** ~ *Fértil* [Regiões da Palestina, Síria e Mesopotâmia constituindo uma zona em forma de meia-lua confinando com o deserto da Arábia, com grande fertilidade devido à pluviosidade elevada. **6** O que está a mais/que sobeja/Crescença **3**. **Ex.** Não fiz nada para o jantar; vamos comer o(s) ~(s) [o que sobejou/sobrou] do almoço. **7** Fermento que se junta à massa do pão para a levedar. **Loc.** *Guardar* ~ [porção de massa levedada para a fornada seguinte. **8** s f Enchente(+)/Cheia(o+). **Comb.** *Terras submersas pela* ~.

crescer v int (<lat crésco,ere,crévi,crétum) **1** Desenvolver-se espontaneamente desde o nascimento até ao estado adulto/Criar-se/Medrar. **Ex.** As crianças crescem rapidamente. Esta planta «pé de milh(eir)o» já não cresce mais. **Idi.** ~ *água na boca* [Sentir grande apetite por alguma coisa de [que é para] comer «doce/petisco»]. **2** Desenvolver-se mental e espiritualmente/Adquirir maturidade. **Ex.** A Joana cresceu muito «desde o verão»; está uma mulher(zinha). **Idi.** *Cresce e aparece* [Expressão usada para fazer sentir a alguém que é imaturo/infantil]. **3** Aumentar de estatura [altura]. **Ex.** O Pedro «mede 1,80 m» só cresceu até aos 14 anos. O hotel (em construção) cada dia cresce mais; já vai no sexto andar [já tem seis andares]. **4** Aumentar de volume/grandeza/intensidade. **Ex.** A cidade cresceu [expandiu-se] muito nos últimos anos. A riqueza dos países desenvolvidos cresce quase sempre à custa dos países mais pobres. Com as fortes chuvadas, o rio cresceu até sair do leito. **5** Ficar como resto/Sobejar. **Ex.** Se quiseres ainda podes almoçar; cresceu muita comida (do nosso almoço). **6** fig Avançar para alguém com propósitos agressivos. **Ex.** «reagindo ao insulto» Cresceu [Avançou] para ele de punhos cerrados/fechados.

crescido, a adj/s (<crescer+-ido) **1** Que cresceu/Desenvolvido/Maduro. **Ex.** Ele já é ~ [já tem idade/idi já é homem]; (bem) pode ir sozinho para a escola. **2** Considerado avultado/criado/Grande. **Ex.** Só se devem pescar peixes ~s. Preciso de cortar o cabelo, está muito ~. **Comb.** *Bacalhau* ~ (Com o peso entre 1 e 2 kg). **3** s Pessoa adulta (+). **Ex.** «no casino» Só entram [podem entrar] (os) ~s [(as) pessoas adultas].

crescidote, a adj col (<crescido+-ote) Um tanto crescido mas não totalmente desenvolvido/adulto. **Ex.** Ele já está ~; já não é criança.

crescimento s m (<crescer+-i-+-mento) **1** A(c)to ou efeito de crescer/Desenvolvimento. **Ex.** O ~ das crianças deve ser vigiado pelos [estar sob vigilância dos] pais. Os adubos apressam [estimulam] o ~ das plantas. **2** Aumento/Expansão. **Ex.** O ~ [aumento] da dívida externa é preocupante. **Comb.** ~ *econó[ô]mico* «dum país». ~ [Expansão] *duma cidade. Etapas* [Fases] *de* ~.

créscimo s m (<crescer+-imo) O que sobeja/Excedente/Sobras. **Ex.** Deu o ~ [o que sobrou] (da comida) do almoço à criada.

cresol s m Quím (<fr crésol) Fenol derivado do tolueno.

crespar v t (<lat críspo,áre,átum) ⇒ encrespar.

crespidão s f (<lat crispitúdo,inis) ⇒ aspereza.

crespina s f Zool (<crespo+-ina) Segunda cavidade do estômago dos ruminantes. ⇒ Barrete.

crespir v t (<fr crépir: rebocar, caiar) **1** Tornar crespo/áspero/rugoso/Encrespar-(se). **2** Revestir com crespido/Pintar [Rebocar] com a broxa para imitar a pedra.

crespo, a (Crês) adj (<lat crispus,a,um) **1** Áspero/Rugoso. **Comb.** *Mãos* ~*as. Parede* ~*a* [rugosa(+)]. **Ant.** Liso; macio. **2** Encrespado/Eriçado. **Comb.** *Cabelo* ~. **3** Pedregoso/Escarpado. **Comb.** *Caminhos* [Encostas] ~*os/as*. **4** Encapelado. **Comb.** *Mar* ~. **5** fig Ameaçador/Irado. **Loc.** *Ficar* [Tornar-se] ~ «por causa da negligência dos empregados».

cresta¹ (Crés) s f (<crestar¹) A(c)ção de crestar/queimar superficialmente/Crestadura. **Ex.** As plantas «begó[ô]nias» morreram com a ~ do sol.

cresta² (Crés) s f (<crestar²) **1** Colheita do mel nas colmeias/nos cortiços. **Loc.** «preparar o fumigador/pôr a mascar para» *Fazer a* ~ (do mel). **2** Devastação/Desbaste. **Ex.** Que grande ~ levou a [fizeram na] mata. Cortaram todas as árvores «pinheiros» grandes! **3** Saque/Roubo. **Ex.** Esta noite, os assaltantes fizeram a ~ em várias lojas «de ele(c)trodomésticos/ourivesarias». **4** pop ⇒ surra/tareia/sova.

crestadeira¹ s f (<crestar¹+-deira) Utensílio de cozinha com que se crestam [se dá a cor de queimado a] certas iguarias «leite creme».

crestadeira² s f (<crestar² +-deira) Instrumento com que se tira o mel dos favos.

crestadura [crestamento] s f [m] (<crestar¹+-…) ⇒ cresta¹.

crestar¹ v t/int (<lat crústo,áre,átum) **1** Queimar superficialmente/Tostar/Tisnar. **Ex.** O ferro (de passar) estava muito quente e crestou a camisa. O sol quente de verão cresta as plantas novas e viçosas. **2** Dar a cor de queimado. **Loc.** ~ *o leite creme*.

crestar² v t (<lat cástro,áre,átum: castrar, cortar, amputar) **1** Tirar o mel das colmeias ou dos cortiços. **Ex.** Está na altura «maio» de ~ as colmeias. **2** Roubar/Saquear. **Ex.** Os sobrinhos crestaram[roubaram(+)]-lhe tudo quanto tinha [toda a fortuna]. **3** Reduzir a quantidade/Desbastar.

cresto (Crês) s m (<crestar²) Cabrito castrado.

crestomatia s f Lit (<gr khrestomatheia: estudo das coisas úteis/boas) Cole(c)tânea

de textos escolhidos «dum autor/estilo/tema»/Antologia(+).
cretáceo, a *adj/s m* (<lat *cretáceus,a,um*) **1** Da natureza da greda/do cré. **2** *s m Geol Maiúsc* Último período do Mesozoico, a seguir ao Jurássico.
cretinice *s f* (<cretino+-ice) Qualidade de cretino/Insolência/Cinismo. **Ex.** Na escola, todos o conheciam por causa da sua ~. **Loc.** Dizer ~s. ⇒ cretinismo.
cretinismo *s m Med* (<cretino+-ismo) Forma de debilidade mental provocada pela insuficiência da tiroide e cara(c)terizada pelo atraso intelectual e pela degenerescência física. ⇒ cretinice.
cretino, a *adj/s* (<fr *crétine*: estado patológico) **1** *Med* (O) que sofre de cretinismo/de debilidade mental provocado/a por insuficiência da tiroide. **2** Idiota/Imbecil. **Comb.** *Atitude ~a* . «político» *Apoiado por um bando de ~s.*
cretone *s m* (<fr *cretonne* <Creton, localidade francesa) Tecido de algodão ou linho com urdidura de cânhamo. **Ex.** O ~ é utilizado em colchas e cortinados.
cria *s f* (<criar) **1** Animal novo, de mama/Filhote. **Comb.** As ~s duma leoa [vaca/porca]. **2** ⇒ criação 9.
criação *s f* (<lat *creátio,ónis*) **1** A(c)to [Processo/Efeito] de criar/dar existência a partir do nada (⇒ **3**). **2** Origem do que existe. **Ex.** Os cientistas procuram conhecer a ~ [origem(+)] do universo. **3** *Rel* A(c)to pelo qual Deus concebe e dá existência aos seres e ao Mundo. **Ex.** As ciências experimentais podem estudar a evolução do cosmos [universo/mundo], mas a ideia da ~ está fora do seu âmbito. **4** Processo de conce(p)ção, realização ou fundação de coisa nova/original. **Comb.** *~ artística* [literária]. *~ duma instituição* «de apoio a crianças deficientes». **5** Obra criada de novo/Invenção. **Comb.** *~ de novos produtos* «derivados do petróleo». *~* [Obra] *dum autor* [estilista] famoso. **6** Conjunto dos seres criados/Mundo/Universo. **Comb.** As maravilhas da ~. **7** Processo de desenvolvimento inicial [de crescimento] «duma criança/dos animais». **Ex.** Foram os avós que cuidaram da ~ do neto «porque os pais estavam emigrados». **Loc.** *Dedicar-se à ~ de animais/aves* «bichos-da-seda/coelhos/galinhas». **Comb.** *Filho* [Irmão/Pai] *de ~*. **8** Período temporal correspondente ao crescimento (infância/juventude)/Geração(+). **Comb.** Escritor [Músico/Cientista] da minha ~ [do meu tempo(+)]. **9** Conjunto dos animais domésticos «galinhas/porcos/coelhos». **Loc.** Tratar a [Dar de comer à] ~. ⇒ criador **5**.
criacionismo *s m Fil/Rel* (<criação+-ismo) **1** Doutrina filosófica-teológica segundo a qual o Mundo foi criado por Deus. **Ex.** O ~ opõe-se à conce(p)ção materialista e à maioria das doutrinas panteístas. **2** Teoria segundo a qual a alma é criada por Deus no momento da conce(p)ção dum ser humano. ⇒ evolucionismo criacionista.
criacionista *adj/s 2g* (<criação+-ista) **1** Relativo ao criacionismo. **2** (O) que é partidário do criacionismo.
criada *s f* (<criado) Empregada doméstica(+).⇒ criado **2**/**3**.
criadagem *s f* (<criado+-agem) Conjunto dos criados.
criadeira *adj/s f* (<criar+-deira) **1** Que cria/Fecunda. **Comb.** Coelha ~. **2** *s f* Ama de leite. **Comb.** Criança amamentada numa [por uma] ~. **3** Aparelho onde se recolhem, durante algum tempo, os pintainhos acabados de nascer. **4** Dispositivo pediátrico onde os recém-nascidos prematuros são mantidos em condições de temperatura e (h)umidade convenientes/Incubadora(+). **Ex.** O bebé/ê está na ~ [incubadora(+)] «nasceu de 7 meses».
criado, a *adj/s* (<criar+-ado) **1** Que se criou/Desenvolvido. **Comb.** *Animal* [Planta] *~o/a. O mundo* (que foi) *~ por Deus.* **2** Empregado doméstico(+). **Comb.** *~a de quarto. ~ da lavoura.* ⇒ servo. **3** Empregado de mesa (+). **Comb.** *~ de café.*
criadoi[ou]ro, a *adj/s* (<criar+-doi[ou]ro) **1** Que tem condições propícias ao desenvolvimento/Que dá esperanças de se desenvolver. **Comb.** Animal «porco/bezerro» ~. **2** ⇒ Viveiro(+) de plantas. **3** ⇒ Creche(+).
criador, ora *s/adj* (<criar+-dor) **1** *s m Maiúsc* Deus. **Idi.** *Dar* [Entregar(+)] *a alma ao ~* [Morrer]. **Comb.** O ~ supremo. **2** (O) que cria/gera/dá origem. **Ex.** O Homem é um ser ~, tem faculdades ~oras. **3** (O) que produz ou ajuda a produzir/Fecundo/Fértil. **Comb.** *Tempo* «de primavera» *~. Terra* [Solo] *~ora/or.* **4** (O) que concebe/realiza/funda algo/Inventor/Inventivo. **Comb.** ~ [Fundador(+)] *duma instituição. ~ duma teoria* «científica/filosófica». *Gé[ê]nio ~* «dum artista». **5** O que se dedica à criação (industrial) de animais «coelhos/frangos/gado». ⇒ criação **9**.
criança *s f* (<criar+-ança) **1** Menino/a que ainda não atingiu a adolescência. **Ex.** As ~s devem deitar-se cedo [ir cedo para a cama]. **Comb.** ~ traquina. **2** Filho recém-nascido/Bebé/ê. **Ex.** Casaram há bastante tempo mas ainda não têm nenhuma ~ [nenhum filho]. A gravidez está no fim; a ~ deve nascer por estes dias [nascer um dia destes/nos próximos dias]. **3** *fig* Adulto imaturo/infantil. **Ex.** Raciocina, pensa! Às vezes és uma autêntica [pareces mesmo uma] ~!
criançada *s f* (<criança+-ada) Conjunto de crianças. **Ex.** A ~ do meu prédio vai todos os dias comigo para a escola.
criancice *s f* (<criança+-ice) Modo de agir/falar próprio de criança/Infantilidade/Leviandade. **Ex.** Não te ficam bem essas ~s «fazer caretas nas costas [por detrás] do professor».
crianço *s m col/pop* (<criança) **1** Menino de pouca idade. **2** *pej* Criançola.
criançola *s 2g pej* (<criança+-ola) O (adulto) que tem procedimento de criança. **Ex.** Não se lhe podem entregar tarefas de responsabilidade; é muito ~.
criar *v t/int* (<lat *créo,áre,átum*) **1** Dar existência a algo que não existia/Tirar do nada. **Ex.** Deus criou tudo quanto existe; criou o Homem à Sua imagem e semelhança. **2** Dar existência/Gerar/Fazer crescer/Ajudar a desenvolver. **Ex.** Eles são pobres mas criaram um bando de filhos. **3** Realizar algo a partir de certos elementos/Dar forma. **Ex.** Os construtores de automóveis todos os anos criam novos modelos. **4** Conceber/Inventar/Imaginar/Compor/Estabelecer/Fundar. **Ex.** O escritor cria obras literárias «romances/poemas». O proje(c)tista [engenheiro/arquite(c)to] cria [concebe(+/proje(c)ta(o+)] novas construções «monumentos/pontes/estradas». Os empresários criam novas empresas. **5** Causar/Originar/Suscitar. **Ex.** A falta de [A não] aprovação do orçamento do estado cria(rá) uma grave crise política, econó[ô]mica e financeira. Ele sabe [tem jeito para] ~ amizades/fazer amigos. A falta de água criou-nos muitos problemas. **6** Produzir/Desenvolver(-se). **Loc.** *Uma ferida ~ pus* [infe(c)tar/desenvolver infe(c)ção]. *~ bolor. ~* [Ganhar] *ferrugem.* **Idi.** *~* barriga [Ficar pançudo]. *~ calo* [Ganhar experiência]. *Pancada de ~ bicho* [muito intensa/forte]. **7** *~* [Manter (pro)criação de] animais. **Loc.** *~ porcos, coelhos e galinhas.*
criatividade *s f* (<criativo+-i-+-dade) **1** *Psic* Capacidade inventiva da imaginação. **Comb.** Criança com grande ~ [muito imaginativa]. **2** Faculdade de encontrar soluções diferentes e originais para novas situações. **Ex.** A igreja é igual a muitas outras; faltou ~ ao arquite(c)to.
criativo, a *adj/s* (<criar+-tivo) **1** Que tem criatividade. **Comb.** Espírito [Talento] ~. **2** Que se distingue pela aptidão intelectual para criar/Criador/Inovador. **Comb.** *Aluno ~. Escritor ~.* **3** Que tem originalidade. **Comb.** *Ideia ~a. Solução ~a.* **4** *s* Profissional que cria novos conceitos, obje(c)tos, modas, ... **Ex.** A empresa «de publicidade» vai admitir mais um ~.
criatura *s f* (<lat *creatúra,ae*) **1** Todo o ser criado. **Comb.** A diversidade de ~s da natureza. **2** Ser humano/O Homem/Pessoa. **Ex.** O homem é uma ~ superior a todas as outras. Era considerado/a boa ~ [pessoa(+)]. **3** *depr/col* Pessoa rara, digna de compaixão ou desprezo. **Ex.** Não trabalha, embebeda-se... pobre ~!
criável *adj 2g* (<criar+-vel) Que se pode criar.
cribiforme *adj 2g* (<crivo+-forme) **1** Que tem a forma de crivo. **2** *Med* Diz-se do osso etmoide.
criceto (Cê) *s m Zool* (< ?) Mamífero roedor, semelhante ao rato, com o rabo curto e com papos nas bochechas onde armazena o alimento. ⇒ hamster.
cricket (Críquète) *s m (D)esp ing* ⇒ críquete.
cricoide *s f Anat* (<gr *krikoidés*: em forma de anel) Cartilagem anelar da parte inferior da laringe.
cricri *s m* (< *on*) **1** Canto do grilo. **Ex.** Na escuridão da noite ouvia-se o ~ dos grilos. **2** Brinquedo que faz um som semelhante ao cantar dos grilos.
crime *s m/adj* (<lat *crímen,inis*) **1** Infra(c)ção grave à lei civil/moral/Delito sujeito a punição pela lei penal. **Ex.** Todos os dias são cometidos inúmeros ~s «assassínios/roubos/violações». **Comb.** *~ de lesa-humanidade* [que ofende toda a humanidade]. *~ de lesa-majestade* [contra o rei ou membro da família real]. *~ de lesa-pátria* [contra a pátria ou poder soberano do estado]. *~ organizado* [cometido por elemento(s) de grupo criminoso]. *~ particular* [em que o ministério público só pode a(c)tuar se houver denúncia]. *~ público* [em que o ministério público oficiosamente e por iniciativa própria organiza o processo penal]. **2** *fig* A(c)to condenável ou de consequências funestas/Desastre/Perigo. **Ex.** Deixar-te sozinho em casa, tão doente, era um ~! É um ~ os pais não cuidarem dos filhos «deixá-los ao deus-dará [abandono] pela rua». **3** *adj 2g* Relativo a delito grave punível por lei. **Comb.** Processo ~.
criminação *s f* (<criminar+-ção) Imputação de um crime/Acusação. ⇒ in~.
criminador, ora *s* (<criminar+-dor) O que crimina/Acusador(+).
criminal *adj/s m* (<lat *criminális,e*) **1** Relativo ao crime. **Comb.** *Direito ~/penal* [Conjunto das normas que regulam as penas a aplicar contra a(c)tos ofensivos do direito público ou privado]. *Processo ~* [relativo à prática dum crime]. *Regist(r)o ~* [Local onde se faz o assento dos precedentes criminais dos cidadãos]. **2** Que julga [diz respeito ao julgamento de] cri-

mes. Comb. *Instrução ~. Tribunal ~.* **3** *s m* Tribunal/Processo criminal. **Ant.** Cível.

criminalidade *s f* (<criminal+-i-+-dade) **1** Cara(c)terística do que é criminoso. **Ex.** A lei moral e a lei civil nem sempre estão de acordo quanto à ~ dum mesmo a(c)to «aborto». **2** Conjunto de crimes cometidos em determinado meio num certo período de tempo. **Ex.** A degradação moral conduz inevitavelmente ao aumento da ~. **Comb.** *~ infantil. Zona de elevada ~.* **3** Estudo dos crimes/Criminologia(+). **Ex.** A ~ depara-se frequentemente com novos tipos de crimes.

criminalista *s 2g* (<criminal+-ista) Jurisconsulto ou especialista em assuntos criminais.

criminalística *s f Dir* (<criminalista+-ica) Parte do direito penal que se dedica ao estudo do crime.

criminalizar *v t* (<criminal+-izar) Tornar crime. **Loc.** ~ a abstenção de voto «em eleições legislativas/presidenciais».

criminar *v t* (<lat *críminor,ári,átus sum*) Imputar crime/Atribuir(-se) responsabilidades criminais/Acusar(-se)/Incriminar(+).

criminável *adj 2g* ⇒ incriminável.

criminologia *s f* (<crime+-logia) Conjunto de disciplinas «médicas/psicológicas/sociológicas» que estudam os vários aspe(c)tos da criminalidade. **2** Filosofia do direito penal.

criminologista *s 2g* (<criminologia+-ista) Especialista em criminologia.

criminosamente *adv* (<criminoso+-mente) **1** De modo [Por processo] criminoso. **Loc.** Agir ~. **2** De modo condenável/inadmissível/Culposamente. **Comb.** Crianças ~ deixadas ao abandono.

criminoso, a (Ôso, Ósa, Ósos) *adj/s* (<lat *criminósus,a,um*) **1** Que envolve crime. **Comb.** A(c)ção ~a. **2** (O) que praticou um crime. **Ex.** O ~ já foi detido [preso] pela polícia. **Comb.** Pais ~s «que abandonam os filhos». **3** *fig* Extremamente reprovável/Condenável. **Comb.** Decisão ~a «de fazer a guerra».

crimófilo, a *adj* (<gr *krymós*: frio+-filo) Que se dá bem nas regiões frias.

crimófobo, a *adj* (<gr *krymós*: frio+-fobo) Que não se dá nas regiões frias.

crimoterapia *s f Med* (<gr *krymós*: frio+terapia) ⇒ Crioterapia(+).

crina *s f* (<lat *crína,ae*) **1** Pelo (muito) comprido que se desenvolve ao longo do pescoço e da cauda de certos animais quadrúpedes «cavalo». **2** *fig col* Cabeleira abundante e comprida. **Ex.** Quando (é que) vais cortar essa ~? Pareces um bicho! **3** Tecido áspero feito de fibras vegetais «de palmeira»/Crinolina. **Comb.** Luvas de ~.

crinal *adj 2g* (<crina+-al) **1** De [Referente a] crina. **Comb.** *Pelos ~ais. Tecido ~.* **2** ⇒ Crineira.

crineira *s f* (<crina+-eira) **1** Conjunto das crinas dos animais. **Comb.** ~ do cavalo. **2** Juba (do leão). **3** *Mil* Conjunto de pelos (de adorno) do capacete que caem para trás.

crinoide (Nói) *adj 2g/s m pl Zool* (<gr *krinoidés*: semelhante ao lírio) (Diz-se de) classe de equinodermes «*Pentacrinus penichensis*» de corpo calciforme que vivem fixados nas rochas.

crinolina *s f* (<it *crinolino*; ⇒ crina) **1** Tecido de crina. **2** Espécie de saia feita de crina para arquear os vestidos.

crio- *pref* (<gr *kryos*) Exprime a ideia de frio.

criocirurgia *s f Med* (<crio-+ ...) Método cirúrgico que utiliza gases «azoto» a muito baixas temperaturas para destruir lesões «dermatoses». ⇒ crioterapia.

criodecapagem *s f* (<crio-+ ...) Processo de decapagem de metais pelo frio.

criogenia *s f Fís* (<crio-+-genia) Parte da Física que estuda os fenó[ô]menos a baixas temperaturas.

criogénico, a [*Br* criogênico] *adj* (<criogenia+-ico) **1** Relativo à criogenia. **Comb.** Processo ~. **2** Que é capaz de produzir baixas temperaturas. **Comb.** Material ~ «azoto/neve carbó[ô]nica».

criolite/a *s f Min* (<crio-+-lite/a) Mineral constituído por fluoreto de alumínio e sódio ($Na_3 Al F_6$) que cristaliza no sistema monoclínico e se apresenta em cristais incolores (Branco de neve) de brilho vítreo ou gorduroso.

criometria *s f Fís* (<crio-+- ...) Medição de baixas temperaturas.

crioscopia *s f Fís/Quím* (<crio-+-scopia) Estudo da influência do abaixamento do ponto de solidificação [congelação] dos líquidos quando têm substâncias dissolvidas. **Comb.** Leis da ~ de Raoult.

crioscópio *s m Fís/Quím* (<crio-+-scópio) Aparelho usado para medir baixas temperaturas.

criosfera *s f Geol* (<crio-+esfera) Camada descontínua da superfície terrestre formada por água permanentemente no estado sólido.

crióstato *s m* (<crio-+ gr *statós*: estacionário) Aparelho em que se consegue manter uma temperatura muito baixa «inferior a 1 Kélvin».

crioterapia *s f Med* (<crio-+terapia) Método de tratamento «de dermatoses» em que se utiliza a aplicação local do frio. ⇒ criocirurgia.

crioulística *s f Ling* (<crioulo+-ista+-ica) Estudo dos crioulos.

crioulo, a *adj/s* (<cria+-olo) **1** Que provém de países em que houve escravatura negra. **2** Língua [Diale(c)to] que resulta do conta(c)to entre colonizadores e autóctones. **3** Pessoa descendente de europeu nascido na América ou na África «CV».

cripta *s f* (<gr *krýpte*: abóbada subterrânea) **1** Câmara subterrânea por baixo da nave principal duma igreja. **Ex.** Na Idade Média, era prática corrente sepultar nas ~s os corpos dos mártires e dos santos. **2** Galeria subterrânea de edifícios não religiosos/Caverna/Gruta. **3** *Anat/Bot* Depressão «na superfície das mucosas/plantas/dos órgãos».

críptico, a *adj* (<cripta+-ico) **1** Relativo a cripta. **2** Cifrado/Codificado. **Comb.** Escrita ~a. **3** Que tem um sentido oculto/hermético. **Comb.** Discurso [Linguagem] ~o/a.

cripto- *pref* (<gr *kryptós,é,ón*) Exprime a ideia de oculto.

criptobrânquio, a *adj Zool* (<cripto-+ brânquio) (Diz-se de) animal que respira por brânquias ocultas.

criptocarpo, a *adj Bot* (<cripto-+ ...) Que tem o fruto oculto.

criptocristalino, a *adj Min* (<cripto-+ ...) (Diz-se de) estrutura de certas rochas vulcânicas cujos cristais só são visíveis por meio de microscópio polarizante.

criptocristão, ã *s/adj* (<cripto- +...) (Diz-se de) cristão japonês que viveu oculto por causa da perseguição durante mais de duzentos anos (1614 – 1868).

criptogamia *s f* (<cripto-+ gr *gamos*: casamento +-ia) **1** Cara(c)terística de ter os órgãos de reprodução ocultos. **2** Qualidade das plantas «fetos/musgos/algas» que não dão flores.

criptogâmico [criptógamo], a *adj/s f pl Bot* (<criptogamia+-ico) **1** Que tem órgãos de reprodução ocultos. **2** *s f pl* (Diz-se de) plantas «musgo/alga» que não dão flores. **Ant.** Fanerogâmico.

criptogénese [*Br* criptogênese] *s f* (<cripto-+ ...) Estado do que mantém a sua formação [origem] oculta/Geração oculta.

criptografia *s f* (<cripto-+ ...) Escrita secreta, codificada ou cifrada, usando sinais convencionais ou outras técnicas. **Ex.** Para interpretar a ~ é necessário conhecer [descobrir] o código secreto. ⇒ críptico.

criptográfico, a *adj* (<criptografia+-ico) Relativo [Que utiliza] a criptografia. **Comb.** Mensagem ~a.

criptógrafo, a *s* (<cripto-+-grafo) Especialista em [O que utiliza] criptografia.

criptograma *s m* (<cripto-+ gr *gramma*: escrita) Documento [Texto] escrito em linguagem cifrada. **Loc.** Decifrar um ~. ⇒ cifra.

criptologia *s f* (<cripto-+-logia) **1** Estudo da criptografia. **2** ⇒ Ocultismo.

criptoméria *s f Bot* (⇒ cripto-) Gé[ê]nero de grandes árvores pináceas originárias do Japão e da China, semelhantes ao cedro e de excelente madeira.

crípton [*Br* criptônio] [Kr 36] *s m Quím* (<gr *kryptós,é,ón*: oculto) Elemento químico pertencente ao grupo dos gases raros ou nobres. **Ex.** O ~ encontra-se no ar em quantidades muito pequenas.

criptonímia *s f* (<criptónimo+-ia) Ocultação do nome dum autor sem que o verdadeiro nome venha a ser conhecido.

criptónimo, a [*Br* criptônimo] *adj/s* (<cripto-+-ó[ô]nimo) **1** (O) que oculta [substitui] o nome. **2** Nome falso [fingido/suposto]/Pseudó[ô]nimo(+).

criptorquia [criptorquidia] *s f Med* (<cripto-+gr *órkhis*: testículo) Ausência temporária ou permanente de um ou dos dois testículos relativamente à sua situação normal no escroto (por retenção no canal inguinal ou na cavidade abdominal).

criptozoico, a (Zói) *adj/s m Geol* (<cripto-+ gr *zoikós*: relativo à vida) **1** Relativo ao C~. **Comb.** Era ~a. **2** *Maiúsc* Era geológica correspondente aos tempos antecâmbricos. **Ex.** Os vestígios de seres vivos no ~ [na era ~a] são muito reduzidos.

críquete *s m (D)esp* (<ing *cricket*) Jogo de origem inglesa praticado por duas equipas/es de onze jogadores cada uma, com bastão e bola maciça.

cris *s m/Br adj* (<mal *keris*) **1** Adaga ou punhal de lâmina ondulada da Malásia e das Filipinas. **2** *Br* ⇒ gris; cinzento-azulado. **3** *Br* ⇒ funesto.

crisálida *s f Zool* (<lat *chrysális,idis*) Fase da metamorfose [Ninfa] dos lepidópteros cara(c)terizada pela imobilidade e pela presença dum invólucro (Casulo) externo. **Comb.** ~ do bicho-da-seda (dentro do seu casulo).

crisântemo *s m Bot* (<gr *khrysántemon*) Nome vulgar de algumas variedades de plantas e das suas flores – algumas de folhas comestíveis – da família das compostas. **Ex.** Em Portugal, no dia de Fiéis Defuntos (2 de novembro) os cemitérios enchem-se de ~s [as sepulturas são enfeitadas com ~s].

crise *s f* (<gr *krísis,eos*: momento decisivo/difícil/de decisão) **1** *Med* Mudança brusca na evolução [Agravamento repentino] duma doença. **Comb.** ~ [Ataque(+)] *epilé(p)tica/o. ~ gástrica* [Doença de estômago]. **2** *Psic* Manifestação impetuosa de cará(c)ter nervoso ou emotivo com

perturbação da consciência e alteração do comportamento/Acesso/Ataque. **Comb.** ~ **de choro.** ~ **de nervos. 3** *Econ* Período de perturbação econó[ô]mica e financeira aguda que ocorre na passagem de um período de prosperidade para um de depressão. **Ex.** As ~s são flutuações econó[ô]micas geralmente de cará(c)ter cíclico. **4** Fase difícil, complicada e decisiva na vida pessoal ou das instituições. **Comb.** «adolescente em» ~ **de crescimento.** ~ **de desânimo** «dum desempregado». ~ **política. 5** Situação complicada provocada pela falta acentuada de bens ou recursos ou pela ru(p)[ro]tura no abastecimento. **Comb.** ~ **do petróleo.** ~ **energética. 6** *fam* Motivo de preocupação/Problema(+). **Ex.** Se não pudermos fazer a viagem [ir à festa], isso não é nenhuma ~ [, não há ~ por causa disso].

criselefantino, a *adj Arte* (<gr *khrusós*: ouro + *eléphas,antos*: marfim) Diz-se de obje(c)to de arte «grega» feito de marfim e ouro.

crisma *s 2g Rel* (<gr *khrisma,atos*: a(c)ção de ungir, unguento, perfume) **1** Sacramento da Igreja Católica que enriquece os ba(p)tizados com a força do Espírito Santo e os compele a testemunhar a fé cristã por palavras e por obras/Confirmação(+). **Ex.** O ~ constitui com o Ba(p)tismo e a Eucaristia o conjunto dos "sacramentos de iniciação cristã". O ~ também é designado por "Confirmação" porque ratifica e consolida os dons recebidos no Ba(p)tismo. **2** Óleo perfumado, consagrado pelo bispo em Quinta-feira Santa, com que os cristãos são ungidos quando recebem o sacramento. ⇒ santos óleos. **3** *Br* ⇒ (cog)nome; alcunha.

crismal *adj 2g* (<crisma+-al) Referente ao crisma. **Comb.** Graça ~. Ritos ~ais.

crismando, a *s* (<crismar+-ando) Aquele que vai receber o crisma. **Ex.** Preparação dos ~s «reunindo com o bispo» para o sacramento que vão receber.

crismar *v t* (<crisma+-ar¹) Conferir [Administrar] o crisma. **Ex.** O bispo crismou um grupo de jovens e alguns adultos.

crisoberilo *s m Miner* (<gr *khrysós*: ouro +...) Mineral constituído por óxido de alumínio e berilo ($Al_2 Be O_4$) que cristaliza no sistema ortorrômbico, muito duro, de cor verde-amarelada. **Ex.** O ~ é utilizado em joalharia.

crisofilia *s f* (<gr *khrysós*: ouro+-filia) Amor ao ouro/às riquezas.

crisol *s m* (<esp *crisol*) **1** Recipiente onde se funde o ouro e outros metais preciosos/Cadinho. **2** *fig* Aquilo «dor/contrariedades» que serve para purificar «sentimentos». **Loc.** Purificar-se no ~ do sofrimento.

crisólito/a *s m/f Miner* (<gr *khrysós*: ouro+-lito) **1** Mineral constituído por silicato de ferro e magnésio/Olivina. **2** Nome de vários tipos de pedras preciosas englobando olivinas, perídotos, crisoberilos, etc.

crisólogo, a *adj* (<gr *khrysós*: ouro+-logo) Que tem palavras de ouro/Que é muito eloquente. **Comb.** S(ão) Pedro ~ (? - 450).

crisóstomo, a *adj* (<gr *khrysós*: ouro+ *stóma*: boca) Boca de ouro [Que fala muito bem]. **Comb.** S(ão) João C~/*Boca de Ouro* (347-407).

crisoterapia *s f Med* (<gr *khrysós*: ouro+ ...) Método de tratamento de doenças com sais de ouro.

crispação *s f* (<crispar+-ção) **1** A(c)to ou efeito de crispar(-se)/encrespar(-se). **Comb.** ~ da pele «provocada pelo frio». **2** Contra(c)ção espasmódica nervosa ou muscular. **Ex.** Ele não conseguia disfarçar a ~ que a dor lhe provocava.

crispado, a *adj* (<crispar+-ado) **1** Que se apresenta enrugado/franzido. **Comb.** ~ de frio. **2** Que mostra tensão/Contraído/Contrafeito. **Comb.** Rosto ~ «de fúria».

crispar *v t* (<lat *críspo,áre,átum*) **1** Encrespar(-se)/Enrugar(-se) **Ex.** O vento forte crispava [encrespava(+)] a água da barragem. **2** Contrair(-se) espasmodicamente/Encolher(-se)/Ficar tenso. **Ex.** As fortes dores faziam-no ~ o rosto «para conter as lágrimas/não gritar».

crista *s f* (<lat *crista,ae*) **1** Excrescência carnosa na cabeça de certas aves. **Ex.** Os galos têm a ~ maior do que as galinhas. **Idi. (A)baixar a ~** [Desistir/Submeter-se]. *Erguer* [Levantar] *a ~* [Tomar atitude arrogante]. *Estar na ~ da onda* [em evidência/ *idi* na mó de cima/na moda]. **2** Penas mais altas na cabeça de algumas aves/Penacho/Poupa(+). **3** Proeminência na cabeça ou no dorso de certos peixes e répteis. ⇒ cristado. **4** Bordo superior duma elevação/Cumeeira. **Comb.** ~ duma cordilheira. **5** Parte mais alta duma onda. **6** Região da atmosfera em que a pressão é mais elevada do que nas regiões vizinhas ao mesmo nível. **Comb.** ~ *barométrica/~ de altas pressões.*

crista-de-galo *s f Bot* **1** Planta ornamental da família das amarantáceas, *Celosia cristata*, com flores de cor vermelho-púrpura. **2** Planta vivaz da família das iridáceas, *Gladiolus segetum*, com flores rosadas, também designada por espadana das searas.

cristado, a *adj* (< crista+-ado) Que tem crista. **Comb.** Lagarto ~.

cristal *s m* (<gr *krýstallos*) **1** *Miner* Sólido com estrutura ordenada devido ao arranjo espacial dos átomos que o formam. **Comb.** ~ de quartzo [calcite/galena/pirite]. ⇒ ~ de rocha. **2** Vidro de elevada pureza, límpido, brilhante e mais pesado que o vidro vulgar, com óxido de chumbo na sua composição e de toque sonoro cara(c)terístico. **Comb.** *Copos de ~. Jarra de ~.* **3** *Fís/Quím* Fragmento de um composto com forma geométrica regular, formado em condições específicas de solidificação, evaporação ou sublimação. **Comb.** ~ais de açúcar [sal]. **4** *fig* Limpidez/Transparência. **Comb.** Voz de ~.

cristala[e]ria *s f* (<cristal+-aria) **1** Fábrica onde se fabricam cristais. **2** Estabelecimento onde se vendem cristais. **3** Conjunto de cristais. **Comb.** Artigos de ~. **4** Arte ou técnica de trabalhar o cristal. ⇒ cristalografia.

cristal de rocha *s m Miner* [= cristal-de--rocha] Variedade de quartzo hialino.

cristaleira *s f* (<cristal+-eira) Móvel onde se guardam obje(c)tos de cristal e outra loiça de vidro. **Ex.** Na ~ da sala de jantar, brilhava um jogo [conjunto] de jarra e copos [taças] de cristal.

cristalífero, a *adj* (<cristal+-fero) Que contém cristais. **Comb.** Rocha ~a.

cristalino, a *adj/s m Anat* (<lat *crystallinus, a,um*) **1** Relativo a [Próprio de] cristal. **Comb.** *Min* Estado ~ [Diz-se da matéria cujas propriedades ve(c)toriais variam descontinuamente com a dire(c)ção. ⇒ anisotropia. Estrutura ~a. **2** Límpido/Transparente. **Comb.** Água [Vinho/Licor] ~a/o. **3** *fig* Claro/Puro/Límpido. **Comb.** Voz [Som] ~a/o. **4** *s m Anat* Corpo sólido transparente com a forma de lente biconvexa que faz parte da obje(c)tiva do olho. **Ex.** A catarata (ocular) é uma alteração da estrutura do ~.

cristalização *s f* (<cristalizar+-ção) **1** A(c)to ou efeito de cristalizar «a garapa ou suco da cana(-de-açúcar)». **2** *Fís* Passagem do estado amorfo duma substância «solução/banho fundido/gás» ao estado cristalino. **Comb.** Água de ~ [Moléculas de água retidas na rede cristalina doutra substância]. **3** *fig* Processo pelo qual algo deixa de evoluir. **Comb.** ~ de ideias. **4** *Ling* ⇒ lexicalização. **5** ⇒ concretização.

cristalizado, a *adj* (<cristalizar+-ado) Que cristalizou/se apresenta em forma de cristais. **Comb.** *Açúcar ~. Enxofre ~. Cul Fruta ~a* [conservada em calda de açúcar que solidifica após o arrefecimento].

cristalizador *s m* (<cristalizar+-dor) **1** Compartimento das marinhas [salinas] onde cristaliza o sal. **2** Recipiente em forma de prato largo para obtenção de cristais duma solução por evaporação do solvente.

cristalizar *v t* (<cristal+-izar) **1** Converter em cristal. **Ex.** O [A calda de] açúcar cristalizou. O sal cristaliza nas salinas. **2** Adquirir e permanecer em certa forma geométrica/em estado cristalino. **Ex.** O quartzo cristaliza em formas prismáticas e piramidais hexagonais. A pirite cristaliza no sistema cúbico. **3** *fig* Não progredir/Não evoluir/Anquilosar-se/Estagnar. **Ex.** Os partidos marxistas [comunistas] cristalizaram. ⇒ cristalização 4/5.

cristalografia *s f* (<cristal+-grafia) Ciência que estuda a matéria cristalina. **Ex.** A ~, originalmente ligada à Mineralogia, é a(c)tualmente um ramo da Física do estado sólido. ⇒ cristala[e]ria.

cristalográfico, a *adj* (<cristalografia+-ico) Relativo à cristalografia. **Comb.** Eixos ~s. Sistema ~o.

cristaloide (Lói) *adj 2g/s m* (<cristal+-oide) **1** Semelhante a cristal. **2** *Anat* Membrana que envolve o cristalino **4**. **3** *Fís/Quím* Designação antiga dada a substâncias que não formam soluções coloidais. ⇒ coloides.

cristãmente *adv* (<cristão+-mente) De modo cristão; «proceder» como Cristo.

cristandade *s f* (<lat *christiánitas,átis*) **1** Qualidade de ser cristão. **Comb.** ~ duma a(c)ção [dum modo de proceder ou pensar]. *Curso(s) de ~* [Método de apostolado laical iniciado em Espanha (Palma de Maiorca) em 1949, que visa levar os fiéis à vivência fundamental e comprometida da religião cristã]. **2** Comunidades, povos e nações que, professando a fé cristã, criaram a civilização cristã do Ocidente/Cristianismo. **Ex.** A ~ desenvolveu-se na Europa entre os séc. V e XVI.

cristão, ã *s/adj* (<lat *christiánus,a,um*; ⇒ Cristo) **1** (O) que acredita em Jesus Cristo e é seu seguidor/(O) que professa o cristianismo. **Ex.** A designação de ~ãos foi dada pela primeira vez aos seguidores de Jesus Cristo, em Antioquia, cerca do ano 43 d.C. **2** Relativo ao cristianismo. **Comb.** *Confissões* [Igrejas] *~ãs. Doutrina* [Religião/Moral] *~ã.* **3** Que recebeu influência [está de acordo com os princípios] do cristianismo. **Comb.** *A(c)ção* [Procedimento] *~ã/ão. Civilização ~ã.* **4** *fam* Que é aceitável/razoável/conveniente. **Ex.** Não teve para comigo um procedimento muito ~; recebeu-me com maus modos.

cristão/ã-novo/a *s Hist/Rel* **1** Judeu convertido à fé cristã para não ser perseguido nem discriminado. **Ex.** No reinado de D. Manuel I, muitos judeus tornaram-se cristãos-novos para não serem expulsos de Portugal. **2** Convertido recentemente ao cristianismo/Recém-convertido(+).

cristão/ã-velho/a s O que descende de quem já professava o cristianismo desde tempos antigos.

cristianismo s m (<lat *christianísmus,i*; ⇒ Cristo) **1** Religião monoteísta fundada por Jesus Cristo. **Ex.** O ~ surgiu no começo da nossa era (Era cristã), apresentando-se desde o início como religião universal destinada a cada homem de qualquer raça, nação ou cultura. **2** Conjunto das confissões (Igrejas) que se afirmam seguidoras de Jesus Cristo «católica/ortodoxa oriental/protestante».

cristianíssimo, a adj (<lat *christianíssimus, a,um*) **1** Superlativo absoluto simples de cristão. **2** *Hist* Título honorífico dado aos reis de França.

cristianização s f (<cristianizar+-ção) A(c)to ou efeito de cristianizar/Evangelização. **Comb.** ~ [Evangelização(+)] do Brasil pelos missionários «jesuítas» portugueses.

cristianizar v t (<lat *christianízo,áre,átum*) **1** Tornar(-se) cristão. **Ex.** S. Francisco Xavier cristianizou [evangelizou(+)] muitos povos asiáticos. Paulo de Tarso, judeu e fariseu convicto, cristianizou-se [converteu-se (a Jesus Cristo/ao cristianismo)(+)] e tornou-se um grande apóstolo de Jesus Cristo. **2** Difundir o cristianismo/a religião cristã. **Ex.** Os missionários portugueses cristianizaram muitos povos, do Brasil à África e à Ásia.

crístico, a adj (<antr Cristo+-ico) Relativo a Jesus Cristo/Humano-divino.

Cristo s m *Rel* (<gr *khristós,é,ón*: ungido) **1** Nome dado a Jesus de Nazaré/Messias. **Comb. Corpo de ~**/de Deus [Solenidade da Igreja que celebra a presença real de Jesus na Eucaristia]. **Jesus ~**, redentor e salvador de toda a humanidade. **Ressurreição de ~. 2** Imagem de Jesus crucificado/Crucifixo(+). **Ex.** Na esplanada do santuário de Fátima (Portugal), ergue-se um enorme ~ artisticamente estilizado. **3** *fig minúsc* Pessoa maltratada/perseguida/injuriada. **Ex.** Teve um acidente «de automóvel», ficou num [como um] ~. É um pobre de ~, desprezado por todos.

cristocêntrico, a adj (<Cristo+centro+-ico) Centrado em Jesus Cristo. **Comb.** Espiritualidade ~a.

cristologia s f (<Cristo+-logia) Parte da teologia que se ocupa da pessoa e doutrina de Jesus Cristo. **Comb.** Curso [Tratado] de ~.

cristológico, a adj (<cristologia+-ico) Relativo a cristologia.

critério s m (<gr *kritérion,ou*) **1** *Fil* Sinal que ajuda a distinguir o verdadeiro do falso. **Comb.** ~ obje(c)tivo [subje(c)tivo]. **2** Princípio [Juízo] que permite comparar e julgar pessoas, comportamentos, a(c)ções, obje(c)tos, etc. **Comb. ~ de classificação** «das perguntas dum teste». **~ de sele(c)ção** «dos candidatos a um emprego». **3** Meio que permite distinguir uma coisa de outra ou reconhecer a existência de determinadas propriedades. **Comb.** ~ de divisibilidade [Regra que permite verificar se um número é divisível por outro]. **4** Capacidade de discernir/Bom senso/Ponderação. **Comb.** Escolha «dum equipamento» feita sem [com] ~.

criteriosamente adv (<criterioso+-mente) **1** Com critério/Baseado em normas/regras. **Comb.** Casas dum bairro social ~ atribuídas aos candidatos. **2** Com espírito crítico/bom senso/Ponderadamente. **Comb.** Assunto ~ estudado.

criterioso, a (Ôso, Ósa, Ósos) adj (<critério+-oso) **1** Que obedece a um critério/a normas/a regras. **Comb.** Atribuição ~a «de subsídios de apoio escolar». **2** Que tem bom senso/Ponderado. **Comb.** Pessoa ~a.

crítica s f (<lat *críticus,a,um* <gr *kritiké*) **1** Arte de analisar e julgar uma obra intelectual, literária ou artística. **Comb. ~ literária. ~ de arte** [música/pintura]. **2** *Fil* ⇒ epistemologia(+). **3** Resultado de 1/Julgamento/Análise/Recensão. **Ex.** A obra [romance/filme] teve uma ~ muito favorável. **Comb.** Se(c)ção de ~ «literária» dum jornal. **4** Conjunto de pessoas que se dedicam a esse tipo de análise/Os críticos. **Ex.** A sessão de apresentação «do filme» é reservada à ~ [aos críticos]. **5** Apreciação minuciosa de pessoas, a(c)tos ou obje(c)tos. **Comb. ~ construtiva** [destrutiva] «dum treinador [duma equipa/e] de futebol». **~ imparcial/obje(c)tiva. 6** Apreciação desfavorável/Censura/Condenação. **Ex.** O orçamento do Estado recebeu ~s de toda a oposição.

criticador, ora s (<criticar+-dor) O que critica/Maldizente/Bota-abaixo/Criticante. **Ex.** Quando se tenta melhorar [alterar] alguma coisa, logo aparecem os ~es. ⇒ crítico **1/2**.

criticamente adv (<crítica+-mente) **1** Utilizando a capacidade de analisar/julgar. **Loc.** Ler ~ uma lei [um texto]. **2** Com critério/Criteriosamente. **Ex.** A apreciação dos candidatos foi ~ executada [não foi feita *idi* em cima do joelho/ao acaso]. **3** De modo desfavorável. **Ex.** Muitos olharam ~ [escandalizados/com maus olhos] a rapariga [moça] que entrou «na igreja» de minissaia.

criticante adj/s 2g (<criticar+-ante) (O) que critica/Criticador. **Comb. Os ~s habituais. Olhar ~.** ⇒ crítico **1/2**.

criticar v t/int (<crítica+-ar¹) **1** Fazer a apreciação [análise] crítica/Avaliar. **Ex.** Apresentou o relatório ao orientador de estágio para que (lh)o criticasse [para que lhe fizesse a crítica]. **Loc.** ~ um romance [filme/concerto musical]. **2** Manifestar desaprovação/Censurar. **Ex.** Os deputados criticaram e rejeitaram a proposta do governo. **3** Dizer mal/Depreciar. **Ex.** Ele é conhecido por ~ tudo e todos [por dizer mal de tudo/de toda a gente].

criticável adj 2g (<criticar+-vel) Que se pode criticar/Censurável. **Comb.** Atitude ~/reprovável.

criticismo s m (<crítica+-ismo) **1** *Fil* Doutrina do filósofo alemão Kant (1724-1804) que considera como problema nuclear da filosofia não o ontológico mas o crítico, ou seja, o das condições e valor do conhecimento. **Ex.** O ~ aparece em filósofos anteriores a Kant «Descartes/Tomás de Aquino» que refle(c)tiram sobre o valor obje(c)tivo do conhecimento. **2** Toda a doutrina que, em atitude crítica, põe sistematicamente em dúvida o que parece verdadeiro. **3** Crítica **6**. **Ex.** Não faça caso de ~s, siga a sua consciência.

crítico, a adj/s (<gr *kritikós,é,ón*) **1** (O) que critica/que faz a avaliação. **Ex.** Os ~s de cinema foram unânimes na apreciação elogiosa do filme. **Comb. Apreciação** [juízo] ~a/o. «ter» **Espírito ~** [Pensamento próprio/Inteligência]. **Estudo ~** [analítico] «d'*Os Lusíadas*». **2** (O) que critica/censura/condena. **Ex.** A comunicação social foi muito ~a em relação à a(c)tuação violenta da polícia. **Comb.** Apreciação [juízo] ~a/o. **3** Que é perigoso/difícil/Em que há crise. **Comb.** «adolescência» **Idade ~a**. Período ~ «duma doença». **4** Que atinge um nível decisivo em que se produz mudança/transformação importante. **Comb. Fa(c)tor ~**/decisivo «para resolver o problema». *Massa ~a* [Quantidade mínima de material físsil puro necessária para manter uma rea(c)ção em cadeia]. **Ponto ~**/de maior perigo. **Temperatura ~a. 5** s f ⇒ crítica.

critiqueiro **[criticastro], a** s *depr* (<crítico+-eiro) Crítico incompetente.

critiquice s f (<crítica+-ice) Crítica *idi* barata/de pouco valor/sem fundamento.

crivado, a adj (<crivar+-ado) **1** Com muitos buracos/Furado em muitos sítios. **Comb.** Soalho [Chão] **~ de buracos. Corpo ~ de balas. 2** *fig* Cheio/Repleto. **Comb. ~ de dívidas. Paredes ~as de grafitis.**

crivagem s f (<crivar+-agem) A(c)to de crivar. **Comb. ~ da areia** [do carvão/cereal/minério]. **Operação** (industrial) **de ~.**

crivar v t (<lat *críbo,áre,átum*) **1** Passar pelo crivo/Joeirar/Peneirar. **Loc.** ~ a areia [o carvão «para tirar a cinza»]. **2** Encher de furos. **Ex.** O granizo crivou de furos o plástico das estufas. **3** Fazer muitos/as/ Encher de. **Loc. ~ a roupa de salpicos** «de lama». **~ o professor de perguntas.**

crível adj 2g (<lat *credíbilis,e*) **1** Digno de crédito. **Comb.** Pessoa ~ [credível(+)]. **2** Verosímil(+)/Credível(+). **Comb.** Versão (pouco) ~ dum acontecimento.

crivo s m (<lat *cribum,i*) **1** Peneira com rede de malha larga. **Ex.** Os ~s usam-se na classificação granulométrica [na calibragem] de muitos materiais «minérios/carvões». **Idi. Passar pelo ~** [Examinar ou sele(c)cionar com todo o cuidado]. **2** Placa com muitos buracos. **Comb. ~** [Ralo(+)] **da** [de espreitar à] **porta** «para ver quem bateu». **~** [Ralo(+)] **do confessionário. ~ do regador [da mangueira/da torneira]**. **3** Grande quantidade «de buracos/pintas» numa superfície. **Ex.** «o óleo salpicou da frigideira» Ficou com a blusa num crivo de nódoas. **4** *Cul* Recipiente com o fundo de rede ou com buracos, utilizado para escoar o líquido «de cozedura»/Coador(+). **5** Bordado feito em bastidor sobre tecido ao qual foram tirados alguns fios no sentido da largura e do comprimento para formar uma espécie de rede.

crivoso, a (Ôso, Ósa, Ósos) adj (<crivo+-oso) **1** «tubo» Dotado de crivo/furos. **Comb.** Placa [Superfície] ~a. **2** *Bot* (Diz-se do) tecido vegetal constituído por células vivas (Vasos ~s) por onde circula a seiva elaborada.

crivo-traqueano adj *Bot* ⇒ libero-lenhoso. ⇒ crivoso.

cró s m (< ?) Jogo de cartas em que os parceiros as vão trocando até que o vencedor junte um naipe completo.

Croácia s f República da antiga Jugoslávia. **Ex.** A capital da ~ é Zagreb; os habitantes são croatas e falam o diale(c)to eslavo croata.

croassã s m *Cul* ⇒ croissã.

croata s/adj 2g (<sérvio *hrvat*) ⇒ Croácia.

croça¹ (Cró) s f (<lat *croceus,a,um*: da cor do açafrão, amarelo, dourado; ⇒ croco) Capa de colmo usada pelos camponeses para se resguardarem da chuva.

croça² (Cró) s f (<germânico *krukkja*: curvo) **1** *Anat* Parte recurvada da artéria aorta. **2** Parte superior recurvada do báculo episcopal.

crocante adj 2g (<fr *croquant*) **1** «biscoito» Que produz ruído ao quebrar/Estaladiço(+). **2** Guloseima preparada com frutos secos «amêndoa/amendoim/nozes» e açúcar caramelizado.

crochê[ê] s m (<fr *crochet*: ganchinho) Trabalho de renda feito à mão com agulha de barbela (Com o bico em forma de gancho). **Ex.** Nas noites de inverno, as senhoras sentavam-se à lareira a fazer ~.

crocitar v int (<lat *crocíto,áre,átum*) **1** O corvo emitir o crocito [o som próprio da sua voz]/Corvejar. **Ex.** O corvo crocita. **2** Imitar a voz do corvo.

croco s m Bot (<lat *crocus,i*) Nome genérico de plantas «açafrão» da família das iridáceas.

crocodilídeo, a adj/s m pl Zool (<crocodilo+-ídeo) (Diz-se de) família de répteis superiores a que pertencem os crocodilos.

crocodilo s m Zool (<lat *crocodilus,i*) Réptil anfíbio de grande corpulência com o corpo revestido de grossas placas córneas dispostas em fiadas. **Ex.** Os ~s têm o coração dividido em quatro cavidades, são ovíparos e põem os ovos na areia. **Idi.** *Chorar lágrimas de* ~ [Fazer uma choradeira fingida].

croissã [*croissant*] (Cruássã) s m Cul (<fr *croissant*: crescente) Pão pequeno de massa doce e folhada, em forma de meia-lua. **Loc.** Comer ~s «ao pequeno almoço».

cromado, a adj/s (<cromar+-ado) **1** Que tem [Revestido de] cró[ô]mio. **Comb.** Para-choques e puxadores das portas de automóveis ~s. **2** s m Revestimento de cró[ô]mio. **Ex.** O ~ do açucareiro está a ficar muito feio; está a sair. **3** s m Obje(c)tos revestidos com uma camada de cró[ô]mio. **Ex.** Os ~s têm um aspe(c)to brilhante e não enferrujam.

cromagem s f (<cromar+-agem) **1** Quím Aplicação por via ele(c)trolítica de uma camada de cró[ô]mio. **Comb.** ~ de talheres e outras peças metálicas. **2** Oficina onde é feita essa operação.

cromar v t (<cromo¹+-ar¹) Revestir com uma camada de cró[ô]mio. **Loc.** ~ para-choques de automóveis [puxadores de portas].

cromático, a adj/s f (<lat *chomáticus,a,um*) **1** Relativo a várias cores. **Comb.** Sensibilidade ~a do olho [A mais pequena variação de comprimento de onda de radiações luminosas que produz uma diferença dete(c)tável de cor]. **2** *Mús* Composto de semitons. **Comb.** Escala ~a. **3** s f Arte de combinar as cores ou os sons.

cromatídeo [cromátide] s m [f] Biol (⇒ cromatina) Cada uma das duas metades que resultam da divisão longitudinal de um cromossoma/o.

cromatina s f Biol (<gr *khróma, atos*: cor+-ina) Substância mais importante da célula que se cora intensamente por corantes básicos/Nucleína.

cromatismo s m (<cromato-+-ismo) **1** Qualidade do que é cromático/do que tem cor. **2** *Fís* Coloração [Irisão] resultante da dispersão da luz quando atravessa um meio transparente. **3** *Mús* Sistema musical que utiliza a escala cromática «para obter efeitos dolentes».

cromato s m Quím (<cró[ô]mio+-ato) Diz-se dos sais e ésteres derivados dos ácidos cró[ô]micos e dos respe(c)tivos aniões [ânions]. **Comb.** ~ *de potássio* (K_2CrO_4). ~ *alcalino.*

cromato- elem de formação (<gr *khróma, atos*: cor) Exprime a ideia de cor/pigmento. ⇒ -cromo-.

cromatóforo s m Biol (<cromato-+ gr *phoros*: produtor) Célula com granulações pigmentares que dá cor aos tecidos do organismo/Melanóforo/Melanocito/Cromatócito. **Ex.** Os ~s da pele dos batráquios podem mover-se alterando a coloração cutânea.

cromatografia s f Quím (<cromato-+-grafia) Método de separação de substâncias utilizando a sua distribuição por duas fases, uma móvel e outra estacionária. **Ex.** A designação de ~ tem origem no fa(c)to de as primeiras separações por este processo terem sido efe(c)tuadas com substâncias coradas «clorofila» que no final davam uma sequência de manchas. **Comb.** ~ em papel [coluna/fase gasosa].

cromatólise s f Med (<cromato-+-lise) Fenó[ô]meno que consiste na dissolução da substância de Nissl, que ocorre nas células nervosas em determinadas circunstâncias «grande esforço físico/situações patológicas».

cromel s m (<cróm(io)+(níqu)el) Liga de cró[ô]mio e níquel utilizada no fabrico de resistências elé(c)tricas.

cromeleque s m (<bretão *crom*: redondo + *lech*: pedra) Monumento megalítico constituído por menires dispostos em círculo ou elipse. **Ex.** O ~ de Stonehenge (Inglaterra) é o mais representativo.

cromia s f (<cromo- + -ia) **1** Boa combinação de cores. **2** Colorido.

-cromia suf (<gr *khróma,atos*: cor+-ia) Exprime a noção de cor. **Ex.** Acromia; policromia.

crómico, a [Br crômico] adj (<cromo+-ico) Diz-se de alguns compostos de cró[ô]mio «ácido/anidrido».

crómio [Br crômio] [Cr 24] s m Quím (<gr *khróma,atos*: cor+-io) Elemento químico metálico branco com tons azulados, muito duro e pouco fusível, pertencente ao grupo VI do sistema periódico. **Ex.** O ~ entra na composição de muitas ligas metálicas especialmente nos aços inoxidáveis.

cromite/a s f Min (<crómio+-ite/a) Mineral de cró[ô]mio constituído por óxido de cró[ô]mio e ferro que cristaliza no sistema cúbico.

cromo¹ s m Quím ⇒ cró[ô]mio.

cromo² s m (<gr *khróma,atos*: cor) Gravura impressa a cores, geralmente sobre um tema, que por vezes se cole(c)ciona colada em caderneta própria. **Loc.** Cole(c)cionar [Trocar] ~s «de jogadores de futebol/de animais».

-cromo- elem de formação (<gr *khróma, atos*) Exprime a ideia de cor/Cromato-.

cromófilo, a adj Med (<cromo-+-filo) Elemento citológico ou histológico que manifesta afinidade para os corantes.

cromofobia s f (<cromo-+-fobia) **1** Condição «de alguns tecidos» de não aceitar tingimento. **2** Horror às cores garridas.

cromófobo, a adj Med (<cromo-+-fobo) Elemento citológico ou histológico que não apresenta (ou apresenta em intensidade muito reduzida) afinidade para os corantes.

cromóforo s m (<cromo-+ gr *phorós*: produtor) **1** Quím Grupo de átomos que conferem às moléculas a propriedade de absorverem radiações luminosas. **Ex.** Os ~s são responsáveis pela cor dos compostos em que entram. **2** Zool Nome comum de certos órgãos fosforescentes de alguns animais marinhos.

cromofotografia s f (<cromo-+...) Fotografia que reproduz fielmente as cores do original.

cromolitografia s f (<cromo-+ ...) Litografia a cores.

cromómero [Br cromômero] s m Biol (<cromo-+ gr *meros, eos (ous)*: parte) Cada uma das formações granulares que correspondem a porções de cromatina mais ou menos distintas num cromossoma/o.

cromonema s m Biol (<cromo-+ gr *néma*: fio de teia) Filamento helicoidal intensamente corável que faz parte dum cromossoma/o. **Ex.** Os ~s são ricos em ADN.

cromoproteína s f Bioq (<crom-+...) Proteína conjugada colorida «hemoglobina» dotada de funções respiratórias.

cromosfera s f Astr (<cromo-+ esfera) Camada de transição entre a fotosfera e a coroa solar de pequena espessura (Alguns milhares de quiló[ô]metros) de coloração rosa vivo. **Ex.** A ~ é visível durante os eclipses totais do Sol, quando a Lua oculta a fotosfera.

cromossoma [Br cromossomo] s m Biol (<cromo-+ gr *soma*: corpo) Cada um dos corpúsculos existentes no núcleo da célula, carregados de cromatina, portadores dos genes [gens] transmissores dos fa(c)tores hereditários. **Ex.** O número de ~s é constante nas células de cada indivíduo e em todos os indivíduos da mesma espécie. **Comb.** ~ sexual «X e Y» [que determina o sexo].

cromoterapia s f Med (<cromo-+...) Terapia que se baseia na aplicação de cores.

cromotipia s f (<cromo-+tipo+-ia) **1** Gravura obtida por cromotipografia. **2** ⇒ cromotipografia.

cromotipografia s f (<cromo-+...) Impressão tipográfica a cores.

cronha/cronhada ⇒ coronha/coronhada.

crónica [Br crônica] s f (<lat *chrónica, órum* pl neutro de *chrónicus*: relativo ao tempo; ⇒ cró[ô]nico; cronista) **1** Hist/Lit Narração de acontecimentos pela sua ordem temporal, abrangendo geralmente a vida ou o reinado dum monarca ou duma figura de relevo histórico. **Comb.** ~ *de D. João I (de Portugal),* de Fernão Lopes. ~ *[Chronica] do Condestabre* (D. Nuno Álvares Pereira/S. Nuno de Santa Maria) ⇒ década. **2** Qualquer narrativa real ou imaginária que, com base em critérios cronológicos, visa retratar a realidade histórica ou social. **3** Texto [Emissão radiofó[ô]nica ou televisiva] de cará(c)ter jornalístico concebido de forma livre e pessoal sobre um assunto da a(c)tualidade. **Comb.** ~ *(d)esportiva.* ~ *literária.* **4** pl Maiúsc Título de dois livros da Bíblia que inicialmente formavam um só, também designados por *Paralipómenos.*

cronicão s m (<cró[ô]nica+-ão) **1** Designação dada na Idade Média às primeiras crónicas da vida dum monarca que se distinguiam dos *Anais* (Notícias agrupadas por anos). **2** Livro de cró[ô]nicas medievais muito extenso. **3** Cole(c)ção ou conjunto de cró[ô]nicas medievais.

cronicidade s f (<crónico+-i-+-dade) **1** Qualidade do que se prolonga por muito tempo/do que é cró[ô]nico. **Comb.** A ~ do alcoolismo «em certos meios sociais». **2** Estado do que acontece em períodos determinados/Periodicidade. **Ex.** A chegada das andorinhas respeitou a ~ [periodicidade(+)] habitual.

crónico, a [Br crônico] adj (<gr *khronikós,é,ón*: relativo ao tempo) **1** Que dura há muito tempo/Inveterado. **Comb.** Doença [Mal] ~a/o. **2** Muito frequente/Constante/Permanente. **Comb.** Atrasos ~s [constantes] «na entrada para o emprego».

cronista s 2g (<gr *khrónos*: tempo+-ista) **1** O que tinha o ofício de historiador «de monarcas»/Autor de crónicas. **Ex.** Fernão Lopes foi o primeiro ~ português, por ordem de D. Duarte, em 1434. **2** Jornalista que escreve cró[ô]nicas sobre assuntos da a(c)tualidade «para revistas, jornais, televisão, ...».

cronista-mor s m Hist Cronista principal do reino (de Portugal) que, inicialmente, desempenhava também a função de guarda-mor do arquivo oficial da Torre do Tombo.

-crono- *elem de formação* (<gr *khrónos, ou*: tempo) Exprime a ideia de tempo: *cró[ô]nico, cronista; diacró[ô]nico, sincró[ô]nico.*

cronofotografia *s f Cine* (<crono-+...) Processo de análise do movimento mediante uma série de fotografias tiradas em intervalos iguais que originou a cinematografia.

cronografia *s f* (<crono-+-grafia) Narração duma ocorrência histórica acompanhada da descrição das circunstâncias temporais que permitem situá-la na época em que aconteceu. **Ex.** A *Carta de Achamento do Brasil*, de Pêro Vaz de Caminha, é uma ~ da viagem marítima de Pedro Álvares Cabral, em 1500.

cronógrafo *s m* (<crono-+-grafo) **1** Aparelho que regist(r)a o tempo de duração de determinado fenó[ô]meno ou o momento exa(c)to em que ele ocorre. **2** ⇒ cronista; cronografia **Ex.**

cronograma *s m* (<crono-+-grama) **1** Data apresentada enigmaticamente em numeração romana, cujas letras numerais aparecem inseridas em palavras. **2** Gráfico que regist(r)a a duração e as fases de determinado fenó[ô]meno «terramoto».

cronologia *s f* (<crono-+-logia) **1** Ciência que estuda as datas de fa(c)tos históricos e os ordena sequencialmente, estabelecendo a divisão em períodos. **2** Sucessão temporal dos acontecimentos históricos ou de ocorrências importantes. **Loc.** Fazer a ~ duma revolução. **3** Obra que regist(r)a dados cronológicos gerais ou específicos. **Comb.** ~ *da História de Portugal.* ~ *da Segunda Guerra Mundial.*

cronologicamente *adv* (<cronológico+-mente) Pela ordem sequencial do tempo em que as coisas ocorrem. **Loc.** Descrever ~ a evolução duma universidade.

cronológico, a *adj* (<cronologia+-ico) De acordo com a cronologia/Pela ordem de sucessão no tempo. **Comb.** «listar por» *Ordem ~a. Quadro ~.*

cronologista [cronólogo, a] *s* (<crono-+...) Especialista em cronologia.

cronometragem *s f* (<cronometrar+-agem) A(c)to ou efeito de cronometrar «uma prova de ciclismo contrarrelógio».

cronometrar *v t* (<cronómetro+-ar¹) Medir com exa(c)tidão o tempo dum acontecimento «corrida de 100 metros».

cronometria *s f* (<crono-+-metria) Técnica de medição do tempo.

cronométrico, a *adj* (<cronometria+-ico) Relativo à cronometria. **Comb.** Precisão [Exa(c)tidão] ~a.

cronometrista *s 2g* (<cronómetro+-ista) O que mede com cronó[ô]metro o tempo de determinado acontecimento. **Comb.** ~ duma prova (d)esportiva.

cronómetro [Br cronômetro] *s m* (<crono-+-metro) Aparelho que serve para medir com precisão intervalos de tempo/Relógio de precisão. **Comb.** Relógio com ~ (incorporado).

crononímia *s f* (<crononímo+-ia) Parte da onomástica que estuda os cronó[ô]nimos.

crononímo [Br cronônimo] *s m* (<crono-+-ó[ô]nimo) **1** Nome de eras ou épocas históricas. **2** ⇒ Calendário.

croque¹ *s m Náut* (<fr *croc*) Vara com gancho para atracar barcos.

croque² *s m* (<on) Pancada na cabeça com os nós dos dedos/Carolo/Coque².

croquete (Qué) *s m Cul* (<fr *croquette*) Pequeno cilindro de carne estufada picada e ligada com ovo cru, envolvido em pão ralado e frito.

croqui (Cròquí) *s m 2n* (<fr *croquis*) Esboço. **Comb.** ~ da planta «duma casa».

cross(e) *s m (D)esp* (<ing *cross(-country)*) Corrida em terreno irregular/Corta-mato(+). **Comb.** ~ das Amendoeiras, em janeiro, no Algarve (Portugal).

crosta *s f* (<lat *crusta,ae*) **1** Camada externa mais consistente dum corpo/Crusta. **Ex.** A lama secou e formou uma ~. **Comb.** ~ [Crusta] terrestre [Litosfera]. **2** Superfície endurecida [Casca] que se forma sobre uma ferida/Bostela. **Ex.** Depois de as feridas estarem completamente curadas, as ~s acabam por cair. **3** Casca/Invólucro/Côdea «do pão». **Comb.** ~ «queimada» dum bolo.

crotalídeo, a *adj s m pl Zool* (<crótalo+-ídeo) (Diz-se de) família de répteis ofídios a que pertence a cobra-cascavel.

crótalo *s m* (<gr *krótalon*) **1** *Mús* Antigo instrumento musical semelhante às castanholas. **2** *Zool* Cobra-cascavel/Cobra-de--campainha.

cru, crua *adj* (<lat *crudus,a,um*) **1** Que não sofreu nenhuma modificação/Que se apresenta no estado natural/Bruto. *Pano* ~ [que não foi branqueado]. *Petróleo* ~ [bruto/natural/Crude]. **2** Que não está cozido/Que não foi cozinhado. **Ex.** A carne (ainda) está ~a; precisa de estar mais tempo a cozer [assar]. Ela gosta de comer maçãs [de roer castanhas] ~as. **Ant.** Cozido; cozinhado. **3** *fig* Que não tem maturidade/Que está *idi* verde/Inexperiente. **Ex.** Ele ainda não está em condições de fazer exame «de condução»; ainda está muito ~ [ainda é muito novo]. **Ant.** Experiente; feito; maduro. **4** *fig* Que se exprime sem rodeios/Dire(c)to/Rude. **Ex.** Deu-lhe uma resposta ~a. **Idi.** *Verdade nua e* ~*a* [difícil de aceitar e dita sem rodeios/A pura verdade]. **5** *fig* Cruel(+)/Violento. **Comb.** Ser ~ «com os filhos» [Não ter coração].

cruamente *adv* (<cru+-mente) **1** Com todo o realismo/Sem rodeios. **Ex.** Disse-lhe ~ que ia ser despedido. **2** Cruelmente(+)/Desumanamente. **Loc.** Castigar ~.

cruci- *elem de formação* (<lat *crux,crucis*: cruz) Exprime a ideia de cruz.

cruciação *s f* (<cruciar+-ção) A(c)to ou efeito de cruciar.

crucial *adj 2g* (<lat *cruciális,e*) **1** Que tem a forma de cruz. **Comb.** Eixos ~ais. **2** *fig* Importante/Essencial/Fundamental. **Comb.** *Decisão* ~. *Questão* ~ «equilibrar as contas públicas».

cruciante *adj 2g* (<lat *crúcians,ántis*: que padece na cruz) **1** Que faz sofrer/Que tortura/Lancinante(+). **Comb.** Dores ~s. **2** Angustiante(+)/Aflitivo. **Comb.** Horas ~s «à espera duma notícia muito má».

cruciar *v t* (<lat *crúcio,áre,átum*) **1** ⇒ Crucificar(+). **2** Causar grande aflição/sofrimento/Torturar(+)/Mortificar(+).

cruciferário, a *s* (<cruz+-fero+-ário) O que leva a cruz, à frente, nas procissões.

crucífero, a *adj/s f pl Bot* (<cruci-+-fero) (Diz-se de) família de plantas dicotiledó[ô]neas com flores com corola cruciforme «couve/goivo».

crucificação *s f* (<crucificar+-ção) **1** A(c)to ou efeito de crucificar/Crucifixão(+). **Comb.** Condenado à morte por ~. **2** Suplício de Jesus Cristo na cruz. **Ex.** A ~ (de Jesus Cristo) deu-se por volta do meio-dia duma sexta-feira, numa elevação chamada Gólgota/Calvário. **3** *fig* Grande sofrimento/Martírio(+)/Mortificação. **Ex.** Sofreu uma longa ~ com a doença da esposa. **4** *fig* Condenação [Destruição] de alguém pela crítica severa e injusta. **Comb.** ~ dum artista [político].

crucificado, a *adj/s* (<crucificar+-ado) **1** (O) que sofreu o suplício da crucificação. **2** *s m Rel Maiúsc* Jesus Cristo. **Ex.** Só O C~ nos pode valer.

crucificador, ora *adj/s* (<crucificar+-dor) **1** (O) que crucifica. **Ex.** Os ~es de Jesus Cristo foram soldados romanos. **2** *fig* Atormentador/Martirizador.

crucificar *v t* (<lat *crucifígo, fíxi,gere,fíxum*) **1** Pregar na [Submeter ao suplício da] cruz. **Ex.** Juntamente com Jesus Cristo, crucificaram [foram crucificados] também dois ladrões. **2** *fig* Atormentar/Martirizar. **Ex.** Os vícios do marido crucificaram-na (durante) a vida inteira. **3** *fig* Dominar/Vencer as más inclinações. **Loc.** ~ *as paixões.* ~ *os vícios.* **4** *fig* Criticar duramente/Destruir a reputação com a crítica. **Ex.** Após «três» derrotas consecutivas, os adeptos e a crítica crucificaram o treinador.

crucifixão *s f* (<lat *crucifíxio,ónis*) ⇒ crucificação.

crucifixo *s m* (<lat *crucifíxus,a,um*) Imagem de Jesus Cristo crucificado. **Ex.** Em cima da mesa de trabalho tinha sempre um ~. ⇒ cruz.

cruciforme *adj 2g* (<cruci-+-forme) Em forma de cruz. **Comb.** *Anat* Ligamento ~. *Bot* Corola ~ «da couve/do goivo».

crucirrostro, a *adj/s m pl Ornit* (<cruci-+-rosto) (Diz-se de) grupo de aves «cruza--bico» com bico muito forte, cujas mandíbulas se cruzam em vez de se ajustarem.

crude *s m* (<ing *crude (oil)* <lat *crúdus,a,um*: cru) Petróleo bruto.

crudelíssimo, a *adj* (<lat *crudelíssimus,a, um*) Superlativo absoluto simples/sintético de cruel.

crueira *s f* (<tupi *kuru'era*) Resíduos do fabrico de farinha de mandioca.

cruel *adj 2g* (<lat *crudélis,e*) **1** Que gosta de fazer sofrer/Que se compraz com o sofrimento alheio/Desumano/Bárbaro. **Comb.** *Gente* ~. *Soldados* ~*éis.* **2** Que não tem piedade/Severo/Duro/Insensível/Implacável. **Comb.** Pai ~ «que castiga com brutalidade os filhos». **3** Que revela crueldade/dureza/inflexibilidade. **Comb.** Palavras [Sentimentos] ~éis. **4** Que provoca grande sofrimento físico ou moral/Atroz/Pungente. **Comb.** *Dor* ~. *Guerra* ~. *Morte* ~. *Sorte* ~.

crueldade *s f* (<lat *crudélitas,átis*) **1** Qualidade do que deliberadamente faz sofrer/Barbaridade/Desumanidade. **Loc.** Agir com ~. **Comb.** A ~ duma tortura. **2** A(c)to [Atitude/Gesto/Palavra] desumano/a/implacável. **Ex.** Quando «o marido/pai» chegava a casa alcoolizado, toda a família sofria com a sua ~ [a ~ dele]. **3** Rigor excessivo/Severidade/Inclemência. **Comb.** ~ dum patrão «que obriga os empregados a esforços desumanos».

cruentação *s f* (<lat *cruentátio,ónis*) **1** A(c)to ou efeito de cruentar(-se). **2** Derramamento de sangue das feridas dum morto em combate.

cruentar *v t* (<lat *cruénto,áre,átum*) Derramar [Banhar em] sangue/Ensanguentar.

cruento, a *adj* (<lat *cruéntus,a,um <crúor, óris*: sangue que corre duma ferida) **1** Em que há sangue derramado/Ensanguentado. **Comb.** Batalha [Luta] ~a/sangrenta. **2** ⇒ Que tem prazer em derramar sangue/Sanguinário(+)/Cruel. **3** Que fere/dilacera/Pungente(+). **Comb.** Dor ~a/dilacerante(+).

crueza *s f* (<cru+-eza) **1** Qualidade ou estado do que está cru/que não foi cozido ou cozinhado. **Comb.** ~ duma carne que não cozeu [assou] o suficiente. **2** Indisposição de estômago provocada por digestão difícil. **Loc.** Sentir uma ~ no estômago.

3 Crueldade/Dureza/Insensibilidade. **Comb.** ~ dum carrasco. **4** Qualidade do que é brutal/chocante. **Ex.** Tratou o adversário «político» com palavras duma ~ chocante.

cruor s m (<lat *crúor,óris*; ⇒ cruento) **1** Sangue que corre. **2** *Med* Coágulo que se forma a partir do sangue dum ferimento.

crupe s m *Med* (<ing *croup*) Angina diftérica/Garrotilho.

crupiê s m (<fr *croupier*) Pessoa que (num casino) dirige uma mesa de jogo.

crural adj 2g (<lat *crurális,e*) Relativo ou pertencente à coxa/Femoral. **Comb.** Aponevrose ~. Nervo ~.

crusta s f (<lat *crusta,ae*) Camada externa de um corpo. ⇒ crosta.

crustáceo, a adj/s m pl *Zool* (<crusta+-áceo) (Diz-se de) classe de artrópodes com uma camada exterior endurecida e respiração branquial a que pertence a lagosta, o lagostim, o caranguejo, etc.

cruz s f (<lat *crux,crúcis*) **1** Figura «sinal gráfico/obje(c)to/monumento» composta por duas hastes que se interse(c)tam, geralmente formando ângulos re(c)tos. **Idi. Assinar de ~ a)** Pôr uma ~ no lugar da assinatura (por não saber assinar); **b)** Assinar sem ler. *Fazer ~es na boca* [Ficar sem comer]. **Comb.** Miner ~ axial [Conjunto dos eixos cristalográficos]. ~ *de Santo André* [em forma de X]. ~ *grega* [de quatro braços iguais]. ~ *gamada* [suástica 卍] [que tem dois braços iguais dobrados ao meio em ângulo re(c)to como a letra grega *gama*]. *~es (canhoto)!* [Expressão usada para esconjurar alguém ou alguma coisa]. *Ponto de* ~ [Bordado à mão em que os desenhos são feitos com pontos cruzados]. **2** Instrumento de suplício formado por duas hastes de madeira atravessadas uma sobre a outra ao qual eram presos ou pregados os condenados. **Loc.** Um condenado «escravo» morrer pregado na ~†. **3** *Rel* O madeiro onde Jesus Cristo foi pregado/crucificado. **Comb.** Descida (de Jesus) da ~. **4** *Rel Maiúsc* Símbolo do Cristianismo por ter sido esse o instrumento do suplício e morte de Jesus Cristo. **5** *Rel* Obje(c)to [Imagem] que representa Jesus Cristo crucificado/Crucifixo(+). **Ex.** Muitos cristãos têm em suas casas e trazem consigo a imagem de Jesus pregado na ~. **Loc.** *Abraçar a ~/Carregar a (sua) ~/Levar a ~ ao calvário* [Aceitar sem revolta as contrariedades da vida]. *Ajudar a levar a ~* [Ajudar [Confortar] alguém que se encontra em dificuldade]. **Comb.** ~ *do altar* [Crucifixo colocado junto do [sobre o] altar, em lugar bem visível, para a celebração da missa. ~ *peitoral* [que os bispos usam ao peito]. ~ *processional* [que é levada à frente duma procissão ou noutros a(c)tos religiosos]. *Sinal da ~* [Persignação/Sinal que identifica os cristãos e consiste no gesto de traçar três ~es sobre a fronte, a boca e o peito, significando a união com Cristo]. ⇒ bênção; benzer(-se). **6** Sinal identificador de algumas ordens militares religiosas e instituições de benemerência. **Comb.** ~ *de Avis*. ~ *de Malta*. ~ *Vermelha*.

cruza-bico s m *Ornit* (<cruzar+bico) Pássaro da família dos fringilídeos que tem as mandíbulas cruzadas, também conhecido por bico-cruzado, trinca-nozes e trinca-pinhas. ⇒ crucirrostro.

cruzada s f (<cruz+-ada) **1** *Hist* Expedição empreendida pelos cristãos, na Idade Média, para libertar os lugares santos (Jerusalém) do poder islâmico. **Ex.** O nome de ~ deriva da cruz de pano que os expedicionários usavam sobre o peito. A primeira grande ~ foi lançada pelo Papa Urbano II em 1095. **2** *fig* Campanha organizada para propagação de uma ideia ou defesa dum interesse. **Comb.** ~ pela defesa da vida [pela paz]. **3** *fig* ⇒ Passagem/Travessia.

cruzado, a adj/s m (<cruzar+-ado) **1** Colocado em cruz. **Idi.** *Ficar de braços ~s* [Não fazer nada]. **Comb.** *Linhas* (telefó[ô]-nicas) *~as* [em que há interferência de conversas estranhas]. *Palavras ~as* [Passatempo que consiste em descobrir palavras colocadas horizontal e verticalmente com letras comuns no cruzamento]. ⇒ cruzar 3/4. **2** *Biol/Bot* Diz-se de fecundação animal e de polinização que se efe(c)tua duma flor para outra (Em oposição à polinização dire(c)ta). ⇒ cruzar **6**. **3** s m *Hist* Expedicionário [Soldado] que fazia parte das cruzadas. **Ex.** D. Afonso Henriques, primeiro rei de Portugal, foi ajudado pelos ~s na conquista de Lisboa aos mouros, em 1147. **4** s m Antiga moeda portuguesa que valia 400 réis, e, mais tarde, 40 centavos. **5** s m Antiga unidade monetária do Brasil, criada em 1986, à data equivalente a 1000 cruzeiros, tendo circulado até 1989. ⇒ real.

cruzador, ora adj/s m (<cruzar+-dor) **1** (O) que cruza/atravessa «formando cruz». **2** s m *Náut* Navio de guerra fortemente armado, de tonelagem inferior à dum couraçado.

cruzamento s m (<cruzar+-mento) **1** A(c)to ou efeito de cruzar/de pôr duas coisas em forma de cruz. **Ex.** O ~ dos braços é sinal de desistência ou indiferença. **2** Interse(c)ção de duas linhas, vias, fluxos/Encruzilhada. **Ex.** O acidente deu-se no ~ de duas ruas. **3** Ocasião em que duas coisas se cruzam/passam uma pela outra/Encontro. **Comb.** ~ de dois automóveis. **4** *Biol* União sexual entre pessoas, linhagens, famílias ou raças diferentes/Miscigenação/Mestiçagem. **Comb.** ~ de brancos com negros. **5** União biológica de animais diferentes ou de outra espécie. **Comb.** ~ de égua com burro [de cavalo com burra]. **6** Jogada de futebol em que um jogador chuta a bola da zona lateral do campo para a área adversária para que outro a possa rematar à baliza.

cruzar v t (<cruz+-ar[1]) **1** Dispor em forma de cruz. **Loc.** ~ *as alças* «da saia/das calças». ~ *a faca e o garfo*. ~ *os braços* [Ficar ocioso/indiferente]. ~ *um cheque* [Apor dois traços oblíquos no canto superior esquerdo para que obrigatoriamente tenha que ser depositado em conta bancária para ser cobrado]. **2** Percorrer em diversos sentidos/Atravessar. **Ex.** Cruzou a cidade em todas as dire(c)ções «à procura dum amigo». Os descobridores portugueses (séc. XV-XVII) cruzaram mares totalmente desconhecidos. **3** Interse(c)tar/Cortar. **Ex.** A estrada cruza a via-férrea [ferrovia] à saída duma curva. **4** Passar por alguém [um veículo por outro] que se desloca em sentido oposto/Encontrar-se. **Ex.** Os dois automóveis cruzaram-se em cima da ponte. Cruzei-me com ele junto à farmácia. **Comb.** Fogo ~ [com disparos dos dois lados]. **5** Olharem-se duas pessoas por breves instantes. **Loc.** ~ o olhar. **6** Fazer o acasalamento de raças diferentes. **Ex.** Cruzou um cão *pastor alemão* com uma cadela *serra da estrela*.

cruzeiro s m (<cruz+-eiro) **1** Cruz grande, geralmente de pedra, colocada em adros de igrejas, caminhos, praças, etc., como símbolo da fé cristã. **2** Parte da igreja entre a capela-mor e a nave principal. **3** Viagem de recreio em navio ou iate. **Loc.** Fazer um ~ pelo Mediterrâneo. **4** Zona do mar policiada por um cruzador. **5** Antiga unidade monetária do Brasil. ⇒ real.

Cruzeiro do Sul s m *Astr* Pequena constelação que se vê do hemisfério sul, na Via Láctea, que tem quatro estrelas principais dispostas em cruz.

cruzeta s f (<cruz+-eta) **1** Pequena cruz/Cruzinha(+). **2** Cabide móvel para pendurar roupa nos guarda-fatos. **Ex.** Passava as camisas a ferro e pendurava-as numa ~. **3** Nome de várias peças ou figuras em forma de cruz.

crúzio, a adj/s m pl *Hist* (<cruz+-io) Nome dado em Portugal aos Cónegos Regrantes de S(anto) Agostinho (Agostinhos). **Ex.** O principal mosteiro dos ~s em Portugal, foi o de Santa Cruz, em Coimbra.

Cruz Vermelha s f Associação humanitária internacional criada para socorrer feridos de guerra e vítimas de calamidades que tem por insígnia uma cruz vermelha sobre fundo branco.

csi s m Nome da décima quarta letra do alfabeto grego que tem por símbolo ξ, Ξ. **Ex.** O ~ corresponde ao *x* ou *cs* no alfabeto latino-português.

ctenóforo, a adj/s m pl *Zool* (<gr *kteis, ktenós*: pente+ *phorós*: portador) (Diz-se de) grupo de animais que têm sido considerados uma classe de celenterados, desprovidos de células urticantes.

cu s m *cal* (<lat *culus,i*) **1** Extremidade do intestino grosso/Ânus. **Idi.** *Andar de ~ tremido* [de automóvel ou de outro transporte motorizado]. *Cair de ~* **a)** De forma a ficar sentado no chão; **b)** Ficar muito admirado/Ser colhido de surpresa. *Ficar* [Morar] *no ~ de judas* [muito longe]. *Meter* (alguma coisa) *no ~* (de alguém) [Revelar segredos para meter intrigas]. **2** ⇒ Nádegas/Rabo(+)/Traseiro/Bunda(+). **3** *fig* Fundo(+)/Buraco(+) da agulha de coser onde se situa o buraco por onde passa a linha.

cuada s f (<cu[1]+-ada) **1** *pop* Pancada no chão com o cu. **2** Parte das [Remendo nas] calças que cobre as nádegas.

cuanza s m (<*top* Cuanza) Unidade monetária de Angola/Kwanza.

cuba[1] s f (<lat *cupa, ae*) **1** Vasilha grande de aduelas para guardar vinho ou para nela se pisarem uvas/Balseiro/Dorna/Tonel. **2** Grande recipiente industrial feito de materiais diversos «cimento/inox» para armazenar líquidos «vinho». **3** Reservatório de mercúrio de determinados tipos de termó[ô]metros. **4** Recipiente de vidro usado em análises laboratoriais.

Cuba[2] País da América Central, situado à entrada do Golfo do México. **Ex.** A maior das ilhas das Antilhas é ~, que tem como capital Havana; os habitantes de ~ são os cubanos e falam espanhol.

cuba[3] s m *Br* (< ?) **1** Homem influente. **2** Feiticeiro.

cubagem s f (<cuba[1]+-agem) **1** A(c)to de cubar/avaliar a capacidade volumétrica/Cubicagem(+). **Loc.** Fazer a ~ «dum tonel». **2** Capacidade. **Ex.** A Cooperativa tem depósitos «para azeite» com uma ~ superior a 100 000 litros.

cubar v t (<cuba[1]+-ar[1]) **1** Fazer a cubagem/Cubicar(+). **2** Elevar ao cubo(+) [Multiplicar três vezes um número por si mesmo «2x2x2»].

cubata s f (<quimbundo *kubata*) **1** Habitação feita de canas, paus, ramos de árvores, coberta de capim, onde vivem famílias africanas/Choupana/Cabana. **Loc.** Viver em ~s. **2** *Br* Sanzala.

cubatura s f *Mat* (<cubar+-tura) Determinação de um cubo de volume igual a um

sólido qualquer dado. **Ex.** A ~ duma esfera é impossível.

cubeba s f Bot (<ár *kubabâ*) **1** Fruto (Baga) da cubebeira. **Ex.** A ~ tem aplicações medicinais. **2** Cubebeira.

cubebeira s f Bot (<cubeba+-eira) Arbusto trepador, *Piper cubeba*, originário das ilhas de Sonda, cujo fruto, a cubeba, tem propriedades medicinais. **Ex.** A ~ é mencionada nos escritos do médico naturalista português Garcia de Orta (1499?-1568).

cubelo s m (<cubo+-elo) Torreão em forma de cubo das antigas fortalezas.

cubicagem s f (<cubicar+-agem) A(c)to de cubicar/Cubagem. **Comb.** ~ duma pipa.

cubicar v t (<cúbico+-ar¹) Calcular o volume/Cubar. **Loc.** ~ um depósito «cilíndrico/oval».

cúbico, a adj (<lat *cúbicus,a,um*) **1** Referente ao cubo. **Comb.** Sistema ~ [cristalográfico cuja cruz axial é formada por três eixos iguais e perpendiculares entre si]. **2** Que tem a forma de cubo. **Comb.** *Caixa ~a. Formato ~.* **3** Relativo ao cubo enquanto medida de volume ou de capacidade. **Comb.** Metro [Decímetro/Centímetro] ~. **4** *Mat* Que diz respeito à terceira potência duma quantidade/dum número «5^3». **Comb.** Raiz ~a.

cubicular adj 2g (<cubículo+-ar²) Do tamanho [Com a forma] dum cubículo. **Comb.** Compartimento [Divisão] ~.

cubículo s m (<lat *cubículum,i*) **1** Compartimento acanhado/de pequenas dimensões «do telefone público». **Loc.** Viver num ~. **2** Cela dum convento.

cubiforme adj 2g (<cubo+-forme) ⇒ cuboide.

cubismo s m Arte (<cubo+-ismo) Movimento artístico iniciado em 1907 por Picasso e Braque, cara(c)terizado pela acentuada geometrização das formas. **Ex.** O nascimento oficial do ~ é marcado pela pintura de Picasso *Les Demoiselles d'Avignon* (1907).

cubista adj/s 2g (<cubo+-ista) **1** Referente ao cubismo. **Comb.** Arte [Pintura] ~. **2** Adepto do cubismo.

cubital adj 2g Anat (<cúbito+-al) Referente ao cúbito. **Comb.** Músculo [Nervo/Artéria/Veia] ~.

cúbito s m Anat (<lat *cúbitum,i*) Osso interno do antebraço. **Ex.** O ~ articula com o úmero na parte superior e com o rádio na inferior.

cubo s m (<lat *cúbus,i*) **1** *Geom* Sólido limitado por seis faces quadradas todas iguais/Hexaedro regular. **2** O que tem essa forma. **Ex.** O dado (de jogar) é um ~. **3** *Mat* Terceira potência duma quantidade/dum número/Produto de um número pelo seu quadrado. **Ex.** O ~ de 2 é 8: (2^3). O ~ de 3 é 27: ($3x3^2$). **4** Peça em que encaixa a extremidade do eixo dos carros. **5** Unidade de medida de madeira, para areia e cascalho, com um metro cúbico de capacidade.

cuboide (Bói) adj 2g/s m (<cubo+-oide) **1** Que tem a forma dum cubo. **2** *Anat* Osso do tarso que articula com o calcâneo.

cuca¹ s f (< ?) **1** Pedra basáltica com que se calçam as cantarias. **2** *Br* Fantasma com que se mete medo às crianças/Papão. **3** *Br* Mulher velha e feia. **4** *Gír* Cabeça. **Sin.** Tola; cachimó[ô]nia; coco.

cuca² s 2g Moç (<ing *cook*) Cozinheiro/a.

cucar¹ v t ⇒ cocar [estar à coca(+)].

cucar² v int/s m (<cuco+-ar¹) Cantar [O canto] do cuco/Cucular.

cucharra s f (<esp *cuchara*) Colher grande (+)/Colher tosca feita de madeira ou de chifre.

cuchê adj m (<fr *couché*) Diz-se de um tipo de papel revestido com uma camada fina de substâncias minerais, próprio para impressões delicadas. **Comb.** Gravura [Revista] impressa em papel ~.

cuco s m (<lat *cúculus,i*) **1** *Ornit* Nome vulgar de aves trepadoras da família dos cuculídeos frequente em Portugal na Primavera. **Ex.** O ~ deposita os ovos nos ninhos de outras aves para que estas os choquem. **Idi. Armar aos ~s** [Tomar atitudes exibicionistas para impressionar os outros]. **2** Relógio de parede que, quando dá horas, imita o cantar destas aves.

cuculídeo, a adj/s m pl Ornit (<lat *cúculus+-ídeo*) (Diz-se de) família de aves trepadoras inse(c)tívoras a que pertence o cuco.

cuculo s m (<lat *cucúllus,i*) **1** Capuz. **2** pop Cogulo(+).

cucurbitáceo, a adj/s pl Bot (<lat *cucúrbita*: abóbora, cabaça+-áceo) (Diz-se de) família de plantas dicotiledó[ô]neas herbáceas, a que pertence a abóbora, a melancia e o melão.

cucuric[t]ar v int (<on) (O galo) cantar. ⇒ cocorocó.

cuecas s f pl (<cu+-eca) Peça de vestuário interior, espécie de calção curto, com ou sem pernas, que cobre a parte inferior do tronco desde as ancas até às virilhas ou às coxas.

cueiro s m (<cu+-eiro) Faixa ou pano com que se envolvem as pernas e as nádegas dos bebé[ê]s. **Idi. Deixar os ~s** [Deixar de ser criança/Fazer-se homem]. ⇒ fralda.

cuí s m (<tupi *ku'i*) **1** Escória pulverulenta do tabaco. **2** Farinha mito fina. **3** *Br* Ouriço-cacheiro(o+)/Cuim(+).

cuia s f (<tupi *'kuia*) **1** *Bot* Fruto de uma planta de cuja casca, depois de seca, se fazem vários obje(c)tos. ⇒ cuieira. **2** Tufo de cabelos postiços. **3** Concha ou prato de balança. **4** gír br ⇒ cabeça.

cuíca s f Br (<on) **1** *Zool* Pequeno mamífero marsupial do Brasil. **2** *Mús* Instrumento constituído por uma pele bem esticada na boca dum barril que produz um som rouco quando se passa a mão por uma vara situada ao centro/Ronca.

cuidado, a s m/adj (<cuidar+-ado) **1** Cautela/Precaução/Atenção. **Ex.** ~ com o cão; ele morde! [~ que o cão morde!] Vai sempre pelo passeio, ~ com os carros! **Idi. Dar-se ao ~ de** [Ter a preocupação de] «limpar bem o pó». **Estar em ~s** [Inquietar-se/Preocupar-se]. **Tirar-se de ~s a)** Tomar uma resolução; **b)** Pôr de lado [Esquecer] uma preocupação/um assunto. ⇒ **5.** **2** Preocupação em fazer bem/Particular atenção/Zelo/Desvelo. **Ex.** Ele guia [conduz] com muito ~. Olha, com que ~ ele pega na menina! **3** Encargo/Responsabilidade. **Ex.** Na ausência dos pais, os avós tomaram a criança a seu ~ [ao ~/à responsabilidade deles]. **Comb.** «endereço de carta» Ao ~ de [À atenção/responsabilidade de; a/c] «José Martins». **4** pl Tratamento de assistência prestada a alguém «doentes/feridos» para lhe dar conforto. **Comb. ~s de saúde. ~s intensivos** [Unidade hospitalar para assistência a doentes em estado crítico]. **5** ~! [Exclamação de advertência/Atenção!/Cautela!]. **Ex.** ~! O piso está escorregadio, pode(s) cair. ~! Estás a magoar-me! **6** adj Bem arranjado/trabalhado. **Comb. Cabelos ~s. Jardim ~.** **7** Pensado/Meditado/Refle(c)tido. **Ex.** O presidente fez um discurso ~; todas as afirmações foram devidamente pesadas [ponderadas]. **8** Que revela interesse/zelo/esmero. **Ex.** Enfermeira que tem uma atenção ~a com todos os doentes.

cuidador, ora adj/s (<cuidar+-dor) (O) que cuida/Tratador/Encarregado. **Comb.** Enfermeiro ~ de doentes acamados. **2** (O) que é zeloso/diligente/cuidadoso(+). **Comb.** ~ dos seus deveres. ⇒ curador(+).

cuidadoso, a (Ôsos, Ósa, Ósos) adj (<cuidado+-oso) **1** Que procede com cuidado. **Ex.** É uma criança ~a; não costuma estragar nada. **2** Desvelado/Solícito. **Ex.** Ela é muito ~a com a mãe doente. **3** Diligente/Aplicado/Responsável. **Comb.** Aluno ~ com os deveres escolares. **4** Ponderado/Prudente. **Ex.** Político ~ com as afirmações e promessas que faz.

cuidar v t/int (<lat *cógito,áre,átum*) **1** Prestar atenção/Pensar/Refle(c)tir. **Ex.** Não se precipite: cuide bem no que vai dizer. **2** Tratar/Ocupar-se/Zelar. **Ex. ~ da casa. ~ da saúde. ~ dos filhos. ~ dos negócios. 3** Fazer sem demora/Curar/Tratar. **Ex.** Quando o aluno começou a faltar às aulas, cuidei [tratei] logo de avisar [, avisei logo] os pais. **4** Tomar precauções/Precaver-se. **Ex.** Vês a miséria dos toxicodependentes? Cuida de ti, não vá acontecer-te o mesmo. **5** Julgar/Pensar/Imaginar. **Ex.** Não te disse que os filhos vinham cá jantar hoje porque cuidei [pensei/julguei/imaginei] que já sabias. Quando soube do acidente, cuidei [imaginei] o pior.

cuieira s f Bot (<cuia+-eira) Árvore frondosa da família das begoniáceas, *Crescentia cujete*, também chamada cuité[ê], originária da América, que produz a cuia.

cuim s m Zool ⇒ cuí **3**.

cuinchar v int (<on) Grunhir; o porco fazer cuim-cuim-cuim.

cujo, a pron relativo (<lat *cujus,a,um*) De que/quem/Do/a qual/Dos/as quais. **Ex.** Que se pode esperar de crianças ~os pais as [a quem os pais] deixaram ao abandono? Terrenos cujo valor [O valor dos terrenos que] tem aumentado constantemente.

culatra s f (<it *culatta*; ⇒ cu) **1** Parte posterior móvel de carregamento das armas de fogo, destinada a introduzir a munição na câmara. **Loc.** Puxar a ~ atrás (após o tiro, para extrair o invólucro). **Idi. Sair-lhe o tiro pela ~** [Acontecer tudo ao contrário do que esperava/Obter resultado inverso do pretendido] (**Ex.** Fomos os dois assaltar o Banco mas saiu-nos o tiro pela ~ «fomos presos»). **2** Tampa da parte superior dum cilindro do motor de explosão.

culinária s f (<culinário) **1** Arte de cozinhar/de preparar alimentos saborosos e agradáveis à vista. **Comb.** Livro (de receitas) de ~. **2** Conjunto de pratos cara(c)terísticos de determinada região ou país. **Comb.** ~ [Cozinha(+)] portuguesa [alentejana/minhota].

culinário, a adj (<lat *culinárius,a,um*) Relativo à cozinha ou à culinária. **Comb. Arte ~a.** «azeite/farinha/ovos» **Ingrediente ~.** «panela/frigideira» **Utensílio ~.**

culminação s f (<culminar+-ção) **1** *Astr* Ponto da esfera celeste em que um astro atinge a altura máxima relativamente ao horizonte/Apogeu/Zé[ê]nite. **2** Ponto de maior exaltação/Culminância/Auge.

culminância s f (<culminar+-ância) Ponto mais elevado/Auge «do poder/da carreira»/Culminação.

culminante adj 2g (<culminar+-ante) Que atingiu o máximo grau. **Comb. Momento ~** [Clímax] «da emoção». **Ponto ~** [Clímax] «da carreira/do drama».

culminar v int (<lat *culmíno,áre,átum*) **1** *Astr* Um astro passar no meridiano/atingir a altura máxima. **Ex.** Os astros podem ~ acima ou abaixo do horizonte do observador. **2** Estar na maior altura. **Ex.** Os Al-

pes culminam no Monte Branco. **3** Atingir o auge/o ponto culminante. **Ex.** A festa culminou com o espe(c)táculo do fogo de artifício.

-culo, a *suf* (<lat *–ulus,a,um*) Usa-se para formar diminutivos, por vezes com sentido pejorativo. ⇒ montículo; partícula; homúnculo.

culpa *s f* (<lat *culpa,ae*) **1** Transgressão voluntária ou involuntária duma obrigação/Falta/Delito. **Ex.** Reprovei no exame por minha ~ «porque não estudei». **2** *Rel* Consequência da transgressão duma lei moral/Pecado. **Loc.** Reconhecer (publicamente) as suas ~s. **Comb.** Sentimento de ~. **3** Autoria/Responsabilidade. **Ex.** Roubaram-me o computador que me emprestaste, mas a ~ não foi minha [mas não tive culpa] «tinha-o bem guardado». **Loc.** Ter ~ de [Ser responsável por]. **Idi.** *Ter ~s no cartório* [Estar implicado em a(c)to ilícito/indigno] (Ex. Se ele desapareceu [fugiu] «quando começaram a investigar o assalto» é porque tinha ~s no cartório). **4** Motivo/Causa. **Ex.** Chegámos atrasados por ~ do [atrasados devido ao] tempo «chovia *idi* a cântaros».

culpabilidade *s f* (<culpável+-i-+-dade) Qualidade do que é culpável. **Ex.** Não foi provada a ~ do arguido.

culpabilização *s f* (<culpabilizar+-ção) **1** A(c)to ou efeito de culpabilizar(-se). **2** Incriminação/Acusação.

culpabilizar *v t* (<culpável+-izar) Atribuir a culpa/Incriminar/Acusar. **Ex.** Fez o mal e tentou ~ os colegas. O treinador culpabilizou-se pelo mau resultado da equipa/e.

culpado, a *adj/s* (<culpar+-ado) **1** (O) que tem culpa/cometeu algum delito/Acusado/Criminoso. **Ex.** A polícia já deteve [prendeu] os ~s do assalto ao banco. Foi posto em liberdade por não ter sido considerado ~. **2** (O) que é causador/responsável. **Ex.** O trânsito congestionado [engarrafado(+)] foi o ~ de (eu) ter chegado atrasado ao emprego.

culpar *v t* (<lat *cúlpo,áre,átum*) **1** Atribuir culpa/Acusar. **Ex.** Culparam um inocente. **2** Atribuir responsabilidade/Responsabilizar. **Ex.** Não se pode ~ ninguém por a jarra ter tombado com o vento e se ter partido. **3** Incriminar/Inculpar. **Ex.** Os investigadores culparam-no de vários crimes.

culpável *adj 2g* (<culpar+-vel) «atitude» Repreensível; censurável. **Ant.** Inocente.

culposo, a (Òso, Ósa, Ósos) *adj* (<culpa+-oso) Em que há [Cheio de] culpa(s)/Culpado. **Comb.** A(c)ção [Comportamento] ~a/o.

culteranismo [cultismo(+)] *s m Liter* (<culto) Tendência literária do séc. XVII que valoriza excessivamente a palavra e que utiliza um estilo afe(c)tado e conceituoso. **Ex.** O ~ praticado por Gôngora (1561-1627) está em contraposição com o conceitismo de F. de Quevedo (1580-1645). ⇒ gongorismo.

cultista [culteranista] *adj/s 2g* (<culto [culterano]+-ista) **1** (O) que pratica o cultismo. **2** Relativo ao cultismo. **Comb.** Poesia ~.

cultivação *s f* (< cultivar+-ção) ⇒ Cultivo(+).

cultivado, a *adj* (<cultivar+-ado) **1** Amanhado/Trabalhado. **Comb.** Terra ~a. **Ant.** Inculto. **2** Obtido por meio de cultura. **Comb.** Espécies (vegetais) ~as. **Ant.** Espontâneo; silvestre; selvagem. **3** Que tem cultura intelectual/Culto(+)/Sabedor. **Comb.** Pessoa inteligente e ~a [culta(+)]. **Ant.** Ignorante; iletrado. **4** Que foi obtido [desenvolvido] com estudo/esforço/treino.

Comb. Aptidão [Gosto] musical ~a/o. **Ant.** Inato; natural.

cultivador, a *s* (<cultivar+-dor) **1** O que cultiva/Cultor(+). **Comb.** ~ do folclore «regional». **2** Agricultor(+). **Comb.** ~ de hortícolas. **3** Utensílio agrícola para desterroar e nivelar.

cultivar *v t* (<lat *cólo,ere,cólui,cúltum*+-ivar) **1** Preparar a terra para que ela produza/Amanhar. **Ex.** Não possui terras mas cultiva as dos vizinhos. **2** Fazer a cultura de determinada espécie vegetal. **Loc.** ~ cereais [morangos/flores]. **3** *fig* Formar através da educação/Educar/Instruir. **Loc.** ~ o gosto «pelo teatro/pela música». **4** *fig* Cuidar do relacionamento amistoso com alguém/Procurar fazer amizades. **Loc.** ~ a paz [harmonia].

cultivável *adj 2g* (<cultivar+-vel) Que se pode cultivar. **Comb.** Terra [Área/Terreno] ~/arável(+).

cultivo *s m* (<cultivar) **1** Cultura. **Comb.** ~ [Cultura] *da cana-de-açúcar*. *~ da terra* [dos campos]. *~ de produtos hortícolas* «biológicos». **2** Fomento; instrução; exercício. **Comb.** *O ~ das artes*. *O ~ do espírito.*

culto, a *adj/s m* (<lat *cultus,a,um*) **1** Que é instruído/tem cultura/Conhecedor/Sabedor. **Comb.** Pessoa «engenheiro/economista/escriturário» ~a. **2** Que teve formação intelectual elevada/Erudito/Ilustrado. **Ant.** Ignorante; inculto. **3** Civilizado/Desenvolvido. **Comb.** Sociedade [Povo] ~a/o. **4** *s m Rel* Conjunto de a(c)tos que exprimem homenagem, veneração e reconhecimento da superioridade e transcendência de Deus. **Comb.** *~ de dulia* [dirigido aos santos, enquanto amigos e inseparavelmente unidos a Deus]. *~ de latria* [de adoração, reservado a Deus]. **5** Qualquer religião ou credo. **Ex.** Convocadas por João Paulo II reuniram-se em Assis personalidades de diferentes ~s [religiões] para rezar pela paz. **6** Grande afeição por alguma coisa/por alguém/Veneração/Admiração. **Comb.** *~ da perfeição* [O querer fazer tudo sempre bem-feito] *~ da personalidade* [Admiração excessiva por si próprio].

cultomania *s f* (<culto+...) **1** Mania de que é culto. **2** Exagero de estilo/Preciosismo(+).

cultor, ora *s* (<lat *cúltor,óris*: agricultor, adorador) **1** O que se dedica a aprofundar determinado ramo do saber ou da arte. **Comb.** ~ das Letras. **2** Defensor(+). **Comb.** ~ do socialismo marxista-leninista.

cultriforme *adj 2g* (<lat *cúlter,tri*: faca+-forme) Em forma de lâmina de faca.

cultual *adj 2g* (<culto 4+-al) Do [Relativo ao] culto.

cultura *s f* (<lat *cultura,ae*) **1** *Agr* A(c)ção de cultivar a terra/Amanho/Cultivo(+). **Comb.** *~ dos campos*. *Terra de ~*. **2** Produto resultante dessa a(c)ção. **Comb.** ~ de cereais [flores/hortícolas]. **3** Conjunto de técnicas e meios utilizados para que num solo determinado vegetais nasçam e se desenvolvam/Agricultura(+). **4** Criação de certos animais. **Comb.** *~ de abelhas* [coelhos/minhocas/trutas]. *Pérolas* [Ostras perlíferas] *de ~*. **5** *Biol* Método para fazer crescer microrganismos num meio favorável ao seu desenvolvimento. **Comb.** Meio [Caldo] de ~ [Sistema de nutrientes favorável à multiplicação de seres microscópicos de determinada espécie biológica]. **6** Conjunto de práticas, crenças, costumes, tradições e manifestações artísticas cara(c)terísticas de determinada sociedade e que são patrimó[ô]nio cole(c)tivo, transmitido de geração em geração. **Comb.** *~ aste-*

ca. *~ chinesa*. *~ greco-latina*. *~ portuguesa*. **7** Patrimó[ô]nio literário, artístico e científico dum grupo social ou dum povo. **8** A(c)tividade ou serviço que se ocupa da conservação e desenvolvimento de capacidades e manifestações intelectuais e artísticas. **Comb.** *Casa da ~*. *Ministério da ~*. *Homem da ~*. **9** Conjunto de conhecimentos adquiridos que contribuem para o enriquecimento intelectual e formação duma pessoa/Saber/Instrução. **Comb.** *~ científica* [artística/literária]. *~ geral* [Conjunto de conhecimentos que abrange vários domínios do saber]. *~ física* [Desenvolvimento metódico do corpo através de exercícios adequados].

cultural *adj 2g* (<cultura+-al) Relativo à cultura. **Comb.** *Associação ~* «e recreativa». *Evento* [Fenó[ô]meno] *~*. *Mudanças ~ais*.

culturismo *s m* (<cultura+-ismo) Prática de exercícios físicos que tem por obje(c)tivo melhorar o aspe(c)to estético do corpo ou o desenvolvimento muscular.

culturista *adj/s 2g* (<cultura+-ista) **1** Relativo ao culturismo. **Comb.** Práticas [Exercícios] ~s. **2** O que pratica culturismo. **Ex.** O número de ~s (nas sociedades desenvolvidas) tem tendência a aumentar.

cume *s m* (<lat *cúmen,inis*) **1** Ponto mais elevado dum terreno/Cimo/Topo. **Comb.** ~ da montanha. **Ant.** Base; sopé. **2** Grau mais elevado de alguma coisa/Auge/Apogeu. **Ex.** «com a nomeação para dire(c)tor-geral» Atingiu o ~ [topo(+)] da carreira profissional. **3** Aresta superior dum telhado/Cumeeira(+).

cumeada *s f* (<cume+-ada) Linha formada por uma série de cumes/Cumeeira.

cumeeira *s f* (<cume+-eira) Parte mais elevada duma montanha ou dum telhado.

cúmplice *adj/s 2g* (<lat *cúmplex,icis*) **1** (O) que contribui para a [toma parte na] realização dum crime ou delito/Conivente. **Ex.** Ele precisou de ~s para fazer o assalto «ao Banco». **2** (O) que colabora em determinada a(c)ção/Parceiro/Colaborador/Auxiliar. **Ex.** Eram muito amigos e ~s nas partidas «de Carnaval» que gostavam de pregar. **3** (O) que revela acordo [entendimento] profundo com outro/Conivente. **Comb.** Olhar [Sorriso] ~.

cumplicidade *s f* (<cúmplice+-i-+-dade) **1** Participação em a(c)to ilícito cometido por outrem/Conivência. **Ex.** Os traficantes de droga contam com [têm] a ~ de muita gente. **2** Entendimento [Acordo] profundo (expresso ou não) entre duas pessoas. **Comb.** Atitude [Sorriso] de ~.

cumpridor, ora *adj/s* (<cumprir+-dor) **1** (O) que cumpre [faz/executa] alguma coisa. **Ex.** Prometeu «que me vinha ajudar» mas não foi ~ [mas não cumpriu]. **2** (O) que tem a preocupação de cumprir os seus deveres/as suas obrigações/Responsável. **Ex.** Não te preocupes que, na data combinada, ele paga-te «o dinheiro que te pediu emprestado»; ele foi sempre muito ~. **Comb.** Aluno [Empregado] ~/sério.

cumprimentador, ora *adj* (<cumprimentar+-dor) Que cumprimenta/faz mesuras. **Ex.** *col* Hoje estás muito ~/mesureiro/cumprimenteiro. **Comb.** Gesto [Sorriso] Vé[ê]nia] ~or/ora.

cumprimentar *v t/int* (<cumprimento+-ar[1]) **1** Dirigir uma saudação/Saudar. **Ex.** Nas aldeias, as pessoas quando passam umas pelas outras, todas [sempre] se cumprimentam. O professor, ao entrar na aula, cumprimenta os alunos. **2** Dar os parabéns/Felicitar. **Ex.** No final da récita, muitas pessoas foram ~ os a(c)tores.

cumprimento s m (<cumprir+mente) **1** A(c)to [Desejo] de cumprir. **Comb.** ~ *duma norma*. ~ *duma promessa*. **2** A(c)to de cumprimentar. **Ex.** O Corpo Diplomático, no Ano Novo, apresenta ~s ao Chefe do Estado. **Loc.** Dirigir um ~ a [Saudar] uma pessoa conhecida «com quem se cruzou na rua». **3** Gesto [Palavra] de felicitações/Parabéns. **Ex.** O conferencista recebeu ~s de muitos admiradores.

cumprir v t/int (< lat *cómpleo,évi,ére,étum*: encher, completar) **1** Executar ordens/instruções/recomendações/Obedecer. **Ex.** O empregado cumpriu as ordens que lhe deram. **2** Realizar/Concretizar/Satisfazer. **Ex.** Prometi que vinha ajudar-te e cá estou a ~ [e vim]. Ele lutou [trabalhou] muito para poder ~ as condições de pagamento combinadas. **Loc.** ~ um proje(c)to [obje(c)tivo]. **3** Desempenhar com competência as suas funções. **Ex.** Não voltarei a candidatar-me «ao cargo de presidente»; já cumpri a minha parte [obrigação]. **Loc.** ~ o seu dever [as suas obrigações]. **4** Ser tarefa [encargo/dever]/Ter obrigação de/Competir a/Caber a. **Ex.** Cumpre-me [Tenho] o doloroso dever de lhe dar tão triste notícia. Cumpre-nos a todos [Temos todos de] zelar pelos bens públicos. **5** Sujeitar-se a uma punição/um castigo. **Ex.** Cumpriu a pena «de dez anos de prisão» pelo crime de assassínio. **6** ~-se/Ocorrer/Realizar-se/Verificar-se. **Loc.** ~-se um vaticínio [uma previsão/profecia]. **7** ~-se «o prazo»/Decorrer/Completar-se. **Ex.** Já se cumpriram [Já passaram/decorreram] 20 anos desde que vim para o ensino [desde que sou professor].

cumulação s f (<lat *cumulátio,ónis*) ⇒ acumulação.

cumular v t (<lat *cúmulo,áre,átum*) **1** ⇒ acumular. **2** Encher de. **Loc.** ~ *de favores/benesses* [Conceder muitos favores a alguém]. ~ *de riquezas* «os parentes».

cumulativamente adv (<cumulativo+-mente) **1** De forma a que um se junta a outro(s). **Loc.** Exercer ~ as funções de dois cargos «dire(c)tor de produção e dire(c)tor comercial». **2** Em conjunto. **Ex.** O bom funcionamento da empresa é assegurado ~ [conjuntamente(+)] pelos dois sócios.

cumulativo, a adj (<lat *cumulatívus,a,um*) **1** Que se faz por acumulação/ajuntamento/sobreposição. **Comb.** Cargos ~s. **2** Que resulta de acumulação do cúmulo jurídico.

cúmulo s m (<lat *cúmulus,i*) **1** Conjunto de coisas amontoadas/sobrepostas/Monte «de areia/terra». **Ex.** «por causa da greve» Veem-se ~s [(grandes) montes(+)] de lixo (amontoado) nas ruas. **2** O ponto mais alto/Auge/Máximo. **Ex.** O ~ da destruição causada pelas cheias verificou-se na (parte) baixa da cidade. **Loc.** Chegar ao ~ de [Atingir o máximo/o impensável] (Ex. Chegou ao ~ de bater na própria mãe). **Comb.** Para ~ [Ainda por cima] (Ex. Já vivia na miséria. Agora para ~ ficou desempregado). **3** O que ultrapassa o que é admissível. **Comb.** «ele/isto é» O ~ da estupidez [preguiça]. **4** *Astr* Agregado de estrelas ou (de) outros astros. **5** *Meteor* Nuvem de forma arredondada e base plana que se assemelha ao algodão.

cúmulo-nimbo s m *Meteor* Nuvem escura, espessa, em forma de torre ou montanha, que anuncia muita chuva.

cuneano, a [cuneiforme(+)] adj (<cunha+-...) Em forma de cunha. **Comb.** *Ling* Escrita ~. *Anat* Osso ~.

cunha s f (<lat *cúneus,nei*) **1** Peça de metal ou madeira com duas faces formando ângulo agudo fechado e aresta cortante que serve para rachar. **Loc.** Rachar [Abrir] toros de madeira com ~ e maço. **2** Pedaço de madeira ou outro material utilizado para calçar/apertar/levantar. **Loc.** Calçar um móvel com uma ~ de madeira. **Comb.** ~ de aperto de duas peças. **3** *fig/gír* Pedido/Recomendação/Empenho. **Loc.** Meter uma ~ [Fazer um pedido/uma recomendação] «para conseguir um emprego».

cunhada s f (⇒ cunhado) **1** Irmã de um dos cônjuges em relação ao outro. **2** Esposa do irmão de alguém.

cunhado s m (<lat *cognátus,a,um*) **1** Irmão de um dos cônjuges em relação ao outro. **2** Marido da irmã de alguém.

cunhagem s f (<cunhar+-agem) Operação que consiste em reduzir metal a peças pequenas regulares, geralmente cilíndricas, e nelas gravar figuras e inscrições. **Comb.** ~ de moedas [medalhas].

cunhal s m (<cunha+-al) Ângulo saliente formado por duas paredes de um edifício/Esquina(+).

cunhar v t (<lat *cúneo,áre,átum*) **1** Imprimir cunho. **Loc.** ~ moeda [Amoedar]. **2** Meter cunha em/Calçar «mesa» com cunha. **3** *fig* Fazer um pedido a favor de alguém/Meter um empenho/Meter cunha(s)(+). **4** *fig* Dar cara(c)terísticas especiais/Conferir um cunho **5**/Marcar/Notabilizar.

cunhete (Nhê) s m (<cunha+-ete) Caixote para transporte de munições de guerra e explosivos.

cunho s m (<cunhar) **1** Peça de aço gravada com imagens e inscrições que serve para marcar «moedas/medalhas». **2** Marca produzida por essa peça/Anverso. **3** Face da moeda com a representação em relevo de uma efígie/Reverso. **4** *Arquit* Peça de madeira de forma trapezoidal utilizada para sustentar vigas. **5** *fig* Sinal distintivo/Marca cara(c)terística/Cará(c)ter. **Loc.** Ter um ~ de elegância «no vestir». **Comb.** Cerimó[ô]nia com ~ [cará(c)ter] religioso.

cunicultor, ora s (<*cunículus,i*: coelho +cultor) Criador de coelhos.

cunicultura s f (⇒ cunicultor) Criação de coelhos.

cupão s m (<fr *coupon*) **1** Título de juro de uma a(c)ção ou obrigação que é destacado desta na altura do [ao fazer o] pagamento. **2** Pequeno impresso, geralmente destacável «de jornal/revista», que dá direito a algum benefício «desconto/sorteio/bilhete para espe(c)táculo».

cupê adj/s m (<fr *coupé*) (Relativo a) carro (d)esportivo descapotável. **Comb.** «Toyota» Modelo ~.

cupidez s f (<cúpido+-ez) **1** Grande ambição/Ganância(+)/Cobiça. **Ex.** Levado pela ~ do dinheiro, chegou ao ponto de fazer um desfalque na empresa. **2** Desejo desmedido de cará(c)ter sensual/Sensualidade.

cupidinoso, a (Ôso, Ósa, Ósos) adj (<cupido+-oso) ⇒ Que deseja ardentemente/Amoroso/Libidinoso.

cupido s m *Mit* (<lat *Cupído,inis*) **1** *Mit Maiúsc* Deus do Amor na mitologia romana, equivalente ao deus grego Eros. **Ex.** ~ é representado por um menino alado munido de arco e flecha. **2** Personificação do Amor/Paixão. **Comb.** Atingido pelo ~. Setas de ~.

cúpido, a adj (<lat *cúpidus,a,um* <cúpio: desejar vivamente) **1** Que tem ambição desmedida/Ávido/Cobiçoso. **Comb.** ~/Ávido(+) de riquezas [Ganancioso]. **2** Que tem grande ardor sensual. **Comb.** Olhar ~/libidinoso.

cupim s m *Br* (<tupi *kupi'i*) **1** *Ent* ⇒ térmite. **2** ⇒ «carne da» giba. **3** ⇒ carapinha (de negro).

cupincha s 2g *Br* ⇒ compincha.

cupom s m *Br* ⇒ cupão.

cupressáceo, a adj/s f pl *Bot* (<lat *cupréssus*: cipreste+-áceo) (Diz-se de) família de plantas pináceas a que pertence o cedro e o cipreste. ⇒ criptoméria.

cúprico, a adj (<lat *cúprum,i*: cobre+-ico) **1** De cobre. **Comb.** Cor ~a. **2** Que tem [Em que há] cobre. **Comb.** Minério ~. **3** *Quím* Diz-se de compostos «óxidos/sais» em que entra o cobre bivalente. **Comb.** Óxido ~ (Cu O). *Cloreto* ~ (Cu Cl_2). ⇒ cuproso.

cuprífero, a adj (<lat *cúprum,i* +-fero) Em que há cobre. **Comb.** Jazigo ~.

cuprite/a s f *Min* (<lat *cúprum*+-ite/a) Mineral de cobre (Óxido cuproso, Cu_2 O) que cristaliza no sistema cúbico, de cor vermelha e densidade elevada. **Ex.** A ~ anda associada a outros minérios de cobre «azurite/cobre nativo».

cuproníquel s m (<lat *cuprum,i* + níquel) Liga de cobre e níquel.

cuproso, a (Ôso, Ósa, Ósos) adj (<lat *cuprum,i*: cobre +-oso) Diz-se de compostos de cobre monovalente «óxido/sal». **Comb.** Óxido ~ (Cu_2 O). ⇒ cúprico 3.

cúpula s f (<lat *cúpula,ae*, dim de *cupa*: cuba, tonel) **1** Parte superior de certos edifícios em forma de meia esfera. **Comb.** ~ da Basílica de S. Pedro, em Roma. **2** Parte côncava dum zimbório. **3** Abóbada «celeste». **4** O que tem essa forma. **5** *Bot* Invólucro vegetal em forma de cálice que envolve certos frutos. **Ex.** A bolota tem uma ~ a cobrir uma das extremidades. **6** Pessoa(s) que ocupa(m) os mais altos cargos de chefia numa organização. **Ex.** As decisões estratégicas da empresa são tomadas pela ~.

cupulado, a adj (<cúpula+-ado) Em [Que tem] cúpula. **Comb.** Abóbada ~a.

cupuliforme adj 2g (<cúpula+-forme) Em forma de cúpula. **Comb.** Campânula ~.

cupulim s m (<cúpula+-im) Lanternim que dá luz para uma entrada/escada/Claraboia.

cura s f/m (<lat *cura,ae*: cuidado) **1** A(c)to [Processo] ou efeito de curar(-se)/Restabelecimento da saúde. **Ex.** Há males que não têm ~. **Comb.** ~ duma gripe. **2** Modo de tratar uma doença/Tratamento. **Comb.** ~ *de águas* [feita à base de águas medicinais naturais numa estância termal]. ~ *de repouso* [sem outro tratamento a não ser rigoroso descanso]. **3** Corre(c)ção dum defeito/Melhoria duma tendência má. **Ex.** Ele sofre duma preguiça cró[ô]nica que já não tem ~/remédio. **4** Processo de maturação dos queijos. **Comb.** *Câmara de* ~. «queijo com» *20 dias de* ~. **5** Conservação de alimentos «presunto/enchidos» por secagem pelo calor ou outro processo. **6** Curtimento/Adoçamento «das azeitonas/dos tremoços». **7** *Agric* Tratamento fitossanitário «com fungicidas». **Loc.** Fazer a ~ das [Enxofrar/Sulfatar as] videiras. **8** s m Sacerdote católico [Padre] que tem a seu cargo uma paróquia/aldeia/povoação/Pároco(+).

curabilidade s f (<curável+-i-+-dade) Qualidade do que é curável. **Ex.** A ~ da sida (AIDS) ainda não foi alcançada.

curaçau s m (<top Curaçau, ilha das Antilhas) Licor feito de sumo [suco] de laranja azeda.

curado, a adj (<curar+-ado) **1** Que se curou/Restabelecido duma doença/Sarado. **Comb.** ~ duma doença grave «tuberculose». **2** Que se libertou dalgum defeito/

vício. **Comb.** ~ da maledicência/preguiça. **3** Que sofreu um processo de maturação. **Comb.** Queijo ~. **4** Que foi seco ao calor [fumo] ou ao sol. **Comb.** Presunto (bem) ~. **5** *Agric* Que foi tratado com fungicida. **Comb.** Vinhas [Pomares] ~as/os. **6** *Br* Supostamente imune(+) «ao veneno das cobras graças ao curandeiro».

curador, ora *s* (<lat *curátor,óris*) **1** *Dir* Magistrado que junto dos tribunais tutelares de menores tem a seu cargo velar pelos interesses e defender os direitos deles. **Ex.** Nos tribunais tutelares de comarca as funções de ~ estão a cargo do Ministério Público. **2** *Dir* Administrador de bens por encargo judicial. **Comb.** ~ provisório [definitivo]. **3** *Br* ⇒ Curandeiro.

curadoria *s f* (<curador+-ia) **1** Cargo ou função de curador. **2** Lugar [Gabinete/Edifício] do curador. **3** *Dir* Administração judicial dos bens de um incapacitado ou desaparecido que não tenha representante nem procurador. **4** *Dir* Tutela de menores junto dos tribunais.

curandeiro, a *s* (<lat *curandum*, gerúndio de *curáre*+-eiro) Pessoa que, não tendo habilitações médicas nem científicas, pretende curar doenças através de poderes especiais. **Ex.** Os ~s «africanos» fazem tratamentos com produtos naturais acompanhando-os com rezas e benzeduras.

curar *v t/int* (<lat *cúro,áre,átum*) **1** Restabelecer a saúde/Tratar doenças. **Ex.** Foi um remédio que me curou do reumatismo em pouco tempo. **2** Fazer curativo/Pensar. **Ex.** O enfermeiro não me curou bem a ferida. **3** Libertar(-se) de um vício/hábito mau. **Ex.** Fez um tratamento de desintoxicação e conseguiu ~-se do alcoolismo. **4** Cicatrizar. **Ex.** O golpe [A ferida] já curou/cicatrizou. **5** Passar por um processo de maturação. **Loc.** ~ queijo(s). **6** Conservar «carne/peixe» por secagem/curtimento/salga. **Loc.** ~ azeitonas/bacalhau/presunto. **7** *Agric* Tratar com fungicidas «vinhas/pomares».

curare *s m* (<tupi *urari*) Veneno vegetal usado pelos índios da bacia amazó[ô]nica para untar as flechas. **Ex.** O ~ provoca a paralisia muscular.

curarizar *v t* (<curare+-izar) Envenenar [Paralisar] com curare.

curatela *s f* (<lat *curatélla,ae*) ⇒ curadoria.

curativo, a *adj/s m* (<curar+-tivo) **1** Relativo à cura. **Comb.** Fase ~a «duma doença». **2** Que cura. **Comb.** *Medicina ~a. Tratamento ~.* **3** *s m* A(c)to de curar/Tratamento duma ferida/Penso. **Loc.** Fazer o ~ «a um ferimento».

curável *adj 2g* (<curar+-vel) Que se pode curar. **Ex.** A lepra é uma doença ~. **Ant.** Incurável.

curcuma *s f Bot* (<ár *kurkum* <sân *kurkuma*) Nome genérico de plantas da família das zingiberáceas, oriundas do Oriente, de raízes tuberosas que inclui o açafrão-da-índia.

curcumina *s f* (<curcuma+-ina) Corante extraído da variedade de curcuma *Curcuma longa*.

curdo, a *adj/s* (<Curdistão) **1** Relativo ao Curdistão ou aos seus habitantes. **Comb.** Montanhas ~as. Povos ~s. **2** *s* Natural ou habitante do Curdistão. **Ex.** Os ~s são nó[ô]madas. **3** *s Ling* Língua indo-europeia falada no Curdistão.

cureta (Rê) *s f Med* (<cura+-eta) Instrumento cirúrgico em forma de pequena colher utilizado na colheita de tecidos por raspagem.

curetagem *s f Med* (<curetar+-agem) Raspagem(+) de superfícies ou cavidades para remover tecidos normais ou patológicos. **Comb.** ~ uterina.

curetar *v t Med* (<cureta+-ar[1]) Raspar com cureta.

curgete (Gé) *s f Bot* (<fr *courgette*) Espécie de abóbora pequena e alongada que é colhida e consumida no início do seu desenvolvimento. **Comb.** Sopa com ~s.

cúria *s f* (<lat *cúria,ae*) **1** *Hist* Cada uma das 30 divisões do antigo povo romano presidida por um curião. **Ex.** A ~ incluía patrícios e plebeus. **2** *Hist* Local de reunião do Senado Romano, situado no Fórum. **Ex.** A primeira ~ foi edificada por Túlio Hostílio (*Curia Hostilia*). **3** *Rel* Conjunto de pessoas que ajudam no governo da Igreja local (~ diocesana/episcopal) ou universal (~ romana)/Tribunal eclesiástico. **Comb.** ~ generalícia [Conjunto de pessoas que coadjuvam o superior-geral duma ordem religiosa].

curial *adj 2g/s m* (<lat *curiális,e*) **1** Referente à cúria. **Comb.** *Documento ~. Escrita ~* [com letra bem desenhada e bem legível usada em bulas papais]. *Tribunal ~.* **2** *fig* Próprio/Adequado/Conveniente. **Ex.** «os delegados sindicais» Dirigiram-se à administração com modos pouco ~ais. **3** *s m Hist* Membro do antigo Senado ou Cúria romana. **4** *s m Rel* Membro duma cúria [dum tribunal eclesiástico].

curialidade *s f* (<curial+-i-+-dade) Qualidade do que é curial/Deferência/Respeito curial. **Ex.** Estudou bem o discurso para se dirigir ao Presidente da República com a ~ que a dignidade do cargo exige.

curie *s m Fís* (<antr M. Curie (1867-1934), cientista polaca) Unidade de medida de radioa(c)tividade [a(c)tividade radiativa].

curinga *s m* (<quimbundo *kuringa*) **1** Carta de jogar (Sete de ouros ou Dois de paus) no jogo do sete-e-meio. **2** A carta muda no jogo do póquer. **3** Homem magro/raquítico.

cúrio [Cm 96] *s m Quím* (<antr M. Curie; ⇒ curie) Elemento metálico artificial transuraniano, pertencente ao Grupo III e Período 7 da classificação periódica. **Ex.** O ~, descoberto em 1944 por G. Seaborg, tem muitos isótopos.

curiosamente *adv* (<curioso+-mente) **1** Com curiosidade/De modo curioso. **Loc.** Escutar ~ uma conversa «das vizinhas». **2** De modo pouco habitual/que desperta atenção/estranheza. **Loc.** Vestir-se ~ «com trajes extravagantes». **3** Surpreendentemente/Inesperadamente/Por acaso. **Ex.** Morávamos perto um do outro em Lisboa e já não nos víamos há anos. ~ encontrámo-nos em Nova Iorque.

curiosidade *s f* (<lat *curiósitas,átis*) **1** Qualidade do que é curioso/Desejo de aprender/de aumentar os seus conhecimentos. **Ex.** Possuía uma enorme ~ que o motivo [empurrou] para a investigação. **2** Desejo excessivo de saber o que não lhe diz respeito/Indiscrição/Bisbilhotice. **Ex.** «mulher» Com uma ~ mórbida: passa o tempo a espiar a vida dos vizinhos. **3** Algo que desperta interesse/que é pouco comum/fora do vulgar. **Ex.** A Torre Eiffel, o Big Ben e a Estátua da Liberdade são ~s típicas, respe(c)tivamente, de Paris, Londres e Nova Iorque. **Comb.** *Loja de ~s. Se(c)ção de ~s* «duma revista/dum jornal». **4** Interesse [Gosto] particular por alguma a(c)tividade/Passatempo. **Ex.** Dedicou-se à História apenas por ~.

curioso, a (Ôso, Ósa, Ósos) *adj/s* (<lat *curiósus,a,um*) **1** (O) que revela curiosidade/desejo de saber/de aumentar os seus conhecimentos. **Ex.** É um aluno muito ~; passa horas na biblioteca a consultar livros. **2** (O) que tem desejo excessivo de saber o que não lhe diz respeito. **Ex.** Ela é muito ~a, sabe tudo da vida dos vizinhos. Quando há algum acidente (de viação), junta-se logo uma multidão de ~s. **3** Que é pouco comum/desperta interesse/é fora do vulgar/Surpreendente. **Ex.** Comprei um relógio muito ~: até indica as fases da Lua. **4** *s* Pessoa que, não tendo conhecimentos específicos, se apresenta como conhecedor «dum ofício/duma arte/ciência». **Ex.** O carro foi reparado por um ~; melhor fora que o tivesse levado logo à oficina, ficou pior do que estava. A instalação elé(c)trica foi feita por um ~. **5** *s f* Parteira não diplomada. **Ex.** Teve a criança em casa, assistida por uma ~a. **6** *s* Pessoa que, apenas por gosto, se dedica ao estudo ou à prática de determinada a(c)tividade/Amador. **Comb.** Um ~ de fotografia [Um fotógrafo amador]. **7** *s m sing* O que causa espanto/admiração. **Ex.** O ~ é que a data do casamento indicada nos convites estava errada e ninguém reparou nisso!

curral *s m* (<lat *currále,is*: circo para corridas de carros, lugar onde se guardam carros) **1** Recinto onde se recolhe o gado/Corte/Cercado. **Comb.** *~ das cabras/ovelhas. ~ dos porcos* [Pocilga]. ⇒ estábulo; loja. **2** *pej* Casebre degradado e imundo. **Loc.** Viver num ~. **3** Armação de pesca feita com estacas em círculo e rede.

curricular *adj 2g* (<currículo+-ar[2]) **1** Relativo ao currículo pessoal. **Comb.** Dados ~es. **2** Relativo à carreira profissional ou escolar/ao plano de estudos dum curso. **Comb.** Reforma ~ «do curso de enfermagem». **3** Relativo a tudo o que constitui matéria de aprendizagem. **Comb.** Reforma ~ do ensino (público). ⇒ escolar; extra~.

currículo *s m* (<lat *currículum,i*) **1** ⇒ Corrida/Curso. **2** ⇒ Atalho(+). **3** Conjunto de dados relativos ao percurso escolar ou profissional de alguém/Documento escrito onde constam esses dados. **Ex.** Trabalho «artigo científico» que enriquece o ~. **Loc.** Ter bom ~ «é condição preferencial para conseguir um emprego». **4** Conjunto de matérias, disciplinas, a(c)tividades que integram um curso. **Comb.** Proposta de um novo ~ «para o curso de biologia».

curriculum vitae *s m lat* ⇒ currículo 3.

curro *s m* (<curral) **1** Lugar onde se guardam os touros, na praça, antes e depois da tourada [de serem lidados]. **Loc.** Abrir a porta do ~ (para o touro ir para a lide). (O touro) Recolher ao ~. **2** Conjunto de touros utilizados numa tourada. **Ex.** O ganadeiro apresentou um excelente ~. **3** *Br gír* Casa de prostituição/Bordel. **4** *Br* Cavalo de cobrição. **Sin.** Garanhão(+).

cursar *v t* (<lat *cúrso,áre,átum*) Tirar [Frequentar] um curso. **Ex.** Ele ainda cursou medicina mas não chegou a concluir o curso. **Loc.** ~ [Estudar] Direito.

cursista *s 2g* (<curso+-ista) **1** O que frequenta um curso/Aluno de um curso. **Ex.** Os ~s [alunos(+)] de Letras fizeram uma manifestação reclamando melhores instalações. ⇒ estagiário. **2** *Rel* Participante num Curso de Cristandade. **Ex.** Os ~s, para viverem a sua fé, reúnem-se uma vez por mês.

cursivo, a *s m/adj* (<it *corsivo*; ⇒ correr) **1** (O) que é escrito à mão com caligrafia inclinada para diante, correndo a caneta sobre o papel. **Comb.** Escrita ~a. **2** Tipo de letra usado em tipografia que imita essa escrita/Itálico.

curso *s m* (<lat *cursus,us*) **1** Corrente de água. **Ex.** Quando chove intensamente, a

vertente da montanha fica sulcada de ~s de água. **2** Traje(c)to percorrido pela água «dum rio/regato». **Ex.** Os rios *Douro* e *Tejo* iniciam o seu ~ em Espanha e terminam-no em Portugal, o primeiro no Porto e o segundo [último] em Lisboa. **3** Distância percorrida/Percurso. **Comb.** *Rio com um ~ superior a* 500 km. *Transporte* [Carreira/Viagem] *de longo/médio/pequeno ~*. **4** Sucessão no tempo/Decurso/Correr. **Ex.** Com o ~ [correr(+)/decurso] dos anos tornou-se mais compreensivo e tolerante. **Loc.** *Dar livre ~* [Deixar correr livremente/Não reprimir] (Ex. Dar livre ~ às lágrimas). «proje(c)to/trabalho/obra» *Estar em ~* [em vias de execução/em andamento]. **Comb.** *~ legal* [de moeda/nota legalmente aceite como forma de pagamento em determinado território]. *O ~* [decorrer] *da vida.* **5** *Astr* Movimento real ou aparente de um astro. **6** Evolução «dum acontecimento/duma doença»/Dire(c)ção/Rumo. **Ex.** O ~ [A situação] que a empresa atravessa «falta de matérias-primas/atrasos nos pagamentos/vendas a caírem» é muito preocupante. **7** Conjunto organizado de matérias de ensino de determinado nível de instrução com duração fixa. **Comb.** *~ de engenharia* [letras/direito]. *~ superior* [médio/básico]. *~ oficial* [particular]. *Carta de ~* [Diploma(+) oficial comprovativo da conclusão de um curso]. **8** Conjunto de lições [palestras/conferências] sobre determinado tema «técnico/artístico/religioso». **Comb.** *~ bíblico* [de estudo da Bíblia]. *~ de pintura.* **9** Publicação escrita que contém uma série de lições sobre determinada matéria/Compêndio/Manual/Tratado. **10** Conjunto de estudantes que frequentam a mesma aula. **Ex.** O meu ~ [ano/A minha classe] é muito unido/a; ajudam-se [ajudamo-nos] todos uns aos outros.

cursor, ora *adj/s m* (<lat *cúrsor,óris*) **1** Que corre ao longo de. **2** *s m* Peça móvel que, em determinados aparelhos, se desloca ao longo de outra «mostrador/quadrante». **Comb.** Termó[ô]metro com ~es de máxima e de mínima. **3** *s m Info* Sinal ó(p)tico intermitente que indica, no ecrã, o local onde será inserida a instrução solicitada.

curta-metragem *s f Cine* Filme de duração geralmente não superior a 30 minutos.

curteza *s f* (<curto+-eza) **1** Qualidade do que é curto. **Ex.** A(c)tualmente, a ~ das saias *idi* vai por aí acima [as saias são cada vez mais curtas]. **2** Escassez(+)/Falta. **Comb.** *~ de recursos/meios.* **3** Acanhamento/Mesquinhez/Tacanhez. **Comb.** *~ de vistas* (Ant. Largueza de vistas).

curtição *s f* (<curtir+-ção) **1** A(c)to de curtir/Curtimenta/o. **Comb.** *~* [Curtimento(+)] *de peles (de animais)/couro.* **2** *gír* Experiência deleitosa/Prazer/Êxtase. **3** *gír* Pessoa ou coisa divertida/interessante. **Ex.** O filme (que fomos ver) era uma ~. **Comb.** *Que ~* [Que giro/divertido]!

curtido, a *adj* (<curtir+-ido) **1** Que se curtiu. **2** Preparado por curtimenta/o. **Comb.** *Azeitonas ~as*/curadas. *Pele* [Couro] *~a*/o. **3** Endurecido/Rijo/Calejado. **Comb.** *Rosto ~ pelo sol. Corpo ~ pelo trabalho.* **4** *gír* Divertido/Interessante/Giro. **Comb.** *Festa ~a. Pessoa* [Colega] *~a*/o.

curtidor, ora *s/adj* (<curtir+-dor) (O) que curte.

curtidura [curtimento] *s* (<curtir+-...) A(c)to ou efeito de curtir/Curtimenta. **Loc.** *~ de peles* [couros]. ⇒ curtume.

curtimenta *s f* (<curtir+-menta) **1** A(c)to de curtir. **2** Curtimento de peles/Curtume. **3** Putrefa(c)ção das matérias lenhosas do linho. **Comb.** *~ do linho.*

curtir *v t/int* (<lat *contéreo,rere,trítum*: gastar roçando, esmagar) **1** Preparar peles de animais para as conservar e transformar. **Loc.** *~ peles de bois/cavalos.* **2** Submeter a um processo de conservação «em salmoura/por secagem ao sol ou fumo»/Curar/Demolhar. **Loc.** *~ azeitonas. ~* [Curar(+)] *presuntos.* **3** Tornar a pele mais dura/Calejar. **Comb.** Rosto «dos pescadores» curtido pelo vento. **4** *fam* Sofrer [Suportar] situações penosas/Aguentar. **Loc.** *~ pesados desgostos. ~ uma bebedeira* [Recuperar do estado de embriaguez]. **Idi.** *Estar a curti-las* [a passar um mau bocado/a sofrer]. **5** *gír* Entregar-se ao prazer/Desfrutar/Gozar. **Ex.** Vamos ~ para a discoteca. **6** *gír* Sentir agrado/Gostar. **Ex.** Ela curte esse tipo de música.

curto, a *adj* (<lat *curtus,a,um*) **1** De pequeno comprimento. **Idi.** *Ser ~ de vista* [Ver mal]. *Ter memória ~a* [Esquecer-se [Fazer-se esquecido] depressa do que não lhe agrada]. *Ter vistas ~as* [Ser tacanho/pouco inteligente/Ter pouca imaginação]. **Comb.** *Cabelos ~s. Casaco ~. Dedos ~s. Ondas ~s* [hertzianas, de comprimento entre 10 e 100 metros]. **2** Em pequeno número/Em quantidade reduzida/Escasso. **Comb.** *~a* [Pouca(o+)/Reduzida(+)] *assistência* «ao comício». *Ordenado ~/baixo(+).* **3** De pequena duração/Breve/Rápido. **Ex.** A vida é ~a/breve(+). **Comb.** «render/enriquecer» *A ~ prazo* [Dentro em breve/Depressa]. **4** Pouco extenso/Conciso/Lacó[ô]nico. **Comb.** *~a* [Breve(+)] apresentação dum orador. Mensagem [Texto] *~a*/o.

curto-circuito *s m Ele(c)tri* Fenó[ô]meno produzido pelo conta(c)to entre dois condutores a tensão muito diferente «entre fase e neutro/massa num aparelho ou instalação elé(c)trica», originando uma corrente de intensidade muito elevada «que queima [funde] os fusíveis ou dispara os disjuntores».

curtume *s m* (<curtir+-ume) Processo de preparar couros e peles para posterior transformação, ou essas peles curtidas/Curtimento. **Comb.** Fábrica [Indústria] de ~s.

curva *s f* (<curvo) **1** *Mat* Lugar geométrico de pontos do espaço cujas coordenadas cartesianas, no respe(c)tivo referencial, são, num determinado intervalo, funções contínuas de um parâmetro real. **Ex.** As có[ô]nicas «elipse/parábola» são ~s algébricas planas de segunda ordem. **2** Linha que não é re(c)ta/que forma [descreve] um arco. **Ex.** A ~ da base dum cone é uma circunferência. **Comb.** Escantilhão de [para traçar] ~s. **3** Qualquer linha arredondada/em arco. **Comb.** *~ das sobrancelhas. ~ do joelho* [da perna]. **4** Alinhamento não re(c)tilíneo do traçado duma via de comunicação. **Comb.** Estrada com muitas ~s [sinuosa]. **5** Linha obtida num gráfico unindo os pontos correspondentes aos valores representados. **Comb.** *~ das temperaturas* «anuais». *~ de Gauss* [que nos gráficos de estatística tem forma campanular ou normal e representa variações que sofrem a influência de causas múltiplas e independentes]. *Geog ~ de nível* [Linha que numa carta topográfica une os pontos com a mesma cota]. **6** Movimento em que se descreve uma traje(c)tória em arco/Volta. **Loc.** Um automobilista dar as ~s [conduzir nas ~s] com muita velocidade. **Idi.** *Estar aí para as ~s* [Estar preparado para realizar alguma tarefa/Estar operacional] (Ex. Parti uma perna mas já estou aqui para as ~s).

curvar *v t/int* (<lat *cúrvo,áre,átum*) **1** Tornar(-se) curvo/Dobrar em arco/Arquear. **Ex.** A viga curvou [vergou(+)] com o peso. **2** Inclinar para diante. **Ex.** Com a idade, é normal as pessoas começarem a ~. **Loc.** *~* [Inclinar(+)] *a cabeça* «diante do altar». **3** *fig* Obrigar a obedecer/Submeter(-se)/Subjugar/Sujeitar/Vergar. **Ex.** Muitos cristãos preferiram morrer a ~-se aos [do que adorar os] ídolos. Ninguém consegue curvá-lo/a [dominá-lo/a]! **4** *fig* Reconhecer como superior. **Ex.** Curvo-me perante a [Faço uma vé[ê]nia à] sua sabedoria. **5** Descrever uma curva. **Ex.** O carro, quando curva, faz um ruído estranho.

curvatura *s f* (<lat *curvatúra,ae*) **1** Forma [Estado] de um corpo que é curvo. **Ex.** A viga está empenada; tem uma ligeira ~ [faz uma pequena curva (+)]. A sua coluna vertebral tem uma ~ «lombar» acentuada. **2** Cumprimento cerimonioso, baixando a cabeça e inclinando o tronco para a frente/Reverência(+)/Vé[ê]nia(+). **3** *Geom* Derivada do ângulo formado por duas tangentes a uma curva em relação ao comprimento do arco da curva compreendido entre os dois pontos de tangência.

curvejão *s m* (<esp *corvejón*) Jarrete(+)/Curvilhão «do cavalo».

curvejar *v int* (<curva+-ejar) Fazer curvas/Andar à roda.

curveta *s f* (<curva+-eta) **1** Pequena curva. **2** Movimento do cavalo quando levanta e dobra as patas dianteiras e baixa a garupa.

curvetear *v int* (<curveta+-ear) **1** (O cavalo) fazer curvetas. **2** Movimentar-se fazendo curvas. **Loc.** Ameaçar curveteando o chicote.

curvilhão *s m* (<lat *curvilianus*) ⇒ Curvejão/Jarrete.

curvilíneo, a *adj* (<curva+-líneo) **1** Formado de linhas curvas. **Comb.** Traçado ~ «dum jardim». **2** Que descreve [vai às/faz] curvas. **Comb.** Movimento ~.

curvinervado [curvinérveo(+)], **a** *adj Bot* (<curva+-...) Que tem nervação paralelinérvea com nervuras arqueadas. **Comb.** Folha ~a.

curvo, a *adj/s f* (<lat *curvus,a,um*) **1** Que não é re(c)to nem forma ângulos. **Ex.** A circunferência é uma linha ~a fechada. **Comb.** Parêntese ~ ( ). **2** Em forma de arco/Arqueado/Abaulado. **Comb.** Tampa «de arca/baú» ~a. **3** *s f* ⇒ curva; curvar.

cuscuta *s f Bot* (<ár *kuxūta*) Nome genérico de plantas parasitas, de caule filamentoso, com várias espécies como a *Cuscuta epilinum* (Parasita do linho) e *Cuscuta suaveolens* (Parasita da luzerna).

cuscuz *s m* (<ár *kuskus*) **1** Sêmola de trigo. **2** *Cul* Prato de origem árabe preparado com sêmola de trigo, carne, legumes e molho picante. **Comb.** *~ à marroquina.* **3** *Br Cul* Massa de arroz, milho e mandioca com que se preparam fatias que se comem com manteiga, como se fosse pão. **4** *Br Cul* Bolo feito de farinha de milho ou de arroz, cozido a vapor ou grelhado.

cuscuzeiro/a *s Br* (<cuscuz+-eiro/a) **1** Chapéu com forma có[ô]nica. **2** Recipiente de alumínio ou barro, com furos no fundo, para fazer cuscuz.

cuspe *s m* ⇒ cuspo.

cuspidad[t]o, a *adj* (<lat *cuspidátus,a,um* <*cuspído,áre,átum*: aguçar; ⇒ cúspide) **1** Diz-se de órgão «folha» com extremidade ou ponta aguçada e dura. **2** ⇒ pont(iag)udo.

cúspide *s f* (<lat *cúspis,idis*) **1** Ponta dura, alongada e aguda. **Comb.** *~ duma torre.* **2** *Bot* Ponta aguda e rija das folhas de al-

gumas plantas «piteira». **3** *fig* Ponto mais elevado/Auge/Píncaro. **Loc.** Chegar à ~ [ao topo] da carreira (profissional). **4** *Zool* Ferrão de alguns animais «abelha/escorpião».
cuspideira *s f* (<cuspir+-deira) **1** Escarradeira. **2** *Zool* ⇒ cobra-cuspideira.
cuspido, a *adj* (<cuspir+-ido) **1** Em que se cuspiu. **2** Arremessado com força «pela explosão/pelo choque»/Expelido. **Comb.** ~ dum automóvel. **3** *fig* Difamado.
cuspidor, ora *adj/s* (<cuspir+-dor) (O) que cospe muito.
cuspinh[lh]ar *v t/int* (<cuspir+-inh[lh]ar) Cuspir com frequência.
cuspir *v t/int* (<lat *cónspuo,ui,úere,útum*) **1** Expelir saliva/cuspo. **Ex.** Por mais que cuspa, não deixo de sentir o sabor amargo «do remédio». **Idi.** ~ *para o ar* [Vangloriar-se]. **2** Expelir pela boca qualquer coisa. **Ex.** «a mãe ao menino» Cospe [Deita fora] isso que meteste à [na] boca. **3** Arremessar com força/Expelir/Lançar. **Ex.** O pendura foi cuspido da moto numa travagem repentina/brusca(+). **4** *fig* Dirigir ultrajes/Insultar. **Loc.** ~ insultos.
cuspo/e *s m* (<cuspir) Líquido segregado pelas glândulas salivares/Saliva(+). **Idi.** *Colar com* ~ [Fixar de modo pouco seguro/Estar mal colado] (Ex. O teste correu-me mal; tinha a matéria colada com ~ [matéria mal sabida]).
custa *s f* (<custar) **1** Despesa de alguma coisa/Custo/Dispêndio. **Idi.** *Aprender à sua* [à própria] ~ [por dolorosa experiência própria]. *Pagar as* ~*s* [Sofrer as consequências]. *Rir-se à* ~ *de (alguém)* [Fazer pouco ou chacota de] (Ex. Rimo-nos muito à ~ dele). **Comb.** À ~ de [A expensas de/Com o sacrifício de] (Ex. Tirou um curso à ~ dele.Vive à ~ dos pais). **2** *pl* Despesas feitas em processo judicial. **Ex.** A parte vencida é que paga as ~s. **Comb.** ~s de parte [Quantia que a parte vencedora tem direito a receber da parte vencida a título de despesas do processo].
custar *v t/int* (<lat *cónsto,áre,átum*: estar seguro, constar, custar) **1** Ter o preço de/Ser vendido [comprado] por/Valer/Importar em. **Ex.** A casa custou-lhe 100 000 euros. Quanto custa o almoço? **Idi.** ~ *a vida a* [Ser causa da morte] (Ex. O trabalhar de mais, para ficar rico, custou-lhe a vida [, foi o que o matou]. ~ *caro* a) Ter um preço elevado; b) Ter consequências gravosas/penosas. ~ *os olhos da cara* [Ser muito caro ou difícil]. *Custe o que custar* «hei de ter uma casa minha» [Qualquer que seja o sacrifício que isso exija]. **2** Exigir esforço/luta/sacrifício. **Ex.** O curso custou-lhe muitas horas de sono [fez-lhe passar muitas noites sem dormir]. **3** Ter consequências negativas. **Ex.** O descuido de deixar o carro aberto custou-lhe ficar sem ele. **4** Ser penoso/difícil. **Ex.** Custa muito levantar cedo! **5** Causar mágoa/dor/pena. **Ex.** «ao emigrar» O que mais me custou foi deixar a família.
custeamento *s m* (<custear+-mento; ⇒ custo) **1** A(c)to ou efeito de custear. **2** Conjunto de despesas feitas com alguém ou alguma coisa. **Ex.** Amealhou durante anos para ~ das obras da [para poder fazer a(+)] casa. **3** Relação de despesas. **Comb.** Mapa de ~ «duma obra».
custear *v t* (<custo+-ear) Dar o dinheiro necessário para determinadas despesas/Financiar/Subvencionar. **Ex.** Ele próprio custeou [pagou(+)] os seus estudos, trabalhando enquanto tirava o curso.
custeio *s m* (<custar) ⇒ custeamento.
custo *s m* (<custar) **1** Preço [Quantia] por que se adquire algum bem ou serviço. **Loc.** Vender pelo ~ [sem ganhar nada/sem ter lucro]. **Comb.** ~ *de produção.* ~ *de vida* [Valor de aquisição dos bens e serviços essenciais em relação aos seus preços e ao salário das pessoas] (Ex. O ~ de vida subiu mais do que os salários e a vida está difícil). **2** Trabalho [Esforço/Dificuldade] para obter ou realizar alguma coisa. **Loc.** «conseguimos convencê-lo, mas» *A (muito)* ~ [Com (grande) esforço/(muita) dificuldade]. «quero ser médico» *A todo o* ~ [De qualquer forma/Custe o que custar]. Chegar ao fim «duma caminhada/dum curso» *com muito* ~. Ir trabalhar *com grande* ~ [à sobreposse] «com febre e dores de cabeça».
custódia *s f* (<lat *custódia,ae*) **1** Guarda/Prote(c)ção. **Ex.** «por decisão do tribunal» A mãe ficou com a ~ dos filhos. **2** Lugar onde se guarda alguém ou alguma coisa em segurança/Prisão. **Ex.** Ficou em [sob] ~ [Ficou preso(+)/detido(+)] na esquadra da polícia. **3** *Rel* Obje(c)to do culto católico no qual se expõe a hóstia consagrada para adoração dos fiéis. **Ex.** Em Portugal, existem ~s muito valiosas e de rara beleza artística «Custódia de Belém, séc. XVI». **Sin.** Ostensório.
custodiar *v t* (<custódia+-ar¹) **1** Pôr em custódia. **2** Reter sob custódia/Guardar com muito cuidado.
custódio, a *adj/s* (<custódia) **1** (O) que guarda. **Comb.** Anjo ~ [Anjo da guarda(+)]. **2** *s m Rel* Frade franciscano que, na ausência do provincial, o substitui.
custoso, a (Ôso, Ósa, Ósos) *adj* (<custo+-oso) **1** Que custa/Caro/Dispendioso. **Ex.** A vida está cada vez mais ~a [cara(+)]. Nunca compraria um carro tão ~ [caro(+)]. **2** Difícil/Penoso/Trabalhoso. **Ex.** O trabalho com [A assistência a] idosos é muito ~o/a. Foi-lhe muito ~ [penoso] ter de [Ele não queria] emigrar.
cutâneo, a *adj* (<cútis+-âneo) Relativo à pele/cútis/Epidérmico. **Comb.** *Inflamação* ~*a* [da pele]. *Respiração* ~*a* [da pele].
cutela [cutelão] *s f* [*m*] (<cutelo) Faca grande «usada nos açougues»/Cutelo sem peta.
cutelaria *s f* (<cutelo+-aria) **1** Arte e indústria de fabrico de facas e outros obje(c)tos cortantes. **Ex.** Garfos, colheres e instrumentos cirúrgicos são também obje(c)tos de ~. **2** Oficina ou loja desse tipo de produtos.
cuteleiro, a *s* (<cutelo+-eiro) Fabricante [Comerciante] de artigos de cutelaria.
cutelo (Té) *s m* (<lat *cutéllus,i*, dim de *cúlter,cúltri*: podão, faca, relha) **1** Instrumento cortante de forma curva e lâmina curta com o gume na parte convexa e peta [machadinha] nas costas. **Ex.** O ~ é utilizado para cortar carne em talhos e cozinhas. **Comb.** De ~ [Transversalmente/Da parte [Do lado] mais estreita/o] (Loc. Apoiar [Colocar] uma tábua de ~ «para ter maior resistência à flexão»). **2** Peça prismática sob cuja aresta oscila a balança.
cúter *s m Náut* (<ing *cutter*) **1** Embarcação à vela de um só mastro, de pesca e cabotagem dos mares do norte. **2** Veleiro de desporto [*Br* esporte] com as mesmas cara(c)terísticas.
cutia *s f Zool Br* (<tupi *aku'ti*:o que come em pé) Designação comum de várias espécies de roedores de pelagem curta e áspera e cauda muito curta, que chegam a atingir o comprimento de 60 cm e o peso de 4 kg. ⇒ cupivara.
cutícola *s m* (<cútis+-cola) Parasita que vive debaixo da pele dum animal.
cutícula *s f* (<lat *cutícula,ae* dim de *cútis, is*) **1** *Zool* Epiderme do ser humano ou de outros animais. ⇒ epitélio. **2** *Zool* Revestimento externo não celular dos invertebrados. **Ex.** A ~ é em muitos casos espessa e rígida. **3** *Bot* Película impermeável com aspe(c)to gorduroso que reveste órgãos vegetais.
cuticular *adj 2g* (<cutícula+-ar²) Relativo à [Da] cutícula.
cuticuloso, a (Ôso, Ósa, Ósos) *adj* (<cutícula+-oso) Que tem a forma [consistência/aspe(c)to] de cutícula. **Comb.** Membrana ~a.
cutilada *s f* (<cutelo+-ada) Golpe de cutelo ou de arma branca. **Ex.** Os soldados reprimiram o inimigo à ~.
cutilão/cutilaria/cutileiro ⇒ cutelão/...
cutina *s f Bot* (<cútis+-ina) Substância constituída por ésteres gordos que impregnam a membrana celulósica de células de alguns órgãos vegetais tornando-a impermeável.
cutinização *s f Bot* (<cutinizar+-ção) Modificação da parede celular celulósica por impregnação com cutina.
cutinizar *v t Bot* (<cutina+-izar) Sofrer cutinização/Impregnar com cutina. **Comb.** Parênquima cutinizado [cutinoso].
cutirreação *s f Med* [= cutirreacção] (<cútis+...) Reação alérgica provocada na pele pela inje(c)ção duma substância.
cútis *s f 2 n* (<lat *cútis,is*) Camada externa da pele do corpo humano/Epiderme. **Comb.** ~ de tez rosada.
cutisar *v t* (< cútis+-ar¹) Tornar uma mucosa semelhante à pele.
cutucar *v t Br* (<tupi *ku'tug*: ferir, espetar) **1** Tocar levemente com o cotovelo ou o dedo para chamar a atenção. **2** Picar; machucar. **3** Aborrecer.
cuvete (Vé) *s f* (<fr *cuvette*) Pequeno recipiente, pouco profundo «com divisórias para formar cubos de gelo no congelador».
czar, czarina *s Hist* (<russo *tzar*: imperador <gr *kaisar*; ⇒ césar) Título usado pelo imperador da Rússia e pelos soberanos da Bulgária. **Ex.** Nicolau II foi o último ~ russo.
czarda *s f* (<húngaro *csárdas*) Música e dança popular húngara com dois andamentos: um lento e melancólico e outro rápido e agitado/Xarda. **Comb.** ~s das *Rapsódias Húngaras* de Liszt.
czarina *s f Hist* (<czar+-ina) Feminino de czar/Título de imperatriz da Rússia.
czarismo *s m* (<czar+-ismo) **1** Sistema político que vigorou na Rússia imperial, baseado no poder absoluto do czar, considerado de origem divina. **Ex.** O ~ russo terminou com a revolução comunista (de Lenine) de 1917.
czarista *s/adj 2g Hist* (<czar+-ista) Relativo [Pertencente/Semelhante] ao czarismo.

D

d (Dê) *s m* **1** Quarta letra do alfabeto latino e português. **2** *adj* Designa o quarto lugar numa série ordenada. **Ex.** O meu escritório «de advogado» fica nesta rua, n.º 54 D.

D (Dê) *s m* **1** *Abrev* de Dom «D. João I» e de Dona «D. Joana/Odete/Maria». **2** Algarismo romano, equivalente a 500 e, com uma barra por cima, a 5000/D̄.

da *Gram* Contr da prep *de* com o artigo ou pron dem fem *a* (de+a=da). **Ex.** O sabor ~ comida. Entre as obras do autor, gosto sobretudo ~ que publicou ultimamente.

dábliu *s m* Nome da letra w. **Sin.** Duplo vê (+).

dação *s f* (<dar + -ção) **1** ⇒ doação. **2** *Dir* Entrega duma coisa em pagamento doutra que se devia.

dacnomania *s f Med* (<gr *dáknein*: morder + mania) Impulso mórbido que leva o doente a morder(-se).

dacolá *contr* (<de + acolá) De várias partes/ Dum lado e doutro. **Ex.** Chegaram(-nos) muitas notícias daqui e ~.

dacriadenite *s f Med* (<dácrio + adenite) Inflamação da glândula lacrimal.

dácrio *s m Anat* (<gr *dákryon*: lágrima) Ponto craniométrico na junção dos ossos lacrimal, frontal e maxilar superior.

dacriocistite *s f Med* (<dácrio + cistite) Inflamação do saco lacrimal.

dactilino, a [*Br* **da(c)tilino** (*dg*)] [**dactiloide**] *adj* (<dactil(o)-) «órgão» Em forma de dedo.

dactiliografia *s f* (<dactil(o)- + ...) Descrição das pedras preciosas ou de anéis gravados.

dactilioteca *s f* (<dactil(o)- + -teca) Armário/Museu com cole(c)ção de anéis, joias ou pedras preciosas (gravadas).

dáctilo [*Br* **dá(c)tilo** (*dg*)] *s m* Pé de verso latino ou grego constituído por uma sílaba longa seguida de duas breves.

-da(c)tilo- *pref/suf* (<gr *dáktylos*: dedo) Elemento de formação de palavras que exprime a ideia de dedo. ⇒ artiodáctilo.

da(c)tilografar (*dg*) *v t* (<da(c)tilo- + grafar) Escrever à máquina (+). **Loc.** ~ uma carta. ⇒ digit(aliz)ar.

da(c)tilologia (*dg*) *s f* (<da(c)tilo- + -logia) Linguagem/Alfabeto dos surdos-mudos. ⇒ quirologia.

da(c)tiloscopia (*dg*) *s f* (<da(c)tilo- + -scopia) Processo de identificação pelas impressões digitais «com finalidade criminológica».

dadaísmo *s m Arte* (<fr *dadaisme* <*dadá* (linguagem infantil) + -*isme*) Movimento literário e artístico criado em 1916 por Tristan Tzara (Poeta romeno de língua francesa) em Zurique e Nova Iorque como rea(c)ção contra a guerra e que pretendia abolir a literatura e a arte tradicional em geral.

-dade *suf* (<lat -(*i*)*tatis*; por ex. *bónitas,átis* = bondade) É a terminação dos *s f* e indica qualidade, estado ou cole(c)ção. **Ex.** Mortan~.

dádiva *s f* (<lat *dátiva*; ⇒ dar) **1** Oferta/Presente(+). **2** Dom. **Ex.** A humildade e o amor são ~s do céu [de Deus]. **3** Donativo(+) «em dinheiro»/Doação(+) «de sangue».

dadivar *v t* (<dádiva + -ar¹) Presentear(+); mimosear; dar presentes a (+). **Ex.** A avó anda [está] sempre a ~ os netos.

dadivoso, a (Vô, Vósa, Vósos) (<dádiva + -oso) Amigo de dar/Generoso. **Ex.** Foi sempre muito ~ [Levou uma vida ~a].

dado¹, a *adj/s m* (<lat *dátus,a,um* <*do,áre,dátum*: dar) **1** Oferecido/Gratuito/ Concedido. **Ex.** Compre os sapatos; por este preço é como se fossem ~s. **Prov.** *A cavalo ~ não se olha(m) o(s) dente(s)* [Não se põem [deve pôr] defeitos a uma coisa (que nos foi) oferecida]. **Loc.** *~ o caso que ele venha* [Se ele vier] «também o convidamos para o passeio». *~as estas* [Nestas] *condições* «eu não aceito o [não quero entrar no] negócio». *~ que* [Como] ele é médico «deve conhecer o remédio». *~ que assim é* [Se de facto é assim] «eu concordo». **2** Propenso/Inclinado. **Ex.** O pai dele é muito ~ a más leituras [ao vício do tabaco]. O meu filho é escritor, foi sempre muito ~ às letras. **3** Afável/Sociável. **Ex.** Ele é rico mas muito ~. É uma criança ~a com toda a gente, não estranha ninguém. **4** Escrito e datado. **Comb.** «alvará ~ em Lisboa aos nove de maio de 1680. **5** Algum/Certo/Determinado. **Ex.** A [Em] ~ momento vira-se para mim e diz(-me): você é um ladrão! **6** Elemento conhecido «para fazer um cálculo ou um juízo». **Ex.** Temos de ver primeiro (quais são) os ~s do problema. **7** *Fil* Coisa evidente/Fenó[ô]meno imediato. **Ex.** Isso não se pode negar, é um ~. **8** *Info* Informação disponível em computador.

dado² *s m* (<ár *dad*: jogo) **1** Obje(c)to geralmente cúbico [Pequeno cubo] usado em certos jogos, cujas faces estão marcadas com pintas – de um a seis. **Idi.** *Os ~s estão lançados* [Expressão utilizada quando, depois de grande hesitação, se toma uma decisão arriscada]. **Loc.** Jogar [Lançar] os ~s. **2** *Arquit* **a)** Elemento achatado, de se(c)ção quadrada, para base de coluna; **b)** Pedestal de escultura; **c)** ⇒ plinto.

dador, ora *adj/s* (<lat *dátor,óris*) **1** (Aquele) que dá. **Comb.** *~ de órgãos* «para transplante». *~ de sangue* «para transfusões». *~ universal* [cujo sangue pode ser transfundido em pessoas de grupo sanguíneo diferente]. **Sin.** Doador. **2** *adj* Ele(c)tri Imperfeito/Impuro. **Comb.** Átomo ~. *Centro*

dafnáceo, a *adj Bot* (<gr *dáphne*: loureiro) Diz-se de plantas a que também pertence o trovisco. **Sin.** Timeláceo; aquilariáceo.

daguerriótipo *s m* (<fr *daguerriotype* <antr *L. Daguerre* + *type*: tipo) **1** Antigo aparelho fotográfico que fixava as imagens obtidas na câmara escura em chapas de cobre. **2** Imagem reproduzida por ~. **3** *fig* Reprodução fiel/Descrição exa(c)ta.

daí Contr da prep *de* e do adv *aí*. **1** Desse Lugar. **Ex.** Saia ~! **2** Desde então [esse dia/momento]. **Ex.** ~ [De então(+)] para cá nunca mais o vi. **3** Disso/Por isso. **Ex.** E ~, concluí(mos) que o culpado não era [foi] ele.

daimiô *s m* (<jp *daimyó*: grande nome) Senhor feudal (+).

dala *s f* (<al *dal*: fossa) **1** Caminho num desfiladeiro. **2** *Mar* Calha ou cano que dá vazão à água e outros despejos do navio.

dalai-lama *s m* (<mongol *talai*: mar (de sabedoria) + tibetano *blama*: superior) Supremo guia espiritual (e político) do lamaísmo no Tibete.

dalém Contr da prep *de* e do adv *além*. **Ex.** Ele veio ~ a correr e caiu.

dalguém Contr da prep *de* e do pron indef *alguém*. **Ex.** Eu ouvi isso ~.

dalgum Contr da prep *de* e do pron indef *algum*. **Ex.** Dalguns sei eu o que o professor disse ~: que não estudavam nada!».

dali Contr da prep *de* e do adv *ali*. **1** Daquele lugar. **Ex.** ~ não conseguia ver o cantor [o palco]. **2** Daquele momento. **Ex.** ~ por diante [Depois (disso)] correu tudo bem [*idi* às mil maravilhas]!

dália *s f Bot* (<antr sueco *A. Dahl*) Planta ornamental da família das Compostas cultivada pela beleza das suas flores.

dálmata *adj/s 2g* (<lat *dálmatae,árum*) **1** Da Dalmácia, região da Croácia, na costa do mar Adriático. **2** *Zool* Cão grande de pelo fino branco e com pintas pretas ou castanhas.

dalmática *s f* (<dálmata + -ica) **1** *Hist* Túnica de mangas largas, originária da Dalmácia mas ado(p)tada pelos romanos. **2** Veste litúrgica de diácono.

daltónico, a [*Br* **daltônico**] *adj/s Med* (<antr *J. Dalton* + -ico) (O) que sofre de daltonismo.

daltonismo *s m Med* (⇒ daltó[ô]nico) **1** Incapacidade de distinguir certas cores. **2** *fig* Falta de capacidade para certos assuntos. **Comb.** ~ político.

dama *s f* (<lat *dómina*: senhora) **1** ⇒ senhora(+); dona; D. **2** Senhora nobre «da Corte». **Loc.** *Hist* Lutar [Competir] pela sua ~/amada. **Comb.** *~ da Corte/rainha/do paço* [Senhora que assiste a rainha]. *~ de honor/de honra/de companhia* [Menina que vai a acompanhar a noiva no dia do casamento]. *Primeira ~* [Mulher do Presidente]. **3** Mulher que dança em baile. **Comb.** ~s e cavalheiros. **4** Peça de xadrez e do jogo das ~s. **5** Carta de baralho (de cartas) com figura feminina. **6** *s f pl* Jogo para dois parceiros em tabuleiro com 64 quadrados pretos e brancos, em que cada jogador tem 12 peças, um as pretas e o outro as brancas, e em que ganha aquele que tomar todas as peças do outro.

damasco *s m* <top *Dimasq*, capital da Síria, cujos habitantes são os damascenos) **1** *Bot* Fruto do damasqueiro. **Sin.** Albricoque; alperc(h)e. **2** Tecido de seda encorpada. ⇒ adamascado.

damasqueiro *s m Bot* (⇒ damasco) Árvore da família das rosáceas; *Prúnus armeníaca*. **Sin.** Albricoqueiro/Alperc(h)eiro.

damasquilho *s m* (<damasco 2 + -ilho) Tecido adamascado, de seda menos encorpada do que a do damasco.

damasquinar *v t* (<damasquino + -ar¹) **1** Ornar (tecido, couro ou metal) com a técnica originária de Damasco, fazendo sobressair desenho em relevo. **2** Incrustar [Embutir] ouro ou prata num metal menos brilhante «ferro/aço/cobre»/Tauxiar. **3** *fig* ⇒ aperfeiçoar(-se).

damasquino, a *adj* (⇒ damasco) **1** Relativo a Damasco; damasceno. **2** Diz-se de arma branca damasquinada.

danação *s f* (<lat *damnátio,ónis*; ⇒ danar) **1** ⇒ fúria; ódio. **2** *Patol* ⇒ raiva(+) «de cão». **3** ⇒ condenação; maldição; castigo. **4** ⇒ diabrura.

danado, a *adj* (<danar) **1** *Patol* «cão/homem» Raivoso/Com raiva. **2** Furioso/ Zangado/Fulo. **Ex.** Ele ficou ~ com o sócio (da firma). **3** *fig* Amaldiçoado/Condenado/Mau. **Ex.** Ele [Isso] é uma alma [um homem] ~! **3** *pop* Diligente/Esperto. **Ex.** O meu filho é ~ [terrível(+)] para o negócio/ trabalho. **4** *col pop* Muito grande. **Ex.** No jogo de ontem tivemos uma sorte ~a. **5** *Br* ⇒ **a)** endiabrado/travesso; **b)** ⇒ valentão.

danaide *s f* (<gr *danaides*) **1** *Mit* gr Filha(s) de Dânaos. ⇒ grego. **2** *Ent* Uma espécie de borboleta. **3** *Mec* Uma roda hidráulica.

danar *v t* (<lat *dámno,áre,átum* <*dámnum*: dano, prejuízo, perda) **1** Transmitir a raiva. **Ex.** A dentada do cão raivoso dana a pessoa mordida. **2** Ficar furioso/todo zangado. **Ex.** O empregado danou-se (todo) com o patrão e queria-o matar! **3** ⇒ condenar. **4** Danificar/Corromper/Prejudicar. **Ex.** Os vícios danam o corpo e o espírito [e a alma]. **5** *Br pop* Ser extraordinariamente «bonita». **Ex.** Ele é rico pra ~. ⇒ danou-se.

dança *s f* (<dançar) **1** A(c)to de dançar. **Comb.** **~ de roda**. **~ folclórica**. **~ macabra** [da morte/dos mortos] «na Idade Média». **2** Baile(+). **Comb.** Passos de ~. **3** *fig* Movimento incessante. **Comb.** *Patol* ~ de São Vito ⇒ coreia(+). **4** Trabalhos/Questões/Trapalhadas. **Idi.** ***Entrar na ~.*** **a)** Participar em algo; **b)** Ser tema [obje(c)to] de comentários. **Ex.** Então você também entra na dança? «tenha cuidado!».

dançador, eira *adj/s* (<dançar) (O) que dança ou que gosta de dançar. ⇒ dançarino.

dançante *adj 2g* (<dançar + -ante) **1** ⇒ dançador. **2** Que é para dançar. **Comb.** Chá ~ [a meio da tarde, com baile, e em que se servem chá e bolos].

dançar *v t/int* (<fr *an dintjan*: mover-se) **1** Mover-se com ritmo e alegria ao som de música. **Ex.** Eu gosto muito de ~. **Loc.** ~ uma valsa. **Idi.** **~ conforme a música** [(Saber) adaptar-se às circunstâncias/ao agir dos outros]. **Sin.** Bailar. **2** *fig* Mover-se/Balançar. **Ex.** O mar estava um pouco agitado e o barco dançava nas ondas. **Loc.** ~ [Saltar(+)] de [com a] alegria. ~ na corda bamba. **a)** Equilibrar-se «o saltimbanco» em cima duma corda no ar; **b)** *idi* Ver-se em apuros/Correr grande risco. **3** ⇒ «o pião» girar/rodar/andar.

dançarino, a *s* (<dançar + -ino) Dançador[deira] de profissão. **Sin.** Bailarino/a(+).

danceteria *Br* ⇒ discoteca(+).

dândi *s m* (<ing *dandy*: elegante, janota) **1** Homem que veste com elegância/Janota(+). **2** *depr* Vaidoso/Peralta(+).

dandinar *v int* (<fr *dandin*) **1** Mover-se com afe(c)tação «a cumprimentar». **2** Caminhar como um dândi, com ostentação. **3** ⇒ exibir(-se).

dandismo *s m* (<dândi + -ismo) Afe(c)tação elegante de dândi/Janotismo.

danês, esa *adj/s* ⇒ dinamarquês/Dinamarca.

danificação *s f* (<danificar) A(c)ção de causar qualquer dano ou estrago. **Comb.** A ~ das culturas «vinhas/arrozais/pomares pela tempestade de granizo/saraiva».

danificador, ora *adj/s* (<danificar) (O) que danifica [causa estragos].

danificar *v t* (<lat *damnífico,áre,átum* <*damnum + fácio*) Causar dano. **Ex.** A geada danificou [Com a geada danificaram-se] os cafezais. **Sin.** Estragar.

danífico, a *adj* (<lat *damníficus*) ⇒ daninho(+).

daninhar *v t/int Br* (<daninho + -ar¹) **1** ⇒ danificar(+). **2** «criança» Fazer diabruras/travessuras/Traquinar.

daninho, a *adj* (<dano + inho) **1** Que causa dano/Que danifica/Nocivo. **Comb.** «arrancar as» Ervas ~as. **2** *Br* «criança» Que faz diabruras. ⇒ daninhar 2.

dano *s m* (<lat *dámnum,i*) **1** Prejuízo/Estrago/Perda. **Ex.** Com o terramoto a casa sofreu muitos ~s. A fruta não sofreu qualquer [nenhum] ~ no transporte. **Comb.** ~s **colaterais** [Prejuízos involuntários causados a civis em operações militares]. **2** *Dir* Qualquer prejuízo ou diminuição nos bens jurídicos de uma pessoa. **Comb.** **~ emergente** [Perda pecuniária por não cumprimento de um contrato]. **Perdas e ~s** [Prejuízos morais e materiais decorrentes de a(c)tos ilícitos].

danoso, a (Ôso, Ósa, Ósos) *adj* (<lat *damnósus* <*dámnum*) **1** ⇒ daninho/nocivo. **2** Que causa grande dano ou ofensa. **Comb.** Uma inundação **de consequências ~as**. **Uma mentira ~a**/dolosa(+).

danou-se *Br interj* (<danar 5) Maravilhoso!/Que maravilha! **Ex.** O Brasil (é) tetracampeão! – ~!

dantes *adv* (<de + antes) **1** Antigamente/Nesse tempo. **Ex.** ~ é que era bom, havia mais paz e amizade! **2** Anteriormente/Antes. **Ex.** «os portugueses foram» "Por mares nunca ~ navegados" (Luís de Camões).

dantesco, a (Tês) *adj* (<antr Dante, poeta it) **1** Relativo a Dante (1265-1321) ou à sua obra. **2** *fig* Grande e temeroso «como a descrição do inferno na "Divina Comédia"». **Comb.** Um espe(c)táculo ~.

danubiano, a *adj* Relativo ao rio Danúbio e às regiões por ele banhadas/atravessadas.

Daomé *s m Hist* ⇒ Benim.

daquele, a (Êle, Éla) **1** Contr de *de* e *aquele*. **Ex.** Eu gosto deste «vestido» e ~. **2** Fora do comum/Grande. **Ex.** Ele, zangado, deu-lhe um murro ~s [murro *idi* que não te digo nada]!

daquém Contr de *de* e *aquém*. **Comb.** «já viajei por terras» ~ e dalém mar.

daqui **1** Contr de *de* e *aqui*. **Ex.** Eu vou para o Brasil ~ a três meses «e fico lá». **2** Muito bom. **Ex.** Este vinho é [está] mesmo ~ [*idi* de trás da orelha]!

daquilo Contr de *de* e *aquilo*. **Ex.** «fa(c)to/negócio» não diga nada (a ninguém)!

dar *v t/int* (<lat *do,áre,átum*; ⇒ dado¹,a) **1** Entregar/Doar/Oferecer alguma coisa. **Ex.** "Dai a César o que é de César e a Deus o que é de Deus" (Jesus Cristo). Quantos anos me dá [pensa que eu tenho]? Quem me dera ver o meu filho (chegar a) doutor! O meu pai deu-me um carro. **Loc.** **~ ajuda a** [Ajudar] alguém. **~ os bons-dias** [Dizer: bom-dia!]. **~ de comer** «à criança/ao doente/ao velhinho». **~ importância** «ao problema/assunto/às pessoas». **~ instruções** [ordens] aos empregados. *idi* **~ a mão a)** Ajudar; **b)** Prometer casamento. *idi* **~ parte de** [Mostrar-se/Ser] **fraco**. **~ (a) razão ao filho** [Dizer que o filho está certo]. **~ a saber** [Informar]. **~ a vida pelo país** [para salvar o amigo]. **Ir de mãos dadas** [Caminhar dando a mão um ao outro]. **Idi.** **~ a alma ao Criador** [Morrer]. «parede» **~ de si** [Ceder/Baixar] «e o telhado entortar». **~ graxa**/Passar manteiga [Adular]. **~ à luz a)** Ter um filho/«vaca» Parir; **b)** Publicar [~ à estampa] «um livro». **~ a mão à palmatória** [Reconhecer um erro]. «é preciso» **~ tempo ao tempo** [Ter paciência/(Saber) esperar]. **Não ~ o braço a torcer** [Querer ter sempre razão]. **2** Fazer. **Ex.** O dicionário vai ~ [ter] duas mil páginas. Não, assim [dessa maneira], não dá [não resulta/não resolve]. **Loc.** **~-se a conhecer** [Dizer quem é] (Ex. «não sei quem é» Ele não se deu a conhecer...). **~ ajuda a** [Ajudar] alguém. **~ andamento ao** [Resolver o] **assunto**/negócio. **~ o exemplo aos** [Ser o exemplo dos] filhos. **~ lugar a** [~ motivo para] suspeitas. **~-se ao luxo de** «ter cinco carros». **~** [Causar] **a morte**. **~ muitas voltas a)** Ir a muitos lugares «à procura da criança desaparecida»; **b)** Passar por [Ter] muitas alterações/vicissitudes (Ex. A vida das pessoas dá muitas voltas!). **~ um passeio** [Passear]. **~ um parecer** [Opinar/Dizer]. **~ trabalho** [Ser difícil/custoso] «criar nove filhos». **~ um trambolhão** «a grande tombo». **Idi.** **~ corda/trela/confiança** [Estimular a/Deixar falar] (Ex. Deste-lhe corda, agora aguenta, a [essa] mulher nunca mais se cala!). **3** Trocar. **Ex.** Daria tudo para sair desta situação tão complicada [deste aperto]. Dê-me dois quilos de carne. **Loc.** **~ uma fortuna pela casa** [Comprá-la caríssima]. **Idi.** «é mau/preguiçoso» **Não dou nada por ele** [Não confio nele/Não espero nada dele]. **4** Ter/Produzir/Emitir. **Ex.** Esta terra dá muito arroz. A fonte dá pouca água. Deu-me [Senti] uma dor muito forte nas costas. **Loc.** **~ cheiro** [«a flor» Cheirar]. **~ um espirro** [Espirrar]. **~ gritos** [Gritar]. **5** Sair/Resultar/Acontecer/Chegar. **Ex.** O negócio não deu (certo). Veremos em que vai ~ isto [este trabalho]. Esta rua vai ~ à (praça da) estação do metro/ô. O cadáver deu [veio ter] à costa. **6** Ser suficiente/Chegar/Bastar. **Ex.** Olhe que esse bolo só não vai ~ para todos! **7** Mover-se/Andar/Tocar/Bater. **Ex.** Deram [Soaram] as nove (horas) no relógio da igreja. **Loc.** «caminhar com o rabo» **A ~ a ~** [Saracoteando-se]. **~** [Bater] **com a cabeça na parede**. **~ com o nariz no chão** [Cair de bruços]. «o sol» **~ (mesmo) na cara**. **~ ao dente/queixo** [Comer] (Ex. Ele não para de ~ ao dente). **~ entrada** [Entrar] no hospital. **~ uma lambada** [Bater com a mão a alguém na cara]. «o barco» **~/Encalhar num** [Ir contra um] **recife**. **Idi.** **~ à língua** [Ser indiscreto/Revelar um segredo]. **Ter a barriga a ~ horas** [Estar com/Ter fome]. **8** **~ com**/Encontrar/Descobrir. **Ex.** A polícia já deu com o fugitivo. Não encontro [dou com] a chave do carro. **9** **~ em**/Resultar. **Idi.** **~ em droga/em águas de bacalhau** [Malograr-se/Não resultar]. **~ nas vistas** [Chamar a atenção «e surpreender ou escandalizar»] (Ex. A bebedeira e o comportamento do ministro deram muito nas vistas). **10** **~ para**/Servir. **Ex.** Ele não dá [não tem qualidades] para chefe. Daqui não dá para ver o cantor [os a(c)tores], tem muita gente à frente. **Loc.** «janela» **~ para a rua** [o mar]. «salário» **Não ~ para viver** [Não chegar para os gastos da casa]. **Idi.** **~ para trás a)** Repreender «o atrevido»; **b)** «negócio» Piorar/Falhar. **11** **~ por**/Considerar. **Ex.** Tirei-lhe o copo da mão, mas ele estava tão bêbedo que nem deu por ela [que nem viu]. **Loc.** **~ por bem empregado** «o gasto/dinheiro/esforço» [Considerar/Pensar que foi bom, que valeu a pena]. **~ por concluído** [Terminar] «o trabalho». **Idi.** **~ por paus e pedras** [Ser contra/Enfurecer-se]. **12** Dar-se **a)** Ocorrer. **Ex.** O descobrimento do Brasil por Pedro Álvares Cabral deu-se [foi] em 1500. Aqui deu-se [travou-se] a batalha de Aljubarrota, em que os portugueses infligiram uma grande derrota aos castelhanos; **b)** Importar-se. **Ex.** Isso pouco me importa [pouco se me dá]. **Idi.** *Isso tanto se me dá como se me deu* [Isso não me importa absolutamente nada]; **c)** Sentir-se bem/Gostar. **Ex.** Eu dou-me bem com a dieta «que o médico me indicou». Ele dá-se bem na cidade e na aldeia. Esta criança dá-se com [gosta de] toda a gente. Eles não se dão [não falam um com o outro/*idi* não se gramam]. **Loc.** **~-se** [Cair na] **conta** [Sentir/Ver] (Ex. Não me dei conta de que o prazo do pagamento já passara); **d)** Considerar-se. **Loc.** **~-se ares de importante** [Ser vaidoso/orgulhoso]. **~-se por vencido** [Aceitar a derrota]. **Idi.** *Não se ~ por achado* [Não reagir/Fingir que não é culpado] (Ex. Eu disse que um dos sócios tinha desviado [roubado] dinheiro mas ele não se deu por achado). **13** *Br* ⇒ prostituir-se.

dardejante *adj 2g* (<dardejar + -ante) **1** Que dardeja. **2** Cintilante(+). **Comb.** Um brilho ~. **3** *fig* Colérico. **Comb.** Olhar [Rosto] ~.

dardejar *v t/int* (<dardo + -ejar) **1** Arremessar/Lançar dardos. ⇒ flechar; disparar; atirar. **2** *fig* Lançar com um dardo. **Ex.** A serpente não parava de ~ a língua. **Loc.** ~ impropérios [palavras iró[ô]nicas/insultos]. **3** Cintilar/Faiscar. **Ex.** O sol dardejava (n)o areal/(n)a areia.

dardo *s m* (<fr *dard*: arma de arremesso) **1** Arma de arremesso em forma de lança, atirada por corda e arco bem esticados. ⇒ flecha; seta. **2** *(D)esp* Haste de madeira com uma ponta de ferro aguçada para lançamento em corrida. **Ex.** O lançamento de ~, que já figurava nos antigos jogos gregos, faz parte do pentatlo. **3** *fig* Ferrão(+)/Aguilhão «da abelha»/Língua «da serpente». **4** *fig* Palavra que fere. **Ex.** Aquela calúnia foi um ~ ao coração «da fiel esposa».

dares *s m pl* (<dar) Só *us* na loc ~ e tomares [Desavenças/Zangas] (Ex. Eles tiveram os seus ~ e tomares (um com o outro) mas já são outra vez amigos).

darma *s m Fil* indiana (<sân *dharma*: aquilo que está estabelecido) Lei/Natureza/Costume.

daroês *s m* ⇒ dervis [dervixe].

darwinismo (ru-i) *s m Biol* (<ant C. R. Darwin + -ismo) Teoria de Darwin (1809-1882) que explica a evolução das espécies pela sele(c)ção natural, consequência da luta pela vida.

darwinista (ru-i) *adj/s 2g* **1** Relativo a Darwin ou à sua teoria. **2** Pessoa que defende o darwinismo.

dasimetria *s f* (<gr *dasys*: denso + -metria) Medida da densidade do ar nas várias camadas da atmosfera.

data *s f* (<lat *dátus,a,um* <*do,áre,átum*: dar, fixar um dia) **1** Ano (, mês, dia) dum fa(c)to. **Ex.** A ~ mais provável da chegada dos portugueses ao Japão é 23 de setembro de 1543. Eu sou mau para [Custa-me fixar] ~s. **Comb.** ~ *de nascimento*. *Carta sem* ~. *As principais* ~*s da* História de Portugal. **2** Tempo/Altura/Época. **Ex.** Nessa ~ ainda não havia aviões. Somos amigos de longa ~ [há/faz muito tempo]. **3** *fig* Grande quantidade. **Ex.** Isso já foi há [faz] uma ~ de anos! **Comb.** *Uma ~ de* [Muita] *gente*. *Uma ~ de* [Muitas] *vezes*. **4** *Br* ⇒ mina [jazida] de ouro/de pedras preciosas.

datação *s f* (<datar + -ção) **1** O pôr [colocar/escrever] a data. **2** O descobrir a data de algo. **Comb.** ~ por radiocarbono [por carbono 14].

datador, ora *adj/s* (<datar + -dor) (Aquilo) que imprime a data. **Comb.** Aparelho [Carimbo] ~.

datal *adj 2g* (<data + -al) Que diz respeito a data.

datar *v t/int* (<data + -ar) **1** Pôr/Colocar/Escrever a data. **Ex.** O (seu) documento não está datado... **Loc.** ~ a carta. **2** Descobrir a data/Fazer a datação **2**. **3** Ser/Existir. **Ex.** O gosto dele pelas línguas data dos [desde os] tempos da escola. A (lei da) abolição da escravatura no Brasil data de 1888.

datilino/datilografia/datilioteca/datilografar/datilologia/datiloscopia ⇒ dactilino/...

dativo *adj/s m* (<lat *datívus*: que dá <*do,áre,átum*: dar) **1** *Gram* Nas línguas que têm declinação «latim», caso cuja função mais comum é a de complemento indire(c)to do verbo. **2** *Dir* Nomeado ou dado pelo juiz e não por lei. **Comb.** Tutor ~ «de menor».

d.C. Abrev de *depois de Cristo*. **Ex.** 2015 d.C. **Ant.** a.C.

de *prep* (<lat *de* «*mea voluntate*») **1** Posse/Pertença. **Ex.** ~ quem é este carro? – É do professor [da escola]. Eu sou do (clube de futebol) Corínthians. **Comb.** *A baía ~ Guanabara* (Rio de Janeiro). *Atitude ~ desafio*. *Habitante ~ Lisboa* [Lisboeta(+)]. *Sinal ~ alegria*. *Vida ~ casado* [solteiro]. **2** Comparação. **Ex.** Tu és mais esperto [maroto] do que eu pensava!... **Comb.** *O maior ~ todos* «os melões». *Mais ~ mil pessoas* «na festa». «crianças com» *Menos ~ dez anos*. **3** Agente da passiva/Por. **Ex.** Ele é admirado ~ [por] todos. Perseguido do [pelo] inimigo, o soldado acabou por ser morto a [com um] tiro. ⇒ **6**. **4** Tempo/Lugar/Origem/Modo. **Ex.** Eu cheguei ~ Brasília hoje ~ manhã. Não beba do meu copo! ~ São Paulo a(té) Manaus, por estrada, são quase 4000 km. Ele telefona (para nós) só ~ tempos a tempos [só raramente]. **Loc.** *~ dia* [noite]. *Cair ~ de costas*. *Deitar-se* [Dormir] *~* [para o] *lado*. *Estar doente* [*~ cama*]. *Estar ~ luto*. *Ir ~ avião*. *Ir* (vestido/a) *~ branco*. **5** Constituição/Com/Matéria. **Loc.** *Alimentar-se ~ carne*. *Caminhar ~ braço dado*. **Comb.** «cobra» *~ dois metros*. «jovem» *~ 15 anos*. *Cadáver tre[a]spassado ~ balas*. *Copo ~ leite*. *Mesa ~ madeira*. *Moça ~ cabelo loiro*. **6** Por causa de. **Loc.** *Chorar ~ alegria*. *Cair ~ cansaço* [por estar muito cansado]. *Morrer ~ fome* [doença]. **7** Entre. **Comb.** Um ~ nós «tem de ser o cozinheiro». Uma das três candidatas. O atleta dos atletas [O melhor atleta]. **8** Acerca de/A respeito de/Sobre. **Ex.** ~ que te queixas? Só falámos [dissemos] bem de ti. **Loc.** Falar ~ alguém [do Brasil]. **Comb.** Livro ~ arte [história/medicina]. **9** Para. **Comb.** *Máquina ~ lavar*. *Sala ~ jantar*. **10** Várias locuções, expressões e verbos. **Ex.** Tenho ~ [que] vencer na vida! Hei de ganhar «o jogo»! Pobre ~ mim! O pobre do homem até chorava! O danado [esperto] do miúdo! O safado do vendedor «que me enganou/roubou»! **Loc.** *Acusar alguém ~* (ser) *ladrão*. *Falar ~ maneira* [forma/sorte/modo] *que* se oiça. *Ficar ~ pé* «por respeito». **Comb.** *~ repente* «caiu». «vejo ali» *Algo ~ misterioso* [importante/perigoso]. *Apesar ~* (estar) *fraco* «foi trabalhar». *Cansado ~ trabalhar*. *Incapaz ~* fazer mal a alguém. *Perto ~ mim* [minha casa].

de- *pref* (<lat *de* «*-fício*») Significa **a)** Privação (Ex. Demente/Depenar); **b)** Diminuição (Ex. Decair/Decrescer/Diminuir); **c)** Acabamento (Ex. Definir/Defumar/Decidir). **Sin.** Des-; ab-.

dê *Gram* (Modo) imperativo do *v* dar. **Ex.** ~-me o recibo, por [,se faz] favor. ⇒ d.

dealbar *v t/int/s* (<lat *deálbo,áre* <*de + albus*: branco) **1** Branquear/Aclarar. **Ex.** A lua dealbava tudo em volta, uma linda noite de luar! **2** Surgir/Começar. **Ex.** O dia dealbou prometendo calor. **3** *s* Começo/Alvor(es). **Loc.** Ao ~ do dia [Ao romper da alba]. No ~ [começo/Nos alvores] da civilização/história.

deambulação *s f* (<lat *deambulátio,ónis*) A(c)ção de deambular/Passeio(o+)/Digressão(+).

deambular *v int* (<lat *de-ámbulo,áre,átum*) Passear(+)/Vaguear.

deambulatório *adj/s m* (<deambular + -ório) **1** Relativo a deambulação. **2** *fig* ⇒ errático. **3** *Arquit* **a)** Galeria para passear «à volta da praça»; **b)** Galeria ou nave que rodeia o altar-mor de igreja/Abside(+).

deão, ã *s* (<fr *doyen* <lat *decánus*: comandante de dez soldados) **1** Chefe do cabido da Sé «de Braga, Portugal». ⇒ decano. **2** *s f col* A mais velha de um grupo de mulheres.

dearticular *v t* (<de + ...) Pronunciar ou articular com muita clareza. **Ex.** O médico dearticulou o nome do remédio.

debacle *s f* ⇒ colapso/derrocada/ruína; debandada.

debaixo *adv* (<de + ...) **1** Em lugar inferior. **Loc.** *~ da mesa*. «levar o livro» *~ do braço*. **Sin.** Por baixo. **Ant.** De [Em] cima. ⇒ abaixo. **2** *fig* Sob. **Ex.** Ele está às [sob as/~ das] minhas ordens. **Loc.** Ficar ~ da [Ficar coberto pela] terra. **Idi.** *Ter ~ da língua* [Estar quase (mesmo) a lembrar-se «do nome de alguém»].

debalde *adv* (<de + ár *batil*: em vão, por nada) Em vão; inutilmente. **Ex.** Tentei convencê-lo «a vir con(n)osco» mas em vão [mas foi ~/foi inútil]. **Loc.** Trabalhar ~ [sem resultado/proveito]. **Sin.** Embalde. ⇒ baldo/ar.

debandada *s f* (<debandar + -ada) Fuga geral/desordenada. **Ex.** Ao verem (vir) a polícia, foi (um)a ~ geral [«os manifestantes» fugiram todos].

debandar *s t/int* (<de + bando + -ar[1]) Fugir desordenadamente/Ir embora/Sair. **Ex.** Já não está ninguém na sala? – Não, debandaram todos.

debate *s m* (<debater) **1** Troca de ideias para esclarecimento. **Comb.** «no Parlamento» *~ na especialidade* [sobre cada artigo de uma (proposta de) lei]. *~ na generalidade* [sobre todo o texto de um proje(c)to ou proposta de lei]. **2** ⇒ concurso «de retórica, na escola». **3** ⇒ discussão.

debater *v t/int* (<de- + lat *bá(t)tuo,túere*: bater, ferir) **1** Trocar ideias. **Loc.** ~ o assunto [a (proposta de) lei]. **2** ⇒ discutir. **3** ~-se/Agitar-se muito para se libertar «do perigo». **Ex.** A fera, atingida pela bala e caída no chão, debatia-se para se levantar. Na nossa empresa debatemo-nos com [temos] sérios [grandes] problemas.

debelação *s f* (<debelar) **1** Vitória em luta armada. **2** Destruição/Erradicação. **Comb.** ~ da epidemia «de dengue».

debelar *v t* (<lat *de-béllo,áre*: terminar vitoriosamente a guerra) **1** Vencer/Conquistar. **Loc.** ~ [Dominar/Reprimir] *uma insurreição*. *~ o país vizinho*. **2** Acabar com/Extinguir/Erradicar. **Ex.** ~ uma doença [epidemia/crise/um vício].

debentura *s f Econ* (<ing *debenture* <lat *débeo,ére,bitum*: dever «dinheiro» <*de + hábeo*: ter) ⇒ obrigação «ao portador».

debenturista *adj/s 2g* (⇒ debentura) ⇒ obrigacionista(+).

debicar *v t/int* (<de- + bico + -ar[1]) **1** Tirar com o bico. **Ex.** Duas pombas debicavam a [na] maçã. **2** *fig* Comer aos poucos/pouquinhos/Petiscar(+). **Ex.** Ele não come, debica. Hoje o meu marido, ao jantar, mal debicou a comida [, quase não comeu]. **3** *pop* Zombar de/Picar(+). **Loc.** ~ nos colegas.

débil *adj 2g* (<lat *débilis,e*) Fraco/Frágil. **Comb.** *~ [Atrasado] mental* **a)** Pessoa com insuficiência congé[ê]nita de desenvolvimento da mente/inteligência; **b)** *depr* Pessoa que toma atitudes pouco inteligentes/Estúpido/Imbecil/Idiota. *Corpo ~* [franzino/fraco/delicado]. *Luz ~* [fraquinha/mortiça/frouxa]. *Resultados ~beis* [diminutos/Poucos resultados]. *Saúde ~* [Pouca saúde]. *Vontade ~* [fraca]. **Ant.** Robusto; forte.

debilidade *s f* (<lat *debílitas,tátis*) Qualidade de débil. **Comb.** *~ física* [do corpo]. *~ mental* [Falta congé[ê]nita/natural de entendimento] (⇒ débil **Comb.**). *~ da vonta-*

de [do ânimo/do espírito]. **Sin.** Fraqueza. **Ant.** Força; robustez.

debilitação s f (<lat *debilitátio,ónis*) Perda gradual das forças. **Sin.** Enfraquecimento.

debilitador, ora [debilitante] adj (<debilitar) «clima» Que debilita.

debilitar v t (<lat *debílito,áre,átum <débilis*) Tornar débil/Enfraquecer. **Ex.** O trabalho e as doenças debilitaram-no muito. Debilitaram-se-me [Foram-se-me] as forças [Sinto-me muito debilitado/fraco].

debiloide (Lói) adj 2g depr (<débil + -oide) Um tanto [pouco] débil mental/Meio estúpido/imbecil/parvo. **Sin.** Paranoico(+).

debique s m (<debicar) **1** A(c)ção de debicar (das aves). **2** *fig* Zombaria/Alfinetada.

debiqueiro, a adj/s (<debicar + -eiro) **1** ⇒ biqueiro(+). **2** ⇒ zombeteiro(+).

debitar v t (<débito + -ar¹) **1** Regist(r)ar no débito. **Ex.** Pode [Faz favor de] ~ na minha conta. **2** ~-se/Ficar devedor. **Ex.** Debitei-me em 50.000 euros. **3** ⇒ fornecer «água/ele(c)tricidade»/débito **3**.

débito s m (<lat *débitum <débeo,ére,bitum <de + hábeo*: ter) **1** Aquilo «dinheiro» que se está a dever. **Sin.** Dívida(+). **Ant.** Crédito. **2** *com* Regist(r)o do que se paga. **3** *Fís* Quantidade de fluido [corrente «elé(c)trica»] numa unidade de tempo. **Comb.** ~ [Descarga] fluvial [Caudal do rio]. **Sin.** Vazão.

deblaterar v int (<lat *deblátero,áre,átum <de + blátero*: tagarelar) Falar com violência. **Ex.** Deblaterava contra as injustiças [a corrupção dos políticos]. **Sin.** Clamar(+).

debochado, a adj/s (<debochar) **1** Devasso/Libertino/«escritor» Desbocado. **Ex.** Ele é um ~, diz cada palavrão! **2** *Br* Trocista/Gaiato. **Comb.** «falou-me em» Tom [«e disse com» Voz] ~o/a.

debochar v t (<deboche + -ar¹) **1** Tornar devasso/Viciar. **2** ~-se/Viciar-se. **3** *Br* Zombar de/Troçar. **Ex.** Não deboche das minhas capacidades!

deboche (Bó) s m (<fr *débauche*) **1** ⇒ liciosidade/libertinagem/devassidão. **2** *Br* ⇒ zombaria/troça/caçoada/chacota.

debruado, a adj (<debruar) **1** Com debrum/orla. **Comb.** Alameda [Passeio] ~ [orlado/a] de flores. **2** *Br* Diz-se do cavalo cujo pelo tem listras brancas.

debruar v t (<debrum + -ar¹) **1** Pôr debrum «fita/enfeite/reforço». **Loc.** ~ a saia [o vestido]. **2** *fig* Rodear/Orlar. **Ex.** Um lindo pinhal debruava [orlava] a enseada. **3** *fig* Ornar/Apurar. **Loc.** ~ o discurso com [de] expressões poéticas.

debruçado, a adj (<debruçar) **1** Posto [Deitado] de bruços. **Ex.** Estava ~ na [no parapeito da] janela «a ver quem passa». **2** Diz-se de cavalo que não tem aprumadas as patas da frente.

debruçar v t (<de- + bruços + -ar¹) **1** Pôr de bruços. **Ex.** *fig* Os (salgueiros-) chorões debruçam [inclinam/vergam] os ramos sobre o canal. **Loc.** ~ a criança [o doente] para fazer um curativo nas costas. **2** ~[Inclinar]-se. **Loc.** *~-se muito da janela* para chamar o vizinho. *~-se sobre o doente* para o ouvir melhor.

debrum s m (<dobra?) Fita ou cairel para guarnecer ou reforçar a borda «de vestido». **Comb.** O ~ da gravura [da saia]. ⇒ orla; bainha; recorte «de foto».

debulha s f (<debulhar) Operação de separar [tirar] os grãos «de trigo/milho» da espiga. ⇒ malhada.

debulhadora s f *Mec* (<debulhar) Máquina de debulhar cereais/Malhadeira. ⇒ ceif(ad)eira-~.

debulhar v t (<lat *de-spólio,áre,átum*: espoliar, pilhar) **1** Tirar o grão «do trigo/milho» da espiga/Malhar. **Loc.** ~ [Comer] (grão a grão) uma romã. **Idi.** *~-se* [Ficar debulhado(+)] *em lágrimas* [Chorar muito]. ⇒ esbagoar; descascar. **2** *fig* Passar(+) (com os dedos) as contas do [Rezar o] rosário.

debulho s m (<debulhar) Pequenos restos da debulha, além do grão e da palha. ⇒ refugo.

debutante adj/s 2g (<fr *débutant*) **1** ⇒ estreante [principiante](+). **2** *Br* (Diz-se sobretudo de) moça que se estreia na vida social.

debutar v int (<fr *débuter*) **1** ⇒ estrear-se; ser apresentado em sociedade. **2** *Br* **a)** «moça» Estrear-se [Apresentar-se] na sociedade; **b)** «cavalo» Correr pela primeira vez no hipódromo/turfe.

debute s m (<fr *début*) ⇒ estreia/apresentação/entrada «como artista».

debuxar (Chár) v t (<fr an *deboissier*: talhar em madeira) **1** Fazer o debuxo de/Esboçar. **Loc.** ~ um rosto [retrato/monumento]. ⇒ delinear. **2** ⇒ idear; imaginar; representar. **3** ~-se. **Loc.** «o plano/proje(c)to» Começar a ~-se [representar-se/aparecer].

debuxo (Cho) s m (<debuxar) **1** Esboço «gráfico». **Comb.** ~ dum retrato. **2** Plano geral «de um romance»/Primeira reda(c)ção/Rascunho. **3** Chapa para estampar tecidos. **4** Estampa modelo para (fazer) bordados. **5** *pl* ⇒ floreio.

debye [D] (Dabái) s m *Fís* (<antr hol *P. Debeye*) Unidade de medida do momento do dipolo elé(c)trico, equivalente a 3,335 x 10⁻³⁰ coulomb-metro.

deca- *pref* (<gr *déka*: dez) Exprime a ideia de dez. **Ex.** ~edro.

década s f (<gr *dekás,ádos*: grupo de dez) **1** ⇒ dezena «de cadeiras». **2** Dez anos. **Comb.** A ~ de 90 [A última ~] do séc. XX. As "Décadas" do cronista português João de Barros. ⇒ decé[ê]nio.

decadáctilo, a [*Br* **decadá(c)tilo** (*dg*)] adj/s (<deca- + dáctilo-) **1** (Diz-se de) animal que tem dez dedos ou apêndices digitiformes. ⇒ decápode. **2** (Diz-se de) peixe que tem dez espinhas em cada nadadeira peitoral.

decadência s f (<de- **b**) + cair) **1** A(c)to, efeito ou época de decair. **Comb.** A ~ do Império Romano. **Sin.** Enfraquecimento. ⇒ queda. **2** Corrupção. **Comb.** A ~ dos costumes. **3** *Dir* ⇒ prescrição.

decadente adj 2g (⇒ decair) Que está em decadência. **Comb.** Sociedade ~.

decadentismo s m *Lit* (<decadente) Escola literária «francesa» dos fins do séc. XIX, próxima do Simbolismo, cara(c)terizada pelo culto da forma e do estilo requintados e por uma atitude pessimista em relação aos tempos modernos.

decaedro s m *Geom* (<deca- + gr *hédra*: base, face) Poliedro limitado por dez faces/lados.

decagonal adj 2g (<decágono + -al) Referente ao decágono. ⇒ decangular.

decágono s m *Geom* (<gr *dekágonos*) Polígono de dez ângulos e dez lados.

decaído, a adj (<decair + -ido) Que decaiu. **Ex.** Ele agora está muito ~. ⇒ arruinado; decrépito; empobrecido.

decaimento (Ca-í) s m (<decair + -mento) ⇒ decadência.

decair v int (<de- **b**) + cair) **1** Entrar em decadência. **Ex.** Com a decadência da economia decaem também as artes. **2** Perder o vigor/Diminuir/Empobrecer/Estragar-se. **Ex.** O império romano decaía rapidamente [*idi* a olhos vistos]. Com o escândalo familiar, o prestígio do Presidente «da República» decaiu muito. Decaíram os costumes [a moral individual e pública]. **3** Pender/Baixar/Inclinar. **Ex.** No museu vi lindas tapeçarias a ~ das [expostas nas (+)] paredes. **4** *Dir* Ficar vencido/Perder. **Loc.** ~ da [Perder a (+)] demanda. ⇒ prescrever.

decalcar v t (<de- **c**) + calcar) **1** Reproduzir um desenho ou modelo mediante cópia feita em papel transparente sobreposto ao original. **Loc.** ~ um mapa. **2** *fig* Imitar (servilmente)/Copiar/Plagiar.

decalcomania s f (<fr *décalcomanie*) Arte de reproduzir quadros, calcando com a mão contra um papel, porcelana, etc., desenhos já estampados noutro papel, depois de se ter (h)umedecido um dos dois.

decalitro s m (<deca- + ...) Medida de dez litros.

decálogo s m (<gr *dekálogos*: dez leis) **1** Da Bíblia. **Comb.** O D~ de Moisés [As duas tábuas da lei/Os dez mandamentos (+)]. **2** *fig* Conjunto de dez princípios «políticos»/dez normas «da empresa».

decalque s m (<decalcar) **1** A(c)to de decalcar. **2** Coisa decalcada. **3** *fig* Imitação (servil)/Cópia/Plágio. **Ex.** A obra não tem nada de original, é um (puro) ~ de outra (já existente/publicada).

decâmetro s m (<deca + ...) Comprimento ou medida de dez metros.

decampar v int (de- + campo + -ar¹) **1** «exército» Mudar de acampamento. **Ant.** Acampar. **2** *fig* Retirar-se precipitadamente/Pisgar-se.

decanato s m (<decano + -at[d]o) Posição, dignidade ou qualidade de decano ou deão.

decândria s f *Bot* (<deca- + -andro + -ia) Décima classe de plantas, segundo sistema de Lineu, que se cara(c)teriza por ter flores hermafroditas e androceu decandro.

decandro, a adj *Bot* (<deca- + -andro) «planta/flor/androceu» Que apresenta [tem] dez estames livres e iguais.

decangular adj 2g *Geom* (<deca- + ...) Que tem dez ângulos. ⇒ decagonal.

decano, a s (<lat *decánus,i*: comandante de dez soldados) A pessoa mais antiga de uma classe ou corporação. **Comb.** O ~ do corpo diplomático «em Lisboa» ⇒ dire(c)tor «da Faculdade de Direito»; deão.

decantar¹ v t (<de- **b**) + lat *cánthus, i*: bico de vasilha, canto) **1** Passar um líquido «vinho» de uma vasilha para outra «para o clarificar, ficando sem borra/sedimento». **Sin.** Transvasar(+); transfegar. **2** *fig* Limpar. **Loc.** ~ a alma do sedimento dos vícios. **3** «rio» ~-se/Desaguar(+) (no mar).

decantar² v t (<lat *decánto,áre,átum <cánto*, frequentativo de *cáno,ere,cantum*: cantar) **1** Celebrar em verso/Cantar. **Ex.** Camões n'*Os Lusíadas* (de)cantou os feitos dos portugueses [as glórias de Portugal]. **2** Elogiar/Enaltecer(+). **Ex.** ~ a sua cidade [as virtudes do vinho].

decapagem s f (<decapar + -agem) A(c)to ou efeito de decapar. ⇒ desoxidação.

decapar v t (<de- **a**) + capa + -ar¹) Retirar a camada de qualquer substância que cobre a superfície de um corpo, deixando a nu a matéria de que é feito. **Ex.** A peça «grade de ferro da janela» estava enferrujada/oxidada mas foi decapada e pintada de novo. Decapámos a mesa e tornámos [voltámos] a envernizá-la.

decapitação s f (<decapitar) **1** A(c)ção de cortar a cabeça a um ser humano/Degolação. **2** *fig* Corte da parte superior «da planta». **3** *fig* O deixar [ficar] «a empresa» sem chefe [a(s) chefia(s)].

decapitar v t (<de- **a**) + cabeça + -ar¹) **1** Cortar a cabeça a/Degolar. **Loc.** ~ os traidores. **2** *fig* Privar do chefe. **Ex.** Preso o chefe, o movimento independentista [re-

volucionário] ficou decapitado. **3** *fig* Cortar a ponta (principal) «da árvore, para não crescer mais em altura».

decápode *adj/s 2g Zool* (<deca- + -pode) (Diz-se de) crustáceo «lagosta» ou molusco «lula» com dez patas ou tentáculos. ⇒ decadá(c)tilo.

decassílabo, a *adj/s m* (<deca- + sílaba) Que tem dez sílabas. **Ex.** Luís de Camões escreveu todo o poema "Os Lusíadas" em (versos) ~os «As armas e os varões assinalados».

decastéreo *s m* (<deca- + estere) Medida de dez esteres [de dez metros cúbicos] «para medição de madeiras».

decastilo *s m Arquit* (<deca- + gr *stýlos*: coluna) Edifício «templo grego» com dez colunas na fachada principal.

decatlo *s m (D)esp* (<deca- + gr *áthlon*: combate, luta) Conjunto de dez provas atléticas que tem por obje(c)tivo conhecer o decatleta, o atleta mais completo. **Ex.** O ~ inclui as corridas planas de 100, 400 e 1500 metros, a de 110 metros com barreiras, os saltos em altura, comprimento e à vara, os lançamentos do disco, do dardo e do peso. ⇒ pentatlo.

deceção (Cè) **[*Br* deceppção]** *s f* [= deceppção] (<lat *decéptio,ónis*: engano, embuste <*decípio,ere* <*de* + *cápio,ere*: tomar) Surpresa desagradável ou frustrante. **Ex.** Todos esperávamos que a nossa equipa ganhasse [vencesse] mas perdemos por 2 a 0; que ~! **Sin.** Desilusão; malogro.

dececionante (Cè) **[*Br* decepcionante]** *adj 2g* [= decepcionante] Que causa dece(p)ção. **Ex.** A derrota da (nossa) equipa foi ~ [deixou-nos dece(p)cionados/foi um dece(p)ção]!

dececionar (Cè) **[*Br* decepcionar]** *v t* [= decepcionar] (<deceção + -ar[1]) Causar deceção/Desiludir. **Ex.** A equipa perdeu por 2-0, dececionou-nos a todos.

decenal *adj 2g* (<lat *decennális,e* <*decem* + *anni*) **1** Que é para dez anos. **Comb.** Plano ~. ⇒ quinquenal; anual. **2** «celebração/jogos» Que se faz cada [de dez em] dez anos.

decenário *adj/s m* (<dezena + ário) **1** ⇒ decenal. **2** ⇒ decé[ê]nio. **3** Décimo aniversário «da empresa».

decência *s f* (<lat *decéntia*: conveniência, decoro <*décet*: ficar bem, convir; ⇒ in~) **1** Decoro/Compostura/Boas maneiras/Educação. **Ex.** Comporte-se sempre com ~ «à mesa». **2** Corre(c)ção moral/Honestidade. **Ex.** Sabia que eu estava à espera dele «e ao [com] frio» mas não teve a ~ de me telefonar! **3** Limpeza/Asseio. **4** Dignidade. **Ex.** O salário dava[chegava]-lhes para viver com ~.

decêndio *s m* (<lat *decem* + *dies*) (Período de) dez dias (+). ⇒ quinzena; semana.

decénio [*Br* decênio] *s m* (<lat *decénnium,ii*; ⇒ decenal) Período de dez anos. **Sin.** Década.

decente *adj 2g* (<lat *décens,éntis*: que convém) **1** Conveniente/Decoroso. **Comb.** Remuneração [Salário] ~/justa[o]. Vestido ~/decoroso. **2** Honesto. **Comb.** Pessoa ~/honesta/honrada/de confiança. **3** Recatado/Digno. **Comb.** Moça [Rapaz] ~. **4** Limpo/Asseado. **Comb.** Quarto [Casa] de banho [*Br* Banheiro] ~ e arejado.

decentemente *adv* (<decente + -mente) Com decência. **Ex.** Porte-se ~ à mesa [na reunião].

decepagem [decepamento] *s f* [*m*] A(c)to ou efeito de decepar.

decepar *v t* (<de- a) + cepo + -ar[1]) **1** Cortar cerce/completamente. **Loc.** ~ *a cabeça* [Decapitar/Degolar]. ~ [Amputar(+)] *um braço*. ⇒ mutilar. **2** *fig* Destruir/Interromper/Estragar. **Loc.** ~ (a unidade d)o partido «traindo o chefe ou matando-o».

deceppção/deceppcionante/deceppcionar ⇒ deceção/...

decerto *adv* (<de + certo) Por certo/(Muito) provavelmente/Certamente. **Ex.** ~ [Penso que] também virá ao casamento do primo.

deci- *pref* (<lat *décimus,a,um*: décimo; ⇒ deca-) Exprime a ideia de décima parte. **Ex.** Decilitro; decímetro.

decibel [dB] *s m Fís* (<deci- + bel) Unidade de medida da intensidade do som. **Ex.** O ~ é o som mais baixo que o ouvido humano pode captar; o mais alto é o de 130 decibéis. ⇒ néper.

decididamente *adv* (⇒ decidir) **1** De forma decidida/Resolutamente/Corajosamente. **Ex.** Avançou ~ para o adversário e deitou-o ao chão. **2** De maneira decisiva/Manifestamente(+). **Ex.** Ele está ~ louco por chegar a gerente da firma. ⇒ decisivamente.

decidido, a *adj* (<decidir) **1** Resolvido/Determinado/Definitivo. **Comb.** Assunto [Problema/Negócio] (já) ~. **2** Resoluto/Corajoso/Inabalável. **Comb.** Homem ~.

decidir *v t/int* (<lat *decído,ere,císum* <*de* + *caedo*: cortar) **1** Tomar uma decisão. **Ex.** Já decidi ir [que vou] ao Brasil. O tempo (, bom ou mau,) é que há de ~ se comemos (ou não) no jardim. Decidi comprar um carro. Temos de ~ rapidamente [já]. **Sin.** Resolver; optar. **2** Levar a/Obrigar a tomar uma decisão. **Ex.** O Presidente estava irresoluto mas a catástrofe decidiu-o a agir. **3** Solucionar/Resolver. **Loc.** ~ o negócio [assunto]. **4** Sentenciar/Mandar. **Ex.** O juiz decidiu o pleito. Ele é um tirano [orgulhoso/sabichão], decide tudo sozinho. **5** ~-se/Escolher. **Ex.** Ela decidiu-se pelo vestido mais caro; eu decido-me por [Eu escolho/compro] este (que é) mais barato.

decídua *s f Anat* (⇒ decíduo) Porção da mucosa uterina que se solta e é lançada para o exterior depois do parto. **Sin.** Caduca. ⇒ placenta.

decíduo, a *adj* (<lat *decíduus,a,um*: que cai <*décido* <*de* + *cádo*: cair) **1** *Biol* Diz-se de parte do organismo animal que cai naturalmente. **Comb.** Chifre [Dente] ~. ⇒ decídua. **2** *Bot* Diz-se de (parte de) planta. **Comb.** Árvore ~a [deciduifólia/de folha caduca]. *Cálice* ~o. *Folha* ~a/caducifólia.

decifração *s f* A(c)to ou efeito de decifrar/Compreensão.

decifrar *v t* (<de- c) + cifrar) **1** Ler a cifra «recebida na embaixada». **Sin.** Descodificar; ler o código. **2** Ler/Compreender uma coisa difícil. **Loc.** ~ uma carta ilegível [uma inscrição «tumular» antiga]. **3** Descobrir. **Loc.** ~ os mistérios [as maravilhas] do universo. **4** Adivinhar. **Loc.** ~ o futuro. **5** *Mús* Executar uma música à primeira vista.

decifrável *adj 2g* (<decifrar + -vel) Que se pode decifrar. **Ant.** In~.

decigrado [dgr] *s m Geom* (<deci- + grado[2]) Décima parte do grado.

decigrama *s m* (<deci- + grama[1]) Décima parte do grama.

decil *s m Estatística* (<deci- + -il) Cada um dos nove números duma série que dividem os indivíduos em dez grupos de igual frequência ou cada um desses grupos limitado por dois decis. **Ex.** O ~ mais pobre duma população são os dez por cento de menor renda.

decilitrar *v int Pop* (<decilitro + -ar[1]) Beber aos decilitros [muito e amiúde]. **Loc.** Andar pelos bares a ~.

decilitro *s m* (<deci- + ...) Décima parte do litro.

décima *s f* (<lat *décima (pars)*) **1** Décimo; 1/10; décima parte. **Comb.** Dois e três ~s [Dois vírgula três/2,3]. ⇒ fra(c)ção. **2** Dízima/Dízimo. **3** *Poe* Estrofe de dez versos.

decimal (È) *adj 2g* (<décimo + -al) **1** Relativo à décima parte. **Ex.** O número 2,3 é ~ (tem três décimas). **2** Que tem por base o número 10. **Comb.** O sistema ~ «métrico». ⇒ frac(c)ionário.

decimalizar *v t* (<decimal + -izar) Converter(-se) ao sistema decimal. **Ex.** A Inglaterra começou a ~ os seus sistemas de medidas mas a Escócia já se decimalizou.

decímetro [dm] *s m* (<deci- + ...) Décima parte do metro. **Comb.** ~ *cúbico* [1 dm^3/0,1 m^3]. ~ *quadrado* [1 dm^2].

décimo, a *num/s m* (<lat *décimus*) **1** Relativo a dez. **Ex.** Outubro é o ~ mês (do ano). **2** ⇒ décima 1.

decisão *s f* (<lat *decísio,ónis*) **1** A(c)to de decidir. **Ex.** A ~ já está tomada [feita]! **Sin.** Determinação; resolução. **2** Capacidade de decidir. **Ex.** Ele não é [não serve] para chefe, falta-lhe ~. **3** Coragem/Desembaraço. **Loc.** Lançar-se com ~ ao estudo. **Ant.** In~. **4** Sentença «do tribunal».

decisivamente *adv* (<decisivo + -mente) **Ex.** Ela disse ~ que não casava com ele. **Sin.** Definitivamente; na verdade. ⇒ decididamente.

decisivo, a *adj* (⇒ decidir) **1** Que decide. **Loc.** Ter capacidade ~a [de decisão (+)] «para (ser) chefe». **2** Determinante/Importante/Capital. **Ex.** A presidente teve uma a(c)ção ~a no Congresso de Medicina. **Comb.** Um acontecimento [jogo/momento/combate] ~. **3** Definitivo/Terminante/Claro/Categórico/Peremp[ren]tório. **Ex.** Quero uma resposta ~a, hoje!

decisor, ora *adj/s* (<decisão + -or) Que(m) decide. **Ex.** Eles são os ~es da empresa. O centro ~ é este [aqui].

decisório, a *adj* (⇒ decidir) **1** Com poder de decidir. **Comb.** Autoridade ~a. **2** *Dir* Só do juiz. **Ex.** Numa sentença, a parte ~a é obrigatoriamente manuscrita pelo juiz.

decistere [decistéreo(+)] *s m Fís* (<deci- + estere) Unidade de medida de lenha ou madeira equivalente à décima parte do estere/estéreo. **Ex.** O símbolo do ~ é dst.

deck *ing s m* ⇒ deque.

declamação *s m* (<lat *declamátio,ónis*) **1** Arte, modo ou a(c)to de declamar. **Comb.** ~ de uma poesia. Exercício [Treino] de ~. **2** Fala pomposa. **3** *fig* Palavreado oco.

declamador, ora *adj/s* (<lat *declamátor,is*) ⇒ orador; recitador.

declamar *v t* (<lat *declámo,áre,átum* <*de* + *clámo,áre*: gritar) **1** Falar com gestos e ento(n)ação. **Loc.** ~ [Recitar(+)] (uma) poesia. ⇒ pregar. **2** Discursar pomposamente. **Loc.** ~ o (seu) discurso. **3** Reclamar(+)/Vociferar/Inve(c)tivar/Ralhar. **Ex.** Zangado, começou (para ali) a ~ contra todos.

declamativo ⇒ declamatório.

declamatório, a *adj* (<lat *declamatórius*) **1** Em que há declamação. **Comb.** O talento ~ «de João Villaret». **2** Pomposo/Enfático/Empolado. **Comb.** Estilo [Tom] ~.

declaração *s f* (<lat *declarátio,ónis*) **1** A(c)ção de mostrar claramente o que se pensa. **Ex.** Muito me surpreende a ~ que acabo de ouvir! **Comb.** A ~ de amor «para namorar/casar». **2** O que se declara. **Loc.** Passar [Escrever] uma ~ «a dizer que aceita». **3** Afirmação/Comentário. **Ex.** O Ministro não prestou qualquer ~ [não quis fazer ~ões] aos jornalistas. **4** Depoimento/Manifesto/Inventário/Rol. **Comb.** ~ de bens [do que possui]. **5** *Dir* Expressão duma vontade, com valor jurídico ou definitivo. **Comb.** *A* ~ *de falência. A* ~ *de guerra. A*

~ da independência. A ~ de incompatibilidade (matrimonial). **A ~ de mudança de residência. A ~ de neutralidade. A ~ dos Direitos da Criança. A ~ Universal dos Direitos Humanos.**

declarado, a *adj* (<declarar) **1** Que se manifesta [se dá a conhecer]. **Ex.** Os valores ~s eram muito inferiores aos rendimentos. **Comb.** A doença [febre] ~a. **2** Evidente/Confessado/Grande. **Ex.** Eles são inimigos ~s [grandes inimigos/muito inimigos].

declarante *adj/s 2g* (<declarar) (Aquele) que declara oficialmente «em tribunal/que presta declarações «à polícia»». **Comb.** A entidade ~/depoente.

declarar *v t* (<lat *decláro,áre,átum* <*de + cláro*: tornar claro/luminoso) **1** Dizer claramente. **Ex.** Ela declarou que não pensava mudar de emprego. **2** Dizer oficialmente. **Loc. ~ aberta** [encerrada] *a sessão* «do congresso». **~** (alguém) *culpado.* **~ falência. ~ guerra. ~** (alguém) *herdeiro.* ⇒ decretar. **3** Dizer à autoridade. **Ex.** «ao turista na alfândega» Tem algo [artigos] a ~? **Loc.** Não ~ os rendimentos. **4 ~-se a)** Aparecer claramente. **Ex.** A doença [epidemia] declarou-se agora; **b)** Dizer claramente o que se pensa. **Ex.** O povo declarou-se «por votação» pela mudança de regime «de Monarquia para República»; **c)** Confessar o seu amor. **Ex.** O Carlos não teve coragem para se ~ à Carla.

declarativo, a *adj* (<lat *declaratívus,a,um*: que faz ver claramente) Que tem por fim declarar. **Comb. Frase ~a. Tom ~o.**

declaratório, a *adj Dir* (⇒ declarar) Diz-se de a(c)ção, cláusula, sentença ou a(c)to jurídico. **Ex.** Isto não é uma notificação, é um título ~.

declinação *s f* (<lat *declinátio,ónis*; ⇒ declinar) **1** *Gram* Conjunto de formas que nas línguas com flexão dos casos «latim/alemão», os nomes, adje(c)tivos e pronomes podem assumir. **Ex.** O latim tem cinco ~ões e cada ~ tem seis casos: nominativo, genitivo, dativo, acusativo, vocativo e ablativo. ⇒ conjugação (dos verbos). **2** ⇒ inclinação/descida. **3** ⇒ diminuição. **4** ⇒ declínio; decadência. **5** *Astr* Distância angular do equador celeste a um astro. **6** *Geog* Ângulo do meridiano magnético com o meridiano geográfico. **Comb.** ~ magnética [Desvio da agulha magnética da bússola em relação ao norte geográfico].

declinador *s m* (<declinar **3**) Aparelho que indica a declinação do plano de um quadrante em relação ao plano horizontal.

declinante *adj 2g* (<declinar) **1** ⇒ inclinado. **2** ⇒ decadente.

declinar *v t/int* (<lat *declíno,áre,átum*: desviar <*de + clíno,áre*: inclinar) **1** Recusar. **Ex.** Ele declinou [não aceitou] o convite. **2** Não reconhecer. **Loc. ~ a jurisdição do tribunal. 3** *Astr/Geog* Afastar[Desviar]-se de um ponto fixo. **Loc.** A agulha magnética [O astro] ~. **4** Inclinar. **Ex.** Além [Mais adiante] o terreno começa a ~/descer. **5** Diminuir. **Ex.** O calor do verão está a ~/baixar/diminuir. **6** Decair/Acabar/Desaparecer. **Ex.** O sol [dia] está a ~. O avô declina de dia para dia [O avô está cada dia [vez] mais fraco]. Depois o Império «Romano» foi sempre declinando. **7** *Gram* Flexionar. **Ex.** Decline o *s* "rosa", o *adj* "bónus,a,um" e o *pron* "ego". ⇒ declinação **1**; conjugar.

declinativo, a *adj* (<declinar + -ivo) Que tem declinações. **Ex.** O latim é uma língua ~a. ⇒ «palavra» declinável.

declinatória *s f* (<declinatório) **1** *Dir* A(c)to pelo qual se contesta [declina/recusa] a jurisdição de um tribunal (~ do foro) ou de um juiz. **2** Bússola de forma especial empregada em levantamentos ou medições topográficos.

declinatório, a *adj Dir* (<declinar **2** + -tório) Que é próprio para contestar a jurisdição de um tribunal ou de um juiz. **Comb.** Exce(p)ção ~a.

declinável *adj 2g* (<declinar **7** + -vel) Que tem flexão/se declina. **Ex.** Em alemão o *pron* é ~; em latim o *pron*, os *adj* e os *s* são todos ~veis.

declínio *s* (<declinar + -io) **1** Descida. **Comb.** O ~ [pôr] do sol/~ do dia. **2** Aproximação do fim/Decadência. **Comb.** *O ~ do Império Romano.* «estar já» *No ~* [fim] *da existência/da vida.*

declinómetro [*Br* **declinômetro**] *s m* ⇒ declinatória **2**.

declivar *v t/int* (<declive + -ar[1]) **1** Ficar declivoso/em declive. **Ex.** A berma da estrada está a ~ [é em declive(+)]. **2** Tornar declivoso/inclinado. **Loc.** ~ um pouco o aterro com o tra(c)tor.

declive *s m/adj 2g* (<lat *declívis,e*: inclinado <*de + clívus,i*: encosta) **1** ⇒ inclinado/declivoso. **2** Inclinação. **Loc.** Em ~ [Inclinado] (Ex. À direita [Do lado direito «de quem fala»], o terreno é em ~).

declividade *s f* (<declive + -(i)dade) (O grau de) declive(+). **Comb.** A ~ do telhado [terreno/da estrada].

declivoso, a *adj* (<declive + -oso) ⇒ inclinado/ladeirento.

decoada *s f* (<decoar + -ada) **1** ⇒ barrela(+) «da roupa». **2** Água fervida com cinzas, usada para vários fins «limpar metais».

decoar *v t* (<lat *decólo,áre,átum*: ir-se [passar] através do filtro <*de + cólum*: coador, filtro) Meter em decoada/Pôr em barrela/lixívia(+). **Loc.** ~ a roupa.

decocção (Có) *s f* (<lat *decóctio,ónis*; ⇒ decocto) **1** Operação de ferver num líquido uma substância «erva medicinal» para extrair dela os seus princípios a(c)tivos. **2** Líquido obtido por **1**. **Sin.** Decocto.

decocto (Có) *s m/adj* (<lat *decóquo,ére,cóctum*: fazer [pôr a] ferver <*cóquo*: cozer) (O) que foi obtido [feito] em decocção **1**/Decocção **2**.

decodificação/decodificar/decolagem/decolar ⇒ descodificação/...

de-comer *s m Br* ⇒ comida; comestível.

decomponente *adj/s 2g* (⇒ decompor) (O) que degrada substâncias orgânicas. **Comb.** Organismo ~. ⇒ decompositor.

decomponível *adj 2g* (⇒ decompor) Que se pode decompor/separar/dividir.

decompor *v t* (<de- **b)** + compor) **1** Separar os elementos de um todo/corpo. **Ex.** O prisma decompõe a luz solar em várias cores. **Loc. ~ uma palavra** [frase]. *Quím* ~ *um sal*. **2** Dividir para análise/Analisar(+). **Loc. ~ um romance** [poema]. **3** Corromper/Apodrecer. **Ex.** O veneno ingerido decompôs o corpo do suicida. O corpo da vítima [do homem assassinado] já estava a ~-se [em decomposição(+)]. **4** Alterar(+)/Mudar. **Ex.** A notícia decompôs[apagou/tirou]-lhe a paz habitual do rosto.

decomposição *s f* (⇒ decompor) **1** Separação/Divisão. **Comb.** *A ~ da luz* (solar) *num* [por um] *prisma. A ~ de um ve(c)tor.* **2** Alteração/Apodrecimento. **Comb.** A ~ do cadáver [da fruta caída]. **Ant.** Conserva(ção). **3** *fig* Desorganização. **Comb.** A ~ da sociedade [do corpo social].

decompositor, ora *adj/s* (⇒ decompor) (O) que transforma substâncias orgânicas noutras mais simples e estas em substâncias minerais reutilizáveis pelos produtores. ⇒ decomponente.

decomposto, a *adj* (<decompor) Que sofreu [teve] qualquer espécie de decomposição. **Comb.** *Cadáver ~o. Máquina ~a* [desmontada(+)]. *Rosto ~* [alterado(+)].

décor fr ⇒ decoração[1].

decoração[1] *s f* (<decorar[1] + -ção) Enfeite [Ornamentação] temporário[a] ou permanente. **Comb.** *A ~ da parede* [do te(c)to]. *A ~ da entrada* «da casa». *A ~ de interiores* (de casas). *A ~ mural* [das paredes/dum muro]. *As ~ões do presépio. A ~ das ruas* no Natal (⇒ iluminações).

decoração[2] *s f* (<decorar[2] + -ção) O decorar(+)/O aprender de cor [de memória]/A memorização.

decorador, ora *adj/s* (<decorar[1]) (O) que decora [faz decorações]. **Ex.** A decoração da casa foi entregue a uma ~ora de interiores.

decorar[1] *v t* (<decoro + -ar[1]) Ornamentar/Adornar/Enfeitar/Embelezar. **Loc. ~ o presépio** [a árvore de Natal]. **~ a sala** com quadros.

decorar[2] *v t* (<de **5** + c or[2] + -ar) Aprender e guardar na memória/Saber de cor/Memorizar. **Loc.** ~ a tabuada [os nomes dos alunos/uma poesia de Camões].

decorativamente *adv* (<decorativo + -mente) Segundo a decoração/Do ponto de vista decorativo. **Ex.** É [Está/Ficou] uma sala linda, ~ falando.

decorativo, a *adj* (<decorar[1] + -ivo) Que embeleza/ornamenta/(ad)orna. **Ex.** O Presidente é só [é apenas] uma figura ~a. **Comb. Artes ~as. Cerâmica ~a. Efeitos** [Resultados] **~os. Elementos** [Estruturas/Obje(c)tos/Partes] **~s**.

decoro (Cô) *s m* (<lat *décor[cus],óris*: o que convém, ornato, beleza, glória) **1** Respeito por si e pelos outros. **Ex.** «quero aqui respeit(inho)...» O [É preciso ter] ~ acima de tudo! **2** Corre(c)ção moral/Compostura/Decência. **Ex.** O Filipe, na festa, perdeu um tanto [um pouco] o ~ [, não se soube portar como devia].

decoroso, a (Rôso, Rósa, Rósos) (<lat *decorósus,a,um*) Conforme ao decoro/Decente/Honroso/Digno. **Comb.** Conduta [Comportamento] ~. **Ant.** In~; indigno; vergonhoso.

decorrência *s f* (<decorrer + ência) **1** ⇒ decurso/passagem(+) «do tempo». **2** Consequência(+)/Resultado(+). **Loc.** Na ~ de [Como consequência] (Ex. Na ~ de [Perante] tais fa(c)tos ele perdeu (toda) a reputação de homem honesto.

decorrente *adj 2g* (<decorrer + -ente) **1** Que está em curso/decorre/passa. **Ex.** Deve haver mudança de governo este ano [no ano ~]. **2** Consequente/Resultante. **Ex.** A falência da empresa resultou [foi ~] da má administração do gerente. **3** *Bot* Que se prolonga com aderências abaixo do nível da sua inserção [abaixo do lugar onde está pegado]. **Comb. Folha ~. Limbo ~** no pecíolo.

decorrer *v int* (<lat *decúrro,ere,cursum*: (descer a) correr <*de + curro*: (per)correr) **1** Passar-se «tempo». **Ex.** O dia (de)correu bem [sem problemas]. Decorreram [Passaram] vários anos até se descobrir a verdade. **2** Ter lugar/Passar-se/Desenrolar-se. **Ex.** O romance [filme] decorre [passa-se] numa pequena cidade do interior/da província. **3** Resultar de/Derivar de. **Ex.** O sucesso dos seus romances decorre [vem-lhe] do seu grande talento de romancista.

decorrido, a *adj* (<decorrer **1** + -ido) Que decorreu/passou/levou. **Loc.** Calcular o tempo ~ da viagem «e ver que já se está perto do destino».

decotado, a *adj* (<decotar) **1** Cortado na parte superior. **Comb.** Vestido [Blusa] ~. **2** Exposto por decote. **Comb.** Mulher ~a. Ombros ~os.

decotar *v t* (<de- **c**) + cortar) **1** Cortar na parte superior. **Loc.** ~ um vestido nas costas [só à frente]. **2** Usar peças de vestuário que deixam nua a parte superior do corpo. **Ex.** A mulher decotou-se para o baile [banquete]. **3** ⇒ podar/decepar «a ponta da árvore».

decote (Có) *s m* (<decotar) **1** Corte na parte superior do vestuário. **Comb.** ~ atrevido [discreto/elegante/redondo/quadrado]. **2** ⇒ poda(dela).

decremento *s m* (<lat *decreméntum,i*) Diminuição/Decréscimo. **Comb.** *Mat/Fís/Info* ~ logarítmico [Logaritmo natural da razão de duas amplitudes sucessivas do mesmo sinal, numa oscilação amortecida].

decrepitar *v int* (<de- **c**) + ...) Dar estalidos/Crepitar(+). **Ex.** Os cristais (de)crepitam quando lançados sobre o fogo. ⇒ estourar.

decrépito, a *adj* (<lat *decrépitus,a,um*) Muito velho/Em ruínas. **Comb.** Homem/Velho/Edifício ~. **Sin.** Arruinado; caduco.

decrepitude *s f* (<decrépito + -ude) Estado do que está muito velho e debilitado/e gasto. **Comb.** *A* ~ (própria) *da idade* [dos anos]. *O estado de* (avançada) ~ *da estátua* [do edifício]. **Sin.** Caducidade. ⇒ juventude.

decrescendo *s m* (<it *decrescendo*) **1** *Mús* Diminuição gradual da intensidade sonora num trecho musical/Diminuendo. **Comb.** O ~ do primeiro movimento. **Ant.** Crescendo. **2** Diminuição progressiva. **Loc.** Em ~/ [decréscimo(+)/A diminuir].

decrescente *adj 2g* (<decrescer + -ente) Que diminui progressivamente ou que vai do maior para o menor, do mais alto para o mais baixo, ... **Loc.** Colocar os números por ordem ~. **Comb.** *Mat* Progressão ~ [em que os termos vão sendo cada vez menores].

decrescer *v int* (<lat *decrésco,ere,crétum* <*de* + *crésco,ere*: crescer, incoativo de *créo,áre*: criar) Tornar ou ficar menor em tamanho, quantidade, valor ou intensidade/Diminuir(+). **Ex.** O tumor decresceu/diminuiu(+). Os negócios decresceram/baixaram(+).

decrescimento [decréscimo(+)] *s m* (<decrescer) Diminuição/Baixa/Redução de alguma coisa. **Comb.** O ~ da população [das receitas do Estado/da rentabilidade da fábrica]. **Ant.** Acréscimo; crescimento; aumento.

decretação *s f* (<decretar) A(c)ção de decretar uma lei/um decreto.

decretado *adv Br* ⇒ de propósito; intencionalmente.

decretal *adj 2g/s f* (<lat *decretális,e*) **1** Relativo a decreto. **2** *s f Hist* Carta com autoridade, enviada «a uma pessoa» pelo Papa para responder a uma questão mas com valor para outros casos iguais na Igreja. **Comb.** Cole(c)ção «Hispana, séc. VII» de ~ais.

decretalista *adj/s 2g* (<decretal + -ista) ⇒ canonista.

decretar *v t* (<decreto + -ar¹) **1** Ordenar/Mandar por lei. **Ex.** O Governo (já) decretou eleições [novos impostos]. **2** *fig* Decidir. **Ex.** A mãe decretou [disse(+)] que em casa é ela que(m) manda!

decreto (Cré) *s m* (<lat *decrétum,i* <*decérno, ere,crétum*: decidir, votar <*de* + *cérno*: passar pelo crivo, ver bem) **1** Ordem escrita da suprema autoridade. **Ex.** Saiu ontem um novo ~ do Governo. As pazes entre as pessoas (desavindas) não se fazem por ~. **Idi.** «não vou a essa reunião» *Nem por* ~ [De maneira nenhuma/alguma]. **Comb.** ~ *de arresto [de penhora]*. ~ *judiciário* [Decisão do tribunal/Sentença]. ⇒ ~-*lei*. ~ *regulamentar* [Diploma legislativo promulgado pelo Presidente da República e referendado pelo primeiro-ministro e pelo ministro competente]. **2** Vontade. **Ex.** Os ~s [desígnios(+)] de Deus [da Providência] são imperscrutáveis [são um mistério]! **Sin.** Desígnio(+).

decreto-lei *s m Dir* Decreto com força de lei emanado do poder executivo quando este acumula exce(p)cionalmente [anormalmente] as funções do legislativo.

decretório, a *adj* (<lat *decretórius,a,um*: decisivo, fatal) **1** Que inclui [tem a forma de] decreto. **2** Decisivo/Perigoso/Fatal. **Comb.** *Ano* ~ [climatérico/em que a vida corre perigo]. *Med Dias ~os* [críticos, em que se pode ver o bom ou mau resultado de uma doença].

decrua *s f* (<decruar) **1** Primeira lavra da terra. **2** Lavagem da seda crua. **3** Cozedura ligeira.

decruar *v t* (<de- **a**) + cru + -ar¹) **1** Dar [Fazer] a primeira lavra à terra. **2** Lavar a seda crua. **3** Cozer ligeiramente «os legumes».

decúbito *s m* (<lat *decúmbo,ere,cúbitum*: estar deitado/reclinado) Posição de quem está reclinado «à mesa como os romanos». **Comb.** ~ dorsal [lateral/ventral].

decumbente *adj 2g* (<lat *decúmbo,ere*: estar reclinado) **1** ⇒ deitado/reclinado. **2** *Bot* Diz-se de caule «da silva» que se inclina para o chão e alastra [e se espalha] pelo solo.

decupl(ic)ar *v t/int* (<décuplo) **1** Multiplicar por dez (+). **2** Ficar dez vezes maior. **Ex.** Desde então a população mundial decuplicou. Em dois anos a produção da nossa fábrica decuplicou!

décuplo *adj/s* (<lat *déclupus,a,um*; ⇒ dez) Dez vezes maior/mais. **Ex.** O investimento já rendeu o ~! Cem é ~ de dez (10 x 10 = 100).

decúria *s f* (<lat *decúria*) Grupo de dez «alunos/soldados». ⇒ dezena.

decurião *s m* (<lat *decúrio,ónis*) **1** *Hist* Chefe de decúria (romana). ⇒ centurião. **2** «numa escola» ⇒ bedel/monitor.

decurso *s m/adj* (<lat *decúrsus,a,um*; ⇒ decorrer) **1** Passagem (do tempo). **Ex.** Com o ~ dos anos [com o tempo] ganhou mais experiência. **2** Andamento(+). **Loc.** Planear o bom ~ da aula. **3** Sequência/Sucessão. **Ex.** O ~ [desenrolar(+)] dos acontecimentos deu-lhe razão. **4** Duração. **Loc.** Durante a [No ~ da] caminhada/conversa. **5** *adj* ⇒ «o tempo» decorrido(+).

dedada *s f* (<dedo + -ada) **1** Mancha [Sinal/Marca(+)] de dedo «no vidro do carro». **2** Algo apanhado com o dedo. **Loc.** Passar [Espalhar] uma (grande) ~ de creme na pele. **3** Toque com o dedo. **Ex.** Era [Dava] cada ~ nas teclas do piano!

dedal *s m* (<lat *digitális,e* <*dígitus*: dedo) **1** Utensílio usado no dedo para coser «e não se ferir [picar(+)] com a agulha». **2** *fig* Um pouquinho de líquido. **Ex.** Bebi só um ~ de vinho e fiquei toda vermelha! **3** *Bot* ⇒ dedaleira.

dedaleira *s f Bot* (<dedal 1 + -eira) Planta herbácea escrofulariácea de que se extrai a digitalina/Digital; *Digitális purpúrea*.

dedáleo, a *adj* (<dédalo + -eo) **1** Labiríntico(+)/Intrincado. **2** ⇒ artificioso; engenhoso.

dédalo *s m/adj* (<gr antr *Dáidalos*, arquite(c)to do labirinto de Creta) **1** Labirinto(+). **Idi.** *O ~ dum bazar árabe. O ~ das ruas* [do bairro] de Alfama (Lisboa). **2** *fig* Confusão. **Comb.** O ~ das leis [da legislação]. **3** ⇒ artificioso/dedáleo **2**.

dedeira *s f* (<dedo + -eira) **1** Resguardo de pano, couro ou borracha para proteger o(s) dedo(s). **2** *Mús* Peça presa ao polegar do violinista para tocar os bordões [as cordas grossas].

dedicação *s f* (<lat *dedicátio,ónis*; ⇒ dedicar) **1** Entrega total para servir os outros. **Comb.** A ~ aos filhos/doentes/idosos. **Sin.** Afeição. **2** Empenho/Aplicação. **Comb.** A ~ ao estudo/trabalho. **3** Consagração dum lugar a Deus. **Comb.** A ~ [sagração] da Basílica de S. Pedro «depois de construída», em Roma. **4** ⇒ dedicatória.

dedicado, a *adj* (<dedicar) **1** Afeiçoado/Devotado. **Loc.** Ser um amigo [pai/filho] ~. Ser muito ~ aos estudo [Ser «aluno» muito aplicado]. **2** Oferecido/Destinado. **Ex.** Esta poesia [canção] vai ser ~a aos pais. **3** Consagrado. **Comb.** Igreja «de S. Pedro» ~a ao culto (divino).

dedicar *v t* (<lat *dédico,áre,átum* <*de* + *díco,ere,díctum*: dizer) **1** Oferecer/Dar. **Ex.** Vou ~ esta canção à minha namorada [minha futura esposa]. ⇒ dedicatória. **2** Destinar a/Empregar em. **Loc.** ~ as manhãs ao estudo. **3** Ter. **Ex.** «esse senhor/visitante» Dedicou [Teve] sempre um grande amor ao nosso país. **Loc.** ~ (especial) atenção às crianças [aos jovens/idosos]. **4** Consagrar. **Loc.** ~ a capela a Nossa Senhora de Fátima. **5** ~-se **a)** Aplicar-se. **Loc.** ~-se à pintura [agricultura]; **b)** Servir com gosto/Entregar-se. **Loc.** ~-se toda [completamente] aos filhos; **c)** Oferecer-se. **Loc.** ~-se inteiramente a Deus [ao Senhor] «servindo os pobres/na vida religiosa».

dedicatória *s f* (<dedicar 1 + -tória) **1** Nota manuscrita «num livro» com a qual se homenageia a pessoa a quem é dirigida. **Ex.** Quero que me escreva aqui a ~ do seu romance. **2** Inscrição impressa, gravada ou esculpida numa obra de arte, através da qual o autor a dedica a alguém.

dedignar-se *v t* (<lat *dedígnor,ári* <*de* + *dígnor* <*dignus*: digno) Julgar indigno de si. **Ex.** O gerente [presidente] da firma falava [não se dedignava de falar] com todos os operários. ⇒ desdenhar; desprezar.

dedilhação[mento] *s Mús* (<dedilhar) **1** A(c)to de tocar com os dedos nas cordas ou teclas dum instrumento. **2** Indicação, por meio de algarismos, dos dedos que o executante «pianista aprendiz» deve usar para cada nota/Dedilhado.

dedilhar *v t Mús* (<dedo + -ilho + -ar¹) Tocar com os dedos cordas ou teclas dum instrumento. **Loc.** ~ *uns acordes* na viola [no acordeão]. ~ *uma sonata* ao piano. ⇒ tamborilar.

dedo *s m Anat* (<lat *dígitus,i*) **1** Cada um dos prolongamentos das mãos e dos pés. **Ex.** As pessoas têm cinco ~s em cada mão e em cada pé. As crianças contam pelos [com os] ~s. **Loc.** *A* ~ **a)** Cuidadosamente (Loc. Escolher a ~ os candidatos); **b)** Publicamente (Loc. Apontar a [com o] ~ o culpado). *Br Cheio de* ~s **a)** ⇒ confuso; **b)** ⇒ amaneirado/afe(c)tado. **Idi.** *Conhecer como a palma [como os ~s] da mão* [Conhecer muito bem]. *Contar-se pelos ~s* [Serem poucos] (Ex. Aqui os turistas contam-se pelos ~s [são poucos/raros]). *Estar de lamber os ~s* [Estar saboroso/gostoso/docinho] (Ex. O bolo estava de ...). *Ficar a chupar [chuchar] no ~* [Querer «ir à festa» mas não poder]. *Br Meter o ~* (⇒ nariz) *em tudo* ⇒ intrometer-se. *Meter os ~s pelos olhos* ⇒ impor «uma opinião». *Não levantar [mexer] um ~* [Não fazer nada]

«para ajudar um acidentado/sinistrado». *Não ver dois ~s adiante do nariz* [Ser estúpido/tapado/burro]. *Pôr* [Colocar] *o ~ na ferida* [Dizer/Apontar claramente o erro ou o ponto fraco de alguém]. *Ser como dois ~s da mesma mão* ⇒ (ser muito) parecido. «basta» *Ter dois ~s de testa* [Ser medianamente [um pouco] esperto] «para entender isto!». *Ter só que* [Bastar] *levantar o ~* «para ser (logo) obedecido». *fam Ter um ~ que adivinha* **a)** Adivinhar [Saber prever] um acontecimento; **b)** Saber tudo «falando a crianças» (Ex. Vês? (Olha que) eu tenho um ~ que adivinha «foste tu que sujaste a mesa»). «os ladrões assaltaram-me mas eu deixei-os roubar tudo, porque pensei:» *Vão-se os anéis, fiquem os ~s* [Salve-se o que é mais importante]. **Comb.** *~ ane*[*u*]*lar* [onde se põe o anel]. *~ auricular* ⇒ *~ mínimo*. *~s* [Unhas(+)] *hipocráticos*[as] [com as unhas recurvadas como garras]. *~ indicador* [índex]. *~ médio*. *~ mínimo* [*pop* mindinho]. *~ polegar* **a)** O ~ mais grosso da mão; **b)** O ~ grande do pé. ⇒ garra; unha; pinça; tentáculo; casco. **2** Pontas [~s (+)] da luva. **3** *fig* Intervenção/Poder/A(c)ção. **Ex.** «vendo o que a Madre Teresa fez pelos mais pobres» Vê-se aqui o ~ de Deus! **4** *fig* Pequena quantidade. **Idi.** *Dois ~s de* [Uma pequena] *conversa/Pouco conhecimento*. «só sei/tenho» *Dois ~s* [*col* Umas tintas/Pouco conhecimento] *de latim*. **5** *fig* Largura/Grossura dum ~. **Ex.** Só quero um ded(it)o [dois ~s] de vinho (no fundo do copo). **Comb.** Corda com *um ~ de grossura*. «calça/saia com» *Três ~s de bainha*.

dedução *s f* (<lat *dedúctio,ónis*; ⇒ deduzir) **1** *Fil* Modo de raciocinar [Raciocínio] que parte [vai] da causa para o efeito ou do princípio (geral) para as (suas) consequências. **Ant.** Indução. ⇒ ilação; inferência; silogismo. **2** Conclusão. **Ex.** Isso é [Você está a tirar] uma ~ errada! **3** Diminuição/Subtra(c)ção. **Ex.** Essa soma entra na ~ do imposto. **Ant.** Aumento; acréscimo. **4** *Dir* Exposição ordenada/pormenorizada «dos fa(c)tos».

dedutível *adj 2g* (<lat *deductíbilis*) **1** Que se pode deduzir/concluir. **Ex.** Isso não é ~ do que eu afirmei [disse]! **2** Que se pode subtrair «do [no] imposto». **Comb.** Despesas ~eis ao [do] rendimento líquido.

dedutivo, a *adj* (<lat *deductívus,a,um*) *Fil* Que procede por [Próprio de] dedução. **Comb.** Método ~. **Ant.** Indutivo.

deduzir *v t* (<lat *dedúco,ere,ctum*: fazer descer, tirar, reduzir <*de* + *dúco*: conduzir) **1** *Fil* Raciocinar (part)indo da causa para o efeito/Concluir. **Ex.** Daí deduzo [concluo] que foi ele o ladrão. O bom filósofo deduz e induz. ⇒ induzir; inferir. **2** Subtrair/Descontar/Tirar/Cortar. **Loc.** ~ da receita/[do rendimento/dos lucros] a (nova) despesa. ~ dez por cento [10%]. **3** *Dir* Propor uma a(c)ção [Expor] em juízo.

deduzível ⇒ dedutível.

defasado/defasagem/defasar ⇒ desfasado/...

defecação *s f* (⇒ defecar) **1** Expulsão das fezes pelo ânus/Evacuação(+). **2** Depuração(+)/Purificação. **Comb.** ~ do açúcar [do (vinho) mosto].

defecador *s m* (<defecar) **1** *Br* Aparelho das fábricas de açúcar para fazer a defecação **2**. **2** ⇒ bacio(+).

defeção (Fê) **[***Br* **defecção]** *s f* [= defecção] (<lat *defectio,ónis*) **1** Abandono de uma causa, crença ou partido. **Sin.** Deserção(+); renúncia. **2** ⇒ rebelião/revolta/sublevação.

defecar *v t* (<lat *defáeco,áre,átum*: separar da borra, purificar <*faex,cis*: borra «de vinho/azeite», sedimento, impureza) **1** Expulsar as fezes pelo ânus/Evacuar(+)/*pop cal* Cagar. **2** Depurar(+) «o vinho/açúcar».

defecatório *s*/*adj* (<defecar + -ório) **1** ⇒ purgante [purgativo]. **2** ⇒ defecador **1**; purificador.

defecção/defectibilidade/defectível/defectivo ⇒ defeção/defetibilidade/...

defeito *s m* (<lat *deféctus*: desaparição, defeção, revolta <*defício,cere,féctum*: abandonar, faltar) **1** Imperfeição moral. **Ex.** O grande ~ dele é ser mentiroso [cobarde/preguiçoso/orgulhoso]. **Loc.** *Pôr ~(s) a toda a gente* [Falar mal dos outros] «só ele é que é bom». *Pôr ~s em tudo* [Dizer que tudo está mal] «em casa/na escola». **Idi.** *Br Para ninguém* [não se] *botar* [pôr] ~ [Muito bom]. **2** Imperfeição física/Deformidade/Irregularidade. **Loc.** Ter um ~ [uma defeituosidade] «no lábio/na vista». **Comb.** *~ de fabrico* [que a peça ou instrumento já tinha quando foi feito]. *Roupa com* (algum) ~. **3** Falta de alguma coisa. **Ex.** Esta gramática «livro» tem muitos ~s [muitas falhas]. **Idi.** *Pecar por ~* [Ter/Fazer/... pouco] (Ex. Você, quanto a falar, nas nossas reuniões, peca por ~ [, fala pouco] (Ant. Pecar por excesso). **4** Vício/Mancha/Falha/Mania. **Ex.** Ele é boa pessoa, mas, pronto, tem aquele ~! **5** ⇒ «pequeno» senão/inconveniente.

defeituoso, a (Ôso, Ósa, Ósos) *adj* (<defeito + -oso) Que tem um defeito físico. **Ex.** Ele (já) nasceu ~ da perna esquerda. **Comb.** Trabalho [Obra] ~ malfeito[a].

defender *v t* (<lat *deféndo,ere,fénsum*: afastar, defender) **1** Proteger. **Loc.** *~ a cabeça* do sol. *~ a casa* do temporal. *~ o amigo* dos assaltantes. **2** Falar a favor de. **Loc.** *~ o réu*. *~ os pobres*. ~ [Torcer por] *um clube* de futebol. **3** Lutar por/Propugnar/(Procurar) manter. **Ex.** Muitos historiadores defendem [dizem] que o séc. XXI será o século da religião e da paz. **Loc.** *~ o título* «de campeão». *~ um ideal*. **Idi.** *~ a camisola* [a sua equipa]. **4** Repelir ou evitar ataques. **Ex.** Defendemo-nos da epidemia com a vacina(ção). **Loc.** *~ a cidade* [o país]. **5** Desculpar. **Ex.** Não se defenda, porque a culpa do acidente (de carro) foi sua! **6** *~-se* **a)** Proteger-se/Fugir «do frio/dos assaltantes»; **b)** Livrar-se de/Evitar «um perigo»; **c)** Justificar-se. **7** ⇒ proibir.

defendível ⇒ defensável.

defenestração *s f* A(c)ção de defenestrar. **Comb.** A ~ de Miguel de Vasconcelos em 1 de dezembro de 1640 em Lisboa. A ~ de Praga (1618).

defenestrar *v t* (<lat *de fenéstra*: da janela + -ar¹) Lançar algo com violência da janela [do alto duma casa] para a rua.

defensa *s f* (<defender) **1** *Náut* Almofada ou balão feitos com cabos, cortiça ou borracha, colocados no costado da embarcação para a proteger nas atracações «ao cais». **2** *Mil* Obstáculos artificiais para dificultar o avanço do atacante. **3** ⇒ defesa.

defensável *adj 2g* (<lat *defensábilis* <*defénso,áre,átum*: repelir, defender) Que se pode defender. **Comb.** Uma opinião [atitude/ideia/teoria] ~/possível. ⇒ admissível.

defensiva *s f* (<defensivo) Situação ou atitude de quem se protege de ou resiste a um ataque. **Ex.** O general achou melhor ficar [pôr-se] na ~. O interlocutor «réu» respondia sempre na ~. **Ant.** Ofensiva; ataque.

defensível ⇒ defensável.

defensivo, a *adj* (⇒ defender) **1** De [Próprio para] defesa. **Comb.** *Arma ~a*. «tomar» *Uma atitude ~a*. *A capacidade ~a* do país. *Linhas* [*Posições*] *~as* do exército/das tropas. **Ant.** Ofensivo; de ataque. **2** ⇒ preservativo; agro-químico.

defensor, ora *adj/s* (<lat *defénsor,óris*) **1** (O) que defende/Prote(c)tor/Lutador/... **Ex.** No Brasil, ele tem sido o meu ~. **Comb.** Um grande ~ dos pobres [direitos humanos]. **2** *Dir* Advogado. **Comb.** ~ oficioso [que defende uma causa por nomeação do juiz ou da Ordem dos Advogados] (⇒ procurador).

defensório, a *adj* (<lat *defensórius*) Relativo a defesa «em tribunal».

deferência *s f* (<lat *deferéntia* <*défero,érre*: conceder) **1** Atenção respeitosa. **Loc.** Tratar com (toda a) ~. **Sin.** Respeito, consideração. **2** Condescendência respeitosa. **Ex.** O ministro concedeu a entrevista só por ~.

deferencial ⇒ deferente **2**(+).

deferente *adj 2g* (<lat *déferens,éntis* <*défero*: conceder) **1** Atencioso/Condescendente. **2** *Anat* Que conduz/defere/dá/transmite. **Comb.** Canal ~ [excretor] «do esperma/da urina». ⇒ eferente.

deferentemente ⇒ atenciosamente.

deferentite *s f* (<deferente **2** + -ite) Inflamação de canal deferente.

deferido, a *adj* (<deferir) Que recebeu despacho favorável. **Ex.** O requerimento foi ~. **Sin.** Concedido; outorgado. **Ant.** Indeferido.

deferimento *s m* (<deferir + -mento) A(c)to ou efeito de deferir. **Ex.** (O requerente) pede ~. **Sin.** Aprovação. **Ant.** In~.

deferir *v t/int* (<lat *défero,ére*) **1** Despachar favoravelmente/Aprovar. **Loc.** ~ o requerimento [um pedido]. **Ant.** Indeferir. **2** Conceder/Ceder/Dar. **Ex.** A posteridade deferir-lhe-á [lhe dará] a coroa de glória.

deferível *adj 2g* (<deferir + -vel) Que merece ou pode ser deferido. **Comb.** Processos [Requerimentos] ~eis.

defervescência *s f Med* (<de- + efervescência) Desaparecimento ou diminuição da febre.

defervescente *adj 2g Med* (<defervescer + -ente) **1** Que apresenta defervescência. **2** Que causa defervescência.

defervescer *v int* (<lat *defervésco,ere*) **1** Cessar/Abrandar a fervura. **2** *Med* Cessar/Baixar a febre.

defesa (Fê) *s f* (<lat *defensa*) **1** A(c)to de (se) defender. **Loc.** *Em ~ de* (Ex. O governo tomou medidas em [de] ~ do meio ambiente). *Em legítima ~* (Ex. Agir [Defender-se] em legítima ~). *(D)esp* «o guarda-redes» *Fazer uma grande ~*. **Comb.** *A ~ da liberdade* [da justiça]. *A ~ da tese* «de doutoramento». *A ~ nacional* [do país]. *Arma de ~*. *Linha de ~* «as mãos foram o meu único» *Mecanismo de ~*. *Meio de ~*. *Muro de ~*. **Ant.** Ataque. **2** Justificação/Contestação. **Loc.** «a pena de morte» Não ter ~ possível [Não ter qualquer justificação]. **Comb.** *Dir* A ~ e a acusação [O réu e o queixoso]. **Ant.** Alegação. **3** *Dir* Advogado(s) do réu. **Ex.** O juiz deu a palavra à ~. **4** *s m (D)esp* Jogador que defende/*Br* Zagueiro. **Ex.** Eu sou [jogo à] ~. Os ~s são fortes! **Comb.** O ~ central [direito/esquerdo]. **5** *s f pl* Dentes salientes ou chifres de animais. **Comb.** As ~s [Os dentes] do elefante [javali/da morsa] (⇒ garra(s)). **6** ⇒ proibição. **7** ⇒ preservativo.

defeso, a (Fê) *adj/s m* (<lat *defensus* <*deféndo,ére*: defender) **1** Proibido/Vedado. **Comb.** *Arma ~a*. *Terreno ~* (⇒ baldio). **2** Período do ano em que é proibido caçar ou pescar. **Ex.** Ainda estamos no ~! **3** *(D)esp* Época em que não há competições. **Ex.** No ~ as equipas/es preparam-se para o campeonato a sério.

defesso, a ⇒ cansado(+).
defetibilidade (Fè) [*Br* **defectibilidade**] *s f* [= defectibilidade] (<lat *defectibílitas,átis*) Cara(c)terística do que pode falhar/errar/enganar/faltar.
defetível (Fè) [*Br* **defectível**] *adj 2g* [= defectível] (<lat *defectíbilis,e*) **1** Incompleto/Imperfeito. **2** Falível.
defetivo, a (Fè) [*Br* **defectivo**] *adj* [= defectivo] (<lat *defectívus,a,um*) **1** *Gram* Diz-se do verbo que não tem todas as formas. **Ex.** Os verbos «chover» e «colorir» são ~s. **2** ⇒ incompleto; defeituoso(+).
défice *s m Econ* (<lat *déficit*, 3.ª pessoa do singular do presente do indicativo do verbo *defício,ere*: faltar) **1** Saldo negativo. **Ex.** A empresa tem [está com/em] ~. **Loc.** Cobrir [Remediar/Compensar/Pagar] um ~. **Comb.** ~ orçamental. **Ant.** Sobrante; superávit. **2** *Med* Insuficiência. **Comb.** ~ *de glóbulos vermelhos* (no sangue). ~ *hormonal*. **Ant.** Excesso.
deficiência *s f* (<lat *deficiéntia*) **1** Insuficiência/Falta. **Comb.** ~ *auditiva* [motora/visual]. ~ *de cálcio no organismo*. **Ant.** Excesso. **2** Defeito/Imperfeição. **Ex.** O sistema tem algumas ~s, precisamos de o mudar. **Ant.** Qualidade.
deficiente *adj/s 2g* (<lat *defíciens,éntis*) **1** Incompleto. **Comb.** *Alimentação* ~ [pobre] em proteínas. *Preparação física* ~/insuficiente. **Sin.** Escasso; fraco. **Ant.** Completo; abundante; excessivo. **2** Imperfeito/Defeituoso/Medíocre. **Comb.** Serviços públicos muito ~s. **Ant.** Ó(p)timo; perfeito. **3** *Med* Indivíduo com insuficiências físicas ou mentais. **Comb.** ~ *auditivo*. ~ *mental*. ~ *motor*. ~ *visual*. *Assistência aos* ~*s*. **4** *Mat* ⇒ número ~.
déficit ⇒ défice.
deficitário, a *adj* (<déficit + -ário) **1** *Econ* Em que há (sempre) défice. **Comb.** *Empresa* ~*a*. *Orçamento* ~. **2** Inferior ao normal ou previsto. **Ex.** O ano agrícola foi ~ em vinho. **Ant.** Excedentário.
definhado, a *adj* (<definhar) **1** Consumido/Acabado/Magro. **Ex.** Com a última doença, o meu pai anda [ficou] muito ~. **Comb.** Rosto ~ [magro]. **2** Murcho/Triste. **Ex.** Com a seca, as árvores estão muito [todas] ~as.
definhamento *s m* (<definhar + -mento) **1** Grande enfraquecimento. **Ex.** Chegou a tal estado [grau] de ~ que já não se consegue levantar (sozinho). **2** Estado «da planta» que mirra/murcha. **3** ⇒ decadência (completa).
definhar *v t/int* (<lat *defíno,áre*, <*fínis*: fim) **1** Fazer perder as forças/o vigor/Enfraquecer/Emagrecer. **Ex.** A droga definha o organismo. **2** Decair/Murchar. **Ex.** A planta definhou [está toda murcha/raquítica]. A falta de água definha [dá cabo da/arruína] a plantação «do café/milho».
definibilidade *s f* (definível + -idade) Qualidade ou condição de [do que é] definível.
definição *s f* (<lat *definítio,ónis*) **1** Explicação breve e clara «das entradas do dicionário e das várias ace(p)ções». **Loc.** Dar [Encontrar] uma ~ *de "amor"*». **Comb.** ~ *confusa*/vaga. ~ *descritiva* [explicativa]. ~ *etimológica*. ~ *exa(c)ta/clara/precisa*. ~ *tautológica* [pelas mesmas palavras/repetida/não aceitável]. **Idi.** *Br Dar* ~ *de* [Estar a par de/ao corrente de] *"tudo"*. **2** Clarificação/Decisão. **Comb.** *A* ~ *das condições* «do contrato». *A* ~ *de regras* [princípios]. «é necessária» *A* ~ [linha] *de uma política* «da cultura». **3** *Ling* Apresentação/Significado. **Comb.** Uma ~ [explicação] extensa/completa. **4** *Mat* Convenção (lógica). **Ex.** Esta proposição é verdadeira, por ~. **5** *Fot* Qualidade de imagem nítida/definida. **Comb.** *Alta* ~. *Imagem com* ~. **6** *Crist* Decisão solene. **Comb.** As ~ões dos concílios ecumé[ê]nicos da Igreja. (⇒ dogma).
definido, a *adj/s* (<definir) **1** Exa(c)to/Preciso/Nítido. **Comb.** *Formas (bem)* ~*as*. *Limites* «do terreno/assunto» *bem* ~*os*. *Um pensamento* claro [*bem* ~]. **Ant.** Impreciso; ambíguo; confuso. **2** Fixo/Assente/Determinado. **Ex.** O meu trabalho na empresa ainda não está ~. **Ant.** In~; indeterminado; vago. **3** *s* O que se definiu. **Ex.** Uma das regras da boa definição é que ela seja adequada, convindo inteira e exclusivamente ao ~. **4** *Gram* Que indica algo concreto, individual ou já mencionado. **Comb.** O artigo ~: o, a, os, as. **Ant.** In~ «um, uma, uns, umas». **5** *Bot* Que tem só um/a ou número fixo. **Comb.** *Estames* ~*s*. *Inflorescência* ~*a*. **6** *Fís* ⇒ proporção «lei das proporções ~as».
definidor, ora *s/adj* (<lat *definítor,óris*) **1** Que determina/cara(c)teriza. **Ex.** A saudade é a cara(c)terística ~a do povo [cará(c)ter] português. **Comb.** Os traços ~es do brasileiro. **2** *Hist/Crist* Conselheiro/Assessor «do superior religioso».
definir *v t* (<lat *defínio,níre*) **1** Dar a definição de/Descrever/Explicar. **Ex.** Como se define a paz? – Paz é a tranquilidade na ordem. **Loc.** ~ *um termo* [uma palavra]. **2** Determinar os limites de. **Ex.** Vamos (a) ver se conseguimos ~ [delimitar] o problema. **Loc.** ~ *(a área d)o terreno*. **3** Fixar. **Loc.** ~ *as fronteiras* entre os dois países. ~ *as* [o número das] *horas de trabalho*. **4** Cara(c)terizar. **Ex.** Eu defino-o como (um homem) magnânimo. Essa atitude perante o perigo define-o (perfeitamente) [prova/mostra o que ele é «corajoso»]. **5** Tomar uma resolução/Assumir/Decidir-se. **Ex.** – Você é contra ou (é) a favor? Defina-se! É preciso que cada um defina a sua posição. **6** *Crist* Decidir claramente/dogmaticamente (⇒ definição 6).
definitivamente *adv* (<definitivo + -mente) De maneira definitiva. **Sin.** Claramente. **Ant.** Provisoriamente. ⇒ decididamente.
definitivo, a *adj* (<lat *definitívus,a,um*) **1** Que resolve totalmente uma questão/Decisivo/Determinante. **Ex.** A decisão ~a cabe ao [é do] Tribunal Constitucional. Acabam de ser publicados os resultados ~s das eleições. **Comb.** «está tudo resolvido» Em ~ [Para sempre/Definitivamente]. **2** Que não vai já ser alterado/modificado/Final/Último. **Ex.** A decisão do Conselho é ~a. Tenho já em mãos a versão ~ do relatório, que vou analisar. **Comb.** *A título* ~ [Depois de tudo considerado e resolvido]. **Ant.** Provisório. **3** Que é para sempre/Irreversível. **Ex.** Ao entrar para o quadro de uma instituição, a nomeação do funcionário era ~a. A perda ~ do amigo abalou-o muito. **4** *Bot* Diz-se do tecido vegetal cujas células já não se dividem.
definitório *s m* (<definidor + -tório) (Local da) assembleia dos definidores/conselheiros.
definível *adj 2g* (<definir + -vel) Que se pode definir.
deflação *s f* (<ing *deflation* <lat *de* + *flo,áre*: soprar) **1** O diminuir a força do vento. **2** *Econ* (Grande) baixa de preços e de a(c)tividade econó[ô]mica. **Ant.** Inflação. **3** *Geol* Transporte por a(c)ção do vento de pequenos detritos das rochas ou areias.
deflacionário, a *adj Econ* (<deflação + -ário) Relativo a [Que provoca] deflação. **Comb.** Sistema [Processo] ~. **Ant.** Inflacionário.
deflacionismo *s m Econ* (<deflação + -ismo) Política econó[ô]mica baseada na deflação.
deflacionista *adj/s 2g* (<deflação + -ista) **1** Relativo a [Que causa] deflação. **Comb.** *Medidas* ~*s*. *Política* ~. **Ant.** Inflacionista. **2** Adepto do deflacionismo.
deflagração *s f* (<lat *deflagrátio,ónis*) **1** Combustão com estouro/faíscas/labareda. **Ex.** Ouviu-se uma violenta ~. **Comb.** A ~ *de uma bomba*. **Sin.** Explosão(+). **2** *Fig* Início súbito e rápido/Propagação(+). **Ex.** A ~ *do riso* foi geral. **Comb.** A ~ *de uma guerra* [revolta]. **Sin.** Irrupção.
deflagrador, ora *adj/s m* (<deflagrar + -dor) **1** Que causa deflagração. **2** Aparelho para incendiar, à distância, (materiais) explosivos/Detonador. ⇒ rastilho.
deflagrar *v int/t* (<lat *déflagro,gráre*) **1** Inflamar-se com rebentamento/chamas. **Ex.** A bomba deflagrou [explodiu/rebentou/estourou]. O detonador deflagrou (todas) as explosões. **Sin.** Explodir(+). **2** Acontecer repentinamente. **Ex.** A rebelião [tempestade] deflagrou sem ninguém esperar. **3** Causar/Provocar. **Loc.** ~ *uma rebelião* [controvérsia/discussão]. **Sin.** Despoletar.
deflator, ora *adj/s m Econ* (<ing *deflator*) **1** Que provoca um efeito favorável à deflação. **2** Indicador estatístico que permite corrigir um valor monetário do efeito da inflação.
defle(c)tir (dg) (Flè) *v int/t* [= deflectir] (<lat *deflécto,léctere,léxum*) **1** Mudar(-se) a posição de. **Ex.** Nesse ponto, o rio defle(c)tia para a direita. Eu então defle(c)ti o foco para o lado. **Sin.** Desviar(-se)(+). **2** *Fís* Seguir o ângulo de deflexão.
defle(c)tor (dg), **ora** (Flè) *adj/s m* [= deflector] (defle(c)tir + -dor) **1** Que defle(c)te/desvia. **2** *Mec* Qualquer peça para desviar ou medir desvio.
deflexão *s f* (<lat *defléctio,ónis*) **1** ⇒ desvio(+). **2** ⇒ curvatura(+).
deflexo, a *adj Bot* (<defle(c)tir) Recurvado para a parte inferior. **Comb.** Pedúnculo ~. **Sin.** Curvo; recurvado.
deflocular *v t/int* (<de- + flóculo + -ar[1]) Desfazer a floculação. ⇒ descoagular.
defloração/deflorador/defloramento/deflorar/deflorestação ⇒ desfloração/....
defluência *s f* (<lat *defluéntia*) **1** ⇒ deflúvio(+). **2** ⇒ proveniência(+) «duma ideia».
defluente *adj 2g s m* (<defluir + -ente) **1** Que deflui/corre. **2** *Geog* Braço ou ramificação de rio. ⇒ afluente.
defluir *v int* (<lat *défluo,úere*) **1** «o rio» Correr de/Ir correndo. **2** Derivar/Decorrer/«uma ideia» Brotar de.
deflúvio *s m* (<lat *deflúvium*) Escoamento ou corrimento de líquido.
defluxão *s f* (<lat *deflúxio,ónis*) ⇒ defluxo.
defluxo *s m* (<lat *deflúxus*) Corrimento. **Comb.** ~ *nasal* [Pingadeira].
deforete *s m Br* (<de fora + -ete) **1** ⇒ folga. **2** ⇒ brincadeira de mau gosto.
deformação *s f* (<lat *deformátio,ónis*) **1** Alteração ou perda da forma. **Comb.** ~ *da fruta*. ~ [Barriga] *da parede*. **2** Defeito. **Comb.** «roubar por» ~ *profissional* «de comerciante». **3** Desfiguração/Deturpação. **Comb.** ~ *adiastrófica* [duma rocha sem interferência de forças da crosta terrestre]. *Mat/Geom* ~ *contínua* [que se processa numa linha, superfície ou volume materiais sem provocar o seu rompimento]. ~ *de cará(c)ter*. ~ *de uma ideia* [doutrina]. ~ *diastrófica* [de origem tectó[ô]nica/causada por forças da crusta terrestre «sismos»]. ~ *do rosto* «do acidentado». ~ *do texto* [da obra] *original*. ~ *elástica* [que

volta ao normal quando cessa a força que a provocou]. ~ **inelástica** ⇒ ~ plástica. ~ **orogé[ê]nica**. ~ **óssea**. ~ **plástica** [que permanece, cessada a causa que a provocou].

deformador, ora adj/s (<deformar + -dor) (O) que deforma. **Ex.** A guerra [pornografia] exerce [tem] uma a(c)ção ~ora (na sociedade). **Sin.** Corruptor.

deformar v t (<lat defórmo,áre) **1** Alterar a forma. **Ex.** Os espelhos côncavos ou convexos deformam a imagem. **Sin.** Desformar. **2** Tornar dis[de]forme/Desfigurar/Afear. **Ex.** Com o derrame cerebral deformou-se-lhe o rosto, mas ela era linda, linda! **3** Corromper/Perverter. **Comb.** ~ o cará(c)ter [os jovens]. **4** Distorcer/Deturpar(+). **Comb.** ~ o pensamento do autor [escritor/articulista].

deformável adj 2g (<deformar + -vel) (Que se pode deformar. **Ex.** O plástico, com o aquecimento, é ~.

deforme adj 2g (<lat defórmis) **1** Que perdeu ou não tem a forma normal. **Comb.** Planta [Animal/Pessoa] ~. **Sin.** Deformado(+). **2** Monstruoso/Disforme/Feio. ⇒ desconforme.

deformidade s f (<lat defórmitas,átis) **1** Defeito (físico que deforma). **Ex.** A corcunda é uma ~. **2** Vício/Depravação.

defraudação s f (<lat defraudátio,ónis) **1** A(c)to de defraudar. **Sin.** Usurpação(+); espoliação. **2** ⇒ frustação.

defraudar v t (<lat defráudo,áre) **1** Espoliar por (meio de) fraude. **Ex.** O (indigno/miserável) tutor defraudou o órfão da maior parte da herança. **Comb.** ~ o tesouro público [os clientes]. **Sin.** Burlar. **2** Desenganar/Iludir. **Ex.** Ao praticar aquele [tal] a(c)to, ele defraudou as nossas expe(c)tativas [, ele desenganou-nos/ele deixou-nos desenganados]. Perante o resultado das eleições, defraudaram-se as esperanças do partido.

defrontação s f (<defrontar + -ção) Situação de quem defronta algo. ⇒ confrontação.

defrontar v t/int (<de- + fronte + -ar¹) **1** Arrostar/Enfrentar(+)/Atacar. **Ex.** As equipa[e]s «de futebol» de Portugal e (do) Brasil defrontam-se amanhã. **Comb.** ~ [Enfrentar(+)] o problema [perigo/inimigo]. **2** Estar em frente. **Ex.** Ao chegar ao cimo do monte defrontámos com [avistámos] um panorama maravilhoso! **3** ~-se. **Ex.** Quantas vezes nos defrontamos com a nossa ignorância! **Sin.** Experimentar; confrontar-se «com».

defronte adv (<de + ...) **1** ⇒ diante; em frente. **2** Br ⇒ em comparação/oposição.

defumação s f (<defumar + -ção; ⇒ fumigação) **1** Uso do fumo de substâncias aromáticas para perfumar o ambiente. **2** Exposição «dos chouriços» ao fumo para secar e curar. **3** Br Uma das operações da preparação da borracha.

defumado, a adj (<defumar) **1** Br Fumado(+). **Comb.** Carne ~a. **2** ⇒ enegrecido. **3** ⇒ perfumado (com fumo).

defumador, ora adj/s (<defumar + -dor) **1** (O/A) que defuma. **2** Vaso/Utensílio para defumar «(com) alecrim/eucalipto». **Sin.** Defumadouro 2; caçoula. **3** Br ⇒ defumadouro 3(+).

defumadou[oi]ro s m (<defumar + -dou[oi]ro) **1** Lugar «do lar» onde se expõem ao fumo «chouriços/presuntos/enchidos» para secar(em) ou curar(em). ⇒ fumeiro. **2** ⇒ defumador 2(+). **3** Br Pequena palhaça onde o seringueiro defuma a borracha. ⇒ defumação 3.

defumar v t (<de- + fumo + -ar¹) **1** Expor/Secar/Curar ao fumo. **Comb.** ~ os presuntos [a carne/o peixe «salmão»]. **2** Queimar substâncias que fazem fumo, com vários fins. **Comb.** ~ a casa [sala/os lençóis]. ⇒ defumação. **3** ⇒ enegrecer/escurecer.

defunção s f (<lat defúnctio,ónis) ⇒ falecimento/óbito.

defunto, a adj/s (<lat defúnctus <defúngor, gi,fúnctus sum: morrer) **1** Morto/Falecido/Finado. **Prov. Quem espera por sapato de ~, toda a vida anda descalço.** **Idi.** *Contar com [Esperar por] sapatos de ~* [Esperar em vão]. *Gastar cera com ruim* [mau] *~* [Fazer algo a quem não merece]. *Matar ~* Br [Contar história já sabida]. **Comb.** idi Br **~ sem choro** [Pessoa desamparada]. **Dia de ~s** [de finados/Comemoração de todos os fiéis ~s (a 2 de novembro)]. **Missa de [pelos] ~s**.

degas s m Br (<de + Egas Moniz?) **1** Eu. **Ex.** Aqui o ~ não vai na onda [não se deixa enganar]. **Sin.** O filho do meu pai(+). **2** Sujeito (que se faz) importante.

degelar v t/int (<de- + gelo + -ar¹) **1** «o gelo» Derreter(o+)/Descongelar(+). **2** (Fazer) desaparecer a frieza/a desconfiança. **Ex.** Com a chegada dela degelou o ambiente «da reunião». **Sin.** Abrandar; aliviar. **Ant.** Gelar; esfriar.

degelo (Gê) s m (<degelar) **1** A(c)ção de degelar. ⇒ descongelação; fusão. **2** Meteor O derreter gradual de todo o gelo ou neve. **Ex.** Depois do ~, na primavera, o gado volta para os montes. **3** Abrandamento. **Ex.** Com o ~ das relações entre os dois países, o turismo aumentou.

degeneração s f (<lat degenerátio,ónis) **1** Perda de qualidade ou natureza. **Comb.** ~ **das células. ~ da cor. ~ do gosto artístico.** ⇒ degenerescência. **2** Corrupção/Degradação. **Comb. ~ dos costumes. ~ dum ideal.**

degenerado, a adj/s (<degenerar) **1** (O) que perdeu as qualidades da (sua) raça. **Comb. Geração ~. Planta ~. 2** Desnaturado/Corrompido. **Ex.** O filho [moço/rapaz] é um ~!

degenerar v int/t (<lat degénero,áre <génus: raça) **1** (Fazer) perder a qualidade primitiva. **Ex.** Noutro clima, esta planta degenera. A excessiva oxidação degenera [azeda(+)] o vinho. **Sin.** Estragar(-se). **Ant.** Melhorar. **2** Degradar/Corromper. **Ex.** Os maus políticos degeneram a nação. Entre eles, a conversa degenera logo em discussão e até em agressão!

degenerativo, a adj (<degenerar + -tivo) **1** Que degenera/se degrada. **2** Med Que apresenta ou provoca degenerescência. **Ex.** O cancro [Br câncer] é uma doença ~a. **3** ⇒ força ~a.

degenerescência s f (< ⇒ degenerar) **1** Degeneração 1(+). **Comb.** ~ da a(c)tividade do cérebro. **2** Degradação/Declínio. **Comb. ~ da arte. ~ do poder (político). 3** Med Alteração química de uma célula, tecido ou órgão que leva à perda da sua vitalidade. **Comb.** ~ calcária [fibrosa/coloide].

degenerescente ⇒ degenerativo.

deglutição s f (<deglutir + -ção) A(c)ção de deglutir. **Sin.** O engolir (+).

deglutir v t (<lat deglúttio,ttíre) Fazer passar os alimentos da boca para o estômago através da garganta. **Sin.** Engolir(+); ingurgitar.

degola s f Pop ⇒ degolação.

degolação s f (<lat decollátio,ónis) A(c)to ou efeito de degolar. **Comb.** A ~ de S. João Ba(p)tista. **Sin.** Decapitação.

degolar v t (<lat decóllo,áre) Cortar o pescoço/a cabeça. **Sin.** Decapitar. ⇒ decepar; decotar.

degradação s f (<lat degradátio,ónis) **1** Destituição/Expulsão ignominiosa de um cargo ou grau. **Ex.** O general (do exército) foi condenado a ~ e degredo. **2** Baixeza/Depravação/Decadência. **Comb.** ~ moral «causada pelo álcool». **3** Diminuição gradual «de tons, luz, sombra do desenho». **4** Perda/Deterioração. **Comb.** ~ [Perda] *da energia*. *~ das condições de vida*. *~ das partículas*. *~ das relações diplomáticas* entre (os) dois países. ~ *dos edifícios* da escola. *Estado de avançada ~*.

degradado, a adj (<degradar) **1** Que foi despromovido ou privado do cargo/posto/grau. **2** Estragado/Diminuído. **Comb. Condições de trabalho (muito) ~as** [bastante más]. **Ruas** [Casas] **~as**/em mau estado. **3** Decadente/Corrupto. **Comb.** Ambiente «social/moral» ~.

degradante adj 2g (<degradar + -ante) Que degrada/Aviltante/Indigno. **Comb.** A situação ~ dos idosos [favelados/presos]. **Ant.** Dignificante; enobrecedor.

degradar v t (<lat degrádo,áre) **1** ⇒ destituir/exautorar/despromover. **2** Danificar/Estragar/Deteriorar/Degenerar. **Ex.** Aqui, a humidade degrada [estraga(+)/ataca(+)] muito as casas. **3** Aviltar/Rebaixar/Corromper. **Ex.** A droga [O abuso do álcool] degrada as pessoas. **Ant.** Dignificar; aperfeiçoar; enobrecer; melhorar. **4** «na pintura» Dar uma intensidade gradualmente menor «à luz/sombra/cor». **5** ~se/Piorar. **Ex.** Ultimamente as relações entre os dois países degradaram-se.

degradê [dégradé] (<fr dégradé) ⇒ esbatido; degradar 4.

degranar v t (<de- + lat gránum: grão + -ar¹) Tirar o grão «do milho», a grainha ou os bagos «da uva». ⇒ debulhar; desbagoar.

degrau s m (<lat degrádus <degrádo,áre: descer) **1** De escada (Fixa ou móvel). **Ex.** De ~ em ~ **a)** «subir as escadas» Um ~ de cada vez; **b)** fig Pouco a pouco [Gradualmente] (Ex. Eu prefiro subir na (minha) carreira de ~ em ~). **Comb.** ~s altos [baixos]. **2** Desnível. **Ex.** À entrada do quarto havia um ~ e tropecei. **3** Terreno em ~s [em socalcos(+)]. **3** Nível/Escalão. **Loc.** Transpor todos os ~s até (chegar) ao topo da escala social. **4** Meio de conseguir algo. **Ex.** A fortuna da família foi um grande ~ para ele chegar a Presidente.

degredado, a adj/s (<degredar) Condenado a (pena de) degredo. **Sin.** Desterrado, exilado, expatriado. ⇒ banido/expulso.

degredar v t (<degredo + -ar¹) Impor [Condenar a] degredo. **Sin.** Desterrar; exilar; expatriar. ⇒ banir; expulsar.

degredo (Grê) s m (<lat decrétum: decisão, decreto) **1** Dir Desterro/Exílio/Expatriação. **Loc.** Pagar o crime com o ~. **2** Lugar onde se cumpre a pena de ~. **3** Fig Lugar solitário/triste.

degressivo, a adj (<lat degrédior,degréssus sum: descer, afastar-se + -ivo) Que vai diminuindo gradualmente. **Comb. Custo ~. Imposto ~. Som ~. Ant.** Progressivo.

degringolar v int (<fr dégringoler) **1** Descer precipitadamente. **Sin.** Rolar(+). **2** ⇒ desarranjar-se. **3** Fig «a empresa» Arruinar-se/Decair.

degustação s f (<lat degustátio,ónis) A(c)ção de degustar. **Comb.** A ~ do vinho [dos queijos]. **Sin.** Prova(+).

degustador, ora s (<degustar) ⇒ provador.

degustar v t (<lat degústo,áre) **1** Ver o paladar. **Ex.** Depois de o dono da casa ter de-

gustado o vinho, mandou servir [servi-lo]. **Sin.** Provar(+). **2** Apreciar intensamente/Saborear «uma uva».

deia *s f Poe* (<lat *déa*) Uma divindade feminina. **Sin.** Diva(+); deusa(o+).

deicida *s/adj 2g* (<lat *deicída*) **1** O que pratica o deicídio. **2** *fig* (O) que destrói a ideia de [a crença em] Deus. ⇒ ateu.

deicídio *s m* (<deicida + -io) O matar [causar a morte de] Cristo «no coração das pessoas».

deícola *adj/s 2g* (<lat *deícola*) (O) que adora uma divindade. ⇒ deísta; teísta; crente.

deí(c)tico *(dg)*, **a [deî(c)tico** *(dg)*] **[díctico]** *adj/s* (<gr *deiktikós*: que mostra) (Palavra) cujo significado só é claro em função da situação ou dos interlocutores. **Ex.** "Este" é um (determinante) ~.

deidade *s f* (<lat *déitas,átis*) **1** Uma divindade(+). **2** *Fig* Mulher bela e venerada. **Sin.** Beldade(+).

deificação *s f* (<lat *deificátio,ónis*) **1** A(c)to de deificar/Divinização/Endeusamento. **Comb.** A ~ da natureza [de uma rocha/de um animal/dos heróis/dos imperadores «romanos»]. **2** ⇒ glorificação.

deificador, ora *adj/s* (<deificar + -dor) (O/A) que deifica. **Ex.** O autor [poeta] é um ~ da beleza feminina.

deificar *v t* (<lat *deífico,áre*) **1** Incluir no número dos deuses/Divinizar. ⇒ deificação **1 Comb. 2** Considerar excelente/como se fosse um deus. **Ex.** Neste soneto, o poeta deifica a sua amada.

deífico, a ⇒ divino.

deiforme *adj 2g* (<lat *deus* + *forma*) **1** Semelhante a Deus. **Ex.** Nós somos ~s: criados à (imagem e) semelhança de Deus. **2** *Poe* Que tem a aparência dum deus.

deípara *adj/s f* (<Deus + *pário,íre*: dar à luz) (Diz-se só da) Virgem Maria [Nossa Senhora], a Deípara.

-deiro, a *suf* (<lat *-tus* + *-arius, -aria*) Terminação associada a particípio passado de verbos «choradeira/passadeira» ou a substantivos que são agentes ou "autores" «padeiro/cozinheiro».

deiscência *s f* (<lat *dehíscens,éntis* <*dehíscere*: abrir-se) **1** *Bot* Abertura espontânea de um órgão para sair a semente/o pólen. **Comb.** A ~ do fruto da papoila [do castanheiro]. **2** *Fisiol* Ru(p)[Ro]tura do folículo de Graaf, com o lançamento do óvulo para a cavidade abdominal, de modo a ser recolhido pelo pavilhão da trompa de Falópio. **3** *Cirurgia* Afastamento das estruturas anató[ô]micas, após terem sido suturadas.

deiscente *adj 2g* Que tem deiscência.

deísmo *s m Fil* (<lat *deus,dei* + -ismo) Vaga doutrina «dos enciclopedistas franceses» precursora do ateísmo moderno. **Ex.** O ~ é diferente do teísmo porque não aceita (a) revelação de/em) Cristo.

deísta *s/adj 2g* (<lat *deus,dei* + -ista) ⇒ teísta.

deita(da) *s f fam* (<deitar) A(c)to de (se) deitar **Sin.** O deitar(-se) [ir para a cama].

deitar *v t/int* (<lat *dejécto,áre* <*de+jácio, cere,jáctum*: atirar, lançar, arrojar) **1** Fazer cair/Derrubar/Lançar/Atirar/Jogar. **Loc.** **~ abaixo** «a parede». **~** [Pôr/*Br* Colocar] **açúcar** no café. **~ (o) arroz** na panela. **~** [Jogar] **na lixeira. ~-se à água** para salvar o amigo. **Idi. ~ abaixo a)** Criticar (Ex. Ele está sempre a ~ abaixo [Ele é "deita abaixo"]); **b)** Tirar (d)o poder (Loc. ~ abaixo o presidente); **c)** Desanimar (Ex. A morte do filho deitou os pais muito abaixo). **~ a casa abaixo** [Fazer muito barulho]. **~ contas à vida** [Pensar no que se deve fazer/decidir]. **~ foguetes** [Regozijar-se]. **~ foguetes** *antes da festa* [Festejar antes de saber o resultado «do exame»]. **~ lume pelos olhos** [Ficar furioso/muito zangado]. **~ a mão** [unha] **«ao dinheiro»** [Roubar]. **~ as mãos à cabeça** [Ficar sem saber que fazer]. **~ o (rabo do) olho** [Olhar de lado/um pouco]. **~ tudo a perder** [Fracassar completamente]. **2** Estender horizontalmente. **Loc. ~ o ferido** na maca. **~ os livros na mesa** para não escorregarem [caírem]. **3** Meter/Pôr na cama para dormir. **Loc. ~-se** [Ir para a cama] **cedo** (Ex. São horas de ~ [de nos deitarmos]). **~ as crianças** [o velhinho/o doente]. **4** Pôr/Colocar. **Loc. ~ a carta no correio. ~ fogo à casa** [ao mato]. **~ um remendo** [uma bainha] **no vestido. 5** Verter/Acrescentar/Servir. **Loc. ~** água [vinho] no copo. **Idi. ~ água na fervura** [Tentar acalmar os ânimos]. **6** Expelir/Exalar/Dar/Lançar. **Ex.** A roseira já deitou raízes [já pegou]. As cerejeiras já deitaram flor [já floriram]. **Loc. Cortar até ~** [fazer/sair] **sangue.** «carro» *Estar a ~ muito fumo.* **7** Dar para (+). **Ex.** As traseiras da casa deitam [dão] para o (terreno do) vizinho. **8** Prolongar-se. **Ex.** A reunião deitou até muito tarde, até à meia-noite! **9 ~ + a** «correr». **Ex.** Ao ver o filho morto, a mãe, inconsolável, deitou(-se) a chorar. **Loc. ~(-se) a escrever** [Escrever com pressa]. **~(-se) a rir** [Rir-se (muito)].

deixa *s f* (<deixar) **1** *Teat/Mús* Palavra, frase ou gesto que indica que outro a(c)tor deve entrar. **Loc.** Pegar na ~ «nas cantigas ao desafio/nas cantorias». **2** Dito ou circunstância propícios para intervir/falar. **Loc.** Aproveitar a [Pegar na] ~ (Ex. Já agora aproveito a (sua) ~ para esclarecer melhor esse assunto). **3** ⇒ (deixar por) herança/testamento.

deixação *s f Br* ⇒ desprendimento (de si mesmo).

deixado, a *adj* (<deixar) Abandonado/Que o dono não quer. **Ex.** «guarda-chuva» Isso é uma coisa ~a.

deixá-lo! *Interj Pop* (<deixar + -lo) Significa indiferença. **Ex.** Ele disse que não vem à reunião. – Deixá-lo! «não faz cá falta». **Sin.** Não faz mal!/Não (me) importa! (+).

deixar *v t/int* (<pt an *leixar* <lat *láxo,áre*: afrouxar, soltar) **1** Permitir/Consentir. **Ex.** Deixa-te estar (aí), que eu já volto [já venho]. Ele não se deixou operar [não deixou que o operassem]. Tu deixaste-te engordar (rapaz)! Sai daí [da frente], deixa-me ver a TV! **Loc. ~ crescer a barba. ~ dormir** [Não acordar] **as crianças. ~-se dormir** [Adormecer (sem querer)]. **~ fugir** [escapar] **o ladrão. ~** [Vender] **a casa** por metade do seu valor. **~** [Mostrar] (Ex. Deixa-me ver essa fotografia). **Idi. ~ correr/rolar** [Não se importar]. **2 ~ como está/~** no mesmo estado. **Ex.** Deixe ferver (mais) os feijões. Deixe (ficar) a porta aberta. Deixe estar aí [Não leve] esse livro. Deixe-se estar aí [Não saia [precisa de sair] daí]. **3** Separar-se de/Abandonar/Adiar. **Ex.** Ele deixou o [saiu do] restaurante há mais de uma hora. A namorada deixou-o. «depois da morte da esposa» A tristeza nunca mais o deixou [Ficou triste para toda a vida]. **Loc. ~ a** [Sair da] **estrada principal. ~ o** [Sair do] **partido. ~ os restos no frigorífico** [na geladeira]. **~ para** [Fazer] **depois. ~ o trabalho a meio** [Não acabar o trabalho]. **Idi. ~ esta vida/este mundo** [Morrer]. **~-se de conversas/de histórias** [Agir logo/a sério] (Ex. Deixemo-nos de conversas e ataquemos o inimigo). **4** Entregar/Dar/Legar. **Ex.** Deixo isso ao seu critério. Deixe comigo, (que) eu resolvo tudo. Esta música deixa-nos enlevados. **Loc. ~ o carro na oficina. ~ o filho no infantário. ~ o guarda-chuva à entrada. ~** [Dar/Ensinar] *o número* do telefone. «mãe que morreu» **~ um (bom) exemplo** aos filhos. **~** [Legar] **uma herança. Idi. ~ muito a desejar** [Ser imperfeito]. **5** Fazer/Pôr/Causar. **Ex.** O resultado da votação deixou-me preocupado. O remédio [A medicação] deixa o doente sonolento. **Loc. ~ de fora/de lado** [Excluir]. **~ dúvidas** [Ficar duvidoso/sem clara solução]. «desentendimento dos pais» **~ marcas** na criança. **~ para lá** [Não fazer caso]. **~ saudades** (Ex. Ele era bom, deixou muitas saudades). **Idi. Deixa[e] estar** que eu já te [lhe] digo [Vingar-me-ei]. **~ a perder de vista** [Ultrapassar muito] os outros (colegas) em matemática. **~ ficar mal** [Não impedir que alguém fique com má fama] (Ex. Estou (muito) zangado porque ele na reunião deixou-me ficar mal!). **6** Não usar/Omitir. **Ex.** Deixe [Não escreva] essa frase. Deixe algum espaço [duas ou três linhas] e assine. **Idi. ~ em silêncio** [Não falar de/Não se referir a] (Ex. Deixo em silêncio [Não vou (agora) falar de] outros pormenores desta história/deste caso). **7 ~ de**/Parar/Cessar/Desistir. **Ex.** Já deixou [parou] de chover [A chuva já parou]. Não deixe de ir [Vá] ao Brasil! Ele é (meio) maluco mas tem [mas não deixa de ter] a sua graça. **Loc. ~ de escrever** [Desistir de continuar como escritor]. **~ de fumar** [~ o cigarro].

dejeção (Jè) **[*Br* deje(c)ção** *(dg)*] *s f* [= dejecção] (<lat *dejéctio,ónis*) **1** Expulsão de várias matérias/Matérias expelidas. **Comb.** *Geol* Cone de ~/de aluvião [Acumulação, de forma có[ô]nica, de materiais transportados pelas águas e depositados na desembocadura de um rio]. **2** ⇒ defecação(+)/evacuação(o+). **3** Deje(c)to/Excremento/Fezes. **Ex.** A pulga transmite a infeção pelas ~ções.

dejejua [dejejuadouro] ⇒ dejejum.

dejejuar *v int* (<de- **a)** + ...) Comer pela primeira vez no dia. **Sin.** Tomar o café (da manhã) [o pequeno-almoço]; matabichar.

dejejum *s m* (<de- **a)** + ...) Primeira refeição do dia. **Sin.** Café (da manhã)(+); *pop* matabicho; pequeno-almoço(o+).

dejetar (Jè) **[*Br* deje(c)tar** *(dg)*] *v t/int* [= dejectar] (<lat *dejécto,áre*: deitar abaixo) **1** ⇒ expelir «lava». **2** ⇒ defecar(+)/evacuar(o+).

dejeto (Jé) **[*Br* deje(c)to** *(dg)*] *s m* [= dejecto] (<deje(c)tar) **1** Excremento/Fezes. **Loc.** Pisar nos próprios ~s. **2** ⇒ deje(c)ção/evacuação. **3** *Fig* Coisa suja/imunda.

dejetório **[*Br* deje(c)tório** *(dg)*] [= dejectório] ⇒ sentina/latrina/cloaca.

dejungir *v t* (<lat *dejúngo,úngere*: desatrelar) Tirar o [Desprender «os bois» do] jugo.

de jure *loc lat* Por direito/Segundo a lei. **Ant.** De fa(c)to.

d'el ⇒ aqui d'el rei.

dela[1] (Dé) ⇒ dele.

dela[2] (Dé) *s f* (<fr *dalle*) ⇒ calha (de escoamento).

-dela (Dé) *suf* (<lat *-ella*) Forma substantivos femininos derivados de particípio passado de verbos. **Ex.** Sacudir ⇒ sacudido ⇒ sacudidela; apalpar ⇒ apalpado ⇒ apalpadela.

delação *s f* (<lat *delátio,ónis*) Denúncia (para tirar proveito).

delamber(-se) *v t* (<lat *delámbo,ére* <*lámbo,ére,bitum*: lamber) **1** *fig* Tocar levemente. **Ex.** Com a brisa a delamber-lhe o rosto, a jovem contemplava o sol poente. **2** Lamber-se muito/Lamber o próprio corpo. **3** *Fig* Mostrar grande alegria/afe(c)-

tação. **Ex.** Delambia-se (toda) quando lhe elogiavam a beleza.
delambido, a *adj* (<delamber(-se)) **1** Afe(c)tado/Presumido. **Ex.** Que é isso, sua ~a [Não seja tão presumida]! **Comb. Indivíduo ~. Palavras ~as**/afe(c)tadas. **2** Sem cor ou vivacidade. **Comb.** Pintura [Desenho/Tela] ~. **Sin.** Deslavado; desenxabido.
de lana caprina *loc lat* «discutir/falar» "A respeito da lã das cabras" (As cabras não têm lã, só as ovelhas)/Inútil. **Comb.** Questões [Problemas] ~/inúteis/sem importância /que não existem.
delapidação/delapidador/delapidar ⇒ dilapidação/...
delatar *v t* (<lat *défero,férre,látum*: acusar) **1** Acusar/Denunciar. **Ex.** Delatou os companheiros [cúmplices] à polícia. **2** *Fig* ⇒ mostrar/revelar.
delatável *adj 2g* (<delatar + -vel) Que se deve ou pode delatar.
delator, ora (Ô) *adj/s* (<lat *delátor,óris*) **1** Denunciante/Acusador. **2** *Fig* Que(m) revelou um segredo acerca de outrem.
delatório, a *adj* (<lat *delatórius*) Relativo a delação. **Comb.** Procedimento ~ «para desviar acusações/para *idi* salvar a pele».
dele, a (Dêle, Déla, Dêles, Délas) *contr* (<de + ele/a) **Comb.** A casa ~.
deleção (Delè) *s f* (<lat *delétio,ónis* <*déleo,ére,étum*: apagar) Eliminação/Destruição. **Comb.** ~ de parte do cromossoma/o.
delegação *s f* (<lat *delegátio,ónis*) **1** Entrega de poder/Mandato/Comissão. **Comb. ~ de poderes** «do Presidente». **~ legislativa** [Autorização para fazer leis dada pelo poder legislativo ao (poder) executivo]. **2** Grupo de representantes. **Comb.** ~ estudantil [governamental/sindical/dos empresários]. **3** Repartição de um delegado. **Comb.** ~ de Saúde. ⇒ delegacia. **4** Sucursal/Filial/Representação. **Ex.** Esta empresa tem uma ~ em Angola. **5** *Dir* Transferência de um débito de uma pessoa para outra que assume a obrigação de o pagar.
delegacia *s f* (<delegação + -ia) **1** Cargo ou repartição de um delegado superior (Do governo). **2** *Br* Esquadra (da polícia).
delegado, a *s/adj* (<delegar) **1** Pessoa com um cargo dependente do Estado. **Comb. ~ de Saúde. ~ do Ministério Público** [~ do procurador da República]. **Administrador ~** [enviado/emissário]. **2** Representante. **Comb. ~ dos estudantes. ~ sindical** [do sindicato]. **3** *Br* Chefe da delegacia **2**. **Sin.** Comissário da polícia.
delegante *adj/s 2g* (<delegar + -ante) (O) que delega.
delegar *v t* (<lat *délego,áre,átum*) **1** Transferir para outrem os próprios poderes. **Ex.** Delegou no filho a missão [o encargo] de o representar. **2** Enviar com poderes. **Ex.** O ministro delegou representantes à reunião.
delegatário, a *adj/s* (<delegado + -ário) ⇒ delegado **2**.
delegável *adj 2g* (<delegar + -vel) Que se pode delegar. **Ex.** Este poder não é ~.
deleitação [deleitamento] ⇒ deleite.
deleitante *adj 2g* (<deleitar + -ante) Que deleita/Deleitável(+). **Sin.** Delicioso(+). **Ant.** Desagradável.
deleitar *v t* (<lat *delécto,áre,átum* <*de + lécto* <*légo*: reunir, apanhar) Dar/Causar grande prazer. **Loc.** ~-se a ouvir música. **Comb.** Histórias que deleitam as crianças. **Sin.** Deliciar; regalar.
deleitável *adj 2g* (<lat *delectábilis*) Que deleita. **Comb.** Um sabor ~. **Sin.** Delicioso(+); deleitante.
deleite *s m* (<deleitar) **1** Gosto/Prazer. **Ex.** O (maior) ~ dele é o (tocar) violino. **2** Gozo íntimo e suave. **Ex.** Ai, que ~! **Sin.** Delícia. **3** Prazer sensual/luxurioso.
deleitoso, a *adj* (<deleite + -oso) Deleitável/Delicioso. **Comb.** Uma vida pacífica, ~a.
deletério, a *adj* (<gr *deletérios*: destruidor) **1** Que destrói. **Comb.** A a(c)ção ~a dos ventos. **2** Mortífero/Perigoso. **Comb. Gases ~s. Produtos de a(c)ção ~a**/nociva. **3** *Fig* Que corrompe/Nefasto(+). **Comb. Ambiente ~. Doutrinas** [Ideologias] **~as**.
deletrear ⇒ soletrar.
delével *adj 2g* (<lat *delébilis* <*déleo,ére,étum*: apagar) Que se pode delir/apagar. **Comb.** Mancha ~. Tinta [Cor] ~. **Ant.** In~.
délfico, a *adj/s m* (<top gr *Delfos*) **1** *Hist* Relativo à antiga cidade de Delfos ou ao seu oráculo. **2** Espécie de aparador onde se expõem baixelas.
delfim[1] *s m Icti* (<lat *delphin,ínis* <gr *delfís*: golfinho) **1** ⇒ golfinho(+). **2** *Astr* Constelação boreal com quatro estrelas.
delfim[2] *s m* (<fr *dauphin* <*Dauphiné*, top) **1** *Hist fr* Soberano do Delfinado/Príncipe herdeiro. **2** *Fig* Presumível herdeiro político. **Ex.** «em Pt» Marcelo Caetano foi o ~ de Salazar.
delfinídeo, a *s/adj Icti* (<delfim[1] + -ídeo) (Diz-se de) família de cetáceos providos de dentes e com cabeça relativamente pequena, a que pertencem os golfinhos.
delgadeza *s f* (<delgado + -eza) **1** Finura(+). **Comb. A ~ da peça de metal. A ~ do tecido. 2** Magreza(+). **Ex.** O Carlos era de uma ~ impressionante!
delgado, a *adj/s m* (<lat *delicátus*: delicado, ~) **1** Fino. **Comb. Aparo ~ da caneta. Ponta ~** [fina/aguçada(+)] **do lápis. Tábua delgadinha** [muito ~a]. **Ant.** Grosso. **2** Magro. **Comb.** Um rapaz(inho) pálido e ~. Uma velhinha rija mas com uma silhueta delgadíssima! **Ant.** Gordo. **3** Estreito ~. **Comb. Corda ~a** [fina(+)]. **O intestino ~. Um tubo ~** [estreito(+)]. **Ant.** Largo. **4** Parte fina ou estreita duma coisa. **Comb. O ~** [A delgadeza] **da cintura. O ~ da coronha** da arma. **O ~ do navio. Ant.** O largo. **5** Ralo/Té[ê]nue. **Comb. ~s raios de luz. Água ~a**, boa para o «meu» estômago. **Vinho ~**/leve(+). **6** ⇒ su(b)til/perspicaz/arguto.
delibação *s f* (<lat *delibátio,ónis*) Prova bem saboreada «de um licor».
delibar *v t* (<lat *délibo,áre*) **1** Beber com gosto/Libar/Saborear. **Loc.** ~ um bom vinho, um *idi* néctar dos deuses. **Sin.** Degustar(+). **2** Tocar com os lábios/Provar.
deliberação *s f* (<lat *deliberátio,ónis*) **1** Consulta/Estudo/Debate. **Ex.** Houve muita [uma longa] ~ antes de decidir. **2** Decisão/Resolução. **Ex.** Isto é uma ~ do Governo e tem de se cumprir. **Comb.** ~ do júri. **3** ⇒ reflexão.
deliberadamente *adv* (<deliberado + -mente) De caso pensado/De propósito/Intencionalmente. **Ex.** ~, fazia-o sofrer. Empurrou-o ~ [de propósito/por querer]. **Ant.** Involuntariamente; sem querer.
deliberado, a *adj* (<deliberar) **1** Que foi (bem) ponderado/debatido. **Sin.** Intencional; refle(c)tido. **Ant.** Precipitado; irrefle(c)tido. **2** ⇒ decidido/resoluto.
deliberante *adj/s 2g* (<deliberar) (O/A) que debate e decide. **Ex.** Os ~s mandaram o seu porta-voz. A assembleia ~ tem todos os poderes.
deliberar *v t/int* (<lat *delíbero,áre*) **1** Debater/Estudar/Ponderar. **Ex.** O júri pediu tempo [um intervalo] para ~. **2** Decidir/Votar. **Ex.** O Parlamento [Conselho de Administração] deliberou aceitar a proposta. **3** ~-se ⇒ decidir[determinar]-se.

deliberativo, a *adj* (<lat *deliberatívus*) Que tem poder decisório/[de estudar e decidir]. **Comb. Um órgão ~** de deputados. *Dir* **Quórum/**Quoro ~ [Conjunto de membros de um júri cujo número matemático tem de decidir [levar à decisão] por maioria simples].
delicadamente *adv* (<delicado + -mente) **1** Com doçura/bons modos. **Loc. Perguntar ~** o nome. **Recusar ~** o convite. **2** Com perfeição. **Comb.** Uma toalha ~ bordada.
delicadeza (Dêza) *s f* (<delicado + -eza) **1** Qualidade, atitude ou a(c)to de gentileza/amabilidade/cortesia/Bons modos. **Loc. Receber** (visitas) em sua casa **com ~. Ter a ~ de** abrir a porta do carro «ao ministro». **Comb. ~ de maneiras** [modos]. **Sin.** Fineza. **Ant.** In~. **2** Cuidado/Mimo/Ternura. **Loc.** Deitar a criança [velhinha] com (toda a) ~. **Comb. ~s de namorados** [mãe]. **3** Cuidado/Cautela/Prudência. **Ex.** A situação requer muita ~. **Sin.** Ta(c)to. **4** Dificuldade/Complexidade/Perigo. **Ex.** A ~ do problema [assunto/da situação] exigia a presença de um advogado. **5** Perfeição/Esmero. **Ex.** Os trabalhos de entalhe [em filigrana] exigem muita ~. **Loc.** Trabalhar [Usar] os materiais com ~. **Comb. A ~ de gestos** [movimentos]. **A ~ de linhas** «do retrato/da escultura/da pintura». **6** Suavidade/Finura/Requinte. **Comb. A ~ da pele** [das feições]. **A ~ de um vinho** [licor]. **7** ⇒ argúcia/perspicácia/su(b)tileza. **8** Debilidade/Melindre/Susce(p)tibilidade/Fragilidade. **Comb.** ~ [Fraqueza] **de nervos. ~** [Fragilidade] **de saúde**.
delicado, a *adj* (<lat *delicátus*) **1** Cortês/Gentil/Amável/Atencioso. **Ex.** Seria ~o [Você devia] levantar-se e [para] dar o lugar àquela senhora. **Comb. Gesto ~. Maneiras** [Palavras] **~as. Pessoa ~a**. **2** Esmerado/Primoroso/Apurado/Cuidadoso. **Comb. Um trabalho** [Uma obra] **~[a]. Uma filigrana ~a. Uma renda ~a**. **3** Refinado/Puro. **Comb.** Sentimentos ~s. **4** Suave/Fino/Su(b)til/Té[ê]nue. **Comb. Aragem** [Brisa] **~a. Cor ~a. Iguaria ~a. Perfume** [Cheiro] **~. 5** Fino/Gracioso/Pequeno. **Comb. Corpo ~. Dedos** [Mãos/Braços] **~s**. **6** Susceptível/Débil/Irritadiço/Melindroso/(Hiper)sensível. **Ex.** Tenha muito cuidado porque aquele senhor é muito ~/melindroso/sensível. **Comb. Loiça** [Saúde] **~a. Tecido ~** [que se estraga facilmente]. **7** Complicado/Melindroso/Difícil/Perigoso/Arriscado. **Comb.** Assunto [Operação «ao cérebro»/Problema] ~.
delícia *s f* (<lat *delícia*) **1** Sensação agradável/Extrema felicidade/Encanto/Deleite. **Ex.** Ai que ~ «este banh(inh)o/esta cerveja»! **Comb.** As ~s da música. **2** Pessoa ou coisa muito boa. **Ex.** Que ~ de [este] bolo! A Carl(inh)a é uma ~. **3** *Cul* Nome de alguns bolinhos.
deliciar *v t* (<lat *delício,ere*: atrair) **1** Dar/Causar delícia. **Ex.** Deliciávamo-nos com as histórias que o (nosso) avô nos contava [O avô deliciava-nos com as suas histórias]. **Sin.** Deleitar; regalar. **2** ~-se/Gozar. **Loc.** ~-se a ouvir anedotas [música].
deliciosamente [deliciadamente] *adv* (<delicioso + -mente) Com enorme prazer ou agrado.
delicioso, a (Ôso, Ósa, Ósos) *adj* (<lat *deliciósus*) **1** Que causa delícia/Aprazível/Agradável. **Comb.** Passeio [Vinho/Bolo] ~. **2** Excelente/Maravilhoso/Engraçado. **Comb. Anedotas ~as. Pessoa ~a**.
delico-doce (Delícodô) *adj 2g* (<delicado + ...) **1** Muito saboroso. **2** *Fig* Complacentemente o(p)timista. **Comb.** Estilo [Livro] ~.

3 *Depr* Afe(c)tado/Presumido/Piegas. **Ex.** Ele não é delicado, é ~ ...

delido, a *adj* (<delir) **1** Pouco nítido/Apagado(+). **Comb.** *Cara(c)teres* [Palavras/Datas] *~s. Um acontecimento já ~* na memória. *Uma inscrição* (quase) *~a*. **2** ⇒ desfeito/arruinado. **3** ⇒ gasto/puído.

deligação *s f* (<lat *deligátio,ónis*) Aplicação de ligadura(s). ⇒ ligar.

delimitação *s f* (<delimitar + -ção) **1** Marcação dos limites/Demarcação. **Comb.** *~ da propriedade* [do terreno]. *~ de fronteiras* de [entre] países. **2** Definição/Clarificação. **Comb.** ~ das competências [dos poderes].

delimitado, a *adj* (<delimitar) Cujos limites foram fixados/Circunscrito. **Comb.** Terreno ~ a [do lado] norte pelo rio e no resto pela universidade.

delimitador, ora *adj/s* (<delimitar + -dor) **1** Que delimita. **2** *s m Info* Cará(c)ter que assinala o fim duma cadeia de cara(c)teres sem a ela pertencer.

delimitar *v t* (<lat *delímito,áre*) **1** Fixar os limites/Demarcar. **Comb.** O muro que delimita a propriedade. **2** Definir/Fixar/Circunscrever. **Loc.** ~ [Definir (bem)] o tema «da discussão/da tese». ⇒ delimitação.

delineador, ora *adj/s* (<delinear) (O/A) que delineia. **Ex.** Foi ela a ~ do plano. **Comb.** O lápis ~ «dos lábios».

delineamento [delineação] *s* (<delinear) **1** Traçamento de linhas. **2** Traçado de linhas gerais/Esboço. **Comb.** ~ geométrico. **3** *Fig* Ideia geral/Proje(c)to. **Comb.** O ~ da estratégia [campanha]. **4** ⇒ marcação.

delinear *v t* (<lat *delíneo,áre* <*de* + *línea*: linha) **1** Traçar linhas. **Loc.** *~ uma pauta de música. ~-se no céu* o rasto do avião. **2** Esboçar. **Ex.** O desenhista delineou o modelo [retrato]. **3** *Fig* Dar uma ideia sucinta de. **Ex.** Já tenho o meu próximo romance meio delineado. O Presidente delineou a estratégia a seguir [as medidas a tomar]. **Loc.** ~ o cará(c)ter do candidato. **4** *~-se*/Tomar feição. **Ex.** A musculatura delineava-se debaixo da camisa. Logo no início da reunião delinearam-se claramente dois grupos com opiniões opostas. **5** ⇒ delimitar.

delinquência (Qu-ên) *s f* (<lat *delinquéntia*) **1** Conjunto de infra(c)ções à lei. **Comb.** *A ~ de adultos. A ~ juvenil.* **2** Delito/Infra(c)ção. **Ex.** Isso é [Você cometeu] uma ~!

delinquente (Qu-en) *adj/s* 2g (<delinquir) (O) que cometeu falta ou delito. **Comb.** Um ~ recuperável.

delinquido, a (Qu-i) *adj Br* ⇒ desmaiado; enfermiço.

delinquir (Qu-ir) *v int* (<lat *delínquo,ere,líctum*) **1** Incorrer em [Cometer um] delito. **2** ⇒ abolir (uma lei).

deliquescência (Qu-es) *s f* (<deliquescer + -ência) **1** *Quím* Propriedade que alguns corpos têm de absorver a humidade do ar e nela se dissolverem. **Comb.** A ~ do sal. **2** ⇒ degenerescência/decadência.

deliquescente (Qu-es) *adj 2g* (<deliquescer + -ente) **1** *Quím* Que se derrete/Que absorve a humidade do ar e nela se dissolve «sal = cloreto de sódio». **Ex.** Os minerais de azoto e o nitrato de cálcio são ~s. **2** ⇒ «moral» decadente.

deliquescer (Qu-es) *v int* (<lat *deliquésco,ere*) **1** *Quím* «o sal = cloreto de sódio» Tornar-se líquido com a simples humidade do ar/Derreter. **2** ⇒ decair; desvirtuar-se.

delíquio¹ (Ki) *s m* (<lat *delínquere*: faltar) Perda temporária de consciência. **Ex.** Foi um ~; mas sentámo-lo na poltrona e já está bom. **Sin.** Desmaio(+).

delíquio² (Ki) *s m* (<lat *delíquere*: verter) Transformação em líquido. **Sin.** Liquefa(c)ção(+).

delir *v t* (<lat *déleo,ére,étum*: apagar) **1** Fazer desaparecer/Apagar/Desfazer. **Ex.** A exposição à intempérie tinha delido a inscrição na pedra. **2** ⇒ desgastar «as forças». **3** ⇒ dissolver.

delirante *adj 2g* (<lat *delírans,ántis*) **1** *Med* Que delira ou faz delirar. **Ex.** O enfermo teve uma fase [um período] ~. **Comb.** Febre ~. **2** *Fig* Arrebatado/Excitado. **Comb.** *Aplausos ~s. Imaginação ~.* **3** *Fig* Maravilhoso/Formidável/Fantástico. **Ex.** Foi um espe(c)táculo musical (simplesmente) ~! **4** *Fig* Insensato/Extravagante(+). **Comb.** Gestos [Ideias/Planos] ~s/de doido.

delirantemente *adv* (<... + -mente) Entusiasticamente. **Ex.** Todos o aplaudiam ~.

delirar *v int* (<lat *delíro,áre,átum*: sair (para) fora do rego, delirar) **1** *Med* Estar doente com [Entrar em] delírio. **Ex.** Ele está a ~ com a febre, não tem consciência do que diz. **2** Desvairar/Tresvariar. **Ex.** Você delira [está maluco] eu nunca disse tal coisa! **Loc.** ~ de ódio. **3** Ficar muito contente/Gostar imenso. **Ex.** Então, gostaste do presente? – Delirei!

delírio *s m* (<lat *delírium*) **1** *Med* Exaltação inconsciente. **Ex.** Com a febre, entrou em ~. **Comb.** ~ agudo. ⇒ *delirium tremens*. **2** *Psiq* Perturbação mental. **Comb.** *~ de perseguição* [ciúme/culpabilidade]. *~ espírita*. **Sin.** Alucinação. **3** Engano. **Ex.** O que você diz [está dizendo/está a dizer] é [não passa de] um ~. **4** Grande exaltação/euforia. **Comb.** *~ de grandeza. ~ do amor* [dos sentidos]. **5** Grande entusiasmo. **Ex.** Com o gol(o) da vitória, foi um ~!

delirium tremens lat *Psiq/Med* Alucinação e tremores causados em indivíduos dependentes do álcool, quando privados desta substância/Delírio alcoólico.

delito *s m* (<lat *delíctum*) **1** *Dir* Violação da lei/Crime. **Comb.** Cometer um ~. **Comb.** *~ comum* [cujo julgamento não pertence a um foro privilegiado]. *Corpo de ~* [Fase de instrução do processo penal para verificar a infra(c)ção, a identificação e a responsabilidade dos seus agentes]. *Flagrante ~. Matéria de ~.* **2** Falta/Pecado.

delituoso, a *adj* (<delito + -oso) Que tem cará(c)ter de [Que envolve] delito. **Ex.** O roubo é um a(c)ção [a(c)tividade] ~a.

delivery ing ⇒ entrega.

delivramento *s m* (<delivrar(-se) + -mento) ⇒ dequitação(+).

delivrar(-se) *v t* (<lat *delíbero,áre*) ⇒ dequitar-se(+); dar à luz (o+).

delonga *s f* (<delongar) (Só se usa no pl) Demora/Dilação/Espera. **Ex.** Vamos embora, não podemos estar com mais ~s. **Loc.** Regressar (logo) sem mais ~s. **Comb.** ~s humilhantes na alfândega.

delongar *v t* (<de- + longo + -ar¹) **1** ⇒ demorar(+); adiar. **2** *~-se*/Prolongar-se. **Ex.** Delongou-se a conversação até alta [até altas horas da] noite.

delta *s m* (<gr *délta*: Δ δ) **1** Quarta letra do alfabeto gr, a que corresponde o *d* do latino e português. ⇒ asa-delta. **2** *Geol* Terreno de aluvião depositado na foz de um rio entre dois ou mais dos seus braços, em forma mais ou menos triangular. **Comb.** O ~ do Nilo. **3** Sinal triangular ou estrelado na pele humana das mãos e dos pés e que se mostra nas impressões digitais. **4** *Quím* Substituinte localizado no quarto carbono adjacente ao grupo funcional. **Comb.** *~-caroteno. Carbono ~.*

deltaico, a *adj* (<delta **2** + -ico) Relativo a delta de rio. **Comb.** Aluviões ~s.

deltoide (Tói) *adj 2g/s m* (<delta + -oide) **1** *Anat* Músculo triangular da espádua, que é elevador do braço. **2** «borboleta» Que tem forma triangular/Deltoidal/~.

deludir *v t* ⇒ iludir; enganar; transgredir.

delusório, a *adj* ⇒ ilusório; enganador.

deluzir-se *v* (<de- **a**) + luzir) Perder a luz ou o brilho/Desluzir-se(+).

demagogia *s f* (<gr *demagogía*: poder do povo) **1** Poder «anárquico» das massas (populares). **Ex.** O país mergulhou na ~. **2** Submissão interesseira ao agrado das massas. **Ex.** A ~ dos nossos políticos acaba por trair o [por ir contra o bem do] próprio povo. **3** Democracia falsa/Fingimento. **Ex.** Você a mim não me engana! Isso é (pura) ~! ⇒ democracia **1**.

demagogice *s f* (<demagogia + -ice) A(c)to de mau demagogo. .

demagógico, a *adj* (<gr *demagogikós*) Relativo à demagogia. **Comb.** *Atitude ~a. Campanha (eleitoral) ~a. Gesto ~.*

demagogismo *s m* (<demagogia + -ismo) **1** A(c)ção de natureza demagógica. **2** Mania da demagogia.

demagogo (Gôgo) *s m* (<gr *demagogós*: condutor do povo) **1** *Hist gr* Chefe democrático. **2** Pessoa partidária da demagogia. **3** *Depr* Político/Orador que usa [engana] as massas em proveito próprio. **Ex.** Ele é um ~, só pensa nos seus interesses!

demais *adv/pron* (<de + ...) **1** Além disso. **Ex.** Não vou, não tenho tempo, ~ estou um pouco cansado. **2** Outros/O resto. **Ex.** Vieram só dez alunos, os ~ [, os outros] não sei. Hoje só fazemos isto, o ~ [resto(+)/o que falta] fica para amanhã. **3** *Br* De mais/Demasiadamente. **Ex.** Isto é (por) ~! Já não aguento este ruído! **Loc.** Comer ~ [demasiado/de mais]. **4** *Br* Muitíssimo/Intensamente. **Ex.** Ele te ama ~!

demanda *s f* (<demandar) **1** Busca/Procura. **Ex.** No verão, a ~ por gelados [cerveja] é muita. **Loc.** Em ~ [busca/À procura] de água potável. **Ant.** Oferta. **2** *Dir* Litígio/Processo. **Ex.** Eu não gosto de andar com ~s. **3** *Econ* Procura(+). **Comb.** ~ agregada/global [Correspondência desejada entre os gastos com pessoal duma empresa e a receita global que ela espera adquirir no mercado]. **4** ⇒ pergunta. **5** ⇒ confronto/disputa/acusação.

demandado, a ⇒ réu.

demandador [demandante] ⇒ queixoso.

demandar *v t/int* (<lat *demándo,áre,átum*: pedir, confiar) **1** Dirigir-se para/Buscar. **Comb.** Os barcos que demandam estes [os nossos] portos. **2** Exigir(+). **Ex.** Os operários demandavam compensação, justiça. **3** *Dir* Intentar a(c)ção judicial. **4** ⇒ perguntar.

demão *s f* (<de- **c**) + ...) **1** Camada de tinta ou de cal. **Ex.** Temos de dar ali uma ~ na parede para tapar aquele buraco. Esta parede tem de levar várias ~s (de tinta). **2** Retoque/Volta/Jeito, em trabalho já concluído. **Ex.** Isso já está feito [já está bem], é [, falta] só dar (mais) uma demão(zeca/zinha).

demarcação *s f* (<demarcar + ção) **1** Delimitação «de terreno». **Ex.** Era um problema de ~ de fronteiras (entre os dois países). **2** Linha/Separação/Limite/Os marcos. **Ex.** A ~ passa por aqui. **3** Diferença/Distinção. **Comb.** *A ~ entre o* (que é) *público e o* (que é) *privado. A ~ entre política e religião.* **4** Distanciamento. **Ex.** Há [Nota-se] uma clara ~ do primeiro-ministro [Primeiro Ministro] das declarações do Presidente da República.

demarcado, a *adj* (<demarcar) **1** Delimitado. **Comb.** *Lote ~*. *Região ~a* «do vinho do Porto». **2** ⇒ «período» determinado. **3** ⇒ separado/diferente.

demarcador, ora *adj/s* (<demarcar) Aquele que/Aquilo que/(O) que demarca.

demarcar *v t* (<de- **c)** + ...; ⇒ desmarcar) **1** Marcar os limites de/Delimitar/Extremar. **Ex.** Um muro demarcava todo o (perímetro do) terreno. **2** Distinguir/Separar. **Loc.** ~ a esfera de trabalho dos vários colaboradores. **3** ~-se/Destacar-se. **Ex.** O ciclista [corredor] demarcou-se do pelotão. **4** ~-se/Discordar. **Loc.** ~-se da opinião [declaração] do Presidente. **5** ⇒ fixar «um prazo»/marcar/determinar.

demarcável *adj 2g* (<demarcar + -vel) **1** Que se pode demarcar/delimitar. **Comb.** *Área* [Propriedade] ~. **2** Que se pode definir. **Ex.** As declarações de ambos [dos dois] não são facilmente ~veis.

démarche fr ⇒ diligência **2**.

demasia *s f* (<esp *demasía*) **1** Excesso/ De mais. **Ex.** O álcool em ~ é mau para a saúde. Os pais deram-lhe liberdade demasiada [em ~/de mais/a mais]. **2** ⇒ abuso/ atrevimento/excesso. **3** ⇒ troco.

demasiadamente *adv* (<demasiado + -mente) Em demasia/Excessiva[Exagerada]mente. **Comb.** ~ [Demasiado **2**] grande [caro].

demasiado, a *adj/adv* (<demasia + -ado) **1** Que é de mais/Excessivo/Exorbitante. **Comb.** *~a comida*. *~a espera*. *~a quantidade*. **2** Muito/Excessivamente. **Comb.** *~ complicado* [difícil]. *~ fácil*. **3** Desnecessário/Supérfluo/Inútil. **Ex.** «dou-lhe mil euros para a viagem» – Isso é ~ [Isso (já) sobra/é de mais/*br* é demais]. **4** *Fig* ⇒ abusivo/descomedido/desregrado/imoderado.

demasiar-se ⇒ exceder-se; abusar.

dembo *s/adj* (<quimbundo *ndembu*: chefe, potentado) **1** Chefe dos ~s do Norte de Angola. **2** (Indivíduo) ~. **3** *Ang* **a)** Tambor; **b)** Remédio/Unguento.

demência *s f* (<lat *deméntia*) **1** *Med* Estado ou a(c)to de demente/Loucura. **Comb.** *~ precoce* [Esquizofrenia]. *~ senil* [Senilidade]. ⇒ alienação. **2** *Dir* Anomalia que torna o indivíduo irresponsável. **3** *Fig* Insensatez/Loucura/Doidice/Desvario. **Ex.** Aquilo foi uma [um a(c)to de] ~!

demencial *adj 2g* (<demência + -al) **1** *Med* Relativo a [Em que há] demência. **Comb.** Comportamento ~. **2** ⇒ absurdo/louco/insensato.

dementado, a *adj* ⇒ demente.

dementar ⇒ enlouquecer.

demente *adj/s 2g* (<lat *démens,éntis*) **1** *Med* Que sofre de demência. **Comb.** Hospital para ~s. **Sin.** Doente mental. ⇒ doido; maluco; alienado. **2** *Dir* O que não é responsável dos [pelos] seus a(c)tos. **Ex.** Foi declarado ~ e não foi condenado. **3** *Fig* Insensato/Imbecil/Doido. **Ex.** Ele é (mesmo) um ~!

demérito *s/adj* (<de- **a)** + ...) **1** Falta de mérito/valor. **Ex.** Sem (que haja) ~ para o autor, [O autor tem mérito mas] a obra não é aquilo que dele se esperava. **2** Sem valor/ mérito. **Comb.** Administrador ~.

demeritório, a *adj* (<demérito + -ório) Que não é boa/Que causa demérito/Que desmerece. **Comb.** A conduta ~a do chefe.

demissão *s f* (<lat *demíssio,ónis*: abatimento) **1** Destituição do cargo/Exoneração. **Loc.** «o ministro» Pedir a (sua) ~. **2** Abandono/Desistência. **Ex.** Isso é uma ~, é ser cobarde! **3** ⇒ despedimento.

demissionário, a *adj* (<demissão + -ário) **1** Que vai ser demitido/Que está a caminho da demissão. **Comb.** Ministro ~. **2** Que abdica dos direitos ou [e] foge às responsabilidades. **Comb.** Pais ~s, que não educam os filhos.

demissível *adj 2g* (⇒ demitir) Que se pode demitir/Sujeito a demissão.

demissor, ora *s/adj* (⇒ demitir) (O) que demite.

demissório, a *adj* (<lat *demíssus* + -ório) Que encerra/envolve demissão. **Comb.** «entregar/assinar» *As cartas* [formalidades] *~as*.

demitir *v t* (<lat *demítto,ére,míssum*) **1** Destituir do cargo/Exonerar. **Loc.** ~ o ministro [vários funcionários]. **Ant.** Nomear; eleger. ⇒ despedir. **2** ~-se **a)** Deixar o cargo/Pedir a demissão (Loc. ~-se do governo [da empresa]); **b)** Renunciar a/Desistir de/Não cumprir (Loc. ~-se da (sua) missão de pais [Não cumprir a missão/obrigação de educar os filhos]).

demit(olog)izar *v t* (<de- **a)** + mito(logia) + -izar) Procurar destrinçar [entender] os aspe(c)tos [conteúdos] meramente mitológicos de algo. ⇒ desmistificar.

demiurgia *s f* (<gr *demiourgia*) ⇒ criação.

demiurgo *s m* (<gr *demiourgos*: criador) *Fil/Mit* Um deus ou quase deus. **Ex.** Para [Segundo] Platão e alguns plató[ô]nicos, ~ era a entidade ou inteligência pura, criadora do universo. ⇒ Criador.

demo[1] (É) *s m Pop* (<lat *dáemon* <gr *daimon*: gé[ê]nio bom ou mau) ⇒ demó[ô]nio.

demo[2] (É) *s f* (<demonstração) **1** Cassete [CD] promocional «de um produto/uma música». **2** *Info* Programa para experiência ou divulgação.

demo- *pref* (<gr *démos*: povo) Exprime a ideia de povo.

democracia *s f* (<gr *democratía*: governo popular) **1** Sistema político em que a autoridade emana do povo ou em que o poder é exercido pelo conjunto dos cidadãos através de eleições. **Loc.** *Estabelecer a ~*. *Viver em ~*. **Comb.** *~-cristã* [exercida à luz do Evangelho e da doutrina social da Igreja]. *~ dire(c)ta* [em que o povo vota as leis]. *~ indire(c)ta/representativa* [através da eleição de representantes]. *~ parlamentar*. *~ popular* [Regime comunista]. **Ant.** Ditadura; totalitarismo. **2** País democrático. **Ex.** A União Europeia é um conjunto de ~s.

democrata *s/adj 2g* (<...- + -crata) **1** Partidário da democracia. **Comb.** *A ala ~*. *Um grande/verdadeiro ~*. *Votação ~*. **2** Simples/Acessível/Dado. **Comb.** Um chefe de repartição muito ~. **Sin.** Democrático. **Ant.** Distante; autoritário.

democraticamente *adv* (<democrático + -mente) De maneira democrática. **Ex.** Decidimos ~ [por todos] que a reunião fosse [seria] adiada. **Loc.** Ser eleito [Ganhar as eleições] ~.

democraticidade *s f* (<democrático + -idade) Respeito pelas [Aplicação das] regras da democracia. ⇒ democratismo.

democrático, a *adj* (<gr *demokratikós*) **1** Em que há verdadeira igualdade de todos (os cidadãos). **Comb.** *Decisão ~a*. *Ideal ~*. *País ~*. *Sociedade ~a*. **Ant.** Classista; oligárquico; feudal. **2** Que tem os seus representantes eleitos pelo povo. **Ex.** Era um presidente [governo] sem legitimidade ~a. **Comb.** *Alternância ~a* [Sucessão ou mudança de partidos no poder segundo o resultado das eleições]. *Eleição ~a*. *Estado (de direito) ~*. **Ant.** Ditatorial; autoritário; de partido único. **3** *Fig* Sem cerimó[ô]nias ou formalidades/Dado/Simples. **Comb.** Um chefe [empresário] muito ~ [dado (com as pessoas)]. **Ant.** Aristocrático; distante; formal; cerimonioso.

democratismo *s m* (<democrata + -ismo) **1** Qualidade democrática [de democrata]. **Ex.** Ele já deu boas [muitas/verdadeiras] provas de ~. **2** ⇒ democracia(+).

democratização *s f* (<democratizar + -ção) **1** Criação [Implantação] da democracia. **Loc.** Fazer a ~ do país. **2** Grande difusão de algo (entre o povo). **Comb.** A ~ da ciência. **Sin.** Popularização(+).

democratizado, a *adj* (<democratizar) **1** «país» Que ado(p)tou a democracia. **2** «chefe» Convertido à democracia. **3** ⇒ popularizado.

democratizar *v t* (<gr *demokratízo*) **1** Estabelecer a democracia. **Ex.** Portugal democratizou-se com a Revolução de (25 de) abril (de 1974) – Revolução das Flores. **2** ⇒ popularizar.

démodé fr ⇒ ultrapassado; fora de moda.

de(s)modulação *s f* (<demodular + -ção) **1** A(c)to ou efeito de de(s)modular. **2** *Info* Reconstituição de dados digitalizados a partir de sons recebidos através de linha telefó[ô]nica.

de(s)modulador, ora *adj/s* *Ele(c)tron* (<demodular + -dor) (Diz-se de) dispositivo ele(c)tró[ô]nico com que se executa a de(s)modulação.

de(s)modular *v t* (<de- **a)** + ...) **1** *Ele(c)tron* Processar (um sinal) de modo a extrair uma informação. **2** *Info* Reconstituir dados digitalizados a partir de sinais modulados recebidos através de linha telefó[ô]nica.

demofilia ⇒ democracia; filantropia.

demofílico ⇒ democrático.

demófilo ⇒ democrata.

demofobia ⇒ misantropia.

demofóbico ⇒ misantrópico.

demófobo ⇒ misantropo; antidemocrata.

demografia *s f* (<demo- + ...) Ciência que investiga [estuda] as populações humanas em aspe(c)tos como a natalidade, produção, migração, ... de maneira estatística/quantitativa.

demográfico, a *adj* (<demografia + -ico) Relativo a demografia/Populacional. **Comb.** *Análise ~a*. *Estudo ~*. *Explosão ~a*. *Mapa ~o*.

demógrafo, a *s* (<demo- + -grafo) Pessoa que estuda ou se dedica à demografia.

demolha (Mó) *s f* (<demolhar) A(c)ção de demolhar. **Comb.** *~ de legumes secos*. *~ do bacalhau*.

demolhar *v t* (<de- + molho + -ar[1]) Pôr em água/de molho. **Ex.** O feijão [Os feijões] deve(m) ser demolhado(s) antes de (o/os pôr a) cozer.

demolição *s f* (<lat *demolítio,ónis*) **1** O deitar abaixo. **Comb.** A ~ de casas clandestinas. **2** *Fig* Destruição. **Comb.** *A ~ [refutação(+)] da opinião* [tese] *contrária*. *A ~ do a(c)tual sistema* de governo. ⇒ aniquilamento.

demolidor, ora *adj/s* (<lat *demolítor,óris*) **1** Destruidor/Arrasador. **Ex.** O ridículo pode ser uma arma [às vezes é a arma mais] ~a. **2** *Fig* Forte/Claro/Irrefutável. **Loc.** Apresentar provas ~oras da culpabilidade do [provas ~oras contra o] réu.

demolir *v t* (<lat *demólior,íri,ítus sum*) **1** Deitar abaixo/por terra. **Ex.** Este prédio antigo não se pode ~, é patrimó[ô]nio cultural. **Sin.** Derrubar; destruir. **Ant.** Construir; edificar; levantar. **2** *Fig* Arrasar(+)/Aniquilar/Refutar. **Loc.** *~ o adversário*. *~ todos os argumentos contra* esta teoria. **Ant.** Reforçar.

demolitório, a *adj* (<demolir + -tório) Com ordem de [para] demolir. **Comb.** Mandado ~.

demonete ⇒ diabrete.
demonetização ⇒ desmonetização.
demonetizar ⇒ desmonetizar.
demoníaco, a *adj* (<lat *demoníacus*) **1** (Próprio) do demó[ô]nio/Diabólico/Satânico. **Comb.** Um riso ~. **2** Muito mau/Terrível/Assustador. **Comb.** Um crime ~.
demonico *adj* (<demó[ô]nio + -ico) ⇒ diabrete 2.
demónio [*Br* **demônio**] *s m* (<gr *daimónion*: gé[ê]nio mau) **1** Espírito mau/Diabo/Satanás/Lúcifer/Belzebu. **Loc.** *Estar possesso (do ~). Ser tentado pelo ~*. **Idi.** *Ele trabalha como um ~* [Ele é um ~ para o trabalho/Ele trabalha muito]. **Ant.** Anjo; espírito bom. **2** *Fig* Pessoa muito má. **Ex.** Ele não é gente é um ~! **Sin.** Diabo. **Ant.** Anjo; santo. ⇒ endemoninhado; possesso. **3** *Fig* Pessoa desagradável/feiíssima/importuna. **Ex.** Eu trabalhei um mês para ele, e o malvado [o ~ do homem] não me quer pagar! São horas de ir(mos)! Onde (é que) estará o (~ do) meu companheiro? Depois de praticar o crime olhou para o espelho e viu um ~. **4** *Fig* Coisa muito má. **Comb.** O ~ da droga [do tabaco/do álcool]. **5** *interj Gram* **Ex.** Onde ~(s) terá ido [~(s) se escondeu] o meu companheiro? Por que ~ ele me enganou? **Idi.** *Com os* [*Cos*] *~s!* **a)** «subiste o monte Evereste?» Estou admirado! **b)** «roubaram-te o carro?» Que desagradável/chatice!
demonismo *s m* (<demó[ô]nio + -ismo) Crença no demó[ô]nio. ⇒ demonolatria.
demonizar *v t* (<demó[ô]nio + -izar) Atribuir todas as culpas a algo/alguém. **Loc.** ~ a globalização.
demonolatria *s f* (<demó[ô]nio + latria) Culto satânico(+).
demonstrabilidade *s f* (<lat *demonstrábilis* + -dade) Qualidade de demonstrável. **Ex.** A ~ do teorema é (a) sua condição básica.
demonstração *s f* (<lat *demonstrátio,ónis*) **1** Mostra/Manifestação/Exibição. **Ex.** A bailarina fez uma pequena ~ da sua arte para as visitas. **Comb.** *~ de afe(c)to*. *~ de boa vontade*. *~* [*Prova*(+)] *de fraqueza*. ⇒ manifestação; indício. **2** Explicação prática. **Loc.** Fazer (um)a ~ da nova máquina de lavar roupa. ⇒ simulação. **3** Prova da veracidade de algo. **Ex.** Acusaram-no mas não conseguiram fazer a ~ da [provar a] culpa. **Comb.** ~ [*Prova*] *filosófica* «da existência de Deus». *~ por absurdo* [Processo que consiste em provar que, se não se admite a verdade duma afirmação, se chega a consequências [conclusões] falsas, contraditórias]. ⇒ sinal; testemunho. **4** *Mat* Encadeamento de relações pelo qual se estabelece um teorema a partir de axiomas ou de outros teoremas já estabelecidos. **Comb.** ~ *por recorrência* [em que se estabelece que um teorema é válido para *n*=1 e em que se mostra depois que é válido para *n*+1].
demonstrador, ora *adj/s* (<lat *demonstrátor,óris*) (O) que demonstra [exemplifica/explica/faz experiências de alguma coisa]. **Ex.** O ~ (e vendedor) ensinou-me a usar a máquina. **Comb.** Um fa(c)to ~ [comprovativo/demonstrativo] da culpa do réu.
demonstrante ⇒ demonstrador.
demonstrar *v t* (<lat *demónstro,áre,átum*) **1** Dar a conhecer/Revelar/Mostrar(+)/Manifestar/Comprovar/Indicar. **Ex.** Aquela a(c)ção demonstra (bem) a nobreza dos seus sentimentos. **Loc.** ~ apreço [ignorância/simpatia]. **Ant.** Esconder. **2** Fazer uma experiência/demonstração/Explicar. **Comb.** *~ o funcionamento da máquina*. *~ um exercício de ginástica*. **3** Provar (com um raciocínio). **Idi.** ~ *por a mais b* [~ claramente].
demonstrativo, a *adj* (<lat *demonstratívus*) **1** ⇒ comprovativo/demonstrador. **2** *Gram* Diz-se do determinante ou pronome «este/aquele» que situa uma coisa em relação ao locutor [falante].
demonstrável *adj 2g* (<lat *demonstrábilis*) Que se pode demonstrar ou provar. **Ex.** Isso que você afirma não é ~ [não se [o] pode provar (+)].
demopsicologia (<demo- + ...) ⇒ folclore; povo.
demora (Mó) *s f* (<demorar) **1** O tempo que leva (a fazer). **Ex.** A ~ da construção da casa será de uns oito meses. **Loc.** «o almoço» Não ter ~ [Não demorar]. **2** Atraso. **Ex.** Com a [Por causa da] ~ das compras perdemos o avião. **3** Delonga/Dilação/Vagar/Lentidão. **Ex.** Temos de voltar amanhã para Lisboa; não podemos estar com (mais) ~s. Ainda não comprei o carro; mas a ~ não será muita [mas *idi* não perde pela ~]. **Loc.** «o meu chefe quer isto feito» Sem ~ [Imediatamente/Já].
demoradamente *adv* (<demorado + -mente) **1** Longamente/Detidamente. **Loc.** Olhar [Fitar/Contemplar] ~. **Ant.** Breve[Rapida]mente. **2** Vagarosamente/Lentamente. **Loc.** Vestir [Levantar]-se ~. **Ant.** Depressa; rapidamente. **3** Largamente/Pormenorizadamente/Bem. **Loc.** Explicar ~ [bem]. **Ant.** Superficialmente.
demorado, a *adj* (<demorar) **1** Longo. **Ex.** As negociações «de paz» vão ser ~as. **Comb.** *Aprendizagem ~a* «dos pilotos». *Paragem* [*Parada*] *~a* «do comboio [trem]». **Ant.** Breve/Rápido. **2** Atrasado. **Ex.** O avião está (muito) ~. **Ant.** Adiantado.
demorar *v int/t* (<lat *démoror,ári*: ficar, deter-se) **1** Levar (tempo). **Ex.** Demorou/Levou dois anos a escrever a obra [o livro]. Vai «fazer as compras», mas não (te) demores! **2** *v t* Fazer esperar/Retardar/Adiar. **Ex.** O trânsito demorou-me, desculpe. **Loc.** ~ a ida «ao dentista». **3** Tardar. **Ex.** Ela demorou (a chegar) mas chegou. **Loc.** *~ a entender* aquela frase. *~ a responder* à pergunta. ⇒ **1. 4** ~-se/Ficar/Deter-se/Esperar. **Ex.** Em Lisboa demorei(-me) [fiquei] só dois dias. **5** *an* ⇒ situar-se.
demoroso ⇒ demorado; moroso.
demótico, a *adj* (<gr *demotikós*: popular) **1** Cursivo(+). **Comb.** A escrita ~a do antigo Egi(p)to. **Ant.** Hierático. **2** Popular(+)/Coloquial/Vulgar(o+). **Comb.** O grego ~. **Ant.** Literário; culto.
demover *v t* (<lat *demóveo,ére*) **1** Deslocar/Desviar/(Re)mover. **Ex.** A pedra era enorme! Ninguém conseguia (de)movê-la. **2** Fazer desistir/Dissuadir. **Ex.** Fiz tudo (o que pude) para o ~ daquele mau intento mas não consegui.
demudado, a *adj* (<demudar) Desfigurado/Que apresenta grande alteração ou mudança. **Ex.** No semblante [rosto] ~ via-se como [quanto/o que] sofrera com a morte do filho.
demudar *v t* (<lat *demúto,áre*: mudar) ⇒ mudar; transformar(-se).
demulcente ⇒ emoliente.
denário, a *adj/s m* (<lat *denárius*) **1** Que tem [se compõe de] dez. **2** *Hist* Moeda romana de dez asses.
dendê *s m* (<quimbundo *nhende*: palmeira) **1** *Bot* Palmeira de até 30 m de cujas drupas e sementes se faz óleo; *Elaeis guineensis*. **Sin.** Dendezeiro; palmeira-do-azeite. **2** Fruto de **1**. **3** Óleo/Azeite de **2**.
dendezeiro *s m Bot* ⇒ dendê **1**(+).
dendrite/o *s* (<dendro- + ...) **1** *Geol* Precipitação de óxidos de ferro ou manganés(io) sobre as rochas, que tomam a forma de ramos ou musgos. **2** *Anat* ⇒ axó[ô]nio.
-dendro- *pref/suf* (<gr *déndron*: árvore) Exprime a ideia de árvore.
dendrologia *s f Bot* (<dendro- + -logia) Ciência [Parte da botânica] que se ocupa do estudo das árvores. **Sin.** Dendrografia.
dendrómetro [*Br* **dendrômetro**] *s m* (<dendro- + -metro) Instrumento *us* para medição das árvores. **Ex.** O ~ é [serve] para calcular a quantidade de madeira que dão as árvores, medindo a sua altura e o diâmetro do tronco.
denegação *s f* (<lat *denegátio,ónis*) **1** Negação da verdade/Desmentido/Contestação. **2** Recusa/Indeferimento «do pedido».
denegar *v t* (<lat *dénego,áre*) **1** Dizer que não é verdade/Desmentir/Contradizer. **Ex.** Como (é que) te atreves a denegá-lo publicamente? **Loc.** ~ o crime. **2** Não dar autorização/Indeferir «o requerimento/pedido». **3** ⇒ negar «a sua fé em Cristo» **4** ⇒ recusar «a oferta/o pedido/o apoio».
denegrir *v t/int* (<lat *denígro,áre*, com mudança de conjugação) **1** Tornar negro/escuro/Enegrecer/Escurecer. **Ex.** O lume tinha denegrido os tijolos da lareira. O tempo e a poluição denigrem o branco das paredes. **2** Fazer cair em descrédito/Dizer mal/Manchar. **Loc.** ~ a reputação [o bom nome] de alguém.
dengoso, a (Ôso, Ósa, Ósos) *adj* (<dengue + -oso) **1** Afe(c)tado/"Melado". **Comb.** Mulher ~a. **2** Efeminado. **3** Insinuante/Lascivo.
dengue *adj 2g/s f* (<quimbundo *ndengue*: criança, choradeira) **1** ⇒ dengoso. **2** *s f* Doença infe(c)ciosa causada por vírus transmitido por mosquito. **Comb.** ~ hemorrágica «em crianças». **Sin.** Febre dos três dias.
denguice *s f* (<dengue **1**+ -ice) **1** Comportamento afe(c)tado/sedutor. **2** ⇒ (arti)manha. **3** ⇒ birra; choradeira. **4** ⇒ meiguice.
denodadamente *adv* (<denodado + -mente) Com toda a bravura/Corajosamente.
denodado, a *adj* (<lat *denotátus,a,um*: conhecido pela bravura) **1** Corajoso/Destemido/Valente. **Comb.** «D. Nuno Álv(a)res Pereira» Soldado ~. **2** Impetuoso(+). **Comb.** Cará(c)ter ~.
denodar *v t* (<de- **a)** + nodar) ⇒ desnodar.
denodo (Nô) *s m* (<denodar) **1** Bravura/Coragem/Ousadia. **Loc.** Lutar com ~. **2** Desenvoltura. **Ex.** Nunca se atrapalha com as dificuldades; todos lhe reconhecem o ~ com que as ultrapassa.
denominação *s f* (<lat *denominátio,ónis*) **1** Designação/Nome. **Ex.** Desconheço a ~ exa(c)ta dos postos da hierarquia militar. **2** Atribuição de nome/título. **Ex.** A ~ de *Condestável do Reino* foi atribuída a Nun'Álv(a)res Pereira. **3** *Rel* ⇒ confissão; seita.
denominador, ora *adj/s m* (<lat *denominátor,óris*) **1** O que dá (determinad)a designação/o nome. **Ex.** O conteúdo (elevado) de sal é a cara(c)terística ~ora de salgada para a água do mar. **Comb.** ~ [Cara(c)terística] *comum* (Ex. Os meus amigos têm todos um ~ comum: (são) gente séria). **2** *Mat* Termo inferior duma fra(c)ção. **Ex.** "3" é o ~ da fra(c)ção 2/3. **Comb.** ~ *comum* [Múltiplo de todos os ~es de várias fra(c)ções] (Ex. "12" é ~ comum das fra(c)ções 2/3 e 3/4). **Ant.** Numerador.
denominal [**denominativo**(+)] *adj 2g Gram* (<denominar +...) Derivado de outra palavra. **Ex.** "Numerar" é ~ de "número"; "crueldade" é substantivo ~ de "cruel".
denominar *v t* (<lat *denómino,áre*) **1** Dar o nome. **Ex.** Na época das grandes navega-

ções, os portugueses denominaram [deram nome a] muitas terras «S. Paulo/Rio de Janeiro». **2** ~ se/Chamar-se/Intitular-se. **Ex.** Os naturais de Lisboa, lisboetas, também se denominam *alfacinhas*.

denotação *s f* (<lat *denotátio,ónis*: indicação) **1** A(c)to ou efeito de denotar. **Ex.** A alcunha de "tripeiros" aos do Porto é ~ de patriotismo. **2** Expressão indicativa/Indicação/Símbolo/Sinal. **Ex.** A gargalhada sonora era a ~ [mostra(+)/expressão] evidente da alegria que a notícia lhe causou. **Comb.** ~ [Sinal] de cansaço. **3** *Log* Extensão de determinado conceito a todos os elementos de uma classe. **Ex.** O *preto* é tradicionalmente a ~ do vestuário de luto.

denotador, ora [denotativo, a] *adj/s m* (<lat *denotátor,óris*) Que denota ou indica/Indicador. **Ex.** A mendicidade é ~ra de miséria. A transgressão generalizada das regras de trânsito é um dos ~es [é uma das provas (+)] da falta de civismo.

denotar *v t* (<lat *denóto,áre*) Ser sinal de/Indicar/Mostrar. **Ex.** As lágrimas denotam [são sinal de] tristeza. **Loc.** ~ falta de senso comum. **2** ~-se/Ver-se/Haver. **Ex.** No Convento de Cristo, em Tomar, denotam-se [veem-se/há] vários estilos «arquite(c)tónicos».

densamente *adv* (<denso + -mente) De maneira densa/espessa/compacta. **Comb.** Região ~ arborizada.

densidade *s f* (<lat *dénsitas,átis*: espessura) **1** Qualidade do que é denso/pesado. **Comb.** ~ [Força/Profundidade] *da conversa* «fez-me pensar». ~ *do nevoeiro*. *Materiais de elevada* ~. **2** Abundância/Espessura. **Ex.** A ~ da vegetação da mata impedia-nos de caminhar. **Comb.** ~ *populacional* [n.º de habitantes por km²]. ~ *do tráfego* [trânsito]. ~ *das trevas* [da escuridão]. **3** *Fís* Relação entre a massa e o volume de um corpo. **Comb.** ~ *absoluta* [específica/Massa da unidade de volume]. ~ *de corrente elé(c)trica* [Intensidade de corrente por unidade de superfície dum condutor]. ~ *relativa* «do ferro/hélio» [Relação entre a massa de uma substância e a massa de igual volume da substância padrão, que geralmente é a água e o ar].

densificar *v t* (<denso + ficar) ⇒ adensar; compactar.

densimetria *s f Fís* (<denso + -metria) Medição da densidade «dum gás».

densímetro *s m Fís* (<denso + -metro) Instrumento para medir a densidade de líquidos.

densitometria *s f Med* (<lat *dénsitas* + -o- + -metria) Medição da densidade por radiografia. **Comb.** ~ óssea [dos ossos].

densitómetro [Br densitômetro] *s m Fís* (<lat *dénsitas* + -o + -metro) Instrumento ó(p)tico para determinar a densidade de enegrecimento.

denso, a *adj* (<lat *densus,a,um*) **1** Espesso/Cerrado. **Comb.** *Floresta/Mata ~a. Nevoeiro* ~. **2** *Fís* Pesado. **Ex.** O chumbo é mais ~ que o alumínio. **3** (Muito) numeroso. **Comb.** População ~. **4** Profundo/Sólido. **Comb.** Livro ~ [com bom [muito] conteúdo].

dentada *s f* (<dente + -ada) **1** Ferimento provocado com os dentes/Ferradela/Mordedura. **Ex.** O cão deu uma ~ à [mordeu a] criança. **Loc.** Atacar à ~. **2** Porção de alimento» arrancado com os dentes de uma só vez. **Ex.** Só quero uma denta(dinha) [um bocad(inh)o] do bolo. **Loc.** Comer uma maçã à ~ [Roer uma maçã]. **3** *Fig* Crítica mordaz. **Sin.** Ferroada.

dentado, a [denticulado, a] *adj* (<lat *dentátus,a,um*) **1** Que tem dentes. **Comb.** *Animal* ~. *Roda* ~a. **2** Ferido/Marcado pelos dentes. ⇒ «fruto» mordido «pelas ovelhas». **3** Denteado/De contorno irregular/Recortado. **Comb.** *Bot* Folha dent(e)ada. Litoral dentado/acidentado(+). *Anat* Músculo [Ligamento/Sutura] dentado[a].

dentadura *s f* (<dentado + -ura) **1** Conjunto dos dentes dos mamíferos/Dentição. **2** (Dentes artificiais montados numa) placa. **3** *fig* Parte recortada/Recorte. **Comb.** A ~ da roda de engrenagem.

dental *adj 2g/s m* (<dente + -al) **1** Relativo aos dentes/Dentário(+). **Comb.** Esmalte ~. **2** ⇒ dentífrico. **3** *Fon adj/s f* Consoante em cuja pronúncia intervêm os dentes incisivos superiores. **Ex.** O "f" e o "v" são (duas) ~ais. **3** Dente/Ponta do arado que rasga a terra.

dentalgia *s f* (<dente + algia) Dor de dentes (+).

dentão *s m Icti* (<dente + -ão) Nome vulgar de alguns peixes como o cachucho, o pargo, o roncador, … ⇒ dentilhão; dentuça.

dentar *v t* (<dente + -ar¹) **1** Dar dentadas/Ferrar os dentes/Morder(+). **2** Fazer/Instalar dentes. **Loc.** ~ uma placa. **3** Recortar(+) «uma folha de papel» em forma de dente. **4** *v int* Começar a ter dentes. **Ex.** Começou a ~ (aos seis meses).

dentálio *s m Zool* (<lat *dentálium* <*dens,tis*: dente) Nome de vários moluscos, parecidos a um dente canino/Dente-de-elefante.

dentário, a *adj* (< lat *dentárius,a,um*) Relativo aos dentes. **Comb.** *Cárie* ~*a*. *Clínica* ~*a*. *Fórmula* ~*a* [Fórmula dos zoólogos para indicar o número de dentes dum animal]. *Medicina* ~ *a*.

dente *s m* (<lat *dens,tis*) **1** Conjunto de formações rígidas existente na boca dos animais. **Ex.** Os ~s do homem são 32; e classificam[dividem]-se em incisivos, caninos e molares. **Loc.** *idi Afiar/Aguçar o(s) ~(s)* [Estar à espera, com grande vontade, para saborear a comida ou fazer outra coisa de muito agrado]. *Arrancar um* ~. *Arreganhar os* ~s [«cão» Querer morder/atacar]. *Bater o(s)* ~(s) [Ter muito frio]. *Caber na* [Não encher a] *cova de um* ~ [Ser «um pedaço de bolo» muito pequeno]. *Chumbar* [Obturar] *um* ~. *Escovar* [Lavar(+)] *os* ~s. *Mudar os* ~s (de leite) *Palitar os* ~s. *Ter* [Sentir] *os* ~s *botos*/embotados «com gelo ou fruta azeda». **Idi.** *Dar com a língua nos* ~s [Revelar um segredo/Falar antes do tempo]. *Falar por entre* ~s [Falar baixo/Resmungar]. *Mentir com quantos* ~s *tem* [Mentir muito]. *Mostrar os* ~s [Sorrir]. *Não (conseguir) meter o* ~ «num livro difícil» [Não compreender/poder]. *Quando as galinhas tiverem* ~s [Nunca «você irá à Lua»]. «animal» *Ser de* [Ter] *bom* ~ [Comer bem e de tudo]. **Comb.** ~ *cariado* [com cárie]. ~ *de leite* [da primeira dentição]. ~ *postiço*. ~s *rasos* [Incisivos gastos «de cavalo velho». ~ *do siso* [Último molar que nasce no fim da adolescência]. *idi Armado até aos* ~s [Muito armado]. «lutar/estudar» *idi Com unhas e* ~s [Com garra/denodo/valentia]. *Escova* [Pasta] *de* ~s. *prov Olho por olho,* ~ *por* ~ [Responder na mesma moeda/Desforrar-se com os mesmos meios]. ⇒ bico. **2** Algo com aspe(c)to de ~. **Comb.** ~ [Gomo] *de alho*. ~ *dental*. **3** Saliência. **Comb.** *idi* ~ *de coelho* [O que é difícil de entender]. ~ *de engrenagem*. ~ *da folha dent(e)ada*. ~ *do pente*. ~ [Ranhura(+)] *da roda/moeda*. ~ *da serra* [do serrote]. ⇒ ~-de-cão; ⇒ ~-de-leão.

denteação *s f* (<dentear+-ção) A(c)to ou efeito de dentear.

denteado, a *adj* (<dentear) ⇒ dentado.

dentear *v t* (<dente+-ear) Colocar dentes «na dentadura»/Recortar «papel/uma roda» em forma de dente.

dente-de-cão *s m Bot* **1** Planta espontânea bolbosa de lindas cores; *Erythronium dens-canis*. **2** Doença do grão do centeio. ⇒ cravagem.

dente-de-leão *s m Bot* Erva baixa de flores amarelas; *Taráxacum officinale*. **Sin.** Taráxaco.

dentel *s m* (<dente + -el) Entalhe para regular a altura das prateleiras numa estante. ⇒ dintel; dentículo.

dentição *s f* (<lat *dentítio,ónis*) **1** Formação, nascimento e desenvolvimento dos dentes. **Comb.** ~ **permanente**. *Fase da* ~. *Primeira* ~ [Dentes de leite]. **2** ⇒ dentadura **1**.

denticulado, a [denticular] *adj* (<dentículo) Com dentes/Recortado. **Comb.** *Arquit Cornija* ~. *Bot Folha* ~. *Selo* (de carta) ~. **Sin.** Dentado.

denticular *v t* (<dentículo+-ar¹) Fazer «a cornija» com dentículos/dentes/Recortar(+).

dentículo *s m* (<lat *dentículus,i*, dim de *dens,tis*) **1** Dente pequeno/Dentinho. **2** *Arquit* Entalhe (em forma de dente) numa cornija. **3** *Bot* Recorte das folhas das plantas.

dentiforme *adj 2g* (<dente + -forme) Que tem forma de dente.

dentifrício *adj/s m Br* (<lat *dentifrícium,i*) **1** Relativo à higiene dos dentes. **Comb.** Fio [Pasta] ~[a]. **2** Produto para limpeza dos dentes. **Comb.** Um ~ excelente. **Sin.** Dentífrico(+).

dentífrico *adj/s m* (<lat *dentífricus,a,um*) O que serve para limpar/esfregar os dentes. **Ex.** Vou comprar um ~ com flúor. **Comb.** Pasta ~a [de dentes (+)].

dentilhão *s m* (<dente + -ilha + -ão) **1** Dente grande. **2** *Arquit* Pedra saliente numa construção para continuar a obra.

dentina *s f* (<dente+-ina) Marfim (Parte interna) do dente.

dentirrostro, a *adj* (<dente+ lat *rostrum, i*: bico) Que tem o bico denteado. **Comb.** Ave ~a.

dentista *s 2g Med* (<dente + -ista) Médico especialista em doenças da boca e dentes. **Sin.** Estomatologista; odontologista.

dentolabial *adj 2g* (<dente + labial) **1** Relativo aos dentes e aos lábios. **Comb.** Som [Pronúncia] ~. **2** *s f Fon* Consoante em cuja pronúncia intervêm os dentes incisivos superiores e o lábio inferior. **Ex.** O "f" é uma ~. **Sin.** Labiodental.

dentolingual *adj 2g* (<dente + lingual) **1** Relativo aos dentes e à língua. **2** *s f Fon* Consoante «c» que se pronuncia encostando a língua aos dentes incisivos superiores.

dentre *contr* (<de + entre) Contra(c)ção da preposição *de* com a preposição *entre*/Do meio de. **Ex.** ~ todos, escolho o maior «bolo». ~ os corredores, um disparou para a frente.

dentro *adv* (<lat *de + intro*) **1** No interior. **Ex.** ~ de [Em] casa não faz frio. Sentia uma coisa cá ~ [no íntimo/no coração]. Entrou (pela) casa ~ sem pedir licença (a ninguém). Fugiu para (~ de) casa. Fechei a porta por (o lado de) ~. A janela está suja por ~. **Loc.** *Estar/Conhecer por* ~ [Ter conhecimento pormenorizado «do assunto»]. *idi Ir* ~ [Ser preso]. *(D)esp Ser* ~ [Ser golo/Ficar (a bola) ~ do campo]. **Comb.** Criada de ~ [Empregada doméstica que só trabalha ~ de casa]. **Ant.** Fora. **2** No espaço de. **Ex.** ~ de um ano termino a (construção da) casa. **Comb.** ~ *de pouco* (tempo) [Em

breve/Brevemente/Proximamente]. **~ de** [Daqui a] ***uma hora*** chega o avião.

dentuça s f Fam (<dente + -uça) **1** Dente grande [Dentes proeminentes]. **2** Pessoa com dentes grandes e proeminentes.

dentudo, a adj/s (<dente + -udo) O que tem dentes grandes.

denudação/denudar ⇒ desnudação/desnudar.

denúncia s f (<denunciar) **1** A(c)to ou efeito de denunciar. **Ex.** A Igreja foi muitas vezes perseguida por causa da ~ da violação dos direitos humanos. **2** Acusação/Revelação de crime ou ilegalidade. **Ex.** Recebida a ~, de imediato foi instaurado o processo de averiguações. **Sin.** Acusação; delação. **3** Manifestação de alguma coisa que permanecia oculta. **Ex.** A primeira ~ de que a empresa não estava bem foi o aparecimento dos credores exigindo o pagamento de dívidas. **Sin.** Indicação(+); indício(+); sinal(o+). **4** *Dir* Comunicação de que se vai pôr fim a um acordo ou contrato. **Ex.** O contrato é válido enquanto não for feita a sua ~ por uma das partes. **Comb.** A ~ do Tratado. **5** Peça jurídica do Ministério Público, que introduz uma a(c)ção judicial.

denunciação s f (<lat *denuntiátio,ónis*) ⇒ denúncia.

denunciador, ora [denunciante] adj/s (<denunciar) Que denuncia. **Ex.** Nos olhos maliciosos brilhava-lhe uma alegria ~ora das marotices que tinha praticado. ~Entre os colegas havia sempre um ~ dos segredos do grupo.

denunciar v t (<lat *denúntio,áre*) **1** Dar a conhecer/Revelar publicamente. **Ex.** A fisionomia (dele) denunciava medo. **Loc. ~ um abuso. ~ os culpados. Sin.** Acusar(+); delatar; mostrar; revelar. **2** Instituir/Reconhecer. **Ex.** Denunciou um amigo por (seu) herdeiro. **3** Pôr termo a. **Loc. ~ um contrato. ~ um Tratado**. **4** ~-se/Dar-se a conhecer/Trair-se. **Ex.** Com os pormenores da descrição, ~ou-se como conhecedor dos fa(c)tos. O visitante ~ou-se pela elegância.

denunciativo, a adj (<lat *denuntiativus,a,um*) Que denuncia/Revelador. **Sin.** Sintomático(+).

denunciatório, a adj (<denunciar + -tório) Que contém ou implica denúncia. **Ex.** O aumento do desemprego é ~ de [é sintomático da] crise econó[ô]mica «que estamos a viver/por que estamos a passar».

denunciável adj 2g (<denunciar 3 + -vel) Que se pode denunciar. **Comb.** Contratos ~eis ao fim de um ano.

Deo gratias loc lat («dou/demos» Graças a Deus) **1** Expressão de louvor a Deus usada na liturgia cristã e para agradecer a ajuda divina. **2** *Iron* Até que enfim! **Ex.** O bêbedo [fumador] já foi embora. – ~ [Que alívio)!

deontologia s f (<gr *déon,déontos*: dever + -logia) Teoria de deveres morais. **Ex.** Para mim – e tantos outros – a pena de morte é um problema ético [moral/de ~]. **Comb.** ~ médica [Conjunto de deveres «segredo» dos médicos].

deontológico, a adj (<deontologia+-ico) De deontologia. **Comb.** Código ~.

deparar v t/int (<de- c) + lat *paráre*: preparar) **1** Fazer aparecer. **Ex.** A desgraça depara[dá/oferece]-nos muitas vezes a descoberta de um novo sentido para a vida. **2** Encontrar inesperadamente/Topar. **Ex.** No aeroporto deparei [encontrei-me] com um colega de escola que não via há trinta anos! A seguir à curva, deparou com um panorama deslumbrante. **3** ~-se/Defrontar-se. **Ex.** Deparou-se com [Apanhou] uma reprovação (porque não estudou).

deparável adj 2g (<deparar+-vel) Que se pode deparar. **Ex.** Miséria, porcaria, promiscuidade são situações frequentemente ~eis quando se percorrem os bairros de lata.

departamental adj 2g (<departamento + -al) Relativo a um departamento.

departamento s m (<fr *département*) **1** Divisão administrativa «da França». **Ex.** O ~ é uma ampla circunscrição administrativa do território francês. **2** Divisão/Se(c)ção/Se(c)tor/Serviço de organismos públicos ou privados. **Ex.** *fam* A cozinha não é (lá muito) o meu ~. **Comb. ~ comercial. ~ de Metalurgia. ~ de Português** «da universidade». ⇒ repartição. **3** Circunscrição marítima dividida em capitanias.

departir v t (<fr *départir*: repartir) **1** ⇒dividir/repartir/distribuir. **2** ⇒ afastar-se/ir.

depascente adj 2g (<lat *depáscens,tis*: que pasta/devora) «chaga/tumor» Que alastra ou corrói.

depauperado, a adj (<depauperar + -ado) Que se depauperou. «erário público» Empobrecido/«corpo/organismo» Enfraquecido.

depauperador, ora [depauperante] adj (<depauperar) Empobrecedor/Enfraquecedor.

depauperamento [depauperação] s (<depauperar) Empobrecimento/Enfraquecimento. **Ex.** O trabalho nas minas levou-o a um estado de ~ dificilmente recuperável.

depauperar v t (<lat *depáupero,áre*<*páuper, is*: pobre) **1** Empobrecer/Diminuir/Esgotar. **Loc.** ~ a economia do país. **2** Enfraquecer/Esgotar. **Ex.** O trabalho depauperou~lhe as forças. Depauperou~se com o vício do álcool.

depenado, a adj (<depenar + -ado) **1** Sem penas. **2** *Fig* Sem dinheiro. **Ex.** Perdeu tudo ao jogo [a jogar], ficou ~!

depenar v t (<de- + pena + -ar¹) **1** Tirar as penas. **Ex.** Depena bem essa galinha! ⇒ depilar. **2** *Fig* Espoliar/Tirar aos poucos. **Ex.** A pouco e pouco os falsos amigos foram-no depenando.

dependência s f (<depender + -ência) **1** Falta de autonomia/Subordinação/Sujeição. **Ex.** Os operários estão na ~ do chefe. **2** Necessidade de apoio de outra pessoa. **Ex.** A incapacidade física colocou-a na ~ permanente de alguém (que cuide dela). **3** Necessidade física ou psicológica de alguma substância ou a(c)tividade. **Ex.** As drogas duras causam ~. **4** Relação de causa e efeito. **Ex.** A agricultura está na ~ das condições meteorológicas. **5** Filial/Sucursal. **Ex.** Há muitas ~s de Bancos nesta cidade. **6** Anexo/Compartimento/Parte de casa. **Ex.** Uma casa com várias ~s no interior e no exterior. **7** Território incluído ou pertencente a outro. **Sin.** Domínio; possessão. ⇒ enclave.

dependente adj/s 2g (<lat *dependens, éntis*) **1** Que está sob a autoridade de outrem/Subordinado. **Ex.** Os menores são ~s da família. ⇒ boca **3**. **2** Que não tem meios de subsistência próprios. **Ex.** Enviuvou e ficou ~ da pensão social. **3** Que necessita de apoio. **Ex.** Tornou-se ~ por causa da paralisia. **4** Que tem necessidade de consumir determinada substância. **Comb.** ~ do álcool. **Sin.** *Gír* Agarrado «pela droga»; viciado.

depender v int (<lat *depéndo,ere* <*péndo, ere*: pesar, pensar) **1** Estar sob a autoridade de/Estar subordinado a. **Ex.** Os filhos dependem dos pais. As escolas dependem do ministro da Educação. **2** Necessitar de alguém/de alguma coisa para poder viver. **Ex.** Já podes trabalhar, não precisas de ~ de ninguém. **3** Estar condicionado por. **Loc.** ~ do horário. **4** Ser da responsabilidade. **Ex.** A solução do caso depende do presidente. A sentença depende do juiz. **5** Ter relação imediata/Derivar/Resultar. **Ex.** A incompatibilidade com os colegas depende [resulta/vem/deriva/é] do seu mau feitio. A luz natural depende do Sol. **6** Estar ligado a/Fazer parte de. **Ex.** Todos estes terrenos dependem da quinta.

dependura s f (<dependurar) **1** A(c)ção de (de)pendurar. **Loc.** Levar o saco/a bolsa dependurado/a [à ~] no ombro. **Idi.** *Estar à ~* [Estar por um fio/Estar em perigo de morte]. *Estar na ~* [na miséria]. **Comb.** A ~ dos chouriços [das alheiras]. **2** Conjunto de obje(c)tos dependurados. **Comb.** Uma ~ de roupa a secar. **3** s 2g O/A que vive à custa dos outros. **Sin.** Pendura(+); parasita(o+).

dependurar v t (<de-+...) ⇒ pendurar.

depenicar v t (<depenar + -icar) **1** Arrancar/Tirar/Comer pequenas porções. **Ex.** Bago a bago, ia depenicando o cacho de uvas. Ele não come, (só) depenica. **Loc.** ~ (n)o pão. ~ umas batatas fritas no prato. **Sin.** Debicar. **2** ⇒ arrancar; depenar «um frango/uma galinha».

deperecer v int (<de- + perecer) Definhar/Enfraquecer aos poucos.

depilação s f (<depilar + -ção) Efeito ou operação de arrancar os pelos ou os cabelos. **Ex.** Depois da ~ ficaste com uma cara mais bonita.

depilar v t (<lat *dépilo,áre*) Arrancar os pelos ou os cabelos. **Ex.** Devias ~ as pernas; ficavas mais feminina. ⇒ pelar.

depilatório, a adj/s m (<depilar + -tório) (O) que depila. **Ex.** Há um novo ~ muito eficaz. **Comb.** Loção ~a.

depleção (Plè) s f Med (<lat *deplétio,ónis* <*dépleo,ére*: esvaziar) Redução, sobretudo de líquido, no organismo.

depletivo, a (Plè) adj (<lat *depletus* +-ivo) Que produz depleção.

deploração s f (<lat *deplorátio,ónis*) Manifestação de dor/Pranto/Lamentação. **Comb.** A ~ [O choro (+)] pela morte do benfeitor.

deplorar v t (<lat *depláro, áre*) Lamentar(+)/Sentir com grande tristeza/Lastimar~se/Chorar.

deplorável adj 2g (<deplorar+-vel) **1** Detestável/Lamentável/Mau. **Ex.** Todas as agressões [guerras] são ~eis. **2** Digno de compaixão/Que mete dó. **Ex.** A morte do filho deixou-o num estado ~.

depoente adj/s 2g (<lat *depónens,éntis*) **1** Que depõe/Testemunha. **Ex.** As vítimas ~s estavam muito serenas. Os ~s foram interrogados pelo juiz. **2** *Gram* Que tem forma verbal passiva mas sentido a(c)tivo. **Ex.** O verbo latino "lóquor" é ~. No exemplo: saiu de casa comido (Depois de comer), "comido" é ~.

depoimento s m (<depor <*an* depoer + -mento) **1** Narração de fa(c)tos em tribunal. **Ex.** Os ~s das testemunhas foram todos concordantes. **Sin.** Testemunho. **2** Declarações prestadas por alguém com conhecimento. **Ex.** Prontificaram-se a fazer o seu ~ aos jornalistas (porque viram o acidente).

depois adv (<de- + lat *post*: atrás) **1** Em seguida/Mais tarde/Posteriormente/Futuramente. **Ex.** Primeiro faz-se o proje(c)to, ~ constrói-se a casa. **Comb. ~ de** [A seguir a] (Ex. ~ da aula podemos tratar desse assunto). **2** Mais além/Num lugar a seguir. **Ex.** Aqui é a escola, a estação é ~ [a se-

guir]. **Ant.** Antes [Para cá]. **3** Além disso. **Ex.** É inteligente, e ~ (também) é bonita. **Loc. Fam E ~?** [E então?/Isso não tem importância/E qual é o problema?] (Ex. Cheguei tarde, e ~?). **~ de tudo** [No fim de contas] «não é má pessoa». **4** Atrás. **Ex.** À frente ia o guia, ~ [atrás] íamos nós, os turistas. ~ de [A seguir a] mim, falas tu. ~ [A seguir/Seguidamente] vimos um programa de televisão. ~ que a mãe morreu [~ de a mãe morrer], nunca mais sorriu «a criança». ~ da [Após a/A seguir à] refeição fomos para o jardim. **Loc.** ~ de amanhã [Daqui a dois dias] «começam as férias». Muito [Pouco] ~ chegou ele. **Sin.** Após. **Ant.** Antes.

depor *v t/int* (<lat *depóno,ere*) **1** Pôr de lado/de parte. **Ex.** Depôs o livro «e ligou o rádio». **2** Colocar com cuidado/respeito. **Ex.** Depus a jarra de cristal em cima da mesa. Foi ao cemitério ~ flores na campa dos pais. **Loc.** ~ a mala [o fardo] no chão. **3** Retirar um cargo/Destituir/Exonerar. **Ex.** Apresentaram-se (muitas) razões para ~ o presidente. **4** Fazer o depoimento/Testemunhar. **Ex.** As testemunhas depõem perante o juiz. **5** Provar/Indicar. **Ex.** Ele diz-se inocente, mas os fa(c)tos depõem contra ele [indicam o contrário]. Ela diz que é inocente e os fa(c)tos depõem a seu favor. **6** Renunciar/Abandonar. **Loc. ~ as armas** [Abandonar a luta/Renunciar à guerra]. **~ o cargo** «de ministro». **~ a dissimulação** [droga/ o tabaco]. **7** Assentar(o+)/Depositar(+). **Ex.** As impurezas da água depõem-se no fundo do [sedimentam no] copo. **8** Ter/Colocar. **Ex.** Deponho toda a esperança no médico.

deportação *s f* (<lat *deportátio,ónis*) Expulsão de um país (por ser considerado criminoso ou indesejável). **Sin.** Desterro; degredo; exílio(+).

deportado, a *adj/s* (<lat *deportátus,a,um*) Que foi expulso do seu país. **Ex.** Durante séculos, muitos prisioneiros foram ~s para África. **Sin.** Desterrado; exilado(+).

deportar *v t* (<lat *depórto,áre*) Condenar à deportação/a saír do país. **Sin.** Desterrar; exilar(+); expatriar(o+).

deposição *s f* (<lat *deposítio,ónis*) **1** A(c)to ou efeito de depor/Colocação. **Ex.** Depois da ~ de uma coroa de flores (junto ao monumento), o Presidente falou à multidão. **2** Destituição/Exoneração. **Ex.** A primeira medida dos revoltosos foi a ~ do Primeiro-Ministro. **3** Depoimento(+). **Ex.** Ainda falta a ~ de uma das testemunhas. **4** *Fís* **Comb.** ~ ele(c)trolítica [Revestimento com uma camada de metal por ele(c)trólise]. **5** *Geol* Formação (de camada) de sedimentos. **Sin.** Sedimentação(+). **6** *Rel* Descida da cruz e colocação de Jesus Cristo no túmulo. **Ex.** As pinturas portuguesas mais célebres da ~ encontram-se em Coimbra (no mosteiro de Santa Clara e na igreja de Santa Cruz).

depositador, ora [depositante(+)**]** *adj/s* [2g] (<depositar) (O) que deposita. **Ex.** Os créditos preferenciais são atribuídos [O Banco dá preferência nos créditos] aos clientes ~s. Foi ele o ~ mas o cliente do Banco é o pai.

depositar *v t/int* (<depósito+-ar[1]) **1** Entregar à guarda de alguém. **Ex.** Depositou todas as economias no Banco. **Loc.** ~ confiança [Reconhecer o valor a/Acreditar em]. **2** Colocar em determinado lugar/Deixar. **Ex.** Depositou [Colocou(+)] as chaves em cima da mesa e foi atender o telefone. **3** Colocar de forma solene e respeitosa/Sepultar. **Loc.** ~ o caixão no túmulo. **4** Assentar no fundo/~se. **Ex.** As impurezas depositaram-se no fundo do tanque.

depositário, a *adj* (<lat *depositárius,i*) Que recebe alguma coisa e se responsabiliza por ela. **Ex.** Ele é ~ de um (grande) segredo! Ela é a ~a das confidências do gerente. **Comb.** *Dir* Fiel ~ [Pessoa que temporariamente assume a gestão de um bem por impedimento do legítimo proprietário].

depósito *s m* (<lat *depósitum,i*) **1** A(c)to ou efeito de depositar. **Ex.** Feito o ~ «no Banco» regressou a casa. **2** O que se deposita/entrega. **Comb.** ~ (bancário [de dinheiro]) à ordem. **~ a prazo** [de poupança]. **~ legal** «de livros às bibliotecas nacionais». **3** Lugar onde algo se deposita/armazena. **Ex.** A mobília [A lenha para o inverno/O arroz] está no ~. **Comb. ~ de água. ~ livros. ~ de sucata. Sin.** (Para materiais sólidos) Armazém; arrecadação; parque. (Para líquidos e gases) Tanque; cisterna. **4** Impurezas dum líquido que se depositam (no fundo). **Ex.** O vinho do Porto é um produto natural sujeito a criar ~ com a idade. **5** Quantia reembolsável deixada como caução de embalagens recuperáveis. **6** *Geol* Concentração de sedimentos minerais. **Comb.** ~ de caulino. **Sin.** Jazida.

deposto, a (Pôsto, Pósta, Póstos) *adj* (<lat *depósitus,a,um*; ⇒ depor **3**) **1** Colocado/Posto de lado. **2** «ministro» Destituído/Destronado. **Sin.** Exonerado.

depravação *s f* (<lat *depravátio,ónis*) Corrupção moral/Perversão. **Sin.** Imoralidade.

depravado, a *adj* (<lat *depravátus,a,um*) Imoral/Perverso. **Sin.** Corrompido; devasso(+); vicioso.

depravador, ora *adj/s* (<lat *depravátor, óris*) Que deprava/corrompe. **Sin.** Corruptor(+).

depravar *v t* (<lat *deprávo,áre*: entortar, corromper) **1** Corromper/Estragar/Perverter. **Ex.** Os adolescentes facilmente se deixam ~ [perverter(+)] pelas más companhias. **2** Alterar para pior/Perder qualidade. **Sin.** Adulterar.

deprecação *s f* (<lat *deprecátio,ónis*) **1** Pedido de perdão/Súplica. **2** *Dir* Envio da deprecada.

deprecada *s f Dir* (<deprecado) Pedido de um juiz a outro para que seja efe(c)tuada determinada diligência [para que cumpra algum mandado]. **Sin.** Carta precatória.

deprecado, a *adj Dir* (<lat *deprecátus,a, um*) Pessoa [Juiz] a quem é dirigida a deprecada.

deprecante *adj/s 2g* (< lat *déprecans,ántis*) (O) que depreca.

deprecar *v t* (< lat *dépreco,áre*) **1** Implorar(+)/Pedir(o+)/Suplicar(+). **Ex.** De joelhos e a chorar deprecava piedade. **2** *Dir* Enviar a deprecada. **Ex.** O arguido não reside na comarca e o juiz do processo deprecou ao colega a sua citação.

deprecativo, a [deprecatório, a] *adj* (<lat *deprecatívus* [*órius*]) Em que há deprecação.

depreciação *s f* (<depreciar+-ção) **1** Diminuição de preço/de valor. **Ex.** A ~ da moeda beneficia os devedores. **Sin.** Desvalorização. **2** *fig* Manifestação de desprezo/de falta de apreço. **Sin.** Desdém(+); menosprezo(+).

depreciador, ora *adj/s* (<lat *depretiátor, óris*) Que deprecia/Que manifesta falta de apreço.

depreciar *v t* (<lat *deprétio,áre*) **1** Diminuir de preço ou de valor/Aviltar. **Ex.** O Governo decidiu ~ a moeda «para aumentar as exportações». **2** *fig* Desdenhar/Desprezar. **Ex.** O professor depreciava frequentemente os alunos fracos à frente da turma. **Ant.** Elogiar ; enaltecer; louvar; apreciar; realçar.

depreciativo, a *adj* (<depreciar+-tivo) Que implica depreciação/falta de apreço. **Ex.** Sempre que falava do professor usava termos ~s. **Comb. Expressão ~a. Sentido ~. Sin.** Pejorativo.

depreciável *adj 2g* (<depreciar+-vel) Sujeito a depreciação. **Ex.** Os automóveis novos são muito ~eis no primeiro ano.

depredação *s f* (<lat *depraedátio, ónis*) **1** Pilhagem(+)/Saque(+). **Ex.** Os soldados impiedosos faziam a ~ de alimentos e de tudo o que pudesse ter valor. **2** Destruição/Devastação. **Ex.** Após o terramoto só se viam os sinais da grande ~.

depredador, ora *adj/s* (<lat *depraedátor, óris*) (O) que pratica a depredação. **Sin.** Devastador; saqueador. ⇒ predador.

depredar *v t* (<lat *depraedo,áre*) **1** Espoliar/Pilhar. **2** Destruir/Devastar.

depredativo, a [depredatório, a] *adj* (<depredar) Que implica depredação. **Comb.** A(c)ções ~as.

depreender *v t* (<lat *deprehéndo, ere*) Concluir/Deduzir/Perceber o que não era evidente. **Ex.** Depreendo [Deduzo/Concluo] das tuas palavras que estás em risco de perder o emprego.

depreensão *s f* (<lat *deprehénsio,ónis*; ⇒ depreender) Compreensão/Conclusão/Dedução/Reconhecimento. **Ex.** Considerá-lo ladrão só por aquilo que se ouviu dizer é uma ~ abusiva.

depressa *adv* (<de- c) + pressa) **1** Com velocidade/Em pouco tempo. **Ex.** ~ chegarás a essa conclusão. Não guies [conduzas] tão ~ [rápido]! **Loc.** Falar [Comer/Andar] ~. **Prov. ~ e bem, há pouco quem!** [Uma obra, para ficar bem, exige tempo]. **Ant.** Devagar; lentamente. **2** Já/Imediatamente/Logo. **Ex.** Saia da minha presença [casa] ~! **Loc. Tão ~ ... como ...** [Mudar sem razão] (Ex. Aquela criança parece maluquinha, tão ~ chora como ri). *Ir ~* [Precipitar-se/Não pensar] (Ex. Ele foi ~ e o negócio [casamento] não deu certo).

depressão *s f* (<lat *depréssio,ónis*) **1** Abaixamento de pressão. **Ex.** A extra(c)ção do ar provoca a ~ no interior dum recipiente. **2** Zona de relevo mais baixo/Cavidade. **Ex.** Depois daquele monte há uma ~ muito profunda. **3** *Econ* Crise [Diminuição da a(c)tividade] econó[ô]mica. **Ex.** A grande ~ dos anos 30 causou muitas falências. **Comb.** A ~ das receitas. **4** *Meteor* Zona de baixas pressões atmosféricas. **Comb.** ~ de origem térmica. **5** *Psic* Estado de abatimento físico e psíquico. **Ex.** A seguir ao divórcio entrou numa [num estado de] grande ~.

depressionário, a *adj Meteor* (<depressão 4 +-ário) Local de depressão/Relativo a depressão. **Comb.** Frente ~a. Vale ~.

depressivo, a *adj/s* (<depressão+-ivo) **1** Que causa depressão/Que humilha. **Comb. Agente** [Substância] **~. Ambiente ~. Sin.** Deprimente(+). **Ant.** Alegre. **2** Com tendência para a depressão psíquica. **Ex.** Os ~s optam com frequência pelo suicídio. **Ant.** Eufórico.

depressor, ora *adj/s* (<depressão+-or) **1** Que causa depressão/Que humilha. **2** *Med* Substância que enfraquece a a(c)tividade fisiológica. **Sin.** Depressivo. **3** Músculo «dos cantos da boca» que provoca o abaixamento de uma parte do corpo. **Sin.** Abaixador.

deprimente *adj 2g* (<lat *déprimens,éntis*) Que causa depressão. **Comb.** Ambiente [Situação] ~. **Sin.** Depressivo **1**; depressor **1**.

deprimido, a *adj* (<deprimir) **1** Que sofre de depressão. **Ex.** Ele andou (muito) ~, mas agora está (inteiramente) bom. **2** Achatado/Baixo. **Comb.** *Bot Fruto* ~/*achatado*. *Econ* «agricultura» *Se(c)tor* ~ [que tem pouca a(c)tividade ou rendimento]. *Terrenos ~s*/baixos.

deprimir *v t* (<lat *déprimo,ímere*) **1** Causar depressão/Rebaixar. **Ex.** Os rodados dos cami(nh)ões pesados deprimem a zona [parte] da estrada por onde passam. **2** Provocar angústia/desânimo/tristeza. **Ex.** A morte do filho deprimiu-a profundamente. **3** Tratar com desprezo/Humilhar(+). **Ex.** Sentia prazer em ~ as jovens mais tímidas. **Ant.** Animar. **4** Debilitar/Enfraquecer. **Ex.** Os longos períodos de trabalho no(c)turno deixavam-no muito deprimido. **Ant.** Fortalecer.

depuração *s f* (<depurar+-ção) **1** Eliminação de impurezas/Limpeza/Purificação. **Ex.** A ~ da água potável faz-se nas estações de tratamento. **2** Aperfeiçoamento espiritual/moral. **Ex.** A Quaresma é um tempo de ~ para os cristãos. **3** Afastamento compulsivo da vida política. **Comb.** As grandes e cruéis ~ões políticas de Mao Tsé-Tung/Estaline.

depurador, ora *adj/s* (<depurar) (O) que limpa/(re)tira as impurezas. **Ex.** O fogo é o melhor ~. **Comb.** Agente [Substância] ~. **Sin.** Purificador; depurativo.

depurar *v t* (<lat *depúro,áre*) **1** Tornar(-se) puro/Limpar/Purificar. **Ex.** É preciso ~ o partido dos elementos "rea(c)cionários". A doença foi para ela ocasião de se ~ da vida dissoluta que levara. **2** Expulsar/Excluir. **Ex.** Ele não veio à festa da nossa Associação porque foi depurado/expulso.

depurativo, a *adj/s m* (<depurar+-tivo) Que depura/Que purifica. **Comb.** Um (medicamento) ~. **Sin.** Depurador; purificador.

deputação *s f* (<deputar+-ção) **1** Delegação(+) de uma tarefa num pequeno grupo de pessoas. **Ex.** Um grupo de três trabalhadores recebeu dos colegas a ~ para defender os seus direitos junto da administração. **2** Conjunto de pessoas encarregadas de uma missão específica. **Ex.** Uma ~ de professores apresentou cumprimentos ao ministro «em nome de todos os docentes do distrito». **3** Função [Cargo/Mandato] de deputado.

deputado, a *adj/s* (<lat *deputátus,a,um*) **1** Enviado/Delegado(+) para tratar de assuntos alheios. **Ex.** Foi ~ para representar a empresa em tribunal. **2** Membro eleito pelo povo para fazer parte duma assembleia deliberativa. **Comb.** ~ na Assembleia da República. ~ da Câmara Legislativa por Brasília. ~ no Parlamento Europeu.

deputar *v t* (<lat *députo,áre*) **1** Delegar(+) determinados poderes. **Ex.** O Presidente deputou no secretário a organização da festa. **2** Enviar em representação. **Ex.** O povo deputou três casais para apresentarem ao ministro o pedido da construção da nova escola.

deque *s m Br* (<ing *deck*) ⇒ convés.

dequitação *s f Med* (<dequitar+-ção) **1** Queda da placenta. **2** Período desde a saída do feto até à expulsão da placenta. **Sin.** Delivramento.

dequitar-se *v int* (<de- a) +quitar) **1** Expelir a placenta. **Sin.** Delivrar-se. **2** ⇒ parir; dar à luz.

dérbi *s m (D)esp* (<antr ing *Derby*, que iniciou as corridas de cavalos) ⇒ jogo [competição/desafio/encontro] importante.

derisão [derisório] ⇒ derrisão [derrisório].

deriva *s f* (<derivar) **1** Estrutura plana vertical colocada na fuselagem dos aviões para estabilizar a dire(c)ção. ⇒ leme. **2** Desvio «de um instrumento» ao longo do tempo em relação à posição de repouso. **Comb.** ~ continental [Deslocação dos continentes]. **3** Desgoverno/Descontrole. **Loc.** À ~ [À sorte/Sem rumo]. **Comb.** *Barco à* ~ [levado pela corrente/ao sabor das ondas]. *Pessoa que vive* [anda] à ~ [sem (um) rumo na vida].

derivação *s f* (<lat *derivátio, ónis*) **1** A(c)to ou efeito de derivar. **2** Afastamento/Desvio/Ramal. **Ex.** Começava a falar dos estudos, mas rapidamente fazia a ~ para o futebol. Não vinha dire(c)to para casa, fazia a ~ pelo café. Para construir a ponte fizeram a ~ [o desvio(+)] do leito do rio. **3** *Gram* Processo de formação de palavras. **Comb.** ~ *prefixal* [por adjunção de *pref* ao radical]. ~ *regressiva* [por redução da palavra derivante]. ~ *sufixal* [por adjunção de *suf* ao radical]. **4** *Mat* Determinação da função derivada. **Ex.** A ~ aplica-se na análise matemática. **5** *fig* Descendência/Origem.

derivacional *adj 2g Gram* (<derivação+-al) Relativo à derivação de palavras. **Comb.** Morfologia ~.

derivada *s f Mat* (<derivado) Limite do quociente entre o acréscimo da função e o acréscimo da variável quando este tende para zero. **Comb.** ~ *de primeira ordem*. ~ *parcial*. ~ *real*. ~ *total*.

derivado, a *adj/s* (<derivar; ⇒ derivada) **1** «produto/substância» Proveniente/Que tem origem em. **Comb.** ~s do petróleo. **2** Desviado. **Comb.** Canal ~. **3** Que é consequência/Resultante. **Ex.** O acidente foi ~ do [devido ao (+)/por causa do] excesso de velocidade. **4** *Gram* Que tem origem noutra palavra. **Comb.** ~ por prefixação (⇒ derivação **3 Comb.**).

derivante *adj/s 2g* (<derivar+-ante) **1** *Ling* (O) que é base doutra palavra derivada. **2** Que (anda à) deriva. **Comb.** *Barco* ~ no alto mar.

derivar *v t/int* (<lat *derívo,áre* <de + *rívus,i*: rio) **1** Afastar(-se) do curso normal/«o barco» Desviar(-se) «para (o) sul». **Ex.** Ia para casa, mas resolveu ~ para o café. **2** Andar à deriva/Seguir sem rumo. **Ex.** Sozinho, derivava pelas ruas, noite fora, como um louco! **3** Ter origem em. **Ex.** Os pais dele derivavam [descendiam(+)] dos Noronhas. **4** *Gram* Formar uma palavra por derivação. **Ex.** A junção de um prefixo «in» à palavra primitiva «útil» é um dos modos de ~ (= inútil). **Ex.** Beleza deriva de belo. **5** *Mat* Determinar a derivada. **Ex.** ~ é uma operação fácil. **6** Correr(+). **Ex.** O regato [tempo] deriva tranquilo.

derivativo, a [derivatório, a] *adj/s* (<lat *derivatívus [tórius]*) **1** Relativo à derivação/Que serve para a derivação. **2** Desvio/Entret(en)imento/Paliativo. **Ex.** Temos que nos fixar no essencial; não há tempo para ~s!

derivável *adj 2g* (<lat *derivábilis,e*) Que se pode derivar.

dermalgia *s f Med* (<derme + algia) Dor (localizada) na pele.

dermático, a *adj* (<gr *dermatikós*) ⇒ dérmico(+).

dermatite *s f* (<dermat-+-ite) Inflamação da pele. **Sin.** Dermite.

dermat(o)- *pref* (<gr *dérma,atos*: pele) Exprime a ideia de pele/derme.

dermatóglifo *s m* (<dermato- + *glýphein*: gravar) Impressões das pregas da pele da palma da mão, dos dedos e da planta dos pés, que auxiliam no diagnóstico genético.

dermatografia *s f* (<dermato- + grafia) Descrição da pele.

dermatoide (Tói) *adj 2g* (<dermat- + -oide) Semelhante à pele.

dermatologia *s f* (<dermato- +-logia) Estudo da pele e suas doenças.

dermatológico, a *adj* (<dermatologia+--ico) Relativo à dermatologia.

dermatologista *s 2g* (<dermatologia+-ista) Médico especialista em doenças de pele.

dermatoplastia *s f* (<dermato-+ plastia) Cirurgia plástica da pele.

dermatose *s f Med* (<dermat- + -ose) Nome genérico das doenças de pele.

dermatoterapia *s f Med* (<dermato- + terapia) ⇒ dermoterapia.

dermatozoário *s m* (<dermato- + -zoário) Parasita da pele.

derme *s f* (<gr *dérma,atos*: pele) Camada interior da pele. ⇒ epi~; hipo~.

dérmico, a *adj* (<derme+-ico) Relativo à pele. **Sin.** Dermático.

dermite *s f* (<derme+-ite) ⇒ dermatite(+).

derm(o)- ⇒ dermat(o)-.

dermoide (Mói) *adj 2g* (<derme + -oide) Da natureza ou estrutura da pele. **Comb.** Quisto ~.

dermoterapia *s f* (<derm(o)- + terapia) Tratamento das doenças de pele.

derrabado, a *adj* (<derrabar + -ado) **1** Com a cauda [o rabo] cortada/o. **2** Que cai/fica pendente. **3** Diz-se do barco que afunda mais a popa do que a proa (por má distribuição da carga).

derrabar *v t* (<de- a) + rabo + -ar[1]) **1** Cortar a cauda/Desrabar. **Loc.** ~ um cão. **2** Cortar as abas dum casaco/vestido. **Ex.** O vestido está a arrastar demasiado; é melhor derrabá-lo um pouco.

derradeiro, a *adj pop* (<lat *derretrárius,a, um* <de + *retro*: atrás) O que vem [chega] no fim/O último. **Ex.** Sempre atrasado! És sempre o ~ [último(+)]! **Comb.** Hora ~a [da morte].

derrama *s f* (<derramar) **1** Corte dos ramos/Poda/Desrama(+). **Ex.** A ~ das árvores é feita no inverno. **Sin.** Desrama(+). **2** *an* ⇒ imposto.

derramado, a *adj* (<derramar+-ado) **1** Com a rama cortada/Podado. **Ex.** Os pinheiros já foram ~s [desramados(+)]. **2** Entornado/Espalhado/Vertido. **Comb.** Lágrimas ~as. Óleo ~ «na estrada».

derramamento *s m* (<derramar+-mento) A(c)to ou efeito de derramar/Derrame/Difusão. **Ex.** O motim foi violento; houve um grande ~ de sangue. O vulcão provocou o ~ [fluxo(+)] de lava pela encosta abaixo.

derramar *v t* (<lat *disrámo,áre*: tirar os ramos) **1** Entornar/Espalhar/Verter. **Ex.** O camião despistou-se e derramou a carga ao longo da estrada. Quando o leite estiver quase a ferver, apaga o lume para não ~. Os mártires derramaram o seu sangue por causa [em testemunho] da fé. *fig* Os olhos dele derramavam tristeza. **2** Distribuir/Produzir em grande quantidade. **Ex.** ~ esmolas pelos [por todos os] pobres das redondezas. Essa videira derramou-se em [deu muitos] cachos. **3** Cortar os ramos/Podar/Desramar(+). **Ex.** É preciso ~ o pinheiro porque tem uma copa muito grande/para crescer mais. ⇒ aparar; limpar.

derrame *s m* (<derramar) **1** Derramamento/Perda. **Comb.** ~ *de energia* elé(c)trica. ~ *de lava*. **2** *Med* Acumulação de sangue entre membranas serosas/Hemorragia interna. **Comb.** ~ cerebral.

derrancado, a *adj* (<derrancar+-ado) **1** Alterado/Corrompido/Estragado. **2** Encolerizado/Furioso/Irado.

derrancar¹ v t (<de- + lat *rancus,a,um*: rançoso + -ar¹) **1** Alterar a qualidade/Tornar rançoso. **Ex.** A manteiga tem tendência a ~ [a ficar rançosa/a ganhar ranço(+)] com o calor. **2** *fig* Corromper/Perverter. **Ex.** Os filmes violentos e licenciosos contribuem para que os comportamentos sociais se derranquem. **3** Encolerizar(-se)/Ficar furioso/Irritar(-se). **Ex.** A advertência do polícia [*Br* policial] de que o iria multar derrancou-o de imediato.

derrancar² v t (<de- + arrancar) **1** Arrancar(+)/Deslocar. **Loc.** ~ «os ciganos das barracas». **2** Desarraigar. **Loc.** ~ as tradições antigas.

derrapagem s f (<de- + rapar + -agem) **1** Escorregamento das rodas de um veículo em movimento. **Ex.** Com [Quando há] gelo na estrada as ~ns são frequentes. ⇒ resvalo. **2** *Econ* Variação descontrolada dos parâmetros econó[ó]micos. **Comb.** ~ do défice. ~ dos preços.

derrapante adj 2g (<derrapar + -ante) Que provoca a derrapagem. **Comb.** Piso [Superfície] ~.

derrapar v t (<de- **a)** + rapar) **1** Sair de lado «um automóvel» por falta de aderência das rodas ao piso. **Ex.** Ao entrar na curva, o automóvel derrapou e foi embater no muro. **2** *Econ* Deixar de estar controlada/Entrar em derrapagem. **Ex.** A instabilidade mundial fez ~ a economia portuguesa. **3** *fam/fig* Ter um comportamento inesperado/Escorregar(+). **Ex.** Desculpa (que te diga), aí [nesse caso] derrapaste.

derreado, a adj (<derrear + -ado) **1** Que não pode endireitar as costas/Ajoujado/Alquebrado. **Ex.** Passei o dia com fardos às costas; fiquei (todo) ~! **2** Afe(c)tado psicologicamente/Deprimido. **Ex.** Com tantos desgostos, andava abatido, ~ mesmo! **3** ⇒ inclinado; curvado; vergado.

derreamento s m (<derrear + -mento) **1** Curvatura/Inclinação por efeito do peso. **2** Prostração por a(c)ção do cansaço ou por desgaste psicológico.

derrear v t (<lat *disréno,áre*: arrancar os rins) **1** Fazer dobrar (as costas) por a(c)ção dum peso. **Ex.** Carregavam pesados fardos que lhes derreavam as costas [que os derreavam]. **2** Desancar/Maltratar. **Ex.** Apanhou o ladrão em flagrante e derreou-o com pancada! **3** Perder o vigor/Desanimar. **Ex.** O esforço dispendido durante todo o jogo e o gol(o) sofrido nos últimos minutos derrearam completamente a equipa/e.

derredor (Ó) adv (<de- **c)** + redor) À volta/Em torno. **Ex.** (A criança) choramingava com fome ~ [ao redor] da mãe. Em/Ao ~ «só se via água».

derregar v t (<de- **c)** + rego + -ar¹) Fazer regos [sulcos] para desviar as águas das chuvas. ⇒ escorrer.

derrelicção [*Br* **derreli(c)ção** (*dg*)] s f (<lat *derelíctio,ónis*) **1** Abandono(+)/Desamparo(o+)]. **2** *Rel* Situação de abandono de Jesus Cristo na Paixão.

derrelicto, a [*Br* **derreli(c)to** (*dg*)] adj (<lat *derelíctus,a,um*) Abandonado(+)/Desamparado(+)/Perdido(+). **Comb.** Barco ~ (no mar).

derreter v t/int (<lat *détero,térere*: desfazer por atrito) **1** Passar ao estado líquido por a(c)ção do calor/Fundir. **Ex.** (No verão) o gelo derrete rapidamente. **Loc.** ~ [Fundir(+)] ouro «para fazer joias». **2** Consumir/Desgastar aos poucos. **Loc.** ~ a [Dar cabo da] saúde «com excesso de trabalho/com o vício do tabaco». **3** Desbaratar(+)/Malbaratar. **Ex.** Derreteu em pouco tempo a fortuna dos pais. **4** Fazer desaparecer/Anular/Desvanecer. **Ex.** A amabilidade do empregado foi suficiente para ~ o mau humor do cliente (que vinha reclamar). **5** *fig* Comover/Enternecer. **Ex.** Derretia-se toda com os elogios do chefe [com as declarações de amor do namorado]. **6** *fig* Desfazer-se em amabilidades/Ser extremamente amável. **Ex.** Quando a condessa entrava na sala não a largava mais; derretia-se em atenções e galanteios. **7** *Br fam* Fugir.

derretido, a adj (<derreter) **1** Que (se) derreteu/liquefez. **Ex.** Juntar «à [na] massa do bolo» manteiga ~a. **2** *fig* Apaixonado/Enamorado/Enternecido. **Ex.** Anda mesmo derretid(inh)a por ele!

derretimento s m (< derreter+-mento) **1** A(c)to ou efeito de «o gelo» derreter / Derretedura. **2** *fig* Afeição exagerada/Comoção/Enternecimento. **3** *fig* Modo afe(c)tado de se exprimir amavelmente/de elogiar.

derribamento [**derriba**] s (<derribar; ⇒ derrubamento) **1** A(c)ção de deitar abaixo/de derribar. **Ex.** Chegou o dia do ~ [da ~] das barracas (há muito anunciado). **2** Desmoronamento/Desabamento. **Ex.** Os ~s de terras são frequentes na época das chuvas.

derribar v t (<lat *derípo, áre* <*ripa, ae*: margem; ⇒ derrubar) **1** Deitar abaixo/Demolir/Desmantelar. **Loc.** ~ um prédio (em ruínas). **2** Destituir/Fazer cair. **Ex.** Havia (muitos) motivos para ~ o presidente. **3** Puxar para baixo/Inclinar. **Ex.** Quando vinha de mau humor, derribava o chapéu sobre os olhos e não falava a ninguém. **4** Fazer perder o ânimo/Abater. **Ex.** Mais que a gravidade da doença, o abandono da família foi suficiente para o ~.

derriça s f (<derriçar) **1** A(c)ção de desenriçar/desemaranhar. **2** Contenda(+)/Disputa/Rixa. **3** Chacota/Troça(+).

derriçar v t (<de- + riçar) **1** Puxar com a mão ou com os dentes para rasgar ou arrancar. **2** Desemaranhar/Desenriçar. **Loc.** ~ o cabelo (com o pente/a escova). **3** Fazer chacota/Troçar. **4** Galantear/Namorar. **5** *fam* Desfazer-se em amabilidades/Derreter-se. **Ex.** Quando chega o médico, a empregada (do consultório) toda se derriça! **6** *Br* Ripar. **Loc.** ~ café [os frutos do cafe(z)eiro].

derriço s m (<derriçar) **1** Namor(ic)o. **Ex.** Entre eles nunca houve nenhum compromisso; apenas ~s de adolescentes. **2** Namorado/a. **Ex.** Aos domingos saía sempre com algum dos ~s que tinha pela cidade. **3** Mofa/Chacota/Zombaria. **4** Impertinência/Inconveniência.

derrisão s f (<lat *derísio,ónis*) Riso de troça/Escárnio/Irrisão.

derriscar v t ⇒ desarriscar.

derrisório, a adj (<lat *derisórius,a,um*) Que pretende provocar riso de troça/Em que há derrisão. **Sin.** Escarnecedor(+); trocista(o+).

derrocada [**derrocamento**] s (<derrocar + ...) **1** Desabamento/Desmoronamento. **Comb.** ~ dum prédio (em ruínas). **2** Declínio progressivo/Destruição/Ruína. **Ex.** Os conflitos (entre marido e mulher) eram constantes; a ~ do casamento parecia inevitável. **Comb.** ~ do Império «romano»/do regime.

derrocar v t (<de- + roca [rochedo] + -ar¹) **1** Deitar abaixo/Demolir. **Ex.** Os bombardeamentos (aéreos) derrocaram bairros inteiros. **2** Abater/Arrasar. **Ex.** Derrocaram a montanha para extrair o granito. **3** *fig* Humilhar/Rebaixar. **Ex.** Ironizava com a baixa estatura do adversário político para o ~.

derrogação s f (<lat *derogátio,ónis*) Revogação parcial duma lei/Abolição. **Ex.** Está prevista (para breve) a ~ da lei do arrendamento.

derrogador, ora [derrogante] adj (<derrogar) O que derroga.

derrogamento s m (<derrogar+-mento) ⇒ derrogação.

derrogar v t (<lat *derógo,áre*) **1** Revogar parcialmente. **Ex.** A nova (reda(c)ção da) lei derroga a anterior. **2** Abolir/Anular. **Ex.** Tudo o que nasce, morre: é lei que não se derroga! **3** Alterar no que é essencial. **Ex.** Tornou-se grande inimigo da fé cristã, derrogando assim a tradição da família.

derrogatório, a adj (<lat *derogatórius,a, um*) Que contém ou implica derrogação.

derrota¹ s f (<derrotar¹) **1** Perda dum combate/duma luta/duma competição. **Ex.** Na batalha de Aljubarrota o exército castelhano sofreu pesada [dura/grande] ~. A ~ da sele(c)ção portuguesa (em 1966) frente à Inglaterra afastou Portugal do título de campeão mundial de futebol. **2** Falhanço/Insucesso. **Ex.** Os sucessivos escândalos foram a causa principal da ~ do partido do governo. Considerou a mudança de funções «de professor para empregado» como uma ~ profissional. **3** Grande estrago/Desastre. **Ex.** O furacão arrasou tudo na sua passagem; foi a ~ [destruição(+)] total daquela região.

derrota² s f *Náut* (<lat *disrúptus,a,um* <*via disrupta*: caminho aberto através de obstáculos) **1** Rota(+)/Rumo(+) do navio. **Ex.** Na descoberta do caminho marítimo para a Índia, Vasco da Gama seguiu a ~ da costa africana. **2** Cada um dos dias de viagem marítima que constam do diário de bordo. **Ex.** Após três dias de ~ (a nau) aportou [chegou] a uma praia deserta.

derrotado, a adj/s (<derrotar+-ado) **1** (O) que perdeu/foi vencido. **Ex.** ~s num jogo decisivo, vinham tristes, cabisbaixos! **2** *fig* Desanimado/Extenuado. **Ex.** Com a notícia da morte do amigo ficou ~, apático! **3** *Náut* Que perdeu o rumo. **Comb.** Barco ~ (no meio do mar).

derrotador, ora adj/s (<derrotar+-dor) (O) que derrota **a)** Vencedor «do adversário»; **b)** Desviador «do iate».

derrotar¹ (<lat *disrúptus,a,um* <*disrúmpo, ere*: romper, quebrar, desorganizar) **1** *(D)esp* Vencer. **Ex.** O Brasil derrotou a Itália, em futebol, e sagrou-se [ficou] campeão mundial. **2** Desbaratar/Destroçar. **Ex.** Os portugueses, em Aljubarrota, derrotaram o exército castelhano (que fugiu em debandada). **3** Abater (árvores) a esmo [sem critério]. **Loc.** ~ uma floresta. **4** *fig* Convencer/Ganhar pela força da argumentação. **Ex.** Conseguiu ~ o candidato da oposição «no debate televisivo». **5** Fatigar/Extenuar. **Ex.** A dureza do traje(c)to derrotou-o (e não conseguiu chegar ao fim da corrida).

derrotar² v t *Náut* (<derrota² + -ar¹) Desviar(-se) da rota/Perder o rumo. **Ex.** A tempestade derrotou o iate (que ficou à deriva).

derrotável adj 2g (<derrotar¹ + -vel) Que se pode derrotar.

derrote s m (<derrota¹) **1** Movimento brusco do touro, levantando a cabeça com violência, depois de marrar. **Ex.** Os sucessivos ~s não deixaram que o forcado se aguentasse na cabeça do touro. **2** Destruição duma plantação.

derrotismo s m (<derrota¹ + -ismo) Aceitação antecipada da derrota/Falta de confiança no sucesso. **Ex.** O ~ com que encarava as tarefas de responsabilidade impediam-no de as realizar com sucesso. **Sin.** Pessimismo(+). **Ant.** O(p)timismo.

derrotista *adj/s 2g* (<derrota¹ + -ista) (O) que tem falta de confiança/Pessimista(+). **Ex.** És tão [um] ~! Não acreditas nas tuas capacidades! **Comb.** Mentalidade ~.

derruba [derrubada/derrube] *s* (<derrubar; ⇒ derrubamento) Abate de árvores para aproveitamento do terreno para cultura. **Ex.** A ~ [O derrube/O abate] das florestas tropicais a(c)tualmente é feita[o] com máquinas potentes.

derrubado, a *adj* (<derrubar+-ado) **1** Deitado ao chão/Derribado/Caído. **Ex.** Encaminhava-se para o golo [a baliza] quando foi ~ pelo adversário. (Após o vendaval) viam-se muitas árvores ~as pelo chão. **2** Inclinado/Descaído. **Ex.** Usava o chapéu ~ sobre os olhos. **3** *fig* Abatido/Destruído. **Ex.** Caminhava cabisbaixo [triste e de cabeça baixa], ~ com o peso dos desgostos.

derrubamento *s m* (<derrubar+-mento) A(c)to de derrubar/Queda. **Comb.** O ~ da ditadura.

derrubar *v t* (<lat *déruo,rutum* : (fazer) cair) **1** Deitar abaixo. **Ex.** O vento cicló[ô]nico derrubou muitas árvores. **Sin.** Abater. **2** Destronar/Destituir/Vencer. **Ex.** Fizeram um golpe de estado para ~ o governo. **3** *fig* Enfraquecer/Arruinar/Destruir. **Ex.** A miséria e a doença não foram suficientes para a ~; continuou sempre a lutar para melhorar a situação. **4** *Br* Arriar/Pou[oi]sar a carga. **5** *Br gír* Divulgar, falsamente, entre os apostadores das corridas de cavalos, que determinado concorrente é favorito.

derrube *s m* (<derrubar) A(c)to ou efeito de deitar abaixo. **Ex.** No futebol, o ~ propositado do adversário é falta. **Comb.** O ~ [abate/A derrubada] de árvores.

derruição [derruimento] *s* (<derruir+...) Desabamento/Desmoronamento.

derruir *v t/int* (<lat *déruo,úere*) (Fazer) cair/Deitar abaixo/Derrocar. **Ex.** O terramoto derruiu ruas inteiras. O palácio (der)ruiu? Não admira; há muito abandonado, a degradação era evidente.

dervis [dervixe(+)] *s m* (<persa *darwich*: pobre) Asceta muçulmano mendicante. **Ex.** Os dervis[x]es praticam danças rituais; por isso se chamam também ~s bailadores. **Sin.** *Br* Daroês.

des- *pref* (<lat *dis-* «*distribúere* = distribuir») Exprime, como *dis-* em latim: **a)** Afastamento: *deslocar;* **b)** Separação: *descascar;* **c)** A(c)ção contrária: *desfazer, desordem;* **d)** Intensidade: *desgastar;* **e)** Reforço: *desapartar, desinquietar.*

desabado, a *adj* (<desabar+-ado) **1** Caído(o+)/Desmoronado(+). **Comb.** Muro ~. **2** «chapéu» Que tem abas largas e descaídas. **3** *s m Br* Terreno em declive/Encosta/Ladeira.

desabafado, a *adj* (<desabafar+-ado) **1** Desagasalhado/Descoberto. **Ex.** Põe um cachecol, não vás assim com o peito ~. **2** Desafogado. **Ex.** Tanta gente na sala, nem se podia respirar; aqui (na varanda) está mais ~. **Sin.** Arejado(+). **3** Aberto/Amplo. **Ex.** Este local é ~, não há prédios em volta, vê-se tudo ao longe! **4** Desembaraçado/Liberto. **Ex.** Basta sair à rua para me sentir ~.

desabafar *v t/int* (<des- c) +...) **1** Destapar/Descobrir. **Ex.** Desabafa o tacho do arroz (para não cozer de mais). Tira o casaco, desabafa-te um pouco (porque está muito calor). **2** Desafogar/Desimpedir. **Ex.** Tira as ervas em volta dos cravos para os desabafares. **3** Deixar respirar/Desafrontar. **Ex.** Deixa-me chegar à janela para ~ um pouco. **4** Contar/Partilhar o que oprime ou preocupa. **Ex.** Gosto de estar contigo para poder ~ à vontade as minhas tristezas.

desabafo *s m* (<desabafar) **1** A(c)to ou efeito de desabafar. **2** Partilha [O falar] de alguma coisa que oprime ou preocupa. **Ex.** Contou-lhe tudo sobre os maus tratos que sofrera. Depois daquele ~ ficou aliviada. **3** Obtenção de um obje(c)tivo que parecia impossível de realizar. **Ex.** Finalmente passei no exame. Que ~/bom/alegria!

desabalado, a *adj* (<desabalar + -ado) **1** Excessivo/Desmedido. **Sin.** Desmesurado(+); descomunal. **2** Desabrido/Precipitado. **Ex.** (A criança) corria ~a de um lado para o outro, deixando tudo em desalinho.

desabalar *v t* (<des- d) +...) Fugir precipitadamente. **Ex.** «Os gatunos» desabalaram (pela) rua abaixo, nunca mais se viram. **Sin.** Abalar(+).

desabalroar *v t* (<des- a) +...) Desatracar (um barco)/Desaferrar.

desabamento *s m* (<desabar+-mento) Desmoronamento/Derrocada.

desabar *v t/int* (<des- a) + aba + -ar¹) **1** Pôr (a aba) para baixo/Baixar/Inclinar. **Ex.** Desabou o chapéu sobre os olhos «por causa do sol». **2** Deitar abaixo/Ruir. **Ex.** O vento cicló[ô]nico desabou as casas abarracadas junto à praia. Com a força da enxurrada desabaram vários muros. **3** Cair com força/Desencadear(-se). **Ex.** Desabou uma forte tempestade sobre a cidade.

desabastecido, a *adj* (<des- c) +...) Que não recebeu abastecimento. **Ex.** Não tenho gasolina na bomba; o fornecedor não veio, fiquei ~. **Sin.** Desprovido.

desabelhar *v t/int* (<des- a) +...) **1** Fugir em bando (como um enxame de abelhas). **Ex.** No fim da aula os alunos desabelham da sala a correr para o recreio. **Sin.** Debandar(+). **2** *fam* Sair rapidamente/Pôr-se a andar. **Ex.** Desabelha daqui «, estás a fazer muito barulho». **3** Tirar as abelhas do cortiço [da colmeia]. **Ex.** Esta colmeia está a ficar muito populosa, é melhor desabelhá-la.

desabilitar *v t* (<des- c) + habilitar) **1** Perder a habilidade/Tornar(-se) inábil/Perder a capacidade. **Ex.** Não era diplomado; por isso, desabilitou-se para [não pôde(+)] ser professor oficial. O acidente desabilitou[inutilizou]-o para o trabalho. **3** *Br Info* Desa(c)tivar um dispositivo ou uma função no computador.

desabitado, a *adj* (<desabitar+-ado) Que não tem habitantes ou moradores. **Comb.** Prédio ~. Terra [Aldeia] ~a. **Sin.** Deserto; desocupado; devoluto.

desabitar *v t* (<des- c) + habitar) Deixar sem habitantes ou moradores/Desocupar. **Ex.** A construção da barragem desabitou várias aldeias. O senhorio precisa da casa onde moro; tenho que a ~ (até ao fim do mês). **Sin.** Despovoar; desocupar.

desabituação [desábito] *s* (<des- c) + habituação [hábito]) **1** A(c)ção de desabituar(-se). **Ex.** Está a fazer um tratamento de ~ «do consumo de drogas». **2** Falta de hábito. **Ex.** Já não sabe como deve estar na igreja; é a ~ [o ~] de ter deixado de ir lá [é a falta de hábito (+)].

desabituado, a *adj* (<desabituar + -ado) Que se desabituou/Que perdeu o hábito. **Ex.** Não quero (ser eu a) conduzir [guiar] (o carro); estou ~.

desabituar *v t* (< des- c) + habituar) Perder o hábito/Desacostumar(-se). **Ex.** Tenho feito esforços para não fumar; já me estou a ~. É bom que te desabitues de chegar tarde [habitues a chegar cedo] a casa.

desabonado, a *adj* (<desabonar + -ado) **1** Que não tem abonação ou abonador. **Ex.** O fiador morreu, ficou ~. **2** Desacreditado. **Ex.** ~ pela derrota anterior, não desistiu de lutar pelo lugar. **2** Sem meios/recursos. **Ex.** A ruinosa política econó[ô]mica do governo deixou os cofres do estado totalmente ~s.

desabonador, ora *adj/s* (<desabonar + -dor) (O) que desabona. **Ant.** Abonador.

desabonar *v t* (<des- c) + ...) Desacreditar/Depreciar/Desautorizar. **Ex.** A falta de firmeza nas decisões acabou por desaboná-lo perante os eleitores. O mau comportamento moral desabona [desautoriza(+)] qualquer chefe.

desabono (Bô) *s m* (<desabonar) **1** A(c)to ou efeito de desabonar. **2** Descrédito. **Ex.** A fama de caloteiro [mau pagador] era um fa(c)tor de ~ do candidato. **3** Detrimento/Desfavor. **Ex.** Todos os depoimentos a(c)tuaram em ~ do réu.

desabordar *v t/int Náut* (<des- c) + ...) **1** Soltar uma embarcação de outra/Desabalroar/Desatracar. **2** Desencostar-se/Separar-se/Afastar-se do cais.

desabotoar *v t* (<des- c) + ...) **1** Desapertar os botões/Abrir (a roupa). **Ex.** Chegava a casa, desabotoava-se, punha-se à vontade. **Loc.** ~ [Desapertar] a camisa/o casaco. **2** Florescer/Desabrochar(+). **Ex.** Na primavera as árvores começam a rebentar, a ~-se em flor. **3** *fam* Falar abertamente(+)/Desabafar. **Ex.** (Finalmente) acabou por se ~, dizendo tudo o que sabia sobre a zaragata [desordem] do dia anterior.

desabraçar *v t* (<des- c) + ...) Desfazer o/um abraço/(Re)tirar dos braços/Livrar. **Ex.** Não conseguiram desabraçá-los.

desabrido, a *adj* (<desabrir + -ido) **1** Impetuoso/Excessivo. **Ex.** Correu ~ pela casa dentro, nem reparou que a mãe já tinha chegado. **2** Grosseiro/Inconveniente. **Loc.** Responder [Falar] com modos ~s. **3** Rigoroso/Agreste. **Ex.** O vento soprava ~!

desabrigado, a *adj* (<desabrigar + -ado) **1** Sem abrigo/Exposto à intempérie. **Loc.** Sair à rua ~ «em dia de frio ou chuva». **2** Que não oferece abrigo. **Comb.** Lugar ~. **3** *fig* Sem amparo de ninguém/Desprotegido. **Comb.** Famílias ~as com o [pelo] tufão.

desabrigar *v t* (<des- c) + ...) **1** Tirar o abrigo. **Ex.** A tempestade arrancou telhados, derrubou casas, desabrigou muitas famílias pobres. **2** Expor ao rigor do tempo. **Ex.** Não te desabrigues, põe o chapéu porque está muito sol [veste o sobretudo porque está muito frio]. **3** *fig* Desamparar. **Ex.** Deixou o emprego, não tem ninguém; desabrigou-se por completo [vive desamparado (+)].

desabrigo *s m* (<desabrigar) **1** Falta de abrigo/de casa. **Ex.** O ~ não é o único problema dos "sem abrigo"! **2** Desamparo(o+)/Abandono(+). **Loc.** Crianças sozinhas, ao ~, a vaguear pelas ruas.

desabrimento *s m* (<desabrir+-mento) Aspereza/Impetuosidade/Grosseria. **Comb.** ~ *do clima*. ~ *na fala*. ~ *no modo de proceder*. **Ant.** Afabilidade; delicadeza(+).

desabrir *v t* (<des- d) + ...; praticamente só se usa como desabrido) **1** Abrir. **Idi.** ~ [Abrir(+)] *mão de* [Desistir de]. **2** Irritar-se(o+)/Enfurecer-se(+). **Ex.** Desabria-se com todos!

desabrochado, a *adj* (<desabrochar + -ado) **1** Sem broche/Sem brocha/Aberto. **2** Florido.

desabrochamento *s m* (<desabrochar + -mento) **1** A(c)to ou efeito de desabrochar. **2** Aparecimento/Manifestação. **Ex.** A adolescência é a fase do ~ [desabrochar(+)] da afe(c)tividade.

desabrochar *v t/int* (<des- a)/d) + ...) **1** Tirar a brocha/Desapertar o broche.

Ex. Enquanto desabrochava o casaco «ia contando à mãe as brincadeiras do dia». **2** Florir/Desabrolhar. **Loc.** Desabrocharem as plantas na primavera. **3** Começar a manifestar(-se). **Ex.** Desabrochou muito nova para o amor. **4** Crescer/Desenvolver(-se). **Ex.** O conta(c)to com as outras crianças fê-la ~. Sem sol, as plantas não desabrocham.

desabrolhar v int (<des- **a)/d)** + ...) **1** Deitar rebentos/Desabrochar/Brotar. **Ex.** Nas cerejeiras e amendoeiras) logo que caem as pétalas vêem-se ~ as folhas. **2** Crescer/Desenvolver-se. **Ex.** Os bolbos das túlipas estão todos fora da terra; desabrolharam depressa.

desabusado, a adj (<desabusar + -ado) Atrevido(+)/Insolente/Petulante/Inconveniente/Desrespeitador(o+). **Comb.** Bêbedo ~.

desabusar v t (<des- **d)** + ...) Comportar-se de forma insolente/petulante. **Sin.** Abusar(+).

desaçaimar v t (<des- **c)** + ...) **1** Tirar o açaimo/e. **Loc.** ~ os cães. **2** ⇒ açular.

desacampar v int (<des- **c)** + ...) Levantar [Deixar] o acampamento.

desacanhamento s m (<desacanhar + -mento) Perda do acanhamento. **Ex.** A criança apresentou-se às visitas com ~ [descontra(c)ção/à vontade].

desacanhar v t (<des- **c)** + ...) Perder o acanhamento(+)/Desembaraçar. **Ex.** Ela era muito tímida, atada mesmo, mas agora já se desacanhou.

desacasalamento s m (<desacasalar + -mento) A(c)to de desacasalar/de separar macho e fêmea.

desacasalar v t (<des- **a)/c)** + ...) Separar animais acasalados. **Ex.** Desacasalei os [um casal de] periquitos «porque não faziam criação».

desacatamento s m (<desacatar + -mento) **1** Não aceitação/Desobediência. **2** ⇒ desacato.

desacatar v t (<des- **c)** + ...) **1** Não ter em conta/Desrespeitar. **Loc.** ~ a [Desobedecer à] autoridade. ~ as leis. **2** Br «o violinista» Impressionar «o auditório»/Deslumbrar.

desacato s m (<desacatar) **1** Distúrbio/Perturbação da ordem. **Ex.** À saída das discotecas os ~s são frequentes. **2** Desrespeito/Irreverência. **Ex.** Sentia-se frustrado com os ~s dos alunos: não só desobedeciam como troçavam dele. **3** Br gír Pessoa que causa admiração/Deslumbramento.

desacautelado, a adj (<desacautelar + -ado) Que não é cauteloso/Desprecavido(+). **Sin.** Descuidado(o+); imprevidente.

desacautelar v t (<des- **c)** + ...) Não ter cautela/Descuidar(-se)/Ser imprevidente/Deixar ao abandono. **Ex.** Há (por aí) muitos gatunos, não se podem ~ as casas. Toma atenção à motosserra; se te desacautelas [descuidas], podes sofrer um acidente grave.

desaceleração s f (<desacelerar + -ção) Redução de velocidade/Abrandamento. **Ex.** Na aterragem [aterrissagem] os aviões entram em ~. **Comb.** ~ da economia.

desacelerador, ora adj/s (<desacelerar + -dor) (O) que desacelera. **Sin.** Retardador.

desacelerar v t/int (<des- **c)** + ...) Reduzir a velocidade/Abrandar/Afrouxar. **Ex.** Desacelera o carro «por causa da curva». **Loc.** ~ [Diminuir] o ritmo de trabalho.

desacentuação s f (<desacentuar+-ção) **1** Diminuição(+) de intensidade/Afrouxamento(+). **Ex.** Verificou-se uma ~ nas manifestações de protesto. **2** Fon Eliminação ou diminuição de acentuação/Omissão do acento duma palavra. **Comb.** Erro ortográfico por ~.

desacentuar v t (<des- **c)** + ...) **1** (Re)tirar o acento duma palavra. **Ex.** O Acordo Ortográfico luso-brasileiro desacentuou várias palavras «joia». **2** Diminuir a entoação/Não dar ênfase [força] à palavra ou à frase. **Ex.** Na leitura do texto teve o cuidado de ~ a parte mais obscena «para não escandalizar ninguém». **3** Simplificar/Diminuir a importância. **Ex.** A reforma do Código Penal desacentuou a gravidade do aborto.

desacerbar v t (<des- **c)** + ...) **1** Tirar o acerbo/o amargor. **Ex.** Nem o açúcar desacerba o vinagre. **2** Abrandar/Mitigar. **Ex.** Vinha enfurecido, mas as palavras da mãe desacerbaram-no um pouco. **Ant.** (Ex)acerbar.

desacertado, a adj (<desacertar + -ado) **1** Errado. **Ex.** Colocaste mal a vírgula, ficou a conta ~a. **2** Despropositado/Inconveniente. **Comb.** Comentário [Observação] ~[a]. **3** Que não funciona de modo corre(c)to/Desregulado. **Comb.** Relógio ~. Ritmo ~.

desacertar v t/int (<des- **c)** + ...) **1** Fazer ou dizer com desacerto/Errar. **Ex.** Na multiplicação por nove desacertas sempre. Já te ensinei muitas vezes «a fazer pastéis»; porque é que desacertas? **2** Falhar/Não acertar. **Ex.** Escolheu o curso de Direito, mas desacertou; não gosta, nem tem jeito. **3** Proceder erradamente. **Ex.** Ao abandonar a mulher desacertou totalmente [por completo]. **4** Deixar de funcionar corre(c)tamente ou em sintonia com os outros. **Ex.** Este relógio desacerta(-se) com o calor. Ao atravessar uma ponte, os soldados devem ~ o passo [a marcha].

desacerto (Cêr) s m (<desacertar) **1** Falta de acerto/Descoordenação. **Ex.** A mãe mandava uma coisa, o pai outra; havia ~s graves entre eles. **2** Erro/Equívoco/Mal-entendido. **Ex.** Os dois tinham razão: faziam afirmações contraditórias, mas referiam-se a datas diferentes; (era) daí (que vinha) o ~ ! **3** Asneira/Tolice. **Loc.** Falar com ~.

desacidificar v t (<des- **c)** + ...) Tirar a acidez. **Loc.** ~ o vinagre.

desaclimatar [**desaclimar**] v t (<des- **c)** + ...) **1** Desabituar(-se) de determinado clima. **Ex.** Viveu muitos anos em África; desaclimatou-se dos rigorosos invernos de Portugal. **2** Desacostumar(-se). **Ex.** Já não se sentia bem na terra natal; tinha-se desaclimatado daquela maneira simples de viver.

desacoimar v t (<des- **c)** + ...) **1** ⇒ absolver; descoimar. **2** ⇒ reabilitar.

desacoi[ou]tar v t (<des- **c)** + ...) Fazer sair do couto ou do esconderijo. **Sin.** Desabrigar.

desacolher v t (<des- **c)** + ...) Acolher ou receber mal/Não dar acolhimento. **Loc.** Ser desacolhido [mal recebido].

desacolherar v t Br (<des- **c)** + colhera + -ar[1]) ⇒ desjungir «os bois».

desacolhimento s m (<desacolher + -mento) Mau [Negação de] acolhimento.

desacomodado, a adj (<desacomodar + -ado) **1** Que está fora do lugar/Desarrumado. **2** Mal acomodado/Sem comodidade. **Comb.** ~ «no colchão novo». **3** Impróprio(+)/Despropositado(o+). **Comb.** Atitude ~a.

desacomodar v t (<des- **c)** + ...) **1** Tirar do lugar/Deslocar. **Ex.** Desacomodou a família de casa para montar um negócio. **2** Privar do emprego/da ocupação. **Ex.** Tinha um contrato de trabalho por três meses; no fim do prazo desacomodou-se.

desacompanhado, a adj (<desacompanhar + -ado) **1** Sem companhia/Sozinho. **Sin.** Só(+); solitário. **2** Desprotegido/Sem apoio. **Ex.** Os jovens com problemas familiares, ~s, correm mais riscos.

desacompanhar v t (<des- **c)** + ...) **1** Deixar de acompanhar. **Ex.** A recuperação só foi possível quando desacompanhou os marginais do seu bairro. **2** Deixar sem apoio/Desamparar. **Ex.** ~ um doente terminal, contribuirá para agravar o seu sofrimento. **3** Não estar a par de. **Loc.** ~ [Não acompanhar (+)] «a evolução da informática».

des(a)conchegar v t (<des- **c)** + ...) Privar do aconchego/Desacomodar. **Ex.** Não estejas a ~ a criança; deixa-a dormir.

desaconselhado, a adj (<desaconselhar + -ado) Que não é recomendado/Contraindicado. **Ex.** O açúcar é ~ para os diabéticos.

desaconselhar v t (<des- **c)** + ...) **1** Dissuadir/Aconselhar a não fazer. **Ex.** O médico desaconselhou-lhe o consumo de calmantes. **2** Contraindicar. **Ex.** O mau tempo desaconselha a prática do campismo.

desaconselhável adj 2g (<desaconselhar + -vel) Que não é aconselhável/recomendável. **Ex.** A exposição prolongada ao sol é ~ a todos.

desacoplamento s m (<desacoplar + -mento) A(c)to ou efeito de desacoplar. **Ex.** A embrai[bre]agem é um órgão de ~ do motor ao sistema de transmissão do movimento.

desacoplar v t (<des- **c)** + ...) **1** Separar o que está unido/Desligar. **2** Fís Desfazer o acoplamento. **Ex.** A avaria deu-se quando o módulo estava a ~ da estação espacial.

desacorçoar v t ⇒ descoroçoar.

desacordado, a adj (<desacordar + -ado) **1** Que não dá acordo de si/Que perdeu os sentidos. **Ex.** Deu uma queda e ficou ~. **Sin.** Desmaiado. **2** Que perdeu a sensatez. **Sin.** Desatinado(+). **3** ⇒ esquecido «das horas».

desacordar v t/int (<des- **c)** + ...) **1** ⇒ discordar; desentender-se. **2** ⇒ destoar/desafinar. **3** ⇒ desvairar. **4** ⇒ desmaiar.

desacorde (Côr) s m/adj 2g (<des- **c)** + desacordar **1)** **1** Mús Dissonância(+)/Desarmonia. **2** Dissonante/Desarmó[ô]nico/Desafinado(+).

desacordo (Côr) s m (<desacordar **1/4**) **1** Falta de acordo/de entendimento. **Ex.** Eram muito amigos, mas em questões de política o ~ era habitual [não se entendiam]. **Sin.** Discordância. **2** Oposição/Incompatibilidade. **Ex.** O ~ entre a ciência e a fé cristã é apenas aparente, fruto da ignorância ou do orgulho. **3** Perda dos sentidos/Desmaio.

desacoroçoar v t ⇒ descoroçoar.

desacorrentar v t (<des- **c)** + ...) Desprender das correntes/Libertar. **Ex.** Levaram os presos acorrentados uns aos outros e ninguém os desacorrentou. **Loc.** ~ (-se) «do vício da droga».

desacostar v t (<des- **c)** + ...) Afastar (um barco) do cais.

desacostumado, a adj (<desacostumar + -ado) **1** Não habituado a/Desabituado de trabalhar. **2** Não habitual/Raro. **Ex.** A reunião teve [contou com] um número ~ de [A reunião teve muitas] pessoas.

desacostumar v t (<des- **c)** + ...) Fazer perder o costume/Desabituar(-se). **Ex.** Consegui desacostumá-lo de sair à noite [desse mau hábito da droga]. Já me desacostumei de andar de bicicleta.

desacreditado, a adj (<desacreditar + -ado) **1** Que perdeu o crédito/a credibilida-

de. **Comb.** Político ~. **2** Depreciado/Mal--conceituado. **Comb.** Escritor ~.
desacreditar *v t* (<des- **c**) + ...) **1** Fazer perder o crédito/a boa reputação. **Ex.** Os maus resultados da equipa/e [do time] desacreditaram o seu treinador. Mentindo [Calando-se], ele desacredita-se. **Loc.** ~ a religião com a sua falta de honestidade. ~ um sócio da empresa por inveja.
desactivação/desactivar/desactualização/desactualizado/desactualizar ⇒ desativação/...
desacumular *v t* (<des- **c**) + ...) **1** Diminuir o cúmulo/o monte. **Loc.** ~ a cesta da fruta para não (ir a) cair. ~ uma rima [pilha/um monte] de livros. **Sin.** Desamontoar. **2** Desatravancar/Desimpedir. **Loc.** ~ uma sala dos móveis.
desadaptação *s f* (<desadaptar + -ção) Perda, dificuldade ou incapacidade de adaptação. **Ex.** O fraco rendimento do aluno (pro)vinha [era consequência] da sua ~ à nova escola «onde tudo era diferente».
desadaptado, a *adj/s* (<desadaptar + -ado) (O) que perdeu a capacidade de adaptação. **Ex.** Tem imensos problemas em todo o lado, é um ~.
desadaptar *v t* (<des- **c**) + ...) **1** Fazer perder a adaptação ou a capacidade de se adaptar. **Ex.** Pouco tempo esteve ausente, mas depressa se desadaptou da nossa maneira de viver. **2** Tornar-se estranho/inadequado. **Ex.** A mudança da linguagem informática desadaptou o computador para a execução dos programas antigos.
desadequado, a *adj* (<des- **a**) + adequar + -ado) Que não é adequado/Desajustado. **Sin.** Impróprio; inadequado(+).
desadorar *v t/int* (<des- **c**) +...) **1** Não prestar adoração/Recusar-se a adorar. **Ex.** Os cristãos desadoram as divindades pagãs. **2** Abominar(+)/Detestar(o+). **Loc.** ~ *discussões violentas*. ~ *trabalhos pesados*. **3** Revoltar-se/Vociferar. **Ex.** Revoltados com a perda do emprego, os trabalhadores desadoravam. **4** *Br* ⇒ incomodar. **5** *Br* ⇒ desembestar.
desadormecer *v t/int* (<des- **c**) + ...) **1** ⇒ acordar ; despertar. **2** Fazer passar a dormência/Desentorpecer «o braço».
desadornar *v t* (<des- **a**)/**c**) + ...) Tirar os adornos/Desenfeitar(+) «a sala depois da festa». **Ex.** Quando chegava a casa, desadornava-se imediatamente.
desadorno (Dôr) *s m* (<desadornar) Falta de adorno/Desalinho(+).
desadoro (Dô) *s m Br* (<desadorar **4**) **1** Dor muito forte. **2** *fig* Algo de extraordinário/fora do comum. **Ex.** O fogo de artifício da passagem de ano foi um ~! **3** Pressa excessiva/Alvoroço/Inquietação. **Ex.** Aonde vais nesse ~? **4** ⇒ Impertinência.
desafaimar *v t* (<des- **c**) + ...) Tirar [Matar] a fome (+)/Saciar(o+).
desafazer *v t* (<des- **c**) + ...) Desabituar(-se)/Desacostumar(-se). **Ex.** Já me desafiz de ir ao cinema.
desafear *v t* (<des- **c**) + ...) Tirar a fealdade. **Ex.** A mudança de penteado desafeou-a bastante.
desafectação/desafectado/desafectar/desafecto ⇒ desafetação/...
desafeição [desafeiçoamento] *s f* [*m*] (<des- **c**) + ...) **1** Falta de afeição/Desamor. **Sin.** Frieza(+). **2** Oposição/Hostilidade. **Ex.** Era bem conhecida a ~ do presidente por todas as manifestações de cará(c)ter religioso.
desafeiçoar *v t* (<des- **c**) + afeição [feição/feições] + -ar[1]) **1** (Fazer) perder a afeição/Deixar de sentir afe(c)to. **Ex.** Ao fim de três meses de namoro desafeiçoou-se da moça. **2** Desacostumar(-se). **Loc.** ~(se) da [Perder o amor à] leitura. **3** Deformar as feições/Desfigurar. **Ex.** As cicatrizes das queimaduras desafeiçoaram-na muito.
desafeito, a *adj pop* (<des- **c**) + ...) ⇒ desabituado; desacostumado.
desaferrar *v t/int* (<des- **c**) + ...) **1** Desprender(-se)/Soltar(-se)/Fazer sair à força. **Loc.** ~ *o cão* da corrente [Tirar a corrente ao cão (+)]. **2** Dissuadir/Fazer desistir. **Loc.** ~ (alguém) duma ideia. **3** *Náut* Levantar ferro (+)/Largar. **Ex.** O navio desaferrou [levantou âncora] do porto «ao fim da tarde».
desaferro (Fê) *s m* (<desaferrar) **1** A(c)to ou efeito de desaferrar. **2** *fig* Desapego.
desaferrolhar *v t* (<des- **c**) + ...) **1** Correr o ferrolho [fecho] para abrir. **Loc.** ~ a porta «da adega». **2** *fig* Tirar o que estava aferrolhado [bem guardado]. **Ex.** Desaferrolhou da gaveta «um maço de notas». **3** *fig* Libertar(-se)/Soltar(-se). **Loc.** ~ *a língua* [Falar]. ~*-se* [Sair] *de casa* [Ir tomar ar].
desafervorar *v t* (< des- **c**) + ...) Fazer perder o fervor/Diminuir o entusiasmo. **Loc.** Notícia má ~ os soldados [combatentes].
desafetação (Fè) [*Br* **desafe(c)tacão** (*dg*)] *s f* [= desafectação] (<des- **c**) + ...) **1** Naturalidade/Simplicidade. **Ex.** Falava com muita simplicidade; a mesma ~ se notava na maneira de vestir. **2** A(c)to de fazer cessar o vínculo. **Ex.** A ~ [retirada/desvinculação] do pessoal do serviço de urgência prejudicou os doentes.
desafetado, a (Fè) [*Br* **desafe(c)tado** (*dg*)] *adj* [= desafectado] (<desafetar+ -ado) **1** Sem afetacão/Despretensioso/Simples. **2** Desvinculado.
desafetar (Fè) [*Br* **desafe(c)tar** (*dg*)] *v t* [= desafectar] (<des- **c**) + ...) **1** Tornar despretensioso/Adquirir naturalidade. **Ex.** Depois do casamento desafetou-se; está muito mais simpática! **2** Deixar de estar destinado a/Ficar desvinculado de. **Ex.** A compra de autocarros [ônibus] novos permitiu que se desafetassem [(re)tirassem] os antigos das carreiras de longo curso.
desafeto, a (Fé) [*Br* **desafe(c)to** (*dg*)] *adj/s m* [= desafecto] (<desafetar) **1** Sem afeto/Com falta de afeição. **Sin.** Frieza(+). **2** Adverso/Contrário/Hostil. **Ex.** No comício só se viam manifestantes ~s ao partido do governo. **3** *s m* Falta de afeto (+). **Ex.** Os filhos que sentem o ~ dos pais costumam ter fraco rendimento escolar.
desafiado[1], a *adj* (<desafiar[1] + -ado) Chamado a desafio/Provocado. **Ex.** ~ pelas insinuações do adversário, respondeu malcriadamente.
desafiado[2], a *adj* (<desafiar[2] + -ado) Que perdeu o fio [gume]/Cego/Embotado. **Comb.** Faca ~.
desafiador, ora *adj/s* (<desafiar[1] + -dor) **1** (O) que desafia. **2** (O) que provoca ou contesta. **Ex.** Respondeu ao professor com palavras ~oras. **3** Que apresenta dificuldade em ser cumprido [realizado]. **Comb.** Proje(c)to ~/difícil.
desafiante *adj 2g* (<desafiar[1] + -ante) ⇒ desafiador.
desafiar[1] *v t* (<des- **e**) + lat *afído, áre*: deixar de confiar; ⇒ fiar[1]) **1** Lançar um desafio para a luta/Provocar. **Ex.** O toureiro gritando "eh touro, eh tourinho" desafiava-o para a investida [a luta]. **2** Instigar/Estimular. **Ex.** Aborrecidos com as gabarolices [bazófias/falsas proezas] do amigo, desafiaram-no a que as comprovasse perante eles. **3** Propor um confronto de ideias ou de capacidades. **Loc.** ~ para um debate «a ver quem tem razão»/para uma corrida «a ver quem corre mais». **4** Convidar/Desinquietar/Tentar. **Loc.** ~ para passar um fim de semana fora. **5** Recusar obediência/Afrontar. **Ex.** Seguiu em frente, desafiando o [não fazendo caso do] polícia [*Br* policial] que lhe fizera sinal para parar. **6** Expor(-se) ao perigo. **Loc.** ~ «as ondas do mar».
desafiar[2] *v t* (<des- **c**) + ...) Tirar o fio [gume]/Embotar. **Ex.** A catana [faca/tesoura/machada] está desafiada, não corta.
desafilhar *v t* (<des- **a**) + ...) Afastar as crias [os filhos] das mães «ovelhas».
desafinação *s f* (<des- **c**) + ...) **1** A(c)to ou efeito de desafinar/Falta de afinação. **Ex.** A máquina trabalha mal, mas não está avariada; é só um problema de ~ [falta de afinação (+)]. **2** *Mús* Dissonância/Desarmonia. **Comb.** ~ do cantor [dos violinos]. **3** *col* Desacordo entre pessoas. **Ex.** Houve sempre (uma grande) ~ naquela família.
desafinado, a *adj* (<des- **c**) + ...) **1** Sem afinação/Desarranjado/Desajustado. **Comb.** Motor ~. **2** *Mús* Desarmó[ô]nico/Dissonante/«cantar» Fora de tom. **Comb.** Instrumentos musicais ~s. Vozes ~as. **3** Em desacordo/Discordante. **Comb.** ~ da opinião do grupo.
desafinar *v t/int* (<des- **c**) + ...) **1** (Fazer) perder a afinação/Desregular. **Ex.** A circulação em estradas más desafina a dire(c)ção dos automóveis. **2** *Mús* Apresentar ou provocar dissonância/desarmonia. **Ex.** Os sopranos desafinaram no final da récita. **3** *col* Não estar em concordância/Destoar(+). **Ex.** O ambiente era de profundo recolhimento; só os jovens desafinaram [destoaram] um pouco. **4** *fam* Ficar zangado/Irritar-se. **Ex.** Não se lhe pode dizer nada, desafina logo!
desafio *s m* (<desafiar) **1** A(c)to de desafiar/Provocação. **Ex.** Resmungou [Respondeu] em tom de ~ : – Se não tens medo, salta [vem] cá para fora; faço-te a cara num bolo [ficas todo esmurrado]! **2** (*D*)*esp* (Chamamento para qualquer) jogo, luta, competição. **Comb.** ~ de futebol. **3** A(c)ção de desobediência provocatória. **Comb.** ~ à autoridade. **4** Incitação a pôr à prova as capacidades/Estímulo. **Ex.** Aceitou o cargo como o maior ~ da sua carreira profissional. **5** Dificuldade a vencer. **Loc.** Educar a juventude para os ~s da vida. **Comb.** O ~ ecológico. **6** Despique improvisado e alternado entre dois cantadores. **Loc.** Cantar ao ~ [à desgarrada].
desafivelar *v t* (<des- **c**) + ...) Desapertar a fivela(+)/Abrir/Soltar. **Loc.** ~ a cilha. **Idi.** ~ [Tirar(+)] *a máscara* [Mostrar as verdadeiras intenções].
desafixar (lcs) *v t* (<des- **c**) + ...) (Re)tirar o que estava afixado/Descolar/Despregar. **Loc.** ~ um cartaz.
desafogadamente *adv* (<desafogado + -mente) **1** Com desafogo/Folgadamente. **Ex.** As dificuldades econó[ô]micas foram ultrapassadas. Agora viviam ~. **2** Sem constrangimento/À vontade. **Ex.** Vencida a crise da asma, respirava ~. **3** Com largueza/muito espaço. **Ex.** Na nova casa vivia-se ~ : dentro e fora havia muita largueza.
desafogado, a *adj* (<desafogar + -ado) Liberto do que oprimia/Aliviado. **2** Que não é apertado no pescoço. **Comb.** Decote/Vestido ~. **3** Amplo/Com largueza. **Comb.** Terreno ~ [fácil de cultivar]. **4** Sem dificuldades econó[ô]micas. **Comb.** Vida ~a. **5** Livre de constrangimentos/Desembaraçado. **Ex.** Quando despia a farda sentia-se ~, muito mais à vontade!
desafogar *v t/int* (<des- **c**) + ...) **1** Libertar daquilo que afoga/sufoca/oprime. **Ex.** Se sentir dificuldade em respirar, desafogue a roupa junto à garganta. **2** Tirar o que faz

desafogo

peso ou ocupa muito espaço/Desobstruir. **Loc.** ~ *a planta* das ervas que a sufocam. ~ *a sala* de móveis. **3** Libertar de alguma preocupação/Aliviar. **Ex.** Vivia sobrecarregada com o trabalho da loja, mas a nova empregada desafogou-a bastante. **4** Dizer livremente o que pensa ou sente/Desabafar/Expandir(-se). **Ex.** Passou uma hora a conversar com a amiga; desafogou, parecia outra. **5** Libertar(-se) de dificuldades econó[ô]micas. **Ex.** Com o aumento do ordenado conseguiu ~-se das dívidas antigas.

desafogo (Fô) *s m* (<desafogar) **1** Libertação daquilo que afoga [oprime]/Alívio. **Ex.** A cura do filho foi um ~ que a fez renovar. **2** Desabafo. **3** Suficiência de meios econó[ô]micos/Abastança. **Loc.** Viver bem [com ~]. **4** Desembaraço/Espontaneidade. **Ex.** Falava com todo o à-vontade da sua vida íntima; ~s(Fô) que a ausência de maldade lhe permitia.

desafoguear *v t* (<des- c) + …) Abrandar o calor das faces/Refrescar.

desaforadamente *adv* (<desaforado + -mente) Com desaforo/Atrevidamente(+).

desaforado, a *adj* (<desaforar + -ado) **1** Des(a)vergonhado/Atrevido/Libertino. **2** Isento de foro/Que sofreu desaforamento.

desaforamento *s m* (<desaforar + -mento) **1** ⇒ Desaforo/Atrevimento/Insolência. **2** *Dir* Deslocação de uma causa dum tribunal para outro. **3** A(c)ção de isentar de pagamento de foro.

desaforar *v t/int* (<des- c) + …) **1** Isentar do pagamento de foro. **Ex.** O novo senhorio desaforou muitos dos antigos rendeiros [enfiteutas]. **2** Privar dos direitos sobre a propriedade aforada. **Ex.** A extinção das ordens religiosas também as desaforou das propriedades pertencentes aos seus conventos. **3** *Dir* Renunciar aos privilégios do foro. **4** Transferir uma causa dum tribunal para outro. **Ex.** Houve tentativas de ~ do tribunal da comarca o processo da burla fiscal. **5** Praticar desaforos/Tornar-se atrevido/desavergonhado. **Ex.** Começou a ~ e foi expulso da sala [reunião]. **Sin.** Desatinar(+).

desaforo (Fô) *s m* (<desaforar) A(c)ção libertina/Atrevimento/Insolência. **Ex.** Depois da revolução só se veem ~s (Fô); a juventude perdeu a vergonha.

desafortunado, a *adj* (<des- c) + …) Que não tem sorte/Desfavorecido. **Ex.** Tudo lhe corria mal; foi sempre um ~. **Sin.** Azarento; desditoso; infeliz; (pobre) desgraçado.

desafreguesar *v t* (<des- a) + …) **1** Tirar [Perder] os fregueses(+). **2** Deixar de frequentar/de ser freguês. **Ex.** Não gosto do ambiente daquele café; já me desafreguesei de [já é raro ir (+)] lá.

desafronta *s f* (<desafrontar) Satisfação [Reparação] que se tira duma afronta/Desagravo. **Ex.** O pedido público de desculpa foi aceite como ~ das anteriores insinuações caluniosas.

desafrontado, a *adj* (<desafrontar + -ado) **1** Livre de calor/da sensação de opressão. **2** Vingado/Desforçado/Desagravado. **3** Livre/Desobstruído.

desafrontador, ora *adj/s* (<desafrontar + -dor) (O) que desafronta.

desafrontamento *s m* (<desafrontar + -mento) A(c)to ou efeito de desafrontar(-se).

desafrontar *v t* (<des- c) + …) **1** Obter reparação de uma afronta ou injúria/Desagravar(-se). **Ex.** A repetição do julgamento considerou inocente o réu já falecido; serviu para lhe ~ a memória [para lhe recuperar o bom nome]. **2** Aliviar do calor/do cansaço/da dor/…/Desafogar. **Ex.** O xarope da tosse desafrontava-o um pouco. **3** Desoprimir(-se)/Livrar(-se) de mal físico ou moral. **Ex.** A confissão do crime desafrontou-o (de um enorme peso).

desafumar *v t* (<des- a)/c) + fumo + -ar¹) Deixar sair [Tirar] o fumo. **Ex.** «ai que fumo/fumarada!» Abre/a um pouco a porta [janela] para ~.

desafundar *v t* (<des- a)/c) + fundo + -ar¹) Tirar do fundo. **Ex.** Não conseguimos [fomos capazes de] ~ o carro do rio.

desagarrar *v t/int* (<des- c) + …) **1** Tirar as mãos/Soltar(-se). **Ex.** Estás aí pendurado; se te desagarras, cais! **2** Despegar(-se)/Desprender(-se)/Desunir. **Ex.** Ficavam horas a conversar; não desagarravam! **Loc.** ~ a sujidade da roupa. ~ duas peças coladas.

desagasalhado, a *adj* (<desagasalhar + -ado) **1** Sem agasalho. **Loc.** Sair (de casa) ~ «e constipar-se». **2** *fig* Desamparado/Desprotegido.

desagasalhar *v t* (<des- b)/c) + …) **1** Tirar o abrigo/Deixar sem casa. **Sin.** Desabrigar; desalojar(+). **2** Descobrir/Destapar. **Ex.** Está frio, não te desagasalhes; põe mais um cobertor (na cama).

desagastar *v t* (<des- c) + …) **1** Fazer passar a zanga. **Ex.** Fiquei agastado [zangado] com o que me disseste. – Ah, sim? Desagasta-te! **2** Fazer as pazes/Reconciliar. **Ex.** Andavam zangados [de [a] mal], mas já se desagastaram [já fizeram as pazes(+)].

deságio *s m* (<des- c) + …) Depreciação/Desvalorização «da moeda/de um título».

desagradar *v t* (<des- c) + …) Não agradar/Aborrecer/Desgostar. **Ex.** A ingratidão desagrada sempre. As tuas palavras desagradaram-me. Desagradou-me ver bater no miúdo. O plano desagradou a toda a gente e teve de ser alterado.

desagradável *adj 2g* (<des- c) + …) **1** Que desagrada/Mau. **Comb.** *Cheiro* ~. *Notícias* ~*eis*. *Tempo* ~. **2** Grosseiro/Inconveniente/Detestável. **Ex.** São os dois muito mal educados; tão ~ é um como o outro. **3** Feio/Repugnante. **Ex.** Andava sempre sujo, com um aspe(c)to muito ~.

desagradecer *v t/int* (<des- c) + …) Não agradecer/Ser ingrato. **Ex.** Ajudei-o, mas só me desagradeceu [mas foi desagradecido/mal-agradecido(+)].

desagradecido, a *adj* (<desagradecer + -ido) Ingrato/Mal-agradecido(+). **Ex.** Há muita gente ~a [mal-agradecida(+)].

desagradecimento *s m* (<des- c) + …) A(c)to ou efeito de desagradecer/Ingratidão. **Ex.** Tanto bem lhes fiz e só tenho recebido ~s; são (uns) mal-agradecidos.

desagrado *s m* (<des- c) + …) **1** Falta de agrado/Desgosto/Desprazer. **Ex.** As medidas de contenção (anunciadas pelo governo) foram recebidas com ~. **Loc.** Cair/Incorrer no ~ [Ser obje(c)to de falta de estima] dos empregados. **2** Rudeza/Indelicadeza. **Ex.** (O aluno) irritou-se com a advertência e, com ~ saiu da sala.

desagravamento *s m* (<des- c) + …) Diminuição de valor ou de intensidade/Atenuação. **Comb.** ~ *da doença*. ~ *do estado do tempo*. *Econ* ~ *fiscal* [Redução dos impostos(+)].

desagravar *v t* (<des- c) + …) **1** Reparar o agravo. **Ex.** Tornou-se muito amigo da mãe para a ~ dos desgostos (Gôs) que lhe tinha causado. **2** Desafrontar(-se)/Ressarcir(-se)/Vingar(-se). **Ex.** Os americanos cederam à tentação de se desagravarem do terrorismo por meio da guerra. **Loc.** ~ [Vingar] uma ofensa. **3** Tornar menos grave/Diminuir/Suavizar. **Ex.** A a(m)nistia desagravou-lhe a pena. A situação econó[ô]mica está a ~(-se) [melhorar(+)]. O estado do doente desagravou-se [melhorou(+)].

desagravo *s m* (<des- c) + …) **1** Reparação de uma ofensa ou agravo. **Ex.** Não considero a vingança como forma de ~ de qualquer ofensa. **2** *Rel* A(c)to de reparação e pedido de perdão pelas ofensas e pecados próprios ou alheios. **Ex.** Passava longas horas em adoração (a Deus) em [para] ~ da indiferença religiosa dos seus filhos.

desagregação *s f* (<des- b)/c) + …) **1** Esboroamento/Fragmentação. **Comb.** ~ das rochas. **2** Separação dos elementos de um conjunto/Desarticulação. **Comb.** ~ *da família* [O irem os membros para cada lado]. ~ *de* [O desfazer-se] *um grupo de teatro*. ~ *mental* ⇒ esquizofrenia. ~ *vegetativa* [Reprodução assexuada].

desagregar(-se) *v t* (<des- b)/c) + …) **1** Separar(-se) o que estava agregado/unido. **Loc.** ~ [Desfazer(-se)] um conjunto [grupo] musical. **2** «uma rocha» Decompor(-se)/Fragmentar(-se). **3** Desligar/Desarraigar. **Loc.** ~ um professor de determinada [uma] escola. **4** *Psiq* Desestruturar(-se)/Desestabilizar(-se). **Ex.** uma doença grave pode ~ a personalidade [levar à esquizofrenia].

desagregável *adj 2g* (<desagregar + -vel) Que se pode desagregar. **Comb.** Compostos (facilmente) ~eis.

desagrilhoar *v t* (<des- b)/c) + …) Desacorrentar/Libertar dos grilhões.

desagrupar *v t* (<des- b)/c) + …) Separar(+) os elementos dum grupo. **Ex.** Rapazes e raparigas [Moços e moças/Eles e elas] estavam juntos (na aula de educação física), mas o professor desagrupou-os.

desaguar *v int* (<des- e) + …) **1** Lançar as águas em. **Ex.** O Tejo, Cuanza e Amazonas (todos) desaguam no Atlântico. ⇒ (des)embocadura; foz; delta. **2** Desembocar. **Ex.** A rua (principal) desaguava [desembocava(+)] numa [ia dar a uma] ampla praça. **3** Esgotar a água/Enxugar. **Loc.** ~ *o* [tirar a água do (+)] *barco*. ~ [Drenar(+)] *um terreno*. **4** Dar alguma coisa de comer (a crianças ou animais) para não aguarem. **Ex.** Estás a comer chocolate; desagua [dá um pouco a] essa criança que não tira os olhos de ti [não deixa de olhar para ti].

desaguçar *v t* (<des- c) + …) Fazer perder o gume. **Ex.** O machado está desaguçado/desafiado/embotado: andei a cortar muita lenha seca e desagucei-o.

desaguisado *s m* (<desaguisar + -ado) **1** Desavença/Rixa/Mal-entendido. **Ex.** Houve um pequeno ~ entre dois jogadores, logo sanado [resolvido] pelo árbitro. **2** ⇒ Confusão/Desordem.

desaguisar *v t* (<des- b)/c) + a +guisar) Provocar conflito/Desconcertar. **Ex.** Desaguisaram-se, aparentemente sem razão.

desaire *s m* (<des- c) + esp *aire*: ar) **1** Fracasso/Insucesso/Desastre/Derrota. **Ex.** A derrota frente ao eterno rival foi mais um ~ do treinador. **2** Contratempo/«pequeno» Revés «nos estudos/na escola». **3** Falta de elegância/de distinção. **Ex.** Era conhecida pelo ~ com que se apresentava nas festas; vestia muito mal [sem beleza/com mau gosto]. **4** A(c)to vergonhoso/Falta de decoro. **Ex.** Devia envergonhar-se dos ~s que pratica.

desairoso, a (Ôso, Ósa, Ósos) *adj* (<des- c) + …) **1** Que não é airoso. **Comb.** Modo de andar/comer ~ [desajeitado(+)]. Roupa ~a [deselegante/feia]. **2** Que não é elegante/Que fica mal. **Ex.** Humilhá-la (assim) em

público, que atitude tão ~a! **3** Indecoroso/Des(a)vergonhado. **Comb.** Comportamento ~.

desajeitado, a *adj* (<desajeitar + -ado) **1** Que não tem jeito. **Comb.** Pessoa ~a a comer com pauzinhos. **2** Deselegante/Desastrado. **Comb.** Rapaz/Moça ~/a [com fraca aparência].

desajeitar *v t* (<des- **c**) + ...) **1** Tirar o jeito a. **Ex.** O vento desajeitou-lhe o cabelo. **2** Desarranjar/Deformar. **Ex.** Acabei de lhe dar o brinquedo e já o desajeitou [desarranjou(+)/estragou(o+)].

desajoujar *v t* (<des- **b**) + ...) **1** Desprender do ajoujo/Desjungir. **2** *fig* Desoprimir/Desprender(-se)/Soltar(-se). **Ex.** Poi[ou]vas o cesto; desajouja-te um pouco!

desajudar *v t* (<des- **c**) + ...) **1** Não ajudar. **Ex.** Quem não ajuda, desajuda. **2** Estorvar/Dificultar. **Ex.** É melhor estares quieto, fazes tudo mal feito; só desajudas.

desajuizado, a *adj* (<desajuizar + -ado) Com pouco juízo/Insensato/Leviano. **Comb.** Rapaz/Moça ~/a.

desajuizar *v t* (<des- **c**) + ...) **1** Tirar o juízo a. **2** Perder o conhecimento/a consciência/Entontecer. **Ex.** É frequente, com a idade, as pessoas começarem a ~.

desajuntar *v t* (<des- **b**)/**c**) + ...) Separar o que estava junto/Desaglomerar/Desunir/Espalhar. **Ex.** Ó João, eu a juntar a areia e tu a desajuntá-la? Vai brincar com o teu carrinho. «o marido e a mulher desavindos» Tinham acabado de fazer as pazes; já se desajuntaram novamente!

desajustado, a *adj* (<desajustar + -ado) **1** Que não está ajustado/Desarranjado/Desordenado. **Ex.** A peça da máquina desgastou-se um pouco, ficou ~a. Essa máquina de costura cose mal; está ~a. **2** Impróprio para o fim a que se destina/Inadequado. **Ex.** A vulgaridade do serviço de mesa [da loiça] era ~a ao requinte do banquete. **3** *s m Psic* O que manifesta inadaptação à comunidade em que se insere/Emocionalmente desequilibrado. **Ex.** Ele é um ~. **Ant.** Integrado; adaptado.

desajustamento *s m* (<des- **a**)/**c**) + ...) **1** Falta de ajustamento «entre duas superfícies/peças»/Desajuste/Desnivelamento. **Sin.** Desencaixe; folga. **2** Falta de correspondência entre dois fa(c)tos/duas realidades. **Comb.** *~ de horários*. ~ entre o aumento dos salários e dos preços [do custo de vida]. ~ entre o desenvolvimento e o preparo de mão de obra qualificada. **Sin.** Desacerto. **3** Desacordo de opiniões/modos de agir/Descoordenação. **Comb.** ~ entre a política de dois ministérios. **4** *Psic* Inadaptação do indivíduo à comunidade em que se insere.

desajustar *v t* (<des- **a**)/**c**) + ...) **1** Desfazer o ajuste/Alterar o que estava ajustado. **Ex.** A máquina desajustou-se com o funcionamento prolongado. A criança desajustou o aparelho de som. **2** Desfazer um acordo. **Loc.** ~ um negócio. **3** Desordenar/Desarranjar. **Ex.** Tinha os documentos todos por ordem; caiu a pasta ao chão, desajustou [baralhou(+)]-se tudo!

desajuste *s m* (<desajustar) ⇒ desajustamento; desencaixe.

desalagar *v t* (<des- **a**)/**c**) + ...) Fazer sair [Tirar] a água da inundação. **Loc.** ~ os terrenos inundados.

desalastrar *v t* (<des- **a**)/**c**) + ...) **1** Tirar o lastro (a um navio). **Loc.** ~ um navio para reparar o porão. **2** Reduzir o alastramento/a propagação. **Loc.** ~ o fogo [incêndio] da área residencial.

desalentado, a *adj* (<desalentar) **1** Desanimado/Desesperançado. **Ex.** Foi-se [Saiu] ~ com a resposta. **2** ⇒ extenuado; esfalfado.

desalentador, ora *adj/s* (<desalentar + -dor) (O) que desalenta. **Comb.** Críticas ~as. **Sin.** Desanimador.

desalentar *v t/int* (<des- **c**) + ...) **1** Tirar o alento a/Desanimar. **Ex.** Tanto censurou a criança que a desalentou [desanimou(+)]. **2** Esmorecer. **Ex.** As dificuldades eram muitas, mas mesmo assim [mas apesar disso] não desalentou [esmoreceu(+)].

desalento *s m* (<desalentar) Falta de alento/de coragem/Desânimo. **Ex.** Após a reprovação no exame, regressou (a casa) com o ~ estampado [patente/bem visível] no rosto.

desalfandegagem [**desalfandegamento**] *s f [m]* (<desalfandegar + ...) (Trâmites do) levantamento de uma mercadoria na alfândega.

desalfandegar *v t* (<des- **a**)/**c**) + ...) Cumprir as formalidades necessárias para levantar na [retirar da] alfândega uma mercadoria importada. **Ex.** As formalidades [Os trâmites] para ~ mercadorias importadas dos países da UE são agora muito mais simples em Pt.

desalgemar *v t* (<des- **b**)/**c**) + ...) Tirar as algemas a. **Loc.** ~ um preso.

desalinhado, a *adj* (<desalinhar + -ado) **1** Que não está alinhado/no alinhamento. **Comb.** *Cadeiras ~as. Soldados ~os.* **2** Mal arrumado/Desarranjado. **Comb.** Casa/Quarto ~a/o. **3** *fig* Descuidado.

desalinhar *v t* (<des- **a**)/**c**) + ...) **1** Tirar do alinhamento/Afastar(-se) da linha. **Ex.** Desalinhou os marcos para reclamar mais [novos limites para o] terreno. Essa cadeira está desalinhada. **2** *fig* Pôr em desalinho/Desordenar/Desarranjar(-se). **Loc.** ~ os cabelos. **3** *fig* Desenfeitar(-se)/Desadornar(-se)/Desataviar(-se).

desalinhavado, a *adj* (<desalinhavar + -ado) **1** Sem alinhavos/Descosido. **Comb.** Vestido ~. **2** Desconchavado/Desconexo. **Comb.** Discurso [Estilo] ~. Ideias ~as.

desalinhavar *v t* (<des- **c**) + ...) Tirar os alinhavos. **Ex.** Para o vestido ficar pronto, só faltava ~ (as costuras).

desalinho *s m* (<desalinhar) **1** Falta de alinho ou de alinhamento. **Comb.** ~ duma plantação. **2** Descuido no vestir/na apresentação. **Comb.** Cabelos em ~. Quarto [Sala] em ~. **3** Falta de sensatez. **Comb.** ~ mental.

desalistar *v t* (<des- **c**) + ...) **1** Tirar da lista. **Ex.** São convidados a mais; temos que ~ alguns. **Sin.** Cortar(+). **2** Dar baixa/Desistir. **Ex.** Desalistei-me de ir para a tropa como voluntário.

desalmadamente *adv* (<desalmado + -mente) Com crueldade/Ferozmente. **Loc.** Bater (em alguém) ~.

desalmado, a *adj/s cal* (<desalmar + -ado) **1** Sem coração/Com maus instintos/Cruel/Desumano. **Ex.** Os prisioneiros eram torturados por guardas ~s. **2** *fam* Grande/Exagerado. **Loc.** Comer muito [como um ~]. **Comb.** «no regresso do passeio apanhou-nos uma» Chuva ~a.

desalmar *v t* (<des- **b**) + alma + -ar¹) Tornar desumano/sem alma.

desalojado, a *adj/s* (<desalojar + -ado) (O) que se desalojou/(O) que perdeu o alojamento. **Ex.** A demolição do bairro (por causa da construção da ponte) fez aumentar o número dos ~s.

desalojar *v t* (<des- **a**)/**c**) + ...) **1** Fazer sair do [Tirar o] alojamento. **Ex.** Mandou ~ todas as famílias do prédio em ruínas. **2** Obrigar a retirar/Expulsar. **Loc.** ~ o porteiro do seu posto [Despedir o porteiro]. ~ o exército inimigo do território conquistado.

desalterar *v t* (<des- **b**) + ...) **1** Fazer cessar a alteração. **Loc.** ~ mágoas. ~[Acalmar(+)]-se facilmente. **2** ⇒ dessedentar(+); mitigar a fome/a sede.

desalugar *v t* (<des- **c**) + ...) Deixar de alugar. **Ex.** Desaluguei os quartos para (fazer) obras. **Comb.** Quartos desalugados [vagos(+)].

desalvorado/desalvorar ⇒ desarvorado/desarvorar.

desamabilidade *s f* (<des- **c**) + ...) Falta de amabilidade/Descortesia(+)/Indelicadeza(o+). **Ex.** Ele teve consigo essa ~ ?

desamão *adv* (<des- **c**) + mão) Elemento da locução adverbial *À ~:* fora do caminho/fora do alcance/fora de jeito. **Ex.** Não passo por tua casa; fica[-me] à ~. Não liguei porque tinha o telefone *À ~.* **Sin.** Fora de mão (+) **Ant.** À mão.

desamarrar *v t* (<des- **b**)/**c**) + ...) **1** Desprender o que estava amarrado/Desatar(+). **Ex.** O lenço (da cabeça) desamarrou-se-me. **Loc.** ~ uma corda/uma fita. **2** Soltar(-se)/Libertar(-se). **Ex.** Conseguiu (finalmente) ~-se/livrar-se(+) daquela má companhia. **3** *Náut* Levantar ferro/Soltar as amarras.

desamarrotar *v t* (<des- **c**) + ...) **1** Desfazer pregas ou vincos/Tornar a pôr liso. **Loc.** ~ o casaco/o vestido (com o ferro de passar). **2** Desamolgar/Endireitar. **Loc.** ~ [Desamolgar(+)] o guarda-lamas [para-lama] do carro.

desamassar *v t* (<des- **c**) + ...) **1** Endireitar o que estava amassado/Desamolgar. **Ex.** Podes utilizar o tacho de alumínio, já o desamassei. **2** Desfazer a massa do pão para demorar mais tempo a levedar.

desambientado, a *adj* (<desambientar+-ado) **1** Que está fora do seu ambiente natural. **Ex.** Na cidade, sentia-se ~. **2** Que está pouco à vontade/Que tem dificuldade em adaptar-se ao meio/a novas condições. **Ex.** Não conhecia ninguém; estava completamente ~.

desambientar *v t* (<des- **a**)/**c**) + ...) Sair do seu ambiente/Sentir-se alheio ao ambiente natural. **Ex.** Desambientaram-se com a mudança para o estrangeiro.

desamedrontar *v t* (<des- **c**) + ...) Tirar o medo(+)/Sossegar/Tranquilizar. **Ex.** Agora consegue ficar sozinha em casa, já se desamedrontou.

desaminação *s f Bioq* (<des- **b**)/**c**) + aminar + -ção) Separação de um grupo amina dum aminoácido.

desamodorrar *v t/int* (<des- **c**) + ...) Fazer sair da modorra/Animar(-se)/Excitar(-se). **Ex.** Nem as traquinices dos netos conseguiam ~ a avó velhinha.

desamoedação/desamoedar ⇒ desmonetização/desmonetizar.

desamolgar *v t* (<des- **c**) + ...) Tirar as mossas [amolgaduras]/Desamassar/Endireitar. **Loc.** ~ a porta dum carro.

desamontoar *v t* (<des- **c**) + ...) Desfazer um monte/Desacumular. **Loc.** ~ a fruta [areia].

desamor *s m* (<des- **c**) + amor) Falta de amor(+)/Desdém/Indiferença. **Ex.** Tratava os sobrinhos órfãos com grande ~!

desamortização *s f* (<desamortizar + -ção) A(c)to ou efeito de desamortizar.

desamortizar *v t* (<des- **c**) + ...) Fazer regressar ao direito comum bens imobiliários legados a entidades religiosas [bens de mão-morta]. **Ex.** A Igreja em Portugal foi obrigada a ~ a maior parte do seu patrimó[ô]nio pela legislação liberal (1861) e pela Lei de Separação (1911).

desamotinar v t (<des- c) + ...) Acalmar os amotinados(+)/Apaziguar(o+). **Ex.** Os guardas conseguiram ~ os presos sublevados [revoltados/revoltosos].

desamparado, a adj (<desamparar + -ado) **1** Deixado ao desamparo/Abandonado. **Comb.** Crianças ~as. **2** Que não está seguro/Sem apoio/Desprotegido. **Ex.** A corrente arrastou a areia junto aos pilares da ponte e deixou-os ~s. **3** Desfalecido/Como morto. **Loc.** Cair ~. **4** Isolado/Ermo/Solitário. **Comb.** Casa ~a no meio do monte.

desamparar v t (<des- c) + ...) **1** Deixar de amparar/Não dar amparo a/Abandonar. **Ex.** Desamparou os pais na velhice. Perdia-se no jogo e desamparava a casa [a família]. **2** Retirar o apoio/Deixar de sustentar. **Ex.** As escavações para construir o prédio desampararam o muro do vizinho. **3** Ausentar-se/Afastar-se. **Ex.** Nunca desamparou a cabeceira do marido doente.

desamparo s m (<desamparar) **1** Falta de amparo/Sem auxílio. **Ex.** Viver ao ~ [ao abandono/sem prote(c)ção]. **2** Falta de meios materiais/Penúria. **Ex.** O negócio correu-lhe mal, perdeu tudo; ficou no ~ [na penúria/na miséria/sem nada].

desancar v t (<des- c) + anca + -ar¹) **1** Derrear com pancada/Maltratar. **Ex.** Apanhou o gatuno em flagrante e desancou-o (violentamente) com a bengala. **2** fig Criticar com severidade. **Loc.** ~ o Governo «nos jornais/na televisão».

desancorar v t/int Náut (<des- a)/c) + ...) Levantar ferro/Desaferrar do porto/Desamarrar. **Ex.** O navio desancorou de manhã. **Loc.** ~ o barco.

desanda s f pop (<desandar) **1** Descompostura/Reprimenda. **2** Sova.

desandar v t/int (<des- c) + ...) **1** Andar em sentido contrário/para trás. **Ex.** Ia pela rua abaixo e de repente desandou [voltou] para cá/trás. **2** Afastar-se/Partir em debandada. **Ex.** Quando começou a chover, a multidão desandou imediatamente. **3** Mudar o rumo/Desviar(-se). **Ex.** Àquela [Com tanta] velocidade, o carro desandou «para o lado direito». **Loc.** ~ para o vício. **4** Correr mal/Piorar. **Ex.** Tinha sentido algumas melhoras, mas agora está outra vez a ~. **5** Desatarraxar. **Ex.** Não sou capaz de ~ este parafuso. **6** fam Pôr-se a andar/Sair. **Ex.** Desanda daqui para fora! **7** Começar a fazer alguma coisa de repente e com intensidade/Desatar. **Ex.** Sem ninguém esperar desandou à bofetada aos colegas.

desanexação s f (<desanexar + -ção) Desmembramento/Separação(+). **Comb.** ~ dum lote de terreno «para o vender».

desanexar v t (<des- b)/c) + ...) **1** Desmembrar/Desligar. **Ex.** Desanexou a moradia do terreno da quinta (ficando as duas coisas sem ligação). **Loc.** ~ uma fa(c)tura da carta que a capeava. **2** Restituir um território ocupado ilicitamente/Libertar. **Ex.** Timor-Leste foi desanexado da Indonésia ao fim de vinte e cinco anos de ocupação.

desanexo, a adj/s (<desanexar) (O) que não tem nexo/Separado. **Comb.** Casa ~a. Um ~ de disparates.

desanichar v t (<des- b) + nicho + -ar¹) **1** Retirar «a estátua» do nicho(+)/lugar. **2** fig Tirar de lugar confortável. **Loc.** ~ *o gato do sofá*. ~ [Despedir] *o velho empregado*. **3** ⇒ descobrir.

desanimação s f (<desanimar + -ção) Falta de animação/Desalento/Desânimo(+). **Ex.** A triste notícia provocou grande ~ na festa.

desanimado, a adj (<desanimar + -ado) **1** Que não tem ânimo/entusiasmo/Que perdeu a alegria de viver/Sem vontade de agir. **Ex.** Ficou muito ~ com o resultado das análises. **Comb.** Rosto [Aspe(c)to] ~. **2** Com pouca coragem/Medroso. **Ex.** Ele é um [muito] ~.

desanimador, ora adj/s (<desanimar + -dor) (O) que desanima. **Ex.** Não ver resultados depois de tanto trabalho, é ~ [uma situação ~ora]. **Sin.** Desencorajador.

desanimar v t/int (<des- c) + ...) **1** Perder o ânimo/o entusiasmo/Desalentar(-se). **Ex.** Não quis continuar a estudar; desanimou. Depois de tudo o que aconteceu, achas que não é para (a gente/uma pessoa/se) ~? **2** Tirar o ânimo a/Desencorajar. **Ex.** Interessava-se muito pelo futebol, mas a mãe desanimou-o. **3** Perder a animação/Esmorecer. **Ex.** Depois da meia-noite a festa começou a ~.

desânimo s m (<des- c) + ...) Falta de ânimo/Desalento/Esmorecimento. **Ex.** Sentiu um grande ~ quando soube que não era promovido.

desaninhar v t (<des- a)/c) + ...) **1** Tirar do ninho. **Ex.** O passarinho[ito], acabado de ~, ensaiava os primeiros voos. **2** fig Fazer sair dum local de repouso/Desalojar. **Ex.** Desaninha(-me) essa preguiçosa da cama para fora [Obriga essa preguiçosa a sair da cama]. **3** fig Descobrir e levar/tirar. **Loc.** ~ *um documento*. ~ *o fugitivo*.

desanojar v t (<des- c) + ...) **1** Consolar/Aliviar. **Loc.** ~-se do tédio, lendo [com boas leituras]. **2** *Br* Dar os pêsames a (+). **Loc.** ~ a viúva.

desanuviado, a adj (<desanuviar + -ado) **1** Sem nuvens. **Comb.** Céu ~. **2** fig Livre/Desafogado. **Ex.** «naquela casa» Reinava um ambiente ~. **3** fig Que ficou livre de preocupações. **Ex.** Quando soube que a doença não era grave, ficou mais ~.

desanuviar v t (<des- c) + ...) **1** Ficar sem nuvens/Limpar(-se) de nuvens/de neblina/de nevoeiro. **Ex.** O tempo desanuviou(-se). **2** fig Perder a tristeza/Livrar(-se) de preocupações. **Ex.** Foi dar uma volta [um passeio] com os amigos, desanuviou, já parecia outro. **3** fig Serenar(-se)/Tranquilizar(-se). **Ex.** As palavras de confiança do presidente desanuviaram o ambiente da reunião. **4** fig Tornar claro/Esclarecer(-se). **Ex.** Com a explicação que me deste, o meu espírito desanuviou-se.

desapaixonar v t (<des- c) + ...) **1** Fazer perder a paixão. **Ex.** Tantas (coisas) fez que a noiva se desapaixonou. O mau ambiente do seu partido fez com que se desapaixonasse da política. **2** ⇒ acalmar o ânimo/serenar(-se). **3** ⇒ fazer esquecer um desgosto/distrair/alegrar.

desaparafusado, a adj (<desaparafusar + -ado) **1** Com os parafusos desapertados/Sem parafusos. **2** fig Com pouco juízo/Amalucado. **Comb.** Jovens ~s. **Sin.** Destravado(+).

desaparafusar v t (<des- a)/c) + ...) Desapertar os parafusos/Desatarraxar. **Ex.** Para substituir o filtro do carro tens que ~ a [os parafusos da] tampa.

desaparecer v int (<des- a)/c) + ...) **1** Deixar de ser visto. **Ex.** No inverno, o sol desaparece [põe-se(+)] cedo. **2** Esconder-se/Ocultar-se/Fugir. **Ex.** Pressentiu que a polícia o procurava e desapareceu. **3** Extinguir-se/Desvanecer. **Ex.** A mancha que tinha no braço desapareceu. **4** Perder-se/Estar em lugar desconhecido. **Ex.** Não sei onde pus o livro; desapareceu, não o encontro! **5** Deixar de se manifestar ou fazer sentir. **Ex.** É uma dor de cabeça muito estranha: aparece e desaparece sem qualquer motivo. **6** Morrer. **Ex.** A avó desapareceu quase aos cem anos.

desaparecido, a adj/s (<desaparecer + -ido) **1** (O) que desapareceu. **Loc.** «o filho» Andar ~. **Comb.** *Civilizações* (hoje) *~as. Lista dos ~s*. **2** ⇒ perdido/fugitivo. **3** ⇒ roubado. **4** Falecido(+)/Morto. **Ex.** Faziam sufrágios pelos familiares ~s.

desaparecimento s m (<desaparecer + -mento) **1** A(c)to ou efeito de desaparecer. **Ex.** O ~ da criança nunca chegou a ser esclarecido. **2** Descaminho/Sumiço. **Comb.** ~s de obje(c)tos «na escola». **3** Eliminação/Extinção. **Comb.** ~ *do artesanato tradicional*. ~ *de postos de trabalho*. **4** A(c)to ou efeito de deixar de se manifestar. **Comb.** ~ duma epidemia. **5** Falecimento/Morte. **Ex.** Depois do ~ dos pais, nunca mais houve reuniões de família.

desaparelhar v t (<des- b)/c) + ...) **1** Tirar o aparelho ou os aparelhos. **Loc.** ~ a instalação sonora da festa. **Sin.** Desarmar; desmontar(+). **2** Retirar os arreios/Desatrelar. **Loc.** ~ *a* [Tirar a albarda a] *montada*. ~ *os cavalos do coche*. **3** Desfazer uma parelha ou um conjunto. **Loc.** ~ uma cole(c)ção. **Sin.** Desemparelhar(+); desirmanar(o+). **4** *Náut* Retirar os apetrechos de navegação. **Loc.** ~ a/uma embarcação.

desapartar v t/int (<des- e) + ...) **1** Apartar(+)/Separar. **Ex.** Desaparta aqueles dois que andam à bulha [estão a lutar]! **2** Fugir. **Loc.** ~ a tempo [Fugir sem demora/Esgueirar-se]. **3** Contrariar. **Loc.** ~ para a esquerda [Ser do contra].

desapegado, a adj (<desapegar + -ado) **1** Que não está apegado/Desligado. **Comb.** Folhas ~as [despegadas/soltas] «do caderno». **2** Que perdeu a afeição/Desafeiçoado. **Comb.** ~ dos pais. **3** Desprendido/Indiferente/Desinteressado/Livre. **Comb.** ~ do dinheiro.

desapegar v t (<des- b)/c) + ...) **1** Perder a afeição/Desprender(-se) de alguém. **Ex.** Tinha uma loucura [grande afeição] pela madrinha. À medida que ia crescendo foi-se desapegando (dela). **2** Separar o que está pegado/Desunir. **Ex.** É feito de duas peças, podes desapegá-las [despegá-las(+)]. **3** ~-se/Desinteressar(-se)/Desprender-se de alguém ou de alguma coisa. **Loc.** ~-se da herança e dá-la para construir um hospital.

desapego (Pê) s m (<desapegar) **1** Desinteresse/Indiferença. **Ex.** Mostrou sempre um grande ~ das telenovelas. **2** Desafeição/Desamor. **Ex.** Não sofreu muito com a morte do pai. O ~ já era grande. **3** Desprendimento. **Ex.** Todos lhe conheciam a generosidade e ~ do dinheiro.

desaperceber v t (<des- c) + ...) **1** Deixar de receber [Ficar sem] apercebimentos/provisões. **Sin.** Desprover; desguarnecer. **2** Desprevenir-se/Descuidar-se. **Ex.** Desapercebeu-se de que o lume estava aceso e deixou esturrar [queimar] o arroz.

desapercebido, a adj (<desaperceber) **1** Descuidado/Distraído. **Ex.** Viu-a ~a e roubou-lhe a bolsa. **2** Sem ser notado/Desconhecido. **Ex.** Roubou a loja e saiu ~. **3** Desprovido. **Comb.** ~ de [Sem] munições.

desaperrar v t (<des- c) + ...) Pôr o cão da arma no descanso/Desengatilhar.

desapertar v t (<des- c) + ...) **1** Separar o que estava apertado. **Loc.** ~ um pacote [embrulho]. **2** Desabotoar/Desafivelar. **Loc.** ~ o casaco/cinto. **3** Desenroscar(+)/Desatarraxar(o+)/Afrouxar. **Loc.** ~ parafusos/porcas/ roscas. **4** fig Desoprimir(-se)/Livrar(-se) de pressões. **Ex.** Após o interrogatório, sentiu-se mais desapertado.

desaperto (Pêr) *s m* (<desapertar) **1** A(c)to ou efeito de desapertar. **Comb.** ~ das porcas «por causa da trepidação». **2** Folga. **Ex.** O ~ [A folga] dos travões (da bicicleta) ainda não é perigoso[a]. **3** *fig* Desafogo(+). **Comb.** ~ financeiro.

desapiedado, a *adj* (<desapiedar + -ado) Que não tem piedade/Cruel/Desumano. **Ex.** Soldados ~s abusavam dos prisioneiros inimigos.

desapiedar *v t* (<des- **c**) + ...) Deixar de ter piedade/Tornar(-se) cruel/insensível. **Ex.** Desapiedou-se do filho porque ele não mostrava emenda.

desaplicação *s f* (<desaplicar + -ção) **1** Falta de aplicação/de cuidado/Negligência. **Ex.** O comportamento na escola piorou. A ~ era evidente. **2** A(c)to de retirar o que estava aplicado. **Ex.** Terminada a sessão solene, procederam de imediato à ~ dos [, tiraram logo os] ornamentos do salão.

desaplicar *v t* (<des- **c**) + ...) **1** Desviar a aplicação/a atenção. **Ex.** Reprovou, porque se desaplicou. **2** Retirar o que estava aplicado. **Ex.** Aplicaram-se os enfeites para a festa; agora temos que os ~.

desapoderar *v t* (<des- **c**) + ...) Tirar o poder ou a posse/Desapossar(-se). **Ex.** Desapoderaram o povo dos baldios (Terrenos comunitários incultos).

desapoiar *v t* (<des- **c**) + ...) **1** Não apoiar/Discordar. **Ex.** Queria candidatar-se à autarquia, mas o partido desapoiou-o. Sentindo[Vendo]-se desapoiado, desistiu «do proje(c)to». **2** Deixar de estar apoiado/Tirar o suporte/Desencostar. **Ex.** As obras da rua desapoiaram o muro. Desapoiou-se do corrimão e caiu nas escadas. **Loc.** ~ [Tirar] os cotovelos da mesa. **3** Retirar o auxílio/Deixar sem amparo. **Ex.** Quando estava a fazer uma tentativa séria de recuperação todos o desapoiaram.

desapoio *s m* (<desapoiar) **1** Falta de apoio/de suporte. **Ex.** A ponte caiu por ~ dos pilares. **2** Discordância/Reprovação. **Comb.** ~ da/duma proposta. **3** Desamparo/Falta de auxílio. **Ex.** Quando se viu na miséria, mais sentiu o ~ dos amigos.

desapontado,[1] **a** *adj* (<desapontar[1] + -ado) Dece(p)cionado/Desiludido. **Comb.** ~ com o resultado do exame.

desapontado,[2] **a** *adj* (<desapontar[2] + -ado) **1** Rombo/Sem bico. **Comb.** Lápis ~/desafiado(+). **2** Desalinhado do alvo/Com a pontaria mal feita. **Comb.** Arma ~a [mal apontada (+)].

desapontamento *s m* (<desapontar[1] + -mento) Dece(p)ção/Desilusão. **Ex.** O encerramento inesperado da empresa causou grande [enorme] ~ em todos os trabalhadores. **Loc.** Mostrar grande ~.

desapontar[1] *v t* (<*ing to disappoint*) Causar ou sentir desapontamento/Ficar desiludido. **Ex.** A atitude dele desapontou[desiludiu/dece(p)cionou]-me. Fiquei desapontado [surpreendido/revoltado] com tamanho atrevimento.

desapontar[2] *v t* (<des- **c**) + ...) **1** Tirar a ponta. **2** Não fazer ou fazer mal a pontaria. **Ex.** Quando viu que o ladrão era inofensivo, ficou mais calmo e desapontou a arma.

desapontar[3] *v t/int* (<des- **c**) + ...) Riscar/Anular o que estava apontado. **Ex.** Desapontei-me/Risquei-me [Desapontei o meu nome] da lista «da viagem». O teu nome já está desapontado [riscado/cortado]. **Sin.** (Desar)riscar(+).

desapoquentar *v t* (<des- **c**) + ...) Aliviar de apoquentação/Sossegar. **Ex.** Desapoquentou-se [Só sossegou(+)] quando o filho saiu da tropa [do serviço militar].

desaportuguesar *v t* (<des- **c**) + ...) Fazer perder a cara(c)terística do que é português. **Ex.** As iniciativas culturais do governo português ajudam os emigrantes (Portugueses que emigraram para outros países) a não se desaportuguesarem.

desaposentar *v t* (<des- **c**) + ...) **1** ⇒ desalojar. **2** (Re)tirar a aposentação/Cancelar a aposentadoria.

desapossar *v t* (<des- **c**) + ...) Tirar a posse ou o domínio/Desapoderar. **Ex.** O Governo revolucionário de Pt, em 1974, desapossou os latifundiários alentejanos das suas terras e entregou-as aos trabalhadores. Desapossou-se do dinheiro roubado. ⇒ desfazer-se.

desaprazer *v int* (<des- **c**) + ...) Desagradar(+). **Ex.** Posso ajudá-lo, se (isto) não lhe desapraz.

desapreciar *v t* (<des- **c**) + ...) **1** Não dar valor/Desprezar. **2** Depreciar/Amesquinhar.

desapreço (Prê) *s m* (<des- **c**) + ...) Falta de apreço/de estima/de consideração/Menosprezo. **Ex.** Cumprimentou-o com indiferença em sinal de ~ [censura] pelo seu comportamento leviano. **Sin.** Desdém.

desaprender *v t/int* (<des- **c**) + ...) Não aprender ou esquecer aquilo que se sabia. **Ex.** «ai rapaz!» Em vez de aprender, desaprendes! Em pouco tempo desaprendeu o pouco que sabia.

desapressar *v t/int* (<des- **c**) + ...) Tirar a pressa/Tornar(-se) vagaroso. **Ex.** Começou com muita fúria [gana/muito entusiasmo] mas não tardou a ~-se [a perder a pressa]. A marcação do segundo gol(o) desapressou a equipa.

desaprestar *v t* (<des- **c**) + ...) Tirar os aprestos/Desaparelhar(+).

desapropriação *s f* (<des- **c**) + ...) **1** Privação da propriedade/Expropriação. **Comb.** ~ dum terreno. Processo de ~ «pelo Estado/pela Prefeitura». **2** ⇒ desprendimento; desinteresse; desapego.

desapropriado, a *adj* (<desapropriar + -ado) **1** Que foi obje(c)to de desapropriação. **Comb.** Bens ~s. **2** Desapossado/Expropriado. **Ex.** As pessoas ~as não ficaram satisfeitas com a inde(m)nização. **3** Impróprio/Inadequado. **Ex.** Aquele vestido era ~ para uma festa de caridade.

desapropriar *v t* (<des- **c**) + ...) **1** Tirar ou fazer perder a propriedade/Desapossar/Expropriar(+). **Ex.** Desapropriaram-no da [Tiraram-lhe a] casa para pagar aos credores. **2** Renunciar voluntariamente à posse/Privar-se. **Ex.** Desapropriou-se de todos os seus bens e entrou num convento. **3** Usar impropriamente uma palavra.

desaprovação *s f* (<des- **c**) + ...) A(c)to ou efeito de desaprovar/de julgar desfavoravelmente. **Comb.** Atitude de ~. **Sin.** Censura; reprovação.

desaprovador, ora *adj/s* (<des- **c**) + ...) (O) que não aprova/(O) que está em desacordo. **Ex.** Os ~es da decisão, foram os pais. **Comb.** Gesto ~.

desaprovar *v t* (<des- **c**) + ...) Não aprovar/Condenar/Reprovar. **Loc.** ~ uma ideia [decisão].

desaproveitado, a *adj/s m* (<des- **c**) + ...) **1** Que não é aproveitado/Mal aproveitado. **Sin.** Desperdiçado; esbanjado. **2** Abandonado. **Comb.** Terreno ~. **3** Perdulário/Esbanjador/Gastador. **Ex.** Além de pobres, são sobretudo ~s.

desaproveitamento *s m* (<des- **c**) + ...) **1** Falta de aproveitamento. **Comb.** ~ dos recursos naturais. **2** Desperdício(+). **Ex.** Lâmpadas acesas, aquecedores ligados sem necessidade, é um ~ que custa caro! **3** Falta de progresso nos estudos. **Ex.** Os pais foram chamados à escola por causa do ~ do filho.

desaproveitar *v t* (<des- **c**) + ...) Deixar de aproveitar/Não tirar proveito de/Desperdiçar. **Ex.** Desaproveitou aquela oportunidade de emprego, não sei se terá outra...

desaprumar *v t* (<des- **a**)/**c**) + ...) **1** Desviar(-se) do prumo/Inclinar(-se). **Ex.** O poste desaprumou(-se) com o vendaval. **Comb.** Parede [Estaca] desaprumada. **2** *fig* Perder o aprumo/a compostura. **Ex.** Costuma ser muito corre(c)to; desaprumou-se porque bebeu um pouco.

desaprumo *s m* (<des- **a**)/**c**) + ...) **1** Desvio do prumo/Inclinação. **Ex.** O ~ dessa parede é bem visível. **2** *fig* Falta de aprumo/compostura. **Comb.** ~ dos soldados «mal fardados».

desaquartelar *v t* (<des- **a**)/**c**) + ...) Tirar do quartel/Desalojar. **Loc.** ~ as tropas.

desaquinhoar *v t* (< des- **c**) + ...) Tirar o [Ceder o seu] quinhão.

desarborização *s f* (< des- **c**) + ...) Eliminação/Abate de árvores/Desflorestação. **Ex.** A ~ intensiva tem efeitos nocivos sobre o clima.

desarborizar *v t* (< des- **c**) + ...) Eliminar [Abater/Cortar] as árvores dum terreno/Desflorestar. **Ex.** Os incêndios desarborizaram vastas áreas florestais. **Comb.** Montanha nua [(toda) desarborizada].

desarear *v t* (<des- **c**) + ...) Tirar a areia. **Loc.** ~ [Desassorear] a barra (do rio).

desarmadilhar *v t* (<des- **c**) + ...) **1** Retirar a armadilha. **Loc.** ~ a casa. **2** Desa(c)tivar um engenho [mecanismo] explosivo ou de alarme. **Loc.** ~ uma granada.

desarmado, a *adj* (<desarmar + -ado) **1** Que não está armado/Sem arma. **Loc.** Andar ~. **Comb.** País ~. **2** Desprovido de meios para conseguir um obje(c)tivo. **Ex.** Perante a evidência das provas, ficou ~ [sem possibilidade de defesa]. **3** Em peças soltas/Desmontado. **Ex.** Tenho mais uma cama, mas está ~a. **4** Sem possibilidade de ataque/Desa(c)tivado/Descarregado. **Comb.** Espingarda [Ratoeira] ~a. **5** *Náut* Sem guarnição/Desaparelhado. **Comb.** Navio ~.

desarmamento *s m* (<des- **c**) + ...) **1** A(c)to ou efeito de desarmar. **2** Redução de tropas ou de material bélico. **Comb.** ~ nuclear [Redução de armas nucleares]. **3** Desapetrechamento. **Comb.** ~ dum navio.

desarmar *v t* (<des- **c**) + ...) **1** Tirar as armas a. **Loc.** ~ um assaltante. **2** Desguarnecer de armamento. **Loc.** ~ o exército inimigo. **3** Desa(c)tivar uma arma ou engenho explosivo. **Ex.** Desarmou a [Retirou as balas da] pistola antes de a guardar. **4** Tirar a armação/Desmontar. **Ex.** Depois da festa desarmaram os andores e os enfeites de rua. **5** *Náut* Desguarnecer um navio. **6** Tirar os meios de defesa ou de ataque. **Ex.** Os argumentos do ministro desarmaram a oposição. **7** Desistir. **Ex.** Apesar de todos a contrariarem, ela não desarma [não desiste].

desarme *s m* (<desarmar) **1** ⇒ desarmamento. **2** *(D)esp* A(c)ção de tirar a bola ao adversário. **Ex.** O ~ do defesa (Jogador que defende) impediu-o (Atacante) de marcar o gol(o) da vitória. **3** A(c)to de o touro tirar a muleta ou o capote ao toureiro. **Ex.** O toureiro refugiou-se nas trincheiras depois de ter sido desfeiteado com um ~ vergonhoso.

desarmonia *s f* (<des- **c**) + harmonia) **1** Falta de harmonia/Dissonância. **Ex.** A ~ dos violinos não passou despercebida aos

ouvintes mais exigentes. **2** Discordância/Desacordo. **Loc.** Viver em (permanente) ~. **3** Má colocação ou disposição desequilibrada das partes dum conjunto. **Comb.** ~ das cores duma pintura [dos elementos de decoração].

desarmónico, a [*Br* **desarmônico**] [**desarmonioso, osa** (Ôso, Ósa, Ósos)] *adj* (<des- **c**) + harmonia) Que não tem harmonia/Dissonante. **Comb. *Convivência* ~a[*osa*]** «do casal/dos empregados». ***Cores* ~as [*osas*]. *Sons* ~s [*osos*]**.

desarmonização *s f* (<des- **c**) + harmonização) Falta de harmonia/Desarmonia.

desarmonizador, ora *adj/s* (<desarmonizar + -dor) (O/A) que produz desarmonia.

desarmonizar *v t* (<des- **c**) + harmonizar) **1** Causar desarmonia/Provocar desentendimento. **Ex.** Era tão intriguista que até os familiares conseguia ~. **2** *Mús* Desafinar/Destoar. **Ex.** A voz forte e estridente desarmonizava o coro. **3** Pôr-se em desacordo/Desavir-se. **Ex.** A Dire(c)ção desarmonizou-se e não aprovou a proposta.

desaroma(tiza)r *v t* (<des- **c**) + ...) Tirar o aroma/o cheiro. **Loc.** ~ as margarinas.

desarquear *v t* (<des- **c**) + ...) Tirar os arcos ou a forma de arco. **Ex.** Usava um aparelho para ~ as pernas.

desarrai[ei]gar *v t* (<des- **c**) + ...) **1** Arrancar pela raiz/Extirpar. **Ex.** [Arrancar(+) as ervas daninhas. **2** Eliminar/Extinguir. **Loc.** ~ os maus costumes. ~ os vícios.

desarranchar *v t* (<des- **a**)/**c**) + ...) **1** Tirar do rancho/Separar(-se) do rancho/do grupo. **Ex.** Terminada a vindima, as raparigas desarrancharam (e seguiram para suas casas). **2** Deixar de comer do rancho [da refeição] do quartel. **Ex.** Desarranchei-me porque posso comer em casa.

desarranjado, a *adj* (<desarranjar + -ado) **1** Que funciona mal/Estragado. **Comb.** «ando com o» ***Estômago*** «um pouco» ~. ***Relógio*** ~. **2** Que está em desordem/Com má apresentação/Desarrumado. **Comb. *Quarto* ~. *Cabelo* ~**.

desarranjar *v t* (<des- **c**) + ...; ⇒ desarranjado) **1** Provocar o mau funcionamento/Estragar. **Ex.** O despertador (já) não trabalha! Quem o desarranjou? **2** Pôr em desalinho/Desordenar/Desarrumar. **Ex.** Desarranjaste o arquivo todo; não encontro um documento. **3** Causar perturbação de natureza orgânica. **Ex.** A sobremesa desarranjou-me os intestinos. **4** Impedir a realização dum plano. **Ex.** O adiamento dos exames desarranjou[estragou]-lhes as férias. **5** ⇒ Desentender-se/Desavir-se.

desarranjo *s m* (<desarranjar) **1** Mau funcionamento/Avaria. **Ex.** O ~ do televisor foi provocado pela trovoada. **2** Desordem/Desarrumação. **Ex.** Tem a casa em tal ~ que nem apetece lá entrar. **3** Contratempo/Transtorno. **Ex.** Ter que me deslocar [Ter de ir] a Lisboa causa-me um grande ~. **4** Perturbação orgânica. **Comb.** ~ intestinal.

desarrazoado, a *adj* (<des- **c**) + ...) ⇒ irracional; disparatado; injusto.

desarrazoar *v int* (<des- **c**) + ...) ⇒ disparatar; errar.

desarrear *v t* (<des- **c**) + ...) **1** Tirar os arreios/Desaparelhar(+). **Loc.** ~ o/um cavalo. **2** *fig*/*fam* Desataviar-se. **Ex.** Quando chegava ao emprego, desarreava-se, vestia a bata e começava as limpezas.

desarredondar *v t* (<des- **c**) + ...) Tirar a forma redonda a. **Loc.** ~ um canteiro.

desarregaçar *v t* (<des- **c**) + ...) Pôr para baixo o que estava arregaçado. **Loc.** ~ as mangas «por causa do frio».

desarreigar ⇒ desarraigar.

desarrimar *v t* (<des- **b**)/**c**) + ...) Tirar o arrimo/apoio/Desamparar. **Loc.** ~ a planta.

desarrimo *s m* (<desarrimar) Falta de arrimo/apoio/Abandono(+).

desarriscar *v t* (<des- **e**) + a + riscar) **1** Riscar [Apagar/Cortar] o que estava apontado/anotado. **Ex.** Já paguei, podes ~ a minha conta (no livro de assentos). **2** Dar baixa/Eliminar o nome duma lista. **Ex.** (Desar)risquei-me «de sócio da Cruz Vermelha». **3** Assinalar o cumprimento duma obrigação/Desobrigar-se. **Ex.** A prática de se ~ após o cumprimento do preceito pascal (Confessar-se e comungar pela Páscoa) já caiu em desuso. **Sin.** Derriscar.

desarrochar *v t* (<des- **c**) + ...) Desapertar o que estava arrochado/Tirar o arrocho (da corda para descarregar).

desarrolhar *v t* (<des- **c**) + ...) Retirar a rolha de/Destapar. **Ex.** Este vinho não está bom; vou ~ [abrir] outra garrafa.

desarrufado, a *adj* (<desarrufar + -ado) Que se desarrufou/Que fez as pazes/Desamuado.

desarrufar *v t* (<des- **c**) + ...) Terminar o arrufo/Reconciliar(-se)/Desamuar. **Ex.** «marido e mulher» Discutem muito, mas depressa se desarrufam.

desarrufo *s m* (<desarrufar) Reconciliação. **Ex.** Depois da zanga (vem) o ~. **Sin.** Desamuo.

desarrumação *s f* (<des- **c**) + ...) Desordem/Desalinho/Confusão. **Ex.** Será possível que te sintas bem numa casa com esta [tão grande] ~ ? A baixa produtividade era provocada pela ~ do local de trabalho. Que grande ~ (de ideias) nessa cabeça [cabecinha]!

desarrumado, a *adj* (<desarrumar + -ado) **1** Que se desarrumou/Fora do lugar/Em desordem. **Comb. *Casa* ~a. *Documentos* ~s**. **2** Desmazelado/Desalinhado. **Ex.** Que rapaz tão ~, deixa tudo espalhado pelo quarto! **3** *fig* Perturbado/Transtornado. **Ex.** A paixão por aquela rapariga [moça] deixou-o com a cabeça ~a.

desarrumar *v t* (<des- **c**) + ...) Pôr em desordem/Tirar do lugar/Desarranjar. **Ex.** Acabei de pôr os livros direit(inh)os na estante, não os desarrumes! As crianças desarrumam tudo.

desarrumo *s m* (<desarrumar) ⇒ desarrumação.

desarticulação *s f* (<des- **b**)/**c**) + ...) **1** A(c)to ou resultado de desarticular. **2** Falta de articulação ou ligação/Separação do que estava articulado/encaixado. A ~ entre os membros da administração provocava grande apreensão quanto ao futuro da empresa. A nova reda(c)ção da lei veio sanar [eliminar] a ~ anterior. A ~ dos móveis é o resultado de serem arrastados muitas vezes. A queda provocou-lhe a ~ do tornozelo. **Comb. *A* ~ *da espádua*. ~ *duma rede de assaltantes*. Sin.** Desconjuntamento. **3** *Med* Operação para desfazer [amputar] uma articulação doente.

desarticulado, a *adj* (<desarticular + -ado) Desencaixado/Desconjuntado/Desunido. **Comb. *Equipa* ~a**/desunida/desorganizada. ***Maxilar*** ~ [desencaixado/fora do sítio]. ***Palavras* ~as** [desconexas/sem ligação].

desarticular *v t* (<des- **b**)/**c**) + ...) **1** Separar o que estava articulado/Desconjuntar. **Ex.** A substituição duma máquina na fábrica desarticulou toda a cadeia de produção. **Loc.** ~ [Desmontar(+)] um motor. **2** Desfazer a ligação/Descoordenar. **Ex.** O grupo de trabalho desarticulou-se e a reforma ficou por concluir. **3** *Med* Desencaixar uma articulação. **Loc. ~ *a anca*. ~ *o tornozelo*. ~ *um braço***.

desarvorado, a *adj* (<desarvorar + -ado) **1** *Náut* Sem mastro/Desaparelhado. **Comb.** Embarcação ~a. **2** Descido do mastro/Arreado. **Comb.** Bandeira ~a. **3** Precipitado/Alvoroçado. **Loc.** Correr [Fugir] ~.

desarvorar *v t* (<des- **c**) + ...) **1** Abater o que estava levantado/Arrear. **Loc.** ~ a bandeira (do mastro). **2** *Náut* Tirar os mastros/Desaparelhar. **Loc.** ~ uma embarcação. **3** Fugir precipitadamente. **Ex.** Os assaltantes desarvoraram, rua abaixo, nunca mais se viram!

desasado, a *adj* (<desasar + -ado; ⇒ desazado) **1** Que não tem asas/Com as asas caídas/partidas. **Comb.** Chávena ~a. **2** Derreado/Desancado. **Comb.** ~ com pancada. **3** *fig* Desajeitado(+)/Impróprio. **Comb.** Maneira ~a «de andar/de vestir».

desasar *v t* (<des- **b**)/**c**) + ...; ⇒ desazo) **1** Cortar [Partir] as asas. **Ex.** Costumava ~ as galinhas para elas não fugirem [voarem] da capoeira. **2** Derrear/Espancar. **Ex.** Sempre que bebia de mais [*Br* demais], desasava a mulher com pancada.

desassazonado, a *adj* (<des- **c**) + sazão + -ado) Que está fora do tempo próprio. **Comb.** Fruta ~a.

desassear *v t* (<des- **c**) + ...) Fazer perder o asseio/Desenfeitar/Desataviar. **Ex.** Hoje vens um pouco desasseado. Porque não trazes aquele fato [terno] elegante que compraste há dias? **Loc.** ~ as [Tirar as flores das] jarras.

desasseio *s m* (<desassear) Pouco [Falta de] asseio. **Ex.** Não sou de luxos, mas também não gosto do ~.

desassemelhar *v t* (<des- **c**) + ...) Fazer perder a semelhança/Tornar dissemelhante. **Ex.** À medida que iam crescendo, os dois gé[ê]meos foram-se desassemelhando.

desassenhorear *v t* (<des- **c**) + ...) Deixar de ser senhor de/Perder a posse. **Ex.** Deixou o terreno tantos anos ao abandono que se desassenhoreou dele.

desassimilação *s f Biol* (<des- **c**) + ...) Eliminação, nos seres vivos, de algumas substâncias ingeridas. **Ex.** A respiração é um fenó[ô]meno em que há assimilação do oxigénio do ar e ~ de dióxido de carbono. ⇒ catabolismo.

desassimilar *v t Biol* (<des- **c**) + ...) **1** Fazer a desassimilação. **Ex.** Os lípidos, desassimilando-se, dão, como produtos finais elimináveis, anidrido carbónico e água. **2** ⇒ desassemelhar.

desassisado, a *adj* (<desassisar + -ado) Que não tem siso/Desajuizado/Louco. **Comb.** Extravagâncias [Loucuras] de jovens ricos e ~s.

desassisar *v t* (<des- **c**) + ...) Tirar ou perder o siso/Enlouquecer.

desassociar *v t* (<des- **b**)/**c**) + ...) **1** Deixar de fazer parte dum grupo/Desligar(-se). **Loc.** ~-se dos amigos. **2** Deixar de ser sócio. **Loc.** ~-se da empresa da família [da Associação Recreativa].

desassombrado, a *adj* (<desassombrar + -ado) **1** Que não é sombrio/Exposto ao sol. **Comb.** Local [Terreno] ~. **2** *fig* Franco/Aberto/Resoluto. **Comb. *Afirmações* [Atitudes] ~as. *Espírito* [Cará(c)ter] ~**.

desassombrar *v t* (<des- **c**) + ...) **1** Tirar o que faz sombra. **Ex.** O corte das árvores do vizinho também desassombrou o nosso quintal. **2** *fig* Fazer perder o medo/Tranquilizar. **Ex.** Bastava a presença de alguém em casa para se sentir desassombrada. **Loc.** ~ o espírito. **3** *fig* ~-se/Quebrar(-se)

o encantamento. **Ex.** Depois de a dona ter sido misteriosamente assassinada, nunca mais aquela casa se desassombrou.

desassombro s m (<desassombrar) Firmeza/Franqueza/Intrepidez. **Loc.** Falar com ~ [clareza/sem medo de manifestar a sua opinião].

desassoreamento s m (<desassorear + -mento) A(c)to ou efeito de desassorear. **Comb.** ~ dum rio «para permitir a navegabilidade».

desassorear v t (<des- c) + ...) Remover areias e detritos do leito dum rio para permitir a navegabilidade. **Ex.** As dragas são embarcações apropriadas [próprias/feitas] para ~ portos e vias de navegação.

desassossegado, a adj (<desassossegar + -ado) **1** Que não para quieto/Irrequieto. **Comb.** Criança ~a. **2** Perturbado/Aflito. **Ex.** A mãe andava ~a por causa da ausência do filho.

desassossegar v t (<des- c) + ...) Tirar o sossego/Causar perturbação/Inquietar. **Ex.** Às vezes basta um mau aluno para ~ uma turma inteira. Se via o filho um pouco triste, desassossegava-se logo [ficava logo desassossegada].

desassossego (Sê) s m (<desassossegar) **1** Falta de sossego/Agitação/Alvoroço. **Ex.** Naquela turma todos falam; é um ~! **2** Perturbação/Ansiedade. **Ex.** Com os filhos fora (de casa), anda num ~ permanente [andava sempre num ~].

desastrado, a adj (<desastre + -ado) **1** Que tem consequências negativas/Que resulta em desastre. **Ex.** A ~a política financeira do Governo fez aumentar o défice das contas públicas. **Sin.** Desastroso(+); catastrófico. **2** Resultante de desastre. **Ex.** Na berma da estrada ficaram os três automóveis ~s [acidentados(+)]. **3** Sem jeito/Inábil. **Ex.** É um ~! Não faz nada bem feito! **4** Que não tem graça/Deselegante. **Ex.** É muito boa moça, mas tem uma aparência ~a.

desastre s m (<it disastro, grande desgraça) **1** Acidente grave/Catástrofe. **Ex.** Foi um ~ horrível: o automóvel despistou-se e morreram todos os ocupantes [passageiros]. A vaga de incêndios foi considerada um ~ nacional. **2** Desgraça/Revés/Insucesso. **Ex.** O filho drogado foi o ~ [a desgraça] daquela família. Nunca tive jeito para línguas. Em inglês era um (autêntico) ~ ! **Comb.** ~ ecológico.

desastroso, a (Ôso, Ósa) adj (<desastre + -oso) Que leva ao desastre/Ruinoso/Funesto. **Ex.** As consequências ~as duma educação sem valores só mais tarde se farão sentir. **Comb.** Política ~a.

desatabafar v t (<des- c) + ...) **1** Aliviar do excesso de roupa/Desabafar(+). **Ex.** Logo que entrou em casa desatabafou-se porque o ambiente estava muito aquecido. **2** Desoprimir/Desafogar(+). **Ex.** Quando o chefe saía do escritório todos desatabafavam: falavam e riam sem receio.

desatacar v t (<des- c) + ...) **1** Desapertar os atacadores/Desatar(+). **Loc.** ~ as botas. **2** Descarregar uma arma de fogo. **Loc.** ~ uma espingarda de carregar pelo cano.

desatado, a adj (<desatar + -ado) **1** Que não está atado/Solto/Desapertado. **Comb.** Choro ~/solto [Grande choro]. **Cordões** ~s «dos sapatos». **Embrulho** ~. **Frases** ~as [desconexas/sem conexão]. **2** Liberto/Desobrigado. **Comb.** ~ de compromissos.

desatafulhar v t (<des- c) + ...) Desimpedir [Desobstruir] o que está muito cheio. **Loc.** ~ o sótão que está atafulhado [cheio] de coisas inúteis.

desatar v t (<des- c) + ...) **1** Desfazer o nó/laço. **Loc.** ~ as fitas [alças] do avental. **2** Desprender/Desligar/Desamarrar. **Ex.** A corda do estendal estava presa à parede, mas desatou-se e a roupa caiu ao chão. **Loc.** ~ o cão. **3** fig Decidir. **Idi.** «aquele palerma» **Não ata, nem desata** [Não se decide]. **4** Começar de imediato. **Loc.** ~ aos berros [a fugir/a rir]. **5** ⇒ livrar(-se). **6** ⇒ desfazer; rescindir.

desatarraxar v t (<des- c) + ...) **1** Desapertar a tarraxa/Desaparafusar. **Ex.** Não conseguia ~ os parafusos para mudar a roda do carro; estavam calcinados. **2** Desandar/Desenroscar. **Loc.** ~ uma lâmpada.

desatascar v t (<des- a)/c) + ...) **1** Sair da lama ou do sítio onde está atolado/Desatolar. **Ex.** No inverno, a estrada fica muito má. Muitas vezes é preciso um tra(c)tor para ~ os carros da lama. **2** fig Deixar o mau caminho/Regenerar(-se). **Ex.** Com a ajuda dos amigos conseguiu ~-se da vadiagem e da droga.

desataviar v t (<des- b)/c) + ...) Tirar os atavios [adornos]/Desenfeitar(-se). **Ex.** Terminada a festa, desataviou-se e começou logo a trabalhar.

desatemorizar v t (<des- c) + ...) Libertar do temor/Fazer perder o medo. **Ex.** Quando trovejava, refugiava-se em casa da vizinha que logo a desatemorizava: "Ó mulher, sossegue que não há de ser nada" [não vai acontecer mal nenhum].

desatenção s f (<des- c) + ...) **1** Falta de atenção/Distra(c)ção. **Ex.** A algazarra [gritaria/O barulho] da rua provocava a ~ dos alunos. **2** Falta de cortesia/Indelicadeza. **Ex.** Não a ter convidado para o casamento, mais que [, não foi] uma ~, foi uma ofensa. **3** Descuido/Negligência. **Comb.** A ~ dos serviços camarários «para a limpeza das ruas».

desatencioso, a (Ôso, Ósa, Ósos) adj (<desatenção + -oso) Que revela falta de cortesia/Indelicado. **Loc.** Ser ~ [pouco atencioso(+)] a atender os clientes. ⇒ desatento.

desatender v t (<des- c) + ...) **1** Não dar atenção/Não fazer caso. **Ex.** Andava sempre nas nuvens [distraído]; até o choro dos filhos desatendia. **2** Não atender/Indeferir. **Ex.** idi Tinha-o tomado de ponta [Tinha embirrado com ele]: desatendia todos os seus pedidos [: indeferia todos os pedidos dele]. **3** Não respeitar/Não acatar. **Ex.** Desatendeu as ordens do chefe e abandonou o trabalho.

desatento, a adj (<des- c) + ...) **1** Que não presta atenção/Distraído. **Loc.** Caminhar ~. Estar ~/distraído [Não prestar atenção] «nas aulas». **2** Que não é cortês/Pouco atencioso. **Ex.** Era muito ~a com as amigas; recebia-as sempre com frieza. **Sin.** Desatencioso(+).

desaterrar v t (<des- a)/c) + ...) Retirar terra/Aplanar um terreno/Escavar. **Loc.** ~ um monte para abrir uma estrada. ~ um terreno «para construir uma piscina».

desaterro (Tê) s m (<desaterrar) **1** Resultado da a(c)ção de desaterrar. **Ex.** Os desaterros da construção da ponte serviram para entulhar [encher/aterrar] uma antiga pedreira. **2** Remoção de terras/Terraplagem. **Ex.** A construção do hotel obrigou a um grande ~ do terreno.

desatestar v t (<des- c) + ...) Aliviar o que estava cheio, tirando um pouco. **Loc.** ~ uma cesta de fruta.

desatilado, a adj (<des- c) + ...) Turbulento/Irrefle(c)tido/Pouco esperto. **Ant.** Atilado; ponderado.

desatinado, a adj (<desatinar + -ado) **1** Com pouco tino/Desajuizado/Estouvado. **Ex.** Bandos de jovens ~s vagueavam pelas ruas até de madrugada. **2** Transtornado/Ansioso/Perdido. **Comb.** ~ com sede. ~ de dor.

desatinar v t/int (<des- c) + ...) **1** (Fazer) perder o tino/juízo/Enlouquecer. **Ex.** Fisicamente a avó está bem, mas já começa a ~; diz muitas coisas sem nexo/sentido. **2** Praticar desatinos. **Ex.** Estes dois jovens andam sempre metidos em sarilhos [complicações/desordens], desatinam constantemente. **3** Perder o tino/Não acertar. **Ex.** Quando vinha do café desatinou [perdeu-se] e não conseguiu encontrar o caminho para casa.

desatino s m (<desatinar) **1** Falta de tino/Insensatez. **Ex.** Deixar o emprego sem medir as consequências é um (sinal de) ~! **2** A(c)to de pessoa insensata/Desacato. **Loc.** Cometer [Praticar] ~s.

desativação (Desà) s f [= desactivação] (<desativar + -ção) A(c)to ou efeito de desativar/Cessação da a(c)tividade. **Loc.** ~ duma empresa [dum serviço/da fábrica].

desativar (Desà) v t [= desactivar] (<des- c) + ...) **1** Suprimir ou suspender a a(c)tividade/Tornar ina(c)tivo. **Loc.** ~ [Desligar] *um engenho explosivo*/um alarme. ~ [Fechar/Parar] *uma fábrica*. **2** Quím Diminuir a a(c)tividade/Neutralizar. **Loc.** ~ um catalisador.

desatolar v t (<des- c) + ...) **1** Tirar do atoleiro/lamaçal. **Loc.** ~ um carro (que se enterrou na lama). **Sin.** Desatascar. **2** fig Regenerar(-se). **Loc.** ~(-se) da vida libertina.

desatordoar v t (<des- c) + ...) Livrar do atordoamento/Fazer recuperar os sentidos.

desatracação s f (<des- b)/c) + ...) A(c)to ou efeito de desatracar.

desatracar v t (<des- b)/c) + ...) **1** Soltar uma embarcação que estava atracada. **Loc.** ~ um barco para atravessar o rio. **2** Desligar/Desprender. **Ex.** Não consegue ~(-se) daquela moça.

desatrancar v t (<des- c) + ...) **1** ⇒ destrancar. **2** Desimpedir um espaço/Retirar o que está a atrancar. **Sin.** Desatravancar.

desatravancamento s m (<desatravancar + -mento) Desimpedimento/Desobstrução.

desatravancar v t (<des- a)/c) + ...) (Re)tirar o que está a obstruir. **Ex.** Vou (re)tirar alguns móveis para ~ a sala. **Loc. ~ o caminho. ~ o** [o andamento do] **processo**.

desatravessar v t (<des- c) + ...) **1** Endireitar o que está atravessado. **Loc.** ~ um sofá (para o pôr ao comprido). **2** Tirar as travessas/trancas. **Loc.** ~ um portão.

desatrelado, a adj (<desatrelar + -ado) **1** Desprendido da trela. **2** Desengatado/Solto. **Comb.** Reboque ~ do tra(c)tor.

desatrelar v t (<des- b)/c) + ...) **1** Soltar a trela. **Loc.** ~ o cão. **2** Desprender um animal de tra(c)ção. **Loc.** ~ um burro da carroça. **3** Desprender uma viatura doutra/Desengatar. **Loc.** ~ uma carruagem do comboio [trem]. ~ uma rulote [caravana] do automóvel. **4** fig Desligar(-se) de alguém. **Ex.** (A criança) desatrelou-se da mãe e atravessou a rua a correr.

desatremar v t/int pop (<des- c) + ...) **1** Perder o juízo(o+)/Enlouquecer(+). **Ex.** O meu pai está muito mal; já começa a ~, nem sequer nos conhece. **2** Desviar(-se) do bom caminho. **Ex.** Começou a ~ desde que se juntou com os vadios.

desatualização s f [= desactualização] (<desatualizar + -ção) Perda de atualidade/Obsolescência. **Comb. ~ dum computador. ~ do** [dos métodos de] **ensino** (nas escolas). **~ das rendas de casa**.

desatualizado, a *adj* [= desactualizado] (<desatualizar + -ado) Que não acompanhou a evolução/Fora de moda/Ultrapassado. **Ex.** Você não lê, não estuda, está (muito) ~. **Comb.** Processos de fabrico ~s. Rendas ~as.

desatualizar *v t* [= desactualizar] (<des- c)+ ...) Perder a a(c)tualidade/Ficar fora de moda/Tornar(-se) ultrapassado. **Ex.** Os automóveis desa(c)tualizam-se com o lançamento de novos modelos. Um bom profissional deve fazer reciclagens periódicas para não se ~. Essa teoria é do século passado; já se desa(c)tualizou [já está ultrapassada (+)].

desaustinado, a *adj* (<des- + atinar) **1** Desatinado(+)/Turbulento. **Comb.** Crianças a correr ~as pela casa fora. **2** De cabeça perdida/Exaltado(+). **Ex.** Correu para ele ~, decidido a dar-lhe uma sova.

desautorização *s f* (<des- + ...) **1** A(c)to ou efeito de desautorizar. **Ex.** Reagindo à (sua) ~ o ministro pediu a demissão do cargo. **2** Perda de prestígio/Descrédito. **Ex.** Foi o causador da sua ~ por não saber dar-se ao respeito [por não se fazer respeitar]. **3** Caducidade da autorização/Supressão de permissão. **Ex.** A ~ de entrar na cantina «da universidade» foi devida ao seu mau comportamento.

desautorizado, a *adj* (<desautorizar + -ado) **1** A quem não é reconhecida autoridade/Desacreditado. **Comb.** Político ~. **2** Que sofreu desautorização. **Comb.** ~ pelo chefe.

desautorizar *v t* (<des- c)+ ...) **1** (Fazer) perder a autoridade/Desprestigiar(-se)/Desacreditar. **Ex.** O mau comportamento do pai desautorizava-o perante os filhos. Os alunos tentam descobrir erros dos professores para os desautorizarem. **2** Negar permissão/Proibir. **Loc.** ~ a entrada na sala.

desavença *s f* (<des- c) + avença) Quebra de boas relações/Contenda/Rixa. **Ex.** Discutem em altos berros. Grande ~ vai [está a acontecer] naquela casa!

desaverbar *v t* (<des- c) + ...) Anular o averbamento/Cancelar. **Loc.** ~ uma anotação «à margem do texto».

desavergonhado, a *adj/s* (<desavergonhar + -ado) Sem vergonha/Descarado/Malcriado. **Ex.** Agora há muitos ~s. Portam-se mal e até são capazes de insultar quem os corrige. **Comb.** «ele é» Um ~.

desavergonhar(-se) *v t* (<des- c) + a + vergonha) Perder a vergonha/o pudor/Tornar(-se) descarado. **Ex.** Desavergonhou-se e (agora) leva uma vida escandalosa.

desavezado, a *adj fam* (<desavezar + -ado) Que perdeu o costume/Desacostumado(+)/Desabituado(o+). **Ex.** Voltaste a beber! Julguei que já estavas ~!

desavezar *v t* (<des- c) + ...) Fazer perder o hábito/Desacostumar. **Ex.** As colegas do meu filho não saíam da minha [saíam cá de] casa. Mostrei-lhes má cara, desavezaram-se depressa!

desavindo, a *adj* (<desavir) Que está em conflito com alguém. **Ex.** Eram dois irmãos muito amigos, mas ficaram ~s por causa das partilhas.

desavir *v t* (<des- c)+ ...) Provocar desavença/Incompatibilizar. **Ex.** Aqueles agricultores desavinham-se todos os anos por causa da água das regas. Este ano, como choveu muito, não se desavieram.

desavisado, a *adj/s* (<desavisar + -ado) Imprudente/Insensato(+)/Leviano. **Ex.** Emprestaste dinheiro àquele ~? Que atitude tão ~a!

desavisar *v t* (<des- c) + ...) **1** Dar um contra-aviso. **Ex.** Podes ~ a hora da partida. Sairemos uma hora mais tarde. **Loc.** ~ os convidados. **2** Fazer perder a sensatez/Tornar imprudente. **Ex.** Era um rapaz exemplar, mas desavisou-se com as más companhias.

desaviso *s m* (<desavisar) **1** Contraordem. **2** Insensatez/Imprudência/Leviandade.

desavistar *v t* (<des- c) + ...) Perder de vista(+)/Deixar de avistar. **Ex.** Nadou, nadou até se ~ da praia.

desavolumar *v t* (<des- c) + ...) Reduzir o volume/Desinchar. **Loc.** ~ as ancas [a barriga].

desazado, a *adj* (<des- c) + ...; ⇒ desasado) **1** Descabido(+)/Despropositado(o+). **Comb.** Comentário ~. **2** Mal jeitoso/Inapto. **Ex.** Ficou ~ por causa de um grave acidente que sofreu.

desazo *s m* (<des- c) + azo) **1** Falta de ensejo/oportunidade. **2** Falta de jeito/Inaptidão.

desbag(o)ar *v t* (<des- b)/e) + bago + -ar¹) Tirar ou perder os bagos/grãos. **Ex.** O trigo e o centeio quando estão muito secos começam a ~. **Sin.** Esbagoar.

desbancar *v t* (<des- c) + banca + -ar¹) **1** Ganhar o dinheiro da banca. **2** *fig* Levar vantagem/Suplantar/Vencer. **Ex.** «O Benfica» conseguiu ~ o campeão do primeiro lugar da classificação (do futebol).

desbandeirar *v t* (<des- b) + ...) **1** Tirar as bandeiras. **Sin.** Desembandeirar(+). **2** Cortar a bandeira «ao milho/à cana-de-açúcar».

desbanque *s m* (<desbancar) A(c)to de desbancar.

desbaratador, ora *adj/s* (<desbaratar + -dor) **1** (O) que desbarata. **Sin.** Dissipador; perdulário. **2** Derrotador/Destroçador/Vencedor(+). **Ex.** D. Afonso Henriques foi o grande ~ dos mouros nas batalhas da reconquista do território português.

desbaratamento *s m* (<desbaratar + -mento) **1** Derrota. **Comb.** ~ do exército inimigo. **2** Dissipação/Esbanjamento(+). **Comb.** ~ da fortuna. **Sin.** Desbarato(+).

desbaratar *v t* (<des- b)/e) + barat(e)ar) **1** Esbanjar/Dissipar/Malbaratar. **Ex.** Desbaratava ao jogo [a jogar] tudo quanto ganhava. **2** Vender por baixo preço. **Ex.** Na ânsia de realizar dinheiro desbaratou a quinta por "idi dez réis de mel coado" [por uma quantia insignificante]. **3** Derrotar/Destroçar/Destruir. **Ex.** Os portugueses desbarataram o exército castelhano em Aljubarrota. O furacão desbaratou os barcos ancorados no porto.

desbarato *s m* (<desbaratar) **1** ⇒ Derrota. **2** Dissipação/Esbanjamento. **Loc.** Vender ao ~ [por baixo preço]. **Sin.** Desbaratamento.

desbarbado, a *adj* (<desbarbar + -ado) **1** «rosto» Sem barba/Imberbe(+). **2** «obra de marcenaria» Sem rebarbas/Rebarbado.

desbarbar *v t* (<des- b) + ...) **1** Cortar a barba ou os pelos. **Ex.** Tratava a mãe velhinha com todo o carinho: todas as semanas a desbarbava e lhe arranjava as unhas. **2** Limar uma peça metálica/Rebarbar.

desbarrancamento *s m* (<desbarrancar + -mento) Desaterro(+). **Ant.** Aterro.

desbarrancar *v t* (<des- c) + barranco + -ar¹) Desfazer barrancos/Desaterrar(+). **Ant.** Aterrar.

desbarrar *v t* (<des- b)/c) + ...) **1** Tirar a barra ou o barro. **Ex.** Desbarrou a [Tirou a barra à] toalha da mesa para lhe aplicar uma renda. Depois de extraído, o carvão era desbarrado [separado do barro] em grandes lavandarias, à saída da mina. **2** Tirar as barreiras/Desatrancar/Desatravancar(+)/Desimpedir(o+). **Loc.** ~ o caminho.

desbarretar *v t* (<des- b) + barrete + -ar¹) Tirar o barrete ou o chapéu/Cumprimentar. **Ex.** Ao passar pelo juiz, desbarretava-se respeitosamente.

desbarrigado, a *adj* (<desbarrigar + -ado) **1** Que tem pouca barriga. **2** Que traz a camisa ou as calças desapertadas/descaídas na barriga/Com a barriga à mostra.

desbarrigar *v t* (<des- c) + barriga + -ar¹) **1** Tirar a barriga ou a forma bojuda. **2** Desapertar a roupa na barriga/Pôr a barriga à mostra. **Ex.** Agora é moda andarem as moças desbarrigadas, com o umbigo à mostra.

desbastação [desbastamento] *s* (<desbastar) ⇒ desbaste.

desbastador, ora *adj/s* **1** (O) que desbasta. **2** Plaina grande do carpinteiro.

desbastar *v t* (<des- c) + basto + -ar¹) **1** Tornar menos basto/denso. **Ex.** Quando os frutos são muitos, é preciso desbastá-los para que os outros possam crescer. **Loc.** ~ o cabelo. ~ [Limpar] os castanheiros/as oliveiras. ⇒ podar; mondar. **2** Desengrossar/Tirar/Cortar/Desfazer/Limar. **Ex.** As gavetas não entravam bem; foi preciso desbastá-las um pouco. **3** Ensinar boas maneiras a uma pessoa rude. **Loc.** ~ [Limar] os modos «do gaiato/moleque». **4** Desbravar/Cortar. **Ex.** À frente da expedição, os batedores desbastavam a mata para abrir caminho. **5** *Br* ⇒ amansar.

desbaste *s m* (<desbastar) **1** A(c)to de tornar menos espesso/denso. **Comb.** ~ duma floresta. **2** A(c)to de cortar ou aparar o que está a mais. **Comb.** ~ duma peça (para a tornar mais fina/mais perfeita). **3** ⇒ Monda.

desbeiçar *v t* (<des- b) + beiço + -ar¹) **1** Ferir os beiços. **2** Partir os bordos. **Loc.** ~ uma caneca [um prato/uma malga].

desbloqueamento *s m* (<desbloquear + -mento) Desimpedimento/Desobstrução. **Ex.** Não foi fácil conseguir o ~ das verbas destinadas à construção do novo hospital. Depois de retirados os feridos, os bombeiros procederam ao ~ da estrada.

desbloquear *v t* (<des- c) + ...) **1** Levantar bloqueios/Remover obstáculos/Resolver dificuldades. **Loc.** ~ o [Levantar o bloqueio do] *porto*. ~ *verbas* «para a Segurança Social». ~ *uma estrada*. ~ *uma licença de construção*. **2** Tornar a pôr em movimento ou funcionamento/Desencravar. **Loc.** ~ uma máquina. **3** *Psicol* Romper um bloqueio psíquico. **Ex.** Nas provas orais ficava bloqueado, não conseguia responder nada; só se desbloqueava quando terminava o exame.

desbloqueio *s m* (<desbloquear) **1** A(c)to ou efeito de desbloquear. **Ex.** O mecânico procedeu ao ~ do automóvel (avariado). **2** Levantamento do cerco. **Ex.** Após a rendição, foi ordenado o ~ da cidade. **3** Resolução duma dificuldade. **Ex.** O ~ econó[ô]mico da empresa só foi possível com o aumento de capital.

desbobinar *v t* (<des- c) + ...) **1** Desenrolar uma bobina/e. **2** *fam* Dizer, de seguida, tudo o que sabe sobre determinado assunto. **Ex.** Bastou uma pergunta sobre o primeiro presidente (1910) de Portugal para ele ~ tudo sobre a implantação da República.

desbocado, a *adj* (<desbocar + -ado) **1** Que não obedece ao freio/Desenfreado. **Comb.** Cavalo ~. **2** *fig* Que usa linguagem inconveniente ou obscena. **Ex.** É preciso tapar os ouvidos quando se sai à rua, só se ouvem conversas de gente ~a!

desbocamento s m (<desbocar + -mento) 1 Desobediência do cavalo quando toma o freio nos dentes. 2 Emprego de linguagem indecorosa.

desbocar v t (<des- c) + boca + -ar¹) 1 Endurecer a boca dum cavalo com um freio muito duro. **Loc.** ~ um cavalo [uma égua]. 2 Tomar o freio nos dentes. 3 Entornar/Esvaziar(+)/Despejar(o+). 4 *Br* ⇒ desembocar(+); desaguar(o+). 5 Utilizar linguagem demasiado livre ou obscena. **Ex.** As más companhias desbocaram-no. **Loc.** ~ [Dizer] impropérios/palavrões.

desborcar v t (<des- e) + ...) Virar de borco/Entornar.

desbordamento s m (<desbordar + -mento) A(c)to ou efeito de desbordar.

desbordante adj 2g (<desbordar + -ante) Que desborda/Transbordante(+).

desbordar v int (<des- a) + borda + -ar¹) 1 Sair do leito/Transbordar(+). 2 Ultrapassar os [Sair dos] limites. **Ex.** As ruas desbordavam de gente. 3 Estender-se (até) a/Fazer borda com. **Ex.** A horta desbordava para um caminho estreito. 4 *fig* Exceder-se/Ultrapassar.

desbordo (Bôr) s m (<desbordar) A(c)to de desbordar/Extravasamento. **Sin.** Desbordamento.

desboroar v t (<des- c) + boroa + -ar¹) ⇒ esboroar.

desbotado, a adj (<desbotar + -ado) Que perdeu a cor/Descorado. **Ex.** Os cortinados estão muito ~s por causa do sol.

desbotar v t/int (<des- a) + ...) 1 Perder ou fazer perder a cor. **Ex.** O sol desbota os tecidos. As cores firmes não desbotam. 2 Perder ou fazer perder a vivacidade, a frescura. **Ex.** Que te aconteceu? Andas tão triste, estás a ~!

desbragado, a adj (<desbragar + -ado) Descomedido na fala/Indecoroso/Obsceno/Desbocado. **Comb.** *Comportamento* ~. *Linguagem* ~a. ⇒ descarado.

desbragar v t (<des- b) + braga + -ar¹) 1 *Náut* Soltar da braga/amarra. 2 Tornar(-se) inconveniente/indecoroso. **Ex.** Desde que foi para a tropa [o serviço militar] tornou-se insolente, começou a ~(-se)! **Loc.** ~ a linguagem.

desbravado, a adj (<desbravar + -ado) 1 Que foi limpo ou arroteado/Preparado para o cultivo. **Ex.** Depois de ~a, é uma encosta ó(p)tima para plantar vinha. 2 Explorado/Desimpedido. **Comb.** Região/Zona (já) ~a. 3 *fig* Que perdeu os modos rudes/Civilizado. **Ex.** É uma moça muito abrutalhada [rude/inculta], mas depois de ~a poderá ser uma boa empregada.

desbravador, ora adj/s m (<desbravar + -dor) (O) que desbrava/Explorador.

desbravar v t (<des- c) + bravo + -ar¹) 1 Preparar o terreno para o cultivo/Arrotear. **Ex.** Comprou a mata, desbravou-a e plantou o pomar. 2 Explorar uma região desconhecida. **Ex.** Serpa Pinto, Brito Capelo e Roberto Ivens desbravaram extensas terras africanas. 3 Amansar um animal/Domar(+) «um leão/tigre». **Loc.** ~ [Amansar(+)] um potro [cavalo jovem]. 4 *fig* Fazer a primeira abordagem dum assunto desconhecido. **Ex.** Comecei a interessar-me pela informática, mas, por enquanto, só (estou) a ~ a matéria.

desbridamento s m *Med* (<desbridar 2 + -mento) Remoção, em cirurgia, de corpo estranho ou tecido necrosado/desvitalizado.

desbridar v t (<des- b) + brida + -ar¹) 1 Tirar a brida ou o bridão/Desembridar(-se). 2 *Med* Fazer o desbridamento/Cortar tecidos ou aderências que envolvem os órgãos.

desbulha/desbulhar ⇒ debulha/debulhar.

desbunda[e] s f *fam* (<desbundar) Grande divertimento/Farra/Descomedimento. **Ex.** No fim da festa a algazarra era grande. Cantavam e dançavam numa grande ~!

desbundar v int *fam* (<des- d) + bunda + -ar¹) Divertir-se descomedidamente/Fazer uma grande farra.

desburocratização s f (<desburocratizar + -ção) Simplificação de procedimentos para tornar um processo administrativo mais rápido e funcional.

desburocratizar v t (<des- c) + ...) Tornar um processo administrativo mais simples e menos moroso. **Ex.** Para aumentar a eficiência dos funcionários públicos é necessário ~ os procedimentos/trâmites.

descabeçado, a adj (<descabeçar + -ado) 1 Que não tem cabeça/Degolado. 2 Sem a parte superior. **Ex.** Cortaram a coroa da tília. Assim ~a, perdeu toda a beleza. 3 *Br* ⇒ desmiolado.

descabeçar v t (<des- b) + cabeça + -ar¹) 1 Cortar a cabeça/Decapitar. **Loc.** ~ o peixe. 2 Cortar a parte superior/Diminuir a altura. **Loc.** ~ [Cortar a ponta a] uma árvore «para não crescer mais». 3 *Br* Limpar um terreno de touceiras e tocos.

descabelado, a adj (<descabelar + -ado) 1 Que tem pouco cabelo. 2 Com o cabelo em desalinho/Desgrenhado. **Ex.** Não se importava de sair à rua em roupão, ~a, conforme se levantava da cama. 3 *fig* Exagerado/Descabido. **Comb.** Mentiras ~as.

descabelar v t (<des- b) + cabelo + -ar¹; depilar) 1 Arrancar os cabelos ou os pelos. 2 Desgrenhar(-se)/Estragar o penteado. **Ex.** Quando pressentiu que a polícia a vinha prender, fez uma grande cena, descabelou-se e começou aos gritos. 3 *fig* Usar linguagem exagerada/descomedida.

descaber v int (<des- c) + ...) Não vir a propósito/Não caber/Não convir.

descabido, a adj (<descaber + -ido) Que não tem cabimento/Despropositado/Inconveniente. **Comb.** Comentários ~s «ao discurso do Presidente».

descabimento s m (⇒ descabido) Despropósito(+). **Ex.** Que ~ «fazer tais comentários»!

descafeinado, a adj (<descafeinar) 1 Sem cafeína. 2 s m Chávena de café sem cafeína. **Ex.** Sentaram-se à mesa e pediram dois cafés e um ~. Só tomava ~ (porque era nervoso).

descafeinar v t (<des- b) + cafeína + -ar¹) Extrair a cafeína.

descaída s f (<descair + -ida) 1 Dito precipitado/Indiscrição(+). **Ex.** Pela ~ da mulher é que se começaram a conhecer as desavenças da família. 2 ⇒ Lapso/Descuido. 3 *Cul* ⇒ miúdos «de aves». 4 ⇒ decadência.

descaído, a adj (<descair + -ido) 1 Inclinado/Tombado. **Ex.** O quadro da parede está um bocad(inh)o ~ para a direita. 2 ⇒ caído/abatido/prostrado.

descair v t/int (< des- a) + ...) 1 Baixar lentamente/Descer. **Ex.** Ao fim da tarde o sol descaía no horizonte longínquo. 2 Deixar cair/Pender. **Ex.** Sentada no cadeirão, a avó velhinha descaía [deixava (des)cair] a cabeça e assim permanecia imóvel horas esquecidas [(muitas horas) seguidas]. 3 Vergar(o+)/Inclinar-se(+). **Ex.** Fustigadas [Impelidas/Sacudidas] pelo vento, as árvores descaíam, chegando a partir grossos ramos. 4 Diminuir de intensidade/Esmorecer(+)/Desfalecer. **Ex.** O ânimo das primeiras horas da caminhada ia descaindo; as forças começavam a faltar. 5 Sofrer diminuição/Declinar. **Ex.** A sua reputação (des)caiu muito com a perda das eleições. 6 Abrandar(+)/Amainar(o+)/Serenar(+). **Ex.** A força devastadora do furacão começava a ~. A cidade regressava à normalidade. 7 Ficar inclinado em determinada dire(c)ção. **Ex.** A torre descai [está inclinada] para a esquerda, pode (vir) a cair. 8 Perder qualidade/Descambar(+). **Ex.** No início da carreira fez canções lindas e de grande sucesso; depois começou a ~, entrou na vulgaridade. A brincadeira estava a ~ para a asneira. 9 Desviar-se do rumo/Derivar. **Ex.** A embarcação começou a ~ e a afastar-se de terra. 10 Revelar um segredo/Tornar-se indiscreto. **Ex.** Conto-te isto em segredo; (vê lá) não te descaias com [não o digas a] ninguém!

descalabro s m (<des- d) + lat *calvaria*: caveira) 1 Grande destruição/Ruína. **Ex.** A guerra provocou o ~ do país: casas destruídas, fome, doença, morte, ... 2 Grande prejuízo/Derrocada/Decadência. **Ex.** A política de endividamento descontrolado conduziu a empresa ao ~. O ~ da empresa começou com a falta de modernização.

descalçadeira s f (<des- c) + ...) 1 Uma calçadeira dobrável para ajudar os doentes a descalçar «os sapatos». 2 *fig* ⇒ Repreenda/Descompostura/Descascadela.

descalçar v t (<lat *discálceo,áre*) 1 Tirar o que se tem calçado. **Loc.** ~ as luvas/os sapatos. **Idi.** ~ *a bota* [Resolver uma dificuldade] (**Ex.** Estragou o carro do amigo e não tem dinheiro para o reparar; não sabe como há de ~ a bota). 2 Tirar os calços a/Tirar o suporte. **Ex.** Depois de mudar a roda furada, descalçou as outras que tinha calçado com pedras para o carro não descair. **Loc.** ~ um muro [Remover a terra da base]. 3 Desempedrar uma calçada/rua. 4 Privar de auxílio/Desamparar. **Ex.** Tenho ajudado muito os meus pais e não os queria ~, mas as minhas posses são tão poucas!

descalcetar v t (<des- c) + ...) Desfazer o calcetamento/Tirar o pavimento/Desempedrar.

descalcificação s f (<descalcificar + -ção) Redução do teor de cálcio. **Comb.** ~ *da água*. ~ *óssea*.

descalcificador, ora adj/s (<descalcificar + -dor) (O) que descalcifica. 2 Aparelho para reduzir o teor de cálcio [a dureza] da água.

descalcificante adj 2g (<descalcificar + -ante) Que descalcifica.

descalcificar v t (<des- c) + ...) Diminuir ou eliminar a quantidade de cálcio presente numa substância. **Ex.** As chuvas ácidas descalcificam a terra. Com a idade, os ossos têm tendência a ~-se.

descalço, a adj (<descalçar) 1 Que não está calçado/Com os pés nus. **Ex.** Não andes ~ que (te) constipas. **Comb.** *fig* O pé ~ [A arraia-miúda/A classe baixa]. 2 *fig* Sem dinheiro/Desprevenido. **Ex.** A reparação do carro veio [aconteceu] em muito má altura; apanhou-me ~! 3 *fig* Que não sabe [não estudou] a lição. **Ex.** O professor fez um teste de surpresa e apanhou-me completamente ~! Nem sequer tinha lido a matéria dada.

descalibrar v t (<des- c) + ...) Afastar-se do [Perder o] calibre corre(c)to. **Loc.** ~ *um instrumento*. ~ *os pneus* (com ar a mais ou a menos).

descamação s f (<descamar + -ção) 1 Perda de escamas ou partículas da pele em forma de escamas. 2 *Geol* Desagregação

das camadas superficiais laminares de algumas rochas.

descamar v t/int (<des- e) + escamar) **1** Tirar as escamas. **Loc.** ~ o peixe. **2** Sofrer descamação/Perder partículas de pele em forma de escamas. **Ex.** Tinha uma doença de pele: começou a ~ nos braços e nas pernas.

descambada s f Br (<descambar) **1** Lapso/Erro/Descaída. **2** Encosta com declive acentuado.

descambar v int (<des- e) + ...) **1** Pender para um lado/Ficar inclinado. **Ex.** A carga do cami(nh)ão não ia bem amarrada e, na curva, descambou para o lado. **2** Ter um resultado contrário ao que se esperava. **Ex.** A liberdade concedida aos alunos para os tornar mais responsáveis descambou numa grande anarquia. **3** fig Desviar(-se) do rumo certo/Perder as qualidades. **Ex.** Era um aluno exemplar, mas quando entrou na universidade descambou. **4** fig Dizer inconveniências/Baixar de nível. **Ex.** Quando a conversa começou a ~, ficou incomodado e retirou-se.

descaminhar v t (<des- a) + ...) ⇒ desencaminhar.

descaminho s m (<descaminhar) **1** Rota ou caminho errado/Desvio. **Ex.** O ~ do avião foi executado por [foi obra dos] terroristas. **2** Desaparecimento/Extravio/Sumiço. **Ex.** Não sei que ~ levaram as minhas chaves; desapareceram (misteriosamente) do chaveiro. **3** Desvio de dinheiro ou doutros bens. **Ex.** A polícia foi chamada para investigar o ~ de valiosos quadros da Instituição. **4** Dir Contrabando.

descamisada s f (<descamisar) ⇒ desfolhada; descortiçada.

descamisador s m (<descamisar + -dor) Aparelho para desfolhar as espigas do milho.

descamisar v t (<des- b) + camisa + -ar¹) **1** Tirar a camisa a. **Ex.** Agarrou-o com tanta força pela camisa que ele, ao fugir, ficou descamisado. **2** Tirar o folhelho [folhas brancas/pop camisa] das espigas de milho/Desfolhar(+). **Ex.** Bandos de raparigas descamisavam o milho nas alegres desfolhadas.

descampado, a adj/s m (<descampar) **1** Desabitado e sem árvores. **Comb.** Terreno ~. **2** Grande extensão de terreno desabitado e inculto. **Ex.** Para chegar à quinta, tinham que atravessar um extenso ~ depois de deixar a estrada.

descampar v int (<des- a) + campo + -ar¹) **1** ⇒ Correr pelo campo. **2** ⇒ Desaparecer rapidamente/Desarvorar(+). **3** Náut Levar uma embarcação para o largo.

descangar v t (<des- b)/c) + canga + -ar¹) Tirar a canga/Desjungir(+). **Loc.** ~ os bois.

descangotar v int Br (<des- c) + cangote + -ar¹) **1** Ficar com a cabeça caída para trás. **2** Ficar prostrado/combalido.

descansado, a adj (<descansar + -ado) **1** Sem pressa/Parado. **Ex.** Estás muito ~! Não vês que são horas [está na hora] de sair? **2** Que descansou/Folgado. **Ex.** Depois duma pausa prolongada (do trabalho) sentia-se completamente ~. **3** Sem inquietações. **Ex.** Quando as crianças estão contigo fico ~a.

descansar v t/int (<des- c) + ...) **1** Tirar o cansaço/Parar o trabalho/Repousar. **Ex.** Senta-te aqui, descansa um pouco! Mil interj Descansar! (Voz de comando dos militares para passar à posição de "à vontade"). **Loc.** ~ a cabeça [Procurar não pensar]. ~ das aulas [do trabalho]. «alguém que já morreu» ~ em paz [Encontrar-se junto de Deus]. Não ~ [desistir] enquanto não... (Ex. Não descanso enquanto não tirar a carta de condução). **2** Pôr em descanso/Apoiar. **Loc.** ~ no espaldar da cadeira. **3** Ir para a cama/Dormir. **Ex.** Não faças barulho, o pai já foi ~, já está a dormir. **4** Livrar de inquietações/Tranquilizar. **Ex.** Podes ~ [ficar em paz], o teu filho chegou bem! **5** Dar a sensação de tranquilidade, de paz. **Ex.** Esta paisagem descansa-me! **6** Depositar inteira confiança em alguém. **Ex.** Com esta empregada posso ~ [estar descansada]. Trata do negócio melhor do que eu.

descanso s m (<descansar) **1** Cessação da a(c)tividade/Intervalo/Interrupção/Corte/Repouso. **Ex.** A meio da manhã, os empregados têm dez minutos de ~ «para tomar café». **2** Tempo em que não se trabalha/Folga. **Ex.** Hoje é o meu dia de ~ semanal, não trabalho. **Loc.** «trabalhar» Sem ~ [Incansavelmente] «para sustentar a família». **3** Tranquilidade/Sossego/Paz. **Ex.** Não posso ter ~ enquanto os meus filhos não fizerem as pazes. **4** Repouso de quem dorme. **Ex.** A senhora [patroa] está deitada, não posso interromper-lhe o ~. **Loc.** ~ eterno [Eterno ~] (Repouso em Deus, depois da morte). **5** Peça onde outra descansa ou se apoia. **Comb.** ~ do ferro de engomar. Pedal de ~ (duma bicicleta ou moto). **6** Peça da arma de fogo onde descansa o cão.

descantar v t/int (<des- e) + ...) **1** Cantar em dueto ao som dum instrumento. **2** Cantar ao desafio(+). **3** Dizer mal de alguém. **Loc.** ~ do próximo.

descante s m (<descantar) **1** A(c)to de descantar. **2** Canto popular em dueto acompanhado de um instrumento. **3** O cantar ao desafio (+).

descapacitar(-se) v t (<des- c) + ...) Dissuadir(-se)(+)/Despersuadir(-se). **Ex.** Cedo se descapacitou de [Cedo decidiu não] seguir a carreira política.

descapitalização s f Econ (<descapitalizar + -ção) **1** Redução acentuada do capital duma empresa/Diminuição do patrimó[ô]nio. **2** Falta de liquidez financeira duma empresa.

descapitalizar v t (<des- c) + ...) **1** Gastar o capital/dinheiro acumulado. **Ex.** Descapitalizei~me com a doença da minha mulher. Gastei todas as economias. **2** Fazer diminuir o capital [patrimó[ô]nio] duma empresa. **Ex.** Venderam muitos dos bens imóveis para despesas correntes. Descapitalizaram (gravemente) a empresa.

descapotável adj 2g/s m (<des- c) + capota + -vel) (O) que tem capota de abrir e fechar. **Ex** No desfile havia vários (automóveis) ~veis. **Sin.** Br Conversível.

descapsulação s f (<descapsular + -ção) Remoção da cápsula.

descapsular v t (<des- c) + ...) Tirar a cápsula. **Loc.** ~ uma garrafa «de cerveja».

descara(c)terização (dg) s f (<descaracterizar + -ção) **1** Perda do cará(c)ter ou das cara(c)terísticas próprias. **Comb.** ~ da paisagem. **2** Teat Desfazer a cara(c)terização (dos a(c)tores).

descara(c)terizar (dg) v t (<des- c) + ...) **1** Tirar o cará(c)ter próprio/Fazer perder as cara(c)terísticas específicas. **Ex.** A influência da televisão descaracterizou a maneira de viver das aldeias. **2** Teat Desfazer a cara(c)terização. **Ex.** Depois do espe(c)táculo o palhaço descara(c)terizou-se (e retomou o aspe(c)to de pessoa normal).

descaradamente adv (<descarado + -mente) Grandemente/Vergonhosamente. **Loc.** Mentir ~ [como um descarado].

descarado, a adj (<descarar + -ado) Atrevido/Desavergonhado/Insolente. **Ex.** És muito ~! Tiveste más notas e queres que te compre uma moto?! **Comb.** Mentira ~a.

descaramento s m (<descarar + -mento) Falta de vergonha/Atrevimento/Desfaçatez. **Ex.** Depois de me ter injuriado em público, ainda teve o ~ de me pedir ajuda.

descarapuçar v t (<des- b) + carapuça + -ar¹) **1** Tirar a carapuça/Desbarretar. **2** Desfazer ou perder algo semelhante a uma carapuça. **Ex.** Não conseguia enrolar a baraça do pião; descarapuçava sempre. Pus um penso no ferimento do dedo, mas está sempre a ~. **3** fam Descapsular(+). **Loc.** ~ uma garrafa de cerveja.

descarar v t (<des- c) + cara + -ar) Tornar-se descarado/sem vergonha(+).

descaraterização/descaraterizar ⇒ descara(c)terização/...

descarbonatar v t Quím (<des- b)/c) + ...) Remover o anidrido carbónico [dióxido de carbono]. **Loc.** ~ [Desgas(e)ificar] a água.

descarbonizar v t (<des- b)/c) + ...) Tirar o carbono. **Loc.** ~ as velas dum motor.

descarga s f (<descarregar) **1** Remoção da carga. **Loc.** «um navio» Estar à ~ [a descarregar]. **Comb.** ~ dum cami(nh)ão. **2** Despejo ocasional intenso. **Comb.** ~ das águas de lavagem dos tanques de combustível dum navio. ~ [Autoclismo] do sanitário. **3** Tiro ou conjunto de tiros simultâneos de armas de fogo. **Ex.** (Ao longe) ouviam~se as ~s das metralhadoras. **4** A(c)ção de dar baixa/de desarriscar. **Loc.** Fazer a ~ nos cadernos eleitorais. **5** Med Evacuação. **Comb.** ~ de bílis. Psiq ~ nervosa [⇒ pulsão]. Ele(c)tri ~ elé(c)trica [Perda da carga elé(c)trica] (Ex. As ~s elé(c)tricas são geralmente acompanhadas de faíscas). ⇒ curto-circuito.

descargo s m (<descarregar) **1** Perda ou desobrigação de um cargo/Exoneração(+). **Loc.** Pedir o ~ de fiscalizar uma obra. **2** Pagamento ou satisfação dum encargo/duma obrigação. **Ex.** Todos os meses entregava uma prestação monetária para ~ da dívida. **3** Defesa ou justificação de uma culpa que lhe é imputada. **Comb.** Por ~ de consciência [Para ficar com a consciência tranquila/Para que não venha a arrepender-se].

descaridoso, a (Ôso, Ósa, Ósos) adj (<des- c) + ...) Que revela falta de caridade. **Loc.** Ser ~ «com os irmãos». **Comb.** Pessoa ~a [egoísta].

descarinho s m (<des- c) + ...) **1** Falta de carinho (+). **2** Maus tratos/Crueldade.

descarnado, a adj (<descarnar + -ado) **1** Sem [Separado da] carne. **Comb.** Ossos ~s. **2** Muito magro/Com pouca carne. **Ex.** Vagueava pelas ruas, minado pela doença, pálido, ~. **Comb.** Gengivas ~as. Pernas ~as [idi só pele e osso]. **3** Sem conteúdo/enfeites/prote(c)ção. **Comb.** Edifício ~ [vazio]. Montes ~os [nus(+)/áridos/desarborizados]. Raízes ~as [fora da terra].

descarnador, ora adj/s m (<descarnar + -dor) **1** Que descarna. **2** Instrumento de dentista para descarnar os dentes.

descarnadura [**descarnamento**] s (<descarnar) A(c)ção ou efeito de descarnar.

descarnar v t (<des- b) + carne + -ar¹) **1** Separar a carne dos ossos. **Loc.** ~ um frango [uma rês]. **2** Separar a polpa dum fruto do caroço/Descaroçar. **Loc.** ~ uma manga. **3** Escavar. **Loc.** ~ [Deixar à vista] as raízes duma árvore. **4** Perder a carne/Fazer emagrecer(+). **Ex.** Já há muito que vinha [estava] a ~se! Estava muito doente.

descaro s m (<descarar) ⇒ descaramento.

descaroçado, a *adj* (<descaroçar + -ado) Sem [A que foi extraído o] caroço. **Comb.** Azeitonas ~as.
descaroçador *s m* (<descaroçar + -dor) Aparelho para extrair o caroço.
descaroçamento *s m* (<descaroçar + -mento) Extra(c)ção do caroço.
descaroçar *v t* (<des- **b)** + caroço/a + -ar¹) **1** Tirar o caroço/Extrair as sementes. **Loc.** ~ azeitonas. ~ o [Tirar a cápsula [caroça] ao] linho. **2** *fig* Remover dificuldades/Deslindar(+). **Ex.** Já se podem legalizar os terrenos. Finalmente consegui ~ o processo.
descarolador, ora *adj/s m* (<descarolar + -dor) (O) que descarola o milho. ⇒ debulhadora; malhadeira.
descarolar *v t* (<des- **b)** + carolo + -ar¹) **1** Tirar o carolo/Debulhar/Esbagoar. **Loc.** ~ o milho. **2** Tirar a crosta. **Loc.** ~ uma ferida.
descarrega *s f* (<descarregar) A(c)to de descarregar/Descarga **1**(+).
descarregador, ora *adj/s* (<descarregar + -dor) **1** (O) que descarrega. **Ex** Na fábrica, havia só ~oras (Mulheres), porque todas as peças eram leves. **Comb.** Conduta ~ora. Sistema ~or. **2** *s m Hidráu* Abertura para saída das águas. **Comb.** (Nas barragens) ~ de fundo/de superfície.
descarregadou[oi]ro *s m* (<descarregar + -dou[oi]ro) Lugar onde se descarrega.
descarregamento *s m* (<descarregar + -mento) Descarrega/Descarga **1**(+).
descarregar *v t/int* (< des- **c)** + ...) **1** Tirar a carga. **Loc.** ~ um cami(nh)ão. **2** Deixar sair (o conteúdo) para o exterior/Despejar. **Loc.** ~ um tanque de combustível [uma barragem]. **3** Tirar as munições. **Ex.** (O caçador) descarregava a espingarda antes de a guardar. **4** Disparar uma arma de fogo. **Ex.** A aviação descarregou rajadas de metralhadora sobre o aquartelamento inimigo. **5** Aliviar a consciência/Desoprimir. **Ex.** Descarregou-se do peso que o oprimia, contando tudo aos pais. **6** Tornar(-se) mais alegre/Desanuviar(-se). **Ex.** Há menos nuvens, o ambiente descarregou. **Loc.** ~ o semblante. **7** Expandir os seus impulsos sem controlo/e. **Loc.** ~ a raiva «no empregado». **8** Passar as responsabilidades para outrem. **Ex.** Não se preocupava com a organização do trabalho; descarregava tudo no secretário. **9** Bater ou fazer cair com força/Desferir. **Loc.** ~ [Desferir (+)] um murro/uma paulada. **10** Cair/Abater-se. **Loc.** ~ uma tempestade sobre a cidade. **11** Proceder com maus modos por causa de problemas próprios. **Ex.** Descarregava sobre os empregados as desavenças familiares. **12** Dar baixa ou cortar numa lista. **Loc.** ~ o nome dos votantes. **13** *Ele(c)tri* Perder a carga elé(c)trica. **Ex.** A bateria descarregou. **14** *Info* Transferir dados do computador ou da rede. **Loc.** ~ um ficheiro. **15** *Med* Evacuar. **Loc.** ~ [Aliviar] os intestinos.
descarreirar *v t* (<des- a) + carreiro + -ar¹) Sair do carreiro. **Sin.** Desencarreirar(+); desencaminhar(o+).
descarrilamento *s m* (<descarrilar + -mento) Saída dos carris. **Ex.** A derrocada duma barreira sobre a ferrovia [via-férrea] provocou o ~ do comboio [trem].
descarrilar *v t/int* (<des- **a)** + ...) **1** Sair dos carris. **Ex.** O comboio [trem] descarrilou. **2** Tirar dos carris. **Ex.** Descarrilem (essa)a vagoneta «para reparar o fundo». **3** *fig* Desviar(-se) do bom caminho. **Ex.** Quando foi para o liceu [ginásio] começou a ~. **4** *fig* Fazer ou dizer disparates. **Ex.** Tinha-se portado muito bem mas, no fim da festa, começou a ~, só dizia tolices.

descartar *v t* (<des- **b)** + carta + -ar¹) **1** Rejeitar cartas que não interessam ao jogo. **Ex.** Não reparaste que estava a ~ as copas? **2** Obrigar o parceiro a jogar certas cartas. **Ex.** Descartei-me do trunfo para que tu jogasses o ás e pegasses no [conduzisses o] jogo. **3** Deitar fora, depois de usar. **Ex.** As seringas usadas devem ~-se, como medida de higiene. **4** Não levar em conta/Afastar. **Ex.** A polícia descartou a hipótese de crime. **5** Livrar-se de alguém ou de alguma coisa incó[ô]moda. **Ex.** Meteste essa amiga em casa, nunca mais vais conseguir descartar-te dela.
descartável *adj 2g* (<descartar + -vel) Que se deita fora depois da utilização. **Comb.** *Embalagens ~veis. Lentes ~veis.*
descarte *s m* (<descartar) **1** A(c)to de descartar. **2** Rejeição de cartas no jogo. **3** *fig* Evasiva. **Ex.** Essa resposta não te compromete: não é sim, nem não; é um ~ inteligente!
descasado, a *adj* (<descasar + -ado) **1** Que se separou do cônjuge. **2** Desemparelhado. **Comb.** *col* Sapato [Meia] ~[a].
descasalar ⇒ desacasalar.
descasamento *s m* (<descasar + -mento) A(c)to ou efeito de descasar(-se)/Separação dos cônjuges. ⇒ divórcio.
descasar *v t* **1** Anular ou desfazer o casamento. **2** Separar animais acasalados. **3** Separar peças emparelhadas. **Loc.** ~ as meias [luvas] do mesmo par.
descasca *s f* (<des- b) + ...) **1** Extra(c)ção da casca «da amêndoa/castanha/noz». **Ex.** A ~ dos sobreiros é feita de nove em nove anos. **2** *fig* Descompostura/Repriminenda/Descascadela. **Ex.** Que ~ levei, do meu pai, [O meu pai deu-me uma ~] por chegar tarde!
descascador, eira *adj/s* (<descascar + -dor) **1** (O) que descasca. **2** Instrumento para descascar/Máquina de descascar. **Comb.** ~ de batatas.
descascadura [descascamento] *s* ⇒ descasca **1**.
descascar¹ *v t/int* (<des- **b)** + casca + -ar¹) **1** Tirar a casca. **Loc.** ~ a fruta [os camarões]. **2** Largar a película superficial. **Ex.** O feijão descascou (saiu-lhe a casca]. **Loc.** «um móvel» Estar a ~ [a largar o verniz/a pintura]. **3** *fig* Dar uma repreensão. **Ex.** Descascou a empregada «porque lhe tinha estragado o vestido». **4** *fig* Dar uma sova/Desancar/Bater. **Ex.** Quando soube que o filho tinha roubado, descascou nele sem nem piedade.
descascar² *v int* (<des- **b)** + casco + -ar¹) Tirar/Largar o casco. **Loc.** «a égua» Estar a ~.
descasque *s m* (<descascar) ⇒ descasca **1**.
descativar *v t* (<des- c) + ...) Livrar do cativeiro/Libertar(+).
descaudado [descaudato], a *adj* (<descaudar) Sem cauda. ⇒ anuro.
descaudar *v t* (< des- b) + cauda + -ar¹) Tirar a cauda/Derrabar.
descavar *v t* (<des- e) + ...) Tirar um pouco de terra/Aplanar. ⇒ escavar.
descendência *s f* (<lat *descendéntia, ae*) **1** Gerações que provêm do mesmo tronco. **Ex.** O povo de Israel era a ~ de Abraão. **2** Prole/Filhos. **Ex.** Morreu sem deixar ~.
descendente *adj/s 2g* (<lat *descéndens, déntis*) **1** Que desce. **Comb.** Sentido ~ «duma rua». **2** O que descende/O que faz parte da descendência. **Ex.** Os netos são ~s dos avós. Os ~s conservam muitas cara(c)terísticas dos seus antepassados. **Comb.** Todos os meus ~s [Toda a minha descendência]. **3** Decrescente(+). *Escala ~. Ordem ~.*
descender *v int* (<lat *descéndo, ere*: descer) Provir por geração/Ter origem em. **Ex.** Os filhos descendem dos pais. As línguas latinas modernas descendem do latim antigo. **Ant.** Ascender.
descensão *s f* (<lat *descénsio, ónis*) Movimento descendente/Descida. **Ant.** Ascensão.
descensional *adj 2g* (<descensão + -al) Que se dirige de cima para baixo. **Comb.** «o balão» Em movimento ~.
descente *adj 2g* (<lat *déscens, éntis*) **1** Que desce/Que se dirige de cima para baixo. **2** *s f* Descida(+)/Vazante(+). **Comb.** A ~ do rio [curso de água].
descentração *s f* (<descentrar + -ção) **1** Afastamento do centro/Localização fora do centro.
descentralização *s f* (<descentralizar + -ção) **1** A(c)to ou efeito de descentralizar. **2** *Pol* Transferência de poderes do Estado para outras entidades públicas. **Ex.** A ~ reforça o poder de decisão das autarquias (locais/regionais/estaduais).
descentralizador, ora *adj/s* (<descentralizar + -dor) (O) que descentraliza. **Ex.** O presidente foi sempre considerado um ~ [partidário da descentralização]. **Comb.** Política ~ora.
descentralizar *v t* (<des- **c)** + ...) **1** Dar poderes de decisão a quem está fora do centro. **2** *Pol* Transferir para entidades públicas locais poderes que eram exercidos pelo Estado. **Ex.** As escolas lutam para que seja descentralizada a colocação dos professores.
descentrar *v t* (<des- a)/c) + ...) Desviar/Afastar do centro. **Ex.** Mudaste dois raios à bicicleta e (logo) descentraste a roda. A casa está muito descentrada, fica no extremo da cidade.
descer *v t/int* (<lat *descéndo,ere*) **1** Passar de cima para baixo/de montante para jusante. **Loc.** ~ *a encosta* «da serra». ~ *as escadas.* ~ *o rio.* ~ *à terra*/à cova/à sepultura [Ser enterrado/sepultado]. **2** Pôr para baixo/Abaixar. **Loc.** ~ uma bainha «da saia/ das calças». **3** Ter inclinação/Estar descaído. **Ex.** O tampo da mesa está inclinado [a ~/descair] para a direita. **4** Declinar/Baixar de nível. **Comb.** *O sol a ~ no horizonte. A maré a ~.* **5** Apear/Desmontar. **Loc.** ~ [Sair] *do autocarro*/ó[ô]nibus». ~ *do cavalo* [Apear-se]. **6** Diminuir de valor/Baixar o preço. **Ex.** A temperatura [O termó[ê]metro] desceu muito. O dólar em relação ao euro tem descido. **Loc.** ~ na consideração das pessoas [dos outros]. **7** Rebaixar(--se)/Aviltar(-se). **Ex.** Agora rouba e trafica droga. Nunca julguei que fosse capaz de ~ tão baixo! **8** Passar a uma categoria inferior. **Loc.** ~ de posto. **9** Incidir sobre/ Recair. **Ex.** Que as luzes do Espírito Santo desçam [venham] sobre esta assembleia! **10** *fig* Abandonar uma atitude arrogante. **Ex.** Quando viu que todos o abandonavam, desceu do seu pedestal [da sua atitude orgulhosa] e pediu-lhes ajuda. **11** *Dir* Passar um processo para uma instância inferior. **Loc.** (Um processo) ~ do Supremo à [para a] Relação. **12** *Mús* Baixar de [de] tom. **Ex.** O coro desceu tanto que o órgão teve que parar (para não se notar a desafinação). É melhor ~ um tom «para não esforçar tanto as vozes».
descercar *v t* (<des- **c)** + ...) **1** Tirar a cerca/a vedação(+). **Loc.** ~ o prado. **2** Levantar o cerco(+). **Loc.** ~ a [Levantar o cerco à] cidade.

descerco (Cêr) *s m* (<descercar) A(c)to ou efeito de descercar/Levantamento do cerco.

descerebração *s f* (<descerebrar + -ção) A(c)to ou efeito de descerebrar/ Intervenção cirúrgica no cérebro.

descerebrar *v t* (<des- **b**) + cérebro + -ar^1) **1** Fazer perder o juízo(+). **2** *Med* Tirar o cérebro ou interromper as suas comunicações com os outros centros encefálicos.

descerramento *s m* (<descerrar + -mento) A(c)to ou efeito de descerrar. **Comb.** ~ duma lápide.

descerrar *v t* (<des- **c**) + ...) **1** Abrir(+) o que estava cerrado/tapado/unido. **Loc.** ~ os lábios. ~ um cofre. **2** Desvendar o que estava oculto. **Loc.** ~ [Desvendar(+)] *o mistério*. ~ [Levantar(+)] *a pontinha do véu* [Mostrar um pouco do que era desconhecido]. **3** *fig* Inaugurar. **Loc.** ~ a lápide da [que assinala a] inauguração.

deschumbar *v t* (<des- **c**) + ...) **1** Tirar o chumbo. **2** Arrancar alguma coisa que estava chumbada. **Loc.** ~ uma máquina fixa ao [chumbada no] pavimento.

descida *s f* (<descer + -ida) **1** A(c)to de descer. **Comb.** ~ (de Jesus) da cruz (Na presença e com a ajuda de Sua Mãe). **2** Saída de um meio de transporte. **Comb.** ~ do comboio [trem]. **3** Passagem de um nível superior para outro inferior. **Ex.** A ~ da montanha, em bicicleta, é muito perigosa. **4** Declive ou encosta no sentido descendente. **Ex.** Agora temos uma ~ muito extensa. **Ant.** Subida. ⇒ encosta; ladeira; rampa. **5** Baixa/Abaixamento/Diminuição. **Comb.** ~ *de categoria* [posto/lugar] «do nosso clube». ~ *da inflação*. ~ *da popularidade*. ~ *de preços*. ~ *de temperatura*. **6** Desvalorização. **Comb.** Uma moeda em ~ sistemática. **7** *fig* Decadência/Declínio. **Comb.** A ~ [A decadência(o+)/O declínio(+)] do império romano. **8** *Anat pop* ⇒ hérnia; prolapso.

descimbramento *s m* (<descimbrar + -mento) A(c)to ou efeito de descimbrar.

descimbrar *v t* (<des- **b**)/**c**) + cimbre + -ar^1) Tirar os cimbres. **Loc.** ~ uma abóbada [um arco].

descimentação *s f* (<descimentar + -ção) A(c)to ou efeito de descimentar.

descimentar *v t* (<des- **c**) + ...) **1** Tirar [Sair] o cimento. **2** *fig* Desfazer a solidez/Provocar a ruína/Desunir. **Loc.** ~ a família [um grupo (d)esportivo].

descingir *v t* (<des- **c**) + ...) Tirar ou despertar(+) aquilo que cinge. **Loc.** ~ a cinta.

descintar *v t* (<des-**c**) + ...) Tirar a cinta ou o cinto. **Sin.** Desapertar(+).

descivilizar *v t* (<des- **c**) + ...) Fazer perder a civilização/Tornar incivilizado.

desclassificação *s f* (<desclassificar + -ção) **1** Perda de prestígio/Desautorização/Descrédito. **Ex.** A falta de qualidade é a principal causa de ~ dum produto. **2** *(D)esp* Perda da classificação obtida/Eliminação da participação numa prova. **Ex.** O júri procedeu à ~ do atleta que tinha ficado em primeiro lugar porque as análises antidoping deram positivas. Antes da prova foi comunicada a ~ duma equipa/e concorrente «porque os carros não respeitavam as normas regulamentares».

desclassificado, a *adj* (<desclassificar + -ado) **1** Que não obteve classificação/Excluído do concurso ou competição. **Ex.** Não entrou para a Polícia, foi ~. **2** Sem prestígio/Desacreditado/Desautorizado.

desclassificar *v t* (<des- **c**) + ...) **1** Desautorizar(+)/Desacreditar(o+). **Ex.** Provado o roubo, o ministro desclassificou-se (completamente). **2** Retirar a classificação/ Atribuir uma classificação mais baixa. **Ex.** Em caso de fraude, o júri pode ~ os alunos [concorrentes] faltosos. **3** Não atribuir classificação/Eliminar «dum concurso»/ Desqualificar. **Ex.** A apreciação prévia dos produtos concorrentes desclassificou mais de metade deles. **4** *(D)esp* Eliminar ou ser eliminado duma prova (d)esportiva. **Ex.** Foi desclassificado [Desclassificou-se] por ter partido antes do tempo.

descoagulação *s f* (<descoagular + -ção) A(c)to ou efeito de descoagular.

descoagulante *adj 2g/s m* (<descoagular) **1** (O) que descoagula ou que provoca a descoagulação. **Comb.** Substância ~. **2** Anticoagulante.

descoagular *v t* (<des- **c**) + ...) Liquefazer o que estava coagulado/Derreter. **Loc.** ~ o azeite/mel. ⇒ descongelar.

descoberta *s f* (<descoberto) **1** A(c)to ou efeito de descobrir. **Ex.** A queda duma maçã levou Newton à ~ da (força) da gravidade. **Loc.** Ir à ~ [procura] de um tesouro. **Comb.** A ~ *da América*. *Hist As* ~*s* [Os descobrimentos] *portuguesa*[e]*s*. A ~ *da felicidade*. **2** Aquilo que se descobriu ou inventou. **Ex.** A roda e o fogo foram duas grandes ~as. A lâmpada elé(c)trica e muitas outras ~s devem-se a Edison. Nos séculos XX e XXI tem havido [têm-se feito] imensas descobertas.

descoberto, a *adj* (<descobrir; ⇒ descoberta) **1** Que não está coberto/Sem cobertura/Destapado. **Loc.** *Agir a* ~ [às claras/ sem dissimulação]. *Pôr a* ~ [Provar/Mostrar] a mentira. **Comb.** *Cabeça* ~*a* [sem chapéu]. *Espaço* [Local] ~. **2** Conhecido/ Divulgado. **Comb.** Doença (já) há muito ~a. **3** Achado/Inventado. O telefone foi ~ por Alexandre Bell. **4** *Com* Em situação devedora. **Comb.** Conta a ~o. **5** *(D)esp/Mil* Livre de adversários/Exposto aos golpes do adversário. **Comb.** Jogador de futebol ~ [sem adversários a guardá-lo]. Pugilista com a direita a ~o [exposta ao adversário/ desacautelada].

descobridor, ora *s/adj* (<descobrir + -dor) **1** (O) que faz descobertas. **Ex.** Pedro Álvares Cabral foi o ~ do Brasil a [no dia] 22 de abril de 1500. ⇒ explorador ; inventor ; bandeirante. **2** Revelador «de segredo».

descobrimento *s m* (<descobrir + -mento) **1** Descoberta. **Comb.** Os ~s portugueses. A época [era] dos ~s [das grandes navegações/das descobertas]. ⇒ encontro; achado. **2** Invenção. **Ex.** O ~ [A invenção(+)] do fogo permitiu ao homem aquecer-se durante o inverno. **Comb.** O ~ [A descoberta(+)/invenção(+)] da pólvora.

descobrir *v t* (<lat *discoopério,íre*) **1** Tirar a cobertura/o que está a cobrir. **Ex.** Procure [Veja lá] que a criança não se descubra de [durante a] noite. **Loc.** ~ *a cabeça* [Tirar «o gorro/boné/chapéu»/Descobrir-se(+)]. ~ *o peito*, desabotoando a camisa [o vestido]. **Idi.** ~ *a careca* [Ficar a saber a falta [o ponto fraco] de alguém. ~ *o fio à meada* [~ a solução]. ~ [Mostrar] *o jogo* [Pôr as cartas na mesa/Ser franco]. ~ *o peito/o coração* [Abrir-se (completamente)]. ~ *os podres* [defeitos] *de alguém* ⇒ destapar. **2** Encontrar pela primeira vez. **Ex.** Os portugueses descobriram os arquipélagos da Madeira e dos Açores. **Loc.** ~ um tesouro. **3** Dar com/Achar/Avistar/Encontrar. **Ex.** Descobri-o no meio da multidão. Depois de tantos anos vim a descobri-lo em S. Paulo! **Loc.** ~ [Dar com/Encontrar/Achar] *as chaves* «do carro». ~ *os culpados*. ~ *a verdade* [o que de fa(c)to aconteceu]. ⇒ desvendar. **4** Conseguir/Arranjar/Obter. **Ex.** Descobri a pessoa «secretária» ideal para este trabalho. **Loc.** ~ bons ministros [professores/engenheiros]. **5** Inventar. **Ex.** Foram os chineses que descobriram [inventaram] a pólvora. É urgente ~ um remédio para o cancro [câncer]. **Idi.** ~ *a pólvora* [Chegar a uma conclusão (que era) já conhecida]. **6** Verificar/Notar/Ver. **Ex.** Descobriu-se [Descobriram/Descobrimos] que há buracos negros [de energia negativa] no universo. **Loc.** ~ cedo o talento do filho para a música. ~ [Ver/Notar] que alguém se enganou. Mandar ~ [explorar] o campo inimigo. **7** ⇒ «o dia» amanhecer/clarear/ romper. **Ant.** Cobrir; encobrir.

descocar-se *v t* (<des- **b**) + coca^2 [capuz] + -ar^1) Proceder com descoco/Perder a vergonha.

descochar *v t Náut* (<des- **c**) + ...) Destorcer um cabo náutico para se lhe utilizarem separadamente as cochas. **Ant.** Acochar; cochar.

descoco (Côco) *s m* (<descocar-se) Desplante/Descaro/Disparate. **Ex.** Que ~ vir até aqui falar comigo!

descodear *v t* (<des- **b**) + côdea + -ar^1) Tirar a côdea a (+). **Loc.** ~ o [Tirar a côdea ao] pão «para fazer sand(uích)es».

de(s)codificação *s f* (<de(s)- **c**) + ...) **1** Operação inversa da codificação/Passagem para linguagem comum de uma mensagem «linguística» em código. **Ex.** Faça a ~ dessa mensagem recebida [que veio] em morse! **Sin.** Decifração(+).⇒ tradução.

de(s)codificador, ora *adj/s* (<de(s)codificar + -dor) **1** Pessoa/Dispositivo/Sistema que de(s)codifica. **2** *Ele(c)tron/Mec* Dispositivo «de televisão/computador» ou aparelho que recebe e recompõe várias ordens, cifras ou sinais. **Comb.** ~ de instruções.

de(s)codificar *v t* (<de(s)- **c**) + ...) Fazer a operação inversa à de codificar/Fazer a leitura de uma informação que está em código. **Ex.** O computador não de(s)codifica os comandos. Não consigo ~ esta cifra do meu ministério. **Sin.** Decifrar; interpretar.

descofrar *v t* (<des- **c**) + cofre + -ar^1) (Re)tirar a cofragem a/Descimbrar.

des(a)coimar *v t* (<des- **c**) + ...) Libertar de multa [coima]/Reabilitar. **Ex.** O juiz des(a)coimou o (que diziam ser) culpado.

descoincidência *s f* (<des- **c**) + ...) ⇒ discordância.

de(s)colagem *s f* (<de(s)colar + -agem) **1** *Aer* A(c)to de levantar voo ou de de(s)colar. **Ex.** A ~ do avião foi perfeita. **Ant.** Aterragem. **2** Separação do «papel» que estava colado. ⇒ descolamento.

descolamento *s m* (<descolar + -mento) **1** A(c)to ou efeito de descolar/arrancar/separar. **Comb.** O ~ do papel [selo/envelope] (⇒ descolagem 2). **2** *Med* Separação anormal de órgãos, ou de partes destes, das regiões adjacentes. **Comb.** ~ da retina. **Ant.** Colagem.

descolar *v t* (<des- **a**)/**b**) + ...) **1** Despegar. **Ex.** O selo descolou-se [caiu]. *fig* Descolou-o do assento e com um forte murro estatelou-o no chão. **2** Levantar voo/Arrancar. **Ex.** O avião descolou à hora marcada. O ~ [arranque(+)] do foguetão que transportava uma nave espacial foi acompanhado com muito interesse. A economia do país ainda não descolou [arrancou(+)]. **Ant.** Aterrar. **3** *(D)esp* Passar à frente/Afastar-se/Ultrapassar. **Ex.** O ciclista tentou ~ do pelotão. **4** *fam* Ir-se/Sair. **Ex.** O pequeno não descolava (de ao pé) da mãe. Estávamos fartos dele, mas (ele) nunca mais se dispunha a ~. **5** *Br* ⇒ arranjar «emprego para o filho»/conseguir «dinheiro dos pais».

descolmar *v t* (<des- **c**) + ...) Tirar o te(c)to de colmo. **Ex.** A ventania descolmou a casa «japonesa» [a cabana]. ⇒ destelhar.

descolonização *s f* (<des- **c**) + ...) A(c)to ou efeito de descolonizar. **Ex.** A ~ portuguesa pecou por [foi demasiado] tardia. **Ant.** Colonização.

descolonizar *v t Hist* (<des- **c**) + ...) Conceder a independência [autonomia política] a uma coló[ô]nia. **Ant.** Colonizar.

descoloração *s f* (< des- **c**) + ...) **1** Perda da cor/A(c)to ou efeito de descolorar. **Ex.** O sol provoca a ~ dos tecidos. **Sin.** Desbotamento. **Ant.** Coloração. **2** *Quím* Processo «utilizado pelos cabeleireiros» que retira de um produto os pigmentos naturais ou impurezas coloridas para melhorar o efeito de cor. **Ex.** Este produto é usado contra a ~ do cabelo. **Ant.** Coloração.

descolorante *adj/s 2g* (<descolorar + -ante) (O) que faz perder a cor. **Ex.** Este produto é um ~ muito a(c)tivo/forte; pelo que [por isso/portanto] é necessário usá-lo com muito cuidado.

descolorar *v t/int* (<des- **c**) + ...) (Fazer) perder a cor. **2** ⇒ descoloração **2**. **Ex.** A lixívia descolorou [desbotou(+)] a roupa. **Sin.** «tecido» Desbotar; descolorir; descorar(+).

descolorir *v t* (<des- **c**) +...) **1** (Fazer) perder «a cor, o colorido». **Ex.** Aquele sabão «de má qualidade» descoloriu a minha camisola. **2** *fig* (Fazer) perder «a beleza». **Ex.** Aquela agressão acabou por ~ [estragar(+)] o espe(c)táculo [a festa]. **Comb.** Estilo [Linguagem] descolorido[a]. **Sin.** Afear. **Ant.** Colorir.

descomandar *v t* (<des- **c**) +...) **1** Tirar [Fazer perder] o comando a. **Ex.** O toque lateral (do outro carro) descomandou-me a viatura. **Sin.** Desorientar. **2** ~se/Exceder-se(+). **Ex.** Com tanto álcool descomandou-se um bocado [excedeu-se um pouco/perdeu um pouco o controle].

descomedido, a *adj* (<descomedir-se + -ido) **1** Fora [Além] da medida. **Comb.** Tempestade [Chuva] ~a. **2** *fig* Fora de propósito/Disparatado. **Ex.** Discutiam com gestos ~s. **Ant.** Comedido; moderado.

descomedimento *s m* (<descomedir-se + -mento) Falta de comedimento/Insolência/Grosseria. **Ex.** Não se pode tolerar ~ de tal ordem diante da autoridade! **Ant.** Moderação.

descomedir-se *v t* (<des- **c**) + ...) **1** Ter um comportamento insensato, inconveniente, descomedido. **Ex.** O jogador descomediu-se (na sua atitude) para com o árbitro. **Sin.** Passar dos limites [das medidas]. **2** Praticar excessos. **Ex.** Costuma ~ [exceder-se(+)] na bebida. **Ant.** Comedir-se; ser comedido.

descomer *v t/int* (<des- **c**) +...) **1** *pop* ⇒ evacuar; defecar. **2** Repor/Devolver. **Ex.** Os vizinhos apanharam o larápio [ladrão] e este teve que ~ (ali) o que tinha roubado.

descometer *v t* (<des- **c**) +...) ⇒ desobrigar; exonerar.

descomodidade *s f* (<des- **c**) +...) ⇒ incomodidade.

descomover *v t* (<des- **c**) +...) ⇒ serenar.

descompactar *v t Info* (<des- **c**) +...) Descomprimir ou expandir um ficheiro que foi compactado restabelecendo o seu tamanho original. **Ex.** Descompactou o disco para caber nele todo o discurso.

descompadrar *v t pop* (<des- **c**) +...) (Fazer) desentenderem-se pessoas que eram amigas. **Ex.** A inveja descompadrou-as. **Sin.** Inimizar(o+); malquistar(+).

descompaginar *v t* (<des- **c**) +...) Desligar [Desunir os componentes de um todo].

descompaixão *s f* (<des- **c**) +...) Falta de compaixão(+)/Dureza de coração.

descompassadamente *adv* (<descompassado + -mente) Com modo [ritmo] descompassado. **Ex.** O público batia palmas ~. O seu coração batia ~.

descompassado, a *adj* (<descompassar + -ado) **1** Que não tem cadência/regularidade/compasso/ritmo. **Sin.** Desacertado; desmedido; desordenado; exagerado. **2** *Náut* Diz-se de navio que não consegue ir pela rota devida. **Ex.** O navio navega ~ porque tem a carga mal distribuída. **Ant.** A(compassado).

descompassar *v t/int* (<des- **c**) +...) **1** (Fazer) sair do passo/da medida. **Ex.** Amedrontado, descompassou a caminhada. O sono descompassou-se com a viagem ao Japão. **2** *Mús* Perder [Sair do] compasso(+). **Ex.** A orquestra descompassou a [perdeu o compasso da] sinfonia. **3** ⇒ exceder(-se); exagerar; ser descomedido.

descompassivo, a *adj* (<des- **c**) +...) Que não tem compaixão (+)/Duro de coração (+).

descompasso *s m* (<descompassar) **1** Falta de medida/Problema no andar ou fazer. **2** *Mús* Falta de cadência/compasso(+). **3** ⇒ inconveniência; descomedimento; exagero. **4** ⇒ divergência; desacordo.

descompensação *s f Med* (<des- **c**) +...) Insuficiência funcional de um órgão que o organismo não é capaz de compensar.

descompensado, a *adj Med* (<descompensar + -ado) Que tem [entrou em] descompensação.

descompensar *v t/int* (<des- **c**) +...) Entrar [Estar] em descompensação.

descomplicar *v t* (<des- **c**) +...) Tornar descomplicado/simples. **Comb.** Uma amizade saudável, descomplicada. **Sin.** Simplificar(+).

descomponenda *s f* ⇒ descompostura; reprimenda.

descompor *v t/int* (<des- **c**) +...) **1** Pôr fora do seu lugar. **Ex.** Descompôs o [tudo o que estava no] armário mas não encontrou o que buscava/procurava. **2** Desarranjar/Estragar/Desfazer. **Ex.** As crianças andaram a saltar por [em] cima das camas e descompuseram-nas todas. ⇒ separar; dividir. **3** Fazer perder a compostura/Desfigurar. **Ex.** A fúria descompunha[alterava]-lhe o rosto/a expressão. O vento descompô-la levantando-lhe as saias. O penteado descompôs-se-lhe [Seu penteado descompôs-se] ao vento. O céu escureceu descompondo-se (completamente). **4** Dar uma descompostura (+). **Ex.** Descompôs o empregado diante [na presença] dos clientes.

descomposição *s f* (<des- **c**) +...) A(c)to ou efeito de descompor. **Sin.** Desarranjo.

descompostura *s f* (<des- **c**) +...) **1** Falta de compostura. **Sin.** Desalinho; desordem. **2** Falta de decoro «na maneira de vestir ou na postura do corpo». **Sin.** Indecência. **3** Censura áspera, violenta e cheia de recriminações. **Ex.** O carteirista levou uma (grande) ~ da pessoa assaltada. **Sin.** Reprimenda.

descomprazer *v int* (<des- **c**) +...) **1** Não comprazer. **Ant.** Aprazer. **2** Não satisfazer a vontade de outrem/Não condescender.

descompressão *s f* (<des- **c**) +...) **1** A(c)to ou efeito de descomprimir [aliviar] o que está comprimido. **Comb.** A ~ da cápsula espacial. A ~ do gás. **2** *Info* Expansão de um ficheiro compactado. **3** *Med* A(c)ção de diminuir a compressão exercida sobre determinado órgão. **Ant.** Compressão.

descompressivo, a *adj* (<des- **c**) +...) Que descomprime.

descomprimir *v t* (<des- **c**)+...) **1** Suprimir [Aliviar/Reduzir] a pressão exercida sobre uma superfície ou um corpo. **2** Fazer diminuir a tensão física ou psíquica/Descontrair(+). **3** *Info* Expandir um ficheiro que foi compactado, restabelecendo o seu tamanho original.

descomprometer *v t* (<des- **c**) + ...) Fazer cessar um compromisso (assumido). **Ex.** Descomprometeu-se com a namorada mal reencontrou o amor da sua vida.

descomunal *adj 2g* (<des- **c**) +...) (Que é) fora do comum/Que tem dimensões enormes. **Comb.** Um homem (dum tamanho/duma altura) ~. **Sin.** Desproporcionado; enorme; colossal.

descomunalidade *s f* (<descomunal + i + -dade) Qualidade do que é descomunal. **Sin.** Anormalidade.

desconceito *s m* (<desconceituar) **1** Mau conceito/Descrédito. **2** Desrespeito/Desconsideração.

desconceituar *v t* (<des- **c**) +...) **1** Fazer perder o bom conceito/a reputação. **Sin.** Desacreditar; desfeitear(+); difamar. **2** Perder a reputação/~-se. **Sin.** Desacreditar-se.

desconcentração *s f* (<des- **c**) +...) **1** A(c)to ou efeito de desconcentrar. **2** ⇒ descentralização. **3** Dificuldade de fixação da atenção/Distra(c)ção. **Sin.** Falta de concentração. **4** *Quím* Decréscimo da acumulação [concentração] de determinada substância.

desconcentrar *v t* (<des- **c**) +...) **1** (Fazer) diminuir a aglomeração [o número] de elementos na mesma área/Diluir. **2** ⇒ descentralizar(+) «a administração». **3** Distrair. **Ex.** As tuas interrupções desconcentraram-no bastante. ⇒ descontrair.

desconcertado, a *adj* (<desconcertar + -ado) **1** Estragado. **Ex.** O aparelho [A máquina] está ~[a]. **2** Perturbado. **Ex.** Fiquei totalmente [um pouco] ~ com a rea(c)ção [resposta] dele.

desconcertante *adj 2g* (<desconcertar + -ante) «notícia/rea(c)ção/atitude» Que desconcerta; «surpresa» desagradável.

desconcertar *v t* (<des- **c**) +... ; ⇒ desconsertar) **1** *Mús* Estragar o concerto/Desafinar. **2** Perturbar. **Ex.** A(quela) resposta áspera desconcertou-o (de todo). Ele não se desconcertou com a brincadeira «e continuou o discurso».

desconcerto (Cêr) *s m* (<desconcertar; ⇒ desconserto) **1** *Mús* Desarmonia/Dissonância. **Comb.** O ~ da orquestra [das vozes]. **2** Desordem/Confusão. **Comb.** O ~ do mundo [que vai pelo mundo/em que o mundo está].

desconchavado, a *adj* (<desconchavar) **1** Desencaixado. **Ex.** Descobriram uma peça ~a da engrenagem (da máquina). **2** Disparatado/Desequilibrado. **Ex.** (Re)tirando o *adj*, a frase fica (toda) ~a. Ele é um ~ [Ele anda (sempre) fora dos eixos/Ele não regula bem da cabeça].

desconchavar *v t* (<des- **c**) +...) Fazer sair da posição certa/Desencaixar. **Loc.** ~ da máquina as duas rodas dentadas. ~ a roda do eixo.

desconchavo *s m* (<desconchavar) **1** ⇒ desencaixe(+) «de duas tábuas/peças». **2** ⇒ disparate(+).

desconchegar *v t* (<des- **c**) +...) **1** Separar o que estava (a)conchegado. **Ex.** Desconchegou o nené e pô-lo (Pôs+o) no berço. **Sin.** Desaconchegar. **2** Retirar/Afastar. **Loc.** ~ o cobertor.

desconchego (Chê) s m (<desconchegar) ⇒ desaconchego; desconforto(o+); incomodidade(+).

desconciliação s f (<des- c) +...) ⇒ desavença; discórdia.

desconciliar v t (<des- c) +...) Quebrar a conciliação de/Desunir(+). **Loc.** ~ as famílias.

desconcordância s f (<des- c) +...) **1** Falta de acordo/de convergência (de opiniões)/Discordância(+)/Discrepância. **Ex.** A total ~ (entre as partes) fez adiar a sessão. **2** Falta de harmonia/de compatibilidade. **Ex.** No tribunal, marido e mulher revelaram (as) suas ~s. **Sin.** Desarmonia. **3** Gram Falta de concordância(+) de gé[ê]nero, número ou pessoa entre palavras relacionadas sinta(c)ticamente. **Ex.** Numa frase corre(c)ta tem de haver concordância [não pode haver ~] entre o sujeito e o predicado.

desconcordante adj 2g (<desconcordar + -ante) **1** Que não concorda. **Ex.** A Oposição é quase sempre uma voz ~ com o Governo – o que é natural. **Sin.** Discrepante; divergente; discordante(+). **2** Que não tem coerência/compatibilidade. **Ex.** (O agente d)a polícia tomou nota das opiniões ~s das testemunhas. **3** Mús ⇒ desafinado; desarmó[ô]nico; dissonante.

desconcordar v t/int (<des- c) +...) **1** Pôr em [Causar] desacordo. **2** Discrepar(o+)/Divergir(+). **Comb.** Duas fa(c)ções que sempre hão de ~.

desconcorde adj 2g ⇒ desconcordante.

desconcórdia s f (<des- c) +...) Falta de concórdia. **Ex.** As partilhas podem ser causa de ~ numa família. **Sin.** Desarmonia; desinteligência; discórdia(+). **Ant.** Concórdia; harmonia.

descondensação s f (<des- c) +...) A(c)ção ou efeito de descondensar. **Sin.** Dissolução. **Ant.** Condensação.

descondensar v t (<des- c) +...) **1** Tornar menos denso. **Loc.** ~ o chocolate acrescentando leite. **Sin.** Dissolver; aguar. **2** Tornar té[ê]nue/Atenuar(-se). **Ex.** Com a luz da vela as trevas descondensaram-se (um pouco). Chegaram as crianças e o ambiente descondensou(-se).

descondizer v int (<des- c) + ...) Não combinar/Destoar(+). **Ex.** A varanda [sacada] está a ~ com a fachada. ⇒ desdizer.

desconectar v t (<des- c) +...) Desfazer a conexão ou ligação de. **Ex.** Em caso de curto-circuito o disjuntor desconecta a ele(c)tricidade. **Sin.** Desligar; interromper; cortar; desunir. **Ant.** Conectar.

desconexão s f (<des- c) + ...) Falta de conexão/Desarticulação/Incoerência. **Comb.** A ~ das ideias apresentadas por ele. Ele(c)tri A ~ da ficha [de duas extensões].

desconexo, a adj (<des- c) +...) **1** ⇒ desligado; desunido. **2** Incoerente/Desarticulado. **Comb.** Uma exposição [palestra] ~a, sem princípio, meio e fim.

desconfessar v t (<des- c) +...) **1** «no tribunal/na polícia» Dar por não confessado/Negar o que se confessou. **2** Dar o dito por não dito. **Sin.** Desdizer-se.

desconfiado, a adj/s (<desconfiar + -ado) **1** (O) que não tem confiança em si (mesmo). **Comb.** ~ de passar no exame. **Sin.** Receoso; tímido. **2** Que desconfia dos [não tem confiança nos] outros/Que receia ser enganado/Que idi está sempre de pé atrás.

desconfiança s f (<des- c) +...) **1** Falta de confiança (+) «em Deus». **2** Receio de ser enganado. **Ex.** A ~ (da parte/do lado) do patrão foi o principal motivo para o seu despedimento.

desconfiar v t/int (<des- c) +...) **1** Ter receio/Recear. **Ex.** Eu desconfio [duvido] da minha capacidade [das minhas forças] para cargo tão difícil. **2** Pensar/Conje(c)turar/Julgar/Crer. **Ex.** Desconfio [Penso/Julgo/Creio] que eles não se entendem bem. **3** Duvidar da sinceridade dos outros/Suspeitar. **Ex.** O avarento desconfia de todos, até da (própria) família. Os pais desconfiavam do namorado da filha. Desconfio de você porque o dinheiro estava à vista e não havia mais ninguém em casa.

desconfiável adj 2g (<desconfiar + -vel) Que não merece [é digno de] confiança.

desconformar v int (<des- c) +...) Não ser conforme/Discordar.

desconforme adj 2g (<des- c) +...) **1** Que não está em conformidade. **Ex.** Usa uns trajes ~s/impróprios. **2** Descomunal/Desmedido/Desproporcionado. **Comb.** Uma rocha [penedia] ~.

desconformidade s f (<des- c) +...) **1** Falta de conformidade/Discordância. **Ex.** Havia alguma ~ entre o que dizia e (o que) fazia. Fez um sorriso encantador, em ~ [contradição(+)] com o que sabíamos que sentia. **2** ⇒ deformidade; anormalidade; desproporção.

desconfortado, a adj (<desconfortar + -ado) **1** Que não tem conforto. **Loc.** Andar ~ «com frio». **2** ⇒ desanimado; desconsolado.

desconfortante adj 2g (<desconfortar + -ante) Que causa insegurança/desânimo. **Ex.** As notícias sobre a paz eram ~s/desanimadoras(+). **Ant.** Confortante; animador.

desconfortar v t (<des- c) +...) **1** Tirar o conforto a. **2** ⇒ desassossegar; desconsolar; desanimar. **Ant.** Confortar.

desconfortável adj 2g (<des- c) +...) **1** Que não tem comodidade. **Comb.** Cadeira [Casa] ~. **Sin.** Desaconchegado; incó[ô]modo. **2** Que causa embaraço/preocupação. **Ex.** Sentia-se ~ na presença do juiz. Pairava [Pesava/Havia] na sala um silêncio ~.

desconfortavelmente adv (<desconfortável + -mente) «viver» De modo desconfortável/Sem conforto. **Ant.** Confortavelmente.

desconforto (Fôr) s m (<des- c) +...) **1** Falta de conforto/comodidade. **Ex.** O braço engessado causava-lhe grande [muito] ~. **Comb.** O ~ da casa [do local de trabalho]. **Sin.** Incomodidade. **2** ⇒ desconsolo; desânimo.

desconfranger v t (<des- c) +...) Tirar o confrangimento a.

desconfundir v t (<des- c) +...) Tirar a confusão. **Ex.** Somente a(s) roupa(s) desconfundia(m) os gé[ê]meos.

desconfusão s f (<des- c) +...) A(c)to ou efeito de desconfundir.

descongelação s f (<des- c) +...) A(c)to ou efeito de descongelar(-se). **Comb.** A ~ do frigorífico [lago/rio]. **Sin.** Degelo; liquefa(c)ção. **Ant.** Congelação. ⇒ derreter.

descongelador, ora adj (<descongelar + -dor) (O) que descongela.

descongelamento s m (<descongelar + -mento) **1** ⇒ descongelação. **2** Econ Desbloqueamento de capitais. **Comb.** ~ de salários. **Ant.** Congelamento.

descongelar v t/int (<des- c) +...) **1** Passar do estado sólido ao líquido. **Ex.** O lago [rio/tanque] já descongelou. **Sin.** Fundir; derreter; liquefazer. **2** Tirar o gelo ou o estado de gelado. **Ex.** É preciso ~ e limpar o frigorífico [a geladeira] periodicamente. **Loc.** ~ a carne [o peixe]. ~ o mel [azeite] que gelou com o frio. **3** Econ Desbloquear/Movimentar. **Loc.** ~ os salários. ~ uma conta (bancária). **4** ⇒ descontrair «o auditório/o ambiente».

descongestionamento s m (<descongestionar + -mento) **1** Med A(c)to ou efeito de descongestionar. **Ex.** Pôr uns parches com água fria para ajudar ao ~ dos olhos. ⇒ congestão. **2** Desocupação parcial de um espaço, a fim de tornar mais fácil a circulação e o movimento no interior do mesmo. **Ex.** Estudam-se medidas para [que visam] o ~ das avenidas.

descongestionante [**descongestionador**] adj 2g (<descongestionar) Que descongestiona. **Comb.** Um ~ nasal. Meio [Medida] ~ do trânsito urbano.

descongestionar v t (<des- c) +...) **1** Livrar de congestão/Desintumescer. **Loc.** «o rosto» ~(-se) com a medicação. **2** Desentupir/Diminuir/Aliviar. **Ex.** O agente da Brigada de Trânsito conseguiu ~ o trânsito [tráfego] indicando percursos alternativos. O viaduto descongestionou as ruas [o acesso à cidade]. **Loc.** ~ a estante de livros.

desconhecedor, ora adj/s (<desconhecer + -dor) **1** (O) que desconhece/que não tem informação. **Ex.** Por acaso [Na realidade] era ~ do(s) vosso(s) plano(s). ⇒ ignorante. **2** ⇒ desagradecido; mal-agradecido.

desconhecer v t (<des- c) +...) **1** Não ter conhecimento/informação. **Ex.** Desconhecia tal lei [coisa]; fico [estou] muito surpreendido. **Sin.** Ignorar; não saber(+). **2** Não reconhecer(+). **Ex.** Estou tão magra e abatida que me desconheço [que não me reconheço]. Ingrato, desconhece tudo quanto se faz por ele.

desconhecido, a adj/s (<des- c) +...) (O) que não é conhecido. **Ex.** O presumível [provável/suposto] assassino é ~ na terra. Ele aqui na empresa é um [inteiramente] ~. **Comb.** Um ~ «médico» ilustre. col **Um ilustre ~** [Pessoa de quem nada se tem a dizer/idi Pessoa que nunca vi mais magra]. «para mim, era uma» Palavra ~a/nova.

desconhecimento s m (<desconhecer + -i- + -mento) Falta de conhecimento/informação. **Ex.** Não viajei convosco por ~ da excursão. ⇒ ignorância.

desconhecível adj 2g (<desconhecer + -í- + -vel) Que não se pode conhecer. **Sin.** Irreconhecível.

desconjuntamento [**desconjuntura**] s (<desconjuntar +...) A(c)to ou efeito de desconjuntar. **Comb.** O ~ do braço [da clavícula/da cadeira].

desconjuntar v t (<des- c) +...) **1** Fazer sair do encaixe [da juntura/da articulação/da junção/da junta]. **Ex.** Desconjuntou a mesa com um pontapé. A mesa está [ficou] desconjuntada, e pode cair. Desconjuntou-se-lhe o braço [queixo]. O contorcionista desconjuntava as articulações, assumindo posturas incríveis. **2** Desmanchar/Desfazer. **Ex.** Com a morte do presidente, a empresa [o partido/o país] desconjuntou-se. **Sin.** Desarticular. ⇒ desarmar [desmontar] «um móvel».

desconjurar v t (<des- c) +...) ⇒ esconjurar.

desconsagração s f (<des- c) +...) A(c)to ou efeito de desconsagrar. **Ex.** Este livro foi, segundo alguns críticos, a ~ do autor.

desconsagrar v t (<des- c) +...) Tirar o valor que era reconhecido «a um pintor/um cientista».

desconseguir v t (<des- c) +...) Ang Moç STP Não conseguir(+). **Ex.** Àquilo o cocuana [mestre/velho] desconseguiu responder.

desconsentir v t (<des- c) +...) ⇒ recusar; discordar; não consentir.

desconsertado, a *adj* (<desconsertar + -ado) Que tem uma avaria. **Comb.** Cadeira [Relógio] ~a [~]. **Sin.** Desarranjado; estragado. **Ant.** Arranjado; consertado.

desconsertar *v t* (<des- **c)** +...) Desarranjar/Estragar. **Ex.** A criança desconsertou o brinquedo passados alguns minutos. A televisão desconsertou-se [avariou] novamente [outra vez/de novo].

desconserto (Ssêr) *s m* (<desconsertar; ⇒ desconcerto) A(c)to ou efeito de desconsertar. **Sin.** Desarranjo; avaria; estrago.

desconsideração *s f* (<des- **c)** +...) A(c)to ou efeito de desconsiderar/Falta de consideração/Vexame/Ofensa/Desrespeito/Desatenção. **Ex.** Ele cumprimentou toda a gente menos a mim; achei aquilo uma grande ~.

desconsiderar *v t* (<des- **c)** +...) **1** Tratar sem respeito ou com desatenção/Ofender. **Ex.** Desconsiderou o chefe e foi demitido. Não admito ser desconsiderado desta maneira (e por você). Tal [Aquela] atitude só serve para o ~ [para lhe fazer perder o respeito] entre os amigos. **Loc.** ~-se aos olhos das pessoas [Perder o respeito dos outros]. **2** Não considerar/pensar. **Ex.** Há outros aspe(c)tos do problema que convém considerar [não ~/esquecer].

desconsolação *s f* (<des- **c)** +...) Desconsolo/Tristeza. **Ex.** Era uma ~ viver só (e sem trabalho). Aquela comida insípida [sem sabor] era uma ~.

desconsoladamente *adv* (<desconsolado + -mente) Com (um certo) desânimo/Desanimadamente. **Ex.** Sim [É verdade], perdemos o jogo/a partida – disse ~ o futebolista. **Ant.** Animadamente; consoladamente.

desconsolado, a *adj* (<desconsolar + -ado) **1** Que não tem consolo/não perde a tristeza/não esquece o desgosto/Inconsolável. **Ex.** O aluno estava ~ pelas notas que lhe deram no fim do ano. **Comb.** O aspe(c)to [A aparência] ~o[a] das criancinhas com fome. **Sin.** Aborrecido; desanimado; triste. **2** Que desilude/não dá prazer. **Ex.** Ao ouvir a (resposta) negativa fez uma cara ~a. **Comb.** Comida ~a/pobre/sem gosto nenhum.

desconsolador, ora *adj/s* (<desconsolar + -dor) (O) que desconsola/Desanimador/Desmoralizador. **Ex.** É ~ [triste(+)] saber que há meios para acabar com a pobreza e ela continuar entre nós.

desconsolar *v t* (<des- **c)** +...) Causar desconsol(açã)o/desânimo/desgosto/tristeza. **Ex.** A penúria [miséria/pobreza] da gente, naquela terra seca, desconsolava-os.

desconsolo (Sô) *s m* (<desconsolar) Desconsolação/Desolação/Tristeza. **Ex.** Hoje perdemos (o jogo). Que ~!

desconstranger *v t* (<des- **c)** +...) **1** Tirar o constrangimento [embaraço] a/Descontrair. **2** (Re)tirar a pressão/Aliviar. **Ex.** A retirada do gesso desconstrangeu-me os dedos.

descontaminação *s f* (<des- **c)** +...) **1** Remoção ou neutralização de agentes contaminantes/Despoluição. **Comb.** ~ dos rios [solos]. **2** Eliminação de germes ou bactérias de doenças infe(c)to-contagiosas/Desinfe(c)ção. **Comb.** A ~ dos astronautas.

descontaminar *v t* (< des- **c)**+...; ⇒ descontaminação) Desinfe(c)tar/Despoluir/Purificar.

descontar *v t* (<des- **c)** +...) **1** Fazer um desconto/Subtrair/Deduzir/Abater/Tirar. **Ex.** Eu desconto-lhe [faço-lhe um desconto de] 20 € se comprar a(s) calça(s) e a camisa. **Loc.** ~ [Sacar/Passar(+)/Dar] um cheque. **2** Contribuir. **Loc.** ~ para (o dinheiro d)a reforma. **3** Não fazer caso/Dar o desconto/Prescindir. **Ex.** É um empregado muito eficiente [trabalhador] e descontamos-lhe os pequenos defeitos. Costumo ~ metade do que ele diz, porque [pois] é um exagerado. **4** Vingar-se/Descarregar. **Ex.** Zanga-se com o chefe na empresa e desconta [e (depois) descarrega] em cima de nós [e nós é que pagamos].

descontável *adj 2g* (<descontar + -vel) Que pode ser descontado. **Ex.** O recibo dos gastos com a saúde é ~ no IRS.

descontentadiço, a *adj* (<descontentar + -diço) Que se descontenta facilmente/Difícil de contentar. **Ex.** Não faça caso, ele é muito ~.

descontentamento *s m* (<descontentar + -mento) Falta ou perda de contentamento. **Ex.** Com este novo ministro há um ~ geral entre os funcionários. **Sin.** Desprazer; dissabor; tristeza. **Ant.** Agrado; contentamento; prazer; satisfação.

descontentar *v t* (< des- **c)** +...) Causar descontentamento a. **Ex.** O adiamento da boda [do casamento] descontentou os noivos. **Sin.** Desagradar; desgostar.

descontente *adj/s 2g* (<des- **c)** +...) Que não está contente/Desgostoso/Insatisfeito/Triste/Aborrecido/Mal-humorado. **Ex.** Está ~ com o emprego; mas ele (também) é o eterno ~. **Ant.** Contente; feliz; satisfeito.

descontextua(liza)r *v t* (<des- **b)/c)** +...) Desenquadrar do conjunto/Retirar do (con)texto. **Loc.** Descontextualizar um fa(c)to histórico. **Comb.** Uma citação descontextuada que desvirtua o [tira a força ao] texto.

descontinuação *s f* (<des- **c)** +...) Interrupção(+) «das obras/da pesquisa».

descontinuado, a *adj* (<descontinuar + -ado; ⇒ descontínuo) Sempre a mudar/Interrompido(+).

descontinuar *v t* (<des- **c)** +...) Estar sempre a mudar/Interromper. **Ex.** Nem por um instante descontinuaram [interromperam/pararam] o trabalho. **Loc.** Sem ~ [parar/Ininterruptamente].

descontinuidade *s f* (<des- **c)** +...) Qualidade do que é descontínuo «em *Mat/Geol*». **Ex.** É preciso evitar qualquer ~ no programa de realojamento dos que vivem em barracas. **Sin.** Interrupção(+).

descontínuo, a *adj* (<des- **c)** +...) Não seguido/Intermitente/Interrompido/Cortado. **Comb.** *Chuva ~a. Linha ~a. Trabalho* [Investigação] *~o/a*.

desconto *s m* (<descontar) **1** Redução de preço ou quantia. **Ex.** Compre, que lhe faço um ~ de 10 %. **Sin.** Abatimento. **2** Dedução [Redução] numa quantia a receber. **Ex.** Tenho de lhe fazer um ~ [corte] de 20 € no seu salário por faltas ao trabalho. **Comb.** ~ na fonte [feito pela empresa]. **3** Compensação/Paga. **Ex.** Quero fazer tudo pelos meus netos em ~ do que não fiz pelos filhos. **Comb.** «no futebol, quatro minutos de» Tempo de ~. **4** *fig* O não levar a sério/à letra. **Ex.** Não acredites em tudo o que diz aquele falador [exagerado], tens de lhe dar um ~.

descontração (Trà) *s f* [= descontracção] (<descontrair + -ção) **1** Relaxamento/Relaxação/Relaxe. **Ex.** A massagem ajuda a ~ dos músculos «tensos do pescoço». **Ant.** Tensão; contração. **2** Desembaraço/Desenvoltura/À vontade. **Ex.** O aluno respondeu com ~ a todas as perguntas (do professor). **Ant.** Tensão; timidez; acanhamento. **3** ⇒ despreocupação; distra(c)ção.

descontraído, a *adj* (<descontrair + -ido) **1** Sem rigidez/Relaxado. **Ex.** O médico disse-lhe para manter o corpo ~. **2** Com à vontade/Calmo/Natural/Sereno. **Comb.** Ambiente ~o «da reunião». Pessoa [Atitude/Postura] ~a. **Ant.** Tenso.

descontrair *v t* (<des- **c)** +...) **1** (Fazer) cessar a contra(c)ção/Relaxar. **Loc.** ~ o corpo [os músculos/as pernas] «com ginástica». **2** Perder o constrangimento/a tensão nervosa. **Ex.** Só consegui ~(-me) a meio do discurso [jantar]. **Ant.** Estar [Ficar] tenso.

descontratar *v t* (<des- **c)**+...) Desfazer [Anular] o contrato(+).

descontrolado, a *adj* (<descontrolar + -ado) Que perdeu o [saiu do] controle. **Ex.** Ele é muito [é um] ~ na bebida/*col* nos copos. O cami(nh)ão ~ foi de encontro a uma [foi bater numa] casa.

descontrolar *v t* (<des- **c)** +...) (Fazer) perder o controlo. **Ex.** Descontrolei-me e disse o que não devia (ter dito/dizer).

descontrole/o *s m* (<descontrolar) Perda ou falta de controle. **Ex.** O ~ do automóvel deveu-se ao [foi (por)] excesso de velocidade. O juiz considerou o ~ temporário do réu um fa(c)tor atenuante.

desconvencer *v t* (<des- **c)** +...) (Fazer) perder a convi(c)ção/Dissuadir(+). **Ex.** Ele estava tão convicto [convencido] da traição do sócio na empresa que foi difícil desconvencê-lo.

desconversar *v t/int* (<des- **c)** +...) **1** Desviar (o assunto de um)a conversa. **Ex.** Quando não estás interessado no assunto, começas a ~. **2** Descambar na chocarrice ou no gracejo/Estragar a conversa. **Ex.** Já começaste a ~ ; se não tens cuidado com a língua saio daqui.

desconvidar *v t/int* (<des- **c)** +...) **1** Revogar ou anular um convite(+). **Ex.** Um imprevisto obrigou a ~ as pessoas. **2** Não despertar interesse/atrair/convidar.

desconvir *v t/int* (<des- **c)** + ...) **1** Não convir. **Ex.** Parecia-lhe [Pensava] que a solução desconviria a todos [não conviria a ninguém]. **2** Não estar de acordo/Discordar(+).

desconvocar *v t* (<des- **c)** +...) Desmarcar. **Ex.** Desconvocaram a reunião devido ao [por causa do] feriado.

descoordenação *s f* (<des- **c)** +...) Falta de coordenação/ligação. **Ex.** A ~ das [entre as] várias empresas participantes causou um grande atraso no [na realização do] proje(c)to. **Comb.** «sofrer de/ter» *~ de movimentos. ~ dos ponteiros do relógio.* ⇒ desorganização.

descoordenado, a *adj* (<descoordenar + -ado) Que tem falta de [Sem] coordenação. **Ex.** Os gritos dos capitães no meio da refrega [do combate] eram ~s.

descoordenar *v t* (<des- **c)** +...) Causar descoordenação. **Ex.** Este telefonema [imprevisto] descoordenou-me a agenda de [para] hoje.

descorado, a *adj* (<des- **c)** +...) **1** Que perdeu a cor/Desbotado/Esmaecido. **Comb.** Tecido [Vestido] ~. **2** Que perdeu a cor rosada/viva. **Comb.** Lábios ~s [pálidos]. **3** Com pouco brilho. **Comb.** Dia [Sol] ~. Estilo ~ [descolorido].

descorar *v t/int* (<des- **c)** +...; ⇒ descorado) (Fazer) perder a cor/o brilho/o vigor.

descornar *v t* (<des- **c)** + corno + -ar[1]) Tirar [Serrar/Encurtar] os cornos a um animal.

descoroar *v t* (<des- **c)** +...) **1** Tirar a coroa a/Destronar(+) «o rei». **2** Retirar a parte superior/Cortar a ponta «da árvore».

descoroçoado, a *adj* (<descoroçoar + -ado) Sem coragem/Desalentado/Desanimado.

descoroçoamento s m (<descoroçoar + -mento) Desencorajamento/Desânimo.

descoroçoante adj 2g (<descoroçoar + -ante) Que faz descoroçoar/Desanimador. **Ex** Depois de tudo o que fiz pelo meu filho, ver-me abandonado por ele é ~.

descoroçoar v t/int (<des- c) + coração + -ar¹) 1 (Fazer) perder a coragem. **Ex**. Era muito fraco de espírito; qualquer pequena contrariedade o descoroçoava. 2 Desanimar/Desalentar.

descorolado, a adj Bot (<des- c) + corolado) Que perdeu [não tem] corola. **Comb**. Flor [Rosa] ~a.

descorporificar [descorporizar] v t (<des- c) +...) Despojar(-se) do corpo/Tornar-se imaterial/Espiritualizar-se. **Loc**. Desejar ~-se em busca da perfeição.

descorrelação s f (<des- c) +...) Falta de correlação. **Comb**. ~ entre organismos do mesmo ministério. ⇒ descoordenação.

descorrelacionar v t (<des- c) +...) Tirar [Desfazer] a correlação. **Ex**. A descoberta de novos fa(c)tos descorrelacionou-o com o crime.

descortejar v t (<des- c) +...) 1 Não [Deixar de] cortejar. **Ex**. Descortejava o professor de tal forma que nem sequer o cumprimentava. 2 Desconsiderar. **Ex**. Nos discursos políticos primava por ~ [desconsiderar(+)] os adversários.

descortês adj 2g (<des- c) +...) Que não é cortês/Grosseiro/Indelicado/Malcriado. **Comb**. «telefonista» ~ no atendimento. **Ant**. Cortês; delicado; polido.

descortesia s f (<des- c) +...) Falta de cortesia/delicadeza/amabilidade/consideração. **Ex**. A ausência dele na tomada de posse do dire(c)tor foi um a(c)to de ~. **Sin**. Grosseria; indelicadeza.

descorticação s f (<descorticar + -ção) 1 A(c)to ou efeito de descorticar [tirar a casca]. 2 Tiragem da cortiça. **Ex**. A ~ dos sobreiros é feita de nove em nove anos. 3 Med Extra(c)ção da camada cortical de um órgão. 4 Descapsulação. **Comb**. ~ de grãos ou sementes.

descorticada s f (<descorticar) Tiragem da cortiça/Descorticação. **Loc**. Fazer a ~ dum montado de sobreiros.

descorticado, a adj (<descorticar + -ado) A que se tirou a cortiça/Sem cortiça. **Comb**. Sobreiros ~s.

descorticador, ora adj/s (<descorticar + -dor) 1 (O) que descortica. 2 Máquina ou instrumento para descorticar.

descortiçador, ora adj/s (<descortiçar + -dor) 1 (O) que descortiça. 2 Aparelho «machado» para descortiçar.

descortiçamento s m (<descortiçar + -mento) 1 A(c)ção de descortiçar/descascar. 2 Tiragem da cortiça. **Ex**. Há prazos fixados por lei para fazer o ~ dos sobreiros.

descorticar v t (<lat *descórtico,áre*) 1 (Re)tirar a casca ou o córtex ou a camada cortical de um órgão/Descascar. **Loc**. ~ arroz. ~ uma árvore «para eliminar os parasitas». 2 fig Analisar minuciosamente as várias camadas de/Tentar chegar ao cerne de. ⇒ descortinar; destrinçar.

descortiçar v t (<des- b) + cortiça +-ar¹) 1 Tirar a cortiça/casca/o córtice. **Ex**. Para ~ um sobreiro exige-se conhecimento apropriado.

descortinado, a adj (<descortinar + -ado) 1 Que se descortina[ou]/Sem cortina. **Comb**. Janela ~a. 2 Avistado [Descoberto] ao longe. **Comb**. Vulto ~ no horizonte.

descortinar v t (<des- b)/c) +...) 1 Tirar [Abrir] as cortinas. **Ex**. Descortina as janelas [Abre/Corre as cortinas(+)] para entrar o sol. Descortina as janelas [Tira as cortinas] para lavar os vidros. 2 fig Mostrar/Desvendar/Revelar. **Loc**. ~ um pouco do segredo. 3 Descobrir ao longe. **Loc**. «do meu terraço» ~ um barco no alto mar. 4 Chegar [Começar] a compreender. **Ex**. Já começo a ~ os segredos da informática. 5 Mil Abater [Derrubar] a cortina de uma fortificação.

descortinável adj 2g (<descortinar + -vel) 1 Que se pode descortinar/Avistável/Visível. **Ex**. (Daqui) o mar só é ~ [só se vê] em dias muito claros. 2 Compreensível. **Ant**. Imperce(p)tível; indescortinável.

descortino s m Br (<descortinar) 1 A(c)to ou efeito de descortinar. 2 Qualidade do que se vê ao longe. 3 Alcance/Argúcia/Perspicácia.

descosedura s f (<des- b)/c) +...) 1 A(c)to ou efeito de descoser. 2 Porção descosida. **Ex**. A costura (da saia) abriu de cima a baixo. Que grande ~!

descoser v t (<des- b)/c) +...) 1 Desfazer uma costura/Separar peças [partes] cosidas. **Ex**. Ela teve que ~ a bainha. 2 Desmanchar/Desconjuntar/Desunir. **Loc**. ~ um noivado. 3 pop Revelar um segredo/Divulgar. **Ex**. Brigaram, e andam (por aí) a ~ a vida um do outro. **Sin**. Abrir-se; desabafar. 4 fam Dar dinheiro. **Ex**. Bem lhe pedi uma ajuda para a viagem, mas não se descoseu nem com um cêntimo! 5 Confessar/Dizer. **Ex**. Fizeram-lhe muitas perguntas mas ele não se descoseu [mas ele ficou calado].

descosido, a adj (<descoser+-ido) 1 Que se descoseu/Com a costura desfeita. **Comb**. Casaco [Saia] ~o/a. 2 Desconjuntado/Desfeito/Desunido/Solto. **Comb**. Um discurso ~ [desconexo].

descostumado/descostumar ⇒ desacostumado/desacostumar.

descostume s m (<des- c) +...) Perda [Falta] de costume/Desuso. **Loc**. Cair em ~/ desuso(+).

descotado, a adj (<des- c) +...) Que não tem [perdeu a] cotação/Desvalorizado.

descotoar v t (<des- b) + cotão + -ar¹) Limpar o cotão.

descoutar v t (<des- c) +...) Tirar o privilégio de couto a. **Loc**. ~ uma herdade.

descravar v t (<des- b)/c) +...) 1 Tirar os cravos a/Despregar. **Loc**. ~ uma fechadura para a reparar. 2 Desengastar «pedras preciosas»/Descravejar. **Ex**. Mandei ~ [desengastar(o+)/descravejar(+)] o rubi do alfinete de gravata do meu marido para o aproveitar para um anel. 3 Desviar de olhar fixamente/Desfitar. **Loc**. ~ a vista [o olhar].

descravejar v t (<des- b)/c) +...) Tirar os cravos a/Desengastar(+). **Loc**. ~ uma joia.

descravizar v t (<des- +...) 1 Tirar da condição de escravo. **Sin**. Alforriar(+); libertar(o+). 2 Libertar(-se) da escravidão. **Ex**. Deixou o emprego onde era maltratado; descravizou-se.

descreditar v t ⇒ desacreditar.

descredibilizar v t (<des- c) +...) Tirar a credibilidade/Fazer perder o crédito. **Ex**. O que este jornal publica é uma vergonha e descredibiliza toda a informação. O escândalo do desfalque descredibilizou-o totalmente [por completo].

descrédito s m (<des- c) +...) 1 Perda [Falta] de crédito/Desprestígio. **Ex**. Caiu no ~ por não honrar os seus compromissos. 2 Má fama/Desonra/Desautorização. **Ex**. O ~ [A má fama/A desconsideração] dele era tão grande que até a família o evitava.

descremação s f Br (<descremar + -ção) Separação do creme [da nata] do leite. **Sin**. Desnatação(+).

descremar v t Br (<des- b) + creme + -ar¹) Separar o creme [a nata] do leite/Desnatar(+).

descrença s f (<des- c) +...) 1 Falta de crença/fé/Indiferença religiosa. **Ex**. A ~ [falta de fé] dos cristãos do ocidente é cada vez maior. **Sin**. Impiedade. 2 Ce(p)ticismo. **Ex**. Os argumentos que lhe foram apresentados não foram suficientes para lhe alterar a ~.

descrente adj/s 2g (<des- c) +...) 1 (O) que não crê. **Ex**. Procurava espalhar a fé cristã entre os ~s. **Sin**. Incrédulo; irreligioso. 2 Cé(p)tico. **Ex**. Apesar de todos os efeitos benéficos que (os outros) apontavam [atribuíam] ao remédio, continuava ~ da sua eficácia.

descrer v t/int (<des- c) +...) 1 Deixar de acreditar/Não crer. **Ex**. Como a empresa não foi reestruturada, começou a ~ que fosse possível evitar a falência. 2 Perder a fé/Negar/Apostatar. **Ex**. Primeiro deixou a prática religiosa. Depois começou a ~ nas verdades da fé recebida de seus pais.

descrever v t (<lat *descríbo,ere*; ⇒ escrever) 1 Fazer a descrição de/Contar [Expor/Narrar] pormenorizadamente. **Ex**. A vítima descreveu à polícia o seu agressor. 2 Traçar/Desenhar. **Loc**. ~ [Traçar(+)] linhas curvas. 3 Percorrer/Seguir. **Loc**. «um astro» ~ [Percorrer] a sua traje(c)tória/órbita.

descrição s f (<lat *descríptio,ónis*) 1 Relato [Representação] pormenorizado/a. **Ex**. Queres que te faça a ~ da nossa casa nova? Na foto que te vou enviar tens [podes ver] uma ~ pormenorizada dela. **Comb**. fam «um caso/fa(c)to» Sem ~ [Tão extraordinário que não se pode descrever]. 2 Enumeração/Relação. **Comb**. ~ de bens. 3 ⇒ diagnose. 4 Dir Identificação física, econó[ô]mica e fiscal de um prédio ou imóvel. 5 Dir Relação dos bens inventariados.

descriminalização [descriminação] s f (<descrimin(aliz)ar) 1 A(c)to de excluir o cará(c)ter de crime. **Comb**.~ [Despenalização] do aborto. 2 Absolvição de um crime.

descriminalizar [descriminar] v t (<des- c) + ... [crime + -ar¹]) 1 Absolver do crime imputado. 2 Tirar a culpa a. 3 Justificar. 4 Legalizar a(c)tos, comportamentos, uso de substâncias anteriormente considerados crimes. **Loc**. ~ [Despenalizar] o consumo de droga. **Ant**. Criminalizar [Incriminar].

descristianização s f (<descristianizar + -ção) A(c)to ou efeito de (se) descristianizar. **Comb**. A ~ da sociedade ocidental.

descristianizado, a adj (<descristianizar + -ado) Que se descristianizou/Que deixou de ser cristão. **Comb**. Populações ~as.

descristianizar v t (<des- c) +...) 1 Tirar [Perder] a qualidade de cristão/Deixar de ser cristão. **Ex**. A propagação do hedonismo contribuiu para que a juventude se descristianizasse. 2 Destruir o cristianismo. **Ex**. O regime comunista procurou ~ a Rússia.

descritível adj 2g (<descrito + -vel) Que se pode descrever (facilmente)/Susce(p)tível de ser descrito. **Sin**. Explicável. **Ant**. In~.

descritivo, a adj/s (<lat *descriptívus,a,um*) 1 Que faz a descrição. 2 Apresentação (meramente) ~a da situação econó[ô]mica do país. 2 Que diz respeito à [se apoia ou baseia na] descrição. **Comb**. *Anatomia* [Embriologia] ~a. *Geometria* ~a [que estuda a representação dos corpos geométricos em dois planos].

descrito, a adj (<lat *descríptus,a,um* <*descríbo*) 1 Escrito. 2 Narrado/Exposto/Enumerado. **Ex.** Apenas dois dos fa(c)tos ~s ficaram provados.

descritor, ora *adj/s m* (<lat *descríptor, óris*) **1** (O) que descreve. **2** Palavra utilizada «em Documentação/Indexação» para representar determinado conceito. **3** *Info* Parâmetro que permite a identificação num computador, dum conjunto de dados referentes ao mesmo assunto.

descruzar *v t* (<des- **c**) + ...) Desfazer a cruz/Separar o que estava cruzado. **Loc.** ~ os braços [as pernas].

descuidado, a *adj/s* (<descuidar + -ado) **1** (O) que não tem [teve] cuidado/Negligente/Indolente/Desleixado. **Comb.** Funcionário ~ «com os prazos». **Ant.** Brioso; cuidadoso; diligente. **2** *fam* Desarranjado/Desmazelado/Pouco apurado. **Comb.** ~ no vestir. ~ com a higiene pessoal. **3** Distraído/Desatento/Desinteressado. **Comb.** Aluno ~ [distraído(+)] nas aulas. **Ant.** Atento.

descuidar *v t* (<des- **c**) + ...) **1** Não tomar cuidado/Descurar/Desleixar/Negligenciar. **Ex.** A avó nunca descuidava as suas orações. Não te descuides com [Não descures] a matemática. **Loc.** ~ *o essencial* [as coisas essenciais]. *~ a [~-se da] saúde*. **2** ~-se/Distrair-se/Relaxar-se/Esquecer-se. **Ex.** Descuidou~se com as horas e perdeu o comboio [trem]. **3** *fam* ~-se/Deixar sair gases intestinais pelo ânus.

descuido *s m* (<descuidar) **1** Falta de cuidado/Desleixo/Negligência. **Ex.** Deixei a porta aberta por ~. **Comb.** *~ de estilo* [escrita]. *~ na higiene*. *~ no vestir*. **2** Esquecimento/Erro/Lapso. **Ex.** Não veio jantar e não disse nada. – O ~ foi meu; ele tinha--me avisado. **3** *fam* ~ bufa/peido/pum/traque. **4** *Br fam* Furto por distra(c)ção da vítima. **5** *Br fam* Gravidez não intencional.

desculatrar *v t* (<des- **b**/**c**) + ...) **1** Tirar a culatra. **Loc.** ~ uma espingarda. **2** ⇒ desenculatrar.

desculpa *s f* (<desculpar) **1** Alegação para justificar [atenuar] a culpa. **Ex.** Apresentou como ~ [de ter faltado ao trabalho] a greve dos transportes. **Loc.** *Apresentar ~s. Arranjar* [Inventar] *uma ~*. **2** Expressão de arrependimento/Pedido de perdão. **Ex.** O filho pediu ~ ao pai por não ter ido à escola. «ao tocar sem querer em alguém» Peço ~ [Desculpe]. **3** Escusa/Pretexto. **Ex.** A razão que dá(s) é uma ~ para não ir(es) à festa. **Loc.** *Dar uma ~* [Desculpar-se]. *Desfazer-se em ~s* [Justificar exageradamente uma falta]. **Comb.** idi ~ de mau pagador [Justificação pouco convincente].

desculpabilizar *v t* (<des- **c**) + ...; ⇒ desculpar) **1** Fazer diminuir a culpa/Tornar desculpável. **Ex.** O advogado tentou ~ o réu acusado de assassínio. **2** (Fazer) perder o cará(c)ter de culpável. **Ex.** O dire(c)tor desculpabilizou [não considerou culpável] o motorista pelo acidente de viação. **3** Libertar do sentimento de culpa. **Ex.** A lei a(c)tual desculpabiliza o consumo de droga.

desculpar *v t* (<des- **c**) + ...; ⇒ desculpabilizar) **1** Livrar da culpa/Perdoar. **Ex.** Vou desculpar-te [perdoar-te] mais uma vez, mas não voltes a faltar-me ao respeito! **2** ~-se/Justificar-se. **Ex.** Desculpou-se com a dor de cabeça de ter faltado ao encontro. **3** Não fazer caso de. **Ex.** A avó desculpava sempre [não se importava com] as traquinices do neto. Desculpe(m)! (Forma de chamar a atenção de alguém ou de lamentar [pedir perdão de] alguma falta; ⇒ desculpa **2 Ex.**).

desculpável *adj 2g* (<desculpar + -vel) Que se pode desculpar/Que merece desculpa.

Ex. Se não vieste «à reunião» por (causa da) doença, a tua falta é ~. Como te mostras tão arrependido, o teu (mau) comportamento é ~ [merece desculpa].

desculturação *s f* (<desculturar + -ção) Afastamento ou perda da sua cultura tradicional.

desculturar *v t* (<des- **a**) + cultura) Perder a cultura tradicional «do grupo/país». **Ex.** Este grupo indígena optou por se ~.

descumprir *v t/int* (<des- **c**) + ...) Faltar ao cumprimento de/Infringir/Transgredir.

descunhar *v t* (<des- **b**)/**c**) + ...) Tirar a(s) cunha(s) «do mastro» ou os calços «do tonel»/Descalçar.

descurado, a *adj* (<descurar + -ado) Que se descurou/Desleixado(+) «no vestir».

descuradamente *adv* (<descurada + -mente) Sem cuidado/Com desleixo.

descuramento *s m* (<descurar + -mento) Descuido/Desleixo(+)/Desmazelo/Negligência(o+). **Sin.** Descuro.

descurar *v t* (<des- **c**) + ...) Não curar de [Não dar atenção a/Descuidar/Desleixar/Desprezar]. **Ex.** É bom aluno, mas costuma ~ os trabalhos de casa. Ia para o café e descurava os negócios. **Loc.** «um rapaz» ~-se [Desleixar-se(+)] na higiene.

descuriosidade *s f* (<des- **c**) + ...) **1** Falta de curiosidade. **2** Incúria.

descurioso, osa (Ôso, Ósa, Ósos) *adj* (<des- + ...) **1** Que não tem curiosidade. **2** Pouco cuidadoso. **Sin.** Desaplicado; negligente.

descuro *s m* (<descurar) A(c)to ou efeito de descurar. **Sin.** Descuramento.

descurvar *v t* (<des- **c**) + ...) ⇒ desencurvar; endireitar.

desdar *v t* (<des- + dar) **1** Deixar de dar (o que se tinha prometido)/Retomar o que se tinha dado. **2** Desfazer [Desatar] um nó.

desde (Dês) *prep* (<de- + lat *ex-* + de) A partir de/A começar em/A contar de. **Ex.** ~ a ponte a rua é íngreme. Gastei muito dinheiro ~ o teu ingresso na Universidade. Esta rua tem muito movimento ~ as primeiras horas da manhã. **Comb.** *~ ... a* [até] (Ex. No supermercado há [vende-se] de tudo: ~ pão a(té) fruta, roupa, máquinas, etc. *~ agora* [De hoje em diante/A partir de agora] «serás tu, meu filho, a gerir a nossa empresa». *~ há* «20 anos que o conheci em S. Paulo». *~ então* «nunca mais o vi». *~ há muito* [Há muito tempo] «que eu suspirava por ver-te doutor/sacerdote». *~ já* **a)** A partir de agora (Ex. Este trabalho é para se fazer ~ já); **b)** Para já/Primeiro (Ex. ~ já, você veio contra o meu carro; e depois foi mal-educado). *~ quando* [A partir de que momento (Interrogação com sentido de reprovação) (Ex. ~ quando é permitido fumar cá em casa?). *~ que* **a)** A partir do momento em que/Depois que (Ex. ~ que entrei para a escola, nunca mais deixei de ler); **b)** *~ que* [Contanto que/Caso/Se] (Ex.~ que seja [Se for] possível, farei como você diz. Trabalharemos mais uma hora, caso [~/contanto que] ninguém se oponha.)

desdeixar *v t* (<des- **c**) + ...) ⇒ desleixar.

desdém *s m* (<desdenhar) Arrogância/Sobrancería/Desprezo. **Loc.** *Ao ~* [Descuidadamente/Negligentemente] (Ex. Vestir ao ~). *Olhar com ~*/desprezo [Desprezar] «os estrangeiros».

desdenhar *v t/int* (<lat *dedígnor,ári*: desprezar <*dígnor,ári*: julgar digno) **1** Mostrar [Ter] desdém/Desprezar. **Loc.** *~ (d)os professores. ~ os conselhos dos pais*. **2** Não dar importância/Não fazer caso. **Loc.** *~ honras ou elogios. ~ propostas vantajosas*. **3** ~-se/Rebaixar-se. **Ex.** Teve a classificação mais baixa, mas não se desdenhou. **4** Não considerar digno de si. **Loc.** «um pobre» ~ da roupa que lhe deram.

desdenhoso, osa (Ôso, Ósa, Ósos) *adj* (<desdenhar + -oso) **1** Que mostra desdém/Arrogante/Altivo/Soberbo. **Comb.** Senhoras elegantes e ~osas. «ter/lançar» Um sorriso ~/de desdém. **2** Que mostra pouco apreço/Que não dá importância. **Comb.** Aluno ~ do estudo.

desdentado, a *adj/s* (<desdentar + -ado) **1** Sem dentes. **Comb.** Velho e ~. **2** *Zool* Ordem de mamíferos. **Ex.**O tatu é um (mamífero) ~.

desdentar *v t* (<des- **b**)/**c**) + dente + -ar[1]) Tirar [Perder] os dentes. **Ex.** Começou a ~-se muito cedo «por causa da quimioterapia». **Ant.** Dentar; dentear.

desdita *s f* (<des- **c**) + dita) **1** Falta de sorte/Desventura/Infelicidade/Infortúnio/Azar. **Ex.** Toda a gente lamentava a ~ do rapaz. **Ant.** Felicidade; sorte.

desditoso, osa (Ôso, Ósa, Ósos) *adj* (<desdita + -oso) Desventurado/Infeliz/Desditado. **Comb.** Homem [Mulher] ~.

desdizer *v t/int* (<des- **c**) + ...) **1** Contradizer as afirmações de outrem/Desmentir/Discordar. **Ex.** Que espírito de contradição! Desdizes [Dizes o contrário de/Contradizes] tudo o que eu digo. Não se pode ~ a acusação. As provas estão à vista. **2** Dizer o contrário do que se disse antes/Estar em contradição. **Ex.** Ainda há pouco elogiavas o professor; agora afirmas que não sabe ensinar: estás a ~-te. Este depoimento desdiz [contradiz(+)] o anterior.

desdobar *v t* (<des- **c**) + ...) Desenrolar o que estava dobado/Deslindar. **Loc.** ~ um novelo de lã.

desdobrado, a *adj* (<desdobrar + -ado) Com a dobra desfeita/Desenvolvido/Estendido/Aberto. **Comb.** Folha (de papel) ~a. Roupa ~a.

desdobramento *s m* (<desdobrar + -mento) **1** A(c)to ou efeito de desdobrar. **2** Duplicação [Multiplicação] a partir dum elemento inicial. **Comb.** *~ de comboios* [trens]. **3** Divisão em partes/Desmembramento. **Comb.** *~ de turmas. ~ de serviços*.

desdobrar *v t* (<des- **c**) + ...) **1** Abrir [Endireitar] o que estava dobrado/Desenrolar. **Loc.** *~ a toalha de mesa* [os lençóis]. **2** Separar em fra(c)ções. **Loc.** *~ turmas*. **3** Desenvolver [Ampliar] a partir dum elemento inicial. **Loc.** *~ uma carreira de transporte*. «a empresa» Desdobrar a sua produção por vários ramos. ~ o período laboral. **4** Explicar/Desenvolver. **Ex.** O conferencista ia desdobrando perante o público os pormenores da importante descoberta. **5** *fig* Intensificar a a(c)tividade. **Ex.** As mães desdobram-se em esforços para tratar da casa e da família.

desdobrável *adj/s 2g* (<desdobrar + -vel) **1** (O) que se pode desdobrar. **2** Folheto [Impresso] dobrado para facilitar o seu manuseamento. **Ex.** No posto de turismo estavam disponíveis ~eis sobre a cidade. ⇒ destacável.

desdou[oi]rado, a *adj* (<desdou[oi]rar + -ado) **1** Que se desdou[oi]rou/Sem dou[oi]rado. **Ex.** A talha do altar ficou ~ pela a(c)ção do tempo. **Comb.** Anel ~o. Bandeja ~a [escurecida(+)/negra(o+)]. **2** *fig* Desonrado/Desacreditado. **Comb.** A(c)tor [Político] ~.

desdou[oi]rar *v t* (<des- + ...) **1** Tirar o dou[oi]rado/Deslustrar. **Loc.** ~ uma moldura. **2** *fig* (Fazer) perder o brilho. **Ex.** O mau tempo não desdou[oi]rou o passeio. **Loc.** ~ [Ferir] a fama [o bom nome].

desdou[oi]ro *s m* (<desdou[oi]rar) **1** A(c)to ou efeito de desdou[oi]rar. **2** *fig* Deslustre. **Ex.** O roubo que você praticou na empresa

é um ~ no [para o] seu bom nome. **Sin.** Mancha; vergonha.

desdramatização s f (<desdramatizar + -ção) Eliminação do cará(c)ter dramático. **Comb.** ~ dum acontecimento [duma situação].

desdramatizar v t (<des- c) + ...) **1** Tirar o cará(c)ter dramático a. **Ex.** O comunicado da polícia desdramatizou (a gravidade d)o atentado. **2** Acalmar/Serenar/Suavizar. **Ex.** A serenidade do pai foi fundamental para ~ o ambiente familiar.

deseclipsar v t (<des- c) + ...) **1** Fazer cessar [Terminar] o eclipse/Aparecer após o eclipse. **Ex.** (A lua) começou a ~(-se) pelas duas (horas) da manhã. **2** Remover o que oculta/Destapar/Desvendar. **Ex.** A demolição do prédio deseclipsou a vista sobre a cidade. **3** Restituir o brilho/a fama. **Ex.** Estudos recentes deseclipsaram o grande orador e escritor P. António Vieira.

desedificação s f (<des- c) + ...) **1** Mau exemplo ou conselho. **2** Desmoralização/Escândalo.

desedificador, ora adj/s (<desedificar + -dor) (O) que desedifica.

desedificante adj 2g (<desedificar + -ante) **1** Que desedifica/Desmoralizador. **Comb.** Comportamento ~. **2** Que tira a crença religiosa. **Ex.** A fé cristã tem sido muito enfraquecida pela divulgação de ideias ~s do mau uso da liberdade.

desedificar v t (<des- c) + ...) **1** Desviar da virtude/Desmoralizar. **Ex.** Os maus exemplos desedificam crentes e não crentes. **2** Escandalizar. **Ex.** A conduta dos pedófilos desedificou [escandalizou(+)] muitos dos seus antigos admiradores.

deseducação s f (<deseducar + -ção) **1** Perda [Falta] de educação/cultura/polidez. **Ex.** A pouca exigência da escola contribui para a ~ dos alunos. **2** ⇒ ignorância.

deseducador, ora adj/s (<deseducar + -dor) **1** (O) que deseduca. **Comb.** Programas ~ es. **2** Desmoralizador. **Ex.** A banalização da sexualidade teve um efeito ~ [desmoralizador(+)] na juventude.

deseducar v t (<des- c) + ...) **1** (Fazer) perder a educação. **Ex.** Deseducou-se na ausência dos pais. **2** Prejudicar a educação. **Ex.** O excesso de tempos le(c)tivos não é benéfico e até pode ~ os alunos.

deseducativo, a adj (<deseducar + -tivo) Que deseduca/Que provoca a perda da educação. **Ex.** As quezílias [zangas/inimizades] entre professores são ~as para os alunos.

deseixar v t (<des- b)/c) + ...) **1** Tirar o(s) [Sair do(s)] eixo(s). **Loc.** ~ [Tirar] a roda. **2** fig (Fazer) perder o equilíbrio/Descontrolar(-se). **Ex.** A falta de planeamento fez ~ [descarrilar] o proje(c)to.

desejado, a adj/s (<desejar + -ado) **1** (O) que foi obje(c)to de desejo/Ambicionado/Apetecido/Cobiçado. **Loc.** Obter o lugar [emprego] ~. **Comb.** O ~ fim de semana. **2** Pessoa que se deseja encontrar/Saudoso. **Ex.** Chegou (finalmente) o ~!

desejar v t (<lat desídero,áre) **1** Ter desejo de/Pretender/Ambicionar/Ansiar. **Ex.** Desejava falar com o dire(c)tor. **Loc.** ~ [Querer] **uma bebida fresca. ~ um bom emprego. ~ viajar.** idi **Deixar a ~** [Não ser bom/Ficar aquém do desejável/Não satisfazer/Ser imperfeito] (**Ex.** O serviço deste restaurante deixa muito a ~). idi **Ver-se e ~-se para** [Deparar-se com uma situação muito difícil] (**Ex.** Viu-se e desejou-se para arranjar trabalho). **2** Fazer votos/Formular desejos. **Ex.** Desejo as tuas melhoras [Faço votos para que melhores]. Neste Natal venho ~-te [-lhe] boas festas.

desejável adj 2g (<desejar + -vel) **1** Que é digno de ser desejado/Apetecível/Atraente. **Ex.** O soldado viu-se numa situação má [difícil/pouco ~]. **2** Necessário/Conveniente/Importante. **Ex.** Seria ~ [bom(+)] que hoje não chovesse, por causa da nossa festa. Era ó(p)timo [muito ~] que fizessem as pazes imediatamente.

desejo s m (<lat desidérium,i) **1** Apetite/Anseio/Vontade. **Ex.** Sinto um enorme ~ de comer bolos [de me encontrar contigo]. **Loc.** Satisfazer os seus ~s. **2** Aspiração. **Ex.** O meu maior ~ é tirar um curso superior. **3** Intenção. **Ex.** Vou gozar umas férias sossegadas. – Também é esse o meu ~ [é essa a minha intenção]. **4** Apetite sexual. **5** pl Apetites das mulheres grávidas. **Loc.** Sentir [Ter] **~s.** pop Estar de **~s** [Estar grávida].

desejoso, osa (Ôso, Ósa, Ósos) adj/s (<desejo + -oso) (O) que deseja/tem desejo(s). **Comb.** ~ de ir para férias [de estudar/brincar/trabalhar]. **Idi.** Pede o guloso para o ~ [Fazer um pedido interesseiro].

deselectrizar ⇒ deseletrizar.

deselegância s f (<des- c) + ...) **1** Falta de elegância/beleza. **Ex.** Os vestidos antiquados agravavam a sua ~ natural. **2** Falta de educação/Indelicadeza/Descortesia. **Ex.** Diz-se minha amiga e não me convidou. Já estou habituada às suas ~s! **3** Inconveniência/Incorre(c)ção. **Comb.** A ~ dum discurso político.

deselegante adj 2g (<des- c) + ...) **1** Que não tem elegância/beleza/Desajeitado. **Comb.** Movimentos ~s. Rapariga [Moça] ~. **2** Que não tem educação/Inconveniente/Incorre(c)to. **Loc.** Responder de forma ~ [incorre(c)ta(+)].

deseletrizar (Lè) [Br **desele(c)trizar** (dg)] v t [= deselectrizar] (<des- c) + ...) Descarregar a eletricidade [a carga elétrica] dum corpo. **Loc.** ~ a cerca do pasto dos cavalos. ~ a escova do cabelo.

deseliminar v t (<des- c) +...) Restituir «o atleta» ao estado de não eliminado/Restabelecer/Reabilitar.

deselitizar v t (<des- c) + ...) (Fazer) perder o cará(c)ter de elite.

desemaçar v t (<des- b)/c) + ...) Desfazer os maços/Separar o que estava em maços. **Loc.** ~ documentos.

desemadeirar v t (<des- b)/c) + ...) Desfazer o madeiramento/Tirar as madeiras.

desemalar v t (<des- b)/c) + ...) Tirar da [Desfazer a] mala/Desenfardar. **Ex.** Quando chegou da viagem foi logo ~ a [desfazer a mala(+)] da] roupa.

desemalhar v t (<des- b)/c) + ...) Tirar das [Desfazer as] malhas. **Loc.** ~ o peixe. ~ [Desmanchar(o+)/Desfazer(+)] a camisola de lã.

desemalhetar v t (<des- b)/c) + ...) Separar peças ligadas por malhetes/Destravar/Despregar. **Ex.** A gaveta está desconjuntada; desemalhetou-se [os malhetes desencaixaram].

desemaranhar v t (<des- c) + ...) **1** Desfazer o emaranhado/Desembaraçar/Desenredar/Destrinçar. **Loc.** ~ o cabelo. ~ uma meada de lã. **2** fig Esclarecer. **Loc.** ~ uma intriga.

desembaçar v t (<des- c) + ...) **1** Tirar a cor baça a/Desembaciar(-se). **Loc.** ~ [Desembaciar(+)] os vidros do carro. **2** Fazer voltar a si/Reanimar. **Ex.** Uma bebida quente fê-lo ~ rapidamente.

desembaciador s m (<des- c) + embaciar + -dor) Produto [Dispositivo] para desembaciar. **Comb.** Automóveis com ~ dos vidros. Produto ~.

desembaciamento s m (<des- c) + embaciar + -mento) A(c)to ou efeito de desembaciar.

desembaciar v t (<des- c) + ...) **1** (Fazer) perder o aspe(c)to baço. **Loc.** ~ o espelho [a janela]. **2** Restituir o [Dar] brilho a. **Loc.** ~ [Polir(+)] uma bandeja de prata.

desembainhar v t (<des- b)/c) + ...) **1** Tirar da bainha. **Loc.** ~ a espada. **2** Descoser a bainha. **Loc.** ~ a saia.

desembalar[1] v t (<des- b)/c) + ...) Tirar da embalagem/Desembrulhar/Desencaixotar/Desenfardar. **Loc.** ~ a mercadoria.

desembalar[2] v t/int (<des- c) + ...) (Fazer) perder a velocidade. **Loc.** «um automóvel» Começar a ~.

desembalsar v t (<des- b)/c) + ...) Tirar (o vinho) da balsa/dorna.

desembandeirar v t (<des- c) + ...) Tirar a(s) bandeira(s) de. **Ex.** Depois da festa desembandeiraram (logo) as ruas.

desembaraçado, a adj (<desembaraçar + -ado) **1** Livre de embaraços/Desenredado. **Comb.** Linhas ~as [desenredadas(+)]. **2** Desimpedido/Desobstruído. **Comb.** Caminho [Estrada] ~. **3** Desobrigado/Livre. **Comb.** ~ de dívidas. **4** Ágil/Expedito. **Comb.** Empregado ~. **Ant.** Atado; lento; indolente.

desembaraçar v t (<des- c) + ...) **1** Livrar de embaraços/Desemaranhar/Desenredar. **Loc.** ~ **as linhas do tricô. ~ o cabelo** «para fazer tranças». **2** Desimpedir/Desobstruir. **Ex.** Corta os arbustos para ~ o caminho. **Loc.** ~ a terra de inimigos [ladrões/drogados]. **3** ~-se/Livrar-se de problemas/dificuldades. **Ex.** Foi difícil ~-me [livrar-me] daquele maçador. **4** Tornar-se desenvolto/expedito/despachado. **Ex.** Quando começou a trabalhar era muito lento, mas com a prática foi-se desembaraçando. **5** Trabalhar com perícia e rapidez. **Ex.** Acaba (lá) a limpeza. Desembaraça[Despacha]-te (por) que temos que [de] sair.

desembaraço s m (<desembaraçar + -o) **1** Agilidade/Desenvoltura/Presteza. **Loc.** Falar [Trabalhar] com grande ~. **2** Coragem/Intrepidez/Valentia. **Ex.** O ~ do capitão incutia ânimo aos soldados. **Ant.** Acanhamento; timidez.

desembaralhar v t (<des- c) + ...) **1** Ordenar [Organizar] o que estava embaralhado. **Loc.** ~ os apontamentos das aulas. **2** Desembaraçar/Desenredar. **Loc.** ~ as lãs.

desembarcado, a adj (<desembarcar + -ado) **1** Que (se) desembarcou. **Comb.** Mercadoria ~a. **2** Que está a prestar serviço em terra. **Comb.** Marinheiro ~.

desembarcadou[oi]ro s m (<desembarcar + -dou[oi]ro) Lugar de desembarque/Cais.

desembarcar v t/int (<des- c) + ...) **1** Tirar do barco. **Loc.** ~ a mercadoria «no porto de Lisboa». **2** Sair do barco/avião/comboio[trem]/Apear-se. **Ex.** Todos os passageiros tiveram que ~ porque foi dete(c)tada uma avaria no avião. **3** Deixar de pertencer à guarnição dum navio.

desembargado, a adj (<desembargar + -ado) **1** Livre de embargo/Desatravancado/Desimpedido/Livre. **Comb.** Caminho [Passagem] ~ [~a]. **2** Despachado. **Comb.** Mercadoria ~a na alfândega.

desembargador, ora s/adj (<desembargar + -dor) **1** (O) que desembarga. **2** Juiz (do tribunal) da Relação. **3** Membro do Tribunal Eclesiástico. **4** Br Juiz do Tribunal de Justiça ou de Apelação.

desembargar v t (<des- c) + ...) **1** Levantar o embargo. **Ex.** O Ministério desembargou-lhe a obra. **2** Dar seguimento/Despachar. **Ex.** Só depois de ter pago os direitos

alfandegários é que lhe desembargaram a mercadoria. **3** *fig* Desembaraçar/Desimpedir. **Loc.** ~ o caminho.

desembargo *s m* (<desembargar) **1** Levantamento do embargo/Desimpedimento. **Comb.** ~ duma obra. **2** *Dir* Despacho dum litígio/Sentença.

desembarque *s m* (<desembarcar) **1** A(c)to ou efeito de desembarcar. **Comb.** Formalidades de ~. **2** *Mil* Colocação em terra de forças militares transportadas por meios navais. **Comb.** «na II Guerra Mundial» ~ na Normandia.

desembarrancar *v t/int* (<des- **c**) + ...) **1** Tirar dum barranco/atoleiro. **Loc.** ~ um automóvel do lamaçal. **2** *fig* Remover dificuldades/Desobstruir/Desimpedir. **Loc.** ~ uma licença de construção.

desembarrigado, a *adj* (<desembarrigar) Sem barriga/Adelgaçado/Delgado. **Ex.** ficas com um ar mais saudável.

desembarrigar *v t/int* (<des- **c**) + ...) Diminuir a [Perder] barriga(+)/Emagrecer.

desembarrilar *v t* (<des- **c**) + ...) **1** Tirar do barril. **Loc.** ~ o vinho. **2** *fig* Desenganar/Desiludir. **Ex.** Depois de a trazer enganada tanto tempo acabou por desembarrilá-la [desenganá-la(+)] acerca do namoro.

desembebedar *v t* (<des- **c**) + ...) Fazer passar a bebedeira/Desembriagar. **Ex.** Só se desembebeda (Bebéda) depois de passar uma noite (inteira) a dormir.

desembeber *v t* (<des- **c**) + ...) Enxugar [Secar] o que estava embebido/Desempapar/Desensopar.

desembestado, a (Bés) *adj* (<desembestar + -ado) **1** Desenfreado. **Comb.** Correria ~a. ⇒ galopada. **2** Devasso. **Ant.** Comedido; sofreado.

desembestar (Bés) *v t/int* (<des- **c**) + ...) **1** Arremessar com besta². **Ex.** Desembestavam setas com pontaria certeira. **2** Maltratar com palavras proferidas com violência/Perder a calma/Insultar. **Ex.** Irritado, desembestou [pôs-se/começou] a insultar toda a gente com palavras ofensivas. **Loc.** ~ impropérios. **3** *col* Partir [Correr] impetuosamente. **Ex.** Logo que ouvem a sirene, os bombeiros desembestam [correm a toda a pressa] para o combate ao incêndio.

desembezerrar *v t/int* (<des- **c**) + ...) (Fazer) perder o amuo/Desamuar.

desembirrar *v t/int* (<des- **c**) + ...) **1** Tirar [Perder] a birra/Deixar de embirrar. **Ex.** Como não desembirrou, não comeu a sobremesa. Parece que (finalmente) o professor já desembirrou [deixou de embirrar] com o meu filho.

desembocadura *s f* (<des- **e**) + ...) Lugar de chegada ou saída/Foz/Confluência. **Comb.** ~ do rio [da rua].

desembocar *v t/int* (<des- **e**) + ...) **1** Desaguar. **Ex.** O rio «Tejo/Amazonas» desemboca no mar por um extenso estuário. **2** Dar [Ir ter]. **Ex.** A rua desembocava numa ampla praça.

desembolado, a *adj* (<desembolar + -ado) Que não está embolado. **Comb.** Touro ~. Florete ~.

desembolar *v t* (<des- **b**)/**c**) + ...) Tirar a prote(c)ção [as bolas] dos chifres do touro ou da ponta do florete. **Ex.** O touro desembolou-se. O florete está desembolado.

desembolsar *v t* (<des- **b**)/**c**) + ...) **1** Tirar da[o] bolsa[o]. **Ex.** Tive que ~ os livros «para lavar a bolsa». **2** Gastar [Despender] dinheiro. Para a reparação do carro desembolsei uma elevada quantia. **Comb.** Dinheiro desembolsado [despendido/gasto].

desembolso *s m* (<desembolsar) **1** A(c)ção de desembolsar. **2** Quantia que se gastou/Despesa. **Ex.** O atraso no pagamento do imposto «IRS» obrigou-me ao ~ de mais 20%. **3** Dinheiro que se adiantou e que se pode reaver. **Ex.** No início do processo de compra tem de haver um ~ para despesas de expediente.

desemborcar *v t* (<des- **c**) + ...) Virar para cima o «copo» que estava emborcado.

desemborrar *v t* (<des- **b**)/**c**) + ...) **1** Tirar a borra. **Loc.** ~ um tonel [pipo/uma pipa]. **2** Tirar a cinza da barrela. **Loc.** ~ a roupa que esteve na barrela.

desemborrascar *v t/int* (<des- **c**) + ...) **1** (Fazer) passar a borrasca/Desanuviar/Desassombrar/Serenar. **Ex.** O céu começou a ~. **2** ⇒ «a zanga» acalmar.

desemboscar *v t* (<des- **b**)/**c**) + ...) (Fazer) sair do abrigo/do bosque/da emboscada/do esconderijo. **Loc.** ~ os coelhos das tocas. ~ os assaltantes acoitados [escondidos] no prédio em ruínas.

desembotar *v t* (<des- **c**) + ...) **1** Refazer um gume embotado. **Loc.** ~ a lâmina da plaina [o cutelo do talhante/a faca]. **Sin.** Afiar; aguçar; amolar. **2** Fazer com que os dentes deixem de estar botos. **3** Fazer perder a timidez/Desentorpecer/Espertar.

desembraçar *v t* (<des- **b**)/**c**) + ...) Largar [Separar] o que estava embraçado. **Loc.** «o aluno» ~ a sacola dos livros.

desembraiar [desembrear¹] *v t* (<fr désembrayer) Soltar a embrai[bre]agem de um veículo.

desembramar *v t* (<des- **c**) + ...) Desenovelar/Desenroscar. **Loc.** ~ os inse(c)tos que caíram na rede.

desembravecer *v t* (<des- **c**) + ...) (Re)tirar a bravura/Acalmar/Amansar/Domar. **Loc.** ~ [Amansar(+)/Domar(o+)] as feras «do circo».

desembrear¹ ⇒ desembraiar.

desembrear² *v t* (<des- **b**)/**c**) + ...) Tirar o breu/alcatrão.

desembrechar *v t* (<des- **b**)/**c**) + ...) Tirar o embrechado/incrustado. **Loc.** ~ um muro.

desembrenhar *v t* (<des- **b**)/**c**) + ...) **1** Fazer sair da(s) brenha(s). **Ex.** Desembrenharam-se a muito custo do meio dos silvados. **2** *fig* Libertar-se de apuros/confusões/embaraços. **Loc.** ~ da manifestação que descambou em pancadaria.

desembriagar *v t* (<des- **c**) + ...) ⇒ desembebedar.

desembridar *v t* ⇒ desbridar.

desembrulhar *v t* (<des- **c**) + ...) **1** Tirar do [Desfazer o] embrulho/Desempacotar. **Loc.** ~ uma prenda. **2** ⇒ Desemaranhar «as lãs»/Desembaraçar. **3** *fig* Deslindar/Destrinçar/Esclarecer. **Ex.** A confusão era grande e difícil de ~. **4** Desdobrar/Distender. **Loc.** ~ um papel (enrolado/amarfanhado).

desembrulho *s m* (<desembrulhar) **1** A(c)to de desembrulhar. **2** *fig* Elucidação/Esclarecimento.

desembrumar *v t* (<des- **c**) + ...) Aclarar/Desanuviar(+). **Ex.** O céu começou a ~ ao fim da manhã.

desembruscar *v t* (<des- **c**) + ...) Desanuviar(+)/Tornar claro.

desembrutecer *v t* (<des- **c**) + ...) Fazer perder a rudeza/Instruir/Civilizar. **Loc.** ~ as crianças das aldeias isoladas do interior.

desembruxar *v t* (<des- **c**) + ...) Livrar de bruxarias/Desenfeitiçar.

desembuçar *v t* (<des- **c**) + ...) Tirar o embuço a/Destapar a cara. **Ex.** Desembuce-se, queremos ver com quem falamos. Desembuçou-se tirando a máscara. **2** Mostrar/Patentear/Revelar. **Loc.** ~ as intenções.

desembuchar *v t/int* (<des- **c**) + ...) **1** Tirar do bucho ou estômago/Desimpedir. **Ex.** Bebe um pouco de água para desembuchares. Desembuchou [Vomitou] tudo. **2** Tirar a bucha a. **Loc.** ~ o cano. **3** *fig* Desabafar. **Ex.** Ó homem, fala, desembucha! **4** *fig* ⇒ pagar [largar o dinheiro].

desembuço *s m* (<desembuçar) A(c)to ou efeito de desembuçar/Desencapotamento.

desemburramento[rração] *s* (<desemburrar +- ...) A(c)to ou efeito de desemburrar.

desemburrar *v t* (<des- **c**) + ...) **1** Iniciar a instrução. **Ex.** Quando foi para a escola não conseguia aprender nada. Fui eu que a desemburrei. **2** Aperfeiçoar/Civilizar/Polir. **Ex.** A pequena desemburrou-se quando foi servir para casa do general. **3** *fam* Tirar o acanhamento. **Ex.** O convívio com as outras crianças ajudou-a a ~, a perder a timidez. **4** *fam* Desamuar. **Ex.** Não lhe ligues que ela depressa desemburra [desamua(+)].

desembutir *v t* (<des- **b**)/**c**) + ...) Tirar o embutido/Desencaixar.

desemoinhar *v t* (<des- **e**) + e + moinha + -ar¹) Limpar da moinha. **Loc.** ~ o trigo.

desemoldurar *v t* (<des- **b**)/**c**) + ...) Tirar (d)a moldura/Desencaixilhar. **Loc.** ~ uma fotografia.

desempacar *v t/int* (<des- **c**) + ...) **1** Tornar a [Fazer] andar. **Ex.** A mula por fim desempacou. **Loc.** ~ o cavalo. **Sin.** Desemperrar(+). **2** (Fazer) retomar o andamento/o trabalho.

desempachar *v t* (<des- **b**)/**c**) + ...) Livrar do empacho/Desimpedir(+). **Loc.** ~ o caminho.

desempacho *s m* (<desempachar) Desimpedimento/Desobstrução. **Comb.** ~ [Alívio(+)] de consciência.

desempacotamento *s m* (<desempacotar + -mento) A(c)to ou efeito de desempacotar.

desempacotar *v t* (<des- **b**)/**c**) + ...) **1** Tirar do [Desfazer o] pacote/Desembrulhar/Desembalar. **Loc. ~ a mercadoria. ~ a remessa de livros.**

desempalar *v t* (<des- **b**)/**c**) + ...) Livrar da empalação. **Sin.** Tirar o pau (metido no ânus dos condenados até morrerem).

desempalhar *v t* (<des- **b**)/**c**) + ...) **1** Tirar (de dentro) da palha. **Loc.** ~ a remessa de copos. **2** Tirar a palha a. **Loc. ~ cadeiras** de palhinha para substituir a palhinha. **~ um colchão. ~ garrafões.**

desempalmar *v t* (<des- **c**) + ...) Largar o que estava empalmado. **Loc.** ~ a caneta que tinha roubado.

desempanado, a *adj* (<desempanar + -ado) **1** Que já não está empanado/envolto em panos. **Ex.** Apareceu com o braço ferido já ~. **2** Que tem brilho/«vidro» Desembaç[ci]ado(+). **3** Que diz abertamente o que pensa. **Sin.** Franco(+); verdadeiro. **4** *Mec* «automóvel» Com a avaria [pane] reparada.

desempanar *v t* (<des- **c**) + ...) **1** Tirar o pano. **Loc.** ~ [Tirar a cobertura a/Desmontar(+)] **uma tenda de feira. ~ as** [Tirar as ligaduras das(+)] **costelas**. **2** Dar brilho/Desembaciar(+). **Loc.** ~ os vidros «da cristaleira». **3** ⇒Aclarar «as ideias»/Esclarecer. **4** *Mec* Resolver a avaria/a pane. **Loc.** ~ um automóvel avariado.

desempanturrar *v t* (<des- **c**) + ...) (Fazer) cessar o empanturramento.

desempapar *v t* (<des- **c**) + ...) **1** Tirar os papos [pano a mais] duma peça de ves-

tuário. **Loc.** ~ um casaco [uma saia]. **2** Tirar [Secar] o líquido que embebe. **Ex.** Chovia torrencialmente, fiquei com o casaco encharcado/empapado [casaco numa papa]. – Pendura-o para escorrer e ~.

desempapelar v t (<des- **c)** + ...) Tirar a cobertura ou prote(c)ção de papel/Desembrulhar. **Loc.** ~ *as paredes* do quarto. ~ [Desembrulhar(+)] *as encomendas*.

desempar v t (<des- **c)** + ...) Tirar a estaca/empa «às videiras».

desemparceirar v t (<des- **c)** + ...) Separar os parceiros/o que estava emparceirado. **Ex.** Já deixou de andar com ela; há muito que se desemparceiraram.

desemparedar v t (<des- **c)** + ...) **1** Desfazer o emparedamento. **Ex.** A demolição do prédio do lado desemparedou a nossa casa. **2** Libertar o que estava dentro das paredes duma prisão. **Sin.** Desenclausurar; soltar. **Ant.** Emparedar; enclausurar; prender.

desemparelhado, a adj (<desemparelhar + -ado) Que se desemparelhou/Desemparceirado. **Comb.** Animal de tiro ~ [Animal que não tem parelha «para puxar ao carro»]. *Meias* [Luvas] ~*as*.

desemparelhar v t (<des- **b)/c)** + ...) Separar [Apartar/Desunir] o que estava emparelhado/Desirmanar. **Ex.** Essas cartas não pertencem ao baralho, estão desemparelhadas. Não ponhas na mesa pratos desemparelhados. **Loc.** ~(-se) uma junta de bois.

desempastar v t (<des- **c)** + ...) Desprender o que estava empastado/Tirar o excesso de pasta. **Ex.** Ela está a ~ o cabelo. **Loc.** ~ a [Remover o excesso de] cola do papel.

desempastelar v t (<des- **c)** + ...) Separar [Dividir] o que estava empastelado. **Loc.** ~ uma composição tipográfica.

desempatado, a adj (<desempatar + -ado) Que deixou de estar empatado. **Comb.** Desafio [Jogo] ~ no último minuto. Proje(c)to ~ [aprovado/em andamento].

desempatar v t (<des- **c)** + ...) **1** Desfazer o empate/Decidir [Resolver] o que estava empatado. **Ex.** A equipa/e [O time] da casa conseguiu ~ o jogo no último minuto. O processo da venda do terreno acabou (finalmente) por se ~ [resolver/desemperrar/desembaraçar].

desempate s m (<desempatar) **1** A(c)to ou efeito de desempatar/desfazer a igualdade. **Ex.** A entrada do ponta de lança foi decisiva para o ~ do jogo. O presidente tem voto de ~. **2** Decisão/Resolução. **Ex.** A opinião dos comentadores políticos contribuiu para o ~ [a resolução/o desbloquear] da situação dentro do partido.

desempavesar v t Náut (<des- **c)** + ...) **1** Tirar os paveses. **Loc.** ~ *as galés*. **2** fam Perder a arrogância/prosápia/bazófia.

desempeçar [**desempecer/desempecilhar**] v t ⇒ desimpedir.

desempedernir v t (<des- **c)** + ...) **1** Tornar mole/Desendurecer. **Loc.** ~ as incrustações calcárias. **2** fig Abrandar/Enternecer. **Ex.** Quando viu o filho a chorar arrependido, desempederniu o coração e abraçou-o com ternura.

desempedrador s m (<desempedrar + dor) Aparelho para tirar as pedras do cereal.

desempedrar v t (<des- **c)** + ...) **1** Tirar o empedrado/Descalcetar. **Loc.** ~ uma rua. **2** Tirar as pedras. **Loc.** ~ um terreno «para plantar oliveiras».

desempegar v t (<des- **c)** + ...) **1** Tirar do pego. **2** fig Livrar de preocupações/Aliviar. **Loc.** ~-se de dívidas.

desempenadeira s f (<desempenar + -deira) Aparelho [Instrumento] para desempenar.

desempenado, a adj (<desempenar + -ado) **1** Que não está empenado/Direito. **Comb.** Tábua [Parede] ~a. **2** fig Airoso/Esbelto. **Comb.** Jovem ~o/a, com bela aparência. **3** fig Ágil/Desembaraçado. **Comb.** Empregado ~ [despachado/trabalhador].

desempenar v t (<des- **c)** + ...) Tirar o empeno/Endireitar. **Loc.** ~ *um eixo* [veio]. ~ *uma parede*.

desempenhar v t (<des- **c)** + ...) **1** Recuperar [Resgatar] o que estava empenhado. **Loc.** ~ o relógio de ouro [as joias]. **2** Livrar(-se) de dívidas. **Ex.** Paguei (hoje) a última prestação do empréstimo, fiquei desempenhado! **3** Cumprir/Executar. **Ex.** Desempenhou o cargo com muita eficiência. **Loc.** ~ [Ter] *uma função importante* na empresa. ~ [Fazer] *bem o (seu) papel* «de mediador para a paz». ~ *bem uma* [Sair-se bem de uma] *tarefa*/um trabalho. **4** Cine Teat Representar/Interpretar um papel/A(c)tuar. **Ex.** Aqueles a(c)tores desempenham um papel fantástico [desempenham maravilhosamente o seu papel].

desempenho (Pê) s m (<desempenhar) **1** Recuperação do que estava empenhado. **Ex.** Fui fazer o ~ das [tirar do prego(+) as] joias (que tinha empenhado). **2** Cumprimento/Exercício/Prestação. **Ex.** Ele ainda está no ~ [exercício] das suas funções de gerente. **3** Cine Teat Modo de representar/Interpretação. **Ex.** O a(c)tor teve um ~ satisfatório. **4** Comportamento/A(c)tuação. **Ex.** A equipa/e teve um bom ~ no torneio/campeonato «de futebol». **Comb.** O ~ do governo [do atleta/da máquina].

desemperramento s m ⇒ desemperro.

desemperrar v t (<des- **c)** + ...) **1** Desfazer o emperramento/Alargar o que estava perro/Tornar(-se) lasso. **Loc.** ~ um portão [uma fechadura]. **2** Deixar de teimar/Tirar a caturrice/perrice. **Ex.** Consegui ~ [desamuar(+)] a criança «oferecendo-lhe um rebuçado».

desemperro (Pê) s m (<desemperrar) A(c)to ou efeito de desemperrar.

desempertigar v t (<des- **c)** + ...) **1** Tirar o empertigamento/Deixar de estar empertigado. **Ex.** O peso dos anos desempertigou-o; ele que tinha um porte tão altivo, caminha agora curvado e com dificuldade. **2** fig Abrandar/Tornar(-se) flexível.

desempestar (Pés) v t (<des- **c)** + ...) **1** Livrar da peste/Desinfe(c)tar(+). **Loc.** ~ a escola «por causa do surto de meningite». **2** Tirar o mau cheiro(+)/Purificar(o+). **Loc.** ~ o ambiente.

desempilhar v t (<des- **c)** + ...) Desfazer uma [Tirar da] pilha/Desamontoar. **Loc.** ~ *pratos* [livros]. ~ *paletes de tijolo*.

desempinar v t/int (<des- **c)** + ...) **1** Desviar do pino/do eixo/Desaprumar. **Loc.** ~ um mastro. **2** Voltar à posição horizontal/Endireitar. **Ex.** O carro saiu da estrada e ficou empinado; foi um trabalho para o ~.

desemplastrar v t (<des- **c)** + ...) Tirar o emplastro. **Loc.** ~ uma perna esfacelada [gangrenada].

desemplumar v t (<des- **c)** + ...) Tirar [Arrancar] as plumas/Depenar. **Loc.** ~ um pavão com cuidado «para aproveitar as penas para um enfeite».

desempoado, a (<desempoar + -ado) **1** Sem pó/Desempoeirado(+). **Comb.** Ambiente limpo, ~. **2** Afável/Modesto/Sociável. **3** fig Sem preconceitos/De espírito arejado. **Comb.** Senhora cosmopolita, ~a.

desempoar v t (<des- **b)/c)** + ...) **1** Limpar [Tirar] o pó(+). **Ex.** É preciso ~ bem todos os livros da estante (por)que estão cheios de pó. **Loc.** ~ o rosto (do pó de arroz). **2** fig Tornar(-se) menos pretensioso. **Ex.** A doença fê-lo ~. **3** fig Perder os preconceitos. **Ex.** Desempoou-se em conta(c)to com os turistas estrangeiros.

desempobrecer v t/int (<des- **c)**+ ...) Tirar [Sair] da pobreza. **Ex.** Só comecei a ~ [a deixar de ser pobre] depois de os meus filhos saírem [terem saído] de casa.

desempoçar v t (<des- **b)/c)** + ...; ⇒ desempossar) **1** Tirar da/o poça/o. **Ex.** Vamos ~ o entulho [lixo] do poço para o limpar. **2** Desfazer as poças/Esgotar/Drenar/Desempegar. **Ex.** Limpa (bem) o rego para ~ a água. **3** Desatascar/Desatolar/Desentulhar.

desempoeirado, a adj (<desempoeirar + -ado; ⇒ desempoar) **1** Limpo de pó/Sem poeira. **Comb.** Ambiente ~ [limpo]. **2** fig Sem vaidade/Despretensioso/Modesto/Simples. **Ex.** Alguns insucessos que teve ajudaram-no a ficar mais ~. **3** fig Sem preconceitos/Esclarecido/Aberto. **Comb.** Mentalidade ~a/aberta. **4** fig Desembaraçado/Sem acanhamento. **Ex.** O ambiente desconhecido não o atemorizava. Era (todo) ~. **Ant.** Acanhado.

desempoeirar v t (<des- **b)/c)** + ...) **1** Tirar a poeira. **2** fig Fazer perder preconceitos/Esclarecer. **Ex.** O conta(c)to com pessoas mais cultas contribuiu para que se desempoeirasse. **3** fig Tornar despretensioso. **Sin.** Desempoar.

desempolar v t (<des- **c)** + ...) **1** Tirar as empolas. **Comb.** Creme/Pomada para ~ as queimaduras. **2** Alisar/Aplanar. **Loc.** ~ o chão do ginásio. **3** fig Tornar a linguagem mais simples. **Loc.** ~ o discurso.

desempoleirar v t (<des- **b)/c)** + ...) **1** Tirar do poleiro(+). **Loc.** ~ o papagaio. **2** fig Destituir de um cargo de prestígio. **Ex.** O novo Governo desempoleirou vários dire(c)tores. **3** fig Fazer descer duma posição elevada. **Loc.** ~ uma criança do cimo duma árvore.

desempolgar v t (<des- **c)** + ...) **1** Largar [Tirar] das mãos ou das garras. **Loc.** «o falcão, ferido» ~ a presa. **2** fig Desentusiasmar. **Ex.** Os participantes no comício desempolgaram-se com o fraco discurso do líder.

desempossar v t (<des- **c)** + ...) **1** ⇒ desaposar. **2** Destituir de determinado cargo ou função. **Ex.** O ministro acedeu ao pedido de demissão e desempossou-o do cargo.

desempregado, a adj/s (<desempregar + -ado) (O) que não tem emprego. **Ex.** O número de ~s [trabalhadores sem emprego] continua a aumentar. Fiquei ~ aos cinquenta anos.

desempregar v t (<des- **c)** + ...) (Fazer) perder o emprego/Despedir(-se) do trabalho. **Ex.** A crise do se(c)tor têxtil desempregou [deixou no desemprego] milhares de trabalhadores. Desempregou-se antes de saber se arranjava outro trabalho. **Sin.** Demitir; destituir; despedir.

desemprego (Prê) s m (<desempregar) Falta de emprego/Ina(c)tividade involuntária. **Ex.** Se esta fábrica fechasse, muitos trabalhadores iriam para o ~ [ficariam desempregados]. Em períodos de crise o ~ aumenta. **Loc.** Estar no ~ [Estar de-

sempregado]. **Comb.** ~ *estrutural* [derivado de problemas estruturais dum se(c)tor econó[ô]mico]. ~ *sazonal* [que ocorre apenas em determinada época do ano]. ~ *tecnológico* [provocado pela introdução de novas tecnologias]. **Subsídio de ~** [Compensação monetária para compensar (parcialmente) a falta de ordenado]. **Taxa de ~** [Percentagem de desempregados em relação ao total de trabalhadores a(c)tivos].

desemprenhar *v int* (<des- **c**) + ...) **1** Deixar de estar prenhe/Dar à luz/Parir. **Ex.** A porca já desemprenhou, pariu doze leitões. **2** Abortar. **3** *fig* ⇒ Desabafar/Desembuchar.

desemproar *v t* (<des- **c**) + ...) Fazer perder a proa/a vaidade/o orgulho. **Ex.** Desemproou-se quando viu que os amigos o iam deixando.

desempunhar *v t* (<des- **b**)/**c**) + ...) Deixar de empunhar/Largar da mão. **Loc.** ~ a espada [a caneta].

desemudecer *v t/int* (<des- **c**) + ...) Deixar de estar calado/Recobrar a fala. **Ex.** Se não desemudeceres, nunca conseguirás um emprego.

desenamorar *v t* (<des- **c**) + ...) Fazer perder o amor/Deixar de estar enamorado. **Ex.** É triste ver casais jovens desenamorarem-se à primeira dificuldade. **Sin.** Desapaixonar(-se).

desenastrar *v t* (<des- **b**)/**c**) + ...) **1** Soltar do nastro. **2** Desatar/Desentrançar.

desencabado, a *adj* (<desencabar + -ado) Sem cabo. **Comb.** Ferramenta [Enxada/Martelo] ~a.

desencabar *v t* (<des- **b**)/**c**) + ...) Tirar o [Sair do] cabo. **Ex.** A enxada desencabou-se.

desencabeçar *v t* (<des- **b**)/**c**) + ...) **1** Tirar da cabeça/da ideia/Despersuadir. **Ex.** Desencabeçou o [Tirou a ideia da cabeça do] filho «de seguir a carreira militar». **2** Tirar do princípio [da cabeça] duma lista. **Ex.** Desencabeçou-o da lista de deputados pelo distrito. **3** Destituir da chefia. **Loc.** ~ da chefia do departamento. **4** Fazer perder a cabeça/Induzir ao mal/Desencaminhar. **Ex.** Com falas enganosas desencabeçava [desencaminhava(+)] as colegas mais levianas.

desencabrestado, a *adj* (<desencabrestar + -ado) **1** «burro» Sem cabresto(+). **2** *fig* ⇒ Desenfreado/Arrebatado/Furioso.

desencabrestar *v t* (<des- **b**)/**c**) + ...) **1** Tirar o cabresto(+). **Loc.** ~ a montada «cavalo». **2** *fig* Proceder com descomedimento/Desenfrear. **Ex.** Quando lhe chamaram a atenção, desencabrestou-se e começou a insultá-los violentamente.

desencabritar *v t/int Br* (<des- **c**) + ...) **1** ⇒ zangar-se. **2** ⇒ Fugir a toda a pressa/Desembestar.

desencadeado, a *adj* (<desencadear + -ado) **1** Que se desencadeou. **Comb.** Tempestade de granizo ~a pela baixa [descida] de temperatura. **2** Livre [Solto] do cadeado. **3** Desenfreado/Impetuoso. **Comb.** Gritaria ~a sem motivo aparente. **4** Sem relação lógica/Desconexo. **Comb.** Ideias ~as.

desencadeamento *s m* (<desencadear + -mento) Aparecimento repentino/Começo(+). **Ex.** Esse incidente causou o ~ da guerra. **Ant.** Desfecho; fim.

desencadear *v t/int* (<des- **c**) + ...) **1** Desprender da corrente/cadeia/Desacorrentar. **Sin.** Soltar. **2** Dar início/Fazer aparecer. **Ex.** A epidemia foi desencadeada por um vírus desconhecido. Aquela discussão desencadeou [causou] o desassossego na aldeia.

desencadernar *v t/int* (<des- **b**)/**c**) + ...) **1** Tirar [Desfazer-se/Sair] a encadernação. **Ex.** O livro desencadernou-se. **2** *fig* Desataviar-se. **Loc.** «o Primeiro-Ministro» Aparecer em público *col* desencadernado [mal vestido(+)/desengravatado(o+)].

desencaixado, a *adj* (<desencaixar + -ado) **1** Que saiu do encaixe. **Comb.** Porta [Dobradiça] ~a. **2** Desconjuntado/Desunido. **Comb.** Móvel ~. **3** Tirado da caixa. **Comb.** Dinheiro ~ [investido/usado].

desencaixar *v t* (<des- **b**)/**c**) + ...) **1** Tirar [Sair] do encaixe. **Loc.** ~ a gaveta. ~ as rodas da engrenagem. **2** Tirar da caixa/Desempacotar. **Sin.** Desencaixotar. **3** Desarticular/Desmanchar. **Loc.** ~ o ombro [tornozelo].

desencaixe *s m* (<desencaixar) **1** A(c)to ou efeito de desencaixar. **2** *Econ* Aplicação de verbas que estavam em caixa. **Ex.** A ampliação da fábrica obrigou ao ~ de verbas avultadas.

desencaixilhar *v t* (<des- **b**)/**c**) + ...) Tirar (d)o caixilho. **Loc.** ~ *os vidros da janela*. ~ *um quadro*.

desencaixotamento *s m* (<desencaixotar + -mento) A(c)to ou efeito de tirar do caixote/da caixa. **Comb.** ~ da mercadoria.

desencaixotar *v t* (<des- **b**)/**c**) + ...) Tirar do caixote/da caixa. **Loc.** ~ livros.

desencalacrar *v t* (<des- **c**) + ...) **1** Livrar(-se) de apuros. **Sin.** ~ [Desencravar(+)] um amigo livrando-o da [de ir para a] cadeia. **2** Livrar(-se) de dívidas. **Ex.** A herança da tia desencalacrou-os totalmente [permitiu-lhes pagar todas as dívidas].

desencalhar *v t/int* (<des- **c**) + ...) **1** *Náut* Tornar a (pôr a) flutuar. **Ex.** Só foi possível ~ o navio com a maré alta. **2** *fig* Resolver/Vencer uma dificuldade. **Loc.** ~ [Despachar] um processo. **3** *fam* Deixar de estar sozinho/Encontrar companheiro/a. **Sin.** Contrair matrimó[ô]nio tardiamente. **4** Vender um produto que não tinha saída/venda. **Ex.** A vaga de calor fez ~ dezenas de ventoinhas que estavam em armazém há muitos anos.

desencalhe *s m* (<desencalhar) A(c)to ou efeito de desencalhar. **Ex.** Quando a maré alta chegou, procedeu-se ao ~ do navio.

desencalmar *v t/int* (<des- **c**) + ...) **1** Aliviar do calor. **Sin.** Refrescar(+). **2** Serenar/Tranquilizar. **Ex.** Desencalmaram-no com sedativos (porque estava muito agitado).

desencaminhado, a *adj* (<desencaminhar + -ado) Desviado do bom caminho/Transviado/Pervertido. **Comb.** Jovens ~s pelas más companhias.

desencaminhador, ora *adj/s* (<desencaminhar + -dor) **1** (O) que desencaminha. **2** Mau conselheiro. **Comb.** Falsos amigos ~es dos colegas.

desencaminhamento *s m* (<desencaminhar + -mento) **1** Afastamento do caminho re(c)to. **Comb.** ~ da juventude. **2** Desvio/Extravio(+)/Descaminho(o+). **Ex.** O ~ dos documentos deveu-se à mudança de instalações.

desencaminhar *v t* (<des- **a**)/**c**) + ...) **1** Desviar do caminho [rumo] certo. **Ex.** Desencaminhei-me por falta de sinalização na estrada. **Sin.** Extraviar; despistar. **2** Perder/Extraviar. **Loc.** ~ documentos. **3** *fig* Perverter os costumes. **Loc.** ~ a juventude. **Sin.** Transviar; corromper.

desencamisar *v t* (<des- **c**) + ...) ⇒ descamisar.

desencampar *v t* (<des- **c**) + ...) Retomar o que tinham encampado/Reaver/Recuperar.

desencanar *v t/int* (<des- **c**) + ...) **1** Fazer sair do(s) cano(s). **Loc.** ~ a água. **2** Tirar o(s) cano(s). **Ex.** Desencanaram a instalação de rega da propriedade para mudarem para o sistema (de rega) gota a gota. **3** *Med* Tirar as talas duma fra(c)tura. **Loc.** ~ a perna fra(c)turada. **4** *fig* ⇒ Errar.

desencanastrar *v t* (<des- **b**)/**c**) + ...) **1** Tirar da canastra. **Loc.** ~ o peixe. **2** Desfazer um tecido encanastrado. **Sin.** Desentrançar; desmanchar.

desencangar *v t* (<des- **b**)/**c**) + ...) Tirar a canga/o jugo. **Sin.** Desjungir.

desencantação [desencantamento] *s* (<desencantar) **1** Quebra do encantamento. **Ex.** Nem a bruxa conseguiu fazer a [o] ~ da rapariga/moça. **2** Falta de entusiasmo/Desengano/Desilusão. **Ex.** Passados os primeiros tempos da paixão veio a [o] ~. **3** ⇒ achamento; descoberta.

desencantado, a *adj* (<desencantar + -ado) **1** Que perdeu o feitiço. **2** Desenganado/Desiludido. **Comb.** «o povo está» ~ com o novo governo. **3** Achado/Descoberto/Encontrado. **Comb.** Livros antigos ~s «na biblioteca do avô».

desencantador, ora *adj/s* (<desencantar + -dor) **1** (O) que desencanta. **2** (O) que faz perder a beleza/o encanto/o feitiço. **3** (O) que faz perder as ilusões.

desencantar *v t* (<des- **c**) + ...) **1** Tirar [Perder] o encanto/a beleza. **Ex.** A construção de prédios na encosta desencantou a [tirou a beleza à(+)] paisagem. **2** *fig* Achar uma coisa rara. **Ex.** De uma arca perdida no sótão desencantaram verdadeiros tesouros da família. **3** Tirar [Perder] a ilusão. **Ex.** Ficou desencantado com tanta miséria (que não esperava encontrar). **4** Desenganar-se/Desiludir-se. **Ex.** Depressa se desencantou com o novo emprego. **5** Quebrar o feitiço. **Ex.** O mágico desencantou a dama.

desencanto *s m* (<desencantar; ⇒ desencantação[mento]) **1** Falta de entusiasmo. **Ex.** Andava todo entusiasmado com a música, mas depois veio o ~. **2** Desengano/Desilusão. **Ex.** O discurso do político traduziu [mostrou bem] o ~ do seu partido com o resultado das eleições.

desencantoar *v t* (<des- **b**)/**c**) + ...) **1** Tirar [Fazer sair] do canto. **2** *fig* Tirar do isolamento.

desencanudar *v t* (<des- **c**) + ...) Desmanchar [Alisar/Desencaracolar] o canudo. **Loc.** ~ os cabelos.

desencapar *v t* (<des- **b**)/**c**) + ...) **1** (Re)tirar a capa/o invólucro. **Ex.** Se não desencapares o teu livro, ele dura mais. **2** Tirar a capa/Desencapotar-se. **Ex.** Desencapou-se todo apesar da baixa temperatura. **3** *fig* ⇒ Mostrar-se tal qual é/Desmascarar-se.

desencapelar *v t/int* (<des- **c**) + ...) **1** Descobrir, tirando o capelo/chapéu. **2** *Náut* (Re)tirar do calcês cabos aí encapelados. **3** «o mar» Deixar de estar encapelado/Tornar-se [Ficar] bonançoso(o+). **Sin.** Acalmar(+); serenar(+).

desencapoeirar *v t* (<des- **b**)/**c**) + ...) **1** Tirar [Fazer sair] da capoeira/gaiola. **Loc.** ~ as galinhas. **2** *fig* Trazer para fora. **Ex.** Desencapoeira-te, anda comigo dar uma volta/um passeio.

desencapotar *v t* (<des- **b**)/**c**) + ...) **1** Tirar o capote/a capa. **Ex.** Ao chegar a casa desencapotou-se «e foi sentar-se à lareira». **Loc.** ~ os móveis tapados com panos por causa do pó. **2** *fig* Desmascarar(-se)/Mostrar(-se) tal qual é. **Ex.** Andou muito tempo a encobrir as suas verdadeiras intenções mas acabou por se ~. **Sin.** Descobrir(-se); desmascarar(-se)(o+); desvendar-se; revelar(-se)(+).

desencaracolar *v t* (<des- c) + ...) Desmanchar os caracóis do cabelo. **Ex.** A mãe obrigou a filha a ~ o cabelo. **Sin.** Desanelar; desencrespar. **Ant.** Frisar; ondular.

desencarapinhar *v t* (<des- c) + ...) **1** Desfazer a carapinha/Tornar liso. **Ex.** Há muitas mulheres africanas que gostam de ~ o cabelo. **2** Desencrespar/Desenriçar. **Ant.** Encarapinhar; frisar.

desencarapuçar *v t* (<des- b)/c) + ...) **1** Tirar a carapuça/Desbarretar(-se). **Ex.** Ao passar pelo juiz, os campinos desencarapuçavam-se [desbarretavam-se(+)] respeitosamente. **2** Tornar visível/Descobrir. **Ex.** Quando a polícia ~ [mostrar(+)/ desmascarar(o+)] o presumível criminoso, todos o hão de identificar.

desencarceramento *s m* (<desencarcerar + -mento) A(c)ção ou efeito de desencarcerar/ Libertação. **Comb.** O ~ dos feridos «no acidente de automóvel».

desencarcerar *v t* (<des- b)/c) + ...) **1** Libertar do cárcere/da prisão. **Loc.** ~ os presos. **2** Libertar os ocupantes duma viatura sinistrada. **Ex.** Os bombeiros demoraram duas horas a ~ os ocupantes do comboio [trem] destroçado.

desencardir *v t* (<des- c) + ...) **1** Limpar a sujidade/cardina/Branquear. **Ex.** Fez uma barrela para ~ a roupa. **2** *fig* Livrar de impureza ou de desonra. **Sin.** Expurgar; purificar.

desencarecer *v t* (<des- c) + ...) **1** Diminuir o preço(+). **Ex.** É preciso ~ os bens essenciais. **2** *fig* Fazer baixar a reputação/o valor/Depreciar. **Ex.** O filho ingrato desencarece [não sabe apreciar(+)] o valor da mãe.

desencargo *s m* (<desencargar) **1** ⇒ desoneração. **2** *Dir* Cumprimento de um encargo(+). **3** Diminuição do peso/da ansiedade. **Sin.** Alívio(+); desabafo; descargo «de consciência»(o+).

desencarnação *s f* (<desencarnar + -ção) **1** Separação da carne/Descarnamento. **Comb.** ~ das carcaças das aves no matadouro. **2** Perda da cor de carne [Perda do encarnado]. **3** ⇒ morte.

desencarnar *v t/int* (<des- b)/c)+ ...) **1** Despegar a carne dos ossos/Descarnar. **Loc.** ~ uma rês. **2** Tirar a coloração de carne. **3** ⇒ morrer.

desencarquilhar *v t* (<des- c) + ...) Fazer desaparecer as rugas. **Sin.** Alisar; desengelhar; desenrugar; desfranzir. **Ant.** Encarquilhar; engelhar.

desencarrancar *v t* (<des- c) + ...) Desfazer a carranca/Deixar de estar carrancudo. **Ex.** Não ganhas nada em estar carrancudo. Bem te podes ~ ! **Sin.** Alegrar-se.

desencarrapitar *v t* (<des- b)/c) + ...) Fazer descer de um lugar elevado. **Ex.** O garoto subiu para a árvore e não queria descer. Tivemos que o ~ à força.

desencarregar *v t* (<des- c) + ...) **1** Livrar de culpa/Aliviar. **Loc.** ~ a consciência. **2** Livrar de encargo/Desobrigar. **Ex.** A mãe desencarregou-me [dispensou-me(+)] da cozinha. **Ant.** Encarregar; incumbir.

desencarreirar *v t/int* (<des- a)/c) + ...) (Fazer) sair do caminho certo/Desencaminhar/Descarreirar. **Ex.** A ociosidade «, quando ficou desempregado,» fê-lo ~. Fazia muito bem renda de bilros; agora desencarreirei e já não sou capaz de a fazer.

desencarril(h)amento/desencarril(h)ar ⇒ descarrilamento/descarrilar.

desencartado, a *adj* (<desencartar + -ado) Sem carta [licença] de condução. **Comb.** Condutor ~.

desencartar *v t* (<des- b)/c) + ...; ⇒ descartar) **1** Tirar o encarte a. **2** Destituir de carta/diploma/licença. **Loc.** ~ [Tirar a carta (de condução) a(+)] *um motorista* (por transgressão grave). ~ [Tirar a licença a] *um solicitador* (por incompetência).

desencasacar-se *v t* (<des- b)/c) + ...) **1** Tirar o casaco/a casaca. **Ex.** O meu marido chega a casa, desencasaca-se e senta-se no sofá a ler o jornal. **2** Despir o fato de cerimó[ô]nia/Pôr-se à vontade. **Ex.** Depois da boda, os noivos desencasacaram-se e partiram para a viagem de núpcias.

desencascar *v t* (<des- b)/c) + ...; ⇒ descascar) **1** (Re)tirar o cascão/a sujidade. **Ex.** Esfrega bem a grelha do fogão para desencascares a gordura queimada. **Sin.** Desencardir; limpar. **2** Tirar do casco/da pipa/do tonel. **Loc.** ~ o vinho [a aguardente] «para engarrafar».

desencasquetar *v t* (<des- c) + ...) Desviar de ideia fixa/teima/mania/Despersuadir(-se)/Dissuadir(-se). **Ex.** Só se desencasquetou [dissuadiu(+)] de que os homens a perseguiam quando envelheceu.

desencastelar *v t* (<des- c) + ...) **1** Desalojar do castelo. **2** Desfazer uma pilha/um castelo. **Sin.** Desamontoar; desempilhar.

desencastoar *v t* (<des- b)/c) + ...) **1** Tirar o castão. **Ex.** Mandou ~ a bengala (que era) do avô. **2** Desengastar. **Ex.** Desencastoou o rubi do alfinete de gravata do marido para fazer um anel. **Sin.** Descravejar; desprender. **Ant.** Encastoar; engastar; incrustar.

desencatarrar *v t* (<des- c) + ...) **1** Eliminar [Curar] o catarro. **Ex.** O xarope desencatarrou rapidamente o meu filho. O chá de casca de cebola é muito bom para ~ [curar o catarro(+)].

desencavacar *v t* (<des- c) + ...) Pôr à vontade. **Ex.** As palavras carinhosas da avó foram suficientes para ~ [desinibir(+)/ pôr à vontade(o+)] os garotos.

desencavar *v t* (<des- c) + ...) **1** Tirar de dentro cavando. **2** *fig* ⇒ tirar «casos da infância» do esquecimento; descobrir.

desencavernar *v t* (<des- b)/c) + ...) Fazer sair da caverna/do covil/da toca(+). **Ex.** O barulho desencavernou uma nuvem de morcegos.

desencavilhar *v t* (<des- b)/c) + ...) **1** (Re)tirar a cavilha do orifício/buraco. **2** Desunir o que estava com cavilha.

desencepar *v t* (<des- c) + cepo/cepa + -ar[1]) **1** Arrancar as cepas velhas. **Loc.** ~ uma vinha. **2** Tirar dum cepo.

desencerar *v t* (<des- b)/c) + ...) Remover a cera de. **Loc.** ~ o chão da sala.

desencerrar *v t* (<des- b)/c) + ...) **1** Abrir o que estava encerrado/Descerrar/Pôr a descoberto. **Sin.** Descobrir; patentear. **2** Libertar da prisão. **Loc.** ~ os prisioneiros «por bom comportamento». **Sin.** Desencarcerar.

desencharcar *v t* (<des- c) + ...) **1** (Re)tirar do charco/Desatascar/Desatolar. **Loc.** ~ os sapatos. **2** Enxugar. **Loc.** ~ o chão do W. C. **3** *fig* Fazer sair do charco, de situação estagnante/Regenerar(-se). **Ex.** Desencharcou a população da apatia política. Conseguiu ~-se do vício do álcool.

desencilhar *v t* (<des- b)/c) + ...) Tirar a cilha/os arreios/Desaparelhar. **Ex.** Mandou ~ [desaparelhar(+)] o cavalo.

desenclaustrar *v t* (<des- c) + ...) (Fazer) sair do claustro. **Sin.** Exclaustrar(+).

desenclausurar *v t* (<des- c) + ...) (Fazer) sair da clausura.

desenclavinhar *v t* (<des- c) + ...) Desligar [Desunir] o que estava enclavinhado. **Loc.** ~ os dedos [as mãos].

desencoberto, a *adj* (<des- c) + ...) Cujo encobrimento foi desfeito/Descoberto. **Ex.** O céu amanheceu muito nublado mas agora já está ~.

desencoifar *v t* (<des- c) + ...) (Re)tirar a coifa/touca/o revestimento prote(c)tor. **Loc.** ~ a espoleta do canhão.

desencolerizar *v t* (<des- c) + ...) Aplacar [Perder] a cólera. **Sin.** Acalmar(-se); amansar; serenar; tranquilizar(-se).

desencolher *v t* (<des- c) + ...) **1** Estender o que estava encolhido. **Ex.** A mãe desencolheu o lençol da cama da criança. **Sin.** Desdobrar; esticar(+). **2** *fig* (Fazer) perder o acanha[encolhi]mento/a timidez. **Ex.** O rapaz conseguiu ~-se perante o Dire(c)tor. **Sin.** Desinibir-se.

desencolhimento *s m* (<desencolher + -mento) A(c)to ou efeito de desencolher. **Sin.** Desembaraço; desenvoltura; desinibição.

desencomendar *v t* (<des- c) + ...) Anular a encomenda. **Ex.** Telefonou a sra. Ana para ~ os bifes de peru.

desenconchar *v t* (<des- c) + ...) **1** (Fazer) sair da concha. **Loc.** ~ as amêijoas [a ostra]. **2** *fig* Desencarcerar/Soltar/Libertar. **Loc.** ~ cadastrados perigosos. **3** Alisar/ Desencolher. **Loc.** ~ as capas do dicionário.

desencontrado, a *adj* (<desencontrar + -ado) **1** Que segue dire(c)ção oposta. **Ex.** Andamos ~s: quando eu vou passear para a cidade, tu vens passear para o campo. Fomos todos ver o desfile mas lá não nos vimos, andámos ~s. **Comb.** Passos [Caminhos] ~s. **2** *fig* Não condizente/ Discordante. **Comb.** Opiniões ~as/diferentes.

desencontrar *v t/int* (<des- c) + ...) **1** Não encontrar/Seguir caminhos diferentes. **Ex.** Desencontrei-me contigo porque não vim dire(c)tamente para casa [porque vim por outro caminho]. **2** Não estar conforme/Ser oposto/Divergir. **Ex.** As nossas opiniões quase sempre se desencontravam.

desencontro *s m* (<desencontrar) **1** A(c)to ou efeito de desencontrar(-se). **Ex.** O ~ foi causado pelo atraso do comboio/trem. **2** Falta de coincidência de ideias/opiniões/ sentimentos. **Ex.** A vida dum casal é feita de encontros e ~s. **Sin.** Divergência.

desencorajador, ora *adj/s* (<desencorajar + -dor) (O) que desencoraja/amedronta/ desanima. **Ex.** As notícias dos ataques terroristas eram ~as para quem pretendia visitar aquela terra. **Comb.** Resultado ~.

desencorajamento *s m* (<desencorajar + -mento) A(c)to ou efeito de desencorajar. **Sin.** Desalento; desânimo.

desencorajante *adj 2g* (<desencorajar + -ante) ⇒ desencorajador.

desencorajar *v t* (<des- c) + ...) Fazer perder a coragem/vontade/o ânimo/o entusiasmo. **Ex.** Os baixos salários dos investigadores desencorajam a pesquisa científica. **Sin.** Desanimar; desestimar; desincentivar. **Ant.** Estimular; animar.

desencordoar *v t* (<des- b)/c) + ...) Tirar as cordas. **Ex.** Mandou ~ a guitarra.

desencorpar *v t* (<des- c) + ...) Tornar menos corpulento/Diminuir o volume/Adelgaçar. **Ex.** A tua filha emagreceu bastante. Desencorpou-se e fica [está] muito mais elegante. Este vinho pode-se ~ com um pouco de água porque é muito forte.

desencorrear *v t/int* (<des- b)/c) + ...) Desprender o que estava ligado com correias. **Sin.** Soltar.

desencortiçar *v t* (<des- b)/c) + ...) **1** Tirar do cortiço. **Loc.** ~ um enxame de abelhas. **2** Tirar o aspe(c)to de cortiça/Desenrugar/ Alisar. **Ex.** Ando a fazer um tratamento para ~ a pele nas queimaduras.

desencostar v t (<des- b)/c) + ...) 1 Separar [Desviar(-se)] do encosto. **Ex.** O carpinteiro desencostou o tronco da parede para o poder serrar mais à vontade. Desencostou-se do poste telefónico para se pôr na fila do autocarro/ó[ô]nibus. **Sin.** Afastar(-se); apartar(-se); desarrimar(-se). 2 fig Afastar-se do apoio moral/da ajuda. **Ex.** O rapaz desencostou-se da prote(c)ção paterna, julgando que podia ser autó[ô]nomo.

desencovar v t (<des- b)/c) + ...) 1 Tirar [Fazer sair] da cova/Desenterrar. **Loc.** ~ [Desenterrar(+)] um cadáver para determinar a causa da morte. **Sin.** Exumar(+). 2 fig Trazer à luz/Desencantar. **Ex.** Quando desencovou o tesouro, todos se admiraram. **Sin.** Descobrir; revelar.

desencovilar v t (<des- b)/c) + ...) Fazer sair [Tirar] do covil. **Ex.** Foi difícil ~ o urso. **Sin.** Desencavernar; desentocar «o coelho».

desencravar v t (<des- b)/c) + ...) 1 Arrancar cravos ou pregos. **Sin.** Descravar; despregar. 2 Separar da carne a unha encravada. **Ex.** O médico desencravou-lhe a unha (sem causar grande sofrimento). 3 fig Tirar de apuros. **Ex.** Consegui desencravá-lo duma dificuldade financeira. **Sin.** Desencalacrar; desenrascar.

desencravelhar v t (<des- b)/c) + ...) 1 Desapertar [Lassar] as cravelhas. **Loc.** ~ a viola. 2 fig ⇒ Livrar(-se) de apuros/Desencravar.

desencrencar v t (<des- c) + ...) Fazer sair da encrenca/Livrar(-se) de dificuldades/Sair de embaraços. **Ex.** Valeu-lhe o tio advogado para o ~ daquele negócio em que se metera. **Sin.** Desencravar; desenrascar(-se).

desencrespar v t (<des- c) + ...) 1 Fazer perder o encrespamento/Desenrugar. **Ex.** Foi ao cabeleireiro para ~ o cabelo. Comprou um produto para ~ a pele. 2 fig Recuperar a serenidade. **Loc.** O mar ~-se [serenar(+)/acalmar(o+)]. Desencresparem-se os ânimos [Acalmarem-se os (que estavam) desentendidos/Acabarem os desentendimentos].

desencrostar v t (< des- b)/c) + ...) 1 Tirar a(s) crosta(s)/Desencardir. **Loc.** ~ a loi[ou]ça de cozinha. ~ uma ferida. 2 fig Livrar de impureza moral. **Sin.** Purificar.

desencruamento s m (<desencruar + -mento) A(c)to ou efeito de desencruar.

desencruar v t (<des- c) + ...) 1 Fazer perder o encruamento. **Loc.** ~ [Deixar cozer] o feijão. 2 fig Tornar macio/terno. **Loc.** ~ [Abrandar/Enternecer(+)] o coração.

desencubar v t (<des- b)/c) + ...) (Re)tirar da cuba(+). **Loc.** ~ o vinho [mosto].

desencurralar v t (<des- c) + ...) 1 (Fazer) sair do curral. **Loc.** ~ o rebanho [os animais]. 2 Colocar em liberdade/Promover a retirada. **Loc.** ~ a população sitiada da [na] cidade.

desencurvar v t (<des- c) + ...) Desfazer a curvatura/Endireitar. **Loc.** ~ uma viga de ferro.

desendemoninhar v t (<des- b)/c) + ...) Fazer sair o demó[ô]nio. **Ex.** Muitos possessos foram desendemoninhados [curados(+)] no tempo de Jesus.

desendeusamento s m (<desendeusar + -mento) 1 Destituição do cará(c)ter divino. **Comb.** ~ *do imperador*. ~ *dum ídolo*. 2 fig Descida do pedestal em que alguém fora imerecidamente colocado.

desendeusar v t (<des- c) + ...) 1 Privar do cará(c)ter divino. **Ex.** Os imperadores romanos foram desendeusados pelos invasores bárbaros [pela história]. 2 fig Dar a alguém apenas o valor que tem. **Ex.** No fim da carreira, os ídolos do futebol depressa são desendeusados. **Loc.** ~ o chefe a quem tinham adulado.

desendividar v t (<des- c) + ...) Pagar a(s) dívida(s)/Desobrigar/Desonerar. **Ex.** Acabei de pagar a casa. Desendividei-me! **Loc.** ~ o amigo.

desenegrecer v t (<des- c) + ...) Tirar a cor negra/Branquear. **Ex.** Decidi pintar a cozinha para a ~ [desenfarruscar(+)]; está muito escura do fumo. **Loc.** ~ [Branquear(+)/Pôr à cora(o+)] a roupa.

desenegrecimento s m (<desenegrecer + -mento) Branqueamento. **Ex.** Se lavares com lixívia, consegues (fazer) o ~ total das paredes.

desenervar v t/int (<des- c) + ...) 1 Fazer passar o nervosismo/a agitação. **Ex.** A suavidade da música clássica desenerva-me [acalma-me(+)]. O sono reconfortante ajuda a ~. 2 Fazer ganhar forças físicas, morais ou mentais. **Ex.** Os exercícios físicos desenervam a preguiça mental.

desenevoar v t/int (<des- c) + ...) 1 Dispersar a névoa/neblina. **Ex.** Pelas dez (horas) da manhã, já tinha desenevoado [desaparecido o nevoeiro/a neblina/a névoa]. **Sin.** Aclarar(o+); desanuviar(+). 2 fig Recuperar a tranquilidade. **Sin.** Serenar; alegrar(-se).

desenfadar v t/int (<des- c) + ...) 1 Tirar o [Livrar(-se) do] enfado/aborrecimento. **Ex.** Ao pé dela [Junto a ela] toda a gente se desenfadava. Estava sempre a dizer piadas. Para se ~, ia (até) ao jardim jogar as cartas com os amigos. **Sin.** Alegrar; distrair; divertir; entreter.

desenfado s m (<desenfadar) 1 Ausência de enfado/Divertimento/Passatempo/Desfastio. **Ex.** Naquela casa ninguém estava triste; cantavam, dançavam, era um ~ permanente. **Ant.** Agastamento; enfado.

desenfaixar v t (<des- b)/c) + ...) 1 (Re)tirar a faixa/Libertar/Soltar. **Loc.** ~ a criança para controlar o peso [para a pesar]. 2 Desapertar(-se)/Desenrolar. **Ex.** A enfermeira desenfaixou [desenrolou(o+)/desapertou(+)] as ligaduras para ver como estava o ferimento [a ferida].

desenfardar v t (<des- b)/c) + ...) 1 Tirar para fora do(s) fardo(s)/Desempacotar. **Ex.** «para a servir melhor» Vou ~ a remessa de saias que chegou hoje. 2 fig Revelar/Mostrar.

desenfarpelar v t pop (<des- b)/c) + ...) Tirar a farpela(+)/Despir(-se). **Ex.** «ao domingo» Quando chegava a casa, logo tirava a farpela [desenfarpelava-se logo] para ir tratar dos [dar de comer aos] animais.

desenfarruscar v t/int (<des- c) + ...) 1 Lavar [Limpar] a(s) farrusca(s)/Desenegrecer. **Loc.** ~ «tachos e panelas». 2 Desenevoar/Desnublar/Desanuviar. **Loc.** «o céu/tempo» ~-se. 3 fig Perder o aspe(c)to sombrio/carrancudo.

desenfartar v t (<des- c) + ...) Desfazer o enfartamento/Desempanturrar(+)/Desopilar(o+). **Ex.** Ao almoço comi muito; agora tomo só um chá para ~.

desenfastiar v t (<des- c) + ...) 1 (Fazer) perder o fastio/Abrir [Estimular] o apetite. **Ex.** Um cálice de bom vinho desenfastiou-o. O pato no forno estava excelente e com muita (quantidade de) laranja para ~. 2 fig Livrar do tédio/enfado. **Ex.** Para se ~ do computador, ia dar um passeio pelo jardim. 3 fig Tornar menos cansativo/maçador. **Sin.** Amenizar(+); suavizar.

desenfeitar v t (<des- b)/c) + ...) (Re)tirar os enfeites/Desadereçar/Desadornar/Desataviar. **Ex.** No fim da festa, desenfeitaram imediatamente as ruas. A pequena [moça] desenfeitou-se antes de o pai chegar.

desenfeitiçar v t (<des- c) + ...) 1 Livrar de feitiço/Desembruxar/Desencantar. **Ex.** A tua filha anda [está] tão pálida, alguém lhe lançou mau olhado! Leva-a à bruxa para a ~ [para que a desenfeitice]. 2 ~-se/Libertar-se de uma paixão/Desapaixonar-se. **Ex.** O rapaz anda [está] perdid(inh)o de amores pela namorada. Não sei como se há de ~. **Loc.** ~ duma má companhia.

desenfeixar v t (<des- b)/c) + ...; ⇒ desenfaixar) Tirar do [Desfazer um] feixe/Separar/Desunir. **Ex.** Tiveram que vir os bombeiros ~ [separar] os dois automóveis que bateram [se enfeixaram(+)] um no outro. **Loc.** ~ o feno/a palha.

desenferrujado, a adj (<desenferrujar + -ado) 1 Que foi limpo de [Sem] ferrugem. **Comb.** Gradeamento/Portão ~. **Sin.** Desoxidado. 2 fig Que readquiriu mobilidade/Desentorpecido. **Comb.** Pernas/Articulações ~as. 3 fig De ânimo reavivado/Desperto/Reanimado. **Ex.** Comecei novamente a estudar inglês e já me sinto mais ~o/a.

desenferrujar v t/int (<des- c) + ...) 1 Limpar de [Tirar a] ferrugem/Desoxidar. **Loc.** ~ a ferramenta «alicate/serra». 2 fig Dar uso a/Fazer exercício/Desentorpecer. **Loc.** «o pianista» ~ *os dedos* (Torná-los ágeis). ~ *a língua* [Falar muito/Conversar]. ~ *o seu inglês* (Usá-lo). ~ *as pernas* [Andar]. ~ *a viola* [Tocar]. 3 fig Recobrar ânimo/Despertar/Instruir-se/Reanimar-se. **Loc.** ~ as ideias [Puxar pela cabeça/Pensar].

desenfestar v t (<des- c) + ...) Desfazer o festo/Alisar. **Loc.** ~ [Desvincar] as calças.

desenfeudar v t (<des- c) + ...) Tirar o feudo/Tornar livre/Libertar do jugo. **Ex.** No séc. XX quase todas as coló[ô]nias africanas se desenfeudaram dos países colonizadores. Não era fácil, na Idade Média, os servos desenfeudarem-se dos seus senhores. **Loc.** ~-se [Ficar independente(+)] dos pais.

desenfezar (Fè) v t/int (<des- c) + ...) Tirar o enfezamento/Fazer crescer/Desenvolver-se(o+)/Medrar(+). **Ex.** Como se desenfezou esta criança enquanto estive ausente!

desenfiado, a adj (<desenfiar + -ado) Que se desenfiou/Cujo fio saiu do orifício. **Comb.** Agulha ~a. Contas ~as do colar.

desenfiar v t (<des- c) + ...) 1 Tirar do fio [da linha] o que estava enfiado. **Ex.** A agulha desenfiou(-se). **Loc.** ~ uma agulha [as contas dum colar]. ~ a máquina de costura. ~ do varão as argolas do cortinado. 2 Tirar [Sair] do alinhamento. **Ex.** Ao ver passar a moça, os soldados distraíram-se e desenfiaram-se da formatura. 3 Mil Dispor as peças para tiros de enfiada. **Loc.** ~ os canhões para um ataque cerrado ao inimigo. 4 Tirar do corpo/Despir. **Loc.** ~ a camisola/as calças. 5 ~-se/Sair sorrateiramente/à sucapa/Soltar-se. **Ex.** Não vi o João na aula. Certamente desenfiou[esquivou(+)]-se [deve ter-se desenfiado]!

desenfileirar v t (<des- a)/c) + ...) Tirar da fileira/Desalinhar. **Ex.** Os soldados desenfileiraram(-se) no final do desfile. **Loc.** ~ as cadeiras.

desenflorar v t/int (<des- c) + ...) Tirar [Perder] as flores/Desadornar de flores. **Ex.** A tempestade desenflorou as [deitou ao chão as flores das(+)] amendoeiras. **Loc.** ~ as [Tirar as flores das(+)] jarras.

desenforcar v t (<des- c) + ...) Tirar da forca(+). **Loc.** ~ o cadáver (do enforcado).

desenforjar v t (<des- c) + ...) Tirar da forja(+). **Loc.** ~ os ponteiros [cinzéis].

desenformar v t (<des- b)/c) + ...) **1** (Re)tirar da forma (Fô). **Sin.** Desmoldar. **2** Tirar a forma (Fó) de. **Loc.** ~ um casaco/uma boneca de trapos. **Sin.** Deformar; estragar.

desenfornar v t (<des- b)/c) + ...) (Re)tirar do forno(+). **Loc.** ~ o pão/o assado.

desenfrascar v t (<des- b)/c) + ...) **1** Esvaziar o frasco. **Sin.** Desengarrafar. **2** pop ~-se/Desembebedar-se.

desenfreado, a adj/s (<desenfrear + -ado) **1** Sem freio/Que tomou o freio nos dentes. **Comb.** Cavalo ~ «é perigoso/pode deitar o cavaleiro ao chão». **2** fig Que não se contém/Fora de si/Arrebatado/Exaltado/Incontido. **Ex.** A multidão ~a tentou assaltar o palácio do governo. **3** fig Sem limites/Desmedido. **Comb.** Ambição ~a [desmedida(+)]. **4** fig Com grande velocidade/Apressado. **Comb.** Correria ~a/louca.

desenfreamento s m (<desenfrear + -mento) **1** A(c)to ou efeito de desenfrear(-se). **2** Falta de moderação/Excesso. **Comb.** ~ da multidão exaltada. **3** fig Devassidão/Libertinagem/Desregramento «do uso de drogas».

desenfrear v t/int (<des- b)/c) + ...) **1** Tirar o freio a(+). **Ex.** Desenfreou o cavalo antes de o meter na cavalariça. **2** fig Correr desabaladamente. **Ex.** Desenfreou (como um louco) pela rua abaixo. **3** Perder o controle/Descomedir(-se). **Ex.** Os espe(c)tadores indignados desenfrearam aos [soltaram(+)] gritos e apupos. **4** Tornar-se devasso/dissoluto/ libertino.

desenfronhar v t (<des- b)/c) + ...) **1** Tirar (d)a fronha. **Loc.** ~ a almofada/o travesseiro. **2** fig Tirar de onde estava guardado. **Loc.** ~ na biblioteca familiar um documento inédito. **3** Dar(-se) a conhecer/Revelar/Dizer. **Ex.** O candidato desenfronhou todas as suas ideias perante a assembleia. **Sin.** Apresentar(-se); expor(-se).

desenfunar v t/int (<des- c) + ...) **1** Deixar de estar enfunado. **Ex.** A calmaria desenfunou as velas da embarcação. **Comb.** Bola «de praia» ~a [sem [com pouco] ar]. **2** fig Fazer perder a vaidade/presunção. **Ex.** Os fracos/baixos resultados eleitorais fizeram-no ~. **Sin.** Desensoberbecer-se; desenvaidecer-se; perder a proa [bazófia(+)].

desenfurecer v t (<des- c) + ...) Acalmar a fúria/Desencolerizar(-se)/Serenar(-se). **Ex.** O juiz aconselhou o réu a que se desenfurecesse [a serenar(-se)(+)] antes de falar. O tornado desenfureceu-se [perdeu a força(+)] antes de alcançar a terra.

desenfurnar v t (<des- b)/c) + ...) **1** Tirar da furna. **Sin.** Desencavernar; desencovar. **2** Náut Tirar os mastros do lugar. **3** fig Voltar ao convívio/Sair do isolamento/retraimento. **Ex.** Só conseguiu ~-se depois de ter concluído o curso.

desenfuscar v t/int (<des- c) + ...) **1** Limpar o que está fusco/Aclarar. **Loc.** ~ os vidros das janelas. **2** fig Perder a tristeza/melancolia. **Ex.** Desenfuscou-se quando soube que tinha passado no exame.

desengaçadeira [desengaçador] s f [m] (<desengaçar) Instrumento [Grade] para desengaçar/Ripador.

desengaçar v t (<des- b)/c) + ...) Soltar os bagos de uva do engaço/Esbagoar.

desengaiolar v t (<des- b)/c) + ...) **1** Tirar da gaiola(+). **Loc.** ~ os pássaros. **2** fig Pôr em liberdade/Soltar. **Loc.** ~ um preso. **Ant.** Engaiolar; engavetar; prender.

desengajar v t (<des- c) + ...) Anular o engajamento/compromisso/contrato. **Ex.** Quando há pouco trabalho, os imigrantes são os primeiros a ser desengajados [despedidos(+)]. **Sin.** Descontratar; despedir(+); desobrigar.

desengalfinhar v t (<des- b)/c) + ...) Separar os que estão engalfinhados. **Loc.** ~ dois rivais (que se envolveram em luta). **Sin.** Apartar(-se); separar(-se).

desenganado, a adj (<desenganar + -ado) **1** Que sofreu desengano/desilusão/Desiludido/Desencantado. **Ex.** Voltou ~ da entrevista para arranjar emprego. **2** Decidido na maneira de falar/Franco/Sincero. **Ex.** O orador tinha um discurso muito claro, ~, entusiasta! **3** «doente» Sem esperança de se curar. **Comb.** ~ dos [pelos] médicos (Os médicos dizem que não tem cura).

desenganador, ora adj/s (<desenganar + -dor) (O) que desengana/desilude. **Comb.** Resposta ~a.

desenganar v t (<des- c) + ...) **1** Convencer do [Mostrar o] engano. **Ex.** Julgava que pintava bem, mas a professora desenganou-me. **2** Fazer perder a esperança/Desiludir. **Ex.** A administração desenganou os trabalhadores sobre o [disse-lhes que não haveria] aumento de salários. **3** «doente» Perder as esperanças de cura. **Ex.** O médico, pedagogicamente, conseguiu ~ o doente (⇒ desenganado **3 Comb.**). **4** Sair do engano/Reconhecer a verdade. **Sin.** Convencer(-se); esclarecer(-se).

desenganchar v t (<des- b)/c) + ...) Tirar do gancho/Desprender/Desengatar/Desenlaçar. **Loc.** ~ *o atrelado* do tra(c)tor. ~ *o anzol* da boca do peixe. ~ *a chave* da argola.

desengano s m (<desenganar) **1** A(c)to ou efeito de desenganar(-se)/Esclarecimento. **Comb.** Os anos que nos trazem ~s. **2** Falta [Perda] de esperança/Desencanto/Desilusão. **3** ⇒ Franqueza/Clareza/Desassombro.

desengarrafar v t (<des- c) + ...) **1** Tirar [Mudar] da garrafa/do garrafão. **Loc.** ~ o [uma garrafa de] vinho «para a jarra (de mesa)». **2** Descongestionar o trânsito/tráfego/engarrafamento. **Ex.** A a(c)ção da polícia é muito útil para ~ o trânsito [tráfego] «nas grandes cidades». **Sin.** Desobstruir.

desengasg(ament)o [desengasgue] s m (<desengasgar) A(c)to ou efeito de desengasgar. **Ex.** A leitura [O regist(r)o] dos preços pelo código de barras contribuiu para o ~ das caixas (de pagamento) dos supermercados.

desengasgar v t (<des- c) + ...) Tirar o engasgo/sufoco a. **Ex.** Uma pancad(inh)a nas costas foi suficiente para o ~. Tossiu, tossiu até o ~.

desengastar v t (<des- c) + ...) Soltar [Tirar] do engaste. **Loc.** ~ uma pedra preciosa duma joia. **Sin.** Descravar; descravejar; desencastoar; desprender.

desengatar v t (<des- b)/c) + ...) **1** Tirar do engate/Desenganchar. **Loc.** ~ um vagão [os vagões] do comboio/trem. **Sin.** Desligar; desprender. **2** Desatrelar «o burro» da carroça. **3** Desaperrar a arma/Pôr o gatilho em posição de disparar/Desengatilhar. **4** fig Corrigir/Emendar. **Loc.** ~ *uma conta* (de matemática). ~ *um trabalho* de renda/tricô.

desengate s m (<desengatar) A(c)to ou efeito de desengatar. ⇒ desencaixe.

desengatilhar v t (<des- c) + ...) A(c)cionar [Desarmar] o gatilho. **Loc.** ~ a espingarda/o revólver. ⇒ disparar.

desengavetar v t (<des- a)/c) + ...) **1** Tirar da gaveta. **Loc.** ~ documentos/fotos/cartas. **2** fig Br Dar andamento a/Despachar «processos parados». **3** fig Soltar da prisão/Libertar/Desengaiolar. **Loc.** ~ os detidos «em prisão preventiva». **Ant.** Engavetar; engaiolar; ir dentro.

desengelhar v t/int (<des- c) + ...) Tirar as (en)gelhas/pregas/Desenrugar. **Loc.** ~ *a roupa* com o ferro. «operação [cirurgia] plástica para» ~ *a cara*. **Sin.** Desencarquilhar.

desengenhoso, a (Ôso, Ósa/os) adj (<des- + engenhoso) Com pouco engenho(+)/Desajeitado(o+)/Inábil/Estúpido.

desenglobar v t (<des- b)/c) + ...) Separar o que estava englobado. **Loc.** ~ os rendimentos para cálculo do imposto. **Sin.** Desaglomerar; desunir; separar(+).

desengodar v t (<des- b)/c) + ...) **1** (Re)tirar o engodo/a isca. **Loc.** ~ o anzol. **2** fig Desenganar/Desiludir/Esclarecer.

desengolfar v t (<des- a)/c) + ...) **1** (Fazer) sair do golfo. **Loc.** ~ um iate. **2** Afastar [Livrar] do erro/vício. **Loc.** ~ alguém do alcoolismo/da droga. **Sin.** (Re)tirar. **3** fig Tirar do abismo. **Sin.** Desencovar; desentranhar.

desengolir v t (<des- b)/c) + ...) Deitar fora o que se engoliu/Bolçar/Vomitar(+).

desengomar v t/int (<des- c) + ...) **1** Tirar [Perder] a goma. **Ex.** Este tecido desengoma facilmente [logo/com facilidade]. **Loc.** ~ um tecido [pano] novo. **2** ⇒ enrugar; amarrotar; amachucar.

desengonçado, a adj (<desengonçar + -ado) **1** Saído dos gonzos/engonços. **Comb.** Portão ~. **2** Em mau estado/Desarticulado/Desconjuntado. **Comb.** *Armário ~. Bicicleta ~a*. **3** fig Desajeitado/Deselegante. **Comb.** «rapaz» Com andar [ar/aspe(c)to] ~.

desengonçar v t (<des- b)/c) + ...) **1** Tirar [Sair] dos gonzos/engonços/das dobradiças. **Loc.** ~ a porta «do carro»/o portão «da quinta». **2** Desarticular/Desconjuntar. **Loc.** ~ um móvel «mesa/cadeira/cama». **3** fig Andar desgraciosamente. **Ex.** Quando joga à bola, todo (ele) se desengonça!

desengonço s m (<desengonçar) A(c)to ou efeito de desengonçar(-se)/Desarticulação/Desconjuntamento.

desengordar vt/int (<des- c) + ...) (Fazer) perder a gordura(o+)/Emagrecer(+). **Ex.** Começou a ~ com o novo regime alimentar.

desengordurador, ora [desengordurante] adj/s [adj/s 2g] (<desengordurar) (O) que elimina a gordura. **Ex.** O sabão é (um) ~. Comprei um novo ~ muito bom. **Comb.** ~ líquido. Líquido ~. **Sin.** Detergente(+).

desengordurar v t (<des- c) + ...) **1** (Re)tirar a camada [o excesso] de gordura/Tornar menos oleoso. **Loc.** ~ *a* [Tirar a gordura à (+)] *carne*. ~ *a comida*. ~ [Lavar(+)] *o cabelo/a pele*. **2** Tirar as manchas de gordura/óleo. **Loc.** ~ *a roupa/as mãos*. ~ *a corrente da bicicleta*.

desengraçado, a adj/s (<desengraçar + -ado) (O) que não tem graça/elegância/Sem encanto/Feio/Insípido. **Comb.** *Conversa ~a. Blusa* [Vestido] *~a/o. Decoração ~a. Prato* [Comida] *~o/a*.

desengraçar v t/int (<des- c) + ...) **1** Tirar [Perder] a graça/a elegância/o encanto. **Ex.** O vestido sem o enfeite da flor ficou muito desengraçado [perdeu a graça(+)]. **2** Não gostar de/Antipatizar. **Ex.** Não se sabia bem porquê, o dono da pensão desengraçava [não engraçava] com o hóspede. **3** Br ⇒ desapaixonar-se «da moça».

desengrandecer v t (<des- c) + ...) Tirar a grandeza/Amesquinhar/Depreciar. **Sin.** Apoucar; aviltar; menoscabar; rebaixar.

desengranzar v t (<des- b)/c) + ...) Soltar os grãos/as contas/Desenfiar.

desengravatado, a *adj* (<desengravatar + -ado) Que não usa [Sem] gravata/Informal. **Ex.** É normal os políticos de esquerda aparecerem em público ~s.

desengravatar *v t* (<des- b)/c) + ...) Tirar a gravata. **Ex.** Quando chega a casa, desengravata-se e põe-se à vontade.

desengravecer *v t* (<des- c) + ...) Eliminar [Reduzir] a gravidade/Tornar menos grave. **Sin.** Atenuar; desagravar; melhorar.

desengraxar *v t* (<des- c) + ...) Tirar a graxa/o brilho/o lustre. **Loc.** ~ os sapatos em caminhos enlameados/poeirentos. ~ a [Tirar o brilho à (+)] mesa «com as travessas (de comida) quentes». Ter [Andar com] os sapatos desengraxados.

desengrenar *v t* (<des- b)/c) + ...) (Fazer) sair da engrenagem/Desembrai[bre]ar. **Ex.** Desengrena o carro, põe-no em ponto morto.

desengrilar-se *v t* (<des- c) + ...) Deixar de estar engrilado/Desencolerizar-se/Desenfurecer-se/Acalmar-se.

desengrimpar-se *v int* (<des- a)/c) + ...) 1 Descer donde estava engrimpado. **Ex.** O rapaz desengrimpou-se do cocuruto do pinheiro. 2 *fig* Humilhar-se/Rebaixar-se/Ceder. **Ex.** Muito lhe custou ~ e pedir perdão.

desengrinaldar *v t* (<des- b)/c) + ...) Tirar a grinalda/Desadornar. **Ex.** Após a cerimó[ô]nia, o príncipe desengrinaldou-se.

desengrossadeira *s f* (<desengrossar + -deira) Máquina para desbastar madeira/Plaina mecânica.

desengrossamento *s m* (<desengrossar + -mento) 1 A(c)to ou efeito de desengrossar/Adelgaçamento/Desbaste. **Comb.** ~ das tábuas. 2 Perda de densidade/volume. **Comb.** ~ *do caudal* do rio. ~ *da sopa*. ~ [Desintumescimento(+)] *da perna inchada* [do inchaço da perna].

desengrossar *v t/int* (<des- c) + ...) 1 Tornar menos grosso/Adelgaçar/Desbastar. **Loc.** ~ uma tábua/um veio metálico. 2 Diminuir a densidade/o volume/Desinchar. **Ex.** O braço partido já desengrossou [desinchou(+)]. Junta um pouco de leite para ~ a papa da menina. Se não chover mais, o caudal do rio desengrossa rapidamente.

desenguiçar *v t* (<des- c) + ...) 1 (Re)tirar [Quebrar(+)] o enguiço/Deixar de ter azar. **Ex.** Só me acontecem azares. Nunca mais a minha vida se desenguiça! 2 *col* Pôr a funcionar/Consertar. **Loc.** ~ uma máquina.

desenguiço *s m* (<desenguiçar) 1 Pente graúdo para desenguiçar [desenriçar] o cabelo. 2 Desenfeitiçamento/Desembruxamento. 3 *col* Conserto «de carro avariado»/Solução.

desengulhar *v t* (<des- c) + ...) Livrar de engulho/Desenjoar. **Ex.** O (cheiro do) limão desengulhou o passageiro.

desengulho *s m* (<desengulhar) A(c)to ou efeito de desengulhar/Desenjoo.

desenhador, ora *adj/s* (<desenhar + -dor) (O) que desenha. **Sin.** Desenhista.

desenhar *v t/int* (<lat *desígno,áre*) 1 Representar algo por meio de desenho. **Ex.** Desenha aquela jarra. Tu desenhas bem. 2 Delinear/Esboçar. **Ex.** O professor desenhou no quadro o mapa «de Portugal». 3 Descrever/Cara(c)terizar. **Ex.** Eça de Queirós, na sua escrita, procura ~ tipos e ambientes. 4 Elaborar um proje(c)to/Arquite(c)tar. **Ex.** Pedi-lhe para (me) ~ a vivenda que tenciono construir. 5 Conceber/Planear. **Ex.** O plano para evitar a falência foi desenhado [concebido(+)] pelo gerente da empresa. 6 Fazer sobressair/Mostrar/Apresentar. **Ex.** No outono os contornos da montanha desenham-se no horizonte com grande nitidez. Quando *idi* deu de caras comigo [Quando me viu] desenhou-se lhe no rosto um sorriso de satisfação. O futuro desenhava-se-lhe (muito) risonho. Ali, o rio desenha [descreve/faz] uma linda curva.

desenhista *adj/s* 2g (<desenho + -ista) 1 (O) que se dedica ao desenho/Desenhador/*Designer*. **Comb.** *Ser* [Ter a profissão de] ~. ~ *industrial*. ~ *técnico*.

desenho *s m* (<desenhar) 1 Representação gráfica de algo/Obje(c)to desenhado. **Ex.** Para entreter a criança, deu-lhe uma folha de papel para ela fazer um ~. Envia-me o ~ do móvel para eu fazer o orçamento. 2 Arte/Processos/Técnicas que ensinam a desenhar. **Comb.** ~ *à mão livre* [~ feito sem régua, etc.]. *Cine* ~ *animado* [Sucessão de desenhos que, filmados, dão a ilusão de movimento]. ~ *cotado/industrial/técnico* [~ dimensionado para fins de execução]. ~ *geométrico*. *Aula*/Disciplina/Ensino *de* ~. *Professor de* [Bom aluno a] ~. 3 Plano/Traçado/Proje(c)to. **Ex.** O ~ da maior parte dos edifícios públicos de Brasília é da autoria de Óscar Niemeyer. 4 Configuração/Contornos/Recorte. **Comb.** ~ *da boca* [dos olhos]. *Com* ~ [De forma] *oval* «praça». 5 Maneira [Forma] cara(c)terística de desenhar. **Ex.** O ~ de Almada Negreiros é inconfundível; e o de Portinari também. 6 Motivo/Padrão de decoração. **Ex.** Procuro um tecido com um ~ muito simples. 7 *fig* Representação por palavras. **Ex.** Em poucas palavras fez o ~ [ponto] da [explicou-nos (toda) a] situação.

desenjaular *v t* (<des- c) +...) 1 Fazer sair [Tirar] da jaula(+)/Desengaiolar/Soltar. **Loc.** ~ as feras «do circo».

desenjoar *v t/int* (<des- c) +...) 1 Tirar o [Perder o/Livrar(-se) do] enjoo. **Ex.** Nas viagens, chupava um rebuçado para ~. 2 Distrair-se. **Ex.** Depois duma tarde de estudo, dava um passeio para ~.

desenjoativo, a *adj* (<desenjoar + -tivo) 1 Que faz passar o enjoo. **Ex.** A fruta é ~a. 2 *adj/s m* (O) que estimula o apetite. **Ex.** Os ~s [aperitivos(+)] servem-se antes da refeição. 3 Que distrai [quebra o aborrecimento]. **Ex.** Bons programas de humor, ~s [que distraiam(+)], são raros na TV.

desenjoo (Jôo) *s m* (<desenjoar) 1 Perda do mal-estar. **Comb.** Medicamento contra o enjoo [para o ~]. 2 Fase do aborrecimento/Distra(c)ção. **Ex.** Ouvir aquele cantor era um ~ [uma delícia/um prazer(+)/um sonho(o+)].

desenlaçar *v t* (<des- c) +...) 1 Desatar os laços/Soltar/Desprender/Deslaçar. **Loc.** ~ [Desatar(+)] as fitas do cabelo. 2 Soltar alguém que se abraçava. **Ex.** O filho, a chorar, desenlaçou os braços do pescoço da mãe. 3 Descobrir a verdade/Desenredar/Deslindar. **Loc.** ~ uma intriga/um mistério. 4 Dar o desfecho/Resolver/Finalizar. **Loc.** ~ um romance. **Sin.** Acabar; concluir; rematar.

desenlace *s m* (<desenlaçar) 1 A(c)to ou efeito de des(en)laçar. **Ex.** O ~ da(s) fita(s) [da corda] foi difícil/custou. ⇒ nó. 2 Desfecho/Remate. **Ex.** A peça teve um ~ feliz. **Comb.** O ~ da tragédia. 3 *fig* ⇒ Morte/Falecimento.

desenlamear *v t* (<des- c) + ...) 1 Tirar a lama. **Loc.** ~ os sapatos. 2 Recuperar a honra/o bom nome. **Ex.** Desenlameou-se depois de ter abandonado os companheiros da boé[ê]mia.

desenlapar *v t/int* (<des- a)/c) + ...) (Fazer) sair da lapa/do esconderijo. **Loc.** ~ o guará [coelho]. *fig* ~ os ladrões do esconderijo/do covil/antro.

desenleado, a *adj* (<desenlear + -ado) 1 Que se desenleou/Livre/Solto. **Comb.** «pássaro» ~ da rede. 2 Desembaraçado(+)/Expedito. **Comb.** Rapaz/Empregado ~.

desenlear *v t* (<des- c) +...) 1 Soltar fios/linhas/filamentos que estavam enleados uns nos outros. **Ex.** A gazela [capivara/O javali] desenleou-se da armadilha. **Loc.** ~ os cabelos. **Sin.** Desemaranhar; desembaraçar; desenredar. **Ant.** Emaranhar; embaraçar; enlear. 2 Livrar de apuros/dificuldades/embaraços/obstáculos. **Loc.** ~ [Desentaramelar] *a língua*. ~ *um amigo*. **Sin.** *fam* Safar(o+)/Desenrascar(+). 3 ~-se/Desembaraçar-se/Soltar-se.

desenleio *s m* (<desenlear) 1 A(c)to ou efeito de desenlear(-se). **Sin.** Desenlace 1. 2 Desembaraço/Libertação. **Ex.** O ~ do jovem do mundo do crime só foi possível com o apoio dos amigos.

desenlevar *v t* (<des- c) + ...) 1 Tirar o enlevo/o deleite. 2 Desfazer o feitiço/a ilusão.

desenliçar *v t* (<des- c) + ...) 1 Tirar os liços. **Loc.** ~ o tear [a lã]. 2 Libertar de que prende/enreda/Destrinçar/Destramar. **Loc.** ~-se do sarilho em que se meteu.

desenlodar *v t* (<des- c) + ...) Tirar o lodo/Desenlamear(+).

desenlouquecer *v t/int* (<des- c) + ...) 1 Curar(-se) da loucura/Recuperar o juízo. **Sin.** Desensandecer.

desenlutar *v t* (<des- c) + ...) 1 Tirar o luto. **Ex.** A viúva nunca mais se desenlutou [tirou o luto(+)]. 2 *fig* Consolar quem está de luto/Alegrar. **Ex.** Visitava a tia que enviuvara e mantinha com ela longas conversas para a ~ [alegrar/consolar] um pouco.

desenluvar *v t* (<des- b)/c) + ...) Descalçar [Tirar] a(s) luva(s)(+). ~. Desenluvou-se para cumprimentar o ministro.

desenobrecer *v t* (<des- c) + ...) 1 Privar dos títulos de nobreza. **Ex.** O rei desenobreceu [tirou o título a(+)] alguns nobres revoltosos. 2 *fig* Aviltar/Fazer perder a nobreza/a honra/o brio. **Ex.** Com o seu comportamento indigno desenobreceu [desonrou(+)] todo o grupo. **Sin.** Desacreditar; desdourar; desonrar.

desenodoar *v t* (<des- c) + ...) 1 Tirar [Limpar] as nódoas(+). **Loc.** ~ a carpete. 2 *fig* Restabelecer a honra/o crédito/a confiança. **Ex.** Teve a coragem de lhe ~ [limpar(+)] o nome em público.

desenojar *v t* (<des- c)+ ...) 1 Fazer cessar o nojo/o enjoo/as náuseas. 2 ⇒ desanojar.

desenovelar *v t* (< des- c) + ...) 1 Desenrolar o novelo. **Loc.** ~ a lã. 2 *fig* ⇒ Resolver uma intriga/Desenredar/Desintrincar.

desenquadrar *v t* (<des- c) + ...) 1 Tirar do quadro/do enquadramento. 2 Tirar [Excluir] do conjunto. **Ex.** Mudou de turma e ficou desenquadrado/a [fora do lugar dele/a]. 3 Tirar [Fazer sair] do contexto/Não combinar/Desarmonizar. **Ex.** A frase está corre(c)ta mas desenquadrada «do resto do discurso».

desenraivar [desenraivecer] *v t* (<des- c) + ...) 1 Fazer perder a ira/a raiva. **Ex.** Ofereceu flores à mulher para a ~. 2 ~-se/Acalmar-se/Desenfurecer-se/Serenar-se.

desenraizamento *s m* (<desenraizar + -mento) A(c)to ou efeito de desenraizar.

desenraizar *v t* (<des- b)/c) + ...) 1 Arrancar com raiz(+). **Loc.** ~ plantas dum viveiro. 2 Perder [Ficar(em)] à mostra/Cortar] a(s) raiz (raízes). **Sin.** Estar arrancado a(+). 3 *fig* Fazer desaparecer por completo/Extirpar. **Loc.** ~ costumes antigos. **Sin.** Desarraigar(+). 4 *fig* Afastar(-se) das origens/Perder raízes. **Ex.** Há emigrantes portugueses

que conseguem não se ~ da [que mantêm a] cultura dos seus antepassados, apesar de terem vivido muitos anos no estrangeiro. Nas grandes cidades de hoje há muitos desenraizados.

desenramar v t (<des- b) + ...) Tirar os ramos ou a rama «à ameix(i)eira». **Sin.** Limpar(+).

desenrascado, a adj (<desenrascar) **1** Livre de dificuldades/Desencravado. **Ex.** Tinha pouco tempo para fazer a mudança da casa. A ajuda dos irmãos deixou-o ~. **2** Despachado/Desembaraçado. **Ex.** Deitava mão a [Fazia] qualquer trabalho; era muito ~.

desenrascar v t col (<des- c) + ...) **1** Resolver dificuldades/Livrar de embaraços. **Ex.** É um amigo verdadeiro. Quando precisei de dinheiro, foi ele que me desenrascou [que mo deu/emprestou]. **2** Soltar o que estava enrascado/enredado/Desembaraçar. **Loc.** ~ uma rede. **3** fam Fazer alguma coisa com razoável eficácia. **Loc.** ~-se (bem) na cozinha. ~-se a falar inglês.

desenrascanço [desenrasque] s m col (<desenrascar) Despacho/Desembaraço. **Ex.** Os portugueses deixam tudo para o fim [a última hora], é [têm] a mania do ~.

desenredar v t (<de- c) + ...) **1** Soltar o que estava enredado/emaranhado/preso/Desembaraçar. **Ex.** Não consigo continuar o tricô enquanto não ~ a lã [o novelo/o fio]. **Loc.** ~ o peixe da rede. **2** Resolver dificuldades/Solucionar problemas complicados. **Ex.** Tive que contratar um economista para ~ [pôr em ordem] a contabilidade da empresa. **3** Desfazer o enredo/Esclarecer a intriga. **Ex.** Os sócios só fizeram as pazes depois de ~ o [a história do] roubo.

desenredo (Rê) s m (<desenredar) **1** A(c)to ou efeito de desenredar(-se). **Ex.** As testemunhas tiveram um papel importante no ~ do crime. **2** Desenlace duma a(c)ção com enredo. **Comb.** ~ [Desenlace(+)] dum filme/dum romance.

desenregelamento s m (<desenregelar + -mento) A(c)to ou efeito de desenregelar. **Sin.** Descongelação.

desenregelar v t/int (<des- c) + ...) **1** Derreter o gelo(+)/Degelar. **Ex.** Mesmo em dias de sol, as fortes geadas de inverno só muito tarde começam a ~ [derreter(+)]. **2** Desentorpecer(-se) do frio. **Ex.** Chega-te à [Aproxima-te da] fogueira para desenregelares. **3** fig Quebrar a frieza duma relação. **Ex.** A morte da mãe aproximou-os e contribuiu para que o relacionamento entre os dois irmãos desenregelasse.

desenriçar v t (<des- c) + ...) **1** Desemaranhar/Desenredar. **Loc.** ~ um rolo de fio. **2** Desencrespar/Alisar. **Loc.** ~ o cabelo.

desenrijar v t (<des- c) + ...) Tirar [Perder a] rijeza/Tornar(-se) mole. **Ex.** O meu marido está muito molengão [está sem energia]: a vida sedentária desenrijou-o. As maçãs conservadas no frio ficam sempre duras, não desenrijam [não amolecem(+)].

desenriquecer v t/int (<des- c) + ...) Perder a riqueza/Empobrecer.

desenrodilhar v t (<des- c) + ...) **1** Estender o que estava enrodilhado/Desenrolar. **Loc.** ~ uma meada de lã. **2** Alisar o que estava amarrotado/enrugado. **Loc.** ~ a roupa.

desenrolamento s m (<desenrolar + -mento) **1** A(c)to ou efeito de desenrolar [estender] o que estava enrolado. **Comb.** ~ dum novelo. **2** Desenvolvimento. **Comb.** ~ da a(c)ção «num filme». **3** Explicação detalhada. **Comb.** ~ do plano de combate «à evasão fiscal».

desenrolar v t (<des- c) + ...) **1** Estender o que estava enrolado/Desbobinar. **Loc.** ~ o cabo de aço dum guindaste. **2** Expor pormenorizadamente. **Ex.** O conferencista desenrolou [expôs] o conjunto de medidas previstas para o combate à pobreza. **3** Evoluir duma a(c)ção ao longo do tempo. **Ex.** À medida que se iam desenrolando os acontecimentos, caí na conta de que se tinha dado uma revolução.

desenroscado, a adj (<desenroscar + -ado) **1** Que saiu da rosca/Desapertado. **Sin.** Desatarraxado. **2** Esticado/Desenrodilhado. **Comb.** Cobra ~a. **Sin.** Desenrolado.

desenroscar v t (<des- c) + ...) **1** Desapertar uma peça roscada/Desatarraxar. **Loc.** ~ uma porca [um parafuso]. **2** Estender o que estava enroscado/enrolado. **Loc.** ~ o arame duma mola. O gato ~-se.

desenroupar v t (<des- b)/c) + ...) Tirar a roupa(+)/Despir. **Loc.** ~ a [Tirar a [mais] roupa da] cama porque o tempo aqueceu.

desenrouquecer v int (<des- c) + ...) Curar a rouquidão. **Comb.** Xarope para ~.

desenrugar v t (<des- c) + ...) **1** Tirar ou perder as rugas. **Ex.** Estás mais gorda, até desenrugaste a cara! **2** Alisar/Desengelhar. **Ex.** Não vistas essa saia sem a desenrugares; está cheia de [tem muitos] vincos.

desensaboar v t (<des- c) + ...) Tirar o sabão a. **Ex.** Saio já da banheira, só falta desensaboar(-me).

desensacagem [desensacamento] s f [m] (<desensacar) Remoção do que está no/a saco/a.

desensacar v t (<des- b)/c) + ...) **1** Tirar do(s)/a(s) saco(s)/a(s). **Loc.** ~ o trigo [as batatas/a azeitona]. **2** fig Desembuchar/Dizer. **Loc.** ~ mentiras.

desensarilhar v t (<des- c) + ...) **1** Endireitar o que estava ensarilhado/emaranhado. **Loc.** ~ as linhas (de coser). **Sin.** Desenredar(+). **2** Desfazer um mal-entendido/ uma desavença/uma situação obscura. **Ex.** Consegui ~ o ambiente do escritório falando com cada uma das funcionárias em particular.

desensebar v t (<des- c) + ...) Tirar o sebo ou as manchas de gordura(o+)/Desengordurar(+). **Loc.** ~ a gola da gabardina.

desensilar v t (<des- b)/c) + ...) Tirar do silo. **Loc.** ~ forragens.

desensinar v t (<des- c) + ...) Fazer esquecer o que se tinha aprendido. **Ex.** A professora de inglês é tão fraca que em vez de ensinar os alunos até os desensina.

desensoberbecer v t (<des- c) + ...) (Fazer) perder a soberba/Humilhar(-se). **Ex.** Duas derrotas inesperadas desensoberbeceram o [fizeram idi baixar a crista ao] treinador.

desensombrar v t (<des- c) + ...) **1** Tirar o que faz sombra/Desassombrar. **Ex.** O corte da árvore desensombrou o quintal. **2** fig Tornar alegre/Desanuviar. **Ex.** As brincadeiras das crianças ajudaram a ~ [desanuviar(+)] o ambiente.

desensopar v t (<des- c) + ...) Secar o que está ensopado [muito molhado]/Enxugar. **Loc.** ~ as botas.

desensurdecer v t/int (<des- c) + ...) Curar(-se) da surdez/(Ficar a) ouvir melhor. **Ex.** A lavagem aos ouvidos desensurdeceu-me bastante.

desentaipar v t (<des- c) + ...) **1** Tirar as taipas [vedações/os taipais]. **Loc.** ~ um edifício depois da construção. **2** fig Remover obstáculos/Desembaraçar. **3** fig Revelar(+). **Loc.** ~ segredos. **4** fig Desafrontar/Libertar(+).

desentalar v t (<des- c) + ...) **1** Libertar o que está entalado [preso entre duas superfícies que apertam]. **Ex.** ~ o dedo da porta do carro. **2** Desengasgar(+). **Ex.** Porque não conseguia engolir um bocado de carne, foi preciso bater-lhe com força nas costas para o ~. **3** fig ~-se/Livrar(-se) de apuros/Desencravar(-se). **Ex.** Estava carregado [cheio] de dívidas. Só com a ajuda do pai conseguiu ~-se.

desentaramelar v t/int (<des- c) + ...) Soltar a taramela/Dar à língua. **Ex.** A Joana é de poucas falas, mas quando encontra a comadre, desentaramela, e fica longas horas na conversa [e nunca mais se cala].

desentediar v t (<des- c) + ...) Tirar ou aliviar o tédio(+)/Desenfadar(-se). **Ex.** A visita do prior [padre], sempre bem disposto, desentediava (a tristeza d)as duas velhinhas. **Sin.** Distrair(-se).

desentender v t (<des- c) + ...) **1** Não entender/Fingir que não entende(+). **Ex.** Não disse isso; tu (é que) desentendeste. Falei para ela, mas não reagiu; fez-se desentendida. **2** Entrar em conflito/Desavir(-se). **Ex.** Os dois sócios desentenderam-se e desfizeram a sociedade. Por causa das partilhas os cinco irmãos continuam desentendidos.

desentendimento s m (<desentender + -i-+ -mento) **1** Falta de entendimento/Incompreensão. **Comb.** ~ duma ordem. **2** Desavença/Desinteligência. **Ex.** O ~ entre os dois irmãos foi provocado pelas intrigas das mulheres. **3** ⇒ estupidez.

desenternecer v t (<des- c) + ...) (Fazer) perder a ternura/Deixar de ser terno/meigo. **Sin.** Empedernir.

desenterrado, a adj (<desenterrar + -ado) **1** «tesouro/fóssil» Que se desenterrou. **2** «cadáver» Retirado da sepultura/Exumado. **3** Com aspe(c)to doentio. **Comb.** Ar de ~. **4** fig «assunto esquecido» Que foi recuperado. **Comb.** Processo (judicial) ~ [desencantado] do fundo dos arquivos.

desenterramento [desenterro] [(Tê)] s m (<desenterrar) ⇒ exumação.

desenterrar v t (<des- c) + ...) **1** Tirar de debaixo da terra. **Loc.** ~ um tesouro. **2** Tirar da sepultura/Exumar(+). **Loc.** ~ um cadáver. **3** fig Recuperar um assunto esquecido. **Loc.** ~ documentos históricos antigos. **4** fig Descobrir alguém ou alguma coisa estranha/exótica. **Ex.** Onde foste tu ~ um traje tão antigo? **5** fig Fazer sair dum local onde está profundamente mergulhado/instalado. **Loc.** ~ o preguiçoso [marido] do sofá.

desente[o]rroar v t (<des- c) + ...) Desfazer os torrões/Destorroar(+). **Loc.** ~ a terra lavrada com a grade/fresa.

desentesar v t/int (<des- c) + teso + -ar¹) **1** (Fazer) perder a rigidez. **Loc.** ~ uma corda. **2** ⇒ humilhar(-se).

desentesou[oi]rar v t (<des- c) + ...) **1** Tirar do tesou[oi]ro. **Ex.** A pobreza obrigou-o a ~ algumas joias. **2** Descobrir/Desencantar. **Ex.** Desentesou[oi]rou um livro raro na biblioteca dos avós.

desentibiar v t (<des- c) + ...) Tirar ou perder a tibieza/Ganhar entusiasmo/Afervorar.

desentoação s f (<desentoar + -ção) Desarmonia/Desafinação(+).

desentoar v int (<des- c) + ...) **1** Sair do tom (musical)/Desafinar(+). **Ex.** No coro notavam-se algumas vozes desentoadas [a ~]. **2** fig Ser inconveniente/Disparatar(+). **Ex.** Quando soube que não tinha consulta médica, a minha tia começou a ~ [disparatar(+)] e a insultar toda a gente. **Sin.** Descomedir-se. **3** fig Parecer mal/

Destoar. **Ex.** O pai do noivo, com fato de passeio, desentoava [destoava(+)] naquele ambiente de cerimónia.

desentolher [desentorpecer(+)] *v t/int* (<des- **c)** + ...) **1** Tirar o entorpecimento/Sair da ina(c)tividade/do imobilismo. **Ex.** Todas as manhãs dava um passeio para ~ os músculos. **Comb.** Perna desentorpecida. **2** Ganhar ânimo [novo vigor]/Entusiasmar-se. **Ex.** O convite do amigo para participar na dire(c)ção do clube ajudou-o a ~. **Loc.** ~ a inteligência [o entendimento]. **Comb.** Mente desentorpecida [desperta/a trabalhar].

desentorpecimento *s m* (<desentorpecer + i + -mento) **1** A(c)to ou efeito de desentorpecer. **Ex.** Passear era o melhor remédio para o ~ das pernas. **2** Perda da sensação de torpor [adormecimento]/Recuperação do vigor/alento. **Ex.** Para provocar o ~ da avó, começava a acarinhá-la e a fazê-la rir com gracejos.

desentortar *v t* (<des- **c)** + ...) **1** Fazer voltar à posição corre(c)ta o que está torto/Endireitar. **Loc.** ~ uma árvore. ~ as costas. **2** *fig* Corrigir o que estava errado. **Loc.** ~ comportamentos.

desentrançar *v t* (<des- **c)** + ...) Desfazer as tranças(+)/Desmanchar/Soltar. **Loc.** ~ o cabelo.

desentranhar *v t* (< des- **c)** + ...) **1** Tirar as entranhas(+)/Estripar. **Loc.** ~ [Limpar(+)] um peixe. **2** Tirar das entranhas/profundezas. **Loc.** ~ o minério de galerias profundas. **3** Fazer sair o que penetrou profundamente. **Loc.** ~ a gordura [sujidade]. **4** *fig* Tirar de lugar recôndito/escondido. **Loc.** ~ do baú vestidos antigos. **5** Revelar o que tem de mais íntimo. **Loc.** ~ recordações do primeiro amor. **6** Esforçar-se ao máximo/Entregar-se totalmente a uma causa. **Loc.** ~-se no apoio [Dar-se] aos sem-abrigo. **7** Desfazer-se em dádivas. **Ex.** A primavera desentranha-se em [cobre a terra de] flores. **Loc.** ~-se na distribuição de esmolas, vestuário e alimentos.

desentrapar *v t* (<des- **b)/c)** + ...) **1** Tirar os trapos(+)/a roupa velha. **Ex.** A mãe desentrapou-se e vestiu uma roupa decente para sair à rua. **2** Desemplastrar. **Loc.** ~ a mão para substituir a ligadura.

desentravar *v t* (<des- **c)** + ...) **1** Tirar os entraves a/Desembaraçar. **Loc.** ~ um processo de construção. **2** ⇒ destravar.

desentrelaçar *v t* (<des- **c)** + ...) Soltar o que está entrelaçado/Desemaranhar.

desentrevar (Tré) *v t* (<des- **c)** + ...) Fazer que deixe de estar entrevado [acamado sem conseguir andar].

desentrincheirar *v t* (<des- **a)/c)** + ...) **1** Fazer sair das trincheiras. **Loc.** ~ um batalhão inimigo. **2** Fazer sair dum abrigo/Desalojar(+). **Ex.** Os ciganos abrigaram-se no palheiro e não havia quem os desentrincheirasse de lá [não se conseguia desentrincheirá-los/desalojá-los(+)]. **3** Desfazer as trincheiras(+).

desentristecer *v t* (<des- **c)** + ...) **1** (Fazer) perder a tristeza/Alegrar(-se). **Ex.** As palavras da amiga desentristeceram-na um pouco. **2** Distrair-se(+)/Espairecer(o+). **Ex.** Tens que reagir ao desgosto sofrido; desentristece-te [distrai-te(+)/espairece(o+)], muda de ambiente. Verás que melhoras!

desentrou[oi]xar *v t* (<des- **c)** + ...) **1** Tirar da trouxa. **Loc.** ~ a roupa. **2** *fam* Desembrulhar.

desentubar *v t* (<des- **c)** + ...) Tirar os tubos. **Loc.** ~ um doente.

desentulhador, ora *adj/s* (<desentulhar + -dor) (O) que desentulha.

desentulhar *v t* (<des- **c)** + ...) **1** Tirar da tulha. **Loc.** ~ cereais. **2** Tirar o entulho ou o que há em excesso. **Loc.** ~ uma arrecadação [um armazém]. ~ as gavetas [o armário]. **3** ⇒ desobstruir.

desentulho *s m* (<desentulhar) **1** A(c)to ou efeito de desentulhar. **2** Entulho [Lixo] tirado de algum lado.

desentupidor, ora *adj/s* (<desentupir + -dor) (O) que desentope. **Loc.** Usar um ~ de borracha. **Comb.** A(c)ção ~ora.

desentupimento *s m* (<desentupir + -mento) A(c)ção ou efeito de desentupir.

desentupir *v t* (<des- **c)** + ...) **1** Desobstruir o que está entupido. **Loc.** ~ o lavatório. **Comb.** Cano desentupido. **2** *fam* Dizer o que sabe/Desembuchar. **Ex.** Apertado pela polícia, desentupiu.

desenturvar *v t/int* (<des- **c)** + turvar) Ficar ou tornar claro o que estava turvo. **Loc.** ~ a água deixando-a correr um pouco.

desenvasar *v t* (<des- **c)** + ...) **1** Tirar (uma embarcação) da vasa/do lodo. **2** Tirar uma embarcação do estaleiro e pô-la a flutuar. **3** Tirar do vaso(+). **Loc.** ~ uma planta.

desenvasilhar *v t* (<des- **c)** + ...) Tirar da vasilha. **Loc.** ~ o vinho da pipa e engarrafá-lo [pô-lo em garrafas/garrafões].

des(en)vencilhar *v t* (<des- **c)** + ...) **1** Desprender do vencilho ou atadura. **Loc.** ~ um feixe de palha. **Sin.** Desatar(+). **2** Libertar(-se) de impedimentos/dificuldades. **Ex.** Não estava muito à vontade na matéria sobre a qual ia fazer o colóquio, mas desenvencilhei-me (como pude). **Sin.** Desemaranhar(-se); desenredar(-se); desenrascar(-se).

desenvenenar *v t* (<des- **c)** + ...) Neutralizar [Tirar] o veneno/Desintoxicar.

desenveredar *v t* (<des- **a)/c)** + ...) **1** Sair da vereda. **2** *fig* Afastar-se do bom caminho. **Ex.** Era um bom moço mas depois, com as más companhias, desenveredou [desencaminhou-se].

desenvergar *v t* (<des- **c)** + ...) **1** *Mar* Tirar a vela da verga. **2** *col* Despir/Tirar. **Loc.** ~ o casaco [*col* a farpela].

desenvergonhado, a *adj/s* ⇒ desavergonhado.

desenvernizar *v t* (<des- **b)/c)** + ...) Tirar o verniz. **Loc.** ~ um móvel «para o pintar de novo».

desenviesar *v t* (<des- **c)** + ...) Tirar ou desfazer o viés/Endireitar. **Ex.** Se transformares a saia desenviesando-a, eliminas a parte manchada. **Loc.** ~ um quadro.

desenvolto, a (Vôl) *adj* (<*it disinvolto*; ⇒ desenvolvido) **1** Despachado/Desembaraçado. **Comb.** Andar [Passo] ~ /rápido. Empregado «de balcão» ~. **2** Com facilidade de raciocínio/Que tem agilidade mental. **Comb.** Professor culto e ~. **3** ⇒ desbocado. **4** ⇒ irrequieto; vivo.

desenvoltura *s f* (<desenvolto + -ura) **1** Desembaraço/Agilidade. **Loc.** Caminhar [Trabalhar] com ~. **2** Facilidade de comunicação e raciocínio. **Ex.** O advogado foi muito apreciado pela sua ~ na argumentação. **3** ⇒ atrevimento/desplante.

desenvolvente *adj 2g* (<desenvolver + -ente) Que desenvolve.

desenvolver *v t* (<des- **c)** + ...) **1** (Fazer) crescer/medrar/Aumentar. **Ex.** O meu filho desenvolveu-se muito [cresceu (e engordou)] durante as férias. A luz solar desenvolve [faz desenvolver/crescer(+)] as plantas. **Loc.** ~ a inteligência da(s) criança(s). ~ os recursos [a economia] do país. **2** Completar/Explicar. **Ex.** Para valorizares a exposição, procura ~ melhor a tua ideia. **Ant.** Resumir; esquematizar. **3** Estimular/Incrementar. **Ex.** Distrais-te muito; precisas de fazer exercícios que desenvolvam a atenção. **4** Melhorar/Progredir. **Ex.** A indústria ele(c)tró[ô]nica ainda se desenvolverá muito nos próximos anos. **5** Propagar(-se). **Ex.** A moda dos cabelos compridos desenvolveu-se muito entre os jovens. **6** Começar a surgir/Aumentar gradualmente. **Ex.** Começou a ~-se [a surgir] uma nova crise no se(c)tor têxtil. **7** Tornar-se mais rico/próspero. **Ex.** Portugal desenvolveu-se muito após a entrada para a Comunidade [União] Europeia. **8** Tirar do invólucro/Desembrulhar(+). **Ex.** Desenvolveu [Desembrulhou(+)] com muito cuidado a peça de cristal da embalagem que a protegia. **9** *Mat* Executar todas as operações. **Ex.** Não te limites a indicar o resultado; desenvolve os cálculos que efe(c)tuaste. **10** *Mec* Funcionar bem. **Ex.** É preciso afinar o motor do carro, porque não desenvolve [não puxa]. **11** *Mús* Fazer uma composição sobre um tema. **Ex.** A sinfonia desenvolve uma melodia que vai sendo repetida pelos vários instrumentos da orquestra.

desenvolvido, a *adj* (<desenvolver + -ido) **1** Crescido/Aumentado. **Comb.** Criança ~a [grande para a idade]. **2** Que tem progredido economicamente. **Comb.** País(es) ~(s)/avançados/prósperos/ricos. **3** Culto/Instruído. **Ex.** Fez um ó(p)timo discurso. É um homem muito ~.

desenvolvimentista *adj/s 2g* (<desenvolvimento + -ista) (O) que defende o [é partidário do] desenvolvimentismo (Em que predomina a industrialização).

desenvolvimento *s m* (<desenvolver + i + -mento) **1** Progresso/Aperfeiçoamento. **Comb.** [Progresso/Adianto] da(s) ciência(s). ~ das técnicas agrícolas. **2** Crescimento gradual/Progressão. **Comb.** ~ do embrião. **3** Melhoria do nível de vida. **Comb.** ~ dum país. **4** Profundidade na investigação ou no estudo. **Ex.** As causas do acidente foram determinadas com grande ~ científico. **5** Desenrolar duma a(c)ção/Evolução dum acontecimento/Mudança. **Ex.** A discussão teve um ~ inesperado e acabou em pancadaria [desordem/zaragata]. **6** *fig* Cultura intelectual. **Ex.** A juventude europeia atingiu um grande ~ intelectual. **7** Exposição/Explicação. **Comb.** O ~ do tema/assunto.

desenvolvível *adj 2g* (<desenvolver + -vel) Que pode ser desenvolvido. **Comb.** Economia ~.

desenxabido, a (Chá) *adj fam* (<desenxabir) **1** Sem sabor/Insosso. **Comb.** Comida ~a. **Sin.** Insípido(+). **2** Sem graça/Monótono. **Comb.** Discurso [Conversa] ~ [a]. **Sin.** Sensaborão.

desenxabir *v t/int* (<des- **c)** + saber) (Re)tirar o sabor.

desenxamear *v t* (<des- **c)** + ...) **1** Desfazer um enxame. **2** Dispersar/Desinçar. **Loc.** ~ os drogados da nossa rua.

desenxofrar *v t* (<des- **c)** + ...) **1** Limpar do [Tirar o] enxofre. **Loc.** ~ os bagos de uva. **2** *fig* Desagastar/Desamuar. **Ex.** A vizinha andava muito enfunada [amuada], mas já se desenxofrou.

desenxovalhar *v t* (<des- **c)** + ...) **1** Tornar limpo [asseado]/Desamarrotar. **Loc.** ~ [Limpar] um fato. ~ [Passar a ferro/Desamarrotar] um vestido. **2** Desafrontar(+)/Reabilitar(o+). **Ex.** O esclarecimento das causas da sua demissão foi muito importante para o ~ perante a opinião pública. **Loc.** ~ a honra.

desenxovalho *s m* (<desenxovalhar) **1** Boa apresentação/Asseio. **2** Recuperação do bom nome.

desequilibrado, a adj (<desequilibrar + -ado) **1** Que não está em equilíbrio. **Comb.** Pratos (da balança) ~s. **2** Que não tem [não se mantém em] equilíbrio. **Comb.** Carga «dum cami(nh)ão» ~a. **3** *Psic* Que perdeu o equilíbrio mental/Instável. **Ex.** A morte da mulher afe(c)tou-o muito; deixou-o ~. **4** Sem sentido/Irrefle(c)tido/Imponderado. **Comb.** Atitudes ~as. **5** *Psic s m* Pessoa emocionalmente instável/Louco. **Ex.** O acesso a cargos [um cargo] de chefia deve ser vedado a ~s.

desequilibrar v t (<des- c) + ...) **1** (Fazer) perder o equilíbrio. **Ex.** Desequilibrei-me e caí da bicicleta. Não te debruces sobre a mesa (por)que a desequilibras. **2** Tornar instável/Tirar o equilíbrio. **Ex.** A despesa com a doença do filho desequilibrou o orçamento doméstico. **3** Fazer perder a equidade ou andamento normal/Desnivelar. **Ex.** A alta dos preços do petróleo fez ~ a economia europeia. A lesão do melhor jogador desequilibrou a equipa/e. **4** Fazer perder a harmonia. **Ex.** A colocação do móvel nessa posição desequilibra o arranjo da sala. **5** Perder o equilíbrio mental/ Enlouquecer. **Ex.** A morte do filho desequilibrou-o.

desequilíbrio s m (<des- c) + equilibrar) **1** Perda ou falta de equilíbrio/Perda de estabilidade. **Loc.** Estar instável [em risco de cair/em ~]. **Comb.** ~ **demográfico**. ~ **orçamental**. **2** *Psic* Instabilidade emocional.

desequipar v t (<des- b)/c) + ...) **1** Tirar o equipamento. **Loc.** ~ um escritório [uma fábrica]. **2** Despir a indumentária própria do grupo/Desfardar(-se). **Ex.** No final do desafio, os jogadores desequipam-se.

desequivocar v t (<des- c) + ...) Desfazer um equívoco(+)/Esclarecer.

deserção s f (<lat *desértio, ónis* <*désero, érere*: abandonar) **1** Abandono/Desistência. **Ex.** Com a guerra deu-se [houve/ocorreu] a ~ das aldeias. **Comb.** ~ dos praticantes duma modalidade (d)esportiva. **2** *Mil* Abandono ou ausência da unidade militar a que pertence. **3** *Dir* Perecimento dum processo judicial por falta de pagamento do preparo ou das custas ou por inércia das partes.

deserdação s f (<deserdar + -ção) **1** Privação da herança. **2** ⇒ abandono; desamparo.

deserdar v t (<des- c) + herdar) **1** Privar da herança. **Loc.** ~ um filho. **Comb.** Um filho deserdado. **2** Privar dum benefício concedido a outros/Desamparar. **Ex.** Privilegiar os dirigentes (com benesses [regalias] excessivas) é ~ os operários. **Comb.** Os deserdados do progresso [desenvolvimento] industrial.

desertar v t/int (<lat *desérto,are* <*désero*; ⇒ deserção) **1** Tornar deserto/Fazer a desertificação. **Ex.** A falta de empregos é o que mais faz ~ o [é a maior causa da desertificação do] interior. **2** Abandonar alguém/Fugir. **Ex.** Desertou de casa e deixou a mãe desamparada. **3** *Mil* Abandonar o serviço militar sem licença. **Ex.** Muitos jovens portugueses desertaram para o estrangeiro por causa da guerra colonial. **Comb.** Um soldado que desertou.

desértico, a adj (<deserto + -ico) **1** Do deserto. **Comb.** *Clima* ~o. *Fauna* ~a. **2** Semelhante a um deserto/Árido. **Comb.** Terreno ~. **3** Despovoado. **Ex.** Nas zonas de guerra viam-se muitas aldeias ~as.

desertificação s f (<desertificar + -ção) **1** Transformação duma região num deserto. **Ex.** Os incêndios florestais provocam a ~ de vastas áreas. **2** Despovoamento duma região. **Ex.** A emigração contribuiu para a ~ de muitas aldeias do interior.

desertificar v t (<deserto + -ficar) **1** Tornar(-se) desértico. **Ex.** O sul de Espanha tem tendência a desertificar(-se) por causa das alterações climáticas. **2** Fazer desaparecer a a(c)tividade humana/Despovoar. **Ex.** A fuga para os grandes centros desertifica as regiões isoladas do interior.

deserto, a adj/s m (<lat *desértus,a,um*; ⇒ deserção) **1** Desértico/Ermo/Árido. **Ex.** À saída da cidade começa uma região ~a. **2** Pouco movimentado. **Comb.** *Praia* [*Rua*] ~a. **3** Muito desejoso/Ávido. **Loc.** Crianças ~as «por ir brincar». **4** s m *Geog* Região extensa desabitada e inóspita. **Ex.** O ~ do Sa(a)ra é o maior e mais conhecido de África. **Idi.** *Pregar no ~* [Falar sem ser ouvido].

desertor s m (<lat *desértor,óris*) **1** *Mil* O que abandona o serviço militar. **Ex.** Os ~es são julgados em tribunal militar. **Sin.** Trânsfuga. **2** O que abandona uma causa ou uma missão. **Ex.** (No nosso partido político) não aceitamos filiados (que sejam) ~es doutros partidos. ⇒ renegado.

desesperação s f (<desesperar + -ção) ⇒ desespero.

desesperado, a adj/ s (<desesperar + -ado) **1** Sem esperança/Dominado pelo desespero. **Ex.** Andava ~ por não arranjar trabalho. Quando viu que (lhe) tinham assaltado a loja, ficou ~. **2** Difícil de resolver/ Quase impossível. **Comb.** *Esforço* ~ [inútil]. *Situação* ~a. **3** Renhido/Encarniçado. **Comb.** *Luta* ~a [de vida ou de morte]. **4** Zangado/Enfurecido. **Ex.** ~, avançou para o ladrão, de punhos cerrados, disposto a agredi-lo.

desesperador, ora adj/s (<desesperar + -dor) (O) que causa desespero/Desanimador/Desesperante(+).

desesperança s f (<des- c) + ...) Falta de esperança(+)/Desespero(o+)/Desconsolação.

desesperançar v t/int (<des- c) + ...) (Fazer) perder a esperança/Desanimar(+). **Ex.** Depois de tantas tentativas falhadas, desesperançou [perdeu a esperança(+)] de ver o filho recuperado.

desesperante adj 2g (<desesperar + -ante) Que causa desespero/Desanimador. **Comb.** *Insistência* ~. *Engarrafamento de trânsito* ~.

desesperar v t/int (<des- c) + ...) **1** (Fazer) perder a esperança. **Ex.** Há tanto tempo à procura de emprego, já começo a ~. Aquela mãe, mesmo em situações críticas, nunca desespera! **2** Enervar/Irritar. **Ex.** O mau comportamento dos alunos desesperava o professor. **3** Cair no abatimento/Perder a coragem. **Ex.** A reprovação no exame desesperou-o [deixou-o desesperado]. **4** Inquietar-se/Ficar preocupado. **Ex.** Foi um alívio quando o marido chegou a casa. Já estava desesperada [a ~] com a demora.

desespero (Pê) s m (<desesperar) **1** Falta de esperança. **Ex.** O ~ levou-o ao suicídio. **Comb.** *Em* ~ *de causa* [Como último recurso/Sem outra solução]. **2** Grande aflição. **Ex.** À medida que a tempestade crescia, o ~ ia-se apoderando dos passageiros do barco. **3** Abatimento/Irritação. **Ex.** Num momento de ~ agrediu o irmão. **Loc.** *Br Dar* ~ [Perder a cabeça]. **4** Motivo ou obje(c)to de ~. **Ex.** O cachorro era um ~ na [dentro daquela] casa.

desestabilização s f (<desestabilizar + -ção) **1** A(c)to ou efeito de desestabilizar. **2** Criação de instabilidade/desequilíbrio. **Ex.** A construção do túnel foi a causa da ~ do prédio. Se (re)tirarmos o calço, provocas a ~ da mesa [, a mesa treme/mexe]. **3** Perturbação da ordem/Desassossego. **Ex.** A ~ [movimentação(+)] dos estudantes começou com o aumento das propinas.

desestabilizador, ora adj/s (<desestabilizar + -dor) (O) que desestabiliza/provoca instabilidade ou causa desequilíbrio.

desestabilizar v t (<des- c) + ...) **1** (Fazer) perder a estabilidade/Causar instabilidade. **Ex.** A trepidação pode ~ as pontes metálicas. A deslocação da carga desestabilizou o cami(nh)ão. **2** Perturbar a ordem/ Desassossegar. **Ex.** Basta um aluno mau para ~ toda a turma.

desestagnação s f (<desestagnar + -ção) A(c)to ou efeito de desestagnar.

desestagnar v t (<des- c) + ...) **1** Fazer correr a água estagnada/Libertar da estagnação. **Loc.** Abrir uma vala para ~ [drenar(+)] um pântano. **2** fig Dar novo ânimo/A(c)tivar. **Loc.** ~ um grupo (d)esportivo.

desestatização s f (<desestatizar + -ção) A(c)to ou efeito de desestatizar.

desestatizar v t (<des- c) + ...) **1** Transferir para o domínio privado bens ou poderes do Estado. **Ex.** A Banca nacionalizada após a Revolução de Abril (De 1974, em Pt), foi novamente desestatizada alguns anos depois. **2** Diminuir a intervenção do Estado. **Loc.** ~ o Serviço de Saúde.

desestima s f (<desestimar) Falta de estima/apreço/afeição.

desestimar v t (<des- c) + ...) Não ter [sentir] estima/apreço/afe(c)to. **Ex.** Quem se desestima forçosamente é desestimado.

desestruturação s f (<desestruturar + -ção) A(c)to ou efeito de desestruturar.

desestruturar v t (<des- c) + ...) Desfazer ou fazer perder a estrutura. **Loc.** ~ um serviço público. ~ uma rede criminosa.

desevangelização s f (<desevangelizar + -ção) A(c)to ou efeito de desevangelizar/ Descristianização(+). **Ex.** A indiferença religiosa de algumas sociedades cristãs é o resultado da sua ~.

desevangelizar v t (<des- c) + ...) **1** Destruir a mensagem evangélica/Descristianizar(+). **Ex.** Os dirigentes comunistas procuraram afincadamente ~ o povo russo. **2** Propagar doutrinas contrárias ao Evangelho. **Ex.** A divulgação do relativismo moral desevangeliza a sociedade cristã.

desfaçatez s f (<esp *desfachatez*) Falta de vergonha/Atrevimento. **Ex.** Depois de me insultar ainda teve a ~ de me vir pedir favores. O filho adolescente com grande ~ aparece à frente dos pais de cigarro na boca. **Sin.** Descaramento; descaro.

desfalcaçar v t *Náut* (<des- c) + ...) Desfazer a falcaça. **Loc.** ~ um cabo [uma corda].

desfalcar v t (<des- e) + falácia + -ar[1]; ⇒ desfalque) **1** Apropriar-se indevidamente/ Tirar uma parte de. **Ex.** Desfalcou o Banco numa grande quantia e foi despedido. **2** Reduzir/Diminuir. **Ex.** A requalificação de alguns operários, para racionalização do trabalho, desfalcou o se(c)tor produtivo. **3** Gastar sem critério/Dissipar. **Ex.** As obras sumptuosas [suntuosas] da nova sede desfalcaram a tesouraria [o dinheiro/o capital] da empresa.

desfalecer v int (<des- e) + ...) **1** Perder os sentidos/Desmaiar(+). **Ex.** No final da maratona, o vencedor desfaleceu (e foi retirado de maca). **2** Perder as forças/Enfraquecer. **Ex.** Cada vez que fazia um esforço maior, sentia-se ~. **3** Diminuir de intensidade/Esmorecer(+). **Ex.** Com a saída do presidente, o grupo de teatro começou a ~ [enfraquecer/esmorecer(+)].

desfalecido, a adj (<desfalecer + -ido) **1** Que perdeu os sentidos/Desmaiado(+).

Comb. Atleta ~. **2** Sem forças/Com pouca intensidade. **Comb.** Luz [Iluminação] ~a.

desfalecimento *s m* (<desfalecer + -mento) **1** Perda de forças/Desmaio(+). **Ex.** O esforço exagerado provocou-lhe o ~. **2** Enfraquecimento progressivo/Esmorecimento. **Ex.** O ~ mental da avó era cada vez mais acentuado.

desfalque *s m* (<desfalcar) **1** Apropriação ilícita de dinheiro alheio a seu cuidado/Desvio. **Ex.** Os clientes perderam a confiança no Banco por causa do ~ do [efe(c)tuado pelo] gerente. **2** Quantia/Importância desfalcada. **Ex.** O ~ atinge vários milhões de euros. **3** Diminuição ou falha acentuada. **Ex.** O açambarcamento de gé[ê]neros alimentícios provoca o ~ de muitos estabelecimentos.

desfardar *v t* (<des- **b**)/**c**) + ...) Tirar [Despir] a farda a. **Ex.** A mãe desfardou o filh(inh)o escuteiro. Os militares e os polícias [*Br* policiais] desfardam-se quando saem do [quando não estão em] serviço.

desfasado, a *adj* (<desfasar + -ado) Sujeito a desfasamento/Que não está em fase [sintonia]. **Comb.** ~ do pensamento a(c)tual. ~ dos colegas na aprendizagem.

desfasagem [**desfasamento**] *s f* [*m*] (<desfasar) **1** Disparidade/Discrepância. **Ex.** Houve um/a grande ~ entre a melhoria de qualidade dos produtos e a obtenção de lucros na empresa. **Comb.** ~ [Diferença] entre o que se diz e o que se faz. **2** Falta de concordância [coincidência] no tempo. **Comb.** ~ entre a aprendizagem e a aplicação dos conhecimentos adquiridos. **3** *Ele(c)tri* Atraso [Avanço] de fase/Decalagem. **Ex.** Numa corrente trifásica há ~ entre os valores da intensidade [tensão] de cada uma das fases.

desfasar *v t* (<des- **c**) + fase + -ar¹) **1** Provocar desfasamento/Desfazer a coincidência. **Ex.** Para aliviar a tesouraria, desfasaram os pagamentos a fornecedores do pagamento de salários. **Loc.** ~ horários. **2** Desarmonizar. **Ex.** A decisão de ir para a [entrar em] greve desfasou [dividiu(+)] os trabalhadores dos vários sindicatos.

desfastio *s m* (<des- **c**) + ...) **1** Ausência de fastio/Apetite(+). **Ex.** Que ~ ! Comes com tanta sofreguidão [avidez] que pareces esfomeado! **2** *fig* Bom humor/Jovialidade. **Ex.** Mesmo nas situações difíceis não perdia a boa disposição; reagia sempre com (grande) ~. **3** *fig* Distra(c)ção/Passatempo. **Ex.** Ia muitas vezes ao futebol não por ser aficionado, mas apenas por ~.

desfavor *s m* (<des- **c**) + ...) **1** Perda do favor ou valimento. **Ex.** Apesar de ter sido amigo íntimo do rei, também para ele chegou a hora do ~. **2** Desdém/Desprezo. **Loc.** Olhar alguém com ~ [desdém(+)]. **3** Prejuízo. **Ex.** A alta do preço do petróleo a(c)tuou em ~ da economia nacional. A preferência por empregadas solteiras colocou muitas concorrentes (ao lugar [emprego]) em situação de ~.

desfavorável *adj 2g* (<des- **c**) + ...) Que não é favorável/Adverso/Prejudicial. **Comb.** *Condições ~eis*. *Decisão* ~. *Vento* [Tempo] ~.

desfavorecedor, ora *adj/s* (<desfavorecer + -dor) (O) que desfavorece.

desfavorecer *v t* (<des- **c**) + ...) **1** Não favorecer/Desajudar/Prejudicar. **Ex.** O aumento dos impostos desfavorece sempre os mais pobres. **Comb.** Medidas que desfavorecem a indústria do país. **2** Piorar o aspe(c)to [a beleza física]. **Ex.** O cabelo curto desfavorece-a muito.

desfavorecido, a *adj* (<desfavorecer) **1** Que não é [foi] favorecido/Que está [fica] em desvantagem. **Ex.** «nas partilhas» Fui [Fiquei] muito ~. **2** Que perdeu regalias. **Ex.** Os funcionários públicos serão ~s com a integração no regime geral de aposentações. **3** *s m* Pessoa em situação de carência econó[ô]mica e marginalização social. **Ex.** Pelo Natal, há muitas campanhas de ajuda aos ~s.

desfazedor, ora *adj/s* (<desfazer + -dor) **1** (O) que desfaz ou destrói. **2** Invejoso/Depreciador.

desfazer *v t/int* (<des- **c**) + ...) **1** Destruir o que está feito/Desmontar. **Ex.** A instalação elé(c)trica está defeituosa; é preciso desfazê-la. **Loc.** ~ um nó. **2** Anular/Revogar. **Loc.** ~ um acordo [contrato]. ~ um negócio. ~(-se) à sociedade. **3** Reduzir a fragmentos/Quebrar/Rasgar. **Ex.** Fiquei furiosa com a carta. Desfi-la [Rasguei-a] logo em bocad(inh)os. O tecido estava tão velho que bastava tocar-lhe para se ~. **Loc.** ~ a lou[oi]ça. ~ um carro. **4** Desarranjar/Desmanchar. **Loc.** ~ *a cama*. ~ *o penteado*. **5** Separar/Desunir. **Loc.** ~ *um casamento*. ~ *um grupo*. **6** Dissolver/Diluir. **Loc.** ~ um comprimido em água. **7** Converter(-se)/Transformar(-se). **Ex.** O sorvete [gelado/chocolate] desfez-se. **Loc.** ~(-se) em pó [cinza]. **8** Dissipar(-se)/Desvanecer(-se). **Ex.** O nevoeiro desfez-se muito cedo. **Loc.** ~ o encantamento. **9** Resolver/Esclarecer. **Ex.** A longa conversa permitiu-lhe ~ a má impressão que dele tinha. **Loc.** [Tirar(+)] as dúvidas. **10** ~-se/Expandir-se/Dar largas. **Loc.** ~*-se em atenções* [Ser muito atencioso]. ~*-se em desculpas* [Pedir imensa desculpa]. ~*-se em lágrimas* [Chorar muito]. **11** ~-se/Deitar fora/Ceder/Vender. **Ex.** Dei voltas ao [Verifiquei/Inspe(c)cionei o] guarda-vestidos e desfiz-me de [e deitei fora] toda a roupa que já não usava. **Loc.** ~-se da [Vender a] casa «para emigrar». **12** Despedir/Livrar-se de. **Ex.** Ainda bem que o empregado se despediu. Há muito que queria ~-me dele. **13** Amesquinhar/Depreciar. **Ex.** O meu marido desfaz em [diz mal de] tudo o que eu faço. **Idi.** *Não desfazendo* ["Não querendo dizer que ele é tanto como você"], o meu irmão é muito inteligente.

desfear *v t* (<des- **e**) + feio + -ar¹) Tornar (mais) feio/Deformar. **Ex.** A cicatriz desfeia-lhe a cara. O cabelo curto desfeia-a muito.

desfechar *v t/int* (<des- **b**)/**c**) + ...) **1** Tirar o fecho ou o selo. **Loc.** ~ [Desselar(+)] um cofre. **2** Descarregar uma arma de fogo/Disparar. **Loc.** ~ a pistola. ~ um tiro. **3** Desferir/Vibrar. **Loc.** ~ um golpe. ~ um murro. **4** Abrir(+)/Descerrar. **Loc.** ~ uma porta. **5** Soltar/Desatar. **Loc.** ~ uma gargalhada. **6** Começar de repente/Irromper. **Loc.** ~ [Irromper(+)] uma tempestade. **7** Ter como conclusão/desenlace. **Ex.** A conversa desfechou em violenta discussão.

desfecho *s m* (<desfechar) Conclusão/Desenlace. **Ex.** Ninguém podia prever tal ~. O desafio terminou à pancada. Um ~ vergonhoso para um jogo fraco. Ter um ~ [fim] trágico. **Comb.** O ~ [epílogo/desenlace] feliz dum romance.

desfeita *s f pop* (<desfeito) Ofensa/Desconsideração. **Ex.** Não veio ao casamento do meu filho. Não esperava (que me fizesse) tal ~ ! Passa por mim e não me cumprimenta; julga que me faz uma grande ~ !

desfeiteado, a *adj* (<desfeitear + -ado) Que foi desconsiderado/Ofendido.

desfeiteador, ora *adj/s* (<desfeitear + -dor) (O) que desfeiteia.

desfeitear *v t* (<desfeita + -ear) Ofender a dignidade/Fazer desfeita/Desconsiderar. **Ex.** Os alunos não só eram insubordinados como desfeiteavam o professor com piadas grosseiras.

desfeito, a *adj* (<desfazer) **1** Destruído/Desmanchado. **Comb.** *Casas ~as*. *Vidas ~as*. **2** Alterado/Disfigurado. **Ex.** Caiu na rua e ficou com a cara ~a. **3** Derrotado/Abatido. **Ex.** O desgosto deixou-o ~. **4** Anulado/Invalidado. **Comb.** *Contrato* ~. *Namoro* ~. **5** Desvanecido/Dissipado. **Comb.** *Nevoeiro* ~. *Sonhos* ~s. **6** Dissolvido/Diluído. **Comb.** Comprimido ~.

desferir *v t/int* (<lat *dis-+férĭo,īre*: bater, ferir) **1** Atirar/Lançar. **Ex.** Morreu com um tiro desferido de perto. **Loc.** ~ impropérios. ~ uma seta. **2** Aplicar/Descarregar. **Loc.** ~ um golpe. **3** *Mús* Fazer vibrar (as cordas dum instrumento). **4** *Náut* Soltar as velas/Fazer-se à vela.

desferrar *v t* (<des- **c**) + ferro + -ar¹) **1** Tirar [Perder] a(s) ferradura(s). **Loc.** ~ um cavalo [Um cavalo ~-se]. **2** Libertar(-se) (o peixe) do anzol. **3** *Náut* Desfraldar a vela/Soltar a vela do ferro. **4** *Hidráu* Uma bomba deixar de aspirar por falta de líquido. **Ex.** A bomba desferrou porque entrou ar no tubo [na conduta] de aspiração. **5** Deixar de (a)ferrar/Largar. **Ex.** O cão não desferrava os dentes da [não largava a] presa.

desfiado, a *adj* (<desfiar + -ado) **1** Desfeito em fios. **Comb.** Franja ~a. **Sin.** Esfiado. **2** *fig* Contado ao pormenor/Esmiuçado.

desfiar *v t* (<des- **b**) + ...) **1** Desfazer(-se) em fios. **Loc.** ~ *bacalhau*. ~ *uma bainha* [Uma bainha a ~-se]. ⇒ «agulha/colar desenfiar(-se)». **2** *fig* Narrar minuciosamente. **Ex.** Desfiou, sem hesitar, [Disse os nomes de] todos os reis de Portugal. **3** Passar uma a uma. **Loc.** ~ as contas do rosário.

desfibrador, ora *adj/s* (<desfibrar + -dor) **1** (O) que desfibra. **2** Máquina para desfibrar «madeira». **Sin.** Moinho de pasta.

desfibramento *s m* (<desfibrar + -mento) A(c)to ou efeito de desfibrar.

desfibrar *v t* (<des- **b**) + fibra + -ar¹) **1** Tirar [Separar] as fibras. **Loc.** ~ a cana-de-açúcar. ~ madeira. **2** Reduzir a fibras. **Loc.** ~ o sisal [linho]. **3** Desfazer/Esmiuçar. **Ex.** *fig* ~ [Analisar/Esquadrinhar] os próprios sentimentos. **4** *fig* «pessoa» Perder a fibra/o vigor.

desfibrilação *s f Med* (<desfibrilar + -ção) Técnica para fazer cessar a fibrilação. **Comb.** ~ auricular [ventricular]. ⇒ cardioversão.

desfibrilador *s m Med* (<desfibrilar + -dor) Aparelho para fazer a desfibrilação.

desfibrilar *v t Med* (<des- **c**) + ...) Fazer cessar a fibrilação. **Loc.** ~ o coração.

desfibrinação *s m Med* (<desfibrinar + -ção) Eliminação do fibrinogé[ê]nio [fibrina] do sangue.

desfibrinar *v t Med* (<des- **b**) + fibrina + -ar¹) Tirar a fibrina do sangue.

desfiguração *s f* (<desfigurar + -ção) **1** Mudança de aspe(c)to/figura. **Comb.** ~ do rosto por causa do acidente. **2** Deformação/Deturpação. **Comb.** ~ dos obje(c)tivos dum proje(c)to.

desfigurado, a *adj* (<desfigurar + -ado) **1** Que sofreu alteração de aparência/Deformado. **Comb.** Rosto ~. **2** Deturpado(+)/Adulterado(+). **Comb.** Notícia ~a.

desfigurador, ora *adj/s* (<desfigurar + -dor) (O) que desfigura. **Comb.** Descrição ~ora da realidade.

desfigurar *v t* (<des- **c**) + ...) **1** Alterar o aspe(c)to normal/Deformar. **Ex.** A cicatriz desfigurou-lhe o rosto. **2** Tornar mais feio. **Ex.** O exagero de cosméticos desfigura-a [até a desfigura]. **3** Deturpar/Adulterar. **Ex.**

A supressão duma pequena frase desfigurou [deturpou(+)] (completamente) o discurso.

desfilada s f (<desfilado) A(c)to de desfilar/Desfile(+). **Comb.** À ~ [A galope/Sem parar].

desfiladeiro s m Geog (desfilar + -deiro) Passagem estreita entre montanhas. **Ex.** O acesso à serra é difícil por causa do ~. **Sin.** Garganta.

desfilar v int (<des- + fila + -ar[1]; ⇒ desfile) **1** Marchar [Passar] em fila. **Ex.** Na cerimó[ô]nia de abertura dos jogos, os atletas desfilaram no estádio. fig Quantas lembranças desfilaram então na minha memória! **2** Apresentar-se perante o público. **Ex.** Os manequins desfilaram no palco com os novos modelos de vestuário.

desfile s m (<desfilar) **1** Passagem em fila [sucessão ordenada]/Cortejo. **Comb.** ~ de ranchos folclóricos. ~ militar [de tropas]. **2** Apresentação sequencial. **Comb.** ~ de moda [Passagem de modelos].

desfilhar v t (<des- b) + ...) **1** Tirar os rebentos(+) [mamões(+)/filhos] a uma planta. **2** Separar parte das abelhas duma colmeia.

desfiliação s f (<des- b)/c) + ...) Desvinculação dum grupo/partido.

desfiliar(-se) v t (<des- b)/c) + ...) Rescindir a filiação dum grupo ou partido. **Ex.** Desfiliou-se do partido mas continuou como deputado independente.

desfitar v t (<des- c) + ...) Deixar de fitar/Desviar os olhos de. **Ex.** O professor não desfitava a vista [os olhos] dos alunos mais travessos [indisciplinados/irrequietos].

desfloração [desfloramento] s f [m] (<desflorar) **1** Perda [Corte] das flores duma planta. **Comb.** Época da/o ~. **2** Med Rotura do hímen/Perda da virgindade. **Ex.** A falta de apreço pela virgindade fez com que a/o ~ da mulher fosse banalizado. **Sin.** Violação.

desflorador, ora adj/s (<desflorar + -dor) (O) que desflora.

desflorar v t (<des- b) + flor + -ar[1]) **1** Tirar [Perder] as flores. **Ex.** A tempestade desflorou o pomar. **2** fig tirar a virgindade a uma mulher. **Ex.** Não deixava de seduzir a rapariga [moça] até a ~; depois, abandonou-a. **3** ⇒ aflorar.

desflorescer v int (<des- c) + ...) **1** Perder as flores. **Ex.** Os jardins começavam a ~. O outono estava a chegar. **2** Perder o viço/a frescura. **Ex.** Mantinha-se muito jovem; nem as agruras [dificuldades] da vida a faziam ~.

desflorescimento s m (<desflorescer) A(c)to ou efeito de desflorescer.

desflorestação [desflorestamento] s f [m] (<desflorestar) Abate intensivo de árvores da floresta ou do bosque. **Ex.** A/O ~ é um crime ecológico.

desflorestar v t (<des- c) + ...) Destruir a floresta/Desarborizar. **Ex.** Fazendeiros brasileiros pouco escrupulosos não se importam de ~ vastas áreas da Amazó[ô]nia para a exploração agrícola.

desfocagem s f (<desfocar + -agem) A(c)ção de desfocar/Falta de focagem. **Ex.** A ~ é uma técnica utilizada em cinema para simular um recuo no tempo.

desfocar v t (<des- c) + ...) Desviar do foco/Tirar a nitidez. **Ex.** A agressividade das imagens televisivas violentas pode ser minorada desfocando-as. **Comb.** A parte desfocada «da imagem».

desfolha (Fó) [**desfolhação**] s f (<desfolhar) **1** Época em que caem as folhas das plantas. **Ex.** A ~ da maioria das plantas é no outono. **2** Tirar as folhas a uma planta.

Loc. Fazer a ~ das videiras (para expor os cachos ao sol).

desfolhada s f (<desfolhado) Operação de descamisar as maçarocas do milho. **Ex.** Bandos de raparigas [moças] reuniam-se na eira para as alegres ~s. **Sin.** Descamisada; esfolhada.

desfolhador, ora [desfolhante] adj/s (<desfolhar + -dor) (O) que desfolha.

desfolhar v t (<des- b) + ...; ⇒ desfolha) **1** Tirar as folhas ou as pétalas. **Loc.** ~ o malmequer «bem me quer, mal me quer, ...bem me quer! (O meu namorado)». **2** Descamisar/Descapelar. **Loc.** ~ o milho [~ maçarocas]. **3** Fazer caducar/Extinguir. **Ex.** A doença ia-lhe desfolhando [tirando(+)/minando(o+)] a beleza. **4** Passar (as folhas) de seguida [uma a uma]. **Loc.** ~ um [Passar as folhas dum] livro. ~ [Contar(+)] um maço de notas. **5** Narrar fa(c)tos um a um. **Ex.** A pobre viúva desfolhou um rosário [uma grande quantidade] de infortúnios.

desfoliação s f (<des- c) + ...) ⇒ desfolha.

desforçado, a adj (<desforçar + -ado) **1** Desafrontado/Vingado/Ressarcido. **2** Esforçado/Corajoso.

desforçador, ora adj/s (<desforçar + -dor) (O) que desforça/Vingador.

desforçar v t (<des- e) + ...) Vingar uma afronta/Desforrar(-se). **Ex.** Indiferente, a comunidade internacional vê Israel ~-se com crueldade dos ataques palestinianos.

desforço (Fôr) s m (<desforçar) Desforra/Vingança. **Ex.** Passou todo o tempo do jogo a tentar tirar ~ do adversário que o tinha derrubado.

desformar v t (<des- c) + ...) **1** Alterar a forma/Deformar(+). **Ex.** Não te sentes sobre a caixa para não a de(s)formares. **2** Mil (Fazer) sair da formatura. **Ex.** No fim da cerimó[ô]nia, o comandante mandou ~ o batalhão.

desforra (Fó) s f (<desforrar) Desagravo/Vingança/Desforço. **Ex.** Como perdeu o primeiro jogo, começou logo a preparar a ~. A ~ foi humilhante.

desforrar[1] v t (<des- b)/c) + forrar[1]) Tirar o forro a. **Loc.** ~ um casaco.

desforrar[2] v t (<des- c) + forrar[3]) **1** Vingar(-se)/Desafrontar(-se). **Ex.** Perdemos o primeiro encontro [jogo] mas desforrámo-nos no segundo. Desforrava-se do vizinho, que queria a porta da rua fechada, avariando a fechadura. **2** Recuperar o perdido/Obter compensação. **Ex.** A empresa conseguiu ~ [recuperar(+)] os prejuízos do ano anterior.

desfortalecer v t (<des- c) + ...) Tirar a força/Enfraquecer(+). **Ex.** Evitava criticar o genro para não ~ [enfraquecer(+)] a união do casal.

desfortificar v t (<des- c) + ...) Tirar a fortificação. **Ex.** Os invasores tomaram de assalto a fortaleza e desfortificaram-na.

desfortuna s f (<des- c) + ...) Má fortuna/Infelicidade(o+)/Desventura(+). **Ex.** A ~ [desventura(+)/infelicidade(o+)] acompanhava-o. Nunca teve sorte na vida!

desfragmentar v t Info (<des- c) + fragmentos) Juntar (arquivo fragmentado) num só local do disco rígido.

desfraldar v t (<des- b) + fralda + -ar[1]) **1** Soltar ao vento/Abrir. **Loc.** ~ [Içar/Levantar] **a bandeira**. **~ as velas** (do barco). **2** fig Divulgar o que estava oculto. **Loc.** ~ ideais [segredos].

desfranzir v t (<des- c) + ...) **1** Desfazer o franzido. **Ex.** A cortina fica melhor se a desfranzires um pouco. **2** Desenrugar (a testa/o sobrolho). **Ex.** Estava muito zangado, mas quando a neta chegou, desfranziu o rosto e beijou-a com ternura.

desfrechar v t (<des- d) + ...) **1** Atirar frechas ou setas. **2** Arremessar/Disparar. **Loc.** ~ insultos. ~ tiros.

desfrequentado, a adj (<desfrequentar + -ado) Com pouca [Sem] frequência/Deserto. **Comb.** Bar ~. Rua ~a.

desfrequentar v t (<des- c) + ...) Deixar de frequentar. **Ex.** O mau ambiente e as rixas constantes levaram-no a [motivaram-no para] ~ aquele café.

desfrisante adj 2g (<desfrisar + -ante) **1** Que desfrisa. **Comb.** Produto ~ «do cabelo». **2** Que destoa.

desfrisar v t (<des- c) + ...) **1** Desfazer o frisado/Alisar. **Loc.** ~ o cabelo. **2** Destoar.

desfruir v t (<des- e) + ...) Desfrutar(+)/Gozar(o+). **Loc.** ~ de privilégios. ~ o prazer da vida ao ar livre.

desfrutação s f (<desfrutar + -ção) ⇒ desfrute.

desfrutador, ora adj/s (<desfrutar + -dor) **1** (O) que desfruta. **2** (O) que tem a posse/Usufrutuário. **Ex.** O inquilino foi o ~ de todas as melhorias introduzidas na casa. **3** Parasita/Explorador.

desfrutar v t (<des- e) + fruto +-ar[1]) **1** Ter/Gozar. **Ex.** Daqui desfruta-se (de) uma linda paisagem. O meu filho desfruta [goza] de bom conceito entre os professores. Sentia-se feliz por poder ajudar os filhos, desfrutando, ao mesmo tempo, da companhia dos netos. **Loc.** ~ [Gozar] de [Ter] boa saúde. **2** Possuir/Usufruir. **Ex.** O caseiro guardava-lhes a casa, mas desfrutava de tudo o que a quinta produzia. **3** Viver à custa de. **Ex.** O filho não trabalhava; limitava-se a ~ do dinheiro e da posição social dos pais.

desfrutável adj 2g (<desfrutar + -vel) Que se pode desfrutar.

desfrute s m (<desfrutar) **1** Benefício/Proveito. **Ex.** Se tem o trabalho, também deve ter o ~ do lucro. **2** Gozo/Usufruto. **3** Br A(c)ção leviana ou escandalosa.

desgabar v t (<des- c) + ...) Dizer mal/Depreciar. **Ex.** Apesar de ser bom aluno, os pais nunca o elogiavam e, às vezes, até o desgabavam. Está(s) sempre a ~«o que eu faço»!

desgalhar v t (<des- b) + galho + -ar[1]) Cortar os galhos/Desramar. **Loc.** ~ um freixo «para as ovelhas (comerem a rama)».

desgalvanização s f (<des- c) + ...) A(c)to ou efeito de desgalvanizar.

desgalvanizar v t (<des- c) + ...) **1** Tirar a galvanização. **Loc.** ~ peças metálicas «para aplicar novo revestimento». **2** Fazer diminuir o entusiasmo/Tirar o ânimo. **Ex.** O abandono do chefe desgalvanizou o grupo.

desgarantir v t (<des- c) + ...) Tirar a [Deixar sem] garantia. **Loc.** ~ um empréstimo.

desgargalado, a adj (<desgargalar + -ado) **1** Sem gargalo. **Comb.** Garrafa ~a. **2** Decotado. **Comb.** Blusa ~a. Vestido ~.

desgargalar v t (<des- b) + gargalo + -ar[1]) **1** Tirar o gargalo a. **Loc.** ~ uma garrafa. **2** Decotar demasiado/Desapertar junto ao pescoço. **Ex.** Quando tinha falta de ar, desgargalava-se [desapertava-se(+)] para se sentir mais aliviada.

desgarrada s m (<desgarrado) Cantiga popular improvisada alternadamente por dois cantadores. **Loc.** Cantar à ~ [ao desafio]. Fazer uma ~.

desgarrado, a adj (<desgarrar + -ado) **1** Que se desgarrou/Extraviado. **Comb.** ~ do grupo. Ovelha ~a. **2** Que não tem ligação com os outros/Isolado. **Ex.** Não se podem fazer reformas profundas com

medidas ~as. **3** Livre/Espontâneo. **Comb.** O canto ~ dos rouxinóis. As vozes ~as da gente a trabalhar no campo. **4** ⇒ libertino.

desgarrar *v t* (<des- **b)** + ...) **1** Extraviar(--se)/Afastar(-se)/Tresmalhar. **Ex.** Nos passeios [Nas excursões] da escola tinha o mau costume de se ~ da turma. **2** *Náut* Desviar(-se) do [Perder o] rumo. **Loc.** o barco ~-se. **3** Sair do bom caminho. **Ex.** As más companhias fizeram-no ~. **Sin.** Desencaminhar(+).

desgarre[o] *s m* (<desgarrar) **1** A(c)to ou efeito de desgarrar(-se). **2** Atrevimento/Desplante/Audácia. **Comb.** Atitudes [Comportamentos] de (grande) ~. **3** Elegância/Requinte. **Loc.** Andar [Vestir] na última moda, evidenciando ~.

desgarronar *v t Br* (<des- **b)/c)** + garrão + -ar) Cortar o garrão [jarrete] a um animal.

desgas(e)ificação *s f Quím* (<des- **c)** + ...) Eliminação do gás. **Comb.** ~ da água.

desgas(e)ificar *v t Quím* (<des- **c)** + ...) Tirar o gás [as substâncias voláteis]. **Loc.** ~ a madeira [o carvão]. **Sin.** *Br* Desgasar.

desgastante *adj 2g* (<desgastar + -ante) Que desgasta/Cansativo/Arrasante. **Comb.** Calor ~. Trabalho ~.

desgastar *v t* (<des- **d)** + ...) **1** Consumir [Gastar] continuada(mente) e lentamente. **Ex.** Quanto mais uso têm os sapatos, mais se desgastam as solas. Tanto esfreguei as calças para tirar a nódoa que desgastei o tecido. Esta água é muito agressiva; desgasta [corrói] a tubagem em pouco tempo. **2** Cansar/Debilitar. **Ex.** O trabalho por turnos desgastou-o [debilitou-o/enfraqueceu-o] muito. A idade não era muita, mas sentia-se desgastada [debilitada]; sofrera muitos desgostos.

desgaste[o] *s m* (<desgastar) **1** Consumo provocado pelo uso. **Ex.** Essa chave não abre bem: tem muito ~. **Comb.** Pneus [Pneumáticos] com grande ~ [muito usados/gastos]. **2** Perda gradual de energia ou de intensidade. **Ex.** Começo (agora) a sentir o ~ duma vida de trabalho intenso. **Comb.** ~ nervoso.

desgostante *adj 2g* (<desgostar + -ante) Que causa desgosto. **Comb.** Atitude [Comportamento] ~. **Sin.** Desagradável.

desgostar *v t* (<des- **c)** + ...) **1** Causar desgosto/aborrecimento/descontentamento a. **Ex.** A ingratidão da minha sobrinha desgostou-me muito. Se te repreendo, não é para te ~, mas para teu bem. **Sin.** Desagradar; entristecer. **2** Não [Deixar de] gostar/Aborrecer. **Ex.** Já me desgostei [Já deixei de gostar(+)] de ver novelas: é sempre a mesma coisa. Que tal [Qual a tua opinião sobre] o filme? – Não desgostei [Gostei]. É interessante.

desgosto (Gôs) *s m* (<des- **c)** + ...) **1** Sentimento de tristeza/Ausência de gosto/Desprazer. **Ex.** O meu filho vai ter um ~ quando souber que o cão fugiu. Os filhos causaram-lhe muitos ~s (Gôs). **2** Acontecimento que causa tristeza/infelicidade. **Ex.** A separação ao fim de tantos anos de casada foi para ela um grande ~. **Sin.** Desagrado; mágoa; pesar.

desgostoso, a (Ôso, Ósa, Ósos) *adj* (<desgosto + -oso) **1** Que sente desgosto/Triste/Pesaroso. **Ex.** Fiquei muito ~ com a resposta que me deram. Ele anda muito ~ com o filho que não quer trabalhar. **2** Que desgosta/causa desgosto ou pesar. **Comb.** Comportamentos [Atitudes] ~s [~as]. **3** Que tem sabor desagradável/Insípido. **Comb.** Comidas ~as.

desgovernação *s f* (<des- **c)** + ...) **1** Mau [Falta de] governo/Má administração/Desgoverno. **Ex.** Os anos sucessivos de ~ da Primeira República (1910-1926) deixaram Portugal na decadência. **Sin.** Má administração (+). **2** Gasto excessivo/Desperdício/Desgoverno(+). **Ex.** As gerações mais novas, habituadas à ~ [habituadas a ter tudo/a gastar em excesso], não sabem o que é a austeridade.

desgovernado, a *adj/s* (<desgovernar + -ado) **1** Que não tem [Tem mau/Sem] governo. **Comb.** Casa ~a. País ~o. **2** Gastador/Perdulário/Desregrado. **Ex.** O ordenado não lhe chega [não é suficiente] porque ele é um ~. **Sin.** Desorientado(+); descontrolado. **3** *Náut* Que não obedece ao leme/Com avaria nas máquinas. **Comb.** Embarcação ~a.

desgovernar *v t/int* (<des- **c)** + ...) **1** Governar [Administrar] mal. **Ex.** A nova administração, pelas ordens contraditórias que emite, parece mais apostada [interessada(+)/empenhada(o+)] em ~ a empresa do que em fazê-la progredir. **2** Desencaminhar/Transviar. **Ex.** As más leituras podem contribuir para que a juventude se desgoverne [desoriente(+)/desencaminhe(o+)]. **3** Perder o rumo/a dire(c)ção/o controlo/e. **Ex.** O carro desgovernou-se e foi embater no muro. **4** Desperdiçar/Esbanjar. **Ex.** Os tempos são de austeridade; não se pode viver a ~ [esbanjar(+)] sem pensar no futuro.

desgoverno (Vêr) *s m* (<des- **c)** + ...) **1** ⇒ desgovernação **1**. **2** Falta de sensatez nos gastos/Desperdício/Esbanjamento. **Ex.** O ~ do casal era tal que não juntou (dinheiro) para construir uma casa. **3** Descontrole/Desnorteamento.

desgraça *s f* (<des- **c)** + ...) **1** Acontecimento mau/Calamidade/Desastre/Infortúnio/Revés. **Ex.** A morte do filho, o acidente de automóvel, a perda do emprego, ... só lhe aconteciam ~s! **Loc.** Ter a ~ de ser revistado e ir logo preso. **Idi.** *Uma ~ nunca vem só* [Nunca acontece apenas uma ~]. **2** Infelicidade/Desventura/Miséria. **Ex.** (O marido) gastou (tudo) quanto tinha e abandonou-a; deixou-a na ~. **3** Desfavor/Malquerença. **Ex.** Caiu em ~ do patrão, nunca mais foi promovido. **4** Pessoa inábil/incapaz. **Ex.** Não fazia nada bem feito, era uma (autêntica) ~.

desgraçadamente *adv* (<desgraçado + -mente) Por desgraça/Infelizmente.

desgraçado, a *adj/s* (<desgraçar + -ado) **1** Que caiu em [sofreu uma] desgraça. **Loc.** Ficar ~ para toda a vida por causa do acidente de trabalho. **2** Infeliz/Desventurado/Muito pobre/Miserável. **Ex.** Era um ~: não tinha nada, nem ninguém. **Comb.** Vida ~ [infeliz/miserável]. **3** Lastimável/Deplorável. **Ex.** Ficou num estado ~ [ferido, roto, enlameado] «por ter caído na rua». **4** Que anuncia desgraça/Funesto/Muito intenso. **Comb.** *Calor* [Frio] ~. *Sorte* ~ [Muita/Pouca sorte].

desgraçar *v t* (<des- **c)** + graça + -ar¹) **1** Causar [Sofrer] desgraça(s)/Deitar a perder/Arruinar(-se). **Ex.** A vida perdulária dos filhos desgraçou (toda) a família. Desgraçou-se com o acidente de moto. **2** Fazer mal/Prejudicar. **Ex.** Desgraçou muitas mulheres com falsas promessas de emprego no estrangeiro.

desgracioso, a (Ôso, Ósa, Ósos) *adj* (<des- **c)** + ...) Que não tem [Sem] graça(o+)/Desajeitado(+)/Deselegante(+). **Comb.** Animal ~. Ar [Aparência] ~o/a.

desgraduar *v t* (<des- **c)** + ...) Tirar [Baixar] a graduação. **Comb.** Militar desgraduado por sanção disciplinar. Docentes desgraduados (nas listas de colocação de professores) por erro informático.

desgravação *s f* (<des- **c)** + ...) A(c)to ou efeito de desgravar. **Comb.** ~ da data de casamento, na aliança.

desgravar *v t* (<des- **c)** + ...) Tirar [Apagar/Desfazer] a gravação. **Loc.** *~ a inscrição* duma lápide. *~ uma fita magnética*. *~ a mensagem* «por descuido».

desgravidar *v t* (<des- **c)** + ...) Terminar [Interromper] a gravidez. **Ant.** Engravidar; ficar grávida.

desgraxar *v t* (<des- **c)** + graxa + -ar¹) ⇒ desengraxar.

desgrenhado, a *adj* (<desgrenhar + -ado) Com o(s) cabelo(s) em desalinho/Despenteado. **Comb.** «mendigo» ~ e sujo.

desgrenhar *v t* (<des- **c)** + grenha + -ar¹) Emaranhar os cabelos/Despentear. **Ex.** Quando lhe davam os ataques de fúria desgrenhava-se e ficava com ar ameaçador.

desgrilhoar *v t* (<des- **b)/c)** + ...) ⇒ desagrilhoar.

desgrudar *v t Br* (<des- **b)/c)** + ...) Despegar o que estava grudado [colado]/Descolar. **Ex.** Levantou-se tão ensonado que não conseguia ~ [descolar(+)/abrir(o+)] os olhos.

desgrumar *v t* (<des- **c)** + ...) Desfazer os grumos/grãos/grânulos. **Loc.** ~ a massa «dum bolo».

desguarnecer *v t* (<des- **c)** + ...) **1** Privar da [Tirar a] guarnição. **Ex.** Perante a suspeita de contaminação da carne «com BSE», o Governo mandou ~ (completamente) todos os armazéns frigoríficos. **2** *Mil* Desprover de forças militares ou munições. **Ex.** Desguarneceram o quartel «para o desa(c)tivar». **Loc.** ~ as fronteiras. **3** *Náut* ⇒ desaparelhar. **4** Tirar os enfeites/ornamentos/aplicações/Desadornar/Desenfeitar(+). **Ex.** Vou ~ o vestido que fiz para o casamento da minha filha: tiro-lhe as lantejoulas e as aplicações e (já) posso usá-lo em qualquer ocasião. **5** Tirar os móveis [o recheio de casa]. **Ex.** Como estou a pensar fazer obras na casa, tenho vindo a desguarnecê-la; quero comprar tudo [móveis] novo [novos].

desguarnecido, a *adj* (<desguarnecer) **1** Que se desguarneceu/Sem guarnições/Desprovido. **Comb.** *Armazém* ~. [sem mercadoria] *Fortaleza* ~*a* [sem armas]. **2** Desadornado/Desenfeitado. **Comb.** Salão de festas ~.

desguedelhado, a *adj* (<desguedelhar + -ado) Com os cabelos compridos e em desalinho/Despenteado/Desgrenhado. **Comb.** Ciganos ~s.

desguedelhar *v t* (<des- **d)** + guedelha + -ar¹) Despentear(o+)/Desgrenhar(+). **Ex.** Vinha do cabeleireiro tão bem penteada, mas a ventania [o vento forte] desguedelhou-me toda [completamente].

desiderativo, a *adj* (<lat *desiderativus,a, um*) Que exprime desejo. **Ex.** *Ling* "Querer" é um verbo ~. **Comb.** Discursos ~s que nunca chegam a concretizar-se.

desiderato *s m* (<lat *desiderátum,i* <*desídero*: desejar) Aquilo que se deseja/Desejo(+)/Aspiração. **Ex.** Se for esse o ~ dos eleitores serei primeiro-ministro.

desídia *s f* (<lat *desídia,ae*: preguiça <*desídeo*: estar sentado/desocupado) **1** Preguiça/Indolência. **Loc.** Faltar à missa por ~ (em [de] se levantar da cama). **2** Negligência/Incúria/Desleixo. **Comb.** ~ dos funcionários no atendimento aos contribuintes.

desidioso, osa (Ôso, Ósa/os) *adj* (<lat *desidiosus,a,um* ⇒ desídia) Preguiçoso/Ocioso/Indolente(+). **Comb.** Aluno ~. **2** Desleixado/Negligente(+). **Comb.** Enfermeira ~osa.

desidratação s f (<des- c) + hidratação) **1** Quím Extra(c)ção de água duma substância. **Comb.** ~ por secagem. **2** Med Perda excessiva e não compensada de água no organismo. **Comb.** ~ (provocada) por diarreia.

desidratado, a adj (<desidratar + -ado) Que sofreu desidratação/«fruto» A que foi extraída a água/Seco. **Loc.** (Estar) ~ [muito transpirado/cheio de sede]. **Comb.** Legumes ~s.

desidratador, ora adj/s (<desidratar + -dor) (O) que provoca desidratação/Desidratante.

desidratante adj 2g (<desidratar + -ante) **1** Que provoca (a) desidratação. **Comb.** Poder ~ «dos raios solares». **2** s 2g Substância utilizada para desidratar. **Comb.** Um ~ poderoso [forte].

desidratar v t (<des- b)/c) + hidratar) Extrair [Perder] a água/Sofrer desidratação. **Loc.** ~ alimentos. ~-se pelo calor do sol [na corrida «da maratona»].

desidrogenação s f Quím (<des- b)/c) + hidrogenação) Remoção do hidrogé[ê]nio dum composto. **Ex.** A ~ pode ser feita por via química ou por via enzimática.

desidrogenar v t (<des- b)/c) + hidrogenar) Remover o hidrogé[ê]nio dum composto. **Loc.** ~ um derivado do petróleo.

desidroge[ê]nase s f Bioq (<des- b)/c) + hidrogé[ê]nio + -ase) Enzima catalisadora das rea(c)ções de desidrogenação.

design (Dizáin) s m (<ing *design* <lat *designo*: marcar, desenhar, traçar) Desenho [Proje(c)to] de conce(p)ção estética de obje(c)tos ou imagens. **Comb.** ~ gráfico(+). ~ industrial(+). Arte e ~. ⇒ traço; risco.

designação s f (<lat *designátio,ónis* <*desígno*: marcar, desenhar) **1** Denominação(+)/Qualificação/Nome(o+). **Ex.** Os planetas secundários chamam-se [têm a ~ de] satélites. **2** Indicação/Escolha/Nomeação. **Ex.** Os professores aguardavam com expe(c)tativa a ~ do novo ministro da educação. **Comb.** A ~ do [de um] sucessor.

designadamente adv (<designado + -mente) Especificamente/Particularmente/Nomeadamente. **Ex.** Os países mediterrânicos, ~ Portugal, têm belas praias.

designado, a adj/s (<designar + -ado) (O) que recebeu designação. **Comb.** D. Afonso Henriques ~ [cognominado(+)] "O Conquistador". «foi ele o» ~ para presidente.

designar v t (<lat *desígno,áre*: marcar, designar, desenhar) **1** Dar a conhecer/Significar. **Ex.** Substantivos concretos são palavras que designam [indicam/significam] pessoas, coisas ou animais. **2** Ser o sinal/Indicar. **Ex.** A balança (é o símbolo que) designa a justiça. **3** Fixar(+)/Determinar(+)/Marcar(o+). **Loc.** ~ a hora da partida. **4** Nomear(+)/Escolher. **Loc.** ~ o sucessor. **5** Qualificar/Denominar/Classificar(+). **Ex.** Designaram-no «o melhor futebolista do ano».

designatário, a adj/s m Br (<designado + -ário) (Banco) que é indicado para receber o valor dum cheque.

designativo, a adj (<designar + -ivo) Que designa ou serve para designar/Indicativo(o+)/Significativo(+). **Comb.** Palidez ~a [que é sinal (+)] de doença. Sinal (~) de sentido obrigatório.

designer (Dizáinar) s 2g (⇒ *design*) Especialista em conceber produtos [imagens] aliando a estética com a utilidade/Desenhador(+)/Desenhista(o+)/Proje(c)tista]. **Comb.** ~ de artes gráficas. ~ de móveis. ⇒gráfico.

desígnio s m (<lat *desígnium,ii*) Intenção/Desejo/Proje(c)to. **Ex.** Seguir a carreira diplomática fazia parte dos meus ~s [era um ~ meu]. **Loc.** Não revelar os seus ~s. **Comb.** Os ~s de Deus «são misteriosos/imperscrutáveis».

desigual adj 2g (<des- c) + ...) **1** Que não é igual/Diferente/Diverso. **Comb.** Números ~ais. **2** Variável/Incerto. **Comb.** Temperatura [Tempo] ~ [variável(+)]. **3** Irregular/Inconstante. **Comb.** Humor [Temperamento] ~. **4** Desequilibrado/Desproporcionado. **Comb.** Combate ~ [entre forças desproporcionadas(+)]. **5** Que denota parcialidade/Injusto. **Comb.** Tratamento ~ dos professores na a[dis]tribuição dos horários. **6** Acidentado/Irregular. **Comb.** Terreno [Superfície] ~.

desigualar v t (<des- c) + ...) **1** Tornar desigual/Provocar [Sofrer] diferenciação. **Ex.** Vestia os gé[ê]meos de maneira diferente para os ~ [diferenciar(+)]. A lei não deve ~ os cidadãos. **2** ~-se/Ser desigual/Salientar-se/Sobressair. **Ex.** É um aluno muito aplicado que sempre se desigualou [sobressaiu(+)/se salientou(o+)] dos colegas.

desigualdade s f (<des- c) + ...) **1** Falta de igualdade/equidade/Diferença. **Ex.** «em Pt/no Br/na China» Há uma grande ~ de desenvolvimento entre o interior e o litoral. **Comb.** ~ de ensino entre escolas. ~ de tamanho entre duas pessoas. ~ de tratamento. ~s sociais. **2** Irregularidade/Aspereza. **Loc.** Desfazer as ~s do terreno. **3** Instabilidade/Inconstância. **Comb.** ~ de comportamento [humor]. **4** Mat Expressão que compara dois membros, um maior [menor] do que outro. **Ex.** As ~s podem traduzir uma relação de ordem entre quantidades reais.

desigualmente adv (<desigual + -mente) **1** De modo desigual. **Ex.** Reagia ~ conforme os resultados do seu clube. Tratava ~ os seus empregados. **2** Com parcialidade/Parcialmente. **Ex.** Classificava ~ os alunos: os filhos dos colegas eram sempre favorecidos.

desiludir v t (<des- c) + ...) **1** Tirar a ilusão/Desenganar. **Ex.** Achei que já era altura de ~ a minha filha sobre as prendas do Pai Natal. O médico desiludiu [desenganou(+)] o doente sobre a possibilidade de recuperação. **2** Dece(p)cionar/Desapontar. **Ex.** A nota [O resultado] do teu exame desiludiu-me [Estou desiludido contigo/Desiludiste-me], esperava muito mais!

desilusão s f (<des- c) + ...) **1** Perda de ilusão/Desengano. **Ex.** Andava muito entusiasmada com o novo namorado. Quando o viu com outra foi a ~ total! **2** Dece(p)ção/Desapontamento. **Ex.** O filme não foi nada do que se esperava. Fiquei desiludido [Tive uma grande ~ /dece(p)ção(+)].

desilustrar v t (<des- c) + ...) **1** Tirar a(s) ilustração(ões). **Loc.** ~ um trabalho escolar. **2** Tirar o bom nome/a reputação. **Ex.** Teve um comportamento reprovável que des(i)lustra a família.

desimaginar v t (<des- c) + ...) Afastar [Tirar] da imaginação/Deixar de pensar/Dissuadir(-se)/Despersuadir(-se). **Ex.** Os pais conseguiram desimaginá-lo «de seguir a carreira militar».

desimpedido, a adj (<desimpedir + -ido) **1** Livre/Desobstruído/Desembaraçado. **Comb.** Trânsito [Tráfego/Rua] ~o/a. **2** Desocupado/Livre/Acessível. **Comb.** Gabinete [Guiché/Telefone] ~. **3** Livre de compromisso. **Ex.** Só aceito o trabalho quando estiver ~ [sem outros compromissos].

desimpedimento s m (<desimpedir + -mento) A(c)ção de desimpedir/Remoção do impedimento/Desobstrução. **Ex.** O ~ da via (depois do acidente) levou [gastou/necessitou de] mais de duas horas.

desimpedir v t (<des- c) + ...) **1** Remover [Tirar/Fazer cessar] o impedimento/Desobstruir/Desembaraçar. **Loc.** ~ a mesa (para servir a refeição). ~ [Desatravancar] um armazém. ~ [Desobstruir] um/o caminho. **2** fig Facilitar removendo impedimentos. **Loc.** ~ um negócio.

desimplicar v t/int (<des- c) + ...) **1** Separar o que estava implicado/Desenredar(+)/Simplificar(o+). **Loc.** ~ a interpretação dum texto. **2** Deixar de implicar/Desembirrar. **Ex.** Não quero que dê mimos ao meu filho; basta que desimplique [não implique(+)/ deixe de implicar(o+)] com ele.

desimpregnar v t (<des- c) + ...) (Re)tirar o que impregna/embebe/Deixar de impregnar. **Loc.** ~ o tapete do azeite que se derramou.

desimprensar v t (<des- c) + ...) Tirar da prensa/Desentalar. **Loc.** ~ o bagaço de azeitona. ~ [Desentalar] os passageiros apinhados no Metro.

desimpressionar v t (<des- c) + ...) Tirar uma [Livrar-se duma] impressão forte/Desvanecer uma ideia. **Ex.** Não consigo ~-me da imagem do ladrão que me assaltou!

desinçar v t (<des- c) + ...) Limpar do que é nocivo/Expurgar/Desinfe(c)tar. **Loc.** ~ o jardim de ervas daninhas. ~ as formigas da despensa.

desincentivar v t (<des- c) + ...) Fazer perder o ânimo/Desencorajar/Desanimar. **Ex.** Os fracos resultados obtidos desincentivaram-no a continuar. **Sin.** Desmotivar(+). **Ant.** Estimular.

desincentivo s m (<desincentivar) O que faz desmotivar/Desencorajamento. **Ex.** Presenciar um acidente mortal na estrada é um ~ à condução com excesso de velocidade.

desinchação s f (<desinchar + -ção) Diminuição do inchaço. **Comb.** ~ do joelho infe(c)tado.

desinchar v t/int (<des- c) + ...) **1** (Fazer) diminuir o inchaço/Desintumescer/Desinflamar. **Ex.** Depois duma grande caminhada, a água quente com muito sal ajuda a ~ os pés. **2** fig Abater [Perder] o orgulho/a soberba. **Ex.** O presidente cessante desinchou quando perdeu o mandato.

desinclinação s f (<desinclinar + -ção) A(c)to ou efeito de desinclinar. **Comb.** ~ dum poste.

desinclinar v t (<des- c) + ...) **1** Desfazer a inclinação/Endireitar(+)/Aprumar. **Loc.** ~ uma árvore/um móvel. **2** fig Afastar a tendência/Desafeiçoar. **Loc.** ~ alguém do vício do álcool.

desinço s m (<desinçar) A(c)ção de desinçar/extinguir/exterminar. **Ex.** A minha filha é muito desastrada, parte tudo. É o ~ da [Adeus] loi[ou]ça!

desincompatibilizar v t (<des- c) + ...) Tirar [Desfazer] a incompatibilidade/Harmonizar(+). **Ex.** Foi muito bom para os clubes (e para o futebol) que os dois presidentes se tenham desincompatibilizado.

desincorporação s f (<desincorporar + -ção) Desagregação/Separação. **Comb.** ~ [Saída] do Exército.

desincorporar v t (<des- c) + ...) Desvincular(-se) da corporação a que estava ligado/Desanexar/Desligar. **Loc.** ~-se da Polícia/dos Bombeiros. ~ a recolha do lixo dos Serviços Municipalizados e entregá-la a uma empresa privada.

desincrustação s f (<desincrustar + -ção) Remoção do que estava incrustado.

desincrustar v t (<des- c) + ...) Tirar a crusta/Remover o que está incrustado. **Loc.** ~ o calcário da canalização.

desincubar v t (<des- c) + ...) Tornar patente o que estava latente/incubado. **Ex.** O sarampo desincubou e apareceram as manchas vermelhas no corpo.

desincumbir v t (<des- c) + ...) Tirar a incumbência/Desobrigar. **Ex.** Desincumbiu a empregada da limpeza da escada. Fui desincumbido de secretariar a reunião.

desindexar (Décs) v t (<des- c) + ...) Tirar do/a [Desfazer um/a] índice/lista. **Ex.** Desindexou-o da lista de devedores. **2** Econ Deixar de afe(c)tar a determinado índice. **Loc.** ~ a corre(c)ção de salários à inflação.

desindiciar v t (<des- c) + ...) **1** Dir Declarar que não pode ser processado criminalmente. **Ex.** O juiz desindiciou o arguido no processo de lavagem de dinheiro. **2** Apagar os indícios. **Ex.** O criminoso procurou ~ [apagar] tudo o que o pudesse indicar como suspeito.

desinência s f (<lat désinens, éntis <désino, desínere: terminar) **1** Gram Terminação ou sufixo que adicionado ao radical da palavra indica se é singular ou plural, etc. **Ex.** Na palavra "ando", a ~ é o, e indica que é a primeira pessoa do singular do presente do indicativo do verbo andar. **2** ⇒ extremidade/fim.

desinencial adj 2g (<desinência + -al) Relativo à desinência. **Ex.** As palavras invariáveis «além/hoje» não têm elementos ~ais.

desinfamar v t (<des- c) + ...) Restabelecer o bom nome/a boa fama/Reabilitar(+). **Ex.** A descoberta do criminoso desinfamou o principal suspeito.

desinfeção (Fè) [Br **desinfe(c)ção** (dg)] s f [= desinfecção] (<des- c) + ...) Destruição de agentes que provocam infeção. **Comb.** ~ duma escola. Fechado/a para ~.

desinfecção/desinfeccionar ⇒ desinfeção/...

desinfecionar (Fè) [Br **desinfe(c)cionar** (dg)] [= desinfeccionar] ⇒ **desinfetar**(+)

desinfectante/desinfectar ⇒ desinfetante/...

desinfe(c)tório (dg) s m Br (<desinfe(c)tar + -ório) Lugar onde se fazem as desinfe(c)ções.

desinfestação (Fés) s f (<des- c) + ...) Destruição de animais transmissores de doenças. **Comb.** ~ das carruagens dum comboio [trem]. ~ de roedores num bairro.

desinfestar (Fés) v t (<des- c) + ...) Destruir os infestantes/Eliminar o que é nocivo/prejudicial. **Loc.** ~ a casa de moscas.

desinfetar (Fè) [Br **desinfe(c)tar** (dg)] v t/int [= desinfactar] (<des- c) + ...) **1** Prevenir [Fazer cessar] uma infeção. **Loc.** ~ uma ferida. **2** Destruir os germes infetantes/Purificar. **Ex.** O álcool desinfeta. **Loc.** ~ um armazém de produtos alimentares. ~ os sanitários públicos. **3** pop Retirar-se/Ir-se embora. **Ex.** Não paras quieto! Desinfeta [Desaparece/Vai-te embora] daqui, deixa-me trabalhar!

desinfetante (Fè) [Br **desinfe(c)tante** (dg)] adj/s 2g [= desinfectante] (<desinfetar + -ante) (O) que previne ou impede [cura] a infeção. **Comb.** ~ enérgico. Agente [Produto] ~. **Sin.** Antisséptico.

desinflação s f Econ (<des- c) + ...) Diminuição da inflação/Abrandamento da subida de preços. **Ex.** A contenção da despesa pública originou um período de ~.

desinflacionar v t Econ (<des- c) + ...) Conter [Fazer diminuir/cessar] a inflação. **Ex.** A descida do preço do petróleo contribuirá para ~ as economias dele dependentes.

desinflacionário, a adj (<des- c) + ...) Que promove a desinflação/Que faz baixar a inflação.

desinflamação s f (<desinflamar + -ção) Cura [Diminuição] da inflamação. **Comb.** ~ das amí(g)dalas.

desinflamar v t/int (<des- c) + ...) **1** Diminuir [Fazer cessar] a inflamação/Descongestionar. **Ex.** Este creme é muito bom para ~ os olhos. **2** fig Diminuir o entusiasmo/Suavizar. **Loc.** ~ o discurso.

desinfluir v t (<des- c) + ...) Deixar de influenciar/Desanimar. **Ex.** Desinfluíram-no de fazer a viagem «por causa da tempestade».

desinformação s f (<desinformar + -ção) **1** Informação falsa para induzir em erro. **Ex.** O Governo lançou uma campanha de ~ para esconder a verdadeira origem dos a(c)tos terroristas. **Sin.** Contrainformação. **2** Falta [Desconhecimento] da informação. **Ex.** Não foi por maldade mas por ~ [desconhecimento(+)/falta de informação(o+)] que agiu desse modo.

desinformado, a adj (<desinformar + -ado) Que não recebeu informação ou recebeu informação errada/Mal informado. **Comb.** ~ [Mal informado] sobre a realidade política a(c)tual.

desinformar v t (<des- c) + ...) Esconder [Falsear] a informação/Informar erradamente. **Ex.** A polícia política desinformava sistematicamente sobre os motivos das prisões arbitrárias que efe(c)tuava.

desingurgitar v t (<des- c) + ...) **1** Desfazer o ingurgitamento/Desintumescer. **2** Desobstruir um vaso ou um ducto excretor.

desinibição s f (<desinibir + -ção) **1** Perda da inibição/do acanhamento. **Ex.** A companhia duma colega aumentava a sua [dava-lhe mais] ~ no conta(c)to com os clientes. **2** Comportamento desinibido/Encorajamento/Incitamento/Estímulo. **Ex.** A ~ da aluna no exame oral entusiasmou o júri.

desinibir v t (<des- c) + ...) **1** (Fazer) perder a inibição/o acanhamento. **Ex.** O aprofundamento dos conhecimentos [A experiência] desinibiu-o e tornou-o mais seguro. **Loc.** Ser desinibido [despachado/aberto/livre]. **2** Estimular/Encorajar/Entusiasmar. **Ex.** Os elogios do professor depressa desinibiam os alunos mais tímidos.

desinquietação s f (<desinquietar + -ção) **1** Falta de sossego/paz/quietude/Perturbação/Inquietação/Agitação. **Comb.** A ~ da vida moderna. **2** Intranquilidade/Ansiedade. **Ex.** A demora do marido era a causa da sua grande ~.

desinquietador, ora adj/s (<desinquietar + -dor) (O) que desinquieta.

desinquietante adj 2g (<desinquietar + -ante) Que provoca desinquietação/Preocupante(+). **Comb.** Notícias ~s.

desinquietar v t (<des- e) + ...) **1** Perturbar a tranquilidade/Importunar/Inquietar. **Ex.** À medida que se aproximava a data do exame, cada vez se desinquietava mais. A avó desinquieta-se com o barulho das crianças; fica irritada, não as pode ouvir. **Sin.** Agitar(-se); desassossegar(-se). **2** Desafiar [Convidar/Propor a] alguém para fazer alguma coisa. **Ex.** Não pensava vir ao futebol mas o meu compadre veio (cá) ~-me. **3** pop Desafiar para o mal/Desencaminhar. **Ex.** O meu filho nunca cometeria desacatos se não fossem os amigos a desinquietá-lo.

desinquieto, a adj (<des- e) + ...) **1** Irrequieto/Traquinas/Buliçoso/Desassossegado/Turbulento. **Comb.** Crianças ~as. **2** Perturbado/Aflito/Apreensivo. **Comb.** ~o/a com a demora dos filhos a voltar da escola.

desinserção s f (<des- c) + ...) Colocação à parte/à margem/Exclusão. **Comb.** ~ duma frase/imagem (do texto respe(c)tivo). ~ social.

desinstalação s f (<des- c) + ...) Remoção do que estava instalado. **Comb.** ~ *dos andaimes*. ~ *do acampamento*. ~ *da aparelhagem sonora*. **Sin.** Desmontagem.

desinstalar v t (<des- c) + ...) Remover o que está instalado/Desmontar. **Loc.** ~ *os alunos* duma residência universitária. ~ *uma rede telefó[ô]nica*. ~ *um programa* do computador.

desinstruído, a adj (< des- c) + ...) Que não tem instrução/Ignorante/Iletrado. **Ex.** Na aldeia havia muita gente ~a.

desintegração s f (<desintegrar + -ção) **1** Separação dos componentes/Perda de coesão/Decomposição/Desmoronamento. **Comb.** ~ *duma rocha*. ~ *duma equipa/e* de trabalho. **2** Fís Processo de transformação dum núcleo ató[ô]mico noutro com características diferentes. **Comb.** ~ *natural*. ~ *nuclear*. ~ *radioa(c)tiva* [radiativa].

desintegrar v t (<des- b)/c) + ...) **1** Separar os elementos constitutivos/Desagregar/Desfazer/Destruir. **Ex.** O granito desintegra-se por erosão química em quartzo, feldspato e mica. O grupo de trabalho desintegrou[desfez/desagregou]-se. **2** (Re)tirar [Separar] dum conjunto. **Ex.** Desintegraram[Separaram/Mudaram]-no da turma, ficou desambientado. **Loc.** ~ [Tirar] um volume da enciclopédia.

desinteirar v t (<des- c) + ...) Deixar de estar inteiro/completo. **Loc.** ~ um serviço de loi[ou]ça por ter partido um prato. ~ as obras dum escritor por extravio dum volume.

desinteiriçar v t (<des- c) + ...) Deixar de estar inteiriçado/Desentesar(-se)/Desenregelar(-se). **Loc.** Aquecer-se para ~ as mãos enregeladas.

desinteligência s f (<des- c) + ...) **1** Discrepância/Desacordo/Desentendimento. **Ex.** Embora fossem muito amigos, em matéria de religião a ~ [o desacordo] entre eles era total; nunca estavam de acordo. **2** Inimizade/Atrito/Hostilidade. **Ex.** Questões de herança provocaram a ~ [o desentendimento] entre os irmãos; até deixaram de se falar!

desinteressadamente adv (<desinteressado + -mente) **1** Sem pensar no lucro/dinheiro/Por amor/dedicação. **Ex.** Entregou[Dedicou]-se a ajudar os pobres. **2** Sem atenção/Distraidamente.

desinteressado, a adj (<desinteressar + -ado) **1** Que não mostra [tem/revela] interesse. **Comb.** Aluno ~. **2** Que não age por interesse ou pelo lucro. **Comb.** Ajuda/Auxílio ~a/o. **3** Imparcial/Re(c)to. **Comb.** Julgamento/Apreciação ~. **4** Que perdeu o interesse/Desapaixonado. **Comb.** ~ da namorada. ~ do proje(c)to.

desinteressante adj 2g (<desinteressar + -ante) Destituído de interesse/Que não merece atenção. **Comb.** Romance ~ [pouco interessante(+)]. **Sin.** Aborrecido; desagradável.

desinteressar v t (<des- c) + ...) **1** (Fazer) perder o [privar(-se) do] interesse. **Ex.** Queria ser bailarina, mas os pais desinteressaram-na [fizeram-lhe perder o interesse]. (Já) há [faz] muito tempo que me desinteressei do futebol. **2** Abandonar por considerar pouco lucrativo. **Loc.** ~(-se) do

negócio/da empresa. **3** Deixar de querer/Desistir. **Ex.** Desinteressei-me da compra da casa.

desinteresse (Rê) *s m* (<desinteressar) **1** Falta de interesse/empenhamento/Apatia/Desmotivação. **Ex.** O ~ dele pelo estudo era confrangedor. **2** Abnegação/Generosidade/Desprendimento. **Ex.** Estava sempre disposta a ajudar e fazia-o com grande ~.

desinteresseiro, a *adj* (<desinteresse + -eiro) Que não age por interesse/Que não espera recompensa/Generoso.

desinternar *v t* (<des- **a)/c)** + ...) **1** Fazer sair do internato/Passar a externo. **Loc.** ~ do colégio/hospital. **2** Sair do interior. **Loc.** ~ sentimentos de ternura.

desintoxicação (Cssi) *s f Med* (<desintoxicar + -ção) **1** Tratamento para eliminar substâncias tóxicas do organismo. **Ex.** Todas as crianças que tinham comido na cantina da escola tiveram que fazer uma ~ por lavagem ao estômago. **2** Tratamento para curar a toxicodependência ou o alcoolismo. **Ex.** A ~ dum toxicodependente [alcoólico] só resulta [só é eficaz] se for feita voluntariamente.

desintoxicante (Cssi) *adj/s 2g* (<desintoxicar + -ante) (O) que desintoxica. **Comb.** ~ enérgico. Produto ~.

desintoxicar (Cssi) *v t/int* (<des- **c)** + ...) **1** Libertar(-se) de substâncias tóxicas/Desenvenenar. **Ex.** O exercício físico é muito bom para ~. **2** Fazer um tratamento para cura da dependência de drogas ou do álcool. **Ex.** Foi internado (numa clínica especializada) para se ~ do álcool.

desintri(n)car *v t* (<des- **c)** + ...) Esclarecer o que estava intri(n)cado/Simplificar/Desemaranhar. **Loc.** ~ o caso «do roubo das joias». ~ uma meada de lã.

desintumescer *v t/int* (<des- **c)** + ...) (Fazer) cessar o inchaço/Desinchar. **Loc.** ~ [Desinchar(+)] os pés inchados após uma longa caminhada.

desinvernar *v int* (<des- **c)** + ...) **1** Sair dos abrigos [quartéis] de inverno. **Ex.** As tropas desinvernaram. **2** Terminar [Melhorar] o tempo invernoso. **Ex.** Finalmente abrandou [amainou] o vento e a chuva. Começou a ~ !

desinvestimento *s m Econ* (<desinvestir + -mento) Diminuição ou supressão do investimento. **Comb.** ~ no se(c)tor têxtil.

desinvestir *v t/int* (<des- **c)** + ...) **1** Tirar a investidura/Demitir dum cargo(o+)/Exonerar(+). **Loc.** ~ um bispo do governo da diocese. **2** *Econ* Reduzir ou eliminar o investimento. **Ex.** A empresa desinvestiu no se(c)tor de la(c)ticínios e apostou [investiu] nos congelados.

desionizar *v t Quím* (<des- **b)** + ...) Eliminar iões [íons] duma solução. **Loc.** ~ a água.

desipotecar *v t* (<des- **c)** + hipotecar) Levantar [Cancelar/Resgatar] uma hipoteca. **Loc.** ~ um prédio.

desirmanar *v t* (<des- **c)** + ...) **1** Separar o que estava emparelhado. **Loc.** ~ as meias [luvas] do mesmo par. **2** Quebrar laços de amizade. **Ex.** Desirmanaram-se ao fim de muitos anos de estreita colaboração.

desistência *s f* (<desistir + -ência) A(c)to ou efeito de desistir/Abdicação/Abandono/Renúncia. **Loc.** Assinar a [um termo de] ~. **Comb.** ~ *duma causa* judicial. ~ *dum curso* acadé[ê]mico. ~ *duma prova* (d)esportiva.

desistente *adj 2g* (<lat *desístens,éntis*) Que desiste. **Ex.** O atleta da frente acabou por se juntar ao grupo dos ~s!

desistir *v t/int* (<lat *desísto,ere*) **1** Abandonar voluntariamente/Renunciar. **Ex.** Ainda não desisti da luta política. Vou ~ do [de tomar] café (porque me faz mal). **2** Abdicar/Ceder. **Ex.** Se não ouves o [não fazes caso do] que te digo, desisto! Apesar de saber que está muito doente, não desiste do proje(c)to.

desitivo, a *adj Gram* (<lat *désitus,us* <*désino,ere*: cessar) Que exprime cessação da a(c)ção. **Ex.** *Deixar de* é uma locução ~a.

desjejuar/desjejum ⇒ dejejuar/dejejum.

desjungir *v t* (<des- **b)/c)** + ...) Desprender do jugo/Desatrelar/Desligar. **Loc.** ~ os [Tirar o jugo aos] bois.

desjuntar *v t* (<des- **b)/c)** + ...) Separar(+) o que estava junto. **Loc.** ~ duas folhas de papel.

deslaçar *v t* (<des- **c)** + ...) ⇒ desenlaçar.

deslacrar *v t* (<des- **c)** + ...) Tirar [Quebrar] o lacre/Desselar. **Loc.** ~ o envelope «onde se encontra o testamento».

(des)lado *s m* ⇒ lado; parte lateral.

desladrilhar *v t* (<des- **b)/c)** + ...) Remover [Arrancar] ladrilhos ou azulejos. **Loc.** ~ o chão da cozinha.

deslajear *v t* (<des- **b)/c)** + ...) Tirar as lajes «à eira/aos passeios».

deslanar *v t* (<des- **b)** + lã + -ar^1) Cortar a lã a/Tosquiar(+). **Loc.** ~ as ovelhas.

deslanchar *v t/int Br* (<fr *déclencher*: abrir uma porta, desaferrolhando-a; *fig* partir bruscamente) **1** Partir. **Ex.** O automóvel deslanchou [largou(+)/arrancou(o+)] a grande velocidade. **2** Prosseguir/Ter [Dar] seguimento. **Ex.** O negócio, que estava encravado, finalmente deslanchou [avançou(+)].

deslapidar *v t* (<des- **c)** + ...) **1** Desfazer [Danificar] a lapidação. **Loc.** ~ uma pedra preciosa. **2** Fazer perder o brilho.

deslassar *v t/int* (<des- **c)** + ...) **1** Tornar lasso/Afrouxar/Alargar. **Ex.** A carga do cami(nh)ão caiu porque as cordas deslassaram [afrouxaram(+)]. **2** Ficar pouco consistente/Amolecer. **Ex.** A maionese deslassou.

deslastrar *v t* (<des- **b)/c)** + ...) Tirar o lastro a. **Loc.** ~ o navio.

deslastre/o *s m* (<deslastrar) Remoção do lastro. **Ex.** Para reparar o porão do navio, foi necessário proceder ao ~ [tirar o lastro].

deslavado, a *adj* (<deslavar + -ado) **1** Que perdeu a cor/o brilho/Descorado. **Comb.** Tecido ~. **2** Pouco apetitoso/Sem sabor/Insípido. **Comb.** Sopa [Comida] ~a. **3** *fig* Descarado/Atrevido.

deslavamento *s m* (<deslavar + -mento) **1** Desbotamento/Descoramento. **2** *fig* ⇒ descaramento.

deslavar *v t* (<des- **d)** + ...) **1** (Fazer) perder a cor/Desbotar(+). **Ex.** Vou mandar limpar a colcha a seco para que não deslave. **2** Tornar insípido. **Loc.** ~ a comida. **3** *fig* (Fazer) perder a vergonha/Tornar(-se) descarado/atrevido.

deslavra *s f* (<deslavrar) Lavra cruzada.

deslavrar *v t* (<des- **d)** + ...) Fazer a segunda lavra, cruzada com a primeira.

desleal *adj 2g* (<des- **c)** + ...) Que não é leal/Infiel/Traidor. **Comb.** ~ [Injusto] com os amigos. Concorrência ~ [injusta].

deslealdade *s f* (<des- **c)** + ...) Falta de lealdade/re(c)tidão/Traição/Infidelidade. **Ex.** Dizia-se meu amigo e abandonou-me quando mais precisava da sua ajuda. Não esperava tal [tão grande] ~. As ~s são frequentes na vida política.

desleitar *v t* (<des- **b)** + leite + -ar^1) Deixar de aleitar/Tirar o leite/Desmamar(+). ⇒ desmame/a.

desleixado, a *adj/s* (<desleixar) Descuidado/Desmazelado. **Ex.** Ele é um [é muito] ~, só fez obras na casa quando caiu o telhado.

desleixar *v t* (<des- **e)** + *an* leixar: deixar) **1** Descurar/Negligenciar. **Loc.** ~ a [~-se na] educação dos filhos. ~ o [~-se no] trabalho. **2** Desmazelar(-se)/Abandalhar(-se). **Loc.** ~ a aparência pessoal [a higiene].

desleixo *s m* (<desleixar) Desmazelo/Incúria. **Comb.** O ~ no vestir [em limpar a casa/em regar o jardim]. **Sin.** Desatenção; distra(c)ção.

deslembrança *s f* (<des- **c)** + ...) Falta de lembrança(o+)/Esquecimento(+).

deslembrar *v t* (< des- **c)** + ...) Não lembrar/Esquecer(-se)/Olvidar(-se). **Ex.** Perdoa-me o lapso. Deslembrei-me [Esqueci-me(+)] de te convidar para os meus anos.

desliar *v t* (<des- **b)/c)** + ...) ⇒ desligar; separar.

desligado, a *adj* (<desligar + -ado) **1** Separado/Desunido/Solto. **Ex.** Vivo sozinho, (totalmente) ~ da família. **2** Desvinculado/Livre. **Comb.** ~ do clube [partido]. **3** Que não funciona/Desconectado. **Comb.** Aparelhagem [Telefone] ~a/o.

desligadura [desligamento/desligação] *s f [m/f]* (<desligar +-...) Falta de ligação ou nexo/Separação. **Comb.** ~ [Separação(+)] da família. ~ [desconexão(+)] das frases «dum discurso». ~ da ele(c)tricidade.

desligar *v t/int* (<des- **b)/c)** + ...) **1** Desfazer a ligação/Separar. **Loc.** ~ os elos duma corrente. ~ folhas de papel coladas [Descolar «duas» folhas(+)]. **2** Interromper o funcionamento/Desconectar. **Loc.** ~ *a TV* [a luz/o gás/o telefone]. ~ *o* (motor do) *carro*. **3** Desvincular(-se)/Desobrigar(-se)/Libertar(-se). **Loc.** ~(-se) do partido político [do proje(c)to]. ~-se de um amigo. **4** Alhear(-se)/Abstrair/Não fazer caso. **Ex.** O perigo já passou; desliga! Não penses mais nisso. **5** Deixar de funcionar/Cortar-se/Falhar. **Ex.** A TV desligou-se.

deslindação [deslindamento/deslinde] *s f [m]* A(c)to ou efeito de deslindar.

deslindar *v t* (<des- **e)** + ...) **1** Tornar compreensível/Esclarecer. **Loc.** ~ uma situação confusa [um texto difícil]. **2** Dar solução/Averiguar/Desvendar/Investigar. **Loc.** ~ um crime [um enigma/uma complicação]. **3** Fazer a demarcação/Estremar/Lindar. **Loc.** ~ [Demarcar(+)] uma propriedade.

deslinguada, a *adj/s* (<deslinguar + -ado) **1** (O) que não tem língua. **Comb.** Bacalhau ~. **2** Falador/Tagarela. **Comb.** Ignorante e ~. **3** Maldizente/Desbocado/Malcriado.

deslinguamento *s m* A(c)to ou efeito de deslinguar(-se).

deslinguar *v t* (<des- **b)** + língua + -ar^1) **1** Tirar a língua. **Loc.** ~ o bacalhau. **2** Falar muito e desbocadamente. **Loc.** ~-se em palavrões e impropérios.

deslizamento *s m* (<deslizar + -mento) A(c)to de deslizar/Deslocamento/Escorregamento/Deslize **1. Comb.** ~ de terra.

deslizante *adj 2g* (<deslizar + -ante) Que desliza. **Comb.** Movimento ~. **2** Onde se pode deslizar/Escorregadio(+). **Comb.** Piso/Superfície ~.

deslizar *v int* (< ?) **1** Escorregar suavemente/Resvalar. **Ex.** Os esquiadores deslizavam velozes (pela) montanha abaixo. A patinadora deslizava no gelo com graciosidade. Entristecida [Triste], com as lágrimas a ~ pela cara, a rapariga retirou-se sem dizer palavra. **2** Ir correndo/Passar. **Ex.** O rio deslizava com suavidade sob a ponte. **3** Decorrer mansamente/Passar sem perturbação. **Ex.** Os dias deslizavam alegremente sem nos darmos conta de que as férias estavam a terminar. **4** Mudar de rumo/Desviar. **Ex.** A conversa deslizou [derivou] para a política. **5** *fig* Cometer deslizes/Falhar/Enganar(-se)/Afastar-se. **Ex.** Ele deslizou das suas antigas crenças [da boa educação que recebera dos pais].

deslize *s m* (<deslizar) **1** Deslocamento suave, sem atrito/Deslizamento. **Ex.** Quando travou, o automóvel saiu da estrada em ~ [derrapagem(+)] até embater no muro. **2** Desvio do bom caminho/Procedimento incorre(c)to/Falha pontual. **Ex.** Teve sempre um comportamento exemplar; não se lhe conhece nenhum ~. **3** Engano/Lapso/Equívoco. **Ex.** Era um ó(p)timo aluno, mas no exame teve um ~ imperdoável. Aproveitou um ~ do adversário para o derrotar.

deslocação *s f* (<deslocar + -ção; *sin* deslocamento) **1** Movimentação dum lugar para outro. **Comb.** ~ diária (de casa para o emprego). ~ difícil (por causa do trânsito). **2** Desvio/Mudança de lugar. **Comb.** ~ [Mudança] dum quadro [móvel] «para outra sala/mais para o lado». **3** *Fís* Desvio da posição regular dos átomos dum cristal. **Ex.** A ~ é uma imperfeição da rede cristalina. **4** *Med* Luxação/Desarticulação. **Comb.** ~ dum ombro. **5** *(D)esp* Posição que não permite a um jogador interferir numa jogada sem incorrer em falta. **Ex.** O gol(o) foi anulado porque já tinha sido assinalada a ~ [*Br* o impedimento]. **6** *Náut* Valor [Peso] da água deslocada por um navio. **Ex.** Há petroleiros com centenas de milhar de toneladas de ~. **7** *Geol* Movimento da crosta terrestre que origina novas formas topográficas. **Ex.** A Tectó[ô]nica estuda as ~ões da crosta terrestre.

deslocado, a *adj* (<deslocar + -ado) **1** Fora do lugar/Desviado/Desarrumado. **Comb.** Livros ~s na estante. **2** Desarticulado/Luxado. **Comb.** Braço ~. **3** Fora do seu meio/Desambientado. **Ex.** Sentia-se ~ no meio de tantos intelectuais. **4** Enviado para outro lugar/Transferido. **Comb.** ~ para outra delegação da empresa. **5** *(D)esp* Em posição irregular/Fora de jogo.

deslocalização *s f Econ* (<deslocalizar + -ção) Mudança de localização. **Ex.** A ~ de empresas para países onde a mão de obra é mais barata é um fenó[ô]meno a(c)tual.

deslocalizar *v t Econ* (<des- **a)** + ...; ⇒ deslocar) Mover [Transferir] de um local para outro. **Ex.** As multinacionais estão a ~ muitas das suas empresas da Europa para países asiáticos.

deslocamento *s m* (<deslocar + -mento) **1** ⇒ deslocação **1**. **2** *Fís Quím* Alteração de cara(c)terísticas ou efeitos físico-químicos da matéria. **Comb.** ~ [Efeito] Compton/Doppler. ~ elé(c)trico. ~ para o azul [vermelho]. ~ radioa(c)tivo [radiativo]. **3** *Fís*/**4** *Med*/**5** *(D)esp*/**6** *Náut*/**7** *Geol* ⇒ deslocação.

deslocar *v t* (<des- **a)** + ...; ⇒ deslocalizar) **1** Movimentar(-se)/Andar/Caminhar. **Ex.** Desloco-me [Vou] todos os dias, a pé ou de carro, para o emprego. A avó já tem dificuldade em se ~ [em viajar/sair de casa)]. **2** Tirar do lugar/Desviar/Afastar. **Ex.** Tens que [de] ~ um pouco essa estante porque estorva a passagem. Desloca o sofá para (se) aspirar o chão. **3** Sair do encaixe/Desarticular. **Ex.** Caí e desloquei o tornozelo. **4** Mudar de lugar/Transferir. **Ex.** O patrão deslocou um escriturário para o armazém.

deslumbramento *s m* (<deslumbrar + -mento) **1** Perda momentânea da visão por causa da luz/Cegueira/Ofuscamento(+). **Ex.** O ~ causado pelos faróis (do carro que circulava em sentido contrário) impediu-me de ver o peão. **2** *fig* Assombro/Encantamento/Fascínio. **Ex.** A beleza do espe(c)táculo foi um ~ [encanto/uma maravilha] para toda a gente.

deslumbrante *adj 2g* (<deslumbrar + -ante) **1** Ofuscante. **Comb.** Claridade ~. **2** *fig* Fascinante/Encantador/Maravilhoso. **Comb.** Beleza [Paisagem] ~. **3** *fig* Grandioso/Luxuoso/Sump[un]tuoso. **Comb.** Banquete [Casamento] ~.

deslumbrar *v t/int* (<esp *deslumbrar* <*lumbre* <lat *lúmen,ínis*: luz) **1** Perturbar a visão por excesso de luz/Ofuscar/Cegar. **Ex.** A intensidade dos holofotes deslumbrou-me [cegou-me(o+)/ofuscou-me(+)]. **2** *fig* Causar admiração/Maravilhar. **Ex.** A beleza do espe(c)táculo deslumbrou a assistência [A assistência ficou deslumbrada com a...]. **3** *fig* Fascinar/Seduzir. **Ex.** Estás enganado se julgas que a deslumbras com as tuas promessas.

deslustrador, ora *adj* (<deslustrar + -dor) **1** Que tira o brilho/lustre. **Comb.** «produto de limpeza com» Efeito/A(c)ção ~or/ora. **2** *fig* Desonroso/Infamante. **Comb.** Comportamento ~ do (bom) nome da família.

deslustrar *v t* (<des- **c)** + ...) **1** Tirar [Fazer perder] o brilho/lustre/Embaciar. **Ex.** Os abrasivos deslustram as pratas [os obje(c)tos de prata]. **2** *fig* (Fazer) diminuir o valor/brilho/Tirar o encanto. **Ex.** Os comentários agressivos do orador deslustraram o debate. A beleza dela deslustra as [das] demais [outras/restantes]. **3** *fig* Fazer perder a dignidade/o prestígio/Desonrar/Desacreditar. **Loc.** ~ a memória da família.

deslustre/o *s m* (<deslustrar) **1** Falta de brilho/lustre. **Ex.** O ~ da cafeteira foi causado pela limpeza com [foi do] esfregão abrasivo. **2** *fig* Mancha moral/Desonra/Descrédito. **Ex.** O ~ do partido deve-se à incompetência dos seus dirigentes.

deslustroso, osa (Ôso, Ósa) *adj* (<deslustrar + -oso) **1** Que não tem brilho/lustro. **Ex.** A toalha da mesa depois de lavada perdeu o brilho, ficou ~osa. **2** Que deslustra/desonra. **Comb.** Artigo de jornal [Discurso] ~ para a classe médica.

desluzimento *s m* (<desluzir + -mento) **1** Qualidade [Estado] do que não tem luzimento/Falta de brilho. **Ex.** A sessão primou pelo ~ [foi muito desluzida]. Os oradores foram todos muito fracos. **2** Desonra/Infâmia/Vergonha. **Ex.** O ~ daquela família começou com o endividamento por causa da vida faustosa.

desluzir *v t* (<des- **c)** + ...) **1** Tirar o brilho/Deslustrar. **Ex.** Os cortinados foram desluzindo com o tempo. **2** *fig* Tirar a honra/o mérito/Depreciar. **Loc.** ~ os adversários políticos.

desmagnetização *s m Fís* (<desmagnetizar + -ção) (Fazer) perder a magnetização. **Comb.** ~ duma peça de ferramenta.

desmagnetizador, ora [desmagnetizante] *s/adj Fís* (<desmagnetizar) Que tira [faz perder] as propriedades magnéticas. **Comb.** Campo ~. Efeito ~.

desmagnetizar *v t Fís* (<des- **c)** + ...) (Fazer) perder as propriedades magnéticas/Sofrer a desmagnetização. **Loc.** ~ a agulha da bússola.

desmaiado, a *adj* (<desmaiar + -ado) **1** Que perdeu os sentidos/Desfalecido. **Loc.** Cair ~. **2** Que perdeu a cor/Pálido/Descorado/Desbotado. **Comb. Cor ~a. Sol fraco, ~**. Vestido ~ [desbotado].

desmaiar *v t/int* (<lat *exmágo, áre*: perder as forças) **1** Perder os sentidos/Desfalecer. **Ex.** A pancada na cabeça foi tão forte que (ele) desmaiou. **2** Perder a cor/o brilho/Desbotar/Descorar. **Ex.** O vestido fez-se [tornou-se/ficou] muito feio; as cores desmaiaram muito.

desmaio *s m* (<desmaiar) **1** Perda dos sentidos/Desfalecimento. **Ex.** A queda de tensão arterial provocou-lhe o ~. Tinha ~s frequentes. **Sin.** *pop* Badagaio; chilique; fanico. **2** Perda de cor/de brilho. **Ex.** O ~ da lona das poltronas indica que tinham estado [era de estarem/ficarem] muito tempo ao sol, na varanda.

desmalhar *v t* (<des- **b)** + malha+-ar¹) **1** Tirar [Desfazer] as malhas. **Loc.** O tricô ~. **2** Soltar das malhas da rede/Desenredar. **Loc.** ~ o peixe.

desmama/e *s f/m* (<desmamar) **1** Desabituação progressiva de mamar. **Ex.** A/O ~ dos bebés deve ser feita/o de forma lenta e progressiva. **2** *Med* Corte/Interrupção. **Comb.** O ~ do doente [dos medicamentos].

desmamar *v t* (<des- **b)** + ...) **1** Suspender a amamentação materna/Desamamentar/Desaleitar. **Ex.** A mãe teve que [de] ~ o filho por causa da infe(c)ção no peito. **2** *fig* Tornar(-se) independente/Emancipar(-se). **Ex.** Quando (é que) largas as saias da mãe? Já tens idade para [Já é tempo de] te desmamares.

desmanar *v t* (<desman(ad)ar <des- **b)** + manada + -ar¹) Separar(-se) da manada/Desgarrar(-se)/Tresmalhar(-se). **Loc.** ~ um/uma vitelo/a. **Comb.** Tou[oi]ros desmanados [desgarrados(+)].

desmancha *s f* (<desmanchar) **1** A(c)to ou efeito de desmanchar. **2** *Br* Redução da mandioca a farinha.

desmanchadão, ona *adj/s pop* (<desmanchado + -ão) Desajeitado(+)/Desmazelado(+)/Desleixado(o+).

desmanchadiço, a *adj* (<desmanchado + -iço) Que (se) desfaz facilmente/Fácil de desmanchar. **Comb.** Franja (da carpete) ~a.

desmancha-prazeres *s 2g sing e pl Col* (<desmanchar + prazer) O que impede [estraga] o divertimento dos outros. **Ex.** Estás sempre do contra [Discordas de tudo], és um ~!

desmanchar *v t* (<des- **c)** + manejar) **1** Alterar o que está feito/Desfazer. **Loc.** ~ um vestido [uma costura]. **2** Separar(-se) em bocados/Descompor-se/Desconjuntar(-se)/Desmontar. **Ex.** O vento desmanchou as tendas do acampamento [As tendas do acampamento desmancharam-se com o vento]. O cabelo desmanchou-se-lhe. **Loc.** ~ a máquina para fazer a reparação. **3** Sair dos encaixes/Desarticular. **Loc.** ~ um braço. **4** Cortar aos pedaços/Esquartejar. **Loc.** ~ *uma rês* [um vitelo]. **~ *o porco*. 5** Tornar sem efeito/Anular/Revogar/Rescindir. **Loc.** **~ *um acordo*** [negócio]. **~ *um grupo*. ~ *um noivado*. 6** Perder o controle das emoções/Desmascarar(-se). **Ex.** Desmancha-se quando fala. Vou dizer que não posso ir a casa no fim de semana. Tu não te desmanches pois quero fazer uma surpresa à mãe. **Loc.** ~-se a rir. **7** Desfazer-se em/Exceder-se/Derramar-se. **Loc.** ~-se em amabilidades [elogios]. ~-se nos gastos. **8** Provocar um desmancho/aborto. **9** *Br* Transformar a mandioca em farinha.

desmancho *s m* (<desmanchar) **1** Desarranjo/Demolição. **Comb.** ~ dum bairro clandestino. ~ duma máquina. **2** Desconjuntamento duma articulação/Luxação. **Ex.** Custa-me vestir o casaco por causa do ~ do braço. **3** Desordem/Confusão/Desregramento. **4** *pop* ⇒ aborto.

desmandar *v t* (<des- **c)** + ...) **1** Dar uma contraordem/Contradizer uma ordem. **Ex.** Seu hábito de mandar e ~ perturbava o serviço. Essa lei já foi desmandada [anu-

lada(+)/revogada(o+)]. **2** ~-se/Exceder-se/Descomedir-se. **Ex.** Perdeu o controle do costume e desmandou-se. **Loc.** ~-se na bebida. ~-se no rigor disciplinar.

desmandibular *v t* (<des- **b**) + mandíbula + -ar¹) **1** Partir os queixos(+). **Ex.** Com um forte soco desmandibulou o [partiu os queixos ao] coitado. **2** (Fazer) ficar boquiaberto(+). **Ex.** Desmandibulou-se perante a beleza da paisagem. Desmandibulou [Soltou] uma gargalhada.

desmando *s m* (<desmandar) **1** Infra(c)ção duma ordem/Transgressão à moral/Desobediência/Indisciplina. **Ex.** As regras militares não toleram ~s. O ditador cometeu vários [toda a série de] ~s contra o povo. **2** Desregramento/Excesso/Abuso. **Ex.** Era conhecido no bairro pelo ~ da sua linguagem.

desmaninhar *v t* (<des- **c**) + maninho + -ar¹) Cultivar [Arrotear] terrenos maninhos. ⇒ desbravar; desmatar.

desmantelado, a *adj* (<desmantelar + -ado) **1** Arruinado/Demolido/Desmoronado. **Comb.** Bairros [Casas] ~os/as. **2** Desconjuntado/Desarranjado. **Comb.** Máquina ~a. **3** *Náut* «navio» Sem mastro/Desaparelhado.

desmantelamento *s m* (<desmantelar + -mento) **1** Separação em partes/Desmontagem. **Comb.** ~ dum estaleiro de construção. ~ duma grua. **2** Demolição/Desmoronamento. **Comb.** ~ de casas clandestinas. **3** Eliminação dum grupo/duma organização. **Comb.** ~ duma equipa/e de futebol. ~ duma rede de assaltantes.

desmantelar *v t* (<des- **b**) + mantel + -ar¹) **1** Demolir/Derrubar. **Loc.** ~ um edifício arruinado [velho]. **2** Separar em partes/Desmanchar/Desconjuntar. **Loc.** ~ automóveis velhos. ~ equipamentos [instalações] obsoletos/as. **3** *Náut* Desaparelhar embarcações. **4** Eliminar/Anular/Desfazer grupos/organizações. **Loc.** ~ as forças inimigas [o exército inimigo]. ~ uma associação recreativa [um rancho folclórico]. **5** Perturbar/Desorganizar. **Ex.** Os roubos e os calotes [as dívidas] dos clientes desmantelaram-lhe o negócio.

desmarcação *s f* (<desmarcar + -ção) A(c)to ou efeito de desmarcar.

desmarcado, a *adj* (<desmarcar + -ado) **1** Cujas marcas [Cujos marcos] foram retiradas/os. **Comb.** Roupa ~a. Terreno ~o [sem marcos]. **2** ⇒ desmedido; enorme. **3** Anulado/Cancelado/Transferido. **Comb.** Encontro ~ «e adiado para outro dia». **4** ⇒ descompassado; irregular. **5** *(D)esp* Sem marcação [guarda/vigia] do adversário. **Loc.** (Um jogador) aparecer ~ [sozinho/isolado(+)] diante da baliza contrária.

desmarcar *v t* (<des- **b**/**c**) + ...) **1** (Re)tirar a(s) marca(s) [a marcação] ou o(s) marco(s). **Loc.** ~ a [Tirar a marca da] página dum livro. ~ um [Apagar a marcação(+) dum] campo de futebol. ~ [Tirar os marcos a] uma propriedade. **2** Anular/Cancelar/Adiar. **Loc.** ~ um debate. ~ uma viagem. **3** Sair das marcas/Descomedir(-se)/Exceder(-se). **Loc.** ~-se na linguagem [no rigor dos castigos]. **4** *(D)esp* ~-se/Fugir à [Evitar a] marcação do adversário. **Loc.** ~-se [Ficar isolado/livre] com facilidade.

desmarear *v t* (<des- **c**) + ...) **1** Tirar as manchas/nódoas. **Loc.** ~ as pratas. **2** *Náut* ⇒ «o navio» desgovernar-se; perder o governo por falta de mareação.

desmascaramento *s m* (<desmascarar + -mento) A(c)to ou efeito de desmascarar(-se)/Descoberta/Revelação. **Ex.** O ~ do culpado provou a minha inocência.

desmascarar *v t* (<des- **b**/**c**) + ...) **1** Tirar a máscara. **Ex.** No baile de carnaval o calor era tanto que tive que [de] me ~. **2** *fig* Pôr a descoberto/Revelar. **Ex.** Andou muito tempo a fingir uma grande amizade mas acabou por se ~. Desmascarei o impostor [mentiroso] diante de toda a gente.

desmastr(e)ar *v t Náut* (<des- **b**) + ...) ⇒ desarvorar **2**.

desmatar *v t* ⇒ desflorestar.

desmaterialização *s f Fís* (<desmaterializar + -ção) Intera(c)ção duma partícula com uma antipartícula transformando-se em energia [fotão]/Aniquilação da matéria.

desmaterializar *v t* (<des- **c**) + ...) **1** Tornar(-se) imaterial/Perder a natureza [forma] material. **2** ⇒ espiritualizar(-se).

desmazelado, a *adj* (<desmazelar + -ado) Descuidado/Desleixado/Negligente. **Comb.** Pessoas [Gente] ~ as/a.

desmazelar *v t* (<des- **c**) + mazela + -ar¹) Deixar de ter cuidado/Ser negligente/Desleixar(-se). **Ex.** Desde que o marido morreu começou a ~ o jardim. Muitas mulheres, com a idade, têm tendência a ~-se.

desmazelo (Zê) *s m* (<desmazelar) Falta de cuidado/Desleixo/Incúria/Negligência. **Ex.** Naquela casa o ~ é total: cozinha desarrumada, filhos rotos e sujos, lixo pelo chão, uma miséria!

desmedida *s f* (<desmedido) Falta de medida/Excesso/Descomedimento(+). **Ex.** Era um professor muito exigente, não tolerava qualquer ~ aos alunos.

desmedido, a *adj* (<desmedir) Que excede as medidas/Excessivo/Enorme(+)/Desmesurado. **Comb.** Altura [Estatura] ~a. Ambição ~a. Tamanho ~.

desmedir-se *v t* (<des- + ...) Exceder as medidas/Passar os limites/Exorbitar/Descomedir-se. **Ex.** Quando se irritava desmedia-se nas palavras a ponto de [chegando a] insultar os colegas. Abusavam da paciência do professor desmedindo-se em brincadeiras que ultrapassavam todos os limites.

desmedramento [desmedra(nça)] *s f* (<desmedrar + ...) ⇒ definhamento.

desmedrar *v t/int* (<des- **c**) + ...) Não medrar/Decrescer/Enfezar. **Ex.** A fome faz ~ [enfraquecer(+)/enfezar(o+)] as crianças. Aqui as plantas desmedram [ficam desmedradas, raquíticas/não medram(+)] porque o solo é muito pobre. Com ele todos os negócios desmedravam [começavam a dar prejuízo].

desmedular *v t* (<des- **b**) + medula + -ar¹) Tirar a medula/o miolo. **Loc.** ~ os ossos.

desmelindrar *v t* (<des- **c**) + ...) Fazer passar o melindre/Desagravar. **Ex.** Fez tudo para ~ [consolar(+)] a amiga (melindrada por não ter sido convidada para a festa).

desmembração[mento] *s* (<desmembrar + ...) Separação da parte de um todo/Divisão/Desagregação. **Loc.** Formar uma turma por ~ de outra. **Comb.** ~ [Desanexação(+)/Desagregação] dum lote de terreno.

desmembrar *v t* (<des- **b**) + membro + -ar¹) **1** Amputar membros. **Ex.** Depois do massacre viam-se pelo chão cadáveres desmembrados e com horríveis mutilações. **2** Separar uma parte do todo/Desanexar/Desagregar/Dividir. **Ex.** Após a 2.ª Guerra Mundial a Alemanha foi desmembrada [dividida] em duas. **Loc.** ~ uma herança. ~ uma parcela de terreno.

desmemória *s f* (<des- **c**) + ...) Falta de memória/Esquecimento.

desmemoriado, a *adj* (<desmemoriar + -ado) Com falhas de [Sem] memória/Esquecido. **Loc.** Ficar [Estar/Sentir-se] ~o/a [com falta de memória/esquecido/a].

desmemoriar *v t* (<des- **c**) + ...) (Fazer) perder a memória/(Fazer) esquecer. **Ex.** O acidente de automóvel desmemoriou-o [fê-lo perder a memória(+)]. À medida que os anos iam passando, ia-se desmemoriando [esquecendo(+)] dos maus tratos sofridos na infância.

desmentido, a *adj* (<desmentir) **1** Contraditado/Contestado/Negado. **Comb.** Afirmação [Notícia] (já) ~a. **2** *s m* Negação [Contestação] do que foi afirmado/Retra(c)tação. **Comb.** ~ *formal*. *Publicação dum ~*.

desmentir *v t* (<des- **c**) + ...) **1** Afirmar que é mentira o que alguém disse/Contradizer. **Ex.** Não me desmintas [me estejas a ~] porque eu vi como tudo se passou. O Governo desmentiu a introdução de [disse que não haveria] novas portagens em autoestradas. **2** Afirmar o contrário do que dissera/Desdizer-se. **Ex.** Apressou-se a ~ as declarações anteriores [a dizer que errara]. **3** Não corresponder a//Negar a evidência. **Ex.** O seu modo de proceder desmentia as suas palavras. Pelo aspe(c)to (parecia que) vendia saúde, desmentindo assim a carência alimentar de que dizia sofrer.

desmerecedor, ora *adj/s* (<desmerecer + -dor) (O) que desmerece/não merece/não é digno. **Ex.** Tornou-se ~ [indigno] da nossa consideração.

desmerecer *v t/int* (<des- **c**) + ...) **1** Não merecer/Não ser digno. **Ex.** Não quis estudar e não quer trabalhar; desmereceu [não mereceu] todos os sacrifícios que fizemos para o educar. **2** Menosprezar(+)/Depreciar/Rebaixar. **Ex.** Desmerecia (constantemente) o trabalho dos colegas. O trabalho não desmerece [rebaixa(+)] ninguém. **3** (Fazer) perder a cor/Desbotar/Empalidecer. **Ex.** Os cortinados fizeram-se [ficaram] muito feios, desmereceram [desbotaram(+)] com o sol.

desmerecido, a *adj* (<desmerecer + -ido) **1** Não merecido/Indevido/Indigno. **Comb.** Elogio ~. **2** Apoucado/Enfraquecido/Menosprezado. **Comb.** Esforço ~ [depreciado/não apreciado] por outrem. **3** Desbotado.

desmerecimento *s m* (<desmerecer + -i- + -mento) **1** Falta de mérito/Perda de merecimento. **Sin.** De(s)mérito. **2** Ausência de mérito(s)/dotes/qualidades. **3** Perda de crédito/confiança/estima. **Loc.** Cair no ~ [descrédito(+)] de alguém.

desmérito *s m* (<des- **c**) + ...) ⇒ demérito.

desmesura *s f* (<des- **c**) + ...) **1** Falta de cortesia/Descortesia(+)/Indelicadeza(o+). **Ex.** Era conhecida pela ~ com que tratava os convidados de condição social mais baixa. **2** ⇒ enormidade.

desmesurado, a *adj* (<desmesurar + -ado) Desmedido/Enorme/Exagerado/Excessivo. **Comb.** *Altura [Peso] ~a/o*. *Elogios ~s*. *Instalações industriais ~as*.

desmesurar *v t* (<des- **c**) + mesura + -ar¹) Alargar [Estender] demasiado/Tornar desmedido/excessivo. **Loc.** ~ gastos [despesas].

desmesurável *adj 2g* (<desmesurar + -vel) Impossível de ser medido/Incomensurável(+).

desmilitarização *s f* (<desmilitarizar + -ção) A(c)to ou efeito de desmilitarizar.

desmilitarizar *v t* (< des- **c**)+ ...) **1** Tirar [Perder] o cará(c)ter militar. **Ex.** Devemos desejar [aspirar a ter] um mundo desmilitarizado [sem exércitos]. **Loc.** ~ o poder político. **2** Retirar as forças [armamentos] militares de determinada região. **Loc.** ~ zonas de guerra (já pacificadas).

desmina(gem) s f (<desminar + -agem) Operação de remoção [desa(c)tivação de minas]. **Comb.** ~ de extensas regiões «africanas».

desminar v t (<des- **b**)/**c**) + mina + -ar¹) Remover [Limpar/Tirar] minas de. **Loc.** ~ uma estrada «numa zona de guerra».

desmineralização s f (<desmineralizar + -ção) A(c)to ou efeito de desmineralizar(-se)/Perda [Extra(c)ção] de minerais. **Comb.** ~ da água [do organismo]. ⇒ desidratação.

desmineralizar v t (<des- **b**)/**c**) + ...) (Fazer) perder [Proceder à extra(c)ção de] sais [iões] minerais. **Loc.** ~ uma solução aquosa. O organismo ~-se.

desmiolado, a adj/s (<desmiolar + -ado) **1** Sem miolo(s). **Comb.** Cabaça [Abóbora] ~a [sem miolo]. Cabeça de porco ~a [sem miolos]. **2** fig (O) que é desmemoriado/esquecido. **Ex.** Nunca te lembras de nada, és uma ~a. **3** fig (O) que não tem juízo. **Ex.** Só ~s (como tu) se metem [Só um ~ se mete] nesses negócios escuros.

desmiolar v t (<des- **b**) + miolo + -ar¹) **1** Tirar o(s) miolo(s). **Loc.** ~ o pão. ~ [Tirar os miolos a] uma cabeça de vitela. **2** fig Tirar [Perder] o juízo/Enlouquecer. **Ex.** (A avó) há muito que começou a ~ [perder o tino(+)].

desmistificação s f (<desmistificar + -ção) Destruição [Esclarecimento] dum erro, engano ou burla. **Loc.** Fazer a ~. ~ de publicidade enganosa.

desmistificador, ora adj/s (<desmistificar + -dor) (O) que desmistifica.

desmistificar v t (< des- **c**)+ ...) Desfazer a mistificação/o erro/a burla. **Ex.** Noticiaram uma versão dos acontecimentos totalmente falsa e não tiveram coragem de a ~.

desmitificar v t (<des- **c**) + ...) Desfazer um mito. **Ex.** Os navegadores portugueses desmitificaram a lenda do Adamastor quando dobraram [passaram] o Cabo das Tormentas [Cabo da Boa Esperança].

desmobil(i)ar v t (<des- **b**)/**c**) + ...) (Re)tirar a [Desguarnecer de] mobília. **Loc.** ~ um apartamento. **Comb.** Casa [Piso/Andar] desmobilada/o.

desmobilização s f (<desmobilizar + -ção) **1** Mil Passagem (dos militares) à vida civil. **Comb.** ~ após o cumprimento do serviço militar obrigatório. **2** Enfraquecimento do empenho/entusiasmo. **Ex.** A politização dos sindicatos contribuiu para a ~ dos trabalhadores.

desmobilizado, a adj (<desmobilizar + -ado) **1** Mil Que passou à disponibilidade/Fora de serviço. **2** Sem entusiasmo/Desinteressado. **Comb.** «jogadores» ~s (por causa da derrota).

desmobilizar v t (<des- **c**) + ...) **1** Mil «militar» Passar [Regressar] à disponibilidade [vida civil]. **2** Perder o entusiasmo/a combatividade por uma causa. **Loc.** ~ na luta pela defesa dos direitos humanos.

desmochar v t (<des- **b**) + ...) **1** Tornar mocho/Cortar os chifres/Mochar. **Loc.** ~ uma vaca. **2** Cortar as pontas/Quebrar arestas/saliências. **Loc.** ~ os bordos duma mesa [dum móvel]. **3** Cortar a coroa a [Podar] uma árvore.

desmoderar v t (<des- **c**) + ...) Proceder sem [Perder a] moderação/Exceder-se. **Loc.** ~-se na comida.

de(s)modular v t (<des- **c**) + módulo + -ar¹) Reconstituir ou extrair algo a partir de sinais modulados.

desmoitar v t Agron (<des- **b**) + moita + -ar¹) ⇒ desflorestar.

desmoldar v t (<des- **b**)/**c**) + ...) Tirar o [do] molde. **Loc.** ~ [Tirar do molde] uma peça de gesso. ~ [Tirar o molde a] um arco de betão armado.

desmologia s f Anat (<gr desmós,ou: liame, ligação + -logia) Estudo dos ligamentos (dos ossos), sua estrutura e função.

desmonetização s f (<desmonetizar + -ção) Redução ou retirada da moeda em circulação/Desamoedação.

desmonetizar v t (<des- **c**) + ...) Tirar a qualidade de moeda a/Desamoedar.

desmonopolização s f (<desmonopolizar + -ção) Extinção dum monopólio.

desmonopolizar v t (<des- **c**) + ...) Acabar com [Extinguir] um monopólio/Liberalizar. **Loc.** ~ a venda «de energia elé(c)trica».

desmontada s f (<desmontado) A(c)to ou efeito de desmontar/Desmonte.

desmontagem s f (<desmontar + -agem) **1** A(c)ção de desmontar/Separação das peças dum conjunto. **Comb.** ~ duma exposição [feira]. ~ duma máquina. **2** Decomposição/Análise. **Comb.** ~ duma ideia.

desmontar v t (<des- **c**) + ...) **1** Descer da cavalgadura/montada/Apear(-se)(+). **Ex.** Desmontou do cavalo e abraçou-nos a todos. **2** Decompor [Separar] em peças/nos seus elementos. **Loc.** ~ instalações industriais. ~ uma máquina. **3** Fazer o desmonte/Abater/Arrasar. **Loc.** ~ uma colina/um morro. **4** Desfazer/Destruir. **Loc.** ~ ciladas/conjuras/intrigas. ~ um plano/proje(c)to. **5** Decompor (para rebater). **Loc.** ~ a argumentação adversária. ~ um texto. ⇒ analisar; explicar.

desmontável adj 2g (<desmontar + -vel) Que se pode desmontar/Composto por peças [elementos] separáveis. **Comb.** Brinquedo [Automóvel/Robô] ~. Móvel [Cadeira/Mesa] ~. **Sin.** Desarmável.

desmonte s m (<desmontar) **1** Remoção de minérios [inertes] numa exploração mineira/Desaterro/Demolição. **Comb.** ~ a fogo. ~ hidráulico. **2** Desmontagem/Decomposição. **Comb.** ~ dum aparelho «elé(c)trico». **3** Apeamento(+)/Desmontada. **Comb.** O ~ do cavalo.

desmoralização s f (<desmoralizar + -ção) **1** Perda de ânimo/entusiasmo/Diminuição do empenhamento. **Ex.** À perda do 1.º lugar da classificação no campeonato sobreveio [seguiu-se] a ~ da equipa/e. **2** Ausência de moralidade/Corrupção/Perversão. **Ex.** A ~ da sociedade aumentou depois da revolução.

desmoralizador, ora adj/s (<desmoralizar + -dor) (O) que desmoraliza [faz desmoralizar]/Desanimador]. **Ex.** Ele, que devia ser o animador do grupo, tornou-se no ~. **Comb.** Atitude ~ora. Resultados ~ores.

desmoralizado, a adj (<desmoralizar + -ado) **1** Sem entusiasmo/interesse/Abatido/Desanimado/Desencorajado. **Comb.** Estudantes [Trabalhadores] ~s. **2** Que se afastou do procedimento moral/Corrupto/Depravado.

desmoralizar v t/int (<des- **c**) + ...) **1** Tornar(-se) imoral/Corromper(-se)/Perverter(-se). **Ex.** Desmoralizou-se [Corrompeu-se(+)/Perverteu-se(o+)] com as más companhias. O abuso [mau uso] da liberdade desmoraliza [corrompe(+)] a sociedade. **2** (Fazer) perder o ânimo/a coragem/a determinação. **Ex.** Desmoralizou e não quis estudar mais. Classificações injustas desmoralizam os estudantes.

desmoronamento s m (< desmoronar+-mento) Derrocada/Desabamento/Demolição. **Comb.** ~ de prédios em ruínas.

desmoronar v t (<des- **c**) + morro + -ar¹) Deitar abaixo/Abater/Demolir/Derrubar/Ruir.

Ex. (Como se previa) a velha casa acabou por (se) ~. fig O partido desmoronou-se [veio abaixo/ruiu/extinguiu-se(o+)/desapareceu(+)] com o abandono do líder.

desmortificar v t Br (<des- **c**) + ...) Deixar de mortificar/Tirar a mortificação/Aliviar(+).

desmotivação s f (<desmotivar + -ção) Falta de motivação/Atitude de apatia/Desinteresse. **Ex.** A indisciplina da turma contribuía para a ~ de muitos alunos. A ~ dos militantes do partido era consequência da falta dum programa político exigente e inovador.

desmotivado, a adj (<desmotivar + -ado) **1** Sem motivo/fundamento/Infundado. **Ex.** Esclarecido o assunto, a discussão ficou ~a. **2** Desinteressado/Desanimado/Indiferente. **Comb.** ~ para o trabalho.

desmotivar v t (<des- **c**) + ...) **1** (Fazer) perder [Tirar] o motivo/a fundamentação. **Ex.** A nova lei desmotiva a necessidade de [torna desnecessária a(+)] autorização para investir no estrangeiro. **2** (Fazer) perder o interesse/Desestimular/Desalentar. **Ex.** Professores incompetentes desmotivam os alunos.

desmultiplicação s f Mec (<desmultiplicar + -ção) Redução da velocidade entre dois órgãos acoplados. **Ex.** A ~ das rotações dum motor é feita por um sistema de engrenagens.

desmultiplicador, ora adj/s (<desmultiplicar + -dor) **1** (O) que desmultiplica. **Comb.** A(c)ção ~ora. **2** s m Mec Dispositivo que reduz a velocidade de rotação transmitida por um motor/Redutor.

desmultiplicar v t (<des- **c**)/**d**) + ...) **1** Mec Reduzir a velocidade transmitida por um motor. **Loc.** Travar um automóvel desmultiplicando com [reduzindo] as mudanças. **2** ~-se/Fazer várias a(c)tividades ao mesmo tempo. **Ex.** As donas de casa desmultiplicam-se nas tarefas domésticas.

desmunhecar v t Br (<des- **b**) + munheca + -ar¹) **1** Cortar a mão pelo pulso/Decepar. **Loc.** Fig ~ um [a ponta dum] cipreste. **2** ⇒ efeminar.

desmunici(on)ar v t (<des- **b**)/**c**) + ...) Tirar [Gastar] as munições. **Loc.** ~ uma metralhadora.

desnacionalização s f (<desnacionalizar + -ção) **1** Perda do cará(c)ter nacional ou da nacionalidade. **Ex.** A aquisição de nova nacionalidade «pelo casamento» pode obrigar à ~ [perda da nacionalidade de origem(+)]. **2** Restituição de empresas ou bens tutelados pelo Estado ao domínio privado/Privatização(+). **Comb.** ~ da Banca.

desnacionalizar v t (<des- **c**) + ...) **1** Tirar [Perder] o cará(c)ter nacional. **Ex.** A República desnacionalizou vários símbolos monárquicos. **2** Devolver [Entregar] bens tutelados pelo Estado a uma entidade privada/Privatizar(+). **Loc.** ~ Companhias de Seguros. ~ herdades cole(c)tivas. ~ hospitais.

desnalgado, a adj (<desnalgar + -ado) **1** Que tem as nádegas à mostra. **2** De ancas estreitas/Escanzelado.

desnalgar-se v t (<des- **b**) + nalga + -ar¹) **1** Pôr as nádegas à mostra. **2** ⇒ bambolear-se; saracotear.

desnasalação s f Fon (<desnasalar + -ção) Transformação dum som nasal em oral.

desnasalar v t (<des- **c**) + ...) Tirar [Perder] a nasalidade. **Ex.** Na formação do feminino de leão o ditongo ão desnasala-se em ao/oa.

desnasalização/desnasalizar ⇒ desnasalação/desnasalar.

desnatação s f (<desnatar + -ção) A(c)to ou efeito de desnatar. **Comb.** ~ do leite «para fazer manteiga».

desnatadeira s f (<desnatar + -deira) Máquina que desnata o leite e concentra as natas. **Ex.** As ~s separam a gordura do leite por centrifugação.

desnatar v t (<des- **b)** + nata + -ar[1]) Tirar [Separar] a nata do leite. **Ex.** O leite para o fabrico de queijo pode ~-se previamente (se é muito gordo).

desnaturação s f (<desnaturar + -ção) **1** Perda do que é da natureza [é próprio] de algo/Descara(c)terização. **2** *Bioq* Alteração ou perda de moléculas/Decomposição/Adulteração.

desnaturado, a adj/s (<desnaturar + -ado) **1** (O) que não é conforme à natureza/Cruel/Desumano. **Ex.** Esse crime foi obra de algum ~. **Comb.** Filhos [Pais] ~s. **2** *Quím* Tornado impróprio para os usos normais por adição duma substância estranha. **Comb.** Álcool ~.

desnaturalização s f (<desnaturalizar + -ção) Perda da naturalização ou (dos direitos) de nacionalidade.

desnaturalizar v t (<des- **c)** + ...) **1** Tirar [Perder] a nacionalidade/os direitos de cidadania. **Ex.** Desnaturalizou-se (do seu país) por ter casado com um cidadão estrangeiro. **2** Corromper [Adulterar] a natureza de/Desnaturar. **Ex.** O turismo desnaturaliza muitos costumes locais.

desnaturar v t (<des- **c)** + natura + -ar[1]) **1** Alterar a natureza de. **Loc.** ~ [Ir contra(+)] o espírito da lei [do legislador]. **2** Tornar(-se) cruel/duro/Desumanizar(-se). **Ex.** Os horrores da guerra praticados por colegas desumanos desnaturaram-no. **3** *Quím* Alterar propositadamente a composição duma substância para a tornar imprópria para os seus usos normais. **Loc.** ~ álcool.

desnecessário, a adj (<des- **c)** + ...) Que não é necessário/Inútil/Escusado/Dispensável/Supérfluo. **Ex.** Vivemos afogados em [cheios de] coisas e preocupações ~as. **Comb.** Adornos [Enfeites] ~s. Palavras [Perguntas] ~as. Trabalho ~.

desnecessidade s f (<des- **c)** + ...) ⇒ inutilidade; superfluidade.

desnegociar v t (<des- **c)** + ...) Desfazer um negócio. **Loc.** ~ um contrato de compra.

desnervamento s m (<desnervar + -mento) Acalmia/Aquietação/Tranquilização. **Ex.** Quando terminou a discussão e viu que não tinha razão, entrou numa fase de ~.

desnervar v t (<des- **b)/c)** + ...; enervar(-se)) **1** Tirar os nervos a. **Loc.** ~ uma peça de carne. **2** ⇒ desenervar **1**; acalmar.

desnitrificação s f (<desnitrificar + -ção) Empobrecimento «do solo» em azoto/nitratos.

desnitrificante adj 2g (<desnitrificar + -ante) Que provoca a desnitrificação. **Comb.** Bactérias ~s.

desnitrificar v t *Quím* (<des- **b)/c)** + ...) Eliminar o grupo NO_2^- [azoto] duma molécula/substância.

desnível s m (<des- **c)** + ...) **1** Diferença de nível/Desnivelamento. **Ex.** Entre o ponto mais alto (do monte) e o mais baixo há um ~ de 300 metros. **2** Diferença de valor/Desigualdade. **Comb.** ~ das classes sociais. ~ de conhecimentos (entre alunos).

desnivelado, a adj (<desnivelar + -ado) **1** Que não está nivelado/Inclinado. **Comb.** Cruzamento ~. Terreno ~ [inclinado]. **2** De nível [categoria/valor] diferente. **Comb.** Equipas/es concorrentes ~as.

desnivelamento s m (<desnivelar + -mento) A(c)to de desnivelar/Diferença de nível [altura] entre dois pontos/Desnível(+). **Ex.** Fizeram uma rampa para vencer o ~ entre a rua e a casa.

desnivelar v t (<des- **c)** + ...) **1** Tirar do [Desfazer o] nivelamento/(Fazer) deixar de estar nivelado. **Loc.** ~ um cruzamento. ~ um terreno. **2** Criar diferenças/Distinguir. ~ os salários.

desnorteado, a adj (<desnortear + -ado) **1** Que anda sem norte [rumo]/Desencaminhado/Desorientado. **Loc.** Ficar ~ no meio da escuridão. **2** *fig* Desvairado/Desequilibrado/Maluco. **Ex.** As claques, ~as com a derrota, cometeram muitos desacatos.

desnorteador, ora adj (<desnortear + -dor) Que faz desnortear/Desconcertante/Perturbador. **Comb.** Ordens confusas, ~oras [desorientadoras].

desnorteamento s m (<desnortear + -mento) Desorientação/Perturbação. **Comb.** [Desorientação] causado/a pelo nevoeiro. ~ [Perturbação] por causa das drogas.

desnortear v t (<des- **c)** + ...) **1** (Fazer) perder o norte [rumo]/Desorientar(-se)/Desencaminhar(-se). **Ex.** Desnortearam[Perderam(+)]-se na serra por causa do nevoeiro. **2** Perturbar(-se)/Embaraçar(-se). **Ex.** Desnorteou-se com tantos problemas.

desnovelar ⇒ desenovelar **1**.

desnublado, a adj (<desnublar + -ado) Limpo de [Sem] nuvens/Desanuviado(+). **Comb.** Horizonte ~.

desnublar v t (<des- **b)/c)** + ...) Tirar as [Limpar-se de/Desfazerem-se as] nuvens/Aclarar(o+)/Desanuviar(+). **Ex.** O vento desnublou o céu.

desnucar v t (<des- **b)** + nuca + -ar[1]) Matar a rês pela nuca/Desarticular as vértebras cervicais. ⇒ decapitar [cortar a cabeça].

desnuclearizar v t (<des- **c)** + ...) **1** Acabar com ou reduzir as armas nucleares. **2** Deixar de utilizar ou de construir centrais nucleares.

desnudação[mento] s (<desnudar + ...) **1** A(c)to de desnudar(-se)/ficar nu. **2** *fig* A(c)to ou efeito de desvendar/pôr a descoberto.

desnudar v t (<lat *denúdo,áre*; ⇒ nu) **1** Tirar a roupa /Pôr a nu/Despir(-se). **Ex.** O modelo desnudou-se diante do pintor. **2** Tirar o que cobre/protege. **Ex.** A erosão desnuda o solo. **Loc.** ~ a espada. **3** *fig* Tornar patente/Mostrar/Revelar. **Loc.** ~ segredos [enigmas].

desnutrição s f (<desnutrir + -ção) Deficiência [Falta] de nutrição/Carência alimentar. **Ex.** Nos campos de refugiados a ~ é generalizada.

desnutriente adj 2g (<des- **c)** + ...) Que prejudica a nutrição. **Comb.** Substâncias (alimentares) ~s. ⇒ nutritivo.

desnutrir v t (<des- **c)** + ...) **1** Prejudicar a nutrição de/Provocar a desnutrição/Nutrir(-se) [Alimentar(-se)] mal/de forma inadequada. **Ex.** Há muitas pessoas que se desnutrem (com dietas inadequadas) por ignorância. **2** (Fazer) emagrecer/Definhar(-se). **Comb.** Crianças desnutridas [mal alimentadas(+)/enfezadas(o+)].

desobedecer v int (<des- **c)** + ...) **1** Não obedecer/Não cumprir ordens [instruções] recebidas/Fazer o contrário do que foi ordenado. **Ex.** Disse-te para ir(es) junto à avó e não foste. Desobedeceste e vais ser castigado/a. **2** Infringir/Transgredir. **Loc.** ~ aos [Transgredir os] preceitos morais. ~ às regras de trânsito [«ao sinal vermelho»].

desobediência s f (<des- **c)** + ...) **1** Infra(c)ção [Transgressão] duma ordem ou norma. **Comb.** ~ aos [às ordens dos] pais. ~ às regras «de trânsito». **2** Não acatamento [Recusa de cumprimento] duma lei/ordem/Insubordinação. **Comb.** ~ à requisição civil (em caso de greve). ~ ao cumprimento do serviço militar.

desobediente adj/s 2g (<des- **c)** + ...) (O) que desobedece/Insubmisso/Indócil. **Comb.** Crianças [Filhos/Alunos] ~s.

desobriga s f (<desobrigar) **1** Cancelamento [Quitação] duma obrigação/Desobrigação. **2** *Rel* Cumprimento do preceito pascal da confissão [do sacramento da reconciliação] dos católicos. **Ex.** A vivência do mistério pascal é muito mais do que o cumprimento da ~.

desobrigação s f (<desobrigar + -ção) **1** Satisfação [Cumprimento] duma obrigação. **Comb.** ~ [Cumprimento] duma promessa. **2** Dispensa (de cumprimento) duma obrigação. **Comb.** ~ de sustentar os filhos (por estes já serem autossuficientes).

desobrigar v t (<des- **c)** + ...) **1** Livrar(-se) [Isentar(-se)/Desonerar(-se)] duma obrigação. **Ex.** Não te posso ~ dos [de fazeres os] trabalhos de casa. **2** Satisfazer [Cumprir] uma obrigação. **Ex.** Desobrigou-se «pagando a dívida».

desobscurecer v t (<des- **c)** + ...) **1** Dissipar a escuridão/Aclarar. **Ex.** No verão o dia desobscurece [aclara] muito cedo. **2** *fig* Tornar claro/compreensível/Esclarecer. **Ex.** A conversa que tivemos desobscureceu-me as ideias. **Loc.** ~ [Esclarecer(+)] uma questão.

desobstrução s f (<des- **c)** + ...) Eliminação duma obstrução/Desimpedimento/Desentupimento. **Comb.** ~ duma estrada. ~ duma veia.

desobstru[i]nte adj 2g (<des- **c)** + ...) Que desobstrui/Desobstrutivo.

desobstruir v t (< des-**c)**+ ...) Desimpedir/Desatravancar/Desembaraçar/Desentupir. **Loc.** ~ o nariz. ~ uma passagem. ~ uma sala.

desobstrutivo, a adj (<desobstruir + -tivo) Que desobstrui/Desobstrue[i]nte. **Comb.** Gotas ~as (do nariz).

desocupação s f (<desocupar + -ção) **1** Saída do lugar que ocupava. **Comb.** ~ duma cadeira. ~ duma cabina telefó[ô]nica. **2** Abandono [Saída] duma a(c)tividade/função. **Comb.** ~ do lugar de dire(c)tor. **3** Falta de ocupação/Tempo livre/Ina(c)tividade/Desemprego. **Ex.** A ~ torna os dias mais longos [Com a ~ os dias custam mais a passar].

desocupado, a adj (<desocupar + -ado) **1** Que não está ocupado/Livre/Vago/Vazio. **Comb.** Casa ~a. Gabinete ~. Gaveta ~a. Telefone ~. **2** Que não tem ocupação/trabalho/Ocioso/Desempregado. **Ex.** Estou ~o/a [sem trabalho(+)] há [faz] três meses.

desocupar v t (<des- **c)** + ...) **1** Deixar de ocupar/Deixar vazio/vago/devoluto. **Ex.** Tenho que ~ a casa (até ao fim do mês) porque já anulei o arrendamento. **Loc.** ~ cadeiras. ~ prateleiras. **2** Deixar de usar/Disponibilizar/Libertar. **Loc.** ~ o computador [telefone]. **3** Deixar de desempenhar uma a(c)tividade/função. ~ o lugar de assessor. **4** Libertar duma ocupação. **Ex.** (Eu) desocupo dois funcionários para te ajudarem «a fechar as contas do ano». **5** Retirar «ocupante/invasor» do lugar que ocupa. **6** Abstrair de pensamentos dominantes/preocupações. **Loc.** ~ a mente [o espírito].

desodorar/desodorante ⇒ desodorizar/desodorizante.

desodorização s f (<desodorizar + -ção) Eliminação de odores desagradáveis. **Comb.** ~ de ambientes «poluídos com o fumo de tabaco».

desodorizante adj/s 2g (<desodorizar + -ante) **1** (O) que desodoriza. **2** Produto que

elimina [atenua/disfarça] odores desagradáveis. **Comb.** ~s corporais [cosméticos]. ~s de limpeza.

desodorizar v t (<des- **b**/**c**) + ...) **1** Tirar o cheiro. **Loc.** ~ margarinas. **2** Eliminar/Atenuar/Disfarçar odores desagradáveis. **Loc.** ~ um escritório.

desoficializar v t (<des- **c**) + ...) Tirar o cará(c)ter oficial a. **Loc.** ~ uma escola.

desofuscar v t/int (<des- **c**) + ...) **1** Fazer com que deixe de ofuscar/encandear. **Ex.** Tive que [de] apagar [desligar] o foco para me ~. **2** Tornar [Ficar] claro/Clarear/Iluminar. **Ex.** Depois de passar a tempestade, o dia desofuscou.

desolação s f (<lat *desolátio,ónis*) **1** Estrago causado por calamidade/Devastação/Ruína/Destruição. **Comb.** ~ das cidades atingidas «pelo terramoto». **2** Falta de amparo/Isolamento/Solidão. **Ex.** Nas aldeias despovoadas, os idosos, às vezes, sofrem mais com a ~ [o isolamento(+)/a falta de amparo(o+)] do que com a pobreza. **3** Grande aflição/tristeza/Consternação. **Ex.** Que ~ a daquela [~ aquela, da] mãe quando soube do acidente do filho!

desolado, a adj (<lat *desolátus,a,um*) **1** Muito triste/Consternado/Inconsolável. **Comb.** Gente ~a com a catástrofe que ocorreu na região. **2** Despovoado [Sem vida]/Desértico. **Comb.** Regiões ~as.

desolador, ora adj/s (<lat *desolátor,óris*) (O) que causa desolação. **Comb.** Paisagem ~ora.

desolar v t (<lat *desólo,áre*) **1** Transformar(-se) em deserto/Sofrer despovoamento/devastação/ruína. **Ex.** É preciso defender o ambiente antes que o planeta se desole. **2** Causar grande tristeza/Afligir(-se)/Consternar(-se). **Ex.** A perda do título de campeão (no último minuto) desolou os adeptos do clube. Fiquei desolado com tanta ingratidão [com a morte da minha filha]!

desoleificar (E-i) v t (<des- **b**) + óleo + -ficar) Tirar o óleo a.

desolhado, a adj (<desolhar + -ado) **1** «planta» A que tiraram os olhos. **2** Com grandes olheiras/Com os olhos mortiços/cansados. **Ex.** Não dormiste? Estás (mesmo) ~!

desolhar v t (<des- **b**) + ...) **1** Tirar os olhos a. **Ex.** Odeio aquela mulher; não a posso ver à minha frente. A minha vontade era desolhá-la [arrancar-lhe os olhos(+)]! **Loc.** ~ [Tirar os olhos/gomos a] uma planta. **2** Fazer [Ficar com] olheiras. **Ex.** Começou a ~-se e a ficar muito pálido e em pouco tempo morreu.

desoneração s f (<desonerar + -ção) Desobrigação/Exoneração(+). **Ex.** O pároco pediu a ~ da capelania [para deixar de ser capelão] «do hospital».

desonerar v t (<des- **c**) + ...) **1** Dispensar do cumprimento dum dever/duma obrigação/Libertar dum encargo/Desobrigar/Exonerar(+). **Ex.** O tribunal desonerou-o do pagamento da inde(m)nização. O professor pediu que o desonerassem [dispensassem(+)] do apoio aos alunos mais atrasados. A Dire(c)ção desonerou-o [libertou-o/exonerou-o(+)] da chefia do departamento. **2** Aliviar/Desembaraçar de. **Loc.** ~ os contribuintes baixando os impostos. ~ um processo administrativo (eliminando burocracias inúteis).

desonestar v t (<desonesto + -ar¹) ⇒ desonrar **1**.

desonestidade s f (<des- **c**) + honestidade) Falta de honestidade/integridade/Falsidade/Torpeza/Obscenidade. **Comb.** ~ [Falsidade] nos negócios. ~ mental. Uma ~ [obscenidade/torpeza] cometida em público. **Ant.** Decência; honradez; integridade.

desonesto, a (Nés) adj (<des- **c**) + honesto) **1** Que não é honesto/Falso/Enganador. **Comb.** ~ no cumprimento da palavra dada/das obrigações assumidas. ~ *nos negócios*. *Comerciantes ~s. Crítica ~a*. **2** Pouco sério/Corrupto/Infiel/Ladrão. **Ex.** Ninguém lhe confia nada, todos sabem que é ~. **3** Obsceno/Despudorado/Devasso/Indecoroso. **Ex.** Nos quiosques abundam as revistas imorais onde proliferam as mais ~as aberrações sexuais.

desonra s f (<des- **c**) + honra) **1** Perda da honra/Vergonha/Descrédito. **Ex.** Toda a família sofreu a ~ do roubo praticado pelo filho. **2** A(c)ção desonrosa/Humilhação. **Ex.** Trabalhar para ganhar a vida honestamente, nem que seja a varrer as ruas, não é ~ (nenhuma). **3** Ofensa grave/Afronta à dignidade. **Ex.** Exigiu a reparação pública da ~ que a calúnia lhe causou.

desonrar v t (<des- **c**) + honrar) **1** (Fazer) perder a honra/Tirar [Perder] a boa reputação/Causar infâmia. **Ex.** Levantaram-lhe calúnias que muito o desonraram. Não me ia ~ pactuando com a mentira. **2** *pop* Tirar a virgindade a uma mulher e não casar com ela. **Sin.** Desflorar.

desonroso, a (Ôso, Ósa, Ósos) adj (<des- **c**) + honroso) Que causa desonra/Aviltante/Degradante. **Comb.** Comportamento ~.

desopilação s f (<desopilar + -ção) **1** Desobstrução/Desimpedimento. **2** Alívio/Desopressão/Descarga.

desopilante adj 2g (<desopilar + -ante) **1** Que desopila/desobstrui. **Comb.** Chá [Medicamento] ~. **2** Que distrai/diverte. **Comb.** Comédia [Espe(c)táculo] ~.

desopilar v t/int (<des- **c**) + ...) **1** Desobstruir. **Loc.** ~ o fígado [Descarregar a bílis/o mau humor]. **2** Aliviar a tensão/Descontrair/Desoprimir. **Ex.** Passei a tarde a estudar; vou dar um passeio para ~. Uns minutos de conversa com as amigas desopilaram-na.

desoprimir v t (<des- **c**) + ...) Livrar(-se) do que oprime/Libertar(-se)/Aliviar(-se). **Ex.** Podes respirar de alívio. Desoprime-te [Descansa(+)]! O perigo já passou. **Loc.** ~ [Libertar(+)] o povo (do regime de terror).

deso(zó)ras s f pl (<des- **c**) + horas) **1** Altas horas da noite/Horas tardias. **Ex.** Era no silêncio das ~ que o estudo lhe rendia mais. **2** *loc adv* **a ~** [Fora de horas/Tardiamente]. **Ex.** Como podes não ter sono? Deitas-te sempre a ~ !

desorbitar v t/int (<des- **a**) + órbita + -ar¹) (Fazer) sair da órbita/Pôr fora de órbita. ⇒ exorbitar.

desordeiro, a adj/s (<des- **c**) + ...) (O) que pratica a desordem/Arruaceiro/Turbulento. **Ex.** Hoje não conseguimos aprender nada na aula por causa dos ~s habituais. **Comb.** Bandos de ~s [arruaceiros] «a atacar os transeuntes». Jovens ~s [turbulentos] «nas aulas».

desordem (Zór) s f (<des- **c**) + ...) **1** Falta de ordem/arrumação/Desorganização/Desalinho. **Comb.** Casa [Livros] em ~. **2** Confusão/Balbúrdia/Agitação. **Ex.** A ~ do trânsito [tráfego] foi provocada pela avaria dos semáforos. O comício acabou em grande ~. Todos gritavam e ninguém se entendia! **3** Tumulto/Rixa/Briga. **Ex.** As ~ns à porta das discotecas são muito frequentes. A polícia teve que [de] intervir para acabar com a ~. **4** Desarranjo/Desregramento/Loucura. **Comb.** ~ [Desarranjo(+)] intestinal/dos intestinos. ~ mental.

desordenação s f (<desordenar + -ção) Falta de ordenação/Desordem(+). **Comb.** ~ de medidas para combater a corrupção.

desordenado, a adj/s (<desordenar + -ado) **1** Sem ordem/Desarrumado/Desorganizado. **Ex.** Ele é um ~, não sabe onde põe as coisas e perde tempo a encontrá-las. **Comb.** Arquivo [Documentos] ~o/os. **2** Tumultuoso/Precipitado. **Comb.** Fuga [Corrida/Marcha] ~a. **3** Irregular/Desarmó[ô]nico/Desconexo. **Comb.** Ideias ~as. Movimentos ~s.

desordenar v t (<des- **c**) + ...) **1** Tirar da [Alterar a] ordem/Desorganizar/Desarrumar. **Loc.** ~ os livros do escritório. ~ um arquivo/ficheiro. ~ um serviço. **2** Estabelecer a confusão. **Loc.** ~ as ideias. **3** Provocar a indisciplina/Perturbar a ordem. **Ex.** A equipa/e desordenou-se e acabou derrotada. **Loc.** ~ uma turma. **4** ~-se/Exceder os limites/Desregrar-se/Descomedir-se. **Ex.** Desde que começou a ~-se em extravagâncias [gastos excessivos e desnecessários], as dívidas aumentaram. **Loc.** ~-se nos prazeres.

desorganização s f (<desorganizar + -ção) Falta de organização/Desordem/Confusão. **Ex.** Na festa toda a gente dava ordens. Era uma (grande) ~, ninguém se entendia! Era impossível encontrar o livro no meio daquela ~.

desorganizado, a adj/s (<desorganizar + -ado) (O) que desorganiza. **Comb.** Um ~ incorrigível [por natureza].

desorganizar v t (<des- **c**) + ...) **1** Desfazer a organização/Alterar a ordem/Desordenar. **Loc.** ~ a procissão/o desfile. ~ o (funcionamento dum) serviço [trabalho] na fábrica. ~ os livros duma biblioteca. **2** Perder [Alterar] a orientação/a disciplina/os métodos de trabalho. **Loc.** ~ a vida [o modo de pensar]. **3** *Med* Alterar um órgão.

desorientação s f (<desorientar + -ção) **1** Perda do rumo [da orientação] corre(c)to/a. **Comb.** ~ provocada pelo nevoeiro. **2** Atrapalhação/Insegurança/Perplexidade/Insensatez. **Comb.** ~ sobre a escolha do curso superior. **3** *Med* Perda da capacidade de reconhecer o tempo ou lugar onde se situa ou até a própria identidade. **Comb.** ~ autopsíquica [somatopsíquica].

desorientado, a adj (<desorientar + -ado) **1** Que perdeu a orientação/o rumo/Desnorteado. **Loc.** «não ter mapa e» Andar ~ pelas ruas da cidade. **2** Desequilibrado/Desvairado. **Comb.** ~ com o fracasso do negócio.

desorientador, ora adj/s (<desorientar + -dor) (O) que desorienta. **Comb.** Palavras [Conselhos] ~as/es.

desorientar v t (<des- **c**) + ...) **1** (Fazer) perder o rumo/a orientação/Desnortear. **Ex.** Na montanha, só e com nevoeiro cerrado, desorientei-me completamente [por completo]. **2** Ficar [Tornar(-se)] confuso/perplexo/Atrapalhar(-se). **Ex.** Desorientou-se com tantas perguntas. Fiquei tão desorientado com essa notícia que até me esqueci do que ia fazer.

desornar v t (<des- **b**) + ...) Tirar os adornos/enfeites/Desenfeitar(+). **Loc.** ~ o salão de festas.

desossar v t (<des- **b**) + osso + -ar¹) Separar os ossos da carne. **Loc.** ~ um frango.

desova (Zó) s f (<desovar) Época de desovar/Postura de ovos. **Ex.** Quando chega a ~, as tartarugas invadem a praia. A lampreia e o salmão sobem os rios para a ~. **Comb.** A ~ dos peixes.

desovar v int (<des- **b**) + ovo + -ar¹) **1** Pôr ovos. **Ex.** Os peixes desovam na [pela] primavera. **2** *Br* Revelar um segredo/De-

sembuchar. 3 *Br* ⇒ parir. 4 *Br* ⇒ escoar «mercadorias».
desoxidação (Cssi) *s f Quím* (<desoxidar + -ção) Eliminação de oxigé[ê]nio ou de óxidos. **Comb.** ~ do aço líquido.
desoxidante (Cssi) *adj/s 2g Quím* (<desoxidar + -ante) (O) que desoxida/promove a desoxidação. **Ex.** O ferrosilício é um ~ enérgico do aço. **Comb.** Agente ~.
desoxidar (Cssi) *v t Quím* (<des- **b)/c)** + ...) Tirar o oxigé[ê]nio a um composto/Tirar o óxido/a ferrugem. **Loc.** ~ um banho de metal líquido. ~ [Desenferrujar(+)/Tirar a ferrugem a(o+)] um portão de ferro.
desoxigenação (Cssi) *s f Quím* (<desoxigenar + -ção) Eliminar [Reduzir] o oxigé[ê]nio duma substância. **Ex.** A poluição orgânica provoca a ~ da água dos rios.
desoxigenar (Cssi) *v t Quím* (<des- **b)/c)** + ...) Eliminar [Perder] o oxigé[ê]nio. **Loc.** ~(-se) o sangue.
desoxirribonucleico (Cssi) *adj Bioq* (<desoxidar + ribonucleico) Relativo ao ácido que é o principal constituinte dos cromossomas; ⇒ ADN. **Ex.** O ácido ~ é composto por adenina, citosina e tiamina.
despachado, a *adj* (<despachar + -ado) 1 Que obteve despacho/Resolvido/Deferido. **Comb.** Processo [Requerimento/Petição] ~o/a. 2 Expedito/Diligente/Desembaraçado. **Comb.** Empregado ~. Criança ~a. 3 *pop* Morto/Assassinado.
despachante *s/adj 2g* (<despachar + -ante) 1 Entidade que [Quem] faz despachos. **Ex.** Na Estação dos Correios, há uma ~ exclusivamente para o serviço de encomendas. **Comb.** Empresa ~. 2 Entidade que faz o desembaraço alfandegário de mercadorias. **Ex.** Nos países da União Europeia a a(c)tividade dos ~s é muito limitada.
despachar *v t/int* (<des- **d)** + *lat pes, édis*: pé + -ar¹; ⇒ despejar) 1 Dar despacho/andamento/Resolver/Deliberar. **Ex.** O dire(c)tor despachou [deferiu/resolveu] rapidamente o meu pedido. O ministro só despacha [exara despachos] ao fim da tarde. 2 Expedir/Enviar/Mandar. **Ex.** Essas mercadorias são para ~ hoje para os clientes. 3 Mandar embora/Aviar/Atender. **Ex.** Vai para o balcão ~ [atender(+)] o público que está à espera. Aquela senhora está com muitas exigências, mas eu despacho-a já (daqui para fora). 4 ~-se/Apressar-se/Desembaraçar-se. **Ex.** Despacha-te, senão perdemos o comboio [trem]. 5 *pop* Matar/Assassinar. **Ex.** Despachou o assaltante com dois tiros de caçadeira.
despacho *s m* (<despachar) 1 Resolução/Deliberação/Orientação/Autorização. **Ex.** O teu pedido ainda não teve ~. A proposta só vai a ~ na próxima semana. Por ~ do Secretário de Estado foi prorrogado o prazo «para apresentação das declarações de rendimentos». **Loc.** *Dar ~* [Decidir/Deliberar]. *Ir a ~* [Reunir com o superior hierárquico para receber orientações sobre assuntos pendentes]. 2 Envio/Expedição. **Comb.** *~ de mercadorias* [duma encomenda postal]. *~ telegráfico* [Telegrama]. 3 Desembaraço alfandegário. **Comb.** Mercadorias sujeitas a ~. Formalidades de ~ aduaneiro. 4 Desembaraço/Desenvoltura/Rapidez. **Ex.** Naquela loja é um ~, não se perde tempo. O novo empregado é um ~ [Que despachado é o ...]!
despadrar *v t* (<des- **c)** + padre + -ar¹) Deixar de exercer o múnus sacerdotal/Passar ao estado laical/Secularizar-se. **Ex.** Despadrou-se por reconhecer que não tinha vocação.
despaganizar *v t* (<des- **c)** + ...) (Fazer) perder o cará(c)ter pagão/Tirar do paganismo. **Ex.** O primeiro obje(c)tivo dos missionários era ~ os povos indígenas. ⇒ converter.
despalat(al)ização *s f Fon* (<despalat(al)izar + -ção) A(c)ção de despalat(al)izar.
despalat(al)izar *v t Fon* (<des- **c)** + ...) Tirar [Desfazer] o cará(c)ter palatal. **Loc.** ~ um fonema.
despalhar *v t* (<des- **b)** + palha + -ar¹) 1 Separar a palha do grão (depois da malhada). 2 Tirar as folhas secas da cana-de-açúcar.
despalmar *v t* (<des- **b)** + palma + -ar¹) Aparar o casco «do cavalo» para assentar a ferradura.
despalmilhar *v t* (<des- **b)** + ...) 1 ⇒ tirar as palmilhas ao calçado. 2 ⇒ «o cavalo» desferrar-se.
despampa(na)r *v t* (<des- **b)** + pâmpano + -ar¹) Tirar os pâmpanos às videiras/à vinha. ⇒ desparrar.
desparafinar *v t* (<des- **b)/c)** + ...) Tirar [Extrair] a parafina. **Loc.** ~ o petróleo bruto.
desparafusar *v t* (<des- **c)** + ...) ⇒ desaparafusar.
desparamentar *v t* (<des- **b)/c)** + ...) Tirar os paramentos. **Ex.** (No fim da missa) o celebrante [padre] cumprimentou os fiéis à porta da igreja, ainda antes de se ~.
desparasitar *v t* (<des- **b)** + parasita + -ar¹) Matar as parasitas/Desinfe(c)tar. **Loc.** ~ os cães. ~ [Desinfe(c)tar(+)] os veículos de transporte público.
desparrar *v t* (<des- **b)** + parra + -ar¹) Tirar algumas folhas às videiras antes da maturação das uvas. ⇒ despampa(na)r.
despartidarização *s f* (<despartidarizar + -ção) Eliminação da influência ou do controle/o dum partido. **Comb.** ~ das Forças Armadas.
despartidarizar *v t* (<des- **c)** + ...) Eliminar a influência ou o controle/o dum partido político. **Loc.** ~ os serviços públicos.
despassar *v t* (<des- **e)** + ...) Passar além de/Transpor/Ultrapassar(+). **Loc.** ~ os limites da sua propriedade.
despassarado, a *adj/s fam* (<des- **e)** + pássaro + -ado) *col* Distraído(o+)/Aéreo(+)/Cabeça no ar. **Ex.** É um ~! Não se lhe pode confiar nada.
despasse *s m* (<despassar) Transposição/Travessia. **Comb.** ~ [Travessia(+)] do rio.
despatriado, a *adj* (<des- **a)/b)** + pátria) Que não tem pátria/Apátrida(+)/Expatriado. **Ex.** A lei da nacionalidade deve ser modificada para que os filhos dos imigrantes não sejam [se sintam] ~s [sem pátria].
despautério *s m* (<antr lat *Despautérius* <*J. van Pauteren*, gramático flamengo cuja obra *Comentarii gramatici* (1537) foi considerada confusa e cheia de dislates) Grande disparate(o+)/Dislate(+)/Tolice/Desconchavo/Despropósito. **Ex.** Tal ~ não se tolera a um Primeiro-Ministro.
despavimentar *v t* (<des- **b)/c)** + ...) Tirar [Desfazer] o pavimento. **Loc.** ~ a praça para fazer jardim.
despear *v t* (<des- **b)/c)** + peia ou pé + -ar¹) 1 Tirar as peias «ao cavalo/ao prisioneiro»/Libertar. 2 Gastar ou ferirem-se os cascos (do animal).
despedaçamento *s m* (<despedaçar + -mento) Dilaceramento/Retalhadura.
despedaçar *v t* (<des- **d)** + pedaço + -ar¹) 1 Fazer em pedaços/Quebrar com violência/Dilacerar. **Ex.** Os assaltantes despedaçaram [partiram(+)] o vidro da montra para roubar as joias. 2 *fig* Causar grande dor/desgosto/aflição/Confranger(-se)/Pungir(-se). **Ex.** Os desgostos despedaçaram-lhe o coração.
despedida *s f* (<despedido) 1 Partida/Saída/Demissão/Adeus. **Ex.** Ia partir para longe. Na ~ recomendou muito aos filhos que se portassem bem. **Loc.** *Dar a ~* [Morrer]. *Fazer* [Dar/Apresentar] *as ~s* [cortesias finais, antes de partir]. **Comb.** *~ de solteiro* (Festa extravagante feita pelos amigos do noivo antes do casamento). À ~ [No momento de sair/partir] «choram». 2 Conclusão/Termo/Final. **Ex.** Este trabalho foi muito demorado mas agora está (mesmo) na ~ [a chegar ao fim]. **Comb.** Por ~ [Por fim/Em conclusão(+)].
despedimento *s m* (<despedir + -mento) 1 Rescisão unilateral do contrato de trabalho/Privação do emprego/Demissão. **Ex.** O ~ de parte do pessoal da empresa era inevitável. Houve uma manifestação contra os ~s sem justa causa. 2 Arremesso. **Comb.** ~ duma flecha.
despedir *v t/int* (<*an* espedir <lat éxpeto, ere) 1 Separar-se de alguém/Dizer adeus. **Ex.** Acompanhou-me à porta para se ~ de mim. Partiu sem se ~. **Loc.** ~-se à francesa [Ir-se embora sem dizer nada a ninguém]. 2 Mandar sair/Terminar a conversa. **Ex.** Quando falei ao gerente em aumento de ordenado despediu-me logo e já não quis ouvir mais nada. 3 Dispensar os serviços de/Rescindir o contrato de trabalho. **Ex.** Fui despedido/a sem justa causa. Despedi a empregada. Já estava farta de ter gente estranha em casa. O patrão despediu algum pessoal por falta de encomendas. 4 Enviar/Expedir. **Ex.** Quando soube do acidente, despediu logo o motorista para o local para se informar melhor. 5 Partir a toda a pressa/Fugir precipitadamente. **Ex.** O automóvel despediu [largou(+)] a toda a velocidade. 6 Cessar/Terminar/Morrer. **Ex.** Não vale a pena levar o doente para o hospital porque já está (mesmo) a ~.
despegar *v t/int* (<des- **b)/c)** + ...) 1 Separar o que está pegado/Desunir/Descolar. **Ex.** O selo (da carta) está a ~(-se). Não consigo ~ o bolo da forma. 2 Desafeiçoar(-se)/Desprender(-se). **Ex.** Despegou-se da amiga, nunca mais se viram juntas. 3 Terminar [Largar/Suspender] o trabalho. **Ex.** Despego (Pég) sempre às cinco (horas) da tarde. **Loc.** Sem ~ [Sem interrupção].
despeitado, a *adj* (<despeitar + -ado) Magoado/Melindrado/Ressentido. **Ex.** Sentia-se muito ~ com o abandono dos filhos.
despeitar *v t* (<despeito + -ar¹) 1 Causar [Tratar com] despeito/Desconsiderar. **Ex.** Não contava [esperava] que me despeitasse desta maneira: passou por mim e nem sequer me falou. 2 Melindrar(-se)/Ressentir(-se). **Ex.** A escolha duma colega para a vaga de chefia despeitou-a.
despeito *s m* (<lat *despéctus,us*: vista de alto para baixo <*despício,ere,péctum*: olhar de cima, contemplar, desprezar) Ressentimento provocado por desconsideração ou ofensa/Melindre/Amuo. **Ex.** Ao proferir acusações difamatórias contra o adversário político agia apenas por ~ por causa da derrota.
despeitoso, a (Ôso, Ósa, Ósos) *adj* (<despeito + -oso) Que causa [revela] despeito/Despeitado. **Comb.** Atitude ~a.
despejado, a *adj* (<despejar + -ado) 1 Esvaziado/Vazio/Desocupado. **Comb.** *Balde ~. Mala ~a* [vazia(+)]. *Quarto ~* [desocupado(+)]. *Tanque ~.* 2 ⇒ desavergonhado; descarado; impudente; ⇒ sem pejo.
despejadouro *s m* (<despejar + -douro) Local onde se despeja lixo/Vazadouro(+)/Vertedouro. **Ex.** Leva as flores velhas para o ~. ⇒ lixeira.
despejamento *s m* (<despejar + -mento) 1 Esvaziamento(+)/Despejo(o+). **Comb.** ~

da piscina. **2** Desocupação(+)/Evacuação. **Comb.** ~ duma casa.
despejar *v t* (<des- **b)/c)** + ...) **1** Tirar o conteúdo/Esvaziar(+)/Vazar. **Loc.** *~ a garrafa*. *~ a gaveta*. *~ os bolsos*. **2** Desocupar/Evacuar. **Loc.** ~ um bairro [uma casa]. **3** *Dir* Obrigar a desocupar um espaço arrendado/Dar ordem de despejo. **Loc.** ~ um inquilino que não paga. **4** Dar passagem para(+). **Ex.** Esta rua despeja para a [vai dar à(+)] praça. **5** (Fazer) perder o pejo/o pudor/a decência. **Ex.** Perseguia a menina procurando despejá-la da sua inocência. Despejaram-na os maus exemplos. **6** *fam* Dizer abruptamente/sem pensar. **Ex.** No exame despejou tudo o que vinha no compêndio sobre a Segunda Grande Guerra. Tinham-lhe pedido segredo, mas ela despejou [contou] tudo o que sabia. **Idi.** *~ o saco* [Dizer tudo/Desabafar].
despejo *s m* (<despejar) **1** Despejamento/Esvaziamento. **Ex.** Fazem o ~ da piscina à 2.ª feira para limpeza. O ~ dos contentores do lixo é feito dia sim, dia não [é feito cada dois dias]. **2** Evacuação/Desocupação. **Ex.** Tenho que acabar o ~ da casa para começar as obras. **3** *Dir* Desalojamento compulsivo dum inquilino. **Ex.** O tribunal ordenou o ~ de todos os inquilinos do prédio em ruínas. **Comb.** A(c)ção [Ordem] de ~ [Mandato judicial para que seja desocupado um local arrendado]. **4** Aquilo que se despeja/Deje(c)tos/Lixo. **Ex.** A rua não é local para (os) ~s. **5** Falta de pejo(+)/Despudor/Descaramento(o+). **Ex.** O comportamento leviano da moça dava a impressão dum grande ~.
despelar *v t/int* (<des- **b)** + pele/pelo + -ar¹) Tirar [Largar] a pele ou o pelo. **Ex.** O cão está velho, já começou a ~ [perder o pelo]. **Loc.** ~ [Tirar a pele às] amêndoas.
despenalização *s f Dir* (<despenalizar + -ção) Abolição de sanções legais/Isenção de pena. **Comb.** ~ do consumo de drogas.
despenalizar *v t Dir* (<des- **c)** + ...) Abolir a penalização legal/Fazer perder o cará(c)ter de ilicitude. **Loc.** ~ o crime de aborto.
despenar¹ *v t* (<des- **c)** + ...) Aliviar(-se) do sofrimento/Consolar(-se). **Ex.** A visita aos doentes é uma boa ajuda para os ~ [aliviar(+)/consolar(o+)] um pouco.
despenar² *v t* (<des- **b)** + pena² + -ar¹) ⇒ depenar.
despencar *v t/int Br* (<des- **b)** + penca + -ar¹) **1** Tirar ou partir-se da penca o cacho. **Ex.** As bananas despencavam-se. **2** Cair de muito alto/Deitar ao chão. **3** ⇒ aparecer/dizer/começar de repente.
despendedor, ora *adj/s* (<despender + -dor) (O) que despende/Gastador/Perdulário. **Comb.** Trabalho ~ de muita energia.
despender *v t* (<lat *dispéndo,ere*: gastar, empregar) **1** Fazer despesas/dispêndios/Gastar. **Ex.** A mulher despendia muito dinheiro em coisas supérfluas. **2** Distribuir com prodigalidade/Espalhar/Dar. **Loc.** ~ benesses [favores]. ~ elogios. **3** Empregar/Usar. **Ex.** Despendeu muita energia [um grande esforço] naquele trabalho.
despendurar *v t* (<des- **c)** + ...) Tirar «o casaco» do lugar onde estava pendurado. ⇒ dependurar.
despenhadeiro *s m* (<despenhar + -deiro) **1** Lugar alto e escarpado/Precipício. **Ex.** Nas margens transmontanas do Rio Douro (Portugal) há ~s muito perigosos. **2** *fig* Grande perigo. **Ex.** Começam a experimentar a droga não imaginando o ~ onde se colocam.
despenhamento *s m* (<despenhar + -mento) A(c)to de despenhar(-se)/Queda de grande altura. **Comb.** ~ dum avião. Morte por ~ «na construção dum prédio».
despenhar *v t* (<des- **b)** + penha + -ar¹) **1** Precipitar(-se) [Cair/Lançar(-se)] de grande altura. **Ex.** Despenhavam calhaus enormes do alto da muralha para deter os invasores. **Loc.** Nuvens a ~ água a cântaros. Um avião ~-se. **2** Derrubar/Prostrar. **Ex.** O cavalo estacou [parou de repente] e despenhou [derrubou(+)] o cavaleiro.
despensa *s f* (<lat *dispénsa,ae* <*dispéndo,ere,pensum*: repartir pesando) Compartimento da casa onde se guardam produtos alimentares e utensílios de cozinha. **Ex.** A farinha, o açúcar e a forma para o bolo, está tudo na ~. E a balança também.
despenseiro, a *s* (<despensa + -eiro) **1** Pessoa responsável pelas provisões alimentares/Encarregado da despensa/Refeitoreiro. **Comb.** ~ do hotel/quartel. **2** Pessoa responsável pela distribuição de dádivas alheias. **Ex.** Foi nomeado ~ do legado deixado pelo bispo para os pobres da diocese.
despentear *v t* (<des- **c)** + ...) Desfazer o penteado/Pôr os cabelos em desalinho/Desgrenhar. **Ex.** Fiquei todo/a despenteado/a com o vento. Não me mexas no cabelo, detesto que me despenteiem.
desperceber *v t* (<des- **c)** + ...) Não perceber/Não notar/Fazer-se desentendido. **Ex.** Fingiu que estava distraído despercebendo [ignorando(+)] a presença da ex-namorada. Tenho a certeza de que ouviu o que eu disse, mas (como não lhe convinha) fez-se despercebido.
despercebido, a *adj* (<desperceber + -ido; ⇒ desapercebido) **1** Que não se ouviu/notou. **Comb.** Sinal [Som] ~ [imperce(p)tível]. **2** A que não foi prestada atenção/Ignorado. **Ex.** Passámos pela tua mãe? Não dei por isso, vinha distraído, passou-me ~a.
desperdiçado, a *adj* (<desperdiçar + -ado) Gasto sem proveito/Esbanjado/Malbaratado. **Comb.** Alimentos ~s. Dinheiro ~ [mal gasto/deitado ao lixo]. Oportunidade ~a. Tempo ~.
desperdiçador, ora *adj/s* (<desperdiçar + -dor) (O) que desperdiça/Esbanjador/Gastador/Perdulário.
desperdiçar *v t* (<desperdício + -ar¹) **1** Gastar muito/Esbanjar/Malbaratar. **Ex.** O Governo desperdiça muito dinheiro em proje(c)tos de pouca utilidade. **2** Não aproveitar/Desaproveitar/Perder. **Ex.** Desperdicei [Deixei fugir/Não aproveitei] a oportunidade de concorrer para a polícia. **Loc.** ~ o tempo.
desperdício *s m* (<lat *deperdítio,ónis*) **1** Gasto exagerado e inútil/Esbanjamento. **Ex.** A construção de tantos estádios de futebol foi um ~. Gastar dinheiro em [Comprar] bugigangas inúteis é um ~. **2** Má aplicação/Perda/Desaproveitamento. **Ex.** Investir em indústrias ultrapassadas é um ~. Os gastos [consumos] desnecessários de água, ele(c)tricidade e combustíveis são ~s que afe(c)tam [destroem/estragam/prejudicam] o ambiente. **3** Restos [Fios/Tecidos] da indústria não aproveitáveis como matérias-primas. **Ex.** Limpa o óleo dessa máquina com ~. Os ~s da serração de madeiras são utilizados como combustível.
despersonalização *s f* (<despersonalizar + -ção) **1** *Psic* Perda da consciência da própria identidade e da realidade exterior. **Ex.** A ~ é muito frequente na esquizofrenia. **2** Perda das cara(c)terísticas específicas originais. **Comb.** ~ dum bairro/duma cidade.
despersonalizar *v t* (<des- **c)** + ...) **1** (Fazer) perder a personalidade/a individualidade. **Ex.** A massificação despersonaliza o Homem. **2** (Fazer) perder as cara(c)terísticas específicas/Descara(c)terizar/Banalizar. **Loc.** ~ a cultura [arte/música].
despersuadir *v t* (<des- **c)** + ...) (Fazer) mudar de opinião/intenção(+)/Dissuadir(-se)(+). **Ex.** A esposa despersuadiu[dissuadiu(+)]-o de comprar um carro novo. O ministro despersuadiu-se rapidamente da eficácia das medidas de recuperação.
despersuasão *s f* (<des- **c)** + ...) Mudança de opinião/Dissuasão(+). **Ex.** Depois dum período de grande entusiasmo, seguiu-se a ~ [dúvida(+)].
despertador, ora *adj/s* (<despertar + -dor) **1** (O) que desperta. **Comb.** ~ [Estimulador/Provocador] do apetite. **2** Relógio equipado com mecanismo para tocar o alarme à hora previamente marcada. **Comb.** ~ elé(c)trico [de corda].
despertar *v t/int/s* (<lat *de+expérgito,áre* <*expergiscor*: acordar) **1** (Fazer) sair [Tirar] do sono/Acordar. **Ex.** Desperto [Acordo] sempre à mesma hora, não preciso de despertador. Vai despertá-lo [acordá-lo] que são horas [está na hora]. **2** (Fazer) sair da inércia/do torpor/Estimular. **Ex.** Uma chávena de café ajuda-me a ~ [a abrir os olhos]. **3** Fazer nascer/Dar ocasião/Provocar. **Ex.** A alegria e o entusiasmo do missionário despertaram nele o desejo de o imitar. **4** A(c)tivar/Reanimar(-se). **Ex.** A economia dava sinais de começar a ~. **5** *s m* A(c)to de acordar/tomar consciência. **Ex.** Esta criança tem um ~ muito alegre. O ~ dos cidadãos para a situação desastrosa das finanças públicas.
desperto, a (Pér) *adj* (<despertar) **1** Acordado. **Ex.** Antes de o despertador tocar, já estou ~o/a. **2** Atento/Interessado/Vigilante. **Comb.** ~ para a poesia. ~ para as [Atento às(+)] necessidades dos outros.
despesa (Pê) *s f* (⇒ despensa) **1** A(c)to de despender/gastar. **Loc.** Meter-se em [Assumir as] ~s. **2** O que se gasta/Dispêndio/Gasto. **Ex.** Fiz [Tive] uma grande ~ com as obras da casa. **Loc.** *Arcar com as ~s* [Assumir o encargo das ~s]. *Não olhar a ~s* [Gastar o necessário sem preocupação]. **Comb.** *~ corrente*. *~ pública*. **3** Consumo. **Ex.** Hoje a ~ [o que se consumir] é por minha conta. **Idi.** *Fazer a ~ da conversa* [Ser o protagonista da conversa]. **Comb.** ~ [Uso] de energias. ~ [Perda(+)] de tempo.
despesão *s m* (<despesa + -ão) Grande despesa.
despesismo *s m* (<despesa + -ismo) Propensão das entidades públicas para gastos excessivos e desnecessários. **Ex.** O ~ dos Governos tem sempre consequências graves.
despesista *adj 2g* (<despesa + -ista) Relativo à prática de despesas exageradas e desnecessárias. **Ex.** A oposição manifestou-se contra o furor ~ do Governo.
despicado, a *adj* (<despicar + -ado) **1** Que envolve despique/competição/Renhido. **Loc.** Andar ~ [em desavença] com alguém. **Comb.** Jogo [Desafio] (muito) ~. **2** ⇒ afrontado; zangado.
despicar *v t* (<des- **c)** + ...) Desforrar(-se)/Vingar(-se)/Desafrontar(-se). **Ex.** Quis ~-se do vizinho por ter sido insultado por ele.
despiciendo, a *adj* (<lat *despiciéndus,a, um* <*despício*: olhar do alto, desprezar) Que merece desprezo. **Ex.** A diferença de preço não é ~a [preço ainda é alguma]. **Comb.** Pormenor ~ [desprezível/sem importância].

despiciente adj 2g (<lat *despíciens,éntis*) Que despreza/desdenha/Desdenhoso. **Ex.** Respondeu-lhe com sobranceria e em tom ~ [desdenhoso/sobranceiro]: – Que tem você a ver com isso?

despido, a adj (<despir + -ido) **1** Sem roupa/Nu. **Ex.** (No pino do inverno) os garotos andavam por ali ~s, era uma dor de alma! **2** Despojado/Desprovido. **Comb.** Árvores **~as** [sem folhas]. *Sala* [Parede] **~a** [sem decoração]. **3** Isento/Livre. **Comb.** ~ de [Sem] preconceitos.

despiedar v t ⇒ desapiedar.

despigmentação s f (<despigmentar + ~ção) Perda [Falta] de pigmentação. **Loc.** Provocar a ~. ⇒ levodermia.

despigmentar v t (<des- **b**)/**c**) + ...) Tirar [(Fazer) perder] a pigmentação/o pigmento/a cor. **Loc.** ~ a pele/uma tela.

despique s m (<despicar) **1** Desafio/Competição/Luta. **Ex.** O ~ entre os dois candidatos foi muito renhido. **2** Desforra/Desafronta/Vingança. **Loc.** Agir por ~ [vingança/desforra]. **3** Alternância entre dois cantadores que cantam ao desafio. **Loc.** Cantar ao ~.

despir v t (<lat *expédio,íre,ítum*: tirar os entraves, desembargar, preparar-se para) **1** Tirar (a) roupa/Pôr(-se) nu/Desnudar(-se). **Ex.** Despir o casaco por causa do calor. Vai-te ~ para tomar(es) banho. **2** Tirar o que cobre/Desguarnecer. **Loc.** ~ os [Tirar a cobertura aos] móveis. ~ [Tirar os enfeites a/Desguarnecer] uma sala. **3** (Fazer) perder as folhas. **Ex.** No outono as árvores despem-se das folhas. **4** fig Pôr de lado/Despojar(-se)/Abandonar. **Ex.** Despiu-se de toda a arrogância e pediu-lhe desculpa. Despiu[Despojou]-se de [Abandonou] todos os seus bens e entrou num convento.

despistado, a adj/s fam (<despistar + -ado) (O) que se distrai [despista] com facilidade/Despassarado/Cabeça no ar. **Ex.** Não dá por [Não nota] nada; anda sempre [é um] ~.

despistagem[amento] s (<despistar +...) **1** A(c)to ou efeito de despistar(-se)/Saída da pista/Despiste(+). **Ex.** O óleo derramado na estrada provocava ~ns sucessivas. **2** Med Aplicação sistemática de testes para dete(c)tar determinada doença/Despiste. **Comb.** ~ da sida. **3** Descoberta seguindo uma pista. **Ex.** A prisão dos traficantes culminou um longo processo de ~.

despistar v t (<des- **a**) + pista + -ar¹) **1** (Fazer) perder a [Desviar(-se) da] pista/orientação/Desnortear(-se)/Desorientar(-se). **Ex.** Despistei-me no meio da cidade; (já) não consegui encontrar o caminho para casa. Os caçadores despistaram-se com o nevoeiro. **2** Sair da faixa de rodagem/ da pista/da estrada. **Loc.** Um automóvel ~-se. **3** Iludir a vigilância/Fazer perder o rasto. **Loc.** ~ o polícia [policial/dete(c)tive] que o seguia. **4** Descobrir seguindo a pista/Fazer o despiste. **Loc.** ~ o cancro da mama.

despiste s m (<despistar) **1** Saída descontrolada da faixa de rodagem/Despistagem. **Ex.** O ~ foi causado por excesso de velocidade. **2** Desorientação/Desnorteamento/Distra(c)ção. **Ex.** Tinha desses ~s: de vez em quando desaparecia de casa por uns dias. **3** Prática de testes sistemáticos para descoberta duma doença. **Comb.** ~ da tuberculose.

desplantar v t (<des- **b**)/**c**) + ...) **1** Arrancar o que estava plantado. **Loc.** ~ um pomar. **2** Transplantar/Mudar/Levar.

desplante s m (<desplantar) **1** Posição de ataque, com o peso do corpo só sobre uma perna, com a outra para trás. **2** fig Descaramento/Atrevimento/Ousadia. **Ex.** Tanto me prejudicou e ainda tem o ~ de me (vir) pedir favores!

desplumar v t (<des- **b**) + pluma + -ar¹) Tirar as plumas/Depenar(+)/Desemplumar. **Loc.** ~ um pavão.

despojado, a adj (<despojar + -ado) **1** Espoliado/Roubado. **2** Sem muito enfeite/Simples. **Comb.** Decoração ~a. **3** Sem apego ou ambição/Desprendido.

despojamento s m (<despojar + -mento; ⇒ despojo) A(c)to de despojar(-se)/Privação da posse/Renúncia. **Comb.** ~ de bens materiais. ~ de enfeites.

despojar v t (<lat *despólio,áre*) **1** Espoliar/Roubar/Saquear. **Ex.** Os soldados despojaram vilas e aldeias de alimentos e de tudo o que tinha valor. **2** Privar da posse/Desapossar. **Ex.** Despojou o irmão de parte da herança. **3** Tirar o que cobre/Despir(-se). **Ex.** Despojou-a de toda a roupa que trazia vestida. **Loc.** O frio ~ as árvores (das folhas). **4** Pôr de lado/Prescindir/Renunciar. **Ex.** Despojou-se de [Renunciou a] todos os seus bens para entrar no convento. **Loc.** ~-se de preconceitos.

despojo (Pô) s m (<despojar; ⇒ despojamento) **1** Espólio/Presa. **Ex.** Ao exército vencedor pertencia/am o ~ [os despojos (Pó)] tomado/os ao inimigo. **2** Tudo o que sobra depois da utilização/Restos/Fragmentos. **Comb.** ~ da festa. ~s do jardim. **3** Restos dum animal. **Ex.** Do ~ da ovelha (atacada pelos lobos) só se via a pele ensanguentada. **Comb.** ~s mortais [Restos mortais/Cadáver(es)].

despolarização s f Fís (<despolarizar + -ção) **1** Eliminação [Redução] da polarização. **Comb.** ~ duma pilha elé(c)trica. **2** Transformação da luz polarizada em luz natural.

despolarizador, ora [despolarizante] adj (<despolarizar + ...) (O) que despolariza. **Comb.** ~ mecânico [químico]. Efeito [A(c)ção] ~.

despolarizar v t (<des- **c**)+ ...) **1** Fís Eliminar [Reduzir] a polarização. **Loc.** ~ a luz. ~ uma pilha elé(c)trica. **2** Desorientar(-se)/Desnortear(-se). **Ex.** Sem pontos de referência é fácil ~-se [desorientar-se(+)].

despoletar v t (<des- **b**) + espoletar) **1** Tirar a espoleta/Desarmar o mecanismo de disparo. **Loc.** ~ uma granada. **2** Fazer explodir/Detonar. **3** fig Fazer surgir repentinamente/Desencadear. **Ex.** As medidas de contenção despoletaram uma onda de contestação [uma grande contestação].

despolimento s m (<despolir + -mento) A(c)to de despolir/Perda do polimento/brilho.

despolimerização s f Quím (<despolimerizar + -ção) Transformação duma macromolécula [polímero] em moléculas mais simples com a mesma composição centesimal. **Comb.** Rea(c)ção de ~.

despolimerizar v t Quím (<des- **c**) + ...) Transformar macromoléculas polímeras em moléculas mais simples com a mesma fórmula empírica. **Loc.** ~ o polietileno [o PVC].

despolir v t (<des- **c**) + ...) (Fazer) perder o polimento/brilho/Tornar baço/Deslustrar. **Loc.** ~ as pratas.

despolitização s f (<despolitizar + -ção) Ausência [Diminuição] da dependência [do cará(c)ter] política/o. **Comb.** ~ dos sindicatos.

despolitizar v t (<des- **c**) + ...) (Fazer) cessar [diminuir] o envolvimento político. **Loc.** ~ a escolha «dos gestores [funcionários] públicos».

despolpar v t (<des- **b**) + polpa + -ar¹) Tirar a polpa de/Descascar. **Loc.** ~ o café.

despoluição s f (<despoluir + -ção) Redução da poluição/Descontaminação/Limpeza. **Comb.** ~ do ar.

despoluir v t (<des- **c**) + ...) Eliminar [Reduzir] a poluição/Descontaminar/Purificar. **Loc.** ~ o ambiente. ~ [Limpar] os rios.

despo(n)sório s m (<lat *despónsus,a,um* <*despóndeo,dére,pónsum*: garantir, prometer casar+-ório) Promessa de casamento/Esponsais/Noivado. **Ex.** ~ místico [com Cristo] «de S. Catarina de Sena».

despontar v t/int (<des- **b**) + ponta + -ar¹) **1** Cortar [Aparar] as pontas. **Loc.** ~ **o** [Dar uma aparadela ao (+)] **cabelo**. ~ [Aparar(+)] **uma sebe**. **2** Tirar [Gastar/Ficar sem] a ponta/Ficar rombo/embotado. **Ex.** Rabiscou, rabiscou até o lápis se ~. **Loc.** ~ a faca. **3** Começar a aparecer/Surgir/Nascer. **Ex.** Está a chegar a primavera: as folhas das árvores começam a ~. Já lhe despontava o buço [nascia o bigode]. **Loc.** o gosto pela música. ~ o sentido de responsabilidade.

desponte/a s m/f (<despontar) Corte da ponta. **Comb.** ~ [Corte da bandeira] do milho.

despontuar v t (<des- **c**) + ...) Suprimir [Diminuir] a pontuação/os pontos. **Loc.** ~ [Tirar pontos a(+)] um clube de futebol (por sanção disciplinar).

(d)esportismo s m (<desporto/esporte + -ismo) Prática do ou gosto pelo desporto.

(d)esportista adj/s 2g (<desporto + -ista) **1** (O) que pratica [se interessa por] desporto/esporte. **Comb.** **~ de bancada** [que não faz desporto]. **~ de renome** [fama] mundial. **2** (O) que aceita [respeita] as regras do jogo/(O) que manifesta (d)esportivismo. **Ex.** Um bom ~ não discute as decisões do árbitro.

(d)esportivismo s m (<(d)esportivo + -ismo) Respeito pelas regras do jogo/Lealdade na prática (d)esportiva. **Ex.** Encarou [Aceitou] a derrota com grande ~.

(d)esportivo, a adj (<desporto + -ivo) **1** Relativo ao desporto/esporte. **Comb.** Associação ~a. Competição [Prova] ~a. **2** Próprio para desporto/lazer. **Comb.** Automóvel ~. Fato [Traje/o] ~. Pavilhão [Recinto] ~. **3** Que revela (d)esportivismo. **Comb.** Comportamento ~.

desporto (Pôr) s m (<des- **e**) + lat *pórto,áre, tátum*: levar, transportar) **1** Prática metódica, individual ou em grupo, de exercícios físicos/Br Esporte. **Loc.** Canalizar as energias para o ~. Praticar vários desportos (Pó). **Comb.** **~ amador** [profissional]. **~ radical** [que envolve risco]. **~-rei** [Futebol]. **~s de inverno**. **2** Divertimento/Recreio. **Ex.** Não pratico natação, mas gosto de dar umas braçadas [nadar um pouco] por ~ [para me divertir]. Ensinava música às crianças apenas por ~ [por gosto].

desposar v t (<lat *despónso,áre*; ⇒ despo(n)sório) Casar(-se)/Contrair matrimó[ô]nio. **Ex.** O príncipe desposou [casou com] uma plebeia.

desposório s m (<desposar + -ório) ⇒ despo(n)sório.

déspota s/adj 2g (<gr *despotes*: senhor absoluto) O que exerce a autoridade com poder absoluto/Tirano/Opressor. **Ex.** Muitos ~s [tiranos(+)] ficaram (tristemente) conhecidos na História pelas atrocidades que cometeram. O chefe daquela se(c)ção era um ~ (para) com os dois empregados.

despótico, a adj (<déspota + -ico) Próprio de déspotas/Prepotente/Tirânico. **Comb.** Governo [Domínio/Poder] ~.

despotismo s m (<déspota + -ismo) **1** Sistema de governo totalitário e discricionário baseado no poder absoluto duma só pessoa. **Ex.** O séc. XX ficou marcado pelos ~s da Alemanha nazi e da Rússia e da China comunistas. **Sin.** Ditadura; tirania. **2** A(c)ção praticada por um déspota/Opressão/Prepotência. **Ex.** A rebeldia [desobediência/revolta] dos filhos era provocada pelo ~ do pai.

despovoação[oamento] s f [m] (<despovoar + ...) Diminuição dos habitantes dum local. **Comb.** ~ do interior.

despovoado, a adj/s m (<des- c) + ...) **1** Que não é povoado/Desabitado. **Comb.** Aldeias ~as. **2** Lugar ermo/desértico. **Ex.** Do alto da serra avistava-se um ~ imenso, não se via uma (só) casa.

despovoar v t (<des- c) + ...) **1** Privar de [Perder] habitantes/Tornar(-se) desabitado. **Ex.** As aldeias despovoam-se [vão-se despovoando] porque os jovens partem para a(s) cidade(s) à procura de emprego. **2** Fazer desaparecer o que abundava/Desguarnecer. **Ex.** A serra despovoou-se de caça. A poluição despovoou o rio (de peixes).

desprazer v int/s m (<des- c) + ...) **1** Desagradar. **Ex.** Qualquer pai [Todos os pais] se despraz[em] com o mau comportamento dos filhos. **2** Desagrado/Dissabor/Desgosto. **Ex.** As lisonjas dengosas da moça só lhe causavam ~.

desprecatado, a adj (<desprecatar + -ado) Que não tomou precaução/Incauto/Desprevenido. **Loc.** Ser apanhado ~/desprevenido [Não estar prevenido/acautelado].

desprecatar-se v t (<des- c) + ...) Não tomar cuidado/Descuidar-se/Desacautelar-se/Desprevenir-se. **Ex.** A explosão deu-se [aconteceu] porque ela se desprecatou e deixou o (botão do/a torneira do) gás aberto/a.

desprecaução s f (<des- c) + ...) Falta de precaução/Descuido. **Ex.** Muitos atropelamentos acontecem por ~ dos peões.

desprecaver v t (<des- c) + ...) Não (se) acautelar/Desprevenir(-se)/Desacautelar(-se)/Desprecatar-se. **Ex.** Quando nos desprecavemos é que as coisas [os desastres] acontecem.

desprecavido, a adj (<desprecaver + -ido) Que não tomou cuidado/precaução/Desprevenido/Desatento. **Ex.** Ficou na estrada porque teve um furo e, ~, não levava pneu sobresselente.

despregado, a adj (<despregar + -ado) Solto/Descravado/Descolado. **Idi.** *Rir a bandeiras ~as* [Rir à gargalhada/com vontade/expansivamente]. **Comb.** Tábuas ~as «do soalho».

despregar¹ v t (<des- b)/c) + ...; ⇒ preguear²) **1** Arrancar o que estava pregado/Arrancar [Tirar] (os) pregos. **Ex.** O tampo da mesa despregou-se. Desprega [Tira os pregos a] essa tábua e prende-a com parafusos; fica mais segura. **2** Desprender [Soltar] o que está ligado/unido/cosido. **Loc.** ~ um botão [uma renda]. **3** *fig* Sair donde permanecia há muito/Desviar. **Ex.** Estava morto [desejoso] que ela (se) fosse embora (porque tinha muito que fazer), mas ela não despregava [saía] dali. O rapaz não despregava [desviava] os olhos da namorada.

despregar² [**despreguear**] v t (<des- c) + prega + -ar¹; ⇒ preguear¹) **1** Desfazer as pregas/dobras/gelhas/Alisar. **Loc.** ~ [Desfazer as pregas a(+)] uma saia. **2** Desfraldar/Estender/Desenrolar. **Loc.** ~ bandeiras.

despremiar v t (<des- c) + ...) **1** Retirar pré[ê]mio concedido ao vencedor errado. **2** Não premiar/recompensar o esforço dos alunos.

desprendado, a adj (<des- c) + ...) Sem dotes/talentos/prendas/Pobre de inteligência.

desprender v t (<des- b)/c) + ...) **1** Soltar/Desatar/Desligar. **Loc.** ~ [Soltar] o cão da trela. ~ [Tirar] o peixe do anzol. ~ [Tirar] o quadro da parede. **2** Emitir/Exalar. **Loc.** ~ sons mavisosos. ~ um perfume suave. **3** *fig* ~-se/Pôr de lado/Afastar(-se)/Desviar(-se). **Loc.** ~-se do cigarro [álcool]. **4** *fig* ~-se/Desafeiçoar-se/Desapegar-se. **Loc.** ~-se da família. ~-se dos bens materiais.

desprendido, a adj (<desprender + -ido) **1** Solto/Desligado/Desatado. **Comb.** Bainha «da saia» ~a. Cabelo ~. Mau cheiro ~ [que vem] do rio (poluído). Puxador (da gaveta) ~. **2** *fig* Que mostra [tem] desprendimento/Altruísta/Desapegado. **Ex.** Dava muitas esmolas, era muito ~. **3** *fig* ⇒ alheio; desinteressado; distante.

desprendimento s m (<desprender + -mento) **1** A(c)to ou efeito de desprender(-se)/soltar(-se)/Derrocada/Desabamento. **Comb.** ~ de terras [de azulejos da parede]. **2** *fig* Desapego/Renúncia/Abnegação. **Comb.** *~ de luxos* e prazeres. *~ dos bens materiais*. **3** *fig* ⇒ afastamento/desafeição «da família».

despreocupação s f (<despreocupar + -ção) Ausência de preocupação/inquietações. **Loc.** Viver com (grande) ~.

despreocupado, a adj/s (<despreocupar + -ado) (O) que não tem preocupação nenhuma. **Loc.** Andar [Viver] ~. Ser um (grande) ~.

despreocupar v t (<des- c) + ...) Tirar [Livrar de] preocupações/Deixar de (se) preocupar. **Ex.** A notícia de que o filho estava bem, despreocupou-o [tranquilizou-o(+)/acalmou-o(o+)].

despreparado, a adj (<des- c) + ...) Que não está preparado «para ser professor/para fazer exame «de matemática».

despreparo s m (<des- c) + ...) **1** Falta de organização/Desarranjo/Desordem. **Loc.** «A casa» estar em ~. **2** *fig* Despropósito(+). **Comb.** O ~ dos comentários. **3** ⇒ falta de preparação/de conhecimentos.

despressurização s f (<despressurizar + -ção) A(c)to ou efeito de fazer perder [diminuir] a pressão. **Comb.** ~ dum avião.

despressurizar v t (<des- c) + ...) (Fazer) perder [baixar] a pressão. **Loc.** ~ uma nave espacial. ~ uma panela de pressão.

desprestigiador, ora [**desprestigiante**] adj (<desprestigiar + ...) Infamante/Desprestigiante. **Comb.** Afirmações ~s.

desprestigiar v t (<des- c) + ...) (Fazer) perder o prestígio/Tirar o bom nome/Desacreditar. **Ex.** Os produtos de má qualidade desprestigiam [desacreditam(+)] uma marca.

desprestígio s m (<des- c) + ...) Perda de prestígio/Descrédito. **Ex.** O ~ do Parlamento [Congresso/da Dieta/da Assembleia da República] deve-se à pobreza das ideias e ao baixo nível das discussões.

despretensão s f (<des- c) + ...) Ausência de pretensão/Desafe(c)tação/Modéstia. **Ex.** Apesar de ser uma senhora muito distinta, mostrou sempre grande ~ no trato com os mais pobres, no modo de falar e de vestir. Era duma simplicidade encantadora.

despretensioso, a (Ôso, Ósa, Ósos) adj (<des- c) + ...) Sem pretensões/vaidade/Desafe(c)tado/Simples. **Ex.** O professor explicava(-se) numa linguagem muito simples, ~a, acessível a todos.

desprevenção s f (<des- c) + ...) Falta de prevenção/Imprevidência(+)/Descuido(o+). **Ex.** Deixar medicamentos por aí, ao deus-dará [à toa/sem cuidado], ao alcance das crianças, é uma ~ perigosa.

desprevenido, a adj (<desprevenir + -ido) **1** Que não se preveniu/Desacautelado/Descuidado. **Ex.** O preso apanhou [pressentiu] os guardas ~s e fugiu. Assustei-me com o cão; estava ~! **2** Sem recursos [provisões]/Desprovido. **Ex.** A doença apanhou-me ~ [sem dinheiro]. Queria dar de lanchar às amigas que chegaram mas estava completamente ~a, não tinha nada em casa.

desprevenir v t (<des- c) + ...) **1** Não (se) prevenir/Desacautelar. **Ex.** Não podemos [devemos] ~ [tirar o guarda de/desacautelar] a portaria. Temos que [de] saber quem entra e sai das instalações. **2** Ficar sem recursos/Desprover(-se). **Ex.** Não vou ~-me [Vou prevenir-me] para resolver o teu problema.

desprezado, a adj (<desprezar) **1** Que é alvo de desprezo/Desestimado. **2** Abandonado/Esquecido. **Comb.** Livro ~ em cima da mesa. **3** Que não se leva [tem] em conta. **Ex.** Incluído o inteiro e ~a a fra(c)ção.

desprezar v t (<des- c) + ...) **1** Tratar com desprezo/Não dar atenção/Desconsiderar. **Ex.** Desprezava muito a mãe: raramente a visitava e lhe dirigia palavras de carinho. **2** Não dar ouvidos [fazer caso]/Votar ao desprezo. **Ex.** Mostrou sempre uma grande independência: desprezava os aduladores e os invejosos. **3** Não dar importância/Não considerar. **Loc.** ~ as casas decimais. ~ as moedas pequenas (de troco). **4** Não tirar partido de/Não aproveitar(+). **Loc.** ~ uma oportunidade «de emprego/de valorização profissional». **5** ~-se/Expor-se ao desprezo/Aviltar-se.

desprezável adj 2g (<desprezar + -vel) Que se pode desprezar/Que não tem valor. **Comb.** Quantia [Quantidade] ~.

desprezível adj 2g (<desprezo + -i- + -vel) Merecedor de desprezo/Abje(c)to/Vil. **Comb.** Gente ~ [sem escrúpulos/maldosa].

desprezo (Prê) s m (<desprezar) **1** Falta de apreço/estima. **Ex.** Tratava a avó com muito ~. **2** Desprendimento/Desapego. **Loc.** Ter ~ pelos [Desprezar os] bens materiais. **3** Desdém/Repulsa/Desconsideração. **Ex.** A melhor resposta para quem tanto o [te] tem difamado é o ~. **Loc.** *Dar* [Votar] *ao ~* [Não dar importância/Ignorar]. ***Dar-se ao ~*** [Tornar-se obje(c)to de ~].

desprimor s m (<des- c) + ...) **1** Falta de primor/esmero/perfeição. **Ex.** Era conhecida pelo ~ com que se arranjava [vestia]. **2** Falta de afabilidade/Descortesia(+)/Indelicadeza(o+). **Ex.** Fiquei indignado por causa do ~ com que fomos tratados «pelo rece(p)cionista».

desprimoroso, a (Ôso, Ósa, Ósos) adj (<des- c) + ...) **1** Que não tem primor/qualidade/Imperfeito. **Comb.** Decoração ~a [pobre/fraca/pouco digna/pouco cuidada]. **2** Que não tem [mostra] cortesia/Indelicado(+). **Comb.** Tratamento ~.

desprivilegiar v t (des- b)/c) + ...) **1** Tirar o(s) privilégio(s). **Ex.** O regime fiscal da nova Concordata (ente Portugal e a Santa Sé) desprivilegia os sacerdotes e os religiosos. **2** Generalizar/Banalizar. **Ex.** Os ricos já há muito que se desprivilegiaram no acesso ao ensino superior; agora é acessível a todos.

desprogramação s f (<desprogramar + -ção) Anulação do que estava programado/da programação.

desprogramar v t (<des- c) + ...) **1** Anular [Cancelar] o que estava marcado/programado. **Loc.** ~ uma viagem «ao estrangeiro». **2** Desfazer [Desmanchar] um programa informático. **Ex.** A falta de ele(c)tricidade desprogramou(-me) o cálculo «de vendas por se(c)tores».

despromoção s f (<des- c) + ...) **1** Descida de categoria/classificação/Regressão na carreira. **Comb.** ~ por sanção disciplinar. **2** Diminuição de qualidade/Depreciação. **Comb.** ~ (progressiva) duma marca.

despromover v t (<des- c) + ...) **1** Baixar de categoria/Passar a desempenhar funções menos qualificadas. **Ex.** Tiraram-me de chefe de equipa/e, despromoveram-me! **2** Depreciar/Rebaixar. **Loc.** ~ um produto.

despromovido, a adj (<despromover + -ido) Passado a categoria inferior/Desqualificado. **Comb.** ~ do posto de chefia.

despronúncia s f Dir (<despronunciar) Sentença que declara improcedente [anula] a pronúncia dum réu.

despronunciar v t Dir (<des- c) + ...) Declarar nula a pronúncia dum réu.

desproporção s f (<des- c) + ...) **1** Falta de proporção. **Ex.** Há uma ~ muito grande entre o comprimento das pernas das calças e a largura da cintura. **2** Desarmonia em relação ao que é considerado normal/Desigualdade/Desconformidade. **Ex.** Um a ganhar 1000 euros e outro ao lado a ganhar 1500, é uma ~ muito grande.

desproporcionado, a adj (<desproporcionar + -ado) Que não é proporcionado/Desconforme/Desigual/Enorme. **Comb.** Pernas ~as (em relação ao corpo).

desproporcional adj 2g (<des- c) + ...) Que não é proporcional/Desproporcionado. **Comb.** Castigo ~ à falta.

desproporcionalidade s f (<des- c) + ...) Falta de proporcionalidade. **Comb.** ~ entre a falta e o castigo.

desproporcionar v t (<des- c) + ...) Tornar desproporcional/Alterar a proporcionalidade. **Ex.** A relação "receita/despesa" desproporcionou-se apenas por causa da diminuição da receita.

despropositado, a adj (<despropositar + -ado) **1** Que não vem a propósito/Inoportuno. **Comb.** Observações [Comentários] ~as/os. **2** Que não tem modos/propósitos/Que se comporta de forma imprudente/disparatada. **Ex.** A filha era tão ~a [disparatada/inconveniente] que deixava a mãe envergonhada em todo o lado.

despropositar v t (<des- c) + ...) Fazer [Dizer] despropósitos/Disparatar(o+)/Desatinar(+). **Ex.** O líder político fez um discurso vergonhoso. Para ~ daquela maneira era melhor estar calado.

despropósito s m (<des- c) + ...) **1** O que é inconveniente ou não tem pertinência/Disparate/Desatino/Descomedimento. **Ex.** Sempre que falamos em regras e disciplina tu tens que vir com [fazer/dizer] os teus ~s. Sem mais nem (por)quê [Sem razão aparente] começou num grande ~ a insultar toda a gente. **Comb.** A ~ [Sem vir a propósito/De forma inoportuna]. **2** Br Grande quantidade/Excesso. **Ex.** Sete pratos num jantar de casamento, que ~ de comida!

desproteção (Tè) s f [= desprotecção] (<des- c) + ...) Falta de proteção/segurança/Desamparo/Abandono. **Ex.** O mau ambiente familiar é um fa(c)tor de ~ das crianças.

desproteger v t (<des- c) + ...) Deixar de [Não] proteger/Abandonar/Desamparar. **Ex.** Deixava ir os filhos sozinhos para a escola não para [por] os ~ mas para que se tornassem responsáveis. O aumento de impostos desprotege a economia nacional.

desprotegido, a adj (<desproteger + -ido) Que não tem prote(c)ção/Desamparado/Abandonado. **Comb.** «quarto/casa» ~o/a da chuva [do sol/do vento]. ~o/a da sorte [Infeliz]. Casa ~a [sem segurança]. Crianças ~as [abandonadas/desamparadas].

desproveito s m (<des- c) + ...) **1** Falta de proveito/Desaproveitamento(o+)/Desperdício(+). **Ex.** O que cada um estraga é ~ para si e para toda a comunidade. **2** Detrimento/Prejuízo/Dano. **Loc.** Beneficiar uns, em ~ [detrimento(+)] de outros.

desprover v t (<des- c) + ...) Deixar de [Não] prover/Tirar as provisões/Privar(-se) do que é necessário. **Ex.** Não despediu o empregado para não o ~ dos meios de subsistência.

desprovido, a adj (<desprover + -ido) Sem provisões/recursos/Desprevenido. **Loc.** Ficar ~ «de dinheiro». **Comb.** ~ de alimentos. ~ de recursos naturais. Despensa ~a.

desprovimento s m (<desprover + -mento) A(c)to ou efeito de desprover/Falta de provimento/de provisões. **Ex.** Gastaram tudo até ao total ~.

despudor s m (<des- c) + ...) Falta de pudor/recato/Descaramento/Desfaçatez. **Ex.** A liberdade transformou-se em libertinagem: deparamos com cenas [casos] de ~ a cada momento/hora.

despudorado, a adj (<despudor + -ado) Que não tem pudor/Desavergonhado/Obsceno. **Comb.** Gente [Jovens] ~a/os.

despundonor s m (<des- c) + ...) Falta de pundonor/brio/dignidade. **Loc.** Agir com [Mostrar] ~.

desqualificação s f (<des- c) + ...) **1** Perda de qualidade/excelência. **Comb.** ~ dum produto [duma marca]. **2** Perda de reputação/Descrédito. **Comb.** ~ dum político. **3** (D)esp Exclusão duma prova/Desclassificação. **Ex.** O atleta beneficiou da [com a] ~ do adversário que estava à sua frente.

desqualificado, a adj (<desqualificar + -ado) **1** Que perdeu a boa qualidade/a qualificação/Desacreditado. **Comb.** Governante ~. Música ~a. **2** Eliminado duma prova/competição/Desclassificado. **Comb.** Clube [Equipa/e] ~o/a.

desqualificador, ora [desqualificativo, a] adj/s (<desqualificar + ...) (O) que desqualifica.

desqualificar v t (<des- c) + ...) **1** (Fazer) perder a boa qualidade/a qualificação. **Ex.** É um defeito acidental que não desqualifica a marca (da roupa). **2** Excluir(-se) [Eliminar(-se)] duma prova (d)esportiva. **Loc.** ~ um concorrente. **3** Tornar(-se) indigno/Desacreditar(-se). **Ex.** Há procedimentos [comportamentos] que desqualificam imediatamente quem os pratica. **4** Dir Excluir as circunstâncias qualificadoras dum crime.

desqueixar v t (<des- b) + queixo + -ar[1]) Partir os queixos/Abrir pelas queixadas/Desmandibular.

desquitar v t (<des- e) + ...) **1** Separar (-se) um casal por desquite. **2** fig Abandonar/Deixar/Separar(-se). **Loc.** ~-se de [Deixar a] tristeza. ~-se [Livrar(-se)(o+)/Desobrigar(-se)(+)] dum compromisso. **3** Tornar(-se) quite/Compensar. **Loc.** ~-se duma dívida. **4** ~-se/Desforrar-se.

desquite s m (<desquitar) **1** Dir Separação judicial dos cônjuges sem rompimento do vínculo matrimonial. **Comb.** ~ amigável [por mútuo consentimento]. **2** Abandono/Afastamento. **Comb.** ~ do [O perder o] medo. **3** ⇒ desforra.

desrabar v t (<des- b) + rabo + -ar[1]) ⇒ derrabar.

desraizar v t (<des- b) + raiz + -ar[1]) ⇒ desarraigar; desenraizar.

desrama/desramar ⇒ derrama [derramagem]/derramar.

desratização s f (<desratizar + -ção) Desinfestação dos ratos. **Comb.** ~ periódica dos armazéns de víveres. Campanha de ~.

desrat(iz)ar v t (<des- b) + rato + -(iz)ar) Eliminar [Exterminar] os ratos dum local. **Loc.** ~ uma cidade. ~ uma fábrica.

desregrado, a adj (<desregrar + -ado) **1** Que não tem regra(s)/Que foge [se afasta] da regra. **Comb.** Comércio [A(c)tividade comercial] ~o/a. **2** Desordenado(+)/Desorganizado(o+). **Ex.** É um cientista muito ~. Nunca encontra os papéis [apontamentos/trabalhos] de que necessita. **3** Esbanjador/Perdulário/Gastador. **Comb.** ~o/a nas despesas/nos gastos. **4** Sem moral/Dissoluto/Libertino. **Comb.** Vida ~a.

desregramento s m (<desregrar + -mento) **1** Ausência de regra(s). **Comb.** ~ na construção urbana. **2** Falta de ordem/Desorganização. **Ex.** Não conseguia adaptar-se ao ~ daquela família: não havia horas para nada, cada um fazia o que lhe apetecia, não sabiam uns dos outros... **3** Falta de temperança/Devassidão/Libertinagem. **Ex.** Morreu cedo [jovem], vítima do ~ em que viveu.

desregrar v t (<desregrar + -a) + ...) **1** Sair [Afastar(-se)] da(s) regra(s)/norma(s). **Ex.** Os empregados começaram a ~: chegavam atrasados (ao trabalho) e não assinavam o ponto. **2** Tornar(-se) descomedido/exagerado. **Loc.** ~[Exceder(+)]-se na comida [nos gastos].

desregulamentar v t (<des- c) + ...) Suprimir [Alterar] o regulamento/a regulamentação/Anular regras/normas. **Loc.** ~ a lei «da caça». ~ o licenciamento industrial.

desregular v t (<des- c) + ...) (Fazer) deixar de estar regulado/Deixar de funcionar bem. **Ex.** A perda do emprego desregulou-lhe a vida. O relógio desregulou-se [deixou de trabalhar certo/ficou desregulado].

desrespeitador, ora adj/s (<desrespeitar + -dor) (O) que desrespeita ou falta ao respeito. **Comb.** Alunos ~es dos professores. Condutores ~es das normas de segurança.

desrespeitar v t (<des- c) + ...) **1** Não respeitar/Faltar ao respeito/Desprezar/Desconsiderar. **Loc.** ~ os pais [superiores]. **2** Não obedecer às leis/Infringir as normas/Cometer desacatos. **Ex.** O jogador foi expulso por ~ [discutir(o+)/não acatar(+)] as decisões do árbitro. **Loc.** ~ a natureza. ~ as regras de trânsito. ~ os direitos dos outros.

desrespeito s m (<des- c) + ...) **1** Falta de respeito/Desconsideração. **Ex.** O ~ dos automobilistas pelos peões é (a) causa de muitos acidentes. **2** Desprezo/Irreverência. **Comb.** ~ pelas indicações da autoridade. ~ pelo cumprimento da lei.

desrespeitoso, osa (Ôso, Ósa/os) adj (<desrespeito + -oso) ⇒ desrespeitador.

desresponsabilização s f (<desresponsabilizar+-ção) A(c)to ou efeito de desresponsabilizar(-se). **Comb.** ~ da classe dirigente.

desresponsabilizar v t (<des- c) + ...) Tirar a [Livrar(-se) da] responsabilidade/Tornar(-se) irresponsável. **Ex.** Abandonou a mulher e desresponsabilizou-se do sus-

tento dos filhos. A culpa do desastre não foi atribuída a ninguém; todos se desresponsabilizaram.

desriçar/desriscar/desrolhar ⇒ desenriçar/desarriscar/desarrolhar.

dessacralização s f (<des- c) + ...) Perda do cará(c)ter sagrado. **Comb.** ~ dum templo. ⇒ profanação.

dessacralizar v t (<des- c) + ...) (Fazer) perder o cará(c)ter sagrado. **Ex.** As alfaias sagradas, especialmente as eucarísticas, quando inutilizadas, não devem ser dessacralizadas para posteriores utilizações profanas mas somente para recuperação do metal por fusão.

dessacrar[grar] v t (<lat desácro,áre) **1** Perder o cará(c)ter sagrado/Profanar/ Dessacralizar. **2** Tirar as ordens sacras/ Reduzir ao estado laical/Secularizar.

dessal(g)ar v t (<des- b) + ...) **1** (Fazer) perder [Tirar] o sal/Tornar insosso. **Loc.** ~ o bacalhau. **2** Fazer perder a graça/Tornar insípido. **Ex.** O samba dessalgou-se com a influência estrangeira.

dessalinização s f (<dessalinizar + -ção) Operação de dessalinizar. **Comb.** Instalação (industrial) de ~.

dessalinizar v t (<des- c) + ...) Eliminar [Reduzir] a quantidade de sal [sais] presente(s) numa substância. **Loc.** ~ *a* água *do mar* [águas salobras]. ~ *solos*.

dessangrar v t (<des- e) + ...) **1** Tirar [Perder] sangue/Sangrar. **Loc.** ~ um animal. **2** Tornar(-se) débil/Enfraquecer(-se). **Loc.** ~-se [Esgotar-se(+)] pelo trabalho. **3** *fig* Esgotar os recursos/Empobrecer. **Loc.** ~ os cofres do Estado. **4** Esgotar o líquido dum recipiente/Escoar. **Loc.** ~ o óleo do motor.

desse, a (Dê, Dé) *Contr* (<de + esse) Contra(c)ção da preposição "de" com o pronome demonstrativo "esse". **Ex.** Esta fruta está verde; leve (antes) ~a.

dessecação[mento] s (<dessecar + -ção[mento]) Perda [Eliminação] da (h)umidade/Desidratação. **Comb.** *Geol* Brecha [Fenda] de ~. **Sin.** Enxugo; secagem.

dessecador, ora *adj/s* (<dessecar + -dor) **1** (O) que desseca. **2** Aparelho para dessecar/Exsicador.

dessecar v t (<lat desícco,áre) **1** Secar completamente/Enxugar. **Loc.** ~ pântanos. **2** Emagrecer/Mirrar. **3** *fig* Tornar(-se) duro/insensível. **Ex.** A miséria dessecou-lhe o coração.

dessecativo, a *adj* (<lat desicatívus,a,um) **1** Que faz dessecar. **Comb.** Óleo ~. **2** Cicatrizante. **Comb.** Remédio [Pó] ~.

dessedentar v t (<des- b)/c) + sedento + -ar) Matar a sede/Dar de beber/Refrescar(-se). **Ex.** Dessedentou-se na [com a] água fresca da fonte.

desselar¹ v t (<des- b) + selar¹) Tirar o selo. **Loc.** ~ a carta.

desselar² v t (<des- b) + selar²) Tirar a sela. **Loc.** ~ o cavalo.

dessemelhança/dessemelhante/dessemelhar *Br* ⇒ dissemelhança/ante/ar.

dessensibilização s f *Med* (<dessensibilizar + -ção) Tratamento para tirar [reduzir] a sensibilidade a determinadas substâncias. **Ex.** A ~ pode ser conseguida com a inoculação de doses crescentes do agente agressor.

dessensibilizar v t (<des- c) + ...) **1** (Fazer) perder [Tirar] a sensibilidade/Tornar insensível. **Ex.** O conta(c)to permanente com a doença parece que dessensibiliza os profissionais de saúde. **2** *Med* Fazer a dessensibilização/Diminuir a sensibilidade a agentes alergé[ê]nicos.

dessentir v int (<des- c) + sentir) Deixar de sentir.

dessepultar v t (<des- c) + sepultar) **1** ⇒ desenterrar; exumar. **2** ⇒ revelar; descobrir; mostrar.

desserviço s m (<des- c) + ...) Serviço mal executado/Mau serviço/Prejuízo/Deslealdade.

desservir v t (<des- c) + ...) Fazer um mau serviço/Não servir/Prejudicar(+). **Loc.** ~ o país.

dessexua(liza)r v t (<des- c) + sexo + ...) Fazer perder a função ou as cara(c)terísticas sexuais/Castrar. ⇒ «ser orgânico» assexuado.

dessincronizado, a *adj* (<dessincronizar + -ado) Que não está sincronizado/não coincide. **Comb.** Movimentos ~s.

dessincronizar v t (<des- c) + ...) (Fazer) perder o sincronismo/Deixar de estar sincronizado. **Ex.** A avaria duma máquina dessincronizou a cadeia de produção. **Loc.** ~ os relógios.

dessintonia s f (<des- c) + ...) Ausência [Falta] de sintonia. **Ex.** Estar [Agir] em ~ [desacordo] com as dire(c)trizes do partido.

dessintonizar v t (<des- a)/c) + ...) (Fazer) sair [Tirar] da sintonia/Deslocar o sintonizador. **Ex.** Dessintonizaste o rádio [a telefonia] do programa que eu estava a ouvir.

dessoldar v t (<des- c) + ...) Tirar a solda/ Separar(-se)/Desunir(-se). **Ex.** Os ladrões dessoldaram o cofre para roubar o dinheiro. Não posso usar «na festa» a esmeralda porque se dessoldou o alfinete.

dessoramento s m (<dessorar + -mento) Abatimento/Esgotamento/Fraqueza. **Ex.** Até na palidez do rosto se notava o ~ a que tinha chegado.

dessorar v t (<des- b)/e) + ...) **1** Transformar(-se) [Desfazer(-se)] em soro. **Ex.** O calor dessorou [derreteu(+)] o creme do bolo. **2** Perder o soro/a substância/Enfraquecer. **Ex.** Não se viam melhoras, as forças do doente dessoravam [faltavam-lhe/diminuíam] dia a dia. Era um partido (político) dessorado.

dessoutro, a *Contr* (<de + essoutro) Contra(c)ção da preposição "de" com o pronome demonstrativo resultante da contra(c)ção de "esse + outro". **Ex.** Este bolo estava muito bom; ~ [desse outro(+)] vou provar para ver [saber].

dessubjugar v t (<des- b)/c) + ...) Livrar [Libertar] do jugo/da sujeição. **Ex.** Os movimentos feministas contribuíram para que a mulher fosse dessubjugada [libertada/ desoprimida] em muitos países.

dessudação s f (<des- e) + ...) Sudação muito intensa. **Ex.** O pó e a ~ davam-lhe um ar medonho [que metia medo].

dessulfur(iz)ação s f (<dessulfurar + -ção) Eliminação [Perda/Redução] do enxofre. **Comb.** ~ do gasóleo.

dessulfur(iz)ar v t (<des- b)/c) + ...) Eliminar [Reduzir] o teor de enxofre. **Loc.** ~ carvões [derivados do petróleo/combustíveis].

destabilização/destabilizar ⇒ desestabilização/desestabilizar.

destacado, a *adj/s* (<destacar + -ado) **1** Afastado [Deslocado] por destacamento. **Comb.** Professor ~ «ao abrigo da lei dos cônjuges». **2** Que não está unido/ Separado do grupo/Isolado. **Comb.** Ovelha desgarrada(+) [~a do rebanho]. **3** Que sobressai/Em evidência. **Comb.** Aluno ~. **4** s m *Mús* Modo de execução dum trecho musical separando cada uma das notas.

destacamento s m (<destacar + -mento) **1** Elementos separados do grupo para executar uma a(c)ção específica. **Ex.** Foi enviado para o local da catástrofe um ~ de profissionais de saúde para colaborar nas operações de salvamento. **Comb.** ~ militar. **2** Situação provisória dum profissional que exerce funções num local diferente do habitual. **Ex.** Era professora efe(c)tiva em Lisboa mas pediu ~ para a sua terra natal.

destacar v t (<des- a) + estaca + -ar¹) **1** Enviar um grupo de soldados para executar determinada missão. **Ex.** O comandante do regimento destacou um pelotão para auxiliar no combate ao incêndio florestal. **2** Delegar numa pessoa ou num grupo a realização de determinada a(c)ção. **Ex.** Foi destacada uma comissão de finalistas para preparar a festa de encerramento do ano escolar. **3** Pôr fora/Separar. **Ex.** Apenas viu o amigo destacou logo da caderneta três bilhetes do sorteio destinado a angariar fundos para o infantário. O ciclista vencedor destacou-se do pelotão e cortou a meta isolado. **4** Pôr em evidência/Salientar. **Ex.** Do discurso (do presidente) destacarei apenas as passagens mais importantes. **5** Tornar(-se) notório/Distinguir(-se)/ Sobressair. **Ex.** Era um aluno exemplar: destacava-se tanto no comportamento como no aproveitamento escolar. **6** *Mús* Executar notas sucessivas separando-as com pequenas pausas. **Ex.** O maestro insistia: destaquem bem as notas da última frase!

destabocar v t (<des- c) + taboca + -ar¹) (Fazer) perder o acanhamento. **Ex.** Ele é muito destabocado [tagarela/brincalhão/ franco/atrevido].

destacável *adj 2g* (<destacar + -vel) Que se pode destacar/separar. **Comb.** Suplemento ~. ⇒ desdobrável.

destalar v t (<des- b) + talo -ar¹) Tirar os talos/rebentos(+)/grelos a (+). **Loc.** ~ as batatas [videiras].

destampar v t (<des- b) + tampa + -ar¹) **1** Tirar a/o tampa/o/Destapar(+). **Loc.** ~ a panela [um pipo]. **2** *fig* Dizer tolices/Disparatar.

destampatório s m (<destampar + -ório) **1** ⇒ falta de comedimento; disparate. **2** ⇒ muito barulho; alarido; gritaria. **3** ⇒ admoestação; descompostura.

destapamento s m (<destapar + -mento) A(c)to ou efeito de destapar/expor. **Comb.** ~ [Descerramento(+)] do busto (do benemérito/fundador).

destapar v t (<des- b)/c) + ...) **1** Tirar a rolha/tampa. **Ex.** Deixa/e a panela destapada para ferver mais tempo. **Loc.** ~ um frasco/recipiente. **2** Tirar o que cobre/Descobrir/Expor. **Loc.** ~ a cabeça/o peito. ~ um móvel.

destaque s m (<destacar) **1** Qualidade do que sobressai. **Ex.** Atingiu uma posição de ~ na empresa. **2** O que se distingue ou sobressai. **Ex.** Nas notícias (d)esportivas o maior ~ foi para a vitória da sele(c)ção portuguesa (de futebol). **Loc.** Pôr em ~ [Fazer sobressair/Salientar] a colaboração dos alunos na limpeza da escola.

destarte *adv* (<desta + arte) Deste modo(+)/ Desta maneira(o+)/Assim(+). **Ex.** Precisas de trabalhar mais; ~ não vais longe [não atinges o obje(c)tivo/não vences].

deste, a (Dêste, Désta) (<*contr* da prep *de* com o pron dem *este*) Pertencente a/Proveniente de/Relativo a. **Ex.** Eu sento-me ~lado da mesa, você senta-se desse. Fui trabalhador ~a empresa. **Idi.** *Se me safo* [livro/salvo(+)] *~a, não me meto noutra* [Se vencer esta dificuldade evitarei outra semelhante].

destecer v t (<des- c) + ...) **1** Desfazer [Desmanchar] a trama/o tecido. **Ex.** O tapete começou a ~ porque não estava bem

rematado. **2** *fig* Desenredar/Destramar. **Ex.** Aos poucos a intriga foi-se destecendo.

destelhamento *s m* (<destelhar + -mento) Operação de retirar as telhas. **Comb.** ~ duma casa.

destelhar *v t* (<des- **b**)/**c**) + …) Tirar as telhas [a cobertura] a. **Ex.** O vendaval destelhou várias casas.

destemer *v t* (<des- **c**) + …) Não temer/Não ter medo de. **Loc.** ~ os adversários.

destemido, a *adj* (<destemer + -ido) Que não tem medo/Corajoso/Arrojado/Valente. **Ex.** ~, lançou-se ao mar para socorrer o náufrago.

destemor *s m* (<des- **c**) + …) Ausência de temor/Audácia(+)/Intrepidez(o+). **Ex.** Os bombeiros agiram com grande ~.

destêmpera *s f* (<des- **c**) + …) **1** Operação para tirar [fazer perder] a têmpera. **Ex.** Só conseguirás dobrar a lâmina de aço se primeiro fizeres a ~. **2** *fig* Descomedimento/Destempero(+)/Fúria. **Ex.** Era um político (bem) conhecido pela ~ dos seus discursos.

destemperado, a *adj* (<destemperar + -ado) **1** Sem tempero/Insosso/Desenxabido. **Comb.** Comida ~a. **2** Sem têmpera. **Comb.** Aço ~. **3** Que excede os limites/valores normais. **Comb.** Calor [Frio] ~. **4** Diluído/Aguado. **Comb.** Vinho ~. Tinta ~a. **5** Desafinado. **Comb.** Instrumento musical ~. **6** *fig* Disparatado/Descomedido/Desregrado. **Comb.** Bandos de jovens ~s.

destemperar *v t/int* (<des- **c**) + …) **1** (Fazer) perder a têmpera. **Ex.** O veio do motor destemperou com o aquecimento. **2** Atenuar o sabor do tempero/Diluir com água. **Loc.** ~ o molho por estar salgado/picante. ~ o chá para o tornar mais fraco. **3** Diminuir a consistência. **Loc.** ~ a tinta com água ou diluente. **4** Baixar a temperatura dum líquido por adição doutro mais frio. **Loc.** ~ a água do banho. **5** Desafinar um instrumento musical/Desentoar. **Ex.** A humidade destemperou o violino. A rouquidão destemperou[desafinou/estragou]-lhe a voz. **6** *fig* Perder a cabeça/Desatinar/Descomedir-se. **Ex.** Se lhe chamam a atenção para algum defeito destempera [exalta-se(+)/desatina(o+)] logo. **7** *fig pop* Desarranjar os intestinos/Causar diarreia. **Ex.** Como não havia de se ~ com tanta gulodice que comeu?!

destempero (Pê) *s m* (<des- **c**) + …) **1** Falta de tempero. **Ex.** O ~ da comida fazia-lhe perder o apetite. **2** Falta de sensatez/Arrebatamento. **Ex.** Reagiu com ~ a um piropo [gracejo] inofensivo. **3** *fig* Desarranjo intestinal/Diarreia. **Ex.** O ~ foi dos [provocado pelos] chocolates que comeu.

destempo *s m* (<des- **c**) + …) O que chega [está] fora de tempo. **Comb.** (*loc adv*) A ~ [Fora de horas/Extemporâneo].

desterrar *v t* (<des- **a**) + terra + -ar¹) **1** Expulsar da própria terra/Exilar(-se)/Expatriar(-se). **Ex.** Muitos condenados eram desterrados para as colón[ô]nias de África. Desterrou-se [Fugiu(+)/Exilou-se(o+)] para não ser preso. **Comb.** A escultura "O Desterrado" de Soares dos Reis (Português). **2** Afastar para longe/Afugentar. **Ex.** Os meus irmãos ficaram todos na cidade; a mim desterraram-me para a quinta para cultivar a terra e tratar dos animais.

desterro (Tê) *s m* (<desterrar) **1** Expulsão da terra [do país] natal/Expatriação. **Loc.** Condenar (alguém) ao ~. **2** Lugar onde vive o desterrado. **Ex.** Viver sozinho no estrangeiro, é um [é sentir-se abandonado no] ~. **3** Degredo/Exílio. **4** *fig* Sítio isolado/ermo. **Ex.** A jovem professora passava os dias angustiada no ~ da aldeia perdida na serra.

deste[o]rroamento *s m* (<desterroar + -mento) Esfarelamento de [O desfazer] torrões.

deste[o]rroar *v t* (<des- **c**) + torrão + -ar¹) **1** Desfazer os torrões. **Ex.** Depois de lavrar, desterroavam a terra com a grade ou com a fresa. **2** ⇒ tirar terra de.

destetar *v t* (<des- **a**) + teta + -ar¹) ⇒ desmamar.

destilação *s f* (<lat *destillátio,ónis*: a(c)ção de cair gota a gota) **1** *Fís Quím* Processo de purificação ou de separação de líquidos por evaporação seguida de condensação. **Ex.** O álcool pode ser obtido por ~ do vinho. **2** Lugar onde se destila «cana-de-açúcar»/Destilaria. **3** ⇒ gotejamento «do orvalho/do suor».

destilado, a *adj/s m* (<destilar + -ado) (O) que sofreu [se obteve por] destilação. **Ex.** Na destilação do vinho o ~ é aguardente [álcool]. **Comb.** Água ~a [limpa de sais minerais].

destilador *s m* (<destilar + -dor) Aparelho onde se faz a destilação/Alambique. **Comb.** ~ de laboratório.

destilar *v t/int* (<lat *destíllo,are*: cair gota a gota) **1** *Fís Quím* Fazer a destilação. **Loc.** ~ óleos essenciais. **2** Transpirar/Gotejar. **Ex.** Afogueado com o calor, quanto mais bebia mais destilava. Os figos destilavam [gotejavam] pingos de mel.

destilaria *s f* (<destilar + -aria) Local [Fábrica] onde se destila/Destilação **2 Ex.** Construíram uma ~ para aproveitar os vinhos de fraca qualidade.

destinação *s f* (<lat *destinátio,ónis*: fixação, resolução) **1** Marcação/Aplicação/Encaminhamento. **Comb.** A ~ de fundos para um proje(c)to. **2** Meta a atingir/Fim previsto/Destino(+). **Ex.** A ~ proje(c)tada para esse compartimento era de [é um] escritório.

destinar *v t* (<lat *déstino,are,nátum*: atar solidamente, fixar) **1** Determinar com antecedência/Fixar previamente. **Ex.** Alguns pais julgam que podem ~ o futuro aos filhos. **2** Atribuir uma finalidade/Reservar para determinado fim. **Ex.** Destinei este terreno para plantação de vinha. **3** Tomar a decisão/Resolver/Pensar. **Ex.** Apesar de gostar muito da convivência, destinou [decidiu(+)] passar uma semana de férias sozinho num local sossegado para descansar. Tinha destinado levantar-me cedo, mas o despertador não tocou. **4** Dirigir-se/Propor-se/Dedicar-se. **Ex.** A minha filha tirou um curso que se destina ao ensino. **5** Ter uma meta/ponto de chegada/destino. **Ex.** Estas encomendas destinam-se ao [vão para o] Japão.

destinatário, a *s* (<destinar + -ário) **1** Aquele a quem se destina. **Ex.** O carteiro não encontrou o ~ da carta. **Ant.** Remetente. **2** *Ling* A quem é dirigida a mensagem/comunicação/Rece(p)tor. **Ex.** Toda a gente [Todos] ouviu [ouviram] chamar menos o ~. Respondeste bem mas a ~a da pergunta era [mas a pergunta era para] a tua colega. **Ant.** Emissor.

destino *s m* (<destinar) **1** Lugar para onde se dirige/Dire(c)ção/Meta. **Ex.** "O comboio [trem] com ~ a Lisboa parte dentro de momentos". Já levaste a encomenda ao ~? **2** Finalidade prevista/Emprego/Aplicação. **Ex.** O ~ dos fundos comunitários [da União Europeia] era o desenvolvimento do nosso país. O edifício era para uma escola mas deram-lhe outro ~. **3** O que há de vir/O futuro. **Ex.** Ninguém sabe o seu ~. **4** *Rel Filos* Força superior que rege os acontecimentos/a vida. **Ex.** As tragédias daquela família são obra do ~. **5** Fatalidade/Sina. **Ex.** Toda a vida hei de ser pobre, é o meu ~.

destituição *s f* (<destituir + -ção) **1** Perda [Falta/Privação] de alguma coisa. **Ex.** A ~ de beleza era uma cara(c)terística das mulheres daquela família. **2** Demissão/Deposição. **Ex.** Muda o governo, sucedem-se as ~ões nos cargos públicos. **3** Perda de dignidade/valor/Descida de categoria/posto. **Ex.** A ~ de importância do cargo de secretária foi recebida com regozijo pelas outras funcionárias.

destituído, a *adj* (<destituir + -ido) **1** Exonerado/Deposto/Demitido. **Comb.** Dire(c)tor ~. **2** Carecido/Pobre. **Comb.** ~ de inteligência [Ignorante/Tapado]. ~ de fortuna [Pobre/Carente]. ~ de [Sem] fundamento.

destituir *v t* (<lat *destítuo,ere*) **1** Privar de autoridade/cargo/Depor/Demitir/Exonerar. **Ex.** O Presidente destituiu o chefe do governo. **2** Despojar(-se)/Desapossar(-se). **Ex.** Destituiu-se [Despojou-se(+)] de [Deixou] todos os seus bens para entrar num convento.

destoante *adj 2g* (<destoar + -ante) **1** Que destoa/não condiz. **Ex.** Vestia tão mal que se tornava ~ no meio das colegas. **2** Desafinado/Desentoado. **Ex.** Notava-se a sua presença no coro pela voz ~ [desafinada(+)] que sobressaía das demais.

destoar *v int* (<des- **a**) + tom + -ar¹) **1** *Mús* Perder o [Sair do] tom/Desafinar(+). **Ex.** É melhor não cantares esta música; estás a ~. **2** Parecer mal/Sobressair pelo mau [diferente] aspe(c)to. **Ex.** Com essas calças até num funeral destoavas, quanto mais num casamento! **3** *fig* Não condizer/Desagradar. **Ex.** Esse móvel moderno destoa do resto da mobília.

destocar *v t* (<des- **c**) + toco + -ar¹) **1** Arrancar os tocos das árvores «para fazer uma horta». **2** ⇒ escanhoar «a barba». **3** ⇒ desentocar.

destoldar *v t* (<des- **b**)/**c**) + …) **1** Tirar o toldo. **Ex.** Os feirantes começaram a ~ [desmontar(o+)/desfazer(+)] as tendas cedo. **2** *fig* Tornar(-se) límpido/Aclarar(-se)/Desanuviar(-se). **Ex.** O céu já começou a ~-se [a aclarar(+)]. **3** *fig* Perder a melancolia/Alegrar-se/Desanuviar-se. **Ex.** O semblante [rosto] destoldou[desanuviou(+)]-se-lhe logo que viu os amigos.

destom *s m* (<des- **a**)/**c**) + …) Saída de tom/Desafinação/Desarmonia.

destorcer *v t* (<des- **c**) + …) **1** Endireitar o que estava torcido/Desfazer a torcedura/Torcer em sentido oposto. **Loc.** ~ [Endireitar(+)/Desempenar(o+)] uma barra de ferro. ~(-se) uma corda na ponta. **2** Virar [Voltar] em sentido [para o lado] oposto. **Ex.** Debruçada da janela seguia a filha com o olhar e só destorceu o pescoço quando ela desapareceu ao fundo da rua. **3** *fig* Mudar de assunto/Disfarçar. **Loc.** ~ uma conversa.

destorroamento/destorroar ⇒ desterroamento/desterroar.

des[x]tra *s f* (<lat *déxter,t(e)ra,t(e)rum*: «lado» direito) A mão direita(+). **Comb.** (*loc prep*) «ficar/estar» À ~ [À (mão) direita(+)].

destraçar *v t* (<des- **c**) + …) ⇒ descruzar.

destramar *v t* (<des- **c**) + …) **1** Desfazer a trama/Destecer «o casaco de lã». **2** Desenredar/Resolver. **Loc.** ~ uma intriga. **3** ⇒ descobrir «a conspiração».

destrambelhado, a *adj/s pop* (<destrambelhar) (O) que é desorganizado/disparatado/amalucado. **Ex.** Não se lhe pode dar confiança, é ~ de todo [é completamente ~/é um ~].

destrambelhamento s m (<destrambelhar + -mento) Desorganização mental/Maluqueira. **Loc.** Sofrer de ~ [Ter pancada].

destrambelhar v t/int (<des- **b**) + tra(m)belho + -ar¹) **1** Tirar [Perder] o tra(m)belho. **Loc.** ~ a serra. **2** Perder a calma/Descontrolar-se/Disparatar. **Ex.** Tantas (tropelias/maldades/injúrias) lhe fizeram que destrambelhou. **3** Perder o juízo/Desatinar. **Ex.** A avó está mal, destrambelha [desatina(+)], não conhece as pessoas…

destrancar v t (<des- **b**)/**c**) + …) Tirar a(s) tranca(s). **Ex.** – Destranca a porta, (por)que não posso entrar!

destrançar v t (<des- **c**) + trança + -ar¹) Desfazer as tranças/Desentrançar. **Loc.** ~ o cabelo. ⇒ desenredar.

destranque s m (<destrancar) **1** O tirar a tranca à porta. **2** ⇒ briga/rixa.

destratar v t (<des- **c**) + …) ⇒ maltratar/injuriar/descompor.

destravado, a adj/s (<destravar + -ado) **1** Que não está travado/Livre/Solto. **Comb.** Carro [Máquina] ~/a. **2** fig Desbocado/Insolente/Descomedido. **Comb.** ~ na linguagem. **3** fig Disparatado/Amalucado/Irrequieto. **Ex.** É um ~ : a brincar [nas brincadeiras/quando está a brincar] leva tudo na frente.

destravar v t/int (<des- **c**) + …) **1** Soltar [Desapertar/Aliviar] o travão. **Loc.** ~ a bicicleta [o travão de mão do carro]. **2** Alargar o que está apertado/preso. **Loc.** ~ a [Tirar as peias à] cabra. ~ *a fechadura*. ~ *a saia*. **3** pop ~-se/Desbocar-se/Descomedir-se. **Ex.** Destravou-se e soltou [disse] um chorrilho [uma série] de asneiras.

destreinado, a adj (<destreinar + -ado) **1** Que perdeu o treino/Desacostumado. **Comb.** ~ de jogar «té[ê]nis». **2** Que não está em boa forma física. **Ex.** Canso-me muito (a andar), estou ~.

destreinar v t (<des- **c**) + …) (Fazer) perder o treino/a destreza/Desacostumar(-se). **Ex.** Não tenho jogado futebol; destreinei-me. **Loc.** ~-se de falar «inglês».

destreza s f (<destro + -eza) Facilidade de execução/Habilidade manual/Agilidade. **Ex.** Reparaste na ~ com que ela fazia renda? A ~ do pugilista em escapar aos golpes do adversário era o seu melhor trunfo.

destribalizar v t (<des- **b**)/**c**) + …) Separar da tribo/(Fazer) perder a influência da tribo ou as cara(c)terísticas tribais. **Loc.** ~ os indígenas do interior (do país).

destribar(-se) v t (<des- **b**) + estribo + -ar¹) **1** Perder o seio [Saírem os pés dos] estribos. **Ex.** Destribei o pé direito ao desmontar e caí para trás.

destrinça s f (<destrinçar) **1** Separação minuciosa/Discriminação. **Ex.** Para não castigar toda a turma, é necessário fazer a ~ da responsabilidade de cada aluno. **2** Reconhecimento das diferenças/Distinção/Esclarecimento. **Ex.** Não tinha cultura musical suficiente para fazer a ~ entre uma boa e uma má execução da orquestra.

destrinçar v t (<lat *distríngo,ere,ínxi,íctum*: estender, separar, dividir) **1** Separar o que está emaranhado/Desenredar. **Loc.** ~ linhas emaranhadas. **2** Esclarecer uma situação/Resolver um caso difícil. **Loc.** ~ um mistério/problema. **3** Separar [Expor] minuciosamente/Descrever com minúcia. **Ex.** Não se contentou em dizer que a noiva ia bonita; teve que ~ todos os pormenores do vestido e dos enfeites. **Loc.** ~ o caso.

destrinçável adj 2g (<destrinçar + -vel) Que se pode destrinçar. **Ex.** As causas de doença nem sempre são ~eis.

destripar v t (<des- **b**) + tripa + -ar¹) Tirar as tripas. ⇒ estripar.

des[x]tro, a adj (< lat *déxter,t(e)ra,t(e)rum*: «lado» direito) **1** Que fica do lado direito. **Comb.** ⇒ des[x]tra. **2** Que usa mais a mão direita/Direito. **Sin.** Destrímano. **Ant.** Canhoto; esquerdo. **3** Que tem destreza/Desembaraçado/Hábil. **Comb.** ~ em esgrima. Nadador ~. **4** Astuto/Sagaz/Eficiente. **Comb.** Empregado ~.

destroca (Tró) s f (<destrocar) Anulação duma troca. **Comb.** ~ de lugares «no autocarro [ônibus]/na sala de aula». ⇒ troco.

destroçador, ora adj/s (<destroçar + -dor) **1** (O) que destroça/Destruidor. **Comb.** Furacão ~. **2** (O) que cresta colmeias.

destrocar v t (<des- **c**) + …) **1** Desfazer uma troca. **Ex.** Destrocaram as camisolas (que tinham trocado no dia anterior). **2** pop Trocar dinheiro por igual quantia em notas ou moedas mais pequenas. **Loc.** ~ uma nota em [por] moedas. **Sin.** Trocar(+).

destroçar v t (<des- **d**) + troço + -ar¹) **1** Desfazer em pedaços pela força/Despedaçar. **Ex.** Pouco tempo depois de receber o brinquedo já o tinha destroçado. **2** Fazer debandar/Desbaratar/Derrotar. **Ex.** A intervenção dos paraquedistas foi decisiva para ~ os bandos de guerrilheiros. **3** Destruir/Arruinar/Devastar. **Ex.** O furacão destroçou tudo na sua passagem. **4** fig Causar grande dano moral/Atormentar. **Ex.** A morte do filho destroçou aqueles [os seus/os pobres] pais. **5** Mil Voz de comando para desfazer a formatura militar.

destroço (Trô) s m (<destroçar) **1** Devastação/Ruína/Destruição. **Ex.** A passagem do furacão provocou o ~ total da cidade. **2** pl O que resta depois da destruição/Escombros. **Ex.** (Os sobreviventes) procuravam os seus haveres no meio dos ~s.

destronação[mento] s (<destronar + …) **1** Perda [Deposição] do trono. **2** fig Perda de lugar proeminente ou importante. **Comb.** ~ do campeão.

destronar v t (<des- **b**) + trono + -ar¹) **1** Fazer perder [Tirar] o trono. **Ex.** A revolução republicana destronou o rei [monarca reinante]. **2** fig Destituir dum cargo importante. **Ex.** A (nova) administração destronou [substituiu(+)/destituiu(o+)] alguns dire(c)tores. **3** fig Fazer perder a primazia/Rebaixar/Humilhar. **Ex.** A nova gama de alimentos para bebé/ê destronou os produtos concorrentes.

destroncar v t (<des- **b**) + tronco + -ar¹) **1** Separar do tronco/Desmembrar/Decepar. **2** Separar um ramo do tronco/Esgalhar(+). **Loc.** «elefante» ~ árvores. **3** ⇒ desarticular/deslocar.

destruição s f (<lat *destrúctio,ónis*) **1** A(c)to ou efeito de destruir. **2** Grande estrago/Demolição/Ruína. **Ex.** O terramoto provocou a ~ de grande parte da cidade. **Comb.** ~ [Queda] de pontes/prédios. **3** Aniquilamento/Exterminação. **Comb.** ~ da fauna [flora] (natural). ~ do meio ambiente. **4** Eliminação/Desaparecimento. **Comb.** ~ de documentos (comprometedores).

destruidor, ora adj/s (<destruir + -dor) (O) que destrói/Demolidor. **Ex.** Não vale a pena dar brinquedos a esta criança: estraga tudo, é um/a ~. **Comb.** Tempestade [Guerra] ~ora.

destruir v t (<lat *déstruo,ere,úxi,úctum*) **1** Causar [Fazer a] destruição/Demolir/Arrasar. **Loc.** ~ cidades [edifícios]. **Comb.** Edifício destruído. **2** Fazer desaparecer/Eliminar/Devastar. **Loc.** ~ a floresta [natureza]. **3** fig Pôr fim/Extinguir. **Loc.** ~ um sonho/uma amizade. **4** Derrotar/Desbaratar/Esmagar/Eliminar. **Loc.** ~ a equipa/e adversária [o exército inimigo]. **5** fig Causar grande dano moral/Fazer sofrer/Transtornar. **Ex.** O desgosto destruiu-o [fê-lo sofrer imenso].

destruível adj 2g (<destruir + -vel) ⇒ destrutível.

destrunfar¹ v t (<des- **b**) + trunfo + -ar¹) Tirar os trunfos a/Obrigar a jogar trunfo. **Ex.** Destrunfei [Joguei trunfo (para tirar os trunfos aos outros jogadores)] porque tinha o jogo seguro noutro naipe.

destrunfar² v t (<des- **b**) + trunfa + -ar¹) Tirar [Cortar/Desfazer] a trunfa. **Ex.** Quando aparecia um caloiro [aluno do 1.º ano dum curso superior] com uma grande cabeleira destrunfavam-no logo [cortavam-lhe logo a trunfa(+)].

destrutibilidade s f (<destrutível + -i- + -dade) Qualidade [Cara(c)terística] do que é destrutível. **Comb.** (Materiais de) fácil ~.

destrutível adj 2g (<lat *destructíbilis,e*) Que pode ser destruído. **Comb.** Facilmente ~.

destrutivo, a adj (<lat *destructívus,a,um*) Que destrói/danifica/corrompe/Destruidor. **Comb.** Comportamento ~. *Crítica ~a* [negativa/bota-abaixo].

desumanidade s f (<des- **c**) + humanidade) Falta de humanidade/Atrocidade/Crueldade. **Loc.** Castigar com ~. **Comb.** A ~ da guerra [do terrorismo].

desumanização s f (<desumanizar + -ção) A(c)to ou efeito de desumanizar(-se)/Perda das cara(c)terísticas humanas espirituais. **Ex.** A indiferença perante a pobreza é sinal de ~ da sociedade.

desumanizar v t (<des- **c**) + humanizar) (Fazer) perder o cará(c)ter humano/Tornar(-se) desumano. **Ex.** A competitividade desenfreada para progredir na carreira profissional desumaniza as relações entre colegas. Desumanizou[Brutalizou]-se na guerra.

desumano, a adj (<des- **c**) + humano) Que não revela humanidade/Impróprio do ser humano/Cruel/Feroz. **Ex.** A escravatura é uma instituição ~a. **Loc.** Viver em condições ~as [indignas dum ser humano]. **Comb.** Castigos [Comportamentos] indignos dum ser humano [~s/cruéis]. Trabalho ~.

desumidificação s f (<desumidificar + -ção) Perda [Redução] da (h)umidade. **Comb.** ~ do ar.

desumidificador, ora adj/s m (<desumidificar + -dor) **1** Aparelho que serve para desumidificar o ar. **Ex.** A cave (da minha casa) é muito (h)úmida. Tive que [de] instalar um ~. **2** Que tira a (h)umidade. **Comb.** Propriedades ~oras.

desumidificar v t (<des- **b**)/**c**) + (h)umidificar) Eliminar a (h)umidade. **Loc.** ~ uma sala.

desunhar v t (<des- **b**) + unha + -ar¹) **1** Arrancar [Ficar sem] as unhas. **2** «o cavalo» Rachar as unhas por andar muito. **Loc.** ~ [Cansar] a montada. **3** ~-se/Empenhar-se excessivamente na realização duma tarefa. **Ex.** Desunha[Mata]-se a estudar! Trabalha [Mexe-se/Corre] que se desunha! É um futebolista que não para na luta pela bola. **4** Náut Desprender(-se) a âncora do fundo.

desunião s f (<des- **b**)/**c**) + …) **1** Afastamento/Divisão/Separação. **Ex.** A ~ [divisão(+)] da sociedade da qual resultaram duas empresas independentes não deu bom resultado. **Comb.** ~ [Separação(+)] de gé[ê]meos siameses. **2** Falta de acordo/Desavença/Discórdia. **Ex.** A ~ da família começou com as partilhas da herança.

desunido, a adj (<desunir + -ido) Que não está unido/Em desacordo/Desligado. **Comb.**

Grupo ~ [dividido]. *Irmãos* (muito) *~s*. *Peças ~as* [desligadas].

desunificação *s f* (<desunificar + -ção) A(c)to ou efeito de desunificar/Separação. **Ex.** Após a 2.ª Guerra Mundial os Aliados procederam à ~ [divisão(+)] da Alemanha.

desunificar *v t* (<des- b)/c) + ...) Desfazer a unificação/Separar. **Ex.** A autonomia regional pode desunificar [dividir(+)/fragmentar] um país. O aparecimento de novos partidos de inspiração marxista desunificou [dividiu(+)] a Esquerda.

desunir *v t* (<des- b)/c) + ...) **1** Desfazer uma união/Desligar/Separar. **Loc.** ~ dois fios [duas peças]. ~ [Desfazer] um casal. **2** Desmembrar/Desunificar. **Ex.** Desuniram a se(c)ção de produção da de distribuição e formaram duas empresas autó[ô]nomas. **3** Causar desavença/Desavir(-se)/Desarmonizar(-se). **Ex.** A inveja e as intrigas desuniram [dividiram] a família.

desurdir *v t* (<des- c) + ...) Desfazer a urdidura. **Loc.** ~ a trama.

desusado, a *adj* (<desusar + -do) Que não é usado/Fora do vulgar/Antiquado/Insólito. **Comb.** Palavras [Termos] ~as/os. Tipos (de construção) ~s. Trajes ~s [antiquados/já fora de uso].

desusar *v t* (<des- c) + ...) **1** Não usar/Deixar de usar. **Ex.** Calça os sapatos novos: compraste-os, não são para ~. **2** Cair em desuso/Prescrever. **Ex.** A linguagem evolui: há palavras [expressões/termos] que começam a ~-se [cair em desuso(+)]. **Comb.** Modelo «de impresso» desusado [que prescreveu].

desuso *s m* (<desusar) Ausência de uso/Falta de uso ou de aplicação. **Ex.** A máquina funciona mal por causa do ~ [por não ser usada(+)]; já está parada há muito tempo. **Loc.** Cair em ~ [Ficar fora de moda/obsoleto].

desvairado, a *adj/s* (<desvairar + -ado) **1** Que perdeu o juízo/Fora de si/Alucinado. **Ex.** Vagueava ~ pelas ruas a gritar. **2** Exaltado/Desorientado. **Ex.** A multidão ~a apupava o assassino. **3** Valdevinos/Estroina. **Ex.** Tamanha malvadez é obra de algum ~ da noite.

desvairamento *s m* (<desvairar + -mento) A(c)to ou efeito de desvairar/Exaltação/Alucinação. **Ex.** O sentimento de revolta foi crescendo até atingir o ~ que a fez explodir. ⇒ desvairo.

desvairar *v t/int* (<desvariar, por metátese) **1** (Fazer) perder a calma/Exaltar(-se)/Enfurecer(-se). **Ex.** As tropelias [travessuras/traquinices] dos filhos faziam-na ~. **2** Causar alucinação/Fazer enlouquecer. **Ex.** Os médicos nunca descobriram o que a fazia ~. **3** Cometer desatinos/Disparatar. **Ex.** Quando bebia, desvairava, só fazia disparates. **4** *fam* Ficar muito contente/Exultar de satisfação. **Ex.** Desvairou quando o filho foi eleito deputado.

desvairo *s m* (<desvairar; ⇒ desvario) Estado de exaltação/Desatino/Loucura. **Ex.** O ~ do filho trazia [punha] o pai transtornado. ⇒ desvairamento.

desvaler *v t/int* (<des- c) + ...) **1** Deixar de valer/socorrer/Desamparar. **Ex.** Quando os pais mais precisavam é que lhes desvaleu [não lhes valeu(+)/não os socorreu/não os ajudou]. Desvaleu o amigo num momento [numa hora] difícil. **2** Não ter valor/Perder o valor/a validade. **Ex.** Essas notas já não circulam, já desvaleram [perderam a validade(+)] há muito tempo.

desvalia *s f* (<des- c) + ...) Falta de valia/Desvalimento.

desvalido, a *adj/s* (<desvaler + -ido) **1** Sem valia/préstimo/merecimento. **2** Desamparado/Desprotegido/Desgraçado. **Comb.** ~ da [Sem] sorte. Obras de prote(c)ção aos ~s. **3** Sem recursos/Pobre. **Ex.** O ~ não tinha (o) que comer.

desvalimento *s m* (<desvaler + -mento) **1** Falta de apoio/prote(c)ção/Desamparo. **2** Perda da validade ou da valia.

desvalorização *s f* (<desvalorizar + -ção) **1** Diminuição de valor/Depreciação. **Ex.** Os carros usados sofreram uma grande ~. Comprei uma máquina de lavar com ~ [abatimento] porque tinha um pequeno defeito. **2** *Econ* Redução do valor da moeda dum país em relação ao ouro ou a outras moedas. **Comb.** ~ do dólar «face ao euro». **Ant.** (Re)valorização.

desvalorizador, ora *adj/s* (<desvalorizar + -dor) (O) que desvaloriza. **Comb.** Efeito ~.

desvalorizar *v t/int* (<des- c) + ...) **1** (Fazer) perder [Reduzir] o valor/Depreciar. **Ex.** Os terrenos agrícolas das aldeias desvalorizaram-se com o êxodo das populações para a(s) cidade(s). **2** Mostrar pouca consideração/Minimizar/Menosprezar. **Ex.** A oposição habitualmente desvaloriza as a(c)ções do governo. **3** *Econ* Fazer a desvalorização da moeda. **Ex.** O governo japonês desvalorizou o yen para promover as exportações, ao contrário da União Europeia que valorizou o euro.

desvanecedor, ora *adj/s* (<desvanecer + -dor) (O) que desvanece/faz desaparecer. **Ex.** O filho, que tanto a tinha feito sofrer, era agora o ~ da sua tristeza.

desvanecer *v t/int* (<lat *evanésco,ere*) **1** (Fazer) desaparecer/Dissipar(-se)/Extinguir(-se). **Ex.** Quando o nevoeiro desvaneceu, não se aguentava o calor do sol. Com a saída das notas desvaneceram-se as expe(c)tativas de entrar na Universidade. **2** Aliviar/Abrandar/Atenuar. **Ex.** Dá-me um comprimido para ver se esta terrível dor de dentes desvanece [passa(+)] um pouco. **3** Perder a cor/Desbotar(-se)/Esmorecer(-se). **Ex.** A cor dos cortinados começou a ~ com o sol. **4** Sentir orgulho/Envaidecer(-se). **Ex.** Não há artista de teatro que não se desvaneça com os aplausos.

desvanecido, a *adj* (<desvanecer + -ido) **1** Que se desvaneceu/dissipou/extinguiu. **Comb.** Esperança ~a. **2** Desbotado/Desmaiado/Esmorecido. **Comb.** Cores ~as. **3** Orgulhoso/Envaidecido. **Comb.** ~ com os elogios.

desvanecimento *s m* (<desvanecer + -mento) **1** Sentimento de orgulho/satisfação. **Ex.** Falava (sempre) dos filhos com grande ~. **2** Extinção/Dissipação. **Comb.** ~ da neblina. **3** Perda de entusiasmo/Esmorecimento/Comb. ~ da militância.

desvantagem *s f* (<des- c) + ...) Falta de vantagem/Inferioridade/Inconveniente/Prejuízo/Atraso. **Ex.** O desconhecimento da língua era uma ~ para os alunos estrangeiros [deixava os alunos estrangeiros em ~]. Lesionado, partiu para a competição em ~. «professor» Não ter passado a efe(c)tivo era uma ~ maior do que a redução do vencimento.

desvantajoso, osa (Ôso, Ósa) *adj* (<des- c) + ...) Que causa desvantagem/Inconveniente/Desfavorável/Prejudicial. **Comb.** *Condição ~a*. *Proposta ~a* [má/desfavorável]. *Situação ~a*.

desvão *s m* (<des- e) + ...) **1** Espaço situado entre o telhado e o forro do último andar/Águas-furtadas/Sótão. **Ex.** Refugiava-se no ~ da casa onde passava horas à volta das quinquilharias [bugigangas/tralhas/velharias]. **2** Espaço entre dois apoios consecutivos ou pisos, sobretudo debaixo de escada(ria)s. **Ex.** No casarão enorme abundavam os desvãos repletos de velharias inúteis.

desvariar *v t/int* (<des- e) + ...; ⇒ desvairar) **1** Causar desvario/alucinação/Endoidecer/Variar. **Ex.** O estado de fraqueza era tal que o fazia ~. **2** Perder a cabeça/Cometer desatinos. **Ex.** Tinha mau feitio, desvariava por tudo e por nada.

desvario *s m* (<desvariar) A(c)to de loucura/Insensatez/Extravagância/Desvairo. **Loc.** Cometer ~s. **Comb.** ~s do coração.

desvelado¹, a *adj* (<desvelar¹ + -ado) **1** Que esteve de vela/Vigilante/Acordado/Desperto. **Ex.** «Teresa» Passava noites ~a à cabeceira dos doentes. **2** Que mostra desvelo/Carinhoso/Zeloso. **Comb.** Filho ~ (para com os pais). **3** Fatigado por não ter dormido/Arrasado. **Ex.** Quando fazia o turno da noite, chegava a casa tão ~ que nem comia; caía exausto na cama!

desvelado², a *adj* (<desvelar² + -ado) **1** Que foi posto à mostra/Sem véu/Descoberto. **Comb.** Corpo ~. **2** Esclarecido/Revelado/Manifesto. **Comb.** *Crime* ~ [descoberto(+)]. *Segredo* ~ [revelado(+)/descoberto(o+)]. **3** *fig* Claro/Límpido. **Comb.** Céu ~ [limpo/azul].

desvelar¹ *v t/int* (<des- e) + velar¹) **1** Fazer perder o sono/Não deixar dormir. **Ex.** Desvelava-se com a preocupação das dívidas. **2** Passar sem dormir/Velar. **Ex.** Desvelava noites inteiras à cabeceira da mãe doente. **3** Mostrar muito zelo/Empenhar-se/Esmerar-se. **Ex.** Desvelava-se com a educação dos filhos.

desvelar² *v t* (<des- b)/c) + velar²) **1** Pôr a descoberto/Tirar o véu/Descobrir. **Loc.** ~ o corpo. ~ uma estátua. **2** Revelar/Desvendar/Esclarecer. **Loc.** ~ [Desvendar(+)] um enigma [mistério/crime].

desvelo (Vê) *s m* (<desvelar¹ 3) **1** Grande cuidado/Afeição/Carinho. **Ex.** Trata os pais com um ~ exemplar. **2** Obje(c)to de grande atenção ou estima. **Ex.** Aquela neta era o ~ dos avós.

desvencilhar *v t* (<des- b) + vencilho + -ar¹) ⇒ desenvencilhar.

desvendamento *s m* (<desvendar + -mento) A(c)to ou efeito de desvendar/Descoberta/Revelação. **Comb.** ~ dum crime.

desvendar *v t* (<des- c) + ...) **1** Tirar a venda dos olhos. **Ex.** Os raptores não desvendaram o refém para não serem reconhecidos [denunciados] por ele. **2** Pôr a descoberto/Mostrar/Patentear. **Ex.** Os amigos, que o julgavam muito pobre, caíram das nuvens [ficaram espantados/ató[ô]nitos] quando lhes desvendou a cole(c)ção de joias valiosíssimas. **3** Solucionar/Descobrir/Esclarecer. **Loc.** ~ um mistério [enigma/crime].

desvendável *adj 2g* (<desvendar + -vel) Que se pode desvendar. **Comb.** Enigma (facilmente) ~.

desvenerar *v t* (<des- c) + ...) Deixar de venerar/Desrespeitar. **Loc.** ~ [Esquecer] os (antigos) heróis.

desventrar *v t* (<des- b) + ventre + -ar¹) Rasgar o ventre/Estripar/Desvisceral. **Loc.** ~-se [Rasgar o ventre/Praticar "haraquíri"]. ~ uma rês.

desventura *s f* (<des- c) + ...) Má sorte/Infelicidade/Desdita/Infortúnio. **Ex.** A vida dela era um rosário [uma série (infindável)] de ~s.

desventurado, a *adj/s* (<desventurar + -ado) Com pouca sorte/Infeliz/Desgraçado. **Comb.** Homem [Mulher] ~o/a.

desventurar *v t* (<des- b) + ventura + -ar¹) Tirar a ventura/Tornar infeliz. **Ex.** O vício do jogo [de jogar] desventurou-o para toda a vida [foi a desgraça dele(+)].

desverdecer *v int* (<des- **b)/c)** + ...) **1** Perder a cor verde. **2** Perder a frescura/o viço/Murchar. **Ex.** O calor e a seca desverdeceram [murcharam(+)] as plantas.

desvergonha *s f* (<des- **c)** + ...) Falta de vergonha/recato/Despudor/Descaramento(+)/Desfaçatez(o+). **Ex.** Os insultos aos adversários nas campanhas eleitorais mostram a ~ dos políticos.

desvergonhado/desvergonhar ⇒ desavergonhado/desavergonhar.

desviado, a *adj* (<desviar + -ado) **1** Que sofreu desvio/Fora da posição normal. **Comb.** Coluna vertebral ~a [torta]. Móvel ~ (do lugar). **2** Que fica longe/Distante. **Comb.** Local [Povoação] ~o/a. **3** Que perdeu o rumo certo/Que se enganou no caminho/À deriva. **Ex.** Andou (por lá) ~ [perdido] durante horas sem atinar com o caminho para casa. **4** Que se afastou dos bons costumes/Desencaminhado/Transviado. **Comb.** Jovens ~s.

desviante *adj 2g* (<desviar + -ante) **1** Que se desvia ou provoca desvio. **Comb.** Caminho ~ [Um desvio] «para a floresta». **2** Que diverge/Que se afasta do normal/Extravagante. **Comb.** Comportamento ~ [mau/perverso].

desviar *v t* (<lat *dévio,are*: sair do bom caminho) **1** Mudar o rumo/a dire(c)ção/orientação. **Ex.** Se não me desviasse tão depressa, atropelava a criança. Começou a trabalhar na indústria, mas depois desviou [mudou(o+)/virou(+)] para o ensino. **Loc.** ~ *o olhar*. ~ *um curso de água*. **2** Mudar de lugar/Afastar/Deslocar. **Ex.** Desvia o sofá [tapete] para poderes aspirar o chão. **3** Tirar da posição corre(c)ta/Entortar. **Loc.** ~ a coluna vertebral «sem saber porquê». ~ do prumo [da vertical]. **4** Alterar a finalidade/o destino. **Ex.** ~ a verba da Segurança Social para pagar salários. **5** Apropriar-se fraudulentamente/Extraviar/Roubar. **Ex.** O gerente do Banco desviou uma enorme quantia de dinheiro e desapareceu. **6** Fazer desistir/Dissuadir. **Ex.** Desviou [Dissuadiu] o amigo dum negócio duvidoso. **7** Afastar-se/Fugir/Evitar. **Ex.** A muito custo conseguiu ~-se do vício do [deixar o] álcool. **Loc.** ~ [Evitar] o golpe. **8** Ser diferente/Divergir/Discordar. **Ex.** Todos apoiaram o candidato; só eu me desviei [afastei].

desvidrado, a *adj* (<desvidrar + -ado) Que perdeu o vidrado/lustre/verniz. **Comb.** Prato [Loiça] ~o/a.

desvidrar *v t* (<des- **b)/c)** + ...) (Fazer) perder o vidrado/o brilho/a transparência. **Ex.** Este serviço de jantar era muito bonito, mas desvidrou-se em pouco tempo.

desvigorar *v t* (<des- **b)/c)** + ...) (Fazer) perder [Tirar] o vigor/Depauperar(-se)/Enfraquecer(-se). **Ex.** Não tinha descanso, desvigorou[cansou/matou]-se com tanto trabalho.

desvincar *v t* (<des- **b)/c)** + ...) Tirar os vincos/Desenrugar. **Ex.** Não gostava de se sentar com as crianças ao colo porque lhe desvincavam as calças. Antes de vestir uma camisa desvincava-a muito bem [passava-a bem a ferro].

desvinculação *s f* (<desvincular + -ção) A(c)to ou efeito de desvincular/Perda do(s) vínculo(s)/Libertação de obrigações. **Comb.** ~ duma empresa [dum partido]. ~ dum contrato [acordo].

desvincular *v t* (<des- **b)/c)** + ...) **1** Desfazer o(s) [Libertar(-se) do(s)] vínculo(s)/Desligar(-se)/Desprender(-se). **Ex.** Desvinculou-se da deliberação da assembleia fazendo uma declaração de voto. Pretendia ~-se do contrato nos termos previstos pela lei. **Loc.** ~[Desligar]-se [Sair] do partido. **2** Desfazer o vínculo jurídico que liga uma pessoa a outra. **Ex.** Desvinculou a mulher do compromisso matrimonial, aceitando o divórcio. **3** Desonerar um bem tornando-o alienável. **Ex.** Desvinculou a propriedade da garantia hipotecária para a poder alienar.

desvio *s m* (<desviar) **1** Mudança de rumo/dire(c)ção/traje(c)to. **Ex.** No caminho para casa fez um ~ para visitar o amigo. **2** Caminho alternativo/Via secundária/Ramal. **Ex.** As obras obrigaram a (fazer) um ~ à estrada principal. Pelo ~ a distância é mais curta. **3** Afastamento da posição normal/Inclinação. **Ex.** O ~ da mesa fez-me tropeçar. Este muro está a cair; já se nota um grande ~. **4** Caminho sinuoso/Volta. **Ex.** O rio faz um grande ~ contornando a cidade. **5** Local afastado do caminho principal. **Ex.** A quinta fica situada num ~ de difícil acesso. **6** Extravio fraudulento/Desfalque/Descaminho. **Comb.** ~ de dinheiro [documentos/mercadorias]. **7** Afastamento da boa conduta/Erro/Transgressão. **Comb.** ~ da lei [doutrina/moral]. **8** Fuga a uma questão/Evasiva/Subterfúgio. **Ex.** Questionado sobre a crise governamental, respondeu à pergunta sem qualquer ~. **9** Via-férrea secundária «para estacionamento de vagões»/Ramal. **Ex.** Por causa da greve, os vagões carregados permaneceram no ~ durante vários dias. **10** *Mat* Diferença entre um determinado valor e o valor médio do conjunto/Diferença entre o valor observado [medido] e o valor real. **Ex.** O resultado da análise que fiz ao cálcio da água tem um ~ de duas décimas em relação ao teu, mas em relação à média dos três laboratórios oficiais o ~ é apenas de uma décima.

desvirginar *v t* (<des- **b)** + virgem + -ar[1]) Tirar [Perder] a virgindade/Desflorar.

desvirilizar *v t* (<des- **c)** + ...) Tirar a virilidade/Emascular(+)/Castrar(o+).

desvirtuação[tuamento] *sf* (<desvirtuar + ...) **1** Redução do merecimento/da força. **Comb.** ~ da a(c)ção do ministro. **2** Alteração das cara(c)terísticas/Adulteração/Deturpação. **Comb.** ~ do sentido da frase.

desvirtuar *v t* (<des- **b)** + virtude + -ar[1]) **1** Diminuir [Tirar] a virtude/a força/o merecimento/valor. **Loc.** ~ a vitória (do adversário). **2** Adulterar/Viciar. **Loc.** ~ um produto. **3** Tomar no mau sentido/Deturpar. **Ex.** A qualidade do espe(c)táculo foi desvirtuada [denegrida/criticada] pelos (críticos) menos conhecedores. O comentador desvirtuou (totalmente) o discurso do presidente. **Loc.** ~ as palavras de alguém.

desviscerar *v t* (<des- **b)** + víscera + -ar[1]) Tirar as vísceras/Desventrar/Estripar. **Loc.** ~ os animais mortos.

desvitalização *s f* (<desvitalizar + -ção) **1** A(c)to ou efeito de tirar a vitalidade/Morte. **2** *Odont* Destruição da polpa dentária. **Comb.** ~ dum dente.

desvitalizar *v t* (<des- **c)** + ...) **1** Tirar a vitalidade/Enfraquecer/Depauperar. **Ex.** Com a falta de água, as plantas do jardim morreram [ficaram desvitalizadas]. **2** *Odont* Extrair a polpa dentária/Matar o nervo do dente. **Ex.** O dentista desvitalizou o dente cariado para o obturar [dente, antes de fazer a obturação].

desvitaminação *s f* (<desvitaminar + -ção) Perda de vitaminas. **Comb.** ~ do organismo.

desvitaminar *v t* (<des- **b)/c)** + ...) (Fazer) perder [Tirar] as vitaminas. **Ex.** Uma dieta pobre em alimentos crus desvitamina o organismo.

desvitrificação *s f* (<desvitrificar + -ção) **1** *Min* Passagem do estado vítreo ao estado cristalino/Felsitização. **Comb.** ~ das rochas vulcânicas. **2** *Quím* Perda de transparência do vidro submetido a altas temperaturas. **Comb.** ~ da jarra. ~ dos vitrais.

desvitrificar *v t* (<des- **c)** + ...) **1** Fazer passar o vidro do estado amorfo ao cristalino. **2** Tirar a aparência de vidro ou o esmalte/Tornar baço. **Ex.** As sucessivas lavagens na máquina desvitrificaram a porcelana.

desvocalização *s f Fon* (<desvocalizar + -ção) A(c)to ou efeito de desvocalizar/Ensurdecimento.

desvocalizar *v t/int Fon* (<des- **c)** + ...) Perder a qualidade [sonoridade] de vogal/Passar de vogal a consoante.

detalhado, a *adj* (<detalhar + -ado) Com todos os pormenores/Minucioso/Pormenorizado(+). **Comb.** *Descrição ~a. Proje(c)to ~*.

detalhar *v t* (<des- **b)** + talhar) **1** Descrever pormenorizadamente/minuciosamente/com todos os pormenores. **Ex.** Fez o relato da viagem detalhando [referindo/descrevendo] todas as cidades por onde passaram e o que fizeram em cada uma delas. **2** Desenhar [Proje(c)tar] todos os pormenores/Fazer especificações muito minuciosas. **Ex.** O desenho detalhava com rigor todos os materiais a usar na construção. **3** *Mil* Distribuir os contingentes (militares) para cada serviço. **Ex.** O comandante (do quartel) detalhou as unidades que ficariam de prevenção. **4** Esboçar um plano/Planear/Delinear.

detalhe *s m* (<detalhar) **1** Particularidade/Pormenor(+)/Minúcia. **Ex.** Passava horas a contar às amigas todos os ~s da viagem ao estrangeiro. **2** Parte dum desenho [duma peça] desenhada em escala maior. **Ex.** O desenho mostra o ~ do encaixe na escala 1:1 [encaixe em tamanho natural]. **3** *Mil* Distribuição do serviço. **Ex.** O ~ de cada batalhão constava do plano geral do exercício.

deteção (Tè) [*Br* **dete(c)ção**] *s f* [= dete(c)ção] (<lat *detéctio,ónis*) A(c)to de detetar/Descoberta. **Comb.** ~ de aviões [navios] pelo radar. ~ de irregularidades fiscais.

detectar/detectável/detective/detector ⇒ detetar/...

detença *s f* (<deter + -ença) A(c)ção de deter/Demora/Delonga/Suspensão. **Ex.** Não se importou com os manifestantes e prosseguiu o seu caminho sem ~. **Loc.** Trabalhar sem ~.

detenção *s f* (<lat *deténtio,ónis*) **1** A(c)to ou efeito de deter(-se)/Estado do que se acha detido. **Comb.** Mercadorias em ~ (na alfândega). **2** Tempo de espera/Detença/Demora. **Ex.** Fomos atendidos sem (grande) ~ [espera(+)/demora(o+)]. **3** Retenção prolongada. **Comb.** ~ de livros (emprestados). **4** Suspensão do desenvolvimento/Impedimento da progressão/Paragem. **Comb.** *~ das chamas*. *~ do exército inimigo*. **5** Prisão preventiva/provisória. **Ex.** A operação "stop"(Pare!) conduziu à ~ de vários condutores por excesso de álcool. **6** *Mil* Pena disciplinar que impede os militares de saírem do quartel. **Comb.** Pena de «três dias» de ~.

detentor, ora *adj/s* (<lat *deténtor,óris*) **1** (O) que detém/possui/sustenta. **Comb.** *~ da* [O que tem a(+)] *chave. ~ do poder* [da verdade]. *Cidade ~ora* [senhora] «duma cultura milenária». **2** *Dir* O que conserva a posse em nome de outrem/Depositário. **Ex.** Até à maioridade do meu sobrinho órfão, por ordem do tribunal, sou eu o ~ dos seus bens. **3** Peça que impede a saída da culatra da respe(c)tiva caixa.

deter *v t* (<lat *detíneo,ére*: deter, impedir, retardar <*de+téneo*: segurar [ter] «na mão») **1** Fazer parar/Impedir o avanço/Sustar. **Ex.** A polícia deteve os manifestantes ao fundo da escadaria. **Loc.** ~ [Represar] o (curso do) rio. **2** (Fazer) demorar/Atrasar. **Ex.** (A vizinha) deteve-me na rua mais de meia hora com os queixumes habituais. **Loc.** ~-se em [com] minúcias/ninharias (sem importância nenhuma). **3** Conter(--se)/Reprimir(-se)/Refrear(-se). **Ex.** Ao ver a violência da agressão, não me detive [contive(+)] e corri em socorro da vítima. A custo detive [Mal consegui ~] o riso. **Loc.** ~ [Conter(+)] as lágrimas. ~ [Ter/Guardar] um segredo. **4** Conservar em seu poder/Reter. **Ex.** Emprestei-lhe o livro de receitas para fazer um bolo e deteve-o [ficou com ele] durante vários meses. **5** Prender provisoriamente/preventivamente/Manter sob prisão. **Ex.** A polícia deteve três suspeitos do crime. As vítimas do incêndio da prisão eram pessoas detidas por emigração ilegal.

detergente *adj 2g/s m* (<lat *detérgens,éntis*; ⇒ detergir) **1** (O) que limpa/deterge/desengordura. **Comb.** (Líquido) ~. Poder ~. **2** *Quím* Líquido ou pó usado em operações de limpeza e desengorduramento. **Ex.** O sabão pode ser considerado o ~ mais simples. No mercado encontram-se ~s para vários fins. **Comb.** ~ [Desinfe(c)tante] medicinal. ~ para a loi[ou]ça [para a roupa]. Óleo ~.

detergir *v t* (<lat *detérgeo,ére*: limpar esfregando) Limpar com detergente(+) ou substâncias químicas. **Loc.** ~ carpetes e cortinados. ⇒ desinfe(c)tar.

deterioração *s f* (<lat *deteriorátio,ónis*; ⇒ deteriorar) **1** Dano/Estrago/Ruína. **Ex.** A infiltração da água da chuva provocou a ~ [danificação(+)] de grande quantidade de livros. **2** Agravamento/Decadência/Degeneração. **Ex.** A ~ da saúde da avó aumenta de dia para dia [aumenta dia a dia/todos os dias]. **3** *Psic* Diminuição da função psicológica ou da personalidade. **Comb.** ~ mental.

deteriorante *adj 2g* (<lat *deteriórans,ántis*) Que deteriora. **Comb.** A(c)ção [Efeito] ~.

deteriorar *v t* (<lat *deterióro,áre*: tornar menos bom) **1** Pôr(-se) [Ficar] em mau estado/Estragar(-se)/Danificar(-se). **Ex.** É preciso secar bem a aparelhagem elé(c)trica para não se ~ com a (h)umidade. **2** Tornar pior/Agravar(-se)/Complicar(-se). **Ex.** O relacionamento com os pais (que já não era bom) deteriorou-se [piorou(+)] na adolescência. **3** *fig* Aviltar(-se)/Corromper(-se). **Ex.** Os maus programas de TV deterioram [empobrecem/corrompem] a sociedade.

deteriorável *adj 2g* (<deteriorar + -vel) Que se pode deteriorar. **Comb.** Alimentos (facilmente) ~veis.

determinação *s f* (<lat *determinátio,ónis*: demarcação, limite, fim) **1** Decisão/Resolução. **Ex.** A ~ [decisão(+)] de se despedir do emprego era irreversível. **2** Ordem [Mandato] superior. **Ex.** Ninguém sabe donde veio tal [essa] ~. Por ~ do Governo haverá tolerância de ponto (para os funcionários públicos). **3** Firmeza de a(c)tuação/Segurança. **Ex.** Demonstrou grande ~ nas negociações laborais. **4** *Quím* Cálculo preciso/Verificação [Medição] de determinado valor/parâmetro. **Comb.** ~ da concentração [do ponto de fusão]. **5** Fixação/Demarcação. **Comb.** ~ dos limites do terreno. ~ do traçado da nova rua. **6** *Filos* Cara(c)terísticas que especificam ou individualizam um ser. **Ex.** Ficou célebre a fórmula de Espinosa: "Toda a ~ é negação".

determinado, a *adj/pron indef* (<determinar + -ado) **1** Fixado/Calculado/Encontrado. **Comb.** *Concentração ~a. Data ~a* «para as eleições». *Posição ~a.* **2** Firme/Resoluto. **Comb.** ~ nas decisões. **3** Não especificado/Indefinido/Algum/Certo. **Ex.** Entreguei-lhe uma (~a/certa) quantia para depositar no Banco. Em ~as circunstâncias [Há casos em que] a rubéola pode ser perigosa.

determinador, ora *adj/s m* (<lat *determinátor,óris*) (O) que determina. **Ex.** O jogador que substituiu o ponta de lança foi o ~ da vitória. **Comb.** Agente ~. Circunstâncias ~oras.

determinante *adj/s 2g* (<lat *detérminans, ántis*) **1** (O) que tem influência decisiva/(O) que determina. **Ex.** O vento forte foi ~ na [para a] propagação do incêndio. Várias causas contribuíram para o mau rendimento dos alunos, mas a ~ [decisiva] foi a mudança de professores. **2** *s m Mat* Soma algébrica de todos os produtos que contêm um elemento de cada linha e de cada coluna duma matriz quadrada, sendo positivos os termos que correspondem a uma permutação par dos índices, e negativos os que correspondem a uma permutação ímpar. **Comb.** ~ cara(c)terístico [funcional/principal/simétrico]. Ordem dum ~. **3** *s m Ling* Palavra que introduz e modifica um substantivo restringindo-lhe o significado e indicando o seu gé[ê]nero e número. **Ex.** Em *Esse livro é interessante*, o ~ "esse" restringe o âmbito de "livro", aplicando-se apenas ao caso considerado o predicado de "interessante".

determinar *v t* (<lat *detérmino,áre*) **1** Fixar os limites/Demarcar/Delimitar. **Loc.** ~ *a estrema* (dum terreno). ~ *a faixa de terreno* a expropriar para abrir uma estrada. **2** Calcular com precisão/Medir/Avaliar. **Loc.** ~ *a espessura* «duma lâmina». ~ *o peso molecular*. ~ *a temperatura* «do ar». **3** Resolver/Decidir. **Ex.** Os pais determinaram só trocar de carro no próximo ano. **4** Dar ordem/Decretar/Estabelecer. **Ex.** O Governo determinou que o novo regime de aposentação dos funcionários entrasse imediatamente em vigor. **5** Ser causa de/Motivar/Ocasionar. **Ex.** Os longos anos de trabalho nas minas determinaram a doença pulmonar da qual viria a morrer. As causas [razões/Os motivos] que determinaram a proclamação da República. **6** Marcar/Fixar. **Loc.** ~ uma data [o dia/a hora]. **7** Apurar/Descobrir/Encontrar. **Ex.** Estão ainda por ~ as causas do acidente. **8** Persuadir/Convencer/Influenciar. **Ex.** Os avisos do médico determinaram [convenceram(+)] o doente a deixar de fumar.

determinativo, a *adj* (<determinado + -ivo) **1** Que fixa de modo definitivo/Que determina. **Ex.** O Banco foi ~ na recusa do empréstimo. **2** *Ling* Que limita [restringe] o significado da palavra tornando mais preciso o seu conteúdo. **Comb.** Adje(c)tivo [Complemento] ~.

determinável *adj 2g* (<lat *determinábilis, e*) Que se pode determinar/Susce(p)tível de ser apurado/encontrado. **Comb.** ~ por análise química. Causas ~eis.

determinismo *s m* (<determinar + -ismo) **1** Conce(p)ção segundo a qual todos os acontecimentos são determinados por causas [condições/circunstâncias] anteriores. **Ex.** Muitos comportamentos pessoais anómalos podem ser atribuídos a ~s genéticos. **2** *Filos* Conexão necessária da totalidade dos acontecimentos do universo. **Ex.** Os físicos teóricos concordam que há ~ causal obje(c)tivo [~ físico] para os fenó[ô]menos macroscópicos. No domínio microscópio já não há acordo. **3** *Psic* Doutrina que nega o livre-arbítrio, e segundo a qual a vida psíquica é rigorosamente determinada. **Ex.** Segundo os defensores do ~ psicológico, o comportamento humano estaria totalmente predeterminado pela natureza; a liberdade não passaria duma ilusão subje(c)tiva.

determinista *adj/s 2g* (<determinar + -ista) **1** (O) que segue o [é partidário do] determinismo. **Ex.** A conce(p)ção das leis da Mecânica Celeste permite que Laplace, o seu autor, seja considerado um ~. **2** Relativo ao determinismo. **Comb.** Teorias ~as.

detestação *s f* (<lat *detestátio,ónis*) A(c)ção de detestar/Sentimento de repulsa/Aversão/Antipatia. **Ex.** A indiferença com que começou a tratar a mulher foi aumentando até à ~ que culminou no divórcio.

detestar *v t* (<lat *detéstor,ári*) Ter aversão/horror/Abominar/Antipatizar/Aborrecer. **Ex.** Eu detesto música *rock*. Achas que ela me detesta? Apressa-te, detesto esperar!

detestável *adj 2g* (<lat *detestábilis,e*) Que provoca aversão [se detesta]/Abominável. **Comb.** Atitude ~. Defeito [Vício] ~.

detetar (Tè) [*Br* **dete(c)tar** (*dg*) *v t* [= dete(c)tar] (<lat *détego,ere,téctum*: descobrir, manifestar) Assinalar a presença de [Descobrir] alguma coisa que não é facilmente perce(p)tível/Estabelecer conta(c)to/Localizar. **Loc.** ~ álcool (no sangue). ~ *aviões* [navios]. ~ *fraudes*. ~ *ondas* [sinais] *de rádio*.

detetável (Tè) [*Br* **dete(c)tável** (*dg*)] *adj 2g* [= detectável] (<detetar + -vel) Que se pode detetar/Capaz de ser detetado. **Comb.** Vestígios (não) ~eis.

detetive (Tè) [*Br* **dete(c)tive** (*dg*)] *s m* [= detective] (<ing *detective*; ⇒ detetar) Agente de investigação policial ou privado. **Ex.** Para investigar o roubo das joias contratei um ~ particular.

detetor, ora (Tè) [*Br* **dete(c)tor** (*dg*)] *adj/s m* [= detector] (<lat *detéctor,óris*) (O) que deteta/revela/assinala. **Comb.** ~ *de mentiras*. ~ *de metais* [partículas/radiações]. Manchas ~oras [reveladoras(+)/indiciadoras(o+)] de doença.

detidamente *adv* (⇒ deter **2**) Com tempo e atenção. **Ex.** Falámos [Tratámos] ~ desse problema «e vai ser resolvido».

detido, a *adj/s* (<deter + -ido) **1** Impedido de avançar/Demorado/Retardado. **Ex.** Fiquei ~o/a pelo [no] engarrafamento de trânsito. **2** Preso provisoriamente. **Ex.** Os ~s para averiguações passaram a noite na esquadra da polícia. **3** *Mil* (O) que sofreu a pena de detenção. **Ex.** (O soldado) não pôde sair do quartel no fim de semana por estar ~. **4** Que não foi devolvido/Retido(+). **Comb.** Passaporte ~.

detonação *s f* (<detonar + -ção) **1** Ruído de explosão. **Ex.** A ~ ouviu-se muito longe. **2** Explosão violenta/Rebentamento. **Ex.** Mandaram afastar toda a gente porque na pedreira estava tudo pronto para a ~. **3** *Quím* Combustão violenta que gera uma onda que se propaga a velocidade superior à do som.

detonador, ora *adj/s m* (<detonar + -dor) **1** (O) que detona. **Comb.** Substância ~ora. **2** Dispositivo [Substância] que provoca a detonação da matéria explosiva. **Ex.** Todo o material explosivo para demolições em pedreiras e minas, pólvora, dinamite, ~es, rastilhos, etc. deve ser rigorosamente guardado em paióis próprios.

detonante *adj 2g* (<detonar + -ante) Que detona/Susce(p)tível de detonar. **Comb.** Material [Mistura] ~.

detonar v t/int (<lat *détono,áre*: trovejar, aturdir) **1** Causar a detonação/Fazer explodir. **Ex.** A polícia detonou uma granada encontrada nos escombros. **2** Fazer estrondo(o+)/Ribombar(+). **Ex.** Dormia tão profundamente que nem os trovões que detonavam ao longe o acordaram.

detração (Trà) s f [= detracção] (<lat *detráctio,ónis*; ⇒ detrair) **1** Divulgação de fa(c)tos [opiniões] que fazem diminuir o mérito [prestígio] de alguém. **Ex.** O candidato derrotado baseou a sua campanha eleitoral na ~ do adversário político que saiu vencedor. **Sin.** Difamação; maledicência; murmuração.

detracção/detractivo/detractor ⇒ detração/detrativo/...

detrair v t (<lat *détraho,ere*: puxar para baixo, arrancar) Diminuir o mérito/Dizer mal/Depreciar. **Loc.** ~ os adversários [inimigos].

detrás adv (<de+trás) **1** Na parte posterior/Na(s) traseira(s). **Ex.** As garagens situam-se [são/ficam] ~ do edifício. Nesta rua não há cafés; há um ~ [por detrás] da igreja. **2** Em seguida/Depois. **Ex.** ~ das marionetas que abriam o cortejo carnavalesco vinham os carros alegóricos. **3** Sem se ver/Às escondidas. **Comb.** Por ~ [Pela retaguarda/Pelas costas/Na origem] (Ex. O assaltante chegou por ~ e prendeu-me os braços. Por ~ da manifestação estavam forças políticas opostas ao Governo).

detrativo, a (Trà) adj [= detractivo] (<lat *detráctus,a,um*+-ivo) Que detrai/difama/Depreciativo. **Comb.** Afirmações ~as.

detrator, ora (Trà) adj/s [= detractor] (<lat *detráctor,óris*) (O) que detrai/deprecia/Difamador/Maldizente. **Ex.** Precisamos de bons comentadores políticos e não de ~es que escamoteiam [deturpam(o+)/distorcem(+)] a realidade.

detrição s f (<lat *detrítio,ónis*; ⇒ detrito) Decomposição causada por atrito/Produção de detritos. **Ex.** A moagem (de cereais) é um processo de ~.

detrimento s m (<lat *detriméntum,i*; ⇒ detrito) Diminuição [Perda] de vantagens/benefícios/Dano/Prejuízo. **Ex.** A crise econó[ô]mica tem provocado o ~ [a perda(+)] de muitas regalias dos trabalhadores. **Comb.** Loc prep Em ~ de [Com prejuízo de/Em desfavor de] (Ex. Gastava muitas horas na associação (d)esportiva em ~ da assistência à família).

detrítico, a adj Geol (<detrito + -ico) Relativo a rocha sedimentar formada por detritos [fragmentos] de outras rochas/Clástico. **Ex.** As brechas e os conglomerados são rochas ~as.

detrito s m (<lat *detrítus,a,um* <*dé-tero, trítum*: gastar esfregando, desfazer batendo) **1** Resíduo duma substância que se decompôs/desagregou/Fragmento. **Ex.** Os trabalhadores que fizeram a reparação do muro deixaram muitos ~s espalhados pelo chão. **2** Geol Fragmento [Partícula] resultante da desagregação de rochas. **Ex.** Os ~s de rochas eruptivas podem dar origem a rochas sedimentares.

deturpação s f (<deturpar + -ção) A(c)to ou efeito de deturpar/Adulteração das cara(c)terísticas/Desvirtuação. **Comb.** ~ das palavras.

deturpador, ora adj/s (<deturpar + -dor) (O) que deturpa [desfigura] transmitindo uma imagem diferente da real. **Ex.** Não sei se deu a notícia falsa por ignorância ou se é um ~. **Comb.** Interpretação ~ora.

deturpar v t (<lat *detúrpo,áre* <*túrpis,e*: torpe, disforme, feio) **1** Tornar feio/Desfigurar. **Ex.** Escolheram (para o cartaz) uma fotografia que lhe deturpa [desfigura(+)/desfavorece(o+)] a imagem. **Comb.** Monumentos de mau gosto que deturpam [afeiam] a cidade. **2** Alterar as cara(c)terísticas/o sentido. **Loc.** ~ [Interpretar mal e de propósito/Distorcer] o discurso do Presidente. ~ [Tirar(o+)/Estragar(+)] o sabor. **3** Mudar para pior/Adulterar/Estragar. **Loc.** ~ a paisagem. **4** Corromper/Viciar. **Ex.** Os colonos, por [às] vezes, deturparam os costumes e as regras morais dos indígenas.

deus, sa s Rel (<lat *deus,dei*; ⇒ deia; diva) **1** Nas religiões primitivas, força oculta com poder sobre o Homem e a natureza, a quem se deve prestar culto. **Ex.** Nas tribos indígenas africanas o feiticeiro é um mediador entre os ~es e a comunidade. ⇒ totem. **2** Nas religiões politeístas, ser superior com poder de influenciar a vida humana e a natureza/Divindade(+)/Ídolo. **Ex.** Para os romanos Neptuno era o ~ dos mares e Vé[ê]nus a ~a do amor. **3** fig Mulher que é muito admirada pela sua beleza física. **Comb.** ~as do ecrã [da moda].

Deus s m Rel (<lat *Deus,Dei*) **1** Nas religiões monoteístas, ser supremo, único e eterno, criador e senhor de todo o universo. **Ex.** Cristãos, judeus e muçulmanos adoram o mesmo único e verdadeiro ~. **2** Para os cristãos, ser supremo, eterno, uno e trino (Santíssima Trindade: Pai, Filho e Espírito Santo) infinitamente perfeito, revelado plenamente em Jesus Cristo. **Ex.** ~ me [nos] livre! interj [Que tal não aconteça!]. ~ queira! [Queira ~!] interj [Prouvera a ~/Oxalá!]. Graças a ~! [Expressão de agradecimento por um acontecimento feliz]. Valha-me ~! interj (Pedido de complacência em situações difíceis). (O Beato) Charles de Foucauld rezava assim: "Que o nosso coração seja todo de ~ ... Estejamos vazios de tudo para podermos ser inteiramente de ~ ... Ele tem direito a todo o nosso coração". **Comb.** ~ Espírito Santo [Terceira Pessoa da Santíssima Trindade]. ~ Filho [Segunda Pessoa da Santíssima Trindade]. ~-Menino [Menino-~/Jesus Cristo]. ~ Pai [Primeira Pessoa da Santíssima Trindade]. Cordeiro de ~ [Jesus Cristo como vítima que ofereceu a sua vida pela salvação da Humanidade]. Corpo de ~ [Corpo de Cristo/Jesus presente no sacramento da eucaristia]. Filho de ~ [Homem ~] [Jesus/~ que tomou a natureza humana/~ encarnado]. Lei de ~ [Dez mandamentos]. Meu [Santo] ~! (Expressão de surpresa/admiração/receio). Reino de ~ [Neste mundo, maneira de viver de acordo com o Evangelho de Jesus Cristo/Depois da morte, vida eterna junto de ~]. Ungido de ~ [Jesus Cristo].

deus-dará elem loc adv (<deus + dará <dar) (Usado apenas na loc adv "Ao ~") À sorte/À toa/Ao acaso/Ao abandono(+)/À ventura. **Ex.** Crianças a vaguear ao ~ pelas ruas eram sinal evidente da miséria daquele bairro.

deut(er)ão [dêut(er)on] s m Quím (<deutério + -ão) Núcleo do átomo de deutério. **Ex.** O ~ é constituído por um protão [próton] e um neutrão [nêutron].

deutério s m Quím (<gr *deutérios*: secundário) Isótopo do hidrogé[ê]nio/Hidrogé[ê]nio pesado. **Ex.** O ~, além do protão [próton], tem um neutrão [nêutron] no núcleo, o que torna a sua massa praticamente dupla da do hidrogé[ê]nio.

deuterocanónico, a [Br deuterocanônico] adj (<gr *déuteros,a,on*: segundo + ...) Relativo aos livros bíblicos que só foram oficialmente incluídos na Sagrada Escritura no séc. XVI. **Ex.** Tobias, Judite, Sabedoria, Epístola aos Hebreus, são alguns dos livros ~s do Antigo e Novo Testamento.

Deuteronómio [Br Deuteronômio] (Maiúsc) s m Rel Bíb (<gr *deuteronómion*: segunda lei) Quinto e último livro do Pentateuco. **Ex.** O ~ recapitula e amplia a Lei de Moisés.

devagar adv (<de+vagar) **1** Sem pressa/Lentamente. **Ex.** Anda mais ~ para que te possa acompanhar. A professora de inglês fala tão ~ que eu percebo tudo o que ela diz. **Prov.** ~ se vai ao longe [Sem pressas conseguem-se melhores resultados]. **2** Com cuidado/jeito/Sem fazer barulho. **Ex.** Fecha a porta ~ para não acordares o bebé/ê. **Ant.** Depressa.

devagarinho adv (<devagar + -inho) Muito devagar/Com jeitinho. **Ex.** Entrei (muito) ~ para que ninguém desse por mim.

devaneador, ora adj/s (<devanear + -dor) (O) que devaneia/Sonhador(o+)/Fantasista(+). **Comb.** Aparência [Ar] ~ora/or.

devanear v t/int (<de- + lat *vanus*: vão + -ar[1]) **1** Deixar-se levar pelo sonho/Fantasiar. **Ex.** Era uma jovem que devaneava uma vida irreal, com muita riqueza e sem dificuldades. **2** Discorrer sobre coisas vãs/Divagar. **Ex.** O orador afastou-se do tema da conferência e começou a ~ [divagar(+)] sobre banalidades fora do [que nada tinham a ver com o] assunto. **3** Dizer coisas sem nexo/Delirar/Desvairar. **Ex.** Sentada na cadeira de rodas, a professora, semidemente, devaneava como se ainda estivesse a dar aulas.

devaneio s m (<devanear) **1** Sonho/Fantasia/Quimera. **Ex.** Incapaz de se concentrar, a adolescente passava as aulas em ~s amorosos, alheia a tudo o que se passava à sua volta [completamente alheada]. **2** Desvario/Delírio. **Ex.** Viúva há muitos anos, tinha frequentes ~s e mostrava-se agastada porque o marido nunca mais chegava [vinha/voltava].

devassa s f (<devassar) Inquirição de testemunhas para elaboração dum processo criminal/Sindicância/Inquérito rigoroso. **Ex.** A ~ deve ser tanto mais cuidadosa quanto maior for a gravidade do delito. **Loc.** Abrir [Tirar] ~ [Instaurar processo criminal].

devassado, a adj (<devassar + -ado) **1** Que está à vista/Sem vedações/Franqueado/Exposto. **Ex.** A falta de cortinas deixa a casa ~a [exposta]. **Comb.** Terreno [Propriedade] ~o/a. **2** ⇒ investigado/processado.

devassador, ora adj/s (<devassar + -dor) **1** (O) que devassa/Divulgador. **Comb.** Comentários ~es da vida privada. **2** (O) que invade. **Comb.** Hordas [Bandos criminosos] ~oras/es.

devassamento s m (<devassar + -mento) Franqueamento [Invasão] do que estava resguardado. **Comb.** ~ da vida privada. ~ duma escola.

devassar v t (<lat *divéxo,áre*: assolar, saquear; ⇒ devastar) **1** Invadir o que está resguardado. **Loc.** ~ a casa de outrem. ~ uma propriedade. **2** Tornar público/Divulgar. **Loc.** ~ segredos. **3** Pôr à vista/Penetrar na intimidade. **Ex.** O prédio em frente devassou-lhe a casa; permite que se veja tudo o que se passa lá dentro. **4** Tornar(-se) devasso/Corromper(-se). **Loc.** ~ os costumes. **5** Inquirir/Averiguar/Investigar. **Ex.** A polícia andou a ~ os distúrbios que aconteceram no bar.

devassável adj 2g (<devassar + -vel) Que se pode devassar. **Comb.** Conversas ~veis.

devassidão s f (<devassar + -idão) Desregramento de costumes/Libertinagem/

Depravação. **Ex.** Uma cidade tristemente conhecida pela ~ dos costumes.

devasso, a *adj/s* (<devassar) (O) que é libertino/licencioso/desregrado. **Ex.** Ele próprio, pela vida que levava, se considerava um ~. **Comb.** Comportamento ~.

devastação *s f* (<devastar + -ção) Destruição/Ruína. **Ex.** A tempestade provocou a ~ [destruição(+)] de grande parte da cidade.

devastador, ora (<lat *devastátor,óris*) (O) que devasta/destrói/assola. **Comb.** Poder ~ do furacão.

devastar *v t* (<lat *devásto,áre*) **1** Provocar a destruição/Arrasar. **Ex.** A guerra devastou o país. Os javalis devastaram os campos de milho. **Comb.** País ~. **2** Tornar deserto/Despovoar. **Ex.** A sida [aids] poderá vir a ~ [despovoar(+)] muitas cidades africanas.

deve *s m Com* (<dever) **1** Débito ou despesa lançada nos livros de contabilidade. **Ex.** O ~ [saldo devedor(+)] daquele cliente estava a atingir valores preocupantes. **2** Coluna dos livros contabilísticos onde se lançam [escrevem/escrituram] os débitos. **Ex.** Há uma coluna para o ~ e outra para o haver.

devedor, ora *adj/s* (<lat *débitor,óris*) (O) que deve. **Comb.** ~ *insolvente. Saldo ~.*

dever *v t/int/s m* (<lat *débeo,ére*) **1** Estar obrigado a pagar/Não ter pago/Ter dívidas/Estar empenhado. **Ex.** Ainda te devo [estou a ~] vinte euros. Não posso ir para férias porque devo muito (e tenho que cumprir os compromissos). *fig* Você deve-me uma visita! **2** Estar reconhecido/Sentir-se obrigado. **Ex.** Devo-lhe muito, foi para mim como um pai! **3** Ter de/Precisar. **Ex.** Para não aumentar(es) de peso, deve(s) [precisa(s) de] fazer uma dieta mais rigorosa. Os alunos devem estudar para ter aproveitamento. **4** Tencionar. **Ex.** Devo [Espero/Tenciono] passar por tua casa na próxima semana. **5** Ser provável. **Ex.** Hoje choveu, amanhã deve estar [é provável que esteja] bom tempo, não estamos no inverno! **6** Ser atribuível a/Ter origem em. **Ex.** A vacina da raiva deve-se a [foi descoberta por] Pasteur. Devo a vida ao médico que me operou. **7** Ter-se obrigação mútua. **Ex.** Os cônjuges devem-se respeito [devem respeitar-se] um ao outro. **8** Ser recomendável ou vantajoso. **Ex.** Deves [Deve-se] lavar as mãos antes das refeições. Para o guisado ficar saboroso deve cozer [é recomendável que coza] lentamente. **9** *s m* Obrigação [Regra] imposta pela lei, pela moral ou pelos costumes. **Comb.** *O ~ de cuidar dos filhos. O ~ de votar. Sentido do ~.* **10** Procedimento [Obrigação] que é recomendável seguir [evitar]. **Comb.** O ~ de guardar silêncio «num hospital». O ~ de retribuir uma visita. **11** *pl* Trabalhos [Tarefas/Exercícios] que os professores mandam fazer em casa. **Ex.** A mãe só me deixa ir brincar depois de eu fazer os ~es da escola.

deveras (Vé) *adv* (<de + veras) Em grau muito elevado/Verdadeiramente/Muito. **Ex.** É uma situação ~ complicada! Sentiu-se ~ ofendido/a «com os comentários do chefe».

deverbal *adj 2g Ling* (<de + verbal) Formado a partir do radical dum verbo. **Ex.** Apanha, descobrimento, desova são substantivos ~ais formados por derivação regressiva dos respe(c)tivos verbos.

devesa (Vê) *s f* (<lat *defénsa,ae*) **1** Mata ou quinta cercada por arvoredo/Tapada/Cerrado. **2** Campo fértil na margem dum rio.

devidamente *adv* (<devido + -mente) Em conformidade com o que deve ser/De modo corre(c)to. **Ex.** Só deves passar o trabalho a limpo depois de ~ [bem] corrigido. Explicou-lhe ~ [cabalmente] e com muita paciência todos os pormenores.

devido, a *adj/s* (<dev(er) + -ido) **1** (O) que se deve/(O) que ainda não foi pago. **Ex.** Paguei-lhe apenas o que lhe era ~ [lhe devia(+)]. **2** (O) que é merecido/justo. **Ex.** Com o ~ respeito [Desculpe mas] você [o senhor] «neste caso» foi culpado. **Comb.** O respeito ~ aos mais velhos. **3** (O) que pertence por direito. **Ex.** Entregaram-lhe a parte da herança que lhe era ~a [lhe pertencia]. O prometido é ~ [Deve-se cumprir tudo o que se promete]. **4** *loc prep* ~ a [Por causa de] (Ex. ~ ao mau tempo não saí de casa).

dévio, a *adj* (<lat *dévius,a,um*) Fora do caminho/Desencaminhado(+). **Loc.** Andar por ~s [maus] caminhos.

devir *v int/s m* (<lat *devénio,ire*: vir a ser) **1** Vir a ser/Tornar-se/Transformar-se. **Ex.** As borboletas devêm dum estado larvar. **2** Suceder/Acontecer. Depois de muito pensado, o discurso começou a ~ com toda a clareza. **3** *s m Fil* Passagem dum estado ao outro/Mudança progressiva/Andamento/História. **Comb.** O ~ humano [da Humanidade]. **4** *Fil* Na filosofia escolástica, passagem da potência ao a(c)to.

devitrificação/devitrificar ⇒ desvitrificação/desvitrificar.

devoção *s f* (<lat *devótio,ónis*) **1** *Rel* Sentimento de dependência, respeito, dedicação e veneração devido a Deus. **Ex.** Todas as manhãs, com grande ~, peço a Deus que me proteja. **2** *Rel* Fervor religioso/Dedicação especial a determinados santos. **Ex.** Em Lisboa, celebra-se com muita ~ a festa de Santo Antó[ô]nio. O povo português tem grande ~ a Maria, mãe de Jesus. **3** *pl Rel* Práticas religiosas. **Ex.** Cumpria com grande rigor todas as suas ~ões. **4** Dedicação/Afe(c)to/Veneração. **Ex.** A sua ~ ao ensino [magistério] foi admirável! O ritual dos jantares de festa era cumprido com ~ por toda a família.

devocionário *s m* (<devoção + -ário) Livro de orações privadas. **Comb.** ~ mariano [musical]. ⇒ livro litúrgico; missal.

devocionismo *s m* (<devoção + -ismo; ⇒ devoto) **1** Forma de liberalismo litúrgico que exagera as devoções ignorando a liturgia. **2** Devoção afe(c)tada/exagerada/Beatice. **Ex.** O ~ pode dar uma falsa imagem da religião.

devolução *s f* (<lat *devolútio,ónis*) **1** O que é devolvido. **Ex.** Esta remessa (de mercadoria) deu origem a muitas ~ões. **2** Restituição/Entrega/Retorno. **Ex.** O tribunal ordenou a ~ da propriedade aos legítimos donos. **Comb.** O local da ~ dos livros da biblioteca. **3** *Dir* Aquisição de direito ou propriedade por transferência.

devolutivo, a *adj* (<devoluto + -ivo) Que estabelece [determina] a devolução. **Comb.** Cedência a título ~.

devoluto, a *adj* (<lat *devolútus,a,um;* ⇒ devolver) **1** Que não tem ocupante/Vago/Desocupado. **Comb.** Prédio [Casa] ~o/a. **2** Que não foi cultivado/Vazio. **Comb.** Terreno ~. **3** *Dir* Que foi adquirido por devolução **3**.

devolutório, a *adj* (<devoluto + -ório) ⇒ devolutivo.

devolver *v t* (<lat *devólvo,ere,volútum*: fazer cair; rolar de cima para baixo) **1** Mandar de volta [Restituir] o que tinha sido entregue. **Ex.** Devolvi o casaco que tinha comprado porque me ficava grande. **Comb.** Mercadoria devolvida. **Sin.** Recambiar; reenviar. **2** Voltar a colocar no lugar donde proveio. **Ex.** O mar devolveu os cadáveres dos náufragos. **Loc.** ~ a bola (ao adversário). **3** Dar em resposta [recompensa]/Corresponder/Retribuir/Retorquir. **Loc.** ~ um cumprimento [insulto]. **4** Não aceitar/Rejeitar/Recusar. **Loc.** ~ [Não aceitar(+)/Recusar(o+)] uma oferta/um presente. **5** Transferir um direito ou uma propriedade. **Ex.** Devolveram a herança aos filhos. **6** Refle(c)tir/Ecoar. **Ex.** A imagem que o espelho lhe devolveu [refle(c)tida pelo espelho(+)] fê-lo perceber que tinha envelhecido. A montanha devolvia-lhe [repetia(+)] a última sílaba de cada grito. **7** Passar/Decorrer. **Ex.** Devolvidos [Volvidos(+)/Passados(o+)] muitos anos voltou à terra natal.

Devónico [*Br* **Devônico**] [**Devoniano**] *s/adj Geol* (<ing *Devon(shire)*+-ico) (Diz-se do) período compreendido entre os 400 e 360 milhões de anos da Terra.

devorador, ora *adj/s* (<lat *devorátor,óris*) (O) que devora/come com avidez. **Comb.** *~ores* [Comilões] *insaciáveis. Apetite ~* [insaciável]. *Fogo ~* [destruidor]. **Sin.** Comilão; destruidor; insaciável.

devorante *adj 2g* (<lat *devórans,ántis*) Que devora/consome rapidamente/Devorador(+). **Comb.** Chamas ~s.

devorar *v t* (<lat *devóro,áre*) **1** Comer com sofreguidão/Engolir à pressa/Tragar. **Ex.** Vinha esfomeado, devorou um bife em poucos minutos. **2** *fig* Fazer desaparecer/Consumir rapidamente/Destruir. **Ex.** Em poucas horas as chamas devoraram vários hectares de floresta. **3** Destruir roendo ou corroendo. **Ex.** As lagartas e os caracóis devoraram tudo o que era verde. **4** *fig* Ler [Ver/Ouvir] com avidez. **Loc.** *~ as palavras* (de alguém). *~ um livro.* **5** *fig* Percorrer rapidamente. **Loc.** ~ quiló[ô]metros [a estrada]. **6** *fig* Suportar [Sofrer] resignadamente(+). **Loc.** ~ [Sofrer em silêncio(+)] uma dor [mágoa].

devorismo *s m* (<devor(ar) + -ismo) **1** Gasto exagerado e injustificado. **Ex.** Os novos ricos, num [com um] ~ insaciável, compravam tudo. **2** Dissipação da fazenda pública em proveito próprio ou de outrem. **Sin.** Despesismo(+).

devotação[mento] *s f* [*m*] (<devotar + -ção [mento]) A(c)to ou efeito de devotar(-se)/Dedicação(+). **Comb.** A/O ~ [A devoção **4**(+)] ao trabalho. ~ profissional.

devotadamente *adv* (<devotado + -mente) Dedica[Empenha]damente. **Loc.** Trabalhar ~.

devotado, a *adj* (<devotar 2; ⇒ devoto) Dedicado/Empenhado/Trabalhador. **Comb.** *Mãe ~a aos filhos. Professor ~ aos alunos* [à investigação].

devotamente *adv* (<devoto+-mente) Com devoção **1**. **Loc.** Rezar ~.

devotar *v t* (< lat *devóto,áre;* ⇒ voto) **1** Oferecer em voto/Consagrar. **Ex.** Devotou [Consagrou(+)] a sua vida a Deus no convento. **2** Dedicar(-se) com afinco/Entregar(-se) empenhadamente. **Loc.** ~[Dedicar(+)]-se à profissão.

devoto, a *adj/s* (<lat *devótus,a,um* ⇒ devotado) **1** (O) que mostra [inspira] devoção. **Comb.** *~o/a de Santo Antó[ô]nio. Pessoa ~a* [piedosa/pia/religiosa]. *Uma ~a imagem de Nossa Senhora* de Fátima. **2** Dedicado/Afeiçoado/Amigo. **Comb.** Grande ~ das letras [da cozinha portuguesa].

dextra *s f* ⇒ destra.

dextralidade (De(i)s) *s f* (<dextra + l + -idade) Tendência natural para utilizar a mão [o pé/o olho] direita/o. **Ex.** A ~ é uma cara(c)terística da maioria das pessoas. **Comb.** ~ manual [ocular].

dextrímano, a (De(i)s) *adj/s* (<dextra + mão) (O) que usa preferentemente a mão direita.

dextrina (De(i)s) *s f Quím* (<dextra + -ina) Substância extraída do amido. **Ex.** As soluções aquosas de ~ desviam para a direita a luz polarizada.

dextro ⇒ destro.

dextrocardia (De(i)s) *s f Med* (<dextra + -cardia) Desvio do coração para o lado direito do tórax. **Ex.** A ~ é uma anomalia pouco frequente.

dextrogiro, a (De(i)s) *adj Fís Quím* (<dextra + giro) Que faz rodar o plano da luz polarizada para a direita. **Ant.** Levogiro.

dextrose (De(i)s) *s f Quím* (<dextra + -ose) ⇒ glicose.

dez (Dés) *num card/s m sing e pl* (<lat *decem*) **1** Número cardinal a seguir a nove/ Nove mais um. **Ex.** ~ é o número mais pequeno com dois algarismos. **2** Quantidade de elementos representados por esse número/Dezena. **Ex.** ~ são os dedos das duas mãos. Hoje escrevi ~ cartas. **3** *adj* Elemento duma série que tem esse número ou ocupa o décimo lugar. **Ex.** Não atendemos mais doentes; o (número) ~ será atendido da parte da tarde. Tive um [nota] ~ a matemática. **Comb.** *O* [A carta] *~ de paus* [espadas/ouros/copas]. *Página ~*.

deza[e]nove *num card/s m* (<dez + e + nove) **1** Número cardinal a seguir a dezoito/Dez mais nove/19. **Ex.** ~, em numeração romana, escreve-se XIX. Estão a chamar o (doente) ~. Tive um ~ a química. **Comb.** *adj* Cais [Plataforma/Carreira/ Linha] ~ ⇒ dez.

deza[e]sseis *num card/s m* (<dez + e + seis) **1** Número cardinal a seguir a quinze/ Dez mais seis/XVI. **Ex.** ~ em algarismos arábicos escreve-se 16. **Comb.** *adj* Página ~. ⇒ dez.

deza[e]ssete *num card/s m* (<dez + e + sete) **1** Número cardinal a seguir a deza[e]sseis/Dez mais sete/17/XVII. ⇒ dez.

dezembro *s m* [= Dezembro] (<lat *decémber,bris,bre (mensis)*: décimo mês do calendário romano primitivo, a contar de março) Duodécimo e último mês do ano civil (do calendário gregoriano). **Ex.** ~ tem trinta e um dias.

dezena (Zê) *s f* (<dez + -ena) **1** Conjunto de dez unidades. **Ex.** Cada caixa tem [contém] uma ~ de lápis. **2** *Mat* Unidade de segunda ordem no sistema de numeração decimal. **Ex.** No sistema decimal de numeração cada ordem contém uma ~ de elementos [grupos] da ordem anterior (Cem tem dez ~s; mil tem dez centenas). **3** Segundo algarismo a contar da direita em qualquer número com dois ou mais algarismos. **Ex.** Foram premiados todos os bilhetes cujo algarismo das ~s era «três».

dezoito (Zói/Zôi) *num card/s m* (<dez + oito) **1** Número cardinal a seguir a deza[e]ssete/Dez mais oito/18/XVIII. **Ex.** Duas vezes nove são ~. Estou à tua frente (na fila); tenho [sou] o número ~ (e tu o vinte). ⇒ dez.

dez-réis *s m pl* (<dez + réis) **1** Moeda antiga portuguesa e brasileira equivalente a um centavo. **Ex.** A moeda de ~ deixou de circular em Portugal após a implantação da República em 1910. **2** *pop* Coisa sem importância/insignificante/muito pequena. **Ex.** Queres arroz de pato? - Dá-me ~ dele, só para provar. Ele não tem ~ de [nenhum] juízo. **Idi.** *~ de gente* [Pessoa muito pequena/Zé [João]-ninguém(+)]. *~ de mel coado* [Quantia insignificante/Bagatela]. **Sin.** Vintém.

di- *pref* (<lat *dis* <gr *dis*: dois, duas vezes; ⇒ dia-) Exprime a noção de: **a)** dois/duplicidade (Ex. dissílabo, diácido); **b)** separação (Ex. dilacerar, dirimir); **c)** diferença/contrário (Ex. dissemelhante).

dia- *pref* (<gr *diá*: através de; entre; no meio de) Exprime a noção de: **a)** movimento [passagem] através de (Ex. diáfano, diafragma); **b)** afastamento, dissociação, dispersão, separação (Ex. diáspora, diale(c)to, diálise); **c)** relação entre pessoas (Ex. diálogo); **d)** negação (Ex. diamagnético).

dia *s m* (<lat *díes, éi*; ⇒ ~ a ~) **1** Intervalo de tempo em que a Terra, num determinado lugar, recebe claridade solar. **Ex.** Bom ~! No verão os dias são maiores (do) que as noites. **Comb.** «trabalhar» *~ e noite* [Sem parar]. *Claro como (o) ~* [como (a) água]. *Com luz do* [De] *~* «viaja-se melhor». *Durante* [Por todo] *o ~*. *Em pleno ~* [À luz do sol]. **2** Data. **Ex.** Hoje é o ~ dos teus [meus] anos. Nos ~s da guerra passámos muitas dificuldades. **Loc.** *Andar* [Estar] (sempre) *em ~* [Estar a(c)tualizado]. *Estar contando os ~s* «para as férias» [Esperar ansiosamente]. *Estar em ~* [Ter as contas [o trabalho] em ordem]. *Estar nos seus ~s* [Estar bem disposto]. *Pôr em ~* [Em ordem/A(c)tualizar/Regularizar]. *Ter (os) seus ~s* [Estar ora bem, ora mal] «de humor/de saúde». **Comb.** ⇒ *~a~*. *~ alitúrgico* [sem ofício litúrgico próprio]. *~ de aniversário* [de anos]. *~ de Ano Bom*. *idi ~ de S. Nunca* (à *tarde*) [Nunca]. *~ de semana/~ útil* [Todos, exce(p)to domingo]. *~ de trabalho*. *~ do Senhor* [Domingo]. *~ livre* [de descanso/de folga]. *~ primeiro* [um] *do mês*. *~ santo* [consagrado a Deus/equiparado ao domingo/santificado]. «tenho [dou] aulas» *~ sim, ~ não* [Em ~s alternados]. *~ útil* [de trabalho normal/de semana]. *De um ~ para o outro* [Em pouco tempo]. «pão/ bolo» *Do ~* [Feito nesse ~/Acabado de fazer/Recente/Fresco]. *Hoje em ~* [A(c)tualmente]. *Mais ~, menos ~* [Num futuro próximo]. *No outro ~* [No ~ seguinte] «voltei ao hospital». *Outro ~* [Há ~s/Há pouco] «vi um grande desastre de carro». *Primeiro ~* [Dia um] *do mês*. *Qualquer* [Um] *~* «quero ir ao Japão». *Um ~ destes* [Em tempo indeterminado/Brevemente]. *Um belo ~* [Quando menos se esperava] «recebo a notícia (de) que os meus tios me faziam herdeiro de toda a sua fortuna. **3** Unidade de tempo equivalente a vinte e quatro horas/ Período de vinte e quatro horas entre duas meias-noites consecutivas. **Prov.** *Roma e Pavia não se fizeram num ~* [Tudo requer tempo para se fazer]. **Comb.** *~ civil* [De uma meia-noite até à meia-noite seguinte]. **4** Tempo duma rotação completa da Terra em torno do seu eixo. **Comb.** *~ sideral* [Intervalo de tempo decorrido entre duas passagens consecutivas do ponto vernal pelo meridiano do lugar]. **5** Estado do tempo. **Comb.** *~ de calor* [chuva/sol]. **6** Momento oportuno/Circunstância favorável. **Ex.** Ainda te hei de ver com saúde! – Quando chegará esse ~?! **7** Tempo presente/Momento a(c)tual. **Comb.** *Assunto* [Acontecimento] *do ~*. *Livro do ~*. «nos restaurantes» *Prato do ~*. **8** Número de horas de trabalho normal. **Ex.** O meu ~ (de trabalho) é de oito horas, o dos funcionários públicos é só de seis. **9** Vencimento correspondente ao trabalho diário. **Ex.** Trabalhei quatro horas e pagaram-me um ~. **10** *pl* Tempo de vida/Duração da existência. **Ex.** Estou a chegar ao fim dos meus ~s. **Loc.** Ter os ~s contados [Estar a morrer/a chegar ao fim].

dia a dia *s m* **1** Sucessão dos dias. **Sin.** Dia após dia; com o andar do tempo. **2** Vida ou labuta diária/Rotina. **Ex.** O meu ~ é (isto): cozinhar, limpar a casa, …

diábase [diabásio] *s Min* (<dia- + …) ⇒ dolerito.

diabete(s) (Bé) *s 2g sing e pl Med* (<gr *diabétes, ou*: sifão <*dia*: através + *bainô*: passar) Doença [Excesso de glicose no sangue] provocada pela perturbação do metabolismo do açúcar. **Ex.** Os sintomas da/o/dos ~ podem ser: sede, formação exagerada de urina e emagrecimento.

diabético, a *adj/s* (<diabetes + -ico) **1** Relativo a diabete(s). **2** (O) que sofre de diabete(s).

diabetologia *s f Med* (<diabetes + -logia) Estudo ou tratamento de diabete(s).

diabo *s m* (<gr *diábolo*: o que desune, caluniador) **1** Cada um dos anjos rebeldes/ Espírito do mal/Gé[ê]nio do mal. **Ex.** O ~ meteu-lhe em cabeça [convenceu-o de] que havia de se vingar do vizinho, e matou-o!. **Idi.** «tomo banho/faço isto» *Enquanto o ~ esfrega um olho* [Num instante]. *O ~ não é tão feio como o pintam* [Nem sempre as coisas são tão más com parecem]. *O ~ seja surdo!* [Que tal [isso que disseste] não aconteça!]. «entre os dois candidatos» *Venha o ~ e escolha* [Qualquer opção é má/Nenhuma escolha é boa]. *Andar o ~ à solta* [Acontecerem coisas estranhas/funestas/misteriosas]. *Até o ~ dizer basta* [Até não poder mais/Muito]. «um emigrante durante dez anos» *Comer o (pão) que o ~ amassou* [Passar (por) [Sofrer] muitas contrariedades/*idi* Passar as passas do Algarve]. *Mandar* «o queixoso/importuno/a tristeza» *para o ~* [Repelir com fúria/Expulsar/Rejeitar]. «saltar duma altura de quinze metros» *Não lembrar ao ~* [Ter ideias/Dizer ou fazer coisas absurdas/esquisitas/extravagantes]. *Pintar o ~/a manta* [Causar distúrbios]. *Ser da raça* [da pele] *do ~* [Ser muito duro/rijo/Ter mau gé[ê]nio/maus instintos]. «o meu vizinho» *Ter* [Trazer] *o ~ no corpo* [Ser desastrado/ Insuportável/Turbulento]. *Vender a alma ao ~* [Não se importar de praticar o mal/ Perder-se]. **Sin.** Belzebu; demo; demó[ô]nio; diacho; dianho; lúcifer; mafarrico; maligno; satã; satanás; tentador. **2** *fig fam col* Pessoa má. **Ex.** A coitada [pobre/desgraçada] (da) mulher tem um marido que é um ~. **3** Pessoa [Criança] irrequieta/turbulenta. **Ex.** Esta criança nunca está quieta; mexe [estraga] tudo: é um (autêntico) ~ ! O ~ do rapaz para o que lhe havia de dar [de que se havia de lembrar]: roubou as galinhas (à vizinha) e foi vendê-las à feira. **4** *fam col* Pessoa astuta/esperta/sagaz. **Ex.** O ~ do garoto sabe tudo. Tenho (na oficina) um mecânico que é o ~ [é um habilidoso dos ~s(+)]: não há avaria que (ele) não resolva. **5** *interj gír* Exprime impaciência/contrariedade/desânimo/perplexidade. **Ex.** ~! É o ~/diacho/dialho/dianho! Não sei o que hei de fazer. ~, corre que já é tarde! ~ ! Tudo (me) corre mal! Que ~ quer(es) de mim [Que (é que) você/tu quer(es)]?

diabolismo *s m* (<diabo + -ismo) **1** Adoração do diabo/Culto satânico(+). **2** A(c)ção [Conduta] diabólica/Malvadez/Satanismo(+).

diábolo [diabolô] *s m* (<diabo) Brinquedo formado por dois cones unidos pelos vértices e que se faz girar num cordel cujas extremidades estão atadas a dois paus. **Ex.** (Ele) fazia malabarismos incríveis com o ~: atirava-o a grande altura e recebia-o no cordel, mantendo-o sempre a girar.

diabrete (Brê) *s m* (<diabo/bro + -ete) **1** ⇒ Diabo pequeno/Diabinho. **2** *fam col* Criança irrequieta/que faz muitas travessuras. **Ex.** A tua filha é muito bonita, mas é um ~, nunca está sossegada!

diabrura *s f* (<diabo/bro + -ura) **1** Obra do Diabo/Uma a(c)ção má. **2** *fam col* Pequena maldade/Traquinice/Travessura. **Ex.** Ele foi um aluno terrível [muito mal comportado]! Espicaçava [Picava] os colegas, atirava aviõe(zinho)s de papel, inventava ~s incríveis para arreliar os professores.

diacetato *s m Quím* (< di-+acetato) Sal [Éster] do ácido diacético. **Comb.** ~ de glicerina.

diacético, a *adj Quím* (<di- + acético) Relativo ao ácido diacético [aceto[il]acético]. **Ex.** O ácido ~ encontra-se na urina de alguns diabéticos ⇒ diacetúria.

diacetina *s f Quím* (<di- + acetina) Diacetato de glicerina utilizado como plastificante e solvente.

diacetúria *s f* (<diacét(ico) + -úria) Presença de ácido diacético [acetoacético] na urina.

diacho *s m col* ⇒ diabo **5**.

diácido *s m* (<di- + ácido) Cuja molécula contém dois grupos ácido. **Ex.** O ácido «sulfúrico» é um ~. ⇒ mono[poli/tri]ácido.

diáclase *s f Geol* (<gr *diáklasis*: fra(c)tura) Fra(c)tura natural num maciço rochoso. **Ex.** As ~s podem ser provocadas por fenó[ô]menos de contra(c)ção, de compressão ou de tensões internas.

diacomática *s f Mús* (<dia-+ gr *komátikós, é,ón*: que é repartido em pedaços curtos que se multiplicam <*kómatos*: pedaço) Transposição harmó[ô]nica de um tom maior para menor e vice-versa.

diaconad[t]o *s m* (<diácono + -ado) **1** Ordem sacra dos clérigos católicos. **Ex.** Os padres, antes de acederem ao presbiterado [antes de serem ordenados (presbíteros)], recebem a ordem do ~. **2** ⇒ diaconia.

diaconal *adj 2g* (<diácono + -al) Relativo a diácono/diaconia.

diaconia *s f* (<lat *diaconía,ae* <gr *diakonía*: serviço) **1** Ofício eclesial de prestar assistência espiritual ou temporal. **2** Lugar onde se prestava assistência caritativa aos necessitados. **Ex.** Anexo às antigas ~s, existia muitas vezes uma igreja ou um santuário.

diaconisa *s f Hist* (<gr *diacónissa; f de* ⇒ diácono) Mulher que na Igreja Cristã primitiva exercia algumas funções de assistência semelhantes às dos diáconos. **Ex.** O ba(p)tismo por imersão era administrado aos catecúmenos do sexo feminino por ~s.

diácono *s m* (<gr *diákonos,ou*: servidor) Ministro sagrado que recebeu o sacramento da Ordem para assistência aos necessitados, colaboração nos a(c)tos litúrgicos e ministério da Palavra mas não para o sacerdócio. **Ex.** Os ~s podem ser permanentes – que não ascendem ao presbiterado – ou temporários – que posteriormente recebem a Ordem de presbíteros. ⇒ diaconado; diaconisa.

diacrítico, a *adj/s Gram* (<gr *diakritikós,é, ón*: capaz de distinguir, de separar) Sinal gráfico que modifica o valor fonético duma letra ou conjunto de letras «...¨/...° do *jap*» podendo originar palavras novas ou com significado diferente. **Ex.** Os acentos gráficos, o hífen e a cedilha são (sinais) ~s do português. O inglês não tem ~s.

diacronia *s f* (<gr *dia- + khrónos*: tempo +- ia) Desenvolvimento [Evolução] de uma língua ou de fenó[ô]menos culturais, sociais, ... através do tempo. **Ant.** Sincronia.

diacrónico, a [*Br* diacrônico] *adj* (<diacronia + -ico) Relativo a diacronia. **Comb.** Método [Perspe(c)tiva] ~o/a. **Ant.** Sincró[ô]nico.

diacústica *s f Fís* (<dia- a) + acústica) Ramo da Física que estuda a refra(c)ção e as propriedades do som na passagem de um para outro meio.

díade/a *s f* (<gr *dyas,ádos*: dois, dualidade, par) **1** Grupo de dois/Par. **Ex.** O Carlos e o José são a grande [melhor] ~ da nossa equipa/e. ⇒ políade; tríade. **2** *Quím* Átomo/Elemento/Radical divalente. **3** *Biol* Cada um dos cromossoma[o]s duplos na divisão reducional do núcleo celular.

diadelfia *s f Bot* (<gr *di-*: dois + *adelphos*: irmão) União dos estames soldados em dois feixes ou cara(c)terística das plantas que (assim) os têm.

diadélfico [diadelfo], a *adj* (<diadelfia + -ico) Relativo à planta [à flor/ao androceu] que tem os estames soldados em dois grupos de feixes.

diadema (Dê) *s m* (<lat *diadéma,ae*: faixa de linho muito fino, coroa, ornamento, para cingir a cabeça <gr *diadéma,atos* <*diádó*: atar em volta) **1** Joia de metal, em forma de meia lua, cingindo a fronte «dos reis». **Ex.** As damas gregas e romanas usavam ~s de oi[ou]ro e prata. **2** Penteado [Adorno] em forma semicircular. **Ex.** Penteados e grinaldas em (forma de) ~ são adornos escolhidos por muitas noivas. **3** ⇒ coroa.

diademado, a *adj Heráldica* (<diadema + -ado) Diz-se de animal representado com diadema na cabeça.

diafan(e)idade *s f* (<diáfano + -dade) Qualidade do que é diáfano/Limpidez/Transparência.

diáfano, a *adj* (<gr *diaphanés* <*diaphainó*: deixar ver, aparecer através de) **1** Que é parcialmente atravessado pela luz//Translúcido. **Ex.** Através do tecido ~ dos cortinados notava-se um vulto, mas não se conseguia distinguir se era homem ou mulher. **2** Límpido/Transparente. **Comb.** Ar ~. **3** *fig* Muito magro/Delicado/Branco. **Comb.** Pele [Rosto] ~a/o.

diafanometria *s f* (<diáfano + -metria) (Processo de) medição da diafan(e)idade.

diafanómetro [*Br* diafanômetro] *s m* (<diáfano + -metro) Instrumento para medir a diafan(e)idade «do ar (atmosférico)/dum líquido».

dia(fano)scopia *s f Med* (<diáfano + -scopia) Iluminação de partes interiores do corpo para serem examinadas por transparência.

diafásico, a *adj Lin* (<dia- + gr *phásis*: expressão) Cara(c)terística de cada uma das modalidades de expressão duma língua: «prosa», «poesia», ... **Ex.** «eu» *O farei* e *Fá-lo-ei* são expressões ~as. ⇒ diatópico.

diáfise *s f Anat* (<gr *diaphýsis*: separação, divisão) Parte média dos ossos longos, também chamada *corpo*. ⇒ epífise.

diáfora *s f Ling* (<gr *diaphorá* <*diapheró*: distribuir, transportar) Repetição duma palavra com sentido diferente. **Ex.** Cada pata [fêmea do pato] tem duas patas [pernas]. **Sin.** Antanáclase; dialogia; dilogia.

diaforese (Ré) *s f Med* (<gr *diaphorésis*: expedição de humores) Transpiração intensa/excessiva/Sudação. **Ex.** A ~ pode ser provocada por (alguns) medicamentos. **Ant.** Adiaforese.

diaforético, a *adj/s* (<gr *diaphoretikós*) **1** Relativo à diaforese. **2** (O) que produz suor/Sudorífero(+). **Comb.** Um (medicamento) ~.

diafragma *s m* (<gr *diaphragma,atos*: separação) **1** *Anat* Músculo em forma de membrana que separa o tórax do abdó[ô]men/abdome. **Ex.** O ~ tem uma a(c)ção preponderante [importante] no mecanismo da respiração. **2** *Fís* Parede [Membrana] flexível que permite a transmissão de forças ou a passagem de substâncias dum lado [meio físico] para outro. **Comb.** O ~ das bombas de vácuo [dos aparelhos de ele(c)trodiálise]. **3** *Fís Fot* Dispositivo que, por variação da abertura, regula a intensidade luminosa das imagens fornecidas por alguns instrumentos ó(p)ticos. **Comb.** O ~ [O ~ íris] das máquinas fotográficas. **4** *Bot* Membrana [Septo] porosa/o que separa órgãos [cavidades] de vegetais. **Comb.** O ~ (do caule) das canas. **5** Membrana usada para tapar o colo do útero e impedir a entrada de espermatozoides. **Comb.** Método (contraceptivo) do ~.

diafragmático, a *adj* (<diafragma+-ico) Relativo a(o) diafragma.

diagénese [*Br* diagênese] *s f Geol* (<dia- a) + gé[ê]nese) Processo de formação [consolidação] das rochas sedimentares. **Ex.** A ~ envolve modificações físicas e/ou químicas.

diagnose (Gnó) *s f* (<dia- a) + gnose) **1** *Med* ⇒ diagnóstico(+). **2** *Biol* Descrição das cara(c)terísticas de determinada espécie dum ser vivo/Taxonomia. **Ex.** Antigamente, no Ocidente, a ~ era toda feita em latim.

diagnosticar *v t* (<diagnóstico + -ar¹) **1** *Med* Determinar [Descobrir/Cara(c)terizar] uma doença a partir dos sintomas. **Ex.** O médico diagnosticou-lhe uma otite. **2** Fazer o diagnóstico/Identificar as causas (duma situação problemática/anormal). **Loc.** ~ a(s causas da) crise econó[ô]mica.

diagnóstico *s m* (<gr *diagnóstikos*: capaz de distinguir, de discernir <*dia+gignósko*: conhecer) **1** *Med* Determinação duma doença a partir dos sintomas (e outros exames). **Comb.** Exames complementares de ~. **2** Identificação [Análise] dos fa(c)tores que cara(c)terizam determinada situação. **Loc.** Fazer o ~ do grau de conhecimento dos alunos. **Comb.** Teste ~. ⇒ psicodiagnóstico.

diagonal *s f/adj 2g* (<lat *diagonális, e* <gr *diagónios*: que vai dum ângulo ao outro) **1** *Geom* Re(c)ta que, num polígono [poliedro], une dois ângulos [vértices] não consecutivos. **Ex.** Num quadrado [quadrilátero] só há duas ~ais. **2** Dire(c)ção oblíqua. **Loc.** Atravessar «uma praça» em ~. **Idi.** *Ler em ~* [Ler rapidamente, vendo só o começo das frases]. **3** *Mat* Elementos dum determinante que têm números de ordem da linha e da coluna iguais. **Comb.** ~ principal. ~ secundária [Segunda ~]. **4** *adj* Inclinado/Oblíquo.

diagrama *s m* (<gr *diagrámma, atos*: figura, representação) Representação gráfica que relaciona a variação de determinados parâmetros com o estado [variação] do fa(c)to [fenó[ô]meno] que eles cara(c)terizam/ Gráfico que representa a relação entre as partes dum todo/Esquema. **Comb.** ~ [Gráfico] *de barras*/colunas. *~ de frequência*. *~ polar.* *~ triangular.*

dial *s m* (<lat *diális,e*: que indica um dia) ⇒ Quadrante [Mostrador](+) «de relógio/rádio».

dialectal/dialéctica/dialéctico/dialectismo/dialecto/dialectologia/dialectológico/dialectólogo ⇒ dialetal/...

dialelo (Lé) *s m* (<gr *diállelos*: recíproco) **1** Demonstração de uma coisa por outra igual/Círculo vicioso/Petição de princípio(+). **Ex.** Os antigos cé(p)ticos justificavam a sua dúvida afirmando que o dog-

matismo comete um ~. **2** *Gram* Figura de estilo que consiste na inversão duma frase transpondo o genitivo. **Ex.** É o melhor de todos e de todos o melhor.

dialetal (Lè) [*Br* **diale(c)tal** (*dg*)] *adj 2g* [= dialectal] (<dialeto + -al) Referente a dialeto.

dialética [*Br* **dialé(c)tica** (*dg*)] *s f Fil* [= dialéctica] (<lat *dialéctica,ae*: arte de raciocinar <gr *dialektikós,é,ón*: relativo a discussão ou argumentação lógica) **1** Arte de discutir [do diálogo] com o obje(c)tivo de demonstrar uma tese [afirmação] através do raciocínio e da argumentação, havendo tese, antítese e síntese. **Ex.** Historicamente houve várias ~s: plató[ô]nica, aristotélica, escolástica, kantiana, hegeliana, … ⇒ lógica; crítica; epistemologia.

dialético, a [*Br* **dialé(c)tico** (*dg*)] *adj/s* [= dialéctico] (⇒ dialética) (O) que cultiva a dialética/Relativo à dialética. **Ex.** O nosso professor [mestre] é um grande ~ [argumentador]. Na Idade Média, aos ~s opuseram-se os antidialéticos. **Comb.** Movimento ~ da História. ⇒ materialismo ~.

dialetismo (Lè) [*Br* **diale(c)tismo** (*dg*)] *s m* [= dialectismo] (<dialeto+-ismo) Palavra ou pronúncia de origem popular ou dialetal.

dialeto (Lé) [*Br* **diale(c)to** (*dg*)] *s m Ling* [= dialecto] (<gr *diálecto*: língua corrente) Variante local ou regional, de pronúncia ou de vocabulário, duma língua. **Ex.** O termo ~ é muito amplo, vai desde *língua* até *gíria*. No sentido estrito, em Portugal e no Brasil, não há ~s.

dialetologia (Lè) [*Br* **diale(c)tologia** (*dg*)] *s f Ling* [= dialectologia] (<dialeto + -logia) Estudo dos dialetos. **Ex.** Leite de Vasconcelos e Lindley Cintra são dois dos mais importantes investigadores portugueses no campo da ~ da língua portuguesa.

dialetológico, a (Lè) [*Br* **diale(c)tológico** (*dg*)] *adj* [= dialectológico] (<dialetologia + -ico) Relativo à dialetologia. **Comb.** Estudos [Investigação] ~s/a.

dialetólogo, a (Lè) [*Br* **diale(c)tólogo** (*dg*) *s* [= dialectólogo] (<dialeto + -logo) Especialista [Investigador] no campo da dialetologia. **Ex.** O ~ brasileiro N. Rossi é o autor dum atlas linguístico que abrange uma extensa região do Brasil.

dialipétalo, a *adj Bot* (<gr *dialúo*: separar + pétala) Que tem a corola com as pétalas não ligadas entre si/livres. **Ant.** Gamopétalo.

dialisador *s m/adj* (<dialisar + -dor) **1** Aparelho que serve para fazer a diálise. **Ex.** A parte fundamental do ~ é a membrana semipermeável. **2** (O) que faz a diálise/Relativo à diálise. **Comb.** Processo [Membrana] ~or/ora.

dialisar *v t Quím Med* (<diálise + -ar¹) Separar [Purificar] pelo processo de diálise. **Ex.** As raízes das plantas dialisam os nutrientes presentes na água.

diálise *s f* (<gr *diálysis,eós*: dissolução, separação) **1** *Quím* Separação dos coloides dos cristaloides por difusão através duma membrana porosa. **Ex.** A diferença de tamanho das moléculas possibilita a sua separação por ~. **2** *Med* Processo de purificação do sangue dos doentes com insuficiência renal. **Ex.** Na ~, o processo de purificação assemelha-se ao de um rim artificial. **Sin.** Hemodiálise(+).

dialissépalo, a *adj Bot* (<gr *dialúo*: separar, dissolver + sépala) «cálice» Que tem as sépalas não ligadas entre si/livres. **Ant.** Gamossépalo. ⇒ dissépalo.

dialitépalo, a *adj Bot* (<gr *dialúo*: separar + tépala) Que tem o perianto com tépalas livres. **Ant.** Gamotépalo.

dialogal *adj 2g* (<diálogo + -al) Referente ao diálogo/Em forma de diálogo. **Ex.** No discurso dire(c)to é habitual o emprego da forma ~.

dialogante *adj 2g* (<dialogar + -ante) Que dialoga/Capaz de dialogar/Rece(p)tivo a opiniões diferentes. **Comb.** Atitude [Comportamento] ~.

dialogar *v t/int* (<diálogo + -ar¹) **1** Conversar com um interlocutor, falando e ouvindo alternadamente. **Ex.** Esclarecemos a divergência das nossas posições. Dialogámos, cada um expôs as suas razões, ficou tudo claro [esclarecido(+)]. **Loc.** ~ uma cena. **Comb.** História dialogada. **2** Procurar o entendimento/consenso com outras pessoas. **Ex.** Depois de muito ~ os participantes (na reunião) chegaram a uma conclusão consensual. **3** Pôr [Escrever] em forma de diálogo. **Ex.** Essa história é boa para ~ [para ser escrita em forma de diálogo(+)].

dialogismo *s m* (⇒ diálogo) **1** Arte de dialogar. **2** *Ling* Figura de retórica que apresenta as ideias das personagens em forma de diálogo/Reflexão apresentada como pergunta(s) a que o próprio dá resposta(s). **Loc.** «um pensador» Usar o ~ (nas suas reflexões). **3** *Fil Hist* Método socrático de estudo através de diálogos.

diálogo *s m* (<gr *diálogos*: conversação, troca de palavras) **1** Conversa entre duas pessoas que alternadamente falam e escutam. **Ex.** O ~ entre o Carlos e o pai é cada vez mais difícil. **2** Troca de opiniões entre várias pessoas com a intenção de chegar a um entendimento. **Ex.** Depois de apresentada a proposta, gerou-se um vivo ~ entre os participantes e foram feitas várias alterações antes da aprovação. **Idi.** ~ *de surdos* [Guerra/Discussão em que os participantes não se entendem uns com os outros]. **3** Obra literária em forma de conversação. **Ex.** Muitas obras célebres se intitulam *Diálogo* ou *Diálogos*. **4** *Mús* Composição musical em que vários instrumentos [vozes] alternam com variações sobre o mesmo tema.

diamagnético, a *adj Fís* (<dia- **d**) + magnético) Que apresenta diamagnetismo/Cuja susce(p)tibilidade magnética é negativa. **Ex.** O antimó[ô]nio e o bismuto são metais ~s. **Comb.** Substâncias ~as.

diamagnetismo *s m* (<diamagnético+-ismo) Propriedade das substâncias não magnéticas/cuja susceptibilidade magnética é negativa. **Ex.** A teoria clássica que explica o ~ deve-se a Langevin (1905) ⇒ ferromagnetismo; magnetismo; paramagnetismo.

diamante *s m* (<gr *adámas,ántos*: o aço mais duro) **1** *Quím* Variedade alotrópica de carbono que cristaliza no sistema cúbico. **Ex.** O ~ é a substância mais dura que se conhece (Termo 10 da escala de Mosh). **2** *Min* Mineral constituído por carbono puro que se apresenta em cristais do sistema cúbico. **Ex.** As principais variedades de ~s são o *bort* (em massas arredondadas) e o *carbonado* (negro e maciço). **3** Joia de elevado valor obtida por lapidação de diamantes naturais de grande pureza. **Ex.** O ~ é a pedra preciosa mais apreciada. **Comb.** ~ *bruto* [não lapidado]. *Bodas de* ~ [75.º aniversário de casamento]. **4** Utensílio de ferro com diamante na ponta, para cortar vidro. **Comb.** ~ de vidraceiro.

diamantífero, a *adj* (<diamante + -fero) Que tem [é rico em] diamantes. **Comb.**
Região [Zona] ~*a*. *Riquezas* ~*as* «de Angola».

diamantino, a *adj* (<diamante + -ino) **1** Relativo ou semelhante ao diamante/Adamantino(+). **2** Que tem propriedades semelhantes às do diamante. **Comb.** *Brilho* ~ [adamantino(+)]. *Dureza* ~*a*. **3** *fig* Brilhante/Magnífico/Precioso. **Comb.** *Beleza* ~*a*. *Poema* ~*o*.

diametral *adj 2g* (<diâmetro + -al) **1** Relativo ao diâmetro. **Comb.** Linha [Plano] ~. **2** ⇒ Transversal.

diametralmente *adv* (< … + -mente) **1** No sentido do diâmetro. **Loc.** Dispor [Colocar] ~. **2** *fig* Completamente. **Ex.** O Luís e o Artur têm opiniões ~ opostas.

diâmetro *s m Geom* (<gr *diámetros*) **1** Linha [Segmento de re(c)ta] que passa pelo centro da circunferência e a divide ao meio. **Ex.** O ~ é a maior das cordas duma circunferência. **2** Calibre de fios ou cordas/Grossura. **Comb.** Condutor (elé(c)trico) de maior [menor] ~ [calibre(+)]. Cabo [Corda] de grande ~/muito grosso/a.

diamina *s f* (<di- **a**) + amina) Que tem dois grupos *amina*. **Ex.** O diaminobenzeno e a butanodiamina são (exemplos de) ~s.

diante *adv* (<de + ante) **1** Na frente/De fronte. **Ex.** Há uma pastelaria (mesmo) ~ [em frente] da igreja. Esperei por ti ~ da estação, como tínhamos combinado. **2** Em primeiro lugar/À frente/Antes. **Ex.** As grávidas são atendidas ~ [antes(+)] (das outras pessoas). **3** Aos olhos de/Perante. **Ex.** Somos todos iguais ~ da [perante a(+)] lei. **4** Em presença de/De caras com. **Ex.** Quando se viu ~ do [Quando deu de caras com o] ladrão, começou a gritar. **5** Em comparação com. **Ex.** Quem sou eu ~ dele? Que vale o teu carro ~ do meu? **Loc.** *Ir* [Levar] *por* ~ [Dar continuidade/Levar a cabo/Realizar/Prosseguir]. *Levar tudo* ~ (de si) [Levar tudo na frente/Arrasar]. *Ter por* ~ [Ter que enfrentar/Deparar(-se) com]. **Comb.** *Daqui em* ~ [A partir de agora/Doravante] «vou deixar de fumar». «ler» *De trás para* ~ [Do fim para o princípio]. «falei com todos: com o Zé, o Tó» *E assim por* ~ [E assim sucessivamente/Etc.]. *Lá mais para* ~ [«chegue-se» Mais à frente/Daqui a algum tempo «quando não fizer frio»].

dianteira *s f* (<diante + -eira) **1** A parte anterior/Frente. **Comb.** ~ do carro. **Ant.** Traseira. **2** O ponto mais avançado/Vanguarda. **Ex.** O ciclista que se tinha atrasado depressa recuperou e tomou (lugar n)a ~ do pelotão. A minha filha é muito boa aluna; esteve sempre na ~ da turma [foi sempre a primeira(+)]. **Loc.** Dar a ~ [Deixar passar à frente] «ao [o] professor».

dianteiro, a *adj/s* (<diante + -eiro) **1** (O) que está [vai] na frente/em primeiro lugar. **Comb.** Grupo ~. Rodas ~as [da frente] (do carro). **2** *(D)esp* Jogador da linha da frente/Atacante. **Sin.** Avançado(+). **3** «carro/navio» Que está mais carregado à frente.

diapasão *s m Mús* (<lat *diapásón*: oitava (musical) <gr *diá pasón chordón*: através de todas as cordas da escala musical) **1** Instrumento metálico que posto a vibrar produz um som [uma nota] que serve de referência. **Ex.** O ~ é constituído por uma barra metálica em forma de U montada num suporte de madeira. **2** Nota musical de referência emitida pelo instrumento afinador ou tipótono. **Ex.** A nota do ~ é o *lá* normal [435 vibrações por segundo]. ⇒ lamiré. **3** Extensão de sons que um instrumento [a voz humana] percorre na escala musical. **Comb.** ~ agudo [grave]. **4** Posição relativa que um som ocupa na escala

diapedese

musical. **5** *fig* Medida/Nível/Padrão/Critério. **Loc.** Afinar pelo mesmo ~ [Pensar da mesma maneira/Concordar/Coincidir].

diapedese *s f Med* (<gr *diapedésis*: o que jorra, salta através de) Passagem dos glóbulos brancos do sangue para o tecido conjuntivo através das paredes dos capilares. **Ex.** A ~ é mais intensa quando ocorrem estados inflamatórios.

diapírico, a *adj* (<diapiro + -ico) Relativo ao diá[a]piro.

diapirismo *s m Geol* (<diapiro + -ismo) Fenó[ô]meno geológico que se cara(c)teriza pela formação de diá[a]piros devido a forças tectó[ô]nicas.

diá[a]piro *s m Geol* (<gr *diapeiró*: atravessar, (fazer) passar através de) Intrusão vertical de material viscoso que irrompeu através das camadas de cobertura. **Ex.** O ~ ou dobra diapírica é frequente nos terrenos salíferos.

diaporama *s m* (<diap(ositivo) + -orama) Proje(c)ção de diapositivos com som sincronizado. **Ex.** A palestra começou com um ~ sobre o assunto que ia ser tratado.

diaporese *s f Ling* (<lat *diaporésis,is*: hesitação, dúvida) Figura de retórica em que o orador se interrompe a si mesmo como que à procura do que há de dizer. **Ex.** A ~ serve para despertar a curiosidade [captar a atenção] dos ouvintes.

diapositivo *s m Fot* (<dia- **a)** + positivo) Imagem (em suporte) transparente para ser observada por proje(c)ção. **Comb.** ~s da viagem «ao Japão». ~s de flores.

diária *s f* (<diário) **1** O que se ganha [gasta] cada dia. **Loc.** Auferir [Ter direito a/Ganhar] uma ~ elevada/choruda. Não aguentar tamanha [tão grande] ~. **2** O que se paga por dia em hospedagem/internamento. **Ex.** O hotel é bom, mas a ~ é muito cara. A Segurança Social não paga a ~ (da Casa de Saúde); só (paga) os medicamentos e a assistência médica. **3** Verba atribuída aos funcionários para despesas de alojamento e alimentação por cada dia de serviço fora da empresa. **Ex.** A ~ dada pela empresa era insuficiente para cobrir as despesas. **Sin.** Ajuda de custo(+). **4** Ração de cada dia. **Ex.** A ~ do cão era só de ração industrial.

diariamente *adv* (<diária + -mente) Que acontece [se verifica] todos os dias. **Ex.** Eu faço ginástica ~ [todos os dias].

diário, a *s m/adj* (<dia + -ário) **1** Livro onde se regist(r)am os acontecimentos de cada dia. **Ex.** A Rita confiava os seus segredos ao ~. **Comb.** ~ *clínico*. ~ *de bordo*. O *"~ de Miguel Torga"*. **2** *Com* Livro onde se regist(r)am as operações comerciais de cada dia. **Ex.** Pelo ~ foi fácil confirmar a transa(c)ção. **3** Jornal que é publicado todos os dias. **Ex.** Prefiro os semanários aos ~s: tratam os assuntos com maior profundidade. **4** De [Que acontece] todos os dias/Quotidiano. **Comb.** *Banho* ~. *Despesas* ~*as*. *Obrigações* ~*as*. *Situação* ~*a*.

diarista *s 2g* (<diário + -ista) **1** O «Miguel Torga» que escreve um diário «particular/como escritor». **2** Jornalista. **Ex.** No jornal da pequena vila trabalham três empregados, mas só um é ~ [jornalista(+)]. **3** Trabalhador a dias (+). **Ex.** Além dos empregados mensais, a empresa, às vezes, também contrata ~s. ⇒ jornaleiro.

diarreia *s f Med* (<gr *diarrhoia* <*diarrhéo*: fluir por todos os lados) Evacuação anormal de fezes pastosas ou líquidas, provocada por desarranjo intestinal. **Ex.** A ~ pode causar a desidratação.

diarreico, a *adj/s* (<diarreia + -ico) **1** Relativo à diarreia/Que provoca a diarreia. **Comb.** Substâncias ~as. **2** O que sofre de diarreia.

diartrose *s f Anat* (<gr *diarthrósis*) Articulação móvel. **Ex.** As articulações do joelho e do cotovelo são ~s. ⇒ anfiartrose; sinartrose; artrose.

diascopia *s f* (<dia- **a)** + -scopia) Proje(c)ção da imagem de obje(c)tos diáfanos através da luz.

diáspora *s f* (<gr *diasporá* <*diaspeiró*: passar através de todos os lados, dispersar) **1** Dispersão do povo judeu por todo o mundo, criando comunidades judaicas fora da Palestina. **Ex.** ~ de minorias judaicas no mundo helenista. **2** Conjunto das comunidades judaicas dispersas pelo mundo. **Ex.** A primeira grande ~ nasceu com os judeus que [foi quando alguns judeus] não quiseram regressar do cativeiro da Babiló[ô]nia. **3** Comunidades de qualquer povo que emigraram ou foram forçadas a deixar a sua pátria. **Comb.** ~ dos emigrantes «portugueses espalhados pelo mundo».

diástase *s f* (<gr *diástasis*: separação, distância) **1** *Bioq* Conjunto de enzimas que transformam o amido em maltose. ⇒ amílase. **2** *Med* Afastamento de dois músculos ou ossos contíguos, sem luxação. **Comb.** ~ tíbio-peronial.

diastema *s m* (<gr *diástema,atos*: intervalo, interstício) **1** *Odont Zool* Espaço entre dois dentes consecutivos «do cão/do cavalo», geralmente de tipos diferentes. **Ex.** A barra dos equídeos é um exemplo de ~. **2** *Mús* Intervalo simples entre notas musicais.

diástole *s f Fisiol* (<gr *diastolé*: separação, dilatação) Dilatação das cavidades do coração por descontra(c)ção das paredes musculares. **Comb.** ~ auricular/das aurículas [ventricular/dos ventrículos]. **Ant.** Sístole. **2** *Gram* Transformação duma vogal [sílaba] breve em longa/Deslocação do acento tó[ô]nico para a sílaba seguinte. **Ex.** Os poetas recorrem por vezes à ~ por causa da rima.

diastólico, a *adj* (<diástole + -ico) Relativo à diástole.

diastrofia *s f Med* (<gr *diastrophé*: distorção) Deslocamento ou luxação de um osso, tendão ou músculo.

diastrofismo *s m Geol* (<diastrofia + -ismo) Conjunto de movimentos orogé[ê]nicos e epirogé[ê]nicos que provocam grandes deformações na crosta terrestre. **Ex.** Fra(c)turas, enrugamentos, formações de bacias oceânicas, são fenó[ô]menos de ~.

diatermia *s f Med* (<dia- **a)** + -termia) Método terapêutico de aquecimento dos tecidos por meio duma corrente elé(c)trica de alta frequência. **Comb.** ~ de microondas.

diatérmico, a *adj* (<diatermia + -ico) **1** *Med* Relativo à diatermia/Que aplica a diatermia. **Comb.** Processo [Tratamento] ~. **2** *Fís* Que deixa passar facilmente o [é bom condutor do] calor. **Comb.** Materiais ~s. **Ant.** Adiatérmico.

diátese *s f Med* (<gr *diáthésis*) Predisposição hereditária para determinado tipo de doença. **Comb.** ~ hemorrágica [úrica].

diatésico, a *adj Med* (<diátese+-ico) Relativo à diátese.

diatomáceo, a *s f/adj Bot* (<gr *diatomé*: a(c)to de cortar em dois + -áceo) (Diz-se das algas) Diatomáceas/Bacilariófitas. **Comb.** ~s fósseis.

diatómico, a [*Br* **diatômico**] *adj Quím* (<di- **a)** + átomo + -ico) Cuja molécula tem dois átomos. **Ex.** O hidrogé[ê]nio é um gás ~.

diatomito *s m Geol* (<diatomá(cea) + -ito) Rocha sedimentar formada por acumulação de diatomáceas. **Ex.** Os ~s são rochas leves, porosas e geralmente friáveis.

diatónico, a [*Br* **diatônico**] *adj Mús* (<gr *diatónicó,é,ón*) «escala» Que se compõe de tons e meios tons em sucessão natural. **Ant.** Cromático.

diatópico, a *adj Ling* (<dia- **a)** + tópico) Relativo a variantes linguísticas locais ou regionais. ⇒ diafásico.

diatribe *s f* (<dia- **a)** + gr *tribó*: esfregar) **1** Dissertação crítica filosófico-moral que gregos e romanos faziam acerca de uma obra. **2** Discurso violento/Crítica severa. **Ex.** O embaixador ouviu imperturbável aquela ~ contra o seu país. **Sin.** Catilinária; injúria.

diazocomposto *s m Quím* (<di- + azoto + ...) Denominação genérica dos compostos que contêm o radical com dois átomos de azoto. **Ex.** Os ~s são geralmente explosivos.

dica *s f Col* (<dicar) Indicação/Sinal/Achega/Luzinha. **Ex.** Com umas ~s da minha irmã consegui preparar uma toilette [toalete] barata e vistosa.

dicar *v t* (<lat *díco,áre*: dar a saber, divulgar, consagrar <*díco,ere*: dizer) ⇒ Dedicar/Consagrar/Oferecer a vida.

dicastério *s m Dir* (<gr *dikastérion*: tribunal, corte de julgamento na Grécia Antiga) **1** *Hist* ⇒ Tribunal das antigas cidades de Atenas e Nápoles. **2** ⇒ Subdivisão da cúria romana/Tribunal eclesiástico.

dicaz *adj 2g* (<lat *dícax,ácis*: satírico, mordaz; ⇒ dicar) ⇒ Severo na crítica/Satírico/Sarcástico/Cáustico/Mordaz.

dicção [*Br* **di(c)ção** (*dg*)] *s f* (<lat *díctio, ónis* <*díco,ere,díctum*) **1** Maneira de pronunciar. **Ex.** Compreendo-o muito bem, tem uma boa ~ [uma ~ clara]. **Comb.** Professor que dá importância à ~. Um tom coloquial, longe das dicções solenes e teatrais. **2** ⇒ Escolha apropriada das palavras e da entoação numa exposição oral. **3** *Mús* ⇒ Modo de pronunciar as palavras cantadas.

dichote (Chó) *s m* (<esp *dicho* + -ote) Dito chistoso/Gracejo/Ditote/Zombaria. **Ex.** Por causa de vestir de maneira antiquada era alvo de ~s por parte dos colegas.

dicionário *s m* (<lat *dictionárium,ii*; ⇒ dicção) Livro que contém, por ordem alfabética, as palavras e expressões duma língua com informações sobre o seu significado, classificação morfológica, particularidades fonéticas e outras. **Loc.** Consultar o [Ir ver ao/Procurar no] ~ para tirar dúvidas «ortográficas/de significado». **Comb.** ~ *analógico* [que agrupa as palavras de acordo com a sua estrutura semântica ou por analogia de sentido]. ~ *bilingue* [que indica a tradução da palavra noutra língua]. ~ *ele(c)tró[ô]nico* [em suporte informático]. ~ *enciclopédico* [que, além do significado, inclui informações mais desenvolvidas de cará(c)ter científico, técnico, literário, etc.]. ~ *monolingue*. ~ *técnico* [que contém termos técnicos de determinada ciência ou especialidade]. *idi* ~ *vivo* [Pessoa muito culta/erudita]. ⇒ léxico; vocabulário; glossário.

dicionarista *s 2g* (<dicionário + -ista) Pessoa que elabora [Autor de] dicionários. **Sin.** Lexicógrafo.

dicionarização *s f* (<dicionarizar + -ção) A(c)ção de regist(r)ar em dicionário. ⇒ lexicografia.

dicionarizar *v t* (<dicionário + -izar) **1** Regist(r)ar em dicionário. **Loc.** ~ um neologismo. **2** ⇒ Compilar/Elaborar um dicionário.

diclinal adj 2g Geol (<di- **a**) + (in)clinar + -al) «dobra» Cujos flancos divergem um para baixo (Anticlinal), outro para cima (Sinclinal).

-dico suf (<lat *díco,ere*: dizer) Reforça ou "dá razão" à palavra de que é sufixo; ⇒ verí~; inverí~; fatí~.

-diço ⇒ -iço.

dicotiledóneo, a [Br dicotiledôneo] s/adj Bot (<di- + cotilédone + -eo) **1** (Diz-se de) qualquer planta da subclasse das dicotiledó[ô]neas. **2** (Diz-se de) subclasse das angiospérmicas com embrião provido de dois ou mais cotilédones, raiz aprumada e folhas com nervação reticulada. ⇒ monocotiledó[ô]neo.

dicotomia s f (<gr *dikhotomía*: divisão em duas partes iguais) **1** Divisão (sucessiva) em duas partes. **Ex.** A ~ "capitalistas-trabalhadores" é utilizada de forma sistemática pelos ideólogos marxistas. **2** Classificação dos seres vivos em que, na mesma chave, são consideradas duas condições opostas entre si. **Ex.** "Ter penas" e "não ter penas" é uma ~ utilizada pela taxonomia na classificação dos vertebrados. **3** *Astr* Aspe(c)to dum planeta quando aparece com metade do disco iluminado. **Comb.** ~ da lua. **4** *Bot* Divisão bifurcada das hastes de algumas plantas. **5** *Lóg* Divisão dum conceito em dois, geralmente opostos, que abrangem toda a extensão. **Comb.** "Homens-mulheres", ~ dos seres humanos. **6** Partilha de honorários entre o médico que trata o doente e outro que lho enviou. **Ex.** A ~ pode não ser eticamente aceitável.

dicotómico, a [Br dicotômico] adj (<dicotomia + -ico) **1** Que emprega a dicotomia/Que se divide em dois. **Comb.** Classificação ~a. **2** *Bot* Bifurcado. **Comb.** Ramificação ~a.

dicroísmo s m (<di- **a**) + gr *khroismós*: coloração) **1** *Min* Propriedade de alguns cristais «turmalina» apresentarem mais do que uma cor devido à variação de absorção (da luz) com a mudança de incisão da luz. ⇒ pleocroísmo; policroísmo. **2** *Bot* Fenó[ô]meno verificado em algumas plantas em que as flores ou frutos apresentam coloração anormal.

dicromático, a adj (<di- **a**) + cromático) Que apresenta duas cores. **Ex.** A tintura de tornesol é um indicador ~.

dicromatismo s m (<di- **a**) + cromatismo) Tipo de cegueira parcial para as cores em que o olho só distingue duas cores primárias. ⇒ daltonismo.

dicromato s m *Quím* (<di- **a**) + cromato) Sal ou anião [ânion] do ácido cró[ô]mico. **Comb.** ~ de potássio.

dictafone [Br di(c)tafone (dg)**]** s m (<ditar + -fone) Aparelho para regist(r)ar e reproduzir mensagens faladas. **Ex.** O dire(c)tor deixava as cartas gravadas no ~ para a secretária da(c)tilografar.

didacta/didáctica/didáctico/didactismo ⇒ didata/...

didáctilo, a adj *Zool* (<di- **a**) + gr *dáktylos*, *ou*: dedo) Que tem dois dedos em cada pata. **Ex.** A avestruz é um animal ~. ⇒ casco rachado "do boi".

didascália s f *Liter Teat* (<gr *didaskália* <*didaskó*: ensinar) **1** *Hist* Regras e preceitos que os autores dramáticos gregos davam aos a(c)tores que iam representar as suas obras. **2** *Hist* Crítica das obras teatrais na Roma antiga. **3** Conjunto de preceitos e regras de uma ciência ou arte/Crítica teatral.

didata s 2g [= didacta] (<gr *didaktós*: ensinado, instruído <*didásko*: ensinar) O que ensina/Autor de uma obra de ensino. **Ex.** Apesar de não ter nenhum curso acadé[ê]mico era um bom ~. **Sin.** Mestre(+); professor(o+). ⇒ auto~.

didática s f [= didáctica] (<gr *didaktiké*: arte de ensinar) Arte/Técnica do ensino. **Ex.** Era um professor muito apreciado pela sua ~. **Comb.** ~ da Matemática. ⇒ pedagogia; ensino.

didático, a adj [= didáctico] (<gr *didaktikós*) **1** Relativo à didática. **Ex.** Começando por enunciar os erros do passado, referiu-se depois aos métodos ~s a(c)tuais. **2** Que serve para ensinar. **Comb.** *Jogos ~s. Livro* (muito) ~. *Material* ~.

didatismo s m [= didactismo] (<didata + -ismo) Qualidade do que é didático. **Comb.** O ~ do corpo docente (duma escola).

didelfo [didelfiídeo], a adj/s *Zool* (<di- **a**) + gr *delphús,úos*: útero) **1** (O) que tem dois úteros. **2** pl Ordem dos mamíferos marsupiais. **Ex.** Os cangurus, os gambás e as cuícas são ~s.

dídimo, a adj/s (<gr *dídymos*: gé[ê]meo, duplo; e *tb* testículo) **1** «órgãos» Que se desenvolvem aos pares. **Comb.** Estames ~s. **2** Gé[ê]meo. **Ex.** O Apóstolo Tomé é designado por ~.

didinâmico, a [didínamo, a] adj *Bot* (<di- **a**) + gr *dynamos*: força) Que tem quatro estames sendo dois maiores (do) que os outros. **Comb.** Flor ~a.

didodecaedro s m *Min* (<di- **a**) + ...) Forma cristalográfica do sistema cúbico com vinte e quatro faces.

diédrico, a adj (<diedro + -ico) Relativo a (ângulo) diedro.

diedro (Dié) s m *Geom* (<di- **a**) + -edro) **1** Espaço limitado por dois semiplanos com origem comum/Que tem duas faces. **2** Ângulo sólido formado por dois semiplanos com origem na mesma re(c)ta. **Comb.** ~ re(c)to.

dielétrico, a [Br dielé(c)trico (dg)**]** adj/s *Ele(c)tri* [= dieléctrico] (<dia- **d**) + ...) (O) que conduz mal a eletricidade. **Comb.** Constante ~a [Razão entre a capacidade dum condensador que tem como ~ um determinado material e a capacidade que teria se o ~ fosse o vazio]. ⇒ permitividade. *Rigidez ~a* [Campo elétrico máximo que um isolador pode suportar]. «a ebonite é uma» *Substância ~a* [má condutora de ... (+)].

diencéfalo s m *Anat* (<di- **a**) + ...) Parte indefinida do cérebro que compreende [inclui] o tálamo e o hipotálamo. ⇒ mes[tel]encéfalo.

diérese s f (<gr *diaíresis*: divisão) **1** *Gram* Separação de duas vogais dum ditongo. **Ex.** A pronúncia separada do *u* e do *i* na palavra tranquilo é um exemplo de ~. Por ~, o *sau* de *saudade* fica *sa-u*. **Ant.** Sinérese. **2** *Gram* Sinal diacrítico que indica a divisão das vogais/Trema(+). **Ex.** O trema era usado no Brasil para indicar alguns casos de ~. **3** *Med* Separação acidental ou cirúrgica de tecidos orgânicos contíguos.

diesel (Dízel) s m *sing* e *pl*/adj 2g *sing* e *pl* (<eng al R. Diesel) Motor de combustão interna que funciona por autoinflamação do combustível inje(c)tado no ar comprimido dentro do cilindro. **Ex.** Os motores ~ têm um elevado rendimento térmico.

dieta (Dié) s f (<gr *díaita,es*: modo de viver, sala de refeições ou de reuniões) **1** Regime alimentar normal duma pessoa. **Comb.** ~ rica/equilibrada/saudável. **2** Regime alimentar especial que restringe alguns alimentos por motivos de saúde. **Ex.** O médico prescreveu-me uma ~ rigorosa com proibição total de açúcar e gorduras. **3** Refeição própria para (pessoas) doentes. **Ex.** «na cantina da escola» Além do prato [da refeição] normal há sempre ~, geralmente peixe. **Loc.** Pôr um doente a (comer) ~. **4** Privação temporária, total ou parcial, de alimentos, por motivos religiosos/Jejum. **Ex.** Hoje jejuo [estou de ~]. **5** *Hist* Assembleia legislativa política ou religiosa de alguns estados. **Ex.** Ficaram célebres na História as ~s de Espira, que proibiam a propaganda luterana nos estados católicos e a de Augsburgo, na qual foram fixados os princípios do credo luterano. **Comb.** A Dieta Japonesa [Alemã].

dietética s f *Med* (<gr *diaitetiké*: ciência das prescrições higié[ê]nicas) Ciência médica que estuda a alimentação humana. **Ex.** A ~ fixa os princípios a que deve obedecer uma alimentação saudável. ⇒ nutricionismo.

dietético, a adj (<gr *diaitetikós,é,ón*) **1** Relativo à [às regras da] dietética. **Comb.** Leis [Regras] ~as. **2** Com menos calorias que o produto normal/Da dieta mais conveniente. **Comb.** Produto ~ «em vez do açúcar». Regime ~ «sem gorduras».

dietista s 2g (<dieta+-ista) Especialista em dietética/Nutricionista. **Ex.** A/O ~ recomendou-me que evitasse o açúcar e as gorduras para não aumentar de peso.

dietoterapia s f (<dieta + terapia) Tratamento por meio de dieta. **Ex.** A ~ foi suficiente para perder o excesso de peso e me sentir melhor.

difamação s f (<lat *difamátio,ónis*) Divulgação de defeitos, reais ou falsos, que mancham [fazem perder] a honra/reputação. **Ex.** O adversário político serviu-se da ~ para desacreditar o autarca. A ~ é punida [punível] por lei. **Sin.** Calúnia; maledicência. ⇒ descrédito [perda da boa fama/do bom nome].

difamador, ora adj/s (<difamar + -dor) (O) que difama/Caluniador. **Ex.** Os ~es foram os próprios [seus] correligionários. **Comb.** Artigo ~ «no jornal».

difamante adj 2g (<difamar + -ante) Que difama/Calunioso. **Comb.** Conversas [Críticas] ~s/difamadoras/difamatórias.

difamar v t (<lat *diffámo,áre*) Divulgar alguma coisa que rouba [tira] a fama [a reputação/o bom nome] a alguém/Desacreditar publicamente. **Ex.** Ela difamou-se por causa das atitudes provocatórias que manifestava publicamente. Difamaram o ministro com falsas acusações «de fraude fiscal». **Sin.** Infamar.

difamatório, a adj (<difamar + -ório) «escrito» Para difamar. **Comb.** Libelo [Opúsculo] ~. **Sin.** Difamante; difamador.

difásico, a adj *Ele(c)tri* (<di- **a**)+ ...) Que tem duas fases. **Comb.** Rede elé(c)trica ~a. **Sin.** Bifásico.

diferença s f (<lat *differéntia,ae*) **1** O que distingue uma coisa de outra. **Ex.** Os gé[ê]meos têm ~s muito pequenas. A única ~ das [entre as] duas camisolas [suéteres] é a [na] tonalidade do vermelho. **Loc.** Fazer a ~ [Tornar diferente/Distinguir]. **Comb.** *Ele(c)tri ~ de potencial* [Voltagem]. *Lóg ~ específica* [Cara(c)terística que distingue uma espécie das outras do mesmo gé[ê]nero]. **2** Alteração/Modificação. **Ex.** Nota(s) alguma ~ na cor das gemas dos ovos? **3** Diversidade/Disparidade. **Ex.** Há uma grande ~ no preço dos dois detergentes. **4** Falta de igualdade/Discriminação. **Ex.** Eu não faço ~ entre o rico e o pobre, respeito toda a gente. A ~ de tratamento do professor entre uma turma e outra é (mais que) evidente. **5** Desigualdade/Variedade. **Ex.** Há uma grande ~ [dispa-

ridade(+)] de idades naquela [nos alunos daquela] turma. **6** Transtorno/Incó[ô]modo. **Ex.** Tínhamos combinado que viria hoje ajudar-te «na costura». Não faz ~ [Não causa transtorno] que venha (antes) amanhã? Isso faz-me ~ [não me convém]. **7** *Fil* Expressão de alteridade entre seres ou conceitos. **Ex.** São as ~s que distinguindo os seres dão origem à diversidade/à multiplicidade. **8** *Mat* Resultado da operação de subtra(c)ção/Excesso. **Ex.** 4 é a ~ entre 6 e 10. O lucro é a ~ entre as [o dinheiro das] vendas e o custo da mercadoria. **Loc.** Pagar a ~. **9** Troco/Demasia. **Ex.** Não tenho moedas pequenas para te dar a ~ [o troco(+)] da despesa que pagaste (com uma nota de dez euros). **10** *fig* Desconto/Abatimento. **Ex.** Se você comprar as duas camisas faço-lhe uma pequena ~ [um pequeno desconto(o+)/abatimento(+)]. **11** *fig* Grande perda/Prejuízo. **Ex.** Estou desorientado! Tive uma grande ~ [perda(+)] no negócio da Bolsa.

diferençar *v t* (<diferença + -ar¹) **1** Estabelecer a diferença/Distinguir. **Ex.** Ainda não consigo ~ os dois gé[ê]meos. **Loc.** ~-se dos outros «pela esmerada educação». **2** Identificar com clareza/Notar. **Ex.** Vejo um vulto ao longe mas não sei [consigo/posso] ~ [distinguir(+)] quem é. **3** *Mat* Calcular as diferenças de uma função ou sequência/Diferenciar **2** (+).

diferençável *adj 2g* (<diferença + -vel) Que se pode diferençar. **Comb.** Pormenores facilmente [dificilmente] ~eis.

diferenciação *s f* (<diferenciar + -ção) **1** Determinação da(s) diferença(s)/Distinção/Discernimento. **Ex.** Antigamente, pelo modo de vestir (das pessoas) fazia-se (imediatamente) a ~ [distinção(+)/identificação(o+)] do sexo. **2** Diversidade/Desigualdade/Disparidade. **Comb.** ~ de salários. **3** *Biol* Alteração no sentido duma maior complexidade. **Comb.** ~ [Modificação/Transformação] celular. **4** *Mat* Cálculo do diferencial duma função. **Comb.** Operação de ~. **5** *Fon* Alteração de dois sons contíguos iguais ou semelhantes tornando-os diferentes. **Ex.** O ditongo *ou* de *ouro* por ~ passa a [transforma-se em] *oi*, *oiro*.

diferenciado, a *adj* (<diferenciar + -ado) **1** Que sofreu diferenciação/Modificado/Transformado. **Ex.** Na semente [No embrião] ~a/o distinguem-se a radícula, o caulículo e os cotilédones. **2** Que apresenta cara(c)terísticas próprias/Distinto. **Comb.** Traços fisionó[ô]micos ~s. Elementos (duma estrutura) ~s.

diferencial *adj 2g/s* (<lat *differéntia,ae*: diferença + -al) **1** Relativo a diferença(s)/variação(ões). **Comb.** *Med Diagnóstico* ~ [feito entre casos com sintomas parecidos]. *Estudo* [Análise] ~ [comparativa(+)] dos assaltos a bombas de gasolina. **2** (O) que constitui/indica diferença. **Ex.** O ~ entre os dois políticos é que um é presidencialista e o outro não. **Comb.** Cara(c)terística ~. **3** *s m Mec* Mecanismo que transmite o movimento do motor às rodas motrizes dum carro e que, nas curvas, lhes imprime uma velocidade de rotação diferente, maior na(s) exterior(es) que na(s) interior(es). **4** *s m Mec* Aparelho constituído por um sistema de roldanas, ligadas por um cabo de aço ou uma corrente, que permite movimentar grandes cargas com pequeno esforço. **Ex.** Os ~ais podem ser elé(c)tricos, manuais ou pneumáticos. ⇒ cadernal. **5** *s f/adj Mat* Produto da derivada duma função pelo acréscimo da variável independente. **Comb.** ~ *de primeira* [segunda/ ...] *ordem*. ~ *parcial* [total]. *Análise* [Cálculo] ~. *Equação* ~. *Forma* ~.

diferenciar *v t* (<lat *differéntia* + -ar¹) **1** Estabelecer a diferença/Distinguir/Diferençar. **Ex.** A mãe marcava as meias [a roupa] dos filhos para as/a ~ [distinguir(+)/identificar(o+)]. **Ant.** Igualar. **2** *Mat* Calcular a diferencial duma função.

diferendo *s m* (⇒ diferir) Desacordo entre duas partes [pessoas] provocado pela diferença de opiniões ou interesses. **Ex.** O ~ entre os dois países acentuou-se [aumentou]. **Comb.** ~ litigioso.

diferente *adj 2g* (<lat *dífferens,éntis*) **1** Outro/Distinto/Diverso/Desigual. **Ex.** O nosso pai é o mesmo, mas a mãe é ~ [mas a mãe não(+)]. São irmãos e (apesar disso são) tão ~s! **Ant.** Idêntico; igual; mesmo. **2** Que apresenta diferenças/Divergente/Diversificado. **Comb.** *Opiniões* ~s [divers(ificad)as]. *Resultados* ~s [divergentes]. *Tecidos (muito)* ~s [com (grandes) diferenças]. **3** Que apresenta um aspe(c)to novo/desconhecido/Mudado/Modificado. **Ex.** Nem te conhecia! Estás tão ~! Cresceste muito! **4** *Os* ~*s*/Todos. **Ex.** Vão usar da palavra todos os [os ~s] grupos parlamentares (Partidos). **5** *Br* ⇒ desavindo; zangado.

diferentemente *adv* (<diferente + -mente) De modo diferente/Diversamente. **Loc.** Agir/Pensar/Tratar ~.

diferido, a (<diferir + -ido) Adiado/Atrasado/Retardado. **Comb.** *Reunião* ~a [adiada(+)]. «transmitir pela TV» *Em* ~ [Posteriormente/Noutra hora] (Ant. Em dire(c)to).

diferimento *s m* (<diferir + -mento) Adiamento/Atraso/Demora «da resposta». **Ex.** O ~ da resolução [do despacho] foi provocado pelo erro no preenchimento dos impressos.

diferir *v t/int* (<lat *díffero,différere* <*différre,dístuli,dilátum*: ir [espalhar-se] para todos os lados <*dis*-: «separar» + *féro*: levar; ⇒ transferir) **1** Deixar para mais tarde/Adiar «a resposta». **Ex.** O Governo diferiu a apresentação da proposta de lei «das rendas» para depois das eleições presidenciais. **2** Fazer durar/Prolongar/Demorar/Arrastar. **Comb.** Processos judiciais diferidos [arrastados(+)] durante anos nos tribunais. **3** Ser diferente/Distinguir-se. **Ex.** A Constituição portuguesa a(c)tual difere muito [é muito diferente] da de 1975. Este aluno difere [distingue-se(+)] dos seus colegas tanto no aproveitamento como no comportamento. **4** Estar em desacordo/Divergir. **Ex.** As linhas programáticas [Os programas] dos dois partidos diferem totalmente.

difícil *adj 2g* (<lat *diffícilis,e*) **1** Que dá trabalho/Pouco acessível/Custoso. **Comb.** *Tarefa* ~. *Traje(c)to* [Caminho/Percurso] ~. **Sin.** Árduo; duro. **Ant.** Fácil. **2** Que custa a suportar/Penoso/Triste. **Ex.** Passou horas ~eis no hospital depois do acidente do filho. **Comb.** Situação ~. **3** Que custa compreender/Complicado/Intrincado. **Comb.** Exame/Exercício/Texto ~. **4** Pouco sociável/Intratável. **Comb.** Feitio [Modo de ser/Cará(c)ter] ~. **5** Que não é fácil de contentar/Exigente/Rigoroso. **Ex.** Na aula «de matemática» ninguém brincava. Era [Tínhamos] um professor ~ [exigente(o+)/rigoroso(+)], mas todos gostavam [gostávamos] dele. **Comb.** Gostos ~eis. **6** Que não se deixa seduzir [levar/convencer] facilmente. **Loc.** Fazer-se ~ [importante/superior/caro]. **Comb.** *Homem* [Mulher] ~ «de conquistar». *Negociador* ~. **7** Pouco provável/Quase impossível. **Ex.** É muito ~ que consigas apanhar o comboio [trem]; já é muito tarde! **8** *s m* O que apresenta dificuldade. **Ex.** O ~ é adivinhar «o que vai sair no exame». Já se sabe que há de chover; o ~ é saber quando. **Comb.** O ~ [busílis] da questão. **9** *adv* De modo complicado/Sem simplicidade. **Loc.** Escrever [Falar] ~.

dificílimo, a *adj* (<difícil + -imo; ⇒ -íssimo) Superlativo absoluto sintético [absoluto simples] de difícil/Muito difícil. **Ex.** O exame «de História» foi ~ [muito difícil]. **Comb.** Problema ~ [extremamente difícil] de resolver.

dificilmente *adv* (<difícil + -mente) Com dificuldade/De modo difícil/Custosamente. **Loc.** Conseguir andar [levantar-se] ~ [penosamente/com muito custo].

dificuldade *s f* (<lat *difficúltas,átis*) **1** Cara(c)terística do que é difícil/O que torna alguma coisa difícil. **Ex.** Este problema apresenta grande ~. O mau tempo causou grande(s) ~(s) à aterra[rrissa]gem do avião. **Comb.** A ~ duma missão. **2** O que embaraça/estorva/Obstáculo. **Ex.** Iria a tua casa com muito gosto se não fosse a ~ das [de subir as] escadas. **Comb.** *As* ~*s burocráticas*. *Com* ~ [Dificilmente/A custo]. **3** O que se opõe/age contra/Impedimento/Obje(c)ção. **Ex.** O chefe arranjou mil e uma [muitas] ~s para não me dispensar do serviço. **Loc.** Não levantar ~s. **4** Situação difícil/crítica/Aperto. **Ex.** Se estiveres em ~ telefona-me. **Comb.** ~*s de saúde*. ~*s financeiras*. **5** Relutância/Repugnância. **Ex.** (O professor) não teve ~ [relutância] em aceitar a justificação da falta [de faltar à aula]. Tenho muita ~ em ver sangue (num ferido).

dificultar *v t* (<lat *difficúlto,áre*) **1** Tornar(-se) difícil. **Ex.** A falta de mão de obra dificultou a conclusão do trabalho dentro do prazo previsto. O doutoramento dificultou-se-lhe muito porque nunca deixou a a(c)tividade profissional. **2** Levantar dificuldades/Embaraçar/Obstruir. **Ex.** O medo e a falta de ousadia do sócio dificultavam a tomada de medidas para recuperar a empresa. **3** Tornar(-se) obscuro/difícil de entender/Complicar(-se). **Ex.** O mau estado das ruas «estreitas e com buracos» dificulta o trânsito. A matemática dificultou-se-lhe muito [tornou-se-lhe muito difícil(+)] quando chegaram à [começaram a estudar a] trigonometria. A doença da mulher dificultou-lhe [complicou-lhe] muito a vida.

dificultoso, osa (Ôso, Ósa, Ósos) *adj* (<dificultar + -oso) Que causa [apresenta] dificuldades/Difícil/Custoso. **Comb.** Caminhos ~os. Tarefas ~as.

difluência *s f* (<difluir + -ência) Qualidade do que diflui/é difluente. **Comb.** A ~ das correntes de vento. **Ant.** *Meteor* Confluência.

difluente *adj 2g* (<difluir + -ente; ⇒ e[a]fluente) Que diflui/corre ou se espalha como um líquido.

difluir *v int* (<lat *díffluo,úere,úxi,úxum*: correr para um e outro lado, espalhar, escorrer) Escorrer/Espalhar-se como um líquido/Derramar-se. **Sin.** Difundir-se; propagar-se.

difração (Frà) *s f Fís* [= difracção] (<lat *diffráctio,ónis* <*diffríngo,diffráctus* <*dis-*+*frango,ere,fráctum*: quebrar, fazer em pedaços, estilhaços) Fenó[ô]meno sofrido pelas ondas luminosas [sonoras/ele(c)tromagnéticas] quando passam através duma abertura estreita ou encontram um obstáculo, provocando alteração do comprimento de onda e interferências das frentes de onda criando zonas de maior ou menor intensidade. **Ex.** As técnicas de ~ de electrões [elétrons] e neutrões [nêutrons] são muito importantes na investigação científica. O poder separador dos instrumentos ó(p)ticos depende do efeito da ~. **Comb.** ~ dos raios X. ⇒ refra(c)ção.

difra(c)tómetro (dg) **[**Br **difra(c)tômetro** (dg)**]** s m Fís (<difra(c)tar + -metro) Instrumento usado no estudo da estrutura ató[ô]mica por difração.

difratar (Frà) v t [= difractar] (⇒ difração) Sofrer [Causar] a difração/Desviar por difração.

difringente adj 2g (<lat diffríngens,éntis; ⇒ difração) Que provoca a difração. **Comb.** Meio físico ~.

difteria s f Med (<gr diphtéra: membrana) Doença infe(c)tocontagiosa provocada por um bacilo cara(c)terizada pelo aparecimento de falsas membranas nas mucosas da boca e da garganta. **Ex.** A ~ previne-se com a vacinação. **Comb.** ~ das aves [Epitelioma contagioso/Varíola aviária].

diftérico, a adj/s (<difteria + -ico) (O) que tem difteria/Relativo à difteria. **Comb.** *Bacilo* ~. Um/a (indivíduo/pessoa) ~o/a.

difundir v t (<lat diffúndo,ere,fúsum: espalhar, derramar líquidos, estender, alargar) **1** Espalhar(-se) em todas as dire(c)ções/Estender à volta/Espargir(-se). **Ex.** A luz difunde-se em todas as dire(c)ções. O perfume difundiu-se pela sala. **2** Tornar conhecido/Propagar/Divulgar. **Loc.** ~ *a Boa Nova* do Evangelho. ~ *notícias*. **3** Transmitir pela rádio/TV. **Loc.** ~ *imagens* duma catástrofe. ~ *a reportagem dum evento* (d)esportivo. **4** Disseminar/Espalhar. **Loc.** ~ [Espalhar(+)] *o pânico*. ~ *uma doença*.

difusão s f (<lat diffúsio,ónis; ⇒ difundir) **1** Espalhamento/Disseminação. **Comb.** ~ *do calor* [barulho/som] «por toda a casa». *A* ~ *de uma doença*. **2** Propagação/Divulgação. **Comb.** ~ *duma notícia* «pela rádio/TV». *A* ~ *da língua portuguesa* «no mundo». **3** Abundância de palavras/ideias/Falta de concisão/Redundância/Prolixidade. **Loc.** «deve-se [é bom] evitar» A ~ [falta de concisão (+)] do estilo. Descrever um acidente com grande ~ [profusão(+)] de pormenores. **4** Fís Mistura íntima dum fluido no seio de outro. **Ex.** A ~ é muito rápida entre gases, mais lenta nos líquidos e quase não existe nos sólidos. **Comb.** ~ da luz.

difusibilidade s f (<difusível + -i- + -dade) Qualidade do que é difusível. **Ex.** Os meios de comunicação social facilitam a ~ de novas correntes de pensamento.

difusível adj 2g (<lat diffusíbilis,e) Que se pode difundir.

difusivo, a adj (<difuso + -ivo) **1** ⇒ difusível. **2** Pouco conciso/Prolixo(+)/Difuso **2**(o+). **3** Med Que excita energicamente o organismo. **Comb.** Estimulante ~.

difuso, a adj (<lat diffúsus,a,um; ⇒ difundir) **1** Espalhado em todas as dire(c)ções/Disseminado. **Comb.** Poeira ~a [espalhada(+)/suspensa] no ar. **2** Pouco conciso/Redundante/Prolixo. **Comb.** Explicação ~, pouco clara. Livro [Discurso/Estilo] ~/com muita palha. **3** Fís Diz-se da luz não refle(c)tida uniformemente em todas as dire(c)ções/Nebuloso/Velado. **Comb.** Luz ~a. **4** Que tem os contornos pouco definidos. **Comb.** Vultos [Rostos] ~s. **5** Med «dor» Com localização imprecisa/Não delimitado.

difusor, ora adj/s (<lat diffúsor,óris: o que trasvaza, espalha, inunda) **1** (O) que difunde/espalha em todas as dire(c)ções/Irradiador/Espalhador. **Comb.** Dispositivo ~ «da luz/do ar/do calor». **2** (O) que divulga/dá a conhecer. **Ex.** Os jornais foram os (grandes) ~es do boato. **Comb.** Um centro ~ [irradiador] de cultura.

digerido, a adj (<digerir + -ido) **1** Transformado pela digestão. **Comb.** Alimentos bem [mal] ~s. **2** Assimilado/Bem compreendido. **Comb.** Assunto [Matéria] ~o/a pelos alunos. **3** Aceite com alguma relutância/Tolerado. **Comb.** Extravagâncias dos filhos ~as.

digerir v t/int (<lat dígero,gérere,géstum: levar para diversas partes, dividir, dissolver, absorver, resolver, pôr em ordem) **1** Fisiol Transformar os alimentos de modo a serem assimilados pelo organismo. **Ex.** Ainda não digeri o almoço; o teu, como comeste tão pouco, já deve estar bem [mais que] digerido. **2** fig Compreender o que se estudou/Assimilar. **Ex.** É preciso ~ em particular o que se ouviu nas aulas. Tive sempre muita dificuldade em ~ tudo o que cheirasse a [se parecesse com/dissesse respeito à] filosofia. **3** fig Aceitar/Engolir/Tolerar coisas desagradáveis. **Loc.** ~ insultos. ~ as manias/modernices «das calças rotas/dos cabelos às cores» dos filhos. **4** Quím Deixar que uma rea(c)ção prossiga lentamente/Macerar «beterraba» num líquido aquecido «para extrair açúcar».

digerível adj 2g (<digerir + -vel) **1** Que pode ser digerido/De fácil digestão. **Comb.** Alimentos leves, facilmente ~eis. **Ant.** Indigesto. **2** fig Assimilável/Compreensível. **Comb.** Matéria [Conceitos] ~vel/veis. **3** fig Tolerável/Suportável. **Comb.** Ofensa [Insulto] ~.

digestão s f (<lat digéstio,ónis: digestão, disposição, ordem, arranjo, distribuição das partes dum discurso) **1** Fisiol Processo de transformação dos alimentos para possibilitar a sua assimilação pelo organismo. **Ex.** Os fermentos [As enzimas] são os principais agentes da ~. **2** fig Assimilação intelectual. **Ex.** Já estudei mais um capítulo da Física; agora tenho que fazer a ~ do [tenho que digerir o(+)] que aprendi de novo. **3** fig Aceitação de alguma coisa desagradável. **Ex.** A ~ dos insultos que me dirigiram levou tempo e foi-me muito difícil. **4** Quím Rea(c)ção química lenta/Cozimento/Maceração. **Comb.** A ~ da madeira para (obter) pasta de papel.

digestivo, a adj/s (<lat digestívus,a,um; ⇒ digerível) **1** Relativo à digestão. **Comb.** Processo ~. **2** s m O que ajuda à digestão/Bebida alcoólica que estimula a digestão. **Ex.** Depois do almoço, com o café, tomo sempre um ~.

digesto (Gés) s m/adj (<lat digéstus,a,um; ⇒ digerir; in-~) **1** Dir Compilação [Cole(c)ção] de regras, decisões, prescrições jurídicas. **2** Dir Hist Sele(c)ção de textos jurisconsultos clássicos ordenada pelo imperador Justiniano em 530/Pandecta. **3** Resenha(+) [Resumo(o+)] de livro ou artigo.

digestor, ora s/adj (<lat digéstor,óris: o que ordena, arranja) **1** ⇒ digestivo. **2** Quím Aparelho [Grande depósito] onde se faz a ⇒ digestão **4** da madeira para preparar a pasta de papel/Rea(c)tor. **Comb.** Um ~ contínuo.

digitação s f (<digitar + -ção) **1** Regist(r)o de dados por teclado. **Comb.** ~ dum texto no computador. **2** Mús Movimento dos dedos num instrumento musical/Dedilhação(+). **3** Configuração «dos recortes duma folha» semelhante às dos dedos da mão. **4** Anat Ramificação das fibras musculares com a configuração dos dedos da mão. **5** ⇒ formação de dedo(s).

digitado, a adj (<digitar + -ado) **1** Bot Diz-se da folha composta «do tremoceiro» com mais do que três folíolos inseridos no mesmo ponto. **2** Que tem dedos ou forma de dedos/Digitiforme. **Comb.** Recorte ~ [digitiforme(+)]. **3** Regist(r)ado no computador por (meio de) teclado. **Comb.** Texto ~.

digital adj 2g (< lat digitális,e) **1** Relativo aos dedos. **Comb.** Disposição [Forma] ~. ⇒ impressão ~. **2** Relativo aos algarismos de 0 a 9/aos dígitos. **3** Ele(c)tron Diz-se de aparelho que apresenta indicações [resultados] sob a forma numérica. **Comb.** *Relógio* ~. *Termó[ô]metro* ~. **4** Info Diz-se de aparelho [dispositivo] que opera apenas com informação associada a valores binários. **Comb.** Calculadora [Computador] ~.

digitali[eí]na s f Med (<digital + -ina) Substância venenosa extraída da dedaleira utilizada como tó[ô]nico cardíaco.

digitalização s f Info (<digitalizar + -ção) Processo de conversão de informação para o código digital [numérico] para poder ser interpretada pelo computador. **Comb.** ~ de desenhos [fotografias].

digitalizador, ora s/adj Info (<digitalizar + -dor) Aparelho que faz a digitalização. **Comb.** Um ~ de imagem.

digitalizar v t Info (<digital + -izar; ⇒ digitar) Fazer a conversão de dados analógicos para o código binário. **Loc.** ~ jogos (de computador).

digitar v t (<lat dígito,áre: indicar, mostrar com os dedos da mão, fazer uso dos dedos da mão; ⇒ digitalizar) **1** Dar a forma de dedo(s)/Pôr [Guarnecer com] dedos. **Ex.** Pegou numa bola de barro, espalmou-a, digitou-a e aí está [fez/ficou pronta] uma mão! **2** Regist(r)ar dados por teclado. **Loc.** ~ *as* [o preço das] *compras* na caixa do supermercado. ~ *um ficheiro* no computador.

digitiforme adj 2g (<dígito + -forme) Em forma de dedo/Digitado. **Comb.** Saliência ~.

digitígrado, a adj/s Zool (<dígito + -grado) (O) que anda apoiando só os dedos. **Ex.** Os gatos e os cães são (animais) ~s.

dígito s m/adj (<lat dígitus,i: dedo) **1** Cada um dos algarismos de 0 a 9. **Ex.** O número «102» tem três ~s. **2** Info Cada um dos cara(c)teres numéricos utilizados na representação [na transmissão/no processamento] duma informação pelo computador. **Ex.** Em notação binária só se utilizam dois ~s: 0 e 1. **Comb.** ~ binário. **3** Astr Cada uma das doze partes em que se divide o diâmetro aparente do Sol ou da Lua para se calcularem os eclipses.

digladiação s f (<digladiar + -ção) **1** Luta com espada/Combate. **2** Discussão violenta/Luta de palavras/Contenda. **Comb.** Inimigos políticos em permanente ~ «nos jornais».

digladiar v int (<lat digládior,ári <gládius, i: espada; ⇒ gladiador) **1** Combater com a espada corpo a corpo/Esgrimir. **2** Discutir com violência/Disputar calorosamente. **Ex.** Os dois partidos digladiavam-se (mutuamente) na defesa de posições antagó[ô]nicas.

diglossia s f (<di- **a**) + glóssa: língua) **1** Lin Coexistência de duas línguas num indivíduo ou numa comunidade, com estatutos diferentes. **Ex.** Nos países de língua oficial portuguesa são frequentes os casos de ~: língua nativa na vida corrente e portuguesa na escola e a(c)tos oficiais. ⇒ bilinguismo. **2** Med Malformação cara(c)terizada pela língua dupla.

dignamente adv (<digno + -mente) Com dignidade/Honestamente. **Loc.** Apresentar-se/Vestir-se ~. ⇒ in[con]~.

dignar-se v t (<lat *dígno,áre*) Ter a bondade/Haver por bem/Fazer o favor de. **Ex.** Escrevi-lhe pelos anos, mas ele não se dignou responder [agradecer]. Gritei e ninguém se dignou dar-me [ninguém fez o favor de me dar] atenção, seus maus [seus grandes marotos]! *fam* Queres dignar-te [Importas-te de] deixar-me passar?

dignidade s f (<lat *dígnitas,átis*) **1** Qualidade moral que infunde respeito, honra, valor, nobreza. **Ex.** Foi escolhido para presidente da instituição de benemerência porque todos reconheciam a sua grande ~/respeitabilidade. **2** Excelência/Solenidade/Gravidade. **Ex.** A presença dos representantes de todas as Forças Armadas e Militarizadas, fardados a rigor, contribuiu muito para a ~ da cerimó[ô]nia. **3** Nobreza de cará(c)ter/Respeito por si próprio e pelos outros. **Ex.** O amor que dispensava aos mais necessitados mostrava bem a sua ~. **Loc.** Ferir a ~. (Re)agir com ~ a uma ofensa. Ter a ~ de pedir desculpa. **4** Função ou posição de relevo/Cargo honorífico/Título. **Ex.** O dire(c)tor do hospital foi elevado à ~ de bastonário da Ordem dos Médicos. **Comb.** ~ eclesiástica. **5** Respeito devido a alguém ou alguma coisa. **Ex.** Há condições de vida que atentam contra a ~ humana. **Comb.** Comportamentos (dos deputados) impróprios da ~ do lugar.

dignificação s f (<dignificar + -ção) A(c)to ou efeito de dignificar(-se). **Loc.** Contribuir para a ~ da profissão [do cargo exercido].

dignificador, ora adj/s (<dignificar + -dor) (O) que dignifica/Dignificante. **Comb.** Atitude [Comportamento] ~ora/or. Um ~ do desporto [esporte] reconhecido por todos.

dignificante adj 2g (<dignificar + -ante) Que dignifica. **Comb.** Esforço [Aplicação ao trabalho] ~.

dignificar v t (<lat *dignífico,áre*) **1** Tornar(-se) digno/Engrandecer(-se). **Ex.** A atenção aos mais pobres dignifica quem exerce o poder. Dignificou-se como professor e dignificou a classe. **2** Elevar(-se) a uma dignidade/Ascender a um cargo mais elevado/honorífico. **Ex.** O Presidente da República dignificou-o com a comenda «da Ordem da Liberdade». Foi dignificado com a escolha para ministro.

dignitário s m (<lat *dígnit(as)* + -ário) O que exerce um cargo de elevado prestígio ou tem um título honorífico. **Comb.** Os mais altos ~s da nação [do país «são o Presidente, …»].

digno, a adj (<lat *dígnus,a,um*) **1** Merecedor [Credor] de aplauso/de fé. **Comb.** (A(c)to) ~ *de admiração*. *Pessoa ~a de respeito*. **2** Que inspira respeito/Honesto/Nobre. **Ex.** Ao recusar o suborno tomou uma atitude muito ~a. **3** Apto/Capaz/Adequado. **Loc.** Ser ~ de representar o país. **Comb.** Resposta ~a da [adequada à(+)] boa pergunta. **4** Que merece ser visto/perpetuado. **Comb.** *Beleza ~a de ser retratada* [pintada/perpetuada]. *Pormenores ~s de nota* [observação]. *Procedimento* [A(c)to] ~.

dígrafo, a adj/s (<di- a) + -grafo) **1** Diz-se do «japonês» que é escrito com dois tipos de letra diferentes. **2** *Ling* Grupo de duas letras que representam um único som/Digrama. **Ex.** Os conjuntos *ha, rr, ss, ch, lh, nh* e *gu* e *qu* antes de *e* ou *i* são ~s da língua portuguesa.

digrama s m (<di- a) + -grama) ⇒ dígrafo.

digressão s f (<lat *digréssio,ónis* <*digredior,dígredi,digréssus sum*: afastar-se cada qual para seu [outro] lado) **1** Viagem prolongada, cultural, de turismo ou de recreio. **Loc.** Andar em [Fazer uma] ~ pela Europa [pelo país]. **2** Afastamento [Desvio] do assunto/Divagação/Rodeio. **Ex.** Depois da ~ [divagação(+)] sobre os seus [Depois de fazer uma ~ pelos] tempos de estudante, o professor voltou ao tema da lição.

digressionar v int (<digressão + -ar¹) **1** Fazer [Andar em] digressão/ões. **2** Desviar(-se) do assunto/do tema/Divagar.

digressivo, a adj (<digressão + -ivo) **1** Em que há digressão/Que se afasta. **Comb.** Prática [Hábitos] ~a/os. **2** Que divaga/devaneia. **Comb.** Apartes ~s.

digresso s m (<lat *digréssus,us*) Afastamento do rumo ou do assunto/Digressão(+).

dilação s f (<lat *dilátio,ónis*; ⇒ diferir; dilatação) **1** Adiamento/Prorrogação/Prolongamento. **Ex.** O julgamento já sofreu várias ~ões. **2** Demora/Delonga. **Ex.** Quero este trabalho feito rapidamente, sem ~ [demora(+)]! **3** *Dir* Prazo adicional para responder a uma citação. **Ex.** O prazo para a resposta é de dez dias com a ~ de mais três para o serviço postal [do correio].

dilaceração[mento] s f (<dilacerar + -…) **1** A(c)ção de rasgar ou despedaçar com violência/Despedaçamento/Laceração. **Comb.** Cenas [A(c)tos] de ~ «praticados pelos terroristas». **2** Mortificação interior/Tortura psíquica/Aflição. **Comb.** A ~ da alma [do coração] «pelos remorsos/ciúmes».

dilacerador, ora adj/s (<dilacerar + -dor) (O) que dilacera. **Comb.** Sofrimento ~.

dilacerante adj 2g (<dilacerar + -ante) **1** Que dilacera/despedaça. **Comb.** Golpes ~s. **2** Que aflige/faz sofrer. **Comb.** Gritos ~s [lancinantes(+)].

dilacerar v t (<lat *diláceo,áre*: rasgar, fazer em pedaços) **1** Rasgar com violência/Despedaçar/Esquartejar/Lacerar. **Ex.** A fera dilacerou a presa. **2** *fig* Causar ruína/Destruir/Devastar. **Ex.** O Governo tomou medidas que dilaceraram a economia do país. **3** *fig* Causar grande dor/Mortificar/Pungir. **Ex.** A miséria daquela gente dilacerava-lhe o coração.

dilapidação s f (<dilapidar + -ção) Gasto excessivo/Esbanjamento/Estrago. **Comb.** A ~ «da fortuna/herança/do erário público».

dilapidador, ora adj/s (<dilapidar + -dor) (O) que dilapida/Gastador/Esbanjador.

dilapidar v t (<lat *dilápido,áre*: atingir ou ferir com pedras, apedrejar, destruir com pedradas) **1** Gastar sem medida/Esbanjar/Dissipar. **Loc.** ~ a fortuna «herdada dos pais». **2** Deitar abaixo/Destruir/Arruinar. **Ex.** «para construir um aldeamento turístico» Dilapidaram o palácio, os jardins e a imensa quinta.

dilatabilidade s f (<dilatável + -dade) Propriedade do que é dilatável. **Ex.** A ~ dos gases é maior do que a dos líquidos.

dilatação s f (<dilatar + -ção; ⇒ dilação) **1** *Fís* Aumento de dimensões dum corpo por a(c)ção do calor. **Ex.** A ~ do mercúrio dos termó[ô]metros permite avaliar a temperatura do corpo (a febre). **Comb.** Coeficiente de ~. **2** Alargamento/Ampliação/Expansão. **Comb.** A ~ [propagação] da fé cristã. A ~ territorial dum país. **3** *Med* Distensão natural ou forçada dum orifício/canal/órgão. **Comb.** ~ da pupila ocular. ~ dos vasos sanguíneos. **4** Prolongamento/Adiamento/Prorrogação. **Comb.** A ~ do prazo de entrega das declarações de rendimentos.

dilatado, a adj (<dilatar + -ado) **1** Que se dilatou/Aumentado/Expandido. **Ex.** A aliança [O anel] não entra porque o dedo está ~ [inchado(+)]. **Comb.** Estômago ~. **2** Propagado/Espalhado/Difundido. **Ex.** O português é uma língua ~a [espalhada/difundida(+)] por todos os continentes. **3** Adiado/Aprazado. **Loc.** Beneficiar de um prazo mais ~ para concorrer.

dilatador, ora adj/s (<dilatar + -dor) **1** (O) que dilata [faz/causa/provoca] a dilatação. **Comb.** Agentes ~es. **2** s m *Med* Músculo que permite a dilatação dum órgão. **3** s m *Med* Instrumento para provocar a dilatação dum canal ou orifício.

dilatante adj 2g (<dilatar + -ante) Que dilata/Dilatador.

dilatar v t (<lat *diláto,áre*: estender, prorrogar, aumentar <*dis*: dois + *látus, láteris*: lado) **1** Aumentar as dimensões dum corpo. **Ex.** O calor dilata os corpos. **2** Distender(-se)/Alargar(-se). **Loc.** ~ os pulmões. **3** Difundir/Propagar/Divulgar. **Loc.** ~ [Difundir(+)/Propagar(o+)] a fé cristã. **4** Ampliar(-se)/Expandir(-se)/Aumentar. **Loc.** ~ as suas a(c)tividades [o seu campo de a(c)ção]. **5** Prolongar no tempo/Fazer durar. **Ex.** A operação (cirúrgica) dilatou-lhe [prolongou-lhe] a vida. **6** Prorrogar/Adiar/Retardar. **Loc.** ~ [Prorrogar(+)] um prazo. ~ [Adiar(+)] uma decisão.

dilatável adj 2g (<dilatar + -vel) Que se pode dilatar/Susce(p)tível de sofrer dilatação.

dilatometria s f *Fís* (<dilat(ar) + -metria) (Processo de) medição da variação de dimensões dum corpo provocada pela dilatação.

dilatómetro [*Br* **dilatômetro**] s m *Fís* (<dilatar + -metro) Instrumento para medir a dilatação.

dilatório, a adj (<dilação + -ório) Que faz retardar/Que adia. **Comb.** Manobras [Procedimentos] ~as/os. Prazo ~ [Dilação].

dileção (Lè) s f [= dilecção] (<lat *diléctio, ónis*: amor, afeição) ⇒ predileção; amor.

dilecção/dilecto ⇒ dileção/dileto.

dilema (Lè) s m (<gr *dílemma,atos*: argumento pelo qual se coloca uma alternativa entre duas proposições contrárias) **1** Necessidade de escolher entre duas alternativas opostas, nenhuma delas plenamente satisfatória. **Ex.** Estou (metido) num (grande) ~: ou aceitar o novo emprego e fazer o trabalho de que gosto mas ganhando menos, ou continuar onde estou com vantagens econó[ô]micas mas em situação menos agradável. **2** *Fil* Raciocínio que partindo de duas alternativas contraditórias «ou … ou …» leva à mesma conclusão «: portanto …». **Loc.** Pôr o adversário num ~ «e convencê-lo».

dilemático, a adj (<dilema + -ico) Relativo a dilema/Que envolve dilema. **Comb.** Situação ~a [Aperto].

diletante s/adj 2g (<it *dilettante*: amante «da música») **1** ⇒ Apaixonado pela arte, especialmente pela música. **2** (O) que se dedica a alguma coisa por gosto/Amador(+). **Ex.** A filatelia era para ele uma a(c)tividade ~. **3** (O) que apenas se diverte, sem nada levar a sério. **Ex.** Nunca fez nada na vida; foi sempre um ~.

diletantismo s m (<diletante + -ismo) Qualidade [Cara(c)terística] do que é diletante. **Loc.** Dedicar-se à pintura por ~ [amadorismo(+)]. **Comb.** O ~ [A superficialidade] de quem só pensa em gozar a vida.

dileto, a (Lè) adj [= dilecto] (<lat *diléctus,a, um*) **1** ⇒ predile(c)to. **2** Tratamento dado pelo Papa a determinados membros da Igreja. **Comb.** «saudação/mensagem» Ao eminentíssimo cardeal, nosso ~ [amado] filho.

diligência s f (<lat *diligéntia,ae*: escolha, discernimento, cuidado <*díligo* <*dis* + *légo*) **1** Cuidado na execução duma tarefa/

Esmero/Interesse/Zelo. **Ex.** A Joana fazia os trabalhos de casa (sempre) com grande ~. **2** Pressa [Urgência/Prontidão] em fazer alguma coisa. **Ex.** Logo que se ouvia a sirene, os bombeiros acorriam ao quartel a toda a pressa [com impressionante ~]. **3** O que é necessário fazer para alcançar alguma coisa/Providência. **Ex.** Já fiz todas as ~s [cumpri todas as formalidades] impostas pelo regulamento do concurso. **4** Busca minuciosa/Investigação. **Comb.** ~ policial. **5** *Dir* A(c)to judicial efe(c)tuado dentro ou fora dos tribunais. **Ex.** Até chegar ao julgamento são necessárias muitas ~s preparatórias. **Comb.** Oficial de ~s. **6** *Mil* Serviço extraordinário fora do quartel. **Ex.** A(c)ções de vigilância nos estádios de futebol são ~s habituais das forças policiais. **7** *Mil* Força militar incumbida do serviço extraordinário exterior. **Ex.** O piquete de ~ foi destacado para a operação "stop". **8** *Hist* Carruagem pesada antiga, de quatro rodas, puxada por cavalos, que fazia o transporte de passageiros, mercadorias e correio. **Ex.** A chegada da ~ era um momento de confusão, barulho e alegria.

diligenciador, ora *adj/s* (<diligenciar + -dor) (O) que diligencia.

diligenciar *v t/int* (<diligência + -ar¹) Empregar com prontidão os meios/Empenhar-se/Esforçar-se. **Ex.** A dona de casa diligenciou [fez tudo] para que não faltasse nada «no banquete». Para causar boa impressão ao visitante estrangeiro diligenciaram-lhe aposentos faustosos.

diligente *adj 2g* (<lat *díligens,éntis*: que ama, dedicado, cuidadoso, exa(c)to, econó[ô]mico; ⇒ diligência) **1** Que age com diligência/Empenhado/Zeloso/Cuidadoso. **Comb.** *Aluno* ~ [estudioso]. *Funcionário* ~. **2** Que a(c)tua com prontidão/A(c)tivo/Rápido. **Comb.** Criado [Empregado] ~ [trabalhador]. **Sin.** Desembaraçado; expedito. **Ant.** Indolente; molengão; preguiçoso.

dilucidação[mento] *s* (<dilucidar + -...) A(c)to de tornar claro/Esclarecimento/Explicação. **Ex.** Sem mais ~ões [explicações/esclarecimentos] arrancou [saiu] (pela) porta fora. **Comb.** ~ duma charada [dum enigma].

dilucidar *v t* (<lat *dilúcido,áre*: ⇒ elucidar) Tornar claro/Esclarecer/Explicar. **Loc.** ~ uma situação confusa.

dilúculo *s m* (<lat *dilúculum,i*: (a luz d)o romper do dia, o amanhecer) (A luminosidade d)o romper do dia/Aurora.

diluente *s/adj 2g Quím* (<lat *díluens,éntis*) (O) que dilui/diminui a concentração/Dissolvente. **Ex.** A água é o ~ mais utilizado [vulgar]. **Comb.** Um ~ para (tirar) nódoas.

diluição *s f* (<diluir + -ção) **1** *Quím* Diminuição da concentração. **Comb.** ~ dum ácido [dum produto químico]. **2** Diminuição de intensidade/Atenuação/Esbatimento. **Comb.** ~/Desaparecimento da névoa [neblina]. ~ do colorido.

diluidor, ora *adj/s* (<diluir + -dor) (O) que dilui/dissolve/atenua/esvai/Diluente/Dissolvente. **Comb.** *Líquido* ~. *Circunstâncias* ~*oras* [atenuadoras(+)] do desgosto. *Um* ~ muito utilizado.

diluir *v t* (<lat *díluo,ere,útum*: dissolver, tirar, gastar, lavar com água <*dis* + *lúo*: lavar) **1** *Quím* Diminuir a concentração/Dissolver. **Ex.** Fazer uma toma de 100 cm³ de ... e ~ até 500 com água destilada. **2** Tornar menos intenso/Fazer desaparecer/Esbater. **Ex.** O fumo dilui[desfaz]-se no ar. **Comb.** Cores diluídas [esbatidas(+)/descoradas(o+)] com o tempo. **3** Abran-dar/Atenuar/Esmorecer/Suavizar. **Loc.** ~/Diminuir a dor [a tristeza].

diluto, a *adj* (<lat *dilútus,a,um*; ⇒ diluir) Dissolvido(+)/Diluído(o+).

diluvial[iano](+)] *adj* (<dilúvio + -...) Relativo ao dilúvio/Torrencial. **Comb.** *Chuva* ~. *Do período* ~. ⇒ aluvião.

dilúvio *s m* (<lat *dilúvium,ii* <*dilúere*; ⇒ diluir) **1** *Rel* A inundação universal descrita na Bíblia. **Ex.** Noé construiu a barca para se salvar do ~. **2** Grande inundação/Chuva torrencial. **Ex.** Esta noite houve um grande temporal, um autêntico ~! **3** *fig* Grande abundância de pessoas ou de alguma coisa. **Ex.** Um ~ [mar(+)] de jovens aclamava João Paulo II nas "Jornadas da Juventude". **Comb.** Um ~ de flores lançadas sobre o cortejo.

diluvioso, a (Ôso, Ósa) *adj* (<dilúvio + -oso) Que inunda/Torrencial/Diluviano(+).

dimanação *s f* (<dimanar + -ção) A(c)to de correr suavemente/Fluxo suave dum líquido/Emanação. **Sin.** Derivação; procedência.

dimanante *adj 2g* (<dimanar + -ante) **1** Que dimana/brota/flui. **Comb.** A água ~ da nascente. **2** Que procede/deriva. **Comb.** Resultado ~ [proveniente] de acontecimentos anteriores.

dimanar *v t/int* (<lat *dimáno,áre*: espalhar-se, derramar-se, estender-se <*dis* + *máno,áre*: sair, correr) **1** Correr suavemente/Brotar/Fluir/Manar. **Ex.** A água (di)mana [corre/sai] da nascente. **2** *fig* Ter origem em/Provir/Originar-se. **Ex.** O poder democrático dimana [vem] do povo.

dimensão *s f* (<lat *diménsio,ónis* <*dimétior*: medir em todos os sentidos <*dis* + *métior*: medir) **1** Extensão mensurável em qualquer dire(c)ção/Tamanho. **Ex.** A ~ linear é a mais simples. À maior ~ dum obje(c)to chama-se comprimento. **Comb.** Pacote [Volume/Embrulho] de grandes ~ões/enorme!/muito grande. **2** *Fís* Grandeza mensurável linear dos corpos ou intensidade das grandezas físicas. **Ex.** A velocidade, o espaço e o tempo são ~ões que definem o movimento. **3** *fig* Intensidade dum fenó[ô]meno psíquico ou dum acontecimento. **Comb.** *A* ~ *do amor* [da dor]. *A* ~ *dos estragos* [duma catástrofe]. **4** *fig* Importância ou valor de alguma coisa. **Ex.** A ~ [A importância(+)/O peso(o+)] alcançada por esta empresa deve-se à qualidade dos produtos que fabrica. Era difícil imaginar a ~ das consequências do discurso do presidente. **5** Qualidade [Aspe(c)to/Cara(c)terística/Parte] de particular importância ou que se quer realçar. **Comb.** *A* ~ *missionária* «da família/da Igreja». *A* ~ *pedagógica* dum jogo. *A* ~ *social* [cultural] duma empresa. **6** *Mat* Número de ve(c)tores linearmente independentes dum espaço ve(c)torial. **Comb.** *Quarta* ~. **7** *Mat* Número mínimo de coordenadas necessárias para definir um ponto no espaço.

dimensional *adj 2g* (<dimensão + -al) **1** Que diz respeito à(s) dimensão/ões. **Ex.** O móvel não passa na porta por causa das suas cara(c)terísticas ~ais [por ser demasiado grande(+)]. **2** *Fís* Diz-se de grandeza que apresente dimensão/ões. **Comb.** Análise ~. **Ant.** Adimensional.

dimensionamento *s m* (<dimensionar + -mento) **1** Estabelecimento [Determinação/Verificação] do conjunto de dimensões duma entidade material/(Todas as) medidas(+). **Comb.** [Medidas(+)] ~ *dum campo* de futebol. ~ *dum edifício*. ~ *duma embalagem* [dum recipiente]. **2** Número de dimensões duma grandeza física. **Ex.** O ~ da velocidade relaciona duas dimensões: o espaço e o tempo.

dimensionar *v t* (<dimensão + -ar¹) Calcular [Estabelecer/Fixar] as dimensões. **Loc.** ~ *o tamanho* [a forma] *duma sala*. ~ *uma caixa*. ~ [Proje(c)tar(+)] *uma rede* «de abastecimento de água/elé(c)trica».

dimensível *adj 2g* (<dimensão + -i- -vel) ⇒ Que se pode medir/Mensurável(+).

dímero *s m Quím* (<di- **a**) + -mero) Composto formado por duas moléculas de monó[ô]mero. ⇒ polímero.

dimetil(amina/hidrazina/...) *s f Quím* (<di- **a**) + metilo + ...) Denominação de compostos em cuja molécula entram dois radicais metilo (CH₃).

dímetro *s m Liter* (<di- **a**) + -metro) Verso grego ou latino de dois pés.

diminuendo *s m* (< lat *diminuéndus,a,um*: que deve ser quebrado, diminuído <*diminúere*: fazer em pedaços, quebrar) **1** *Mat* Número do qual se subtrai outro. **Sin.** Aditivo. **Ant.** Diminuidor; subtra(c)tivo. **2** *Mús* Diminuição gradual de intensidade. **Ant.** Crescendo.

diminuição *s f* (<diminuir + -ção; ⇒ subtra(c)ção) **1** Alteração para menos/Redução/Baixa. **Comb.** *A* ~ *de acidentes* «de viação». *A* ~ *de nascimentos*. *A* ~ *de recursos*. **Ant.** Aumento. **2** Aparência de menor intensidade/Representação pouco notória. **Ex.** A ~ [O apagamento(+)] dos artistas da casa [da (nossa) terra] foi motivada/o pela "estrela" convidada. **3** Perda (de importância/fama/reputação). **Ex.** À derrota nas eleições sobreveio [seguiu-se] a sua ~ na vida pública.

diminuído, a *adj/s* (<diminuir + -ido) **1** Que (se) diminuiu/Que sofreu redução/Minguado/Reduzido. **Comb.** *Forças* [Saúde] ~*as*/a. *Visão* [Inteligência] ~*a*. **2** *s m* Deficiente. **Comb.** Os ~s físicos [mentais]. ⇒ doente.

diminuidor *s m Mat* (<diminuir + -dor) Número que se subtrai de outro. **Sin.** Subtra(c)tivo. **Ant.** Diminuendo; aditivo.

diminuir *v t/int* (<lat *(di)mínuo,ere,útum*: quebrar, fazer em pedaços, esmigalhar <*minus*: menos) **1** Tornar(-se) menor/Encurtar(-se)/Reduzir(-se). **Ex.** O governo prometeu ~ [reduzir(+)] os impostos. Os desgostos diminuíram-me [encurtaram-me] a vida. Diminui [Reduz(+)] a velocidade porque a estrada está perigosa. **2** Encurtar/Encolher. **Ex.** Depois de lavar a camisola as mangas diminuíram [encolheram(+)] muito. **3** Tornar(-se) menos intenso/Abrandar/Decrescer. **Ex.** Com o mau tempo a circulação de automóveis diminui. Só saio de casa quando a chuva ~ [abrandar(+)]. Mal o artista pisou o palco a agitação do público diminuiu [decresceu/abrandou]. **4** Abater/Decrescer/Minguar. **Ex.** Só pesas 60 kg? Então diminuíste [emagreceste(+)] muito! Acreditas que a gasolina diminuirá [baixará(o+)/reduzirá(+)] de preço? **5** Reduzir o valor/mérito/Rebaixar(-se)/Humilhar(-se). **Ex.** Por mais que a mãe a prevenisse, a Joana continuava a ~-se [rebaixar-se(+)] perante as amigas. **6** Fazer a subtra(c)ção/Tirar uma parcela/Deduzir. **Ex.** Para saberes (de) quanto foi a tua despesa, tens que [de] ~ a minha parte. Este é o preço líquido, já diminuí [deduzi(+)] o desconto.

diminutivo, a *adj/s m* (<lat *diminutívus,a,um*) **1** (O) que diminui/torna menor/Diminuidor. **Ex.** A retoma econó[ô]mica é a principal condição ~a do défice orçamental. **2** *Gram* (O) que exprime a noção de pequenez/ternura/atenuação/desprezo. **Ex.** *Zé* é ~ *de José*; e *vó* de avó. Quan-

do a mãe lhe chamava Pedrinho [filhinho], irritava-se porque já era muito crescido para ser tratado pelo ~. Nas frases: *Não sejas mauzinho* e *És parvinho* os ~s exprimem respe(c)tivamente atenuação e terno desprezo. **3** *Gram* Diz-se dos sufixos e prefixos que conferem à palavra base a noção de pequenez «pratinho»/de afe(c)to «filhinho»/de depreciação «gentinha» (Ralé)/de intensidade «agarradinho» (Muito agarrado). **Ex.** *Mini-* «minicasa» é um prefixo ~; *-inho,-ito* «rapazinho, tolito» são sufixos ~s. ⇒ -acho; -ejo; -ete; -ino; -oco;--ola; -ote.

diminuto, a *adj* (<lat *diminútus,a,um*; ⇒ diminuir) **1** Pequeno/Reduzido/Ínfimo. **Comb.** *Espaço* [Tamanho] ~. *Partícula* ~a. **2** Pouco abundante/Insuficiente/Parco. **Ex.** Para matar [saciar/enganar(+)] a fome só tinham uma ~a refeição por dia. **Comb.** Proventos [Rendimentos] ~s. **3** Reduzido/Escasso. **Ex.** As probabilidades [possibilidades] de obter o emprego são muito ~as.

dimissórias *s f pl Catol* (<lat *litterae dimissoriae* <*dimítto,ere,míssum*: enviar) Documento pelo qual um bispo concede a outro autorização para ordenar [administrar as ordens sacras a] um candidato seu diocesano. **Sin.** Cartas ~.

dimorfia[fismo] *s f* [*m*] (<dimorfo + ...) **1** *Biol Bot* Propriedade do que pode tomar duas formas diferentes. **Comb.** ~ *sexual* «dos galináceos» [Existência de órgãos ou cara(c)teres secundários «tamanho; cor» que permitem distinguir o macho da fêmea correspondente]. **2** *Min Quím* Propriedade que têm certas substâncias de apresentar duas formas cristalinas sem alterar a composição química. **Ex.** O carbono tem ~: é cúbico no diamante e hexagonal na grafite.

dimorfo, a *adj* (<gr *dímorphus*) **1** *Biol Bot* Que pode existir em duas formas diferentes. **Comb.** Espécies «galináceas» ~as. Órgãos ~s. **2** *Min Quím* Que pode cristalizar em dois sistemas cristalográficos diferentes «carbono».

Dinamarca *s f Geog* (<*danimark*: limite, fronteira, território dos Danos ou Daneses) Reino da ~. **Ex.** A capital da ~ é Copenhaga e os habitantes são dinamarqueses.

dinâmica *s f Fís* (<dinâmico; ⇒ dínamo) **1** Parte da mecânica que estuda a relação entre as forças e os movimentos por elas produzidos. **Comb.** ~ *clássica* [newtoniana]. *Princípios fundamentais da* ~. **2** *fig* Movimento interno que influi em algo. **Comb.** *Psic* ~ *de* [Aquilo que dá vida ao(s)] grupo(s). A ~ das relações humanas [O comportamento humano/das pessoas].

dinâmico, a *adj* (<gr *dynamikós,é,ón*: poderoso, forte, potente) **1** Relativo às forças e aos movimentos. **Comb.** *Equilíbrio* ~. *Tensão* ~a. **Ant.** Estático; inerte. **2** A(c)tivo/Enérgico/Empreendedor. **Comb.** *Empregado* [Trabalhador] ~/a(c)tivo/diligente. *Método* «de ensino» ~/a(c)tivo. *Ministro* [Empresário] ~/empreendedor. **Ant.** Indolente; parado. **3** Que se modifica continuamente/Que evolui. **Comb.** Conce(p)ção [Visão] ~a da vida/das coisas. **Ant.** Retrógrado.

dinamismo *s m* (<dínamo + -ismo) **1** Energia que faz avançar/A(c)tividade. **Ex.** O concílio Vaticano II deu à Igreja católica um grande ~ de renovação. **2** Capacidade de trabalho/Espírito empreendedor. **Comb.** O ~ dum chefe [empresário]. **3** *Fil* Sistema filosófico «de Leibniz/Bergson» que sublinha o aspe(c)to dinâmico dos entes e reduz o ser real a um princípio substancial simples. **Comb.** ~ *cosmológico.* ~ *científico*.

dinamitação *s f* (<dinamitar + -ção) Destruição com [por meio de] dinamite. **Comb.** ~ de rochas [tanques de guerra].

dinamitar *v t* (<dinamite + -ar¹) Destruir [(Fazer) rebentar] com dinamite/Aplicar dinamite para posterior explosão. **Loc.** ~ uma montanha «para abrir uma estrada». ~ uma [Colocar a(s) carga(s) de dinamite numa] ponte «para a fazer explodir quando o exército inimigo estiver a passar».

dinamite *s f Quím* (<dínamo + -ite) Mistura de nitroglicerina e material inerte «areia de quartzo», fortemente explosiva por a(c)ção do calor ou pelo choque. **Ex.** A descoberta da ~ por Alfred Nobél reduziu os perigos de manuseamento da nitroglicerina, permitindo o seu uso corrente.

dinamização *s f* (<dinamizar + -ção) Transmissão de dinamismo/A(c)tivação/Animação. **Comb.** ~ dum proje(c)to [serviço] «cultural/empresarial/social».

dinamizador, ora *adj/s* (<dinamizar + -dor) (O) que dinamiza/Animador. **Comb.** ~ cultural.

dinamizar *v t* (<dínamo + -izar) Pôr em a(c)ção/Dar mais força/Incrementar/Incentivar. **Ex.** A ideia do negócio foi do pai, mas quem o [a] dinamizou foi o filho. A região dinamizou-se [ganhou dinamismo] com a abertura de novas vias de comunicação. **Loc.** ~ um grupo «de teatro/(d)esportivo».

dínamo *s m Electri* (<gr *dýnamis,éos*; força, poder, capacidade) **1** Máquina geradora de corrente contínua que converte energia mecânica em energia elé(c)trica. **Ex.** Os ~s são máquinas reversíveis: quando se lhes fornece energia elé(c)trica funcionam como motores. **2** *Mec* Gerador que transforma energia do motor em corrente elé(c)trica contínua que carrega os acumuladores e alimenta os órgãos elé(c)tricos do automóvel/Alternador **2. Ex.** Na mecânica auto a(c)tual, os ~s foram substituídos por alternadores.

dinamoelétrico, a [*Br* **dinamoelé(c)trico** (dg)] *adj* (= dinamoeléctrico) (<dínamo + elétrico) Diz-se da máquina ou aparelho que transforma energia mecânica em energia elétrica.

dinamógrafo *s m* (<dínamo + -grafo) Aparelho que serve para regist(r)ar a intensidade duma força. ⇒ dinamó[ô]metro.

dinamometamorfismo *s m Geol* (<dínamo + metamorfismo) Modificação da estrutura das rochas causada por a(c)ções dinâmicas fortes/Metamorfismo dinâmico.

dinamometria *s f* (<dínamo + -metria) Medição da intensidade de forças por meio de dinamó[ô]metro. **Ex.** A ~ é usada para avaliação da [para medir a] força muscular quando há suspeita de doença neurológica.

dinamométrico, a *adj* (<dínamo + métrico) Relativo à dinamometria ou ao dinamó[ô]metro. **Comb.** Estudo [Método] ~.

dinamómetro [*Br* **dinamômetro**] *s m Fís* (<dínamo + metro) Instrumento para medir a intensidade de forças. **Ex.** O funcionamento do ~ baseia-se na deformação provocada pela força em materiais elásticos [em molas]. ⇒ dinamógrafo.

dinar *s m* (<ár *dinar*) **1** *Hist* Antiga moeda árabe [Morabitino] de ou[oi]ro com origem no séc. VII, us na península ibérica. **2** Unidade monetária da Argélia, Barém, Bósnia-Herzegovina, Sérvia, Iraque, Jordânia, Kuwait, Líbia, Macedó[ô]nia e Tunísia.

dinastia *s f Hist* (<gr *dynasteía*: dominação, poder, domínio duma oligarquia) **1** Conjunto de soberanos que pertencem ao mesmo ramo genealógico «afonsino, desde D. Afonso Henriques/joanino, desde D. João I». **Ex.** Na monarquia portuguesa, de 1143 a 1910, houve quatro dinastias. **2** *fig* Série de pessoas célebres da mesma família. **Comb.** A ~ dos Gamas/Albuquerques/Castros.

dinástico, a *adj* (<dinastia + -ico) Relativo a dinastia. **Comb.** Crise [Mudança] ~a. Orgulho ~. ⇒ monárquico.

dindinho, a *s fam Br* **1** ⇒ padrinho/madrinha. **2** ⇒ cachaça.

dine *s m Fís* (<gr *dýnamis,eós*: força) Unidade de força do sistema CGS, igual à força que imprime à massa de um grama a aceleração de um centímetro por segundo quadrado.

dinheirada [**dinheirão**] *s* (<dinheiro + ...) Muito [Grande quantidade de] dinheiro. **Ex.** Saiu-lhe a lotaria; uma/um ~! Este relógio custou-me um ~!

dinheiro *s m* (<lat *denárius,ii*: denário) **1** Qualquer moeda de metal ou papel que represente um valor fixado por lei. **Ex.** O ~ é o meio de troca [pagamento] mais utilizado no dia a dia. Nunca trago ~ no bolso. **Loc.** *Deitar* ~ (pela janela) *fora* [Gastar inutilmente/Esbanjar]. *Derreter* ~ [Gastar mal e sem medida]. *Empatar* ~ [Empregar [Investir] sem lucros imediatos]. *Fazer* ~ [Enriquecer rapidamente]. *idi.* *Não ter* ~ *para mandar cantar um cego* [Não ter recursos/Ser pobre]. *idi.* *Ter* ~ *a rodos/como milho* [Nadar em ~ /Ser muito rico]. *Vender a* ~ [com pagamento imediato]. **Comb.** ~ *a juros* [recebido ou emprestado com um contrato de usura]. ~ *à ordem* [depositado (no Banco) sem prazo de levantamento]. ~ *a prazo* [depositado (no Banco) por um período determinado]. ~ *corrente* [em circulação legal]. ~ *de plástico* [Cartões bancários de débito/crédito]. ~ *de S. Pedro* [Contribuição voluntária dos católicos para a Santa Sé]. ~ *fácil* [que não custou a ganhar/ganho por meios ilícitos]. ~ *fresco* [acabado de receber]. ~ *miúdo* [Moedas de pouco valor/Trocos]. ~*(s) público(s)* [Erário público/Finanças do Estado]. ~ *trocado* [em moedas]. ~ *vivo* [em moedas ou notas]. **Sin.** *pop* Bagalhoça; bago; cacau; capital; cheta; guita; massa; pilim; tostão. **2** Valor representativo de qualquer quantia. **Ex.** Não há ~ para melhoramentos! O ~ não chega para tudo. **3** Fortuna/Riqueza/Bens. **Ex.** ~ não lhes falta, são donos de meio mundo [de muita coisa/têm muitos bens]! Com uma casa daquelas, vê-se que têm [que é gente de] muito ~!

dínodo *s m Fís* (<di- + -odo-) Elé(c)trodo que emite ele(c)trões[ons] secundários por bombardeamento com um feixe de ele(c)trões[ons] primários.

dinossauro *s m Pal* (<gr *deinós*: terrível + *sáuros*: lagarto) Grupo de répteis fósseis da era Mesozoica, herbívoros ou carnívoros, de dimensões muito variadas desde alguns centímetros a dezenas de metros, geralmente ovíparos. **Comb.** Dente [Ovos/Pegadas] de ~. Vestígios de ~s.

dinotério *s m Pal* (<gr *deinós*: terrível + *thérion*: fera, animal) Proboscídeo fóssil do Miocé[ê]nico, semelhante ao elefante.

dintel *s m Arquit* (<esp *dintel* <lat *límes, ilis*: limite de [entre] duas terras) **1** Trave superior [Padieira] das portas ou janelas que assenta nas ombreiras/Lintel(+). **Comb.** ~ de granito. **2** Suporte lateral das prateleiras duma estante. **Comb.** ~éis metálicos [de plástico].

diocesano, a *adj* (<diocese + -ano) **1** Relativo à diocese. **Comb.** Clero ~. Território

[Sede] ~o/a. **2** s m Fiel/Súbdito/Membro/Pessoa da [pertencente a uma] diocese. **Ex.** O bispo exortou os seus ~s à prática da caridade.

diocese s f (<gr *dioikésis*: administração da casa, governo) Divisão territorial [Circunscrição] eclesiástica sob jurisdição dum bispo/Bispado. **Ex.** A ere(c)ção e a supressão de ~s são da exclusiva competência da Santa Sé [do Vaticano]. O Papa é o bispo da ~ de Roma. **Comb.** ~ de Lisboa [de Tóquio].

díodo s m Ele(c)tr (<di + -odo-) Válvula ou tubo ele(c)tró[ô]nico de dois elé(c)trodos, ânodo e cátodo, em gás nobre rarefeito, usado como re(c)tificador de corrente. **Comb.** ~ termió[ô]nico.

diogo s m Br col ⇒ diabo.

dioico¹, a (Ói) adj Biol (<gr *di-*: dois + *óikos, ou*: casa) Com órgãos sexuais masculinos e femininos em indivíduos diferentes/Unissexuado(+). **Ex.** As espécies vegetais ~as «choupos/árvore-avenca ou leque-dourado/nespereiras» têm as flores [inflorescências] masculinas numa planta e as femininas noutra. **Ant.** Hermafrodita; bissexuado.

dioico², a (Ói) adj Quím (<di- **a**) + -oico) Diz-se dos ácidos orgânicos que têm dois grupos carboxílicos: -COOH. **Ex.** O ácido oxálico é um (ácido) ~ [etanodioico].

dionisíaco, a adj (<gr *dionysiakós,é,ón*) **1** Hist Relativo ao deus grego do vinho Dionísio [Dioniso], Baco para os romanos. **Comb.** Culto [Festas] ~o/as. **2** Festivo (em excesso)/Campestre/Natural/Exuberante/Arrebatado. **Comb.** Entusiasmo [Agitação] ~o/a. **Ant.** Apolíneo. **3** Relativo ao rei português D. Dinis ou à sua época (1261-1325)/Dionisino(+)/Dionisiano(+). **Comb.** Poesia [Trovas] ~a/as.

dioptria s f Fís (<gr *dioptriké*: arte ou ciência de medir as distâncias) Unidade que exprime a potência [convergência] duma lente e é equivalente ao inverso da sua distância focal em metros. **Comb.** Lente [Óculos] com «cinco» ~s.

dióptrica s f Fís (<dióptrico) Parte da Física que estuda a refra(c)ção da luz em meios de densidades diferentes.

dióptrico, a adj Fís (<gr *dioptrikós,é,ón*: que se refere a dioptro) Relativo à dióptrica, ao dioptro ou a dioptria. **Comb.** Sistema ~.

dioptro s m (<gr *dióptron*: instrumento para ver através ou à distância, espelho; ⇒ astrolábio) **1** Fís Superfície que separa dois meios de refringência diferente. **Comb.** ~ plano [curvo]. **2** Med Instrumento que serve para observar certas cavidades do corpo/Espéculo(+).

diorama s m Arte (<dia- + panorama; ⇒ ciclorama) Espe(c)táculo de ilusão ó(p)tica por efeito de jogos de iluminação sobre grandes quadros pintados.

diorítico, a adj Min (<diorito+-ico) Relativo ao diorito. **Comb.** Maciço [Rochas] ~o/as.

diorito s m Min (<gr *diorizó*: distinguir) Rocha magmática plutó[ô]nica granular, constituída principalmente por plagioclase e hornebIenda, intermédia entre o granito e o gabro. **Ex.** Em Portugal, os ~s encontram-se principalmente no Baixo Alentejo.

diospireiro s m Bot (<dio[ó]spiro + -eiro) Árvore ebenácea, vinda do Japão, de folha caduca cujo fruto é o dio[ó]spiro/caqui/Br Caquizeiro; *Diospyros kaki*. **Ex.** No norte de Portugal há muitos ~s. No Japão também há ~s silvestres/bravos.

dio[ó]spiro s m (<gr *dióspuron*: fogo de Zeus) Fruto do diospireiro em forma de baga grande, carnuda, alaranjada/Br Caqui. **Ex.** Os ~s quando bem maduros [completamente amadurecidos] são muito doces.

diostilo s m Arquit (<di + *stúlos,ou*: coluna) Fachada com duas [com vários pares de] colunas. ⇒ peristilo.

dióxido s m Quím (<di- **a**) + óxido) Composto com dois átomos de oxigé[ê]nio e um átomo doutro elemento. **Comb.** ~ de carbono [Anidrido/Gás carbó[ô]nico].

dioxina s f Quím (<di- **a**) + oxina) Substância tóxica, subproduto da fabricação de certos herbicidas. **Ex.** As ~s foram utilizadas no Vietname como arma química.

dipétalo, a adj Bot (<di- **a**) + pétala) Que tem duas pétalas/Bipétalo(+).

diplegia s f Med (<gr *di-*: dois + *plége, es*: golpe, pancada +-ia) Paralisia que atinge simetricamente os dois lados do corpo.

diplégico, a adj/s Med (<diplegia + -ico) (O) que sofre de diplegia. **Loc.** Ficar ~ depois dum acidente «de viação».

diplo- pref (<gr *diplóos*: duplo) Exprime a ideia de duplo ou dobrado.

diplobionte s m Biol (<diplo- + bio + -onte) Organismo cujo ciclo evolutivo completo apresenta dois indivíduos distintos, ou melhor, duas fases: uma haploide e outra diploide.

diplococo s m Med (<diplo- + gr *kókkos*: grão, pevide) Bactéria que se apresenta aos pares, como dois grãos ligados entre si. **Ex.** O meningococo, gonococo e pneumococo são exemplos de ~s.

diplo[ó]doco s m Pal (<diplo- + gr *dokós, ou*: viga, trave) Grande dinossauro herbívoro do Jurássico americano, de cabeça pequena e pescoço e cauda muito longos, até 29 m.

díploe s f Med (<gr *diploé,és*: coisa dupla, tudo o que se pode dividir em dois) Tecido esponjoso entre as duas camadas de tecido compacto que formam o crânio.

diploedro s m ⇒ didodecaedro.

diploide (Plói) adj/s 2g (<diplo- + -oide) **1** Gené Que apresenta um conjunto duplo de cromossoma[o]s homólogos. **Comb.** Fase ~. ⇒ haploide. **2** s m Manto ou vestido que dá duas voltas ao corpo.

diploma (Plô) s m (<gr *diploma,atos*: obje(c)to duplo, folha de papel dobrada em dois) **1** Documento oficial que comprova as habilitações literárias e confere um grau acadé[ê]mico/Carta de curso. **Comb.** ~ **de enfermeiro** [ele(c)tricista]. ~ **de mestrado** [doutoramento]. ⇒ canudo. **2** Documento oficial que concede um direito/cargo/privilégio. **Comb.** ~ real [pontifício/militar]. **3** Texto legislativo oficial. **Ex.** Há vários ~s que regulamentam a atribuição de subsídios à agricultura. ⇒ decreto; lei.

diplomacia s f (<fr *diplomatie* <gr *diploma*) **1** Dir Ciência, arte e prática das relações (internacionais) entre estados. **Ex.** No final do curso de Direito vou optar pela ~ [carreira diplomática(+)]. **2** Conjunto dos diplomatas/Pessoal diplomático. **Ex.** A ~ portuguesa «na Holanda» nem sempre defendeu convenientemente os direitos dos nossos (De Pt) emigrantes. **3** Discreção/Arte/Habilidade para tratar de negócios/solucionar conflitos. **Ex.** O conflito laboral foi solucionado graças à ~ do dire(c)tor de pessoal. **4** Finura de trato/Delicadeza. **Ex.** Era uma companhia [um companheiro] muito agradável; todos o apreciavam pela elegância e ~ do trato.

diplomaciar v int Br (<diplomacia + -ar¹) **1** ⇒ exercer a diplomacia «na ONU»; ser diplomata. **2** ⇒ usar de ta(c)to e habilidade «numa situação difícil».

diplomado, a adj/s (<diplomar) (O) que tem um diploma/Formado. **Comb.** Dentista ~.

diplomar v t (<diploma + -ar¹) Conceder [Obter] um diploma. **Ex.** Diplomou[Formou/Doutorou]-se em medicina. A universidade diplomou [(conce)deu o diploma a] 30 novos médicos.

diplomata s 2g (<fr *diplomate*) **1** Pessoa que representa um país junto de outro e trata das relações internacionais entre estados/Membro do corpo diplomático. **Ex.** Os ~ acreditados junto do governo «português» apresentaram cumprimentos ao novo Presidente da República. **2** Pessoa com habilidade e ta(c)to especiais para tratar de questões difíceis. **Ex.** Para tentar resolver amigavelmente o litígio, confiaram [entregaram] as negociações ao advogado da empresa que era um verdadeiro ~.

diplomática s f (<fr *diplomatique*; ⇒ diplomacia) Ciência auxiliar da história que se ocupa do estudo e decifração de diplomas [documentos] antigos. **Comb.** Perito em ~ [Diplomatista].

diplomaticamente adv (<diplomático + -mente) **1** Com [Pela] diplomacia. **Ex.** O conflito (entre os dois estados) deverá ser resolvido ~ [com diplomacia/pelas vias diplomáticas]. **2** Sem criar conflitos/Com finura/Habilidosamente. **Ex.** O patrão *idi* foi levando a água ao seu moinho [foi conseguindo os seus obje(c)tivos]. Muito ~ [Para o despachar sem ser desagradável] foi-lhe dizendo que esperasse, que o assunto não estava esquecido...

diplomático, a adj (<diplomata + -ico) **1** Relativo à diplomacia/a diplomata. **Comb. *Conflito* ~** [entre diplomatas]. ***Corpo* ~** [Conjunto de diplomatas (acreditados junto dum governo)] . ***Qualidades*** ~**as. *Ta(c)to*** [Sentido] ~. **2** Que tem finura/delicadeza/Discreto/Cortês. **Ex.** Veste [Apresenta-se] como um ~! **3** Relativo a diploma. **Comb.** Edição [Estudo] ~a/o.

diplonte s m Biol (<diplo- + -onte) Organismo cujas células vegetativas têm núcleos diploides e os gâmetas são haploides.

diplopia s f Med (<diplo- + -opia) Perturbação que consiste na visão duplicada dum obje(c)to/Visão dupla. **Sin.** Ambiopia.

diplópode adj/s 2g Zool (<diplo- + -pode) (Relativo a)os ~s, uma classe de artrópodes miriápodes abundantes em todo o mundo.

diplóptero, a adj/s (<diplo- + -ptero) (Relativo a) inse(c)to que tem asas duplas ou que se dobram longitudinalmente quando estão em repouso, como as vespas. ⇒ díptero.

diploscópio s m Med (<diplo- + -scópio) Aparelho para analisar o estrabismo e a visão binocular.

dipneuta [dipnoico, a] (Pnói) adj/s Icti (⇒ di- a); pneuma) (Relativo a) uma ordem de peixes que respiram por guelras e pulmões.

dípode adj 2g (<gr *dípous,odós*: de dois pés) Que tem só dois pés ou órgãos [apêndices] de deslocação. **Ex.** Os peixes ~s têm apenas barbatanas [nadadeiras] peitorais e ventrais. ⇒ bípede.

dipodia s f Liter (<dípode + -ia) Reunião de dois pés nos versos gregos ou latinos para formar uma só unidade ou metro.

dipolar adj 2g Fís (<dipolo + -ar²) Relativo a dipolo. **Comb.** Momento ~ «da molécula da água».

dipolo s m Fís (<di- **a**) + pólo) Conjunto de duas cargas elé(c)tricas ou magnéticas iguais e de sinais contrários, colocadas a pequena distância uma da outra. **Comb.** ~ **de Hertz** [de meia onda]. ~ **elé(c)trico**

[magnético]. **~ permanente** «da molécula da água».

diprótico, a *adj Quím* (<di- a) + protão [próton] +-ico) Diz-se do ácido que pode libertar dois protões [prótons] por molécula.

dipsético, a *adj Med* (<gr *dipseptikós*: que dá sede) Que causa sede. **Comb.** Medicamento [Substância] ~o/a.

dipsomania *s f Med* (<gr *dípsa,és*: sede + mania) Necessidade incontrolável de beber principalmente bebidas alcoólicas. **Comb.** Vítima da ~ [Dipsomaníaco].

díptero, a *adj/s* (<gr *dípteros,os,ón*: de duas asas) **1** *Arquit* (Diz-se do) edifício que tem duas alas. ⇒ períptero. **2** *Ent* (Diz-se da) ordem de inse(c)tos só com duas asas, dois balanceiros e aparelho bucal adaptado para sugar. **Ex.** *A mosca é ~a* /um ~ [pertence à ordem dos ~s].

díptico *s m* (<gr *díptukhos,os,ón*: dobrado em dois) **1** *Hist* Códice de duas tábuas enceradas e escritas com estilete. **2** *Arte* Quadro de [constituído por] dois painéis ligados por dobradiças. **Ex.** Sobre a mesa de cabeceira tinha um pequeno ~ representando cenas da vida da Virgem Maria.

dique *s m* (<hol *dijk*) **1** Construção alongada destinada a desviar ou conter a água. **Ex.** A Holanda é o país dos ~s. **2** Canal que comunica com o mar [rio] por meio de comporta no qual se reparam navios/Doca. **Ex.** Os ~s permitem que se isolem as docas para que as reparações possam ser executadas em seco. ⇒ barragem. **3** *Geol* Filão de forma tubular que preenche uma fenda em rocha preexistente. **Ex.** Os ~s também podem ser constituídos por material de aluvião. **4** *fig* Obstáculo/Impedimento/Barreira. **Loc.** Pôr um ~ aos abusos [Travar/Impedir os abusos].

direção (Rè) *s f* [= direcção] (<lat *diréctio, ónis*: o fazer andar [ir a] direito; dirigir, alinhar; ⇒ ~-geral) **1** Linha imaginária ao longo da qual algo se move ou aponta. **Ex.** Na ~ norte-sul há dois sentidos [lados] opostos. **2** Orientação/Rumo/Caminho/Sentido. **Ex.** Este autocarro [ônibus] vai em ~ a [vai na ~ de] Lisboa. Se quer ir para o mercado, não é esta a ~ [este o sentido/este o caminho(+)] certa/o. **3** Conjunto de serviços e pessoas que orientam uma empresa/um organismo. **Ex.** A ~ desta empresa ocupa o 2.º andar. Fui chamado à ~ para explicar as causas da avaria. **4** Função executada por quem conduz/orienta alguma coisa. **Ex.** O meu filho foi eleito para a ~ do clube. **Comb.** ~ dum filme. ~ duma orquestra. ⇒ regência. **5** Orientação geral/Critério(s) de a/c)ção/Normas de procedimento. **Ex.** Não me está a agradar a ~ da conversa. A ~ imprimida ao departamento comercial faz prever um bom ano de negócios. **Comb.** ~ [Aconselhamento/Ajuda/Apoio] **espiritual**. **6** *Mec* Mecanismo que permite orientar a deslocação dum veículo. **Ex.** O acidente foi provocado por avaria na ~. **Comb. ~ assistida. ~ hidráulica. ~ pesada** [leve]. **7** Indicação do local de residência/sede de a(c)tividade/Endereço/Morada. **Ex.** Queria escrever ao Zé mas não sei a ~ [morada/o endereço] dele. Qual é a ~ do teu escritório?

direcção/direcção-geral/direccional/direccionar ⇒ direção/...

direção-geral (Rè) *s f* [= direcção-geral] Cada um dos serviços da administração pública em que se dividem as secretarias de Estado e os Ministérios. **Ex.** As direções-gerais são a [de] nível nacional e coordenam vários se(c)tores ou serviços. **Comb. ~ das Contribuições e Impostos.**

~ dos Serviços Prisionais. ⇒ diretor-geral.

direcional (Rè) *adj 2g* [= direccional] (<direção + -al) **1** Relativo à direção/ao a(c)to de dirigir. **Comb.** Norma ~ [Diretiva]. **2** Que pode ser orientado/dirigido para uma direção. **Comb.** Luz ~. **3** Que indica uma direção. **Comb.** *Luz* [Sinal]/Lanterna] ~ do automóvel. **Setas ~ais.**

direcionar (Rè) *v t* [= direccionar] (<direção + -ar¹) Dar determinada dire(c)ção/Orientar/Encaminhar. **Ex.** Direcionou toda a sua vida para o estudo da História de Portugal. Os cursos profissionais estão direcionados [virados/endereçados] para a vida prática. ⇒ concentrar.

directa/directamente/directiva/directivo/directo/director/directorado/director-geral/directoria/directorial/directório/directriz ⇒ direta/...

direita *s f* (<direito, a; ⇒ destra) **1** Mão que está do lado oposto ao coração. **Ex.** Só sei escrever com a (mão) ~. **Loc.** Dar a ~ [Colocar alguém do seu lado direito por consideração ou delicadeza]. **Idi.** «homem/pessoa» Às ~s [Justo/Re(c)to]. **Ant.** Esquerda. **2** Lado direito. **Ex.** Na Inglaterra e no Japão os automóveis têm o volante à ~, em Portugal à esquerda. Na maioria dos países, o trânsito é pela ~. **3** *Hist* Força política conservadora. **Ex.** Nestas eleições, a ~ venceu [saiu vencedora]. **Comb.** Extrema ~.

direitinho, a *adj/s/adv* (<direito + -inho) **1** «pau/vara» Muito direito/a. **2** Sem desvios ou paragens/Dire(c)to. **Ex.** Bom como é, quando morrer vai ~ ao céu. **3** Bem/Corre(c)tamente. **Ex.** As crianças comportam-se ~ na ausência da mãe. Com quatro anos já come [diz tudo] ~.

direitismo *s m* (<direita + -ismo) ⇒ conservadorismo (político).

direitista *adj/s 2g* (<direita + -ista) (O) que apoia políticas de direita/Conservador. **Ex.** O pai dele era um ~ ferrenho! **Comb.** Medida(s) [Política(s)] ~(s).

direito, a *adj m/adv* (<lat *diréctus,a,um*: em linha direita) **1** Que é re(c)to/Sem curvas ou rodeios. **Ex.** *Deus escreve ~ por linhas tortas* é um provérbio português. **Loc. idi** «zangar-se» **A torto e a ~** (À toa/Com razão ou sem ela]. **Ir ~ ao assunto**. **Comb. idi ~ como um fuso** [Muito ~]. **Corte** [Costura] ~o/a. **Risco** [Linha] ~o/a. **Ant.** Curvo; torto. **2** Sem asperezas/irregularidades/Plano/Liso. **Comb.** Chão [Piso] ~ «da estrada». Tábua ~a [lisa]. **Ant.** Áspero; irregular; com buracos/covas. **3** Aprumado/Vertical. **Ex.** Ele anda [caminha] (sempre) muito ~; parece uma estátua! **Comb.** Poste [Coluna] ~o/a. **Ant.** Inclinado; oblíquo; torto. **4** Que está do lado oposto ao coração. **Loc.** Ser ~ [mais hábil com a mão [o pé] ~a/o]. **Idi. Entrar com o pé ~** [Começar bem «o emprego»]. **Ant.** Canhoto; esquerdo. **5** Nos cursos de água, diz-se do lado que fica à direita do observador voltado para jusante/para onde corre a água. **Comb.** Margem ~a. **6** Justo/Íntegro/Imparcial. **Ex.** O teu filho é muito ~, é incapaz de enganar alguém [enganar seja quem for]. **7** Sem erros/Certo/Corre(c)to/Corre(c)tamente/Bem. **Ex.** Essa conta não está ~a [certa(+)]. A tua gravata não está ~a [bem]. (Com)porte-se ~o/a [bem] na aula! **8** Franco/Sincero. **Ex.** O empregado foi ~ [sincero(+)] comigo: contou-me tudo como se tinha passado. **9** O que é justo/bom/corre(c)to. **Ex.** «roubaram-me o carro/passou à minha frente na fila (de espera)» Não há ~! Por ele ser deficiente, não tens o ~ de o desprezar [não é justo que o desprezes]. **10** O lado principal [mais bem acabado] duma peça de pano/couro/madeira/... **Ex.** O ~ da toalha é fácil de distinguir [conhecer] pelo bordado [pelas costuras]. **Ant.** Avesso. **11** O que é permitido pela lei/pelas normas morais ou sociais. **Ex.** Os professores têm o ~ de exigir disciplina nas aulas. Podes discordar, tens o ~ de ter [tens ~ a ter] opiniões diferentes. A polícia tem o ~ de multar os transgressores da lei. Na empresa, só os administradores tinham ~ a motorista particular. As autoridades tinham ~ a ocupar a tribuna de honra. **Loc. ~ de despedir** (com justa causa). **~ de votar. Comb.** O ~ à [de] **greve** dos trabalhadores. **Os ~s dos pais** «sobre os filhos». «pagar o que é devido, é» **De** [Por] ~/**justiça.** ⇒ autorização; privilégio; prerrogativa; regalia. **12** *Dir* Conjunto de normas que regem coercivamente a sociedade/Legislação. **Comb.** O ~ português [brasileiro/japonês]. **13** *Dir* Ciência que estuda as leis e as instituições jurídicas/Jurisprudência. **Comb. ~ civil. ~ penal. Estudante de ~. Faculdade de ~. Juiz de ~. 14** *pl* Imposto/Taxa/Tributo. **Comb.** ~s aduaneiros [alfandegários/de importação ou exportação]. **15** *pl* Aquilo que pode ser exigido. **Loc.** Fazer valer os [Defender os/Puxar pelos] seus ~s. **Comb. ~s adquiridos. ~s humanos** [inerentes à condição humana independentemente da raça, sexo, idade, religião]. **16** Dire(c)tamente. **Ex.** Por esta rua vais mais a ~ [é mais perto]. «o carro» Veio ~ a mim «e não tive tempo de me desviar».

direitura *s f* (<lat *directúra,ae*: linha direita) **1** Qualidade do que é direito/re(c)to. **Comb.** ~ duma régua. **2** Em dire(c)ção [alinhamento] re(c)tilínea/o. **Ex.** O barquinho foi em ~ à [na ~ da] praia. **Comb.** Uma ~ de casas [casas alinhadas/em linha]. **3** *fig* Re(c)tidão moral/Probidade/Integridade. **Comb.** A ~ dum juiz.

direta (Ré) *s f pop* [= directa] (<direto) Passagem duma noite sem dormir ocupada num trabalho intenso ou em divertimento. **Loc.** Fazer uma ~ «para acabar um relatório/para me divertir na discoteca». ⇒ «eleições» ~s «já!».

diretamente (Rè) *adv* [= directamente] (<direto + -mente) **1** Sem intermediários ou paragens. **Ex.** Falei ~ [pessoalmente] com o Presidente. Nós não podemos vender ~ ao público. Saí do escritório e fui ~ [direto(+)] para casa. O avião foi ~ [direto(+)] para Lisboa. **2** Necessariamente/Fatalmente/Obrigatoriamente. **Comb.** Uma gestão que leva a empresa ~ à falência. **3** Sem rodeios/Frontalmente. **Ex.** Disse-lhe ~ que ele me tinha mentido.

diretiva (Rè) *s f* [= directiva] (<direto + -iva) Instrução emanada de autoridade sobre o modo de proceder em circunstâncias determinadas/Norma ~ ou orientadora/Diretriz. **Ex.** As ~s da empresa para o próximo ano incidem sobre a melhoria da qualidade. **Loc.** Pedir [Receber/Dar] ~s.

diretivo, a (Rè) *adj* [= directivo] (<direto + -ivo) **1** Que dirige/faz a gestão. **Comb.** Conselho ~. **2** Relativo à direção. **Comb.** Normas ~as. Plano ~.

direto, a (Ré) *adj/s m* [= directo] (<lat *diréctus,a,um*: em linha direita; ⇒ dirigir) **1** Em linha re(c)ta/Direito/Re(c)to. **Ex.** A linha ~a que une dois pontos é um segmento de re(c)ta. **Ant.** Curvo; torto. **2** Sem desvios/Sem interrupção. **Ex.** Fomos pelo caminho mais ~ [curto/perto/re(c)to/rápido]. **Loc.** Ir ~ «a casa». **Comb. Caminho ~** «para a quinta/fazenda». **Eleições ~as. Ligação** «telefó[ô]nica» **~a**. **Voo ~** «S. Paulo-Lis-

boa». **3** Sem intermediários/De pessoa a pessoa. **Comb.** Acesso ~ «à administração». *Conta(c)to* [Conversa] *~o*/a «com o presidente». *Intervenção ~a* [pessoal] «na discussão». ⇒ dire(c)tamente. **4** Sem rodeios/Abertamente. **Ex.** (O presidente) começou a falar e foi (logo) ~ ao assunto. Ele é muito ~ [franco] nas suas opiniões. **5** Que vem logo a seguir/Imediato. **Comb.** «a fome» *Consequência ~a* «da guerra». *Efeito ~* «do remédio». **6** Diz-se de grau de parentesco por via paterna/materna. **Comb.** Descendente [Ascendente] ~. Parente ~. **7** *Econ* Diz-se de imposto que incide imediatamente sobre pessoas ou bens. **Ex.** O imposto sucessório é um imposto ~. **8** *Gram* Diz-se da construção em que a ordem dos termos obedece ao esquema *sujeito, predicado, complemento/obje(c)to*. **Ex.** A construção ~a (das orações) é a mais habitual na língua portuguesa falada. **Ant.** Inverso. **9** *Gram* Diz-se do discurso que reproduz sem alteração a fala dos personagens. **Ex.** No discurso ~ não é o narrador que fala, são as personagens intervenientes (Ex. A mãe chamou: – *Filho, vem cá*). **Ant.** (Discurso) indire(c)to. **10** *Gram* Que se liga ao verbo sem preposição. **Ex.** José *come peixe*. **Comb.** Complemento [Obje(c)to] ~. **11** Sem intervalo/De seguida/De imediato/Imediatamente. **Ex.** Cheguei a casa e fui ~ [logo/imediatamente] tomar banho. **Comb.** ~ [De imediato] à garagem. Trabalho ~ [seguido/sem intervalo] «das 8 às 16 horas». *Transmissão em ~* [em simultâneo/ao vivo] (**Ant.** Transmissão em diferido). **12** *s m (D)esp* Golpe violento de boxe estendendo rapidamente o braço para a frente. **Comb.** Um ~ da esquerda. **11** *Geog* Diz-se do sentido de rotação da Terra e doutros astros: do ocidente para oriente. **Ant.** Retrógrado; no sentido dos ponteiros do relógio.

diretor, ora (Rè) *adj/s* [= director] (<lat *diréctor,óris*; ⇒ *~-geral*) **1** (O) que alinha/dirige/orienta/organiza. **Ex.** Foi nomeado um novo ~ para o departamento comercial. **Comb.** *~ adjunto*. *~ de cena* [O responsável pela disciplina dos a(c)tores e eficiência do espe(c)táculo]. *~ de orquestra* (⇒ maestro). *~ do colégio* [da escola]. *~ espiritual*. *Plano ~*. **2** Membro duma direção/dum diretório. **Ex.** Os ~es desta empresa reportam à [dependem da] administração.

diretorado (Rè) *s m* [= directorado] (<diretor + -ado) **1** ⇒ cargo ou função de diretor; diretoria **1**. **2** ⇒ tempo que dura um diretor no seu cargo; diretoria **3**.

diretor-geral (Rè) *s m* [= director-geral] Pessoa que preside à gestão duma grande empresa ou dum serviço da administração pública. **Comb.** *~ do Ensino Básico*. *~ duma multinacional* «petrolífera». ⇒ direção-geral.

diretoria (Rè) *s f* [= directoria] (<diretor + -ia) **1** Cargo [Função] de diretor. **Ex.** Assumiu a ~ da escola. **2** Conjunto de pessoas que gerem uma instituição/Direção. **Ex.** A ~ do hospital está em reunião; não interrompa(s). **3** Período de gestão de determinado diretor. **Ex.** Na ~ anterior não houve investimentos significativos.

diretorial (Rè) *adj 2g* [= directorial] (<diretório + -al) Relativo a diretório/à direção.

diretório, a (Rè) *adj/s* [= directório] (<lat *directórius,a,um*: que marca a linha a seguir) **1** Que dirige/regulamenta. **2** *maiusc Hist* Junta de 5 membros que governou a República Francesa de 27 de outubro de 1795 até 3 de novembro de 1799 e foi derrubada por Napoleão. **3** Conjunto de pessoas encarregadas da gestão duma empresa/instituição/Direção(o+)/Gerência(+). **Ex.** Os pais deviam estar representados no ~ das escolas. **4** Livro [Manual(+)] que contém as normas de execução de determinadas tarefas. **Comb.** ~ das revisões de manutenção. **5** *Info* Área do disco que contém os nomes e a localização dos ficheiros gravados nesse disco. **Ex.** A hora da última alteração dum ficheiro fica gravada no ~. **6** *Arte* Estilo de transição entre o estilo Luís XVI "à maneira grega" e o estilo Império. **Comb.** Móveis (estilo) ~.

diretriz (Rè) *s/adj f* [= directriz] (<lat *diréctrix,ícis*; ⇒ dirigir) **1** *Geom* Linha em que se apoia a geratriz duma superfície. **Ex.** A ~ duma superfície cilíndrica é uma circunferência. **2** Linha orientadora do traçado duma estrada/dum caminho. **Ex.** A ~ da nova estrada acompanha o [segue a par do] caminho de ferro. **3** (Diz-se de) instrução para executar determinada tarefa ou norma de procedimento. **Ex.** No discurso da posse, o primeiro-ministro traçou [indicou] as (linhas) ~es da sua governação. ⇒ diretor **1**.

dirham (Dî) **[dirrã]** *s m Econ* (<ár *dirham*: dinheiro, medida de peso) Unidade monetária de Marrocos, Emirados Árabes Unidos e Sara Ocidental.

dirigente *adj/s 2g* (<lat *dírigens,éntis*; ⇒ dirigir) (O) que dirige/Gerente/Condutor. **Comb.** A classe ~. Os ~s da empresa [da nação].

dirigibilidade *s f* (<dirigível + -i- + -dade) Qualidade do «balão» que é dirigível/governável/orientável. **Comb.** Boa ~ [governação(+)/condução(o+)] «dum barco/dum povo».

dirigir *v t* (<lat *dírigo,ere,éctum*: alinhar, fazer (ir) a direito) **1** Dar orientações/Ser o responsável/Governar/Gerir. **Ex.** Fui destacado para [Sou eu que vou] ~ as obras da ponte. **Loc.** *~ uma empresa*. *~ uma orquestra*. **2** Apontar para determinada dire(c)ção/Orientar(-se). **Ex.** O assaltante dirigiu [apontou(+)] a arma ao polícia mas não disparou. Dirigi-me [Fui] para o norte. **3** Dar indicação/Encaminhar(-se). **Ex.** O porteiro dirigiu [encaminhou] os visitantes para a sala. Por favor, dirija-se [vá] à rece(p)ção. **4** Enviar para determinado lugar. **Ex.** À chegada, as mercadorias foram (dirigidas [levadas]) para o armazém e a documentação para o escritório. **5** Enviar/Endereçar. **Ex.** Os requerimentos devem ser dirigidos ao ministro. Dirigi [Enviei/Mandei] a carta para a sede da empresa. **6** Falar com/Interpelar. **Ex.** Um estrangeiro dirigiu-se a mim para perguntar onde ficava o museu. Porque lhe chamei a atenção [Porque lhe disse/Porque o avisei] que era proibido fumar, dirigiu-se a mim com palavras insultuosas. **7** Ter como alvo/Ser destinado a. **Ex.** A conferência dirigia-se à [era para a] classe médica. Este livro dirige[destina]-se preferencialmente ao público jovem. **8** Guiar/Conduzir. **Ex.** Quem dirigia o barco que naufragou? Sabe ~ [guiar/conduzir] (um automóvel)? **9** Voltar/Virar/Orientar. **Ex.** A criança, suplicante, dirigiu os olhos para a mãe. Dirigiu os passos [Foi] para a igreja. Dirigiu [Chamou] a minha atenção para o problema.

dirigismo *s m* (<dirigir + -ismo) Doutrina política que concede ao Estado o poder de controlar a economia do país. **Ex.** Ao ~ opõe-se o liberalismo.

dirigista *adj/s 2g* (<dirigir + -ista) (O) que defende [pratica] o dirigismo. **Comb.** Governo ~. Um ~ ferrenho.

dirigível *adj 2g/s m* (<dirigir + -vel) **1** Que se pode dirigir/Que pode ser orientado/conduzido. **Ex.** O barco, sem leme, não é ~. **Comb.** Empregados ~veis. **2** *s m* Aeróstato cheio de gás mais leve que o ar, equipado com propulsores para controle do movimento. **Ex.** Os (balões) ~veis tiveram um papel militar importante.

dirimente *adj 2g* (<lat *dírimens,éntis*; ⇒ dirimir) **1** Que impede em absoluto/Decisivo. **Comb.** Impedimento [Obstáculo] ~ [que impede absolutamente/totalmente o casamento ou o torna inválido [nulo] se tiver sido celebrado]. **2** *Dir* Que é atenuante [exclui a responsabilidade] dum crime. **Ex.** A menoridade «de 14/18 anos» pode ser causa ~ dum a(c)to criminoso. **3** ⇒ «opinião/argumento» esclarecedor/terminante/concludente.

dirimir *v t* (<lat *dírimo,ere,émptum*: separar, romper, descontinuar, destruir, resolver) **1** Impedir de continuar de forma absoluta. **Ex.** O golpe de estado dirimiu [rompeu(+)/parou(o+)] o funcionamento de todas as instituições democráticas. **2** Tornar nulo/Extinguir. **Ex.** O tribunal de 2.ª instância dirimiu [anulou] a sentença anterior. **3** Conseguir a solução/Resolver/Esclarecer. **Loc.** ~ *uma contenda/controvérsia*.

dirrã *s m* ⇒ dirham.

-dis- *pref/suf* (<gr *dis*: duas vezes) Exprime as ideias de: **a)** Separação (⇒ disjunção; dispersão); **b)** Ordem ou distribuição (⇒ dispor); **c)** Contrário, dificuldade ou perturbação, enfraquecimento ou falta (⇒ disjungir; dislexia; dissimetria). ⇒ des-; di-; dia-.

disartria *s f Med* (<dis- **c)** + artr(o)- +- ia) Dificuldade na articulação das palavras. **Ex.** A ~ é devida a perturbações do aparelho fonador ou de lesão cerebral.

disbasia *s f Med* (<dis- **c)** + base +- ia) Dificuldade na marcha devido a perturbações neurológicas/Abasia.

discagem *s f* (<discar + -agem) Ligação ou marcação telefó[ô]nica.

discal *adj 2g* (<disco + -al) Relativo a disco. **Comb.** Hérnia ~/intervertebral.

discar *v t/int* (<disco + -ar¹) Marcar um número [Fazer girar o disco] do telefone. **Ex.** Disca [Telefona] para a tua mãe. **Loc.** ~ [Marcar o número] no telemóvel/celular.

discência *s f* (<lat *discéntia,ae*) A(c)to de aprender/Aprendizagem. **Ex.** Depois de professor, voltou à ~ «para fazer o mestrado». **Ant.** Docência.

discente *adj 2g* (<lat *díscens,éntis*) Que aprende/estuda/Estudantil. **Comb.** Corpo ~ [Conjunto dos alunos duma escola]. **Ant.** Docente.

discernente *adj 2g* (<lat *discérnens,éntis*; ⇒ discernir) Que observa, analisa, distingue e escolhe. **Comb.** Capacidade ~.

discernimento *s m* (<discernir + -mento) **1** A(c)ção de discernir. **Ex.** Não consigo ~ se aquele vulto é (dum) homem ou (duma) mulher. **Loc.** Agir [Proceder] sem ~ (nenhum). **2** Capacidade de avaliar com bom senso e clareza diferentes situações. **Ex.** O sofrimento tirava-lhe o ~; só dizia disparates. Uma decisão que exige grande ~. **3** Conhecimento/Critério/Juízo. **Ex.** Teve o ~ [bom senso] de não aceitar a proposta (que até parecia vantajosa).

discernir *v t/int* (<lat *discérno,ere,crévi, crétum*: separar, escolher apartando com cuidado, distinguir) **1** Ser capaz de se aperceber das [de distinguir as] diferenças entre duas coisas através dos sentidos. **Loc.** ~ [Distinguir(+)] uma nota falsa (no meio das verdadeiras). **2** Perceber (claramente)/Entender. **Ex.** A juventude tem dificuldade em ~ [distinguir] o bem do mal; deixa-se levar pelo prazer imediato. **3** For-

mar juízo/Avaliar. **Ex.** Ainda não consegui ~ [ver/avaliar/decidir] qual dos empregos é o que mais me convém. **4** Ter capacidade de raciocínio/discernimento. **Ex.** O cansaço não me deixava ~ [raciocinar(o+)/pensar(+)].

discernível adj 2g (<discernir + -vel) Que se pode discernir. **Ex.** Não consegues identificar a nota falsa? São bem [facilmente] ~veis!

disciforme adj 2g (<disco + -forme) Em forma de disco. **Sin.** Discoide(+).

discinesia s f Med (<gr *duskinésia,as*) Perturbação dos movimentos/Dificuldade em mover-se.

disciplina s f (<lat *disciplina,ae*: a(c)ção de (se) instruir, educação, ciência, disciplina, ordem, sistema, princípios de moral) **1** Conjunto de regras [normas] que regem o comportamento duma associação/cole(c)tividade/Regulamento. **Ex.** A ~ militar admite a pena de prisão para casos de transgressão grave. A ~ escolar proíbe os alunos de saírem da escola durante as aulas [o horário le(c)tivo]. **2** Acatamento das normas [restrições] impostas com vista a atingir determinado obje(c)tivo. **Ex.** O deputado só não votou contra o proje(c)to por ~ partidária. **Sin.** Aceitação; respeito; submissão. **3** Obediência às regras e aos superiores/Ordem. **Ex.** Aquela escola não primava pela [escola tinha pouca] ~. **Loc.** Manter a ~ [a ordem]. **4** Regra de conduta que se impõe a alguém. **Ex.** Para vencer [ser alguém] na vida é preciso ~. Em casa vigorava a seguinte ~: estudar todas as tardes uma hora e, à noite, chegar a casa antes das dez horas. **5** Matéria de ensino/Ciência/Cadeira. **Ex.** O Nuno é muito bom em [na ~ de] matemática, mas não gosta de línguas. Este ano tenho muitas ~s [cadeiras]. **6** ⇒ açoite; látego.

disciplinado, a adj (<disciplina + -ado) **1** Que cumpre as ordens/os regulamentos. **Comb.** Aluno [Empregado] ~ [bem comportado]. **2** Que tem regras de vida/Organizado/Metódico. **Ex.** O Pedro é muito ~: tem horas para estudar, horas para sair com os amigos, para ver televisão... Sabe controlar [gerir] o tempo.

disciplinador, ora adj/s (<disciplina + -dor) (O) que mantém [impõe] a disciplina. **Ex.** A minha avó era excessivamente ~ora, não transigia em nada [não tolerava a mínima transgressão].

disciplinante adj/s 2g (<disciplina 6 + -ante) (O) que castiga o corpo com uma disciplina.

disciplinar v t/adj 2g (<disciplina + -ar¹/²) **1** Submeter(-se) à disciplina/às regras/Impor a ordem. **Ex.** O professor «de matemática» disciplinava os alunos desde a primeira aula. Nunca mais tinha problemas em manter a ordem. **2** Aderir voluntariamente a uma vida regrada/Dominar os instintos/Possuir autocontrole. **Ex.** Recomendava aos filhos (que fizessem) pequenas renúncias para aprenderem a ~-se e não se deixarem guiar apenas pelos (seus) instintos. **3** Impor sanções/Castigar(-se)/Punir(-se). **Ex.** Os educadores devem ~ as crianças com castigos adequados à idade e à gravidade das faltas. O monge disciplinava-se com jejuns rigorosos para dominar a tentação da gula. **4** Castigar o corpo com disciplina 6/~-se/Flagelar-se. **5** adj 2g Relativo à disciplina/às regras. **Comb.** Falta ~. Processo ~. Sanção ~. **6** adj 2g Relativo ao conteúdo duma disciplina [matéria] escolar. **Comb.** Âmbito ~. Matéria ~/curricular [do currículo].

disciplinável adj 2g (<disciplinar + -vel) Que pode ser disciplinado/ensinado. **Comb.** Alunos [Menores/Crianças] ~eis. Assunto [Matéria] ~.

discipulado s m (<lat *discipulátus,us*) **1** ⇒ Conjunto de alunos duma escola/dum mestre. **2** ⇒ Condição de [Tempo em que se é] discípulo/Aprendizado/Tirocínio.

discípulo, a s (<lat *discípulus,i*) **1** O que estuda/recebe instrução/Aluno/Aprendiz. **Ex.** Muitos dos meus ~s [alunos(+)] tiraram cursos superiores. **Ant.** Mestre. **2** O que segue a doutrina/orientação/conselhos dum mestre. **Ex.** Os grandes mestres fazem escola, deixam ~s. **Comb.** «Platão e outros» ~s de Sócrates. **3** Rel Os doze apóstolos e os outros seguidores que acompanharam de perto Jesus Cristo e aceitaram a Sua doutrina. **Ex.** Entre os ~ de Jesus contavam-se [havia] as santas mulheres que estiveram presentes no Calvário, e muitas outras. **4** fig Seguidor convi(c)to. **Comb.** ~ da honra [do dever/da fé].

discissão s f Med (<lat *discíssio,ónis*) Operação cirúrgica para extra(c)ção da catarata. **Ex.** A ~ é uma prática oftálmica corrente.

disco s m (<lat *díscus,i* <gr *dískos,ou*: peso de forma circular, prato, obje(c)to de lançamento em exercícios de força; ⇒ discóbolo) **1** *(D)esp* Peça circular de madeira com aro metálico, com o peso de 2 kg e o diâmetro de 21,9 cm para ser lançada o mais longe possível. **Ex.** O lançamento do ~ era e é uma das provas olímpicas. **2** Obje(c)to [Peça] de forma circular achatado/a. **Ex.** O fogão elé(c)trico tem um ~ (Placa aquecida) avariado/a. A fivela deste cinto é um ~ metálico brilhante. **Comb.** ~ da embrai[bre]agem do carro. ~ do telefone. Anat ~ intervertebral (da coluna). Astr ~ lunar [Lua cheia]. ~ solar. ~ voador ⇒ ovni. **3** *Mús* Placa circular rígida onde se fazem gravações de sons para posterior reprodução. **Ex.** No dia dos meus anos ofereceram-me dois ~s de música clássica. Aquela emissora repete muitas vezes o mesmo ~. **Idi.** Mudar de ~ [de assunto]. Parecer um ~ [Falar sem parar]. «ele é assim!» Vira o ~ e toca o mesmo [É [Diz] sempre a mesma coisa]. **Comb.** ~ compacto [CD]. **4** Info Meio de armazenamento de dados. **Comb.** ~ de áudio [vídeo] (digital). ~ flexível/removível [Disquete (digital)]. ~ rígido [Parte do computador onde se regist(r)a ou armazena a informação [onde se gravam os dados].

discóbolo s m (<gr *diskóbolos,ou*) Atleta que lançava o disco nos jogos da antiga Grécia. **Comb.** (Estátua do) ~. **Sin.** Lançador de disco (+).

discófilo, a adj/s (<disco + -filo) (O) que cole(c)ciona discos musicais.

discografia s f (<disco + -grafia) Descrição [Conjunto] de discos sobre um tema (específico) ou (de determinado) autor. **Comb.** ~ completa dos fados «da Amália Rodrigues».

discográfico, a adj (<discografia + -ico) Relativo à gravação em disco/à discografia. **Comb.** Editora ~a. Mercado ~.

discoide (Cói) adj 2g (<gr *diskoeidés,és,és*) Que tem a forma de disco/Disciforme.

disco-jóquei [-jockey] s m O que faz a sele(c)ção musical [de discos] numa discoteca ou num bar. **Loc.** Trabalhar como [Ter a profissão de/Ser] ~.

díscolo, a adj/s (<gr *dýscolos*: que possui estômago lento, de humor difícil, moroso) **1** (O) que é mal-educado/grosseiro. **Ex.** Não se pode falar com ele, é intratável, um ~! **2** (O) que é desordeiro/agressivo/brigão. **Ex.** Fui assaltado na rua por quatro ~s que sob a ameaça duma faca me roubaram a carteira e o relógio.

discordância s f (<discordar + -ância) **1** Falta de acordo/Desacordo. **Ex.** A proposta para aumentar as quotas «dos sócios» não foi aprovada porque havia ~ [não havia acordo] quanto ao valor do aumento. **2** Diferença de opiniões/Divergência. **Ex.** Eram muito amigos, mas quando se discutia qual era o melhor clube «de futebol» surgia imediatamente a ~. **3** Falta de concordância/Desarmonia/Incompatibilidade. **Ex.** O prédio moderno, de cores berrantes, estava em total ~ com as casas típicas da aldeia antiga. **4** Disparidade/Discrepância/Desigualdade. **Ex.** A ~ [diferença] entre os resultados do exercício de matemática permitia concluir que pelo menos um deles estava errado. **5** Mús ⇒ Desafinação/Dissonância/Desarmonia. **6** Geol Falta de paralelismo/continuidade entre estratos contíguos. **Comb.** ~ angular. ~ paralela [Lacuna].

discordante adj/s 2g (<discordar + -ante) **1** (O) que discorda/não está de acordo/Divergente. **Ex.** Tinha habitualmente opiniões ~s [diferentes] da maioria. Os ~s apresentaram recurso. **2** Incongruente/Díspar/Incompatível. **Comb.** Estruturas ~s. Notícias ~s. **3** Mús ⇒ Desafinado/Dissonante/Desarmó(ô)nico.

discordar v int (<lat *discórdo,áre*) **1** Ter opinião contrária (à de alguém)/Não concordar. **Ex.** É sempre assim: discordas de tudo o que eu digo. Não achas que a Itália é o país com [onde se pratica] melhor futebol? – Discordo, a(c)tualmente é o Brasil. **2** Considerar errado/Desaprovar. **Ex.** A oposição discordou da [opôs-se à/desaprovou a] nova lei da imigração. **3** Ser incompatível/Não condizer. **Ex.** As duas sondagens discordam quanto ao vencedor das eleições. **4** Mús ⇒ Desafinar/Destoar.

discorde adj 2g (<lat *díscors,córdis*) ⇒ discordante(+).

discórdia s f (<lat *discórdia,ae*) **1** Falta de concórdia/de acordo/Desacordo(+). **Ex.** Estavam de acordo quanto às causas da crise. A ~ [discordância] era quanto às medidas para a ultrapassar [solucionar(o+)/vencer(+)]. **2** Desentendimento/Desavença. **Ex.** A ~ reinava naquela casa; todos os dias havia gritos e discussões. **Loc.** Semear a ~ [inimizade]. **Comb.** «ele é sempre!» Pomo [Causa] de ~. ⇒ cizânia. **3** Desordem/Guerra/Luta. **Ex.** As duas claques [torcidas] envolveram-se em acesa [feroz/aguerrida] ~ que acabou por fazer vários feridos.

discorrer v int (<lat *discúrro,cúrrere,cúrsum*: correr para várias partes, percorrer, dizer discorrendo, discorrer) **1** Correr para diversos lados/Espalhar(-se) em diferentes dire(c)ções. **Ex.** (Perto da foz) o rio discorria [dividia-se(+)] em inúmeros canais que formavam a ria/um delta. ⇒ (es)correr. **2** Andar/Vaguear. **Loc.** ~ por vários países. **3** ⇒ «o tempo» Decorrer/Passar. **4** Desenvolver um raciocínio/Pensar. **Ex.** Passava noites inteiras a ~ sobre o rumo a dar ao negócio para evitar a ruína. **5** Expor o pensamento/Dissertar/Discursar. **Ex.** Discorreu [Falou] durante uma hora sobre as peripécias da viagem e todos o escutaram com agrado.

discoteca s f (<disco + -teca) **1** Estabelecimento comercial [Loja] onde se vendem discos e cassetes áudio/vídeo. **Ex.** Procurei em várias ~s um disco raro «de Dalva

de Oliveira/Amália Rodrigues», mas não o encontrei. **2** Local de diversão no(c)turna onde os jovens dançam ao som de música gravada. **Ex.** Os bares e as ~s são os passatempos preferidos da juventude moderna. **3** Cole(c)ção de discos/Local onde se guardam discos. **Ex.** Tenho uma excelente ~ de música clássica. Onde está a [o disco da] 9.ª Sinfonia? Não a/o encontro na ~.

discrasia *s f* *Med* (<gr *dyskrasía,as*: mau temperamento) **1** Má constituição física qualquer «reumatismo/asma»/Alteração da constituição do sangue. **Comb.** ~ hemorrágica. **2** ⇒ irritabilidade; temperamento difícil.

discreção *s f* (<lat *discrétio,ónis*; a ortoépia da língua exige esta grafia em vez de *discrição*).

discrecionário, a *adj* (<discreção + -ário) ⇒ discricionário (Grafia não corre(c)ta).

discrepância *s f* (<lat *discrepántia,ae*) **1** Diferença entre coisas que deveriam ser iguais/Disparidade. **Ex.** Os critérios de avaliação não foram os mesmos [foram idênticos]; daí a ~ de valores do défice. **2** Diferença de opiniões/Divergência/Desacordo. **Ex.** A ~ «dos dois líderes partidários» sobre (política de) saúde era muito grande.

discrepante *adj 2g* (<lat *díscrepans,ántis*) **1** Que apresenta diferenças/Destoante. **Ex.** As duas peças são do mesmo tecido mas não são (inteiramente) iguais: as cores são ~s. **2** Divergente/Discordante. **Comb.** Opiniões ~s.

discrepar *v int* (<lat *díscrepo,áre*: «a lira» dar um som diferente, desafinar, discordar) **1** Apresentar diferenças/Diferir. **Ex.** Cada vez que conferia a conta os resultados discrepavam [diferiam(+)]; tinha que me socorrer da [que utilizar a] calculadora para encontrar o resultado certo. **2** Ter opinião diferente/Discordar/Divergir. **Ex.** As minhas opiniões discrepavam [eram diferentes(+)/divergiam] das da maioria.

discretamente *adv* (<discreto + -mente) **1** Sem dar nas vistas/Com discre[i]ção. **Ex.** Saiu da sala ~ [sem ser notado/a]. Auxiliava ~ a pobre viúva. **2** Com prudência/Sem causar perturbação. **Ex.** ~ [Discreto], foi aconselhando a rapariga [moça] a deixar tal companhia. **3** De forma simples/Modestamente. **Ex.** Vestia ~, com simplicidade; não era vaidosa.

dicreteador, ora *adj/s* (<discretear + -dor) (O) que discreteia.

discretear *v int* (<discreto + -ear) Falar com calma ou sem ser ouvido com (grande) atenção. **Ex.** Os dois discreteavam sobre o concerto do dia anterior.

discretivo, a *adj* (<lat *discretívus,a,um*) Que distingue/diferencia/Discernente. **Comb.** Orientações ~as «sobre quem pode (ou não) ser admitido à fase seguinte».

discreto, a (Cré) *adj* (<lat *discrétus,a,um*: separado, posto à parte; ⇒ discernir) **1** Que revela discrição/Que não dá nas vistas/Simples. **Ex.** Era um ó(p)timo aluno, inteligentíssimo, mas muito ~ [modesto]. **Comb.** Vestido [Traje] ~. **Ant.** Pedante; vaidoso. **2** Que não revela segredos/Pouco falador. **Ex.** Eu sabia que podia desabafar à vontade com aquela amiga; era muito ~a, incapaz de revelar uma confidência. **3** Que não se intromete na vida alheia/Cauteloso/Reservado. **Ex.** Os pais perceberam imediatamente a razão da angústia da filha, mas ~s [discretamente], não lhe fizeram perguntas embaraçosas. **4** Pouco intenso/Leve. **Comb.** Dor ~a [pouco forte]. **5** *Mat* Descontínuo/Separado. **Comb.** Grandezas [Valores] ~as/os.

discri[e]ção *s f* (<lat *discrétio,ónis*: separação, escolha; ⇒ discreção) **1** Qualidade do que é discreto. **Comb.** ~ no vestir. **Sin.** Modéstia; recato; simplicidade. **2** Qualidade de quem guarda segredo ou é reservado no falar. **Ex.** Conto com a tua ~. Não fales nisto a ninguém. **3** Circunspe(c)ção/Prudência/Sensatez/Discernimento/Sabedoria. **Ex.** No seu discurso, o ministro «dos negócios estrangeiros» usou de toda a [de grande/muita] ~, medindo [escolhendo] bem as palavras, para não agravar o conflito existente entre os dois estados. **Comb.** «neste restaurante, salada/arroz» À ~ [À vontade/Sem restrições]. À ~ [Ao dispor/À disposição/Às ordens] *de* «todos os professores». **4** Comedimento no modo de proceder/Reserva no trato com as outras pessoas. **Ex.** A ~ [delicadeza/polidez] do seu procedimento com toda a gente evidenciava [mostrava bem] a esmerada educação que recebera na família.

discri[e]cionariedade *s f* (<discre[i]cionário + -dade) **1** Cara(c)terística do que é discre[i]cionário **1**. ⇒ arbitrariedade. **2** *Dir* Qualidade de discre[i]cionário **2**.

discri[e]cionário, a *adj* (<discre[i]ção + -ário) **1** Relativo a discre[i]ção/Sem restrições/Deixado à vontade/Arbitrário. **Ex.** O poder dos ditadores é ~ [arbitrário(+)]. **2** *Dir* Diz-se do poder administrativo que consiste na liberdade de decisão para escolher entre várias soluções legalmente possíveis a que melhor satisfaça o fim em vista. **Ex.** Se o poder ~ for utilizado por motivos não condizentes com a lei que o permitiu, os a(c)tos resultantes serão ilegais.

discrime *s m* (<lat *discrímen,inis*: o que separa «no crivo», diferença, parecer diverso, crise, momento decisivo, auge do perigo) **1** Faculdade de discriminar/Discriminação(o+)/Discernimento(+). **2** Linha divisória/Diferença/Distinção. **Ex.** O ~ entre o bem e o mal pertence à moral. **3** ⇒ perigo; risco.

discriminação *s f* (<discriminar + -ção) **1** Faculdade de reconhecer diferenças/Discernimento/Distinção. **Ex.** A sele(c)ção dos candidatos começa com a ~ do conjunto de atributos [qualidades] indispensáveis ao desempenho da função. **2** Separação/Destrinça. **Ex.** Não podemos executar todas as tarefas ao mesmo tempo; temos que [de] fazer a ~ das que são urgentes e inadiáveis. **Comb.** ~ de verbas. **3** Tratamento desigual de algumas pessoas ou grupos. **Ex.** A ~ das mulheres no trabalho ainda não acabou. **Comb.** ~ *positiva* [(Tratamento desigual mas) a favor dos mais fracos]. ~ *racial* [social].

discriminadamente *adv* (<discriminado + -mente) Separadamente(+)/Distintamente/Minuciosamente. **Ex.** Quero que me apresente(s) [traga(s)/faça(s)] ~ todas as contas [despesas], parcela por parcela.

discriminador, ora *adj/s* (<discriminar + -dor) (O) «país/povo/grupo» que discrimina/Discriminatório/Discriminante. **Ex.** O racismo é ~ [uma prática ~ora] das minorias étnicas.

discriminante *adj 2g/s 2g* (<lat *discríminans,ántis*) **1** (O) que discrimina ou serve para discriminar/separar/esclarecer. **Comb.** Atitudes [Práticas] ~s/discriminatórias(o+)/discriminadoras(+). **2** *Mat* Função dos coeficientes dum polinó[ô]mio que serve para determinar a natureza das suas raízes. **Ex.** O ~ dum polinó[ô]mio de 2.º grau permite determinar se as raízes são reais ou imaginárias [complexas].

discriminar *v t* (<lat *discrímino,áre*: separar, distinguir) **1** Distinguir/Separar. **Loc.** ~ [Distinguir(+)] entre a cópia e o original. ~ [Distinguir(+)] o bem do mal. **2** Especificar. **Ex.** Podia ~ o preço de todos os produtos da mercadoria? **3** Não misturar/Tratar mal/Ignorar. **Ex.** Não se julgando igual aos demais [outros], ele mesmo se discrimina. **Loc.** ~ minorias «étnicas».

discriminativo[tório], a *adj* (<discriminar + -...) **1** Que discrimina/Discriminador. **Comb.** Lista ~a [pormenorizada/completa] «de todos os prédios». Método ~ para agilizar o trabalho. **2** Que trata com discriminação **3**. **Comb.** Atitudes ~as [discriminatórias(+)] «e indesculpáveis dos juízes».

discriminável *adj 2g* (<discriminar + -vel) Que se pode discriminar/Passível de ser discriminado. **Comb.** Verbas ~veis. **Sin.** Discernível; distinguível; separável.

discromático, a *adj* (<dis- c) + cromático) **1** Que altera a cor. **2** Que tem má cor.

discromatismo [discromia] *sm* (<dis- c) + ...) Alteração da cor «da pele». ⇒ daltonismo.

discursador, ora *adj/s* (<discursar + -dor) (O) que discursa/discorre/Orador. **Ex.** (O estudante) monopolizava a conversa numa atitude ~ora de quem sabe tudo. O presidente ficava atrapalhado quando tinha que falar em público; não era ~ [orador(+)].

discursar *v t/int* (<lat *discúrso,áre,átum*: ir e vir, correr por várias partes) **1** Fazer um discurso/Expor oralmente um assunto em público. **Ex.** O primeiro a ~ foi o presidente. **2** Discorrer [Raciocinar] sobre um assunto. **Ex.** Discursava [Discorria(o+)/Pensava(+)] horas seguidas, sozinho ou com os outros ministros, sobre as medidas a tomar para sair da crise. **3** Expor com método/Explicar/Tratar. **Ex.** Com muita paciência, discursou para os [expôs aos(+)] alunos todos os preparativos indispensáveis para fazer uma intervenção cirúrgica.

discursata [discurseira] *s f col* (<discurso + -ata) Discurso longo, sem interesse e aborrecido. **Ex.** Pare [Acabe] (lá) com essa ~ (por)que já não o podemos ouvir!

discursivo, a *adj* (<discurso + -ivo) **1** Que gosta de fazer discursos/Falador/Discursador(+). **2** Que é feito por escrito em forma de discurso/Dissertativo. **Comb.** Prova ~a. **3** *Fil* Diz-se do processo de conhecimento que é feito por etapas sucessivas. **Ex.** O processo ~ opõe-se ao intuitivo. ⇒ dedutivo.

discurso *s m* (<lat *discúrsus,us*: a(c)ção de correr para diversas partes, de tomar várias dire(c)ções, discurso, conversação; ⇒ decurso) **1** *Ling* Modo de concretização oral ou escrita duma língua/Fala/Enunciado. **Ex.** (A psicóloga) ia fazendo a análise do ~ das pessoas que animadamente conversavam na sala de espera e rapidamente se apercebeu de que a cultura daquela gente não ia muito além da telenovela. **Comb.** ~ *dire(c)to* [que reproduz as palavras de alguém; por ex.: - *Não sou eu que estou doente*]. ~ *indire(c)to* [com palavras do narrador; por ex.: - *Ele disse que não era ele que estava doente*]. **2** Exposição oral, geralmente extensa e solene, proferida em público. **Ex.** Os ~s são geralmente preparados [escritos] com antecedência; raramente são improvisados [feitos de improviso]. **Comb.** ~ *de formatura* feito pelo reitor (da Universidade). ~ *patriótico* [cheio de amor à pátria]. ⇒ sermão; homilia; pregação; oração [peça oratória]; conferência; palestra; arenga. **3** Forma cara(c)terística de alguém se expressar. **Ex.** Este político tem um ~ conservador,

anacró[ô]nico. A Susana tem um ~ muito emotivo. 4 *fam fig* Repreensão/Reprimenda/Ralhete/Sermão. **Ex.** Tive duas (notas) negativas nos testes; já sei que vai haver ~ [sermão(o+)/ralhete(+)] (do meu pai)! 5 *col* Palavreado. **Ex.** Deixe-se de ~s e diga lá o que quer/deseja!

discussão *s f* (<lat *discússio,ónis*: sacudidela, abalo, agitação, exame, verificação, discussão) 1 Exame (crítico e minucioso) dum assunto, feito por várias pessoas/Debate. **Ex.** Na ~ do orçamento (da empresa) os chefes de departamento apresentaram razões a favor e contra a política expansionista nele contemplada. **Loc.** *Da ~ nasce a luz* [Da troca de ideias surge a melhor solução]. *Estar em ~* [a ser debatido/em (período de) análise]. *Não ter ~* [Ser inquestionável/ponto assente]. 2 Conversa acesa/Polé[ê]mica/Controvérsia. **Ex.** A incineração de resíduos perigosos tem sido obje(c)to de grande ~ [polé[ê]mica(+)]. **Comb.** Uma ~ sobre futebol. 3 Troca de palavras duras/agressivas/Disputa/Briga/Contenda. **Ex.** Os nossos vizinhos tiveram uma ~ tão grande que se ouvia tudo cá fora. A ~ foi acesa; chegaram a insultar-se porque estavam em jogo grandes interesses.

discutidor, ora *adj/s* (<discutir + -dor) (O) que discute ou gosta de discutir/Brigão. **Comb.** Feitio ~.

discutir *v t/int* (<lat *discútio,cútere,cússi,cússum* : deitar abaixo, quebrar, provocar, dissipar, apartar, examinar com atenção, julgar) 1 Trocar ideias sobre [Falar acerca de] algum assunto com outras pessoas. **Ex.** Não sendo políticos, gostavam de ~ as medidas do governo. Sempre que se encontravam discutiam teatro e cinema. **Comb.** Um assunto muito discutido [falado] ultimamente. 2 Pôr em questão/Procurar um acordo/Debater. **Ex.** É hoje que vamos ~ a data das férias? A administração reuniu com a comissão de trabalhadores para ~ os aumentos dos salários. 3 Pôr em dúvida/Contestar. **Ex.** Se te digo que assisti ao acidente para que (é que) estás a ~ [pôr em dúvida]? Discutia [Contestava] sempre as ordens dos superiores. Isso nem se discute [é mais que certo/não se pode pôr em causa]! 4 Expor as razões/Justificar. **Ex.** O autor discute [expõe] no prólogo a razão da sua teoria. 5 Não estar de acordo/Ralhar/Altercar. **Ex.** Era um casal que estava sempre a ~: chegavam a insultar-se e a proferir ameaças.

discutível *adj 2g* (<discutir + -vel) 1 Que se pode discutir/questionar. **Ex.** Todas as teorias «filosóficas/científicas» são ~eis. 2 Que não é evidente/Que é duvidoso. **Ex.** Essa [A sua] opinião é ~ ; pelo menos eu não a aceito. A eficácia dessa medida é muito ~/duvidosa. **Ant.** Certo; evidente; indiscutível.

disenteria *s f Med* (<gr *dysentería,as*: doença dos intestinos) Perturbação infe(c)ciosa dos intestinos cara(c)terizada por evacuações frequentes, cólicas e ulceração da mucosa.

disentérico, a *adj/s* (<disenteria + -ico) 1 Relativo à disenteria. **Comb.** Cólicas ~as. 2 O que sofre de disenteria. **Ex.** O meu marido tem que [de] seguir uma dieta rigorosa; é um ~ cró[ô]nico.

diserto, a *adj Poe Liter* (<lat *disértus,a,um*: hábil, perito, que se exprime com facilidade, eloquente) «escritor/autor» Que tem facilidade de expressão/Eloquente/Facundo.

disestesia *s f Med* (<dis- c) + estesia) Perturbação da sensibilidade, especialmente do ta(c)to.

disfagia *s f Med* (<dis- c) + fagia) Dificuldade em engolir.

disfarçado, a *adj* (<disfarçar + -ado) 1 Que se disfarçou/usa disfarce/Mascarado/Fantasiado. **Ex.** No Carnaval, os foliões andam pelas ruas ~s [mascarados(+)]. 2 Dissimulado/Encoberto. **Ex.** A polícia de trânsito às vezes circula ~a em viaturas comuns não identificadas [identificáveis]. 3 Falso/Enganador. **Comb.** Sorriso ~.

disfarçar *v t/int* (<lat *fríco,áre,átumr*: esfregar; o *pref dis* significa o contrário) 1 Vestir(-se) de modo a parecer outro/Usar disfarce/Mascarar(-se). **Ex.** No Carnaval disfarcei-me [mascarei-me(o+)/fantasiei-me(+)] de astronauta. 2 Fingir/Dissimular/Simular. **Ex.** Parecia tão nosso amigo. É espantoso [Parece impossível] como conseguiu ~ durante tanto tempo as suas verdadeiras intenções! 3 Tornar menos visível/Ocultar. **Ex.** O colar ajuda a ~ [ocultar] a mancha do vestido. **Loc.** ~ as rugas (com pinturas). 4 Alterar a voz/a aparência para não ser conhecido. **Ex.** Não consigo ~ a voz (ao telefone); conheces-me logo! 5 Não demonstrar/mostrar/Esconder. **Ex.** Mostrava-se sorridente tentando ~ a raiva da derrota. Não disfarces, eu bem te conheço! Sei que me estás a esconder a verdade. **Loc.** ~ os sentimentos [o que tem (lá) dentro].

disfarce *s m* (<disfarçar) 1 O que serve para disfarçar/encobrir/enganar/Máscara. **Ex.** Usava, como ~, chapéu de aba larga, óculos e gabardina/e; ninguém o conhecia. **Comb.** ~s de Carnaval. 2 Dissimulação/Encobrimento/Fingimento. **Ex.** Eu mostro aquilo que sou. Não ando (cá) com ~s [fingimentos/encobrimentos].

disfasia *s f Med* (<dis- c) + -fasia) Dificuldade na fala provocada por lesão cerebral.

disfonia *s f Patol* (<dis- c) + …) Dificuldade na voz/fonação. ⇒ eufonia.

disforia *s f Psic* (<dis- c) + -foria) Estado de ansiedade/(Sensação de) mal-estar. ⇒ euforia.

disforme *adj 2g* (<dis- + -forme; ⇒ deformar) 1 Fora do normal/Excessivamente grande/Enorme. **Comb.** Crianças subnutridas, com barrigas ~s [enormes/inchadas]. **Sin.** Descomunal; desconforme. 2 Feio/Grotesco/Deformado. **Ex.** Exagerava tanto nas pinturas, olhos, lábios, faces, que até ficava ~ [feia/ridícula(+)].

disformidade *s f* (<disforme + -dade) 1 Qualidade do que é disforme/Enormidade. **Ex.** (A a(c)triz) tinha dezenas de pares de sapatos e um guarda-vestidos atulhado de roupa. Uma ~ [enormidade(+)]! 2 Monstruosidade/Deformidade(+). **Ex.** Esta criança nasceu sem braços; uma ~ provocada pela talidomida.

disfunção *s f Med* (<dis- + função) Mau [Anomalia de] funcionamento dum órgão. **Ex.** A ~ do fígado causava-lhe fortes dores de cabeça.

disfuncional *adj 2g* (<dis- + funcional) Que não funciona corre(c)tamente/Com disfunção. **Comb.** Comportamento ~.

disgenesia *s f* (<gr *dysgenés,és,és*: de baixo nascimento) 1 *Med* Anomalia da função reprodutiva/Esterilidade. **Comb.** ~ [Agenesia] gonadal. 2 *Biol* Cruzamento de que resultam indivíduos estéreis entre si mas fecundos com raças diferentes.

disgenético, a *adj* (<dis- + genético) Relativo à [Que apresenta] disgenesia.

disgnosia *s f Med* (<gr *dysgnosia*: dificuldade de conhecer) Interpretação falsa/Perturbação da função perce(p)tiva. **Comb.** ~ ó(p)tica [tá(c)til]. ~ espacial.

disgrafia *s f Med* (<dis- + grafia) Dificuldade em escrever devida a perturbações neurológicas. ⇒ afasia/dislexia.

disidria *s f Med* (<dis- c) + *hidrós*: suor) Dificuldade em suar/transpirar.

disidrose *s f Med* (⇒ disidria) Doença de pele cara(c)terizada pelo aparecimento de bolhas nas mãos e nos pés por retenção dos fluidos orgânicos.

disjunção *s f* (<lat *disjúnctio,ónis*) 1 Falta de ligação/Separação/Desunião. **Ex.** O terramoto provocou a ~ dos dois prédios deixando uma (enorme) fenda entre eles. 2 *Gram* Ligação de duas orações por conjunção disjuntiva «quer… quer…»/«ou»/… **Ex.** Compra(s) o carro ou não? 3 *Gram* Supressão da conjunção copulativa entre duas frases ou orações. **Ex.** "Entrou, saiu, não disse nada" em vez de: "Entrou e saiu e não disse nada". 4 *Geol* Divisão das rochas pelas juntas naturais, em partes mais ou menos regulares. **Comb.** ~ colunar/esferoidal/laminar. 5 *Lóg* Sistema proposicional [Afirmação] que apresenta alternativas/«duas» hipóteses. **Comb.** ~ *exclusiva*/excludente [que exclui uma das alternativas; por ex.: *morreu ou está vivo*]. ~ *inclusiva*/não excludente [que admite ou inclui pelo menos uma alternativa; por ex.: *ele vai comer peixe ou/e carne*]. ⇒ disjuntivo 3.

disjungir *v t* (<lat *di(s)júngo,gere,únxi,únctum*: separar, afastar) 1 ⇒ desjungir(+). 2 ⇒ Separar/Desunir.

disjuntar *v t* (<dis- + juntar) Separar(o+)/Desunir(+)/Afastar(+).

disjuntivo, a *adj* (<disjunto + -ivo) 1 Que desune/separa. **Comb.** Comportamento ~ [que causa a desunião(+)]. 2 *Gram* Que estabelece [indica/faz/tem] uma alternativa ou distinção. **Comb.** *Conjunção ~a* «ou/nem/ora/quer». *Oração ~a* [ligada por conjunção ~a]. 3 *Lóg* Diz-se de proposição, juízo, afirmação ou enunciado. ⇒ disjunção 5.

disjunto, a *adj* (⇒ disjungir) Separado(o+)/Desunido(+)/Distinto(+). **Comb.** *Mat* Conjunto ~ [sem elementos comuns com outro conjunto].

disjuntor, ora *s m/adj Ele(c)tri* (<disjuntar + -or) Dispositivo de prote(c)ção que interrompe bruscamente a corrente elé(c)trica/Diz-se de interruptor ou fusível. **Comb.** ~ de máxima intensidade. ~ uni[tri]polar. Condição ~ora. Sistema ~.

dislalia *s f Med* (<dis- c) + -lalia) Perturbação na articulação de palavras por lesão no aparelho fonador.

dislate *s m* (<dis- a) + lat *féro,férre,túli,látum*: levar «por palavras») Afirmação tola/Disparate. **Sin.** Asneira(da); baboseira; *Br* bobagem; *Br* besteira; parvoíce; toleima; tontaria.

dislexia (Csi) *s f Med* (<dis- c) + lexia) 1 Perturbação na leitura que se manifesta por omissão ou troca de letras ou sílabas. **Ex.** A ~ pode ser (facilmente) corrigida por [com] técnicas especiais de reeducação. 2 Dificuldade na aprendizagem, compreensão, identificação e reprodução de símbolos escritos provocada por lesão cerebral ligeira.

disléxico, a (Csi) *adj/s* (<dislexia + -ico) 1 Relativo à dislexia. **Comb.** Erro [Falha] ~o/a. 2 *s* O que sofre de dislexia. **Ex.** Não há ~s nesta turma.

dislogia *s f Pat* (<dis- c) + -logia) Perturbação do raciocínio/das ideias.

dismenia[dismenorreia] *s f* (<gr *dis-*: dificuldade + *mén,menós*: mês [menorreia]) Dor menstrual/Menstruação dolorosa.

dismenorreico, a *adj* (<dismenorreia + -ico) Relativo à dismenorreia.

dismné[e]sia *s f Med* (<gr *dis-*: mal + *mnésis*: memória) Perda parcial de memória para certas recordações (Nomes, números, figuras, ...). **Comb.** ~ permanente [temporária]. ⇒ afasia/amnésia.

díspar *adj 2g* (<lat *díspar,aris*) Que não é igual/Diferente/Desigual. **Comb.** Dois copos ~es [desiguais(+)]. Opiniões muito ~es [diferentes(+)]. Tratamentos ~es.

disparada *s f* (<disparado) **1** A(c)ção de disparar/Disparo(+). **2** Correria [Fuga] impetuosa e desordenada. **Comb.** «o cavalo foi/arrancou» À/Em ~ [A grande [toda a] velocidade] (⇒ disparado 2). **Sin.** Desfilada. **3** *Br* ⇒ correria desordenada de gado; estouro.

disparado, a *adj* (<disparar + -ado) **1** Que se disparou. **Comb.** Arma [Pistola/Espingarda] ~à à caça. **2** A toda a velocidade/Muito rápido. **Ex.** Quando a campainha tocou, os alunos saíram ~s para o recreio. **3** *Br* Com grande diferença do [avanço sobre os] outros. **Loc.** Vencer a eleição ~o/a.

disparador, ora *adj/s* (<disparar + -dor) (O) que dispara. **Ex.** O ~ do canhão é o comandante do pelotão. **Comb.** Mecanismo [Botão/Gatilho] ~.

disparar *v t/int* (<lat *dispáro,áre,átum*: separar, apartar, dividir) **1** Atirar/Fazer fogo/Dar ao gatilho/Desfechar. **Ex.** Atenção, ~! A polícia disparou (tiros) para o ar «para obrigar os manifestantes a dispersar». **Loc.** ~ setas/balas/dardos. **2** Atirar/Arremessar/Lançar. **Ex.** Para festejar a vitória, os adeptos do clube dispararam [lançaram(+)] balões, foguetes, chapéus, tudo!... **3** Manifestar um sentimento de forma súbita e inesperada. **Ex.** Ao ver o assassino, disparou-(lhe): – foi você que matou o meu filho! **4** Correr [Sair/Partir] a grande velocidade. **Ex.** Quando soou o sinal de partida, os atletas dispararam a toda a velocidade. Quando ouviu a voz dele, disparou (a correr) porta fora. **5** Aumentar [Crescer] rápida e exageradamente. **Ex.** Que alto (que) estás! Depois das férias disparaste [cresceste muito]! Os preços da gasolina dispararam [aumentaram muito]. **7** «o mecanismo de prote(c)ção» Entrar em funcionamento. **Ex.** O disjuntor [fusível] elé(c)trico disparou [desligou] por excesso de carga. O alarme disparou [funcionou] «e apagámos logo o fogo».

disparatado, a *adj* (<disparatar + -ado) **1** Que faz [diz] disparates. **Comb.** Aluno [Criança] ~o/a. **2** Sem sentido/Despropositado/Errado. **Comb.** Proje(c)to ~ [errado/despropositado/sem sentido]. Resposta ~a [sem nexo/tola/sem sentido].

disparatar *v int* (<disparar + on) **1** Dizer [Fazer] disparates/coisas sem sentido/Cometer erros. **Ex.** Não comeces a ~ [dizer disparates/tolices], pois sabes (bem) que os teus pais te repreenderam com razão. Disparatou mais uma vez; voltou a meter-se na droga. Fiz uma grande confusão no exame: disparatei do princípio ao fim [: saiu-me tudo disparatado]. **2** Barafustar com irritação/Ralhar com despropósito. **Ex.** Quando viu os empregados na brincadeira, o patrão disparatou [perdeu as estribeiras(+)/foi aos arames(o+)].

disparate *s m* (<disparatar) **1** A(c)to de insensatez/Desatino/Despropósito/Tolice. **Ex.** Não deixes o emprego, não faças ~s! É melhor ficares calado porque (só) estás a dizer ~s [coisas sem sentido/despropositadas]. Deixar a criança atravessar a rua sozinha é um (grande) ~ [uma insensatez]. **2** *fig* Quantidade grande e indeterminada. **Ex.** O tio deixou-lhe uma fortuna que é um ~ [deixou-lhe uma grande fortuna]. **Comb.** Uma multidão, um ~ [mar(+)] de gente.

disparidade *s f* (<díspar + -i -+ -dade) **1** Cara(c)terística do que é díspar/Desigualdade/Diferença. **Ex.** Houve uma grande ~ nas respostas ao inquérito. **Comb.** ~ de preços entre várias lojas. **2** Falta de acordo/Divergência. **Ex.** Não foi possível resolver o assunto. Os associados apresentaram uma grande ~ de soluções. **3** *Br* ⇒ despropósito; dito insensato.

disparo *s m* (<disparar) **1** A(c)to de disparar/fazer fogo/puxar o gatilho. **Ex.** O ~ do disjuntor [fusível] ocorreu às dez e um quarto. O pelotão aguardava a ordem de ~. **2** Detonação (de arma de fogo)/Tiro/Estouro/Estampido. **Ex.** Ouviram-se três ~s seguidos.

dispartir *v t/int Br* (<dis- b) + lat *pártio,íre*: dividir, distribuir) **1** ⇒ repartir; distribuir. **2** ⇒ dividir; partir. **3** ⇒ ir em várias dire(c)ções; dispersar-se.

dispêndio *s m* (<lat *dispéndium,ii*: despesa, gasto, prejuízo, perda) **1** Aquilo que se gasta/Consumo/Despesa. **Comb.** O ~ [gasto(+)] com a alimentação. O ~ [consumo/gasto] de energia(s). **2** Gasto excessivo/Prejuízo/Perda. **Ex.** A reestruturação da empresa só causou ~s [gastos/prejuízos], não trouxe qualquer benefício.

dispendioso, a (Ôso, Ósa, Ósos) (<dispêndio + -oso) Que causa dispêndio/Que exige grande despesa/Caro/Custoso. **Comb.** Hábitos ~s [gastadores]. Solução ~a [cara].

dispensa *s f* (<dispensar; ⇒ despensa; dispensação) **1** A(c)to de dispensar ou de ser dispensado. **Loc.** Conceder [Pedir] ~. **2** Autorização para deixar de cumprir uma obrigação/Isenção. **Comb.** ~ [Isenção] *de pagamento* «de taxas». *~ do serviço militar. ~ do trabalho* «para ir ao médico». **3** Pedido [Requerimento] em que é pedida ~. **Loc.** Levar as ~s a despacho (ao dire(c)tor). **4** Documento no qual consta a autorização. **Ex.** Já posso começar as obras porque já tenho comigo a ~ de pagamento «da taxa de saneamento».

dispensabilidade *s f* (<dispensável + -dade) Qualidade do que é dispensável. **Comb.** Causas [Motivos] de ~.

dispensação *s f* (<lat *dispensátio,ónis*) **1** Prestação/Concessão/Ajuda/Serviço. **Comb.** ~ de assistência médica. ~ de auxílio. **2** ⇒ dispensa.

dispensado, a *adj* (<dispensar+-ado) **1** Que se dispensou/Desobrigado/Isento. **Comb.** ~ da aula. ~ [Isento] do serviço militar. **2** Despedido. **Comb.** ~ [Despedido(+)] do emprego.

dispensador, ora *adj/s* (<dispensar + -dor; ⇒ despenseiro [refeitoreiro]) (O) que dispensa/concede/distribui/Dispensatário. **Comb.** ~ de benefícios/esmolas/favores.

dispensar *v t* (<lat *dispénso,áre*: pesar bem cada parte, repartir, administrar, distribuir, dividir) **1** Conceder dispensa/Desobrigar. **Ex.** A professora dispensou-me do [de fazer] teste. O patrão dispensou os operários uma hora mais cedo para irem a manifestação. **2** Distribuir/Conceder. **Ex.** Os organizadores dispensaram [ofereceram(+)] uma refeição quente a todos os participantes na reunião. A anfitriã dispensou [deu/prestou] muita atenção a todos os convidados. **3** Ceder alguma coisa por empréstimo. **Ex.** Ó vizinha, tem meia dúzia de ovos que me dispense? Tens o teu carro na oficina, eu dispenso[empresto]-te o meu. **4** Não ser necessário/Não se julgar obrigado/Eximir-se. **Ex.** O conferencista dispensa [não tem necessidade de] apresentações, é conhecido de todos. Dispensei-me de ir à tomada de posse do dire(c)tor. **5** Não aceitar/Recusar. **Ex.** Dispenso os teus elogios [favores/trabalhos]. Dispenso-me de te dar [Recuso-me a dar-te] explicações da minha saída.

dispensário *s m* (<dispensar + -ário) Estabelecimento onde, gratuitamente, se prestam cuidados de saúde e assistência médica/Centro de Saúde. **Ex.** Vou levar o meu filho ao ~ para ser vacinado. Fui ao ~ mas já não tive consulta médica.

dispensatório, a *adj/s* (<lat *dispensatórius,a,um*) **1** Que motiva/provoca dispensa/Dispensativo. **Comb.** Circunstâncias [Causas] ~as. **2** Laboratório destinado às aulas práticas de farmácia.

dispensável *adj 2g* (<dispensar + -vel) **1** Que se pode dispensar/Desnecessário/Prescindível. **Ex.** Temos dois carros; um é (perfeitamente) ~. **2** Escusado/Inoportuno. **Comb.** Comentário ~ [escusado(+)/inoportuno].

dispepsia *s f Med* (<gr *dyspepsía,as*: digestão difícil, indigestão) Dificuldade em digerir, com dores e sensação de desconforto/Indigestão.

dispéptico, a *adj/s* (<dispepsia + -ico) (O) que sofre de dispepsia/Relativo à dispepsia. **Comb.** Um (doente) ~.

dispersante *adj 2g/s m Quím* (<dispersar + -ante) (O) que provoca [causa] dispersão. **Ex.** O silicato e os polifosfatos de sódio são ~s muito utilizados. **Comb.** Agente ~.

dispersão *s f* (<lat *dispérsio,ónis*: dispersão, repartição, distribuição) **1** Afastamento de pessoas ou coisas em várias dire(c)ções/Disseminação. **Ex.** A polícia ordenou a ~ dos manifestantes. **Comb.** A ~ [disseminação] de poeiras (na atmosfera). **2** Dedicação a vários assuntos [centros de interesse] ao mesmo tempo. **Ex.** O defeito dela é a ~: gosta de muita(s) coisa(s) mas não se aplica a nenhuma a sério [em profundidade]. **3** *Quím* Disseminação de partículas muito pequenas duma substância no seio de outra. **Comb.** ~ *coloidal* «no leite/no fumo». ~ *dum corante* num líquido. **4** *Fís* Separação dum feixe luminoso nos seus componentes monocromáticos. **Ex.** A visibilidade do arco-íris deve-se à dispersão da luz solar. **5** *Fís* Variação do índice de refra(c)ção duma substância com o comprimento de onda da radiação. **6** *Mat* Flutuação de valores duma variável aleatória. **Comb.** Grande [Pequena] ~.

dispersar *v t/int* (<lat *dispérgo,ere,pérsum*: espalhar, dipersar) **1** (Fazer) ir em várias dire(c)ções pessoas ou coisas dum conjunto. **Ex.** Para ~ [pôr em debandada/afugentar] os desordeiros a polícia teve que [de] usar gases lacrimogé[ê]neos. Os assaltantes dispersaram(-se) [desapareceram/ocultaram-se] no meio da multidão. O fumo dispersou(-se) [desfez(-se)] na atmosfera. **2** Dar atenção a vários assuntos ao mesmo tempo/Desconcentrar-se. **Ex.** Disperso-me com outros interesses e não consigo estudar [concentrar-me no estudo]. **3** *Mil* Abandonar a formatura. **Comb.** Ordem de [para] ~.

dispersivo, a *adj* (<disperso + -ivo) **1** Que causa dispersão/Que espalha. **Comb.** «aves/vento» Fa(c)tores ~s das sementes. «tenho agora um/a» A(c)tividade/Trabalho muito ~ [dispersa/o]. **2** Que tem dificulda-

disperso, a

de em concentrar-se/Desatento/Distraído. **Comb.** Aluno (inteligente mas) ~.
disperso, a (Pér) *adj* (<dispersar) **1** Espalhado/Disseminado. **Comb.** Artigos ~s por [em] várias revistas. Poeira ~a no ar. **2** Em debandada/fuga. **Comb.** Tropas ~as. **3** Fora de ordem/Desarrumado. **Comb.** Brinquedos ~s pela [por toda a] casa. **4** Desconcentrado/Desatento/Dispersivo **2. Ex.** Estás sempre ~ [nas nuvens(o+)/ausente(+)], nem ouves o que te dizem!
displasia *s f Med* (<dis- c) + -plasia) Desenvolvimento anormal de um órgão ou tecido/Malformação. ⇒ neoplasia.
display *ing* ⇒ mostra; mostrar; mostrador; exposição; exibição.
displicência *s f* (<lat *displicéntia,ae*: desprazer, descontentamento, desgosto) **1** (Sentimento de) desagrado/descontentamento/Desencanto/Antipatia. **Ex.** Passados os primeiros entusiasmos, tratava a moça com ~/indiferença(+); parecia que lhe falava por favor. **2** Tédio/Enfastiamento. **Ex.** Encarava a vida com ~; nada lhe interessava verdadeiramente. **3** Indiferença/Negligência. **Loc.** Tratar os doentes com ~ [friamente/com frieza/com descuido].
displicente *adj 2g* (<lat *displicens,éntis*) **1** Sem alegria/Entediado/Indiferente. **Comb.** Ar/Atitude/Comportamento ~. **2** Que causa displicência/desagrado/descontentamento. **Comb.** Medida «governamental» ~ [desagradável(+)].
dispneia *s f Med* (<gr *dúspnoia,as*) Dificuldade em respirar/Falta de ar. **Ex.** A ~ pode ser subje(c)tiva.
disponente *adj/s 2g Dir* (<lat *dispónens, éntis*) (O) que dispõe de bens a [em] favor de outrem. **Ex.** O ~ da herança que ele recebeu foi um tio. O testamento é um documento ~ de bens próprios a favor de outrem.
disponibilidade *s f* (<disponível + -dade) **1** Cara(c)terística do que é [está] disponível. **Ex.** Tens o meu carro à tua ~ [disposição(+)] «durante o fim de semana». **2** Qualidade de quem está livre para [disposto a/aberto a] algo. **Ex.** Podes contar com a minha ~ para participar «na ajuda aos sem abrigo/na campanha eleitoral». **3** Tempo livre. **Ex.** Durante a semana não tenho ~, estou a trabalhar. **4** Situação dum funcionário que temporariamente não se encontra a exercer funções. **Ex.** Terminada a comissão de serviço, o general encontrava-se na ~ à espera de nova colocação. (⇒ reserva). **5** Situação de pessoa desempregada ou reformada. **Loc.** Passar à ~. **6** *Econ* Dinheiro [Bens] livre/s para utilizar ou investir. **Ex.** De momento não tenho ~(s) para passar férias no estrangeiro. **Comb.** ~s de caixa [Dinheiro à vista de que uma instituição bancária pode dispor em determinado momento]. **7** *Dir* Situação dos bens não sujeitos a encargos/Faculdade de dispor do que lhe pertence.
disponibilização *s f* (<disponibilizar + -ção) **1** A(c)to ou efeito de tornar disponível. **Comb.** ~ [Cedência] do campo de futebol aos jovens do bairro. **2** A(c)ção de revelar disponibilidade. **Loc.** ~ [Disposição] para participar num comício.
disponibilizar *v t* (<disponível + -izar) Tornar(-se) disponível/Pôr(-se) à disposição/Revelar disponibilidade. **Ex.** Não sei se ela me acompanhará ao médico; falei-lhe [pedi-lhe] mas ela não se disponibilizou [não mostrou disponibilidade]. **Loc.** ~ [Pôr à disposição/Emprestar] dinheiro ao filho para montar um negócio. ~-se para fazer a conferência. ~ verbas [fundos/dinheiro] para a investigação (científica).

disponível *adj 2g* (<lat *disponíbilis,e*; ⇒ dispor) **1** De que se pode dispor/Que está à disposição. **Ex.** Já estou ~ [à disposição] para receber clientes. **Comb.** Carro [Dinheiro] ~. **2** Livre/Desocupado. **Comb. Cabine telefó[ô]nica** [Caixa Multibanco] **~/livre. Cadeira** [Lugar sentado] **~/vaga/o. Ant.** Em serviço; ocupado. **3** Que revela disponibilidade. **Ex.** A Joana é admirável, está sempre ~ para ajudar os outros. **4** *Econ* «Dinheiro/Bens/Mercadorias» De que se pode dispor imediatamente. **Comb.** Saldo ~/positivo «duma conta--corrente/conta à ordem».
dispor (Pôr) *v t/int/s m* (<lat *dispóno,pósui, pónere,pósitum*: pôr em ordem, arranjar, compor, regular, resolver, determinar, administrar, governar) **1** Colocar de determinada maneira. **Prov. O homem põe e Deus dispõe** [Nem tudo corre segundo os planos humanos/Os nossos planos dependem de Deus]. **Loc. ~ os livros** na estante. **~ os móveis** «de maneira diferente». **~** (artisticamente) **os enfeites** [arranjos de flores]. **Idi. Pôr e ~** [Mandar] (Ex. No clube, eu ponho e disponho [, sou eu que mando]). **2** Ordenar/Acomodar/Instalar pessoas. **Loc. ~ os meninos** em fila. **~ os convidados** à mesa (Colocá-los nos respe(c)tivos lugares para comer). **3** Dar forma/Organizar/Arrumar. **Loc.** ~ as peças (Figuras, gráficos, texto) dum trabalho. ~ [Preparar(+)] uma sala para uma sessão solene. **4** Tornar susce(p)tível/(Pre)dispor. **Ex.** A ociosidade (pre)dispõe para [é causa de(+)] muitos vícios. **5** Despertar o interesse/Ter o efeito/Estimular/Orientar. **Ex.** O filme dispôs [orientou/estimulou] o público contra a guerra nuclear. **Loc.** «um bom vinho serve para» ~ bem [Dar boa disposição]. **6** Ter (disponível/à disposição)/Usufruir. **Ex.** A cidade dispõe de [tem] «três» salas de espe(c)táculo. A medicina dispõe a(c)tualmente de meios muito eficazes. **7** Ser senhor absoluto/Possuir. **Ex.** A escravatura dispunha da vida dos escravos! **Loc. ~ de tudo** (idi e mais alguma coisa). **Não poder ~ de si** [Não poder fazer como (o que) quer]. **8** Fazer uso/Utilizar/Apossar-se. **Ex.** Você pode ~ do [ficar no/utilizar o] meu apartamento (por uns dias). ~ [Apossar-se] do dinheiro da empresa. **9** Desfazer-se de/Doar/Vender. **Loc.** ~ da roupa que já não usa. ~ dos ele(c)trodomésticos desa(c)tualizados. **10** Utilizar a ajuda de alguém. **Ex.** Sabe(s) que pode(s) ~ de mim [utilizar a minha ajuda] quando precisar(es) [Disponha sempre]. **11** Estabelecer normas/Determinar/Regulamentar. **Ex.** A constituição portuguesa dispõe [diz] que todos os cidadãos são iguais perante a lei. **12** Decidir(-se)/Resolver(-se). **Ex.** Os alunos dispuseram-se a [decidiram] alfabetizar os adultos. **13** Preparar antecipadamente/Aceitar. **Ex.** Perante a gravidade da doença do marido, ia-se dispondo para [, ia aceitando] a sua morte. **14** *s m* Disponibilidade para ser útil/ajudar/Disposição. **Loc.** Estar ao ~ [à disposição de/às ordens de/Estar pronto para ajudar] alguém.
disposição *s f* (<lat *dispositio,ónis*: ordem, composição, administração, disposição «das leis», prescrição; ⇒ dispor) **1** Composição/Arranjo/Distribuição. **Ex.** Os quadros assim ficam mal. Tenta [Experimenta/Ensaia] uma nova [outra] ~. **Comb.** ~ [Distribuição] dos jogadores (no campo). **2** Situação/Colocação. **Ex.** É um lote de terreno com excelente ~: tem acessos fáceis, três frentes de construção, o local é sossegado... A ~ [colocação(+)/posição(o+)] da mesa (da presidência) nes-

se local não é a melhor. **3** Estado de saúde ou de espírito/Humor/Temperamento. **Ex.** Estou enfastiado/a; não tenho ~ para [não me apetece fazer] nada. O Pedro é uma excelente companhia, mostra sempre boa ~. **Loc.** Ter boa ~ [Ser/Estar bem disposto]. **4** Inclinação/Tendência/Apetência. **Loc.** Ter [Revelar/Mostrar] ~ [inclinação(+)] para «a mecânica/a música/o teatro». **5** Desejo/Intenção/Vontade. **Ex.** Como não tenho herdeiros, estou na ~ [tenho intenção] de deixar todos os meus bens a uma instituição de caridade. Os pais não estavam dispostos a [na ~ de] autorizar a filha «a sair à noite». Estou à sua ~ [ao seu dispor] «para colaborar no proje(c)to». **Comb.** «jornais/bebidas» À ~ [Ao dispor] «de todos/dos convidados». **6** Prescrição legal/Regulamentação. **Comb.** ~ legal/imperativa/transitória. **7** *Dir* Concessão de bens por título oneroso ou gratuito. **Comb.** ~ testamentária [Testamento].
dispositivo, a *adj/s m* (<disposição + -ivo) **1** Que contém disposição/Que regulamenta. **Comb.** Artigo/Preceito ~. **2** *s m* Parte de máquina ou instrumento/Mecanismo/Aparelho. **Ex.** Automóvel equipado com ~ limitador de velocidade. **Comb. ~ de comando** [prote(c)ção]. **~ elé(c)trico** [mecânico]. **~ de segurança. ~** que fecha automaticamente o portão. **3** *Dir* Parte final duma lei ou sentença. **Ex.** O ~ (da lei/sentença) é precedido pela exposição. **4** *Mil* Disposição da unidade militar no terreno de acordo com o obje(c)tivo que se pretende atingir. **Comb.** ~ de ataque.
disposto, a (Pôsto, Pôsta/os) *adj/s m* (<lat *dispósitus,a,um;* ⇒ dispor) **1** Colocado de determinada maneira/Arranjado/Ordenado. **Comb.** Cadeiras (dis)postas [colocadas] em semicírculo. Crianças ~as em fila. Quadros ~s em triângulo. Texto ~ em colunas. **2** Preparado/Pronto/Organizado. **Comb.** Sala ~a [preparada(o+)/pronta(+)] para receber os congressistas. **3** Com o desejo de/Determinado a/Pronto para. **Ex.** As crianças estão sempre ~as [prontas(+)] para a brincadeira. Hoje não estou ~ a [com vontade de] estudar. **Comb.** ~ [Determinado] a lutar. **4** Com tendência para/Propenso a. **Ex.** Você devia ter insistido mais; ele estava ~ a [; ele ia] baixar o preço. **5** Em bom [mau] estado de saúde/Bem[Mal]-humorado. **Loc.** Levantar-se bem ~o/a. **7** *s m* Determinação/Preceito/Disposição. **Ex.** A [O ~ na] lei determina que [obriga a] ...
disprósio [Dy 66] *s m Quím* (<lat *dysprósium* <gr *dysprósodos,os,on*: de difícil acesso) Metal paramagnético pertencente ao grupo das terras raras/dos lantanídeos, *us* em aparelhos de TV e rea(c)tores nucleares.
disputa *s f* (<disputar) **1** Discussão acalorada/Altercação/Contenda. **Ex.** Os dois amigos envolveram-se em acesa ~ [discussão] por causa do futebol. **Comb.** ~s [Contendas(+)] (constantes) entre os vizinhos. **2** Luta/Competição/Desafio. **Comb. ~ da taça** [do título de campeão]. **~ das eleições. 3** Contestação/Querela/Debate. **Comb.** ~ [Debate(+)] científica/o. ~ [Batalha/Contestação] jurídica. **4** Briga/Rixa/Desordem. **Ex.** A ~ por causa dos marcos (da extrema) do terreno levou-os ao [fez com que tivessem de ir para o] hospital!
disputado, a *adj* (<disputar + -ado) **1** Que foi obje(c)to de disputa. **Comb.** (Torneio) ~ por quatro equipas/es. **2** Que teve [mereceu] grande empenho/entusiasmo. **Comb.** Desafio [Competição/Jogo] muito ~o/a.

3 Desejado/Pretendido. **Comb.** ~ por várias moças.

disputar *v t/int* (<lat *dispúto,áre*: avaliar [calcular] «uma soma», discutir, debater, discorrer, dissertar, argumentar) **1** Lutar por/Competir. **Loc.** ~ um campeonato [um troféu/uma taça]. **2** Defender opiniões contrárias/Debater/Argumentar. **Ex.** (O concorrente) disputou [defendeu(+)] a tese com argumentos convincentes. **Loc.** ~ [Debater(+)/Discutir] um assunto. **3** Lutar por um direito/Contestar. **Loc.** ~ uma herança (em tribunal). **4** Travar uma discussão/Altercar. **Ex.** O casal disputava [discutia(+)] por tudo e por nada [sem motivo/por causas fúteis].

disputativo, a *adj* (<disputar+-ivo) **1** Que gosta [tem o hábito] de disputar. **2** Que é assunto de disputa/discussão.

disputável *adj 2g* (<disputar + -vel) **1** Que pode ser disputado. **Comb.** Campeonato [Assunto] ~. **2** ⇒ discutível.

disquete (Quê) *s f [m] Info* (<disco + -ete) Unidade amovível de armazenamento de dados. **Ex.** O CD tem uma capacidade de armazenagem [memória] muito maior (do) que a [o] ~. **Sin.** Disco flexível.

disquisição *s f* (<lat *disquisítio,ónis* <*disquiro* <*quáero,ere*: buscar) ⇒ apuramento «da verdade»; investigação (pormenorizada); inquirição [inquérito] «dos fa(c)tos»; especulação «flosófica».

disrupção *s f* (<lat *disrúptio,ónis*: fra(c)tura, quebra <*di(s)rúmpo,ere*: despedaçar, romper, destruir) **1** Interrupção do curso normal dum processo. **Ex.** Depois da ~ [interrupção(+)] por causa da invasão do campo o jogo não foi reatado [não recomeçou(+)]. **Sin.** Rup[Ro]tura(+).⇒ corte[1]. **2** *Ele(c)tri* Descarga [Faísca] entre dois corpos ele(c)trificados com potenciais diferentes.

dissabor (Bôr) *s m* (<dis- + sabor; ⇒ insipidez; insosso) **1** Sentimento de tristeza/infelicidade/Desgosto/Mágoa. **Ex.** Aquele filho só tem causado [filho tem causado muitos] ~es [desgostos/mágoas] aos pais. Sofreu o ~ [Sentiu a tristeza] de já não encontrar o pai vivo. **2** Acontecimento desagradável/Desagrado/Contratempo/Contrariedade. **Ex.** Perder o título no último jogo, foi um ~ [contratempo] inesperado e difícil de suportar. Além de perder o dinheiro que lhe tinha emprestado, tive mais o ~ [a contrariedade] de perder também o amigo.

dissecação *s f* (<dissecar + -ção) **1** *Anat* Separação dum organismo morto em partes para o estudar. **Comb.** ~ do coelho [peixe/caracol] no laboratório [nas aulas] de biologia. ⇒ autópsia; corte. **2** *fig* Estudo pormenorizado e aprofundado dum assunto/Análise minuciosa. **Ex.** Foi-lhe confiada a ~ [a análise/o estudo] do problema/crime/caso.

dissecador, ora *adj/s* (<dissecar + -dor) (O) que disseca.

dissecar *v t* (<lat *dísseco,as,cui,cáre,ctum*: cortar em dois/ao meio/em pedaços) **1** *Anat* Separar em partes um organismo morto para o estudar. **Comb.** ~ um cadáver «de pombo/minhoca». ⇒ autópsia. **2** *Med* Fazer a dissecação/Separar com instrumento cirúrgico um órgão ou parte dele. **3** *fig* Estudar cuidadosamente/Analisar minuciosamente. **Comb.** ~ um assunto [discurso].

dissecção [*Br* disse(c)ção (dg)] *s f* ⇒ dissecação.

dissemelhança *s f* (<dis- + semelhança) Falta de semelhança/Desigualdade/Diferença. **Ex.** À medida que os gé[ê]meos vão crescendo, notam-se mais as ~s (entre eles). Há uma grande ~ [diferença(+)] entre as propostas apresentadas.

dissemelhante *adj 2g* (<dis- + ...) Que não é semelhante/parecido/idêntico. **Ex.** Depois de lavada, a saia tornou-se (um pouco/muito) ~ do casaco (na cor).

dissemelhar *v t* (<dis- + semelhar) Tornar [Ser] dissemelhante/diferente. **Loc.** «o cará(c)ter dos dois irmãozinhos» Ir-se dissemelhando [tornando progressivamente diferente].

disseminação *s f* (<disseminar + -ção) **1** Espalhamento por várias partes/Dispersão. **Comb.** ~ do pó (por toda a casa). **2** Difusão/Propagação/Divulgação. **Comb.** ~ [Divulgação(o+)/Difusão(+)] de novas tecnologias. ~ [Propagação(+)] do cristianismo. **3** *Bot* Dispersão natural das sementes pelo solo na época da maturação.

disseminador, ora *adj/s* (<disseminar + -dor) (O) que dissemina/Propagador/Divulgador/Difusor. **Comb.** A empresa ~ora do invento.

disseminar *v t* (<lat *dissémino,áre* <*dis+sémino*: semear «trigo») **1** Espalhar(-se) por muitas partes. **Ex.** O pólen disseminado pelo vento provoca muitas alergias. **2** Propagar(-se)/Difundir(-se)/Divulgar(-se). **Ex.** A epidemia de gripe disseminou-se [propagou-se] rapidamente entre a população mais idosa. A oposição disseminou [deu a conhecer/divulgou(+)/difundiu(o+)] ideias revolucionárias por todo o país. **Loc.** ~ [Espalhar(+)] boatos.

dissensão *s f* (<lat *disséntio,ónis*: diferença de opinião, discordância, discrepância; ⇒ dissentir) **1** Falta de acordo/Divergência de opiniões/Discrepância. **Ex.** O congresso foi marcado por ~ões que afe(c)taram a unidade do partido. ⇒ desentendimento. **2** Desavença/Conflito/Dissídio. **Comb.** ~ões familiares «por causa de partilhas».

dissentâneo, a *adj* (<lat *dissentáneus,a, um*: diferente) ⇒ Que provoca dissensão/Discordante/Diferente/Dissidente(+)/Divergente.

dissentir *v int* (<lat *disséntio,is,si,tíre, sum*: diferir em sentimento, ser de opinião diferente, discordar, divergir, diferir <*dis+séntio*: sentir) **1** Estar em desacordo/Manifestar divergência. **Loc.** ~ das [Estar em desacordo ou não concordar com as] orientações da dire(c)ção. **2** Sentir de modo diferente. **Ex.** Abandonou o grupo porque dissentia das [porque não concordava com as(+)] ideias dos companheiros.

dissépalo, a *adj Bot* (<di- a) + sépala) Que tem duas sépalas. **Comb.** Cálice [Flor] ~o/a.

dissertação *s f* (<dissertar + -ção) **1** Exposição oral ou escrita desenvolvida sobre um tema (específico). **Comb.** ~ sobre a obra lírica de Camões. ~ sobre energia eólica. **2** Trabalho escrito [Prova] apresentado/a à instituição de ensino para obtenção dum grau acadé[ê]mico/Tese(+). ~ de doutoramento [mestrado]. **3** Palestra/Conferência/Discurso. **Ex.** A abrir as comemorações do V centenário do nascimento de S. Francisco Xavier ouvimos uma excelente ~ [conferência(+)] intitulada *O apóstolo do Oriente e a inculturação*.

dissertador, ora *adj/s* (<dissertar + -dor) (O) que disserta ou gosta de fazer dissertações. ⇒ conferencista; orador.

dissertar *v int* (<lat *dissérto,áre*) Expor oralmente ou por escrito um assunto com desenvolvimento e profundidade. **Loc.** ~ [Fazer uma conferência(+)] sobre a influência cultural dos jesuítas na China nos séc. XVI e seguintes.

dissidência *s f* (<lat *dissidéntia,ae*: oposição, antipatia; ⇒ dissidi(a)r) **1** Divergência de interesses/Desavença/Conflito. **Comb.** ~(s) no grupo parlamentar [na família]. **2** Separação/Cisão. ~s [Separações/Abandono] no partido [na dire(c)ção do clube].

dissidente *adj/s 2g* (<lat *díssidens,éntis*) **1** (O) que diverge/discorda. **Ex.** Alguns ~s votaram contra. **Comb.** Posições [Opiniões] ~s/divergentes. **2** (O) que se separa dum grupo por discordar. **Ex.** Os ~s do partido foram considerados traidores. **Comb.** Filiados [Membros/Elementos] ~s.

dissídio *s m* (<lat *dissídium,ii*: separação, divergência, discórdia; ⇒ dissidi(a)r) Dissensão **2**/Dissidência **1**. **Comb.** «houve um» ~ entre o empregador [dono] e os empregados.

dissidi(a)r *v int* (<lat *dissídeo* <*dis+sédeo*: sentar(-se); ⇒ dissentir) ⇒ Não concordar/Divergir/Discrepar.

dissilábico, a *adj Gram* (<dissílabo + -ico) Que tem duas sílabas/Dissílabo. **Comb.** Língua ~a [em que predominam as palavras de duas sílabas]. ⇒ monossilábico «chinês».

dissílabo, a *adj/s m* (<gr *dissýllabos,on*) (O) que tem duas sílabas. **Ex.** *Mesa, pato* são ~os [são palavras ~as].

dissimetria *s f* (<dis- + ...) Falta de simetria/igualdade/equivalência/Assimetria. **Comb.** ~ do corpo (humano).

dissimétrico, a *adj* (<dissimetria + -ico) Que não tem simetria/Diferente/Desigual/Assimétrico. **Comb.** Fachadas (de dois edifícios) ~as [iguais mas em posição ~a]. Ombros [Tronco] ~os/o.

dissímil *adj 2g* (<lat *dissímilis,e*) ⇒ dissemelhante.

dissimilação *s f* (<dissimilar + -ção) **1** Diferenciação de sons na mesma palavra. **Ex.** A pronúncia corrente *me* (Em Portugal) em vez de *mi* na palavra *ministro* é um fenó[ô]meno [exemplo] de ~ (Fazendo o primeiro *i* diferente do segundo). ⇒ assimilação.

dissimilar *adj 2g/v t* (<dissímil + -ar[2/1]) **1** Diferente(+)/Heterogé[ê]neo. **Comb.** Partes ~es (dum conjunto). **2** *v t* Fazer a dissimilação. **Ex.** Na evolução de *lílium* para *lírio* o segundo *l* foi dissimilado (e deu *r*).

dissimilitude *s f* ⇒ dissemelhança.

dissimulação *s f* (<lat *dissimulátio, ónis*) Fingimento/Hipocrisia/Disfarce/Ocultação. **Comb.** ~ ***dos verdadeiros sentimentos***. ~ [Ocultação(+)] ***dum crime***. ~ [Disfarce(+)] ***duma armadilha***.

dissimuladamente *adv* (<dissimulado + -mente) De maneira sub-reptícia, disfarçada, ardilosa, oculta. **Ex.** Entrou ~ com as outras visitas e roubou um lindo quadro do corredor.

dissimulado, a *adj* (<dissimular + -ado) **1** Que se dissimulou/sofreu dissimulação/Encoberto/Disfarçado. **Ex.** ~ [Encoberto(+)] no meio dos arbustos, o ladrão esperava a ocasião para assaltar a casa. **Comb.** ~ [Disfarçado(+)] de polícia. **2** Manhoso/Fingido/Hipócrita. **Ex.** Tinha um comportamento completamente ~: o sorriso, as fal(inh)as mansas, as mesuras, era tudo fingimento, hipocrisia, ...

dissimulador, ora *adj/s* (<dissimular + -dor) (O) que dissimula/Fingidor/Encobridor. **Comb.** Máscara [Traje] ~ora/or (da verdadeira identidade). Comportamento ~.

dissimular *v t* (<lat *dissímulo, áre, átum*: dissimular, fingir que não tem, ocultar, não prestar atenção, desprezar <*dis+símulo*: tornar semelhante, imitar) **1** Esconder os próprios sentimentos. **Loc.** ~ *a inveja* [o ciúme]. ~ *o desapontamento*. Não poder ~ *a repugnância*. ⇒ simular [fingir que tem]. 2 ⇒ Disfarçar(-se); ocultar(-se). 3 Proceder com dissimulação/reserva/discreção/Fazer de conta «que não sabe». **Ex.** Tinha-se treinado a ~: não exteriorizava as suas rea(c)ções, ninguém lhe adivinhava o pensamento. Os diplomatas sabem bem ~.

dissimulável *adj 2g* (<dissimular + -vel) Que se pode dissimular. **Ex.** Há emoções tão fortes que não são ~eis.

dissipação *s f* (<lat *dissipátio,ónis*: dispersão, dissolução, decomposição, dissipação, gasto) 1 Dispersão/Desaparecimento/Desvanecimento. **Comb.** ~ do fumo [nevoeiro]. 2 Gasto exagerado/Esbanjamento. **Comb.** ~ *da fortuna*. ~ [Desperdício/Perda] *de energia*. 3 Desregramento/Devassidão/Libertinagem. **Comb.** Uma vida de ~.

dissipador, ora *adj/s* (<dissipar + -dor) (O) que dissipa/Esbanjador/Perdulário. **Comb.** O ~ da fortuna da família. Comportamento [Procedimento] ~/perdulário/esbanjador.

dissipar *v t* (<lat *díssipo,áre*: lançar para um lado e para outro, dispersar, dissipar, espalhar, destruir <*dis*+ *su[i]po*: lançar) 1 Fazer desaparecer/Dispersar(-se)/Desfazer(-se)/Espalhar(-se). **Ex.** A neblina dissipou-se muito cedo. O perfume dissipou-se [espalhou-se(+)/difundiu-se(o+)] por toda a casa. **Loc.** ~ [Fazer desaparecer/Afastar] a tristeza. ~ [Desfazer] as dúvidas. 2 Gastar exageradamente/Esbanjar/Desperdiçar. **Loc.** ~ [Esbanjar(+)] a fortuna/os bens. ~ [Desperdiçar/Perder] energia. 3 *fig* Estragar por desregramento/mau uso. **Loc.** ~ [Estragar(+)] a [Dar cabo da] saúde.

dissipável *adj 2g* (<dissipar + -vel) Que se pode dissipar/Que é susce(p)tível de ser dissipado. **Comb.** Calor ~ (no radiador).

disso *contr* da *prep de* com o *pron isso* (<de+isso; ⇒ disto; daquilo) De algo mencionado anteriormente e/ou que se encontra afastado de quem fala. **Ex.** Queres sobremesa [isto]? – Não, não gosto ~. Não te deixo ir à festa, ~ podes ter a certeza! Perguntas-me sobre História, mas ~ sabes tu (mais do que eu).

dissociabilidade *s f* (<dissociável + -dade) Qualidade do que é dissociável/separável. **Comb.** ~ duma sociedade comercial.

dissociação *s f* (<dissociar + -ção) 1 Separação. **Ex.** Não pode haver uma ~ destes dois problemas/assuntos. 2 *Quím* Separação da molécula nos seus iões [íons], átomos, radicais. **Ex.** A elevação da temperatura e a dissolução favorecem a ~. **Comb.** ~ ele(c)trolítica [Separação reversível de ele(c)trólitos em iões [íons] de cargas de sinal contrário]. ⇒ decomposição; dissolução; desagregação.. 3 *Psiq* Destruição da unidade psíquica por incapacidade de síntese das funções psíquicas. **Comb.** *Med* ~ auriculo[atrio]ventricular [Contra(c)ções das aurículas e ventrículos independentes umas das outras].

dissociar *v t* (<lat *dissócio,áre*: separar, desunir, dividir) 1 Separar/Distinguir bem. **Ex.** É preciso ~ os dois problemas [casos] para os resolvermos. 2 ⇒ Desfazer uma associação/Desunir(-se)/Separar(-se)/Dissolver(-se). 3 *Quím* Decompor(-se) uma substância nos seus componentes: átomos, iões [íons], radicais. **Loc.** ~ a água [um ácido].

dissociativo, a *adj* (<dissociar + -ivo) Que dissocia/decompõe/desagrega/Relativo à dissociação. **Comb.** Fenó[ô]meno [Processo] ~.

dissociável *adj 2g* (<dissociar + -vel) Que se pode dissociar. **Comb.** Substância ~.

dissolubilidade *s f* (<dissolúvel + -dade) Qualidade do que é dissolúvel «sal na água»/Solubilidade. **Comb.** Grande [Pequena/Maior/Menor] ~.

dissolução *s f* (<lat *dissolútio,ónis*: dissolução, decomposição, separação das partes) 1 Separação das partes [dos elementos] que constituem um corpo/Decomposição/Desagregação. **Comb.** ~ *do parlamento*. ~ [Extinção(+)] *duma sociedade*. Um organismo em ~ [desagregação(+)/decomposição(o+)]. 2 Rup[Ro]tura legal/Cessação/Anulação. **Comb.** ~ *do casamento*. ~ [Anulação(+)] *dum contrato*. 3 *fig* Degradação dos costumes/Devassidão/Libertinagem. **Comb.** ~ [Degradação(+)] (moral) da sociedade. 4 *Quím* Incorporação de uma ou mais substâncias numa fase líquida [num dissolvente] formando uma solução homogé[ê]nea. **Comb.** ~ *do açúcar* «no café». ~ *do álcool* [do gás carbó[ô]nico] na água.

dissoluto, a *adj* (<lat *dissolútus,a,um*: separado, desunido, desfeito, relaxado, dissolvido) 1 Dissolvido(+). **Comb.** «substância» Em estado ~ [dissolvido]. ⇒ desfeito; extinto. 2 *fig* Devasso/Libertino/Imoral. **Comb.** Comportamento/Vida ~.

dissolúvel *adj 2g* (<lat *dissolúbilis,e*; ⇒ dissolver) 1 Que pode ser dissolvido/Solúvel. **Comb.** Substância ~ [solúvel(+)] «na água». 2 Que pode ser desfeito/separado/anulado. **Comb.** Contrato [Vínculo] ~.

dissolvência *s f* (<dissolver + -ência) 1 Qualidade do que é «água» dissolvente «do sal». **Comb.** Capacidade [Poder] de ~. 2 ⇒ Dissolução 4.

dissolvente *adj 2g/s m* (<lat *dissólvens,éntis*; ⇒ dissolver) 1 *Quím* (O) que dissolve/Solvente. **Ex.** Numa solução aquosa o ~ [solvente(+)] é a água. **Comb.** Capacidade [Poder] ~. 2 ⇒ (O) que separa/desune/desfaz. 3 *fig* ⇒ (O) que corrompe/degrada/perverte; corruptor.

dissolver *v t* (<lat *dissólv[u]o,vere,solútum*: desatar, separar, desunir, pagar, satisfazer uma dívida, desobrigar-se, curar, resolver, desfazer uma acusação, refutar <*solv[u]o* <*se+lúo*: lavar) 1 *Quím* Incorporar num líquido uma ou mais substâncias dando origem a uma solução homogé[ê]nea. **Ex.** A água dissolve o sal. **Loc.** ~ sólidos [líquidos/gases] na água. 2 Desfazer(-se)/Desagregar(-se)/Desligar(-se). **Loc.** «não se deve» ~ o matrimó[ô]nio. ~(-se) um grupo [um partido (político)/uma assembleia/uma sociedade]. 3 Fazer desaparecer/Dissipar(-se)/Dispersar(-se). **Loc.** ~ [Dissipar(o+)/Desfazer(+)] as dúvidas [ilusões/os receios]. 4 Fazer cessar/Anular/Desvincular. **Loc.** ~ um contrato. 5 Corromper/Degradar «a sociedade».

dissolvido, a *adj* (<dissolver) Que se dissolveu. **Ex.** Tome o remédio ~ em água. A tinta ficou [está] muito ~a, temos de pôr mais [de a acrescentar].

dissonância *s f* (<lat *dissonántia,ae*) 1 *Mús* (Combinação de) notas ou palavras que causam desarmonia/Desafinação. **Ex.** A ~ é desagradável ao ouvido. **Ant.** Acorde; consonância. ⇒ cacofonia. 2 *fig* Desarmonia/Desproporção/Incongruência/Discordância/Má combinação. **Comb.** ~ das cores do vestuário». ~ [Discordância(+)] de opiniões.

dissonante [díssono, a] *adj* (⇒ dissonar) 1 Que não soa bem/Desafinado. **Comb.** Vozes [Sons/Notas] ~s. 2 Que destoa/Desarmó[ô]nico/Discordante. **Comb.** Opiniões ~s/discordantes. Modo de vestir ~ [destoante(+)].

dissonar *v int* (<lat *díssono,áre*: dar ou produzir um som falso, discordar, diferir) ⇒ Desafinar/Soar mal/Destoar.

dissuadir *v t* (<lat *dissuádeo,es,si,dere, ásum*: desviar de uma ideia, dissuadir <*suádeo*: persuadir, aconselhar) Convencer alguém a mudar de opinião/Mudar de planos/Desistir duma ideia/intenção. **Ex.** Dissuadiu o filho de seguir a carreira militar. Depois de pensar na vida dissuadi[deixei]-me do [de jogar] futebol para continuar a estudar. «estou vendo [a ver] que» É difícil dissuadi-lo do seu propósito/intento.

dissuasão *s f* (<lat *dissuásio,ónis*) A(c)to ou efeito de dissuadir. **Ex.** As novas leis do trânsito, com o aumento das multas, vão ser um fa(c)tor de ~ para os infra(c)tores. **Comb.** «usar o seu» Poder de ~.

dissuasivo [dissuasório], a *adj* (<dissuasão) Que dissuade/consegue dissuadir. **Comb.** Razões ~as/dissuasoras(+).

dissuasor, ora *adj/s* (<lat *dissuásor,óris*) (O) que dissuade. **Ex.** O ~ que me fez mudar de ideias foi um amigo de infância. **Comb.** Circunstâncias/Razões ~oras.

distal *adj 2g Anat* (<distar + -al) Diz-se de órgão «dente, vaso, nervo» afastado do centro «da dentadura», ou que está em dire(c)ção oposta à cabeça «perna». ⇒ distante.

distanásia *s f* (<dis- c) + gr *thánatos,ou*: morte) Morte lenta ou dolorosa(+). ⇒ agonia; eutanásia.

distância *s f* (<lat *distántia,ae*; ⇒ distar) 1 Espaço entre dois pontos/obje(c)tos/lugares. **Ex.** A ~ entre as duas colunas é de 5 m [As duas colunas estão à ~ de 5 m uma da outra]. A esta ~ não consigo ler o cartaz. Mantenha a ~ (regulamentar) entre o veículo da frente e o seu! O atleta percorreu uma grande ~ da prova em primeiro lugar. Ainda falta percorrer uma grande ~ até à meta. **Loc.** *Fig* Guardar [Manter] a(s) ~(s) [Ter ou impor o devido respeito e separação «entre chefes e subordinados»]. **Comb.** ~ *em linha re(c)ta* «é só um quiló[ô]metro». ~ entre a porta e a janela. ~ *entre as duas capitais* «Lisboa e Luanda». ~ *focal* [do centro ó(p)tico ao foco/entre os focos duma có[ô]nica]. À ~ [Ao longe]. *Comando à* ~ [Telecomando]. *Grande* [Pequena] ~ [Longe/Perto]. 2 Intervalo de tempo entre dois momentos/duas épocas. **Ex.** Não sei se para a [se na] próxima semana o preço será o mesmo. A esta ~ não posso garantir nada. **Comb.** À ~ de um ano [A um ano de ~]. 3 Diferença/Distanciamento/Separação. **Ex.** Entre a sabedoria de Deus e a sabedoria do homem há uma grande ~. É lamentável a ~ entre os deputados e o povo que os elegeu.

distanciamento *s m* (<distanciar + -mento) 1 Afrouxamento do convívio/Afastamento/Separação. **Ex.** Éramos muito amigas. O ~ deu-se [aconteceu/verificou-se] depois de sairmos da escola. 2 Atitude de reserva/Não envolvimento profissional «do médico com a dor/o sangue/a morte»/Frieza/Desconfiança. **Ex.** Todos andavam entusiasmados com a iniciativa; só o ~ do chefe destoava, nunca quis colaborar.

distanciar *v t* (<distância + -ar[1]) 1 Afastar(-se)/Mover(-se) para longe. **Ex.** Acelerou para se ~ do carro que o seguia [vinha atrás]. É melhor ~ um pouco as duas cadeiras para pôr mais um lugar [pôr outra cadeira] no meio. 2 Perder o interesse/Deixar de conviver/Separar(-se). **Loc.** ~-se do/a [Perder o interesse pelo/a] futebol

[política]. ~-se [Separar-se] dos amigos. **3** Colocar a intervalos regulares/Espaçar. **Loc.** ~ (igualmente) os botões. **4** Estar/Ficar/Tornar-se afastado no tempo. **Ex.** Vou ter dois testes [exames] distanciados apenas de um dia. **Comb.** Duas guerras muito distanciadas uma da outra.

distante *adj 2g/adv* (<lat *dístans,ántis*) **1** Que dista/Situado a uma certa distância/Longe. **Ex.** O aeroporto fica ~ [longe] da cidade. A cidade está ~ daqui 30 km [está a 30 km de distância]. **Comb.** Muito ~/longe. Pouco ~ [Perto]. **2** Afastado no espaço ou no tempo/Longínquo/Remoto. **Comb.** *Terras ~s* [longínquas/remotas]. *Tempos* [Eras/Épocas] *~s* [remotos/as]. **3** *fig* Distraído/Absorto/Ausente. **Comb.** *Aluno ~* [ausente/distraído] e desinteressado. *Olhar ~* [absorto/ausente]. **4** Reservado/Frio/Orgulhoso. **Ex.** No encontro de antigos colegas, foi o único a manter-se ~.

distar *v int* (<lat *dísto,áre*: estar distante/afastado, ser diferente <*dis+sto,áre*: estar de pé, ficar) **1** Ficar distante/Estar a certa distância. **Ex.** A igreja dista [fica a] cerca de 300 m da minha casa. O Rio de Janeiro dista 400 km de S. Paulo. **2** Apresentar diferenças/Distinguir(-se)/Diferençar(-se). **Ex.** Os dois tecidos distam muito um do outro [são muito diferentes(+)]. **3** Ser inferior/Ficar longe. **Ex.** Em inteligência, o Carlos dista muito [fica longe] do José.

distender *v t* (<lat *disténdo,ere,tént[s]um*) **1** Estender(-se) para vários lados/Aumentar/Dilatar. **Ex.** O balão distendeu-se [encheu, encheu(+)] até rebentar. O fumo e as poeiras da chaminé distendiam-se sobre o bairro. **2** Alongar/Esticar/Estirar. **Ex.** O gato acordou, desenroscou-se e distendeu o corpo todo abrindo a boca e mostrando as unhas afiadas. **Loc.** ~ [Relaxar] *os músculos. Med ~* [Deslocar] *um* músculo (⇒ distensão **2**). ~ [Alongar/Estirar(+)] *uma barra metálica.* **3** Estar com grande à-vontade/Desenvolver um assunto/Alongar(-se). **Loc.** ~-se [Alongar-se(+)/Deter-se] em explicações (desnecessárias). **Comb.** Ambiente [Conversa] distendido[a].

distensão *s f* (<lat *disténsio,ónis*) **1** A(c)to ou efeito de distender/Alongamento/Estiramento. **Comb.** ~ de materiais maleáveis. **2** *Med* Extensão violenta e dolorosa [Puxão] dum tecido ou órgão que pode provocar deslocamentos ou entorses/Retesamento. **Comb.** ~ muscular. ⇒ distorção **4**. **3** Diminuição de tensão/Afrouxamento/Relaxamento. **Comb.** ~ duma mola (em repouso).

distensibilidade *s f* (<distensível + -dade) Qualidade do que é distensível. **Ex.** Os metais dúcteis têm grande ~.

distensível *adj 2g* (<distenso + -vel) Que se pode distender. **Comb.** Material ~.

distenso, a *adj* (<lat *disténsus,a,um*) **1** Que sofreu [foi submetido a] distensão **1**/Distendido(+)/Estirado/Dilatado. **Comb.** Balão ~ [dilatado/insuflado(+)/cheio(o+)]. Barra metálica ~a [estirada(+)]. **2** «falar» Sem tensão/Relaxado.

distensor, ora *adj/s* (<distenso + -or) (O) que distende. **Comb.** Um (mecanismo) ~.

dístico, a *adj/s m* (<gr *dístikhos,os,on*: «poema» disposto em duas fileiras) **1** *s m* Estrofe de dois versos com sentido completo/Parelha. **2** *s m* Letreiro/Cartaz/Rótulo. **Ex.** Abriam a [iam à frente da] manifestação mulheres com ~s contra o desemprego. **Comb.** ~ [Divisa] de um escudo/brasão. **3** *adj Bot* Disposto ao longo de um eixo comum em duas séries opostas/Disticado. **Comb.** Folhas [Flores] ~as.

distinção *s f* (<lat *distínctio,ónis*: divisão, partilha, ordem, a(c)ção de distinguir, diferença) **1** Separação devida a diferenças/Diferenciação. **Ex.** Eu não faço ~ [não gosto de ~ões] entre ricos e pobres; trato toda a gente [todos] por igual [da mesma maneira]. Os jovens a(c)tualmente têm dificuldade em fazer a ~ entre o bem e o mal. **2** (Cara(c)terística que permite reconhecer a) diferença. **Ex.** Pouca ~ [diferença] havia entre os dois irmãos. **3** Educação esmerada/Delicadeza de trato/Polidez. **Ex.** Ficaram todos encantados com a elegância e a ~ da nova embaixatriz. **4** Honra/Prerrogativa/Privilégio/Mérito. **Ex.** Os associados concederam-lhe a ~ de presidente honorário da cole(c)tividade. **5** Classificação de nível elevado em provas ou exames. **Comb.** Aprovado com ~. **6** Nobreza de porte/Altivez/Superioridade. **Ex.** Quando a cantora entrou no palco com passo firme, elegância e ~, a plateia [o público] aplaudiu entusiasmada/o.

distinguir *v t* (<lat *distínguo,is,ínxi,ínguere, ínctum*: separar, dividir) **1** Reconhecer as diferenças por meio dos sentidos/Identificar/Diferençar. **Ex.** Observou a nota (de banco) com cuidado, mas não conseguiu ~ se era verdadeira ou falsa. Não sou capaz de ~ o japonês [a escrita japonesa] do chinês [da chinesa]. **2** Ver ao longe/Divisar/Perceber/Captar. **Ex.** No horizonte distinguia-se [divisava-se(+)] uma mancha escura que se adivinhava [via/supunha] ser um barco de pesca. **Loc.** ~ um sabor [cheiro/uma voz]. **3** Tratar de modo diferente/Fazer distinção/Separar/Discriminar. **Ex.** O chefe distinguia [tratava melhor] as empregadas mais jovens apesar de não serem as mais competentes. **Loc.** ~ [Tratar pior] os imigrantes dos [do que os] trabalhadores locais. **4** Conceder distinção/Reconhecer o mérito/Agraciar/Premiar. **Ex.** A administração distinguiu [premiou] os trabalhadores com 25 anos de serviço. **Loc.** ~ com uma condecoração [Condecorar]. **5** Ter cara(c)terísticas que diferenciam/Sobressair/Salientar(-se). **Ex.** Nas aves, a plumagem mais vistosa e colorida distingue o macho da fêmea. Além de bom aluno, distingue[salienta]-se pelo comportamento exemplar. O que distingue o meu amigo é o seu calor humano. **Loc.** Um médico ~-se também nas letras. ~-se pela dedicação ao [pelo desleixo no] trabalho.

distinguível *adj 2g* (<distinguir + -vel) Que se pode distinguir. **Comb.** Diferenças claras [bem ~eis] entre os dois irmãos. **Ant.** In~.

distintamente *adv* (<distinto + -mente) **1** De forma nítida/Com clareza. **Ex.** Ao longe ouvia-se ~ [nitidamente] a voz de alguém pedindo [a pedir] socorro. As marcas da travagem [freagem] notavam-se ~ [perfeitamente/claramente]. **2** De forma elegante/Com classe. **Loc.** Comportar-se [Apresentar-se] ~.

distintivo, a *adj/s m* (<distinto + -ivo) **1** Que distingue/Que marca a diferença. **Ex.** A consciência [razão] é a faculdade ~a do homem. **Comb.** *Cara(c)teres ~s. Sinal ~o.* **2** *s m* Sinal que identifica uma organização/Emblema/Insígnia. **Comb.** ~ [Crachá] da polícia/da escola/do clube.

distinto, a *adj* (<lat *distínctus,a,um*; ⇒ distinguir) **1** Que não se confunde/Com cara(c)terísticas próprias/Diferente. **Ex.** Versejador e poeta são coisas ~as… **2** Separado/Individualizado. **Comb.** Livro com três partes ~as. **3** Claro/Nítido/Perce(p)tível. **Ex.** Ouviram-se tiros bem ~s. **4** Que revela educação esmerada/Elegante/Fino. **Comb.** Porte [Maneiras] ~o/as. **5** Que tira boas notas/Estudioso/Brilhante. **Comb.** Aluno ~. **6** Ilustre/Eminente. **Comb.** Conferencista ~o/a. Visitante ~o/a.

disto *contr* da *prep* de com o *pron* isto (<de + isto) Relativo a algo mencionado em último lugar ou que está próximo de quem fala. **Ex.** Não quero fruta; dá-me (antes) ~ (que está aqui ao pé de mim). Desabafei esta mágoa contigo mas não quero que fales ~ a ninguém. **Loc.** Falar ~ e daquilo [Falar de várias coisas/de tudo].

distorção *s f* (<distorcer + -ão) **1** Alteração da forma/das cara(c)terísticas/Deformação. **Ex.** A caricatura é uma ~ [deformação(+)] da verdadeira imagem. **Comb.** ~ do som (⇒ desafinação). **2** Alteração do sentido/Interpretação erró[ô]nea/Desvirtuamento. **Ex.** Ficou indignado com [ao ver] a ~ das suas palavras no jornal. **Comb.** ~ *da verdade* [realidade] *histórica.* ~ *dum discurso* [duma frase]. **3** *Fís* Alteração dum sinal elé(c)trico/duma corrente elé(c)trica amplificada. **4** Torção anormal forçada e dolorosa duma parte do corpo. **Comb.** «não posso olhar para trás por causa duma» ~ do pescoço. ⇒ distensão **2**. **5** *Min* Crescimento desigual das partes homólogas dum cristal «de quartzo».

distorcer *v t* (<lat *distorcére* <*distórqueo, es,si,quére,órtum*: voltar para um e outro lado <*dis+tórqueo*: voltar, torcer; ⇒ destorcer) **1** Alterar o sentido/Interpretar mal/Desvirtuar. **Ex.** Os jornalistas distorceram as declarações do ministro (e tiraram conclusões erradas). **2** Alterar a forma [as cara(c)terísticas]/Deformar. **Ex.** O fogo distorceu as chapas (de zinco) do telhado. **3** Torcer/Distender **2**. ~ o pescoço [um pé «e não poder andar»].

distração (Trà) *s f* [= distracção] (<lat *distráctio,ónis*: separação, afastamento, venda a retalho; ⇒ distrair) **1** Falta de atenção/Alheamento/Irreflexão/Inadvertência/Esquecimento/Lapso. **Ex.** Deixei o (lume do) fogão aceso por ~/esquecimento [Esqueci-me de desligar o fogão (+)]. A ~ [falta de atenção/O alheamento] nas aulas prejudica a aprendizagem. Por ~ [inadvertência(+)] trouxe o teu telemóvel em vez do meu. Não trouxe o livro que me tinhas pedido; que ~ [esquecimento(+)]! **2** Diversão/Recreio/Entret(en)imento. **Ex.** O cinema é a minha ~ preferida. Passear pelo campo é uma boa (forma de) ~. **3** *iron pop* Desvio de dinheiro.

distracção/distractivo ⇒ distração/distrativo.

distraído, a *adj/s* (<distrair + -ido) **1** (O) que não está atento/Alheado/Desatento. **Ex.** Estava tão ~ que não te vi entrar. **Comb.** Um (aluno) ~. **2** (O) que é esquecido/Descuidado/Aéreo. **Ex.** Não se lhe pode confiar um trabalho de responsabilidade. É um ~ [descuidado(+)/aéreo]; não faz nada bem feito. **3** Absorto/Ausente. **Ex.** Estava tão ~ [absorto] no meu trabalho que nem dei por as horas passarem. Andava por ali ~ [ausente], não via ninguém; não lhe saía da cabeça a [; só pensava na] doença da mulher.

distraimento *s m* (<distrair + -mento) ⇒ distra(c)ção.

distrair *v t* (<lat *dístraho,is,áxi,áhere,áctum*: puxar para diversas partes, destruir um todo em partes, separar, dividir, vender a retalho <*dis+tráho*: puxar, arrastar, levar de rojo) **1** Desviar a atenção daquilo em que (se) está concentrado/Causar distra(c)ção. **Ex.** Agora não fales comigo, não me distraias (por)que estou a estudar. Distraí-me a olhar para as crianças que brincavam na rua e perdi o autocarro [ônibus]. **Loc.** ~ [Iludir] a artilharia inimiga. **2** Entreter/Divertir/Descansar. **Ex.** A tua companhia – dizia a senhora idosa na cadeira de rodas – distrai-me [entretém-me] muito; quando estás comigo não dou por o tempo passar. (Por hoje) chega de estudar, vai ~-te [descansar/brincar] com os teus amigos «a jogar a bola». Nada me distrai [diverte(+)] tanto como uma boa comédia. **Sin.** Recrear. **Ant.** Aborrecer; entediar; maçar. **3** Ficar abstra(c)to/Descuidar-se. **Ex.** Estava tão absorto [interessado] na leitura que me distraí [não dei pelas horas(+)] e faltei à reunião. Então não me trouxeste o telemóvel (como te tinha pedido)? – Desculpa, distraí-me [descuidei-me/andei] com outras coisas e esqueci-me.

distratar *v t* (⇒ distrato) Desfazer [Anular(o+)/Rescindir(+)] um contrato.

distrativo, a (Trà) **[Br distra(c)tivo** (dg)] *adj* [= distractivo] (<lat *distráctus,a,um* + -ivo) Que distrai/diverte/Recreativo. **Comb.** «passeio/jardinagem» Ocupações ~as. Programa ~o «de TV».

distrato/e *s m* (<lat *distráctus, us*: rescisão de um contrato; ⇒ distrair) Anulação dum contrato/Rescisão(+).

distribuição *s f* (<lat *distribútio,ónis*; ⇒ distribuir) **1** Repartição/Entrega. **Comb.** ~ [Repartição] de guloseimas pelas crianças. ~ [Entrega] de pré[ê]mios aos melhores alunos. **2** Modo como uma coisa se reparte por diferentes lugares/Serviço de entrega [abastecimento] de bens ou serviços. **Comb.** ~ *da luz* na sala. ~ desigual *da riqueza* no país. ~ *de correio* [encomendas]. ~ *de mercadorias* pelos retalhistas. ~ *de* água [gás/ele(c)tricidade] às aldeias. *Canal de* ~. *Custos de* ~. *Sistema de* ~. **3** Arranjo/Disposição/Ordem. **Comb.** ~ dos alunos pelas turmas. ~ dos móveis na sala. **4** *Biol Bot* Grupagem/Classificação. **Comb.** ~ [Classificação(+)] dos vertebrados [em classes, ordens, famílias]. **5** *Arquit* Disposição e atribuição de finalidades aos espaços interiores duma construção/dum proje(c)to. **Ex.** Uma boa ~ é importante para o aproveitamento do espaço duma habitação. **6** *Mec* Conjunto de mecanismos, sobretudo o distribuidor, que regulam a admissão do combustível no motor e o escape dos gases de combustão. **Comb.** Correia de ~. **7** *Estatística* Número de casos [acontecimentos/valores] de cada intervalo [classe] da variável aleatória. **Comb.** ~ de frequência.

distribuidor, ora *adj/s* (<distribuir + -dor) **1** (O) que distribui/entrega/espalha. **Ex.** O carteiro é o ~ da correspondência postal [~ do correio]. **Comb.** ~ *de adubo granulado* [~ de sementes]. *~or/ora de jornais* [revistas]. *A* (empresa) *~ora* de ele(c)tricidade. **2** *s m Mec* Mecanismo que distribui/coloca/dirige/reparte energia, fluidos ou materiais. **Comb.** ~ de óleo [parafusos/tinta/vapor]. **3** *s m Mec* Dispositivo automático que distribui a corrente elé(c)trica de alta tensão nos motores de explosão para as velas de ignição. **Loc.** Limpar a humidade do [Secar o] ~ (para que funcione).

distribuir *v t* (<lat *distríbuo,úere,útum*: distribuir, repartir, dividir) **1** Dar [Entregar] alguma coisa a alguém. **Ex.** A polícia *idi/iron* distribuía [dava] bastonadas à torto e à direito [a quem lhe aparecia pela frente] para dispersar os manifestantes. **Loc.** ~ *brinquedos* «pelas crianças pobres». ~ *o correio*. ~ *propaganda* [folhetos/prospe(c)tos]. **Idi.** ~ *socos e pontapés*. ~ *sorrisos* [Sorrir para toda a gente]. ~ *tarefas* «para preparar a festa». **2** Repartir/Dividir. **Ex.** A aniversariante [festejada] distribuiu [repartiu] o bolo pelos convidados. Não tenho maçãs (que cheguem) para todos; vou ~ [repartir] metade (duma maçã) a [para] cada um. **3** Espalhar. **Ex.** Os espe(c)tadores distribuíram-se pela sala. **Loc.** ~ [Espalhar(+)]/Lançar(o+)] fertilizantes [herbicidas/sementes]. **4** Dispor segundo determinada/o ordem/critério. **Loc.** ~ o texto e as ilustrações (duma publicação). ~ os alunos (pelas turmas). **5** Fazer chegar regularmente/Abastecer. **Loc.** ~ a água [a ele(c)tricidade/o gás]. **6** *Dir* Entregar um processo ao juiz [funcionário] que lhe vai dar seguimento. **Ex.** O processo foi distribuído ao juiz do 1.º juízo.

distributividade *s f* (<distributivo + -dade) **1** Propriedade do que é distributivo. **2** *Mat* Propriedade de uma operação em relação a outra que permite aplicar a primeira ao resultado ou às parcelas [ou aos elementos] da segunda. **Comb.** A ~ da multiplicação em relação à soma [diferença].

distributivo, a *adj* (<distribuir + -ivo) **1** Que indica distribuição. **Comb.** Gráfico ~ «do cavalo/sobreiro, em Portugal». *Gram* Pronome ~ «cada». **2** Distribuído por igual/Equitativo. **Comb.** Justiça ~a [que dá a cada um a quantia merecida].

distrital *adj 2g* (<distrito + -al) Relativo [Que se refere] a um distrito. **Comb.** Hospital ~. Medida [Ordenação/Regulamento] (de âmbito) ~. ⇒ estatal; federal; nacional.

distrito *s m* (<lat *distríctus,us*: território dependente da cidade <*distríngo*: dividir, separar) **1** Divisão administrativa do território «português» superior a concelho. **Comb.** ~ de Bragança, na Província de Trás-os-Montes. *Br* Distrito Federal [Território que compreende a capital do país Brasília e onde está (sediado) o governo central/federal]. **2** Área de jurisdição de determinada a(c)tividade. **Comb.** ~ fiscal. ~ judicial. **3** Delimitação da área de alçada ou competência. **Comb.** ~ da guarda [Área contígua a um quartel fora da qual os seus elementos não podem a(c)tuar]. ⇒ bairro; circunscrição; delegacia; zona.

distrofia *s f* (<dis- c) + -trofia) Desenvolvimento anormal «dum músculo» provocado por perturbações da nutrição.

distrófico, a *adj* (<distrofia + -ico) Relativo à distrofia.

disturbar *v t* (<lat *distúrbo,áre*: dispersar, demolir, destruir) ⇒ Causar distúrbio(+)/Alterar a ordem/Perturbar(o+).

distúrbio *s m* (<lat *distúrbium,ii*: perturbação da ordem) **1** Perturbação do sossego/da tranquilidade. **Ex.** Não faças ~s [barulho/traquinices] para não acordares o bebé/ê. **2** Perturbação da ordem/Desordem/Motim/Tumulto. **Ex.** No fim do jogo, as claques [torcidas] envolveram-se em ~s [rixas/lutas] causando feridos graves e prejuízos materiais elevados. O comício acabou em ~s [tumultos/motins]. **3** Doença [Perturbação] orgânica ou psíquica. **Comb.** ~ [Desarranjo(+)] intestinal. ~ mental.

disúria *s f Med* (<gr *disouría,as*: retenção de urina) Dificuldade em urinar.

disúrico, a *adj/s* (<disúria + -ico) Relativo à disúria/(O) que sofre de disúria. **Comb.** Um (doente) ~.

dita *s f* (<lat *dicta*: coisas ditas <*díco,ere, ctum*: dizer; ⇒ dito, a) Felicidade/Sorte/Ventura. **Ex.** Tive a ~ de encontrar bons amigos [de ter uns pais extraordinários/de arranjar um bom emprego]. **Ant.** Desdita; infelicidade; má sorte; triste dita; triste sina.

ditado, a *adj/s m* (<ditar + -ado) **1** (O) que é dito [lido] em voz alta para ser escrito por outrem/Exercício escolar de ortografia. **Ex.** A aula começa todos os dias com um ~ (de ortografia). Uma mensagem ~a ao [pelo] telefone. **2** Sugerido/Inspirado/Motivado. **Comb.** Palavras «de advertência/conforto» ~as [motivadas(+)] pela amizade. **3** Determinado/Imposto/Forçado. **Comb.** Dever [Obrigação] ~o[a] pela lei. **4** Provérbio(+)/Adágio.

ditador *s m* (<lat *dictátor,óris*: magistrado supremo romano, eleito temporariamente para fazer cumprir as leis do Estado) **1** Magistrado que exce(p)cionalmente concentra em si todos os poderes públicos. **Ex.** Sufocada [Dominada/Terminada] a revolta, o governo foi assumido por um ~ militar. País governado por um ~. **2** Pessoa muito autoritária que a(c)tua com prepotência. **Ex.** O dire(c)tor desta empresa é um autêntico ~.

ditadura *s f* (<lat *dictatúra,ae*: dignidade de *dictátor*; ⇒ ditador) **1** Regime político onde prevalece o poder absoluto exercido por uma ou poucas pessoas/Regime de partido único. **Ex.** O comunismo e o fascismo são exemplos de ~s. **Comb.** ~ *do proletariado* [Conceito marxista-leninista que significa a primeira fase da construção da sociedade comunista]. ~ *militar*. **2** Estado [Nação] onde vigora o regime político em que o poder é exercido por um ditador. **Ex.** A Coreia do Norte (ainda) é uma ~. **3** Excesso de autoritarismo/Violência psicológica/Opressão. **Ex.** O jovem saiu de casa porque não suportava a ~ do [exercida pelo] pai.

ditafone *s m* ⇒ di(c)tafone.

ditame *s m* (<lat *dictámen,inis*: lei, determinação proclamada por autoridade superior) **1** O que é ditado [sugerido] pela consciência [razão] como norma que deve ser cumprida. **Loc.** Seguir os ~s [imperativos(+)] da consciência. **2** Aquilo que a autoridade superior [a lei] obriga a cumprir/Regra/Obrigação/Determinação. **Comb.** Os ~s da lei. **3** Chamada de atenção/Advertência/Aviso. **Ex.** A Sofia não fez caso dos [não ligou aos] ~s [conselhos(o+)/avisos(+)] das amigas e acabou por *idi* dar um mau passo [por se perder].

ditar *v t* (<lat *dícto,áre*: dizer repetindo <*díco,ere*: dizer) **1** Dizer [Ler] em voz alta para ser escrito por outrem. **Loc.** ~ *um texto* (para os alunos escreverem). ~ *uma carta* «para da(c)tilografar». ~ *para a* [para ser escrito na] *a(c)ta* «da reunião». **2** *fig* Obrigar a aceitar uma ordem/Impor/Prescrever. **Ex.** Nesta empresa ninguém dita [dá] ordens senão eu (que sou o dire(c)tor)! **3** Fazer surgir/Inspirar/Sugerir. **Ex.** Teve para com a mãe um gesto de carinho que lhe foi ditado [inspirado/sugerido] pela gratidão.

ditatorial *adj 2g* (<lat *dictatórius,a,um* + -al) **1** Relativo ao ditador ou à ditadura. **Comb.** Atitude ~ (do ditador). Regime ~ [de ditadura]. **2** Despótico/Prepotente/Autoritário. **Ex.** Pela maneira como trata o pessoal se vê como ele [o patrão] é ~ [autoritário/prepotente/um ditador].

ditirâmbico, a *adj* (<ditirambo + -ico) Relativo a [Que tem as cara(c)terísticas do] ditirambo/Elogioso/Bajulador. **Comb.** Discurso [Palavras] ~o/as.

ditirambo *s m* (<gr *dithúrambos,ou*: ditirambo, poema em honra de Baco, o deus do vinho) **1** *Liter* Composição em verso que exprime entusiasmo e exalta os prazeres da mesa. **2** Elogio exagerado/Exaltação/Bajulação. **Ex.** Para comemorar

a vitória do cacique não faltaram os ~s [discursos bajuladores] dos aduladores habituais.

dito¹, a *adj* (<lat *díctus,a,um* <*díco, ere, ctum*: dizer; ⇒ dita; dito-cujo) **1** Que foi mencionado/Referido anteriormente. **Ex.** O ~ [tal] moço (de quem se falava) é o namorado da Teresa. **Idi. Dar o ~ por não ~** [Negar o que se tinha afirmado/Desfazer o combinado]. «aquilo foi » **~ e feito** [*col* Zás trás/Executado sem demora]. **Meu ~, meu feito** [Aconteceu tal como eu tinha previsto/predito]. **2** Conhecido por/Denominado. **Ex.** O vinho, ~ do Porto (Portugal), é produzido na região do Alto Douro. Santo Antó[ô]nio, ~ de Pádua (Itália), é português, nascido em Lisboa.

dito² *s m* (<lat *díctum,i*: dito, palavra, injúria) **1** Aquilo que se diz/Frase «engraçada»/Afirmação. **Ex.** Por esse e outros ~s (sem fundamento) é que você não merece crédito [não é levado a sério]. **2** Expressão sentenciosa que se generalizou/Sentença/Máxima/Ditado. **Ex.** Estamos em maio e que frio está! Assim se cumpre o ~ [ditado(+)] popular: "Em maio, cerejas ao borralho" (Quer dizer que, às vezes, no tempo das cerejas ainda faz frio). **Comb.** ~s dos antigos. ~s populares. **3** Boato/Mexerico. **Ex.** Eu não me deixo levar [influenciar] por ~s [boatos(+)/difamações] de gente invejosa e maldosa.

dito-cujo *s m Col* Alguém de quem se falou e cujo nome não se quer mencionar/Fulano/Sujeito. **Ex.** Esperava o arguido às dez horas mas o ~ [fulano/tipo/*Br* cara] não apareceu.

ditongação *s f Gram* (<ditongar + -ção) Formação de ditongo.

ditongar *v t* (<ditongo + -ar¹) Converter duas vogais em ditongo/Formar ditongo. **Ex.** Na formação da palavra *cães* (<lat *canes*) o *a* e o *e* ditongaram após a queda do *n*.

ditongo *s m Gram* (<gr *díphthoggos,ou*: som duplo) Conjunto de duas vogais que se pronunciam numa só emissão de voz. **Ex.** P*ai*, t*eu*, q*ua*tro, m*ão*, são (exemplos de) ~s.

dítono *s m Mús* (<gr *dítonos,os,on*: (intervalo) de dois tons) Intervalo de dois tons musicais.

ditoso, a (Ôso, Ósa, Ósos) *adj* (<dita + -oso) Que tem (boa) dita/Afortunado/Feliz. **Ex.** ~a (a) hora em que decidi estudar! ~os pais que souberam educar (tão bem) os seus filhos!

diurese (Ré) *s f Med* (<gr *diourésis* <*diouréo*: expelir através da urina) Eliminação da urina/Aumento da secreção de urina. **Ex.** A ingestão de líquidos [água] provoca a ~. ⇒ urinar.

diurético, a *adj/s* (<gr *diouréthicos,os,on*: que emite urina) (O) que estimula a secreção [facilita a excreção] de urina. **Comb.** Um (medicamento) ~.

diurno, a *adj* (<lat *diúrnus,a,um*) **1** Que se passa [Que acontece] no período de um dia (24 horas). **Comb.** Ciclo de rotação ~. Movimento ~ [Movimento aparente de um astro à volta da Terra]. **2** Que se verifica de dia [enquanto há luz]. **Comb.** Animal «abelha/borboleta» ~o [que só tem a(c)tividade de dia]. Flor «bons-dias 2» ~a [que abre durante o dia e de noite está fechada]. Trabalho ~. **Ant.** No(c)turno.

diuturnidade *s f* (<lat *diutúrnitas,tátis*: longa duração) **1** Qualidade do que é diuturno. **2** Longa duração/Período longo. **Ex.** Depois de acabar o curso, esperei uma ~ [eternidade(+)] até arranjar [conseguir] emprego. **3** Número de anos de serviço que confere aos funcionários públicos direito a um aumento de vencimento ou esse aumento. **Ex.** Cada ~ corresponde a [ganha-se ao fim de] 5 anos de serviço. Uma ~ tem o valor de 2% do ordenado base. Aquele funcionário já tem cinco ~s.

diuturno, a *adj* (<lat *diutúrnus,a,um*) Que se prolonga indefinidamente/De longa duração/Vivaz. **Comb.** Mal [Preocupação] ~o/a.

diva *s f* (<lat *diva,ae*; ⇒ deus) **1** Divindade feminina/Deusa. **Comb.** A ~ [deusa(+)] Atena. **2** *fig* Mulher de rara beleza/Beldade. **3** *fig* Cantora «de ópera» ou a(c)triz notável/Prima dona. **Ex.** No fim do espe(c)táculo, a ~ recolheu ao camarim «e não quis receber ninguém».

divã *s m* (<turco *diwán*: sala de rece(p)ção do conselho do sultão rodeada de almofadões) **1** Espécie de sofá, sem encosto e sem braços, geralmente coberto de almofadas e em que se pode reclinar. **Ex.** A sala, para além da mesa e duas cadeiras, só tinha (mais) um ~ com dois almofadões muito coçados pelo uso. **2** Cama baixa e estreita de madeira ou de ferro. **Ex.** A casa só tinha um quarto. Se chegava alguém, dormia na sala, num ~. **3** *Hist* Sala onde se reunia o Conselho de Estado Otamano presidido pelo sultão ou esse Conselho. **4** *Hist Liter* Compilação de obras literárias islâmicas/Cancioneiro árabe.

divagação *s f* (<divagar + -ção) **1** Percurso sem rumo definido/Digressão. **Ex.** (Todas as noites) convidava o amigo para a habitual ~ [deambulação(+)/o habitual passeio(o+)] pelas ruas da cidade. **2** Desvio do assunto principal «durante a palestra/conferência». **Ex.** De ~ em ~, o professor (de Química) passou rapidamente da "Lei de Lavoisier" para o comunismo. **Loc.** Perder-se em ~ões. **3** *pl* Pensamentos delirantes/Raciocínios desordenados. **Ex.** Era um sonhador. Absorto nas suas ~ões ria sozinho, alheado de tudo.

divagador, ora [divagante] *adj/s* (<divagar) (O) que divaga.

divagar *v int* (<lat *dívagor,áris,ári,divagátus sum*: andar por aqui e por ali <*vágor*: vaguear, mover-se) **1** Andar sem rumo/ao acaso/Vaguear(+). **Loc.** ~ pelas ruas da cidade. **2** Afastar-se do assunto principal/Fugir [Desviar-se] do tema. **Ex.** O professor insistia: – Não divague [Não se desvie do assunto], responda à pergunta que lhe fiz. **3** Dar largas ao pensamento/Devanear/Sonhar/Fantasiar. **Ex.** Enquanto divagava [sonhava/fantasiava] sobre a ilusão duma carreira de artista, a adolescente não via nem ouvia nada do que se passava à sua volta. **4** Dizer coisas sem nexo/Ficar alheio/Alhear-se/Desvairar/Delirar. **Ex.** No asilo, a velha professora divagava como se estivesse a dar aulas; até tratava as empregadas e as visitas pelo nome dos alunos de outrora.

divergência *s f* (<lat *de[i]vergéntia,ae* <*devérgo,ere*: pender inclinar-se, vergar) **1** Afastamento progressivo de duas linhas em dire(c)ções não paralelas. **Ex.** O centro duma circunferência é o ponto de ~ dos raios. O espelho convexo provoca a ~ dos raios luminosos que nele incidem. **Comb.** A ~ das rodas mal afinadas dum automóvel. **2** Diferença de opinião/Discordância/Desacordo. **Ex.** Os sócios concordaram com todas as medidas propostas, manifestando apenas ~ quanto à dissolução da sociedade. **3** *Mat* Qualidade daquilo que diverge: série, sucessão, … **Comb.** ~ de um campo ve(c)torial [Somatório das derivadas parciais das componentes do ve(c)tor em ordem à variável independente com o mesmo índice].

divergente *adj 2g* (<lat *divérgens,éntis*) **1** Que se afasta/Não paralelo. **Loc.** Seguir caminhos ~s [cada qual por seu caminho]. **Comb.** Linhas ~s. **Ant.** Convergente. **2** *Fís* Que provoca a divergência. **Comb.** Espelhos [Lentes] ~s. **3** Que tem opinião diferente/Discordante. **Ex.** Na [Sobre] política tínhamos opiniões totalmente ~s. **Sin.** Diferente; oposto; contrário. **4** *Gram* Que evoluem de forma diferente tendo uma origem comum. **Ex.** *Arena* e *Areia* são palavras ~s, provenientes da mesma origem latina *aréna*.

divergir *v int* (<lat *divérgere* <*dévergo,ere, itum*: pender, inclinar-se, vergar-se) **1** Afastar-se progressivamente/Distanciar-se/Separar-se. **Ex.** À saída da povoação as estradas divergem. As linhas concorrentes divergem a partir do ponto de interse(c)ção. Tinham sido sempre da mesma turma, só divergiram [se separaram(+)] ao entrar para cursos diferentes na universidade. **2** Ter opiniões diferentes/Discordar. **Ex.** O marido divergia da mulher nas preferências alimentares: ele preferia carne, ela gostava mais de peixe. **3** *Mat* «uma série» Não ter limite finito.

diversamente *adv* (<diverso + -mente) De modo diferente/De outra forma/Diferentemente. **Ex.** Esperava ir para a cidade, encontrar trabalho e ficar independente; mas tudo correu ~: nem (foi para a) cidade, nem (encontrou) trabalho, nem independência.

diversão *s f* (<lat *divérsio,ónis*; ⇒ divertir) **1** O que diverte/distrai/Divertimento. **Ex.** As telenovelas eram a sua ~ preferida. **Comb.** Parque de ~ões. **2** O que é feito para desviar a atenção/Estratagema para iludir alguém. **Ex.** O lançamento de paraquedistas não passou duma manobra de ~ para iludir o inimigo sobre o verdadeiro ponto de ataque. **3** ⇒ desvio; distra(c)ção.

diversidade *s f* (<lat *divérsitas,tátis*: diversidade, variedade, diferença) **1** Qualidade do que é diverso/diferente/variado/Variedade. **Ex.** O que encanta nos jardins da nossa cidade é a ~ [variedade] de plantas; e sobretudo a ~ [quantidade/multiplicidade/o número] de variedades da mesma flor, cada uma delas com a sua coloração própria. **Comb.** ~ de raças [costumes]. ⇒ bio-~. **2** Conjunto de aspe(c)tos diferentes/Variedade/Diferença. **Sin.** Heterogeneidade. **Ant.** Homogeneidade; uniformidade. **3** ⇒ Contradição/Oposição/Divergência.

diversificação *s f* (<diversificar + -ção) A(c)to de diversificar. **Ex.** A estratégia da empresa assenta na ~ da produção. **Comb.** *~ de clientes*. *~ de cursos profissionais*.

diversificante *adj 2g* (<diversificar + -ante) Que diversifica/Que cria diversidade. **Comb.** Medidas ~s.

diversificar *v t* (<lat *diversifíco,áre*; ⇒ diverso; -ficar) Tornar diverso/Fazer variar. **Ex.** Para gozar de boa saúde é necessário ~ a alimentação. **Loc.** *~ as culturas*. *~ as leituras*.

diversificável *adj 2g* (<diversificar + -vel) Que se pode diversificar. **Comb.** Programa cultural ~.

diversivo, a *adj* (<diverso + -ivo) Que provoca desvio de atenção/Que distrai/ilude. **Comb.** Manobras [Movimentos] militares ~as/os (Para enganar e poder ganhar ao inimigo).

diverso, a *adj* (<lat *divérsus,a,um*: apartado, afastado) **1** Que não é igual/Que apresenta [tem] aspe(c)tos diferentes/Variado. **Ex.** Na biblioteca encontrarás ~s

[diferentes/vários/variados] livros sobre informática. O Governo mandou equipar as escolas com ~ [variado/muito] material científico. A obra literária de Miguel Torga é muito ~a [variada]: poesia, conto, diário, romance. **2** Que apresenta mudanças/Alterado. **Ex.** O ambiente desta escola é ~ [outro(+)/diferente(o+)] do que era há um ano: não há amizade entre os professores. **3** ⇒ Oposto/Distinto/Discordante/Divergente. **4** *pl pron* Vários/Muitos/Alguns. **Ex.** ~as [Muitas] pessoas se manifestaram contra o aumento da idade de reforma. Na escola, regist(r)aram-se ~s [alguns] casos de violência entre os alunos.

divertículo *s m Anat* (<lat *diverticulum,i*: caminho apertado, desvio, hospedaria, escapatória, refúgio) Cavidade acessória no interior doutra principal. **Ex.** Os ~s mais frequentes são os do tubo digestivo. ⇒ pólipo.

divertido, a *adj* (<divertir + -ido) **1** Que faz rir/Alegre/Engraçado/Có[ô]mico. **Comb.** Companheiro [Grupo/Companhia] ~o/a. **2** Que distrai/Recreativo. **Comb.** Espe(c)táculo ~. **3** ⇒ Distraído/Desatento.

divertimento *s m* (<divertir + -mento) Passatempo/Entret(en)imento/Distra(c)ção/Recreação. **Ex.** O meu ~ [A minha distra(c)ção(+)] preferido/a é o futebol. As cartas (⇒ baralho) eram o ~ [entret(en)imento(+)] habitual da avó: passava horas a fazer paciências. De casa para o trabalho e do trabalho para casa, não tinha qualquer [nenhum/outro] ~.

divertir *v t* (<lat *divérto,ere,érsum*: ir-se embora, separar-se, ser diferente) **1** Passar o tempo de forma agradável/Distrair(-se)/Recrear(-se). **Ex.** Os jovens gostam de ir em grupo à discoteca para se divertirem [distraírem]. **2** Achar graça ao que se faz/diz/Dar [Sentir] alegria. **Ex.** Os amigos à volta dele riam à gargalhada, divertiam-se imenso com as piadas que dizia. **Loc.** ~-se à custa [Rir-se/Gozar] de alguém. **3** ⇒ Fazer esquecer/Desviar a atenção.

dívida *s f* (<lat *débita* <*débitum,i*: dívida de dinheiro) **1** Aquilo que se deve. **Comb.** ~ de gratidão. **Sin.** Débito. **Ant.** Crédito. **2** Quantia em dinheiro que tem que ser paga. **Ex.** O pai, quando morreu, deixou a família carregada de [família com muitas] ~s. Ainda não paguei (no talho) a ~ da carne (que comprei). **Comb.** ~ *consolidada* [com pagamento garantido por certos rendimentos]. ~ *externa* [fora do país]. ~ *interna* [dentro do país]. ~ *pública* [resultante de empréstimos contraídos pelo Estado]. **3** Obrigação moral de retribuir alguma atenção [algum bem/favor] recebida/o. **Ex.** Estou em ~ para com a minha irmã: ainda não respondi à carta que me escreveu pelos meus anos. Tenho uma grande [Sinto-me em] ~ para com aquele médico: foi ele que me salvou a vida.

dividendo, a *adj/s m* (<lat *dividéndus,a,um*; ⇒ dividir) **1** Que é para dividir; ⇒ divisível. **Comb.** Terras ~as «duma herança». **2** *s m Arit* Número que, na operação de divisão, se divide. **Ex.** Quando se faz a divisão de 75 por 3, o ~ é 75 e o divisor é 3. **3** *Econ* Parte dos lucros distribuídos por uma empresa a cada a(c)cionista/sócio. **Ex.** Quando, num ano, uma empresa tem prejuízo, não distribui [paga] ~s. **4** *pl* Vantagens resultantes de situações das quais se tira proveito. **Ex.** O João já está a colher ~s da campanha eleitoral: trabalhou mas já foi nomeado assessor do ministro.

dividido, a *adj* (<dividir) **1** Separado em vários/(Re)partido. **Ex.** O bolo foi ~ por todos. **Ant.** Inteiro; junto. **2** Com opiniões diferentes/Desunido. **Ex.** Os irmãos estavam muito ~s.

dividir *v t* (<lat *divído,vísi,ere,vísum*: dividir, partir, distribuir, separar) **1** Separar em partes/Fra(c)cionar. **Ex.** Vou ~ o jardim em três talhões: dois mais pequenos para flores e o maior para relva. O bolo caiu ao chão e ficou dividido [partido(+)] em dois [em duas metades]. **2** Repartir/Distribuir. **Ex.** Só tenho uma maçã: vou dividi-la pelos [por nós/por vós] dois. **Loc.** ~ uma herança. **3** Fixar os limites/Demarcar/Delimitar. **Ex.** A muralha divide a cidade antiga da (cidade) moderna. **4** ~-se/Ser formado por/Compor-se de/Decompor-se em. **Ex.** O corpo humano divide-se em [é formado por] cabeça, tronco e membros. Um faqueiro divide-se em [compõe-se de(o+)/tem(+)] muitas peças da mesma marca. Por ele(c)trólise, a água divide-se [decompõe-se(+)] em oxigé[ê]nio e hidrogé[ê]nio. **5** *fig* Cruzar/Sulcar. **Ex.** O barco dividia [cortava/sulcava(+)] as águas tranquilas do lago. **6** Provocar a discórdia/Tornar ou ficar diferente/Desunir. **Ex.** As opiniões dividiram-se: uns eram a favor do proje(c)to, outros eram contra (o proje(c)to). A greve dividiu os trabalhadores. **Loc.** ~ para reinar [Provocar a desunião para mais facilmente controlar os grupos formados]. **7** *Mat* Efe(c)tuar a operação de divisão. **Ex.** A professora ensinou a ~ por (um número com) dois algarismos. **Loc.** ~ 8 por 2.

divinal *adj 2g* (<divino + -al) **1** Relativo a Deus/Divino(+). **2** Muito aprazível/Excelente. **Comb.** Férias ~ais. Sabor ~.

divinatório, a *adj* (<adivinhar + -t- + -ório) Relativo à adivinhação [à previsão do futuro]. **Comb.** Qualidades ~as «dos videntes/quiromantes».

divindade *s f Rel* (<lat *divínitas,tátis*) **1** O ser de Deus/A natureza ou essência de Deus. **Comb.** A ~ de Jesus Cristo. ⇒ deidade. **2** Ser mitológico/Deus pagão. **Ex.** Os gregos e os romanos tinham muitas ~s [muitos deuses].

divinização *s f* (<divinizar + -ção) **1** A(c)to ou efeito de Cristo nos fazer filhos de Deus/Salvação. **Comb.** A ~ do homem [da humanidade]. **2** *fig* Exaltação suprema e indevida. **Comb.** ~ do dinheiro [do prazer].

divinizar *v t* (<divino + -izar) **1** Transformar(-se) [Converter(-se)] em Deus/Tornar divino. **Ex.** Jesus Cristo, sendo Deus que assumiu a natureza humana, divinizou-a [tornou-a participante da natureza divina]. **2** *fig* Considerar como divino/Exaltar/Idolatrar. **Ex.** Os/As fãs dos artistas quase divinizam os seus ídolos. **3** Tornar(-se) superior/intratável/Engrandecer(-se). **Ex.** Desde que foi nomeado administrador, divinizou-se, é intratável, não fala a ninguém.

divino, a *adj Rel* (<lat *divínus,a,um*) **1** Relativo a Deus. **Ex.** As Pessoas ~as [da Santíssima Trindade(+)] são três: Pai, Filho e Espírito Santo. **Comb.** *Lei* ~*a*. *O* ~ *Mestre* (Jesus Cristo). **2** Vindo de Deus/Sobrenatural/Sagrado. **Ex.** A fé é um dom ~ [de Deus/concedido por Deus]. **Comb.** *A* ~*a eucaristia*. *A graça* ~*a*. **3** *fig* Excelso/Sublime/Perfeito. **Comb.** Manjares ~s [divinais(+)].

divisa *s f* (<diviso) **1** Desenho [Figura] que serve de símbolo/Sinal distintivo/Emblema. **Ex.** A águia e o lobo aparecem como ~ em muitos brasões. **2** Frase tomada como norma de vida/Lema. **Ex.** "Sempre alerta!" é a ~ dos escuteiros católicos portugueses. **3** *Econ* Moeda estrangeira/Valores convertíveis em moeda estrangeira. **Ex.** O dólar é a ~ americana. **4** *Mil* Sinal indicativo do posto ou patente. **Ex.** Os militares fiéis ao Governo prenderam o sargento que chefiava os revoltosos e de imediato arrancaram-lhe as ~s (da farda). **5** Linha limite/Marca/Fronteira. **Comb.** A ~ entre dois concelhos [terrenos].

divisão *s f* (<lat *divísio,ónis*: distribuição, divisão) **1** Partilha/Repartição/Distribuição. **Comb.** ~ *de bens* [duma herança]. ~ *de tarefas* [do trabalho]. **2** Separação de um todo nas suas partes. **Comb.** ~ *administrativa* [Circunscrição territorial sob jurisdição do poder local/autárquico]. ~ *dum livro* em capítulos. ~ *duma turma* em grupos. **3** Cada uma das partes que na unidade desempenha uma função específica/Compartimento. **Ex.** A minha casa tem cinco divisões principais: três quartos, a sala e a cozinha. **Comb.** As ~ões dum móvel. **5** *Biol* Conjunto de fenó[ô]menos que dizem respeito à multiplicação de unidades vitais. **Comb.** ~ celular [nuclear]. **6** *(D)esp* Conjunto de clubes [equipas/es] que disputam entre si um campeonato. **Comb.** ~ de Honra. Primeira ~ Distrital. **7** *Mat* Operação que consiste em determinar quantas vezes uma quantidade [um número] está contida/o noutra/o/Operação inversa da multiplicação. **Ex.** O co-ciente da ~ de 10 por 2 indica que o divisor 2 está contido 5 vezes no dividendo 10. **8** *Mil* Grande unidade tá(c)tica de combate, geralmente formada por todas as armas. **Ex.** Uma ~ pode ser constituída por vários regimentos de infantaria, artilharia, etc. **9** *Náut* Fra(c)ção duma esquadra composta por vários navios sob o mesmo comando.

divisar *v t* (<lat *divisáre* <*divídere*: dividir, distinguir; ⇒ de+visar) **1** Ver ao longe/Avistar/Distinguir. **Ex.** No horizonte divisava-se [avistava-se/notava-se(+)] uma mancha escura que parecia uma embarcação. No meio do bando (de marginais) divisava-se [distinguia-se(+)] perfeitamente o chefe a quem todos obedeciam. **2** Descobrir/Perceber. **Ex.** Só ao fim de muito tempo consegui ~ [descobrir(+)/perceber(o+)] as verdadeiras intenções de quem fingia ser um grande amigo. **3** Estabelecer limites/Demarcar. **Loc.** ~ [Delimitar(+)/Demarcar(o+)] uma propriedade.

divisibilidade *s f* (<divisível + -dade) **1** Qualidade do que é divisível ou pode ser dividido. **2** *Fís* Propriedade da matéria que permite a sua divisão e subdivisão em partes extremamente pequenas. **Ex.** Uma substância goza de ~ enquanto se pode dividir em partes da mesma natureza mas de menor extensão. **3** *Mat* Propriedade que uma quantidade [um valor] tem de poder ser obje(c)to de divisão exa(c)ta por determinado divisor. **Ex.** Os números pares gozam todos da ~ por 2. **Comb.** Critérios de ~.

divisional *adj 2g* (<divisão + -al) Relativo à [Da] divisão. **Comb.** Processo ~. Resto ~.

divisionário, a *adj* (<divisão + -ário) **1** *Mil* Relativo a uma divisão militar. **Comb.** Infantaria [Artilharia/Cavalaria] ~a. **2** *Econ* Diz-se de moeda que corresponde à divisão da unidade monetária. **Ex.** As moedas ~as «cêntimos do euro» são necessárias para os trocos.

divisionismo *s m* (<divisão + -ismo) **1** A(c)to que causa divisões num grupo ou instituição. **2** *Arte* Técnica [Escola] de pintura neoimpressionista que consiste em aplicar as cores puras sobre a tela, em pequenas pinceladas, sem as misturar previamente/Pontilhismo.

divisionista *adj/s* 2g (<divisão + -ista) **1** (O) que causa divisionismo **1. Comb.** Tendências [Manobras] ~s. **2** *Arte* Relativo ao [Praticante do] divisionismo **2. Comb.** Pintor [Pintura] ~.

divisível *adj* 2g (<lat *divisíbilis,e*) **1** Que se pode dividir/Que é susce(p)tível de ser separado em partes. **Comb.** Terreno [Propriedade] ~. **Ant.** Indiviso. **2** *Mat* Que se pode dividir exa(c)tamente. **Ex.** Os números pares são (todos) ~eis por 2. **Ant.** Indivisível.

diviso, a *adj* (<lat *divísus,a,um*; ⇒ dividir) Que se dividiu/Dividido. **Comb.** Bens ~s. **Ant.** Indiviso.

divisor, ora *adj/s m* (<lat *divísor,óris*) **1** (O) que divide. **Comb.** Dispositivo [Mecanismo] ~/separador. **2** *Mat* Número pelo qual, na operação da divisão, outro (O dividendo) se divide. **Ex.** O cociente indica o número (exa(c)to ou aproximado) de vezes que o ~ cabe no dividendo «15: 5 = 3». **3** *Mat* Número inteiro pelo qual outro se divide exa(c)tamente. **Ex.** 8 e 10 têm um ~ comum: 2. **Comb.** Máximo ~ comum [O maior dos ~es simultâneo de todos os números considerados].

divisória *s f* (<divisório) **1** O que separa/Parede/Separador/Tabique/Biombo/Linha. **Ex.** Para estar mais à vontade no gabinete, pus [coloquei] uma ~ amovível; assim, nem eu incomodo o colega nem ele (me incomoda) a mim. **2** *Mús* Linha que corta a pauta no fim de cada compasso. **Ex.** A ~ dos compassos pode também ser uma vírgula.

divisório, a *adj/s* (<divisão + -ório) (O) que marca [faz] a divisão/Separador. **Comb.** Linha ~a. Muro ~. Processo ~.

divorciado, a *adj/s* (<divorciar) **1** (O) que divorciou. **Ex.** Casaste há tão pouco tempo e já estás ~o/a? Os ~s são cada vez em maior número. **2** Separado/Afastado/Desinteressado. **Ex.** Você não sabe quem ganhou as eleições? Anda mesmo ~o/a da política! **Comb.** ~ da arte. ~ da televisão.

divorciar *v t* (<divórcio + -ar¹) **1** *Dir* Romper legalmente o vínculo matrimonial/Desfazer o casamento. **Ex.** Na lei portuguesa, o poder de ~, em certos casos, também é reconhecido aos Conservadores do Regist(r)o Civil. **2** *fig* Afastar(-se)/Separar(-se)/Desunir(-se)/Desinteressar(-se). **Ex.** As partilhas divorciaram as duas famílias. Não sei o que tem o nosso filho. Anda triste, divorciou-se [afastou-se(+)/desinteressou--se(o+)] de tudo.

divórcio *s m* (<lat *divórtium,ii*: ponto de separação <*divé[ó]rto,ere,sum*: ir para os «dois» lados, separar-se) **1** *Dir* Extinção judicial [legal] do vínculo matrimonial/Fim do casamento. **Ex.** O ~ pode ser litigioso ou por mútuo acordo dos cônjuges. **2** *fig* Rompimento de relações/Separação/Desunião. **Ex.** Nem parecem irmãos. Há um grande ~ [uma grande desunião] entre eles. O ~ [A separação] entre a escola e o mundo real é cada vez maior.

divorcista *adj/s* 2g (<divórcio + -ista) (O) que é favorável ao [defensor do] divórcio. **Comb.** Leis ~s [que facilitam o divórcio).

divulgação *s f* (<lat *divulgátio,ónis*) A(c)ção de tornar conhecido pelo [de dar a conhecer ao] público/Difusão/Propaganda/Vulgarização. **Comb.** ~ [Propaganda] *dum produto* (novo). ~ [Revelação] *dum segredo*. ~ [Difusão] *duma notícia*.

divulgador, ora *adj/s* (<divulgar + -dor) (O) que divulga/Propagandista. **Ex.** Foi ele o ~ do [o que espalhou] boato. As fontes ~oras [Os ~es] das notícias geralmente não são conhecidas/os. ~ [Propagandista] dos meios naturais de cura.

divulgar *v t* (<lat *divúlgo,áre*) Tornar público/Dar a conhecer/Difundir/Espalhar/Vulgarizar. **Loc.** ~ [Dar a conhecer/Vulgarizar] *as novas tecnologias*. ~ [Tornar público] *um relatório*. ~ [Revelar] *um segredo*. ~ [Difundir/Espalhar] *uma notícia*.

divulsão *s f* (<lat *divúlsio,ónis* <*divéllo,ere*: separar à força, rasgar) **1** ⇒ Separação violenta/Dilaceração. **2** *Med* Operação cirúrgica para alargar alguns canais do organismo/Dilatação forçada. **Loc.** Sofrer a ~ dum membro.

dizer *v t/int/s m* (<lat *díco,ere,díxi,díctum*; ⇒ dito¹) **1** Exprimir por palavras/Proferir. **Ex.** Ela disse-me que vinha [viria] à festa. A testemunha disse tudo o que sabia. O Pedro estava tão perturbado que dizia coisas [palavras/frases] sem sentido. **Prov.** *Diz-me com quem andas e dir-te--ei quem és* [As pessoas costumam ser como aquelas com quem convivem]. **Loc.** Digam o que disserem/quiserem [Diga-se o que se disser/quiser] «ele é uma pessoa honesta». ~ *adeus* [Despedir-se/Cumprimentar de longe]. *idi* ~ *cobras e lagartos* [Criticar severamente/Falar muito mal de alguém]. ~ *consigo*/*idi com os seus botões* [Pensar/Falar para si]. ~ *que não* [Recusar]. ~ *que sim* [Aceitar]. ~ *respeito a* [Ser relativo a]. *A bem* ~ [Para ~ a verdade/Na realidade] «eu, disso, não sei nada». Diz-se/Dizem [É voz corrente/Comenta-se] «que ele é ladrão». «mataram o meu filho!» – *Não me diga* [Não é possível]! «aquela professora é» *Por assim* ~ [Podíamos ~/Digamos] «uma segunda mãe dos alunos». *Quer* ~ [Isto é/Ou seja/Por outras palavras/Explicando melhor] «as guerras são sempre más». *Idi. Se bem o disse, melhor o fez* [Realizou rapidamente o que tinha anunciado/(Aquilo) foi dito e feito/Meu dito, meu feito]. **2** Dar indicações/Revelar. **Ex.** Diz-me (lá) quando fazes anos. Os segredos não se dizem [revelam] a ninguém. **3** Expor/Declamar/Recitar. **Loc.** ~ [Recitar(+)/Declamar(o+)] *poemas*. ~ [Proferir(+)/Fazer(o+)] *um discurso*. **4** Dar a conhecer por escrito/Tornar público. **Ex.** Os jornais disseram que continuaria [dizem que continuará] o mau tempo. É dito [conhecido/sabido/comentado] por toda a gente. **5** Contar/Narrar/Explicar. **Ex.** Eu estava lá na altura [no momento] do acidente, posso ~ [explicar] como tudo se passou. **6** Exprimir a opinião/Pensar. **Ex.** Que dizes [pensas] acerca do novo Governo? **7** Aconselhar/Ordenar. **Ex.** Diga aos seus filhos que não voltem a açular [atiçar/enraivecer] o cão. Arriscam-se a ser mordidos! **8** Afirmar/Informar. **Ex.** ~ que vinha e não ter aparecido, é de mais/*Br* demais [, não se faz]! **9** ~-se/Fazer-se passar por/Ter-se na conta de. **Ex.** O falso doutor foi preso; dizia-se [dizia que era] médico mas não era. **10** Ter significado/Lembrar/Evocar. **Ex.** É uma foto [canção/um livro] que me diz muito [que me faz recordar bons momentos]. Essa tua observação não me diz nada [não me lembra nada/não vale nada]. **11** Combinar/Harmonizar/Condizer. **Ex.** Achas que esta saia azul diz (bem) [combina/condiz] com a blusa verde? **12** Ser sinal de/Mostrar. **Ex.** A sua cara diz [revela/mostra] muito do sofrimento que lhe vai na alma. **13** *s m* Palavra proferida/Sentença [Frase] escrita/Inscrição. **Ex.** Os ~es daquele anúncio não estão corre(c)tos. Pelos ~es da lápide, o monumento deve ser muito antigo. **Comb.** O ~ do povo.

dize-tu-direi-eu *s m* Discussão entre dois contendores que falam quase ao mesmo tempo.

dizigótico, a *adj* *Biol* (<di- **a**) + zigoto + -ico) Relativo a dois gé[ê]meos nascidos de ovos [zigotos] diferentes/Bivitelino.

dízima *s f* (<dízimo) **1** Imposto equivalente à décima parte dum rendimento/Décima. **Ex.** A ~ é um tributo antigo que se julga de origem romana. **2** *Mat* Representação decimal de um número fra(c)cionário ou irracional. **Ex.** A ~ tem uma parte inteira e uma parte decimal, a mantissa. **Comb.** ~ *finita* [exa(c)ta]. ~ *infinita*. ~ *não periódica* [da redução dum número irracional]. ~ *periódica* [da redução duma fra(c)ção].

dizimação *s f* (<dizimar + -ção) Redução drástica/Destruição/Arrasamento. **Comb.** ~ das colheitas «causada pela seca».

dizimador, ora *adj/s* (<dizimar + -dor) (O) que dizima/destrói. **Comb.** Epidemia ~ora de muitas vidas.

dizimar *v t* (<lat *décimo,áre*) **1** Matar «um revoltoso» em cada (grupo de) dez. **2** Reduzir o número/Destruir/Desbaratar/Arrasar. **Ex.** A sida poderá ~ muitos povos africanos. **Loc.** ~ [Desbaratar(+)] *o exército inimigo*. **3** Fazer desaparecer/Dissipar(+). **Loc.** ~ *uma fortuna* [herança]. **4** ⇒ Lançar ou cobrar o imposto da dízima.

dízimo, a *adj/s* (<lat *déci[u]mus,a,um*; ⇒ dízima) **1** (O) décimo/(A) décima parte. **2** *pl Hist* Imposto destinado a suportar as despesas do culto e a sustentação do clero. **Ex.** O pagamento dos ~s tornou-se obrigatório quando as ofertas voluntárias começaram a diminuir.

dizível *adj* 2g (<dizer + -vel) Que se pode dizer. **Ant.** Indizível.

diz-que-diz-que *s m* Mexerico/Boato. **Ex.** É melhor sairmos da cidade; é o ~ [; corre o boato de] que vai haver uma revolução!

Djibuti *s m Geog* República de ~. **Ex.** A capital de ~ é também ~.

DNA *s m Bioq* (<ing *de(s)oxyribonucleic acid*) Ácido desoxirribonucleico.

do, a *contr* (<prep *de* + art/pron *o/a*) Pertencente a [Relativo a] alguém [algo] já referido anteriormente ou conhecido. **Ex.** Hoje o tempo está bem diferente do de ontem. Não fales do [daquilo] que não conheces. **Comb.** Brinquedo do menino. Casa dos meus avós. Esplendor da verdade.

dó¹ *s m* (<lat *dólus,i*; doer, dor) **1** Compaixão/Pena/Comiseração. **Ex.** A professora tinha ~ de todas as crianças pobres. Chorava que (até) metia [causava] ~. **Loc.** Ser um ~ [uma dor] de alma [Ser confrangedor/Cortar o coração] (Ex. Era um ~ de alma ver a destruição deixada pelo temporal). **Idi.** «bater/repreender» *Sem* ~ *nem piedade* [Sem (sinais de) compaixão/Cruelmente/Duramente]. **2** ⇒ Luto/Pesar.

dó² *s m Mús* (<it *do* < ?) **1** Primeira nota da escala natural/Ut. **Ex.** O ~ é a primeira das sete notas musicais: dó, ré, mi, fá, sol, lá, si. **2** Sinal gráfico representativo dessa nota. **Ex.** O sinal [A nota] colocado/a na primeira linha suplementar inferior da pauta (na clave de sol) é um ~. **3** Corda [Posição instrumental] que reproduz essa nota. **Comb.** ~ natural [central] (Situado aproximadamente a meio do teclado do piano e comum a vários instrumentos musicais).

doação *s f* (<lat *donátio,ónis*: doação, dádiva, presente, brinde) **1** A(c)to ou efeito de doar/Contrato pelo qual alguém dispõe livremente de algo que é seu a favor de outrem, sem contrapartidas. **Comb.** Escritura de ~. ⇒ dedicação; entrega. **2** Aquilo que é doado. **Ex.** A ~ da tia é que o fez [tornou] rico. ⇒ donativo.

doador, ora adj/s (<doar + -dor) 1 (O) que faz a doação. **Comb.** Documento ~. Fotografia dos ~es de obras de arte. 2 Br ⇒ dador «de sangue».

doar v t (<lat *dóno,áre* <*dónum,i*: dom, presente, brinde + *dáre*: dar) 1 Fazer a doação/Transmitir de forma livre e gratuita para outrem bens ou direitos. **Loc.** ~ *livros*. ~ *obras de arte*. ~ *rendimentos* futuros. 2 Legar um ou mais órgãos a uma instituição hospitalar. **Ex.** Pressentindo que o cancro lhe causaria a morte dentro em breve, doou os olhos ao hospital. 3 Devotar-se inteiramente a uma causa. **Ex.** Madre Teresa de Calcutá doou [dedicou(+)/consagrou(o+)] toda a sua vida [doou-se toda/inteiramente] aos indianos mais pobres.

dobadeira s f (<dobar + -deira) Mulher que doba.

dobadoi[ou]ra s f (<dobar + -doira) Instrumento onde se coloca a meada para a desenrolar e fazer o novelo. **Ex.** As ~s artesanais a(c)tualmente quase só se encontram em museus. **Loc.** Andar numa ~ [muito atarefado/a(+)/num rodopio/numa roda-viva(+)/azáfama(o+)].

dobar v t/int (< ?) 1 Enovelar o fio duma meada/Fazer novelos. **Loc.** ~ meadas de lã. 2 *fig* ⇒ rodopiar.

dobermane [*dobermann*] s m (<antr al L. Dobermann) Raça de cães de guarda, pelo preto, de origem alemã.

doble adj 2g/s m (<esp *doble* <lat *duplus, a,um*: duplo, dobrado) 1 ⇒ Duplicado/Dobrado. 2 Pedra de dominó com igual número de pintas nas duas metades. **Ex.** Neste jogo saíram-me três ~s [«duques» dobrados(+)].

doblete (Blê) s m (<fr *doublet*: coisa duplicada; ⇒ duplo) 1 Peça de vidro que imita uma pedra preciosa. **Comb.** ~ (corado de) verde. 2 *Mús* Regist(r)o do órgão que dá o som uma oitava acima.

doblez (Blês) s f (<doble + -ez) Duplicidade(+) «de cará(c)ter»/Fingimento/Hipocrisia.

dobra[1] (Dó) s f (<dobrar) 1 Parte dum obje(c)to que se sobrepõe a outra. **Ex.** Tinha o hábito de marcar a página onde interrompia a leitura com uma ~ no canto superior da mesma. **Comb.** *A ~ do braço* [O cotovelo]. *A ~ do lençol* por cima do cobertor. *A ~ no fundo da(s) calça(s)*. ⇒ prega; vinco. 2 *Geol* Deformação te(c)tó[ô]nica que consiste no arqueamento, curvatura ou flexão das camadas rochosas/Ruga/Prega. **Ex.** As ~s são originadas por forças compressivas.

dobra[2] s f (< ?) 1 *Hist* Designação genérica de moedas antigas que circularam em Portugal. 2 Unidade monetária de S. Tomé e Príncipe.

dobrada s f (<dobrar + -ada) 1 Estômago de bovino/Vísceras de rês. **Comb.** ~ de vaca [vitela]. 2 *Cul* Cozinhado feito com 1 «e feijão branco». **Ex.** O prato de ~ mais típico em Portugal é "Tripas à moda do Porto". 3 Br ⇒ quebrada (Na montanha). **Sin.** Br Dobradinha 2; tripas.

dobradeira s f (<dobrar + -deira) Máquina [Lâmina] utilizada para dobrar. **Ex.** A ~ para dobrar tecidos é uma máquina têxtil; para dobrar papel, nas tipografias, é uma lâmina semelhante a uma corta-papel.

dobradiça s f (<dobradiço) Peça metálica constituída por duas partes ligadas por um eixo que, rodando, abrem e fecham/Charneira. **Ex.** As janelas de correr não têm ~s. **Comb.** ~s da porta. 2 *pl pop* Articulações humanas móveis. **Comb.** «sentir que estão enferrujadas» As ~s do joelho/das pernas.

dobradiço, a adj (<dobrado + -iço) Que (se) dobra com facilidade/Flexível. **Comb.** Material ~. ⇒ dobrável.

dobradinha s f (<dobrada + -inha) 1 Obtenção duma dupla vitória política/Conquista de dois troféus (d)esportivos importantes na mesma época. **Ex.** Se o partido que ganhou as (eleições) legislativas ganhar também as autárquicas, faz [consegue] a ~. Este ano o Benfica conquistou a ~ no futebol: ganhou o campeonato e a taça. 2 Br ⇒ dobrada.

dobrado, a adj/s m (<dobrar + -ado) 1 Que se dobrou/Que não está estendido. **Comb.** Camisas cuidadosamente [bem] ~as. Peça de tecido ~a. 2 Com dobra(s) de reforço. **Ex.** Para levantar o peso com maior segurança utilizaram um cabo de aço ~. **Ant.** Simples; singelo. 3 Em dobro/Duplicado/Repetido. **Ex.** Lápis, borracha, cadernos, ... tinha tudo ~ [repetido/em duplicado]. **Loc.** Pagar ~o [a dobrar/o dobro]. 4 Curvado/Encurvado/Torto/Fle(c)tido. **Ex.** Não ande(s) ~ porque deforma(s) a coluna. **Comb.** *Barra* de ferro *~a* [torta/encurvada]. *Pernas ~as* [fle(c)tidas]. 5 *Bot* Com pétalas mais numerosas que o normal. **Ex.** Há cerejeiras de flores ~as, as ornamentais; mas as mais comuns são de flores singelas. **Comb.** Cravos ~s. 6 Terreno acidentado com altos e baixos. 7 *Mús Ornit* Parte final do canto dos pássaros repetida e mais elaborada. 8 Br De grande força física. **Idi.** *Cortar um ~/um fino* [Passá-las boas/Custar]. **Comb.** Homem ~.

dobrador, ora adj/s (<dobrar + -dor) (O) que dobra/faz a dobragem. **Comb.** Dispositivo [Mecanismo] ~. ⇒ dobradeira.

dobradura s f (<dobrado + -ura) 1 A(c)to de dobrar/Dobragem/Dobramento. 2 Dobra/Vinco/Prega. **Ex.** A chapa do carro ficou amolgada, cheia de ~s [vincos/mossas].

dobragem s f (<dobrar + -agem) 1 Operação de dobrar. **Comb.** ~ dum prospe(c)to [folheto]. 2 *Cine* Substituição da linguagem falada num filme por outra língua diferente. **Ex.** Nos filmes estrangeiros, por vezes substitui-se a ~ pela legendagem. **Sin.** Br Dublagem.

dobramento s m (<dobrar + -mento) 1 Dobragem/Dobradura. 2 *Geol* Deformação [Enrugamento] da crosta terrestre por a(c)ção de forças tangenciais compressivas. **Ex.** Grandes ~s deram origem à formação de montanhas em épocas remotas.

dobrão s m *Hist* (<dobra + -ão) Moeda portuguesa antiga de ouro «do séc. XVIII/de D. João V». **Ex.** O rei ofereceu ao visitante um saco cheio de ~ões de ouro.

dobrar v t/int (<lat *dúplo,áre*: dobrar, duplicar <*dúplus,a,um*: duplo, dobrado) 1 Fazer dobra(s)/Sobrepor uma parte dum obje(c)to a outra. **Loc.** *~ a roupa*. *~ «o papel» em quatro* [~ e voltar a ~]. *~ uma barra* [chapa]. *~ [Enrolar] uma corda*. *~ uma folha de papel*. **Idi.** *~ a cerviz* [Submeter-se à vontade de alguém]. *~ a língua* [Falar com respeito] (**Ex.** Faz favor de ~ a língua!). 2 Dar voltas/Enrolar. **Loc.** *~ uma peça de tecido*. *~ [Enrolar(+)] um cordel* [fio]. 3 Curvar(-se)/Vergar(-se). **Ex.** Dói-me (aqui) nas [Doem-me as] costas, não me posso ~ [curvar]. **Loc.** *~ os joelhos* (⇒ ajoelhar). *~-se* [Inclinar-se/Vergar-se] até ao chão. 4 *fig* Dominar/Submeter/Subjugar. **Ex.** São crianças que cresceram na rua; os pais já não conseguem dobrá-las [dominá-las(+)/submetê-las]. 5 *fig* Fazer mudar de opinião/atitude/Convencer. **Ex.** As lágrimas de arrependimento dobraram [quebraram(+)] a rigidez do pai. Argumentos tão fortes depressa o dobraram [o fizeram mudar de opinião]. 6 Mudar a dire(c)ção/Passar além de/Virar. **Ex.** O português Bartolomeu Dias foi o navegador que, no séc. XV, dobrou pela primeira vez o Cabo das Tormentas [Cabo da Boa Esperança]. **Loc.** ~ uma esquina. 7 *Cine* Substituir a linguagem original dum filme [programa de TV] por uma versão equivalente em língua diferente. **Loc.** ~ um filme americano para japonês. **Sin.** Br Dublar. 8 *Cine* Substituir um a(c)tor por um duplo em a(c)ções perigosas ou periciais. **Ex.** Na cena do trapézio o a(c)tor principal foi dobrado por um artista de circo. 9 Multiplicar por dois/Duplicar. **Ex.** Nos últimos anos o número de desempregados dobrou [duplicou]. 10 Aumentar muito/Multiplicar. **Ex.** Após a promoção, o trabalho dobrou [aumentou muito]. 11 Tocarem os sinos pelos mortos. **Ex.** Por quem dobram [tocam] os sinos? **Loc.** ~ a finados [Tocar o sino pelo falecimento de alguém] (⇒ dobre).

dobrável adj 2g (<dobrar + -vel) Que se pode dobrar. ⇒ dobradiço.

dobre (Dó) s m (<dobrar) Toque do sino pelo falecimento de alguém/Toque a finados. **Ex.** Ao ouvir o ~ do sino, a avó perguntava: – Quem terá sido [morrido] (desta vez)? ⇒ dobrado; doble.

dobro (Dô) s m (<lat *dúplus,a,um*: duplo, dobrado, duas vezes) Quantidade igual a duas vezes outra/Duplo. **Ex.** Este ano colhi duas toneladas de maçãs; exa(c)tamente o ~ do ano passado. Paguei o ~ da multa por ter expirado o prazo de pagamento.

doca (Dó) s f (<hol *do(c)k(e)*) 1 Bacia artificial portuária dotada de cais acostável para cargas e descargas. **Ex.** Num grande porto, cada ~ tem geralmente uma a(c)tividade específica. 2 Dique/Estaleiro. **Ex.** As ~s secas e as ~s flutuantes destinam-se à construção e reparação de navios.

doçaria s f (<doce + -aria) 1 Ramo da culinária que se dedica ao fabrico de doces. **Ex.** A ~ engloba a confeitaria e a pastelaria. 2 Grande quantidade de doces/Conjunto de vários tipos de doces. **Ex.** Na feira havia muita ~. **Comb.** ~ *caseira*. ~ *portuguesa*. ~ *regional*.

doce (Dô) adj 2g/s m (<lat *dúlcis,e*: doce (ao paladar), agradável, suave) 1 Com açúcar/Que tem sabor açucarado. **Ex.** As bebidas ~s não tiram [matam(+)] a sede. Não gosto do café muito ~. **Comb.** *Cul* Arroz ~. *Bot* Batata ~. **Ant.** Amargo; azedo. 2 Que produz uma sensação agradável/suave. **Ex.** Este gel de banho deixa a pele ~, acetinada. Gosto duma música ~ [suave] para repousar. Nas noites quentes de verão o perfume ~ das tílias é muito agradável, inebriante. **Comb.** ~s recordações da infância. 3 Afe(c)tuoso/Meigo/Encantador. **Ex.** Com palavr(inh)as ~s consegue-se enganar muita gente. Aquela jovem tem um ar ~ [meigo] e simpático. 4 s m Alimento em que entra açúcar, mel ou outro tipo de adoçante. **Ex.** Que quer(es) para sobremesa, fruta ou ~? – ~ de maçã. Os ~s fazem engordar. **Idi.** *Dar um ~* [Prometer ironicamente gratificar por algo que se sabe ser impossível] (Ex. Dou-te um ~ se fores capaz de subir [trepar] àquela árvore). *Fazer a boca ~ a alguém* [Usar um meio agradável para convencer/enganar]. **Sin.** *pl* Bolos; compotas; doçuras; geleias; guloseimas.

doce-amargo s m Que causa simultaneamente sensação agradável e dolorosa. **Comb.** O ~ da saudade. **Sin.** Agridoce.

doceira s f (<doceiro) 1 Mulher que fabrica/vende doces. 2 Recipiente para guardar

doces. Ex. Na ~ há dos bolos de que você gosta.

doceiro, a *s m/adj* (<doce + -eiro) **1** Pessoa que faz/vende doces/Confeiteiro/Pasteleiro. **Loc.** Ter a profissão de ~. **2** Pessoa que gosta muito de doces/Guloso. **Ex.** Eu não sou (nada) ~ [não aprecio doces].

doce-lima *s f Bot* ⇒ limonete; cidrão.

docência *s f* (<lat *dóceo,ére*: ensinar, instruir) **1** A(c)ção de ensinar/Exercício do magistério. **Ex.** No próximo ano vou [irei] exercer a ~ noutra escola. **2** Qualidade de docente. **Ex.** Para chegar à ~ são precisos muitos anos de estudo. **Ant.** Discência.

docente *adj/s 2g* (<lat *dócens,éntis*) **1** Relativo ao ensino ou ao que ensina. **Comb.** *Carreira ~. Corpo ~.* **2** O que ensina/Professor. **Ex.** Vai realizar-se uma a(c)ção de formação destinada a todos os ~s das escolas do distrito. **Comb.** *~ universitário* [Professor de universidade]. «os bispos pertencem à» *Igreja ~* [Membros da Igreja que têm a função de ensinar].

doceta (Cê) *s m* (<gr *dokéo*: parecer, aparecer, imaginar) Partidário do docetismo.

docetismo *s m* (<doceta + -ismo) Heresia dos séc. II e III que afirmava que o corpo de Jesus Cristo era apenas aparente. **Ex.** O ~, nas suas diferentes formas, nasceu das doutrinas gnósticas.

dócil *adj 2g* (<lat *dócilis,e*: que aprende facilmente, fácil de manejar, submisso, dócil) **1** Que é submisso/obediente. **Comb.** *Animal ~. Povo ~.* **Ant.** In~. **2** Que aceita facilmente o [não se opõe ao] que se lhe ensina. **Comb.** *Aluno ~ aos ensinamentos do mestre.* **Ant.** Do contra; duro; rebelde. **3** De temperamento meigo/afe(c)tuoso/Cordato/Pacífico. **Comb.** «burro» *Animal ~* [manso]. *Criança ~* [bem-comportada]. **Ant.** Atrevido; mal-educado; quezilento.

docilidade *s f* (<dócil + -dade) Qualidade do que é dócil/Afabilidade/Brandura. **Ex.** Apesar de ser bastante irascível, tratava os pais com muita ~.

docílimo, a *adj* (<dócil + -imo) Superlativo absoluto simples [sintético] de dócil/Muito dócil.

docilizar *v t* (<dócil + -izar) Tornar dócil. **Ex.** Depois de tanto esforço para ~ aquelas crianças rebeldes, a professora acabou por ver o resultado.

docilmente *adv* (<dócil + -mente) Sem qualquer resistência/Obedientemente. **Ex.** O menino, ~, fez tudo como [o que] a mãe lhe disse.

documentação *s f* (<documentar + -ção) **1** Recolha, compilação, ordenamento de documentos «relativos a determinado assunto ou tema». **Ex.** O meu trabalho é num centro de ~ histórica «sobre os descobrimentos (dos) portugueses». **2** Conjunto de documentos «informativos/comprovativos/esclarecedores» relativos a determinado assunto. **Ex.** A ~ para o concurso já está completa. Tenho muita ~ sobre a 2.ª Guerra Mundial.

documentado, a *adj* (<documentar + -ado) **1** Que se documentou/informou. **Ex.** O professor não faria [teria feito/iria fazer] uma afirmação dessas sem estar ~. **2** Baseado em [Comprovado por] documentos. **Comb.** Processo [Tese] bem ~o/a.

documental *adj 2g* (documento + -al) **1** Referente a documento. **Comb.** Nota [Referência] ~. **2** Baseado em documento(s). **Comb.** Prova ~.

documentalista *s 2g* (<documental + -ista) Especialista em documentação. **Ex.** Nos arquivos históricos, os ~s são auxiliares preciosos dos investigadores. A minha empresa tem um ~ para recolha das referências que a comunicação social lhe faz.

documentar *v t* (<documento + -ar¹) **1** Reunir documentos [documentação] relativos[a] a determinado assunto/Juntar documentos a. **Ex.** O candidato documentou a sua tese com [juntou à sua tese] artigos, fotos, vídeos, … de especialistas nacionais e estrangeiros. **2** Comprovar com documentos/Fazer prova documental. **Ex.** O advogado documentou a acusação com as cartas ameaçadoras escritas pelo arguido antes do crime. **3** Informar-se em documentos sobre determinado assunto/Preparar-se para expor publicamente algum assunto. **Ex.** O conferencista documentou-se [recolheu informação/documentação] em livros e revistas da especialidade.

documentário, a *adj/s* (<documento + -ário) **1** Que é relativo a documentos/Documental. **2** *s m Cine* Filme de cará(c)ter informativo. **Comb.** Um ~ sobre Lisboa [energias renováveis].

documentarista *s 2g* (<documentário 2 + -ista) Autor de documentários. **Ex.** As suas obras são apenas de ~: nunca fez longas metragens [filmes artísticos].

documentativo, a *adj* (<documentar + -ivo) Que serve para documentar. **Comb.** Mapas [Cartas/Escritos/Fotos] ~os/as.

documentável *adj 2g* (<documentar + -vel) Que se pode documentar. **Comb.** Prova ~.

documento *s m* (<lat *documéntum,i*: ensino, lição, modelo, exemplo, prova (que faz fé), documento <*docére*: ensinar + *mens, éntis*: mente, intenção) **1** Tudo o que pode servir de testemunho independentemente da sua natureza e da sua forma de transmissão. **Ex.** Estes fragmentos de cerâmica são um ~ arqueológico precioso. Há muitos ~s escritos sobre a a(c)ção dos portugueses no Oriente. **Comb.** *~ etnográfico* [científico/histórico]. *~ oral* [fotográfico/visual]. **2** Escrito que serve de prova de algum fa(c)to ou acontecimento/Declaração/Atestado. **Ex.** O Bilhete de Identidade e o Passaporte são os ~s de identificação (pessoal) mais utilizados. **Sin.** Certidão; certificado. **3** *Dir* Qualquer suporte de informações legalmente aceite para instruir/esclarecer um processo. **Ex.** Apensos ao processo encontravam-se diversos ~s comprovativos: cartas, fotos, cassetes vídeo e outros.

doçura *s f* (<doce + -ura) **1** Qualidade do que é doce/que tem açúcar. **Ex.** Ainda sinto na boca a ~ do xarope que tomei esta manhã. **2** *fig* Qualidade do que é agradável aos sentidos/Amenidade/Brandura. **Comb.** *~ da voz. ~ do clima.* **3** *fig* Ternura/Suavidade/Meiguice. **Ex.** Todos gostavam muito daquela professora: tratava as crianças com muita ~ [suavidade/ternura(+)]. **4** *fig* Sensação de bem-estar/Tranquilidade/Prazer. **Ex.** As férias na quinta decorriam cheias de ~: os passeios pelo campo, o conta(c)to com a natureza, os longos serões em família enchiam-nos o coração de alegria. **5** *pl* Doces/Doçaria. **Ex.** Só te vejo a comer ~s! Vais [Podes] ficar doente.

dodecaédrico, a *adj* (<dodecaedro + -ico) Relativo a [Que tem a forma de] dodecaedro. **Comb.** Cristal ~.

dodecaedro *s m* (<gr *dódeka*: doze + -edro) **1** *Geom* Poliedro com doze faces. **2** *Miner* Forma cristalográfica do sistema cúbico com doze faces. **Comb.** *~ rômbico* [deltoide/pentagonal].

dodecafonia[nismo] *s f [m] Mús* (<gr *dódeka*: doze + - …) Sistema de composição atonal baseado no emprego dos doze semitons da escala cromática. **Ex.** A/O ~ foi criada/o pelo austríaco Arnold Schönberg.

dodecagonal *adj 2g* (<dodecágono + -al) Relativo ao dodecágono.

dodecágono *s m* (<gr *dodekágonon*, ou: de doze ângulos) Polígono de doze lados/ângulos.

dodecassílabo, a *adj/s m* (<gr *dódeka*: doze + sílaba) (O) que tem doze sílabas. **Comb.** Palavra ~. Verso ~. ⇒ alexandrino; polissílabo.

dodói *s m Br* (<doer) ⇒ dói [dói-dói].

doença *s f* (<lat *doléntia,ae* <*doléle*: doer, sofrer) **1** Alteração [Perturbação] da saúde/Enfermidade. **Ex.** O pai continua bem-disposto, apesar da ~. Está a decorrer um seminário sobre ~s mentais. A falta de higiene é a causa de muitas ~s. **Comb.** *~ alérgica. ~ cró[ô]nica. ~ de senhoras* [~ ginecológica]. *~ do sono* [causada pela mosca tsé-tsé]. *~ hereditária* [genética]. *~ infe(c)ciosa* [causada/transmitida por micróbios]. *~ mental* [que altera as funções intelectuais]. *~ psicossomática* [que é consequência dum problema psíquico]. *~ profissional* [que resulta do exercício de determinada profissão]. *~ venérea* [transmitida por conta(c)to sexual]. **2** Alteração do estado de saúde [do vigor] das plantas e doutros seres. **Comb.** *~ da vinha* [dum pomar]. Madeira cheia de ~ [Madeira podre]. **3** *fig* Hábito excessivo/Vício/Mania/Paixão. **Ex.** O João está sempre agarrado ao [no] computador, é uma ~! O meu filho tem a ~ [o vício] do futebol [das cole(c)ções].

doente *adj/s 2g* (⇒ doença) (O) que tem doença/Enfermo/Paciente. **Ex.** A avó está gravemente ~. Se você se sentir ~, telefone-me! Os ~s deste hospital são muito bem tratados. O cão não comeu; está ~. **Loc.** Cair [Ficar] ~ [Adoecer]. **Comb.** *~ terminal* [prestes a morrer]. *Parte ~.* **2** Fraco/Desanimado/Triste. **Ex.** Andas tão triste, tens um ar de ~! **Comb.** Pessoa ~ [fraca/débil]. **3** *fig* (O) que é excessivo/ Fanático/Apaixonado. **Comb.** ~ do futebol. **4** *fig* Que se afastou muito da normalidade/Louco. **Comb.** Mundo [Sociedade] ~.

doentio, a *adj* (<doente + -io) **1** Que causa doença(s). **Comb.** Ambiente [Clima] ~. **2** Que denota falta de saúde. **Comb.** Ar [Aspe(c)to/Cor] ~o/a. **Sin.** Débil; fraco. **Ant.** Forte; saudável. **3** Que é excessivo/Anormal/Obsessivo. **Ex.** O meu marido tem um gosto ~ pela fotografia. Não fala noutra coisa! **4** *fig* Mórbido/Mau/Prejudicial. **Comb.** Amores ~s. Lugares [Ambientes] ~s.

doer *v int* (<lat *dóleo,ui,ére,itum*: doer, sofrer) **1** Causar dor/Fazer sofrer/Magoar. **Ex.** A picada (da inje(c)ção) doeu-me muito. Não me torça(s) o braço (por)que me dói. **Idi.** «bater em alguém» *A ~* [A sério/ Sem olhar às consequências]. «vou relatar o crime» *Doa a quem ~* [Sem temer a quem possa molestar]. **2** Sentir pena/ dó. **Ex.** Dói-me ver tanta miséria! **Sin.** Apiedar-se; compadecer-se; condoer-se. **3** Sentir remorsos/Arrepender-se. **Ex.** Na velhice doeu-se dos pecados da juventude. **4** Sentir-se ofendido. **Ex.** As ofensas dos amigos são as que mais nos doem! Doeu-se com as críticas que lhe fizeram. **5** *fig* Causar grande sacrifício financeiro. **Ex.** Fomos todos a um rico almoço, pagar a conta é que vai ~!

doestar *v t* (<lat *dehonésto,áre*: desonrar, denegrir, aviltar) Dirigir doestos/Insultar(+). **Loc.** ~ gratuitamente [sem razão].

doesto (Ês) *s m* (<doestar) Acusação injuriosa/Insulto(+)/Injúria(o+).

doge, esa (Dó) *s Hist* (<it *doge* <lat *dux,dúcis*: condutor, dire(c)tor, guia) Magistrado eleito das antigas repúblicas de Veneza e Génova.

dogma (Dó) *s m* (<gr *dógma,atos*: o que nos parece bom, opinião, decreto) **1** *Rel* Verdade contida na Sagrada Escritura ou transmitida e proposta pela Igreja Católica para crer como verdade revelada. **Ex.** Os ~s «da Santíssima Trindade/da Imaculada Conceição» da religião católica fundamentam-se nas Escrituras e na Tradição da Igreja. **2** Ponto ou preceito imposto pela autoridade para ser aceite sem discussão. **Ex.** Em minha casa, levantar(mo-nos) cedo é um ~.

dogmática *s f* (<dogmático) **1** Parte da Teologia «católica» que estuda os dogmas. **Ex.** A ~ estuda de forma sistemática as verdades da fé. **2** Conjunto de dogmas.

dogmático, a *adj/s* (<gr *dogmatikós,é,ón*: que diz respeito à exposição duma doutrina, que se funda em princípios) **1** Relativo ao dogma. **Comb.** Estudos ~s. **2** Que é apresentado como verdade absoluta e indiscutível. **Comb.** Afirmações ~as. **3** (O) que é autoritário/Peremp[ren]tório/Categórico. **Ex.** Aquele político fala sempre em tom ~, como se fosse dono da verdade. – Esse é outro ~!

dogmatismo *s m* (<dogma + -ismo) **1** *Fil* Adesão a uma doutrina sem prévia fundamentação crítica. **Ex.** O ~ opõe-se tanto ao ce(p)ticismo como ao criticismo. Acreditava em tudo o que o professor dizia apenas por ~. **2** Autoritarismo. **Ex.** Ele fala com [é de] um ~ insuportável.

dogmatizar *v t/int* (<gr *dogmatizo*: sustentar uma opinião, ensinar como doutrina, decretar) **1** Proclamar [Ensinar/Definir] como dogma. **Ex.** A a(c)ção de ~ uma verdade pertence ao Papa apoiado num concílio ecumé[ê]nico ou na crença generalizada da Igreja. **2** Impor as suas afirmações como verdades indiscutíveis. **Ex.** (Ele) não dá opiniões, dogmatiza!

dogue *s m* (<ing *dog*: cão) Raça de cães com cabeça larga, focinho achatado, pelo raso, mandíbulas fortes, bastante feroz. **Ex.** O ~ é um cão de guarda.

dói [dói-dói] *s m fam Inf* (<doer) Ferida/Ferimento/Contusão/Dor. **Ex.** Ah! Tens um ~ na mão. Vai já passar. Não se pega nessa faca, faz ~.

doidaria [doideira] *s f* (<doido+- ...) ⇒ doidice.

doidejante *adj 2gf* (<doidejar + -ante) Que doideja/Estonteante. **Comb.** Música barulhenta, ~.

doidejar *v int* (<doido + -ejar) **1** Fazer disparates/Praticar loucuras/Agir à doida(+). **Ex.** Para muitos, o Carnaval é tempo de ~. **2** Brincar/Galhofar/Foliar. **Ex.** Quando se juntavam os primos todos era uma festa: doidejavam [divertiam-se] animadamente horas sem fim. **3** Andar sem destino/Vaguear. **Loc.** ~ pelas ruas.

doidice *s f* (<doido + -ice) **1** Falta de juízo/Loucura. **Loc.** Sofrer de ~. **2** A(c)to de insensatez/Tolice/Disparate. **Ex.** Quando abres a boca só dizes ~s [disparates]. Não mexas na aparelhagem de som para não fazeres ~s [disparates/para não a estragares].

doidivanas *s 2g sing e pl* (<doido + vão) Pessoa leviana/estouvada/amalucada. **Ex.** A desordem no café foi provocada por um ~ e causou grandes prejuízos.

doido, a *adj/s* (<doído?) **1** (O) que perdeu o juízo/Louco/Demente. **Ex.** Os Irmãos de S. João de Deus dedicam-se a tratar dos ~s [doentes mentais(+)]. **Comb.** Hospital de ~s. **Idi.** ~ *varrido* [Completamente ~]. **2** *fig fam* (O) que tem comportamento exagerado/fora do normal/Insensato. **Ex.** Fui ~ [insensato] em não seguir o teu conselho. **Loc.** Correr muito [como um ~]. Falar [Rir] como um ~. **Idi.** «beber/trabalhar» À ~a [Como um ~/De qualquer maneira/Sem regra/Muito]. *Frio* [Vento] ~ [Muito frio/Muito vento]. **3** *fam fig* (O) que gosta exageradamente de alguma coisa/Apaixonado. **Ex.** Quando viu a moça, ficou ~ [perdido/louco] por ela. **Comb.** ~ por futebol. **4** *fig* Temerário/Imprudente. **Ex.** Andava sempre em corridas de moto. Um desporto [esporte] de ~s! **5** *s f Vet* Doença dos miolos do gado lanígero «ovelhas».

doído, a *adj* (<doer) **1** Que sente dor/Dolorido/Magoado. **Comb.** Corpo [Costas/Pernas] ~o/as. **2** *fig* Que sente mágoa/Ofendido. **Loc.** Ficar ~ com a ingratidão [o desprezo].

doirada/doiradinha/doirado/doirador/doiramento/doirar/-doiro, a ⇒ dourada/douradinha/...

dois *num card m sing e pl* (<lat *dúo,ae,o*: dois; ⇒ duas) **1** Um mais um. **Ex.** Tinha um lápis, deste-me outro, fiquei com ~. **Idi.** *(É) tão certo como* ~ *e* [mais] ~ *serem quatro* [É certíssimo/Não há (qualquer) dúvida]. **Comb.** ~ *a* ~ [Aos pares/Aos dois/Dois de cada vez]. ~ *em um* [Aparelho que executa duas funções/Conjunto de duas unidades vendido pelo preço de uma]. «levar o doente» *A* ~ [«levado» Por duas pessoas]. *Gram* ~ *pontos* [Sinal de pontuação que significa uma pausa breve para introduzir o discurso dire(c)to ou uma enumeração] (Ex. Os ~ pontos representam-se por :). **2** Representação gráfica desse número. **Ex.** Em algarismos árabes ~ representa-se por *2* e em (algarismos) romanos por *II*. **3** O que ocupa o segundo lugar numa série. **Comb.** O ~ «na fila/na lista». Página ~. **4** Carta de jogar com duas pintas. **Comb.** O ~ de paus [ouros/copas/espadas].

dojo *s m* (<jp *dôjô*) Sala ou academia para prática de artes marciais «judo/caraté».

dólar *s m* (<ing *dollar*) Unidade monetária dos EUA e de alguns outros países. **Ex.** O ~ americano funcionou durante muito tempo como moeda chave do sistema monetário internacional. **Comb.** ~ australiano [de Singapura].

dolce *it* (Dóltche) *adv Mús* Suave(+). ⇒ doce.

dolcíssimo *it* (Doltchí) *adv Mús* Suavíssimo/Muito suave(+). ⇒ dulcíssimo.

dolência *s f* (<lat *dolência,ae* <*dólens,éntis* <*doléré*: doer, sentir dor, sofrer) Estado de dolente de quem sofre. **Ex.** Ainda não lhe passou a ~ da [causada pela] perda do marido. **Sin.** Aflição; dor; sofrimento(+); tristeza(o+).

dolente *adj 2g* (<lat *dólens,éntis*: que sente dor) **1** Triste. **Comb.** Canção [Música] ~. Gemidos ~s. **2** Que se lamenta/Queixoso. **Ex.** Até fujo de me encontrar com aquela mulher: é [tem] sempre a mesma conversa ~, a desfiar um rosário de desgraças.

dolerito *s m Miner* (<fr *dolérite* <gr *dolerós*: enganador) Rocha magmática granular de textura ofítica constituída por plagioclase e piroxena podendo também conter anfíbola e olivina/Diábase. **Ex.** O termo ~ também é utilizado para designar rochas basálticas, geralmente filonianas, de textura entre o basalto e o gabro.

dolicocéfalo, a *adj/s* (<gr *dolikhós,é,ón*: longo, comprido + -céfalo-) **1** Diz-se do crânio alongado cujo diâmetro ântero-posterior é muito maior (do) que o transversal. **Comb.** Cabeça ~a. **2** *s* Indivíduo [Raça] que apresenta esse tipo de crânio.

dolina *s f Geol* (<ru *dolina*: planície, vale) Cavidade afunilada que ocorre em rochas calcárias originada pela dissolução do calcário provocada pelo dióxido de carbono da água. **Ex.** Também há ~s provocadas por desmoronamento da rocha.

dólman[mã] *s m* (<turco *dhólama*: capa vermelha usada pelos janízaros) Casaco curto usado pelos oficiais do exército. **Ex.** O oficial de cavalaria fardado no rigor, boné de pala, ~ justo ao corpo, calças e botas de montar, fez o discurso de abertura das comemorações, antes do desfile militar.

dólmen *s m Arqueo* (<bretão *dol*: mesa + *men*: pedra) Construção megalítica formada por uma grande laje assente sobre pedras verticais/Anta. **Ex.** Nos ~s mais evoluídos, à câmara principal seguem-se outras mais pequenas ligadas por corredores também cobertos com pedras.

dolo (Dô) *s m* (<lat *dólus,i*: astúcia, artifício, engano, logro, embuste) **1** Procedimento fraudulento para enganar os outros em proveito próprio/Burla/Fraude. **Ex.** Além de ser contra a verdade, o ~ opõe-se também à justiça se o benefício obtido não for devido. **2** *Dir* Prática consciente, voluntária e intencional de a(c)to ilícito. **Ex.** A gravidade do ~ é maior se este for premeditado. **3** Manobra feita com má-fé para induzir alguém a praticar um a(c)to que lhe é prejudicial. **Ex.** O ~ usa intencionalmente a astúcia para enganar outrem.

dolomite[a] *s f Miner* (<fr *dolomite* <*Déodat Dolomieu*) Mineral constituído por carbonato de cálcio e magnésio que cristaliza no sistema trigonal. **Ex.** A ~ é um dos principais minérios de magnésio.

dolomito *s m Min* (<dolomite + -ito) Rocha sedimentar constituída por mais de 50% de dolomite/a e carbonato de cálcio. **Ex.** Os ~s são mais duros que o calcário e dão fraca efervescência com o ácido clorídrico.

dolorido, a *adj* (<lat *dólor,óris*: dor + -ido) **1** Que tem [sente] dor/Doído/Dorido. **Comb.** Corpo [Mãos] ~o/as [dorido/as(+)]. **2** Lastimoso/Queixoso/Amargurado. **Comb.** Ar ~ [triste(+)/amargurado(o+)]. Canção ~a [lastimosa(+)].

dolorosa (Ósa) *s f Col* (<doloroso) Conta a pagar. **Ex.** O almoço estava excelente; o pior é a ~ [; a ~ vai amargar]!

doloroso, a (Ôso, Ósa, Ósos) *adj* (<lat *dolorósus,a,um*) **1** Que causa dor física. **Comb.** Tratamento ~. **2** Que provoca angústia/tristeza/amargura. **Ex.** A perda do filho foi para eles [os pais] uma experiência muito ~a. **3** Que exprime dor/Lamuriento. **Comb.** Canções [Versos] ~as/os [lamurientas/os(+)].

doloso, a (Ôso, Ósa, Ósos) *adj* (<dolo + -oso) **1** Que procede com dolo/Enganoso/Fraudulento. **Comb.** Comerciantes ~s. **2** Proveniente de dolo. **Comb.** Lucros ~s. **3** Que causa prejuízo a outrem. **Comb.** Omissões ~as.

dom¹ *s m* (<lat *dónum,i*: dom, dádiva, doação) **1** O que se oferece/Dádiva/Doação. **Ex.** O Chefe de Estado presenteou o hóspede com ~ns muito valiosos. **Sin.** Donativo; presente; oferta. **2** Dote [Aptidão] natural/Qualidade/Virtude. **Loc.** O ~ da música [de fazer amigos]. **3** Benefício espiritual/Graça divina. **Ex.** A vida, a fé, a saúde, a paz, ... são ~ns divinos. **4** Capacidade/Propensão/Poder. **Ex.** Piadas despropositadas que têm o ~ [poder/a força] de irritar quem quer [qualquer um] que as oi[ou]ça. **Sin.** Condão; poder.

dom² s m (<lat *dóminus,i*: senhor; dona 1/2) Título honorífico que precede o nome próprio dos reis, dos nobres e de quem exerce certos cargos eclesiásticos. **Ex.** Em Portugal, o título de ~ é usado pelos bispos e por alguns nobres. A abreviatura é *D.*. **Comb.** D. Hélder Câmara. D. Pedro IV, rei de Portugal e Imperador do Brasil.

doma s f (<domar) A(c)to de domar/Domação(+).

domação s f (<domar + -ção) A(c)to de domar/Doma. **Comb.** ~ *dum potro* [cavalo novo]. ~ *dum leão de circo*.

domador, ora adj/s (<domar + -dor) (O) que doma/Domesticador. **Comb.** Os ~es dos animais de circo. Técnicas ~as.

domar v t (<lat *dómo,áre,átum*: domar, sujeitar, amansar, subjugar; ⇒ domesticar) **1** Dominar um animal/Amansar/Domesticar. **Ex.** ~ as feras dum circo é uma tarefa arriscada. **2** fig Submeter à autoridade/Subjugar/Sujeitar. **Ex.** Nas escolas dos bairros periféricos das grandes cidades muitos professores têm dificuldade em ~ [manter em ordem(o+)/dominar(+)] os alunos. **3** fig Dominar os instintos/Refrear as paixões. **Loc.** ~ [Dominar(+)] a ira [os impulsos de violência]. **4** fig Dominar [Controlar] as forças da natureza. **Ex.** As cheias devastadoras do rio só foram domadas [controladas(o+)/dominadas(+)] com a construção duma barragem.

domável adj 2g (<domar + -vel) Que se pode domar. **Comb.** Animais ~eis. **Ant.** In~.

doméstica s f (<doméstico) Mulher que não trabalha fora de casa/Dona de casa. **Ex.** ~ é às vezes, erradamente, designada como profissão.

domesticação s f (<domesticar + -ção) A(c)to de domesticar animais selvagens.

domesticado, a adj (<domesticar + -ado) **1** Habituado a viver com o homem. **Comb.** Um leão ~. **2** Bem comportado/Civilizado. **Ex.** Quando veio da aldeia era uma moça muito rude [brut(inh)a(+)] mas agora já está ~a [civilizada(o+)/educada(+)].

domesticador, ora adj/s (<domesticar + -dor) (O) que domestica. **Comb.** Um ~ de elefantes. Técnicas ~oras.

domesticar v t (<doméstico + -ar¹; ⇒ domar; amansar) **1** Habituar um animal ao convívio humano. **Ex.** Nunca conseguiria viver com uma cobra em casa por muito bem domesticada que ela estivesse. **Loc.** ~ um corvo [leão/jacaré]. **2** Tornar(-se) dócil/sociável/Civilizar(-se)/Educar(-se). **Ex.** A professora domesticou [tornou sociável] uma turma de alunos rebeldes a(c)tuando com brandura e paciência, falando-lhes ao coração.

domesticável adj 2g (<domesticar + -vel) Que se pode domesticar. **Comb.** Animais ~eis.

domesticidade s f (<doméstico + -dade) Qualidade do que é doméstico. **Ex.** Os répteis não revelam grande ~.

doméstico, a adj/s (<lat *domésticus,a,um*: doméstico, de casa) **1** Relativo à casa/à família. **Comb.** *Serviço* ~. *Uso* ~. *Vida* ~*a*. **Sin.** Caseiro; familiar. **2** Diz-se de animal que vive em casa. **Ex.** Cães, gatos, galinhas são animais ~s. **Ant.** Selvagem. **3** (O) que faz o serviço de casa mediante remuneração. **Comb.** Empregado/~o/a. **4** Relativo à vida interna dum país ou que se realiza dentro das suas fronteiras. **Comb.** Conflitos ~os/internos. Voos ~ «entre S. Paulo e Brasília» (Ant. Internacionais). **5** s f ⇒ ~a.

domiciliar v t/adj 2g (<domicílio + -ar¹) **1** Acolher em sua casa/Dar domicílio. **Ex.** Durante a 2.ª Grande Guerra Mundial, muitas famílias portuguesas domiciliaram [acolheram(+)] crianças austríacas em suas casas. **2** ~-se/Fixar residência/Estabelecer o seu domicílio. **Ex.** Já há anos que me domiciliei [fixei] na província [em Lisboa]. **3** Fixar a sede duma empresa/sociedade/serviço público. **Ex.** Domiciliaram o tribunal quase fora da cidade. A empresa domiciliou-se numa cidade do interior para beneficiar da redução de impostos. **4** adj Br ⇒ Relativo ao domicílio/Domiciliário.

domiciliário, a adj (<domicílio + -ário) **1** Relativo ao domicílio. **Comb.** Tarefas ~as. **2** Que é feito no domicílio. **Comb.** Entrega ~a [ao domicílio(+)] «da mercadoria/do correio/de refeições». Médico [Enfermeira] ~o/a.

domicílio s m (<lat *domicílium,ii* <*dómus, us [i]*: habitação, morada, domicílio) **1** Casa de residência habitual/Residência(+)/Morada. **Ex.** Vou mudar de ~ [casa(+)] para ficar mais perto do emprego. **2** Localidade da residência permanente. **Ex.** Estou aqui de passagem; o meu ~ é em Lisboa. **3** Sede duma empresa ou serviço. **Ex.** A Dire(c)ção Geral de Agricultura tem o ~ [a sede(+)] na rua … n.º …

dominação s f (<lat *dominátio,ónis*: domínio, soberania, poder absoluto) **1** A(c)to de dominar/Exercício do domínio/poder/Soberania. **Ex.** Os filhos menores estão sob a ~ [o domínio(+)/a tutela(+)] dos pais. As coló[ô]nias eram territórios sob ~ doutro país. **2** pl Rel Uma das ordens hierárquicas dos anjos. **Ex.** Virtudes, potestades, ~ões são alguns dos coros hierárquicos dos anjos.

dominador, ora adj/s (<dominar + -dor) (O) que domina. **Ex.** Os povos ~es cometem sempre graves atrocidades contra as populações dominadas. **Comb.** Feitio [Cará(c)ter] ~.

dominância s f (<dominar + -ância) **1** Qualidade do que domina/Preponderância/Prepotência. **Ex.** A ~ [O domínio(+)] dos senhores sobre os servos era uma das cara(c)terísticas do feudalismo. **2** Biol Fenó[ô]meno de domínio de um fa(c)tor genético sobre os outros. **Ex.** Na transmissão de pais para filhos da cor dos olhos, há ~ do castanho sobre o azul. **3** Bot Predomínio de uma espécie de plantas «mimosas ou acácias» que crescem juntamente com outras mas com maior abundância. **Ex.** Em algumas serras a ~ é das giestas, noutras (é) das estevas.

dominante adj/s 2g (<dominar + -ante) **1** (O) que domina/Preponderante/Predominante. **Ex.** O catolicismo é a religião ~ da [na] Europa. **Comb.** *Cor* ~. «futebol» *Desporto* [Esporte] ~. *Língua* ~. *Ventos* ~*s*. **2** Biol Gene cuja a(c)ção se sobrepõe aos outros. **Ex.** O cará(c)ter ~ sobrepõe-se ao [oculta o] recessivo. **3** Mús A nota que ocupa o 5.º grau da escala diató[ô]nica. **Ex.** A ~ é o grau mais importante da escala tonal.

dominar v t/int (<lat *dominaáre* <*dóminor, áris,ári,átus sum*: ser senhor, dóminar, mandar) **1** Exercer domínio/Ter grande ascendência. **Ex.** A nossa sele(c)ção de futebol dominou sempre [durante os noventa minutos do desafio]. Era uma jovem bem aceite nos grupos, dominava o grupo. **2** Exercer a soberania/Governar/Reinar. **Ex.** Os portugueses dominaram, durante séculos, várias possessões na América, na Ásia e na África. **3** Obrigar alguém a obedecer-lhe/Controlar pela força. **Loc.** ~ os assaltantes [a rebelião]. **4** Vencer [Controlar] as forças naturais/as catástrofes. **Loc.** ~ [Controlar] *as cheias*/inundações. ~ [Apagar/Circunscrever] *um incêndio*. **5** Reprimir a exteriorização de sentimentos/Refrear paixões. **Loc.** ~ [Conter(+)] *as lágrimas*. ~ *a cólera*. **6** Ter conhecimentos profundos de algum assunto. **Loc.** ~ a arte da encadernação (de livros). ~ (bem) o português [a língua portuguesa]. **7** Ocupar uma [Situar-se numa] posição sobranceira/Elevar-se acima de. **Ex.** O *Corcovado* domina a cidade do Rio de Janeiro. **8** ~-se/Vencer-se/Conter-se/Refrear-se. **Ex.** Não devia ter dito aquelas palavras, mas não consegui ~-me [conter-me/refrear-me/ter mão na língua].

domingo s m (<lat (*dies*) *domínicus,a,um*: (dia) do Senhor) O dia do Senhor/Dia festivo dos cristãos em que se faz memória do mistério pascal e se celebra a ressurreição de Jesus Cristo. **Ex.** «nós/na nossa firma» Não trabalhamos aos ~s. **Comb.** ~ de Páscoa [da Ressurreição].

domingueiro, a adj (<domingo + -eiro) **1** Que é próprio do domingo/Usado aos domingos. **Ex.** Hoje parece dia de festa, temos um almoço ~! **Comb.** Fato ~. **2** fig Festivo/Alegre/Vistoso. **Comb.** *Ar* ~. *Traje* ~ [para ir à missa].

Domi[í]nica s f Geog Ilha independente em 1978. **Ex.** A capital de ~ é Roseau e os seus habitantes são dominiqueses[quenses]. ⇒ República Dominicana; dominicano **2**.

dominical adj 2g (<lat *dominicális,e*: do senhor, do domingo) **1** Relativo ao domingo. **Comb.** *Descanso* ~. *Missa* [Celebração] ~. **2** Relativo a Deus/ao Senhor. **Comb.** Oração ~ [do Senhor/O pai-nosso(+)].

dominicano, a adj/s (<lat (*Sanctus*) *Domínicus*: Domingos de Gusmão (1170 – 1221) + -ano) **1** Relativo [Pertencente] à Ordem de S. Domingos. **Comb.** Frade [Freira] ~o/a. «Catarina de Sena» Santa ~a. **2** Relativo à [Habitante da] República Dominicana. ⇒ Domi[í]nica.

domínio s m (<lat *domínium,ii*: domínio, propriedade, senhorio <*dóminus,i*: proprietário, senhor <*domus,us [i]*: casa) **1** Direito de propriedade. **Ex.** O ~ sobre a casa que comprei só se tornará efe(c)tivo após a realização da [depois de fazer a] escritura de compra e venda. **Idi.** *Ser do* ~ *público* [Ser do conhecimento geral/de toda a gente]. **Comb.** ~ público [Poder exercido pelo Estado sobre determinados bens de interesse cole(c)tivo]. **2** Poder de dirigir/governar/Autoridade. **Ex.** Terminadas as aulas, os alunos já não estão sob o ~ da escola. **3** Território [Espaço] pertencente a determinado Estado/Possessão/Colónia. **Comb.** ~ aéreo [terrestre]. Os antigos ~s [territórios] portugueses. **4** Capacidade de controlar forças adversas. **Comb.** *O* ~ *do fogo*. *O* ~ *duma máquina*. **5** Controle de sentimentos e paixões. **Loc.** Estar sob o ~ do álcool. **Comb.** O ~ de si próprio. **6** Conhecimento profundo de determinada matéria/Perícia. **Ex.** Ainda não tenho ~ suficiente do inglês. **Comb.** ~ das teclas do piano. ~ do computador. **7** Área de estudo/conhecimento/Âmbito/Pertença. **Ex.** Era um perito na [no ~ da] arte barroca. **Comb.** ~ [Âmbito/Ramo/Campo] da filosofia/literatura. **9** Esfera de a(c)ção/Âmbito de intervenção/Competência/Atribuição. **Ex.** A política de vendas da empresa é do ~ [da competência/do âmbito de intervenção] da Dire(c)ção Comercial e os problemas laborais são do ~ dos Recursos Humanos. **10** Mat Conjunto de valores que, numa função, a variável independente pode tomar. **Comb.** ~ limitado. ~ real [complexo].

dominó (Dó) *s m* (<fr <lat *benedicámus dómino*: vestimenta negra com capuz) **1** Túnica comprida com capuz, de origem monástica, usada como traje carnavalesco. **2** Jogo com 28 peças re(c)tangulares, com uma das faces dividida em duas partes iguais nas quais estão gravadas pintas correspondentes a todas as combinações desde zero-zero até seis-seis. **Ex.** O ~ é um jogo de salão, provavelmente de origem chinesa.

dom-joão *s m* (<esp *Don Juan*, personagem criada pelo dramaturgo Tirso de Molina) Homem sedutor/Conquistador de mulheres.

domo (Dô) *s m* (<it *duomo*: catedral <lat *domus episcopi*: casa do bispo) **1** *Arquit* Parte superior exterior da cúpula dum edifício/Zimbório(+). **Ex.** O ~ duma basílica [mesquita]. **2** *Geol* Massa rochosa de forma arredondada, não muito grande, de origem eruptiva ou salina. **Ex.** Os ~s salinos são constituídos por massas de sal-gema. **3** *Geol* Dobra cujo comprimento e largura são quase iguais. **Sin.** Abóbada; braquianticlinal; cúpula.

domótica *s f* (<fr *domotique* <lat *domus*: casa) Conjunto de técnicas que permitem um controle centralizado do equipamento duma habitação e do ambiente doméstico. **Ex.** A ~ é uma ciência [arte/técnica] moderna que visa assegurar o máximo conforto doméstico com o mínimo de dispêndio de energia.

(dom-)quixote *s m* (<esp *Don Quixote*) Indivíduo aventureiro/ingé[ê]nuo/idealista que luta em vão pela justiça. ⇒ quixotesco; quixotismo.

dona (Dô) *s f* (<lat *domina*; ⇒ dom; dono) **1** Título honorífico que precede o nome de rainhas «D. Maria II (Segunda)» e senhoras nobres. **Ex.** A rainha de Portugal, Dona [D.] Leonor, foi a fundadora das *Misericórdias*. **2** Forma de tratamento cerimonioso [respeitoso] que precede o nome de senhoras (casadas). **Ex.** A D. Isabel é uma amiga a quem muito devo. **Comb.** ~ de casa [Mulher que não tendo outra profissão se ocupa dos trabalhos domésticos e da gestão familiar]. **3** Proprietária/Governanta. **Ex.** A ~ desta casa está ausente.

donaire *s m* (<lat *donárium,ii*: donativo) **1** Garbo/Distinção/Galhardia/Elegância. **Ex.** O ~ [A galhardia/A elegância] dos cavaleiros, no desfile de apresentação, foi o primeiro sinal do brilhantismo da festa taurina [da corrida de touros]. **Loc.** Cumprimentar as senhoras com ~. **2** Dito [Gracejo] espirituoso. **Sin.** Chiste; graça.

donairear *v int* (<donaire + -ar¹) Mostrar [Apresentar-se com] donaire.

donairoso, a (Ôso, Ósa/os) *adj* (<donaire + -oso) Que tem donaire/Garboso(+). **Comb.** Cavalheiro ~. Atitude [Gesto] ~a/o.

donataria *s f Hist Dir* (<donatário) Território concedido pelo rei português D. João III (Terceiro) a particulares, os donatários, para ser por eles povoado, explorado e administrado/Capitania hereditária(+) do *Br*. **Ex.** As ~s tiveram enorme importância na fixação de populações nas terras descobertas pelos portugueses.

donatário, a *s* (<lat *donatárius,ii*: aquele a quem se dá alguma coisa) **1** Aquele que recebe uma dádiva/a quem se fez uma doação. **Ex.** Como não tinha filhos, a afilhada foi a ~a de todos os seus bens. **2** *Hist* Pessoa que na época dos descobrimentos recebia uma donataria para povoar e explorar.

donatismo *s m Hist Rel* (<antr Donato, bispo de Cartago) Heresia que surgiu no norte de África, no séc. IV, cara(c)terizada pelo erro teológico fundamental de que a eficácia dos sacramentos dependia da dignidade dos ministros.

donatista *adj/s 2g Hist* (<Donato + -ista) (O) que seguia o [Relativo ao] donatismo. **Comb.** Movimento ~. Os ~s de Cartago.

donativo *s m* (<lat *donatívum,i*) Dádiva/Oferta/Presente/Esmola. **Ex.** A seguir a uma grande catástrofe surgem, geralmente, campanhas para angariar ~s para socorrer as vítimas. O pintor fez o ~ [a oferta(+)] de dois dos seus melhores quadros à biblioteca municipal. **Comb.** Recolha de ~s «para os bombeiros/para as obras do infantário». ⇒ doação 2.

donde *adv* (<de + onde) **1** De que «lugar». **Ex.** Conheço-te, mas não sei ~ [de que lugar]. ~ vens? – Venho da ginástica. ~ virá o [Por que (razão)] haverá] terrorismo? Tu és ~ [Onde (é que) nasceste]? **2** Do que se conclui/Daí. **Ex.** Passou o ano a brincar; ~ [daí] a reprovação no exame.

dondo, a *adj/s* (<quimbundo *ndondo*) (Da) tribo banta do Noroeste de Angola.

doninha (Dó) *s f Zool* (<dona + -inha) Mamífero carnívoro, da família dos mustelídeos, de corpo esguio, cauda curta e focinho afiado. **Ex.** A ~ ataca as capoeiras «das galinhas» de noite.

dono, a (Dô) *s* (<lat *dóminus, i*; ⇒ senhor) **1** Pessoa que tem a posse/Proprietário/Possuidor. **Ex.** Este terreno não tem ~; é do povo, é maninho, baldio. Sou ~ de [Tenho] três casas. **Idi.** Pôr (algo) com ~ [Desfazer-se (de algo)]. *iron* Ser ~ da verdade [Julgar que tem sempre razão]. Ser ~ de meio mundo [Possuir muitas propriedades/muitos bens]. *iron* Ser [Parecer] ~ do mundo [Ter o rei na barriga/Julgar-se superior aos outros]. Ser ~ [(todo) senhor(+)] do seu nariz [Ser altivo/arrogante]. **2** O que exerce o poder absoluto/O que tem o controle/Senhor. **Ex.** Ele não era ~ das [não tinha controle sobre as] suas emoções. **Comb.** ~ [Senhor(+)] da situação [O que está calmo/seguro]. **3** O que exerce a liderança/Chefe/Patrão. **Comb.** ~ [Patrão] da equipa/e. ⇒ dona 2.

donoso, a (Ôso, Ósa/os) (<dono + -oso) ⇒ donairoso.

donzel (Zél) *s/adj m* (<lat *dominicéllus,i* <dim de *dóminus*: senhor) **1** *Hist* Jovem fidalgo, antes de ascender a escudeiro, que servia no paço dos reis ou dos grandes senhores da nobreza. **Ex.** Os ~éis viviam na corte muitas vezes à custa do monarca porque eram filhos de fidalgos com poucas posses. **2** *adj* ⇒ Ingé[ê]nuo/Simples/Puro/Virginal.

donzela (Zé) *s/adj f* (f de donzel) **1** *Hist* Dama da corte antes de casar. **Ex.** As infantas [filhas do rei] eram acompanhadas na corte por algumas ~s. ⇒ aia. **2** Moça/Jovem.

donzelinha *s f Zool* (<donzela + -inha) ⇒ libelinha; libélula.

dopado, a *adj* (<dopar) Que está sob o efeito duma substância estimulante ou estupefaciente/Sob efeito de *doping*/Drogado. **Comb. (D)esportista ~. Doente ~.**

dopagem [ing *doping*] *s f* (<dopar + -agem) **1** Ingestão de substâncias que provocam alterações no sistema nervoso. **Comb.** ~ de cavalos [ciclistas/(d)esportistas]. ⇒ controle *antidoping*. **2** *Fís* Introdução de átomos estranhos [de impurezas] numa rede cristalina dum semicondutor «silício» de modo a modificar as suas propriedades elé(c)tricas.

dopamina *s f Fisiol* (<dopar + amina) Mediador químico presente nas cápsulas suprarrenais, indispensável para a a(c)tividade normal do cérebro e cuja ausência provoca a doença de Parkinson. ⇒ noradrenalina.

dopante *adj/s 2g* (<dopar + -ante) **1** Estimulante/Narcótico. **2** *Fís* Impureza que altera as propriedades da substância pura. **Ex.** O boro e o fósforo são os ~s mais frequentes do (semicondutor) silício.

dopar *v t* (<ing *to dope* <*dope*: líquido estupefaciente ou excitante) **1** Ministrar [Dar] a pessoas ou a animais substâncias estimulantes/excitantes para obter melhores resultados (em provas (d)esportivas). **Ex.** O atleta foi desclassificado por estar dopado. **2** Ministrar [Tomar] tranquilizantes/narcóticos para atenuar a dor/Drogar. **Loc.** ~-se [Drogar-se(+)/Intoxicar-se(o+)] «com calmantes».

dor *s f* (<lat *dólor,óris*; ⇒ dó¹) **1** Sensação física desagradável/Sofrimento. **Ex.** Ao levantar-me, bati com a cabeça na janela, senti uma ~ horrível [muito forte/intensa]; quase (que) desmaiei. As ~es de dentes e de ouvidos são insuportáveis! **Loc.** Tomar as [Tomar-se de] ~es por alguém [Defender alguém que foi ofendido]. **Comb.** Br ~ cansada [que nem é forte nem aguda/~ surda]. *idi* ~ de alma [Sentimento de pesar perante o infortúnio, o desperdício ou algo que está mal]. ~(es) de barriga [cólica(s) abdominal(ais)]. ~ de cabeça **a)** Sensação dolorosa na cabeça; **b)** *idi* Preocupação (Ex. Este problema está a dar-me muita(s) dor(es) de cabeça). *idi* ~ de cotovelo [Inveja/Ciúme]. ~ reflexa [que se manifesta num local diferente daquele em que se situa a causa que a provoca]. ~es de parto [que acompanham as contra(c)ções uterinas antes e durante o parto]. **2** Sofrimento moral, psicológico ou emocional/Mágoa/Pena/Dó/Desgosto. **Ex.** Ainda há pouco tempo tinha perdido o marido; agora morreu-lhe um filho. Não posso imaginar [Quão grande será] a ~ daquela mãe! A ingratidão dos meus filhos causa-me uma grande ~ [mágoa(+)]. **3** Arrependimento/Pesar. **Loc.** Sentir ~ [arrependimento/pesar] pelos erros/pecados cometidos. ⇒ remorso.

-dor, ra *suf* (<lat *-tor* «navigator») Exprime a noção de agente, por ex.: acusador, navegador.

doravante (Dó) *adv* (<de + (ag)ora + avante) De hoje [Daqui] em diante(o+)/Daqui para o futuro(+). **Ex.** ~ não voltas a sair à noite, porque hoje chegaste tarde. Se ~ estudares um pouco mais, terás melhores notas.

dóri *sm Náut* (<ing *dory*) Pequeno barco a remos utilizado (antigamente) por cada um dos pescadores de bacalhau. **Ex.** Os pescadores saíam de manhã do grande navio pesqueiro nos ~s, e só regressavam à noite.

dóri(c)o, a *adj/s Hist* (<lat *dóricus, a, um* <gr *dorikós,e,on*) **1** Relativo aos Dóri(c)os. **Ex.** Esparta era a capital do mundo ~ (e Atenas do jó[ô](n)ico). **2** *Gram* Diale(c)to falado pelos Dóri(c)os. **3** *Arquit* A primeira das três ordens da arquite(c)tura grega cara(c)terizada pela sua sobriedade. **Ex.** O Templo de Apolo em Corinto e o Parténon de Atenas são os monumentos ~s mais célebres.

dorido, a *adj/s* (<dor + -ido) **1** Que tem [sofre de] dor física. **Ex.** Dei uma queda, estou muito [tenho o corpo todo] ~. **2** Que sofre moral, psicológica ou emocionalmente/Consternado/Pesaroso/Sentido. **Ex.** Estava ~o/a [sentido/a/(o+)/pesaroso/a(+)] com

a ingratidão do filho. **3** *s* Pessoa a quem morreu um familiar.

dormência *s f* (<dormir + -ência) **1** Sonolência/Entorpecimento/Modorra. **Ex.** As pessoas idosas, quando não têm nada que as distraia, passam horas de longa ~. **2** Estado de insensibilidade de alguma parte do corpo/*col* Formigueiro. **Comb.** ~ da perna [dos pés]. **3** *fig* Falta de a(c)ção/Inércia para tomar uma atitude/Abulia. **Comb.** A ~ da nação perante a crise econó[ô]mica. **4** *fig Poe* Estado de quietude/Repouso(+) total. **Comb.** A ~ das águas do lago.

dormente *adj 2g/s m* (<lat *dórm(i)ens, (i)éntis* <*dórmire*) **1** (O) que está a dormir/entregue ao sono/adormecido. **Ex.** Chamei-o mas não deu por nada [não ouviu]; ainda estava ~ [a dormir(o+)/adormecido(+)]. **2** Amodorrado/Entorpecido. **Ex.** Entrou na sala com ar ~, parecia um autó[ô]mato [sonâmbulo]. **3** Temporariamente sem sensibilidade/Com formigueiros. **Comb.** Pés ~s. **4** *fig Poe* Calmo/Imóvel/Quieto. **Comb.** Águas ~s do lago. **Sin.** Parado; sereno; tranquilo. **Ant.** Agitado. **5** *s m* Em carpintaria e serralharia, peça fixa onde assenta outra móvel. **6** Trave [Barrote] onde se pregam as tábuas do soalho. **7** Travessa do caminho de ferro [via-férrea/ferrovia] onde assentam os carris. **8** *Náut* Viga estruturante de madeira [metal] dos navios ou das pequenas embarcações de madeira, que vai da proa à popa.

dormida *s f* (<dormido) **1** Estado de quem dorme/Sono(+). **Ex.** Cansado, sentou-se no sofá e caiu numa ~ reparadora. **2** Tempo que se dorme/Período do sono. **Ex.** Esta criança não descansa o suficiente; não faz [tem] ~s de mais de três horas, leva [passa] a noite a acordar. **3** Alojamento para pernoitar/Hospedagem. **Ex.** A diária neste hotel (só) inclui ~ e pequeno-almoço.

dormideira *s f* (<dormir + -deira) **1** *Bot* Planta herbácea da família das papaveráceas da qual se extrai o ópio. **Ex.** A ~ brava [silvestre/selvagem] é uma planta espontânea em Portugal. **2** ⇒ dormência 1. **3** «leite quente» Bebida que provoca sonolência/Calmante. **Ex.** Quando tomava a ~ antes de se deitar, dormia como os anj(inh)os [profundamente]. **4** *Br Bot* Designação comum de várias plantas leguminosas. **Ex.** Algumas ~s são cultivadas como plantas ornamentais. **5** *Br Zool* Designação de vários répteis ofídios «cobras» pequenos/Dorme-dorme/Dorminhoca.

dormido, a *adj* (<dormir) **1** Que dormiu/descansou. **Comb.** Uma noite bem ~a. **2** Que está dormente/Adormecido/Entorpecido. **Ex.** Sinto a perna ~a [dormente(+)/adormecida(o+)/sem sensibilidade (nenhuma)].

dorminhoco, a (Ôco(s), Óca(s)) *adj/s* (<dormir + -oco) (O) que dorme muito. **Ex.** É quase meio-dia e só agora (é que) te levantas, meu grande ~!

dormir *v t/int/s m* (<lat *dórmio,íre,ítum*: dormir, estar morto, estar sem fazer nada) **1** Estar em estado de sono/em repouso absoluto/Estar adormecido. **Ex.** As crianças já estão a ~. Levantei-me com uma grande dor de cabeça; não consegui ~ [*idi* pregar olho] em toda a noite. Não ouviste o barulho de noite? – Não, estava a ~ profundamente. **Loc.** *idi* ~ *acordado*/*na forma* [Estar absorto/ausente/distraído]. *idi* ~ *à sombra da bananeira*/~ *sobre os louros* [Fiar-se nos êxitos passados]. ~ *a sono solto*/*idi* ~ *como uma pedra* [profundamente]. *idi* ~ [Ir para a cama] *com as galinhas* [Deitar-se muito cedo]. *idi* ~ *com um olho aberto e outro fechado* [Fingir que dorme]. *idi* ~ *em pé* [Estar com sono]. ~ *fora* [Passar a noite fora de casa/Pernoitar «no hotel»]. ~ *o sono dos justos* [~ como um justo/~ tranquilamente]. ~ *o sono eterno*/o último sono [Estar morto/Morrer]. *idi* ~ *sobre o assunto*/Consultar com o travesseiro [Pensar bem antes de decidir/Refle(c)tir]. *idi* ~ *sobre os louros* [Contentar-se com êxitos passados e preguiçar]. **Andar** [Estar] *a* ~ [Fazer mal/Distrair-se] (Ex.«deixou o trabalho mal feito»/ Tu andas a ~ ou quê?). **Deixar-se** ~ [~ sem querer/sem pensar] (Ex. Peço desculpa, deixei-me ~). «discurso longo» **Fazer** ~ [Dar sono]. **Comb.** *Camisa de* ~ [*Br* Camisola]. *Saco de* ~ [Saco-cama]. **2** Descansar/Repousar/Dormitar. **Ex.** Vinha tão cansado, sentei-me no sofá e dormi [dormitei(o+)/descansei(+)] um pouco; fiquei (logo) melhor. **Idi.** *Passar pelas brasas* [Fazer (uma) sesta(zita)/Dormir]. **3** Permanecer sem alteração/Não mudar. **Ex.** Nunca te vejo estudar. Os livros dormem [estão poi[ou]sados no mesmo lugar] em cima da secretária há vários dias. **4** Estar parado/Não ter seguimento. **Ex.** Os processos dormem nos [arrastam-se pelos(+)] tribunais meses sem fim [uma eternidade/tempos infinitos]. **5** *fig Poe* Estar calmo/sereno. **Ex.** Era uma tarde tranquila de outono, tudo estava imóvel, silencioso; a natureza dormia. **6** Agir sem presteza/Descuidar-se. **Ex.** Uns trabalham, outros dormem [morre-lhes o trabalho nas mãos/não despacham o serviço]. **7** Estar latente/entorpecido. **Ex.** A paixão pela Ana ainda lhe dorme na alma. **8** *s m* Estado de quem dorme/Sono. **Ex.** É uma criança com um ~ muito agitado.

dormitar *v int* (<lat *dormíto,áre*; ⇒ dormir) **1** Estar em situação de sonolência lutando para vencer o sono/Cabecear. **Ex.** Depois do jantar, o avô não resistia: sentado à lareira, dormitava [cabeceava] alheado das nossas conversas. **Sin.** *Br* Cochilar. **2** Dormir com sono leve/Passar pelo sono [pelas brasas]/Estar meio adormecido. **Ex.** Durante o discurso fui dormitando; ouvia tudo sem perceber [apreender] nada. **3** *fig* Ficar sereno/calmo/Repousar. **Ex.** Depois da descida escarpada da serra o rio dormitava na planície.

dormitivo, a (<lat *dormitívus,a,um*) «medicamento» Que provoca o sono/Soporífero(+).

dormitório *s m* (<lat *dormitórium,ii*) **1** Sala [Parte da casa] onde dormem muitas pessoas/Camarata. **Ex.** O albergue tinha três ~s. **2** *fig* Zona residencial onde quase só se vai para dormir. **Comb.** Os ~s (nos subúrbios) das grandes cidades. **3** *Br* Quarto de dormir. **4** *Br* Mobília própria de quarto de dormir. **5** *Br* Local onde dormem os animais/Curral/«aves»Poiso/Poleiro.

dorna *s f* (< ? ⇒ pipa, tonel, barril) **1** Vasilha aberta, formada por aduelas, mais larga na boca do que no fundo, que serve para transportar as uvas da vinha para o lagar ou onde se pisam as uvas e se faz a fermentação do mosto. **2** *fig pop* Pessoa que bebe muito/que está sempre a beber. **Ex.** Aquela ~ [Aquele bêbedo] andava sempre a cair; ao fim do dia já tinha embocado [bebido] mais de cinco litros de vinho. **3** *fig pop* Mulher gorda e baixa/Baleia.

dornacho *s m* (<dorna + -acho) Dorna pequena. ⇒ tina.

doroteia *s f* (< S. Doroteia *antr*) Religiosa da Congregação das Irmãs de Santa Doroteia fundada por S. Paula Frassinetti. **Comb.** Colégio das ~s.

dorsal *adj 2g/s f* (<dorso + -al) **1** *Anat* Relativo ao dorso. **Comb.** *Barbatana* [Nadadeira] ~ (dos peixes). *Espinha* ~. *Região* ~. **Ant.** Ventral. **2** *Anat* Que se refere à parte superior ou posterior de qualquer órgão do corpo. **Comb.** Face ~ [Lado de cima(+)] da língua. **3** *Bot* Face [Página/Lado] inferior da folhas das plantas onde as nervuras são mais salientes. **4** *s f Geol* Cordilheira submarina que se estende longitudinalmente nos grandes oceanos e cujos picos emergem como ilhas vulcânicas. **Comb.** ~ (oceânica).

dorsalgia *s f* (<dorso + -algia) Dor no dorso/nas costas(+).

dorso (Dôr) *s m* (<lat *dórsum,i*: costas (das pessoas ou dos animais), cabeço, pico) **1** *Anat* Parte posterior do corpo humano desde a última vértebra cervical até à última lombar/Costas(+). **Ex.** O ~ abrange as regiões dorsal e lombar. **2** *Zool* Parte superior ou posterior de muitos animais/Lombo(+). **Comb.** ~ do cavalo [da baleia/do ganso]. **3** *Anat* Parte superior ou posterior duma parte do corpo humano. **Comb.** ~ [Costas(+)] da mão (Ant. Palma). **4** *fig* Parte superior ou posterior de qualquer coisa que se assemelhe ao dorso dum animal. **Comb.** O ~ [A lombada(+)] da colina/serra. O ~ [A crista(+)] da(s) onda(s). O ~ [A lombada(+)] dum livro.

dosagem *s f* (<dosar + -agem; ⇒ dose) **1** A(c)ção de dosar/Doseamento. **Loc.** Indicar [Prescrever(+)] a ~ dum medicamento. **2** *Quím* Determinação do peso/volume dos constituintes duma mistura/combinação. **Comb.** ~ do ferro «na água potável». **3** *fig* Ponderação das palavras [atitudes] para controlar os seus efeitos.

dosar *v t* (<dose + -ar[1]) **1** Estabelecer a dose [quantidade] «do medicamento». **Ex.** O médico dosou[receitou(+)/prescreveu(o+)]-lhe (apenas) um comprimido antes de deitar. **Loc.** ~ umas gotas de licor «na massa do bolo». **2** Combinar nas devidas proporções. **Ex.** Dosou cuidadosamente todos os reagentes para a experiência laboratorial. *fig* O professor, no trato com os alunos, sabe ~ [dosear] o rigor e a compreensão. **3** Determinar as quantidades [proporções] dos componentes duma substância. **Loc.** ~ o álcool e o ácido acético do vinho.

dose *s f* (<gr *dósis,eos*: o que se dá, porção) **1** Quantidade fixa de cada componente duma substância «química/farmacêutica». **Ex.** Este medicamento tem uma ~ de bismuto muito elevada. Se quiser(es) um bolo maior, dobra(s) [duplica(s)] as ~s. **2** Quantidade determinada ou indeterminada de qualquer coisa. **Ex.** Neste restaurante uma ~ [porção de comida] chega [dá] para duas pessoas. Para te aturar é preciso muita [uma boa ~ de] paciência. O rio está contaminado com ~s enormes de pesticidas. **Loc.** *Br fam pop* Ser ~ para elefante/leão [Ser muito duro/árduo/grande «o bife»/Ser excessivo]. **Comb.** ~ *de cachaça*. ~ *de cavalo* [excessiva]. ~ *diária*. ~s *maciças/industriais* [Grande(s) quantidade(s)]. *Meia* ~. **3** *Med* Quantidade de medicamento que se deve tomar de cada vez. **Ex.** A ~ prescrita foi de uma colher de chá duas vezes ao dia. Esta vacina é ministrada [dada] em três ~s (Por três vezes). **4** *Fís* Quantidade unitária de energia absorvida por um corpo exposto a um feixe de radiações. **Ex.** O tratamento de radioterapia começou com uma ~ muito fraca.

doseador, ora *adj/s* (<dosear + -dor) (O) que serve para dosear. **Ex.** As portagens à entrada das cidades têm um efeito ~ [re-

gulador(+)] sobre o tráfego urbano. **Comb.** ~ volumétrico [gravimétrico/do peso].

doseamento s m (<dosear + -mento) Operação para determinar a quantidade ou a concentração de qualquer constituinte duma substância/Dosagem **2. Comb.** ~ espe(c)trofotométrico [ele(c)troquímico].

dosear v t (<dose + -ar¹) ⇒ dosar.

dosificar v t (<dose + -ficar) Dividir/Repartir/Separar em doses. ⇒ dos(e)ar.

dosimetria s f (<dose + -metria) **1** *Quím* Técnica de determinação das doses que entram na composição duma substância. **Ex.** A ~ desempenha um papel de grande importância na preparação de medicamentos. **2** *Fís* Determinação da dose de radiações absorvida por [fornecida a] um sistema/uma matéria.

dosimétrico, a adj (<dosimetria + -ico) Referente à dosimetria. **Comb.** Métodos ~s.

dosímetro s m Med Fís (<dose + -metro) Instrumento utilizado para medir a dose de radiação recebida «durante um tratamento/por um operador de raios X».

dossel (Ssél) s m (<catalão *dosser* <lat *dorsum*; ⇒ dorso) **1** Armação de madeira forrada de damasco, seda ou outro tecido que se coloca sobre altares, tronos, púlpitos, .../Sobrecéu/Baldaquino. **2** *fig* Cobertura/Capa. **Comb.** Cama com ~ de tecido fino. **3** *fig* Cobertura contínua formada pelas copas das árvores que se tocam. **Ex.** Nas tardes quentes de verão, deliciava-se a passear sob o ~ das tílias frondosas que ladeavam a alameda que conduzia ao rio.

dossiê [*dossier*] s m (<fr *dossier*: encosto <lat *dorsum*; ⇒ dorso, lombada «de livro») **1** Conjunto de documentos que dizem respeito a um assunto determinado/Processo. **Ex.** O ~ da reforma administrativa foi distribuído aos parlamentares. **2** Arquivo [Pasta] onde se guardam documentos relativos a um mesmo assunto. **Ex.** Os estudantes preferem os ~s de argolas [as pastas] aos cadernos.

dotação s f (<dotar + -ção) **1** Renda vitalícia atribuída a alguém/Rendimento permanente para manutenção duma instituição. **Ex.** A quinta (dele) foi herdada pelos filhos; mas o rendimento foi deixado em ~ à tia que o criou. O pagamento do vencimento dos funcionários «do Lar de Idosos» é garantido por uma ~ do seu fundador. **2** Verba destinada a cobrir determinada despesa. **Ex.** No orçamento deste ano, não há ~ para conclusão das obras do hospital. **Comb.** ~ **orçamental** [Verba inscrita no orçamento do Estado para determinado fim]. **3** *Mil* Quantidade de mantimentos, munições e outro material atribuída a uma unidade militar para determinada operação ou campanha.

dotado, a adj (<dotar) **1** Que possui [recebeu] dote(s). **Ex.** A filha já é ~a; o casamento deve estar para breve [deve ser brevemente]. **2** Que possui qualidades invulgares/talentos/Prendado. **Ex.** Ele é muito ~ para a música. **Comb.** ~ de grande inteligência. **3** *fig* Constituído por/Composto/Equipado. **Comb.** Automóvel ~ [equipado(+)] com extras «ar condicionado/sistema ABS».

dotal adj 2g (<dote + -al) Referente [Pertencente] ao dote. **Comb.** Bens ~ais. Regime ~ do casamento.

dotar v t (<lat *dóto,áre* <*dos,dótis*: dote) **1** Dar dote a. **Ex.** Dotou cada uma das filhas com uma quinta. **2** Atribuir algum dom/Favorecer/Beneficiar/Prendar. **Ex.** Fez um grande esforço para conseguir ~ os filhos com um curso superior. A natureza dotou o nosso país «Moçambique» com magníficas praias. **3** Atribuir uma dotação. **Ex.** O benemérito fundador dotou o hospital com avultada verba para formação do corpo clínico. **4** Prover/Munir/Apetrechar. **Ex.** A escola foi dotada com os meios informáticos mais modernos. Tem uma habitação dotada de [equipada com(+)] todos os requisitos modernos de conforto e segurança.

dote (Dó) s m (<lat *dós,dótis*: dote, o que a noiva [o noivo] traz quando casa, vantagem, qualidade, ornamento, merecimento) **1** Bens que a pessoa recebe [leva] quando se casa. **Ex.** A(c)tualmente só as famílias muito ricas dão ~s aos noivos. **Idi.** *Br* **Vender por um ~** [por alto preço]. **2** Bens que, antigamente, as freiras levavam ao [recebiam para poder] entrar no convento. **3** *fig* Qualidade natural/Dom/Talento/Prenda. **Comb.** ~s artísticos/musicais. ~s de beleza/simpatia.

doudaria/doudejante/doudejar/doudice/doudivanas/doudo ⇒ doidaria/...

dourada s f (<dourado) **1** *Icti* Nome vulgar de peixes teleósteos da família dos carangídeos «palmeta» e da família dos esparídeos «bica, breca, douradinha, sapata». **2** *Ornit* Ave pernalta da família dos caradriídeos «douradinha/tarambola/tordeia-do-mar».

douradinha s f (<dourada + -inha) **1** Um jogo de cartas. **Ex.** No jogo da ~, a ~ é a dama de ouros. **2** *Icti* ⇒ dourada 1. **3** *Ornit* ⇒ dourada 2.

dourado, a adj/s (<dourar + -ado) **1** Coberto com uma camada de ouro. **Comb.** Talha ~a «dos altares». **2** Da cor do ouro. **Comb.** Bolas ~as dos enfeites da árvore de Natal. **3** O revestimento de ouro que cobre alguma coisa/A cor do ouro. **Ex.** O restauro da talha é muito caro porque é preciso refazer o ~ [recobrir a talha a ouro]. Os ~s dão muita graça ao teu vestido.

dourador, ora s/adj (<dourar + -dor) (O) que doura. **Comb.** Rua dos ~es «em Lisboa». Pigmento [Tinta] ~/ora/para dourar.

douradura s f (<dourado + -ura) **1** Camada de ouro que reveste um obje(c)to. **Comb.** ~ estragada. **2** Arte de dourar/Douramento. **Comb.** Aprendiz de ~.

douramento s m (<dourar + -mento) Operação de dourar/Douradura **2. Comb.** ~ dos altares.

dourar v t (<lat *deáuro,áre,átum*) **1** Revestir [Cobrir] com uma camada de ouro. **Loc.** ~ a talha dos altares. **2** Dar a cor do ouro. **Loc.** ~ [Representar com a cor dourada] os raios do sol na tela/pintura. **3** *fig* Tornar mais suave/Disfarçar aspe(c)tos negativos. **Ex.** Ao comunicar-lhe que não tinha sido admitido, foi dourando a notícia dizendo que no próximo concurso a entrada [admissão] era quase certa. **Idi.** ~ **a pílula** [Revestir com boa aparência o que é desagradável] (Ex. Se o filho estudasse, o pai prometeu-lhe um carro; mas aquilo foi só para (lhe) ~ a pílula). **4** *fig* Fazer sobressair/Abrilhantar/Honrar. **Ex.** Dourou a sua vida com a humilde dedicação aos mais pobres. **5** *fig* Tornar(-se) resplandecente/Fazer brilhar. **Ex.** Os raios de sol douravam as águas tranquilas do lago. **6** *fig Cul* Assar [Fritar] até que tome a cor dourada/Alourar. **Loc.** ~ [Alourar(+)] o frango.

-dou[oi]ro, a suf (<lat *-órius[tórius/turus]*, *a,um* «laudatórius/nascitúrus») Exprime as noções de: **a)** Aptidão, ser susce(p)tível, por ex. *Casadouro*; *duradouro*; **b)** Local, por ex. *Bebedouro*; *embarcadouro*; *lavadouro*; **c)** Agente, instrumento, por ex. *Chupadouro*; *sugadouro*.

doutamente adv (<douto + -mente) De modo erudito/Sabiamente. **Loc.** Falar [Discursar] ~.

douto, a adj (<lat *dóctus,a,um*: que aprendeu, que foi instruído <*dóceo,ére,dóctum*: ensinar) Que tem grandes conhecimentos/muita instrução/Erudito/Sábio. **Comb.** Um homem ~. Um/a ~o/a conferencista. Uma ~a assembleia. Uma ~a sentença do juiz.

doutor, ora s (<lat *dóctor,óris*: o que ensina, mestre; ⇒ douto) **1** O que depois de defender tese obteve o grau acadé[ê]mico universitário mais elevado. **Ex.** Na cerimó[ô]nia de abertura do ano le(c)tivo estavam todos os ~es do corpo docente. **Comb.** ~ **da Igreja** [Membro da Igreja Católica a quem foi reconhecida, pela autoridade eclesiástica, santidade de vida, ortodoxia doutrinal e ciência sagrada] (Ex. Santa Teresa de Ávila foi a primeira ~a da Igreja Católica). *depr* ~ **da mula ruça** [Pessoa que pretende fazer-se passar por grande entendido [por muito sabedor], sem o ser]. ~ **em História** [Matemática/Teologia]. ~ **honoris causa** [que foi galardoado com o título de ~ por uma universidade «diferente da sua» em reconhecimento do seu mérito científico ou por alguma distinção]. **2** O que ensina/está habilitado para ensinar/Licenciado. **Ex.** O sr. ~ [professor(+)] de Matemática hoje deu-nos feriado [não deu aula]. **3** *pop* Médico(+). **Ex.** Já chegou mais um ~ para o Centro de Saúde. **4** *fig pop* Pessoa pouco culta mas que se apresenta como sabedora. **Ex.** Fala sempre com ar de [como um] ~.

doutoraço, a s (<doutor + -aço; ⇒ doutoreco) Pessoa que se apresenta com pretensões de sábio/Sabichão(+). **Ex.** Quando se discute política aparece logo algum ~ que se julga mais competente (do) que todos os ministros.

doutorado, a adj/s (<doutorar + -ado; ⇒ doutorando) **1** (O) que obteve o grau de doutor/(O) que fez o doutoramento. **Comb.** ~ em Psicologia [Medicina/Antropologia]. Os ~s do corpo docente. **2** *Br* ⇒ doutoramento.

doutoral adj 2g/s m (<doutor + -al) **1** Relativo a doutor. **Comb.** Insígnias ~ais. **2** *fig* Que se apresenta com petulância/Pretensioso. **Comb.** Ar ~. Tom ~ «na voz».

doutoralmente adv (<doutoral + -mente) De modo doutoral/Magistralmente. **Loc.** Falar ~.

doutoramento s m (<doutorar + -mento) **1** Curso de pós-graduação para obtenção do grau acadé[ê]mico universitário mais elevado. **Ex.** O meu filho está a fazer o ~ em Matemática Aplicada. **2** Prova pública de defesa da tese sobre um assunto específico/*Br* Doutorado. **Ex.** Assistiram ao ~ muitos colegas e alunos.

doutorando, a s (<doutorar + -ando; ⇒ doutorado) O que se prepara para [que está a fazer] o doutoramento. **Ex.** Os ~s preparam a tese sob orientação dum professor catedrático.

doutorar v t (<doutor + -ar¹) **1** Conferir o grau de doutor. **Ex.** A Universidade «do Minho» doutorou este ano muitos licenciados da área científica. **2** ~-se/Obter o grau de doutor/Fazer o doutoramento. **Ex.** A Joana doutorou-se na Universidade do Porto (Pt).

doutoreco, a (Ré) s *depr* (<doutor + -eco; ⇒ doutoraço) Doutor pouco conceituado, sem credibilidade/valor. **Ex.** A nossa praça [A nossa terra/O nosso país] está enxameada/o [cheia/o] de ~s.

doutorice s f depr (<doutor + -ice) Atitude pretensiosa que quer mostrar sabedoria que não possui. **Ex.** Ninguém gostava dela por causa da ~ das suas conversas.

doutrem contr (<prep de + pron outrem) Relativo e referenciador de alguém indefinido/Doutro/a(s). **Ex.** Não quis a minha companhia e preferiu a ~, que não se sabe quem é.

doutrina s f (<lat doctrína,ae: ensino, instrução dada ou recebida, arte, ciência, doutrina, método; ⇒ douto) **1** Conjunto coerente de ideias fundamentais em que se baseia um sistema político, religioso, filosófico ou de outras ciências, que se pretende transmitir/ensinar. **Ex.** O conceito de ~ não se aplica às ciências exa(c)tas. **Comb.** ~ *católica* [cristã/de Cristo]. ~ *de Confúcio* [Platão]. ~ *marxista*. ~ *social da Igreja* (Católica). **2** Norma de conduta(+)/Disciplina/Regra(o+). **Ex.** Depois de ter saído da terra, continuou sempre a seguir a ~ herdada dos antepassados. **3** *Rel pop* Ensino sistemático e progressivo das verdades fundamentais da fé cristã e da prática das virtudes/Catequese/Catecismo. **Ex.** Frequentou a ~ [catequese(+)] durante 10 anos. **4** *Dir* Opiniões escritas e soluções concretas aplicadas por técnicos de Direito que servem de referência em casos futuros. **Ex.** A ~ não é fonte de Direito mas é fonte de interpretação do Direito.

doutrinação s f (<doutrinar + -ção) A(c)to de doutrinar/Ensinamento/Catequização. **Ex.** Nas escolas deveria ser reforçada/o a [o] ~ [o ensino(+)] sobre as normas de segurança rodoviária e sobre a defesa do ambiente. ⇒ pregação.

doutrinador, ora s/adj (<doutrinar + -dor) (O) que ensina a doutrina. **Comb.** Grande ~ «da fé cristã/do positivismo». Papel [Função] ~or/ora «da escola». ⇒ catequista; pregador.

doutrinal adj 2g (<doutrina + -al; ⇒ doutrinário) **1** Referente a doutrina. **Comb.** Comentário ~. **2** Que contém doutrina. **Comb.** Tratado [Livro/Texto] ~.

doutrinamento s m ⇒ doutrinação.

doutrinando, a s (<doutrinar + -ando) O que anda a aprender a doutrina. **Comb.** ~s do 1.º ao 10.º ano.

doutrinante adj/s 2g (<doutrinar + -ante) (O) que ensina uma doutrina (aos «jovens» doutrinandos). **Ex.** Os ~s eram jovens e adultos de ambos os sexos. **Comb.** A(c)ção ~. Publicação [Panfleto] ~.

doutrinar v t/int (<doutrina + -ar¹) **1** Ensinar uma doutrina/Catequizar. **Ex.** S. Francisco Xavier doutrinou [ensinou(+)/pregou(o+)] a Boa Nova evangélica de Jesus Cristo na Índia e no Japão. K. Marx doutrinou [advogou/propagou(+)] o ateísmo radical em muitos dos seus escritos. **2** Instruir/Ensinar/Educar. **Ex.** A professora esforçava-se por ~ [por ensinar(+)] os seus alunos sobre as regras da boa conduta social.

doutrinário, a adj/s (<doutrina + -ário) **1** Relativo a uma doutrina/Doutrinal. **Comb.** Documento ~. Exposição [Discurso] ~a/o. **2** Conjunto de princípios fundamentais duma doutrina. **Ex.** *O Manifesto de Karl Marx* (1848) pode considerar-se o ~ [a Bíblia] do comunismo. **Ex.** Os líderes políticos dos países comunistas foram também ~s acérrimos do marxismo-leninismo.

doutro, a contr (<prep de + pron outro; ⇒ doutrem) De outra pessoa/De outro modo. **Ex.** Se o livro não é deste aluno, é ~ porque foi deixado [encontrado] na aula. Tanto faz dar o nó da gravata deste modo como ~.

doutrora contr (<prep de + adv outrora) De antigamente/De outro(s) tempo(s). **Ex.** As dificuldades econó[ô]micas ~ eram maiores (do) que as de hoje [as a(c)tuais].

download v t/s Info (<ing to download) Transferir [Transferência de] dados [ficheiros/programas] de um computador para outro através dum modem ou de rede.

downtime s Info (<ing downtime) Tempo em que um computador (ou os seus componentes) permanece(m) ina(c)tivo(s). **Loc.** Ter um ~ longo [reduzido].

doxologia (Cso) s f Catol (<gr doksología, as: glorificação, hino de louvor) Fórmula breve em que se dá glória e louvor a alguém, especialmente a Deus. **Ex.** A ~ *Glória ao Pai, ao Filho e ao Espírito Santo* conclui muitas orações cristãs.

doxometria (Cso) s f (<gr dóksa,es: opinião, juízo + -metria) Avaliação da distribuição das opiniões pelo método das sondagens. **Ex.** A ~ dos últimos meses indica claramente (qual) o partido que vencerá as eleições.

doze (Dô) num card/s m/adj 2g (<lat duódecim) Dez mais dois/O número cardinal a seguir a onze. **Ex.** Quatro vezes três são ~. Na página ~ encontras o que procuravas. Chamaram o aluno (número) ~. ⇒ dez; duodécimo.

dozena (Zé) s f (<doze + -ena) **1** *Mús* Intervalo de dupla quinta/Regist(r)o de órgão com esse intervalo. **2** ⇒ dúzia.

dracena (Cê) s f Bot (<gr drákaina: dragão fêmea <drákon: dragão) Nome genérico de pequenos arbustos, uns que dão bagas amarelas, outros resina vermelha 'de dragão'/Dragoeiro(+).

dracma s f (<gr drakmé,és) **1** Moeda de prata da Antiga Grécia/Unidade monetária da Grécia até 1999 (Antes do euro). **Comb.** Parábola da ~ perdida (contada por Jesus). **2** Unidade de peso «da Antiga Grécia».

draconiano, a adj (<Drácon antr, legislador grego do séc. VII a.C.+-i-ano) Excessivamente rigoroso, como as leis de Drácon. **Comb.** Justiça ~a. Medidas ~as/duras(+).

draga s f (<it draga: instrumento de cavar <ing to drag: arrastar, puxar arrastando) **1** Máquina que serve para escavar [limpar] o fundo do mar/dos rios/... **Ex.** As ~s são indispensáveis para manter a navegabilidade de alguns rios. **2** pl Sistema de escoras que sustentam uma embarcação em seco.

dragagem s f (<dragar + -agem) Operação de dragar. **Loc.** Fazer a ~ dum porto [rio/lago].

draga-minas s m sing e pl (<dragar + mina) Navio de guerra destinado a destruir [recolher] minas dos portos e das zonas costeiras/Caça-minas/*Br* Navio varredor. **Ex.** Há ~ de vários tipos consoante as zonas em que vão operar.

dragão s m (<gr drákon; ⇒ dragona) **1** *Mit* Monstro terrível que aparece em muitas lendas mitológicas personificando o mal. **Ex.** O ~ é representado por um enorme lagarto que lança chamas pela boca, com língua bífida, asas de águia e cauda de serpente. **Comb.** Dança do ~ chinesa «em Macau». **2** *Maiúsc Astr* Grande constelação boreal. **3** *Zool* Pequeno lagarto do continente asiático com pregas laterais de pele que lhe permitem dar grandes saltos. **4** Insígnia ou emblema frequente em heráldica. **Ex.** A representação mais comum do ~ (em heráldica) é a de serpente alada. **5** *Vet* Catarata do cavalo. **6** *Mil* ⇒ Antiga peça de artilharia. **7** *Mil* ⇒ Soldado de cavalaria que, em certas situações, também combatia a pé. **8** *fig* ⇒ Pessoa que tem mau gé[ê]nio.

dragar v t (<draga + -ar¹) Limpar (escavando) o fundo do mar, dos rios ou dos lagos. **Ex.** Todos os anos é necessário ~ a entrada da barra do rio Tejo (Em Lisboa), por causa do assoreamento. Andam a ~ o rio para extrair areia.

drageia [drágea] (Jéi) s f (<fr dragée) Medicamento em comprimidos/pastilhas com revestimento açucarado, para administração oral. **Comb.** ~s para as dores de garganta.

drago(eiro) s m Bot (⇒ dracena) Planta da família das liliáceas, tipo palmeira, cuja casca produz um suco vermelho resinoso, o sangue-de-drago.

dragona (Gô) s f (<fr dragonne: correia que passa pelo pulso e se prende ao punho da espada) Pala metálica ou de tecido, com franjas, colocada sobre os ombros nos uniformes de gala dos militares. **Ex.** As ~s levam [têm] o distintivo das patentes militares. ⇒ dragão **7**.

drama s m (<gr dráma,atos: a(c)ção, tragédia (teatral)) **1** *Teat* Obra literária [Peça de teatro] de cará(c)ter sério. **Ex.** Na escola representámos o ~ *Frei Luís de Sousa* de Almeida Garrett. *O Fausto* é um ~ célebre de Goethe. **Idi.** *Fazer* ~ ⇒ dramatizar. **3. Comb.** *~s de Shakespeare*. ~ *histórico*. ~ *litúrgico* [Representação de cenas evangélicas praticadas no templo, na Idade Média, pelos sacerdotes e acólitos, como a(c)to de culto/Auto «da *Barca do Inferno* de Gil Vicente»]. ~ *romântico*. ~ *social*. ⇒ comédia; tragédia; tragicomédia; melo~; ~lhão. **2** Acontecimento triste/Cena pungente. **Ex.** Banhada em lágrimas, foi-me contando o ~ familiar causado pelo divórcio. **3** Narrativa dum acontecimento feita com emotividade e animação. **Ex.** Todos escutavam atentamente o ~ da longa viagem cheia de perigos e peripécias divertidas. **4** Situação de catástrofe/Grande desgraça. **Comb.** O ~ da guerra. O ~ vivido pelos refugiados/desalojados.

dramalhão s m depr (<drama + -lhão) Peça de teatro [Filme] longa/o e pesada/o, excessivamente emocional e de fraco valor artístico. **Ex.** Não consegui ver o filme até ao fim: era um ~ intragável [insuportável]. ⇒ melodrama.

dramaticamente adv (<dramático + -mente) **1** Como arte dramática. **Ex.** A a(c)ção era ~ muito rica. **2** Tragicamente. **Ex.** O acidente saldou-se [resultou] ~ em sete mortos e três feridos. **3** Infelizmente(+). **Ex.** Ele ficou louco; ~ já nada se pode fazer.

dramático, a adj/s (<gr dramátikos,é,ón: dramático, teatral) **1** Relativo a drama. **Comb.** Peça [Obra] ~a. **2** Que representa dramas. **Comb.** *A(c)tor* ~. *Arte* ~a. *Espe(c)táculo* [Teatro/Filme] ~. **3** Comovente/Triste/Trágico. **Comb.** *Acontecimento* ~. *História* [Notícia/Situação] ~a. **4** Que causa sofrimento/Que é difícil/perigoso/terrível. **Loc.** Tomar medidas ~as [duras(+)/drásticas(o+)] «para combater a crise». Viver [Passar] horas ~as «por causa do incêndio».

dramatismo s m (<drama + -ismo) **1** Qualidade do que é dramático/comovente/doloroso/trágico. **Ex.** Nas operações de salvamento, após o terramoto, viveram-se cenas de grande ~. **2** Rea(c)ção excessiva perante determinada situação. **Ex.** Não há razão para tanto ~ só porque tiveste uma (nota) negativa.

dramatização s f (<dramatizar + -ção) **1** Transformação [Escrita] de um texto em forma de peça de teatro. **Comb.** ~ dum

dramatizar 472

conto. ~ duma cena bíblica. **2** Rea(c)ção exagerada perante um acontecimento banal/comum/normal. **Ex.** Se os filhos chegavam um pouco atrasados começava logo a ~ da mãe: "Deve ter acontecido alguma desgraça!"

dramatizar *v t/int* (<drama + t + -izar) **1** Escrever dramas/Dar a forma de drama a um texto. **Loc.** ~ [Escrever em forma de drama] a vida de um santo [herói]. **2** Representar uma peça de teatro. **Ex.** Os alunos dramatizaram [levaram à cena/representaram(+)] um auto «Barca do Inferno» de Gil Vicente. **3** Descrever [Viver] com emoção exagerada determinado acontecimento/ Exagerar aspe(c)tos negativos/Tornar trágico. **Ex.** Quando ouviam os seus queixumes [as suas lamúrias] ninguém o/a levava a sério; todos lhe conheciam a tendência para ~. Não dramatizes, não aconteceu nada de mal, foi só o susto!

dramaturgia *s f* (<gr *dramatourgía,as*: composição ou representação duma peça de teatro; ⇒ dramaturgo) Arte de escrever peças de teatro. ⇒ dramático.

dramaturgo, a *s* (<gr *dramatourgós,oú*: autor dramático <*drama+ergon*: a(c)ção, trabalho) Autor de peças de teatro. **Ex.** Dante, Gil Vicente (1465 – 1537; fundador do teatro português), Goethe, Shakespeare são ~s mundialmente conhecidos.

drapejar *v int* (<it *drappeggiare*; ⇒ trapo) Ondular ao vento/Esvoaçar. **Ex.** As bandeiras drapejavam dando à praça um colorido alegre e festivo.

drasticamente *adv* (<drástico + -mente) **1** Com rigor/Severamente(+)/Duramente(+). **Loc.** Castigar ~. **2** Completamente/ Muito. **Loc.** Deixar ~ de fumar. Diminuir ~ os salários.

drástico, a *adj/s* (<gr *drastikós* <*dráo*: agir) **1** Radical/Enérgico/Intenso. **Comb.** Medidas [Soluções] ~as «para debelar [ultrapassar/vencer] a crise». **2** *s m* Medicamento que provoca evacuações violentas/ Purgante(+).

draubaque *s m* (<ing *drawback*: recuperação) Reembolso de direitos de importação sobre matérias-primas quando se procede à exportação dos produtos com elas fabricados. **Comb.** Importação «de componentes ele(c)tró[ô]nicos» em regime de ~ [com direito ao reembolso dos direitos aduaneiros quando se exportarem «os computadores»].

Drávidas Maiúsc *s m pl* (<sân *drávida*) Indígenas do Sul da Índia e do Norte do Sri Lanka de origem pré-ariana da Ásia Menor. **Ex.** Muitos dos ascendentes dos povos da antiga Índia Portuguesa (Goa) provêm dos ~.

dravídico [dravidiano], a *adj/s* (<drávida + -ico) **1** Relativo aos Drávidas. **2** Relativo às três grandes famílias das línguas dos Drávidas, diferentes do sânscrito. **Ex.** O tâmil (Plural tâmiles), o malaiala e o canarim pertencem às línguas ~as.

drenagem *s f* (<drenar + -agem) **1** Escoamento das águas num terreno pantanoso/ (h)úmido. **Ex.** Abriram valas de ~ no terreno, antes da plantação das nogueiras. **2** *Med* Escoamento de líquidos patológicos do organismo. **Loc.** Fazer a ~ dum abcesso [tumor].

drenar *v t* (<ing *drain*: secar) Fazer drenos/a drenagem. **Loc.** ~ **um terreno**. ~ **líquidos do organismo**.

drenável *adj 2g* (<drenar + -vel) Que se pode drenar. **Comb.** *Solo* ~. *Tumor* ~.

dreno (Drê) *s m* (<drenar) **1** Vala ou tubo para drenar. **Comb.** Colocação dos ~s no terreno. **2** *Med* Tubo de plástico [borracha/ silicone] para fazer a drenagem cirúrgica. **Ex.** O ~ é removido quando já não há líquido retido.

dríade[a] *s f Mit* (<gr *Druás,ádos*) Divindade [Ninfa] das árvores e dos bosques.

driblador, ora *adj/s (D)esp* (<driblar + -dor) (O) que dribla/faz fintas/Fintador. **Comb.** Um [Bom] ~.

driblar *v t* (<ing *to dribble*: gotejar, pingar, escoar) **1** *(D)esp* Escapar ao adversário com movimentos de corpo sem perder o domínio da bola/Fazer fintas/Fintar. **Ex.** Driblou três adversários e marcou gol(o). **2** *fig* Esquivar-se a algo ou a alguém/Enganar com astúcia/Iludir. **Loc.** ~ a [*idi* Dar a volta à] polícia desviando [fugindo] por um atalho [por outro caminho]. ~ [Enganar] o professor de ginástica fingindo-se doente para não fazer [não ir à] ginástica.

drible *s m (D)esp* (<driblar) Manobra feita com o corpo para controlar a bola e escapar ao adversário/Finta. **Comb.** Futebolista célebre pelos ~s (que faz).

drive (Drai) *s f Info* (<ing *to drive*: conduzir, dirigir) Mecanismo que comanda os dispositivos de regist(r)o e leitura de dados/A(c)cionador. **Comb.** ~ de disquetes.

droga (Dró) *s f* (<hol *drog*: seco) **1** Nome genérico de produtos naturais que podem ser usados com fins medicinais ou como matérias-primas na preparação de medicamentos. **Ex.** As ~s de origem vegetal «gomas/bálsamos/óleos essenciais» são as mais abundantes. **Loc.** Estar encharcado em ~s [Estar excessivamente medicado/Tomar remédios em excesso]. **2** Produto tóxico excitante/alucinogé[ê]nio[alucinógeno]/entorpecedor/Estupefaciente/Narcótico. **Ex.** Além da cocaína, da heroína e de outras ~s naturais, são ilegalmente traficadas [vendidas clandestinamente] muitas outras ~s sintéticas. **Comb.** ~s duras [leves]. Tráfico de ~s. **3** Qualquer substância usada como ingrediente nas indústrias de tinturaria, farmácia ou produtos químicos. **Ex.** Uma tinta [Um medicamento] leva [é feita/o com] várias ~s. **4** *fig* Coisa de má qualidade. **Ex.** Este vinho é uma ~ [não presta]. **Loc.** *Dar em ~* [Não ter êxito nenhum/Terminar mal/Falhar/ Arruinar-se]. **Comb.** *Uma ~ de filme* [Um filme mau]. *Uma ~ de jantar* [Um jantar fraco]. *Uma ~ de sapatos. interj ~ de vida* [Vida desgraçada (a minha)]!

drogado, a *adj/s* (<drogar + -ado) **1** (O) que se drogou/tomou drogas [medicamentos] em excesso/Intoxicado. **Ex.** Foi ~ (pelo médico) por causa das dores. **2** Dependente do consumo de estupefacientes/ Viciado na droga/Toxicodependente/Toxicó[ô]mano. **Ex.** Muitos assaltos de rua são praticados por ~s.

drogar *v t* (<droga + -ar¹) **1** Administrar medicamentos «calmantes/analgésicos» em excesso. **Loc.** ~ doentes terminais «cancerosos». **2** Tomar [Dar/Administrar] drogas/estupefacientes/narcóticos/excitantes que causam dependência. **Ex.** Começou a ~-se com haxixe; agora é [já se droga] com drogas duras.

drogaria *s f* (<droga + -aria) **1** Estabelecimento onde se vendem produtos químicos de uso corrente, artigos de higiene e limpeza e utensílios domésticos. **Ex.** Vai à ~ comprar soda cáustica. Compro o álcool na ~ ou na farmácia? **2** Conjunto de produtos que habitualmente se vendem nesse tipo de estabelecimento. **Ex.** Os artigos de ~ trago-os do [compro-os no] supermercado.

droguista *s/adj 2g* (<droga + -ista) **1** (O) que faz [manipula] drogas. **Ex.** Esta tinturaria tem um ~ [tintureiro] muito sabedor/competente. **2** (O) que vende drogas/Dono de drogaria. **Ex.** O ~ da esquina é um senhor de muita idade. **Comb.** Comércio ~.

dromedário *s m Zool* (<lat *dromedárius, ii* <gr *drómas,ádos*: que corre) Mamífero ruminante da família dos camelídeos/Camelo(+) de uma só bossa. **Ex.** Os ~s são utilizados na Arábia e na África, como animais de carga.

-dromo- *pref/suf* (<gr *drómos,ou*: a(c)ção de correr, lugar para corrida <*trekho*: correr) Exprime a noção de corrida e lugar de corrida; ⇒ ~terapia; aeró~.

dromógrafo *s m* (<dromo- +-grafo) Aparelho para regist(r)ar a velocidade do andar ou da corrida.

dromomania[patia] *s f* (<dromo-+ ...) Tendência patológica para andar/correr.

dromómetro [Br dromômetro] [dromoscópio] *s m* (<dromo- + -...) Aparelho que, à distância, mede a velocidade de um veículo [duma pessoa] entre dois pontos de referência. **Ex.** Os ~s são utilizados pela polícia no controle de velocidade dos automóveis.

dromoterapia *s f* (<dromo- + terapia) Tratamento pela corrida/marcha para a(c)tivar as funções respiratória e circulatória. **Ex.** A(c)tualmente a ~ está muito em voga [é praticada por muita gente] para combater a obesidade.

drósera *s f Bot* (<gr *droserá,as*: orvalhada) Designação comum das droseráceas.

droserácea *s f Bot* (<drósera + -ácea) Erva inse(c)tívora cujas folhas com pelos segregam um líquido viscoso que funciona como armadilha. **Ex.** A orvalhinha [rorela] e a erva-pinheira-orvalhada pertencem às ~as.

drosometria *s f Met* (<gr *drósos,ou*: orvalho, líquido + -metria) Medição da quantidade de orvalho formado durante a noite.

drosómetro [Br drosômetro] *s m Meteor* (<gr *drósos,ou*: orvalho, líquido + -metro) Instrumento para medir a quantidade de orvalho depositada numa dada superfície. **Ex.** A quantidade de orvalho medida no ~ é diferente da que se forma em superfícies naturais.

druida *s m Hist* (<celta *drui*: feiticeiro) Sacerdote celta com grande influência política e social que exercia também funções de educador e juiz. **Ex.** Os ~s eram sábios [sacerdotes/adivinhos/médicos/filósofos] tipo xamã ou mago.

druídico, a *adj* (<druida + -ico) Relativo aos druidas/ao druidismo. **Comb.** Culto ~. Sabedoria ~a.

drupa *s f Bot* (<lat *drupa*: azeitona que começa a amadurecer) Fruto semicarnudo, com mesocarpo carnudo e a parte interna (Caroço) dura. **Ex.** O pêssego, o alperche e a cereja são ~s muito apreciadas.

drusa *s f Min Anat Bot* (<al *druse*: glândula) Cavidade «em rocha ou célula» com cristais. **Ex.** As ~s são frequentes nas rochas eruptivas, apresentando cristais de quartzo muito perfeitos.

dual *adj 2g/s m* (<lat *duális,e*: de dois; ⇒ duplo) **1** Relativo a dois/Que designa duas pessoas ou coisas. **Comb.** «ambos (os braços/olhos)» Número [Quantificador] ~. Poder [Competência] ~ «de rei que manda em dois países». **2** *Mat* Proposição que se obtém de outra pela permutação de dois termos ou dois símbolos segundo determinadas regras. **Ex.** *Dois pontos determinam uma re(c)ta* tem por ~ *duas re(c)tas determinam um ponto*. **Comb.** ~ duma equação [expressão]. Espaço (ve(c)torial) ~.

dualidade s f (<lat *duálitas,tátis*) Qualidade do que é dual/duplo/Duas coisas. **Comb.** ~ de [Dois] *critérios*. ~ *espírito-matéria* (no ser humano). *Fís* Quântica ~ [Dualismo] *onda-partícula* [Princípio segundo o qual coexistem nas partículas aspe(c)tos ondulatórios e corpusculares].

dualismo s m (<dual + -ismo) **1** *Rel* Teoria que afirma que toda a realidade provém de dois princípios irredutíveis: O Bem e O Mal. **Comb.** ~ *de Zoroastro*. **2** *Fil* Correntes de pensamento que se exprimem por conceitos antitéticos e bipolares salvaguardando a unidade de um princípio originário. **Ex.** No Oriente há o ~ harmó[ó]nico e fundamental do princípio masculino e feminino. **Comb.** ~ *plató[ô]nico*.

dualista adj/s 2g (<dual + -ista) **1** Relativo ao dualismo/Que contém dois princípios opostos. **Comb.** *Sociedade* ~. *Teoria* ~. **2** O que segue o [é partidário do] dualismo **2**. **Ex.** Descartes pode considerar-se um ~ antropológico e metafísico.

dualizar v t (<dual + -izar) Tornar(-se) dual/Dividir em [Falar de] duas alternativas/coisas. **Ex.** No referendo sobre o aborto os eleitores dualizaram-se [dividiram-se(+)] de forma equitativa. Dualizou a conferência sobre os escritores portugueses contemporâneos, comparando os períodos ante e pós revolução de abril (1974).

duas num card f pl (⇒ dois) Quantidade de dois referida a entidades femininas/Feminino de dois. **Idi.** *Às ~ por três* [Sem dar por ela/Inesperadamente] o menino tornou a fugir para a rua. «tenha cuidado porque desgraças» *Não há ~ sem três* [Pode(m) acontecer outra vez]. **Comb.** ~ *casas*. ~ *festas*. ~ *mulheres*. ~ *opiniões*.

dubiamente adv (<dúbio + -mente) De modo dúbio/indeciso/Vagamente. **Ex.** Respondeu ~ que lhe parecia nunca ter visto tal pessoa.

dubiedade s f (<lat *dubíetas,tátis*: dúvida, incerteza, hesitação) Qualidade do que é dúbio/Ambiguidade/Dúvida(+).

dúbio, a adj (<lat *dúbius,a,um*: duvidoso, indeciso, incerto) **1** Que não é claro/Duvidoso/Ambíguo. **Comb.** *Resposta* ~*a*/ambígua(+). *Significado* ~ [pouco claro]. **2** Difícil de definir/Impreciso/Vago. **Comb.** *Cor* ~*a* «entre o verde e o azul». *Imagem* ~*a*/imprecisa/indefinida. **3** Hesitante/Indeciso/Vacilante. **Comb.** *Olhar* ~. *Gesto* ~.

dubitabilidade s f (<dubitável + -dade) Qualidade do que é dubitável. **Ex.** A polícia mostrou grande ~ [teve grandes dúvidas(+)] sobre a autenticidade dos documentos.

dubitativo, a adj (<lat *dubitatívus,a,um* <*dúbito,áre*: duvidar) Que exprime dúvida/Duvidoso. **Ex.** Exprimiu-se de forma ~*a* [dúbia/duvidosa] abanando a cabeça.

dubitável adj 2g (<lat *dubitábilis,e*) De que se pode duvidar/Duvidoso(+)/Incerto(+). **Comb.** *Informações* ~*eis* [incertas/duvidosas]. **Ant.** In~.

dublado, a adj *Br* (<dublar + -ado) «filme» Dobrado(+) (Traduzido para uma língua diferente da original).

dublagem/dublar ⇒ dobragem **2**/dobrar **7** + **8**.

dublete/o (Blê) s m *Fís* Quântica (<fr *doublet* <*doubler*: dobrar, duplicar; ⇒ dobro/duplo) Estados energéticos do ele(c)trão [elétron], muito próximos, correspondentes aos dois valores do número quântico *j* = *l*+*s*. **Ex.** O estado de ~ traduz-se pelo aparecimento de duas riscas espe(c)trais.

dúbnio [Db 105] s m *Quím* (<Dubna *top* + -io) Elemento transuraniano sintetizado no Instituto de Pesquisas Nucleares de Dubna (Rússia) em 1970/Unilpêntio.

ducado s m (<lat *ducátus,us*: comando militar, governo duma província <*dux,dúcis*: condutor, guia, chefe) **1** Território [Estado] pertencente a um duque. **Comb.** *Hist* ~ *de Bragança* (Portugal). *Grão-*~ *do Luxemburgo*. **2** Dignidade que confere e [dá direito ao] título de duque. **Comb.** Agraciado [Honrado/Favorecido] com um ~. **3** *Hist* Moeda antiga de ouro de valor variável de diversos países. **Comb.** ~ *português* (séc. XV-XVI).

ducal adj 2g (<lat *ducális,e*: relativo ao chefe/general) Relativo a duque/duquesa. **Comb.** *Manto* ~. *Palácio* ~.

ducatão s m (<ducado + -ão) Moeda de ouro antiga/Ducado **3** grande.

ducentésimo, a num ord/s (<lat *ducentésimus,a,um*; ⇒ duzentos) **1** (O) que ocupa [tem] o lugar número 200. **Ex.** Está em [É o] ~ «numa lista de 350». **2** (Diz-se de) parte resultante da divisão de um todo por 200. **Ex.** Comprei um lote de terreno que é um ~ [é a ~*a* parte] dum grande pinhal!

duche/a s (<fr *douche* <it *doccia*: tubo, cano) **1** (Banho de) chuveiro. **Ex.** Quando me levanto, tomo logo um/a ~. Prefiro o/a ~ ao banho de imersão. **Idi.** ~ [Balde(+)] *de água fria* [Grande desilusão]. **2** Ja(c)to de água dirigido ao corpo para fins terapêuticos ou higié[ê]nicos. **Ex.** A esteticista recomendou-lhe ~*s* de água fria para eliminar a celulite. **3** *Br* ⇒ alívio; descanso. **4** *Br* ⇒ repreensão.

duchar v t (<duche/a + -ar¹) **1** Tomar ou dar um/a duche/a. **Ex.** Vou-me ~. **2** ⇒ Proje(c)tar água para dispersar gente. **3** *Med* Aplicar duche/a para curar.

dúctil adj 2g (<lat *dúctilis, e*: que se pode conduzir, maleável <*dúco,ctum*: levar, conduzir) **1** Que se pode distender sem partir/Maleável/Flexível. **Comb.** *Placas de isolamento em material* ~. **2** Diz-se dos metais que se podem reduzir a fios. **Ex.** O ouro é mais ~ que o ferro. **3** *fig* Que se molda [adapta] facilmente às circunstâncias/às pessoas. **Comb.** *Cará(c)ter* [Personalidade] ~. **Sin.** Contemporizador; flexível(+); maleável(+). **Ant.** Inflexível.

ductilidade s f (<dúctil + -i- + -dade) Qualidade de dúctil.

ductilizar v t (<dúctil + -izar) Tornar dúctil «um metal/uma pessoa».

ducto [*Br* du(c)to (*dg*)] s m (<lat *ductus,us*: a(c)ção de conduzir, levar; ⇒ condução) **1** Meio de ligação/Canal condutor. **Ex.** Ligaram as albufeiras dos dois rios por um ~ [uma conduta(+)] de enorme diâmetro. ⇒ gasoduto; oleoduto. **2** *Anat* Cavidade estreita e alongada que dá passagem a líquidos/Canal. **Comb.** ~*s lactíferos* das mamas. ~*s* [Canais] *excretores* «da urina/das lágrimas». ~*s ósseos* [cartilagíneos].

duelo s m (<lat *duéllum,i*) **1** Combate entre duas pessoas por motivo de honra. **Loc.** *Apadrinhar um* ~. *Desafiar para um* ~. **Comb.** ~ *à espada*. ~ *de morte* **a)** Combate até um dos adversários ser morto; **b)** Combate perigosíssimo [para escapar à morte]. **2** Luta entre dois (grupos) contendores. **Ex.** As duas claques [torcidas] envolveram-se em [num] ~ no final do jogo. **3** *fig* Situação de oposição [confronto] entre duas pessoas/dois grupos. **Ex.** Os dois advogados travaram aceso ~ durante o julgamento.

duende s m *Mit* (<esp *duende* <*dueno de casa*) Pequeno ser fantástico [Espírito] que se dizia aparecer nas casas durante a noite para fazer travessuras. **Comb.** *Contos* [Lendas] *de* ~*s*. ⇒ ogre; papão.

dueto (Duê) s m *Mús* (<it *duetto* <dim de lat *dúo*: dois) **1** Composição musical para dois instrumentos ou duas vozes. **Comb.** ~ *para violino e flauta*. ~ *para soprano e barítono*. **2** Conjunto de dois executantes de uma peça musical para duas vozes ou dois instrumentos. **Ex.** O espe(c)táculo atingiu o ponto mais alto com os ~*s* dos artistas convidados.

dugongo s m *Zool* (<malaio *duyong*) Nome comum dos dugongídeos, mamíferos pisciformes da ordem dos siré[ê]nios, que vivem nos oceanos Índico e Pacífico, parecidos ao peixe-boi do Brasil.

dúlcido, a adj (<lat *dúlcis,e*: doce + *dulcédo,inis*: doçura) ⇒ dulcífico **2**.

dulcífero, a adj (<lat *dúlcifer, era, erum*) Que tem [produz] doçura. **Comb.** «mel/açúcar» Substância ~*a*.

dulcificação s f (<dulcificar + -ção) A(c)ção de tornar doce/Adoçamento. **Ex.** A adição de mel provoca uma ~ muito intensa do leite [torna o leite muito doce(+)].

dulcificador, ora [dulcificante] adj/s (<lat *dulcíficans,ántis*) **1** (O) que torna doce/Adoçante(+). **Comb.** *Poder* ~. *Substância* ~ [Um adoçante]. **2** *fig* Consolador/Mitigador. **Comb.** *Palavras* ~*s* [de consolação(+)].

dulcificar v t (<lat *dulcífico,áre* <*dúlcis*: doce + *fácere*: fazer) **1** Tornar doce/Adoçar. **Loc.** ~ [Adoçar(+)] *a massa do bolo*. **2** *fig* Mitigar/Suavizar. **Loc.** ~ *as mágoas*. ~ [Suavizar(+)] *uma má notícia* «com palavras de carinho e simpatia».

dulcífico, a adj (<doce- + -fico) **1** Que é [deixa a boca] doce/Açucarado. **Comb.** *Ingrediente* «duma sobremesa» ~. *Sabor* ~. **2** *fig* Ameno/Agradável/Suave. **Loc.** *Ser uma companhia* [um companheiro/um acompanhante] ~*a/o*. **Comb.** *Um olhar* ~ [dúlcido/meigo/beatífico/agradável].

dulcífluo, a adj (<lat *dulcífluus,a,um*) **1** Que destila doçura/Melífluo. **2** Que corre [flui] suavemente.

dulcíssimo, a adj (<lat *dulcíssimus,a,um*) Superlativo absoluto simples [sintético] de doce/Muito doce (Superlativo absoluto analítico). **Ex.** Deitaste muito açúcar no chá; está ~/docíssimo!

dulcissonante [dulcíssono, a] adj (<dulci- + ...) Que soa bem/agradavelmente/Melodioso. **Comb.** *Canção* [Som] ~*a/o*.

dulia s f *Rel* (<gr *douleía,as*: servidão, submissão) Culto de veneração prestado aos anjos e aos santos. ⇒ latria.

dum, a contr (<prep de+art [pron] indef um) **1** Pertencente [Subordinado/Referido] a algo [alguém] indefinido. **Ex.** Este livro é ~ [de] autor desconhecido. *Loja típica* ~*a aldeia pequena*. **2** De um único. **Ex.** A quinta é só ~ dono [pertence só a uma pessoa]. Era homem ~ a só palavra.

Duma s f (<ru *Duma*) Assembleia Legislativa da Rússia. ⇒ Assembleia da República/Congresso/Dieta.

dumping (Dâmping) s m *Econ* (<ing *dumping* <*to dump*: despejar, deitar fora, vender em quantidade a baixo preço) Descarga mercantil ilegal/Venda de produtos no estrangeiro a preços mais baixos do que no país de origem para conquistar mercado à concorrência ou para escoar um produto com excesso de oferta. **Ex.** O ~ é condenado pelas convenções internacionais por representar uma prática de concorrência desleal.

duna s f (<lat da Gália *dúnum*: altura, elevação, colina) Monte de areia formado por a(c)ção do vento, nos desertos ou nas zonas costeiras/Medo/Médão. **Loc.** *Brincar*

[Escorregar] nas ~s da praia. **Comb.** Vegetação das ~s.

dundum s m (<top *Dum-dum*, cidade perto de Calcutá, na Índia) Projé(c)til com ogiva em forma de cruz, inventado pelos ingleses no séc. XIX, que se fragmentava no momento do impacto podendo provocar ferimentos graves.

duo s m (<lat *dúo*: dois) **1** *Mús* ⇒ dueto **1, 2. 2** Grupo formado por duas pessoas que desenvolvem uma a(c)tividade em comum. **Ex.** Marido e mulher formavam um ~ inseparável. Na turma havia um ~ [par(+)] insuportável.

duodecenal adj 2g (<lat *duodecennális,e*) **1** Que dura doze anos. **Comb.** Contrato ~. **2** Que se realiza [Que ocorre] de doze em doze anos. **Comb.** Comemorações ~ais. Evento ~.

duodecénio [Br duodecênio] s m (<lat *duodecénnium,ii*) Espaço de doze anos. **Comb.** «a maior catástrofe do» Último ~.

duodecimal adj 2g (<duodécimo + -al) **1** Relativo a duodécimo/Que é constituído [se conta] por duodécimos. **Comb.** Verba ~ do orçamento. **2** *Mat* Diz-se do sistema de numeração que tem por base 12. **Ex.** Em linguagem corrente, a base do sistema ~ é a dúzia.

duodécimo, a num ord/frac/s m (<lat *duodécimus,a,um*) **1** (O) que numa sequência ocupa a posição 12/(O) décimo segundo. **Ex.** Fiquei em ~ lugar [Fui o ~] na classificação. Sou o ~; tenho onze à minha frente. **2** (O) que é 12 vezes menor que a unidade/Cada uma das doze partes em que a unidade pode ser dividida. **Ex.** No inverno, um ~ do meu ordenado é para pagar a ele(c)tricidade. Não havendo orçamento (do Estado) aprovado, governa-se por ~s.

duodécuplo, a adj/s (<lat *duodécuplus,a, um*) Numeral multiplicativo que exprime (o) que é doze vezes maior/(O) que consta de [contém] doze partes. **Ex.** Num ano gasto o ~ da despesa média mensal. O capital social da empresa é o ~ da quota de cada sócio [de cada um dos doze sócios].

duodenal adj 2g (<duodeno + -al) Relativo ao duodeno. **Comb.** Úlcera ~.

duodenite s f *Med* (<duodeno + -ite) Inflamação do duodeno. ⇒ colite.

duodeno (Dé) s m *Anat* (<lat *duodénum (digitorum)*: de doze dedos) Parte inicial do intestino delgado entre o estômago e o jejuno. **Ex.** O médico diagnosticou-lhe uma úlcera no ~. ⇒ duodenite.

duodenoscopia s f *Med* (<duodeno + -scopia) Exame médico [Endoscopia] ao duodeno.

dupla s f (<duplo) **1** ⇒ duo **2. 2** *Mat* Conjunto ordenado de dois elementos/Par. **Ex.** Uma ~ [Um par(+)] de números reais [de coordenadas(+)] pode ser utilizada/o para representar um ponto num plano. **3** Modalidade de aposta que valida duas possibilidades. **Ex.** No totobola, a ~ valida dois resultados dos três possíveis [vitória, empate e derrota].

duplamente adv (<duplo + -mente) Com intensidade duplicada/Em duplo. **Ex.** Fiquei ~ [mais que] satisfeito: o meu clube ganhou e o seu maior rival perdeu.

dupleto (Plê) s m *Fís* (<duplo + -eto) Conjunto de dois electrões [elétrons] com spins antiparalelos, duma mesma orbital.

dúplex (Plecs) adj 2g (<lat *dúplex,ícis*) **1** Que serve para dois fins/Dúplice. **Comb.** Sistema radiofó[ô]nico ~ [emissor-rece(p)tor]. Sofá ~ [para assento e cama]. **2** Duplo. **Comb.** Apartamento ~ [com dois pisos].

duplicação s f (<lat *duplicátio, ónis*) **1** A(c)ção de aumentar para o dobro. **Ex.** A nova gerência conseguiu num ano a ~ dos lucros da empresa. **2** Repetição/Cópia. **Loc.** Fazer a ~ dum documento.

duplicado, a adj/s m (<duplicar + -ado) **1** Repetido/Copiado/Dobrado. **Comb.** Proje(c)to ~ [igual/repetido]. Pedido [Requerimento] ~. Rendimento ~ [dobrado/duas vezes maior]. **2** s m Cópia/Reprodução. **Ex.** Enviei o original da carta e fiquei com o ~. **Comb.** ~ [Duplicata] *legal*. *O ~ da chave*. ⇒ original.

duplicador, ora adj/s m (<duplicar + -dor) **1** (O) que duplica. **Comb.** Efeito ~. **2** Aparelho que serve para fazer duplicados **2** de documentos escritos. **Ex.** As fotocopiadoras vieram substituir a maior parte dos ~es de escritório «aparelhos rotativos/de gelatina».

duplicar v t/int (<lat *duplíco,áre,átum*) **1** Multiplicar por dois/Passar para o dobro/Dobrar. **Ex.** O volume de vendas duplicou. O Governo duplicou a verba (do orçamento) destinada à educação. **2** Fazer um duplicado **2**/uma cópia/Repetir. **Ex.** Vou ~ todos os documentos de consulta frequente. **3** Aumentar muito/Tornar(-se) maior. **Ex.** O negócio prosperou, mas o trabalho duplicou. Com a promoção, a responsabilidade duplicou [é maior/aumentou].

duplicata s f ⇒ duplicado **2**.

duplicável adj 2g (<duplicar + -vel) Que se pode duplicar. **Comb.** Chave de automóvel não ~.

dúplice adj 2g (<lat *dúplex,icis*: dobrado, dissimulado, ardiloso, duplo, dobro) **1** Duplo(+). **Comb.** Frase com sentido ~ [com duplo sentido(+)/com dois sentidos]. **2** Que serve para dois fins/Que tem duas funções. **Ex.** Máquina ~ [dúplex] de lavar: lava e seca. **3** Fingido/Enganoso/Falso/Hipócrita. **Comb.** Atitude ~ [fingida(+)/falsa(o+)]. Cará(c)ter ~/retorcido.

duplicidade s f (<lat *duplícitas,átis*) **1** Qualidade do que é duplo/do que tem duas funções. **Comb.** ~ *de critérios* [Critérios diferentes(+)]. ~ *de sentido* (duma frase). ~ *de tarefas*. **2** *fig* Fingimento/Falsidade/Hipocrisia. **Ex.** Revelou uma ~ imperdoável: dizia-se meu amigo e por trás ia-me atraiçoando.

duplo, a adj/s (<lat *dúplus,a,um*) **1** Que contém duas vezes a mesma quantidade/Que é duas vezes maior. **Comb.** «cami(nh)ão» Com ~a capacidade de carga de outro. Dose ~a «de remédio/comida». **2** Que consta de dois elementos iguais/tem duas partes semelhantes. **Comb.** ~*a nacionalidade*. ~*a refra(c)ção*. ⇒ birrefringência. «palavra de/com» ~ *sentido*. ~*a tributação* [Incidência sobre a mesma pessoa pelo mesmo fa(c)to e relativo ao mesmo período de tempo de dois impostos da mesma natureza]. *Fundo* ~. *Via (-férrea)* ~*a*. **3** Que tem duas cara(c)terísticas contraditórias mas só uma é revelada. **Comb.** Vida ~a «de bom funcionário (Trabalhador) mas infiel à esposa». **4** s m *Cine* O que substitui o a(c)tor principal em cenas arriscadas ou que exigem especialização/Substituto. **Ex.** A cena do salto de paraquedas é feita por um ~. **5** *fig* Pessoa muito parecida com outra/Sósia. **Ex.** O a(c)tor que representou o papel de Hitler era muito parecido [parecidíssimo] com ele; um autêntico ~ [sósia(+)]!

duque s m (<lat *dux, dúcis*: o que vai à frente, condutor) **1** O mais elevado título nobiliárquico imediatamente abaixo de príncipe ou rei e antes de marquês. **Comb.** ~ *de Bragança* (Portugal). **2** ⇒ Título do soberano dum ducado **1**. **3** Carta de jogar ou pedra de dominó com o dois ou com duas pintas. **Comb.** ~ *de copas* [*espadas/ouros/paus*].

duquesa (Kê) s f (<duque + -esa) Mulher do duque **1, 2**/Feminino de duque.

dura s f (<durar) Durabilidade/Duração. **Ex.** O automóvel *Volkswagen* "carocha" foi um modelo de grande ~ [duração(+)]. As músicas [canções] modernas têm pouca ~, depressa passam de moda. **Idi.** *Ser sol de pouca ~* [Durar pouco tempo] (Ex. A princípio o chefe era simpático; mas foi sol de pouca ~; agora é um mal-educado). ⇒ ~-máter.

-dura suf (<lat *-dura/-tura*; por ex. *mercatura*) Sufixo que exprime a(c)ção, o resultado da a(c)ção ou o cole(c)tivo: por ex. *investidura, mordedura, dentadura*. **Sin.** -ura.

durabilidade s f (<lat *durabílitas, átis*) Qualidade do que é durável/Duração. **Ex.** As construções de pedra têm grande ~. A(c)tualmente predominam os utensílios de pequena [pouca] ~.

duração s f (<durar + -ção) **1** Espaço de tempo durante o qual tem lugar um acontecimento/Tempo de existência de alguma coisa/Tempo que medeia entre o princípio e o fim. **Ex.** As aulas têm a ~ de cinquenta minutos. **Comb.** ~ *da vida*. ~ *das férias*. *Med* ~ *dum tratamento*. ~ *duma máquina*. **2** Qualidade do que é durável/Durabilidade. **Comb.** Materiais [Pilha] de grande [muita/longa(+)] ~.

duradoi[ou]ro, a adj (<durar + -doi[ou]ro) Que dura muito/tem longa duração. **Comb.** *Amizades* [Relações] ~*as*. *Bens* ~*s*. *Soluções* ~*as*.

duralumínio s m *Quím* (<top *Düren*, cidade da Alemanha +...) Liga de alumínio com pequenas percentagens de cobre, magnésio e manganésio, muito leve e resistente. **Ex.** O ~ tem grande resistência química e mecânica.

dura-máter s f *Med* (<lat *dúra*: dura + *máter*: mãe) A membrana mais externa e resistente das três que envolvem o cérebro e a medula espinal. ⇒ aracnoide; meninge; pia-máter.

durame [durâmen] ⇒ cerne.

duramente adv (<duro + -mente) **1** Com dureza/energia/Severamente. **Ex.** As duas equipas/es bateram-se [jogaram/lutaram] ~ [energicamente/com valentia]. **Loc.** Trabalhar ~ [arduamente]. **2** Muito/Cruelmente. **Loc.** Bater [Castigar] ~.

durante prep (<durar + -ante) No decurso de/No espaço de tempo de/No tempo de permanência. **Ex.** ~ as férias estive sempre na praia. Dormi (~) toda a noite. Só vi o teu marido ~ o jogo.

durar v int (<lat *dúro,áre*: tornar duro, aguentar, durar) **1** Ter a duração de/Persistir. **Ex.** A festa durou três dias. Se a seca ~ muito, perdem-se todas as colheitas. A zanga dos irmãos ainda dura? **2** Conservar-se no mesmo estado/Ter durabilidade. **Ex.** O primeiro automóvel que comprei há 20 anos ainda dura. **3** Continuar a existir/Viver. **Ex.** A minha avó durou [viveu(+)] mais de cem anos. Depois da operação só durou dois meses.

durável adj 2g (<durar + -vel) Que dura (muito)/Duradoiro/Resistente. **Comb.** Máquinas ~eis. Pilha [Tecido] ~.

durázio, a adj (<lat *duracínus,a,um*: que tem a polpa aderente ao caroço, de casca ou pele dura) **1** Diz-se de fruto que tem a casca dura ou a polpa agarrada ao caroço. **Comb.** Amêndoa ~a. Pêssego ~ [de rilha(r)]. **2** Que está na idade madura. **Comb.** Homem [Mulher] ~o/a.

dureza (Rê) *s f* (<lat *durítia,ae*: dureza, rigor, resistência) **1** Qualidade do que é duro. **Comb.** Material de elevada ~. **2** *Miner* Propriedade dos minerais avaliada pela resistência que oferecem a ser riscados. **Ex.** A ~, na escala de Mohs, varia de 1 (Do talco) a 10 (Do diamante). **3** *Quím* Cara(c)terística da água devida ao teor de sais de cálcio e magnésio. **Ex.** A ~ da água manifesta-se pela dificuldade na cozedura e nas lavagens e por criar incrustações nas canalizações. **4** Falta de maleabilidade/Consistência/Rigidez. **Ex.** Um colchão não deve ser mole nem ter uma ~ excessiva. **5** *fig* Qualidade do que é difícil de suportar/Severidade/Rudeza. **Comb.** A ~ do trabalho nas minas. **6** *fig* Crueldade/Insensibilidade/Rispidez/Severidade/Aspereza. **Loc.** Tratar alguém «os filhos» com ~. **Ant.** Benevolência; brandura; doçura; meiguice; tolerância. **7** *fig* Falta de harmonia «nos sons/nas cores». **Comb.** A ~ dos traços do quadro/da pintura. **8** *Fís Quântica* Poder de penetração da radiação. **Ex.** A uma maior ~ da radiação corresponde um maior poder de penetração.

durião *s m Bot* (<mal *durian(g)*) **1** Árvore da família das bombáceas, nativa da Malásia; *Durio zibethinus*. **2** Fruto de **1**.

duriense *adj/s 2g* (<lat *Dúrius,ii*: rio Douro + -ense) Relativo ao rio Douro ou à região do Douro e seus habitantes (Portugal). **Ex.** A região ~ é património mundial.

duro, a *adj/s m* (<lat *dúrus,a,um*) **1** Que não quebra/não se deixa riscar/Rijo/Consistente. **Ex.** Esta pedra é tão ~a que é difícil de trabalhar. Que bife tão ~! Não consigo cortá-lo. **Loc.** Trabalhar [Dar] no ~ [arduamente]. **Idi.** *Br No* ~ [Com toda a certeza]. *Um osso* ~ *de roer* [Um obstáculo difícil de vencer/Um grande problema]. **Comb.** ~ *de cabeça* [Pouco inteligente]. ~ *de ouvido* [Que ouve mal]. **Ant.** Mole; tenro. **2** Pouco confortável/Áspero/Sólido. **Ex.** Este sofá é ~, faz doer o corpo. **3** *fig* Rigoroso/Forte/Severo. **Ex.** Prevê-se um inverno muito ~. **4** *fig* Difícil/Rigoroso/Firme/Enérgico. **Comb.** *Ala* [Fa(c)ção] ~*a* «do partido». *Leis* ~*as*/rigorosas]. *Palavras* ~*as* [firmes/enérgicas]. **5** *fig* Insensível/Cruel/Implacável. **Ex.** O juiz foi demasiado ~ com o réu. **6** *gír* Pessoa que não tem medo/Pessoa violenta/Valentão/Durão. **Ex.** Os adolescentes gostam de armar em [dar a impressão de/ fingir de] ~s.

duto *Br* ⇒ ducto.

dúvida *s f* (<duvidar) **1** Hesitação entre o sim e o não sobre a verdade, a realidade dos fa(c)tos ou a decisão a tomar. **Ex.** Pareceu-me ver o teu pai na rua, mas tenho ~s (de) se seria ele. Ainda não decidi se mudo de emprego; a ~ persiste. **Comb.** ~ *metódica*/cartesiana [Método de procura da verdade por eliminação progressiva das (in)certezas]. *Sem (sombra de)* ~ [Com (toda a) certeza]. **2** Falta de certeza/Hesitação/Indecisão. **Ex.** Não sei em quem irei votar. O último comício deixou-me na ~. As meias-palavras do médico levantaram-me muitas ~s quanto à gravidade da doença. **3** Desconfiança/Suspeita. **Ex.** Não tenho provas de quem me tirou o dinheiro, mas as minhas ~s recaem sobre a empregada. **4** Falta de crença/Ce(p)ticismo. **Ex.** Vivia angustiado com ~s de fé. A leitura da sentença levantou ~s a muita gente sobre a honestidade do juiz. **5** Falta de compreensão/esclarecimento/Dificuldade. **Ex.** É na matemática que tenho mais ~s. Hoje a aula é para tirar ~s. **6** Obje(c)ção/Obstáculo/Impedimento. **Ex.** Gosto muito dela; a minha ~ [incerteza] é a família. Ninguém levantou ~s quanto à viabilidade do proje(c)to.

duvidar *v t/int* (<lat *dúbito,áre*) **1** Não acreditar/Achar improvável/Não estar convencido. **Ex.** Duvido que o meu filho tenha roubado. A experiência diz-nos que devemos ~ (do cumprimento) das promessas eleitorais. **2** Ter dúvidas/Desconfiar/Suspeitar. **Ex.** O funcionário duvidou da autenticidade dos documentos. Começou a ~ da lealdade dos sócios. **3** Estar cé(p)tico/Não ter a certeza/Hesitar. **Ex.** Quando lhe perguntaram se os assaltantes eram três ou quatro ele duvidou. Tu dizes que ele vem hoje? Eu duvido. **4** Não ter confiança/Não estar convencido/Ter pouca vontade. **Ex.** Apresentou a candidatura duvidando sempre de que ela fosse aceite. Levantou-se tarde pois duvidou muito de se iria trabalhar nesse dia. **5** Não estar esclarecido/Questionar-se na procura da verdade. **Ex.** Duvidava de se existiria vida para além da morte. Tomé (O apóstolo) duvidou de que Cristo tivesse ressuscitado.

duvidoso, a (Ôso, Ósa, Ósos) (<dúvida + -oso) **1** Que levanta dúvidas/Incerto. **Comb.** *Eficácia* ~*a* dum remédio. *Resultado* ~. *Tempo* ~. **Ant.** Indubitável; certo. **2** Hesitante/Indeciso/Receoso. **Loc.** Continuar ~ [indeciso(+)] «sobre a escolha da carreira». **3** Que não inspira confiança/Que levanta suspeitas. **Comb.** Comportamento ~ do meu empregado. **4** Arriscado/Perigoso. **Comb.** *Caminho* [Traje(c)to] ~. *Negócio* ~. **5** Não aconselhável/De qualidade suspeita/Inconveniente. **Comb.** *Comida* (de qualidade) ~*a*. *Gosto* ~. *Restaurante* ~.

duzentos, as *num card/s 2g sing e pl* (<lat *ducénti,ae,a*) **1** Duas centenas/Cento e noventa e nove mais um. **Ex.** ~ representa-se por 200 em algarismos árabes e por CC em romanos. **2** O que numa série ocupa o ducentésimo lugar. **Ex.** Sou o (número) ~. **Comb.** Um batalhão de ~ soldados. Página ~. ⇒ dez.

dúzia *s f* (<lat *duocína* <*duodécima*+*duodecéna*) **1** Conjunto de doze unidades. **Ex.** Comprei uma ~ de pães. Quanto custa a ~ dos ovos? **Loc.** Vender «ovos» à ~ [em conjuntos de doze]. **Idi.** «poeta/doutor» *Das* ~*s* [Medíocre]. **2** Quantidade imprecisa: pequena, no singular e grande, no plural. **Ex.** Na festa, haveria (para aí [à volta de/cerca de]) uma ~ de pessoas. Tenho umas (boas) ~s de [tenho muitos] livros policiais. **Comb.** *pop* «tenho parentes» Às ~s [Em grande quantidade]. *fam Meia* ~ *de* [Poucos] turistas.

DVD Sigla do ing *Digital Versatile Disc*: disco digital versátil. *Info* Tipo de disco de dupla face, com elevada capacidade de memória, destinado ao armazenamento de dados, sob forma digital, gravação de música e, sobretudo, de programas vídeo.

dzeta (Zé) *s m* (<gr *zeta*) ⇒ zeta.

e¹ (É) *s m* (<lat *e*) **1** Quinta letra e segunda vogal do alfabeto português. **Ex.** A vogal ~ admite várias pronúncias quando não tem acento gráfico, como nas palavras: *re(c)to, medo, pedal, edição, lenha*. **2** *maiúsc* Símbolo do ponto cardeal Este. **3** *Quím* Símbolo do ele(c)trão. **4** *Fís* Símbolo de energia. **5** *maiúsc Lóg* Símbolo de proposição universal negativa. **6** Quinta posição numa ordenação alfabética. **Ex.** Ele mora no n.º 22 – E da Av. das Descobertas. A alínea ~ [e)] do art.º 5.º deste decreto-lei contempla [trata] essa situação.

e² (I) *conj* (<lat *et*) **1** Indica adição, ligando numerais, palavras, constituintes de frase ou frases que têm o mesmo valor sintá(c)tico. **Ex.** Três ~ dois são cinco. Chamei a Maria ~ o João. Um livro interessante ~ boa música proporcionam-nos uma tarde agradável. Porque estava cansado ~ (porque) me sentia um pouco indisposto, resolvi dormir a sesta. **2** Indica ideia contrária à apresentada antes. **Ex.** Eu tento ajudá-lo ~ ele nada [não colabora]. **Sin.** Contudo; mas(+); porém; todavia. **3** Iniciando um período, pode exprimir indignação ou espanto. **Ex.** E anda uma pessoa a fazer sacrifícios para isto! E não é que [Contra o que seria de esperar] tudo foi resolvido sem problemas de maior?! **4** «ligando duas formas de plural de uma palavra» Indica uma ou grande quantidade ou diferenciação. **Ex.** Levei horas ~ horas a pensar na melhor solução para o problema. Há pessoas ~ pessoas [As pessoas são todas diferentes], não se pode confiar em qualquer um.

e- *pref* (<lat *e(x)*<gr *éks*: de) Significa movimento de dentro para fora (⇒ ~manar; ~migrante). **Sin.** Ex-.

-ear *elem* (<lat *-idiáre*: significa a(c)ção, processo ou situação) Ex. chat~; clar~; rar~.

ebanista *s 2g* (<ébano + -ista) Especialista no fabrico de móveis de luxo. **Sin.** Entalhador; marceneiro(+).

ebanite *s f* ⇒ ebonite.

ébano *s m Bot* (<gr *ébenos*) Árvore da zona equatorial, da família das ebenáceas, que fornece madeira nobre, muito dura, pesada e escura; *Diospyros ebenum*. **Comb.** Cabelo de ~ [muito negro e brilhante]. (Madeira de) ~. **Sin.** Pau-preto.

ebe[a]náceo, a *adj/s Bot* (<ébano + -áceo) (O) que é relativo ou pertence às ebenáceas, família de plantas que fornecem madeira valiosa, dura, geralmente negra; *Ebenaceae*. **Ex.** O diospireiro [Br caquizeiro] é (um) ~.

ébola *s m* (<?) **1** *Med* Virose muito contagiosa, geralmente mortal, que provoca febres altas e hemorragias. **2** *Biol* Vírus causador dessa doença.

ebonite *s f Quím* (<ébano + -ite) Substância dura e negra, obtida por vulcanização da borracha, utilizada sobretudo na indústria elé(c)trica.

eboraria *s f* (<eborário) Arte de esculpir o marfim.

eborário, a *s* (<lat *eborárius*<*ébur,oris*: marfim) Pessoa que trabalha o marfim.

ebóreo, a *adj* (<lat *ebóreus*<*ébur,oris*: marfim) Feito de marfim. **Sin.** Ebúrneo(+).

ébrio, a *adj/s* (<lat *ébrius*; ⇒ embriaguez) **1** (O) que ingeriu [habitualmente ingere] bebidas alcoólicas em excesso. **Ex.** O ~ ia pela rua a cambalear. **Sin.** Bêbedo(+); *fam* borracho; embriagado. **2** Que está possuído de forte emoção ou de um desejo incontrolável/Cheio. **Ex.** ~ de ódio [poder/sangue] matou todos os adversários. **Sin.** Alucinado; apaixonado.

ebulição *s f* (<lat *ebullítio,ónis*) **1** Formação tumultuosa de bolhas à superfície de um líquido, por aquecimento. **Ex.** Durante a ~, a temperatura do líquido mantém-se inalterável. **Sin.** Fervura. **2** *fig* Agitação/Efervescência/Excitação. **Ex.** Com o golpe militar [a subida dos preços] o país está (todo) em ~.

ebulidor *s m* (<ebulir + -dor) Órgão anexo a algumas caldeiras de vapor/Cafeteira elé(c)trica.

ebuliente *adj 2g* (<lat *ebúlliens,éntis* <*ebúllio,íre*: ferver) Que ferve/Fervente.

ebuliómetro [*Br* **ebuliômetro**] [**ebulioscópio**] *s m* (<ebulir + ...) Aparelho para medir a variação da temperatura de ebulição de um líquido quando nele se dissolve uma substância não volátil.

ebulir *v int* (lat *ebúllio,íre*) ⇒ ferver.

ebúrneo, a *adj* (<lat *ebúrneus*) «estatueta/crucifixo» De marfim (+). **Comb.** *poe* Colo [Ombros] ~(s). ⇒ Costa do Marfim.

ec- *pref* (<gr *éks*: fora de) Significa movimento para fora ou localização exterior) (⇒ ecdé[ê]mico; ecletismo). **Sin.** Ex-; e-.

-eca *suf* (< ?) Significa pequeno [sem importância] (⇒ son~; loj~) ou desprezo (⇒ padr~). ⇒ -eco, a.

ecdémico, a [*Br* **ecdêmico**] *adj* (<gr *ekdémos*: estrangeiro + -ico) «doença» Cuja origem é [veio] de fora. **Ant.** Endé[ê]mico.

ecdise *s f Zool* (<gr *ékdusis*: a(c)ção de se despir) Processo de muda ou eliminação do exosqueleto «pelos/pele (da cobra)».

ecdótica *s f* (<gr *ékdotos*: abandonado + -ico) Ciência que, por um trabalho hermenêutico ou de exegese, procura chegar à reda(c)ção original de um texto.

-ecer *elem* (<lat *-escere*; significa a(c)ção ou processo) Ex. Fortalecer; enriquecer.

echarpe *s f* (<fr *écharpe* <lat *scirpus*: «saco(la) de» junco) Faixa longa de tecido, geralmente comprida e leve, para usar ao pescoço ou sobre os ombros. **Ex.** Como estava [fazia] frio, achou bem pegar na ~.

éclair *fr* ⇒ ecler; fecho (ecler/corrediço).

eclampse, eclampsia *s f Med* (<gr *éklampsis*: brilho súbito) Doença de mulher grávida ou parturiente, que se manifesta por convulsões e hipertensão.

eclético, a *adj/s* [= ecléctico] (<gr *eklektikós*: que escolhe) (O) que integra elementos/contributos de diversa origem. **Comb.** Um autor ~, sem originalidade.

ecletismo *s m* [= eclectismo] (<eclé(c)tico + -ismo) **1** *Fil* Mundividência que integra elementos retirados de diversas doutrinas. **Sin.** Sincretismo(+). **2** Atitude de escolha do que parece melhor em cada caso, sem sujeição a (quaisquer) princípios rígidos. **3** *Arquit* Tendência para a conciliação de vários estilos do passado.

ecler *s m Cul* (<fr *éclair*) Bolo pequeno alongado, feito de massa cozida, com recheio de chocolate ou creme. ⇒ fecho (ecler/corrediço).

eclesial *adj 2 g Rel* (<lat *ecclésia*: assembleia + -al) Relativo à Igreja. **Ex.** É um cristão com (um grande) sentido ~ [de Igreja].

eclesiástico, a *adj/s m* (<lat *ecclesiásticus*) **1** Relativo à Igreja ou ao clero. **Comb.** *Direito* ~. *Foro* ~. *Tribunal* ~. **2** *s m* ⇒ sacerdote; clérigo; padre.

eclímetro *s m* (<gr *ékklima*: inclinação + -metro) Aparelho para medir as diferenças de nível do terreno.

eclipsar *v t* (<eclipse + -ar¹) **1** *Astr* Causar o eclipse de um astro. **Ex.** A Lua eclipsa o Sol. **2** Retirar o brilho/Obscurecer/Ocultar/Esconder. **3** *fig* Fazer esquecer/Superar/Exceder/Vencer. **Ex.** Este artista, com aquela série de exibições memoráveis, acabou por ~ todos os outros [deixou todos os outros eclipsados]. **4** ~-se/Ocultar-se/Desaparecer. **Ex.** A meio da festa eclipsou-se [desapareceu/sumiu], ninguém o viu mais [o tornou a ver].

eclipse *s m* (<gr *ékleipsis*) **1** *Astr* Ocultação temporária de um astro, parcial ou total, por interposição de um outro entre ele e o observador ou entre ele e o astro que o ilumina. **Ex.** Alguns ~s, quando anunciados como especiais, despertam grande curiosidade entre o público. **Comb.** ~ *da Lua*. ~ *do Sol*. ~ *parcial*. ~ *total*. **2** *Náut* Período em que se apaga a luz intermitente de um farol de navegação. **3** *fig* Declínio intelectual ou apagamento de alguém ou de alguma coisa. **Ex.** A popularidade deste artista passou nos últimos tempos por um inesperado ~. **4** *fig* ⇒ desaparecimento; ausência.

eclíptica *s f Astr* (<gr *ekleiptikós,é,ón*: sujeito a [linha dos] eclipses) Círculo máximo da esfera celeste que o Sol parece descrever num ano, no seu movimento aparente. **Ex.** A ~ forma [faz] com a linha do equador celeste um ângulo de 23º 27'30''.

eclíptico, a *adj Astr* (<gr *ekleiptikós*) Que é relativo a eclipses ou à eclíptica.

eclodir *v int* (<lat *exclúdo*<*excláudo,ere*, *áusum*: sair donde estava fechado) **1** Aparecer subitamente/Surgir. **Ex.** Entre a população da região eclodiu um surto de gripe que chegou a causar alarme. Temia-se que eclodisse uma revolta dos populares. **2** Desabrochar/Desenvolver-se.

écloga *s f Liter* (<gr *eklogé*: escolha) Composição poética pastoril «de Virgílio», geralmente em diálogo. **Sin.** Bucólica; idílio.

eclosão *s f* (<eclodir) **1** A(c)to ou efeito de eclodir. **2** Abertura do que estava fechado/Libertação do que estava oprimido. **Ex.** Quando a ditadura acabou, houve a ~ de sentimentos de vingança. **3** Aparecimento/Crescimento/Desenvolvimento. **Comb.** A ~ [O aparecimento] de novos talentos [sábios/artistas/cientistas]. **4** *Zool* Saída (do novo ser) do ovo ou do invólucro/Nascimento. **Ex.** Para o miúdo, assistir à ~ dos ovos pelos pintainhos foi o melhor espe(c)táculo que podia ter.

eclusa *s f* (<fr *écluse*: comporta <lat *exclusa aqua;* ⇒ eclodir) Sistema de comportas que permitem ao barco vencer grandes desníveis das águas num rio «com barragens», num canal entre lagos ou oceanos. **Ex.** Em várias barragens do Rio Douro (Portugal) há ~s para permitir a navegação até cerca de duzentos quilómetros da foz. As várias ~s do Canal do Panamá permitem a passagem dos barcos entre dois oceanos com grande desnível das águas.

eco (É) *s m* (<gr *ekhó*) **1** *Fís* Repetição de um som por reflexão de ondas sonoras, quando encontram um grande obstáculo a certa distância. **Ex.** Para que um ouvido capte o ~, é preciso que esteja pelo menos à distância de 17 metros do obstáculo que o provoca. A acústica de uma sala grande deve evitar o ~. O nosso grito fazia ~ no vale [na cisterna]. ⇒ 7. **2** Som produzido por essa reflexão/Reprodução. **Loc.**

«alguém» Fazer-se ~ de «alguma coisa» [Propor-se divulgar] (Ex. Ele fez-se ~ [falou] das injustiças cometidas contra aquela pobre gente). **3** Rumor/Boato/Notícia/Fama. **Ex.** Os ~s daquela ignomínia [vergonha] chegaram à capital. **4** *fig* Recordação/Lembrança. **Ex.** Ao entrar naquele sótão, pela minha mente passaram os ~s da minha meninice. **5** *fig* Boa aceitação/Acolhimento. **Ex.** O discurso teve ~ [ressonância] em todo o país. A pretensão dos trabalhadores encontrou ~ na [foi aceite pela] administração da empresa. **Loc.** Encontrar ~ [Obter apoio].
6 Repercussão/Reflexo/Consequência. **Ex.** Os sucessivos requerimentos dos injustiçados acabaram por ter ~ nas decisões dos governantes. **7** *Fís* Onda ele(c)tromagnética emitida por posto de radar que é refle(c)tida por um obstáculo. ⇒ **1**. **8** *Gram* Sequência de palavras com o mesmo som. **Comb.** Palavras em ~ «a atrapalhação do rapagão diante do patrão naquela ocasião não era ilusão» desagradáveis ao ouvido. Rima bonita em ~ «Quem me dera, dera, dera/Estar sempre a dar, a dar/Beijinhos a três e três/Abraços a par e par».

-eco, a *elem* (< ?) Exprime a noção de diminutivo, geralmente depreciativo. ⇒ andar~; livr~.

ecoar *v int* (<eco + -ar) **1** *Fís* Repetir-se (várias vezes) um som depois da audição original/Fazer eco. **Ex.** O trovão ecoava na serra [entre os montes], num ribombar medonho. **2** *fig* Fazer eco/Ressoar. **Ex.** O discurso dele ecoou [ressoou] em todo o país. **3** *fig* Ter aceitação/acolhimento. **Ex.** O drama da pobre mulher ecoou na consciência da comunidade, que promoveu uma campanha de solidariedade. **4** *fig* Ser comentado/falado. **Ex.** O escândalo acabou por ~ em toda a região.

ecocardiografia *s f Med* (<eco + ...) Determinação e regist(r)o da estrutura e funcionamento do coração através de ecografia.

ecocardiograma *s m Med* (<eco + ...) Ecografia do coração.

ecocentro ⇒ ecoponto.

ecografia *s f Med* (<... + -grafia) Técnica de visualização da estrutura e funcionamento de órgãos internos por reflexão de ultrassons.

ecográfico, a *adj* (<ecografia + -ico) Relativo a ecografia.

ecoloc(aliz)ar *v t* (<eco + ...) Determinar o local ou a distância de uma coisa por meio de ondas ultrassó[ô]nicas ou ele(c)tromagnéticas. ⇒ ecometria.

ecologia *s f* (<gr *oíkos*: casa + -logia) **1** Ciência que estuda as relações dos seres vivos com os fa(c)tores não biológicos do seu meio. **2** Estudo das relações entre o homem e o seu meio físico, social, econó[ô]mico e cultural/~ humana. **3** Defesa/Prote(c)ção do meio natural. **Ex.** As preocupações com a ~ cara(c)terizam a nossa época.

ecológico, a *adj* (<ecologia + -ico) **1** Relativo a ecologia. **Ex.** É bom que as crianças das escolas manifestem preocupações ~as. **Comb.** Questões ~as. **2** Que protege [não prejudica] o ambiente, por não poluir (tanto como outros). **Comb.** (Auto)carro ~.

ecologista *adj/s 2g* (<ecologia + -ista) **1** Relativo à defesa do equilíbrio entre os seres vivos e o meio. **Comb.** *Movimento ~. Organização ~. Partido ~*. **2** O que se dedica ao estudo da ecologia. **Ex.** Ele é um grande [famoso] ~. **3** Pessoa empenhada em defender/proteger o ambiente.

Ex. Eu sou ~, ponho [jogo] no ecoponto tudo o que é reciclável.

ecometria *s f* (<eco + -metria) Técnica de calcular a distância e a localização com base no eco.

ecómetro [*Br* ecômetro] *s m* (<eco + -metro) **1** *Fís* Régua graduada usada em ecometria. **2** Aparelho para medir o (intervalo de) tempo entre a emissão de um som e o seu eco.

economato *s m* (<ecó[ô]nomo + -ato) **1** Função de ecó[ô]nomo. **2** Escritório de ecó[ô]nomo.

econometria *s f Econ* (<economia + -metria) Estudo dos fenó[ô]menos econó[ô]micos com base em dados estatísticos e matemáticos.

economia *s f* (<gr *oikonomía*: administração de uma casa) **1** Arte de administrar «uma casa, uma empresa». **Comb.** ~ *doméstica* [da casa/que gere o orçamento familiar]. *idi* ~ *de palitos* [de poupar em coisas insignificantes]. **2** Ciência que trata das leis que regem a produção, distribuição e consumo de bens e serviços. **Loc.** *Estudar ~. Formar-se em ~*. **Comb.** ~ *política* [que estuda as relações entre a ~ e a política e a sua influência nas instituições sociais]. *Curso superior de ~*. **3** Conjunto [Organização] das unidades produtivas de bens e serviços de um país. **Ex.** O peso dos serviços na ~ do país tem vindo a aumentar. **Comb.** ~ *aberta* [que é muito dependente do exterior, quer nas importações, quer nas exportações]. ~ *capitalista* [individualista/livre]. ~ *dirigida* ⇒ ~ planificada. ~ *fechada* [que é quase autossuficiente, com poucas importações e exportações]. ~ *mista* [em que o capital das empresas é em parte do Estado e em parte de privados]. ~ *de mercado* [em que os agentes econó[ô]micos decidem segundo os seus interesses, sendo mínima a intervenção do Estado]. ~ *nova* [que utiliza programas informáticos]. ~ *paralela* [invisível/informal/subterrânea/que foge à tributação]. ~ *planificada*/dirigida [que obedece a um plano global elaborado pelo Estado]. ~ *de subsistência* [que só produz [consegue produzir] para consumo próprio].
4 Eficiente aproveitamento dos recursos disponíveis. **Comb.** ~ *de escala* [de produção em larga escala e bom uso de meios para diminuir os gastos]. **5** Organização das partes de um todo. **Ex.** A ~ do romance exigiu o recurso a figuras e imagens que poderão chocar alguns leitores. ⇒ economicidade. **6** Moderação nas despesas ou no consumo. **Ex.** O tempo é de crise, é indispensável a [fazer] ~ para não comprometer o futuro. **Sin.** Poupança. **7** Uso moderado, evitando o desperdício. **Ex.** Importa [É preciso] fazer ~ do esforço, pois a caminhada (ainda) vai ser longa. **Comb.** ~ *de tempo*. **8** *pl* Dinheiro (acumulado em resultado de poupanças)/Capital/Riqueza. **Ex.** Tenho umas ~s que pretendo investir em negócio rentável. **Loc.** Ter muitas [(umas) boas] ~s [Ter muito dinheiro]. **Comb.** ~s exageradas [Unhas de fome].

economicidade *s f* (<econó[ô]mico + -idade) **1** Qualidade do que é econó[ô]mico. **2** Relação entre o custo e o benefício de um proje(c)to «público». ⇒ economia **5**.

economicismo *s m* (<econó[ô]mico + -ismo) Valorização exagerada dos aspe(c)tos econó[ô]micos. **Ex.** A oposição criticou o ~ obsessivo das medidas tomadas pelo governo para a educação e a saúde.

economicista *adj 2g* (<econó[ô]mico + -ista) Relativo ao economicismo/Que sobrevaloriza os aspe(c)tos econó[ô]micos.

Ex. Uma visão ~ dos problemas educativos pode comprometer o futuro dos jovens.

económico, a [*Br* econômico] *adj* (<gr *oikonomikós*: do [hábil no] governo da casa) **1** Relativo à economia. **Ex.** As questões ~as têm vindo a ganhar importância para o povo. **2** Relativo aos meios materiais de que se dispõe numa gestão. **Ex.** Parece que aquela família está a passar por dificuldades ~as. **Comb.** *Condições ~as. Grupo ~* [Empresa que detém a(c)ções de outras empresas, dominando a sua a(c)tividade]. *Problemas ~os. Situação ~a*. **3** Relativo à ciência que estuda a produção, distribuição e consumo de bens e serviços. **Comb.** *História ~a. Teoria ~a*. **4** Que custa pouco «dinheiro». **Ex.** Agora as viagens de avião (até) são ~as. **Comb.** Cozinha ~. **5** Que modera/reduz os gastos. **Sin.** Poupado(+). **Ant.** Gastador. **6** Que permite poupar. **Comb.** *Caixa ~a. Medida ~a*.

economista *s 2g* (<economia + -ista) **1** Especialista em economia. **2** Pessoa que trata de questões econó[ô]micas e sociais.

economizar *v t* (<economia + -izar) **1** Gastar com moderação. **Ex.** Em tempos de seca importa ~ água. **2** Gastar menos do que se ganha/Fazer economias. **Ex.** Com o que economizou, pôde comprar um novo frigorífico.

ecónomo, a [*Br* ecônomo] *adj/s* (<gr *oikonómos*: o que governa a casa) (O) que administra financeiramente uma casa grande ou uma instituição. **Sin.** Mordomo. ⇒ despenseiro; administrador.

ecoponto [ecocentro] *s m* (<gr *oíkos*: casa + ponto) Conjunto de contentores de recolha sele(c)tiva de resíduos domésticos, como vidro, papel, pilhas. **Ex.** Tem já um grande saco de garrafas de vidro para colocar no ~, revelando preocupações ecológicas.

ecossistema *s m Biol* (<gr *oíkos*: casa + sistema) Sistema relativamente estável que inclui o ambiente e os animais e plantas que nele vivem, estabelecendo-se relações recíprocas.

ecrã [écran] *s m* (<fr *écran*) **1** Superfície branca onde se proje(c)tam imagens fixas ou em movimento. **2** Tela de cinema. **Comb.** O grande ~. **3** *fig* Arte cinematográfica. **4** Superfície fluorescente em que se forma a imagem de televisão. **Ex.** O ~ do meu televisor tem dimensões reduzidas. **Comb.** O pequeno ~. **5** *Info* Aparelho para visualizar a informação do computador. **6** *Fot* Chapa de vidro de várias cores para sele(c)cionar os raios luminosos da fotografia colorida.

ecstasy *ing* (<gr *ékstasis*: êxtase, pasmo) Droga que é mistura de alucinogé[ê]neos e estimulantes, provocando grande euforia e desinibição/Anfetamina sintética. **Ex.** Parece que tem vindo a crescer o consumo de ~ nas discotecas, com grave perigo para a saúde dos jovens.

ectasia *s f Med* (<gr *éktasis*: dilatação) Doença em que há dilatação anormal de um órgão oco, canal ou vaso «sanguíneo». **Ex.** A radiografia ao tórax revelou ~ do coração. **Comb.** ~ arterial ⇒ aneurisma.

ectlipse *s f Ling* (<gr *éktlipsis*: esmagamento) Elisão do *m* final de uma palavra quando a (palavra) seguinte é iniciada por vogal; por ex.: *com a* = *coa* [co'a]; *com o* = *co*. **Ex.** Em poesia, a ~ explica-se por exigências métricas.

ectoderma[e] *s m Zool* (<gr *ektós*: por fora + *dérma*: pele) Folheto mais externo do

embrião, que dá origem à pele, ao sistema nervoso, aos órgãos dos sentidos, …

ectoparasita *s m Biol* (<gr *ektós*: por fora + …) Parasita que vive à superfície do corpo do hospedeiro. **Ex.** O piolho é um ~. **Sin.** Ectozoário.

ectopia *s f Med* (<gr *ek*: fora de + *tópos*: lugar + -ia) Anomalia de um órgão não ocupar o lugar habitual. ⇒ ectópico.

ectópico, a *adj Med* (<ectopia + -ico) «órgão/embrião» Que está fora do seu lugar habitual. **Comb.** Gravidez ~a [fora do útero].

ectoplasma *s m Biol* (<gr *ektós*: por fora + *plasma*: modelação) **1** Parte periférica do citoplasma celular. **2** *Parapsicologia* Emanação visível vinda do corpo de um *médium*.

ectozoário *s m Zool* (<gr *ektós*: por fora + *zoárion*: animalzinho) «carraça» Animal que vive na superfície do corpo do hospedeiro. **Sin.** Ectoparasita.

ectrópio *s m Med* (<gr *ektrópion*: reviramento da pálpebra) **1** Reviramento das pálpebras para fora. **2** Reviramento da mucosa do colo do útero.

ecúleo *s m* (<lat *equúleus*: cavalete) **1** Antigo instrumento de tortura em forma de cavalo/Potro de madeira. **2** *fig* Grande sofrimento/Tormento.

ecuménico, a [*Br* **ecumênico**] *adj* (<gr *oikoumenikós*: da terra habitada, de toda a terra) **1** Que se refere a toda a Terra. **Sin.** Universal. **2** *Rel* Que reúne gente «bispos católicos» vinda de toda a parte. **Comb.** Concílio ~ «Vaticano II (Segundo)». **3** Que reúne pessoas que professam diferentes credos ou ideologias.

ecumenismo *s m* (<ecumé[ê]nico + -ismo) **1** *Rel* Movimento para a [tendente à] união de todas as igrejas cristãs. **Ex.** Durante o séc. XX, o ~ fez grandes progressos. **2** ⇒ universalismo; cosmopolitismo; globalização.

eczema *s m Med* (<gr *ékzema,atos*: inchaço <*ek*: fora + *zéo*: ferver) Doença da pele, aguda ou cró[ô]nica, em que há um processo inflamatório com aparecimento de vesículas, prurido ou escamação.

eczematoso, a (Ôso, Ósa) *adj/s* (<eczema + -oso) (O) que tem eczema.

edaz[**ace**] *adj 2g* (<lat *édax,ácis*: comilão) ⇒ voraz; voracidade.

edema *s m Med* (<gr *oídema,atos*: inchaço) Inchaço por acumulação excessiva de líquido nos tecidos do organismo. **Comb.** ~ *cardíaco*. ~ *cerebral*. ~ *da córnea*. ~ *linfático*. ~ *da pálpebra*. ~ *(agudo) pulmonar* [do pulmão]. **Sin.** Hidropisia.

edemático [**edematoso**]**, a** *adj Med* (<edema + …) Que tem edema.

éden *s m* (<hebr *édhen*: deleite) **1** *Maiúsc* Paraíso terrestre, no relato da Bíblia sobre a criação do homem, Adão e Eva. **2** Lugar aprazível/de delícias/Paraíso. **Comb.** O eterno ~ [O Céu].

edénico, a [*Br* **edênico**] *adj* (<Éden + -ico) Relativo/Pertencente ao Éden. **Sin.** Paradisíaco(+).

edeologia *s f Anat* (<gr *aidoíon*: partes genitais <*aidós*: pudor, honra) Estudo ou tratado dos órgãos genitais.

edição *s f* (<lat *edítio,ónis* <*édo,ere,itum*: produzir) **1** A(c)to ou efeito de editar. **2** Impressão e publicação de um texto. **Ex.** A ~ de um livro está hoje muito facilitada. **Comb.** ~ *ampliada* [aumentada]. ~ *anotada* [em que o texto é acompanhado de notas para o explicar, a(c)tualizar ou completar]. ~ *crítica* [exegética, que fixa o texto original de uma obra «antiga», apresentando as variantes]. ~ *escolar* [que se destina ao estudo nas escolas]. ~ *integral* [completa]. ~ *limitada* [de/com poucos exemplares]. ~ *pirata* [que é feita sem autorização do autor ou da entidade que tem os direitos de autor]. ~ *princeps*/príncipe. *Primeira ~ de um livro*. *idi* Segunda ~ [Cópia(+)] (Ex. Este menino é a segunda ~ [é a cara] do pai). **3** Reprodução e difusão comercial de material como disco, gravura, medalha, moeda, partitura, *software*, … **4** Total de exemplares de obra [jornal/revista] que foram impressos conjuntamente. **Ex.** A 3.ª (Terceira) ~ da obra está praticamente [quase] esgotada/vendida. **5** Cada serviço de notícias na rádio ou na televisão. **Ex.** Nesta ~ foram apresentadas imagens sobre a destruição provocada pelo temporal. **6** Realização periódica e regular de uma competição de ordem cultural, artística, (d)esportiva, comercial. **Ex.** A última ~ da Superliga de futebol foi muito competitiva. **7** A(c)tividade/Função de editor. **Ex.** O nosso amigo anda sempre sujeito a um grande *stress*, pois no jornal está com a ~, o que o obriga a sair do trabalho a altas horas «da noite».

edicto ⇒ edito.

edificação *s f* (<edificar + -ção) **1** A(c)to ou resultado de edificar/construir. **Ex.** A ~ [construção] de prédios muito altos é proibida naquela zona da cidade. **Comb.** ~ *em altura*. ~ *em cimento* [concreto/betão] *armado*. **2** Edifício/Prédio. **Ex.** Aquela ~ [Aquele edifício/prédio] não se integra bem no conjunto arquite(c)tó[ô]nico da praça. **3** Lançamento ou desenvolvimento de um proje(c)to «ambicioso». **Ex.** A ~ [criação] do império [da grande empresa] foi obra de várias gerações, envolveu enorme esforço de muita gente. **4** *fig* Aperfeiçoamento moral «de alguém pelo bom exemplo». **Ex.** Este professor deu ~ a colegas e alunos com a sua pontualidade às aulas. Um bom livro pode ser um meio precioso de ~ para os jovens.

edificador, ora *adj/s* (<edificar + -dor) **1** (O) que edifica/constrói. **Sin.** Construtor(+). **2** ⇒ edificante **2** e **3**/edificativo.

edificante *adj 2g* (<edificar + -ante) **1** Que edifica/constrói. **Ex.** A empresa ~ [construtora (+)] já fez vários prédios na zona e parece-me bem credenciada/boa. **2** Que reconforta ou desperta sentimentos nobres/piedosos. **Ex.** Foi ~ ver tantos jovens mobilizarem-se para a causa do apoio aos sem-abrigo. **3** Que instrui/elucida. **Ex.** Acabei de ler um livro bem [muito] ~, que me abriu [deu] novas perspe(c)tivas sobre essa temática tão a(c)tual.

edificar *v t* (<lat *aedífico,áre*: edificar «moralmente», fundar <*aedes fácio*) **1** Levantar uma construção a partir do solo. **Ex.** Antes de ~, tem de se entregar o proje(c)to arquite(c)tó[ô]nico na Câmara Municipal [na Prefeitura] e obter a licença de construção. **Idi.** ~ *na areia* [Desbaratar recursos/A(c)tuar de forma leviana]. ~ *sobre rocha* [Ser previdente/A(c)tuar com garantia segura]. **2** Criar(+)/Fundar/Instituir. **Loc.** ~ uma teoria. **3** Incentivar à perfeição moral. **Ex.** Os professores devem ~ os alunos com o seu exemplo «de dedicação». **Loc.** Aconselhar leituras que edificam, que formam os jovens.

edificativo, a *adj* (<edificar + -tivo) ⇒ edificante **2** e **3**.

edifício *s m* (<lat *aedifícium*) **1** Obra/Construção de certa importância. **Ex.** Esse serviço público [Essa repartição] fica num ~ de vários andares, na Praça da Liberdade. **Comb.** ~ *inteligente* [equipado com novas tecnologias de gestão de energia, de comunicação e de segurança]. **Sin.** Imóvel; prédio. ⇒ casa. **2** *fig* Algo cuja elaboração exigiu grande reflexão e empenho/Obra(+). **Ex.** Isto foi um ~ [trabalho/estudo] complicado/difícil. **3** *fig* Todo em que as partes se articulam harmoniosamente. **Comb.** O ~ *social*.

edil *s m* (<lat *aedílis*) **1** *Hist* Antigo magistrado romano com funções sobretudo de inspe(c)ção e fiscalização. **2** Magistrado municipal/Vereador(+). **Ex.** A defesa dos interesses dos munícipes é o que se espera de um bom ~ [de todos os edis].

edilidade *s f* (<edil + -idade) **1** Função de edil. **2** Conjunto dos vereadores de uma câmara [assembleia] municipal. **Ex.** A ~ está empenhada em resolver os problemas do município.

edipiano, a *adj/s Psic* (<antr mit Édipo «herói de tragédia grega» + -ano) **1** Que se refere a Édipo ou ao complexo de Édipo. **2** (O) que sofre do complexo de Édipo.

édipo *s m* (<gr *Oidípous*: Édipo, herói de tragédia grega) **1** Decifrador de enigmas. **Sin.** Charadista(+). **2** O que sofre do complexo de Édipo. ⇒ edipiano.

edital *s/adj m* (<édito + -al) **1** Documento oficial afixado em lugar público para conhecimento geral e dos interessados. **Ex.** O ~ fixa o prazo em que se pode apresentar qualquer reclamação. **2** Relativo a édito. **3** Que se divulga por anúncio ou por afixação em lugar público ou na imprensa. **Ex.** Vi no jornal um ~ que anuncia um leilão oficial que pode interessar-nos.

editar *v t* (<lat *édo,ere,itum*: produzir) **1** Reproduzir e divulgar. **Ex.** A empresa discográfica vai ~ um álbum de música de jazz que com certeza vai ter grande sucesso. **Loc.** ~ um filme [uma obra literária/uma gravura/*software*/…]. **2** Preparar para publicação/Fazer a edição. **3** *Info* Imprimir um texto escrito [montado] em programa de processador.

edito *s m* [= edicto] (<lat *edíctum*: ordem, mandado <*edíco,ere,díctum*: mandar, ordenar ⇒ édito) **1** *Dir* Parte da lei que contém as determinações a cumprir. **2** Qualquer preceito legal concreto, particular e nunca publicado em editais. **Sin.** Ordem.

édito *s m Dir* (<lat *éditus*: publicado <*édo, ere, ditum*: produzir, publicar) Declaração de autoridade superior ou judicial publicada em editais ou na imprensa/Anúncio geral. **Sin.** Notificação; reclamo; o fazer saber ao público. ⇒ edi(c)to.

editor, ora *adj/s* (<lat *éditor,óris*: o que produz) **1** (O) que edita/publica. **Comb.** ~ *de arte* [Pessoa responsável pela parte gráfica e visual de uma publicação]. ~ *crítico* [que organiza a edição crítica de um texto]. ~ *responsável* [Coordenador de um jornal ou revista/Responsável juridicamente pelo conteúdo de uma publicação]. ~ *de texto* **a)** Pessoa responsável pela preparação [organização] de obra ou cole(c)ção a publicar; **b)** *Info* Programa de computador para criar e alterar texto. *(Casa). Sociedade ~a*. **2** Pessoa que sele(c)ciona e prepara um conjunto coerente de textos de vários autores para publicação. **3** Jornalista responsável por uma se(c)ção de órgão de informação.

editora (Tô) *s f* (⇒ editor) Empresa que edita livros e outras publicações. **Ex.** As cole(c)ções da responsabilidade dessa ~ costumam ter qualidade e muito interesse. **Sin.** Editorial; casa ~.

editoração *s f* (<editorar + -ção) **1** Preparação de um texto para publicação. **2** Conjunto de a(c)tividades próprias de um editor. **Ex.** Cabem [Entram] na ~ a sele(c)-

ção, preparação e revisão dos originais, a compra dos direitos de autor, a escolha da capa, a comercialização da edição, ...

editorar *v t* (<editor + -ar¹) **1** ⇒ editar. **2** «a editora» Desenvolver as a(c)tividades ligadas à publicação de uma obra.

editoria *s f* (<editor + -ia) Se(c)ção de órgão de informação a cargo de um editor. **Comb.** A ~ dos desportos [de esportes].

editorial *adj/s 2g* (<editoria + -al) **1** ⇒ editora. **2** Referente a editor ou a edição. **Comb.** *Estatuto ~. Política ~*. **3** Que edita/publica. **Comb.** *Empresa ~*. **4** *s m* Artigo em que a dire(c)ção de órgão de informação expressa o seu ponto de vista sobre um tema a(c)tual. **Ex.** O motivo por que muita gente comprava então aquele jornal era a excelente qualidade dos seus editoriais.

editorialista *s 2g* (<editorial + -ista) Pessoa que escreve o editorial ou artigo de fundo de uma publicação.

-edo *elem* (<lat *-etum*) Exprime, sobretudo, as noções de reunião/conjunto (Ex. arvoredo/fraguedo) e de a(c)ção (Ex. brinquedo/bruxedo).

edredão, edredom *s m* (<fr *édredon* <islandês *aedardun*: penugem do êider) Cobertura acolchoada da cama. **Ex.** O ~ apresenta maior conforto e é mais eficaz contra o frio (do) que os velhos cobertores. **Sin.** Acolchoado.

-edro *suf* (<gr *hédra*: todo o obje(c)to que serve de assento; e daí *lado, face*; ⇒ plani~; poli~; cátedra).

educabilidade *s f* (<educável + -dade) Aptidão para [Possibilidade de] ser educado/Qualidade do que é educável.

educação *s f* (<lat *educátio,ónis*: a(c)ção de criar ou nutrir, cultivo) **1** (Processo que visa o desenvolvimento intelectual, moral e físico de alguém. **Ex.** É pela ~ que a criança e o jovem conseguem a sua inserção na sociedade. **2** Transmissão ou aquisição de conhecimentos e aptidões/Formação/Instrução. **Ex.** A ~ deve ser uma das principais preocupações num Estado democrático. **Comb.** *~ artística*. *~ cívica* [para a cidadania/para ser bom cidadão] (⇒ **4**). *~ especial* [de menores com alguma deficiência]. *~ física* [Disciplina escolar que visa o desenvolvimento corporal e as capacidades motoras]. *~ moral* [para ser bom]. *~ musical*. *~ permanente* [Formação contínua pela a(c)tualização de conhecimentos]. *~ primária*. *~ religiosa*. *~ sexual*. *Encarregado de ~* [Responsável «familiar» principal dum menor em idade escolar]. *Ministério da ~*. **Sin.** Instrução; ensino. **3** Desenvolvimento de uma faculdade. **Ex.** A ~ da vontade no jovem é fundamental para o seu futuro. **Comb.** *~ da memória*. *~ do intestino*. **4** Conhecimento e prática das normas de civilidade vigentes no meio social. **Ex.** É um jovem de muito boas maneiras [com muita ~]. **Comb.** *Falta de ~* [boas maneiras] à mesa. *Homem mal-educado [sem ~]*. **Sin.** Delicadeza; polidez. **5** Adestramento de animais para determinadas funções. **Comb.** *~* [Trein(ament)o(+)] *de um cão*.

educacional *adj 2g* (<educação + -al) Relativo à educação/ao ensino. **Ex.** A definição clara de obje(c)tivos ~ais é o princípio de qualquer política educativa. **Comb.** *Política [Plano] ~*. **Sin.** Educativo.

educadamente *adv* (<educado + -mente) De maneira educada. **Ex.** Apesar da pergunta atrevida, ele respondeu ~. **Sin.** Cortesmente.

educado, a *adj* (<educar) **1** Que recebeu educação/instrução. **Ex.** Uma pessoa ~a [escolarizada/com estudos/com uma educação] tem mais hipóteses de conseguir emprego nestes tempos difíceis. **Sin.** Instruído(+). **2** Que tem educação/boas maneiras. **Ex.** Lidar com gente ~a facilita muito o nosso trabalho. **Sin.** Civilizado. **3** Cortês/Delicado. **Ex.** Pela maneira simpática como fala com toda a gente, vê-se logo que é uma pessoa muito ~a. **Sin.** Civilizado.

educador, ora *adj/s* (<educar + -dor) (Pessoa) que contribui para a formação/educação de alguém. **Ex.** Os ~res têm um papel decisivo no desenvolvimento de um país, pelo menos a longo prazo. **Comb.** *~ de infância*. ⇒ professor; instrutor.

educando, a *s* (<lat *educándus*: (o) que deve ser educado <*éduco, áre*: criar, alimentar, educar) O que recebe educação/Aluno/Discípulo. **Ex.** O professor, na relação com os ~s, deve praticar um ensino personalizado, quando possível.

educar *v t* (<lat *edúco,áre*: criar, ensinar) **1** Dar formação a alguém para uma boa integração na sociedade. **Ex.** Cabe aos pais o dever de ~ os filhos. **Loc.** *~ para a cidadania* [para ser bom cidadão]. **2** Procurar desenvolver em alguém capacidades de natureza intelectual, moral ou física/Transmitir conhecimentos. **Ex.** ~ crianças e jovens é a função dos professores. A sociedade costuma enaltecer os professores que se distinguiram no nobre papel de ~ gerações. **Sin.** Ensinar; instruir. **3** Ensinar educação [boas maneiras] a usar no trato com outrem. **Ex.** A grosseria que alguns jovens têm prazer em ostentar mostra que é necessário ~ os mais novos. **4** Amestrar/Treinar um animal «para uma função». **Ex.** A polícia também treina [se ocupa de ~] os cães para auxiliarem no combate ao crime.

educativo, a *adj* (<educar + -tivo) Relativo à educação/instrução. **Comb.** *Filme ~* [que forma ou instrui]. *Função ~a* [educadora] *dos pais*. *Programa ~o para crianças na televisão*. *Proje(c)to ~ da (nossa) escola*. *Sistema ~o do país*.

educável *adj 2g* (<educar + -vel) Que pode ser educado/ensinado. **Ex.** Não há crianças que não sejam ~veis.

edulcorante *adj/s 2g* (<edulcorar + -ante) (Substância) usada para adoçar.

edulcorar *v t* (<lat *edulcóro,áre* <*edúlco, áre*: adoçar <*dulcis,e*: doce) **1** Tornar doce (+)/Adoçar(o +). **2** *fig* ⇒ suavizar; abrandar; amenizar.

efabulação *s f* (<efabular + -ção) **1** ⇒ fabulação. **2** Conce(p)ção/Elaboração/Desenvolvimento. **Comb.** *A ~ do romance «é surpreendente/boa/fraca/genial»*.

efabular *v t* (<e- + fábula + -ar¹) **1** ⇒ fabular. **2** ⇒ conceber; elaborar; desenvolver. ⇒ efabulação.

efe (Éf) *s m* Nome da letra f, F (Tb pronunciada fê). **Idi.** *Com todos os ~s e erres* [Em pormenor/Com «exagerada/desnecessária» minúcia/Sem falha/De modo perfeito].

efebo *s m* (<gr *éphebos*: jovem) **1** *Hist* Na Grécia antiga, jovem que entrava no sistema de formação cívica ou militar. **Ex.** Na nossa viagem à Grécia, um(a) colega comprou várias estatuetas de ~s. **2** Rapaz jovem de bela aparência. **3** Adolescente(+)/Mancebo(o+).

efectivação/efectivamente/efectivar/efectividade/efectivo/efectuação/efectuar ⇒ efetivação/...

efedráceo, a *adj/s Bot* (<gr *ephédra*: cavalinha + -áceo) Relativo às ~as, plantas arbustivas dos Andes e do Himalaia, que têm dois pares de brácteas. ⇒ gnetáceo.

efedrina *s f Med* (<gr *ephédra*: cavalinha + -ina) Alcaloide extraído de plantas efedráceas, *us* sobretudo no tratamento da asma, da sinusite e da febre dos fenos.

efeito *s m* (<lat *efféctum*: produto de uma causa <*effício,ere,éctum*: executar) **1** O que resulta de uma a(c)ção ou da intervenção de uma causa. **Ex.** Todo o ~ tem uma causa. O medicamento produziu o ~ esperado, já me sinto muito melhor. **Loc.** *Fazer/Surtir ~* [Produzir o resultado esperado]. *Ter ~*. *Ter um ~ perverso* [Conduzir a um resultado contrário ao desejável]. **Comb.** *~ de bumerangue* [O "virar-se o feitiço contra o feiticeiro"/Resultado contraproducente]. *~ (de) estufa* ⇒ **7 Comb.** *~s secundários* [Perturbações «laterais» que podem surgir após a tomada de um medicamento]. *Remédio de grande ~*. **Sin.** Resultado; consequência. **2** Realização/Execução. **Ex.** Importa levar a ~ as reformas prometidas. **Loc.** *Ficar sem ~* [Não se concretizar/realizar/Não ter concretização]. *Levar a ~* [Realizar/Executar] um proje(c)to. **Comb.** *Com ~* [De fa(c)to/Na verdade/Efe(c)tivamente] «a culpa do acidente foi minha». **3** Finalidade/Obje(c)tivo. **Ex.** Deitou [Jogou] o lixo no chão sem ver que havia ali um caixote para esse ~ [para o deitar/jogar lá]. Para que ~(s) pretende [quer (que eu lhe passe)] esta declaração? – Para ~s de admissão a um concurso. **Comb.** *Para (~s de)* «poder receber a reforma». *Para os devidos ~s* [Para o que se pretende]. *Para todos os ~s* [De qualquer modo/Seja como for] «o responsável, e quem manda, sou eu». **4** Impacto/Impressão. **Ex.** O anúncio da alteração da lei teve grande ~ na mente dos trabalhadores. **Loc.** *Armar ao ~* [Tentar evidenciar-se/Chamar a atenção]. **5** Sensação imprevista. **Ex.** Os ~s de luz e de ó(p)tica são aproveitados por vezes para criar um ambiente feérico. **Comb.** *Cine ~s especiais* [Meios técnicos para simular situações que é difícil [impossível] filmar] (Ex. Os filmes com ~ especiais costumam ser do agrado da juventude). **6** *Dir* O que resulta da aplicação da lei ou de a(c)to público. **Ex.** Essa decisão governamental produz ~s no prazo de cinco dias. A decisão do tribunal sobre essa obra pública tem ~ suspensivo [obriga a pará-lo]. **Comb.** *~ recursivo* [Poder de um tribunal superior reanalisar a questão, decidindo de acordo ou contra o entendimento e decisão de outro tribunal, de que se interpôs recurso]. *~ resolutivo* [que anula um contrato]. *~ retroa(c)tivo* [que a(c)tua sobre o passado] (Ex. O aumento de vencimentos para este ano, ontem anunciado, tem ~ retroa(c)tivo a 1 de janeiro transa(c)to). *Para (todos) os ~s legais*. **7** *Fís* Resultado de um fenó[ô]meno físico. **Comb.** *Meteor ~ de estufa* [Aquecimento das camadas inferiores da atmosfera devido à poluição]. *~ fotoelé(c)trico* [Libertação de ele(c)trões pelos corpos iluminados]. *~ Joule* [Aquecimento provocado pela passagem da corrente elé(c)trica por um condutor]. **8** *Econ* Valores negociáveis, como cheques, letras, títulos, ... **Comb.** *~s bancários*. *~s comerciais*. *~s públicos* [que têm a garantia do Estado]. **9** *(D)esp* Movimento irregular imprimido à bola de modo a descrever traje(c)tória imprevista. **Ex.** A bola vinha com ~ e o guarda-redes [goleiro] teve grande dificuldade em defender [fazer a defesa].

efélide s f Med (<gr éphelis,idos) Mancha da pele que se acentua exposta ao sol. **Sin.** Sarda(+).

efemérida s f Ent ⇒ efé[ê]mero 3.

efemeridade s f (<efé[ê]mero + -idade) Qualidade do que é passageiro/transitório. **Ex.** A ~ da glória humana está patente aos olhos de todos. **Sin.** Transitoriedade. **Ant.** Perenidade. ⇒ eternidade.

efeméride s f (<gr ephemerís,ídos: de cada dia) **1** Data comemorativa de um fa(c)to. **Ex.** Todos os anos, a 25 de abril, se comemora em Portugal a ~ da Revolução dos Cravos. **2** ⇒ diário; agenda de fa(c)tos importantes ocorridos num dia do ano, ainda que em diferentes épocas e lugares. **3** pl Astr Tábuas astronó[ô]micas que, para cada dia do ano, indicam a posição dos astros/Almanaque. **4** pl Rubrica dum jornal onde se referem os acontecimentos ocorridos nessa data, em várias épocas e lugares.

efémero, a [Br **efêmero**] adj (<gr ephémeros: que dura um dia <epí: em, por, de + heméra: dia) **1** Passageiro/Transitório. **Ex.** A vida [O poder dos homens] é ~. **Ant.** Duradouro; perene. **2** Bot «flor» Que desabrocha e murcha no mesmo dia. **3** Ent Inse(c)to da classe dos ~s, de larvas aquáticas, com vida muito curta no estado adulto.

efeminação s f (<lat effeminátio,ónis: fraqueza, moleza <e- + fémina: mulher) **1** depr Processo ou resultado de efeminar(-se). ⇒ afeminação. **2** depr «no homem» Comportamento ou aspe(c)to semelhante ao do sexo feminino. **Ex.** Era desagradável a ~ dos modos dele.

efeminado, a adj/s (<efeminar) **1** (Homem) que apresenta cara(c)terísticas do sexo feminino. **Sin.** fam Maricas. **2** «homem» Que tem pouca força/Que revela moleza.

efeminar v t (<lat efférmino,áre: amolecer; ⇒ efeminação) «um homem» Assemelhar-se no comportamento ou aparência ao sexo feminino. **Sin.** fam Amaricar. ⇒ afeminar.

eferente adj 2g (<lat éfferens,éntis <e- + fero,érre: levar) Que leva de dentro para fora/do centro para a periferia. **Comb.** Fisiol **Canal** [Vaso] ~. **Nervo** ~ [motor]. **Ant.** Aferente.

efervescência s f (<pl do lat effervéscens, éntis; ⇒ efervescer) Desenvolvimento de bolhas num líquido. **Ex.** Pode ocorrer por (um processo de) fervura ou por rea(c)ção química. **Sin.** Ebulição(+); fervura(o+). **2** fig Agitação/Excitação. **Ex.** Os ânimos daqueles jovens estavam já em ~, revoltados com a violência que presenciaram. **Ant.** Calma.

efervescente adj 2g (<lat effervéscens,éntis; ⇒ efervescer) **1** «líquido» Que desenvolve [faz] bolhas. **2** fig Que está agitado/excitado. **Sin.** Exaltado; inflamado. **Ant.** Calmo; sossegado. **3** fig Irascível(+)/Irritável(+). **Ex.** Como é um espírito ~, convém lidar com ele com alguma diplomacia.

efervescer v int (<lat effervésco,ere: começar a) ferver) **1** «um líquido» Desenvolver bolhas de gás no seu interior/Estar em ebulição/Ferver(+). **2** fig Agitar(-se)/Exaltar(-se).

efetivação (Fè) s f [= efectivação] (<efetivar + -ção) ⇒ realização; concretização; efetivar 2.

efetivamente (Fè) adv [= efectivamente] (<efetivo + -mente) Realmente/De fa(c)to/ Na verdade/ Com efeito. **Ex.** Ele é ~ o responsável por tudo o que aconteceu.

efetivar (Fè) v t [= efectivar] (<efetivo + -ar¹) **1** Realizar/Tornar efetivo. **Ex.** Só ontem ele veio ~ a alteração que tinha prometido há tempos [faz tempo]. **2** Obter estabilidade [vínculo permanente] num cargo ou função. **Ex.** Só no último ano le(c)tivo conseguiu ~(-se) na escola secundária da vila.

efetividade (Fè) s f [= efectividade] (<efetivo + -idade) **1** Qualidade do que é efetivo/ real. **Ex.** Esse plano está bem concebido, mas daí até ter ~ vai [há] uma grande distância. **Comb.** Em ~ de funções. **2** Cará(c)ter permanente/estável de cargo/função. **Ex.** Quando entrei para esse serviço do Estado, estive (durante) algum tempo interino, só depois consegui a ~ no quadro (de pessoal).

efetivo, a (Fè) adj/s [= efectivo] (<lat effectívus: relativo à prática/ao efeito) **1** Que é real/Que produz efeito. **Ex.** O tempo de serviço ~ desse funcionário é de dez anos, dois meses e treze dias. **2** Permanente/Estável. **Ex.** É professor ~ dessa escola, de modo que pessoalmente [relativamente a si] não teme o desemprego. **3** Funcionário pertencente ao quadro de uma instituição ou (de um) serviço. **Ex.** Os ~ do corpo docente da escola formam um grupo coeso, o que se refle(c)te na vida da comunidade escolar. **4** Mil Totalidade dos militares ao serviço de uma unidade/Número regulamentar de militares a integrar uma formação terrestre, naval ou aérea. **Comb.** O ~ de uma companhia. **5** O que existe realmente. **Comb.** O ~ da população [Número de indivíduos de uma população sujeita a tratamento estatístico].

efetuação (Fè) s f [= efectuação] (<efetuar + -ção) A(c)ção de realizar/executar. **Ex.** A ~ desse serviço nem sempre é possível num prazo curto. **Sin.** Efetivação; execução(o+); realização(+).

efetuar (Fè) v t [= efectuar] (<lat effício, ere,efféctum: executar, realizar + -ar¹) Realizar(+)/Executar/Levar a efeito. **Ex.** Precisava de ~ [fazer(+)] essa viagem quanto antes.

eficácia s f (<lat efficácia <effício: fazer, realizar) Qualidade do que alcança o obje(c)tivo proposto. **Ex.** A ~ da tá(c)tica ado(p)tada no jogo está patente na obtenção de um resultado final tão favorável. **Comb.** Com ~ [sucesso]. **Sin.** Eficiência. **Ant.** In~; ineficiência.

eficaz adj 2g (<lat éfficax,ácis <effício: realizar) Que consegue o resultado esperado/ Que dá [produz] bom resultado. **Ex.** O medicamento foi muito ~, senti logo grandes melhoras. Essa parece-me uma estratégia [Essa estratégia parece-me] ~ para aumentar a produtividade na empresa. **Ant.** In~. ⇒ eficiente.

eficazmente adv (<...+ -mente) De modo a obter bom resultado/Com eficiência (+). **Ex.** Ele a(c)tuou ~ [bem/sabiamente], como se pôde ver logo pela melhoria da situação.

eficiência s f (<lat efficiéntia: força para produzir <effício: realizar) **1** Qualidade associada à execução de tarefas com rapidez e (com) bom resultado. **Ex.** Aquele serviço prima [distingue-se] pela ~. Gosto muito da ~ desse funcionário; costuma dar boa conta do recado [sair-se bem/a(c)tuar eficazmente] mesmo em ocasiões de aperto (de serviço). **2** Econ Qualidade de um sistema produtivo que, proporcionalmente aos fa(c)tores de produção disponíveis, consegue bons resultados.

eficiente adj 2g (<lat efficiens,éntis <effício, cere: produzir) Que age [trabalha/a(c)tua] de forma rápida e competente. **Ex.** Revelou-se sempre muito ~, podia-se confiar plenamente nele para desbloquear [resolver] qualquer situação mais embaraçosa [difícil/delicada/complicada] «na empresa». **Comb.** Funcionário [Operário/Secretária] ~. **Sin.** Apto; capaz; trabalhador. ⇒ eficaz.

eficientemente adv (<eficiente + -mente) Com eficiência. **Loc.** Administrar ~ [bem] a empresa.

efígie s f (<lat effígies,ei: figura) **1** Representação de uma pessoa, sobretudo em relevo. **Sin.** Retrato. **2** Representação de busto de personagem importante em moeda ou medalha. **Ex.** Nas monarquias, a moeda costuma ter a ~ do soberano reinante.

eflorescência s f (<eflorescer + -ência) **1** Bot Início do desabrochar das flores. ⇒ florescência; florir. **2** Espécie de pó alvacento que cobre partes da planta, sendo [e é] segregado por ela. **Sin.** Pruína. **3** Quím Perda de água de cristalização por certos sais hidratados, tornando-se pulverulentos à superfície. **4** Med Pequena erupção acima da pele. **5** fig Aparecimento/Nascimento. **Comb.** A ~ do (estilo) manuelino em Portugal.

eflorescente adj 2g (<eflorescer + -ente) **1** Bot Que está no início da floração. **2** Bot Que aparece coberto por um pó alvacento/Que apresenta eflorescência **2**. **3** Quím Que se apresenta pulverulento à superfície/Que teve eflorescência **3**. **4** fig Que está em pleno desenvolvimento/Florescente(+).

eflorescer v int (<lat efflorésco,cere: florescer) **1** Bot Começar a florescer/rebentar. **2** fig Começar a aparecer e a desenvolver-se.

efluente adj/s 2g (<efluir + -ente) **1** «fluido» Que emana ou irradia de certos corpos ou de um ponto. **2** Fluido de esgotos [resíduos] lançado num curso de água. **Ex.** ~s a céu aberto [à flor da terra] são um perigo para a saúde pública. **3** Resíduos lançados na atmosfera, sobretudo gases nobres. **4** Geog Curso de água com origem noutro maior ou num lago. ⇒ nascente; afluente.

efluir v int (<lat éffluo,úere,úxum: correr de, sair) Emanar(+) de um ponto/Proceder «de». **Sin.** Sair.

efluvio s m (<lat efflúvium; ⇒ efluir) **1** Fluido su(b)til que emana de um corpo ou de certas substâncias. **Comb.** ~ elé(c)trico [Descarga de ele(c)tricidade de fraca luminescência]. **Sin.** Exalação. **2** Poe Emanação(+) agradável/Aroma/Perfume. **Comb.** Suave ~ de seus cabelos. **3** Efusão «de alegria».

efluxo (Ks) s m (⇒ fluir, fluxo) Saída [Vazamento] de um fluido proveniente de uma cavidade. **Sin.** Expulsão.

efundir v t (<lat effúndo,ere: derramar, entornar) **1** ⇒ Derramar/Lançar/Verter. **2** ⇒ Espalhar(-se)/Difundir/Propagar(-se).

efusão s f (<lat effúsio,ónis) **1** Saída/Escoamento/Derrame/Derramamento. **Comb.** ~ [Derrame(+)] de sangue. **2** fig Manifestação expansiva de um sentimento «de alegria/afe(c)to». **Loc.** Abraçar(-se) com ~.

efusivamente adv (<efusivo + -mente) De forma expansiva/ardorosa. **Ex.** Cheio de saudade devido à [por causa da] longa ausência, abraçou ~ o irmão.

efusivo, a adj (<efusão + -ivo) **1** Expansivo/ Extrovertido/Comunicativo. **Ex.** Ele costuma ser ~ nas suas rea(c)ções, já ninguém estranha. A forma ~ como reagiu, quando soube que o primo vinha passar as férias ali, convenceu-me de que eles eram verdadeiros [grandes] amigos. **Comb.** Palavras [Elogios] ~s. **2** ⇒ ardoroso; fervoroso; caloroso.

egeu, geia adj/s (<lat aegáeus <gr aigáios: do Mar Egeu) Relativo ao Mar Egeu (Entre a Grécia e a a(c)tual Turquia) ou aos povos que habitavam nas suas costas ou ilhas.

égide s f (<gr *aigís,ídos*: escudo de pele de cabra) **1** *Mit* Arma de defesa e ataque com que representavam Zeus e Atena, Júpiter e Minerva. **Sin.** Couraça; escudo. **2** *fig* Prote(c)ção(+)/Amparo/Salvaguarda. **Ex.** Avançámos para o interior sob a ~ de [protegidos por (+)] uma coluna militar. **Comb.** A ~ da(s) lei(s).

egípcio, a *adj/s* (<lat *aegýptius*) Do Egi(p)to. **Comb.** A antiga civilização ~a, da época dos faraós. O povo ~ [Os ~s].

Egipto/egiptologia ⇒ Egito/...

Egito s m [= Egipto] (<lat *Aegýptus*) República do norte de África «com pequena parte do território na Ásia», cuja capital é o Cairo.

egitologia s f [= egiptologia] (<Egito + -logia) Estudo da civilização do antigo Egito.

égloga s f ⇒ écloga.

ego (É) s m (<lat *égo*<gr *egô*: eu) **1** Consciência de si mesmo. **Sin.** Eu(+); pessoa. **2** *Psic* (Desenvolvimento da) personalidade criada pelo encontro das tendências instintivas e da realidade social.

-ego, a (Ê) *suf* (< ?) Tem o significado de **diminutivo** «borrego» ou de **pejorativo** «patego».

egocêntrico, a *adj Psic* (<ego + centro + -ico) Voltado para si próprio e para os seus interesses/Que polariza tudo no eu/ego. **Sin.** Individualista(+). ⇒ egoísta; introvertido.

egocentrismo s m *Psic* (<ego + centro + -ismo) Tendência para centrar tudo sobre si mesmo. **Sin.** Individualismo(+). ⇒ egoísmo.

egocentrista *adj/s 2g* (<ego + centro + -ista) Relativo ao egocentrismo/(Pessoa) que perspe(c)tiva tudo em função de si próprio/Egocêntrico. ⇒ egoísta.

egoísmo s m (<ego + -ismo) Tendência para atender apenas aos seus interesses, com exclusão dos outros. **Ex.** Ele é de um ~ chocante, para ele as outras pessoas nada [não] contam.

egoísta *adj/s 2g* (<ego + -ista) (O) que se preocupa apenas consigo e põe os outros de lado. **Ex.** É tão ~ que nem telefona a [para] saber se os pais, já idosos, precisam de alguma coisa.

ególatra *2g* (<ego + -latra) Pessoa que tem o culto de si próprio. **Sin.** Narcisista(+).

egolatria s f (<ego + latria) Culto [Adoração] de si próprio. **Sin.** Narcisismo(+).

egotismo s m (<ing *egotism*) ⇒ egoísmo; narcisismo.

egotista *adj/s* (<ing *egotist*) ⇒ egoísta; narcisista.

egrégio, a *adj* (<lat *egrégius*) Ilustre/Insigne/Distinto/Escolhido. **Comb.** «S. Francisco Xavier» Varão [Homem] ~. Virtudes [Qualidades] ~as dos santos/heróis.

egresso, a *adj/s* (<lat *egréssus* <*egrédior,i*: sair) **1** Que saiu de uma comunidade, sobretudo religiosa. **Comb.** Frade [Religioso] ~. **Sin.** Fugitivo. **2** *Br* Recluso que, cumprida a pena, sai da prisão. **3** *s m* ⇒ saída; fuga; retirada.

égrio s m *Br Bot* (< ?) Planta da família das Crucíferas, afim do agrião, usada em saladas, tendo também uso medicinal; *Nasturtium pumilum*.

égua s f (<lat *équa*) **1** Fêmea do cavalo. **Ex.** Na quinta tínhamos uma ~ com um porte muito elegante. **Loc.** *Br* **Lavar a ~ a)** *(D)esp* Dar uma goleada/Vencer por grande de margem; **b)** Ganhar muito dinheiro nas corridas; **c)** Gozar exaustivamente uma situação favorável. **Procurar chifre em cabeça de ~** [Procurar o impossível]. **Comb.** ~ madrinha **a)** ~ junto à qual se habitua a pastar uma récua [manada de cavalos] e que nas viagens é também a chefe, com um cincerro [chocalho] ao pescoço; **b)** *fig* Pessoa que reúne à sua volta indivíduos que orienta. **2** *cal/gross* Meretriz/Prostituta. **Ex.** Sua [Você é uma] ~/cabra!

eguariço, a *adj/s m* (<égua + -iço) **1** Relativo a égua. ⇒ cavalar. **2** «muar» Que resulta do cruzamento de égua com burro. **3** *Br* «cavalo» Que na manada só anda com éguas. **4** *Br fig* ⇒ femeeiro/mulherengo. **5** *s m* Indivíduo que trata de gado cavalar, sobretudo de éguas. ⇒ cavalariço.

eh *interj* (<lat *ehem/eho*) **1** Exclamação que exprime admiração/perplexidade/surpresa. ~! Que grande máquina «aquele automóvel»! ~! «a um jovem que está a pintar [sujar] uma parede» Ó menino, então agora já se pode fazer tudo, não?! **2** Exclamação para chamar. **Ex.** ~, moço, pode chegar aqui? **3** Com animais, ordem para que andem ou parem.

eia *interj* (<lat/gr *eia*: vamos! coragem!) **1** Exclamação para estimular/entusiasmar. **Ex.** ~! Avancem! **2** Exclamação que exprime surpresa. **Ex.** ~! Que belas notas! Parabéns!

-eia *suf* ⇒ -eu.

êider s m *Ornit* (<islandês *oedr*) Ave robusta, palmípede, das regiões frias do Norte, da família dos tuligulídeos, cuja penugem é utilizada em edredões/edredons.

eido s m (<lat *áditus*: entrada) **1** Terreno de reduzidas dimensões junto à casa. **Sin.** Pátio; quintal(+). **2** Espaço para animais junto à casa de aldeia. **Sin.** Curral. **3** *fig* Local *próprio* para uma pessoa/coisa.

einstein s m *Fís Quím* (<antr Albert Einstein) Unidade de medida de radiação.

einstéinio [Es 99] [*Br* **einstê(i)nio** *(dg)*] s m *Quím* (<antr Albert Einstein, físico e matemático do séc. XX) Elemento químico artificial, da família dos actiniídeos, metálico, de cor prateada, radioa(c)tivo. **Ex.** O ~ foi descoberto nos [entre os] destroços da primeira bomba de hidrogé[ê]nio.

eira s f (<lat *área*) Superfície de laje, cimento ou de terra batida onde se faz a debulha dos cereais, se junta o sal retirado das marinhas, se secam as canas (de açúcar), ... **Ex.** Em julho, há anos, as ~s enchiam-se de medas de centeio, à espera da debulhadora. **Idi.** *Não ter ~ nem beira* [Ser muito pobre]. «ao mesmo tempo» *Querer sol na ~ e chuva no nabal* [Querer o impossível]. *Sem ~ nem beira* [Sem recursos/Que tem uma vida sem rumo].

-eira *suf* **1** ⇒ -eiro. **2** ⇒ -or.

eirada s f (<eira + -ada) **1** Quantidade «de cereais» que, de cada vez, cabe na eira. **Ex.** Com a chegada das máquinas debulhadoras, acabaram as ~s [malhadas] e a limpeza do cereal com a ajuda da aragem da tarde. **2** Festa popular que decorria nas eiras, por ocasião das desfolhadas.

eirado s m (<eira + -ado) **1** ⇒ terraço; açoteia. **2** *Br* ⇒ cerrado. **3** ⇒ eirada **1**.

-eirão *suf* (<-eiro + -ão) Exprime a noção de aumentativo «vozeirão».

eiró s f *Icti* (<lat *hydreola* <*hydra*: cobra de água) ⇒ enguia.

-eiro, a *suf* (<lat *-árius*) Exprime noções [coisas] muito diversas: o que exerce uma a(c)tividade (ex. pasteleiro, cozinheira); local em que alguma coisa abunda (ex. formigueiro, lixeira); naturalidade (ex. brasileiro); planta que frutifica (ex. cacaueiro, pereira); aumentativo (ex. luzeiro, bebedeira); comportamento habitual (ex. beijoqueiro, mexeriqueiro/justiceiro); localização (ex. dianteiro).

eis *adv* (<lat *ecce*) Aqui está/Vede. **Ex.** ~ [Aqui tem/está] o livro que o sr. procurava. ~ [É esta (e não outra)] a razão da minha queixa. **Comb.** ~ **que** [Inesperadamente] «vem o nosso salvador». ~ *senão quando* [De repente/Sem se esperar] (Ex. Estávamos divertidos a conversar, ~ senão quando [, mas então] ouve-se um grande estrondo, e as pessoas fogem em várias dire(c)ções).

eito s m (<lat *íctus*: golpe) **1** Sequência de pessoas/coisas. **Loc.** *Levar* [Fazer] «tudo» *a ~* [sem nada excluir ou saltar]. *Podar a vinha* [as árvores] *a ~*. **Comb.** A ~ [Tudo seguido] (Ex. As crianças estavam em fila e ele chamava-as a ~ [-as umas atrás das outras/-as todas seguidas], dando a cada uma sua [diferente] tarefa. Esvaziou [Bebeu] quatro copos de vinho a ~). **2** Talhão(+) de cultivo ou a sua limpeza. **3** Grupo de trabalhadores.

eiva s f (< ?) **1** ⇒ Falha/Fenda/Racha. **2** Toque [Mancha/Pinta(+)] na fruta indicando início de apodrecimento. **3** *fig* ⇒ defeito (físico ou moral); imperfeição.

eivado *adj* (<eivar) Que está contaminado/infe(c)tado/viciado/cheio «de erva daninha». **Ex.** Pensava-se que o processo estava ~ de [tinha muitas/inúmeras] irregularidades.

eivar v *t/int* (<eiva + -ar[1]) **1** ⇒ Abrir fenda/Rachar. **2** ⇒ contaminar; corromper; viciar. **3** ⇒ decair. **4** ⇒ «a fruta» Começar a apodrecer.

eixo s m (<lat *áxis*) **1** Peça em torno da qual gira alguma coisa. **Ex.** No automóvel, os pneus do mesmo ~ devem ser iguais. **Idi.** *Andar fora dos ~s* [Ter vida desregrada/Não respeitar normas]. *Entrar nos ~s* [Voltar a um comportamento normal]. *Meter nos ~s* [Obrigar a respeitar as regras]. *Sair (fora) dos ~s* [Deixar de respeitar as normas sociais/Descontrolar-se]. **Comb.** ~ *da mó do moinho*. ~ *de um carro* [ventilador]. **2** Linha re(c)ta, real ou imaginária, em volta da qual se efe(c)tua um movimento de rotação. **Comb.** ~ *da elíptica*. ~ *da esfera celeste*. ~ *da Terra*. *Geom* ~ *de revolução*. ~ *de rotação*. ~ *do equador*. ~ *do mundo* [da esfera celeste]. ~ *polar*. **3** Zona/Linha central/Meio. **Ex.** Para virar à esquerda, o automobilista deve aproximar-se do ~ da via [estrada]. **Comb.** [Zona/Área] *Belém-Brasília*. *Geom* ~ *cartesiano* [~ de coordenadas]. ~ *do corpo humano*. ~ *cristalográfico*. ~ *de simetria*. ~ *horizontal*. ~ *urbano* «Porto-Gaia/Tóquio-Kawasaki-Yokohama». ~ *vertical*. ~ *viário* [Via de comunicação entre duas cidades importantes] (Ex. No ~ viário Lisboa-Évora o terreno não é muito acidentado). **4** *fig* ⇒ cerne; ideia central. **5** Jogo de crianças, em que umas saltam por cima de outras que se curvam sobre os joelhos. **Ex.** Bons tempos, aqueles em que na aldeia uma longa fila de crianças jogava alegremente ao ~! **Sin.** Saltinvão; *Br* eixo-badeixo.

ejaculação s f (<ejacular + -ção) **1** A(c)to/Efeito de ejacular/Expulsão vigorosa/Ja(c)to(+). **2** *Fisiol* Emissão de esperma no momento do orgasmo. **Comb.** ~ *precoce* [Disfunção masculina de, na relação sexual, ocorrer o orgasmo demasiado cedo ou ainda antes do início da relação]. **3** *fig* ⇒ arrazoado; abundância de palavras.

ejacular v *t/int* (<lat *ejáculo,áre*: lançar) **1** Lançar de si/Derramar/Expelir «um líquido». **2** *Fisiol* Emitir esperma durante o orgasmo. **3** *fig* Emitir palavras/Falar.

-ejar *suf* (<lat *-idiáre*) Significa *repetição* (ex. gotejar, pestanejar); *a(c)ção* (ex. festejar) ou *estado* (ex. fraquejar).

ejeção (Jè) [*Br* **eje(c)ção** (*dg*)] *s f* [= ejecção] (<lat *ejéctio,ónis*: expulsão) **1** A(c)ção/Efeito de eje(c)tar «a cassete»/expelir. **2** Proje(c)ção [Saída] do avião no ar, no próprio assento, em caso de emergência. **Comb.** ~ do piloto. **3** *Fisiol* ⇒ deje(c)ção; evacuação; hemoptise; vó[ô]mito.

ejecção/ejectar/ejector ⇒ ejeção/...

ejetar (Jè) [*Br* **eje(c)tar** (*dg*)] *v t* [= ejectar] (<lat *ejécto,áre*: expelir) Deitar fora com força/Expelir. **Ex.** O piloto ejetou-se e pôde salvar-se.

ejetor, a (Jè) [*Br* **eje(c)tor**] *adj/s* [= ejector] (<ejetar) **1** Que ejeta. **Comb.** Canal [Tubo] ~. Mola [Botão] ~. **2** Peça ou aparelho para tirar ou deixar sair alguma coisa. ⇒ deferente.

-ejo *suf* (<-ejar) Significa *a(c)to* (ex. gracejo), *diminutivo* (ex. lugarejo), *proveniência* (ex. sertanejo) ou *atitude* (ex. benfazejo).

el *art def m an* (<lat *ílle,a,ud*) Só *us* com *rei*. **Ex.** Aos [Ao ouvir] gritos de "Aqui d'el-rei" juntou-se muita gente. **Loc.** Dizer a ~-rei [ao rei]. **Sin.** O.

-el *suf* (<lat *-élis*, terminação de *adj*; por ex. *fidélis*: fiel) ⇒ carross~; plant~; -ela.

ela *pron* (<lat *ílla*) ⇒ ele.

elã *s m* (<fr *élan* <*élancer*: lançar) **1** Entusiasmo(+)/Impulso. **Ex.** Foi com grande ~ que ele se entregou à luta por melhores condições de vida. **2** Força/Vigor(+). **Ex.** A campanha a favor das vítimas da catástrofe ganhou um ~ que me surpreendeu. **3** Inspiração(+)/Vivacidade/Calor(+). **Ex.** A sua poesia estava possuída de um ~ que a todos contagiava.

-ela *elem* (<lat *-illa/-el(l)a*) Exprime principalmente a noção de diminutivo (Ex. Ruela). ⇒ -elo.

elaboração *s f* (<lat *elaborátio,ónis*: trabalho) **1** Preparação e realização cuidada de alguma coisa. **Ex.** A ~ de uma experiência na aula de Química exige precauções que são da responsabilidade do professor. **Comb.** *A ~* [compilação] *de um bom dicionário*. *A ~* [confe(c)ção(+)/preparação(+)] *de uma iguaria*. **2** Trabalho intelectual duradouro e metódico. **Ex.** A ~ daquela teoria física levou [durou] vários anos ao seu autor. A ~ [escrita] do romance ocupou-o (durante) longos [muitos] meses. **3** *Fisiol* Num organismo vivo, produção de uma substância a partir de outras. **Comb.** *~ do sangue arterial*. *A ~ da seiva* (da planta).

elaborado, a *adj* (<elaborar) **1** Feito com grande cuidado/esmero. **Ex.** Os produtos ~s têm a venda mais facilitada. **2** Que exigiu grande esforço intelectual. **Ex.** Apresentou à universidade uma tese muito ~a, que mereceu um grande elogio (por parte) do júri. **3** Que é rico em pormenores/Que é complexo. **Comb.** Dicionário bem [muito] ~. **4** *Fisiol* «produto orgânico» Que é formado a partir de outras substâncias. **Comb.** *Bot* Seiva ~a [Líquido orgânico formado a partir da seiva bruta, à qual se juntam substâncias produzidas nas folhas]. ⇒ seiva bruta.

elaborar *v t* (<lat *elabóro,are*: trabalhar com cuidado) **1** Preparar gradualmente e com cuidado/Organizar. **Ex.** Precisava de ~ um proje(c)to para apresentar na Câmara Municipal [na Prefeitura]. **2** Estruturar mentalmente/Conceber. **Ex.** Ele acaba de ~ uma teoria que me parece bem [muito] original. ⇒ inventar; descobrir. **3** Formar/Produzir/Transformar/Enriquecer. **Loc.** *~* [Formar/Produzir] *a seiva*. *~ mais* [Enriquecer] *um texto* «para publicação». **4** *Fisiol* Produzir uma substância orgânica.

élan *fr* ⇒ elã.

elanguescer *v int* (<lat *elanguésco,ere*) ⇒ languescer; lânguido.

elasticidade *s f* (<elástico + -idade) **1** Propriedade de poder distender-se voltando depois à forma inicial. **Ex.** Nas peças de vestuário é de grande utilidade a ~ de algumas fibras. **2** Facilidade de execução de movimentos/Agilidade/Flexibilidade. **Ex.** A ~ do guarda-redes [*Br* goleiro] tem salvado a equipa de algumas derrotas. **3** *fig* Abertura de espírito/Maleabilidade. **Loc.** Ter ~ de espírito [Ser muito aberto]. **4** *depr* Ausência de escrúpulos/Laxismo(+). **Comb.** ~ moral [de cará(c)ter/de consciência].

elástico, a *adj/s m* (<lat *elásticus* <gr *ela(s)tós*: estirado, dúctil) **1** Que é distendível/deformável. **Comb.** Fibra ~a. Meia ~a. Pastilha ~a. Tecido ~. **2** *fig* Pouco delimitado/Impreciso. **Comb.** Palavra de sentido (muito/demasiado) ~o. **3** Que é muito ágil/flexível. **Ex.** O rapaz parece [tem um corpo] elástico, não sei como pôde chegar àquela bola. **4** *fig* Que pode aumentar. **Ex.** Infelizmente o dinheiro não é ~, logo [portanto] há que conter despesas cá em casa [temos de poupar]. **5** *depr* Laxo(+)/Permissivo(+). **Ex.** Ele parece ter uma consciência demasiado ~a para o meu gosto. **6** *s m* Tecido [Fita/Fio] extensível. **Ex.** Apertando as duas peças com um ~, isso fica muito mais seguro. **7** *s m* Fio ou tira circular de borracha. **Loc.** Segurar as flores do ramo com um ~. **Comb.** Caix(inh)a com [dos] ~s.

elastina *s f* (<elástico + -ina) Substância proteica existente nos tecidos elásticos do organismo.

elastómero, a [*Br* **elastômero**] *s/adj Quím* (<elástico + -mero) (Polímero) que estica e encolhe. **Ex.** A borracha é ~a [é um ~o].

elaterídeo, a *adj/s Ent* (<gr *elatér*: que empurra + -ídeo) (O) que é relativo ou pertence aos elaterídeos, família de inse(c)tos coleópteros, que saltam bruscamente como uma mola; *Elateridae*.

elatério *s m Bot* (<gr *elatérion*: que impele) **1** Planta da família das cucurbitáceas de deiscência explosiva; *Homordica elaterium*. **2** Fruto capsular que se abre lançando as sementes à distância. **3** Pequeno tubo das cápsulas de algumas criptogâmicas, o qual proje(c)ta os esporos. **4** Pepino-de-são-gregório/*Br* Pepino-de-diabo; *Ecballium elaterium*. **5** Pó fino obtido deste fruto, usado como purgativo.

eldorado *s m* (<esp *El Dorado*: país do ouro) **1** País imaginário que no séc. XVI se julgava estar na América do Sul. **2** *fig* Local cheio de riquezas e delícias. **Ex.** Há sempre quem sonhe com um ~ onde (se) possa viver sem dor nem privações. ⇒ tesouro; negócio (da China).

ele¹, a (Êle, Éla) *pron* (<lat *ílle,ílla*) **1** Pessoa/Ser/Coisa de que se fala. **Ex.** Ele chamou por ela. Dos cães que já tive, ~ é o mais brincalhão. Perdi os óculos [as chaves]! Onde estarão eles [elas]? **Loc.** *Ser (lá) com ~* [Tratar-se de/Ser um assunto particular e alheio] (Ex. Não critico a sua forma de agir, pois isso é lá com ele/a). **Idi.** *f Agora é que são elas* [As dificuldades começam agora]. ***Andar com ela fisgada*** [Congeminar algo prejudicial a outrem]. ***Andar na boa vai ela*** [Só pensar em divertir-se]. ***Dar por ela*** [Descobrir alguma irregularidade oculta] (Ex. «olhe que esqueceu o seu livro!» – Ah, obrigado, nem [não] dei por ela). ***Ir saber/ver como elas doem*** [Ir confrontar-se com grandes dificuldades]. ***Ser ela por ela*** [Duas coisas serem equivalentes] (Ex. Os dois lotes (de terreno) são ela por ela, não há que escolher). **2** *m sing* Tem valor enfático. **Ex.** (Ele) há coisas [cada coisa] que nem é bom pensar [Acontecem coisas muito estranhas]. (Ele) chovia que as ruas pareciam ribeiras. (Ele) o que importa é que todos chegámos sãos e salvos [chegámos bem]. Naquela casa tudo é à grande [há muito de tudo]: (ele são) carros, (ele são) mobílias exóticas, (ele são) obras de arte, (ele são) joias, (ele são) banquetes constantes [frequentes], … Canta que [como] só ele [Canta como ninguém/Canta muito bem]. Tola que [como] só ela [Muito tola].

ele² (Éle) *s m* Nome da letra L (Tb dita lê).

electividade/electivo/electrão/electrencefalografia/electrencefalograma/electri.../electro... ⇒ eletividade/.../eletri.../eletro...

electuário (Lè) [*Br* **ele(c)tuário** (*dg*)] *s m* (<lat *electuárium*) Medicamento calmante ou purgativo composto de substâncias misturadas com mel ou açúcar.

elefante, a *s Zool* (<gr *eléphas,antos*) Mamífero herbívoro de grande porte, de dentes incisivos muito desenvolvidos e tromba preênsil e móvel; *Elephas (maximus)*. **Ex.** O ~ africano é maior (do) que o (~) asiático. A caça ao ~ é proibida. **Idi.** *~ branco* [Obra ou empreendimento que obriga a grandes despesas «de conservação», sendo de reduzida utilidade]. ***Ter memória de ~*** [Ter grande facilidade em fixar lembranças]. ***Ter tromba de ~*** [Andar habitualmente de semblante carregado/de mau humor]. ⇒ mamute.

elefante-do-mar, elefante-marinho *s m Zool* Nome vulgar da morsa e de algumas espécies de focas.

elefantíaco, a *adj/s Med* (<lat *elephantíacus*) (O) que padece de elefantíase. ⇒ elefântico.

elefantíase *s f* (<gr *elephantíasis*) **1** *Med* Doença cró[ô]nica em que há aumento de volume de uma parte do corpo e endurecimento da pele e dos tecidos subcutâneos. **Ex.** A ~ deve-se à obstrução da circulação linfática geralmente causada por um parasita e atinge sobretudo a face, os membros inferiores e os órgãos genitais exteriores.

elefântico [elefantino], a *adj* (<elefante + -ico) **1** Que é relativo ou pertence ao elefante. **2** *fig* ⇒ corpulento; enorme. **3** ⇒ ebúrneo **4**. ⇒ elefantíaco.

elefântida [elefantídeo, a] *adj/s* (<elefante + ...) (O) que pertence ou é relativo à família dos elefantídeos, mamíferos proboscídeos de longa tromba; *Elephantidae*. **Ex.** O elefante é um ~.

elefantoide (Tói) *adj/s 2g* (<elefante + -oide) (O) «rinoceronte» que é semelhante ao elefante.

elegância *s f* (<lat *elegántia*: escolha delicada <*éligo*: escolher) **1** Harmonia/Proporção das formas/linhas. **Ex.** A simplicidade no vestir não obstava a que todos admirassem a ~ da jovem. **Sin.** Beleza; graça. **2** Graciosidade de atitudes/movimentos. **Ex.** Na *passerelle*, a jovem modelo até na ~ do andar maravilhou o público, que também aprecia o saber pisar [a graça no andar]. **3** Bom gosto e requinte «na forma de vestir ou de se apresentar/na maneira de se exprimir ou comportar». **Ex.** Ela disse verdades muito duras (e cruas) com ~. O vestido com que ela se apresentou na rece(p)ção primou pela ~. Nele tudo respira ~ [em tudo revela distinção], não profere uma palavra menos conveniente ou uma deselegância, é um prazer privar [conviver/falar] com uma pessoa assim. **4** Proporção/Harmonia entre os elementos de um todo. **Ex.** A tua sala ficou valorizada [muito a ganhar] com a ~ desta estatueta, ficam-nos os olhos nela [é difícil não a contemplar].

elegante *adj/s 2g* (<lat *élegans,ántis*; ⇒ elegância) **1** Que tem formas [linhas] harmoniosas. **Ex.** É uma mulher com um corpo ~, não passa despercebida. **2** Que tem distinção/graça. **Ex.** Os movimentos do cavalo a trote são muito ~s. **3** Que tem bom gosto/aspe(c)to cuidado. **Ex.** Mesmo quando veste de maneira simples, ela é sempre ~. **4** Que revela fina sensibilidade/delicadeza. **Ex.** Para dizer qualquer coisa em público, sabe encontrar uma expressão ~ e ajustada. Foi uma saída ~ para [Foi um modo airoso/expedito de resolver] a situação complicada em que se viu envolvido. **5** Relativo a gente de bom nível social. **Ex.** Tratava-se de [Era] uma reunião ~, num lugar muito sele(c)to. **6** *s* Pessoa que veste com requinte. **Ex.** Na feira das vaidades que é a festa da entrega dos pré[ê]mios, os ~s gostam de marcar presença [de aparecer] com indumentária por vezes bem exótica.

elegendo, a *s* (<lat *eligéndus*) O que está para [já no processo de] ser eleito. ⇒ candidato.

eleger *v t* (<lat *éligo,elígere,eléctum*) **1** Escolher alguém, por votação, para o desempenho de um cargo. **Ex.** Os portugueses hoje estão a ~ os deputados. **2** Escolher uma pessoa entre duas ou mais. **Ex.** O júri elegeu-a Miss Simpatia. **3** Optar por [Preferir] alguma coisa entre várias. **Ex.** O governo acaba de ~ a prevenção rodoviária como uma das suas prioridades.

elegia *s f* (<gr *elegeía*) **1** *Liter* Composição poética grega ou latina, de tom triste ou fúnebre, em que alternam o hexâmetro e o pentâmetro. **2** *Liter* Composição poética de tom triste. **Comb.** As ~s de Ovídio/Camões. ⇒ écloga. **3** *Mús* Composição vocal ou instrumental em tom de lamento. **4** ⇒ *fig* Lamentação/Queixume/Choro.

elegíaco, a *adj/s Liter* (<lat *elegíacus*) **1** Relativo à elegia. ⇒ épico; lírico; bucólico. **2** Que exprime ternura e tristeza. **3** ⇒ triste. **4** *s* Autor(a) de elegias.

elegibilidade *s f* (<elegível + -idade) Aptidão para ser eleito/Qualidade do que é elegível.

elegível *adj 2g* (<lat *eligíbilis*; ⇒ eleger) **1** Que reúne [tem] as condições requeridas para poder ser eleito. **Ex.** Em Portugal, para a Presidência da República só um cidadão com mais de trinta e cinco anos é ~. **2** Que parece garantir a eleição. **Ex.** A dire(c)ção do partido colocou-o na lista em lugar ~, espera-se que seja eleito.

eleição *s f* (<lat *eléctio,ónis*) **1** Escolha, por votação, de candidato(s) ao exercício de cargo ou função. **Ex.** No próximo domingo é [tem lugar] a ~ dos deputados. **Comb.** *~ concorrida. ~ dire(c)ta* [em que todos elegem o(s) candidato(s)]. *~ indire(c)ta* [em que se elege um colégio para eleger o(s) candidato(s)]. **2** Opção /Preferência por alguém ou alguma coisa. **Ex.** Pareceu-me um tanto indeciso na ~ da companheira para o resto da vida. **Comb.** *De ~* [Excelente/Perfeito] (Ex. É um funcionário de ~, pode confiar-se-lhe qualquer tarefa que dá garantias de eficiência). *Uma alma* [pessoa] *de ~* [Um santo].

eleiçoeiro, a *adj depr* (<eleição + -eiro) Que, para conquistar o máximo de votos em a(c)to eleitoral, usa quaisquer meios. **Ex.** Era preciso desmascarar as práticas ~as daquele candidato prepotente. ⇒ eleitoralista [eleitoreiro].

eleito, a *adj/s* (<lat *eléctus*; ⇒ eleger) **1** (O) que foi escolhido por votação para desempenhar uma função ou cargo. **Comb.** Os ~s do povo [Os deputados]. **2** (O) que foi escolhido/preferido entre outros. **Comb.** *Os ~s da fortuna* [Os ricos/que têm a sorte pelo seu lado]. *Os ~s (de Deus)* [Os bem-aventurados/justos]. **3** (Pessoa) de quem se gosta mais. **Ex.** O ~ do seu coração vinha ter com ela, por isso (ela) estava radiante.

eleitor, ora *adj/s* (<lat *eléctor,óris*) (O) que elege ou tem o direito de eleger. **Ex.** No a(c)to da votação, o (cidadão) ~ deve ir munido do bilhete de identidade e referir [mostrar/apresentar] o número do cartão de ~. **Idi.** *Br ~ de cabresto* [~ forçado/interesseiro].

eleitorado *s m* (<eleitor + -ado) **1** Conjunto dos eleitores. **2** ⇒ Direito de eleger.

eleitoral *adj 2g* (<eleitor + -al) Relativo às eleições ou ao direito de eleger. **Comb.** *Caderno ~. Calendário ~. Círculo ~. Colégio ~. Coligação ~. Disputa ~. Lei ~.*

eleitoralismo *s m* (<eleitoral + -ismo) A(c)tuação que apenas visa [procura/quer] bons resultados eleitorais. **Ex.** O Governo, evitando fazer reformas necessárias para o país, por (serem) impopulares, tem sido acusado de ~.

eleitoralista [eleitoreiro, a] *adj/s* (<eleitoral + ...) (O) que pratica o eleitoralismo. **Ex.** Não aguento [posso ver] estes ~s!

elementar *adj 2g* (<elemento + -ar^2) **1** «substância» Que é simples/Que não pode decompor-se. **Ex.** As moléculas das substâncias ~es são formadas por átomo(s) do mesmo elemento. **Comb.** *Cor ~. Partícula ~.* **2** Que respeita aos princípios básicos/Que é fundamental. **Ex.** Na escola primária tínhamos um livro intitulado *Gramática ~ da Língua Portuguesa*. Saber ouvir é ~ [fundamental/essencial] para uma a(c)ção eficaz quando se tem a missão de educar. **Comb.** *Noções ~es* [Compêndio] *«de Física». Regra ~.* **Sin.** Essencial; rudimentar; básico. **3** Que é de fácil compreensão/Simples/Claro. **Ex.** Em Aritmética nada é mais ~ do que uma soma de duas parcelas. São conhecimentos muito ~es, ao alcance de qualquer criança.

elementaridade *s f* (<elementar + -idade) Qualidade do que é elementar.

elemento *s m* (<lat *eleméntum*: base ou princípio constitutivo de um corpo, matéria-prima) **1** *Quím* Substância simples/indecomponível. **Ex.** O hidrogé[ê]nio é o primeiro ~ da tabela periódica de Mendeleev. A água é constituída por dois ~s: o oxigé[ê]nio e o hidrogé[ê]nio. **2** Parte constituinte de um todo. **Ex.** Importa analisar todos os ~s da situação para se tomar uma decisão (ajustada). O fonema, a sílaba, a palavra são alguns dos ~s linguísticos. **Comb.** «coluna/escada» *~ arquite(c)tó[ô]nico. ~* [Pilha] *de uma bateria.* Ling *~ de formação/composição* «-ar/ele(c)tro-». *~ de uma obra* (Livro). **3** Pessoa (que faz parte de um grupo). **Ex.** Não gosto muito desse ~, penso que não dará um grande [válido] contributo ao nosso proje(c)to. O ~ feminino (As mulheres) está mal [pouco] representado na política. **4** Dado informativo. **Ex.** Não sei que ~s tem ele para afirmar tal coisa. Preciso de recolher mais ~s [dados] para formular [poder fazer] um juízo fundamentado. **Comb.** *~s* [Primeiras noções/Rudimentos] *de Psicologia.* **5** Meio favorável a um ser vivo. **Ex.** A água é o ~ natural dos peixes, como o ar o é das aves. **Loc.** *Estar no seu ~* [Sentir-se bem/à vontade] (Ex. Aqui na aldeia estou no meu ~, não quero viver na cidade). **6** *Fil* Cada uma das quatro substâncias (fogo, ar, água e terra) que a ciência antiga julgava constituintes do Universo. **Comb.** Teoria dos quatro ~s. **7** Força da natureza. **Ex.** Foi uma tempestade terrível, aí se mostrou a fúria dos ~s.

elemi *s f Bot* (<ár *al-lemi*) Substância resinosa «da elemieira/aroeira/lentisco» us em indústria e farmácia.

elencar *v t* (<elenco + -ar) Enumerar(+)/Listar(o+)/Catalogar.

elenco *s m* (<lat *elénchus*: índice de livro) **1** Lista de pessoas ou coisas. **Comb.** O ~ [A lista(+)] dos participantes. **2** Relação dos artistas de uma companhia ou que a(c)tuam num espe(c)táculo. **Ex.** Com este ~ é natural que muita gente venha ao espe(c)táculo.

elerão *s m Br Aer* (<fr *aileron*) ⇒ aileron; estabilizador 2(o+).

eletividade (Lè) *s f* [= electividade] (<eletivo + -idade) **1** Qualidade do que é eletivo/do que é relativo a eleição ou escolha. **Comb.** *~ do* [O poder ser eleito para o] *cargo de Presidente da República.* **2** *Med* Propriedade de um medicamento a(c)tuar especificamente [só] sobre um órgão ficando os outros apáticos. **3** *Bioq* Propriedade de uma substância apenas se combinar com [a(c)tuar sobre] uma outra.

eletivo, a (Lè) *adj* [= electivo] (<lat *electívus* <*éligo,eléctum*: arrancar, escolher, eleger) **1** Dependente de [Relativo a] eleição ou escolha. **Comb.** *Cargo ~. Matérias ~as. Processo ~.* **2** *Med* «medicamento» Que a(c)tua de forma suave, sem efeitos colaterais. **3** *Bioq* Que a(c)tua [Que se fixa] sobre determinada parte da célula ou de um tecido.

eletrão (Lè) **[elétron]** [*Br* ele(c)trão (dg)]/**elé(c)tron** (dg)] *s m Fís* [= electrão] (<gr *élektron*: âmbar amarelo) Partícula elementar do átomo com a menor carga elétrica negativa. **Ex.** A Química estuda a transferência de eletrões entre os átomos. **Comb.** Feixe de eletrões.

eletrão-volt (Lè) [*Br* ele(c)trão-volt (dg)] [Simb. eV] *s m Fís* [= electrão-volt] Unidade de energia utilizada em física ató[ô]mica.

eletrencefalografia (Lè) [*Br* ele(c)trencefalografia (dg)], **eletrencefalograma** [*Br* ele(c)trencefalograma (dg)] ⇒ eletroencefalografia/...

eletricidade (Lè) [*Br* ele(c)tricidade (dg)] *s f Fís* [= electricidade] (<lat *electrícitas, átis* <*électrum*: âmbar amarelo – que, com atrito, atrai outros corpos) **1** Um fenó[ô]meno físico fundamental provocado pelo movimento dos eletrões e outras partículas e que se manifesta como magnetismo, luz, calor, ... **Ex.** A trovoada é consequência da ~ existente na atmosfera. A ~, pela facilidade da sua transformação em energia mecânica, térmica, luminosa, química, ... veio revolucionar a vida diária das populações [a nossa vida]. **Loc.** *Cortar* [Desligar] *a ~. Falhar* [Faltar] *a ~.* **Comb.** *~ de alta* (baixa) *tensão. Contador de ~.* **Sin.** Corrente (elétrica); luz [energia] elétrica. **2** Ramo da Física que estuda a ~. **3** *fig* Estado de excitação/Energia. **Ex.** O meu filho não para, parece que tem ~.

eletricista (Lè) [*Br* ele(c)tricista (dg)] *adj/s 2g* [= electricista] (<eletricidade + -ista) (Pessoa) que faz a montagem, conservação ou reparação de instalações ou aparelhos elétricos.

elétrico, a [*Br* **elé(c)trico** (*dg*)] *adj/s m* [= eléctrico] (<lat *eléctricus*) **1** *Fís* Que é relativo à eletricidade. **Ex.** É muito desagradável e perigoso apanhar um choque ~. **Comb.** *Central ~a. Choque (~). Condensador (~). Condutor (~). Corrente (~a). Descarga ~a. Energia (~a). Fio ~. Gerador (~).* **2** Que é movido ou funciona com eletricidade. **Ex.** Um fogão elétrico é mais seguro que este, [que um] a gás. **Comb.** *Braseira ~a. Cadeira ~a. Carro ~. Guitarra ~a. Lâmpada ~a. Locomotiva ~a. Máquina ~a. Motor ~. Pêndulo ~. Telégrafo ~.* **3** *Icti* Que emite descarga elétrica para atingir a presa/o inimigo. **Ex.** A tremelga possui órgãos ~s. **4** *fig* Que é muito rápido. **5** *fig* Que está agitado/Que está muito nervoso. **Ex.** O miúdo está ~, não para quieto. **6** Que é muito brilhante. **7** *s m* Veículo de transporte urbano movido a eletricidade, que circula em carris, à superfície. **Ex.** Tomei [Apanhei/Utilizei] o ~ [*Br* bonde] para a Baixa e pus-me lá num instante [e cheguei rapidamente]. ⇒ metropolitano.

eletrificação (Lè) [*Br* **ele(c)trificação** (*dg*)] *s f* [= electrificação] (<eletrificar + -ção) Instalação de equipamentos elétricos. **Ex.** A ~ deste troço de via-férrea [de ferrovia] está para breve.

eletrificar (Lè) [*Br* **ele(c)trificar** (*dg*)] *v t* [= electrificar] (<lat *eléctrum*: âmbar + -ficar) Instalar equipamentos de transporte e de utilização da energia elétrica. **Ex.** Só há pouco se conseguiu ~ todas as freguesias deste concelho.

eletrização (Lè) [*Br* **ele(c)trização** (*dg*)] *s f Ele(c)tri* [= electrização] (<eletrizar 3 + -ção) A(c)to ou resultado de eletrizar «os ouvintes».

eletrizante (Lè) [*Br* **ele(c)trizante** (*dg*)] *adj/s 2g* [= electrizante] (<eletrizar + -ante) **1** *Fís* (O) «corpo/fenó[ô]meno» que eletriza. **2** *fig* Que entusiasma/arrebata. **Ex.** As pessoas deliravam, presas daquele [com aquele] espe(c)táculo ~.

eletrizar (Lè) [*Br* **ele(c)trizar** (*dg*)] *v t* [= electrizar] (<eletro- + -izar) **1** *Ele(c)tri* Provocar propriedades elétricas num corpo. **2** *Ele(c)tri* Carregar de eletricidade. **3** *fig* Entusiasmar/Excitar/Inflamar.

eletr(o/i)- [*Br* **ele(c)tr(o/i)-** (*dg*)] *pref* ⇒ eletricidade.

eletrobomba (Lè) [*Br* **ele(c)trobomba** (*dg*)] *s f* [= electrobomba] (<eletro- + ...) Bomba rotativa a(c)cionada por motor elétrico.

eletrocardiografia (Lè) [*Br* **ele(c)trocardiografia** (*dg*)] *s f Med* [= electrocardiografia] (<... + cardiografia) Processo de observar e regist(r)ar as oscilações elétricas ligadas à a(c)tividade do músculo cardíaco.

eletrocardiógrafo (Lè) [*Br* **ele(c)trocardiógrafo** (*dg*)] *s m Med* [= electrocardiógrafo] (<... + cardiógrafo) Aparelho para fazer o eletrocardiograma.

eletrocardiograma (Lè) [*Br* **ele(c)trocardiograma** (*dg*)] *s m Med* [= electrocardiograma] (<... + cardiograma) Regist(r)o gráfico das oscilações elétricas relacionadas com o funcionamento do músculo cardíaco. **Ex.** Entre as medidas preventivas, costumo fazer anualmente um ~ por esta altura [nesta época do ano].

eletrocinética (Lè) [*Br* **ele(c)trocinética** (*dg*)] *s f Ele(c)tri* [= electrocinética] (<... + cinética) Estudo da corrente elétrica e dos fenó[ô]menos que lhe estão associados.

eletrocirurgia (Lè) [*Br* **ele(c)trocirurgia** (*dg*)] *s f Med* [= electrocirurgia] (<... + cirurgia) Forma de diatermia em que os tecidos são cortados por elétrodo com corrente alterna de alta frequência.

eletrocoagulação (Lè) [*Br* **ele(c)trocoagulação** (*dg*)] *s f Med* [= electrocoagulação] (<... + coagulação) Processo terapêutico com recurso a corrente alterna de elevada frequência, usado no tratamento de neoplasias da pele e mucosas e de pequenos tumores.

eletrocussão (Lè) [*Br* **ele(c)trocussão** (*dg*)] *s f* [= electrocussão] (<ing *electrocution*) Morte provocada por descarga elétrica. **Ex.** Muitos condenados «nos EUA» morrem por ~ na cadeira elétrica.

eletrocutar (Lè) [*Br* **ele(c)trocutar** (*dg*)] *v t* (<ing *electrocute*, como *execute*: executar) Matar por descarga elétrica.

eletrodiagnóstico (Lè) [*Br* **ele(c)trodiagnóstico** (*dg*)] *s m Med* [= electrodiagnóstico] (<... + diagnóstico) Método de diagnóstico que recorre à eletricidade.

eletrodiálise (Lè) [*Br* **ele(c)trodiálise** (*dg*)] *s f Quím* [= electrodiálise] (<... + diálise) Separação de substâncias acelerada pela aplicação de um campo elétrico.

eletrodinâmica (Lè) [*Br* **ele(c)trodinâmica** (*dg*)] *s f Fís* [= electrodinâmica] (<... + dinâmica) Ramo da Física que estuda as cargas elétricas em movimento e as forças geradas entre circuitos condutores próximos atravessados por correntes elétricas.

eletrodinâmico, a (Lè) [*Br* **ele(c)trodinâmico** (*dg*)] *adj Fís* [= electrodinâmico] (<... + dinâmico) **1** Relativo à eletrodinâmica. **2** Que produz corrente elétrica.

eletrodinamismo (Lè) [*Br* **ele(c)trodinamismo** (*dg*)] *s m Fís* [= electrodinamismo] (<... + dinamismo) Conjunto de fenó[ô]menos produzidos pelas correntes elétricas ou pelas forças eletrodinâmicas.

eletrodinamómetro (Lè) [*Br* **ele(c)trodinamômetro** (*dg*)] *s m Ele(c)tri* [= electrodinamómetro] (<... + dinamó[ô]metro) Aparelho para medir a intensidade da corrente elétrica.

elétrodo [*Br* **elé(c)trodo** (*dg*)] *s m* [= eléctrodo] (<... + gr *hódos*: caminho, via) **1** *Ele(c)tri* Condutor, geralmente metálico, por onde a corrente elétrica entra ou sai de um sistema. **2** *Med* Condutor elétrico aplicado numa parte do organismo. **Ex.** Ao fazer a prova de esforço ou o eletrocardiograma, aplicam-se ~s em várias zonas do corpo.

eletrodoméstico (Lè) [*Br* **ele(c)trodoméstico** (*dg*)] *adj/s m* [= electrodoméstico] (<... + doméstico) (Utensílio elétrico) de uso doméstico. **Ex.** Os ~s vieram dar conforto e facilitar muito a vida dentro de casa.

eletr(o)encefalografia (Lè) [*Br* **ele(c)tr(o)encefalografia** (*dg*)] *s f Med* [= electr(o)encefalografia] (<... + encefalografia) Método de diagnóstico e de regist(r)o de ondas cerebrais, aplicando elétrodos sobre o couro cabeludo.

eletr(o)encefalógrafo (Lè) [*Br* **ele(c)tr(o)encefalógrafo** (*dg*)] *s m Med* [electr(o)encefalógrafo] (<... + encéfalo + -grafo) Aparelho usado em eletroencefalografia para dete(c)ção e localização de anomalias no encéfalo.

eletr(o)encefalograma (Lè) [*Br* **ele(c)tr(o)encefalograma** (*dg*)] *s m Med* [= electr(o)encefalograma] (<... + encefalograma) Regist(r)o gráfico das variações do potencial elétrico do encéfalo.

eletrofisiologia (Lè) [*Br* **ele(c)trofisiologia** (*dg*)] *s f Fisiol* [= electrofisiologia] (<... + fisiologia) **1** Estudo do comportamento das funções vitais reagindo a excitação elétrica. **2** Estudo da produção de correntes elétricas pelos organismos vivos.

eletroforese (Lè) [*Br* **ele(c)troforese** (*dg*)] *s f Fís/Quím* [= electroforese] (<... + gr *phorésis*: transporte) Migração para os elétrodos, no seio de uma solução, de partículas eletrizadas sob a a(c)ção de um campo elétrico).

eletrogalvânico, a (Lè) [*Br* **ele(c)trogalvânico** (*dg*)] *adj Ele(c)tri* [= electrogalvânico] (<... + galvânico) **1** Que é relativo à pilha voltaica/elétrica. **2** Que é produzido por essa pilha. **Comb.** *Corrente ~a.*

eletrogalvanismo (Lè) [*Br* **ele(c)trogalvanismo** (*dg*)] *s m Ele(c)tri* [= electrogalvanismo] (<... + galvanismo) Conjunto dos fenó[ô]menos eletrogalvânicos.

eletrogéneo, a (Lè) [*Br* **ele(c)trogêneo** (*dg*)] *adj Fís* [= electrogéneo] (<... + gr *génos*: origem + -eo) Que gera uma corrente elétrica.

eletrógeno, a (Lè) [*Br* **ele(c)trógeno** (*dg*)] [= electrógeno] ⇒ eletrogé[ê]neo.

eletrografia (Lè) [*Br* **ele(c)trografia** (*dg*)] *s f* [= electrografia] (<... + -grafia) **1** Aplicação da galvanoplastia à produção de lâminas gravadas por a(c)ção da corrente elétrica. **2** *Med* Conjunto de técnicas para observar e regist(r)ar fenó[ô]menos elétricos ligados à a(c)tividade de sistemas excitáveis.

eletroíman (Lè), [*Br* **eletroímã**] *s m Ele(c)tri* [= electroíman] (<... + íman/ímã) Magnete com núcleo metálico envolto por bobina de fio onde se faz passar a corrente elétrica. **Ex.** Ao passar a corrente elétrica pela bobina do ~, o núcleo metálico magnetiza-se. **Sin.** Eletromagnete/o.

eletrolisar (Lè) [*Br* **ele(c)trolisar** (*dg*)] *v t Quím* [= electrolisar] (<eletrólise + -ar¹) Fazer a eletrólise.

eletrólise (Lè) [*Br* **ele(c)trólise** (*dg*)] *s f Quím* [= electrólise] (<... + gr *lýsis*: dissolução) Decomposição de um composto químico por a(c)ção da corrente elétrica. **Ex.** Pela ~ da água obtém-se oxigé[ê]nio e hidrogé[ê]nio.

eletrolítico, a (Lè) [*Br* **ele(c)trolítico** (*dg*)] *adj Quím* [= electrolítico] (<eletrólito + -ico) Relativo à eletrólise.

eletrólito (Lè) [*Br* **ele(c)trólito** (*dg*)] *s m Quím* [= electrólito] (<... + gr *lýtos*: decomposto) **1** Composto químico que, dissolvendo-se, aumenta a condutibilidade elétrica do solvente. **2** Solução que contém esse composto.

eletroluminescência (Lè) [*Br* **ele(c)troluminescência** (*dg*)] *s f Fís* [= electroluminescência] (<... + luminescência) Emissão de luz por certas substâncias, «flúor», sob a a(c)ção de um campo elétrico variável «nas lâmpadas modernas».

eletromagnete/o (Lè) [*Br* **ele(c)tromagnete/o** (*dg*)] ⇒ electroíman.

eletromagnético, a (Lè) [*Br* **ele(c)tromagnético** (*dg*)] *adj Ele(c)tri* [= electromagnético] (<... + magnético) Relativo ao eletromagnetismo ou às suas consequências. **Comb.** *Força ~a. Indução ~a. Onda ~a.*

eletromagnetismo (Lè) [*Br* **ele(c)tromagnetismo** (*dg*)] *s m Ele(c)tri* [= electromagnetismo] (<... + magnetismo) **1** Conjunto de fenó[ô]menos relativo à intera(c)ção entre campos elétricos e magnéticos. **2** Ramo da Física que estuda esses fenó[ô]menos.

eletromecânica (Lè) [*Br* **ele(c)tromecânica** (*dg*)] *s f Fís* [= electromecânica] (<... + mecânica) **1** Aplicação da eletricidade à mecânica. **2** Ramo da Física que trata da transformação da energia elétrica em energia mecânica e vice-versa.

eletromecânico, a (Lè) [*Br* **ele(c)tromecânico** (*dg*)] *adj/s m* [= electromecânico] (<... + mecânico) **1** Referente à aplicação da eletricidade à mecânica e vice-versa. **2** Pessoa cuja profissão está ligada à eletricidade e à mecânica.

eletrometalurgia (Lè) [*Br* **ele(c)trometalurgia** (*dg*)] *s f* [= electrometalurgia] (<... + metalurgia) Aplicação da eletricidade à extra(c)ção e purificação de metais.

eletrometria (Lè) [*Br* **ele(c)trometria** (*dg*)] *s f Fís* [= electrometria] (<... + -metria) Parte da Física que estuda a medição das cargas elétricas.

eletrómetro (Lè) [*Br* **ele(c)trômetro** (*dg*)] *s m Fís* [= electrómetro] (<... + -metro) Aparelho constituído por um condensador e uma armadura móvel, servindo para medir diferenças de potencial elétrico.

eletromiografia (Lè) [*Br* **ele(c)tromiografia** (*dg*)] *s f Med* [= electromiografia] (<... + miografia) Ramo da neurofisiologia que estuda a a(c)tividade elétrica dos músculos e dos nervos periféricos.

eletromiograma (Lè) [*Br* **ele(c)tromiograma** (*dg*)] *s m Med* [electromiograma] (<... + miograma) Regist(r)o da a(c)tividade elétrica dos músculos e dos nervos periféricos.

eletromotor, ora, triz (Lè) [*Br* **ele(c)tromotor** (*dg*)] *adj/s m Fís* [= electromotor] (<... + motor) (Aparelho) que transforma a energia elétrica em energia mecânica.

elétron [*Br* **elé(c)tron** (*dg*)] ⇒ eletrão.

eletronegatividade (Lè) [*Br* **ele(c)tronegatividade** (*dg*)] *s f Quím* [= electronegatividade] (<... + negatividade) Tendência para os átomos de um elemento atraírem eletrões estranhos, originando iões [*Br* íons] negativos.

eletronegativo, a (Lè) [*Br* **ele(c)tronegativo** (*dg*)] *adj Quím* [= electronegativo] (<... + negativo) «elemento/radical» Que tende a atrair eletrões. **Comb.** Metal ~.

eletrónica (Lè) [*Br* **ele(c)trônica** (*dg*)] *s f* [= electrónica] (<eletró[ô]nico) Ciência que estuda o comportamento dos eletrões [elé(c)trons] sob a a(c)ção de campos elétricos ou magnéticos.

eletrónico, a (Lè) [*Br* **ele(c)trônico** (*dg*)] *adj* [= electrónico] (<gr élektron: âmbar + -ico; ⇒ eletricidade) Relativo ao eletrão [elé(c)tron] ou à eletrónica. **Comb.** *Carga* ~*a*. *Cérebro* ~. *Configuração* ~*a*. *Correio* ~. *Dicionário* ~. *Endereço* ~. *Máquina* ~*a*. *Microscópio* ~. *Música* ~*a*. *Ó(p)tica* ~*a*.

eletro-ótica (Lè) [*Br* **ele(c)tro-ó(p)tica** (*dg*)] *s f Fís* [= electr(o)óptica] (<... + ótica) Ramo que estuda a influência de campos elétricos nos fenó[ô]menos óticos.

eletropositividade (Lè) [*Br* **ele(c)tropositividade** (*dg*)] *s f Quím* [= electropositividade] (<... + positividade) Tendência para os átomos de um elemento libertarem eletrões [elétrons], originando iões [*Br* íons] positivos.

eletropositivo, a (Lè) [*Br* **ele(c)tropositivo** (*dg*)] *adj Quím* [= electropositivo] (<... + positivo) «elemento/radical» Que origina iões [*Br* íons] positivos.

eletropun(c)tura (*dg*) (Lè) [*Br* **ele(c)tropun(c)tura** (*dg*)] *s f* [= electropunctura] (<... + pun(c)tura) Terapêutica em que se pica a pele com agulha onde passa corrente elétrica. ⇒ acupun(c)tura.

eletroquímica (Lè) [*Br* **ele(c)troquímica** (*dg*)] *s f* [= electroquímica] (<... + química) Parte da Química que estuda a relação entre a eletricidade e os fenó[ô]menos químicos.

eletroquímico, a (Lè) [*Br* **ele(c)troquímico** (*dg*)] *adj* [= electroquímico] (<... + químico) Relativo à eletroquímica.

eletrorradiologia (Lè) [*Br* **ele(c)trorradiologia** (*dg*)] *s f Med* [= electrorradiologia] (<eletro- + radiologia) Ramo da medicina que trata da aplicação conjunta da eletricidade e da radiologia no diagnóstico e tratamento das doenças.

eletrorradiologista (Lè) [*Br* **ele(c)trorradiologista** (*dg*)] *s 2g Med* [= electrorradiologista] (<eletro- + radiologista) Médico especialista em eletrorradiologia.

eletroscopia (Lè) [*Br* **ele(c)troscopia** (*dg*)] *s f Fís* [= electroscopia] (<... + -scopia) Observação e estudo dos fenó[ô]menos elétricos com recurso ao eletroscópio.

eletroscópio (Lè) [*Br* **ele(c)troscópio** (*dg*)] *s m Fís* [= electroscópio] (<... + -scópio) Aparelho para observar os fenó[ô]menos eletrostáticos, dete(c)tar a presença e a natureza da carga elétrica, diferenças de potencial...

eletrossemáforo (Lè) [*Br* **ele(c)trossemáforo** (*dg*)] *s m* [= electrossemáforo] (<eletro- + semáforo) **1** Aparelho elétrico para estabelecer comunicação entre a costa marítima e os navios em trânsito. **2** Aparelho elétrico de sinalização na via-férrea.

eletrossiderurgia (Lè) [*Br* **ele(c)trossiderurgia** (*dg*)] *s f* [= electrossiderurgia] (<eletro- + siderurgia) Utilização da eletricidade na preparação do ferro e do aço.

eletrossoldadura (Lè) [*Br* **ele(c)trossoldadura** (*dg*)] *s f* [= electrossoldadura] (<eletro- + soldadura) Soldadura com recurso à eletricidade. **Sin.** Soldadura elétrica (+).

eletrostática (Lè) [*Br* **ele(c)trostática** (*dg*)] *s f Fís* [= electrostática] (<eletrostático) Ramo da Física que estuda as propriedades das cargas elétricas isoladas e em repouso.

eletrostático, a (Lè) [*Br* **ele(c)trostático** (*dg*)] *adj* [= electrostático] (<... + estático) Relativo à eletricidade estática.

eletrostrição (Lè) [*Br* **ele(c)trostrição** (*dg*)] *s f Fís* [= electrostricção] (<... + lat *strictio*: aperto, contra(c)ção) Contra(c)ção elástica de um material «dielétrico» por a(c)ção de um campo elétrico.

eletrotecnia (Lè) [*Br* **ele(c)trotecnia** (*dg*)] *s f* [= electrotecnia] (<... + gr *tékhne*: arte + -ia) Estudo das aplicações práticas da eletricidade.

eletrotécnico, a (Lè) [*Br* **ele(c)trotécnico** (*dg*)] *adj/s* [= electrotécnico] (<... + técnico) **1** Relativo à eletrotecnia. **2** Pessoa «engenheiro» especializada em técnica da eletricidade.

eletroterapia (Lè) [*Br* **ele(c)troterapia** (*dg*)][**ele(c)troterapêutica**] *s f Med* [= electroterapia] (<... + terapia/...) Utilização da eletricidade para fins terapêuticos.

eletrotermia (Lè) [*Br* **ele(c)trotermia** (*dg*)] *s f* [= electrotermia] (<... + gr *thérme*: calor + -ia) **1** *Fís* Produção de calor por [com] eletricidade. **2** *Quím* Técnica para obter compostos abrasivos «carbureto de silício» em forno elétrico a altas temperaturas. **3** *Med* Terapia que consiste em usar calor elétrico para aliviar dores «musculares». **Sin.** Diatermia(+).

elevação *s f* (<elevar + -ção) **1** A(c)to de elevar/levantar. **Ex.** A ~ de halteres obriga a grande esforço. **2** *Crist* Parte da missa em que o celebrante, a seguir à consagração, levanta a hóstia e o cálice para adoração dos fiéis. **Ex.** Antes, à ~, o acólito tocava sempre a campainha. **3** A(c)to de construir em altura. **Ex.** A ~ [construção/O levantamento(+)] de um muro à volta da escola não agradou aos alunos. **4** Subida (o+)/Ascensão/Aumento(+). **Ex.** A ~ [subida/O aumento] dos preços é sempre impopular. A ~ da voz foi necessária [Foi preciso gritar] para se conseguir disciplina na aula. **5** Passagem a escalão superior/Promoção. **Ex.** A ~ da localidade [aldeia] a vila foi assinalada com uma grande festa. **6** Lugar elevado/Outeiro/Colina. **Ex.** O terreno tem pequenas ~ções. A uns [cerca de] trezentos metros há uma pequena ~ donde se avista toda a aldeia. **7** Nobreza/Distinção/Dignidade. **Ex.** A cerimó[ô]nia teve grande ~. A ~ de cará(c)ter que evidenciava atraiu a atenção dos seus superiores. **8** *Arquit* Desenho que representa um edifício de frente/Alçado. **9** *Mat* Formação de potência de um número ou expressão. **Comb.** ~ *ao cubo*. ~ *ao quadrado*. ~ *à quinta potência*. **10** *Mil* Ângulo formado pela linha de tiro com o horizonte.

elevado, a *adj* (<elevar) **1** Que se elevou. **2** Superior/Nobre/Sublime. **Ex.** De um espírito ~ como o dele não se esperava outro comportamento. **3** Que é alto/excessivo. **Ex.** A velocidade ~a é um fa(c)tor de risco. O preço da viagem parece-me muito ~, não sei se irei na excursão. **Comb.** *Pressão* ~*a*. *Temperatura* ~*a*. **4** Situado em altitude superior à da zona circundante. **Ex.** Daquele sítio ~ desfruta-se uma vista soberba [deslumbrante] sobre a cidade. **5** *Mat* «número/expressão» Que tem expoente. **Ex.** Dois (~) ao cubo [2^3] é igual a oito. Três ~ à quarta potência é igual a oitenta e um [$3^4 = 3 \times 3 \times 3 \times 3 = 81$].

elevador, a *adj/s m* (<elevar + -dor) **1** Que eleva/faz elevar. **2** Aparelho que, num edifício, transporta na vertical pessoas e coisas entre os pisos. **Ex.** Quando já era velho, precisava de utilizar o ~ para subir ao primeiro andar. **Sin.** Ascensor; monta-cargas. **3** *s m* Estrutura e veículo de transporte de pessoas que, sobretudo nas cidades muito acidentadas, é utilizado para vencer grandes desníveis a pequena distância. **Ex.** Em Lisboa, o ~ de Santa Justa desloca-se na vertical, mas nos ~es do Lavra, da Bica e da Glória, um elé(c)trico [*Br* bonde] especial sobe sobre carris em calçada muito íngreme. **Sin.** Ascensor. **4** *s m* Músculo que eleva alguma parte do corpo. **Comb.** ~ *da pálpebra*. ~ *do lábio superior*.

elevar *v t* (<lat *élevo,áre*) **1** Fazer subir/Levantar/Erguer. **Ex.** Elevou [Levantou(+)] os braços para o miúdo, ajudando-o a descer da árvore. **2** Voltar para o alto/Orientar para cima. **Ex.** Gostava de (~ o) olhar para as estrelas, contemplando a grandiosidade do universo. **3** ~-se/Estar numa posição mais alta. **Ex.** O castelo elevava[erguia]-se a uns cinquenta metros de altura, implantado num morro sobranceiro. **4** Fazer subir de estatuto/Promover. **Ex.** A Assembleia da República decidiu ~ algumas vilas a cidade. **5** Despertar para sentimentos nobres/Dignificar/Aperfeiçoar. **Ex.** A solidariedade que encontrara naquela gente simples elevava-lhe o espírito, que andava um tanto abatido.
6 Melhorar/Aperfeiçoar. **Ex.** Importa ~ o nível de vida da população, pagando melhores salários. **7** Subir/Aumentar. **Ex.** Para pôr ordem na sala era vulgar ~ a voz, por isso estava um pouco afó[ô]nica. Não me parecia que a melhor forma de resolver o problema financeiro fosse ~ [subir/aumen-

tar] os preços dos produtos, dada a grande concorrência. **8** Construir/Edificar. **Ex.** Decidiu-se ~ [levantar(+)] uma pequena estátua a um médico muito dedicado que consideravam um benemérito da localidade/terra(+). **9** ~-se/Chegar «a uma quantia apreciável». **Ex.** Os prejuízos do grande incêndio elevam-se a [vão para (+)/sobem a (+)] dois milhões de euros.

elevatório, a *adj* (<elevar + -tório) Que eleva/Que faz subir. **Comb.** Estação ~a de água.

elfo *s m* *Mit* (<ing *elf*) Gnomo(o+) ou gé[ê]nio(+) «da floresta escandinava».

-elho *suf* (<lat *-ículus*; ⇒ -elo) Exprime a noção de diminutivo geralmente depreciativo. ⇒ grup~; cort~).

eliciar *v t* (<lat *elício,cere*: tirar) Fazer sair/Expulsar/Esconjurar. **Sin.** Afugentar; exorcizar.

elidir *v t* (<lat *élido,ere*) Fazer a elisão/Eliminar/Retirar.

eliminação *s f* (<eliminar + -ção) A(c)to ou efeito de eliminar/Supressão. **Ex.** Os adeptos ficaram desolados com a derrota que ditou [determinou] a ~ da equipa/e da prova europeia (que disputava).

eliminador, ora *adj/s* (<eliminar + -dor) (O) que elimina.

eliminar *v t* (<lat *elímino,áre*: pôr fora do limiar da porta) **1** Fazer sair/Expulsar do organismo. **Ex.** Através da urina eliminam-se muitas substâncias tóxicas. **2** Provocar a saída duma competição/Vencer. **Ex.** Nesta prova (d)esportiva a ~ [disputada por eliminatórias], a passagem à fase seguinte resolve-se em dois jogos disputados nos campos dos contendores. **3** Excluir/Subtrair/Recusar. **Ex.** Como só os melhores [só «três»] podem ser admitidos, vamos ~ todos os outros concorrentes. **4** Fazer desaparecer/Apagar/Destruir. **Ex.** O primeiro cuidado dele foi ~ quaisquer vestígios que o pudessem comprometer. **5** Matar. **Ex.** Os criminosos, em desespero, acharam [julgaram] preferível ~ a testemunha do seu delito.

eliminatória *s f* (<eliminatório) Cada uma das fases de uma competição com vista à sele(c)ção dos melhores. **Ex.** Foi frustrante a nossa equipa/e sair dessa prova europeia logo à [na] primeira ~.

eliminatório, a *adj* (<eliminar + -tório) **1** Que elimina/Que expulsa/Que é decisivo para um resultado desfavorável. **Comb.** Prova ~a. **2** Que sele(c)ciona «os melhores».

elipse *s f* (<gr *élleipsis*: omissão de palavras) **1** Curva plana e fechada resultante da interse(c)ção de um cone circular por um plano que corta todas as suas geratrizes. **2** *Ling* Supressão de um termo que facilmente pode ser subentendido. **Ex.** Eu faço o meu trabalho e ele (*faz*) o dele. ⇒ elisão 2.

elipsoidal *adj 2g* (<elipsoide + -al) «ovo» Que tem a forma de uma elipse. **Comb.** Coordenadas elipsoidais. **Sin.** Elipsoide.

elipsoide (Psói) *adj 2g/s m* (<elipse + -oide) **1** «ovo» Que tem a forma de uma elipse. **Sin.** Elipsoidal. **2** *s m Geom* Superfície de segundo grau cujas se(c)ções re(c)tas são elipses.

elíptico, a [*Br* elí(p)tico (dg)] *adj* (<gr *elleiptikós*: incompleto) **1** Relativo à [Em forma de] elipse. **Comb.** Folha ~a. **2** *Ling* Em que há elipse/omissão de um elemento. **Ex.** O discurso ouviu-se bem mas o orador usou uma linguagem ~a que poucos entenderam. **Comb.** Expressão [Frase] ~a.

elisão *s f* (<lat *elísio,ónis*) **1** A(c)to ou efeito de elidir. **2** *Gram* Supressão de vogal no fim de uma palavra quando a palavra seguinte começa por vogal. **Ex.** Em *Sant'Ana* temos um caso de ~; e em *daqui, d'água*, temos mais [outros] dois. ⇒ elipse 2.

elísio *adj/s m* (<gr *elýsios*: lugar de felicidade) **1** *Mit* Para os antigos gregos e romanos, lugar dos heróis e justos depois da morte/Bem-aventurança. **2** Delicioso/Feliz.

elite *s f* (<fr *elite* <lat *éligo,eléctum*: escolher) Minoria prestigiada formada pelas pessoas mais distintas de uma comunidade. **Ex.** O desenvolvimento das nações anda [está] muito ligado ao dinamismo das suas ~s. **Comb.** Tropa(s) de ~ [Militares com formação esmerada].

elítico, a *Br* ⇒ elíptico.

elitismo *s m* (<elite + -ismo) **1** Liderança exercida numa sociedade pela elite. **2** Consciência de se pertencer à elite. **3** Discriminação social/cultural por se admitirem privilégios de elites. **Ex.** Ele não podia aceitar o ~ que relegava os interesses do povo para um lugar secundário.

elitista *adj/s 2g* (<elite + -ista) **1** Que é relativo ao [Que mostra] elitismo. **2** (Pessoa) que defende ou pratica o elitismo.

elitizar *v t* (<elite + -izar) Tornar «a educação/moda» próprio (só) da elite.

élitro *s m* *Ent* (<gr *élytron*: invólucro) Primeiro par de asas dos «besouros» inse(c)tos coleópteros, duras e espessas, não utilizadas no voo.

elixir *s m* (<árabe *al-iksir*: pedra filosofal) **1** Preparado farmacêutico com várias substâncias dissolvidas em álcool. **2** «Vinho do Porto/cachaça» Bebida aromática/deliciosa. **3** *Hist* Substância a que na Idade Média se atribuíam propriedades mágicas. **Ex. Comb.** ~ *da longa vida* [Bebida com que os alquimistas procuravam rejuvenescer e assegurar a longevidade dos homens]. **4** *fig* Remédio para todos os males/Fonte de felicidade. A música era o ~ que a fazia rejuvenescer.

elmo (Él) *s m* (<germânico *helm*) **1** *Hist* Capacete medieval, com viseira e crista, «que protegia a cabeça». **2** *fig* Crosta negra que se forma na cabeça das crianças por falta de higiene.

elo (É) *s m* (<lat *anéllus*: anel) **1** Anel de cadeia/Argola de corrente. **2** *Bot* Gavinha(+). **Ex.** A planta trepadeira vai lançando ~s em que se apoia. **3** *fig* O que une/prende. **Ex.** Ligavam-no àquela gente fortes ~s de amizade e de reconhecimento pela ajuda recebida. A casa continuava a ser um ~ entre os irmãos. **Sin.** Laço.

-elo *suf* (<lat *-ellu-*; por ex. *vitéllus*, dim de *vítulus*: novilho) Significa pequeno (⇒ colun~). ⇒ -elho; -ela.

elocução *s f* (<lat *elocútio,ónis* <*é-loquor,e-locútus sum*: exprimir-se) **1** Modo de se expressar pela palavra/Modo de articular as palavras. **Loc.** Ter ~ fácil. **Sin.** Dicção. **2** *Hist* Parte da retórica que tratava da arte de discursar com clareza e elegância. **Comb.** Tratado de ~. **3** Arte de bem falar em público. **Sin.** Oratória. ⇒ eloquência.

elocutivo [elocutório], a *adj* Referente à elocução.

elogiar *v t* (<lat *elógio,are*: o oráculo indicar) Expressar apreço/consideração por alguém ou alguma coisa. **Ex.** O professor tinha o costume de ~ os alunos que se distinguiam pela qualidade do trabalho. **Sin.** Gabar; louvar. **Ant.** Censurar; criticar.

elogio *s m* (<lat *elógium*: resposta, epitáfio) **1** A(c)to de elogiar/louvar. **Ex.** Coube-me fazer o ~ dos nossos atletas. **Sin.** Louvor. **Ant.** Censura; crítica. **2** Discurso enaltecedor/Panegírico. **Ex.** Esteve a cargo dele [Coube-lhe (a ele)] fazer o ~ do homenageado. **Comb.** ~ fúnebre [Discurso referindo as qualidades do defunto].

elogioso, a (Ôso, Ósa, Ósos) *adj* (<elogio + -oso) Que expressa louvor/elogio. **Ex.** Teve [Pronunciou/Disse] palavras ~as para a comunidade que o acolheu.

elongação *s f* (<lat *elongátio,ónis*: afastamento) **1** *Astr* Afastamento angular de um astro a um ponto fixo ou a um sistema fixo. **Comb.** ~ geocêntrica [em relação ao centro da Terra]. **2** *Fís* Deslocação de um móvel em relação a uma posição de equilíbrio. **3** *Med* Distensão terapêutica/Entorse.

eloquência *s f* (<lat *eloquéntia*) **1** Facilidade de expressão. **2** Arte de bem falar ou de deleitar pela palavra. **3** Poder de persuadir/de expressão. **Comb.** *A ~* [força] *dos fa(c)tos. A ~* [expressividade/força] *dos gestos do orador. A ~ do olhar*.

eloquente *adj 2g* (<lat *éloquens,éntis*) **1** Que revela eloquência/Que fala bem. **Comb.** Orador ~. **2** Que convence (pela palavra)/Persuasivo/Convincente. **Ex.** «a nota máxima da escola» É a prova ~ de que o pai tinha razão ao confiar na criança. **Comb.** Olhar ~.

el-rei Forma antiga equivalente a *o rei*. ⇒ el.

El Salvador *s m Geog* República da América Central que tem por [como] capital San Salvador, como língua o espanhol e cujos habitantes são os salvadorenhos.

elucidação *s f* (<elucidar + -ção) A(c)to ou efeito de elucidar(-se). **Sin.** Explicação(+); clarificação; esclarecimento.

elucidar *v t* (<lat *elúcido,áre*: declarar) Esclarecer/Informar/Explicar. **Ex.** Quis ~ o povo acerca da complexidade daquele problema. É preciso ~ a questão para que não haja mal-entendidos.

elucidário, a *s m* (<elucidar + -ário) Livro em que se explicam termos ou conceitos obscuros.

elucidativo, a *adj* (<elucidar + -tivo) Que esclarece/elucida. **Sin.** Explicativo; esclarecedor.

elucubração *s f* (<lat *elucubrátio,ónis*: trabalho em vigília) **1** Elaboração(+) cuidada de um trabalho sacrificando [prejudicando] o repouso no(c)turno. **Ex.** A apresentação da tese obrigou-me a longas e penosas ~ões. **2** Reflexão profunda/Cogitação. ⇒ lucubração. **3** *fig* Divagação/Invenção. **Ex.** Não se podem levar a sério as ~ões dele.

elucubrar *v int* (<lat *elúcubro,áre*: trabalhar à luz da candeia) **1** Realizar à força de vigílias/Refle(c)tir muito tempo. **2** *fig* ⇒ divagar; inventar.

eludir *v t* (<lat *elúdo,ere*: esquivar-se) Evitar com astúcia/Escapar a alguém ou a alguma coisa. **Loc.** ~ a [Fugir à] lei.

eluvião *s m Geol* (<lat *elúvio,ónis*: inundação) Conjunto de detritos acumulados no mesmo local da deterioração das rochas. ⇒ aluvião.

em *prep* (<lat *in*) (Quando é seguida de artigo – o, a, os, as, um, uma, uns, umas – ou de pronome/determinante iniciado por vogal, a preposição contrai-se normalmente com elas, tomando a grafia n) **1** Lugar. **Ex.** Estive ~ casa de tarde. Estive na (Em + a) Casa da Cultura. Esperei no (Em + o) médico perto de uma hora. Li isso ~ [num livro de] Eça de Queirós. **2** Tempo/Duração/Intervalo. **Ex.** ~ [Quando era] moço trabalhava muito «no campo». No verão vamos para a praia. Fiz o trabalho ~ dois dias. **3** «em correlação com a *prep* de» Intervalo regular no espaço/tempo. **Ex.** À beira da estrada, de cem ~ cem metros há um marco indicativo da distância. De oito ~ oito dias

costuma vir o médico à aldeia. **4** Aspe(c)to considerado/Limitação. **Ex.** O aluno é bom ~ Matemática. **5** Modo/Estado. **Ex.** Apareceu-me ~ mangas de camisa. **Loc.** Viver ~ paz. **Comb.** *Drama ~ três a(c)tos. Estrada ~ construção. Ferro ~ brasa.* **6** Meio/Instrumento. **Ex.** Pagou a dívida ~ [com (um)] cheque. Há ainda quem pague um serviço ~ [com] gé[ê]neros. Escrevi a carta ~ inglês. **7** Resultado final. **Ex.** Tanto trabalho deu ~ nada. Com tanta preocupação, temo que venha a dar ~ doido. **8** Finalidade. **Ex.** Foi à manifestação ~ protesto [para protestar] contra o custo de vida. **9** Permuta/Troca. **Ex.** ~ vez de mim, vai [paga] ele. Preciso de cambiar umas libras ~ [por] euros. **Comb.** Terreno [Lote] avaliado ~ cem mil €. **10** Distribuição. **Ex.** É um bom dicionário ~ dois volumes [tomos]. **11** Matéria. **Ex.** Ofereceram-me uma linda estatueta ~ [de (+)] marfim.
12 Proporção. **Ex.** Ali, ~ cada vinte pessoas, umas [cerca de] quatro não sabem ler. **13** Causa. **Ex.** ~ vista disso [das circunstâncias], desistimos «do negócio». **14** *Gram* Rege o lógico complemento de obje(c)to de verbos. **Ex.** Via nele [Via-o como] o digno continuador da obra do avô. **15** ~ + gerúndio. **Ex.** ~ amanhecendo [Ao amanhecer], partiremos. Eu, ~ tendo [quando tiver] essa informação, decido imediatamente [logo (a seguir)]. Eu, ~ vendo [se/quando vir] alguma coisa que não me agrade, protesto logo, podes crer. **16** *Gram* Regendo alguns substantivos deverbais, equivale a uma oração relativa. **Ex.** O livro ~ análise [que está a ser analisado] deu-me uma nova perspe(c)tiva sobre esse assunto.

em- *pref* (<lat *in*: em, para) Significa *introdução em* (Ex. ~barcar, ~bainhar, emoldurar), *mudança* (Ex. ~baciar, ~botar), *movimento contra* (Ex. ~bater, ~pancar), *revestimento* (Ex. ~pedrar). ⇒ en-.

ema (Ê) *s f* (<mal *emeu*) Grande ave corredora «da Austrália»; *Dromaius novaehollandiae*. ⇒ avestruz; nandu; casuar.

emaçar *v t* (<em- + maço + -ar¹) **1** Juntar em maço. **Loc.** ~ cartas. ⇒ empilhar. **2** ⇒ embrulhar(+).

emaçarocar *v t/int* (<em- + maçaroca + -ar¹) Dar/Tomar a forma de maçaroca.

emaciação *s f* (<emaciar + -ção) Grande emagrecimento.

emaciar *v t/int* (<lat *emácio,áre*: emagrecer) (Fazer) alguém perder gordura/Tornar(-se) magro/macilento. **Comb.** Rosto emaciado.

emadeirar *v t* (<em- + madeira + -ar¹) Revestir com madeira.

emagrecer *v t/int* (<lat *emacrésco,ere* <e-+*mácer,cra,crum*: magro) **1** Tornar(-se) [Ficar] magro/Reduzir o peso do corpo. **Ex.** A moça fazia dieta para ~. **2** *fig* Diminuir/Reduzir. **Ex.** Infelizmente os rendimentos têm vindo a ~ e as perspe(c)tivas de futuro não são favoráveis [boas].

emagrecimento *s m* (<emagrecer + -mento) Processo de perda de peso e de volume de um corpo vivo. ⇒ definha[enfraqueci]mento.

e-mail *ing* Correio eletró[ô]nico (+).

emalar *v t* (<em- + mala + -ar¹) **1** Colocar em mala/pacote. **Sin.** Empacotar(+). **2** *pop* ⇒ Comer [Engolir] à pressa.

emalhar *v t* (<em- + malha + -ar¹) **1** Tecer as malhas de [Fazer] uma rede. **2** «peixe» Ficar preso/Prender nas malhas de rede. **3** Revestir [Cobrir] com armadura de malha. **Loc.** ~ um cavalo para o torneio.

emalhetar *v t* (<em- + malhete + -ar¹) Juntar duas peças de madeira por malhete. **Sin.** Encaixar.

emanação *s f* (<lat *emanátio,ónis*) **1** Procedência/Proveniência/Saída. **Ex.** A ~ dum cheiro fétido a partir da sarjeta incomodava visivelmente os transeuntes. **Comb.** *Fís* ~ *radioa(c)tiva* [Elemento gasoso libertado por alguns metais, como o rádio]. *Geol* ~ *vulcânica* [Conjunto de gases expelidos por um vulcão]. **2** Emissão de partículas voláteis por certos corpos. **Sin.** Exalação. **3** *Fil* Conceito usado por algumas teorias panteístas para explicar a origem e natureza divina do universo.

emanar *v int* (<lat *emáno,áre*) **1** Ter origem em/Provir/Sair. **Ex.** O poder dos governantes emana do povo através do voto. **2** Espalhar-se «em pequenas partículas»/Exalar-se. **Ex.** Um suave aroma emanava do jardim [O jardim exalava ...].

emancipação *s f* (<emancipar + -ção) **1** A(c)to de emancipar(-se). **2** Libertação de uma sujeição/Independência/Alforria. **Ex.** Ao longo do séc. XX, deu-se na civilização ocidental uma progressiva ~ da mulher. **Comb.** ~ [Libertação/Alforria] dos escravos. **Sin.** Autonomia. **Ant.** Dependência; tutela. **3** *Dir* Aquisição, por um menor, da capacidade de exercer os seus direitos (independentemente dos pais).

emancipado, a *adj/s* (<emancipar) **1** Que se emancipou/Que tem autonomia. **2** *s Dir* Menor que adquiriu a capacidade de exercer os seus direitos. **Ex.** Podem ser admitidos ao concurso os maiores e os ~s.

emancipador, ora *adj/s* (<emancipar + -dor) (O) que liberta de uma sujeição/que emancipa. **Ex.** Um forte movimento ~ espalhou-se então por todo o continente africano.

emancipar *v t* (<lat *emáncipo,áre*) **1** Tornar(-se) independente/Libertar(-se) de uma sujeição. **2** *Dir* Libertar(-se) legalmente um menor do poder paternal. **Ex.** Sei que o meu vizinho vai ~ o filho, que tem dezassete anos.

emaranhado, a *adj s m* (<emaranhar) **1** Que forma uma teia confusa/Enleado/Enredado(+). **Ex.** O fio para a camisola estava ~, de modo que demorei bastante tempo a desenredá-lo. **2** *s m* Conjunto enredado/Desordem/Complicação. **Ex.** Naquele ~ de ruas e becos, autêntico labirinto, é muito difícil alguém orientar-se. **Comb.** «este artigo da revista é» Um ~ de ideias que ninguém entende.

emaranhamento *s m* (<emaranhar + -mento) A(c)to ou resultado de emaranhar(-se).

emaranhar *v t* (<em- + maranha + -ar¹) **1** Deixar [Ficar] em desordem, formando teia confusa. **Sin.** Enredar(-se); entrelaçar(-se); misturar(-se). **2** ~ -se/Ficar preso em rede confusa, com dificuldade de libertar-se.

emasculação *s f* (<emascular + -ção) **1** Ablação cirúrgica dos testículos. **Sin.** Castração. **2** Perda das cara(c)terísticas masculinas.

emascular *v t/int* (<lat *emásculo,áre*) **1** Fazer a ablação dos testículos. ⇒ Castrar. **2** Tirar [Perder] a virilidade. **Sin.** E[A]feminar(-se). **3** Tirar ou perder o vigor/Enfraquecer. **Ex.** O autoritarismo (despótico) do governo emasculou os cidadãos.

emassar *v t* (<em- + massa + -ar¹) **1** Transformar em massa/Amassar(+). **2** ⇒ aplicar massa «de vidraceiro».

embaçadela *s f* (<embaçar + -dela) **1** A(c)ção ou resultado de embaçar. **2** Burla/Fraude/Logro. **3** Estado de perplexidade/Dificuldade em reagir/Encavacadela(+).

embaçar *v t/int* (<em- + baço + -ar¹) **1** Tirar [Perder] o brilho/a limpidez/ a transparência/Embaciar(+). **2** *fig* Tirar [Perder] prestígio. **Sin.** Ofuscar(+). **3** Envergonhar/Confundir/Atrapalhar. **Ex.** Ao ver tanto descaramento, fiquei embaçado!

embaciamento *s m* (<embaciar + -mento) **1** A(c)ção ou resultado de embaciar/Perda de transparência ou de brilho. **Ex.** O ~ do vidro impediu-me de ver o carro que passava. **2** *fig* Perda de prestígio. **Ex.** A fama desse cantor passou ultimamente por algum ~.

embaciar *v t/int* (<em- + baço + -iar) **1** Perder a transparência/Cobrir(-se) de vapor de água/Embaçar. **Ex.** Ao abrir a panela de [com a] água a ferver, o vapor embaciou-lhe os óculos. **2** Perder o brilho/Ficar baço. **Ex.** As pratas têm vindo a ~ [a ganhar pátina]. **3** *fig* Perder prestígio/Ofuscar(-se).

embainhar *v t* (<em- + bainha + -ar¹) **1** Meter na bainha ou no estojo. **Ex.** «Jesus a Pedro» Avesso a violências, mandou-lhe ~ a espada. **2** Fazer a bainha(+) em peça de vestuário. **3** *Agr* «fruto» Formar vagem/bainha. **Ex.** As ervilhas estão a ~. **4** *fig* Fazer penetrar obje(c)to cortante num corpo. **Ex.** Tentou ~ [espetar(+)] o sabre no peito do rival, mas este conseguiu furtar-se ao golpe.

embaixada *s f* (<provençal *ambayssada*: mensagem) **1** Missão diplomática, ao mais alto nível, junto de governo estrangeiro/ Local de funcionamento dos serviços diplomáticos. **Ex.** Os imigrantes devem tratar dos seus interesses junto da sua ~. **Comb.** ~ de Angola no Japão [Em Tóquio]. ⇒ consulado. **2** Conjunto de pessoas integradas em missão diplomática/Comitiva do embaixador. **3** Residência oficial do embaixador. **4** Função/Posto de embaixador. **5** Missão/Delegação de pessoas com um obje(c)tivo determinado. **Comb.** Uma ~ de estudantes para falar com o Reitor. **6** *Br* Avaria ou brincadeira de dar muitos pontapés na bola sem a deixar cair ao chão.

embaixador, ora *s* (<embaixada + -dor) **1** Representante diplomático, ao mais alto nível, [Chefe do corpo diplomático] de um Estado junto de outro. **Ex.** O novo ~ [A nova ~ra] acaba de apresentar as suas credenciais junto do (nosso) Presidente da República. ⇒ cônsul; embaixatriz. **2** Pessoa encarregada de uma missão. **Sin.** Emissário; enviado; representante. **3** Indivíduo/Autor/Produto representativo de um se(c)tor do país no estrangeiro. **Ex.** A obra de um (galardoado com o) Pré[ê]mio Nobel de Literatura é, por algum tempo, o melhor ~ da cultura do seu país. Luís Figo e o vinho do Porto são bons [dois grandes] ~res de Portugal.

embaixatriz *s f* (<embaixada + -triz) Esposa do embaixador. ⇒ embaixadora.

embaixo *adv Br* (<em + ...) **1** Num plano inferior. **Ex.** A garagem do prédio é [fica] ~. **Loc.** ~ de (Ex. Escondeu a carta ~ [debaixo(+)] do livro). **2** *fig* Sem força. **Ex.** Perdeu as eleições e agora está (um pouco) ~.

embaladeira *s f* (<embalar + -deira) Cada uma das peças curvas do berço que lhe permitem balou[oi]çar.

embalador, ora, eira *adj/s* (<embalar¹ + -dor) **1** (O) que embala/balou[oi]ça. **2** *fig* (O) que engana/ilude.

embalador², **ora, eira** *adj/s* (<embalar² + -dor) (O) que faz embalagens ou embrulhos/que empacota.

embalagem¹ *s f* (<embalar¹ + -agem) **1** Movimento acelerado/Velocidade. **Ex.** O car-

ro, na descida, ganha ~ e pega [«o motor» arranca/trabalha] mesmo com pouca (carga de) bateria. **2** Andamento/Impulso. **Ex.** Com todos estes entraves, o nosso grupo perdeu a ~ inicial e o nosso proje(c)to está a aguardar [à espera de] melhores dias.

embalagem² *s f* (<embalar² + -agem) **1** A(c)ção ou resultado de embalar²/empacotar. **2** Recipiente ou invólucro para acondicionar um produto. **Ex.** A ~ é um elemento fundamental na venda de produtos de beleza. **3** Se(c)ção de loja ou fábrica onde se procede à ~ [ao empacotamento] das mercadorias.

embalar¹ *v t/int* (<lat *bállo,áre*: dançar) **1** Movimentar ritmadamente o berço. **Ex.** A miúda gostava muito de ~ o bebé/ê. As ondas embalam o barco. **2** Balançar suavemente «o bebé/ê ao colo, tentando adormecê-lo». **Ex.** A mãe embala o menino. **3** *fig* Provocar sensação agradável/Acalentar. **Loc.** ~ (no coração) grandiosos sonhos. **4** *fig* Iludir/Enganar. **Ex.** O candidato embalava os ouvintes com promessas utópicas [falsas/irrealizáveis]. **5** *Br* ⇒ drogar-se.

embalar² *v t* (<em- + bala + -ar¹) **1** Carregar arma de fogo «com bala». **2** Acondicionar em invólucro adequado/Introduzir em recipiente. **Ex.** Vi ~ as mercadorias em fardos, caixas, pequenos pacotes. **3** Ganhar velocidade/Acelerar/Impulsionar. **Ex.** O carro embalou ladeira abaixo.

embalde *adv* (<em- + balde <ár *batil*: inútil) Em vão/Inutilmente. **Sin.** Debalde.

embalo *s m* (<embalar¹) **1** Vaivém cadenciado/Balou[oi]ço. **Comb.** O ~ do barco [das ondas]. **2** Andamento/Ímpeto (o+)/Embalagem¹(+). **Ex.** Com este contratempo, o miúdo perdeu o ~ que lhe permitira obter tão bons resultados nos estudos. **Comb.** O ~ do vento [empurrão/da torrente]. **3** *Br* (Euforia provocada pelo) consumo de drogas.

embalsamamento *s m* (<embalsamar + -mento) Introdução num cadáver de substâncias balsâmicas ou conservantes para impedir a decomposição. **Ex.** Os antigos egípcios praticavam o ~ dos mortos.

embalsamar *v t* (<em- + bálsamo + -ar¹) **1** Tratar cadáver com produtos que lhe impedem a decomposição. **2** Impregnar de aromas/Perfumar(+).

embandeirar *v t/int* (<em- + bandeira + -ar¹) **1** Ornamentar com bandeiras em sinal de festa. **Ex.** Estiveram a ~ a rua principal da aldeia. **Idi.** ~ **em arco** [Festejar em grande/Cantar vitória «às vezes antes do tempo»]. **2** ⇒ Entusiasmar-se/Exaltar. **3** Ornamentar-se muito/Vestir com elegância. **Ex.** Veio para mim [Veio ter comigo] todo embandeirado para me cumprimentar. **4** ⇒ enaltecer/engrandecer. **5** *Náut* Regist(r)ar um navio na capitania. **6** *Agr* «o milho» Deitar bandeira.

embaraçar *v t* (<em- + baraço + -ar¹) **1** Pôr alguém pouco à vontade/Perturbar. **Ex.** O aparecimento súbito do professor embaraçou o grupo. Regras em demasia [Demasiadas regras] embaraçam os alunos. **2** Pôr entraves/Dificultar/Obstruir. **Ex.** A burocracia tem o condão de ~ [pôr entraves a] qualquer empreendimento. Sai da minha frente, não me embaraces (no meu trabalho). **3** Envolver com [Pôr na] baraça. **Ex.** Ninguém conseguia ~ tão depressa o pião como ele. **4** ⇒ emaranhar. **5** *pop* ⇒ engravidar.

embaraço *s m* (<embaraçar) **1** Constrangimento/Hesitação. **Ex.** Senti um certo [um pouco de] ~ ao falar com o chefe. **2** Dificuldade/Obstáculo/Estorvo. **Loc.** Causar ~s «ao trânsito». **Comb.** ~ [Desarranjo] gástrico (Do estômago ou dos intestinos). **3** *pop* ⇒ menstruação. **4** *pop* ⇒ gravidez.

embaraçoso, a (Ôso, Ósa, Ósos) *adj* (<embaraço + -oso) Que provoca embaraço/Que traz dificuldade. **Ex.** Naquela situação ~a ele pouco mais poderia fazer. **Sin.** Complicado.

embarafustar *v int Br* (<em- + barafustar) Entrar com ímpeto ou de forma violenta/Meter-se de forma abrupta. **Ex.** O carro embarafusta pelo tráfego, *br* costura, buzina, não para!

(em)baralhar *v t* (<em- +...) **1** Juntar desordenadamente/Misturar as cartas do baralho. **Ex.** Cabia-lhe agora a ele ~ (as cartas) e ao parceiro partir. **2** Confundir. **Ex.** A necessidade de atender a tanta coisa ao mesmo tempo era de jeito a ~ qualquer um.

embaratecer *v t/int* (<em- + barato + -ecer) Fazer diminuir o preço/Tornar [Ficar] mais barato.

embaratecimento *s m* (<embaratecer + -mento) Diminuição do custo/preço de alguma coisa.

embarcação *s f* (<embarcar + -ção) **1** Qualquer construção apta a deslocar-se na água. **Ex.** A barra estava cheia de ~ões festivamente enfeitadas, num belo espe(c)táculo de luz e cor. **Sin.** Barco. **2** A(c)to de subir a bordo/Embarque(+)].

embarcadiço, a *adj/s m* (embarcar + -diço) **1** (O) que vive quase sempre embarcado. **2** *s m* Marinheiro/Marítimo.

embarcadou[oi]ro *s m* (<embarcar + -douro) Lugar onde se embarca. **Sin.** Cais; gare; porto.

embarcar *v t/int* (<em- + barco + -ar¹) **1** Subir a bordo de barco [Tomar o autocarro/comboio/trem/metropolitano/avião] para viajar. **Ex.** Parece que ele vai viver para os Açores e leva mobília, esperando ~ no fim do [deste] mês. Depressa [Vamos], são horas de ~. *fig* Viu-se embarcado [metido(+)] naquela aventura sem se ter apercebido dos riscos. **2** Carregar pessoas ou mercadorias para um (meio de) transporte. **Ex.** A tarefa de ~ os contentores não é muito demorada. **3** *fam* Deixar-se envolver em negócio ruinoso/Deixar-se enganar ou convencer. **Ex.** Importa não ~ nas fantasias daquele visionário. **4** *pop* Morrer. **Ex.** Com esta idade, não há-de faltar muito (tempo) para ~.

embargante *adj/s 2g* (<embargar) (O) que impede [põe obstáculo(s) a] alguma coisa que foi decidido fazer. **Ex.** Atendendo ao protesto da população, a autoridade ~ mandou suspender imediatamente a construção do prédio.

embargar *v t* (<lat *imbarricáre* <*barra*: tranca de fechar a porta) **1** Obrigar oficialmente a suspender a execução de alguma coisa. **Ex.** O tribunal decidiu ~ a construção do centro comercial. **2** Impedir/Obstar a. **Ex.** Embargou [Proibiu/Impediu] a entrada ao desconhecido. **3** Reprimir/Conter/Reter. **4** «a voz» Ter dificuldade em sair. **Ex.** E não é que, com a comoção, se lhe embargou a voz e não pronunciava palavra [e não conseguia falar]?!

embargo *s m* (<embargar) **1** A(c)ção ou resultado de embargar. **2** Impedimento/Obstáculo. **Comb. Sem ~** [Não obstante/Contudo] «eu não concordo». ***Sem ~ de*** [Apesar de] «estar inocente foi condenado». **3** *Dir* Suspensão determinada pela justiça ou por autoridade administrativa/Impedimento à circulação. **Ex.** A Prefeitura [Câmara Municipal] determinou o ~ da obra por não ter sido respeitado o proje(c)to que aprovara. **Comb. ~ de mercadoria. ~ de navio.**

embarque *s m* (<embarcar) Entrada ou carregamento num barco ou noutro meio de transporte para seguir viagem. **Ex.** O começo do ~ está marcado para o meio-dia. **Comb. ~ de mercadorias. ~ de passageiros. Cais de ~. Plataforma de ~. Regist(r)o de ~.**

embarrancar *v t/int* (<em- + barranco + -ar¹) **1** ⇒ precipitar [fazer cair] num barranco. **2** ⇒ atravancar. **3** ⇒ encalhar; esbarrar-se.

embarrar¹ *v t* (<em- + barro + -ar¹) **1** Revestir «parede de taipa» com barro/Rebocar(+). **2** ⇒ enlamear.

embarrar² *v int* (<em- + barra + -ar¹) **1** Chocar com /Ir contra/Tocar (de leve). **Ex.** O carro foi ~ na esquina da casa. **Sin.** Esbarrar. **2** Implicar/Teimar/Embirrar(+). **Ex.** Embarrou comigo [para ali] e ninguém lhe tira aquela teima. **3** *Br* Colocar/Pôr uma barra. **4** ⇒ pendurar «o chapéu no cabide».

embarreirar *v t* (<em- + barreira + -ar¹) **1** Fazer uma barreira ou colocar entre barreiras ou trincheiras. **2** ⇒ subir uma ladeira. **3** *Br* ⇒ travar «carro de bois».

embarretar *v t* (<em- + barrete + -ar¹) **1** Cobrir a cabeça com um gorro ou barrete. **2** *fam* Enfiar o barrete/Enganar. **Ex.** Coitado do velho(te), naquele negócio deixou-se ~ pelo forasteiro que o seduziu com falinhas mansas.

embarricar *v t* (<em- + barrica(da) + -ar¹) **1** Meter em barrica. **2** ⇒ barricar(-se).

embarrilar *v t* (<em- + barril + -ar¹) **1** Meter em barril. **Loc.** ~ o vinho. **2** *pop* ⇒ enganar/confundir/embarretar. **3** *pop* ⇒ atrapalhar/embaraçar.

embasamento *s m* (<embasar + -mento) **1** *Arquit* Base contínua e saliente de um edifício ou pedestal/Envasamento. ⇒ alicerce. **2** *fig* Princípio/Fundamento que serve de base a um raciocínio ou sistema. **Comb. ~** [Base] teórico[a] «da nova política do governo». **3** Distância entre os eixos de uma viatura.

embasar *v t* (<em- + base + -ar¹) ⇒ basear; alicerçar; apoiar; fazer o embasamento.

embasbacado, a *adj* (<embasbacar) Boquiaberto/Estupefa(c)to, de espanto. **Ex.** Perante tão estranha notícia, ficou ~ por momentos.

embasbacamento *s m* (<embasbacar + -mento) Estado de grande surpresa/espanto.

embasbacar *v t/int* (<em- + basbaque + -ar¹) Causar grande surpresa/espanto a alguém, tornando-o incapaz de reagir. **Ex.** Ao vê-la assim bonita embasbacou. A aparência [maneira de vestir] dele embasbacava os transeuntes.

embastar *v t* (<em- + basta + -ar¹) Prender com bastas/cordéis. **Sin.** Acolchoar.

embastecer *v t/int* (<em- + basto + -ecer) Tornar(-se) basto/espesso. **Loc.** ~ [Engrossar(+)] a sopa.

embate *s m* (<embater) **1** Choque violento. **Ex.** O ~ dos carros produziu um forte estrondo que fez vir muita gente à janela. **Sin.** Colisão; pancada. **2** Forte perturbação provocada a alguém por fa(c)to adverso. **Sin.** Abalo; choque. **3** A(c)to de lutar/opor-se ao inimigo/adversário. **4** O ~ [jogo/*derby*] entre os dois grandes clubes rivais da capital saldou-se por um empate a zero (bolas/golos). O ~ [debate(+)] parlamentar não foi tão vivo como se previa. **4** Contrariedade/Desafio/Dificuldade. **Ex.** Importa preparar os jovens para os ~s [desafios(+)] que os esperam [que virão a encontrar].

embater v int (<em- + bater) Ir violentamente contra algo. **Loc.** Um carro ~ na [contra a] parede. **Sin.** Chocar; colidir.

embatocar v t (<em- + batoque + -ar¹) **1** Tapar com batoque. **2** fam Deixar sem fala/Atrapalhar/Embuchar. **Ex.** Ficou tão chocado com a provocação que embatocou [ficou embatocado/ficou sem resposta]. A pergunta do juiz embatocou o réu.

embebedar v t (<em- + bêbedo + -ar¹) **1** Ingerir ou fazer ingerir quantidade exagerada de bebida alcoólica, com perda da lucidez. **Ex.** Quis ~ o amigo por brincadeira, apenas para ver como reagia. Costumava ~-se e acabou por falecer com cirrose do fígado. **Sin.** Embriagar; fam emborrachar; fam enfrascar. **2** fig Alucinar/Excitar/Inebriar. **Ex.** A glória embebedou-o. **Sin.** Estontear(+).

embeber v t (<lat ímbibo,is, bíbere: absorver) **1** Mergulhar num [Impregnar de um] líquido. **Ex.** Ao pequeno almoço gostava de ~ [ensopar] o pão no leite, bem quente. **Loc.** ~ um lenço de [com] perfume. **2** Introduzir/Meter. **Loc.** ~ [Cravar(+)] um punhal no peito do inimigo. **3** fig Entregar-se completamente/Deixar-se fascinar/arrebatar. **Ex.** Embebeu-se [Mergulhou] no estudo das origens da sua aldeia, procedendo às [fazendo as] mais variadas diligências.

embebição s f (<embeber + -ção) A(c)to ou resultado de embeber/Penetração de um líquido num sólido poroso. **Sin.** Absorção.

embebido, a adj (<embeber) **1** Que se embebeu/Que está impregnado «de um líquido». **Sin.** Ensopado. **2** fig Que se deixou envolver numa a(c)tividade ou sentimento/Que se deixou penetrar. **Ex.** Andava ~ [absorvido(+)] na tarefa de preparar a festa, com um empenho que eu lhe desconhecia [que nunca nele vira]. **3** ⇒ metido/encravado/enterrado.

embeiçado, a adj (<embeiçar) **1** Que se apaixonou/embeiçou. **Sin.** Encantado; levado; seduzido. **2** Que está adjacente/contíguo.

embeiçar v t (<em- + beiço + -ar¹) **1** Trazer [Prender] pelo beiço/Seduzir(-se). **Ex.** O jovem, inexperiente nas coisas do amor, deixou-se ~ por aquela moça extrovertida, que não lhe saía do pensamento. **2** Estar unido/Encostar. **3** Br Desviar do alinhamento/Ondular os bordos. **Comb.** Manga ou gola «de camisa» embeiçada.

embelecar v t (<ár báliq: aturdir) Enganar com ardis/Aliciar/Iludir.

embeleco s m (<embelecar) **1** ⇒ ardil/engodo/artifício/embuste. **2** ⇒ estorvo/empecilho.

embelezamento s m (<embelezar + -mento) A(c)to ou resultado de embelezar/alindar. **Comb.** ~ da sala [do jardim].

embelezar v t (<em- + beleza + -ar¹) **1** Tornar (mais) belo ou interessante/Melhorar o aspe(c)to de alguém ou de alguma coisa. **Ex.** A plantação de flores junto à vedação veio ~ muito o local. **2** Enfeitar/Adornar. **Sin.** Alindar.

embesou[oi]rar v int (<em- + besou[oi]ro + -ar¹) Tomar aspe(c)to carrancudo/Amuar(+)/Embezerrar.

embestar v t/int (<em- + besta¹ + -ar¹) **1** ⇒ tornar [ficar] besta; bestificar(+). **2** ⇒ obstinar-se; teimar.

embevecer v t (<embeber + -ecer) Causar/Mostrar profundo agrado ou enlevo. **Ex.** A contemplação d' A Pietá de Miguel Ângelo [das Quedas do Iguaçu] embeveceu-o. **Sin.** Deliciar; encantar; extasiar.

embevecido, a adj (<embevecer) Que se deleitou/embeveceu. **Sin.** Encantado.

embevecimento s m (<embevecer + -mento) Estado de muito agrado/enlevo. **Sin.** Êxtase.

embezerrar v int (<em- + bezerro + -ar¹) **1** Ficar com ar carrancudo/Zangar-se. **2** pop Amuar/Embirrar/Teimar. **Ex.** Deu-lhe para [Resolveu] ~ e já não se pôde contar mais [depois] com ele. **Sin.** Obstinar-se.

embicar v t/int (<em- + bico + -ar¹) **1** Dar forma de bico. **Loc.** ~ uma gola [um chapéu]. **2** Chocar com obstáculo/Esbarrar/Tropeçar. **Loc.** ~ numa rua sem saída. **3** Rumar em determinado sentido/Encaminhar-se. **Ex.** O carro embicou para a esquerda. **4** Parar/Hesitar. **Loc.** ~ perante [diante de] um problema. **5** fig Tomar de ponta/Implicar/Embirrar(+). **Ex.** Embicou com aquele professor e teve de mudar de turma. **6** Mar Mergulhar a proa da embarcação/Afocinhar. **7** ⇒ beber.

embiocar v t (<em- + bioco + -ar¹) **1** Cobrir a cabeça e parte do rosto [Tapar] com bioco. **2** Esconder/Ocultar. **Loc.** ~ a generosidade. **3** Dar aparência de recato/Retrair-se. **Loc.** ~-se para parecer mais pura.

embiga s f Bot (<tupi i'mbira) Designação de várias árvores fibrosas e venenosas; Daphnopsis[Funifera]gemniflora/brasiliensis/....

embirração s f (<embirrar + -ção) **1** ⇒ teima/birra. **2** ⇒ antipatia/aversão.

embirrante [embirrativo/embirrento] adj (<embirrar) ⇒ birrento; teimoso.

embirrar v int (<em- + birra + -ar¹) **1** Ser obstinado numa atitude/Teimar. **Ex.** Embirrou que havia de ir primeiro à feira [primeiro almoçar], e era escusado [inútil] tentar demovê-lo dessa ideia [desse propósito]. **2** Ter aversão/Implicar. **Ex.** Dizia que o chefe embirrava com ele, razão por que não fora promovido.

emblema s m (<gr émblema: ornamento em relevo «dum vaso»/embutido) **1** Figura alegórica normalmente com mote ou divisa. **Comb.** O ~ de João Paulo II "Totus tuus" (Todo Teu [de Jesus]). ⇒ lema. **2** Distintivo/Insígnia de instituição ou cole(c)tividade, que se usa no traje. **Ex.** Antes era mais usual os homens apresentarem na lapela o ~ do seu clube de futebol. **3** Símbolo(+). **Ex.** A coroa é o ~ da realeza. O mocho é o ~ do estudo.

emblemar v t (<emblema + -ar¹) Representar por meio de emblema/Simbolizar(+).

emblemático, a adj (<gr émblema, atos: ornamento em relevo + -ico) **1** Que é visto como símbolo/emblema. **2** Muito significativo/Especialmente representativo/Exemplar. **Ex.** Esta obra, mais idi um elefante branco [grande investimento de reduzida utilidade], é um caso ~ de desperdício dos dinheiros públicos.

embocadura s f (<embocar + -dura) **1** Foz(+) dum rio. **Comb.** A ~ do (rio) Tejo [Amazonas]. **2** Abertura que dá entrada ou saída. **Comb.** ~ da rua. **3** Prote(c)ção feita em cantaria aos pilares de uma ponte. **Ex.** Quando a corrente do rio é muito forte devido à cheia, a ~ dos pilares impede que eles sejam danificados. **4** Mús Extremidade do instrumento de sopro a que se encostam os lábios. **Comb.** ~ do clarinete. **5** Br ⇒ tendência/queda/bossa «para mentir/para a dança».

embocar v t (<em- + boca + -ar¹) **1** Pôr na [Chegar à] boca. **Loc.** ~ o clarinete. **2** Meter «o freio» na boca. **Loc.** ~ um cavalo. **3** Beber de um trago. **Loc.** ~ um copo «de vinho». **Sin.** Emborcar(+). **4** Chegar à embocadura dum rio. **Ex.** O (barco a) vapor já embocava no rio. **5** ⇒ embutir.

emboçar v t (<em- + provençal boza: bosta) **1** Revestir com a primeira camada de argamassa [com emboço] «uma parede». **2** Dar a primeira demão de tinta (ao pintar).

emboço [emboçamento] s m (<emboçar) Primeira camada de argamassa, antes de rebocar.

embodegar v t (<em- + bodega + -ar¹) ⇒ sujar; enlamear;emporcalhar.

embófia s f (<empáfia + bazófia) **1** Embuste/Logro/Patranha. **2** Arrogância/Soberba. **Ex.** É irritante a ~ que mostra no convívio com os conterrâneos. **3** s 2g Pessoa presumida ou petulante.

embolar¹ v t (<em- + bola + -ar¹) **1** Pôr prote(c)ção em forma de bola em ponta aguçada. **Loc.** ~ os chifres do touro. **2** Dar/Ter forma de bola. **Comb.** Couve embolada. **3** Br Cair e rolar como uma bola. **4** Br Lutar corpo a corpo [Engalfinhar-se] caindo a seguir e rebolando. **5** Br Apresentar [Encher-se de] caroços pelo corpo. **6** Br Juntar gente.

embolar² v t (<em- + bolo + -ar¹) **1** Dar/Tomar forma de bolo. **Loc.** ~ o ouro em pó por fusão. O jantar ~(-se) no estômago. **2** Misturar-se/Emaranhar-se.

embolia s f Med (<êmbolo + -ia) Obstrução de um vaso sanguíneo. **Ex.** Um coágulo de sangue ou um glóbulo de gordura num vaso sanguíneo podem provocar uma ~. Morreu (vítima) de ~ cerebral. **Comb.** ~ pulmonar.

êmbolo s m (<gr émbolon: esporão da nau, cunha) **1** Cilindro/Disco em movimento de vaivém, sob pressão, em motor, bomba, seringa, compressor… **Ex.** O ~ é uma peça dos motores de explosão. **Sin.** Pistão. **2** Med Corpo estranho [Coágulo de sangue/Glóbulo/Bolha de ar] que provoca obstrução em vaso sanguíneo. ⇒ embolia.

embolorar [embolorecer] v int (<em- + bolor + -ecer) ⇒ abolorecer; ganhar [criar] bolor (+).

embolsar v t (<em- + bolso + -ar¹) **1** Meter no bolso/Ficar com determinada quantia em dinheiro/Receber. **Ex.** Aquele negócio foi rendoso, permitiu-lhe ~ uma fortuna [muito dinheiro]! ⇒ re~. **2** ⇒ pagar; indemnizar.

embolso s m (<embolsar) Recebimento ou pagamento de (uma quantia em) dinheiro. ⇒ ganho.

embondeiro s m (<quimbundo mbondo + -eiro) Árvore de grande porte da África tropical, da família das bombáceas, cujo tronco pode atingir enorme dimensão; Adansónia digitáta. **Sin.** Baobá; imbondeiro.

embonecar v t (<em- + boneca + -ar¹) **1** pop Enfeitar/Adornar/Aperaltar. **Ex.** Apareceu na festa toda [muito] embonecada, atraindo a atenção geral [de toda a gente]. **2** Dar o aspe(c)to de boneca. **Ex.** Tinha gosto em [Gostava de] ~ as filhas.

embora conj/adv/interj (< contr de em + boa + hora) **1** conj Ainda que/Apesar de que/Se bem que/Conquanto. **Ex.** ~ ele seja inteligente, não se pode descuidar se quer [, tem de estudar para] ter boas notas. ~ esteja mau tempo, tenho de ir ter com ele. **Comb.** «prosseguiu a viagem» Muito ~ [Se bem que] estivesse cansado. **2** adv an Em boa hora/Felicitações! **3** adv «us com o verbo ir» De partida/Em retirada. **Ex.** Foi(-se) ~ sem dizer nada a ninguém. Vou(-me) ~ que se faz [que já é] tarde. **Loc.** Mandar ~ [Despedir «subalterno»/Expulsar] (Ex. Cansou-se do desmazelo da empregada doméstica e mandou-a ~ ontem). **4** interj Seja/Não (me) importa/Paciência! **Ex.** Ele quer assim? ~! Eu [Ainda que ele queira assim, eu] é que não deixo de fazer o que prometi.

emborcar *v t/int* (<em- + borco + -ar¹) **1** Virar recipiente de boca para baixo. **2** Despejar/Esvaziar. **3** Beber sofregamente. **Ex.** Emborcou meia garrafa de vinho num instante [em menos de um ai]. **4** Virar(-se) de cima para baixo/Cair de borco. **Ex.** Com a agitação da corrente e a má distribuição da carga, a barcaça acabou por ~ [por se virar].

embornal *s m* (< ?) **1** ⇒ bornal **2**(+); cevadeira. **2** *Náut* Abertura no costado do navio, junto ao convés, para escoamento de águas.

emborrachar *v t* (<em- + borracho + -ar¹) **1** *fam* Embebedar(-se)/Embriagar(-se). **2** «o trigo/centeio» Ir engrossando antes de espigar.

emborralhar *v t* (<em- + borralho + -ar¹) **1** Cobrir com borralho «a maçã para a assar». **2** Sujar com cinza/Enfarruscar(+). **3** «o tempo» Ficar cinzento/farrusco.

emborrar *v t* (<em- + borra + -ar¹) **1** Dar a primeira carda «à lã/ao linho». **2** Esfregar com borra/bagaço um recipiente que vai receber vinho.

emborrascar *v t* (<em- + borrasca + -ar¹) **1** Tornar(-se)«o céu/mar» borrascoso. **2** ⇒ enfurecer.

emboscada *s f* (<emboscar + -ada) **1** Espera feita a alguém, às escondidas, para o agredir. **Ex.** Prepararam-lhe uma ~, mas felizmente ele pôde esquivar-se e sair ileso. **Sin.** *Br* Tocaia. **2** Espera a alguém para o atrair a um engano. **Loc.** Cair numa ~. **Sin.** Ardil; cilada; armadilha; trama. **3** Ataque de surpresa a alguém que passa. **Loc.** Montar uma ~. **Sin.** Assalto.

emboscado, a *adj/s* (<emboscar) **1** Que está escondido no bosque. **2** Que está oculto a preparar cilada.

emboscar *v t* (<it *imboscare*<*in + bosco*: bosque) **1** Pôr de emboscada [Esconder] para armar cilada ou atacar. **Ex.** Os guerrilheiros emboscaram-se no mato e atacaram à passagem da coluna militar. **2** ⇒ esconder(-se).

embotado, a *adj* (<embotar) **1** «instrumento cortante» Que tem o gume não afiado/Rombudo. **Ex.** A faca já quase não corta, tem o fio [gume] muito ~. **2** *fig* Que perdeu a sensibilidade/o gosto/as capacidades. **Ex.** Devido à exposição frequente a ruído muito forte, o ouvido acabou por lhe ficar ~. **Comb. *Dente* ~** [a doer «com doçura de chocolate»]. ***Espírito* ~. *Imaginação* ~*a*. *Paladar* ~**/estragado.

embotamento *s m* (<embotar + -mento) **1** A(c)to ou resultado de «o dente» embotar. **2** Perda de gume de instrumento cortante. **3** *fig* Diminuição ou perda da sensibilidade de um órgão ou da agudeza do espírito.

embotar *v t* (<em- + boto¹ + -ar¹) **1** «lâmina» Tirar [Perder] o gume/«o dente» Perder a a(c)ção «e doer». **2** *fig* Tirar ou diminuir a sensibilidade ou a capacidade de reagir/Tirar ou perder o vigor/Enfraquecer. **Ex.** O álcool embota o raciocínio [a razão]. As muitas dificuldades por que passou (n)uma vida inteira acabaram por ~-lhe o gosto de viver, que nela, quando jovem, era muito vivo. Os anos de guerra, com tanta morte, embotaram-no.

embotijar *v t* (<em- + botija + -ar¹) **1** Colocar [Introduzir] em botija/Engarrafar. **2** *Mar* Guarnecer cabo/balaústre com rede.

embraçar *v t* (<em- + braço + -ar¹) **1** Suster/Segurar/Suspender com braçadeira. **Loc.** ~ uma viga. **2** ⇒ levar no braço; sobraçar.

embrace *s m* (<embraçar) **1** A(c)to ou resultado de embraçar. **2** Cordão/Faixa para prender reposteiro ou cortina de janela/porta.

embraiagem [*Br* **embreagem**] *s f* (<fr *embrayage*) Mecanismo para estabelecer/interromper a ligação entre o motor e a caixa de velocidades de um veículo. **Loc.** Carregar no pedal da ~. **Comb. ~ *automática*. *Disco da* ~. *Pedal da* ~.**

embraiar [*Br* **embrear**] *v t* (<fr *embrayer*) **1** Encaixar uma engrenagem noutra para lhe transmitir movimento. **2** «num automóvel» A(c)cionar a embrai[bre]agem para ligar o motor à caixa de velocidades.

embramar *v t/int* (<em- + bramar) **1** ⇒ enraivecer(-se). **2** ⇒ enroscar(-se).

embranquecer *v t/int* (<em- + branco + -ecer) Tornar/Ficar branco. **Sin.** Branquear.

embranquecimento *s m* (<embranquecer + -mento) A(c)to ou resultado de embranquecer.

embravecer *v t* (<em- + bravo + -ecer) **1** Tornar [Ficar] agressivo/violento/bravo(+). **Ex.** Perante aquela afronta ele não se conteve e vai de [e começou a] ~. **Loc.** ~ os animais. **2** ⇒ enfurecer; irritar. **3** Tornar-se revolto/Agitar-se. **Ex.** Com a tempestade, o mar embraveceu e a viagem foi muito penosa.

embreagem, embrear *Br* ⇒ embraiagem, embraiar.

embrear *v t* (<em- + breu + -ar¹) Cobrir de breu/Alcatroar.

embrechada (Bré) *s f* (<embrechar) Dificuldade/Complicação/Problema. **Sin.** Enrascada(+); aperto; sarilho(o+).

embrechado (Bré) *s m/adj* (<embrechar) **1** (Que tem) incrustação de conchas, búzios, fragmentos de lou[oi]ça ou vidro em parede/muro «de cascata de jardim». **Sin.** Embutido. **2** Conjunto de coisas variadas com ligação entre si. **Sin.** Manta de retalhos. **3** ⇒ entrea(c)to; entremez. **4** Pessoa/Visita inoportuna. **5** Situação difícil/Empecilho. **Sin.** *pop* Alhada; enrascada; sarilho.

embrechar (Bré) *v t* (<em- + brecha + -ar¹) **1** Ornamentar com embrechado **1**. **Sin.** Embutir; incrustar. **2** Introduzir em fresta/brecha.

embrenhar *v t* (<em- + brenha + -ar¹) **1** Penetrar/Esconder(-se) no mato. **Ex.** Para escapar aos perseguidores, embrenhou-se na selva/floresta. **2** *fig* Avançar/Internar-se profundamente num espaço fechado. **Loc.** ~-se em negócios complicados. **3** *fig* Concentrar-se a fundo numa tarefa. **Loc.** ~-se no estudo.

embriagar *v t* (<an *embriago*: bêbedo + -ar¹) **1** Ingerir bebida alcoólica em excesso/Ficar ébrio/Embebedar(-se). **Ex.** Tinha o hábito de se ~, o que vinha complicar muito o ambiente familiar. **2** *fig* Deixar/Ficar inebriado. **Ex.** Deixou-se ~ pela euforia da [Ficou (todo) embriagado com a] vitória que todos anteviam muito difícil.

embriaguez *s f* (<an *embriago*: bêbedo + -ez) **1** Perda do equilíbrio mental e físico por ingestão exagerada de bebida alcoólica/Bebedeira. **2** *fig* Estado de exaltação ou de grande emoção/enlevo. **Ex.** Aquilo já não era só entusiasmo, era uma autêntica ~ que se tinha apoderado do seu espírito, pouco habituado a emoções fortes.

embrião *s m* (<gr *émbryon*<*en + brúw*: brotar) **1** *Biol* Estado primitivo de desenvolvimento de um organismo, animal ou vegetal. **2** Ser humano até ao terceiro mês de vida intrauterina. **3** *fig* Estado rudimentar/Forma inicial/Esboço. **Comb.** «esta obra ainda está» Em ~. **Sin.** Começo; início; princípio.

embridar *v t/int* (<em- + brida + -ar¹) **1** Pôr a brida/rédea «ao cavalo»/Refrear. **2** «o cavalo» Erguer garbosamente a cabeça. **3** Mostrar-se arrogante/soberbo.

embriogénese [*Br* **embriogênese**] [**embriogenia**] *s f* (<embrião + …) Processo [Sequência de fases] da formação do embrião a partir do zigoto.

embriologia *s f* (<embrião + -logia) Ciência que trata da formação e desenvolvimento do embrião.

embriologista, [embriólogo, a] *s* (<embrião + …) Especialista em embriologia.

embrionário, a *adj* (<gr *émbryon*: embrião + -ário) **1** Do embrião. **2** *fig* Que está no começo do desenvolvimento/Rudimentar. **Comb.** Proje(c)to [Obra] ~.

embriopatia *s f Med* (<embrião + -patia) Afe(c)ção [Patologia/Doença] que atinge o embrião, originando malformações, em resultado de doença que afe(c)ta a grávida.

embriotomia *s f Med* (<embrião + -tomia) Intervenção cirúrgica em que se fragmenta no útero o embrião/feto morto, na impossibilidade de o extrair de uma só vez.

embromar *v t/int Br* (<esp *embromar*) **1** Prometer sem intenção de cumprir. **2** Pedir dinheiro emprestado e não restituir/Caloteiar(+). **3** Adiar, de má fé, a resolução de um negócio ou o cumprimento de uma incumbência. **Sin.** *pop* Enrolar(+). **4** ⇒ enganar. **5** ⇒ elogiar(-se). **6** ⇒ zombar; escarnecer; gracejar; caçoar; troçar.

embrulhada *s f* (<embrulhar + -ada) **1** Conjunto de coisas misturadas, em desordem. **Ex.** Que ~ os dois (para ali) arranjaram no escritório! **Sin.** Confusão(o+); trapalhada(+). **2** *fam* Situação complicada de grande embaraço. **Ex.** Meteu-se numa ~ e não sei como vai sair dela. **3** *fam* ⇒ desordem; rixa. **4** ⇒ aldrabice; engano.

embrulhar *v t* (<lat *involúcro,áre*<*involúcrum*: o que envolve, cobertura) **1** Envolver alguma coisa em material flexível para a proteger ou lhe melhorar a apresentação. **Ex.** Aquela empregada tem arte a ~ as prendas. **Idi. *Toma e embrulha!*** (Exclamação de triunfo sobre o adversário). ⇒ empacotar. **2** Dobrar alguma coisa flexível sobre si mesma. **Loc.** ~ [Dobrar(+)] a bandeira. ~ o lençol/a toalha. **3** Agasalhar. **Ex.** Embrulha-te bem, que está muito frio. **4** Misturar de forma confusa/Complicar. **Ex.** Não sei que espírito é aquele [que maneira é aquela], o que faz é ~ tudo, era melhor não fazer nada. **Idi. ~*-se o estômago*** [Sentir o mal-estar da indigestão/Enjoar]. **5** Pronunciar de forma confusa. **Ex.** Costuma ~ a voz; de modo que, para o entender, precisamos de um esforço adicional de atenção. **6** ~-se/Envolver-se em luta/Engalfinhar-se. **7** Enganar/Ludibriar. **Ex.** Já me disseram que ele gosta de ~ os incautos, convém estar de sobreaviso [estar prevenido].

embrulho *s m* (<embrulhar) **1** Obje(c)to envolvido em material prote(c)tor ou decorativo. **Ex.** Pelo tamanho do ~, o miúdo antevia uma boa prenda. **Comb.** Papel de ~. **Sin.** Pacote. **2** *fig* Complicação/Desacato/Trapalhada. **3** Confusão propositada para enganar outrem. **Loc.** Ir no ~ [Ir na conversa(+)/Deixar-se enganar]. **Sin.** Engano; logro; trapaça.

embrutecedor, ora *adj* (<embrutecer + -dor) Que retira sensibilidade ou agudeza/Que embrutece.

embrutecer *v t* (<em- + bruto + -ecer) **1** Tornar menos sensível/Perder a capacidade [o hábito] de pensar. **Ex.** A guerra embrutece o homem. Naquele ambiente em que os momentos de lazer são quase

só para o jogo de cartas, a gente corre o risco de ~. **2** Tornar rude ou tosco/Estupidificar. **Ex.** Depois de conviver algum tempo com aquela gente rude, havia o perigo de a criança ~.
embrutecimento *s m* (<embrutecer + -mento) Perda da sensibilidade ou da capacidade de refle(c)tir.
embruxar *v t* (<em- + bruxa + -ar¹) Fazer bruxaria a alguém/Enfeitiçar(+).
embuçar *v t* (<em- + buço + -ar¹) **1** Tapar a cara com capa/manto até à altura dos olhos. **Ex.** No meio da festa apareceu alguém [um] embuçado que levantou suspeitas e despertou olhares de desconfiança. **2** ⇒ disfarçar(-se).
embuchar *v t* (<em- + bucho + -ar¹) **1** Meter no bucho/Encher muito o estômago. **Loc.** ~ uma feijoada. **2** Fartar/Saciar. **Loc.** ~ um animal. **3** Engolir apressadamente. **Ex.** Ele não come [mastiga], embucha. **4** *fam* Deixar/Ficar com dificuldade em responder. **Ex.** Quando reconheceu que o outro *idi* estava por dentro da [conhecia a] tramoia, embuchou e tentou disfarçar. **Sin.** *fam* Embatocar.
embuço *s m* (<embuçar) **1** A(c)to de embuçar/Disfarce/Dissimulação. **2** Parte da capa ou manto a envolver o rosto.
embudar *v t/int* (<embude¹ + -ar¹) **1** Atordoar «os peixes» lançando embude na água. **2** «o peixe» Fixar a boca nas rochas.
embude¹ *s m Bot* (< ?) **1** Planta de lugares húmidos, venenosa, da família das umbelíferas; *Oenanthe crocata*. ⇒ cicuta; trovisco; timbó. **2** Suco da raiz dessa planta, usado ilegalmente para entontecer o peixe «facilitando a sua captura». **Ex.** Lembrava-se de, em criança, ter ido aos peixes com os amigos, usando ~ que arrancara num prado.
embude² *s m* (<lat *imbútus<ímbuo,ere, útum*: molhar) **1** Funil grande «para envasilhar o vinho». **2** Fechadura móvel/Cadeado/Ferrolho.
emburrar *v t/int* (<em- + burro + -ar¹) **1** (Fazer) perder a capacidade de discernir/Embrutecer(+)/Estupidificar. **2** *fam* Ficar parado, como um burro que teima em não andar. **3** *fam* Ficar aborrecido/melindrado. **Ex.** Não se pode dizer-lhe nada, por qualquer coisa costuma ~. **4** *an* Pôr «um tronco» no cavalete ou burra «para o serrar».
emburricar *v t* (<em- + burrico + -ar¹) **1** ⇒ enfeitiçar; embruxar. **2** ⇒ enganar; iludir; lograr.
embuste *s m* (<lat *impostor*: impostor, enganador) Mentira ardilosa/Patranha. **Sin.** Engano; impostura; logro.
embusteiro, a *adj/s* (<embuste + -eiro) (O) que usa ardis/embustes em seu proveito. **Sin.** Impostor; trapaceiro; velhaco.
embutido, a *adj/s m* (<embutir) **1** Que se inseriu, ajustou ou encaixou em espaço restrito. **Comb.** Armários ~s na parede. **2** Ornamentado com fragmentos, formando contraste/desenhos. **Sin.** Incrustado; marchetado. **3** *fig* ⇒ inculcado (na memória). **4** *s m* Incrustação de fragmentos «de madrepérola, marfim, madeira, metal, ...» em entalhe de madeira/metal. **5** *s m Br* Artigo de charcutaria/Enchido(+).
embutir *v t* (<fr *emboutir*: revestir) **1** Inserir/Encaixar/Entalhar. **Ex.** O carpinteiro embutiu um armário num vão da cozinha. **2** Ornar, com pedaços de outro material, os entalhes de uma superfície/Incrustar. **3** *fig* Inculcar/Convencer à força. **Sin.** Impingir(+).
emenda *s f* (<emendar) **1** Corre(c)ção de erro/defeito/falha. **Ex.** A casa foi mal construída, mas agora (já) não tem ~. Na prova de ditado, para ~ dos erros de ortografia, a professora mandava-nos escrever muitas vezes a forma corre(c)ta das palavras em que tínhamos falhado. **Idi. Ser** [Sair/Ficar] *pior a ~ que o soneto* [Alterar «a frase» para pior] (**Ex.** O nosso chefe desculpou-se, mas foi pior a ~ que o soneto [mas ficou mais desacreditado]). **Comb.** ~ a um proje(c)to. **2** Modificação de conduta/Regeneração. **Loc. Não ter ~** [Não se corrigir, mesmo depois de advertido]. «a reprovação/a ferida/o castigo» **Servir(--lhe) de ~** [«a consequência nefasta de um procedimento» Constituir lição para o futuro a alguém]. **Tomar ~** [Passar a ter comportamento corre(c)to/Corrigir-se/Melhorar]. **3** *Dir* Proposta para alterar o teor de um proje(c)to de lei. **4** Acrescento a alguma coisa «para corrigir defeito ou aumentar-lhe o tamanho». **Ex.** Com uma ~ esse móvel fica como novo. **Sin.** Conserto(+); remendo. **5** Ponto/Local onde se faz esse acrescento ou se juntam as duas partes.
emendar *v t* (<lat *eméndo,áre*: sair do erro) **1** Alterar para melhor/Corrigir defeito ou erro. **Ex.** O professor de qualquer disciplina deve ~ um erro de ortografia dos alunos. **Prov. *Quem erra e se emenda, a Deus se encomenda*. Loc.** ~ *a mão* [A(c)tuar em sentido contrário ao que (antes) decidira]. ~ *a vida* [Passar a ter comportamento adequado]. **2** ~-*se*/Modificar o comportamento para melhor. **Ex.** Manifestar vontade de ~-se é já uma grande conquista para quem já nada confiava em si próprio. **3** Compensar [Reparar] os efeitos negativos dum procedimento. **Ex.** Quis ~ a injustiça que cometera, mas já era tarde de mais [*Br* demais] e não conseguiu. **4** Acrescentar uma parte para aumentar o tamanho ou corrigir um defeito. **Ex.** Precisava de ~ as calças no [na zona do] joelho. Hei de comprar um pouco de tecido para ~ a saia. **5** Dizer alguma coisa para re(c)tificar/precisar o que se acabou de dizer. **Ex.** – Bem, boas notas não será o termo... Notas razoáveis, deves tu dizer – emendou o pai.
ementa *s f* (<lat *pl de eméntum*: pensamento) **1** Apontamento/Escrito/Rol/Nota. **2** Lista de pratos à disposição do cliente num restaurante. **Ex.** Pedi a ~ e decidi-me por um prato de peixe. **Sin.** *Br* Cardápio; lista(+). **3** ⇒ resumo; sinopse. **4** *Dir* Resumo de uma lei feito no (seu) preâmbulo/Rubrica. **Comb.** A ~ do acórdão.
ementar *v t* (<ementa + -ar¹) **1** ⇒ Fazer ementa/Resumir/Regist(r)ar/Anotar. **2** ⇒ lembrar; mencionar.
emergência *s f* (<lat *pl de emérgens,éntis*: as coisas que aparecem <*emérgo, ere*: emergir) **1** A(c)to de sair «da água»/aparecer/nascer/emergir. **Ex.** A ~ [ocorrência(+)] de fenó[ô]menos de violência naquele bairro era previsível [era de prever]. **2** Situação grave inesperada que exige resposta [diligência] urgente. **Ex.** Dera-se [Acontecera] uma inundação em casa, era uma ~, e ninguém poupou esforços para ajudar a resolver o problema. **Comb.** *Dir Estado de ~* [Situação política de gravidade de exce(p)cional que leva os governantes a ado(p)tar medidas que restringem os direitos e a liberdade dos cidadãos]. *Saída de ~* [Passagem a utilizar apenas em caso de perigo]. *Travão de ~*. **3** *Bot* Excrescência na superfície do caule ou da folha. **Ex.** O espinho da roseira é uma ~. **4** *Psic* Aparecimento duma nova forma de comportamento no desenvolvimento de um ser vivo. **Ex.** Há um período alargado para a ~ da fala nas crianças.
emergente *adj 2g* (<emergir + -(e)nte; ⇒ emerso) **1** Que vem à superfície/Que emerge. **Comb.** *Países ~s* [em via de desenvolvimento]. **Ant.** Imergente. **2** Que aparece sem se esperar. **3** Que tem origem em/Que procede de. **Ex.** Este mal-estar social é ~ [vem/resulta] da muito injusta distribuição da riqueza produzida. **Sin.** Resultante(+).
emergir *v int* (<lat *emérgo,ere,mersum*: sair da água, aparecer) **1** Vir à superfície do líquido em que está mergulhado/Vir à tona. **Ex.** Via um golfinho ~ à distância, num movimento elegante, de grande leveza. O recife emerge [fica à vista] na baixa-mar. **Ant.** Imergir. ~ emerso. **2** Aparecer/Manifestar-se/Despontar/Elevar-se. **Ex.** O sol emergia do [despontava no] horizonte. O sol acabava de ~ da montanha (que está) sobranceira à aldeia. **3** Resultar/Proceder de. **Ex.** Muitas dificuldades dos jovens emergem [vêm/resultam/procedem] das desfavoráveis condições de emprego que encontram [que têm à sua frente].
emérito, a *adj* (<lat *eméritus<eméreo,ére, itum*: merecer por um serviço prestado) **1** Que, estando aposentado, goza das honras e rendimentos do seu título. **Comb.** Professor ~. **Sin.** Honorário; jubilado(+). **2** Competente/Sábio/Eminente «numa ciência ou arte». **Ex.** Aquele ~ professor granjeara a admiração de sucessivas gerações de alunos.
emersão *s f* (<lat *emérsio,ónis*) **1** A(c)ção de sair [emergir] de um líquido/Vinda à tona. **Ant.** Imersão. **2** *Astr* Reaparição de um astro.
emerso, a *adj* (⇒ emergir) Que veio à superfície «dum líquido»/Que se eleva acima de uma superfície plana. **Ex.** Os continentes e as ilhas são terras ~as. **Ant.** Submerso. ⇒ emergente.
émese [*Br* **êmese**] *s f* (<gr *émesis*) A(c)ção de vomitar/Vó[ô]mito(+).
emético, a *adj/s m* (<gr *emetikós*) (O) que provoca o vó[ô]mito. **Comb.** Um ~ [vomitório]. Um remédio ~/vomitivo.
emetrope *adj 2g* (<gr *émmetros*: bem medido + *óps, opós*: visão) Que tem uma visão normal quanto à refra(c)ção ocular.
emetropia *s f* (<emetrope + -ia) Normalidade quanto à refra(c)ção ocular.
-emia *suf* (<gr *haîma, atos*: sangue + -ia) Exprime a noção de sangue. (⇒ hiperglic~; isqu~; septic~; ur~). ⇒ hemo-.
emidídeo, a *adj/s m Biol* (<gr *emýs,dos*: tartaruga de água doce + -ídeo) (O) que pertence aos emidídeos, família de quelónios; *Emydidae*. **Ex.** A tartaruga de água doce é ~a [um ~/o].
emigração *s f* (<emigrar) **1** Saída da própria terra para outra com o fim de aí se fixar. **Ex.** Em Portugal, a ~ interna está a despovoar as aldeias, é a desertificação do interior. A ~ procura sempre [visa habitualmente a procura de] melhores condições econó[ô]micas. **Comb.** ~ *clandestina* [que não cumpre as formalidades legais]. «as Filipinas são um» *País de ~*. **Ant.** Imigração. ⇒ migração. **2** Conjunto de pessoas que emigram ou fenó[ô]meno de emigrar.
emigrante *adj/s 2g* (<emigrar + -(a)nte) (O) que sai da sua terra para se fixar noutra. **Ex.** Os ~s não costumam esquecer o seu país natal, gostando de vir cá [ir lá] passar as férias. **Comb.** Trabalhador ~. **Ant.** Imigrante ⇒ migrante.
emigrar *v int* (<lat *émigro,áre*: mudar de morada, sair) **1** Sair do seu país para ir viver no estrangeiro/Mudar de terra. **Ant.** Imigrar. ⇒ migrar. **2** «uma espécie animal»

Deslocar-se periódica e regularmente entre regiões. **Ex.** As andorinhas migram, são aves migratórias.

emigratório, a *adj* (<emigrar + -tório) Relativo à emigração. **Comb.** Fluxo ~ «do século passado, de Portugal e do Japão para o Brasil».

eminência *s f* (<lat *eminéntia*: elevação, proeminência, excelência) **1** Qualidade do que se eleva sobre o que está em volta/Qualidade do que é eminente. **Comb. ~ parda** [Conselheiro de alta entidade que, sem conhecimento público, toma as decisões]. **2** ⇒ «osso/músculo com uma» saliência; proeminência. **3** Tratamento dado aos cardeais da Igreja Católica; ⇒ eminentíssimo. **Ex.** Sua ~ o Cardeal Patriarca (de Lisboa) presidiu à celebração no Santuário de Fátima. Vossa ~ já falou com o Papa? ⇒ iminência.

eminente *adj 2g* (<lat *éminens,éntis*: saliente, elevado, distinto<*emíneo*: elevar-se) **1** Que está acima do que o rodeia/Elevado/Alto. **2** Que é superior aos outros/Excelente. **Ex.** Ele é um vulto ~ da nossa cultura. ⇒ iminente.

eminentemente *adv* (<eminente + -mente) Em elevado grau/Muito. **Ex.** A qualificação ~ [muito] técnica que se exige vai ser um poderoso fa(c)tor a [que vai] pesar na avaliação dos candidatos.

eminentíssimo, a *adj sup* (<lat *eminentíssimus*) **1** Muito eminente. **Ex.** É uma personalidade ~a, muito considerada em toda a sociedade. **2** Tratamento dado a um cardeal da Igreja Católica. **Ex.** O ~ prelado esteve na nossa igreja a cumprimentar o pároco pelas bodas de ouro [pelos cinquenta anos] de sacerdócio.

emir *s m* (<ár *amir*: chefe, príncipe) **1** Governador de certas tribos nas províncias muçulmanas. **2** Título dos descendentes de Maomé.

emirad[t]o *s m* (<emir + ...) **1** Território governado por um emir. **2** Cargo de emir.

Emirad[t]os Árabes Unidos *s m pl Geog* Federação de sete territórios do Golfo Pérsico entre Omã e a Arábia Saudita: Abu Dhabi, Dubai, Sharjah, Ras Al Khaymah, Al Fujayrah, Al Qaywayn e Ajman.

emissão *s f* (<lat *emíssio,ónis*) **1** A(c)ção de emitir. **Ex.** A ~ de calor pelas paredes, naquele escaldante fim de tarde, criava na sala um ambiente sufocante. **Comb. ~ de a(c)ções. ~ de palavras** [de voz]. **~ de esperma. ~ de urina. 2** Transmissão de sons/imagens através de ondas ele(c)tromagnéticas. **Ex.** Na última ~ de notícias [No último noticiário], a rádio referiu o [falou do] escândalo que está a abalar o nosso partido.

emissário, a *adj/s* (<lat *emissárius*; ⇒ emitir) **1** (O) que é enviado em missão/Mensageiro. **Ex.** O ~ [enviado] do governo foi àquele país tratar de um problema melindroso de que entretanto surgiu. **2** (O) «curso de água» que serve para escoar/Canalização de esgoto. **Ex.** O ~ da Costa do Sol (Lisboa) vai desembocar no oceano, a grande profundidade, a alguns quiló[ô]metros da costa.

emissor, ora *adj/s* (<lat *emíssor,óris*: o que envia; ⇒ emitir) **1** (O) que emite/Emitente. **Ex.** O banco ~ fez uma tiragem de notas significativa/grande. **2** Conjunto de equipamentos para transmissão de ondas ele(c)tromagnéticas/hertzianas. **Ex.** O (posto) ~ de Monsanto (Lisboa) da televisão pública tem bastante potência. **Comb. ~ rece(p)tor** [(Dispositivo) que emite e recebe ondas ele(c)tromagnéticas]. **3** *Ling* O que codifica a mensagem a enviar ao rece(p)tor/Falante/Agente.

emissora *s f* (<emissor) **1** Empresa que produz e transmite programas radiofó[ô]nicos ou televisivos. **Comb. ~ local. ~ nacional. ~ regional. 2** Estação que transmite os sinais de rádio/televisão/Posto emissor.

emitente *adj/s 2g* (<emitir + -(e)nte) (O) que emite ou envia/Emissor/Remetente(+).

emitir *v t* (<lat *emítto,ere,míssum*: mandar para fora) **1** Soltar/Proje(c)tar. **Ex.** O pirilampo emite luz (na zona) da cauda. O farol emite sinais para a navegação. O violino emite [tem] um som mavioso. **Loc. ~ radioa(c)tividade. 2** Transmitir sons/imagens através de ondas ele(c)tromagnéticas. **Ex.** Esta estação de rádio começa a ~ às seis (horas) da manhã. **3** Dar a conhecer/Publicar. **Ex.** O Tribunal Constitucional acaba de ~ um acórdão que declara inconstitucional esta norma do decreto-lei. **Loc. ~** [Proferir] um juízo/uma opinião/um parecer. **4** Pôr a circular moeda ou títulos financeiros. **Ex.** O Governo decidiu ~ uma nova série de títulos de dívida pública.

emoção *s f* (<e- + lat *mótio,ónis*: movimento, impulso, impressão; ⇒ mover, moção) **1** Rea(c)ção afe(c)tiva intensa, agradável ou não/Comoção. **Ex.** Uma forte ~ costuma provocar alteração na respiração, na circulação sanguínea, na produção de secreções, como a adrenalina. A chegada inesperada do irmão, que não via há muitos anos, causou-lhe uma grande ~, a ponto de não conter lágrimas de alegria. **2** ⇒ perturbação; agitação; alvoroço.

emocional *adj 2g* (<emoção + -al) Que revela forte rea(c)ção afe(c)tiva/Relativo a emoção. **Comb.** Comportamento ~.

emocionante *adj 2g* (<emocionar + -(a)nte) Que desperta grande entusiasmo/Que provoca forte rea(c)ção afe(c)tiva/Que causa viva emoção. **Ex.** Aquele jogo de futebol entre os dois clubes rivais, com a constante alteração do marcador e com golos em ambas as balizas, foi uma partida ~ [maravilhosa], vivida intensamente pela multidão que enchia o estádio. O funeral do jovem foi uma ~ [comovente] manifestação de pesar.

emocionar *v t* (<emoção + -ar¹) Causar forte rea(c)ção afe(c)tiva/Comover/Impressionar. **Ex.** À chegada do grande amigo, que não via há [passados] anos, chegou a ~-se. Eu emociono-me facilmente [logo]. O futebol emociona. **Sin.** Abalar.

emoldurar *v t* (<em- + moldura + -ar¹) **1** Colocar em caixilho/moldura. **Ex.** Mandou ~ o retrato do pai. **Loc. ~** um quadro [uma pintura/uma gravura]. **2** *fig* Rodear/Circundar. **Ex.** A avenida emoldurava todo o lago. **3** *fig* Enfeitar/Ornar. **Ex.** Uma linda trepadeira emoldurava a entrada.

emoliente *adj 2g/s m* (<lat *emmóllio,íre*: amolecer) **1** Que amolece/abranda/suaviza. **2** *s m* Substância com propriedades analgésicas ou anti-inflamatórias. **Comb.** Um ~ da [para a] pele.

emolumento *s m* (<lat *emoluméntum*: quantia paga ao moleiro, benefício, ganho) **1** *pl* Receitas pela prestação de um serviço público. **Ex.** Uma das parcelas, às vezes não pequena, do total a pagar pela passagem dessa certidão é ~s. **Comb. ~s consulares. ~ processuais. 2** Ganho/Lucro.

emotividade *s f* (<emotivo + -idade) Predisposição para reagir afe(c)tivamente de forma intensa/Qualidade do (que é) emotivo. **Ex.** A sua ~ prejudica-o bastante quando é preciso manter o sangue-frio.

emotivo, a *adj/s* (⇒ emoção) **1** Relativo a emoção. **Comb. Carga ~a. Comportamento ~. Força ~a. Ling Função ~a** [que expressa o estado de espírito do emissor]. **2** (O) que é propenso a emocionar-se. **Ex.** Ele é um ~, ferve em pouca água [reage vivamente a qualquer contratempo]. Ela é muito ~a [comove-se muito/facilmente] «, é melhor não lhe dar a notícia da morte do marido».

emouquecer *v int* (<em- + mouco + -ecer) Ficar surdo(o+)/Ensurdecer(+).

empa *s f* (<empar) **1** Estaca que suporta uma planta «trepadeira». **2** Operação em que o viticultor verga a vide [vara da videira], depois da poda.

empacar *v int Br* (<em- + paco [alpaca] «Animal que se deita para não caminhar» + -ar¹) **1** «o cavalo» Recusar-se a avançar, firmando as patas dianteiras/Emperrar(+). **2** ⇒ embuchar **4**; embatocar.

empachar *vt/int* (<lat *impédico,áre*: embaraçar no laço) **1** ⇒ Encher de mais [*Br* demais] «o estômago»/Comer em excesso/*fam* Empanturrar(-se). **2** ⇒ estorvar; obstruir. **3** ⇒ Deixar atrapalhado sem resposta/Embaraçar/*fam* Embatocar. **4** ⇒ Aplicar parche sobre uma parte do corpo.

empacho *s m* (<empachar) **1** Sensação de peso no estômago por ter comido muito. **2** ⇒ embaraço; estorvo. **3** ⇒ Dificuldade em retorquir/Acanhamento.

empacotadeira *s f* (<empacotar + -deira) Máquina agrícola para enfardar feno ou palha. **Sin.** Enfardadeira(+).

empacotador, ora *adj/s* (<empacotar + -dor) (O) que coloca um produto em embalagem/que enfarda.

empacotamento *s m* (<empacotar + -mento) A(c)to de colocar em embalagem/de enfardar.

empacotar *v t/int* (<em- + pacote + -ar¹) **1** Arrumar em pacotes/Embalar²/Enfardar. **Loc. ~** a mercadoria «em caixas [caixotes] de papelão». **2** *pop* ⇒ matar. **3** *pop* ⇒ morrer.

empada *s f* (<em- + pão + -ada; ⇒ empadão) **1** *Cul* Salgadinho com recheio «de carne/peixe/marisco/queijo», levado ao forno em formas(ô) pequenas. **Ex.** Quando não tenho tempo para almoçar, como umas ~s e não fico nada mal. **2** *depr* Pessoa maçadora/desagradável. **Ex.** Olha o que me havia de idi/iron sair hoje na rifa! Ela é [saiu-me cá] uma ~ !

empadão *sm Cul* (<empada + -ão) Prato confe(c)cionado com puré de batata ou arroz e recheio, geralmente de carne, que vai ao forno em tabuleiro. **Sin.** Pastelão «com ovos».

empadroar *v t* (<em- + padrão + -ar¹) **1** Inscrever(-se) como contribuinte/Alistar(-se)/Recensear(-se). **2** Inscrever em padrão/escritura a autenticar um direito.

empáfia *s f* (<impado + bazófia ?) Orgulho vão/Arrogância/Presunção. **Ex.** Até na forma de andar, todo empertigado [impado], transparece a ridícula ~ com que se pavoneia.

empalação *s f* (<empalar + -ção) **1** A(c)to de empalar. **2** *Hist* Antigo suplício aplicado ao condenado, em que uma estaca afiada lhe era espetada no re(c)to, até à morte.

empalamado, a *adj* (< ?) **1** *fam* Que está cheio de mazelas/coberto de emplastros. **2** ⇒ enfermiço; achacadiço.

empalar *v t* (<em- + pau + -ar¹) Enfiar/Espetar um pau em. ⇒ empalação.

empalhação[lhamento] *s f* (<empalhar + ...) **1** A(c)to de revestir um obje(c)to frágil com palha/vime. **Ex.** Antes de aparecer o plástico, era costume fazer-se a ~ dos garrafões. **Sin.** Acondicionamento(+). **2** Trançado de palhinha colocado em as-

sentos e encostos de cadeiras. **3** A(c)to de encher com palha a pele de animal morto «para lhe manter as formas», antes de o embalsamar. **4** Emprego de palha para, no transporte, proteger vidro/lou[oi]ça/fruta. **5** Pretexto para empatar ou ganhar tempo. **Sin.** Paliativo; subterfúgio.

empalhador, ora *adj/s* (<empalhar + -dor) (O) que empalha «cadeiras/garrafas».

empalhar *v t* (<em- + palha + -ar¹) **1** Forrar/Revestir com palha «para proteger garrafa/o que é frágil». **2** Encher de palha a pele de animal (antes de o embalsamar). **Comb.** Museu natural com animais empalhados. **3** Pôr entrançado de palhinha ou vime em assentos ou recostos de cadeiras. **4** ⇒ empalheirar. **5** *fig* Entreter para ganhar tempo/Atrasar/Empatar. **Loc.** ~, à conversa, e não acabar o trabalho.

empalheirar *v t* (<em- + palheiro + -ar¹) Guardar em palheiro.

empalidecer *v t/int* (<em- + pálido + -ecer) **1** «o rosto» Perder a cor rosada/Tornar(-se) pálido/Amarelecer. **Ex.** Empalideceu com a doença [A doença empalideceu-o]. **2** *fig* Perder importância/brilho. **Ex.** A aura deste artista empalideceu rapidamente nos últimos tempos. **3** *fig* «a cor/a luz» Ficar menos vivo/Ficar baço/Esbater(-se). **Ex.** No céu, empalideciam as últimas estrelas, era o amanhecer do novo dia.

empalmação *s f* (<empalmar + -ção) **1** A(c)to de empalmar/Roubo hábil. **2** Ocultação na palma da mão/Encobrimento.

empalmar *v t* (<em- + palma + -ar¹) **1** Fazer desaparecer na palma da mão/na manga. **Loc.** ~ as cartas. **Sin.** Esconder. **2** *pop* Apoderar-se indevidamente de [Furtar] alguma coisa. **Ex.** Os meliantes [carteiristas] têm cá uma arte para ~ carteiras nos transportes públicos que todo o cuidado é pouco. **Sin.** Roubar; surripiar(+).

empanada *s f* (<empanar¹ + -ada) **1** Caixilho de janela tapado com pano/papel. **2** Cortina que se enrola/Estore.

empanado¹, a *adj* (<empanar¹) **1** Coberto de [Envolto em] pano. **Ex.** Ferira-se com alguma gravidade e por isso trazia a mão ~a. **2** ⇒ oculto; escondido. **3** *fig* Que perdeu o brilho/Baço/Obscurecido. **Comb.** Vidro [Espelho] ~ (⇒ fosco).

empanado², a *adj* (<empanar²) «veículo automóvel» Em pane/Avariado/Enguiçado. **Ex.** O carro ficou ~ na estrada e foi preciso chamar o reboque.

empanado³, a *adj Br* ⇒ empanar³).

empanar¹ *v t* (<em- + pano + -ar¹) **1** Envolver em [Cobrir com] pano. **2** ⇒ esconder; ocultar. **3** *fig* Tirar ou perder o brilho/Embaciar(-se). **Ex.** O escândalo empanou [deslustrou(+)] a festa. **Sin.** Deslustrar.

empanar² *v int* (<em- + pane + -ar¹) «automóvel» Sofrer avaria/Ter pane. **Ex.** Precisava de chegar à cidade da parte da manhã, mas o (meu) carro empanou ainda a alguns quiló[ô]metros e foi um grande transtorno.

empanar³ *v t Br* (<em- + pão + -ar¹) ⇒ panar; panado.

empancar *v t/int* (<em- + panca + -ar¹) **1** Segurar com panca. **Loc.** ~ a parede. **2** Ficar retido/Não poder avançar. **Loc.** «móvel» ~ na parede e não caber. **3** Suster/Vedar. **Loc.** ~ a água. **4** ⇒ Encher demasiado/Enfartar/Empachar.

empandeiramento *s m* (<empandeirar + -mento) A(c)to ou resultado de empandeirar(-se).

empandeirar *v t* (<em- + pand(eir)o + -ar¹) **1** «vela de barco»Tornar-se bojudo/pando. **2** ⇒ Encher(-se) demasiado/Empanzinar(-se). **3** ⇒ Enganar/Ludibriar/Lograr/Burlar.

4 ⇒ Gastar em demasia/Dissipar/Esbanjar. **5** ⇒ Desfazer-se [Descartar-se] de alguém/Pôr a andar/Despachar(+). **6** ⇒ Matar/Assassinar.

empandilhar *v t* (<em- + pandilha + -ar¹) **1** ⇒ Conluiar-se para enganar outrem «ao jogo»/Fazer marreta. **2** ⇒ Roubar com destreza. **3** ⇒ Reunir em pandilha.

empanque *s m* (<empancar) **1** A(c)ção de empancar. **2** ⇒ vedante.

empantufar *v t* (<em- + pantufa + -ar¹) **1** ⇒ Calçar pantufas. **2** ⇒ Envaidecer-se/Pavonear-se.

empanturramento *s m* (<empanturrar + -mento) ⇒ Empanzinamento.

empanturrar *v t* (<em- + panturra + -ar¹) **1** Comer em demasia/(En)fartar. **Ex.** Comi de mais [*Br* demais], fiquei empanturrado. **Loc.** ~ as crianças de sorvete. **2** *fig* ~-se/Encher-se de orgulho/Envaidecer-se/Enfatuar-se.

empanzinamento *s m* (<empanzinar + -mento) A(c)ção ou resultado de (en)fartar(-se)/de empanzinar(-se).

empanzinar *v t* (<em- + pão + -ar¹) **1** (En)fartar/Empanturrar. **2** *fig* ⇒ Causar surpresa desagradável. **3** ⇒ Ludibriar/Enganar.

empapagem *s f* (<empapar¹ + -agem) **1** A(c)to ou resultado de empapar(-se). **2** Caldeação do malte em água quente para fabrico de cerveja.

empapar¹ *v t* (<em- + papa + -ar¹) **1** Embeber/Molhar/Encharcar/Ensopar. **Comb.** Lenço empapado de sangue. **2** Tornar mole como papa. **Ex.** A chuva(da) empapou o terreno, tornando-o um atoleiro. **3** Caldear o malte em água quente para fabricar cerveja. **4** ⇒ Cobrir com algo semelhante a papa. **5** ⇒ Diminuir o impacto de uma pancada/Amortecer o choque. **6** ⇒ Infundir/Incutir no espírito. **7** ⇒ Convencer ardilosamente/Enganar.

empapar² *v t* (<em- + papo + -ar¹) **1** Encher o papo. **Comb.** Galinha empapada [com o papo cheio(+)]. **2** *fig* Embolsar/Ganhar. **Comb.** Pré[ê]mio empapado [ganho(+)].

empapelar *v t* (<em- + papel + -ar¹) **1** Embrulhar em papel. **2** Revestir/Forrar com papel «parede/gaveta/móvel». **3** *fig* ⇒ Agasalhar/Proteger com grande cuidado.

empapelo (É) *s m* (<empapelar) **1** Operação de envolver o tabaco em papel nas fábricas de tabaco. **2** ⇒ Embalagem/Invólucro de papel.

empapuçar *v t* (<em- + papo + -uçar) **1** Fazer prega/papo. **Comb.** Blusa empapuçada [com pregas feias]. Rosto [Pescoço] empapuçado/papudo(+). **2** ⇒ Não assentar bem «o vestuário». **3** ⇒ inchar. **4** *Br gír* ⇒ Drogar-se em excesso.

empar *v t* (<em- + pau + -ar¹) Sustentar com estaca [empa] as vide(ira)s ou os ramos de planta «trepadeira».

emparceirar *v t* (<em- + parceiro + -ar¹) **1** Juntar-se a outrem (formando um conjunto) em parceria ou parelha. **Ex.** No jogo «da sueca» gostava de ~ com o cunhado. **Sin.** Emparelhar. ⇒ juntar; unir. **2** ⇒ Ter cara(c)terísticas semelhantes/Igualar.

emparcelamento *s m Agr* (<emparcelar + -mento) Reunião de pequenas propriedades numa só. **Ex.** Para lançar um plano florestal com garantias de êxito, o governo devia promover o ~.

emparcelar *v t* (<em- + parcela + -ar¹) **1** *Agr* Agrupar pequenas parcelas de terreno de vários donos numa só propriedade para obter maior rendimento. **2** ⇒ parcelar.

empardecer *v t/int* (<em- + pardo + -ecer) ⇒ Tornar pardo/Escurecer.

emparedamento *s m* (<emparedar + -mento) A(c)to ou resultado de emparedar.

emparedar *v t* (<em- + parede + -ar¹) **1** Fechar/Cercar com parede. **Sin.** Murar(+). **2** *fig* Impedir a passagem/Bloquear(+). **Ex.** Viu-se emparedado pelo perseguidor e rendeu-se.

emparelhamento *s m* (<emparelhar + -mento) **1** A(c)to de colocar em parelha coisas, animais ou pessoas. **2** *Liter* A(c)to de fazer rimar versos dois a dois.

emparelhar *v t/int* (<em- + parelha + -ar¹) **1** Pôr a par/Ficar lado a lado. **Loc.** ~ «cavalos/bois» para puxar à carroça. **2** Dar ou ter as mesmas condições/Tornar ou ser semelhante. **Ex.** Camões emparelha com os [equipara-se aos (+)] maiores poetas mundiais. **Sin.** Equiparar; irmanar. **3** Juntar «as crianças» aos pares/Ligar. **4** ⇒ Condizer/Harmonizar(-se). **5** *Liter* Fazer rimar os versos dois a dois. **Comb.** Rima emparelhada.

emparreirar *v t* (<em- + parreira + -ar¹) **1** Cobrir «parte do jardim» com parreiras/videiras. **2** Suspender uma planta em estacas [com latada] para ela trepar e cobrir como a parreira.

empastamento *s m* (<empastar + -mento) **1** A(c)ção ou resultado de reduzir a pasta/de empastar. **2** Colocação de pastas na encadernação de livros. **3** *Med* Sensação de se tocar numa pasta ao fazer a palpação de uma zona com edema. **4** *Arte* Espessa camada de tinta usada sobretudo nas zonas luminosas de pintura a óleo.

empastar *v t* (<em- + pasta + -ar¹) **1** Transformar em pasta/Tornar pastoso. **Loc.** ~ farinha para fazer cola. **2** Cobrir com pasta ou com substância mole e viscosa. **Comb.** Cabelo empastado com gel [com o suor]. **3** «a fala» Sair alterada e dificilmente perce(p)tível. **4** *Arte* Aplicar muita tinta em quadro a óleo, sobretudo em zona luminosa. **5** *Tip* Unir as pastas [os cartões da capa] ao livro, colando os cordões da costura.

empastelar *v t* (<em- + pastel + -ar¹) **1** *Tip* Misturar ou amontoar em desordem o material tipográfico. **2** *Tip* ⇒ danificar. **3** ⇒ A(c)tuar com indolência na realização de uma tarefa.

empata *s 2g* (<empatar) Pessoa que dificulta ou retarda um processo ou trabalho de alguém. **Ex.** Aquele ~ nem faz nem deixa fazer!

empatado, a *adj* (<empatar) **1** ⇒ «jogo» Pato². **2** Investido sem lucros. **Ex.** Tenho uns dinheiros ~s nesse proje(c)to, por isso agora não posso investir noutros negócios. **3** «eleição/votação» Com empate/Com o mesmo número de votos. **Ex.** Como no fim do escrutínio se verificou um resultado ~, procedeu-se a uma recontagem dos votos. **4** *Dir* ⇒ Confiscado/Embargado.

empatar *v t* (<em- + pato² + -ar¹) **1** Obter o mesmo resultado numérico que os outros concorrentes em jogo/votação/eleição. **Ex.** Os dois clubes rivais «Porto e Benfica» acabaram por ~ a duas bolas [a dois golos]. As duas propostas que foram a votação ficaram empatadas, conseguindo cada uma dezassete votos. **2** Criar obstáculo a [Retardar] um processo ou trabalho de alguém/Fazer perder tempo a alguém. **Ex.** A falta de material empatou o serviço [a obra]. Há pessoas que só gostam de [que estão sempre a] ~ os outros. **3** Investir dinheiro não tendo depois perspe(c)tivas de lucro. **Loc.** ~ dinheiro em a(c)ções. **4** ⇒ adiar; atrasar(-se).

empate *s m* (<empatar) **1** Igualdade de votos [pontos] entre adversários. **Ex.** O resultado da votação para a presidência do clube foi [saldou-se por] um ~ entre os dois

candidatos. O grande jogo de futebol terminou em ~ a zero. **2** ⇒ estorvo; embaraço. **3** ⇒ atraso; adiamento. **4** Investimento improdutivo de recursos. **Comb.** ~ de capital. **5** *Br* Obstrução do tubo gastr(o)intestinal.

empatia *s f* (<em- + -patia) **1** *Psic* Sentimento de identificação com outrem. **Ex.** A ~ entre eles é a melhor garantia de que o proje(c)to em que estão empenhados irá para a frente. **2** ⇒ compreensão afe(c)tiva; sintonização «com a beleza da paisagem».

empavesar *v t* (<em- + pavês + -ar¹) **1** *Náut* Pôr paveses [anteparo de madeira] em embarcação para resguardo da tripulação. **2** *fig* Enfeitar «embarcação» com bandeiras/estandartes, ... **Sin.** Embandeirar. **3** *fig* ⇒ envaidecer-se; pavonear-se.

empavonar *v t* (<em- + pavão + -ar¹) ⇒ pavonear-se; ficar vaidoso como um pavão.

empeçar *v t/int Br* (< ?) **1** ⇒ Pôr obstáculo/Dificultar/Estorvar. **2** ⇒ Embaraçar/Enredar/Emaranhar. **3** ⇒ Iniciar/Começar/Principiar.

empecer *v t* (<lat *impedísco,ere* <*impédio, íre*: impedir) **1** Criar/Encontrar obstáculo ou dificuldade. **Sin.** Impedir(+). **2** ⇒ Estorvar/Embaraçar.

empecilho *s m fam pop* (<empeço + -ilho) Dificuldade/Estorvo/Obstáculo. **Ex.** Um animal doméstico costuma ser um ~ quando se quer ir de férias. **Sin.** Embaraço(+); impedimento(o+).

empeço *s m* (<empecer) **1** ⇒ Obstáculo/Estorvo/Empecilho. **2** ⇒ Começo.

empeçonhar *v t* (<em- + peçonha + -ar¹) **1** ⇒ envenenar. **2** ⇒ Perverter/Corromper/Desvirtuar/Deturpar.

empedernido, a *adj* (<empedernir) **1** Que ficou duro como pedra/Petrificado(+). **2** *fig* Duro/Insensível/Inflexível. **Ex.** Aquela mente ~a [fechada] a nada mais atende do que aos seus interesses mesquinhos. **Comb.** *Coração* ~ [duro/insensível/de pedra]. *Espírito* ~ [fechado/inflexível]. **3** ⇒ Que não muda/Que cristalizou.

empedernir *v t* (<em- + lat *petrínus*: de pedra + -ir) **1** ⇒ Transformar em pedra/Petrificar. **2** ⇒ Ficar duro como pedra. **3** *fig* Tornar(-se) insensível/desumano. **Ex.** A vida dura que durante anos levou empederniu-o (completamente).

empedrado, a *adj/s m* (<empedrar) **1** Revestido de pedra. **Comb.** Muro [Parede] de cimento ~[a] por fora. **2** Que foi coberto/pavimentado com pedra. **Comb.** Rua ~a [calcetada]. **3** *s m* Troço de estrada/rua pavimentado com pedra. **Ex.** Nas provas de ciclismo, o ~ é uma dificuldade acrescida para os corredores. ⇒ calçada. **4** ⇒ duro como pedra. **5** Que tem concreções calcárias. **6** *s m* Corpúsculos duros na polpa de alguns frutos «pera».

empedramento *s m* (<empedrar) A(c)ção de calcetar/revestir/tapar com pedra. ⇒ calcetamento.

empedrar *v t/int* (<em- + pedra + -ar¹) **1** Calcetar/Revestir/Tapar com pedra. **Ex.** Para evitar a formação de lamas, a junta de freguesia resolveu ~ [calcetar(+)] a rua. **2** ⇒ Ficar duro como pedra/Endurecer/Solidificar. **3** ⇒ Tornar-se insensível/Empedernir-se/Desumanizar-se.

empena *s f* (< ?) **1** Parte superior de parede lateral de um edifício, com a forma de triângulo. **2** Viga que vai do frechal ao extremo do pau de fileira, sobre o qual assentam as vigas do telhado. ⇒ empeno.

empenachar *v t* (<em- + penacho + -ar¹) ⇒ Ornar com penacho/Enfeitar com penas/Embelezar. ⇒ emplumar.

empenado, a *adj* (<empenar) **1** Que se deformou/Que entortou. **Comb.** Porta ~a. **2** Que se desviou da linha de prumo. *Muro* ~ [em perigo de cair]. *Parede ~a* [com barriga]. **3** *fig* «negócio» Fraco/«velho a andar» Combalido.

empenagem *s f* (<em- + pena + -agem) Parte da aeronave formada por lemes e estabilizadores. **Ex.** A ~, para [que assegure] a estabilidade da aeronave, situa-se na parte posterior das asas e na cauda.

empenar *v t/int* (<em- + pino <lat *pínus*: pinheiro + -ar¹) **1** Ganhar empeno/Entortar pela a(c)ção do calor ou da humidade/Deformar. **Ex.** Como a madeira usada na porta não estava bem seca, acabou por ~. **2** «parede» Desviar-se da linha de prumo. ⇒ empenado.

empenhado, a *adj* (<empenhar) **1** Dado em penhor/garantia de pagamento de um empréstimo/Penhorado/Hipotecado. **Comb.** Casa [Propriedade] ~a. **2** «pessoa» Que tem dívidas. **Ex.** Porque estava muito ~ e não via como resolver os seus problemas, vivia numa grande ansiedade. Está ~ até aos cabelos [enterrado em dívidas]. **3** Que tem grande interesse num obje(c)tivo/Que põe grande esforço [empenho] na a(c)ção. **Ex.** Esse funcionário mostra ser muito ~, razão por que merece ser distinguido com um louvor.

empenhamento *s m* (<empenhar + -mento) **1** A(c)to de se empenhar. **2** ⇒ Penhora/Hipoteca. **3** ⇒ endividamento. **4** ⇒ Grande interesse num obje(c)tivo/Esforço na a(c)ção/Empenho(+).

empenhar *v t* (<lat *impígno,áre* <*pígnus, oris*: penhor) **1** Entregar como garantia de pagamento de empréstimo/Colocar sob [Dar de] hipoteca. **Loc.** ~ as joias. **Idi.** ~ *as barbas* [Dar como garantia a sua honra]. **2** ~-se/Endividar-se. **3** ~-se/Mostrar-se muito interessado/Pôr muito empenho/esforço naquilo em que se ocupa. **Ex.** Empenhou-se no estudo [a estudar] e fez um exame brilhante [tirou nota máxima].

empenho *s m* (<empenhar) **1** A(c)to ou resultado de dar como garantia/de empenhar. **2** ⇒ endividamento; empenhamento. **3** Grande interesse em algum obje(c)tivo. **Ex.** Tenho muito ~ em que ele seja eleito. **4** Grande aplicação [dedicação/esforço] na a(c)ção. **Loc.** Estudar com (todo o) ~. **Sin.** Tenacidade. **5** Influência movida junto de alguém a favor de outrem/Recomendação(+). **Sin.** *fam* Cunha(+). **6** Pessoa que move essa influência. **Sin.** *fam* Cunha(+).

empenhoca (Nhó) *s f col* (<empenho 1/5 + -oca) ⇒ *fam* cunha; recomendação.

empeno (Pê) *s m* (<empenar) **1** Deformação da madeira devido a calor ou (h)umidade. **2** ⇒ Dificuldade/Embaraço. **3** Inexa(c)tidão ou erro nas contas.

empernar *v int* (<em- + perna + -ar¹) ⇒ Cruzar/Entrelaçar as pernas (+).

emperramento *s m* (<emperrar + -mento) **1** A(c)to ou resultado de emperrar/Estado do que está preso de movimentos ou funciona mal. **2** *fig* ⇒ Grande teimosia/Obstinação.

emperrar *v t/int* (<em- + perro + -ar¹) **1** Ficar perro/Não abrir/fechar «bem». **Ex.** A janela [O portão] emperrou. **Sin.** (En)travar; encravar. **2** Dificultar/Impedir. **Loc.** ~ o andamento do processo [das negociações]. **3** Perder a elasticidade/flexibilidade dos músculos e articulações. **Ex.** O reumatismo emperrou-lhe as pernas. **4** ⇒ teimar; obstinar-se; embirrar(+). **5** ⇒ Fazer calar/Calar-se/Embatocar(-se).

empertigar *v t/int* (<em- + pértiga + -ar¹) **1** Pôr direito e rígido/Aprumar. **Loc.** ~ a cabeça. **Sin.** Endireitar; entesar. **2** *fig* ~-se/Mostrar-se altivo/sobranceiro/Pavonear-se. **Ex.** Ele vinha (todo) empertigado «ao entrar na sala».

empestar *v t* (<em- + peste + -ar¹) **1** Provocar [Infe(c)tar com] peste. **Ex.** A cidade ficou empestada com o vírus [a fumaça]. **Sin.** Contaminar. **2** Tornar insalubre/Produzir mau cheiro. **Ex.** Os fumadores [antes] empestaram o restaurante. **Comb.** Um cheiro que em[a]pesta. **3** *fig* Perverter moralmente/Corromper. **Comb.** Vícios que empestam a sociedade.

empetráceo, a *adj/s* (<gr *émpetron*: saxífraga) Que pertence à família das ~as, plantas arbustivas de zonas temperadas cujos frutos são drupas globosas; *Empetraceae*. **Ex.** A camarinheira é (uma) ~a.

empicotar *v t* (<em- + pico(to) + -ar¹) **1** Pôr a ponta «do poste». **2** *an* ⇒ Prender/Expor na picota/no pelourinho. **3** *fig* ⇒ Expor ao riso público.

empiema *s m Med* (<gr *empýema*: abcesso) Aglomerado de pus numa cavidade do corpo. **Comb.** ~ pleural [Derramamento purulento na cavidade das pleuras].

empilhadora [empilhadeira] *s f* (<empilhar + ...) Máquina móvel para empilhar/arrumar cargas em portos/depósitos/armazéns.

empilhamento *s m* (<empilhar + -mento) A(c)ção de colocar umas coisas sobre outras/de empilhar.

empilhar *v t* (<em- + pilha + -ar¹) Colocar umas coisas sobre outras/Pôr em pilha ou rima. ⇒ amontoar.

empinado, a *adj* (<empinar) **1** «poste» Que está em posição vertical [ao alto]/Que está a pino. **2** «caminho/subida» Que apresenta grande declive/Que é íngreme. **3** «animal» Que se ergueu sobre as patas traseiras. **4** Que é arrogante/altivo. **Idi.** *Falar de [Ser] nariz ~* [Dirigir-se a alguém de forma arrogante]. **5** *col* «texto/lição» Que foi aprendido de cor (Ó), sem entender.

empinanço *s m col* (<empinar + -anço) A(c)ção de decorar um texto/assunto «mesmo sem o compreender bem»/de empinar.

empinar *v t* (<em- + pino + -ar¹) **1** Pôr(-se) ao alto/a pino/na vertical. **Ex.** O professor costuma ~ o nariz quando precisa de impor disciplina. O carro saiu da estrada e ficou empinado [ao alto] na valeta. **Sin.** Elevar; levantar. **2** ~-se/Pôr-se sobre os bicos de pés, muito direito. **Ex.** Empinou-se para ver o filho na multidão. **3** «o cavalo» Erguer-se sobre as patas traseiras/Encabritar-se/~-se. **4** *pop* Despejar «um copo de vinho» na goela/Beber o conteúdo dum recipiente, elevando-o. **Sin.** *fam* Emborcar; virar. **5** *pop* Ser muito íngreme. **Ex.** Na etapa de hoje, ao km 97, a estrada começou a ~ e os melhores ciclistas puderam descolar do pelotão. **6** *col* «um aluno» Decorar um texto «mesmo sem o entender». **Sin.** Memorizar. ⇒ papaguear. **7** *Br* ⇒ «a criança» Fazer subir no ar o papagaio (Brinquedo).

empipocar *v t* (<em- + pipoca + -ar¹) **1** «o grão de milho» Estalar ao lume/Estoirar(+). **2** *Br* Formar borbulhas no corpo.

empíreo *s/adj* (<gr *empýrios*: do fogo, tórrido, ardente) **1** Esfera mais elevada dos astros ou fogos celestes/Morada dos deuses «gregos». **2** ⇒ Lugar reservado aos bem-aventurados/Céu/Paraíso. **3** *adj* Supremo/Superior/Celeste. **Comb.** O mundo ~ [dos deuses].

empireuma *s m* (<gr *empýreuma,atos*: carvão) Cheiro/Sabor desagradável de substância orgânica que foi exposta a fogo intenso.

empiricamente *adv* (<empírico + -mente) ⇒ experimentalmente.

empírico, a *adj/s* (<gr *empeirikós*: «médico» que se guia pela experiência) **1** Relativo ao empirismo. **2** *Fil* Conhecido através da [Fundado na] experiência. **Ex.** O conhecimento ~ é muito importante na nossa vida diária. **Sin.** Sensível; experimental. **Ant.** Inato; conce(p)tual; apriorístico. **3** *s m Fil* ⇒ empirista.

empirismo [empiricismo] *s m* (<empírico + -ismo) **1** Teoria filosófica segundo a qual todo o conhecimento provém unicamente da experiência. **Ant.** Racionalismo. **2** Atitude de quem valoriza apenas os conhecimentos práticos.

empirista [empiricista] *adj/s 2g* (<empírico + -ista) **1** Relativo ao empirismo. **2** (O) que segue o [Partidário do] empirismo.

emplasmado, a *adj* (<emplasmar) **1** ⇒ Coberto de emplastro. **2** ⇒ Cheio de feridas. **3** ⇒ Que frequentemente está doente/ Achacadiço. ⇒ emplastrar.

emplasmar *v t* (<lat *emplasma*: pomada para fricções + -ar¹) Cobrir de emplastro. **Sin.** Emplastrar(+).

emplastrar *v t* (<emplastro + -ar¹) **1** *Med* Aplicar emplastro. **2** Revestir de substância aderente. **Loc.** ~-se de maqui(lh)agem. **3** Estender em camadas. **Loc.** ~ a massa sobre o tabuleiro.

emplastro *s m* (<lat *emplástrum*) **1** Medicamento que amolece com o calor, aderindo à pele. **Ex.** Há muitos anos, na aldeia, à [por] falta de produtos farmacêuticos, as mães curavam as maleitas [doenças] das crianças com ~s. **2** Material «de pano» em que se coloca esse medicamento. **3** *fig* ⇒ Conserto mal feito. **4** *fig* Pessoa doentia/ inútil/incomodativa. **Ex.** Não contem com aquele ~ para os ajudar!

emplumar *v t* (<em- + pluma + -ar¹) **1** Revestir(-se) [Cobrir(-se)] de penas/plumas. **2** Enfeitar(-se) com penas/plumas.

empoar *v t* (em- + pó + -ar¹) **1** Cobrir de pó/ Espalhar pó «no rosto». **Sin.** Polvilhar(+). **2** ⇒ Ficar sujo de poeira ou pó/Empoeirar(+).

empobrecer *v t/int* (<em- + pobre + -ecer) **1** Tornar(-se) [Ficar] pobre/Diminuir(em) os recursos. **Ex.** Para qualquer pessoa é penoso ~. **Ant.** Enriquecer. **2** *fig* Perder qualidade. **Ex.** As queimadas empobrecem o solo. **Sin.** Depauperar. **3** *fig* ⇒ Perder vigor/Enfraquecer.

empobrecido, a *adj* (<empobrecer) **1** Que perdeu recursos/Que se tornou pobre. **Ant.** Enriquecido. **2** Que perdeu qualidade.

empobrecimento *s m* (<empobrecer + -mento) **1** Perda de bens/recursos. **Ant.** Enriquecimento. **2** Perda de fertilidade/vigor. **Sin.** Depauperamento; esgotamento.

empoçar *v t/int* (<em- + poço/a + -ar¹) **1** Meter/Cair em poço/poça. **Ex.** ~-se [~ os pés] no lodaçal/charco. **2** Formar poça. **Ex.** O desnível [A cova] da rua empoça a água. ⇒ empossar.

empocilgar *v t* (<em- + pocilga + -ar¹) **1** ⇒ Meter em pocilga/Encurralar. **2** ⇒ Transformar em pocilga.

empoeirado, a *adj* (<empoeirar) **1** Coberto de poeira. **2** *fig* ⇒ presunçoso; vaidoso. **3** Que tem preconceitos/Fechado/Conservador. **Ant.** Desempoeirado.

empoeirar *v t* (<em- + poeira + -ar¹) **1** Cobrir(-se) de poeira. **Ex.** Os livros empoeiravam nas estantes. **2** *fig* «alguém» Ficar menos lúcido/Tornar menos claro. **Loc.** ~ a inteligência [o entendimento]. **Sin.** Obscurecer. **Ant.** Clarificar; desempoeirar.

empola (Pô) *s f* (<lat *ampúlla*: frasquinho de óleo para o banho) **1** Vesícula ou bolha de líquido seroso que se forma na pele. **2** *Arte* Saliência em tela ou painel pintado. **3** *Bot* Glóbulo em alguns órgãos vegetais. **4** ⇒ ampola(+).

empolamento *s m* (<empolar + -mento) **1** Formação de bolhas/empolas na pele. **2** *fig* A(c)to de dar demasiada importância a [de aumentar a dimensão de] alguma coisa «num discurso». **Ex.** O ~ dos riscos do empreendimento levou alguns a desistir do investimento. **3** Aumento do volume da terra desagregada em resultado de uma extra(c)ção. **4** *Arte* Formação de saliência [empola 2] na superfície pintada.

empolar *v t* (<empola + -ar¹) **1** Formar empola/bolha «na pele». **2** ⇒ ~-se/Tomar mais volume. **3** *fig* Dar demasiada importância a alguma coisa/Exprimir-se de forma pomposa. **Loc.** ~ o discurso. **Comb.** Discurso [Propaganda] empolado/a. **4** *fig* ⇒ envaidecer-se.

empoleirado, a *adj* (<empoleirar) **1** «galinha» Que está pou[oi]sado no poleiro/Que se empoleirou. **2** *fig* Colocado em lugar elevado. **Comb.** Crianças ~as nas árvores. **3** *fig* Que assumiu lugar de importância. **Comb.** Embaixador jovem mas já bem ~.

empoleirar *v t* (<em- + poleiro + -ar¹) **1** Pôr(-se) no poleiro ou em lugar alto «árvore». **2** *fig* Dar/Ter posição destacada «na empresa/sociedade».

empolgante *adj 2g* (<empolgar) Que arrebata/entusiasma. **Ex.** A parte final da etapa de montanha, presenciada por considerável multidão que se amontoava junto às barreiras, foi ~, com uma grande luta entre os principais concorrentes. **Comb.** Discurso [Livro/Romance] ~.

empolgar *v t* (<em- + (dedo) polegar + -ar¹) **1** Segurar vigorosamente nas mãos/Prender com as garras, cravadas na presa. **2** *fig* ⇒ Apossar-se de algo usando violência ou artimanha. **3** *fig* Absorver [Arrebatar] o espírito/Interessar vivamente/Entusiasmar. **Ex.** O conferencista conseguiu ~ o público [a assistência]. Fiquei empolgado com a leitura dum romance histórico. **4** ⇒ Prender/Segurar as cordas de um arco.

empontar *v t* (< ?) **1** ⇒ Mandar embora/ Despedir/Afastar. **2** ⇒ empurrar.

emporcalhar *v t* (<em- + porco + -lhar) **1** ⇒ Ficar sujo/Sujar(+). **2** ⇒ Manchar/Aviltar/Degradar.

empório *s m* (<gr *empórion*: praça de comércio marítimo) **1** Cidade/Porto comercial de grande movimento internacional. **2** *Br* Estabelecimento comercial onde se transa(c)cionam muitas mercadorias. **3** Grande centro artístico ou comercial.

empossado, a *adj/s* (<empossar) (O) que tomou posse de um cargo. **Ex.** No fim o ~ proferiu algumas palavras de agradecimento e traçou um plano de a(c)tuação.

empossamento [emposse] *s m* (<empossar) A(c)to de dar/tomar posse de um cargo.

empossar *v t* (<em- + posse + -ar¹) **1** Dar/ Tomar posse de [o poder de exercer] um cargo. **Ex.** O Presidente da República vai ~ o [vai dar posse ao] novo governo na terça-feira. **2** ⇒ Apossar-se/Assenhorear-se.

emprazamento *s m* (<emprazar + -mento) A(c)to ou efeito de emprazar.

emprazar *v t* (<em- + prazo + -ar¹) **1** *Dir* Convocar alguém para comparecer em tribunal ou perante uma autoridade em hora determinada/Fazer citação. **Loc.** ~ *o acusado.* ~ *testemunhas.* **2** ⇒ Fixar prazo a alguém para fazer algo/Desafiar/Intimar. **3** ⇒ Marcar encontro «fixando hora e local». **4** *Dir* Ceder o pleno uso duma propriedade por renda, enfiteuse ou aforamento/Aforar.

empreendedor, ora *adj/s* (<empreender + -dor) **1** (O) que tem por hábito tomar iniciativas de progresso/A(c)tivo/Realizador. **Comb.** O gé[ê]nio ~ dos descobridores [navegadores] portugueses. **2** ⇒ teimoso; lançado.

empreen(de)dorismo *s m* (<empreendedor + -ismo) «formar jovens para o» Gosto ou capacidade de começar novos empreendimentos. ⇒ iniciativa; pioneirismo.

empreender *v t* (<em- + lat *prehéndo,ere*: agarrar) **1** (Decidir) realizar (tarefa difícil)/ Começar/Executar. **Loc.** ~ uma travessia arriscada «do estreito Fernão de Magalhães (Argentina), no inverno». **2** ⇒ Fixar-se numa ideia/Cismar.

empreendimento *s m* (<empreender + -mento) **1** A(c)ção de proje(c)tar ou realizar uma obra grandiosa e difícil. **2** Obra/ Empresa. **Ex.** O êxito do seu ~ deve-se à sua capacidade de iniciativa e dinamismo.

empregado, a *adj/s* (<empregar) **1** Aplicado/Utilizado/Gasto. **Ex.** Os materiais ~s na construção do prédio são de ó(p)tima qualidade. O dinheiro ~ na educação dos filhos é o que costuma ter a maior rentabilidade [é o mais bem aplicado]. **Loc.** *Dar por bem ~*/empregue [Considerar ter valido a pena] «todo o dinheiro gasto com os filhos». **Comb.** *Bem ~* [Que teve a rentabilidade esperada] (Ex. Agora que acabei o curso, dou por [considero] bem ~as as horas de vigília ao longo de anos). *Mal ~!* [Exclamação de lamento perante situação injusta/anó[ô]mala ou de frustração] (Ex. Mal-~ rapaz! Com um curso superior, está na empresa a fazer de escriturário há [faz] bastante tempo. Mal-~ esforço para tentar modificar a situação, que continua na mesma/que está igual). **2** O que tem um emprego/que exerce uma função remunerada. **Ex.** O meu filho é ~, tira [recebe] um excelente ordenado ao fim do mês. A nossa firma tem muitos ~s. **Comb.** *~ de balcão* (no bar/café). *~ de escritório* (numa repartição/empresa). *~ de mesa* (no hotel/ restaurante).

empregador, ora *adj/s* (<empregar + -dor) (O) que dá emprego a alguém/que tem trabalhadores ao seu serviço. **Ex.** A entidade ~a paga uma parte importante da segurança social. **Sin.** Patrão. ⇒ dono; proprietário.

empregar *v t* (<lat *ímplico,áre*: envolver, mandar) **1** Utilizar/Usar/Ocupar. **2** Aplicar/ Gastar. **Ex.** Queria ~ grande parte da sua fortuna na construção de um grande complexo turístico. **3** Admitir/Ser admitido em emprego/Dar emprego. **Ex.** Pensa poder ~ [dar trabalho a] muita gente, criando riqueza. Quis ~-se logo que atingiu a maioridade.

emprego *s m* (<empregar) **1** Aplicação/ Utilização/Uso/Ocupação. **Ex.** O bom ~ do tempo é muito importante «na preparação do futuro de alguém». **2** Trabalho remunerado. **Loc.** Criar ~. **Comb.** Pleno ~ [Utilização na totalidade dos [de todos os] recursos humanos e materiais de uma economia]. **3** Local onde se trabalha. **Loc.** *Chegar ao ~. Entrar no ~. Ir para o ~. Sair do ~.*

empregue *adj 2g* (<empregar) ⇒ empregado.

empreita *s f* (<em- + lat *plíco,áre,atum*: dobrar) Tira de palma ou esparto para entrançar [fazer] esteiras, alcofas, ... **Comb.** ~ de pau. ⇒ cincho.

empreitada *s f* (<empreitar + -ada) **1** Obra/ Trabalho que se contrata globalmente [por

inteiro], ficando a empresa construtora a pagar aos trabalhadores, etc. **Ex.** Esta ~ exige grande qualificação técnica da empresa construtora. **Loc. Dar de ~. Tomar de ~. Comb. De ~ a)** Por contrato ou ajuste (Ex. Este pedreiro só trabalha de ~); **b)** *idi* Sem parar (Ex. Gosto de fazer tudo de ~); **c)** *idi* À pressa/Para despachar (Ex. A construção ficou mal; foi feita de ~!). **Obra de ~. Por ~. Trabalho de ~. 2** *fam* Trabalho difícil e de realização prolongada. **Ex.** Tens pela frente uma ~ de respeito até conseguires limpar essa casa, que teve obras. **3** *fam* ⇒ obra mal feita.

empreitar *v t* (<em- + preito + -ar¹) Contratar(+)/(A)justar. **Loc.** ~ o conserto [a reforma] da casa.

empreiteiro, a *adj/s* (empreitar + -eiro) **1** (O) que trabalha [faz obras] por empreitada. **Comb.** (Firma) ~a [que recruta operários para qualquer a(c)tividade] (Sin. Empresa **2** (+)). **Ant.** Trabalhador a dias. **2** ⇒ Responsável por [Dono de] empresa de construção.

emprenhar *v t* (<lat *imprégno,áre*) Tornar(-se) prenhe uma fêmea/Engravidar. **Ex.** «a vaca/égua/burra» Emprenhou [Ficou prenhe] muito nova. Emprenhou/Engravidou(+) [Ele emprenhou-a] antes do casamento. **Idi.** ~ *pelos ouvidos* [Deixar-se levar por mexericos]. ⇒ fecundar.

empresa *s f* (<empreender) **1** Empreendimento/Tarefa difícil ou ousada. **Ex.** Conquistar os mares [Chegar à Lua] parecia a alguns uma louca ~. Desistir de qualquer ~ não é com ele [Ele nunca desiste]. **Comb. ~ arriscada. ~ arrojada. 2** Organização constituída para desenvolver a(c)tividade industrial ou comercial/Firma/Companhia. **Ex.** A vida das ~s está muito difícil devido à subida de custos dos fa(c)tores de produção. **Comb. ~ agrícola. ~ comercial. ~ concessionária. ~ construtora. ~ financeira. ~ industrial. ~ privada. ~ pública. ~ de serviços. ~ teatral. ~ de transportes. Capital da ~. Criação de ~. Falência de ~. 3** Dire(c)ção dessa organização. **Ex.** Os trabalhadores vão negociar com a ~ melhores condições de trabalho.

empresar *v t* (<em- + presa + -ar¹) **1** ⇒ Reter/Deter/Represar. **2** ⇒ financiar «um artista» como empresário.

empresariado *s m* (<empresário + -ado) Conjunto dos empresários/Classe empresarial.

empresarial *adj 2g* (<empresário + -al) Referente a empresa ou a empresário. **Ex.** A vida ~ anda associada ao risco. **Comb. A(c)tividade ~. Classe ~. Entidade ~.** ⇒ empresa **2**.

empresário, a *s* (<empresa + -ário) **1** Pessoa que dirige [é dona de] uma empresa/Homem de negócios. **Comb.** ~ (do ramo) de construção civil. **2** O que empreende um negócio. **3** Pessoa que explora uma casa de espe(c)táculos [diversões]/que organiza um espe(c)táculo/que cuida dos interesses de uma celebridade. **Comb.** ~ de um cantor.

emprestadar *v t col* (<emprestar + dar) Emprestar sem esperança de restituição.

emprestador, ora *adj/s* (<emprestar + -dor) (O) que concede um empréstimo/que empresta.

emprestar *v t* (<em- + prestar) **1** Ceder por algum tempo/Confiar a alguém uma coisa que lhe deverá ser restituída. **Ex.** Tinha por hábito ~ o carro ao filho para ir ao cinema. **Loc.** ~ dinheiro a juros. **Comb.** Carro emprestado «pelo meu amigo». **2** Conferir/Dar. **Ex.** A presença daquele conjunto musical na festa veio ~-lhe uma grande animação. **3** *Br* ⇒ Tomar de empréstimo.

empréstimo *s m* (<emprestar + préstimo) **1** A(c)to de ceder temporariamente alguma coisa a outrem. **Ex.** Pedi um ~ ao banco para a compra da casa. **2** Quantia (que é) emprestada. **Ex.** O ~ ascende a algumas dezenas de milhar de euros. **3** *Gram* Ado(p)ção por uma língua de léxico pertencente a outra. **Ex.** Futebol é um ~ do inglês. **4** Terra extraída das proximidades para aterro de obra em construção. **5** *(D)esp* Cedência temporária de um jogador a outro clube.

emproado, a *adj* (<emproar) **1** Altivo/Vaidoso. **Ex.** «o namorado da minha irmã» Quando passa diante da minha casa, vai todo ~, muito direito. **2** *Náut* «embarcação» Que tem a proa orientada numa dire(c)ção determinada «oeste».

emproar *v t Náut* (<em- + proa + -ar¹) **1** Orientar a proa em determinada dire(c)ção «para o porto»/Virar a proa. **2** «barco» Ter a proa mais mergulhada «na água» do que a popa devido a carga. **3** *fig* ~-se/Ter postura altiva/Envaidecer-se.

empubescer *v int* (<em- + lat *pubésco, ere*: ganhar buço ou lanugem) **1** Chegar à puberdade/Tornar-se púbere. **2** Criar pelos. **3** ⇒ crescer; desenvolver-se; chegar à adolescência.

empulhar *v t* (<em- + pulha + -ar¹) **1** ⇒ Dirigir pulhas [mofas] a alguém/Escarnecer. **2** ⇒ Enganar/Iludir. **3** ⇒ injuriar. **4** ⇒ afrontar.

empunhar *v t* (<em- + punho + -ar¹) **1** Segurar pelo cabo/punho. **Loc.** ~ uma espada [faca/um revólver]. **2** Pegar num obje(c)to segurando-o na mão. **Ex.** Vi-o ~ uma [pegar numa] caneta. **Idi.** ~ *o bastão* [Assumir o comando militar]. ~ *o ce(p)tro* [Começar a reinar]. ~ *as rédeas do Estado* [Governar o país]. ~ *a vara* [Começar a exercer a função de juiz/magistrado].

empurra *s m* (<empurrar) Jogo infantil em que as crianças se empurram. **Comb.** *fig Jogo do ~* [Atribuir sempre a outrem [Ninguém querer assumir] a responsabilidade do que correu mal]. *Br ~-~* [Acotovelamento de pessoas que se movimentam para um mesmo local].

empurrão *s m* (<empurrar + -ão) **1** A(c)to de impelir/movimentar violentamente. **Ex.** Era muita gente, e como parece que todos tinham pressa, houve muito ~. **Loc.** «é proibido entrar na sala de aula» **Ao ~** [Aos empurrões]. **Dar um ~ a** [Empurrar] *alguém*. **Levar um ~** [Ser empurrado]. **Andar aos empurrões** [Ser constantemente maltratado]. **2** *fig* A(c)to de ajudar alguém em dificuldade. **Ex.** Sem o ~ do tio, o rapaz dificilmente conseguiria o emprego. **Loc.** Dar um ~/empurrão(zinho)/jeit(inh)o [Ajudar].

empurrar *v t* (<em- + lat *pulso,áre*: bater, ferir, abanar) **1** Dar um encontrão/empurrão. **Ex.** O miúdo desculpou-se do sucedido, dizendo que o tinham empurrado [que lhe tinham dado um (grande) empurrão]. **2** Mover/Impelir com força/Puxar para lá. **Ex.** Teve que ~ o móvel, de outro modo não conseguia apanhar o que caíra para trás. Pediu-nos para ~ o carro que não pegava, e na descida lá conseguimos pô-lo a trabalhar [funcionar]. **3** *fig* Levar alguém a tomar uma decisão. **Ex.** Bem o quiseram ~ para outro curso, mas ele resistiu e agora sente-se realizado [feliz] no que escolheu. **4** *fig* Passar para outrem uma tarefa/responsabilidade. **Ex.** Quando o caso é um pouco mais complicado, ele pensa logo ~ para mim, é certo e sabido [é a regra/eu já sei]. **5** *fig* Fazer aceitar/Impingir. **Ex.** Ele queria ~ para mim um carro em segunda mão, mas eu não fui nisso/nessa [eu não aceitei]. **6** Tentar introduzir à força. **Ex.** Empurrou, empurrou e (lá) conseguiu calçar o sapato.

empuxar *v t* (<em- + puxar) **1** ⇒ Impelir com força/Empurrar. **2** ⇒ Puxar com força em dire(c)ção a si/Atrair. **3** *fig* ⇒ Arrastar/Induzir alguém a fazer alguma coisa.

empuxo *s m* (<empuxar) **1** ⇒ A(c)to de (em)puxar/Puxão(+). **2** Força de impulsão sobre corpo imerso/Força que empurra/Impulso. **Comb.** ~ arquimediano [Força exercida sobre corpo imerso, de sentido contrário ao da gravidade]. **3** Pressão que o arco [a abóbada] exerce sobre os suportes.

emudecer *v t/int* (<em- + mudo + -ecer) **1** Perder a fala/Tornar(-se) mudo/Calar(-se). **Ex.** O susto [medo/pavor] emudeceu-o [fê-lo perder a fala/deixou-o emudecido]. **Sin.** Silenciar(-se). **2** Deixar de fazer(-se) ouvir/Extinguir(-se) o som. **Ex.** De repente a televisão emudeceu.

emudecimento *s m* (<emudecer + -mento) **1** A(c)to ou resultado de emudecer. **2** Mutismo(+)/Silêncio(o+). **Ex.** O ~ dos oprimidos facilita a manutenção da injustiça.

emulação *s f* (<lat *aemulátio,ónis*) **1** A(c)to ou resultado de emular/Sentimento que leva alguém a igualar ou superar outrem/Rivalidade. **Ex.** A ~ entre os alunos pode ser útil para alcançar a excelência. **Comb.** Espírito de ~. **Sin.** Competição; disputa. **2** *Dir* A(c)ção de exercício de direitos em que há recurso à justiça apenas para prejudicar outrem.

emulador, ora *adj/s* (<emular + -dor) **1** ⇒ é[ê]mulo(+). **2** *Info* (Diz-se de) um sistema [programa] de computação que permite executar num equipamento de geração mais recente um programa feito para outro computador.

emular *v t/int* (<lat *áemulor,ári*: competir, procurar imitar) **1** Entrar em competição/emulação/Procurar igualar ou superar outrem/Rivalizar. **Ex.** José procura ~ o irmão mais velho. **2** *Info* Simular a execução num equipamento mais recente de um programa feito para outro tipo de computador.

emulgente *adj 2g* (<lat *emúlgeo,ére,múlsum*: extrair, esvaziar) **1** *Med* Diz-se do agente que esvazia/purifica/«líquido» Que tem em suspensão uma substância oleosa em pequeníssimas partículas/Que estimula a secreção urinária/biliar. **Sin.** Emulsionante. **2** *Anat* Diz-se dos vasos que levam o sangue de/para os rins. **Comb.** Artéria [Veia] renal ~.

êmulo, a [*Br* **êmulo**] *adj/s* (<lat *áemulus*) (O) que procura igualar [suplantar] outrem/Que tem emulação/(O) que rivaliza/compete com outrem. **Ex.** Camões foi ~ de Homero e de Virgílio. **Sin.** Competidor; rival.

emulsão *s f* (⇒ emulgente) Composto líquido de mais de uma substância. **Comb.** ~ fotográfica [Película gelatinosa com finas partículas de sais de prata, sensíveis à luz].

emulsionante *adj/s* (<emulsionar + -(a)nte) (Agente) que emulsiona.

emulsionar *v t* (<emulsão + -ar¹) Fazer a mistura de substância oleosa/resinosa com água ou outro líquido/Fazer a emulsão.

emulsivo, a *adj* (<emulsão + -ivo) **1** «substância» Que contém óleo que se pode extrair sob pressão. **Comb.** Grão ~. **2** *Quím* Que facilita a dispersão de um líquido noutro/Estabilizante de emulsões. **3** «substância» Que pode sofrer [tomar o estado de] emulsão.

emurchecer v t/int (<em- + murcho + -ecer) 1 Tornar/Ficar murcho. Sin. Murchar(+). 2 Perder o viço/a frescura/o vigor. Sin. Enfraquecer(+); definhar(o+). 3 fig ⇒ (Fazer) perder a alegria/Ficar murcho/Entristecer.

emurchecimento s m (<emurchecer + -mento) A(c)to ou resultado de emurchecer.

en- pref (<lat in-: em, para) ⇒ em-.

ena interj col (<eia/eis + não é?) Exclamação que exprime entusiasmo/surpresa/alegria. Ex. ~! Que lindo carro! ~! Como conseguiste essa façanha? ~ pá! O «disparate» que tu fizeste! «vais ser castigado».

-ena suf (<lat deceni,ae,a: (grupo de) dez) Indica cole(c)tivo numeral (⇒ cent~; vint~; dez~; nov~; quarent~). ⇒ -eno.

enaipar v t (<en- + naipe + -ar¹) 1 Ordenar as cartas do baralho por naipes. 2 fig ⇒ Acamaradar.

enálage s f Gram (<gr enallagé: ordem inversa, troca) Transposição da função gramatical própria dum elemento para outro/Mudança na ordem natural na construção da frase. Ex. Na frase "Breve eu vou aí" temos dois casos de ~: o adje(c)tivo funciona como advérbio e a forma verbal de presente substitui o futuro, equivalendo a "Eu irei aí brevemente". ⇒ hipálage.

enaltecedor, ora adj/s (<enaltecer + -dor) (O) que enaltece. Comb. A(c)ção [Vitória] ~ora de quem a praticou [obteve].

enaltecer v t (<en- + alto + -ecer) 1 Tornar elevado/alto. Ex. A luta pela liberdade enaltece um povo. Enalteceu-se [Ficou enaltecido] com a vitória. 2 fig Exaltar/Enobrecer/Elogiar. Ex. Como tinha o sentido da justiça, costumava ~ a vitória do adversário quando era merecida.

enaltecimento s m (<enaltecer + -mento) A(c)to ou resultado de enaltecer/Elogio. Ex. O ~ das qualidades do rapaz pelo professor foi um bom contributo para ele ganhar a bolsa (de estudo).

enamorado, a adj/s (<enamorar) 1 (O) que se deixou prender de amor/Apaixonado. Ex. Estão ~s um do outro. Os ~s desejam, mais que tudo, estar um com o outro. Sin. Enfeitiçado. ⇒ namorado. 2 ⇒ Que transmite e inspira amor/Amoroso.

enamoramento s m (<enamorar + -mento) A(c)to ou resultado de enamorar(-se)/apaixonar(-se). Ex. O ~ é por vezes um processo rápido, muitas vezes denunciado pela força e luminosidade do olhar.

enamorar v t (<en- + amor + -ar¹) 1 Apaixonar(-se)/Encantar(-se). Ex. Enamorei-me dela [Fiquei enamorado por ela] quando a vi. 2 Inspirar/Sentir amor ou paixão. Ex. A primavera enamora os poetas.

enantema s m Med (<en- + gr ánthema: inflorescência) Mancha vermelha/Erupção nas mucosas, sobretudo na parte interior das bochechas e da garganta.

enantiopatia s f Med (<enanto + -patia) 1 Doença que anula os sinais ou sintomas de outra doença. 2 Tratamento com antídotos.

enanto/e s 2g Bot (<gr oinánthe: flor da videira) Nome de várias plantas umbelíferas, entre elas a videira brava.

energia s f Liter (<gr enárgeia: clareza <argós: claro, brilhante) Representação de um obje(c)to no discurso de uma forma tão viva ao leitor é levado quase a ver o que se descreve.

enarmonia s f Mús (<en- + harmonia) 1 Terceiro gé[ê]nero de música na Antiguidade, em que havia uma sucessão melódica de sons com intervalos de um quarto de tom. 2 Substituição de uma ou mais notas de um acorde por outra(s) de nome diferente, mas que corresponde(m) ao mesmo som.

enartrose s f Anat (<gr enárthrosis: a(c)ção de articular) Articulação móvel em que há uma extremidade óssea arredondada.

enastrar v t (en- + nastro + -ar¹) 1 Atar com nastro. Loc. ~ o(s) cabelo(s). Loc. ~[Pôr/Colocar]-lhe uma grinalda (de flores). 2 Enfeitar um nastro/uma fita. 3 ⇒ Entrelaçar/Entrançar/Entretecer.

-ença suf (<lat -entia) Ocorre em substantivos de origem verbal e significa a(c)ção ou estado; ⇒ cr~; nasc~. Sin. -ência.

encabar v t (<en- + cabo + -ar¹) 1 Pôr o cabo. Ex. Às vezes tenho necessidade de ~ uma enxada ou um machado. Ant. Desencabar. 2 Fazer um cabo (Cordão) «de cebolas». ⇒ encambar.

encabeçado, a adj (<encabeçar) 1 Que tem cabeça. Comb. Prego ~. Trigo [Arroz] ~/grado/espigado. 2 Colocado à cabeça/à frente/Dirigido/Começado/Aberto/Presidido. Ex. A manifestação ia ~a por figuras gradas [importantes] dos partidos de esquerda.

encabeçamento s m (<encabeçar + -mento) 1 A(c)to ou resultado de encabeçar. 2 ⇒ Início de um escrito/Exórdio. 3 ⇒ Gravura ao alto da página inicial de livro/capítulo/Cabeçalho. 4 ⇒ A(c)to de recensear contribuintes/Lançamento.

encabeçar v t/int (<en- + cabeça + -ar¹) 1 Estar à frente/ao cimo/à cabeça. Ex. Este ciclista tem vindo a ~ a classificação geral [vindo sempre à cabeça/frente] da Volta, envergando a camisola amarela. Alguns líderes políticos abriam [vieram ~] o desfile contra o terrorismo. Ex. A assinatura dele encabeçava o abaixo-assinado. 2 Começar/Abrir. Loc. ~ uma conversa. 3 Ser o mentor [impulsionador]/Chefiar. Ex. Ele orgulha-se de ~ o movimento a favor de maior justiça social. Loc. ~ uma rebelião. Sin. Dirigir. 4 Unir duas coisas «tábuas/panos» pelos topos. 5 Tip Pôr o título num escrito. 6 Hist Tornar cabeça de morgadio «terreno ou prédio». 7 Dir Num prédio indiviso dar a um dos proprietários a posse, tendo os outros direito a uma quota-parte na renda. 8 ⇒ Meter na cabeça/Convencer(-se). 9 ⇒ «terreno» confinar(+) «no [com o] caminho».

encabelar v t/int (<en- + cabelo + -ar¹) 1 ⇒ Criar cabelo novo ou penugem. 2 ⇒ Pôr cabelo em.

encabrestar v t (<en- + cabresto + -ar¹) 1 Pôr o cabresto (+) «a animal». 2 fig ⇒ Subjugar/Dominar. 3 ⇒ Conduzir touros bravos com a ajuda de alguns mansos a servir de guia.

encabritar v t/int (<en- + cabr(it)a + -ar¹) 1 «o animal» Erguer-se sobre as patas traseiras/Empinar-se(+)/Alçar-se. 2 Trepar(+). Sin. Encar(r)apitar-se; empoleirar-se. 3 fig ⇒ Enfurecer-se/Zangar-se.

encabulado, a adj/s (<encabular) 1 (O) que é acanhado/atrapalhado/envergonhado. Loc. Ficar (todo) ~. Sin. Tímido(+). 2 ⇒ zangado; amuado.

encabular v t/int (<en- + cábula: Br constante má sorte + -ar¹) 1 Envergonhar-se/Acanhar-se. Loc. ~(-se) diante do professor. 2 ⇒ Dar azar. 3 ⇒ Preocupar/Inquietar. 4 ⇒ Irritar-se/Amuar.

encachaçar v t Br (<en- + cachaça + -ar¹) 1 Embebedar(-se) com cachaça ou aguardente. 2 Ficar encantado ou apaixonar-se por alguém.

encachar v t (<en- + cachar) Cobrir o corpo com encacho/tanga.

encachoeirar v t (<en- + cachoeira + -ar¹) 1 «rio» Formar cachão/cachoeira. 2 fig Ficar revolto como cachoeira. Comb. Lindos cabelos encachoeirados [em cachoeira].

encacholar v t (<en- + cachola + -ar¹) ⇒ Meter na cachola/cabeça/Aprender/Decorar.

encadeado, a adj (<encadear) 1 «catálogo/livro/cão» (Que está preso) com cadeia (+). Sin. Acorrentado. 2 ⇒ Que está disposto em cadeia/em série. 3 Que está ordenado logicamente. Comb. Ideias [Provas] bem ~as/concatenadas. 4 Liter Diz-se da rima em que o final do verso se combina com palavra do verso seguinte.

encadeamento s m (<encadear + -mento) 1 A(c)to ou resultado de ligar/encadear. 2 Apresentação em sequência lógica. Ex. Um corre(c)to ~ das ideias no discurso é condição para se conseguir persuadir o auditório. Sin. Concatenação; conexão; ordenação. 3 Liter Repetição de rima [palavra/frase] no verso ou estrofe seguinte. 4 Mús Sequência lógica de acordes/Junção de dois ou mais trechos em composição de vários andamentos.

encadear v t (<en- + cadeia + -ar¹) 1 Ligar [Prender] por cadeia/corrente/cadeado. Sin. Acorrentar. 2 Fazer uma cadeia/corrente ligando elos. Ex. fig Os montes encadeavam-se até perder de vista. Loc. ~ argolas umas nas outras. 3 ⇒ Cativar/Sujeitar/Encarcerar. 4 Ordenar em sequência lógica. Loc. ~ [Concatenar(+)] as ideias «do discurso/do livro». 5 ~-se/Aparecer em sequência. Ex. Os fa(c)tos que têm vindo a acontecer [a lume] parecem ~-se de modo surpreendente, quem diria [, é muito estranho].

encadernação s f (<encadernar + -ção) 1 A(c)ção de encadernar. ⇒ brochura. 2 Capa de um livro. Ex. O teu livro tem uma bela ~. 3 Oficina/Local onde se encaderna. Ex. Esse livro ainda está na ~, mas deve sair para as livrarias no próximo mês. 4 Gír Vestimenta/Traje. Ex. Em muita gente, uma boa ~ nem sempre é sinal seguro de riqueza. Sin. Fatiota.

encadernador, ora adj/s (<encadernar + -dor) (O) que encaderna/que trabalha em oficina de encadernação. Comb. Máquina ~a.

encadernar v t (<en- + caderno + -ar¹) 1 Coser/Ligar os cadernos ou as folhas de um livro e pôr-lhe capa. 2 fam ⇒ Vestir/Trajar.

encafifar v t Br (<en- + ...) 1 Envergonhar-se/Acanhar-se. Ex. Encafifava-o o ter de cobrar a dívida ao amigo. 2 ⇒ desgostar(-se)/contrariar(-se). 3 ⇒ Não obter êxito/Falhar.

encafuar v t (<en- + cafua + -ar¹) Entrar em cafua/Esconder-se. Ex. Ele parece bicho do mato, quando chega ao logo ~-se no quarto [seu cubículo] e ninguém lhe põe a vista em cima [ninguém (mais) o vê]. Sin. Encafurnar.

encafurnar v t (<en- + (ca)furna + -ar¹) ⇒ encafuar(+).

encaiporar v t Br (<en- + caipora + -ar¹) 1 ⇒ Tornar(-se) caipora/infeliz/azarento. 2 ⇒ Ficar aborrecido/Chatear-se.

encaixar v t/int (<en- + caixa + -ar¹) 1 Colocar [Meter] «joias» em caixa (+). ⇒ encaixotar. 2 Juntar por encaixe/Ajustar. Ex. Consegui ~ bem as duas peças «do brinquedo/mecanismo», ficou perfeito. 3 Meter em espaço restrito/embutir. 4 Inserir(-se) «entre outras pessoas/coisas». Ex. Contra o que cheguei a temer, o meu filho acabou por ~(-se) bem na nova turma e está muito contente. 5 Integrar-se de forma coerente. Ex. Essa iniciativa encaixa perfeitamente no nosso plano

global. **6** *fig* Arranjar emprego. **Ex.** Como tinha um amigo influente no banco, não foi difícil ~ lá o filho.
7 *(D)esp* «o guarda-redes [*Br* goleiro]» Segurar bem a bola vinda de remate. **Ex.** O remate foi violento e quase à queima-roupa, mas ele conseguiu ~ muito bem. **8** *fam* Ficar a saber bem/Meter na cabeça. **Loc.** ~ todas as datas «da História de Portugal». **9** *fam* Aceitar de bom grado «uma crítica». **Ex.** A superioridade do seu cará(c)ter também se manifestava na elegância [no *fair play*] com que costumava ~ qualquer reparo/crítica, sempre com um sorriso.

encaixe *s m* (<encaixar) **1** A(c)to ou resultado de encaixar. **2** Concavidade ou espaço destinado a receber uma outra parte saliente que se lhe ajusta. **3** Ponto de junção/união. **4** Colocação de pessoa/coisa. **Ex.** O ~ do filho do amigo do patrão nos quadros da empresa é a novidade do dia. **5** *(D)esp* A(c)to de o guarda-redes [*Br* goleiro] segurar bem a bola rematada. **6** *Econ* Dinheiro em caixa. **7** *Econ* Saldo de que o depositante pode dispor imediatamente. **Comb.** ~ metálico [Ouro ou outro metal precioso convertível em moeda que serve de garantia à circulação das notas de banco]. **8** *Tip* Conjunto de sulcos nas laterais da lombada para encaixar o papelão da capa. **9** Aceitação «de uma crítica». **Ex.** O ~ das críticas, ainda que nem sempre justificadas, é uma qualidade de quem chefia.

encaixilhar *v t* (<en- + caixilho + -ar¹) Meter em caixilho/moldura. **Sin.** Emoldurar.

encaixotar *v t* (<en- + caixote + -ar¹) **1** Meter «pratos/livros» dentro de caixote. ⇒ encaixar 1. **2** *pop* ⇒ Enterrar/Sepultar.

encalacrar *v t* (<en- + calacre + -ar¹) **1** Meter(-se) em empreendimento ruinoso. **Ex.** Abriu novo negócio mas encalacrou-se. **Sin.** Endividar-se. **2** Meter(-se) em dificuldades/apuros/Encravar/Entalar(+). **Ex.** Não pôde pagar o empréstimo e entalou[encalacrou]-se (, coitado!).

encalçar *v t* (<*lat incálcio,áre* <*calx,cálcis*: calcanhar) ⇒ Seguir o rasto de/Ir no encalço de/Acossar/Perseguir.

encalço *s m* (<encalçar) A(c)to de seguir de perto alguém ou alguma coisa que se afasta. **Loc.** Ir no ~ de [Perseguir] «foragido/ladrão/urso». **Sin.** Peugada; pista; rasto.

encaldeirar *v t* (<en- + caldeira + -ar¹) **1** *Agr* Fazer uma cova para juntar água «junto a uma planta». **2** ⇒ Meter «água» em caldeira.

encalecer *v int* (<en- + calo + -ecer) Criar calo. **Sin.** Calejar(+).

encaleirar *v t* (<en- + caleira + -ar¹) Encaminhar (a água) através de caleira/sulco.

encalhar *v t/int* (<en- + calha + -ar¹) **1** «embarcação» Assentar a quilha no fundo/num obstáculo. **Ex.** O navio desviou-se do corredor de entrada do porto e veio a ~ num banco de areia. **2** *fig* Ficar impedido de prosseguir/Ficar parado a meio do percurso. **Ex.** O negócio estava a ir às mil maravilhas [muito bem], mas aconteceu um contratempo grave e acabou por ~. **3** Não ter continuidade/Ficar embaraçado. **Ex.** O processo de licenciamento da empresa encalhou naquela repartição e não há meio [maneira] de andar. O proje(c)to encalhou [parou]. **4** Não estar a ter procura/venda. **Ex.** Como a moda mudou muito, essa mercadoria está encalhada no armazém. **5** *fam* Não casar/Ficar solteira. **Ex.** A moça parece (ter ficado) encalhada e, penso, [e penso que] não se livra de *idi* ficar para tia. **6** *pop* ⇒ Ter prisão de ventre.

encalhe/o *s m* (<encalhar) **1** A(c)to ou resultado de «a embarcação» encalhar. **2** Impedimento [Obstrução] à continuidade. **Ex.** O ~ do processo judicial era de prever. **Sin.** Imobilização; paragem. **3** ⇒ Conjunto de mercadorias que não se vendem por falta de procura. **4** *Br* ⇒ Conjunto de publicações devolvidas ao editor por não terem sido vendidas.

encalistar *v t* (<en- + calisto + -ar¹) **1** ⇒ Dar azar «no jogo»/Ser de mau agou[oi]ro/Encaiporar. **2** ⇒ Embirrar/Encabular/Obstinar-se.

encalmar *v t/int* (<en- + calma + -ar¹) **1** ⇒ acalmar(+). **2** ⇒ irritar. **3** ⇒ aquecer. **4** ⇒ Diminuir de intensidade/Abrandar. **5** ⇒ ser calorento.

encalvecer *v int* (<en- + calvo + -ecer) **1** ⇒ Perder cabelo/Ficar calvo (+). **2** *fig* ⇒ «terreno» Perder vegetação.

encamar *v t/int* (<en- + cama + -ar¹) **1** Dispor em camadas. **2** Cair de cama (+) [Ficar acamado] por doença. **Sin.** Acamar(+).

encambar *v t* (<en- + cambo + -ar¹) **1** Enfiar/Segurar/Ligar num cambo. **Loc.** ~ [Encabar(+)] cebolas [peixes]. **2** ⇒ entrançar. **3** ⇒ entortar para o lado.

encamboar *v t* (<en- + camb(ã)o + -ar¹) **1** ⇒ Prender/Amarrar animal ao cambão/a uma estaca. **2** ⇒ Encangar/Jungir.

encambulhar *v t* (<en- + cambulha + -ar¹) ⇒ encambar «enguias».

encaminhado, a *adj* (<encaminhar) Que tomou um rumo/Que se encaminhou. **Comb.** «moço/assunto» **Bem ~**. **Mal ~**. **Meio ~** [Que, com as diligências já feitas, tem razoáveis perspe(c)tivas de chegar a bom termo].

encaminhamento *s m* (<encaminhar + -mento) A(c)to de encaminhar. **Comb.** O ~ do processo [aluno/filho/proje(c)to].

encaminhar *v t* (<en- + caminho + -ar¹) **1** Indicar o caminho/Orientar. **Ex.** A estrela de Belém encaminhou [guiou(+)] os três reis magos. **2** Dirigir(-se) para um local. **Ex.** Encaminhou-se para o parque de estacionamento. **3** Fazer que algo/alguém avance ou tome determinado rumo. **Ex.** Tratei de ~ o processo para que o despacho final ocorra dentro de pouco tempo. Procurei ~ o rapaz para o curso que me parecia mais ajustado para ele. **4** Aconselhar para o bem. **Ex.** ~ os jovens para uma vida generosa é tarefa do educador. **5** ~se (para bem)/Tender para determinado fim. **Ex.** Tudo parece ~se [estar bem encaminhado] para que tenhamos muito em breve esse subsídio para a construção do campo de jogos.

encamisada *s f* (<encamisar) **1** Grupo de pessoas disfarçadas com longas vestes (e máscaras)/Mascarada(+). **2** Assalto no(c)turno feito por essas pessoas. **3** Situação complicada.

encamisar *v t* (<en- + camisa + -ar¹) **1** Vestir uma camisa (+). **2** Cobrir/Revestir/Tapar para prote(c)ção. **Sin.** Envolver. **3** *Mec* Revestir interiormente cilindros de motor de explosão.

encampar *v t* (<en- + campo + -ar¹) **1** Restituir/Devolver um bem/uma propriedade, pondo fim a um contrato, por lesão de interesses. **2** ⇒ expropriar. **3** Desfazer-se de [Trocar/Oferecer] um bem a qualquer título. **4** Ceder por venda ou outro ajuste, com prejuízo do adquirente/Impingir(+). **5** Encobrir/Esconder a verdade/realidade.

encanado, a *adj* (<encanar) **1** Conduzido em cano. **Comb.** Água ~a. **2** *Br* ⇒ preso/encarcerado. **3** ⇒ engessado. **4** *s Br* Troço [parte] dum rio que bruscamente se estreita.

encanador *s m Br* (<encanar + -dor) O que instala canos/tubagens. **Sin.** Canalizador(+); picheleiro(+).

encanamento *s m* (<encanar + -mento) A(c)to ou resultado de encanar. ⇒ Canalização.

encanar¹ *v t* (<en- + cano + -ar¹) **1** Conduzir através de um cano ou conduta/Canalizar(+). **Loc.** ~ a água/os esgotos/o gás. **Idi.** ~ **as águas** [Organizar tudo para alcançar um obje(c)tivo]. **2** *Arquit* ⇒ Fazer estrias «numa coluna»; estriar.

encanar² *v t/int* (<en- + cana + -ar¹) **1** Proteger o osso fra(c)turado com uma tala/cana. **Ex.** No hospital tiveram de ~-lhe o braço. **Idi.** ~ **a perna à rã** [Adiar a resolução duma questão para ganhar tempo]. ⇒ engessar. **2** Tomar a forma de [Ganhar] cana. **Ex.** O trigo [milho] já encanou. **3** *Br* Pôr na cadeia/Encarcerar. **Sin.** *pop* Engavetar.

encanastrado, a *adj/s m* (<encanastrar) «tecido» Entrançado/Entrelaçado como as vergas da canastra.

encanastrar *v t* (<en- + canastra + -ar¹) **1** Meter «sardinha» em canastra. **2** ⇒ Entrançar(+)/Entrelaçar. **3** *gír* ⇒ «a(c)tor» Perder qualidade na representação/Tornar-se canastrão/Acanastrar.

encancerar *v int* (<en- + câncer + -ar¹) Tornar-se canceroso(+)/Criar cancro(o+). ⇒ gangrenar; apodrecer.

encandeamento *s m* (<encandear + -mento) A(c)to ou efeito de encandear. **Ex.** Pensa-se que a causa do acidente foi o ~ do motorista provocado por um carro que vinha de frente com os (faróis) máximos ligados/acesos.

encandear *v t/int* (<en- + candeia/o + -ar¹) **1** Perturbar a visão devido a luz demasiado intensa. **2** Ofuscar «o peixe» com o candeio. **3** *fig* Deslumbrar/Fascinar/Encantar. **Ex.** Ele [A sua voz de profeta] encandeia os ouvintes.

encandilar *v t/int* (<en- + cândi/cande + -ar¹) **1** Tornar(-se) cândi/caramelo «o açúcar»/Cristalizar(+). **2** ⇒ Apurar(-se)/Aperfeiçoar(-se).

encanecer *v t/int* (<en- + cã + -ecer) **1** Tornar(-se) branco/grisalho «o cabelo»/Criar cãs/Embranquecer. **2** *fig* ⇒ Adquirir experiência/Envelhecer.

encanecido, a *adj* (<encanecer) **1** Que tem o cabelo branco [grisalho]/Que tem cãs. **Comb.** Barba ~a. Cabelo ~. **2** ⇒ Envelhecido/Antigo. **3** ⇒ Experiente.

encanelar *v t* (<en- + canela + -ar¹) ⇒ Enrolar «o fio» em canela/Fazer um novelo.

encangalhar *v t* (<en- + cangalha + -ar¹) **1** ⇒ Colocar [Pôr] as cangalhas (+) «em animal». **2** ⇒ Pôr em cangalhas. **3** *depr* ⇒ Amarrar[Unir]-se a alguém.

encangar *v t* (<en- + canga + -ar¹) **1** Pôr o jugo/a canga aos bois/Jungir. **2** *fig* ⇒ Submeter/Sujeitar.

encantado, a *adj/s m* (<encantar) **1** Que foi obje(c)to de encantamento/Enfeitiçado. **Comb.** Castelo ~. Floresta ~. Palácio ~. Príncipe ~. Princesa ~a. **2** ⇒ Muito contente/Maravilhado/Fascinado. **Ex.** Fiquei ~ com as cataratas do (rio) Iguaçú, *Br*. **3** *s m Br* Qualquer ser que indígenas e caboclos julgam animado de forças mágicas.

encantador, ora *adj/s* (<encantar + -dor) **1** Que encanta/Maravilhoso/Deslumbrante. **Comb.** Pessoa [Paisagem] ~a. **2** Feiticeiro/Bruxo/Mágico. **Comb.** ~ «indiano» de serpentes/cobras(+).

encantamento *s m* (<encantar + -mento) **1** A(c)to ou resultado de encantar(-se). **2** ⇒ feitiço; bruxaria. **3** Deslumbramento/Fascínio. **Ex.** Aquela paisagem arrebata-

encantar

dora produziu nele um ~ que nunca mais esqueceu [mais o deixou].
encantar *v t* (<lat *incánto,áre,tátum*) **1** Submeter a encantamento/feitiço/magia/Enfeitiçar. **Ex.** A feiticeira [bruxa] encantou a princesa. **2** Tornar(-se) invisível/Desaparecer. **Ex.** Que é feito dele [Onde está ele]? Encantou-se? **Ant.** Desencantar. **3** Maravilhar(-se)/Fascinar(-se)/Deslumbrar(-se). **Ex.** A a(c)tuação do cantor encantava os espe(c)tadores. **4** Sentir grande agrado/prazer. **Ex.** A boa notícia encantou (toda) a família. Encantou-me a ideia de poder vir a usufruir de uma bolsa de estudo no estrangeiro.
encantatório, a *adj* (<encantar + -tório) **1** Que supostamente tem poderes mágicos. **Comb.** Rito ~. **2** Que fascina/Que deslumbra. **Ex.** O drible daquele futebolista tem algo de ~, capaz de fazer levantar um estádio [de arrebatar a multidão nas bancadas].
encanteirar *v t* (<en- + canteiro + -ar¹) **1** Pôr/Plantar em canteiro¹. **2** Fazer [Dividir em] canteiros¹. **3** Pôr [Colocar] «pipa/tonel/barril» em canteiros²/poiais. **4** *Náut* Colocar sobre calços [canteiros²] a embarcação.
encanto *s m* (<encantar) **1** Pessoa/Coisa que agrada muito. **Ex.** Aquele meu neto é um ~. Esta [A sua] casa é um ~. **2** Fascínio/Deslumbramento. **Ex.** O aspe(c)to idílico da quinta produziu nele um ~ difícil de igualar. **Comb.** «paisagem» *De ~/sonho* [Que deslumbra]. **3** Poder mágico/Feitiço. **Comb.** *Como por ~* [De repente e sem se saber como] (Ex. Estávamos ali entretidos a conversar e, como por ~, o miúdo sumiu-se).
encantoar *v t* (<en- + canto + -ar¹) ⇒ Meter(-se) num canto(+)/Isolar(-se) do convívio social/Retirar-se.
encanudar *v t* (<en- + canudo + -ar¹) **1** Dar forma de canudo [cilindro]/Encaracolar. **Ex.** Gostava da tarefa de ~ os cabelos. **Comb.** Golas [Rendas] encanudadas. Papel [Cartão] encanudado [canelado(+)]. **2** Meter em canudo. **Ex.** O meu pai encanudou o seu diploma de licenciatura. A moça encanudou [calçou/enfiou] as meias.
encanzinar *v t* (<en- + cão + z + -inar) **1** ⇒ Irritar(-se)/Zangar-se/Arreliar/(-se). **2** ⇒ Teimar/Obstinar-se.
encapar *v t* (<en- + capa + -ar¹) **1** Pôr a capa (+). **Loc.** ~ *o livro*. ~ *o* [Pôr uma capa (+) ao] *menino*. ~ *o sofá*. **Comb.** Livro encapado. **2** ⇒ Esconder/Encobrir. **3** ⇒ Disfarçar. ⇒ encapuzar.
encapelado, a *adj* (<encapelar) **1** Agitado/Revolto. **Ex.** Como o mar estava ~, os pescadores passaram (por) momentos difíceis. **2** «doutor» Que tem capelo na cabeça.
encapelar *v t* (<en- + capelo + -ar¹) **1** «o mar» Tornar(-se) agitado/Encrespar(-se). **2** *Náut* Passar a extremidade de cabo fixo em mastro/verga, ... **3** ⇒ Conceder ou receber o capelo (+)/Doutorar(-se)(+).
encapotar *v t* (<en- + capote + -ar¹) **1** Cobrir com [Pôr o] capote. **2** ⇒ Ocultar/Disfarçar. **3** «o cavalo» Curvar o pescoço com elegância, encostando o focinho ao peito.
encaprichar-se *v t* (<en- + capricho + -ar¹) Encher-se de brio/capricho.
encapuchar *v t* (<en- + capucho + -ar¹) Cobrir(-se) com capucha/capucho. **Comb.** Frade encapuchado. **Sin.** Embiocar. ⇒ encapuzar.
encapuzar *v t* (<en- + capuz + -ar¹) Cobrir com [Pôr] um capuz. **Comb.** Assaltante [Ladrão] encapuzado.

encaracolar *v t/int* (<en- + caracol + -ar¹) Dar [Tomar] forma de caracol/Enrolar-se em espiral. **Comb.** Cabelo encaracolado [com/aos caracóis].
encarado, a *adj* (<encarar) **1** Examinado/Visto/Considerado. **Ex.** Das várias hipóteses ~as, (aquela) era a mais provável. **Comb.** Assunto ~ do ponto de vista educativo [médico]. **2** «pessoa» Com determinado aspe(c)to da face ou semblante. **Comb.** *Bem ~* **a)** Com semblante agradável; **b)** Com aspe(c)to saudável; **c)** Que está de bom humor. *Mal ~* **a)** De aparência desagradável ou suspeita/Mau/Carrancudo (Ex. Ele é um mal-~!); **b)** Com aspe(c)to doentio; **c)** Que está de mau humor.
encaramelar *v t/int* (<en- + caramelo + -ar¹) **1** «a calda» Adquirir a consistência do caramelo/Solidificar. **2** ⇒ Coagular/Congelar.
encaramujar *v t* (<en- + caramujo + -ar¹) **1** Encolher-se como o caramujo na concha. **2** *fig* Ficar deprimido/~-se/Retrair-se.
encarangar [encaranguejar] *v t/int* (<en- + carango/caranguejo + -ar¹) **1** Ficar tolhido de movimentos por reumatismo ou pelo frio/Paralisar/Entrevar. **2** Sofrer de achaques/Andar sempre adoentado. **3** Ficar raquítico.
encarapinhar *v t/int* (<en- + carapinha + -ar¹) **1** «cabelo» Fazer carapinha/Encrespar. **2** «sorvete» Começar a solidificar/Congelar. **3** «o leite» Coalhar/Talhar. **Sin.** Coagular(+).
encarapuçar *v t* (<en- + carapuça + -ar¹) Cobrir(-se) com/Pôr carapuça.
encarar *v t* (<en- + cara + -ar¹) **1** Olhar de frente [nos olhos]/Fitar. **Ex.** Depois do (mal) que me fez não sou capaz de o ~. **2** Aceitar o desafio/Fazer frente a/Enfrentar. **Ex.** Entendeu ser possível ~ a situação com a maior serenidade. **Loc.** ~ *o* [Não fugir diante do] *perigo*. **3** Encontrar de repente ou de forma inesperada. **Ex.** Ao entrar no café, encarou com a moça do baile da véspera e sentiu um estremeção. **Sin.** *fam* Dar de caras com. **4** Examinar/Analisar/Considerar. **Ex.** Encarou [Admitiu/Considerou] a hipótese de ir mais cedo para férias.
encarcerar *v t* (<en- + cárcere + -ar¹) **1** Meter em cárcere/cadeia. **Sin.** Prender. **2** Isolar do convívio social/Enclausurar.
encardir *v t/int* (< en- + card(in)a + -ir) **1** Encher de cardina/Sujar. **2** «a roupa» Adquirir cor acinzentada/amarelada por deficiente lavagem ou por a(c)ção do tempo. **Ex.** Antes não havia como [Antes o melhor era] uma barrela para tratar a roupa encardida. **3** Deixar/Ficar mal lavado. **4** Perder o viço. **Comb.** Pele encardida «das mãos».
encarecer *v t/int* (<en- + caro + -ecer) **1** Aumentar de preço/Tornar(-se) caro. **Ex.** Os derivados do petróleo têm vindo a ~. O pão encareceu [subiu]. **2** *fig* Enaltecer/Elogiar. **Loc.** ~ *o esforço* [a aplicação (ao estudo] *dos alunos*. **3** Exagerar na descrição/Sublinhar. **Loc.** ~ *as dificuldades de um trabalho*. ~ *os próprios méritos*. **4** Mostrar grande empenho/insistência. **Ex.** Encarecia a [Insistia na] necessidade de fazer a reforma «da casa/do programa».
encarecidamente *adv* (<encarecido + -mente) Com grande empenho/insistência/interesse. **Ex.** Pediu ~ ao colega que lhe desse o endereço dos amigos que tinham conhecido no festival.
encarecido, a *adj* (<encarecer) **1** Que subiu de preço. **2** Louvado/Elogiado. **3** Valorizado/Recomendado com empenho.
encarecimento *s m* (<encarecer + -mento) **1** A(c)to ou resultado de encarecer. **2** Aumento de preço. **3** A(c)to de enalte-

cer/elogiar. **4** ⇒ Interesse/Empenho. **5** ⇒ exagero.
encargar *v t* (<en- + carga/o + -ar¹) ⇒ encarregar(+) «da administração».
encargo *s m* (<encargar) **1** A(c)to de encarregar(-se)/Incumbência/Responsabilidade. **Ex.** Fiquei com [Recebi/Tenho] o ~ de lavar a loiça. **Comb.** *Dir ~ de família* [Responsabilidade de dirigir material e moralmente a família]. **2** ⇒ Cargo/Função. **3** Obrigação/Dever/Compromisso. **Comb.** *Caderno de ~s* [Conjunto de regras/cláusulas a respeitar pelo empreiteiro na execução de uma obra]. **4** Tarefa difícil/Peso/Fardo. **Ex.** Educar crianças difíceis é ~ [tarefa] que poucos desejam. **5** Imposto/Tributo. **Comb.** ~s sociais [Contributo obrigatório das empresas para a constituição de fundos de apoio social aos empregados]. **6** *fig* Remorso/Peso. **Comb.** ~ de consciência.
encarna/e *s f* (<encarnar) **1** ⇒ Engaste/Encaixe. **2** *Br* ⇒ Escavação/Depressão «de terreno».
encarnação *s f* (<lat *incarnátio,ónis*) **1** A(c)to ou resultado de encarnar/de fazer-se homem. **Ex.** Há quem pense que nós podemos ter várias ~ções. **2** A(c)to de «estátua/imagem pintada» tomar a cor ou o aspe(c)to de carne. **3** *Crist* A(c)to de o Filho de Deus, Jesus Cristo, assumir a natureza [carne] humana. **Comb.** Mistério da E[l]ncarnação. **4** Concretização [Modelo perfeito/Figuração/Personificação] de conceito/ideal/qualidade. **Ex.** Pode dizer-se que a princesa [a minha mãe] era a ~ da bondade.
encarnado, a *adj* (<lat *incarnátus*) **1** Que encarnou. **Ex.** Os cristãos acreditam que Jesus Cristo é o Filho de Deus ~. **Comb.** Verbo ~ [Cristo]. **2** (O) que tem a cor da carne viva ou do sangue/Vermelho. **Ex.** Gostava muito do ~ [vermelho/da cor ~a]. **Comb.** *(D)esp Cartão ~*/vermelho(+) [Símbolo que, exibido a um jogador pelo árbitro, lhe indica que é expulso do jogo por infra(c)ção grave]. *Cor ~a*. *Rosa ~a*/vermelha. **3** Que, sendo algo abstra(c)to, se concretizou. **Ex.** O meu professor era a simpatia ~a [simpatia em pessoa].
encarnar *v t/int* (<lat *incarno,áre;* ⇒ carne) **1** Fazer-se carne/Tornar-se homem. **Ex.** O Verbo Divino [A segunda pessoa da Santíssima Trindade] encarnou e habitou entre nós. **2** Criar [Ganhar] carne/Cicatrizar. ⇒ engordar. **3** *fig* Personificar(+). ⇒ encarnado **3**. **4** *Cine/Teat* Representar [Fazer o papel de] um personagem. **Loc.** ~ [Representar(+)] *Hamlet*. **5** *Arte* Imitar a cor da carne humana «em figuras/estátuas».
encarneirar *v t* (<en- + carneiro + -ar¹) **1** «o mar» Formar pequenas ondas de espuma branca, parecendo um rebanho de carneiros em movimento. **2** «o céu» Encher-se de pequenas nuvens brancas/Ficar aos carneirinhos.
encarniçadamente *adv* (<encarniçado + -mente) **1** De forma empenhada/Intensamente. **Ex.** O deputado bateu-se [lutou] ~ por que ficassem salvaguardados os direitos dos cidadãos atingidos pela catástrofe. **2** De modo cruel/violento/Renhidamente. **Ex.** Os cães lutavam ~ e foi muito difícil separá-los.
encarniçado, a *adj* (<encarniçar) **1** Que se alimentou de carniça. **Comb.** Cão [Falcão] ~. **2** ⇒ Que tem a cor da carniça/Avermelhado. **3** *fig* Feroz/Cruel. **Comb.** Luta ~a. **4** Furioso/Assanhado. **Ex.** A fera, ~a [assanhada(+)], arreganhava os dentes. **Comb.** Inimigo ~. **5** Empenhado/Pertinaz/Intenso. **Comb.** Discussão ~a.

encarniçar v t (<en- + carniça + -ar¹) **1** D(eit)ar carniça a «um animal»(+). **Ex.** Ele tratava de ~ o cão para que ele perseguisse mais [para o treinar a perseguir] as presas. **2** Incitar ao ataque/Assanhar(o+) «o ódio»/Açular(+) «os cães». **3** ⇒ Agir com ódio/violência/Enfurecer-se. **4** ⇒ ~-se/Obstinar-se/Teimar.

encaroçar v int (<en- + caroço + -ar¹) **1** «pera» Formar [Encher-se de] caroços/grânulos. **2** «a pele» Apresentar erupções/inchaços. **3** Br ⇒ Não ter fluência no falar/Embuchar/Engasgar(-se).

encarquilhar v t/int (<en- + carquilha + -ar¹) Deixar/Ficar com rugas/pregas/carquilhas. **Ex.** A idade encarquilhou-lhe o rosto. **Comb.** Fruta encarquilhada. **Sin.** Engelhar; enrugar(+).

encar(r)apitar v t (<en- + carrapito + -ar¹) **1** Pôr em lugar alto/no pico. **Loc.** ~ a criança no cavalo. **Sin.** Empoleirar. **2** Apanhar o cabelo em carrapito/carrapicho. **3** ~-se/Subir a um lugar alto. **Loc.** ~-se na árvore. **Sin.** Alcandorar-se.

encarrascar v t (<en- + carrasc(ã)o + -ar¹) **1** «o vinho» Tomar cor carregada e sabor áspero/Tornar-se carrascão. **2** pop ⇒ ~-se/Embebedar-se/Embriagar-se.

encarraspanar v t (<en- + carraspana + -ar¹) Apanhar uma carraspana (+) /~-se/Embebedar-se(+)/Embriagar-se(+)/pop Emborrachar(-se)(+).

encarregado, a adj/s (<encarregar) (O) que tem uma tarefa/cargo/negócio/Incumbido. **Ex.** Eu sou o [estou] ~ desta obra. **Comb.** ~ **de educação** [Familiar do aluno menor que acompanha a sua vida escolar]. ~ **de negócios** [Diplomata que representa o seu governo junto de chefe de estado estrangeiro se não há embaixador ou ministro plenipotenciário].

encarregar v t (<en- + carregar) **1** Incumbir(-se) de uma tarefa/missão. **Ex.** Encarreguei o meu filho de me avisar da chegada do fiscal. **Loc.** ~-se [Ficar a cargo/Ficar com o encargo] de tudo, na ausência do chefe. **2** fig ~-se/Ser o agente ou a causa. **Ex.** O meu filho idi encarregou-se de comer todos [de acabar com] os doces. O tempo encarrega-se de curar todas as feridas [O tempo tudo cura]. **3** Br ⇒ carregar/sobrecarregar/oprimir «o povo com impostos».

encarrego s m (<encarregar) ⇒ encargo.

encarregue adj 2g (<encarregar) ⇒ encarregado.

encarreirar v t (<en- + carreira + -ar¹) **1** Abrir ou encontrar caminho. **Ex.** Perdemo-nos no caminho [mato] mas depois de muitas voltas (lá) conseguimos ~. **2** ⇒ Colocar «cadeiras/crianças» em fila/linha/Enfileirar. **3** fig ⇒ Dar um bom rumo à vida/Singrar. **4** fig Encaminhar devidamente/Dar bom seguimento a. **Loc.** ~ [Pôr em bom andamento] o negócio. ⇒ encarrilar.

encarrilar [encarrilhar] v t/int (<en- + carril + -ar¹) **1** Pôr/Entrar nos carris/trilhos/na calha. **Ex.** O comboio [trem] encarrilou pela linha da plataforma número 3. **Ant.** Descarrilar. **2** fig Pôr/Estar no bom caminho. **Ex.** Por fim [Finalmente] o negócio encarrilou. **3** fig ⇒ Acertar/Atinar/Perceber.

encartado, a adj/s (<encartar) **1** (O) que tem carta/diploma/licença da profissão que exerce. **2** «folheto» Que foi colocado dentro de jornal ou revista. **3** pop «carpinteiro» Que é perito na a(c)tividade que exerce.

encartar v t (<en- + carta + -ar¹) **1** Conceder ou conseguir carta/diploma/licença para exercer uma a(c)tividade. **2** Jogar carta do mesmo naipe. **3** Intercalar numa publicação periódica uma folha avulsa de papel e cor diferente/Fazer o encarte. **4** fig ⇒ «o fugitivo» introduzir-se com esperteza «num grupo e escapar».

encarte s m (<encartar) A(c)to de encartar(-se).

encartolar v t (<en- + cartola + -ar¹) **1** Pôr chapéu alto/cartola. **2** pop ⇒ Meter uma cunha a alguém/Recomendar. **3** pop ⇒ Embriagar.

encartuchar v t (<en- + cartucho + -ar) **1** Meter «sal/arroz» num saco de papel/num cartucho. **2** Dar a forma de cartucho. **3** Carregar os cartuchos com pólvora.

encarvoar v t (<en- + carvão + -ar¹) **1** Sujar(-se) com carvão. **2** ~-se/Transformar-se em carvão. **3** ⇒ ~-se/Enegrecer. **4** fig ⇒ Manchar/Macular.

encasacado, a adj (<encasacar) **1** Com casaco. **2** Com casaca/Bem-trajado/Bem-vestido. **Ex.** À rece(p)ção veio ~o [de casaca]. **3** Que, contra o frio, vestiu várias peças de roupa. **Ex.** Apareceu-me em casa todo ~o.

encasacar v t (<en- + casaca/o + -ar¹) **1** Vestir casaca/o. **2** ~-se/Vestir traje de cerimó[ô]nia. **3** ~-se/Usar roupas quentes.

encasar v t (<en- + casa + -ar¹) **1** Meter o botão na respe(c)tiva casa. **Loc.** ~ os botões [Abotoar(+)]. **2** ⇒ Pôr no seu lugar/Colocar no sítio certo. **3** Meter a saliência de uma peça na encarna/Encaixar/Engastar. **Ex.** Os dentes da roda encasam-se bem. **4** ⇒ Conciliar/Harmonizar. **5** Incutir(+)/Sugerir(+). **Loc.** ~ uma ideia. **6** Tip Inserir folhas impressas em outras, formando caderno/Intercalar.

encascalhar v t (<en- + cascalho + -ar¹) Pôr [Cobrir de] cascalho(+). **Loc.** ~ o caminho. ⇒ empedrar.

encascar v t/int (<en- + casca/o + -ar¹) **1** «a pata do animal» Criar casco. **2** «a árvore» Formar casca. **3** «o leito do rio» Endurecer à superfície «com a seca». **4** ⇒ Rebocar uma parede(+).

encasmurrar v t (<en- + casmurro + -ar¹) Tornar(-se) casmurro.

encasque s m (<encascar) A(c)to ou resultado de encascar.

encasquetar v t (<en- + casquete + -ar¹) **1** Cobrir(-se) com casquete/boné. **Ex.** Encasquetou o boné na cabeça do filho. **2** Incutir (na cabeça/mente). **Loc.** ~ uma ideia. **3** Instigar/Persuadir/Convencer. **Loc.** ~ o rapaz a deixar o emprego.

encasquilhar v t (<en- + casquilho/a + -ar¹) **1** Cobrir com aro/casquilho/a de metal. **2** fam Trajar com elegância/Aperaltar-se.

encastelar v t (<en- + castelo + -ar¹) **1** Dar a (uma construção a) forma de castelo. **Loc.** ~ a casa [as naus]. **2** Fortificar «a cidade» com castelo(s). **3** Colocar-se no cume «do monte»/no cimo «da árvore». **4** Amontoar/Empilhar. **Loc.** ~ as pedras «do jogo das damas». **Comb.** Nuvens encasteladas na serra. **5** ~-se/Refugiar-se em castelo ou lugar seguro. **6** ~-se/Ganhar força/Apoiar-se/Firmar-se «na sua opinião». **7** ~-se «a ave»/Elevar-se subitamente ao ser gravemente ferida. **8** «o casco da pata do animal» Criar excesso de massa córnea na parte superior.

encastoar v t (<en- + castão + -ar¹) **1** Pôr remate/castão na parte superior. **Ex.** Mandei ~ o bastão [a bengala]. **2** Cravar/Embutir pedra preciosa numa superfície. **Sin.** Engastar; inserir.

encastrar v t (<it incastrare <lat in + castrum,i: castro) Fazer penetrar num lugar/Embutir «armário/fogão». ⇒ encaixar; engrenar.

encasular v t (<en- + casulo + -ar¹) **1** «o bicho da seda» Formar casulo. **2** fig Encerrar(-se) completamente «num quarto».

encatarr(o)ar v t (en- + catarro + -ar¹) Provocar irritação das mucosas respiratórias/Ter catarro/Constipar-se. **Ex.** Apanhou frio e acabou por ~-se [e ficou meio encatarrado(o +)/e ficou com catarro(+)], tendo muita expe(c)toração.

encatrafiar v t (< ?) ⇒ Meter(-se) por [em] algum lugar/Enfiar(-se)(+).

encausta s 2g (<gr egkaustés: o que pinta a fogo) O que trabalha em encáustica.

encáustica s f Arte (<gr egkaustiké: arte de pintar a fogo; ⇒ cáustico) **1** Pintura sobre cera. **Comb.** Pintura ~ (adj). **2** Tinta de púrpura com cera quente. **Ex.** A ~ dá um efeito de translucidez. **3** Preparado de cera e essência de terebintina para polimento de móveis/Encáustica a frio.

encava s f Arquit (<encavar) Peça ou cavilha que une dois corpos/elementos/duas coisas.

encavacar v t/int (<en- + cavaco + -ar¹) **1** fam Embaraçar(-se)/Envergonhar(-se). **Ex.** Ao ver tanta gente importante fiquei um pouco encavacado. **2** ⇒ Dar o cavaco/Afinar com uma crítica/Mostrar-se contrariado/Amuar(+).

encavalar v t (<en- + cavalo + -ar¹) **1** Colocar-se sobre/Pôr-se em cima de/Montar(+) «o cavalo»/Cavalgar(+). **2** Amontoar/Sobrepor.

encavalgamento s m Liter (<encavalgar + -mento; ⇒ cavalgamento) Processo poético de iniciar uma estrofe com palavra(s) que completa(m) o último verso da estrofe anterior. **Ex.** O ~ é uma forma de encadeamento(+) sintá(c)tico entre estrofes.

encavalgar v t ⇒ cavalgar.

encavalitar v t (<en- + cavalitas + -ar¹) **1** Pôr «a criança» às cavalitas/Colocar sobre os ombros. **2** ⇒ Pôr(-se) em lugar alto/Encar(r)apitar-se. **3** Colocar sobre/Pôr em cima de. **Ex.** Encavalitava as letras umas nas outras.

encavar v t (<en- + cava + -ar¹) **1** ⇒ Fazer um buraco em/Abrir uma cavidade/cava/Escavar(+). **2** ⇒ Meter em cavidade/cava.

encavilhar v t (<en- + cavilha + -ar¹) **1** ⇒ Meter a cavilha no furo/orifício. **2** Ligar com cavilha/Juntar/Pregar. **Sin.** Cavilhar(+).

encavo s m (<encavar) ⇒ O côncavo [A parte côncava]/Encaixe.

encefalgia s f Med (<encéfalo + -algia) (Forte) dor de cabeça(+). **Sin.** Cefaleia; enxaqueca. ⇒ encefalopatia.

encefálico, a adj (<encéfalo + -ico) Relativo ao encéfalo.

encefalite s f Med (<encéfalo + -ite) Inflamação do encéfalo. **Comb.** ~ letárgica [Doença contagiosa, causada por vírus, que atinge os centros nervosos, produzindo sono e febre].

encéfalo s m Anat (<gr egképhalos: dentro da cabeça) Conjunto das partes do sistema nervoso central – cérebro, cerebelo e bolbo raquidiano – alojadas na caixa craniana.

encefalocele s f (<encéfalo + -cele) Hérnia do cérebro ou do cerebelo, através da caixa craniana.

encefalografia s f Med (<… + -grafia) Processo de diagnóstico de doenças do encéfalo através de radiografia.

encefalograma s m Med (<… + -grama) Radiografia do conteúdo da caixa craniana.

encefaloide (Lói) adj 2g (<encéfalo + -oide) Que é semelhante ao encéfalo/cérebro.

encefalólito s m Med (<... + -lito) Concreção dura [Cálculo/Pedra] no encéfalo.

encefalologia s f (<... + -logia) Conjunto de conhecimentos sobre o encéfalo.

encefalopatia s f Med (<... + -patia) Qualquer patologia do encéfalo. **Comb.** ~ espongiforme [Doença que provoca lesões degenerativas no encéfalo, que fica como uma [que toma a forma de] esponja] (Ex. Na espécie bovina, a ~ espongiforme é vulgarmente conhecida por/como «doença das vacas loucas»). ⇒ encefalalgia.

encefalorragia s f Med (<encéfalo + -ragia) Hemorragia encefálica/Derrame cerebral (+).

enceleirar v t (<en- + celeiro + -ar¹) **1** Recolher no celeiro/Fazer o enceleiramento/Guardar mantimentos/provisões. **2** ⇒ Armazenar/Acumular/Entesourar.

encenação s f Cine Teat (<encenar + -ção) **1** Montagem de um espe(c)táculo para o levar à cena. **Ex.** A ~ envolve um conjunto de providências de ordem técnica e artística, como a escolha de cenários, a dire(c)ção de a(c)tores, ... ⇒ representação. **2** Trabalho do dire(c)tor [Dire(c)ção] teatral. **Ex.** A ~ da peça é decisiva para a qualidade do espe(c)táculo. **4** Fig Simulação [Artifício] para impressionar ou enganar alguém. **Ex.** Toda a agitação de que procurou rodear este caso «das partilhas» não passou de uma ~ [farsa/um fingimento].

encenador, ora adj/s Teat (<encenar + -dor) (O) que leva à cena uma peça teatral/que dirige um espe(c)táculo. **Ex.** Quando soube que era ele o ~, disse logo que (com certeza) seria um espe(c)táculo bom [a não perder/a que tinha de ir].

encenar v t Teat (<en- + cena + -ar¹) **1** Organizar e montar uma espe(c)táculo para o levar à cena. **2** Pôr em cena [Representar (+)] «uma peça teatral ou lírica». **3** Fig Simular/Fingir uma situação para impressionar ou iludir. **Comb.** Choro [Soluço] encenado/fingido.

enceradeira s f Br (<encerar + -deira) ⇒ enceradora.

encerado, a adj/s m (<encerar) **1** «tabuinha/papel» Que se cobriu de cera. **2** «piso» Polido/Lustroso depois de se lhe aplicar cera. **3** ⇒ Que tem a cor da cera/Amarelado(+). **4** s m Tecido impermeabilizado. **Sin.** Oleado(+).

encerador, ora/eira adj/s (<encerar + -dor) (O) que encera.

enceradora s f (<encerar) Aparelho ele(c)trodoméstico para aplicar cera e dar lustro ao soalho. ⇒ Br enceradeira.

encerar v t (<en- + cera + -ar¹) **1** Espalhar cera sobre uma superfície. **Loc.** ~ o soalho [a sala]. **2** Untar com [Dar um banho de] cera. **Comb.** ~ um fio. ~ uma lona. **3** ⇒ Dar/Tomar a cor da cera.

encerramento s m (<encerrar + -mento) **1** A(c)to ou resultado de encerrar(-se). **Sin.** Clausura. **2** A(c)to de, temporária ou definitivamente, fechar ao público ou cessar uma a(c)tividade. **Ex.** O ~ do comércio em [aos] domingos e feriados favorece o convívio familiar. O ~ da via ao trânsito trouxe alguns transtornos. O ~ da fábrica deixou sem trabalho mais de cem trabalhadores. **Sin.** Fecho. **Ant.** Abertura. **3** Conclusão/Termo de uma assembleia ou evento. **Ex.** O ~ do congresso (do Partido) decorreu de forma apoteótica. **Comb.** ~ da sessão. Discurso de ~. **4** Econ Apuramento final/Fecho. **Ex.** No ~ das contas da empresa verificou-se, no exercício deste ano, um défice de alguns milhares de euros.

encerrar v t (<en- + cerrar) **1** Recolher(-se)/Fechar(-se) em clausura/Fechar à força. **Ex.** Em romances do séc. XIX refere-se a prática de ~ uma filha no convento como forma de contrariar amores que não tinham aprovação paternal. **Comb.** Leão encerrado (na jaula). **2** Conter/Incluir. **Ex.** Este livro é precioso por ~ ensinamentos de grande utilidade para os jovens. **3** Suspender a a(c)tividade/Fechar. **Ex.** A maior parte das lojas (en)cerra [fecha] às 19 horas. Resolveram ~ a passagem de nível depois de ocorrer mais um desastre fatal. Como a fábrica acabou por ~, os problemas sociais na localidade agravaram-se muito. **4** Ter fim [Pôr termo a] um evento ou sessão. **Ex.** O simpósio vai ~ [terminar] com o discurso do reitor da Universidade. Pensam ~ os festejos com um grande arraial de fogo de artifício. **Loc.** ~ a sessão. ~ o congresso.

encerro s m (<encerrar) **1** ⇒ A(c)to de encerrar/fechar. **2** ⇒ Lugar onde se encerra algo ou alguém/Clausura/Retiro.

encestar v t (<en- + cesto/a + -ar¹) **1** Meter em cesto/a. **Loc.** ~ fruta. **2** (D)esp «no basquetebol» Fazer pontos introduzindo a bola [Acertar] no cesto (de rede). **Ex.** Encestou (a bola) com categoria. **3** Br Bater em alguém/Espancar «o provocador».

encetar v t (<lat incépto,áre: iniciar) **1** col Começar/Iniciar. **Loc.** ~ [Começar(+)] a conversa. **2** Começar a gastar/Retirar a primeira porção do que está inteiro. **Loc.** ~ o bolo [queijo]. **3** ⇒ Experimentar/Fazer algo pela primeira vez.

enchacotar v t (<en- + «louça de» chacota + -ar¹) Levar «a loi[ou]ça» ao forno pela primeira vez, para depois a vidrar/pintar.

encharcada s f Cul (<encharcar) Pudim feito de pão e ovos.

encharcadiço, a adj (<encharcar + -diço) «terreno» Sujeito a encharcar-se/Que faz charco/Pantanoso(+)/Alagadiço(o+).

encharcar v t (<en- + charco + -ar¹) **1** Formar charco ou pântano/Alagar(-se). **Ex.** A (água da) chuva encharcou o campo de jogos. **2** Saturar(-se) de água/Empapar(--se)/Ensopar(-se). **Ex.** Que chuva forte! Fiquei encharcado. **Idi.** ~ [Molhar(+)]-se até aos ossos [Ter [Ficar com] a roupa e o corpo totalmente molhados]. **3** pop ⇒ Absorver/Ingerir um líquido em excesso/Embebedar-se.

enche-mão s m (Só us na loc De ~ [De mão--cheia]/Excelente/Ó(p)timo]. Ex.: Um empregado de ~).

enchente adj 2g/s f (<encher) **1** Subida acentuada das águas de um rio ou lago por excesso de chuva. **Ex.** fig Esqueci-me de fechar a torneira e, ao voltar a casa, o soalho era uma ~ [o soalho estava cheio de água]. **Comb.** Uma ~ do (rio) Amazonas. ⇒ cheia; inundação. **2** Subida da água do mar entre a baixa-mar e a praia--mar [Br preamar]. **Comb.** ~ da maré. Maré ~ [a subir/a encher] (⇒ vazante). **3** Aumento da face visível da lua entre a lua-nova e a lua-cheia. **Comb.** ~ [Crescente(+)] da lua (⇒ minguante). **4** fig Grande quantidade/Abundância. **Ex.** Este ano houve uma ~ de maçã(s).

encher v t (<lat ímpleo, ére; ⇒ cheio) **1** Preencher a capacidade disponível de um recipiente. **Ex.** O rio encheu [subiu]. Esteve a ~ os balões com ar. O aroma das rosas enchia toda a sala. **Loc.** ~ a barriga «de maçãs». ~ o copo. **Idi.** ~ as medidas «a alguém» [Dar-lhe plena satisfação] (Ex. O carro novo enche-me as medidas [é um carro muito bom]). **2** Pôr grande número de pessoas/coisas num espaço. **Ex.** Queria ~ a sala de [com] convidados. Os turistas enchiam a cidade. **3** Dar [Vir a ter] grande quantidade. **Ex.** Encheu o miúdo de prendas. Encheram-no de insultos. **4** Ocupar/Tomar. **Ex.** Ele enchia o dia com ninharias [o dia não se sabe com quê], nunca lhe conheci qualquer a(c)tividade meritória. **5** Sentir de modo intenso. **Ex.** Aquela situação caricata, que o podia ~ de vergonha, felizmente passou despercebida à assistência. **Loc.** ~-se [Ficar cheio (+)] de medo. **6** ~-se/Enriquecer muito (de forma suspeita). **Ex.** Muitos só pensam em ~-se [meter ao bolso], não importa como. **7** Br ~ o saco/Aborrecer/Enfadar. **Ex.** Enchi-me de esperar na fila! **8** Br ⇒ Engravidar.

enchido s m Cul (<encher) Alimento, em pedaços ou triturado, introduzido em tripa ou invólucro em forma de tubo/Peça de salsicharia. **Ex.** O chouriço, a farinheira ou a morcela entram na categoria de ~s.

enchimento s m (<encher + -mento) **1** A(c)to de encher. **2** Ocupação de um espaço vazio. **Ex.** O ~ do tanque demorou uma hora. **Comb.** O ~ [encher] do copo. O ~ [enfartamento] do estômago «indisposto». Parede de ~ [Divisória entre compartimentos]. **3** ⇒ recheio; chumaço. **4** Br Estabelecimento que compra e vende álcool e aguardente por grosso.

enchouriçar v t (<en- + chouriço + -ar¹) **1** ⇒ Dar/«dedo» Ter forma cilíndrica como a do chouriço. **2** ⇒ Tornar espesso/Engrossar. **3** ⇒ Vestir muita roupa/Acumular agasalhos sobre o corpo. **4** «o animal» ~-se/Ficar com o pelo eriçado/Enraivecer--se/Encrespar-se. **5** fig ⇒ ~-se/Tornar-se arrogante/Envaidecer-se.

enchova s f ⇒ anchova.

enchumaçar v t (<enchumaço + -ar¹) **1** Aumentar o volume/Pôr chumaço. **Ex.** O alfaiate costuma ~ os ombros do casaco. **2** ⇒ Almofadar/Acolchoar/Estofar.

-ência suf (<lat -éntia; significa a(c)ção (Ex. benevol~; anu~; abrang~), qualidade ou estado (Ex. dec~; insol~; magnific~)). **Sin.** –ença; -ância.

enciclia s f (<gr egkýklios: circular) Ondulação circular produzida na superfície da água a partir da zona de queda de um corpo.

encíclica s f Catol (<encíclico) Carta circular do Papa a todos os bispos sobre assunto de fé, costumes, culto ou disciplina.

encíclico, a adj (<gr egkýklios: circular + -ico) Que tem forma de círculo/Que circula. ⇒ encíclica.

enciclopédia s f (<en- + gr kýklos: círculo + paidéia: instrução) **1** Obra que contém conhecimentos sobre algum ou todos os ramos do saber, apresentando-os por ordem alfabética. **Ex.** Ter uma ~ em casa é muito útil para esclarecer dúvidas sobre qualquer assunto. **Comb.** «ele é» Uma ~ viva/ambulante [Pessoa de muito saber em diversas áreas]. ~ de arquite(c)tura. **2** Conjunto de conhecimentos reunidos pela humanidade. **Comb.** A ~ do saber humano «não para de aumentar». **3** maiúsc Hist Obra publicada em França no séc. XVIII, em que colaboraram escritores e filósofos de ideias avançadas.

enciclopédico, a adj (<enciclopédia + -ico) **1** Relativo a enciclopédia. **2** Que abarca todos os ramos do saber humano. **Comb.** Cultura ~a. Dicionário ~. **3** Que possui muitos conhecimentos. **Comb.** Saber ~.

enciclopedismo s m (<enciclopédia + -ismo) **1** Conjunto de conhecimentos de cará(c)ter enciclopédico. **2** Tendência que conduz à acumulação de conhecimentos nos vários domínios. **Ex.** O ~ dá grande

importância à cultura geral. **3** Orientação doutrinária dos colaboradores da Enciclopédia **3**.

enciclopedista *s 2g* (<enciclopédia + -ista) **1** Autor ou colaborador de uma enciclopédia. ⇒ dicionarista; lexicógrafo. **2** Pessoa com cultura ou conhecimentos enciclopédicos. **3** ⇒ «Diderot» Colaborador da Enciclopédia **3**.

encieirar *v t* (<en- + cieiro + -ar¹) Criar pequenas fendas na pele devido ao frio ou a agentes químicos/Produzir cieiro.

encilhar *v t* (<en- + cilha + -ar¹) **1** Apertar [Pôr] a cilha (+) em volta da barriga do animal para segurar a sela ou albarda. **2** ⇒ Colocar arreios «em animal»/Arrear(+)/Aparelhar(o+).

encimado, a *adj/sm* (<encimar) **1** Que tem no cimo ou na ponta/Que está colocado no alto. **Ex.** A vara tinha [estava ~a por] um gancho. As fachadas das igrejas são geralmente ~as por uma cruz. **2** ⇒ Elevado/Alçado. **3** *s m* Remate sobre o escudo de armas.

encimar *v t* (<en- + cima + -ar¹) **1** Colocar/Estar em cima. **2** Coroar/Rematar. **3** Elevar/Alçar. ⇒ encimado.

enciumar *v t* (<en- + ciúme + -ar¹) Causar ou sentir [ter] ciúmes/Tornar(-se) ciumento.

enclaustrar [enclausurar (+)] *v t* (<en- + claustro/clausura + -ar¹) **1** Colocar/Entrar num convento para vida de clausura. **2** ⇒ Meter em prisão/Encarcerar. **3** *fig* Afastar(-se) do convívio social/Encerrar(-se) em casa.

enclave, encrave *s m* (<en- + lat *clávis*: chave/encravar) **1** Território de um país encravado no de outro país. **Comb.** ~ de Cabinda, Angola [de Oecussi, Timor]. **2** Pequeno território autó[ô]nomo rodeado por outro. **Ex.** (A República de) São Marino é um ~ no Nordeste de Itália. **3** *Geol* Rocha rodeada por outra de diferente natureza.

enclavinhar *v t* (<en- + lat *clavus*: prego, cravo + -inhar) **1** Entrelaçar os dedos das (duas) mãos, apertando. **2** Cruzar/Travar com força as pernas ou as mãos.

ênclise *s f Gram* (<gr *églklisis*: inclinação) Emprego de enclítica depois do verbo. **Ex.** A colocação de palavra átona a seguir a uma forma verbal, ligando-as por hífen (Ex. encontrei-o), é uma forma de ~. ⇒ próclise.

enclítica *s f Gram* (<enclítico; ⇒ ênclise) Palavra/Partícula átona que se apoia no acento tó[ô]nico da palavra a que se liga, formando com ela uma unidade fonética. **Ex.** O *o* de *encontrei-o* é uma ~.

enclítico, a *adj Gram* (<gr *egklitikós*; ⇒ ênclise) Que, por ser átono, se apoia no acento tó[ô]nico de outra palavra. **Comb.** O *o* ~ de *encontrei-o*.

encoberta *s f* (<encoberto) **1** Abrigo/Esconderijo. **Comb.** Às ~s [Às escondidas (o+)/Às ocultas(+)]. **2** ⇒ Pretexto/Subterfúgio/Disfarce. **3** ⇒ Ardil/Fraude.

encoberto, a *adj* (<encobrir) **1** Escondido/Oculto. **Comb.** Um leão ~ pelo mato. **2** Que está nublado/Que tem nuvens. **Ex.** O tempo/céu ~ não convidava [não era favorável] para ir dar um passeio. **3** Disfarçado/Dissimulado/Misterioso. **Ex.** O seu plano continuava ~ e levantava muita suspeição.

encobridor, eira/ora *adj/s* (<encobrir + -dor) **1** Que esconde/oculta/disfarça. **2** *s* Pessoa que recebe obje(c)tos roubados ou que abriga criminosos/Rece(p)tador. **3** *s* Pessoa que encobre vestígios de crime.

encobrimento *s m* (<encobrir + -mento) **1** A(c)to ou resultado de encobrir/ocultar/dissimular. **Ex.** O ~ dos responsáveis por tão nefando a(c)to mereceu [teve] a mais veemente condenação dos populares. **2** *Dir* Cobertura a um crime por aquisição dos obje(c)tos furtados/por ocultação de vestígios/por ajuda na fuga do criminoso.

encobrir *v t* (<en- + cobrir) **1** Esconder/Ocultar. **Ex.** A nuvem começou a ~ o Sol. **2** Disfarçar/Dissimular. **Ex.** Procurava insinuar-se no grupo tentando ~ os seus propósitos maléficos [as suas más intenções]. **3** Não revelar/Calar. **Ex.** Fez tudo para ~ a verdade. **4** *Dir* Dificultar a descoberta do crime, rece(p)tando obje(c)tos roubados/protegendo o criminoso/ocultando vestígios. **5** «o céu» Tornar-se nublado. **Ex.** Quando vimos o céu começar a ~, desistimos da ida à praia.

encoifar *v t* (<en- + coifa + -ar¹) Colocar coifa em/Entoucar.

encoirar ⇒ encourar.

encolerizar *v t* (<en- + cólera + -ar¹) Provocar/Sentir cólera ou ira. **Ex.** A forma displicente como ele tratou aquela situação grave chegou a ~ o meu irmão, pessoa normalmente pacífica. **Ex.** Encolerizou-se [Ficou encolerizado/irado] ao ver o ladrão roubar o velhinho/idoso.

encolha (Cô) *s f* (<encolher) Encolhimento **2**(+). **Idi.** *Andar/Estar nas ~s* [Procurar não gastar dinheiro]. *Ficar/Pôr-se/Meter-se nas ~s* [Não se manifestar/Abster-se de agir/Calar-se].

encolher *v t/int* (<en- + colher) **1** Diminuir de tamanho. **Ex.** O tecido [A fazenda], ao ser molhado[a], encolheu [acabou por ~]. **Sin.** Encurtar. **Ant.** Esticar. **2** Diminuir o espaço ocupado/Contrair(-se)/Dobrar(-se)/Recolher. **Ex.** Encolheu-se todo, morto [cheio] de frio. Encolheu as pernas para dar passagem à velhinha. **Loc.** ~ a barriga «para apertar o cinto». **Idi.** *~ as garras* [Suster a agressividade]. *~ os ombros* «e dizer que não sabe» [Desistir de intervir/Mostrar indiferença]. **3** ~-se/Revelar timidez/Acanhar-se. **Loc.** ~-se frente à autoridade [ao chefe]. **4** ~-se/Limitar as despesas. **Loc.** ~-se nos [Diminuir os] gastos.

encolhido, a *adj* (<encolher) **1** «tecido» Que encurtou/Que ocupa menos espaço. **2** Dobrado/Enroscado/Contraído. **3** Tímido/Acanhado. **Ex.** Ele estava ~, não abriu a boca [não interveio] durante o debate.

encolhimento *s m* (<encolher + -mento) **1** Diminuição de tamanho «do tecido»/Encurtamento. **2** (Manifestação de) timidez/Acanhamento «no trato (com as pessoas)». **3** ⇒ Cobardia/Submissão.

encomenda *s f* (<encomendar) **1** Pedido de (fornecimento de) mercadoria ou essa mercadoria. **Ex.** Fez a ~ de uma piz(z)a pelo telefone. A nossa ~ chegou hoje, convém ver se vem tudo em bom estado. **Loc.** Fazer uma ~ de [Encomendar] fruta. Mandar [Enviar/Satisfazer] uma ~. **Idi.** *interj Adeus minhas ~s!* (Exclamação de desânimo «por ver tudo perdido» ou irritação). *Não chegar para as ~s* [Ser muito solicitado, não podendo atender todos]. «um presente tão bom que» *Nem de* ~ [Ser melhor do que se poderia desejar ter]. **Comb.** *De/Por* ~ **a)** Feito de propósito para um cliente (Ex. Como tinha o pé deformado, precisava de calçado de/por ~); **b)** Não espontâneo/Fingido/Forçado (Ex. Tinha um semblante sempre sisudo, um sorriso só de ~); **c)** Muito bom/Ideal (Ex. Fiquei tão agradado com o presente que nem de ~). *Nota de* ~ [Documento em que se refere a natureza, quantidade e preço da mercadoria ou serviço fornecidos]. **2** *Iron* Coisa ou pessoa agradável. **Ex.** «ao marido que comprou um cão diz a mulher que não gosta de cães:» Que (boa) ~! **3** Pacote enviado pelo correio. **Ex.** Na altura do Natal, os correios *idi* não têm mãos a medir [os correios experimentam sobrecarga de trabalho], tal é o volume das ~s em circulação. **4** *Br* ⇒ Feitiço/Mandinga.

encomendação *s f* (<encomendar + -ção) **1** Pedido de fornecimento de bem ou serviço/Encomenda **1**(+). **2** ⇒ Recomendação(+)/Advertência. **3** *Rel* Oração pelo(s) morto(s). **Comb.** *~ das almas* [Oração cole(c)tiva pelos mortos [pelas almas do purgatório], na Quaresma, em procissão no(c)turna de penitentes]. *~ do corpo* [Oração pelo defunto antes de ser sepultado].

encomendar *v t* (<en- + lat *comméndo, áre*: entregar) **1** Fazer a encomenda de algo a ser fornecido/Mandar fazer. **Ex.** Aqui no café resolvemos ~ muito mais cerveja, pois o verão está à porta [está a chegar] e o calor vai apertar. **2** ⇒ Recomendar(+)/Confiar. **3** ⇒ Incumbir/Encarregar. **Loc.** ~ um estudo [parecer] técnico. **4** ~-se/Entregar-se à prote(c)ção de alguém. **Loc.** ~-se a Deus «e enfrentar o perigo». **5** Orar por defunto. **Loc.** ~ *as almas*. *~ o corpo* [defunto/morto] (⇒ encomendação **3**).

encomiar *v t* (<encó[ô]mio + -ar¹) ⇒ Tecer [Fazer] encó[ô]mios (+)/Elogiar(o+)/Louvar(+).

encomiasta *s 2g* (<gr *egkomiastés*) Pessoa que faz discurso de louvor/Quem faz encó[ô]mio. **Sin.** Panegirista. **Ant.** Detra(c)tor. ⇒ entusiasta; defensor.

encomiástico, a *adj* (<gr *egkomiastikós*) «discurso» Que contém grande elogio/Que faz encó[ô]mio. **Sin.** Laudatório.

encómio [*Br* **encômio**] *s m* (<gr *egkómion*: elogio) **1** Elogio/Louvor. **Sin.** Panegírico. **2** *Hist* Hino religioso de louvor na Grécia antiga.

enconcar *v t/int* (<en- + conca + -ar¹) Dar [Tomar] forma côncava/de telha. **Sin.** Empenar; encurvar(-se).

enconchar *v t* (<en- + concha + -ar¹) **1** Meter(-se) em concha/Encolher-se. **2** Dar/Tomar forma de concha. **3** Isolar-se em lugar protegido.

encontradiço, a *adj* (<encontrar + -diço) Que se encontra facilmente/frequentemente. **Loc.** Fazer-se ~ «com o ministro para pedir um favor» [Procurar que alguém o veja].

encontrado, a *adj* (<encontrar) **1** ⇒ «dinheiro» Achado/Descoberto. **2** Que se encontra com outro. **Loc.** Fazer-se ~ ⇒ encontradiço. **3** Muito unido/próximo. **Comb.** Sobrancelhas ~as [muito juntas (+)]. **4** Oposto/Contrário. **Comb.** Opiniões ~as [Contrárias(+)].

encontrão *s m* (<encontro + -ão) **1** Embate/Colisão. **2** Choque casual entre pessoas. **Ex.** Ia distraído na rua quando [e] levei [apanhei/sofri] um ~ de alguém que nem desculpa pediu. Passei pelo meio da multidão aos ~ões. **3** ⇒ Impulso violento/Empurrão(+). **4** *fig* Percalço/Contrariedade. **Ex.** Um ~ na vida às vezes é útil, para abrir os olhos «e não viver de ilusões».

encontrar *v t* (<lat *incóntro, áre* <*in-* + *contra*) **1** Deparar com/Ficar perante «o que se procurava». **Ex.** Fui ~ ali o livro que me tinham indicado. **Loc.** ~ *a chave* [carteira/uma moeda]. *~ um obje(c)to perdido*. **Sin.** Achar. **2** Inventar/Descobrir. **Ex.** Foi difícil, mas consegui ~ a solução para o problema. **3** ~-se/Ver-se/Falar (Tendo ou não combinado antes). **Ex.** Hoje, encontrámo-nos logo de manhã. Os dois irmãos foram

~-se na estação de autocarros [ó/ônibus]. **4** ~-se/Estar. **Ex.** O meu pai encontra--se de boa [está com] saúde, felizmente. Encontramo-nos [Estamos] numa situação difícil. **5** ~(-se) a + infinitivo. **Ex.** Encontrei--o a ler [fumar]. Eles, neste momento, encontram-se a negociar a venda do imóvel [da casa]. **6** ~-se/Localizar-se/Situar-se. **Ex.** No tórax encontram-se alguns órgãos vitais, como o coração ou os pulmões. **7** ~-se/Sentir-se feliz/realizado. **Ex.** Depois de vários anos conturbados, ele pôde finalmente ~-se, para sossego dos pais. **8** ~-se/Cruzar--se/Tocar-se. **Ex.** As duas vias vão ~-se na [junto à] ponte, bem perto da minha casa. Não tardou muito que os lábios dos dois enamorados se encontrassem, num arroubo de paixão. **Loc.** Encontrarem-se os olhares dos [Verem-se os] dois. **9** Obter/Alcançar. **Ex.** ~ trabalho neste tempo de crise econó[ô]mica é difícil, sobretudo para pessoas de meia-idade. **10** Verificar a existência/ocorrência. **Ex.** Temo ~ muitas incorre(c)ções no texto que ele escreveu. **11** Perceber o estado de. **Ex.** Fui ~ a minha avó muito melhor do que esperava. **12** Ser obje(c)to de/Receber. **Ex.** Sei que este plano vai ~ forte contestação da parte de [vai ser muito contestado por] muitos. Já previa a possibilidade de essa pergunta incómoda não ~ resposta. **13** Experimentar/Sentir. **Ex.** Encontrei [Deparei com/Tive] muitas resistências [vários obstáculos] quando quis introduzir novos critérios de avaliação dos alunos «na escola». **14** Ser vítima de/Sofrer. **Ex.** Infelizmente alguns jovens vão ~ a morte ou graves lesões na prática de desportos [esportes] radicais.

encontro *s m* (<encontrar) **1** A(c)to de encontrar(-se)/ver-se. **Ex.** O ~ dos dois amigos encheu-os de alegria, pois não se viam há anos [pois fazia anos que não se viam]. **Loc.** Ter um mau ~ [Ficar perante pessoa perigosa ou indesejada]. **Comb.** ~ combinado [marcado] «com os amigos». **2** Agrupamento/Concentração. **Ex.** O ~ dos excursionistas [turistas] fazia-se junto à igreja matriz da vila. **Comb.** «praça/jardim/café» Ponto de ~ [Local onde as pessoas se juntam]. **3** Reunião formal/Congresso/Simpósio. **Comb.** ~ de História [Educação] «da CPLP». **4** Descoberta(+)/Invenção. **Ex.** O ~ da chave do enigma ainda deve tardar. **5** Combate/Enfrentamento. **Ex.** O ~ [frente a frente(+)] dos dois candidatos à Presidência da República vai ser transmitido pela [na] TV. O nosso exército teve vários ~s com o inimigo. **6** *(D)esp* Competição/Desafio/Jogo. **Ex.** O ~ que juntou os dois grandes clubes rivais terminou com um empate a zero. **7** Cruzamento/Embate/Junção/Confluência. **Ex.** O ~ [A confluência] dos dois rios dá-se [verifica-se/é] já perto do mar. O ~ [cruzamento] das duas ruas é perto do Centro Comercial. **Loc.** *Ir/Vir ao ~ de* **a)** Dirigir-se para um ponto de conta(c)to (Ex. Logo que pôde, foi ao ~ do amigo, que estava na cidade de passagem. O carro foi de ~ à [foi contra a] parede); **b)** Ser conforme com/Estar de acordo com (Ex. A intervenção dele na reunião veio ao ~ das nossas aspirações). **Comb.** *Arquit* ~ [Apoio] *da abóbada.* ~ [Acerto/Ajuste/Cruzamento] *de contas* [de encargos mútuos/de crédito e débito].

encorajador, ora *adj* (<encorajar + -dor) Que encoraja/anima/estimula. **Ex.** Os primeiros resultados do nosso proje(c)to foram ~es [animadores], o que funcionou como [serviu de] novo impulso para prosseguirmos os nossos obje(c)tivos. **Comb.** Palavras ~as.

encorajamento *s m* (<encorajar + -mento) A(c)to de dar [transmitir] coragem/animar/estimular. **Comb.** Palavras de ~ [incentivo/estímulo] para continuar «a trabalhar».

encorajar *v t* (<en- + coragem + -ar¹) **1** Incutir coragem/Estimular/Incentivar/Animar. **Ex.** Quando viu que podia estar [que talvez estivesse] tentado a desistir, soube ~ o irmão a enfrentar as dificuldades. **2** ⇒ apoiar.

encordoar *v t/int* (<en- + corda[dão] + -ar¹) **1** Pôr/Fixar cordas. **Loc.** ~ a guitarra [a raquete]. **2** ⇒ fazer um cordão; enfileirar. **3** ⇒ amuar; *iron* afinar.

encore *fr s m* ⇒ bis.

encornar *v t* (<en- + corno + -ar²) **1** *Gír* ⇒ Estudar até saber de cor/Memorizar(+). **2** *depr* ⇒ Ser infiel/Trair alguém com quem se mantém relação afe(c)tiva/Pôr os cornos/palitos a «alguém» (+). **3** ⇒ «o touro/carneiro/...» Colher [Atingir] com as hastes/Escornar(+). **4** ⇒ Meter a cabeça no travesseiro/Dormir(+).

encorpado, a *adj* (<encorpar) **1** Que tem muito corpo/Forte/Corpulento(+). **Ex.** Ele com certeza pode ajudar-te a remover os móveis, pois é ~ [tem bom físico (+)]. **2** Que é espesso/consistente. **Comb.** Vinho ~ [Que é escuro e espesso].

encorpamento [encorpadura] *s* (<encorpar + ...) **1** ⇒ Qualidade do que é robusto ou encorpado/Corpulência(+). **2** ⇒ grossura; consistência.

encorpar *v t/int* (<en- + corpo + -ar¹) **1** Deitar [Ganhar] corpo/Engrossar/Crescer. **Ex.** O rapaz encorpou, perdeu [deixou de ter] o ar [aspe(c)to] franzino que tinha ainda não há muito tempo. **2** Tornar/Ficar mais grosso/espesso. **Ex.** Na fábrica usam produtos para ~ o papel. **3** ⇒ Tornar [Ficar] maior/Ampliar(+).

encorreadura *s f* (<encorrear + -dura) **1** ⇒ Conjunto de correias para determinado fim. **2** ⇒ Armadura de correias ou de couro.

encorrear *v t* (<en- + correia + -ar¹) **1** ⇒ Atar/Prender «bois» com correia/Jungir. **2** ⇒ Tomar o aspe(c)to [a consistência] do couro. **3** ⇒ Ficar rugoso/Engelhar/Encarquilhar.

encorrilhar *v int* (<encorrear) Ganhar [Formar] rugas «na cara»/pregas «na roupa»/Encarquilhar/Enrugar. **Ex.** A roupa está encorrilhada, é preciso passá-la a ferro.

encortelhar *v t* (<en- + cortelho + -ar¹) ⇒ Meter no cortelho (+)/Encurralar(+).

encortiçado, a *adj* (<encortiçar) **1** ⇒ Metido em cortiço. **2** Revestido de cortiça/Que tem casca. **3** Que é rugoso/áspero. **Ex.** Tinha as mãos ~as [rugosas/ásperas/calejadas] da [devido à] dureza do trabalho de [durante] muitos anos.

encortiçar *v t/int* (<en- + cortiça + -ar¹) **1** Meter em cortiço/colmeia. **Ex.** Tratou de ~ o enxame, ele que era um excelente apicultor. **2** Criar cortiça ou casca. **Ex.** O sobreiro está a ~ há nove anos, vamos tirar a cortiça. **3** Revestir «parede» de cortiça. **4** Tomar a aparência de cortiça.

encortinar *v t* (<en- + cortina + -ar¹) Colocar cortina ou cortinado em (+). **Loc.** ~ as janelas.

encorujar-se *v t Br* (<en- + coruja + -ar¹) **1** Fugir do [ao] convívio social/Retrair-se/[Ocultar-se/Embiocar-se]. **2** «ave/criança» Encolher-se com o frio. **3** Ficar triste/magoado/despeitado «com a repreensão».

encoscorar *v t* (<en- + coscoro + -ar¹) **1** Tornar [Ficar] duro como coscorão/Ressequir. **2** Enrugar(-se)/Encrespar(-se)/Encolher(-se).

encospas, encóspias *s f* (< ?) Formas(Ô) com que os sapateiros alargam o calçado. **Idi.** *Meter-se nas ~* [Esquivar-se a dar explicações/satisfações].

encosta (Cós) *s f* (<en- + costa) Vertente [Declive] do monte/Ladeira. **Loc.** *Descer a ~. Subir a ~.* ⇒ subida; descida.

encostadela *s f* (<encostar + -dela) **1** A(c)to de encostar-se por momentos. **2** A(c)to de importunar, pedindo dinheiro ou um favor. **3** ⇒ maçada.

encostado, a *adj* (<encostar) **1** Que está em conta(c)to com/Que está arrimado a/Que se apoia a. **Ex.** Deixei a bicicleta ~a ao muro. **2** «porta, janela» Que está aparentemente fechada, mas não à [com] chave. **Ex.** Entra, e podes deixar a porta só ~a. **3** Que está colocado junto de. **Ex.** ~o ao mosteiro há um armazém com alfaias agrícolas. **4** Que está sem utilização. **Ex.** Já há muito que a ferramenta do ofício «carpinteiro» está para ali ~a. **5** Que é sustentado economicamente por outrem. **Ex.** Não é agradável (a ninguém) ter de viver ~ aos pais, ainda que por pouco tempo. **6** Que está desempregado/Que não gosta de trabalhar. **Ex.** Há (para ali) muita gente ~a, o que não me agrada nada. **7** Que é importunado com pedido de dinheiro ou de favor. **8** *Br* «trabalhador» Que realiza pequenas tarefas avulsas.

encostamento *s m* (<encostar + -mento) A(c)to ou resultado de encostar(-se).

encostar *v t/int* (<en- + costa + -ar¹) **1** Apoiar(-se)/Arrimar(-se) a/Colocar lado a lado. **Ex.** Enquanto esperava de pé pelo autocarro [ó[ô]nibus], achou que era melhor ~-se a uma coluna do abrigo para passageiros, sempre se cansava menos. **Loc.** *~ a cara à janela. ~* [Juntar] *as duas camas.* **2** Colocar(-se) junto de /Tocar. **Ex.** Quando vai beijar alguém, tem o hábito de mal [de quase não] ~ a cara. **Idi.** *~* [Chegar (+)] *a roupa ao pelo* «a alguém» [Dar uma sova a/Bater]. **3** ~-se/Reclinar-se a descansar. **Ex.** Porque os anos já pesam [a idade já se faz sentir], a seguir ao almoço gosta de ~-se (durante) cerca de uma hora. **4** Pôr de lado/Deixar de usar. **Ex.** Já encostou as botas, não joga futebol há vários anos. **5** Parar o carro na berma. **Ex.** O polícia mandou-me ~ e pediu-me os documentos da viatura. **6** Cerrar «porta ou janela» sem trancar. **Ex.** Preferiu apenas ~ a porta, para não ter que levantar-se quando o amigo chegasse. **7** *Náut* ⇒ Aproximar uma embarcação de outra ou do cais. **8** Vencer alguém numa disputa. **Idi.** *~ alguém à parede* [Não lhe permitir alternativa/Não lhe dar hipótese/Vencê-lo]. **9** *fig* ⇒ Fugir ao trabalho. **10** ⇒ Ser sustentado economicamente por outrem. **11** Importunar alguém com pedido de dinheiro ou de favor. **Ex.** Encostou-se ao amigo para conseguir emprego. **12** ⇒ Aproximar a fêmea do macho para cobrição/Chegar(+).

encoste (Ó) *s m* (<encostar) **1** Reforço de parede ou muro/Contraforte. **2** ⇒ prote(c)ção. **3** *pl* Colunas que sustentam um arco.

encosto (Ôs) *s m* (<encostar) **1** Lugar de apoio. **Ex.** Num carro, um ~ para a cabeça, em viagens grandes, oferece uma grande comodidade. **2** Costas do assento/da cadeira. **Sin.** Espaldar. **3** ⇒ prote(c)ção; arrimo; amparo. **4** «para a crença espírita» Espírito que favorece ou prejudica um ser vivo. **5** Tipo de enxerto. **Comb.** Enxerto de/por ~.

encouchar *v t* (< ?) **1** ⇒ Encurvar/Inclinar. **2** ⇒ Deprimir/Humilhar/Acanhar. **3** ⇒ Baixar-se/Agachar-se.

encouraçar *v t* (<en- + couraça + -ar¹) **1** ⇒ Proteger com couraça «navio de guerra»/Blindar. ⇒ couraçado. **2** ⇒ Dotar de couraça/Colocar forte prote(c)ção.

encou[oi]rar *v t* (<en- + couro + -ar¹) **1** Revestir com couro ou pele. **2** «ferida» Criar pele nova/Cicatrizar(+).

encovado, a *adj* (<encovar) **1** ⇒ Que está metido em cova/buraco. **2** Que é côncavo/Que forma cova. **Comb.** Rosto ~ [chupado]. **3** Que parece metido em covas. **Comb.** Olhos ~s [sumidos]. **4** ⇒ Que está escondido/oculto/enterrado.

encovar *v t/int* (<en- + cova + -ar¹) **1** ⇒ Meter em cova/Enterrar. **2** ⇒ «rosto/órbitas dos olhos» Formar reentrância ou cova. **3** ⇒ Forçar «a caça» a fugir ou a recolher ao covil. **4** ⇒ Ficar sem palavras/Embatocar. **5** ⇒ esconder; ocultar.

encrava(ção) *s f* (<encravar + -ção) **1** A(c)to ou resultado de encravar. **Sin.** Encravamento. **2** ⇒ A(c)to de embutir/engastar. **3** ⇒ Situação difícil/ *pop* Entaladela. **4** Engano/Logro/Mentira.

encravado, a *adj* (<encravar) **1** ⇒ «pata de animal» Que tem cravos a furar-lhe o casco/Ferrado(+). **2** Embutido/Engastado(+). **Comb.** Rubi ~ no anel. **3** Que está a crescer ferindo a carne ou infe(c)tando. **Ex.** Uma unha encravada causa, por vezes, um forte incó[ô]modo ou até uma dor difícil de suportar. **Comb.** *Pelo ~. Unha ~a.* **4** «território/propriedade/país» Totalmente rodeado por outro(s). **5** *fig* Que está em situação «financeira» difícil/em apuros. **Ex.** Não é a primeira vez que o nosso amigo se vê ~, parece que ainda não aprendeu a viver. **Comb.** *Carro ~* [atolado(+)] *na lama. Motor ~* (⇒ encravar 3 **Ex.**).

encravadura *s f* (<encravar + -dura) **1** A(c)to de fixar com prego ou cravo. **2** Conjunto de cravos que seguram a ferradura. **3** Ferimento provocado na pata do animal por cravo da ferradura.

encravamento *s m* (<encravar + -mento) ⇒ A(c)to ou resultado de encravar(-se)/Encravo/Encravação.

encravar *v t/int* (<en- + cravo + -ar¹) **1** ⇒ Fixar prego ou cravo/Cravar(+). **2** ⇒ Introduzir [Entrar] mal o cravo da ferradura no casco do animal, ferindo-o. **3** Impedir [Deixar] de funcionar/Avariar/Bloquear/Travar. **Ex.** A peça partida encravou o motor. **4** Embutir/Engastar. **Loc.** ~ [Engastar(+)] pedras preciosas «num anel». **5** Ficar preso no interior de. **Ex.** Ficou aflito quando uma espinha de peixe se lhe encravou na garganta. **6** Colocar(-se) em situação difícil/Encalacrar(-se). **Ex.** Acabou-se-lhe o dinheiro e ficou encravado. **7** ⇒ Enganar/Lograr. **8** *Mil* ⇒ Obstruir o ouvido de peça de artilharia. **9** *Náut* ⇒ Encurtar cabos, velas, … **10** *Br* «mercadoria» Não ter saída ou venda/Encalhar(+).

encrave *s m* (<encravar) ⇒ enclave.

encravelhar *v t* (<en- + cravelha + -ar¹) **1** Colocar cravelha. **2** Colocar(-se) em situação embaraçosa/Endividar-se.

encravo *s m* (<encravar) **1** Ferimento produzido pelo cravo da ferradura na pata do animal. **2** Situação difícil. **Ex.** Estou num ~, não sei que faça/fazer.

encrenca *s f col* (<encrencar) **1** Situação complicada/embaraçosa. **Loc.** *Arranjar uma grande ~. Meter-se em ~s* [complicações/problemas] «para quê?». **2** ⇒ Conflito/Briga. **3** ⇒ intriga. **4** *s 2g* Pessoa que complica tudo em que entra. **Ex.** Deixa lá, que ele saiu-me cá um ~, pior do que ele ainda não vi (ninguém). Aquele funcionário é um ~.

encrencar *v t/int col* (< ?) **1** Dificultar/Complicar. **Ex.** Tenho uma fraca ideia [impressão] desse funcionário, só o tenho visto a ~ tudo o que lhe passa pelas mãos. A situação «política/dele» encrencou-se [está encrencada]. **2** Meter(-se) em [Criar] problemas. **3** *Br* «carro» Enguiçar/Avariar.

encrespado, a *adj* (<encrespar) **1** Encaracolado/Frisado. **Comb.** Cabelo ~. **2** Que faz ondas/Que está um pouco agitado. **Comb.** Mar ~. **3** Eriçado/Arrepiado. **Comb.** *Pelo ~. Penas ~as* «do galo a lutar». **4** ⇒ enrugado. **5** *fig* ⇒ irritado/furioso/enfurecido.

encrespador, ora *adj* (<encrespar + -dor) **1** Que produz ondulação/Que encrespa. **2** ⇒ agitador. **3** *s m* Instrumento [Ferro] para frisar/ondular o cabelo.

encrespamento *s m* (<encrespar + -mento) A(c)to ou resultado de encrespar(-se).

encrespar *v t/int* (<en- + crespo + -ar¹) **1** Tornar(-se) crespo/ondulado/Franzir-se. **Loc.** ~ [Eriçar] o cabelo. **2** Agitar(-se) «o mar». **Ex.** O vento encrespou (as águas d)o mar. **3** *fig* Zangar-se/Irritar(-se)/Enfurecer(-se).

encristar *v int* (<en- + crista + -ar¹) **1** Começar a ter crista. **2** «galo» Levantar a crista. **3** Mostrar arrogância/Enfatuar/Empertigar-se.

encrostar *v int* (<en- + crosta + -ar¹) Criar crosta. **Ex.** O pão [A broa] encrostou bem. Com a seca o leito do(s) rio(s) ficou encrostado.

encruamento *s m* (<encruar + -mento) A(c)to ou efeito de encruar(-se).

encruar *v t/int* (<en- + cru + -ar¹) **1** «um alimento» Endurecer na cozedura/Ficar duro. **2** Dificultar a digestão. **3** Parar/Emperrar(+)]. **4** Tornar-se insensível/Empedernir-se. **5** Irritar(-se)/Exasperar(-se). **6** Exacerbar(-se)/Intensificar(-se).

encruzamento/encruzar ⇒ cruzamento/cruzar.

encruzilhada *s f* (<en- +cruz + -ilha + -ada) **1** Ponto de cruzamento de caminhos/ruas. **Ex.** Quando chegar à ~, siga pela direita [esquerda]. **2** *fig* Situação de ter várias opções de difícil escolha. **Ex.** Neste momento, encontro-me numa ~, não sei que rumo tomar. **Sin.** Dilema.

encubar *v t* (<en- + cuba + -ar¹) **1** Meter em cuba. **2** ⇒ envasilhar(+).

encucar *v t Br* (<en- + cuca + -ar¹) **1** Ficar a cismar numa ideia. **2** Ficar perdido/Confundir.

encurralamento *s m* (<encurralar + -mento) A(c)to de encurralar.

encurralar *v t* (<en- + curral + -ar¹) **1** Recolher em curral. **Loc.** ~ *o gado.* **2** Meter «a caça/o animal» em lugar estreito e sem saída. **3** *fig* Pôr alguém em dificuldade e sem solução/saída. **Ex.** A recolha de provas incriminatórias do réu pelo advogado foi tão perfeita que ele conseguiu encurralá-lo, não lhe dando hipóteses de defesa.

encurtamento *s m* (<encurtar + -mento) **1** A(c)to ou resultado de tornar mais curto. **Ex.** O ~ da etapa, devido à forte inclemência do tempo, agradou aos ciclistas. **2** Diminuição/Redução. **Comb.** ~ *do prazo.*

encurtar *v t* (<en- + curto + -ar¹) **1** Tornar mais curto/Tornar menor o tamanho de. **Ex.** A nova estrada veio ~ a distância, e consequentemente o tempo de deslocação entre as duas localidades. **Loc.** ~ *a saia [a(s) calça(s)].* **Sin.** Diminuir. **Ant.** Alongar. **2** Limitar/Reduzir. **Ex.** ~ *o prazo de* apresentação das candidaturas pode levar à desistência de algumas pessoas.

encurvamento *s m* (<encurvar + -mento) A(c)to ou efeito de encurvar(-se).

encurvar *v t/int* (<lat *incúrvo,áre*) **1** Dar ou tomar «ramo/vara/arame» a forma de arco/Curvar(+)/Dobrar. **2** *fig* Humilhar(-se)/Submeter(-se)/Curvar-se.

endartéria, endartério *s Anat* (<endo- + artéria) Túnica interna das artérias.

endecha *s f* (<esp *endecha*: elegia) **1** *Liter/Poe* Poema lírico de tom triste/Elegia(+). **2** *Mús* Canção melancólica/triste.

endemia *s f Med* (<gr *éndemos*: da região+-ia) Doença de origem local e limitada a uma região. **Ex.** A malária é uma ~ em várias zonas de África.

endémico, a [*Br* endêmico] *adj* (<endemia + -ico) **1** Relativo a endemia/Que é restrito a determinada população ou zona geográfica. **Comb.** *Doença ~a.* **2** Cró[ô]nico/Que se repete. **Ex.** O desemprego é ~ na região.

endemiologia *s f* (endemia + -logia) Estudo relativo às endemias e seus fa(c)tores.

endemismo *s m Biol* (<endemia + -ismo) Fenó[ô]meno de uma espécie animal ou vegetal aparecer apenas numa região.

endemoni(nh)ado, a *adj/s* (<endemoni(nh)ar + -ado) **1** (O) que tem o demó[ô]nio no corpo/Possesso. **Ex.** Cristo curou os ~s. **2** *fig* (O) que procede de forma demoníaca/satânica/diabólica. **Ex.** O assassino era ~ [era o diabo]. **Sin.** Energúmeno. **2**. **3** *fig* Turbulento/Irrequieto. **Comb.** *Criança ~a* «que parte tudo/bate nas outras». **Sin.** Endiabrado(+).

endemoni(nh)ar *v t* (<en- + demó[ô]nio + -ar¹) **1** ⇒ Ficar endemoninhado/Tornar possesso. **2** ⇒ Enfurecer-se/Encolerizar-se.

endentar *v t* (<en- + dente + -ar¹) **1** Meter [Encaixar] os dentes de uma roda nos vãos de outra roda ou peça dentada/Entrosar. **Loc.** ~ *duas rodas de um relógio.* **Sin.** Engrenar(+). **2** Segurar/Ligar por encaixe.

endereçamento *s m* (<endereçar + -mento) **1** «em correspondência/cartas» Regist(r)o do nome do destinatário e da sua morada /A(c)to de endereçar. **2** ⇒ envio.

endereçar *v t* (<lat *indiréctio,áre<in:* para + *directus*, de *dírigo, ere:* dirigir) **1** Regist(r)ar o nome e morada do destinatário da mensagem/Pôr o endereço (no envelope). **2** Enviar/Encaminhar/Dirigir. **Ex.** Ele endereçou [enviou] o protesto ao jornal. Eu enderecei [dirigi/fiz] a minha crítica só a si, que é o responsável.

endereço *s m* (<endereçar) **1** Nome e morada do destinatário de uma carta/missiva/Dire(c)ção. **Loc.** Escrever o ~ [a dire(c)ção] no envelope [sobrescrito]/na carta. Mudar de ~. **Comb.** ~ *ele(c)tró[ô]nico.* **2** ⇒ envio.

endeusamento *s m* (<endeusar + -mento) A(c)to de endeusar.

endeusar *v t* (<en- + deus + -ar¹) **1** Pôr entre os deuses/Elevar à categoria de deus/Divinizar. **Ex.** Os primitivos endeusavam os fenó[ô]menos naturais «sol» e os seus heróis «guerreiros». **2** Atribuir qualidades exce(p)cionais a/Ter em muito elevada conta/Valorizar em excesso. **Loc.** ~ *um cantor de rock.* Ser endeusado pelos fãs.

endez *s m* (<lat *indícii (ovum)*: ovo indicador) ⇒ indez.

endiabrado, a *adj* (<endiabrar) **1** ⇒ Que tem o diabo no corpo/Endemoni(nh)ado. **2** ⇒ «ideia» infernal; terrível. **3** Que é irrequieto/travesso. **Ex.** O miúdo é mesmo ~, põe a turma em alvoroço. **Sin.** *pop* Levado do diabo. **4** Que é vivo/a(c)tivo/forte.

Ex. No jogo de ontem, o nosso ponta de lança esteve ~, pôs a cabeça em água ao [confundiu o] defesa que o devia marcar. **Comb.** Calor [Chuva/Vento] ~/terrível.

endiabrar *v t* (<en- + diabro: forma *an* de diabo + -ar¹) Tornar(-se) endiabrado.

endinheirado, a *adj* (<endinheirar) Que tem muito dinheiro/Abastado(+)/Rico(o+). **Comb.** *Classe ~a. Família ~a. Gente ~a.*

endinheirar *v t* (<en- + dinheiro + -ar¹) Encher(-se) de dinheiro (+)/Enriquecer(o+).

endireita *s 2g* (<endireitar) Pessoa que, com base em saber empírico, conserta ossos deslocados ou fra(c)turados. **Ex.** Em matéria de ossos, há quem confie mais no ~ do que no médico.

endireitar *v t* (<en- + direito + -ar¹) **1** Pôr(-se) direito o que está torto/curvo/dobrado. **Ex.** Queria ~ o arame, antes de o usar naquela instalação. Estava debruçado e tratou de ~-se quando chamei por ele. **2** Pôr em posição adequada/corre(c)ta. **Ex.** Quando lhe disseram que o visitante estava a chegar, tratou de ~ [compor] a gravata. **Loc.** ~ a fila «dos alunos/das cadeiras». **3** Corrigir o que não tem a orientação conveniente. **Ex.** Há quem pense que sem mudar a gerência a empresa não endireita/muda. **4** Ganhar equilíbrio/estabilidade. **Ex.** Lá consegui ~-me financeiramente, mas não foi sem grandes sacrifícios e privações. **5** Entrar no bom caminho/Emendar-se. **Ex.** ~-se exige, por vezes, uma grande força de vontade. **6** Dirigir-se/Rumar. **Ex.** Ia para o café mas endireitou [foi direito] para casa. **7** Mostrar-se decidido numa disputa/Entesar-se.

endireito *s m* (<endireitar 6) Dire(c)ção/Sentido. **Comb.** *«ir» Ao ~ de* [Em dire(c)ção a/Ao encontro de «um lugar»]. ⇒ direito/dire(c)to.

endiva, endívia *s f Bot* (<lat *íntybus*<gr *entýbion*) ⇒ chicória.

endividamento *s m* (<endividar + -mento) A(c)to ou resultado de endividar(-se)/Aumento das dívidas. **Ex.** O ~ dos países pobres é em parte causado pelos ricos.

endividar *v t* (<en- + dívida + -ar¹) **1** ~-se/Empenhar-se/Contrair dívidas/Ficar a dever dinheiro. **Ex.** Fiz a casa mas endividei-me [fiquei empenhado/com dívidas]. **2** Passar a ter deveres/obrigações por favores recebidos.

endo- *pref* (<gr *éndon*: dentro; significa interioridade (Ex.endócrino, endógeno, ~carpo).

-endo *suf* (<lat *-éndus, éndum*, por ex. *faciéndum*: fazendo) **a)** É terminação dos verbos que terminam em *er* e significa continuação «lendo/correndo»; **b)** Significa *o que deve ser* «dividendo/instruendo/tremendo»).

endoblasto *s m Anat* (<endo- + -blasto) Folheto germinal que constitui a parede interna do embrião animal.

endocárdio *s m Anat* (<endo- + -cárdio) Mucosa que forra as cavidades internas do coração.

endocardite *s f Med* (<endocárdio + -ite) Inflamação do endocárdio.

endocárpio, endocarpo *s m Bot* (<endo- + carpo) Parte interna do pericarpo/Parte do fruto em conta(c)to com a semente. **Ex.** No pêssego e na azeitona o ~ é o caroço, na laranja é toda a parte comestível.

endocrânio *s m* (<endo- + crânio) Parte interior do crânio.

endócrino, a *adj* (<endo- + gr *kríno*: segregar) «glândula sem canal excretor» Que lança a secreção dire(c)tamente no sangue/De secreção interna. **Comb.** *Glândula ~a* «pâncreas/tiroide/suprarrenais». *Sistema ~*. **Ant.** Exócrino.

endocrinologia *s f* (<endócrino + -logia) Parte da Biologia e da Medicina que estuda as funções e as doenças das glândulas endócrinas, bem como as hormonas.

endocrinológico, a *adj* (<endocrinologia + -ico) Que é relativo à endocrinologia.

endocrinologista *s 2g* (<endocrinologia + -ista) Especialista em endocrinologia.

endoderma/e *s f* (<endo- + derme) **1** *Anat* Camada interna do embrião e do (futuro) tubo digestivo, bexiga, …/Endoblasto. **2** *Bot* Camada de células da parte mais interna do córtex de alguns órgãos vegetais.

endodontia *s f* (<endo- + gr *odoús,odóntos*: dente + -ia) Parte da Odontologia que trata das lesões na polpa dentária, nas raízes dos dentes e no tecido periapical.

Endoenças *s f pl* (<lat *indulgéntia*: bondade, perdão) Solenidades religiosas de Quinta-Feira Santa.

endogamia *s f* (<endo- + gr *gámos*: casamento + -ia) **1** Regra «entre povos primitivos» de casar com indivíduo do seu grupo étnico, religioso ou social. **Ant.** Exogamia. **2** Casamento com parente próximo ou com pessoa do mesmo povoado. **3** *Bot* ⇒ Fecundação entre gâmetas que tiveram origem comum/Autogamia.

endogénese [*Br* **endogênese**] *s f Biol* (<endo- + …) Formação de células dentro de outras.

endógeno, a *adj* (<endo- + -geno) **1** Que tem origem no interior de um organismo/sistema. **Ex.** A crise econó[ô]mica que nos tem afe(c)tado tem sobretudo causas ~as. **2** *Biol/Bot* «esporo» Que tem origem ou se desenvolve num tecido interno dum órgão. **3** *Geol* «fenó[ô]meno geomorfológico» Que tem origem no interior da Terra. **Comb.** *«granito» Rocha ~a.*

endoi[ou]decer *v t/int* (<en- + doido + -ecer) **1** Perder o juízo/Dar em [Ficar] doido/Enlouquecer(+). **Ex.** Depois de inúmeras crises [tragédias/doenças] endoideceu. **2** *fig* Causar uma forte emoção (de alegria ou tristeza)/Desorientar/Desvairar/Abalar. **Ex.** Ao saber que passei no exame de admissão «à universidade» endoideci [fiquei doido] «nem queria acreditar».

endoidecimento *s m* (<endoidecer + -mento) ⇒ Perda do juízo/Enlouquecimento/Loucura.

endolinfa *s f Anat* (<endo- + linfa) Líquido contido no labirinto membranoso do ouvido interno.

endométrio *s m Anat* (<endo- + gr *métra*: útero + -io) Mucosa que reveste a parte interior do útero.

endomicose *s f Med* (<endo- + gr *mýkes*: cogumelo + -ose) Inflamação da mucosa bucal «de crianças/idosos», provocada por parasita vegetal. ⇒ estomatite.

endomingar *v t* (<en- + domingo + -ar¹) Vestir roupa (bonita) de domingo/Aperaltar(-se). **Ex.** Endomingou-se (todo) para se encontrar com a namorada.

endomorfismo *s m Geol* (<endo- + gr *morphé*: forma + -ismo) Modificação da composição do magma pela integração de rochas vindas do exterior.

endoparasita *s m Biol* (<endo- + …) «té[ê]nia» Parasita que vive no interior do corpo do hospedeiro. ⇒ endozoário.

endoscopia *s f Med* (<endo- + gr *skopiá*: observação) Exame de órgão interno do corpo «estômago» através do endoscópio. **Loc.** *Fazer uma ~.*

endoscópio *s m* (<endo- + gr *skopéo*: observar) Tubo ó(p)tico usado em endoscopia, que tem iluminação e um espelho.

endosmose *s f* (<endo- + osmose) Corrente de fora para dentro entre dois líquidos de diferente densidade, separados por uma membrana.

endosperma *s m Bot* (<endo- + gr *spérma*: semente) Tecido nutritivo das sementes da maioria das gimnospérmicas/Albúmen.

endósporo *s m Bot* (<endo- + esporo) Esporo formado no interior da célula em que tem origem.

endossado, a *adj* (<endossar) **1** Que tem endosso. **Comb.** *Cheque ~. Letra ~a.* **2** *s* Entidade cujo nome se indica no verso de cheque/letra/título e a quem deve ser paga a quantia aí mencionada.

endossador, ora [**endossante**] *adj/s* (<endossar + -dor) **1** Que faz o endosso «de cheque, letra ou título financeiro». **2** *s* Pessoa que faz esse endosso.

endossamento *s m* (<endossar + -mento) ⇒ endosso.

endossar *v t* (<fr *endosser*<lat *in + dorsum*: costas) **1** Indicar no verso de cheque/letra/título o nome da entidade para quem se transfere a propriedade, devendo-lhe ser paga a quantia aí indicada. **Ex.** Para ~ o cheque que me vinha dirigido, perguntei ao meu vizinho o nome completo dele. **2** *fig* Transferir para outrem uma responsabilidade ou incumbência. **Ex.** Endossei-lhe a incumbência de avisar a polícia. **3** *fig* Apoiar(+). **Loc.** *~ a opinião do amigo.*

endosso, endosse (Dô, Dó) *s m Econ* (<endossar) **1** Transferência de propriedade de cheque, letra ou título financeiro, indicando no verso o nome do novo beneficiário. **Ex.** O ~ transmite [transfere] a propriedade do título do endossador para o endossado. **2** *Dir* Assinatura ou declaração num documento «de seguro» para transferir a propriedade para outrem. **Comb.** *~ completo* [em preto]. *~ em branco.*

endotélio *s m Anat* (⇒ epitélio) Tecido do revestimento interno dos vasos sanguíneos e linfáticos.

endotermia *s f* (<endo- + -termia) Processo físico ou químico de absorção de calor.

endotérmico, a *adj* (<endotermia + -ico) «processo físico ou químico» Em que há absorção de calor/Que é relativo a endotermia. **Ant.** Exotérmico.

endoudecer ⇒ endoidecer.

endovenosa, a (Ôso, Ósa) *Med* (<endo- + venoso) Que está ou se lança no interior da veia/Intravenoso. **Comb.** *Inje(c)ção ~a* [na(s) veia(s)].

endozoário, entozoário *s m Biol* (<endo- + gr *zoárion*: animalzinho) Animal parasita que vive no interior do corpo de outros animais/Verme intestinal. **Ex.** A lombriga é um ~.

endr(ã)o *s m* (<gr *ánethon*) Planta herbácea da família das umbelíferas, semelhante ao funcho; *Anethum graveolens*. **Sin.** Aneto.

endrómina [*Br* **endrômina**] *s f* (< ?) Trapaça/Artimanha/Intrujice.

endrominar *v t* (<endró[ô]mina + -ar¹) ⇒ Enganar/Intrujar/Aldrabar.

endurecer *v t/int* (<en- + duro + -ecer) **1** Tornar(-se) duro/Tornar(-se) mais consistente. **Ex.** O sol [calor] endurece o barro. Se está ao ar, o pão vai ~. A argamassa da placa tem que ficar uns dias a ~. **2** Tornar mais forte/Dar resistência a/Fortalecer. **Ex.** Os trabalhos pesados costumam ~ [fortalecer(+)] a musculatura. **3** Ser mais severo/rigoroso. **Ex.** As duas partes [Os dois países] endureceram as (suas) posições e não chegaram a acordo. **4** Tornar insensível/Ficar endurecido/Desumanizar. **Ex.** Vendo muitas vezes tanta crueldade, os espíritos tendem a ~ [perdem a sensibilidade].

5 Aumentar a resistência à fadiga ou às contrariedades/Calejar(+). **Ex.** Corpo e espírito acabam por ~ [ficam calejados] quando sujeitos a grandes provações. **Loc.** Ter as mãos endurecidas [calejadas(+)] do trabalho no campo. **6** Dar aspe(c)to rígido. **Ex.** O frio gélido tinha por efeito ~-lhe as linhas do rosto.
endurecimento s m (<endurecer + -mento) A(c)ção ou resultado de endurecer.
ene s m Nome da letra N/n. **Sin.** pop Nê.
eneágono s m (<gr ennéa: nove + gónos <gonía: canto, ângulo) Polígono de nove lados.
eneagrama s m Psic (<gr ennéa: nove + -grama) Quadro com nove pontos interligados e que, segundo as suas ligações, nos indicam os diferentes cara(c)teres ou tipos de personalidade.
enegrecer v t/int (en- + negro + -ecer) **1** Tornar(-se) negro/preto. **Ex.** Com a fumarada [o fumo] da lareira, o te(c)to da cozinha começara a ~. **2** ⇒ «céu» escurecer. **3** fig Denegrir/Difamar/Deslustrar. **Ex.** Parece que, ao referir esse caso, a intenção dele era ~ [denegrir(+)] a memória do conterrâneo.
enegrecimento s m (<enegrecer + -mento) A(c)to ou resultado de enegrecer.
éneo, a [Br êneo] adj (lat aéneus: de bronze) **1** Que é relativo ao/Feito de bronze. **2** Duro como bronze.
eneolítico, a adj/s m (<lat aéneus: de bronze + gr líthos: pedra + -ico) (Relativo ao) período de transição entre o Neolítico e a Idade do Bronze. **Sin.** Calcolítico.
energética s f Fís (<energético) Ciência que trata das propriedades gerais da energia «elé(c)trica».
energético, a adj Fís (<gr energetikós: a(c)tivo) **1** Que é relativo a energia. **Comb.** Fa(c)tura ~a [Custo do consumo de energia durante certo período]. «vento/ele(c)tricidade» **Fonte ~a. Reserva ~a. Se(c)tor ~**. **2** ⇒ Relativo à energética. **3** Que produz/fornece energia «muscular». **4** Rico em calorias. **Ex.** Os alimentos com [ricos em] gordura são muito ~s. **Comb.** Valor ~.
energ(et)ismo s m Fil (<energético + -ismo) Teoria física que reduz toda a realidade a energia.
energia s f (<lat energia <gr enérgeia) **1** Capacidade de um corpo [substância/sistema] produzir trabalho. **Ex.** A ~ é um dos fa(c)tores decisivos (a ter em conta) quando se quer instalar uma unidade produtiva. **Comb.** ~ ató[ô]mica. ~ cinética. ~ elé(c)trica. ~ eólica. ~ muscular. ~ nuclear. ~ renovável [inesgotável]. ~ solar. **2** Força física/Vigor. **Ex.** Apesar dos seus oitenta e tantos [e mais alguns/e tal] anos, ainda tem ~ para cuidar do quintal. **3** Determinação psicológica/Força moral. **Ex.** Deu mostras de uma grande ~ ao tomar para si o processo tão melindroso da reorganização da empresa. **4** Firmeza/Coragem. **Ex.** Enfrentou a difícil situação com uma ~ admirável. **5** Arrojo na conce(p)ção ou na realização de obra artística, cultural, … **Ex.** A ~ que perpassa a [A densidade da] sua prosa é de jeito a agarrar [prender] o leitor.
enérgico, a adj (<energia + -ico) **1** Que denota força física ou vigor. **Ex.** Com um impulso ~, aplicado pelos três ao mesmo tempo, conseguimos remover o armário. **Comb.** Fisionomia ~a. **2** Firme/Decidido/Veemente. **Ex.** Foi um protesto ~ da população que travou o plano do Governo. **Comb.** Atitude [A(c)ção] ~a. **3** Forte/Reforçado. **Ex.** Para debelar certas doenças só um tratamento ~ [radical] é eficaz. **4** Que é esforçado/empenhado. **Ex.** Habituei-me a admirar aquele cará(c)ter [homem] ~ que, ao abraçar uma boa causa, tudo fazia para a levar a bom termo, nunca desistia dela.
energizar v t/int Br (<energia + -izar) **1** Fís ⇒ transmitir energia «elé(c)trica/ao bonde». **2** ⇒ tornar enérgico.
energúmeno, a s (<gr energoúmenos: que está influenciado) **1** an ⇒ endemoni(nh)ado/possesso. **2** Indivíduo exaltado que provoca distúrbios. **Ex.** Hoje, sobretudo nos subúrbios das metrópoles, há grupos de ~s que são uma ameaça para a ordem pública. **3** ⇒ Pessoa desprezível/boçal/ignorante.
enervação [enervamento] s (<enervar + …) A(c)to de enervar(-se).
enervante adj 2g (<enervar) **1** Que irrita/Que impacienta/Incomodativo. **Ex.** A conversa delas em surdina ao longo do discurso era ~, estive quase (disposto) para intervir. **2** ⇒ Que enfraquece/debilita. **3** ⇒ Que dá nervo/consistência.
enervar v t (<en- + nervo + -ar¹) **1** Mexer com os nervos/Irritar. **Ex.** A falta de pontualidade enerva-me. **Loc.** ~-se sem razão [por tudo e por nada]. **2** Dar nervo/consistência/força/Fazer nervura em. **Loc.** ~ a lombada do livro «com pele». ~ o corpo do vestido. **3** Matar o nervo/Tirar a força. **Ex.** A bebida em excesso enerva [debilita/enfraquece] a inteligência.
enésimo, a num ord (<n3 + -ésimo) Que, numa série, ocupa o lugar correspondente a um número indeterminado. **Ex.** Estou a dizer-te pela ~a vez [Já te disse não sei quantas vezes (+)] que não fumes aqui.
enevoado, a adj (<enevoar) **1** Que tem nuvens/névoa. **Ex.** Como o céu estava um pouco ~, não se viam as estrelas. **Sin.** Nublado. **2** «olhar» Toldado «de lágrimas»/Escuro/«vidro» Baço. **3** Med «córnea» Que, por doença, tem vindo a ficar opaca. **4** fig Triste/Melancólico.
enevoar v t (<en- + névoa + -ar¹) **1** Cobrir com nuvens [névoa]/Nublar. **2** ⇒ «choro» Toldar «a vista». **3** Tornar/Ficar baço ou opaco. **4** fig Tornar(-se) triste/Tirar o brilho. **Ex.** A zanga dos dois no fim enevoou (o brilho d)a festa.
enfadar v t (<lat infátuo,áre: tornar insípido) **1** Aborrecer/Enfastiar/Entediar. **Ex.** Habituada ao bulício da cidade, depressa se enfadou da vida monótona da aldeia. **2** Incomodar/Irritar. **Ex.** Estou muito enfadado [zangado] consigo por não ter vindo [porque não veio] à reunião «dos a(c)cionistas».
enfado s m (<enfadar) **1** Aborrecimento/Trabalho. **Ex.** Ouvimo-lo com ~. **Comb.** O ~ das viagens «longas/muito frequentes». **2** Agastamento/Irritação.
enfadonho, a adj (<enfado + -onho) Que causa enfado/Que aborrece ou incomoda. **Ex.** A viagem através daquelas terras inóspitas é ~a para qualquer pessoa. **Comb.** Discurso [Pessoa] ~. **Sin.** Fastidioso; maçador. **Ant.** Interessante.
enfaixar v t (<en- + faixa + -ar¹) Envolver em faixa/Atar/Ligar. **Loc.** ~ um braço (partido). ⇒ enfeixar.
enfardadeira s f (<enfardar + -deira) Máquina agrícola para recolher e comprimir palha ou feno (Erva seca) em fardos/feixes.
enfardador, ora adj (<enfardar + -dor) Que junta em fardo/Que enfarda.
enfardar v t (<en- + fardo + -ar¹) **1** Fazer fardos/Meter em fardo/Empacotar. **Sin.** Enfeixar. **2** ⇒ Arrumar roupas em saco/mala. **3** pop ⇒ Comer muito.
enfarinhar v t (<en- + farinha + -ar¹) **1** Cobrir/Polvilhar com farinha. **2** Converter em [Reduzir a] farinha/Moer(o+)/Esfarelar(+) «mandioca». **3** Dar [Tomar] conhecimentos gerais sobre uma matéria/Iniciar(-se) em.
enfarpelar v t (<en- + farpela + -ar¹) Vestir roupa nova/Aperaltar-se.
enfarruscar v t (<en- + farrusca + -ar¹) **1** Sujar com fuligem/carvão. **Loc.** «no Carnaval» ~ a [Fazer farruscas na] cara. **2** Enegrecer/Mascarrar. **3** pop «o céu» Ficar enevoado. **4** Pôr [Ficar] de semblante sombrio/Entristecer(-se).
enfartamento s m (<enfartar + -mento) **1** A(c)ção de empanturrar/(en)fartar. **2** ⇒ Obstrução/Enfarte(+)/Ingurgitamento.
enfartar v t (<en- + farto + -ar¹) Causar a sensação de que se comeu de mais (Br demais). **Ex.** Cul A açorda enfarta. ⇒ fartar.
enfarte/o s m (<enfartar) **1** ⇒ enfartamento **1**. **2** Med Lesão de tecidos de um órgão por obstrução de um vaso sanguíneo. **Ex.** O colesterol alto e a hipertensão arterial aumentam o risco de ~. **Comb.** ~ do miocárdio [Necrose de tecido cardíaco por obstrução de artéria]. **Sin.** Br Infarto/e.
ênfase s f (<gr émphasis: a(c)ção de aparecer; ⇒ enfático) **1** Gram Colocação em evidência ou uso especial de uma palavra ou expressão. **Ex.** Na frase "Eu é que sei" as palavras é que são para dar ~. **2** Forma empolada ou afe(c)tada de alguém se exprimir/Ostentação/Arrogância. **Ex.** A ~ com que ele fala [se exprime] é (mesmo) ridícula. **3** Realce/Importância/Relevo. **Ex.** O filme dá ~ ao aspe(c)to social.
enfastiamento s m (<enfastiar + -mento) A(c)to ou efeito de enfastiar.
enfastiar v t (<en- + fastio + -ar¹) **1** Ter (a sensação) de fastio/Ficar [Deixar] sem apetite/Enjoar. **Ex.** A doença enfastiou-o [tirou-lhe o apetite]. **2** Aborrecer/Enfadar/Maçar. **Loc.** ~ os ouvintes «com discursos de uma hora».
enfático, a adj (<gr emphatikós; ⇒ ênfase) **1** Que põe em destaque/Que dá realce [força/intensidade] a uma palavra ou expressão. **Ex.** Na frase " Eu é que fiz todo o trabalho", a expressão ~a é que tem a função de pôr em destaque o sujeito da frase, Eu. **2** Que é empolado ou pomposo/Exagerado. **Comb.** Discurso [Modo de falar] ~. **Sin.** Afe(c)tado. **Ant.** Natural; simples.
enfatizar v t (<enfático + -izar) Dar relevo ou importância/Pôr ênfase em alguma coisa. **Ex.** O médico enfatizou a necessidade de repouso para você se curar. **Sin.** Realçar; acentuar; salientar.
enfatuado, a adj (<enfatuar) Que mostra soberba/presunção. **Sin.** Arrogante; vaidoso(o+); presunçoso(+).
enfatuar v t (<en- + fátuo + -ar¹) Encher de presunção/Envaidecer. **Ex.** A vitória enfatuou o general mas deixou no país um rasto de sangue [mas causou muitas vítimas].
enfear v t (<en- + feio + -ar¹) Tornar feio. **Sin.** Afear(+).
enfeitar v t (<lat affácto,áre: habilitar para) **1** Adornar/Decorar/Embelezar/Ataviar. **Loc.** ~ a cabeça com uma flor [fit(inh)a]. ~ **o Presépio** [a árvore de Natal]. **2** fig Dar graça/Tornar agradável. **Ex.** O jornalista enfeitou a notícia [história] com pormenores engraçados. **3** «o toureiro» Colocar farpas no dorso do touro. **4** depr pop Ser infiel/Trair o cônjuge.
enfeite s m (<enfeitar) **1** O que embeleza/Orna(men)to/Adorno/Atavio. **Comb.** ~s da árvore de Natal. **2** depr pop Traição pelo cônjuge. **Sin.** pop Cornos; pop palitos.
enfeitiçar v t (<en- + feitiço + -ar¹) **1** Submeter através de feitiço/Fazer feitiço/bruxaria. **Ex.** A bruxa enfeitiçou as filhas do rei. **Sin.** Embruxar; encantar(+). **2** fig Sedu-

zir/Cativar. **Ex.** Deixou-se ~ pela rapariga [moça].

enfeixar v t (<en- + feixe + -ar¹) **1** Juntar [Atar] em feixe/molho(Mó). **2** ⇒ Reunir/Agrupar.

enfermagem s f (<enfermar + -agem) **1** Prestação de cuidados especializados [Conjunto de tratamentos dados] a enfermos, sob dire(c)ção do médico. **Comb.** *Pessoal de ~. Serviço de ~.* **2** Curso que forma profissionais de **1**. **3** Profissão de enfermeiro/Conjunto de enfermeiros.

enfermar v t/int (<lat *infírmor,ári*: ficar doente) **1** (Fazer) adoecer (+). **2** Ser imperfeito/Pecar por/Falhar. **Ex.** A planificação que elaborou parece-me ~ de [pecar por] falta de coerência entre as medidas propostas.

enfermaria s f (<enfermo + -aria) Instalação/Dependência/Sala equipada para receber e tratar doentes. **Ex.** Este hospital tem muitas ~s. **Comb.** A ~ [Os serviços médicos] do colégio [da escola].

enfermeiro, a s (<enfermo + -eiro) **1** Profissional diplomado para o tratamento de doentes ou acidentados, sob dire(c)ção do médico. **2** Pessoa que cuida de um doente. **Ex.** Em casa é ele/a o/a ~.

enfermiço, a adj (<enfermo + -iço) Que frequentemente cai [fica/está] doente. **Sin.** Doentio; frágil. **Ant.** Saudável.

enfermidade s f (<lat *infírmitas,átis*; ⇒ enfermar) **1** Falta de saúde/Doença/Debilidade. **2** *fig* Anomalia/Falha no funcionamento de um sistema ou organização.

enfermo, a adj/s (<lat *infírmus*; ⇒ enfermar) **1** (O) que está doente (+). **Ex.** Neste momento o hospital tem muitos ~s, não há camas livres. **Comb.** A parte ~a da perna «é a rótula». **2** *fig* «país» Que apresenta deficiência [anomalia] no seu funcionamento/Imperfeito.

enferrujamento s m (<enferrujar + -mento) Resultado de enferrujar ou de ganhar ferrugem.

enferrujar v t/int (<en- + ferrugem + -ar¹) **1** Originar [Criar] ferrugem/Oxidar(-se). **Ex.** A faca enferrujou. Os ácidos enferrujam o ferro. **2** Sujar (com ferrugem). **Ex.** Quando deixei ~ a camisa, foi muito difícil eliminar as nódoas. **3** *fig* Perder mobilidade ou movimento/Emperrar. **Ex.** As pernas começam a ~, também os anos já pesam [já são muitos]. **4** *fig* Perder qualidade por falta de uso. **Ex.** Há tantos anos (a viver) fora de Portugal, o meu português está enferrujado.

enfesta s f (<enfesto) **1** ⇒ Ponto mais elevado/Cume/Pico. **2** ⇒ Nível mais alto/Auge.

enfestar v t (<enfesto + -ar¹) **1** Dobrar «tecido» pelo meio da largura para o enrolar/Fazer festo. **2** *Br* ⇒ Fazer aumentar/crescer «a conta/o número»/Dobrar. **3** *Br* ⇒ Enganar no jogo, marcando mais pontos do que os obtidos. **4** *Br* ⇒ exagerar/mentir.

enfesto, a adj/s m (<en- + festo) **1** Que tem forte inclinação/Íngreme. **2** s m Inclinação/Declive. **Loc.** A ~ [Para cima].

enfeudação [enfeudamento] s (<enfeudar + ...) A(c)to de enfeudar(-se).

enfeudar v t (<en- + feudo + -ar¹) **1** *Hist* Constituir em feudo «um território, uma cidade, ...». **2** Submeter [Sujeitar] à sua vontade. **3** ~-se/Ficar dependente de/Submeter-se. **Ex.** Recuso enfeudar-me a qualquer partido ou ideologia.

enfezado, a (Fé) adj (<enfezar) **1** Que não teve o normal desenvolvimento/Raquítico/Atrofiado. **Comb.** Planta [Criança] ~a. **2** Que tem reduzidas dimensões/Pequeno. **3** *Br* Que se irritou/aborreceu.

enfezar (Fé) v t (<lat *infénso,áre*: ser hostil, não defender) **1** Impedir o normal crescimento de um ser vivo. **Ex.** A falta de sol [água] enfezou a plantação. **2** Irritar/Enervar/Exasperar.

enfiada s f (<enfiado) **1** Série de obje(c)tos atravessados por um fio/fieira/linha. **Loc.** «O miúdo comeu os três chocolates» De ~ [Uns atrás dos outros/A eito]. ⇒ «tudo» seguido. **Comb.** ~ de peixes «de vendedor ambulante». ~ [Fio(+)/Colar(o +)] *de pérolas*. ~ *de contas* ⇒ terço. **2** Série de obje(c)tos em linha/Fila(+). **Comb.** ~ de carros parados na estrada. **3** Sequência numerosa. **Comb.** ~ *de feriados*. ~ *de impropérios* [injúrias/afrontas]. **4** *Br* (*D*)*esp* ⇒ Goleada.

enfiadura s f (<enfiar + -dura) **1** Porção/Pedaço de linha que de uma vez se enfia na agulha. **2** Orifício/Buraco/Fundo da agulha por onde passa a linha. **3** ⇒ enfiada **1**.

enfiamento s m (<enfiar + -mento) **1** A(c)to de enfiar. **2** Ala/Fileira. **3** Dire(c)ção no prolongamento de uma linha/Alinhamento(+). **Ex.** O árbitro marcou uma falta (a cobrar) no ~ da linha da grande área. **4** *Náut* Dire(c)ção que deve ser seguida por uma embarcação à entrada de um porto. **Ex.** Na costa, o alinhamento de dois marcos geodésicos separados por alguns quiló[ô]metros define [indica/mostra] aos navios o ~ corre(c)to, ainda a uma certa distância da entrada da barra. **5** ⇒ vergonha/acanhamento.

enfiar v t (<en- + fio + -ar¹) **1** Fazer atravessar por um fio «um conjunto de obje(c)tos». **Loc.** ~ *pérolas*. **2** Fazer entrar a linha de coser no orifício da agulha. **Loc.** ~ a (linha na) agulha. **3** Meter em buraco ou lugar apertado. **Ex.** *idi* Terminada a aula, tratou de ~ os livros na mochila. *idi* Parou e enfiou-se no [e fugiu para o] mato. Enfiou-lhe o punhal na barriga. **Loc.** ~ a chave no buraco da fechadura. **4** *fig* Vestir ou calçar. **Ex.** Enfiou umas calças à pressa, (por)que não havia tempo a perder. **Idi.** «tentei defender-me mas tive de» ~ *a carapuça/o barrete* [Mostrar-se atingido por uma referência negativa de alguém, mesmo quando lhe não era dirigida]. ~ *o barrete a alguém* [Enganar, inventando história]. **5** *fig* Beber. **Ex.** Enfiou dez copos de cerveja! **6** *fig* Ficar confuso/encolhido/enfiado. **Ex.** Fiquei enfiado com a pergunta do juiz. **7** *Br* ⇒ bater; perseguir.

enfileirar v t/int (<en- + fileira + -ar¹) Dispor em fila/fileira/Alinhar. **Loc.** ~ as cadeiras [crianças].

enfim adv/interj (<em + fim) **1** Por fim (+)/Por último/Finalmente(+). **Ex.** Chegámos, ~, ao nosso destino. **Idi.** *Até que ~!* (Expressão de satisfação/alívio por ter terminado uma longa espera). **2** Em resumo/Em conclusão/Numa palavra. **Ex.** As muitas solicitações, os amigos, a paixão pela Internet, ~ tudo o desviava do estudo. **3** Mais precisamente (+)/Se digo bem/Melhor(+). **Ex.** Quando aqui cheguei, ~, quando conta(c)tei com os responsáveis, vi logo que havia a firme vontade de melhorar a situação. **4** Expressão de aceitação/concordância apenas parcial. **Ex.** Não será bem assim [será exa(c)tamente como (você) diz], mas ~ [pronto], vamos supor que é. Discutiram, zangaram-se. Enfim!...[Nem sei que mais/lhe diga].

enfisema (Zê) s m *Med* (<gr *enphýsema, sématos*: infiltração de ar) Tumefa(c)ção patológica devido à presença de ar ou gases num tecido orgânico. **Comb.** ~ pulmonar [Dilatação anormal e permanente dos alvéolos pulmonares, que perdem a sua elasticidade].

enfisemático[matoso], a adj (<enfisema + -ico) Relativo a enfisema.

enfistular v t/int (<en- + fistula + -ar¹) Criar [Degenerar em] fístula.

enfiteuse s f *Dir* (<gr *emphýteusis*: enxertia, implantação) Concessão do domínio útil de um imóvel feita pelo proprietário a outrem, mediante o pagamento de renda anual ou foro. **Sin.** Aforamento. ⇒ aluguer/l.

enfiteuta s *Dir* (<gr *emphyteutés*: proprietário por enfiteuse) O que tem ou recebe o domínio útil de uma propriedade mediante enfiteuse.

enfivelar v t (<en- + fivela + -ar¹) **1** Pôr fivela. **2** Prender/Segurar com fivela. **3** Afivelar(+)/Apertar(o+) «o cinto».

enflorar v t (<en- + flor + -ar¹) **1** Fazer florescer/Florir. **2** Enfeitar com flores. **3** *fig* Dar felicidade/Alegrar. **4** *fig* Fazer prosperar.

enfocar v t (<en- + foco + -ar¹) Pôr em foco/Focalizar/Focar.

enfogar v t (<en- + fogo + -ar¹) **1** Pôr em brasa/Afoguear. **2** Tornar ardente.

enfolar v t (<en- + fole + -ar¹) **1** Dar forma arredondada por pressão do ar/Inchar/Empolar. **Ex.** Viam-se as velas do barco a ~ com o vento. **2** Fazer fole [Não assentar bem] «um vestido».

enfolhar¹ v int (<en- + folha + -ar¹) Criar folhas/Cobrir(-se) de folhas.

enfolhar² v t (<en- + folho(Ó) + -ar¹) Pôr folhos «no vestuário».

enfolipar v int (<en- + folipo + -ar¹) ⇒ Formar papo ou folipo «no vestuário»/Enfolhar².

enfoque (Fó) s m (<enfocar) **1** A(c)to de focar/Focagem. **Comb.** O ~ da obje(c)tiva [do holofote]. **2** Modo de perspe(c)tivar/focalizar. **Ex.** O ~ do discurso foi [esteve voltado para] a importância dos pais na educação.

enforcado, a adj/s m (<enforcar) **1** Que morreu (por asfixia) na forca. **2** Método de engatar videira nas árvores. **Ex.** No norte de Portugal, Minho, produz-se vinho verde sobretudo a partir da uva de ~. **Comb.** Vinha [Vide] de ~. **3** ⇒ inutilizado.

enforcamento s m (<enforcar + -mento) A(c)to de enforcar. **Comb.** Morte por ~ na forca].

enforcar v t (<en- + forca + -ar¹) **1** Prender corda/laço ao pescoço, ficando o corpo suspenso, para provocar a morte por asfixia. **Ex.** Enforcaram Tiradentes a 21 de abril de 1792. Judas enforcou-se numa figueira. ⇒ estrangular. **2** *fig* «a má gestão» Arruinar/Estragar «o negócio/a empresa». **3** *fig* Vender ao desbarato/com prejuízo. **4** *fig* Abandonar «o proje(c)to»/Perder «as esperanças». **5** *col* ~-se/Casar-se. **6** *fig* Fazer ponte(+)/Não trabalhar num [E~ o] dia que fica entre dois feriados.

enformação s f (<enformar¹) A(c)to ou efeito de enformar «queijo».

enformar¹ v t (<en- + forma² (Ô) + -ar¹) Meter em forma ou molde. **Loc.** ~ sapatos [a massa do bolo].

enformar² v t/int (<en- + forma¹(Ó) + -ar¹) **1** Dar forma ou estrutura. **2** Tomar/Ganhar forma/corpo. **3** Desenvolver-se/Crescer.

enfornar v t (<en- + forno + -ar¹) **1** Meter «o pão» no forno (+). **2** *fig* Comer muito/sofregamente.

enforquilhar v t (<en- + forquilha + -ar¹) **1** Dar forma de forquilha a. **2** *Br* Prender em forquilha. **3** ⇒ bifurcar.

enfranque s m (<en- + flanco) **1** Curva do vestuário nas ilhargas. **2** Parte curva lateral do calçado para se ajustar ao contorno do pé.

enfraquecer *vt/int* (<en- + fraco + -ecer) **1** Diminuir a força ou a resistência/Ficar ou tornar fraco/Debilitar. **Ex.** Aquele trabalho enfraqueceu[debilitou]-o muito. **2** Diminuir a intensidade ou o valor de alguma coisa. **Ex.** A voz do doente foi enfraquecendo (, enfraquecendo) [falhando] até perder a fala. **3** *fig* Perder o ânimo.

enfraquecimento *s m* (<enfraquecer + -mento) A(c)to ou efeito de enfraquecer/Debilidade/Fraqueza/Diminuição. **Comb.** O ~ da vontade.

enfrascar *v t* (<en- + frasco + -ar¹) **1** Colocar/Guardar dentro de frasco. **Loc.** ~ a compota [o mel]. ⇒ engarrafar. **2** Impregnar/Ensopar/Embeber. **3** ~-se/Beber demasiado/Embriagar-se. **4** ~-se/Dedicar-se muito a/Envolver-se em.

enfrear *v t/int* (<en- + freio + -ar¹) **1** Pôr o freio (+) «ao cavalo». **2** Dominar o animal com o freio/«o cavalo» Levantar a cabeça e não a agitar. **3** A(c)cionar o freio/Frear(+) «o carro»/Travar(o+). **4** Domar/Subjugar/Dominar alguém ou alguma coisa. **5** Moderar/Reprimir/Refrear «o desejo/a gula».

enfrentar *v t* (<en- + frente + -ar¹) **1** Estar/Colocar/Pôr frente a frente. **Ex.** O hotel enfrentava [dava para(+)] a praia. Enfrentámos [Pusemos frente a frente (+)] os dois galos para a luta. **2** Encarar de frente/Não fugir à luta/Combater. **Loc.** ~ **o inimigo** [atacante]. ~ **o problema** [as dificuldades (da vida)]. **3** Disputar com/Defrontar. **Ex.** O Fluminense enfrenta hoje o Vasco da Gama (Dois clubes *br* de futebol).

enfronhar *v t* (<en- + fronha + -ar¹) **1** Pôr a fronha «em almofada/travesseiro». **2** Revestir/Envolver. **Loc.** ~ a roupa (suja) num lençol «e mandar para lavar». **3** *Br* ⇒ Vestir/Calçar/Enfiar **4**. **4** Proporcionar conta(c)to com um assunto ou a(c)tividade. **Loc.** ~ o filho na (sua) empresa. **5** ~-se/Dedicar-se ao conhecimento de/Instruir-se em/Passar a ser versado em. **Ex.** Enfronhou-se na investigação histórica.

enfumaçar *v t* (<en- + fumaça + -ar¹) **1** «cozinha» Encher/Rodear de fumo. **2** «visão/brilho» Enevoar/Ofuscar.

enfum(ar)ar *v t* (en- + fumo + -ar¹) ⇒ enfumaçar.

enfunar *v t* (<en- + lat *fúnis*: corda, amarra + -ar¹) **1** Tornar bojudo/pando/Inflar. **Ex.** O vento enfunava a(s) vela(s) [enfunava-lhe a camisa]. **2** *fig* Encher(-se) de presunção ou soberba/Envaidecer(-se). **Ex.** Ficou todo enfunado com a vitória. **3** *fig* Dar alento/Animar. **4** *fig* ⇒ Fazer crescer/Aumentar. **5** *fig* ⇒ ~-se/Irritar-se(+) «por qualquer coisa».

enfurecer *v t* (<lat *furésco,ere*, de *fúro,ere*: estar louco) **1** Pôr/Ficar furioso/bravo/Irar-se/Zangar-se. **Ex.** A atitude deles enfureceu-a. **Comb.** Mar [Animal] enfurecido. **2** «o mar» Ficar agitado/Encapelar-se. **3** Tornar-se violento. **Ex.** A tempestade veio a ~, devido à forte ventania que se levantou.

enfurecimento *s m* (<enfurecer + -mento) A(c)to de (se) enfurecer/Fúria(+).

enfurnar *v t* (<en- + furna + -ar¹) **1** «animal selvagem» Meter(-se) em furna/cova. **2** *fig* Esconder/Isolar-se «no escritório para trabalhar». **Sin.** Encafuar-se(+).

enfuscar *v t* (<en- + fusco + -ar¹) ⇒ Tornar(-se) fusco/Obscurecer(-se)(+)/Ofuscar(-se) (+).

engab[v]elar *v t* (<en- + gab[v]ela + -ar¹) **1** Fazer gabelas/feixes «de palha/feno». **2** *fig* ⇒ enganar; seduzir; engambelar. **3** *fig* Embalar/Distrair «criança».

engaçar *v t* (<engaço + -ar¹) **1** Alisar a terra desfazendo os torrões com o ancinho/engaço **2**. **2** Juntar «feno» com ancinho.

engaço *s m* (< ?) **1** Pedúnculo ramificado das [do cacho de] uvas sem os bagos/Bagaço/Cangaço. **Ex.** Na aldeia aproveitava-se o ~ [bagaço(+)] das uvas para fazer aguardente no alambique. **2** ⇒ ancinho(+).

engadanhar *v t* (<en- + gadanha + -ar¹) **1** Deixar/Ficar sem flexibilidade e em forma de gadanha/Pôr hirto/teso. **Ex.** No inverno, o frio gelado engadanhava as mãos das crianças que trabalhavam no campo. **Sin.** Tolher. **2** ⇒ ~-se/Ficar embaraçado ou confuso.

engadelhar *v t* (<en- + guedelha + -ar¹) **1** Ficar guedelha [Despentear(-se)/Desalinhar(-se)] o cabelo. **2** ⇒ brigar/engalfinhar-se(+).

engagé *fr* Comprometido (+)/Empenhado (o +) «na luta por uma causa».

engaiolar *v t* (<en- + gaiola + -ar¹) **1** Prender/Meter em gaiola «ave ou animal». **Loc.** ~ um pássaro. ⇒ enjaular. **2** *fig col* Pôr na prisão/Encarcerar. **Ex.** Tantas (patifarias) fez que acabou engaiolado [ficou atrás das grades/ficou preso] por uns tempos. **3** Meter o touro em compartimento «curro» donde sai para o toureio na praça. **4** ~-se/Fugir do convívio social/Isolar-se.

engajar *v t* (<*fr engager*) **1** Contratar(+) para um trabalho/serviço. **2** Empenhar(-se)(+) numa a(c)tividade/causa. **Ex.** Devido à dimensão da catástrofe, tratou de ~ [juntar(+)] um grande número de voluntários para a ajuda às populações. **3** Aliciar alguém para emigrar. **Ex.** Há máfias apostadas em [que procuram] ~ compatriotas para a emigração ilegal. **4** Alistar(-se)(+) em corpo militar.

engalanar *v t* (<en- + gala/ã + -ar¹) Ornar de galas/Ornamentar/Enfeitar(-se). **Loc.** ~ *as ruas* para a festa «de Natal». *~-se para o baile*.

engalfinhar *v t* (< ?) **1** ~-se/Lutar corpo a corpo/Envolver-se em discussão acesa/forte. **Ex.** Aquilo deu para o torto [correu mal], os miúdos [garotos] engalfinharam-se e foi muito difícil separá-los. **2** Agarrar/Segurar/Prender. **3** Enfiar «as mãos no cabelo».

engalhar *v t/int* (<en- + galho + -ar¹) **1** «árvore» Começar a ter galhos/ramos. **2** Prender(-se) nos galhos. **Ex.** O balão ficou engalhado [enganchado(+)/preso] na árvore.

engalinhar *v t/int* (<en- + galinha + -ar¹) **1** Dar azar/Ser mau agou[oi]ro. **2** ⇒ embirrar/não gostar.

engalispar-se *v t* (<en- + galispo +-ar¹) **1** Encrespar-se/Entesar-se «como faz o galispo». **2** ⇒ Pavonear-se.

engambelar *v t Br* (< ?) ⇒ enganar; seduzir.

enganador, ora *adj/s* (<enganador + -dor) **1** Que induz em erro/Que engana. **Ex.** Não há que fiar [Não se deve confiar] naquele ar de santinho [inocente]; quem o conhece sabe que tal aparência é ~a. **Comb.** Publicidade ~a [falsa]. **2** (O) que usa embuste para iludir/que engana. **Ex.** Mostrou-se muito interessado em ajudar, mas, cuidado, isso pode não passar de [pode ser] artimanha de um ~.

enganar *v t* (<lat *ingánno,áre*: zombar) **1** Fazer acreditar em algo que não é verdadeiro/Iludir/Lograr. **Ex.** As aparências enganam [iludem]! Enganou-nos dizendo que estava a chegar. **2** «alguém procurar» Parecer/Aparentar o que não é. **Ex.** Parecia tão honesto e afinal enganou toda a gente «era ladrão». **3** Dar uma ideia/impressão/perce(p)ção incorre(c)ta. **Ex.** A dimensão da estátua engana, é muito maior do que parece. **4** ~-se/Errar sem querer/Equivocar-se. **Ex.** Enganou-se na rua [Entrou por rua errada] e depois foi-lhe difícil dar com [encontrar] a minha casa. **Loc. ~-se na conta. ~-se na resposta** [a responder]. **5** Seduzir com falsa promessa. **Ex.** A moça, ingé[ê]nua, deixou-se ~ com as falinhas doces daquele sedutor. **6** Ser infiel a cônjuge ou companheiro/a/Trair. **Ex.** Dizia-se que enganava a mulher, por isso o divórcio não me surpreendeu. **7** *fig* Procurar aliviar. **Loc. ~ o estômago** [Comer qualquer coisa para mitigar a fome].

enganchar *v t* (<en- + gancho + -ar¹) **1** Prender com gancho. **Ex.** O guindaste enganchou a carga e levou-a para o barco. **Loc. ~ o cabelo. ~ a carne** na câmara frigorífica. **2** Dar forma de gancho «ao arame». **3** *fig* Ficar preso por alguma coisa. **Ex.** O vestido [A calça] ficou enganchado/a na [nos espinhos da] roseira.

engano *s m* (<enganar) **1** A(c)to de apresentar/tomar o falso por verdadeiro/A(c)to de (se) enganar **1**. **Ex.** O ~ na escolha do caminho para a praia atrasou-nos o banho uma boa [banho pelo menos] meia hora. **Loc. Cair** [Ir] *no ~. Levar ao ~. Haver ~. Ser ~.* **2** Erro (+)/Falha/Lapso. **Ex.** O ~ do árbitro, validando o gol(o) do adversário, impediu a vitória da melhor equipa em campo. A escolha do emprego foi um ~; estou muito arrependido. **Comb.** «Desculpe, foi [fiz isso só]» Por ~. **3** Interpretação incorre(c)ta/Erro de avaliação/Equívoco. **Ex.** As aparências podem levar ao ~. **4** Infidelidade conjugal/amorosa/Traição. **5** Falsa promessa/Falsidade/Sedução. **Ex.** Este anúncio é um ~: o produto não tem tal [essa] qualidade. Convenceu-o por meio de ~s.

enganoso, a (Ôso, Ósa/os) *adj* /<enganar + -oso) Capcioso/Falso/Ilusório/Falaz. **Comb.** Promessa [Publicidade] ~a. ⇒ enganador.

engarrafadeira *s f* (<engarrafar + -deira) Máquina para introduzir/guardar «azeite, vinho, …» em garrafas e pôr a rolha/e tapar. ⇒ engarrafador.

engarrafador, ora/eira *s* (<engarrafar + -dor) Pessoa que se ocupa a meter um líquido em garrafas e tapá-las. ⇒ engarrafadeira.

engarrafamento *s m* (<engarrafar + -mento) **1** A(c)ção ou resultado de acondicionar um líquido em garrafa. **2** *fig* Acumulação de veículos num ponto da via de trânsito, impedindo [dificultando] a circulação. **Ex.** Os ~s nas horas de ponta fazem perder tempo e paciência (a muita gente). **Comb.** ~ de trânsito. **Sin.** Congestionamento.

engarrafar *v t* (<en- + garrafa + -ar¹) **1** Guardar em garrafa. **Loc.** ~ vinho. ⇒ enfrascar. **2** *fig* Provocar o congestionamento do trânsito num ponto da via. **Ex.** Se há um acidente em hora de ponta é quase certo o trânsito ~ nessa zona, podendo a fila [*col* bicha] vir a ter uma extensão de (vários) quiló[ô]metros. **3** *col* ⇒ embebedar-se(o+)/enfrascar(-se) **3**(+).

engasgalhar-se *v t* (<engasgar) **1** Ter a garganta obstruída/Ficar sufocado/Engasgar-se(+). **2** Ficar preso em lugar apertado/Entalar-se/Prender-se. **3** Travar luta corpo a corpo/Engalfinhar-se.

engasgar *v t* (<en- + *on* -gasg- + -ar¹) **1** Obstruir a garganta ou as vias respiratórias/Embuchar. **Ex.** Estava a comer à pressa e engasgou-se. **2** Sofrer interrupção/Funcionar de forma deficiente. **Ex.** Não é a primeira vez que o motor do carro se engasga [carro fica engasgado] no meio do

trânsito, tenho que ver isso. **3** Perder *idi* o fio à meada/do discurso/Esquecer-se do que estava a dizer/Embatocar. **Ex.** De repente deu em [aconteceu-lhe] ~-se e passou por uma situação desagradável face à numerosa assistência.

engasgo [engasgue] *s m* (<engasgar) A(c)to de engasgar(-se).

engastar *v t* (<lat *in* + *cástro,áre*: tirar e inserir) **1** Embutir/Encravar/Encaixar/Encastoar **2**. **Ex.** O anel tem dois diamantes engastados. **2** ⇒ Inserir/Intercalar.

engaste *s m* (<engastar) **1** A(c)to de engastar/embutir. **2** Parte da joia em que se fixa a pedra preciosa. **Comb.** Esmeralda em ~ de platina. **3** O que se embutiu/Embutido «de oiro».

engatar *v t* (<en- + gato + -ar¹) **1** Prender [Segurar] com engate/Enganchar. **Loc.** ~ o atrelado ao tra(c)tor. **2** Atrelar(+) animais a carros ou carroças. **3** Lutar corpo a corpo/Engalfinhar(+). **4** *col* Seduzir alguém para relação amorosa passageira/Conquistar. **Ex.** Tinha fama de conquistador, só pensava em ~ moças para um *flirt*. **5** *fam* Convencer alguém a aceitar fazer o que se deseja. **Ex.** Custou [Foi difícil], mas (lá) conseguiu ~ o parente para o representar na cerimó[ô]nia pública. **6** *fam* Errar involuntariamente/Gatar. **Ex.** Estava distraído e engatou a conta, falhando na tabuada.

engatatão *adj/s m pop* (<engatar + -tão) (O) que se ocupa em seduzir mulheres «para relação amorosa». **Ex.** As moças já sabiam que ele não passava de [ele era] um ~ de falinhas doces.

engate *s m* (<engatar) **1** A(c)ção de engatar. **Ex.** O ~ das carruagens do comboio [trem] é uma operação de grande responsabilidade. Amante da vadiagem, só pensa em andar no ~ de moças adolescentes. **2** Peça(s) com que se engata.

engatilhar *v t* (<en- + gatilho + -ar¹) **1** Preparar arma de fogo para disparar/Armar o gatilho. **Loc.** ~ *a pistola*. ~ *o revólver*. **2** ⇒ preparar; aprontar.

engatinhar *v int* (<en- + gatinhar) **1** «bebé/ê» Andar com as mãos e os pés no chão/Andar de gat(inh)as. **Sin.** Gatinhar(+). **2** *fig* Estar a ser iniciado/Ser principiante «em alguma coisa». **3** Trepar usando pés e mãos.

engavelar ⇒ engabelar

engavetar *v t* (<en- + gaveta + -ar¹) **1** Guardar/Pôr/Meter em gaveta. **Loc.** ~ a roupa [os brinquedos]. **2** *fig* Impedir/Retardar o andamento de um processo. **3** *col* Encarcerar/*pop* Engaiolar alguém.

engelha *s f pop* (<en- + gelha) **1** Prega/Dobra «no vestuário». **2** Ruga «no rosto».

engelhar *v t* (<engelha + -ar¹) **1** «a veste» Fazer prega/Amarrotar. **Ex.** Ele tem cuidado com a [em relação à] roupa, para não ~. **2** «o rosto» Enrugar/Encarquilhar. **Ex.** Ela é (já) muito velhinha, tem a cara toda engelhada.

engendrar *v t* (<lat *ingénero,áre*: produzir) **1** Dar origem a «ser vivo»/Gerar/Produzir. **2** Conceber/Imaginar/Inventar. **Ex.** Tratou de ~ um plano para facilitar a vida aos alunos.

engenhar *v t* (<engenho + -ar¹) **1** ⇒ Conceber/Inventar/Arquite(c)tar. **2** Maquinar/Tramar. **3** Produzir/Fabricar «de acordo com um proje(c)to». **Loc.** ~ um sistema de irrigação automático.

engenharia *s f* (<engenho + -aria) **1** Uso de métodos científicos na utilização dos recursos naturais para benefício do homem. **Ex.** Nos últimos séculos, a ~ permitiu melhorar imenso [muito] a qualidade de vida das sociedades desenvolvidas. **2** Formação, ciência e ofício de engenheiro. **Ex.** O meu filho resolveu seguir [ir para/estudar] ~ e tem boas perspe(c)tivas de futuro [de profissão prestigiada e bem remunerada]. **3** Conce(p)ção e realização de obras/tarefas de grande complexidade. **Comb.** ~ *ambiental*. ~ *civil*. ~ *genética*. ~ *mecânica*. ~ *militar*. ~ *sanitária*. ~ *de sistemas*. **4** *Iron* Recurso a métodos menos claros [métodos pouco ortodoxos] para alcançar um obje(c)tivo. **Ex.** Só com uma complexa e discutível ~ financeira conseguirá reunir os fundos que tão grande empreendimento exige. **Comb.** ~ *eleitoral*.

engenheiro, a *s* (<engenho + -eiro) **1** Pessoa diplomada em engenharia ou que exerce profissão num dos seus ramos. **Ex.** Um país com um grande número de ~s está mais preparado para os desafios da vida moderna. **Comb.** ~ *aeronáutico*. ~ *agró[ô]nomo*. ~ *do ambiente*. ~ *ele(c)tró[ô]nico*. ~ *ele(c)trotécnico*. ~ *de máquinas*. ~ *mecânico*. ~ *de minas*. ~ *naval*. ~ *químico*. **2** *Br* Proprietário de engenho de açúcar.

engenho *s m* (<lat *ingénium,ii*: qualidade inata, cará(c)ter) **1** Faculdade/Aptidão natural para inventar/Talento. **Ex.** Os grandes inventos são obra do ~ de homens superiormente dotados. **2** Qualquer maquinismo ou aparelho. **Comb.** ~ *espacial* [de pesca/de guerra]. **3** *Iron* Habilidade para enganar/Astúcia/Jeito. **Ex.** É preciso grande ~ para iludir a vigilância dos fiscais. **4** *Br* Conjunto de instalações e equipamentos ligados à exploração e moagem da cana-do-açúcar. **Comb.** Senhor de ~. **5** Maquinismo para tirar água de poços/Nora(+).

engenhoca (Ó) *s f depr* (<engenho + -oca) **1** Máquina/Engenho de construção rudimentar. **Ex.** Semelhante [E esta] ~ funciona (mesmo)? Não confiava naquela ~, não devia faltar muito (tempo) para [até] que ela avariasse. **2** ⇒ Máquina complicada. **3** *fig* ⇒ Artimanha/Tramoia.

engenhoso, a (Ôso, Ósa, Ósos) *adj* (<engenho + -oso) **1** Que revela espírito inventivo/engenho/talento. **Ex.** Havia muito a esperar daquela mente ~a, se lhe fossem dadas oportunidades [condições favoráveis]. **2** Feito com arte. **Ex.** Deleitava-se a contemplar os ~s vitrais da catedral. **3** Feito com grande imaginação/criatividade. **Ex.** A ~a história do livro [da novela] apaixonou-o. **4** Que revela argúcia/Muito elaborado. **Ex.** Concebeu um plano ~ para conseguir apurar o que realmente se passou [para descobrir o ladrão]. **Comb.** Uma resposta ~.

engessar (Gé) *v t* (<en- + gesso + -ar¹) **1** Cobrir/Revestir com gesso «parede/superfície». **2** *Med* Revestir com gesso para imobilizar osso fra(c)turado. **Ex.** Vai ficar mais quinze dias com o braço engessado.

englobamento *s m* (<englobar + -mento) A(c)ção de reunir num todo/A(c)to de englobar. **Ex.** O ~ dos rendimentos é necessário para determinar a taxa de imposto a pagar.

englobante *adj 2g* (<englobar + -(a)nte) Que reúne num todo/Abrangente(+).

englobar *v t* (<en- + globo + -ar¹) **1** Reunir num todo/Juntar/Incluir/Abranger/Abarcar. **Ex.** A ONU engloba todos os países. Estes números do orçamento englobam todas as despesas a ser feitas. **2** Dar forma de globo/Arredondar.

-engo *suf* (<germânico: *ing(o)*: significa *pertença* (Ex. avo~, real~, regu~, solar~) ou *tem sentido depreciativo* (Ex. mostr~, mulher~, pod~)).

engodar *v t* (<engodo + -ar¹) **1** Enganar com engodo/Atrair «o peixe». **2** Lograr com falsas promessas/Iludir «o cidadão desprevenido».

engodo (Gô) *s m* (< ?) **1** Isca para atrair «animais». **Ex.** Quando vai à pesca, utiliza a minhoca como ~. **2** *fig* Artifício para aliciar/Chamariz. **Ex.** Deve-se ser prudente e examinar o que pode ser simples [apenas] ~. **3** Adulação/Lisonja com intenção perversa/Cilada ou ardil para enganar/ludibriar. **Loc.** Cair [Ir] no ~ [Deixar-se enganar]. **4** *Agr* Parte de terra fértil arrastada pela corrente (de água).

engolfar *v t* (<en- + golfo + -ar¹) **1** Levar barco para [Entrar em] golfo. **2** *fig* Entrar muito/Penetrar/Entranhar-se. **Ex.** O navio engolfou-se no oceano [alto mar] em dire(c)ção ao Brasil. **Loc.** ~ *na* [no escuro da] *noite*. ~ *no nevoeiro*. **3** *fig* ~-se/Deixar-se absorver por/Embeber-se em. **Loc.** ~-*se na devassidão* [droga]. ~-*se na leitura* [no estudo].

engolir *v t* (<lat *ingúllo,áre* <*gula*: goela) **1** Fazer passar da boca para o esófago e estômago. **Ex.** Engoliu o comprimido com um pouco de água. Tinha a garganta inflamada e custava-lhe (a) ~. **2** Comer sofregamente/Tragar. **Ex.** Engoliu a sopa *idi* em três tempos [sopa muito depressa]. **3** *fig* Fazer desaparecer/Arrastar em sorvedou[oi]ro. **Ex.** A enchente engoliu as casas. Vi o remoinho ~ o náufrago, que nunca mais apareceu. **4** *fig* Absorver/Eliminar. **Ex.** Os supermercados acabam por ~ pequenas lojas de produtos alimentares na zona em que se implantam. **5** *fig* Deixar de proferir/Omitir. **Ex.** Por defeito da fala, acontece-lhe ~ sílabas (na pronúncia das palavras). **6** *fig* Aguentar/Suportar «sem reagir». **Ex.** Para não estragar o ambiente do encontro, preferiu ~ a provocação do rival, fazendo [fingindo] que não era com ele [consigo]. **Idi.** ~ *em seco* [Não protestar]. ~ *sapos vivos* [Tolerar coisas quase insuportáveis] (Ex. Na eleição do Presidente da República, à segunda volta, disse ser levado a ~ [disse ter engolido] sapos vivos para evitar males maiores). **7** *fig* Sofrer em silêncio/Ocultar. **Ex.** Perante tantas contrariedades, habituou-se a ~ as suas mágoas. **8** *fig* Acreditar ingenuamente em/Deixar-se enganar. **Ex.** Coitado, aquele espírito [homem] é capaz de ~ qualquer peta [mentira(+)] que lhe queiram impingir.

engomador, eira *s* (<engomar + -dor) Pessoa que tem por [como] profissão passar a roupa a ferro e engomar.

engomar¹ *v t* (<en- + goma + -ar¹) **1** Pôr goma «para ficar liso». **Loc.** ~ a roupa. **Comb.** Lençóis engomados. ⇒ Passar roupa a ferro. **2** ⇒ avolumar; engrossar «a voz».

engomar² *v int* (<en- + gomo + -ar¹) «a planta» Deitar [Criar] gomos/Abrolhar/Agomar.

engonçar *v t* (<engonço + -ar¹) Prender com engonço/Pôr dobradiça em/Encaixar/Articular.

engonço *s m* (<en- + *an* gonço: gonzo) **1** ⇒ dobradiça; gonzo(+). **2** Encaixe de duas peças/Articulação. **Comb.** Um boneco de ~s. ⇒ desengonçado.

engonha (Ô) *s f* (< agonia?) **1** A(c)to de engonhar/Falta de vontade para fazer qualquer esforço/Preguiça. **2** *s 2g sing e pl* Pessoa preguiçosa/Mandrião(+). **Ex.** Como é que o trabalho lhe havia de render, se ele é um engonha(s)!

engonhar (Ô) *v int* (<engonha + -ar¹) Trabalhar devagar. **Ex.** Há gente que gosta [que

tem o hábito] de ~. Engonha em vez de trabalhar.

engorda (Ó) *s f* (<engordar) **1** A(c)ção ou efeito de cevar/engordar «animais». **Ex.** Antes da venda, convém proceder à ~ das reses(Rê). **Comb.** Gado de ~. **2** *Br* Pasto para engordar o gado.

engordar *v t/int* (<en- + gordo + -ar¹) **1** Ganhar [Aumentar de] peso/Ficar mais gordo/Engrossar. **Ex.** O que ela mais detestava era ~. **2** Dar alimento abundante a [Cevar] animais «porcos/vitelos». **3** *fig col* Enriquecer à custa de outros.

engordurar *v t* (<en- + gordura + -ar¹) **1** Sujar com substância gorda/Besuntar/Ensebar. **Ex.** Estive a cozinhar e engordurei as mãos [e tenho as mãos (todas) engorduradas(+)]. **2** Pôr demasiada gordura na confe(c)ção dos alimentos.

engraçadinho, a *adj/s* (<engraçado + -inho) **1** Que, sendo pequeno, é gracioso. **Ex.** Tens uma bebé/ê mesmo [muito] ~a! **Comb.** Criança ~a. Petiz ~o/a. **2** *s depr* Indivíduo que quer passar por [que se julga] engraçado. **Ex.** Na aula o ~ quis chamar a atenção da turma com mais uma piadinha, mas logo o professor lhe cortou o pio [o pôs na ordem/o impediu de falar]. **3** *s depr iron* Indivíduo com ar de espertalhão/O que não respeita os outros. **Ex.** O ~ tentou pôr-se à frente de outros na fila, mas não lho consentimos [não lhe deixámos fazer isso/não o deixámos].

engraçado, a *adj* (<en- + graça + -ado) **1** Que tem encanto/Gracioso/Bonito. **Ex.** O filho deles, já com quatro anos, é muito ~. **2** Que é jovial/Que tem sentido de humor/Divertido. **Ex.** É um moço ~, ao pé dele não há tristeza(s). **Idi.** *Armar-se em* [Fazer-se (de)] ~ [Tentar evidenciar-se com ditos/atitudes a que os outros não acham graça]. **3** Que revela originalidade/Que tem graça/piada. **Ex.** As saídas [expressões] ~as que às vezes tem semeiam [criam] a boa disposição nos mais sisudos [sérios]. **4** Inesperado/Curioso/Interessante. **Ex.** O (que é) ~ é que se esqueceu do que era fundamental: avisar os da festa que estava a promover em casa dele. **5** *interj* Expressão de estranheza. **Ex.** ~! Nunca tinha pensado nisso!

engraçar *v t/int* (<en- + graça + -ar¹) **1** Tornar gracioso/Dar graça a «uma sala com flores»/Tornar mais belo. **2** Simpatizar com/Ter empatia com/Gostar de. **Ex.** Ele engraçou com a minha sobrinha e namoram(-se) vai para [há quase] dois anos.

engradado *s m Br* (<engradar) Caixa/Embalagem para transporte «de garrafas/galinhas».

engradar *v t* (<en- + grade + -ar¹) **1** Cercar com grade/Gradear(+). **2** Dar forma de grade. ⇒ engradado. **3** *Agric* Aplanar [Alisar] o terreno lavrado/Gradar(+). **4** *Arte* Pregar a tela em grade para a pintar.

engrampar *v t* (<en- + grampo + -ar¹) **1** ⇒ segurar [prender] com grampo. **2** *fig* Enganar. **Ex.** Com falinhas mansas [Com grandes promessas] engrampou-nos a todos.

engrandecer *v t* (<en- + grande + -ecer) **1** Tornar maior/Aumentar/Ampliar. **Ex.** Os descobrimentos portugueses vieram ~ o império e a espalhar a fé cristã. **2** Enobrecer/Honrar. **3** Enaltecer(+)/Exaltar/Louvar. **Ex.** O orador procurou ~ o contributo dos portugueses para o desenvolvimento da ciência e da arte da navegação no séc. XV. **4** Tornar mais ilustre. **Ex.** Os escritores, com as suas melhores obras, vão ~ o seu país. A prática da democracia engrandece uma nação.

engrandecimento *s m* (<engrandecer + -mento) A(c)to de engrandecer.

engranzar *v t* (<en- + grão + -ar¹) **1** Enfiar(+) em fio/cordão «contas». **2** Ligar elos de cadeia/Encadear. **3** *fig* Ligar/Encadear/Concatenar ideias/pensamentos em sequência lógica. **4** ⇒ engrenar.

engravatar *v t* (<en- + gravata + -ar¹) **1** Pôr a gravata(+). **2** Estar bem vestido/Trajar com esmero/bom-gosto. **Ex.** Apareceu na festa todo engravatado [aperaltado/janota], chamou a atenção de toda a gente, sobretudo das senhoras. **3** ⇒ enfeitar(-se).

engravecer *v t/int* (<en- + grave + -ecer) ⇒ agravar/piorar.

engravidar *v t/int* (<en- + grávida + -ar¹) **1** Ficar grávida. **Ex.** A esposa tinha dificuldade em ~, por isso o filho só apareceu [nasceu] depois de alguns anos de casamento. **2** Tornar grávida/Pôr em estado de gestação «na espécie humana». **Ex.** Todos o criticaram por ~ a adolescente. **Sin.** *gross* Emprenhar.

engraxa *s 2g fam depr* (<engraxar) ⇒ engraxador.

engraxadela *s f* (<engraxar + -dela) **1** A(c)to de engraxar ligeiramente «o calçado». **Ex.** Dei uma ~ aos sapatos e saí a correr. **2** *fig* Adulação/Lisonja. **Ex.** Deu uma ~ ao chefe e foi logo promovido.

engraxador, ora *s* (<engraxar + -dor) **1** (O) que dá graxa e lustro no calçado/que engraxa. **Ex.** Antes de ir para a festa, pensava passar pelo ~, para que também o sapato estivesse impecável. **2** (O) que adula/lisonjeia para obter favor. **Sin.** Bajulador; *col* manteigueiro.

engraxar *v t* (<en- + graxa + -ar¹) **1** Dar graxa e lustro em obje(c)to de couro, geralmente calçado. **Ex.** Antes de comparecer na cerimó[ô]nia, passou pela praça principal da vila para ~ os sapatos, que ficaram a brilhar. **2** *fig col* Bajular/Lisonjear. **Ex.** Ele sabe ~ os outros quando (isso) lhe convém. **Idi.** *~ as botas a alguém* [Dirigir elogios exagerados a alguém, sobretudo por interesse].

engraxate *s 2g Br* (<engraxar) ⇒ engraxa; engraxador.

engrelar *v int* (<en- + grelo + -ar¹) **1** «a planta» Deitar grelo/Reverdecer/Grelar(+). **2** *fig* Adquirir novas forças. **3** *fig* ⇒ Entesar-se/Engalispar-se.

engrenagem *s f* (<engrenar + -agem) **1** A(c)to ou efeito de engrenar. **2** *Mec* Sistema de rodas dentadas para transmitir movimento num maquinismo. **Ex.** Num relógio de corda que eu tinha, era interessante observar a ~ em funcionamento. **3** *fig* Encadeamento de fa(c)tos ou circunstâncias que se inter-relacionam/Concatenação/Ligação. **Ex.** Para desenvolver qualquer negócio, importa ter uma visão de conjunto do ramo, conhecer a ~. **4** *fig* Conjunto de a(c)tividades administrativas de uma organização/empresa. **Ex.** Na administração de uma grande empresa, há toda uma ~ [organização] que deve estar bem lubrificada [que deve funcionar de modo eficiente].

engrenar *v t/int* (<fr *engrener*: deitar grão (na tremonha do moinho)) **1** Encaixar cada dente de roda dentada em reentrância de outra roda também dentada «para movimentar um maquinismo». **2** Meter uma mudança na caixa de velocidades de um veículo automóvel. **Ex.** No arranque, você deve ~ a primeira (velocidade). **Sin.** Engatar. **3** *fig* Estabelecer relações entre fa(c)tos ou circunstâncias. **Ex.** O que parecia sem relação possível acaba por ~ num estranho *puzzle*, que só poucos decifrarão. **4** *fig* Começar a andar [funcionar] bem/Entrar no bom caminho. **Ex.** Na escola o meu filho custou a ~ [custou-lhe encaixar], mas felizmente agora tudo corre [está] bem.

engrifar *v t* (<en- + grifa + -ar¹) **1** Dar forma de garra/grifa. **Loc.** ~ as mãos [garras]. **2** Meter medo/Apavorar. **3** ⇒ enfurecer/encrespar. **4** «com o inimigo» ~-se/Armar as garras para atacar/Preparar-se para a luta.

engrilar *v int* (<en- + grilo + -ar¹) ⇒ engrelar 3.

engrimanço *s m* (<en- +nigromancia + -anço) **1** Modo de falar que não se entende/Discurso obscuro. **2** *Arte* Figura que não está representada nas proporções devidas/adequadas. **3** ⇒ ardil; armadilha.

engrimpar-se *v t* (<en- + grimpa + -ar¹) **1** Subir a um lugar alto ou íngreme/Trepar/Encar(r)apitar-se. **2** Ser atrevido/insolente/Exceder-se/Irritar-se. **3** «galo» Levantar a crista/grimpa.

engrinaldar *v t* (<en- + grinalda + -ar¹) **1** Enfeitar «a noiva» com coroas/grinaldas/Adornar/Embelezar. **Loc.** ~-se de [com] flores. **2** Galardoar/Condecorar.

engripar *v t/int* (<en- + gripe + -ar¹) **1** Ficar doente com gripe/Gripar(+). **Ex.** Como estava (en)gripado, achei [pensei que era] melhor não sair de casa. **2** ⇒ «motor» falhar/emperrar.

engrolar *v t* (<en- + grolo + -ar¹) **1** Cozinhar um alimento de modo que fica meio cru. **Ex.** As batatas ficaram engroladas, precisavam de ficar mais tempo ao lume. **2** Fazer uma coisa de forma imperfeita, à pressa. **Ex.** A lição ficou mais engrolada que estudada, porque ele só queria empinar [decorar] a matéria. **3** Falar de forma atrapalhada, pronunciando mal. **4** Ludibriar/Intrujar/Enganar. **Ex.** Importa estar atento para não se deixar ~. **5** Coaxar, o sapo.

engrolo *s m* (<engrolar) **1** A(c)ção de engrolar. **2** Logro/Engano/Engodo(+).

engrossar *v t/int* (<en- + grosso + -ar¹) **1** Tornar (mais) grosso/espesso. **Ex.** Com as regas frequentes, as batatas puderam ~, ao contrário do último ano de seca. **2** Aumentar/Crescer. **Ex.** «este ano» Engrossou o número de candidatos ao ensino superior. **3** «a voz» Tomar um tom mais grave. **Ex.** Quando o jovem chega à adolescência, a voz engrossa. **4** *Cul* «um alimento» Ficar mais consistente. **Ex.** A minha mãe costuma juntar à sopa uma fécula para ~. **5** ⇒ engordar. **6** Ser grosseiro «com todos»/Tratar alguém de forma rude/agressiva. **7** *Agr* Estrumar/Adubar/Fertilizar «a terra de cultivo». **8** *col* ⇒ embebedar-se.

engrunhir *v t* (<en- + grunhir) Ficar encolhido [a tremer] com o frio/Entanguir.

engrumar *v t* (<en- + grumo + -ar¹) Reduzir a grânulos/grumos/Coagular/Grumar(+).

enguedelhar-se *v t* (<en- + guedelha + -ar¹) ⇒ Brigar agarrando pelo cabelo/Engalfinhar-se/Arrepelar-se(+).

enguia *s f* (<lat *anguílla*) Peixe longo e cilíndrico da família dos anguilídeos que vive nos rios e no mar; *Anguilla anguilla*. **Ex.** Um prato muito apreciado é o ensopado [a caldeirada] de ~s. **Sin.** Eiró. ⇒ congro.

enguiçar *v t* (<lat *iníquito,áre*: atormentar) **1** Travar o desenvolvimento de/(Fazer) parar de funcionar. **Ex.** Não descobri ainda o que está a ~ o nosso processo no tribunal. O cami(nh)ão enguiçou em plena rua. **2** Lançar mau-olhado/enguiço/Fazer feitiço(+). **Ex.** A malvada [bruxa] tratou de ~ o [fez um feitiço ao] pobre rapaz.

enguiço *s m* (<enguiçar) **1** O que embaraça/estorva/E[I]mpecilho. **Ex.** Nunca consigo terminar o trabalho dentro do prazo,

já parece ~/azar. **Loc.** Causar ~. **2** Mau--olhado(+)/Feitiço(o+). **Loc.** *pop* Deitar/Botar ~ [Lançar praga/mau agou[oi]ro] a alguém por inveja, vingança ou ignorância. **3** Avaria em maquinismo. **4** Criança enfezada (Fé)/Pessoa sem préstimo.

engulhar *v t* (<engulho + -ar¹) **1** Causar náuseas/Provocar ânsia de vó[ô]mito. **Loc.** «por indisposição» ~ a comida. **2** Causar ou sentir repugnância/Enojar/Enjoar. **Ex.** Ficou engulhado ao deparar com aquela (grande) imundície.

engulho *s m* (< ?) **1** A(c)to ou resultado de engulhar/Sensação de enjoo/Náusea/Repugnância. **2** Ânsia de vomitar. **3** *fig* Pessoa que provoca nojo/Um nojento(+).

enho *s m* (<lat *hínnulus*) Veado novo, com menos de um ano.

-enho *suf* (<lat *–enus*) Significa **origem** (Ex. estrem~, hondur~, malagu~, porto-riqu~), **semelhança** (Ex. ferr~), **diminutivo** (Ex. rouqu~)).

enícola *adj 2g* (<en(o)- + -cola) **1** Que vive no vinho. **Comb.** Micr(o)organismo ~. **2** Que trata de vinhos/Que negocia em vinhos. **Ex.** Em Portugal, a a(c)tividade ~ [vinícola (+)] é muito importante para a economia agrícola. ⇒ vin[t]icultor.

enigma *s m* (<gr *aínigma*: obscuridade de sentido) **1** Cara(c)terização/Descrição ambígua, que deve ser decifrada por outrem. **Comb.** O ~ da Esfinge «colocado a Édipo». **2** ⇒ adivinha; charada. **3** O que é difícil de compreender ou explicar/O que é obscuro. **Ex.** A origem da vida continua a ser um ~. Aquele homem é um ~ [mistério(+)], não consigo compreendê-lo. O que é para mim um ~ é ele, que se diz tão meu amigo, nada me dizer sobre os seus planos nesta situação delicada/perigosa (em que ele se encontra). **Comb.** Chave do ~ [Dado que permite compreender o que era obscuro].

enigmático, a *adj* (<gr *ainigmatikós*; ⇒ enigma) **1** Que envolve enigma/Ambíguo. **Ex.** Teve uma rea(c)ção ~a, que me deixou desconfiado. **Comb.** Sorriso ~ da Gioconda [Mona Lisa]. **2** Difícil de entender/Misterioso(+)/Obscuro. **Comb.** Homem ~.

enjambrar *v int* (<en- + jambro, por zambro + -ar¹) «a madeira» Empenar devido ao calor ou à (h)umidade/Entortar/Deformar. **Sin.** Azambrar.

enjaular *v t* (<en- + jaula + -ar¹) **1** Meter em jaula/Aprisionar «animal selvagem de certo porte». ⇒ engaiolar. **2** *fam fig* ⇒ Prender/Encarcerar.

enjeitado, a *adj/s* (<enjeitar) **1** (O) que foi abandonado pelos pais. **Comb.** Bebé/ê [Um/a] ~. Os ~s [desprotegidos] da sorte/fortuna. **2** Que se recusou/Não aceite/Rejeitado(+). **Comb.** Teoria [Explicação] já ~/ultrapassada(+).

enjeitar *v t* (<lat *ejécto,áre*: lançar fora) **1** Abandonar/Expor filho recém-nascido ou de tenra [pouca] idade]. **Ex.** Antes os filhos enjeitados eram deixados à porta dum convento, postos na roda. **2** «uma ave» Abandonar o ninho ou os ovos. **Ex.** Quando (era) criança, vi aves ~em, se alguém ia ver o ninho. **3** Rejeitar/Recusar/Repudiar. **Ex.** Ele vai ~ [negar] qualquer responsabilidade no fracasso do proje(c)to.

enjoado, a *adj/s* (<enjoar) **1** Que tem náuseas/Que tem enjoo. **2** Que está farto «de um mesmo alimento». **Ex.** Já *idi* não podia com aquela ementa [não conseguia comer aquele prato], dizia estar ~. **3** Que mostra aborrecimento/fastio/tédio. **4** (O) que está sempre mal-humorado/(O) que é antipático. **Ex.** Sempre me pareceu um ~, nunca nele desponta um sorriso! **5** «peixe» Que não está bem seco.

enjoar *v t/int* (<lat *inódio,áre*: ter aversão) **1** Provocar/Sentir náuseas/enjoo. **Ex.** O andar de barco, quando o mar está revolto, leva-o a ~. Eu enjoo de carro. O cheiro da gasolina enjoa. **2** Cansar-se [Fartar-se] de comer o mesmo alimento. **Ex.** Ao fim de uma semana já enjoava favas [carne]. **3** Ter aversão a. **Ex.** Começou por ~ (todo e) qualquer protocolo. **4** Sentir tédio ou fastio/Enfadar(-se). **Ex.** A monotonia da vida aldeã é de jeito a [aldeã tende a] ~ os citadinos jovens. Essa conversa [O falar desse assunto] já enjoa.

enjoativo, a *adj* (<enjoar + -tivo) **1** Que provoca náuseas/Que faz enjoar. **Ex.** Não sou capaz de beber leite, só o olhar para ele é ~. **Comb.** Cheiro [Alimento] ~. **2** Que aborrece/Que provoca tédio. **Comb.** Discurso longo e ~.

enjoo *s m* (<enjoar) **1** Sensação desagradável de náuseas que pode levar ao vó[ô]mito. **Ex.** É frequente o ~ nos primeiros meses de gravidez. **Comb.** Comprimido para o ~. **2** Mal-estar provocado pelas oscilações do corpo ao longo de uma viagem. **Ex.** Devido às constantes [muitas] curvas da estrada, era muito provável o ~ das crianças. **3** Sentimento de tédio/fastio. **Ex.** Habituado à cidade, é natural o ~ dele nesta terra pacata. **4** Sentimento de repulsa/repugnância. **Ex.** Tanta solicitude da parte de todos acabou por despertar nele um estranho ~.

enlaçar *v t* (<en- + laço + -ar¹) **1** Prender/Atar com laço ou laçada. **Ex.** A trepadeira «hera» enlaçava o grosso tronco da árvore [enlaçava a parede]. **Loc.** ~ *os cabelos*. ~ [Apanhar com o laço] *um animal*. **2** Abraçar/Cingir. **Ex.** Mãe e filho/a enlaçaram[abraçaram]-se ternamente. Vi os dois amantes enlaçados no banco do jardim. **3** Unir por um vínculo/por uma relação. **Ex.** Os interesses comuns acabaram por ~ as duas famílias [as nossas vidas]. **4** Atrair/cativar. **5** Unir pelo matrimónio/Casar. **6** Enfeitar com laço(s).

enlace *s m* (<enlaçar) **1** A(c)to de enlaçar/prender/enlear. **Ex.** Com o ~, o boi saltava mas já não podia fugir. **2** União/Ligação/Encadeamento. **Comb.** O ~ matrimonial [O matrimó[ô]nio]. **3** Abraço. **Ex.** Deram o último ~ antes da partida.

enlamear *v t* (<en- + lama + -ear) **1** Sujar com lama. **Ex.** O meu filho chegou(-me) a casa todo enlameado. **2** Destruir a reputação/honra/o bom nome. **Ex.** As calúnias levantadas [a nós dirigidas] iriam ~ a nossa associação, (se) não fosse o rápido desmentido.

enlanguescer *v int* (<en- + languescer) ⇒ languescer; definhar; lânguido.

enlapar *v t* (<en- + lapa + -ar¹) **1** Meter(-se) em esconderijo/lapa/cova. **Sin.** Esconder; ocultar. **2** ~-se/Desaparecer/Sumir. **Ex.** Desde que chegou à aldeia, enlapou[fechou]-se no seu cantinho e ninguém o viu mais/o tornou a ver.

enlatado, a *adj/s m* (<enlatar) **1** Que guarda/conserva em lata. **Ex.** Antes comia-se muita sardinha ~a. **2** *s m* Alimento esterilizado conservado em lata. **Ex.** Quando não há muito tempo para cozinhar, recorro a ~s. **3** *Br depr* A série televisiva/O filme que é de fraca qualidade artística, geralmente importado e de baixo custo. **Ex.** Fora das horas de grande audiência, passa nas televisões um grande número de ~s. **4** *Agr* «planta/videira» Disposta em latada.

enlatar *v t* (<en- + lata [latada] + -ar¹) **1** Meter/Conservar alimentos em lata. **2** Dispor planta(s) em latada.

enleado, a *adj* (<enlear) **1** «peixe» Preso «na rede»/Enredado. **2** «aluno» Atrapalhado/Confuso «com a pergunta». **3** «pai» Enlevado/Extasiado «com o amor dos filhos».

enlear *v t* (<lat *ílligo,áre*: prender) **1** Prender/Amarrar. **Ex.** O fio [A linha] está enleado[a] na [nos espinhos da] roseira. **2** Envolver/Abraçar. **Ex.** A hera estava a ~ o tronco da frondosa árvore do centro do jardim. **3** *fig* Provocar o envolvimento. **Ex.** Enleou-me na questão [no problema] sem eu me aperceber/eu cair na conta/eu dar por isso. **4** Atrapalhar/Confundir/Perturbar. **Ex.** Pensava ~ o adversário pondo-lhe questões intrincadas/difíceis. **4** *fig* Cativar(+)/Encantar/Seduzir. **Ex.** Com a sua simpatia contagiante conseguiu ~ todo o grupo.

enleio *s m* (<enlear) **1** A(c)to de enlear(-se). **2** O que prende/Atilho/Liame. **3** Envolvimento/Enredamento. **4** Embaraço/Complicação. **5** Estado de enamoramento/Encanto/Enlevo/Deleite. **Ex.** Os filhos são o meu ~. No doce ~ em que viviam, tudo era motivo de felicidade.

enlevar *v t* (<en- + levar) Deliciar/Encantar/Arrebatar. **Ex.** Aquele panorama maravilhoso devia ~ o espírito mais insensível. Eu fico enlevado com a música de Bach [com *Os Lusíadas* de Camões].

enlevo (Lê) *s m* (<enlevar) **1** Sensação de êxtase/Arrebatamento/Deleite. **Ex.** O brilho dos seus olhos espelhava [manifestava/mostrava/traduzia] o ~ que lhe ia na alma. Para ~ de todos, a filha mais nova tocou piano. **Sin.** Encanto. **2** Pessoa/Ser que provoca essa sensação. **Ex.** Aquela criança de três anos, tão precoce, era o seu ~.

enliçar *v t* (<en- + liço + -ar¹) **1** Pôr no tear os fios [liços] por entre os quais vai passar a lançadeira. **Loc.** ~ o tear. **2** ⇒ Tecer/Urdir. **3** *fig* ⇒ Embaraçar/Enredar(-se)/Prender(-se). **4** *fig* ⇒ Burlar/Enganar.

enliço *s m* (<enliçar) **1** (Má) urdidura. **2** O que prende/Laço/Enlace/Ligação. **3** *fig* ⇒ Ardil/Trama/Burla.

enlodar *v t* (<en- + lodo + -ar¹) **1** Sujar/Cobrir com lodo/lama/Enlamear(+). **Ex.** O meu filho apareceu-me em casa com as calças (todas) enlodadas. **2** *fig* Manchar a reputação de alguém/Conspurcar. **Ex.** Parece que gostam de levantar calúnias, de ~ [denegrir(+)] aqueles cuja sorte invejam. **3** «um barco» Encalhar no lodo fino, sem perigo.

enlouquecer *v t/int* (<en- + louco + -ecer) **1** Perder o uso da razão/Perder o juízo/Endoidecer. **Ex.** A mãe veio a ~, o que muito complicou a vida dos filhos. **2** *fig* Fazer perder o juízo/Desvairar. **Ex.** Aquela (grande) indisciplina dos funcionários públicos era de [para] ~ qualquer um. **3** *fig* Causar [Sentir] grande excitação/alegria/Deixar [Ficar] transtornado. **Ex.** A vitória, *idi* arrancada a ferros [devida a extraordinário esforço], que se julgava já impossível, enlouqueceu-os [encheu-os de entusiasmo/pôs a claque ao rubro].

enlouquecimento *s m* (<enlouquecer + -mento) Perda (do uso) da razão/do juízo/Loucura. **Ex.** O seu ~ obrigou-nos a interná-lo (no hospital). ⇒ desvairamento.

enlou[oi]rar *v t/int* (<en- + louro + -ar¹) **1** Cobrir com coroa de louros/Enfeitar com folhas de loureiro. **Ex.** No fim da corrida de automóveis, o Presidente da Câmara veio ~ o vencedor. **Sin.** Laurear(+). **2** «carne assada/seara de trigo» Dar/Tomar a cor dourada/amarelada/Alou[oi]rar(+).

enlou[oi]recer *v t/int* (<en- + louro + -ecer) «seara de trigo» Tornar/Ficar louro. **Comb.** Milho [Trigo] loiro/enloirecido.

enluarar *v t/int* (<en- + luar + -ar¹) Iluminar com a lua/o luar/Haver [Estar/Fazer] luar. **Ex.** A lua enluarava a aldeia. A noite enluarada convidava à poesia.

enlutar *v t* (<en- + luto + -ar¹) **1** Cobrir [Vestir] de luto por morte. **Ex.** Apresentou os pêsames à família enlutada. **2** Causar grande mágoa/tristeza. **Ex.** O assassinato do Presidente enlutou o país. Aquele grande desastre veio ~ a aldeia por muito tempo. **3** *fig* ⇒ ~-se/Escurecer/Toldar-se «de nuvens o céu».

enluvar *v t* (<en- + luva + -ar¹) Calçar/Pôr luvas. **Comb.** Mãos enluvadas «de branco».

en(o)- *pref* (<gr *oînos*: vinho) Significa vinho. (Ex. enologia, enícola).

-eno (É) *suf* (<gr *-énos*; significa **origem** (Ex. eslov~, rom~, chil~, nazar~) e **composto químico** (Ex. acetil~, benz~, naftal~)).

enobrecer *v t* (<en- + nobre + -ecer) **1** *Hist* Fazer entrar na nobreza/Tornar(-se) nobre/Nobilitar(-se). **2** Engrandecer/Dignificar/Honrar. **Ex.** A solidariedade com os mais desprotegidos [A virtude] enobrece o homem. **3** Dar maior beleza/esplendor/qualidade. **Ex.** A estátua do herói veio ~ a praça. As obras [Os melhoramentos] enobreceram a cidade.

enocrisina *s f Quím* (<eno- + gr *khrysós*: ouro + -ina) Substância corante do vinho branco.

enodar *v t* (<lat *innódo,áre*) Dar [Encher de/Prender com] nó(s).

enodoar *v t* (<en- + nódoa + -ar¹) **1** Pôr nódoas em/Manchar/Sujar. **Ex.** As crianças facilmente deixam ~ a roupa. **2** *fig* Fazer perder a (boa) reputação/Macular. **Ex.** A propósito de ~, o povo português tem um provérbio: *No melhor pano cai a nódoa* [A pessoa mais competente [santa] pode errar/cair]. **Loc.** ~/Enlamear a reputação [o bom nome] da família.

enofilia *s f* (<eno- + -filia) **1** Inclinação para o [Gosto pelo] vinho/Interesse pelos assuntos relativos ao vinho. **2** Comércio de vinho e (seus) derivados.

enófilo, a *adj/s* (<eno- + -filo) **1** (O) que gosta de vinho. **2** (O) que se dedica ao comércio de vinho e (seus) derivados/(O) que se interessa por assuntos relacionados com o vinho. **3** Que é relativo à enofilia.

enofobia *s f* (<eno- + …) Aversão pelo [ao] vinho/Qualidade de enófobo.

enófobo, a *adj/s* (<eno- + -fobo) (O) que sente repulsa pelo vinho.

enoftalmia *s f Med* (<en- + …) Afundamento do globo ocular na órbita.

enografia *s f* (<eno- + -grafia) Descrição [Estudo] científica[o] do vinho e das suas propriedades.

enojar *v t* (<lat *inódio,áre*: aborrecer) **1** Provocar/Sentir náuseas/nojo. **Ex.** Aquela falta de limpeza enojava-me. **2** Provocar/Sentir repulsa/repugnância. **Ex.** Aquela maledicência constante era de ~ qualquer pessoa. **3** Desagradar/Incomodar/Indignar. **4** Aborrecer/Enfadar/Entediar. **5** ⇒ enlutar.

enojo (Nô) *s m* (<enojar) ⇒ A(c)to de enojar. Sensação de náusea/Nojo(+).

enol *s m* (<eno- + -ol) **1** Vinho que serve de excipiente num preparado farmacêutico. **2** *Quím* Composto em cuja molécula há um hidroxilo ligado a um átomo de carbono de dupla ligação.

enóleo *s m* (<enol + -eo) Preparado farmacêutico em que o vinho é o excipiente.

enolina *s f* (<enol + -ina) Substância corante(Có) do vinho tinto.

enologia *s f* (<eno- + -logia) Conjunto de conhecimentos científicos e técnicos sobre a arte de produzir, tratar, degustar e conservar o vinho. ⇒ vit[n]icultura; enotecnia.

enológico, a *adj* (<enologia + -ico) Que é relativo a enologia.

enólogo, a *s* (<eno- + -logo) Especialista em enologia.

enomel *s m* (<gr *oinoméli*) Xarope/Licor preparado com vinho e mel.

enometria *s f* (<eno- + -metria) Avaliação do teor [da graduação] de álcool de um vinho ou de outras bebidas, através do enó[ô]metro.

enómetro [*Br* enômetro] *s m* (<eno- + -metro) Instrumento para avaliar a graduação alcoólica de um vinho ou de outras bebidas.

enora *s f Náut* (<en- + lat *ora*: extremidade) **1** Abertura no convés por onde se fixa o mastro na carlinga. **2** Peça de madeira para atochar o mastro.

enorme *adj 2g* (<lat *enórmis,e*: fora da norma) Muito grande/Desmedido/Colossal/Imenso. **Ex.** Fez um esforço ~ para conseguir (alcançar) o seu obje(c)tivo. Caiu uma ~ carga de água, que alagou a rua. **Comb.** Árvore [Riqueza] ~.

enormidade *s f* (<enorme + -idade) **1** Qualidade do que é enorme/excessivo. **Comb.** A ~ da árvore [do edifício]. **2** Grande disparate/asneira. **Ex.** Falta-lhe bom senso, diz cada ~(, qual delas a maior)! **Sin.** Barbaridade. **3** A(c)ção muito cruel/Atrocidade/Monstruosidade. **Ex.** Nunca será de mais [*Br* demais] lembrar a ~ daquele massacre.

enotecnia *s f* (<eno- + -tecnia) Conjunto de conhecimentos relativos ao vinho e sua fabricação. ⇒ enologia.

enotera *s f Bot* (<gr *oinothéras*) Designação comum de plantas ornamentais do género *Oinothera*, da família das Enoteráceas/Onagráceas.

enoteráceo, a *adj/s Bot* (<enotera + -áceo) Que pertence à família das Enoteráceas, plantas ornamentais.

enoveladeira *s f* (<enovelar + -deira) Máquina que nas fábricas de fiação serve para fazer novelos (de fio)/para enovelar.

enovelar *v t* (<en- + novelo + -ar¹) **1** Enrolar fio formando novelo/Dar forma de [Fazer um] novelo. **2** *fig* Enredar/«cobra» Enroscar/Emaranhar/Misturar.

enquadramento *s m* (<enquadrar + -mento) **1** A(c)to de enquadrar/de pôr em quadro/de emoldurar. **2** O que envolve [rodeia]/Âmbito/Contexto. **Comb.** ~ político. **3** Delimitação de alguma coisa num espaço mais amplo. **Ex.** O ~ desta investigação tem a ver com o recente aumento da criminalidade na zona. **4** Condicionantes/Dire(c)trizes de qualquer plano a conceber/executar. **Ex.** O ~ «orçamental/sindical» desse proje(c)to aconselha uma certa prudência nas a(c)ções a propor. **5** Inserção/Integração num meio/grupo. **Ex.** Preocupava-o o ~ [a integração(+)] do filho naquela escola, pois ele era bastante introvertido. **6** *Cine/Fot* Delimitação da imagem a fixar pela câmara/Colocação do motivo a focar no quadro do visor.

enquadrar *v t* (<en- + quadro + -ar¹) **1** Colocar em quadro/Emoldurar(+)/Encaixilhar(+). **Ex.** Mandou ~ uma antiga fotografia com [que mostrava] o casamento dos pais. Nessa loja têm bom gosto a ~ uma foto(grafia) ou uma pintura. **2** Cercar/Rodear/Circunscrever. **3** Dar forma de quadrado. **Ex.** Ela começa por ~ o tecido quando vai fazer uma almofada. **4** *fig* Harmonizar(-se)/Adequar(-se)/Ajustar(-se)/ Quadrar/Encaixar. **Ex.** Essa frase não quadra [se enquadra bem] no texto. O casario parece ~-se bem com os espaços verdes circundantes. Esse móvel parece ~-se bem no ambiente da tua sala. **5** ~-se/Estar no âmbito/domínio. **Ex.** A pretensão dele enquadra-se naquilo que a Escola pode proporcionar aos seus alunos. **6** *Cine/Fot* Limitar no visor da câmara o que se quer filmar/fotografar/Apanhar.

enquanto *conj/adv* (<em + quanto) **1** Durante o tempo em que/Até que. **Ex.** ~ se come não se fala. Estou aqui enquanto ele estiver(Vé) fora. Vou ajudá-lo ~ puder(É). **Comb.** *col* **~ sim e não** [Neste intervalo de tempo/Entretanto] (Ex. ~ sim e não, vou até ao café a ver se encontro um amigo com quem conversar). *Por ~* **a)** Até agora/Até este [ao] momento (Ex. Por ~ tenho ajudado naquilo que posso (ajudar)); **b)** Nos tempos mais próximos/Até ver/Para já (Ex. Por ~ vou estar por aqui, depois logo se vê [depois decidirei] (o que vou fazer)). **2** Ao contrário/Ao passo que/Mas/Porém. **Ex.** Eu sempre gostei de romances, ~ ele preferia poesia. **Comb.** ~ que [Ao passo que/Mas] (Ex. Eu tenho-me esforçado por cumprir, ~ que outros, não [outros não têm feito o mesmo]). **3** Na qualidade de/Como/Porque. **Ex.** ~ [Como/Sendo] responsável por este proje(c)to, tenho especiais responsabilidades neste momento de crise.

enquistar *v t/int* (<en- + quisto + -ar¹) **1** Transformar em quisto [cisto]/Endurecer. **Ex.** A borbulha [espinha] que tinha no pescoço enquistou e tive de ir ao médico. **2** *fig* Encaixar/Embutir. **3** *fig* Parar de desenvolver-se/Não progredir. **Ex.** Na vida moderna, em que se valoriza a inovação, ~-se equivale a morrer.

enrabar *v t* (<en- + rabo + -ar¹) **1** Segurar um animal pelo rabo(+). **2** Prender um animal «pelo cabresto» à cauda de outro «para seguirem na mesma dire(c)ção». **3** Perseguir/Acossar um animal. **4** *gross* Praticar sexo anal/Sodomizar. **5** *Br* Prejudicar/Ludibriar.

enrabichar *v t* (<en- + rabicho + -ar¹) **1** Dar forma de rabicho. **2** Atar «o cabelo» em rabicho. **3** Seduzir(-se)/Apaixonar(-se). **4** Pôr(-se) em dificuldade/Encalacrar(-se).

enraivar, enraivecer (+) *v t* (<en- + raiva + …) Provocar raiva/fúria a alguém/Irritar (+)/Irar. **Ex.** A atitude insolente do rapaz fez ~ o pai. Enraivecido [Zangado/Irritado] com o funcionário [colega] foi queixar-se ao chefe. **Sin.** Encolerizar; enfurecer.

enraizamento *s m* (<enraizar + -mento) A(c)to ou efeito de enraizar. **Comb.** O ~ [ganhar raízes] da planta. O ~ dum costume. **Sin.** Arreigamento; implantação.

enraizar *v t/int* (<en- + raiz + -ar¹) **1** «uma planta» Fixar-se bem ao solo pela raiz/Criar raízes (+). **Ex.** Havendo calor e (h)umidade, a plant(az)inha depressa vai ~. **2** Fixar-se num lugar/Radicar-se(+) «na cidade/aldeia». **3** *fig* Criar ligação afe(c)tiva forte a um meio/Adaptar-se. **Ex.** Parece-me feliz e profundamente [perfeitamente] enraizado no [adaptado ao] meio rural. **4** *fig* Arreigar-se/Fixar-se «no espírito». **Ex.** Os hábitos enraizados [arreigados] são muito difíceis de alterar/mudar.

enramalhar *v t* (<en- + ramalho + -ar¹) ⇒ Cobrir com ramalhos/Enfeitar com ramos.

enramalhetar *v t* (<en- + ramalhete + -ar¹) **1** Juntar «flores» em ramalhete. **2** Enfeitar com pequenos ramos/com ramalhetes.

enramar *v t* (<en- + ramo + -ar¹) **1** Formar [Juntar em] ramos. **2** Cobrir(-se) de [Enfeitar «rua» com] ramos. **3** *Br* Estabelecer

ligação «com outrem»/Unir-se/Juntar-se «com o amigo».

enrascad(el)a *s f* (<enrascar + ...) Situação complicada/embaraçosa. **Loc.** Estar metido numa ~ [alhada]. **Sin.** Aperto; apuro(+).

enrascar *v t* (<en- + rasca + -ar¹) **1** Prender em rede de arrasto/em rasca. **2** *fig* Criar [Ficar em] dificuldade/Complicar. **Ex.** Ficou enrascado [apanhado/aflito] quando lhe pediram contas da sua administração. **Sin.** *col* Ficar à rasca; *col* Pôr/Deixar à rasca. **3** *fig* Armar cilada/Enganar/Ludibriar. **Ex.** Andava a congeminar a melhor forma de o ~.

enredar *v t* (<en- + rede + -ar¹) **1** Emaranhar/Embaraçar/Enlear. **Ex.** Deixou ~ o fio da meada e só com muita dificuldade o desenredou. **2** Prender [Ficar preso] em rede. **Ex.** À saída da toca, pressionado pelo furão, o coelho enredou-se na (rede da) armadilha. **3** Entrelaçar. **Ex.** Para fazer a cobertura da cabana, tratou de ~ (ramos de) uns arbustos. **4** *fig* Envolver(-se) «sentimentalmente»/Comprometer(-se). **Ex.** Nas férias deixou-se ~ por uma moça de olhos verdes. **5** *fig* Tecer o enredo de uma história/novela. **Ex.** É precisa grande imaginação para ~ uma novela de mais de cem episódios. **6** *fig* ~-se/Complicar-se/Dificultar-se. **Ex.** A situação enredou-se ainda mais com a declaração da testemunha. **7** *fig* Armar enredo/intriga/Tramar. **Ex.** Ninguém (tão bom) como algumas comadres para ~ a vida dos vizinhos. **8** *fig* Andar às voltas/Atrasar-se. **Ex.** Depressa! Estás (para aí) a ~ e vamos chegar atrasados.

enrediça *s f Bot* (<enredar + -iço) Designação comum de qualquer planta trepadeira ou sarmentosa. **Ex.** A hera é uma ~.

enredo (Rê) *s m* (<enredar) **1** A(c)to de enredar(-se)/enlear(-se)/entrelaçar(-se). **2** Conjunto de acontecimentos inter-relacionados que formam a a(c)ção de uma obra de ficção. **Ex.** O ~ da novela é muito complicado, cheio de incidentes. **Comb.** ~ do romance. **Sin.** Trama. **3** Situação complicada/confusa. **Ex.** Não estou a ver como se pode aclarar aquele ~. **4** ⇒ intriga; mexerico. **5** ⇒ engano; ludíbrio. **6** Pessoa lenta/que não é despachada.

enregelar *v t/int* (<en- + regelar) **1** Estar/Ficar muito frio/Gelar. **Ex.** O miúdo apareceu-me em casa com as mãos enregeladas. ⇒ congelar. **2** *fig* Ficar abalado psicologicamente por ocorrência adversa. **Ex.** Quando a equipa forasteira marcou o golo da vitória a um minuto do final do encontro [jogo], a assistência nas bancadas enregelou.

enregueirar *v t* (<en- + regueiro + -ar¹) Conduzir a água por rego/regueiro para irrigar «terra cultivada». **Ex.** Ao ~ [regar(+)], com a pequena enxada removia a terra à entrada dos regos (a irrigar). ⇒ agueira/o.

enresinar *v t* (<en- + resina + -ar¹) **1** ⇒ Cobrir/Untar com resina. **2** Misturar com resina. **3** Dar/«líquido» Tomar a aparência de resina. **Sin.** Endurecer; ressequir.

enriçar *v t/int* (<en- + riço + -ar¹) Tornar(-se) riço/Encrespar «o cabelo». **Sin.** Emaranhar.

enrijar, enrijecer *v t/int* (<en- + rijo + ...) **1** Tornar(-se) rijo/Fortalecer(-se). **Ex.** O trabalho físico vai ~ os músculos. **2** Tornar(-se) mais saudável/Robustecer(-se). **Ex.** O velhote andava um bocado caído, mas agora voltou a ~. **3** «pão» Ficar duro/rijo/Endurecer. **Ex.** Choveu há tempos, mas agora, com estes calores intensos, o solo depressa vai ~.

enrilhar *v t/int* (<en- + rilhar) **1** «a carne» Endurecer/Enrijar. **2** ⇒ enrugar; engelhar. **3** Ter prisão de ventre.

enriquecer *v t/int* (<en- + rico + -ecer) **1** Tornar(-se) rico/Aumentar a fortuna. **Ex.** Com (os) negócios bem sucedidos depressa enriqueceu. **2** Aumentar a percentagem de uma substância num composto ou mistura. **Ex.** Como tinha dificuldade em respirar, precisava de inalar um ar enriquecido em oxigé[ê]nio. **Loc.** ~ o urânio. **3** Melhorar o valor nutritivo dum alimento. **Ex.** Para o filho comprara um leite enriquecido [rico(+)] em cálcio. **4** *fig* Aumentar a qualidade/Melhorar. **Ex.** A qualificação profissional dos jovens pode ~-se com a aprendizagem de várias línguas. **5** *fig* ⇒ engrandecer; enobrecer. **6** *fig* Ornar/Abrilhantar/Embelezar. **Ex.** Um texto pode ~-se com o emprego de figuras de estilo.

enriquecimento *s m* (<enriquecer + -mento) **1** A(c)to de enriquecer/Aumento de bens. **Ex.** O ~ anda ligado habitualmente aos negócios ou à herança. **2** Melhoria da qualidade/Reforço ou presença de fa(c)tor valorizador. **Comb.** ~ do texto. ~ do urânio.

enristar *v t* (<en- + riste + -ar¹) **1** Pôr em riste [em posição de ataque] «uma arma». **2** Investir contra/Atacar. **3** Erguer/Levantar/Alçar.

enrocamento *s m* (<enrocar² + -mento) **1** Lançamento de um conjunto de grandes blocos «de pedra ou cimento» para a água. **Ex.** Para a construção de um quebra-mar ou para lastro de uma obra hidráulica pratica-se o ~. **2** Técnica usada para erigir barragens ou muros de contenção «para proteger as estradas».

enrocar¹ *v t* (<en- + roca¹ + -ar¹) **1** Pôr «lã/linho» na roca. **2** Dar forma de roca. **3** Fazer pregas/Encanudar. **Loc.** ~ o vestido. **4** *Náut* Reforçar o mastro com talas/rocas.

enrocar² *v t* (<en- + roca² + -ar¹) **1** Encher com pedras grandes. **2** Preparar pedras para o enrocamento.

enrodilhar *v t* (<en- + rodilha + -ar¹) **1** Torcer/Enrolar pano fazendo rodilha. **Loc.** ~ o cachecol «ao pescoço». **2** Amarrotar/Amachucar. **Ex.** Foi encontrar a roupa toda enrodilhada. **3** ⇒ enredar; emaranhar. **4** Embaraçar(-se)/Atrapalhar(-se)/Confundir(-se). **5** Deixar/Ficar em situação difícil. **Ex.** É esperta «a Berta», ninguém consegue enrodilhá-la. **Sin.** *col* Entalar(+).

enroladeira *s f* (<enrolar + -deira) Maquinismo para enrolar os tecidos em fábrica de tecelagem.

enrolamento *s m* (<enrolar + -mento) **1** A(c)to ou resultado de enrolar, de enovelar ou de contornar em espiral. **2** *Ele(c)tri* Conjunto de fios condutores enrolados, formando bobina. **3** Linha espiral usada em ornamentos.

enrolar *v t* (<en- + rolo + -ar¹) **1** (Fazer) dar voltas «em torno de um eixo», tomando a forma de rolo. **Loc.** ~ *um fio.* ~ *massa* para fazer pães compridos. ***Enrolarem-se as folhas*** com o calor [ao secar(em)]. **Sin.** Bobinar. **2** Dar/«cobra» Tomar a forma de espiral/círculos/Enroscar. **3** «o mar» Fazer rolar, arrastando com ímpeto. **Ex.** Veio uma onda mais forte que enrolou os banhistas. **4** Envolver/Embrulhar. **Loc.** ~-se no cobertor. **5** *col* Tornar confuso/Complicar «o trabalho». **Ex.** Aquele professor, em vez de explicar com clareza a matéria, começa a ~ as questões, de modo que todos ficamos baralhados. **6** ⇒ enganar/ludibriar.

enroscar *v t* (<en- + rosca + -ar¹) Fazer girar/avançar em espiral. **Ex.** Empregou alguma força para ~ o parafuso na madeira. Ao substituir a roda do carro a seguir ao furo dum pneu, apertou bem as porcas enroscadas nos parafusos. **2** *gross* Envolver(-se)/Abraçar(-se). **Ex.** Naquele jardim já tenho visto pares de namorados enroscados, alheios a tudo o que se passe à sua volta. **3** *col* ~-se/Dobrar-se sobre si mesmo/Encolher-se. **Ex.** Estava todo enroscado [encolhido] naquele cantinho, a tiritar de frio.

enroupar *v t* (<en- + roupa + -ar¹) **1** Cobrir com roupa/Agasalhar. **Comb.** Bem [Mal] enroupado. **2** Fornecer/Adquirir roupa.

enrouquecer *v t/int* (<en- + rouco + -ecer; ⇒ rouquidão) (Fazer) ficar com a voz mais grossa/Ficar rouco. **Ex.** A aragem fria e (h)úmida, afe(c)tando-lhe a garganta, enrouqueceu-o. De tanto gritar enrouqueceu.

enrubescer *v t/int* (<en- + rubescer) Ruborizar/Corar(Ó)/Avermelhar. **Ex.** Quando o tio perguntou à adolescente quando arranjava um namorado, ela ficou corada [a face dela começou a ~].

enruçar *v t/int* (<en- + ruço + -ar¹) Tornar/«vestuário/pelo» Ficar ruço/Empardecer.

enrudecer *v t/int* (<en- + rude + -ecer) Tornar/Ficar rude/Embrutecer. **Ex.** O convívio frequente com gente pouco educada vai ~ a criança.

enrugamento *s m* (<enrugar + -mento) **1** A(c)ção de enrugar. **2** *Geol* Formação de dobras na crosta terrestre devido a forças tectó[ô]nicas/Dobramento. **Comb.** ~ da crosta.

enrugar *v t/int* (<en- + ruga + -ar¹) **1** Fazer [Ficar com/Ganhar] rugas/vincos/Franzir. **Ex.** Ainda não era velho, mas a pele começava a ~. **Loc.** ~ [Franzir] a testa. **2** Formar rugas/estrias/vincos numa superfície. **Loc.** ~ a camisa «dentro da mala».

ensaboadela *s f* (<ensaboar + -dela) **1** A(c)ção de ensaboar/Leve lavagem com sabão/sabonete. **Loc.** Dar uma ~ à cara e correr para a escola. **2** *fig* Repreensão/Reprimenda/Admoestação/Raspanete/Descasca 2/Descompostura 3. **Ex.** À noite, o pai deu-lhe uma ~, que lhe foi útil para depois agir com mais juízo. **3** *fig* Noções rudimentares sobre um assunto. **Ex.** As poucas lições que tive deram apenas para uma ~ nesse domínio «na gramática da língua».

ensaboadura *s f* (<ensaboar + -dura) **1** A(c)to de lavar com sabão/de ensaboar. **2** Roupa que se ensaboa de uma vez.

ensaboar *v t* (<en- + sabão + -ar¹) **1** Esfregar com água e sabão/sabonete. **Loc.** Ensaboar-se [~ o corpo todo] e (depois) abrir o chuveiro. **2** *fig* Dar uma ensaboadela 2(+). **Idi.** ~ *o juízo a* [Importunar/Incomodar] *alguém.* **3** *fig* Dar uma ensaboadela 3.

ensacar *v t* (<en- + saco/a + -ar¹ ⇒ ensaque) **1** Meter em saco/saca. **Ex.** Tratou de ~ as roupas que se destinavam aos pobres da zona. **Loc.** ~ as batatas [castanhas]. ⇒ enseirar. **2** *fig* Tomar para si/Apoderar-se de. **3** Meter «carne» em tripa «para enchidos». **4** ⇒ encurralar. **5** *Náut* Navegar para dentro de uma reentrância na costa. **6** Subir a saia «comprida», prendendo-a nas ancas a formar uma espécie de saco.

ensaiador, ora *adj/s* (<ensaiar + -dor) **1** (O) que testa [analisa] alguma coisa para avaliar as suas qualidades ou eficiência. **2** (O) que analisa o valor, o toque, o quilate de metais «ouro/prata». **3** *Teat* Pessoa que orienta o ensaio de uma peça.

ensaiar *v t* (<ensaio + -ar¹) **1** Testar/Experimentar. **Ex.** Antes de se chegar a uma conclusão de ordem científica, importa ~ a hipótese. Os técnicos ensaiaram um

novo modelo [tipo] de motor. **2** Analisar «metal precioso» para determinar o valor, toque ou quilate. **3** Tentar/Empreender. **Ex.** O miúdo, confiante, ensaiava os primeiros passos perante o pai que o incitava a caminhar. **4** Realizar repetidamente/Treinar/Exercitar. **Ex.** Antes de chegar à noite de estreia da peça de teatro, é preciso ~ muito. **Idi.** *Não se* ~ (nada) [Agir na hora] (Ex. O miúdo não se ensaia para bater na irmã). **5** Preparar/Estudar. **Ex.** Ensaiava a melhor estratégia para vencer o adversário.

ensaibrar *v t* (<en- + saibro + -ar¹) Cobrir com saibro. **Ex.** Andam a ~ a via, cobrindo a brita, antes de lançar o pavimento de alcatrão.

ensaio *s m* (<lat *exágium*: a(c)to de pesar/avaliar) **1** Comprovação [Verificação] de alguma coisa/A(c)ção de testar/Experimentação/Experiência(s)/Teste. **Comb.** *~ de toque* [Método usado por técnicos de contrastaria para examinar joias, antes de lhes gravar o contraste]. *~ de tra(c)ção* [Teste ao comportamento de material sujeito a esforço de tra(c)ção]. *~ nuclear* [Detonação de engenho nuclear para avaliar a sua eficácia destruidora]. *Banco de ~* [Instalação para testar a aptidão do que vai começar a ser utilizado]. *Tubo de ~* [Pequeno vaso de vidro, aberto apenas numa extremidade, usado em laboratório] (Ex. Nas aulas de Química realizámos várias experiências usando o tubo de ~). **2** Exercício preparatório para melhorar o desempenho de um grupo/Repetição de espe(c)táculo antes de o apresentar ao público. **Ex.** Na Casa do Povo realizou-se o ~ do nosso rancho folclórico, que vai exibir-se no (próximo) domingo. **Comb.** *~ geral* [Última representação preparatória de peça teatral ou espe(c)táculo coreográfico, já com os cenários definitivos, antes da estreia ao público]. **3** *Liter* Escrito, não muito extenso, de análise crítica de um tema. **Ex.** Esse pensador escreveu há pouco um muito interessante ~ sobre toxicodependência, esse flagelo social dos nossos dias. **4** *(D)esp* No râguebi, a(c)to de tentar colocar a bola atrás da baliza adversária, na zona de validação. **Ex.** Encarregou-se de transformar/marcar o ~ e teve êxito. **5** *(D)esp* Em provas de salto, cada uma das tentativas para melhorar o desempenho da *performance*. **Ex.** Foi no segundo ~ que ela conseguiu a melhor marca [o melhor resultado]. **6** No xadrez, cada tentativa para resolver um problema. **7** *fam* Tareia/Sova. **Ex.** Ele há muito (que) andava a pedi-las [fazia asneiras], o pai deu-lhe (cá) um ~ que lhe vai servir de emenda.

ensaísta *s 2g* (<ensaio + -ista) Pessoa que escreve ensaio 3.

ensaístico, a *adj/s f* (<ensaio + -ístico) **1** Que é relativo a ensaio 3. **2** *s f* Arte de escrever ensaio 3. **3** *s f* Conjunto de ensaios 3.

ensalmar *v t* (<en- + salmo + -ar¹) **1** Curar através de rezas/benzeduras/ensalmos. **2** Fazer feitiços/bruxedos.

ensalmo *s m* (<ensalmar) Prática de tentar curar através de feitiços, benzeduras ou rezas/Bruxedo/Feitiço.

ensalmoi[ou]rar *v t* (<en- + salmoi[ou]ra + -ar¹) Pôr em água com sal/em salmoura.

ensamblador, ora *adj/s* (<ensamblar + -dor) **1** Que encaixa peças de madeira através de entalhes. **2** *s* Pessoa que faz móveis/que faz entalhes ou embutidos. **Sin.** Entalhador 2(+). ⇒ marceneiro.

ensambladura, ensamblagem *s f* (<ensamblar + …) **1** A(c)to de ensamblar. **2** Conjunto de entalhes de duas peças de madeira para encaixarem.

ensamblar *v t* (<esp *ensamblar* <lat *in-simul*: ao mesmo tempo) **1** Encaixar(+) peças de madeira/Entalhar(+). **2** Fazer entalhes/embutidos/Embutir(+).

ensancha *s f* (<ensanchar) **1** Pedaço de tecido a mais que se deixa junto à costura para permitir futuro alargamento. **2** Em encadernação, pedaço de material sobrante nas margens para se aparar. **3** *fig* ⇒ largueza; amplitude. **4** Ensejo/Liberdade. **Loc.** *Dar/Deitar* ~s **a)** Deixar «tecido/papel» mais largo; **b)** *idi* Dar demasiada confiança «a alguém».

ensanchar *v t* (<lat *exámplo,áre,* de *amplus*: vasto, largo) Alargar(+) por meio de ensanchas/Ampliar(+)/Estender.

ensandecer *v t/int* (<en- + sandeu + -ecer) (Fazer) perder o juízo/a lucidez/Endoidecer/Enlouquecer(+).

ensanduichar *v t* (<en- + sanduíche + -ar¹) **1** Meter no meio de duas fatias/Fazer sanduíche/Entremear. **Loc.** ~ o bife no pão. **2** Pressionar de ambos os lados/Entalar(+). **Ex.** Os dois defesas ensanduicharam [entalaram(+)] o ponta de lança na grande área e o árbitro assinalou pe[ê]nalti.

ensanefar *v t* (<en- + sanefa + -ar¹) Guarnecer com sanefas «o reposteiro da porta/janela».

ensanguentar *v t* (<en- + sangue + -entar) **1** Cobrir(-se)/Manchar(-se) de sangue. **Ex.** O ferido tinha o corpo [a camisa] ensanguentado[a]. ⇒ sangrar. **2** Fazer grande mortandade. **Ex.** A guerra civil ensanguentou o país. **3** ⇒ avermelhar.

ensaque *s m* (<ensacar) A(c)to de ensacar/de meter dentro de saco ou saca.

ensardinhar *v t* (<en- + sardinha + -ar¹) Apertar(-se) como sardinha em canastra/lata «no metro/ô».

ensarilhada *s f* (<ensarilhar + -ada) Grande confusão. **Ex.** Com a chegada da polícia houve [armou-se] (para ali) tal ~ que eu não sabia para onde ir.

ensarilhar *v t/int* (<en- + sarilho + -ar¹) **1** Enrolar «fio» em sarilho/Dobar. **Loc.** ~ a lã (à medida que se vai fiando). **2** Enredar/Emaranhar/Embaraçar/Misturar. **3** Complicar/Baralhar/Perturbar. **4** *Mil* Dispor as espingardas em sarilho. **5** Na tourada, «o touro» mover [abanar] a cabeça para um e outro lado.

-ense *suf* (<lat *-ensis*) Significa **naturalidade** ou **origem** (Ex. portu~ (Da cidade do Porto), rio-grand~ (Do estado Rio Grande do Sul), egitani~(Da Guarda, Portugal)).

enseada *Geog* (<en- + seio + -ada) **1** Pequena reentrância na costa marítima/Pequeno porto de abrigo. **Sin.** Angra. **2** *Br* ⇒ Acesso a campo alagadiço.

ensebar *v t* (<en- + sebo + -ar¹) **1** Untar com sebo/Engordurar. **Ex.** Na aldeia via o meu avô a ~ as pesadas botas de couro e pneu. **2** ⇒ Sujar/Emporcalhar/Besuntar.

ensecar *v t/int* (<en- + seco + -ar¹) **1** Pôr [Ficar] em seco «um barco»/Encalhar/Varar. **2** Fazer ficar em seco/Esgotar/Exaurir/Secar.

enseirar *v t* (<en- + seira + -ar¹) Meter em seira. **Loc.** ~ azeitonas/figos. ⇒ ensacar.

ensejar *v t* (<lat *insídior,ári*: fixar-se a espiar) **1** Dar ensejo a/Dar oportunidade para/Possibilitar. **2** Esperar a oportunidade de. **3** Tentar/Experimentar. **4** Apresentar-se/Aparecer.

ensejo *s m Liter* (<ensejar) Momento favorável/Oportunidade(+). **Ex.** Estando ali, aproveitei o ~ [a ocasião] para cumprimentar o meu velho e saudoso professor.

ensiforme *adj 2g* (<lat *ensis*: espada + forma) Que tem a forma de espada/«folha» Lanceolada.

(en)silagem *s f* (<ensilar + -agem) A(c)to ou efeito de ensilar/Armazenamento em silo «de cereais ou forragens».

ensilar *v t* (<en- + silo + -ar¹) Armazenar e conservar em silo «cereais e forragens».

ensimesmar-se *v t* (<en- + si mesmo + -ar¹) Abstrair-se [Alhear-se] do que o rodeia/Concentrar-se nos próprios pensamentos/Meter-se só consigo mesmo. **Ex.** Anda muito ensimesmado, não fala, … começa a preocupar-me.

ensinadela *s f* (<ensinar + -dela) **1** Repreensão/Admoestação/Corre(c)tivo. **Ex.** Ele tem vindo a abusar «chegando tarde ao emprego», está a precisar de uma ~. **2** Vivência dolorosa que serve de lição para o futuro. **Ex.** «a perda do cargo» Foi um experiência difícil para ele, que não estava à espera de tal ~.

ensinamento *s m* (<ensinar + -mento; ⇒ ensino) **1** Conhecimento [Norma/Preceito/Conselho] que se transmite. **Ex.** A leitura daquele livro trouxe-me ~s que modificaram muito a minha maneira de pensar sobre essa matéria. **Comb.** ~s transmitidos pelos mais velhos. **2** Lição (a ter em conta no futuro)/Ensinadela 2/Escarmento/Experiência.

ensinar *v t* (<lat *insígno,as,áre*: pôr uma marca ou sinal) **1** Transmitir conhecimentos a outrem/Instruir. **Ex.** Quem é professor por vocação gosta naturalmente de ~. Eu ensino [le(c)ciono] português [história]. **2** (Fazer) aprender por experiência, sobretudo dolorosa. **Ex.** A vida ensinou-lhe que não se pode confiar em toda a gente. **3** Indicar/Mostrar. **Ex.** Estive a ~ a uns estrangeiros o caminho mais fácil para chegarem ao castelo da cidade. **4** Treinar/Adestrar «um animal». **Ex.** Tenho estado a ~ o meu cão a trazer a caça à mão. **5** Castigar/Repreender. **Ex.** Ele anda a *idi* brincar com [a descurar] o serviço, preciso de o ~ [chamar a contas/repreender].

ensino *s m* (<ensinar) **1** A(c)to de ensinar/Transmissão de conhecimentos/Instrução. **Ex.** O ~ de línguas facilita a comunicação entre pessoas de diferentes povos. **Comb.** *~ a distância* [pela rádio ou televisão]. *~ básico* [que abrange os nove anos de escolaridade obrigatória, iniciada aos seis anos de idade]. *~ especial* [que é dirigido a alunos portadores de deficiência mental, visual ou auditiva]. *~ médio*. *~ pré-escolar* [que vai até aos seis anos de idade]. *~ profissional*. *~ secundário* [que abrange os 10.º, 11.º e 12.º anos da escolaridade]. *~ superior* [que é ministrado nos institutos politécnicos e nas universidades]. **2** Sistema que enquadra [coordena] a transmissão dos saberes. **Ex.** É no ~ que alguns países mais investem para conseguir altos níveis de produtividade. **3** Carreira profissional de professor. **Ex.** A minha filha, ao terminar o curso superior, escolheu o ~ e não está arrependida de ter feito essa opção. **4** Experiência penosa que serve de lição para o futuro. **Ex.** As dificuldades por que passou, a seguir àquela imprudência, oxalá lhe sirvam de ~/lição(+)! **5** Adestramento/Treino «de animal». **6** Admoestação/Repreensão/Corre(c)tivo. **Ex.** Ele não tem juízo, está a precisar de um ~ que o ponha na ordem! ⇒ ensinamento/ensinadela.

ensirrostro, a *adj* (<lat *ensis*: espada + *rostrum*: bico) «ave» Que tem o bico em forma de espada curva.

ensoar *v t* (lat *insólo,áre*: pôr ao sol) **1** «a fruta» Sofrer cozimento sem amadurecer, por forte insolação. **2** «uma planta» Murchar(+) por excesso de calor.

ensoberbar, ensoberbecer(+) *v t* (<en- + soberba + ...) **1** Tornar(-se) arrogante/soberbo/Envaidecer(-se). **Ex.** Os resultados [As notas] da escola ensoberbeceram-no. **2** *fig* «o mar/vento» Enfurecer-se/Agitar-se/Alterar-se.

ensolarado, a *adj* (<en- + solar + -ado) Cheio de sol/Soalheiro. **Ex.** Naquele dia ~ tudo convidava a um passeio à beira-mar.

ensombrar *v t* (<en- + sombra + -ar¹) **1** Cobrir de [Dar/Fazer sombra]/Assombrar. **2** *fig* Tirar a alegria/Entristecer. **Ex.** A festa ficou ensombrada com aquela triste notícia.

ensonado, a *adj* (<en- + sono + -ado) Que tem [está com] sono. **Ex.** Uma pessoa ~a não rende muito num trabalho intelectual exigente. **Sin.** Sonolento(+).

ensopado, a *adj/s m* (<ensopar) **1** Que está impregnado de um líquido/Que se molhou muito/Encharcado. **Comb.** Terra [Camisa] ~a. **2** «telhado» Coberto de argamassa depois de assente. **3** *Cul* Guisado de carne ou peixe com fatias de pão embebidas em molho bem temperado. **Comb.** **~ de borrego.** **~ de enguias.**

ensopar *v t* (<en- + sopa + -ar¹) **1** Transformar «o arroz» em sopa. **2** Embeber em líquido/Empapar. **Ex.** Ensopou o pão no leite e começo-o com a colher. **3** Molhar abundantemente/Encharcar/Empapar. **Ex.** A chuva [O sangue do ferimento] ensopou-lhe a camisa. **4** *Cul* Guisar em molho abundante e bem temperado. ⇒ ensopado 3.

e[i]nsosso, a (Ô) *adj* (<lat *insúlsus*: sem sal) «alimento cozinhado» Com pouco ou nenhum sal. **Ex.** A sopa está (um pouco) ~a. **Sin.** Insípido. **Ant.** Salgado.

ensurdecedor, ora *adj* (<ensurdecer + -dor) Que fere os ouvidos/Que ensurdece/Atroador. **Comb.** *Um ruído* **~** [muito forte]. *Um som* [Uma música] ~[a].

ensurdecer *v t/int* (<en- + surdo + -ecer ⇒ surdez) **1** (Fazer) perder o sentido da audição/Tornar-se surdo. **Ex.** O avô já ensurdeceu [está surdo (+)/não ouve]. **2** Ferir o ouvido/Atordoar. **Ex.** O ruído dos motores do avião ensurdeceu-nos. **3** Diminuir/Abafar o som.

entablamento *s m* *Arquit* (<fr *entablement*) ⇒ entabulamento 4.

entabuar *v t* (<en- + tábua + -ar¹) **1** Forrar com tábuas/Entabular. **2** Ficar duro como tábua/Endurecer. **3** «o céu» Enevoar-se/Toldar-se/Nublar-se.

entabulamento *s m* (<entabular + -mento) **1** A(c)to ou efeito de entabular. **2** Início/Começo. **Comb.** O ~ das conversações. **3** *Arquit* Cercadura de tábuas junto ao te(c)to. **4** *Arquit* Conjunto de arquitrave, friso e cornija dum edifício.

entabular *v t* (<en- + tábula (Mesa de jogo) + -ar¹) **1** Forrar/Cobrir com tábuas/Entabuar 1(+). **2** Iniciar/Começar/Encetar. **Ex.** Resolveu ~ conversações para a superação deste diferendo. **3** Organizar/Ordenar.

entaipar *v t* (<en- + taipa + -ar¹) **1** Cercar «um buraco grande/um poço» com taipa/tábuas/obstáculos. **Ex.** Para evitar acidentes com peões, tratou de ~ o espaço de obras. **2** *fig* Dificultar ou impedir o acesso a/Emparedar. **Ex.** Com a construção daqueles blocos enormes de casas, o nosso escritório ficou praticamente entaipado.

entalação *s f* (<entalar + -ção) **1** A(c)to de apertar/comprimir/entalar. **2** *fig fam* Situação embaraçosa/Embaraço/Apuro. **Ex.** Vi-me em tal ~ que gritei por socorro.

entaladela *s f* (<entalar + -dela) **1** Forte aperto repentino/Entalão. **Ex.** Soltou um grito de dor ao sofrer uma ~ dos dedos no fechar da porta. **2** *fig* Situação embaraçosa/difícil. **3** Cozedura leve de um alimento.

entalão *s m* (<entalar + -ão) **1** Forte aperto por grande pressão. **Ex.** O martelo desviou-se, ao tocar num ramo, e ele apanhou um grande ~ nos dedos. **2** *fig* ⇒ entaladela 2(+). **3** *Cul* ⇒ entaladela 3(+).

entalar *v t* (<en- + tala + -ar¹) **1** Colocar entre talas para imobilizar/Apertar entre tábuas. **Ex.** Quando fra(c)turou a perna, o médico entalou-lha [tratou de lhe ~ esse membro]. **2** Apertar em lugar estreito, para segurar/travar. **Ex.** Como ele se mexia muito de noite, a mãe tratou de ~ a roupa da cama. **3** Provocar/Sofrer forte apertão/Ficar preso. **Ex.** O Jorge entalou o dedo na porta «e ficou com a unha negra». Em resultado do desastre de viação, ficou entalado no (habitáculo do) carro e foram os bombeiros a desencarcerá-lo. **4** *fig* Pôr/Ficar em situação difícil. **Ex.** O patrão já andava desconfiado, só esperava a oportunidade de o ~, apanhando-o em flagrante (delito/falta). **5** *fam* Deixar alguém sem resposta/Embatocar. **Ex.** O juiz entalou a testemunha. **6** Dar leve cozedura a alimento. ⇒ entaladela 3.

entalhador, ora *adj/s* (<entalhar + -dor) (O) que faz obra de talha¹ em madeira ou metal.

entalha(dura) *s f* (<entalha + -dura) ⇒ entalhe.

entalhar¹ *v t* (<en- + talhar) Fazer obra de talha¹/Esculpir(+)/Gravar(+). **Ex.** Entalhou as iniciais dos dois nomes no tronco da árvore. **Loc.** ~/Esculpir uma estátua em madeira.

entalhar² *v t* (<en- + talha +-ar¹) Meter em talha/vaso/alguidar. **Loc.** ~ o azeite.

entalhe/o *s m* (<entalhar) **1** A(c)ção de gravar [esculpir] em madeira/de entalhar. **2** Obra de gravura/escultura em madeira. **3** Golpe/Incisão em madeira ou noutro material. **4** Corte ou saliência em peça de madeira para encaixar com outra.

entanguir *v t* (<en- + *an* tango: ramo seco + -ir) **1** Deixar/Ficar encolhido com frio/Engrunhir. **2** Ficar enfezado(Fé)/raquítico.

entanto *adv* (<em + tanto) **1** *Br* Nesse meio tempo/Entretanto. **2** [*Gram*] Na prática, só se usa na **Comb.** *No ~ conj* Porém/Mas (Ex. Ele vem sempre a horas, no ~ [mas(+)] hoje atrasou-se. Ás coisas até são fáceis, no ~ [, apesar disso/não obstante] nem sempre é assim).

então *adv/conj/interj* (<lat *in + tunc*: nesse momento) **1** Nesse momento, passado ou futuro. **Ex.** Dei ~ conta de [Nesse momento vi] que me tinha esquecido da carteira. Para a semana venho cá e falaremos ~ [nessa altura] da melhor forma de resolver o problema. A ponte foi inaugurada pelo (~ [que era]) Presidente da República. **Comb.** *Até ~* «2006, o dono da empresa era o meu pai». *Desde ~* «sou eu o dono». **2** Afinal/Sempre «em frases interrogativas dire(c)tas». **Ex.** Então?! (Anda depressa/Despacha-te). ~ vens amanhã (, como sugeriste/prometeste)? **Idi.** *Com que ~* [Expressão de estranheza/surpresa ou de leve crítica] (Ex. Com que ~ vocês queriam que o professor adiasse o teste ?! Com que ~ ela vai casar para o verão?!). **3** «em fim de conversa» Precede a saudação de despedida. **Ex.** Vou embora que se faz tarde. ~ até logo [até amanhã]! **4** «a terminar uma conversa, confirmando o que fora acordado» Desse modo/Assim. **Ex.** ~ encontramo-nos amanhã no café. **5** *conj* «indicando consequência de afirmação (condicional) anterior» Logo/Portanto/Daí. **Ex.** (Se) ele não vem para resolver o problema, ~ temos que ser nós a fazê-lo. (Se) ele vem de propósito para falar co(n)nosco, ~ não podemos ausentar-nos. (Se) ele foi o responsável pela asneira, ~ deve ser penalizado. **6** *interj* Indica censura/desaprovação. **Ex.** ~, menino, isso faz-se?! ~, que é isto?! Vocês estão doidos, ou quê?!

-entar *suf* (<-ente + -ar¹) Significa *a(c)ção continuada* e *causadora dessa a(c)ção*. Ex. amam~ (Fazer mamar); afug~ (Fazer fugir/Pôr em fuga).

entaramelar *v t* (<en- + taramela + -ar¹) **1** Pôr taramela/Pôr peça para travar/fechar. **2** *fig* Embaraçar(-se) a fala/Perturbar-se a pronúncia das palavras. **Ex.** O medo entaramelava-lhe a língua. ⇒ engrolar/enrolar. **3** ⇒ enredar.

entardecer *v int/s m* (<en- + tarde + -ecer) **1** Aproximar-se o pôr do sol/Cair a tarde. **Ex.** Entardecia e ele resolveu vir para casa. **2** *s m* Fim da tarde. **Ex.** Na aldeia, onde não chegava a poluição, apreciava sobretudo a calma e os tons dourados do (sol) poente ao ~.

ente *s m* (<lat *ens,entis*; ⇒ ser) Ser(+)/Coisa/Entidade. **Ex.** Tudo o que existe ou pode existir é considerado ~. **Comb.** **~ de razão** [que só existe no pensamento]. **~ real** [que de fa(c)to existe]. **~ supremo** [Deus]. Os nossos familiares [~s queridos].

-ente *suf* (<lat *-ens,-entis*) É uma terminação que (como *-ante,-inte*) vem quase ini(c)ta do latim. Significa *processo* (Ex. ferv~, reluz~), *estado* (Ex. jac~, paci~), *qualidade* (Ex. contraproduc~, defici~, perman~), *a(c)ção* (Ex. benefic~, confid~).

enteado, a *s* (<lat *ante*: antes + *natus*: nascido) **1** Filho que o cônjuge teve de casamento ou união anterior. **Ex.** É comum que um ~ se queixe do tratamento de um padrasto ou madrasta, mas há muitas exce(p)ções, felizmente. **2** *fig* Pessoa desfavorecida. **Ex.** Uma crítica que se faz ao Estado é a de tratar uns cidadãos como filhos e outros como ~s. ⇒ enjeitado.

entear *v t* (<en- + teia + -ar¹) **1** Dispor em [Formar] teia/Entrelaçar. **2** *fig* ⇒ enredar(-se)/enlear(-se) «sentimentalmente».

entediar *v t* (<en- + tédio + -ar¹) Aborrecer(o+)/Enfadar/Enfastiar(+). **Ex.** A vida monótona da aldeia entediava-o e suspirava por regressar à cidade.

entendedor, ora *adj/s* (<entender + -dor) **1** (O) que é conhecedor/(O) que entende/Sabedor. **2** *s* Pessoa inteligente/perspicaz/Perito/Entendido(+). **Idi.** *Para [A] bom ~ meia palavra basta* [A uma pessoa inteligente não se fazem longas explicações].

entender *v t /s m* (<lat *inténdo,ere*: intentar, dirigir(-se), apontar, ter intenção de; ⇒ atender) **1** Compreender o significado/Ter ideia clara/Perceber. **Ex.** Queria ~ o que se passa, mas está a ser um pouco difícil. **Loc.** *Dar a ~ que* [Insinuar]. *Dar que ~* [Obrigar a refle(c)tir/pensar/Preocupar]. *Fazer-se ~* [Explicar bem/Tornar claro]. *Vá-se lá ~ !* [É difícil vir a saber] «quem é o ladrão». **Idi.** **~ da poda** [Ser sabedor em dado assunto]. **~ o mesmo** [Ainda não ~] (Ex. Você já tornou a explicar, mas eu estou a ~ o mesmo [eu ainda não entendi]). **2** Captar pelo ouvido. **Ex.** Está tanto barulho que não se consegue ~ nada do que diz. **3** Ser de opinião que/Pensar/Achar. **Ex.** Eu entendo que se esperava dele ou-

tro comportamento. **4** Compreender as razões de/Captar a intenção de/Aceitar. **Ex.** Ainda bem que há quem me entenda, já me sinto numa posição mais confortável. **5** Resolver/Decidir. **Ex.** O meu pai quis [entendeu pedir-me] que o representasse na cerimó[ô]nia. **Loc.** *~ por bem* [Decidir]. *Quando bem ~/Se assim (o) ~* [quiser]. **6** Pretender/Tencionar. **Ex.** Perante isto, que entendes [tencionas/pensas/pretendes] fazer quando chegares da tua viagem? **7** ~-se/Chegar a acordo/Ter boa relação com. **Ex.** Ainda bem que eles se entenderam, tudo agora é mais fácil. Eles entendem-se muito bem, estou certo de que hão de ajudar-se em qualquer dificuldade. **8** ~-se com/Saber usar. **Ex.** Ela não consegue ~-se com a [esta] máquina, nunca vi ninguém mais aselha. **9** *s m* Opinião/Parecer. **Ex.** Em [No] meu ~, todos deviam ajudar a resolver esta difícil situação. **Comb.** *No ~ de* «alguém» [Segundo a opinião de].
entendido, a *adj/s* (<entender) **1** Que se entendeu/compreendeu/combinou. **Ex.** A mensagem foi ~a e vamos tratar de resolver o problema. Amanhã saímos às sete (horas) da manhã, (está) ~? Estamos ~s [combinados], não é verdade? **Loc.** «não quero que fique prejudicado no negócio» *Bem ~* [Naturalmente/Claro]. *Não se dar por ~* [Fingir que não ouviu/que não é com ele]. **2** (O) que é especialista num assunto/Perito/Sabedor. **Ex.** Ele é um ~ no assunto. Esta máquina só pode ser reparada por um ~. **3** *s m/loc* Expressão indicadora de uma mensagem por via telefó[ô]nica, telegráfica, ... ter sido recebida e percebida/Mensagem recebida!/Às suas ordens! **Loc.** Dar o ~.
entendimento *s m* (<entender + -mento) **1** A(c)to de entender/saber/Compreensão. **Ex.** O ~ de [O saber] uma língua estrangeira é importante para conseguir um emprego. **Comb.** O ~ dum texto. **2** Opinião/Parecer/Interpretação/Entender. **Ex.** No meu ~ [entender(+)], esse assunto merece [deve ter] uma análise mais rigorosa. **3** Faculdade de julgar/Inteligência. **Ex.** O bom uso do ~ é necessário para a vida de qualquer pessoa. Isso não entra no meu ~. **4** Bom relacionamento/Compreensão/Harmonia. **Comb.** O bom ~ entre os povos [países]. **5** Acordo/Combinação. **Ex.** Encontramo--nos então amanhã no café, conforme o nosso ~ [, como combinámos].
entenebrecer *v t/int* (<lat *intenebrésco, ere*: cobrir-se de trevas) **1** Escurecer(+). **Ex.** O céu entenebreceu-se antes de cair a tempestade. **2** *fig* ⇒ causar tristeza/entristecer.
enteralgia *s f Med* (<entero- + algia) Dor aguda no intestino/Cólica(+).
enterec[entero]tomia *s f Med* (<entero- + gr *ek*: fora de + -tomia) Operação para ablação de parte do intestino.
enteremorragia *s f Med* (<entero- + hemorragia) Hemorragia no intestino.
entérico, a *adj* (<entero- + -ico) Que é relativo ao intestino. **Comb.** Suco ~.
enterite *s f Med* (<entero- + -ite) Inflamação da mucosa do intestino delgado. ⇒ colite.
enternecedor, ora *adj* (<enternecer + -dor) **1** Que comove ou emociona/Que desperta ternura. **Ex.** O gesto de uma criança tão pequenina ir oferecer uma flor aos visitantes foi ~.
enternecer *v t* (<en- + terno + -ecer) Despertar ternura/Sensibilizar/Comover. **Ex.** A chegada dos netos, que não via há meses, enterneceu-a. Ficou enternecida com os beijinhos da netinha.

enternecimento *s m* (<enternecer + -mento) Ternura. **Ex.** Via com ~ os filhos todos à sua volta.
entero- *pref* (<gr *énteron*: intestino) Significa intestino e interior (Ex. entérico; gastroenterite).
enterocolite *s f* (<entero- + ...) Inflamação que atinge o intestino delgado e o cólon. ⇒ enteralgia.
enterografia *s f* (<entero- + -grafia) **1** Descrição anató[ô]mica dos intestinos. **2** Regist(r)o dos movimentos dos intestinos.
enterologia *s f* (<entero- + -logia) Estudo dos intestinos e das suas funções.
enteroqu[c]ínase *s f* (<entero- + gr *kínesis*: movimento + -ase) Fermento digestivo do suco entérico, que a(c)tiva a tripsina.
enterose [enteropatia] *s f* (<entero- + ...) «qualquer» Doença intestinal.
enterozoário *s m* (<entero- + gr *zóon*: animal + lat *-árium*: relativo a) Verme/Parasita que vive no intestino de outro animal. ⇒ end[t]ozoário
enterrar *v t* (<en- + terra + -ar¹) **1** Pôr [Ocultar] debaixo de terra/Soterrar. **Ex.** Tratou de ~ o tesouro [as sementes para germinarem]. **2** Sepultar/Inumar. **Ex.** Um grande amigo meu foi hoje a ~. **Idi.** «um assunto» *Estar morto e enterrado* [Estar completamente resolvido/esquecido]. **3** Estar presente num funeral/enterro. **Ex.** Enterrámos hoje um benemérito da nossa terra. **4** (Fazer) penetrar profundamente. **Ex.** Tinha chovido muito e aconteceu-me ~ os pés no atoleiro [lodo/na lama]. **5** Afundar(--se) em superfície mole. **Ex.** À noite, foi tão bom ~ a cabeça na almofada fofinha! **6** *fig* Considerar terminado/Esquecer. **Ex.** Achámos melhor ~ este diferendo e tudo depois correu bem [se passou de forma conveniente]. **Idi.** *~ o machado de guerra* [Fazer as pazes].
7 *fig* Falhar/Errar muito. **Ex.** Tinha estudado pouco e enterrei-me no exame. **8** *fig* Comprometer/Desacreditar. **Ex.** A testemunha começou a ~-se, a trocar os pés pelas mãos [a confundir-se] perante o juiz. **9** *fig* Investir sem proveito/Arruinar(-se)/Perder. **Ex.** Enterrou na fábrica muito dinheiro e depois arrependeu-se, mas já era tarde. Veio a ~ uma apreciável fortuna no jogo. **10** *fig (D)esp* Fazer perder/Prejudicar. **Ex.** Com a sua expulsão, o jogador acabou por ~ a equipa.
enterro (Tê) *s m* (<enterrar) **1** A(c)ção ou efeito de pôr debaixo de terra/de soterrar. **2** A(c)to de sepultar/inumar/enterrar. **Ex.** A cremação é já uma alternativa ao ~ do cadáver humano, sobretudo nas grandes cidades. **3** Conjunto de cerimó[ô]nias que precedem a sepultura do defunto/Cortejo fúnebre/Funeral(+). **Ex.** O ~ [cortejo fúnebre] deste médico conceituado na região reuniu uma multidão impressionante. **Idi.** «o chefe antipático» *Fazer (tanta) falta como viola num ~* [Não fazer falta/Estar a mais]. «o proje(c)to» *Ter um lindo ~* [Não ter êxito]. **Comb.** *idi* Cara de ~ [Semblante carregado/triste]. **4** *gír* Celebração burlesca do fim de alguma coisa. **Ex.** As crianças vibraram com as peripécias do ~ do ano velho. Os estudantes, revoltados, fizeram o ~ do reitor.
entesar *v t/int* (<en- + teso + -ar¹) **1** Tornar(--se) teso [tenso]/Retesar/Esticar. **Loc.** *~ as cordas da guitarra. ~ os músculos.* **2** Ficar duro/rígido/hirto. **3** *Gross* «o pénis» Ter ere(c)ção. **4** Mostrar-se enérgico/Impor-se. **Ex.** O pai teve de se ~ com o filho mais velho. **5** *col* Ficar sem dinheiro/Ficar teso.

entesou[oi]rar *v t* (<en- + tesouro + -ar¹) **1** Acumular riqueza/Amealhar(+). **Ex.** O avarento só pensa em ~ (dinheiro). **2** ⇒ guardar.
entestar¹ *v t* (<en- + testa + -ar¹) **1** Estar contíguo a/Confinar com. **Ex.** Portugal entesta [faz fronteira(+)/confina(o+)] com a Espanha. **2** Estar diante de/Ficar defronte de. **3** Enfrentar em disputa/Defrontar.
entestar² *v t* (<en- + testo + -ar¹) Pôr testo/tampa «em panela/recipiente». **Loc.** *~* [Tapar (+)] *a panela/o tacho*.
entibiar *v t* (<en- + tíbio + -ar¹) Tornar tíbio/Perder o vigor/entusiasmo/fervor/energia/Enfraquecer/Resfriar. **Ex.** As doenças [Os fracassos] entibiaram-lhe a vontade.
entidade *s f* (<lat *éntitas,átis*) **1** Essência(+) [Identidade(o+)] de um ente/ser. **2** Pessoa importante/Individualidade/Personalidade/Figura. **Ex.** Estiveram presentes na noite de estreia várias ~s, que teceram elogios à peça. **3** Organismo público ou privado/Instituição. **Comb.** *~ bancária. ~ pública* [privada].
entisicar *v t/int* (<en- + tísico + -ar¹) **1** Tornar ou ficar tísico/tuberculoso (+). **Ex.** A pobreza e o muito trabalho acabaram por entisicá-lo. **2** ⇒ definhar; emagrecer muito; ficar raquítico.
-ento *suf* (<lat *–entus*) Tem um significado geralmente depreciativo de *estado* (Ex. ferrug~), *abundância* (Ex. poeir~), *qualidade* (Ex. avar~), *tendência* (Ex. brigu~, cium~).
ento- *pref* (<gr *entós*: dentro de) ⇒ endo-.
entoação *s f* (<entoar + -ção) **1** *Gram* Modulação/Inflexão da voz/Entonação(+). **Ex.** A ~ na pronúncia de uma frase é que nos indica se estamos perante uma afirmação, uma pergunta, uma exclamação, uma ordem, ... Na frase interrogativa a ~ sobe. **2** *Mús* A(c)to de entoar/de dar o tom «antes da execução de peça musical». **3** *Mús* Canto ajustado ao tom. **Ex.** O solista falhou na ~. **4** A(c)to de cantar. **Ex.** A ~ daquele cântico litúrgico pelo coro fez-me lembrar a (minha) meninice. **5** *Arte* Harmonia das cores em pintura.
entoar *v t* (<lat *intóno,áre*: ressoar, trovejar) **1** *Mús* Cantar o início de uma melodia/Dar o tom para a execução de peça musical. **Ex.** O maestro entoou as primeiras notas. **2** *Mús* Pôr no tom. **3** Tocar(+) ou cantar(+) «uma melodia». **4** Enunciar/Proferir. **Ex.** Na cerimó[ô]nia, o orador entoou [teceu(+)/fez] grandes louvores ao homenageado. **5** *Br* ⇒ dirigir; orientar; atinar; agradar.
entocar *v t* (<en- + toca + -ar¹) Meter(-se) em cova [toca] /Esconder(-se).
entoi[ou]çar *v int* (<en- + touça + -ar¹) «a planta» Criar touça/tronco/caule/Robustecer(-se)/Desenvolver(-se)/Engrossar. **Ex.** Com a chegada das chuvas da primavera, a erva entoiçou e não vai faltar alimento para o gado.
entojar *v t* (<lat *intaédio,áre*: enfadar) **1** Provocar ou sentir repugnância [repulsa]/Enojar(-se)(+). **2** Aborrecer(-se)(o+)/Entediar(-se)(+).
entojo *s m* (<entojar) **1** Repugnância a alguma coisa/Aversão a alguém. **Sin.** Nojo(+). **2** *Br* Desejo extravagante de certos doentes ou de mulheres grávidas.
entomófago, a *adj/s* (<gr *éntomon*: inse(c)to + -fago) (O) que se alimenta de inse(c)tos.
entomófilo, a *adj/s* (<gr *éntomon*: inse(c)to + -filo) **1** (O) que se dedica ao estudo dos [que cole(c)ciona] inse(c)tos. **2** Que é polinizado por inse(c)tos. **Comb.** Planta ~a.
entomografia *s f* (<gr *éntomon*: inse(c)to + -grafia) Descrição dos inse(c)tos.

entomologia s f (<gr éntomon: inse(c)to + -logia) Tratado sobre [Ramo da Zoologia que estuda] os inse(c)tos.

entomologista [entomólogo, a] s (<entomologia + -ista) Especialista em entomologia.

entomostráceo, a adj/s (<gr éntomon: inse(c)to + óstrakon: crosta + -áceo) Relativo aos entomostráceos, subclasse dos crustáceos.

entonação s f (<entonar + -ção) 1 Modulação da voz/Entoação. 2 Altivez/Arrogância/Vaidade.

entonar v t (<lat intóno,áre: trovejar, falar alto) 1 Entoar(+). 2 Mostrar arrogância/soberba.

entono s m (<entonar) 1 Sentimento de superioridade/Orgulho/Altivez. 2 Modulação da voz/Entoação/Entonação.

entontecer v t (<en- + tonto + -ecer) 1 Causar vertigens (+)/Sentir tonturas (o+)/Ficar tonto/Estontear. Ex. O andar muito tempo à roda e muito depressa entontece [dá/causa tonturas]. 2 (Fazer) perder o juízo/Desvairar/Enlouquecer.

entornar v t (<en- + tornar) 1 (Fazer) cair o conteúdo «de recipiente»/(Fazer) transbordar/Despejar/Derramar. Ex. Um pequeno toque no braço fez-lhe ~ o vinho [o chá/a sopa]. Idi. *Temos o caldo entornado* [(Estar em perigo de) perder/estragar/perturbar] (Ex. «o meu sócio disse o que não devia dizer» Pronto! (Estou a ver que) temos o caldo entornado). 2 fig Difundir/Espalhar/Prodigalizar «favores». 3 col Beber «em demasia». Ex. Os dois entornámos três garrafas de vinho.

entorno s m (<en- + torno) Br ⇒ o que rodeia; ambiente; vizinhança; recinto; conjunto.

entorpecer v t (<en- + lat torpésco,ere: tornar inerte) 1 Causar torpor/Adormecer/Amolecer/Enfraquecer/Debilitar. Ex. O frio entorpeceu-lhe as pernas. A vida sedentária entorpece os músculos. O calor excessivo [O álcool] entorpece o entendimento/as faculdades mentais. 3 Desanimar/Esmorecer.

entorpecimento s m (<entorpecer + -mento) A(c)to ou efeito de entorpecer. Comb. O ~ da [A falta de] vontade. O ~ dos músculos.

entorroar v t (<en- + torrão + -ar¹) Transformar em torrão/Amalgamar. Ex. Como foi lavrada ainda molhada, a terra acabou por ~ [ficou com torrões]. A humidade faz ~ o açúcar.

entorse s m Med (<fr entorse<lat tórqueo, ére: torcer) Lesão traumática numa articulação, por distensão/torção brusca. Ex. Devido a um ~ no tornozelo, durante algum tempo tive muita dificuldade em andar.

entortar v t (<en- + torto + -ar¹) 1 Fle(c)tir/Dobrar/Curvar. Ex. O prego [A tábua/A parede] entortou. 2 Desviar(-se) da dire(c)ção corre(c)ta. Loc. ~ *as pernas*. ~ *os olhos* [Ser vesgo]. 3 col ⇒ embriagar(-se).

entoucar v t (<en- + touca + -ar¹) 1 Vestir touca. 2 Náut «a amarra» Enrolar-se nos braços da âncora.

entouçar v int ⇒ entoi[ou]çar.

entourage fr Conjunto de pessoas/coisas/circunstâncias que habitualmente rodeiam alguém. Sin. Círculo (pessoal); roda; os amigos.

ent[d]ozoário, a adj/s (<endo- + -zoário) Animal que vive no interior de outro, normalmente como parasita/Verme intestinal. Ex. A lombriga é um ~.

entrada s f (<entrar) 1 A(c)to de penetrar num espaço. Ex. Abrindo a janela, fez-se a ~ de ar puro na sala de aula. A ~ do professor na sala foi saudada por todos. Loc. *Dar ~ no hospital* [Chegar ali como enfermo]. *Dar ~ a um documento* [Regist(r)ar oficialmente a chegada de documento a analisar e despachar]. Idi. *Ser ~ por saída* [Ter permanência breve/Fazer visita rápida]. *Ter ~ de leão e saída de sendeiro* [Mostrar arrogância que se converte em humilhação]. Comb. ~ *de correspondência (postal)* [Chegada de carta]. ~ *em cena* [Início da a(c)tuação de uma personagem num espe(c)táculo]. ~ *franca/livre* [sem pagamento ou qualquer formalidade]. ~ *na discoteca*. À ~ [À chegada] (Ex. À ~ perguntaram-me se era a primeira consulta na clínica). *Regist(r)o de ~* [Dados pessoais recolhidos na rece(p)ção a um hóspede de estabelecimento hoteleiro]. 2 Abertura de acesso a um espaço/Porta. Ex. A ~ do quartel estava guardada por duas sentinelas. Comb. ~ *da toca*. ~ *do recinto*. À ~ *de* [Nas proximidades de] (Ex. O defesa [zagueiro] cometeu falta sobre o ponta de lança à ~ da grande área). 3 Primeiro compartimento de um edifício quando se entra/Átrio. Ex. Pediram-nos para esperar um pouco na ~. 4 Embocadura/Foz de um rio. 5 Começo/Início. Ex. À ~ do novo ano é habitual esperar-se por melhores dias. Comb. ~ [Começo] *da primavera*. ~ *em vigor* «de uma lei». *Boas ~s!* [Voto de felicidades no Ano Novo]. «disse logo» *De ~* [No começo] «que não mudava de opinião». 6 Alimento que inicia uma refeição/Aperitivo. Ex. A começar queria dar melão com presunto, uma ~ muito agradável agora no verão. 7 Pagamento inicial de uma compra a prestações. Ex. Para comprar aquele carro, é preciso dispor de 40% do custo (total) para ~ [como sinal]. 8 Ingresso/Admissão em instituição ou grupo. Ex. A ~ dele na Faculdade foi motivo de triunfo para aquela família humilde. A sua ~ na Cooperativa deve ser proposta por dois sócios. 9 Facilidade de relacionamento/acesso. Ex. A intercessão dele pode ser preciosa, tem ~ nos círculos [meios] de gente poderosa e influente. 10 Bilhete de ingresso que permite ver espe(c)táculo, participar em festa, visitar museu, ... Ex. Não adiantar as ~s a uma ~ fosse cara. Loc. *Adquirir as ~s* [Comprar os bilhetes(+)] com antecedência. 11 Zona(s) da parte frontal da cabeça onde já deixou de haver cabelo. Ex. Coitado, ele está um bocado envelhecido, tem já umas valentes [grandes] ~s! 12 Rece(p)ção de dados em sistema informático para processamento. 13 Ling Cada unidade significativa [Palavra/Expressão] que é descrita em verbete de dicionário, enciclopédia, ... Ex. No dicionário há ~s que têm muitas ace(p)ções [muitos sentidos/significados], ao passo que outras têm apenas uma ou duas. Comb. ~ *lexical*. Sin. Palavra cabeça. 14 Mús Sinal dado pelo maestro para que um ou mais executantes (re)iniciem a sua a(c)tuação. 15 (D)esp No futebol, movimento pressionante para desapossar o adversário da condução da bola. Ex. Ele teve uma ~ por trás sobre um adversário e viu [foi-lhe mostrado (pelo árbitro)] o cartão amarelo.

entrado, a adj (<entrar) 1 Que penetrou/Que se introduziu/Que entrou. Ex. Tinha ~ em casa, quando [Ao entrar em casa] ouvi um estrondo na rua. Já ia entrada [avançada] a noite quando isso acontecia. 2 fam Que é avançado na idade/Que já não é novo. Ex. É um homem já ~, com muita experiência. 3 fam Um pouco embriagado/Tocado. 4 Br Que toma alguma liberdade no trato com outros/Ousado.

entradote, a (Dó) adj (<entrado + -ote) 1 fam col Que já não é novo (na idade)/Entrado 2. Ex. Já me parece um bocado ~ para essa tarefa, talvez não seja a pessoa indicada/adequada/capaz/ideal. 2 Que já bebeu a mais/Um pouco embriagado/Tocado.

entralhar v t (<en- + tralha + -ar¹) 1 Tecer as malhas/tralhas da rede. 2 Prender/Capturar «peixe» nas malhas da rede. 3 fig Embaraçar(o+)/Enredar(+)/Enlear(+). 4 Rematar a rede ou vela, cosendo-a à tralha (fio grosso de remate).

entrançado, a adj/s m (<entrançar) 1 Que tem a forma de trança/Entrelaçado. Comb. «cabo de» *Cebolas* ~as. 2 Que se emaranhou/enleou. 3 s m Disposição em forma de trança. Comb. O ~ *do cabelo*.

entrançar v t (<en- + trança + -ar¹) Dispor em forma de trança/Entrelaçar. Loc. ~ *o cabelo* [Fazer trança(s)]. ~ *o vime* [a palhinha] «do assento da cadeira».

entrância s f (<entrar + -ância) 1 Início/Estreia. 2 Fase inicial de uma carreira/função/magistratura. 3 Dir Categoria das comarcas «cuja importância conta para a carreira de juiz».

entranha s f (<lat pl interánea: interiores, intestinos) 1 Anat Cada uma das vísceras do abdó[ô]men (ou do tórax). Comb. *As ~s do porco*. *Dor de ~s* [de ventre(+)]. 2 pl Ventre materno/Útero. Comb. Fruto das (suas) ~s [Filho]. 3 pl fig Coração humano/Peito/Íntimo. Ex. Este crime revolveu-me as ~s [cortou-me o coração(+)]. 4 pl fig Índole/Cará(c)ter/Temperamento. 5 pl fig Parte profunda de alguma coisa. Comb. As ~s da Terra [selva].

entranhar v t (<entranha + -ar¹) 1 Fazer penetrar no interior ou nas entranhas/Introduzir profundamente. Ex. Entranhou a espada no inimigo. Chovendo assim sem fazer torrente, a água vai-se entranhando na terra. Loc. ~*-se* [Penetrar] na selva. 2 ~*-se*/Enraizar-se/Arraigar-se. Ex. A nódoa está entranhada, ainda não consegui tirá-la [fazê-la desaparecer]. Comb. Hábitos muito entranhados [arraigados]. 3 ~*-se*/Concentrar-se em/Dedicar-se plenamente a. Loc. ~*-se na* [no estudo da] *questão*.

entranhável adj 2g (<entranhar + -vel) 1 Penetrante. Comb. Cheiro facilmente ~ na roupa. 2 Que vem das entranhas/Profundo/Íntimo. Comb. Desejo ~ [entranhado]. 3 Que se insinua.

entrapar v t (<en- + trapo + -ar¹) 1 Envolver/Cobrir «dedo» com pano/trapo. 2 Pôr remendos/Emplastrar.

entrar v t/int (<lat íntro,áre) 1 Passar para o interior de/Transpor a porta de. Ex. O ladrão entrou pela janela. Queria ~ no museu antes das catorze horas (⇒ ~ **13**). Idi. *iron Br ~* [Não ter êxito/Falhar]. ~ *com o pé direito* [Ser bem sucedido [Ter sorte] à partida/Começar bem]. ~ *em si* [Cair na conta dos seus erros/Pensar melhor] «e deixar a droga». ~ *pela porta do cavalo* [Aceder a alguma coisa de forma irregular]. ~ *por um ouvido e sair pelo outro* [Não prestar atenção ao assunto] (Ex. O meu aviso [conselho] entrou-lhe por um ouvido e saiu-lhe pelo outro). 2 Avançar por/Invadir. Ex. O mar, agitado, vai de ~ [, inesperadamente entrou] pelo areal, deixando montes de lixo. Idi. ~ *pelos olhos dentro* [Ser óbvio/mais que evidente]. 3 ⇒ «rio» Desembocar/Desaguar. 4 Penetrar em. Ex. O parafuso custa a ~ nesta madeira tão dura. 5 Passar através

de. **Ex.** O fio [A linha] entra no buraco da agulha. **6** Chegar para o início da a(c)tividade. **Ex.** Aqui [Em Portugal] os funcionários entram às nove (horas). **7** Ser entregue/depositado/recebido. **Ex.** É bom ~ dinheiro para a conta bancária, deixa de haver preocupações. **8** Ser incluído/abrangido. **Ex.** Para este teste é melhor não ~ a matéria dada [que foi explicada] na última semana. **9** Participar em/Ser membro de. **Ex.** Quis ~ na discussão, mas houve quem não deixasse. Para ~ no clube é preciso haver uma proposta de sócios. **Loc.** ~ em conta(c)to com [Falar com]. **10** Dar um contributo. **Ex.** Naquela escola da terceira idade, cada um entra [contribui] com o seu saber e experiência, pondo-os em comum com os colegas. **11** Apresentar/Interpor. **Ex.** Não contente com a sentença do juiz, o advogado resolveu recorrer [~ com um recurso] para o tribunal superior. **12** Falar de/Referir/Recorrer a. **Ex.** O melhor será não ~ em considerações de ordem política, para não levantar polé[ê]mica. **13** Ter início/Começar. **Ex.** Vai ~ em vigor [começar a vigorar] a nova lei do arrendamento urbano. A jovem grávida entrou em trabalho de parto. O país entrou em convulsão. **Loc.** «criança» ~ [Deitar/Começar] *a chorar*. ~ *em pânico* [Ficar cheio de medo] «ao ouvir os tiros». ~ *na* [em] *moda* [Começar a ser usado] «o cabelo com várias cores». **Idi.** ~ *a matar* [Empenhar-se muito para conseguir rapidamente o obje(c)tivo]. ~ *em despesas* [Gastar dinheiro]. ~ *no bolso de* [Obrigar a despesas]. ~ *na razão* [Tornar-se sensato]. **14** Atingir/Alcançar. **Ex.** Quando entram na [chegam à/atingem a] reforma, algumas pessoas não sabem o que fazer. **15** Começar a tratar. **Ex.** Entremos já no assunto «que aqui nos trouxe/que mais nos interessa». Na reunião, quando o presidente da mesa quis ~ na ordem de trabalhos [no programa da reunião], a hora ia adiantada [já passara muito tempo/era tarde]. **Idi.** ~ *em linha de conta com* [Atender a]. **16** Começar a compreender/entender. **Ex.** Como o professor não sabia explicar, demorei algum tempo a ~ na Matemática. **17** Comer/Beber em excesso. **Ex.** Quando entra na cerveja, é difícil travá-lo propondo-lhe moderação. Interrompeu a dieta e entrou na feijoada. **18** Meter-se com alguém/Dirigir gracejos. **Ex.** Estás a ~ [meter-te] comigo (, maroto)! Ele queria ~ com o amigo, mas este não deixou. **19** Ter relação sexual. **20** *Náut* «um barco» Diminuir a distância para outro que segue no mesmo sentido.

entravar *v t* (<en- + travar) Impedir/Travar o movimento/Criar obstáculos/empecilhos/Pôr entraves «a uma a(c)ção ou (a um) processo».

entrave *s m* (<en- + trave) O que dificulta ou impede/Estorvo/I[E]mpecilho/Obstáculo. **Ex.** A obra não avançou mais cedo devido a ~s de toda a espécie [~s variados]. Não se deve pôr ~s à iniciativa privada [dos cidadãos].

entre *prep* (<lat *inter*) **1** No meio de. **Ex.** Sentei-me [Fiquei] ~ o José e o Carlos. Passava o dia ~ [com os] amigos. **Loc.** «fugiu» *Por ~ a* [Pelo meio da] *multidão*. *Ter ~ mãos* [Estar com/Estar a fazer] «um trabalho importante». **Idi.** *Estar ~ a vida e a morte* [Estar em perigo de morrer a qualquer momento]. *Ficar* [Estar] *~ a espada e a parede/~ Cila e Caríbdis* [Ficar em grande perigo/apuro]. **2** Espaço intermédio. **Ex.** Essa rua fica ~ as duas avenidas da vila. Viajo muito ~ Brasília e S. Paulo (Ando sempre de uma cidade para a outra). **3** Quantidade intermédia. **Ex.** Costumava fumar ~ dez e quinze cigarros por dia. **4** Quantidade aproximada. **Ex.** O exame deve demorar ~ quinze e vinte minutos. **5** Qualidade pouco definida. **Ex.** O pôr do sol tinha uma cor ~ o laranja e o vermelho. **6** Alternativa. **Ex.** ~ partir para férias com os amigos e ficar a ajudar os pais era difícil escolher. **Loc.** Saber escolher ~ o bem e o mal. **7** Tempo intermédio. **Ex.** ~ as duas e as três (horas) da tarde ele deve chegar. **8** Relação entre pessoas. **Ex.** Não têm segredos ~ si [eles]. ~ eles combinam o que hão de fazer. Houve uma grande discussão ~ um e outro [~ os dois/~ ambos]. ~ [Por/Nós] todos decidimos o que havia a fazer. **9** Conjunto de elementos «de que se sele(c)ciona uma parte». **Ex.** Tenho vários motivos para estar zangado; ~ outros, o fa(c)to de só agora podermos falar desse assunto. ~ as ideias que apresentou ao grupo, uma é consensual [, numa estamos todos de acordo]. ~ os nossos amigos, há três que são muito especiais. ~ os [Dos] autores a ler, um é particularmente difícil. **10** Adição. **Ex.** ~ [Com] livros, cadernos, canetas e outro material escolar, gasta-se uma fortuna.

entreaberto, a *adj* (<entreabrir) **1** Ligeiramente [Um pouco] aberto/Semiaberto. **Ex.** Entre e deixe a porta ~a, se faz favor. **2** «céu» Limpo de nuvens/Desanuviado. **3** «flor» Que começou a desabrochar.

entreabrir *v t/int* (<entre + ...) **1** Abrir um pouco «a porta»/Começar a abrir. **2** «flor» Desabrochar. **3** «tempo» Começar a desanuviar/Aclarar.

entrea(c)to *s m* (<entre + ...) **1** Intervalo entre dois a(c)tos de uma peça teatral/musical ou de um espe(c)táculo. **2** Curta recitação [peça teatral/musical] apresentada nesse intervalo «à boca do palco».

entreajuda *s f* (<entre + ...) Auxílio recíproco/Ajuda mútua. **Ex.** A ~ é o melhor sinal da amizade.

entreajudar-se *v t* (<entre + ...) Ajudar-se mutuamente/uns aos outros.

entreato ⇒ entrea(c)to.

entrebater *v t* (<entre + ...) **1** Embater contra [Chocar com] outro. **2** ~-se/Lutar com ardor/Digladiar-se.

entrecasca *s f* (<entre + ...) Parte da casca da árvore em conta(c)to com o lenho/Líber/Floema.

entrecasco *s m* (<entre + ...) **1** *Zool* Parte superior do casco dos animais. **2** *Bot* ⇒ entrecasca «do sobreiro».

entrecho *s m* (<it *intreccio*: trama) Conjunto de eventos [A(c)ção/Argumento] de peça de ficção ou de um filme/Enredo(o+)/Urdidura(+). **Ex.** O ~ do romance é deveras [muito] complicado.

entrechocar *v t* (<entre + ...) **1** «carro» Embater/Chocar um no outro (+). **2** «ideia» ~-se/Estar em oposição/Contrariar-se/Opor-se(+).

entrechoque (Chó) *s m* (<entre + ...) A(c)to de entrechocar/Colisão.

entrecoberta *s f Náut* (<entre + ...) Espaço entre as pontes ou as cobertas do navio.

entrecortar *v t* (<entre + ...) **1** Cortar(+) em forma de cruz/Fazer interse(c)ções/Cruzar. **2** Dividir/Interromper/Intervalar. **Ex.** Os frequentes aplausos obrigaram a ~ [interromper(+)/parar] o discurso. **Comb.** Fala [Palavras] entrecortada(s) pela emoção. Som entrecortado.

entrecorte (Cór) *s m* (<entre + ...) **1** A(c)to ou resultado de entrecortar-se/Interse(c) ção de duas coisas que se cruzam/cortam. **2** *Arquit* Espaço entre duas abóbadas sobrepostas. **3** Recorte/Arredondamento na esquina dos prédios para facilitar o trânsito de veículos.

entrecosto (Ôs) *s m* (<fr *entrecôte*) Carne da rês entre as costelas junto ao espinhaço.

entrecruzar-se *v t* (<entre + ...) **1** Cruzar-se em vários [muitos] sentidos. **Ex.** Várias estradas [ruas] entrecruzam-se ali, sendo um local propício a acidentes. **2** Atravessar-se/Misturar-se. **Ex.** As vozes entrecruzavam-se, numa grande confusão.

entredizer *v t* (<entre + ...) Dizer (por) entre dentes/em voz baixa/Dizer para si/Murmurar.

entreferro *s m Ele(c)tri* (<entre + ...) Espaço isolador de (ele(c)tro)íman.

entrefolha *s f* (<entre + ...) Folha em branco para anotações, intercalada entre folhas impressas do livro.

entreforro (Fô) *s m* (<entre + ...) **1** Pedaço de pano encorpado colocado entre o forro e o pano exterior para o armar/Entretela(+). **2** Forro do telhado em que se apoiam as ripas e as telhas. **3** *Mar* ⇒ entrecoberta.

entrega (Tré) *s f* (<entregar) **1** A(c)ção ou resultado de entregar(-se). **Ex.** A ~ do requerimento [dos pré[ê]mios] foi ontem. **2** Passagem para as mãos de/Transferência da posse de. **Ex.** A ~ das chaves das novas casas vai ser feita no domingo pelo prefeito [presidente da câmara (municipal)]. **3** Colocação no local de destino «de mercadoria». **Ex.** Fazemos as ~s sempre da parte da tarde. **4** Colocação à guarda/prote(c)ção de. **Ex.** A ~ da criança à família ado(p)tiva teve lugar [ocorreu] ontem. **5** Alienação/Venda. **Ex.** Acabou por fazer a ~ do carro por dez mil euros. **6** Devolução/Restituição. **Ex.** Foi à biblioteca fazer a ~ do [devolver o (+)] livro que tinha de empréstimo. **7** ⇒ rendição. **8** Traição/Denúncia. **Ex.** A ~ de Cristo aos inimigos por Judas, com um beijo, é referida na Bíblia. **9** Dedicação(+)/Empenhamento(+). **Ex.** A sua ~ ao estudo é de realçar. O treinador louvou a equipa pela sua ~ no último jogo.

entregar *v t* (<lat *íntegro,áre*: restaurar, refazer, repor) **1** Passar às mãos de alguém/Pôr na posse de. **Ex.** Ao fechar a porta, entregou a chave à mãe. **Loc.** ~ em mão própria [Fazer entrega pessoal/~ pessoalmente]. **Idi.** ~ [Dar] *a alma ao Criador* [Morrer]. **2** Deixar no lugar de destino. **Ex.** É entregue [Entrega-se] a mercadoria ao cliente no prazo de dois dias. Às quatro (horas) da tarde já tinha entregado (⇒ entregue) todas as encomendas. **3** Pôr à guarda/responsabilidade de. **Ex.** Em caso de divórcio, é comum o juiz ~ as crianças à mãe, mas há exce(p)ções. **4** Confiar uma tarefa. **Ex.** O chefe resolveu ~-lhe o trabalho de elaborar o relatório. **5** Confiar à jurisdição [ao poder] de. **Ex.** Depois de cometer o homicídio, o criminoso entregou-se à polícia. **6** Denunciar/Trair. **Ex.** No interrogatório, um dos suspeitos entregou [denunciou(+)] os cúmplices no roubo. **7** Pagar/Depositar. **Ex.** Todos os meses vai ~ ao banco a prestação da casa. **8** Devolver/Restituir. **Ex.** Vou ~-te o livro, quando em breve o acabar de ler. **9** Vender/Ceder/Alienar. **Ex.** Resolveu ~ o carro, que já tinha quatro anos, por dez mil euros. **10** ~-se/Dar-se por vencido/Render-se. **Ex.** Não podia resistir mais e resolveu ~-se à polícia. **Idi.** ~ *o jogo/os pontos* [Desistir]. **11** ~-se/Deixar-se dominar por/Ter o vício de. **Ex.** É (uma) pena ele ~-se à bebida [ao álcool]. **12** ~-se/Dar-se como parceiro sexual.

13 ~-se/Dedicar-se com empenho a/Ocupar-se exclusivamente em. **Ex.** A vida dele tem sido (~-se a)o estudo.

entregue (Tré) *adj 2g* (<entregar; ⇒ entregar 2 **Ex.**) **1** Que se entregou. **2** Que foi posto nas mãos [na posse] de alguém. **Ex.** O livro foi-lhe ~ nesse mesmo dia. **Idi.** *col* «o meu sócio está/ficou» ~ **à bicharada** [Em desgraça/Perdido]. **3** Que foi levado [depositado] no local de destino/Recebido. **Ex.** A mercadoria foi ~ em bom estado. **4** Que foi confiado à guarda/prote(c)ção de. **Ex.** O órfão foi ~ pelo tribunal de menores à Misericórdia local. **5** Absorto em/Ocupado em/por. **Ex.** Encontrei-o ~ às suas reflexões. **6** Dedicado exclusivamente a. **Ex.** Sei que está ~ ao estudo nos próximos tempos. **7** *Br* ⇒ cansado; fraco.

entrelaçar *v t* (<entre + laçar) **1** Prender uma coisa a outra, entrançando-as/Entretecer. **Loc.** ~ fios de várias cores. **Comb.** Trepadeiras (diferentes) entrelaçadas. **2** Enlaçar. **Loc.** ~ os dedos das mãos [Fazê-los passar uns entre os outros]. **3** Misturar/Mesclar.

entreligar *v t* (<entre + ...) Ligar(-se) mutuamente/Interligar(+).

entrelinha *s f* (<entre + ...) Espaço entre duas linhas. **Loc.** Escrever «a tradução/os significados» nas ~s. **Idi.** *Ler nas ~s* [Ser perspicaz a compreender o que está implícito na mensagem/Entender muito bem/Adivinhar (o que não está escrito)].

entrelinhar *v t* (<entrelinha + -ar¹) **1** Escrever [Pôr notas] nas entrelinhas. **2** Deixar/Abrir/Aumentar espaços entre as linhas de um texto ou composição tipográfica.

entreluzir *v t/int* (<entre + ...) **1** Começar a luzir. **2** «estrela/luz(inha)» Luzir frouxamente de forma fraca e intermitente/Bruxulear(+)/Tremeluzir(o+). **3** ⇒ entremostrar. **4** ⇒ vislumbrar; divisar.

entremanhã *s f* (<entre + ...) Crepúsculo da manhã. **Sin.** Aurora(o+); alvorada(+); madrugada(+).

entremeado, a *adj/s m* (<entremear) Que tem de permeio outra coisa/Mesclado. **Comb.** *Laranjal ~ de macieiras. Presunto ~* [que tem muita gordura]. *Risos ~s de lágrimas. Toucinho ~* [que tem muita carne magra].

entremear *v t* (<entremeio + -ar¹) **1** Pôr de permeio/Intercalar/Interpor/Alternar. **Loc.** ~ massa com queijo. **2** Misturar/Mesclar.

entremeio *s m* (<entre + ...) **1** O que está de permeio/é intermédio/Intervalo. **2** Tira bordada a ligar duas partes de tecido liso. **Comb.** Toalha de mesa [Lençol] com um lindo ~.

entrementes *adv/s m* (<entre + *an* dementes: entretanto) **1** Entretanto(+). **2** *s m* Tempo que medeia entre dois fa(c)tos. **Ex.** «eu saí de casa às 9h e só voltei às 12h» No [Nesse/Naquele] ~ veio uma visita e teve de esperar.

entremeter *v t* (<entre + ...) **1** Meter entre/Colocar de permeio/Entremear. **2** ~-se/ Intrometer-se/Intervir/Interferir.

entremez *s m* (<provençal *entremetz*: entre um e outro prato) **1** *Hist* Representação jocosa de jograis/histriões durante banquetes na Idade Média. **2** *Hist* Pequena composição de cará(c)ter burlesco que servia de entrea(c)to da peça principal. **3** ⇒ farsa. **4** Intervalo de tempo preenchido com alguma coisa ou essa coisa.

entremostrar *v t* (<entre + ...) **1** Deixar-se entrever/Esboçar «um sorriso». **Ex.** Um lindo dia entremostrava-se pela janela. **2** Revelar(-se) parcialmente/Dar a perceber «um futuro risonho».

entrenó *s m Bot* (<entre + ...) Espaço entre dois nós (consecutivos) do caule duma planta «cana/bambu».

entreolhar-se *v t* (<entre + ...) Olhar um para o outro/Olhar-se discreta e reciprocamente. **Ex.** Os alunos entreolharam-se, surpreendidos.

entreperna(s) *s f* (<entre + ...) **1** Parte superior e interior das coxas/Virilha. **2** Parte do vestuário usada nessa zona do corpo. **Ex.** As calças estão-lhe apertadas na ~. **3** *Br* Carne da rês entre uma e a outra perna/Assado ou churrasco com essa carne.

entrepor *v t* (<entre + pôr) Colocar de permeio/Pôr entre. **Sin.** Interpor(+).

entreposto *s m* (<entrepor) **1** Grande depósito [armazém] de mercadorias. **Ex.** O meu amigo trabalha no ~ de Santos, do Porto de Lisboa. **2** Centro de comércio de grande proje(c)ção/Empório. **Comb.** ~ Toyota.

entretalhar *v t* (<entre + ...) **1** Esculpir meio relevo «em pedra, madeira ...». **2** Recortar lavores/figuras «em tecido, papel, ...».

entretalho *s m* (<entretalhar) **1** Escultura em meio relevo. **2** Lavor recortado em papel [couro/pano], deixando espaços vazios que representam desenhos/figuras.

entretanto *adv/conj/s m* (<entre + ...) **1** *adv* Nesse intervalo de tempo/Nesse meio tempo. **Ex.** Entrou para tomar um café e ~ roubaram-lhe a bicicleta. Veio ~ uma carta que lhe deu ânimo para continuar a lutar. **2** *conj* No entanto(+)/Todavia(+)/Porém(+)/Mas (o+). **Ex.** Precisava de intervir «na reunião», ~ não sabia como fazê-lo. **3** *s m* Intervalo de tempo/meio--tempo. **Ex.** Era a interrupção (do trabalho) para o almoço. Neste ~ ele aproveitou para telefonar para casa. **Comb.** No [Nesse/Neste] ~.

entretecer *v t* (<entre + ...) **1** Entrelaçar/Entrançar. **Loc.** ~ *bordados* numa toalha. ~ *vimes* «para fazer uma cadeira». **2** Pôr de permeio/Entremear/Intercalar. **Loc.** ~ citações no discurso. **3** Planear [Armar] uma trama/Urdir um enredo. **Ex.** ~ a intriga de uma telenovela exige uma grande imaginação.

entretela (Té) *s f* (<entre + ...) **1** Tecido espesso colocado entre o forro e o tecido exterior da roupa para a encorpar/armar. ⇒ entreforro. **2** *Arte* Tela que reforça aquela em que se pinta. **3** *Arquit Mil* Contraforte [Coluna] de muro/muralha/parede.

entretém *s m fam* (<entreter) Divertimento/Passatempo/Entret(en)imento.

entret(en)imento *s m* (<entreter + -mento) **1** A(c)to ou resultado de entreter(-se). **Loc.** Contar anedotas para ~ dos amigos. **2** O que distrai [diverte]/Passatempo. **Ex.** O jogo das cartas é o único ~ para muitos idosos que passam o tempo nos jardins da cidade.

entreter *v t* (<entre + ...) **1** Distrair/Divertir/Recrear. **Ex.** Ele entretinha os colegas, contando-lhes anedotas. Entreteve as crianças toda a manhã. **2** Distrair alguém de um obje(c)tivo/Demorar/Empatar. **Ex.** Um entretinha o polícia [*Br* policial] enquanto o outro roubava. Sentia-se na necessidade de o ~, não fosse ele lembrar-se de ir [, para que ele não fosse] incomodar os trabalhadores. **3** Preencher/Ocupar o tempo. **Ex.** Entretinham-se a jogar às damas. **4** Enganar/Lograr. **Ex.** Tratou de a ~ com falsas promessas, (ao que) parece. **5** Aliviar/Mitigar. **Loc.** ~ *o estômago/a fome* [Comer um pouco, enquanto não se faz a refeição conveniente]. **6** Manter/Conservar/Ter. **Ex.** Ele entretém [mantém] a esperança de (vir a) ser campeão.

entrevar *v t* (<entravar) Tolher o movimento dos membros/Tornar(-se) paralítico. **Ex.** Com o acidente o rapaz entrevou(-se). Os entrevados deslocam-se em cadeiras de rodas. **Sin.** Paralisar.

entrever *v t* (<entre + ver) **1** Ver de forma rápida e imprecisa/Divisar. **Loc.** ~ ao longe um vulto. **2** Perceber imperfeitamente/Ter uma ideia vaga sobre. **3** Pressentir/Prever. **Ex.** Eu entrevia [previa] alguma agitação quando o assunto fosse discutido na assembleia. **4** Avistar-se/Encontrar-se/Entrevistar-se/Ver-se.

entrevista *s f* (<entre + vista) **1** Encontro combinado entre pessoas para tratarem de um assunto. **Loc.** Ter uma ~ «com o médico». **2** Conversa em que um dos interlocutores «jornalista» faz perguntas a outro «ministro». **Ex.** Para admitir algum trabalhador, a empresa quer que, depois de apresentar o currículo, o candidato se sujeite a uma ~.

entrevistador, ora *s* (<entrevistar + -dor) Pessoa que, numa entrevista, faz as perguntas a que responde o entrevistado.

entrevistar *v t* (<entrevista + -ar¹) Fazer perguntas a alguém procurando saber os seus pontos de vista/Dirigir uma entrevista. **Ex.** A seguir ao jogo de futebol transmitido pela televisão, costumam ~ o treinador e um jogador de cada uma das equipas.

entrincheiramento *s m* (<entrincheirar + -mento) A(c)to ou efeito de (se) entrincheirar.

entrincheirar *v t* (<en- + trincheira + -ar¹) **1** Proteger-se com barricadas/Fortificar--se com trincheiras. **Ex.** Os soldados, para evitarem o fogo inimigo, cuidaram de ~-se. **2** *fig* ~-se/Reunir meios de defesa/Firmar--se. **Loc.** ~-se na sua autoridade e não ouvir os outros. **3** «o touro» Encostar-se à trincheira, na tourada.

entristecer *v t/int* (<en- + triste + -ecer) **1** Tornar(-se) triste/Desgostar(-se)/Contristar. **Ex.** A morte súbita do cantor entristeceu os (seus) fãs. **2** *fig* «flor» Murchar/Estiolar. **3** *fig* «o céu» Cobrir-se de nuvens/Escurecer/Enevoar-se.

entroixar *v t* (<en- + troi[ou]xa + -ar¹) ⇒ entrouxar.

entrolhos (Tró) *s m pl* (<entre + olho) **1** Venda que se coloca diante dos olhos do animal que, andando à roda, faz mover a nora. **2** Pedaços de cabedal colocados ao lado dos olhos do cavalo, obrigando-o a olhar apenas em frente.

entroncado, a *adj* (<entroncar 2) Corpulento/Robusto/Espadaúdo. **Ex.** Deparei com um rapaz ~, que me disseram ser (membro da) segurança na empresa.

entroncamento *s m* (<entroncar + -mento) A(c)to ou resultado de entroncar(-se)/Cruzamento. **Ex.** Em muitos ~s «de ruas/estradas» construíram-se rotundas, diminuindo o número de acidentes rodoviários.

entroncar *v t/int* (<en- + tronco + -ar¹) **1** Formar tronco/Engrossar. **Ex.** A cerejeira entroncou muito. **2** Ficar mais forte/robusto/entroncado. **3** Confluir/Convergir/Juntar-se. **Ex.** As duas estradas vão ~ [encontrar(+)] junto ao rio. **4** Ligar-se pelo parentesco a um tronco principal. **Ex.** A família dele entronca nos Albuquerque(s). **5** Inserir-se/Relacionar-se. **Ex.** O Renascimento europeu entronca na antiguidade clássica greco-latina.

entronchar *v int* (<en- + troncho + -ar¹) «planta/couve» Ficar tronchudo/repolhudo.

entronização s f (<entronizar + -ção) A(c)to ou efeito de entronizar. **Comb.** A ~ do príncipe herdeiro.

entronizar v t (<lat *inthronízo,áre*: elevar ao trono) **1** Elevar solenemente à dignidade de [Tomar posse/Assumir as funções de] «rei, bispo, …»/Colocar no [Subir ao] trono. **Ex.** No último domingo foi entronizado o novo bispo da diocese. **2** Colocar em altar/pedestal ou em lugar de honra. **Loc.** ~ *a imagem do* (santo) *padroeiro* na nova igreja. ~ *um Cristo crucificado* «na parede». **3** *fig* ⇒ Enaltecer/Exaltar. **4** *fig* ~-se/Estabelecer domínio sobre/Assenhor(e)ar-se de.

entropia s f (<gr *entropía*: volta) **1** *Fís* Função definidora da variação [do estado de desordem] de um sistema. **2** *Fís Biol* Medida da energia não disponível para a realização de trabalho, num sistema. **3** Medida da perda de informação numa mensagem ou sinal transmitidos.

entrópio, entrópion *Med* (<gr *entropé*: a(c)ção de se voltar sobre si mesmo) Reviramento para dentro de uma parte anató[ô]mica/Reviramento do bordo da pálpebra para o globo ocular.

entrosa s f (<lat *intrórsus*: para dentro) **1** Roda dentada que engrena noutra/Engrenagem. **2** Espaço entre os dentes de **1**.

entrosamento s m (<entrosar + -mento) **1** A(c)to ou resultado de entrosar. **2** Entrada dos dentes de uma roda nos vãos de outra/Engrenagem. **3** *fig* Encadeamento/Articulação/Encaixe/Ligação. **Ex.** O ~ dos temas a discutir era óbvio. O novo treinador precisa de algum tempo para conseguir o ~ (entre os se(c)tores da equipa. **4** *fig* Convergência de pontos de vista ou ideias/Entendimento/Harmonia. **Ex.** Com o bom ~ que há entre eles, tudo correrá bem.

entrosar v t (<entrosa + -ar¹) **1** Encaixar(-se) cada dente de uma roda dentada no vão de outra/Engrenar. **2** ~-se/Ajustar-se/Adaptar-se/Acomodar-se/Harmonizar-se. **Loc.** ~-se numa nova cultura. **3** *fig* Criar (inter)ligação entre partes. **Ex.** O trabalho de ~ uma equipa/e de futebol leva [demora] (o seu) tempo.

entrou[oi]xar v t (<en- + trouxa + -ar¹) **1** Fazer a [Colocar em] trouxa/Empacotar. **2** ~-se/Agasalhar-se muito/Enrouparse. **3** Vestir-se de forma desajeitada ou apressada.

entroviscar v t (<en- + trovisco¹ + -ar¹) **1** Deitar trovisco na água para apanhar os peixes, envenenando-os. **2** *fig* Estontear/Intoxicar. **3** *fig* Pôr em desavença/Indispor.

e[E]ntrudo s m (<lat *intróitus*: entrada) **1** Os três dias de festejo antes do início da Quaresma [antes de Quarta-feira de Cinzas]/Carnaval. **Ex.** Na minha aldeia festejava-se de forma muito diferente o ~. **2** Pessoa vestida de forma ridícula. **Ex.** Pareces (mesmo) um ~. **3** Pessoa mascarada. **Ex.** Os ~s [caretos/gigantones] faziam rir toda a gente.

entubar v t (<en- + tubo + -ar¹) **1** ⇒ Dar/Tomar forma de tubo. **2** Pôr dentro de tubo. **Loc.** ~ [Canalizar(+)] a água/o gás. ⇒ tubagem. **3** *Med* Introduzir um tubo em canal/cavidade natural para passagem de ar/alimentos ou recolha de substâncias orgânicas. **Ex.** Entubaram o doente.

entufar v t (<en- + *an* tufo <lat *typhus*: inchaço + -ar¹) **1** (Fazer) aumentar de volume/Pôr ou ficar inchado ou arredondado/Tufar. **2** *fig* Ser arrogante ou presunçoso/Ficar vaidoso. **3** *Br* ~-se/Zangar-se/Amuar.

entulhar v t (<en- + tulha + -ar¹) **1** Colocar/Armazenar em tulha «cereal, frutos pequenos, …». **2** Encher com materiais sem valor/Pôr entulho. **Loc.** ~ uma fossa [cova]. **3** Encher muito/Pôr a abarrotar/Atafulhar. **Ex.** A sala estava entulhada [abarrotada/a abarrotar(+)] (de gente). **4** ~-se/Comer demasiado/Enfartar-se/Empanturrar-se(+).

entulho s m (<entulhar) **1** Conjunto de detritos/fragmentos em resultado de uma demolição. **Comb.** ~ das obras na casa. **2** Material sem valor usado para nivelar um fosso ou encher uma cavidade. **Ex.** Aceita-se ~! **3** O que não tem préstimo/Lixo. **Ex.** Encontrei um martelo no ~. **4** *fam* Ingrediente sólido. **Comb.** Sopa de [com muito] ~.

entume(s)cer v t/int (<lat *intumésco,ere*: inchar) ⇒ Inchar/Engrossar/Intumescer(+).

entupir v t (en- + esp *tupir*: entulhar) **1** Obstruir [Tapar] por acumulação de matérias/Vedar uma abertura/cavidade. **Ex.** Há o risco de o cano ~. Incomoda muito ter o nariz entupido. **2** Impedir a circulação. **Ex.** Por causa desse acidente, o trânsito ficou entupido durante meia hora. **3** Ficar cheio/Empanturrar. **Ex.** Comeu, comeu, até ~ ! **4** Pôr [Ficar] sem resposta/Embatocar/Calar-se. **Ex.** Quando lhe puseram a careca à mostra [Quando desmascararam a sua hipocrisia/falha], a rea(c)ção dele foi ~.

enturvar v t (<en- + turvo + -ar¹) **1** Tornar turvo/Tirar a limpidez. **2** (Fazer) perder a nitidez/Tirar a clareza. **3** «o céu» Toldar(-se)/Escurecer. **4** Entristecer/Abater. **5** ~-se/Aborrecer-se/Amuar(-se).

entusiasmar v t (<entusiasmo + -ar¹) **1** Despertar grande interesse/Arrebatar/Apaixonar. **Ex.** A ideia de poder fazer uma grande viagem com os colegas nas férias foi o meio de o ~. A a(c)tuação da orquestra entusiasmou [arrebatou] o público/a plateia. **2** Dar ânimo/Incitar/Encorajar. **Ex.** O meu filho anda entusiasmado com o(s) estudo(s). O professor, vendo os seus ó(p)timos resultados, entusiasmou-o a enveredar pela investigação. Isto entusiasma/anima/encoraja. **3** Encher de alegria/entusiasmo. **Ex.** O triunfo da (sua) equipa veio ~ toda a cidade.

entusiasmo s m (<gr *enthousiasmós*) **1** *Hist* Em religiões da antiguidade, estado de exaltação/emoção associado ao dom da profecia ou da adivinhação. **2** Estado de exaltação espiritual do poeta ou do artista em momentos de inspiração. **3** Sentimento que leva a agir com grande empenho, ardor e alegria/Dedicação. **Ex.** O ~ com que se dedicava ao estudo fazia prever uma carreira brilhante. **4** Grande interesse por uma causa, pessoa ou coisa/Arrebatamento. **Ex.** Falava com tal ~ [convicção] que convencia qualquer pessoa. **5** Manifestação expansiva de alegria. **Ex.** A notícia da atribuição do pré[ê]mio despertou neles um grande ~. Ao chegar a equipa/e vencedora foi o ~ geral!

entusiasta adj/s 2g (<entusiasmo + -asta) **1** (O) que se entusiasma por [que se dedica com alegria a] alguma coisa. **Ex.** Ele é um ~ do futebol de salão. **2** (O) que tem uma paixão ou um grande interesse por alguma coisa. **Ex.** Uma pessoa que é ~ por uma causa não olha a sacrifícios para conseguir o que deseja. **3** Que tem vivacidade/entusiasmo. **Ex.** Um discurso ~ pode convencer facilmente os jovens.

entusiástico, a adj (<gr *enthousiastikós*) Que manifesta ardor ou forte convicção/Que exprime forte interesse/Que mostra entusiasmo ou grande alegria. **Ex.** A rece(p)ção ~ que a equipa teve à chegada foi um justo pré[ê]mio pela difícil vitória.

enublar v t (<lat *innúbilo,áre*: cobrir de nuvens) ⇒ enevoar; nublar(+).

enuclear v t (<lat *enúcleo,áre*: tirar o caroço a) **1** *Med* Extrair(+) um tumor/órgão, fazendo um corte. **2** Tirar o caroço «aos frutos»/Descaroçar(+). **3** *fig* Explicar(o +)/Elucidar(+)/Clarificar(+).

enumeração s f (<enumerar + -ção) **1** Contagem(+) pela ordem natural dos números. **Ex.** O inventário dos livros da biblioteca começa pela sua ~. **2** Apresentação/Listagem/Inventário. **Ex.** Ele fez a ~ dos países que íamos visitar. O documento trazia a ~ do material a adquirir pelo aluno. **3** Parte do discurso em que se recapitulam as provas apresentadas na argumentação.

enumerar v t (<lat *enúmero,áre*: contar) **1** Contar(+) um a um/Designar por números. **2** Listar/Especificar. **Ex.** Achou bem ~ as tarefas a executar por todos.

enunciação s f (<enunciar + -ção) **1** A(c)to de enunciar/Exposição oral ou escrita/Declaração/Apresentação. **Comb.** A ~ do seu parecer/voto. **2** Expressão de uma proposição/Termos/Asserção/Tese. **Ex.** Não concordo com a ~ [os termos] do problema. **3** *Ling* A(c)to de um falante, ao comunicar, produzir um enunciado significativo.

enunciado, a adj/s m (<enunciar) **1** Que se expressou/se enunciou. **2** s m Simples exposição de uma asserção «sem a definir, explicar ou demonstrar». **Comb.** O ~ de um princípio matemático. O ~ [As palavras] do teste para os alunos. **3** s m *Ling* Frase com significado, produzida por um falante em situação comunicativa/Expressão verbal.

enunciar v t (<lat *enúntio,áre*: expor) **1** Expor de forma precisa/Declarar/Formular. **Ex.** Começou por ~ as condições de admissão ao concurso. **Loc.** ~ [Formular(+)] um problema «de matemática». **2** Anunciar/Indicar.

enurese (Ré) s f *Med* (<gr *enouréo*: urinar) Emissão involuntária de urina/Incontinência.

envaidecer v t (<en- + vaidade + -ecer) **1** Tornar orgulhoso/Encher de vaidade. **Ex.** As boas notas na escola envaideceram-no. **2** ~-se/Ensoberbecer-se/Vangloriar-se.

envasamento s m (<envasar + -mento) A(c)to ou efeito de envasar. ⇒ embasamento **1**.

envasar v t (<en- + vaso + -ar¹; ⇒ atolar-se) **1** Recolher em vaso/vasilha/Engarrafar. **2** Plantar em vaso. **Loc.** ~ lírios [cravos]. **3** Dar forma de vaso.

envasilhar v t (<en- + vasilha + -ar¹) Acondicionar em vasilha/pipo/barril «um líquido»/Embarrilar. ⇒ engarrafar.

envelhecer v t/int (<en- + velho + -ecer) **1** Avançar na idade/Tornar(-se) velho. **Ex.** O tempo faz-nos ~. **2** Aparentar mais idade do que se tem/Parecer mais velho. **Ex.** O teu amigo está bastante envelhecido. Com esta doença envelheceu dez anos! **3** Perder a juventude/(Fazer) perder o brilho, o viço, o colorido. **Ex.** As pratas [pinturas] estão um tanto envelhecidas. **4** Sofrer os efeitos da passagem do tempo e ganhar determinada qualidade. **Ex.** Ali costumam ~ o vinho em cascos de carvalho. **Loc.** ~ a aguardente/o vinho. **5** Ficar muito tempo no mesmo local/Não ser usado. **Ex.** Naquela biblioteca, os livros envelhecem tristemente nas prateleiras. **6** Perder interesse/Cair em desuso. **Ex.** Há obras literárias que cedo [em pouco tempo] envelhecem.

envelhecimento s m (<envelhecer + -mento) **1** A(c)to ou efeito de envelhecer/

Aumento da idade. **Comb.** ~ da população [Maior proporção de pessoas idosas]. **2** Alteração que dá qualidade a um produto com a passagem do tempo. **Ex.** O ~ do vinho «do Porto» aumenta [faz aumentar/subir] o seu valor.

envelope *s m* (<fr *enveloppe*) Invólucro de carta [cartão/ofício/documentação] «a enviar»/Sobrescrito. **Comb.** ~ de janela [com abertura transparente à frente, vendo-se o endereço escrito na carta/no ofício].

envencilhar *v t* (en- + vencilho + -ar¹) **1** Atar(+) com vencilho/Amarrar/Prender. **Ant.** Desenvencilhar; libertar. **2** ~-se/Enlear-se/Emaranhar-se/Enredar-se.

envenenamento *s m* (<envenenar + -mento) A(c)to ou efeito de envenenar. **Loc.** Morrer por ~. **Comb.** O ~ das nossas relações.

envenenar *v t* (<en- + veneno + -ar¹) **1** Colocar/Misturar veneno/Ministrar substância tóxica capaz de provocar a morte ou grave perturbação orgânica. **Loc.** *~ a água. ~ a comida . Morrer envenenado*. **2** ⇒ intoxicar. **3** Deturpar/Desvirtuar. **Ex.** A inveja leva-a a ~ [deturpar(+)] as palavras dos colegas. **4** Perverter pela intriga/Corromper/Destruir. **Ex.** Não descansou enquanto não conseguiu ~ as nossas relações. **5** Tornar insuportável/amargo. **Ex.** As desavenças entre irmãos envenenam a vida de toda a família.

enverdecer *v t/int* (<en- + verde + -ecer) **1** Tornar/Ficar verde. **2** Cobrir de folhas/verdura/vegetação. **3** *fig* Fazer rejuvenescer(+)/Remoçar.

enveredar *v t/int* (<en- + vereda + -ar¹) **1** Meter por uma vereda/Seguir uma determinada dire(c)ção/Encaminhar(-se). **Ex.** Ao chegar ali, resolveu ~ por um caminho estreito. **2** *fig* Fazer uma opção. **Ex.** No fim do liceu, enveredou pelo curso de [, foi para/escolheu] Direito. **3** *fig* Tomar um rumo/Orientar-se. **Ex.** A nossa conversa acabou por ~ para a recordação dos bons tempos que passámos juntos.

envergadura *s f* (<envergar + -dura) **1** Dimensão/Importância. **Ex.** O investimento feito ali é de (grande) ~. **Comb.** Obra [Proje(c)to] de grande ~. **2** Capacidade intelectual/Competência/Aptidão. **Ex.** É um funcionário de ~ [muito capaz/qualificado], podes crer que o teu processo está em boas mãos. **3** Arqueamento [Curvatura] «em barra de ferro» semelhante ao de uma verga. **4** *Mar* Parte mais larga das velas de um navio. **5** *Ornit* Distância máxima entre as extremidades das asas «da águia». **6** *Aer* Distância entre as extremidades das asas do avião. **7** Distância entre as extremidades das mãos de alguém com os braços estendidos horizontalmente. **8** O que se enverga/veste/Vestuário.

envergar *v t* (<en- + verga + -ar¹) **1** Vestir/Trajar. **Ex.** Ele envergava um sobretudo preto. ~ a camisola de um [Jogar num] clube com tal proje(c)ção acarreta [traz] uma grande responsabilidade. **2** *Mar* Prender na verga «a vela». **3** Cobrir/Tapar com vergas.

envergonhar *v t* (<en- + vergonha + -ar¹) **1** Provocar/Sentir vergonha. **Ex.** Ele procedeu muito mal ao ~ o rapaz em público. Agora envergonha-se das asneiras que fez. **2** Embaraçar/Comprometer/Humilhar. **Ex.** Os desmandos [disparates/abusos] dele envergonharam toda a família. **3** ~-se/Acanhar-se. **Ex.** Ele não quer cantar sozinho, é muito envergonhado. Como é tímido, envergonha-se de falar em público [em frente de pessoas estranhas].

envermelhecer *v t* (<en- + vermelho + -ecer) **1** Tornar vermelho/Avermelhar(+). **2** (Fazer) corar(Ó)/Enrubescer.

envernizar *v t* (<en- + verniz + -ar¹) **1** Aplicar verniz em. **Ex.** Mandou ~ o soalho [os móveis]. **2** Dar lustre/brilho a. **3** *fig* Disfarçar sob aspe(c)to brilhante e enganador. **Ex.** Aquilo está muito bem envernizado, mas eu é que sei o que vai por lá [mas a realidade é bem [muito] diferente]. **4** *col* ~-se/Embriagar-se.

enverrugar *v t* (<en- + verruga + -ar¹) **1** Encher(-se) de verrugas. **2** ~-se/Enrugar-se/Engelhar-se/Encarquilhar-se. **3** Amarrotar/Amarfanhar.

e[i]nvés *s m* (<lat *inversum*: contrário) Contrário/Avesso. **Comb.** Ao ~ [Ao contrário].

envesgar *v t/int* (<en- + vesgo + -ar¹) **1** ⇒ Deixar/Ficar vesgo. **2** (Fazer) entortar os olhos. **3** Virar para o lado.

envessar *v t* (<lat *invérso,áre* <*invérto,ere*, *invérsum*: voltar) **1** Pôr do avesso «tecido…». **2** Pôr na ordem inversa.

enviado, a *adj/s* (<enviar) **1** «mercadoria» Que se expediu/remeteu/enviou. **2** *s* O que foi encarregado de uma tarefa em zona distante/Portador/Mensageiro. **Comb.** ~ *especial* [Jornalista que vai cobrir [fazer a reportagem de] acontecimento importante]. **3** *s* Diplomata ou encarregado de negócios [assuntos/missão] em nação estrangeira.

enviar *v t* (<lat *ínvio,áre*: percorrer <*in* + *via*; ⇒ envio) **1** Fazer seguir para um destino/Remeter/Expedir. **Ex.** Quero ~ a carta ainda [já] hoje. **2** Fazer partir [Mandar] alguém para desempenhar uma tarefa/missão. **Ex.** O Governo vai ~ um diplomata experiente à [para o representar na] reunião. **3** Fazer chegar a alguém/Apresentar/Manifestar/Mandar. **Ex.** Na carta enviou [mandou] cumprimentos para todos os familiares.

envidar *v t* (<lat *invíto,áre*: fazer vir, convidar) **1** Empregar/Aplicar. **Ex.** Precisou de ~ os maiores esforços [de se empenhar a sério] para resolver o grave problema. **2** Convidar/Desafiar «o parceiro/adversário».

envidraçar *v t* (<en- + vidraça + -ar¹) **1** Colocar vidros ou vidraças/Fechar um espaço com vidro. **Loc.** ~ a varanda/janela. **2** Dar aspe(c)to de vidro/Tornar vítreo/Vidrar(+). **Ex.** As lágrimas envidraçaram-lhe o olhar.

enviesar (Vié) *v t* (<en- + viés + -ar¹) **1** Pôr de viés/Cortar [Dobrar] «tecido» em posição oblíqua. **2** Entortar/Inclinar/Virar. **Ex.** O ponta de lança desferiu um remate enviesado que o guarda-redes [goleiro] teve dificuldade em deter. **Loc.** ~ os olhos. Olhar [Olhos] enviesado(s). **3** *fig* Dar má dire(c)ção a/Gerir mal. **Ex.** Não há (ninguém) como ele para ~ [estragar] qualquer negócio. **4** Atribuir significado errado a/Deturpar. **Ex.** Não se pode dizer nada diante dele, que parece apostado em [preparado para] ~ as nossas palavras.

envilecer *v t/int* (<lat *invilésco,ere*: aviltar) **1** Tornar(-se) vil/Deslustrar(-se)/Desonrar(-se)/Degradar(-se). **Ex.** A corrupção envilece as pessoas [a justiça]. **2** Diminuir o valor de/Depreciar.

envinagrar *v t* (<en- + vinagre + -ar¹) ⇒ avinagrar.

envio *s m* (<enviar) A(c)to de enviar/remeter/expedir. **Comb.** ~ de ajuda [carta/mercadoria]. **Sin.** Despacho; remessa.

enviscar *v t* (<en- + visco + -ar¹) **1** Cobrir com substância pegajosa/Pôr visco em. **Ex.** Quando era criança, para apanhar pássaros, algumas vezes envisquei pedras e espeques nos prados. **2** Prender(-se) nessa substância. **3** *fig* Atrair [Engodar/Encantar] com astúcia. **4** *fig* Ludibriar(-se)/Enganar(-se)/Seduzir(-se).

enviuvar *v int* (<en- + viúvo + -ar¹) Perder o cônjuge por falecimento deste/Ficar viúvo/a. **Ex.** Enviuvou aos seis anos de casado/a e casou outra vez [em segundas núpcias].

enviveirar *v t* (<en- + viveiro + -ar¹) Recolher [Criar/Cultivar] em viveiro.

envolta (Ó) *s f* (<envolto) **1** ⇒ Pano com que se envolvem crianças/Envoltura. **2** Faixa/Ligadura. **3** Mistura/Confusão/Desordem. **Comb.** De ~ com [De mistura com/No meio de/Ao mesmo tempo]. **4** ⇒ tumulto.

envolto, a (Ôl) *adj* (<lat *involútus* <*invólvo*, *ere*,*volútum*: envolver, enrolar; ⇒ envolta) **1** Que foi/está envolvido. **2** Enrolado/Embrulhado. **Ex.** Saiu de casa ~ numa capa. **3** Preso em volta/Cingido. **Ex.** Tinha o braço ~ em ligaduras. **4** Totalmente rodeado/Cercado. **Ex.** O edifício estava ~ em chamas. **5** Enredado/Metido/Comprometido. **Ex.** ~ em negócios escuros [ilegais], temia ser preso a qualquer momento. **6** Agitado/Turvo/Revolto. **7** «tempo» Toldado/Encoberto.

envoltório *s m* (<envolto + -ório) **1** O que envolve/Cobertura/Revestimento. **Sin.** Invólucro. **2** Trouxa/Embrulho.

envoltura *s f* (<envolver + -ura) **1** A(c)to ou resultado de envolver/Envolvimento(+). **2** Mantilha para envolver crianças/Envolta.

envolvente *adj/s 2g* (<envolver) **1** Que circunda/rodeia. **Ex.** O muro ~ [circundante(+)] da quinta tem alguma altura. **2** Que abrange/abarca/«solução mais» Abrangente. **3** Atraente/Sedutor. **Ex.** A sua simpatia era ~, não deixava ninguém indiferente. **4** Dominador/Possessivo. **Ex.** A tá(c)tica do treinador era praticar um futebol ~, que não desse oportunidades ao adversário. **5** *s f* Meio circundante/Ambiente/Contexto. **Ex.** O proje(c)to teve êxito, porque a ~ era favorável. **6** *s f Geom* Curva que interce(p)ta perpendicularmente as tangentes de outra curva/Involuta.

envolver *v t* (<lat *invólvo,ere*) **1** Estar à volta de/Rodear/Cercar. **2** Abarcar/Abranger/Ter. **Ex.** Muita gente está envolvida neste crime. A organização da excursão envolve muitas diligências. Esta cirurgia envolve [tem] alguns riscos. **3** Meter em invólucro/Embrulhar/Enrolar. **Ex.** Tratou de ~ os espelhos em cartão resistente, não fossem quebrar-se [, para se não quebrarem]. **4** Cercar/Encobrir/Esconder. **Ex.** A bruma envolveu o barco que avistávamos. **5** Misturar/Mesclar. **Ex.** A receita manda ~ a farinha de amêndoa e o açúcar em gemas e claras batidas em castelo. **6** Cativar/Seduzir. **Ex.** A moça deixou-se ~ pelas falinhas doces daquele conquistador. **7** ~-se/Ter relacionamento amoroso ou sexual com. **Ex.** Acabou por se ~ com um rapaz de boas famílias. **8** Ter como consequência/Causar/Acarretar. **Ex.** Esses desportos [esportes] radicais envolvem muitos perigos. **9** Implicar/Enredar/Comprometer. **Ex.** Para se desculpar, quis ~ outros colegas nos a(c)tos de indisciplina. Há quem goste de ~-se em zaragatas. **10** Apoderar-se de/Dominar/Ocupar. **Ex.** Um estranho silêncio envolvia toda a casa. **11** ~-se/Interessar-se muito por/Dedicar-se muito a/Empenhar-se em. **Ex.** Precisava de (~-se n)um trabalho que lhe fizesse esquecer aquele desgosto.

envolvimento *s m* (<envolver + -mento) **1** A(c)ção de envolver(-se). **2** Dedicação/Empenhamento. **Ex.** É notável o seu ~

[trabalho] em obras de assistência social. **3** Relacionamento amoroso ou sexual. **Ex.** É conhecido o seu ~ com uma figura [pessoa] da televisão. **Sin.** *fam* Caso(+).

enxabido, a (Chá) *adj* (<lat *insápidus*, por *insípidus*: sem sabor) ⇒ desenxabido.

enxada (Chá) *s f* (<lat *asciáta* <*áscia*: enxada, enxó) **1** Instrumento agrícola para cavar ou revolver a terra. **2** *fig* Instrumento de trabalho/Ocupação profissional/Ganha-pão. **Ex.** Como vivia (do rendimento) dos seus escritos, dizia que a caneta era a sua ~.

enxadada *s f* (<enxada + -ada) Golpe de enxada/Cavadela.

enxadão *s m* (<enxada + -ão) **1** Enxada grande. **2** Alfaia agrícola para cavar terra dura e arrancar pedras/Alvião(+).

enxadrezar (Cha) *v t* (<en- + xadrez + -ar¹) Dividir em quadrados, em forma de xadrez/Axadrezar.

enxaguadela *s f* (<enxaguar + -dela) A(c)to ou resultado de enxaguar/Rápida passagem «de alguma coisa» por água.

enxaguar (Cha) *v t* (<lat *exáquo, áre* <*ex* + *áqua*: água) **1** Passar por água/Lavar um pouco. **2** Passar por água limpa para retirar sabão ou outros produtos de limpeza.

enxaimel *s m* (< ?) **1** Tábua grossa e estreita [Tabuão] que entra na formação de uma taipa. **2** Barrote(+) que sustenta as ripas do telhado.

enxalmo (Chál) *s m* (<en- + lat *salma* <*sagma*: albarda, guarnição) **1** Manta que se põe em cima da albarda de animal de carga. **2** *fig pop* Pessoa muito feia ou disforme/Indivíduo inútil/Estafermo/Papa-açorda.

enxama *s f Mar* (< ?) Cavilha de madeira ou metal, na borda do barco, onde se apoia o remo.

enxambrar *v t/int* (< ?) **1** Secar não totalmente/«roupa» Perder (h)umidade. **2** Enxugar parcialmente ou (h)umedecer um pouco «um tecido para engomar ou passar a ferro».

enxame (Chã) *s m* (<lat *exámen,minis*) **1** Conjunto de abelhas de uma colmeia. **2** Grupo de abelhas novas que deixam a colmeia para se instalar noutro local. **3** *fig* Grande quantidade de animais. **Comb.** ~ *de mosquitos.* ~ *de vespas.* **4** Grande número de/Multidão. **Comb.** Um ~ de [muita] gente.

enxamear *v t/int* (<lat *exámino,áre*: fazer enxame) **1** Povoar uma [Pôr (abelhas) em] colmeia ou cortiço. **2** Formar enxame. **Ex.** As abelhas acabarão por ~. **3** Aparecer em grande número/Formigar/Abundar. **Ex.** Por causa da guerra os refugiados enxameiam na fronteira. **Comb.** Ruas [Praças] enxameadas de gente.

enxaqueca (Cha) *s f Med* (<ár *ax-xaqiqâ*: dor de cabeça) Intensa dor de cabeça, por vezes acompanhada de náuseas, vó[ô]mitos e perturbações da visão. **Ex.** A mãe está com a ~, deixá-la descansar.

enxárcia *s f* (<gr *exártia*, pl de *exártion*: cabo) Conjunto de cabos fixos que sustentam os mastros de embarcações à vela e, com degraus, dão acesso às vergas.

enxaropar (Cha) *v t* (<en- + xarope + -ar¹) **1** Transformar «um sumo/suco» em xarope/Adoçar. **2** Ministrar [Dar] um xarope ou remédio caseiro.

enxerga (Chêr) *s f* (<lat *sérica,órum*: estofo ou tecido de seda) **1** Colchão grosseiro «de palha». **Ex.** O pedinte, para dormir, apenas pediu uma ~. **2** Cama pobre. **3** Almofada cheia de palha para colocar sobre a albarda do animal.

enxergão *s m* (<enxerga + -ão) Colchão (grosseiro cheio) de palha. **Ex.** O ~ é muito saudável mas está em desuso.

enxergar *v t* (<lat *in-scrútor,ári*: procurar com diligência?) **1** Ver com dificuldade/Ver ao longe/Divisar/Entrever. **Ex.** Enxergou um vulto à distância, que julgou ser o amigo. Sem luz, não enxergo [vejo] nada «na cozinha». **2** Avistar/Descortinar. **Ex.** Do cimo do outeiro, começou a ~ o carro, que vinha ainda a alguns quiló[ô]metros. **3** Notar/Observar. **Ex.** Não era difícil ~ [notar (+)] no seu olhar um profundo sofrimento. **4** Adivinhar/Prever. **Ex.** A avaliar pelos ó(p)timos resultados escolares, podia ~ [prever(+)] para o filho um futuro promissor. **5** *fig* Entender/Saber/Perceber. **Ex.** Muitos alunos não enxergam nada a [em] Matemática.

enxerido, a *adj Br* (<enxerir) **1** ⇒ inserido/enxertado/intercalado. **2** ⇒ intrometido/bisbilhoteiro.

enxerir *v t* (<lat *ínsero,ere*: inserir) **1** Plantar fundo/Enterrar «bem fundo a baliza». **2** cravar; fixar. **3** ⇒ incluir; inserir; intercalar. **4** *Br* ⇒ ~-se/Meter-se em assunto alheio/Bisbilhotar/Intrometer-se.

enxertar (Cher) *v t* (<lat *insérto,áre* <*ínsero, ere*: inserir) **1** *Agr* Introduzir, na casca de ramo de uma planta, um rebento ou ramo de outra planta compatível/Fazer enxerto em. **Ex.** Vi ~ rebentos [prumos] de uma pereira de frutos deliciosos num marmeleiro. As novas macieiras foram enxertadas com rebentos de uma macieira de frutos muito apreciados. **2** *Med* Transplantar o que se retira de uma zona do corpo para outra zona do corpo do mesmo ou de outro indivíduo. **Ex.** O cirurgião enxertou, na face da paciente, pele retirada da coxa. **3** Inserir/Introduzir. **Ex.** O aluno gostava de ~ na composição escrita algumas figuras de estilo. **4** ⇒ acrescentar; juntar.

enxertia *s f* (<enxerto + -ia) **1** Operação de inserir na casca de uma planta um prumo [ramo/rebento] retirado de outra planta compatível. **Ex.** Há vários processos de ~ (⇒ enxerto **1 Comb.**). **2** Soldadura/Integração das partes das duas plantas devido a essa operação. **Ex.** A ~ pegou.

enxerto (Chêr) *s m* (<enxertar) **1** Inserção de ramo ou rebento de uma planta de espécie igual ou diferente noutra planta compatível. **Comb.** ~ *de borbulha/gema* (Corte em forma de T, e só uma gema). ~ *de garfo* [de ramo com duas ou mais borbulhas]. **2** Rebento que é implantado noutra planta. **3** Planta enxertada. **4** *Med* Implantação de parte de um tecido noutra zona do mesmo ou de outro organismo. **Comb.** ~ *da córnea.* ~ *cutâneo* [de pele]. **5** *pop* Sova/Tareia. **Ex.** Apanhou cá um ~ (de porrada) que (lhe) não vai esquecer tão cedo [depressa].

enxó (Chó) *s f* (<lat *asciola, dim* de ássia) Instrumento de carpinteiro/tanoeiro, com chapa cortante e cabo curto, para desbastar peças grossas de madeira.

enxofradeira *s f* (<enxofrar + -deira) Instrumento para pulverizar com enxofre/para enxofrar.

enxofrador, ora *adj/s* (<enxofrar + -dor) **1** (O) que polvilha com enxofre. **2** *s m* Instrumento usado para enxofrar. **Sin.** Enxofradeira(+).

enxofrar *v t* (<enxofre + -ar¹) **1** Polvilhar com enxofre. **Ex.** Para combater o míldio precisava de ~ as videiras. ⇒ sulfatar. **2** *fig* Irritar/Arreliar. **3** *fig* ~-se/Zangar-se/Melindrar-se.

enxofre [S 16] (Chô) *s m Quím* (<lat *súlfur, uris*) Elemento sólido, não metálico, de cor amarela, que em combustão produz vapores tóxicos. **Ex.** Quando um tonel [pipo/uma pipa] de vinho não ficava cheio na colheita, meu pai queimava, dentro dele, uma mecha de ~ para eliminar microorganismos e assim garantir a conservação do vinho.

enxofreira *s f* (<enxofre + -eira) **1** Local de extra(c)ção de enxofre. **2** Lugar de guarda de enxofre. **3** Vulcão que expele vapores sulfurosos/Solfatara. **4** *Br* Máquina de açúcar.

enxotar (Cho) *v t* (<en- + xô! + -ar¹) **1** Fazer fugir/Afugentar. **Ex.** Com um pau procurava ~ as galinhas. Os animais enxotam as moscas com o rabo. **2** Expulsar/Afastar. **Loc.** ~ os desordeiros [mal-comportados].

enxoval (Cho) *s m* (<ár *ax-xauar*: dote de casamento) Conjunto de roupas necessárias para um novo casal, para bebé/ê recém-nascido ou para aluno de colégio interno. **Ex.** A moça, como ia casar dali a três meses, andava afadigada a preparar o ~. **Comb.** Fazer o ~.

enxovalhar *v t* (<enxovia + -lhar?) **1** Sujar/Manchar/Enodoar. **2** Amarrotar/Amachucar/Amarfanhar. **Ex.** A roupa está (toda) enxovalhada! **3** *fig* Injuriar/Afrontar/Ofender. **Ex.** Vi-o ~ o funcionário que o atendia, chamando-lhe corrupto. **4** *fig* Manchar a reputação de/Desonrar/Desacreditar. **Ex.** Quiseram, com esta calúnia, ~ o nome da nossa família. **5** *fig* ~-se/Perder a dignidade/Abandalhar-se. **6** *Mar* «o barco» Meter água, por choque das ondas.

enxovalho *s m* (<enxovalhar) A(c)to ou efeito de enxovalhar.

enxovia (Chòvì) (<ár *ax-xauia*) **1** Prisão térrea ou subterrânea, (h)úmida e com pouca luz/Masmorra/Calabouço. **2** Quarto ou compartimento escuro, (h)úmido e sujo/insalubre. **3** Falta de limpeza/Sujidade.

enxugador, ora *adj/s* (<enxugar + -dor) **1** (O) que enxuga. **2** *s m* Estufa ou aparelho para enxugar a roupa rapidamente.

enxugadou[oi]ro *s m* (<enxugar + -douro) **1** Local onde se estende a roupa a secar/Sequeiro. **2** Lugar onde se enxambram os tijolos antes de irem ao forno.

enxugar (Chu) *v t/int* (<lat *exsúco,áre* <*exsúgo,ere,súctum*: extrair o suco de) **1** (Fazer) perder a (h)umidade/Secar. **Ex.** Pôs a roupa ao sol, a ~. Antes de se fazerem as sementeiras de primavera, as terras devem ~ um pouco. **2** *fig* Ingerir/Beber/Esgotar. **Ex.** Ele, a ~ copos de vinho, parece uma esponja. **3** Suspender/Conter/Parar. **Loc.** ~ [Limpar] as lágrimas. **4** *Br fig* Eliminar/Reduzir «o supérfluo». **Ex.** Precisava de ~ a arreliadora celulite.

enxugo *s m* (<enxugar) **1** A(c)to ou efeito de enxugar(-se)/Perda de (h)umidade/Secagem(+). **2** Lugar onde se seca/enxuga alguma coisa.

enxúndia *s f* (<lat *axúngia*: banha) **1** Gordura animal, sobretudo de porco ou de aves/Banha/Unto. **2** *pop* Gordura/Banha no corpo de alguém.

enxundiar *v t* (<enxúndia + -ar¹) **1** Deixar/Ficar com muita gordura. **2** Engordar/Cevar.

enxundioso, osa (Ôso, Ósa) *adj* (<enxúndia + -oso) **1** Que tem muita gordura/enxúndia/Gorduroso. **2** Gordo/Obeso. **3** Que tem nódoas de gordura. **4** *Br* ⇒ Vantajoso/Rendoso/Chorudo.

enxurrada *s f* (<enxurro + -ada) **1** Torrente de água provocada por chuva forte. **Ex.** As ruas, com a ~, pareciam rios. **2** Corrente de águas sujas. **Ex.** A ~ arrastou mil e um detritos, que se espalharam pelas terras baixas. **3** *fig* Grande quantidade/Abundân-

cia/Chorrilho. **Ex.** Da boca daquele desmiolado [doido] saiu uma ~ de asneiras.
enxurro *s m* (< em + jorro?) **1** ⇒ enxurrada. **2** *depr* Grupo social de nível baixo/Escória/Ralé.
enxuto, a *adj* (<enxugar) **1** Que não tem (h)umidade/Seco. **2** «tempo» Sem chuva. **Prov. *Tempo do cuco*** (Março/Abril), ***ora molhado, ora ~***. **Ant.** Chuvoso. **3** «olhos» Sem lágrimas/Sem chorar. **Ex.** Assistiu àquela tragédia de olhos ~s [sem derramar uma lágrima]. **4** *fig* Que não tem gorduras/Magro/Seco. **Ex.** A figura dele era altaneira e ~a. **5** *Cul* Que não tem molho. **6** *Gram* «estilo» Sem elementos supérfluos/Conciso. **Comb.** Texto ~.
enzima *s f Bioq* (<gr *en-*: dentro + *zýme*: fermento) **1** Cada uma das proteínas, produzidas pelo ser vivo, que a(c)tuam como catalisador em rea(c)ções químicas ligadas à vida/Diástase. **Comb.** ~ digestiva. **2** ⇒ fermento.
enzimático, a *adj* (<enzima + -ático) Relativo a enzima. **Comb.** Rea(c)ção ~a.
enzimologia *s f* (<enzima + -logia) Estudo das enzimas e da sua a(c)ção.
enzonar *v t* (<onzenar?) Armar intrigas/enredos.
-eo *suf* (<lat *–eus*) Significa **da natureza de** (Ex. argênt~, férr~, homogé[ê]n~, láct~), **referente a** (Ex. funér~, térr~, esfíng~).
eocénico, a [*Br* **eocênico**] *adj Geol* (<Eoceno + -ico) **1** Referente ao Eoceno, segundo período da era terciária. **2** Que viveu ou se formou nesse período/Eoceno **1**. **Comb. *Fauna ~a. Montanha ~. Rocha ~.***
eoceno, a *adj/s m* (<gr *eós*: aurora + *kainós*: novo) **1** Que é relativo ao segundo período da era terciária. ⇒ eocé[ê]nico. **2** *s m maiúsc Geol* Segundo período da era terciária, entre 55 a 35 milhões de anos.
eólico, a *adj/s m* (<lat *aeólicus*<gr *aiolikós*) **1** Que é relativo ao [Que é produzido pelo] vento. **Ex.** A energia ~a é uma das (energias) renováveis. **Comb. *Erosão ~a. Estratificação ~a. Exaustor ~. Gerador ~. Parque ~.*** **2** *Mit* Que se refere a Éolo, deus dos ventos. **3** *Geog/Hist* Relativo à Eólia, antiga coló[ô]nia grega na costa noroeste da Ásia Menor, ou aos eólios. **Comb.** *Liter* Verso ~ [sáfico]. **4** *Hist/Ling* Diale(c)to grego antigo falado na Eólia. ⇒ eólio.
eolina *s f* (<éolo + -ina) Instrumento musical de fole, teclado e palheta, precursor do acordeão e da concertina.
eólio, a *adj/s m* (<gr *aiólios*) **1** *Hist* Habitante ou natural da Eólia, zona costeira noroeste da Ásia Menor, para onde se deslocaram tribos da Tessália, expulsas pelos Dórios. **2** *s m Ling* Grupo de diale(c)tos gregos antigos, entre os quais o tessálio, o beócio e o eólio da Ásia/Eólico **3/4**.
eolítico, a *adj/s m* (<eólito + -ico) **1** Relativo à idade da pedra lascada. **2** *s m* Período mais antigo do Paleolítico. ⇒ neolítico.
eólito *s m* (<gr *eós*: aurora + *líthos*: pedra) (Pedra da idade da) pedra lascada.
éolo *s m* (<gr *Aíolos*: Éolo, deus dos ventos) Vento forte.
éon *s m* (<gr *aión*: eternidade; ⇒ evo) **1** Muito extenso período de tempo/Eternidade. **2** *Geol* A maior divisão do tempo geológico, abarcando um ou mais eras. **Comb.** ~ ***fanerozoico*** [Tempo da Terra desde o aparecimento da vida]. ~ ***paleocenozoico***. ⇒ era **4**.
eosina *s f Quím* (<gr *eós*: aurora + -ina) Substância corante vermelha, ácida, empregada em preparações biológicas e na composição de tintas e cosméticos.
eosinofilia *s f* (<eosina + -filia) **1** *Quím* Propriedade de facilmente se corar pela eosina. **2** *Med* Anormal aumento de eosinófilos no sangue em virtude de alergias ou infestação por parasitas.
eosinófilo, a *adj/s m* (<eosina + -filo) **1** «célula» Que contém granulações sensíveis a corantes ácidos. **2** *s m* Glóbulo branco com granulações grandes sensíveis a corantes ácidos, como a eosina.
epanadiplose *s f Gram* (<gr *epanadíplosis*) Repetição, no fim de uma frase ou de um verso, de uma palavra que aparece no seu início.
epanáfora *s f* (<gr *epanaphorá*) **1** *Gram* Repetição de uma palavra [expressão] no começo de cada parágrafo, verso ou estância. **2** Relato de acontecimentos.
epanalepse *s f Gram* (<gr *epanálepsis*: repetição de palavras) Repetição de palavra [expressão] no princípio, meio e fim de versos ou frases que se seguem.
epanástrofe *s f Gram* (<gr *epanastrophé*: regresso ao princípio) Repetição da palavra [expressão] final de um período ou verso no princípio do período ou verso seguinte.
epânodo *s m* (<gr *epánodos*: retorno) *Gram* Repetição em separado de palavras que antes se empregaram juntas.
epanortose *s f Gram* (<gr *epanórthosis*: corre(c)ção) Retorno a uma palavra ou expressão da frase para a corrigir, enfatizar ou atenuar.
epêndima *s m Anat* (<gr *epéndyma*: roupa de cima) Revestimento epitelial [do canal central] da medula e dos ventrículos cerebrais.
epêntese *s f Ling* (<gr *epénthesis*) Adição de letra ou sílaba não etimológicas no meio de uma palavra. **Ex.** Na palavra florzinha, em vez de florinha, o *z* é uma ~. ⇒ prótese; paragoge.
epentético, a *adj Ling* (<epêntese + -ico) Relativo a [Acrescentado por] epêntese.
epi- *pref* (<gr *epí*: em cima) Significa **a) Sobre** (Ex. ~carpo, ~centro, ~derme, ~glote, epígrafe); **b) A mais, para fora, acrescentado** (Ex. epêntese, ~fania, ~fenó[ô]meno).
épica *s f Liter* (<épico) Gé[ê]nero literário que celebra em verso feitos heroicos/Poesia épica «de Luís de Camões».
epicarpo *s m Bot* (<epi- + gr *karpós*: fruto) Parte externa do pericarpo/Membrana que reveste o fruto. **Sin.** Casca(+).
epicaule *adj 2g* (<epi- + …) «planta parasita» Que se desenvolve sobre (o caule de) outra planta.
epicédio *s m* (<gr *epikédeios*: canto fúnebre) **1** Elogio/Hino/Canto fúnebre. **2** Poema lírico, em tom de lamento, à memória de alguém.
epiceno, a *adj Gram* (<gr *epíkoinos*: comum) «nome de animal: a mosca, a cobra, o jacaré» Que tem apenas um gé[ê]nero gramatical, especificando-se o sexo com os nomes *macho* e *fêmea*. **Ex.** Águia é um substantivo ~: temos águia macho e águia fêmea.
epicentro *s m* (<epi- + …) Zona da superfície terrestre que fica na vertical do foco de um sismo, onde este chega primeiro e o abalo é maior. **Ex.** Se o ~ de um forte sismo é no mar, há o risco de um *tsunami* [de uma onda gigante]. ⇒ hipocentro.
epiciclo *s m Astr* (<gr *epíklykos*) **1** Órbita que, segundo o sistema cosmológico de Ptolomeu (séc. II), um planeta descreveria, enquanto o centro dessa órbita descreveria outro círculo em volta da Terra. **2** *Geom* Círculo cujo centro se desloca ao longo de outro círculo de maior diâmetro.
epicicloide (Clói) *adj 2g/s f Geom* (<epi- + …) (Diz-se de) curva descrita por um ponto de uma circunferência que rola exteriormente sobre outra circunferência, mantendo-se as circunferências sempre tangentes exteriores.
épico, a *adj/s m* (<gr *epikós*) **1** *Liter* Relativo à epopeia. **Ex.** *Os Lusíadas* são um poema ~. **Comb. *Estilo ~*** [em verso e em tom majestoso]. ***Poesia ~a***. **2** *fig* Que é digno de epopeia/Heroico/Extraordinário/Grandioso. **Comb. *Esforço ~*** /extraordinário. ***Feito*** [Façanha] ***~[a]***. **3** *s m* Autor de epopeia. **Ex.** Virgílio, com a *Eneida*, e Camões, com *Os Lusíadas*, foram grandes (poetas) ~s.
epicrânio *s m* (<epi- + …) **1** *Anat* Conjunto de partes moles, por baixo do couro, que revestem o crânio de um vertebrado. **2** *Ent* Região entre os olhos e a fronte nos inse(c)tos.
epícrise *s f* (<gr *epíkrisis*: decisão) **1** *Med* Análise crítica da origem, evolução e consequências de uma doença, depois de terminada. **2** *Med* Segunda crise ou crise suplementar na evolução de uma doença.
epicurismo *s m* (<*antr* Epicuro + -ismo) **1** *Fil* Doutrina de Epicuro (séc. III a.C.), que considerava o prazer moderado, impermeável ao sofrimento causado pelas paixões, o maior bem da vida. **2** Modo de viver [Mentalidade] de quem procura esse prazer. **Ex.** O ~ está bem expresso na poesia de Ricardo Reis, um dos heteró[ô]nimos de Fernando Pessoa. ⇒ desregramento; gozo; sibaritismo.
epicurista *adj/s 2g* (<*antr* Epicuro + -ista) **1** Relativo ao epicurismo. **2** (O) que é partidário do epicurismo/que procura [valoriza] o prazer moderado. ⇒ sibarita.
epidemia *s f* (gr *epidemia*: chegada a um país ou terra) **1** *Med* Surto de doença infe(c)ciosa que atinge grande número de pessoas de uma localidade ou região. **Ex.** A ~ da cólera anda ligada à falta de higiene. De tempos a tempos uma ~ de tifo atingia aquela localidade. Esperemos que a gripe das aves não se transforme em ~. *fig* Os erros ortográficos nas composições dos alunos multiplicam-se como ~. **Comb.** ~ ***de gripe***. ~ ***de malária***. ⇒ pandemia; endemia. **2** *fig* Ado(p)ção por muitos de costume ou prática censurável/Rápida generalização do que está na moda. **Ex.** O consumo de álcool pelos jovens nos locais de diversão é já uma ~. O telemóvel [*Br* (telefone) celular] nas mãos dos alunos surge como verdadeira ~. **Comb.** ~ de droga(Bo).
epidemicidade *s f* (<epidé[ê]mico + -idade) Qualidade do que é epidé[ê]mico/Cará(c)ter epidé[ê]mico de uma doença.
epidémico, a [*Br* **epidêmico**] *adj* (<epidemia + -ico) **1** *Med* Que é relativo a [Que tem o cará(c)ter de] epidemia/Que tem grande poder contagioso. **Comb. *Doença ~a. Surto ~*. 2** *fig* Que se propaga rapidamente, afe(c)tando muitos.
epidemiologia *s f* (<epidemia + -logia) Ramo da medicina que estuda quer os fa(c)tores que concorrem para a propagação de doenças, sua frequência e distribuição, quer os meios de prevenção.
epidemiológico, a *adj* (epidemiologia + -ico) Que é relativo a epidemiologia.
epidemiologista *s 2g* (<epidemiologia + -ista) Especialista em epidemiologia.
epidemiólogo, a *s* (<epidemia + -logo) ⇒ epidemiologista.
epiderme *s f* (<gr *epidermís*; ⇒ epitélio; cutícula) **1** *Anat* Camada externa da pele dos vertebrados, que assenta sobre a derme e não tem irrigação sanguínea. **2** *Bot* Camada de células que reveste(m) órgãos

vegetais novos ou macios, protegendo-os sobretudo da perda de água.

epidérmico, a *adj* (<epiderme + -ico) **1** Da epiderme. **Comb.** Tecido ~. **2** *fig* Superficial. **Ex.** As suas convicções parecem-me ~as. **Comb.** Amizade ~a.

epidermoide (Mói) *adj 2 g* (<epiderme + -oide) Que se assemelha a epiderme.

epidiascópio *s m* (<epi- + diascópio) Proje(c)tor de imagens que pode funcionar como diascópio ou como episcópio.

epidíctico, a *adj Gram* (<gr *epideiktikós*: que serve para mostrar) **1** «gé[ê]nero de discurso» Demonstrativo, a favor ou contra alguém ou alguma coisa. **2** «discurso» Que tem abundância de recursos estilísticos/Que procura convencer usando processos variados/Aparatoso.

epidídimo *s m Anat* (<gr *epididýmis*: sobre os testículos) Longo canal microscópico atravessado pelas células do esperma que aí completam a maturação, antes de entrarem no canal deferente.

epídoto *s m Min* (<fr *epidote* <gr *epidótes*: que acrescenta) Silicato de cálcio, alumínio e ferro, frequente em rochas metamórficas.

epidural *adj 2g/s f* (<epi- + ...) **1** *Anat* Que se localiza entre a dura-máter e a vértebra. **2** *s f Med* Anestesia na superfície externa da dura-máter «para atenuar as dores do parto». **Comb.** (Anestesia) ~.

epifania *s f* (<gr *epipháneia*) **1** Manifestação/Aparição/Revelação. **2** *maiúsc Crist* Revelação de Cristo aos gentios, particularmente aos Reis Magos. **Sin.** Festa da Adoração dos Magos; Dia de Reis.

epifenomen(al)ismo *s m Fil* (<epifenó[ô]meno(+ al) + -ismo) Teoria que considera a consciência um mero [simples] epifenó[ô]meno dos processos cerebrais.

epifenómeno [*Br* **epifenômeno**] *s m* (<epi- + ...) **1** *Fil* Fenó[ô]meno acessório ou secundário associado ao fenó[ô]meno essencial, mas sem influência sobre este. **2** *Med* Sintoma acidental que aparece no decurso de uma doença, não influindo na sua evolução.

epifilo *adj/s m* (<epi- + gr *phýllon*: folha) (O) que nasce, se desenvolve ou vive sobre as folhas.

epífise *s f Anat* (<gr *epíphysis*: formação na extremidade) **1** Pequeno corpo em forma de pinha na base do cérebro, a que se atribuem funções de glândula endócrina/Glândula pineal(+). **2** Extremidade de osso longo, dele separada por cartilagem.

epifitia *s f Bot* (<epi- + gr *phýton*: planta + -ia) Qualquer doença contagiosa que ataca, ao mesmo tempo, muitas plantas de uma ou mais espécies numa região. ⇒ epidemia.

epífito, a *adj/s m* (<epi- + -fito) (Planta não parasita) que vive sobre outra planta que lhe serve de suporte. **Ex.** A hera é um ~.

epifonema *s m* (<gr *epiphónema*) Frase sentenciosa e enfática a terminar [que termina] uma exposição ou narrativa/Exclamação final.

epífora *s f* (<gr *epiphorá*: afluxo) **1** *Med* Escoamento continuado e involuntário das lágrimas pela face por obstrução das vias lacrimais. **2** *Liter* Repetição de uma palavra ou expressão no fim de versos/frases que se seguem. **Sin.** Epístrofe(+).

epifragma *s m* (<epi- + gr *phrágma*: defesa) **1** *Zool* Membrana muito fina que fecha a abertura da concha de moluscos durante o período da hibernação. **2** *Bot* Membrana delgada que, por vezes, cobre o perístoma dos musgos.

epífrase *s f Gram* (<epi- + ...) Acrescentamento de uma ideia acessória a uma frase que parecia completa.

epigástrio *s m Anat* (<gr *epigástrion*) Parte superior e média do abdó[ô]men, desde a extremidade do esterno até próximo do umbigo.

epigénese [*Br* **epigênese**] *s f* (<epi- + ...) **1** *Biol* Teoria segundo a qual os órgãos dum ser vivo não estão preformados no embrião. **2** *Geol* Alteração de uma rocha por influências externas sofridas próximo da superfície terrestre.

epigenesia *s f* (<epi- + gé[ê]nese + -ia) ⇒ epigé[ê]nese.

epigenético, a *adj* (epi- + ...) Relativo a epigé[ê]nese/Formado posteriormente.

epigenia *s f* (<epi- + gr *génos*: nascimento + -ia) **1** *Min* Alteração da natureza química de um mineral sem mudança da sua forma cristalina original. **2** *Gené* Situação em que ocorrem, durante o desenvolvimento embrionário, mudanças no fenótipo, sem influência e sem alteração do genótipo.

epigeu, eia *adj Bot* (<gr *epígeios*: que está acima do solo) **1** «órgão» Que está [se desenvolve] acima do solo. **Ant.** Hipogeu. **2** «cotilédone» Que, durante a germinação, é arrastada para fora da terra. **Ex.** O feijão é uma planta que tem germinação epigeia.

epiglote *s f Anat* (<gr *epiglottís*) Válvula formada por membrana mucosa e tecido cartilagíneo, na parte superior da laringe. **Ex.** A ~ fecha a glote no momento da deglutição e, assim, impede a entrada de alimentos nas vias respiratórias.

epiglotite *s f* (<epiglote + -ite) Inflamação da epiglote.

epígono *s m* (<gr *epígonos*: nascido depois) **1** *Hist* Cada descendente dos sete chefes gregos que morreram na primeira expedição contra Tebas, que na segunda se tornaram heróis. **2** *fig* Discípulo [Continuador] de grande mestre. **3** *depr* Mero imitador de pensador ou artista notável.

epigrafar *v t* (<epígrafe + -ar¹) **1** Colocar epígrafe em. **2** Intitular/Denominar.

epígrafe *s f* (<gr *epigraphé*) **1** Inscrição(+) gravada em material resistente, como metal, pedra, ... **Comb.** ~ tumular. ⇒ epigrama. **2** Inscrição colocada em local alto, bem visível, num edifício ou monumento/Destaque(+). **3** Sentença ou citação no início de livro, capítulo, poema ou discurso. ⇒ subtítulo. **4** Título ou frase que constitui tema para desenvolver/Mote(+).

epigrafia *s f* (<epígrafe + -ia) Ciência que faz o estudo e interpretação das inscrições antigas em material resistente ou faz [grava/esculpe] epígrafes.

epigrama *s m Liter* (<gr *epígramma*) **1** Pequena composição em prosa ou verso, colocada em lugar de destaque. ⇒ epígrafe. **2** Dito satírico/mordaz.

epigramático, a *adj* (<lat *epigrammáticus*) Que é relativo a [Que contém] epigrama/Que envolve crítica mordaz/Satírico(+).

epilepsia *s f Med* (<gr *epilepsía*) Doença cerebral que se manifesta por crises de perda da consciência e convulsões.

epiléptico, a *adj/s* (<gr *epileptikós*) **1** Relativo a epilepsia. **2** (O) que sofre de epilepsia.

epílogo *s m* (<gr *epílogos*: conclusão) **1** *Liter* Desfecho da peça literária ou livro em que se faz o resumo da a(c)ção. **Sin.** Peroração. **Ant.** Prefácio; prólogo. **2** *Liter* Capítulo [Comentário] breve que alude ao destino das principais personagens da a(c)ção depois do desenlace ou a fa(c)tos posteriores, com ela relacionados. **3** Desfecho/Desenlace/Termo/Final «feliz, duma aventura arriscada».

epinício *s m* (<gr *epiníkion*) **1** *Hist* Canto de triunfo, na Grécia antiga, em honra de um vencedor dos jogos olímpicos. **2** *Liter* Poema ou canto que celebra uma vitória.

epíploo(n) *s m Anat* (<gr *epíploos*: membrana que cobre os intestinos) Prega peritonial/Omento.

epiqueia *s f* (<gr *epieíkeia*: equidade) Superação da lei escrita pela (lei) natural/Justiça sábia. **Comb.** Um caso de [A aplicação da] ~.

epiquirema *s m Fil* (<gr *epikheírema*) Silogismo em que uma ou as duas premissas são acompanhadas da respe(c)tiva prova.

epirogénese [*Br* **epirogênese**] [**epirogenia**] *s f Geol* (<gr *épeiros*: continente + ...) Processo muito lento de subida ou afundamento de grandes áreas da terra firme.

episcénio [*Br* **episcênio**] *s m Hist* (<gr *episkénion*: pavimento superior ao da cena) Nos antigos teatros gregos, pavimento superior ao da cena, onde estavam os maquinismos e acessórios. ⇒ proscé[ê]nio.

episcopado *s m Rel* (<lat *episcopátus*) **1** Dignidade ou função de bispo. **Ex.** O ilustre sacerdote recebeu o ~ [foi ordenado bispo], ontem, na Sé Catedral. **2** Circunscrição eclesiástica em que um bispo exerce jurisdição/Bispado(+). **3** Período em que um bispo exerce funções. **4** Conjunto de bispos. **Ex.** O ~ português reuniu-se há pouco tempo em Fátima.

episcopal *adj 2g* (<lat *episcopális*) Que é relativo ou pertencente ao(s) bispo(s). **Comb. Conferência ~ Portuguesa. Colégio ~. Cadeira ~.**

episcopaliano, a *adj/s* (<episcopal + -ano) Referente a ou membro da Igreja Episcopaliana dos EUA, que se separou da Anglicana.

episcopalismo *s m* (<episcopal + -ismo) **1** Doutrina protestante que afirma a superioridade hierárquica do bispo sobre o presbítero. **Ant.** Presbiterianismo. **2** Doutrina segundo a qual a assembleia dos bispos é superior ao Papa. ⇒ colegialidade.

episcópio *s m* (<epi- + ...) Aparelho para proje(c)tar num alvo imagens que estão em materiais opacos, por meio de luz refle(c)tida.

episodicamente *adv* (<episódico + -mente) De forma esporádica, ocasional, casual.

episódico, a *adj* (<episódio + -ico) **1** Relativo a [Que tem a natureza de] episódio. **2** Secundário/Acessório/Acidental. **3** Eventual/Ocasional/Casual. **Ex.** A passagem ~a por ali fez-me lembrar o passado.

episódio *s m* (<gr *epeisódios*: metido, importado <*epeísodos*: chegada, entrada) **1** *Liter* A(c)ção acessória, ligada à principal, em poema, narrativa, peça teatral, pintura, ... **Comb.** O ~ de Inês de Castro [do Velho do Restelo] n'*Os Lusíadas*. **2** Fa(c)to/Acontecimento/Caso/Ocorrência/Peripécia. **Ex.** Durante a nossa viagem, deu-se [ocorreu] um ~ curioso. Há ~s incríveis! **3** Cada uma das partes em que se divide uma obra de ficção, como telenovela, série televisiva, folhetim radiofó[ô]nico, filme, ... **Ex.** A telenovela já ultrapassou a centena de ~s.

episperma *s m Bot* (<epi- + gr *spérma*: semente) Tecido que reveste as sementes ou grãos. **Sin.** Pele(zinha). ⇒ casca.

epissilogismo *s m Lóg* (<epi- + silogismo) Reunião de dois silogismos em que a

conclusão de um serve de premissa para o outro.

epistar *v t* (<e- + lat *písto,áre*: triturar) Reduzir uma substância a massa, triturando-a em almofariz.

epistasia *s f Gené* (<gr *epistasía*) Situação em que a expressão de um gene depende de outro gene de par diferente.

epistaxe (Tácsse) *s f Med* (<gr *epístaksis*) Hemorragia nasal(+)/Hemorrinia.

episteme *s f Fil* (<gr *epistéme*) ⇒ ciência; conhecimento verdadeiro.

epistémico, a [*Br* **epistêmico**] *adj* (<episteme + -ico) ⇒ cognitivo/intelectual.

epistemologia *s f Fil* (<episteme + -logia) **1** Teoria do conhecimento. **Ex.** Na universidade estudei ~ [Crítica] e Ontologia [Metafísica]. **Sin.** Gnose[si]ologia; Crítica. **2** Teoria (dos métodos ou princípios) duma determinada ciência.

epistemológico, a *adj* (<epistemologia + -ico) **1** Relativo à epistemologia/Crítico.

epístola *s f* (<gr *epistolé*: ordem, mensagem) **1** Carta escrita por autor antigo. **2** Correspondência trocada entre autores célebres. **3** *Crist* Cada uma das cartas/missivas, inseridas no Novo Testamento, que os apóstolos «Paulo, Pedro, Tiago, João» dirigiram às primeiras comunidades cristãs. **4** Leitura anterior à do Evangelho, na missa. **Ex.** Entrou na igreja no momento da ~. **5** Poema em forma de carta, de cará(c)ter didá(c)tico, sobre tema filosófico, moral, estético, ... **6** Carta de temática estética. **7** Carta que serve de dedicatória de um livro «a um amigo/mecenas».

epistolar *adj 2g* (<lat *epistoláris*) **1** De carta/epístola. **Comb.** Estilo [Linguagem] ~. **2** *Liter* Diz-se de gé[ê]nero ou técnica narrativa de troca de cartas entre personagens. **Comb.** Romance ~.

epistolário *s m* (<epístola + -ário) **1** Cole(c)ção de cartas ou epístolas. **2** *Rel* Livro que contém as epístolas lidas na missa. ⇒ le(c)cionário.

epistolografia *s f* (<epístola + -grafia) **1** Parte da literatura que trata do gé[ê]nero epistolar. **2** Arte de escrever cartas/epístolas.

epistológrafo, a *s* (<epístola + -grafo) **1** Indivíduo que escreve epístolas/que é versado em [que se dedica à] epistolografia. **2** Autor de cartas notáveis do [sob o] ponto de vista literário ou histórico.

epístoma, epistómio [*Br* **epistômio**] *s m Zool* (<epi- + gr *stóma*: boca) **1** Zona anterior da cabeça do inse(c)to, acima da boca, entre o lábio superior e o epicrânio. **2** Zona entre as antenas e a boca dos crustáceos. **3** Placa que protege a boca dos briozoários.

epístrofe *s f Gram* (<gr *epistrophé*) Repetição de uma palavra no fim de versos ou frases que se seguem. **Ex.** Crente *no amor*. Confiante *no amor*. Absorto *no amor*. **Sin.** Epífora 2.

epitáfio *s m* (<gr *epitáphion*) **1** Inscrição sobre pedra tumular ou em monumento funerário. **2** Escrito breve em louvor do morto/Elogio fúnebre. **3** *Liter* Tipo de poesia em que se lamenta a morte de alguém. **4** *Liter* Espécie de poesia satírica feita sobre alguém que, estando vivo, é tratado como (se estivesse) morto.

epitalâmico, a *adj* (<epitalâmio + -ico) Relativo a epitalâmio/Que celebra um casamento.

epitalâmio *s m* (<gr *epithalámion*; ⇒ tálamo) Canto ou poema que celebra um casamento/Hino nupcial.

epítase *s f* (<gr *epítasis*: intensidade) **1** *Liter* Parte de poema dramático «grego» (a seguir à prótase ou exposição inicial) em que se desenvolvem as a(c)ções principais da intriga. **2** *Mús* Ponto alto de uma composição.

epitaxia *s f* (<epi- + gr *táxis*: disposição + -ia) Formação «no fabrico de transístores» de um cristal sobre a superfície de outro, sendo este a determinar a estrutura e a orientação daquele.

epitelial *adj 2g* (<epitélio + -al) Relativo ou pertencente ao epitélio/Composto por epitélio. **Comb.** *Tecido ~. Tumor ~.*

epitélio *s m Anat Bot* (<epi- + gr *thelé*: mamilo) Tecido que reveste a derme, canais e cavidades, tendo também funções secretoras, de absorção e sensoriais/Tecido epitelial «da pele/das pétalas». ⇒ epiderme.

epitelioma *s m Med* (<epitélio + -oma) Tumor maligno «labial» com origem no epitélio.

epítese *s f Gram* (<gr *epíthesis*) Adição de fonema não etimológico no fim da palavra «s de antes». **Sin.** Paragoge(+).

epitetar *v t* (<epíteto + -ar¹) ⇒ Pôr epíteto a/Apelidar/Cognominar/Alcunhar.

epitético, a *adj* (<epíteto + -ico) **1** Relativo a [Que tem o cará(c)ter de] epíteto. **2** Que contém epíteto.

epitetismo *s m Gram* (<epíteto + -ismo) Modificação do sentido principal de uma expressão pela sua combinação com expressão de ideia acessória.

epíteto *s m Gram* (<gr *epítheton*) **1** Palavra ou expressão que se junta a um nome para o qualificar. **Ex.** O cognome "Lavrador", atribuído ao rei português D. Dinis, é um (exemplo de) ~. Os ~s podem ser elogiosos «coração grande» ou depreciativos «imbecil». **2** ⇒ alcunha.

epítome *s f* (<gr *epitomé*) **1** Resumo de uma obra, apresentando o que é essencial. **Comb.** ~ *da Gramática da Língua Portuguesa*. **Sin.** Sinopse; síntese; súmula. **2** ⇒ principal representante; expoente máximo; símbolo.

epítrope *s f* (<gr *epitropé*: concessão) Aceitação provisória de ideia refutável para melhor evidenciar o que se quer provar.

epizeuxe (Cse) *s f Gram* (<gr *epizeuxis*) Repetição de uma palavra em frases seguidas para realçar o seu significado.

epizoário, a *adj/s Zool* (<epi- + -zoário) (O) que vive, como parasita, sobre a pele de outro animal. ⇒ ectozoário.

epizootia *s f Vet* (<epi- + gr *zóon*: animal + -t- + -ia) Doença que, numa região, ataca muitos animais ao mesmo tempo. ⇒ epidemia.

epizoótico, a *adj* (<epizootia + -ico) Relativo a epizootia.

época *s f* (<gr *epokhé*: paragem) **1** Período assinalado por acontecimentos ou realizações importantes ou por personalidades marcantes. **Ex.** A revolução industrial iniciou uma nova ~. **Idi.** *Fazer ~* [Ser marcante/memorável/importante] (Ex. O padre António Vieira fez ~ na oratória do séc. XVII). **Comb.** ~ *de Augusto. ~ dos Descobrimentos* [das grandes navegações]. ~ *do Renascimento. ~ da Primeira Guerra Mundial.* **2** Qualquer período na sequência cronológica/Fase da vida. **Ex.** Há sempre uma ~ da vida que nos deixa melhores recordações. **3** Período que marca um estilo, uma moda. **Comb.** ~ *do manuelino. ~ do neorrealismo.* **4** Estação do ano. **Comb.** ~ [Tempo] *das chuvas. Fruta da ~/estação.* **5** Período de tempo em que (mais) se desenvolve uma a(c)tividade. **Comb.** *alta* [baixa] «para o turismo». ~ *da caça. ~ dos exames. ~ das férias. ~ teatral.* Primeira ~ [vez] «de exames». **6** Temporada (d)esportiva. **Ex.** Há várias ~ que o clube não era campeão, o que estava a enervar os adeptos. **7** *Geol* Subdivisão de período geológico, durante a qual as rochas da série correspondente se formaram/Intervalo, pequeno, do tempo geológico. **Comb.** ~ *a(c)tual* [Holoceno]. ~ *glacial* [Plistoceno].

epocal *adj 2g* (<época + -al) Relativo a época.

epodo (Pô) *s m* (<gr *epodós*) **1** *Liter* A última das três partes em que se dividia a ode pindárica, seguindo-se à estrofe e antístrofe. **2** *Liter* Poema lírico formado por versos iâmbicos, com alternância de trímetros e dímetros. **3** *Liter* Qualquer poema lírico em que alternam um verso longo e um (verso) breve. **4** Última parte de um canto ou hino. **5** Sentença moral/Máxima/Provérbio.

eponímia *s f* (<epó[ô]nimo + -ia) Conjunto ou uso de epó[ô]nimos.

epónimo, a [*Br* **epônimo**] *adj/s m* (<gr *epónymos*) **1** Que dá o seu nome a outro/Nome tirado de outro. **Ex.** (a deusa) Atena é ~a da cidade de Atenas. Atenas é um ~ de Atena.

epopeia *s f* (<gr *epopoiía*) **1** *Liter* Extenso poema narrativo «Odisseia/Ilíada/Eneida» em que se celebram os feitos grandiosos de um herói histórico ou lendário, individual ou cole(c)tivo. **Ex.** Na ~ *Os Lusíadas*, Camões exalta o heroísmo e as virtudes do povo português. **2** Sequência de acontecimentos heroicos ou grandiosos. **Ex.** As conquistas de Albuquerque foram uma verdadeira ~.

epopeico, a *adj* (<epopeia + -ico) **1** Relativo a epopeia. **2** Heroico/Épico(+).

épsilon, épsilo *s m* (gr *épsilon*: (ε, E); ⇒ eta; ípsilon) Nome da quinta letra do alfabeto grego.

equação *s f* (<lat *aequátio,ónis*: igualdade) **1** *Mat* Igualdade entre expressões matemáticas para determinados valores das variáveis. **Ex.** Depressa resolvi a ~. **Loc.** Pôr em ~ [Dar a forma de ~ aos dados de um problema]. **Comb.** ~ *algébrica. ~ diferencial. ~ do primeiro grau. ~ do segundo grau. ~ integral. Raiz de uma ~.* *Psic* ~ *pessoal* [Intervalo de tempo entre o momento de produção de um fenó[ô]meno e o do seu regist(r)o por um observador]. *Quím* ~ *química* [Representação simbólica de uma rea(c)ção química]. **2** Formulação dos dados de questão [problema] difícil em termos claros, para mais facilmente encontrar uma solução. **Ex.** Importa pôr em ~ todos os dados a ponderar. ⇒ comparação; correspondência; ajuste; identificação.

equacional *adj 2g* (<equação + -al) Relativo a equação.

equacionamento *s m* (<equacionar + -mento) A(c)to ou resultado de equacionar.

equacionar *v t* (<equação + -ar¹) **1** *Mat* Pôr em equação. **Ex.** É preciso ~ corre(c)tamente o problema. **2** Ordenar/Comparar os dados de uma questão ou problema para mais facilmente chegar à solução/Fazer corresponder. **3** ⇒ avaliar.

equador *s m* (<lat *aequátor,óris*: o círculo que iguala (os dias) **1** Círculo máximo do globo terrestre equidistante dos polos norte e sul. **Ex.** O ~ divide a Terra em hemisfério norte e hemisfério sul. **Comb.** ~ *celeste. ~ magnético.* **2** Regiões próximas desse círculo, entre o Trópico de Câncer e o Trópico de Capricórnio. **Ex.** No ~, ao longo do ano, os dias são sempre iguais às noites.

Equador s m República do ~, país da América do Sul, cuja capital é Quito. ⇒ equatoriano.

equalizador, a adj/s m (<equalizar + -dor) **1** Que uniformiza/equaliza. **2** s m Ele(c)tr Aparelho que harmoniza a intensidade das diferentes frequências de um sinal sonoro.

equalizar v t (<igual<lat aequális + -izar) **1** Tornar igual/Igualizar/Uniformizar. **2** Fís Ele(c)tri Harmonizar a intensidade de diferentes frequências.

equânime adj 2g (<lat aequánimis: de ânimo igual) **1** Que revela equanimidade. **Comb.** Pessoa [Cará(c)ter] ~/calma/o. **2** ⇒ Que é moderado/sensato. **3** ⇒ imparcial; re(c)to.

equanimidade s f (<lat aequanímitas,átis) **1** Constância de ânimo/Calma. **2** ⇒ moderação; serenidade. **3** ⇒ imparcialidade; re(c)tidão.

equatorial adj 2g (<equador + -al) **1** Do equador. **Comb.** Clima [Região/Flora] ~. **2** Diz-se de instrumento astronó[ô]mico, com um dos dois eixos paralelo ao plano do equador, que permite determinar a posição de um astro. **Comb.** Telescópio ~.

equatoriano, a adj/s (<Equador + -ano) ⇒ Relativo ao/Habitante do Equador.

equestre (Qu-és) adj 2g (<lat equestris) Relativo a cavalo/cavaleiro/cavalaria/equitação. **Comb.** Estátua ~.

equevo, a (Wê) adj (<lat aequaévus) **1** ⇒ Que tem a [é da] mesma idade (+). **2** Que é da mesma época/Contemporâneo(o+)/Coevo(+).

equi-¹ pref (<lat áequus) Significa **igual** (Ex. ~látero, ~distante, ~tativo, ~nócio)).

equ(i)-² pref (<lat équus) Significa **cavalo** (Ex. equitação, equestre, equídeo)).

equiângulo, a adj Geom (<equi-¹ + ...) «triângulo» Que tem todos os ângulos iguais.

equidade s f (<lat aéquitas,átis: justiça, igualdade, equilíbrio) **1** Igualdade «na distribuição dos lucros/da riqueza». **2** Justiça/Re(c)tidão. **Loc.** Julgar com ~. **3** ⇒ imparcialidade; equilíbrio.

equídeo, a adj/s (<lat équus: cavalo + -ídeo) **1** Do [Relativo ao] cavalo. **2** Zool (Diz-se de) família de mamíferos ungulados, com um só dedo funcional, provido de casco; Equidae. Ex. O cavalo, o burro, o mulo, a zebra são ~s.

equidiferença s f (<equi-¹ + ...) **1** Igualdade entre duas diferenças. **2** Mat Proporção matemática.

equidiferente adj 2g (<equi-¹ + ...) Que apresenta diferença igual.

equidistância s f (<equi-¹ + ...) Igual distância. Ex. Há ~ entre o centro e todos os pontos da circunferência.

equidistante adj 2g (<equi-¹ + ...) Que está a igual distância [Que dista igualmente] de um ou mais pontos. Ex. Na Terra, o equador está ~ dos polos norte e sul.

equidistar v int (<equi-¹ + ...) Estar a igual [à mesma] distância de um ou mais pontos.

equidna s f Zool (<gr ékhidna: víbora) Mamífero monotrémato da Oceânia, ovíparo, com o corpo coberto de espinhos, parecido ao ouriço; Tachiglossos aculeatus.

equidnina s f (<equidna + -ina) Princípio a(c)tivo do veneno da víbora.

equilátero, a adj Geom (<lat aequiláterus; ⇒ lado) Que tem os lados iguais. Ex. Os triângulos são ~s, isósceles ou escalenos.

equilibração s f (<equilibrar + -ção) ⇒ equilíbrio.

equilibrado, a adj (<equilibrar) **1** Que se equilibrou/Que está em equilíbrio/Que se mantém estável. Ex. A balança está ~a [certa/bem]. **2** Compensado/Contrabalançado/São. **Comb.** *Contas ~as. Finanças ~as* [sãs]. **3** Que está ao mesmo nível. Ex. Os pratos da balança estão ~s/direitos. **4** Que está em proporção adequada/Que tem harmonia nas suas componentes/São. **Comb.** *Alimentação ~a* [sã]. *Equipa ~*. **5** fig Que tem estabilidade emotiva/Prudente/Calmo/Sensato. **Ex.** Parece-me uma pessoa muito ~ a.

equilibrador, ora adj/s m (<equilibrar + -dor) **1** Que equilibra/Que estabiliza. **2** Que compensa/contrabalança. **3** s m Dispositivo usado em aviões e dirigíveis para contrabalançar, corrigindo desvios de dire(c)ção.

equilibrar v t (<lat aequilibro,áre <aeque: igualmente + libráre: pesar) **1** Colocar [Manter] em equilíbrio/Estabilizar. **Ex.** O bebé/ê procurava ~-se (nas pernas) [~ o corpinho]. **2** Manter/Colocar sensivelmente ao mesmo nível. **Ex.** A grande preocupação do governo era ~ as contas públicas. As duas forças políticas parecem ~-se em peso eleitoral. **3** Contrabalançar/Compensar/Endireitar/Sanar. **Ex.** O subsídio que recebeu veio ~ as contas da exploração agrícola. **Loc.** *~ a(s) despesa(s) e a(s) receita(s). ~ o trabalho e* [com] *o descanso*. **4** Tornar harmonioso/Dar coerência a. **Ex.** Conseguir ~ a equipa era o primeiro obje(c)tivo do treinador.

equilíbrio s m (<lat aequilíbrium <aéquus, a,um: igual + libra: (contra)peso) **1** Mec Estado de um corpo em que não há mudança de posição. **Ex.** Apesar de (ter o corpo) muito inclinado, conseguia manter o ~. **Loc.** Perder o ~ [Desequilibrar-se] e cair. **2** Posição de um corpo sem oscilações. **Comb.** *~ estável. ~ instável*. **3** fig Estabilidade mental e emocional/Sensatez/Ponderação. **Ex.** Dera sempre provas de grande ~. **Loc.** Agir com ~. **4** Igualdade de força entre coisas [pessoas/grupos] em oposição. **Ex.** Há ~ entre os dois adversários. **5** Harmonia entre partes de um todo. **Ex.** O treinador falava de ~ entre os diferentes se(c)tores da equipa. **6** Valor equivalente. **Ex.** O ~ de despesas e receitas num lar favorece o ambiente familiar.

equilibrismo s m (<equilíbrio + -ismo) Arte do equilíbrio em posições difíceis. **Ex.** No circo assisti a vários exercícios [números(+)] de ~.

equilibrista adj/s 2g (<equilíbrio + -ista) **1** (O) que exibe equilíbrio acrobático em corda, arame, bicicleta, ... **2** (O) que exibe destreza nos movimentos do corpo ou na manipulação de obje(c)tos que atira ao ar. **3** fig (O) que revela habilidade a ultrapassar situações difíceis.

equimolecular (É) adj 2g Quím (<equi-¹ + ...) «solução» Que possui igual número de moléculas (em relação a outra).

equimose s f Med (<gr ekkhýmosis) Mancha «negra» na pele por extravasamento de sangue, devido a ru(p)[ro]tura de capilares, normalmente em resultado de contusão.

equino¹ s m (<gr ekhînos: ouriço) **1** Zool ⇒ ouriço-cacheiro [-do-mar]. **2** Bot ⇒ ouriço (que reveste a castanha). **3** Arquit Parte média do capitel dórico, de forma oval ou circular/Qualquer ornato com essa forma.

equino², a adj (<lat equínus,a,um: do cavalo) **1** Relativo ao cavalo/Cavalar. ⇒ equi-. **2** Diz-se do pé arqueado por deformação, fazendo lembrar o do cavalo. **Comb.** *Pé boto ~*.

equinocial adj 2g (<equinócio + -al) Relativo a equinócio. **Comb.** *Ponto ~*.

equinócio s m Astr (<lat aequinóctium) Momento ou conjuntura em que o Sol, no seu movimento anual aparente, corta a linha do equador. **Ex.** Nos ~s (da primavera e do outono) os dias são iguais às noites em toda a Terra.

equinococose s f Med (<gr ekhînos: ouriço + kókkos: grão, baga + -ose) Doença provocada no homem e em animais por uma pequena té[ê]nia (Equinococo), que origina o quisto hidático/Hidatidose. ⇒ hidátide.

equinodermo/e [equinoide] adj/s Zool (<equino¹ + ...) **1** (O que pertence ao) grupo de animais marinhos invertebrados, de corpo rígido, revestido de placas calcárias ou espinhos; Echinodermata/Echinoidea. **Ex.** O ouriço-do-mar e a estrela-do-mar são ~s.

equipa/e s f (<fr equipe<escandinavo skip: navio) Conjunto ou grupo de pessoas que têm o obje(c)tivo de realizar uma tarefa comum. **Ex.** Fazer um dicionário é tarefa de (uma) ~. A ~ nacional [de Portugal] teve um brilhante comportamento no Mundial (de Futebol). **Loc.** *Fazer ~ com* (alguém). *Trabalhar em ~.* **Comb.** *~ de futebol. Chefe da ~. Espírito de ~.*

equipagem s f (<equipa/e + -agem) **1** Pessoal que garante o serviço num avião, navio, .../Tripulação(+). **2** Mil ⇒ equipamento **2**. **3** ⇒ bagagem.

equipamento s m (<equipar + -mento) **1** A(c)to ou resultado de equipar(-se). **Ex.** O ~ de um hospital é uma tarefa extremamente exigente. **2** Conjunto de meios materiais necessários ao funcionamento de uma a(c)tividade. **Comb.** *O ~ de caça. O ~ militar* [de guerra/do exército]. **3** (D)esp Indumentária adequada para a prática de uma modalidade. **Ex.** Já comprei o ~ para fazer ginástica. ⇒ farda; uniforme.

equipar v t (<equipa/e + -ar¹) **1** Fornecer os meios materiais para (se poder desenvolver) uma a(c)tividade. **Ex.** Já estou equipado [provido] de tudo (o que preciso). **Loc.** *~ um exército. ~ um hospital. ~ um navio*. **2** (D)esp ~-se/Vestir a indumentária adequada à prática de determinada modalidade. **Ex.** Os jogadores já estão equipados no campo.

equiparação s f (<equiparar + -ção) **1** Comparação de duas coisas, verificando que são idênticas ou do mesmo valor. **Ex.** O professor equiparou os dois alunos. **2** Atribuição a alguém das mesmas regalias que outros já têm. **Ex.** A ~ desses funcionários a assessores pareceu justa.

equiparar v t (<lat aequipáro,áre) **1** Comparar duas coisas, julgando-as idênticas ou de igual valor. **Ex.** Chegou a ~ a gravidade deste caso à de um assassinato. **2** Conceder a alguém as mesmas regalias que outros já têm. **Ex.** Foram equiparados aos ministros, quanto à remuneração.

equiparável adj (<equiparar + -vel) Que se pode julgar equivalente a/equiparar.

equipe s f (<fr équipe) ⇒ equipa.

equípede¹ adj Zool (<equi-¹ + -pede) «animal» Que tem as patas de igual comprimento.

equípede² adj (<equi-² + -pede) Que tem patas semelhantes às do cavalo.

equipolência s f (<lat aequipolléntia) **1** Igualdade/Equivalência. **2** Geom Relação equipolente entre ve(c)tores paralelos de igual comprimento e sentido.

equipolente adj (<lat aequipóllens, éntis) **1** ⇒ equivalente. **2** Geom «ve(c)tor/segmento» Que tem igual comprimento e sentido.

equipotencial adj 2g Fís (<equi[1]- + ...) Que está ao mesmo potencial. **Comb.** Superfície ~.

equitação s f (<lat *equitátio,ónis*) Arte de cavalgar/Exercício de montar a cavalo. **Ex.** Ela faz [pratica] ~ no hipódromo. ⇒ cavaleiro.

equitativo, a adj (<lat *aéquitas,átis*: igualdade + -ivo) Que tem [Em que há] equidade/Imparcial/Re(c)to/Justo. **Ex.** A distribuição ~a dos lucros parece-me louvável.

equivalência s f (<equivaler + -ência) 1 Igual natureza/valor/significado. 2 Equiparação oficial de um título ou diploma. **Ex.** Pediu a ~ do diploma [curso] que tirou no estrangeiro.

equivalente adj 2g/s (<lat *aequivalens,éntis*) 1 (O) que tem igual ou semelhante natureza/valor/função. **Ex.** As fra(c)ções $^1/_2$ e $^2/_4$ são ~s. Recebi pelo trabalho o ~ a um mês de salário. **Comb.** ~ ele(c)troquímico. Quantidades ~es [iguais]. 2 (O) que tem o mesmo significado. **Ex.** *País forte e país rico* são expressões ~s [têm um significado ~].

equivaler v t/int (<lat *aequiváleo,ére*) 1 Ter o mesmo valor/Ser igual ou equivalente. **Ex.** Os dois conjuntos (musicais) equivaleram-se na luta pela vitória. Um quilo são [equivale a] mil gramas. 2 Ter o mesmo significado/resultado. **Ex.** Calar equivale a consentir.

equivalve adj 2g Zool (<equi-[1] + valva) ⇒ «concha» Que tem as duas valvas iguais/simétricas.

equivocação s f (<lat *aequivocátio,ónis*: expressão com duplo sentido) A(c)to ou resultado de equivocar-se/Engano/Equívoco 3(+).

equivocar v t (<equívoco + -ar[1]) 1 ~-se/ Enganar-se/Errar. **Ex.** Está equivocado/ enganado [Equivocou-se], eu não sou o João, sou o Carlos. 2 Induzir ou cair em erro/Enganar(-se). **Ex.** A pergunta mal feita do exame equivocou os alunos. A queda aparatosa do jogador equivocou o árbitro.

equívoco, a adj/ s m (<lat *aequivocus*: com duplo sentido) 1 Que tem mais que um sentido/Ambíguo/Impreciso. **Ex.** Para evitar confusões [ter um estilo claro], devem evitar-se expressões ~as. A frase *O pai que o filho matou* é ~a [ambígua/não é clara]. **Ant.** Unívoco. 2 Que suscita dúvidas ou suspeitas. **Ex.** Há quem diga que ele teve um passado ~/suspeito/duvidoso. 3 s m Engano/Confusão/Erro. **Ex.** Todo aquele alarido foi resultado de um lamentável ~.

era s f (<lat *aera*: era, época, número dado para fazer um cálculo) 1 Período de tempo iniciado por acontecimento importante, a partir do qual se contam os anos. **Ex.** No ano 2001 da nossa ~ [da ~ cristã/da ~ de Cristo] deu-se [ocorreu] o maior ataque terrorista. **Comb.** ~ dos imperadores romanos. ⇒ calendário. 2 Início de uma nova ordem no curso dos acontecimentos. **Comb.** ~ *ató[ô]mica*. ~ *espacial*. ~ *da informação*. 3 Tempo/Época/Anos. **Ex.** Você está velho, pertence a outra era. 4 Cada uma das grandes divisões do tempo geológico, que abarca dois ou mais períodos. **Comb.** ~ *primária* [paleozoica/ Paleozoica]. ~ *secundária*. ⇒ mesozoico. ~ *terciária* [Terciário]. ~ *quaternária* [dos dois últimos milhões de anos da (história da) Terra]. ⇒ cenozoico; éon.

erário s m Econ (<lat *aerárium* <*aes,aeris*: cobre, bronze, dinheiro) Recursos financeiros de uma entidade ou estado/Tesouro/Fazenda. **Comb.** ~ *público* [Tesouro/ Fazenda] (Ex. Esse grande investimento foi desastroso para o ~ público).

ERASMUS abrev (<ing *European Action Scheme for the Mobility of University Students*) Programa Europeu para a Mobilidade de Estudantes Universitários.

érbio [Er 68] s m Quím (<top *Itterby*, na Suécia) Elemento metálico, sólido, do grupo das terras raras, família dos lantanídeos, usado em rea(c)tores ató[ô]micos e laser. ⇒ ítrio.

ereção (Rè) s f [= erecção] (<lat *eréctio,ónis*) 1 A(c)to de erguer/erigir/edificar. **Comb.** ~ *de uma estátua*. ~ *de um monumento*. 2 Criação(+)/Fundação(+). **Comb.** ~ de uma empresa [associação]. 3 Fisiol Intumescimento e endurecimento temporários de um órgão mole pelo afluxo de sangue que o faz erguer-se. **Ex.** Por excitação erótica, o pé[ê]nis e o clítoris [clitóris] sofrem [têm] ~.

eré(c)til (dg) adj 2g [= eréctil] (<lat *eréctus*: levantado + -il) 1 Que pode ficar ereto. 2 Fisiol Que, por afluxo temporário de sangue, pode tomar posição (quase) vertical. **Comb.** Órgão ~. ⇒ ereção 3.

ere(c)tilidade (dg) s f [= erectilidade] (<eré(c)til + -idade) Qualidade do que é eré(c)til.

erecto/erector ⇒ ereto/...

eremida/eremita/eremitagem/eremitão/eremitério/eremítico ⇒ ermida/ ermita/...

ereto, a [Br ere(c)to (dg)] adj [= erecto] (<lat *eréctus*: levantado) 1 Construído/Erigido/Erguido/Levantado/Direito/Aprumado. **Comb.** Bot Caule ~. Igreja ~a [erigida (+)/construída (o +)] em dois anos. *Posição ~a* ao caminhar. 2 Fisiol Que tomou posição (quase) vertical «por afluxo temporário de sangue, por excitação erótica». **Comb.** Pé[ê]nis ~ /em ereção.

eretor, triz [Br ere(c)tor (dg)] adj/s [= erector] (<lat *eréctor,óris*: o que ergue) 1 (O) que levanta/erige/Fundador. 2 Anat (O) que torna ereto. **Comb.** Músculo ~.

erg s m Fís (<gr *érgon*: trabalho) Unidade de medida de energia/trabalho. ⇒ dine.

ergativo, a adj/s m Ling (<gr *érgon*: a(c)ção + -tivo) (Diz-se do) Caso do sujeito do verbo transitivo em certas línguas «basco/ esquimó», em que o nominativo é o caso do sujeito do verbo intransitivo.

ergo- pref (<gr *érgon*) Significa *trabalho*; ⇒ ~terapia.

ergofobia s f Med (<ergo- + fobia) Horror/ Aversão ao trabalho.

ergógrafo s m (<ergo- + -grafo) Aparelho que regist(r)a o trabalho de um músculo. ⇒ ergometria.

ergologia s f (<ergo- + -logia) Parte da Etnologia que estuda os produtos materiais do homem.

ergometria s f (<ergo- + -metria) Medição do trabalho de um ou mais músculos, usando o ergó[ô]metro. ⇒ ergógrafo.

ergómetro [Br ergômetro] s m (<ergo- + -metro) Aparelho que mede o trabalho realizado por um músculo ou grupo de músculos. ⇒ ergógrafo.

ergonomia s f (<ergo- + -nomia) Estudo científico das relações entre homem e máquina, para a melhor intera(c)ção em termos de eficiência e segurança.

ergonómico, a [Br ergonômico] adj (<ergonomia + -ico) 1 Relativo à ergonomia. 2 «bicicleta/aparelho» Que foi concebido para se adaptar às necessidades [ao conforto] do utilizador/trabalhador.

ergosterol s m Bioq (<fr *ergot*: cravagem/ fungão «do centeio» + esterol) Esterol de tecidos vegetais que se transforma em vitamina D por a(c)ção de raios ultravioleta.

ergoterapia s f Med (ergo- + terapia) Terapêutica pelo trabalho manual «especialmente para doenças mentais»/Terapia ocupacional(+).

ergotina s f (⇒ ergosterol) Substância alcaloide obtida da cravagem do centeio. **Ex.** A ~ é usada como medicamento anti-hemorrágico ou para estimular as contra(c)ções uterinas no parto.

erguer v t (<lat *érigo,erígere*: levantar) 1 Levantar/Elevar. **Ex.** Convidou-nos a ~ a taça para [e a] brindar à saúde do avô. Ergueu a criança e pô-la aos ombros. 2 Orientar para cima. **Ex.** Ergueu os olhos ao céu e pediu perdão para tal afronta. 3 ~-se/Tomar uma posição mais elevada. **Ex.** O Sol ergue-se [sobe] no horizonte. 4 Erigir/Edificar. **Ex.** A edilidade [câmara (municipal)/prefeitura] resolveu ~ uma estátua a este homem ilustre natural da cidade. 5 Pôr direito/Colocar na (posição) vertical. **Ex.** Ergueu os braços para colher os frutos da árvore. Não foi difícil aos operários ~ o poste. 6 ~-se/Pôr-se de pé/Levantar-se (do sofá/da cama). **Ex.** À chegada do amigo, ergueu-se e correu a abraçá-lo. **Prov.** *Deitar cedo e cedo ~ dá saúde e faz crescer*. 7 ~-se/Ficar sobranceiro/Destacar-se. **Ex.** O monte ergue-se [surge] imponente no meio da vasta planície. 8 fig ~-se/Revoltar-se/Insurgir-se. **Ex.** Cansados de tanta opressão, ergueram-se em armas contra o tirano. 9 Tornar mais forte/Elevar. **Ex.** O professor precisou de ~ a voz para impor a disciplina na sala. 10 fig Dar/Tomar ânimo ou alento. **Ex.** É forçoso reagir, ~ o espírito e ir para a luta!

erguida s f (<erguer) A(c)ção de erguer e amparar as varas novas das videiras/ Empa.

erguido, a adj (<erguer) 1 ⇒ levantado; elevado. 2 ⇒ construído.

érica s f ⇒ urze.

ericáceo, a adj/s (<gr *ereíke*: urze + -áceo) (Diz-se de) planta ou família de plantas dicotiledó[ô]neas lenhosas, geralmente arbustos com pequenas flores «brancas/ roxas»; *Erica(ceae)*. **Ex.** A urze e o mirtilo são ~as.

eriçar v t (<lat *erício,áre*, de *erícius*: ouriço-cacheiro) 1 Deixar [Ficar] hirto/ Encrespar(-se). **Ex.** Eriçou-se o pelo ao gato. Eriçou o cabelo porque diz que é [está na] moda. 2 fig Acirrar(+)/Espicaçar/ Provocar. **Ex.** Tinha por hábito [Costumava] ~ os ânimos com atitudes insolentes. Foi um acidente de trânsito medonho, de ~ os cabelos [de arrepiar(+)].

erigir v t (<lat *érigo,erígere*: levantar) 1 Pôr a prumo [na vertical]/Levantar(+). 2 Construir/Edificar/Erguer(+). **Ex.** Decidiram ~-lhe uma estátua no meio do jardim da vila. 3 fig Colocar em nível mais elevado/nobre. **Ex.** Pelos seus feitos guerreiros, erigiram-no (em) salvador da pátria. 4 Fundar/Instituir/Criar «uma escola/associação».

erináceo [erinac(e)ídeo], a adj Zool (<lat *erináceus*: como ouriço-cacheiro + -ídeo) (Diz-se de) animal ou família de mamíferos inse(c)tívoros de focinho longo, com o corpo coberto de pelos ou espinhos; *Erinace(id)ae*.

erisipela (Pé) s f Med (<gr *erysípelas*) Doença infe(c)ciosa provocada por estreptococo, com inflamação da pele e formação de pequenas vesículas. **Ex.** A ~ é uma doença muito contagiosa.

eritema s m Med (<gr *erýthema*: rubor, inflamação) Vermelhidão da pele/Rubor cutâneo. **Comb.** ~ solar [Rea(c)ção da pele ao excesso de exposição ao sol].

Eritreia s f Geog República da África Oriental, junto ao Mar Vermelho. **Ex.** A capital da ~ é Asmara e os habitantes são eritreus.

eritrina s f (<gr erythrós: vermelho + -ina) **1** Substância tintorial vermelha extraída de líquenes. **2** Bot Designação comum de um gé[ê]nero de plantas ornamentais da família das leguminosas, de flores vermelhas e madeira resistente, de zonas de clima quente; Erythrina.

eritro- pref (<gr erythrós) Significa vermelho (Ex. eritrócito, eritrina, eritrose).

eritroblasto s m Biol (<eritro- + blasto) Célula com núcleo que dá origem a eritrócito.

eritroblastose s f Biol (<eritroblasto + -ose) Presença de grande número de eritroblastos no sangue.

eritrócito s m Biol (<eritro- + gr kýtos: célula) Glóbulo vermelho do sangue. **Sin.** Hemácia.

eritrodermia s f Med (<eritrodermo + -ia) Dermatose com intensa vermelhidão da pele, seguida de descamação.

eritrodermo, a adj Zool (<eritro- + derme) «animal» Que tem a pele vermelha.

eritrose s f Med (<eritro- + -ose) **1** Cor avermelhada da pele ou das mucosas por congestão vascular. **2** Açúcar xaroposo derivado da eritrina.

eritroxiláceo, a adj/s (<eritróxilo + -áceo) (Diz-se de) planta ou família de plantas dicotiledó[ô]neas lenhosas, de regiões tropicais, extraindo-se alcaloides das folhas e casca de algumas espécies, entre eles a cocaína; Erythroxylaceae.

eritróxilo, a adj/s m Bot (<eritro- + gr xýlon: madeira) **1** De madeira vermelha. **2** Nome comum a arbustos e árvores de um gé[ê]nero da família das eritroxiláceas «coca», cultivados pela madeira ou por alcaloides delas derivados, como a cocaína; Erythroxylum.

ermar v t/int (<ermo + -ar¹) **1** Tornar desértico/Despovoar. **2** Viver num ermo.

ermida s f (<ermo + -ida) **1** Capela edificada em lugar ermo, fora da povoação. **Ex.** A festa junto à ~ tem missa campal. **2** Pequena igreja/Santuário.

ermita s 2g (<ermo + -ita) **1** Quem vai viver para o deserto ou local afastado. **Ex.** Os ~s procuravam o aperfeiçoamento espiritual na solidão. **2** fig Quem evita o convívio ou leva vida solitária.

ermitagem s f (<ermita + -agem) Vida de [como] er(e)mita.

ermitão, ã s (<ermitã + -ão) **1** O que cuida de uma ermida, vivendo perto dela. **2** ⇒ eremita **1/2**. **3** Zool Crustáceo sem carapaça que se aloja [mete] em conchas de moluscos gastrópodes. **Sin.** Bernardo-er(e)mita; casa alugada; paguro.

ermitério s m (<ermita + -tério) **1** Abrigo [Casinha] do er(e)mita. **2** Lugar onde vivem er(e)mitas.

ermítico, a adj (<ermita + -ico¹) De ermita. **Comb.** Vida ~a «de Santo Antão».

ermo, a adj/s m (<gr éremos: solitário, deserto) **1** «lugar» Que é pouco frequentado/Despovoado. **2** s m Lugar solitário/desértico. **Ex.** À [De] noite, naquele ~, viam-se mais estrelas [, as estrelas pareciam brilhar mais].

ero(to)- pref (<gr éros, érotos) Significa amor sexual (Ex. erotismo).

erodir v t Geol/Patol (<lat eródo,ere: corroer<e(x) + rodo,ere: roer) Provocar erosão «dos tecidos» em/Desfazer/Desgastar/Corroer. **Ex.** As chuvadas fizeram ~ as trincheiras.

erógeno, a adj (<ero(to)- + -geno) Que provoca excitação ou prazer sexual. **Comb.** Zona ~a (do corpo).

eros s m (<gr éros: Eros, deus do amor; ⇒ ero(to)-) **1** Amor carnal. ⇒ ágape **2**. **2** Psic Princípio do desejo e da a(c)ção, cuja energia é a libido, segundo a teoria freudiana.

erosão s f (<lat erósio,ónis: erosão; ⇒ erodir; corrosão) **1** A(c)ção ou resultado de erodir ou desfazer/gastar. **Comb.** Econ ~ monetária [Perda do valor da moeda/Inflação]. **2** Geol Desgaste da superfície da Terra por a(c)ção de agentes mecânicos ou químicos. **Ex.** O vento, o gelo, a água (corrente) provocam a ~ das rochas. **Comb.** ~ eólica [do vento]. **3** Med Desgaste progressivo do organismo/dos tecidos.

erosivo, a adj (<erosão + -ivo) Que causa erosão. **Comb.** «vento» Agente ~.

erótico, a adj (<gr erotikós; ⇒ ero(to)-) **1** Relativo ao amor sensual/sexual. **Ex.** Procurava distinguir [definir fronteiras entre] o que é ~ e pornográfico. **2** Que desperta desejo sexual/Que descreve ou mostra cenas de amor sexual. **Comb.** Cena ~a. Filme ~o. Linha (telefó[ô]nica) ~a. Literatura ~a.

erotismo s m (<ero(to)- + -ismo) **1** Qualidade do que desperta desejo sexual. **Ex.** O ~ de algumas páginas (do livro) desaconselha a sua leitura por crianças. **2** Excitação sexual. **Ex.** Algumas cenas do filme podem despertar o ~, sobretudo em jovens. **3** Exaltação do sexo/Apelo ao amor sensual. **Ex.** Algumas revistas exageram no ~ das imagens e dos temas. **4** Manifestação explícita de sexualidade. **Ex.** Grande parte do filme é puro ~. **5** Grande tendência para o prazer sexual. **Ex.** O ~ dos seus hábitos preocupava os pais. **6** Aptidão de zonas erógenas do corpo para originar prazer sexual. **Ex.** O ~ da zona genital é normalmente o mais intenso.

erotizar v t (<eroto- + -izar) **1** Provocar erotismo em si ou em outrem/Excitar(+). **2** Apelar ao erotismo/Dar conteúdo erótico «ao filme». **3** Psic Transformar o que não é erótico «a angústia» em erotismo.

erotofobia s f (<ero(to)- + …) Aversão ao a(c)to sexual.

erotomania s f (<ero(to)- + …) Tendência exagerada para conta(c)tos sexuais.

erradicação s f (<erradicar + -ção) **1** A(c)to ou resultado de arrancar pela raiz/de erradicar. **2** Destruição total/Eliminação/Supressão. **Ex.** A ~ de um vício é por vezes bem [muito] difícil. **3** Med Eliminação completa de doença endé[ê]mica por destruição do agente patogé[ê]nico. **Ex.** A ~ da varíola foi uma grande conquista para a saúde pública.

erradicar v t (<lat eradíco,áre: arrancar) **1** Arrancar(+) pela raiz. **2** fig Destruir completamente/Eliminar/Desarraigar. **Ex.** Importa ~ esse mal [vício/essa droga] depressa para evitar maiores danos. **3** Med Eliminar radicalmente «a malária» doença endé[ê]mica, destruindo o agente patogé[ê]nico.

erradio, a adj (<lat erratívus; ⇒ errar; errático) Que leva vida errante/Nó[ô]mada/Vagabundo(+). **2** ⇒ Perdido/Transviado/Desnorteado. **3** ⇒ Esquivo/Arisco/Fugido.

errado, a adj (<errar) **1** Que está enganado/Que cometeu erro. **Ex.** Ele não sabia que estava ~ [enganado/equivocado] ao afirmar isso. **2** Não adequado/Incorre(c)to. **Ex.** Ele tomou o caminho ~. O professor disse que a resposta (à questão) estava ~a. **Comb.** Conta ~a. «marcou o» Número ~ «do telefone». **Ant.** Corre(c)to; certo. **3** col Que se revelou infeliz/trágico. **Ex.** Sobre as vítimas de terrorismo, diz-se que estavam no local ~, à hora ~a. **4** Que é moralmente censurável. **Ex.** «ele/você» Anda por caminhos ~s [por maus caminhos], é pena!

errante adj 2g (<errar <lat érro,áre: sair do caminho + -ante) **1** Que vagueia/Que anda sem destino. **Sin.** Vagabundo. ~ errático. **2** Que não tem residência fixa/Nó[ô]mada. **Comb.** Judeu ~. Vida ~. **3** Instável/Que não se fixa. **Comb.** Espírito [Alma] ~. **4** Que se extravia/Que se engana.

errar v t/int (<lat érro,áre: ir por vários caminhos, sair do caminho, perder-se) **1** Agir [Julgar] incorre(c)tamente/Enganar-se/Falhar. **Ex.** Errei a [Enganei-me na] conta. Erraste o [a resposta ao] problema de matemática! Aconteceu-lhe ~ [Errou(+)] os cálculos e teve um grande prejuízo no negócio. **Prov.** ~ é humano [Todos nos podemos enganar]. **2** Não atingir o obje(c)tivo/Não acertar. **Ex.** O braço [A mão] tremeu-lhe e errou o alvo. **Loc.** ~ a pontaria. **3** Andar (o+) sem destino certo/Vaguear(+). **Loc.** ~ por montes e vales. **4** Proceder de forma censurável do ponto de vista moral. **Ex.** Muito foi perdoado a quem muito errou.

errata s f (<lat pl de errátum,i: erro; ⇒ errar) **1** Lista de erros ou ~s de obra impressa e sua corre(c)ção, indicando-se a respe(c)tiva página/Corrigenda. **Ex.** A ~ dessa obra é muito extensa. **2** Erro impresso. **Ex.** O livro tem poucas ~s, foi cuidadosamente revisto e corrigido.

errático, a adj (<lat erráticus) **1** Errante **1**(+)/Que vagueia ao acaso. **2** Que não se fixa/Que muda de lugar ou de orientação. **Comb.** Olhar ~ [vago/perdido]. **3** Que não é regular/Que tem interrupções. **Comb.** Med Febre ~a [inconstante/louca]. **4** Geol Que foi transportado pelas forças naturais a longa distância do local de origem. **Comb.** Bloco ~ [Rocha de grande dimensão transportada para longe por a(c)ção de um glaciar]. Um aicebergue [iceberg] ~ [a boiar isolado (no mar)].

erre (Érr) s m Nome da letra R/r. **Ex.** Erro tem dois ~s [2 rr]. **Idi.** «explicar» Com todos os efes e ~s [Minuciosamente/Claramente]. **Sin.** Rê.

erro (Ê) s m (<errar) **1** A(c)to ou resultado de errar. **Ex.** ~s, todos nós cometemos [Prov Errar é humano]. **2** Procedimento incorre(c)to/Engano. **Ex.** O texto do miúdo «aluno» tinha vários ~s, que corrigi [, e eu corrigi-os]. **Comb.** ~ ortográfico [de grafia]. ~ palmar/~ de palmatória [Falha grave]. ~ tipográfico. **3** Juízo não conforme à realidade. **Ex.** Foi um ~ deixar o curso «universitário» [os estudos] a meio. **Loc.** Incorrer em ~ [Errar]. Induzir em ~ [Enganar alguém]. **Salvo** ~ [Se não estou em ~ /Se não me engano] «a nossa reunião é às 9h». **Comb.** ~ acidental [devido a fa(c)tores aleatórios]. ~ sistemático [devido a deficiente estrutura dum sistema]. **4** Teoria/Doutrina falsa. **Ex.** Errar e insistir no ~ é uma forma de cegueira. **5** A(c)to moralmente reprovável. **Ex.** «felizmente» Veio a arrepender-se dos seus ~s. **6** Mat Diferença entre o valor exa(c)to e o calculado ou regist(r)ado por observação. **Ex.** Nesta sondagem, a margem de ~ é de três por cento.

errôneo, a [Br **errôneo**] adj (<lat erróneus) Errado/Incorre(c)to/Falso. **Ex.** Ele tem muitas ideias ~as sobre a [a respeito da] Europa. **Comb.** Teoria/Doutrina ~a. ⇒ herético.

ersatz s m al ⇒ substituto; sucedâneo (do produto original); imitação.

erubescer v t (<lat (e)rubésco,ere: corar «de vergonha») Ficar vermelho/rubro/Corar.

eruca s f Bot (<lat erúca) **1** Planta da família das crucíferas, com propriedades digestivas e diuréticas; Eruca. ⇒ rúcula.

eructação s f (<lat eructátio,ónis) ⇒ A(c)to de eructar/Arroto.

eructar v int (<lat erúcto,áre) ⇒ arrotar.

erudição s f (<lat erudítio,ónis) Instrução [Cultura] adquirida pela leitura/Saber «acadé[ê]mico». **Ex.** A conversa dele mostrava uma grande ~.

eruditismo s m (<erudito + -ismo) **1** Manifestação de saber erudito. **2** Mania de mostrar erudição. **3** Ling Vocábulo tirado dire(c)tamente das línguas clássicas/Cultismo(+).

erudito, a adj/s (<lat erudítus) **1** (O) que revela erudição/(O) que tem um vasto saber acadé[ê]mico/Douto/Entendido «na matéria/em História». **Comb. Homem** ~ [douto/culto/sábio/entendido]. **Obra ~a. Pessoa ~a** [douta/...]. **2** Culto/Especializado. **Ex.** Ler um autor ~ [uma obra ~a] é difícil para o comum das pessoas. No discurso usou vocabulário ~. A música ~a e a música popular têm públicos diferentes. **Ant.** Popular. **3** Ling Que deriva dire(c)tamente das línguas clássicas. **Ex.** Os adje(c)tivos plano e chão provêm do mesmo étimo latino, o primeiro por via ~a e o outro [segundo] por via popular. **Comb.** Forma ~.

eruginoso, a (Ôso, Ósa) adj (<lat aeruginósus) **1** Que está coberto de verdete/Oxidado. **2** ⇒ esverdeado «do cobre».

erupção s f (<lat erúptio,ónis) **1** A(c)to de irromper/Saída impetuosa do que estava encerrado. **2** Geol Emissão de lava, cinza, gases pela cratera do vulcão. **Ex.** A última ~ atraiu muitos curiosos. **Comb.** ~ (vulcânica). **3** Manifestação súbita e intensa. **Ex.** O golo da vitória, nos últimos minutos de jogo, provocou na multidão uma ~ [explosão] de entusiasmo. **4** Med Aparecimento de pústulas/borbulhas na pele ou nas mucosas. **Comb.** ~ cutânea «do sarampo/da varíola».

eruptivo, a adj (<lat erúptum, de erúmpo, ere: irromper + -ivo) **1** Geol Relativo a/Vindo de erupção vulcânica. **Ex.** O fenó[ô]meno ~ durou alguns dias. **Comb.** Rocha ~a. **2** Que é relativo a/Que provoca erupção cutânea. **Ex.** O processo ~ da varíola, vulgar na adolescência, costuma causar incomodidade ou mal-estar. **3** Que se manifesta de forma súbita e violenta.

erva s f (<lat herba; ⇒ herbáceo) **1** Planta de caule sempre verde e tenro que pouco se eleva do solo. **Ex.** Na primavera, as ~s crescem mais depressa/rápido. **Comb.** Cul «salsa/coentro/hortelã» ~ **aromática** [para/de condimento]. ~ [Planta] **medicinal** [com aplicações terapêuticas]. Agr ~ **daninha** [que, sem ser semeada, prejudica o desenvolvimento das culturas]. **2** Pasto para animais/Vegetação natural de prados e lameiros. **Ex.** Há muita ~ no lameiro e as vacas dão mais leite. **3** pl ⇒ hortaliça/verdura. **4** Gír ⇒ marijuana/maconha. **5** Br/Ang ⇒ capim.

erva-abelha s f Bot Designação de duas espécies de plantas da família das orquidáceas, cujas flores parecem abelhas; Ophrys speculum e Ophrys apifera. **Sin.** Abelheira.

erva-besteira s f Bot Planta vivaz, espontânea, fétida, da família das ranunculáceas, também conhecida por besteira; Helleborus foetidus.

ervaçal s m (<erva + ç + -al) **1** Campo de erva de pastagem. **2** Grande aglomerado [Mato/Moita] de ervas.

erva-cidreira s f Bot **1** Planta aromática da família das labiadas, usada na preparação de chás para facilitar a digestão, também conhecida por melissa; Melissa officinalis. **2** Br Planta da família das verbenáceas; Lippia geminata.

erva-das-sete-sangrias s f Bot Planta da família das boragináceas, medicinal, de flor azul, violácea ou branca, também conhecida por sargacinha ou mato-salema; Lithospermum diffusum.

erva-de-santa-bárbara s f Bot **1** Planta da família das crucíferas, com folhas usadas em saladas, com uso medicinal; Barbara vulgaris. **2** Br Arbusto da família das solanáceas, de flores brancas; Solanum argenteum.

erva-de-são-roberto s f Bot Planta da família das geraniáceas, com uso medicinal, também conhecida por erva-roberta ou boca-de-cegonha; Geranium robertianum.

ervado, a adj (<ervar) **1** Que está coberto de erva/Relvado. **2** Que foi envenenado com suco de certas ervas/Que ingeriu planta venenosa. **Comb. Animal ~. Flecha ~a**. **3** Que está sob o efeito de haxixe/marijuana/Maconhado.

erva-doce s f Bot Planta da família das umbelíferas, usada em culinária, doces, no fabrico de licores, também conhecida por anis e funcho; Pimpinella anisum.

erva-mola[lei]rinha s f Bot Planta da família das fumariáceas, com propriedades medicinais, também conhecida por erva-mularinha, fel-da-terra, fumária; Fumaria capreolata.

erva-moura s f Bot Planta da família das solanáceas, com propriedades medicinais, sobretudo de analgésico e sedativo; Solanum nigrum.

ervaná[na]ria s f (<ervanário) Estabelecimento onde se vendem plantas medicinais e produtos naturais. **Ex.** Passou pela ~ para comprar produtos para os seus chás. **Sin.** Herbanário **1**.

ervanário, a s (<erva + n + -ário) Pessoa que vende, recolhe, estuda ou prepara plantas medicinais. **Sin.** Herbanário.

ervar v t (<erva + -ar¹) **1** Semear erva. **2** Envenenar «flecha» com suco de plantas.

erva-santa s f Bot **1** ⇒ tabaco. **2** Br Planta da família das compostas, com propriedades medicinais; Baccharis ochracea.

ervilha s f (<lat ervília) **1** Bot Planta trepadeira da família das leguminosas, cujos frutos são vagens com sementes globosas comestíveis, também designada de ervilheira; Pisum sativum. **2** Bot Vagem ou semente dessa planta. **Comb.** Arroz com ~s. Sopa de ~s. **3** Cul Doce feito com grão-de-bico que tem a forma de vagem de ervilh(eir)a.

ervilhaca s f Bot (<ervilha + -aca] **1** Planta daninha das searas, de que há várias espécies, da família das leguminosas, usada como forragem; Vicia sativa.

ervilhaca-parda s f Bot ⇒ alfarrobeira.

ervilha-de-cheiro s f Bot Trepadeira ornamental, de flores de várias cores, aromáticas; Lathyrus odoratus.

ervilhal s m (<ervilha + -al) Campo cultivado de ervilhas.

ervilheira s f Bot (<ervilha + -eira) ⇒ ervilha **1**.

es- pref (<lat ex) Significa **separação** (Ex. ~colher, ~correr, ~coar), **afastamento** (Ex. ~capar, ~capular, ~capulir, ~conjurar, ~capilir, ~corraçar), **para fora de** (Ex. ~cavar, ~corregar, ~bagoar, ~barrondar, ~bracejar), **fora de** (Ex. ~barrigado). ⇒ e-; ex-.

-ês, -esa suf (<-ensis) Significa **origem, naturalidade** (Ex. campon~, portugu~), **cargo ou dignidade** (Ex. marqu~, duqu~, baron~a, princ~a)). ⇒ -ense.

esbaforido, a adj (<esbaforir) **1** Que faz esforço a respirar/Ofegante. **Ex.** Chegou(-me) a casa ~ [quase sem fôlego], tal era o cansaço. **2** fig Aflito/Apressado. **Ex.** Porque está(s) tão ~?!

esbaforir v t (<es- + bafo + r + -ir) **1** Fazer ficar ofegante. **2** ~-se/Ficar a respirar com dificuldade devido a grande cansaço. **Sin.** Abafar(+).

esbagaçar v t (<es- + bagaço + -ar¹) **1** Reduzir «uva/laranja» a bagaço/Esborrachar/Esmagar(+). **2** Partir(-se) em pedaços/Despedaçar. **3** Br Gastar à toa/Esbanjar/Desbaratar. **4** Br Consumir em demasia.

esbaganhar v t (<es- + baganha + -ar¹) Limpar a baganha do linho.

esbagoar v t (<es- + bago + -ar¹) **1** Tirar [Perder] os bagos/grãos/Desbagoar. **2** Fazer passar contas ou bagos pelos dedos.

esbandalhar v t (<es- + bandalho + -ar¹) **1** Desfazer em pedaços/farrapos/bandalhos/Despedaçar/Esfarrapar. **2** Separar(-se)/Desmembrar(-se)/«feixe/rima» Desfazer-se. **3** Gastar à toa/Desbaratar/Esbanjar. **4** Br Debandar/Fugir. **5** fig ~-se/Perder a compostura. **6** fig ~-se/Perverter-se/Degradar-se.

esbanjador adj/s (<esbanjar + -dor) (O) que gasta em excesso/(O) que desbarata/dissipa/Gastador/Perdulário. **Ex.** Tem sido um ~ da herança dos pais.

esbanjar v t (<?) Gastar em excesso [à toa]/Dissipar/Malbaratar/Desperdiçar. **Ex.** Habituou-se a ~ no tempo das vacas gordas [tempo da abundância] «e agora não tem para comer».

esbarbar v t/int (<es- + barba + -ar¹) **1** Desbastar as asperezas [rebarbas] de um material/Alisar. **2** Tirar [Perder] os pelos/Ficar coçado.

esbarrar v int/t (es- + barra + -ar¹) **1** Chocar com/Bater em/Chocar. **Ex.** Esbarrou o carro contra um poste. Esbarrou num senhor que vinha em sentido contrário. ⇒ tropeçar. **2** Ficar frente a/Dar de frente com/Confrontar-se com/Deparar com(+). **Ex.** Ia distraído pela rua quando me aconteceu ~ com o meu velho amigo. Esbarrei com um problema de difícil solução. **3** Não poder avançar devido a um obstáculo ou problema/Parar. **Loc.** ~ com um problema «falta de dinheiro». **4** Gír Não ter sucesso (escolar)/Falhar numa prova/Reprovar. **Ex.** O meu filho esbarrou na [reprovou em] Matemática. **5** Br Fazer parar de repente o cavalo com a rédea. **6** Atirar/Arremessar/Lançar.

esbarrigar v t/int (<es- + barriga + -ar¹) **1** Rasgar/Cortar a barriga de. **2** ~-se/Ficar bojudo/saliente/«parede» Fazer barriga(+). **3** Ficar com a barriga à mostra. **4** pop Dar à luz.

esbarro s m (<esbarrar) **1** A(c)to ou resultado de esbarrar/Encontrão. **2** Arquit Aresta ou superfície inclinada. **3** Degrau inclinado de parede ao diminuir de espessura.

esbarrocar v int/t (<es- + barroca + -ar¹) Cair formando monte de entulho/Desabar/Desmoronar(-se). **Sin.** Despenhar-se.

esbarrondar v t/int (< ?) **1** (Fazer) cair [tombar] em pedaços/Desmoronar(-se). **Ex.** As fortes chuvadas fizeram ~ o frágil muro de sustentação. **2** fig ~-se/Não ter sucesso/(Deitar a) perder/Frustrar. **Ex.** Este incidente infeliz veio ~ o sonho de muitos anos. **3** Br ⇒ esbarrar **1**.

esbater v t (<es- + bater) **1** Atenuar diferenças/Diminuir contraste. **2** Desbastar asperezas/Alisar. **Loc.** ~ [Desbastar/Arredondar] as arestas «das escadas». **3** Fazer desaparecer progressivamente. **Ex.** Com o tempo as recordações esbatem-se. **Loc.** ~

[Atenuar/Diminuir] as divergências «políticas/familiares». **4** Tornar menos viva uma cor. **Ex.** O sol esbateu o azul das cortinas. **5** *Escul* Dar relevo à figura, esbatendo à volta. **Loc.** ~ um baixo-relevo. **6** *Arte* Salientar uma figura, em pintura, utilizando o claro-escuro/Graduar. **Loc.** ~ os verdes.

esbatido, a *adj/s m* (<esbater) **1** Que diminuiu de cor ou brilho. **2** Que foi atenuado/suavizado. **3** *Arte* (Diz-se de) pintura com tinta aplicada em tonalidade gradualmente decrescente.

esbatimento *s m* (<esbater + -mento) ⇒ A(c)to ou resultado de esbater.

esbeiçar *v t* (<es- + beiço + -ar¹) **1** Partir ou danificar(-se) o rebordo/beiço de um obje(c)to. **Ex.** A chávena está esbeiçada [tem bocas/tem uma boca]. **Loc.** ~ a (beira da) loiça. **2** Produzir estendendo os beiços/lábios. **Loc.** ~ um assobio [Assobiar(+)]. ~ um muxoxo [arremedo]. **3** *Br* Chegar até; confinar com «o rio». **4** Fazer um rebordo irregular/defeituoso «num tecido».

esbeltar *v t* (<esbelto + -ar¹) **1** Tornar elegante/esbelto/Embelezar. **2** Apresentar-se com elegância/distinção.

esbeltez, [eza] *s f* (<esbelto + …) ⇒ elegância.

esbelto, a *adj* (<it *svelto*: ágil) Que tem porte elegante/formas esguias. **Comb.** Corpo ~. Mulher ~a.

esbirro *s m* (<it *sbirro*: guarda) **1** Funcionário menor dos tribunais ou da polícia/Beleguim/Guarda(-costas)/*Br* Capanga. **2** Escora(+) vertical que reforça a sustentação de um travejamento. **3** *pl Náut* Pontalete/Escora que se prega na amurada do barco, para o amparar na maré-baixa.

esboçar *v t* (<esboço + -ar¹) **1** Fazer o esboço de/Desenhar em traços gerais/Traçar os contornos/Delinear. **Ex.** Logo ali tratou de ~ o que poderia ser um [ali fez um esboço do] parque de diversões. **Loc.** ~ um retrato. **2** Idealizar/Plane(j)ar/Proje(c)tar. **Ex.** Esboçou [Fez] um plano de auxílio aos idosos que agradou a todos. **Loc.** ~ uma estratégia [um plano de a(c)ção]. **3** Ter um leve gesto ou movimento indicativo de uma atitude que logo se interrompe. **Ex.** Vi-o ~ um gesto de impaciência. Esboçou um (leve) sorriso mas calou-se [não disse nada].

esboceto *s m* (<esboço + -eto) Pequeno esboço.

esboço (Bô) *s m* (<it *sbozzo*) **1** Traços iniciais de um desenho ou obra de arte/Plano sumário/Delineamento. **Ex.** Fez ainda só o ~ [os primeiros traços] do quadro que vai pintar. **2** Resumo/Síntese «duma obra literária». **3** Linhas gerais [Estádio inicial] a aperfeiçoar/desenvolver. **Comb.** ~ de filme. ⇒ plano. **4** Figura indistinta que se apresenta apenas nos seus contornos. **Ex.** Num ápice [instante] traçou [fez] um ~ da figura do jovem de cabelos ao vento. **5** Movimento ou gesto logo interrompido. **Ex.** Vi-lhe um ~ de rea(c)ção ao insulto, mas conseguiu conter-se.

esbodegar *v t* (<es- + bodega + -ar¹) **1** Destruir/Estragar/Escangalhar. **2** Estar muito cansado/Ficar derreado ou extenuado. **3** ~-se/Apresentar-se de forma desleixada/Desmazelar-se. **4** ~-se/Colocar-se em posição de total relaxamento físico, a seguir a grande fadiga. **5** ~-se/Embebedar-se/Embriagar-se. **6** *Br* Gastar à toa/Dissipar. **7** *Br* ~-se/Irritar-se.

esbofar *v t* (<es- + bofe + -ar¹) **1** Pôr [Ficar] muito cansado/Fatigar(-se). **2** Respirar de forma ofegante/Arquejar.

esbofetear *v t* (<es- + bofetear) Dar bofetadas a. **Loc.** «a jovem» ~ o atrevido.

esbordoar *v t* (<es- + bordão + -ar¹) Bater com bordão [cajado]/Dar bordoadas a.

esboroamento *s m* (<esboroar + -mento) Destruição (progressiva) de alguma coisa por redução a pequenos fragmentos/Desagregação.

esboroar *v t* (<es- + b(o)roa + -ar¹) **1** Reduzir(-se) a pequenos fragmentos/Desagregar-se/«parede velha» Desmoronar-se. **Loc.** ~ [Esmigalhar] o pão «na sopa/para dar às pombas». **2** *fig* Desfazer(-se)/Evaporar(-se). **Ex.** Esboroaram-se (todas) as nossas esperanças!

esborrachar [çar] *v t* (<es- + borracha + -ar¹) **1** Fazer rebentar ou perder a forma por compressão ou pancada/Esmagar. **Ex.** O ovo caiu(-me da mão) e esborrachou-se. Pisei na ameixa que estava no chão e esborrachei-a. **2** ⇒ cair; estatelar-se.

esborralhar *v t* (<es- + borralho + -ar¹) **1** Espalhar o borralho. **2** ⇒ desmanchar; desfazer; desmoronar-se. **3** *col* ~-se/Revelar o que queria ocultar/Descair-se.

esborrar *v t* (<es- + borra (Ô) + -ar¹) **1** Retirar as borras de um líquido. **2** ⇒ «um líquido» Transbordar/Extravasar. **3** ⇒ aluir; desabar.

esborratadela *s f* (<esborratar + -dela) **1** A(c)to ou resultado de (es)borratar/Borratada. **2** Mancha de tinta/Borrão.

(es)borratar *v t* (<es- + borra (Ô) + t + -ar¹) Manchar com tinta/Sujar com borrão.

esbouçar *v t* (<es- + bouça + -ar¹) **1** Escavar profundamente a terra para plantar bacelos/Surribar. **2** Cobrir com saibro. **3** Cortar com roçadeira/roçadoi[ou]ra.

esbracejar *v int* (<es- + bracejar) **1** Agitar muito os braços/Gesticular. **Ex.** Ele pedia socorro, esbracejando. **2** *fig* «uma planta» Estender os ramos. ⇒ bracejar.

esbraguilhado, a *adj* (<es- + braguilha + -ado) **1** Que tem a braguilha aberta. **2** Que tem a fralda da camisa saída (das calças) (+).

esbranquiçado, a *adj* (<esbranquiçar) **1** Que é [está] quase branco/Alvacento. **Ex.** De muito usadas, as calças estão já ~as [desbotadas]. **Comb. Cor ~a. Flor ~a.** **2** ⇒ descorado; «face/lábio» pálido.

esbranquiçar *v t* (<es- + branco + -içar) **1** Tornar(-se) quase branco/Embranquecer/Branquear. **2** ⇒ desbotar; descorar(Ó).

esbrasear *v t* (<es- + brasa + -ar¹) **1** Ficar em brasa/Tornar(-se) incandescente/Pôr ao rubro/Torrar/Queimar(+). **2** Dar [Tomar] cor avermelhada «(a)o rosto»/Ruborizar/Corar. **Sin.** Afoguear(+). **3** *fig* Provocar [Sentir] forte excitação/entusiasmo/ardor. **Ex.** O seu discurso esbraseava [punha ao rubro/entusiasmava] o público. **4** *Br* Aquecer muito.

esbravear, esbravecer *v int* (<es- + bravo + -ear/-ecer) ⇒ esbravejar.

esbravejar *v int* (<es- + bravo + -ejar) **1** Ficar furioso/Enfurecer-se/Encolerizar-se/Enraivecer-se. **2** Fazer grande alarido/Gritar de raiva/Barafustar.

esbugalhar *v t* (<es- + bugalho + -ar¹) **1** Tirar os bugalhos a. **Loc.** ~ uma árvore. **2** Abrir muito [Arregalar(+)] «os olhos». **Ex.** O terror esbugalhou-lhe os olhos suplicantes.

esbulhar *v t* (<lat *spólio,áre*) **1** Tirar a posse de/Desapossar/Espoliar(+)/Usurpar(o+). **Ex.** Foi acusado de ~ (os bens de) um familiar. **Loc.** ~ os empregados de um direito «à greve». **2** *pop* ⇒ descascar «castanhas assadas/vagens secas».

esbulho *s m* (<esbulhar) A(c)to ou resultado de esbulhar/Usurpação/Roubo.

esburacar *v t* (<es- + buraco + -ar¹) Abrir [Ficar com] buracos/orifícios. **Ex.** A toalha da mesa está toda esburacada, ou se cose ou vai para o lixo. ⇒ furar; abrir [fazer] um buraco.

esburgar *v t* (<lat *expurgo,áre*: limpar) **1** Separar a carne dos ossos/Desossar. **2** Separar a casca [crosta] de/Descascar/Esbulhar **2**. **3** ⇒ expurgar; limpar; purificar. **4** ⇒ separar.

escabecear *v int* (<es- + cabecear) **1** Deixar cair a cabeça «de sono ou cansaço»/Cabecear(+)/Dormitar. **2** *Br* ⇒ Mudar de dire(c)ção/Desviar-se.

escabeche *s m* (<ár *iskabadj*: comida de carne e vinagre) **1** *Cul* Molho para conserva de peixe ou carne. **Comb.** Sardinha de ~. **2** *fig* Grande discussão/Tumulto/Zaragata. **Ex.** Por uma ninharia [uma coisa de nada] fez [armou] (para ali) um ~! **Sin.** Banzé. **3** *fig* Enfeite para encobrir defeito/Disfarce.

escabela *s f* (<escabelar) A(c)to de retirar o pelo aos couros antes da curtimenta/A(c)to de escabelar.

escabelar *v t* (<es- + cabelo + -ar¹) ⇒ descabelar.

escabelo *s m* (<lat *scabéllum*: banquinho <*scamnum*: banco) **1** Arca, normalmente com encosto e braços, servindo a tampa de assento. **2** Banco para apoio dos pés. **3** Banco baixo com vários assentos/Canapé.

escabichar *v t* (< ?) **1** ⇒ Examinar minuciosamente/Escarafunchar(+). **2** Procurar em detalhe/Espiolhar(+)/Investigar. **3** Proceder à limpeza de dentes ou unhas de modo a ir até às cavidades/Palitar.

escabiose *s f Med* (<lat *scábies,ei*: sarna + -ose) ⇒ sarna.

escabreação *s f* (<escabrear + -ção) **1** A(c)to de (se) escabrear. **2** ⇒ irritação; zanga.

escabrear *v t/int* (<es- + cabra + -ear) **1** «animal» Pôr-se de pé, elevando no ar as patas dianteiras/Empinar-se. **2** Irritar(-se)/Zangar(-se)/Enfurecer(-se). **3** «animal» Cair num barranco. **4** *Br* ⇒ acanhar(-se); encabular(-se). **5** *Br* ⇒ desconfiar; recear.

escabrosidade *s f* (<escabroso + -idade) **1** *fig* Falta de decoro/Indecência/Obscenidade. **2** Grande declive/Aspereza/Rugosidade. **3** ⇒ dificuldade.

escabroso, a (Ôso, Ósa, Ósos) *adj* (<lat *scabrósus*: tosco, sujo, áspero) **1** *fig* Indecoroso/«conversa» Indecente/Obsceno. **Ex.** O filme tinha algumas cenas mais [muito/demasiado] ~as e houve quem saísse da sala. **2** Íngreme/Escarpado. **Comb.** Encosta [Ladeira] ~a. **3** Com pedras [altos e baixos]/Áspero. **Comb.** Caminho ~ [cheio de escolhos]. **4** Difícil/Árduo. **Comb.** «subir o Everest é uma» Tentativa ~a.

escabujar *v t* (<esp *escabuchar*) Debater-se agitando pés e mãos/Espernear/Esbracejar/Estrebuchar(+).

escabulhar *v t* (<escabulho + -ar¹) **1** Tirar o escabulho [a casca] de sementes ou grãos/Descascar/Esburgar. **2** *fig* Desencantar/Descobrir. **3** ⇒ escarafunchar(+).

escabulho *s m* (<es- + cabulho, por capulho) Película/Casca/Capulho que envolve algumas sementes ou grãos/Invólucro.

escacar *v t* (<es- + caco + -ar¹) Fazer em cacos/Escaqueirar. **Ex.** O prato caiu «da mesa» e escacou-se [e ficou todo em cacos].

escacha *s f* (<escachar) A(c)to de escachar. **Comb. De ~ a)** Que se corta ou racha facilmente ao meio (**Comb.** Pêssego de ~); **b)** *fig* De arromba/De rachar/Extraordinário (**Ex.** Fizemos uma festa de ~(-pessegueiro)).

escachar v t (<es- + lat *quásso,áre*: sacudir com força, quebrar) **1** Abrir ao meio/Rachar/Fender. **Idi.** *De escacha-pessegueiro* [De rachar/Extraordinário/Contundente] (Ex. A argumentação dele foi de escacha-pessegueiro, calou o adversário). **2** ⇒ separar. **3** Abrir muito/Escanchar «as pernas». **4** Embaraçar/Embatucar/Confundir.

escada s f (<lat *scaláta*, de *scála*: escada) **1** Série de degraus, (em plano inclinado,) que permite descer e subir. **Ex.** Prefiro subir pela ~ a esperar pelo elevador. **Comb.** *~ em caracol* [em espiral]. *~ rolante*. **Sin.** Escaleira. ⇒ escadaria; lanço; corrimão. **2** Instrumento de madeira ou metal, móvel, com duas barras paralelas unidas por travessas que servem de degraus para subir ou descer/~ de mão. **Ex.** Utilizei a ~ para colher os frutos da árvore. **Loc.** *fig* Deitar a ~ [Propor] «para abusar de alguém». ⇒ escadote. **3** *fig* Meio que permite atingir um obje(c)tivo. **Ex.** Não se dev(er)ia usar o suborno [dinheiro] como ~ para chegar ao poder.

escadaria s f (<escada + -aria) **1** Série de lanços de escada, separados por patamares/Escadas. **2** Escada ampla e monumental «dos (antigos) palácios». ⇒ escadório.

escadear v t (<escada + -ear) Dar forma semelhante à de escada/Dispor em degraus. **Loc.** *~ o cabelo* [Cortar defeituosamente o cabelo, deixando-o às escadinhas].

escadinha s f (<escada + -inha) **1** Escada pequena. **2** ⇒ escadote. **3** *idi* Forma semelhante à de pequena escada com degraus muito próximos. **Ex.** Na fotografia, os teus cinco filhos fazem uma ~, tão próximos em idade são uns dos outros. **Comb.** «corte de» Cabelo às ~s.

escadório s m (<escada + -ório) Escadaria monumental, ao ar livre e com muitos degraus. **Comb.** O ~ do Bom Jesus (Braga, Portugal).

escadote s m (<escada + -ote) Pequena escada móvel «de biblioteca», com quatro pés. **Ex.** Para pôr uma lâmpada no te(c)to usa o ~.

escafandrista s 2g (<escafandro + -ista) Mergulhador que usa escafandro.

escafandro s m (<gr *skáphos*: obje(c)to oco, barco + *anér,andrós*: homem) Equipamento impermeável, hermeticamente fechado, com uma bomba que fornece ar ao mergulhador enquanto permanece debaixo de água.

escafoide (Fói) adj 2g/s m (<gr *skáphos*: barco + -oide) **1** Que tem forma semelhante à de casco de barco ou quilha. **2** s m *Anat* Osso da mão, a primeira série do carpo. **3** s m *Anat* Osso do pé, da segunda série do tarso.

escaiola s f (<it *scagliola*) Preparado de gesso e cola, pó de mármore ou granito, usado em revestimento, a imitar o mármore/Espécie de estuque.

escala s f (<lat *scála*: escada; ⇒ escada; escalada) **1** Graduação por ordem de eficiência, valor ou importância. **Ex.** Os nossos alunos são avaliados numa ~ [com notas] de 0 a 20 valores [com notas de 0 a 20]. **Comb.** *Fil ~ de valores* [Hierarquização dos valores numa sociedade] (Ex. Na ~ de valores da nossa sociedade, o culto do corpo tem vindo a subir). **2** Graduação de instrumentos de medida. **Ex.** Num termó[ô]metro clínico, a ~ vai de 35° C a 42° C. **Comb.** *~ de um baró[ô]metro*. *~ de um termó[ô]metro*. *~ de Celsius(+)* ou *~ centígrada* [Sistema de medida da temperatura de cem unidades entre o ponto 0° C, o da temperatura da água ao gelar, e o ponto 100° C, o da temperatura da água em ebulição, à pressão de uma atmosfera]. *~ de Fahrenheit* [Sistema de medida da temperatura usado em países de língua inglesa, que regist(r)a na posição 32° F a temperatura da água ao gelar, e na posição 212° F a da água em ebulição, à pressão de uma atmosfera]. *Geol ~ de Richter* [Graduação, de 1 a 10, da magnitude de um sismo, tendo por base a energia libertada]. *Geol ~ de Mercalli* [Graduação, de 1 a 12, da intensidade de um sismo, tendo por base os efeitos que produziu numa zona]. **3** Ordenação de sons em sequência, dentro duma oitava. **Comb.** *~ diató[ô]nica* [formada por sete notas]. *~ (diató[ô]nica) maior* [formada por 5 tons e 2 semitons]. *~ (diató[ô]nica) menor* [formada por 3 tons, 3 semitons e 1 tom e meio]. **4** Relação [Proporção] entre as dimensões reais de um obje(c)to e as da sua representação. **Ex.** O uso da ~ permite representar em tamanho pequeno o que é muito grande. **Comb.** *~ da carta geográfica*. *~ do desenho*. *~ do mapa*. *~ da maqueta*. *~ gráfica* [representada por uma linha graduada] (Ex. Nesta ~ gráfica, 1 cm do mapa corresponde a 200 km no real). *~ numérica* [que tem a forma de uma fra(c)ção, sendo a unidade o numerador, e o denominador, o número de unidades que no real lhe correspondem] (Ex. Na ~ 1/1 500 000, 1 cm do mapa corresponde a 1 500 000 cm no real, ou seja, 15 km). *À ~* [Na devida proporção] (Ex. O investimento foi grande, à ~ do proje(c)to. Enfrentamos [Temos diante de nós] um problema à ~ nacional [mundial]). **5** Dimensão/Quantidade/Medida. **Comb.** *Em grande* [larga] *~*. [número/medida/quantidade] (Ex. Agora estamos a exportar «têxteis/calçado/vinho(s)» em grande ~/ quantidade. O turismo contribui em larga ~ [medida] para equilibrar as contas/o orçamento). *Em pequena ~* [medida/quantidade] (Ex. Exportamos carros mas em pequena ~ [mas poucos]). *Econ Economias de ~* [de baixos custos de produção, devido à sua grande dimensão]. **6** Paragem intermédia efe(c)tuada por aviões ou navios em viagem longa, para abastecer, receber ou largar carga ou passageiros. **Ex.** Na viagem para Macau, fizemos ~ em Roma. Durante a ~ em Marselha, estive com um amigo que não via há anos. **Comb.** *~ técnica* [que é feita apenas para abastecimento ou reparações]. **7** Tabela que fixa, para um conjunto de pessoas, a ordem por que deverão entrar ao serviço, aceder a um posto, ... **Ex.** Segundo a ~, nesse dia entro ao serviço no turno da noite.

escalada s f (<escala + -ada) **1** A(c)ção de subir uma montanha/Conquista/Subida/Ascensão. **Ex.** A ~ do (monte) Evereste é muito difícil. ⇒ alpinismo; montanhismo. **2** *fig* Aumento progressivo e rápido de alguma coisa/Intensificação. **Ex.** A ~ da violência e dos assaltos [roubos] preocupa a população e a polícia. **Comb.** *~ dos preços* [Grande aumento do custo de vida]. **4** *Mil* Entrada progressiva de maior número de soldados e de armas numa guerra.

escalão s m (<escala + -ão) **1** ⇒ degrau; rampa. **2** Cada um dos níveis de uma série. **Ex.** O consumo de água, para efeitos de preço a pagar, é dividido em três ~ões, sendo penalizados os consumos elevados. **3** Posição de um funcionário dentro duma mesma categoria/Escala hierárquica. **Ex.** Ela é professora do quadro da escola e acabou de subir ao quinto ~. **4** *Mil* Fra(c)ção de uma unidade militar à qual cabe desempenhar uma função «de ataque» em missão de combate.

escalar[1] v t (<escala + -ar[1]) **1** Subir/Trepar. **Ex.** Os alpinistas pretendem ~ o (pico/cume/cimo do) Cântaro Magro, monte na Serra da Estrela (Portugal). *fig* Escalou o [Subiu ao] mais alto posto da carreira [da empresa]. **Loc.** *~ uma rocha*. **2** Assaltar para roubar ou destruir. **Ex.** Nesse tempo, a miudagem ainda pensava em [gostava de] ~ os ninhos. **3** Fazer a escala da prestação de um serviço, indicando equipas e horários/Atribuir tarefas. **Ex.** Cabe ao dire(c)tor do serviço, no hospital, ~ o pessoal para os vários turnos. **4** Fazer paragem intermédia em viagem longa. **Ex.** Na viagem para Buenos Aires, escalámos o (aeroporto do) Rio (de Janeiro). Na viagem de cruzeiro, escalámos (os portos d)o Rio (de Janeiro) e S. Salvador da Baía.

escalar[2] v t (<es- + calar) Limpar, salgar e secar «peixe».

escalar[3] adj 2g (<lat *scaláris*) **1** Que se representa por meio de escala/Com (de) graus ou níveis. **Comb.** *Gráfico ~*. *Tabela ~*. **2** *Fís Mat* «grandeza» Que se pode definir por um número, sem ter de contar com a dire(c)ção ou sentido. **Ex.** A temperatura e a massa são grandezas ~res. **Ant.** Ve(c)torial.

escalavrar v t (<esp *escalaverar*: ferir na cabeça) **1** Provocar estragos/Danificar/Deteriorar. **Ex.** As paredes estavam muito [todas] escalavradas. **2** Provocar [Sofrer] escoriações/Arranhar/Esfolar. **Ex.** O meu pai «, atacado por uma fera,» apareceu em casa todo escalavrado.

escalda s f (<escaldar) A(c)ção de queimar(-se) com líquido quente, vapor, chama, ... ou de passar «legumes/pratos» por água a ferver. **Comb.** ⇒ ~-pés; ~-rabo. *fig De ~* [Muito forte]. **Sin.** Escaldadura. ⇒ escaldão; escaldadela.

escaldadela (Dé) s f (<escaldar + -dela) **1** A(c)ção de queimar(-se) levemente com água quente. **Ex.** Queimei-me pouco, (isto) foi só uma ~. **2** Grande queimadura com água a ferver. **Ex.** Apanhei uma [tal] ~ que fiquei sem a pele «do braço»!. **Sin.** Escaldão. **3** *fig* Experiência dolorosa [Situação difícil] que serve de lição para o futuro. **Ex.** Apanhei (cá) uma ~ que não me noto outra (igual). **4** *col* ⇒ castigo; reprimenda(+).

escaldadiço, a adj (<escaldar + -diço) **1** Que se escalda facilmente. **2** *fig* Que é muito sensível ou impressionável/Irritadiço.

escaldadura s f (<escaldar + -dura) ⇒ escalda.

escaldante adj 2g (<escaldar + -ante) **1** Que está muito quente/Que queima/Que escalda. **Ex.** A etapa (da corrida) decorreu sob um sol ~. **Comb.** Água [Óleo] ~. **2** *fig* Exacerbado/Ardente/Agitado. **Ex.** À entrada no estádio para o grande encontro [jogo] entre equipas rivais, o ambiente era ~.

escaldão s m (<escaldar + -ão) **1** Grande queimadura com água quente/Escaldadela 2. **2** *fig* Forte vermelhidão da pele por excessiva exposição ao sol. **Ex.** No primeiro dia de praia, abusou do sol e apanhou [sofreu] um valente ~.

escalda-pés s m sing e pl (<escaldar + pé) Imersão dos pés em água quente com fim terapêutico.

escaldar v t/int (lat *excáldo,áre*: lavar em água quente) **1** Passar por água muito quente ou a ferver. **Loc.** *~ a chávena*. *~ os pratos*. *~ os pés*. **2** Queimar por conta(c)to com alguma coisa muito quente. **Ex.** A areia da praia estava a ~, tive que [de] calçar logo as sandálias. Um sol impiedoso [muito forte] escaldava a terra onde não chovia há mais de dois meses. **Loc.** ~ [Queimar(+)] a língua. **3** Ficar muito quente ou febril. **Ex.** A testa da miúda escaldava [estava a ~]. **4** *fig* Causar [Ter] uma experiência desagradável/Aprender com situação penosa. **Ex.** Ficou escaldado com esse negócio ruinoso. **Prov.** *Gato escaldado de água fria tem medo* [Tornar-se desconfiado depois de experiência desagradável].

escalda-rabo *s m* (<escaldar + rabo) **1** *pop* Censura severa/Repreensão. **2** ⇒ injúria; ofensa.

escaleira *s f pop* (<lat *scalária*) Série de degraus/Escada 1(+).

escaleno, a *adj Geom* (<gr *skalenós*: ímpar, coxo) Diz-se do triângulo que tem os lados todos desiguais, do trapézio em que os lados não paralelos são desiguais, do cone em que o eixo não é perpendicular à base.

escalenoedro, a *adj/s m Geom* (<escaleno + -edro) **1** «cristal» Que tem as faces desiguais. **2** Poliedro cujas faces são triângulos escalenos.

escaler (Lér) *s m Náut* (<?) Pequeno barco que presta serviços a um navio ou a uma repartição marítima. **Comb.** ~ salva-vidas.

escalfador *s m* (escalfar + -dor) Vaso com água quente para serviço de mesa «chá».

escalfar *v t* (<lat *excalefáre*, de *excalefácio, cere:* aquecer) **1** Passar alguma coisa por água a ferver, durante pouco tempo, para leve cozedura. **Ex.** Comemos ervilhas com ovos escalfados. **2** Aquecer [Esquentar] no escalfador.

escalfeta *s f* (<escalfar + -eta) **1** Pequena braseira em forma de caixa, com tampa de metal perfurada ou gradeada, para aquecer os pés. **Ex.** Nas manhãs frias de inverno, levávamos para a escola a indispensável ~. **2** Pequeno aparelho elé(c)trico, de tampa metálica com ripas de madeira, para aquecer os pés. **3** Pequeno saco de lã, estofo ou pele, para agasalho dos pés.

escalheiro *s m Bot* (< ?) ⇒ pilriteiro.

escaliçar *v t/int* (<es- + caliça + -ar¹) Tirar a cal ou caliça/Cair a caliça.

escalinata *s f* (<it *scalinata*) Lanços de escada/Escadaria.

escalmo *s m Náut* (<lat *scalmus*) Espigão a que se prende o remo/Tolete.

escalo *s m Icti* (<lat *squalus*) Peixe teleósteo de água doce, da família dos ciprinídeos, também conhecido por *bordalo, robalinho, pica, ruivaco; Squalius.*

escalonamento *s m* (<escalonar + -mento) **1** Distribuição por grupos, categorias, escalões. **Ex.** O ~ do pessoal da empresa é representado num organi[no]grama. **2** Divisão em partes. **Ex.** O ~ das a(c)tividades ao longo do dia foi combinado com o grupo. **3** A(c)ção de dar forma de escada/Disposição em degraus. **4** *Mil* A(c)ção de agrupar em escalão «tropas».

escalonar *v t* (<esp *escalonar*, de *escalon:* degrau) **1** Dividir por grupos, categorias ou escalões. **2** Repartir por um período de tempo. **Ex.** O banco acabou por lhe ~ a dívida em prestações trimestrais. **3** Dar [Tomar] forma de escada/Dispor em degraus. **4** *Mil* Agrupar «tropas» em escalão.

escalope *s m Cul* (<fr *escalope*) Fatia fina e pequena de carne do lombo, frita ou panada, geralmente de vitela ou peru. **Ex.** Ao almoço pediu ~s de vitela com cogumelos.

escalpar *v t* (<escalpo + -ar¹) Retirar a pele que cobre o crânio/Escalpelar.

escalpel(iz)ar *v t* (<escalpelo + -(iz)ar) **1** Dissecar com escalpelo/bisturi. **2** Analisar com pormenor. **3** *fig* Criticar. **Ex.** Este escritor costuma ~ os vícios da alta sociedade.

escalpelo (Pê) *s m* (<lat *scalpéllum*) Bisturi/Lanceta de um ou dois gumes com que se fazem incisões ou dissecações anató[ô]micas.

escalpo *s m* (<lat *scalper[prum]:* instrumento cortante <*scálpo,ere:* raspar «com cinzel») Couro cabeludo arrancado do crânio «a inimigos», considerado troféu de guerra entre indígenas americanos. ⇒ epicrânio.

escalracho *s m* (< ?) **1** *Bot* Erva daninha das searas, com rizoma, da família das gramíneas; *Panicum repens.* **2** *Náut* Agitação provocada na água pela deslocação de um navio.

escalvar *v t* (<es- + calvo + -ar¹) **1** Tornar calvo/Deixar [Ficar] sem cabelo. **2** Deixar [Ficar] sem vegetação/Tornar [Ficar] árido. **Ex.** Os montes escalvados, devido ao fogo, impressionam qualquer pessoa.

escama *s f* (<lat *squáma*) **1** *Icti* Cada uma das finas lâminas que revestem a pele dos peixes. **Idi.** *Caírem as ~s dos olhos* [Ver a verdade] (**Ex.** Acabaram de cair as ~s dos olhos aos que tinham sido enganados). *Tirar as ~s dos olhos* [Fazer ver a verdade]. **2** *Zool* Cada uma das placas que protegem o corpo de répteis «cobra» e mamíferos «tatu», patas de algumas aves, asas de borboletas, ... **3** *Bot* Películas que protegem alguns órgãos das plantas. **4** *Anat* Pequena película ou crosta que se desprende da pele espontaneamente. ⇒ caspa. **5** *fig* Ornato ou forma de ~. **Comb.** Telhado [Revestimento exterior de parede] «de ardósia» em ~.

escamar *v t* (<escama + -ar¹) **1** Tirar as escamas a. **Ex.** ~ o peixe é tarefa que as vendedoras da praça [do mercado] costumam fazer. **2** *fig* Irritar(-se)/Zangar(-se). **Ex.** Ficou (todo) escamado quando o responsabilizaram pelo fracasso [quando lhe disseram que era ele o culpado].

escambar *v t* (<escambo + -ar¹) ⇒ trocar; cambiar; permutar.

escâmbio, escambo *s m* (<es- + câmbio) **1** Troca de bens ou serviços, sem usar moeda. **2** ⇒ permuta; troca; câmbio(+).

escamel *s m* (<lat *scamellum:* banquinho) **1** Banco sobre o qual os espadeiros brunem as espadas/Espadeiro. **2** *fig* Acção de melhorar/Polimento.

escamónea [*Br* **escamônea**] *s f Bot* (<gr *skamónia*) **1** Planta da família das convolvuláceas, de longas raízes, das quais se extrai uma goma-resina; *Convolvulus scammonia.* **2** Medicamento purgativo feito com essa resina.

escamoso, a (Ôso, Ósa) *adj* (<lat *squamósus*) **1** «peixe/réptil» Que tem escamas/Coberto de escamas. **2** Que tem partículas [crostas] soltas. **Ex.** Ficou com a pele ~a. **3** *Br col* ⇒ «indivíduo» Pouco sociável/Antipático.

escamoteação *s f* (<escamotear + -ção) **1** A(c)ção ou resultado de fazer desaparecer/Ocultação. **2** Furto hábil/Empalmação. **3** Arte de prestidigitador. **4** *fig* Encobrimento de algo embaraçoso com subterfúgios. **Ex.** Foi hábil na ~ da situação, ninguém desconfiou. ⇒ escamoteio.

escamoteador, ora *adj/s* (<escamotear + -dor) **1** (O) que escamoteia. **2** (O) que furta com habilidade. **3** ⇒ prestidigitador.

escamotear *v t* (<fr *escamoter* ? ⇒ mudar) **1** Fazer desaparecer(+)/Esconder(-se) habilmente. **2** Furtar com destreza/Empalmar/Surripiar(+) «a carteira». **3** *fig* Encobrir algo embaraçoso com rodeios. **Ex.** Nenhum de nós tem arte para ~ situações comprometedoras como ele (tem). **Loc.** ~ a [Fugir à] *questão*. ~ [Encobrir/Atraiçoar] *a verdade.*

escamoteio *s m* (<escamotear) ⇒ escamoteação.

escampado, a *adj/s m* (<escampar) **1** Que é amplo/vasto. **Comb.** Testa ~a [larga(+)]. **2** ⇒ desabitado/descampado. **3** «tempo» Que está desanuviado [sereno]/Que aclarou. **4** *s m* Terreno vasto sem árvores/Descampado(+).

escampar *v int* (<es- + campo + -ar¹) «o tempo» Desanuviar/Aclarar/Serenar.

escamudo, a *adj* (<escama + -udo) Que tem muitas escamas ou muito grandes e difíceis de tirar. ⇒ escamoso.

escâmula *s f* (<lat *squámula*) Escama de pequena dimensão/Escaminha.

escanção *s m* (<lat *scántio,ónis* <gótico *skankja:* copeiro; ⇒ escansão) **1** *Hist* Oficial da corte que, na copa, vertia o vinho a servir ao rei/Copeiro. **2** Pessoa que, em restaurante, aconselha os clientes na escolha de vinhos ou bebidas afins e os serve/*Br* Sommelier. **3** Especialista na prova de vinhos e na avaliação das suas cara(c)terísticas/Enólogo.

escançar *v t* (<escanção + -ar) **1** Repartir o vinho ou outra bebida(+). **2** Encher os copos(+).

escâncara *s f* (<escancarar) Estado do que está à vista. **Comb.** Às ~s [Totalmente a descoberto] (**Ex.** Roubam às ~s [à vista de toda a gente/às claras]).

escancarado, a *adj* (<escancarar) Aberto de par em par/Todo aberto. **Ex.** Deixaste a porta [janela] (toda) ~a «e entraram os mosquitos».

escancarar *v t* (<es- + cara + -ar¹) **1** Abrir «porta/janela» completamente/Pôr totalmente à vista/Expor. **Ex.** Encontrei o portão da quinta escancarado «podia ter entrado de noite algum ladrão»! *fig* Certa imprensa apressa-se a [Há jornais que gostam de] ~ qualquer escândalo. **2** Dar [Ter] livre acesso a/Franquear. **Loc.** ~ as fronteiras aos refugiados.

escanchar *v t* (<escachar) Abrir/Afastar as pernas. **Loc.** «sentar-se e» ~ as pernas por causa do calor. **Ant.** Cruzar; juntar. ⇒ escarranchar.

escandaleira *s f col* (<escândalo + -eira) **1** Grande escândalo. **Ex.** Algumas repartições públicas são uma ~, quase ninguém trabalha. **2** Manifestação ruidosa de desagrado/Escarcéu/Escândalo 4/Alarido(+).

escandalizar *v t* (<escândalo + -izar) **1** Ofender os sentimentos de alguém/Ferir os bons costumes/Chocar. **Ex.** O comportamento do Presidente escandalizou o povo; eu também fiquei muito escandalizado [chocado]. **2** Causar [Sentir] repúdio ou indignação. **Ex.** O crime escandalizou [indignou] toda a gente. **3** Ofender ou sentir-se ofendido/Melindrar. **Ex.** Aqueles palavrões escandalizaram as senhoras. Ouviu as palavras mais injuriosas sem se ~. Escandalizou-se com a forma como foi tratado. **4** Incitar a comportamentos reprováveis, com o seu exemplo. **Ex.** Muitas cenas de filmes podem ~ sobretudo os jovens.

escândalo *s m* (<gr *skándalon:* pedra que faz tropeçar, obstáculo) **1** A(c)to/Fa(c)to que ofende os sentimentos de alguém ou as normas sociais. **Ex.** Não pagar a quem trabalha é um ~. **Comb.** Jornal de ~s. **2** Procedimento que pode incitar outrem a comportamento reprovável. **Ex.** É grave ser motivo de ~ para inocentes. **Loc.** *Abafar o* ~ «para salvar o nome [a honra] da família». *Dar* [Causar] ~. *Ser pedra* [causa/origem] *de* ~. **3** Sentimento de revolta ou

indignação por a(c)to condenável. **Ex.** Este atentado ao pudor provocou ~ na aldeia. **4** Desordem/Tumulto/Escarcéu/Cena. **Loc.** *Armar ~*. *Fazer um ~* [uma cena] «à porta do tribunal». **5** A(c)to [Situação] inaceitável para uma consciência re(c)ta. **Ex.** O tráfico de (seres) humanos é um ~ que nos envergonha.

escandaloso, a (Ôso, Ósa, Ósos) *adj* (<escândalo + -oso) **1** Que causa escândalo/Que dá mau exemplo/Que incita ao vício. **Ex.** Esta cena ~a foi duramente criticada por todos. **Ant.** Edificante. **2** Indecoroso/Vergonhoso. **Comb.** *Atitude ~a. Traje ~o.* **3** Que provoca indignação ou revolta/Que é excessivo. **Ex.** Há uma ~a diferença entre as remunerações [os salários] no (nosso) país. **4** Que choca uma consciência re(c)ta.

escande(s)cência *s f* (<lat *excandescéntia*) **1** A(c)to ou resultado de abrasar(-se)/escande(s)cer(-se). **2** *fig* ⇒ cólera; ira; raiva. **3** *fig* ⇒ grande entusiasmo. **4** *Br* ⇒ prisão de ventre.

escande(s)cer *v t* (<lat *excandésco,ere*: abrasar-se) **1** Pôr(-se) em brasa. **2** Tornar(-se) vermelho/rubro. **3** *fig* ⇒ encolerizar; irritar. **4** *fig* ⇒ entusiasmar(-se).

Escandinávia *s f* (<lat *Scandi(návi)a*) Região do Norte da Europa que compreende a Noruega, Suécia, Finlândia e Dinamarca.

escandinavo, a *adj/s* Relativo à/Habitante da Escandinávia. **Comb.** *Línguas ~as. Povos ~s.*

escândio [Sc 21] *s m* Quím (<lat *scándia*: Escandinávia) Elemento químico metálico, leve, muito raro e descoberto em 1879 por Lars Nilson.

escandir *v t* (<lat *scándo,ere*: subir, escalar; ⇒ escansão) **1** *Liter* Dividir versos de um poema em unidades métricas. **Ex.** Na epopeia de Virgílio, *A Eneida*, não é difícil ao aluno ~ o hexâmetro em dá(c)tilos e espondeus. **2** Pronunciar uma palavra sílaba a sílaba. **Ex.** Falava devagar, escandindo as sílabas. ⇒ soletrar.

escangalhar *v t* (<es- + cangalho + -ar¹) **1** Danificar(-se) alguma coisa a ponto de deixar de funcionar/Estragar «a saúde/televisão»/Desfazer/Destruir. **Ex.** O miúdo tanto mexeu que não tardou a ~ o brinquedo. *fig* Por causa das intrigas, o plano [proje(c)to] escangalhou-se/desfez-se. **2** ~-se/Perder o controle[o] emocional/Não conseguir parar de/Desmanchar(-se). **Ex.** Manteve a calma até ao fim, sem se ~ [, não se desmanchou]. **Idi.** *~-se a rir* [Partir-se de riso/Rir às gargalhadas] (Ex. Achou tanta graça à anedota que se escangalhou a rir).

escanhoadela *s f* (<escanhoar + -dela) A(c)to ou efeito de cortar um pouco [à pressa] a barba.

escanhoar *v t* (<es- + canhão (Base da barba) + -ar¹) Cortar a barba bem rente/Barbear(-se) bem, ficando a pele lisa. **Comb.** Bem escanhoado [Com a barba bem feita].

escanifrado, a *adj* (<escanifrar) **1** Muito magro. **Sin.** Escanzelado; magricela. **2** *pop* ⇒ desajeitado; desengonçado.

escanifrar *v t* (<es- + canifraz + -ar¹) Tornar/Ficar muito magro.

escaninho *s m* (<escano + -inho) Pequeno compartimento, por vezes secreto, em caixas, cofres, armários, secretárias, arcas, …/Esconderijo/Recanto/Cantinho. **Comb.** *fig* «procurar/descobrir nos» ~s da memória.

escano *s m* (<lat *scámnum*: escabelo) **1** Banco comprido que funciona como arca/Escabelo **1**. **2** Banco provido de espaldar, junto à lareira. **3** ⇒ estrado/escabelo **2**.

escansão *s f* (<lat *scánsio,ónis*; escandir) **1** A(c)to de decompor versos em unidades métricas/A(c)to de escandir. **Comb.** A ~ de um verso [de uma estrofe]. **2** A(c)to de pronunciar uma palavra sílaba a sílaba. **3** *Mús* Subida de tom.

escanteio *s m Br* (D)*esp* (<es- + canto) No futebol, falta do jogador que atira a bola para lá da linha de cabeceira da baliza da sua equipa/Pontapé de canto/Canto/*ing Corner*. **Loc.** Chutar para ~ [Bater um ~/Atirar (a bola) para canto/*fig* Pôr de lado «um incompetente»].

escantilhão *s m* (⇒ escala/escada) **1** Medida que serve de padrão «aos pedreiros/construtores» para regular distâncias. **2** Medida oficial que serve de padrão para aferir outras. **3** Régua usada por pedreiros para calcular a largura de parede em construção. **4** **Comb.** De ~ [Precipitadamente/Em tropel/Aos tombos/De roldão] (Ex. Os miúdos saíram de ~ e quase atropelavam o velhote).

escanzelado, a *adj* (<es- + cão; ⇒ canzoada) Magro «como um cão vadio». **Sin.** Escanifrado **1**. **Ant.** Anafado; gordo.

escapada *s f* (<escapar + -ada) **1** Abandono temporário do local de a(c)tividade/Fuga repentina que se deseja (que) passe despercebida/Escapulida. **Ex.** Quando o chefe virou costas [saiu], ela deu [teve] uma ~ até ao café para se encontrar com as amigas. A menina da loja, prevenindo com o *Volto já*, deu uma ~ até à padaria. **2** Fuga a um dever ou a situação embaraçosa/Escapatória **1**. **Ex.** Ele dá a sua ~ sempre que pode. **3** Deslocação furtiva para prática de a(c)to leviano. **Ex.** Não era a primeira vez que tinha uma ~ até ao bordel. **4** (D)*esp* Corrida desenfreada «com a bola nos pés» que os adversários não conseguem travar/Fuga/Arrancada. **Ex.** Na etapa, o ciclista teve uma ~ que o pelotão não conseguiu anular até à meta.

escapadela *s f* (<escapada + -ela) **1** ⇒ escapada **1**/escapadinha/escapulida. **2** O que se diz sem querer, por descuido/Escorregadela(+)/Deslize. **Ex.** Com essa ~ ia deitando tudo a perder [quase ruía (todo) o plano]. **3** Infidelidade amorosa/Escapada **3**(+).

escapar *v t* (<lat *excappáre*, de *cappa*: túnica (que embaraça na fuga); ⇒ escape) **1** Fugir donde estava preso/Sair furtivamente. **Ex.** À primeira distra(c)ção dos guardas ele escapou-se [fugiu]. **2** Evitar ser apanhado. **Ex.** Meteu-se por uns atalhos e assim conseguiu ~ [fugir] à polícia. **3** Não aproveitar/Desperdiçar/Perder. **Ex.** Deixou ~ [fugir] uma [Perdeu a] oportunidade de obter um bom emprego. **4** Sair/Escorregar. **Ex.** O prato escapou-se-lhe das mãos e partiu-se. **5** Evitar situação embaraçosa. **Ex.** Teve a sorte de ~ de ter de fazer exame. **6** Não assumir obrigações. **Ex.** Faz tudo para ~ a tarefas domésticas. **7** Sobreviver a um desastre/Livrar-se duma tragédia. **Ex.** Poucos conseguiram ~ do naufrágio. **8** Não estar incluído em/Estar fora de. **Ex.** Tais fenó[ô]menos escapam ao nosso controle[o]. **9** Não tomar consciência de/Não dar conta de/Passar despercebido. **Ex.** É raro ~-me alguma notícia sobre a minha região. **10** Não compreender bem/Não entender a fundo. **Ex.** O que ele pretende com essa a(c)tuação, confesso que me escapa. **11** Não vir à memória/Não conseguir lembrar-se. **Ex.** A expressão exa(c)ta que ele empregou escapou-se-me. **12** Sair donde estava retido. **Ex.** A água escapa-se do tanque [O tanque verte (+)] por uma fendazinha do muro. **13** Ser de sofrível/reduzida qualidade. **Ex.** Este material não se pode dizer que seja bom [material, bom não é], mas escapa/serve.

escaparate *s m* (<hol *schaprade*: armário de arrecadação) **1** Armário envidraçado para exposição de obje(c)tos «ornamentais». **2** Redoma de vidro para resguardo de obje(c)tos valiosos. **3** Móvel pequeno com prateleiras, colocado na parede, onde se expõem pratos e outros obje(c)tos. **4** Vitrina (de loja comercial)(+)/Montra.

escapatória *s f* (<escapatório) **1** Meio hábil de se livrar de situação embaraçosa/O que pode servir de justificação para qualquer incumprimento. **Ex.** Veio-me com [Apresentou-me] a ~ de que tinha alguém doente em casa. **Loc.** Não ter ~ [Não ter como desculpar-se/Ver-se forçado a cumprir] (Ex. Você tem de pagar o prejuízo que causou; não tem ~). **Sin.** Desculpa; saída. ⇒ pretexto; escusa; subterfúgio. **2** (D)*esp* Zona alargada nas pistas de corridas de automóveis para evitar acidente se houver despiste. **3** Em descidas íngremes de estradas importantes, desvio (a subir e de piso pouco consistente) para deter um veículo pesado desgovernado por falha de travões.

escapatório, a *adj* (<escapar + -tório) Tolerável (mas de fraca qualidade)/Sofrível. **Ex.** O professor disse-me que o meu teste estava ~ [teste passava]. Este vinho não é do meu gosto, mas está ~ [, mas bebe-se].

escape *s m* (<escapar; ⇒ escapo) **1** A(c)to de escapar(-se); fuga(+). **2** Saída de líquidos, gases, … **Ex.** Neste lago a água não tem ~. **3** Dispositivo por onde são expelidos para a atmosfera os gases produzidos por motores de explosão. **Ex.** O carro, porque tinha o (tubo de) ~ roto, fazia muito ruído. **Comb.** *~ livre* [Tubo de ~ sem silenciador]. *Panela de ~*. (Tubo de) ~. **4** A(c)ção de livrar-se de situação embaraçosa/Escapatória **1**. **5** Diversão para romper com a rotina. **Ex.** Um fim de semana diferente pode ser um ~ saudável. **Comb.** Válvula de ~ [Meio de descanso] (Ex. Quando estou tenso ou cansado, a música é a minha válvula de ~).

escapelar *v t* (<es- + capelo + -ar¹) Descamisar o milho/Desfolhar.

escapismo *s m* (<escapar + -ismo) Tendência para fugir da realidade, vivendo da fantasia ou para fugir das situações desagradáveis, nada fazendo para evitar que ocorram/Alheamento(+)/Fugida(+)/Evasão.

escapo *s m* (<lat *scápus*: haste, suporte) **1** *Bot* Haste ou pedicelo sem folhas que se eleva dum rizoma ou bu[bo]lbo, apresentando flores no topo. **2** *Ent* Conjunto de segmentos das antenas nos inse(c)tos. **3** *Arquit* Quadrante que liga o fuste de uma coluna à base ou ao capitel. **4** *Hist* Cilindro [Rolo] de madeira onde, na antiguidade, se enrolavam os papiros. **5** *Mús* Lingueta de madeira que no piano impele o martelo contra a corda. **6** Peça que uniformiza o movimento no relógio.

escápula *s f* (<lat *scápula*: ombro; ⇒ espádua) **1** Prego de cabeça dobrada em ângulo re(c)to para suspensão de um obje(c)to. **Ex.** Fixou [Pregou/Meteu] uma ~ na parede para pendurar um quadro. **2** *Anat* Osso triangular na parte posterior do ombro/Omoplata.

escapular *adj 2g* (<escápula + -ar²) Relativo a escápula **2**/Do ombro. **Comb.** Cintura ~ [que compreende os ossos da clavícula e da escápula].

escapulário *s m* (<lat *scapulárium*; ⇒ escápula) **1** Faixa de tecido que religiosos de algumas ordens usam pendendo dos ombros sobre o peito e as costas. **2** *Crist* Obje(c)to de devoção formado por dois quadrados de pano e medalha benzidos, usados um sobre o peito e outro sobre as costas/Bentinho. **Ex.** Tinha muita devoção no uso do seu ~ de Nossa Senhora do Carmo. **3** Distintivo de certas confrarias, usado em cerimó[ô]nias pelos seus membros. **4** Ligadura larga para comprimir emplastros.

escapulida *s f* (<escapulir + -ida) A(c)to de se escapulir [de escapulir-se]/Saída temporária/Escapada 1/Escapadela. **Ex.** Espere aqui por mim, vou dar uma ~ [um salto] (par)a comprar umas coisas e volto já.

escapulir-se *v t col* (<escapar + bulir) Fugir [Sair] sorrateiramente/Evadir-se/Escapar-se. **Ex.** O Carl(it)os escapuliu-se daqui [de casa] sem eu ver.

escaque *s m* (<it *scacco*: cada casa do tabuleiro de xadrez<ár *txáh*: rei) **1** Cada quadrado [casa/divisão] do tabuleiro de xadrez. ⇒ xadrezado; quadriculado. **2** *Heráldica* Cada divisão quadrada do escudo, em cores alternadas.

escaqueirar *v t* (<es- + caqueiro + -ar¹) Reduzir a cacos/Quebrar/Partir. **Ex.** Escorregou no pavimento molhado e escaqueirou a loi[ou]ça. O prato escaqueirou-se [ficou em cacos].

escara *s f Med* (<gr *eskhára*: crosta de chaga) Crosta de ferida/Cicatriz. **Ex.** O doente acamado ficou com chagas nas costas e ainda tem ~s.

escarabeídeo, a *adj/s m* (<gr *skarábeios*: escaravelho + -ídeo) Diz-se de inse(c)tos coleópteros, de corpo globular, que se alimentam de matéria orgânica em decomposição; *Scarabaeidae*.

escarabocho (Bô) *s m* (<it *scarabochio*: rabisco) **1** Desenho feito à pressa/Esboço imperfeito. **2** ⇒ Garatuja/Gatafunho/Rabisco/Garrancho.

escarafunchar *v t* (<lat *scarífo*: cortar ligeiramente + *únguis/úngula*: unha, garra) **1** Limpar com dedo/palito/Mexer com a unha/Esgaravatar/Remexer. **Ex.** Com um palito, ocupava-se a ~ a dentadura [os dentes]. **Loc.** ~ a ferida com o dedo [com as unhas]. **2** *fig* Investigar minuciosamente/Examinar de forma persistente. **Ex.** Andaste a ~ o meu armário… Ele gosta de ~ os defeitos [a vida] dos outros.

escarambar-se *v t* (< ?) «a terra» Secar muito, abrindo fendas/Gretar.

escaramuça *s f* (<it *scaramuccia*: briga) **1** Luta entre pequenos grupos de tropas inimigas/Combate breve. **Ex.** Eram frequentes as ~s nas zonas da fronteira «entre mouros e cristãos». **2** Pequeno conflito/Briga/Discussão/Altercação/Guerrilha. **3** *Br* Trecho do rio em que as águas mudam bruscamente de dire(c)ção, devido a obstáculo rochoso. **4** *Br* ⇒ Movimento rápido da égua que obriga o cavalo a mudar de dire(c)ção, para um e outro lado. **5** *Br* Gesto indicativo de que se pretende fazer algo/Tenção/Ameaça(+).

escarapelar *v t* (<es- + carapela + -ar¹) **1** Arranhar(+) com as unhas/Esgadanhar(+). **2** ⇒ arrepelar (o cabelo). **3** Tirar a carapela a/Descamisar(+) «o milho».

escaravelho *s m* (<lat *scarabículum*, de *scarabaéus*: escaravelho) **1** *Ent* Inse(c)to coleóptero, da família dos escarabeídeos, de cor escura, que se alimenta de excrementos dos herbívoros. **Comb.** ~ da batata [que se alimenta das folhas da batateira]. **Sin.** Bicho-carpinteiro. ⇒ besouro. **2** Figura «egípcia» desse inse(c)to, esculpida em pedra preciosa ou semipreciosa. **3** Ponta de marfim antes de ser trabalhada.

escarça *s f Vet* (<escarçar) Doença inflamatória do casco das cavalgaduras.

escarção *s m Arquit* (<it *scarso*: curto, reduzido) Arco (de ~) que encima a padieira «da porta», para que não fique com todo o peso da construção superior.

escarçar *v t* (<lat *exquártio,áre*: esquartejar) **1** Tirar os favos [a cera] «da colmeia». ⇒ esgaçar. **2** *Vet* ⇒ Contrair/Ter escarça.

escarcear *v t* (<escarcéu + -ar¹) **1** Levantar escarcéu [grande onda] no mar agitado. **2** «o cavalo» Baixar e levantar a cabeça em movimento garboso.

escarcela (Cé) *s f* (<it *scarsella*) **1** Bolsa «de couro» presa à cintura. **2** Parte da armadura, ligada à couraça e que ia da cint(ur)a ao joelho.

escarcéu *s m* (< ?) **1** Grande vaga [onda] no mar revolto. **2** Ruído de rebentação das ondas nos rochedos ou na praia. **3** *fig* Alarido/Alvoroço/Gritaria. **Loc. Armar ~. Fazer ~.**

escarcha *s f* (<esp *escarcha*: orvalho gelado, geada branca) **1** ⇒ geada(+). **2** Bordado de fio de ouro ou prata que torna áspero ao ta(c)to o tecido de seda. **3** Coisa de superfície áspera.

escarchar *v t* (<escarcha + -ar¹) **1** Cobrir de geada ou de pequenos flocos de neve. **2** Tornar áspero/Encrespar(+). **3** Fazer cristalizar «o muito açúcar deitado em aguardente de anis». **Comb.** Licor de anis escarchado.

escard(e)ar *v t* (<es- + cardo) **1** Retirar ervas daninhas/Limpar os cardos. **2** «o tiro» Explodir de modo a espalhar o chumbo, em vez de o concentrar no alvo.

escareador *s m Mec* (<escarear + -dor) Instrumento «de carpinteiro» para escarear.

escarear *v t* (< ?) **1** Alargar tubos ou furos à superfície com escareador. **2** Introduzir prego ou parafuso até a cabeça ao nível da peça ou superfície onde entrou.

escarificar *v t* (<lat *scarí(fi)co,áre*: cortar ligeiramente ou raspar) **1** Fazer pequenos cortes «na pele para vacinar/na casca da seringueira». **2** ⇒ decruar (a terra).

escarioso, a (Ôso, Ósa) *adj* (<escara + i + -oso) Que apresenta escaras/escamas/cicatriz.

escarlate *adj/s m* (<persa *saqirlat*) **1** (Diz-se de) cor vermelha muito viva. **Sin.** Carm(es)im. ⇒ cochonilha. **2** Tecido «de seda» com essa cor. ⇒ púrpura.

escarlatina *s f Med* (<escarlate + -ina) Doença infe(c)tocontagiosa, que se manifesta por febre alta e manchas vermelhas no corpo.

escarmentar *v t* (<escarmento + -ar¹) **1** Repreender severamente/Castigar. **2** Servir de lição/Ficar ensinado/Aprender com a punição/Ganhar experiência. **Idi. ~ em cabeça alheia** [Aprender a não fazer o que outros fizeram e com mau resultado].

escarmento *s m* (<escarnecimento?) **1** A(c)ção de castigar/Punição. **2** Repreensão severa/Censura/Corre(c)tivo. **3** Lição aprendida à custa de experiência dolorosa/Desengano.

escarnar *v t* (<es- + carne + -ar¹) **1** Descarnar 1(+)/Desossar. **2** Raspar as peles antes de as curtir. **3** *fig* Investigar com minúcia/Indagar/Esquadrinhar. **4** *Br* Deixar (a maré) margens e baixios parcialmente descobertos/a descoberto.

escarnecedor, ora *adj/s* (<escarnecer + -dor) (Diz-se de) pessoa que escarnece/Trocista/Escarninho. **Comb. Um olhar ~. Sorriso ~.**

escarnecer *v t/int* (<escarnir + -ecer) Fazer troça de/Zombar de/Ridicularizar. **Ex.** Tinha gosto em ~ do rival.

escarnecimento *s m* (<escarnecer + -mento) ⇒ escárnio.

escarninho, a *adj/s m* (<escárnio + -inho) **1** Que envolve escárnio/troça/menosprezo. **Comb.** Dito ~/sarcástico. **2** *Br s m* A(c)ção ou atitude de escarnecer/Zombaria.

escárnio *s m* (<escarnir) **1** A(c)ção ou dito para ridicularizar alguém/Zombaria/Mofa. **Ex.** O comportamento dele foi motivo de ~ na aldeia. **Comb.** *Liter* Cantiga de ~ e maldizer [Gé[ê]nero de poesia medieval que criticava e punha a ridículo alguém]. **Sin.** Caçoada; troça. **2** Menosprezo/Desconsideração/Desdém. **3** O que é obje(c)to de zombaria. **Ex.** Com as suas estranhas [tolas] peripécias, em breve se tornou o ~ de toda a gente.

escarnir *v int an* (<lat *scarníre* <germânico *skirjan*) ⇒ escarnecer.

escarola *s f* (<lat *lactuca escaríola*) ⇒ chicória; endívia; alface.

escarolar *v t* (<es- + carolo + -ar¹) **1** Tirar do carolo «o grão de milho»/Debulhar/Descarolar(+). **2** *pop* Limpar [Lavar] bem/Deixar bem arranjado. **3** Tornar calvo/careca. **4** ~-se/Tirar o chapéu [barrete] da cabeça.

escarótico, a *adj/s m* (<gr *eskharotikós*) ⇒ (O) «medicamento» que provoca [causa/faz] escaras ou irritação na pele.

escarpa *s f* (<it *scarpa*) **1** Encosta íngreme, quase a pique/Terrapa alcantilado «perigoso». **2** Declive de um fosso junto à muralha duma fortificação. **3** Corte oblíquo.

escarpado, a *adj* (<escarpar) Que tem escarpa [grande declive]/Íngreme/Alcantilado. **Ex.** Naquele local a costa é ~a. **Comb.** *Encosta ~a* «e perigosa». *Montanha ~a. Terreno ~.*

escarpar *v t* (<escarpa + -ar¹) Tornar muito íngreme/Formar vertente [ladeira] (quase) a prumo. **Ex.** A forte chuvada fez ~ a trincheira.

escarpelar *v t* (<es- + carpela/o + -ar¹) **1** Desfolhar/Descamisar «o milho». **2** Raspar [Arranhar] com as unhas/Arranhar. **3** ⇒ puxar; arrepelar.

escarpim *s m* (<it *scarpino*, *dim* de *scarpa*: calçado, sapato) **1** Espécie de sapato aberto no calcanhar/Chinela/o. **2** Sapato sem salto, de sola muito fina, usado na dança. **3** Pé de meia que se calçava debaixo das meias.

escarradeira *s f* (<escarrar + -deira) Recipiente para receber expe(c)toração/Cuspideira.

escarranchar *v t* (<escanchar?) **1** Montar (a cavalo) com as pernas uma para cada lado. **Ex.** Os homens iam sempre escarranchados na sela [albarda] mas as senhoras iam sentadas de lado. O menino escarranchou-se no corrimão da escada(ria). **2** Pôr [Estar com] as pernas muito abertas/Escanchar(+).

escarrapachar *v t pop* (<escarrar + capacho + -ar¹) **1** ~-se/Estatelar-se(+). **Ex.** Tropeçou e escarrapachou-se [e ficou escarrapachado] na lama. **2** *fig* Deixar bem visível/Mostrar abertamente. **Ex.** A notícia deste caso de corrupção vinha escarrapachada na primeira página do jornal.

escarrapichar *v t pop* (<es- + carrapicho + -ar¹) Desfazer o que está enredado/Desenredar «o cabelo com o pente».

escarrar *v t/int* (<lat *scréo,áre*) Expelir pela boca/Expe(c)torar. **Ex.** O doente escarrou sangue!

escarro s m (<escarrar) 1 A(c)to de escarrar/Expe(c)toração(+). 2 Matéria viscosa produzida pelas mucosas das vias respiratórias, expelida pela boca/Expe(c)toração(+). 3 *fig* ⇒ insulto; ofensa. 4 *fig* O que é vil/desprezível. **Loc.** Ser o ~ [a escória(+)] da terra.

escarva s f (<escarvar) 1 Encaixe em peça de madeira onde outra vem ajustar-se. 2 *Br* Lesão/Corte nos cascos de equídeos por doença.

escarvar v t (<lat *scarífo,fáre*: cortar um pouco, raspar) 1 Abrir escarva em. 2 (Es)cavar «o solo» superficialmente/Esgaravatar. **Ex.** O burro, antes de se espojar, costuma ~ a terra com as patas dianteiras. 3 Destruir pouco a pouco/Corroer. **Ex.** As chuvas escarvaram o solo [a terra/o chão].

escarvoar v t (<es- + carvão + -ar¹) Fazer desenho [esboço] a carvão.

escasquear v t (<es- + casco + -ear) 1 Limpar [Lavar] o casco ou a cabeça de/Escarolar. 2 ⇒ lavar(-se) . 3 *fig* ⇒ aperaltar(-se).

escassear v int (<escasso + -ear) 1 Existir [Haver] em pequeno número ou em pouca quantidade/Faltar. **Ex.** Em muitos países pobres escasseiam os alimentos para a população. Está escasseando [faltando] a chuva. 2 ⇒ poupar(+).

escassez s f (escasso + -ez) 1 Qualidade do que não existe em abundância/Condição de escasso/Insuficiência/Falta(+). **Ex.** A ~ de mão de obra em algumas regiões impede o seu desenvolvimento. **Comb.** ~ *de água*. ~ *de dinheiro*. ~ *de recursos*. ~ *de tempo*. **Ant.** Abundância. 2 ⇒ carência; pobreza. 3 *fig* ⇒ mesquinhez; sovinice.

escasso, a adj s m (<lat *ex + cádo, ere,cécidi,cásum*: cair, sucumbir, acabar) 1 Que existe em pequeno número ou em pouca quantidade «num dado lugar»/Reduzido. **Ex.** O dinheiro era ~/Havia pouco/Não havia dinheiro. **Comb.** Recursos ~s. 2 Insuficiente/Limitado/Fraco/Débil/Pouco. **Ex.** O tempo era ~ para tanto trabalho. A escola fica a uns ~s [poucos] metros da minha casa. **Comb.** ~ *de* [Com pouco/Falto de] *juízo*. *Luz* ~*a* [fraca/débil/suave]. 3 s m Avarento/Sovina.

escatofagia s f (<gr *skṓr, skatós*: excremento + -fagia) Ingestão «por mães aves» de excrementos (Dos filhos) «nos ninhos»/Coprofagia(+).

escatófago, a adj/s (<escatofagia) (O) que come excrementos/Coprófago(+).

escatófilo, a adj s m (<gr *skṓr, skatós*: excremento + -filo) (Animal) que se desenvolve nos excrementos/Coprófilo(+).

escatologia¹ s f (<gr *éskhatos*: último, extremo + -logia) 1 *Fil* Doutrina do que deve acontecer no fim dos tempos. 2 *Rel* Doutrina que trata do destino final [trata dos novíssimos: Morte, Juízo, Inferno e Paraíso] do homem e do mundo. **Comb.** ~ cristã.

escatologia² s f (⇒ escatofagia) 1 Tratado acerca de excrementos/Coprologia. 2 Alusão a fezes/obscenidades/imundícies.

escatológico¹, a adj (<escatologia¹ + -ico) Relativo ao fim dos tempos/do mundo.

escatológico², a adj (<escatologia² + -ico) Relativo a(o estudo dos) excrementos.

escavação s f (<lat *excavátio,ónis*; ⇒ cavar) 1 A(c)to de escavar ou remover terra/Abertura de buraco ou (con)cavidade. **Comb.** As ~ões dos [para os] alicerces. 2 Trabalho de remoção de terras na procura de achados arqueológicos. **Comb.** ~ões arqueológicas. 3 *fig* ⇒ investigação; pesquisa.

escavacar v t (<es- + cavaco + -ar¹) 1 Fazer em cavacos/Partir em bocados/Despedaçar. **Loc.** ~ uma tábua [cadeira velha]. ⇒ estilhaçar; escacar. 2 Causar ou sofrer grande estrago/Destruir. **Ex.** O meu filho é um doido: escavacou o [deu cabo do] carro em menos de um ano. 3 Dar pancada a. **Ex.** Se você assaltar a minha casa eu escavaco[desfaço]-o. 4 Deixar [Ficar] envelhecido/partido/Alquebrar/Debilitar. **Ex.** A doença deixou-o (pô-lo) (todo) escavacado. ⇒ escaveirar.

escavadeira s f *Br* (<escavar + -deira) ⇒ escavadora 2.

escavador, ora adj/s (<escavar + -dor) 1 (O «instrumento de dentista») que escava. 2 s f *Mec* Máquina para escavar, revolver ou retirar terra ou entulho. ⇒ escavadeira.

escavar v t (<lat *excaváre*) 1 Retirar terra de/Abrir (con)cavidade ou vala. **Ex.** A criança escavou [fez/abriu] uma cova onde enterrou o tesouro. **Loc.** ~ *os alicerces* para (construir) o prédio. ~ *um tronco* para fazer uma canoa. 2 *fig* ⇒ indagar; investigar; pesquisar.

escaveirar v t (<es- + caveira + -ar¹) Tornar semelhante a caveira/Ficar muito magro/Descarnar. **Ex.** A face escaveirada do meu amigo impressionou-me.

-e(s)cer suf (<lat -*éscere*) Significa *começo de a(c)ção* ou *processo* (Ex. florescer, aquiescer, efervescer, escurecer)). ⇒ -ecer.

esclarecedor, ora adj (<esclarecer + -dor) Que torna compreensível/Que clarifica/Que elimina dúvidas/Elucidativo. **Ex.** A explicação (dada) foi ~a. ⇒ inteligível; compreensível.

esclarecer v t (<es- + claro + -ecer) 1 «o dia» Aclarar(+)/«o sol» Iluminar «a terra»(+). 2 Tornar claro/compreensível/Clarificar. **Ex.** A nota de rodapé ajuda a ~ o sentido daquela frase. 3 Prestar [Obter] informação/Tirar dúvidas/Elucidar. **Ex.** Quis ~-se sobre o transporte mais favorável [barato/prático/conveniente «dentro do Brasil»] para ele. **Loc.** ~ [Tirar] *uma dúvida*. ~ *um problema* [mal-entendido]. 4 Tornar(-se) mais ilustre/nobre. 5 Ensinar/Ilustrar. **Ex.** Lê muito para se ~ [para aprender/para ser ilustrado]. **Loc.** ~ *os espíritos* [as pessoas/o povo].

esclarecido, a adj (<esclarecer) 1 Que se tornou claro/Que foi explicado. **Ex.** A dúvida está [já foi] ~a/tirada. 2 «indivíduo» Que é dotado de saber [cultura]/Que está bem informado/Que tem capacidade de reflexão crítica. **Comb.** Um espírito [Uma pessoa] ~. 3 ⇒ ilustre.

esclarecimento s m (<esclarecer + -mento) 1 A(c)to de esclarecer(-se). 2 A(c)to de informar/Explicação oportuna/Clarificação de dúvidas. **Ex.** A empresa deu o ~ que se impunha [que era preciso]. 3 Comentário [Nota/Anotação] «num texto». 4 Qualidade da pessoa que é bem informada e revela capacidade de reflexão crítica. **Ex.** O seu ~ é garantia de que saberá tomar a decisão conveniente.

escl[cr]avagismo s m (<fr *esclavagisme*; ⇒ escravo) 1 Doutrina que propõe a [Sistema social que se apoia na] escravatura. 2 ⇒ escravatura.

escl[cr]avagista adj/s 2g (<fr *esclavagiste*) 1 Relativo ao escl[cr]avagismo. 2 Partidário da escravatura.

esclera s f *Br* (<gr *sklerós*: duro) ⇒ esclerótica.

esclerectomia s f *Med* (<esclera + -tomia) Corte cirúrgico da esclerótica.

esclerênquima s m *Bot/Biol* (<esclero- + parênquima) Tecido (vegetal ou animal) com a função de sustentação ou prote(c)ção.

esclero- pref (<gr *sklerós*: duro) Significa dureza (⇒ ~se, ~derme, esclerótica)).

esclerodermia s f *Med* (<esclero- + derme + -ia) Doença em que há endurecimento da pele, diminuindo a sua flexibilidade.

esclerosado, a adj (<esclerosar) 1 *Med* Que revela [Com] esclerose. 2 *depr col* Que perdeu capacidades mentais/Que está incapaz de evoluir/Retrógrado/Anquilosado. **Ex.** Ele está (muito) ~ [fechado]/é um retrógrado.

esclerosar v t (<esclerose + -ar¹) 1 *Med* Produzir/Sofrer esclerose. 2 *fig* Fazer perder capacidades mentais/Tornar incapaz de evoluir ou de se adaptar a nova situação/Estagnar/Anquilosar.

esclerose s f *Med* (<gr *sklérosis*: endurecimento) Endurecimento patológico de um órgão ou tecido, sobretudo do tecido conjuntivo. **Comb.** ~ *arterial*. ~ *múltipla* [em placas, no cérebro e espin(h)al medula].

esclerótica s f *Anat* (<gr *sklerótes*: dureza + -ico) Membrana externa branca, fibrosa e dura do globo ocular, também designada *branco do olho*. ⇒ esclera(*Br*).

esclerotite s f *Med* (<esclerótica + -ite) Inflamação da esclerótica.

-esco suf (<lat -*iscus* <gr –*ískos*) Significa *origem* (Ex. dantesco, livresco, parentesco), *pertença* (Ex. animalesco, carnavalesco, gigantesco, principesco).

escoa s f (Cô) s f *Náut* (⇒ escora) 1 Cada fileira de tábuas grossas [chapas] que reforçam interiormente o casco do navio. 2 Cada tábua colocada, de um lado ao outro, no fundo e bojo da embarcação.

escoadoi[ou]ro s m (<escoar + -doi[ou]ro) 1 Canal, vala ou cano por onde se escoam águas, outros líquidos ou deje(c)tos. 2 Local para onde alguma coisa se escoa ou sai. 3 *fig* O que absorve [consome] grande quantidade de uma mercadoria. **Ex.** A China é um ~ do petróleo. 4 *fig* O que custa muito. **Ex.** O palácio «de Mafra, Pt» foi um ~ [sorvedoiro] de dinheiro.

escoalha s f *depr* (<escória ?+ -alha) ⇒ escumalha.

escoamento s m (<escoar + -mento) 1 A(c)to de escoar/Passagem [Saída] de um líquido por cano, vala, canal. 2 Plano inclinado por onde escorre um líquido. 3 Saída/Venda de mercadoria. **Ex.** Para os agricultores, o ~ da produção é muitas vezes o maior problema. 4 Circulação de pessoas ou veículos na saída de uma zona de concentração ou congestionamento. **Ex.** No final do espe(c)táculo, o ~ do trânsito foi difícil e demorado.

escoar v t (<lat *excólo,áre*: coar) 1 «um líquido» Escorrer [Sair lentamente] de um reservatório ou recipiente. **Ex.** Abri o (buraco do) tanque para ~ [sair] a água [para o esvaziar]. No fabrico artesanal do queijo, eu via ~ o soro. 2 *fig* Esvair-se/Diminuir/Esgotar-se/Dissipar-se. 3 Colocar no mercado/Vender. **Ex.** Estava a pensar (em) ~ a produção para o supermercado. 4 Fazer sair lentamente de um local congestionado «um certo número de pessoas ou veículos». **Ex.** A polícia levou uma boa [longa] meia hora a ~ o trânsito. 5 *fig* «o tempo» Ir passando/Decorrer. **Ex.** Os anos escoavam-se monotonamente.

escocês, esa adj/s (<Escócia + -ês) 1 Da Escócia, região setentrional da Grã-Bretanha. 2 s m Língua indo-europeia do ramo céltico, falada minoritariamente na Escócia.

escoda s f (<esp *escoda*) 1 Espécie de martelo dentado, usado por pedreiros para lavrar e alisar pedras. ⇒ escopro. 2 A(c)to de escodar peles.

escodar v t (<esp *escodar*) 1 Lavrar «pedra» com a escoda. 2 Alisar «peles» para as tingir a seguir.

escoi[ou]cear v t/int (<es- + coi[ou]ce + -ar¹/-ear) 1 Dar [Atingir com] coices(+). 2 *fig* Tratar mal/Insultar. 3 *fig* ⇒ protestar/recalcitrar. 4 *fig* Cometer ingratidão para com alguém.

escoimar v t (<es- + coima + -ar¹) 1 Livrar de coima ou censura. 2 Limpar [Livrar de] falha/defeito.

escol (Cól) s m (<escolher) Grupo de excelência [Elite/Nata] numa cole(c)tividade. **Ex.** Pertencer ao ~ da sociedade era a sua ambição. **Comb.** De ~ [Excelente].

escola (Có) s f (<lat *schóla* <gr *skholé*: ócio, lugar de estudo, ocupação de homem livre) 1 Instituição, pública ou privada, destinada a ensinar. **Ex.** A ~ é um poderoso meio de desenvolvimento. **Idi.** *Ter a ~ toda/Ter uma grande ~* [Ser sabido/manhoso]. **Comb.** *~ comercial. ~ de condução. ~ de samba. ~ industrial. ~ militar. ~ naval. ~ normal* [que forma agentes de ensino «básico»]. *(~) pré-primária. (~) primária. ~ secundária. ~ superior* [que ministra ensino universitário ou politécnico]. *~ técnica* [de ensino industrial e comercial]. ⇒ faculdade; universidade; colégio. 2 Estabelecimento de ensino. **Ex.** A nossa ~ já teve outra sede na vila. 3 Prédio onde funciona o estabelecimento de ensino. **Ex.** Perto da ~ ocorreu um acidente. **Loc.** Ir para a ~. Voltar da ~. 4 Conjunto formado pelos alunos, professores e funcionários de um estabelecimento de ensino. **Ex.** Na nossa ~ há um bom ambiente de trabalho. 5 Estabelecimento de ensino primário. **Ex.** Hoje ainda há crianças que não vão para a ~. Eu fui [entrei] para a ~ aos seis anos. 6 Funcionamento de aulas em estabelecimento de ensino. **Ex.** Devido à greve de professores, na quinta-feira não tenho ~. 7 Meio de formação ou de transmissão de saber/experiência. **Ex.** O trabalho é uma boa [é a melhor] ~ para a vida. O jornalismo foi para ele uma excelente ~. 8 Doutrina com prestígio num campo do saber. **Ex.** A ~ positivista impôs-se na segunda metade do séc. XIX. 9 Conjunto de princípios seguidos por um conjunto de artistas ou autores. **Comb.** *~ de Grão Vasco* [de Columbano/de Portinari]. *~ impressionista. ~ neorrealista. ~ romântica.* 10 Conjunto de seguidores ou apreciadores de uma corrente de pensamento. **Loc.** Fazer [Criar] ~ [Definir uma orientação que é seguida por discípulos]. **Comb.** *~ de Freud. ~ plató[ô]nica* [de Platão]. *~ tomista* [de S. Tomás de Aquino] (⇒ escolástica).

escolado, a adj Br (<escola + -ado) 1 ⇒ vivo/esperto/sabido. 2 ⇒ experiente/conhecedor.

escolar adj/s 2g (<lat *scholáris*) 1 Que é relativo a escola, aos alunos ou ao ensino. **Ex.** A rede/O parque ~ [O número de escolas] no distrito é suficiente. **Comb.** *Ano ~. Calendário ~. Idade ~. Prédio ~.* 2 Que se destina à [Que é usado na] escola. **Comb.** *Caderno ~. Edição ~ d'Os Lusíadas». Material ~.* 3 s (O) que estuda na [frequenta a] escola/Estudante(+). **Ex.** Os ~es podem ter [usufruir de] bolsas de estudo.

escolaridade s f (<escolar + -idade) 1 Frequência da [Permanência na] escola/Período de educação escolar. **Ex.** A ~ obrigatória varia de país para país. **Comb.** 3.º [1.º/5.º/11.º/...] ano de ~/da escola. 2 Br Aprendizagem [A(c)tividade] escolar. 3 Br Rendimento escolar de um ou mais alunos.

escolarizar v t (<escola + -izar) Fazer passar pela [pelo processo de aprender na] escola. **Ex.** Os meus «jovens» empregados são todos escolarizados.

escolástica s f Fil/Teol (<lat *scholástica* <gr *skholastiké*: da escola) Sistema de pensamento «tomista» ensinado nas escolas e universidades desde a Idade Média, o qual procura(va) mostrar a conciliação entre a fé cristã e a razão. ⇒ escolasticismo.

escolasticismo s m (escolástico + -ismo) 1 Método da escolástica. 2 ⇒ academismo.

escolástico, a adj/s m (<lat *scholásticus*: da escola) 1 ⇒ escolar(+). 2 Relativo à escolástica. **Ex.** O método ~ apoiava-se na autoridade dos grandes mestres «Aristóteles/S. Tomás de Aquino». 3 *depr* «argumentação» Que valoriza sobretudo subtilezas verbais e formalismos. **Ex.** O físico italiano Galileu, no séc. XVII, desacreditou o saber ~. 4 s m Partidário da escolástica. 5 s m Aluno/Estudante.

escólex [escolece] s m Zool (<gr *skólex*: verme) Parte do corpo das té[ê]nias, provida de ganchos ou ventosas, com que se fixa ao hospedeiro.

escolha s f (<escolher) 1 A(c)to ou efeito de escolher/Opção (entre dois ou mais). **Ex.** A ~ do eleitorado recaiu num [Os eleitores escolheram um] candidato da esquerda. **Loc.** *«temos vários itinerários» À ~* [Para (poder) escolher]. *Não ter ~. Ter várias hipóteses* [vários livros] à ~. **Comb.** *Teste de ~ múltipla.* *«convite para um cargo» De primeira* [segunda/terceira, ...] ~. ⇒ preferência. 2 O que foi escolhido/preferido. **Ex.** As ~s das crianças pelo Natal costumam ser brinquedos. 3 Br Café de qualidade inferior. 4 Br Refugo de cereais ou de outros produtos agrícolas.

escolher v t (<es- + colher) 1 Optar por/Preferir/Sele(c)cionar. **Ex.** Para comprar casa, escolheu um apartamento que dá [está virado] para o jardim. Para prenda do amigo foi ~ um livro policial. **Loc.** Dar a ~ [à escolha/Possibilitar opção a outrem/Oferecer mais de uma possibilidade]. 2 Optar [Decidir-se] por uma alternativa. **Ex.** Entre ir ao cinema e/ou ir dar um passeio escolheu a segunda hipótese. Poder ~ é sempre agradável. Entre os cursos de ciências escolheu Medicina. 3 Retirar (para si), num produto «à venda», apenas o que parece de boa qualidade. **Ex.** Gosta de comprar no supermercado, porque aí pode ~ a fruta e os legumes.

escolhido, a adj/s (<escolher) 1 Que foi preferido/sele(c)cionado. **Ex.** Fui ~ para representar a Escola na reunião. **Comb.** *Fruta ~a/sele(c)cionada.* 2 Crist (O) que foi eleito por Deus/Bem-aventurado. **Ex.** Segundo o Evangelho, 'muitos são os chamados, poucos os ~s'. 3 ⇒ namorado; noivo.

escolho (Côlho, Côlhos) s m (<lat *scópulus*: rochedo, perigo) 1 Rochedo à tona da água «que é perigo para a navegação». **Ex.** A barra apresenta alguns ~s. 2 Ilha rochosa e escarpada. 3 Obstáculo/Dificuldade/Perigo. **Ex.** A vida tem sempre [é cheia de] ~s.

escoliasta s m (<gr *skholiastés*) «antigo» Comentador/Anotador de textos de autores clássicos/Autor de escólios. **Ex.** A leitura dos clássicos era facilitada pelo trabalho dos ~s.

escólimo s m Bot (<gr *skhólymos*: cardo comestível) Gé[ê]nero de plantas da família das Compostas, espinhosas, semelhantes aos cardos; *Scholymus*.

escólio s m (<gr *skhólion*: comentário) 1 Explicação/Comentário/Anotação de texto «de autor clássico» ou de teorema. 2 *Dir* Explicação/Interpretação de uma lei ou de matéria doutrinária.

escoliose s f Med (<gr *skoliósis*: curvatura) Desvio/Curvatura lateral da coluna vertebral.

escolopacídeo, a adj/s Ornit (<gr *skolópaks, kós*: galinhola + -ídeo) 1 Relativo aos escolopacídeos, família de aves vulgarmente conhecidas por maçaricos e narcejas; *Scolopacidae*. 2 Espécime(n) desta família.

escolopendra s f Zool (<gr *skolópendra*) Animal artrópode miriápode, carnívoro, de mordedura venenosa. **Ex.** A mordedura da ~ é muito perigosa para uma criança. **Sin.** Centopeia. ⇒ lacraia.

escolta (Cól) s f (<it *scorta* <lat *ex* + *córrigo*: corrigir, guiar) 1 Corpo de forças de segurança «polícia, tropa» destacado para proteger a deslocação de pessoas ou coisas. **Ex.** O avião do Presidente teve a ~ de dois caças. Uma numerosa ~ acompanhou o quadro célebre «Painéis de São Vicente de Fora/de Nuno Gonçalves» até ao edifício da exposição. 2 *fig* Grupo de pessoas que acompanha outra(s)/Acompanhamento/Séquito. **Ex.** O cantor apareceu com uma compacta [grande/forte] ~ de fãs.

escoltar v t (<escolta + -ar¹) 1 Acompanhar «pessoa(s) ou coisa(s)» com a função de proteger. **Ex.** A polícia motorizada costuma ~ (as deslocações d)o Presidente dentro da cidade. 2 *fig* Seguir junto de alguém/Acompanhar. **Ex.** O professor chegou escoltado [acompanhado(+)] por um grupo de alunos.

escombrídeo, a adj/s Zool (<gr *skómbros*: cavala + -ídeo) 1 Relativo aos escombrídeos, família de peixes teleósteos, de corpo alongado, a que pertencem a cavala e o atum; *Scombridae*. 2 Espécime(n) desta família.

escombros s m pl (<esp *escombro* <celta *cómboros*: amontoamento, obstáculo) 1 Ruínas duma construção/Destroços/Entulho. **Ex.** O que restava da casa, a seguir à explosão, eram [era um monte de] ~. Ainda há vítimas «do terramoto» debaixo dos ~. A guerra reduziu o país a ~s. 2 *fig* Resultado da desintegração de um todo organizado. **Ex.** Estão à vista os ~ do que foi um glorioso império.

escondedoi[ou]ro s m (<esconder + -doiro) Lugar onde alguém ou alguma coisa se esconde/Esconderijo(+).

esconde-esconde s m (<esconder) ⇒ escondidas.

esconder v t (<lat *abscóndo, ere, abscónsum*) Colocar(-se) onde não possa ser visto facilmente por outrem. **Ex.** Escondeu-se atrás dos arbustos [da parede]. Escondi o dinheiro bem escondido, não o vai(s) descobrir. 2 Ocultar/Encobrir. **Ex.** Uma nuvem escondeu a Lua. 3 Não dar a conhecer/Manter em segredo/Não revelar. **Ex.** Habituou-se a ~ os seus sentimentos e propósitos. Eu sou um livro aberto: não [nunca] te escondo nada. **Idi.** *~ o jogo* [Dissimular].

esconderijo s m (<esp *escondrijo*) Local onde se esconde alguém ou alguma coisa. **Ex.** Ele tinha um ~ que só eu (lhe) conhecia. **Sin.** Lugar desconhecido/Desvão/Toca/Recanto/Abrigo/Covil.

escondidas s f pl (<esconder) Jogo de crianças em que uma procura descobrir onde as outras se esconderam. **Ex.** Na

minha aldeia jogava-se às ~ mais ao anoitecer. **Loc.** «roubou um livro/Às ~ [Sem ninguém notar/Às ocultas]. *idi* **Ser o jogo das ~**/**do gato e do rato** [A(c)tuar de forma velada/Trocar as voltas «um ao outro/patrão e empregado»]. ⇒ esconde-esconde.

escondimento *s m* (<esconder + -mento) A(c)to ou efeito de esconder/Ocultação(+).

esconjurar *v t* (<es- + conjurar) 1 Afastar com rezas o demó[ô]nio ou espíritos maus/Exorcizar. 2 Fazer desaparecer [Extinguir] um mal/perigo. **Loc. ~ a doença. ~ a má-sorte.** 3 Rogar pragas a/Amaldiçoar/Renegar/Repudiar. **Ex.** Começou a ~ a hora em que decidira sair de casa. 4 Fazer prometer/jurar/Ordenar(+). **Ex.** Esconjurou-o a abandonar [Ordenou-lhe que abandonasse(+)] imediatamente o local.

esconjuro *s m* (<esconjurar) 1 A(c)to de esconjurar. 2 Ritual para afugentar espíritos maus/Exorcismo. 3 Maldição/Praga.

esconso, a *adj/s m* (<esconder) 1 Oculto/Escondido/Escuso. **Ex.** É perigoso andar por lugares [caminhos] ~s. 2 Inclinado/Enviesado/Oblíquo. **Loc.** «olhar» De ~ [De esguelha/De soslaio]. **Comb. Muro ~. Parede ~a. Piso ~.** 3 *s m* Obliquidade/Declive/Inclinação. **Ex.** Resolveu disfarçar o ~ da parede com um escaparate. 4 *s m* ⇒ Recanto/Desvão/Águas-furtadas/Esconderijo.

escopeta *s f* (<esp *escopeta* <it *an scoppietta* <lat *stlopus*: estalido com a boca) Antiga espingarda de cano curto/*pop* Qualquer espingarda «de um (só) cano».

escopo (Cô) *s m* (<gr *skopós*: vigia, guardião) 1 Ponto de mira/Alvo. 2 Obje(c)tivo(+) que se pretende atingir/Intenção/Propósito/Fim. **Ex.** O meu ~ é descobrir a verdade, saber quem foi o culpado.

escopro (Cô) *s m* (<lat *scálprum*: instrumento cortante) 1 Ferramenta metálica para lavrar/trabalhar pedras, madeira, … **Ex.** O escultor estava a usar ~ e martelo. ⇒ escoda 1. 2 *Med* Instrumento de extremidade cortante usado em operações nos ossos.

escora (Có) *s f* (<hol *schoor*: obstáculo, esteio) 1 Peça de madeira ou metal que sustém algo pouco firme/Espeque/Esteio. **Comb. ~ de ferro** «do lado da parede». **~ de madeira** «a sustentar a embarcação». 2 Haste que apoia o te(c)to de uma mina. 3 Pilar «de alvenaria» para reforçar muro ou parede/Contraforte/Botaréu. 4 *fig* ⇒ Amparo/Arrimo/Encosto. 5 *Br* ⇒ Tocaia/Cilada/Emboscada.

escoramento *s m* (<escorar + -mento) A(c)to ou efeito de escorar.

escorar (Còrár) *v t* (<escora + -ar¹) 1 Suster/Segurar com esteios/escoras. **Loc. ~ uma parede**/um muro. **~ um barco** em construção. 2 *fig* Apoiar(-se)/Basear(-se). **Ex.** Escorou-se na lei para exigir a inde(m)nização.

escorbuto *s m Med* (<normando *skyr-bjugr*: edema do coalhado) Doença provocada por grave carência de vitamina C, cara(c)terizada por hemorragias e e[i]ntume(s)cimento das gengivas e menor resistência a infe(c)ções. **Ex.** O ~ atingia muito os marinheiros portugueses do séc. XVI nas suas longas viagens de alto mar.

escorchar *v t* (<lat *excórtico,áre*: descascar) 1 Tirar a casca/cortiça a uma árvore/Descascar(+). 2 Tirar a pele a um animal/Esfolar(+). 3 ⇒ Ferir/Maltratar. 4 *fig* Estragar/Desmanchar/Escangalhar. 5 *fig* Despojar/Roubar/Esbulhar(+). 6 *fig* Cobrar preço exagerado/Explorar(+).

escorcioneira *s f Bot* (<esp *escorzonera*: de casca negra) Gé[ê]nero de plantas da família das Compostas, também conhecidas por salsi-negro; *Scorzonera hispânica*.

escorço (Côr) *s m* (<it *scorcio* <lat *ex + curto,áre*: encurtar, truncar) 1 *Arte* Desenho ou pintura que representa algo em tamanho menor que o natural. 2 Redução do tamanho de um desenho. 3 ⇒ Resumo/Síntese/Esboço. 4 Vasilha de cortiça/Corticeira.

escória *s f* (<lat *scória*: restos de metais <gr *skūr, skatós*: excremento) 1 Resíduo sólido ou partícula proveniente da fusão de metais ou da combustão de matérias, como a hulha. 2 *Geol* Matéria vulcânica muito porosa semelhante a esses resíduos/Cinzas vulcânicas misturadas com lava. 3 *fig depr* Camada desfavorecida da sociedade/Gente julgada desprezível. **Ex.** O governo deve estar atento às necessidades daqueles que alguns designam (de) ~. **Sin.** Escumalha; ralé. **Ant.** Elite; nata. 4 Coisa desprezível.

escoriação *s f* (<escoriar + -ção) Ferimento superficial na pele/Esfoladela/Arranhadela. **Ex.** Com o despiste do carro sofreu apenas leves escoriações na face.

escoriar¹ *v t* (<lat *excório,áre*: tirar a pele) Ferir superficialmente a pele/Esfolar. **Ex.** Caiu e escoriou [esfolou] os joelhos.

escoriar² [escorificar] *v t* (<escória + …) Retirar escórias de metais/Limpar/Purificar.

escornada *s f* (<escornar + -ada) Pancada violenta dada por um animal com os chifres/cornos/Marrada/Cornada(+). **Ex.** O miúdo levou [sofreu] uma ~ de um carneiro e foi para o hospital muito maltratado.

escornar *v t/int* (<es- + corno + -ar¹) 1 «boi/carneiro» Atacar com os chifres/cornos/Marrar. **Ex.** (Tem) cuidado! Que o boi escorna [Que levas uma marrada do carneiro]. 2 *fig* Atacar/Acometer/Escorraçar. 3 *fig* Tratar mal/Desdenhar/Desprezar. 4 *Br gír* Ficar sem a(c)ção devido a extremo cansaço ou desorientação.

escorpenídeo, a *adj/s Icti* (<gr *skórpaina*: escorpião do mar + -ídeo) 1 Relativo aos escorpenídeos, família de peixes teleósteos, vulgarmente conhecidos como mangangás e peixes-escorpiões, dos mares tropicais e subtropicais; *Scorpaenidae*. 2 Peixe desta família.

escorpião *s m Zool* (<lat *scórpio,ónis* <gr *skorpíos*) 1 Aracnídeo de picada venenosa, feita com espigão que tem na cauda/Lacrau. **Ex.** A picada dos escorpiões provoca uma dor forte e duradoura. 2 *Mil* Viatura com correntes que chicoteiam o terreno para, em campo minado, provocar a explosão das minas. 3 *Hist* Antiga máquina de guerra para lançar pedras ou flechas. 4 *maiúsc Astr* Oitava constelação do Zodíaco, no hemisfério sul. 5 *maiúsc* Oitavo signo do Zodíaco/O que pertence a esse signo.

escorraçar *v t* (< ?) Afastar com violência/Expulsar/Afugentar. **Ex.** Foi necessário ~ [afugentar] o cão vadio que não largava [deixava] a casa. **Loc. ~** [Pôr fora/Expulsar] o empregado desonesto. ⇒ enxotar «moscas/galinhas».

escorralho *s m* (<escorrer + -alho) Resíduo(+) líquido no fundo de vasilha/recipiente.

escorredoi[ou]ro *s m* (<escorrer + -doiro) Lugar onde se escoa/escorre a água/escoadoiro.

escorredor *s m* (<escorrer + -dor) 1 Utensílio de cozinha para escorrer «a loiça lavada à mão». 2 *Br* Utensílio de cozinha com que se escorre o líquido de um alimento/Passador(+). ⇒ filtro.

escorrega *s m* (<escorregar) Estrutura de parque infantil ou de jardim que inclui uma prancha polida «de madeira» em plano muito inclinado, onde as crianças deslizam/*Br* Escorregador. **Ex.** Muito gosta o meu neto de andar [deslizar] no ~!

escorregadela *s f* (<escorregar + -dela) 1 A(c)to ou efeito de escorregar. 2 *fig* Erro/Deslize/Descuido. **Ex.** Uma ~ [falha/Um deslize] pode acontecer a qualquer pessoa/um.

escorregadi(ç)o, a *adj* (<escorregar + -di(ç)o) 1 Que desliza/escorrega facilmente. **Ex.** O prato estava ~ e caiu-me das mãos. 2 Que faz deslizar/resvalar/escorregar. **Ex.** O piso [caminho] estava ~ e eu desequilibrei-me. 3 *fig* Que tem tendência a cometer erros/faltas. 4 *fig* Que é arriscado/Que exige habilidade/Delicado. **Ex.** É um negócio ~ [arriscado/perigoso] que pode trazer graves prejuízos.

escorregador, ora *s/adj* (<escorregar + -dor) 1 ⇒ escorrega. 2 *Br* ⇒ exagerado/mentiroso.

escorregão *s m* (<escorregar + -ão) 1 A(c)to ou efeito de escorregar/Escorregadela. 2 ⇒ escorrega(dor)(+). 3 *fam* ⇒ deslize; erro.

escorregar *v int* (<lat *excurricáre* <*excúrro,ere*: sair correndo) 1 Resvalar/Deslizar por breve perda de equilíbrio do corpo. **Ex.** Escorreguei mas não caí. O piso molhado escorrega! 2 Sair donde estava preso/Fugir das mãos. **Ex.** A bola, molhada, escorregou-me das mãos. 3 *fig* Cometer falta/inconveniência/Errar. **Ex.** No exame respondi bem a todas as perguntas mas na última escorreguei [errei/falhei]. 4 *Br* ⇒ exagerar; mentir.

escorreito, a *adj col* (<lat *ex + córrigo,ere, excorréctum*: corrigir, endireitar) 1 Que não tem defeito/lesão. **Ex.** Saiu ~ [ileso] do aparatoso acidente. Ele não é ~ (de todo) [não tem (o) juízo (todo)]. 2 Que é corre(c)to/perfeito. **Ex.** Ela fala um português mais ou menos ~. 3 Que tem boa aparência/compleição. **Ex.** É um moço ~ [desempenado], direi até, de porte atlético.

escorrer *v t/int* (<lat *excúrro,ere*: correr para fora) 1 (Fazer) perder o líquido que está a mais. **Ex.** Escorreu a água dos legumes acabados de cozer. Lavou a loiça à mão e deixou-a a ~. 2 (Fazer) sair «todo/o último» líquido de um recipiente/Verter. **Ex.** Escorreu o azeite da almotolia/do galheteiro. 3 (Deixar) sair/Correr em fio. **Ex.** A (h)umidade escorria pelas paredes. O suor escorria[pingava]-lhe da testa. ⇒ secar; enxugar.

escorrido, a *adj* (<escorrer) 1 Que (se) escorreu. **Ex.** A roupa (lavada) já está ~a, vou pô-la no varal a secar. 2 Que está muito cansado/Exausto. 3 *fig pop* Que ficou sem dinheiro/*pop* Teso. 4 «cabelo» Que é muito liso. 5 «vestuário» Que é muito justo/cingido [Que pende junto] ao corpo. 6 ⇒ desbotado. 7 *Náut* «porto» Onde o navio não fez escala.

escorrimento *s m* (<escorrer + -mento) 1 A(c)to ou efeito de escorrer/Fluxo de um líquido. 2 *Br* Operação de separar o leite da manteiga. 3 *pop* Corrimento(+)/Blenorragia/Gonorreia.

escorropichar *v t* (<escorrer + espichar?) Beber até à última gota. **Loc. ~ o copo. ~ as garrafas de cerveja.**

escorva (Côr) *s f Mil* (<lat *an scrobis*: cova para plantar árvore, fossa) 1 ⇒ Orifício da arma onde se punha pólvora para comunicar fogo à carga. 2 Porção de pólvora aí colocada. 3 Conjunto de artefa(c)tos para [O que se destina a] provocar a explosão

de uma carga. **4** Quantidade de pólvora colocada no tubo de um foguete.

escorvar *v t* (<escorva + -ar¹) **1** Deitar pólvora na escorva **1**. **2** Ligar à carga explosiva «o sistema de lançamento de fogo». **3** «para funcionamento de sifão» Encher de água o tubo. **4** ⇒ preparar; dispor.

escota (Có) *s f Náut* (<nórdico *scaut*: ângulo (inferior da vela)) Cabo com que se regula a orientação das velas de um navio «para melhor aproveitar o vento».

escote *s m* (<frâncico *scot*: imposto) **1** Parte que cada um paga numa despesa comum/ Quota[Cota]-parte. **2** Qualquer despesa.

escoteiro, a *Br* ⇒ escuteiro.

escotilha *s f Náut* (<escota + -ilha) Abertura no convés, no porão ou na coberta do navio.

escotismo *Br* ⇒ escutismo.

escoucear ⇒ escoicear.

escova (Ô) *s f* (<lat *scopa*: vassoura, feixe) **1** Utensílio guarnecido de filamentos flexíveis para limpar, alisar, pentear, dar brilho, … **Ex.** Pediu uma ~ para limpar o fato [*Br* terno]. **Loc.** Passar a ~ pela [Escovar um pouco a] saia. **Comb. ~ de cabelo**. **~ de calçado**. **~ de chão**. (⇒ vassoura). **~ de dentes**. **~ de roupa**. **~ de unhas**. **~ dura** [macia]. **2** *Ele(c)tri* Peça condutora que, por fricção, assegura a ligação entre partes, uma fixa e outra rotativa, de uma máquina. **3** *Ent* Conjunto de pelos curtos e duros das patas de alguns inse(c)tos. **Ex.** A abelha, com as ~s, recolhe o pólen das flores. **4** *Br* Pessoa maçadora/chata.

escovadela *s f* (<escovar + -dela) **1** Passagem ligeira/rápida com uma escova por alguma coisa. **Ex.** Deu uma ~ nas calças, que tinham apanhado pó. **2** ⇒ ensinadela(+)/raspanete/repreensão/castigo.

escovagem *s f* (<escovar + -agem) A(c)to ou efeito de escovar/Escovadela **1**.

escovalho *s m* (<escova + -alho) Espécie de vassoura comprida «para limpar» cinza e as brasas do forno».

escovão *s m* (<escova + ão) **1** Escova grande. **2** Escova de cabo comprido para limpar ou encerar o soalho/*Br* (as)soalho. ⇒ esfregona.

escovar *v t* (<escova + -ar¹) **1** Limpar/Alisar com escova. **Ex.** Tinha o hábito de ~ os dentes a seguir às refeições. **Loc.** ~ **o casaco**. ~ **o cão**. ~ **os cabelos**. **2** *fig* Repreender/Admoestar. **3** *fig* Bater em/Sovar/Surrar.

escovém *s m Náut* (<catalão *escobén*; ⇒ escoa) Orifício circular no costado da proa do navio por onde passa a amarra. **Ex.** É no ~ que se aloja a âncora, uma vez [, depois de] içada.

escovilha *s f* (<lat *scóbis*: rapadura, limalha + -ilha) **1** Resíduos da laboração do ouro e da prata. **2** Processo de limpeza desses resíduos.

escovilhão *s m* (<escovão) **1** *Mil* Escova cilíndrica, com uma haste, para limpar a boca dos canhões. **2** Escova cilíndrica com cabo para limpar garrafa, biberão, tubo de ensaio, … **3** *Tip* Utensílio com haste de ferro e esfregão de amianto para limpar a boca do crisol do linó[o]tipo.

escovinha *s f* (<escova + -inha) **1** Escova pequena. **Loc. idi** Cabelo cortado à ~ [muito curto/rente]. **2** *Bot* Planta de flores azuis, de que se extrai tintura; *Centáurea cyanus*. **3** *Bot* Nome de várias plantas da família das Compostas.

escravagismo, escravagista *Br* ⇒ esclavagismo, esclavagista.

escravatura *s f* (<escravo + -tura) **1** Sistema socioecoń[ô]mico que se apoia numa classe de escravos/Comércio de escravos. **Ex.** Na antiguidade, grandes pensadores admitiam a ~. O Marquês de Pombal aboliu a ~ em 1761 no território continental [europeu] de Portugal. **Comb. Abolição da ~. Condenação da ~. 2** *fig* Exploração do trabalho de alguém. **Ex.** A receber tão pouco pelo trabalho, isto mais parece [isto é quase] ~! **Comb.** ~ **branca** [Tráfico de mulheres para prostituição]. ⇒ escravidão.

escravidão *s f* (<escravo + -idão; ⇒ escravatura) **1** Estado/Condição de escravo/ Cativeiro. **Loc.** Viver em ~ [Ser escravo]. **2** *fig* Privação da liberdade/ Situação de forte sujeição ou constrangimento. **Ex.** Mudei de emprego porque (a minha vida nele) era uma ~. **3** *fig* Dependência de uma paixão/de um vício. **Ex.** A droga [toxicodependência] é uma forma de ~.

escravização *s f* (<escravizar + -ção) A(c)to ou efeito de escravizar.

escravizar *v t* (<escravo + -izar) **1** Submeter à condição de [Tornar/Fazer] escravo. **Ex.** Na antiguidade era comum ~ os prisioneiros de guerra. **2** *fig* Oprimir/Subjugar. **Ex.** A droga [O álcool em excesso] escraviza. **3** *fig* Obrigar «os empregados» a trabalhar em excesso. **4** *fig* ⇒ Fascinar/Encantar/ Seduzir/Cativar(+).

escravo, a *adj/s* (<lat *sclávus* <gr *sklábos*: eslavo, cativo) **1** (O) que, privado de liberdade, é propriedade de outrem. **Ex.** O comércio de ~s [A escravatura] praticou-se durante séculos. **Comb.** As revoltas dos ~s. **2** Pessoa que vive dominada por alguém ou muito sujeita a alguma coisa. **Ex.** Parece ~ do patrão. **Comb. ~ do cigarro**/ tabaco/fumo. **~ da droga**. **~ do vício**. **3** (O) que está sujeito a um poder despótico/Prisioneiro/Cativo. **Ex.** O povo hebreu foi ~ no Egi(p)to. **4** Que é próprio de quem não é livre. **Comb.** Trabalho ~. **5** *fig* (O) que vive para o trabalho/O que trabalha demasiado. **Comb.** ~ do trabalho. **6** *fig* O que é muito dedicado/fiel. **Ex.** Ele mais parece ~ da família, só vive para (o bem d')ela. **Comb.** ~ do bem comum. **7** *s f* Pulseira larga e fina, geralmente de metal precioso, que serve de adorno. **Ex.** A miúda entretinha-se a manusear as sete ~as da avó.

escrete *s m Br* (D)*esp* (<ing *scratch*) Sele(c)ção(+)/Grupo de atletas. **Ex.** O ~ canarinho [do Brasil] realizou uma exibição de sonho, que maravilhou a torcida [os apoiantes].

escrevaninha *s f* ⇒ escrivaninha.

escrevente *s 2g* (<escrever + -(e)nte) **1** Pessoa que escreve. **2** Pessoa que escreve o que outro lê/dita/Copista/Amanuense. **3** Funcionário subordinado ao escrivão/Escriturário(+).

escrever *v t/int* (<lat *scríbo,ere*) **1** Representar por meio de cara(c)teres/Regist(r)ar graficamente. **Ex.** Escreveu o nome e a morada. Eu ditava (o texto) e ela escrevia. Queria saber ler e ~. Como se escreve essa palavra? **Loc.** ~ **uma palavra** [um número]. ~ **a lápis** [tinta]. **Idi.** *depr* **O que ele/a diz não se escreve** [Ele/a não merece (grande) crédito]. **Prov. Deus escreve direito por linhas tortas** [Um mal pode ser – e no caso de Deus é sempre – ocasião para [pode ter como consequência] um bem]. **2** Comunicar por meio da escrita. **Ex.** Escreveu à mãe uma carta [um (bilhete-)postal]. **3** ~-se/Trocar [Manter] correspondência com alguém. **Ex.** Eles escrevem[correspondem]-se (desde) há muito tempo. **4** Compor/Redigir uma obra/ Ser autor de. **Ex.** Eça (de Queirós) escreveu vários romances. De que vivia Camilo Castelo Branco? – Escrevia [Era escritor/ Vivia da pena]. Nessa canção, ele escreveu a letra, e o amigo (escreveu) a melodia. **7** Manter colaboração [Publicar regularmente] na imprensa. **Ex.** Ele escreve nesse (jornal) diário à segunda-feira.

escrevinhador, ra *s/adj depr* (<escrevinhar + -dor) Escritor de mérito duvidoso/ Que escreve mal. **Ex.** Ele não é escritor, é um ~.

escrevinhar *v t depr* (<escrever + -inhar) **1** Escrever de forma imperfeita/Rabiscar. **2** Escrever coisas que não têm interesse. **Ex.** Muito gosta ele de ~ patetices! **3** Fazer anotações nas margens/entrelinhas de um texto.

escriba *s m* (<lat *scríba*: copista) **1** *Hist* Pessoa encarregada de escrever os textos oficiais «no Egi(p)to» e litúrgicos, na antiguidade/Copista. **2** *Hist* Doutor de leis entre os judeus. **Ex.** Cristo criticou ~s e fariseus. **3** ⇒ escrivão. **4** *s 2g* Escritor de pouco mérito/Escrevinhador.

escrínio *s m* (<lat *scrínium*: cofre(zinho), arquivo) **1** Armário [Cofre] para guardar papéis/Escrivaninha. **2** ⇒ guarda-joias.

escrita *s f* (<escrito) **1** A(c)to ou efeito de escrever/O que se escreveu. **Ex.** A ~ de uma simples carta é uma tarefa difícil para alguns. **Loc.** *pop* Borrar a ~ [Deitar tudo a perder/Estragar]. **Idi. Pôr a ~ em dia** [«entre amigos» Tomar conhecimento das novidades/Conversar]. **2** Representação da linguagem por signos [sinais] gráficos. **Ex.** A História começou com a invenção da ~.
3 Cada sistema de signos utilizado nessa representação/Alfabeto/Silabário. **Ex.** A ~ hieroglífica dos antigos egípcios só foi decifrada no início do séc. XIX. **Comb.** ~ **cuneiforme** [em que os signos tinham a forma de cunha]. **~ fonética** [em que os signos representam os sons duma língua] (Ex. O português tem uma ~ fonética, o inglês não). «o chinês é uma» ~ **ideográfica** [em que o signo representa uma noção expressa por uma palavra]. «o japonês é uma» ~ **silábica** [em que o signo representa uma sílaba, como é o caso da ~ japonesa]. **4** Sistema de signos usados para representar qualquer coisa. **Comb.** ~ **morse**. **~ musical**. **5** Forma própria [Estilo] de expressão literária. **Ex.** Aprecio muito a ~ de Miguel Torga. **6** Forma peculiar/pessoal de desenhar os signos duma língua/ Caligrafia(+). **Ex.** Tem uma ~ bonita, lê-se muito bem. **Comb.** ~/Letra de médico [de difícil leitura]. **7** *Com* Regist(r)o, em livros próprios e com regras, das operações comerciais/Escrituração. **Ex.** Ele faz a ~ da fábrica.

escrito, a *adj/s m* (<escrever) **1** Que se escreveu/Expresso por meio de sinais gráficos. **Ex.** Recebeu uma mensagem ~a «carta». **Loc.** Por ~o ⇒ **9**. **Idi. Estar no ~o** ⇒ **4**. ⇒ escrita. **Comb. Composição ~a. Exercício ~. Linguagem ~a. Prova ~a** (e prova oral). **2** Em que se escreveu. **Ex.** É uma folha ~a dos [nos] dois lados. Na escola encontrei o quadro (preto) [*Br* quadro-negro] ~ de alto a baixo [o quadro todo ~]. **3** Que se compôs/redigiu. **Ex.** É um livro bem ~, hás de gostar (de o ler/de lê-lo). **4** Determinado pela divindade ou pelo destino. **Ex.** Está ~ que só a Deus adorarás. Estava ~ que eu ia perder o comboio [trem].
5 Evidente/Patente/Manifesto. **Ex.** Mas será que tenho isso ~ na minha testa ?! **6** Bilhete/Cartão/Carta. **Ex.** Deixou-lhe um ~ a convidá-lo para a festa. **7** Trabalho literário/científico. **Ex.** Os ~s [livros/As obras/ publicações] do autor tiveram agora uma

nova edição. 8 ⇒ documento. 9 Forma gráfica. **Loc.** Por ~ (Ex. Reclamou [Fez/Apresentou queixa] por ~. Comunicou-lhe por ~ a sua decisão). **10** s m pl Pequeno pedaço de papel branco, colado na janela, indicativo de que a casa está para alugar. **Ex.** Hoje é raro verem-se ~s nas janelas.

escritor, ora s (<lat *scríptor,óris*: escrivão) **1** Pessoa que escreve. **2** Autor «de obras literárias». **Ex.** Admiro muito a obra do grande ~ português Miguel Torga. **Comb.** ~ [Autor] *clássico* «Camões, Manuel Bernardes, Antó[ô]nio Vieira, Machado de Assis». ~ *contemporâneo*. *O estilo do ~*.

escritório s m (<lat *scriptórium*: gabinete) **1** Divisão da casa com mesa e livros destinada ao trabalho intelectual, à leitura e escrita. **Ex.** Tenho um ~ muito amplo. ⇒ escrevaninha; secretária. **2** Sala ou conjunto de salas onde se faz o expediente de uma empresa ou se tratam os negócios de profissionais liberais. **Comb.** ~ de advogado(s). Empregado de ~. ⇒ secretaria.

escritura s f (<lat *scriptúra*: a(c)to de escrever) **1** ⇒ escrita **1, 2, 6**. **2** *Dir* Documento lavrado e autenticado por notário que valida, à face da lei, a(c)tos jurídicos: uniões, transa(c)ções, negócios, ... **Ex.** Vou buscar ao notário a ~ da compra da casa. **Comb.** ~ *pública*. **3** *maiúsc Rel* Conjunto dos livros canó[ô]nicos do Antigo e do Novo Testamento. **Comb.** Sagrada ~ [Bíblia].

escrituração s f (<escriturar + -ção) **1** A(c)to ou efeito de escriturar. **2** Regist(r)o, em livros adequados, de todas as operações comerciais de uma empresa/organização. **Loc.** Conhecer bem a ~ «e apurar [e ver quais são] as receitas e as despesas». **3** Conjunto de livros em que se faz esse regist(r)o.

escriturar v t (<escritura + -ar¹) **1** Regist(r)ar, em livros próprios e segundo regras definidas, todas as operações comerciais de uma empresa/organização. **Loc.** ~ lucros e perdas. **2** Fazer o regist(r)o, em livros próprios, dos documentos de uma repartição pública. **3** Fazer um contrato por escritura pública. **Ex.** O ajudante do notário escriturou a compra da casa. **4** Compor ou lavrar «documento autêntico».

escriturário, a s (<escritura + -ário) Pessoa que faz trabalho administrativo em escritório ou secretaria. **Ex.** Ele entrou para a função pública como ~ de segunda classe.

escrivania s f (<escrivão + -ia) Profissão de escrivão

escrivaninha s f (<escrivania + -inha) **1** Mesa apropriada para sobre ela se escrever/Secretária(+)/Mesa. **2** Peça de mobiliário de escritório com pequenos compartimentos, gavetas e tampo móvel, sobre o qual se escreve. **Ex.** Abriu a ~ para escrever uma carta ao amigo.

escrivão, ã s (<lat *scribánus*<*scríba*: copista) **1** Funcionário público encarregado de lavrar [escrever] documentos legais. **2** ⇒ copista; escrevente. **3** *pop* ⇒ notário(+); tabelião. **4** Pessoa que tem funções de secretário em certas confrarias ou ordens religiosas. (*Gram*: *Pl* escrivães, vãs).

escrófula s m Med (<lat *scrófulae*) **1** Aumento do volume dos gânglios linfáticos do pescoço, formando pequenos tumores. **2** Cada um desses tumores.

escrofulária s f Bot (<escrófula + -ário) Planta herbácea da família das escrofulariáceas, antes usada no tratamento de escrófulas; *Scrophularia aquática*.

escrofulariáceo, a adj/s Bot (<escrofulária + -áceo) **1** Que é relativo ou pertence às escrofulariáceas, família de plantas herbáceas e arbustivas, com corolas de pétalas unidas; *Scrophulariaceae*. **2** s f Planta desta família.

escrofulose s f Med (<escrófula + -ose) Aumento do volume dos gânglios linfáticos do pescoço, de natureza tuberculosa, formando tumores.

escrofuloso, a (Ôso, Ósa) adj **1** Que é relativo a escrófula. **2** Que tem escrófulas.

escroque s m (<fr *escroc* <it *scrocco*: calote, exploração) **1** Pessoa que, de forma fraudulenta, se apodera de bens alheios/Burlão(+)/Vigarista(o+). **Ex.** O ~ burlou o casal velhinho, que caiu no conto do vigário [que foi enganado]. **2** Pessoa de mau cará(c)ter, sem escrúpulos/princípios.

escroqueria s f (<fr *escroquerie*) ⇒ A(c)ção de escroque/Burla(+)/Fraude/Vigarice(o +).

escrotal adj (<escroto + -al) Do escroto. **Comb.** Bolsa ~.

escroto (Crô) s m (<lat *scrótum*) **1** *Anat* Saco cutâneo que contém os testículos. **2** *Br* adj/s m depr/cal Que/Quem é feio/mau/vil/mesquinho/Porcaria(+).

escrotocele s f Med (<escroto + -cele) Hérnia escrotal.

escrúpulo s m (<lat *scrúpulum*: pedrinha, embaraço) **1** Hesitação da consciência/Receio de errar ou de proceder mal. **Ex.** Os ~s impediam-no de tomar decisões. **2** Especial cuidado [zelo] no cumprimento dos deveres. **Ex.** Tinha ~ em visitar os pais já velhinhos. **3** Sentido da obrigação de respeitar valores [princípios] morais. **Ex.** Era pessoa sem ~s. **4** Preocupação/Inquietação exagerada da consciência moral antes ou depois de praticar uma a(c)ção/Remorso inquietante. **Ex.** Vivia atormentado pelos ~s.

escrupulosidade s f (<escrupuloso + -idade) Cara(c)terística/Qualidade do que é escrupuloso.

escrupuloso, a (Ôso, Ósa, Ósos) adj (<escrúpulo + -oso) **1** Que é exigente/rigoroso/bom/perfeito. **Ex.** É um advogado ~ a preparar a argumentação. **2** Que é cuidadoso/minucioso a agir. **Ex.** É ~ na corre(c)ção dos exercícios dos alunos. **3** Que procura ser re(c)to/consciencioso/íntegro. **Ex.** Em contas [questões ou assuntos de dinheiro] ele é demasiado ~. **4** Que está sempre inseguro acerca da moralidade das suas a(c)ções. **Ex.** Coitado, de [, porque é] tão ~, vive em contínuo tormento de consciência.

escrutar v t (<lat *scrúto,áre*: indagar) Inquirir/Investigar/Perscrutar. **Loc.** ~ os vizinhos «para os acusar». ~ os males da sociedade «para os curar».

escrutinação s f (<escrutinar + -ção) A(c)to ou efeito de escrutinar/Escrutínio **3/4**.

escrutinador, ora adj/s (<escrutinar + -dor) (O) que escrutina.

escrutinar v t (<lat *scrutíno,áre*: indagar) **1** Contar os votos de cada candidato numa eleição. **2** Examinar cuidadosamente/Escrutar/Esquadrinhar.

escrutínio s m (<lat *scrutínium*: pesquisa, a(c)ção de remexer) **1** Votação por meio de boletins lançados em urna. **Ex.** O ~ para a eleição presidencial é [As eleições presidenciais são] já neste mês. **2** Contagem dos votos entrados na urna e dos que obteve cada candidato. **Ex.** No fim da votação procede-se ao ~/apuramento dos votos. **3** Apuramento dos resultados de um concurso. **4** Exame minucioso.

escudar v t (<escudo + -ar¹) **1** Cobrir(-se)/Defender(-se) com escudo. **Loc.** ~-se para a batalha. **2** *fig* Proteger(-se)/Defender(-se). **Ex.** Ele escuda sempre a família, seja contra quem for. Contra o frio escudou[protegeu(+)]-se com um sobretudo. **3** Apoiar(-se)/Firmar(-se). **Ex.** Para sua defesa escudou-se na lei.

escudeiro s m (<lat *scutárius*: soldado armado com escudo) **1** *Hist* Pajem que na Idade Média acompanhava na guerra o cavaleiro. **2** *Hist* Criado de pessoa nobre. **Ex.** Ele foi seu fiel ~. **3** *Hist* Título de nobreza de grau menos elevado. **4** *fig col* Pessoa que acompanha e protege outra. **Ex.** Ele é o meu ~.

escudela (Dé) s f (<lat *scutélla*) Tigela de madeira pouco funda, para levar comida.

escuderia s f (<it *scuderie*: coudelaria) Organização proprietária de carros fabricados para disputar provas automobilísticas. **Ex.** Esse campeão de Fórmula 1 já correu contratado por mais que uma ~.

escudete s m (<escudo + -ete) **1** Escudo pequeno no centro de outro escudo. **2** Pequeno [Peça em forma de] escudo onde se representam as armas de uma família. **3** Chapa metálica, geralmente lavrada, a rodear fechaduras de móveis, estojos, caixas, ... **Sin.** Espelho. **4** *Agric* Enxerto em [de] borbulha. **5** *pl Anat* Escamas nos tarsos das aves de rapina.

escudo s m (<lat *scútum*) **1** Arma defensiva, presa à mão ou ao braço, para suster os golpes «de espada ou lança». **Ex.** «o polícia/policial» Tinha grande destreza a manejar o ~. **Loc.** Servir de ~ [de prote(c)ção] (Ex. A árvore serviu-lhe de ~ contra os tiros). **2** Unidade monetária de Cabo Verde e antiga de Portugal; ⇒ euro. **3** Peça em que se representam as armas de uma nação, de um município ou os brasões da nobreza. **Ex.** O ~ e a bandeira de Portugal tem sete castelos e as quinas. ~ armas «do Brasil». **4** *Agric* Borbulha que se tira da planta para enxerto. **5** *Bot* Parte externa das escamas de uma pinha. **6** *Zool* Qualquer placa óssea, córnea ou quitinosa que reveste o corpo de um animal. **7** *Ent* Parte anterior do tórax de alguns artrópodes.

esculápio s m col (<lat *Aesculápius*, deus da medicina) ⇒ médico.

esculca s m (<gótico *skulka*: espia) **1** ⇒ sentinela no(c)turna; vigia. **2** ⇒ guarda avançada. **3** ⇒ informação.

esculhambar v t Br (< ?) **1** ⇒ Criticar/Censurar asperamente. **2** ⇒ Desorganizar/Desarrumar/Estragar.

esculpir v t (<lat *scúlpo,ere*) **1** Cinzelar/Lavrar/Gravar/Trabalhar em pedra, mármore, madeira, ... **Ex.** Esculpiu um busto de mulher em [no] mármore. É um mestre a ~ em [a] madeira. Os namorados esculpiram os seus nomes na árvore. **2** *fig* Marcar de forma consistente/Modelar. **Ex.** O sofrimento esculpiu-lhe no rosto rugas profundas.

escultor, ora s (<lat *scúlptor,óris*) Artista que faz esculturas. **Ex.** Fídias foi um notável ~ da Grécia Antiga.

escultórico, a adj (<escultor + -ico) Relativo a escultura. **Comb.** A parte [O aspe(c)to] ~. ⇒ escultural.

escultura s f (<lat *sculptúra*) **1** Arte de esculpir. **Comb.** A ~ *grega* [de Miguel Ângelo]. **2** *Arte* Obra de arte esculpida. **Ex.** No jardim público abundavam as ~s. Comprei para a sala uma bela ~. **Comb.** ~ *de mármore. Exposição de ~*. **3** Conjunto de obras de arte esculpidas. **Ex.** Este museu é célebre pela sua ~.

escultural adj 2g (<escultura + -al) **1** Relativo a escultura. **2** Digno de ser esculpido/Que tem formas perfeitas. **Ex.** A moça tinha um corpo ~.

esculturar v t (<escultura + -ar¹) **1** Fazer a escultura de. **2** Trabalho de [como] escultor/Esculpir(+).

escuma s f (<germânico *skuma*: baba) **1** ⇒ espuma. **2** ⇒ escumalha; ralé.

escumadeira s f (<escumar + -deira) Concha, com orifícios, para escumar líquidos/Espumadeira.

escumalha s f (<escuma + -alha) **1** Escória de metal em fusão. **2** *depr* Gente da mais baixa condição social/Ralé. **Ex.** Dizia abominar a ~ do bairro degradado mas nada fazia por ela [para a ajudar].

escumar v t/int (<escuma + -ar¹) **1** *Cul* Retirar a espuma de. **2** Formar escuma/Fazer espuma/Espumar. **3** (Deixar) escorrer da boca um líquido semelhante a espuma. **4** *fig* ⇒ Ficar enfurecido/Exaltar-se. ⇒ babar-se «a ralhar».

escumilha s f (<escuma + -ilha) **1** Tecido muito fino e transparente, de lã ou de seda. **2** Chumbo miúdo, para caçar pássaros. **3** Espuma miúda. **4** *fig* Conjunto de coisas miúdas. **5** *Bot* Planta ornamental, originária do Oriente; *Lagerstroemia indica*.

escuna s f (<ing *schooner*) Embarcação de dois mastros, de vela latina [triangular] na popa e velas redondas na proa.

escuras s f pl ⇒ escuro **1 Comb.**

escurecer v t/int (<escuro + -ecer; ⇒ obscurar; obscurecer) **1** Tornar/Ficar escuro/(Fazer) perder a claridade. **Ex.** Os estores escurecem a sala [põem a sala às escuras]. A nuvem carregada veio ~ o dia. **2** Tornar mais escuro/Tornar a cor mais carregada. **Ex.** O sol de verão depressa escurece a pele dos banhistas. **3** Ficar escuro/Cair a noite/Anoitecer. **Ex.** Vamos embora [voltar], (por)que já está a ~ [a ficar escuro]. No inverno começa a ~ [fica escuro] muito cedo. **4** *fig* Obscurecer/Ofuscar/Suplantar(+). **Ex.** Segundo [No poema épico de] Camões, os heróis «navegadores» portugueses escurecem os gregos e romanos. A fama dos heróis de hoje escurece a dos antigos. **5** Tornar confuso. **Ex.** A prolixidade do estilo [O verbalismo do autor] escurece (um pouco) o texto. **6** *fig* Entristecer(+). **Ex.** A infeliz notícia escureceu-lhe o rosto/entristeceu-o.

escuridade s f (<escuro + -idade) **1** Qualidade do que é/está escuro/Escuridão(+). **2** *fig* Qualidade do que é difícil de compreender/Falta de clareza/Obscuridade(+).

escuridão s f (<escuro + -idão) **1** Falta de luz/Trevas/Negrume/Escuro. **Ex.** Naquela ~ não se via a um palmo do nariz [não se via nada]. **2** Privação do sentido da visão/Cegueira(+). **3** *fig* Falta de conhecimento/Ignorância. **Ex.** Viver na ~ é (como) ser escravo dos outros. **4** *fig* Tristeza profunda. **Ex.** Via-se-lhe bem no rosto a ~ (de alma) em que vivia.

escuro, a adj/s (<lat *obscúrus*) **1** Privado de luz. **Ex.** Ameaçou o miúdo com o quarto ~. **Comb.** ~ *como breu* [Muito ~]. *loc adv* Às ~as **a)** Sem luz (Ex. Falhou a luz e ficámos às ~, durante largos minutos, na sala. A casa às ~as [sem luz] metia-lhe medo); **b)** Em total ignorância (de um assunto) (Ex. Eu estava totalmente às ~as sobre o que se passava). *Câmara* ~*a* **a)** *Fot* Compartimento sem luz exterior em que se faz revelação fotográfica; **b)** *Fís* Caixa usada para provar a propagação re(c)tilínea da luz. *Noite* ~*a* [em que não há luar]. **2** Que é (quase) negro/Com um tom de cor menos claro. **Ex.** Ele trajava um fato [Br terno] ~. Trazia um casaco azul-~ sobre uma camisa azul-claro. **Comb.** *Cinzento-*~. *Verde-*~. **3** *fig* Desfavorável/Infeliz/Difícil. **Ex.** Prevejo um futuro ~ para este jovem «preguiçoso». **4** *fig* ⇒ triste. **5** *fig* Que passa despercebido/Pouco conhecido/Apagado. **Ex.** É uma vida ~a, que tem aquela [, a daquela] pobre gente. **6** *fig* Envolto em mistério/Suspeito/Duvidoso/Ilícito. **Ex.** Parece que está metido em negócios ~s. **7** s m Falta de luz/Escuridão **1**. **Ex.** O ~ favorece o crime. **Loc.** Ter medo do ~ [da escuridão]. **Comb.** *idi Salto no* ~ [Decisão irrefle(c)tida tomada às cegas/sem saber o que poderá acontecer a seguir].

escusa s f (<escusar) **1** A(c)to ou efeito de (se) escusar. **2** Dispensa de uma obrigação ou do exercício de cargo/função. **Ex.** «aluno/professor» Pediu ~ da aula. **3** Justificação/Desculpa/Pretexto. **Ex.** A doença do irmão foi ~ para não vir ajudar «na preparação da festa da escola».

escusado, a adj (<escusar) **1** Desnecessário/Dispensável/Não valer a pena/Supérfluo. **Ex.** Sendo o nosso conferencista [orador] a maior autoridade em bioética, é ~ falar do seu talento. **2** Inútil/Ser tempo perdido. **Ex.** É ~ insistir, que ele não muda de opinião.

escusar v t (<lat *excúso,áre*: desculpar) **1** Ser inútil/Não valer a pena. **Ex.** Escusas de vir pedir-me (para fazer) isso, que eu não deixo [não (te) dou licença]. **2** Não precisar de/Evitar/Poupar. **Ex.** Vai mais tarde, escusas de esperar tanto no médico. Escuso-me de apresentar exemplos, por de mais [Br demais] numerosos. **3** Desculpar/Tolerar/Perdoar. **Ex.** Não podia ~ tanta ingratidão. **4** Dispensar de (uma obrigação)/Isentar de/Desobrigar. **Ex.** Escusou-o de ir à reunião. **5** ~-se/Recusar-se a/Negar-se a. **Ex.** O réu escusou-se a falar.

escuso, a adj (<lat *abscónsus*: oculto; ⇒ esconder) **1** Pouco frequentado/Esconso/Escondido. **Ex.** Vive numa ruela ~a «da favela». **2** Suspeito/Duvidoso/Escuro. **Comb.** Negócios/A(c)tividades ~s/~as.

escuta¹ s f (<escutar) **1** A(c)ção de ouvir atentamente/escutar. **Loc.** «no corredor» Estar à ~ «da conversa na sala». **2** Audição/Regist(r)o de conversa telefó[ô]nica/radiofó[ô]nica sem que os interlocutores se deem conta. **Ex.** A ~ era dificultada pelas interferências. A ~ foi ordenada pelo juiz. **3** Pessoa incumbida de ouvir essas conversas/Espião. **4** Lugar onde se escuta/ouve. **Ex.** O som sai pela ~ do aparelho. **5** *Mil* Processo de dete(c)ção de a(c)tividade de inimiga através do som. **Comb.** ~ *submarina*. **6** s m *Mil* Combatente destacado para esse efeito/Sentinela/Vigia/Espia.

escuta² s 2g col (<ing *scout*) ⇒ escuteiro.

escutar v t (<lat *ausculto,áre*) **1** Captar sons pelo sentido da audição/Ouvir. **Ex.** Escutava, absorto, aquela bela melodia. **2** Ouvir atentamente. **Ex.** Escute-me [Oiça bem o que lhe digo]! Não faças ruído! Escuta! Parece que é um ladrão que (nos) entrou em casa. **3** Dar ouvidos a/Seguir [Acatar] um conselho. **Ex.** Ainda bem que [Felizmente] ele escutou o pai. **4** Ouvir clandestinamente uma conversa/comunicação/Espiar. **Ex.** O juiz mandou ~ os dois suspeitos.

escuteiro, a s (<ing *scout*: escuteiro + -eiro) Criança/Jovem integrada/o em associação que pratica o escutismo. **Ex.** Os ~s fizeram aqui um acampamento. ⇒ escuta².

escu[co]tismo s m (<ing *scout*: escuteiro + -ismo) Movimento, criado por Baden-Powell, para a formação moral e física de crianças e jovens. **Ex.** O ~ propõe a prática de uma boa a(c)ção diária a favor de outrem.

esdrúxulo, a (Chu) adj/s (<it *sdrucciolo*: escorregadio, que desliza) **1** *Gram* (Diz-se da) palavra que tem o acento tó[ô]nico na antepenúltima sílaba/Proparoxítono. **Ex.** Gé[ê]nio é um exemplo de palavra ~a. **2** ⇒ *fig* Esquisito/Excêntrico/Extravagante.

esfacelamento s m (<esfacelar) A(c)to ou resultado de esfacelar.

esfacelar v t (esfacelo + -ar¹) **1** Causar esfacelo/Gangrenar(+). **2** *fig* Causar/Sofrer estrago/Destruir. **3** ~-se/Decompor-se/Corromper-se/Desfazer-se.

esfacelo (Cê), **esfácelo** s m (<gr *sphákelos*: gangrena) **1** Necrose/Putrefa(c)ção dos tecidos duma parte do organismo/Gangrena(+)/Esfacelamento. **2** *fig* ⇒ Destruição/Estrago.

esfaimado, a adj (<esfaimar) Que está com muita fome/Esfomeado. **Ex.** Quando tem [joga] futebol, o meu filho chega-me a casa ~. **Sin.** Faminto. **Ant.** Farto; saciado.

esfaimar v t (<es- + lat *fámes*: fome + -ar¹) Provocar [Ficar com] muita fome.

esfalfar v t (< ?) Cansar(-se)/Fatigar(-se) muito/Esforçar(-se) demasiado. **Ex.** Fiquei esfalfado com a subida «da encosta».

esfanicar v t (<es- + fanico + -ar¹) Reduzir a pedaços/Fazer [Transformar] em fanicos/Esmigalhar.

esfaquear v t (<es- + faca + -ear) Dar facadas a/Golpear com faca. **Ex.** O bandido esfaqueou o dono da casa e fugiu.

esfarelar v t (<es- + farelo + -ar¹) **1** Reduzir(-se) a farelo ou migalhas/Esmigalhar(-se)/Esboroar-se(+). **2** *fig* Deixar [Ficar] desfeito/Destruir/Desfazer.

esfarinhar v t (<es- + farinha + -ar¹) **1** Reduzir a farinha/pó. **2** Desfazer(-se)/Esboroar(-se).

esfarrapadeira s f (<esfarrapar + -deira) Máquina provida de cilindros com dentes de aço, para desfazer os fios/farrapos de lã nas fábricas de lanifícios.

esfarrapado, a adj/s (<esfarrapar) **1** Rasgado/Roto. **Ex.** Trazia o casaco meio [um pouco] ~. **2** (O) que anda com a roupa em farrapos/Andrajoso/Maltrapilho. **3** *fig* Desconexo/Desordenado. **Ex.** O discurso pareceu-me um tanto [um pouco] ~, sem nexo [fio condutor]. **4** *fig* «desculpa/justificação» Que não convence/Que não merece crédito.

esfarrapar v t (<es- + farrapo + -ar¹) **1** Reduzir a farrapos/Rasgar. **Ex.** O casaco prendeu-se na sebe e, ao puxar, esfarrapou-se. **2** Deixar em bocados/Esfrangalhar/Dilacerar/Destruir. **Ex.** O leão esfarrapa a (carne da) presa com os dentes.

esfarripar v t (<es- + farripa + -ar¹) Fazer em farripas/tiras. **Loc.** ~ *o cabelo* (Cortá-lo irregularmente, ficando umas madeixas mais compridas que outras/Ficar o cabelo ralo, só com umas farripas).

esfena, esfênio (Br) *Min* (<gr *sphén,enós*: cunha) Silicato de cálcio e titânio.

esfenoidal adj (<esfenoide + -al) Relativo ao esfenoide.

esfenoide (Nói) s m/adj 2g *Anat* (<gr *sphenoeidés*: em forma de cunha) **1** Osso na base do crânio. **2** Que tem a forma de cunha/Cuneiforme.

esfera s f (<gr *spháira*: todo o corpo redondo, bola para jogar) **1** *Geom* Sólido geométrico de superfície curva, na qual todos os pontos estão equidistantes do centro. **Ex.** O último teorema do nosso estudo tratava do volume da ~. **Comb.** ~ *armilar* **a)** Antiga representação da ~ celeste, em que os seus principais círculos (equador, trópicos, eclíptica, …) tinham a forma de anéis [armilas] a envolver uma pequena ~ no centro, que representava a Terra; **b)** Representação desse conjunto que figura na bandeira nacional de Portugal, sendo também um elemento decorativo do estilo manuelino. *Astr* ~ *celeste* [~ ima-

ginária tendo por centro o observador e, à sua superfície, os corpos celestes]. *Geog ~ terrestre* [A Terra representada por um globo um pouco achatado nos polos].
2 Corpo redondo/Globo/Bola. **Ex.** Usam-se ~s no sorteio da lotaria. **3** *Mec* Bola de aço usada em rolamentos. **4** Espaço em que se regist(r)a/manifesta um fenó[ô]meno. **Comb.** ~ de atra(c)ção «de um íman». **4** Âmbito/Área de a(c)tuação. **Ex.** Isso está fora [não é] da minha ~. Na sua ~ de intervenção, ele é muito útil à comunidade local. **Comb.** ~ *de a(c)ção*. ~ *de competência* [Conjunto de matérias em que alguém tem poder de decisão]. ~ *de influência* **a)** *Geog* Zona do mundo em que um país [uma potência] é levado/a a intervir «na defesa dos seus interesses»; **b)** Meio em que alguém se move, com poder de influir nas decisões a tomar. **5** Domínio/Campo/Se(c)tor. **Ex.** A engenharia genética é ~ em que se levantam graves problemas éticos. **6** Classe social/Meio socioeconó[ô]mico/Círculo de pessoas. **Ex.** Ela move-se (muito) bem nas altas ~s/ instâncias [bem entre as elites] e pode ajudar muito a nossa causa.

esfericidade *s f* (<esférico + -idade) ⇒ Qualidade do que é esférico.

esférico, a *adj/s m* (<gr *sphairikós*) **1** Que tem a forma de globo/esfera. **Ex.** A forma da Terra é quase ~a. **2** Que é relativo à esfera. **Comb.** Calota ~a. **3** *fig* ⇒ gordo. **4** *s m (D)esp gír* Bola (de futebol). **Ex.** O defesa [zagueiro] falhou e pôs o ~ nos pés do adversário, que fez golo.

esferográfica *s f* (<esfera + -grafo + -ico) Caneta que tem na ponta uma esfera de metal a regular a saída da tinta. **Ex.** Na escola já ninguém usa caneta de tinta permanente, só (se usa) ~.

esferoidal *adj 2g* (<esferoide + -al) Que tem a forma de esferoide.

esferoide (Rói) *adj 2g/s m* (<gr *sphairoeidés*) (Sólido/Corpo) que tem forma próxima da esfera. **Ex.** A Terra é ~ [é uma esfera um pouco achatada nos polos].

esferómetro [*Br* **esferômetro**] *s m* (<esfera + -metro) Instrumento usado para medir a curvatura das superfícies esféricas ou para medir espessuras.

esferovite *s f* (<Nome de marca regist(r)ada) Material plástico leve, usado em embalagens e para isolamento térmico/Espuma de polistireno.

esférula *s f* (<lat *sphaérula*: pequena esfera) **1** Esfera de pequeno tamanho. **2** ⇒ gota. **3** *Bot* Rece(p)táculo de forma oblonga ou có[ô]nica na roseta de alguns musgos.

esfervilhar *v int* (<es- + fervilhar) **1** Agitar-se ou mexer-se muito/Fervilhar(+). **Ex.** Com o lume forte, a água da panela (es)fervilhava. **2** *fig* Estar inquieto. **3** *fig* Existir em grande número/Abundar/Pulular.

esfiada *s f* (<esfiar) ⇒ Desfolhada.

esfiapar *v t* (<es- + fiapo + -ar¹) **1** Rasgar(-se) em fitas ou fios/Desfazer(-se) em fiapos. **2** *fig* ⇒ Desfazer(-se)/Destruir(-se).

esfiar *v t* (<es- + fio + -ar¹) **1** Reduzir a [Desfazer(-se) em] fios/Esfiapar. **2** ⇒ desfiar(+).

esfigmógrafo *s m Med* (<gr *sphygmós*: pulsação + -grafo) Instrumento que regist(r)a as pulsações arteriais.

esfigmomanómetro [*Br* **esfigmomanômetro**] *s m Med* (<gr *sphygmós*: pulsação + manómetro) Instrumento que regist(r)a a pressão do sangue nas artérias.

esfíncter *s m Anat* (<gr *sphígkter*: o que aperta, ligadura, faixa) Músculo anular que circunda um orifício ou canal natural «ânus, uretra», regulando a sua abertura ou fechamento. **Comb.** ~ *anal*. ~ *pilórico*.

esfigmómetro [*Br* **esfigmômetro**] *s m Med* ⇒ pulsímetro.

esfinge *s f* (<gr *sphígx,iggós*) **1** *Mit* Monstro fabuloso com cabeça humana e corpo de leão, que propunha enigmas, devorando aqueles que os não decifrassem. **Ex.** O herói grego Édipo resolveu o enigma que lhe pôs a ~. **2** Na arte egípcia, estátua de uma divindade representada com corpo de leão e cabeça humana. **Comb.** ~ *de Gizé*. **3** *fig* Pessoa misteriosa/enigmática/ muito reservada.

esfíngico, a *adj* (<esfinge + -ico) **1** Relativo a esfinge. **2** *fig* ⇒ Misterioso/Enigmático.

esfingídeo, a *adj/s m Ent* (<lat *Sphingidae*) Diz-se de inse(c)to ou família de inse(c)tos lepidópteros no(c)turnos; *Sphingidae*. ⇒ borboleta.

esfirenídeo, a *adj/s m Icti* (<gr *Sphýraina* + -ídeo) Diz-se de peixe ou família de peixes teleósteos, carnívoros e predadores, a que pertence a barracuda; *Sphyraenidae*.

esflorar *v t* (<es- + flor + -ar¹) **1** Tirar a flor a/Desflorar(+). **2** «o vento» Agitar/Encrespar a superfície de. **Ex.** A brisa forte esflorava a água do lago.

esfoguetear *v t* (<es- + foguete + -ar¹) **1** Festejar com [deitando] foguetes «a eleição do seu candidato». **2** Disparar «para experimentar ou limpar arma/para afugentar assaltantes». **3** *fig* ⇒ repreender com aspereza/escorraçar.

esfola (Fó) *s f* (<esfolar) **1** A(c)to de tirar a pele a um animal. **2** Ferimento superficial/ Arranhadela/Esfoladela(+)/Esfoladura. **3** *s m fam* ⇒ penhorista.

esfoladela (Dé) *s f* (<esfolar + -dela) **1** A(c)to ou efeito de esfolar(-se). **2** Ferimento superficial/Escoriação/Arranhão. **3** *fig* Estrago ligeiro [pequeno] na superfície de um obje(c)to. **Ex.** O carro novo já tem uma ~ / arranhadela.

esfolador, ora *adj/s* (<esfolar + -dor) **1** (O) que tira a pele a um animal. **2** *fam* (O) que cobra muito dinheiro «*idi* leva couro e cabelo»/Explorador.

esfoladura *s f* (<esfolar + -dura) ⇒ esfoladela.

esfolamento *s m* (<esfolar + -mento) **1** ⇒ esfola 1. **2** ⇒ esfoladela 2.

esfolar *v t* (<lat *exfólio,áre*: tirar a pele/*idi* o fole) **1** Arrancar a pele a um animal. **Idi.** *Se um grita 'Mata!', logo outro grita 'Esfola!'* [São ambos, cada qual o mais cruel/ Cada um é mais cruel que o outro]. **2** Ferir-se levemente na pele/Escoriar(-se). **Ex.** Ele caiu e esfolou a perna. **3** *fig* Causar/ Sofrer dano superficial. **4** *col* Cobrar demasiado dinheiro «por um serviço»/Explorar. **Ex.** Ele queixa-se do advogado que só sabe [costuma] ~.

esfolha(da) *s f* (<esfolhar) ⇒ desfolhada.

esfolhar *v t* (<es- + folha + -ar¹) ⇒ desfolhar «o milho».

esfolhear *v t* (<es- + folhear) ⇒ Passar as folhas (de livro, jornal, …)/Folhear(+) «livro» sem prestar muita atenção.

esfoliação *s f* (<esfoliar + -ção) **1** A(c)to ou efeito de esfoliar/Separação, em lâminas, de uma camada superficial. **2** *Geol* Processo erosivo que afe(c)ta a superfície da rocha. **3** *Med* Eliminação das células mortas, sob a forma de lâminas, da epiderme, de cartilagem, osso, tendão, … **4** *Bot* Separação das camadas mortas da casca. **5** *Mil* Envenenamento/Destruição da vegetação «com (d)esfoliantes lançados de avião».

esfoliante *adj 2g/s m* (O) que causa esfoliação.

esfoliar *v t* (<lat *exfólio,áre*: tirar as folhas) **1** Separar em lâminas/placas. **2** Desagregar(-se) em forma de folhas, lâminas, lascas. **3** ⇒ (es)folhear(+).

esfoliativo, a *adj* (<esfoliar + -tivo) Que provoca esfoliação.

esfomeado, a *adj/s* (<esfomear) (O) que tem muita [está cheio de] fome/Faminto. **Ex.** Depois da corrida, vinha ~ e comeu imenso/muito. Ele é um ~ [Ele (parece que) anda sempre com fome]!

esfomear *v t* (<es- + fome + -ear) Causar fome a/Dar [Provocar/Ter] grande apetite. **Ex.** A caminhada costuma ~ os jovens.

esforçado, a (<esforçar) **1** Que se esforça muito/Trabalhador. **Ex.** É um aluno ~, pode ir longe [ter um futuro brilhante/promissor]. **2** Corajoso/Valente. **Ex.** No ataque ao inimigo, revelou-se um soldado ~. **3** Que revela empenhamento/Diligente. **Ex.** É ~ nas tarefas em que entra. **4** *depr* Que, apesar de pouco ou nada inteligente, se empenha em realizar as suas tarefas.

esforçar *v t* (<es- + forçar) **1** Usar alguma coisa para além da sua capacidade/ resistência. **Ex.** Ás vezes ele esforça o [puxa demasiado pelo (+)] motor, o que não é bom. **Loc.** ~ [Forçar (+)] *a chave*/a porta «e estragá-la». ~ *a* [Puxar pela] *voz*. **2** ~-se/Empenhar-se/Aplicar-se. **Ex.** Importa [É preciso/necessário] ~-se para obter um bom resultado. **Loc.** ~-se [Dar todas as voltas/Trabalhar/«Estudar»] para conseguir um bom resultado/emprego/«uma boa classificação/nota».

esforço (Fôr) *s m* (<esforçar) **1** A(c)to de esforçar-se/Mobilização das forças/capacidades com vista a um obje(c)tivo. **Ex.** Com mais um ~, vai conseguir o que quer. **2** Diligência/Empenho/Cuidado. **Ex.** Não se poupou a ~s [Esforçou-se imenso/muito] para socorrer os que ficaram sem casa. **3** Dificuldade/Custo/Trabalho. **Ex.** Foi com muito ~ que terminou a corrida. **4** ⇒ vigor/ ânimo/coragem.

esfragística *s f* (<gr *sphragistiké (tékhne)*: arte do selo) Disciplina que, nos documentos antigos, estuda os selos, sinetes e carimbos.

esfrançar *v t* (<es- + frança + -ar¹) **1** Cortar os ramos mais altos [as franças] da copa das árvores. **2** Limpar a árvore dos ramos secos e velhos/Esgalhar.

esfrangalhar *v t* (<es- + frangalho + -ar¹) **1** Pôr em frangalhos/Rasgar(-se) em bocados/Esfarrapar. **Ex.** O dicionário caiu «da estante» e, como a encadernação era fraca, ficou todo esfrangalhado/desfeito. **2** ⇒ destruir. **3** *fam* Dar muita pancada a/Sovar. **Ex.** Se descubro quem bateu ao meu filho, esfrangalho-o.

esfrega (Fré) *s f* (<esfregar) **1** A(c)to de esfregar/friccionar/Esfregadela. **2** *fam* Forte repreensão/Descompostura. **3** *fam* Tareia/ Sova. **Ex.** Apanhou (cá) uma ~ que não se esquece tão cedo [que nunca mais (se) esquece]. **4** Trabalho cansativo/Seca/Maçada.

esfregaço *s m* (<esfregar + -aço) **1** *Arte* Leve camada de tinta/verniz aplicada sobre uma pintura, para transparecer o grão da tela. **2** *Med* Preparação para observar ao microscópio, sobre a lâmina, uma fina camada de líquido orgânico. **Comb.** ~ *vaginal*.

esfregadela (Dé) *s f* (<esfregar + -dela) A(c)to de esfregar/friccionar levemente.

esfregão *s m* (<esfregar + -ão) Obje(c)to próprio «de pano» para esfregar.

esfregar *v t* (<lat *éxfrico,áre*: retirar esfregando) **1** Passar repetidamente a mão, ou um obje(c)to, por uma superfície, pressio-

nando/Friccionar. **Ex.** Para limpar o fundo do tacho, tive que o ~ com força. Este cão gosta de se ~ nas pernas do dono. **Loc.** ~ *as mãos* de contente [Estar radiante]. ~ *os olhos*. **Idi.** «fazer algo» *Enquanto o diabo esfrega um olho* [Muito depressa/Num instante]. **2** Lavar com escova, friccionando. **Loc.** ~ o chão «da cozinha». **3** *col* Roçar-se em alguém com intuito libidinoso. **4** *fam* Bater em alguém/Sovar/Surrar.

esfregona (Gô) *s f* (<esfregão + -ona) Obje(c)to de limpeza do chão, que tem um pano ou material sintético, inteiro ou às tiras, preso ao fundo de um cabo.

esfriamento *s m* (<esfriar + -mento) **1** A(c)to ou resultado de esfriar/Arrefecimento. **Ex.** Um ~ pode provocar uma constipação. ⇒ r~. **2** *fig* Diminuição de entusiasmo/vigor/intensidade. **Ex.** O ~ das relação entre eles «países» é evidente/bem visível.

esfriar *v t/int* (<es- + frio + -ar¹) **1** Tornar(-se) (mais) frio/(Fazer) perder calor/Arrefecer. **Ex.** O tempo tem vindo a ~, há que levar um abafo. **2** Perder o entusiasmo/Diminuir a vivacidade/o ardor. **Ex.** Este [O] incidente esfriou a amizade entre eles.

esfulinhar *v t* (<es- + ful(igem) + -inhar) **1** Limpar a fuligem «da chaminé». **2** *fig* Retirar impurezas/Limpar.

esfumaçar *v t* (<es- + fumaça + -ar¹) **1** Encher de fumo/Espalhar fumaça. **2** Enegrecer com o fumo. **3** *Br* Defumar «alimentos».

esfumar *v t* (<it *sfumare*: exalar fumo <lat *effúmo,áre*) **1** *Arte* Sombrear com esfuminho/Esbater os traços de um desenho. **2** (Fazer) ficar escuro com o fumo/Enegrecer/Escurecer. **3** *fig* Esvair-se como fumo/«nuvem» Ir desaparecendo/Dissipar-se. **Ex.** Esfumou-se a ideia de montar o negócio.

esfuminho *s m* (<it *sfummino* ⇒ esfumar) Instrumento «rolo de papel/feltro» que esbate os traços a lápis ou a carvão num desenho.

esfuracar *pop v t* (<furar + esburacar?) Fazer furos/Abrir buracos/Furar (o+)/Esburacar(+).

esfuziada *s f* (<esfuziar) Descarga de tiros/Rajada(+).

esfuziante *adj 2g* (<esfuziar) **1** Que sibila/zumbe como um projé(c)til ao ser disparado. **Comb.** Vento ~. **2** *fig* Muito alegre/comunicativo/Radiante. **Ex.** Era uma moça ~ de entusiasmo. **Comb.** Alegria [Entusiasmo/Risada] ~/contagiante. **3** Que deslumbra/Cintilante.

esfuziar *v t* (<es- + fuzil + -ar¹) **1** Zunir(+)/Sibilar como projé(c)til disparado. **2** «o vento» Soprar violentamente. **3** *fig* Manifestar grande entusiasmo/vivacidade. **Loc.** ~ de alegria. **4** ⇒ lançar/atirar/dardejar.

esgaçar *v t/int* (<esgarçar) Partir(-se), rasgar(-se) ou separar(-se) parcialmente. **Ex.** O ramo esgaçou(-se) «ao puxá-lo/com o peso da fruta».

esgadanhar *v t* (<es- + gadanha + -ar¹) **1** Ferir(-se) com as unhas/Arranhar. **Ex.** Os miúdos esgadanhavam-se um ao outro. **2** Esforçar-se muito. **Ex.** Esgadanhou-se (todo) para alcançar o triunfo na prova.

esgadelhar *v t* ⇒ (d)esguedelhar.

esgalgado, a *adj* (<esgalgar) **1** Que é magro/esguio como um galgo. **2** Esfomeado/Faminto/Escanzelado. **3** «rua/carreiro» Estreito e comprido.

esgalgar *v t* (es- + galgo + -ar¹) Tornar/Ficar magro/esguio como um galgo.

esgalha *s f* (<esgalhar) **1** A(c)to ou efeito de esgalhar/Corte de ramos/galhos de uma árvore. **2** Ramo ou conjunto de ramos cortados de uma árvore. **3** Ramificação de cacho de uvas/Escádea. **4** *loc* «ir/largar/conduzir» Na ~/brasa(+) [A grande velocidade].

esgalhar *v t/int* (<es- + galho + -ar¹) **1** Ramificar(+)/Dividir-se em várias dire(c)ções/Lançar ramos novos. **Ex.** Na primavera as árvores voltam a ~. **Comb.** Veado esgalhado [que tem muitos chifres]. **2** Cortar os ramos/galhos de uma árvore/Separar do tronco/Desgalhar. **3** *col* Trabalhar muito ou com rapidez. **4** *col* Deslocar-se a grande velocidade/Ir na brasa. **Ex.** Vieram a ~ para chegar a horas [a tempo/à hora fixada].

esgalho *s m* (<esgalhar) **1** Rebento de árvore pouco desenvolvido. **2** Parte do ramo cortado que ficou presa ao tronco. **3** Ramificação do cacho de uvas. **4** *Zool* Ramificação dos galhos do veado.

esgana *s f* (<esganar) **1** A(c)to ou efeito de apertar o pescoço a alguém, até sufocar/ A(c)to ou efeito de esganar/estrangular/ Esganação 1. **2** *col* Tosse convulsa. **3** *col* Doença contagiosa que ataca as vias respiratórias do cão. **4** *col* Grande apetite/Fome intensa/Gana. **5** Casta de videira cultivada em Portugal.

esganação *s f* (<esganar + -ção) **1** A(c)to ou efeito de esganar/Estrangulação/Esgana 1. **2** *fig* Avidez/Sofreguidão/Impaciência. **3** *fig* Exagerado apego ao dinheiro/Ânsia de possuir cada vez mais.

esganado, a *adj* (<esganar) **1** Estrangulado/Sufocado. **2** Cheio de fome/Faminto. **3** ⇒ avaro; sovina. **4** Ávido/Sôfrego de alguma coisa.

esganar *v t* (<es- + gana + -ar¹) **1** Apertar fortemente o pescoço a/Matar por sufocação/Estrangular. **2** *Náut* Apertar as primeiras voltas de um cabo, em cruz. **3** Sentir um aperto no peito devido a grande ansiedade. **4** Sufocar devido a forte ciúme/inveja.

esganiçado, a *adj* (<esganiçar) **1** Que se esganiçou. **2** «voz» Muito aguda/Estridente. **3** *s* Pessoa que tem esse tipo de voz. **Ex.** É um ~, faz-me impressão ouvi-lo. **4** Que é alto e magro/Esguio.

esganiçar *v t* (<es- + gan(ir) + -iço + -ar¹) **1** Tornar a voz estridente «como o ganir do cão». **2** ~-se/Soltar sons muito agudos, forçando as cordas vocais/Cantar de falsete. **Ex.** Teve de ~-se para chegar às notas mais altas da melodia.

esgar *s m* (<fr *égard an esgart*: a(c)to de olhar) **1** Contra(c)ção do rosto/Trejeito. **Ex.** Os ~es dele fazem-me impressão [causam-me desagrado]. **Comb.** Um ~ de dor. **2** Careta(+) de escárnio.

esgaratujar *v t* (<es- + garatuja + -ar¹) Fazer garatujas/Rabiscar/Escrevinhar/Garatujar(+).

esgaravatar *v t* (<es- + garavato + -ar¹) **1** Limpar com dedo/palito/Escarafunchar/Esgravatar. **2** Remexer a terra com as unhas, com as mãos ou com obje(c)to pont(iag)udo. **Ex.** Vi a galinha ~ a terra húmida à procura de bichinhos. **3** *fig* Pesquisar/Inquirir. **4** *Mil* Deitar pólvora na escorva da arma/Escorvar.

esgarçar *v t/int* (<lat *exquártio,áre*: esquartejar; ⇒ esgaçar) **1** «tecido/vestido» Rasgar-se, separando-se os fios/Desfiar-se. **2** Abrir rachas/fendas. **3** Romper/Abrir a casca de um fruto. **4** ⇒ Arranhar/Esfolar «a pele».

esgargalado, a *adj* (<esgargalar) **1** Que deixa/tem o pescoço a descoberto/Decotado. **2** Que tem o pescoço alto.

esgargalar *v t* (<es- + gargalo + -ar¹) Deixar o pescoço a descoberto/Pôr grande decote.

esgarrar *v t/int* (<es- + garrar) **1** *Náut* «barco» Mudar de rumo [rota] que se havia definido. **2** Desviar-se/Afastar-se do caminho traçado/Extraviar-se. **3** (Fazer) seguir mau caminho/(Levar a) proceder mal/Transviar(-se). **4** Apartar(-se) do grupo/Desgarrar(-se) (+)/Separar(-se).

esgazeado, a *adj* (<esgazear) **1** Que tem [está com] os olhos muito abertos, denotando agitação, ira, espanto, … **Comb.** Olhar ~. **2** ⇒ esbaforido; ofegante; alucinado. **3** ⇒ esbranquiçado; alvar; desmaiado.

esgazear *v t* (<es- + gázeo + -ar¹) **1** Abrir muito os olhos em sinal de espanto, ira, cólera, … **2** *Arte* Tornar mais claras/desmaiadas as cores de um quadro.

esgorjar *v t/int* (<es- + gorja + -ar¹) **1** Descobrir muito a garganta/gorja/Esgargalar/Decotar. **2** *fig* Ter grande desejo/avidez de.

esgotamento *s m* (<esgotar + -mento) **1** A(c)to ou efeito de esgotar(-se)/Extinção de líquido. **Comb.** ~ [O secar] *da fonte*. ~ [Esvaziamento] *do poço*. **2** A(c)ção de gastar até ao fim. **Ex.** O ~ dos [O terem-se esgotado os] recursos financeiros criou-nos um drama [uma situação difícil]. **3** Cansaço extremo/Perda de forças/Exaustão. **Comb.** *Med* ~ nervoso/cerebral [Estado patológico provocado por forte tensão nervosa ou excessivo trabalho intelectual] (Ex. Está com um ~ (cerebral) e vai levar tempo [vai demorar] a recuperar). **4** *Agr* Estado do solo que não pode produzir. **Ex.** O ~ dos solos favorece a desertificação.

esgotar *v t* (<es- + gota + -ar¹) **1** Tirar/Sair até à última gota/Esvaziar. **Ex.** Esgotou o último gole de [Escorropichou o (copo de)] vinho. **2** Deixar/Ficar totalmente vazio. **Ex.** Com a seca, o poço depressa esgotou. **3** Gastar/Consumir até ao fim/Acabar. **Ex.** As energias não renováveis um dia esgotam-se. Esgotámos já os recursos disponíveis [os meios que tínhamos]. «Tu vê lá/ Cuidado» A minha paciência está a ~-se ! O prazo de pagamento» está a esgotar-se [a acabar/a terminar]. **4** Cansar até à exaustão/Extenuar. **Ex.** A corrida foi tão dura que chegaram esgotados. **5** Tratar/Abordar de forma completa. **Ex.** Numa hora não poderei [me será possível] ~ assunto tão difícil. Esta tese está longe de ~ [não esgota] o tema. **6** Não sobrarem/haver mais exemplares «de livro, revista, jornal, …» para venda/distribuição. **Ex.** A 1.ª edição da obra «dicionário» esgotou(-se) em menos dum ano. Foi tal a procura que o jornal esgotou. **7** Reduzir-se a. **Ex.** A amizade entre as famílias não se esgota na organização alternada de festas comuns [não são só festas/não é só nas festas].

esgoto (Gô) *s m* (<esgotar) **1** A(c)to ou efeito de esgotar/Escoamento(+). **Comb.** Cano de ~ «da cozinha». **2** Sulco onde correm águas sujas/imundas. **Ex.** Naquele bairro degradado há um ~ a céu aberto [~ descoberto]. **3** Sistema de canalização subterrânea para receber águas pluviais e deje(c)tos de um agregado populacional. **Ex.** Pagamos uma taxa para manutenção do sistema [da rede] de ~s. **4** Conteúdo que corre nessa canalização. **Ex.** Quando há avaria, nota-se na rua um cheiro pestilento de [que vem do] ~.

esgrafiar *v t* (<it *sgraffiare*) Desenhar ou pintar a esgrafito.

esgrafito *s m* (<it *sgraffitto*) Decoração mural que imita baixo-relevo.

esgraminhar *v t* (<es- + graminha, *dim* de grama + -ar¹) Retirar a grama de um terreno de cultivo, a seguir à lavra.

esgravatar *v t* ⇒ esgaravatar.

esgrima s f (<provençal *escrima*) **1** A(c)to de esgrimir. **2** *(D)esp* Modalidade praticada por dois contendores, manejando espada/sabre/florete, em que cada um procura tocar o corpo do outro e impedir ser atingido. **3** *fig* Luta física ou verbal.

esgrimir v t/int (<esgrima + -ir) **1** Praticar a esgrima/Manejar espada/sabre/florete. **2** Agitar/Brandir(+). **Ex.** Irritado, esgrimia a bengala em gesto ameaçador. **3** *fig* Apresentar em discussão/Utilizar como arma em polé[ê]mica. **Ex.** Passou a ~ [mostrar/apresentar] os números que calaram o adversário. Esgrimiu [Apresentou] argumentos que o outro não conseguiu refutar. **4** *fig* ⇒ combater/lutar.

esgrimista s 2g (<esgrimir + -ista) Pessoa que pratica ou ensina esgrima.

esgrouviado, a adj (<esgrouviar) **1** Que é alto e magro, como o grou. **2** *col* Que tem o cabelo em desalinho/Desgrenhado. **3** *col* Que parece ter pouco juízo/Distraído/Aéreo. **Ex.** O rapaz tem um ar [aspe(c)to] ~. ⇒ esgrouvinhado.

esgrouviar v t (<es- + grou + -v- + -iar) **1** Desalinhar «o cabelo»/Despentear. **2** Tornar(-se) magro [esguio] como o grou.

esgrouvinhado, a adj ⇒ esgrouviado.

esgrouvinhar v t ⇒ esgrouviar.

esguardar v t (<es- + guardar) **1** Ter em atenção/Respeitar. **2** Prestar atenção a/Olhar para. **3** Acautelar-se.

esguardo s m (<esguardar) **1** Respeito/Consideração. **2** Resguardo/Cautela/Precaução.

esguedelhar v t (<es- + guedelha + -ar¹) Desalinhar o cabelo/Despentear(-se). ⇒ desguedelhar.

esgueirar v t (< ?) **1** Desviar(+) «os olhos» de forma discreta. **2** ~-se/Sair [Ausentar-se] da companhia de alguém discretamente/Escapar-se. **Ex.** O miúdo esgueirou[escapuliu]-se sem ninguém dar conta. Aproveitou para ~-se por entre a densa folhagem dos arbustos.

esguelha (Guê) s f (< ?) **1** Posição/Dire(c)ção oblíqua/Viés. **Ex.** Olhou de ~ para o grupo e não reconheceu ninguém. **Loc.** «sentar-se/estar/ver/olhar» *De ~* [De lado/De través/De soslaio]. *idi Olhar alguém de ~* [Andar desavindo/Desconfiar de alguém]. **2** Pedaço de tecido cortado obliquamente/Nesga(+).

esguião s m (< ?) Tecido fino de linho ou (de) algodão.

esguichar v t/int (<esguicho + -ar¹) Expelir/Sair um líquido com força, em ja(c)to, por orifício estreito. **Ex.** O cano roto esguichava [estava a ~] «água».

esguicho s m (< *on* ?) **1** A(c)to ou efeito de esguichar. **2** Ja(c)to/Repuxo de um líquido. **Ex.** Da mangueira saiu um ~ que me molhou a camisa. **3** Bisnaga de Carnaval/Seringa. **4** ⇒ «torneira com» repuxo.

esguio, a adj (<lat *exíguus*: pequeno, estreito) **1** «gargalo de garrafa» Longo e estreito/Alto e magro/Delgado. **Ex.** O eucalipto jovem tem um tronco ~. **2** «vestuário» Que não tem roda/Justo (ao corpo).

eslávico, a adj/s m (<eslavo + -ico) **1** Relativo aos eslavos. **2** s m Língua indo-europeia falada pelos eslavos.

eslavismo s m (<eslavo + -ismo) Doutrina política que advoga o agrupamento dos eslavos numa só nação e o aumento da sua influência/Pan-eslavismo.

eslavo, a adj/s (<lat *slavus*) **1** Relativo aos Eslavos ou à sua língua. **Comb.** *Línguas ~as. Povos ~s.* **2** s Indivíduo desses povos. **3** s m pl Povo indo-europeu que se fixou no leste, centro e sueste da Europa, de que são descendentes a(c)tuais: russos, bielorrussos, ucranianos – grupo oriental; búlgaros, sérvios, croatas, macedó[ô]nios, eslovenos – grupo meridional; (t)checos, eslovacos e polacos – grupo ocidental.

eslovaco, a adj/s (<Eslováquia) **1** Relativo à Eslováquia. **2** (O) que é natural ou habitante da Eslováquia. **3** s m Língua eslava falada na Eslováquia.

Eslováquia s f República da Europa Central, com a capital em Bratislava, e cujo território era a parte oriental da antiga (T)Checoslováquia, desmembrada em 1993.

Eslovénia [Br **Eslovênia**] s f República da Europa do Sul, um dos Estados da antiga Jugoslávia, com capital em Liubliana.

esloveno, a (Vê) adj/s (<Eslovénia) **1** Relativo à Eslové[ê]nia. **2** s Natural ou habitante da Eslové[ê]nia. **3** s m Língua eslava falada na Eslové[ê]nia.

esmaecer v int (<(d)esmaiar + -ecer) **1** Perder a cor/Desbotar/Esbater/«rosa» Murchar. **Ex.** Com o muito sol que apanhou, a cor do tecido esmaeceu. **2** Perder o brilho. **3** Perder a intensidade/Enfraquecer/Esmorecer. **Ex.** A luz da vela começou a ~. **4** Apagar-se/Desvanecer-se. **5** Perder os sentidos/Desfalecer/Desmaiar.

esmagador, ora adj (<esmagar + -dor) **1** Que esmaga/Que oprime. **Comb.** Angústia a/insuportável. **2** Que convence/Indiscutível/Irrefutável. **Ex.** A argumentação dele foi ~a/irrefutável. **3** Grande/Expressivo. **Ex.** A vitória do nosso clube sobre o eterno rival foi ~a: triunfámos por 6-1. **4** s m Máquina para esmagar uvas/cereais/cana do açúcar, ...

esmagamento s m (<esmagar + -mento) **1** A(c)to ou efeito de esmagar. **2** Aniquilação/Destruição.

esmagar v t (<lat *exmágo,áre*; ⇒ moer) **1** Deformar por forte pressão/choque/Comprimir muito/Calcar/Pisar. **Ex.** Na aldeia, no lagar, eram os homens a ~ as uvas, pisando-as. Sem querer [Não vi e] esmaguei um caracol com o pé. **2** *fig* Vencer com grande vantagem/Ser muito maior/melhor/Derrotar. **Ex.** Esmagámos o adversário marcando quatro golos sem resposta (4-0). As grandes catedrais europeias esmagavam todas as outras construções à sua volta. **3** *fig* Acabar com/Aniquilar. **Ex.** Depressa o exército esmagou a rebelião. **4** *fig* Angustiar/Torturar/Afligir. **Ex.** O sentimento de culpa esmagava-a, não a deixava sossegar. **5** *fig* Escravizar/Oprimir «o povo, com impostos».

esmaltagem s f (<esmaltar + -agem) A(c)to ou efeito de esmaltar.

esmaltar v t (<esmalte + -ar¹) **1** Revestir ou adornar com esmalte. **Ex.** Antes usava-se muito loiça esmaltada. **2** Dar maior brilho/realce às cores. **3** *fig* Abrilhantar/Ilustrar. **4** ~-se/Apresentar variedade de cores/tons/matizes.

esmalte s m (<catalão *esmalt* <frâncico *smalt*) **1** Substância transparente que, aplicada no estado líquido sobre loiça ou metais, se transforma, ao secar, em película brilhante, dura e inalterável, servindo de prote(c)ção ou ornato. **2** Obje(c)to revestido dessa substância. **Ex.** O museu tem uma boa cole(c)ção de ~s. **3** Superfície brilhante. **Comb.** *~ das pérolas.* Br *~* [Verniz] *das unhas. Tinta de ~* [Tinta brilhante] (**Ex.** Pintou a porta da garagem com tinta de ~). **4** ⇒ Enfeite/Ornato. **5** ⇒ Brilho/Lustro/Realce. **6** *Heráldica* Metais, cores e formas que compõem um escudo. **7** *Odont* Substância branca, brilhante e resistente, que protege o marfim da coroa dos dentes. **Comb.** *~ dentário.*

esmar v t an (<lat *aestimo,áre*) ⇒ avaliar/calcular/estimar.

esmegma s m (<gr *smégma*) Substância esbranquiçada segregada pelas glândulas sebáceas dos órgãos genitais externos.

esmerado, a adj (<esmerar) **1** Que revela empenho/Cuidadoso. **Ex.** Ela é ~a a tratar das crianças. **2** Apurado/Primoroso/Distinto/Cuidado. **Ex.** Teve uma educação ~a/distinta/cuidada. **Comb.** Trabalho [Obra] ~/a «de carpintaria».

esmeralda s f /adj 2g *Miner* (<gr *smáragdos*) Pedra preciosa de cor verde cara(c)terística, sendo uma variedade do berilo. **Ex.** Ofereceu-lhe um colar de ~s. **Comb.** ~ *do brasil* [Turmalina verde]. Blusa (cor de) ~.

esmeraldino, a adj (<esmeralda + -ino) Que tem a cor da esmeralda/Verde claro.

esmerar v t (<lat *exméro,áre*: purificar <*mérus*: puro) **1** Aperfeiçoar/Apurar. **Ex.** O aluno procurou ~ o estilo da composição. **2** ~-se/Empenhar-se a fazer com a maior perfeição/Fazer com todo o cuidado/Caprichar em. **Ex.** Ela esmerou-se «na cozinha/nos enfeites» a preparar a festa da inauguração. Ela esmera-se a receber «os convidados».

esmeril s m (<gr bizantino *smerílion*) **1** *Miner* Pedra dura, escura, que, reduzida a pó, serve para polir metais, cristais, pedras preciosas, ... **2** Pedra ou instrumento usado para afiar/amolar tesouras, facas, ... **3** A(c)to de aperfeiçoar/apurar/Esmerilação. **4** *Quím* Óxido de ferro, semelhante a areia negra, que resulta da decomposição de terras vermelhas/roxas. **5** *Mil* Antiga peça de artilharia.

esmerilador, ra s/adj (<esmerilar + -dor) **1** Pessoa que se ocupa a polir/amolar com esmeril. **2** (O) que serve para esmerilar.

esmerilar v t (<esmeril + -ar¹) **1** ⇒ Polir com esmeril. **2** ⇒ aperfeiçoar; apurar. **3** ⇒ investigar; pesquisar.

esmerilhão s m (<fr *émerillon an esmereillon*) **1** *Ornit* Ave de rapina, da família dos falconídeos; *Falco columbarius*. **2** *an Mil* Espingarda de cano comprido, com grande alcance.

esmero (Mê) s m (<esmerar) **1** Grande perfeição/apuro na a(c)ção. **Ex.** Pôs todo o ~ na decoração da sala. **Comb.** Trabalho [Obra] feito/a com (todo o) ~. **2** Requinte/Primor/Distinção. **Ex.** Ele veste «habitualmente» com ~, prima [distingue-se] pela elegância.

esmigalhar v t (<es- + migalha + -ar¹) **1** Reduzir a pedaços/migalhas. **Ex.** O prato caiu e esmigalhou-se [e ficou todo em cacos]. **Loc.** ~ *o pão* «às pombas/para deitar na sopa». **2** Comprimir fortemente/Calcar/Esmagar.

esmilá[lacá]ceo, a adj/s *Bot* (<gr *smílax, akos*: teixo + -áceo) Diz-se de planta ou de família de plantas liliáceas, a que pertence a salsaparrilha; *Smilacaceae*.

esmiolado, a adj ⇒ desmiolado.

esmiolar v t (<es- + miolo + -ar¹) **1** Retirar a parte interior/o miolo «do pão»/Desmiolar. **2** ⇒ esmigalhar; fragmentar. **3** Retirar os miolos a cabeça de animal.

esmiuçar v t (<lat *ex-+ minútia*) **1** Dividir [Partir] em partes muito pequenas. **Ex.** Esmiuçaste a lenha sem necessidade porque é para a estufa grande da sala. **2** *fig* Analisar/Examinar em pormenor/Esquadrinhar. **Ex.** Importava ~ a questão [o caso], que se afigurava [que parecia] complexa[o]. **3** *fig* Explicar de forma minuciosa/detalhada. **Ex.** O professor esmiuçou a poesia para os alunos. **4** ⇒ esfarelar; esmigalhar.

esmo (Ês) *s m* (<esmar) Cálculo aproximado/Estimativa. **Loc.** A ~ [À toa/Ao acaso/Desordenadamente] (Ex. Falou a ~ de muita coisa. Eu só vendo a fruta [as batatas] a ~, sem a(s) separar por tamanho).

esmocar *v t* (<es- + moca + -ar¹) **1** Bater com moca/pau/Espancar/Sovar. **2** Partir as bordas/as pontas/«boi» os chifres.

esmochar *v t* (<es- + mocho + -ar¹) Tornar/Ser mocho «um animal»/Tirar [Partir] os chifres a/Esmoucar(+).

esmoer *v t* (<es- + moer) **1** Trincar com os dentes/Mastigar/Triturar. **Ex.** Esmoeu bem a carne, que era um pouco dura. **2** Voltar a mastigar/Ruminar(+)/Remoer. **Ex.** No estábulo, os bois esmoíam o que tinham pastado no prado. ⇒ ruminante. **3** *col* Fazer a digestão de/Digerir. **Ex.** Fomos dar uma volta [um passeio] para ~ a feijoada.

esmola (Mó) *s f* (gr *eleemosýne*) **1** Dádiva aos pobres por caridade ou compaixão/Contribuição gratuita/Óbolo. **Ex.** O infeliz vivia de ~s [andava a pedir (~)]. **2** Contributo em dinheiro que se dá na Missa no momento do Ofertório. **Idi.** *Virar-se o santo contra a esmola* [Ser contraproducente]. **Comb.** Caixa das ~s. **3** Favor/Graça. **Ex.** Pagar o salário devido não é ~, antes [mas] um a(c)to de justiça. **Idi.** *Br pop Comer de ~* [Acontecer com grande frequência]. *Por ~* [favor]. **4** *pop* ⇒ sova; surra.

esmolambado, a *adj/s Br* (<esmolambar) (O) que anda esfarrapado/Andrajoso/Maltrapilho.

esmolambar *v int/t Br* (<es- + molambo + -ar¹) **1** Vestir roupa esfarrapada ou muito gasta. **2** *fig* ⇒ achincalhar.

esmolar *v t/int* (<esmola + -ar¹) **1** Pedir esmola/Mendigar. **Ex.** Na cidade vê-se gente a ~. **2** Dar esmola.

esmoleiro, a *adj/s* (<esmola + -eiro) **1** (Diz-se do) religioso que pedia esmolas para o convento. Mendicante(+). **2** (O) que mendiga/Pedinte.

esmoler (Lér) *adj/s 2g* (<esmola) **1** Amigo [Que gosta] de dar esmolas/Caritativo/Compassivo. **Ex.** Na aldeia era tido/a por ~, por isso era ali muito considerado/a. **2** Pessoa encarregada de distribuir as esmolas «na portaria do convento».

esmorecer *v int/t* (<lat *emorésco,ere*: definhar <*emórior,emóri*: morrer) **1** Perder/Tirar o entusiasmo, o ânimo, a vontade, …/Desanimar. **Ex.** Os sucessivos fracassos fizeram ~ o empenhamento inicial. Na vida é preciso lutar sem ~. **2** Perder/Tirar vigor/intensidade/Enfraquecer. **Ex.** A exposição ao sol fez ~ as cores vivas do tecido. **3** Perder os sentidos/Desmaiar/Desfalecer.

esmorecimento *s m* (<esmorecer + -mento) **1** Enfraquecimento «do entusiasmo/ânimo». **Ex.** Depois deste contratempo, o ~ das vontades parece-me natural/compreensível. **2** Diminuição de intensidade/vigor/brilho. **3** Desmaio/Desfalecimento.

esmoucar *v t* ⇒ esmocar/esmochar.

esmurrar *v t* (<es- + murro + -ar¹) **1** Dar murros a/Socar/Maltratar. **Ex.** No auge da briga, os dois rapazes esmurravam-se com furor. **2** Causar estrago/Lascar(-se)/Danificar. Esmurrou o carro ao passar na viela. A loiça já está um pouco esmurrada. **3** *pop* «um instrumento cortante» Dobrar o gume/Embotar(-se)(+).

és-não-és *s m 2n* (<ser + …) Triz(+). **Ex.** Por um ~ perdia [ia perdendo/não apanhava] o avião.

esnobe, esnobismo *Br* ⇒ snobe, snobismo.

esnocar *v t* (< ?) Partir/Cortar ramos/galhos/Esgalhar.

és-nordeste *s m/adj 2g Geog* (<este(És) + …) Diz-se de ponto equidistante do este e do nordeste, designado pelo símbolo ENE.

esofágico [esofagiano], a *adj* (<esó[ô]fago + -ico) Relativo ao [Do] esó[ô]fago.

esofagismo *s m Med* (<esó[ô]fago + -ismo) Espasmo do esó[ô]fago.

esofagite *s f Med* (<esó[ô]fago + -ite) Inflamação do esó[ô]fago.

esófago [*Br* **esôfago**] *s m Anat* (<gr *oisóphagos*: o que conduz a comida) Parte do tubo digestivo que liga a faringe ao estômago.

esoforia *s f Med* (<gr *esω*: para dentro + *phorós*: que dirige + -ia) Desvio do eixo visual de um olho em dire(c)ção ao eixo do outro. **Ex.** Os vesgos sofrem de ~.

esotérico, a *adj/s* (<gr *esωterikós*: da intimidade, reservado aos de dentro) **1** *Hist* Diz-se do ensino que, em algumas escolas da Grécia antiga, era ministrado só a alguns mais qualificados, aprofundando a doutrina. **Comb.** Doutrina [Escola] ~a de Pitágoras. Ensino ~. **2** *Fil* Diz-se do ensino dirigido a um círculo fechado e restrito de ouvintes, pertencentes a uma escola, seita, culto, … **Ex.** Uma doutrina ~a é só para iniciados. **3** Difícil de compreender/Hermético/Obscuro. **4** Fundado em fenó[ô]menos sobrenaturais/Relativo à magia/às ciências ocultas. **Sin.** Misterioso; oculto; secreto; cabalístico.

esoterismo *s m* (<esotérico + -ismo) **1** Doutrina ou prática que reserva o ensino da verdade filosófica, científica ou religiosa a (um número restrito de) iniciados. **2** Qualidade/Cará(c)ter do que é hermético/enigmático. **3** Ciência/Doutrina/Prática baseada em fenó[ô]menos sobrenaturais.

espaçadamente *adv* (<espaçado + -mente) **1** Com distanciamento [Com intervalos] entre duas ou mais coisas. **Ex.** Dispuseram-se ~ em fila. **2** Com intervalos de tempo/De tempos a tempos. **Ex.** Amigos de velha data [de há muito(tempo)], visitavam-se ~ [de tempos a tempos/de vez em quando (+)].

espaçado, a *adj* (<espaçar) **1** Separado por intervalo de espaço ou tempo. **Ex.** As estacas da sebe estão bastante ~as. As suas viagens são agora mais ~as. **Comb.** Árvores ~as. *Sons ~s.* ⇒ intermitente. **2** ⇒ adiado; protelado. **3** ⇒ alargado; dilatado.

espaçar *v t* (<espaço + -ar¹) **1** Deixar intervalos/espaços entre/Intervalar. **Ex.** Na plantação, espaçou os bacelos de dois em dois metros. **2** Deixar intervalos de tempo entre. **Ex.** Combinaram ~ mais as reuniões (a convocar). **3** ⇒ adiar; protelar. **4** ⇒ alargar; ampliar; dilatar.

espacejar *v t* (<espaço + -ejar) **1** Inserir ou aumentar espaço/intervalo entre. **2** *Tip* Inserir/Abrir espaços entre «linhas/cara(c)teres/letras».

espacial *adj 2g* (<lat *spátium*: espaço + -al) Relativo ao espaço/lugar. **Ex.** A referência [local (+)] é indispensável numa notícia de jornal. **2** Relativo ao espaço atmosférico/interplanetário/intersideral e à sua exploração. **Ex.** A era ~ começou na segunda metade do séc. XX. **Comb.** *Engenho ~. Estação ~. Nave ~. Sonda ~. Veículo ~. Viagem ~.*

espaciotemporal *adj 2g* (<espacial + temporal) Relativo (simultaneamente) ao espaço e ao tempo. **Comb.** A indicação ~ do acontecimento.

espaço *s m* (<lat *spátium*) **1** Extensão ilimitada onde se situam todos os corpos/Extensão do universo onde se movem os astros. **Ex.** Um dos desafios do homem a(c)tual [desafios a(c)tuais/hoje em dia] é explorar o ~. **Comb.** ~ cósmico. **2** Distância entre corpos. **Ex.** Há um grande ~ entre as casas. **3** Extensão considerada a uma, duas ou três dimensões/Lugar. **Ex.** Aqui o ~ é suficiente para fazer uma casa. O frigorífico tem muito ~ na zona do congelador. **4** Área geográfica onde vive o homem. **Ex.** A cidade tem vários ~s verdes. **Comb.** *~ urbano. ~ rural. ~ verde* [de lazer, em zona urbana, onde há vegetação cuidada «relva, jardim, plantas»]. **5** Campo de a(c)tividade humana. **Ex.** No nosso partido, a juventude tem o seu ~. **Comb.** *~ cultural. ~ econó[ô]mico. ~ político.* **6** Zona de soberania/influência política, cultural ou econó[ô]mica, … **Ex.** Eles são comercialmente agressivos, querem ocupar o nosso ~. **Comb.** *~ aéreo* [Parte da atmosfera por cima do território de um país, que este controla quanto ao tráfego de aeronaves]. *~ vital* [Território a que um país se julga com direito, por razões econó[ô]micas ou demográficas]. **7** Se(c)tor de opinião, de orientação política. **Ex.** Este partido ocupa o ~ central do espe(c)tro político do país. **8** *Psic* Meio onde o homem situa as suas perce(p)ções.

9 Período ou intervalo de tempo. **Ex.** No ~ de duas horas chegaram dez doentes à urgência (do hospital). **10** Tempo de programação dos 'media' dedicado a determinado tipo de assuntos. **Comb.** *~ cultural. ~ (d)esportivo. ~ infantil. ~ informativo.* **11** Pavilhão/Salão/Auditório para realização de a(c)tividades cole(c)tivas. **Ex.** A cidade tem vários ~s culturais, muito frequentados. **12** Oportunidade para agir. **Ex.** Ali há ~ para a inovação por parte dos jovens. **Loc.** Ter [Dispor de] ~ de manobra [Ter meios que permitem sair de situação embaraçosa]. **13** *Fil* Forma intuitiva da sensibilidade humana que torna possível a perce(p)ção dos fenó[ô]menos. **Ex.** Para Kant, o ~ e o tempo são formas *a priori* da sensibilidade.

espaçoso, a (Ôso, Ósa/os) *adj* (<espaço + -oso) **1** Que tem grandes dimensões/Que tem muito espaço/Amplo. **Comb.** Quarto [Casa] ~/a. **2** *fig* Vagaroso/Lento/Pausado.

espada *s f* (<lat *spátha* <gr *spáthe*: espátula; ⇒ catana; peixe-~) **1** Arma branca, de lâmina comprida de um ou dois gumes, com um cabo para ser empunhada. **Ex.** Levava a ~ presa à cintura, metida na bainha. Nas guerras de outrora a ~ era uma das armas. **Loc.** *Desembainhar a* [Puxar da] *~* [Tirar a ~ da bainha]. *idi Levar tudo a fio de ~* [Querer dominar pelo uso da força]. *Meter a ~ na bainha* [Desistir de atacar]. *Passar à* [a fio de] *~* [Matar]. **Idi.** *Ficar/Estar entre a ~ e a parede* [Estar em grande dificuldade, num dilema, num beco sem saída, entre a cruz e a caldeirinha]. *Ter a ~ na* [à] *garganta* [Estar preso e ameaçado de morte/Estar em grande perigo]. **Comb.** *Liter ~ de Dâmocles* [Ameaça constante de um perigo «como o de reluzente ~ fragilmente suspensa sobre a sua cabeça, num banquete»]. *~ de dois gumes* [O que tem vantagens e inconvenientes]. *~ nua* [desembainhada]. *~ flamejante* [de lâmina ondeada]. *Romance de capa e ~* [de aventuras de heróis cavalheirescos].

2 *fig* Carreira militar. **Ex.** Preferiu a ~ à toga [à advocacia]. **3** *fig* Poder/Ditadura militar. **Ex.** A ~ pôs termo à anarquia no país. **4** *s m* Toureiro que mata o touro com a ~. **5** *s m* Automóvel vistoso. **Ex.** Apareceu na aldeia (cá) com um ~ ! **6** *s m/f col* Mulher bela/Pessoa sabedora/perita em algum domínio/Barra(+). **7** *pl* Um dos quatro naipes do baralho de cartas. **Ex.** Agora o trunfo é/são ~s.

espadachim s m (<it *spadaccino*) **1** O que luta com [maneja bem] a espada. **2** O que é dado a [costuma] brigar ou a entrar em duelo/O que costumava andar armado de espada. **Sin.** Brigão; valentão.

espadana s f (<espada + -ana) **1** Obje(c)to em forma de espada. **2** Ja(c)to de líquido ou repuxo semelhante à lâmina de espada. **Comb.** Ponto de ~ [da calda de açúcar que, ao cair, se assemelha a uma lâmina]. **3** Língua de fogo/Labareda. **4** *Astr* Cauda de cometa. **5** *Icti* Nadadeira/Barbatana. **6** *Bot* Casta de uva. **7** *Bot* Nome comum a plantas palustres da família das esparganiáceas, do gé[ê]nero *Sparganium*. **8** *Bot* Planta da família das iridáceas, com as folhas semelhantes a uma espada; *Íris xiphium*. **9** *Bot* Planta aquática ou palustre da família das alismatáceas, de flores em espiga, ornamental; *Sagittaria acutifolia*.

espadão s m (<espada + -ão) Espada grande e larga. ⇒ catana.

espadarte s m (<espada?) **1** *Icti* Peixe teleósteo de grande dimensão, dos mares tropicais e subtropicais, com o maxilar superior em forma de espada, da família dos xifiídeos, também conhecido por (peixe-) agulha; *Xiphias gladius*. **Ex.** Ele aprecia muito o bife de ~. **2** *Icti* Peixe seláquio da família dos pristídeos, também conhecido por peixe-serra. **3** *Zool* Mamífero cetáceo de grande porte, dos mares do norte da Europa, que ataca focas; *Phacaena orca*.

espadaúdo, a adj (<espádua + -udo) Que é largo de ombros/Entroncado. **Ex.** Para guarda-costas escolheu um antigo soldado de elite ~.

espadeira s f *Bot* (<espadeiro) **1** Casta de videira/uva com que se faz vinho verde ou espumante. **2** *Br* Árvore de grande porte da família das leguminosas, de flores vermelhas, de madeira muito durável; *Eperua falcata*.

espadeirar v t (<espadeiro + -ar[1]) **1** Agredir alguém com espada ou obje(c)to longo/ Dar uma espadeirada(+). **2** ⇒ espancar; sovar.

espadeiro s m (<espada + -eiro) **1** O que maneja bem a espada/Espadachim 1(+). **2** O que fabrica ou vende espadas.

espadela s f (<espada + -ela) **1** Instrumento de madeira em forma de cutelo, com que se separa o linho do tomento. **2** Podoa de cortar madeira. **3** Remo comprido a servir de leme «nos barcos rabelos do rio Douro». **4** Leme provisório, em caso de avaria ou perda/Esparrela(+).

espadelar v t (<espadela + -ar[1]) Tirar o tomento do linho com a espadela/Estomentar.

espadice s f *Bot* (<gr *spádix,ícis*) Espiga de flores nuas em eixo carnoso, geralmente envolvido por uma grande bráctea «a espata».

espadilha s f (<espada + -ilha) **1** Ás de espadas «no baralho de cartas». **2** *Icti* Nome de duas espécies de peixes, da família dos clupeídeos, que aparecem misturados com a sardinha miúda «petinga».

espadim s m (<espada + -im) **1** Espada curta e estreita, usada como adorno em traje de cerimó[ô]nia. **2** Antiga moeda portuguesa.

espádua s f *Anat* (<lat *spáthula*: espátula, ramo de palmeira) **1** Articulação que une o braço ao tórax/Ombro. **Ex.** O rapaz é largo de ~s/ombros. ⇒ espátula; omoplata. **2** Parte superior dos membros anteriores dos quadrúpedes «porco/boi/cavalo».

espaguete (Gué) s m (<it *spaghetti* <*spago*: cordel) **1** Massa alimentícia à base de trigo, que, depois de desidratada e endurecida, tem a forma de fios delgados. **Ex.** As crianças comem bem ~ com carne picada. ⇒ esparguete. **2** *Br Ele(c)tri col* Fio cilíndrico de substância plástica flexível para encapar fios condutores, isolando-os.

espairecer v t (<es- + pairar + -ecer) Tirar(- -se) de preocupações/Dar descanso à mente pelo divertimento/entret(en)imento/ espairecimento/Distrair(-se). **Ex.** Sinto-me um pouco em baixo [Estou cansado], preciso de ~/de descansar. Nada (é tão bom) como uma viagem para ~. **Loc.** Dar um passeio [Ouvir música/Cantar] para ~.

espalda s f (<lat *spáthula*: espádua «por metátese de consoantes») **1** ⇒ espádua; ombro. **2** ⇒ costas. **3** Encosto [Costas] de cadeira/Espaldar(+). **4** «em fortaleza» Parte mais avançada do flanco de um bastião.

espaldar s m (<espalda + -ar) **1** Encosto/ Costas «de cadeira». **2** Aparelho de ginástica de grande dimensão, fixo à parede (do ginásio), com traves horizontais, para exercícios de suspensão, flexibilidade e destreza. **Ex.** É fantástico o que ele consegue do corpo quando utiliza o ~ ! **3** Peça da armadura que protegia as costas.

espaldeira s f (<espalda + -eiro/a) **1** Pano para cobrir o espaldar duma cadeira ou os varais dum dossel. **2** Fil(ei)ra de árvores para esconder um muro ou parede.

espalha s 2g (<espalhar) Pessoa que fala muito/Indivíduo alegre/folgazão.

espalha-brasas s 2g (<espalhar + ...) Pessoa espalhafatosa/barulhenta/estouvada/ expansiva. **Ex.** Ao pé daquele ~ não há tristezas.

espalhada s f (<espalhar) **1** A(c)to de espalhar. **2** *fig* Balbúrdia/Espalhafato 2(+)/ Alarido/Confusão.

espalhador, ora adj/s (<espalhar + -dor; ⇒ espalhadoura) **1** (O) que espalha. **2** s m Peça que espalha a chama nos fogões a gás ou nos fogareiros a petróleo.

espalhadou[doi]ra, espalhadeira s f *Agric* (<espalhar + -douro/a) Utensílio com cabo e «três» dentes para espalhar ou juntar «palha». ⇒ forcado/a.

espalhafatar v int (<espalhafato + -ar[1]) Fazer espalhafato/alarido/Provocar confusão.

espalhafato s m (<espalhar + feito) **1** Ostentação exagerada/Grande aparato/luxo/ Estardalhaço/Espavento. **Ex.** A boda teve ~. **2** Confusão ruidosa/Barulho/Agitação. **Ex.** Por uma ninharia «o acabarem-se os bilhetes no cinema», fez um grande ~. Nas nossas festas há sempre ~. **3** *Mil* Peça de artilharia antiga.

espalhafatoso, a (Ôso, Ósa/os) adj (<espalhafato + -oso) **1** Que tem espalhafato/ Exuberante. **Ex.** A alegria dele em grupo é sempre ~a. **2** Que chama a atenção pelo excesso/Exagerado/Extravagante. **Ex.** O luxo dos vestidos era ~. **3** ⇒ aparatoso; vistoso.

espalhanço s m *pop* (<espalhar + -anço) **1** Mau resultado em prova escolar/Estenderete/Fracasso. **Ex.** A minha prova oral foi um ~, quase não abri a boca [não respondi às questões]. **2** Queda aparatosa/ Trambolhão(+). **Ex.** Escorregou «no gelo» à porta de casa e deu um grande ~.

espalhar v t (<es- + palha + -ar[1]) **1** Separar da palha «o grão do cereal»/Malhar(+)/ Debulhar(+)/Limpar. **2** Lançar em várias dire(c)ções/Dispersar/Disseminar. **Ex.** O vento espalhou o lixo. **3** Estender por [Cobrir] uma superfície. **Ex.** Gosta de ~ compota sobre a fatia de centeio [compota nas torradas]. **4** ~-se/Alastrar/Propagar-se/ Irradiar. **Ex.** O fogo depressa se espalhou pelas áreas vizinhas. **5** Distribuir/Dar/Entregar. **Ex.** Andam a ~ panfletos de propaganda política **6** Tornar público/Divulgar/ Propalar/Difundir. **Ex.** Espalharam o boato de que rebentara [houvera] uma revolução. **Loc.** ~ a notícia. **7** Criar/Inspirar/Emitir. **Ex.** A notícia espalhou o pânico na população. As flores espalham o seu perfume. **8** Dissipar/Desfazer/Desvanecer. **Ex.** O vento forte espalhou as nuvens. **9** *pop* ~-se/*idi* Meter os pés pelas mãos/Atrapalhar-se. **Ex.** O miúdo espalhou-se [atrapalhou-se(+)], não conseguia *col* dizer coisa com coisa [não respondia nada direito/não acertava uma]. **10** *pop* Falhar [Fracassar] em prova «escolar»/*idi* Estender-se (ao comprido)/*idi* Espetar-se. **Ex.** Espalhou-se a matemática. **11** *pop* ~-se/Cair desamparado/Dar trambolhão/Estatelar-se. **Ex.** Espalhou-se no gelo e magoou-se. **12** *Br* Dispor-se a brigar. **13** *Br* Pôr-se/Deitar-se à vontade/ Estender-se «na cama/no chão». **14** *Br* Divertir-se.

espalmado, a adj (<espalmar) **1** Aberto (como a palma da mão). **Comb.** *Folha ~a* [direita/plana]. *Mão ~a* [inteiramente aberta]. **2** «barro» Aplanado/«nariz» Achatado. **3** Diz-se do metal que é reduzido a lâminas.

espalmar v t (<es- + palma + -ar[1]) **1** Tornar plano/chato como a palma da mão/ Alisar. **Ex.** Na cozinha, a mãe espalma a massa com o rolo. **2** Abrir completamente «a mão»/Estender. **Ex.** Desdobrou o papel e espalmou[estendeu]-o na mesa. **3** Reduzir a lâminas «o metal». **4** *Náut* Limpar o casco da embarcação «de limos...». **5** *Vet* Aplanar o casco «do cavalo» antes de o ferrar.

espampanante adj 2g (<it *Spampani* «nome de uma companhia equestre ou mulher acrobata com exibições de grande ruído e êxito em Lisboa, em fins do séc. XIX» + -ante) **1** Que dá nas vistas/Que causa grande efeito. **Ex.** O vestido dela era ~. **2** Espalhafatoso/Extravagante/Exuberante. **Ex.** O cortejo de Carnaval foi ~.

espanadela (Dé) s f (<espanar + -dela) A(c)to de limpar, com o espanador, o pó «de móveis, janelas, ...». **Ex.** Deu apenas uma ~ na secretária e sentou-se a trabalhar.

espanador s m (<espanar + -dor) Utensílio para limpar o pó, composto de um pequeno cabo e de um conjunto de penas ou de tiras de pano macio na base. **Ex.** Com o ~ depressa limpa os móveis da sala.

espanar v t (<es- + pano + -ar[1]) **1** Limpar o pó com espanador/Espanejar 1. **2** ⇒ Agitar/Sacudir.

espancar v t (<es- + panca + -ar[1]) **1** Bater em/Dar pancada a/Desancar. **Ex.** O povo, furioso, queria ~ o gatuno. **2** Afastar com violência/Afugentar/Expulsar.

espandongado, a adj *Br* (<espandongar) **1** ⇒ «andar/passo» desengonçado, pouco elegante. **2** ⇒ amarrotado/amarfanhado/(a)machucado. **3** ⇒ rebentado/partido/esfrangalhado. **4** Armado em [Metido a] valente.

espandongar v t *Br* (<es- + padorga + -ar[1]) Pôr em desordem/Estragar.

espanejar v t (<es- + pano + -ejar) **1** Limpar o pó com o espanador/Espanar «os livros». **Loc.** ~ os móveis (da casa). **2** ~-se/Sacudir(-se) para (se) libertar de pó/impurezas. **Ex.** A galinha, ao sair da poça poeirenta, espaneja agora as asas. **3** Espojar-se/Espraiar-se. **4** Balançar o corpo/Menear-se vaidosamente. **Ex.** A moça espanejava-se (ao caminhar) pela

rua fora. **5** Dizer para toda a gente/Mostrar bem/Pôr às claras/Ostentar «riqueza/erudição».

Espanha *s f Geog* (<lat *Hispánia*) Reino europeu da Península Ibérica, com a capital em Madrid.

espanhol, ola (Ó) *adj/s* (<lat *spaniólus, dim* de *hispanus*: hispano; ⇒ hispânico) **1** Relativo a [Da] Espanha. **Ex.** O território ~ é seis vezes maior que o português. **Loc.** «falar/comer/molho apimentado» À ~a [À maneira [Ao gosto] dos espanhóis]. **2** O que é natural ou habitante de Espanha. **3** *s m* Língua românica falada em Espanha e na maior parte dos países da América Latina/Castelhano. ⇒ basco; catalão; galego; galaico-português.

espanholada *s f* (<espanhol + -ada) **1** *depr* O que é próprio/cara(c)terístico dos espanhóis «música, dito, a(c)ção, …». **Ex.** Em atenção a um grupo de espanhóis, a banda tocou uma ~. **2** *fig depr* ⇒ Fanfarronada/Jactância/Exagero.

espanholado, a *adj* (<espanholar) Semelhante ao [Com cara(c)terísticas do] que é espanhol. **Ex.** Tem uma casa decorada em estilo ~.

espanholar *v t/int* (<espanhol + -ar¹) **1** Fazer/Falar como os espanhóis. **2** Gabar-se de feitos pouco verosímeis/Exagerar.

espanholismo *s m* (<espanhol + -ismo) **1** Palavra ou expressão própria da língua espanhola usada noutra língua/Castelhanismo. **2** Cara(c)terística ou costume do povo espanhol. **3** Afeição a Espanha ou ao que é espanhol.

espantadiço, a *adj* (<espantar + -(d)iço) «cavalo» Que é dado [tem tendência] a espantar-se/Que costuma assustar-se/Arisco. **Ex.** Caiu várias vezes do cavalo porque era ~.

espantado, a *adj* (<espantar) **1** Que se assustou/espantou. **Ex.** O animal, ~, guinou [virou de repente] para a direita e fê-lo cair. **2** Que fugiu em face de perigo iminente. **Ex.** Um bando de perdizes ~as pelo cão voou para longe. **3** Admirado/Surpreendido/Maravilhado. **Ex.** Estava ~ com o jeito do miúdo para, com a bola nos pés, fintar os colegas. **4** Chocado/Ató[ô]nito/Pasmado. **Ex.** É de ficar [Fica-se] ~ com tanta mesquinhez «dos pais que trazem os filhos rotos»! **5** *Br* ⇒ «cor» berrante(+)/viva.

espantalho *s m* (<espantar + -alho) **1** Boneco em tamanho natural, feito de trapos ou palha, colocado em campo cultivado para afugentar aves predadoras/Espanta-pardais. **Ex.** Vamos ver [Veremos] se os pássaros têm medo do ~. **2** *col* Pessoa feia/disforme/O que faz por assustar os outros. **Ex.** Do escuro saiu um ~, envolto num lençol, que nos pregou [provocou] um valente [grande] susto. **3** *col* Pessoa muito mal vestida/Maltrapilho. **Ex.** Com aquela gritante mistura de cores no vestir [aquela indumentária], (mais) parece um ~ ! **4** *depr* Pessoa inútil/Paspalho/Estafermo. **Ex.** Aquilo [Ela/e] é um ~ que não faz [sabe fazer] nada.

espanta-pardais *s m* (<espantar + pardal) ⇒ espantalho **1**, **2**.

espantar *v t* (<lat *expaventáre*<*expáveo, ére*: assustar-se) **1** Causar/Sentir medo/Pôr em fuga/Afugentar. **Ex.** O animal espantou-se e ia provocando [quase provocou] um acidente. **Loc.** *idi* ~ **a caça** [Provocar o afastamento de alguém que se pretendia conquistar/Desperdiçar uma oportunidade]. ~ [Afugentar/Afastar] *as moscas* «com a mão». **2** Afastar/Remover/Contrariar um estado físico, um sentimento, uma ideia, … **Ex.** Neste momento difícil, importa ~ o medo e o pessimismo. Procurava ~ o sono «na reunião». **3** Causar/Sentir grande admiração/Maravilhar(-se). **Ex.** Ficou espantado com a destreza de mãos da miúda. **Comb.** Olhos espantados [de espanto/muito abertos]. **4** Não imaginar ser possível/Surpreender-se com. **Ex.** Espanta-me a facilidade com que ali «naquela firma» se foge aos impostos.

espanta-ratos *s m gír* (<espantar + …) Pessoa descontrolada ou que faz espalhafato por um motivo qualquer.

espanto *s m* (<espantar) **1** A(c)to ou efeito de espantar-se. **Ex.** O meu ~ foi quando fui dar com [descobri] toda aquela trapalhada «do meu negócio/das contas da loja». Aristóteles afirmou que a filosofia nasce do ~. **2** Perturbação do espírito/Assombro/Pasmo. **Ex.** Foi com ~ que recebeu a [tal] notícia. **3** Algo inesperado/Surpresa. **Ex.** O seu ~ foi [Que ~ foi o seu/Qual não foi o seu ~] quando lhe bateu à porta o amigo que não via há quarenta anos. **4** Pessoa ou coisa excelente/Maravilha. **Ex.** Aquele rapaz é um ~ «trabalhador, amigo, grande (d)esportista»! Este carro é um ~ de estabilidade na estrada.

espantoso, a (Ôso, Ósa, Ósos) *adj* (<espanto + -oso) **1** Que causa admiração/espanto/Surpreendente/Assombroso. **Ex.** É ~ [Até causa admiração] o que ele «Cristiano Ronaldo» consegue fazer com a bola! **2** Que causa pavor/Medonho/Terrível. **Ex.** A força da torrente era (uma ameaça) ~a. **3** Extraordinário/Maravilhoso/Fantástico/Incrível. **Ex.** Foi um espe(c)táculo ~ aquele bailado. **4** Muito grande/Enorme. **Ex.** A sua resistência «na subida do Everest» foi ~a. **5** *m Interj* Exclamação de surpresa/pasmo, a traduzir agrado ou desagrado. **Ex.** ~! Melhor que isto ainda não vi! ~! Não sei como «aquele pai» pode ser tão mesquinho!

espapaçar *v t* (<es- + papa + -açar) **1** Deixar/Ficar mole como papa/Amolecer. **Ex.** O arroz cozeu de mais [*Br* demais], ficou todo espapaçado. **2** Extenuar/Abater/Derrear/Prostrar. **Ex.** A caminhada e o calor espapaçaram-no. **3** Tornar(-se) sem graça/insípido/desenxabido. **Ex.** A comida, espapaçada, não era convidativa [, tirava o apetite].

esparadrapo *s m Med* (<it *an sparadrappo*; ⇒ espargir) **1** Tira de pano imbuído de unguento ou emplastro para aplicar a feridas ou imobilizar, em caso de traumatismo. **2** *Br* Fita adesiva/Adesivo.

espar(a)vão *s m Vet* (<fr *an esparvain*: tumor no jarrete do cavalo) Tumor ósseo que se desenvolve na curva da perna dos equídeos.

esparavel *s m* (<catalão *esparaver*) **1** Certa rede de pesca. **2** Franja de cortinado. **3** Toldo que cobre o leito/Sobrecéu(+). **4** Pequena tábua usada para aplicar massa em te(c)tos.

esparganiáceo, a *adj/s Bot* (<espargânio + -áceo) Diz-se de planta ou família de plantas herbáceas, palustres, a que pertence a espadana 7; *g Sparganium*.

espargânio *s m Bot* (<lat *spargánium*) Planta herbácea de lugares (h)úmidos.

espargir *v t* (<lat *spárgo, ere*: espalhar) **1** Espalhar um líquido em gotículas/Borrifar/Salpicar. **Ex.** Foi ~ as plantas do alfobre. ⇒ aspergir; esparzir. **2** Espalhar/Dispersar/Disseminar. **Ex.** Cada um cuidava de ~ pétalas/flores na rua da procissão, junto a sua casa.

e[a]spargo *s m Bot* (<gr *aspáragos*) Planta da família das liliáceas, que produz rebentos carnosos, longos e estreitos, que são comestíveis; *Asparagus*. **Ex.** Hoje a sopa é de ~s.

esparguete *s m Cul* ⇒ espaguete.

esparídeo, a *adj/s Icti* (<gr *spáros*: carpa + -ídeo) Diz-se de peixe ou família de peixes teleósteos de águas costeiras, a que pertencem a boga e o pargo; *Sparidae*.

esparralhar *v t* (<es- + parra + -alho + -ar¹) **1** Deixar/Ficar espalhado/estendido/Esparramar. **2** Deixar cair/Derramar/Entornar. **3** ~-se/Estatelar-se/Cair. **4** ~-se/Sentar-se/Deitar-se muito à vontade, com os membros estendidos e afastados.

esparramar *v t* (<espalhar + derramar?) **1** Espalhar em várias dire(c)ções/Derramar/Esparralhar **2**. **Loc.** ~ as compras em cima da mesa. **2** Lançar ramos em várias dire(c)ções. **3** ~-se/Cair estirando-se/Estatelar-se (ao comprido)/Sentar-se [Deitar-se] à vontade com os membros estendidos/Esparralhar-se **4**/Escarrapachar-se «no sofá».

esparrame/o *s m* (<esparramar) **1** A(c)to ou efeito de esparramar/Dispersão. **2** Ostentação/Aparato/Espalhafato/Exagero. **3** *Br* Briga/Zaragata/Escândalo.

esparregado *s m* (<esparregar) Puré à base de hortaliça cozida, espremida e picada a que se juntam outros ingredientes, para servir como acompanhamento a pratos, sobretudo de carne. **Ex.** Em casa fazemos ~ (à base) de espinafres ou nabiças, com farinha, leite, vinagre e sal.

esparregar *v t* (<*an esparrego* >espargo + -ar¹) Fazer esparregado.

esparrela (Rré) *s f* (< ?) **1** Armadilha para caçar pássaros. **Sin.** Aboiz. **2** *fam* Cilada/Logro para enganar. **Idi.** *Cair na* ~ [Deixar-se enganar/burlar/comer]. **3** *Náut* Remo longo a servir de leme/Leme improvisado.

esparrinhar *v t* (<es- + parra + -inho + -ar¹) (Fazer) sair «um líquido» em borrifos/Espargir.

esparso, a *adj/s* (<lat *spársus*, de *spárgo, ere*: espalhar) **1** Que se espalhou em várias dire(c)ções/Espalhado. **2** Que não se compilou/Solto/Avulso/Disperso. **Comb.** Poemas ~s/dispersos. **3** Pouco numeroso/Ralo. **Comb.** Árvores ~as. **4** *s f Liter* Pequeno poema, de versos em redondilha «maior ou menor», constituído por mote e glosa. **Ex.** Nos Cancioneiros encontramos ~as de temas muito variados.

espartano, a *adj/s* (<*top* Esparta + -ano) **1** «exército» De Esparta, antiga cidade grega, rival de Atenas. **2** *fig* Austero/Severo/Férreo. **Ex.** Ele dá uma educação ~a aos filhos.

espartaria *s f* (<esparto + -aria) **1** Local de fabrico/venda de obje(c)tos de esparto. **Ex.** Comprei numa ~ uma esteira e um capacho. **2** Arte de fabricar obje(c)tos de esparto. **3** Obra ou conjunto de obras feitas de esparto.

esparteína *s f* (<esparto + -ina) Alcaloide usado como tó[ô]nico cardíaco.

esparteiro, a *s* (<esparto + -eiro) **1** O que fabrica/vende obras de esparto. **2** *s f Bot* ⇒ esparto.

espartilhar *v t* (<espartilho + -ar¹) Fazer o contorno do corpo [Apertar(-se) muito] com espartilho. **Ex.** Antigamente as mulheres costumavam ~ a cintura.

espartilho *s m* (<esparto + -ilho) Cinta longa e anató[ô]mica, de tecido resistente e de modo a não enrugar, para apertar ao máximo o abdó[ô]men [abdome] e a cintura da mulher, com fins estéticos. ⇒ colete ortopédico; camisa de onze varas.

esparto *s m Bot* (<gr *spárton*) Planta herbácea, da família das gramíneas, de cujo caule se extraem fibras para entrançar;

Stipa tenacíssima. **Ex.** O ~ é utilizado para fabricar cestos, seiras, esteiras, cordas, ... ⇒ giesta.

esparvoado, a *adj* (<es- + parvo + -ado) **1** Que parece tolo/Aparvalhado/Parvo/Idiota. **Ex.** O rapaz parece meio [um tanto/um pouco] ~. **2** Embasbacado/Boquiaberto/Pasmado.

esparzir *v t* ⇒ espargir.

espasmar *v t/int* (<espasmo + -ar¹) Causar/Sofrer espasmo.

espasmo *s m* (<gr *spasmós*: convulsão] **1** *Med* Contra(c)ção involuntária e súbita de músculos, dolorosa ou não. **Ex.** As cãimbras são ~s dolorosos. **Comb.** ~ muscular. **2** *fig* Êxtase/Arrebatamento/Arroubo. **3** *fig* Estado de paralisia/espanto/estupefa(c)ção.

espasmódico, a *adj* (<gr *spasmódes*: convulsivo + -ico) **1** Relativo a espasmo ou com as suas cara(c)terísticas. **2** Que provoca/mostra espasmos repetidos «de tosse».

espasmofilia *s f Med* (<espasmo + -filia) Estado de grande excitabilidade dos nervos periféricos, em que podem ocorrer espasmos, convulsões, ...

espata *s f Bot* (<gr *spáthe*: espátula «de tear») Bráctea grande na base de uma inflorescência, herbácea ou lenhosa, como, respe(c)tivamente, no jarro ou na palmeira.

espatela *s f* (<lat *spathélla*<*spatula*: espátula) Espátula de madeira/vidro com que se abaixa a língua para observar o interior da garganta.

espatifar *v t* (< ?) **1** Fazer em pedaços/Quebrar/Despedaçar. **Ex.** A jarra caiu e espatifou-se [ficou espatifada]. **2** Estragar/Danificar. **Ex.** Foi com o carro contra o muro e espatifou-o. **3** Gastar muito e sem critério/Dissipar/Malbaratar. **Ex.** A gastar assim, em três tempos [, depressa] espatifa a fortuna que o pai lhe deixou «por herança». **4** *Br* ~-se/Cair desamparadamente/Estatelar-se.

espato *s m Miner* (⇒ espátula) Nome de vários minerais de clivagem perfeita «~ de islândia». ⇒ calcite/a; magnesite.

espátula *s f* (<lat *spáthula*) **1** Espécie de faca sem gume, de madeira [marfim/metal] para abrir folhas de livro, envelopes, ... **Ex.** Comecei por abrir as folhas do livro com a ~. **2** Instrumento com a mesma forma usado para espalhar substâncias moles, como massa de estucador, glacé/ê de bolo, tinta a óleo, ... **Ex.** A mãe espalha o glacé/ê sobre o bolo com uma ~. **3** Qualquer instrumento com a extremidade larga e achatada. **4** *Mús* Parte extrema das chaves dos instrumentos de sopro «onde se apoia o dedo do executante ao tocar». **5** *Ornit* Ave branca pernalta anseriforme, de bico largo na extremidade; *Spatula*.

espaventar *v t* (<espavento + -ar¹) **1** ⇒ Espantar **1**/Assustar/Sobressaltar/Assombrar. **2** *fig* ~-se/Dar nas vistas/Ostentar pompa/Pavonear-se/Engalanar-se. **3** ~-se/Envaidecer-se/*fam* Inchar(-se).

espavento *s m* (<it *spavento*: espanto, medo) **1** ⇒ Espanto/Susto/Sobressalto. **2** Grande aparato para impressionar/Ostentação/Pompa. **Ex.** O ~ do *col* casório [casamento] foi impressionante. **Loc.** De ~ [De arromba/Faustoso].

espaventoso, a (Ôso, Ósa, Ósos) *adj* (<espavento + -oso) **1** Que assusta/Medonho. **2** Deslumbrante/Pomposo/Magnífico/Soberbo.

espavorido, a *adj* (<espavorir) Cheio de medo/Aterrorizado/Apavorado. **Ex.** Perante aquele [aquela imagem de] horror, saiu ~ a correr.

espavorir *v t* (<es- + pavor + -ir) Causar/Ter medo/Atemorizar/Apavorar(+). **Ex.** As chamas alterosas eram de ~ qualquer um.

especado, a (Péeá) *adj* (<especar) **1** Firmado com espeques/estacas. **Ex.** Por precaução, a vedação provisória foi ~a. **2** Que está de pé imóvel/Direito/Parado. **Ex.** Em vez de reagir, ficou para ali ~, à espera de não sei quê. **3** *fig* ⇒ Apalermado/Pasmado/Basbaque.

especar (Pé) *v t* (<espeque + -ar¹) **1** Segurar/Firmar com espeques/estacas/Escorar. **Ex.** Resolveu ~ o barco, para o reparar mais facilmente. **2** Ficar parado, imóvel/Estacar. **Ex.** O cavalo, frente ao obstáculo, especou [estacou(+)].

espeçar *v t* (<es- + peça + -ar¹) Tornar mais comprida uma peça de marcenaria, juntando-lhe outra longitudinalmente.

especial *adj 2g* (<lat *speciális*) **1** Relativo a [Próprio de] uma espécie/Específico(+). **Ex.** A linguagem articulada é uma capacidade ~ [própria(+)] do homem. **2** Relativo só a [De] um grupo, pessoa ou coisa/Que se diferencia do geral/Particular. **Ex.** As crianças da escola têm um transporte ~. **Comb.** *Caso* ~. *Ensino* ~ [ministrado a portadores de deficiência mental, visual ou auditiva]. *Lei* ~. *Licença* ~. *Regime* ~. *Situação* ~. *Transporte* ~. *Tribunal* ~. **3** Cara(c)terístico/Típico. **Ex.** Os campinos do Ribatejo (Província de Portugal) usam um barrete ~. **4** Que, pelas suas cara(c)terísticas, é adequado para um fim determinado. **Ex.** Os mergulhadores usam um fato ~. **5** Que visa um domínio restrito de uma área mais vasta. **Ex.** Esse tipo de crimes exige um tratamento ~. **6** Que tem em vista uma única [determinada] tarefa/missão. **Ex.** Ele foi o enviado ~ do jornal às eleições desse país. **7** Que tem um significado particular para alguém/Que lembra momentos felizes. **Ex.** Este relógio é ~ para mim, foi oferta do meu avô. Esta foto foi tirada num dia ~ para mim. **8** Adicional/Suplementar. **Ex.** O vencedor, além do que todos os participantes recebem, tem um pré[ê]mio ~. **9** Que é exce(p)ção. **Ex.** Precisamos de uma autorização ~ para consultar esse arquivo. **10** Que não tem comparação/Único. **Ex.** Ele para mim é um amigo ~. **11** Excelente/Ó(p)timo. **Ex.** O filme é ~, encheu-me as medidas [, gostei imenso]. **12** Que é fora do comum/Diferente do habitual/Esquisito. **Ex.** Ela tem uma maneira ~ de reagir. É uma pessoa ~, é preciso muito ta(c)to para lidar com ele/a. **Loc.** *adv* «gosto» *Em* ~ [Em particular/Sobretudo/Mais/Especialmente] «da simplicidade do nosso chefe». **Comb.** *Arte Efeitos ~ais* [Meios técnicos para simular situações que é difícil/impossível filmar].

especialidade *s f* (<especial + -idade) **1** ⇒ especificidade. **2** Qualidade do que é especial/Natureza diferente. **Ex.** Ele reconhece a ~ [o cará(c)ter especial (+)] destes problemas. **3** Estudo/Tratamento em pormenor dum assunto/decreto-lei. **Ex.** O Parlamento vai discutir hoje o decreto-lei na ~. **Ant.** Generalidade. **4** Campo restrito dentro duma área mais vasta da ciência/técnica. **Ex.** Pediatria foi a ~ que ele tirou [cursou]. **5** A(c)tividade/Profissão em que alguém é perito. **Ex.** Na tropa [No serviço militar], a ~ dele foi telecomunicações. **6** Aquilo que alguém consegue executar melhor. **Ex.** A ~ desse futebolista é a marcação de livres/faltas. **7** *Cul* Prato cuja confe(c)ção é mais apreciada. **Ex.** A ~ da casa [do restaurante] é bacalhau com broa. A ~ lá de casa é feijoada. **8** Produto de grande qualidade. **Ex.** O vinho da quinta é uma ~! **9** Medicamento de composição e marca regist(r)ada. **Comb.** ~ farmacêutica.

especialista *adj/s 2g* (<especial + -ista) **1** (O) que possui habilidade ou conhecimentos especiais numa prática/arte/a(c)tividade/profissão/Perito. **Ex.** É um ~ na confe(c)ção do bolo-rei. É um ~ em reparações elé(c)tricas. É ~ na prova de vinhos. **2** (O) que se especializou num determinado domínio do saber ou na aplicação desses conhecimentos. **Ex.** Preciso de consultar um cardiologista [~ de/em doenças do coração].

especialização *s f* (<especializar + -ção) **1** A(c)to ou resultado de especializar(-se). **2** Formação aprofundada em determinado domínio da ciência/técnica. **Ex.** Está a fazer uma ~ em medicina dentária. **3** Diferenciação profissional na divisão do trabalho para se obter uma mais eficiente prestação dos trabalhadores. **Ex.** A ~ no trabalho conduz a melhor qualidade da produção. **4** Menção especial/Especificação.

especializar *v t* (<especial + -izar) **1** Tornar(-se) especial/Particularizar(-se)/Distinguir(-se). **Ex.** O que o especializa é a grande aptidão para a dança. **2** Tornar-se especialista em. **Ex.** Decidiu ~-se em Pneumologia. **3** Restringir o âmbito da a(c)tividade para chegar a um desempenho mais qualificado. **Ex.** A empresa vai ~-se no fabrico de colchões. Este serviço requer pessoal especializado.

especialmente *adv* (<especial + -mente) **1** De modo especial/Sobretudo/Particularmente/Principalmente/Mais. **Ex.** Preocupo-me com todos, ~ com os mais fracos. **2** De propósito/Somente/Apenas. **Ex.** Fui a Lisboa, ~ para o felicitar pela grande vitória eleitoral. **3** Muito. **Ex.** O ambiente humano não era ~ [muito(+)] favorável aos recém-chegados.

especiaria *s f Cul* (<espécie + -aria) Planta que dá sabor/aroma/Condimento/Tempero. **Ex.** O comércio das ~s, como a pimenta, a canela, o gengibre ou a noz-moscada, levou os portugueses do séc. XV a descobrir o caminho marítimo para a Índia.

espécie *s f* (<lat *spécies*) **1** Natureza/Cara(c)terística de várias coisas que leva a inclui-las no mesmo grupo ou na mesma categoria. **Ex.** Na minha escola há várias ~s de alunos. **2** Subdivisão de algo mais geral/Variedade. **Ex.** O feijão é uma ~ das leguminosas. **3** Condição/Classe/Tipo/Índole. **Ex.** Ali aparece gente de toda a ~. **Comb.** Gente da pior ~ [Marginais/Escória/Escumalha/Ralé]. **4** *Biol* Conjunto de seres muito semelhantes que se reproduzem entre si. **Ex.** O gato é uma ~ dos felinos. **Comb.** ~ *em* (vias de) *extinção/* ~ *ameaçada* [que tem cada vez menos seres, podendo desaparecer]. ~ *humana* [Conjunto dos seres humanos/Homem]. *Conservação da* ~. *Origem das* ~*s*. **5** *Biol* Categoria taxonó[ô]mica abaixo de gé[ê]nero. **Ex.** Um gé[ê]nero pode abranger várias ~s. **6** O que não se está a conseguir nomear ou definir com precisão. **Ex.** Aquilo era uma ~ de capa, muito original. **Loc.** Causar/Fazer ~ [Não ser claro/Intrigar/Surpreender] (Ex. O teu silêncio ontem na reunião fez-me ~. Porque não deste a tua opinião?). **7** O que se dá em pagamento, a substituir dinheiro; ⇒ **11**. **Ex.** Então na aldeia ainda se pagavam alguns serviços em ~. **Comb.** Pagamento em ~.

8 Designação geral de obras impressas ou manuscritas. **9** *Cul* ⇒ especiaria. **10** *Fil* O que aparece aos sentidos, por oposição a essência/Aparência. **Loc.** *adv* Sob ~ [Disfarçadamente]. **Comb.** *Crist* ~s sacramentais/eucarísticas [O pão e o vinho, que pela consagração se transformam no Corpo e Sangue de Cristo] (Ex. Na Missa, o acólito e os ministros da comunhão comungaram sob as duas ~s). **11** *pl* ⇒ dinheiro; moeda.

especificação *s f* (<especificar + -ção) **1** A(c)to ou resultado de especificar/particularizar/pormenorizar. **2** Descrição/Enumeração exaustiva das cara(c)terísticas de alguma coisa. **Ex.** A ~ das condições ao concurso é fundamental para os candidatos. **3** Cada item dessa enumeração.

especificador, ora *adj* (<especificar + -dor) «relatório» Que refere/descreve/enumera com minúcia/Que especifica/Especificativo.

especificar *v t* (<lat *specífico,áre*) **1** Determinar a espécie de/Classificar. **2** Indicar com precisão/Discriminar. **Ex.** Tratou de ~ as etapas do processo de fabricação «do tecido». **3** Tornar bem claro/Explicitar/Concretizar. **Ex.** Teve o cuidado de ~ as cara(c)terísticas do aparelho que vendia. Gostei de ver tudo (bem) especificado.

especificativo, a *adj* (<especificar + -ivo) Capaz de especificar/Indicativo.

especificidade *s f* (<específico + -idade) Qualidade do que é específico «de um órgão/produto/medicamento/associação/grupo»/peculiar/Propriedade que dá um cará(c)ter único/O que distingue.

específico, a *adj* (<lat *specíficus*) **1** Que é próprio de uma espécie/Peculiar. **Comb.** *Fís Calor* ~ [Quantidade de calor necessária para elevar de um grau centesimal a temperatura da unidade de massa de uma dada substância]. *Peso* ~ [de uma unidade de volume de um material]. *Resistência* ~*a* [elé(c)trica de um dado material, por unidade de comprimento e de superfície de se(c)ção]. **2** Destinado/Pertencente a um indivíduo/caso/Cara(c)terístico/Exclusivo/Especial. **Ex.** É um medicamento ~ [só] para a diabetes. **Ant.** Geral.

espécime(n) *s m* (<lat *spécimen*: mostra, modelo) **1** Exemplo/Modelo/Amostra. **2** Peça de cole(c)ção ou série/Exemplar. **3** *Biol* «ave» Indivíduo de uma espécie animal ou vegetal «em vias de extinção».

especiosidade *s f* (<especioso + -idade) Qualidade do que é especioso/delicado/formoso/gentil.

especioso, a (Ôso, Ósa) *adj* (<lat *speciósus*: formoso) **1** Que tem boa aparência/Belo/Delicado. **2** ⇒ Atraente/Sedutor. **3** Com aparência de verdadeiro/Capcioso/Enganoso/Ilusório. **Ex.** Usou um argumento ~ para convencer a gente simples.

espectacular/espectacularidade/espectáculo/espectaculoso ⇒ espetacular/…

espe(c)tador, ora (*dg*) (Pè) *adj/s* [= espectador] (<espectar + -dor) (O) que assiste a um espetáculo público/Que presencia um acontecimento/Observador. **Ex.** No fim do espetáculo, os ~es presentearam os a(c)tores com uma longa salva de palmas.

espectar (Pè) *v t* (<lat *spécto,áre*: contemplar) Assistir a/Observar/Contemplar.

espe(c)tral (*dg*) (Pè) *adj 2g* [= espectral] (<espe(c)tro + -al) **1** Relativo a espe(c)tro/«figura» Que tem o cará(c)ter de fantasma ou de imagem fantástica. **2** *Fís* Relativo ao espe(c)tro luminoso/solar. **Comb.** Análise ~.

espe(c)tro (*dg*) (Pè) *s m* [= espectro] (<lat *spéctrum*: visão) **1** Suposta aparição de um defunto/Fantasma/Assombração. **2** O que aterroriza/Forte ameaça. **Ex.** O ~ do despedimento [da perda do emprego] põe as pessoas em sobressalto. **Comb.** ~ *da fome*. ~ *da guerra*. **3** Aparência vã de alguma coisa/Ilusão. **4** *fig* Pessoa esguia e macilenta. **5** Alcance/Aplicação. **6** *Med* Conjunto de espécies de microrganismos sobre o qual um antibiótico é capaz de a(c)tuar. **Comb.** Antibiótico de largo ~. **7** *Fís* Resultado da dispersão de uma radiação composta em radiações simples, por refra(c)ção ou difra(c)ção. **Comb.** ~ *magnético* [Disposição que toma a limalha de ferro ao cair em papel sobreposto aos polos de um íman]. ~ *solar* [Série contínua das cores «do arco-íris» por decomposição da luz branca].

espe(c)trógrafo (*dg*) (Pè) *s m* [= espectrógrafo] (<espe(c)tro + -grafo) Aparelho que permite o regist(r)o fotográfico de um espe(c)tro, nas regiões do visível, do ultravioleta e do infravermelho.

espe(c)trograma (*dg*) (Pè) *s m* [= espectrograma] (<espe(c)tro + -grama) Representação gráfica ou fotográfica de um espe(c)tro, por meio do espe(c)trógrafo.

espe(c)trologia (*dg*) (Pè) *s f* [= espectrologia] (<espe(c)tro + -logia) Estudo dos espe(c)tros e dos fenó[ô]menos espe(c)trais.

espe(c)trometria (*dg*) *s f* (<espe(c)tro + -metria) Conjunto de técnicas para medir a intensidade e o comprimento de onda de radiações.

espe(c)trómetro (*dg*) (Pè) **[***Br* **espe(c)trômetro** (*dg*)**]** *s m* [= espectrómetro] (<espe(c)tro + -metro) Espe(c)troscópio que mede os comprimentos de onda das radiações de um espe(c)tro luminoso.

espe(c)troscopia (*dg*) (Pè) *s f Fís Quím* [= espectroscopia] (<espe(c)tro + -scopia) Conjunto de métodos de análise de substâncias baseados na produção e interpretação de espe(c)tros de emissão e absor(c)ção de radiações ele(c)tromagnéticas «nas regiões do visível, de raios X, do infravermelho, do ultravioleta, …».

espe(c)troscópio (*dg*) *s m Fís Quím* [= espectroscópio] (<espe(c)tro + -scópio) Aparelho que produz e analisa espe(c)tros para observação visual, sobretudo na região visível do espe(c)tro ele(c)tromagnético.

especulação (Pè) *s f* (<especular + -ção) **1** A(c)to ou resultado de especular. **2** Reflexão abstra(c)ta/Estudo puramente racional. **Ex.** A ~ pura não atende à experiência. **Comb.** ~ filosófica. **3** *depr* Conje(c)tura sem consistência/Afirmação infundada. **Ex.** A notícia da escolha dele para o cargo não passa de ~. **4** *Econ depr* Operação comercial ou financeira com lucros exagerados e de discutível legitimidade. **Ex.** Alguns novos ricos estiveram ligados a negócios de pura ~. **Loc.** *Fazer* ~. *Ser alvo de* ~. **Comb.** ~ *da Bolsa* (de Valores). ~ *imobiliária*.

especulador, ora (Pè) *adj/s* (<especular + -dor) **1** (O) que estuda/investiga/Teórico. ⇒ pensador. **2** *depr* (O) que investe para tirar lucros exagerados de operação comercial e financeira. **3** *depr* (O) que, a(c)tuando de má-fé ou explorando a fragilidade de outrem, negoceia com lucros acima do (que é) razoável. **Ex.** É dever do Estado lutar contra os ~es.

especular[1] (Pè) *v t/int* (<lat *spéculo,áre*: observar de alto) **1** Estudar teoricamente/Refle(c)tir/Teorizar. **Ex.** Muitos limitam-se a ~, eu procuro agir. **2** Indagar minuciosamente/Averiguar. **Ex.** Dispôs-se a ~ o passado do novo dirigente. **3** Afirmar sem fundamento seguro/Levantar hipóteses várias/Conje(c)turar. **Ex.** Especula-se sobre o futuro da empresa. **4** Desenvolver negócios para obter lucros exagerados ou menos legítimos/Praticar especulação comercial ou financeira. **Ex.** Obteve grande parte da fortuna a ~.

especular[2] *adj 2g* (<lat *speculáris*: do espelho; ⇒ espelhado) **1** Relativo a espelho. **2** «superfície» Que refle(c)te a luz como o espelho. **3** «nuclídeo/simetria» Invertido como a imagem do espelho. **4** Relativo ao espéculo.

especulativo, a (Pè) *adj* (<lat *speculatívus*: contemplativo) **1** Que estuda sem atender à experiência/Teórico/Abstra(c)to. **Ex.** A a(c)tividade ~a não goza de grande apreço. **Comb.** Espírito ~. **2** Relativo a especulação comercial ou financeira. **Ex.** Alguns propõem maior tributação sobre opera(c)ções ~as.

espéculo *s m Med* (<lat *spéculum*: espelho) Instrumento para dilatar a entrada de algumas cavidades orgânicas «vagina, ânus, ouvido, …», de modo a facilitar o exame do seu interior.

espedaçar *v t* ⇒ despedaçar.

espeleologia *s f* (<gr *spélaion*: caverna + -logia) Estudo da formação e constituição das grutas e cavernas naturais ou dos seres que aí vivem.

espeleologista *s 2g* (<espeleologia + -ista) ⇒ espeleólogo.

espeleólogo, a *s* (<gr *spélaion*: caverna + -logo) Especialista em [O que se dedica à] espeleologia/Espeleologista.

espelhado, a *adj* (<espelhar) **1** Polido e liso como um espelho. **Comb.** Superfície ~. **2** Revestido/Coberto de espelhos. **Ex.** As paredes ~as do café dão-nos a ilusória impressão de um espaço amplo. **3** Refle(c)tido como num espelho.

espelhar *v t* (<espelho + -ar[1]) **1** Tornar liso e polido como um espelho/Dar propriedades de espelho a. **2** Revestir de espelhos. **Ex.** ~ as paredes do grande edifício foi uma opção muito feliz [uma ó(p)tima ideia]. **3** Transformar «vidro ou cristal» em espelho, pela aplicação, na face posterior, de uma camada metálica brilhante. **4** Refle(c)tir como um espelho. **5** ~-se/Refle(c)tir-se num espelho ou em algo semelhante. **Ex.** As árvores do bosque espelhavam-se na superfície do lago. **6** *fig* Mostrar claramente/Evidenciar/Manifestar. **Ex.** As recentes perturbações da ordem pública espelham o [são reflexo do] mal-estar da sociedade. **7** *fig* Tomar «alguém» como modelo/Rever-se em. **Ex.** O miúdo espelhava o irmão. **8** *Br* ~-se/Olhar-se [Mirar-se] ao espelho. **Ex.** Não se cansava de ~-se [de se ver ao espelho(+)].

espelharia *s f* (<espelho + -aria) Local de fabrico ou venda de espelhos.

espelheiro, a *s* (<espelho + -eiro) Pessoa que fabrica ou vende espelhos.

espelhento, a *adj* (<espelho + -ento) Que refle(c)te como um espelho/Polido/Brilhante. ⇒ refle(c)tor.

espelho (Pè) *s m* (<lat *spéculum*) **1** Superfície de vidro ou cristal a que, na face posterior, se aplicou uma camada metálica de estanho, prata, platina, … para refle(c)tir a luz e as imagens de quem sobre ela incidam. **Ex.** Na casa de banho [*Br* No banheiro] tenho um grande ~. **2** Obje(c)to desse material, geralmente emoldurado, fixo em parede ou em porta de armário, em frente do qual alguém cuida da sua apresenta(c)ção. **Ex.** Vaidosa que era, passava uma eternidade [muito tempo] à frente do ~.

espelina

3 Superfície lisa e polida, refle(c)tora da luz e da imagem de obje(c)tos. **Ex.** Sem brisa, a água do lago era um autêntico ~. **Comb.** ~ de água [Tanque grande, de bordas baixas, que embeleza parques ou jardins]. **4** *fig* Modelo a seguir/Exemplo. **Ex.** Aquela freira humilde foi um ~ de virtude(s). **5** *fig* O que deixa transparecer/O que revela. **Ex.** Diz-se que os olhos são o ~ [reflexo] da alma. **6** *fig* Imagem/Reflexo/Amostra. **Ex.** A juventude é com certeza o ~ da sociedade. **7** Chapa que remata e embeleza exteriormente uma fechadura. **8** *Ele(c)tri* Placa que cobre o buraco de instalação de tomadas e interruptores. **9** Tábua saliente [em relevo] na face de uma porta. **10** Face plana anterior de uma gaveta. **11** Parte vertical de um degrau. **12** *Mús* Abertura no tampo superior de instrumentos de corda «viola, guitarra, ...». **13** *Arquit* Abertura envidraçada por cima da porta principal de uma igreja. **14** Re(c)tângulo de tecido de uma peça de vestuário que assenta sobre a parte superior das costas ou do peito. **15** *Vet* Excrescência córnea na face interna do antebraço e da canela do cavalo. **Sin.** Castanha. **16** *Zool* Malha de brilho metálico na cauda do pavão e nas asas de alguns inse(c)tos. **17** *Tip Loc.* Em ~ [«anúncio, foto, ...» Publicado em página dupla].

espelina *s f Bot* (< ?) Planta do *Br* da família das cucurbitáceas, raízes medicinais e frutos avermelhados.

espelotear *Br v int* (< ?) ⇒ disparatar; fazer maluqueiras; ser um doidivanas.

espelta *s f Bot* (<lat *spelta*) Planta da família das gramíneas, uma espécie de trigo de qualidade inferior; *Triticum spelta*.

espelunca *s f* (<lat *spelúnca*: caverna) **1** Cavidade profunda e escura/Caverna/Furna. **2** Cova de animais/Covil. **3** Casa imunda e escura/Lugar sujo ou mal frequentado. **Ex.** Senti repulsa ao entrar naquela ~. **4** Casa de jogo clandestina e suja/Antro.

espenicar *v t* (<es- + pena + -icar) **1** Arrancar ou cortar penas a uma ave/Depenar(+). **2** «a ave» Arrumar as penas com o bico/Catar(-se). **3** *fig* Examinar com [em] pormenor/Esmiuçar. **4** Arranjar(-se) com esmero/Ataviar(-se)/Enfeitar(-se).

espeque (Pé) *s m* (<hol *an handtspeecke*: bastão seguro na mão) Estaca/Pau com que se escora alguma coisa «andaime»/Apoio/Amparo.

espera (Pé) *s f* (<esperar) **1** A(c)to ou efeito de esperar. **Ex.** A ~ «no médico» foi de quinze minutos. **Loc.** Estar à ~ de (que) **a)** Aguardar que alguém/algo chegue ou que algo ocorra (Ex. Estive à ~ dela [do comboio/do trem] mais de meia hora. Estive à ~ do nascer do Sol para sair de casa); **b)** Estar esperançado/confiante de que algo venha a acontecer (Ex. Estava à ~ de [Esperava] que tudo fosse mais fácil). **2** Esperança/Expe(c)tativa. **Ex.** Estou à ~ de [Espero] que tudo corra como previ. **3** Tempo em que se aguarda por alguém ou por alguma coisa. **Ex.** A ~ para se ter a consulta é, quando muito, de três dias. **Comb.** *Compasso de* ~ **a)** *Mús* Pausa que faz um instrumento na orquestra até chegar a sua vez de tocar; **b)** Pausa/Intervalo (Ex. Importa fazermos um compasso de ~ para ver *col* em que param as modas [Importa pararmos até se definir melhor a situação]). *Lista de* ~ [Relação de nomes de pessoas que aguardam por serem chamadas para desempenhar uma tarefa ou por lhes ser prestado um serviço] (Ex. Para esse tipo de intervenção cirúrgica a lista de ~ neste hospital é muito longa). *Sala de* ~ [Compartimento em que as pessoas aguardam até serem atendidas] (Ex. Na sala de ~ do consultório entretenho-me a ler revistas). **4** Prolongamento do prazo/Adiamento/Demora. **Ex.** A repartição de finanças admite uma ~ de mais uma semana para a rece(p)ção da documentação. **5** *col* Cilada/Emboscada/*Br* Tocaia. **Ex.** Fez-lhe uma ~ e deixou-o maltratado à beira do caminho. **6** Nome dado a vários obje(c)tos que servem de descanso a outros, como ao ferro de engomar, ... **7** Correia da sela onde se prendem as cilhas. **8** Peça de ferro/madeira para impedir o movimento num sentido, sobretudo em rodas dentadas. **9** *Arquit* Pedra saliente na extremidade de parede para aí se amarrar outra parede. **10** Peça de madeira em que, em período de repouso, assenta o cabeçalho do carro de bois, para não aderir ao chão/Estronca/Espeque. **11** Peça de madeira/ferro na extremidade da bancada de carpinteiro para escorar a tábua que está a ser aplainada. **12** Peça de fixação do torno.

esperado, a *adj* (<esperar) **1** Que se aguarda ansiosamente/Desejado. **Ex.** O dia ~ finalmente chegou. **2** Que se prevê/Provável. **Ex.** Trabalhou e teve o pré[ê]mio ~. **Ant.** Imprevisto; inesperado. **3** *Mil* Que tem uma situação ainda indefinida quanto ao cumprimento de obrigações militares/Adiado. **4** Transferido para mais tarde. **5** Que ficou reprovado em exame. **Ex.** Como ficou ~, deverá repetir a prova na segunda época (de exames).

esperança *s f* (<esperar + -ança) **1** Confiança de que o futuro será bom ou melhor/Visão o(p)timista sobre o presente e o futuro. **Ex.** Ter ~ ajuda a ser feliz. O verde é a cor da ~. **Loc.** *Acalentar/Alimentar a* ~ [Esperar]. *Perder a* ~ [Desistir/Desanimar]. **Idi.** *A* ~ *é a última a morrer* [Nunca se deve desanimar]. *Enquanto há vida há* ~. **Comb.** ~ *vã. Falsa* ~. **2** O que se espera/deseja para o futuro/Expe(c)tativa. **Ex.** A minha ~ é que ele passe no exame. **Idi.** *Estar/Andar de* ~*s* [Estar grávida]. **Comb.** ~ *de vida* [Longevidade média de uma população] (Ex. A ~ de vida no nosso país tem vindo a aumentar). **3** *Crist* Segunda virtude teologal, que leva o crente a confiar em Deus para o ajudar nesta vida e lhe dar a bem-aventurança depois da morte. **Ex.** As virtudes teologais são a fé, a ~ e a caridade. **4** Algo ou alguém que se considera vir a ser garantia de um futuro favorável. **Ex.** O rapaz, inteligente e trabalhador, era a ~ da família. **Loc.** *Depositar* ~ *em*. **5** Alguém/Algo que faz adivinhar um futuro promissor. **Ex.** Esse jovem futebolista é não já uma ~, mas uma preciosa certeza [mas um atleta de valor reconhecido]. **Comb.** *(D)esp Sele(c)ção* [*Br Escrete*] *de* ~*s* [jogadores cuja idade ronda os vinte anos] (Ex. A nossa sele(c)ção de ~s foi campeã da Europa em futebol. A sele(c)ção nacional é formada por vários atletas que jogaram na sele(c)ção de ~s).

esperançado, a *adj* (<esperançar) Que tem esperança em (que)/Confiante de que algo vai ser favorável/O(p)timista. **Ex.** Estava ~ de que havia de ter uma boa classificação «no exame final».

esperançar *v t* (<esperança + -ar[1]) Ado(p)tar uma visão o(p)timista/Dar [Ter] esperança/Animar(-se).

esperançoso, a (Ôso, Ósa, Ósos) *adj* (<esperança + -oso) Que faz prever algo de bom/Que dá esperanças/Que promete/Prometedor. **Ex.** É um rapaz ~ pelo que já mostrou. Vou tentar este difícil mas ~ meio de sucesso «no negócio».

esperantista *adj/s 2g* (<esperanto + -ista) **1** Relativo ao esperanto. **2** Especialista em esperanto. **3** Falante de esperanto. **4** Partidário do esperanto como língua internacional.

esperanto *s m* (<pseudó[ô]nimo *Esperanto*, usado pelo criador do esperanto) Língua artificial, criada nos fins do séc. XIX com base em radicais internacionais pelo médico e filólogo polaco Zamenhof para ser língua de comunicação internacional. **Ex.** O ~ não se chegou a impor como língua internacional.

esperar *v t* (<lat *spéro,áre*) **1** Ter esperança de /Confiar em. **Ex.** Esperava a ajuda dos amigos. **Loc.** ~ *em Deus* [Confiar na ajuda divina]. **2** Estar à espera de/Confiar que alguém virá/chegará. **Ex.** Esperamos o pai para o almoço. **3** Não fazer algo até ser acompanhado nisso por outrem. **Ex.** Esperou pela mãe para começar a refeição. **4** Não avançar [Não ir em frente] por momentos. **Ex.** Espera por mim, que não me demoro. **Loc.** *Não se fazer* ~ [Não tardar]. **Idi.** ~ *pela pancada* [Prever efeitos desagradáveis em breve]. **5** Estar presente à chegada de alguém que fez uma viagem, para o acolher/cumprimentar. **Ex.** Fomos ao aeroporto ~ o meu cunhado. **6** Contar com/Calcular/Prever. **Ex.** Espero que ele não falte ao prometido. **Idi.** ~ *por sapatos de defunto* [Estar fiado em algo duvidoso ou muito distante]. **7** Desejar. **Ex.** Espero que tudo corra de feição [corra bem]. **8** *fig* Estar-lhe destinado/Ter pela frente/Caber-lhe. **Ex.** Espera-nos uma tarefa bem complicada/difícil! **9** *fig* Estar preparado/Estar pronto a ser consumido. **Ex.** O almoço espera por nós [está à nossa espera (+)/está pronto (o+)]. **10** *fig* Precisar de/Carecer de. **Ex.** A data da reunião espera confirmação. **11** Estar a gerar/Estar grávida. **Ex.** Espera o segundo filho para maio.

esperdiçar, esperdício ⇒ desperdiçar, desperdício.

espérgula *s f* (<lat *spárgo,ere*: espalhar) Nome comum de plantas da família das cariofiláceas, que servem de forragem a bovinos, melhorando a secreção de leite; *Spérgula*.

esperma (Pér) *s m* (<gr *spérma,atos*: semente) Líquido esbranquiçado, fabricado por várias glândulas genitais masculinas, que contém os espermatozoides/Sé[ê]men. **Comb.** *Banco de* ~ [Estabelecimento onde se recolhem espermatozoides para inseminação artificial].

espermacete (Cê) *s m Quím* (<it *spermaceti* <lat *sperma ceti*: esperma de baleia) Substância branca, gordurosa, extraída do cérebro de vários cetáceos, utilizada no fabrico de velas, sabões, ...

espermático, a *adj* (<gr *spermatikós*) **1** Relativo a esperma. **Comb.** *Canal* ~ [excretor de esperma/deferente]. *Líquido* ~. **2** Relativo a espermatozoide. **3** Relativo a semente.

espermátide *s f Biol* (<esperma + -ide) Cada uma das células em estado de maturação que, por diferenciação, dão origem a um espermatozoide.

espermatídio *s m* ⇒ espermátide.

espermatófito, a *s* (<gr *esperma* + -fito) Planta do grupo das espermatófitas, que dá flor e fruto e se reproduzem por sementes/Fanerogâmico.

espermatogénese [*Br* **espermatogênese**] *s f* (< gr *spérma,atos*: esperma + gé[ê]nese) Processo contínuo de formação de espermatozoides.

espermatorreia *s f* (<esperma + -reia) Derramamento anormal e involuntário de esperma.

espermatose *s f* (<esperma + -ose) Secreção de esperma.

espermatozoide (Zói) *s m Biol* (<esperma + -zoo + -oide) Célula reprodutora masculina/Gâmeta masculino.

espermicida *adj/s 2g* (<esperma + -cida) (O) que destrói os espermatozoides, a(c)tuando como contrace(p)tivo. **Ex.** Para evitar uma gravidez, usava também um ~. **Comb.** Creme ~.

espernear *v int* (<es- + perna + -ear) **1** Agitar de forma repetida e enérgica as pernas. **Ex.** Zangado, o miúdo começou a ~ e foi difícil dominá-lo. **2** *fig* Ficar furioso/Revoltar-se/Reclamar. **Ex.** Não adianta [É inútil] ~, temos de pagar «a multa».

espernegar *v int/t* (<es- + perna + -egar) **1** Virar de pernas para o ar. **2** Estatelar-se/Esparramar-se. **3** ⇒ espernear.

espertalhaço, a *adj* (<esperto + -alho + -aço) ⇒ espertalhão.

espertalhão, ona *adj/s depr* (<esperto + -alhão) (O) que usa meios menos honestos para conseguir um obje(c)tivo/Astuto/Finório. **Ex.** É um ~, «na política/empresa» tem conseguido tudo o que quer.

espertar ⇒ despertar; excitar.

esperteza (Tê) *s f* (<esperto + -eza) **1** Qualidade de esperto/Vivacidade/Argúcia. **Comb.** ~ **de rato** [Fraca inteligência/Ingenuidade]. Pessoa de grande ~ [muito esperta/inteligente]. **2** A(c)to ou dito que revele tais qualidades. **3** *Iron* A(c)ção desonesta procurando ludibriar/Ardil. **Ex.** Louvo-lhe a ~! **Comb.** ~ **saloia** [Habilidade/Manobra grosseira, fácil de desmascarar].

espertina *s f* (<esperto + -ina) Dificuldade em adormecer/Insó[ô]nia(+). **Ex.** A arreliadora ~ não o largava, avivando-lhe a depressão.

esperto, a (Pér) *adj* (<lat *expér(gi)tus*: acordado <*expérgo*; ⇒ experto) **1** Acordado(o+)/Desperto(+)/Vigilante. **Ex.** Era meia-noite e o miúdo continuava ~, sem pestanejar. **2** *fig* «aluno» Inteligente/Sagaz/Ladino/Fino. **Ex.** Como é ~, facilmente triunfa na vida. **Loc.** *pop* Ser ~ *idi* como um alho/coral [Ser muito ~]. **3** A(c)tivo/Diligente/Vivo/Expedito. **Ex.** ~ como é, põe a mexer tudo à volta. **Comb.** *fig* **Lume ~** [bem aceso/atiçado]. *fig* **Vento ~** [forte]. **4** *depr* Astuto/Finório. **Loc.** *fam* Armar-se em ~ [Querer vencer sem respeitar o(s) outro(s)] (**Ex.** Arma-te em ~, e verás «o teu negócio vai falhar»!). **Comb.** *pop* **Chico ~** [Pessoa que usa astúcia para triunfar]. **5** *Náut* [Que não tem folga/Esticado(+)]. **Comb. Amarra ~a. Cabo ~. 6** *fig* Estimulante (+)/Excitante. **Comb.** Bebida ~.

espessar *v t/int* (<lat *spísso,áre*) **1** Tornar/Ficar mais compacto/consistente/Engrossar/Adensar. **Ex.** Para ~ o molho empregou farinha.

espesso, a (Pê) *adj* (<lat *spíssus*) **1** Denso/Pastoso/Consistente. **Ex.** A compota ficou ~a. **2** Cerrado/Basto. **Ex.** O matagal era ~. **3** Grosso/Encorpado. **Ex.** Para o frio usavam um tecido ~/Grosso(+). **4** Compacto/Opaco. **Ex.** Uma nuvem ~a encobriu o Sol. **5** *fig* Profundo/Total/Intenso. **Ex.** O silêncio ~ da noite escura era quebrado pelo piar do mocho. **6** *fig* ⇒ Grosseiro/Tosco.

espessura *s f* (<espesso + -ura) **1** Qualidade do que é espesso/grosso. **Ex.** A ~ [largura] da parede do convento era enorme. **2** Uma das três dimensões de um sólido/Profundidade. **Ex.** Para calcular o volume dum sólido atendemos ao comprimento, largura e ~/altura. A ~ da lombada do livro é de 5 cm. **3** Grau de densidade/Consistência. **Ex.** A ~ do xarope era grande. **4** Qualidade do que é compacto/cerrado. **Comb.** ~ da ramagem. **5** Mata cerrada.

espetacular (Pè) *adj 2g* [= espectacular] (<espetáculo + -ar²) **1** Que dá nas vistas/Grandioso/Imponente. **Ex.** A volumetria [grandeza] da praça é ~. **2** Que é muito bom/Excelente/Extraordinário. **Ex.** «no palco» Ela teve uma a(c)tuação ~. Esta máquina [Este carro] é ~. **3** Que teve grande aparato/Que causou forte impressão. **Ex.** O acidente na prova de Fórmula 1 foi ~/impressionante «o carro ficou desfeito».

espetacularidade (Pè) *s f* [= espectacularidade] (<espetacular + -idade) Qualidade do que é espetacular/Aparato/Grandiosidade/Ostentação. **Ex.** A ~ da manifestação impressionou a cidade.

espetáculo (Pè) *s m* [= espectáculo] (<lat *spectáculum*) **1** Apresentação pública de peça de teatro, de música, de bailado, de circo, …/Prova (d)esportiva ou lúdica. **Ex.** O futebol é um ~ de multidões. Essa companhia de bailado deu um ~ que maravilhou [encantou] a assistência. **Loc. Assistir a um ~. Cancelar o ~. Dar um ~. Organizar um ~. Promover um ~. Comb. ~ de beneficência. ~ de circo. ~ de gala. ~ de variedades. Cartaz dos ~s. 2** Cada uma das sessões dessa apresentação. **Ex.** Aos domingos há dois ~s: um à tarde e outro à noite. **3** Conjunto de a(c)tividades ligadas à vida artística. **Ex.** O pessoal do ~ já viveu [teve] melhores dias/tempos. **Comb.** Mundo do ~. **4** O que atrai a vista ou a atenção de alguém/Quadro/Panorama. **Ex.** O ~ do pôr do Sol tem por [às] vezes extraordinária beleza. **5** Alguém/Algo que impressiona pela excelência das suas qualidades. **Ex.** Ela é um ~, é linda, linda! Ele é um ~ de eficiência. O carro é um ~ de linhas (aerodinâmicas), para não falar [, além] da potência. **6** Cena caricata/estranha/inconveniente. **Ex.** *iron* Bonito ~ o das [Que linda cena, as] comadres a discutir à porta do prédio! **Loc. Dar ~** [Fazer-se obje(c)to de zombaria/Ter comportamento reprovável]. **Servir de ~.**

espetaculoso, a (Pè) *adj* [= espectaculoso] (<espetáculo + -oso) Que chama a atenção por ser impróprio/Que dá espetáculo/Espalhafatoso/Ridículo. **Ex.** Ele fez uma cena ~a [teve um comportamento ~] no fim da reunião.

espetada *s f* (<espeto + -ada) **1** Golpe dado com o espeto ou com algum obje(c)to perfurante «agulha». ⇒ ferroada; picada. **2** *Cul* Fiada de pequenos pedaços de carne, de peixe, de legumes, assados simultaneamente no espeto. **Ex.** Muitas vezes, no restaurante, peço ~.

espetadela (Dé) *s f* (<espetar + -dela) **1** A(c)to ou efeito de (se) espetar/Picada. **Ex.** A ~ «da inje(c)ção não me doeu muito. **2** *col* Insucesso em negócio/Entaladela(+). **Ex.** Deu para aprender para o futuro com a ~. **3** *col* ⇒ Espetanço/Logro/Encrenca.

espetador ⇒ espe(c)tador.

espetanço *s m* (<espetar + -anço) **1** *col* Prejuízo em negócio/Entaladela. **Ex.** O ~ parecia improvável, mas aconteceu. **2** *col* ⇒ Logro/Engodo. **3** *col* Má figura em prova (escolar)/Estenderete(o+)/Espalhanço(+). **Ex.** Tive um ~ em Geografia.

espetão *s m* (<espeto + -ão) **1** Espeto grande. **2** Ferro com extremidade em forma de anzol para tirar o cadinho da forja. **3** Qualquer vara de ferro com a ponta aguçada.

espetar *v t* (<espeto + -ar¹) **1** Perfurar/Atravessar com [Enfiar em] espeto. **2** Ferir(-se) com obje(c)to pontiagudo. **Ex.** Deixou ~ a agulha no dedo. **3** Cravar obje(c)to de ponta afiada em alguma coisa. **Ex.** Espetou o garfo na azeitona. **4** Pôr/Ficar direito/esticado/hirto. **Ex.** O mestre, de mão no ar e dedo espetado, impunha disciplina na sala. **5** *fam* Atirar com força/Deixar cair. **Ex.** Cansado de pedir ajuda, espetou com a carga no chão. **6** *fam* ~-se/Fazer algo a contragosto de outrem. **Ex.** O miúdo da vizinha espeta-se-me lá em casa e não deixa o meu filho estudar. **7** *fig* Impingir/Pespegar. **Ex.** Espetou-lhes «aos vizinhos mal-comportados» um sermão que não vão esquecer tão cedo. **8** *fig* ~-se/Chocar contra/Embater em. **Ex.** Ao fazer a curva, foi ~-se contra o muro. **9** *fig* ~-se/Ter prejuízo em negócio/Tomar decisão apressada e errada. **Ex.** Sem experiência no ramo, foi logo ~-se fazendo sociedade com um troca-tintas. **10** ~-se/Sair-se mal numa prova (escolar)/Estender-se(o+)/Espalhar-se. **Ex.** Espetei-me a [Reprovei em] Matemática, pouco fiz na prova.

espeto (Pè) *s m* (<gótico *spitus*) **1** Haste de ferro ou madeira, comprida e pontiaguda, em que se enfiam, para assar, pedaços de carne, de peixe, de legumes. **Ex.** O frango, no espeto, dava voltas sobre as brasas. **Idi. Em casa de ferreiro, ~ de pau** [O desleixo surge onde menos se esperaria]. **2** Pau aguçado numa extremidade/Chuço. **3** *fig* Pessoa alta e muito magra. **Ex.** Ela é um ~, até faz impressão! **4** *fig* ⇒ maçada; maçador.

espetral/espetro/espetrógrafo/espetrograma/espetrologia/espetrometria/espetró[ô]metro/espetroscopia/espetroscópio ⇒ espe(c)tral/…

espevitadeira *s f* (<espevitar + -deira) Tesoura para aparar os pavios, de modo a dar mais luz ou avivar a chama.

espevitado, a *adj* (<espevitar) **1** Diz-se do pavio aparado com a espevitadeira. **Comb.** Vela ~a. **2** Atiçado/Espertado/Avivado. **Ex.** O fogo foi ~ por uma leve aragem. **3** *fig* Desembaraçado/Desenvolto/Vivo/Esperto. **Ex.** O rapaz é ~, pode resolver-nos o problema. **4** *depr* Pretensioso/Presunçoso/Petulante/Atrevido. **Ex.** A expressão (do rosto) é de moça ~a.

espevitador, ora *adj/s* (<espevitar + -dor) **1** (O) «homem/vento» que espevita. **2** ~ ⇒ espevitadeira. **3** *s m* Utensílio para avivar o fogo/Atiçador.

espevitar *v t* (< ?) **1** Avivar a chama, aparando o pavio/Atiçar(+) o lume. **2** Dar vigor/Avivar/Estimular. **Ex.** A competição costuma ~ o [dar força ao] atleta. **Loc.** ~ a memória. **3** Tornar(-se) pretensioso/afe(c)tado/petulante. **Ex.** Na adolescência, algumas moças tendem a ~. **4** ~-se/Irritar-se/Exaltar-se.

espezinhar (Pé) *v t* (<es- + pé + z + -inhar) **1** Calcar aos [com os] pés/Pisar repetidamente. **2** *fig* Tratar mal/Humilhar. **Ex.** O prazer dele era ~ os subalternos. **3** Tiranizar/Oprimir. **Ex.** O povo sentia-se espezinhado pelo tirano. **4** Tratar com desdém/Desprezar. **Ex.** Não hesita em ~ normas de conduta.

espia¹ *s 2g* (<espiar¹) **1** ⇒ espião. **2** A(c)to ou efeito de espiar. **Ex.** A ~ do comportamento alheio não se justifica. **3** ⇒ vigia; sentinela. **4** *Mil* Combatente que vai à frente do exército para observar a movimentação do inimigo. **5** Pescador que espreita a chegada do cardume para o cercar com as redes.

espia² *s f* (<espiar²) **1** *Náut* Cabo para amarrar uma embarcação. **2** Corda com que se amarra uma tenda ou se puxa alguma coi-

sa. **Ex.** Para montar a tenda, esticou bem as ~s.

espiada *Br* (<espiar + -ada) ⇒ Espreitadela/ Olhada.

espião, ã *s/adj* (<it *spione*) **1** Pessoa que, ao serviço de um Estado ou organização, procura informações secretas de cará(c)ter militar, político, econó[ô]mico, científico. **Ex.** A vida de ~ tem muitos perigos. **Comb.** ~ duplo [que trabalha para duas potências, favorecendo apenas uma]. **Sin.** Agente secreto; espia¹ 1. **2** Pessoa que observa em segredo o comportamento de outrem. **3** Pessoa que observa outros para (a seguir) os denunciar. **Sin.** (Agente) infiltrado. **4** *(D)esp* Responsável de um clube que vai observar um jogo de outro clube com o qual jogará brevemente, para estudar a melhor tá(c)tica a ado(p)tar. **Sin.** *Br* Olheiro.

espiar¹ *v t* (<gótico *spaiha* <it *spiare*: vigiar) Observar em segredo/Espreitar(+)/Espionar. **Ex.** Por uma fresta do muro espiava os movimentos do colega. ⇒ espionar 3.

espiar² *v t* (<ing *(to) spin*: fiar) **1** Prender/ Amarrar com espia. **Ex.** Tratou de ~ bem a tenda devido ao forte vento. **2** Acabar de fiar «o linho/a estopa da roca».

espicaçar *v t* (<es- + pico + -aço + -ar¹) **1** Picar com algo pontiagudo. **Ex.** Espicaçava [Esporeava(+)] o cavalo para vencer a corrida. **2** ⇒ Ferir/Magoar/Afligir. **3** *fig* Estimular/Incentivar/Instigar/Atiçar. **Ex.** Gostava de o ~, a ver se ele ganhava [tinha] maior ambição.

espicha *s f* (<espichar) **1** Enfiada de peixes miúdos. **2** Pequena peça de osso na extremidade da correia que liga a estriga à roca de fiar. **3** *Náut* Haste de madeira colocada transversalmente a segurar as velas de barco pequeno. **4** *Náut* Pequena haste de madeira/metal terminada em bico, para abrir ilhós e cochas nos cabos.

espichar *v t* (<espicho/a + -ar¹) **1** Fazer uma enfiada de pequenos peixes pelas guelras. **2** Furar alguma coisa. **3** Abrir furo em vasilha [tampo de tonel/pipa] para extrair o líquido aí contido. **4** Esguichar o líquido através desse furo. **5** *Br* ⇒ esticar «lençol/ pescoço». **6** *Br* ⇒ matar; morrer. **7** *Br* ⇒ vencer «a discussão».

espiche¹ *s m* ⇒ espicho.

espiche² *s m fam* (<ing *speech*: fala) Breve alocução de elogio em momento solene/ Brinde(+)/Discurso(o+). **Loc.** Fazer um ~.

espicho *s m* (<lat *spículum*: ponta de dardo; ⇒ espiga; espichar) **1** Orifício aberto em vasilha «em tampo de tonel» para fazer sair o líquido aí contido. **2** Pau aguçado para tapar esse orifício. **3** Pequena estaca onde se prende o couro para o esticar e secar. **4** *fig* ⇒ Espeto 3. **5** *Br fam* Pergunta que pode confundir/atrapalhar o aluno em exame. **6** *Br fam* Má figura em exame por falta de conhecimento ou atrapalhação/ Estenderete (+)/Espetanço.

espícula *s f* (<lat *spícula*, *dim* de *spíca*: espiga) **1** Espiga pequena. **2** O que tenha essa forma. **3** *Zool* Cada uma das partes calcárias ou silicosas que formam um conjunto de suporte do corpo de certos animais, como esponjas, corais, ... **4** *Zool* Órgão copulador de alguns vermes/Cirro/ Espículo 4. **5** *Astr* Parte brilhante na superfície do Sol.

espicular *adj 2g* (<espícula + -ar²/¹) **1** Relativo a espiga ou a espícula. **2** Que tem a forma de dardo. **3** Dar forma de espiga ou de espícula. **4** Tornar aguçado/fino como a ponta do dardo. **5** (Fazer) tomar espiga. **Ex.** O calor espiculou o centeio.

espículo *s m* (<lat *spículum*: dardo) **1** Pequena haste pontiaguda/Aguilhão/Acúleo/ Espinho. **2** Ponta do dardo. **3** *Ent* Órgão retrá(c)til de alguns inse(c)tos/Ferrão «da abelha». **4** *Zool* Espícula 4(+).

espiga *s f* (<lat *spíca*) **1** *Bot* Parte das gramíneas que contém os grãos «de trigo, centeio, milho, ...». **Ex.** As ~s estavam gradas, previa-se uma boa colheita (de cereal). **Comb.** *Crist* Dia/Quinta-feira da ~ [Dia da festa da Ascensão de Cristo (Em que se faz [compra] um ramalhete de ~s e flores)]. **2** *Bot* Inflorescência com as flores a dispor-se ao longo de um eixo central/Infrutescência a que ela dá origem. **3** *pl* Primeiros grelos da couve. **Ex.** As ~s cozidas, com um fio de azeite, eram uma delícia. **4** Película dura que por vezes se levanta junto à raiz da unha/Espigão **2**. **5** Parte de peça de metal/madeira que entra no furo de outra. **Comb.** ~ *do formão*. ~ *da chave de fendas*. **6** Parte mais elevada de um telhado/Cumeeira(+). **7** *fig* Contratempo/ Logro/Prejuízo. **8** *fig* Maçada/*pop* Chatice. **Ex.** Ir a essa reunião «de três horas» é (cá) uma ~!

espigado, a *adj* (<espigar) **1** «trigo» Que já tem espiga. **2** Diz-se de planta «couve galega» que formou grelo em forma de espiga. **3** ⇒ Pont(iag)udo. **4** Diz-se do cabelo mal cuidado, com as pontas a abrir. **5** *fig* Que cresceu muito/Alto e magro. **Ex.** O rapaz está ~! **6** ⇒ Ludibriado/Enganado.

espigadote, a (Dó) *adj* (<espigado + -ote) Que está crescido/Que deitou corpo. **Ex.** A moça está ~a, vai ganhando formas de mulher.

espigão *s m* (<espiga + -ão) **1** Haste de metal/madeira, aguçada na extremidade, que se crava em parede, no chão, ... **2** Película dura que por vezes se levanta junto à raiz da unha/Espiga **4**. **3** Ponto mais alto de uma montanha/Pico/Cume. **4** ⇒ ferrão; espículo **3**. **5** Paredão oblíquo à beira de um rio ou do mar para desviar as águas. **6** Contraforte de reforço/Botaréu/Escora. **7** Parte superior de um telhado/Espiga **6**/ Cumeeira(+). **8** *pop* Raiz central de um sobreiro.

espigar *v int/t* (<espiga + -ar¹) **1** Deitar/Criar espiga. **Ex.** As couves já estão a ~. **2** «batata» Grelar(+) «na adega»/Germinar. **3** *fig* Deitar corpo/Ficar alto/Crescer/Medrar. **4** «o cabelo» Abrir nas pontas. **5** Intrujar/ Ludibriar/Prejudicar. **6** *Náut* Içar «mastaréu» depois de o enfiar na pega do mastro real.

espigo *s m* (<lat *spículum*: dardo; ⇒ espiga) **1** ⇒ espículo. **2** Haste pont(iag)uda de ferro/madeira. **3** Película dura que se desprende da raiz da unha/Espiga **4**/Espigão **2**. **4** *Bot* Grelo de couve.

espigueiro *s m* (<espiga + -eiro) **1** Construção para abrigo e conservação de espigas, sobretudo de milho. **Ex.** No Minho veem-se muitos ~s. **2** ⇒ Canastro/Caniço/ Tulha. **3** *fig* Grande aglomeração de pessoas/coisas/Enxame/Viveiro.

espigueta (Guê) *s f* (<espiga + -eta) **1** Espiga pequena/Espícula. **2** Parte de espiga composta ou panícula/Espiguilha **2**.

espiguilha *s f* (<espiga + -ilha) **1** Renda estreita com bicos. **2** Espiga pequena que é parte de outra/Espigueta **2**.

espinacídeo, a *adj/s Icti* (<espinha + -ídeo) Diz-se de peixe ou família de peixes seláquios de esqueleto cartilagíneo, corpo comprido e pele enrugada; *Spinacidae*.

espinafrar *Br v t* (<espinafre + -ar¹) **1** ⇒ repreender duramente; dar uma descompostura. **2** ⇒ criticar; falar mal de alguém na sua ausência.

espinafre *s m* (<persa *isfanah*) **1** Planta herbácea da família das quenopodiáceas, com folhas grossas e macias, muito usada em culinária. **Comb.** *Esparregado de ~s*. *Sopa de ~s*. **2** *fam* Pessoa alta e magra.

espinal *adj 2g* (<espinha + -al) Relativo ou semelhante à espinha dorsal/*Br* Espinhal. **Comb.** ~ medula/Medula ~.

espinalgia *s f* (<espinha (dorsal) + algia) Dor na coluna vertebral.

espinçar *v t* (<es- + pinçar) **1** Retirar fios e nós de um tecido. **2** Extrair/Arrancar com pinça «a sobrancelha».

espinel *s m* (<provençal *espinel*) Artefa(c)to de pesca em que vários anzóis se prendem à mesma linha.

espinela *s f* ⇒ espinélio.

espinélio *s m Min* (<it *spinello*: pequeno espinho) Óxido de magnésio e alumínio, pedra preciosa da cor do rubi.

espíneo, a *adj* (<lat *spíneus,a,um*: de espinheiro) Que tem, é feito de ou lembra espinhos/Espinhoso.

espingarda *s f* (<it *spingarda* <frâncico *spingan*: saltar) **1** Arma de fogo, portátil, de cano comprido e coronha de madeira. **Ex.** Apontei a ~ à lebre e disparei. **Loc.** *fig* Contar as ~s «em disputa eleitoral renhida» [Calcular os apoios com que se pode contar face aos do(s) adversário(s)]. **Comb.** ~ *de dois canos*. ~ *de canos serrados*. ~*-metralhadora*. *Boca da ~*. *Tiro de ~*. ⇒ pistola; arcabuz; revólver; caçadeira.

espingardaria *s f* (<espingarda + -aria) **1** Estabelecimento de venda de espingardas. **2** Grande quantidade de espingardas. **3** Série de tiros de espingarda. **4** Grupo de soldados armados com espingarda.

espingardear *v t* (<espingarda + -ear) Ferir ou matar com espingarda/Fuzilar/Disparar/Atirar «ao javali».

espingardeiro, a *s* (<espingarda + -eiro; ⇒ pistoleiro; atirador) **1** Pessoa que fabrica, conserta ou vende espingardas. **2** *s f* Abertura estreita em muro de fortificação/ nau por onde se fazia fogo com espingarda/Seteira(+). **3** *s f* Lugar onde se guardam espingardas.

espinha *s f* (<lat *spína*) **1** *Anat* Coluna vertebral/~ dorsal. **Ex.** Tem a ~ torta. **Idi.** *fig Dobrar a ~* [«ser forçado a» Ceder/Humilhar-se]. *Estar na ~* **a)** Estar muito magro; **b)** Ser muito pobre. **Comb.** *fig* ~ dorsal **a)** Sustentáculo estrutural/Pilar/Núcleo/Linha mestra (Ex. Sem a ~ dorsal que tem sido este chefe, a organização há muito se teria desintegrado. A ~ dorsal da nossa política é a luta por um desenvolvimento sustentado); **b)** Re(c)tidão/Verticalidade de cará(c)ter (Ex. É um homem sem ~ dorsal, volúvel como o cata-vento).

2 *Icti* Cada peça óssea fina e alongada do esqueleto dos peixes. **Ex.** O miúdo detestava comer peixe, devido às ~s. **Loc.** Tirar as ~s. **Idi.** *Não ter ossos nem* [Não ter] *~s* [Ser fácil]. *Ter/Trazer uma ~ atravessada na garganta* [Viver perturbado por um remorso/ressentimento]. *Tirar uma ~ da garganta* a «alguém» [Livrar alguém de um incó[ô]modo/perigo]. **Comb.** Estacionamento/Soalho em ~ [dire(c)ção oblíqua]. **3** *Anat* Parte saliente e alongada de um osso. **Comb.** ~ *da omoplata*. ~ *da tíbia*. ~ *nasal*. **4** *fam* Pequeno furúnculo/ Borbulha/Acne. **Ex.** Uma arreliadora ~ nasceu[apareceu]-lhe na face. **5** *fig* Pessoa muito magra. **Ex.** A moça está uma ~, com a mania das elegâncias. **6** *fig* Dificuldade/Entrave/Estorvo. **7** Linha dos cumes de uma cadeia de montanhas/Espinhaço **4**(+).

espinhaço s m (<espinha + -aço) **1** pop Coluna vertebral/Espinha dorsal. **2** pop Costas/Dorso/Lombo. **3** Dorso de animal. **4** fig Linha de cumes de cadeia de montanhas.

espinhal adj 2g/s m (<espinha + -al) **1** Relativo a espinha dorsal/Espinal(+). **Comb.** *Medula ~. Nervo ~.* **2** Semelhante à espinha. **3** s m Mata de espinheiros/Espinheiral.

espinhar v t (<espinho + -ar¹) **1** Ferir com espinho/Picar(+). **2** fig ⇒ Abespinhar(-se)(+)/Irritar(-se)/Agastar (-se)/Enervar(-se).

espinheiral s m (<espinheiro + -al) ⇒ espinhal **3**.

espinheiro, a s (<espinho + -eiro) **1** Nome comum a várias plantas espinhosas. **2** s f Br Nome comum a várias acácias.

espinhela (Nhé) s f (<espinha + -ela) **1** Anat Apêndice cartilagíneo na extremidade do esterno. **2** pop Qualquer doença debilitante. **Loc.** *pop Ter a ~ caída* [Sofrer de fraqueza geral]. *pop Levantar a ~* [Ganhar forças/ânimo].

espinhento, a adj Depr (<espinho + -ento) Que tem/cria espinhos/Espinhoso.

espinho s m (<lat *spínus*) **1** Bot Apêndice pont(iag)udo e rígido resultante da modificação de ramo, folha, … e que aí está profundamente inserido. **Ex.** Os ~s, ao contrário dos acúleos «da roseira», dificilmente se conseguem desprender da planta. Magoei-me tocando [Piquei-me] nos ~s. **Prov.** *Não há rosa sem ~s nem peixe sem espinhas* [O agradável e o difícil andam muito associados]. ⇒ acúleo. **2** Qualquer ponta aguçada de um vegetal/Pico. **3** Planta espinhosa. **Comb.** *Crist Coroa de ~s* [Ramo de planta espinhosa entrançado colocado sobre a cabeça de Cristo durante a sua Paixão]. **4** Zool Cada um dos pelos rígidos e pont(iag)udos de animais, como o ouriço-do-mar, o ouriço-cacheiro ou o porco-espinho. **5** fig Dor/Sofrimento/Tormento. **Ex.** A vida dele teve muitos ~s. **6** Dificuldade/Problema/Dissabor. **Ex.** Qualquer profissão tem os seus ~s.

espinhoso, a (Ôso, Ósa/os) adj (<espinho + -oso) **1** Que tem/cria espinhos/Espinhento. **Comb.** *Planta ~.* **2** fig Difícil/Doloroso/Penoso. **Ex.** Tinha a ~a missão de tentar conciliar os chefes inimigos «dos dois movimentos/países». **Comb.** *Tarefa ~a. Trabalho ~.*

espinosismo s m Fil (<Baruch Espinosa + -ismo) Teoria panteísta de Espinosa, filósofo holandês do séc. XVII.

espinotear v int (<es- + pinote + -ear) **1** Dar pinotes/Saltar. **Ex.** As crianças divertiam-se a ~. **2** Agitar pernas e braços/Espernear(+). **Ex.** Muito zangado, o miúdo espinoteava. **3** Reagir com raiva/Barafustar/Esbravejar. **Ex.** «não se admire» Já é costume dele ~ quando o contrariam.

espiolhar v t (<es- + piolho + -ar¹) **1** Limpar dos piolhos «o couro cabeludo»/Catar(+). **2** fig Observar em pormenor/Examinar cuidadosamente/Esmiuçar/Investigar. **Ex.** Espiolhou tudo à procura de alguma irregularidade.

espionagem s f (<fr *espionnage*; ⇒ espião) **1** A(c)to ou efeito de espionar. **2** A(c)tividade de agentes secretos [de espiões] para obter informações «estratégicas» junto de potência estrangeira/inimiga. **Ex.** O crime de ~ é severamente punido. **Comb.** *~ empresarial* [Diligências para ter acesso secreto a decisões de uma empresa para as comunicar a outrem que pode lucrar com esse conhecimento]. *~ industrial* [Diligências para conhecer segredos [inovações] de fabrico para os comunicar a empresa concorrente]. *Histórias de ~.* **3** Classe ou conjunto dos espiões.

espionar v t (<fr *espionner*; ⇒ espião) **1** Exercer a a(c)tividade de espião. **2** Observar secretamente/Espiar/Espreitar. **Ex.** Desconfiado, tratou de ~ [espreitar(+)] os miúdos. **3** Observar minuciosamente/Analisar em pormenor/Espiolhar **2**. **Ex.** O fiscal esteve a ~ toda a documentação da empresa.

espipar Br v t/int (<es- + pipa + -ar¹) **1** ⇒ «vinho» esguichar(+) «do tonel». **2** ⇒ furar «um muro»/«dique» rebentar. **3** ⇒ «animal selvagem» aparecer de repente/saltar.

espique s m Bot ⇒ estipe **2**(+).

espira s f (<lat *spíra*<gr *speíra*: enrolamento) **1** Cada uma das voltas da espiral. **Ex.** A mola de arame tem muitas ~s. **2** Cada volta da rosca/do filete dum parafuso. **Ex.** Muitas ~s do parafuso entraram na bucha. **3** Circunvolução descrita por qualquer parte de um vegetal. **4** Zool Região posterior da concha de moluscos gastrópodes, em forma de espiral có[ô]nica. **5** Circunvolução em espiral. **6** Geom Arco de uma hélice compreendido entre dois pontos consecutivos da mesma geratriz do cilindro.

espiráculo s m (<lat *spiráculum*: respiradouro) **1** Orifício de saída de ar ou de exalações/Respiradouro/Respiráculo. **2** Qualquer orifício estreito. **3** A(c)ção de respirar/Respiração. **4** ⇒ Sopro/Alento.

espiral adj 2g/s f (<lat *spirális*; ⇒ espira) **1** Geom Linha curva ilimitada descrita, em voltas sucessivas, por um ponto em volta de outro «o polo», do qual se vai afastando. **2** Que tem a forma de espira ou de caracol. **Ex.** Para acesso ao primeiro andar, colocámos [fizemos] uma escada em ~/em caracol. **Comb.** *~ de fumaça.* **3** fig Processo ascendente, que parece imparável/Escalada. **Comb.** *~ inflacionária. ~ de roubos. ~ de violência.* **4** Mola que regula o andamento do relógio/Cabelo.

espiralar v t (<espiral + -ar¹) **1** Subir em espiral. **Ex.** Via o fumo do cigarro ~-se [subir espiralado] em dire(c)ção ao te(c)to. **2** Dar/Tomar a forma de espiral. **Ex.** A trepadeira espiralava-se pelo pinheiro acima. Ele quer ~ o arame em volta do bastão.

espirar v int (<lat *spíro, áre*: respirar) **1** Respirar(+)/Soprar/Bafejar. **2** Deitar um cheiro/odor/Exalar(+). **3** Estar vivo. ⇒ expirar.

espirilo s m Biol (<lat *spiríllum*, dim de *spíra*: espira) Nome comum de bactéria ou gé[ê]nero de bactérias com forma alongada em espiral; *Spirillum*.

espírita adj/s 2g (<ing *spirit-rapper*: alma do outro mundo que bate à porta) **1** Relativo ou pertencente ao espiritismo. **Comb.** *Doutrina ~. Sessão ~. Transe ~.* **2** (Pessoa) que crê no [que pratica o] espiritismo.

espiritar v t (<espírita + -ar¹) **1** Pôr o demó[ô]nio no corpo de/Tornar possesso/Endemoni(nh)ar. **2** Tornar endiabrado/vivo/inquieto. **3** Desenvolver a imaginação/Inspirar. **4** Excitar/Estimular. **5** Provocar visões/Levar a transe.

espiritismo s m (<espírita + -ismo) **1** Doutrina que admite a comunicação entre os vivos e as almas do outro mundo [e o espírito de um defunto] através de um médium. **2** Conjunto de práticas associadas a essa doutrina. **Ex.** Convidaram-no para uma sessão de ~ mas ele riu-se [não foi].

espiritista adj/s 2g (<espírito + -ista) ⇒ espírita.

espírito s m (<lat *spíritus*: sopro, ar, espírito; ⇒ alma; ânimo) **1** Parte imaterial do ser humano. **Ex.** O homem é corpo e ~. ⇒ ~ **6**. **2** Rel/Fil Princípio imortal do homem, que sobrevive à decomposição do corpo/Alma. **Ex.** Já os antigos admitiram a sobrevivência dos ~s e a sua diferente sorte [e o seu destino] no além. **Loc.** *Entregar/Render o ~* [a alma] *ao Criador* [Falecer]. **3** Para o espiritismo, alma de defunto que comunica com os vivos através de um médium/Espe(c)tro/Fantasma. **4** Qualquer ser imaterial. **Ex.** Anjos e demó[ô]nios são ~s. **Comb.** *Crist ~ Santo* [Terceira Pessoa da Santíssima Trindade]. *depr ~ santo de orelha* [Pessoa que, numa prova, murmura a outrem a resposta às perguntas que lhe são dirigidas]. *Crist ~ do bem*/da verdade [Deus]. *Crist ~ do mal*/das trevas/maligno/imundo [Diabo]. **5** Rel Poder sobrenatural divino que inspira os homens. **6** Realidade psíquica que se manifesta no pensamento, na afe(c)tividade e na vontade. **Ex.** Admiro muito a tenacidade do seu ~. **Loc.** *Estar presente em ~* [Não esquecer alguém «em ocasião/cerimó[ô]nia importante para este», na impossibilidade de estar fisicamente presente]. *Ter presença de ~* [Ter serenidade e bom senso para encontrar soluções]. **Comb.** *Estado de ~* [Estado de alma/Disposição interior momentânea]. **7** Mente/Inteligência/Entendimento/Razão/Pessoa. **Ex.** É um ~ atento [uma pessoa atenta] a tudo o que é inovação. **Idi.** *Acudir-lhe ao ~* [Lembrar-se de]. **Comb.** *~ arguto. ~ sólido. Fraco ~* [Mente muito limitada]. **8** Determinada forma habitual de pensar ou agir. **Ex.** É um ~ confuso, não se faz entender. **Comb.** *~ aberto* [que aceita novas perspe(c)tivas sobre alguma coisa]. *~ fechado. ~ crédulo. ~ crítico* [que refle(c)te sobre a validade de algo antes de lhe dar assentimento]. *~ científico. ~ de contradição* [que por sistema [que sempre] discorda dos outros]. *~ (d)esportivo* [respeitador do adversário, na vitória e na derrota]. *~ forte. ~ fraco. ~ jovem. ~ magnânimo. ~ mesquinho. ~ prático. ~ voluntarioso. ~ volúvel.* **9** Qualidade intelectual que distingue/cara(c)teriza alguém. **Loc.** *Ter ~* [sentido] *de humor* [Ter graça no que diz]. *Ter ~ de observação* [Prestar atenção e notar pormenores]. **10** Humor/Graça. **Ex.** Ele teve um dito com muito ~. **Loc.** *Fazer ~ com. Ter* (muito) *~.* **11** Disposição cole(c)tiva para pensar e agir em unidade. **Comb.** *~ de classe. ~ de corpo. ~ de entreajuda. ~ de equipa.* **12** Núcleo de ideias de uma obra, de um autor, de uma corrente de pensamento. **Ex.** O ~ do Romantismo era destacar a especificidade de cada povo. **13** Modo de pensar e sentir de um povo, de uma época. **Ex.** O ~ da época valoriza mais o ter do que o ser. **14** Intenção/Fim. **Ex.** Deve atender-se à letra e ao ~ da lei. **15** Ideia orientadora da a(c)ção de um grupo, de uma entidade. **Ex.** O ~ da nossa associação é congregar vontades para o progresso local. **16** ⇒ álcool/bebida alcoólica. **17** Gram Sinal diacrítico para marcar a aspiração, ou não, da primeira sílaba, em grego. **Comb.** *~ áspero. ~ brando*/doce.

espiritual adj 2g/s m (<lat *spirituális*) **1** Relativo ao [Da natureza do] espírito/Incorpóreo/Imaterial. **Ex.** A leitura pode dar um grande prazer ~. **2** Rel Relativo à salvação da alma. **Comb.** *Comunhão ~. Dire(c)tor ~. Exercício ~. Guia ~. Retiro ~. Exercícios ~ais. Vida ~.* **3** Que é de ordem moral e não temporal/material. **Ex.** Os valores ~ais humanizam os povos. **4** Que tem a ver com os sentimentos, o pensamento ou as ideias. **Ex.** Há entre eles um parentesco ~ que lhes reforça a amizade. **5** s m Tudo o que não é material/O que se refere à

alma. **Comb.** ~ negro [Canto religioso com origem na população negra dos estados norte-americanos do sul].

espiritualidade s f (<espiritual + -idade) 1 Qualidade do que é espiritual. **Comb.** A ~ da alma. 2 Conjunto de princípios orientadores duma prática de vida que visa a perfeição moral. **Comb.** ~ **cristã.** ~ **franciscana** [própria de S. Francisco de Assis]. ~ *hindu*. 3 Prática de se guiar por valores morais e espirituais. **Ex.** Ele é de grande ~.

espiritualismo s m (<espiritual + -ismo) 1 Doutrina que afirma a existência, no homem, da alma imortal, distinta do corpo. 2 Doutrina que considera a natureza da consciência distinta do cará(c)ter mecânico da matéria. **Ant.** Materialismo. 3 Teoria que admite Deus, a alma imortal e considera os valores espirituais como o fim específico da a(c)tividade racional do homem.

espiritualista *adj/s 2g* (<espiritual + -ista) 1 Relativo ao espiritualismo. 2 (Pessoa) que defende ou segue o espiritualismo.

espiritualizar *v t* (<espiritual + -izar) 1 Dar/ Tomar feição espiritual, elevada, sem ligação ao que é material ou físico. **Ex.** ~ a vida eleva o homem. 2 Atribuir um espírito/ uma alma a. 3 Interpretar alegoricamente alguma coisa. 4 Libertar-se das paixões carnais. 5 Destilar alguma coisa para produzir álcool.

espiritualmente *adv* (<espiritual + -mente) Relativamente ao espírito/à alma/Em relação ao pensamento ou aos sentimentos. **Ex.** A doença fê-lo crescer [ganhar força/ amadurecer] ~. **Ant.** Materialmente; fisicamente.

espirituosidade s f (<espirituoso + -idade) Qualidade do que é espirituoso/que tem graça ou sentido de humor. **Ex.** A ~ dele atraía muita gente.

espirituoso, a (Ôso, Ósa/os) *adj* (<espírito + -oso) 1 Que é inteligente e tem graça/ espírito 9/10. **Comb.** *Dito* ~. *Pessoa* ~*a*. 2 Diz-se de bebida que contém álcool.

espirogira s f *Bot* (<gr *spéira*: espira + *gyrós*: redondo) Nome comum das algas verdes, de talo filamentoso, não ramificado, abundantes em águas doces e salobras; *Spirogyra*.

espirógrafo s m (<lat *spíro,áre*: respirar + -grafo) Aparelho para regist(r)ar os movimentos respiratórios.

espiroide (Rói) *adj 2g* (<espira + -oide) Que tem forma de espiral.

espirómetro [*Br* **espirômetro**] s m (<lat *spíro,áre*: respirar + -metro) Aparelho para medir a capacidade respiratória dos pulmões.

espiroqueta s f *Zool* (<gr *spéira*: espira + *kháite*: cabelo) Nome comum de bactérias de corpo delgado, flexível, helicoidal; *Spirochaita*. **Ex.** A sífilis é provocada por ~s.

espiroquetose s f *Med* (<espiroqueta + -ose) Infe(c)ção provocada por espiroquetas.

espirra-canivetes s 2g *pop* (<espirrar + ...) 1 Pessoa irritadiça/nervosa. **Ex.** É um ~, não se lhe pode tocar [dizer nada].

espirradeira s f *Bot* (<espirrar + -deira) Planta arbustiva da família das apocináceas, de flores vistosas, cultivada como ornamental; *Nerium oleander*.

espirrar *v int* (<lat *expíro,áre*: soprar) 1 Dar espirros. **Ex.** Espirrei com a [o cheiro da] mostarda. 2 Sair em ja(c)to/Esguichar/Borrifar. 3 Dar estalos/Crepitar(+). **Ex.** A lenha de pinho espirrava na lareira.

espirro s m (<espirrar) 1 Expulsão brusca e sonora de ar pela boca e nariz devido a irritação da mucosa nasal. **Ex.** O violento ~ fazia adivinhar uma constipação [um resfriado]. 2 ⇒ Ja(c)to/Esguicho/Borrifo.

esplanada s f (<it *spianata* <fr *esplanade*) 1 Espaço amplo, plano «em frente de edifício importante». 2 Espaço com mesas e cadeiras, ao ar livre, onde se pode comer ou tomar bebidas. **Ex.** No verão, gosto de comer na ~ do restaurante.

esplâncnico, a *adj Anat* (<gr *splagknikós*) Relativo ou pertencente às entranhas/vísceras.

esplancnologia s f *Anat* (<gr *splágkna*: víscera + -logia) Parte da Anatomia que trata das vísceras.

esplenalgia s f *Med* (<gr *splén, nós*: baço + -algia) Dor no baço. ⇒ esplenopatia.

esplendidamente *adv* (<esplêndido + -mente) 1 De forma brilhante/Com grande fulgor/esplendor. **Ex.** A sala estava ~ decorada. **Sin.** Esplendorosamente. 2 Com grande qualidade/Muito bem/Excelentemente. **Ex.** Ela a(c)tuou [representou] ~.

esplêndido, a *adj* (<lat *splêndidus*) 1 Que tem grande brilho/esplendor/Brilhante/ Luminoso. **Comb.** *Dia* [*Sol/Brilho* «*do diamante*»] ~. 2 Magnificente/Deslumbrante. **Ex.** A igreja do mosteiro «dos Jeró[ô]nimos, em Lisboa» é ~a, merece uma visita. 3 Muito bom/saboroso/gostoso/Excelente/Perfeito. **Ex.** O jantar estava [foi] ~. É um colega ~, podes contar com ele. É um sítio ~/ideal para um piquenique.

esplendor s m (<lat *splêndor,óris*) 1 Brilho intenso/Fulgor. **Ex.** A festa teve ~. 2 Grande luxo/Pompa/Magnificência. **Ex.** O ~ do palácio «da Ajuda/de Queluz (Lisboa)» impressiona. 3 Nível mais elevado/Auge/ Apogeu. **Ex.** Esse foi o momento de ~ da carreira do a(c)tor. 4 Glória/Fama/Prosperidade. **Ex.** Portugal teve nos séc. XV e XVI um período de ~. 5 Algo esplêndido/grandioso/luxuoso. **Ex.** Este hotel é um ~.

esplendoroso, a (Ôso, Ósa, Ósos) *adj* (<esplendor + -oso) 1 Que brilha intensamente/Que tem esplendor/Resplandecente. **Ex.** Um sol ~ fazia adivinhar um belo passeio. 2 Magnífico/Sump[Sun]tuoso/ Maravilhoso/Deslumbrante. **Ex.** Os aposentos daquela casa são ~.

esplenectomia s f *Med* (<gr *splén,nós*: baço + *ek*: fora + -tomia) Ablação cirúrgica total/parcial do baço.

esplenético, a *adj/s* (<lat *spleneticus*) 1 ⇒ esplé[ê]nico. 2 *Med* Que sofre do baço. 3 Que sofre de depressão/melancolia/Hipocondríaco(+).

esplénico, a [*Br* **esplênico**] *adj* (<gr *splenikós*) Relativo ao baço. **Comb.** Artéria ~.

esplénio [*Br* **esplênio**] s m *Anat* (<gr *splénion*: ligadura) Músculo da região da nuca.

esplenite s f *Med* (<gr *splén, nós*: baço + -ite) Inflamação do baço.

esplenopatia s f *Med* (<gr *splén, nós*: baço + -patia) Doença do baço; esplenalgia.

esplenotomia s f (<gr *splén, nós*: baço + -tomia) Incisão no baço.

espoar *v t* (<es- + pó + -ar¹) 1 Tirar o pó a/ Limpar/Espanar(+). 2 Fazer passar a farinha uma segunda vez pela peneira.

espocar *Br v int* (< ?) 1 ⇒ «lenha no lume/ foguetes» estourar(+). 2 ⇒ «barriga grande» rebentar/arrancar «botões da camisa». 3 ⇒ «brotos das árvores» despontar com força.

espojadoi[ou]ro s m (<espojar + -doi[ou]ro) Lugar onde os animais se espojam.

espojar *v t* (<es- + pó + -ejar) 1 Fazer rolar no [Deitar ao] chão «o adversário». 2 ~-se/ Rebolar-se no chão/Espolinhar-se. **Ex.** O burro ia a correr a ~-se. 3 Reduzir a pó/ Pulverizar(+).

espoldra s f (<espoldrar) Desrama ou ligeira poda das videiras antes da vindima para aumentar e facilitar a colheita.

espoldrar *v t* (<es- + poldra + -ar¹) Fazer a espoldra.

espoleta (Lê) s f (<it *spoletta* <gótico *spola*: carretel) 1 *Mil* Dispositivo para provocar a detonação de cargas explosivas e de proje(c)teis. 2 ⇒ escorva. 3 *Br s 2g* Mexeriqueiro/Intriguista. 4 *Br s 2g* Indivíduo servil/Bajulador.

espoletar *v t* (<espoleta 1 + -ar¹) Pôr espoleta em. ⇒ despoletar.

espoliação s f (<lat *spoliátio,ónis*: roubo) 1 A(c)to de retirar a alguém o que lhe pertence, por abuso/fraude/violência/Esbulho. **Ex.** A ~ da viúva deu grande escândalo. 2 Aquilo que é espoliado.

espoliador, ora *s/adj* (<espoliar) (O) que espolia/Usurpador/Ladrão.

espoliar *v t* (<lat *spólio,áre*) Tirar a alguém o que lhe pertence/Desapossar alguém por meios ilícitos/violentos/Esbulhar. **Ex.** Espoliaram-no [Foi espoliado] de bens de muito valor.

espolim s m (<an fr *espoulin*) 1 Pequena espora ligada ao calcanhar da bota. 2 Lançadeira para florear estofos. 3 Pequeno carretel(+) onde estão enrolados os fios para tecer.

espolinar *v t* (<espolim + -ar¹) Lavrar «um tecido»/Tecer com espolim 2.

espolinhar-se *v t* (<es- + lat *póllen*: pó [flor de farinha] + -inhar) 1 Deitar-se de forma relaxada, com pernas e braços afastados. 2 Rebolar-se no [Cair ao] chão.

espólio s m (<lat *spólium*: despojo) 1 Bens deixados por alguém que faleceu. **Ex.** No ~ do escritor há manuscritos de grande interesse. 2 *Mil* Fardamentos entregues pelas tropas ao serem licenciadas. 3 Despojos(+) de guerra. 4 Produto de um roubo/ de uma espoliação. 5 Esbulho/Espoliação.

espondaico, a *adj* (<gr *spondeiakós*) Relativo ao [Que contém] espondeu. **Comb.** Verso ~.

espondeu s m (<gr *spondeíos*: de libações) Pé do verso grego ou latino formado por duas sílabas longas.

espondilite s f *Med* (<gr *spóndylos*: vértebra + -ite) Inflamação nas articulações vertebrais. ⇒ espondilose.

espôndilo s m *Anat* (<gr *spóndylos*: vértebra) Antiga designação de vértebra, sobretudo da segunda vértebra do pescoço.

espondilose s f *Med* (<gr *spóndylos*: vértebra + -ose) Ancilose de articulações da coluna vertebral/*pop* Bicos de papagaio. ⇒ espondilite.

espongiário, a *adj/s Zool* (< esponja + -ário) Diz-se de animal ou grupo de animais fitozoários, fixos, com a parede do corpo provida de numerosos orifícios, também designados de esponjas, poríferos e heterozoários.

espongiforme *adj 2g* (<esponja + -forme) Que tem forma ou aparência de esponja. **Comb.** *Vet* Encefalopatia ~ [Doença mortal causadora de lesões degenerativas no encéfalo, que fica com o aspe(c)to de esponja/*pop* Doença das vacas loucas].

esponja s f (<lat *spóngia*) 1 *Zool* Nome comum de animais espongiários marinhos, com esqueleto poroso. 2 Obje(c)to poroso e absorvente formado pelo esqueleto de espongiário marinho, usado no banho e em limpeza. **Idi.** *Passar uma ~ sobre/em* [Fazer por esquecer] «ofensas passadas». 3 Obje(c)to semelhante a este, mas de material sintético. 4 Substância maleável usada em almofadas e colchões. **Comb.** Colchão de ~. 5 *pop* Indivíduo dado a ex-

cessivo consumo de bebidas alcoólicas. **Ex.** De manhã à noite é vê-lo [Passa o dia] a beber vinho, é uma ~. **6** ⇒ «governo/patrão» explorador/chupista. **7** *Bot* ⇒ esponjeira **2**.

esponjar *v t* (<lat *spóngio,áre*) **1** Limpar/Apagar com esponja. **2** *fig* Varrer da memória/Fazer esquecer. **3** ⇒ Absorver/Embeber. **4** *fig* Obter ilicitamente/Surripiar/Sugar/Subtrair. **5** Passar gota a gota/Verter como esponja/Transpirar.

esponjeira *s f* (<esponja + -eira) **1** Peça de lavatório para guardar a esponja. **2** *Bot* Arbusto da família das leguminosas, de flores amarelas, cultivado como ornamental; *Acácia Farnesiana*.

esponjoso, a (Ôso, Ósa/os) *adj* (<lat *spongiósus*) **1** Que tem a natureza ou o aspe(c)to de esponja. **Comb.** *Carne ~a. Osso ~.* **2** Que é mole/macio/leve/poroso.

esponsais *s m pl* (<lat *sponsália,ium*) **1** Promessa de casamento solene e recíproca/Noivado. **2** ⇒ Cerimó[ô]nia de **1**.

esponsal *adj 2g* (<lat *sponsális*) Relativo aos esposos. ⇒ nupcial; conjugal.

esponsalício, a *adj* (<lat *sponsalícius*) Relativo aos esponsais.

esponsórios *s m pl* (<lat *spónsus*: noivo + -ório) ⇒ esponsais.

espontaneamente *adv* (<espontâneo + -mente) **1** Sem causa/pressão externa/Por iniciativa própria/De livre vontade/De forma espontânea. **Ex.** Inscreveu-se como voluntário ~. **2** Sem preparação ou planeamento/Naturalmente. **Ex.** Quando se reage ~, essa atitude revela mais (o interior d)a pessoa.

espontaneidade *s f* (<espontâneo + -idade) Qualidade de que é espontâneo/Ausência de pressão exterior/Naturalidade. **Ex.** Fiquei maravilhado com a ~ daquele gesto «abraço».

espontâneo, a *adj* (<lat *spontáneus* <*spónte,is*: vontade livre, natural) **1** Sem constrangimento exterior/Sem afe(c)tação/Natural. **Comb.** *Gesto ~* «de ajuda». *Movimento ~/automático. Rea(c)ção ~a* «dos ouvintes». **2** Que não foi planeado/pensado. **Ex.** Perante esta afronta, houve um levantamento ~ da população. **3** Diz-se da vegetação em que não houve intervenção humana/Nativo/Selvagem/Silvestre. **Ex.** Os fogos propagam-se facilmente devido à vegetação ~a da floresta. **Comb.** *Geração ~a* [Suposta geração de um ser vivo sem intervenção de progenitores] [Ex. A lagarta a sair, estranhamente, da maçã parecia confirmar a teoria da geração ~a.

espontar *v t* (<es- + ponta + -ar¹) **1** Cortar as pontas a/Aparar «o cabelo»(+)/Podar. **2** Começar a aparecer/Despontar/Nascer. **Comb.** *Rapaz de barba já a ~.*

espora (Pó) *s f* (<gótico *spaúra*) **1** Obje(c)to de metal com roseta de pontas, adaptado ao tacão do calçado, para incitar o cavalo a apressar o passo ao roçar-lhe na barriga. **Loc.** *Meter as ~s no* [Esporear o] *cavalo*. **2** Peça de ferro com essa forma, por onde passa o fio para se enrolar no carrete. **3** *fig* Estímulo/Incentivo. **4** *Ornit* Osso do peito das aves/Espinhela **1**. **5** *Ornit* Dedo de algumas aves, como o galo ou o peru, que não assenta no chão/Esporão **2**(+). **6** *Bot* Nome vulgar de plantas herbáceas ornamentais da família das ranunculáceas, com flores vistosas; *Delfinium ajacis*.

esporada *s f* (<espora + -ada) **1** Picada da espora. **2** *fig* Incitamento/Estímulo. **3** *col* ⇒ descompostura.

esporadicamente *adv* (<esporádico + -mente) De tempos a tempos/Com intervalos de tempo grandes e irregulares/De quando em quando/Raramente. **Ex.** Só ~ é que ele aparecia pela [vinha à] aldeia.

esporádico, a *adj* (<gr *sporadikós*: disperso como as sementes) **1** Que acontece poucas vezes/Que é raro/Acidental/Fortuito/Eventual/Ocasional. **Ex.** Há um ou outro caso ~ de rebeldia, nada de especial. **2** *Med* Diz-se de doença, não endé[ê]mica nem epidé[ê]mica, que atinge indivíduos isolados. **3** *Bot* Diz-se de planta que aparece em várias zonas, dispersa. **Comb.** *Espécies ~as.* **4** *Geol* Diz-se de rocha «basalto» que surge de forma dispersa, sem regularidade.

esporângio *s m Bot* (<gr *sporá*: semente + *aggeíon*: vaso) **1** Órgão/Cavidade das plantas criptogâmicas onde se formam e estão contidos os esporos. **2** Célula que origina o esporo.

esporão *s m* (<an provençal *esporon*) **1** Espora grande. **2** *Ornit* Saliência córnea no tarso de algumas aves, como o galo ou o pavão/Espora **5**. **3** *Ent* Espinho móvel no tarso de alguns inse(c)tos. **4** *Arquit* Contraforte no exterior de uma parede para lhe dar maior consistência/Arcobotante. **5** Dique marginal/Espigão **5**. **6** *Náut* Espigão de ferro/aço na proa dos antigos navios para, pelo choque, fazer grande rombo nos barcos inimigos. **7** *Bot* Apêndice có[ô]nico de algumas flores. **8** ⇒ cravagem.

esporar, esporear (+) *v t* (<espora + (e)ar) **1** Picar com espora. **Loc.** *~ o cavalo*. **2** *fig* Estimular/Incitar. **3** Sacudir/Agitar violentamente «o barco».

esporífero, a *adj Bot* (<esporo + -fero) **1** Que tem/produz esporos. **2** Que larga esporos.

esporim *s m* (<espora + -im) Espora pequena, geralmente sem roseta.

esporo (Pó) *s m* (<gr *spóros*: semente) **1** *Bot* Célula germinal assexuada capaz de dar origem a um novo ser. **Ex.** Os fungos reproduzem-se por ~s. **2** Célula resultante da divisão múltipla dos protozoários.

esporozoário, a *adj/s Zool* (<esporo + -zoo- + -ário) Diz-se de protozoário ou classe de protozoários parasitas, sem órgãos locomotores quando adultos, que produzem esporos em determinados períodos da vida.

esporte (Pór) *Br s m/adj 2g* (<ing *sport*) **1** ⇒ desporto. **2** Confortável/Prático/Não formal/(D)esportivo. **Comb.** *Vestuário ~.*

esportismo *Br s m* ⇒ desportismo.

esportista *Br adj/s 2g* ⇒ desportista.

esportiva *Br s f* Espírito desportivo/Elegância/Dignidade. **Loc.** *Perder a ~* [Irritar-se facilmente].

esportivo, a *Br adj* ⇒ desportivo.

espórtula *s f* (<lat *spórtula*: cestinho) **1** *Hist* Dádiva em gé[ê]neros ou dinheiro que na Antiga Roma o imperador e os poderosos mandavam distribuir ao povo em cestos. **2** Donativo em dinheiro/Esmola. **3** ⇒ Gratificação/Gorjeta.

esportular *v t* (<espórtula + -ar¹) **1** Gastar dinheiro em presentes/donativos/Dar espórtula. **2** *~-se/Ser* generoso a dar/Gastar muito dinheiro.

esporular *v int* (<espórulo (Pequeno esporo) + -ar¹) Produzir esporos.

esposar *v t* (<lat *spónso,áre*) **1** Receber/Tomar como esposo ou esposa/Unir em casamento/Desposar/Casar com. **Ex.** O meu amigo esposou [casou com] uma linda moça. **2** Aderir a uma causa/doutrina/ideia. **Ex.** Quando ele esposa uma causa, esta avança. **3** Ser o suporte de/Segurar para que não caia/Amparar. **4** Tomar a seu cuidado/Encarregar-se de/Assumir.

esposo, a (Pô) *s* (<lat *spónsus,spónsa*) Pessoa com que alguém se casa. **Ex.** Mulher é sinó[ô]nimo de ~a; marido é sinó[ô]nimo de ~.

esposos (Pó) *s m pl* (<esposo) O casal (formado por marido e mulher)/Os cônjuges. **Ex.** Os recém-casados ~ partiram em lua de mel.

esposório *s m* ⇒ esponsais.

espostejar *v t* (<es- + posta + -ejar) **1** Dividir ou cortar «lombo» em pedaços/fatias/postas/Talhar. **Ex.** O talhante tratou de ~ o corpo do animal. **2** Despedaçar «o (exército) inimigo»/Esquartejar/Retalhar.

espraiamento *s m* (<espraiar + -mento) **1** A(c)to ou efeito de espraiar/Alastramento do rio pelas margens ou do mar pela praia. **2** A(c)to de expandir-se/alongar-se em alguma coisa. **3** *fig* Prolixidade no falar ou na escrita.

espraiar *v t* (<es- + praia + -ar¹) **1** Lançar para a praia/Estender-se a água do rio pelas margens ou a do mar pela praia/Deixar a descoberto esses espaços. **2** Irradiar/Alastrar/Espalhar-se. **Ex.** A notícia espraiou[espalhou]-se [alastrou] pelas redondezas. **3** «o olhar» Alongar-se/Estender-se pelo horizonte. **Ex.** Do alto do outeiro, espraiou [estendeu(+)] o olhar pela extensa planície. **4** *fig* *~-se/Libertar-se* de preocupações/Distrair-se(o+)/Espairecer. **Ex.** De vez em quando é bom ~-se. **5** *fig* Alongar-se sobre um assunto/Desenvolver muito/Expandir-se/Alargar-se em. **Ex.** Gostava de ~-se em considerações marginais.

espreguiçadeira *s f* (<espreguiçar + -deira) Cadeira articulada com encosto reclinado/reclinável e lugar para estender as pernas. **Sin.** *Br* Cadeira preguiçosa. ⇒ camilha.

espreguiçadela *s f* (<espreguiçar + -dela) A(c)to de esticar os braços e/ou as pernas/Desentorpecimento.

espreguiçar *v t* (<es- + preguiçar) **1** Tirar a preguiça a/Espertar. **Ex.** Havia quem quisesse ~ os dorminhocos com água fria na testa. **2** *~-se*/Distender braços ou pernas e bocejar devido a sono, cansaço ou indolência. **Ex.** Antes de saltar da cama [de se levantar], gostava de *~-se*.

espreita *s f* (<espreitar) **1** A(c)ção de observar sem ser notado/de espreitar. **Loc.** *Estar à ~* [Observar/Vigiar às escondidas]. **2** ⇒ Espionagem/Vigilância.

espreitadeira *s f* (<espreitar + -deira) Abertura por onde se observa/espreita/Postigo. ⇒ espreitador.

espreitadela *s f* (<espreitar + -dela) A(c)to de lançar um olhar rápido/furtivo sobre o que se deseja observar. **Ex.** Deu uma espreitadela aos miúdos antes de sair.

espreitador, ora/eira *adj/s* (<espreitar + -dor) (Pessoa) que observa secretamente/Olheiro/Curioso. **Ex.** Tinha ali fama de ~.

espreitar *v t* (<lat *explícito* [*spécto*],*áre*: aclarar [olhar, observar]) **1** Observar em segredo/Olhar através de orifício/Espiar. **2** Dar uma vista de olhos [uma olhada]/Observar de forma rápida. **Ex.** Abriu uma fresta na [um pouco a] porta para ~ a filha a dormir. **3** *fig* Começar a aparecer. **Ex.** O sol espreitava já pela janela. **4** *fig* Ansiar por ocasião/oportunidade favorável. **Ex.** Espreitava o momento de surpreender o adversário. **5** *fig* Estar iminente/Ameaçar. **Ex.** À noite o perigo espreita [está] em cada esquina.

espremeção *s f* (<espremer + -ção) **1** A(c)ção de espremer/Espremedura. **2** Aglomeração de gente num local apertado/estreito/Aperto(+).

espremedela (Dé) *s f* (<espremer + -dela; ⇒ espremedura) 1 A(c)ção de espremer «um pouco uma borbulha/espinha 4». ⇒ apertadela.

espremedor, ora *adj/s* (<espremer + -dor) 1 (O) que espreme. 2 Pessoa que, com máquina adequada, faz a estiragem das peles para lhes tirar o excesso de água e as alisa. 3 *s m* Utensílio para espremer frutos «laranjas», extraindo-lhes o sumo/suco. **Ex.** Com um ~ podemos obter em casa sumos de qualidade.

espremedura *s f* (<espremer + -dura) 1 A(c)ção de espremer. 2 O «pus/líquido» que se extrai em resultado dessa a(c)ção.

espremer *v t* (<lat *éxprimo,ere*: apertar com força, fazer sair) 1 Apertar/Comprimir para extrair o conteúdo/suco/sumo/líquido. **Loc.** ~ *a bisnaga*. ~ *citrinos* «limão/laranja». ~ *a roupa*. 2 Fazer sair/brotar, com esforço. **Ex.** Tratou de ~ a incó[ô]moda borbulha. 3 *fig* Analisar por completo [exaustivamente]/Esgotar. **Ex.** Ele gosta de ~ qualquer questão controversa. 4 *fig* Obrigar/Coagir alguém a confessar/revelar. **Ex.** O juiz, notando contradições, espremeu [apertou(+)] a testemunha. 5 *fig* Fazer um interrogatório exigente. **Ex.** Na prova oral o professor espremeu o [fez (muitas) perguntas difíceis ao] aluno. 6 *fam* Cobrar demasiado imposto/Oprimir. **Ex.** O governo espremeu [chupou] o povo. 7 *fam* ⇒ extorquir. 8 *fam* Falar de forma arrastada/afe(c)tada. **Ex.** Ao interpretar a canção, espreme a voz.

espremido, a *adj* (<espremer) 1 «laranja» Que se espremeu. **Ex.** Você apresentou muitas queixas contra o seu pai; mas tudo bem ~ *fig* não fica [é] nada. 2 *fig* ⇒ apertado «na multidão». 3 «segredo/confissão» Conseguido à força. 4 ⇒ «atitude» afe(c)tado/pretensioso.

espulgar *v t* (<es- + pulga + -ar¹) 1 Matar as pulgas/Catar. 2 *fig* Ver em pormenor/Espiolhar(+). 3 *Br* Surripiar/Furtar/Roubar.

espuma *s f* (<lat *spúma*) 1 Conjunto de bolhas, geralmente esbranquiçadas, que se forma à superfície de um líquido agitado/fervente/fermentado. **Comb.** ~ *da água* a ferver. ~ *da cerveja*. ~ *das ondas*. 2 Conjunto de bolhas resultante do conta(c)to da água com sabão/detergente/champô. **Ex.** Este detergente da loiça faz muita ~. 3 Produto com consistência semelhante ao dessas bolhas. **Comb.** ~ *de barbear*. 4 Substância que as glândulas salivares de certas pessoas segregam em momentos de convulsão ou de forte irritação. 5 Baba que alguns animais segregam quando raivosos ou muito cansados. 6 Material muito poroso e plástico usado para acolchoar/Borracha esponjosa. **Ex.** Esteve a encher a almofada com ~. **Comb.** ~ *de borracha*. 7 *Cul* Doce feito com açúcar e claras em castelo cozidas em leite/Farófia(s).

espumadeira *s f* ⇒ escumadeira.

espumante *adj 2g/s m* (<espumar + -ante) 1 «cachoeira/sabão/detergente» Que deita/forma espuma. ⇒ espumoso. 2 Diz-se do vinho que produz efervescência. **Comb.** Vinho ~. 3 *s m* Vinho gasoso «Favaios»/Champanhe. **Ex.** No fim da festa brindou-se com ~.

espumar *v t/int* (<lat *spúmo,áre*) 1 Tirar a espuma. **Ex.** Espumou o leite, que fervia. 2 «um líquido» Formar bolhas à superfície/Produzir espuma. **Ex.** Com o detergente, a água (faz) espuma. 3 Cobrir «a cara» de espuma «de barbear». 4 Deitar/Verter espuma pela boca. **Ex.** O epilé(p)tico, em crise, espumava. 5 *fig* Estar furioso/enraivecido/Ferver. **Ex.** Ele ficou a ~ [ferver] de raiva.

espumejar *v int* (<espuma + -ejar) 1 Deitar espuma. 2 *fig* Estar enraivecido/furioso. 3 ⇒ Lançar/Disparar «imprecações/baboseiras/insultos».

espumoso, a (Ôso, Ósa, Ósos) *adj* (<espuma + -oso) 1 Que tem ou se parece com espuma. **Comb.** *Doce* «farófias» ~. *Produto* ~. 2 Diz-se do vinho que produz efervescência/Espumante(+).

espúrio, a *adj* (<lat *spúrius*: falso, bastardo) 1 Que não é genuíno/Adulterado/Falsificado. **Comb.** *Contrato* ~. 2 «filho» Que nasceu fora do casamento/Bastardo/Não legítimo. 3 Que não é do autor a que se atribui. **Comb.** *Quadro* ~/falso(+). *Obra* ~/falsa(+). 4 *Ling* Que não é vernáculo/Pouco corre(c)to. **Comb.** *Expressão* ~*a* [alheia (a uma língua)]. *Palavra* ~*a*. 5 Ilícito(+)/Desonesto(+). **Comb.** *Comércio* ~. *Manobra* ~.

esputar *v int* (<lat *spúto,áre*) Salivar muito/Cuspir com frequência/Cuspinhar(+).

esputo *s m* (<lat *spútum,i*) A(c)ção de esputar/Cuspe(+)/Escarro.

esquadra *s f* (<it *squadra*: batalhão quadrado) 1 *Mar* Conjunto de navios de guerra comandados por um oficial general. 2 *Mar* Total dos navios de guerra de um país. 3 Conjunto de barcos/Frota. 4 Se(c)ção de companhia de infantaria. 5 Posto de polícia. **Ex.** Apanhado em flagrante (delito), foi conduzido à ~. 6 *Mil* Dispositivo para graduar a elevação dos tiros do canhão.

esquadrão *s m* (<it *squadrone*) 1 *Mil* Unidade de cavalaria acima de pelotão, comandada por um capitão. 2 *Mar* Agrupamento de navios de guerra menor que uma esquadra. 3 Grande número de pessoas«jornalistas/voluntários»/coisas/Multidão/Legião.

esquadrar *v t* (<esquadro + -ar¹) 1 Cortar/Riscar em esquadria/Dar [Dispor em] forma de ângulo re(c)to/Esquadriar. 2 *Mil* Formar em esquadrão «tropas».

esquadrejar *v t* (<esquadro + -ejar) ⇒ esquadrar.

esquadria *s f* (<esquadro + -ia) 1 Ângulo re(c)to. **Ex.** As paredes devem ficar em ~. **Loc.** *Estar em* ~ [Formar ângulo re(c)to]. 2 Corte em ângulo re(c)to. 3 Instrumento de pedreiro/carpinteiro com que se traçam/medem ângulos re(c)tos/Esquadro(+). 4 Pedra de cantaria re(c)tangular. 5 *pl* Designação genérica de portas, janelas, varandas, persianas, caixilhos. **Comb.** ~ *de madeira* [alumínio]. 6 *fig* Regularidade/Ordem/Simetria/Método.

esquadriar *v t* (<esquadria + -ar¹) Dispor/Cortar/Riscar em esquadria/Esquadrar/Esquadrejar.

esquadrilha *s f* (<esp *escuadrilla*) 1 Esquadra constituída por pequenos barcos de guerra/Flotilha. **Comb.** ~ *de corvetas*. ~ *de fragatas*. 2 Pequeno grupo de embarcações. 3 Pequeno grupo de aviões militares «numa operação». **Ex.** O exercício envolveu uma ~ de quatro aviões.

esquadrilhar *v t* (<es- + quadril + -ar¹) Partir os quadris/perna. **Ex.** O boi [cavalo] esquadrilhou-se.

esquadrinhar *v t* (<escrutínio + -ar¹) Examinar/Procurar com cuidado. **Loc.** ~ *os desígnios ocultos de Deus* [os segredos do Universo]. ⇒ escarafunchar; revistar.

esquadro *s m* (<it *squadro*) 1 Instrumento em forma de triângulo re(c)tângulo com que se tiram perpendiculares, se traçam/medem ângulos re(c)tos. **Ex.** Levou o ~ para a aula de desenho. 2 Instrumento de metal em forma de L ou T, usado por carpinteiros, pedreiros e serralheiros para fazer esquadrias. **Ex.** O ~ está sempre presente no trabalho de certas profissões. 3 Peça para manter invariável o ângulo formado por duas superfícies. 4 *Mil* Instrumento de metal, em forma de quadrante, utilizado na manobra do morteiro.

esqualídeo, a *adj/s* (<esqualo + -ídeo) Diz-se de peixe ou de família de peixes seláquios, de esqueleto cartilagíneo e pele rugosa, a que pertence o cação, *Squalidae*.

esqualidez *s f* (<esquálido + -ez) 1 Qualidade do que é/está esquálido. 2 Grande sujidade/Imundície. 3 *fig* Qualidade do que é torpe/vil/sórdido.

esquálido, a *adj* (<lat *squálidus*) 1 Que é muito sujo/Imundo/Sórdido. 2 Desarrumado/Desalinhado/Descuidado. **Comb.** *Cabeleira* ~*a*. *Barba* ~ «do Adamastor (*Os Lusíadas*, V, 44)». 3 *fig* ⇒ Vil/Torpe/Baixo. 4 Pálido/Macilento/Descorado(Ó). **Comb.** *Rosto* ~.

esqualo *s m* (<lat *squálus*) Designação comum dada aos peixes da família dos seláquios, de corpo cartilagíneo, como o cação.

esquartejamento *s m* (<esquartejar + -mento) 1 Divisão de alguma coisa em quatro partes/A(c)to ou resultado de esquartejar. 2 A(c)ção de cortar em pedaços/de retalhar/de espostejar. 3 *Hist* Antigo suplício em que prendiam a cada cavalo um dos membros do condenado, levando os animais a puxar em sentidos contrários até os membros se lhe separarem do tronco.

esquartejar *v t* (<es- + quarto + -ejar) 1 Dividir em quatro partes. 2 Dividir em pedaços/Despedaçar/Retalhar. **Loc.** ~ *o boi* [porco]. 3 *fig* Difamar «na imprensa»/Desonrar/Desacreditar.

esquarteladura *s f* (<esquartelar + -dura) 1 Divisão em quartos/quartéis/pedaços/A(c)to ou efeito de esquartelar. 2 Divisão do escudo/brasão em quartéis.

esquartelar *v t* (<es- + quartel + -ar¹) 1 Dividir em quatro partes iguais. 2 ⇒ retalhar. 3 Dividir o escudo/brasão em quartéis.

esquecidiço, a *adj* (<esquecido + -iço) Que é dado a esquecer(-se)/Muito esquecido. **Ex.** Como ele é ~, o melhor é lembrar-lhe o nosso almoço.

esquecer (Qué) *v t/int* (<lat *excadésco,ere*, de *éxcado,ere*: cair para fora; ⇒ cair) 1 Deixar de ter na memória/Não se lembrar/Não conseguir recordar/Olvidar. **Ex.** Esqueci o nome dos dois antigos colegas. 2 Perder conhecimentos que tivera. **Ex.** Esqueceu a geometria do liceu. 3 Deixar escapar da memória por algum tempo. **Ex.** Esqueci-me [Não me lembro] do nome do autor do livro. 4 Não fazer algo que pretendia fazer. **Ex.** Esqueceu-se de avisar a irmã. 5 Fazer por tirar da memória/mente/Não se preocupar com. **Ex.** Para ~ mágoas, partiu para a província. Não ligues [Não dês importância] a isso, esquece. 6 Não se dar conta de/Distrair-se em relação a. **Ex.** Tão absorto estava «na leitura/no trabalho» que se esqueceu de jantar. **Loc.** ~ *as horas*. 7 Deixar ficar algo num lugar por descuido/pressa/distra(c)ção/... **Ex.** É costume dela ~ os óculos em qualquer lado/lugar. 8 Desinteressar-se de/Descurar/Não fazer. **Ex.** O aluno costuma ~~se dos trabalhos de casa. 9 Não atender a/Desrespeitar. **Ex.** O teu patrão parece ~ os direitos dos trabalhadores. 10 Perdoar. **Ex.** Deixa lá, eu já esqueci [, eu perdoo(-te)] isso.

esquecido, a (Qué) *adj/s* (<esquecer) 1 Que alguém esqueceu/Que saiu da memória. **Ex.** As dificuldades do curso foram já ~*as*. 2 (O) que é dado a esquecer(-se)/

que tem memória fraca. **Ex.** É melhor não lhe confiar o recado, (que) ele é (um) ~. **3** Que foi deixado involuntariamente num lugar. **Ex.** Ficaram-me lá, ~s, os óculos. **4** Desprezado/Abandonado. **Ex.** Haja quem se lembre [quem cuide] dos ~s! **Comb.** ~s da sorte [Desafortunados]. **5** *fam* Que perdeu sensibilidade/movimento/Dormente. **Comb.** Braço ~. **6** *fig* Longo/Interminável. **Ex.** Esteve horas ~as a tentar resolver o problema.

esquecimento (Quê) *s m* (<esquecer + -mento) **1** A(c)to ou efeito de esquecer/olvidar. **Ex.** Há o perigo de a nossa pretensão [o nosso pedido/plano] cair no ~. **Loc.** Votar ao ~ [Deixar de atender a] «uma promessa». **2** Falta de memória. **Ex.** Na velhice, o ~ é uma situação comum. **3** Desprezo/Abandono/Indiferença. **Ex.** Os pobres queixam-se do ~ dos governantes. **4** Falta de cumprimento de tarefa/dever. **Ex.** O ~ das obrigações é mau sinal. **5** Omissão involuntária/Falha/Lapso. **Ex.** Disse que o não convidou, por (um) ~. **6** *fig* Perda de sensibilidade/Entorpecimento/Paralisia. **Comb.** ~ da perna direita.

esquelético, a *adj* (<esqueleto + -ico) **1** Relativo a [Próprio de/Semelhante a] esqueleto. **2** Magro a ponto de se verem as linhas dos ossos/Cadavérico/Descarnado/Escanzelado. **Ex.** O seu corpo ~ impressiona.

esqueleto (Lê) *s m* (<gr *skeletón*: corpo seco, múmia) **1** Conjunto dos ossos do organismo dos vertebrados. **Ex.** O ~ tem funções de prote(c)ção ou de suporte das partes moles do organismo. **2** Estrutura equivalente nos invertebrados. **3** Montagem dos ossos do homem ou de animal em posição normal, para servir de base a estudos de anatomia, biologia, ... **Ex.** Na aula de Ciências lá estava um ~ simpático, "o nosso Cristóvão", que recebia a saudação da classe. **4** Conjunto de ossos encontrados em cova/sepultura/Ossada. **Ex.** Nas escavações descobriram ~s com milhares de anos. **5** Traços gerais de alguma coisa/Estrutura/Esquema/Esboço. **Comb.** ~ do edifício. ~ dum proje(c)to. ~ do romance. **6** *fig* Pessoa muito magra. **Ex.** Depois da doença ficou um ~.

esquema (Quê) *s m* (<gr *skhêma,atos*: maneira de ser, forma, figura) **1** Figura que dá [proporciona] uma visão simplificada e funcional de alguma coisa/Diagrama. **Comb. ~ do aparelho circulatório. ~ da conferência. ~ do funcionamento do motor. 2** ⇒ Estrutura/Esqueleto **5**. **3** Plano para conseguir um obje(c)tivo/Forma de organização de a(c)tividades. **Ex.** A imaginação dele é fértil a congeminar ~s com sucesso. **4** Artimanha/Tramoia para conseguir algo ilícito. **Ex.** Já estou farto dos teus ~s! **5** *(D)esp* Tá(c)tica/Estratégia de jogo. **Ex.** O treinador armou um ~ que baralhou o adversário.

esquematicamente *adv* (<esquemático + -mente) De modo esquemático/Resumidamente. **Ex.** Vou dizer-lhes, ~, o que penso «sobre o assunto».

esquemático, a *adj* (<esquema + -ico) **1** Relativo/Pertencente a esquema. **Ex.** A representação ~a «dos circuitos ele(c)tró[ô]nicos» facilita a compreensão. **2** «desenho/ explicação» Que apresenta só os traços essenciais/Sumário/Simplificado/Sintético.

esquematismo *s m* (<gr *skhematismós*: a(c)ção de compor o rosto; ⇒ esquema) Qualidade do que é esquemático/Descrição sumária/Simplificação.

esquematizar *v t* (<esquema + -izar) **1** Fazer uma representação gráfica simplificada/Representar «o percurso» por meio de esquema. **2** Descrever «o proje(c)to» em traços gerais/fazer um esboço. **3** ⇒ resumir; sintetizar.

esquentação *s f* (<esquentar + -ção) **1** A(c)ção ou efeito de aquecer/esquentar. **Sin.** Aquecimento(+); esquentamento. **2** Calor intenso. **3** *fam* Discussão acalorada/Altercação/Desavença/Rixa. **4** *pop* Doença venérea/Gonorreia/Blenorreia/Sífilis.

esquentador *s m* (<esquentar + -dor) **1** Aparelho, elé(c)trico ou a gás, para aquecer rapidamente água canalizada de uso doméstico. **Ex.** Tratou de ligar [Ligou] o ~ para tomar banho. **Comb.** *col* ~ "inteligente" [que, estando sempre funcional, só consome gás quando está a aquecer a água]. ⇒ aquecedor. **2** Aparelho/Saco de borracha/Botija que servia para aquecer os pés.

esquentamento *s m* (<esquentar + -mento) **1** ⇒ Aquecimento(+)/Esquentação. **2** *pop* Doença venérea/Blenorreia/Gonorreia/Sífilis.

esquentar *v t* (<es- + quente + -ar¹) **1** Fazer aumentar o calor de/Aquecer(+) «água». **2** ~-se/Irritar-se/Exaltar-se/Irar-se. **Loc.** ~ a cabeça [Preocupar-se/Aborrecer-se]. **3** ⇒ Animar/Entusiasmar. **4** Contrair [Contaminar com] doença venérea.

esquerda *s f* (<esquerdo) **1** Mão esquerda. **Ex.** Não consigo escrever com a ~. **Ant.** Direita. **2** *(D)esp* Perna esquerda. **Ex.** Ele chuta bem (a bola) com a ~. **3** Lado esquerdo. **Ex.** Ao fim da rua virou [dobrou] à ~. Lemos um texto da ~ para a direita. **4** Conjunto de deputados que, de frente para o presidente, se sentam do lado esquerdo dele/Conjunto de partidos ou de movimentos com ideias progressistas/socialistas/comunistas. **Ex.** A ~ ganhou as eleições. **Comb. ~ democrática. Extrema-~** [~ radical]. **Partido**(s) **de ~. 5** *interj Mil* Voz de comando para executar movimento para o lado esquerdo. **Loc.** ~ volver!

esquerdino, a *adj/s* (<esquerdo + -ino) (O) que tem maior habilidade com a mão ou o pé do lado esquerdo/Canhoto. **Ex.** A nossa equipa (de futebol) precisa de um (atacante) ~ que faça todo o corredor (esquerdo).

esquerdismo *s m* (<esquerda + -ismo) Tendência/Militância política de linha progressista/socialista/comunista.

esquerdista *adj/s* (<esquerda + -ista) (O) que segue/defende ideias progressistas/socialistas/comunistas/(O) que milita em partido de esquerda.

esquerdo, a (Quêr) *adj* (esp *izquierdo* <basco *ezker(r)* ?) **1** Situado no lado do corpo em que se localiza o coração. **Comb.** *Braço ~. Hemisfério ~ do cérebro. Mão ~a. Olho ~. Perna ~a. Pulmão ~. Rim ~.* **Ant.** Direito. **2** Que em alguma coisa se situa à esquerda relativamente a quem olha de frente. **Comb.** Margem ~a do rio [A do lado esquerdo no sentido da jusante]. **3** «andar de prédio» Do lado ~ de quem acaba de chegar à porta pela escada. **Ex.** Moro no 5.º esq(uerdo) do n.º 24 dessa rua. **4** Que revela habilidade com os membros desse lado/Canhoto. **Ant.** Destro. **5** «um olhar» De má vontade/Sinistro/Funesto. **6** ⇒ Desajeitado/Desastrado/Inábil.

esqui *s m (D)esp* (<fr *ski*) **1** Longa prancha, recurvada à frente, para deslizar sobre a neve/água. **2** Desporto [*Br* Esporte] em que se desliza sobre essa prancha. **Comb. ~ alpino** [praticado em descida muito íngreme, sobre a neve]. **~ *aquático*** [praticado sobre a água, a grande velocidade, ligado a um barco a motor].

esquiador, ora *adj/s* (<esquiar + -dor) Praticante de esqui.

esquiar *v int* (<esqui + -ar¹) Deslizar em esqui sobre a neve/água. **Ex.** No inverno costuma ir ~ para a Serra da Estrela (Portugal).

esquiça *s f* (< ?) ⇒ Rolha que veda orifício no bojo de pipas/barris/tonéis/Batoque(+).

esquife *s m* (<it *schifo*: batel) **1** Caixa para transporte de cadáver para a sepultura/Féretro/Ataúde/Caixão. **2** *Mar an* Pequeno barco usado para prestar serviço a embarcações maiores. **3** *(D)esp* Barco a remos, longo e estreito.

esquila *s f Bot* (<gr *skílla*: cila) Cebola-albarrã(+)/Cila.

esquilo *s m Zool* (<gr *skíouros*) Pequeno mamífero roedor da família dos ciurídeos, ágil, de cauda longa, que vive nas árvores.

esquimó *adj/s 2g Depr* (<fr *esquimau* <*askimowew*: o que come carne crua) **1** (Relativo ao) povo que habita terras ár(c)ticas da Groné[oen]lândia, Alasca e Canadá. **Sin.** Inuíte(+). **2** *s m* Cada uma das línguas faladas por esse povo.

esquina¹ *s f* (<germânico *skina*: espinha) **1** Ângulo ou canto exterior formado pela junção de duas superfícies. **Ex.** Magoei-me na ~ da mesa. A ~ do muro impede a visão da estrada. **2** Ângulo formado por cruzamento de duas ruas. **Ex.** A minha casa é [fica mesmo] na ~. Andava por ali encostado às ~s «a ver quem passa». **Idi. *Ao dobrar/virar da ~*** [Muito perto do local em referência]. **3** Local público de conversa de gente ociosa. **Ex.** Viam-se sempre homens conversando às ~s.

esquina² *s m Bot* (<fr *squine*) Planta da família das esmiláceas, cuja raiz tem propriedades medicinais semelhantes às da salsaparrilha.

esquinado, a *adj* (<esquinar) Que tem esquina(s)/Que forma aresta(s) saliente(s)/Esquinudo.

esquinar *v t/int* (esquina + -ar¹) **1** Fazer esquina(s) em/Cortar em ângulo/Facetar. **2** Pôr de esquina/Colocar obliquamente/Enviesar. **3** *pop* ~-se/Beber um pouco a mais/Embebedar-se um pouco. **4** *pop* ~-se/Esgueirar-se/Fugir.

esquinudo, a *adj* (<esquina + -udo) Que tem/forma ângulo(s)/aresta(s)/esquina(s)/Esquinado.

esquipação *s f* (<esquipar + -ção) **1** A(c)to ou efeito de esquipar/Equipamento(+). **2** A(c)to de prover uma embarcação do que é necessário para navegar. **3** Conjunto do que é necessário para alguma coisa/Equipagem(+). **4** *pop* Vestimenta completa/Muda de roupa.

esquipar *v t* (<fr *an eschiper*: aparelhar) **1** Munir-se do que é necessário para alguma coisa/Apetrechar-se/Equipar(-se)(+). **2** Prover uma embarcação do que é necessário para navegar. **3** ⇒ adornar; enfeitar. **4** ⇒ escapar-se/fugir. **5** *Br* «cavalo» Andar a furta-passo.

esquírola *s f* (<fr *esquille*: lasca) **1** Lasca/Fragmento de osso, geralmente devido a fra(c)tura. **2** Lâmina/Fragmento de qualquer coisa dura. **Comb.** ~ de vidro.

esquisitice *s f* (<esquisito + -ice) **1** Qualidade do que é esquisito/Comportamento estranho [fora do comum]/Excentricidade de alguém. **Ex.** Vi muita ~ [coisa estranha/rara] na nossa viagem. **2** Pretensão difícil de satisfazer/Capricho. **Ex.** Já estou farto das suas ~s.

esquisito, a *adj* (<lat *exquisítus*, de *exquíro,ere*: procurar muito) **1** Invulgar/Raro/Precioso. **2** Estranho/Exótico/Singular. **Ex.** Veste-se de forma ~a. **3** Não comum/Diferente/Excêntrico. **Ex.** Foi encontrar ali costumes ~s. **4** ⇒ Refinado/Delicado. **5** Difícil de explicar/Estranho. **Ex.** O miúdo tem um comportamento ~, talvez precise de psicólogo. Ouviu-se um ruído ~. **6** Que tem gostos estranhos/Difícil de contentar. **Ex.** Não sei que lhe dê ao jantar, ele é ~.

esquisitório, a [esquisitão, ona] *adj fam* (<esquisito +...) Muito estranho/esquisito.

esquissar *v t* (<esquisso + -ar¹) Fazer um desenho aproximado/Elaborar um esboço/esquisso/Esboçar/Bosquejar/Delinear.

esquisso *s m* (<it *schisso*) Delineamento geral [Esboço] de uma obra/Debuxo/Croqui.

esquistossomose [esquistossomíase] *s f Med* (<gr *skistós*: fendido + *sôma*: corpo + ...) Doença provocada por um parasita, a qual afe(c)ta sobretudo o fígado e os intestinos. **Sin.** Bilharzíase; bilharziose.

esquiva *s f* (esquivar) **1** A(c)to de se esquivar/Recusa. **2** A(c)to de evitar o golpe do adversário, desviando o corpo. **3** A(c)to de evitar algo desagradável.

esquivança *s f* (<esquivar + -ança) **1** A(c)to de furtar-se a [evitar] algo desagradável/Esquiva(mento). **2** Retraimento/Isolamento em relação à sociedade. **Sin.** Misantropia. **3** Trato difícil/Insociabilidade.

esquivar *v t* (<esquivo + -ar¹) **1** Evitar [Fugir de/Eximir-se a] algo. **Ex.** Esquivou-se a colaborar con(n)osco. **Loc.** ~-se a trabalhos. **2** Subtrair-se/Furtar-se a/Esgueirar-se. **Ex.** Como a tarefa não lhe agradou, tratou de [resolveu/procurou] ~-se. **3** Desviar/Afastar o corpo de. **Ex.** Naquela emergência, conseguiu ~-se do [evitar o (+)] embate contra o poste. Esquivou-se aos [Driblou os (+)] adversários e rematou para gol(o). **4** Afastar do (seu) caminho/Arredar.

esquivo, a *adj* (<germânico *skiuh*: tímido) **1** Que evita a presença/convivência/Insociável. **Comb.** *Animal* ~. *Indivíduo* ~. *Pessoa* ~*a*. **2** Que evita carinhos/afagos/Arisco. **Ex.** É uma criança ~a. **3** Que se intimida diante de estranhos. **Ex.** O miúdo é ~. **4** Fugaz/Passageiro/Rápido. **Ex.** Lançou um olhar ~ ao jogo das crianças. **5** Rude/Áspero. **Ex.** Falou-lhe em tom ~.

esquizo- *pref* (<gr *skhízo*: dividir) Significa desagregação (Ex. ~frenia, ~tímico, ~idia).

esquizofasia *s f Psiq* (<esquizo- + -fasia) Perturbação da linguagem, que se revela confusa e incompreensível. ⇒ esquizografia.

esquizófita *s f Bot* (<esquizo- + -fito) Diz-se de planta ou grupo de plantas, as mais simples que se conhecem, com uma única célula.

esquizofrenia *s f Psiq* (<esquizo- + gr *phrén, nós*: espírito + -ia) Psicose [Doença mental] em que há incoerência mental, dissociação das diferentes funções psíquicas e perda do sentido da realidade.

esquizofrénico, a [*Br* esquizofrênico] *adj/s Psiq* (<esquizofrenia + -ico) **1** Relativo à esquizofrenia. **2** (O) que sofre de esquizofrenia.

esquizogamia *s f Biol* (<esquizo- + -gamia) Modo de reprodução assexuada, por divisão do organismo. ⇒ esquizogonia.

esquizogonia *s f Biol* (<esquizo- + gr *gónos*: geração + -ia) Modo de reprodução assexuada, nos seres unicelulares, por sucessiva divisão. ⇒ esquizogamia.

esquizografia *s f Med* (<esquizo- + -grafia) Perturbação da linguagem escrita, em que o texto se apresenta incompreensível, usando palavras reais ou inventadas. ⇒ esquizofasia.

esquizoide (Zói) *adj/s 2g* (<esquizo- + -oide) **1** Relativo à esquizoidia. **2** (O) que revela esquizoidia.

esquizoidia *s f Psiq* (<esquizóide + -ia) Predisposição para a esquizofrenia/Tendência exagerada para a solidão, o devaneio/Dificuldade de adaptação à realidade.

esquizotimia *s f Psic* (<esquizo- + gr *thymós*: espírito + -ia) Qualidade do que é dado à introversão, timidez, tendência para o devaneio, dificuldade de adaptação à realidade.

esquizotímico, a *adj/s Psic* (<esquizotimia + -ico) **1** (O) que tem um temperamento de tipo introvertido, dado ao devaneio e com dificuldade de adaptação à realidade. **2** Relativo à esquizotimia.

essa (É) *s f* (< ?) Estrado sobre o qual se coloca o caixão de um defunto durante as cerimó[ô]nias fúnebres que precedem o funeral/Catafalco(+).

esse, essa (Êsse, Éssa) *pron dem* (<lat *ípse,a,um*: ele mesmo, a mesma pessoa) **1** Designa alguém/algo próximo da pessoa a quem o falante se dirige. **Ex.** Este livro é bom, mas ~ ainda é melhor. **2** Designa alguém/algo que se acabou de referir. **Ex.** ~ até foi multado pela polícia. ~ palerma só faz asneiras. **3** Dá realce a palavra/expressão acabada de empregar. **Ex.** O comerciante, ~ é o mais atingido pela crise. **4** Indica algo pertencente a [próprio da] pessoa com quem se fala. **Ex.** ~ vestido é lindo. ~ cabelo está para cortar [Precisas de cortar o cabelo]. **5** Designa algo distante. **Ex.** Por ~ mundo fora acontece cada coisa! Quando ~ dia chegar, fazemos uma festa. Desse (De + ~) tempo guardo uma feliz recordação.
6 *f* Designa, em frases exclamativas, rea(c)ção a fa(c)to/dito inoportuno. **Ex.** ~a não! Poupa-me! **Loc.** É por ~as e por outras que... [A causa de uma situação deplorável está no que se acabou de referir e no mais que se sabe]. *~a é que é (~a)!* [Aí está o cerne da questão/Aí está a dificuldade]. *interj iron ~a é boa!* [Expressão de indignação/discordância] (Ex. Ah... está a contar com o [está à espera do] meu dinheiro?! ~a é boa!). *~a agora!* [Expressão de espanto/discordância]. *Ora ~a!* **a)** Expressão de discordância/indignação (Ex. – Não foi bem assim... – Ora ~a! Então eu não vi?!...); **b)** Expressão de cortesia para dispensar alguém de um encargo ou para anuir a uma solicitação (Ex. – Oh! Desculpe! – Ora ~a! Não faz mal! – Podia ajudar-me, por favor? – Ora ~! Com certeza (que sim)!).

esse (Êsse) *s m* Nome da letra S/s.

essência *s f* (<lat *esséntia*) **1** Natureza de um ser/O que faz algo ser o que é/Conjunto das cara(c)terísticas que definem um ser. **Ex.** Os filósofos distinguem a ~ da existência. Somente em Deus ~ e existência coincidem inteiramente, porque a Sua ~ é existir/ser. ⇒ substância. **2** Parte fundamental de alguma coisa. **Ex.** A ~ do cristianismo é o amor de Deus e do próximo [das pessoas]. **3** Ideia/Princípio central. **Comb.** A ~ [O essencial] de uma teoria. **4** Extra(c)to líquido/volátil de algumas plantas ou substâncias, geralmente aromáticas. **Ex.** A indústria de perfumes utiliza ~s «de rosas». A terebintina é uma ~ extraída da resina do pinheiro.

essencial *adj 2g/s m* (<lat *essentiális*) **1** Relativo à essência [natureza íntima] de alguma coisa. **Ant.** Acidental. **2** Absolutamente necessário/Indispensável. **Ex.** A boa alimentação é ~ ao desenvolvimento da criança. **Ant.** Secundário. **3** O mais importante/Fundamental. **Ex.** O ~ é que isso «o dinheiro» se consiga. Estão de acordo no ~, diferem em pormenores. **Ant.** Acessório.

essencialidade *s f* (<essencial + -idade) Cará(c)ter do que é essencial.

essencialmente *adv* (<essencial + -mente) **1** Por natureza/essência. **Ex.** ~ as duas opiniões não diferem muito. **2** Sobretudo/Principalmente/Fundamentalmente. **Ex.** Ele é ~ um estudioso, não um homem do terreno [não um prático].

essénio(s) [*Br* essênio(s)] *s m* (<gr *essenoi* <aramaico *hasen*: piedosos, santos) Membro de seita judaica de grande rigor ascético, contemporânea de Cristo. ⇒ fariseu; saduceu.

essoutro, a *pron dem* (<esse + outro) Designa alguém/algo para além de um acabado de referir. **Ex.** Por favor, dê-me esse livro e ~ [e o outro] que está sobre a estante.

és-su(d)este *s m* (<este (És) + su(d)este) Ponto intermédio entre o este (És) e o sudeste/sueste.

estaba[va]nado, a *adj* (<es- + tav[b]ão + -ado) **1** Estouvado(+)/Tresloucado/Agitado/Extravagante. **2** Desajeitado/Desastrado/Trapalhão. **3** Estroina/Valdevinos.

estabelecer *v t* (<lat *stabilíscere*, de *stabílio,íre*: firmar) **1** Criar/Instituir/Iniciar. **Ex.** Portugal, nos séculos XV e XVI, estabeleceu relações comerciais com muitos povos. **2** Fundar num lugar. **Ex.** O rei estabeleceu uma feitoria na Flandres. **3** Pôr em vigor. **Ex.** O governo estabeleceu [lançou(+)] um novo imposto. **4** Tornar efe(c)tivo/estável. **Ex.** A polícia depressa tratou de ~ [impor] a ordem. **5** Fixar/Instalar. **Ex.** Vai ~ residência [Vai residir/viver/morar] na capital. **Comb.** ~ a sede «da firma» em. **6** Fundamentar/Basear. **Ex.** Estabeleceu a sua teoria em bases sólidas.
7 ~-se/Abrir estabelecimento comercial. **Ex.** Resolveu ~-se na vila com uma loja de ferragens. **8** Indicar/Identificar. **Ex.** Vai ~ os critérios da corre(c)ção das provas. **9** Prescrever/Determinar/Decidir. **Ex.** A lei estabelece este prazo para reclamações. Ficou estabelecido que a reunião começava às 9h. **10** Causar/Provocar. **Ex.** No meio da festa gosta de ~ a confusão.

estabelecimento *s m* (<estabelecer + -mento) **1** A(c)to ou efeito de estabelecer(-se). **2** Instituição pública ou privada. **Comb.** *~ de ensino*. *~ hospitalar* [Hospital]. *~ prisional* [Prisão]. **3** Casa comercial/industrial. **Ex.** Mandou pôr grades na montra do ~ [da loja].

estabilidade *s f* (<lat *stabílitas,tátis*) **1** Qualidade do que é estável. **Ex.** Esta escada não tem a devida ~ [é pouco firme]. **2** Solidez/Segurança. **Comb.** *~ da construção*. *~ do muro* de prote(c)ção. *~ da ponte*. **Ant.** Instabilidade. **3** Falta de variação/flutuação/Constância. **Comb.** *~ da moeda*. *~ dos preços*. *~ emocional*. **4** Permanência por longo período/Garantia de duração/Continuidade. **Comb.** *~ da família*. *~ do emprego*. *~ do governo*. *~ política*. **5** Posição de equilíbrio. **Comb.** *~ do avião*. *~ do carro*.

estabilização *s f* (<estabilizar + -ção) A(c)to ou efeito de estabilizar/A(c)to de dar estabilidade/de tornar estável. **Comb.** ~ da temperatura «da sala».

estabilizador, ora *s m/adj* (<estabilizar + -dor) **1** (O) que dá estabilidade. **2** *Náut* Dispositivo do navio, colocado abaixo da linha de flutuação, para atenuar as oscila-

ções. **3** *Aer* Cada um dos planos, horizontal e vertical, para equilibrar a aeronave. **Ex.** As asas e o leme do avião são ~es. **4** *Ele(c)tri* Dispositivo para estabilizar a corrente elé(c)trica. **5** *Quím* Substância que, ao juntar-se a outra que é instável, evita a decomposição/transformação desta.

estabilizar *v t/int* (<estável + -izar) **1** Tornar/Ficar estável. **Ex.** Os preços vão ~. **2** Tornar resistente a mudanças/flutuações/Normalizar/Regularizar. **Ex.** O medicamento é para ~ a tensão arterial. **3** Dar/Ganhar equilíbrio/estabilidade. **Ex.** Há dispositivos para ~ o veículo.

establishement ing **1** Organização de um Estado sob o ponto de vista econó[ô]mico, político, jurídico. **Ex.** Tentar alterar o ~ tem (os seus) perigos. ⇒ burocracia. **2** Elite política, econó[ô]mica, social, detentora de poder, a qual é avessa à mudança/Classe dominante/Os que mandam.

estábulo *s m* (<lat *stábulum*) Lugar coberto para abrigar o gado/Corte (Ó). **Ex.** As vacas recolhem ao ~. ⇒ loja; curral.

estaca *s f* (<germânico *stakka*) **1** Pau aguçado na extremidade que se crava na terra «para a planta crescer a trepar por ela». **Ex.** Fez uma sebe de ~s. Com uma corda prendeu a cabra na ~. **2** Peça estrutural de madeira, metal ou betão, usada para suportar as fundações dum prédio. **Ex.** A geologia do terreno levou-nos a assentar a construção em ~s. **3** Marco cravado no chão para assinalar um ponto da superfície ou demarcar terrenos. **Comb.** ~ zero **a)** Primeira estaca de uma demarcação topográfica; **b)** *fig* Ponto de partida (Ex. Há que voltar à ~ zero e refazer tudo). **4** Ramo de planta metido na terra para criar raízes e originar uma nova planta. **Loc.** Pegar de ~.

estacada *s f* (<estaca + -ada) **1** Barreira de estacas muito próximas e ordenadas/Estacaria. **2** Espaço cercado por estacas. **3** *Hist* Campo cercado por estacas destinado, na Idade Média, a combates, torneios e justas/Liça(+)/Paliçada. **Loc.** Vir à ~ [Defender publicamente uma ideia]. **4** Conjunto de estacas cravadas no chão para servir de base a uma construção. **5** Barreira provisória à entrada dum porto, feita com mastros, cordas, …, para impedir a entrada de barco inimigo.

estação *s f* (<lat *státio,ónis*; ⇒ estar) **1** Estada/Paragem num lugar. **2** Local de paragem e partida de meios de transporte, com instalações e serviços de apoio. **Ex.** Fui à ~ esperar o meu amigo. **Comb.** ~ *de caminho de ferro* [do comboio/do trem]. ~ *de camionagem.* ~ *ferroviária.* ~ *fluvial.* ~ *marítima.* ~ *rodoviária.* **Chefe da ~. Largo da ~.** **3** Cada uma das quatro divisões do ano, com a duração de três meses. **Ex.** As quatro ~ões do ano são: primavera, verão, outono e inverno. **Comb.** Ciclo das ~ões. **4** *Mar* Recinto/Compartimento «a bordo de um navio de guerra» onde se desenvolve uma a(c)tividade. **Comb.** ~ de comando. **5** *Crist* Cada uma das representações da Via-Sacra. **Ex.** Na quarta ~, Cristo, a caminho do Calvário, encontra-se com sua Mãe. **6** Época do ano em que ocorrem certos fenó[ô]menos ou que é tempo favorável para alguma coisa. **Ex.** Estamos na ~ chuvosa [das chuvas]. **Comb.** ~ *balnear.* ~ *da caça.* ~ *de veraneio.* ~ *do cio.* ~ *morta* [não favorável ao desenvolvimento das plantas]. ~ *seca.* ~ *das sementeiras. Fruta da ~.* **Sin.** Época; tempo. **7** Época do ano em relação ao turismo. **Comb.** ~ *alta* [de maior procura, e por isso mais cara]. ~ *baixa* [de menor afluência]. **8** Época do ano em relação ao mundo da moda. **Comb.** ~ *outono/inverno.* ~ *primavera/verão. Fim de ~. Fora de ~.* **9** Instalações com fins terapêuticos ou (d)esportivos. **Comb.** ~ [Estância(+)] *termal.* ~ [Estância(+)] *de inverno.* **10** Instalações/Local em que se desenvolvem a(c)tividades de apoio, de cará(c)ter técnico ou científico. **Comb.** ~ *agronó[ô]mica.* ~ *agropecuária.* ~ *arqueológica.* ~ *de serviço* [Instalação para abastecimento de combustível e (para) pequenas reparações mecânicas em veículos]. ~ *de tratamento de águas.* ~ *elevatória.* ~ *meteorológica.* ~ *zootécnica.* **11** Instalação fixa ou móvel para missões de exploração espacial. **Comb.** ~ espacial (em órbita à volta da Terra). **12** Repartição de serviços públicos ou de cumprimento de obrigações legais. **Comb.** ~ *aduaneira.* ~ *alfandegária.* ~ *dos correios.* ~ *policial.* ~ *telefó[ô]nica.* **13** Centro emissor de rádio/televisão. **Comb.** ~ *televisiva*/de televisão. ~ *radiofó[ô]nica*/de rádio.

estacar *v t/int* (<estaca + -ar) **1** Segurar/Suster com paus/estacas/Escorar(+). **Ex.** Estacou o muro [as macieiras]. **2** (Fazer) parar/Deter-se. **Ex.** Corria e, à beira do abismo, felizmente estacou. Assustado «com o obstáculo», o cavalo estacou.

estacaria *s f* (<estaca + -aria) **1** Grande quantidade de estacas/Lugar onde elas se guardam. **2** Conjunto de estacas, cravadas no chão, que são a base para uma construção. **3** Vedação formada por estacas/Paliçada.

estacionamento *s m* (<estacionar + -mento) **1** A(c)to ou efeito de estacionar. **Ex.** O ~ dentro da cidade é pago. **Comb.** *Parque de ~. Proibição de ~* [~ proibido!]. **2** Local destinado ao parqueamento de veículos. **Ex.** Deixei o carro no ~. **3** *Mil* Em campanha, permanência da tropa num local, por algum tempo, para repousar.

estacionar *v t/int* (<estação + -ar[1]) **1** Deixar parado um veículo em lugar público, por tempo mais ou menos longo. **Ex.** É difícil ~ dentro da cidade. **2** ⇒ Parar «no vilarejo por alguns dias»/Deter(-se). **3** Não ter alteração/Manter-se/Não progredir/aumentar. **Ex.** A doença [população] estacionou.

estacionário, a *adj* (<estacionar + -ário) **1** Que não sofreu alteração/Que está no mesmo ponto/Que não evolui. **Comb.** Situação econó[ô]mica ~a. **2** *Med* Que não se agrava nem melhora. **Ex.** O estado da doente é ~. **Comb.** *Doença ~a. Febre ~a.* **3** Diz-se do planeta que parece não avançar na órbita.

estada *s f* (<estar + -ada) A(c)to de permanecer num local/Paragem duradoura/Estadia. **Ex.** Na sua ~ na aldeia, convive com toda a gente.

estadão *s m* (<estado + -ão) Luxo/Magnificência/Ostentação(+)/Pompa(o+). **Loc.** De ~ [Com grande pompa].

estadear *v t/int* (<estado + -ear) **1** Mostrar grande luxo/riqueza/Ostentar(+)/Alardear. **Ex.** Gosta de ~ a fortuna com festas faustosas. **2** Mostrar orgulho/soberba/Envaidecer-se.

estadia *s f* (<estada + -ia) Permanência/Estada num local por um certo tempo. **Ex.** Paguei viagem e ~ no hotel. **2** *Náut* Tempo em que um navio mercante permanece num porto para carga/descarga.

estádia *s f* (<estádio) Instrumento para avaliar a distância entre o observador e um ponto distante.

estádio *s m* (<gr *stádion*: medida de comprimento, oitava parte da milha; ⇒ estágio) **1** *Hist* Medida de comprimento na antiga Grécia, equivalente a 206,25 metros. **2** *Hist* Pista desse comprimento, rodeada de bancadas, onde os atletas da antiguidade disputavam corridas e outras provas. **3** *(D)esp* Recinto de grandes dimensões para jogos e provas (d)esportivas, circundado de bancadas para o público. **Ex.** Ver o futebol na televisão ou no ~ é muito diferente.

estadismo *s m* (<estado + -ismo) Doutrina que atribui ao Estado a administração dire(c)ta de toda a a(c)tividade econó[ô]mica e social. **Sin.** Estatismo **1**(+).

estadista *s 2g* (<estado + -ista) Pessoa versada na arte de governar/Homem [Mulher] de Estado. **Ex.** O Marquês de Pombal revelou-se grande ~ a seguir ao terramoto de Lisboa (1755).

estadística *s f* (<estadista + -ico/a) Ciência dos negócios políticos/Ciência da governação. **Sin.** Política(+).

estado *s m* (<lat *status*: modo de estar, posição, situação) **1** *maiúsc* Sociedade politicamente organizada, entre limites geográficos. **Ex.** Portugal e Brasil são dois ~s de muito diferente extensão. **Comb.** ~ *fantoche* [fraco/só de nome]. ~ *federal.* (⇒ estadual). ~ *independente/soberano.* *Hist* ~ *vassalo. Assunto de ~. Cofre(s) do ~. Crime de ~.* Obra feita à custa do [Obra paga pelo] ~. *Orçamento de ~. Razão de ~. Segredo de ~. Separação da Igreja e do ~.* **Sin.** País; nação. **2** *maiúsc* Cada uma das grandes divisões de um país, com mais ou menos autonomia. **Ex.** O Brasil é formado por grande número de ~s. **Comb.** ~ *de S. Paulo.* ~ *do Rio Grande do Sul.* ~ *da Califórnia.* **3** *maiúsc* Forma de governo de um país/Regime. **Comb.** ~ *assistencial* [de bem-estar social]. ~ *autoritário.* ~ *de bem-estar.* ~ *confessional.* ~ *corporativo.* ~ *democrático.* ~ *de direito* (democrático). ~ *ditatorial* [despótico]. ~ *federado.* ~ *forte.* ~ *monárquico* [Monarquia]. ~ *Novo* [Regime/Governo de sentido corporativista (de António Oliveira Salazar) que vigorou em Portugal de 1933 a 1974]. ~ *republicano. Religião do ~.* **4** *maiúsc* Conjunto de órgãos que exercem o poder num país/Autoridade política. **Ex.** A segurança dos cidadãos deve ser assegurada pelo ~. O ~ deve ser pessoa de bem [ser cumpridor dos deveres]. **Comb.** *Chefe de ~* [Presidente]. *Conselheiro de ~. Conselho de ~. Golpe de ~* [Operação de força para substituir os governantes]. *Homem de ~* [Estadista]. *Ministro (de ~). Secretaria de ~. Secretário de ~.* **5** Situação transitória de exercício do poder num país. **Ex.** Devido às desordens nas ruas, foi declarado o ~ de emergência. **Idi.** *Pôr tudo em ~ de sítio* **a)** Provocar agitação/alvoroço; **b)** Pôr tudo em desordem/Desarrumar. **Comb.** ~ *de graça* «da governação» [Período em que se evita criticar o Governo que há pouco tomou posse, até ver se a linha política que segue é corre(c)ta]. ~ *de guerra.* ~ *de sítio* [Regime exce(p)cional de privação de alguns direitos, declarado pelo governo em caso de grave perturbação social ou de agressão externa]. **6** Condição de ordem física em que alguém ou alguma coisa se encontra num dado momento. **Ex.** Quis conhecer o meu ~ de saúde (indo ao médico). Interessava saber o (~ do) tempo no dia seguinte. **Comb.** ~ *de coma.* ~ *higrométrico do ar.* *pop* ~ *interessante* [Gravidez]. ~ *puerperal* [Condição evolutiva do corpo da parturiente até voltar à normalidade]. *Em bom*

[mau] ~ (de conservação). **Em ~ bruto** [Sem transformação pelo homem]. **7** Resultado da maior/menor coesão molecular de um corpo. **Comb. ~ da matéria** [~ físico]. **~ gasoso. ~ líquido. ~ sólido. Mudança de ~** «líquido da água para o sólido: gelo». **8** Condição intelectual/psicológica/emocional/moral em que alguém se encontra. **Ex.** Ficou em ~ de grande excitação. **Comb. ~ de alma** [de espírito/Situação psicológica]. **~ de choque** [Violenta rea(c)ção emocional a algo inesperado]. *Crist* **~ de graça** [Ausência de pecado grave/mortal]. **~ de inocência**. **9** Situação em que algo se encontra. **Ex.** No presente ~ de coisas [Nesta conjuntura], não estou muito o(p)timista em relação ao meu curso. **Comb. ~ da causa** «em tribunal». **~ da ciência. ~ da língua** [Consideração sincró[ô]nica de uma língua, nas suas várias componentes, em dado momento]. **~ da técnica**. **10** Estatuto social/profissional de alguém. **Comb. ~ de pobreza. ~ monástico. ~ sacerdotal** [Sacerdócio]. *Hist* **Três ~s** [Clero, Nobreza e Povo]. **11** Estatuto do indivíduo relativamente à sociedade e à família. **Loc.** Mudar de ~ [Casar]. **Comb. ~ civil. ~ de casado**/divorciado/solteiro/viúvo.

estado-maior *s m Mil* Conjunto de oficiais encarregados de apoiar um chefe militar no exercício das suas funções. **Comb. ~ do Exército**. **Chefe do ~ da Força Aérea**.

estado-membro *s m* País que faz parte de uma comunidade internacional de países. **Ex.** Portugal é um ~ da União Europeia.

estado-providência *s m* Sistema em que o Estado assegura gratuitamente aos cidadãos os serviços sociais/Estado assistencial.

Estados Unidos da América/EUA *s m pl Geog* República federal da América do Norte, com a capital em Washington.

estado-tampão *s m* Estado localizado entre dois países rivais e beligerantes.

estad(o-)unidense *adj 2g* (<Estados Unidos + -ense) Relativo ou pertencente aos Estados Unidos da América. **Sin.** Norte-americano(+).

estadual *adj 2g* (<estado + -al) Relativo a estado-membro de uma república federal. **Comb.** Lei ~ «do Estado de S. Paulo». ⇒ federal; estatal.

estadulho *s m* (<estado + -ulho?) **1** Fueiro de carroça ou de carro de bois. **Ex.** Carregou o carro até ao cimo dos ~s. **2** Pau grosseiro/Cacete. **3** Pau bifurcado sobre o qual assenta o timão «do carro de bois».

estafa *s f* (<estafar) **1** Grande cansaço/Estafadela. **Ex.** A caminhada resultou numa grande ~. **2** *fam* Coisa penosa/Maçada(+). **Ex.** A longa espera foi uma ~.

estafado, a *adj* (<estafar) **1** Muito cansado/fatigado/Exausto. **Ex.** Cheguei ao fim do dia ~. **2** *fig* Já muito usado/visto/ouvido. **Ex.** Veio-me com a desculpa ~a [que sempre dá/de sempre] da falta de tempo. **3** *fig* Gasto (do uso)/Velho. **Ex.** O meu carro está ~, tenho que comprar outro.

estafante *adj 2g* (<estafar + -ante) «trabalho/caminhada» Que provoca grande cansaço/Fatigante/Extenuante/Cansativo.

estafar *v t* (<estar + arfar) **1** Causar [Ter] grande fadiga/Esfalfar. **Ex.** Este trabalho estafa-me. **2** Usar até ficar gasto. **Ex.** Estafou os sapatos em meio ano. **3** Repetir muito até saturar. **Ex.** ~ um tema é torná-lo banal. **4** Esbanjar/Desperdiçar. **Ex.** Conseguiu ~ a herança do pai em pouco tempo. **5** ⇒ Aborrecer/Enfadar/Enfastiar/Maçar/Cansar(+) «os ouvintes/os alunos».

estafe *s m* (<ing *staff*) **1** Material de construção obtido por moldagem de gesso cozido sobre fibra de cânhamo/sisal/estopa. **2** *Br* ⇒ *staff*; pessoal; assessores.

estafermo *s m* (<it *sta fermo* <lat *stáre*: estar + *firmus*: firme) **1** *Hist* Boneco usado antigamente em exercícios de cavalaria «para treinar a destreza do cavaleiro». **2** *depr* Indivíduo inútil/Pessoa pasmada/Basbaque. **Ex.** Faça alguma coisa, seu ~! **3** *depr* Pessoa sem graça ou desmazelada. **Ex.** Aquele ~ nem arranjar[vestir]-se sabe!

estafeta (Fê) *s g 2g* (<it *stafetta*, *dim* de *staffa*: estribo) **1** *Hist* Antigo carteiro [distribuidor postal] que se deslocava a cavalo. **2** Portador de mensagens ou coisas/Mensageiro/«pagamento ao» Portador(+). **Ex.** O ~ leva a piza a casa. **3** *Mil* Soldado encarregado de transportar mensagens entre comandos/unidades militares. **4** *f (D)esp* Prova de corrida, dividida em parcelas, em que cada atleta percorre uma parte da distância total. **Ex.** A nossa equipa triunfou na ~ 4 X 400 metros. **Comb.** Corrida de ~s.

estafilinídeo, a *adj/s Ent* (<estafilino + -ídeo) Diz-se do inse(c)to ou família de inse(c)tos coleópteros de antenas alongadas; *Staphylinidae*.

estafilino *s m/adj* (<gr *staphylé*: cacho de uvas, tumor da úvula + -ino) **1** *Ent* Gé[ê]nero de inse(c)tos coleópteros. **2** Relativo à úvula/Uvular.

estafilocócico, a *adj* (<estafilococo + -ico) Relativo a estafilococo.

estafilococo (Côco) *s m Biol* (<gr *staphylé*: cacho + *kókkos*: semente) Bactéria que se apresenta em grupos, em forma de cacho de uvas, potencialmente patogé[ê]nica e causadora de infe(c)ções; *Staphylococcus*. **Ex.** O ~ é halófilo.

estafiloma *s m Med* (<gr *staphylóma*) Aumento do volume da córnea ou da esclerótica, devido a inflamação ou traumatismo.

estagflação *s m Econ* (<estagnação + inflação) Situação de aumento de desemprego com subida contínua de preços.

estagiar *v int* (<estágio + -ar) Praticar, como aprendiz, uma a(c)tividade profissional por um determinado período/Fazer estágio. **Ex.** Ela está a ~, como enfermeira, no hospital.

estagiário, a *adj/s* (<estágio + -ário) **1** Relativo a estágio. **Ex.** O pessoal ~ é numeroso. **2** (O) que está em formação/estágio. **Ex.** É ele que orienta os ~s. **Comb. Médico ~. Professor ~**.

estágio *s m* (<lat *stagium*: tempo de paragem; ⇒ estar; estádio) **1** Período de prática profissional em que se recebe formação para o exercício competente/Aprendizado/Treino/Tirocínio. **Ex.** Está a fazer ~ numa empresa. **Comb.** ~ remunerado. **2** ⇒ período; estadia. **3** Situação transitória «da economia».

estagnação *s f* (<estagnar + -ção) **1** Estado de um líquido que está sem fluir. **2** *fig* Falta de movimento/a(c)tividade/desenvolvimento/Paralisação. **Ex.** Tivemos um período de ~ «nas a(c)tividades do clube», mas estamos a recuperar. **3** Situação de não crescimento da economia de um país. **Ex.** O desemprego refle(c)te a ~ da economia [é (um) reflexo da ~ econó[ô]mica]. **4** *fig* Inércia intelectual/moral.

estagnado, a *adj* (<estagnar) **1** «líquido» Que não flui/corre/Parado. **Ex.** As bactérias desenvolvem-se em águas ~as. **2** *fig* Que não se desenvolve/Paralisado/Ina(c)tivo. **Comb.** Comércio ~.

estagnar *v int* (<lat *stágno,áre*: fazer lago) **1** «um líquido» Não fluir/Ficar parado/Estar estancado. **Ex.** A água da chuva estagnou «no charco/tanque/caminho». **2** Não progredir/Não ter evolução/desenvolvimento. **Ex.** A crise fez ~ a produção industrial.

estai *s m* (<fr *an estai*) **1** *Mar* Cada um dos cabos grossos que, a partir da proa, aguentam a mastreação do navio. **2** Vela que se prende a esses cabos.

estalactite *s f Geol* (<gr *stalaktós*: que corre gota a gota + -ite) Cada uma das formações sedimentares pendentes do te(c)to de grutas/subterrâneos, formada pela água que cai, gota a gota, com material calcário dissolvido. ⇒ estalagmite.

estalada *s f* (<estalar) **1** Ruído do que estala/Estalo. **2** *pop* Bofetada/Estalo. **Ex.** Na rixa, começaram à ~ (um ao outro) e foi difícil separá-los.

estaladiço, a *adj* (<estalar + -diço) **1** Que é propenso a estalar/Quebradiço. **2** Que dá estalo [produz ruído seco] ao partir/quebrar. **Comb.** Batata frita ~a.

estaladura *s f* (<estalar + -dura) **1** A(c)ção de rachar/fender/estalar. **2** ⇒ fenda; rachadela.

estalagem *s f* (<provençal *ostalatge* <hostal <lat *hospitális*: casa para hóspedes) **1** Unidade hoteleira com serviço de dormida e comida/Pousada/Hospedaria/Pensão. **Ex.** Em todas as zonas de Portugal há ~ens. **2** *Br* Conjunto de pequenas casas/Cortiço/Ilha. **Loc.** *Br gír* Abrir a ~ [Dar grande descompostura a alguém].

estalagmite *s f Geol* (<gr *stalagmós*: gotejamento + -ite) Formação sedimentar que se eleva do chão, em gruta/subterrâneo, em resultado da lenta queda, do te(c)to, de água com material calcário dissolvido, gota a gota. **Ex.** Há ~s e estalactites com grande beleza.

estalagmômetro [*Br* estalagmômetro] *s m Fís* (<gr *stalagmós*: gotejamento + -metro) Instrumento para medir o peso ou o volume das gotas que se escoam de um tubo capilar e também a tensão superficial e viscosidade de um líquido.

estalajadeiro, a *s* (<estalagem + -deiro) Proprietário/Administrador de estalagem ou de casa de hóspedes.

estalão *s m* (<fr *an estalon* «a(c)tual étalon») Padrão/Craveira.

estalar *v t/int* (< ?) **1** (Fazer) dar estalido/estalo. **Ex.** A lenha de pinheiro estala na lareira. **Loc. ~ o balão. ~ os dedos. ~ as pipocas**. **Idi. ~(-lhe) a castanha na boca** [Fazer algo que resulta em prejuízo próprio]. **2** Rachar/Fender. **Ex.** O reboco da parede está a ~. **Idi. ~(-lhe) o verniz** [Perder a compostura]. **3** Surgir subitamente e com violência/Rebentar. **Ex.** Estalou a revolta. **4** Ter/Sentir grande intensidade/Estourar. **Ex.** Está um calor de ~. Ele estalava de raiva por aquela afronta. **5** Palpitar/Latejar. **Ex.** A cabeça do miúdo estalava de febre.

estaleca (Lé) *s f* (< ?) Genica/Força/Vigor/Capacidade. **Ex.** Não parece ter ~ para cargo tão difícil.

estaleiro *s m* (<fr *an astelier*: oficina; ⇒ estilha) **1** Lugar de construção e reparação de navios. **Ex.** O navio ainda não saiu do [ainda está no] ~. **Idi. Pôr alguém no ~** [Pôr de lado(o+)/Tirar importância a/*pop* Pôr (alguém) na prateleira(+)]. **Comb.** ~s de Viana do Castelo (Portugal). **2** Instalação temporária para servir de apoio à execução de uma obra. **3** Armação para sustentar alguma coisa.

estalejar *v t/int* (<estalo + -ejar) **1** (Fazer) dar estalos/estalidos/Estalar. **2** Detonar/Rebentar/Estourar.

estalicar *v int* (<estalo + -icar) **1** Estalar(+) os dedos. **2** Perder peso/Emagrecer/Definhar.

estalido *s m* (<estalo + -ido) **1** Ruído breve e seco provocado por algo que rebenta/parte/vibra. **Ex.** A articulação do joelho dava um ~. **Comb.** ~ das pipocas. **2** Ruído produzido por algumas madeiras a arder/Crepitação. **Ex.** A madeira de castanh(eir)o, ao arder, dá muitos ~s.

estalinismo *s m Hist* (<Estaline + -ismo) Conjunto de dire(c)trizes de natureza ditatorial ado(p)tadas pelo estadista José Estaline (falecido em 1953), no comando da União Soviética (URSS).

estalo *s m* (<estalar) **1** Ruído súbito e forte/Estrondo. **Ex.** O ~ provocado pelo raio da trovoada encheu-o de medo. **Loc.** *fam De* **~ a)** De arromba/Magnificente/Excelente/Ó(p)timo (Ex. «aquilo foi um» Casamento de ~. Festa de ~. Carro de ~); **b)** *Br* ⇒ «pôs-se a chorar» De repente/Repentinamente. **2** Ruído breve e seco provocado por algo que explode/parte/vibra. **Loc.** Dar ~s com a língua. **3** Ruído da lenha quando arde/Crepitação. **4** *fam* Bofetada na cara/Estalada. **Loc. *Dar um ~*** (a alguém). ***Levar um ~*** [Receber/Apanhar/Sofrer uma bofetada]. **5** *Br* Iluminação da mente/Compreensão súbita de algo que era obscuro.

estambre *s m* (<esp *estambre* <lat *stámen*) **1** Lã/Seda cardada, limpa e torcida. **2** Qualquer fio de tecer/urdir/Estame **2**.

estame *s m* (<lat *stámen,minis*: fio da roca, fibra, estame) **1** *Bot* Órgão masculino da flor, produtor de grânulos de pólen, formado por filete e antera. **Ex.** O conjunto dos ~s forma o androceu da flor. **2** Fio de tecer/Estambre.

estamenha *s f* (<lat *stamíneus,a,um*: coberto de fio) **1** Tecido grosseiro de lã leve. **2** Hábito de frade.

estaminado, a *adj* (<estame + -ado) **1** Reduzido a fio de tecer. **2** *Bot* Que (só) possui órgãos reprodutores masculinos.

estaminal *adj 2g* (<estame + -al) **1** *Bot* Relativo a estame. **2** *Biol* Diz-se de célula (embrionária) indiferenciada, com capacidade para se dividir e diferenciar para formar tecido de qualquer parte do organismo. **Ex.** As células estaminais são um importante campo de investigação para a engenharia genética.

estaminé *s m* (<fr *estaminet*: pequeno café) **1** Pequeno estabelecimento/negócio. **Ex.** Tenho um ~ que mal [que quase não] dá para viver. **2** Pequeno café/Botequim/Bar.

estampa *s f* (<it *stampa*) **1** Figura impressa em papel ou noutro material, por meio de chapa gravada/Imagem/Gravura/Ilustração. **Ex.** Na parede do quarto havia uma bela ~. **2** Ilustração, em folha solta de papel de melhor qualidade. **Ex.** O livro tem várias ~s representando quadros do pintor. **3** Marca deixada por algo «pé/sapato» que fez pressão. **4** Reflexo/Espelho/Sinal. **Ex.** O jardim da casa é a ~ do bom gosto da dona. **5** Chapa gravada com a figura [o desenho] a reproduzir. **Loc.** Dar à ~ ⇒ imprimir/publicar(+). **6** Pessoa de grande beleza. **Ex.** A moça é uma ~.

estampado, a *adj/s m* (<estampar) **1** Impresso graficamente/Gravado. **Ex.** A gravura ~a na capa da revista era sugestiva. A notícia ~a na primeira página do jornal, surpreendeu toda a gente. **2** *col* Manifesto/Patente/Chapado. **Ex.** O entusiasmo pela vitória vinha-lhes ~ no rosto. **3** (Diz-se do) tecido [papel] com figuras gravadas/impressas. **Ex.** Comprou um ~ para um vestido. Temos papel de embrulho, ~ com desenhos infantis.

estampagem *s f* (<estampar + -agem) **1** A(c)to ou efeito de estampar/A(c)ção de reproduzir figura, letra, ornato por meio de molde/matriz. **Ex.** Usa-se a ~ para cunhar moeda. **Comb.** ~ de tecido. **2** A(c)to de gravar, por pressão, ornatos em massas cerâmicas ainda moles. **3** A(c)to de ligar, a uma peça cerâmica, ornatos feitos em separado, antes de levar ao forno.

estampar *v t* (<estampa + -ar¹) **1** Reproduzir figura/cara(c)teres por meio de molde/matriz/Imprimir em cerâmica ou em substância mole. **Loc.** ~ um tecido. **2** Insculpir/Gravar/Desenhar. **3** Deixar marca/vestígio por pressão. **Ex.** O miúdo estampou o rasto do (sapato de) té[ê]nis no cimento ainda fresco. **4** Deixar bem visível/Mostrar/Patentear. **Ex.** A alegria estampava-se-lhe no rosto. **5** Aplicar com força. **Loc.** ~ uma bofetada. **6** *col* Fazer chocar com ou ir contra. **Ex.** Estampou o carro contra o muro. **7** *col* ~-se/Ter acidente de viação. **Ex.** Distraí-me um pouco e estampei-me. **8** *col* ~-se/Cair/Estatelar-se/Espalhar-se. **Ex.** Vi-o ~-se no piso escorregadio. **9** Ser reprovado [*gír* Chumbar] em exame.

estamparia *s f* (<estampa + -aria) **1** Lugar onde se fazem/vendem estampas/ilustrações. **2** (Se(c)ção de) fábrica em que se imprimem padrões em tecidos/plásticos. **3** Motivo/Padrão/Estampado.

estampido *s m* (<esp *estampido*) **1** Ruído forte e súbito/Estoiro/Estrondo. **Ex.** O ~ da pedrada no vidro assustou-nos. **Comb.** ~ da bomba de foguete. **2** *fig* Brado/Falatório. **Ex.** A notícia deu ~ na aldeia.

estampilha *s f* (<esp *estampilla*) **1** Pequena figura impressa/estampa(+). **2** Selo(+) postal/fiscal. **Comb.** ~ fiscal [Vinheta representativa de um valor em dinheiro, a colocar em documento oficial]. **3** Chapa de metal onde se gravam letras, cara(c)teres musicais, assinaturas, … para imprimir/estampar. **4** Marca estampada por essa chapa. **5** Sinal gravado em obje(c)to para atestar a sua origem. **6** *fam* Bofetada/Tapa. **Ex.** Ou te calas ou levas uma ~, vê lá!

estampilhar *v t* (<estampilha + -ar¹) **1** Pôr selo/estampilha em. **2** Dar bofetada/estalo/estampilha **6**.

estancamento *s m* (<estancar) A(c)to ou efeito de estancar/Estancação.

estancar *v t* (⇒ estacar **2**) **1** Parar o fluxo de um líquido/Deter(-se)/Deixar de derramar. **Ex.** Estancou a hemorragia pondo um garrote no braço. **2** Tirar todo o líquido/Esvaziar/Secar. **Ex.** Trataram de ~ o convés. **3** Interromper o movimento/Parar. **Ex.** O motociclista esta(n)cou junto à passagem de nível. **4** Pôr fim a/Extinguir. **Ex.** Importava ~ a febre. **5** Tornar estanque «uma embarcação». **6** Açambarcar com fim especulativo/Impedir a livre circulação de/Monopolizar. **7** Cansar/Fatigar.

estanca-rios *s m sg e pl* (<estancar + rio) Engenho com engrenagem de rodas dentadas para tirar água de poço/rio.

estanc(i)eiro, a *s* (<estância + -eiro) **1** Proprietário/Encarregado de estância de madeiras/materiais para construção. **2** Proprietário de estância ou de herdade/fazenda.

estância *s f* (<estar + -ância) **1** A(c)ção de permanecer/Paragem em jornada/Estadia. **2** Lugar ou região em que se reside/Morada/Habitação. **3** *Br* Habitação cole(c)tiva/Cortiço. **4** Lugar em que se passa uma temporada/Lugar de descanso. **Comb.** ~ ***balnear***. **~ *termal*** [Termas]. **~ *turística***. **5** *Liter* Conjunto de versos de um poema, com sentido e estrutura rítmica definidos e pausa final/Estrofe. **Ex.** N'*Os Lusíadas* (Obra do poeta português Luís de Camões), as ~s são oitavas. **6** Instalação de depósito e venda de madeiras/materiais de construção/Serração. **Ex.** Passei pela ~ para comprar cimento e areia. **7** Tábua de pedreiros e estucadores onde colocam argamassa a aplicar. **8** *Náut* ⇒ ancoradouro. **9** *Mil* Fortificação com pouca gente/artilharia.

estanciar *v int* (<estância + -ar¹) **1** ⇒ Habitar/Residir. **2** Ficar temporariamente num lugar/Parar. **Loc.** ~ nas termas [na praia/num parque].

estanco *s m* (<estancar) **1** Monopólio comercial/Estanque **5**. **2** Local de venda de tabaco e de miudezas/Estanque **7**/Tabacaria(+).

estandardização *s f* (<estandardizar + -ção) **1** A(c)ção de reduzir a um único modelo [de uniformizar] a produção em série de um tipo de obje(c)tos/Padronização(+). **Ex.** A ~ «das fichas elé(c)tricas» tem vantagens para o consumidor. **2** Uniformização de comportamentos sociais/Padronização «de hábitos/da música».

estandardizar *v t* (<ing *standardize*; ⇒ estande) Estabelecer o modelo único/Padronizar/Uniformizar.

estandarte *s m* (<fr *an estendard*; ⇒ estender) **1** Insígnia/Bandeira «de país ou de corporação militar, religiosa, civil». **Ex.** O ~ da confraria ia à frente na procissão. **2** Símbolo distintivo de uma entidade como um partido, clube desportivo, … **Ex.** Na bancada do estádio, um adepto erguia e agitava um grande ~ do clube. **3** *fig* Símbolo de um movimento ou de uma causa. **Ex.** O ~ da revolução incitava-os à luta. **4** Grupo de combatentes que se guiam por uma bandeira. **5** Aquele que serve de guia/Porta-bandeira(+). **6** *Mil* Grupo de soldados que formam a guarda da bandeira. **7** *Bot* Pétala maior e superior de corola papilionácea. **8** *Mús* Peça de madeira na parte inferior de instrumentos, como o violino, à qual se prendem as cordas.

estande *s m* (<ing *stand*; ⇒ estar) **1** Recinto reservado a cada expositor «em feira, exposição». **Ex.** O ~ dele tinha ó(p)tima apresentação. **2** Espaço reservado para expor produtos para venda/Salão de vendas. **Ex.** Havia vários modelos de carros da marca no ~. **3** Recinto para tiro ao alvo.

estanhado, a *adj* (<estanhar) **1** Coberto com uma camada de estanho. **Comb.** *Papel ~*. *Prato ~*. **2** *fig* Liso e luzente. **Loc.** *Br* Ter a cara ~a [Ser pessoa sem vergonha/pudor]. **Comb.** *Lago ~*. *Mar ~*.

estanhagem *s f* (<estanhar + -agem) Operação de estanhar.

estanhar *v t* (<estanho + -ar¹) **1** Cobrir, por galvanoplastia, obje(c)tos de metal com camada de estanho ou de chumbo e estanho. **2** Aplicar amálgama de estanho a um vidro para servir de espelho. **3** Tornar(-se) liso e luzidio como estanho.

estanho [Sn 50] *s m Miner* (<lat *stágnum*) **1** Elemento metálico maleável e resistente à corrosão. **Ex.** Com ~ e cobre obtém-se o bronze. **2** Liga em que este metal é o elemento predominante. **3** Obje(c)to feito com esta liga. **Ex.** Comprei um [loiça de] ~ que fica bem na sala.

estânico, a *adj* (<estanho + -ico) Relativo ao [Composto de] estanho. **Comb.** *Cloreto ~*. *Óxido ~*.

estanífero, a *adj* (<estanho + -fero) «minério» Que contém estanho.

estanin[t]a *s f Min* (<lat *stánnum*: estanho + -ina) Sulfureto de estanho, cobre e ferro/Pirite de estanho.

estanque *adj/s m* (<estancar) **1** Que não flui/corre/Estagnado. **2** Que não tem fenda/Vedado/Impermeável. **Ex.** O compartimento é ~, não há infiltração possível. **Comb.** Navio ~. **3** A(c)to de vedar a entrada/saída de líquido. **4** Operação de esgotar a água de uma embarcação e de vedar os rombos por onde ela entra. **5** Monopólio/Estanco **1**. **6** Instalação de recolha de produtos de que se tem monopólio. **7** Tabacaria(+)/Estanco **2**.

estanqueiro, a *s* (<estanco + -eiro) **1** Pessoa que tem o monopólio de compra/venda de algum produto. **2** Proprietário de tabacaria/estanco **2**/estanque **7**.

estante *s f* (<lat *stans,stántis*, de *sto,stáre*: estar firme) **1** Móvel «de biblioteca» com prateleiras, para guarda de livros/papéis. **2** Móvel/Acessório portátil, com ou sem pé, com uma parte inclinada, onde se coloca livro, documento ou partitura, facilitando a sua leitura. **Comb.** ~ de música.

estapafúrdio, a *adj pop* (< *on*) **1** Excêntrico/Extravagante/Estrambólico. **Ex.** Tem uma maneira ~ de vestir. **2** Bizarro/Disparatado/Esquisito/Apalermado. **Ex.** Uma ideia ~ como essa, só daquela cabeça! **3** Doidivanas/Estarola.

estaquear *v t* (<estaca + -ear) **1** Segurar com estacas/Escorar(+)/Especar/Estacar. **2** Colocar na vertical paus ou estacas a formar cerca/Guarnecer com estacas. **3** Bater com estaca/pau. **4** Marcar terreno com estacas.

estar *v* (<lat *sto,stáre,státum*: estar de pé) **1** Ter/Apresentar certa condição não permanente/não inerente. **Ex.** Ele está doente. Ela tem [está com] febre. Ele está feliz. Ela tem [está com] muito trabalho. Ela está [é a] responsável pelo proje(c)to. **Loc.** *~ a + infinitivo/~ + gerúndio* [Significa acção, processo ou estado com certa continuidade/duração] (Ex. Está a estudar/Está estudando. O doente está a reagir [está reagindo] bem). *~ a ponto de + infinitivo* [Encontrar-se prestes a] «chorar». *~ de partida*/de regresso/de viagem/de volta. *~ para + infinitivo* **a)** Ter intenção de (Ex. Estava para lhe telefonar, mas não pude); **b)** Acontecer em breve (Ex. O comboio [trem] está para partir. O Governo está para cair). *~ por + infinitivo* [Não se ter feito/Não se ter verificado] (Ex. O crime está por investigar. A fa(c)tura está por pagar). **Idi.** *Está bem!* [Expressão de concordância/Sim] (Ex. Queres vir cá a casa? – Está bem, eu vou). *col ~ a dar* [Ser muito lucrativo] (Ex. Ter um ginásio é o que está a dar). *iron ~ bem arranjado* [Ir ficar em apuros] (Ex. Estás perdido [bem arranjado], o chefe já sabe da tua tramoia). *~ de esperanças* [«a mulher» Gerar [Ir ter] um filho]. *~ já lá* [Ter morrido] (Ex. Coitado, já lá está!). *~-lhe no sangue* [Ser-lhe natural/Ter especial propensão para]. *~ mortinho por* [Desejar muito] (Ex. Ele está mortinho por ir à festa). «cantor» *~ na berlinda* [Ser alvo das atenções de um grupo]. *~ nas mãos de alguém* [Depender do arbítrio de outrem]. *~ nas suas sete quintas* [A(c)tuar/Sentir-se bem]. *~ no mato sem cachorro* [Não ter recursos/segurança]. «plano» *~ no segredo dos deuses* [Ser confidencial]. *~ nos seus dias* [Ser eficiente/Sentir-se bem] (Ex. A equipa/e hoje não esteve nos seus dias). *~ para aí virado* [Ter disposição favorável para] (Ex. Escusas de insistir, que ele hoje não está para aí virado). *~ para nascer quem* [Não existir]. *iron ~ para ver* [Expressão de desconfiança de que algo ocorra num futuro próximo] (Ex. Dizes que não há problema, estamos [estou] para ver). *~ pela hora da morte* [Ser muito caro/Custar muito dinheiro] (Ex. No mercado, as hortaliças estão pela hora da morte). *~ por tudo* [Aceitar qualquer coisa/eventualidade] (Ex. Estou tão farto da situação que já estou por tudo). *gross ~-se a cagar para* «o chefe» [Não se interessar minimamente por]. *~-se nas tintas para* [Desinteressar-se plenamente de] (Ex. Estou-me nas tintas para o que ele possa dizer). *(Ora) Aí está!* [Expressão de concordância e reforço do que outrem afirmou] (Ex. Ora aí está! Se não estudam, como é que podem saber [passar no exame]?). *Não ~ para ninguém* [Recusar-se a atender alguém]. **2** Encontrar-se transitoriamente num lugar/tempo. **Ex.** Estou em casa. Estamos no [Agora é] inverno. **3** Seguir um curso ou uma carreira. **Ex.** O Pedro está em Medicina. Ele está na Marinha. **4** Visitar. **Ex.** Esta semana ela está em Paris. **5** Não se ausentar/deslocar/Ficar. **Ex.** Está [Fica/Espera] aqui até eu chegar. **6** Marcar presença/Comparecer. **Ex.** Eu estive na festa. **7** Situar-se/Localizar-se. **Ex.** Coimbra está a uns [a cerca de] duzentos quiló[ô]metros de Lisboa. **8** Dar bem com/Combinar/Harmonizar-se com. **Ex.** O vestido está-lhe/fica-lhe a matar [muito bem]. **9** Ter cara(c)terística/condição para uma relação «de ser o dobro». **Ex.** Dois está para quatro como três está para seis. **10** Encontrar-se em processo de/prestes a. **Ex.** Estava de viagem [Andava a viajar]. Estava de partida [Ia partir] para o Rio (de Janeiro). **11** Residir/Consistir em. **Ex.** A minha esperança está em ele me poder ajudar. **12** Depender de. **Ex.** Está em nós levar para a frente [desenvolver] o proje(c)to. **13** *fam* Ter/Sentir disposição para alguma coisa. **Ex.** Ela não está para festas [Ela zanga-se/está zangada]. Não estou para isso [Não quero]. **14** Ter em mãos/Ter a seu cuidado. **Ex.** O livro de a(c)tas está com ele. **15** Atingir certo valor/preço/grau/quantidade/medida. **Ex.** A batata está a sessenta cêntimos, o quilo. A nossa equipa está em terceiro lugar. A jornada está a meio. **16** Fazer um tempo atmosférico. **Ex.** Está calor [frio/fresco]. **17** Ser partidário de/Apoiar. **Ex.** Estou com ele [Apoio-o], aconteça o que acontecer. Sempre estive com a [fui partidário da] revolução. **18** Ser de opinião/Pensar/Achar. **Ex.** Estou em [Parece-me/Penso/Acho] que ele vai concordar com o plano. **19** Coabitar. **Ex.** Ele, com trinta anos, ainda está com os pais. **20** Encontrar-se com alguém. **Ex.** Estive com ele no café. **21** Encontrar-se ao cuidado de. **Ex.** Nas férias, os miúdos estão com os avós. **22** Manter uma relação conjugal. **Ex.** Ela está com outro homem. **23** Ter relação sexual. **Ex.** Nessa noite esteve com uma mulher. **24** Vestir/Trajar. **Ex.** Ela está de calças.

estardalhaço *s m pop* (<*on*) **1** Barulheira/Bulha. **Ex.** Fugi logo daquele ~. **2** Grande agitação/Rebuliço. **3** Ostentação/Espalhafato/Alarde. **Ex.** Fez cá um ~ no casamento da filha!...

estarola (Ró) *s/adj 2g* (< *on*) **1** Pessoa leviana/imprudente/Doidivanas(+). **Ex.** Daquele ~, o pai pouco podia esperar. **2** Pessoa muito bem vestida/Janota/Peralta(+). **3** *adj* ⇒ Leviano/Estaba[va]nado.

estarrecer *v t* (<lat *exterréscere*, de *extérreo,ére*: atemorizar) **1** Causar/Sentir grande medo/susto/Apavorar(-se)/Horrorizar(-se). **Ex.** A visão do precipício a seus pés estarreceu-o [deixou-o estarrecido]. O estrondo do trovão foi de ~. **2** Causar grande espanto/assombro/admiração. **Ex.** As más condições de vida daquela gente são de ~. **3** ⇒ Desfalecer/Desmaiar.

estase *s m* (<gr *stásis*: estabilidade) **1** *Med* Estagnação do sangue, da linfa ou de qualquer substância que deva circular no organismo. **Comb.** ~ *gástrica*. ~ *sanguínea*. **2** *Psic* Incapacidade de agir/Paralisação/Torpor(+). **Comb.** ~ afe(c)tiva [Persistência da tensão emocional, podendo gerar prazer ou violência]. ⇒ êxtase.

estasiado, a *adj* (< ?) **1** ⇒ Que tem muita sede/Sedento/Sequioso. **2** ⇒ Muito seco/Ressequido. ⇒ extasiado.

estatal *adj 2g* (<estado **1** + -al) Que é relativo [pertence] ao Estado. **Ex.** O hospital da nossa cidade é ~. O orçamento ~ apresenta um pequeno défice. ⇒ estadual.

estatelar *v t* (< ?) **1** (Fazer) cair de chapa no chão/Estender(-se)/Espalhar(-se). **Ex.** Escorreguei e estatelei-me [Fiquei estatelado no gelo]. **2** Ficar surpreso/ató[ô]nito/estupefa(c)to/Estarrecer(-se). **Ex.** A inesperada notícia estatelou-o. **3** *fig* ~-se/Cometer erro grave/Ser mal sucedido/Falhar. **Ex.** Estatelou-se onde menos [onde não/onde nem] pensava (que isso pudesse acontecer).

estática *s f Fís* (<estático) **1** Ramo da Física que estuda o equilíbrio das forças que a(c)tuam sobre os corpos em repouso. **Ant.** Dinâmica. **2** Ruído nos aparelhos de rádio provocado pela ele(c)tricidade atmosférica.

estaticista *s 2g* (<estático + -ista) Pessoa que se ocupa de estatísticas/Estatístico **2**/Estatista.

estático, a *adj* (<gr *statikós*) **1** Que está parado/Imóvel. **Ex.** Permaneceu ~ enquanto esperava o fim da briga do ladrão com o polícia. **2** Sem a(c)tividade/Paralisado/Parado. **Comb.** País com uma sociedade muito ~a. **3** *Fís* Que está em equilíbrio. **4** Diz-se da ele(c)tricidade gerada num corpo por influência ou por fricção. **Comb.** Ele(c)tricidade ~a.

estatismo *s m* (<estado + -ismo) **1** Teoria política que propõe para o Estado a dire(c)ção de toda a vida econó[ô]mica e social do país. **2** Qualidade do que está imóvel/estático/Imobilismo(+).

estatística *s f* (<fr *statistique*; ⇒ estado **9**) **1** Ramo da Matemática que trata da reunião, análise, interpretação e apresentação de massas de dados numéricos. **Comb.** Instituto Nacional de ~ (INE). **2** Investigação de um conjunto de fenó[ô]menos quantificáveis de um domínio por esse método. **Ex.** Segundo as ~s, as exportações têm vindo a aumentar. **3** Disciplina escolar que trata desse estudo. **Ex.** Ele diz gostar de ~. ⇒ estatístico.

estatístico, a *adj/s* (<estatística) **1** Relativo à ciência que trata do estudo numérico de fenó[ô]menos de um dado domínio/Relativo à estatística. **Comb.** *Análise ~a. Lei ~a. Técnica ~a.* **2** *s* Pessoa que se especializa em estatística/Estaticista.

estativo, a *adj* (<lat *statívus*: imóvel) **1** Diz-se das partes não ó(p)ticas do microscópio. **2** *Ling* Que descreve algo não dinâmico/Estático. **Ex.** Os verbos *ser, estar, gostar* são ~s. **Comb.** *Frase ~a.*

estatização *s f* (<estatizar + -ção) **1** A(c)ção de tornar propriedade do Estado bens de particulares. **Ex.** O governo revolucionário procedeu à [fez a] ~ da banca. **Sin.** Nacionalização(+). **Ant.** Privatização. **2** A(c)ção de reservar para o Estado a exploração exclusiva de certos recursos naturais ou de se(c)tores de a(c)tividade. **Ex.** O governo decidiu a ~ da exploração do petróleo.

estatizar *v t* (<estado + -izar) Tornar propriedade ou responsabilidade do Estado/Tornar estatal. **Ex.** O governo resolveu ~ o se(c)tor das telecomunicações.

estator *s m* (<ing stator <lat státor: que faz ficar parado) Parte do motor ou do gerador que não tem movimento quando está a funcionar.

estatoscópio *s m* Met (<gr statós: firme + -scópio) Instrumento para estudar as variações bruscas de pressão, que ocorrem em situações de temporal.

estátua *s f* (<lat státua, de státuo,túere: pôr de pé) **1** Escultura, a três dimensões, representando a figura humana, animal ou ser mítico. **Ex.** No jardim público há uma ~ de um benemérito da cidade. **Comb.** ~ *equestre* [em que a figura humana está a cavalo]. ~ *jacente* [em que a figura humana está deitada/reclinada]. ~ *pedestre* [em que a figura humana está de pé]. ~ *sedestre* [em que a figura humana está sentada]. **2** Pessoa de grande beleza física. **3** *depr* Pessoa sem a(c)ção. **Ex.** Não é capaz de tomar uma decisão, parece uma ~. **4** *depr* Pessoa fria/impassível/inexpressiva. **Ex.** Não se lhe arranca um gesto, é uma ~. **5** *depr* Pessoa imbecil/Basbaque. **Ex.** Fica-me ali aquela ~, parece que nunca viu nada!

estatuária *s f* (<lat statuária) Arte de esculpir estátuas.

estatuário, a *adj/s* Arte (<lat statuárius) **1** Relativo a estátua ou à arte da estatuária/Próprio de estátua. **Ex.** Posou para a fotografia em posição ~a. **2** Rematado por estátua. **Comb.** Coluna ~a. **3** *s* Pessoa que esculpe estátuas.

estatueta (Tuê) *s f* (<estátua + -eta) Estátua de pequenas dimensões. **Ex.** Ofereceram-lhe uma ~ de marfim.

estatuir *v t* (<lat státuo,túere,tútum) **1** Determinar por meio de estatuto/lei/decreto. **Ex.** Ficou estatuído que o presidente pode ser reeleito. **2** Estabelecer uma norma/Decretar. **Loc.** ~ as normas da reda(c)ção do jornal.

estatura *s f* (<lat statúra) **1** Altura de uma pessoa. **Ex.** É um homem de pequena [grande] ~. **2** *fig* Importância/Envergadura/Valor/Calibre. **Ex.** Há poucos políticos com tal ~.

estatutário, a *adj* (<estatuto + -ário) Que é conforme ao(s) [Determinado pelo(s)] estatuto(s) [regulamento] de uma sociedade ou grupo. **Ex.** Nos termos ~s, cabe à Dire(c)ção resolver esse problema. **Comb.** *Disposição* ~a. *Norma* ~a. *Órgão* ~.

estatuto *s m* (<lat statútus; ⇒ estatuir) **1** Lei orgânica/Regulamento de uma cole(c)tividade/instituição/sociedade ou de organismo de Estado. **Ex.** Os professores lutaram durante muito tempo por (ter) um ~. **Loc.** *Redigir o* ~. *Rever o* ~. **Comb.** ~ da carreira docente [~ do professor(ado)]. **2** Situação/Lugar de uma pessoa na estrutura social. **Ex.** Procura um trabalho compatível com o seu ~.

estavanado, a *adj* ⇒ estabanado.

estável *adj 2g* (<lat stábilis; ⇒ estar) **1** Que tem base sólida/Firme/Seguro. **Ex.** Parece uma estrutura [um edifício/barco] ~. **2** Inalterável/Invariável. **Ex.** O tempo tem estado ~. **Comb.** Equilíbrio ~. **Ant.** Instável. **3** Que perdura/Duradouro. **Ex.** É uma relação afe(c)tiva ~. **4** Que tem estabilidade. **Ex.** Tem um emprego ~. A cadeira é ~.

este, esta (Ês, És) *pron dem* (<lat iste,a, ud; ⇒ esse; aquele) **1** Designa algo/alguém próximo de quem fala. **Ex.** ~ livro é interessante, esse não (é). **2** Designa algo/alguém que foi ou vai ser imediatamente referido. **Ex.** Dos dois irmãos, o Paulo e o Miguel, ~ é o mais novo. O meu propósito é ~: dar a todos as mesmas oportunidades. **Idi.** *Por* ~*as e por outras* [Devido a isto e a outras coisas do mesmo gé[ê]nero «de cará(c)ter negativo»]. **3** Ligado a unidades de tempo (com/sem preposição), designa aquela que está a decorrer. **Ex.** ~a semana vou ao médico. ~ ano fui ao Japão. Esse imposto é pago ~ mês. **4** Com os substantivos *manhã* e *tarde*, designa a do próprio dia; com o substantivo *noite*, pode designar a que está a decorrer, a última ou a próxima. **Ex.** ~a [Hoje de] manhã estive no médico. ~a [Hoje à] tarde vou ao cinema. ~a [Hoje à] noite espero encontrá-lo no café. ~a noite [A noite passada] dormi muito pouco. **5** Em expressões de tempo, pode indicar proximidade e alguma indefinição. **Ex.** Por estes dias espero carta do meu filho. **6** Em expressões exclamativas, pode indicar surpresa ou reprovação. **Ex.** Ora esta! Querem lá ver! Esta juventude!... **7** Pode ter valor enfático. **Ex.** Que grande livro, este!

este (És) *s m/adj 2g* (<ing an est) Ponto cardeal que indica o lado onde nasce o sol. **Ex.** Évora fica a ~ de Lisboa. **Comb.** Zona ~/ocidental «da cidade». **Sin.** Leste; levante; oriente; nascente. **Ant.** Oeste; poente; ocidente.

estear *v t* (<esteio + -ar¹) **1** Sustentar/Segurar com esteios/Escorar(+). **Ex.** Tratou de ~ a estrutura que parecia frágil. **2** ⇒ Amparar/Proteger. **3** Fundamentar/Basear(+)/Apoiar. **Ex.** Esteou a sua tese em documentos inéditos.

estearato *s m* Quím (<gr stéar: gordura + -ato) Sal ou éster do ácido esteárico.

esteárico, a *adj* Quím (<gr stéar: gordura + -ico) **1** Relativo a [Feito de] estearina. **2** Diz-se do ácido gordo saturado abundante no sebo do carneiro e da vaca ($C_{18}H_{36}O_2$).

estearina *s f* (<gr stéar: gordura + -ina) Gordura sólida de origem animal. **Ex.** A ~ usa-se no fabrico de velas, sabões, cosméticos, ... **Comb.** Vela de ~.

esteatite/a *s f* Min (<gr steatítis) Mineral pouco duro que é variedade de talco/Silicato hidratado de magnésio.

esteatoma *s m* Med (<gr steátuma) Quisto sebáceo(o+)/Lipoma(+).

esteatopigia *s f* (<gr stéar: gordura + pygé: nádega) Excessiva gordura nas nádegas e nas coxas (cara(c)terística das mulheres hotentotes).

esteatose *s f* Med (<gr stéar,atos: gordura + -ose) Excesso de gordura nas células, sinal de degenerescência de um tecido.

esteio *s m* (<hol an staeye) **1** O que sustenta/ampara alguma coisa/Escora/Espeque. **2** *fig* Amparo/Ajuda/Auxílio/Prote(c)ção. **Ex.** A irmã foi para ele o ~ na doença.

esteira¹ *s f* (<lat stórea; ~ almofada) **1** Tecido feito de material vegetal entrelaçado, como junco, palma, palha, ..., servindo de tapete ou de cobertura de pavimento/vão/... **2** Rede formada por arames de aço que se cruzam, usada na construção de tanques, em pavimento de estrada/... **3** *Br* Tapete rolante usado para transportar mercadorias, sobretudo para as pôr a bordo. **4** *Náut* Parte inferior da vela.

esteira² *s f* (<esteiro) **1** Rasto/Sulco de espuma que uma embarcação vai deixando na água, ao navegar. **2** Rasto/Sinal/Vestígio/Peugada. **3** *fig* Exemplo/Modelo. **Loc.** *Ir/Seguir na* ~ *de alguém* [Seguir os passos ou o exemplo de alguém]. **4** ⇒ «seguir o» *Rumo* «*da violência*».

esteirar *v t* (<esteira + -ar¹) **1** Cobrir com esteiras/Atapetar. **2** «o navio» Fazer esteira²/Deixar rasto ao navegar.

esteiraria *s f* (<esteira + -aria) Lugar onde se fazem/vendem esteiras.

esteiro *s m* (<lat aestuárium: braço de mar) **1** Alargamento de um rio junto à foz/Estuário. **2** Braço de rio ou do mar que avança pela terra dentro. **Comb.** ~s do Tejo.

estela (Té) *s f* (<gr stéle: pedra quadrada com letreiro, padrão; ~ lápide) **1** *Arqueo* Coluna vertical monolítica de grandes dimensões em que se faziam esculturas/inscrições/Monólito. **2** *Arqueo* Coluna monolítica em que os antigos faziam uma inscrição, geralmente funerária. **Comb.** ~ sepulcral [funerária] «da época romana». **3** ⇒ marco «fronteiriço»; baliza. **4** *Bot* Conjunto de feixes condutores da seiva no interior da raiz e do caule.

estelar *adj 2g* (<lat stelláris,e) **1** Relativo às [Próprio das] estrelas. **Comb.** *Brilho* [Cintilação] ~. *Nevoeiro* ~. **2** Que tem a forma de estrela. **Comb.** Ramificação ~.

estelionatário, a *s* Dir (<estelionato + -ário) O que pratica estelionato.

estelionato *s m* Dir (<lat stellionátus <stéllio,ónis: lagarto mosqueado, com pintas) Crime de dolo/fraude em benefício próprio. **Ex.** Porque vendeu uma casa que já estava vendida, ocultando este fa(c)to, praticou ~.

estelo *s m br* Bot ⇒ estela 4.

estema *s m* (<gr stémma: grinalda) **1** ⇒ Coroa/Grinalda(+)/Diadema. **2** ⇒ Árvore genealógica(+)/Linhagem/Estirpe.

estêncil *s m* (<ing stencil) Papel revestido de parafina que serve de matriz para, no duplicador, tirar cópias do que nele foi escrito/desenhado.

estendal *s m* (<estender + -al) **1** Lugar «lavandaria» onde se coloca, a enxugar/secar, roupa ou alguma coisa. **Ex.** A roupa branquejava no ~. **2** Armação/Arame/Corda em que se pendura roupa lavada, a secar. **3** Quantidade de coisas espalhadas. **Ex.** Havia ali um ~ de livros e papéis à espera de arrumação. **4** Área extensa. **5** Explanação longa e fastidiosa. **Ex.** Apresentou um ~ de argumentos, mas não me convenceu.

estendedou[oi]ro *s m* (<estender + -douro) Lugar onde se coloca roupa ou alguma coisa a secar/Estendal **1**.

estender *v t* (<lat exténdo,ere,di,tent[s]um) **1** Aumentar a superfície de/Alargar. **Ex.** Estendeu o terreno de vinha até à zona florestal. **2** ~-se/Ocupar (uma vasta) área. **Ex.** O Brasil estende-se desde a Venezuela ao Uruguai, ocupando quase metade da América do Sul. **3** Desdobrar/Desenrolar/Abrir/Estirar. **Ex.** Estenderam a passadeira ao longo da coxia. **4** Alongar/Prolongar/Alargar/Dilatar. **Ex.** Estenderam o prazo de pagamento até ao fim do mês. **5** Aplicar a outros/Tornar mais abrangente. **Ex.** Estenderam a regalia aos reformados. **6** Alastrar. **Ex.** A epidemia estendeu-se às aldeias vizinhas. **7** Fazer chegar a/Dirigir em frente. **Ex.** Estendeu a mão ao adversário. Estendeu o olhar pela planície. **8** Derrubar em confronto físico/Levar ao chão/Estatelar. **Ex.** Com um soco certeiro estendeu o adversário junto às cordas (do ringue de boxe). **9** Espreguiçar/Esticar. **Ex.** Antes de se levantar, gosta de ~ pernas e braços. **10** ~-se/Deitar-se no chão/leito/sofá/... **Ex.** Depois da corrida, cansado, estendeu-se ao comprido «na relva». **11** Pendurar roupa lavada a/para secar. **Ex.** Em poucos minutos estende a roupa toda. **12** Falar/Escrever de forma prolixa.

Ex. «na conferência» Estendeu-se em considerações a despropósito. **13** *col* Ser mal sucedido [Fazer má figura/Fracassar] em interrogatório/exame. **Ex.** O pai já contava/previa que ele se estendesse em matemática. **Sin.** *col* Chumbar; espalhar-se.

estenderete (Rê) *s m* (<estender 13 + -ete) **1** *col* Fracasso em prova de exame/Espalhanço. **Ex.** Teve cá um ~, que não te conto [Deu um ~ de todo o tamanho]! **2** Pergunta ardilosa para confundir/embaraçar o interlocutor. **Loc.** Armar um ~ «ao aluno». **3** Má figura/Deslize em público. **4** *Br* Jogo de cartas em que se mostra o jogo, quando não se tem cartas semelhantes às que estão na mesa.

estenia *s f Med* (<gr *sthénos*: força + -ia) Excesso de força física/muscular. **Ant.** Astenia.

esteno- *pref* (<gr *stenós*: estreito, abreviado, curto) Significa **a)** *estreiteza* (Ex. ~se); **b)** *brevidade* (Ex. ~grafia).

estenoda(c)tilografia (dg) *s f* [= estenodactilografia] (<esteno- + ...) Sistema de escrita que combina o uso de sinais e abreviaturas com o de cara(c)teres de imprensa. **Ex.** A ~ combina a estenografia com a da(c)tilografia.

estenoda(c)tilógrafo (dg), **a** *s* [= estenodactilógrafo] (<esteno- + ...) Pessoa que transcreve à máquina o texto que escrevera em estenografia.

estenografar *v t* (<estenógrafo + -ar¹) Escrever em estenografia.

estenografia *s f* (<esteno- + -grafia) Processo de escrita que usa sinais e abreviaturas para regist(r)ar o que alguém está a dizer. **Sin.** Taquigrafia(+).

estenográfico, a *adj* (<estenografia + -ico) Relativo à [Registado por] estenografia.

estenógrafo, a *s* (<esteno- + -grafo) O que tem prática de estenografia ou a usa profissionalmente. **Sin.** Taquígrafo(+).

estenose *s f Med* (<gr *sténosis*: estreiteza) Estreitamento patológico de um canal/orifício do organismo. **Comb.** ~ do esó[ô]fago.

estenotérmico, a *adj Biol* (<esteno- + ...) Diz-se do organismo que apenas suporta pequenas variações de temperatura ambiente.

estentor *s m* (<gr *Sténtor*: herói homérico da *Ilíada* dotado de uma voz muito forte) **1** Pessoa de voz muito forte/sonante. **2** Vozeirão.

estentórico [**estentóreo**]**, a** *adj* (<estentor) Relativo à voz forte ou ao que a possui/Sonante/Retumbante.

este-oeste *s m* Dire(c)ção e sentido de Este para Oeste.

estepe¹ (Té) *s f Geog* (<russo *step*) **1** Formação vegetal própria de climas continentais com grandes variações térmicas, de solo árido e tufos afastados, com pouca vegetação rasteira. **2** Região plana com este tipo de vegetação/Planície semideserta. **Comb.** ~ russa «na Sibéria».

estepe² *s m Br* (<ing *spare tire*: pneu sobressalente) Pneu sobressalente(+) dum veículo.

estépico, a *adj* (<estepe + -ico) Relativo [Semelhante] a estepe. **Comb.** Vegetação ~a.

éster *s m Quím* (<al *ester*, de *essig*: vinagre + *ather*: éter) Classe de compostos orgânicos resultantes da rea(c)ção entre um ácido e um álcool, com eliminação de uma molécula de água. **Ex.** O ~ do ácido nítrico e da glicerina usa-se como explosivo. Algumas essências aromáticas e óleos são ésteres.

estercada *s f* (<estercar + -ada) **1** A(c)ção de fertilizar o solo com esterco/Estrumação. **2** Local onde o gado pernoita.

estercar *v t* (<esterco + -ar¹) **1** Fertilizar a terra com estrume/esterco/Estrumar(+). **2** «um animal» Expelir excrementos.

esterco (Têr) *s m* (<lat *stércus, coris*) **1** Excremento de animal «porco». ⇒ bosta; caganita. **2** Fertilizante da terra, formado por vegetais apodrecidos em conta(c)to com excrementos de animais/Estrume(+). **Ex.** Antes de plantar ou semear, o lavrador espalha e enterra ~ na terra. **3** *fig* Imundície/Porcaria/Sujeira. **4** *fig* Pessoa ou coisa reles/vil/abje(c)ta.

estercorariídeo, a *adj/s Ornit* (<estercorário + -ídeo) Diz-se da ave ou família de aves que vivem junto à costa marítima, com bico e unhas aduncos; *Stercorariidae*. **Ex.** Algumas espécies de gaivotas são ~.

estercorário, a *adj s m* (<lat *stercorárius*) **1** Relativo a esterco/Excrementício. ⇒ fecal. **2** «inse(c)to» Que vive ou cresce no esterco. **3** *s m Med Psic* Indivíduo que sente prazer mórbido ou excitação perante a vista, conta(c)to ou cheiro de matéria fecal.

esterculiáceo, a *adj/s Bot* (<lat *stercúlia*, de *stércus*: esterco + -áceo) Diz-se de planta ou família de plantas tropicais dicotiledó[ô]neas, a que pertencem a cola e o cacaueiro; *Sterculiaceae*.

estere (Té) *s m* (<gr *stereós*: sólido) Unidade de medida de lenha/madeira, correspondente a um metro cúbico/Estéreo.

estéreo¹ *abrev* de estereofó[ô]nico.

estéreo² *s m* ⇒ estere.

estereo- *pref* (<gr *stereós*: sólido) Exprime a ideia de sólido, tridimensional, perfeito; ⇒ ~dinâmica, ~grafia, ~fonia, ~scópio.

estereóbata *s f Arquit* (<gr *stereobátes*) Base em que assenta uma coluna ou um edifício/Estilóbata.

estereocromia *s f* (<estereo- + -cromia) Método de fixação de cores em pintura de paredes, cobrindo a tinta com uma demão de solução de silicato de potássio.

estereodinâmica *s f Fís* (<estereo- + ...) Parte da Mecânica que estuda as leis do movimento de corpos sólidos. ⇒ aerodinâmica; estereostática.

estereofonia *s f* (<estereo- + -fonia) Sistema de captação, gravação e reprodução dos sons que reconstitui a distribuição das fontes sonoras, usando dois canais para dois ou mais altifalantes [*Br* alto-falantes], dando o efeito de relevo acústico.

estereofónico, a [*Br* **estereofônico**] *adj* (<estereofonia + -ico) Relativo a estereofonia/Estéreo¹.

estereografia *s f* (<estereo- + -grafia) Arte de representar os sólidos por proje(c)ção sobre um plano «em cartografia».

estereográfico, a *adj* (<estereografia + -ico) Relativo a estereografia.

estereograma *s m Fot* (<estereo- + -grama) **1** Par de fotografias obtidas com um estereoscópio ou com câmara de obje(c)tiva dupla. **2** Imagem bidimensional que proporciona ilusão de profundidade ou relevo «no cinemascópio».

estereometria *s f Geom* (<estereo- + -metria) Parte da Geometria que estuda o cálculo do volume dos sólidos.

estereométrico, a *adj Geom* (<estereometria + -ico) Relativo a estereometria.

estereómetro [*Br* **estereômetro**] *s m Geom* (<estereo- +-metro) Instrumento para medir o volume dos sólidos.

estereoquímica *s f Quím* Parte da Química que estuda a disposição dos átomos das moléculas e sua importância nas transformações químicas.

estereorama *s m* (<estéreo- + -orama) Carta topográfica em relevo.

estereoscopia *s f Fot* (<estereo- + -scopia) **1** Processo de fotografar/filmar e de proje(c)tar imagens «para cinemascópio» que dão à imagem plana a aparência de relevo. **2** Uso do estereoscópio.

estereoscópio *s m Fís* (<estereo- + -scópio) Instrumento de ó(p)tica que permite dar a impressão de relevo/tridimensionalidade a uma imagem plana.

estereostática *s f* (<estereo- + estática) Ramo da Mecânica que estuda o equilíbrio dos sólidos. ⇒ estereodinâmica.

estereotipado, a *adj* (<estereotipar) **1** *Tip* Impresso pelo processo de estereotipia. **2** Que não é original/autêntico. **Comb.** Linguagem [Palavras] ~a(s). **3** *fig* Fixo/Inalterável. **Comb.** Comportamentos ~s/(ultra)convencionais.

estereotipagem *s f* (<estereotipar + -agem) A(c)to/Processo de estereotipar.

estereotipar *v t* (<estereótipo + -ar¹) **1** *Tip* Converter em pranchas sólidas, para a impressão, o que foi composto em cara(c)teres móveis. **2** *Tip* Converter em estereótipos. **3** Reproduzir com total fidelidade ao original. **4** Formar uma ideia/imagem preconcebida sobre algo/alguém/Fazer obedecer a um modelo/padrão/Generalizar. **Loc.** ~ um comportamento.

estereotipia *s f* (<estereótipo + -ia) **1** *Tip* Processo de reproduzir em chapa inteiriça o que foi composto em cara(c)teres móveis. **2** Chapa obtida por esse processo/Estereótipo 1. **3** Obra estereotipada/Estereótipo 2. **4** Local/Oficina onde se realizam trabalhos desta natureza.

estereótipo *s m* (<estereo- + gr *týpos*: molde) **1** *Tip* Chapa ou clichê[ê] usada/o em estereotipia. **Loc.** Imprimir com ~s. **2** *Tip* Impressão ou obra impressa em chapa inteiriça de cara(c)teres fixos. **3** *fig* Ideia/Imagem preconcebida que se tende a generalizar. **Ex.** Devemos abandonar [deixar de usar] ~s de outros povos que não correspondem à realidade.

estereotomia *s f* (<estereo- + -tomia) Técnica de cortar ou dividir com rigor materiais de construção «pedra/madeira/cantaria».

esterificar *v t Quím* (<éster + -ficar) Provocar a rea(c)ção de um ácido com um álcool, originando um éster.

estéril *adj/s 2g* (<lat *stérilis*) **1** *Zool* Incapaz de procriar/Que não gera filhos/Infecundo. **Comb.** Casal ~. Homem ~. Mulher ~. **2** *Bot* «árvore» Que não dá fruto/Improdutivo. **3** Que não está apto a produzir/Infértil. **Comb.** Campo/Terreno ~. **Ant.** Fértil; fecundo. **4** Carecido/Falho de alguma coisa. **Ex.** É um espírito ~ de ideias, nada original. **5** *fig* Inútil/Vão. **Ex.** Foi um esforço [uma discussão] ~, sem proveito. **6** Livre de micro(o)rganismos ou impurezas/Asséptico/Esterilizado(+). **7** Parte pobre do filão de minério, que não compensa comercializar.

esterilidade *s f* (<estéril + -idade) Qualidade de estéril. **Comb.** A ~ [escassez/falta] de recursos «humanos»/naturais/financeiros».

esterilização *s f* (<esterilizar + -ção) **1** A(c)to ou efeito de esterilizar «instrumentos cirúrgicos/alimentos/...». **2** *Med/Vet* Intervenção cirúrgica que torna uma pessoa ou um animal incapaz de procriar. **Ex.** A laqueação das trompas e a vasectomia são operações de ~.

esterilizador *adj/s* (<esterilizar) **1** (O) que esteriliza. **Ex.** Sou ~ de rolhas de cortiça na fábrica. **2** Aparelho para esterilizar «pro-

esterilizar v t (<estéril + -izar) **1** Livrar de germes/micróbios/impurezas. **Ex.** Era preciso ~ a agulha e a seringa antes de dar uma inje(c)ção. **Loc.** ~ o biberão. **2** Tornar(-se) um ser vivo incapaz de procriar/Emascular/Castrar «vitelos/cavalos». **3** Tornar(-se) estéril/improdutivo «um campo». **4** fig Tornar inútil/vão. **Ex.** O desinteresse dele acabou por ~ as minhas diligências.

esterlicado, a adj (<esterlicar) **1** Muito apertado/justo ao corpo. **Comb.** Blusa ~a. Vestido ~. **2** Que se apura a vestir/Aperaltado. **Ex.** Apareceu na festa todo ~.

esterlicar v t (< ?) **1** Apertar muito/Cingir muito ao corpo. **2** Esmerar-se no vestir/Aperaltar.

esterlino, a adj/s m (<ing sterling: nome duma antiga moeda normanda, autêntico) **1** Relativo à libra, moeda do Reino Unido. **Comb.** Libra ~a. **2** s m ⇒ Libra esterlina.

esternal adj 2g (<esterno + -al) Relativo ao esterno. **Comb.** Costelas ~ais [ligadas ao esterno].

esternalgia s f (<esterno + -algia) Dor no peito, na zona do esterno.

esterno (Tér) s m Anat (<gr stérnon) **1** Osso longo e achatado na zona do peito a que se ligam dire(c)tamente sete costelas e a clavícula. **2** Entom Nos artrópodes, placa ventral quitinosa do tórax.

esternocl(e)idomastóideo s m (<esterno + gr kléis,eidós: o que fecha + mastoide + -eo) Músculo alongado, de cada lado do pescoço, que se prende ao esterno, à clavícula e ao mastoide.

esternutação s f (<lat sternutátio,ónis) ⇒ espirro.

esternutatório, a adj (<lat sternutatórius) «rapé» Que provoca espirro.

esteroide (Rói) adj/s m Bioq (<esterol + -oide) (Diz-se de) composto(s) orgânico(s) com uma estrutura de vários ciclos, em que se incluem as hormonas do córtex suprarrenal e as sexuais. **Comb.** ~ anabolizante.

esterol s m Bioq (<ing sterol<gr stereós; ⇒ estereo-) Esteroide com função álcool predominante, de elevada massa molecular. **Ex.** Os esteróis são sólidos à temperatura ambiente.

esterqueiro, a adj/s (<esterco + -eiro) **1** Que está sujo/emporcalhado/imundo. **2** s Local onde se deita [junta] lixo/porcarias/estrume/Monturo/Estrumeira.

esterradiano s m (<estereo- + radiano) Unidade de ângulo sólido. **Ex.** O ~ é o ângulo sólido que, com o vértice no centro da esfera, determina na superfície desta uma área igual ao quadrado do raio.

esterroar v t (<es- + torrão + -ar¹) Desfazer os torrões/Es[Des]torroar(+).

estertor (Tôr) s m (<lat stérto,ere: ressonar + -or) Respiração ruidosa dos moribundos. **Comb.** Os ~res da agonia [da morte].

estertorar (<estertor + -ar¹) **1** Estar quase a morrer, tendo dificuldade em respirar/Agonizar(+). **2** fig «a luz/chama» Perder intensidade/Bruxulear/Extinguir-se.

estertoroso, a (Ôso, Ósa) adj (<estertor + -oso) Em que há estertor/Agó[ô]nico/Cavo.

estesia [estese] s f (<gr aísthesis: sensação) **1** Capacidade de experimentar sensações/Sensibilidade. **2** Capacidade de ter o sentimento do belo.

estesiologia s f (<estesia/se + -logia) Estudo (da fisiologia) dos sentidos e das faculdades sensoriais.

esteta (Tê) s 2g (<gr aisthetós,é,ón: o que sente) **1** Pessoa que tem o culto do belo/O que tem em grande apreço os valores estéticos. **2** Especialista em Estética.

estética s f (<estético) **1** maiúsc Fil Teoria do belo e da arte. **2** Harmonia de formas/cores/Beleza. **Ex.** É admirável a ~ deste palácio. **3** A(c)tividade profissional que visa melhorar a aparência física das pessoas. **Comb.** Centro de ~.

esteticismo s m (<estético + -ismo) **1** Fil Teoria que concebe a dimensão estética como fundamental/determinante na vida do homem. **2** Culto da beleza e da arte/Estetismo. **3** Liter Movimento dos fins do séc. XIX que propunha a 'arte pela arte'.

esteticista adj/s 2g (<estético + -ista) **1** Relativo ao [Que defende o] esteticismo. **2** s Pessoa cuja profissão visa a manutenção ou a restauração da beleza física/Especialista em tratamentos de beleza. **Ex.** Pensa [Está na disposição de] recorrer a um ~ para melhorar a imagem.

estético, a adj (<gr aisthetikós: da sensação) **1** Relativo ao sentimento do belo natural ou artístico/Relativo à estética. **Comb.** «(Não) ter» Sentido [Senso] ~. **2** Que tem beleza/Que agrada à vista. **Comb.** O aspe(c)to ~ de um arranjo floral. **Ant.** Inestético. **3** Que mantém/melhora a beleza corporal. **Comb.** Cirurgia ~a.

estetismo s m (<esteta + -ismo) ⇒ esteticismo.

estetoscópio s m Med (<gr stéthos: peito + -scópio) Instrumento que serve para auscultar sons produzidos no interior do organismo, sobretudo respiratórios e cardíacos.

esteva¹ (Tê) s f Bot (<lat stípa<stípes,pitis: tronco) Arbusto da família das cistáceas, de flores brancas, que segrega um suco resinoso aromático; *Cistus ladaníferus*. **Ex.** A ~ é espontânea em terrenos incultos de clima mediterrânico «Portugal». **Sin.** Xara.

esteva² s f Agr (<lat stíva) Rabiça(+) do arado.

esteval s m (<esteva + -al) Terreno em que há abundância de estevas.

estevão s m Bot (<esteva + -ão) Arbusto ere(c)to da família das cistáceas, de flores brancas, variedade da esteva; *Cistus populifolius*.

estiada s f (<estio + -ada) ⇒ estiagem.

estiagem s f (<estiar + -agem) **1** Tempo calmo e seco a seguir a chuvas/trovoadas. **2** Falta de chuva/Tempo seco prolongado. **Ex.** Morreu muito gado com a ~. **3** Nível mais baixo de rio/lagoa.

estiar v int (<estio + -ar¹) **1** Parar o mau tempo/Deixar de chover/Serenar. **Ex.** Podemos (sa)ir, já estiou [parou a chuva]. **2** Diminuir o nível da água de cheia. **3** fig ⇒ Abrandar/Diminuir.

estibina s f (<gr stibi: antimó[ô]nio + -ina) **1** Min Sulfureto de antimó[ô]nio/Br Estibinita. **2** Quím Composto gasoso, venenoso e de odor desagradável.

estibordo (Bór) s m Náut (<hol stierboord: leme + bordo) Lado direito do navio, para quem olha da popa para a proa. ⇒ bombordo.

estica s f (<esticar) **1** Extrema magreza/Grande debilidade. **Idi.** *Dar à ~* [Esticar o pernil/a canela(+)/Morrer]. **2** s Pessoa muito magra/Espeto. **3** Miséria extrema. **4** Pau pontiagudo para tapar um orifício. **5** gír Cigarro muito delgado. **6** Rebuçado em forma de cilindro comprido que estica/Chupa. **7** Pessoa bem vestida/Peralta.

esticador, ora adj/s (<esticar + -dor) **1** (O) que serve para esticar/manter esticada alguma coisa. **Comb.** ~ do colarinho. **2** s m Fio metálico enrolado, geralmente coberto de plástico, para pendurar cortinas. **Ex.** O ~ deve ser um pouco mais curto do que a largura da janela. **3** s m Utensílio para esticar o arame de cercas, ramadas, …/Tensor. **4** s m Arte Caixilho de madeira para esticar o papel em que se pinta/Estirador.

esticanço s m gír (<esticar + -anço) Má figura [Fracasso] em exame/Estenderete/Espalhanço.

esticão s m (<esticar + -ão) **1** A(c)ção de esticar/estender muito com força. **2** Puxão forte e súbito. **Ex.** As senhoras são mais vítimas do roubo por ~ (da malinha de mão). **Comb.** Gatuno de ~. **3** fam Caminhada/Percurso grande, a exigir grande esforço. **Ex.** Daqui ao cume (da serra) é um ~. **4** fam Choque elé(c)trico. **Ex.** A(o) mexer na tomada, apanhou um ~.

esticar v t (< ?) **1** Estender o mais possível/Distender. **Ex.** Esticou os braços para chegar aos figos. **Loc.** ~ as pernas **a)** Pôr as pernas para a frente ou ao comprido; **b)** idi Andar um pouco para desentorpecer os membros. **Idi.** *~ a canela/o pernil* [Morrer]. **2** Puxar até ficar totalmente estendido. **Ex.** Esticou bem o cordel do estendal. **Idi.** *~ (demasiado) a corda* [Exagerar na(s) exigência(s)] (Ex. Não podes ~ muito a corda «, o chefe põe-te na rua»!). **3** Fazer durar mais/Prolongar. **Ex.** Há que fazer ~ o ordenado até ao fim do mês. **Loc.** ~ o prazo. **4** ~-se/Estender-se/Deitar-se. **Ex.** Cansado, foi ~-se um pouco.

estigma s m (<gr stígma,atos: marca «feita com ferro em brasa») **1** Cicatriz deixada por ferida/Marca ou sinal «da varíola» na pele. **2** Marca infamante, antigamente feita com ferro em brasa em criminosos, escravos, …/Ferrete/Labéu. **3** O que é considerado desonroso/vergonhoso. **Ex.** Não se conseguiu libertar do ~ de ex-toxicodependente. **4** pl Crist Ferida nas mãos, pés e peito «de S. Francisco de Assis» semelhantes às cinco chagas de Cristo crucificado. **5** Bot Parte do carpelo [pistilo] (do gineceu) onde caem os grãos de pólen e se fecundam os óvulos. **6** Entom Cada orifício lateral de respiração dos inse(c)tos artrópodes.

estigmático, a adj (<estigma 5 + -ico) **1** Bot Relativo ao estigma. **2** Med Relativo a estigmatismo.

estigmatismo s m Fís (<gr stígma,atos: estigma + -ismo) Propriedade de um sistema ó(p)tico «espelho plano» em que os raios luminosos originados num mesmo ponto convergem para um único ponto focal. **Ant.** Astigmatismo. ⇒ estrabismo.

estigmatizado, a adj/s (<estigmatizar) **1** (O) que se estigmatizou/que foi marcado com sinal infamante/com estigma. **2** Crist (O) que traz no corpo estigmas representativos das cinco chagas de Cristo crucificado. **Ex.** S. Francisco de Assis foi ~. **3** fig «criminoso/ladrão» Censurado asperamente/Acusado/Condenado «pelo povo».

estigmatizar v t (<gr stigmatízw: marcar com ferro em brasa + -ar¹) **1** Deixar marca/cicatriz. **2** «antigamente» Marcar com sinal infamante/com estigma/ferrete «o criminoso». **3** Marcar alguém de forma negativa, para o futuro. **4** Criticar muito/Condenar «a fuga aos impostos»/Censurar «os vícios».

estigmatografia s f (<gr stígma,atos: ponto + -grafia) Técnica de escrever/desenhar com pontos em relevo.

estigmatográfico, a adj (<estigmatografia + -ico) **1** Relativo à estigmatografia. **2** Diz-se do papel que tem pontos em relevo, permitindo a leitura aos cegos.

estilar¹ v t/int (<lat stíllo,áre: gotejar) **1** (Deixar) cair um líquido gota a gota/Gotejar. **2** Provocar a separação de líquidos por

evaporação e condensação dos seus vapores/Destilar(+). **3** Derramar(+) «lágrimas»/Entornar/Verter. **4** ~-se/Consumir-se pouco a pouco/Emagrecer.

estilar² *v t* (<lat *stílus*: aparo + -ar¹) **1** Ferir com estilete/estilo **1**. **2** ⇒ Torturar/Espicaçar/Exacerbar/Aguilhoar.

estilbite/a *s f Min* (<gr *stilbós*: brilhante) Mineral de silicato de alumínio, cálcio e sódio, de brilho vítreo nacarado.

estilete (Lê) *s m* (<estilo + -ete) **1** Punhal comprido de lâmina fina e triangular. **2** Instrumento cortante pontiagudo. **3** *Med* Instrumento cirúrgico fino e flexível, para sondar feridas profundas. ⇒ pinça. **4** *Bot* Parte do carpelo [pistilo] que liga o ovário ao estigma em algumas plantas.

estilha *s f* (<lat *ástula* <*ássula*: lasca) **1** Lasca/Farpa de madeira/Astilha/Cavaco. **2** Fragmento de qualquer coisa/Estilhaço(+). **3** Quinhão(+) de cada participante num roubo.

estilhaçar *v t* (<estilhaço + -ar¹) Reduzir a fragmentos/estilhaços/Despedaçar. **Ex.** O vaso [prato] estilhaçou-se no chão.

estilhaço *s m* (estilha + -aço) Fragmento/Pedaço de qualquer coisa «que foi proje(c)tado com violência». **Ex.** O para-brisas do carro ficou reduzido a ~s.

estilhar *v t* (<estilha + -ar¹) **1** Reduzir a fragmentos/estilhas/Despedaçar. **2** Dividir o produto de um roubo.

estilicídio *s m* (<lat *stillicídium*: gotejamento) **1** Escorrimento de um líquido gota a gota. **Ex.** Olhava tristemente o ~ da chuva miudinha no beiral do telhado. **2** Fluxo nasal devido a inflamação da mucosa.

estilingue *s m Br* (<ing *sling*) Fisga(+)/*Br* Atiradeira/Bodoque. ⇒ funda.

estilismo *s m* (<estilo + -ismo) **1** A(c)tividade de criação e lançamento de modelos de vestuário. **2** Apuro exagerado no estilo ou na linguagem.

estilista *s 2g* (<estilo + -ista) **1** Pessoa «Eça de Queiroz/Miguel Torga» que escreve com esmero/elegância. **2** O «Araci de Almeida, no samba» que, nas suas criações, usa um estilo próprio/inconfundível. **3** Desenhador de roupa/Criador de moda. **Ex.** Vai haver um desfile com exibição de modelos criados por este ~.

estilística *s f* (<estilístico) **1** *Ling* Estudo dos vários tipos de estilo. **2** Ramo da linguística que estuda a função expressiva e os processos estilísticos da língua ou de um autor. **Ex.** Num compêndio de ~ estudávamos sobretudo as figuras de estilo. **3** Arte de escrever de forma cuidada e com elegância.

estilístico, a *adj* (<estilo + -ístico) **1** Relativo à estilística ou ao estilo. **2** Relativo à expressividade do discurso. **Comb.** Recurso [Meio] ~.

estilizar *v t* (<estilo + -izar) **1** Modificar(-se) obtendo maior efeito decorativo/Dar ou adquirir forma requintada/Aprimorar/Apurar. **Comb.** A figura estilizada «de Cristo na cruz». **2** Representar «Deus/a bondade» por meio de símbolos.

estilo *s m* (<lat *stílus*: ponteiro) **1** *Hist* Ponteiro de metal/osso com que na Antiguidade se escrevia em tábuas enceradas. **2** Ponteiro do relógio de sol. **3** Maneira (muito) própria de alguém ser ou fazer alguma coisa. **Ex.** Ele tem lá o seu ~ (de resolver as coisas). **Comb.** ~ de vida [Conjunto de cara(c)terísticas usuais do modo de viver, dos hábitos de uma pessoa/classe/sociedade] «simples/raro/sem ordem nenhuma». **4** Forma requintada de alguém se apresentar, exprimir ou agir. **Ex.** Ela tem muito ~, é fantástica. **Comb.** Em grande ~ [Magnificente/Pomposo/Luxuoso/Espe(c)tacular] (Ex. Foi uma festa em grande ~). **5** *Liter/Arte* Modo peculiar de um autor usar os recursos da língua ou de uma forma de arte. **Ex.** É um admirador do ~ de Eça (de Queirós). **6** Modo de exprimir-se cara(c)terístico de um grupo/de uma classe ou profissão. **Ex.** A adje(c)tivação exuberante é comum no ~ do jornalista (d)esportivo. **7** Grau de formalidade de um discurso escrito ou falado/Regist(r)o. **Comb.** ~ *coloquial*. ~ *conciso*. ~ *familiar*. ~ *prolixo*. **8** Maneira de escrever que segue o padrão da corre(c)ção gramatical e da elegância. **Comb.** *Livro* [Manual/Compêndio] *do ~. Figura de ~*. **9** *Liter/Arte/Mús* Conjunto de tendências, temáticas, elementos formais e estéticos cara(c)terísticos de um período ou movimento artístico(s). **Ex.** O Mosteiro dos Jerónimos foi construído no [é de] ~ manuelino. **Comb.** ~ *barroco*. ~ *gótico*. ~ *rococó*. ~ *românico*. ~ *maneirista*. ~ *simbolista*. **10** Conjunto de formas que cara(c)terizam obje(c)tos de uma época. **Ex.** No museu vi mobiliário (do) ~ D. José I. **Comb.** *Móveis de ~* [que têm formas semelhantes às do padrão de dada/determinada/(alg)uma época]. **11** Especificidade de gostos/hábitos de determinado meio/grupo. **Ex.** Foi uma refeição confe(c)cionada no mais puro ~ local, uma delícia! **12** Gé[ê]nero/Espécie. **Ex.** Falámos dos miúdos, da escola, dos tempos livres e de coisas do (mesmo) ~. **13** *Gram* ⇒ discurso(+) (in)dire(c)to.

estilóbata *s m Arquit* (<gr *stylobátes*) Base que sustenta uma colunata.

estilografia *s f* (<estilo **1** + -grafia) Processo que permite obter imitações perfeitas de desenhos a nanquim, águas-fortes, ..., usando chapas gravadas a estilete.

estilográfico, a *adj* (<estilografia + -ico) Relativo a estilografia ou a estilógrafo.

estilógrafo *s m* (<estilo + -grafo) Caneta de tinta permanente/Caneta-tinteiro. ⇒ esferográfica.

estima *s f* (<estimar) **1** Sentimento de afe(c)to em relação a alguém ou a alguma coisa que tem importância/valor para a pessoa. **Ex.** Tinha grande ~ pelo irmão. Tinha aquele relógio em grande ~. **Sin.** Afeição; consideração. ⇒ estimação. **Ant.** Desprezo; menosprezo. **2** Opinião favorável relativamente a alguém pelo seu valor ou mérito. **Ex.** O povo nutria/tinha grande ~ pelo seu médico. **3** *an* ⇒ Cálculo/Estimativa/Avaliação. **4** *Mar* Método de determinar a localização do navio no alto mar pela distância percorrida, em função do rumo e da velocidade.

estimação *s f* (<lat *aestimátio,ónis*: apreciação, avaliação) **1** A(c)to ou efeito de estimar/Estimativa/Avaliação. **2** Estima/Afe(c)to/Apreço. **Ex.** Tinha na velha casa alguns obje(c)tos de ~. **Loc.** *De ~* [De que se gosta muito]. **Comb.** Animal «cãozinho/cavalo» de ~.

estimado, a *adj* (<estimar) **1** Que goza de estima/afe(c)to/Querido. **Ex.** Desejo ao meu ~ amigo as melhores venturas. **2** De que se fez um cálculo aproximado. **Comb.** *Despesa ~a*. *Produção ~a*/calculada(+).

estimar *v t* (<lat *aéstimo,áre*: avaliar) **1** Ter estima por/Ter afeição a. **Ex.** Sempre estimou muito os pais. **2** Tratar com cuidado para que se mantenha em bom estado. **Ex.** Os livros e o material escolar são para/de ~. **3** Fazer votos por/Desejar. **Ex.** Estimo que estejas de saúde. **4** Ter apreço/admiração/respeito por/em relação a. **Ex.** Todos, na aldeia, estimavam muito a professora. **Sin.** Prezar. **Ant.** Desprezar; menosprezar. **5** Calcular(o +)/Prever/Avaliar(+). **Ex.** Estimava [Calculava] o custo da obra em vinte mil euros. **6** Julgar(+)/Pensar(o+)/Presumir/Achar(+). **Ex.** Estimo que não vão faltar recursos para isso. **7** Ficar contente com/Gostar de/Ter prazer em. **Ex.** Estimei vê-lo de saúde.

estimativa *s f* (<estimativo) **1** Cálculo (aproximado)(+)/Avaliação. **Ex.** A fa(c)turação do consumo de ele(c)tricidade é feita muitas vezes por ~. **2** Parecer/Opinião(+)/Juízo. **Ex.** Na sua ~, ele não devia tardar.

estimativo, a *adj* (<estimar + -tivo) **1** Que vale pelo afe(c)to/apego(Ê) que se lhe tem. **Ex.** O relógio roubado tinha para ele um grande valor ~. **Sin.** Subje(c)tivo. **Ant.** Obje(c)tivo; real. **2** Calculado de forma aproximada. **Comb.** Lucro ~.

estimável *adj 2g* (<lat *aestimábilis*: apreciável) **1** Que é digno de apreço/consideração/estima. **Ex.** É uma pessoa ~/boa/digna. **2** Que se pode calcular/estimar **5**. **Ex.** É ~ o número de pessoas necessárias para fazer este trabalho.

estimulação *s f* (<lat *stimulátio,ónis*) **1** A(c)ção de incentivar/incitar a fazer algo/Estímulo(+). **Ex.** O estado da economia justifica a ~ da procura. **2** *Med* Aplicação de um estímulo a um órgão excitável para desencadear o seu funcionamento. **Comb.** ~ cardíaca [da retina].

estimulador, ora *adj/s* (<estimular + -dor) **1** (O) que incita/estimula. **Ex.** O pré[ê]mio é, para os alunos, um ~ da dedicação ao estudo. **2** *Med* Prótese, ou aparelho ligado ao organismo, que a(c)tiva o funcionamento de um órgão. **Comb.** ~ cardíaco.

estimulante *adj/s m* (<estimular + -ante) **1** (O) que anima/excita/estimula. **Ex.** Uma vitória é (um) ~ para a equipa. **2** Que desperta interesse ou entusiasmo. **Ex.** Parecia-lhe um proje(c)to ~. **3** *s m* Substância que provoca aumento de energia/bem-estar/excitação. **Ex.** O café é um ~.

estimular *v t* (<lat *stímulo,áre*) **1** Incitar/Entusiasmar/Incentivar a fazer alguma coisa. **Ex.** O amigo veio cá para o ~ a procurar trabalho. **2** Fazer ganhar autoconfiança/brio. **Ex.** O elogio dos avós estimulou-o. **3** Fazer desenvolver/Favorecer/Promover. **Ex.** O preço baixo do dinheiro veio ~ a economia. **4** Fazer surgir/Originar/Provocar/Despertar. **Ex.** O pouco policiamento estimula a prática do crime. A existência de dois clubes na cidade estimula a rivalidade. **5** *Fisiol* Provocar um reflexo natural num ser vivo. **Ex.** A visão da carne estimulou o cão a salivar. **6** Espicaçar um animal de trabalho/carga/Aguilhoar/Picar. **Ex.** A espora estimula o cavalo na corrida. O lavrador estimula [faz andar (+)] os bois com o pico da aguilhada.

estímulo *s m* (<lat *stímulus*) **1** O que incita/incentiva a fazer alguma coisa. **Ex.** A promessa da bolsa de estudo foi um forte ~ para ele. **2** O que favorece o desenvolvimento ou a intensificação de uma a(c)tividade. **Ex.** A concorrência é um ~ para (se) melhorar a produção. **3** Força interior para alcançar um obje(c)tivo. **Ex.** Sentia a falta de um ~ para se lançar nessa aventura. **4** *Fisiol* O que leva um organismo a uma resposta/rea(c)ção. **Ex.** Há ~s externos, como o ruído, e internos, como as hormonas. **5** Ponta aguda/Aguilhão(+) para picar animal de trabalho/carga/Espora.

estio *s m* (<lat *aestívus*; ⇒ estival) **1** Tempo quente e seco/Verão. **2** *fig* Idade madura. **Comb.** O ~ da vida [A idade madura(+)].

estiolamento *s m* (<estiolar + -mento) **1** Perda de cor e de vitalidade da planta.

Ex. A falta de luz ou de renovação do ar levam ao ~ das plantas. **2** *fig* Perda de vigor/energia/Fraqueza/Definhamento. **3** *fig* ⇒ Enfraquecimento/Perda «das virtudes: fé, esperança, caridade, …».

estiolar *v t/int* (<fr *étioler*) **1** *Bot* Provocar/Sofrer estiolamento. **2** *fig* Enfraquecer(+)/Debilitar(-se)(+)/Definhar(o+).

estipe *s m* (<lat *stípes*: estípite; estirpe) **1** *Bot* Haste/Pé que sustenta um órgão vegetal/Pedúnculo(+). **2** *Bot* Caule de igual diâmetro em toda a sua extensão, com ramos só na parte superior/Espique «do cogumelo». **Ex.** O caule da palmeira é um ~. **3** *Ent* Peça trituradora das maxilas da armadura bucal dos inse(c)tos. **4** *Hist* Pequena moeda de cobre na Roma antiga/Óbolo.

estipendiar *v t* (<lat *stipéndio,áre*: estar a soldo) **1** Pagar a prestação de um serviço ou a execução de um trabalho/Dar estipêndio. **Sin.** Assalariar(+); pagar(o+).

estipendiário, a *adj* (<lat *stipendiárius*) Que trabalha por conta de outrem/Que recebe salário. **Sin.** Assalariado(+).

estipêndio *s m* (<lat *stipéndium*; ⇒ estipe 4) **1** *Hist* Salário dado na Roma antiga aos soldados. **2** *Hist* Imposto do Império Romano/Tributo. **3** Remuneração dada por alguém a quem lhe presta um serviço/Salário(+)/Soldada/Paga(+).

estípite *s m* (<lat *stípes, pitis*) **1** *Bot* Caule/Estipe. **2** *fig* Árvore genealógica/Origem de uma família/Ascendência. **3** ⇒ raça/estirpe **2**(+).

estipticina *s f* (<estíptico + -ina) Cloridrato de cotarnina, com propriedades constritivas [adstringentes], analgésicas e sedativas. **Ex.** Usa-se a ~ em hemorragias.

estíptico, a [*Br* estí(p)tico(*dg*)] *adj* (<gr *styptikós*: adstringente) **1** Que produz aperto/constrição/Adstringente(+). **2** Muito magro. **3** Avarento/Sovina/Somítico/Mesquinho.

estípula *s f Bot* (<lat *stípula*: haste dos cereais, palha; ⇒ estipe) Apêndice na base da folha, de cada lado do pecíolo.

estipulação *s f* (<lat *stipulátio,ónis*) **1** A(c)to ou efeito de estipular. **2** Estabelecimento de regras a serem seguidas. **3** *Dir* Contrato/Ajuste entre duas ou mais partes. **4** Cláusula de um contrato. **Comb.** ~ *em contrário*. ~ *a* [*em*] *favor de terceiros*.

estipulado¹, a *adj/s m* (<estipular¹) (O) que se estipulou/(O) que foi estabelecido/ajustado.

estipulado², a *adj Bot* (<estipular²) Que tem apêndices foliáceos [estípulas] na base da folha.

estipulador, ora *adj/s* (O) que estabelece as regras/condições a respeitar/(O) que estipula.

estipulante *adj/s 2g* (<estipular + -ante) **1** (O) que fixa como condição ou cláusula/(O) que estipula/Estipulador. **2** (O) que assume compromisso/obrigação/(O) que celebra contrato/Contraente. **3** (O) que exprime compromisso formal e solene.

estipular¹ *v t* (<lat *stípulo,áre*: contratar) **1** *Dir* Fazer ajuste através de contrato jurídico. **Ex.** Entre si estipularam as condições do negócio. **2** Estabelecer como norma a ser seguida/Determinar/Prescrever. **Ex.** A lei tributária estipula [estabelece] uma coima para os faltosos.

estipular² *adj 2g* (<estípula + -ar²) Relativo a estípula.

estira *s f* (<estirar) **1** Caminho longo/Estirada(+). **2** Instrumento ou máquina para descarnar e estirar couros.

estiracáceo, a *adj/s Bot* (<estírace + -áceo) Diz-se de planta ou de família de plantas dicotiledó[ô]neas, envolvendo arbustos e árvores com cascas resinosas e frutos que são cápsulas ou drupas, a que pertence o estoraque; *Styracaceae*.

estiraçar *v t* (estirar + -aço + -ar¹) **1** Estender totalmente/Esticar(+)/Retesar. **2** Estatelar(-se)/Atirar(-se) ao chão/Estender(-se) ao comprido «na relva/no tatami». **3** ~-se/Estender o corpo. **Ex.** Estiraçou-se no sofá. ⇒ espreguiçar-se.

estírace [estírax] *s m Bot* (<gr *stýrax, akos*) Arbusto da família das estiracáceas que produz uma resina odorífera; *Styrax officinale*. **Sin.** Estoraque; benjoeiro(+).

estiraço *s m* (<estirar + -aço) ⇒ estirada.

estirada *s f* (<estirar + -ada) **1** Longa caminhada/Estirão. **2** *(D)esp* A(c)to de atirar-se ao chão, estendendo-se todo, para apanhar/tocar a bola. **Ex.** O guarda-redes [*Br* goleiro] evitou o golo com uma grande ~.

estirador, eira *s/adj* (<estirar + -dor) **1** Pessoa que estica/estira os panos nas fábricas de tecidos. **2** Pessoa que estica/estira peles, reduzindo-lhes a elasticidade. **3** Prancheta/Mesa em que assenta o papel para desenhar/pintar. **4** *adj* Que estica/estira.

estiramento *s m* (<estirar + -mento) **1** A(c)ção de estender ao máximo/Estirão/Retesamento. **2** *Med* Distensão(+) de músculo/nervo/ligamento por esforço excessivo ou violento. **Comb.** ~ *muscular*. **3** Operação de dar aos metais a forma cilíndrica de fios, cabos, …

estirão *s m* (<estirar + -ão) **1** A(c)ção de estender/esticar totalmente «o lençol»/Estiramento **1**. **2** *col* Caminhada longa/Grande distância/Estirada/Estopada.

estirar *v t* (<es- + tirar) **1** Alongar/Esticar «lençol»/Retesar «fio/corda». **2** Distender/Estender «as pernas». **3** *Med* Causar distensão em músculo/ligamento. **4** Prolongar/Alargar/Dilatar. **Loc.** ~ *o discurso* «e cansar os ouvintes». **5** ~-se/Estender-se/Espreguiçar-se. **6** *(D)esp* ~-se/Lançar-se ao chão, com o corpo bem estendido, para tocar na bola. **Ex.** Para impedir o gol(o), não hesitou em ~-se. **7** Alargar/Forçar. **Loc.** ~ *a interpretação da lei*.

estireno *s m* (<estírace + -eno) Hidrocarboneto aromático, líquido e incolor, usado no fabrico de borracha, resinas e plásticos.

estirpe *s f* (<lat *stirps,pis*: tronco, raça) **1** *Bot* Parte subterrânea da planta/Raiz(+). **2** *fig* Tronco familiar/Ascendência/Genealogia/Linhagem. **Ex.** Sentia orgulho em pertencer a tão honrosa ~. Decidiu investigar a ~ da família. **Comb.** *Alta* ~. *Baixa* ~. *Nobre* ~. **3** ⇒ origem; raça «coreana/chinesa». **4** Categoria/Classe/Qualidade. **Ex.** «Camilo Castelo Branco» É um escritor da ~ dos grandes literatos do séc. XIX. **5** Estrato social/Condição. **Loc.** *De* ~ [De elevada condição social]. **6** Tipo/Espécie. **Ex.** É com homens desta ~ [craveira] que podemos triunfar. Com políticos desta ~ [espécie], o país não vai para a frente [não progride].

estiva *s f* (<it *stiva*) **1** Primeira carga, a mais pesada, colocada no navio. **Comb.** *Boa* ~ [Distribuição equilibrada da carga na embarcação]. **2** Trabalho de carregar e descarregar o navio/Estivagem. **Ex.** À falta de outro trabalho, procurou um lugar na ~. **3** Pesagem/Contagem das mercadorias despachadas na alfândega. **4** Grade em que assenta a carga no fundo do porão, evitando a (h)umidade e o conta(c)to com o casco. **5** Grade no pavimento da cavalariça, para escoamento da urina. **6** Leito de traves/paus em pontes de madeira. **7** Taxação de bens alimentares. **8** Gé[ê]neros alimentícios comercializáveis. **9** Antiga operação de extra(c)ção da gordura das sardinhas, por esmagamento/Moagem de peixe.

estivação¹ *s f* (<estivar² + -ção) **1** *Bot* Botão da flor/Prefloração(+). **2** *Zool* Estado de letargia de alguns animais, sobretudo répteis, durante a estação quente e seca/Dormência(+).

estivação² *s f* (<estivar¹ + -ção) **1** Acondicionamento da carga numa embarcação, de modo a manter-se estável durante a navegação/Estiva **1**(+). **2** Trabalho de carregamento e descarga das mercadorias dum navio/Estiva **2**/Estivagem(+).

estivador, ora *adj/s* (<estivar + -dor) **1** (O) que se ocupa no carregamento e descarga de navios e arruma as mercadorias no porão/Empregado da estiva. **2** *Br* Negociante grossista de gé[ê]neros alimentícios.

estivagem *s f* (<estivar + -agem) A(c)ção de estivar/Carregamento e descarga de mercadorias entre o porto e o navio/Estiva **2**/Estivação².

estival *adj 2g* (<lat *aestiválís*) **1** Relativo à [Próprio da] estação do verão/estio. **Ex.** O tempo ~ convida à [faz desejar a] (ida à) praia. **Comb.** *Calor* ~. *Chuva* ~. *Época* ~. *Estação* ~. *Trovoada* ~. **2** Que está aberto [funciona] durante o estio/verão. **Comb.** *Estância* ~. **3** *Bot* Que brota/floresce/frutifica no estio/verão. **Comb.** *Flor* ~. *Fruto* ~. *Planta* ~. **4** *Med* Diz-se de doença que surge durante o verão.

estivar¹ *v t* (<it *stivare*<lat *stípo,áre,ávi*: encher) **1** Carregar e arrumar a mercadoria numa embarcação/Fazer a estiva **2**. **2** Pôr contrapeso no navio para equilibrar a carga. **3** Pesar as mercadorias de um navio. **4** Despachar mercadorias na alfândega. **5** Tabelar o preço das mercadorias. **6** Cobrir com traves um terreno pantanoso, para lançar ponte de madeira. **7** Pôr grade/estiva em chão de estrebaria/cavalariça, para esgotar a urina.

estivar² *v t* (<lat *aestívo,áre*: veranear) **1** Passar o verão em local aprazível/Veranear(+). **2** *Zool* «animal» Sofrer entorpecimento durante o tempo seco e quente. **Ant.** Hibernar.

esto (És) *s m* (<lat *aéstus*: grande calor) **1** Calor intenso. **2** *fig* Ardor/Paixão/Ímpeto. **3** Maré alta (o+) /Preamar/Praia-mar(+). **4** Fluxo e Refluxo ruidoso das águas do mar/Vaivém das ondas.

estocada *s f* (<estocar¹ + -ada) **1** Ferimento «mortal na tourada» com a ponta de espada/estoque/florete. **2** *fig* Dor aguda e repentina/Picada(+)/Ferroada(o+). **3** *fig* Fa(c)to/Dito inesperado que choca/fere profundamente os sentimentos de alguém.

estocar¹ *v t* (<estoque¹<al *stock*: bastão + -ar¹) Ferir com golpe de espada/florete/estoque/Dar [Desferir] estocada.

estocar² *v t Br* (<estoque²<ing *stock*: armazenamento + -ar¹) Armazenar(+)/Depositar mercadorias em grande quantidade/Fazer estoque/*stock*.

estocástico, a *adj* (<gr *stochastikós*: prudente, sagaz) **1** Diz-se de fenó[ô]menos aleatórios, sobre os quais é possível enunciar probabilidades/Conje(c)tural. **2** *s f Mat* Emprego do cálculo de probabilidades para uso estatístico.

estofa (Tô) *s f* (<fr *an estoffe*: material para guarnecimento) **1** Tecido encorpado usado em reposteiros ou para forrar sofás/cadeiras/O que se usa para acolchoar/Estofo(+). **2** Material usado em peça de vestuário como entretela ou chumaço, entre o forro e o tecido. **3** Classe/Condição/Laia/Gé[ê]nero. **4** Pausa no movimento da maré, entre a enchente e a vazante.

estofado, a *adj/s m* (<estofar; ⇒ estufado) **1** Revestido de estofo/Acolchoado/Almofadado. **Comb.** Cadeira ~a. **2** *s m* Tecido grosso/encorpado.

estofador, ora *s* (<estofar + -dor) **1** Pessoa que estofa móveis. **2** Fabricante/Vendedor de móveis estofados, de cortinados, de tecidos usados na decoração do interior das casas.

estofar *v t* (<estofa + -ar¹) **1** Revestir com estofo/Forrar com tecido encorpado «sofás, cadeiras, ...». **2** Acolchoar/Enchumaçar/Avolumar «peça de vestuário».

estofo, a (Tô) *s m/adj* (<estofa) **1** Tecido encorpado usado em revestimento de móveis, em reposteiros. **2** Algodão, lã, espuma ou outro material de enchimento, usado em vestuário ou móvel para lhe aumentar a consistência ou o conforto. **3** *fig* Qualidade/Laia/Condição. **4** *fig* Força física ou psicológica/Capacidade intelectual. **Ex.** Não me parece ter [que tenha] ~ para aguentar tais dificuldades «de chefia». **Sin.** *fam* Fibra; *fam* Garra. **5** *adj* Que não sofre alteração/Estacionário/Estagnado. **Comb.** Água ~a. *Maré ~a.* **6** *adj* Diz-se do período em que a água do mar nem enche nem vaza.

estoicamente *adv* (<estóico + -mente) Com coragem e firmeza/Com grande resistência e força interior. **Ex.** Suportou ~ todas as contrariedades [a operação sem anestesia].

estoicismo *s m Fil* (<estóico + -ismo) **1** Sistema de pensamento iniciado pelo grego Zenão de Cício no séc. IV a.C., que propunha a firmeza de ânimo, a aceitação serena do destino, a eliminação das paixões e a imperturbabilidade como condições da felicidade. **2** *fig* Austeridade de cará(c)ter/Rigidez de princípios/Resistência corajosa na/à adversidade.

estoico, a (Tói) *adj/s Fil* (<gr *stoikós*) **1** Relativo ao estoicismo. **2** (O) que é adepto do estoicismo. **3** *fig* Austero/Imperturbável.

estoi[ou]rada *s f* (<estoi[ou]rar) **1** Ruído de estoi[ou]ros simultâneos. **2** *fam* Discussão acesa/Altercação acalorada. **3** *fam* Pancadaria/Cacetada.

estoi[ou]rar *v t/int* (<?; ⇒ estrondo) **1** Rebentar com estrondo/Explodir. **Ex.** Os foguetes da festa estoiravam bem alto. O miúdo gostava de ver ~ os balões. **2** Romper/Rasgar/Partir. **Ex.** O estampido foi de (modo a) fazer ~ os tímpanos. Ameaçou ~-lhe os miolos [*col* o toutiço]. **3** Estragar/Espatifar/Gastar/Inutilizar. **Ex.** O caminho pedregoso «de casa» ajudava a [concorria para] ~ os sapatos. Estoirou a fortuna dos pais em pouco tempo. **4** Lesionar(-se)/Magoar(-se) com gravidade. **Ex.** A queda aparatosa estoirou-lhe duas costelas. **5** Reagir violentamente. **Ex.** A infâmia fê-lo ~ de raiva. **6** Latejar de dor/Palpitar/Estalar. **Ex.** Sentia a cabeça ~ de febre. **7** Esgotar a energia a/Cansar(-se) muito/Pôr [Ficar] exausto. **Ex.** Uma tal caminhada «de 50 km» estoira qualquer um. **8** Acontecer de forma repentina/inesperada. **Ex.** A guerra estoirou entre os dois povos vizinhos. Quando o escândalo estoirou, a família passou um mau bocado. **9** Arruinar. **Ex.** A prolongada crise estoirou a empresa. **10** *(D)esp* Desferir forte pontapé na bola. **Ex.** Depois de fintar dois adversários, estoirou para a baliza, marcando um gol(o) monumental.

estoi[ou]ra-vergas *s 2g sing e pl* (<estoi[ou]rar + verga) Pessoa leviana/turbulenta/Doidivanas/Estroina. **Ex.** Aquele ~ não merece a menor confiança.

estoi[ou]ro *s m* (<estoirar) **1** Rebentamento violento com estrondo/Detonação/Explosão. **Ex.** O ~ do pneu do camião fez-me tremer. **2** Ruído forte/Estampido/Estalo. **Ex.** A faísca [O raio] produziu um ~ de estremecer. **Idi. De ~** [De arromba(+)/De estalo(o+)/Espe(c)tacular/Excelente/Estupendo] (Ex. Foi uma festa de ~). **3** Acontecimento imprevisto com grande impacto. **Ex.** A notícia foi cá um ~ na aldeia que *col* nem queiras saber. **4** Fracasso/Insucesso/Ruína. **Ex.** O ~ da empresa era previsível. **Loc.** Dar o ~ [Ir à falência/Ruir/Fracassar]. **5** *fam* ⇒ Bofetão/Estalo(+). **6** *(D)esp* Forte pontapé na bola.

estojar *v t* (<lat *stúdio,áre*: guardar, cuidar, de *stúdium*: zelo) Guardar ou conservar em estojo.

estojo (Tô) *s m* (<estojar) **1** Pequena caixa/bolsa com formato e espaço interior apropriados ao(s) objecto(s) a guardar/proteger. **Ex.** Leva grande parte do material escolar no ~. **Comb.** ~ escolar. **2** Bainha de couro/madeira para resguardar armas. **3** *depr* Mulher feia e de fraca reputação. **Ex.** Há no bairro cada ~! ...

estola (Tó) *s f* (<lat *stóla*: túnica, veste) **1** *Crist* Paramento que o sacerdote coloca em volta do pescoço, pendendo sobre cada um dos lados do peito, sobre a alva/sobrepeliz. **Ex.** No funeral o padre levava uma ~ (de cor) roxa. **2** Acessório do vestuário feminino, geralmente de pele, usado em volta do pescoço ou sobre os ombros, como agasalho ou adorno. **Ex.** Na ida ao teatro, a senhora não dispensava a sua ~. ⇒ echarpe; xa(i)le.

estolho [**estolhão**] (Tô; *pl* Tó) *s m Bot* (<lat *stóló,ónis*: rebento, gomo) Rebento de caule rastejante com que este se fixa à terra para multiplicação da planta.

estólido, a *adj* (<lat *stólidus*: tolo) **1** Pouco inteligente/Parvo/Néscio/Palerma. **2** «procedimento/a(c)to» Disparatado/Estúpido.

estoma [**Br estômato**] *s m Bot* (<gr *stóma,atos*: boca) Minúsculo orifício [Poro] na epiderme das folhas ou do caule por onde se fazem as trocas gasosas entre a planta e a atmosfera.

estomacal *adj 2g* (<estômago + -al) **1** Relativo ao [Do] estômago/Gástrico. **Comb.** Suco ~/gástrico(+). **2** Benéfico para o estômago/Que facilita a digestão/Digestivo. **Comb.** Elixir ~.

estomagar *v t* (<lat *stómachor, ári*) Causar/Sentir desagrado/repulsa/Indignar(-se)/Irritar(-se)/Agastar(-se).

estômago *s m Anat* (<lat *stómachus*: estômago, gosto, ira) **1** Órgão no tubo digestivo, entre o esó[ô]fago e o duodeno, em forma de bolsa, onde se faz a pré-digestão dos alimentos. **Ex.** No processo digestivo, o bolo alimentar passa a [transforma-se em] quimo no ~. **Loc.** *Fazer lavagem ao ~. Sofrer do ~. Ter bom ~* [boa digestão/Digerir bem]. *Ter o ~ cheio* [vazio]. **Idi.** «um alimento» *Cair mal no ~* [Causar mal-estar no ~]. *Dar volta ao ~* **a)** Tornar difícil a digestão; **b)** Causar náuseas/indignação. *Enganar o ~/Forrar o ~* [Comer apenas um pouco «para atenuar a fome/antes de beber»]. *Não ter ~ para* [Não suportar] injúrias. *Ter* (bom) *~ para* «tudo» [Ser capaz de suportar contrariedades]. *Ter um buraco no ~* [Sentir fome/Ter o ~ *idi* a dar horas]. *Trabalhar no ~* [Ser de difícil digestão]. **Comb.** *~ de avestruz*/de ferro [Pessoa que come de tudo e digere bem]. *Dor de ~*. **2** Parte externa do corpo na região deste órgão. **Ex.** Levou [Sofreu] um soco no ~ e ficou muito maltratado. **Sin.** Barriga; ventre.

estomáquico, a *adj* (<lat *stomáchicus*) ⇒ estomacal(+).

estomático, a *adj Med* (<gr *stomátikós*: da boca) Diz-se do medicamento usado em doenças da boca.

estomatite *s f Med* (<estoma + -ite) Inflamação da mucosa bucal.

estômato *s m Br* ⇒ estoma.

estomatologia *s f Med* (<estoma + -logia) Ramo da medicina que se ocupa do estudo e tratamento das doenças da boca e dos dentes.

estomatologista *adj/s 2g* (<estomatologia + -ista) Especialista em estomatologia. ⇒ dentista; otorrinolaringologista.

estomatoscópio *s m Med* (<estoma + -scópio) Instrumento usado no exame da boca, mantendo-a aberta.

estomentar *v t* (<es- + tomento + -ar¹) **1** Tirar os tomentos/pelos ao linho, batendo-lhe com a espadela/Espadelar/Tascar. **2** *fig* Tirar impurezas/Limpar/Depurar.

estomoterapeuta *s 2g* (<estoma + terapeuta) ⇒ estomatologista.

estonar *v t* (<es- + tona + -ar¹) **1** Tirar a tona/casca/pele/Descascar «batatas/tomates»/Pelar. **2** Chamuscar/Tostar. **3** *fig* ⇒ Depurar/Aperfeiçoar/Educar.

Estónia [**Br Estônia**] *s f* República do norte da Europa, na margem do Mar Báltico, cuja capital é Tallin e cuja língua é o estó[ô]nio/estoniano.

estonteado, a *adj* (<estontear) **1** Desnorteado/Aturdido/Entontecido/Atontado. **2** Maravilhado/Deslumbrado «com a grande cidade do Rio de Janeiro».

estonteamento *s m* (<estontear + -mento) **1** A(c)to ou efeito de estontear/Perturbação da razão ou dos sentidos/Sensação de ter a cabeça a andar à roda/Sensação de tontura. **Sin.** Atordoamento; desorientação; vertigem.

estonteante *adj 2g* (<estontear + -ante) **1** «ruído» Que provoca tontura/Que estonteia. **2** «cidade» Que atordoa/desorienta. **3** Que causa vertigem/Estonteador. **Ex.** O comboio [trem] ia a uma velocidade ~/vertiginosa, por túneis e viadutos. **4** Deslumbrante. **Ex.** A artista teve uma a(c)tuação ~.

estontear *v t* (<es- + tonto + -ear; ⇒ estonteado) **1** Provocar tonturas/Dar a sensação de a cabeça andar à roda/Fazer perder o tino/a lucidez/Atordoar(+)/Perturbar. **2** Deslumbrar/Maravilhar.

estopa (Ô) *s f* (<gr *stýppe*) **1** Parte grosseira do linho, que lhe é retirada ao passar pelo sedeiro. **Idi.** *Não meter prego nem ~* [Não marcar posição/Não se pronunciar «numa discussão/reunião»]. **2** Tecido feito com esse material. **3** Resíduo de fibra vegetal com que se faz o fio cardado. **4** Matéria filamentosa com que se calafetam navios. **5** Filamento interior da noz de coco.

estopada *s f* (<estopa + -ada) **1** Quantidade de estopa. **2** Estopa embebida num líquido/medicamento. **3** Porção de tecido grosseiro usado como remendo noutro tecido. **4** *fig* O que é enfadonho/O que aborrece/Maçada. **Sin.** *fam* Chatice; *fam* frete; *fam* seca (É). **5** *fig* Frustração/Desilusão.

estopar *v t* (<estopa + -ar¹) **1** Encher/Enchumaçar com estopa/Calafetar(+). **2** ⇒ Aborrecer/Maçar/Enfadar.

estopim *s m* (<estopa + -im) Cordão [Fio] embebido em substância inflamável para arder sem se apagar, usado para atear/Rastilho(+).

estopinha *s f* (<estopa + -inha) **1** Parte mais fina do linho, antes de fiado. **2** Tecido fabricado com esse material. **Idi.** *Suar as ~s* [Fazer um grande esforço].

estoque[1] (Tó) *s m* (<al *stock*: bastão) **1** Espada comprida e pontiaguada, utilizada para ferir apenas com a ponta. **2** Espada com lâmina de aço de dois gumes com que o toureiro mata o touro na praça. **Ex.** No fim da lide, prostrou o touro com o ~. **3** *Hist* Espada de folha triangular que o Condestável do reino usava em a(c)tos solenes em que estava o rei.

estoque[2] (Tó) *s m* (<ing *stock*) **1** Quantidade de mercadoria que se tem armazenada. **Ex.** O ~ desse material está quase esgotado. **2** Local onde essa mercadoria é guardada/Armazém/Depósito. **Ex.** Ainda temos muitos exemplares desse livro em ~/depósito.

estoquear *v t* (<estoque + -ear) **1** Ferir com a ponta do estoque/Dar estocada/Estocar[1]. **2** Picar/Aferroar/Agredir.

estoraque *s m Bot* (<gr *stýrax*) **1** Arbusto da família das estiracáceas, de cujo tronco se extrai uma resina aromática; *Styrax officinale*. **Sin.** Estírace; benjoeiro; benjoim(+). **2** Resina aromática extraída desse arbusto e de plantas da mesma família.

estorcegão *s m* (<estorcegar + -ão) **1** Forte beliscão dado a torcer. **2** Deslocação violenta de um músculo, com distensão de ligamentos/Entorse.

estorcegar *v t* (<es- + torcegar) **1** Torcer com força/Estorcer(+). **Ex.** Havia um buraco no chão e estorcegou um pé. **2** Beliscar, torcendo com força.

estorcer *v t/int* (<es- + torcer) **1** Torcer com força. **Loc.** ~ o pescoço «para aliviar a tensão». **2** Contorcer(-se) «de dor»/Agitar(-se). **3** Tomar outra dire(c)ção/Alterar o rumo. **Ex.** Com o choque, o barco estorceu [virou] para a direita.

estore *s m* (<fr *store*<lat *stórea*: esteira de junco) Espécie de cortina móvel na zona das janelas, de ripas de madeira/metal/plástico/…, que se desce ou sobe, regulando a entrada da luz. **Ex.** Como o sol estava forte, desceu o ~. ⇒ persiana.

estornar *v t* (<it *stornare*: voltar-se para o outro lado) **1** «em escrita comercial» Lançar a débito o que indevidamente fora lançado a crédito ou vice-versa/Fazer o estorno. **Ex.** A companhia vai ~-me o que eu tinha pago a mais. **2** Anular um contrato, especialmente de seguro marítimo.

estorninho, a *s/adj Ornit* (<lat *sturnínus*) **1** Nome vulgar de aves passeriformes de plumagem negra lustrosa, que costumam voar em grande bando, da família dos esturnídeos; *Sturnus vulgaris* e *Sturnus unicolor*. **2** *adj* Diz-se do touro de pelo escuro e lustroso, com manchas brancas.

estorno (Tôr) *s m* (<it *storno*; ⇒ estornar) **1** A(c)to ou efeito de estornar. **2** Re(c)tificação do erro cometido na escrituração de débito por crédito ou vice-versa. **3** Valor que se estorna/Reembolso(+). **4** Anulação/Rescisão de um contrato antes realizado.

estorricar *v t* (<es- + torrar + -icar) **1** Torrar/Secar demasiado. **2** Queimar/Esturrar(+). **Ex.** Esqueceu-se do tacho ao lume e deixou ~ o arroz.

estorroar *v t* (<es- + torrão + -ar[1]) Desfazer os torrões/Destorroar(+). **Ex.** Antes de lançar as sementes à terra, convém ~.

estortegar *v t* (<lat *extórtico, áre*<*extórtus*: torcido) **1** Torcer/Estorcegar/Beliscar (a pele). **2** Dobrar o corpo por sentir forte dor/Contorcer-se.

estorva (Tór) *s f* (<estorvar) **1** O que dificulta os movimentos ou a a(c)ção/A(c)to ou efeito de estorvar/Estorvo(+). **2** *Náut* Cada linha de costura do navio, de alto a baixo.

estorvar *v t* (<lat *extúrbo, áre*: expulsar, perturbar) **1** Ser obstáculo/empecilho/Dificultar/Embaraçar. **Ex.** A árvore estorvava a passagem. Sai daí [da «minha» frente], estás a ~. **2** Frustrar/Impedir. **3** Perturbar o plano de alguém. **4** Importunar/Incomodar.

estorvo (Tôr) *s m* (<estorvar) **1** A(c)to ou efeito de estorvar. **2** Obstáculo/Empecilho/Embaraço. **Ex.** A chuva foi um grande ~ para o sucesso da feira. **3** ⇒ Impedimento/Dificuldade. **4** *Náut* Pedaço de corda que liga os remos aos toletes.

estou-fraca *s f Ornit* (<on) Pintada/Galinha-d'angola/Galinha-da-índia/Galinha-da-guiné.

estourada, estourar, estoura-vergas, estouro ⇒ estoirada, …

estoutro, a *pron* (<este + outro) Uma dentre duas pessoas ou coisas próxima de quem fala/Este/a(+). **Ex.** Vi chegar esse carro e ~. Falei com esse aluno e com ~. ⇒ essoutro.

estouvadice *s f* (<estouvado + -ice) Qualidade do que é estouvado/leviano/irrefle(c)tido/Insensatez. ⇒ estouvamento.

estouvado, a *adj/s* (<estavanado) **1** Leviano/Irrefle(c)tido/Precipitado/Imprudente. **Ex.** Quem é que ia confiar/entregar um encargo a um ~ como ele [~ daqueles]?. **Sin.** Doidivanas; insensato. **Ant.** Ponderado; sensato. **2** Brincalhão/Folgazão/Travesso. **3** Estarola/Estroina.

estouvamento *s m* (<estouvar + -mento) **1** Falta de sensatez/ponderação/juízo/Leviandade. **2** Procedimento que revela falta de juízo/de ponderação. **Sin.** Estouvadice(+).

estrabar *v int* (<lat *stábulo, áre*) «animal» Lançar estrabo/Libertar excremento/Defecar/Cagar.

estrábico, a *adj/s Med* (<gr *strabós*: vesgo + -ico) **1** Relativo ao estrabismo. **Comb.** Olhar ~. **2** (O) que sofre de estrabismo/que tem os olhos tortos/Vesgo.

estrabismo *s m Med* (<gr *strabismós*) Defeito do mecanismo da visão em que há desvio da dire(c)ção corre(c)ta de um dos olhos, impedindo que os eixos visuais do indivíduo se dirijam simultaneamente para o mesmo ponto. ⇒ estigmatismo.

estrabo *s m* (<*estábulo*; ⇒ estrebaria) **1** Expulsão do excremento pelo animal/Defecação(+). **2** Excremento(o+) animal/Esterco(+)/Deje(c)to. ⇒ cagalhão; bosta; caganita.

estrabotomia *s f Med* (⇒ estrábico) Corte de um tendão do músculo do olho para corrigir o estrabismo.

estrabulega *adj/s 2g Br* (< ?) **1** ⇒ estouvado. **2** ⇒ desordeiro/turbulento. **3** ⇒ gastador/esbanjador.

estraçalhar *v t* (<es- + traça + -alhar) **1** Fazer «a presa» em pedaços com fúria/Despedaçar/Retalhar. **2** Abater física ou moralmente/Arrasar. **3** *Br (D)esp fig* Jogar muito bem/Derrotar/Arrasar «o adversário».

estrada *s f* (<lat *strátus, a, um*, de *stérno, ere*: aplanar) **1** Via de comunicação especialmente destinada ao trânsito de veículos automóveis. **Loc.** Fazer-se/Meter-se à ~ [Iniciar a viagem]. **Comb.** ~ **de alcatrão**. ~ **de asfalto**. *Br* ~ **de ferro** [Caminho de ferro/Ferrovia]. ~ **municipal**. ~ **nacional**. *fig* ~ **de Santiago** [Via Láctea]. **Berma da ~**. **Código da ~**. **Curva da ~**. **Mapa das ~s**. **Morte na ~** [em acidente de viação]. **Rede de ~s**. **2** *fig* Rumo/Dire(c)ção/Orientação/Caminho/Vereda. **Ex.** Na ~ da vida há muitos acidentes de percurso. Agora estamos na ~ do progresso. **3** *fig* Meio/Processo para atingir um obje(c)tivo. **Ex.** A ~ para o êxito é feita de altos [sucessos] e baixos [insucessos].

estradar[1] *v t* (<estrada + -ar[1]) **1** ⇒ Abrir/Criar vias de comunicação/Construir estradas (+). **2** ⇒ Encaminhar(-se)/Guiar/Dirigir(-se).

estradar[2] *v t* (<estrado + -ar[1]) **1** Revestir com estrado/Assoalhar/Pavimentar(+). **2** ⇒ Alcatifar «a sala»/Atapetar.

estradeiro, a *adj* (estrada + -eiro) **1** Que anda muito/Andarilho(+). **2** *Br* Que está muito fora de casa, andando por estrada. **3** *Br* ⇒ Velhaco/Trapaceiro/Astuto.

estradiol *s m Biol* (<ing *estradiol*) Principal hormona feminina, produzida pelo folículo ovariano, responsável pelo desenvolvimento das cara(c)terísticas femininas. ⇒ estrogé[ê]nio.

estradivário *s m* (<lat *stradivárius*, de *antr* Stradivári (1644-1737), célebre fabricante de violinos) **1** Violino fabricado por Stradivári. **2** Violino de qualidade exce(p)cional.

estrado *s m* (<lat *strátus*) **1** Estrutura plana [Sobrado] em nível mais alto do que o chão ou do que outro pavimento/Palanque baixo. **2** Base que serve de suporte a alguma coisa. **3** Parte da cama em que assenta o colchão. **4** Pequeno banco em que descansam os pés/Supedâneo/Escabelo(+).

estrafega *s f* ⇒ estrafego.

estrafegar *v t* (<trasfegar) **1** Fazer em bocados/Estraçalhar/Despedaçar. **2** Apertar o pescoço a/Esganar/Asfixiar/Sufocar. **3** Gastar mal/Desperdiçar/Esbanjar.

estrafego (Fê) *s m* (<estrafegar) **1** A(c)to de estrafegar/esganar/Sufocação/Aperto. **2** Destruição completa de alguma coisa.

estraga-albardas *s 2g sing e pl col* (<estragar + …) Pessoa estouvada/doidivanas/extravagante/estragadora/dissipadora.

estragação *s f* (<estragar + -ção) **1** A(c)ção de estragar/danificar/deteriorar. **2** Esbanjamento/Dissipação. **Ex.** Havia comida a mais que se vai perder, uma ~/estragaceira(+).

estragadão, ona *adj* (<estragado + -ão) **1** Pessoa que não tem cuidado com o que usa/que estraga muita coisa. **Ex.** O vestuário pouco lhe dura, é um ~. **2** ⇒ esbanjador.

estragado, a *adj* (<estragar) **1** Que se estragou. **2** Que não está apto a servir/Que se deteriorou pelo uso ou por acidente/Inutilizado. **Ex.** O aparelho de televisão está ~. **3** «alimento» Impróprio para consumo/Deteriorado/«fruta» Podre. **4** Debilitado/Enfraquecido/Doente. **Ex.** Já tem a vista ~, vai ter de fazer operação aos dois olhos. **5** Que deixou de ter qualidade/beleza. **Ex.** Temos a paisagem ~ pela constru(c)ção desordenada. **6** Que tem aparência pouco cuidada. **Ex.** Vi-lhe as mãos ~as devido aos trabalhos do campo. **Comb.** Pele ~a. **7** Que está envelhecido. **Ex.** Ele está um bocado ~, são evidentes as rugas. **8** Que não respeita os valores morais da sociedade/Corrompido. **Ex.** Há muita juventude ~a pela licenciosidade dos costumes. **9** Que foi prejudicado por qualquer circunstância/Que deixou de satisfazer. **Ex.** Tivemos a festa ~ pela chuva que caiu todo o dia.
10 Que tem comportamento desadequado/Muito mimado/Caprichoso. **Ex.** Era um miúdo ~ devido ao mimo a mais. **11** Nada cuidadoso/desleixado/Estragador. **Ex.** É um moço ~, o calçado dura-lhe muito pouco. **12** Que costuma gastar sem proveito/Esbanjador. **Ex.** É ~/[um estragadão], muito do que compra vai para o lixo. **13** Zangado/Irritado. **Idi.** *fam* **Está pior que ~** [Está furioso/irado].

estragador, ora *adj/s* (<estragar + -dor) (O) que tem por hábito estragar/Estragado/Descuidado.

estragão *s m* (<fr *estragon*) Planta herbácea aromática da família das compostas, cujas folhas e caule são utilizados em culinária como condimento, tendo um sabor forte e picante; *Artemisia dracunculus*.

estragar *v t* (<lat *strágo,áre*, de *stráges*: ruína) **1** Pôr/Ficar em mau estado/Danificar(-se)/Avariar. **Ex.** A má condução [O dirigir mal] estraga os carros. **2** «alimento» Ficar impróprio para consumo/Deteriorar/Apodrecer. **Ex.** Deixaram ~ a fruta. **3** (Fazer) perder a(s) qualidade(s)/Prejudicar. **Ex.** O sol forte da praia estraga a pele. A construção anárquica veio ~ a paisagem. **4** Destruir/Minar. **Ex.** A inveja pode ~ as relações entre amigos. **5** Gorar/Comprometer. **Ex.** A chuva estragou-nos as férias. **6** Perverter/Corromper. **Ex.** A libertinagem tem vindo a ~ muitos jovens. **7** Deformar/Deseducar. **Ex.** Há o perigo de ~ as crianças com demasiados mimos; é o que diz o provérbio: 'Criança mimada, criança estragada'.

estrago *s m* (<estragar) **1** A(c)to ou efeito de estragar. **Ex.** O ~ das culturas, com tanta chuva, é de prever. **2** Dano/Prejuízo provocado. **Ex.** Os ~s do incêndio estão ainda a ser avaliados. **3** Avaria provocada. **Ex.** A trovoada fez ~ no fornecimento de ele(c)tricidade. **4** Destruição/Ruína. **Ex.** A guerra causou ~s irreparáveis no patrimó[ô]nio cultural. **5** Debilitação/Enfraquecimento. **Ex.** Um trabalho pesado duradouro faz ~ no organismo. **6** Abatimento físico ou moral/Sofrimento. **Ex.** As muitas desilusões fizeram ~s naquela mente [pessoa] generosa. **7** Perda de frescura. **Ex.** Os anos acabam por fazer ~ em qualquer rosto. **8** Gasto exagerado/Desperdício/Esbanjamento. **Ex.** Diz-se que o ~ na fortuna herdada é já grande. **9** Consumo desmedido. **Ex.** Quando vem cá a casa, há ~ no uísque. **10** Quantia gasta/Custo/Despesa. **Ex.** Queixava-se do ~ [rombo] na carteira que a festa lhe trouxe.

estrágulo *s m* (<lat *strágulum*: leito) Qualquer tecido usado para cobrir algo ou pendurar. **Ex.** Uma colcha, uma coberta, uma manta, uma tapeçaria, uma carpete, um tapete, um reposteiro, ... são ~s.

estralar *v t/int* (<estalar) ⇒ estalar

estralejar *v t/int* (<estalejar) ⇒ estalejar.

estralheira *s f Náut* (<estralho + -eira) Aparelho composto de cabos e roldanas, usado para suspender, dentro da embarcação, pesos como lanchas, âncora, ...

estralho *s m* (<it *straglio*) Fio de linho/cânhamo usado por pescadores.

estrambote/o *s m* (<it *stramsbotto*: poema satírico/amoroso de oito versos) Adição de um ou mais versos «terceto» aos catorze do soneto.

estrambótico, a *adj* (<estrambote + -ico) **1** Que é esquisito/extravagante/excêntrico. **Ex.** Tem uns hábitos ~s. **2** Ridículo/Caricato/Grotesco. **Ex.** O seu modo de vestir é ~.

estramónio [Br estramônio] *s m Bot* (<lat *stramónium*) Planta herbácea anual da família das solanáceas, com propriedades tóxicas e medicinais, também conhecida por figueira-do-inferno; *Datura stramonium*.

estrangeirada *s f depr* (<estrangeiro + -ada) **1** Conjunto/Grupo de estrangeiros. **Ex.** Nas ruas só se via ~. **2** O que foi feito por [que pertence a] estrangeiros/Estrangeirice.

estrangeirado, a *adj/s* (<estrangeirar) (O) que se estrangeirou/que imita ou prefere o que é estrangeiro.

estrangeirar *v t* (<estrangeiro + -ar¹) Dar/Tomar cara(c)terísticas de estrangeiro/Imitar o que é estrangeiro/Dar forma de estrangeiro a.

estrangeirice *s f* (<estrangeiro + -ice) **1** A(c)to/Dito/Costume de estrangeiro. **2** Simpatia exagerada pelo que é estrangeiro.

estrangeirinha *s f* (<estrangeiro + -inha) ⇒ Ardil/Artimanha/Burla/Falcatrua/Tramoia para enganar alguém.

estrangeirismo *s m* (<estrangeiro + -ismo) **1** *Ling* Palavra, expressão ou construção gramatical de uma língua estrangeira que é ado(p)tada na língua nacional. **Ex.** No campo da tecnologia usam-se muitos ~s, sobretudo vindos do inglês. **Comb.** Emprego de ~s. **2** ⇒ estrangeirice.

estrangeiro, a *adj/s* (<fr *étranger* <lat *extráneus,a,um*: de fora) **1** (O) que é natural de [residente em] outro país. **Ex.** A xenofobia é a aversão ao ~. **2** Que é relativo a [De] outro país/Que não é nacional. **Ex.** É importante o investimento ~. **3** Que respeita a relações com outros países. **Comb.** Ministério dos Negócios ~s [*Br* das Relações Exteriores]. **4** *s m* Conjunto dos outros países. **Ex.** Compramos muitos bens ao ~. **5** *s m* País que não é o seu e que não se quer/sabe nomear. **Ex.** Mora no ~ há algum tempo. **6** Idioma de outro país. **Ex.** Não se entende, parece que fala ~.

estrangulação *s f* (<estrangular + -ção) ⇒ estrangulamento.

estrangulador, ora *adj/s* (<estrangular + -dor) **1** (O) que estrangula/que mata por asfixia alguém, apertando-lhe fortemente o pescoço. **2** *s m* Dispositivo que regula a entrada da mistura gasosa no carburador de veículos automóveis.

estrangulamento *s m* (<estrangular + -mento) **1** A(c)to ou efeito de estrangular/Morte violenta por sufocação/asfixia, devido a forte pressão sobre o pescoço da vítima. **Ex.** O ~ difere do enforcamento, porque, neste, a força a(c)tuante é o peso do corpo da vítima. **2** Aperto/Estreitamento de alguma coisa. **Ex.** A hérnia originou um ~ que obrigou a uma cirurgia. No corpo de alguns inse(c)tos há um ~ entre o tórax e o abdó[ô]men [abdome]. **3** Redução/Diminuição de alguma coisa. **Ex.** A falta de boas estradas é, nesse país, fa(c)tor de ~ da economia. **4** Travagem do livre desenvolvimento de alguma coisa. **Ex.** As obras na via são ali um forte ~ para o trânsito. **5** Estreitamento do leito de um rio, do colo duma montanha, de um vale.

estrangular *v t* (<lat *strángulo,áre*) **1** Fazer forte pressão sobre o pescoço de alguém, servindo-se, ou não, de laço ou corda, sufocando-o/Matar por asfixia/Esganar. **2** Apertar/Estreitar. **Ex.** Ao passar entre montes, o leito do rio estrangula. **3** Impedir o desenvolvimento [o livre curso] de alguma coisa. **Ex.** O acidente veio ~ o trânsito.

estrangú[u]ria *s f Med* Dificuldade de urinar/Micção lenta (e dolorosa).

estranhamente *adv* (<estranho + -mente) Contra o que seria de esperar/De modo imprevisto/Surpreendentemente. **Ex.** ~ ele não festejou a vitória, como costumava fazer.

estranhar *v t* (<estranho + -ar¹) **1** Sentir surpresa por algo inesperado/Não achar natural. **Ex.** Estranhei que ele estivesse em casa àquela hora. **2** Ter dificuldade em adaptar-se a algo novo/diferente. **Ex.** A criança estranhou a nova escola. **3** Sentir desconforto perante situação diferente. **Ex.** Quando saio [durmo fora] costumo ~ a cama. **4** Reagir com timidez/desconfiança perante alguém. **Ex.** Os miúdos estranharam a nova professora.

estranheza *s f* (<estranho + -eza) **1** Qualidade do que é estranho/esquisito/diferente/singular/Raridade. **Ex.** A ~ do caso [Caso tão inédito] intrigou-o. **2** Surpresa/Espanto. **Ex.** Sentiu ~ [Ficou surpreendido] ao dar com [ao encontrar] o amigo ali. **3** Desconfiança perante algo/alguém desconhecido. **Ex.** As pessoas olhavam o recém-chegado com ~.

estranho, a *adj/s* (<lat *extráneus*) **1** Que é de outro país, de outra região/localidade. **Ex.** Os povos ~s interessam-nos mais neste mundo globalizado. **2** Que não pertence ao mesmo grupo, família, casa, .../Desconhecido. **Ex.** Perante ~s [uma pessoa ~a] ele sente algum acanhamento. O meu filho não aceita nada de ~s. **Comb.** *Elemento* ~. *Pessoa* ~*a*. **3** Desconhecido/Anormal/Suspeito. **Ex.** Senti um ruído ~ e fui à janela. **4** Que, por ser diferente, causa admiração/estranheza. **Ex.** Eles têm uns costumes ~s. **5** *s m* O que surpreende/O que não se entende/O que não parece natural/normal. **Ex.** O ~ [raro] é que ele não me disse nada [não me avisou].

estranja *s f fam* (<estrangeiro) **1** *pop* Países estrangeiros/Estrangeiro. **2** *Br s 2g* Pessoa que não é natural do país em que está. **Ant.** Aborígene(+); natural; nativo; nacional.

estratagema *s m* (<gr *stratégema*) **1** *Mil* Ardil/Manobra para iludir o inimigo. **Ex.** O cavalo de Troia foi o ~ dos gregos para conseguirem a vitória final. **2** Plano bem estudado para atingir um obje(c)tivo/Subterfúgio. **Ex.** Para o apanhar em flagrante, usou o ~ de fingir que se ausentava.

estratega (Té) *s 2g* (<estratego) **1** *Mil* Pessoa que sabe de estratégia/Estrategista/Estratego. **2** Pessoa que conhece e usa os meios que julga necessários para atingir um obje(c)tivo/Pessoa que usa uma estratégia.

estratégia *s f* (<gr *strategía*) **1** *Mil* Ciência militar e arte de coordenar as forças militares, políticas, econó[ô]micas, psicológicas, morais para atingir obje(c)tivos fixados pela política em situação de guerra entre nações ou para defesa de uma comunidade. **2** *Mil* Parte da arte militar que trata das operações e movimentos do exército para chegar em condições vantajosas à presença do inimigo. **3** Arte de utilizar os meios de que se pode dispor para alcançar um obje(c)tivo. **Ex.** Numa situação mais complexa, importa apurar a ~ para se conseguir triunfar. **4** Plano engenhoso/Estratagema(+)/Ardil.

estratégico, a *adj* (<estratégia + -ico) **1** Relativo a estratégia. **Comb.** *Decisão* ~*a*. *Operação* ~*a*. *Plano* ~. *Retirada* ~. **2** Muito favorável/adequado sob o ponto de vista militar. **Ex.** Para a defesa de Lisboa foram construídos vários fortes em locais ~s. **Comb.** *Ponto* ~. **3** Que tem interesse militar. **Comb.** *Alvo* ~. *Indústria* ~*a* [que envolve a indústria pesada e a de material de guerra]. **4** Bem situado para o que se pretende. **Ex.** Tratei de pôr-me num ponto ~ donde pudesse ver os movimentos dos protagonistas «da corrida». **5** ⇒ Ardiloso/Astucioso/Hábil.

estrategista *s 2g* (<estratégia + -ista) ⇒ estratega.

estratego (Té) *s m* (<gr *strategós*) **1** *Hist* General superior/Chefe militar na antiga Grécia. **2** *Hist* Na antiga Grécia, cada um dos dez magistrados eleitos pelo povo para tratar das questões militares. **3** Especialista em estratégia militar/Estratega(+). **4** Pessoa a quem é atribuída uma estratégia.

estratificação s f (<estratificar + -ção) **1** A(c)ção ou efeito de estratificar(-se) «lembranças». **2** Disposição em camadas de uma ou mais substâncias. **3** *Geol* Disposição em camadas paralelas, típica das rochas sedimentares. **4** *Anat* Disposição das células epiteliais em camadas. **5** Diferenciação/Hierarquização de uma sociedade em camadas, como castas, «três» estados, classes, ... **Ex.** A mobilidade social atenua a ~ social.

estratificar v t (<estrato + -ficar) **1** Dispor em camadas/estratos. **2** *Geol* Dispor(-se) em camadas sobrepostas. **3** Dividir em níveis/estratos/Hierarquizar «a sociedade». **4** (Fazer) «opinião/cará(c)ter» permanecer no mesmo estado/Não evoluir.

estratiforme adj 2g (<estrato + -forme) Composto de camadas paralelas/Semelhante a estrato.

estratigrafia s f *Geol* (<estrato + -grafia) Ramo da Geologia que estuda, na crosta terrestre, a sucessão de camadas sedimentares e a sua idade relativa.

estratigráfico, a adj (<estratigrafia + -ico) Relativo à estatigrafia.

estratígrafo, a s *Geol* (<estrato + -grafo) Versado em estratigrafia.

estrato s m (<lat *strátum*: cobertura; ⇒ extra(c)to) **1** Camada/Faixa/Leito. **2** *Geol* Cada uma das camadas da rocha sedimentar. **3** pl *Met* Nuvens dispostas em camadas horizontais sobrepostas entre os 1000 m e os 2000 m. **Comb.** Altos ~s [Nuvens à altitude de cerca de 6.000 m]. **4** Cada um dos níveis de um todo organizado. **Comb.** ~/Classe social.

estratocracia s f (<gr *stratós*: exército + -cracia) Governo militar/Militarismo(+).

estratocúmulo s m *Meteor* Massa contínua e acinzentada de nuvens de fraca espessura, localizada a uma altitude entre os 2000 m e os 3000 m. ⇒ nimbo.

estratosfera s f *Geog* (<estrato + esfera) Região da atmosfera entre a troposfera e a mesosfera, entre os 13 km e os 60 km acima da superfície da Terra. **Ex.** *fig* Ele vive na ~ [lua/nas nuvens/É um distraído].

estratosférico, a adj (<estratosfera + -ico) Relativo à [«ozono» Da] estratosfera.

estreante adj/s 2g (<estrear + -ante) Que estreia ou se estreia/Que é principiante em alguma coisa/Que, como profissional, se apresenta em público pela primeira vez.

estrear v t/int (<estreia + -ar¹) **1** Usar alguma coisa pela primeira vez/Inaugurar. **Ex.** Ontem estreou os sapatos que lhe ofereci. Fomos nós a ~ a casa. **2** Exibir(-se) a primeira vez em público. **Ex.** O filme estreia neste cinema na (próxima) sexta-feira. **3** «um artista/atleta» Ter o primeiro desempenho profissional perante o público. **Ex.** Há [Faz] cinquenta anos estreou-se ele em Lisboa, no Teatro Monumental. Ontem estreou-se na equipa, a médio de ataque. **4** Ser o primeiro a adquirir/consumir/usar. **Ex.** Foi o ministro a ~ o novo equipamento do escritório. **5** Começar/Iniciar/Encetar(+) «este vinho».

estrebaria s f (<estrabo <estábulo + -aria) **1** Lugar de recolha de bestas e arreios/Cavalariça/Cocheira. **2** *fig* A(c)to ou dito grosseiro/de ~/de arrieiro.

estrebuchar v int (< ?) **1** Agitar convulsivamente a cabeça e os membros «pernas»/Sacudir-se. O miúdo começou a ~ e foi difícil sossegá-lo. **2** Agitar-se emocionalmente/Debater-se.

estreia s f (<lat *stréna*: presente de dia de festa) **1** Fa(c)to que marca o início de uma a(c)tividade relevante para alguém. **Ex.** Tenho bem presente na memória o dia da minha ~ na enfermagem [como enfermeiro/a]. **2** Abertura de alguma coisa/Inauguração. **Ex.** A ~ do campo de jogos arrastou [atraiu] uma multidão entusiasmada. **3** Uso de alguma coisa pela primeira vez. **Ex.** Quer fazer a ~ do vestido novo na festa da aldeia. **4** Realização de alguma coisa pela primeira vez. **Ex.** Esse tipo de turismo é, penso eu, uma ~ na nossa região. **5** Primeira apresentação em público de um artista ou grupo artístico. **Ex.** A ~ dele ocorreu aos dezoito anos. **6** Primeira apresentação de um espe(c)táculo teatral ou de um filme numa cidade ou região. **Ex.** A noite de ~ costuma ser à sexta-feira. **Loc.** *Assistir à ~. Ir à ~.* **Comb.** ~ absoluta [Primeira realização do evento]. **7** Primeira obra de escritor/artista/cientista.

estreitamento s m (<estreitar + -mento) **1** A(c)to ou efeito de estreitar/Diminuição, em dado ponto, da largura/espessura de alguma coisa/Estrangulamento/Aperto. **Ex.** O ~ da via cria [traz] problemas ao trânsito. **2** Redução/Diminuição progressiva. **Ex.** O ~ das verbas disponíveis obriga a sacrifícios. **3** Consolidação/Fortalecimento dos laços [das relações] entre pessoas/grupos/países. **Ex.** Ultimamente assistimos ao ~ da amizade entre eles.

estreitar v t/int (<estreito + -ar¹) **1** Diminuir, num ponto, a largura/espessura de alguma coisa. **Ex.** Ali a rua estreitava e só havia espaço para passar um carro. **2** Reduzir/Limitar/Diminuir/Restringir. **3** Apertar contra o corpo/Abraçar. **Ex.** Vendo-o livre de perigo, estreitou-o contra o peito com mil beijos. **4** Tornar mais rigoroso/exigente/severo. **5** Aproximar mais/Dar consistência a/Consolidar «as relações de amizade entre os dois países»/Fortalecer.

estreiteza s f (<estreito + -eza) **1** Qualidade do «caminho» que é estreito/Falta de espaço/dimensão «da sala»/Aperto «financeiro». **2** Escassez/Limitação/Míngua/Carência. **3** Falta de «inteligência»/Pequenez «de espírito»/Tacanhez. **4** Mesquinhez/Sovinice/Avareza. **5** Profundidade. **Comb.** A ~ da amizade «entre os irmãos». ⇒ estreitamento **3**.

estreito, a adj/s m (<lat *strictus*: apertado; ⇒ estrito) **1** «sala/caminho/colarinho» Que tem pouca largura/Apertado. **2** «cintura/braço» Que tem pouca espessura/Delgado. **3** «grupo/círculo de pessoas» Limitado/Restrito/Pequeno. **4** Escasso/Limitado/Reduzido. **5** «coração» Mesquinho/Avarento/Sovina. **6** Curto «de inteligência»/Tacanho «de espírito». **7** s m Braço de mar mais ou menos apertado, unindo dois mares ou duas partes do mesmo mar. **Comb.** ~ de Gibraltar. **8** Profundo/Sólido. **Comb.** Relações ~as entre os dois países. Amizade de ~a [profunda/sólida/verdadeira].

estrela (Trê) s f (<lat *stella*) **1** Corpo celeste que emite calor e luz própria. **Ex.** O Sol é uma ~ de média dimensão. Na época dos Descobrimentos, os marinheiros portugueses, no alto mar, aprenderam a orientar-se pelas ~. **Comb.** *~s de primeira grandeza* [As que, para o observador, apresentam maior brilho]. *~ de segunda/... grandeza*. *~ Polar* [A que está mais próxima do Polo Norte, parecendo fixa, ao longo da noite]. **2** Qualquer astro, exce(p)to o Sol e a Lua. **Ex.** No campo gostava de contemplar as ~s. **Idi.** *Levantar-se/Erguer-se com as ~s* [Levantar-se de madrugada/muito cedo]. *Pôr (alguém) nas ~* [Admirar e elogiar muito]. *Ver as ~* [Sentir uma dor muito forte e inesperada]. **Comb.** *~ da manhã/da tarde* [Planeta Vé[ê]nus, visível desde o crepúsculo até ao amanhecer/~-d'alva]. *Chuva de ~s* [Conjunto de meteoritos que descrevem rotas paralelas à da Terra, deslocando-se no céu como pontos luminosos]. **3** Figura geométrica regular com cinco/seis pontas em volta de um centro. **Ex.** A fotografia aérea da fortaleza da vila de Almeida (Portugal) mostra uma ~. **Comb.** *~ de David* [Símbolo judaico formado por dois triângulos equiláteros, estando um invertido]. **4** Sinal convencional para classificar um hotel/restaurante/filme/..., sendo um número maior indicativo de mais qualidade. **Ex.** Ficámos (alojados) num luxuoso hotel de cinco ~s. Os dois críticos de cinema atribuíram a esse filme quatro ~s. **Comb.** Pensão [Hospedaria] de duas ~s. **5** *Mil* Insígnia indicativa da graduação hierárquica no uniforme de oficiais. **6** Insígnia honorífica de condecoração de algumas ordens. **7** *fig* Destino/Fortuna/Sorte. **Ex.** O que importa é ter uma boa ~ no Novo Ano. **Loc.** *Confiar na sua ~. Ler nas ~s* [Prever o futuro]. **8** O que norteia/orienta/Guia. **Ex.** Bem precisava de uma ~ que o guiasse nos caminhos da vida. **9** Pessoa que brilha pelo talento ou pela excelência no desempenho de uma a(c)tividade. **Ex.** Ele é uma ~ de primeira grandeza no teatro português. Ele é a ~ da equipa, nele está a nossa esperança de vitória. **Comb.** *~s de cinema. ~s de Hollywood.* **10** O que se evidencia num grupo. **Comb.** A ~ da companhia [Cabeça de cartaz/Principal artista]. **11** Mulher jovem muito bonita e atraente. **12** Brinquedo que se eleva e evolui no ar, comandado pela criança através de um fio/Papagaio. **13** Mancha branca na testa de bovinos ou cavalos. **14** ⇒ Estrelinha/Asterisco.

estrela-cadente s f *Astr* Meteoro que atravessa a atmosfera a grande velocidade deixando um rasto luminoso. ⇒ cometa.

estrela-d'alva s f **1** *Astr* Planeta Vé[ê]nus. **Ex.** Levantei-me de madrugada, quando ainda a ~ se destacava no céu estrelado. ⇒ estrela da manhã/da tarde. **2** *Bot* Nome vulgar de árvore da família das esterculiáceas, com aplicação na indústria têxtil; *Sterculia guttata*.

estrelado, a adj (<estrelar) **1** Cheio/Coberto de estrelas. **Ex.** Um céu ~, numa noite límpida e num descampado, é um espe(c)táculo deslumbrante. **2** Ornado com enfeites que, pelo brilho/formato, lembram estrelas. **3** Que tem a forma de estrela. **Ex.** A fortaleza que circunda a vila é ~a. **4** Diz-se do bovino ou cavalo que tem uma malha branca [uma estrela] na testa. **5** *Cul* Diz-se do ovo que é frito sem ser mexido. **Ex.** Muito gosta ele de batata frita e ovo ~!

estrela-do-mar s f *Zool* Nome vulgar dos equinodermos da classe dos asteróideos, com o corpo constituído por cinco ou mais braços dispostos regularmente em volta de um disco central, a lembrar uma estrela.

estrelante adj (<estrelar) **1** Ornado de estrelas/Estrelado. **2** Brilhante/Cintilante/Refulgente.

estrelar v t/int (<lat *stéllo,áre*) **1** Cobrir(-se) de estrelas. **2** Dar forma de estrela. **3** Ornar com enfeites a lembrar [que lembram] estrelas. **4** *Cul* Ao cozinhar um ovo, fritá-lo de modo que clara e gema fiquem aderentes e diferenciadas. **Ex.** O mais simples na cozinha é ~ um ovo.

estrelário, a adj (<estrela + -ário) Que tem a forma de estrela/Estrelado.

estrelato s m (<estrela + -ato) Situação de fama obtida por alguém devido ao seu valor ou à excelência do seu desempenho, sobretudo nos campos do cinema, do tea-

tro, da música e do desporto. **Ex.** Quando se atinge o ~, é difícil passar despercebido na rua.

estrelejar *v int* (<estrela + -ejar) **1** Encher(-se) o céu de estrelas/Estrelar. **2** Ornar-se com pontos luminosos, brilhando como estrelas. **3** Brilhar/Cintilar.

estrelíc[tz]ia *s f* (<antr C.S. Strelitz) **1** Planta ornamental da família das musáceas. **2** Flor desta planta.

estrelinha *s f* (<estrela + -inho) **1** Estrela pequena. **2** ⇒ asterisco. **3** *Cul* Massa de tamanho reduzido em forma de estrela, usada sobretudo em sopas. **4** Pequena mancha branca na testa de bovino ou cavalo. **5** *Ornit* Nove vulgar de duas pequenas aves da família dos Regulídeos, também denominadas velosa e trepadeira; *R. regulus* e *Regulus insigni capillus*.

estrema (Trê) *s f* (<lat *extréma*, pl de *extrémum*: fronteira; ⇒ extrema) **1** Limite de terras. **2** Marco divisório de propriedade rústica. **3** Ponto extremo «da cidade»/Extremidade/Orla/Termo. **4** Risca do cabelo.

estremado, a *adj* (<estremar) **1** Que tem limites fixados/Demarcado/Delimitado. **Ex.** Os campos estão ~s, acabou-se a discussão. **2** Separado/Distinto. **3** Que se destacou dos outros/Insigne/Singular. **Comb.** Pessoa de ~a virtude [muito santa].

estremadura *s f* (<estremado + -ura) **1** ⇒ estrema **1/3**. **2** Região na extremidade dum país/Zona raiana/da raia.

estremar *v t* (<estrema + -ar¹) **1** Demarcar com estrema(s)/Delimitar «os terrenos». **2** Separar/Apartar/Distinguir/Diferenciar. **3** ~-se/Distinguir-se/Notabilizar-se/Destacar-se.

estreme (Trê) *adj 2g* (<lat *extrémus*) **1** Que não tem mistura/Não contaminado/Genuíno. **Comb.** Ar ~. Vinho ~. **2** Sincero/Puro.

estremeção *s m* (<estremecer + -ão) **1** Abalo súbito e violento. **Ex.** A entrada do avião num poço de ar, pouco depois de descolar, provocou um ~ que nos encheu de medo. **2** Sacudidela/Repelão. **3** Estremecimento/Precipitação.

estremecer *v t/int* (<es- + tremer + -ecer) **1** (Fazer) tremer [abanar] um pouco. **Ex.** Estremeceu com o toque da campainha. **2** Abalar/Sacudir. **Ex.** O terramoto estremeceu toda a casa. **3** Agitar-se/Vibrar. **4** Ter medo/um calafrio/Arrepiar-se. **5** Assustar-se/Inquietar-se. **6** Cintilar/«luz da vela» Tremeluzir. **7** Ter um grande afe(c)to por/Amar enternecidamente/Estimar muito. **Ex.** Estremecia o filho (que estava) doente.

estremecido, a *adj* (<estremecer) **1** Que tremeu um pouco/Abanado/Sacudido/Tremido. **2** ⇒ Sobressaltado/Abalado/Assustado/Agitado. **3** Que é tratado com grande ternura/afe(c)to. **Ex.** Todos os dias telefonava ao filho ~.

estremecimento *s m* (<estremecer + -mento) **1** A(c)to ou efeito de estremecer/Vibração/Tremor. **2** Contra(c)ção súbita/Arrepio. **3** Sobressalto/Agitação/Susto. **4** Grande afeição.

estremenho, a *adj* (<extremo + -enho) **1** Situado no extremo de/Fronteiriço. **2** Natural ou habitante da região da Estremadura (Portugal) ou da Es[x]tremadura espanhola.

estremunhado, a *adj* (<estremunhar) Despertado de súbito e ainda entontecido do sono/Atarantado. **Ex.** A criança, (meio) ~a, choramingava.

estremunhar *v t* (< ?) **1** Acordar subitamente alguém. **2** Aturdir(-se)/Estontear(-se).

estrénuo, a [*Br* **extrênuo**] *adj* (<lat *strénuus*) **1** «lutador» Corajoso/Valente/Destemido. **2** «trabalhador» Zeloso/Cuidadoso/Diligente. **3** Persistente/Tenaz/Firme. **Comb.** ~ defensor dos pobres [direitos humanos].

estrepar *v t/int* (<estrepe + -ar¹) **1** Colocar obje(c)tos pontiagudos «para evitar o acesso»/Guarnecer com estrepes. **Ex.** Estrepou o muro a pensar nos ladrões. **2** Ferir(-se) com estrepe ou algo pontiagudo. **3** *Br* Causar dano/Prejudicar. **4** *Br* Não obter bom resultado/Ser malsucedido/Sair-se mal.

estrepe (Tré) *s m* (<lat *stirps,is*: rebento, tronco; ⇒ estirpe) **1** Ponta aguda/Espinho/Abrolho. **2** Fragmento cortante de vidro fixado em muro para impedir escalada. **3** Pua de ferro/madeira fixada no solo para impedir/dificultar a passagem. **4** *pl Mil* Peça de ferro pontiaguda colocada em fosso/estrada para dificultar a passagem do inimigo. **5** Cana do milho cortada em diagonal junto ao solo, que fere como faca. **6** *Bot* Arbusto da família das liliáceas, frequente em terrenos secos; *Asparagus albus*. **7** *Br depr* Pessoa desagradável/irritante. **8** *Br depr* Mulher magra e feia.

estrepitante *adj 2g* (<estrepitar) Que produz estrondo/Que provoca grande ruído/barulho/estrépito.

estrepitar *v int* (<lat *strépito,áre*) Produzir ruído muito forte/estrondo/estrépito/tumulto.

estrépito *s m* (<lat *strépitus*) **1** Ruído forte/Estrondo/Barulho. **2** Alarido/Gritaria/Algazarra/Tumulto. **3** Ruído produzido pela forte e rápida batida no solo dos cascos de animais em grupo e em veloz cavalgada. **4** *fig* Pompa/Ostentação.

estrepitoso, a (Ôso, Ósa, Ósos) *adj* (<estrépito + -oso) **1** Ruidoso/Barulhento. **2** Pomposo/Magnificente/Ostentoso/Sump[Sun]tuoso.

estreptocócico, a *adj* (<estreptococo + -ico) **1** Relativo a estreptococo. **2** Produzido por estreptococos.

estreptococo (Côco) *s m* (<gr *streptós*: curvo + *kókkos*: grão) Bactéria de forma esférica/ovoide que habitualmente forma um grupo em cadeia. **Ex.** Doenças infe(c)ciosas como a pneumonia ou a tuberculose são provocadas por ~s.

estreptomicina *s f* (<gr *streptós*: curvo + *mýkes*: fungo + -ina) Antibiótico obtido do fungo *Streptomykes griseus*. **Ex.** Para o tratamento da tuberculose o aparecimento da ~ veio dar um importante contributo.

estresse *Br s m* ⇒ stress/tensão(+)/pressão/afogadilho.

estria¹ *s f* (<lat *stríga*: sulco) **1** Linha muito fina em forma de sulco/aresta/traço na superfície dum corpo. **Ex.** Esta variedade de maçã apresenta ~s avermelhadas. **Comb.** ~ *gravídica* [Sulco na pele devido a distensão ou ru(p)[ro]tura das fibras elásticas da derme durante a gravidez]. *Med* ~*s sanguíneas* [Laivos de sangue em líquidos orgânicos devido a doença]. **2** Sulco fino na superfície de certos ossos, de conchas, ... **3** *Mil* Sulco circular ou espiralado na superfície interior do cano de armas de fogo «para melhorar o alcance e a precisão do tiro». **4** *Geol* Cada um dos sulcos paralelos lavrados na rocha pelo glaciar. **5** *Arquit* Sulco vertical em coluna/pilastra, em forma de meia-cana. **6** *Arquit* Listel que corta horizontalmente as caneluras duma coluna/pilastra.

estria² *s f* (<lat *stríga*: feiticeira) Ente imaginário que se dizia sugar o sangue das crianças/Vampiro/Estriga²/Bruxa.

estriado, a *adj* (<estriar) Que tem estrias/sulcos.

estriar *v t* (<estria + -ar¹) **1** Abrir sulcos numa superfície/Guarnecer com estrias. **2** *Arquit* Abrir caneluras/estrias em coluna/pilastra. **3** Traçar linhas paralelas muito finas numa superfície.

estribar *v t* (<estribo + -ar¹) **1** Firmar o pé no estribo. **2** Apoiar(-se)/Segurar(-se). **3** *fig* Basear/Fundar/Fundamentar/Assentar. **Ex.** Estribou a sua argumentação em pareceres jurídicos muito conceituados.

estribeira *s f* (<estribo + -eira) **1** Estribo curto de montar à gineta. **Idi.** *Perder as ~s* [Perder a calma/Irritar-se]. **Comb.** Moço de ~ [Pessoa que acompanhava a pé o amo, que cavalgava]. **2** Degrau colocado por baixo da portinhola de carruagem/coche/Estribo de carruagem.

estribeiro *s m* (estribo + -eiro) Pessoa que cuida da estrebaria/cavalariça, dos arreios e dos coches.

estribilha(s) *s f pl* (<estribo + -ilha) Peças de madeira entre as quais o encadernador entala os cadernos dos livros, para mais facilmente os coser/Cosedor(Aparelho).

estribilho *s m* (<esp *estribillo*/estribo + -ilho) **1** Um ou mais versos que se repetem no fim de cada estância de um poema ou de uma canção/Refrão(+). **Ex.** O ~ de uma cantiga de amigo [namorado] atribuída ao rei D. Sancho I, O Povoador, é: *Muito me tarda / O meu amigo na Guarda*. **2** Palavra ou expressão que alguém está sempre a repetir inconscientemente numa conversa/Bordão(+). **3** *Mús* Trecho que é repetido várias vezes na mesma peça e em intervalo igual.

estribo *s m* (<lat *strépum*) **1** Peça de metal/madeira, em forma de aro, pendente de cada lado da sela, na qual o calaveiro apoia o pé, ao cavalgar. **Ex.** No salto do cavalo, ele firmou-se nos ~s. **Idi.** *Estar com o pé no ~* [Estar pronto para/a partir/Estar de partida]. *Estar sempre com o pé no ~* [Estar sempre com pressa/Não (se) demorar em qualquer [nenhum] lugar]. **Idi.** *Perder os ~s/as estribeiras(+)* [Perder a calma/Irritar-se]. **2** Degrau que serve de apoio para o embarque em alguns veículos. **3** *Br* Plataforma de embarque/desembarque de passageiros nas estações de caminho de ferro/*Br* estrada de ferro. **4** Qualquer peça de uma máquina que sirva para o utilizador aí apoiar o pé. **5** Peça em forma de argola para, na construção, sustentar vigas, traves, ... **6** *Arquit* Pilastra que se transmitem as cargas de uma estrutura/Botaréu. **7** *Náut* Cada um dos cabos que serve de apoio ao pé do marinheiro que ferra ou larga a vela. **8** Pequena plataforma de madeira ao longo das trincheiras da praça de touros para facilitar o salto do toureiro. **9** *fig* Apoio/Arrimo/Esteio.

estricnina *s f Quím* (<gr *strýknos*: erva-mou[oi]ra + -ina) Alcaloide muito venenoso extraído sobretudo das sementes da noz-vó[ô]mica, com aplicação em terapêutica veterinária.

estridência *s f* (<estridente) Cara(c)terística/Qualidade do que é estridente.

estridente *adj 2g* (<lat *strídens,éntis*, de *strído, ere*: chiar) «som/ruído» Agudo e penetrante/Estrídulo/Sibilante. **Comb.** *Ling* Consoante ~ «de vou, só».

estrídeo, a *adj/s Ent* (<gr *oístros*: moscardo + -ídeo) Diz-se de inse(c)to ou da família de inse(c)tos dípteros, moscas robustas e pilosas que põem ovos sob a pele de mamíferos, de que são parasitas; *Oestridae*.

estridor *s m* (<lat *strídor, óris*: ruído) **1** Ruído agudo e áspero/desagradável/Rangido/Silvo/Fragor. **2** Som agudo produzido subitamente por espasmo da glote.

estridulação s f (<estridular + -ção) **1** Ruído agudo e estridente, produzido por inse(c)tos como o grilo e a cigarra. **2** *Med* Ruído áspero e sibilante indicativo de problema respiratório.

estridular v int (<estrídulo + -ar¹) Emitir um som agudo e áspero/Cantar com som estridente/Estrilar. **Ex.** Nas tardes quentes de verão ouvia ~ a cigarra.

estrídulo, a adj (<lat *strídulus*) ⇒ estridente.

estriga¹ s f (<lat *stríga*) Porção de linho que se põe na roca de cada vez.

estriga² s f (<lat *strix,ígis*: coruja, bruxa) Feiticeira/Bruxa/Estrige **3**.

estrigar v t (<estriga¹ + -ar) **1** Dividir o linho, atando-o em estrigas. **2** Entrelaçar/Enastrar. **3** Tornar sedoso/macio.

estrige s f (<lat *strix,ígis*: coruja, vampiro) **1** *Ornit* ⇒ coruja. **2** Vampiro com traços de mulher e cadela em lendas orientais antigas. **3** Bruxa/Feiticeira/Estriga².

estrigídeo, a adj/s *Ornit* (<estrige + -ídeo) Diz-se de ave ou de família de aves de rapina no(c)turnas, com cabeça grande, plumagem formando um disco facial e bico forte, a que pertencem a coruja e o mocho; *Strigidae*.

estrilar v int (<it *strillare*: gritar) **1** Emitir um som alto e agudo/Produzir um ruído estridente/Estridular. **2** *Br* Bradar com fúria/Vociferar. **3** *Br* Exaltar-se/Zangar-se/Irritar-se.

estrilo *Br* (<it *strillo*) **1** Som estridente/agudo/penetrante. **2** Grito exasperado em sinal de irritação ou protesto. **3** ⇒ indignação; revolta.

estrincar v t (< ?) **1** Torcer até fazer estalar «os dedos». **2** Fazer ranger os dentes. **3** *Br* Apertar muito.

estrinçar v t (< ?) ⇒ destrinçar.

estriol s m *Bioq* (<ing *estriol*) Hormona sexual feminina de baixa a(c)tividade estrogé[ê]nica.

estripação s f (<estripar + -ção) **1** A(c)ção de tirar as tripas das reses. **2** ⇒ Chacina.

estripador, ora adj/s (<estripar + -dor) (O) que estripa.

estripar v t (<es- + tripa + -ar¹) **1** Tirar as tripas [Rasgar o ventre] ao animal/Desventrar. **2** ⇒ Chacinar.

estritamente adv (<estrito + -mente) **1** Rigorosamente/Exclusivamente/Mesmo. **Ex.** «no avião» Devemos levar o ~ necessário, para evitar o excesso de peso. **2** Apenas/Somente/Só. **Ex.** As relações entre eles são ~ profissionais.

estrito, a adj (<lat *stríctus*) **1** Preciso/Rigoroso/Exa(c)to. **Ex.** Fez isso no ~ cumprimento do dever. **Comb.** *Ling* Sentido ~ [Significado genuíno, por oposição a sentido lato]. **2** Rígido/Intransigente/Severo/Apertado. **Ex.** Guia-se por princípios ~s, precisava de outra [de mais] abertura de espírito. **3** Reduzido/Restrito(+)/Limitado. **Ex.** Um número ~ de pessoas tem acesso a essa informação.

estro (És) s m (<gr *oístros*: moscardo, furor) Entusiasmo artístico/Veia poética/Gé[ê]nio criador/Inspiração. **Ex.** Num soneto do fim da vida, o poeta português Bocage escreve: "Já Bocage não sou/Meu ~ vai parar desfeito em vento…"

estróbilo s m (<gr *stróbilos*: obje(c)to em espiral, pinha) **1** *Bot* Fruto múltiplo em forma de cone/pinha. **2** *Zool* Nas té[ê]nias, cadeia de segmentos, vulgarmente chamados pevides ou sementes. **3** *Zool* Forma larvar de certos celenterados.

estroboscópio s m *Fís/Med* (<gr *stróbos*: volta, remoinho + -scópio) Aparelho usado na análise de movimentos rápidos de corpos «laringe» iluminados por luz intermitente com frequência regulável.

estrofe (Tró) s f (<gr *strophé*) **1** *Liter* Cada grupo de versos de um poema/Estância. **Ex.** O soneto é formado de quatro ~s: duas quadras e dois tercetos. **2** *Liter* Primeira parte da ode grega antiga/pindárica, que era seguida de antístrofe e de epodo.

estrófico, a adj (<estrofe + -ico) Relativo à estrofe/estância.

estrogénio [*Br* **estrogênio]** s m (<estro + -gé[ê]nio) Hormona sexual feminina, ligada ao processo de ovulação e ao desenvolvimento das cara(c)terísticas femininas.

estroina adj s 2g (< ?) **1** Pessoa que anda habitualmente em pândegas/Boé[ê]mio/Doidivanas/Leviano. **Ex.** Leva vida de ~, não sei que futuro o espera. **2** Perdulário/Gastador/Esbanjador.

estroinar v int (<estroina + -ar¹) **1** Levar vida de boé[ê]mio/folgazão/Agir de forma leviana/irresponsável/Divertir-se. **2** Ser perdulário/gastador/esbanjador.

estroinice s f (<estroina + -ice) **1** A(c)ção/Procedimento de pessoa leviana/extravagante/estroina. **2** Boé[ê]mia/Dissipação/Esbanjamento.

estroma (Trô) s m (<gr *stróma,atos*: o que se estende, manta, tapete) **1** Trama de fios de um tecido. **2** *Biol* Parte superficial do ovário animal. **3** *Bot* Massa de tecido de um fungo, formado a partir de hifas entrelaçadas, sendo a maior parte do corpo do cogumelo.

estromateídeo, a adj/s *Icti* (estroma + -ídeo) (Diz-se de) peixe ou família de peixes teleósteos de corpo muito alto e comprimido; *Stromateidae*.

estrompar v t pop (< ?) **1** Estragar/Deteriorar/Arruinar. **2** Cansar(-se) muito/Fatigar(-se)/Esfalfar(-se)/Estafar(-se).

estrona s f *Bioq* (<estro + -ona) Hormona sexual feminina pertencente aos estrogé[ê]nios, produzida no ovário dos vertebrados.

estronca s f (<estroncar) **1** Forquilha para especar no levantamento/na sustentação de pesos grandes. **2** Escora de madeira entre duas paredes para evitar derrocada. **3** Tipo de bitola usada pelos pedreiros.

estroncar v t (<es- + tronco + -ar¹) **1** ⇒ Destroncar/Decepar. **2** Dividir em dois ou mais/Desarticular/Desmembrar/Quebrar.

estrôncio [Sr 38] s m *Quím* (<top *Strontian* (Escócia), onde foi descoberto) Metal alcalino terroso, de cor branca prateada.

estrond(e)ar v int (<estrondo +-(e)ar) **1** Soar com grande barulho/estrondo/Retumbar/Ribombar. **2** Berrar/Vociferar/Esbravejar. **3** Causar grande impacto/sensação/Provocar escândalo/Causar brado.

estrondo s m (es- + lat *tónitrus*: trovão) **1** Ruído súbito e forte. **Ex.** A explosão provocou um ~ que se ouviu a vários quiló[ô]metros de distância. **2** *fig* Agitação/Rumor. **Ex.** O fa(c)to provocou grande ~ no país. **3** *fig* Pompa/Magnificência. **Ex.** O baile foi um ~.

estrondoso, a (Ôso, Ósa, Ósos) adj (<estrondo + -oso) **1** Que causa forte ruído/Que provoca estrondo. **Comb.** Trovão [Gargalhada] ~. **2** Magnificente/Pomposo/Aparatoso. **Ex.** Foi uma festa ~a [de estrondo/arromba]. **3** Muito grande/Impressionante. **Ex.** O êxito da artista foi ~.

estropalho s m (< ?) **1** Pano de lavar a lou[oi]ça/Esfregão(+). **2** Pano velho/Trapo/Farrapo. **3** *fig* Qualquer coisa sem valor/préstimo.

estropeada s f (<estropear) Ruído de pessoas ou animais andando/Tropel/Estrépito.

estropear v int (<es- + tropa + -ear) Fazer grande ruído/Fazer tropel.

estropiado, a adj/s (<estropiar) **1** (O) que está privado de membro/parte do corpo devido a golpe/acidente/Mutilado/Amputado. **Comb.** ~ de guerra. **2** Muito cansado/Fatigado/Alquebrado. **Ex.** O miúdo chegou(-me) a casa ~ de todo. **3** *fig* Adulterado/Deturpado/Desfigurado. **Ex.** Pronuncia de forma tão ~a que, do que disse, pouco entendi. **Comb.** *Ideia ~a. Obra ~a. Palavra ~a. Texto ~.*

estropiar v t (<it *stroppiare*) **1** Cortar(-se) membro/parte do corpo/Mutilar(-se). **2** *fig* Pronunciar [Cantar/Executar] de forma defeituosa/Adulterar/Deturpar/Desfigurar. **3** Fatigar muito/Extenuar/Derrear.

estropício s m (<it *stropiccio*; ⇒ estrupício) **1** Prejuízo/Estrago/Dano. **2** Maldade/Malefício.

estrov[p]o s m (<lat *stróppus*) **1** *Náut* Cabo que liga o remo ao tolete. **2** Fio que prende o anzol à linha de pescar. **3** Cadeado que prende a segunda junta de bois à canga da primeira, quando o carro é puxado por duas juntas/Estrovenga.

estrugido, a adj/s m (<estrugir) **1** *Cul* Que se estrugiu/refogou. **2** s m *Cul* Preparado de cebola picada frita em gordura com outros condimentos/Refogado. **Idi.** *Não cheirar bem o ~* [Pressentir que algo corre mal/que há encrenca]. **3** Ruído sibilante/Zumbido «semelhante ao que faz a frigideira».

estrugir v t < ?) **1** *Cul* Fritar cebola picada em gordura, com outros condimentos/Refogar. **2** Soar fortemente/Atroar/Abalar/Chiar.

estrumação s f (<estrumar + -ção) A(c)ção de estrumar/Fertilização do solo.

estrumada s f (<estrumar + -ada) **1** ⇒ estrumeira. **2** Cada noite que o gado passa no campo para o estrumar.

estrumar v t/int (<estrume + -ar¹) **1** Deitar estrume no solo para o fertilizar/Adubar «o jardim». **2** Fazer estrumeira. **3** ⇒ defecar.

estrume s m (<lat *strúmen*, por *strámen, minis*: palha espalhada) **1** Fertilizante do solo, formado pela mistura fermentada de deje(c)tos de animais domésticos com palha/ramagens que lhes serviram de cama/Esterco. **2** Tudo o que se emprega para fertilizar o solo/Adubo.

estrumeira s f (<estrume + -eira) **1** Lugar onde se deposita ou fermenta o estrume/Esterqueira/Monturo. **2** *fig* Grande sujidade/Lugar imundo/Lixeira.

estrupício s m (<it *stropiccio*; ⇒ estropício) **1** Grande ruído/barulho/Ruído. **2** *Br* Briga/Desordem/Confusão/Motim/Algazarra. **3** *Br* Grave problema/Complicação. **4** *Br* Falta de senso/Despropósito/Burrice/Asneira.

estrupido s m (< ?) **1** Forte barulho/Estrépito(+). **2** Ruído produzido por pessoas/animais andando/Tropel(+).

estrutionídeo, a adj/s (<gr *strouthós*: avestruz + -ídeo) (Diz-se de) ave ou família de aves corredoras de grande porte, a que pertence a avestruz; *Struthionidae*.

estrutura s f (<lat *structúra*: construção) **1** Modo como se organizam/dispõem as diferentes partes de um todo complexo, material ou imaterial. **Ex.** A ~ (administrativa) da empresa é adequada para um bom funcionamento. **Comb.** *do corpo humano. ~ do discurso. ~ do Estado. ~ social.* **2** Conjunto das relações entre os elementos de um sistema. **Ex.** A ~ do sistema filosófico hegeliano é dialé(c)tica. **3** O que foi construído/Edifício. **Ex.** Este hospital é uma ~ fundamental para a nossa região. **4** Equipamentos/Serviços criados para determinado fim. **Ex.** O pavilhão (d)esportivo é uma ~ necessária para a formação da juventude da freguesia. **5** Parte essencial

de alguma coisa/O que dá consistência/Esqueleto/Armação. **Ex.** Ao fazer obras num edifício, importa não atingir/alterar a sua ~. **6** *Biol* Disposição dos diferentes órgãos e tipos de tecidos de um ser vivo. **7** *Quím* Forma de os átomos se organizarem na molécula. **Comb.** *~ató[ô]mica. ~ cristalina*. **8** *Geol* Composição ou disposição das camadas geológicas/Aspe(c)to morfológico das rochas. **Comb.** *~ homogé[ê]nea [heterogé[ê]nea]*. **9** *Ling* Conjunto de unidades inter-relacionadas. **Comb.** *~ da frase. ~ do grupo nominal*. **10** *Gram* Em gramática generativa transformacional, nível superficial ou profundo de representação da frase. **Ex.** A ~ de superfície de uma frase resulta de transformações operadas sobre a sua ~ profunda. **11** *Psic* Consistência anímica [Capacidade de resistência emocional] do sujeito. **Ex.** Não me parece que ele tenha ~ para aguentar tamanha pressão.

estruturação *s f* (<estruturar + -ção) A(c)to ou efeito de estruturar.

estrutural *adj 2g* (<estrutura + -al) **1** Que se relaciona com a estrutura/Que ocorre [se passa] ao nível da estrutura. **Ex.** A fraca produtividade desta economia é ainda [além disso/também] um problema ~. **Comb.** *Reformas/Mudanças ~ais. Crise ~. Desemprego ~*. **Ant.** Conjuntural. **2** ⇒ estruturalista.

estruturalismo *s m* (<estrutural + -ismo) Teoria e metodologia de análise científica que encara o obje(c)to de estudo como um conjunto de elementos não dispersos, mas interdependentes. **Ex.** De início (do séc. XX) em Linguística, e depois em Sociologia, Psicologia e noutras ciências humanas, o ~ marcou uma época.

estruturalista *adj/s 2g* (<estrutural + -ista) **1** Relativo ou pertencente ao estruturalismo. **2** (O) que é seguidor/adepto do estruturalismo.

estruturalmente *adv* (estrutural + -mente) Relativamente à estrutura. **Ex.** As duas instituições, ainda que tenham obje(c)tivos semelhantes, são ~ muito diferentes.

estruturar *v t* (<estrutura + -ar¹) **1** Dar determinada disposição às [Organizar as] partes de um todo seguindo um plano/Dar uma estrutura. **Ex.** O obje(c)tivo era ~ os serviços da empresa racionalizando os custos. **2** Planificar/Elaborar cuidadosamente. **3** ~-se/Adquirir consistência/solidez. **4** ~-se/Conseguir equilíbrio psicológico/Ganhar resistência emocional.

estuação *s f* (<lat *aestuátio,ónis*) **1** Calor intenso. **2** Agitação/Ânsia/Efervescência. **3** Náusea/Enjoo.

estuante *adj 2g* (<lat *aéstuans,ántis*, de *aéstuo,áre*: arder) **1** Que abrasa/Ardente/Escaldante. **Comb.** *Calor ~*. **2** Que se agita/entusiasma/Que vibra. **Ex.** Sempre o conheci de uma a(c)tividade ~ nos proje(c)tos que abraçava [em que participava].

estuar *v int* (<lat *aéstuo,áre*: arder) **1** Estar muito quente/Abrasar/Ferver. **Ex.** O sangue «com a febre/o entusiasmo» estuava-lhe nas veias. **2** ⇒ agitar-se.

estuário *s m Geog* (<lat *aestuárium*) **1** Embocadura larga e longa dum rio, tornando fácil a entrada das águas do mar. **Ex.** A largura do ~ do Amazonas é de muitos quiló[ô]metros. **Comb.** *~ do (rio) Sado. ~ do (rio) Tejo*. **2** Braço de mar/rio que penetra na terra/Esteiro.

estucador, ora *adj/s* (<estucar + -dor) (Pessoa) que tem por profissão trabalhar/modelar em estuque. **Ex.** A sala tem um belo te(c)to, um excelente trabalho de ~.

estucagem *s f* (<estucar + -agem) Operação de revestir com estuque.

estucar *v t* (<estuque + -ar¹) **1** Revestir uma superfície com estuque. **2** Modelar em estuque. ⇒ estocar.

estucha *s f* (<estuchar) **1** Peça de madeira/metal/... com que, sob pressão, se veda um orifício/Bucha(+). **2** Prote(c)ção de pessoa influente/*fam* Cunha/Empenho/*fam* Mãozinha «para obter uma vantagem/um benefício».

estuchar *v t* (<es- + tocha + -ar¹?) **1** Pressionar a entrada da estucha/bucha no orifício a vedar/Embutir. **2** Meter empenho/*fam* cunha, a favor de alguém/Favorecer/Proteger.

estudado, a *adj* (<estudar) **1** Que foi obje(c)to de estudo/Analisado/Aprendido. **Ex.** Os casos ~s não chegam para se tirar uma conclusão. **Comb.** *Matéria [Lição/Compêndio] ~a[o]*. **2** Que foi pensado/planeado/preparado antecipadamente. **Ex.** No futebol, há cada vez mais lances ~s, sobretudo na execução de bolas paradas. **3** Que não é espontâneo/Afe(c)tado/Artificial. **Ex.** Não é grande a(c)tor, nota-se que os gestos são ~s.

estudantada *s f* (<estudante + -ada) **1** Conjunto [Grupo de] estudantes. **2** Brincadeira de estudantes.

estudante *s/adj 2 g* (<estudar + -ante; ⇒ estudantil) (O) que frequenta um estabelecimento de ensino/que estuda/Aluno/Escolar. **Ex.** Os ~s costumam ser irreverentes. **Comb.** *~-trabalhador/Trabalhador-~. Associação de ~s. Jovem ~. col Malta ~*.

estudanteco, a *s depr* (<estudante + -eco) Mau estudante.

estudantil *adj 2g* (<estudante + -il) Que é relativo ou pertence aos estudantes. **Comb.** *Movimento ~. Organização ~. Vida ~*.

estudantina *s f* (<estudante + -ina) **1** Grupo musical de estudantes, vocal ou instrumental/Tuna acadé[ê]mica(+). **2** Música ou canto por eles produzidos.

estudar *v t* (<estudo + -ar¹) **1** Aplicar a atenção e as faculdades mentais para adquirir conhecimentos. **Ex.** Na véspera dos testes, o aluno costuma ~ mais. **2** Frequentar um curso/Ser estudante. **Ex.** Com vinte e cinco anos, ainda anda a ~. **3** Analisar cuidadosamente. **Ex.** Importa ~ a situação, antes de decidir. **4** Observar/Examinar com atenção. **Ex.** Esteve a ~ os movimentos da aranha na teia. **5** Ensaiar previamente/Simular. **Ex.** Diante do espelho, preparava a representação, estudando os gestos. **6** ~-se/Procurar conhecer-se. **Ex.** Gostava de ~-se antes de decidir um rumo.

estúdio *s m* (<ing *studio* <lat *stúdium*: ocupação) **1** Oficina de artista/Ateliê. **Comb.** *~ de arquite(c)to. ~ de escultor*. **2** Gabinete de trabalho. **3** Apartamento pequeno de uma assoalhada. **Ex.** Como é solteiro, comprou um ~. **4** Recinto equipado para gravação sonora ou de imagem. **Ex.** Esteve no ~ a gravar um disco. **Comb.** *~ de fotografia. ~ de rádio. ~ de televisão*. **5** *pl* Conjunto de instalações cinematográficas em que se preparam e gravam as cenas de filmes. **Comb.** *~s de Hollywood*.

estudioso, a (Ôso, Ósa, Ósos) *adj/s* (<lat *studiósus*: ⇒ estudo) **1** (O) que estuda muito/que gosta de saber/Aplicado/Zeloso. **Ex.** O aluno ~ costuma ter bons resultados. **2** (Pessoa) que aprofunda os conhecimentos numa ciência/arte/Especialista. **Ex.** Sobre isso, os ~s ainda discutem. **3** Que revela interesse/gosto por um assunto. **Ex.** Ele é um conceituado ~ dos brasões.

estudo *s m* (<lat *stúdium*: desejo, estudo) **1** Aplicação das faculdades mentais à aquisição de conhecimentos/A(c)to de estudar. **Ex.** As disciplinas [matérias] difíceis exigem muito ~. **Comb.** *Bolsa (de ~)* [Pagamento de despesas escolares a aluno carenciado]. *Livro de ~. Sala de ~. Visita de ~*. **2** Conhecimentos obtidos na escolaridade/Formação acadé[ê]mica. **Ex.** Ele tem ~s, facilmente resolve a questão. **3** *pl* A(c)tividades escolares/Aulas. **Ex.** Os ~s dele não vão muito bem. **4** Sala de colégio onde os alunos preparam as lições/aulas. **Ex.** A esta hora os alunos estão no [na sala de (+)] ~. **5** Análise minuciosa/Exame atento. **Ex.** A situação merece ~. **6** Investigação prévia à execução de obra importante/complexa. **Ex.** Para decidir a localização do aeroporto, pediram-se ~s a várias entidades. **7** Trabalho intelectual sobre um assunto/Ensaio. **Ex.** Fez um ~ sobre uma obra inédita de Eça de Queirós. **8** *Mús* Trecho composto para facilitar ao executante a aprendizagem de uma especialidade musical. **9** *Arte* Obra que o artista faz para se exercitar/Esboço.

estufa *s f* (<estufar) **1** Galeria envidraçada ou espaço coberto, em que se eleva/controla a temperatura, para melhor desenvolvimento de plantas em épocas/regiões frias. **Ex.** No inverno, muitos vegetais são cultivados em ~s. **Idi.** *fig Flor/Planta de ~* [Pessoa de saúde frágil/delicada ou, psicologicamente, muito sensível/susce(p)tível]. **Comb.** *~ fria* [Recinto envidraçado não aquecido, com temperatura e grau de humidade controlados, próprio para o cultivo de plantas que não suportam o sol]. *Meteor Efeito de ~* [Aquecimento exagerado das camadas inferiores da atmosfera devido à poluição por gases, como o dióxido de carbono, metano ...]. **2** Parte do fogão própria para manter a comida quente. **3** Sala muito aquecida para tomar banhos de calor e provocar a transpiração. **4** *fig* Lugar muito quente. **Ex.** Nas tardes de verão esta sala deve ser uma ~! **5** Fogão pequeno e portátil, próprio para aquecer partes de casa. **6** Aparelho de laboratório para esterilizar instrumentos cirúrgicos. **7** *Hist* Antigo pequeno coche de dois assentos, com vidraças.

estufadeira *s f Cul* (<estufar + -deira) Recipiente em que se estufa carne/peixe.

estufado, a *adj/s m* (<estufar; ⇒ estofado) **1** Que se estufou/Refogado. **2** Que se secou em estufa. **3** Metido em forno/câmara com temperatura interna elevada. **4** *Br* Intumescido/Dilatado. **5** *s m Cul* Prato preparado em lume brando, em recipiente fechado, com os sucos próprios do alimento. **Ex.** O ~ estava mesmo [muito] apetitoso.

estufagem *s f* (<estufar + -agem) A(c)ção ou efeito de estufar.

estufar *v t* (<it *stufare*: secar) **1** Pôr em estufa. **2** Secar em estufa. **3** *Cul* Cozer em lume brando, em recipiente fechado, com os sucos do próprio alimento. ⇒ refogar.

estufim *s m* (<estufa + -im) **1** Estufa pequena. **2** Campânula/Caixilho de vidro com que se protegem plantas do frio.

estugar *v t* (< ?) **1** Apressar o passo/Caminhar mais depressa/Aumentar a passada/Acelerar. **2** Estimular/Incitar/Instigar/Tocar. **Loc.** *~ a cavalgadura*.

estultícia *s f* (<lat *stultítia*) Insensatez(+)/Estupidez(+)/Imbecilidade(+)/Parvoíce.

estultificar *v t* (<estulto + -ficar) Tornar-se [Ficar] tolo/Estupidificar.

estulto, a *adj* (<lat *stúltus*) Insensato(+)/Estúpido(+)/Parvo/Imbecil. **Ex.** Ó gente ~a!

estuoso, a *adj* (<lat *aestuósus*: ardente) **1** Muito quente/Abrasador(+)/Escaldante(o+). **Ex.** Caminhava a custo sobre as areias ~as do deserto. **2** ⇒ Tempestuoso(+)/Agitado(o+).

estupefação (Fà) **[Br estupefa(c)ção** *(dg)*] *s f* [= estupefacção] (<lat *stupefáctio, ónis*) **1** Grande surpresa por algo insólito/Assombro/Pasmo/Espanto. **Ex.** A ~ estava-lhe estampada no rosto. **2** Entorpecimento(+)/Adormecimento temporário de uma parte do corpo.

estupefaciente *adj 2g/s m* (<lat *stupefáciens,éntis*, de *stupefácio,ere*: entorpecer) **1** Que estupefica/entorpece/narcotiza. **2** Que causa grande surpresa/pasmo/assombro. **3** Que funciona como droga/Psicotrópico. **4** *s m* Substância natural ou sintética que produz euforia/bem-estar ou serve de analgésico, podendo, pela repetição, criar dependência no organismo. **Ex.** A morfina e a heroína são ~s.

estupefacto, a **[Br estupefa(c)to** *(dg)*] *adj* (<lat *stupefáctus*) **1** Perplexo/Admirado/Ató[ô]nito. **Ex.** Fiquei ~ao ver mulher tão linda [crime tão monstruoso]. **2** ⇒ entorpecido.

estupefazer *v t* (<lat *stupefácio,ere* <*stúpeo,ére*: ficar admirado, sem sentidos + fazer) ⇒ estupeficar.

estupeficar *v t/int* (<lat *stúpeo,ére*: pasmar + -ficar) **1** (Fazer) ficar entorpecido(+)/pasmado/Causar inércia/insensibilidade. **2** Deixar estupefa(c)to/ató[ô]nito(+)/Causar grande surpresa.

estupendo, a *adj col* (<lat *stupéndus*; ⇒ estupefazer) **1** Extraordinário/Invulgar/Excelente. **Ex.** Ele fez um jogo ~, marcando três golos. **2** Maravilhoso/Admirável/Precioso. **Ex.** É um trabalho ~ o que ele faz a ajudar os idosos. **3** Espantoso/Enorme/Colossal. **Ex.** Aquela máquina tem uma força ~a.

estupidamente *adv* (<estúpido + -mente) **1** De modo estúpido/De maneira pouco/nada inteligente. **Ex.** No meio da festa, ~ lembrou-se de falar em desavenças antigas. **2** Sem sentido/Absurdamente. **Ex.** Tão jovem, morreu ~ na estrada. **3** Muito/Demasiado. **Ex.** Na festa, comemos ~.

estupidez *s f* (<estúpido + -ez) **1** Falta de inteligência/discernimento/sensatez. **Ex.** A ~ dele até faz impressão [dele é (algo de /uma coisa) incrível]. **2** Atitude/A(c)ção/Palavra desajustada/Asneira/Parvoíce. **Ex.** Foi uma ~ recorrer a ele. (Mas) que ~ «zangar-se sem razão»! **3** *Med* Ausência de sensibilidade. **4** *Br* Descortesia/Grosseria.

estupidificar *v t* (<estúpido + -ficar) **1** Tirar/Perder discernimento/Tornar(-se) parvo/Embrutecer. **2** Pôr/Ficar momentaneamente incapaz de ajuizar/Pasmar.

estúpido, a *adj/s m* (<lat *stúpidus*; ⇒ estupeficar) **1** (O) que é pouco inteligente/Que tem dificuldade em compreender/*depr* Burro/Bruto. **Ex.** O rapaz, coitado, é um tanto [um pouco] ~. **2** Que não revela bom senso/Disparatado. **Ex.** Teve uma rea(c)ção [intervenção] ~a «na reunião». **3** Grosseiro/Indelicado. **Ex.** O moço é ~, não tem (boas) maneiras. **4** Sem motivação/Aborrecido/Enfadonho/Monótono. **Ex.** Nessa altura [Então] levava [tinha] uma vida ~a, o que me levou à depressão. **5** Sem sentido/Absurdo. **Comb. Acidente ~** [de quem não sabe conduzir]. **Esforço ~** [inútil]. **Luta ~a** [sem sentido/razão]. **Morte ~a** [muito triste]. **6** *col* Exagerado/Demasiado/Excessivo. **Ex.** Está um frio ~, gélido.

estupor (Pôr) *s m* (<lat *stúpor,óris*: entorpecimento, admiração; ⇒ estupeficar) **1** Estado psicopatológico de entorpecimento, em que há imobilidade do corpo, mutismo, olhar fixo, falta de rea(c)ção a estímulos externos. **2** *fig* Assombro/Pasmo/Imobilidade súbita provocada por grande surpresa/medo. **3** *depr* Pessoa feia/Indivíduo de mau cará(c)ter/Patife. **Ex.** Saia já, seu ~!

estuporado, a *adj* (<estuporar) **1** Que está tomado de estupor/Espantado/Pasmado/Surpreso. **2** *col* Que é de má índole/De trato difícil/Ruim/Mau. **Ex.** O rapaz é ~, ninguém faz nada dele [o consegue corrigir]. **3** ⇒ Estragado/Deteriorado.

estuporar *v t* (<estupor + -ar¹) **1** Causar/Sofrer estupor/paralisia. **2** Causar grande surpresa/Estupefazer. **3** Estragar/Deteriorar. **4** ~-se/Tornar-se desprezível/Aviltar-se. **5** ~-se/Irritar-se/Zangar-se.

estuprar *v t* (<estupro + -ar¹) **1** Forçar alguém a ter relações sexuais/Cometer estupro/Violentar/Violar.

estupro *s m* (<lat *stúprum*) Crime de obrigar alguém a ter relações sexuais, sob violência ou grave ameaça/Coito forçado/Violação.

estuque *s m* (<fr *stuc* <it *stucco*) **1** Argamassa feita de cal fina, mármore em pó, gesso e areia, usada em ornamentos e em acabamentos de paredes «de taipa» e de te(c)tos interiores. **Ex.** Está aqui um belo trabalho em ~. **2** Ornamento feito com essa argamassa.

estúrdia *s f* (<aturdir ?) **1** Vida boé[ê]mia/Pândega. **2** A(c)to leviano/Extravagância/Estroinice/Travessura.

estúrdio, a *adj/s* (<estúrdia) **1** Doidivanas/Estroina/Valdevinos. **2** *Br* Fora de moda/Estranho/Esquisito/Extravagante.

esturjão *s m Icti* (<fr *esturgeon*) Peixe ganoide de grande porte, de cujas ovas se faz o caviar; *Huso*.

esturnídeo, a *adj/s Ornit* (<lat *stúrnus*: estorninho + -ídeo) (Diz-se de) pássaro ou família de pássaros a que pertencem os estorninhos; *Sturnidae*.

esturrado, a *adj* (<esturrar) **1** Muito torrado/Quase queimado. **Ex.** A torradeira deixou o pão ~. O arroz do fundo do tacho está um pouco ~. **2** *fig* Intransigente/Radical. **3** *fig* Fanático/Ferrenho. **Comb. Bairrista ~**. **4** *fig* Apegado a ideias obsoletas/Retrógrado/Antiquado. **5** *fig* Que se irrita/exalta facilmente.

esturrar *v t/int* (<es- + torrar) **1** «pão/arroz/carne» Secar até ficar quase queimado/Ganhar [Passar a ter] esturro. **2** *fig* Irritar-se/Inflamar-se/Exaltar-se. **3** *fig* Apegar-se demasiado a alguma coisa/Ser intransigente/fanático.

esturricar *v t/int* (<esturro + -icar) Secar demasiado/Torrar muito. ⇒ estorricar.

esturro *s m* (<esturrar) **1** Estado do que se esturrou. **Ex.** O ~ do feijão deixou um cheiro desagradável na cozinha. **Idi. Cheirar a ~** (a alguém) [Desconfiar que alguma coisa indevida/ilegal está a fazer-se/Suspeitar que algo grave/inconveniente está para acontecer]. **2** O que se queimou.

esvaecer *v t/int* (<lat *evanésco,ere*: dissipar-se) **1** (Fazer) deixar de ser perce(p)cionado/sentido/Esvair(-se)/Dissipar(-se). **Comb.** Lembranças que se vão esvaecendo com o tempo [com o passar dos anos]. **2** Perder as forças/Enfraquecer/Esmorecer. **3** (Fazer) desaparecer/Esbater/Desmaiar.

esvaecimento *s m* (<esvaecer + -mento) A(c)to ou efeito de esvaecer.

esvaimento *s m* (<esvair + -mento) **1** A(c)to ou efeito de esvair/Desaparecimento progressivo/Dissipação. **2** Perda abundante «de líquido orgânico»/Derrame. **3** Desfalecimento/Esmorecimento/Desmaio.

esvair *v t* (<esva(ecer) + -ir) **1** (Fazer) desaparecer progressivamente/Dissipar(-se)/Evaporar(-se). **2** ~-se/Perder grande quantidade «de líquido orgânico»/Esgotar-se. **Ex.** O acidentado [A vítima do acidente «de trânsito»] estava a ~-se em sangue. **3** Desfalecer/Desmaiar. **4** Esbater-se/Desmaiar. **Ex.** O sol tinha feito ~ a cor do toldo.

esvaziamento *s m* (<esvaziar + -mento) **1** A(c)ção ou efeito de retirar o conteúdo de/A(c)to de esvaziar/despejar. **Ex.** Procedeu ao ~ do [Esvaziou o] pneu. **2** Desocupação. **Ex.** O ~ da sala fez-se em poucos minutos. **3** A(c)to de retirar a importância [relevância] a alguma coisa. **Ex.** O governo quis provocar o ~ da manifestação de protesto.

esvaziar *v t* (<es- + vazio + -ar¹) **1** Verter o conteúdo de um recipiente/Despejar/Desocupar. **Loc. ~ o garrafão. Idi. fam ~ o saco** [Contar tudo o que sabe]. **2** Beber todo o líquido de um recipiente. **Ex.** Ele conseguia ~ o copo de um trago. **3** (Fazer) ficar sem pessoas/Evacuar. **Ex.** A chuva forte esvaziou as ruas. A polícia mandou ~ [evacuar(+)] o recinto. **4** Retirar importância [relevância] a alguma coisa. **Ex.** Preocupou-se em ~ o impacto da contestação.

esventrar *v t* (<es- + ventre + -ar¹) Abrir o ventre «de animal» para extrair as vísceras/Estripar(+).

esverdeado, a *adj/s m* (<esverdear) **1** Que tem cor a dar/atirar/puxar para o verde. **Comb. Tecido ~. Tom ~. 2** *s m* Cor tirante a verde.

esverdear *v t* (<es- + verde + -ear) Dar/Tomar cor esverdeada.

esverdinhar *v t* (<es- + verde + -inhar) ⇒ esverdear.

esviscerar *v t* (<es- + víscera + -ar¹) Extrair a um animal as vísceras/Estripar/Esventrar. ⇒ eviscerar.

esvoaçar *v int* (<es- + voo + -açar) **1** Deslocar-se no ar, em pequeno espaço, de um lado para o outro. **Ex.** Os pássaros, em ruidoso chilreio, esvoaçavam de árvore para árvore. **2** Flutuar no ar/Voltear. **Ex.** As folhas secas [caídas] esvoaçam ao vento. **3** *fig* Surgir de forma intermitente «no espírito»/Perpassar. **Ex.** Aquela feliz lembrança esvoaçava-lhe na mente, enquanto tentava adormecer.

eta¹ (É) *s m* Sétima letra do alfabeto grego, correspondente ao *e* fechado (η, Η).

eta² (Ê) *interj br* (< aí está?) Olhem!/Vejam!/Olha! **Ex.** ~! O homem chegou!

-eta (Ê) *suf* (<lat *–itta*) Significa *diminutivo* ou *depreciativo*; ⇒ camis~, chav~, falang~, sin~; histori~, man~, maquin~, paixon~, pern~. ⇒ -ete.

et al. *abrev* (<lat *et álii*: e outros) Indicação bibliográfica de que a obra tem mais de um autor, referindo-se apenas o primeiro deles.

etano *s m Quím* (<fr *éthane*) Hidrocarboneto saturado (C_2H_6), gás inflamável, inodoro e incolor, de que se obtém o eteno e derivados.

etanol *s m Quím* (<etano + -ol) Álcool etílico.

etapa *s f* (<fr *étape*: parada de viajante) **1** Distância percorrida de uma só vez entre duas paragens. **Ex.** Numa prova ciclista por ~s interessa muito a regularidade. A Volta a Portugal tem, este ano, catorze ~s. **Comb. ~ contrarrelógio** [A que os ciclistas disputam partindo um de cada vez]. **~ rainha** [A mais difícil da prova ciclista]. **2** Cada uma das partes/fases de um processo ou sequência. **Ex.** O nascimento do

primeiro filho iniciou uma nova ~ na vida do casal. **3** *Mil* Distância percorrida num dia pelas tropas. **4** *Mil* Ração diária dada aos soldados em campanha. **4** *Mil* Acampamento de soldados quando se interrompe a marcha.

ETAR *s f* Sigla de *Estação de Tratamento de Águas Residuais*.

etário, a *adj* (<lat *aétas,átis*: idade + -ário) Relativo à idade. **Ex.** A este nível ~, não se exige muito aos alunos. **Comb.** *Escalão* ~ «dos 40 aos 50 (anos)». *Faixa* ~*a* «dos três aos cinco (anos)».

etc. (Ètecét(e)ra) *abrev* (<lat *et c(a)etera*: e o resto, e outras coisas mais) Indica que se prescinde de explicitar todos os conteúdos que teriam lugar no contexto. **Ex.** Na escola aprende Português, Matemática, Geografia, ~.

-ete (-Ê) *suf* Significa *diminutivo*; ⇒ beber~, brilhar~, disqu~, estil~, palac~, sabon~. ⇒ -eta.

eteno (Tê) *s m Quím* (<éter + -eno) Composto gasoso (C_2H_4) inflamável, incolor/ Etileno.

éter *s m* (<gr *aithér,ros*: éter, céu) **1** *Quím* Líquido muito volátil e inflamável, que resulta da desidratação do álcool pelo ácido sulfúrico. **2** *Fil* Fluido su(b)til que antigamente se supunha ocupar o espaço entre os astros/Quinta essência. **3** Espaço celeste/Ar/Atmosfera/Céu.

etéreo, a *adj* (<éter + -eo) **1** Da natureza do éter/ Que tem por base o [Em solução de] éter/Su(b)til. **Comb.** *Tintura* ~*a*. **2** Sublime/ Puro/Elevado/Nobre. **Comb.** *Amor* ~. *Música* ~*a*. *Sentimento* ~. **3** Divino/Celestial. **Comb.** *Mansão* ~*a*. *Morada* ~*a*.

eterificar *v t Quím* (<éter + -ficar) Transformar em éter «um álcool/fenol».

eterismo *s m* (<éter + -ismo) **1** Estado de insensibilidade provocado por absorção de éter. **2** Intoxicação provocada pelo éter.

eterização *s f Med* (<eterizar + -ção) Método de anestesia em que há inalação de ar e de vapores de éter.

eterizar *v t* (<éter + -izar) **1** Misturar com éter «uma solução». **2** Dar vapores de éter a respirar para anestesia. **3** Fazer perder a sensibilidade/Insensibilizar. **4** Volatilizar(--se)/Dissipar(-se).

eternal *adj 2g Poe* (<lat *aetérnális*) Que não tem princípio nem fim/Eterno(+).

eternamente *adv* (<eterno + -mente) **1** Por toda a eternidade. **Ex.** Cristo prometeu que o justo será ~ feliz. **2** Sem princípio nem fim. **Ex.** Os cristãos acreditam que Deus existe ~ [Deus é eterno]. **3** Para sempre. **Ex.** Ele disse ficar-lhe ~ agradecido.

eternidade *s f* (<lat *aetérnitas,átis*) **1** Qualidade do que não tem princípio nem fim. **Ex.** A ~ de Deus é um dogma cristão [de Deus impõe-se à nossa inteligência]. **2** Duração do que, tendo começo, não tem fim. **Ex.** A ~ é a razão da esperança para os crentes. **3** *fig* Duração sentida como tempo muito longo. **Ex.** Aquela espera «pelo regresso do meu filho» pareceu-me uma ~. Esperei uma ~ [não sei quanto tempo] «para ser atendido no hospital»! **4** Recordação/Fama imorredoura. **Ex.** A poesia desse autor merece a ~. **5** Vida sem fim, depois da morte, para os crentes/Imortalidade. **Ex.** A morte abre as portas da ~.

eternizar *v t* (<eterno + -izar) **1** Fazer durar para sempre. **Ex.** «o Presidente» Com esta reforma constitucional, pretendia ~-se no poder. **2** Dar [Adquirir] fama imorredoura/ Imortalizar(-se). **Ex.** O poema épico 'Os Lusíadas' eternizou o nome de Camões. **3** Prolongar indefinidamente no tempo/ Perpetuar. **4** «algo desagradável/negativo» Parecer nunca mais acabar/Durar demasiado. **Ex.** Aquele suplício ameaçava ~-se.

eterno, a (Tér) *adj/s m* (<lat *aetérnus*) **1** Que não tem princípio nem fim. **Ex.** Deus é ~. **2** (Que é) de sempre/Imutável. **Ex.** É o ~ choque [É o choque de sempre] entre gerações. **3** Que, tendo princípio, não tem fim/ Sempiterno/Perpétuo. **Ex.** Era merecedor de ~a gratidão. **Comb.** ~ *descanso*/*Descanso* ~/*Sono* ~/*Vida* ~*a* [Vida para lá da morte, segundo os crentes]. **4** (Que é) para toda a vida/Interminável. **Ex.** Os amantes juraram um amor ~. **5** Que se repete sempre/Incessante. **Ex.** Aquele sócio era o ~ ausente das reuniões. Vivia numa ~a ansiedade. **Comb.** ~ *feminino* **a)** Cara(c)terísticas da mulher consideradas imutáveis; **b)** A mulher como tema recorrente/ dominante. *Fil* ~ *retorno* [Teoria segundo a qual, no mundo, tudo regressa sempre ao princípio, passando, a seguir, sempre pelas mesmas fases, num processo ininterrupto]. **6** Que sempre será lembrado/ apreciado pelos homens. **Ex.** O poeta «Miguel Torga» é merecedor de glória ~a. **7** *s m maiúsc Rel* Deus/O Altíssimo/O Senhor.

eteromania *s f Med* (<éter + mania) Impulso patológico para ingerir/inalar/inje(c)tar éter.

eterómano, a [*Br* eterômano] *adj/s* (<éter + -mano) (O) que manifesta propensão para ingerir/inalar/inje(c)tar éter.

ethos (É) *gr* **1** Cará(c)ter/Temperamento/ Comportamento. **Comb.** O ~ *do povo brasileiro*. **2** Hábito/Psicologia/Padrão/Valores. **Comb.** O ~ *do homem moderno* [de hoje/de agora].

ética *s f* (<gr *ethikós,é,ón*, de éthos: costume) Ciência dos costumes verdadeiramente humanos/Parte da Filosofia que trata dos princípios gerais que devem orientar o comportamento humano, distinguindo entre o bem e o mal/Moral. **Ex.** A ~ situa-se a um nível superior ao da Moral. **Comb.** ~ [*Deontologia*] *médica*. ~ *profissional*.

ético, a *adj* (<gr *ethikós* <*ethos,ous*) Que é relativo à ética. **Comb.** *Problema* ~*o*. *Questão* ~*a*. **Ant.** Imoral.

etileno *s m Quím* (<fr *ethylène*) Hidrocarboneto (C_2H_4) que se apresenta como gás incolor e com leve cheiro a éter/Eteno.

etílico, a *adj Quím* (<etilo + -ico) Que contém etilo. **Comb.** *Éter* ~. *Álcool* ~. ⇒ *Álcool metílico*. **2** Provocado pelo excessivo consumo de álcool. **Comb.** *Intoxicação* ~*a*.

etilismo *s m* (<etilo + -ismo) Ingestão exagerada de bebida(s) alcoólica(s)/Alcoolismo(+).

etilizar *v t* (<etilo + -izar) ⇒ Alcoolizar/Embebedar.

etilo *s m Quím* (<fr *éthyle*) Radical orgânico monovalente, formado por carbono e hidrogé[ê]nio (CH_3CH_2).

etilómetro [*Br* **etilômetro**] *s m* (<etilo + -metro) Aparelho que mede o grau de alcoolemia de alguém pelo teor alcoólico do ar expirado. **Ex.** A seguir ao acidente de viação, os condutores foram obrigados a soprar no ~.

étimo *s m Ling* (<gr *étymon*) Vocábulo que está na origem de outro(s). **Ex.** A maior parte dos ~s das palavras portuguesas são (termos) latinos.

etimologia *s f* (<gr *etymología*) **1** Ciência que estuda a origem das palavras de uma língua e da sua evolução até à forma a(c)tual. **2** Origem e evolução de uma palavra. **Ex.** Conhecendo a ~, pode ter-se uma compreensão mais profunda do significado da [de uma] palavra. **Comb.** ~ *popular*/ *Falsa* ~ [A que é construída sobre bases falsas, sem fundamento linguístico] (Ex. A criação do vocábulo *monoquini* a partir de *biquini* é um exemplo de falsa ~).

etimológico, a (<gr *etymologikós*) **1** Relativo à etimologia. **Ex.** As questões ~as são, às/por vezes, de difícil solução. **Comb.** *Estudo* ~. **2** Que está próximo do étimo/ Que está conforme à etimologia. **Ex.** O significado ~ de uma palavra é o mais próximo do significado do seu étimo.

etimologista *s 2g* (<etimologia + -ista) **1** Pessoa que se dedica ao estudo da etimologia. **2** Adepto da ortografia etimológica.

etiologia *s f* (<gr *aitiologia*) **1** Estudo da origem das coisas ou das suas causas. **2** *Med* Parte da medicina que estuda as causas das doenças. **Comb.** ~ *criminal*. *Uma doença de* ~ *desconhecida*.

etiológico, a *adj* (<etiologia + -ico) Relativo à etiologia.

etíope *adj/s 2g* (<Etiópia) **1** (O) que é da Etiópia. **2** *s m* Língua usada nesse país.

Etiópia *s f* República do Nordeste de África, com capital em Adis Abeba.

etiqueta (Kê) *s f* (<fr *étiquette*) **1** Cerimonial usado na corte, junto de Chefe de Estado ou de altas personalidades/Protocolo. **2** Formas cerimoniosas de tratamento entre pessoas, de acordo com a sua importância social. **Ex.** Ele é muito informal, pouco atende à [, não observa a] ~. **3** Fórmulas convencionais usadas em documentos dirigidos a certas personalidades e de acordo com o fim em vista. **4** Pequeno pedaço de pano/plástico cosido no verso de peça de roupa indicando a sua origem, cara(c)terísticas e cuidados de manutenção. **Ex.** Antes de lavar a peça pela primeira vez, verificou a ~. **5** Pedaço de papel/cartão/plástico fixado ou colado a um obje(c)to, identificando-o, indicando a origem/pertença, cara(c)terísticas, preço, … **Ex.** Os quadros da exposição estavam com ~s. Pôs ~ na mala de viagem para evitar o extravio.

etiquetadora *s f* (<etiquetar + -dora) Máquina portátil com que se fixam etiquetas sobre as mercadorias.

etiquetagem *s f* (<etiquetar + -agem) A(c)to ou efeito de etiquetar/Rotulagem.

etiquetar *v t* (<etiqueta + -ar[1]) **1** Pôr etiqueta/rótulo num obje(c)to. **2** Classificar/Rotular/Especificar.

etmoidal *adj* (<etmoide + -al) Relativo ou pertencente ao etmoide.

etmoide (Mói) *s m Anat* (<gr *ethmós*: crivo + -oide) Osso da parte anterior da base do crânio, situado atrás do nariz, entre as órbitas.

etnia *s f* (<etno- + -ia) Grupo de pessoas que têm em comum a língua e a cultura. **Sin.** Raça(+).

étnico, a *adj* (<etno- + -ico) Relativo a etnia. **Comb.** *Conflito* ~. *Grupo* ~.

etno- (Étno) *pref* (<gr *éthnos*: raça, povo) Exprime a ideia de raça humana.

etnocêntrico, a *adj* (<etno- + centro + -ico) Relativo ao etnocentrismo.

etnocentrismo *s m* (<etno- + centro + -ismo) Tendência para considerar o grupo étnico, a nação ou país a que se pertence socialmente mais importante do que os outros. ⇒ racismo.

etnogenia *s f* (<etno- + -genia) Ciência que estuda a origem dos povos.

etnogénico, a [*Br* **etnogênico**] *adj* (<etnogenia + -ico) Relativo à etnogenia.

etnografia *s f* (<etno- + -grafia) Disciplina que tem por obje(c)to descrever os usos e costumes, as instituições, a língua, a religião, a cultura dos diversos grupos huma-

nos ou etnias/Estudo da cultura material de um povo.

etnográfico, a *adj* (<etnografia + -ico) Relativo à etnografia. **Comb.** Museu ~.

etnógrafo, a *s* (<etno- + -grafo) «José Leite de Vasconcelos» Estudioso ou especialista de etnografia. ⇒ antropólogo.

etnolinguística *s f* (<etno- + linguística) Disciplina que estuda as relações entre a organização de uma língua e a a(c)tuação e a visão do mundo da comunidade que a fala.

etnolinguístico, a *adj* (<etno- + linguístico) Relativo à etnolinguística.

etnologia *s f* (<etno- + -logia) Ciência que estuda os dados etnográficos recolhidos, fazendo a sua análise e a comparação entre as culturas de diversos grupos humanos.

etnológico, a *adj* (<etnologia + -ico) Relativo à etnologia.

etnologista *s 2g* (<etnologia + -ista) ⇒ etnólogo.

etnólogo, a *s* (<etno- + -logo) Estudioso dos usos, costumes, instituições, cultura das etnias ou povos/Especialista em etnologia.

etnonímia *s f* (<etnó[ô]nimo + -ia) Parte da onomatologia que estuda os etnó[ô]nimos.

etnónimo [*Br* **etnônimo**] *s m* (<etno- + -ó[ô]nimo) Palavra que designa uma etnia/raça/tribo/casta/nação ou o povo duma região ou de um país.

etnopsicologia *s f* (<etno- + psicologia) Estudo das cara(c)terísticas psicológicas de comunidades humanas/Psicologia dos povos (+).

eto- *pref* (<gr *éthos*: temperamento, cará(c)ter, costume) ⇒ ethos.

-eto, a (-Ê) *suf* (<lat *-ittum,-itta*) Exprime a ideia de **a)** Pequena dimensão (⇒ cor~, folh~, maleta); **b)** Cole(c)tivo (⇒ du~, terc~); **c)** *Quím* Um sal ou composto binário(⇒ clor~, hidrocarbon~).

etocracia *s f* (<eto- + -cracia) Forma de governo fundada nos usos e regras de conduta do grupo social. ⇒ democracia.

etogenia *s f* (<eto- + -genia) Estudo da origem dos costumes e cara(c)terísticas dos povos.

etologia *s f* (<gr *ethología*) **1** *Biol* Estudo dos comportamentos animais no seu meio natural. **2** Ciência que estuda os costumes humanos como fa(c)tos sociais e a sua evolução. ⇒ etnografia.

etopeia *s f* (<lat *ethopoéia*) **1** Descrição dos costumes, cara(c)teres, tendências e paixões dos homens. **2** *Liter* Descrição do cará(c)ter, costumes, paixões, qualidades morais duma personagem. ⇒ cara(c)terologia.

etos ⇒ ethos.

etrusco, a *adj/s Hist* (<lat *etrúscus*) (O) que é «língua/habitante» da Etrúria, antiga região da Itália, correspondente à a(c)tual Toscânia.

eu *pron 2g/s m* (<lat égo) **1** Designa a primeira pessoa do singular e indica quem fala ou escreve. **Ex.** ~ falei com ele. Estiveram todos presentes, menos ~. Quero ser ~ a enfrentar o problema [adversário]. **2** Individualidade do ser humano/Personalidade. **Ex.** O ~ de cada um deve ser respeitado. **3** Princípio de todos os a(c)tos psíquicos do indivíduo. **Ex.** O ~ sente, ama, pensa, decide. **4** *Fil* Sujeito pensante. **Ex.** Descartes parte do ~ para construir o seu sistema [a sua filosofia]. **5** Ponto de referência central de uma visão do mundo/Egocentrismo. **Ex.** Na conversa dele, o ~ surge a cada passo. **6** *Psiq* Em psicanálise, uma das três instâncias do psiquismo/Ego. **Ex.** Freud explica a vida psíquica pelas relações entre o Id, o Ego [~] e o Superego.

eu- *pref* (<gr *eu(s)*: bom, perfeito) Exprime a ideia de **bondade, beleza, felicidade, perfeição**; ⇒ eufonia, eucalipto, evangelho, euritmia.

-eu, -eia *suf* (<lat *-eus,ea,eum*) Significa **local, origem**; ⇒ europeu, plebeu.

EUA Sigla de Estados Unidos da América. **Sin.** USA.

eubiótica *s f* (<eu- + gr *biotiké*: ciência da vida) Conjunto de preceitos ligados à arte de bem viver.

eucaína *s f* (<eu- + (co)caína) Substância usada como anestésico local.

eucaliptal *s m* (<eucalipto + -al) (Local de) plantação de eucaliptos. **Ex.** O aroma do ~ era intenso.

eucalipto *s m Bot* (<eu- + gr *kalyptós*: coberto) **1** Árvore de grande porte, de crescimento rápido, de folhas duras e aromáticas de que se extraem óleos, cuja madeira tem grande valor econó[ô]mico. **Ex.** É agradável o cheiro do ~. **2** Madeira dessa árvore. **Ex.** O ~ é muito usado na indústria da celulose.

eucaliptol *s m Quím* (<eucalipto + -ol) Composto orgânico líquido com cheiro semelhante ao da cânfora, extraído do óleo essencial do eucalipto, com aplicações terapêuticas em perfumaria.

eucaristia *s f Crist* (<gr *eukharistía*: a(c)ção de graças) **1** Sacramento em que Cristo se faz presente nas espécies do pão e do vinho consagrados na Missa. **Ex.** A ~ é o Sacramento do Altar. **2** A(c)to litúrgico de acção de graças, presidido pelo sacerdote, com proclamação da palavra de Deus, consagração e comunhão/(Sacrifício da) Missa. **Ex.** Foi o bispo da diocese que celebrou a ~/Missa. **3** Hóstia consagrada. **Ex.** Cristo está presente na ~.

eucarístico, a *adj* (<eucaristia + -ico) Relativo à eucaristia. **Comb.** Missa [**Celebração ~a**]. **Devoção ~a. Congresso ~. Pão ~** [Corpo de Cristo].

euclidiano, a *adj* (<Euclides + -iano) De [Relativo a] Euclides, matemático grego do séc. III a.C., autor de um modelo de geometria. **Ex.** Ao lado da geometria ~ surgiram, a partir do séc. XIX, as geometrias não ~as «elíptica/analítica».

eudemonismo *s m Fil* (<gr *eudaimonismós*: felicidade) Teoria segundo a qual a procura da felicidade é o fundamento dos valores morais para o indivíduo e para a sociedade. **Ex.** Segundo o ~, é bom todo o a(c)to que conduza à felicidade.

eudiometria *s f Quím* (<eudió[ô]metro + -ia) Análise das misturas gasosas feitas com o eudió[ô]metro.

eudiómetro [*Br* **eudiômetro**] *s m* (<gr *eudía*: calma, bom tempo + -metro) Aparelho para medir as variações de volume das misturas gasosas quando reagem entre si.

eufémico, a [*Br* **eufêmico**] *adj* (<eufem(ismo) + -ico) ⇒ eufemístico.

eufemismo *s m Ling* (<gr *euphemismós*) Figura de estilo que visa atenuar o cará(c)ter desagradável/chocante de uma palavra/expressão referente a um fa(c)to muito doloroso para alguém, empregando palavra/expressão mais suave. **Ex.** Dizer "partir" em vez de "morrer" ["desviar" (dinheiro) em vez de "roubar"] é um ~. Para falar de doença grave ou da morte, usam-se habitualmente ~s.

eufemístico, a *adj* (<eufem(ismo) + -ista + -ico) Relativo a [«palavra/expressão» Que envolve] eufemismo.

eufonia *s f* (<gr *euphōnía*: voz bonita) **1** Combinação de sons agradável ao ouvido/Harmonia de sons. **2** *Gram* Sucessão harmoniosa de sons em palavra ou frase/Elegância. **Ant.** Cacofonia.

eufónico, a [*Br* **eufônico**] *adj* (<eufonia + -ico) Harmonioso/Melódico/Melodioso.

eufórbia *s f Bot* (<gr *euphórbion*) **1** Designação de plantas da família das euforbiáceas, cujo látex tem aplicação medicinal; *Euphorbia*. **2** Resina dessas plantas.

euforbiáceo, a *adj/s Bot* (<lat *euphorbiáceae*) (Diz-se de) planta ou família de plantas de frutos geralmente capsulares, havendo muitas espécies, umas herbáceas, outras lenhosas; *Euphorbiaceae*. **Ex.** A seringueira e a mandioca são ~as.

euforia *s f* (<gr *euphoría*) **1** *Psic* Estado de intenso bem-estar e o(p)timismo, devido ao consumo de álcool/drogas ou a doença psíquica. **2** Grande entusiasmo/Exaltação. **Ex.** Havia ~ na multidão à chegada dos atletas, seus heróis.

eufórico, a *adj* (<euforia + -ico) **1** Que sofre de euforia 1. **2** Que revela grande alegria/entusiasmo. **Ex.** Ficou ~ quando lhe disseram que ficara em primeiro lugar no concurso.

eufrásia *s f Bot* (<gr *euphrasía*) Designação comum de plantas da família das escrofulariáceas, com aplicação terapêutica; *Euphrasia*.

eugenesia *s f* (<eu- + gr *génesis*: nascimento + -ia) **1** *Biol* Meio de obter a melhoria do gé[ê]nero humano. **2** Qualidade procriadora de duas raças humanas que, cruzando-se, podem gerar indivíduos de maior aptidão física/mental. **3** Qualidade de indivíduos capazes de melhorar a descendência.

eugenésico, a *adj* (<eugenesia + -ico) **1** Relativo a eugenesia/Apto a melhorar a raça. **2** Que tem condições para ter boa descendência.

eugenético, a *adj* ⇒ eugenésico.

eugenia *s f* (<gr *eugéneia*) **1** *Biol* Ciência biológica aplicada que visa melhorar o gé[ê]nero humano física ou mentalmente. **2** Conjunto de práticas para evitar doenças hereditárias ou melhorar a estirpe, intervindo clinicamente na reprodução dos indivíduos. **Ex.** A esterilização foi uma prática de ~ usada pelo nazismo.

eugénia [*Br* **eugenia**] *s f Bot* (<lat *eugénia*) Designação comum de plantas tropicais da família das mirtáceas, de que há muitas espécies, como a pitangueira; *Eugenia*.

eugénico, a [*Br* **eugênico**] *adj* (<eugenia + -ico) Que visa a melhoria da espécie humana/Relativo à eugenia. **Ex.** Impedir o casamento consanguíneo é uma medida ~a. **Comb. Aborto ~. Esterilização ~a**.

eugenismo *s m* (<eugenia + -ismo) Teoria e prática que visa o aperfeiçoamento do gé[ê]nero humano, através da sele(c)ção dos progenitores.

eugenista *adj/s 2g* (<eugenia + -ista) **1** (O) que é adepto da eugenia. **2** Estudioso das doutrinas eugé[ê]nicas/Especialista em eugenismo.

eulalia *s f* (<gr *eúlalos*: que fala bem) Boa dicção/Forma agradável de falar.

eulália *s f Bot* (<eulalia) Gramínea de colmo alto e flores em panículas; *Miscantus sinensis*.

eunuco *adj/s m* (<gr *eunoûkhos*: guarda do leito da mulher) **1** *Hist* Homem castrado que guardava as mulheres do harém. **2** Incapaz de procriar/Castrado. **3** *depr* Indivíduo débil de corpo/espírito ou impotente.

eupatia *s f* (<gr *eupátheia*) Aceitação do sofrimento/Resignação/Paciência.

eupatório s m (<lat *eupatórium*: agrimó[ô]nia) Designação comum de plantas da família das compostas, de flores hermafroditas; *Eupatorium*.

eupepsia s f (<gr *eupepsía*) Facilidade de fazer a digestão. **Ant.** Dispepsia.

eupneia s f (<gr *eúpnoia*) Facilidade de respirar. **Ant.** Dispneia.

eurafricano, euramericano, a ⇒ euroafricano, a, ...

Eurásia s f Geog (<Eur(opa) + Ásia) Bloco continental formado pela Europa e pela Ásia.

eurasiano [eurasiático], a adj/s Da Europa e Ásia.

eureca interj ⇒ heureca.

euritérmico, a adj (<euritermo + -ico) Que tolera grandes variações da temperatura ambiente.

euritermo adj/s m (<gr *eurýs*: largo + *thérme*: calor) (O) que suporta grandes variações da temperatura ambiente.

eu(r)ritmia s f (<gr *eurythmía*: movimento bem ritmado) **1** Med Regularidade da pulsação cardíaca. **Ant.** Arritmia. **2** Harmonia entre as partes de um todo/Belas proporções/linhas. **3** Mús Bom ritmo da composição/Harmonia.

euro[1] s m (<Europa) Moeda única de alguns países da União Europeia, desde o ano de 2002. **Ex.** O ~, que tem cem cêntimos, facilitou aos cidadãos as viagens a outros países europeus.

euro[2] s m Geog (<lat *eurus*: vento de leste, que queima) Vento que sopra do oriente.

euro- pref (<Europa) Significa europeu [da Europa].

euroafricano, a adj/s (<euro- + ...) **1** «congresso» Que é relativo, simultaneamente, à Europa e à África. **2** (O) que tem algo «sangue»/cara(c)terísticas da Europa e da África.

euroamericano, a adj/s (<euro- + ...) **1** «comércio» Que é relativo à Europa e à América. **2** (O) que tem algo/cara(c)terísticas da Europa e da América.

euroasiático, a adj/s (<euro- + ...) **1** «intercâmbio» Que é relativo, simultaneamente, à Europa e à Ásia. **2** (O) que tem algo/cara(c)terísticas da Europa e da Ásia.

eurocêntrico, a adj (<euro- + centrar) Centr(aliz)ado na Europa/Que tende a ver o mundo segundo os interesses europeus. **Comb.** Política ~a.

euroceticismo (Cè) **[Br euroce(p)ticismo** (dg)**]** s m [= eurocepticismo] (<euro- + ...) Sentimento/Atitude de desconfiança relativamente ao êxito da construção da União Europeia.

eurocético, a [Br eurocé(p)tico (dg)**]** adj/s [= eurocéptico] (<euro- +...) (O) que não confia no êxito da construção da União Europeia.

eurodeputado, a s (<euro- + ...) Deputado do Parlamento Europeu.

eurodivisa s f Econ (<euro- + ...) Moeda de país europeu investida noutro continente.

eurodólar s m (<euro- + ...) Valor em dólares americanos depositado ou investido em banco europeu.

europeísmo s m (<europeu + -ismo) **1** Qualidade/Cara(c)terística de europeu. **2** Admiração/Gosto pelo modo de vida, valores, cultura dos europeus. **3** Posição/Atitude favorável à União Europeia.

europeísta adj/s (<europeu + -ista) **1** (O) que aprecia/admira o que é europeu. **2** (O) que é favorável à União Europeia.

europeizar v t (<europeu + -izar) Dar/Adquirir cara(c)terística/feição europeia.

europeu, eia adj/s (<gr *europaíos*) **1** Relativo à Europa. **Ex.** A cultura ~eia influenciou (um pouco) todo o mundo. **Comb. Conselho ~. Economia ~eia. Parlamento ~. União ~eia**. **2** (O) que é habitante da Europa. **Ex.** Os (povos/cidadãos) ~s têm-se unido para melhorar as condições de vida.

európio [Eu 63] s m Quím (<Europa + -io) Elemento sólido, metálico, prateado, do grupo das terras raras, da família dos lantanídeos, com aplicação em aparelhos de televisão e em rea(c)tores nucleares.

Eurovisão s f (<Euro(pa) + visão) **1** Transmissor de televisão para toda a Europa. **2** Programa de televisão europeia. ⇒ mundovisão.

eussemia s f (<gr *eusemía*: sinal favorável) Sinal de melhoras na evolução de uma doença.

eustasia s f Geol (<eu- + gr *stásis*: situação + -ia) Alteração do nível do mar em relação aos continentes à escala mundial, devido à variação do volume das águas ou da capacidade das bacias oceânicas.

eustático, a adj Geol (<eustasia) De eustasia. **Comb.** Movimentos ~os [Variações do nível dos oceanos devido a causas não tectó[ô]nicas nem meteorológicas].

eutanásia s f (<gr *euthanasía*: morte serena) **1** Teoria segundo a qual é lícito pôr fim à vida de um doente incurável/terminal, sobretudo se está em grande sofrimento. **Ex.** Há quem defenda a ~. **2** Prática de antecipar/provocar a morte em tais circunstâncias. **Ex.** Alguns países legalizaram a ~.

eutaxia (Cssi) s f (<gr *eutaxía*: boa ordem) Disposição normal/harmó[ô]nica/eutáctica das partes que compõem um organismo animal.

eutimia s f (<gr *euthymía*: alegria) Tranquilidade de espírito/Serenidade/Calma.

eutrofia s f (<gr *eutrophía*) Desenvolvimento regular de todo o organismo/Boa nutrição/Robustez. ⇒ atrofia.

evacuação s f (<lat *evacuátio,ónis*: despejo) **1** A(c)to de evacuar/retirar as pessoas que estão num local/edifício. **Ex.** A polícia determinou a ~ do recinto. **2** Mil Retirada dos feridos/doentes da frente de combate, colocando-os na retaguarda. **3** Expulsão de fezes/excrementos/Defecação/Excreção.

evacuar v t (<lat *evácuo,áre*) **1** (Fazer) sair de um lugar, deixando-o livre/vazio/Desocupar. **Ex.** A polícia mandou ~ o prédio devido ao risco de ruir. **2** Mil Deslocar «os feridos» da frente de combate para a retaguarda. **3** Expelir fezes/excrementos/Defecar. **Ex.** A prisão de ventre traz dificuldade de ~.

evadido, a adj/s (<evadir) (Diz-se do) recluso que fugiu da prisão.

evadir v t (<lat *evádo,ere,vási,vásum*) **1** Evitar «algo desagradável»/Escapar a/Fugir a. **Loc.** ~ um perigo. **2** ~-se/Abandonar, sem autorização ou às ocultas, o local onde se está. **Ex.** Dois reclusos conseguiram ~-se da prisão e anda andam a monte. Depois da briga «o marido» evadiu-se [saiu de casa]. **3** ~-se/Abstrair-se da realidade/Fugir aos problemas/Libertar-se/Alienar-se. **Loc.** Evadir [Faltar a] um compromisso/uma responsabilidade. ~-se a uma resposta [Não responder].

evagação s f (<lat *evagátio,ónis*) Divagação(+)/Distra(c)ção. **Ex.** O espírito dele é dado a ~ões.

evaginação s f Med (<evaginar + -ção) Saída de (uma parte de) um órgão da sua posição normal.

evaginar v t (<lat *evágino,áre*: desembainhar) Sair/Proje(c)tar-se para o exterior.

evanescente adj (<lat *evanéscens,éntis*, de *evanéscere*: esvair-se) **1** «lembrança» Que vai desaparecendo/Que se dissipa/esvai. **2** «paixão» De curta duração/Eféf[ê]mero.

evangelho s m (<gr *euaggélion*: boa nova/notícia) **1** maiúsc Crist Doutrina pregada(É) por Jesus Cristo. **Ex.** Cristo ordenou aos apóstolos que proclamassem o ~ a todos os homens. **2** maiúsc Crist Cada um dos quatro livros do Novo Testamento, que relatam a vida e a doutrina de Cristo. **Ex.** O ~ de S. João foi escrito em fins do séc. I. **Comb. ~s apócrifos** [que não foram aprovados pela Igreja Católica como livros canó[ô]nicos]. **~s sinópticos** [de S. Mateus, S. Marcos e S. Lucas, muito semelhantes entre si quanto aos fa(c)tos narrados]. **3** Texto dos Evangelhos que o sacerdote lê durante a missa/Momento da missa em que se faz essa leitura. **Ex.** A seguir ao ~, o sacerdote faz a homilia. **4** fig Doutrina que alguém apresenta como indiscutível/O que é digno de crédito. **Ex.** A tua palavra não é um ~...

evangeliário s m Rel (<evangelho + -ário) Livro litúrgico que contém o conjunto dos trechos dos Evangelhos que se leem na missa em cada dia do ano. ⇒ le(c)cionário.

evangélico, a adj/s (<lat *evangélicus*) **1** Que é relativo à doutrina de Cristo. **Comb.** Mensagem ~a. **2** Que é conforme aos ensinamentos contidos nos Evangelhos. **Ex.** A humildade ~ é difícil de praticar. **3** Diz-se de uma das Igrejas Protestantes e seita brasileira. **Comb.** Igreja ~a. **4** s Membro de **3**.

evangelismo s m (<evangelho + -ismo) **1** Sistema religioso, social ou político fundado no Evangelho de Cristo. **2** Doutrina das igrejas evangélicas protestantes.

evangelista adj/s Rel (<evangelho + -ista) **1** Cada um dos autores dos quatro Evangelhos. **Ex.** Os ~s são (S.) Mateus, (S.) Marcos, (S.) Lucas e (S.) João. **2** Br Protestante.

evangelização s f (<evangelizar + -ção) A(c)ção de evangelizar/Difusão/Pregação do Evangelho de Cristo/Missionação. **Ex.** A Igreja Católica reconhece a necessidade de uma nova ~ da Europa.

evangelizador, ora adj/s (<evangelizar + -dor) (O) que prega o Evangelho/que evangeliza. **Ex.** Os jesuítas, desde a sua fundação, foram grandes ~es, do Brasil ao Japão. ⇒ apóstolo; missionário.

evangelizar v t (<lat *evangelizo,áre*) **1** Difundir o Evangelho/Pregar(É) a doutrina de Cristo. **2** fig Propor uma visão do mundo/Doutrinar.

evaporação s f (<evaporar + -ção) **1** Passagem lenta e gradual de um líquido «água» ao estado gasoso. **2** fig Desaparecimento «do criminoso»/Dissipação.

evaporar v t (<lat *evapóro,áre*) **1** Provocar/Sofrer a passagem do estado líquido ao gasoso. **Ex.** Devido ao forte calor, depressa a água se evaporou. **2** Perder parte do teor alcoólico por evaporação. **3** fig (Fazer) desaparecer/Sumir(-se)/Dissipar(-se). **Ex.** Não sei como é, mas o dinheiro parece ~-se.

evaporatório, a adj/s m (<evaporar + -tório) **1** Que provoca/facilita a evaporação/Evaporativo/Evaporante. **2** s m Aparelho que serve para produzir/aumentar a evaporação. **3** s m Orifício de saída do vapor.

evaporável adj 2g (<evaporar + -vel) «álcool/água» Que se evapora.

evaporómetro [Br evaporômetro] s m Fís (<evaporar + -metro) Aparelho para avaliar a evaporação da água para a atmosfera/Atmó[ô]metro(+).

evasão s f (<lat *evásio,ónis*; ⇒ evadir) **1** Abandono não autorizado do local onde se está detido/preso/A(c)to de evadir-se/Fuga. **Ex.** Noticiaram a ~de três reclusos. **2** Atitude de evitar enfrentar a realidade quotidiana. **Ex.** A paixão pelo futebol é para muitos uma forma de ~. **3** Falta de cumprimento de uma obrigação legal. **Ex.** Tem-se combatido a fuga ao fisco [o não pagamento de impostos], ou seja, a ~ fiscal.

evasé/ê fr Diz-se da saia feminina que alarga na base, em forma de cone.

evasiva s f (<evasivo) Expressão de sentido vago usada para não responder dire(c)tamente a (uma) pergunta incó[ô]moda/Subterfúgio/Escapatória/Rodeio. **Ex.** Para não se comprometer, respondeu com uma ~. Às perguntas do namorado respondia com ~s.

evasivo, a adj (<evasão + -ivo) **1** Vago/Impreciso/Ambíguo. **2** Que usa expressão vaga para responder a questão difícil. **Ex.** Ele foi ~ na resposta [Ele fugiu à pergunta].

evecção s f (<lat *evéctio,ónis*) **1** A(c)to de se elevar/Elevação(+). **2** *Astr* Irregularidade na órbita da Lua provocada pela atra(c)ção do Sol.

evemia s f Med (<eu- + -emia) Boa qualidade do sangue. ⇒ anemia.

evencer v t Dir (<lat *evínco,ere*: vencer) Desapossar por meios jurídicos/legais/Despojar.

evento s m (<lat *evéntum*) **1** Acontecimento(+)/Fa(c)to/Ocorrência. **Ex.** A vinda do ministro ao concelho foi um ~ de assinalar [~ que merece ser referido]. **2** ⇒ Contingência/Eventualidade(+)/Acaso. **3** *Icti* Abertura que, nos peixes seláquios, liga a faringe ao exterior/Espiráculo. **4** *Zool* Abertura que, nos cetáceos, permite a saída do ar/Resfol(e)gadou[oi]ro/Respiradou[oi]ro.

eventração s f (<fr *éventration*) **1** Hérnia(+) nas paredes abdominais. **2** Ferida no abdó[ô]men [abdome] que dá saída a vísceras/Evisceração(+).

eventual adj 2g (<evento + -al) **1** Que pode acontecer ou não/Hipotético/Possível. **Ex.** Uma ~ crise econó[ô]mica pode obrigar a reestruturar o se(c)tor produtivo. **2** «rendimento» Que existe em [depende de] determinadas circunstâncias. **Comb.** *Comissão ~. Direitos ~ais.* **3** Diz-se do funcionário que não pertence ao quadro de pessoal. **Ex.** Nesta repartição pública há vários funcionários ~ais.

eventualidade s f (<eventual + -idade) **1** Qualidade de eventual. **2** Hipótese/Possibilidade. **Ex.** Há a ~ de ele vir [É possível que ele venha] à reunião. **3** Acontecimento [Circunstância] acidental/Contingência/Caso. **Ex.** Na ~ de eu me atrasar, iniciem [comecem(+)] a reunião (, não esperem por mim).

eventualmente adv (<eventual + -mente) Possivelmente/Casualmente/Talvez. **Ex.** ~, ele traz [Talvez traga] a família.

eversão s f (<lat *evérsio,ónis*: a(c)to de virar, destruir) **1** ⇒ Destruição/Desmoronamento/Ruína. **2** *Anat* Reviramento para fora de uma parte do corpo.

eversivo, a adj (<everter + -ivo) Que causa destruição/Subversivo(+).

everter v t (<lat *evérto,ere,vérsum*: virar) ⇒ Destruir/Arruinar/Subverter.

evicção s f (<lat *evíctio,ónis*) **1** Dir A(c)ção ou efeito de evencer/Perda de um bem para ser entregue ao verdadeiro proprietário, que o reivindicou. **2** Afastamento(+) temporário da escola de alguém afe(c)tado por doença infe(c)tocontagiosa. **Comb.** ~ escolar. **3** Relevação das faltas dadas por esse motivo.

evicto, a adj/s (<lat *evíctus*) **1** Dir (O) que perdeu um bem a favor do verdadeiro proprietário/que sofreu evicção. **2** (O) que está temporariamente afastado da escola devido a ter doença infe(c)tocontagiosa.

evictor, ora s (<lat *evíctor,óris*) Aquele que intenta a evicção.

evidência s f (<lat *evidéntia*) **1** Qualidade do que é evidente/óbvio. **Ex.** A ~ dos fa(c)tos (que o culpabilizavam) deixou-o sem rea(c)ção/resposta/defesa. **Loc.** *Estar/Ficar em ~* [Sobressair/Destacar-se/Distinguir-se]. *Pôr em ~* [Destacar/Salientar]. *Render-se à ~* [Ser forçado por fim a admitir o que antes recusava]. **2** O que está patente/manifesto/claro. **Ex.** A culpa dele neste fracasso é uma ~. **3** Qualidade do que não deixa dúvidas [que é claro e distinto] ao espírito. **Ex.** Descartes fundou na ~ do *eu penso, logo existo* o seu sistema filosófico. **4** O que garante a verdade/Prova. **Ex.** Aqui está a ~ do que acabo de referir. **Loc.** *À ~* [De forma incontroversa/incontestável] (Ex. Mostrou à ~ que era fácil resolver o problema).

evidenciar v t (<evidência + -ar¹) **1** Mostrar de forma clara/evidente. **Ex.** No fim da corrida, evidenciava ainda uma frescura física invejável. **2** ~-se/Salientar-se/Sobressair. **Ex.** Veio a ~-se na administração da fábrica. **3** Realçar/Destacar. **Ex.** Quis ~ as dificuldades da situação.

evidente adj 2g (<lat *évidens,éntis*) **1** Claro/Patente/Óbvio/Manifesto. **Ex.** É ~ que eu não podia recusar o convite. **2** Absolutamente certo/Indubitável/«verdade» Indiscutível. **Ex.** Não se pode negar o que é ~.

evidentemente adv (<evidente + -mente) **1** Sem dúvida/Manifestamente. **Ex.** Estava ~ esperançado num bom resultado. **2** Naturalmente/Obviamente. **Ex.** Um pai, ~, espera a colaboração dos filhos. **3** Com certeza/Claro/Sim. **Ex.** Acha que devo meter [apresentar] o requerimento? – ~! Por que espera(s)?

evisceração s f (<lat *evisceráti̇o,ónis*) **1** A(c)ção ou efeito de eviscerar/Extra(c)ção das vísceras. **2** Saída das vísceras para fora da cavidade abdominal, devido a uma ferida.

eviscerar v t (<lat *evíscero,áre*) Extrair as vísceras/Estripar/Desventrar.

evitar v t (<lat *evíto,áre*) **1** Procurar não encontrar-se com alguém/Esquivar-se a/Desviar-se de. **Ex.** Ele parece ~ o colega. **2** Impedir que algo aconteça. **Ex.** Com essa manobra arriscada conseguiu ~ o acidente. **3** Resguardar alguém de/Privar de/Poupar. **Ex.** Procurava ~-lhe aborrecimentos. **4** Procurar não fazer algo. **Ex.** Evito comer bolos. Estou a ~ despesas inúteis. Evito sair à noite, que é perigoso.

evitável adj (<evitar + -vel) Que pode/deve ser evitado. **Comb.** *Gastos/Despesas ~veis/inúteis*.

eviterno, a adj (<lat *aevitérnus*) «alma humana» Que teve princípio mas não tem fim/Perpétuo/Duradouro.

evo s m Poe (<lat *aévum*: tempo, eternidade) Duração contínua/sem fim/Eternidade.

evocação s f (<lat *evocátio,ónis*) **1** A(c)to ou efeito de evocar. **2** A(c)ção de trazer alguma coisa à memória/Recordação. **Ex.** A ~ das antigas festas na aldeia despertou um sentimento de saudade. **3** Chamamento pelo nome ou atra(c)ção de espíritos em rituais de exorcismos, invocações, magia. **4** Dir Transferência de uma causa judicial de um tribunal para outro.

evocador, ora adj/s (<evocar + -dor) **1** (O) que traz à lembrança/que recorda. **2** (O) que chama/apela/evoca.

evocar v t (<lat *evóco,áre*) **1** Relembrar/Recordar. **Ex.** Gostava de ~ os bons tempos da juventude. **2** Chamar para que apareça/Invocar/Esconjurar. ⇒ evocação **3**. **3** Dir Passar uma causa de um tribunal a outro. **4** Dir Chamar a si o conhecimento de uma causa/demanda/Avocar(+).

evocativo [evocatório], a adj ⇒ evocador.

evoé s m/interj (<gr *euoi*) Grito que as bacantes soltavam nas orgias em honra de Dioniso/Baco.

evolar-se v t (<lat *evólo,áre*) «aroma das flores» Elevar-se no ar (+)/«fumo» Volatilizar-se/«água» Evaporar-se/«dor» Dissipar-se.

evolução s f (<lat *evolútio,ónis*) **1** A(c)to/Processo ou efeito de evoluir. **Ex.** Nota-se uma grande ~ nos vários se(c)tores de a(c)tividade. **2** Desenvolvimento e aperfeiçoamento de um saber, de uma ciência/técnica. **Ex.** No campo da medicina, tem havido uma notável ~ nas terapêuticas. **3** Processo gradativo e progressivo de transformação. **4** *Biol* Teoria segundo a qual uma espécie simples vai dando origem a espécies sempre mais complexas. **Comb.** *Teoria darwiniana da ~*. **5** *Mil* Movimentação de tropas para mudarem de posição/Manobra(+). **6** Série de movimentos desenvolvidos em ciclo harmonioso. **Ex.** A ~ da dançarina teve beleza e graça.

evolucionar v int (<evolução + -ar¹; ⇒ evoluir) **1** Sofrer mudança/transformação. **2** Executar uma série de movimentos para um determinado fim. **Ex.** O avião evolucionou durante alguns minutos sobre a aldeia. **3** *Mil* «a tropa» Executar movimentações para mudança de posição, em manobras. **4** *Náut* «o navio» Mudar de dire(c)ção.

evolucionário, a adj (<evolução + -ário) Relativo a [Que se faz por] evoluções.

evolucionismo s m (<evolução + -ismo) **1** *Biol* Teoria «darwiniana» segundo a qual as espécies vivas têm origem noutras mais simples, por evolução contínua. **2** *Fil* Doutrina filosófico-científica que explica as formas superiores da realidade [os seres vivos, as instituições sociais, a cultura, ...] como resultado da evolução constante a partir de formas menos perfeitas/Transformismo.

evolucionista adj/s 2g (<evolução + -ista) **1** Relativo ao evolucionismo. **Comb.** *Teoria ~*. **2** (O) que é adepto/partidário do evolucionismo.

evoluído, a adj (<evoluir) Que é moderno ou avançado «nas ideias, nas técnicas, na organização social, ...». **Ex.** Nos países ~s, as pessoas podem viver melhor. **Comb.** *Pessoa ~a/instruída/sofisticada*.

evoluir v int (<fr *évoluer* <lat *evólvo,ere,volútum*: fazer girar/andar/rolar) **1** Passar de um estado a outro por processo gradual/Transformar-se/Evolucionar **1**. **2** Passar de uma situação a outra melhor/Aperfeiçoar-se/Melhorar/Avançar. **Ex.** Qualquer pessoa gosta de ~. **3** Realizar uma sequência de movimentos/Evolucionar **2**. **Ex.** No intervalo do jogo, as ginastas evoluíram no relvado com o aplauso do público.

evoluta s f Geom (<lat *evolútus,a,um*, de *evólvo,ere*: rolar) Curva que é o lugar geométrico dos centros de curvatura de outra curva.

evolutivo, a adj (<fr *évolutif*) **1** Relativo a evolução/Que vem por evolução natural. **Ex.** Uma língua viva está sempre num processo evolutivo. **2** Que produz transformação/aperfeiçoamento/evolução. **Ex.** A educação é um fa(c)tor ~ da sociedade.

evolvente s f Geom(<evolver) Curva que interce(p)ta perpendicularmente as tangentes de outra curva.

evolver v int (<lat evólvo,ere: rolar) Desenvolver-se gradualmente/Tornar-se cada vez maior ou mais importante/Evoluir.

evónimo [Br **evônimo**] s m Bot (<gr euónymos) Planta de vários continentes, celastrácea, ornamental/Zaragatoa; Euonymus esropaeus/americanus/japonicus.

evulsão s f (<lat evúlsio,ónis) A(c)to de arrancar violentamente/Avulsão(+)/Extra(c)ção.

evulsivo, a adj (<lat evúlsus, de evéllo,ere: arrancar + -ivo) Que facilita a extra(c)ção/evulsão.

ex- pref (<lat ex) Significa fora de, mais; antes de vogal pronuncia-se como z: exigir = ezigir; antes de consoante pronuncia-se eis ou ecs: expresso = eis[ecs]presso. ⇒ e-; es-.

exação (Zà) s f [= exacção] (<lat exáctio, ónis; ⇒ exigir) 1 A(c)to ou efeito de exigir. 2 A(c)tividade de arrecadar impostos/taxas/emolumentos/Cobrança de contribuições. 3 A(c)to de exigir mais do que é devido. 4 Reclamação de uma dívida. 5 Grande zelo/rigor/perfeição na realização de alguma coisa ou no desempenho de uma função/Exa(c)tidão.

exacção ⇒ exação.

exacerbação (Za) s f (<exacerbar + -ção) 1 Aumento de intensidade/Exacerbamento. 2 Irritação/Exasperação. 3 Med Agravamento temporário de uma doença.

exacerbar (Za) v t (<lat exacérbo,áre: irritar, agravar) 1 Aumentar/Intensificar/Avivar. Ex. A discussão exacerbou-se «e acabou em briga». 2 Tornar mais violento/áspero. 3 Irritar/Exasperar. Ex. Aquela ofensa exacerbou os presentes. Loc. ~ os ânimos/as pessoas. 4 «doença» Agravar-se.

exactamente/exactidão/exacto/ exactor/exactoria ⇒ exatamente/...

ex aequo (Ékzéquo) lat Em lugar/posição/grau equivalente. Ex. Na prova de atletismo, os dois fizeram [gastaram] o mesmo tempo, ficando em segundo lugar ~.

exageração s f (<exagerar + -ção) ⇒ exagero.

exagerado, a adj s (<exagerar) 1 (Pessoa) que relata fa(c)tos sem precisão, aumentando as proporções. Ex. Ele é um ~, é preciso dar sempre um desconto ao que ele diz. 2 Descrito de forma a aumentar a dimensão/importância. Ex. Os elogios foram obviamente ~s. 3 Que não é ajustado/razoável/Excessivo. Ex. A hortaliça está a um preço ~. Foi um castigo ~!

exagerar (Za) v t/int (<lat exággero,áre: amontoar terra) 1 Aumentar a dimensão/valor/importância/Ampliar. Ex. Exagerou as qualidades do colega. Ao apresentar o conferencista costuma ~ (n)os elogios. 2 Fazer algo com exagero/Cometer excesso. Ex. Ele exagera no álcool [Ele bebe demasiado]. 3 Ir para lá do razoável/Não respeitar os limites aceitáveis. Ex. Exagerou nas críticas ao treinador.

exagero (Zagê) s m (<exagerar) 1 Quantidade excessiva de alguma coisa. Ex. Há um ~ de [Há demasiados] carros a circular na cidade. 2 Aumento desmesurado/Excesso. Ex. Chamar multidão àquele grupo de pessoas é um ~. Há ~ nos preços (agora) praticados. 3 Ultrapassagem do limite razoável/aceitável. Ex. Houve ~ de rigor na inspe(c)ção.

exalação s f (<exalar + -ção) 1 A(c)ção ou efeito de exalar(-se). 2 Emissão/Libertação de vapores/gases/odores/Emanação. 3 Libertação de fluidos através da pele. Comb. ~ cutânea. 4 Luminosidade produzida por gases que saem do solo, inflamando-se em conta(c)to com o ar.

exalante adj 2g (<exalar) Que é lançado no ar/ambiente.

exalar (Za) v t (<lat exhálo,áre) 1 Lançar algo volátil para o ar/Emanar/Libertar. Ex. Exalava um odor intenso. 2 ~-se/«éter» Evaporar(-se)/Dissipar(-se). 3 Soltar/Emitir. Ex. Sofreu sem ~ um gemido. Loc. ~ o último suspiro [Morrer]. 4 Deixar transparecer/Manifestar. Ex. Exalava um entusiasmo contagiante.

exalçar v t (<ex- + alçar) Engrandecer/Exaltar/Destacar/Elevar. Ex. Gostava de ~ as qualidades do amigo.

exaltação s f (<exaltar + -ção) 1 Elogio/Glorificação/Louvor. Ex. No sermão, ouvimos a ~ das virtudes do santo «S. Vicente» padroeiro «de Lisboa». 2 Estado de grande excitação/ansiedade de espírito. Ex. Nele, os momentos de ~ são frequentes. 3 Irritação/Fúria/Exasperação. Ex. Num estado de ~ censurou asperamente o empregado. 4 Fisiol Hipera(c)tividade(+) de um órgão ou de uma função. 5 Quím Aumento da a(c)tividade de uma substância ou de uma rea(c)ção.

exaltado, a adj/s (<exaltar) 1 (O) que está muito excitado/«torcedor/fã» descontrolado/arrebatado. Ex. Uma pessoa (de cabeça) ~a não analisa bem a situação. 2 (O) que está irritado/enfurecido/exasperado. Ex. Como estava ~, gritou com o aluno que agiu mal. 3 «amor» Muito intenso/Ardoroso/Exacerbado/Excessivo.

exaltar (Zàl) v t (<lat exálto,áre) 1 ⇒ Pôr em lugar/ponto elevado/Levantar/Erguer. 2 Louvar/Elogiar/Glorificar/Enaltecer/Celebrar. Ex. O conferencista exaltou a arte e a inspiração do poeta. 3 Enobrecer/Engrandecer/Sublimar. Ex. Camões, n'Os Lusíadas, propõe-se ~ os heróis portugueses. 4 Incutir entusiasmo/Excitar/Estimular/Incitar. 5 ⇒ Intensificar/Avivar. 6 ⇒ ~-se/Envaidecer-se. 7 Irritar(-se)/Exasperar(-se)/Enfurecer(-se). Ex. Exaltou-se e barafustou com os miúdos.

ex-aluno, a (Eizalunos) s O que deixou de frequentar uma escola ou de receber lições de um mestre. Ex. Os ~s [antigos alunos] da Escola organizaram um encontro para matar saudades.

exame (Za) s m (<lat exámen,minis: enxame «de abelhas», a(c)ção de pesar) 1 A(c)to ou efeito de examinar/analisar/estudar. Ex. O ~ prévio da documentação é sempre importante num processo. Comb. ~ aprofundado/minucioso/rigoroso. ~ sumário/superficial/aligeirado. ~ de consciência [Revisão que uma pessoa faz do seu comportamento num dado período, sob o ponto de vista moral ou religioso]. 2 Prova(s) a que alguém se submete para comprovar conhecimentos escolares ou a aptidão para desempenhar uma função. Ex. Fez o ~ «de História» com excelente classificação. Loc. Apresentar-se a ~. Ficar aprovado/reprovado em ~. Ir a ~. Passar no ~. Propor(-se) a ~. Comb. ~ de admissão. ~ de aptidão. ~ de código [Prova teórica para comprovar o bom conhecimento das regras de trânsito]. ~ de condução [Prova prática para obter a carta de condução ou licença para conduzir [dirigir] um veículo a motor]. ~ escrito [oral]. 3 Med Observação do doente/paciente pelo médico. Comb. ~ médico. ~ pré-nupcial [realizado em homem e mulher que se propõem casar, para saber se alguma doença obsta à realização do casamento]. 4 Med Meio auxiliar de diagnóstico, como radiografia, ecografia, ... Ex. O médico mandou-me fazer vários ~s. 5 Análise feita por ordem de autoridade judicial ou (d)esportiva. Comb. ~/Controle antidoping [que, a seguir a uma prova (d)esportiva, visa a dete(c)ção de substância dopante, na urina ou no sangue de atleta ou de animal]. ~ médico-legal [que visa a descoberta de possível infra(c)ção penal]. ~ pericial [em que peritos investigam vestígios que possam servir de prova].

examinador, ora adj/s (<examinar + -dor) (O) que avalia os conhecimentos/as competências de alguém/(O) que examina. Ex. Os ~es eram muito rigorosos/exigentes.

examinando, a s (<examinar + -ando) Pessoa que se submete a exame/prova de verificação de conhecimentos/aptidões. Ex. Em geral, os ~s revelaram estar bem preparados.

examinar (Za) v t (<lat exámino,áre: pesar, ponderar) 1 Observar atentamente/Analisar/Estudar. Ex. Estive a ~ os cadernos escolares do meu neto. 2 «o médico» Proceder à observação clínica do paciente. Ex. Examinou-o com todo o cuidado e estava tudo bem. 3 Avaliar/Verificar os conhecimentos/aptidões de alguém em exame. Ex. O júri vai ~ os candidatos em prova escrita e oral. 4 Analisar a própria consciência/Refle(c)tir. Ex. À noite costuma ~-se para ver em que terá falhado.

exangue (Zan) adj 2g (<lat exánguis, por exsánguis,e: pálido) 1 Que ficou sem [Esvaído em] sangue. Ex. O soldado jazia ~. 2 Debilitado/Enfraquecido/Exausto. Ex. O trabalho extenuante de várias horas deixou-o ~. 3 Descorado(Có)/Pálido.

exania s f (<ex- + ânus + -ia) Saída do re(c)to para fora do ânus/Prolapso re(c)tal (+).

exânime adj 2g (<lat exánimis,e: sem vida) 1 Sem alento/Desfalecido/Desmaiado. 2 Que aparenta estar morto.

exantema (Tê) s m Med (<gr exánthema) Erupção cutânea «escarlatina/sarampo» de cor vermelha que ocorre em doença aguda, provocada por bactérias ou vírus.

exarar (Za) v t (<lat éxaro,áre: lavrar fundo) 1 Regist(r)ar por escrito/Lavrar «as condições do contrato». Ex. O dire(c)tor exarou um despacho a deferir o requerimento. 2 Gravar «nome» numa superfície «tronco de árvore»/Inscrever/Entalhar.

exasperação s f (<lat exasperátio,ónis) 1 A(c)to ou efeito de exasperar(-se)/Forte irritação/Exaltação. 2 Intensificação de um mal/sofrimento/Exacerbação «da doença».

exasperante [**exasperador**] adj/s (<exasperar) Que faz perder a paciência/Irritante.

exasperar (Za) v t (<lat exáspero,áre: tornar áspero/ríspido) 1 Irritar/Enfurecer/Exaltar. 2 Avivar/Intensificar/Agudizar.

exaspero (Pê) s m (<exasperar) ⇒ exasperação.

exatamente (Zà) adv [= exactamente] (<exa(c)to + -mente) 1 Rigorosamente/Precisamente. Ex. É ~ como dizes [Tens toda a razão/É mesmo assim]. iron Ela não é ~ uma inteligência. 2 «confirmando o que outrem disse» Isso mesmo/Com certeza/Sim/Certamente. Ex. Então achas que devo partir hoje? – ~, não há tempo a perder. 3 Bem/Propriamente. Ex. Ele não é ~ a pessoa indicada para fazer esse trabalho. O negócio não foi ~ um fracasso mas não compensou tanto trabalho.

exatidão (Zà) s f [= exactidão] (<exa(c)to + -idão) 1 Qualidade do que é exato. Loc. Verificar a ~ do peso [da conta/da medida].

2 Rigor/Precisão/Justeza. **Ex.** A tradução está feita com ~. Ele fez o trabalho com toda a ~/perfeição.

exato, a (Zá) *adj* [= exacto] (<lat *exáctus*; ⇒ exigir) **1** Conforme à realidade/Rigoroso/Preciso. **Ex.** Este é o custo ~ da obra. Não sei o número ~ das pessoas que vêm jantar. **Comb. Ciência ~a** [que se baseia na quantificação rigorosa dos dados e na verificação matemática das hipóteses]. *Resposta* ~. **2** Corre(c)to/Fiel/Perfeito. **Ex.** É a reprodução ~a do que ele disse. **3** Que é cuidadoso a respeitar as regras estabelecidas. **Ex.** Um cientista tem que ser ~ na sua investigação. **4** Que é rigoroso no pormenor. **Ex.** Para ser ~, acrescentarei que ele assistiu a noventa das cem aulas dadas. **5** *m sing adv* «confirmando o que alguém disse» De fa(c)to/Exa(c)tamente **2**/Sim. **Ex.** Então foi ele o culpado? – ~! Não há qualquer dúvida.

exator, ora (Zà) **[***Br* **exa(c)tor** (*dg*)**]** *s* [= exactor] (<lat *exáctor,óris*) Cobrador oficial de impostos/O que faz exações.

exatoria (Zà) *s f* [= exactoria] (<exator + -ia) **1** Repartição (fiscal) para cobrar os impostos. **2** Cargo de exator. ⇒ fisco.

exaurir (Zau) *v t* (<lat *exháurio,ire,áusi, áustum*: esgotar) **1** Gastar até ao fim/Esgotar «todos os recursos/meios»/Acabar. **2** Tirar todo o conteúdo/Esvaziar. **3** Dissipar/Desperdiçar. **Ex.** Em pouco tempo exauriu [esbanjou] a herança do tio. **4** Deixar/Ficar sem forças físicas/psíquicas/Fatigar(-se)/Extenuar(-se). **Ex.** O trabalho duro [difícil/pesado] exauriu-lhe as poucas forças. **5** Debilitar/Depauperar.

exaustão (Zaus) *s f* (<lat *exháustio,ónis*; ⇒ exaurir) **1** Cansaço extremo/Esgotamento. **Ex.** Trabalhou até à ~. **2** Esvaziamento total do fluido de um recipiente/A(c)to de retirar todo o conteúdo. **Ex.** A ~ de cheiros e vapores aqui faz-se com dificuldade. **3** Enfraquecimento/Depauperamento/Empobrecimento. **4** Método matemático de análise que, para a resolução do problema, esgota todas as hipóteses possíveis, aproximando-se indefinidamente de um limite.

exaustivo, a *adj* (⇒ exaurir) **1** Que na análise atende a todos os aspe(c)tos/Que vai até ao ínfimo pormenor. **Ex.** Fez uma investigação ~a do caso. **2** Muito cansativo/Extenuante/Fatigante. **Ex.** O trabalho era ~ e eu não aguentei.

exausto, a (Zau) *adj* (<lat *exháustus*; ⇒ exaurir) **1** Muito cansado/Extenuado/Fatigado. **Ex.** A caminhada deixou-me ~. **2** Gasto/Esgotado/Depauperado. **Ex.** O tesouro público está quase ~. **3** Totalmente esvaziado/Exaurido.

exaustor *s m* (⇒ exaurir) Aparelho para aspirar vapores, ar viciado, maus cheiros. **Ex.** Mandei instalar um ~ sobre o fogão.

exautorar *v t* (<lat *exauctóro,áre*: destituir) **1** Retirar o poder [a autoridade/um cargo/título] a alguém/Destituir. **Loc.** ~ o chefe da polícia. **2** Diminuir o prestígio de [Depreciar] alguém. ⇒ desautorizar. **3** *Mil* Tirar as insígnias a um militar por ter sido condenado por crime militar ou civil.

ex cathedra (Éks cáte) lat *adv* (⇒ cadeira) **1** *Rel* Diz-se de declaração solene do papa em matéria de fé ou costumes. **Ex.** O papa, quando propõe um novo dogma, fala ~. **2** *fig* Diz-se de discurso em tom de autoridade. **Ex.** Não me agrada que alguém fale ~.

exceção (Eiscè) *s f* [= excepção] (<lat *excéptio,ónis*: restrição, ~) **1** A(c)to ou efeito de excluir/excetuar/Não inclusão. **Ex.** O professor fez uma ~ para os alunos que tinham estado no torneio. **Loc.** «todos vieram» ~ **feita a/À/Com ~ de** [Exceto/(A)fora/Menos/Salvo] «um». **Abrir** [Fazer] **uma ~. Com raras ~ções.** «abro a loja às 9 h» **Sem ~**/falha/falta. **2** Desvio do que é comum/geral/O que não segue a regra. **Ex.** Estes dias chuvosos no verão são uma ~. **Loc.** Constituir/Ser (uma) ~. **3** *Gram* Palavra/Construção que se afasta da regra. **Ex.** Convém conhecer a regra antes de estudar as ~ções. **Loc. Não há regra sem ~. A ~ confirma a regra** [Só há ~ porque há regra]. **4** Diz-se de pessoa /instituição que se distingue de outras, para melhor ou pior. **Ex.** Na região, aquela escola é uma honrosa ~. Naquela turma excelente, esse aluno é ~. **5** Condição [Situação] de privilégio/Diferença do que é comum. **Ex.** Ali os parentes gozam de tratamento de ~. **Loc. De ~** [Diferente do comum/Especial]. **Comb. Lei de ~. Medida**/Procedimento **de ~. Regime de ~. Tratamento de ~. Tribunal de ~. 6** *Dir* Alegação com que o réu pretende anular a a(c)ção que lhe foi movida ou retardar o seu desfecho. **Comb.** ~ dilatória.

excecional (Cè) **[***Br* **exce(p)cional**(*dg*)**]** *adj 2g* [= excepcional] (<exceção + -al) **1** Relativo a [Que é] exceção. **Ex.** A falta dele ao trabalho é ~. **2** Que não é vulgar/comum/normal. **Ex.** O ritmo do jogo foi ~ [não foi normal]. Isto só é tolerável em condições ~ais. **3** Excelente/Extraordinário/Brilhante. **Ex.** É um jogador ~ que tem lugar nas melhores equipas. **4** *Br* Diz-se do indivíduo que tem deficiência mental/física/sensorial/Deficiente(+). **Comb.** Criança ~.

excecionalidade (Cè) **[***Br* **exce(p)cionalidade** (*dg*)**]** *s f* [= excepcionalidade] (<excecional + -idade) Qualidade do que não é comum/Cará(c)ter do que é excecional.

excecionalmente (Cè) **[***Br* **exce(p)cionalmente** (*dg*)**]** *adv* [= excepcionalmente] (<excecional + -mente) **1** De modo excecional/Muito raramente. **Ex.** Isto «um desastre» acontece ~, quando tudo falha. **2** Em grau elevado/Extremamente/Imensamente/Extraordinariamente. **Ex.** Ele é ~ alto, o que lhe traz/levanta alguns problemas. **3** Muito bem/Perfeitamente. **Ex.** O artista canta ~ e arrasta multidões de fãs.

excedentário, a *adj/s* (<fr *excédentaire*; ⇒ exceder) **1** (O) que ultrapassa/excede a quantidade necessária/fixada. **Ex.** A produção ~ «de feijão» é encaminhada para a indústria agroalimentar. O pessoal ~ pode ser dispensado. **2** Pessoa que não é admitida por o número de candidatos ser superior ao de vagas/*Br* excedente(+).

excedente *adj 2g/s m* (<exceder + -ente) (O) que ultrapassa o limite fixado/Que excede o necessário/Que sobra. **Ex.** O material ~ é distribuído por instituições de solidariedade social. O ~ é dado a instituições de caridade.

exceder (Eis) *v t* (<lat *excédo,ere,céssi, céssum*) **1** Ser superior em quantidade/número/qualidade/valor/Superar/Ultrapassar. **Ex.** As despesas vão ~ as receitas. Os resultados obtidos excederam as expe(c)tativas. **Ex.** Ela excede todas as colegas em beleza. **2** ~-se/Esmerar-se «na hospitalidade»/Apurar-se/Caprichar em. **Ex.** Excedeu-se na recolha de documentação para este trabalho. **3** ~-se/Ir além do que é conveniente/razoável/Cometer excesso. **Ex.** Os jovens, na discoteca, por vezes excedem-se no consumo de álcool. **4** ~-se/Irritar-se/Enfurecer-se/Irar-se/Exasperar-se. **Ex.** Quando a gente se excede, a relação com os outros torna-se mais difícil.

excelência [Ex.ª] (Eis) *s f* (<lat *excelléntia*) **1** Qualidade. **Ex.** A ~ do seu trabalho é reconhecida por todos. **2** Perfeição/Distinção/Superioridade. **Ex.** Naquela escola superior todos aspiravam à ~. **Loc.** «ele é um intelectual/mestre» Por ~ [No mais alto grau/Em primeiro lugar]. **3** *maiúsc* Tratamento de cortesia dado a pessoas de elevada categoria social (*abrev* Ex.ª). **Ex.** Sua ~ o Presidente da República presidiu à inauguração. A exposição que dirigiu ao ministro começava: *Sr. Ministro da Saúde*, ~.

excelente *adj 2g* (<lat *excéllens,éntis*: superior) **1** Que é de grande qualidade/Muito bom/Ó(p)timo/Distinto/Superior. **Ex.** O livro dele é ~. **2** Que se distingue/evidencia em relação a outros/Brilhante/Notável. **Ex.** Muitos aspiram à classificação de ~. **3** Perfeito/Primoroso. **Ex.** A sua colaboração foi ~. **4** Muito agradável/Delicioso. **Ex.** Aquela doçaria é ~.

excelentíssimo, a [Ex.mo/a] *adj* (<lat *excellentíssimus*) **1** Excelente em elevado grau. **Ex.** Aquele vinho, com mais de quarenta anos, era ~. **2** *maiúsc* Forma de tratamento usada em correspondência escrita, requerimento, exposição, ou quando, de viva voz, alguém se dirige a pessoas por quem se tem consideração (*abrev* Ex.mo/a). **Ex.** O orador começou a conferência dirigindo-se ao Presidente da Mesa: ~ *Sr. Presidente da Câmara Municipal*.

excelsitude *s f* (<excelso + -tude) Qualidade do que é excelso/Elevação/Grandeza/Sublimidade.

excelso, a (Eiscél) *adj* (<lat *excélsus*) **1** Muito alto/Elevado. **Ex.** «o rei» Do seu ~ trono contemplava a multidão dos súbditos. **2** Sublime/Excelente/Magnificente/Admirável. **3** Que se distingue pelas grandes qualidades/Ilustre/Egrégio/Insigne. **Ex.** S. Francisco Xavier é um santo muito venerado pelas suas ~as virtudes.

excentricidade (Eis) *s f* (<excêntrico + -idade) **1** Qualidade ou a(c)ção do que é extravagante/excêntrico. **Ex.** Já estávamos habituados às ~s dele. **2** Desvio ou distanciamento «do bairro» do centro «da cidade». **3** *Mat* Relação constante entre as distâncias de qualquer ponto de uma có[ô]nica/curva ao seu foco e à sua dire(c)triz. **4** *Astr* Distância entre o centro da órbita elíptica de um planeta ou satélite e o foco ocupado pelo Sol ou pelo planeta principal.

excêntrico, a (Eis) *adj/s* (<lat *excéntricus*) **1** (O) que é [procede/pensa de modo] extravagante/esquisito/estranho. **Ex.** Só um ~ podia vir para a rua assim vestido. **2** Que não está no centro. **3** Que se afasta do centro. **4** *Geom* Que não tem o mesmo centro. **Comb. Círculos ~s. Esferas ~s. Ant.** Concêntrico. **5** *s m* Peça que, numa máquina, transforma o movimento circular em movimento re(c)tilíneo de vaivém.

exceção/excepcional/excepcionalidade/excepcionalmente/exceptivo/excepto/exceptuar ⇒ exceção/...

excerto (Eis) *s m* (<lat *excerptum*) Trecho retirado de texto/livro/discurso, .../Extra(c)to. **Ex.** Li uns ~s dessa obra e fiquei maravilhado.

excessivamente *adv* (<excessivo + -mente) Mais do que é desejável/razoável/Demasiado/Exageradamente. **Ex.** Está ~ dependente da ajuda dos pais.

excessivo, a *adj* (<excesso + -ivo) **1** Que é maior do que o normal/desejável/razoável. **Ex.** Mostra um cuidado ~ com a saúde.

Muita gente tem peso ~ [tem excesso de peso(+)]. **2** Que ultrapassa o que é necessário/Desmedido. **Ex.** O zelo ~ não é de louvar. **3** Que leva as coisas ao extremo/Exagerado(+). **Ex.** Ele é um ~, de tudo faz um problema.

excesso (Eis) *s m* (<lat *excéssus*; ⇒ exceder) **1** Diferença, para mais, de uma quantidade sobre outra. **Ex.** No fim das [Feitas as] contas, havia um ~ de trinta euros sobre a quantia regist(r)ada na caixa. **2** O que excede/ultrapassa o que é normal/razoável/legal. **Ex.** O ~ de carga [A carga em ~] no camião dá origem a multa. **Comb.** ~ *de velocidade*. ~ *de zelo*. **3** Troco/Demasia. **Ex.** Deu uma nota grande e o comerciante devolveu-lhe o ~. **4** Limite extremo/Cúmulo. **Comb.** ~ *de amor*. ~ *de paixão*. **5** Comportamento imoderado/Desregramento/Desmando. **Ex.** Os ~s nos jovens não são de estranhar. **6** *pl* Abuso de poder/Violências. **Ex.** Os ~s da polícia têm sido reprimidos.

excetivo, a (Cè) [*Br* **exce(p)tivo** (*dg*)] *adj* [= exceptivo] (<exceto + -ivo) Que faz ou encerra exceção. **Comb.** Cláusula ~a.

exceto (Eiscé) [*Br* **exce(p)to** (*dg*)] *adv/prep* [= excepto] (<lat *excéptus*, de *excípio,ere*: tirar) Menos/(A)fora/Salvo/Não. **Ex.** Vamos sempre à praia, ~ quando o estado do tempo não o permite. Vou ter contigo, ~ [, só] se não puder [, a não ser que não possa]. Todos, ~ ela, foram culpados do que sucedeu. Trabalho todos os dias, ~ aos domingos.

excetuar (Cè) [*Br* **exce(p)tuar** (*dg*)] *v t* [= exceptuar] (<exceto + -ar¹) **1** Não contar com/Fazer exceção de/Deixar de fora/Excluir. **Ex.** Excetuando [A não ser/Exceto] ele, todos foram para casa. **2** *Dir* Impugnar a(c)ção judicial, opondo exceção/*Br* Exce(p)cionar.

excipiente (Eiscí) *s m* (<lat *excípiens,éntis*, de *excípio,ere*: tirar) Substância que, não sendo princípio a(c)tivo dum medicamento, serve para lhe dar uma forma mais conveniente de apresentação ou um sabor mais agradável.

excisão (Eiscí) *s f* (<*excísio,ónis*: corte) **1** *Med* Operação para extrair parte(s) de um órgão ou pequeno tumor/Ablação(+). **2** Mutilação/Amputação. **Comb.** ~ genital feminina (Ex. A ~ genital feminina tem vindo a ser combatida).

excisar *v t* (<lat *excído,ere,císum*: cortar) Fazer excisão em/Cortar.

excitabilidade *s f* (<lat *excitábilis*: excitável + -dade) **1** Qualidade do que é excitável. **2** Propriedade do ser vivo de responder a estímulos. **3** Propensão para reagir emocionalmente de forma excessiva/desproporcionada a uma situação.

excitação *s f* (<excitar + -ção) **1** A(c)ção ou efeito de (se) excitar. **Comb.** ~ *muscular*. ~ *sexual*. **2** Rea(c)ção provocada num indivíduo pela a(c)tuação de estímulos. **Ex.** A ~ provocada por um som forte inesperado difere de pessoa para pessoa. **3** Agitação/Exaltação. **Ex.** Andava numa ~ que o não deixava concentrar-se. **4** Entusiasmo/Animação. **Ex.** Com a feliz notícia, os miúdos foram tomados de uma grande ~. **5** Irritação/Fúria/Exasperação. **Ex.** A ~ que uma injustiça lhe provoca deixa-o doente. **6** *Ele(c)tri* Utilização de uma corrente elé(c)trica para a(c)tivar os indutores de uma máquina elé(c)trica. **Comb.** Corrente de ~.

excitador, ora *adj/s* (<excitar + -dor) **1** (O) que excita/estimula. **2** *s m Ele(c)tri* Instrumento para descarregar a ele(c)tricidade de um condensador/Excitatriz.

excitante *adj 2g/s m* (<excitar + -ante) **1** (O) que excita/estimula/exalta. **Ex.** O café é (um) ~. **2** *s m* Substância que estimula a a(c)tividade do organismo ou as funções psíquicas/Estimulante.

excitar (Eisci) *v t* (<lat *éxcito,áre*) **1** Fazer aumentar a a(c)tividade de um órgão. **2** Provocar uma rea(c)ção física ou psicológica/Estimular. **Ex.** A visão de um combate excita os espe(c)tadores. **3** Agitar/Entusiasmar/Exaltar. **Ex.** Para ~ [animar(+)] os alunos, o professor prometeu-lhes uma excursão à Serra da Estrela (Portugal). **4** Irritar/Exasperar. **5** Despertar emoções. **Ex.** A tua reserva excita nele a curiosidade. **6** Despertar o desejo sexual. **Ex.** As cenas eróticas excitavam-no.

excitável *adj 2g* (<excitar + -vel) Que reage a um estímulo. **Comb.** Órgãos ~veis.

exclamação (Eis) *s f* (<lat *exclamátio,ónis*) **1** A(c)to de expressar, de forma súbita e enfática, sensações/sentimentos/emoções/A(c)to de exclamar. **Ex.** Que belo filme! é uma ~. Soltou uma ~ de alegria. **Comb.** Ponto de ~ [Sinal gráfico de pontuação (!) (a colocar) no fim de frase exclamativa]. **2** O que então se expressa. **Ex.** Ui! e Ai! são ~ções de dor.

exclamar (Eis) *v int/t* (<lat *exclámo,áre*) **1** Dizer em voz alta, com ênfase. **Ex.** Durante o discurso, alguém da assistência exclamou: *Bravo!* **2** Falar em tom exclamativo. **Ex.** *Lindo quadro!* – exclamou extasiado. **3** Vociferar/Gritar/Bradar. **Ex.** Não se cansava de ~ contra o Governo: *Ladrões!*.

exclamativo, a *adj* (<exclamar + -tivo) Relativo a [Em que há] exclamação. **Comb.** *Expressão* ~*a*. *Frase* ~*a*. *Tom* ~.

exclaustrar *v t* (<ex- + claustro + -ar¹) Expulsar do convento. **Ex.** Devido ao seu mau comportamento o monge foi exclaustrado.

excluído, a *adj/s* (<excluir) **1** (O) que foi deixado de fora/(O) que não foi admitido/aceite. **Ex.** Foram ~s [rejeitados] alguns candidatos. **2** (O) que foi afastado/expulso. **Ex.** ~ [Expulso(+)] do colégio, foi trabalhar num restaurante. **3** (O) que sofreu exclusão social/Marginalizado. **Ex.** Importa olhar primeiro para os ~s. **4** (O) que foi reprovado [*pop* que chumbou] em exame. **Ex.** Na pauta, entre trinta alunos, havia cinco ~s/reprovados(+).

excluir (Eis) *v t* (<lat *exclúdo,ere,clúsi,clúsum*) **1** Deixar de fora/Não admitir/Excetuar. **Ex.** Excluíram alguns candidatos por falta de vagas. **2** Impedir de participar em/Afastar. **Ex.** Quiseram excluí[privá]-lo da herança. **3** Mandar embora/Expulsar. **Ex.** Excluíram[Despediram(+)]-no da empresa. **4** Não ter consideração por/Rejeitar/Marginalizar. **Ex.** A sociedade tende a ~ os mais fracos. **5** Não ser compatível com/Não poder coexistir com. **Ex.** A solidariedade no trabalho exclui a competição. **6** Sujeitar a novo exame/Reprovar(+)/*pop* Chumbar. **Ex.** O júri resolveu ~ três examinandos.

exclusão *s f* (<lat *exclúsio,ónis*) **1** A(c)to de deixar de fora. **Ex.** A ~ do candidato ao concurso foi mal aceite. **Loc.** À/Com de [Exce(p)to]. **Ant.** Inclusão. **2** A(c)to ou efeito de expulsar/eliminar/afastar(-se)/excluir(-se). **Ex.** Ninguém desejou a sua ~ do grupo. **Comb.** Por ~ de partes [«conclusão/escolha» Por eliminação de outras hipóteses]. **3** Despojamento/Privação. **Ex.** A ~ dos benefícios sociais não é justa. **4** Marginalização/Discriminação/Segregação. **Comb.** ~ *social*. **5** Reprovação(+) em exame/*pop* Chumbo. **Ex.** Como estudou tão pouco, não deve livrar-se da ~.

exclusivamente *adv* (<exclusivo + -mente) Unicamente/Somente/Apenas. **Ex.** A culpa do acidente é ~ dele.

exclusive *adv* (<lat *exclusive*; ⇒ excluir) Com exclusão de/Exce(p)to/Deixado de fora. **Ex.** Está toda a gente, ~ [exce(p)to/menos(+)] o nosso pai. A próxima lição é até à página 31 ~ [ao fim da p. 30]. **Ant.** Inclusive.

exclusividade *s f* (<exclusivo + -idade) **1** Qualidade/Cara(c)terística do que é exclusivo. **2** Direito exclusivo de vender um produto ou de o explorar numa zona durante determinado período de tempo. **Ex.** A nossa empresa explora o minério em ~. **3** Direito de ser o único a fornecer um serviço. **Ex.** Este canal televisivo transmite, em ~, os jogos deste torneio. **4** Impedimento de exercer mais de uma a(c)tividade ou de o fazer em mais de um regime. **Ex.** No Parlamento, há deputados em regime de ~. Um médico em regime de ~ num hospital público não pode exercer medicina privada.

exclusivismo *s m* (<exclusivo + -ismo) **1** Tendência para não aceitar perspe(c)tivas/ideias diferentes da sua. **Ex.** O seu ~ [orgulho/egocentrismo] irrita, julga-se senhor da verdade. **2** Atitude ou propensão para se fixar apenas numa pessoa/coisa ou num dos seus aspe(c)tos, com exclusão de tudo o mais. ⇒ partidarismo; parcialidade; elitismo.

exclusivista *adj/s 2g* (<exclusivo + -ista) (O) que não aceita outras maneiras de proceder ou pensar diferentes da sua.

exclusivo, a *adj/s m* (<excluir) **1** Que elimina/exclui qualquer partilha com [participação de] outrem. **Ex.** Cabe-lhe a responsabilidade ~a de resolver o problema. **2** Que respeita apenas a uma entidade/Privativo/Restrito. **Ex.** Este carro é de uso ~ do ministro. **3** Que é único/Que não há igual. **Ex.** A nossa empresa fabrica vários modelos ~s/únicos. **4** Que pretende impor uma tendência única. **Comb.** *Gosto* ~. *Ideologia* ~*a*. *Pensamento* ~/fechado. **5** *s m* Direito de estar livre de concorrentes/Monopólio. **Ex.** A empresa tem o ~ da distribuição da correspondência. **Loc.** Em ~ [Com direito a ser o único «a fazer/...»] (Ex. Este canal (de TV) transmite o espe(c)táculo, em ~).

excogitação *s f* (<lat *excogitátio,ónis*) A(c)to ou efeito de excogitar.

excogitar (Eis) *v t* (<lat *excógito,áre*: refle(c)tir, inventar) **1** Meditar/Investigar/Pesquisar. **Ex.** Sentava-se no jardim e ficava (durante) horas a ~. **2** Inventar/Imaginar/Descobrir. **Ex.** Não sei como (é que) o meu filho excogitou aquela solução!

ex-colónia (Eis) [*Br* **ex-colônia**] *s f* Território que se tornou independente do país colonizador. **Ex.** A língua é um fa(c)tor de interligação entre Portugal e as suas ~s e destas entre si.

excomungado, a *adj/s* (<excomungar) **1** *Catol* (O) que sofreu excomunhão. **2** *fig cal* (O) que foi considerado maldito/Amaldiçoado. **Ex.** Que máquina ~a, que não funciona! **3** ⇒ «ter cara de» Mau/Detestável.

excomungar *v t* (<lat *excommúnico,áre*) **1** *Catol* Excluir da comunhão dos fiéis/Aplicar a pena de excomunhão/Anatematizar. **Ex.** O Papa excomungou o bispo rebelde. **2** *fig* Declarar maldito/Amaldiçoar. **3** *fig* Reprovar/Condenar. **4** *fig* Expulsar de um grupo ou de uma comunidade.

excomunhão *s f* (<lat *excommúnio,ónis*) **1** *Catol* Pena que exclui da comunhão dos

fiéis, da rece(p)ção ou administração dos sacramentos, segundo o direito canó[ô]nico. **Ex.** Porque continuou a professar posições heréticas, aplicaram-lhe a pena de ~. **2** A(c)to ou efeito de excluir alguém de um grupo ou de uma comunidade.

ex-cônjuge (Eis) *s 2g* Condição de alguém relativamente à pessoa de quem se divorciou. **Ex.** Não guarda ressentimento do ~.

excreção *s f* (<lat *excrétio,ónis*) **1** *Fisiol* Eliminação pelo organismo de matérias sólidas ou fluidas, não assimiladas. **2** Matéria «fezes/urina/suor/saliva» expelida por vias naturais do organismo.

excrementar *v t* (<excremento + -ar¹) Libertar excremento/Defecar/Evacuar.

excrementício, a *adj* (<excremento + -ício) **1** Relativo a excreção/excremento. **2** Sujo de excremento/Conspurcado.

excremento (Eis) *s m* (<lat *excreméntum*) **1** Matéria sólida ou fluida eliminada pelo organismo/Matéria fecal. **Ex.** A rua da aldeia estava suja de ~s de animais. **2** *fig* Pessoa [Coisa] vil/desprezível. **Ex.** Havia quem o considerasse o ~ da sociedade.

excrescência (Eis) *s f* (<lat *excrescéntia*) **1** Saliência/Proeminência acima de uma superfície «tronco de árvore». **2** *Med* Tumor na pele ou numa mucosa. **Ex.** Estava atento sobretudo a alguma ~ duvidosa/perigosa. **3** O que cresce a mais/Coisa inútil. **4** *fig* Algo supérfluo que quebra a harmonia do conjunto. **Ex.** Aquele acréscimo na casa é uma ~.

excrescente *adj 2g* (<lat *excréscens,éntis*, de *excrésco,ere*) Que forma excrescência/saliência/Que ultrapassa/excede/sobra.

excrescer *v int* (<lat *excrésco, ere*) Crescer para fora ou demasiado/Formar excrescência.

excretar *v t* (<lat *excrétus*, de *excérno,ere, crévi,crétum*: separar) Expelir do organismo por via natural/Evacuar/Segregar.

excreto, a *adj/s* (⇒ excretar) (O) que foi expelido por órgão excretor. ⇒ deje(c)to.

excretor, ora [excretório, a] *adj* (<excretar) Que elimina matérias tóxicas de um organismo/Que faz a excreção. **Comb.** *Canal* ~. «rim» *Órgão* ~. *Sistema* ~.

excruciação *s f* (<lat *excruciátio,ónis*) ⇒ A(c)to de excruciar/Martírio(+)/Tormento.

excruciante (Eis) *adj* (<excruciar + -ante) Aflitivo/«dor/sofrimento»Lancinante/Pungente.

excruciar *v t* (<lat *excrúcio,áre*) **1** Causar grande aflição/Atormentar/Torturar/Martirizar. **2** Causar/Sentir infortúnio/sofrimento.

excursão (Eis) *s f* (<lat *excúrsio,ónis*) **1** Passeio de recreio «à serra/pelo campo» ou de estudo. **2** Viagem de recreio ou cultural organizada, geralmente em grupo e com guia. **Ex.** Este ano, a nossa ~ vai ser a Paris. **3** Grupo que faz essa viagem. **Ex.** Uma parte da ~ está ainda na catedral, a outra parte foi já para as compras. **4** Desvio do assunto principal/Digressão/Excurso. **Ex.** Com tantas e tão longas ~ções [digressões(+)], a exposição dele ficou bastante confusa. **5** Entrada/Investida em terra inimiga/Invasão/Incursão(+).

excursionar *v int* (<lat *excúrsio,ónis*: viagem + -ar¹) Fazer excursão.

excursionismo *s m* (<excursão **1/2** + -ismo) Prática de [Gosto por] excursões.

excursionista *s 2g* (<lat *excúrsio,ónis*: viagem + -ista) Pessoa que participa em excursão. **Ex.** Os ~s visitaram os vários locais de interesse da cidade.

excurso (Eis) *s m* (lat *excúrsus*: digressão) **1** Desvio do assunto principal/Divagação/Digressão(+)/Excursão **4**. **2** Viagem de recreio/Excursão **2**(+).

excutir *v t Dir* (<lat *excútio,tere,cússi,cússum*: despojar dos bens) ⇒ executar **3**.

execração *s f* (<lat *exsecrátio,ónis*) **1** A(c)ção de desejar mal a alguém/Maldição/Praga. **2** Aversão profunda/Ódio/Asco. **3** Pessoa/Coisa que desperta tais sentimentos. **4** *Rel* Profanação de lugar sagrado. **5** *Rel* Perda da condição de consagrado.

execrando, a *adj* (<lat *exsecrándus*, de *éxsecror,ári*: amaldiçoar) Muito odiado/«a(c)ção» Abominável/Execrável.

execrar (Eze) *v t* (<lat *éxsecror,ári*: abominar, excomungar) **1** Ter profunda aversão a [por]/Odiar/Abominar/Detestar. **2** Rogar praga a/Amaldiçoar.

execrável *adj 2g* (<execrar + -vel) **1** Que suscita profunda aversão/Odioso/Execrando. **Comb.** *Crime* ~. *Pessoa* ~. *Plano* ~. **2** Horrível/Péssimo. **3** Ímpio/Sacrílego. **Comb.** *Procedimento* ~.

execução *s f* (<lat *exsecútio,ónis*: conclusão, execução) **1** A(c)to/Efeito/Modo de fazer/executar/realizar. **Ex.** A ~ do trabalho demorou muito tempo. **Loc.** *Dar* ~ *a. Pôr em* ~. **2** Capacidade/Competência/Energia para realizar algo. **Ex.** Ao contrário de outros, ele é homem de ~. **3** Interpretação de peça artística. **Ex.** A ~ da sinfonia foi admirável. **4** *Mús* Mestria/Habilidade a tocar um instrumento. **Ex.** A jovem violinista tem uma ~ quase perfeita. **5** Cumprimento de ordem ou sentença. **Ex.** A ~ do mandado cabe ao oficial de diligências. **Comb.** ~ *fiscal* [A(c)ção coa(c)tiva de cumprimento de obrigação fiscal]. ~ *judicial.* **6** Cumprimento/Consumação da pena de morte. **Ex.** Ali, na ~ dos condenados à morte, usam a cadeira elé(c)trica. **Comb.** *Pelotão de* ~ [Grupo de soldados encarregados do fuzilamento do condenado à morte].

executado, a *adj/s* (<executar) **1** Cumprido/Realizado. **2** *Mús* Interpretado, tocando ou cantando. **3** *Dir* (O) que sofreu [que é réu numa] execução judicial. **4** (O) que foi morto no cumprimento da sentença de condenação à pena capital.

executante *adj/s* (<executar + -ante; ⇒ executor) **1** (O) que realiza/executa alguma coisa. **2** *Mús* (O) que interpreta um trecho musical, tocando ou cantando. **3** *Dir* (O) que leva alguém a juízo para pagamento de dívida/(O) que faz a execução judicial.

executar (Eze) *v t* (<lat *exsecutáre*, de *exséquor,qui,cútus sum*: ir até ao fim) **1** Tornar efe(c)tivo/Realizar/Efe(c)tuar. **Ex.** Queria ~ [fazer] o trabalho hoje. **2** Levar a cabo alguma coisa, segundo o que foi planeado/previsto/determinado. **Loc.** ~ *uma ordem.* ~ *um plano.* ~ *uma sentença*. **3** *Dir* Obrigar a pagar uma dívida, intentando a(c)ção judicial. **4** Levar à prática as determinações de um documento legal. **Ex.** O banco vai ~ a garantia. **Loc.** ~ *o testamento.* **5** Provocar a morte do condenado à pena capital, no cumprimento da sentença. **Ex.** Depois de alguns anos a seguir à sentença, executaram-no esta manhã. **6** *Mús* Interpretar um trecho musical, tocando ou cantando. **Ex.** Foi brilhante a ~ a sinfonia. **7** *Info* Pôr o computador a processar as instruções dum programa.

executivo, a (Eze) *adj/s* (<executar + -ivo) **1** Que realiza/executa. **Ex.** Ele tem uma função ~a. **2** Que tem capacidade de decidir/Que tem a obrigação de fazer realizar/cumprir. **Comb.** *Classe* ~*a* [que, nos aviões, tem categoria logo a seguir à primeira classe]. *Comissão* ~*a. Conselho* ~. **3** A(c)tivo/Decidido. **4** Que é relativo à execução de leis/normas/regulamentos. **Comb.** *Poder* ~. **5** Que participa na administração de uma empresa ou de um organismo. **Comb.** *Pessoal* ~. **6** Relativo à a(c)ção judicial pela qual se exige o pagamento de dívida. **7** *s* Pessoa que ocupa cargo superior em empresa/organização, com poder de decisão. **Ex.** Ela é uma ~a que tem vindo a ganhar prestígio. **8** *s m* Poder executivo numa nação/Governo. **Ex.** O ~ tomou algumas medidas impopulares, mas necessárias. ⇒ (poder) legislativo/judicial.

executor, ora *adj/s* (<lat *exsecútor,óris*; ⇒ executante) **1** (O) que realiza/executa. **2** (O) que faz cumprir leis/regulamentos/ordens. **Comb.** ~ *testamentário* [Magistrado encarregado de dar cumprimento às disposições de um testamento].

executória *s f* (<executório) Repartição encarregada da cobrança dos créditos de uma comunidade.

executório, a *adj* (<lat *exsecutórius*) Que tem que ser cumprido/«julgamento» Que dá poder para executar.

exegese (Ezegé) *s f* (<gr *eksegésis*: interpretação) Interpretação/Comentário de um texto, sobretudo sagrado, esclarecendo o seu verdadeiro sentido. **Comb.** ~ *bíblica.* ⇒ análise; estudo.

exegeta (Ezegé) *s 2g* (<gr *eksegetés*) Pessoa que se dedica à exegese.

exegético, a *adj* (<gr *eksegetikós*) Que é relativo a exegese/Explicativo/Interpretativo. **Ex.** O trabalho ~ tem muitas dificuldades. **Comb.** *Método* ~.

exemplar (Ezem) *adj 2g/s m* (<lat *exempláris*) **1** Que pode servir de modelo/Que se deve imitar/Irrepreensível. **Ex.** O comportamento dele na aula é ~. **2** Que serve de lição/exemplo. **Ex.** Esses desmandos tiveram um castigo ~/severo. **3** *s m* Modelo digno de imitação. **Ex.** Ele tem sido um ~ [modelo(+)/exemplo(o+)] de dedicação à família. **4** *s m* Cada um dos livros/impressos duma tiragem. **Ex.** Fiquei com um ~ autografado pelo autor. A tiragem da primeira edição do livro foi de vinte mil ~es. **5** *s m* Cada um dos obje(c)tos da mesma natureza pertencentes a uma série. **Ex.** Tenho um ~ dessa serigrafia. **6** *s m* Cada indivíduo duma espécie animal ou vegetal/Espécimen. **Ex.** No herbário que, na escola, organizei, tinha um ~ de várias espécies de musgos.

exemplaridade *s f* (<exemplar + -idade) Qualidade do que é digno de ser imitado/Qualidade do que é exemplar/irrepreensível.

exemplarmente *adv* (<exemplar + -mente) **1** De forma digna de imitação/Perfeitamente. **Ex.** Tratou ~ [muito bem] da questão, que era melindrosa. **2** De modo a servir de lição/exemplo. **Ex.** Tais crimes devem ser punidos ~/severamente.

exemplificação *s f* (<exemplificar + -ção) **1** A(c)to ou efeito de exemplificar. **2** Explicação através de exemplos. **Ex.** Com a ~, a lição é mais fácil de compreender. **3** Exemplo que refle(c)te uma situação comum. **Ex.** Este jogo foi a ~ do nível do nosso futebol.

exemplificar *v t* (<exemplo + -ficar) **1** Explicar/Provar com exemplos. **Ex.** Quando exemplificava a matéria com casos do dia a dia, tudo ficava mais fácil. **2** Ser um caso concreto duma situação geral. **Ex.** Esta birra exemplifica o seu comportamento (habitual).

exemplificativo, a *adj* (<exemplificar + -tivo) Que exemplifica. **Ex.** Este acidente é

~ do pouco cuidado de algumas pessoas a conduzir/dirigir na cidade.

exemplo (Ezem) *s m* (<lat *exémplum*) **1** O que pode/deve ser imitado/Modelo. **Ex.** Este funcionário é um ~ para os colegas. **Loc. A ~ de** [Fazendo o mesmo que «alguém fez»] (Ex. Ele [O fiho] é muito trabalhador a ~ dos pais). ***Dar o ~*** [Proceder bem de forma a ser imitado]. **2** O que serve de lição/advertência para o futuro. **Ex.** O castigo aplicado vai servir-lhes de ~/lição. **3** Algo passado que é semelhante ao que está a ser tratado/Precedente. **Ex.** Não há ~ de chuvada tão forte aqui nos últimos anos. Podia dar muitos ~s do que acabo de dizer. **4** Frase/Passagem de um autor citada para abonar uma definição ou confirmar uma regra. **Ex.** Foi buscar um ~ a Garrett.
5 Frase ou expressão com que se pretende ilustrar uma regra ou uso linguístico. **Ex.** Dar ~s ajuda a compreender uma regra gramatical. **Loc.** Construir um ~. ***Por ~ a)*** Indicando caso(s) que ilustra(m) o que se acaba de dizer (Ex. Eu, por ~, deixei de fumar); **b)** Mencionando um ou mais elementos de um conjunto (Ex. Visitámos vários pontos de interesse na cidade, por ~, museus, miradouros, monumentos, …). **6** Elemento de uma classe. **Ex.** A noz e a amêndoa são ~s de fruto seco. **7** Narração e fa(c)to passado que ilustra a doutrina acabada de expor. **Ex.** No fim da leitura piedosa do dia, na devoção do Mês de Maria, vinha sempre o ~, que escutávamos com mais atenção. **8** Provérbio/Ditado/Adágio.

exequátur (Ekze) lat *s m* **1** *Dir* Despacho de um juiz que manda cumprir uma sentença de outro tribunal. **2** Autorização que um Estado concede a cônsul/autoridade de país estrangeiro para exercer a sua a(c)tividade/*Agrément*.

exequente (Ize) *adj/s 2g* (<lat *exséquens, éntis*, de *exséquor,qui*: executar; ⇒ executor[tante]) **1** *Dir* (O) que promove uma execução judicial. **2** *Dir* (O) que executa uma sentença judicial.

exequial (Izekiál) *adj* (<exéquias + -al) «missa» Das exéquias.

exéquias (Izé) *s f pl* (<lat *exséquiae* <*exséquor,qui*: seguir até ao fim) Cerimó[ô]nias religiosas em honra do defunto/Honras fúnebres.

exequibilidade (I[E]ze) *s f* (<exequível, na forma lat *exsequíbilis* + -dade) Qualidade do que pode ser realizado/concretizado/feito/Possibilidade de ser executado. **Ex.** A ~ do proje(c)to levanta algumas dúvidas.

exequível *adj* (<lat *exséquor,qui*: executar + -vel) Que se pode fazer/realizar/executar/Possível/Realizável. **Ex.** O plano parece ~.

exercer (Zer) *v t/int* (<lat *exérceo,ére*; ⇒ exercitar) **1** Pôr em prática/Exercitar. **Ex.** Exerceu o poder com autoridade e bom senso. **2** Desempenhar uma função/profissão. **Ex.** ~ o cargo de dire(c)tor exige muita dedicação. Queria ~ advocacia. O médico exerca no Centro de Saúde. **3** Fazer uso de. **Ex.** Vou ~ o direito de voto [Vou votar]. **4** Produzir/Causar/Provocar. **Ex.** O professor pode ~ [ter] grande influência nos jovens. A torrente de água exerceu [fez] grande pressão sobre o muro.

exercício (E[I]zer) *s m* (<lat *exercítium*) **1** A(c)to de exercer/praticar. **Ex.** O ~ do poder [O mandar] exige bom senso. **2** Desempenho de cargo/função/profissão/Prática. **Ex.** O ~ da medicina obriga a grande dedicação. **Loc. Estar em ~** [efe(c)tiva a(c)tividade]. ***Em ~*** [No a(c)tivo/A(c)tual] (Ex. O presidente em ~ [O a(c)tual presidente] experimenta algumas dificuldades para gerir o clube). **3** A(c)to de usar/usufruir. **Ex.** O ~ do direito de voto [O ir votar] fortalece a democracia. **4** Trabalho prático de treino/aplicação de conhecimentos adquiridos. **Ex.** Está a fazer ~s de Matemática. Esqueci-me do caderno de ~s. **5** Teste de avaliação de conhecimentos. **Ex.** Hoje temos ~ de Inglês e amanhã de Física. **6** A(c)tividade física. **Ex.** O médico aconselhou-me a fazer ~ (físico). Faz ~ para se manter em forma. **7** *Mil* Manobras de treino/instrução militar. **Ex.** A tropa está em ~s. **8** *Rel* Prática de devoção/aperfeiçoamento espiritual/Retiro. **Comb.** «8 dias/um mês de» ~s espirituais. **9** *Econ* Ano econó[ô]mico e financeiro dum Estado ou de uma empresa. **Ex.** Neste ~ [ano da nossa administração] houve um pequeno défice. **10** *Econ* Conjunto de receitas e cobranças durante um ano econó[ô]mico. **11** *Econ* Parte do vencimento que é descontada ao funcionário quando ultrapassa o limite de faltas.

exercitação *s f* (<lat *exercitátio,ónis*) **1** A(c)to de pôr em a(c)ção ou de exercitar/Exercício/Prática. **2** Adestramento/Desenvolvimento de capacidades/competências físicas/mentais pela prática regular/Treino.

exercitante *adj/s 2g* (<exercitar + -ante) **1** (O) que exercita «os músculos». **2** O que faz o retiro/os exercícios espirituais.

exercitar (Ezer) *v t* (<lat *exército,áre*; ⇒ exercer) **1** Repetir uma a(c)tividade/movimento para desenvolver capacidades/aptidões/Treinar. **Ex.** O aluno deve ~ a memória. A natação exercita todos os músculos. **2** Pôr em prática/Exercer(+)/Usar.

exército (Ezér) *s m* (<lat *exércitus*) **1** *Mil* Conjunto das forças militares terrestres [(Ramo das) Forças Armadas] de um país. **Ex.** O ~, a Marinha (de Guerra) e a Força Aérea asseguram a defesa do país. **2** *Mil* Conjunto de tropas que entram em combate comandadas por um oficial superior. **Comb. ~ *de ocupação*** [O que defende um país que invadiu]. ***~ de Salvação*** [Associação religiosa com a finalidade de evangelizar e de ajudar os pobres]. ***~ permanente***/regular. ***~ territorial*** [Corpo de tropas de segunda linha formado por militares na reserva]. **3** *fig* Grande número de pessoas/Multidão.

exergo (Izèr) *s m* (<ex- + gr *érgon*: trabalho) (Parte da) inscrição em moedas ou medalhas.

exfoliar (E(i)s) *v t* (<lat *exfólio,áre*) **1** ⇒ esfoliar. **2** «parte de osso/pele/…» ~-se/destacar-se por lâminas/escamas/fólios devido a necrose.

exibição (Ezi) *s f* (<lat *exhibítio,ónis*) **1** A(c)to ou efeito de exibir(-se). **2** A(c)to de mostrar/apresentar a alguém. **Ex.** A polícia pediu-me a (~ da) carta de condução. **3** Representação/Apresentação de um espe(c)táculo. **Ex.** Esse filme está em ~ até ao fim de semana. **4** Modo de uma pessoa ou grupo interpretar uma peça artística ou desempenhar uma tarefa. **Ex.** A nossa equipa fez uma ~ de sonho [~ muito boa]. A ~ da artista foi (simplesmente/verdadeiramente) notável. **5** Exposição/Ostentação. **Ex.** Criticou a ~ de sinais de riqueza.

exibicionismo *s m* (<exibição + -ismo) **1** Desejo/Gosto de atrair sobre si as atenções/Mania da ostentação. **Ex.** Não apreciava o ~ da colega. **2** *Patol* Tendência para mostrar o corpo/para exibir os órgãos genitais masculinos a transeuntes.

exibicionista *adj/s 2g* (<exibição + -ista) **1** (O) que tem o gosto de atrair sobre si as atenções/(O) que tem a mania da ostentação ou do exibicionismo. **2** *Patol* (O) que gosta de expor a nudez do corpo. ⇒ exibido.

exibido, a *adj/s* (<exibir) (O) que gosta de aparecer/de chamar as atenções sobre si. **Ex.** Ele é um ~. ⇒ exibicionista.

exibir (Ezi) *v t* (<lat *exhíbeo,ére*: mostrar) **1** Pôr à vista/Apresentar/Patentear/Expor. **Ex.** Tive de ~ [mostrar(+)] o passaporte na fronteira. **2** Mostrar intencionalmente/Ostentar. **Ex.** Muito gostava ela de ~ as joias! **3** Apresentar ao público. **Ex.** Este cinema costuma ~ só filmes de qualidade. **4** ~-se/Chamar a atenção sobre si/Pavonear-se. **Ex.** Gostava de ~-se nas festas, subindo sempre para o palco. **5** ~-se/Apresentar-se [A(c)tuar] em espe(c)táculo público. **Ex.** Exibiu-se a muito bom nível e foi aplaudida.

exigência *s f* (<lat *exigéntia*; ⇒ exigir) A(c)to de exigir/reclamar/Solicitação sem admitir recusa. **Ex.** Não aceito tal ~, que me parece descabida/despropositada/ridícula. **2** O que é exigido/reclamado. **Ex.** Ter dezoito anos é a ~ para poder votar. **3** Pedido impertinente/inoportuno. **Ex.** Veio-me com ~s que eu não vou satisfazer [não aceito]. **4** Qualidade de quem é difícil de contentar. **Ex.** O chefe é de uma ~ que irrita. **5** O que é indispensável/Necessidade absoluta. **Ex.** O treino é uma ~ para se obterem bons resultados desportivos. **6** Desejo de perfeição/rigor. **Ex.** Há uma grande ~ do professor na corre(c)ção dos testes. **7** Imperativo/Imposição/Obrigação/Dever. **Ex.** A ~ legal de pagar impostos aplica-se a qualquer cidadão.

exigente *adj* (<exigir) **1** Que reclama/exige dos outros. **Ex.** Ele é uma criança ~, difícil de contentar. **2** Que requer grande esforço/Difícil. **Ex.** O meu curso «Medicina» é ~, obriga a muito estudo. **3** Que espera rigor/perfeição/Rigoroso. **Ex.** Um professor ~ é útil para a formação dos alunos.

exigibilidade *s f* (<exigível, na forma lat *exigíbilis* + -dade) Qualidade/Cará(c)ter do que se pode exigir/reclamar. **Ex.** A ~ da apresentação desse documento parece-me discutível/duvidosa.

exigir (Ezi) *v t* (<lat *éxigo,ere,xégi,xáctum*) **1** Reclamar, sem admitir recusa/Obrigar/Intimar. **Ex.** O polícia exigiu que fizesse o teste de alcoolemia. **2** Tornar absolutamente necessário/indispensável/Requerer. **Ex.** Essa doença exige grandes cuidados. Grandes esforços vão ~ uma alimentação adequada. **3** Esperar/Pretender. **Ex.** Não se pode ~ mais de quem é tão fraco. **4** Fixar como obrigação/Impor/Estabelecer. **Ex.** Pode ~ que lhe apresente as provas do que afirmou.

exigível *adj 2g* (<exigir + -vel) «dívida» Que se pode exigir/reclamar. **Ex.** Esse documento não é ~.

exiguidade (Ezigu-i) *s f* (<exíguo + -idade) **1** Qualidade do que é exíguo/diminuto/acanhado/Pequenez. **Ex.** A ~ do espaço disponível não lhe permite fazer a casa. **2** Pequena quantidade/Escassez. **Ex.** A ~ dos recursos impediu-o de ir estudar para a cidade.

exíguo, a *adj* (<lat *exíguus*) **1** Que é de tamanho pequeno/Diminuto/Apertado/Acanhado. **Ex.** O espaço é ~ para tanta mobília. **2** Escasso/Insuficiente. **Ex.** O tempo é ~ para fazer tudo isso.

exilado, a *adj/s* (<exilar) **1** (O) que sofreu a pena de expulsão da sua pátria ou foi obrigado a abandoná-la/(O) que vive no exílio/Desterrado/Degredado/Expatriado. **Ex.** Lamentava a sua vida de ~. **2** *fig* (O) que de livre vontade se isolou ou foi para lugar distante.

exilar v t (<exílio + -ar¹) **1** Condenar ao exílio/Expulsar um cidadão do seu próprio país. **Ex.** Decidiram ~ alguns adversários políticos. **2** ~-se/Retirar-se voluntariamente do seu país ou ser forçado a fazê-lo/Ir para lugar distante. **Ex.** Descontente com a situação, resolveu ~-se, indo para Paris. **3** fig ~-se/Manter-se afastado/isolado do convívio social.

exílio (Ezí) s m (<lat exsílium) **1** Condição do que foi condenado à pena de expulsão da sua pátria. **Ex.** O ~ era o castigo para os adversários do regime (político). **2** Afastamento da pátria forçado ou voluntário/Desterro/Degredo. **Ex.** O ~ aumentava-lhe o amor pela pátria. **3** Lugar onde vive o exilado. **Ex.** As oportunidades que encontrou no ~ fizeram-lhe esquecer o passado. **4** Isolamento do convívio social/Solidão(+). **Ex.** Escolheu o ~, longe de amigos e familiares. **5** fig Rel Vida terrena do homem, vista como tempo de sofrimento e dificuldades, por oposição à vida eterna, na pátria celeste. **Ex.** Neste mundo de ~, a sua esperança estava no além.

exímio, a (Ezí) adj (<lat exímius) Que é excelente/perfeito em alguma coisa. **Ex.** É ~ a modelar o barro.

eximir (Ezi) v t (<lat éximo,ere: tirar de, livrar) **1** Dispensar de/Isentar de/Desobrigar(-se). **Ex.** Decidiram ~ os jovens de colaborarem na recolha de fundos. **2** Livrar(-se) de/Escapar a. **Ex.** Conseguiu ~-se dessa tarefa [obrigação]. **3** Esquivar-se a/Escusar-se a. **Ex.** Eximiu-se de organizar a festa.

exinanição s f (<exinanir) ⇒ esgotamento (físico).

exinanir v t (<lat exinanío,íre: esvaziar, esgotar) **1** ⇒ esgotar «todas as forças». **2** Fazer desaparecer/Aniquilar.

existência (Ezis) s f (<lat ex(s)isténtia; ⇒ existir) **1** Estado do que vive ou subsiste/Fa(c)to de existir ou de ser real. **Ex.** A ~ de algumas espécies animais está ameaçada. A ~ de minérios na região permitiu o seu desenvolvimento. **2** Modo de viver do homem. **Ex.** Felizmente até teve uma ~ [vida] desafogada e feliz. **3** Tempo de vida/a(c)tividade. **Ex.** O clube tem já uma longa ~. O poeta, na sua curta ~, revelou um notável engenho. **4** Conjunto de mercadorias para venda de uma empresa. **Ex.** As ~s em armazém já não são muitas. **5** Fil «no pensamento aristotélico e escolástico» Princípio metafísico que a(c)tualiza a essência. **Ex.** Num ser concreto, há a confluência da essência e da ~. ⇒ essência.

existencial adj (<lat ex(s)istenciális) **1** Que é relativo à existência, à vida ou à forma como se encara a realidade. **Comb.** Problema ~/vital. **2** Fil ⇒ existencialista.

existencialismo s m Fil (<existencial + -ismo) Doutrina em que o tema central da reflexão filosófica é o homem, afirmando a sua total responsabilidade na construção da própria essência. **Ex.** Segundo o ~, o homem será o que livremente escolher ser.

existencialista adj/s 2g (<existencial + -ista) Relativo ao existencialismo. **Comb.** Filosofia ~. Pensamento ~. **2** Partidário dessa doutrina.

existente adj/s 2g (< ⇒ existir) **1** Que existe/Real/Presente/A(c)tual. **Ex.** A legislação ~ [a(c)tual] é omissa quanto a essa situação. A população da [~ na] minha aldeia é diminuta. **2** (O) que vive/subsiste. **Ex.** As espécies «vegetais» ~s sofrem com a poluição.

existir (Ezis) v t (<lat ex(s)ísto,ere,stiti,stitum) **1** Ser real/Estar presente no mundo/Haver. **Ex.** Podem ~ [Pode haver] muitos problemas, mas podemos superá-los. Ali existem [há] pessoas muito pobres. Esse perigo só existe na tua imaginação. **2** Ter importância/Ser tido em conta. **Ex.** Quem não aparece na comunicação social «TV» não existe. O escritor continua a ~ na sua obra.

êxito (Eizi) s m (<lat éxitus: saída) **1** Resultado final/Desfecho/Consequência. **Ex.** O bom ~ desse proje(c)to depende de vários fa(c)tores. **2** Resultado feliz/Sucesso. **Ex.** Porque estudou, teve ~ nos exames. **Ant.** Fracasso. **3** Aceitação [Adesão] do público. **Ex.** O ~ do artista já era esperado. **Comb.** «um espe(c)táculo/filme» ~ de bilheteira [de venda/de ser visto por muita gente]. ~ de livraria [O livro ser comprado em grande número].

ex-líbris (Eis/Éks) lat s m (<lat ex + líber, bri: livro) **1** Vinheta desenhada ou gravada aposta na capa/contracapa ou no interior do livro, indicando o seu proprietário. **2** Marca que identifica/Símbolo.

exo- (Ezo) pref (<gr éksω: fora (de), para fora; ⇒ e-) Exprime a ideia de fora, exterior.

exocarpo s m Bot (<exo- ...) Parte externa do pericarpo dos frutos/Epicarpo.

exócrino, a adj (<exo- + gr krínω: segregar) **1** Fisiol Diz-se de glândula «salivar» que lança a secreção para o exterior ou para um canal do organismo. **Ant.** Endócrino. **2** Relativo à eliminação de produtos para o exterior do organismo. **Comb.** Secreção ~.

êxodo (Eizo) s m (<gr êksodos: partida) **1** Saída/Migração de um povo ou de uma grande parte da população para outra região. **Ex.** A saída do povo do interior para o litoral tem sido um autêntico ~. **Comb.** ~ rural [Saída da população do campo para a cidade]. **2** maiúsc Rel Segundo livro da Bíblia, que relata a fuga dos hebreus do Egi(p)to, conduzidos pelo profeta Moisés. **3** Episódio final, na antiga tragédia grega.

exoftalmia s f Med (<exo- + gr ophthalmós: olho + -ia) Proje(c)ção do olho [globo ocular] para fora da cavidade orbital.

exogamia s f (<exógamo + -ia) Prática de o casamento se fazer com membro de clã ou tribo diferente.

exógamo, a adj/s (<exo- + -gamo) (Pessoa) que casa com membro de tribo/clã diferente.

exógeno, a adj (<exo- + -geno) **1** Que provém do [Que se desenvolve no] exterior do órgão/organismo/sistema. **Comb.** Fa(c)tor ~. **2** Que tem causa externa. **Ex.** A crise foi causada por fa(c)tores ~s ao país. **3** Geol Que se processa à superfície da Terra ou a pouca profundidade. **Comb.** Formação ~. Rocha ~. **4** Biol Que se origina/desenvolve a partir da membrana celular que reveste um órgão/organismo.

exometria s f Med (<exo- + gr métra: útero + -ia) Deslocação/Inversão do útero.

exomorfismo s m Geol (<exo- ...) Conjunto de alterações produzidas em massas de rochas por intrusão de magma.

exoneração s f (<exonerar + -ção) **1** A(c)ção de dispensar/isentar alguém de uma obrigação ou encargo. **Comb.** ~ do pagamento de propinas [impostos]. **2** Demissão de alguém «ministro» de cargo/funções que desempenha. **Loc.** Decidir a ~. Pedir a ~.

exonerar v t (<lat exónero,áre: descarregar) **1** Libertar(-se)/Dispensar de uma obrigação ou encargo/Desobrigar(-se). **2** Demitir(-se) alguém de um cargo ou de funções que desempenha.

exoneratório, a adj (<exonerar + -tório) Relativo à exoneração de alguém/Que determina a exoneração/demissão. **Ex.** O despacho ~ veio hoje publicado na folha oficial.

exorar v t (<lat exóro,áre) Pedir com insistência/Suplicar(+)/Implorar(+).

exorbitação s f (<exorbitar + -ção) A(c)to ou efeito de exceder/ultrapassar o que é normal/conveniente/Excesso.

exorbitância s f (<exorbitar + -ância) **1** Qualidade do que exorbita/O que é excessivo/O que ultrapassa o que é aceitável/razoável/Abuso. **2** Preço exagerado. **Ex.** Pedir um euro por este pão é uma ~! **3** Saída para fora da órbita.

exorbitante adj 2g (<exorbitar + -ante) **1** Que excede os limites razoáveis/Excessivo/Exagerado/Imoderado. **Comb.** Preço ~ «do pão». **2** Que sai da órbita.

exorbitar v t (<lat exórbito,áre) **1** Tirar/Sair da órbita «um satélite artificial/astro». **2** Abrir muito [Esbugalhar/Arregalar] os olhos. **3** Exceder o limite razoável/Exagerar/Abusar. **4** Ir além dos limites legais do seu cargo. **Ex.** Foi censurado por ~ as suas funções. **5** Afastar-se da norma comum.

exorcismar v t (<exorcismo + -ar¹) ⇒ exorcizar.

exorcismo s m (<gr eksorkismós) **1** Rel Cerimó[ô]nia/Reza para esconjurar de alguém o demó[ô]nio e outros espíritos malignos. **2** fig Afastamento definitivo/Expulsão.

exorcista adj/s 2g (<gr eksorkistés) **1** (O) que faz exorcismos. **2** Rel Clérigo autorizado pela Igreja para, através de rezas, afastar, do corpo de pessoas, espíritos malignos.

exorcizar v t (<gr eksorkízω) **1** Expulsar, do corpo de alguém, espíritos malignos com rezas, esconjuros, fórmulas rituais/Fazer exorcismo. **2** fig Afastar completamente/Esconjurar.

exordiar v t/int (<exórdio + -ar¹) **1** Fazer uma pequena introdução a um texto/Fazer um exórdio/Prefaciar. **2** Iniciar um discurso/Começar a falar/Principiar.

exórdio s m (<lat exórdium: urdidura, primeiro trabalho do tecelão, origem, ~) **1** Primeira parte de um discurso, onde se transmite uma ideia geral do assunto a tratar/Preâmbulo/Proé[ê]mio/Prólogo. **2** Parte inicial de uma obra literária/Prefácio/Introdução. **3** Origem/Princípio «de um grande empreendimento».

exortação s f (<lat exhortátio,ónis) **1** A(c)to ou efeito de exortar «os alunos a estudar». **2** Discurso para convencer/persuadir alguém a fazer alguma coisa/Incitamento/Encorajamento. **Ex.** Fez-lhes uma ~ para ajudarem os mais carenciados da vila. **3** ⇒ Advertência/Conselho. **4** ⇒ Repreensão/Admoestação.

exortar v t (<lat exhórtor,ári,exhortátus sum) **1** Procurar convencer [Persuadir/Induzir] alguém a fazer alguma coisa/Incitar/Estimular. **Ex.** Exortou-o ao estudo. **2** Advertir/Aconselhar. **Ex.** Esteve a ~ o filho a não perder tempo com ninharias. **3** ⇒ Repreender/Admoestar.

exortativo [exortatório], a adj (⇒ exortar) Que tem a função de exortar.

exosfera s m Geog (<exo- + esfera) Última camada da atmosfera terrestre, situada acima de 750 km, com temperaturas entre 1500° e 2000° C, de densidade muito baixa.

exosmose s f Fís (<exo- + osmose) Corrente de dentro para fora entre duas soluções de densidades diferentes, através de uma membrana. **Ant.** Endosmose.

exotérico, a (Zo) adj (<gr eksωterikós: externo) **1** Dizia-se de doutrina filosófica en-

exoterismo

sinada a um público não restrito. **Ant.** Esotérico/Acromático. **2** ⇒ Comum/Vulgar.

exoterismo s m (<exotér(ico) + -ismo) Cara(c)terística de (um ensinamento) ser dirigido a todos/Qualidade de exotérico.

exotérmico, a adj Quím (<exo- + térmico) Diz-se de rea(c)ção/fenó[ô]meno em que se desenvolve calor. **Ex.** A rea(c)ção da cal viva com a água é ~a. **Ant.** Endotérmico.

exótico, a (Ezó) adj (<gr eksωtikós: que vem de fora) **1** Originário de país diferente e longínquo/Vindo de fora/Estrangeiro. **Ex.** Depararam com animais ~s, que representaram na arte. **Comb.** Costumes ~s. Planta ~a. **2** fig Esquisito/Estranho/Extravagante/Excêntrico. **Ex.** Veste de forma ~a, atraindo as atenções.

exotismo (Ezo) s m (<exót(ico) + -ismo) **1** Qualidade do que é exótico. **Ex.** O ~ das manifestações culturais atraía muita gente. **2** fig Qualidade do que é esquisito/extravagante/raro/malfeito. **Comb.** ~ da indumentária «do cantor». **3** Ling Emprego de palavra/expressão estrangeira/Estrangeirismo(+).

expandir (E(i)s) v t (<lat expándo,ere, pánsum: desdobrar) **1** Aumentar a extensão de/Alargar. **Ex.** Decidiram ~ o parque de diversões. Portugal expandiu-se na [ao longo da] Reconquista Cristã (da Península Ibérica). **2** Ocupar mais espaço/Tornar pando/Abrir(-se)/Estender(-se). **Ex.** A forte brisa fez ~ as velas do barco. **3** Fazer crescer/Desenvolver. **Ex.** Resolveu ~ o negócio. **4** Tornar conhecido/Divulgar/Difundir/Espalhar. **Ex.** Iam ~ a fé nos novos territórios. **5** Manifestar [Expressar] aberta e efusivamente os próprios sentimentos/Abrir-se. **Ex.** Entre amigos e colegas é costume ~-se.

expansão (E(i)s) s f (<lat expánsio,ónis) **1** A(c)to ou efeito de expandir(-se)/abrir(-se)/estender(-se). **Ex.** O vento provoca a ~ das velas (do barco). **2** Aumento de volume/Dilatação «de um fluido». **Ex.** Com o calor dá-se a ~ dos gases. **3** Desenvolvimento/Crescimento. **Ex.** Lucrou muito com a ~ do negócio. **4** Alargamento do território sobre o qual se tem jurisdição. **Comb.** Hist ~ portuguesa [Conquista ou descoberta de novas terras pelos portugueses durante os séc. XV e XVI. **5** Difusão/Propagação «de religião/ideologia». **Ex.** Os jesuítas fizeram a ~ da fé cristã sobretudo no Oriente e no Brasil. **6** Manifestação clara/entusiástica dos sentimentos. **Ex.** Com a ~ de uma alegria cristalina contagiou o grupo.

expansibilidade s f (⇒ expansível) **1** Propriedade do que pode alargar-se/dilatar-se/Qualidade do que pode expandir-se. **2** Fís Propriedade dos fluidos de poderem ocupar mais espaço. ⇒ expansão 2 **Ex.**

expansionismo s m (<expansão + -ismo) **1** Política de país que pretende alargar o território para lá das fronteiras ou estender a influência econó[ô]mica a outras regiões. **Ex.** O ~ tem sido (a) causa de guerras. **2** Fomento da difusão de doutrina/ideologia.

expansionista adj/s 2g (<expansão + -ista) **1** Que é relativo ao expansionismo. **Comb.** Política ~. Tendência ~. **2** (O) que é partidário do expansionismo.

expansível adj 2g (⇒ expandir) Que pode expandir-se/alargar-se/Expansivo.

expansividade s f (<expansivo 2+ -idade) Qualidade/Cará(c)ter do que é expansivo.

expansivo, a adj (<⇒ expandir 5) **1** «gás» Que se pode expandir/ Expansível. **2** Que tem facilidade em comunicar/Que exterioriza facilmente os sentimentos/Extroverti-

do/Comunicativo. **Ex.** Convém-nos uma pessoa ~a para vender o produto.

expatriação s f (<expatriar + -ção) **1** A(c)to ou efeito de expatriar/exilar. **2** Expulsão [Saída voluntária] de alguém da sua pátria/Exílio(+).

expatriado, a adj/s (<expatriar) **1** (O) que foi expulso do próprio país/Exilado/Desterrado. **2** (O) que vive fora da pátria, forçado ou de livre vontade. ⇒ apátrida.

expatriar (Eis) v t (<ex- + pátria + -ar¹) **1** Expulsar do seu país/Desterrar/Exilar/Degredar. **2** Sair da pátria para viver no estrangeiro, como emigrante ou refugiado. **Ex.** A guerra civil «de Espanha» expatriou muitos cidadãos.

expe(c)tacão (dg) (Pè) s f [= expectação] (<lat exspectátio,ónis) ⇒ Expe(c)tativa.

expe(c)tador, ora (dg) (Pè) adj/s [= expectador] (<lat exspectátor,óris) (O) que está na expe(c)tativa/esperança de que algo ocorra. ⇒ espe(c)tador.

expe(c)tante (dg) (Pè) adj 2g [= expectante] (⇒ espe(c)tar) Que está na expe(c)tativa de que alguma coisa aconteça. **Comb.** Atitude ~.

expe(c)tar (dg) (Pè) v t [= expectar] (<lat exspécto,áre) Estar na esperança/expe(c)tativa de alguma coisa.

expe(c)tativa (dg) s f [expectativa] (<lat ex(s)pectatíva) **1** Atitude de prudentemente esperar que algo aconteça, para ver como a(c)tuar. **Loc.** Estar na ~. **2** Esperança de que aconteça alguma coisa que corresponda a um anseio, baseado em promessa/probabilidade. **Ex.** O resultado do exame correspondeu às ~s «do aluno/dos pais».

expe(c)tável (dg) adj 2g [= expectável] (<expectar + -vel) Que pode esperar-se/Provável.

expectoração/expectorante/expectorar ⇒ expetorar/...

expedição (Eis) s f (<lat expedítio,ónis) **1** A(c)to ou efeito de expedir/A(c)to de remeter/enviar alguma coisa para um destino/Despacho. **Ex.** A ~ do mobiliário foi feita ontem. **2** Cada uma das entregas de correspondência do dia, feita pelos correios. **Comb.** ~ da manhã. **3** Se(c)ção de um estabelecimento onde se preparam as mercadorias a expedir. **Ex.** Para falar com ele, deve ir à ~. **4** Viagem para explorar uma região distante. **Ex.** Vou numa ~ à savana africana. **5** Grupo de pessoas que fazem uma viagem de cará(c)ter científico. **Ex.** Integrava a ~ que ia estudar o fundo marinho da zona. **6** Mil Envio de tropas para um local com determinado fim. **7** Rapidez na resolução de problemas/Desembaraço(+)/Despacho.

expedicionário, a adj/s (<lat expedítio, ónis: expedição + -ário) **1** Relativo a expedição. **2** (O) que participa em expedição. **3** Mil (O) que participa em expedição militar. **Comb.** Batalhão ~. Corpo ~. **4** (O) que expede mercadorias por conta de outrem.

expedidor, ora adj/s (<expedir + -dor) **1** (O) que expede/Remetente. **2** Trabalhador de empresa de viação que controla a saída de veículos e toma conta de ocorrências (anormais) ou de reclamações.

expediente (Eis) s m/adj 2g (⇒ expedir) **1** Despacho diário de correspondência ou de assuntos pendentes/Correspondência de um estabelecimento ou de uma repartição. **Ex.** Levou o ~ ao correio. **2** Desenvoltura/Iniciativa/Desembaraço a resolver qualquer problema. **Ex.** Gosto dele porque tem muito ~. **3** Procedimento de recurso [Solução precária/Subterfúgio] para sair de uma dificuldade. **Ex.** Foi com um ~ que

resolveu o problema; ele (é assim,) vive de ~s. **4** Atendimento do público em repartição, banco, escritório/Horário desse atendimento. **Ex.** É preciso ir lá nas horas de ~. Durante o ~ é conveniente não telefonar para lá. **5** adj 2g Que resolve facilmente qualquer problema/Expedito(+)/Desembaraçado(+)/Eficiente(o+).

expedir (Eis) v t (<lat expédio,íre,ítum) **1** Enviar «uma carta»/Remeter. **Comb.** Mercadoria (já) expedida. **2** Fazer seguir «o emissário» com um obje(c)tivo. **3** Emitir/Despachar. **Comb.** ~ [Emitir(+)] um parecer. **4** Expelir(+) com força/Expulsar. **5** Publicar oficialmente/Promulgar «um decreto».

expeditivo, a adj (<expedir + -tivo) ⇒ expedito.

expedito, a adj (<lat expedítus; ⇒ expedir) Que é rápido a resolver problemas/Eficiente/Despachado/Desembaraçado.

expelir (Eis) v t (<lat expéllo,ere,púlsum; ⇒ expulsar) **1** Lançar fora. **Ex.** A locomotiva a vapor expelia uma grossa coluna de fumo. **2** Arremessar à distância. **Ex.** Vi o canhão ~ grossos proje(c)teis a longa distância. **3** Expe(c)torar/Soltar. **4** fig Proferir «injúrias» energicamente/Vociferar/Bradar.

expender v t (<lat expéndo,ere,pénsum) **1** Gastar/Despender «muito dinheiro». **2** Expor/Explicar em pormenor. **Ex.** Continuou a ~ o assunto ainda por largos minutos.

expensas s f pl (<lat expénsa: despesa; ⇒ expender) Gastos/Despesas. **Loc.** A ~ [Por conta/À custa] **de outrem** (Ex. Tirou o curso a ~ do tio).

experiência (Es) s f (< lat experiéntia <expérior: experimentar) **1** A(c)to ou efeito de experimentar ou de experienciar. **Ex.** Quis fazer (um)a ~ para ver se ele tinha razão. Passou por uma ~ um tanto desagradável. **2** Quím Ensaio para tentar validar uma hipótese científica. **Ex.** No laboratório procedemos a várias ~s. **3** Fil Conhecimento adquirido na vivência diária/Conjunto de conhecimentos empíricos/Conhecimento sensível/espontâneo. **Ex.** Pela [Por] ~ sabemos que a vida é difícil. Para [Segundo] os empiristas, todos os conhecimentos se fundam na ~. **Comb.** Por ~ [Experimentalmente]. **4** Conhecimento adquirido pela prática continuada de uma a(c)tividade específica. **Ex.** É um piloto com muita ~. Tem ~ do ramo, por isso o seu negócio pode prosperar. **Loc.** Estar à ~ [Estagiar em serviço/empresa, mostrando se tem ou não aptidão para esse trabalho].

experiência-piloto s f Ensaio pioneiro para testar a validade de um método, de um plano ou de uma ideia. **Ex.** Os professores desta escola estão a fazer uma ~ para a implementação dos novos programas.

experienciar (E(i)s) v t (<experiência + -ar¹) Experimentar/Viver uma sensação ou um sentimento «ao passar por uma situação marcante». **Ex.** A guerra fê-lo ~ a angústia do risco iminente.

experiente adj 2g (⇒ experiência) **1** Que tem experiência/prática. **Ex.** Uma pessoa ~ pode resolver este grave problema. **2** Conhecedor/Perito/Experimentado. **Ex.** Com um piloto ~ sentimo-nos mais seguros.

experimentação s f (<experimentar + -ção) **1** A(c)to ou efeito de experimentar. **2** Fase do método experimental em que se procura verificar/validar a hipótese científica.

experimentado, a adj (<experimentar) **1** «método/remédio» Que se experimen-

tou/Que foi sujeito a uma prova. **2** Perito/Sabedor/Experiente. **Ex.** É um técnico ~, há de resolver o nosso problema.

experimentador, ora *adj/s* (<experimentar + -dor) (O que faz experiências/tentativas.

experimental *adj 2g* (<experimento + -al) **1** Relativo à [Que se baseia na] experiência/Empírico. **Comb.** Saber ~. **2** Que recorre à experimentação em ciência/Que usa sistematicamente a experiência. **Comb.** *Ciência* ~. *Método* ~. **3** Que procura testar a eficiência de alguma pessoa/coisa. **Comb.** *Fase* ~. *Período* ~. *Sessão* ~.

experimentalismo *s m* (<experimental + -ismo) O valorizar o papel da experiência na construção da ciência/Propósito de estender o método experimental a todos os ramos do saber.

experimentalista *adj/s 2g* (<experimental + -ista) Partidário do experimentalismo.

experimentalmente *adv* (<experimental + -mente) Com recurso à experimentação/experiência. **Ex.** A hipótese foi comprovada ~ [com experiências].

experimentar *v t* (<lat *experiménto, áre<expérior*) **1** Submeter à experiência/Proceder à experimentação/Testar. **Ex.** O cientista vai ~ cada hipótese no laboratório. **2** Tentar/Ensaiar. **Ex.** Quer ~ plantar essa espécie no jardim, para ver se resiste ao frio da região. Teve de ~ várias chaves até abrir a porta. **3** Beber/Comer um pouco de qualquer coisa, para ver se gosta. **Ex.** Experimente este queijo, que me parece uma delícia. **4** Passar por/Sentir/Experienciar/Vivenciar. **Ex.** O comércio experimenta uma grave crise. Experimentou uma forte dor ao levantar-se. Veio a ~ uma grande desilusão. **5** Antes de decidir comprar, pôr no corpo peça de roupa/calçado, para ver se lhe fica bem ou se é confortável/Provar. **Ex.** Experimentou umas calças que lhe ficavam apertadas. **6** Pôr em prática/Utilizar. **Ex.** Experimentou um novo processo de rega. **7** Pôr à prova/Avaliar. **Ex.** Antes de o admitir, quer experimentá-lo numa prova difícil.

experimento *s m* (<lat *experiméntum*) Trabalho científico/Experimentação/Experiência(+).

experto, a *adj* (<lat *expértus*, de *expérior, íri*: ensaiar, experimentar; ⇒ esperto) **1** Que é perito(+)/conhecedor/ especialista(o+) num assunto. **2** Que tem um saber fundado na experiência/Experiente.

expetoração (Pè) [*Br* **expe(c)toração** (dg)] *s f* [= expectoração] (<expetorar + -ção) **1** A(c)to ou efeito de expetorar. **2** Mucosidades/Secreções vindas das vias respiratórias/Escarro. **Ex.** Está constipado e com muita ~.

expetorante (Pè) [*Br* **expe(c)torante** (dg)] *adj 2g/s m* [= expectorante] (<expetorar + -ante) **1** Que provoca/facilita a saída pela boca de secreções das vias respiratórias profundas. **Comb.** Xarope ~. **2** *s m* Medicamento que ajuda a (eliminar a) expetoração.

expetorar (Pè) [*Br* **expe(c)torar** (dg)] *v t/int* [= expectorar] (<lat *expéctoro,áre*) **1** Expelir pela boca as secreções/mucosidades das vias respiratórias inferiores/Escarrar. **2** *fig* Pronunciar com raiva/violência/Vociferar.

expiação *s f* (<lat *expiátio,ónis*) **1** A(c)to ou efeito de expiar. **2** Castigo/Pena por prática de delito/Cumprimento desse castigo/Purificação das faltas cometidas.

expiar (Eis) *v t* (<lat *éxpio,áre*: limpar da mancha, purificar) **1** Purificar-se/Remir-se das suas faltas. **Ex.** Passou a ~ o desvario dos anos da juventude. **2** Sofrer as consequências/Cumprir castigo. **Ex.** Quero [Ando a] ~ os meus pecados.

expiatório, a *adj* (<expiar + -tório) **1** Relativo a expiação. **2** Que purifica de culpas/Que redime. **Comb.** *Bode* ~ **a)** Animal que, nas festas de expiação dos antigos judeus, era expulso para o deserto, carregado com os males a afastar do povo; **b)** *fig* Pessoa a que se atribuem as culpas dos outros ou as desgraças do povo (Ex. Os colegas fizeram as asneiras e ele é que foi o bode ~, coitado!). *Capela* ~*a* [que foi construída em local onde se cometeu o crime que se pretende expiar].

expiração *s f* (<lat *exspirátio,ónis*) **1** A(c)to ou efeito de expirar. **2** Expulsão do ar que vem dos pulmões. **Ant.** Inspiração. **3** Termo/Fim de um período de tempo estipulado/convencionado. **Comb.** ~ *do contrato*. ~ *do prazo*. ~ *da validade* «de alimento/medicamento».

expirar (Eis) *v t/int* (<lat *éxspiro,áre*) **1** Expelir o ar que vem dos pulmões. **Ex.** O médico mandou-o ~ lentamente. **2** Deixar de respirar/Falecer/Morrer. **Ex.** Após longa agonia, expirou. **3** *fig* Chegar ao fim/Terminar/Acabar. **Ex.** Está a ~ o prazo de pagamento. **4** Lançar no ar/Exalar(+). **Ex.** A tília em flor expirava um odor intenso.

explanação *s f* (<lat *explanátio,ónis*) **1** A(c)to ou efeito de explanar. **2** Explicação(+)/Narração minuciosa. **Ex.** Demorou-se na ~ do assunto.

explanador, ora *adj/s* (<lat *explanátor,óris*) (O) que explana/explica.

explanar (E(i)s) *v t* (<lat *expláno,áre*) **1** Tornar plano/fácil/Explicar. **Ex.** Começou a ~ o assunto, que era complexo. **2** Expor [Narrar] em pormenor/Enumerar. **Ex.** Explanava as vantagens de aderir ao novo serviço.

explanatório, a *adj* (<lat *explanatórius*: explicativo) «aditamento/nota» Que serve para esclarecer/explicar.

expletivo, a *adj/s f Gram* (<lat *expletívus* <*éxpleo,ére,étum*: encher) (Palavra «eu *não disse que vinha?*»/Expressão) que apenas dá ênfase/realce na frase, podendo suprimir-se sem prejuízo da sintaxe. ⇒ complementar.

explicação (E(i)s) *s f* (<lat *explicátio,ónis*) **1** A(c)to ou efeito de explicar/A(c)to de tornar mais claro/compreensível/inteligível. **Ex.** O mestre faz a ~ da matéria aos alunos. **2** Texto/Anotação para facilitar a compreensão de alguma coisa. **3** Lição particular dada a estudante(s) como reforço da aprendizagem na escola. **Ex.** Ela dá ~ões. **4** Razão ou motivo de alguma coisa. **Ex.** Aqui está a ~ do fracasso. **5** Justificação por a(c)ção/atitude que se julga desajustada. **Ex.** Ele deve-me [tem de me dar] uma ~.

explicador, ora *adj/s* (<lat *explicátor,óris*) **1** Que esclarece o sentido de alguma coisa. **2** *s* Professor particular que dá lições suplementares a estudante(s), em reforço da aprendizagem escolar.

explicando, a *s* (<lat *explicándus*, de *éxplico,áre*: explicar) Estudante que recebe lições particulares sobre matéria escolar. **Ex.** Tem vários ~, com progressos visíveis no aproveitamento.

explicar (Es) *v t* (<lat *éxplico,áre, cátum/plícitum*) **1** Tornar claro o que é obscuro. **Ex.** Ninguém aparecia a ~ aquele mistério. **2** Tornar compreensível/inteligível/Dar o sentido de/Interpretar. **Ex.** Algumas matérias das aulas são difíceis de ~. **3** Dar a conhecer/Expor/Indicar. **Ex.** Explicou como funcionava o aparelho. **4** ~-se/Dar a razão dos seus a(c)tos/Justificar-se. **Ex.** Exigi que se explicasse. **5** Ser a justificação de alguma coisa. **Ex.** Isto explica a grande subida dos preços. Este calor abrasador explica muitos incêndios. **6** Exprimir/Expressar/Comunicar. **Ex.** Explicou ao professor as suas dúvidas. **7** ~-se/Fazer-se entender. **Ex.** Pela cara deles «alunos», parece que «o professor» não se explicara [não se fizera entender].

explicativo, a *adj* (<explicar + -tivo) Que serve para explicar/esclarecer/Elucidativo.

explicável *adj* (<explicar + vel) Que se pode explicar/justificar. **Ex.** A subida da inflação é também ~ pela desvalorização da moeda.

explicitamente *adv* (<explícito + -mente) «dizer» Expressamente/Claramente. **Ant.** Implicitamente.

explicitar *v t* (<explícito + -ar¹) Expor sem deixar dúvidas/Tornar explícito/claro. **Ex.** Tratou de ~ o motivo da sua decisão.

explícito, a *adj* (<lat *explícitus*; ⇒ explicar) **1** Que está expresso de forma clara e manifesta. **Ex.** O que ele pretende está bem ~ [claro/explicado] na carta. **Ant.** Implícito. **2** *Dir* Que está enunciado de modo formal e categórico.

explodir (E(i)s) *v t/int* (<lat *expló[áu]do, ere,plósum*: espantar batendo palmas) **1** Rebentar/Detonar/Estou[oi]rar. **Ex.** Vi o foguete ~ no ar. **2** Manifestar-se subitamente de forma ruidosa. **Ex.** À chegada do herói da estrada [da corrida de bicicletas], a assistência explodiu de entusiasmo. **3** Surgir, produzindo grande impacto. **Ex.** Na pacata aldeia explodiu o escândalo. **4** Perder a calma/Enraivecer-se. **Ex.** Perante aquela afronta, o velho não aguentou e explodiu. **5** *fig* Aumentar rapidamente/Imprimir subitamente forte ritmo. **Ex.** A produção de café explodiu de um ano para o outro. O craque explodiu em correria, fintando adversários, e fez gol(o), com remate forte e colocado.

exploração *s f* (<lat *explorátio,ónis*) **1** A(c)to ou efeito de explorar. **2** Viagem de descoberta de uma região, estudando o seu território e a população. **Ex.** Nos fins do séc. XIX, os portugueses «H. Capelo, Roberto Ivens, Serpa Pinto» fizeram a ~ de zonas do interior africano. **3** Exame atento/Investigação/Descoberta. **Ex.** Fizemos a ~ de várias grutas da região. **4** Aprofundamento do estudo de alguma coisa. **Ex.** Apresentou uma nova hipótese, que merece ~. **Comb.** ~ *do texto*. **5** Extra(c)ção de um recurso natural. **Ex.** A ~ de metais preciosos atraiu muita gente. **Comb.** ~ *de minérios*. **6** A(c)ção de gerir com fim lucrativo. **Ex.** O filho faz a ~ da fábrica. **7** Unidade de produção/Empresa. **Ex.** Ali cada ~ agrícola tem pequena dimensão. **8** Cobrança de preço alto. **Ex.** Vender o pão por/a este preço é ~. **9** Aproveitamento abusivo/ilícito de uma situação de dificuldade. **Ex.** Criticava a ~ da desgraça alheia pela imprensa. **10** Proveito ilícito à custa de outrem. **Ex.** As classes desfavorecidas são por vezes vítimas de ~ no trabalho. **Comb.** ~ *de mulheres*. ~ *do trabalho infantil*.

explorado, a *adj/s* (<explorar) (O) que foi obje(c)to de [que sofreu] exploração. **Ex.** A zona foi ~a por uma equipa de cientistas. O negócio ~ por ele está a ir bem. Os ~s devem ser defendidos da ganância dos patrões.

explorador, ora *adj/s* (<explorar + -dor) **1** (O) que percorre zona pouco conhecida com fins políticos/militares/científicos, ... **Ex.** Os ~es do sertão africano «H. Cape-

lo, Serpa Pinto» passaram por muitas dificuldades. **2** (O) que investiga/pesquisa/explora. **Ex.** A turma ~a da gruta ficou maravilhada com o que viu. **3** (O) que desenvolve um negócio ou uma a(c)tividade. **Ex.** A empresa ~a deste minério tem tido grandes lucros. **4** (O) que se aproveita da fraqueza de outrem para conseguir lucros indevidos. **Ex.** O empresário que paga baixo salário ou exige de mais [*Br* demais] ao trabalhador é ~. **5** *Mil* Diz-se do soldado que se desloca da sua base para observar os movimentos e o campo do inimigo. **6** *Mil* Combatente que precede uma patrulha para segurança desta. **7** *Med* Instrumento para examinar um vaso ou uma cavidade orgânica ou o seu conteúdo.

explorar (E(i)s) *v t* (<lat *explóro,áre*) **1** Viajar por zona pouco conhecida com fins turísticos/científicos/políticos/... **Ex.** Alguns portugueses empreenderam ~ o interior do continente africano nos fins do séc. XIX. **2** Observar com atenção/Pesquisar. **Ex.** Resolveram ~ o fundo do mar naquela zona. **3** Aprofundar um estudo/Desenvolver/Estudar. **Ex.** Essa ideia é de ~. **4** Desenvolver uma a(c)tividade ou um negócio com fim lucrativo. **Ex.** Explora agora um bar na zona da praia. **5** Vender acima do preço justo/Cobrar mais do que é devido/Pagar menos do que o salário justo. **Ex.** Este comerciante explora os clientes. Este governo explora o povo com impostos. A empresa explora os trabalhadores. **6** Aproveitar-se de outrem para colher vantagens próprias. **Ex.** É um político sem escrúpulos, explora a ingenuidade do povo.

exploratório, a *adj* (<explorar + -tório) **1** Que serve para examinar/estudar/explorar. **2** Que precede uma possível negociação. **Ex.** Os dois partidos vão fazer uma reunião ~a com vista a um eventual acordo nessa matéria. **3** *Med* Diz-se de procedimento para se conhecer o estado de um órgão interno. **4** *Med* Instrumento para sondar a bexiga.

explosão *s f* (⇒ explodir) **1** A(c)to ou efeito de explodir. **2** Rea(c)ção química violenta e súbita, com estrondo e libertação de gases/Rebentamento. **Ex.** Uma ~ no paiol provocou um enorme estrondo. **Comb.** **~ de bomba. ~ de gás. 3** Estrondo provocado por tal rea(c)ção/Estampido. **Ex.** Ouvi a ~ e corri a ver se havia feridos. **4** Manifestação efusiva e súbita de sentimentos/emoções. **Ex.** Com a revelação da feliz notícia houve uma ~ de alegria. **5** Aparecimento súbito de um fenó[ô]meno ou tendência. **Ex.** A ~ turística na região animou muito o comércio local. **Comb.** **~ demográfica** [Aumento rápido da população de uma região].

explosivo, a *adj/s* (<explosão + -ivo) **1** Que pode explodir/rebentar. **Ex.** Eles sabiam fabricar a mistura ~a. **2** Que é susce(p)tível de provocar graves consequências ou forte abalo psicológico. **Ex.** A desavença entre os dois países vizinhos criara uma situação ~a. Qualquer atitude impensada [irrefle(c)tida] podia originar um ambiente ~ entre eles. **3** Que reage impetuosamente. **Ex.** O seu cará(c)ter ~ tornava difícil a convivência. **4** *s m* Substância destinada a explodir. **Ex.** No atentado utilizaram uma grande carga de ~s. **5** *adj/s f Gram* Diz-se de consoante que se pronuncia parando na faringe o ar que se expele em saída súbita. **Ex.** As consoantes oclusivas *p*, *b*, *t*, *d*, *k*, *g* são ~as.

expo (Eis/Eks) *s f abrev* de Exposição (**Ex.** A ~ 98 foi um marco importante para Lisboa e para Portugal).

expoente (E(i)s) *s 2g* (⇒ expor) **1** Aquele que alega/expõe/Exponente. **2** Aquele que se destaca pela excelência das qualidades ou conhecimentos. **Ex.** É um dos ~s [dos grandes nomes/das grandes figuras] da cultura portuguesa dessa época. **3** *Mat* Número que indica a potência a que uma quantidade é elevada. **Ex.** Em 4^3, o ~ é o três. **4** *Gram* Morfema que cara(c)teriza uma flexão/Desinência(+).

exponencial *adj 2g* (⇒ expor) **1** *Mat* Diz-se de função definida por uma potência de base constante e expoente variável. **Comb.** **Cálculo ~. Função ~. Valor ~. 2** Que tem grande proje(c)ção/Notável/Importante. **Ex.** Fernando Pessoa é uma figura ~ da poesia portuguesa do séc. XX.

exponencialmente *adv* (<exponencial + ...) Cada vez mais/Muito/Imensamente/Progressivamente. **Ex.** A população da região cresceu ~ na última década.

exponente *adj/s* (⇒ expor) (O) que expõe ou alega/Expoente **1. Ex.** A ~ pareceu-me ter razão no que pretende.

expor (Eis) *v t* (<lat *expóno,ere,pósitum*) **1** Mostrar/Exibir. **Ex.** O pedinte procurava mesmo ~ as mazelas. **2** Fazer exposição de/Apresentar. **Ex.** O pintor expôs alguns dos seus melhores quadros. **3** *an* Abandonar um recém-nascido. **Ex.** A jovem mãe, desesperada, resolveu ~ a criancinha na roda «do convento de freiras». **4** *Rel* Apresentar ao culto dos fiéis. **Ex.** O sacerdote expôs o Santíssimo (Sacramento) [a Hóstia] na custódia para uma hora de adoração. **5** Sujeitar(-se) à a(c)ção de. **Ex.** Expôs-se demasiado ao sol. **6** Sujeitar(-se) a algo perigoso ou desagradável. **Ex.** Chamando a polícia, expôs-se à ira dos criminosos. **7** ~ -se/Arriscar-se/Aventurar-se a. **Ex.** Com este atraso, expôs-se a ficar sem transporte para casa. **8** Pôr voltado para/Orientar. **Ex.** O arquite(c)to expôs a minha sala de estar a sul.

exportação *s f* (<lat *exportátio,ónis*) **1** Venda e envio de produtos nacionais para o estrangeiro. **Ex.** Importa apoiar as empresas de ~. **Ant.** Importação. **2** *pl* Conjunto dos produtos vendidos ao estrangeiro num dado período. **Ex.** As exportações têm vindo a crescer. **3** Difusão/Divulgação de ideias/ideologia/tendência fora do local de origem. **Ex.** A ~ desta ideologia mudou as mentalidades.

exportador, ora *adj/s* (<exportar + -dor) (O) que vende para o estrangeiro. **Ex.** O se(c)tor ~ tem vindo a fortalecer-se. Os ~es têm um papel decisivo para a balança comercial do país. **Ant.** Importador.

exportar *v t* (<lat *expórto,áre*) **1** Vender produtos nacionais ao estrangeiro. **Ex.** Qualquer empresa gosta de ~. **Ant.** Importar. **2** Divulgar/Difundir/Espalhar, fora da zona de origem, ideias/tendências.

exposição *s f* (<lat *expositio,ónis*; ⇒ expor) **1** A(c)ção ou efeito de expor. **Ex.** A ~ do estranho obje(c)to atraiu a atenção de muita gente. **2** Apresentação ao público de produção cultural/artística/industrial/agrícola/... feita por particulares ou por Estados. **Ex.** A construção da Torre Eiffel, em Paris, está ligada à ~ Universal de 1889, no primeiro centenário da Revolução Francesa. **Loc.** *Inaugurar a ~. Organizar a ~. Visitar a ~.* **Comb.** **~ de artes plásticas. ~ de automóveis. ~ de pintura. ~ Mundial**/Universal. ⇒ expo. **3** Recinto/Pavilhão onde se faz essa apresentação. **Ex.** À tarde vou passar pela ~. **4** Conjunto de produtos aí apresentados. **Ex.** A ~ está com muito interesse. **5** Aparecimento ao grande público, sobretudo através da comunicação social. **Ex.** A ~ pública dos notáveis traz-lhes também alguns problemas. **6** *Rel* Apresentação ao culto dos fiéis. **Ex.** O Santíssimo (Sacramento) estava em ~ na capela. **7** *an* A(c)to de enjeitar um recém-nascido, deixando-o na roda «dum convento de freiras». **Ex.** A ~ de crianças era antigamente tolerada. **8** Narração de um acontecimento/Explicação de um assunto/Documento a dar conta de uma situação. **Ex.** Compreendi bem a ~ do professor. Dirigiu uma ~ ao ministro queixando-se da discriminação de que foi vítima. **9** Modo de expor/dizer/narrar. **Ex.** A ~ dele é sempre muito clara. **10** Modo de a luz incidir em aposento/obje(c)to. **Ex.** A escultura tem uma ~ não muito favorável. **11** Orientação relativamente aos pontos cardeais. **Ex.** A ~ da sala a sul dá um grande conforto no inverno. **12** Sujeição a qualquer agente/risco/perigo. **Ex.** É de evitar a demorada ~ ao sol. A ~ a radiações pode ser prejudicial. A ~ à violência urbana incute receio à população. **13** *Fot* Duração da submissão à luz de uma emulsão fotográfica.

expositivo, a *adj* (⇒ expor) Relativo a exposição/Que descreve/explica.

expositor, ora *s/adj* (<lat *expósitor,óris*; ⇒ expor) **1** (O) que expõe/descreve/apresenta/exibe. **Ex.** O ~ de tais ideias tem muita fama. **2** Pessoa que apresenta ao público produtos seus/Concorrente a uma exposição pública. **3** *s m* Móvel destinado a tornar visível ao público produtos, como obje(c)tos de arte, livros, ... **Comb.** ~ giratório. **4** *s m Fot* Dispositivo que a(c)ciona a abertura do obturador na câmara fotográfica.

exposto, a (E(i)spôsto, pósta, póstos) *adj/s* (<lat *expósitus*; ⇒ expor) **1** Que está patente ao público/Que está à vista. **Ex.** Esse quadro célebre está ~ no museu. **Comb.** Fra(c)tura ~a [em que o osso lesado conta(c)ta com o exterior]. **2** Orientado/Dire(c)cionado. **Ex.** A minha casa está ~a a sul. **3** Sujeito a um agente físico ou químico. **Ex.** Esteve ~ ao sol. **4** Sujeito a um risco/perigo. **Ex.** Indo sozinho à noite, estava ~ à malvadez de marginais. **5** *s m* Explicação pormenorizada/Arrazoado/Alegação. **Ex.** Face ao ~, solicito o deferimento da minha pretensão. **6** *an* (Recém-nascido) enjeitado que era deixado na roda do convento de freiras.

ex-presidente (Eis) *s 2g* Pessoa que deixou de ter o cargo de presidente.

expressamente *adv* (<expresso + -mente) **1** De forma clara e inequívoca/De modo explícito/De forma categórica. **Ex.** Disse ~ que esperava chegar ainda hoje. **2** Propositadamente/Unicamente/Especificamente/Só/Somente. **Ex.** Disse que vinha ~ para resolver este assunto.

expressão (E(i)s) *s f* (<lat *expréssio,ónis*; ⇒ exprimir) **1** A(c)ção de expressar/Manifestação do pensamento ou de sentimentos através de palavras, gestos, rea(c)ções. **Ex.** A ~ das ideias nem sempre é fácil. **Comb.** ~ **corporal** [Movimentação do corpo como manifestação artística]. **2** A(c)ção de (se) expressar por palavras. **Ex.** Uma das disciplinas [matérias] do curso era 'Técnicas de ~'. **Loc.** *Aperfeiçoar a ~ escrita* [oral]. *Ser uma força de ~* [Ser uma forma de dizer, um tanto expressiva, que não é de tomar/interpretar à letra]. **Comb.** **Dificuldade de ~** [Pouca eloquência]. **Liberdade de ~** [Direito a expressar as ideias sem constrangimento]. **3** Entonação especial/Vivacidade/Ênfase. **Ex.** Declamou

o poema com ~ e o público irrompeu em aplausos. **4** Qualquer elemento lexical (palavra, locução, frase). **Ex.** Usou uma ~ que fez rir a todos. **Comb.** ~ idiomática [Frase fixa peculiar a uma língua, de significado não literal] (Ex. A frase *Está a falar para as paredes,* que significa "Ninguém lhe presta atenção", é uma ~ idiomática). **5** Língua/Idioma. **Ex.** As antigas coló[ô]nias portuguesas são países de ~ oficial portuguesa. **6** Manifestação/Sinal. **Ex.** A dedicação aos pobres é uma ~ de bondade. **7** Forma exemplar de fazer/mostrar alguma coisa. **Ex.** O modernismo literário é uma ~ de ru(p)[ro]tura com o passado. **8** Imagem/Reflexo. **Ex.** O seu rosto era a ~ da ansiedade que a dominava. **9** Vivacidade/Animação/Energia. **Ex.** Era um rosto sem ~, sem chama. **10** Importância/Significado/Impacto. **Ex.** Essa despesa não deve ter grande ~ no orçamento familiar. **Loc.** Dar maior ~ [mais importância] «à iniciativa dos alunos». **11** *Mus* Virtuosismo numa execução musical/artística. **Ex.** Tocou com grande ~. **12** *Mat* Conjunto de números e letras ligados por signos, indicando operações a efe(c)tuar. **Loc.** Reduzir à ~ mais simples **a)** Simplificar ao máximo uma fórmula «tornando mais fácil a apreensão do seu valor» (Comb. ~ algébrica); **b)** Reduzir algo ao menor volume ou ao estado mais rudimentar; **c)** *fig* Humilhar/Depreciar/Aviltar. **13** *Ling* Significante ou imagem acústica, por oposição ao significado/conteúdo. **14** A(c)ção de espremer/Espremeção/Espremedura. **Comb.** ~ das uvas (no lagar).

expressar *v t* (<expresso + -ar¹) **1** Manifestar por palavras, gestos ou atitudes/Exprimir/Declarar. **Ex.** Quis ~ a sua disponibilidade para ajudar. **2** Dar a conhecer/Revelar. **Ex.** O rosto expressava bem a alegria que lhe ia na alma. **3** ~-se/Comunicar verbalmente/Falar. **Ex.** Tem dificuldade em ~-se em francês.

expressionismo *s m Arte* (<expressão + -ismo) Movimento artístico do início do séc. XX, em que se procurava retratar as emoções e a subje(c)tividade e não a realidade obje(c)tiva. **Ex.** O pintor francês Matisse é um representante do ~. **Ant.** Impressionismo. ⇒ realismo.

expressionista *adj/s 2g* (<expressão + -ista) **1** Que valoriza a expressão da subje(c)tividade/Relativo ao expressionismo. **2** Artista/Autor representante do expressionismo.

expressividade *s f* (<expressivo + -idade) Qualidade do que é expressivo/Força [Vivacidade] na expressão de. **Ex.** Lê com muita ~, é um prazer ouvi-lo.

expressivo, a *adj* (<expresso + -ivo) **1** Que expressa bem/claramente o que pretende transmitir. **Ex.** Ele foi bem ~ naquilo que pretende. **Comb.** Linguagem ~. **2** Que denota vivacidade/energia/expressão. **Ex.** O miúdo tem graça, é muito ~ a modular a voz na conversa co(n)nosco. **Comb.** *Função ~ [emotiva] da linguagem. Leitura ~a.* **3** Significativo/Importante/Relevante/Convincente. **Ex.** Alcançou uma vitória ~a, ganhou por três a zero.

expresso, a (E(i)s/S) *adj/s m* (⇒ exprimir) **1** Que se explicitou/Que ficou manifesto/escrito. **Ex.** Essa proibição está bem ~a no regulamento. **2** Retratado/Estampado/Revelado. **Ex.** No rosto dele estava ~ o grande sofrimento que o afligia. **3** Que não admite obje(c)ção/recusa/Categórico/Terminante. **Ex.** Há ordens ~as para que ninguém saia da sala de estudo. **4** *m* Que é expedido rapidamente/Que chega mais cedo ao destino. **Comb.** *Carta expresso. Correio ~.* **5** *m* (Meio de transporte) que é rápido, com poucas ou nenhumas paragens até ao destino. **Ex.** Há uma boa rede de autocarros [ó[ô]nibus] ~s a sair de Lisboa para todo o País. **Comb.** *Autocarro ~. Carreira expresso. Comboio* [*Br* Trem] *~.* **6** Diz-se de um tipo de café tirado por máquina e com espuma. **Ex.** Pedi um café ~ que me animou.

exprimir *v t* (<lat *éxprimo,ere,préssum:* apertar para sair, espremer) **1** Dar a conhecer/Manifestar por palavras, gestos ou atitudes. **Ex.** Quis ~ a sua gratidão «aos vizinhos» pela boa ajuda recebida. **2** Revelar/Exteriorizar/Expressar. **Ex.** Aquela rea(c)ção exprimia a revolta que o caso lhe provocara. **3** ~-se/Comunicar verbalmente/Falar. **Ex.** Sentia dificuldade em ~-se «em público/por escrito». **4** Expressar ideias/sentimentos através da arte. **Ex.** A música exprime, de forma sublime, os diferentes estados de alma [, todos os sentimentos].

exprobração *s f* (<lat *exprobrátio,ónis*) A(c)ção de apontar a alguém um defeito/erro/Censura(+)/Acusação(+).

exprobrar (Eis) *v t* (<lat *éxprobro,áre*) Censurar(+)/Recriminar/Culpar(+).

exprobratório, a *adj* (<exprobrar + -tório) Que censura/acusa/Que contém exprobração/Acusatório. **Comb.** Libelo ~.

expropriação *s f* (<expropriar + -ção) **1** A(c)ção ou efeito de retirar a alguém a posse de um bem «por penhora ou por utilidade pública». **Ex.** Para fazer a nova estrada, procederam à ~ de alguns terrenos, com a devida inde(m)nização. **2** Coisa expropriada. **3** *Dir* A(c)to de privar o proprietário do que lhe pertence. **Comb.** Processo de ~.

expropriar (Eis) *v t* (<ex- + próprio + -ar¹) Fazer a expropriação de/Retirar a alguém a posse de um bem por via legal ou legislativa, normalmente por utilidade pública. **Ex.** Para lançar a nova estrada, o Estado teve de ~ vários terrenos.

expugnação *s f* (<lat *expugnátio,ónis*) A(c)to ou efeito de expugnar/A(c)ção de tomar de assalto/Conquista pela força das armas/Tomada violenta de alguma coisa.

expugnar (Eis) *v t* (<lat *expúgno,áre*) **1** Conquistar(+) pelas armas/Tomar de assalto. **2** Derrotar/Vencer/Abater.

expugnável *adj 2g* (<lat *expugnábilis*) Que pode ser conquistado/vencido. **Ant.** Inexpugnável.

expulsão *s f* (<lat *expúlsio,ónis*) **1** A(c)to ou efeito de expulsar. **2** A(c)to de obrigar alguém a abandonar um local/uma assembleia/um grupo/…, por castigo. **Ex.** Recebeu ordem de ~ da sala. Foi decidida a sua ~ do clube, por infra(c)ção grave ao regulamento. **3** *Dir* Expatriação de um estrangeiro para o seu país de origem. **Ex.** Por prática de crimes, foi-lhe aplicada a pena de ~. **4** *Med* A(c)ção ou efeito de expelir [fazer sair] do organismo. **Ex.** A ~ dos cálculos renais aliviou-lhe a dor. A ~ do feto [O parto] não foi demorada[o].

expulsar (Eis) *v t* (<lat *expúlso,áre:* lançar; ⇒ expelir) **1** Obrigar a abandonar um local/Excluir alguém por castigo. **Ex.** O professor viu-se forçado a ~ o aluno da sala (de aula). **2** Fazer sair do organismo/Eliminar/Expelir/Evacuar.

expulsivo, a *adj* (<lat *expulsívus:* que afasta) Que é próprio para expulsar/expelir.

expulso, a *adj* (<lat *expúlsus <expéllo:* expelir) **1** Que foi obrigado a abandonar um local/Expatriado para o país de origem. **Ex.** Foi ~ do colégio por mau comportamento. **2** Que foi excluído de uma assembleia/reunião [de um grupo] por castigo. **Ex.** Por provocar desacato, foi ~ da reunião.

expulsor, ora/pultriz *adj/s* (<lat *expúlsor, óris*) (O) que expulsa.

expulsório, a *adj* (<expulso + -ório) Que envolve ordem de expulsão.

expultriz *adj/s f* (<lat *expúltrix,ícis*) ⇒ expulsor.

expunção *s f* (<lat *expúnctio,ónis*; ⇒ expungir) **1** A(c)to ou efeito de expungir ou de fazer desaparecer «os desordeiros da cidade». **2** A(c)ção de apagar/eliminar alguma coisa escrita «para a substituir por outra».

expungir *v t* (<lat *expúngo,ere:* apagar) Fazer desaparecer/Eliminar/Apagar «os erros de gramática»/Dissipar/Expurgar. ⇒ expunção.

expurgação *s f* (<lat *expurgátio,ónis*) **1** A(c)ção ou efeito de expurgar «uma ferida» ou de limpar de impurezas. **2** Eliminação do que é prejudicial. **3** Supressão de passagens dum texto escrito por quem exerce uma forma de censura. **4** Corre(c)ção/Emenda de erros e lapsos. **5** A(c)ção de limpar/purgar/Evacuação.

expurgar *v t* (<lat *expúrgo,áre*) **1** Eliminar impurezas/Limpar/Purgar/Purificar. **2** Livrar do que é prejudicial/imoral. **3** Eliminar os erros/Corrigir/Apurar. **Ex.** Antes de fazer a publicação, importa ~ o texto de todas as incorre(c)ções. **4** *Med* Desinfe(c)tar/Limpar uma ferida.

expurgatório, a *adj/s m* (<expurgar + -tório) Que expurga/limpa/purifica/Condenatório.

exsicação *s f* (<lat *exsiccátio,ónis*) A(c)ção ou efeito de exsicar/Privação de (h)umidade.

exsicador *s m* (<exsicar + -dor) Dispositivo de laboratório de química que serve para secar substâncias.

exsicante *adj/s m* (<exsicar + -ante) **1** Que exsica. **2** Substância usada para exsicar.

exsicar *v t* (<lat *exsícco,áre:* secar) Tirar/Perder toda a quantidade de água/(h)umidade/Secar muito/Ressequir.

exsolver *v t* (<lat *exsólvo,ere:* desatar) **1** Reduzir a líquido/Dissolver. **2** Exalar/Desprender. **3** ⇒ Pagar/Saldar.

exsuar *vt/int* (<lat *exsúdo,áre*) ⇒ exsudar.

exsudação *s f* (<exsudar + -ção) **1** Processo de libertar suor pela pele ou de transpirar. **2** Suor/Transpiração. **3** *Med* Secreção patológica de membranas serosas/Exsudato. **Comb.** ~ da pleura. **4** *Bot* Líquido viscoso que brota de alguns vegetais. **Ex.** A resina é ~ do pinheiro.

exsudar *v int* (<lat *exsúdo,áre,átum*) Expelir um líquido orgânico pela pele/Suar/Transpirar.

exsudato *s m Med* (⇒ exsudar) Secreção patológica de membranas serosas «do pericárdio»/Exsudação **3**.

exsurgência *s f* (⇒ exsurgir) **1** Aparecimento do que emerge/sai de algum lugar/Emergência(+). **2** Nascente resultante de água subterrânea de grutas.

exsurgir *v int* (<lat *exsúrgo,ere*) Levantar-se/Erguer-se/Emergir(+).

êxtase (Eis) *s m* (<gr *ékstasis:* movimento para fora de si) **1** Estado de quem, absorto por exaltação mística ou sentimento intenso, não tem consciência de si nem do que o rodeia/Arrebatamento. **Ex.** Alguns místicos [santos] «Teresa de Ávila» experimentaram estados de ~. **2** Estado de grande enlevo/alegria/Encantamento. **3** *Med* Estado mórbido de imobilidade, insensibilidade, com expressão de grande bem-estar no rosto.

extasiar v t (<êxtase + -ar¹) **1** Causar [Cair em] êxtase. **2** Deixar/Ficar em grande emoção/arrebatamento/Ficar extático/Encantar/Maravilhar. **Ex.** Extasiava-se [Ficava extasiado/extático/enlevado/maravilhado] com a música de Bach. **3** Espantar(-se)/Assombrar/Pasmar. **Ex.** A grandiosidade da exposição extasiou o público.

extático, a adj (<gr *ekstatikós*; ⇒ estático) **1** Que caiu em êxtase/Relativo ao êxtase místico. **2** Extasiado/Maravilhado. **3** Muito admirado/Pasmado/Estupefa(c)to.

extemporaneidade s f (<extemporâneo + -idade) **1** Qualidade de extemporâneo. **2** A(c)to desadequado/inoportuno/Inoportunidade.

extemporâneo, a adj (<lat *extemporáneus*) **1** Que acontece fora do tempo próprio/Serôdio/Tardio/Inoportuno. **Ex.** A carta ~a só veio agravar a situação. **2** Feito na hora/naquele momento/Repentino/Improvisado. **Comb.** *Orador* [Discurso] ~. *Medicamento* ~. **3** *Med* Diz-se de análise/exame que se faz durante a operação cirúrgica.

extensão s f (<lat *exténsio,ónis*) **1** Qualidade do que é extenso/Propriedade de todos os corpos de ocuparem espaço. **Ex.** O filósofo Descartes entendia que a essência dos corpos é a ~. **2** A(c)ção de estender/esticar/ampliar/alargar. **Ex.** O médico pediu-lhe a ~ do [que estendesse o] braço, que estava fle(c)tido. A ~ [O alargamento] da área florestal aos terrenos vizinhos é desejável. **3** Grande dimensão/Vastidão(+). **Ex.** A ~ do mar impressionou-o. **4** Tempo de duração. **Ex.** Não previa a ~ da reunião. **5** Alargamento de aplicação a outras pessoas/coisas. **Ex.** A ~ desta taxa de imposto a todos os produtos é impopular. **6** Prorrogação/Alargamento. **Ex.** Pediram a ~ do prazo de pagamento até ao fim do mês. **7** Comprimento/Tamanho. **Ex.** Inspe(c)cionou o caminho em toda a ~ [o caminho todo]. **8** Abrangência/Âmbito. **Ex.** Não se deu conta de toda a ~ dos estragos. **Comb.** «isto é ser generoso [avarento]» *Em toda a ~ da palavra.* «ver o problema» *Em toda a sua ~* [Completa(mente)]. **9** *Ele(c)tri* Pedaço de fio que permite alongar o cabo de ligação de um aparelho à tomada elé(c)trica. **10** Ramal telefó[ô]nico «do quarto» a partir do telefone principal «do hotel». **11** *Mús* Intervalo entre o som mais grave e o mais agudo de uma voz ou de um instrumento. **12** *Fil* Conjunto de seres a que um conceito «homem/mesa/aluno» se aplica. ⇒ compreensão/abrangência (do conceito). **13** *Vet* Doença do tendão flexor do cavalo.

extensível adj 2g (<extenso + -vel) **1** Que se pode estender/alongar/Extensivo. **Ex.** A borracha da câmara de ar é ~. **2** Que se pode aplicar a outro(s) mais/Extensivo. **Ex.** A responsabilidade é ~ a [é de] toda a população da aldeia.

extensivo, a adj (<lat *extensívus*) **1** Que se pode estender/esticar/alongar/Extensível. **2** Que se pode aplicar a outros. **Ex.** O convite é ~ a toda a família. **3** Que ocupa grande extensão/superfície. **Ex.** Na zona faz-se a cultura ~a de trigo. **4** Amplo/Lato/Extenso. **Ex.** Usou a palavra num sentido ~. **Ant.** Estrito; restrito.

extenso, a adj (<lat *exténsus*; estender) **1** Que tem extensão/Espaçoso/Amplo/Vasto. **Ex.** O pavilhão é ~. **2** Comprido/Longo. **Ex.** O caminho a fazer é ~. **3** Que dura muito tempo. **Ex.** O dia na aldeia parecia-lhe mais ~. **4** Muito desenvolvido/Prolixo. **Ex.** Escreveu-lhe uma carta ~a. **Loc.** Por ~ [Com palavras/frases escritas com todas as letras, sem abreviaturas e sem números] (Ex. A importância no cheque deve aparecer em números e também por ~). **Ant.** Breve; conciso. **5** Vasto/Numeroso/Variado. **Ex.** Há uma ~a bibliografia sobre o [este] tema.

extensor, ora adj/s m (<extenso + -or) **1** Que alonga/distende/estende/estira. **Ant.** Flexor. **2** s m *Anat* Músculo que estira um membro/órgão. **Ant.** Flexor. **3** s m Aparelho de ginástica para exercitar os músculos, sobretudo os dos braços. **4** s m Instrumento usado para alargar as mangas do escafandro.

extenuação s f (<lat *extenuátio,ónis*) **1** A(c)to ou efeito de (se) extenuar. **2** Intensa fadiga/Grande perda de forças/Prostração/Exaustão. **3** *Med* Estado de extremo abatimento físico ou psicológico. **4** *Gram* Figura de estilo em que há emprego de uma expressão mais branda/atenuada. **Ant.** Hipérbole.

extenuante adj 2g (⇒ extenuar) Que fatiga muito/Que provoca extremo cansaço/Cansativo/*fam* Estafante. **Ex.** O trabalho das minas é ~.

extenuar v t (<lat *exténuo,áre*: fazer fininho, muito té[ê]nue, enfraquecer) **1** Provocar grande cansaço/fadiga/Esgotar/*fam* Estafar/Esfalfar. **Ex.** O trabalho duro, de sol a sol, extenuava [era de ~] qualquer um. **2** *fig* ⇒ Gastar/Desbaratar/Desperdiçar.

exterior adj 2g/s m (<lat *extérior*, ~) **1** Que está do lado de fora. **Ex.** A parede ~ da casa está escura da [por] (h)umidade. **Comb.** Escada ~. **Ant.** Interior. **2** Que se produz fora do local em que se está. **Ex.** O ruído ~ [de/lá fora] não deixava dormir a gente. **3** Que é relativo à aparência [ao lado visível] de alguém ou de alguma coisa. **Ex.** De [Pelo] aspe(c)to ~, ele pareceu-me bem (de saúde). **Comb.** Sinal ~ de riqueza. **4** Que está fora de nós/Que é do mundo. **Ex.** As solicitações ~es não o deixavam concentrar-se no estudo. **Comb.** Realidade ~. **5** Que vem de fora. **Ex.** A pressão ~ era mais um estímulo para lutar. **6** Relativo aos países estrangeiros. **Ex.** O nosso Ministro dos Negócios Estrangeiros vai reunir-se com o Ministro das Relações ~es do Brasil. ⇒ externo **5**. **7** Que não diz respeito a/Que não vem a propósito/Alheio/Estranho. **Ex.** Esse assunto é ~ [alheio(+)] ao nosso trabalho. **8** *Geom* Diz-se do ângulo formado por um lado dum polígono ou o prolongamento do lado contíguo/Externo **11**(+). **9** s m Parte de fora/Superfície externa. **Ex.** A pintura do ~ do prédio vai ser discutida na reunião. **10** s m Semblante/Fisionomia/Aparência de alguém ou de alguma coisa. **Ex.** O ~ às vezes engana, sobretudo quando se disfarça bem. **11** s m Espaço que está fora do local em que se está. **Ex.** O que se passa no ~ não nos diz respeito. **12** s m Espaço ao ar livre por oposição ao interior. **Ex.** No ~ há uma brisa desagradável. **13** s m Conjunto dos países estrangeiros/Estrangeiro. **Ex.** As nossas relações com o ~ têm vindo a aumentar. **14** s m pl Conjunto de cenas filmadas fora de um estúdio, ao ar livre. **Ex.** Os ~es do filme são duma zona desértica de Espanha. **Comb.** Carro de ~es (Ex. Para cobrir o acontecimento, a televisão mandou um carro de ~es).

exterioridade s f (<exterior + -idade) **1** Qualidade do que é exterior. **2** Aparência exterior. **Ant.** Interioridade. **3** *fig pl* Aparência enganadora/ilusória/hipócrita.

exteriorização s f (<exteriorizar + -ção) A(c)to ou efeito de exteriorizar/expressar/manifestar alguma coisa. **Ex.** A ~ dos seus sentimentos surpreendeu-me.

exteriorizar v t (<exterior + -izar) Dar a conhecer/Expressar/Manifestar «ideias, sentimentos, …». **Ex.** O seu comportamento exteriorizava [mostrava] uma grande ansiedade.

exteriormente adv (<exterior + -mente) Por [Pelo lado de] fora/Aparentemente/Externamente.

exterminação s f (<lat *exterminátio,ónis*: a(c)ção de expulsar para lá da fronteira [do termo] «da cidade») **1** A(c)to ou efeito de exterminar/Aniquilação/Destruição/Extermínio. **Ex.** O homem tem provocado a ~ de muitas espécies animais. **Comb.** Guerra de ~/extermínio(+) [Conflito que só termina com a aniquilação de um dos contendores]. **2** A(c)ção de fazer desaparecer, matando/Erradicação «dos vícios/daquele abuso».

exterminador, ora adj/s (<lat *exterminátor, óris*: o que expulsa) (O) que mata/destrói/aniquila/erradica.

exterminar v t (<lat *extérmino,áre*: expulsar para lá da fronteira, desterrar; ⇒ exterminação) **1** Destruir pela morte/Aniquilar. **Ex.** Importa ~ o inimigo. **2** Extirpar/Erradicar «os abusos»/Banir.

extermínio s m (<lat *extermínium*) Destruição pela morte/Aniquilação/Exterminação **1**/Erradicação.

externamente adv (<externo + -mente) **1** Do lado de fora. **Ex.** ~ [Por fora/Aparentemente], não notei nada de novo. **2** Em relação com os países estrangeiros. **Ex.** Dentro do país o artista tem ganhado prestígio e até ~. **Ant.** Internamente.

externar v t (<externo + -ar¹) Exteriorizar(+)/Manifestar.

externato s m (<externo + -ato) **1** Estabelecimento de ensino particular em que os alunos não pernoitam/Escola em que todos os alunos são externos. **2** Alunos desse estabelecimento. **Ex.** O ~ organizou uma bela viagem de fim de curso. **3** Condição desses alunos. **Ex.** Como já trabalhava, tirava o curso à noite, em regime de ~.

externo, a adj/s (<lat *extérnus*) **1** Que fica do lado de fora de alguma coisa/Exterior. **Ex.** A parte ~a da porta está pintada de verde. **2** Relativo à parte exterior do corpo. **Ex.** É um medicamento de uso ~. **3** Que está na parte exterior ou à superfície de um órgão ou do corpo. **Comb.** Ouvido ~. **4** Que é nacional no [sai para o] exterior. **Comb.** Glândula de secreção ~a. **5** Que está relacionado com outros países. **Ex.** O prestígio ~ do nosso ex-presidente explica a sua escolha para tão elevado cargo. **Comb.** *Ajuda ~a. Comércio ~. Dívida ~a. Política ~a.* ⇒ exterior **6**. **6** Que se realiza fora da instituição/empresa. **Ex.** Ele saiu em serviço ~. **7** Que é feito por pessoal que não é da mesma organização. **Ex.** Decidiram pedir uma auditoria ~a. **8** Que está fora do assunto/caso ou da entidade em consideração. **Ex.** Isso são problemas ~s à escola. **9** Diz-se do aluno que não pernoita no colégio particular que frequenta. **Ex.** Naquele colégio todos os alunos são ~s. **Ant.** Interno. **10** *Med* Diz-se da consulta feita no hospital em que o paciente não está aí internado/Referente a doentes em regime ambulatório. **Comb.** Consulta ~ a. **11** *Geom* Diz-se do ângulo formado por um lado dum polígono com o prolongamento do lado contíguo. **Ex.** Num triângulo, a medida de um ângulo ~ é igual à soma dos ângulos internos não adjacentes.

exterritorialidade s f (<ex- + territorial + -idade) Direito dos representantes «embaixadores» de países estrangeiros de se regerem por leis e regulamentos dos seus países e não pelos do país onde, de momento, residem.

extinção s f (<lat *exstínctio,ónis*) **1** A(c)to ou efeito de extinguir(-se). **2** Apagamento de algo que está aceso ou a arder. **Ex.** Os bombeiros depressa fizeram a ~ do fogo. **Comb.** ~ da chama. **3** A(c)ção de fazer terminar/Abolição/Supressão. **Ex.** A ~ de muitos postos de trabalho foi um drama para a região. A ~ daquele imposto foi um a(c)to de bom senso. **4** Desaparecimento definitivo/Cessação/Fim. **Ex.** Os ecologistas alertam para a ~ de espécies animais. **Loc.** «ave» Em vias de ~ [Prestes a [Em perigo de] desaparecer]. **5** Liquidação/Pagamento. **Ex.** Ficou aliviado com a ~ da dívida. **Comb.** ~ do débito.

extinguir v t (<lat *exstínguo,ere,stínxi, stínctum*) **1** Fazer com que deixe de arder ou de dar luz/Apagar(-se). **Ex.** Os populares extinguiram o fogo. **2** Fazer terminar/Acabar com/Abolir/Suprimir. **Ex.** Já era tempo de ~ privilégios. A multinacional vai ~ [cortar] alguns postos de trabalho. Resolveram ~ o partido/grupo. **3** Exterminar/Destruir. **Ex.** Tudo fizeram para ~ a praga «de mosquitos da malária». **4** ~-se/Perder a vida lentamente. **Ex.** O velhinho, já muito fraco, acabou por ~-se. **5** ~-se/Deixar de existir/Desaparecer. **Ex.** Extinguiu-se a pouca esperança que lhe restava «de ser gerente da firma». **6** Desfazer/Dissolver. **Ex.** As rivalidades vieram ~ o grupo. **7** Abolir/Revogar. **Ex.** O governo decidiu ~ esse imposto. **8** Gastar(+)/Dissipar(+). **Ex.** Com essa vida de novo rico, depressa iria ~ a herança do pai.

extinguível adj 2g (⇒ extinguir) «fogo» Que se pode apagar/que pode ser extinto. **Ant.** In~.

extintivo, a adj (<extinto + -ivo) Que determina a extinção/Que extingue.

extinto, a adj/s (⇒ extinguir) **1** Apagado. **Ex.** O fogo foi ~. **2** Que acabou/Que deixou de existir/Que se dissolveu. **Ex.** A cooperativa foi ~a. **3** Falecido(+)/Morto. **Ex.** O ~ gozava de grande simpatia na vila.

extintor, ora adj/s (<lat *exstínctor,óris*: o que apaga; ⇒ extinguir) **1** (O) que extingue/apaga. **2** s m Recipiente de metal, portátil, cujo conteúdo liberta um gás que num instante pode apagar um pequeno incêndio. **Ex.** Trago sempre no carro um ~.

extirpação s f (<lat *exstirpátio,ónis*) **1** Destruição completa/Exterminação/Erradicação. **2** Med Operação para extrair órgão [parte do corpo] doente. **3** Extra(c)ção de uma planta pela raiz. **Ex.** Na horta faz a ~ das ervas daninhas.

extirpador, ora adj/s (<extirpar + -dor) **1** (O) que extrai pela raiz/(O) que destrói por completo/(O) que extirpa. **2** s m Instrumento agrícola para arrancar as ervas daninhas ou as raízes.

extirpar v t (<lat *exstírpo,áre*: arrancar; ⇒ estirpe **1**) **1** Arrancar pela raiz/Desenraizar. **Ex.** Ocupa-se a ~ as ervas daninhas. **2** Fazer a extirpação de/Extrair totalmente/Remover/Retirar. **Ex.** A operação visou ~-lhe um tumor maligno. **3** Destruir completamente/Fazer desaparecer/Eliminar. **Loc.** ~ a corrupção.

extorquir v t (<lat *extórqueo,ére,tórsi,tórtum*) Tirar alguma coisa a alguém por meios abusivos ou violentos/Fazer a extorsão de/Arrancar a/Roubar. **Ex.** Com ameaça de arma branca «punhal/faca» extorquia dinheiro. **Loc.** ~ uma assinatura [informação/um segredo].

extorsão s f (<lat *extórsio,ónis*) **1** A(c)to ou efeito de extorquir «uma confissão». **2** Obtenção de alguma coisa por ameaça/artimanha/violência sobre o seu possuidor/Usurpação/Rapina. **3** Imposto excessivo ou forçado. **Comb.** ~ do/pelo fisco.

extorsionário, a adj (<extorsão + -ário) **1** (O) que se apodera de algo de outrem por ameaça/ardil/violência/Usurpador. **Comb.** Prática ~a. **2** Em que há extorsão/usurpação/Que envolve violência. **Ex.** Conseguiu esse dinheiro por meios ~s.

extorsivo, a adj (<extorsão + -ivo) **1** Que envolve meios abusivos ou violentos/Em que há extorsão/Extorsionário. **2** Excessivo/Exagerado/Abusivo. **Comb.** *Imposto ~. Preço ~.*

extra (E(i)s) adj 2g/s m (<lat *extra*: fora de) **1** Adicional/Suplementar/Extraordinário. **Ex.** Não contava com aquela despesa ~. **Comb.** *Dinheiro ~. Dose ~. Edição ~. Hora ~. Serviço*/Trabalho ~. **2** Que é pago à parte. **Ex.** No menu, a bebida é ~. **3** Que tem muito boa qualidade. **Comb.** *Azeite ~. Manteiga ~.* **4** s m Trabalho ocasional. **Ex.** Tenho um ~ que me dá algum dinheiro. **5** s m Peça suplementar de um aparelho/Acessório de automóvel. **Ex.** Esse ~ para o carro custa mais trezentos euros. **6** s m O que é pago à parte/O que excede uma despesa prevista. **Ex.** Há sempre uns ~s que complicam o magro orçamento.

extra- (Eis) pref (<lat *éxter* [éxterus], *t(e)ra, terum*: de [para] fora, estrangeiro; ⇒ exterior/extremo) Significa **a)** fora de «~-terrestre»; **b)** além de «extra **1**»; **c)** aumentativo «~-ordinário/~-fino».

extração (Trà) s f [= extracção] (<lat *extráctio,ónis*; ⇒ extrair) **1** A(c)to ou efeito de extrair. **2** A(c)ção de arrancar/retirar algo do local em que estava originalmente. **Ex.** A ~ do minério faz-se há vários anos. **Comb.** *~ de carvão. ~ de petróleo. ~ de cortiça.* **3** Operação de retirar do organismo um órgão, parte dele ou um obje(c)to estranho que nele se alojou. **Ex.** Tenho de extrair [fazer a ~ de] um quisto. Os médicos fizeram a ~ da [tiraram/extraíram a] bala. **4** Operação de separar uma substância presente numa mistura. **Ex.** Nas salinas faz-se a ~ do sal. **5** Obtenção de documento oficial a partir do original. **Ex.** Vou pedir a ~ de um certificado de habilitações. **6** A(c)ção de sortear os números de lota[e]ria ou dum jogo. **Ex.** Na ~ da lota[e]ria desta semana, ninguém acertou na chave [no (número do) sorteio]. **7** Origem social da pessoa/Linhagem. **Ex.** É um indivíduo de muito baixa ~. **8** Mat Operação algébrica para determinar a raiz de um número. **Comb.** ~ da raiz quadrada/cúbica.

extracção ⇒ extração.

extraconjugal adj 2g (<extra- + ...) Que ocorre fora do casamento/Que está contra os deveres dos cônjuges/Extramatrimonial. **Ex.** Uma relação ~ facilmente conduz ao divórcio.

extracontinental adj 2g (<extra- + ...) Que se realiza/encontra fora do continente.

extracontratual adj 2g (<extra- + ...) Que não consta/depende do contrato/Estranho ao contrato.

extractar/extractivo/extracto/extractor ⇒ extratar/...

extracurricular adj (<extra- + ...) Que não faz parte do plano de estudos/Que não integra o currículo. **Comb.** A(c)tividades ~es. ⇒ extraescolar.

extradição s f (<ex- + lat *tradítio,ónis*: entrega) **1** A(c)to ou efeito de extraditar. **Ex.** Foi pedida a ~ do criminoso de guerra. **2** Entrega de uma pessoa às autoridades de outro país, para neste ser julgada por um crime de que aí é acusada. **Ex.** O governo não atendeu o pedido de ~ porque naquele país é admitida a pena de morte.

extraditar v t (<ex- + lat *tráditum*, de *trádo, ere*: entregar + -ar[1]) Fazer a extradição/Entregar a outro país um indivíduo para aí ser julgado, pela prática de crime.

extraescolar adj Que se realiza fora da escola. **Comb.** A(c)tividade ~. ⇒ extracurricular.

extrafino, a adj (<extra- + ...) «azeite/artigo» Que é de excelente qualidade.

extrair v t (<lat *extráho,ere,tráxi,tráctum*: arrancar) **1** Tirar para fora/Retirar donde estava/Fazer sair/Arrancar. **Ex.** O médico extraiu-lhe um dente. Foi difícil ~ [arrancar(+)] o prego. Extraiu uma nota da carteira para pagar. A empresa espera ~ muito minério. **2** Retirar do corpo por operação cirúrgica. **Ex.** Resolveu ~ o tumor. **3** Obter uma substância separando-a da mistura [do composto] em que se integrava. **Ex.** Uma a(c)tividade da zona é ~ o sal. **4** Colher/Sugar. **Ex.** As abelhas vão às flores ~ o pólen. **5** Retirar/Colher. **Ex.** Soube ~ uma lição daquela desgraça. **6** Tirar de original/Copiar. **Ex.** Mandou ~ uma certidão de habilitações «acadé[ê]micas». **7** Tirar um trecho dum livro/documento. **Ex.** Para organizar a antologia, extraiu [recolheu] excertos dos melhores autores. **8** Resumir/Extra(c)tar. **Ex.** Importa ~ os tópicos principais desse estudo. **9** *Mús* Obter, tocando um instrumento. **Ex.** Com a sua arte, extraía do violino melodias que nos encantavam. **10** *Mat* Calcular a raiz de um número. **Ex.** Precisava de ~ a raiz quadrada desse número.

extrajudicial [extrajudiciário, a] adj (<extra- + ...) Que não obedece às formalidades judiciais/Que não é feito por via judicial/Extrajudiciário.

extralegal adj 2g (<extra- + ...) Que não tem base jurídica/Que está fora da legalidade, sem lhe ser contrário.

extralinguístico, a adj (<extra- + ...) **1** Que não pertence ao sistema da língua, mas lhe está associado na produção ou na interpretação dos enunciados. **Ex.** O conhecimento do mundo [A experiência], sendo ~, refle(c)te-se nos enunciados do falante. **2** Que é exterior ao campo da língua. **Ex.** O gé[ê]nero/sexo e a idade do falante são fa(c)tores ~s.

extramuros adv/adj 2g (<lat *extra muros*: fora das muralhas) Fora dos muros, limites ou muralhas da povoação. **Comb.** Construções ~ de Óbidos/Évora (Portugal). **Ant.** Intramuros.

extranatural adj 2g (<extra- + natural) Que não é explicável pelas leis naturais/Sobrenatural(+). **Ex.** Aquela cura parece ~, terá sido um milagre.

extranumerário, a adj/s (<extra- + número + -ário) **1** (O) que está para além do número estabelecido/previsto. **2** (Funcionário/Empregado) que está fora do quadro efe(c)tivo de uma instituição/empresa. **Sin.** Supranumerário.

extraoficial adj Que não tem origem oficial/Que não tem cará(c)ter oficial/Particular. **Ex.** A fonte da notícia é ~.

extraordinário, a adj/s m (<lat *extra-ordinárius*) **1** Que é fora do comum/Que não é ordinário/Invulgar/Especial. **Ex.** Está marcada uma reunião ~a [não programada] do clube para amanhã. Foi necessária

uma diligência ~ [especial] para resolver a questão. **2** Não regular/Criado para uma situação especial. **Ex.** A crise orçamental levou à criação de um imposto ~. **Comb.** Tribunal ~ [que faz julgamentos sumários em tempos de agitação social, sem respeitar as formalidades comuns]. **3** Que causa admiração/Impressionante. **Ex.** O atleta revelou uma resistência ~a. A cantora era de uma beleza ~a. **4** Estranho/Insólito. **Ex.** Presenciaram um fenó[ô]meno ~ que não sabem explicar. **5** Muito grande/enorme. **Ex.** O tornado teve um impacto ~ na região. A produção de trigo foi ~a. **6** Que merece referência/Assinalável/Notável. **Ex.** Revela uma arte ~a na maneira de escrever. Teve progressos ~s em conhecimentos gramaticais. **7** Que sobressai dos restantes/Excelente. **Ex.** É um a(c)tor ~, só ele vale o espe(c)táculo. **8** Que excede o estabelecido/previsto. **Ex.** Houve umas despesas ~as, agora é preciso poupar. ⇒ **13**. **9** Que vai para além do horário normal de trabalho/Suplementar. **Ex.** O trabalho ~ é mais bem pago. **Comb.** Hora ~. **10** Que foi incumbido de tarefa especial. **Ex.** O governo mandou um enviado ~ para a assinatura do contrato. **Comb.** *Catol* Ministro ~ da Comunhão. **11** *s m* O que não é comum/O que surpreende. **Ex.** O ~ [O que é de admirar] é que ele não reagiu como era de esperar. **12** *s m* Acontecimento imprevisto. **Ex.** Vai senão quando [De repente] acontece o ~: deparamos com um carro na ravina. **13** *s m pl* Despesas além do previsto/habitual/Extras. **Ex.** Este mês houve uns (gastos) ~s que desfalcaram o orçamento. ⇒ **8**.

extrapolação *s f* (<extrapolar + -ção) **1** A(c)to ou efeito de extrapolar. **2** Generalização com base em dados insuficientes/A(c)to de ultrapassar os limites julgados razoáveis. **Ex.** Uma ~ corre [tem] sempre riscos de errar. **3** *Mat* Processo de obter valores de uma função fora do intervalo, com base no conhecimento do seu comportamento dentro desse intervalo.

extrapolar *v t* (<fr *extrapoler*) **1** Generalizar por analogia com base em dados parciais/Fazer extrapolação. **Ex.** ~ envolve sempre risco. **2** Exceder/Ultrapassar os limites. **3** *Mat* Calcular os valores de uma função fora do intervalo, baseando-se no conhecimento do seu comportamento dentro desse intervalo.

extraprograma *adj 2g* (<extra- + ...) Que não está incluído no programa/Que está além do programa.

extrarregulamentar *adj 2g* Que não faz parte do regulamento.

extratar (Trà) [*Br* **extra(c)tar** *(dg)*] *v t* (<extrato + -ar¹) **1** Retirar um excerto/extrato de um texto escrito ou de uma peça musical para ser usado separadamente. **2** *Quím* Obter uma substância por extração.

extraterreno, a *adj/s 2g* (<extra- + ...) ⇒ extraterrestre; ultraterreno.

extraterrestre *adj/s 2g* (<extra- + ...) **1** Que é de [Que ocorre] fora da Terra ou da sua atmosfera. **2** Suposto habitante de um planeta que não a Terra. **Ex.** A existência de ~s foi sempre um mistério para os homens.

extraterritorial *adj 2g* (<extra- + ...) **1** Que se encontra fora de um território/Situado fora do território nacional. **Comb.** Águas ~ais. **2** Que está fora da jurisdição do país em que está a residir.

extraterritorialidade *s f* (<extra- + ...) **1** Qualidade de extraterritorial. **2** Estatuto de representante de um país no estrangeiro, que lhe permite reger-se pelas leis do seu país de origem.

extratexto *s m* (<extra- + ...) Folha separada em livro/publicação, que costuma ter uma gravura impressa e é de papel diferente.

extrativo, a (Trà) [*Br* **extra(c)tivo** *(dg)*] *adj* [= extractivo] (<extrair + -ivo) **1** Que se refere a extra(c)ção/Que explora os recursos do subsolo. **Comb.** Indústria ~a. **2** Que serve para a extra(c)ção. **Comb.** Máquina ~a.

extrato [*Br* **extra(c)to** *(dg)*] *s m* [= extracto] (⇒ extrair) **1** Substância extraída de outra. **2** Substância concentrada obtida, por evaporação, de outra com que formava solução. **3** Perfume concentrado/Essência. **4** Cópia dos movimentos de conta bancária. **Ex.** Já recebi o ~ «da minha conta» do banco. **5** Fragmento de um texto/Excerto. **Ex.** Este ~ é bem representativo do estilo do romancista. **6** Cópia de documento oficial. **7** Resumo do que se passou em reunião/sessão. **8** Sumário das matérias de um livro/documento.

extrator, ora (Trà) [*Br* **extra(c)tor** *(dg)*] *adj/s* [= extractor] (<extrato + -or) **1** (O) que faz extratos ou extrações. **Comb.** (Aparelho) ~ **de fumos**. **Pessoal** ~ do volfrâmio. **2** (O) que retira uma coisa de outra. **3** *s m* Aparelho para separar uma substância do corpo de que fazia parte. **Comb.** ~ de minério. **4** *s m* Peça da culatra de arma de fogo que lança fora o cartucho detonado. **5** *s m* Aparelho para separar, por centrifugação, o mel da cera das colmeias. **6** *s m* Aparelho com que se retira dum organismo um corpo estranho.

extrauterino, a *adj Med* Que se encontra/realiza/desenvolve fora do útero. **Ex.** Uma gravidez ~a é muito perigosa para a mulher.

extravagância *s f* (<extravagar + -ância) **1** Desvio/Afastamento do que é o costume, o razoável ou o bom senso. **Ex.** Uma ~ chama sempre a atenção. **2** A(c)to, dito ou atitude que foge à norma/Capricho/Excentricidade. **Ex.** Toda a gente já dá um desconto às [desvaloriza as] ~s dele. **3** Despesa excessiva ou supérflua/Desperdício. **Ex.** Uma ~ de vez em quando [de quando em vez/uma vez por outra] é aceitável.

extravagante *adj/s 2g* (<extravagar + -ante) **1** (O) que se afasta da norma ou do que é usual/O que é dado a [que costuma ter] extravagâncias ou excentricidades. **Ex.** O comportamento dos ~s é muitas vezes censurado. **Comb.** Atitude ~. **2** Estroina/Dissipador/Perdulário. **3** *an* Dizia-se de textos/leis dispersos/as, sem estarem incluídos numa cole(c)ção ou num código canó[ô]nico. **Comb.** Leis ~s.

extravagar *v int* (<lat *extra*: fora de + *vágor, ári*: vag(ue)ar) **1** Estar solto/disperso/Estar fora do conjunto ou da cole(c)ção/Andar perdido. **2** Sair do assunto que se trata/Divagar(+).

extravasamento[sação] *s* (<extravasar) **1** A(c)to ou efeito de extravasar/Derrame de um líquido por transbordar do recipiente. **2** *Med* Saída de um fluido orgânico para os tecidos por lesão dos vasos em que circula. **3** *Bot* Derramamento da seiva/resina duma planta.

extravasar *v t/int* (<extra- + vaso + -ar¹) **1** (Fazer) um fluido ultrapassar o bordo do recipiente/Transbordar(+)/Verter/Derramar. **Ex.** Tanto encheu o copo que o vinho extravasou. **2** (Fazer) sair um fluido orgânico dos canais naturais. **3** *fig* Ultrapassar os (justos) limites/Comportar-se de modo impróprio. **Ex.** Se não tenho os olhos no [não velo pelo] miúdo, ele extravasa. **4** Ser expansivo na manifestação dos sentimentos ou das emoções/Experimentar [Sentir] uma emoção forte. **Ex.** A feliz notícia fê-lo ~ [transbordar(+)] de alegria.

extraviado, a *adj/s* (<extraviar) **1** Que se extraviou/perdeu/Que desapareceu. **Ex.** Parece que o cheque está ~. **2** Que se afastou da via que devia seguir/Errante. **Ex.** Andou ~ [perdido(+)] pela cidade, até que finalmente deu com [encontrou] o caminho certo. **3** Que foi subtraído/roubado. **Ex.** Há um dinheiro ~, que faz muita falta. **4** (O) que saiu do bom caminho/que se perverteu/que anda desorientado. **Ex.** O moço anda ~, é preciso falar com ele, chamá-lo à razão.

extraviar *v t* (<extra- + via + -ar¹) **1** (Fazer) perder o rumo/(Fazer) sair da via corre(c)ta/Desencaminhar/Transviar. **2** ~-se/Não chegar ao destino/Desaparecer/Sumir/Perder-se. **Ex.** A carta extraviou-se, não sei o que aconteceu. **3** Fazer desaparecer/Desviar por fraude/Roubar. **Ex.** Alguém extraviou cheques destinados aos reformados. **4** Levar por mau caminho/Desencaminhar/Perverter. **Ex.** As más companhias acabaram por ~ o rapaz.

extravio *s m* (<extraviar) **1** A(c)to ou efeito de (se) extraviar. **2** Desvio da rota ou do caminho que devia seguir. **3** Descaminho que impede a chegada ao destino/Perda/Desaparecimento/Sumiço. **Ex.** Queixou-se do ~ da carta. **Comb.** ~ **de correspondência**. ~ **de encomenda**. **4** Desvio fraudulento/Roubo/Subtra(c)ção. **Comb.** ~ de dinheiro. **5** Afastamento da conduta re(c)ta/Perversão moral. **Ex.** Lamentava o ~ de alguma juventude.

extrema *s f* (⇒ extremo **14/15**) **1** Ponto «de temperatura» máximo ou mínimo de algo. **Loc.** Levar uma situação «de conflito» às ~s [ao(s) limite(s)/extremo(s)]. **Sin.** Extremidade(+). **2** *(D)esp* ⇒ ~-direita **3**/~-esquerda **3**.

extrema-direita *s f* **1** *Pol* Ideário que defende valores de cará(c)ter conservador radical. **2** *Pol* Partido(s) da direita extremista. **Ex.** A ~ tem sido combatida pelos partidos moderados. **3** *s m Br (D)esp* Jogador atacante que a(c)tua no corredor lateral direito. **Ex.** Garrincha foi um extraordinário ~. **Sin.** «Cristiano Ronaldo» Ponta-direita.

extremado, a *adj* (<extremar) **1** Radical/Extremista/Excessivo. **Ex.** As posições ~as podem impedir um acordo. **2** Excelente/Notável/«coragem»Exce(p)cional/Exímio. **Ex.** Foi um ~ cultor das letras.

extrema-esquerda *s f* **1** *Pol* Ideário que propõe os valores da esquerda extremista. **2** *Pol* Partido(s) da esquerda radical. **3** *s m Br (D)esp* Jogador atacante que a(c)tua na faixa lateral esquerda. **Sin.** Ponta-esquerda(+).

extremamente *adv* (<extremo + -mente) Em muito elevado grau/Extraordinariamente/Imensamente. **Ex.** Esta questão é ~ importante.

extremar *v t* (<extremo + -ar¹) **1** Tornar(-se) extremo/Maximizar/Assinalar. **Ex.** O orador tratou de ~ os méritos do homenageado. **2** ~-se/Levar ao extremo/Exceder-se/Exagerar. **Ex.** Os organizadores do espe(c)táculo extremaram-se na sua promoção. **3** ~-se/Afastar-se/Separar-se. **Ex.** As posições políticas (dos partidos) extremaram-se, com prejuízo do país.

extrema-unção *s f Catol* Sacramento da unção com os santos óleos, ministrado aos enfermos, sobretudo aos muito idosos. **Ex.** Hoje a ~ já não é só ministrada aos moribundos. **Sin.** Santa unção; Unção dos enfermos (+).

extremidade *s f* (<lat *extrémitas,átis*) **1** Parte extrema/terminal de alguma coisa/Fim/Limite/Ponta. **Ex.** As unhas estão na ~ dos dedos. **Comb.** ~ [Fim(+)] ***da rua***. ~ [Ponta(+)] ***da vara***. **2** Borda/Orla/Beira. **Ex.** A ~ da saia dava-lhe [ficava-lhe] pelo joelho. **3** *pl* Membros do corpo humano/Patas dos animais. **Ex.** Com a idade, o sangue circula com mais dificuldade nas ~s.

extremismo *s m* (<extremo + -ismo) Teoria que [Atitude de quem] preconiza medidas radicais, de direita ou de esquerda, para solucionar os problemas. **Ex.** O ~ costuma criar muitos problemas à sociedade.

extremista *adj/s 2g* (<extremo + -ista) **1** Que é relativo ao extremismo. **Ex.** As a(c)ções ~s costumam acompanhar as revoluções. **Comb.** *Atitude ~. Posição ~.* **2** Partidário do extremismo. **3** Pessoa que é radical nas ideias ou nas atitudes/Pessoa que não revela moderação nas ideias ou nos a(c)tos. **Ex.** Ele é um [muito] ~.

extremo, a *adj/s* (<lat *extrémus*) **1** Que se encontra no lugar mais afastado/distante/Que está na extremidade de alguma coisa. **Ex.** O Cabo da Roca (Portugal) é o limite ~ ocidental do continente europeu. **Comb.** Ponto ~. **2** Que está no mais alto grau/Que atingiu o ponto máximo/Extraordinário. **Ex.** Vive na ~a miséria. Sentiu uma ~a dificuldade até conseguir vencer. **3** Último/Derradeiro. **Ex.** Na hora [A hora da morte] ~ arrependeu-se do que fizera. **Comb.** ~ suspiro. **4** Muito grave/Fora do comum/Exce(p)cional. **Ex.** Em situações ~as é preciso agir rapidamente. **5** Excessivo/Exagerado. **Ex.** As temperaturas ~as são um perigo para a saúde. **6** *pl* Que se afasta muito do centro/Que não é moderado. **Ex.** As posições políticas ~as, quer à direita quer à esquerda, costumam estar em minoria no Parlamento.
7 *s m* Parte terminal [Ponta/Fim] de alguma coisa/Extremidade. **Ex.** No ~ da rua havia uma praça. **8** *s m* O mais alto grau/Máximo/Limite. **Ex.** O ~ da miséria estava ali à vista. **9** *s m* Ponto mais distante do centro. **Ex.** A feira é no ~ da vila. **10** *s m* A(c)ção censurável/Desplante/Exagero/Excesso. **Ex.** Chegou ao ~ de me vir pedir satisfações. **11** *s m pl* A(c)ções ou rea(c)ções de sentido contrário. **Ex.** Era uma pessoa de ~s: ora estava eufórica, ora (estava) profundamente deprimida. **12** *s m Mat* Valor máximo ou mínimo de uma função real num dado conjunto.
13 *s m Mat* Primeiro e último termos de uma proporção. **Ex.** Numa proporção, o produto dos extremos é igual ao produto dos meios. **14** *s m (D)esp* Jogador atacante que a(c)tua na faixa lateral do campo. **Ex.** O ~ deve saber cruzar para a área. **15** *s f* Valor máximo ou mínimo de um elemento meteorológico em dado período. **Ex.** Este ano, a ~a máxima de 46° C regist(r)ou-se no Alentejo (Portugal) e a ~ mínima de -12° C na Serra da Estrela (Portugal).

extremo-direito *s m (D)esp* Jogador atacante que a(c)tua na faixa lateral à direita. **Sin.** Ponta-direita; *Br* Extrema-direita 3.

extremo-esquerdo *s m (D)esp* Jogador atacante que a(c)tua na faixa lateral à esquerda. **Sin.** Ponta-esquerda(+); *Br* Extrema-esquerda 3.

Extremo-Oriente *s m Geog* Região oriental da Ásia, envolvendo a Indochina, China, Japão, Coreia, Sibéria, Filipinas e outras ilhas do (Oceano) Pacífico.

extremosamente *adv* (<extremoso + -mente) Afe(c)tuosamente/Entranhadamente.

extremoso, a (Ôso, Ósa/os) *adj* (<extremo + -oso) **1** Que revela ternura/Carinhoso/Afe(c)tuoso/Amoroso. **Ex.** Lembrava com saudade o pai ~. **2** Que chega a extremos/Exagerado/Excessivo/Descomedido.

extricar *v t* (<lat *extríco, áre*) Desenredar «fios enredados»/Desembaraçar/Destrinçar.

extrinsecamente *adv* (<extrínseco + -mente) De fora/Acidentalmente/Exteriormente.

extrínseco, a *adj* (<lat *extrínsecus*) **1** Que não pertence à essência de alguma coisa/Exterior/Externo/Acidental. **Ex.** Fa(c)tores ~s explicam este fracasso. **Comb.** Causa ~. **Ant.** Intrínseco. **2** Que depende de uma convenção ou de uma determinação legal. **Ex.** Falamos do valor ~ de uma moeda. **Ant.** Real.

extrofia *s f Med* (<gr *ekstrophé*: reviravolta) Defeito de conformação de um órgão interno, especialmente da bexiga, ao estar virado para fora. **Sin.** Extroversão 2.

extrospeção (Pè) [*Br* **extrospe(c)ção** (dg)] *s f Psic* [= extrospecção] (<lat *extra*: para fora + *spéctio,ónis*: observação) **1** Observação das a(c)ções/rea(c)ções externas do indivíduo. **Ant.** Introspeção. **2** Conjunto dos métodos obje(c)tivos do estudo psicológico, que apenas atendem ao comportamento.

extrospetivo, a (Pè) [*Br* **extrospe(c)tivo** (dg)] *adj Psic* [= extrospectivo] (<lat *extra*: para fora + *spéctum*, de *spécio,ere*: observar + -ivo) Que é relativo à extrospeção/Que estuda o comportamento. **Ant.** Introspetivo.

extroversão *s f* (<extra- + versão) **1** *Psic* Propensão natural de alguém para estabelecer conta(c)tos com os outros/Facilidade em comunicar/Sociabilidade. **Ant.** Introversão. **2** ⇒ extrofia(+).

extroverter-se *v t* (<lat extra- + verter) Tornar-se extrovertido/sociável.

extrovertido, a *adj/s* (<extroverter) (Pessoa) que exterioriza as emoções, que tem facilidade de comunicar e de estabelecer conta(c)tos/Expansivo. **Ex.** Os ~s são indicados [bons/ideais] para animar um grupo. **Ant.** Introvertido.

extrusão *s f* (<fr *extrusion*, do lat *extrúdo, ere,úsum*: expelir) **1** Saída forçada/Expulsão. **Comb.** ~ vulcânica [Saída de lava muito compacta, que obstrui a cratera]. **2** Operação de fazer sair por um orifício um metal ou plástico para tomar forma alongada ou filamentosa.

extrusivo, a *adj* (<extrusão + -ivo) **1** Relativo a [Que provoca] extrusão. **2** Diz-se de rocha vulcânica.

exuberância (Ezu) *s f* (<lat *exuberántia*) **1** Qualidade do que é exuberante. **Ex.** A ~ da vegetação impedia penetrar na mata. **2** Superabundância/Profusão/Fartura. **Ex.** Com a primavera chegava ao campo a ~ de mil cores. **3** Ostentação de algo que chama a atenção. **Ex.** A ~ do chapéu da madrinha da noiva atraiu os olhares. **4** Manifestação efusiva de emoções/sentimentos. **Ex.** A ~ com que festejava o triunfo contagiou o grupo. **5** Aparato no discurso/Verbosidade/Loquacidade. **Ex.** A ~ do orador enfadou a assistência. **6** Uso exagerado de ornatos/Estilo empolado/pomposo. **Ex.** Hoje não se aprecia tal ~ no mundo da arte.

exuberante (Ezu) *adj* (⇒ exuberar) **1** Muito abundante/Rico/Profuso/Luxuriante. **Ex.** A vegetação ~ do bosque era um obstáculo intransponível. Na primavera o campo parecia um festival ~ de cores e sons. **2** Que apresenta grande aparato/Ostentoso. **Ex.** O estilo barroco é ~ sobretudo na fachada das igrejas. **3** Volumoso/Avantajado/Desenvolvido. **Ex.** A moça tinha um peito ~. **4** Muito animado/Que se manifesta de forma intensa. **Ex.** Era ~ a festejar qualquer triunfo. **5** Pomposo/Prolixo/Verboso. **6** Fecundo de ideias/Inventivo. **Ex.** Aquele espírito ~ da criança tinha [prometia muito para o] futuro.

exuberar *v t/int* (<lat *exúbero,áre*; ⇒ úbere) **1** Produzir [Ter/Haver] em grande quantidade. **2** Manifestar-se de forma expansiva. **3** Ter grande viço/vigor. **Ex.** A jovem exuberava graça e energia.

êxul(e) (Eízul/*Br* Êzule) *adj 2g* (<lat *éxul,lis*) Exilado/Desterrado.

exulceração *s f* (<lat *exulcerátio,ónis*) **1** A(c)to ou efeito de exulcerar/Ulceração superficial/incipiente. **2** *fig* Sofrimento moral.

exulcerar *v t* (<lat *exúlcero,áre*) **1** Ulcerar superficialmente/Ferir (ao) de leve. ⇒ arranhar. **2** ~-se/Começar a ulcerar-se. **3** *fig* Desgostar/Afligir.

exultação *s f* (<lat *exsultátio,ónis*) A(c)to ou efeito de exultar/Sentimento de grande felicidade/Júbilo. **Ex.** Compreendo a ~ [alegria(+)/satisfação] dele, (por)que conseguiu um bom trabalho.

exultante *adj* (⇒ exultar) Que exulta/Muito alegre/Jubiloso.

exultar *v int* (<lat *exsúlto,áre*: saltar) Sentir/Manifestar grande alegria/Rejubilar «com a independência do seu país»/Regozijar-se. **Ex.** O pai exultou ao receber a feliz notícia.

exumação *s f* (<exumar + -ção) **1** A(c)to ou efeito de exumar/desenterrar. **2** *Dir* A(c)to de retirar cadáver da sepultura, geralmente para determinar a causa da morte, se há suspeita de crime. **3** *fig* Recuperação de algo que fora esquecido/Descoberta de alguma coisa ignorada ou oculta.

exumar *v t* (<lat *éxhumo, áre*) **1** Retirar «cadáver» para investigação da sepultura/Desenterrar. **2** *fig* Retirar do esquecimento «antigos documentos».

ex-voto (Eis-) *s m* (<lat *ex voto*: por voto, promessa) Quadro ou obje(c)to, normalmente de cará(c)ter piedoso, que se oferece a Deus ou a um santo em igreja/ermida, como reconhecimento por uma graça ou em cumprimento de promessa.

eyeliner (Ailáinar) *ing s m* Cosmético líquido com que se acentua o bordo das pálpebras, em forma de linha/Delineador.

-ez *suf* (<lat -*ítia* «*avarítia*» Significa **qualidade** ou **estado**. ⇒ viuvez; robustez.

-eza *suf* (<lat -*itia*: Significa **a)** qualidade; Ex. Destr~, espert~, firm~, lev~; **b)** estado; Ex. incerteza, pobreza, riqueza). ⇒ -dade; -ura.

F

f (Éfe/Fê) *s m adj* **1** Sexta letra do alfabeto português. **Comb.** «explicou tudo/preparou a festa» Com todos os *ff* e *rr*/os efes e erres [De modo perfeito/Sem qualquer falha]. **2** Sexto lugar numa série indicada pelas letras do alfabeto. **Ex.** Não soube responder à alínea *f)*. Na fila *F* ainda há um lugar. **3** *Ele(c)tri Maiúsc* Símbolo de *farad*. **Comb.** Condensador com a capacidade de 500 *F*. **4** *Fís Maiúsc* Símbolo de força e de graus *Fahrenheit*. **Ex.** Uma roldana móvel reduz a força $F/2$ a força F que equilibra um fardo numa roldana fixa. A temperatura chegou aos 77 °F. **5** *Fís Minúsc* Símbolo de frequência. **Ex.** $f=1/T$ significa que a frequência f é o inverso do período T. **6** *Mat Minúsc* Símbolo de função. **Ex.** $y = f(x)$ significa que a variável y depende [é função] da variável independente x. **7** *Mús Minúsc* Abreviatura da notação "forte". **8** *Mús Maiúsc* Símbolo da nota "fá" nos países germânicos e anglo-saxões. **9** *Quím Maiúsc* Símbolo do flúor.

fá *s m* (<sílaba inicial da palavra latina *famuli* tirada por Guido Aretino (séc. XI) do 4.º verso da 1.ª estrofe do hino (⇒ mi) a S. João Ba(p)tista) **1** Quarta nota musical da escala natural. **Ex.** O ~ situa-se entre o *mi* e o *sol* (bemol). **2** Sinal que na pauta representa essa nota. **Ex.** Na clave de sol, o ~ ocupa o 1.º intervalo da pauta musical. **3** Som que corresponde a essa nota. **4** Corda [Tecla] de instrumento musical que reproduz esse som.

fã *s 2g* (<ing *fan(atic)*; ⇒ fanático) Admirador entusiasta de alguém «vedeta/político». **Ex.** João Paulo II tinha muitos ~s entre os jovens. **Comb.** Clube de ~s.

fabáceo, a *adj Bot* (<fava + -áceo) Relativo a fava.

fabagela *s f Bot* (<dim de lat científico *Fabago*) Planta aromática da família das zigofiláceas (*Zygofillum fabago*), ornamental e com aplicações medicinais. **Ex.** A ~ encontra-se nas áreas desérticas [áridas] do Mediterrâneo.

fabela *s f* (<lat *fabella,ae*) Pequena fábula.

fabiano, a *adj/s* (<lat *fabianus,a,um*) **1** *Hist* Relativo ao general romano Fábio Máximo Cunctator (275-203 a.C.), o (Con)temporizador. **2** *Hist* Antigo sacerdote romano. **3** *pop* Uma pessoa qualquer/indeterminada/Sujeito/Fulano(+). **Ex.** Apareceu por aí um ~ a vender relógios baratos; se calhar eram roubados. **4** Pobre-diabo(+)/Pessoa inofensiva. **Ex.** Coitado do ~! Esse não faz mal a ninguém.

fabordão *s m Mús* (<fr *faux-bourdon*) **1** Pequena composição harmonizada à qual se pode adaptar qualquer letra. **Ex.** O ~ surgiu no séc XV, no canto litúrgico «cantochão». **2** *fig* Palavras ou expressões nas quais alguém se apoia repetitivamente ao falar ou a escrever/Bordão(+).

fábrica *s f* (<lat *fábrica,ae*) **1** A(c)to de fabricar/Fabricação/Fabrico. **Ex.** A ~ [/confe(c)ção/O fabrico(+)] de tapetes bordados «de Arraiolos» exige habilidade e paciência. **2** Estabelecimento industrial dotado de equipamentos e meios para transformação de matérias-primas em produtos acabados. **Comb.** ~ *de conservas*. ~ *de curtumes*. ~ *de produtos alimentares*. ~ *de tecidos*. *Preço de* ~. **3** Conjunto de pessoas que trabalham no estabelecimento industrial. **Ex.** A ~ em peso protestou contra o atraso no pagamento dos salários. **Comb.** *Rel* ~ *da igreja* [Instituto eclesiástico ou pessoa jurídica a que pertencem todos os bens e direitos temporais destinados a uma igreja e ao culto que nela se realiza]. ⇒ comissão fabriqueira. **4** Local de grande a(c)tividade e produção que se assemelha a um estabelecimento fabril. **Ex.** Agora dedico-me a fazer bolos para fora [venda]. A minha casa é uma autêntica ~ de pastelaria! **5** *fig* Causa/Origem. **Ex.** Aquela sala gelada é uma ~ de constipações [resfriados].

fabricação *s f* (<lat *fabricátio,ónis*) **1** A(c)to ou processo de fabricar/Fabrico/Produção/Confe(c)ção. **Ex.** A ~ de alimentos exige cuidados especiais de higiene. **Comb.** ~ [Produção] *em série* [de unidades iguais, em larga escala]. **2** Manufa(c)tura ou produção mecânica. **Comb.** ~ *(artesanal) de bordados*. ~ *de embalagens*. ~ *de móveis* (por medida). *Normas de* ~. **3** Produção natural ou biológica. **Comb.** ~ *de células*. **4** Criação/Idealização/Elaboração. **Comb.** ~ *de histórias*. ~ *de mentiras*. ~ *de notícias* (falsas).

fabricado, a *adj* (<fabricar) **1** ⇒ produzido; feito; manufa(c)turado. **2** ⇒ «número de votos» forjado. **3** Inventado/Falso. **Comb.** Fa(c)to [Explicação] ~o/a.

fabricador, ora *adj/s* (<fabricar + -dor) (O) que fabrica/Construtor/Autor. **Comb.** ~ [Fabricante(+)] *de calúnias*. *Inse(c)to* ~ *de mel*.

fabricante *s/adj 2g* (<fabricar + -ante) (O) que fabrica/Produtor «de vinho/azeite». **Comb.** Uma fábrica com dezenas de ~s [operários(+)]. ~ [Empresa/Profissional] *de sapatos*.

fabricar *v t* (<lat *fabríco,áre*) **1** Produzir em fábrica transformando matérias-primas em produtos acabados. **Loc.** ~ *blocos de cimento*. ~ *calçado* ~ *móveis*. ~ *utensílios domésticos*. **2** Produzir por processos naturais ou biológicos. **Ex.** Os órgãos hematopoéticos «fígado» fabricam glóbulos vermelhos. **Loc.** ~ *defesas contra os vírus*. **3** Edificar/Construir. **Ex.** A aranha fabrica a teia, o passarinho (fabrica) o ninho. **4** Inventar/Criar. **Loc.** ~ *uma história* [intriga/calúnia]. **5** Ser a origem de/Causar(+). **Ex.** Em tantas aventuras se meteu que fabricou a sua própria ruína.

fabricável *adj 2g* (<fabricar + -vel) Que se pode fabricar. **Comb.** *Produto* ~.

fabrico *s m* (<fabricar) **1** Fabricação/Produção/Feitura/Confe(c)ção. **Ex.** O ~ de computadores exige elevada tecnologia. **Comb.** ~ *artesanal* [manual]. ~ *de qualidade*. «molde» *português* [japonês/brasileiro]. *Defeito de* ~. **2** Produção natural ou biológica. **Comb.** O ~ *do mel*. **3** A(c)to de criar/Idealização. **Comb.** O ~ [A criação(+)/A escrita] *um romance* «policial».

fabril *adj 2g* (<lat *fabrílis,e*) **1** Relativo a fábrica ou a trabalho de fabricante. **Comb.** *A(c)tividade* ~. *Problemas* ~*is*. **2** Que trabalha numa fábrica. **Comb.** *Dire(c)tor* ~. *Operário* ~. *População* [Pessoal] ~.

fabriqueiro, a *adj/s* (<lat *fabricárius,a,um*) (O) que é encarregado da administração temporal duma igreja. **Comb.** *Comissão* ~*a* [Organismo ao qual compete administrar os bens destinados ao culto].

fábula *s f* (<lat *fábula,ae*) **1** Pequena história alegórica com fins pedagógicos ou moralizantes, em que os personagens são animais ou seres inanimados. **Comb.** A ~ de Esopo "A cigarra e a formiga". ~s de La Fontaine. **2** Narrativa de fa(c)tos imaginários ou fictícios/Lenda/Conto/Ficção. **Ex.** Não se trata duma história verdadeira, é uma ~. **3** Conjunto de fa(c)tos que constituem o argumento duma obra de ficção.

fabulação *s f* (<lat *fabulátio,ónis*) **1** Elaboração dum argumento, real ou fictício, pela imaginação/Criação dum enredo/Efabulação(+). **2** Conjunto de acontecimentos relacionados entre si que constituem o argumento duma obra de ficção/Enredo. **3** Moralidade de uma fábula. **4** *Psic* Narração de histórias apresentadas como reais, sem o intuito de enganar, fruto da imaginação. **Ex.** Nas crianças a ~ pode não ser um fenó[ô]meno patológico.

fabulador, ora *adj/s* (<fabular + -dor) (O) que inventa [narra] fábulas. **Ex.** Não acredites nele [Não lhe dês fé/Não faças fé nele]: é um ~. **Comb.** *Imaginação* ~*ora*.

fabular *v t/int/adj* (<lat *fábulo,áre*) **1** Escrever [Contar] fábulas. **Ex.** A arte de ~ remonta a tempos muito antigos (sumérios séc. XVIII a.C.). **2** Imaginar ou contar coisas fantásticas/fabulosas. **Ex.** Quando chegava duma longa viagem deliciava-nos, horas a fio, fabulando as maravilhas e peripécias que tinha visto ou lhe tinham acontecido. **3** Falar sem fundamento/Inventar/Mentir. **Ex.** Nunca se sabe quando fala verdade [a sério] ou está a ~. **4** *adj* Referente a fábula/Lendário/Fabuloso. **Comb.** *Escritor* ~. *Literatura* ~. *Narrativa* ~. *Personagem* ~.

fabulário *s m* (<fábula + -ário) Antologia [Cole(c)ção/Repertório] de fábulas. **Ex.** O búfalo desempenha papel de relevo no ~ dos Timorenses (de Timor-Leste).

fabulista *s 2g* (<fábula + -ista) **1** Escritor de fábulas/Fabulador. **Comb.** ~ *brasileiro* [japonês/grego]. **2** O que inventa histórias falsas/Embusteiro/Trapaceiro. **Comb.** Conhecido como ~ *sem escrúpulos*.

fabuloso, a (Ôso, Ósa, Ósos) *adj* (<fábula + -oso) **1** Relativo a fábula. **Ex.** Essa é uma narrativa ~a [imaginária(+)/fictícia(o+)], não é real. **Comb.** *Animal* «dragão/hidra» [Herói «Prometeu»] ~. **2** Maravilhoso/Extraordinário/Prodigioso. **Ex.** Passámos umas férias ~as. **3** Inacreditável mas verdadeiro/Extraordinário. **Comb.** *Fortuna* ~. **4** *fam* Muito bom comparado com o habitual. **Comb.** *Preços* ~*s*. *Serviço* [Qualidade] ~*o/a*.

faca *s f* (<lat *falx,fálcis*: foice, serrote para podar) Obje(c)to cortante composto de cabo e lâmina. **Ex.** Usei a ~ para cortar o pão. **Loc.** *Afiar a* ~. *Comer com* ~ *e garfo*. **Idi.** *De* ~ *e alguidar* [«filme» Violento]. *De* ~ *na liga* [«homem» Agressivo]. *De (se) cortar à* ~ [Pesado/Violento] (Ex. Em certos bairros degradados vive-se um clima de cortar à ~). *Espetar uma* ~ *nas costas* [Atraiçoar]. *Estar com a* ~ *ao peito* [Ver-se forçado]. *Estar sempre de* ~ *afiada* [sempre pronto (para criticar)]. *Ir à* ~ [Ser operado]. *Levar à* [Meter à] ~ [Fazer uma operação] (Ex. Tu és um medricas mas o médico vai-te levar à ~). *Pôr a* ~ *ao peito de* [Forçar «o devedor»]. *Ser uma boa* ~ *Br* ⇒ devorar livros. *Ser uma* ~ *de dois gumes* [Poder ser bom ou mau]. *Ter* [Estar com] *a* ~ *e o queijo na mão* [Ter todo o poder]. **Comb.** *idi/col* ~ *boa para cortar manteiga* (no verão) [sombras de paredes]. ~ *corta-papel* ⇒ de papel. *Guiné* ~ *de balanta* ⇒ de dois gumes. ~ *de cozinha*. ~ *de dois gumes* (⇒ **Idi.** *Ser uma* ~ *de dois gumes*). ~ *de mato* [de (ar)rasto]. ~ *de papel*. ~ *inglesa* ⇒ formão. *Cabo da* ~. *Fio* [Gume] *da* ~. *Lâmina* [Folha] *da* ~. ⇒ Bisturi [Escalpelo/Lanceta]; catana; cutelo; fac(alh)ão; lâmina; navalha; sabre.

facada s f (<faca + -ada) **1** Golpe dado com faca. **Loc.** Atacar [Agredir] à ~. **Comb.** Uma ~ no tórax [numa perna]. **2** fig Surpresa dolorosa. **Ex.** A morte do filho foi para ele uma ~ tremenda. **3** fig Ofensa grave. **Ex.** As palavras duras que me dirigiu foram ~s dolorosas na nossa amizade. **4** fig Pedido de empréstimo de dinheiro por quem não costuma pagar. **Ex.** Cada vez que aparece, já sei: é para mais uma ~! Para pedir (dinheiro), sabe onde eu moro, mas para pagar já não sabe.

facalhão[az] s m (<faca + -(a)lhão) Faca grande. **Comb.** Um ~ de matar porcos [de talhante] «com dois gumes».

façalvo, a (<face + alvo) Diz-se do cavalo [da égua] que tem o focinho quase todo branco.

faca-marcador s f Pequena faca de cortar papel, fendida, para abrir e prender as folhas dos livros. **Ex.** A livraria oferecia aos melhores clientes ~s-~es de prata.

façanha s f (<lat facétiae,iárum: feito ou coisa brilhante) **1** Feito (heroico)/Proeza. **Comb.** As ~s dos antigos navegadores portugueses (séc. XV-XVI). **2** Acontecimento notável/extraordinário. **Ex.** Conseguiu a ~ de ser campeão do mundo «de Fórmula 1» pela quinta vez. **3** A(c)to maldoso/Patifaria/A(c)ção perversa. **Ex.** Assaltaram a caixa Multibanco. A polícia anda a tentar descobrir o autor da ~ [patifaria(o+)/proeza(+)].

façanheiro, a adj/s (<façanha + -eiro) (O) que alardeia façanhas/Fanfarrão/Gabarola. **Ex.** Não gosto de gente ~a [gabarola(+)].

façanhoso, a (Ôso, Ósa, Ósos) adj (<façanha + -oso) **1** Que pratica façanhas/Façanhudo. **Comb.** Pescadores, gente ~a! **2** Que causa espanto/Maravilhoso/Extraordinário. **Comb.** Números (de circo) ~s [espe(c)taculares(o+)/arriscados(+)].

façanhudo, a adj (<façanha + -udo) **1** Que pratica grandes feitos/Façanhoso. **Ex.** Regressou à pátria com fama de ~. **2** Desordeiro/Brigão. **Ex.** Se esse ~ se mete com a minha irmã, parto-lhe os dentes! **3** Mal-encarado/Carrancudo. **Ex.** Deixei de ir àquela loja. O novo empregado é um ~ [mal-encarado(+)] que até assusta.

facão s m (<faca + -ão) ⇒ facalhão[az].

facção (Fà) [Br **fa(c)ção** (dg)] s f [= facção] (<lat fáctio,ónis) **1** Parte dissidente [divergente] de um grupo «partido político». **Ex.** Cada uma das ~ões apoiava o seu candidato. **2** Parte de um grupo que adere à mesma ideologia/corrente de pensamento. **Comb.** ~ conservadora [progressista].

faccionar (Fà) [Br **fa(c)cionar** (dg)] v t (<fa(c)ção + -ar¹) **1** Criar facções. **Ex.** A rivalidade entre os dois líderes faccionou o partido. **2** fig Amotinar/Sublevar. **Ex.** A tripulação do cargueiro faccionou-se [amotinou-se(+)].

faccionário, a (Fà) [Br **fa(c)cionário** (dg)] s/adj (<fa(c)ção + -ário) **1** Membro duma fa(c)ção/Partidário. **Comb.** ~s da ala esquerda (do partido). **2** Relativo a fa(c)ção. **Comb.** Manobra ~a.

facciosismo (Fà) [Br **fa(c)ciosismo** (dg)] s m (<faccioso + -ismo) Qualidade do que é faccioso/do que revela falta de imparcialidade/Paixão cega e exacerbada/Sectarismo. **Loc.** Agir com ~.

faccioso, a (Fà) [Br **fa(c)cioso** (dg)] adj (<lat factiósus,a,um) Que revela parcialidade/se(c)tarismo/Se(c)tário/Parcial. **Comb.** Atitude ~a.

face s m (<lat fácies,éi) **1** Todo o rosto. **Ex.** Todas as crianças tinham as ~s rosadas. **Idi.** Dar de ~/de caras «com aquela situação/com o Carlos» [Ver de repente/Encontrar(-se)]. **Fazer ~ a** [Encarar/Enfrentar/Resolver]. **Lançar à ~** [Dizer na cara] (Ex. Lancei-lhe à ~ [Disse-lhe na cara] tudo (aquil)o que ele fez). **Perder a ~** [o prestígio]. **Salvar a ~** [Manter as aparências]. **Sin.** Cara(+); rosto(+); semblante. ⇒ focinho. **2** Metade/Lado do rosto. **Ex.** Tenho a ~ direita inchada. As lágrimas corriam-lhe pela(s) ~(s). **Sin.** Bochecha. **3** Lado/Superfície. **Comb. A ~ da Terra. A ~** [O lado] **norte do edifício. 4** Geom Cada uma das superfícies planas que limitam um sólido geométrico. **Ex.** O cubo tem seis ~s quadradas. **5** Lado principal. **Comb. A ~ da moeda** [medalha]. **Ant.** Reverso. **A ~ do tecido** [pano]. **Ant.** Avesso. **6** Frente. **Comb.** loc adv **~ a ~** [Diante um do outro/Frente a frente]. **À ~ de** [Perante/Diante] (Ex. Ele disse aquela mentira à ~ de toda a gente!). **Em ~ de** [Face a/Perante] tudo isto, eu protesto! **7** fig Aspe(c)to/Faceta. **Ex.** Uma das face(ta)s mais originais deste escritor «José Saramago/Fernando Pessoa/Guimarães Rosa» é a novidade de estilo.

faceador, ora s (<facear + -dor) (O) que faz as faces duma superfície/torna plana essa superfície. **Ex.** A plaina (mecânica) é uma máquina ~ora.

facear v t (<face + -ar¹) Fazer as faces/Tornar planas as superfícies. **Loc. ~ as paredes. ~ o pavimento** [chão] «para assentar os tacos».

facécia s f (<lat facétia,ae) **1** Modo engraçado/brincalhão. **2** Dito engraçado/Gracejo/Pilhéria. **Ex.** Ao pé dele [Junto dele] toda a gente fica bem-disposta, está sempre com ~s. **Sin.** Chiste; piada.

facecioso, a (Ôso, Ósa, Ósos) adj (<facécia + -oso) Que faz [diz] facécias/Chistoso/Có[ô]mico/Brincalhão. **Comb.** Espírito alegre, ~.

faceira s f (<faceiro) **1** Carne da parte lateral do focinho das reses. **Comb.** ~ de porco [vitela]. **2** pop Cara [Face] gorda. **Ex.** Está gordo/a! Tem (cá) uma ~! **3** s 2g Pessoa alegre/galhofeira. **Ex.** Lá está o/a ~ a fazer rir toda a gente. **4** pl Correias que cingem o focinho da cavalgadura e suspendem o freio dum e doutro lado.

faceirar v int Br (<faceiro + -ar¹) Trajar com elegância/Adornar(-se)/Enfeitar(-se). **Loc.** ~ na boda, pelo meio dos convidados.

faceirice s f (<faceiro + -ice) **1** Cara(c)terística [Modo] de quem é faceiro. **2** Ar pretensioso/exibicionista. **Ex.** A moça dava nas vistas [era notada] pela ~ com que se apresentava. **3** Aspe(c)to agradável/risonho/alegre.

faceiro, a adj (<face + -eiro) **1** Que gosta de se enfeitar/mostrar elegância. **Sin.** Aperaltado; garboso; garrido; janota. **2** Bonacheirão/Simplório. **3** Br Alegre/Contente.

faceta (Cê) s f (<face + -eta) **1** Face lisa dum obje(c)to. **Ex.** Um cristal «de quartzo» com ~s muito perfeitas. **2** Cara(c)terística peculiar de pessoa ou coisa/Aspe(c)to. **Ex.** Não te conhecia essa ~ de artista. O filme tem ~s de grande ternura. **3** Anat Porção limitada e localizada da superfície dum osso.

facetar v t (<faceta + -ar¹) **1** Fazer faces lisas/Lapidar. **Loc.** ~ uma pedra preciosa. **Comb.** Calhau facetado. **2** fig Apresentar [Mostrar] facetas. **Ex.** Não conseguiu disfarçar um olhar que facetava o ódio que lhe roía o coração. **3** fig Promover o aperfeiçoamento/Aprimorar/Polir. **Ex.** Cada palavra do discurso foi facetada para impressionar o exigente auditório.

facetear v int (<faceto + -ear) Dizer facécias/Galhofar/Gracejar. **Ex.** Durante a visita ao amigo doente ia faceteando para o alegrar.

faceto, a (Cê) adj (<lat facétus,a,um) Que diz gracejos/Galhofeiro/Engraçado/Alegre/Brincalhão. **Comb.** Feitio ~.

fachada s f (<it facciáta; ⇒ face) **1** Arquit Cada um dos lados exteriores dum edifício/Frontaria. **Comb.** ~ principal [norte/poente]. **2** Frontispício [Rosto] dum livro/Portada. **Ex.** A nova edição «d'Os Lusíadas» ostenta na ~ a efígie do autor. **3** Aparência que não corresponde à realidade/Aspe(c)to. **Ex.** Luxo e ostentação de riqueza que não passam de [que são apenas] ~. **Comb.** Obra de ~ [sem valor/mérito/préstimo].

fachear v int Br (<facho + -ear) Pescar de noite com facho para que o peixe seja atraído pela luz para a superfície. **Loc.** ~ no açude.

facheiro s m (<facho + -eiro) O que leva o facho/archote.

fáchi(s) s m pl (<jp háshi) Pauzinhos que os chineses e japoneses usam para levar a comida «arroz» à boca. **Ex.** Trouxeram-me de Macau, como recordação, uns ~ artisticamente trabalhados.

facho s m (<lat fásculus, dim de fax,fácis: tocha, archote) **1** Archote que se acende para alumiar. **Ex.** Os peregrinos caminhavam de noite de ~s acesos na mão. **Comb.** ~ olímpico. **2** fig Tudo que ilumina [esclarece] o espírito. **Comb.** O ~ da sabedoria popular. **3** Símbolo que entusiasma/Chama. **Comb. ~ da liberdade. ~ da revolta** [vitória].

facial adj 2g (<lat fácies,éi + -al) **1** Relativo ao rosto/à face. **Comb.** Músculo [Nervo] ~. **Paralisia** ~. **2** Que se aplica na face. **Comb.** Creme [Loção] ~. **3** Relativo à face [superfície lisa/frente ao rosto] de alguma coisa. **Comb.** Polimento ~. Valor ~.

fácies s 2g 2n (<lat fácies,éi) **1** Med Expressão fisionó[ô]mica de um estado mórbido. **Comb. ~ aórtica. ~ endócrinas. ~ mórbida. ~ tetânica. 2** Geol Conjunto de cara(c)terísticas litológicas e paleontológicas que definem uma rocha sedimentar e as suas condições de formação. **Comb. ~ aluvial. ~ fluvial** [lacustre/marinha]. **~ terrestre. 3** Aspe(c)to geral duma pessoa ou coisa/Aparência/Ar. **Comb. ~ de japonês** [asiático]. **~ medieval** (duma aldeia).

fácil adj 2g (<lat fácilis,e) **1** Que se faz sem dificuldade. **Ex.** O teste «de matemática» era muito ~; fi-lo num instante. **Comb. Acesso ~. Dinheiro ~** [obtido sem esforço ou por meios ilícitos]. **Tarefa** ~. **2** Que se aprende [compreende] sem esforço. **Bordado** [Ponto] ~. **Matéria** (de estudo) ~. **Música** ~. **Texto** [Livro/Autor] ~. **Sin.** Claro; simples. **3** Que denota condescendência/afabilidade/Acessível. **Ex.** É boa pessoa mas tem um feitio nada ~ [tem mau feitio]. **Comb.** Temperamento ~. **4** Sem artificialismo/Natural/Espontâneo. **Comb.** Conversa [Diálogo] ~. **5** Que denota pouca reflexão/Irrefle(c)tido/Precipitado. **Ex.** Para ti é tudo ~ porque não pensas nas consequências. **Comb.** Crítica ~. **6** Que tem pouco valor/mérito. **Ex.** Concorreu com um trabalho muito ~, não podia [não devia] esperar ser sele(c)cionado/a. **7** Sem preocupações/Có[ô]modo/Confortável. **Ex.** Agora a vida é mais ~ porque já não temos encargos com os filhos. **8** Que revela costumes demasiado livres. **Comb.** Mulher leviana [de vida ~]. **9** Que tem grande probabilidade de acontecer. **Ex.** O céu está tão negro, é ~ que vá [é capaz de/

pode (bem)] chover. Não é ~ que apareça outra pechincha igual.

facilidade *s f* (<lat *facílitas,átis*) **1** Qualidade do que é fácil/do que se aprende [faz] sem esforço. **Ex.** A ~ do teste surpreendeu toda a turma. **Ant.** Dificuldade. **2** Disposição para aprender [executar]/Aptidão. **Ex.** Ela/e tem muita ~ para a música. **3** Rapidez de execução/Desembaraço/Destreza. **Ex.** Já viste a ~ com que o miúdo [a criança/o pequeno] faz todas aquelas piruetas na bicicleta?! Os artistas de circo executam números arriscadíssimos com uma ~ impressionante. **4** Espontaneidade/Simplicidade/Clareza. **Ex.** A ~ do discurso prendeu a atenção do auditório. **5** Elevada possibilidade de vir a acontecer/Propensão. **Ex.** Constipo-me com ~. Produtos que se deterioram com ~ devem ser guardados no frigorífico. **6** *pl* Bondade excessiva/Condescendência/Indulgência. **Ex.** A disciplina «no trabalho/exército/na escola» não permite [não admite] ~s. **7** *pl* Condições especiais criadas por descuido [falta de rigor] ou intencionalmente. **Ex.** A nossa equipa/e, sendo mais fraca, ganhou porque o adversário lhe concedeu demasiadas ~s. **Comb.** ~s de crédito [pagamento].

facílimo, a *adj* (<lat *facíllimus,a,um <fácilis, e*) Superlativo absoluto simples [sintético] de fácil/Muit(íssim)o fácil. **Ex.** O exame «de matemática» foi fácil? – ~! **Ant.** Dificílimo.

facilitação *s f* (<facilitar + -ção) **1** A(c)to de facilitar/de tornar fácil/Simplificação. **Ex.** Para ~ [maior facilidade(+)] do desenvolvimento do tema, foram dados alguns tópicos. O automóvel com uma grande ~ às [facilitou muito as(+)] deslocações. **2** Ajuda/Disponibilização. **Ex.** A ~ [disponibilização(+)] de documentos foi uma ajuda preciosa [muito grande] na preparação da tese de mestrado. **3** Modo irresponsável de agir/Condescendência irrefle(c)tida/sem medir as consequências. **Ex.** Muitos operários «da construção civil» têm relutância em usar o equipamento de segurança «capacete/cinto». ~ões dessas [Essas ~ões] são a causa de muitos acidentes.

facilitador, ora *adj/s* (<facilitar + -dor) **1** (O) que facilita/Simplificador. **Ex.** As máquinas de lavar foram as grandes ~oras da vida doméstica. **2** (O) que condescende/dá facilidades. **Ex.** O professor, por ter sido tão ~ na disciplina, já (lhe) está a sentir as consequências.

facilitar *v t/int* (<facilidade + -ar[1]) **1** Tornar (mais) fácil. **Ex.** As máquinas de calcular facilitam os cálculos. A informática veio ~ muito a contabilidade e a gestão administrativa. A água gás(e)ificada facilita [ajuda/é boa para] a digestão. A benevolência exagerada dos professores facilita a indisciplina. Os meios audiovisuais facilitam a aprendizagem. **Sin.** Ajudar; favorecer; simplificar. **Ant.** Dificultar. **2** Tornar mais frequente/banal/comum/Fazer proliferar. **Ex.** A falta de higiene pode ~ o aparecimento de muitas doenças. A falta de vigilância [policiamento] facilita os assaltos [as transgressões]. **3** Pôr ao alcance/Disponibilizar/Facultar. **Ex.** Um amigo facilitou-me [emprestou-me] um carro enquanto o meu estava na oficina. A embaixada japonesa facilitou-me muita documentação [informação] para a monografia que estou a preparar sobre esse grande país. **Loc.** ~ a entrada [passagem] dum deficiente [duma ambulância]. **4** Agir de modo descuidado/irresponsável/Expor(-se) ao perigo/Descuidar(-se). **Ex.** Deixei a janela aberta. Facilitei [Fui imprudente] e assaltaram(-me) a casa. Põe o capacete [cinto de segurança], não facilites, (por)que o perigo espreita [as situações perigosas são muito frequentes]! **5** Conceder facilidades [condições especiais]/Dar uma ajuda extra. **Loc.** ~ *o pagamento*. ~ *o trabalho*.

facilmente *adv* (<fácil + -mente) **1** Com facilidade/Sem custo. **Loc.** *Aprender* ~ [depressa/logo/com facilidade] a nadar [jogar]. *Encontrar* [Descobrir] ~ *o caminho*. **2** Por razões fúteis/Sem grandes motivos. **Loc.** *Irritar-se* ~ [Ficar logo irritado/a]. *Convencer(-se)* ~. **3** Com elevada probabilidade. **Ex.** Isso pode ~ [muito bem/provavelmente] vir a acontecer.

facínora *s/adj 2g* (<lat *facínora,* neutro pl de *fácinus,oris*) **1** Criminoso cruel/Pessoa perversa/Malfeitor. **Ex.** Um bando de ~s fez um atentado à mão armada e matou várias pessoas. **2** *adj* Cruel/Perverso. **Comb.** A(c)tos ~s.

facionar/facionário/faciosismo/facioso ⇒ faccionar/...

fã-clube *s m Br* Clube de fãs(+). ⇒ fã.

facoidal [facoide] *adj 2g* (<gr *phakós*: lentilha) **1** Que tem a forma de lente [lentilha]. **2** *Min* Diz-se do modo de jazida das rochas eruptivas que tem forma lenticular ou arredondada. **Comb.** Estrutura ~.

façoila *s f pop* (<face + -oila) Face grande/Cara larga/Faceira. **Comb.** Gordo/a, com uma ~ enorme!

facosclerose *s f Med* (<gr *phakós,ou*: lentilha, lente + esclerose) Endurecimento do cristalino (do olho).

facoscopia *s f Med* (<gr *phakós,ou*: cristalino + -scopia) Método de exame do globo ocular em que o doente olha através de lentes muito divergentes para uma luz situada em fundo escuro.

facote *s m Med* (<faca + -ote) Instrumento utilizado em operações cirúrgicas dos ossos.

fac-similar *v t/adj 2g* (<fac-símile + -ar[1/2]) **1** Reproduzir [Imprimir] em fac-símile. **Loc.** ~ um quadro [uma pintura] de Miguel Ângelo. **2** *adj 2g* Relativo a fac-símile/Fac-similado. **Comb.** Edição ~ [fac-similada].

fac-símile (Lè) *s m* (<lat *fac*: faz <*fácio,ere*: fazer + *símile*: semelhante) Cópia exa(c)ta [Reprodução fiel] do original. **Comb.** ~ de uma página «da bíblia de Gutenberg».

factibilidade [*Br* **fa(c)tibilidade** (*dg*)] *s f* (<factível + -i- + -dade) Qualidade do que é factível. **Comb.** Proje(c)to sem ~.

facticidade [*Br* **fa(c)ticidade** (*dg*)] *s f* (<fáctico + -i- + -dade) Qualidade do que é factual/do que faz parte dum facto. **Ex.** A linguagem filosófica moderna atribui à ~ várias interpretações.

factício, a [*Br* **fa(c)tício** (*dg*)] *adj* (<lat *factítius,a,um*) **1** Obtido artificialmente. **Comb.** Esmeralda ~a [artificial(+)]. **2** *fig* Que não revela naturalidade/Artificial/Convencional. **Comb.** Sorriso ~ [artificial/forçado(+)]. **3** *fig* Que não é real/Produzido pela imaginação/Aparente. **Comb.** Ideias ~as.

fáctico, a [*Br* **fá(c)tico** (*dg*)] *adj Dir* (<facto + -ico) Que diz respeito a facto jurídico. **Comb.** Argumento de natureza ~a.

factitivo, a [*Br* **fa(c)titivo** (*dg*)] *adj Ling* (<lat *factitívus,a,um <fáctito,áre,* frequentativo de *fácio,ere*: fazer) Diz-se de um verbo que indica uma a(c)ção causada pelo sujeito. **Ex.** Em "rodar a manivela" e "adormecer o filho" os verbos *rodar* e *adormecer* são ~s.

factível [*Br* **fa(c)tível** (*dg*)] *adj 2g* (<fa(c)to + -i- + -vel) Que se pode fazer/Exequível/Realizável. **Comb.** Ideia [Proje(c)to] ~/realizável(+).

facto [*Br* **fa(c)to** (*dg*)] *s m* (<lat *fáctus,a, um <fácio,ere,fáctum*: fazer) **1** A(c)ção que se considera feita ou em processo de realização. **Ex.** Não (me) dei conta desse ~ [conta disso]. **2** Aquilo que acontece(u)/Acontecimento. **Ex.** Um programa que foi visto por mais de cinco milhões de telespe(c)tadores, ~ único na televisão pública portuguesa. Não foi como estás a dizer; vejamos [recordemos] os ~s. Os últimos ~s permitem concluir que os investigadores estão na pista certa. Contra ~s não há argumentos. **Loc.** *Estar ao ~ de* [Ter conhecimento/Estar informado] tudo o que se passou [que aconteceu/se disse] na reunião. *Pôr ao ~ de* [Dar conhecimento/Informar]. **Idi.** *Chegar a vias de ~* [Andar à pancada/Agredir-se]. **Comb.** ~ *consumado* [sem retrocesso/irremediável]. ~ *jurídico* [Todo o acontecimento capaz de criar [modificar/extinguir] direitos]. *De ~ loc adv* [Realmente/Com efeito/Efe(c)tivamente] (**Ex.** De ~, os portugueses foram os primeiros europeus que chegaram ao Japão. De ~, a resposta não tem nada a ver com a pergunta. O professor, de ~, fez tudo para facilitar a vida aos alunos). **3** Dado da experiência/Realidade/Evidência. **Ex.** Que ninguém gosta de perder, é um ~ indesmentível [uma grande verdade]. **4** Circunstância/Razão/Motivo. **Ex.** O ~ de estar doente impediu-o de ir às aulas. Não vou ao estrangeiro pelo simples ~ de não ter [de que não tenho] dinheiro.

factor/factorial ⇒ fator/…

factoring *s m Econ* (<ing *factoring*: o ter outro factor) Operação pela qual uma empresa, mediante o pagamento duma comissão, cede créditos de vendas feitas a terceiros a outra que se encarrega da respe(c)tiva cobrança e assume os riscos dos incobráveis.

factorizar ⇒ fatorizar.

factoto [**tótum**] *s m* (<lat *factótum*: faz tudo) **1** O que trata de todos os negócios de alguém/Pessoa imprescindível/Faz-tudo. **Ex.** Estava a par de todos os assuntos administrativos da empresa: era o seu ~ [o ~ dela]. **2** *depr/iron* O que pensa que sabe tudo e que resolve todos os problemas.

factual [*Br* **fa(c)tual** (*dg*)] *adj 2g* (<facto + -al) **1** Relativo a facto. **Comb.** De natureza ~. **2** Que se baseia em factos/Real/Verdadeiro. **Comb.** Prova ~.

factura/facturação/facturamento/facturar ⇒ fatura/…

fácula *s f Astr* (<lat *fácula,ae*: tocha pequena) Região mais brilhante que se destaca na superfície luminosa do Sol (fotosfera), visível no bordo do astro. **Ex.** Geralmente, à parte interna da ~ segue-se uma mancha solar.

faculdade *s f* (<lat *facúltas,átis*) **1** Capacidade [Poder] de fazer qualquer coisa. **Ex.** Só os sócios têm a ~ de falar na assembleia). Os mudos não têm a ~ de falar [da fala]. **2** Aptidão natural/Dom(+)/Talento(+). **Ex.** O papa João Paulo II ficou célebre pela sua ~ de cativar os jovens. Sou incapaz de cantar, não tenho essa ~ [esse dom(+)]. **3** Autorização(+)/Licença(+)/Permissão(+). **Ex.** Alguns presos [prisioneiros] têm [é-lhes concedida] a ~ de passar o fim de semana com a família. **4** Propriedade duma substância/Poder. **Ex.** O íman tem a ~ de atrair o ferro. **5** Instituição de ensino superior integrada numa universidade. **Comb.** ~ *de Direito* [Economia/Engenharia/Letras/Medicina/…]. **6** Comunidade escolar [Corpo docente] dessa instituição. **Ex.** A ~ [O

corpo docente] homenageou o colega jubilado. **Comb.** Plenário da ~ de Letras. **7** *pl* Conjunto de recursos intelectuais e psíquicos próprios da mente humana. **Loc.** Não estar na posse [no uso] de todas as suas ~s [Não estar completamente lúcido/a/ Estar mentalmente enfraquecido/a] (Ex. O testamento foi considerado nulo porque se provou que o seu autor já não estava no uso de todas as suas ~s).

facultar *v t* (<lat *facultas,átis* + -ar¹) Pôr à disposição/Emprestar/Dar licença/Permitir/Conceder. **Ex.** Um colega facultou-me os apontamentos da aula a que faltei. Cheguei atrasado/a, mas ainda me facultaram [me foi facultada] a entrada. A lei faculta às grávidas prioridade no atendimento em vários serviços.

facultativo, a *adj* (<faculdade + -ivo) **1** Que concede uma faculdade/um poder/um direito. **Ex.** Possuo um cartão que é o título ~ de livre-trânsito. **2** Que não é obrigatório/Opcional. **Ex.** O uso de bata no ensino infantil e primário é ~ em muitas escolas. Viajar sem cinto de segurança dentro das povoações deixou de ser ~ [passou a ser obrigatório].

facúndia *s f* (<lat *facúndia,ae* «de Ulisses») Aptidão para discursar/Eloquência/Verbosidade. **Ex.** A ~ é muito frequente nos líderes políticos.

facundo, a *adj* (<lat *facúndus,a,um*) Que possui facúndia/Eloquente. **Comb.** Político ~.

fada *s f* (<lat *fáta,ae*: deusa do destino; ⇒ fado) Ser imaginário, de sexo feminino, ao qual a lenda atribui poderes mágicos. **Ex.** A ~ conduziu o Príncipe até junto da Princesa «Bela Adormecida». No Carnaval as crianças gostam de se mascarar de ~s. **Comb.** ~ *boa* [má]. *Contos de ~s. Mãos de ~* [Diz-se de mulher muito habilidosa para trabalhos de costura, renda, bordados, ...] (Ex. Os vestidos da Joana são todos feitos pela mãe: ela tem umas mãos de ~).

fadado, a *adj* (<fadar + -ado) Com aptidão/ Predestinado/Vocacionado. **Comb.** ~o/a para poeta.

fadar *v t* (<fado + -ar¹) **1** Predestinar/Prognosticar/Vaticinar. **Ex.** Todos lhe fadavam [vaticinavam(+)/auguravam(o+)] um futuro brilhante. **2** Beneficiar/Favorecer/Dotar. **Ex.** A natureza fadou-o/a com inúmeras qualidades.

fadário *s m* (<fado + -ário) **1** Sorte/Destino/ Fado. **Ex.** Cada um tem o seu ~/destino. **2** Vida difícil/trabalhosa/penosa. **Ex.** Em África, passou muitas dificuldades, teve um grande ~.

fadejar *v t/int* (<fado + -ejar) **1** Cumprir o seu fadário. **2** *Mús* Cantar [Tocar] à maneira de fado. **Loc.** ~ *uma canção*.

fádico, a *adj Br* (<fado + -ico) Relativo a [Próprio de] fada/Encantador. **Comb.** Artes ~s. Olhar ~. **Sin.** Mágico(+).

fadiga *s f* (<fadigar) **1** *Fisiol* Sensação de cansaço/esgotamento físico ou intelectual. **Ex.** A ~ fisiológica desaparece após repouso; a patológica mantém-se. **2** *Fís* Diminuição progressiva de resistência dum material devido a esforços repetidos. **Comb.** ~ dum parafuso devida a vibrações continuadas.

fadigar *v t* (<lat *fatígo,áre*) ⇒ fatigar(+).

fadigoso, a *adj* (<fadiga + -oso) ⇒ cansativo; fatigante; trabalhoso.

fadista *s/adj 2g* (<fado + -ista) **1** (O/A) que canta o fado «Barco Negro»/Relativo ao fado ou a quem o canta. **Ex.** A estrela da noite foi uma fadista célebre «Amália Rodrigues». O repertório incluía melodias ~s. **Comb.** Ar [Postura/Bambolear] ~. **2** *depr* Rufia/Desordeiro/Vadio. **Ex.** Aquele é preciso vigiá-lo, estar de olho nele: tem ar de ~ [de pessoa pouco honesta].

fadistagem *s f* (<fadista + -agem) **1** Grupo de fadistas. **Ex.** Juntou-se toda a ~ da cidade para homenagear a/o colega. **2** Vida de fadista/Vadiagem. **Loc.** Andar na ~.

fado *s m* (<lat *fátum,i*: destino, predição, oráculo) **1** Destino/Sorte/Fortuna. **Ex.** Ó mulher, não paras de trabalhar! – Pois! É este o meu ~. **Loc.** Correr [Viver] seu ~. **2** O que tem que [de] acontecer/Sina/Fatalidade. **Ex.** A desgraça parece ser o ~ daquela família. **3** *Mús* Canção popular portuguesa típica de Lisboa e dos estudantes de Coimbra. **Ex.** O ~ é geralmente acompanhado à viola e à guitarra. **Loc.** *idi* Andar no ~ [na prostituição]. **Comb.** ~ *corrido*. ~ *menor*. ~ *serenata* [~ de Coimbra].

faduncho *s m depr* (<fado + -uncho) Fado sem qualidade/Canção lamurienta. **Loc.** Trautear [Cantarolar] um ~.

fáeton [faetonte] *s m* (<gr *phaéthon*: o que brilha; lat *Mit Pháeton,óntis*: filho do Sol) Carruagem ligeira sem cobertura, de quatro rodas. **Ex.** A(c)tualmente, os faétones [faetontes] são peças de museu.

fagáceas *s f pl Bot* (<lat *fágus,gi*: faia + -áceo) Família de dicotiledó[ô]neas, árvores ou arbustos, de folhas simples e lobadas, com flores unissexuais e frutos secos; *Fagaceae L.*. **Ex.** Os carvalhos, os sobreiros e as faias pertencem às ~.

-fagia *suf* (<gr *phágos* <*phagein*: comer + -ia) Exprime a ideia de comer: *afagia, antropofagia, bacteriofagia, disfagia, necrofagia, ...*

-fago- *pref/suf* (<gr *phágos* <*phagein*: comer) Exprime a ideia do que come: *antropófago, bacteriófago, fagocitose, fagoterapia, fitófago, macrófago, micrófago, saprófago, sarcófago, ...*

fagocitário, a *adj* (<fagócito + -ário) Relativo a fagócito ou a fagocitose. **Comb.** Propriedade ~a.

fagócito *s m Biol* (<gr *phagein*: comer + *kytos*: célula) Célula capaz de fazer a fagocitose. **Ex.** Alguns glóbulos brancos do sangue são ~s.

fagocitose *s f Biol* (<fagócito + -ose) Fenó[ô]meno biológico que consiste na incorporação celular de partículas estranhas. **Ex.** A ~ desempenha uma função de defesa contra agentes patogé[ê]nicos. Nos protozoários, a ~ é feita por meio de movimentos ameboides e emissão de pseudópodes.

fagópiro *s m Bot* (<faia + gr *pyros*: trigo) ⇒ trigo-sarraceno.

fagote *s m Mús* (<it *fagotto*) **1** Instrumento musical de madeira, de tubo có[ô]nico e palheta dupla, da família do oboé mas de tonalidade mais baixa. **Ex.** A sonoridade do ~ abrange três oitavas. **Idi.** *Ir aos ~s* [Agredir fisicamente/Espancar]. **2** O que toca ~/Fagotista.

fagoterapia *s f Med* (<fago- + terapia) Tratamento de doenças por superalimentação, para o organismo combater a infe(c)ção.

fagotista *s 2g* (<fagote + -ista) O/A que toca fagote. **Comb.** Orquestra com «dois» ~s.

fagueiro, a *adj* (<afagar) **1** Que faz meiguices/Carinhoso/Terno. **Comb.** Criança ~a. **2** Suave/Sereno/Ameno. **Comb.** Brisa ~a. **3** *fig* Alegre/Satisfeito/Contente. **Ex.** Saiu de casa, ~a e apressada, para ir para o baile.

fagulha *s f* (<lat *facúcula,ae*, dim de *fácula*: tocha pequena) **1** Partícula incandescente que se liberta dum corpo a arder/Faúlha/ Faísca/Chispa. **Ex.** Muitos incêndios florestais propagam-se pelas ~s libertadas do primeiro foco. **2** *fig* Pessoa irrequieta e apressada que se mete em tudo com espalhafato.

fagulhar *v int* (<fagulha + -ar¹) **1** Emitir fagulhas/Chispar. **Ex.** Não ponhas casca de pinheiro na braseira porque fagulha muito e pode pegar o fogo [liberta muitas fagulhas e pode provocar um incêndio]. **2** *fig* Transmitir brilho/Cintilar. **Ex.** Os olhos dela/e fagulhavam [brilhavam(o+)/cintilavam(+)] de paixão.

fagulhento, a *adj* (<fagulha + -ento) **1** Que lança fagulhas. **Comb.** Fogueira [Lenha] ~a. **2** Muito agitado/Irrequieto. **Comb.** Criança [Pessoa] ~a.

Fahrenheit [F] (Fàrenaite) *adj 2g 2n Fís* (<*antr* G. D. Fahrenheit, físico alemão, 1686-1736) Diz-se da escala de temperatura inventada por ~ e dos respe(c)tivos graus. **Ex.** O zero e o cem da escala centígrada correspondem respe(c)tivamente a 32° e 212° ~. ⇒ Celsius.

faia *s f Bot* (<lat *fágea*, neutro de *fágeus,a, um* <*fágus,gi*: faia) Árvore da família das fagáceas de caule longo e liso, cuja espécie principal é a ~ europeia (*Fagus sylvatica, L.*). **Ex.** A ~ é muito apreciada pela sua madeira. **Comb.** ~ *branca* [Choupo branco].

faial¹ *s m* (<faia + -al) Bosque [Mata] de faias. **Comb.** Um denso ~ à borda do rio.

faial² *s m* (<*top* Faial, ilha dos Açores) Local escarpado/Despenhadeiro/Alcantil.

faialite/a *s f Min* (<*top* Faial, ilha dos Açores, onde foi descoberta nas escórias vulcânicas + -ite/a) Mineral da série das olivinas em cuja composição, expressa por $Fe_2 Si O_4$, o ferro predomina largamente sobre o magnésio.

faiança *s f* (<*top Faenza*, cidade italiana) Louça de barro, pintada e vidrada. **Ex.** Coimbra e Caldas da Rainha foram importantes centros de produção de ~ portuguesa.

faina *s f* (<lat *faciéndus,um*: para [que se deve] fazer) **1** *Náut* Trabalho a bordo dum navio. **Comb.** ~ *da pesca*. **2** Trabalho intenso/Tarefa/Azáfama/Lida/e. **Comb.** ~ *das vindimas*. ~ *doméstica* [Lida da casa(+)].

faisão, oa *s Ornit* (<gr *phasianós*: ave do Fásis, rio que desagua no mar Negro) Nome comum de aves da família dos fasionídeos, originárias das regiões temperadas e tropicais da Ásia e da Insulíndia. **Ex.** Os ~ões distinguem-se das ~oas pela beleza da sua plumagem multicolor.

faísca *s f* (<lat *favísca*, do cruzamento de *favílla*: cinza quente, com o germânico *falaviska*) **1** Partícula incandescente que salta de um corpo em combustão ou produzida por fricção/Centelha/Chispa/Fagulha. **Ex.** As ~s saltam dum esmeril [duma rebarbadeira]. **Loc.** «esmeril/curto-circuito» *Fazer* ~ **a)** Deitar ~s/Lançar ~s; **b)** *idi* Entrar em conflito mútuo. *idi Deitar* [Lançar] *~s pelos olhos* [Lançar um olhar de ameaça/ira/ fúria] (Ex. Quando disse à mãe que tinha perdido o dinheiro, ela até deitava ~s pelos olhos ⇒ **3** *fig*.). **2** *Fís* Descarga elé(c)trica entre dois corpos «nuvens» ele(c)trizados, com grande diferença de potencial, acompanhada de luminosidade intensa e ruído. **Ex.** Caiu uma ~ [um raio] no para-raios da torre. **3** *fig* O que, pelo brilho ou cintilação, lembra uma ~. **Ex.** Quando se zanga, os olhos dela/e parecem duas ~s. **4** Palheta de ouro que fica na terra das minas. **5** *fig* ⇒ vivacidade; graça.

faiscador, ora s Br (<faiscar + -dor) O que pesquisa palhetas de ouro/Garimpeiro(+).

faiscante adj 2g (<faiscar + -ante) **1** Que produz faíscas. **Comb.** Operação ~ «de rebarbar». **2** fig Brilhante/Cintilante. **Comb.** Olhar ~.

faiscar v int (<faísca + -ar¹) **1** Produzir [Lançar] faíscas. **Ex.** As ferraduras dos cavalos a galope faiscavam nas pedras da calçada. **2** Cintilar/Brilhar/Reluzir. **Ex.** Os olhos do gato faiscavam [reluziam(+)] na sala escura. **3** Br Procurar palhetas de ouro na terra.

faisqueira s f Br (<faísca 4 + -eira) Local onde se encontram palhetas de ouro.

faisqueiro, a s Br ⇒ faiscador.

faixa s f (<lat *fáscia,ae*: tira, banda, ligadura) **1** Tira de pano que serve para apertar a cintura/Cinta/Banda. **Ex.** A ~, colorida ou preta, é usada como adorno nos trajes populares. **2** Qualquer tira estreita e comprida. **Ex.** Usava uma ~ preta [um fumo] no braço em sinal de luto. Pintou uma ~ vermelha a todo o comprimento da folha. **3** Parcela de terreno muito mais comprida (do) que larga. **Ex.** Na partilha dos terrenos, coube-me uma ~ situada junto à estrada. **4** Área destinada [reservada] a determinada a(c)tividade. **Comb.** ~ comercial [residencial] duma cidade. **5** Intervalo entre dois limites. **Comb.** ~ etária «dos 15 aos 25 anos». **6** Cada uma das partes duma estrada individualizada por traços ou por separadores. **Comb.** ~ *da esquerda* [direita]. ~ *de rodagem*. ~ *para ciclistas*. ~ [Passadeira(+)] *para peões*/pedestres. **7** Cada uma das zonas de gravação dum disco ou CD. **Ex.** Este disco tem cinco ~s em cada face/lado. **8** region ⇒ feixe(+) «de palha».

fajã s f Aç (< ?) Terreno plano cultivável, situado à beira-mar, resultante de material desprendido da encosta. **Ex.** As ~s são geralmente muito férteis.

fajardice s f (<fajardo + -ice) **1** A(c)ção de fajardo/Intrujice/Burla. **Ex.** Um escroque conhecido pela sua ~. **2** Furto hábil/Empalmação. **Ex.** Obje(c)tos obtidos na ~.

fajardo s m (<antr J. C. Fajardo, português do séc. XIX, do Porto, conhecido pela sua conduta reprovável) Intrujão/Malandro/Gatuno/Burlão. **Ex.** Não quero nada com esse ~. É um ~ com quem não se pode(m) fazer negócios.

fala s f (<falar) **1** A(c)to de falar/Capacidade de comunicar por meio de palavras articuladas. **Ex.** A ~ é um meio de comunicação oral próprio dos seres humanos. **Loc.** *Chegar* [lr] *à* ~ [Meter/Entabular] *conversa*. *Ficar sem* ~ [Não ser capaz de falar por causa da emoção/do espanto/do aturdimento]. *Perder a* ~ [Ficar mudo]. *Vir com fal(inh)as mansas* [Usar linguagem agradável por interesse ou manha]. **Comb.** Terapeuta[pia] da ~. **2** Estilo [Modo/Maneira] de falar/Sotaque/Dicção. **Comb.** ~ *arrastada*. ~ [Sotaque] *do norte*.~ *lamurienta*. ~ [Dicção] *teatral*. **3** Timbre de voz. **Comb.** ~ esganiçada [grave/rouca]. **4** Exposição verbal/Discurso. **Ex.** Gosto muito das aulas deste professor. Tem uma ~ [maneira de falar(+)] que cativa os alunos. **5** Teat Parte que é dita por cada um dos intervenientes num diálogo. **Ex.** Começas a dizer a tua ~ logo à entrada no palco. Grande fiasco! Esqueci-me da minha ~. **6** Conversa/Palavra. **Ex.** Desapareceu e nem sequer teve uma ~ [palavra(+)] de despedida [desculpa/agradecimento]. **7** Emissão de sons por parte dos animais comunicando entre si ou imitando a ~ humana. **Comb.** A ~ dos cachorros [das aves]. A ~ do papagaio [da pega/do corvo]. **Sin.** Voz(+).

fala-barato s 2g 2n depr (<falar + barato) O/A que fala muito e de modo irresponsável/Gabarola/Mentiroso. **Ex.** Naquela família são todos uns ~. **Sin.** Br falastrão.

falação s f Br (<falar + -ção) **1** Fala/Discurso/Locução. **Loc.** *Deitar* ~ [Falar de mais [Br demais] ou pretensiosamente/Discursar]. **2** Ruído produzido por muitas vozes/Falatório(+). **Ex.** Não ouvi o aviso por causa da ~ da gente que está na sala de espera.

falácia s f (<lat *fallácia,ae*: engano, manha) **1** Fil Raciocínio falso que simula veracidade. **Ex.** A ~ pode ter a intenção de enganar (Sofisma) ou ser um erro honesto (Paralogismo). **2** Mentira com que se procura enganar alguém/Engano/Ardil. **Ex.** As ~s dos vendedores [da publicidade] levam-nos por vezes a comprar o que não necessitamos.

falacioso, a (Ôso, Ósa, Ósos) adj (<falácia + -oso) Que usa de falácias/Enganador/Falso. **Comb.** *Argumentos* ~s. *Discurso* [Conversa] ~o/a.

falado, a (<falar + -ado) **1** Dito por palavras/Comunicado oralmente. **Ex.** O espe(c)táculo tem partes musicais e partes ~as. **Comb.** Assunto ~ na reunião. **2** Afamado/Famoso. **Comb.** Personagem (muito) ~a [famosa(o+)/conhecida(+)]. **3** Tratado/Combinado/Ajustado. **Comb.** Condição [Pormenor] ~a/o.

falador, ora [eira] s/adj (<falar + -dor/deira) **1** (O) que fala muito/Conversador. **Ex.** O meu empregado não é muito ~; se nada se lhe pergunta, nada diz. **2** (O) que fala mal dos outros/Maledicente/Indiscreto. **Ex.** A pessoas ~oras [A mulheres ~eiras] não se (lhes) pode confiar um segredo.

falange s f (<lat *phálanx,ángis*) **1** Anat Cada um dos segmentos ósseos dos dedos das mãos e dos pés. **Ex.** As três ~s designam-se por ~ (proximal), falanginha [~ medial] e falangeta [~ distal]. **2** Hist Corpo de infantaria na antiga Grécia, célebre pelo seu poder combativo. **Ex.** A ~, armada com lanças, dispunha-se em filas cerradas para atacar o adversário ou defender-se das suas arremetidas. **3** Hist Organização política e paramilitar espanhola fundada em 1933 pelo generalíssimo Franco, inspirada no fascismo italiano. **Ex.** O chefe da ~ Espanhola (*Movimiento Nacional*) era o próprio Caudilho (Chefe de Estado). **4** Mil Qualquer corpo de tropas. **5** Grupo numeroso de pessoas/Multidão/Bando. **Ex.** A ~ dos manifestantes concentrou-se em frente da residência do primeiro-ministro. **Comb.** A ~ dos apoiantes da equipa/e.

falangeal [falângeo, a/falange[i]ano, a] adj 2g [adj] (<falange +...) ⇒ falângico.

falangeta s f Anat (<falange + -eta) Terceira falange, que fica junto à unha. **Ex.** A ~ é a menor das três falanges. **Sin.** Falange distal.

falângico, a adj (<falange + -ico) Relativo às falanges. **Comb.** Articulação metacarpo[metatarso]-~a.

falanginha s f Anat (<falange + -inha) Falange dos dedos, intermédia entre a primeira e a terceira. **Ex.** Os dedos polegares não têm ~s. **Sin.** Falange medial.

falangista s/adj 2g (<falange+-ista) Adepto [Militante/Simpatizante] duma falange. **Comb.** *Os* ~*s espanhóis*. *Doutrina* ~. *Movimento* ~.

falanstério s m Econ (<fr *phalanstère* <*phalan(ge)+(mona)stère*) Unidade associativa de tipo cooperativo, autó[ô]noma e autossuficiente. **Ex.** O ~ foi imaginado pelo francês Charles Fourier (1772-1837) como unidade básica do sistema social ideal.

falante adj/s 2g (<falar + -ante) **1** (O) que fala. **Ex.** Os ~s de português estão espalhados pelo mundo inteiro. **Comb.** ~ nativo/a [da língua materna]. ⇒ locutor. **2** Expressivo/Comunicativo. **Ex.** Um ~ [conversador(+)] que dá prazer ouvir. **3** Que imita a voz humana. **Comb.** Aves ~s «papagaio».

falar v t/int/s m (<lat *fábulo,áre*) **1** Exprimir(-se) por palavras/oralmente/Dizer [Proferir] palavras. **Ex.** O bebé[ê] já fala. Coitado, é mudo, não fala. **Prov.** *Quem fala muito, acerta pouco/Quem muito fala, pouco acerta*. **Loc.** ~ *ao coração* [baixo]. ~ [Comover/Emocionar «os ouvintes»]. ~ *depressa* [devagar]. ~ *mal* [Dizer palavrões]. *Modo de* ~.

Idi. ~ *com duas pedras na mão* [~ com maus modos] (Ex. Eu tentei pedir-lhe desculpa, mas ele falou-me com duas pedras na mão). ~ *com os seus botões* [~ sozinho/Pensar]. ~ *como um livro aberto* [~ muito bem]. ~ *de capoeira* [Cantar de galo/Cantar de alto/~ autoritariamente]. ~ *de cor/~ no ar* [~ sem conhecimento de causa/sem saber] (Ex. Tens a certeza do que estás a dizer ou estás a ~ de cor [no ar]?). ~ *para o boneco* [sem ser escutado] (Ex. Estás a ouvir ou estou a ~ para o boneco?). ~ *pelos cotovelos* [~ muito] (Ex. A Isabel é simpática mas fala pelos cotovelos, não se cala um momento). ~ *por entre dentes/~ para dentro* [~ baixo/sem se perceber/Murmurar/Resmungar] (Ex. Ninguém percebe o que ele diz. Parece que só sabe ~ por entre dentes [Parece que fala para dentro]). ~ *por* ~/~ *de cor* [~ sem convicção ou para passar o tempo] (Ex. Isto é apenas ~ por ~, pois nem sequer tenho a certeza de que tenha sido como estou a contar). *Dar que* ~ [Provocar escândalo] (Ex. O chefe meteu-se numa embrulhada que vai dar muito que ~). **2** Imitar a fala humana. **Ex.** A pega e o papagaio são aves que falam. Agora até há bonecos [robôs] que falam. **3** Ser capaz de se exprimir numa determinada língua. **Ex.** Ela fala corre(c)tamente inglês e mais duas línguas. **4** Revelar um segredo/Tornar conhecido/~ de mais. **Ex.** Fizeram-lhe um interrogatório cerrado [rigoroso] mas ele não falou. Se não tivesses falado, não se teria gerado esta guerra [confusão/desavença]. **5** Estabelecer um diálogo/Dirigir a palavra/Meter conversa. **Ex.** Iam os dois (muito bem) a ~ [conversar] pela rua fora quando veio um carro e os atropelou. Pela maneira como me cumprimentou, vi logo que tinha necessidade de ~ [conversar/desabafar]. **6** Fazer(-se) compreender/Demonstrar. **Ex.** Os fa(c)tos falam por si. Os mudos falam por gestos. **7** Discorrer [Conversar] sobre algum assunto. **Ex.** Quando começa a ~ de futebol, nunca mais se cala. Não gosto de ~ sobre os problemas da família. **8** Fazer um discurso [uma exposição]/Apresentar um tema. **Ex.** No comício, falaram os líderes dos dois partidos. No colóquio sobre energias renováveis pediram-me para ~ sobre energia eólica. **9** Manifestar a intenção de alguma coisa. **Ex.** Não deve estar para casar brevemente porque ainda não fala nisso. **10** Abordar um tema/Tratar de determinado assunto. **Ex.** Este livro fala do drama dos refugiados do Darfur (Sudão). De que (é que) fala [trata(+)] o filme que foste ver? **11** Dirigir a saudação/Cumprimentar. **Ex.** Não sei que mal lhe fiz. Passou por mim e nem sequer me falou [cumprimentou]. **12** Comunicar pelo telefone. **Loc.** ~ para a polícia [os bombeiros]. **13** Pregar/Anunciar. **Ex.** Jesus falava aos pobres e aos humildes. **14** *pop* Namorar. **Ex.** Eles já se falam [já namoram] há vários meses. **15** Reatar relações. **Ex.** Andaram muito tempo zangados [de relações cortadas] mas agora já se falam [mas já fizeram as pazes]. **16** *s m* Modo de se exprimir/Linguagem/Fala. **Ex.** No ~ de todos os dias utilizam-se palavras que a linguagem cuidada não admite. Apesar de ser estrangeiro, tem um ~ muito corre(c)to. **17** Variedade de língua/Diale(c)to. **Ex.** O ~ do Brasil é diferente do de Portugal.

falastrão, ona *adj/s Br* ⇒ fala-barato.

falatório *s m* (<fala + -tório) **1** Ruído de muitas vozes. **Ex.** Há pessoas doentes na sala. Por favor, acabem com o ~ (porque as incomoda)! **2** Conversa prolongada/Cavaqueira. **Ex.** No café, discutia-se [comentava-se], em animado ~, o jogo de futebol a que tinham assistido pela televisão. **3** Murmuração/Má-língua/Crítica negativa. **Ex.** O comportamento leviano da rapariga [moça] surpreendeu toda a gente da aldeia e deu azo a um enorme ~.

falaz *adj 2g* (<lat *fállax,ácis*) **1** Que engana/Enganador/Falacioso. **Comb.** *Palavras* [Promessas] *~es*. *Publicidade* ~ [enganadora(+)]. **2** Ardiloso/Mentiroso/Impostor. **Comb.** Cará(c)ter ~. **3** Ilusório/Falso. **Comb.** Felicidade [Prazer] ~ «da droga».

falca *s m* (<ár *falqâ*, por *filqâ*: pedaço, bocado) **1** Toro de madeira desbastado em esquadria. **2** *Náut* Tábua móvel no bordo das embarcações ou a abertura originada pela sua remoção.

falcaça *s f* (<falca + -aça) *Náut* Trabalho feito nas extremidades dos chicotes dos cabos para que não desfiem.

falcaçar *v t* (<falcaça + -ar¹) Fazer falcaças/Proteger as pontas dos cabos para não desfiarem. **Loc.** ~ uma corda «de sisal».

falcado, a *adj* (<lat *falcátus,a,um*) Que tem a forma de foice/Falciforme/Recurvado. **Comb.** Lua ~a.

falcão *s m* (<lat *fálco,ónis*) **1** *Ornit* Nome comum de várias espécies de aves da família dos falconídeos, a mais comum das quais é o milhafre (*Falco tinnunculus/femoralis*). **Ex.** Os ~ões são aves de rapina diurnas que, depois de treinadas, se utilizam na caça de altanaria. **2** Antiga peça de artilharia.

falcatrua *s f* (< ?) Artifício para enganar alguém/Logro/Fraude. **Ex.** Passava cheques falsos imitando a assinatura do pai. Só descobriram a ~ quando a conta ficou a descoberto [com saldo negativo].

falcatruar *v t/int* (<falcatrua + -ar¹) Fazer falcatrua/Enganar/Ludibriar. **Ex.** Era um burlão conhecido; falcatruava [procurava enganar(+)] toda a gente [todo o mundo].

falcatrueiro, a *s/adj* (<falcatrua + -eiro) (O) que faz falcatruas/Embusteiro(+).

falcífero, a *adj* (<lat *fálcifer,era,erum*) Armado de foice.

falciforme *adj 2g* (<lat *falx,fálcis*: foice + -forme) Que tem a forma de foice. **Comb.** *Anat Célula ~. Ligamento ~. Bot Folha ~.*

falcoar *v t* (<falcão + -ar¹) Perseguir a caça com falcão.

falcoaria *s f* (<falcão + -aria) **1** Arte de treinar falcões para a caça. **2** Local onde se criam falcões. **Loc.** Visitar [Inspe(c)cionar] a ~. **3** Caçada com falcão. **Ex.** Os antigos monarcas [nobres] apreciavam muito a ~.

falcoeira *s f Ornit* (<falcão + -eira) Nome vulgar de algumas aves palmípedes/Gaivota.

falcoeiro *s m* (<falcão + -eiro) O que cria [treina] falcões. **Ex.** Os ~s desempenhavam uma função muito considerada na corte. **Comb.** ~-mor.

falconídeo, a *adj/s Ornit* (<falcão + -ídeo) **1** Relativo a ave da [Pertencente à] família dos ~s. **2** *s m pl* Família de aves de rapina diurnas, de asas compridas, bico e garras cortantes.

falda *s f* (<germânico *falda*) **1** Base da montanha/Aba/Fralda/Sopé. **Comb.** ~s da serra. **2** Aba do vestuário. **Comb.** ~ da camisa.

falecer *v int* (<lat *falléscere <fállo,is,ere, féffeli,fálsum*: enganar, escapar a, ocultar, aliviar) **1** Morrer/Perder a vida. **Loc.** ~ *na flor da vida* [em idade jovem]. *~ vítima de acidente* [doença/morte natural]. **2** Apagar-se/Extinguir-se/Sumir-se/Desaparecer. **Loc.** ~ [Extinguir-se(+)] *a claridade* [luz]. ~ [Sumir-se(+)] *a voz*. **3** Não haver/Faltar/Escassear. **Ex.** Falecerem as forças. No deserto a vegetação falece [morre/desaparece/escasseia].

falecido, a *s/adj* (<falecer + -ido) (O) que faleceu [morreu]/Morto/Defunto. **Ex.** Parece que ainda vejo o ~ aí sentado à lareira. **Loc.** Rezar pelos ~s [defuntos]. **Comb.** Parentes ~s.

falecimento *s m* (<falecer + -mento) **1** Perda da vida/Morte/Óbito. **Loc.** Participar o ~ [a morte/o óbito]. **2** Perda de energia/capacidade/Desfalecimento. **Ex.** Sinto um enorme cansaço, o ~ das forças; dou dois passos [ando um pouco], fico logo cansado/a.

falência *s f* (<lat *falléntia,ae*) **1** *Dir/Com* Estado de impossibilidade total de cumprir as suas obrigações comerciais. **Ex.** A ~ foi declarada judicialmente. **Ex.** Abrir [Apresentar-se à/Requerer a] ~. **2** Incapacidade de dar resposta/Falha/Falhanço. **Comb.** *~ dum partido. ~ dum sistema*.

falésia *s f Geol* (<fr *falaise*) Escarpa alta e a pique originada pela erosão marítima/Arriba. **Comb.** ~ fóssil/morta [afastada da linha da costa].

falha *s f* (<falhar; ⇒ falho) **1** Fenda/Fra(c)tura/Racha. **Ex.** Vendo-lhe o móvel mais barato porque tem uma pequen(in)a ~. Só agora reparei que um dos pratos que comprei na feira tinha uma ~ [fra(c)tura/fenda]. **2** Pedaço/Bocado/Lasca. **Comb.** ~s de madeira «para acender a fogueira». **3** Imperfeição (física ou moral)/Defeito/Erro. **Ex.** O relatório tem [contém] várias ~s. Ninguém é perfeito; todos temos ~s. **Comb.** Sem ~ [Sem falta(+)/Com toda a certeza]. **4** Interrupção/Quebra/Falta. **Ex.** Uma ~ de corrente (elé(c)trica) fez-me perder o trabalho do computador. **Comb.** *~ de memória. ~* [Quebra(+)] *de tensão* (arterial). **5** Falta de comparência/Ausência. **Ex.** Para suprir [colmatar] as ~s de pessoal, contratámos operários eventuais. **6** Desequilíbrio mental/Mania/Pancada. **Ex.** Temos que lhe tolerar muita coisa porque, como sabemos, ele/a tem uma ~/pancada [, falta-lhe um parafuso]. **7** *Geol* Acidente te(c)tó[ô]nico originado por fra(c)tura do terreno com deslocamento das partes. **Comb.** *~ vertical* [horizontal/oblíqua]. *Plano* [Linha] *de ~*. **8** *pl* Quebras por engano nas operações de tesouraria. **Comb.** Abono para ~s.

falhado, a *adj/s* (<falhar + -ado) **1** (O) que tem falha/fenda/racha. **Comb.** *Dente ~. Mármore* (Pedra) *~. Prato ~*. **2** (O) que não teve sucesso/que fracassou/Fracassado/Frustrado. **Ex.** Este rapaz é um ~; nunca conseguiu fazer nada na vida. **Comb.** Proje(c)to ~.

falhanço *s m col* (<falhar + -anço) **1** A(c)to de falhar/Fracasso. **Ex.** O exame foi um ~ total [completo]. **2** Fiasco/Desilusão. **Ex.** A festa [O espe(c)táculo] foi um ~.

falhar *v t/int* (<lat *fállo*: enganar; ⇒ falir) **1** Fazer falha/fenda/racha. **Loc.** ~ [Lascar(+)/Fender(+)] uma pedra [tábua]. **2** Não acertar/Errar. **Ex.** Pedes sempre para responder «na aula/classe» mas falhas tudo [erras todas as respostas]. **Loc.** ~ o alvo [tiro]. **3** Não comparecer/Faltar. **Ex.** Falhei [Faltei] a duas sessões de ginástica mas tenho que [de] as pagar/de dar o dinheiro correspondente. Aos domingos, nunca falho [nunca falto/vou sempre] à missa. **4** Não ocorrer/Deixar de acontecer/Funcionar mal. **Ex.** Se não me falha a memória [Se a memória não me engana] «já não é a primeira vez que nos encontramos». O padeiro passa sempre à mesma hora; nunca falha. O motor está a ~. Não há luz: falhou a corrente [ele(c)tricidade]. **5** Deixar de [Não] cumprir o que estava estabelecido. **Ex.** O empreiteiro prometeu vir no princípio da semana e falhou-me [e não veio]; tive que atrasar as obras. **Loc.** ~ *o pagamento* «da renda». *~ uma promessa*. **6** Não corresponder às expe(c)tativas. **Ex.** A estratégia [O plano] falhou. **7** Dar em falso/Resvalar. **Ex.** Falharam-me os pés e dei uma grande queda [um grande tombo]. **8** Ter quebra/Ser insuficiente. **Ex.** Este ano, a produção de vinho falhou muito. Não pude acabar o trabalho (de costura) porque me falharam [se me acabaram] as linhas.

falheiro, a *adj* (<falha + -eiro) **1** Que tem falha. **2** *s m* ou *f* Tábua da periferia do tronco. **Ex.** As ~as [Os ~s] têm pouco valor comercial.

falho, a *adj* (<falhar; ⇒ falha) **1** Que tem falha/fenda/racha/Falhado. **Ex.** A perna da mesa está um pouco ~a [tem uma pequena falha]. **2** Que tem falta de alguma coisa/Carente/Desprovido/Falto. **Ex.** «no jogo de cartas» Estou ~ de [tenho poucos] trunfos. **Comb.** *~ de afe(c)to. ~ de forças. ~ de inteligência* [memória]. (Carro) *~ de gasolina*. (Motor) *~ de óleo*. **3** Que não tem o peso devido. O pão anda [está] muito ~ no peso. **4** Que não teve sucesso/Fracassado. **Comb.** *Gente ~a* [falhada(+)]. *Ideia* [Proje(c)to] *~a/o* [falhada/o(+)].

falibilidade *s f* (<falível + -i- + dade) Qualidade de quem [do que] é falível. **Ex.** A ~ é uma cara(c)terística do ser humano [do computador].

fálico, a *adj* (<gr *phállikos*) Relativo [Semelhante] ao falo. **Comb.** Culto ~. *Psic* Estádio ~ (3 a 6 anos).

falido, a *adj/s* (<falir + -ido) **1** (O) que faliu/abriu falência. **Ex.** O ~ não pode dispor do seu patrimó[ô]nio. **Comb.** Empresa ~a. **2** Relativo à falência. **Comb.** Massa ~a [Conjunto de bens e obrigações duma falência].

falinha *s f* (<dim de fala) **1** Palavras lisonjeiras. **Comb.** *depr* ~s mansas [Conversa ou pessoa cheia de lábia e hipocrisia]. **2** Voz aguda/desagradável. **Ex.** A ~ dela/e irrita-me!

falir *v int* (<lat *fállo,is,ere,féffeli,fálsum*: enganar, escapar a; ⇒ falhar) **1** *Dir/Com* Perder a capacidade de cumprir as suas obrigações para com os credores. **Ex.** Muitas empresas faliram por causa da recessão econó[ô]mica. O negócio faliu por má gestão. **2** Não obter sucesso/Fracassar. **Ex.** O sistema de prevenção «da sida (HIV)» faliu [falhou/fracassou] por se ter revelado ineficaz e muito dispendioso. **3** Não ser suficiente/Faltar. **Ex.** Faliram [Faltaram(+)] os recursos econó[ô]micos e a obra de assistência «lar de idosos» teve que [de] encerrar.

falível adj 2g (<falir + -vel) Que pode falhar/Sujeito a erro/falha/engano. **Comb. Afirmações ~eis. Métodos ~veis. Plano** [Proje(c)to] **~.**

falo s m (<gr phalós,ou) Imagem dos órgãos reprodutores, sobretudo masculinos, como símbolo da fecundidade/Pé[ê]nis.

falperra (Pê) s f (<top Falperra, serra portuguesa) **1** Lugar de ladrões e salteadores onde ocorrem muitos roubos/Covil de ladrões(+). **2** ⇒ Roubalheira/Ladroagem.

falque(j)ador, ora s (<falque(j)ar + -dor) O que falqueia.

falque(j)ar v t (<falca + -ear) **1** Desbastar um tronco com machado ou enxó. **2** Pôr um tronco em esquadria. **3** Fixar com cunha/Acunhar.

falripas s f pl (<farripa) Cabelos raros e curtos/Farripa «de tecido/vestido». **Loc.** Tirar as ~ [farripas(+)] da frente dos olhos.

falsa s f (<falso) **1** Mús Consonância diminuta de um semitom/Dissonância/Desafinação. **2** Vão [Caixa 2] entre o telhado e o forro/Sótão(+)/Falso(+).

falsa-braga s f Mil Muro entre a muralha e o fosso/Barbacã(+).

falsa-quilha s f Náut Resguardo de madeira sob a quilha do navio/Sobressano (inferior)(+).

falsar v t/int (<falso + -ar; ⇒ falsear) **1** Enganar alguém no peso ou na medida. **Loc. ~ no peso** «da carne». **~ uma balança**. **2** Faltar à promessa/Ser falso/Atraiçoar. **Ex.** Não se pode acreditar nele, é useiro e vezeiro em ~ [~ é a sua prática habitual]. **3** Começar a desmoronar(-se)/Fender(-se). **Ex.** A parede falsou. **4** Mús Desafinar. **Ex.** Ouviram-se umas vozes a ~.

falsa-rédea s f Correia que liga a cabeçada ao peito da cavalgadura.

falsário s m (<lat falsárius,ii) **1** O que falsifica documentos/Falsificador. **Ex.** ~s que se dedicam a fabricar notas [dinheiro] falsas/o. **2** O que jura falso. **Ex.** O criminoso foi absolvido com a ajuda do testemunho dum ~.

falseamento s m (<falsear + -mento) A(c)to de falsear/Deturpação(+). **Comb. ~ da** História «pelos (ultra)nacionalistas».

falsear v t/int (<falso + -ear) **1** Tornar falso/Falsificar(+). **Loc.** ~ resultados «eleitorais». **2** Alterar/Deturpar/Desvirtuar. **Ex.** Frases retiradas do contexto falsearam o sentido das declarações. **3** Ser falso/Atraiçoar(+). **Loc.** ~ um sócio. **4** Pisar em falso(+)/Colocar mal os pés. **Ex.** Não contava com o [Não me apercebi do] degrau, falseou-me o pé e dei uma queda que me ia desgraçando. **5** Mús Dar voz de falsete/Desafinar/Desentoar. **Ex.** No coro, há uma voz que falseia.

falsete (Sê) s m (<it falsétto) **1** Mús Voz masculina que imita o soprano/Voz mais aguda que o normal. **Loc.** Cantar em ~. **2** Voz esganiçada. **Ex.** Ela tem uma voz de ~ irritante.

falsetear v t (<falsete + -ear) Cantar [Falar] com voz de falsete. **Ex.** Enquanto ouvia no rádio do carro a famosa soprano «Maria Callas», ia falseteando baixinho a mesma ária.

falsidade s f (<lat fálsitas,átis) **1** Qualidade [Cara(c)terística] do que é falso/contrário à verdade. **Comb.** ~ dum documento. **2** Dissimulação da verdade/Ocultação dos verdadeiros sentimentos/Hipocrisia/Fingimento. **Ex.** Quem poderia adivinhar que toda aquela simpatia não passava de [simpatia era apenas] ~? **3** Invenção maldosa/Mentira. **Ex.** Tudo o que está(s) a dizer é (uma) ~ [(pura) mentira]. **4** Falsificação/Fraude. **Ex.** Enriqueceu à custa de ~s «a passar moeda falsa/no negócio da imigração ilegal».

falsificação s f (<falsificar + -ção) **1** A(c)to de falsificar/tornar falso/adulterar. **Comb.** ~ [Adulteração(+)] **de alimentos** «leite/uísque/vinho». **~ de documentos**. **2** Imitação [Reprodução] fraudulenta do que é verdadeiro/original. **Comb.** ~ **de assinaturas**. **~ de joias**. **~ de moeda**. **~ de quadros**.

falsificador, ora s/adj (<falsificar + -dor) (O) que falsifica. **Comb.** ~ **de moeda**. **Práticas** [Processos] ~**as**/es.

falsificar v t (<lat falsífico,áre; ⇒ falso) **1** Imitar [Copiar/Reproduzir] algo a fim de o fazer passar por verdadeiro/original/Contrafazer. **Loc.** ~ **assinaturas**. ~ **documentos**. ~ **roupa de marca**. **2** Alterar de forma fraudulenta as cara(c)terísticas/Adulterar. **Loc.** ~ alimentos [bebidas]. **3** Dar [Referir] como verdadeiro [verdade] o que é falso. **Ex.** Fez [Deu] uma descrição do acidente que falsifica completamente o que na realidade sucedeu. **4** Dar falsa interpretação/Desvirtuar. **Ex.** Os jornalistas fizeram uma leitura [interpretação] das palavras do ministro que falsifica o obje(c)tivo da reforma (por ele) anunciada.

falsificável adj 2g (<falsificar + -vel) Susce(p)tível de ser falsificado. **Comb.** Assinatura facilmente [dificilmente] ~. Notas «de euro» dificilmente [facilmente] ~eis.

falso, a adj/adv/s (<lat fálsus,a,um) **1** Não verdadeiro/Contrário à verdade. **Loc. Dar um passo em ~** [passo errado/Cometer um erro] (Ex. Ao casar com aquela mulher, o meu filho deu um passo em ~). **Levantar ~s testemunhos** [Caluniar/Difamar]. **Comb. ~ testemunho** [Violação da veracidade em declarações judiciais]. **À ~a fé** [À traição/De forma traiçoeira] (Loc. Atacar à ~a fé). **Declaração ~a**. **Em ~** [Em vão/Inutilmente] (Ex. Fomos a toda a pressa procurar um médico, mas em ~ [em vão(+)] porque não estava em casa). **2** Que não é leal/Traiçoeiro. **Ex.** Vê lá com quem te metes, porque esse colega é ~. Não imaginava que ele (que até se dizia amigo) fosse tão ~. **3** Que não está corre(c)to/certo/Errado. **Ex.** O resultado deste exercício é ~ [está errado/não está corre(c)to]. **4** Feito à semelhança [Imitação] do que é verdadeiro com a intenção de iludir/enganar. **Ex.** O ladrão abriu a porta com chave ~a. **Comb.** Moeda ~a. **5** Feito apenas para enfeitar/dar a aparência/Aparente/Fingido. **Comb. Bolsos ~s. Fundo ~. Te(c)to ~. 6** Que não tem fundamento/Infundado/Injustificado. **Loc.** Alimentar ~as esperanças. **Comb.** ~ **questão**. ~ **alarme**. **Rebate ~. 7** s Aquele/A [Aquilo] que não é verdadeiro. **Ex.** Ela é uma impostora, uma ~a! Nem sempre é fácil distinguir o ~ do verdadeiro. **8** s m Vão entre o telhado e o te(c)to/Lugar recôndito duma casa/Sótão. **Ex.** Guardava [Escondia] o dinheiro [o ouro/as joias] no ~.

falta s f (<lat fállita, f de fállitus por fálsus <fállere: enganar, faltar, ser falso; ⇒ falir) **1** Ausência do [Não presença no] lugar onde deveria estar. **Ex.** A doença do aluno obriga-o frequentemente a dar ~s. **Comb.** ~ justificada [injustificada]. **2** Carência de alguma coisa/Privação/Penúria/Inexistência/Ausência. **Ex.** A ~ de afe(c)to tem reflexos negativos na educação das crianças. O João sentiu muito a ~ do pai. A ~ [ausência] de boas condições de trabalho prejudica o rendimento dos operários [alunos]. **Loc.** Fazer ~ [Ser imprescindível/indispensável] (Ex. Uma boa alimentação e uma vida regrada fazem ~ à boa condição física dos atletas. O carro faz-me muita ~ [é-me indispensável] no dia a dia). **Comb.** ~ **de** ânimo [sorte]. **À ~ de/Na ~ de** [Não havendo/Na ausência de] (Ex. À ~ de melhor, tive que me sujeitar a [que aceitar] este emprego. Na ~ dos pais, os filhos souberam comportar-se dignamente). **Sem ~** [Sem falhar/Sem qualquer dúvida/Com certeza] (Ex. O médico garantiu-me que viria sem ~. Preciso que venha(s) hoje impreterivelmente [sem ~] reparar a máquina). **3** A(c)to moralmente condenável/Ofensa/Pecado. **Ex.** Jesus Cristo tomou sobre si as ~s da Humanidade. Sinto-me pecador e por isso confesso as minhas ~s. A destruição da natureza é uma ~ [um crime] contra a humanidade. **Loc.** Estar em ~ [em dívida] (Ex. Estou em ~ com a minha amiga; ainda não lhe agradeci as flores que me enviou pelos meus anos). **4** Desobediência a obrigações sociais legais/Defeito/Deslustre. **Ex.** O chefe não tolera a ~ de pontualidade às reuniões. **Comb.** ~ **de educação** [Má-educação]. **~ de palavra**. **~ de respeito**. **5** Erro/Incorre(c)ção/Engano/Falha. **Ex.** A exposição [O relatório] estava boa/bom mas tinha muitas ~s [muitos erros] gramaticais [ortográficos]. O trabalho está bem redigido mas tem ~ de conteúdo. **6** (D)esp Transgressão de [Infra(c)ção às] regras dum jogo. **Ex.** O árbitro assinalou prontamente a ~ «grande penalidade». **Loc.** Fazer ~ [Cometer uma infra(c)ção] (Ex. Fez ~ dentro da grande área e foi punido com o castigo máximo).

faltar v t/int (<falta + -ar¹) **1** Não comparecer/Estar ausente. **Ex.** Há quinze dias que o João falta. Estará doente? Já chegaram todos ou ainda falta alguém? **Loc.** ~ à escola/ao jogo/ao trabalho. **2** Não existir/Haver carência/Escassear. **Ex.** Nas Bodas de Caná faltou o vinho. Eu bem comprava [gostava muito de comprar] um carro novo, mas falta-me o dinheiro. Na festa, não faltou alegria [alegria foi coisa que não faltou(+)]. **Loc.** ~ um parafuso [uma aduela] a [Parecer não estar em perfeito juízo/idi Ter pancada]. **Idi. Era só o que me faltava/Não faltava mais nada** [Exclamação que manifesta descontentamento por alguma coisa desagradável que acontece] (Ex. Então, não pedes desculpa? – Era só o que (me) faltava, ele ofende-me e eu é que tenho de pedir desculpa!). **3** Ser indispensável para completar alguma coisa. **Ex.** Faltam-me (apenas) «50 cêntimos» para o bilhete de cinema. Levanta-te, são horas! Faltam só cinco minutos para as oito. **Loc.** ~ pouco para [Estar a ponto de] (Ex. Faltou pouco para ser atropelado/atingido «por uma pedrada»). **4** Deixar de fazer/de cumprir. **Ex.** Os políticos faltam quase sempre ao que prometem nas campanhas eleitorais. O mecânico prometeu que me dava o carro pronto hoje e faltou [não cumpriu o prometido]. **5** Não dar/Não socorrer. **Ex.** Foi um filho muito ingrato. Faltou com o apoio aos pais que tanto fizeram por ele e não tinham mais ninguém. **6** Não funcionar/Falhar. **Ex.** Deixei cair a mala porque me faltaram as forças. Os amigos faltaram-me quando mais precisava deles. **7** Não agir em conformidade com uma norma/lei/Não cumprir/Desrespeitar. **Loc. ~ à verdade** [palavra]. **~ ao respeito**.

falto, a adj (<faltar) **1** Carente/Carecido/Necessitado. **Comb.** «menina/criança» ~**a de carinho**. «estou» **~ de dinheiro**. **~ de** [Com pouca] **saúde**. **2** Desprovido/Desguarnecido. **Comb.** Uma despensa vazia [~a de tudo]. **Ant.** Abundante; bem aviado; cheio.

faltoso, a (Ôso, Ósa, Ósos) adjs (<falta + -oso) **1** (O) que falta [dá faltas] com fre-

quência/Pouco assíduo. **Ex.** Estamos a marcar passo [a atrasar a matéria/a deixar de avançar] por causa dos (alunos) ~s. **Comb.** ~ ao trabalho/à escola. **2** (O) que comete faltas/erros. **Ex.** Além de jogar mal, ainda por cima [como se isso não bastasse] é ~.

falua *s f Náut* (<ár *falúka* <*fulk*: barca) Embarcação à vela, semelhante à fragata, com duas velas latinas, triangulares. **Ex.** O nome de ~ é dado a vários tipos de barcos que navegam no rio Tejo (Portugal).

faluca *s f Náut* (<ár *falúka* <*fulk*: barca) Embarcação costeira de Marrocos.

falucho *s m Náut* (<esp *falucho*) Embarcação costeira de vela latina usada no Mediterrâneo.

falueiro, a *s/adj* (<falua + -eiro) **1** Arrais de falua. **2** Relativo a falua.

fama *s f* (<lat *fáma,ae*) **1** Conceito que se tem de alguém/Reputação. **Loc.** *Gozar de boa* [má] *~. Morrer com ~ de santo.* **2** Notoriedade/Prestígio/Renome. **Comb.** Personalidade de ~ mundial. **3** *Mit* Deusa greco-latina encarregada de divulgar notícias. **4** ⇒ glória.

famanaz *adj 2g Br* (<fama + -n- + -az) Que é afamado pelo seu valor, proezas ou prestígio.

famelgo, a *adj/s f* (<lat *famélicus,a,um*) **1** Que tem cara de fome/Faminto(o+)/Famélico(+). **2** *s f* (*2g*) Pessoa com cara de fome.

famélico, a *adj* (<lat *famélicus,a,um*) Que tem fome/Faminto. **Ex.** Pobres, ~s [famintos(+)], pediam alguma coisa para matar a fome. **Comb.** Ar [Aspe(c)to] ~. ⇒ magro.

famigerado, a *adj* (<lat *famigerátus,a,um*) **1** Que tem muita fama/Famoso/Célebre. **Ex.** Todos aguardavam com curiosidade a a(c)tuação do/a ~o/a artista. **2** *depr/iron* Que tem má fama. **Ex.** Foi [Deu-se/Aconteceu] mais uma proeza do ~ bando que já assaltou várias casas do bairro.

família *s f* (<lat *família,ae*) **1** Conjunto de pessoas ligadas por laços de sangue que vivem sob o mesmo te(c)to, especialmente o pai, a mãe e os filhos. **Ex.** Por quantas pessoas é constituída a sua [tua] ~? – Por cinco: o pai, a mãe e três filhos. **Loc.** *Constituir ~* [Casar]. *Ficar em ~* [Não (ser para) revelar a estranhos]. *Ser da ~* [Ser muito íntimo, embora não pertencendo à ~]. *Ser de boas ~s* [Pertencer a ~(s) bem conceituada(s)]. **Comb.** *~ humana* [Humanidade]. *~ monoparental* [~ em que apenas um dos progenitores vive com os filhos]. *Dir ~ natural* [formada pelos pais (ou apenas por um deles) e seus descendentes]. *~ nuclear* [Agregado familiar restrito formado apenas pelos pais e pelos filhos]. *De ~* [Relativo exclusivamente aos membros da ~/Que pertence à ~] (Comb. Negócio de ~. Nome de ~). *Sagrada ~* [~ de Nazaré: Jesus, Maria e José ou escultura [imagem] que os representa]. **2** Conjunto de pessoas ligadas por qualquer grau de parentesco «avós, tios, primos, cunhados» ou por outros vínculos «amizade, solidariedade, serviço». **Ex.** Fizemos uma reunião [festa] de ~ que juntou mais de cem pessoas de quatro gerações. A Rosa está con(n)osco desde o tempo da minha avó; já faz parte da ~. **3** Grupo de pessoas unidas por ideais [interesses] comuns «religiosos, profissionais, políticos». **Comb.** *~ franciscana* [Conjunto de todas as Ordens de S. Francisco de Assis]. *~ mineira. ~ social-democrata.* **4** *Biol* Grupo taxonó[ô]mico de animais [plantas], entre a ordem e o gé[ê]nero, que possuem cara(c)terísticas semelhantes. **Ex.** O melro e o tordo pertencem à mesma ~ (dos muscicapídeos). O pinheiro pertence à ~ das pináceas. **5** *Ling* Conjunto de palavras [línguas] que têm a mesma raiz/origem. **Ex.** *Fácil, facilmente, facilitar* são palavras da mesma ~. **Comb.** ~ das línguas latinas [árabes].

familiar *adj/s 2g* (<lat *familiáris,e*) **1** (O) que é da família. **Ex.** Para o jantar, habitualmente, juntam-se todos os ~es. **Comb.** *Agregado ~* [Família]. *Assuntos ~es* [da família]. *Reunião ~.* **2** Que é membro da família em sentido amplo/Parente. **Ex.** Apresento-lhe os meus ~es que vivem no Brasil. **3** Que se considera como se fosse da família/Amigo íntimo da família. **Ex.** O médico é muito nosso amigo. Tem um relacionamento ~ com todos nós. **4** Que se conhece bem/Conhecido. **Comb.** *Uma cara ~* [que já se viu/conhecida]. *Noções* [Procedimentos] *~es.* **5** Que é simples/despretensioso/Informal. **Comb.** Linguagem ~. «restaurante com» Ambiente ~.

familiaridade *s f* (<lat *familiáritas,átis*) **1** Qualidade do que é familiar. **2** Convivência íntima/Intimidade/Confiança. **Ex.** A demasiada ~ no trato com pessoas estranhas não é recomendável. O amigo do João vai ganhando cada vez mais ~ com os restantes membros da nossa família. **3** Ausência de cerimó[ô]nia/Informalidade/Simplicidade. **Comb.** Ambiente de ~.

familiarização *s f* (<familiarizar + -ção) A(c)to de familiarizar(-se)/de tornar(-se) íntimo/de ganhar conhecimento. **Comb.** *~ com os amigos. ~ com os costumes* duma terra estranha.

familiarizar *v t* (<familiar + -izar) **1** Tornar(-se) familiar/Entrar no trato/na intimidade. **Ex.** Mudou de casa [terra] mas depressa se familiarizou com os novos vizinhos. Quando entrei para a faculdade um colega ajudou-me a ~-me com o seu grupo [com o grupo dele]. **2** Ambientar(-se)/Habituar(-se)/Acostumar(-se). **Ex.** Vindo dum meio rural muito calmo, cedo [depressa] se familiarizou com a vida agitada da cidade. **3** Progredir no conhecimento/Dominar uma ciência/técnica. **Loc.** *~-se com as novas tecnologias informáticas. ~-se com uma língua estrangeira.*

familiarmente *adv* (<familiar + -mente) **1** De modo familiar/informal/Com familiaridade/Sem cerimó[ô]nia. **Loc.** Receber ~ os amigos [as visitas]. **2** Na família/Entre os familiares. **Ex.** Chama-se Alexandra; ~ é a Xana.

familistério *s m* (<famíli(a) + fr *(mona)stère*: mosteiro) ⇒ falanstério.

famílória *s f pop* (<família + -ória) Família numerosa/Toda a parentela. **Loc.** Pertencer a uma ~ (muito) grande.

faminto, a *adj* (<lat *fámes,is*: fome + -into por -ento) **1** Que tem fome/Esfomeado. **Comb.** Desalojados [Refugiados] ~s. Cães vadios ~s/famélicos. **2** *fig* Que tem um grande desejo/Ávido/Sedento. **Comb.** *~* [Sedento(+)] *de afe(c)to. ~ de dinheiro.*

famoso, a (Ôso, Ósa, Ósos) *adj* (<fama + -oso) **1** Que tem fama/Muito conhecido/Célebre. **Comb.** Artista [Cantor/Pianista] ~o/a. Médico ~. **2** Muito bom/Exce(p)cional/Fora do vulgar/Notável. **Ex.** Foi um almoço ~, um banquete! **Comb.** Um jogo «de futebol» ~!

fâmulo *s m* (<lat *fámulus,i*: servo, criado, escravo) **1** Criado para os serviços domésticos/Empregado/Serviçal. **2** *fig* Pessoa subserviente/aduladora. **Ex.** Quando se desloca em campanha eleitoral pelo país, o líder arrasta [leva] consigo os ~s habituais. **3** *Rel an* Clérigo ou leigo que acompanha o bispo/Caudatário. **4** *Rel an* Empregado subalterno duma comunidade religiosa ou tribunal eclesiástico.

fanado, a *adj/s* (<fanar + -ado) **1** Que sofreu um corte/Mutilado/Amputado. **Comb.** Corpos [Cadáveres] ~s. **2** Escasso/Apertado. **Ex.** O tecido não deve dar para (fazer) a saia; é um bocado [pouco] ~ [rafado(+)]. O casaco fica-me muito ~ porque engordei. **3** *s m Etno* Conjunto de ritos de iniciação, na Guiné-Bissau, que conferem o estatuto de adulto. **Ex.** Há ~s para rapazes (com circuncisão) e para raparigas (com excisão).

fanal *s m* (<it *fanale* <gr *phános*: lanterna) **1** Farol/Luzeiro. **2** Facho de luz. **3** *fig* Guia intelectual.

fanar *v t* (<lat *fáno,áre*) **1** Fazer amputação/Cortar. **Loc.** *~ o rabo dum animal.* **2** *Etno* Praticar o fanado **3**. **3** Reduzir o tamanho/Aparar. **Loc.** *~* [Aparar(+)] *as pontas do tecido.* **4** *gír* Roubar. **Loc.** *~ um bolo* «na pastelaria». *~ uma esferográfica* «a um colega». **5** (Fazer) perder a frescura/o viço/Murchar. **Ex.** As flores fanaram [murcharam(+)] com o calor.

fanático, a *s/adj* (<lat *fanáticus,a,um*: pertencente ao templo; ⇒ fã) **1** (O) que tem zelo excessivo pela religião/Intolerante/Se(c)tário. **Comb.** Devoção ~a. **2** (O) que é entusiasta em excesso/Apreciador apaixonado. **Comb.** ~ pelo futebol.

fanatismo *s m* (<fanático + -ismo) **1** Atitude de fanático/Adesão exclusiva a uma ideia [doutrina] tentando impô-la por todos os meios. **Comb.** ~ de membros de seitas. **2** Dedicação excessiva a alguém ou alguma coisa/Paixão cega. **Loc.** Aplaudir com ~ [Aplaudir cegamente/como louco(s)] «o chefe».

fanatizador, ora *adj/s* (<fanatizar + -dor) (O) que fanatiza. **Comb.** *Grupos ~es. Ideias* [Doutrinas] *~oras.*

fanatizar *v t* (<fanát(ico) + -izar) Tornar(-se) fanático. **Loc.** *~-se por um partido político. ~-se por uma nova seita.*

fanca *s f Br* (<ár *fanca*: saco) Obje(c)tos de fancaria para venda.

fancaria *s f* (<fanca + -aria) **1** Comércio de fanqueiros. **Comb.** Loja de ~. **2** *pej* Trabalho [Obra] de fraca qualidade/imperfeito/a. **Comb.** Vestuário [Fato] de ~.

fandangar *v int* (<fandango + -ar¹) ⇒ fanduguear.

fandango *s m* (<dança do fado) **1** (Música que acompanha a) dança popular de origem espanhola, com sapeteado, acompanhada de guitarra e castanholas. **Ex.** O ~ é uma música [dança] de compasso ternário, muito viva e ritmada. **2** (Música que acompanha a) dança popular portuguesa típica do Ribatejo, acompanhada a concertina. **Ex.** O sapateado do ~ ribatejano é diferente do andaluz. **3** *fig* Situação de muito trabalho/Rebuliço/Confusão. **Ex.** Andaram num ~ o dia inteiro [todo o dia] para acabar as obras da casa.

fandanguear *v int* (<fandango + -ear) **1** Dançar o [à moda do] fandango. **Ex.** Os campinos ribatejanos gostam muito de ~. **2** Meter-se na pândega. **Ex.** Fandangueavam até altas horas da noite [até de madrugada] e no dia seguinte era um castigo para se levantarem da cama [seguinte ninguém os tirava da cama/era difícil fazê-los levantar].

fandangueiro, a *s/adj* (<fandango + -eiro) (O) que dança [gosta de dançar] o fandango. **Comb.** Habilidade [Arte] ~a.

faneca *s f Icti* (<faneco) Peixe teleósteo da família dos gadídeos, muito abundante no Atlântico e na costa portuguesa; *Trisopte-*

rus luscus. **Loc.** ~s para fritar. **Idi**. *Ao pintar* [picar] *da* ~ [No momento oportuno].

faneco, a *adj/s* (<fanar 1 + -eco) **1** ⇒ pedaço/bocado (De qualquer coisa). **2** ⇒ seco; magro.

fanega *s f* (<ár *faniqâ*) Antiga medida de capacidade para cereais equivalente a quatro alqueires/Fanga. **Ex.** O dono da herdade todos os anos reservava algumas ~s de trigo para pagar aos pastores.

fanerítico, a *adj* Geol (<fanerito + -ico) Diz-se da textura das rochas eruptivas em que os elementos são facilmente reconhecíveis a olho nu.

fanerito *s m* Geol (<gr *phanerós,a,on*: visível, evidente + -ito) Rocha eruptiva cuja cristalização foi total e lenta, ficando por isso constituída por grãos bem distintos e visíveis a olho nu.

fânero *s m* Anat (<gr *phanerós,a,on*: visível, aparente) Porção da pele saliente e visível, derivada do espessamento e da diferenciação da camada epitelial «pelos/unhas/dentes».

fanerogâmico, a [fanerógamo, a] *adj* Bot (<gr *phanerós*: visível + …) **1** Diz-se da planta que produz flor e tem os órgãos sexuais visíveis/Pertencente [Relativo] às ~as. **2** *s f pl* Grande grupo do reino vegetal que compreende todas as plantas que produzem flor/Espermatófitas. ⇒ criptogâmicas.

fanerozoico, a (Zói) *adj/s m* Geol (<gr *phanerós, a, on*: visível + -z- + -oico) **1** Que pertence [é relativo] ao período ~. **Comb.** Rocha ~a. **2** *s m* Maiúsc Grande divisão dos tempos geológicos cara(c)terizada pela existência de seres vivos desenvolvidos e numerosos. **Ex.** O ~ dura há cerca de 570 milhões de anos. ⇒ Criptozoico; éon.

fanfarra *s f* (<fr *fanfare*) Banda de música só com instrumentos de metal e percussão/Charanga. **Ex.** A procissão percorria as ruas da aldeia acompanhada pela ~.

fanfarrada *s f* (<fanfarrão + -ada) Ditos [Modos] de fanfarrão/Fanfarrice/Bazófia/Gabarolice. **Ex.** Cala-te com as tuas ~s que já enjoam.

fanfarrão, ona *s/adj* (<esp *fanfarrón*) (O) que se vangloria da bravura [coragem/valentia] que não tem/(O) que é gabarola. **Ex.** Não acredito em ~ões, só dizem gabarolices. **Comb.** Ar (de) ~.

fanfarrear *v int* (<fanfarrão + -ear) ⇒ fanfarronar.

fanfarria[rrice/rronada/rronice] *s f* (<fanfarrão + -…) **1** A(c)to [Dito/Maneiras] de fanfarrão/Gabarolice/Fanfarrada. **2** Pretensão de coragem [valentia] que não tem. **Loc.** Ser conhecido pelas suas ~s.

fanfarronar *v int* (<fanfarrão + -ar¹) Dizer fanfarronices/Gabar-se de proezas que não cometeu/Bazofiar/Fanfarrear. **Ex.** Quem o ouvisse ~ e o não conhecesse, havia de o considerar [considerá-lo-ia/tê-lo-ia na conta de] um valentão.

fanga *s f* (<ár *faniqâ*) Antiga medida de capacidade para cereais equivalente a quatro alqueires/Fanega. **Comb.** ~ de terra [Área de terreno que leva quatro alqueires de semente].

fanglomerado *s m* Geol (<ing *fan*: leque + aglomerado) Depósitos sedimentares aluviais em forma de cone, formados no sopé das montanhas.

fanhoso, a (Ôso, Ósa, Ósos) *adj* (<on fanha + -oso) Que fala [parece falar] pelo nariz ou com o nariz apertado. **Ex.** A constipação [O resfriado] deixou-me [pôs-me] ~o/a. **Comb.** Voz ~a. **Sin.** Nasalado; roufenho.

fanico *s m* (<fanar (cortar) + -ico?) **1** Bocado pequeno/Migalha. **Loc.** *Fazer tudo em ~s* [Partir [Destruir] tudo]. *Ficar em ~s* [aos bocad(inh)os/completamente destruído]. **Idi.** *Andar ao* ~ [Fazer biscates/*pej* Prostituir-se nas ruas]. **2** Pequeno lucro/ganho. **Comb.** Negócio de ~s. **3** *pop* Desmaio/Chilique/Badagaio. **Loc.** Dar(-lhe) o ~ [Desmaiar].

faniqueiro, a *adj/s* (<fanico + -eiro) (O) que anda em busca de pequenos lucros/que faz biscates.

-fan(er)o- *pref/suf* (<gr *phanós,e,on*: visível, luminoso <*phaino*: fazer ver, brilhar) Exprime a ideia de luz; ⇒ diáfano; fanerogâmico.

faniquento, a *adj* (<fanico + -ento) Que costuma ter [Dado a] desmaios. **Comb.** Mulher ~a.

fanqueiro *s m* (<fanca + -eiro) Comerciante que vende tecidos e outros artigos de algodão, linho, lã, … **Ex.** Em Lisboa (Portugal) existe uma rua chamada dos ~s porque nela há muitas lojas de fancaria.

fantasia *s f* (<lat *phantásia,ae*: sonho, imaginação, aparência) **1** Imagem ou sonho criado pela imaginação/Ficção. **Ex.** A empresa próspera que ele nos descreveu não passa de [descreveu é tudo] ~. A realidade é bem [completamente] diferente: está quase falida! **Loc.** Perder-se em ~s [Ficar absorto em sonhos não concretizáveis]. **2** Imaginação criadora/Faculdade imaginativa. **Ex.** Levado pela ~, passava horas a fio a escrever o romance; nem dava por o tempo passar. **3** Ideia irrealista/que não assenta em bases sólidas/Ilusão. **Ex.** Ia vivendo na ~ [ilusão(+)] de que poderia ter tudo na vida sem trabalhar. **4** Desejo extravagante/Capricho. **Ex.** Para satisfazer as ~ dela era preciso ser muito rico. **5** Vestuário de disfarce usado em festas «no Carnaval». **Ex.** Tinha no sótão uma mala cheia de ~s de Carnaval. **6** Joia falsa [imitação]/Adorno de pouco valor. **Comb.** Anel [Brincos] de ~. **7** *Mús* Composição musical com desenvolvimento e variações temáticas livres. **Comb.** ~ de Mozart (derivada da *Sonata*). **8** Psic Representação de alguma coisa individual sem haver o sentimento consciente da sua existência. **Ex.** A ~ é diferente da perce(p)ção e da recordação. **Comb.** ~ *das fábulas* [dos mitos]. ~ *onírica*. ⇒ fantasma 4.

fantasiador, ora *adj/s* (<fantasiar + -dor) (O) que fantasia/Devaneador/Irrealista. ⇒ fantasista.

fantasiar *v t/int* (<fantasia + -ar¹) **1** Criar pela fantasia/Imaginar/Idealizar. **Ex.** Durante vários meses fantasiou o enredo do novo romance que depois escreveu numa semana. **2** Entregar-se a devaneios/a sonhos irrealizáveis. **Ex.** A adolescente fantasiava um futuro cor-de-rosa [risonho/feliz] como artista de cinema. **3** Deturpar a realidade/Ser pouco obje(c)tivo no que diz/escreve. **Loc.** ~ uma notícia. **4** Vestir(-se) com fantasia/Mascarar(-se)/Disfarçar(-se). **Ex.** Todos os anos, no Carnaval, fantasiava as filhas com fantasias diferentes. Para o baile (de Carnaval) fantasiou-se de cavaleiro medieval.

fantasioso, a (Ôso, Ósa, Ósos) *adj* (<fantasia + -oso) **1** Que tem imaginação/Imaginativo. **Ex.** É ela que cria os modelos e faz os vestidos das filhas. Foi sempre muito ~a [criativa(+)/imaginativa(o+)]. **2** Em que há fantasia/Que é pouco real. **Comb.** Um filme demasiado ~/irreal.

fantasista *adj/s* 2g (<fantasia + -ista) **1** (O) que revela fantasia/se deixa levar pela imaginação/Fantasioso. **Ex.** Ele/a é um/uma ~. **Comb.** Ideias ~s. **2** (O) que obedece apenas aos caprichos da imaginação. **Comb.** Escritor [Livro] ~. ⇒ fantasiador.

fantasma *s m* (<gr *phántasma,atos*: espectro, visão, aparição) **1** Aparição (suposta/imaginada) de pessoa morta/Alma do outro mundo/Espe(c)tro. **Loc.** Acreditar em [Ver] ~s. **Comb.** Casa assombrada por ~s. **2** Visão ilusória criada pela imaginação/Aparência sem fundamento real. **Ex.** Tinha medo de ficar sozinho/a de noite. Via ~s que o/a aterrorizavam. **3** Alguma coisa «má recordação» que cria pavor. **Comb.** *O ~ da doença* «do cancro». *O ~ da guerra*. **4** *Psic* Representação mental que, em certas circunstâncias, se impõe ao indivíduo sem que este se aperceba da sua razão de ser. ⇒ fantasia 8.

fantasmagoria *s f* (<fr *fantasmagorie*) **1** Arte de fazer surgir imagens luminosas [fantasmas] numa sala às escuras. **Ex.** A ~ baseia-se em fenó[ô]menos de ilusão ó(p)tica. **2** O que é apenas produto da imaginação/Fantasma. **Ex.** Sob o efeito dos analgésicos via ~s na parede do quarto. **3** Falsa aparência/Quimera/Utopia(+). **Ex.** O que você diz [O seu plano] é uma ~!

fantasmagórico, a *adj* (<fantasmagoria + -ico) **1** Relativo a fantasmagoria ou a fantasma. **Comb.** Imagens ~s. **2** Que amedronta/assusta por se assemelhar a fantasmas. **Ex.** A menina assustava-se com as sombras ~as proje(c)tadas na parede pelo bruxulear [tremeluzir/cintilar] da candeia/vela. **3** Ilusório/Imaginário/Fantástico. **Comb.** Descrições ~as «dos livros de Júlio Verne».

fantasmático, a *adj* (<lat *phantasmáticus, a,um*) Referente a fantasma/Imaginativo/Fantasmagórico.

fantástico, a *adj/s m* (<lat *phantásticus,a, um*) **1** Que é fruto da [criado pela] imaginação/Relativo a fantasia/Irreal/Imaginário. **Ex.** As fadas são seres ~s. **2** Que contém elementos inexplicáveis segundo as leis da natureza ou incompatíveis com elas. **Ex.** Os ilusionistas realizam proezas ~as. **3** *col* Que apresenta uma qualidade invulgar/Extraordinário/Inacreditável/Prodigioso. **Ex.** Este enfermeiro é ~ [extraordinário]: trata os doentes com um carinho inexcedível. A perder por 3-0, a equipa/e fez uma recuperação ~a e empatou o jogo por 3-3. **4** *s m* Aquilo que só existe no domínio da fantasia/imaginação. **Ex.** O ~ predomina na obra deste artista. O que acabas de dizer é do domínio do ~.

fantastiquice *s f* (<fantástico + -ice) **1** Obra fantasiosa/Extravagância. **Ex.** Gostava de fazer ~s a imitar a magia dos ilusionistas. Veio do estrangeiro e construiu uma casa cheia de arrebiques. ~s de pessoa rico. **2** Bazófia/Jactância. **Ex.** É um vaidosão (É muito vaidoso); daquela boca para fora só saem ~s [baboseiras(o+)/gabarolices(+)].

fantochada *s f* (<fantoche + -ada) **1** Cena de fantoches. **Ex.** A miudagem [As crianças] diverte[m]-se com as ~s. **2** A(c)ção ridícula/caricata/Palhaçada. **Ex.** A peça que fomos ver é mesmo [muito] má, uma autêntica ~; *idi* não tem ponta por onde se lhe pegue. **3** Comportamento [A(c)tividade] irresponsável/incompetente de pessoas com responsabilidade de chefia/governação. **Ex.** A a(c)tuação deste Governo «na saúde/educação» tem sido uma ~.

fantoche *s m* (<fr *fantoche*) **1** Boneco que é a(c)cionado por uma pessoa escondida, por meio de fios ou dire(c)tamente com a mão/Marioneta/Bonifrate/Títere/Roberto. **Ex.** O ~ pode ser feito de pano, cartão, madeira,… Vai realizar-se um festival de

teatro de ~s. 2 *fig* Pessoa que não é capaz de impor a sua vontade/que anda sempre ao mando [a reboque] dos outros/Boneco/Palhaço. **Ex.** Não faltam ~s na dire(c)ção do clube. Vou demitir-me de delegado sindical porque não quero fazer figura de ~ dos dirigentes do sindicato.

fanzine *s m* (<ing *fan*: fã + ing *(maga)zine*) Revista para fãs, publicada por jovens amadores, sobre temas que lhes são caros «cinema/música/ficção científica».

faqueiro *s m* (<faca + -eiro) **1** Conjunto completo de talheres do mesmo desenho [tipo] e marca. **Ex.** Um ~ é uma ó(p)tima prenda de casamento. **Comb.** ~ de prata. **2** Caixa [Estojo] onde se guardam os talheres (Facas, garfos e colheres).

faquir (Fáquír) *s m* (<ár *faqir*: pobre, miserável, mendigo) **1** *Rel* Asceta mendicante da Índia, que se submete a privações procurando atingir a perfeição espiritual pelo controle dos sentidos. **2** Pessoa que pratica em público a(c)tos de mortificação física sem dar sinais de sofrimento ou sensibilidade. **Ex.** Espetar-se com uma faca e caminhar sobre o fogo são algumas das práticas habituais dos ~es.

faquirismo (Fá) *s m* (<faquir + -ismo) Modo de viver [Profissão] de faquir.

faquista *s 2g* (<faca + -ista) Pessoa que usa [fere com] faca. **Ex.** Está ferido porque foi atacado na rua por um ~.

farad [F] *s m Ele(c)tri* (<ing *farad* de M. Faraday, físico-químico inglês (1791-1867)) Unidade de capacidade elé(c)trica do Sistema Internacional (SI) que equivale à capacidade dum condutor que, carregado com um coulomb, fica com o potencial de um volt. **Ex.** O ~ tem como submúltiplos o micro~ ($\mu F = 10^{-6}$ F) e o pico~ ($pF = 10^{-12}$ F).

faraday *s m Ele(c)tri* (<*antr* Michael Faraday, físico-químico inglês (1791-1867)) Quantidade de ele(c)tricidade necessária para, num processo de ele(c)trólise, libertar um equivalente-grama de qualquer ião [íon]. **Ex.** Um ~ é igual a 96 490 coulombs.

farádico, a *adj* (<farad + -ico) **1** Relativo às teorias do físico inglês M. Faraday (1791-1867). **2** Relativo à corrente de indução. **Ex.** A indução ele(c)tromagnética foi uma das mais importantes descobertas ~as.

faradização *s f Med* (<faradizar + -ção) Utilização da corrente elé(c)trica para estimular os músculos e os nervos.

faradizar *v t Med* (<farad + -izar) Submeter um paciente à faradização.

farândola *s f* (<fr *farandole*) **1** Antiga dança popular provençal. **Ex.** A ~ é geralmente acompanhada por pífaros e tamborins. **2** *pop* Bando de maltrapilhos.

faraó *s m* (<lat *phárao(n),ónis* <*an* egípcio *per-aa*: casa grande) Nome dado aos antigos reis do Egi(p)to. **Ex.** Os ~s, considerados de origem divina, tinham todo o poder civil e religioso.

faraónico, a [*Br* **faraônico**] *adj* (<faraó + -ico) **1** Referente aos [à época dos] faraós. **Ex.** No antigo Egi(p)to, houve trinta dinastias ~as. **2** *fig* Como as pirâmides/Grandioso/Monumental. **Comb.** Construções [Monumentos] ~as/os.

farda *s m* (<ár *farda*: pano, tecido) **1** Vestuário específico de algumas corporações/instituições «bombeiros/militares/colégios»/Uniforme/Fardamento. **Idi.** *Mil Despir a ~* [Deixar a vida militar]. *Sujar a ~* [Praticar a(c)tos indignos da corporação/instituição a que pertence]. **Comb.** *~ de cerimó[ô]nia*/de gala [de serviço]. *~ da Marinha*/da Polícia/do Exército. **2** Pessoa que por dever de ofício ou de profissão usa ~. **Ex.** No autocarro [ônibus] seguiam [iam] três ~s: um segurança, um polícia [*Br* policial] e um militar. **Loc.** (A moça) apaixonar-se por uma ~ «por um soldado».

fardagem *s f* (<fardo + -agem) **1** Conjunto de fardos. **Loc.** Carregar a ~ «para a transportar para o cais». **2** ⇒ Roupagem.

fardamenta *s f col* (<fardamento) **1** Farda/Fardamento/Uniforme. **Ex.** O porteiro tem uma ~ nova. **2** Vestuário de sair/Roupa. **Ex.** Aonde vais com essa ~ tão chique? Vai tirando o carro da garagem enquanto eu mudo de [visto outra] ~.

fardamento *s m* (<fardar + -mento) **1** A(c)to de fardar(-se). **Ex.** Têm apenas 20 minutos para tomar banho e ~; depois segue-se a formatura na parada. **2** Conjunto de peças de vestuário que constituem a farda. **Ex.** Os recrutas, quando assentam praça, recebem o ~ completo.

fardar *v t* (<farda + -ar¹) Vestir a [Vestir-se com] farda. **Ex.** Era militar por obrigação. Só se fardava quando era obrigado, nunca gostou de andar [sair] fardado.

fardeta (Dê) *s f* (<farda + -eta) **1** Farda [Roupa/Traje] de seviço. **Ex.** Era um funcionário exemplar: chegava ao serviço sempre um pouco antes da hora, vestia a ~ e, ao abrir da loja, estava ao balcão para atender clientes. ⇒ uniforme. **2** *fam* Roupa que se traz vestida. **Ex.** Fica-te bem essa ~ nova!

fardo *s m* (<lat *fártus,a,um*: cheio) **1** Conjunto de coisas devidamente atadas para transporte. **Comb.** *~ de bacalhau* (seco). *~ de palha. ~ de papel.* **2** Pacote/Embrulho. **Ex.** A encomenda foi despachada em ~s [pacotes(+)/volumes(o+)] separados. **3** *fig* O que é difícil de suportar. **Ex.** O ~ da doença do filho era bem [muito] mais pesado do que o (do) trabalho. **4** *fig* O peso da responsabilidade. **Ex.** Ficou contente por ter sido escolhido para presidente do clube, mas depressa se apercebeu de que tinha às suas costas [à sua responsabilidade] um pesado ~.

farejar *v t/int* (<faro + -ejar) **1** Seguir [Procurar] pelo faro/cheiro/olfa(c)to. **Ex.** Os cães farejaram demoradamente as matas das redondezas à procura da criança desaparecida. **2** Cheirar demoradamente. **Ex.** Ao entrar na sala sentiu um odor estranho. Pôs-se a ~ [cheirar(+)] tentando descobrir o que era. Quando entro na cozinha o gato vem logo ~-me os sapatos. **3** *fig* Adivinhar por instinto/Descobrir pela perspicácia/Pressentir. **Loc.** *~* [Adivinhar(+)/Pressentir(o+)] *o perigo. ~ um bom negócio. ~ uma conspiração.* **5** Examinar minuciosamente/Esquadrinhar/Investigar. **Ex.** Farejou arquivos e bibliotecas à procura de elementos para a tese de doutoramento.

farejo *s m* (<farejar) A(c)to de farejar.

feleláceo, a *adj* (<farelo + -áceo) Que é [se desfaz] como o farelo.

farelada[lagem] *s f* (<farelo + -...) **1** Mistura de água com farelo. **Loc.** Preparar a ~ para os [para dar aos] porcos. **2** *fig* ⇒ insignificância; ninharia.

fareleiro, a *adj/s pop* (<farelo + -eiro) (O) que é gabarola/bazófio/fanfarrão. **Sin.** Faroleiro 2(+).

farelento, a *adj* (<farelo + -ento) **1** Semelhante ao farelo. **Comb.** Substância ~a. **2** Que tem muito farelo. **Comb.** Farinha ~a [mal peneirada(+)]. **3** Que produz muito farelo. **Comb.** Cereal ~.

farelhão *s m* (<gr *phálaros*: que está branco de espuma) Pequeno promontório ou ilhota escarpada.

farelice *s f* (<farelo + -ice) Qualidade do que é fareleiro/Fanfarrice/Bazófia. **Sin.** Farolice(+).

farelo *s m* (<lat *farellum,i*, dim de *far,fárris*: trigo, qualquer cereal) **1** Fra(c)ção mais grossa da farinha peneirada. **Ex.** O ~ é utilizado na alimentação de animais. **Loc.** Amassar ~ com couves para as galinhas. **2** Resíduos grosseiros dos cereais moídos. **3** Serradura de madeira. **Ex.** Saí da serração com a roupa cheia de ~ [serradura(+)]. **4** *fig* Coisa de pouco valor/Insignificância.

farelório *s m* (<farelo + -ório) **1** ⇒ Coisa de pouco valor/Insignificância. **2** ⇒ Palavreado/Fanfarrice.

farfalha *s f* (<farfalhar) **1** Ruído de vozes/Vozearia/Farfalhada. **Ex.** Ouvi tão grande ~ na rua que (até) vim ver se teria acontecido algum desastre. **2** Ruído anormal resultante da obstrução das vias respiratórias/Farfalheira/Pieira. **Ex.** A avó tem dificuldade em respirar, tem sempre aquela ~, parece que sufoca. **3** *pl* Fragmentos de metal/Limalha/Aparas. **Ex.** Tem cuidado que o chão (da oficina) está cheio de ~s [limalhas(+)], não vás ferir-te. **4** *pl* Farrapos(+) [Flocos(o+)] de neve. **Ex.** A neve caía em grossas ~s. **5** *pl fig* Coisas sem importância/Bagatelas.

farfalhada *s f* (<farfalha + -ada) **1** Ruído de vozes/Algazarra/Vozearia/Farfalha. **Ex.** A ~ dos jovens na rua até altas horas (da noite) não deixava dormir ninguém. **2** Palavreado oco/Gabarolice. **Ex.** Ainda bem que o rapaz já se foi embora; que ~ de conversa! Insuportável! **3** Ruído produzido pela agitação de coisas pequenas «metálicas/folhas das árvores»/Cascalheira. **Comb.** A ~ das árvores agitadas pelo vento.

farfalhar *v int* (<*on*) **1** Fazer ruído(s) de farfalha(da). **Ex.** As folhas [Os ramos] das árvores farfalham com o vento. **2** Falar à-toa/Bazofiar. **Ex.** «as comadres» Passavam horas a fio a ~.

farfalheira *s f* (<farfalhar + -eira) **1** Ruído anormal provocado por problemas respiratórios/Pieira/Farfalha. **Ex.** Tinha sempre aquela ~ que a/o afligia; quase não conseguia respirar. **2** *pl* Conjunto de enfeites (Laços, fitas e ornatos vistosos) que as senhoras usam ao pescoço. **Ex.** Dava nas vistas pelas extravagantes ~s com que se enfeitava.

farfalhice *s f* (<farfalhar + -ice) ⇒ farfalhada 2.

farfalho *s m* (<farfalhar) **1** A(c)to de farfalhar/Farfalheira/Pieira/Rouquidão. **Ex.** Estou muito constipado. Tenho um ~ que não me larga. **2** *Med* Inflamação da mucosa bucal originada por um fungo (*Candida albicans*). ⇒ sapinhos.

farfalhudo, a *adj* (<farfalha + -udo) **1** Que dá nas vistas pelo exagero de enfeites/Vistoso. **Ex.** Esse vestido tão ~ ficava bem à tua filha; já não é muito [próprio] para a tua idade. **2** Cheio/Volumoso/Pomposo. **Ex.** Como cresceu a árvore «japoneira»: está viçosa, ~! **Comb.** *Bigode ~. Ramo de flores ~.*

farináceo, a *adj/s* (<lat *farináceus,a,um*) **1** Da natureza da [Semelhante à] farinha. **Comb.** Aspe(c)to ~. **2** (O) que contém [produz] farinha. **Ex.** Os ~s fazem parte duma dieta equilibrada. **Comb.** Produtos ~s «cereais/batata».

farinar *v t* (<farinha + -ar¹) Transformar em [Reduzir a] farinha/Moer. **Ex.** Os cereais, geralmente, só se consomem depois de farinados [moídos(+)].

faringe *s f Anat* (<gr *phárugks,uggos*) Órgão muscular-membranoso em forma de tubo que faz parte do **a)** aparelho digestivo: liga a boca ao esó[ô]fago; **b)** aparelho respiratório: liga as fossas nasais à laringe. **Ex.** A ~ comunica com a boca pelo istmo das

fauces e com as fossas nasais pela trompa de Eustáquio.

faringectomia s f Med (<faringe + ec- + -tomia) Operação cirúrgica para extra(c)ção total ou parcial da faringe.

faríngeo[gico], a adj (<faringe + -eo[ico]) Relativo [Petencente] à faringe. **Comb. Artéria ~a. Nervo glosso~**.

faringite s f Med (<faringe + -ite) Inflamação aguda ou cró[ô]nica da faringe. **Ex.** As ~s cró[ô]nicas tratam-se com águas termais sulfurosas.

faring(o)- elem de formação (⇒ faringe) Exprime a ideia de faringe.

faringolaringite s f Med (<faringo- + laringite) Inflamação simultânea da faringe e da laringe.

faringoscopia s f Med (<faringo- + -scopia) Exame médico à [Observação da] faringe.

faringotomia s f Med (<faringo- + -tomia) Incisão na faringe.

farinha s f (<lat farína,ae; ⇒ ~ de pau/~-flor/~-seca) **1** Pó resultante da moagem de cereais. **Ex.** A ~ é o ingrediente principal do pão. **Idi. Não fazer ~ com alguém a)** Não se entender/Não viver em harmonia (Ex. A Joana nunca fez ~ com a sogra: passavam a vida a discutir; **b)** Não levar a melhor/Não ser dominado (Ex. Ele «o novo encarregado» julgava que me punha [obrigava] a varrer a oficina. Engana-se, porque comigo ninguém faz ~! Eu sou oficial serralheiro!). col **Ser ~ do mesmo saco** [Ser da mesma laia (+)/Ter as mesmas cara(c)terísticas más]. **Comb.** Br **~ de rosca** [Pão torrado e reduzido a ~, usado em culinária/Pão ralado(+)]. **Flor de ~** ⇒~-flor. **2** Produto resultante da moagem de qualquer substância. **Comb. ~ de carne**. **~ de ossos**. **~ de peixe**. Pal **~ fóssil** [⇒ diatomito].

farinhada s f (<farinha + -ada) **1** Br Fabrico de farinha de mandioca. **2** Cul Cozinhado só de farinha.

farinha de pau s f Farinha obtida por moagem da raiz de mandioca/Mandioca. **2** Cul Prato confe(c)cionado com essa farinha. **Ex.** Há muita gente que aprecia ~ com peixe frito.

farinha-flor s f Farinha de trigo muito fina/Flor de farinha.

farinha-seca s f Br Bot Árvore da família das ocnáceas, Ouratea castanaefolia, de casca seca adstringente com propriedades medicinais, usada para madeira e muito abundante no Brasil (Nome comum de ainda mais plantas).

farinheira s f (<farinha + -eira) **1** Enchido feito com gordura de porco, farinha ou miolo de pão e vários temperos. **Ex.** A ~ é um dos enchidos [uma das carnes] do cozido à portuguesa. **2** Br Recipiente para farinhas diversas utilizado durante as refeições.

farinheiro s m (<farinha + -eiro) **1** Negociante de farinhas. **2** Bot ⇒ oídio.

farinhento, a adj (<farinha + -ento) **1** Que contém (muita) [se assemelha à] farinha. **Comb.** Bolo (muito) ~. **2** Que se desfaz como a farinha. **Comb.** Batatas [Maçãs] ~s. **3** Que está coberto de farinha. **Comb.** Pão com côdea ~a.

farinhota s f (<farinha + -ota) ⇒ oídio; míldio.

farinhudo, a adj (<farinha + -udo) Farinhento/Farináceo.

farisaico, a adj (<lat pharisaicus,a,um) **1** Relativo a fariseu. **Comb.** Lei ~a. **Tendência ~a**. **2** fig Que finge [aparenta] ser o que não é/Falso/Fingido/Hipócrita. **Comb.** Comportamento [Atitude] ~o/a.

farisaísmo s m (<farisa(ico) + -ismo) **1** Doutrina [Modo de ser/Seita] dos fariseus. **Ex.** O ~ cara(c)terizava-se pelo zelo exagerado no cumprimento da lei moisaica. **2** fig Orgulho e hipocrisia no cumprimento da lei/Legalismo.

fariseu, eia s (<lat pharisaeus,a,um) **1** Seita religiosa do judaísmo cara(c)terizada pelo cumprimento rigoroso da lei mosaica. **Ex.** No tempo de Jesus Cristo quase todos os doutores da lei pertenciam ao partido dos ~s. **Comb.** Mulher fariseia. **2** fig Pessoa fingida/Hipócrita.

farmacêutico, a adj/s (<gr pharmakeuticós) **1** Relativo a farmácia. **Comb.** Especialidades ~as [Medicamentos/Remédios]. Indústria [Laboratório(s)] ~a/o(s). **2** s Pessoa diplomada em Farmácia ou que dirige uma farmácia/Funcionário duma farmácia/Boticário. **Ex.** O ~ recomendou-lhe um xarope «para a tosse».

farmácia s f (<gr pharmakeía) **1** Ciência e arte de preparar medicamentos. **Loc.** Licenciar-se em [Tirar o curso de] ~. **2** Estabelecimento onde se vendem medicamentos. **Ex.** O responsável pela ~ é o dire(c)tor técnico. Na ~ também se preparam alguns medicamentos.

farmac(o)- elem de formação (<gr phármakon,ou) Exprime a ideia de medicamento.

fármaco s m (<gr phármakon,ou: medicamento) Substância usada para tratar [prevenir] doenças/Medicamento. **Ex.** Os laboratórios (farmacêuticos) investigam novos ~s para combater as doenças modernas «cancro/sida (HIV)».

farmacocinética s f (<farmaco- + cinética) Estudo dos processos decorrentes da ingestão e a(c)ção dum medicamento sobre o organismo/Farmacodinâmica.

farmacodinâmica s f (<farmaco- + dinâmica) Ramo da farmacologia que estuda a a(c)ção e o resultado da aplicação dos medicamentos.

farmacologia s f (<farmaco- + -logia) Ramo da Medicina que estuda as propriedades dos medicamentos.

farmacológico, a adj (<farmacologia + -ico) Relativo à farmacologia.

farmacologista s 2g (<farmacologia + -ista) Especialista em farmacologia. ⇒ farmacêutico **2**; boticário.

farmacopeia s f (<gr pharmakopoiía) Código oficial de normas farmacêuticas destinadas a assegurar a uniformidade dos medicamentos aprovados relativamente à espécie, qualidade, composição e a(c)tividade. **Ex.** A primeira ~ oficial portuguesa, uma das mais antigas da Europa, foi editada em 1794.

farmacotecnia s f (<farmaco- + -tecnia) Tratado da preparação dos medicamentos.

farmacotécnico, a adj (< farmacotecnia+-ico) Relativo à farmacotecnia. **Comb.** Assunto ~.

farnel s m (< ?) (Saco com) comida para uma pequena viagem ou para o trabalho/Merenda. **Ex.** De ~ às costas, saíam de manhã cedo para um dia de azáfama [trabalho árduo] nos campos. Vamos parar naquela sombra para descansarmos um pouco e comermos o ~.

faro s m (< ?) **1** Olfa(c)to apurado dos animais, especialmente dos cães. **Ex.** Há cães treinados especialmente para descobrir [dete(c)tarem(+)] droga pelo ~. **2** fig Capacidade especial para descobrir/adivinhar/prever certas coisas/Intuição/Perspicácia. **Loc.** Ter ~ para o negócio [para descobrir bons negócios]. **3** fig Fito em alguma coisa/Mira. **Ex.** Eu já desconfiava do malandro que nos assaltou a casa: andava por aqui muitas vezes a rondar com o ~ em [rondar na mira de] alguma coisa.

faroeste s m (<ing Far West, região ocidental dos EUA) **1** Região dos EUA a oeste do rio Mississipi. **Ex.** A ocupação do ~ pelos colonos no séc. XIX foi feita num clima de grande violência. **2** fig Local marcado pela violência e criminalidade. **Ex.** Houve uma cena de tiroteio, na feira, entre ciganos. Parecia o ~.

farofa s f (<quimbundo falofa) **1** Br Cul Farinha de mandioca frita em manteiga [gordura] por vezes enriquecida com carne e ovos/Farófia. **2** fig Gabarolice/Bazófia/Fanfarronice/Farófia. **3** fig Coisa sem importância/Insignificância/Bagatela/Farófia. **4** Br Cul Açúcar de qualidade inferior.

farofeiro, a adj/s (<farofa + -eiro) (O) que tem farofa [farófia]/Gabarola/Fanfarrão.

farófia s f (<farofa) **1** Cul Doce feito com claras de ovos batidas em castelo e açúcar. **Ex.** As ~s comem-se geralmente polvilhadas com canela. **2** ⇒ farofa.

farol s m (<gr pháros <top Pharós, ilhota junto de Alexandria (Egi(p)to) onde foi construído um grande ~) **1** Torre situada junto à costa, com um foco luminoso que serve de guia à navegação. **Ex.** Os ~óis, além dos sinais luminosos intermitentes, também usam a sinalização acústica, mais eficaz nos dias de nevoeiro intenso. **2** Lanterna usada nas embarcações para assinalar a sua presença. **3** Dispositivo luminoso colocado na frente dos automóveis e doutros veículos. **Ex.** Em dias de chuva deve-se circular com os ~óis acesos. **Comb.** ~óis de nevoeiro. **4** fig Aquele [Aquilo] que serve de guia, dirige, orienta ou encaminha. **Ex.** Jesus Cristo é o ~ que orienta a vida dos cristãos.

farola s f (<it parola) Palavreado/Bazófia.

faroleiro, a s (<farol(a) + -eiro) **1** Guarda do farol. **Ex.** O ~ afirma ter visto luzes estranhas ao longe, no mar. **2** fig Pessoa que gosta muito de falar e diz coisas sem importância ou sem nexo/Palrador. **Comb.** Conversa de ~ [sem importância/que não é digna de crédito].

farolete (Lê) s m (<farol + -ete) ⇒ farolim.

farolice s f (<farola + -ice) Palavreado sem importância. **Ex.** Não dês ouvidos [Não prestes atenção] a essa mulher, só diz ~s.

farolim s m (<farol + -im) **1** Farol pequeno/Farolete. **2** Cada um dos pequenos faróis, dianteiros e traseiros, destinados a assinalar a presença, em lugar escuro, dum veículo automóvel. **Loc.** Substituir a lâmpada fundida do ~.

farpa s f (<esp farpa) **1** Ponta perfurante de metal que, espetada, não sai facilmente. **2** Haste de madeira com ponta metálica para cravar no cachaço do touro nas lides tauromáquicas/Ferro/Bandarilha. **Ex.** O cavaleiro, em frente do touro, levantava a ~ citando[desafiando]-o para a investida [o ataque]. **3** Lasca de madeira que acidentalmente se pode espetar na pele. **Loc.** Tirar uma ~ «do dedo». **4** fig Dito [Crítica] mordaz e agressivo/a. **Ex.** À falta de melhores argumentos, limitava-se a dirigir ~s maldosas ao seu adversário político.

farpado, a adj (<farpar + -ado) **1** Que tem farpas. **Comb.** Arame ~. Seta ~a. **2** Recortado [Partido] em forma de farpa. **Comb.** Bordos «duma chapa» ~s. **Madeira ~a**. **Papel ~**. **3** Diz-se da língua bífida como a das serpentes.

farpante adj 2g (<farpar + -ante) Que farpa/rasga/dilacera. **Comb.** fig Gritos ~s [lancinantes(o+)/dilacerantes(+)]. **Ponta ~**.

farpão s m (<farpa + -ão) **1** Farpa grande. **Ex.** Espetei um ~ na mão que quase

farp(e)ar

(me) chegava ao osso. **2** Gancho de ferro/Arpão/Fateixa. **Loc.** Espetar o ~ na rês. **3** Seta de ferro terminada em farpa.

farp(e)ar *v t* (<farpa + -(e)ar) **1** Espetar farpas em. **Loc.** ~ um touro. **2** Dar a [Recortar em] forma de farpa. **Loc.** ~ os bordos duma chapa «metálica». ~ um pedaço de madeira. **3** Fazer em farrapos/tiras/Esfarrapar/Rasgar. **Loc.** ~ um tecido [pano]. **4** *fig* Dirigir críticas agressivas/mordazes. **Loc.** ~ o adversário político.

farpela[1] *s f* (<farrapo + -ela) **1** Vestuário de má qualidade/mal feito. **Ex.** Que horrível ~ tu trazes [vestes]! **2** *fam col* Fato/Terno/Vestimenta/Fatiota. **Ex.** O avô, para ir à cidade, vestia a ~ nova.

farpela[2] *s f* (<farpa + -ela) **1** Farpa pequena/Farpinha(+). **2** Espécie de gancho com que termina a agulha de fazer malha ou crochê[ê]/Barbela. **Ex.** Para fazer malha prefiro agulhas sem ~ [barbela(+)].

farra *s f* (<esp *farra*) Divertimento ruidoso acompanhado de comida e bebida/Folia/Pândega/Patuscada. **Ex.** Juntou-se com os amigos e andaram na ~ toda a noite.

farracho *s m Br* (<farro, por ferro + -acho) Variedade de terçado (Espada curta/Facão) sem gume usado para matar peixe na pesca no(c)turna. **Comb.** Pesca de ~.

farragem *s f* (<lat *farrágo,inis*: cevada segada verde para forragem dos animais <*far, fárris*: trigo, cereal) Amontoado de coisas, misturadas sem ordem/Miscelânea/Balbúrdia. **Ex.** Que ~ [desordem(+)] vai neste quarto!

farrapada[agem/aria] *s f* (<farrapo + -...) Grande quantidade de farrapos [trapos] velhos/Trapada. **Ex.** Vou arrumar o quarto de costura e deitar fora toda a ~ [trapada(+)] que já não serve para nada.

farrapão *s m* (<farrapo + -ão) **1** Farrapo grande. **2** Pessoa andrajosa/Maltrapilho(+). **Ex.** Quem vê aquele ~ não lhe passa pela cabeça [não imagina] que (ele) seja podre de rico [que tenha muito dinheiro].

farrapeiro, a *s* (<farrapo + -eiro) **1** Pessoa que compra e vende trapos e coisas usadas/Trapeiro. **Ex.** Quando passar por aqui o/a ~o/a vende-lhe esse saco de trapos e a caixa de coisas [quinquilharias(+)] velhas. **2** ⇒ Maltrapilho/Farrapão.

farrapilha *s 2g* (<farrapo + -ilha) Pessoa mal vestida/miserável. **Ex.** Ele diz que nos compra a casa. Coitado, é um pobre ~ que *idi* não tem onde cair morto(+) [*idi* não tem dinheiro para mandar cantar um cego/*idi* não tem cheta]. **Sin.** *Br* Farroupilha.

farrapo *s m* (<esp *harapo*) **1** Pedaço de pano usado e muito gasto/Trapo. **Ex.** Dá-me um ~ para limpar a lama dos sapatos. **2** Peça de vestuário muito usada ou rota. **Ex.** Tenho de [que] mudar de saia, não vou assim para a rua com este ~. **3** ⇒ Maltrapilho. **4** *fig* Pessoa muito doente ou abatida por grande desgosto. **Ex.** Ainda há (bem) pouco tempo parecia que vendia saúde; agora está (n)um ~; já não vai durar muito. A perda do filho deixou-a/o num ~.

farr(e)ar *v int* (<farra + -(e)ar) Andar na farra/pândega. **Ex.** Andaram a ~ [na farra(+)] toda a noite e agora não há quem os tire da cama [não se querem levantar].

farripa(s) *s f* (< ?) **1** Cabelos ralos e curtos/Falripas/Grenhas/Repas. **Ex.** A cabeleireira deixou-me à frente umas ~s sem jeito nenhum. **2** Tira/Fita/Fiapo. **Ex.** Corta essas ~s [esses fiapos(+)] da bainha das calças (que andam a arrastar pelo chão).

farrista *s 2g Br* (<farra + -ista) O/A que gosta de farras/Estroina/Borguista. **Ex.** Que grande ~ me saíste [você é/você me saiu]! Só queres [quer] andar na pândega!

farro *s m* (<lat *fárreum,i*) **1** Bolo de farinha de trigo. **2** Caldo de cevada.

farroba (Rrô) *s f Bot* (<alfarroba) Designação comum de várias plantas da família das leguminosas com vagens comestíveis ou usadas como forragem.

farrom(b)a *s f Br* (<farronca?) Fanfarronice/Bazófia.

farrom(b)eiro, a *adj/s* (<farrom(b)a + -eiro) (O) que é dado a fanfarronices/Fanfarrão(+).

farronca *s* (<falar + roncar) **1** *s f* Voz [Fala] muito grossa. **2** *s 2g* Pessoa que se arma em valente/que tem bazófia/Parlapatão.

farronqueiro, a *adj* (<farronca + -eiro) Que fala com voz grossa, ameaçadora/Fanfarrão.

farroupilha *s/adj 2g* (<farrapo + roupa + -ilha) **1** ⇒ farrapilha; maltrapilho. **2** *Hist Br* (Diz-se de) insurre(c)tos da Guerra dos Farrapos no Rio Grande do Sul (1835-45).

farrusca *s f* (<farrusco) Nódoa preta de carvão ou doutra coisa escura/Mascarra. **Ex.** Estive a limpar a lareira, fiquei com as mãos cheias de ~s. Vê-te ao espelho, tens uma ~ na cara.

farrusco, a *adj* (<ferro + -usco) **1** Sujo de carvão/fuligem/Enfarruscado. **Ex.** Por onde andaste que estás (todo) ~ [enfarruscado(+)]? **2** Que tem cor escura/Preto/Negro. **Comb.** *fig* Dia [Tempo] ~. Gato ~.

farsa *s f* (<fr *farse (Farce)* <lat *fársus,a,um* <fárcio,is,íre,ársi,ártum*: rechear) **1** *Teat* Peça de teatro de curta duração, có[ô]mica e satírica. **Ex.** Na Idade Média, as ~s intermediavam com a representação dos mistérios com o obje(c)tivo de provocar o riso [a descontra(c)ção] do povo. Em Portugal, as primeiras ~s devem-se a [são as de] Gil Vicente (1465-1536). **2** *Teat* Comédia de baixo nível/Qualquer representação burlesca/ridícula. **3** *Teat* Ópera có[ô]mica italiana em um a(c)to. **4** *fig* A(c)to [Acontecimento] de pouca seriedade susce(p)tível de ludibriar alguém/Embuste. **Ex.** O combate de boxe foi uma ~! Os organizadores já tinham previamente combinado quem seria o vencedor!

farsada *s f* (<farsa + -ada) A(c)to burlesco/Palhaçada(+). **Ex.** O Carnaval, aqui na aldeia, é sempre a mesma ~: meia dúzia de [apenas alguns] mascarados a passear pela rua, sem piad(inh)a nenhuma.

farsante *s/adj 2g* (<farsa + -ante) **1** A(c)tor [A(c)triz] que representa farsas. **2** (O) que graceja/provoca o riso/Intrujão/Trapaceiro. **Ex.** Ao pé daquele [Junto àquele] ~ ninguém está triste: põe toda a gente [todo o mundo] a rir. Que não me apareça novamente tal ~! Já fui enganado [burlado] uma vez, não quero cair noutra [ser enganado outra vez]!

farsista *adj/s 2g* (<farsa + -ista) ⇒ farsante.

farsola *s 2g* (<farsa + -ola) **1** O que diz gracejos/Galhofeiro/Chocarreiro/Fanfarrão. **Ex.** Este ~ está convencido que tem muita piada mas eu já não o posso ouvir. Não lhe acho graça nenhuma. **2** Dito mordaz/malicioso. **Ex.** Se vais dizer as ~s do costume [habituais], é melhor ficares calado ~.

farsolice *s f* (<farsola + -ice) A(c)to [Dito] de farsola/Fanfarronice/Gabarolice.

fartadela *s f* (<fartar + -dela) **1** A(c)to ou efeito de (se) fartar. **2** Grande quantidade de comida ingerida/Barrigada/Fartote. **Loc.** Apanhar uma ~ [barrigada(+)/um fartote(o+)] «de cerejas».

fartalejo (Lê) *s m Cul* (<fartar + -ejo?) Massa de farinha e queijo.

fartamente *adv* (<fartar + -mente) Em grande quantidade/Com fartura/Abundantemente. **Loc.** Retribuir ~ «favores recebidos». **Comb.** Mesa farta [~ abastecida/provida/recheada(+)].

fartança *s f* (<fartar + -ança) Abundância/Fartura. **Ex.** Este ano foi [houve] uma ~ de fruta [Este ano a colheita de fruta foi muito abundante].

fartar *v t* (<farto + -ar[1]) **1** Encher(-se) de comida ou bebida. **Loc.** Comer [Beber] até (se) ~ [até mais não poder]. **Sin.** Empanturrar-se; empanzinar-se. **2** Saciar a fome ou a sede. **Ex.** Os peregrinos esfomeados fartaram [mataram(+)] a fome com sopa e pão. **3** *fig* Satisfazer desejos/paixões/Saciar. **Ex.** Nada fartava [saciava(o+)/satisfazia(+)] a sua ambição «de dinheiro/de poder». **4** *fig* Causar [Sentir] enfado/saturação/Cansar(-se). **Ex.** Começou o negócio com grande entusiasmo mas depressa se fartou/encheu/cansou. **Loc.** ~-se [Cansar-se] de esperar [Esperar muito tempo] (por algo/alguém).

farte *s m Cul* (<fartar) **1** Doce com amêndoa e açúcar. **2** *Chin (Macau)* Bol(inh)o típico de Natal, feito com farinha, ovos, açúcar e mel, recheado com coco, amêndoas, pinhões e especiarias.

farto, a *adj* (<lat *fártus,a,um*: cheio <*fárcio, íre,fártum*) **1** Que se saciou/Cheio/Saciado/Empanturrado. **Ex.** Não posso comer mais; já estou ~o/a. **Comb.** *loc adv* À ~a [Com fartura/abundância] (Ex. Na festa, todos comeram à ~a). **2** Em grande quantidade/Com abundância/Abundante. **Comb.** *Colheita ~a. Mesa ~a.* **3** Cheio [Repleto] com muitas coisas. **Comb.** *Bigode* [Cabelo] ~ [espesso/com muitos pelos]. *Mercado* ~ [abastecido com variedade e abundância de produtos]. **4** Enfastiado/Aborrecido/Cansado. **Loc.** ~ *de esperar* [estudar]. ~ *de repetir* «a mesma advertência» (Ex. Não dês mais explicações/desculpas! Já te avisei mil vezes! Estou ~!). **5** Que sofreu repetidas [muitas] vezes a mesma operação. **Ex.** Esta toalha está ~a de ser lavada e não fica [não há meio de ficar(+)] branca.

fartote *s m* (<fartar + -ote) **1** Grande quantidade/Enchente. **Ex.** Esta semana tem sido um ~ de cinema: todos os dias tem havido filmes na TV. **2** *pop* Grande quantidade de alimentos ingeridos/Barrigada. **Comb.** Um ~ [Uma barrigada] de doces.

fartum *s m* (<fortum) **1** Cheiro a ranço/bafio. **2** Cheiro desagradável de alguns animais/Bodum(+). **Comb.** ~ das ovelhas [cabras]. **3** Qualquer cheiro nauseabundo/Fedor.

fartura *s f* (<lat *fartúra,ae*; ⇒ farto) **1** Grande quantidade/Abundância. **Ex.** Na festa todos comeram com ~. No supermercado há ~ de tudo [há de tudo em grande quantidade]. **2** Estado de farto. **Ex.** Eu sei porque não queres a sopa. O teu mal é ~! Encheste a barriga de guloseimas e agora não te apetece comer.

far-west *s m* (<ing *Far West*) ⇒ faroeste.

fás (<lat *per fas ac nefas*) Só usado na *loc adv Por* ~ *e por nefas* [A bem ou a mal/A torto e a direito/De qualquer forma/Seja de que modo for]. **Ex.** Derrotado várias vezes, jura que, por ~ e por nefas, há de ser presidente do clube.

fáscia *s f Anat* (<lat *fáscia,ae*: faixa, ligadura, tira) Membrana fibrosa constituída pela reunião de aponevroses que cobrem os músculos ou regiões. **Comb.** ~ ilíaca.

fasciação *s f Bot* (<fr *fasciation* <lat *fáscio, áre*: cingir com atadura, atar; ⇒ fáscia) Concrescência de vários órgãos do mesmo tipo «raízes/caules/ramos» formando um feixe. **Ex.** A giesta é um exemplo típico de ~ de caules.

fasciculado, a *adj* (<fascículo + -ado) **1** Que é constituído [formado] por feixes ou fascículos. **Comb.** Obra ~a [(publicada) em fascículos(+)]. **2** *Bot* Que tem a forma de feixe/Diz-se das raízes constituídas por um feixe de pequenas raízes de diâmetros semelhantes. **Ex.** A raiz do trigo é ~a; a da couve (é) aprumada.

fascicular *adj 2g/v t* (<fascículo + -ar²/¹) **1** Que tem a forma de fascículo/Fasciculado. **2** *v t* Fazer [Dividir] em fascículos. **Loc.** ~ um romance (publicá-lo por partes).

fascículo *s m* (<lat *fascículus,i*, dim de *fáscis, is*: feixe) **1** ⇒ Pequeno feixe/Molho/Braçada. **2** Caderno [Folheto] de uma obra publicada por partes/Separata. **Comb.** Enciclopédia (publicada) em ~s. **3** *Bot* Conjunto de estames ligados pelos filetes. **4** *Bot* Inflorescência formada por um pequeno número de flores de pedúnculos muito curtos que se inserem no mesmo nó do caule.

fascinação *s f* (<lat *fascinátio,ónis*) **1** Atra(c)ção forte/irresistível por algo ou alguém/Fascínio. **Ex.** Ninguém a/o arranca [tira da frente] da televisão: ela/e tem uma ~ louca [uma grande ~] por telenovelas. **2** Encantamento/Deslumbramento. **Ex.** A ~ [O fascínio(+)] da paisagem deixava-o absorto. **3** Olhar hipnotizador/Mau-olhado/Feitiço.

fascinador, ora *adj/s* (<fascinar + -dor) (O) que fascina/encanta/Sedutor. **Comb.** *Conversa ~a. Olhar ~*.

fascinante *adj 2g* (<fascinar + -ante) Que fascina/atrai/seduz/Fascinador. **Comb.** Beleza ~. Espe(c)táculo ~.

fascinar *v t* (<lat *fáscino,áre*) **1** Atrair [Dominar] com o olhar. **Ex.** As cobras fascinam [encantam(+)] as presas «os pássaros» para as apanharem. **2** Exercer encantamento/Enfeitiçar. **Ex.** O jovem que o ilusionista fascinou [hipnotizou(+)] agia como um autó[ô]mato. **3** Atrair de forma irresistível/Seduzir. **Ex.** A desgraça dele foi deixar-se ~ por aquela mulher. **4** Causar deslumbramento/fascínio/Encantar/Deslumbrar. **Ex.** A beleza agreste das montanhas fascinava-o.

fascínio *s m* (<lat *fascínum,i*) **1** Atra(c)ção muito forte ou irresistível. **Ex.** O ~ dele era o teatro: morria por [tinha um enorme desejo de] ser a(c)tor. **Sin.** Fascinação. **2** Encanto/Deslumbramento. **Comb.** O ~ da imensidão do mar [da paisagem deslumbrante].

fascismo *s m Hist* (<lat *fáscis,is*: feixe «romano de varas, símbolo do poder de castigar») **1** Sistema político totalitário baseado na doutrina nacionalista de partido único, estabelecido em Itália por Benito Mussolini em 1922 e que vigorou até 1945. **Ex.** O símbolo do ~ era um feixe de varas. **2** Qualquer regime totalitário semelhante ao italiano de Mussolini. **Ex.** O ~ (de A. de O. Salazar) em Portugal manteve-se durante muitos anos (1928-1974), sustentado pelo aparelho repressivo do Estado.

fascista *s/adj 2g* (⇒ fascismo) **1** Relativo ao fascismo. **Comb.** Regime ~. **2** O que é partidário [simpatizante] do fascismo. **Ex.** Os ~s saíram à rua para apoiar o governo da ditadura «salazarista/de Getúlio Vargas».

fase *s f* (<gr *phásis,eos*: aparição duma estrela, fase da lua, aspe(c)to; ⇒ -fan(er)o-) **1** Cada um dos estados sucessivos dum processo em evolução. **Ex.** Todas as crianças passam pela ~ do amuo. Na última ~ da gravidez a senhora já se sentia muito pesada. No último jogo da ~ preliminar, Portugal classificou-se para a ~ final do campeonato da Europa de futebol. **Sin.** Estádio; etapa; período. **2** Cada um dos aspe(c)tos que a mesma coisa pode apresentar. **Comb.** *~s da Lua. As quatro ~s da vida*. **3** Estado ou período passageiro. **Ex.** A economia atravessa uma [está numa] ~ má. **4** *Bot* Aspe(c)tos sucessivos dum processo [duma função] evolutivo/a. **Comb.** *~ de crescimento. ~ de maturação*. *Biol ~ diploide* [em que os núcleos das células contêm duas séries idênticas de cromossomas/os, uma paterna, outra materna]. *Biol ~ haploide* [em que, nos núcleos das células, cada cromossoma/o está representado apenas uma vez]. ⇒ alternância de gerações. **5** *Ele(c)tri* Cada uma das três forças ele(c)tromotrizes [correntes], com a mesma frequência e igual amplitude, geradas num alternador trifásico/Cada um dos circuitos dum sistema polifásico. **Ex.** As ~s (dum sistema trifásico) variam sinusoidalmente ao longo do tempo e tomam os mesmos valores instantâneos desfasados [atrasados/adiantados] de 2π/3 rad. **6** *Fís* Cada uma das partes dum sistema heterogé[ê]neo que apresenta composição e propriedades físicas constantes. **Comb.** ~ sólida [líquida/gasosa]. **7** *Psic* Cada um dos momentos da evolução psicogenética do ser humano com duração e cara(c)terísticas específicas. **Comb.** *~ anal. ~ oral*.

faseado, a *adj* (<fasear + -ado) Que foi repartido [dividido] em fases. **Comb.** *Constução ~a* [por fases]. *Pagamento ~* [em prestações].

fasear *v t* (<fase + -ear) Dividir em fases/fra(c)ções. **Loc.** ~ um investimento [uma obra].

faseoláceo, a *adj/s Bot* (<lat *phaséolus,i*: feijão + -áceo) (Diz-se de) planta dicotiledó[ô]nea, leguminosa ou papilionácea.

-fasia *suf* (<gr *phásis,eos*: palavra, fala) Exprime a ideia de expressão verbal; ⇒ a~; bradi~.

fasianídeo, a *s Ornit* (<gr *phasianós*: faisão + -ídeo) (Diz-se de) ave galinácea, de bico médio e curvo, asas arredondadas e tarsos nus, a que pertencem os faisões, as perdizes e as codornizes.

fasímetro *s m Ele(c)tri* (<fase + -i- + -metro) Instrumento para medir a diferença de fase entre duas grandezas elé(c)tricas «corrente e tensão» da mesma frequência.

fasquia *s f* (<lat *fáscia,ae*: faixa, pelo ár *faxqîya*) **1** Tira de madeira serrada, comprida e estreita/Ripa/Sarrafo. **Ex.** Pegou numa ~ [num sarrafo(+)] para afugentar os cães. **2** *(D)esp* Ripa de madeira [Vara] comprida, apoiada em dois postes a certa altura do solo, que deve ser transposta pelos atletas sem a derrubarem. **Ex.** A ~ foi colocada «a 2,20 m» para o salto em altura. **3** *fig* Nível que se pretende atingir. **Ex.** Queria fazer dois anos num [estudar a matéria de dois anos apenas em um]. Pôs a ~ muito alta mas não conseguiu.

fasquiar *v t* (<fasquia + -ar¹) **1** Dividir [Serrar] em fasquias. **Loc.** ~ um tronco. **2** Construir [Guarnecer] com fasquias/ripas.

fastidioso, a (Ôso, Ósa, Ósos) (<lat *fastidiósus,a,um*; ⇒ fastio) Que provoca aborrecimento/enfado/fastio/Enfadonho/Aborrecido/Maçador. **Comb.** *Conversa* [Discurso] *~a/o* [aborrecida/o(+)/maçadora/or(o+)]. *Espe(c)táculo ~* [enfadonho(+)/maçador(o+)].

fastiento, a *adj* (<fastio + -ento) **1** Que causa fastio/enfado/Fastidioso. **Comb.** Feitio [Pessoa] ~o/a [enfadonho/a(+)]. **2** Que tem falta de apetite/Que sente repugnância [enjoo] pela comida. **Ex.** Nota-se que não tem saúde: anda muito ~o/a; nenhuma comida lhe agrada [apetece], tudo o/a enjoa.

fastígio *s m* (<lat *fastígium,ii*) **1** O ponto mais alto/Cume/Pico/Píncaro. **Comb.** O ~ [cume(+)/píncaro(o+)] do monte. **2** Posição elevada/Auge/Apogeu. **Comb.** O ~ [auge(+)] da carreira. **3** *Bot* Disposição dos ramos (pedúnculos) duma planta que, inseridos num mesmo ponto, se elevam à mesma altura, terminando num plano horizontal. **4** *Arquit* Ornato que rematava no alto os templos romanos. **5** *Med* Momento em que uma doença manifesta a máxima intensidade.

fastigioso, a (Ôso, Ósa, Ósos) *adj* (<fastígio + -oso) Que está no fastígio/no auge/Alto/Elevado/Eminente. **Comb.** Momento ~ duma festa.

fastio *s m* (<lat *fastídium,ii*) **1** Falta de apetite/de vontade de comer. **Ex.** O doente está muito fraco porque não consegue comer; tem um enorme ~. **2** Repugnância/Aversão. **Ex.** Quando chegava a hora do estudo [de ir estudar], o ~ era tal que nem conseguia olhar para os livros. Não gostava nada da empregada; até a voz dela lhe causava ~ [aversão(+)]. **3** Enfado/Aborrecimento/Tédio. **Ex.** Passar tardes intermináveis sem fazer nada, que ~ [aborrecimento(o+)/tédio(+)]!

fasto, a *s m/adj* (<lat *fástus,a,um*; ⇒ fausto) **1** *s m pl Hist* Regist(r)os públicos de acontecimentos relevantes/Anais. **Comb.** Os ~s [anais] da história «de Portugal». **2** *adj Hist* Na antiga Roma, designava os dias em que era lícito exercer certas a(c)tividades «jurídicas/comerciais». **Ex.** Aos dias ~s opunham-se os (dias) *nefastos*.

fataça *s f Icti* (< ?) Nome vulgar da tainha grande.

fatacaz *s m* (<fat(ia) + -acaz?) **1** Naco grande/Pedação. **Comb.** Um ~ de pão «com presunto». **2** Grande afeição por alguém/Paixoneta. **Comb.** ~ [Paixoneta(+)/Amores(o+)] de adolescente.

fatal *adj 2g* (<lat *fatális,e*; ⇒ fado) **1** Que é inevitável/Que acontece como se fosse determinado por uma força superior/pelo destino. **Ex.** Depois de tanta insistência [tantas tentativas] era ~ que haveria [havia] de conseguir «passar no exame de condução». **2** Que conduz à desgraça/tem consequências desastrosas. **Ex.** Foi uma imprudência ~: deixou a janela aberta para arejar a sala e assaltaram-lhe a casa. **Sin.** Fatídico; nefasto; nocivo. **3** Que causa a morte. **Ex.** Sofreu [Foi vítima de] um acidente ~. **4** Que é decisivo/definitivo. **Ex.** Um gol(o) sofrido contra a corrente do jogo foi ~: a equipa/e nunca mais conseguiu reagir (e foi derrotada).

fatalidade *s f* (<lat *fatálitas,átis*) **1** Qualidade do que é fatal/Destino inevitável. **Comb.** A ~ da morte. **2** Acontecimento trágico/Desgraça/Infortúnio. **Ex.** Teve aquela ~ (do acidente de automóvel) que o deixou paraplégico. **3** Pouca sorte/Adversidade. **Ex.** Estava muito bem preparado, mas teve a ~ de lhe calhar um júri muito exigente: reprovou!

fatalismo *s m Fil* (<fatal + -ismo) **1** Doutrina [Crença] segundo a qual o mundo [a existência humana] tem um destino previamente fixado por uma força superior, não podendo ser alterado. **Ex.** O ~ é uma forma de determinismo. **2** Atitude dos que seguem [acreditam] nessa doutrina.

fatalista *s/adj 2g* (<fatal + -ista) (O) que acredita no [Relativo ao] fatalismo. **Comb.** *Atitude ~. Um ~ ferrenho* [acérrimo].

fatalmente *adv* (<fatal + -mente) **1** Inevitavelmente/Forçosamente. **Ex.** Partiste a jarra?! Tinha ~ [mesmo] que acontecer: andas a trabalhar «limpar o pó» de má vontade e sem cuidado nenhum! **2** Por desgraça/De modo fatal/Tragicamente. **Ex.** A doença «cancro» atingiu-o ~; apagou-se [morreu] em menos de um mês. **3** Com consequências graves/Seriamente. **Ex.** Com a alteração, a rentabilidade do proje(c)to ficou ~ [irremediavelmente(+)] comprometida. **4** Com toda a certeza/Certamente. **Ex.** Saem de ministros e é certo e sabido [e é mais que certo/e sem exce(p)ção], vão ~ ocupar altos cargos de administração.

fateiro, a *adj/s m Br* (<fato + -eiro) **1** Próprio para guardar fatos. **Comb.** Armário ~. **2** O que vende os miúdos das reses.

fateixa *s f* (<ár *fattaxa*: o que procura) **1** *Náut* Ferro [Pequena âncora] com três ou quatro unhas que serve para fundear pequenas embarcações. **Loc.** Lançar a ~. **2** Gancho para pendurar carne/reses. **Ex.** Pese[Venda]-me esse cabrito da [que está pendurado na] ~.

fatia *s f* (<ár *fitatâ*: migalha) **1** Pedaço de pão [bolo/carne] cortado em forma de lâmina com certa espessura. **Loc.** Fazer em ~s [Partir em pedaços/fanicos/Espatifar]. **Comb.** *~s douradas* [Rabanadas «do Natal»]. *Pão* [Rolo de carne] *cortado às ~s.* ⇒ talhada «de melão». **2** Bocado de alguma coisa/Parcela. **Ex.** A maior ~ do orçamento foi para a saúde. **3** Parte que cabe a cada participante em determinada a(c)ção/Quinhão. **Ex.** A maior ~ dos lucros foi para o Estado [para impostos].

fatiar *v t* (<fatia + -ar¹) Cortar às fatias/Esfatiar. **Loc.** ~ um bolo. **Comb.** Queijo fatiado.

fático, a *adj* (<gr *phátis*: o que se diz) **1** *Lin* Que permite estabelecer [manter] a comunicação entre os interlocutores mas sem transmissão de nenhuma mensagem. **Comb.** Linguagem ~a. **2** ⇒ fáctico.

fatídico, a *adj* (<lat *fatídicus,a,um*; ⇒ fado) **1** Que prediz o futuro/Profético. **Ex.** Palavras [Previsão] ~as/a que bem depressa se tornaram [se tornou] realidade. **2** Que causa infelicidade/desgraça/Fatal/Funesto/Trágico. **Comb.** *Acontecimento ~. Estrada* [Curva] *~a*/perigosíssima/de muitos acidentes (mortais).

fatigado, a (<fatigar + -ado) **1** Que se fatigou/Cansado/Exausto. **Ex.** ~ pela dureza do trabalho do dia, só pensa em [só quer] dormir. **2** Que sente aborrecimento/enfado/Farto. **Comb.** ~ [Farto(+)] de ouvir sempre a mesma coisa [os mesmos queixumes].

fatigante *adj 2g* (<fatigar + -ante) **1** Que causa fadiga/cansaço. **Comb.** Trabalho ~. **2** Que causa aborrecimento/enfado/Maçador. **Comb.** Conversa ~ [maçadora(+)].

fatigar *v t* (<lat *fatígo,áre*) **1** Causar [Sentir] fadiga/cansar. **Ex.** A caminhada fatigou-me. Sinto-me muito fatigado. As tarefas repetitivas fatigam [cansam] a cabeça [o cérebro]. **2** Causar aborrecimento/Enfastiar/Maçar. **Ex.** Ouvir [Aturar(+)] tantas futilidades [conversas ocas] fatiga [cansa(+)/satura(o+)]!

fatiloquente/fatíloquo, a *adj 2g/adj* (<lat *fatíloquus,a,um*; ⇒ fado) Que prediz o futuro. ⇒ adivinho; profeta.

Fátima *s f Geog* Local próximo de Leiria, Portugal, onde em 1917 a Virgem Maria apareceu a três pastorinhos (Lúcia, Francisco e Jacinta).

fatiota *s f* (<fato + -i- + -ota) Fato/Traje/Farpela. **Ex.** Ena! Que bela ~ trazes hoje (vestida)!

fato *s m Br* ⇒ facto.

fato¹ *s m* (< ?) **1** Conjunto de vestuário masculino constituído por casaco e calças do mesmo tecido e, por vezes, também por colete/*Br* Terno. **Ex.** É dia de festa, vou vestir o meu ~ novo. Naquela loja estão a saldar ~s. **Idi.** *~ de ver a Deus* [A melhor roupa que se veste aos domingos para ir à missa/~ domingueiro]. **2** Conjunto de vestuário feminino constituído por casaco e saia [calças]/*~ de saia-casaco/~-saia-casaco.* **Ex.** Gosto muito deste ~, mas a saia já está um pouco fora de moda, está um pouco comprida. **3** Roupa exterior/Traje/Vestuário. **Comb.** *~ acadé[ê]mico* [típico dos estudantes]. *~ de banho. ~ de Carnaval. ~ de cerimó[ô]nia. ~ de treino.* ⇒ ~-macaco.

fato² *s m* (< ?) **1** Rebanho de cabras. **2** Vísceras abdominais dos animais/Tripas. **Comb.** O ~ do cabrito [porco].

fato-macaco [**fato de macaco**] *s m* Roupa de trabalho formada por uma só peça que cobre todo o corpo, tronco e membros/Macacão. **Ex.** Espera por mim que saio já; é só tirar [despir] o ~.

fator (Fà) [*Br* **fa(c)tor** (dg)] *s m* [= factor] (<lat *fáctor,óris*: o que faz, autor, criador; ⇒ feitor) **1** (O) que faz [executa] algo/Agente. **Comb.** ~ [Executor(+)] dum proje(c)to. **2** Qualquer elemento que concorre para um determinado fim/resultado. **Ex.** O gestor analisa os diversos ~es de produção. A desigualdade de tratamento pode ser um ~ [elemento] de desunião entre as pessoas. Na compra dum produto conta muito [é muito importante] o (~) preço. **Comb.** *Agron ~ de crescimento* [que influencia dire(c)tamente o crescimento das plantas]. *Ele(c)tri ~ de potência* [Grandeza sem dimensões, expressa pelo cos ⇒ na expressão P=VI cos ⇒ em que ⇒ é a diferença de fase da corrente I em relação à tensão V]. *Biol ~ Rhesus* [Rh] [Aglutinogé[ê]nio existente (Rh⁺) ou não (Rh⁻) no sangue das pessoas]. *~es climáticos. ~es genéticos.* **3** *Mat* Qualquer dos números [elementos] que na multiplicação concorrem para a formação do produto. **Ex.** Na multiplicação, a ordem dos ~es é arbitrária. **4** Empregado ferroviário que faz a escrituração relativa ao tráfego de bagagens e mercadorias. **Ex.** Estou a aguardar que o ~ me entregue a guia do despacho da bagagem.

fatorial (Fà) [*Br* **fa(c)torial** (dg)] *adj 2g/s m* [= factorial] (<fator + -i- + -al) **1** Relativo a fator. **Comb.** *Mat/Psic* Análise ~. *Mat* Polinó[ô]mio ~. **2** *Mat* Produto dos números inteiros consecutivos desde *1* até *n*. **Ex.** O ~ dum número exprime-se por *n*!

fatorizar (Fà) [*Br* **fa(c)torizar** (dg)] *v t/int* [= factorizar] (<fa(c)tor + -izar) **1** Aplicar a análise fatorial. **2** *Mat* Decompor em fatores/Dar a forma de produto explicitando os fatores. **Loc.** ~ um polinó[ô]mio.

fatuidade *s f* (<lat *fatúitas,átis*) Qualidade de quem [do que] é fátuo/transitório/Insensatez/Presunção/Vaidade. **Comb.** A ~ da vida terrena [duma vida frívola]. A(c)to [Atitude] de ~.

fátuo, a *adj* (<lat *fátuus,a,um*) **1** Que revela insensatez/Néscio/Tolo. **Comb.** Atitude [Procedimento] ~a/o. **2** Cheio de fatuidade/Presumido/Pretensioso/Frívolo. **Comb.** Gente [Pessoas] ~a/as. **3** Que dura apenas um instante/Efé[ê]mero/Passageiro. **Comb.** Glória/Felicidade/Prazer ~a/o [efé[ê]mera/o(+)]. ⇒ fogo-fátuo.

fatura (Fà) [*Br* **fa(c)tura** (dg)] *s f* [= factura] (<lat *factura,ae*: feitio, trabalho, mão de obra; ⇒ fazer) **1** ⇒ confe(c)ção(o+)/feitura(+)/preparação(+) «do bolo». **2** Com Relação discriminada de mercadorias vendidas [serviços prestados] especificando quantidades e preços. **Loc.** *Apresentar* [Passar/Pedir] *a ~.* **idi** *Pagar a ~* [Sofrer as consequências daquilo que não fez] (Ex. Tu fizeste o mal e eu (é que) pago a ~). **Comb.** *~ pró-forma* [elaborada a título indicativo antes de executada a encomenda, sem valor contabilístico]. *Extra(c)to de ~s. Preço de ~* [de compra na origem]. *Recibo de ~.*

faturação (Fà) [*Br* **fa(c)turação** (dg)] [**fa(c)turamento**] *s f* [m] [= facturação] (<fa(c)turar + -...) **1** A(c)to de faturar/Elaboração de faturas. **Comb.** Serviço de ~. **2** Valor total das vendas num determinado período. **Ex.** A ~ [O ~] aumentou 20% em relação ao ano anterior.

faturar (Fà) [*Br* **fa(c)turar** (dg)] *v t/int* [= facturar] (<fatura + -ar¹) **1** Fazer/Passar a/Incluir na fatura. **Ex.** Vou(-lhe) ~ este artigo a preço de saldo. Não se esqueça de ~ também os aviamentos. **2** Atingir determinado volume de negócios. **Ex.** Este mês a empresa faturou em grande [realizou um grande volume de vendas]. **3** *Br gír* Obter lucro(s)/vantagem(ens). **Ex.** O meu clube continua na frente, sempre a ~!

fauce *s f* (<lat *fauces,ium*) **1** *pl Anat* Parte superior da faringe por detrás da boca/Garganta/Goela. **Ex.** Os alimentos passam pelas ~s antes de entrarem no esó[ô]fago. **Comb.** Istmo das ~s [Limite entre a cavidade bucal e a orofaringe]. **2** *pl* Garganta ou goela dos animais. **Ex.** «leão» Com as ~s escancaradas [com a boca muito aberta mostrando as ~s]. **3** *Bot* Extremidade do tubo da corola, do cálice ou do perianto duma flor cujas peças estão soldadas umas às outras.

faúlha *s f* (<lat *facúcula,ae* <*fácula*, dim de *fax,fácis*: archote, tocha) ⇒ fagulha.

faulhar (Faúlhár) *v int* (<faúlha + -ar¹) Deitar faúlhas/Faiscar/Chispar.

faulhento, a *adj* (<faúlha + -ento) Que faz [lança/deita] faúlhas. **Comb.** Fogueira [Lenha] ~a.

fauna *s f* (<lat *Mit Fauna,ae*, irmã e mulher de Fauno, divindade das florestas prote(c)tora dos rebanhos) **1** Conjunto de animais próprio de determinada região ou época. **Comb.** *~ câmbrica. ~ fluvial* [marinha]. *~ mediterrânica.* **2** O mundo animal. **Ex.** Os atentados ecológicos afe(c)tam a ~ e a flora. **3** *fig pej* Conjunto de pessoas indesejáveis, com hábitos semelhantes, que se reúnem habitualmente no mesmo lugar. **Ex.** Deixei de ir ao café do bairro. A ~ que lá se junta não é do meu agrado.

fauniano, a *adj* (<fauna + -iano) Relativo à fauna ou aos faunos. **Comb.** Estudos ~s.

faunizona *s f Geol* (<fauna + zona) Unidade biostratigráfica cara(c)terizada por fauna bem definida.

fauno *s m Mit* (<lat *Faunus,i*) Divindade romana campestre, metade homem, metade animal, com pés e chifres de cabra. **Ex.** ~ era o prote(c)tor dos rebanhos. **Comb.** ~ dos bosques [Macaco].

fausto, a *adj/s m* (<lat *faustus,a,um*: feliz, próspero) **1** *adj* Feliz/Afortunado/Próspero. **Comb.** Acontecimento ~. Época ~a. **Ant.** Aziago; funesto; infausto. **2** *s m* Luxo/Pompa/Magnificência/Ostentação. **Ex.** O ~ escandaloso de muitas famílias nobres do Renascimento.

faustoso [**faustuoso**], **a** (Ôso, Ósa, Ósos) *adj* (<fausto + -oso) Que tem fausto/ostenta riqueza/Luxuoso/Pomposo. **Comb.** *Festa* [Rece(p)ção] *~a. Vida ~a.*

fautor, triz *adj/s* (<lat *fautor,óris* <*fávitor, óris*) (O) que favorece/apoia/protege. **Ex.**

Os (escritos dos) enciclopedistas foram os ~res [mentores(o+)/inspiradores(+)] da Revolução Francesa. **Comb.** Curvas (da estrada) fautrizes [causadoras(+)] de muitos acidentes.

fauvismo (Fô) *s m Arte* (<fr *fauvisme* <*fauve*: animal feroz) Grupo [Movimento] de pintores artísticos revolucionários (*Fauves*) surgido no início do séc. XX, cara(c)terizado pela rejeição da pintura tradicional e utilizando a exaltação da cor como expressão da subje(c)tividade criadora do artista. **Ex.** Matisse, Marquet, Puy e Dufy contam-se entre os principais pintores do ~.

fava *s f* (<lat *faba,ae*) **1** *Bot* Planta leguminosa anual, *Vicia faba L.*, da subfamília das papilionáceas, de caule quadrangular, folhas paripenadas, flores grandes em cacho e vagens verdes comestíveis com sementes de elevado valor nutritivo/Faveira. **Loc.** *Comer ~s* «guisadas com chouriço». *Descascar ~s.* **Idi.** *Mandar à ~* [*Br* às ~s/Mandar embora com desprezo] (Dizendo: Vai à fava). *Pagar as ~s* [Sofrer as consequências] (Ex. Muitas vezes os filhos (é que) pagam as ~s pelos vícios [pelas asneiras] dos pais). *Ser(em) ~s contadas* [Coisa certa/Negócio garantido] (Ex. Ainda me falta (fazer) um exame, mas esse [isso] são ~s contadas [mas tenho a certeza que passo]). **2** *Bot* Designação comum a várias plantas das leguminosas semelhantes à anterior. **3** *Vet* Doença dos animais equídeos cara(c)terizada por inflamação do céu da boca.

favela *s f* (<favo+-ela) Conjunto de habitações pobres. **Sin.** Bairro de lata; caniço; musseque.

favelado, a *adj/s Br* (<favela + -ado) (O) que habita em favelas.

faviforme *adj 2g* (<favo + -i- + -forme) Em forma de favo/alvéolo/Alveolado(+).

favila *s f* (<lat *favilla,ae*) Lume [Fogo] coberto com cinza/Borralho(+). **Ex.** A ~ da lareira aguentou[manteve]-se acesa até de manhã.

favo *s m* (<lat *fávus,i*) **1** (Conjunto de) alvéolo(s) de cera construído(s) pelas abelhas para aí depositarem o mel, o pólen e os ovos. **Ex.** Os ~s construídos pelas abelhas são uma obra-prima de rigor geométrico, de economia de espaço, de resistência mecânica e de capacidade de armazenamento. **2** *fig* Coisa muito doce «como um ~ de mel». **3** Bordado que se assemelha aos ~s das abelhas. **Comb.** Vestido (de criança) enfeitado com ~s.

favor *s m* (<lat *fávor,óris* <*fáveo,ére*: favorecer) **1** Ajuda que se presta a alguém que dela carece sem se ter essa obrigação. **Ex.** Estava afogada com [cheia de/atarefada com] trabalho. Valeu-me a minha mãe que fez o ~ de me vir ajudar. Faz ~/Queira fazer o ~/Se faz ~/Por ~ [Expressões de delicadeza utilizadas para fazer um pedido/uma solicitação] (Ex. Por ~, sentem-se/Sentem-se, se faz ~/Queiram fazer o ~ de se sentar(em). Traz-me um copo de água, se faz(es) ~). **Comb.** *A* [Em] *~* [De modo favorável/Para benefício/Em proveito] (Ex. A oposição é a ~ de eleições antecipadas porque o Governo não faz leis em ~ do povo. Loc. Jogar «futebol» com o vento a ~). *De ~* [Que não é por obrigação/Não merecedor] (Ex. Não aceitou o presente para não ficar em situação de ~. Arranjou um emprego de ~). *Por especial* [grande/muito] *~* [Por grande consideração/concessão]. *Sem ~* [Sem que fique na obrigação/Por direito] (Ex. Levas-me, por ~, à cidade? – Ó avô, é sem ~, o carro é seu e eu tenho obrigação de a ajudar. Queres fazer o ~ de me trazer um copo de água? – É sem ~, faço-o com todo o gosto). **Sin.** Amabilidade; gentileza; obséquio. **2** Benefício/Graça/Mercê. **Ex.** Deus tem-me concedido muitos ~es [muitas graças]. Tenho um patrão muito amigo de quem tenho recebido grandes ~es. **3** Aceitação/Consideração/Crédito. **Ex.** O/A artista conquistou o ~ [a simpatia(+)] do público. **4** *pl* Prote(c)ção/Ajudas/Privilégios. **Ex.** Foi promovido devido a ~es [prote(c)ção/cunhas(+)] do presidente. O árbitro não foi imparcial: concedeu ~es à equipa/e vencedora.

favorável *adj 2g* (<lat *favorábilis,e*; ⇒ favor) **1** Que favorece/auxilia. **Ex.** Navegámos sempre com vento ~ [a favor]. **Ant.** Adverso; contrário; prejudicial. **2** Propício/Oportuno/Vantajoso. **Comb.** Momento [Ocasião] ~ «para investir». **Ant.** Desfavorável; inoportuno. **3** Que é a favor/Positivo. **Ex.** A proposta de lei obteve parecer ~ do gabinete jurídico. **Ant.** Contra; contrário.

favorecedor, ora *adj/s* (<favorecer + -dor) (O) que favorece/ajuda/Prote(c)tor. **Ex.** O comendador foi o grande ~ [impulsionador(+)] do desenvolvimento da terra; bem merece a homenagem que lhe vão prestar. **Comb.** Circunstâncias ~oras «da especulação».

favorecer *v t* (<favor + -ecer) **1** Dar apoio/auxílio/prote(c)ção. **Ex.** Leis iníquas que favorecem os criminosos. A mudança de horário favorece os que moram mais longe: podem dormir até mais tarde. O Banco Alimentar Contra a Fome veio ~ muitas famílias necessitadas. **2** Trazer benefícios/Ser favorável/Beneficiar. **Ex.** Morar perto dos meus pais favorece-me muito: posso sempre contar com a sua ajuda [com a ajuda deles]. **3** Fazer favor a/Conceder favores/benesses. **Ex.** Os professores para serem justos e imparciais não devem ~ nenhum aluno. **4** Dotar com uma qualidade/Conceder um dom/atributo/Prendar. **Ex.** A natureza favoreceu-a com uma beleza exce(p)cional. **5** Contribuir para o desenvolvimento dum processo/Ser vantajoso/Propiciar. **Ex.** A (h)umidade favoreceu o aparecimento de pragas nas culturas. O bom ambiente favorece o estudo [trabalho]. **6** Dar preferência/Optar. **Ex.** Há romancistas que favorecem sempre a perspe(c)tiva marxista dos problemas sociais. **7** Dar mais força/Corroborar/Confirmar. **Ex.** As descobertas arqueológicas do séc. XX favoreceram a tese evolucionista.

favorecido, a *adj/s* (<favorecer + -ido) (O) que recebeu favores/teve a preferência/Privilegiado. **Ex.** Os ~s foram os que chegaram primeiro: ficaram nos melhores lugares. **2** Beneficiado com parcialidade. **Ex.** ~ ou não, (o certo é que) chegou a chefe. **Comb.** Vitória ~a. **3** Que se apresenta melhor do que na realidade é. **Comb.** *~o/a na foto*. *~o/a pela pintura* «do cabelo».

favorecimento *s m* (<favorecer + -mento) Prote(c)ção com parcialidade/Concessão de privilégios/benesses. **Ex.** A arbitragem cometeu muitos erros mas não houve ~ do vencedor. O ~ de militantes do partido com bons empregos é prática corrente na política.

favoritismo *s m* (<favorito + -ismo) Preferência dada por favor e não por mérito/Compadrio. **Comb.** ~ político.

favorito, a *adj/s* (<it *favorito*) **1** De quem [que] se gosta mais/Preferido/Predile(c)to. **Ex.** Gosto de todos os meus alunos mas tenho alguns ~s. O futebol é o meu desporto [*Br* esporte] ~/preferido(+). **Comb.** A ~a [amante/valida] do sultão. **2** Concorrente a quem se atribuem maiores probabilidades de ganhar. **Ex.** O cavalo ~ acabou por ficar em segundo lugar. **Comb.** Candidato ~ «nas eleições presidenciais».

fax(e) (Cse) *s m* (<fac-símile) **1** Sistema ou máquina de transmissão [reprodução] de documentos à distância. **Loc.** Instalar um [Reparar o] ~. **2** Documento transmitido [reproduzido] à distância por esse meio. **Loc.** Receber por ~ cópia duma encomenda «do bilhete [da carteira] de identidade».

faxina (Chi) *s f* (<lat *fascina,ae*: braçado de lenha) **1** Lenha miúda/Feixe muito apertado de ramos de árvores. **Ex.** Os soldados utilizavam ~s para atulhar [entulhar] fossos. **2** Serviço dos militares «na cozinha/no refeitório/na limpeza» no quartel. **Loc.** Estar de ~. **3** Limpeza geral. **Loc.** Fazer ~ à casa. **4** *s m* Soldado que está encarregado da limpeza ou de serviços semelhantes.

faxinar (Chi) *v t* (<faxina + -ar[1]) **1** Fazer faxinas/Juntar em feixe/Enfeixar/Enfardar(+). **Loc.** ~ o feno. **2** Fazer limpeza ou serviços afins. **Loc.** Escalado [Marcado(+)/Apontado(o+)] para ~ a caserna. **3** Entulhar com faxinas. **Loc.** ~ um fosso.

faxineiro, a *s Br* (<faxina + -eiro) Empregado de limpeza/do lixo.

faz de conta *s m 2n* Fantasia/Imaginação/Fingimento. **Ex.** Vive na lua, num mundo de ~ [de fantasia/imaginário]. As crianças gostam de brincar ao ~.

fazedor, ora *adj/s* (<fazer + -dor) (O) que faz [costuma fazer]/cumpre/executa. **Ex.** *depr* Não é um poeta, é um ~ de versos. Escultor, não! ~ de imagens de santos populares é o que ele é! ⇒ autor; feitor.

fazedura *s f* (<fazer + -dura) O que se faz duma só vez/Feitura. **Ex.** De vez em quando juntamo-nos duas ou três (amigas) para uma (tarde de) ~ de rissóis ou pastéis de bacalhau.

fazenda *s f* (<lat *facienda* <*fácio,cis,ere, féci,fáctum*: fazer) **1** *Br* Propriedade agrícola/Herdade/Quinta. **Ex.** O meu pai está reformado, passa as tardes entretido na ~ [quinta]. **2** Pano forte, geralmente de lã ou fibras sintéticas, com que se confe(c)ciona vestuário exterior. **Comb.** Um sobretudo de ~ de lã grossa. **3** Conjunto de bens/haveres/Riqueza. **Comb.** Possuidor de rica ~ [de grande riqueza(+)]. **4** ⇒ Mercadoria (para vender). **5** Patrimó[ô]nio do Estado/Tesouro público/Finanças(+). **Ex.** O contrabando apreendido reverte a favor da ~. **Comb.** Funcionário da ~ [das Finanças(+)]. **6** *col iron* ⇒ cará(c)ter; qualidade; raça.

fazendeiro, a *s* (<fazenda + -eiro) Proprietário duma [O que explora uma] fazenda/Feitor/Rendeiro. **Ex.** Os ~s (do Nordeste Brasileiro) tentaram impedir a devolução de terras aos índios nativos. **Comb.** ~s de café [cana-de-açúcar].

fazer *v t* (<lat *fácio,is,ere,féci,fáctum*; ⇒ faz de conta) **1** Realizar a(c)tivamente [Produzir] alguma coisa/Confe(c)cionar/Construir. **Ex.** Os meninos fizeram barcos de papel. O carpinteiro fez um banco para a cozinha. **Loc.** *Fazê-la bonita!* [Expressão de desaprovação por algo prejudicial/malfeito/que terá más consequências] (Ex. Perdeste o passe? Fizeste-a bonita! Agora terás que pagar o bilhete todos os dias com o teu dinheiro). *idi* *~ a boca doce a* [Procurar agradar para obter algo]. *idi* *~ a cabeça em* água [*idi* Moer o juízo/Causar saturação]. *idi* *~ a cama a* [Armar uma cilada a/Criar dificuldades a]. *~ alto* [Mandar parar]. *~ anos* [Celebrar a data de nascimento/um aniversário]. *~ as vezes de* [Substituir]. *fam* *~ beicinho* [Chora(minga)r/Amuar].

~ **bonito(s)** [Exibir-se/Mostrar habilidades]. ~ **caso de** [Atender a/Importar(-se) com]. idi ~ **cruzes na boca** [Não ter (que comer)/Não conseguir obter]. idi ~ **das tripas coração** [Vencer [Ultrapassar] a relutância/Dispor-se a fazer algo que supera as suas forças] (Ex. Para comer aqueles caracóis melados, tive que ~ das tripas coração). «remédio» ~ **efeito** [Ser eficaz/(Ob)ter o resultado esperado]. ~ **esperar**/Não se ~ esperar [Não comparecer à hora marcada]. ~ **face**/frente [Enfrentar/Opor-se]. ~ **fé** [Acreditar]. idi ~ **figura de urso** [Tornar-se ridículo/Passar por parvo]. ~ **finca-pé** [Insistir teimosamente/Teimar]. ~ **fitas**/a fita [Mostrar o que não é, não pensa ou não quer/Fingir/Simular] (Ex. Depois de ~ muitas fitas, acabou por aceitar o convite «para jantar». Via-se mesmo que estava mort(inh)o por isso! Entrou a coxear pela casa dentro; via-se mesmo que estava a ~ a fita). ~ **fogo** [Disparar]. ~ **gala** [Vangloriar-se]. idi ~ **gato sapato de alguém** [Submeter aos caprichos pessoais/Abusar da sua superioridade]. gír ~ **gazeta** [Faltar às obrigações «ao trabalho/às aulas»]. ~ **horas**/tempo [Estar sem fazer nada à espera que chegue determinada hora]. ~ **ideia** [Ter a noção/Imaginar] (Ex. Sabes quem encontrei na rua? – Não faço ideia). ~ **mossa** [Causar dano/transtorno/Incomodar] (Ex. Ter que [de] esperar mais uns dias, não me faz (grande) mossa). ~ **número** [Estar presente sem tomar parte a(c)tiva]. idi ~ **ouvidos de mercador** [Fingir que não ouve/Não dar importância/Não ligar]. ~ **panelinha**/caixinha [Tratar/Combinar em segredo alguma coisa com alguém de fora]. ~ **por** [~ sem interesse/idi ~ por [o] frete]. ~ **pouco de** [Troçar/Escarnecer]. ~ **sala** [Conversar com visitas]. ~ **sentido** [Ter lógica/Estar corre(c)to]. ~ **serão** [Trabalhar pela noite dentro]. idi ~ **trinta por uma linha** [~ muitos disparates/idi Pintar o diabo/a manta]. ~ **um dia/meio-dia/umas horas** [Trabalhar durante esse tempo]. ~ **uma cena** [Manifestar publicamente o desagrado causando espanto/escândalo]. ~ **uma saúde** [Brindar]. pop ~ **uma vaquinha** [Associar-se para dividir despesas/gastos] (Ex. Fazemos uma vaquinha e vamos os quatro «ao futebol» só num carro). ~ **vista grossa** [Fingir que não vê/Deixar passar um erro/uma falta/Disfarçar]. ~~**se ao largo/mar** [Sair com uma embarcação do porto para o mar]. ~~**se ao piso** [Insinuar-se para conquistar simpatia ou alguma coisa]. ~~**se de novas** [Fingir que não sabe/~~se desentendido]. **2** Dar existência/Conceber/Imaginar/Criar. **Ex.** Deus fez [criou] o Homem à sua imagem e semelhança. **Loc.** ~ **um poema** [~ versos]. ~ **um proje(c)to**. ~ **uma lei**. ~ **uma obra de arte**. **3** Apresentar [Evidenciar] certas cara(c)terísticas/anomalias. **Ex.** O relógio faz tic-tac. O motor faz um ruído estranho. **Sin.** Dar a conhecer; indiciar. **4** Aprontar/Preparar/Confe(c)cionar. **Ex.** As educadoras fazem os pratos às crianças do infantário. A mãe fez um bolo para o lanche. **5** Pôr em ordem/Arranjar. **Loc.** ~ (a) **limpeza**. ~ **a lide**/a [o serviço] **da casa**. ~ **as camas**. **6** Levar à [Pôr em] cena/Representar. **Ex.** Na peça, fez o papel de rainha. Ele faz muito bem de palhaço. **7** Praticar/Cometer. **Ex.** Fiz [Cometi] um erro irreparável ao mudar de emprego. A menina fez [praticou] uma boa a(c)ção. **8** Ser causa de/Provocar. **Ex.** O fumo faz [dá] tosse. Andar a pé faz bem à [é bom para a] saúde. **9** Envidar esforços para conseguir algo/Esforçar-se por/Diligenciar para. **Ex.** Eu faço por estudar mas não consigo tirar boas notas. Conseguiste um bom emprego, faz tudo por agradar aos patrões. Que posso ~ por si? **10** Utilizar de forma semelhante/em substituição/Empregar como. **Ex.** As crianças brincavam com paus a ~ de espadas. **11** Tomar o aspe(c)to/a forma de. **Ex.** A estrada faz uma curva apertada. A gola, à frente, faz uma gelha, não assenta bem. A seara faz ondas com o vento. Ela, quando me viu, fez-se como um pimento [muito corada/de todas as cores]. **12** Entrar na posse por mérito ou trabalho/Ganhar/Obter. **Ex.** Fez uma grande fortuna à custa de muito trabalho e sacrifícios. Em qualquer negócio que se mete faz [ganha] sempre dinheiro. **13** Transferir bens para outrem/Doar/Legar. **Ex.** Não tinha filhos; fez [doou(+)] a fortuna a uma instituição de caridade. (O prior) fez [deixou em testamento] a quinta à afilhada. **14** Formar(-se)/Tornar(-se)/Desenvolver(-se)/Educar(-se). **Ex.** Fez[Educou]-se por ele. O tio padre fez do sobrinho [ajudou o sobrinho a ser] um grande advogado. Fez[Tornou/Transformou]-se num valdevinos [vagabundo]. **15** Constituir um todo/Perfazer. **Ex.** Dez mais dez (fazem [igual a/são]) vinte. Mais uma «laranja» e faz a dúzia completa. O fato azul com essa blusa branca faz um conjunto harmonioso. **16** Ter importância/interesse/Importar. **Ex.** Tanto me faz [É-me igual/indiferente] que venhas no sábado como no domingo. Que digam que sou mau ou que sou exigente, isso tanto me faz [não me importa]; aqui todos têm que cumprir. **17** Efe(c)tuar uma a(c)tividade/Cumprir uma obrigação. **Ex.** O trabalho está quase pronto, só me falta ~ o relatório. Tenho tanto que ~ [tantas obrigações a cumprir]! **Loc.** ~ os deveres da escola «o ditado/as contas». **18** Tirar determinado curso/Exercer uma a(c)tividade. **Ex.** É homem de sete ofícios: já fez jornalismo, rádio, televisão, … agora dedicou-se ao cinema. O Jorge primeiro fez Engenharia, agora anda a ~ Medicina. **19** Percorrer/Andar. **Ex.** A minha filha faz todos os dias mais de 100 km para ir trabalhar. Em marcha apressada, faço [ando/percorro] 6 km numa hora. Os vendedores da cidade «do Porto» passam a ~ [percorrer] também os concelhos limítrofes. **20** Praticar habitualmente «uma modalidade (d)esportiva». **Loc.** ~ **ballet** [balé]. ~ **corrida**. ~ **natação**. **21** Comportar-se/Tomar certa atitude/Dar a aparência. **Ex.** Faça como eu, trabalhe! Faça como quiser. **22** Conceder um título/Elevar a certo posto. **Ex.** O Governo fê-lo comendador por ele ter sido um benemérito da terra. **23** Estabelecer o [o] preço/Avaliar. **Ex.** Faço-lhe «as cerejas» a dois euros (o quilo) se as levar todas. Não lhe posso ~ (por) menos [~ mais barato]. Na compra de outro carro, fazem-me mil euros pelo velho. **24** Ficar em/reduzido a. **Ex.** A jarra ficou feita em estilhaços [idi ficou em fanicos]. **25** Decorrer [Passar] certo tempo. **Ex.** Faz amanhã um mês que ele morreu. Já fez oito dias que partiu e ainda não deu notícias. **26** Verificar-se determinada circunstância/certo fenó[ê]meno atmosférico. **Loc.** ~ **frio**/calor/chuva. ~~**se noite** [tarde/escuro].

fazível adj 2g (<fazer + -vel) ⇒ factível.

faz-tudo s 2g 2n (<fazer + …) **1** O que se ocupa de muitas a(c)tividades/que exerce diversas funções. **Comb.** O ~ da empresa. **2** O que conserta todo o tipo de avarias/Pessoa muito habilidosa. **Ex.** Não sei como nos arranjaríamos sem o ~ do jardineiro: faz de ele(c)tricista, canalizador, carpinteiro, mecânico; tem jeito para tudo! **3** Palhaço que diverte fazendo várias coisas (mal) para fazer rir.

fé s f (<lat fídes,ei) **1** Rel Virtude sobrenatural pela qual se acredita em Deus e nas verdades reveladas. **Ex.** A ~ é a primeira das três virtudes teologais: ~, esperança e caridade. **Loc.** Ter [Perder] ~. **Comb.** **A(c)to de** ~. **Profissão de** ~. **Ant.** Descrença; incredulidade. **2** Rel Crença e adesão à verdade duma religião e aos seus dogmas. **Ex.** A profissão de ~ islâmica tem a seguinte formulação: "Atesto que não há outro deus senão Deus, só e sem associado, e que Maomé é sua criatura e seu enviado". A ~ cristã é a única que se funda e se entrega a um homem, Jesus Cristo, que é também Deus. **Comb.** ~ na reincarnação [nos renascimentos] do hinduísmo e do budismo. **3** Crença na veracidade de algo/Convicção íntima. **Ex.** A ~ que depositava na competência profissional do filho não foi desiludida: foi considerado o melhor cirurgião do hospital. **Loc.** **Dar ~ a** [Fazer ~ em] [Dar crédito a/Acreditar] (Ex. O juiz não deu ~ às [não fez ~ nas] palavras da testemunha). **Dar ~ de** [Dar conta de/Aperceber(-se)] (Ex. Estava tão distraído que não dei ~ de o professor entrar na sala). **Comb. À falsa** ~ [À traição] (Ex. O miúdo atacou o colega à falsa ~). **De boa[má]-**~ [Com boas [más] intenções] (Ex. De boa-~, fiz-lhe ver [disse-lhe] que estava errado, mas ele não aceitou. Loc. Agir de má-~). **Sin.** Certeza. **Ant.** Desconfiança; dúvida. **4** Confiança em alguém [algo]/Crédito. **Ex.** Para ele, tudo o que o amigo afirmava era digno de ~. Tenho uma grande ~ nos remédios caseiros [naturais]. **5** Fidelidade à palavra dada/Compromisso. **Ex.** Traiu a ~ [confiança(+)] que a esposa depositava nele. **6** Sentimento de esperança na concretização de um desejo. **Ex.** Comprei uma cautela da (lotaria). Tenho uma enorme ~ que vou ter sorte. Os adeptos do clube depositam grande ~ no novo treinador.

fê s m Nome da letra F ou f. ⇒ efe(+).

fealdade s f (<lat foedálitas por foeditas, átis) **1** Qualidade do que é feio. **Ex.** A ~ [O defeito] do rosto foi causada[o] pelo grave acidente em que se queimou. **Ant.** Beleza; formosura. **2** fig Torpeza/Indignidade. **Ex.** Desprezar um filho por ser deficiente é (d)uma ~ chocante. **Comb.** A ~ dum crime.

febra (Fê) s f (<lat fibra,ae) **1** Carne sem osso nem gordura. **Comb.** ~ de porco «assada na brasa». **2** Tecido fibroso de vertebrado/Nervo/Músculo. **3** Fibra de madeira. **4** fig Coragem/Valor/Energia. **Comb.** Mulher de ~ [fam de genica].

febrão s m (<febre + -ão) Febre intensa. **Ex.** Acordou com um ~ (tal) que não o deixou levantar [não deixou que se levantasse].

febre s f (<lat fébris,is; ⇒ ~ de malta/~ dos fenos/~ dos três dias) **1** Med Temperatura do corpo humano acima de 37º C. **Ex.** A Sara faltou às aulas porque estava com ~. **Loc. Arder em** ~. **Estar com** [cheio de] ~. **Ter** ~ **alta**. **Comb.** ~ **aftosa** [Doença epidé[ê]mica que ataca especialmente bovinos e suínos]. ~ **da carraça** [causada por um micro(o)rganismo, Rikettsia, transmitido ao homem pelas carraças]. Vet ~ **catarral dos ovinos** [⇒ Língua azul]. Vet ~ **catarral maligna** [Doença dos bovinos cara(c)terizada por corrimento ocular, problemas respiratórios, estomatites, gastroenterites e diarreias, manifestações de inquietação e perturbações cutâneas]. ~ **do leite** [Pequena elevação de temperatu-

ra das mulheres no puerpério]. ~ *palustre* [⇒ paludismo; malária]. ~ *puerperal* [devida a infe(c)ção uterina ou vaginal após parto]. ~ *reumática* [Doença grave cara(c)terizada por focos inflamatórios das articulações e que pode causar lesões cardíacas]. ~ *tifoide* [Doença grave provocada pela bactéria *Salmonella typhi*, transmitida pela água ou alimentos contaminados, cara(c)terizada por temperaturas elevadas e diarreias/Tifo]. **2** *fig* Paixão intensa/Desejo ardente. **Ex.** Este rapaz [moço/garoto] está sempre com ~ para ir brincar. A ~ do jogo [O vício de jogar a dinheiro] arruinou-o.

febre-amarela *s f Med* Doença infe(c)ciosa grave cara(c)terizada por febre com vó[ô]mitos, diarreia e dores abdominais e musculares/Vó[ô]mito negro.

febre de Malta *s f Med* Doença infe(c)ciosa transmitida ao homem pelos animais domésticos ou pelo leite, com sintomas semelhantes aos da febre tifoide/Brucelose.

febre dos fenos *s f Med* Doença sazonal de natureza alérgica causada pelo pólen de certas plantas.

febre dos três dias *s f Med* Doença infe(c)ciosa aguda, benigna, causada por vírus transmitido pela picada dum mosquito/Febre da mosca da areia.

febricitante *adj 2g* (<febricitar + -ante) **1** Que tem febre/Febril(+). **Ex.** Acordei ~ [com febre(+)]. **2** Relativo à [Que provoca] febre/Próprio de quem tem febre. **Comb.** *Rubor* ~. *Substância* ~. **3** *fig* Que se exalta/Que denota grande entusiasmo/paixão. **Sin.** Delirante; exaltado.

febricitar *v int* (<lat *febrícito,áre*) Ter [Sentir/Estar com] febre/Ficar febricitante. **Ex.** O médico recomendou: - "Se vir [notar] que a criança começa a ~, dê-lhe o remédio «antibiótico»".

febrícula *s f* (<lat *febrícula,ae*, dim de *fébris, is*) Febre ligeira/pouco intensa. **Loc.** Sentir uma ~, sem importância.

febriculoso, a (Ôso, Ósa, Ósos) *adj* (<lat *febriculósus,a,um*) Que tem tendência para ficar com febre/Dado [Atreito(+)] a febres. **Comb.** *Criança* ~*a*.

febrífugo, a *adj/s m* (<febre + -i- + -fugo) **1** Que tira [diminui] a febre/Antipirético(+). **2** *s m* Medicamento que tira [faz baixar] a febre. **Ex.** O farmacêutico aconselhou-lhe um ~.

febril *adj 2g* (<lat *febrílis,e*) **1** Cara(c)terístico [Próprio] da febre. **Comb.** *Estado* ~. **2** Que tem febre. **Ex.** Pelo aspe(c)to do rosto notava-se que estava ~. **3** *fig* Cheio de paixão/Arrebatado/Exaltado. **Comb.** *Agitação* ~ «à espera da saída das notas dos exames/dos resultados das análises». *Declaração* ~ *de amor*.

febrilmente *adv* (<febril + -mente) Com impaciência/Ardentemente/Agitadamente. **Ex.** Uma multidão de jovens corria ~ procurando ver o ídolo [a estrela] que acabara de chegar ao aeroporto.

fecal *adj 2g* (<fezes + -al) Relativo a [Que contém] fezes/excrementos. **Comb.** *Bactérias* ~*ais*. *Matéria* ~.

fecaloide (Lói) *adj 2g* (<fecal + -oide) Que cheira [se assemelha/lembra] fezes. **Comb.** *Substância* ~.

fechado, a *adj* (<fechar + -ado) **1** Que se fechou/Que não está aberto/Afastado do exterior/Guardado. **Comb.** *No quarto* ~ «para não ser incomodado». *Joias* ~*as* [guardadas] *no cofre*. **2** Cercado por muro [sebe]/Privado. **Comb.** *Condomínio* ~. *Recinto* ~. **3** Que não está em serviço/Encerrado. **Comb.** *Estabelecimento* [Loja] ~*o*/*a* «para obras». *Restaurante* ~ «para descanso do pessoal». **4** Que não tem abertura/Com a abertura [boca/entrada/porta] tapada/obstruída/Tapado. **Ex.** O depósito [tanque] é todo ~; não tem abertura para limpeza. A entrada do armazém está ~*a* [tapada(o+)/obstruída(+)] com o entulho do muro que desabou. **Comb.** *Rua* ~*a ao trânsito*. **5** Preso/Enclausurado. **Ex.** Passou os melhores anos da sua vida ~ [enclausurado(+)] numa prisão. **Comb.** ~ *numa gaiola* [jaula]. **6** Isolado do exterior/Sem convivência. **Ex.** Quero mudar de emprego; não me dou [sinto] bem todo o dia ~ num gabinete, rodeado de papéis. **Comb.** *Economia* ~*a*. *Grupo* ~. **7** Cicatrizado/Curado. **Comb.** *Ferida* [Costura] ~*a*. **8** Que foi desligado/apagado/Fora de serviço. **Comb.** *Gás* ~. *Torneira* ~*a*. **9** Que tem pouca amplitude/Apertado/Estreito. **Comb.** *Elo* (duma cadeia) *muito* ~ [apertado(+)/estreito(o+)]. *Orifício* [Passagem] ~*o*/*a* [estreito/a(+)]. **10** Que fala pouco/Reservado. **Ex.** O novo empregado é muito ~: só fala se lhe fizerem alguma pergunta. Seria fácil ajudá-lo/a se não fosse tão ~*o*/*a*. **Sin.** Introvertido; retraído; calado. **Ant.** Aberto; expansivo; extrovertido. **11** Que chegou ao fim/Concluído/Encerrado]. **Comb.** *Contrato* [Negócio] ~. **12** Muito denso/Compacto/Intenso. **Comb.** *Nevoeiro* ~ [cerrado(+)]. *Mata* [Bosque] *muito* ~*a*/*o* [densa/o(+)]. **13** *Fon* Diz-se de vogal [sílaba] que se pronuncia fechando total ou parcialmente a cavidade bucal. **Ex.** Em *ovo* o primeiro *o* é ~; o último é surdo ou reduzido. **Ant.** «o» Aberto «em olé!/em ode».

fechadura *s f* (<fechar + -dura) Dispositivo metálico que serve para fechar portas, gavetas, etc. **Ex.** A ~ é a(c)cionada [~ abre/fecha] por meio duma chave.

fechamento *s m* (<fechar + -mento) **1** A(c)to ou efeito de fechar(-se)/Fecho. **Ex.** O ~ da entrada «da quinta» pode fazer-se com uma corrente. **2** *Arquit* Remate de abóbada ou arco/Fecho. **3** A(c)to de terminar/Encerramento/Fecho. **Comb.** ~ [Encerramento(+)/Fecho(o+)] *das contas* (do ano).

fechar *v t/int* (<fecho + -ar) **1** Cerrar «com chave»/Impedir uma passagem. **Ex.** Quando saíres, fecha a porta à chave. Fecharam as comportas da barragem. O rio quase não leva água (nenhuma). Fecha [Corre/Desce] a cortina [o estore] para não entrar a claridade [luz] do sol. **Loc.** ~ [Desligar(+)/Apagar(o+)] *a luz*. ~ *a torneira*. **Idi.** ~ *a boca* [Calar-se/Não revelar um segredo]. ~ *a sete chaves* [Guardar muito bem/com segurança]. ~ *com chave de ouro* [Acabar da melhor forma possível]. ~ *os olhos* [Fingir que não vê/Morrer] (Ex. O professor fechou os olhos ao insulto do aluno para ele não ser [para que ele não fosse] expulso da escola. O avô acabou de ~ os olhos [de morrer]). ~*-se em copas* [Guardar segredo/Não revelar absolutamente nada]. **Ant.** Abrir. **2** Colocar um obstáculo/Obstruir [Impedir] um acesso. **Ex.** Fecharam a quinta com um [construindo um] muro a [em] toda a volta. O desmoronamento de terras fechou a entrada [boca] da mina. **Sin.** Isolar; obstruir; tapar. **Ant.** Abrir; desimpedir; desobstruir; franquear. **3** Colocar uma rolha/tampa/Tapar/Vedar. **Loc.** ~ [Rolhar] *uma garrafa* [um recipiente]. ~ [Pôr uma tampa/Tapar] *uma caixa*. **4** Juntar duas partes dum obje(c)to/duma figura. **Ex.** Dei uma volta completa ao campo, fechei o circuito. **Loc.** ~ *um envelope*. ~ *um livro*. **5** *Arquit* Concluir uma abóbada/um arco. **Ex.** A ponte está quase concluída; só falta ~ o arco. **6** Manter em recinto fechado/Prender/Isolar. **Ex.** A mãe fechou o filho no quarto para o castigar. Os vizinhos, quando saem, fecham o cão dias inteiros no barraco. **7** Interromper a a(c)tividade [o funcionamento] temporária ou definitivamente. **Ex.** A loja fecha às 19 h. Há serviços públicos que não fecham para [à hora do] almoço. Havia [Houve] aí um restaurante mas já fechou há muito. **Sin.** Encerrar. **Ant.** Abrir. **8** Interromper o fluxo/Desligar/Apagar. **Loc.** ~ *a* água [o gás]. ~ [Desligar(+)] *a luz* [televisão]. ~ *a torneira*. **9** Chegar ao fim/Concluir/Encerrar. **Loc.** ~ *um contrato* [negócio]. ~ *o ano* [as contas]. **Sin.** Terminar; ultimar. **10** Ficar curado/Sarar/Cicatrizar. **Ex.** A ferida [O golpe] da perna já fechou [sarou/cricatrizou]. **11** ~*-se*/Isolar-se/Calar-se/Retirar-se]. **Ex.** A polícia fez-lhe algumas perguntas, mas ele fechou-se [não respondeu a nenhuma]. Se o João não se fechasse tanto, seria mais fácil animá-lo um pouco mais.

fecho (Fê) *s m* (< ?) **1** O que serve para fechar. **Ex.** Bastava pôr um ~ na cancela que já [assim] os cães não entravam. **Comb.** ~ *de correr* [com uma peça que desliza e encaixa na parte fixa/Pedrês]. *Álbum com* ~ *«de prata»*. *Arca* [Baú] *com* ~ *«de latão»*. **2** Dispositivo metálico que serve para fechar portas e janelas/Aldraba/Ferrolho. **Ex.** Corre o ~ da janela para ela não bater com o vento. Abre o ~ e entra! **3** Peça que serve para fechar fios, colares, pulseiras, ... **Ex.** Não posso usar a pulseira de oiro (na festa) porque tem o ~ estragado [avariado]. **4** Peça em duas partes com dentes que encaixam uns nos outros mediante um cursor que os fecha e abre/~-ecler. **Comb.** *Carcela das calças com* ~-ecler. *Saco* [Saia] *com* ~- *ecler*. **5** *Arquit* Ponto mais alto duma abóbada ou dum arco/Remate. **Comb.** *Pedra de* ~. **6** Ponto onde se unem duas partes «dum envelope» ou duas extremidades «dum circuito». **Ex.** O ~ dum circuito elé(c)trico faz-se no [é feito pelo] interru(p)tor. **7** *fig* Parte final/Conclusão/Remate. **Comb.** ~ *dum discurso*. ~ *duma obra*. **8** *fig* A(c)ção de terminar/Termo/Encerramento. **Comb.** ~ *da emissão «de rádio/TV»*. ~ *das contas «do ano»*.

fecho-éclair [-**ecle**r(+)/**de correr**] *s m* (<fr *fermeture éclair*) ⇒ fecho 4.

fécula *s f* (<lat *faecula, ae*, dim de *faex, faecis*: lia de vinho ou do óleo) **1** *Bot* Amido extraído de raízes e tubérculos «batata/mandioca». **Ex.** Vou comprar ~ [farinha] de batata para fazer um bolo. **2** Sedimento/Borra de líquidos. **Comb.** ~ *do vinho*.

feculência *s f* (<lat *faeculéntia,ae*) **1** Qualidade do que é feculento. **2** ⇒ fécula 2.

feculento, a *adj* (<lat *faeculéntus,a,um*) **1** Que contém fécula. **Comb.** *Raiz* [Tubérculo] ~*a*/*o*. **2** Que deposita borras/Lodoso. **Comb.** *Líquido* ~.

fecundação *s f* (<fecundar + -ção) **1** *Biol* A(c)to de fecundar/União de duas células sexuais, masculina e feminina [, gâmetas], para dar origem a um novo ser. **Ex.** Nas plantas e nos animais, a célula resultante da ~ toma o nome de ovo ou zigoto. **Comb.** ~ [Inseminação] *artificial* [realizada artificialmente]. ~ *cruzada* [em que participam dois seres [indivíduos] diferentes]. ~ *in vitro* [realizada em laboratório]. **2** A(c)ção de tornar produtivo/Fertilização. **Comb.** ~ [Fertilização(+)] *dos solos*.

fecundador, ora *adj/s* (<fecundar + -dor) (O) que fecunda/Fecundante. **Ex.** Nos Metazoários, o gâmeta ~ é o espermatozoide.

fecundante *adj 2g* (<fecundar + -ante) **1** Que fecunda/Fecundador. **Comb.** *União*

fecundar

~ de duas células [de dois gâmetas]. **2** *fig* Fertilizante/Enriquecedor. **Comb.** *Debate* (de ideias) ~ [enriquecedor(+)]. *Sol* [Calor] ~ *da terra*.

fecundar *v t* (<lat *fecúndo,áre*) **1** *Biol* Promover a união dos gâmetas dando origem a um novo ser/Procriar. **Loc.** ~ um óvulo. **2** Tornar grávida uma fêmea/Engravidar(+). **Ex.** Só reconheceu o filho da mulher que fecundara depois de realizados os testes do ADN. **3** Tornar fértil/fecundo/Fertilizar. **Loc.** ~ [Fertilizar(+)] a terra «enriquecendo-a em húmus».

fecundidade *s f* (<lat *fecúnditas,átis*) **1** Qualidade do que é fecundo/Fertilidade. **Comb.** ~ *da terra*. ~ *duma mulher*. *Taxa de* ~ [Número de nados-vivos por mil mulheres em idade fértil e por ano]. **Ant.** Esterilidade; infertilidade. **2** Abundância de produção ou de reprodução/Facilidade de produzir/criar/inventar. **Comb.** ~ dum escritor.

fecundo, a *adj* (<lat *fecúndus,a,um*) **1** Que pode gerar/reproduzir(-se)/Fértil. **Comb.** Mulher ~a. **Ant.** Estéril; infecundo. **2** Que produz muito/Abundante/Produtivo. **Comb.** Solo ~ [fértil(+)/produtivo(o+)]. **3** Que tem capacidade de criar/inventar/Criativo/Inventivo. **Comb.** Escritor ~. Imaginação ~a. **4** Abundante/Rico. **Comb.** Época (d)esportiva ~a [fértil(+)] em casos polé[ê]micos.

fedaim [*fedayin*] *s m pl* (<ár *fedayin*, pl de *fedai*: aquele que se sacrifica) Guerrilheiros palestinianos.

fedega *s f Ent* (<lat *foetídica*: malcheirosa) Inse(c)to, com carapaça parecida à da tartaruga, que, para se defender, expele um líquido que cheira mal/Percevejo-do-monte.

fedegosa *s f Bot* (<fedegoso) **1** Planta herbácea da família das quenopodiáceas, *Chenopodium vulvaria L.*, muito ramosa e fétida. **2** Arbusto da família das leguminosas, *Anagyris foetida L.*, com folhas trifoliadas e vagens fétidas e flores grandes dispostas em cacho.

fedegoso, a *s m/adj* (<lat *foeticósus,a, um* <*foeticus* por *foetidus*) **1** *adj* Que deita mau cheiro/Fétido(o+)/Fedorento(+). **2** *s m Bot* Designação comum a várias plantas, algumas medicinais, da família das leguminosas, dos gé[ê]neros *Cassia, Senna* e *Chemaecrista,* de cheiro desagradável/Erva-fedegosa. ~ trevo-betuminoso.

fedelhice *s f pop* (<fedelho + -ice) A(c)to [Dito] próprio de fedelho/Garotice(+).

fedelho (Dê) *s m* (<feder + -elho) **1** Criança/Miúdo/Garoto. **Ex.** Com estes ~s de volta de mim [estas crianças à minha volta] não consigo trabalhar. **2** Criança com pretensões de adulto. **Ex.** Já viram o ~?! Ainda mal largou os cueiros e já anda de cigarro na boca!

fedentina *s f* (<feder + -ente + -ina) ⇒ fedor.

feder *v int* (<lat *foeteo,ére*) Exalar mau cheiro/Cheirar mal. **Ex.** O homem fede a vinho que tresanda [empesta o ambiente/*idi* fede que tolhe].

FEDER Sigla do Fundo Europeu de Desenvolvimento Regional.

federação *s f* (<lat *foederátio,ónis*; ⇒ federar) **1** *Dir* União política de Estados que gozam de certa autonomia e formam uma única entidade soberana/Estado federal. **Ex.** A Suíça é uma das mais antigas ~ões de Estados (1848). **Comb.** ~ dos Estados do Brasil. **2** Associação de pessoas cole(c)tivas, públicas ou particulares, para em comum mais facilmente conseguirem realizar os seus obje(c)tivos institucionais. **Comb.** ~ de Municípios. ~ dos Agricultores de Portugal. ~ Nacional dos Institutos Religiosos (FNIR, Portugal). ~ Portuguesa de Futebol (FPF).

federado, a *adj/s* (<lat *foederátus,a,um*; ⇒ federar) (O) que se federou/que faz parte [é membro] duma federação/Aliado. **Comb.** ~*s de Marselha* [Corpo de guardas nacionais franceses originários de Marselha, que em 1789 entraram em Paris em defesa da Revolução, entoando um hino (A Marselhesa) que depois foi ado(p)tado para hino nacional da França]. *Clubes* ~*s*. *Estados* ~*s*.

federal *adj/s 2g* (<lat *foederális,e*; ⇒ federar) Relativo [Pertencente] a federação. **Comb.** *Estado* [Governo] ~. *Lei* ~. **2** *s pl Hist* Partidários do Norte que, durante a Guerra da Secessão norte-americana, defendiam a Federação.

federalismo *s m* (<federal+-ismo) Sistema político que consiste na união de vários Estados sob o mesmo governo central mas com autonomia em se(c)tores que não afe(c)tam interesses comuns. **Comb.** ~ brasileiro/norte-americano/soviético/suíço.

federalista *adj/s 2g* (<federal+-ista) (O) que é partidário do federalismo. **Comb.** Partido ~.

federalização *s f* (<federalizar + -ção) A(c)to ou efeito de federalizar(-se)/Federação(+). **Comb.** ~ dum clube «de futebol».

federalizar *v t* (<federal + -izar) **1** Ado(p)tar o sistema federal/Seguir o federalismo. **2** Associar(-se) para formar uma federação/Federar. **Ex.** Os industriais «do calçado» federalizaram[associaram(+)/federaram(o+)]-se para defenderem melhor os interesses do se(c)tor.

federar *v t* (<lat *foedero,áre* <*fídes,ei*: fé, confiança) Associar(-se) em federação. **Ex.** As Associações Académicas decidiram ~-se num único organismo nacional.

federativo, a *adj* (<federar + t + -ivo) Relativo [Pertencente] a federação/Relativo ao federalismo. **Comb.** *Lei* [Recomendação] ~*a*. *Política* ~*a*. *República* ~*a* do Brasil. *Sistema* ~.

fedor *s m* (<lat *fóetor,óris*) Mau cheiro/Cheiro nauseabundo. **Ex.** Não se para [Não se pode estar] aqui com este ~ «a esgoto».

fedorento, a *adj/s f* (<fedor + -ento) **1** Que cheira mal/Fétido. **Ex.** A patroa não deixava os pastores entrarem em casa sem primeiro se lavarem e mudarem as roupas ~as. **2** *s f Bot* ⇒ Eruca.

fedú(n)cia *s f pop* (<feder) Pessoa niquenta que se incomoda com tudo/Lambisgoia/Serigaita.

feedback (Fidbéque) *s m* (<ing *to feed*: alimentar + *back*: trás) Efeito de retroa(c)ção ou realimentação/Retorno(+). **Ex.** O sistema de ampliação sonora entrou em ~ [com o som de saída a reforçar constantemente a alimentação]. Os professores também gostam de ter ~ (da parte) dos alunos.

feeling (Fíling) *s m* (<ing *feeling* <*to feel*) Perce(p)ção/Sensibilidade(+)/Intuição/Sensação. **Ex.** Bem dizias tu que hoje não iria chover! – O meu ~ [A minha impressão(+)] quanto ao tempo quase nunca me engana! **Loc.** Ter ~ [queda/jeito/faro] para os bons negócios.

feérico, a *adj* (<fr *féerique* <*fée*: fada) **1** Pertencente ao mundo da fantasia/Mágico. **Comb.** O mundo ~ «da Disneylândia». **2** Deslumbrante(+)/Maravilhoso/Fantástico(o+). **Comb.** Espe(c)táculo ~. Iluminação ~a.

feição *s f* (<lat *fáctio,ónis*) **1** Configuração física/Aparência exterior/Forma/Feitio. **Ex.** É um ó(p)timo artista para restauro de móveis de ~ rústica. **Comb.** À ~ de *loc prep* [À moda de/Ao jeito de]. *De* ~ *loc adv* [De modo favorável] (Ex. As coisas não lhe correram de ~. Velejámos com o vento de ~). *Escultura de* ~ *artística* [artesanal]. **2** Maneira [Modo/Jeito] de ser ou de agir. **Ex.** Só gosto de trabalhar com gente da minha ~. **3** Qualidade/Aspe(c)to/Forma. **Comb.** Discurso de ~ solene. **4** Estado de espírito/Humor/Disposição natural. **Ex.** Hoje o chefe está de boa ~. **5** *pl* Traços de fisionomia/Rosto/Semblante. **Comb.** ~ões delicadas.

feijão *s m* (<gr *phaseolos,ou*) **1** *Bot* Semente leguminosa comestível que se extrai do fruto [da vagem] do feijoeiro/ Planta (Feijoeiro) que dá os ~ões. **Ex.** Vou semear ~ões no meu quintal. **Loc.** Jogar a ~ões [para passar o tempo/sem ganhar nada]. **Comb.** ~ *branco* [preto/vermelho]. ~ [Feijoeiro] *de trepar* [⇒ ~ rasteiro]. ~-*verde*. **2** Prato cozinhado com ~ões. **Ex.** A mãe pôs ~ [~ões] de molho para cozer com carne de porco [para fazer feijoada(+)].

feijão-frade[-fradinho] *s m* Feijão pequeno, esbranquiçado, com uma mancha preta/Planta, *Vigna cylindrica L.*, que dá esses feijões/Chícharo.

feijão-manteiga *s m* Feijão de cor parda, muito macio e saboroso/Feijão amanteigado/Planta, *Phaséolus vulgaris L.*, que dá essas sementes.

feijão-verde *s m* Vagem do feijoeiro/Vagens(+).

feijoada *s f* (<feijão + -ada) **1** *Cul* Prato típico à base de feijão com vários tipos de carne, geralmente de porco (e com legumes, farinha de mandioca, …). **Ex.** Nos dias de feira, este restaurante tem [serve] sempre ~. **2** Grande quantidade de feijões.

feijoal *s m* (<feijão+-al) Terreno semeado de feijoeiros/Conjunto de feijoeiros. **Ex.** Que lindo ~ tens no teu quintal!

feijoeiro *s m Bot* (<feijão + -eiro) Designação comum de várias plantas da família das leguminosas cujas sementes (Feijões) são comestíveis e muito apreciadas. **Ex.** O fruto [A vagem] de alguns ~s também é comestível. ⇒ feijão-verde. **Loc.** Estacar os ~s [feijões(+)].

feio, a *adj/s* (<lat *foedus,a,um*) **1** Sem beleza/Desagradável à vista; ⇒ **6**. **Comb.** *Animal* [Bicho] ~. *Cara* ~*a*. *Cor* ~*a*. *Fato* ~. **2** Que inspira desprezo/Desonesto/Indecoroso/Vergonhoso. **Comb.** *Atitude* [A(c)ção] ~*a*. *Música* ~*a*. *Palavras* ~*as* [Palavrão/ões]. **3** Disforme/Desproporcionado. **Ex.** Já viste a estátua que puseram na praça? Que mamarracho tão ~! **4** Difícil de suportar/Grave/Triste. **Ex.** O futuro da economia apresenta[afigura]-se muito ~. Estamos a atravessar a fase mais ~ [complicada/difícil] da nossa vida (de casados). **5** Chuvoso/Borrascoso/Desagradável. **Ex.** Está um tempo muito ~: está frio, não para de chover… **6** *s* Pessoa sem beleza física/pouco atraente. **Ex.** Não tenho sorte nenhuma. Só me aparecem ~s para namorar comigo. **Prov.** *Quem ama o* ~, *belo* [bonito] *lhe parece*. **7** *s* A(c)ção censurável. **Ex.** O ~ foi ele ter fugido e abandonado a vítima do acidente.

feira *s f* (<lat *feria,ae*: dia de festa) **1** Grande mercado público ao ar livre que se realiza com periodicidade definida e em local fixo. **Ex.** Há ~s anuais, mensais, semanais, etc. Nas ~s encontra-se de tudo: bens alimentares, vestuário, calçado, alfaias agrícolas, quinquilharias, … **Loc.** Fazer a ~ [Ir vender ou comprar na ~]. **Comb.** ~ *da ladra* [onde se vendem artigos usados e velharias]. ~ *do livro* [Exposição/Venda de livros feita

pelos editores]. ~ *franca* [em que os feirantes estão isentos de impostos e taxas camarárias]. ~ *internacional* [Exposição internacional realizada em cidades importantes para apresentação de novos produtos] (Ex. FIL – Feira Internacional de Lisboa; Salão Automóvel de Paris; Feira Internacional de Bruxelas). ~ *livre* [isenta de taxas e impostos, onde se vendem principalmente produtos agrícolas e hortícolas]. **2** Local onde periodicamente se realiza a ~. **Ex.** Vou construir uma casa num terreno que comprei ao pé da [junto à] ~. **3** Lugar onde reina o barulho/a desordem/a confusão. **Ex.** A aula de música é sempre uma autêntica ~! Às vezes, as discussões parlamentares transformam-se numa ~. **4** Palavra que, por justaposição, entra na formação dos dias da semana, exce(p)to sábado e domingo. **Ex.** De segunda(-~) a sexta-~ ninguém conte comigo para nada: fico no escritório a trabalhar até muito tarde. Quinta-~ é feriado.
feirante *s 2g* (<feirar + -ante) Pessoa que vende [compra] na feira. **Ex.** Hoje havia muito poucos ~s.
feirar *v t/int* (<feira + -ar¹) Comprar [Vender] na [Ir à] feira.
feita *s f col* (<feito; ⇒ façanha) **1** A(c)ção de fazer/Obra/Feito. **Ex.** Esta noite roubaram-nos os pêssegos. Temos que [de] descobrir o autor de tal ~ [a(c)to/proeza]. **2** Momento propício/Oportunidade/Vez(+). **Ex.** Desta [Daquela/Dessa] ~ sempre consegui o que queria.
feitiçaria *s f* (<feitiço + -aria) **1** Prática de feitiços/Bruxaria. **Ex.** A rapariga [moça] está cada vez mais doente, ninguém sabe o que ela tem. Aquilo foi ~ que lhe fizeram. **2** Arte de feiticeiro/de praticar bruxaria. **Ex.** Nos países ditos civilizados «Japão» ainda há muita gente que se dedica à ~. **3** *fig* Capacidade de cativar/Sedução/Encanto. **Ex.** Aquela professora tem [parece que faz] ~: os alunos não a largam, andam sempre atrás dela.
feiticeira *s f* (<feiticeiro) **1** Mulher que pratica feitiçaria/Bruxa. **Ex.** A pobre da mulher [A mãe ignorante] foi à ~ [bruxa(+)] para que afugentasse o namorado da filha (com uma feitiçaria). **2** Personagem mítica dos contos de fadas com poderes mágicos. **Ex.** A ~ transformava-se num monstro que ameaçava matar o príncipe. **3** Mulher dotada de beleza que encanta/seduz. **Ex.** Ele nem dava [reparava] no que se passava à sua volta. Só pensava na sua ~ de olhos lindos.
feiticeiro, a *s/adj* (<feitiço + -eiro) (O) que pratica bruxaria/faz feitiços/Bruxo/Mago. **Idi.** ⇒ feitiço **1. Comb.** Aprendiz de ~. Artes ~as. ⇒ feiticeira.
feiticismo/feiticista (<feitiço +…) ⇒ fetichismo/fetichista.
feitiço, a *s m/adj* (<lat *factítius,a,um*: artificial, não natural) **1** A(c)ção de feiticeiro/Bruxedo/Feitiçaria. **Ex.** O ~ não resultou; deve ter sido mal feito! Ó mulher, andas tão caída [abatida], foi ~ que te fizeram! **Idi.** *Virar*[Voltar]*-se o ~ contra o feiticeiro* [Recair o mal sobre quem o queria praticar]. **2** Obje(c)to de magia/Amuleto. **Ex.** Usava ao pescoço um ~ «uma figa preta» contra o mau olhado [para dar sorte]. **3** O que encanta/seduz/Atra(c)tivo natural/Poder de sedução. **Ex.** Ninguém resiste ao ~ daquela mulher. **4** *adj* ⇒ Postiço/Artificial/Fingido/Falso.
feitio *s m* (<feito + -io) **1** Configuração/Forma/Formato. **Ex.** A Lua tem o ~ duma bola. Ofereceram-me um guarda-joias com o ~ dum livro. **2** Talhe/Ornamento/Enfeite. **Ex.** Folheava a revista (de moda) à procura dum ~ para o vestido que ia fazer. O jardim fazia ~s em forma de losangos. O vestido da menina fica mais bonito se lhe puseres uns ~s [enfeites(+)] bordados. **3** Trabalho de confe(c)ção «de modista/alfaiate»/Feitura/Fazedura. **Ex.** Foi mais caro o ~ do fato do que o tecido. **Loc.** Não pagar o ~ [Ter um preço muito baixo]. *idi* Perder o tempo e o ~ [Não obter qualquer proveito/lucro daquilo que se fez]. **4** Maneira de ser/Modos/Temperamento. **Ex.** A Joana tem um ~ esquisito. Ninguém se dá com o ~ dela. **Loc.** *Não ser defeito, ser ~* [Não ser (feito) por mal mas do modo de ser da pessoa]. *Ter bom* [mau] *~* (Ex. O maestro é muito bom músico mas tem muito mau ~).
feito, a *s m/adj* (<lat *fáctum,i*; ⇒ fazer) **1** Formado/Realizado/Concluído. **Ex.** *Dito e ~* [Sem intervalo entre o dizer e o fazer] (Ex. Ele disse que nos fazia o jantar, e aquilo foi dito e ~ [foi: meu dito meu ~]!). *iron* «tu não estudaste e por isso foste reprovado no exame» *Bem ~* [Para que aprendas]! **Comb.** Trabalho ~/realizado/terminado. **2** A(c)to heroico/Proeza/Façanha. **Ex.** A ida à Lua foi um dos ~s mais notáveis do séc. XX. Os ~s dos portugueses no Oriente «na Índia/China/no Japão» deixaram marcas que ainda hoje perduram. **3** *adj* Que está pronto/preparado. **Ex.** Vende-se comida ~a (pronta para levar para casa). Loja de roupa ~a [de pronto-a-vestir(+)]. **4** *adj* Desenvolvido/Crescido. **Ex.** O carro galgou o passeio e partiu uma árvore já ~a. **Comb.** Homem ~ [adulto]. **5** *adj* A postos/Preparado/Disposto. **Ex.** Ela já vinha toda ~a para se sentar à mesa. Esquecia-se que, antes, ainda tinha que preparar a comida. Avançou de peito ~ para me agredir. **6** *adj* Sem fundamento/Preconcebido. **Comb.** Ideias ~as.
feitor, ora *s/adj* (<lat *fáctor,óris*) **1** *Hist* (O) que faz/Fazedor/Executor. **2** Funcionário responsável por uma feitoria. **Ex.** O ~ recebia instruções especiais e uma carta de privilégios e responsabilidades. **3** Administrador de bens alheios/Gestor. **Ex.** A exploração da quinta está entregue ao ~; o dono raramente lá vai. **4** Supervisor de trabalhadores/Encarregado/Capataz(+). **Comb.** ~ das obras «de abertura duma nova estrada».
feitorar *v t Br* (<feitor + -ar¹) Administrar [Supervisionar] como feitor. **Loc.** *~ uma fazenda*. *~ os trabalhadores duma obra*.
feitoria *s f* (<feitor + -ia) **1** *Hist* Instalação de um grupo de pessoas dependentes duma cidade ou estado, junto doutro agregado populacional política e socialmente diferente, para possibilitar trocas comerciais regulares e constantes. **Ex.** Os Fenícios instalaram várias ~s na costa do Mediterrâneo entre as quais ficou célebre a de Gades (Cádis – Espanha). A primeira ~ dos portugueses foi instalada na Flandres (séc. XIV). **2** Administração de bens alheios a cargo dum feitor. **Ex.** Quando lhe entregaram a ~ da quinta, as colheitas não davam para [não pagavam] a despesa, mas ele em pouco tempo conseguiu pô-la a dar lucro.
feitura *s f* (<lat *factúra,ae*; ⇒ fazer) A(c)to [Processo] de fazer/Execução. **Ex.** Entregou-se de alma e coração [Entregou-se cheio de entusiasmo/com toda a força] à ~ da obra «do livro/da casa». A ~ das leis compete à Assembleia da República [ao Parlamento].
feiura *s f* (<feio + -ura) Qualidade do que é feio/Fealdade(+). **Ex.** Aquela rapariga [moça] tem tanto de amabilidade e simpatia como de ~.
feixe *s m* (<lat *fáscis,is*) **1** Conjunto de elementos do mesmo tipo, geralmente alongados, atados pelo meio/Molho/Braçado. **Idi.** *Pôr os ossos* (de alguém) *num ~* [Dar uma grande sova/*idi* Moer com pancada]. **Comb.** ~ *de lenha* [palha]. *fam ~ de nervos* [Pessoa muito nervosa]. *fam ~ de ossos* [*idi* Carga de ossos/Pessoa muito magra]. **2** *Anat* Conjunto de fibras, musculares ou nervosas, alongadas. **3** *Bot* Conjunto de vasos que formam o sistema condutor da seiva das plantas. **Comb.** ~*s lenhosos* [liberinos/libero-lenhosos]. ~*s simples* [duplos]. **4** *Fís* Fluxo de partículas que se movem na mesma dire(c)ção. **Comb.** ~ de raios luminosos.
fel *s m* (<lat *fel,féllis*) **1** Líquido amargo e viscoso, segregado pelo fígado e introduzido no duodeno/Bílis. **Ex.** O ~ desempenha um papel importante na digestão dos alimentos. **Idi.** *Fazer* (alguém) *de ~ e vinagre* [*idi* Fazer(-lhe) a vida negra/Arreliar muito]. **2** *pop* Bolsa onde se acumula o ~/Vesícula (biliar)(+). **Ex.** Prepara o fígado para cozinhar e não te esqueças de lhe tirar o ~. **3** *fig* Sabor muito amargo. **Ex.** Que remédio [medicamento/xarope] horrível; é um ~ intragável! **4** *fig* Sentimento de ódio/rancor/amargura/Azedume. **Ex.** O olhar rancoroso deixava adivinhar [perceber] o ~ do ódio que lhe roía as entranhas [que lhe ia na alma/que trazia no coração].
felá *s m* (<ár *fellah*: lavrador) Homem de casta inferior entre os egípcios que faz os trabalhos mais rudes.
felândrio *s m Bot* (<lat científico *Phellandrium*) Erva vivaz da família das umbelíferas, *Oenanthe aquática*, de raiz tuberculosa, caule oco, folhas com pedúnculo curto e flores brancas, por vezes avermelhadas ou amareladas/Funcho-de-água/Cicutária dos pauis. **Ex.** Dos frutos (Aquénios) do ~ extrai-se um óleo essencial empregado na preparação de calmantes e expe(c)torantes.
fel-da-terra *s m Bot* Pequena erva, anual ou vivaz, da família das gencianáceas, *Centaurium erythraea*, com folhas, umas arrosetadas e outras lineares oblongas, frequente em Portugal/Centáurea(-menor)(+).
feldspatização *s f Miner* (<feldspat(izar) + -ção) Processo de enriquecimento de certas rochas em sílica, sódio e potássio, conduzindo à formação de feldspatos.
feldspato *s m Miner* (<al *feldspat*: espato do campo) Família de minerais, alumino-silicatos, que entram na composição da maior parte das rochas eruptivas e em muitas não eruptivas. **Ex.** Os ~s dividem-se em potássicos «ortoclase e microclina» e plagioclases «albite e anortite». Os ~s têm larga aplicação na indústria cerâmica.
feldspatoide (Tói) *s m Min* (<feldspato + -oide) Designação de várias espécies minerais de composição semelhante à dos feldspatos mas com uma quantidade de sílica muito menor. **Ex.** Os principais ~s são a nefelina e a leucite, do grupo da sodalite e analcite.
féleo, a *adj* (<lat *félleus,a,um*) Relativo a [Do] fel/Biliar(+). **Comb.** Sabor ~ [a fel(+)].
felga *s f* (<*filíctum,i*: lugar onde crescem fetos) **1** Erva com terra e raízes, que fica depois de se desfazerem os torrões. **Comb.** Um monte de ~s. **2** Desordem/Confusão. **Ex.** Não quero que brinquem no quarto porque deixam tudo numa ~ [tudo desarrumado/em desordem]. **3** Ocupação

felgudo, a

excessiva/Azáfama/Afã. **Ex.** A pequena [moça], na ânsia de ir para a festa, andava numa ~ [azáfama(+)] a arrumar a casa.

felgudo, a *adj* (<felga + -udo) Coberto de felgas.

felgueira *s f* (<felga + -eira) Terreno com muitas felgas/Fetal².

felicidade *s f* (<lat *felícitas,átis*) **1** Qualidade de quem é feliz/Estado de satisfação/Contentamento. **Ex.** Na festa das bodas de ouro do seu casamento, o casal não escondia a ~ que lhe ia na alma. O encontro dos dois amigos, que não se viam há anos, foi um momento de grande ~ para ambos. **Sin.** Alegria; satisfação. **Ant.** Infelicidade; tristeza. **2** Boa fortuna/Sorte/Ventura. **Ex.** Ela teve a ~ de encontrar quem a ajudasse a voltar ao bom caminho. Comprar lotaria para quê? Sei que nunca terei a ~ [sorte(+)] de me sair a taluda. **Ant.** Azar; pouca sorte. **3** Bom êxito/Sucesso. **Ex.** Desejo-te as maiores ~s para o novo emprego. Mantenha a calma que o exame é fácil, e ~s!

felicíssimo, a *adj* (<lat *felicíssimus,a,um*; ⇒ feliz) Superlativo absoluto simples [sintético] de feliz/Muito feliz. **Ex.** Estou ~o/a por me teres vindo visitar [por teres vindo visitar-me].

felicitação *s f* (<felicitar + -ção) **1** A(c)to ou efeito de felicitar/de dar felicidade/de tornar feliz. **2** *pl* Parabéns/Congratulações/Cumprimentos. **Ex.** Quero dar-lhe as minhas ~ões pelo belo discurso que proferiu. **Comb.** Cartão de ~ões «pelo aniversário natalício».

felicitador, ora *adj/s* (<felicitar + -dor) (O) que felicita. **Comb.** Palavras ~oras [de felicitação(+)].

felicitar *v t* (<lat *felícito,áre*) **1** Dar felicidade/Tornar feliz. **Ex.** Felicita-me muito mais [Dá-me mais felicidade(+)] a saúde do que o dinheiro. **2** Dar os parabéns/Congratular(-se)/Desejar felicidades. **Ex.** À saída do exame, os pais apressaram-se a felicitá-lo/a pelo bom resultado obtido.

felídeo, a *adj/s Zool* (<lat *feles,is*: gato + -ídeo) **1** Relativo [Pertencente] aos ~s. **2** *s pl* Mamíferos carnívoros de cabeça arredondada, focinho curto e garras [unhas] retrá(c)teis «gato/lince/tigre/leão».

felino, a *adj/s* (<lat *felín(e)us,a,um*) **1** Relativo a animal felídeo/Semelhante ao gato. **Comb.** Agilidade ~a. **2** *fig* Traiçoeiro/Fingido. **3** *s* Animal pertencente aos felídeos. **Ex.** O gato é o ~ mais vulgar [o mais vulgar dos ~s].

feliz *adj 2g* (<lat *félix,ícis*) **1** Que vive contente/satisfeito/Venturoso. **Ex.** Sou ~, a vida corre-me bem. **Loc.** Ter um ar ~. **Ant.** Infeliz; triste. **2** Que concretizou os seus desejos/as suas aspirações. **Ex.** Ela estava ~ por ter concluído o curso. Finalmente tenho a minha casa. Estou muito ~ por isso. **Sin.** Alegre; contente; satisfeito. **3** Bafejado pela sorte/Que escapou ao infortúnio/Afortunado. **Ex.** O João foi muito ~ no acidente. Podia estar morto e só teve umas ligeiras escoriações. **Ant.** Azarento; desgraçado; infeliz. **4** Que resultou bem/Bem sucedido/Oportuno. **Ex.** Palavras ~es [ditas na hora certa/oportunas] que sossegaram a criança. **Comb.** Discurso ~/oportuno/bom. **Sin.** Acertado; adequado; certo. **5** Abençoado/Ditoso/Bendito. **Ex.** ~es os que louvam o Senhor e seguem os Seus caminhos. **Sin.** Bem-aventurado.

felizardo, a *adj/s pop* (<feliz + -ardo) (O) que é feliz/Afortunado. **Ex.** Não te queixes, és um ~! Tens uns pais sempre prontos a ajudar-te.

felizmente *adv* (<feliz + -mente) **1** Por sorte/Por felicidade. **Ex.** ~ [Ainda bem que] chegámos na hora certa: o sofá já estava a arder. Pegou-se o fogo do irradiador. Gerou-se uma grande confusão, mas ~ apareceu a polícia e os ânimos acalmaram. **2** De modo feliz/Com felicidade/Bem/A contento. **Ex.** Depois de tantos anos de vida agitada, agora vivia feliz(mente) na aldeia com a mulher, na casa que já fora dos antepassados.

feloderma/e *s m/f Bot* (<gr *phéllos,ou*: cortiça + derme) Tecido [Parênquima] que se forma na raiz e no caule, em dire(c)ção oposta ao súber, por a(c)ção do felogé[ê]nio.

felogén(i)o [*Br* felogên(i)o] *s m Bot* (<gr *phéllos*: cortiça + -gene + -io) Meristema lateral secundário do caule e da raiz que origina, para o lado externo, o parênquima suberoso (Felema), e para o interno, o/a feloderma/e.

felonia *s f* (<fr *félonie*) **1** *Hist* Revolta do vassalo contra o seu senhor. **2** Deslealdade/Traição(+). **3** Crueldade(+)/Maldade.

felosa *s f* (< ?) **1** *Ornit* Nome comum de várias espécies de pássaros como a chiadeira, o papa-amoras, o papa-figos. **2** *pop fig* Mulher muito magra e débil.

felose *s f Bot* (<gr *phéllos*: cortiça + -ose) Formação acidental de tecido suberoso.

felpa (Fê) *s f* (<it *felpa*; ⇒ feltro) **1** Pelo saliente de alguns tecidos de lã ou algodão, só de um lado/Felpo. **Comb.** Pijama de ~. **2** Pelo [Penas] fino/a e macio/as de alguns animais jovens/Penugem. A ~ dos pintainhos. **3** Camada aveludada de certos frutos/Lanugem. **Comb.** ~ dos marmelos [pêssegos].

felpado, a *adj* (<felpar + -ado) Que tem felpa/Felpudo(+). **Comb.** Tecido ~.

felpar *v t/int* (<felpa+-ar) Pôr felpa em/Criar felpa. **Loc.** Um tecido [Uma peça de roupa] começar a ~ [a ganhar pelo].

felpo (Fê) *s m* (<felpa) Pelo saliente dum tecido/Felpa(+).

felpudo, a *adj* (<felpa + -udo) Que tem pelo [felpa/o] saliente/Peludo. **Comb.** Cão ~. Tecido ~.

félsico, a *adj Min* (<al *fels*: rochedo + -ico) Designação dos minerais mais claros e menos densos das rochas eruptivas. **Ex.** O quartzo e o feldspato são minerais ~s.

felsito/e *s m/f Min* (<al *fels*: rochedo+-ito/e) Tipo de rocha eruptiva formada essencialmente por quartzo e feldspato potássico, geralmente filoniana.

feltro (Fê) *s m* (<it *feltro*; ⇒ felpa) **1** Tecido de lã e pelos «de coelho», obtido por empastamento. **Comb. Caneta de** (ponta de) ~. *Chapéu de* ~. **2** *pl* Forros/as metálicos/as das caldeiras a vapor. **Ex.** Os ~s diminuem as perdas de calor por irradiação.

felugem *s f* ⇒ fuligem.

felupe *s/adj 2g Etn* (<*Felupes*) **1** Relativo [Pertencente] aos ~s. **2** *pl* Grupo étnico da Costa Ocidental da África localizado entre as embocaduras dos rios Casamansa (Senegal) e Cacheu (Guiné-Bissau).

fêmea *s f* (<lat *fémina,ae*; ⇒ mulher) **1** Ser humano [Animal] do sexo feminino. **Ex.** Deus criou o homem e a mulher, criou-os macho e ~. A ~ do cão é a cadela. **Ant.** Macho. **2** Organismo cujos órgãos reprodutivos produzem apenas gâmetas femininos. **3** Peça com orifício [sulco/cavidade] onde complementarmente encaixa outra (Macho). **Comb. Dobradiça** ~. *Ficha* (elé(c)trica) ~.

femeaço *s m cal/depr* (<fêmea + -aço) ⇒ mulherio; prostituta.

femeeiro, a *adj* (<fêmea + -eiro) **1** Que busca incessantemente a fêmea. **Comb.** Animal «pardal/pombo» ~. **2** Reprodutor cujas crias são na maioria fêmeas. **Comb.** Touro [Varrasco] ~. **3** ⇒ mulherengo.

fementido, a *adj* (<fé + mentido) Que faltou à fé [palavra] dada/Falso(+). **Comb.** Promessas ~as. ⇒ infiel.

fêmeo, a *adj* (<fêmea) Relativo a [Da] fêmea/Que é do sexo feminino. **Comb. *Cobra* ~a. *Gado* ~a. *Ficha* ~a.**

fémico, a [*Br* fêmico] *adj Min* (<fe(rro) m(agnesiano) + -ico) Diz-se do conjunto dos minerais ferromagnesianos cujas percentagens podem ser (hipoteticamente) calculadas a partir da análise química das rochas eruptivas/Conjunto dos minerais mais densos e escuros das rochas eruptivas. **Ex.** Aos minerais ~s pertencem as piroxenas, as olivinas, a magnetite e a ilmenite, entre outros.

feminil *adj 2g* (<lat *femínilis,e*) Relativo ao [Próprio do] sexo feminino/da fêmea. **Comb. *Comportamento* ~. *Virtudes* ~is. Ant.** Varonil.

feminilidade *s f* (<feminil + -i- + -dade) Qualidade do que é feminino/do que é próprio de mulher. **Ant.** Masculinidade; virilidade.

feminino, a *adj/s m* (<lat *femínínus,a,um*) **1** Que é próprio de [diz respeito à] mulher. **Comb. *Encanto* ~. *Olhar* ~. *Se(c)ção* ~a** «de vestuário/duma revista». *Ternura* ~a. *Voz* ~a. **Ant.** Masculino; viril. **2** Relativo à [Próprio da] fêmea. **Ex.** Chocar os ovos é uma função ~a das aves, por vezes também desempenhada pelos machos. **3** Que é formado [constituído] por mulheres. **Comb. *Eleitorado* ~. *Público* [Assistência/Leitores] ~o/a/os.** **4** Dotado de ovário ou órgãos próprios para serem fecundados. **Ex.** O gineceu é o órgão ~ da flor. **Comb.** Flor [Planta] ~a. **5** *s m Gram* Gé[ê]nero gramatical que se opõe ao masculino. **Ex.** Em português há apenas dois gé[ê]neros: o masculino e o ~; em latim, há também o neutro. A(c)triz é o ~ de a(c)tor.

feminismo *s m* (<fr *féminisme*; ⇒ feminização) Movimento social que pretende a total equiparação dos sexos relativamente ao exercício dos direitos civis e políticos. **Ex.** O ~ começou com a Revolução Francesa (1789) e continua na a(c)tualidade.

feminista *s/adj 2g* (<fr *féministe*) (O) que defende [é adepto] do feminismo. **Ex.** Os/As ~s combatem a discriminação de que ainda são vítimas muitas mulheres.

feminização *s f Biol* (<feminizar + -ção) Transformação dum macho genérico em fêmea fisiologicamente funcional. **Ex.** No homem, a ~ pode ocorrer em consequência de um tumor suprarrenal. ⇒ masculinização.

feminizar *v t* (<lat *fémina* + -izar) **1** Dar [Adquirir] cara(c)terísticas ou preponderância femininas/a. **Loc. ~ *a mão de obra*. ~ *a moda*. ~ *a voz*. 2** Atribuir o gé[ê]nero feminino. **Loc.** ~ uma palavra [um nome/substantivo].

femoral *adj 2g Anat* (<lat *femorális,e*) Relativo ao [Próprio do] fémur. **Comb. *Arcada* ~. *Artéria* ~. *Articulação coxo-*~.**

fémur [*Br* fêmur] *s m* (<lat *fémur,oris*) **1** *Anat* Osso da coxa. **Ex.** O ~ é o osso mais comprido do corpo humano. **2** *Zool* Segmento constituinte da pata de alguns artrópodes.

fenação *s f Agr* (<fenar + -ção) **1** Colheita [Recolha(+)] do feno. **2** Processo de conservação do feno.

fenacetina *s f Quím* (<feno + acét(ico) + -ina) Composto aromático derivado da anilina, (*p*-etoxi-acetanilida), usado em farmácia pelas suas propriedades analgésicas e antipiréticas.

fenacho *s m Bot* (<feno + -acho) Nome vulgar de planta da família das papilionáceas, *Trigonella foenum-graecum L.*, com cheiro forte e sabor desagradável que se transmite à carne e ao leite (de vaca)/Ervinha/Feno-grego.

fenantreno *s m Quím* (<ing *phenanthrene* <gr *phaíno*: mostrar + antraceno) Hidrocarboneto aromático cristalino e incolor, que se extrai do alcatrão da hulha. **Ex.** O ~ tem o ponto de fusão a 100,5° C e o de ebulição a 340° C.

fenda *s f* (<fender) **1** Abertura estreita e alongada/Racha/Greta/Frincha. **Ex.** Os dois rochedos estavam apenas separados por uma ~ pela qual dificilmente se podia passar. A argila ao secar deixa o solo cheio de ~s [gretas(+)]. **Loc.** Espreitar pela ~ [frincha(+)] da porta. (A luz) entrar pela ~ [fresta(o+)/frincha(+)] da janela. **Comb.** ~ *branquial* [situada dos lados da cabeça dos peixes e que abre dire(c)tamente para o exterior]. ~ *opercular* [dos peixes que têm opérculos]. **2** *Geol* Qualquer tipo de abertura da crosta terrestre. **Ex.** Uma ~ que dava acesso a uma enorme gruta. **3** *Fís* Abertura re(c)tangular que regula a entrada de luz nos aparelhos ó(p)ticos. ⇒ diafragma.

fendedor, fendeleira *s/adj* (<fender + -...) (O) que fende/que serve para rachar/abrir fendas. **Comb.** Cunha [Instrumento] ~leira/dor.

fendente *adj 2g* (<fender + -ente) Que fende/racha.

fender *v t* (<lat *findo,is,ere,fidi,fissum*) **1** Abrir [Causar] fenda(s)/Separar(-se) no sentido do comprimento/Rachar(-se). **Ex.** Com um golpe certeiro do machado fendia ao meio o rolo (Pedaço de tronco) de pinheiro. A placa do te(c)to fendeu-se em vários sítios. **2** Dividir(-se) [Separar(-se)] em partes. **Ex.** As nuvens fenderam-se deixando ver o sol. **3** Fazer sulco/Sulcar/Atravessar. **Ex.** (A relha d)o arado fendia [cortava/rompia] e revirava a terra. (A quilha d)o barco fendia [cortava/rompia] as águas tranquilas do lago.

fendido, a *adj* (<fender + -ido) **1** Que tem fenda/racha/Gretado/Rachado. **Comb.** *Rocha ~a*. *Tampo* (de mármore) ~ [rachado(+)]. **2** *Bot* Diz-se de folha cujos recortes ultrapassam um pouco a metade da distância entre o bordo e a nervura central.

fendilhar *v t* (<fenda + -ilha + -ar¹) Abrir pequenas fendas. **Loc.** O pavimento começar a ~.

fendimento *s m* (<fender+-mento) A(c)ção de fender(-se)/de abrir fendas/Racha/Rachadela. **Ex.** Nota-se um pequeno ~ [uma pequena racha(dela)(+)] na jante «esquerda da frente».

fenecente *adj 2g* (<fenecer + -ente) Que fenece/acaba/expira. **Ex.** A avó está por dias, está ~ [a morrer(+)]. **Comb.** *Luz ~*. *Plantas ~s* [muito murchas/a secar(+)] «com falta de água».

fenecer *v int* (<lat *finíscere*, frequentativo de *fínio,is,íre,ívi,ítum*: acabar, rematar) **1** Chegar ao fim/Extinguir(-se). **Ex.** A noite cai [chega/começa], o dia fenece. Feneceram [Desvaneceram-se(+)] todas as esperanças de entendimento entre eles. **2** Perder a força/o vigor/Enfraquecer. **Ex.** Dantes, fazia todo o trabalho da casa sozinha; agora, as forças feneceram, já não posso. O jardim está a ficar feio: as flores fenecem [murcham/secam]. **3** Morrer/Falecer/Finar-se. **Ex.** Depois de declarada a doença, feneceu rapidamente.

fenecimento *s m* (<fenecer + -mento) Fim/Termo/Extinção/Morte. **Comb.** ~ *da esperança*. ~ *da luz* [do dia]. ~ *da vida* [Morte].

feneco *s m Zool* (<ár *fanak*) Pequena raposa das zonas desérticas do Norte de África, *Fennecus zerda*, de orelhas grandes, facilmente domesticável.

feneiro *s m* (<feno + -eiro) Lugar onde se guarda o feno/Palheiro(+).

fenestrado, a *adj* (<fenestrar+-ado) Que tem janelas [aberturas/fendas] por onde entra o ar/Perfurado. **Comb.** *Asa* (de inse(c)to) *~a*. *Silo* [Torre] *~o/a*.

fenestragem *s f* (<fenestrar + -agem) Abertura de janelas/fendas num edifício.

fenestral *adj/s 2g* (<lat *fenestra,ae+-al*) **1** Referente a janela. **2** *s* Abertura semelhante a janela por onde entra a claridade e o ar.

fenestrar *v t* (<lat *fenéstro,áre,átum*) Fazer abertura ou janela «na fachada».

fenianismo *s m Hist* (<feniano + -ismo) Organização revolucionária secreta irlandesa criada em 1861 com o obje(c)tivo de libertar a Irlanda do domínio dos ingleses.

feniano, a *s/adj* (<irlandês *féinne*, pl de *fiann*: antigo bando de guerrilheiros irlandeses) Relativo ao [Membro do] fenianismo.

fenício, a *adj/s Hist* (<lat *phoenicius,a,um*) **1** Relativo à [Natural/Habitante da] Fenícia (Antigo país no litoral da Síria). **Comb.** *Arte ~a*. *Escrita* [Língua] *~a*. *Povo ~*. **2** *s m* Língua dos ~s. **Ex.** O ~ é uma língua semítica do grupo cananeu. **3** *s pl Hist* Povo de origem semítica que se sedentarizou na Fenícia a partir de cerca de 3000 a.C.. **Ex.** Os ~s ficaram na História pela enorme a(c)tividade comercial, e coló[ô]nias e feitorias fundadas na costa mediterrânica.

fénico, a [*Br* **fênico**] *adj/s m Quím* (<fr *phénique*) **1** Relativo ao fenol. **Comb.** Ácido ~ [Nome vulgar do fenol]. **2** ⇒ fenol.

fenilalanina *s f Bioq* (<fenil + alanina) Aminoácido essencial, da série aromática, constituinte das proteínas. **Ex.** A ~ encontra-se nas leguminosas.

fenilamina *s f Quím* (<fenil + amina) ⇒ anilina.

fenilo *s m Quím* (<fen(ol) + -ilo) Radical aromático (C_6H_5-) derivado do benzeno.

fénix [*Br* **fênix**] *s f* (<lat *phoenix,icis*) **1** *Mit* Ave fabulosa, única da sua espécie, que após viver vários séculos morria queimada para depois renascer das cinzas. **Comb.** *A ~ Renascida* [Cole(c)tânea de poesia gongórica portuguesa elaborada no séc. XVII e publicada no séc. XVIII]. **2** *Maiúsc Astr* Constelação austral de pequena extensão. **3** *fig* Pessoa «professor/advogado» ou coisa rara, superior a todas as outras.

feno (Fê) *s m Agr* (<lat *fe[oe]num,i*) Forragem de espécies herbáceas [Erva], ceifada no início ou durante a floração e submetida depois a secagem para permitir uma boa conservação. **Loc.** Recolher o ~. **Comb.** ⇒ ~-de-cheiro. Carrada de ~.

-feno- *pref/suf* (<gr *phaíno*: brilhar, mostrar) Exprime a ideia de mostrar ou fazer aparecer.

fenocópia *s f Biol* (<feno- +...) Termo usado em Genética para designar uma anormalidade causada por meios externos mas com cara(c)terísticas idênticas à mesma perturbação causada por fa(c)tores hereditários.

fenocristal *s m Min* (<feno- +...) Cristal de grandes dimensões das rochas eruptivas. **Ex.** Os ~ais são geralmente visíveis a olho nu.

fenocristalino, a *adj* (<feno- +...) Diz-se da textura de rochas eruptivas cara(c)terizada pela presença de fenocristais.

feno-de-cheiro *s m Bot* Planta herbácea da família das gramíneas, *Anthroxanthrum odoratum/amarum*, aromática depois de seca, utilizada como forragem.

fenol *s m Quím* (<feno- + -ol) **1** Composto aromático extraído do alcatrão da hulha, derivado do benzeno (C_6H_5OH)/Ácido fé[ê]nico. **Ex.** O ~ utiliza-se como desinfe(c)tante. **2** *pl* Grupo de compostos aromáticos hidroxilados derivados dos hidrocarbonetos benze[ê]nicos. **Ex.** As propriedades dos ~óis são bastante diferentes das dos álcoois; têm propriedades ácidas.

fenolftaleína *s f Quím* (<fenol + ftaleína) Composto orgânico branco, insolúvel na água, utilizado em Química como indicador nas rea(c)ções ácido-base. **Ex.** A solução alcoólica de ~ que é incolor, avermelha com as bases (e volta a ficar incolor com os ácidos).

fenólico, a *adj Quím* (<fenol + -ico) Relativo ao(s) fenol(óis). **Comb.** *Radical ~*. *Rea(c)ção ~a*.

fenologia *s f Ecol* (<feno- + -logia) Estudo da influência do clima e de outros fa(c)tores nos reinos vegetal e animal.

fenomenal *adj 2g* (<fenó[ô]meno + -al) **1** Relativo a [Da natureza de] fenó[ô]meno. **2** *fig* Que é fora do comum/Espantoso/Surpreendente/Extraordinário/Exce(p)cional. **Comb.** *Festa* [Espe(c)táculo] *~*. *Força* [Habilidade] *~*. *Memória* [Inteligência] *~*.

fenomenalidade *s f* (<fenó[ô]meno + -i- + -dade) Qualidade do que é fenomenal. **Ex.** A ~ desta tese de doutoramento não está no escasso número de páginas mas na novidade e profundidade do conteúdo [do assunto tratado].

fenomenismo *s m Fil* (<fenó[ô]meno/fenomé[ê]nico + -ismo) Doutrina que afirma que só existem fenó[ô]menos, isto é, fa(c)tos ou a(c)tos de consciência que apreendemos como experiências [representações] externas ou internas. **Ex.** O ~ ontológico [metafísico] afirma a não existência de coisas em si; o ~ gnoseológico sustenta [afirma] que se há coisas em si, estas não podem ser conhecidas.

fenómeno [*Br* **fenômeno**] *m* (<gr *phainómenon,ou*: coisa que aparece) **1** *Fil* O que aparece [se revela/se faz patente] por si mesmo/Mundo das aparências (Leibniz). **Ex.** Para os Gregos, o ~ distinguia-se da realidade do ser, contrapondo-se a ele como aparência ilusória. **2** Fa(c)to perce(p)tível pelos sentidos ou pela consciência e que pode ser obje(c)to de estudo e de experiências. **Comb.** ~ *biológico*. ~ *físico*. ~ *natural*. **3** Fa(c)to raro/surpreendente/Acontecimento. **Ex.** Mais um ~ que acontece nesta [naquela] terra: uma batata com 3 kg de peso! **4** Pessoa [Animal/Coisa] invulgar/extraordinária/o/que causa espanto. **Ex.** Tenho um cão que é um ~: até vai ao talho buscar as compras. Leva um cestinho nos dentes com o papel da encomenda dentro e traz tudo muito direit(inh)o! **Comb.** «Cristiano Ronaldo» Um ~ do futebol!

fenomenologia *s f Fil* (<fenó[ô]meno + -logia) Estudo dos fenó[ô]menos, destinado a determinar as suas estruturas, gé[ê]nese e essência, baseando-se sobretudo na experiência vivida ou na consciência. **Comb.** *A ~ (da prática) do crime*. *A ~ do espírito*. *A ~ religiosa*.

fenomenológico, a *adj* (<fenomenologia + -ico) Relativo [Pertencente] à fenomenologia. **Comb.** *Escola ~a* (de Husserl). *Es-*

fenotípico, a

tudo ~. *Movimento* ~ [continuador, fora da Alemanha, da Escola ~a].
fenotípico, a *adj* (<fenótipo + -ico) Relativo a fenótipo.
fenótipo *s m* (<feno- + tipo) **1** *Biol* Aspe(c)to exterior de um organismo, resultante da rea(c)ção dos seus traços hereditários com as condições do meio em que vive. **Ex.** É possível que organismos com as mesmas cara(c)terísticas genéticas [o mesmo genótipo] tenham diferentes ~s devido à influência do meio. Também o mesmo ~ pode corresponder a genótipos diferentes. ⇒ alelo. **2** *Lin* Forma através da qual se realiza empiricamente uma entidade linguística abstra(c)ta.
feofíceas [feófitas] *s f pl Bot* (<lat científico *Phaeophyceae* [*Phaeophytae*]) Plantas aquáticas de cor acastanhada ou olivácea (Algas castanhas), geralmente pluricelulares que habitam nas águas do mar a mediana profundidade. **Ex.** As bodelhas e o sargaço pertencem às ~.
fera *s f* (<lat *fera,ae*; ⇒ ferino, feroz) **1** Animal carnívoro feroz. **Ex.** Leões, tigres e panteras são (d)as ~s mais comuns que se podem ver nos jardins zoológicos. **2** Animal bravo, difícil de domar. **Ex.** Este cavalo é uma ~, ninguém o consegue montar! **3** *fig* Pessoa muito severa/exigente. **Ex.** O professor «de matemática» é uma ~: não tolera a indisciplina e é muito exigente. **4** *fig* Pessoa cruel/bárbara/perigosa. **Ex.** Com o vinho fica uma ~. Em casa ficam todos apavorados quando o veem chegar. **5** *fig* Pessoa muito competente em determinada área/Especialista/Portento. **Comb.** Uma ~ [Um barra/Um portento] «em computadores/energias renováveis».
feracidade *s f* (<lat *ferácitas,átis*) Qualidade do que é feraz/fértil/Fertilidade(+)/Fecundidade(+). **Ant.** Aridez; esterilidade.
feracíssimo, a *adj* (<lat *feracíssimus,a,um*) Que é muito feraz/fecundo/abundante/Fertilíssimo(+).
feraz *adj 2g* (<lat *férax,ácis*) Muito produtivo/abundante/Fértil(+)/Fecundo(+).
ferberite/a *s f Min* (<antr Rudolph Ferber, séc. XIX) Tungstato de ferro, Fe(WO₄), que constitui um dos extremos da série da volframite.
féretro *s m* (<lat *féretrum,i*) Caixão mortuário/Ataúde/Esquife/Tumba. **Ex.** Perante as lágrimas dos familiares (do defunto), no cemitério, abriram o ~ pela última vez.
fereza *s f* (<fera+-eza) **1** Qualidade do que é fero/bravo/Ferocidade(+). **Comb.** ~ do leopardo [tigre]. **2** Cara(c)terística do que [de quem] é cruel. **Comb.** A ~ [ferocidade(+)/crueldade(o+)] dos assaltantes «de car jacking».
féria *s f* (<lat *féria,ae*: festa, dia de descanso) **1** Dia de semana. **2** Salário dos operários. **Loc.** *Dia de receber a ~. Pagar a ~.* **3** Rol [Listagem] dos pagamentos a efe(c)tuar. **Comb.** *Dinheiro da* [para pagar a] ~. *Folha de ~s.* **4** *Rel* Dia em que não há celebração litúrgica especial/festiva. **Comb.** *Missa da ~. Ofício* (Liturgia das Horas) *da ~.* **5** *pl* Período [Dias consecutivos] em que oficialmente se suspende o trabalho para descanso. **Loc.** Ir de [Gozar/Passar] ~s. **Comb.** ~s *anuais* [grandes/de verão]. ~s *de Natal* [da Páscoa]. ~s *repartidas* [gozadas em períodos não consecutivos]. *Coló[ô]nia de ~s* [~s organizadas para grupos de crianças, acompanhados por monitores, geralmente na praia ou no campo]. *Mapa de ~s. Programa de ~s.* **6** *pl* Interrupção de uma a(c)tividade física ou intelectual/Descanso/Repouso. **Ex.** Esta semana vou dar ~s à televisão: quero dedicar-me à leitura. Ao fim de semana dou ~s à cozinha, vamos sempre (comer) ao restaurante.
feriado *s m* (<lat *feriátus,a,um*) **1** Dia em que não há obrigatoriedade de trabalhar na a(c)tividade normal. **Ex.** Os ~s têm origem na comemoração de acontecimentos importantes, religiosos ou civis. Em Portugal, além dos domingos, há agora cinco ~s religiosos (Ano Novo, Sexta-feira Santa, Assunção, Imaculada Conceição e Natal) e três civis (25 de abril, 1 de maio, 10 de junho). **Loc.** Dar [Ter] ~ [O professor faltar à aula/O patrão dispensar do trabalho] (Ex. Hoje tivemos ~ «a Português» O patrão deu meio dia de ~ «para irmos à manifestação».
ferial *adj 2g* (<lat *feriális,e*) **1** Relativo à(s) féria(s). **Comb.** *A(c)tividades ~ais* [de férias(+)]. *Dia ~* [de receber a féria(+)]. **2** *Rel* Relativo aos dias de semana/à féria. **Comb.** *Dia ~* [em que não se celebra nenhuma solenidade nem festa litúrgica]. *Liturgia* [Missa/Ofício] ~ [da féria(+)].
feriar *v t/int* (<férias + -ar¹) ⇒ descansar; ter [dar] férias.
ferida *s f* (<ferido) **1** Lesão física produzida por golpe ou pancada/Ferimento. **Ex.** Com um golpe tão profundo, a ~ vai demorar a cicatrizar. A minha filha caiu e fez uma grande ~ no joelho. **Loc.** *Desinfe(c)tar a ~. Tratar a* [Fazer o penso/o curativo à] ~. **Sin.** Chaga; úlcera. **2** *fig* Dor moral/Sentimento de mágoa/amargura/Desgosto profundo. **Ex.** A morte inesperada do marido causou-lhe uma ~ difícil de curar. **Loc.** *Abrir a* [Mexer/Tocar na] ~ [(Re)lembrar um assunto doloroso]. *Pôr o dedo na ~* [Fazer alusão a algo que causa desgosto ou irritação/Tocar no ponto [defeito] sensível].
ferido, a *adj/s* (<ferir + -ido) **1** Que sofreu ferimentos/lesões físicas/Magoado. **Ex.** O condutor (do automóvel) ficou muito ~ no acidente. Levaram-no logo para o hospital. Um animal ~ torna-se mais perigoso. **2** *fig* Melindrado/Ofendido/Magoado. **Ex.** Fiquei muito ~o/a com as palavras que ouvi. A ingratidão da minha maior amiga deixou-me muito ~a. **3** *s m* O que se feriu/que sofreu ferimentos/lesões. **Ex.** A explosão causou muitos ~s. Depois do terramoto (de 1755 em Lisboa), o Marquês de Pombal mandou "tratar dos ~s e enterrar os mortos". **Idi.** *Entre mortos e ~s, alguém há de escapar* [Numa situação complicada, há sempre quem consiga vencer/sair ileso/escapar]. **Comb.** ~s *graves* [ligeiros].
ferimento *s m* (<ferir + -mento) A(c)to de ferir(-se)/Ferida/Lesão. **Ex.** O acidentado [A vítima do acidente] tem um ~ grave na cabeça.
ferino, a *adj* (<lat *ferínus,a,um*) **1** Próprio de fera/Feroz. **Comb.** O rosnar ~ do cão. **2** *fig* Desumano/Cruel. **Comb.** Sentimentos [Ódio] ~os/o.
ferir *v t* (<lat *fério,íre*) **1** Causar ferimento/lesão/Fazer ferida. **Ex.** O operário feriu-se muito na queda do andaime. Involuntariamente, feriu a mão do filho ao fechar a porta do carro. Os sapatos ferem-me os pés. **2** Causar impressão desagradável/Causar irritação/Ofender. **Ex.** A música estridente «do arraial» fere-me os ouvidos. A luz intensa fere a vista [os olhos]. Certos exageros modernos do vestir ferem a minha sensibilidade. **3** Causar desgosto/dor moral/Ofender/Magoar. **Ex.** As tuas palavras grosseiras feriram-me muito. **4** *fig* Atingir com golpes/Bater com força. **Loc.** ~ [Riscar(o+)/Estragar(+)] *o móvel* «guarda-vestidos» *com o aspirador.* ~ *uma árvore com a enxada* (ao tirar as ervas em volta dela). **5** *fig* Fazer vibrar/Emitir som. **Loc.** ~ *as cordas da* [Tocar] *guitarra.*
fermata *s f Mús* (<it *fermata*) Sinal que indica suspensão da nota/Caldeirão.
fermentação *s f Bioq* (<fermentar + -ção) **1** Transformação química que sofrem os compostos orgânicos por a(c)ção de fermentos ou enzimas. **Comb.** ~ *acética* [Transformação do álcool etílico em ácido acético]. ~ *alcoólica* [Transformação de açúcares [glícidos] em álcool etílico e dióxido de carbono]. **2** *fig* Agitação/Efervescência latente.
fermentador, ora *adj/s* (<fermentar + -dor) **1** (O) que causa [provoca] fermentação. **Comb.** Agente ~. **2** *s m* Recipiente [Vaso/Tina] onde se faz a fermentação. **Comb.** ~ *de vidro* [aço inox].
fermentante *adj 2g* (<fermentar + -ante) **1** Que provoca a fermentação/Fermentador. **Comb.** Enzima ~. **2** Que está em processo de fermentação. **Comb.** Mistura «mosto das uvas» ~.
fermentar *v t/inr* (<lat *ferménto,áre*) **1** Sofrer [Decompor(-se) por/Estar em] fermentação. **Ex.** O mosto já começou a ~. O doce «de abóbora» fermentou; está estragado. **2** (Fazer) levedar. **Ex.** A massa do bolo tem que [de] ficar em repouso para ~ [levedar(+)]. **2** *fig* Promover/Estimular. **Ex.** A revolução de 25 de abril de 1974, em Portugal, já fermentava [estava latente] há bastante tempo entre os sargentos.
fermentativo, a *adj* (<lat *fermentatívus,a,um*) Que produz [resulta de/envolve] fermentação. **Comb.** *Processo ~. Rea(c)ção de natureza ~a. Substância ~a.*
fermentável *adj 2g* (<fermentar + -vel) Que pode fermentar. **Comb.** Produto «doce/compota» ~.
fermentescente *adj 2g* (<lat *fermentéscens,éntis*) Susce(p)tível de fermentar/Prestes [Que está quase] a fermentar. **Comb.** Lagar [Massa vínica/Mosto] ~.
fermentescível *adj 2g* (<lat *fermentescíbilis,e*) Passível de fermentar/Fermentável.
fermento *s m* (<lat *ferméntum,i*) **1** *Bioq* Substância biológica que provoca a fermentação/Enzima. **Comb.** ~ *láctico*. **2** Massa de farinha que fermentou e que se junta à farinha amassada para a levedar/Levedura. **Comb.** ~ *de padeiro*. **3** *fig* Agente que provoca [faz crescer] uma grande alteração/mudança «revolução»/Gérmen. **Comb.** ~ *de discórdia.* ~ *duma paixão.*
fermentoso, a *adj* (<fermento + -oso) **1** ⇒ fermentante. **2** *fig* «seiva» Que dá vida/Vivificante.
fermi *s m Fís* (<antr Enrico Fermi, físico it (1901-1954)) Unidade de comprimento em física nuclear, equivalente a 10^{-13}cm.
fermião [férmion] *s m Fís* (<antr E. Fermi, físico it (1901-1954)) Partícula de *spin* semi-inteiro que obedece ao princípio de exclusão de Pauli e à estatística de Fermi-Dirac (E. Fermi, físico it (1901-1954); P. Dirac, físico ing (1902-1984)). **Ex.** Ele(c)trão [Elétron], protão [próton], neutrão [nêutron] são ~ões.
férmio [Fm 100] *s m Quím* (<antr E. Fermi) Elemento radioa(c)tivo, obtido artificialmente em 1952.
-fero- *suf* (<lat *féro,férs,férre,túli,látum*: levar, trazer, causar) Exprime a ideia de: **a)** ter, conter: *aurífero, carbonífero, cuprífero*; **b)** levar, transportar: *aerífero, alífero*; c) produzir: *acidífero, cerealífero, frutífero, lucífero, mortífero*.
fero, a *adj* (<lat *férus,a,um*) **1** Que demonstra ferocidade/Feroz/Bravio. **Ex.** Animais ~s «lobo/javali» não há muitos em Portu-

gal. **2** Desumano/Cruel/Violento. **Ex.** Cada vez há mais assaltantes ~s [violentos(+)] que não têm pejo [não se importam] de matar quem lhes oferecer resistência. **3** Duro/Agreste. **Comb.** Tempo [Vento/Tempestade] ~o/a. **4** Sadio/Forte/Vigoroso. **Ex.** Apesar de ser uma família muito pobre, as crianças cresceram todas ~as [fortes(o+)/saudáveis(+)].

ferocidade s f (<lat *ferócitas,átis*) **1** Qualidade do que é feroz/Cará(c)ter [Índole/Temperamento] feroz. **Comb.** A ~ de certas raças de cães «*pit bull*». **2** Selvajaria/Atrocidade/Violência. **Comb.** A ~ das hordas revolucionárias. **3** Arrogância ameaçadora. **Ex.** A ~ das palavras do guarda foi suficiente para afugentar [fazer fugir com medo/atemorizar] os assaltantes.

ferocíssimo, a adj (<lat *ferocíssimus,a,um*) Muito feroz. **Comb.** Animal «pantera/tigre» ~.

feromona[mónio] s f [m] (<fero- a) + (h)ormona[mónio]) Substância biológica muito a(c)tiva segregada por alguns animais «borboletas/formigas» que a(c)tua como estimulante odoroso de comunicação entre eles «atra(c)ção sexual/demarcação do rasto».

feroz adj 2g (<lat *férox,ócis*) **1** Que tem instinto cruel/Da natureza de fera. **Ex.** No jardim zoológico, os animais ~es «tigre/leão» estão em jaulas ou em recintos fechados. O vizinho tem um cão muito ~. **Sin.** Bravo; selvagem. **2** *fig* Que revela desumanidade/Bárbaro/Cruel/Violento. **Ex.** Quando soube que o filho andava a roubar, ficou muito ~ [ficou como uma fera(+)] e castigou-o severamente. **3** Ameaçador/Temível/Fero. **Comb.** Olhar ~. *Rugido* ~ «do leão». *Um professor* ~ [Uma fera de professor].

ferra s f *Vet* (<ferrar) **1** A(c)to de ferrar as [de pôr as ferraduras nas] cavalgaduras/Ferragem 3(+). **Loc.** Levar os animais «burros/cavalos» à ~. **2** Marcação do gado com ferro incandescente. **Ex.** A ~ feita na pele de forma indelével permite a fácil identificação do animal (e do seu proprietário).

ferrã s f (<lat *farrágo,inis*) **1** Centeio ou cevada que se ceifa enquanto verde para alimentação do gado. **2** Planta/Erva cortada em verde utilizada como forragem.

ferrabrás adj/s 2g (<fr *fier-à-bras,* antr *Fierabras*, herói sarraceno (séc. XII) das canções de gesta) (O) que alardeia valentia/Fanfarrão/Valentão. **Comb.** Modos de ~.

ferradela s f (<ferrar 5 + -dela) **1** Mordedela/Dentada/Mordedura. **Ex.** Há por aí uns bich(inh)os «formigas» que dão cada ~ [que mordem/dão picadas muito dolorosas]! **2** Marca [Ferimento] deixada/o por uma mordedura. **Ex.** Ainda se nota a ~ que o cão me deu na perna há mais de uma semana.

ferrado, a adj/s m (<ferrar) **1** s m *Zool* Líquido negro expelido por moluscos cefalópodes em situações de perigo/Tinta. **Ex.** O ~, quando expelido pelos moluscos «polvo/chocos», turva a água, facilitando-lhes a fuga. **Comb.** Bolsa [Bexiga/Glândula] do ~. **2** Fezes escuras da criança recém-nascida/Mecó(ô)nio. **Ex.** As fortes [intensas] dores abdominais do recém-nascido abrandam com a evacuação do ~. **3** Vasilha para recolha do leite na ordenha. **Ex.** O ~ (antigamente de madeira e agora de lata ou alumínio) tem forma tronco-có[ô]nica com fundo e boca largos. **4** adj Guarnecido com ferro. **Comb.** Bastão [Bengala] ~o/a. Botas ~as. **5** «cavalo» No qual se colocaram ferraduras. **6** (Animal) marcado com ferro em brasa. **7** *fig* Muito agarrado/Bem preso/Obstinado. **Comb.** ~ naquela ideia «nem os pais conseguiram convencê-lo». ~ no sono [A dormir profundamente] «não ouviu o despertador».

ferrador s m (<ferrar 2/3 + -dor) **1** O que ferra. **2** *Ornit Br* Pássaro cujo canto faz lembrar as marteladas do ~/Araponga; *Procnias nudicollis.*

ferradura s f (<ferrar 2 + -dura) Peça de ferro em semicírculo que se crava nos cascos dos animais para os proteger. **Idi.** *Dar uma no cravo e outra na* ~ [Dizer [Fazer] umas coisas certas e outras erradas]. **Comb.** Arco em (forma de) ~.

ferrageiro, a s (<ferragem + -eiro) Negociante de ferro ou de ferragens.

ferragem s f (<ferro + -agem) **1** Partes [Peças] de ferro [metal não precioso] utilizadas com obje(c)tivo funcional ou como adorno. **Comb.** ~ns *duma porta* «dobradiças/fechos». ~ *de latão* «duma arca». *Loja de* ~ns. **2** Guarnição [Reforço] de ferro. **Ex.** Todas as portas exteriores do armazém estão reforçadas com ~. **3** A(c)to de ferrar [de pôr as ferraduras nos] animais/Ferra 1. **4** *Br* Designação de diversos minerais «rútilo [rutílio]/anatásio azul» que ocorrem juntamente com o diamante.

ferra(ja)ria s f (<ferragem + -aria) ⇒ ferraria.

ferral adj 2g (<ferro + -al) **1** Da cor do ferro. **2** *Bot* Casta de uvas de mesa de bagos arroxeados e consistentes.

ferramenta s f (<lat *ferramenta,* pl de *ferramentum,i*) **1** Instrumento ou conjunto de instrumentos, geralmente de ferro com cabo de madeira, usados em determinadas profissões. **Ex.** Enxadas, martelos, chaves de fendas, machados são ~s de uso quotidiano [muito frequente]. O lápis, a caneta, o computador são as modernas ~s de quem trabalha num escritório. **Comb.** ~ *do canalizador* [carpinteiro]. *Caixa da* ~. **2** *fig* Meio para alcançar um fim. **Ex.** A instrução [Um curso] é a melhor ~ que se pode dar a um filho.

ferramental s m (<ferramenta + -al) **1** Peça de madeira onde se colocam as ferramentas quando não estão a ser utilizadas. **Ex.** O mestre insistia com os aprendizes para arrumarem [colocarem] sempre as ferramentas no ~ depois de terminado o trabalho. **2** Conjunto de instrumentos ou meios para fazer um trabalho.

ferramenteiro, a s (<ferramenta + -eiro) Encarregado da guarda e conservação das ferramentas. **Comb.** ~ *duma obra* [oficina].

ferrão s m (<ferro+ -ão) **1** Ponta de ferro afiada/Aguilhão. **Comb.** ~ *da vara de picar* [tocar(+)/tanger(o+)] *os bois.* **2** *Zool* Órgão retrá(c)til picador de alguns animais «abelhas/escorpiões». **Ex.** As abelhas, quando picam, deixam o ~ espetado. **3** Bico dos piões. **4** *Ornit Br* Pequena ave que tem a cabeça, a nuca e a parte inferior pretas/Jacanã; *Jacana jacana.*

ferrar v t (<ferro + -ar) **1** Pregar ferro em/Guarnecer de [Reforçar com] ferro. **Loc.** *gír* ~ *a unha* [Vender caro]. ~ *as* [Aplicar prote(c)tores de ferro nas] *botas. gír* ~ *o cão* [Não pagar uma dívida]. *fam* ~ *o galho/*~*-se a dormir* [(Deitar-se) a dormir]. ~ [Chapear(+)] *uma porta. idi Estar com ela ferrada* [Ter a intenção de «me enganar/se vingar»]. **2** Aplicar ferraduras nos animais. **Loc.** ~ *uma égua/um burro.* **3** Marcar os animais com ferro incandescente. **Loc.** ~ *os touros* «destinados às touradas». **4** Fixar fortemente/Cravar. **Ex.** Lançou-se sobre o gatuno, ferrou-lhe as mãos ao pescoço e só o largou quando ele, arrependido, confessou onde tinha escondido o roubo. O gato ferrou-me as unhas na perna. **5** Dar dentadas/Morder. **Ex.** Quando lhe iam fazer o curativo, o doente ferrava os dentes no lençol para não gritar. O cachorro ferrou[mordeu]-me! **Loc.** ~ *os dentes* «numa maçã». **6** Dar com força/Aplicar/Desferir. **Loc.** ~ *um par de murros/bofetadas/sopapos.* **7** Prender(-se) o peixe no anzol. **Ex.** Havia por ali muito peixe mas nenhum ferrava no anzol. **8** *fig* Impingir/Pregar. **Ex.** Não imaginas o ralhete [*col* sermão] que o meu pai me ferrou [pregou(+)] por ter tirado más notas. **Loc.** ~ *uma mentira* [*col* uma peta]. **9** *Náut* Lançar a âncora/Deitar ferro/Ancorar. **Ex.** O navio não entrou no porto, ferrou [ancorou(+)] ao largo. **10** *Náut* Colher/Dobrar/Amarrar as velas.

ferraria s f (<ferrar + -aria) **1** Fábrica [Loja] de ferragens. **Loc.** Abrir [Instalar/Montar] uma ~. **2** Oficina de ferreiro/Forja. **Ex.** Encomendei o gradeamento e o portão na ~ [no ferreiro(+)] da esquina. **3** Grande quantidade [Armazém] de ferro/Depósito de sucata/Ferro-velho. **Ex.** Vou carregar [comprar] as vigas à ~ [ao armazém de ferro]. Na ~ [No sucateiro/ferro-velho], pode ser que [, talvez] encontres a peça para o carro. **4** *an* Local onde existiam minas de ferro e fundições ou oficinas de artigos de ferro.

ferreiro s m (<ferro + -eiro) **1** Artesão [Oficial/Trabalhador] que trabalha o ferro. **Ex.** O ~ comprou uma forja nova. **Prov.** *Em casa de* ~ *espeto de pau* [Expressão que se diz quando as coisas não existem ou não são feitas onde tinham todas as condições para existirem ou serem feitas] (Ex. O teu marido repara ele(c)trodomésticos e tens a máquina de lavar avariada?! – É mesmo como se diz: Em casa de ~ espeto de pau! Na casa dum carpinteiro não há um martelo? – É como diz o ditado: em casa de ~ espeto de pau!). **2** Comerciante [Loja] de ferragens ou artigos de ferro/Ferraria 1. **Ex.** Fechos desse tipo, tão antigos, talvez só os encontres no [na loja do] ~. **3** *Ornit* Nome vulgar de diversas aves das famílias: *a)* Paridae (Chapim); *b)* Sylviidae (Chinchafoles ou rouxinol-dos-pauis); *c)* Turbidae (Pisco-ferreiro); *d)* Apolidae (Andorinhão).

ferrenho, a adj (<ferro + -enho) **1** Semelhante ao ferro/Férreo(o+)/Ferruginoso(+)/Ferroso 1. **Comb.** Cor [Dureza] ~a. **2** *fig* Que não abdica dos seus princípios/das suas opiniões/convicções/Obstinado/Intransigente/Inflexível. **Comb.** *Adepto* ~ *dum clube de futebol* «do Benfica/do Corinthians/do Santos». *Monárquico* [Socialista] ~.

férreo, a adj (<lat *férreus,a,um*) **1** De ferro. **Comb.** *Via-*~*a* [Caminho de ferro/*Br* Ferrovia]. **2** Que contém ferro. *Água* ~*a. Mineral* ~. **3** *fig* Que revela maldade/severidade/Cruel/Desumano. **Comb.** *Disciplina* ~*a. Vontade* ~*a.* **4** *fig* Forte/Inabalável/Intransigente. **Comb.** *Persistência* ~*a. Vontade* ~*a.*

ferreta (Rrê) s f (<ferro + -eta) Bico metálico «de pião»/Ponteira de ferro/Pua. ⇒ ferrinho 1.

ferrete (Rrê) s m (<ferro + -ete) **1** Instrumento de ferro com letra ou sinal gravado utilizado para marcar gado. **Ex.** Antigamente também se marcavam com o ~ os escravos e os criminosos. **2** Sinal [Marca] de uma a(c)ção vergonhosa/ignóbil/Mácula/Estigma/Labéu. **Comb.** ~ *dos grilhões* [da lepra]. **3** Marca indelével/que não se apaga. **Ex.** Em Auschwitz perdura o ~ dos horrores do holocausto. Vou dedicar-me aos meus alunos, não quero ficar com o ~ de mau professor.

ferret(e)ar v t (<ferrete + -ear) **1** Marcar com ferrete. **Loc.** ~ o gado. **2** *fig* Irritar/Espicaçar/Atormentar. **Loc.** ~ os colegas mais fracos [tímidos/envergonhados].

ferricianeto s m *Quím* (<ferro + -i- + cianeto) Sal complexo do anião [ânion] [Fe(CN)$_6$]$^{3-}$. **Ex.** Os ~s são incolores.

férrico, a *adj Quím* (<ferro + -ico) Diz-se dos compostos de ferro trivalente. **Comb.** *Cloreto* ~ (Fe Cl$_3$). *Óxido* ~ (Fe$_2$ O$_3$).

ferrífero, a *adj* (<ferro + -i- + -fero) Que contém ferro ou sais [compostos] de ferro. **Comb.** *Terras* [*Solos*] *~as/os*.

ferrimagnético, a *adj Fís* (<ferro + -i- + magnético; ⇒ ferromagnético) Que tem a propriedade do ferrimagnetismo. **Ex.** Nas substâncias ~as a susce(p)tibilidade magnética varia com a temperatura de forma não linear, o que permite distingui-las das substâncias ferromagnéticas.

ferrimagnetismo s m *Fís* (<ferro + -i- + magnetismo; ⇒ ferromagnetismo) Termo proposto por L. Néel (nasceu em 1904) para designar a constituição magnética (Estado magnético ordenado) das ferrites e de outros corpos. **Ex.** Segundo L. Néel, o ~ é um antiferromagnetismo imperfeito.

ferrinho s m (<ferro + -inho) **1** *Dim* de ferro/Ferro pequeno. **2** Apetrecho utilizado para desaparafusar as peças da espingarda para a limpar. **3** *pl Mús* Instrumento musical constituído por uma fina barra de ferro em forma de triângulo que se percute com outro pequeno ferro. **Loc.** Tocar ~s.

ferrite/a s f *Fís/Quím* (<ferro + -ite/a) **1** Substância constituída por óxido de ferro e outro metal ou terras raras. **Ex.** As ~s podem representar-se por uma fórmula do tipo Fe$_2$ M O$_4$ em que *M* representa os metais Mn, Fe, Co, Ni, Cu ou terras raras. **2** Forma(s) alotrópica(s) do ferro. **Ex.** A ~ apresenta duas formas estáveis: *ferro-alfa*, abaixo de 912º C e *ferro-gama* entre 912 e 1400º C.

ferrítico, a *adj* (<ferrite/a + -ico) Relativo à [Da natureza da] ferrite/a.

ferro [Fe 26] s m (<lat *ferrum,i*) **1** *Quím* Elemento metálico, dúctil e maleável. **Ex.** O ~ é o quarto elemento mais abundante na crusta terrestre. **Idi.** *Fazer* [Meter] *~ a alguém* [Causar inveja/ciúme/Arreliar]. *Malhar em ~ frio* [Teimar sem resultado/Trabalhar em vão]. *Não ser de ~* [Não ter obrigação de [capacidade para] aguentar tudo quanto lhe está a ser exigido/Não ser insensível às situações (dolorosas) que se passam à sua volta] (Ex. Eu não aguento tanto trabalho! Não sou de ~!). *Passar a ~* [Alisar/Desenrugar a roupa com o ~ quente]. *Pôr (alguém) a ~s* [Meter na prisão]. *Tirar a ~s* [Utilizar o fórceps no parto]. *A ~ e fogo* [De forma violenta/De qualquer maneira] (Ex. A multidão foi varrida [dispersa(da)] a ~ e fogo. Os conflitos «laborais» não podem ser resolvidos a ~ e fogo. Loc. Estar a ~ e fogo com alguém [Estar muito zangado]). **Comb.** *idi Braço de ~* [Oposição entre duas forças [pessoas/fa(c)ções] em que nenhuma delas está disposta a ceder] (Loc. Fazer o braço de ~ [Jogo entre dois adversários que com os cotovelos apoiados e antebraços unidos tentam dobrar o braço do opositor]). *Idade do ~* [Período (pré-)histórico, aproximadamente de 1500 a 500 a.C., em que o ~ começou a ser utilizado em armas e utensílios)]. *Minério de* ~. **2** Qualquer pedaço desse metal. **Ex.** Furioso, pegou num ~ para agredir o assaltante. A criança entretinha-se a bater com um ~ numa pedra. **3** Liga em que esse metal é o constituinte principal. **Comb.** *~ cromado* [galvanizado/niquelado]. *~ forjado* [fundido]. *Chapa* [Viga/Perfil] *de* ~. *Indústria do* ~. **4** Obje(c)to [Utensílio] fabricado com esse metal. **Comb.** *~ de marcar* [Ferrete 1]. *~ de passar* [engomar] [Utensílio doméstico com aquecimento próprio «elé(c)trico» para alisar a roupa]. *~ de soldar* [Instrumento aquecido ele(c)tricamente utilizado para ligar materiais ou peças «de metal/de plástico»]. **5** Parte operacional «cortante/perfurante» dum utensílio ou instrumento. **Comb.** *~ da espada* [da faca/do machado]. *~ das bandarilhas* [farpas] *das touradas*. *~ do formão* [da enxó/plaina]. **6** *Náut* Âncora dos barcos. **Loc.** *Lançar* ~ [Ancorar/Fundear]. *Levantar* ~ [Partir em viagem/fam Sair sem justificação/sem dar satisfações] (Ex. O navio levantou ~ ao amanhecer. Porque o repreendi por ter chegado atrasado, (o empregado) levantou ~ [saiu desabridamente (pela) porta fora] e nunca mais (cá) apareceu).

ferroada s f (<ferr(ão) + -ada) **1** Picada com ferrão. **Ex.** As ~s das vespas e das abelhas são muito dolorosas. **2** *pop* Dor aguda súbita/Pontada. **Ex.** Senti uma ~ [Deu-me uma pontada(+)] julguei que morria! **3** *fig* Crítica mordaz/maliciosa. **Ex.** Sempre que falava da colega (com quem não simpatizava/col que não gramava(+)), era para lhe dar ~s [para dizer mal dela].

ferroar v t/int (<ferr(ão) + -ar) **1** Dar ferroadas(+)/Picar com o ferrão. **Ex.** Quanto mais sacudia as vespas, mais elas o ferroavam [picavam(+)]. **2** *fig* Espicaçar(+)/Irritar/Apoquentar. **Loc.** ~ os colegas mais pequenos/fracos.

ferrocianeto s m *Quím* (<ferro + cianeto) Sal complexo do anião [ânion] [Fe (CN)$_6$]$^{4-}$. **Comb.** ~ de potássio (Azul da Prússia).

ferrolhar v t (<ferrolho + -ar¹) Fechar com ferrolho/Trancar/Aferrolhar. **Loc.** ~ a(s) porta(s).

ferrolho (Rrô) s m *pop* (<lat *ferrúnculum* <*verúculum,i*: pequeno espeto) **1** Tranqueta corrediça de ferro ou de madeira que desliza em dois apoios fixos na parte «porta/janela» a fechar. **Sin.** Fecho 2(+). **Loc.** Bater ao ~ [Bater à porta para uma visita de amigo]. **2** ⇒ aldraba.

ferro-liga s f Aditivos muito utilizados em siderurgia e fundição nos quais o ferro é o elemento predominante, mas o elemento a(c)tivo é o segundo (ou o segundo e o terceiro) mais abundante. **Ex.** Ferro-cró[ô]mio, ferro-manganês, ferro-silício, ferro-silicocálcio contam-se entre as ~s mais utilizadas.

ferromagnesiano, a *adj Min* (<ferro + magnesiano) Diz-se de mineral em cuja composição predominam o ferro e o magnésio «anfíbolas/micas/olivinas/piroxenas».

ferromagnético, a *adj Fís* (<ferro + magnético) Que possui [Relativo ao] ferromagnetismo/Que tem susce(p)tibilidade magnética elevada/Fortemente magnético. **Comb.** *Substância* ~a «ferro/níquel/cobalto».

ferromagnetismo s m *Fís* (<ferro + magnetismo) Propriedade que têm certos materiais «ferro/níquel» de adquirir(em) magnetismo por a(c)ção dum campo magnético, o qual se pode manter fora da influência desse campo. **Ex.** Todas as substâncias que têm (a propriedade de) ~ são sólidas. ⇒ antimagnetismo; diamagnetismo; paramagnetismo.

ferromoça s f *Br* (<ferro + moça) Hospedeira de bordo em comboios [trens] de longo curso. ⇒ aeromoça.

ferropeia s f (<ferro + peia) Cadeia de ferro para prender pelas pernas [pelos pulsos] os condenados/Algema(+)/Grilhão(+).

ferroso, a (Ôso, Ósa, Ósos) *adj* (<ferro + -oso) **1** Que contém ferro/Férreo/Ferruginoso. **Comb.** *Água ~a. Minérios ~s*. **2** *Quím* Designativo dos compostos de ferro bivalente. **Comb.** *Cloreto* ~ (Fe Cl$_2$). *Sulfato* ~ (Fe SO$_4$). ⇒ férrico.

ferro-velho s m **1** Obje(c)tos usados, geralmente de ferro, sem valor/Sucata. **Ex.** Vou fazer uma grande limpeza à casa e deitar fora todo o ~ (que há por lá). **2** Sucata de ferro e outros materiais/Local onde é armazenada a sucata. **Ex.** Passando o ~ (de automóveis) à saída da cidade, encontra(-se) logo uma farmácia, à direita. **3** Pessoa que negoceia em sucata/Sucateiro. **Ex.** Há ferros-velhos muito ricos: compram tudo o que é velho mas têm bons carros e boas casas novas.

ferrovia s f (<ferro + via) Caminho de ferro/Via-férrea. ⇒ rodovia.

ferroviário, a *adj/s* (<ferrovia + -ário) **1** Relativo à ferrovia/ao caminho de ferro. **Comb.** *Tráfego* [*Transporte*] ~. **2** s Funcionário de empresa de caminho de ferro. **Comb.** *Maquinista* [*Revisor*] ~.

ferrugem s f (<lat *ferrúgo,inis*) **1** *Quím* Óxido de ferro hidratado formado à superfície do ferro em meio (h)úmido. **Ex.** A ~ corrói o ferro. **Comb.** *idi pop Chato como a* ~ [Maçador/Enfadonho/Importuno]. *Grades* [*Portão*] *com* ~. **2** Óxido que se forma à superfície doutros metais. **3** *Bot* Doença causada por fungos nas folhas e frutos de certas árvores, no trigo e noutros cereais. **Ex.** O limoeiro está cheio de ~. **4** *fig* Perda de vigor com a idade/Entorpecimento. **Ex.** Custa-me muito baixar [dobrar as pernas]. É a ~ (dos 80 anos)!

ferrugento, a *adj* (<ferrugem + -ento) **1** Que tem ferrugem/Que está enferrujado. **Comb.** *Chapas* [*Máquinas*] *~as*. **2** *fig* Antiquado/Velho/Fora de moda. **Ex.** Naquela loja só se encontram coisas velhas, ~as. **Comb.** *idéias* ~as [antiquadas].

ferruginosidade s f (<ferruginoso + -i- + -dade) Cara(c)terística do que é ferruginoso.

ferruginoso, a (Ôso, Ósa, Ósos) *adj* (<ferrugem + -oso) **1** Que tem ferro ou ferrugem/Ferrugento. **Comb.** *Água ~a/férrea. Manchas ~as* [ferrugentas(+)] «no carro». **2** Da cor [Da natureza] do ferro/da ferrugem. **Comb.** *Cor amarela, ~a. Minerais ~s*.

ferry/ferryboat (Férri/Fèrribout) s m *ing* Barco de serviço regular para transporte de passageiros e veículos em pequenos percursos de rios e lagos. **Sin.** Barco-ponte.

fértil *adj 2g* (<lat *fertílis,e*; ⇒ -fero-) **1** Que produz muito/Fecundo/Produtivo. **Comb.** *Região* [*Vale/Terreno*] ~. **Ant.** Árido; estéril. **2** Apto para reprodução/Capaz de procriar. **Comb.** *Coelha* [*Porca*] ~. *Idade* ~. **Ant.** Estéril. **3** Abundante/Rico. **Ex.** Os últimos tempos têm sido ~eis em acontecimentos políticos. Durante o campeonato da Europa, a TV foi ~ em transmissões de jogos de futebol. **Ant.** Escasso; pobre. **4** Criativo/Inventivo. **Comb.** *Inteligência* ~. *Imaginação* ~.

fertilidade s f (<lat *fertílitas,átis*) **1** Qualidade do que é fértil/Fecundidade. **Ex.** A ~ deste terreno valoriza-o muito. A ~ desta coelha é espantosa, tem sempre grandes ninhadas. **Ant.** Aridez; esterilidade. **2** *fig* Capacidade de ser criativo/imaginativo/inventivo. **Comb.** *Escritor de grande ~/fecundidade(+)*.

fertilização s f (<fertilizar + -ção) **1** A(c)to ou efeito de fertilizar/de tornar fértil. **Comb.** ~ dos solos «com adubos/matéria orgânica». **2** Biol União do gâmeta masculino com o feminino dando origem ao novo ser (Ovo)/Fecundação.

fertilizador, ora adj/s (<fertilizar + -dor) (O) que fertiliza/Fertilizante. **Comb.** Célula ~ora. Chuva ~ora [fertilizante].

fertilizante adj/s 2g (<fertilizar + -ante) (O) que fertiliza/Fertilizador. **Ex.** O emprego de ~s [adubos] aumentou muito a produtividade dos terrenos. **Comb.** Agente ~. Poder [Capacidade] ~.

fertilizar v t/int (<fértil + -izar) **1** Tornar fértil/fecundo/produtivo. **Loc.** ~ os solos «com adubo/matéria orgânica/nutrientes». **2** Biol ⇒ fecundar.

fertilizável adj 2g (<fertilizar + -vel) Susce(p)tível de fertilização. **Ex.** Sem água, os solos não são ~eis.

férula s f (<lat férula,ae: haste de cana, açoite <ferire: bater) **1** Palmatória(+) escolar/Bastão. **2** fig Rigor disciplinar/Severidade/Castigo. **3** Bot Designação comum de plantas da família das umbelíferas «cana-frecha/fungo-gigante».

fervedoi[ou]ro s m (<ferver + -doi[ou]ro) **1** Movimento semelhante ao dum líquido a ferver/Ebulição/Efervescência. **Ex.** Baixa o lume da panela; ouve-se aqui o ~ da sopa. **2** fig Movimentação dum ajuntamento de pessoas [animais]/Agitação/Alvoroço/Inquietação. **Ex.** Ao ver o ~ de tanta gente a correr «para a ponte» percebi logo que tinha havido desastre. **Comb.** ~ de mosquitos.

fervedor s m (<ferver + -dor) Utensílio doméstico para ferver líquidos «leite». **Comb.** ~ de alumínio [inox].

fervelhar v int ⇒ fervilhar.

fervelho s m pop (<fervelhar) Criança irrequieta/muito a(c)tiva. **Ex.** Esta criança é um ~, não para quieta um segundo/minuto [, nunca está sossegada]! ⇒ fervilha.

ferventar v t (<fervente + -ar[1]) Submeter a ligeira fervura/Aferventar. **Ex.** Depois de batido, (o bolo) vai ao lume para ~ um pouco e está pronto.

fervente adj 2g (<lat férvens,éntis) **1** Que ferve/está em ebulição. **Loc.** Mergulhar em água ~ [a ferver] «para tirar a pele às amêndoas». **2** fig Que revela ímpeto/ardor/Caloroso. **Comb.** Ânimos ~s [exaltados(+)]. Discussão ~ [acalorada(+)]. **3** fig Com grande devoção/fervor/zelo. **Comb.** Oração ~ [muito piedosa(+)/muito fervorosa(o+)].

ferver v t/int (<lat férveo,es,ére,férvi) **1** Atingir o ponto [a temperatura] de ebulição. **Ex.** A água ferve a 100° C. O leite já ferve. **Loc.** ~ em cachão [com grande intensidade]. idi ~ em pouca água/em água fria [Exaltar-se com extrema facilidade]. **2** Preparar [Cozer] um alimento (líquido), mantendo-o em ebulição. **Ex.** Fervi umas batatas e uma posta de peixe para uma refeição rápida. **3** fig Estar animado de forte excitação «desejoso/impaciente/irritado». **Ex.** Passei o dia a ~ a pensar [~ pensando] nas férias que começavam no dia seguinte. Não era nada comigo, mas fiquei a ~ de raiva com o empregado «dos correios» que foi muito antipático com uma senhora idosa. **4** fig Sentir grande calor/inquietação. **Ex.** Se bebia um pouco de álcool, ficava logo a ~! Fervia-lhe o sangue nas veias «temendo que acontecesse o pior». **5** fig Aparecer em grande número/Aglomerar(-se)/Concentrar(-se). **Ex.** (Na festa) não se podia andar na rua, fervia gente por todo o lado [por toda a parte]. Quando começavam a discutir, logo ferviam os insultos. **6** Ter uma temperatura elevada/Arder/Queimar. **Ex.** A menina deve estar com febre, tem a testa a ~. Com tanto calor, a areia da praia ferve [queima(+)]; não se pode andar descalço. **7** Fermentar o mosto no lagar. **Ex.** O (vinho) mosto já ferve.

fervescente adj 2g (<lat fervéscens,éntis) ⇒ fervente.

fervido, a adj (<ferver + -ido) **1** Que ferveu/esteve em ebulição. **Comb.** «aqui só bebo a» Água ~a. **2** pop Desinfe(c)tado/Esterilizado. **Comb.** **Agulhas** (de inje(c)ção) **~as**. **Biberões ~** [Mamadeiras].

férvido, a adj (<lat férvidus,a,um) **1** Muito quente/Abrasador(+). **Comb.** Sol ~. **2** Ardente(+)/Apaixonado. **Comb.** Amor ~. **3** Zeloso/Entusiasta/Fervoroso. **Comb.** «dirigir» ~as orações « a Deus».

fervilha adj/s 2g (<fervilhar) (O) que é muito a(c)tivo/irrequieto/agitado. **Ex.** Aquele/a não para. É um/uma ~, mete-se em tudo! ⇒ fervelho.

fervilhar v int (<ferver + -ilhar) **1** Ferver lenta e continuamente. **Ex.** A sopa, para ficar saborosa, deve deixar-se muito tempo a ~. **2** Aparecer em grande quantidade/Irromper/Pulular. **Ex.** Mal nos sentámos para o piquenique, logo uma multidão [chusma(+)/quantidade(o+)] de moscas começou a ~ à nossa volta. Naquela cabeç(cinh)a já fervilhavam ideias novas. **3** Mexer(-se) [Agitar(-se)] muito. **Ex.** Apesar de ter pouca saúde, passava o dia [andava sempre] a ~, não parava. O público fervilhava (cheio) de entusiasmo.

fervor s m (<lat férvor,óris) **1** Movimento semelhante ao dos líquidos em ebulição/Estado do que ferve/Efervescência/Fervura. **Ex.** Ouvia-se o ~ da chaleira [Ouvia-se a chaleira a ferver(+)] no fogão. **2** Ardor/Entusiasmo. **Comb.** ~ patriótico [clubista]. **3** Dedicação/Zelo. **Ex.** Vou tratar do seu assunto com grande ~ [assunto o melhor possível]. **4** Grande devoção/Piedade. **Ex.** Rezava sempre com muito ~.

fervoroso, a (Ôso, Ósa, Ósos) adj (<fervor + -oso) **1** ⇒ fervente. **2** Entusiasta/Ardoroso. **Comb.** Militante «socialista» ~. **3** Cheio de zelo/Dedicado. **Comb.** Profissional «professor» ~ [dedicado(+)/zeloso(o+)]. **4** Que tem grande devoção/piedade. **Comb.** Cristão ~.

fervura s f (<lat fervúra,ae) **1** Estado dum líquido que ferve/Ebulição. **Loc.** Aquecer até à ~. **Dar uma ~** [Deixar ferver durante pouco tempo]. idi **Deitar** água na ~ [Acalmar [Serenar] os ânimos] (Ex. Gerou-se acesa discussão entre os dois irmãos, mas logo a mãe interveio a deitar água na ~). **Levantar ~** [Começar a ferver]. **2** fig Estado de grande excitação/Efervescência/Alvoroço. **Ex.** Os jovens começaram a preparar a festa com grande entusiasmo mas depressa lhes passou a ~.

festa s f (<lat, pl neutro de féstus,a,um) **1** Solenidade religiosa ou civil/Festividade. Idi. **Não estar para ~s** [Estar de mau humor]. **Ser o bombo da ~** [Ser alvo de todas as críticas e zombarias]. **Deitar foguetes antes da ~** [Começar a festejar antes de se saber se há motivo para isso]. **Fazer a ~ e deitar os foguetes** [Manifestar demasiado entusiasmo e contentamento]. **Comb.** **~ brava** [Corrida de touros/Tourada]. **~ de arromba/~ rija** [Grande ~/Festança]. Rel **~ de guarda**/~ de preceito [Dia equiparado ao domingo]. **~ do Natal** [da Páscoa]. **~(s) da cidade**. **~ fixa** [móvel] [celebrada todos os anos na mesma data/em data diferente]. **Boas-~s** [Expressão de cumprimento/Votos de felicitação por ocasião do Natal e do Ano Novo]. idi **No melhor da ~** [No auge/No momento mais interessante] (Ex. No melhor da ~ é que vais embora?). **2** Comemoração pública periódica [ocasional] dum acontecimento ou duma pessoa. **Ex.** A elevação da terra a cidade é comemorada todos os anos com grande ~. À chegada dos campeões «da Europa em futebol», a população recebeu-os em ~ [fez(-lhes) uma grande ~]. **3** Reunião dum grupo de pessoas para comemorar [celebrar] um acontecimento em ambiente de alegre convívio. **Ex.** Hoje é a ~ das bodas de ouro de casamento dos meus pais. **Comb.** ~ de anos [de ba(p)tizado]. **4** Manifestação de alegria/regozijo/contentamento. **Ex.** A avó, sempre que vê os netos, faz uma grande ~ [fica toda contente]. Encontrei a antiga professora «de História». Que ~ ela me fez! Conheceu-me logo e ficou tão contente de me ver! Passei no exame. Vai haver ~ lá em casa. **5** Carícia/Meiguice. **Ex.** A amiga da mãe faz-me sempre uma ~ na cabeça quando a cumprimento. Não se pode fazer ~s ao [a este] cão, senão ele não nos larga. **6** fam iron Situação desagradável/Confusão. **Ex.** Meninos, são horas de deitar, acabou-se a ~ [a confusão/a galhofa]. Quando o meu pai vir que lhe amachuquei o carro, vai haver ~ [vai ralhar muito].

festança s f (<festa + -ança) **1** Grande festa/Festa rija/de arromba/Festão[2]. **Ex.** Quando o filho se formou, que ~! **2** Festa ruidosa/muito animada/Pândega/Borga. **Ex.** Nos Santos Populares há ~s em todos os bairros lisboetas.

festão[1] s m (<it festone) **1** Cordão enfeitado com flores e folhagem para decoração/Grinalda. **Ex.** As ruas por onde passava a procissão estavam todas engalanadas [enfeitadas] com ~ões. **2** Arquit Ornato de folhagem entrelaçada com flores e frutos, em forma de arco, suspenso nas extremidades.

festão[2] s m (<festa + -ão) Grande festa/Festa de arromba/Festança. **Ex.** Este ano a festa do padroeiro foi um ~ como nunca se viu!

festarola s f pop (<festa + -r- + -ola) Pequena festa/Convívio restrito. **Ex.** Aparece por cá; vai haver uma ~ só para amigos.

festeiro, a adj/s (<festa + -eiro) **1** O que promove a festa. **Ex.** Os ~s empenharam-se a sério. A organização esteve impecável. **2** Relativo à [Próprio da] festa. **Comb.** Azáfama ~a. Comissão ~a [de festas(+)]. **3** Que gosta/Amigo de festas. **Comb.** Rapaziada [Juventude] ~a.

festejado, a adj/s (<festejar + -ado) **1** Que é celebrado/comemorado/homenageado. **Comb.** Acontecimento ~. Equipa/e ~a. «S. João Ba(p)tista» Santo ~ «no dia 24 de junho». **2** s O que é homenageado. **Ex.** O ~ agradeceu comovido a festa que lhe fizeram.

festejador, ora adj/s (<festejar + -dor) (O) que festeja.

festejar v t (<festa + -ejar) **1** Fazer festa/Celebrar/Comemorar. **Loc.** ~ um acontecimento/aniversário/santo. **2** Dar assentimento/Concordar com entusiasmo/Aplaudir. **Ex.** Todos festejaram [se alegraram com] a proposta/a iniciativa.

festejável adj 2g (<festejar + -vel) Digno de ser festejado. **Comb.** Proeza «bater o recorde» ~.

festejo s m (<festejar; us no pl) **1** Acontecimento festivo/Comemoração religiosa ou civil/Festa/Festividade. **Ex.** No verão, os ~s multiplicam-se [acontecem/sucedem(-se)] por toda a parte. **Comb.** ~s carnavalescos. ~s [Festas] de Santo Antó[ô]nio de

Lisboa [de Pádua]. **2** Acolhimento festivo/Manifestação de carinho. **Ex.** A rainha estava emocionada com os ~s [aplausos(+)] da multidão que a aclamava.

festim *s m* (<it *festino*) **1** Festa particular/familiar/íntima. **Ex.** Os condes organizavam com frequência elegantes ~ns frequentados só por amigos da alta sociedade. **2** Pequena festa/Banquete. **Ex.** Para comemorar a vitória nas eleições, o presidente da autarquia fez um ~ [jantar/banquete] com os colaboradores mais dire(c)tos do partido. **Sin.** Festinha(+).⇒ festança.

festival *s m/adj 2g* (<festivo + -al) **1** Série de espe(c)táculos artísticos, culturais, (d)esportivos, ... **Comb.** **~ de cinema de animação**. **~ de futsal**. **~ TV da canção**. **2** [Cortejo festivo cívico ou militar]. **Comb.** ~ comemorativo de revolução «25 de abril de 1974». ~ de abertura «dos jogos olímpicos/do campeonato mundial de futebol». **3** *col idi* [Grande quantidade]. **Comb.** **~ de golos**. **~ de pancadaria**.

festivaleiro, a *adj* (<festival + -eiro) Próprio para festival. **Comb.** Canção ~a.

festividade *s f* (<lat *festívitas,átis*) **1** Festa de cará(c)ter religioso. **Ex.** A 11 de julho, a Igreja Católica celebra a ~ de S. Bento, padroeiro da Europa. **2** Grande festa ou comemoração/Festival. **Ex.** As ~s da passagem do ano atraem muitos turistas à Ilha da Madeira (Portugal).

festivo, a *adj* (<lat *festivus,a,um*) **1** Relativo a festa. **Comb.** Dia ~. Traje ~. **2** Que denota alegria/contentamento. **Comb.** Ambiente [Ar] ~. Comemoração ~a.

festo[1] *s m* (<Fês) (< ?) **1** Largura dum tecido. **Comb.** Pano «de lençol» com 2 m de ~. **2** Dobra [Vinco] ao longo de todo o tecido ou numa peça de roupa. **Loc.** Dobrar «uma peça de pano» pelo ~. O ~ [vinco(+)] das calças.

festo[2]**, a** (Fés) *adj* (<lat *féstus,a,um*) ⇒ festivo.

festoar *v t* (<festão + -ar[1]) Enfeitar com festões(+)/grinaldas/Engalanar(+). **Loc.** ~ as ruas. **Sin.** Festonar.

festonado, a *adj/s* (<festonar + -ado) **1** Enfeitado com festões/grinaldas/Festoado. **2** *s f Arquit* Festão [Grinalda] de grandes proporções usado/a como adorno «em construções/pinturas/esculturas».

festonar *v t* (<festão[1] + -ar[1]) Enfeitar [Ornamentar/Decorar] com festões. **Comb.** Toalha festonada [com festões bordados]. **Sin.** Festoar.

festuca *s f Bot* (<lat científico *Festuca*) Planta herbácea vivaz, da família das gramíneas, espontânea ou cultivada como forrageira «~ dos prados: *Festuca pratensis, L*.».

fetal[1] *adj 2g* (<feto[1] + -al) Relativo ao feto (Embrião). **Comb.** Fase ~ da vida intrauterina. Lesão ~.

fetal[2] *s m* (<feto[2] + -al) Terreno onde crescem [abundam] fetos/Felgueira.

fetiche (Fètí) *s m* (<fr *fétiche* <feitiço) **1** Obje(c)to a que se atribui poder mágico ou sobrenatural e ao qual se presta culto/Feitiço. **2** Obje(c)to que dá sorte/Amuleto.

fetichismo (Fèt) *s m* (<fetiche + -ismo) **1** Culto de obje(c)tos aos quais se atribuem poderes mágicos ou sobrenaturais. **2** Admiração [Veneração] exagerada e irracional por pessoas ou coisas/Idolatria.

fetichista (Fé) *s/adj 2g* (<fetiche + -ista) (O) que segue o [pratica o/é partidário do] fetichismo. **Comb.** Clube de ~s. Prática ~.

feticida (Fé) *s 2g* (<feto[1]+ -i- + -cida) O/A que provoca a morte dum feto/Abortador/deira. **Ex.** O/A ~ voluntário/a é moralmente criminoso/a.

feticídio (Fé) *s m* (<feto[1]+ -i- + -cídio) Morte causada voluntariamente ao feto/Aborto voluntário. **Ex.** Apesar de permitidos pela lei civil, os ~s [abortos voluntários] continuam a ser a(c)tos moralmente criminosos.

fetidez *s f* (<fétido + -ez) ⇒ fedor.

fétido, a *adj* (<lat *foetidus,a,um*) Que tem [exala] mau cheiro/Fedorento. **Comb.** Águas ~as. Cheiro ~ «a esgoto».

feto[1] (Fé) *s m Biol* (<lat *fé[oe]tus,us*) **1** Ser humano em desenvolvimento intrauterino após o terceiro mês de gestação. **Ex.** O desenvolvimento do ~ pode ser observado por meio de ecografia(s). **Comb.** Posição do ~ no ventre materno. **2** Embrião de mamífero na fase de desenvolvimento em que todos os órgãos se encontram em diferenciação histológica. **Ex.** O tempo ao fim do qual o embrião passa a ser designado por ~ não é o mesmo para todas as espécies animais.

feto[2] (Fé) *s m Bot* (<lat *filictum,i*: lugar onde há ~s <*fílix,ícis*: feto) Nome vulgar de plantas pteridófitas, de caule curto, folhas grandes e muito recortadas com esporângios muito numerosos. **Ex.** Os ~s crescem sobretudo em locais húmidos. **Comb.** ~-fêmea/~-ordinário (*Pteridium aquilinum* L.). ~-macho (*Dryopteris filixmas* L.). ~-real (*Osmunda regalis* L.). ⇒ samambaia.

feudal *adj 2g Hist* (<feudo + -al) Relativo a feudo ou ao feudalismo. **Comb.** Regime ~. Senhores ~ais.

feudalismo *s m Hist* (<feudal + -ismo) Regime político, social e econó[ô]mico, cara(c)terístico da Idade Média, baseado na divisão da propriedade em feudos e nas relações de soberania e obrigações recíprocas entre suseranos e vassalos. **Ex.** No ~, o dono da terra (Suserano/Senhorio feudal) devia prote(c)ção aos habitantes mediante a contrapartida da prestação de serviços «serviço militar/amanho da terra».

feudalista *adj/s 2g Hist* (<feudal + -ista) Relativo ao [Próprio do] feudalismo/Feudal. **Comb.** Costumes [Práticas] ~s/feudais.

feudo *s m Hist* (<lat *feudum* <frâncico *fehu*: gado, posse) **1** Terra [Direitos] concedida/os, na Idade Média, por um senhor a um vassalo mediante obrigações mútuas, de prote(c)ção por parte do senhor e de serviço ou pagamento do foro, por parte do vassalo ou feudatário (Que paga feudo). **Ex.** O ~ assentava em dois elementos fundamentais: compromisso pessoal jurado pelo vassalo; gratificação (Território, Usufruto de exploração, Direitos pecuniários) concedida pelo senhor. **Comb.** ~ com senhorio [constituído por território com vassalos e servos]. ~ verdadeiro [que constava de território que honra e compromisso vassalático]. **2** *fig* Domínio (quase) absoluto [Posse exclusiva] sobre determinada coisa/Zona de influência preponderante. **Ex.** Os lugares de administração das grandes empresas públicas têm sido um dos ~s dos partidos do governo. **Comb.** Uma autarquia [Um concelho/distrito] ~ de determinado partido «de esquerda».

fêvera *s f* ⇒ febra.

fevereiro *s m* (<lat *februárius,ii*) Segundo mês do ano civil nos calendários juliano e gregoriano. **Ex.** (O mês de) ~ tem 28 dias nos anos comuns e 29 nos (anos) bissextos.

fez (Fêz) *s m* (<top ár *Faz*, cidade de Marrocos) Barrete geralmente vermelho, de forma có[ô]nica truncada, usado pelos turcos e outros povos do Norte de África.

fezada (Fè) *s f col* (<fé + -z- + -ada) Grande convi(c)ção/Muita esperança. **Ex.** Tenho (cá) uma ~ que o meu clube este ano vai ser campeão. Tinha uma ~ que ia [iria] acertar na lotaria, e nada [e não acertei]!

fezes (Fé) *s f pl* (<lat *faeces* pl de *faex, fécis*) **1** Resíduos da digestão e assimilação dos alimentos que se acumulam no intestino grosso e são depois expelidos pelo ânus/Excrementos/Deje(c)tos. **Comb.** ~ duras [moles]. **2** Parte sólida em suspensão num líquido que se deposita no fundo do recipiente/Borra(o+)/Depósito(+)/Sedimento(+). **3** Escória de fusão dos metais. **Comb.** ~ do ouro. **4** *fig* Escória da sociedade/Ralé(+).

fezinha (Fè) *s f* (<fé + -z- + -inha) **1** *Dim* de fé/Pouca fé. **2** *Br* Pequena aposta [Aposta de pouco valor] num jogo de azar. **Loc.** Fazer uma ~ [Arriscar uma pequena quantia «na lotaria»].

fiabilidade *s f* (<fiável + -dade) **1** Qualidade do que é de confiança/do que é credível. **Comb.** ~ dos resultados «eleitorais» [das sondagens]. **2** Capacidade de uma instalação [máquina] funcionar sem avarias. **Comb.** Aparelho com (grande) ~.

fiação *s f* (<fiar[1] + -ção) **1** A(c)to ou efeito de fiar/Processo de transformar em fio. **Comb.** ~ da lã [do algodão/do linho]. **2** Local onde se transformam as fibras têxteis em fio. **Ex.** As ~ões (de algodão, lã ou fibras sintéticas) são unidades fabris fundamentais da indústria têxtil.

fiada *s f* (<fio + -ada) **1** Conjunto de tijolos ou pedras colocadas em fila para construção duma parede/dum muro. **Ex.** Mandei vedar o terreno com um murete feito com três ~s de blocos de cimento. **2** Série de elementos iguais [do mesmo tipo] colocados em fila. **Comb.** ~ de árvores «ladeando a praça». ~ de livros «na estante». **Sin.** Carreira; enfiada; fila; fileira. **3** Série de obje(c)tos enfiados num [atravessados por um] fio. **Ex.** Colar feito com uma ~ [enfiada(+)] de conchas.

fiadeiro, a *s* (<fiar[1] + -deiro) ⇒ fiandeiro.

fiado[1]**, a** *adj/s* (<fiar[1] + -ado) **1** Que foi transformado em [reduzido a] fio. **Comb.** Algodão ~. Metal ~ [trefilado(+)]. **2** *s m* Substância filamentosa [Fibra têxtil] reduzida a fio/Meada ou conjunto de meadas. **Loc.** Transportar o ~ da fiação para a tecelagem [para o armazém].

fiado[2]**, a** *adj/s m* (<fiar[2] + -ado) **1** Que confiou/Crente/Confiante. **Ex.** ~ na [A contar com a] tua ajuda não adiantei o trabalho e agora, (por)que não me vieste ajudar, tenho tudo atrasado. **Idi.** Conversa ~a [Disfarce/Fingimento/Lábia/Palavreado]. **2** Vendido [Comprado] sem pagamento imediato. **Loc.** Comprar «alimentos na mercearia da aldeia» ~ «e pagar no fim do mês». **Comb.** Mercadoria ~a [comprada a crédito].

fiador, ora *s* (<fiar[2] + -dor) **1** O que garante o pagamento duma dívida [a satisfação duma obrigação] de outrem se ele não cumprir. **Ex.** O Banco concede-me o empréstimo «para a compra da casa» mas exige um ~. **2** *s m* Descanso da espingarda. **3** *s m* Cordão em forma de alça preso ao punho da espada e que se enfia na mão para a segurar. **4** *s m* Cabo para segurar as linhas aéreas aos apoios se elas se partirem. **5** *s m pl* Correntes que ligam a máquina e as carruagens do comboio [trem] como segurança, caso os engates se partam.

fiambre *s m* (<esp *fiambre* <lat *frigidámen, inis*: carne fria) Carne de porco [Presunto] preparada/o para se conservar (no frigorí-

fico) e ser comida fria. **Loc.** Comprar ~ às [cortado em] fatias. **Comb.** Omelete com ~.

fiança s f (<fr an *fiance*; ⇒ fiar²) **1** *Dir* Obrigação assumida por alguém perante um credor de pagar uma dívida de um devedor, se este o não fizer. **Ex.** A ~ é mais (do) que uma simples promessa de pagamento duma dívida, pois envolve também os bens do fiador, se o pagamento vier a ser exigido pela via judicial. **2** Garantia dada por alguém de cumprimento duma obrigação alheia/Responsabilidade. **Ex.** O rapaz [moço] não arranjava trabalho porque tinha fama de pouco sério [de roubar]. Sob minha ~, admitiram-no na mercearia como empregado de balcão. **3** Quantia [Valores] dada/os como garantia de qualquer obrigação/Caução. **Ex.** Para aguardar em liberdade o julgamento, teve que prestar [depositar] uma ~ «de 10 000 euros».

fiandeiro, a s (<fiando, gerúndio de fiar¹) O que fia/Profissional de fiação. **Ex.** A fiação artesanal «de lã/linho» era feita quase exclusivamente por ~as; na indústria, trabalham indistintamente ~os e ~as.

fiapo s m (<fio + farrapo) Fio delgado e curto. **Loc. Fazer** (um tecido) **em ~s** [Rasgar/Desfazer(-se)]. *Br pop* **Tirar um ~** [Dar uma olhadela/Lançar um olhar rápido e disfarçado].

fiar¹ v t/int (<lat *fílo,áre*) **1** Reduzir fibras ou filamentos a fio. **Loc.** ~ lã [algodão/linho]. **Idi.** ~ *fino* [Exigir (muito/mais) cuidado/Requerer muita atenção/Ter maior dificuldade] (Ex. Na nossa empresa fia tudo muito fino: não se tolera a indisciplina, nem defeitos no trabalho/fabrico). *Lá se vai* [foi] *tudo quanto Marta fiou* [Vai-se perder [Perdeu-se] tudo o que estava feito/organizado/Vai ficar [Ficou] tudo sem efeito]. **2** Estirar na fieira/Fazer arame/Trefilar(+). **Loc.** Varão de ferro para ~ [trefilar(+)].

fiar² v t/int (<lat *fidáre* por *fído,is,ere,físus sum*: fiar-se, confiar) **1** Ser fiador/Afiançar. **Ex.** O assaltante saiu em liberdade porque teve quem o fiasse [afiançasse(+)]. **2** ~-se/Fazer fé/Depositar confiança em alguém. **Ex.** Não te fies dele [nele] (por)que é um mentiroso. É pessoa de [em] quem todos se fiam [em quem se pode acreditar]. **Idi.** *Fiar-se na Virgem e não correr* [Confiar na sorte e não se esforçar por [para] atingir um obje(c)tivo] (Ex. Não estudas para o exame? – Oh, já estou (mais que) preparado! – Pois, fia-te na Virgem e não corras (e pode acontecer que tenhas má nota ou até que reproves). **Loc.** «uma marca» *Não ser de* ~ [Não merecer confiança]. *Nunca fiando/fiar!* [Expressão que recomenda prudência mesmo quando tudo está a correr bem ou parece ser fácil]. **3** Vender a crédito/sem pagamento imediato. **Ex.** Nesta loja não se fia [só se vende a pronto pagamento]. Eu conheço bem as freguesas [as clientes]; à senhora, fiava-lhe (nem que fosse) a loja inteira!

fiasco s m (<it *fiasco*: frasco de vidro) Resultado desfavorável/ridículo/vexatório/Insucesso/Fracasso. **Ex.** O espe(c)táculo «teatral/dos artistas» foi um ~. Espero safar-me [fazer melhor figura/ter melhor resultado] na prova oral porque a escrita foi um ~ [um estenderete(+)/um espalhanço(o+)].

fiável adj 2g (< fiar² + -vel) **1** Que pode ser de confiança/A que se pode dar crédito. **Comb.** Resultados «eleitorais» ~eis. **2** Que se pode garantir/Realista. **Ex.** A compartição nas despesas da festa prometida pela autarquia afigura-se [parece] ~.

fibra s f (<lat *fíbra,ae*) **1** Elemento de forma alongada e fina que entra na composição de seres vivos e de minerais. **Ex.** Os músculos são constituídos por ~s musculares e os nervos por ~s nervosas. Os cereais são alimentos ricos em ~. As pequenas ~s de amianto podem causar lesões pulmonares. **Comb.** ~ *ó(p)tica* [de material transparente de elevado índice de refra(c)ção utilizada em telecomunicações]. ~ *têxtil* [natural ou artificial que pode ser utilizada no fabrico de fio «juta/lã/nylon/poliéster»]. **2** Estrutura filamentosa artificial obtida por processos químicos de síntese «Acrilan/Terylene». **3** *fig* Força/Coragem/Valor. **Comb.** Pessoa de ~ [que tem firmeza de cará(c)ter/corajosa/lutadora].

fibril(h)a s f (<fibra + -ilha) **1** Pequena fibra/Fibra muito delgada. **2** *Biol* Cada um dos elementos filiformes que entram na constituição das fibras musculares e nervosas. ⇒ mio~; neuro~. **3** *Bot* Cada uma das últimas ramificações das raízes vegetais/Radícula(+).

fibril(h)ação s f *Med* (<fibril(h)ar + -ção) **1** Sucessão irregular e descoordenada de contra(c)ções e relaxações das fibras de um músculo «coração». **Comb.** ~ auricular [ventricular].

fibril(h)ar v int/adj 2g *Med* (<fibril(h)a+-ar¹/²) **1** Entrar em [Apresentar] fibril(h)ação. **Loc.** O coração ~. **2** adj 2g Relativo a [Constituído por/Disposto em] fibril(h)as. **Comb.** *Palpitações ~es. Proteína ~. Tecido ~*.

fibrilífero, a adj (<fibra + -i- + -fero) Que tem muitas fibras ou filamentos/Fibriloso.

fibriloso, a (Ôso, Ósa, Ósos) adj (<fibrila + -oso) Formado por um conjunto de fibril(h)as/Que tem fibril(h)as. **Comb.** Tecido ~.

fibrina s f *Bioq Fisiol* (<fibra + -ina) Proteína insolúvel derivada do fibrinogé[ê]nio que se forma na coagulação do sangue. **Ex.** O sangue coagulado é formado por uma rede de ~.

fibrinogénio [*Br* **fibrinogênio]** s m *Bioq Fisiol* (<fibrina + -ó- + -gé[ê]nio) Proteína existente no plasma sanguíneo que na coagulação dá origem a fibrina. **Ex.** O ~ é uma proteína solúvel elaborada no fígado.

fibrinoide (Nói) adj 2g *Med* (<fibrina + -oide) Diz-se de substância semelhante à fibrina que se pode formar em situações patológicas «na úlcera péptica gastroduodenal».

fibrinólise s f *Med* (<fibrina+-ó-+-lise) Conjunto de fenó[ô]menos responsáveis pela degradação da fibrina.

fibrinoso, a (Ôso, Ósa, Ósos) adj (<fibrina + -oso) Relativo à fibrina. **Comb.** Rede ~a (do sangue coagulado).

fibroblasto s m *Med* (<fibra + gr *blastós*: gomo, rebento) Célula que constitui a base do tecido conjuntivo e que, por diferenciação celular, origina variedades morfológicas com propriedades funcionais diferentes «células adiposas/cartilagíneas/ósseas».

fibrocimento s m (<fibra + cimento) Material formado por fibras de amianto e cimento, utilizado na construção civil. **Comb.** Canalização de ~. Cobertura [Telhado] com placas de ~.

fibrolite/a [fibrólito] s f [m] *Min* (<fibra + -...) Mineral de textura fibrosa, variedade da silimanite (Silicato de alumínio). **Ex.** A/O ~ ocorre em rochas metamórficas e graníticas.

fibroma (Brô) s m *Med* (<fibra + -oma) Tumor benigno formado por tecido conjuntivo fibroso. **Ex.** O ~ encontra-se com frequência na pele e nos tecidos subcutâneos.

fibromioma s m *Med* (< fibra+mioma) Tumor benigno do tecido muscular liso. **Ex.** A localização mais vulgar do ~ é no útero.

fibromuscular adj 2g *Anat* (<fibra + muscular) Que diz respeito simultaneamente a tecido fibroso e muscular.

fibroscópio s m *Med* (<fibra + -scópio) Aparelho flexível com lentes que transmitem imagens do interior do organismo através de fibras ó(p)ticas.

fibrose s f (<fibra + -ose) Formação anormal de tecido fibroso que pode resultar de inflamação, necrose ou atrofia. **Comb.** ~ do miocárdio [~ hepática/pulmonar].

fibroso, a (Ôso, Ósa, Ósos) adj (<fibra + -oso) **1** Que tem [se assemelha a] fibra(s). **Comb.** *Tecido ~. Textura ~a. Tumor ~.* **2** Que tem fibras grossas e duras. **Comb.** *Ananás ~. Carne ~a.*

fibrovascular adj 2g *Anat* (<fibra + vascular) Que tem cara(c)terísticas fibrosas e vasculares.

fíbula s f (<lat *fíbula,ae*) **1** *Hist* Alfinete de segurança [Fivela] usado/a como adorno pelos antigos gregos e romanos para segurar as vestes. **Comb.** ~ de bronze [ferro/prata]. **2** *Anat* Osso dos membros posteriores/Peró[ô]nio.

fibulação s f (<lat *fibulátio,ónis*) União dos bordos duma ferida por meio de agrafos/gatos. ⇒ in~.

ficáceo, a adj (<figo + -áceo) Relativo [Semelhante] a figueira/figo. **Comb.** Árvore [Variedade] ~a.

ficada s f (<ficar + -ada) **1** ⇒ permanência/continuação. **2** *Bilhar* Carambola deixada por parceiro em posição difícil. **3** Matéria de jornal deixada para o próximo número por falta de espaço.

ficar v int (<lat *figicáre*, frequentativo de *figo, ere, fíxum*: fixar) **1** Permanecer [Conservar-se/Continuar a estar] no mesmo lugar. **Ex.** (Porque) tiveste más notas, hoje ficas de castigo em casa. Depois do jantar, gosto de ~ à mesa a conversar. Chegámos cedo mas ficámos imenso tempo na rua à espera que a loja abrisse.

Loc. *idi* **~ *a apitar*/a chuchar no dedo/a ver navios** [Não conseguir o que se desejava] (Ex. A sopa já não chegou para mim; fiquei a apitar [a ver navios]. Os outros foram todos passear. A Joana não teve lugar no carro, ficou a chuchar no dedo). **~ *atrás de*** [Ser inferior] (Ex. O Rui é bom aluno mas a irmã não lhe fica atrás. A Renault é uma boa marca de automóveis, mas a Toyota não lhe fica atrás). *idi* **~(-se) *a rir*** [Não ser prejudicado/Sentir-se favorecido ou satisfeito] (Ex. Não me quiseram deixar entrar para sócio, mas aquilo [o negócio] deu para o torto [deu prejuízo] e eu é que me fiquei a rir. **~ *bem*** [mal] [Ser aprovado [reprovado] «no exame»]. **~ *bem* [mal] *a*** [Juízo de valor positivo [negativo] sobre o comportamento ou aspe(c)to exterior de alguém] (Ex. A linguagem grosseira fica mal a qualquer pessoa. Esse vestido fica-te mesmo [muito] bem). *idi* **~(-se) *com a*** [na(+)] *sua* [tua/minha/dele/...] [Não mudar de opinião/Não se deixar convencer] (Ex. Depois de muito discutirem, cada um ficou com a [na] sua [ninguém mudou de opinião]). *idi* **~ *de boca aberta*** [~ espantado/pasmado]. **~ *de cara à banda*** [~ desapontado]. *idi* **~ *de nariz torcido*** [~ zangado/despeitado]. *idi* **~ *de orelha murcha*** [~ envergonhado/humilhado/dece(p)cionado]. «um plano» *idi* **~ *em águas de bacalhau*** [Malograr-se/Frustrar-se/Não se realizar]. *idi* **~ *em branco*** [Não perceber nada] (Ex. Apesar da longa explicação do professor, fiquei completamente em branco). ~ **em nada** [Consumir-se totalmente/Tornar-se insignificante/Desaparecer/Não se realizar] (Ex. A vela ardeu até ~ em nada. Tão grande discussão, acabou por ~ em nada. O passeio ficou em nada [não se realizou] porque cada um queria ir para seu lado [para um sítio diferente]). *idi* ~ *na dependura/nas lonas* [~ sem dinheiro/sem nada]. «carta/promessa» *idi* ~ *no tinteiro* [Não ser dito ou escrito]. *idi* ~ *para semente* [Não acabar/Não morrer] (Ex. Não te esqueças que tu também hás de morrer, não vais ~ cá para semente). *idi* ~ *para tia* [Não casar]. «um refugiado» ~ *pelo* [a meio] *caminho* [Não se concluir/Não chegar ao fim]. ~ *por alguém* [Ser fiador/Afiançar]. *idi* ~ *sem pinga de sangue* [~ aterrorizado perante uma situação grave e inesperada/~ branco como a cal da parede]. **2** Estar situado/Situar-se/Localizar-se. **Ex.** Portugal fica na Europa. Onde fica Tóquio? – Fica no Japão. O estádio fica à esquerda e a igreja (fica) em frente, do lado direito da rua. **3** Instalar-se como hóspede/Viver durante algum tempo/Hospedar-se/Pernoitar. **Ex.** Por causa da tempestade, tivemos que ~ [passar a noite/pernoitar] em casa dos avós. Vínhamos tão cansados que ficámos no primeiro hotel que nos apareceu [que encontrámos]. É um grande amigo; ficou con(n)osco [em nossa casa] todo o mês das férias. **4** Conservar em segredo/Não ser revelado. **Ex.** Pode estar descansado, o assunto fica só [apenas] entre nós. Ouvi muita coisa [muitos comentários pouco abonadores] acerca da nova médica, mas ficou tudo comigo, não (o) disse a ninguém. **5** Caber [Tocar] em sorte/Ser atribuído/Receber como herança. **Ex.** Quando os pais morreram, a casa ficou para o filho mais velho. A laranja fica para ti, não é para mais ninguém. **6** Restar/Sobrar/Sobejar. **Ex.** Comeram as maçãs todas, só ficou uma. As flores [plantas] do jardim secaram todas; só ficaram as roseiras. **7** Permanecer [Manter-se] em determinada atitude/situação; ⇒ **13. Loc.** ~ **alegre** [triste]. ~ **de braços cruzados** [~ sem fazer nada]. ~ **sentado**, à espera da vez. **8** Ser sucessor/Substituir. **Ex.** Quem ficou à frente do [a gerir o] negócio (quando o pai morreu) foi o filho. Fica por mim [Substitui-me/Toma o meu lugar] «ao balcão» enquanto eu vou ao Banco. **9** Manter-se vivo/Não se extinguir/Subsistir/Remanescer. **Ex.** Os filhos morreram todos muito novos; só ficou uma rapariga. A seca foi muito grande. No jardim, poucas flores ficaram. **10** Servir de compensação/paga/Corresponder. **Ex.** Do trabalho [Pelo feitio] não te levo [cobro] nada; fica pela ajuda que tens dado aos meus filhos. **Loc.** ~ **ela por ela** [Ser equivalente]. **11** Ter o preço de/Custar. **Ex.** As laranjas ficaram a um euro o quilo). Depois de pronta, a casa ficou em mais de cem mil euros. O carro ficou-me por quinze mil euros. **12** Ser afe(c)tado/acometido/Contrair «uma doença/dívida». **Loc.** ~ **com dores de cabeça** [de estômago]. ~ **com tosse.** ~ **paraplégico** [tuberculoso]. **13** Tomar determinada forma/aspe(c)to/Modificar-se/Cara(c)terizar-se. **Ex.** A roda da bicicleta ficou num oito [ficou toda torta/empenada]. Quando te ris, ficas mais bonita. **14** Servir de/Ser útil. **Ex.** Que a multa te fique de lição e aprendas a respeitar o código de condução automóvel. **15** Ser adiado/transferido/Passar para. **Ex.** A reunião não se faz hoje; fica para amanhã à mesma hora. O jantar (de curso) fica para depois [para data a combinar]. **16** Comprometer-se/Prometer. **Ex.** O canalizador ficou de [prometeu] vir hoje «arranjar a torneira» e não apareceu [não veio]. **17** Tomar posse indevidamente. **Ex.** O cliente ficou-me com a esferográfica. Emprestei um livro e ficaram-me com ele. Nunca mais o vi. **18** Adquirir [Continuar em] determinada categoria ou função. **Ex.** O chefe já me disse que ficaria como seu adjunto [como adjunto dele]. **19** ~-**se**/Parar abruptamente/Estacar/Deter-se. **Ex.** O cavalo ficou-se [estacou] e o cavaleiro estatelou-se no chão. Em vez de responder à agressão, preferiu ~-se. **20** ~-**se**/**lr-se**/Dar o último suspiro/Morrer. **Ex.** O avô está muito mal [muito doente], está mesmo a ~-se. **21** ~-**se**/(No jogo) não pedir mais cartas/não subir [aumentar] a aposta.

-ficar *suf* (<lat *f(ac)io*: fazer) Exprime a ideia de fazer, transformar; ⇒ frutificar; justificar; simplificar. ⇒ -fico; -fício.

ficária *s f Bot* (<lat *fícus*: figo + -ária) Nome vulgar de erva vivaz da família das ranunculáceas (*Ranunculus ficaria*, L.), com rizoma pequeno, folhas inteiras ou crenadas, flores solitárias com numerosos estames e fruto múltiplo de aquénios/Celidónia[Quelidónia]-menor/Botão-de-ouro.

ficção *s f* (<lat *fíctio,ónis*) **1** O que é fabricado [imaginado] pelo espírito não tendo correspondência com a realidade. **Comb.** ~ **científica.** ~ **mítica.** ~ **poética. 2** A(c)to de fingir/de considerar real e verdadeiro o que é falso. **Ex.** A ~ é produto da imaginação, da fantasia. **Sin.** Fingimento; simulação. **3** Grande falácia [Patranha/Mentira] inventada com intuito fraudulento. **Ex.** A aparência de rico industrial prometendo investir *idi* mundos e fundos, não passava de mera ~ (para tentar enganar potenciais sócios). Isso «que você me diz» é tudo uma ~/mentira!

ficcional *adj 2g* (<ficção + -al) **1** Que diz respeito a [Próprio da] ficção ou ao/do ficcionismo. **Comb.** Literatura ~. **2** Que não corresponde à realidade/Imaginário/Fictício(+). **Ex.** Contava incríveis proezas, é claro, todas ~as/inventadas!

ficcionismo *s m* (<ficção + -ismo) **1** *Fil* Corrente filosófica criada por alguns pensadores modernos de tendência positivista que se dedica ao estudo da ficção. **Ex.** O ~ teve em H. Vaihinger, J. Bentham e A. Lange os filósofos mais representativos. **2** Literatura de ficção.

ficcionista *adj/s 2g* (<ficção + -ista) **1** Referente ao ficcionismo ou à ficção. **Comb.** Filósofo ~. Obra [Romance] ~. **2** O que escreve literatura de ficção. **Ex.** Além de investigador, ele é também ~.

ficha *s f* (<fr *fiche(r)* <lat *fígo,ere,fíxum*: fixar) **1** Pequeno cartão com anotações breves que pode ser catalogado, classificado e guardado em ficheiro. **Ex.** Há muitas ~s de livros da biblioteca fora do lugar. No a(c)to de admissão, os novos empregados preenchem uma ~ onde constam os dados pessoais. **Comb.** ~ **antropométrica** [Regist(r)o que inclui fotografia e impressões digitais e outros dados que permitem a identificação]. ~ **técnica** [onde constam os dados técnicos cara(c)terísticos duma máquina, instalação, filme, ...]. **2** Conteúdo de informações inscritas na ~. **Loc.** Ter uma ~ limpa [Não constar na ~ nada em desabono do seu titular/dono]. **3** Pequena peça achatada, geralmente arredondada, metálica, de cartão ou de plástico que pode substituir [representar] dinheiro. **Loc.** *Comprar* ~*s do jogo. Introduzir a* ~ *na ranhura.* **Comb.** ~ para libertar os carrinhos do supermercado. **4** *Ele(c)tri* Peça com bornes ligados a cabos para introduzir na tomada e estabelecer o conta(c)to elé(c)trico. **Comb.** ~ mono[tri]fásica.

fichar *v t* (<ficha + -ar[1]) Regist(r)ar [Anotar] em ficha. **Ex.** É bom que os alunos se acostumem a ~ [regist(r)ar/anotar em fichas(+)] os conhecimentos que vão adquirindo.

ficheiro, a [**fichário**] *s* (<ficha + -...) **1** *s m* (Gaveta de) móvel onde se guardam as fichas classificadas e ordenadas «por ordem alfabética». **Ex.** É preciso comprar mais ~s para a biblioteca. Os que temos já estão cheios. **2** *s* Pessoa que fornece as fichas de jogo. **Ex.** A minha mulher está a trabalhar como ~a numa sala de jogo. **3** *Info* Conjunto ordenado de informações conservado em memória num sistema informático. **Loc.** A(c)tualizar [Abrir/Consultar] um ~.

fichinha *s f Br* (<*dim* de ficha) Pessoa insignificante/sem importância.

ficiforme *adj 2g* (<figo + -forme) Em forma de figo.

-fício *suf* (<lat *fácio,is,ere,féci,fáctum*: fazer) Exprime a ideia de fazer: *artifício, benefício, edifício, lanifício, malefício, ofício, sacrifício.* ⇒ -ficar; -fico.

fico- *pref* (<gr *phykos,eos*: alga) Exprime a noção de alga: *ficologia, ficomicetes, ficomicose.*

-fico *suf* (<lat *fácio,is,ere,féci,fáctum*: fazer) Exprime a ideia de resultado de a(c)ção [do que faz/causa]: *benéfico, calorífico, científico, dulcífico, específico, frigorífico, honorífico, magnífico, maléfico, odorífico, pacífico, salvífico, terrífico.* ⇒ -ficar; -fício.

ficoide (Cói) *adj 2g* (<fico- + -oide) Relativo [Semelhante] às algas.

ficologia *s f* (<fico- + -logia) Parte da Botânica que estuda as algas/Algologia.

ficologista [**ficólogo, a**] *s 2g* [*s*] (<ficologia+- ...) Especialista em ficologia. **Sin.** Algologista [Algólogo](+).

ficomicete/o *s m pl Bot* (<fico- + -gr *mýkes,étos*: cogumelo, fungo) Classe de fungos que inclui várias subclasses entre as quais os parasitas ou saprófitas zigomicetes a que pertence o bolor vulgar (*Mucor mucedo* L.).

fictício, a *adj* (<lat *fictícius,a,um*) **1** Que pertence à ficção/Criado pela imaginação/Imaginário. **Comb.** *Histórias* [Contos] ~*as*/os «fábulas». *Personagens* ~*as*. **2** Que não é real/Aparente/Fingido/Simulado. **Comb.** *Amizade* ~ [fingida(+)]. *Venda* ~*a*. **3** Que existe apenas por convenção/Convencional. **Comb.** *Lucro* ~. *Valores* ~*s*.

fidalgaria *s f* (<fidalgo + -aria) **1** Conjunto de fidalgos. **Ex.** Na festa, esteve presente o príncipe e toda a ~. **2** Qualidade [Comportamento] de fidalgo/Fidalguia(+). **Ex.** A esposa do governador apresentava-se sempre com ~.

fidalgo, a *s/adj* (<fi(lho) de algo) **1** Pertencente, por hereditariedade, à nobreza. **Ex.** Era ~ pelo seu pai o era [porque o pai dele também era ~], embora a sua mãe fosse plebeia. **2** Que denota fidalguia/Que vive [veste/se comporta] como ~. **Ex.** Os jovens de agora são muito ~s, não gostam do trabalho do campo. Aonde vais, todo ~ [tão bem vestido/vestido à fidalga]? **3** *adj* Relativo à fidalguia/Nobre. **Ex.** A classe ~a aumentou muito na Idade Moderna, porque os reis concediam a nobreza a homens livres em reconhecimento de feitos notáveis.

fidalgote s m depr (<fidalgo + -ote) **1** Pessoa de nobreza duvidosa. **Ex.** Apareceu por aí um ~ que ninguém sabe quem é, a fazer a corte à filha do conde. **2** Pessoa sem grandes recursos que vive como fidalgo/*idi* Fidalgo de meia tigela. **Ex.** O ~ não tem onde cair morto [é um pobretana], mas gosta de se dar ares de pessoa importante.

fidalguesco, a (Guês) adj depr (<fidalgo + -esco) Relativo a fidalgo ou a fidalguia. **Comb.** Ares ~s.

fidalguia s f (<fidalgo + -ia) **1** Qualidade de quem é fidalgo. **Ex.** A ~ era dada pelo pai; a ~ da mãe não se transmitia aos filhos se o pai era plebeu. **2** Classe [Conjunto] dos fidalgos. **Ex.** Para a festa de noivado da filha dos condes foi convidada toda a ~. **3** Nobreza/Distinção. **Ex.** Não era de ascendência nobre mas as suas a(c)ções demonstravam grande ~ [nobreza(+)].

fidalguice s f (<fidalgo + -ice) **1** Maneiras de fidalgo. **Loc.** Passar os dias na ~, sem trabalhar. **2** Atitude cerimoniosa afe(c)tada/Bazófia/Prosápia. **Ex.** Não gosto da ~ das nossas primas; estão sempre a fazer salamaleques [gestos cerimoniosos despropositados] ridículos.

fidalguinho, a s (<fidalgo + -inho) **1** dim de fidalgo/Fidalgo pequeno. **Ex.** O prece(p)tor todos os dias levava os ~s a passear pelo jardim. **2** s m Cul Determinado tipo de biscoitos.

fidedignidade s f (<fidedigno + -i- + -dade) Qualidade do que é fidedigno. **Ex.** Não ponho em causa a [Não duvido da] ~ das tuas afirmações, mas parecem inverosímeis.

fidedigno, a adj (<lat fídes: fé+digno) Digno de fé/crédito/confiança. **Ex.** Notícia proveniente de fonte ~a. **Comb.** *Afirmação* [Informação] *~a*. *Testemunho* [Depoimento] *~*.

fideicomissário, a s/adj Dir (<fideicomisso + -ário) (O) que, por morte do fiduciário, recebe a herança [o legado] no fideicomisso/Beneficiário real de fideicomisso. **Ex.** O comendador nomeou o pároco fiduciário da casa e da quinta, e ~ o Lar de Idosos da sua terra natal. **Comb.** Herdeiro ~. Substituição ~a.

fideicomisso s m Dir (<lat *fideicomíssum,i* <*fideicommítto,is,íttere,ísi,íssum*: entregar, legar bens a herdeiro digno de fé para garantir a herança às gerações seguintes) Disposição testamentária pela qual algum herdeiro [legatário] é encarregado de conservar e, por morte do testador, transmitir a terceiros a herança ou legado. **Ex.** Os clérigos só podem aceitar o ~ com autorização do bispo.

fideísmo s m Fil (<lat *fídes*: fé + -ismo) Doutrina filosófica que atribui, para o conhecimento de algumas verdades, maior importância à fé do que à razão.

fideísta s/adj 2g (<lat *fídes*: fé + -ista) Partidário do [Relativo ao] fideísmo. **Ex.** Malebranche pode incluir-se entre os ~s enquanto recorre à revelação para fundamentar a existência do mundo exterior.

fidejussória s f Dir ⇒ caução; fiança.

fidejussório, a adj Dir (<lat *fidejussórius,a, um*: de caução) Relativo a fiança.

fidelidade s f (< lat *fidélitas,átis*) **1** Qualidade de quem [do que] é fiel/Respeito pelos compromissos assumidos. **Ex.** A ~ à pátria causou a morte a muitos heróis. O cão é reconhecido como o animal que tem maior ~ ao (seu) dono. As promessas devem ser cumpridas com ~. **2** Constância no querer [na adesão] a alguém ou a alguma coisa «ideia/sentimento/causa»/Lealdade/Dedicação. **Ex.** O compromisso de amor e ~ que jurámos um ao outro no dia do nosso casamento continua a ser a força da nossa união. **Comb.** ~ *a uma causa* «defesa dos direitos humanos». ~ *a um partido político*. **3** Exa(c)tidão/Rigor/Veracidade. **Ex.** O relato descreve com ~ o acidente rodoviário. **Comb.** ~ *duma tradução* [duma imagem]. **4** *Fís* Grau de precisão com que um sistema [aparelho/instrumento] reproduz à saída o sinal «acústico/ó(p)tico» que recebe. **Comb.** ~ *duma instalação* «sonora». *Sistema* [Aparelho] *de alta* ~.

fidelíssimo, a adj (<lat *fidelíssimus,a,um*) **1** Superlativo absoluto simples [sintético] de fiel/Muito fiel. **2** Hist Título dado pelo papa Bento XIV ao rei de Portugal D. João V (1749) e aos seus sucessores, em reconhecimento dos serviços prestados pelos reis de Portugal na defesa e propagação da Fé Católica.

fidelização s f (<fidelizar + -ção) **1** A(c)to ou efeito de tornar fiel. **2** Estratégia para tornar um cliente consumidor habitual de determinados produtos ou serviços. **Ex.** É mais importante a ~ dos clientes do que a obtenção dum lucro elevado num negócio único.

fidelizar v t (<fiel + -izar) Tornar (um cliente) fiel a um produto, marca, serviço, etc. **Ex.** Fidelizei-me àquela estação «de rádio/TV» e não quero [não oiço/vejo] outra.

fidúcia s f (<lat *fidúcia,ae*) **1** Confiança/Segurança. **Ex.** Era um chefe que revelava grande ~ [segurança(+)/confiança(o+)] nas suas decisões. **2** Ostentação/Vaidade. **Loc.** Apresentar-se [Comportar-se] com ~. **3** Atrevimento/Ousadia. **Ex.** Nas touradas, os toureiros e os forcados por vezes pagam caro a [sofrem dissabores pela] ~ [ousadia(+)] com que enfrentam os touros.

fiduciário, a adj (<lat *fiduciárius,a,um*) **1** Relativo à fidúcia. **2** *Econ* Que depende da confiança nele depositada. **Ex.** O papel-moeda [As notas de Banco] te[ê]m um valor ~. **Comb.** Circulação ~a. **3** s/adj Dir O [Relativo ao] que por disposição testamentária recebeu herança. **Ex.** O ~, por morte do testador, tem obrigação de entregar a herança [o legado] ao fideicomissário. **Comb.** *Herdeiro* ~. *Legado* ~.

fieira s f (<fio + -eira) **1** Aparelho [Máquina] para transformar os metais [as fibras sintéticas] em fio. **Ex.** O arame é obtido na ~ a partir de varão de ferro. **Idi.** *Passar pela* ~/Passar a pente fino [Examinar minuciosamente]. **2** Instrumento [Escala] usada para verificar o diâmetro de fios ou a espessura de chapas. **3** Série de elementos dispostos em fila/Fileira/Renque. **Comb.** Uma ~ de formigas. **4** Fio para fazer rolar pião/Baraça(+). **Ex.** A ~ deve ser enrolada ao pião, bem apertada, para o fazer rolar. **5** *Min* Veio mineral/Filão. **Comb.** ~ [Filão(+)] de volfrâmio, incrustada/o no quartzo. **6** *Ent* Órgãos das aranhas e dos bichos-da-seda com orifícios secretores dum líquido que em conta(c)to com o ar solidifica formando os filamentos.

fiel¹ adj/s 2g (<lat *fidélis,e*) **1** Que corresponde à confiança nele depositada/Que tem fidelidade. **Comb.** pop *~-amigo* [Bacalhau]. ~ *à palavra dada* [ao compromisso assumido]. *Amigo* ~. *Esposa* [Marido] ~. **Sin.** Leal **Ant.** Infiel; falso. **2** Devotado/Dedicado/Honrado. **Ex.** A Maria é uma criada ~ com quem a família sempre pôde contar. O cão é o ~ amigo do homem. **Comb.** ~ *ao clube* [ao partido]. *Administrador* [Funcionário] ~. **Ant.** Falso; impostor; traiçoeiro. **3** Que reproduz com rigor a verdade/Verídico. **Ex.** O que eu acabo de lhe contar é um testemunho ~ do que aconteceu. **Sin.** Exa(c)to; verdadeiro. **Ant.** Deturpado; falso; incorre(c)to. **4** Que não falha/não engana/não atraiçoa. **Ex.** Se a memória me é ~, posso afirmar que já alguma vez nos encontrámos. Este relógio é absolutamente ~; anda [está] sempre certo. **Comb.** Aparelho ~. **Sin.** Exa(c)to; preciso; rigoroso. **5** Que reproduz de modo perfeito o original. **Comb.** *Cópia* ~. *Reprodução* [Imagem] ~. **6** s Empregado que tem a seu cargo a guarda de valores. **Comb.** ~ de armazém. **7** s Crente duma religião, especialmente da religião cristã. **Ex.** Na missa, o celebrante explicou aos ~éis as leituras bíblicas que tinham sido proclamadas. No dia 2 de novembro, a Igreja Católica comemora os ~éis defuntos [os cristãos já falecidos].

fiel² s m (<lat *filum,i*: fio) Fio ou haste que serve de referência ao ponto de equilíbrio ou à posição de leitura dum aparelho. **Comb.** ~ da balança.

fielmente adv (<fiel + -mente) **1** De modo fiel/Lealmente. **Ex.** O P. António Vieira (1608-1697), missionário, diplomata e escritor português, serviu ~ a Igreja e a pátria. **2** Com rigor/Exa(c)tamente. **Ex.** O intérprete traduziu ~ o discurso.

FIFA [Sigla de *Fédération Internationale de Football Association* (Federação Internacional de Futebol)].

fífia s f (<on) Som ou nota desafinada na voz ou em instrumento musical. **Loc.** Dar uma ~.

figa s f (<figo) **1** Gesto supersticioso com a mão fechada e o dedo polegar metido entre o indicador e o médio. **Ex.** Quando via um gato preto, começava logo a fazer ~s. **Comb.** De uma ~ [Que causa incó[ô]modo/perturbação] (**Ex.** Ah, malandro duma ~, se te apanho outra vez a roubar fruta dou-te uma valente sova!). **2** Amuleto em forma de ~. **Ex.** Há muita gente supersticiosa que usa ~s ao pescoço ou nas pulseiras.

figadal adj 2g (<fígado + -al) **1** Relativo ao fígado. **Comb.** Doenças [Lesões] ~ais [hepáticas(+)]. **2** fig Profundo/Intenso. **Comb.** *Inimigo* ~. «ter» Ódio ~/de morte «aos tiranos».

figadeira s f (<fígado + -eira) **1** *Vet* Doença no fígado dos animais. **2** pop O fígado/Doença do [Dores no] fígado. **Ex.** Ando mal da ~. Esta noite deu-me uma ~ que julguei que morria.

fígado s m Anat (<*iecur ficátum*: fígado de ave engordada com figos) **1** Glândula anexa ao aparelho digestivo, situada do lado direito do abdó[ô]men [abdome] entre o diafragma e o intestino grosso, que segrega a bílis e transforma o glicogé[ê]nio em glicose. **Ex.** O ~ é a mais volumosa glândula dos vertebrados e é mais desenvolvida nas espécies carnívoras do que nas outras. O ~ de alguns animais «galinha/boi/porco» é utilizado na alimentação humana. **Comb.** *Óleo de* ~ *de bacalhau. Pasta de* ~. **2** fig Fonte de humor/Índole/Cará(c)ter. **Loc.** *Desopilar o* ~ [Ficar bem-disposto/Espairecer/Alegrar-se]. *Ter maus ~s* [mau feitio].

figo s m Bot (<lat *fícus,i* ou *us*) **1** Fruto da figueira, carnudo, verde ou roxo, com polpa avermelhada, muito doce quando maduro. **Ex.** Os ~s podem comer-se em fresco [quando se colhem] ou depois de secos. **Prov.** *Mais vale pão duro* (do) *que* ~ *maduro* [A comida, ainda que (seja) fraca, é melhor para a saúde do que as guloseimas]. **Idi.** *Chamar(-lhe) um* ~ [Considerar deliciosa alguma coisa/Comer (alguma coisa) com grande prazer] (**Ex.** Achas a

carne dura? Dá-a ao cão que ele chama-lhe um ~. **2** *fig* Coisa amachucada/amarrotada. **Ex.** O carro despistou-se, ficou num ~.

figo-lampo *s m Bot* Variedade de figo, grande e carnudo, que amadurece logo no princípio do verão. **Ex.** A mesma figueira dá ~s e figos-vindimos (Estes são mais abundantes e amadurecem mais tarde «nas vindimas»).

figueira *s f Bot* (<figo + -eira) Árvore de fruto da família das moráceas, *Ficus carica L.*, da região mediterrânica, cujo fruto, o figo, é comestível e muito doce. **Ex.** A ~ apresenta duas variedades: a ~ mansa, cultivada para dar fruto e a ~ brava ou baforeira.

figueira-brava *s f Bot* Variedade de figueira cujos figos não são suculentos/Baforeira.

figueira-da-índia *s f Bot* Planta arbustiva da família das cactáceas, *Opuntia ficus-indica L.*, com folhas [expansões do caule] carnosas e espinhosas que dá frutos doces e comestíveis.

figueira-do-diabo [-do-inferno] *s f Bot* Planta herbácea, venenosa, da família das solanáceas, *Datura stramonium L.*, usada com fins medicinais. **Sin.** Estramó[ô]nio.

figueiral[redo] *s m* (<figueira+-al) Terreno plantado de figueiras.

figulino, a *adj* (<lat *figulínus,a,um*: de barro, de oleiro) **1** Feito de barro. **2** Fácil de moldar/modelar. **3** *fig* «cará(c)ter» Dócil.

figura *s f* (<lat *figura,ae*; ⇒ fingir) **1** Forma exterior/Contorno externo/Configuração. **Ex.** Está alguém cá em casa? la jurar [Estou convencido/a] que vi passar uma ~ [um vulto] de homem. A publicidade usa e abusa [serve-se excessivamente] da ~ da mulher. **Loc.** *Fazer boa ~* [Ser bem sucedido/Desempenhar bem o seu papel/a sua função]. *Fazer* má [triste] *~/Fazer ~ de urso* [Ser mal sucedido/Dar uma ideia triste [pobre/deturpada] de si/Fazer papel de palerma]. *Mudar de ~* [Ser encarado de outra forma/Mudar de sentido]. *Ter boa ~* [Ser elegante/Ter boa apresentação]. **Sin.** Imagem; vulto. **2** Representação gráfica, por vezes estilizada ou desproporcionada, de algo ou alguém. **Ex.** As ~s da águia e do leão são usadas em muitos emblemas [distintivos] de cole(c)tividades e marcas. Nos cartazes turísticos da cidade de Paris aparece quase sempre a ~ da Torre Eiffel. O *Pato Donald* e o *Tio Patinhas* são ~s famosas dos desenhos animados. **3** *Geom* Espaço determinado [limitado] por pontos, linhas ou superfícies. **Ex.** O triângulo é a ~ geométrica plana fechada mais simples. **Comb.** *~ dum cubo* [duma esfera]. *~ regular. ~ simétrica*. **4** Qualquer representação visual «desenhada/pintada/esculpida» inspirada na realidade ou na imaginação. **Comb.** Livro com muitas ~s [ilustrações]. Jardim com ~s [estátuas] de animais, de musas e de poetas. **Sin.** Desenho; escultura; gravura; imagem. **5** Rei, dama e valete das cartas de jogar. **Ex.** Tenho mau [fraco] jogo; não me saiu [não tenho] nenhuma ~. **6** Impressão que as pessoas ou coisas produzem aos olhos dos outros/Aspe(c)to. **Ex.** *iron* Que linda ~ (a tua)! Tens a cara toda mascarrada [enfarruscada]. Já viste a ~ daquela mulher?! Parece que se esqueceu de vestir o vestido! Este queijo tem má ~ [mau aspe(c)to(+)]. **Sin.** Aparência; fisionomia; porte. **7** Pessoa importante/Entidade/Personalidade. **Ex.** O papa João Paulo II (1920-2005) foi uma ~ marcante da Igreja, no séc. XX. Homero, Shakespeare, Camões, Dostoievsky são ~s ímpares da literatura mundial. **Comb.** *depr ~ decorativa* [Pessoa que não corresponde às funções que na realidade desempenha]. *~ de proa* [Personalidade muito importante numa organização]. **8** *Cin/Teat* O que representa um papel [Papel representado] numa peça/Personagem. **Ex.** Um a(c)tor «Orson Welles» que representou várias ~s das obras de Shakespeare. **Comb.** *~ de Jesus Cristo* «no filme *Ben-Hur*». *~ do Anjo* [do diabo] *nos Autos de Gil Vicente*. **9** Exercício artístico «dança/patinagem» obedecendo a determinada coreografia. **Comb.** *~ de dança. ~s livres* [obrigatórias]. **10** *Ling* Maneira expressiva de usar a linguagem dando-lhe um sentido diferente do literal. **Comb.** *~ de estilo. ~ de retórica.* «anáfora/elipse» *~ de sintaxe.* **11** *Lóg* Cada uma das quatro formas que pode assumir um silogismo de acordo com a posição do termo médio nas premissas. **12** Sinais de notação musical «notas/pausas». **Ex.** Semibreve, colcheia, semifusa são algumas das ~s (musicais) modernas.

figuração *s f* (<lat *figurátio,ónis*; ⇒ figura) **1** Maneira de tornar algo [alguém] visível por meios gráficos/escultóricos/pictóricos/.../Representação. **Ex.** As companhias de aviação disponibilizam obrigatoriamente a todos os passageiros folhetos com a ~ dos procedimentos a ado(p)tar em caso de emergência. **2** Contorno exterior/Forma/Figura. **Ex.** Ele, que não sabia desenhar, a pedido da neta, conseguia fazer toscas ~ões [uns pobres desenhos] do cão e do burro. **3** *Cin/Teat* Conjunto de figurantes que entram em cena sem desempenhar um papel na peça/no filme; ⇒ figurante. **Ex.** Entrou na vida artística começando por fazer ~.

figurado, a *adj* (<figurar + -ado) **1** Em que há figura/Representado por imagens. **Comb.** Enigma ~. Sinalização ~a. **2** Que não é literal/Metafórico. **Comb.** *Linguagem ~a.* «nas fábulas os animais são pessoas em» *Sentido ~*. **3** Que não é real/Imaginário. **Ex.** Aquelas crianças viveram sempre muito isoladas, num mundo ~ [irreal(+)/fictício(o+)], sem conhecerem dificuldades.

figurante *s/adj 2g* (<lat *figúrans,ántis*) **1** *Cin/Teat* (O) que participa numa representação sem desempenhar papel de relevo/(O) que faz figuração/*Teat* Comparsa/*Cin* Extra. **Loc.** *Entrar* [Participar] *«num filme/numa peça» como ~*. **2** Pessoa que numa reunião não intervém de forma relevante. **Ex.** Alguns deputados estão na Assembleia da República como meros ~s.

figurão, ona *s* (<figura + -ão) **1** *Aum* de figura/Figura grande. **2** *pop* Personagem importante. **Ex.** Para o almoço, só foram convidados os ~ões do partido. **3** *depr/pop* Pessoa que se faz notar pela esperteza astuciosa e velhaca/Pessoa manhosa. **Ex.** Para negociar com esse ~ toda a cautela é pouca; só não engana se não puder!

figurar *v t/int* (<figura + -ar¹; ⇒ afigurar(-se)) **1** Desenhar a imagem/Representar de forma figurada/Aparentar/Parecer. **Ex.** As sombras da luz da vela figuravam fantasmas na parede. Um rochedo que figurava [aparentava/parecia] uma cabeça de homem. O professor mandou fazer um desenho que figurasse um vaso com flores de várias cores. **2** Representar alegoricamente/Simbolizar/Significar. **Ex.** A balança figura [simboliza(+)] a justiça. **3** Representar na mente/Imaginar/Supor. **Ex.** Acabara de entrar no curso de medicina e já se figurava [imaginava(+)] um grande cirurgião a fazer operações complicadas. **4** Lembrar/Representar/Significar. **Ex.** A mãe figura [representa(+)/é], para os filhos, o conforto e o carinho. **5** Tomar parte [Participar] numa representação/peça/num espe(c)táculo. **Ex.** Na festa da escola, vão ~ todas as crianças com menos de 7 anos. **Loc.** *~ num filme* [numa telenovela]. **6** Estar incluído/Fazer parte. **Ex.** Esse assunto não figura na ordem de trabalhos. A peça [o artigo] que a senhora pretende não figura [vem/está] no nosso catálogo.

figurativismo *s m* (<figurativo + -ismo) Arte que imita as formas sensíveis do obje(c)to representado/Arte figurativa(+).

figurativo, a *adj* (<lat *figuratívus,a,um*) **1** Que representa a figura dos obje(c)tos. **Comb.** Arte ~a. **Ant.** (Arte) abstra(c)ta. **2** Que é a representação [o símbolo] de qualquer coisa/Alegórico/Simbólico. **Ex.** A pomba é ~a [é o símbolo(+)] da paz.

figurável *adj 2g* (<figurar + -vel) Que (se) pode figurar/Representável. **Ex.** As estações do ano são ~eis por meio de pinturas de paisagens.

figurinista *s 2g* (<figurino + -ista) Artista que desenha os figurinos. **Ex.** O ~ contribui de forma importante para o êxito dum espe(c)táculo «teatro/cinema/ópera».

figurino *s m* (<it *figurino*: figura pequena, desenho) **1** Figura [Desenho] que representa o vestuário da moda. **Ex.** Tirou o modelo do feitio do vestido dum ~ que viu na modista. **2** Revista de moda que contém desenhos de vestuário e dá indicações sobre a sua confe(c)ção. **Comb.** *~ de roupa de criança. ~ de verão.* **3** Desenho de vestuário criado especialmente para determinado espe(c)táculo. **Ex.** Os ~s para a ópera são geralmente criados por artistas especializados. **4** Modelo/Exemplo. **Ex.** O ~ estrangeiro é muitas vezes invocado para justificar leis [reformas] controversas.

figurismo *s m* (<figura + -ismo) Doutrina [Corrente] que encara os fa(c)tos do Antigo Testamento como figuras alegóricas do Novo Testamento.

figurista *s/adj 2g* (<figura + -ista; ⇒ figurinista) **1** Relativo a figura ou ao figurismo/Que se exprime por meio de figuras. **2** *s 2g* Partidário do figurismo.

figuro *s m* ⇒ figurão.

Fiji *s f pl Geog* República das Ilhas ~. **Ex.** A capital das Ilhas ~ é Suva; os fijianos falam fijiano e inglês.

fila¹ *s f* (<lat pl de *filum,i*: fio) Série de elementos colocados uns a seguir aos outros/Fileira/Enfiada. **Ex.** A ~ de passageiros na paragem do autocarro [ó/ônibus] já tinha vários metros. Os alunos seguiam em ~ para receber o almoço na cantina. Uma ~ de árvores ladeava o parque. As formigas deslocavam-se em ~ em dire(c)ção ao formigueiro. **Comb.** *~ indiana* [de pessoas colocadas uma a uma, umas atrás das outras]. **Sin.** Bicha; fileira; renque.

fila² *s f* (<filar) A(c)ção de filar/ferrar os dentes/agarrar. **Comb.** *loc adv* À má ~ [À força/À traição]. *Cão de ~* [de guarda, agressivo].

filactérias [filactério] *s f pl/s m* (<gr *phylaktérion*: lugar de guarda, caixinha) Pequenas caixas com tiras de pergaminho onde estavam escritos os preceitos essenciais da Lei (Thorah). **Ex.** Os fariseus e rabinos enrolavam uma das ~ em torno da cabeça de modo que a caixinha ficasse sobre a fronte, e outra no braço de modo a ficar sobre o coração – falsa piedade que Jesus Cristo denuncia. ⇒ amuleto; talismã.

filamentar *adj 2g* (<filamento + -ar²) Que se compõe de [Semelhante a] filamentos/

Filamentoso(+). **Comb.** Composição [Estrutura] ~.

filamento *s m* (<lat *filamentum,i*) **1** Fio muito fino. **Ex.** As teias de aranha são formadas por ~s muito finos. As lâmpadas elé(c)tricas de incandescência têm um ~ de tungsté[ê]nio. **Comb.** *Astr* ~ solar [Cada uma das linhas largas e negras presentes nas protuberâncias solares]. **2** Fio ou formação filiforme que certos minerais apresentam na sua textura. **3** Fibra/Fibrila. **Comb.** ~ [Fibra(+)] muscular.

filamentoso, a (Ôso, Ósa, Ósos) (<filamento + oso) Que se compõe de [Semelhante a] filamento(s). **Comb.** Textura ~a.

filandras *s f pl* (<fr *filandre(s)*) **1** Filamento extenso e muito delgado. **2** Fios das teias de aranha. **3** Veios filamentosos de certos tipos de mármore. **4** Fios brancos que aparecem nas chagas do gado cavalar. **5** Espécies marinhas que aderem à quilha dos barcos.

filante[1] *adj 2g* (<fr *filant*) Que corre ou se desloca em fio. **Comb.** Estrela ~/cadente. Vinho ~/viscoso/com borra.

filante[2] *Br s 2g* ⇒ caloteiro.

filantropia *s f* (<gr *philanthropia*) Amor que todo o homem deve ao seu semelhante em razão da sua natureza comum. **Ex.** A ~ distingue-se da caridade pelo seu cará(c)ter naturalista e laico, enquanto que a caridade, como reflexo do amor de Deus, tem uma conotação religiosa.

filantrópico, a *adj* (<filantropia + -ico) Relativo à filantropia/Que tem obje(c)tivos humanitários. **Comb.** *Organização ~a. Sentimentos ~s.*

filantropo, a (Trôpo, Trópa, Trópos) *adj/s* (<gr *philanthropos*) (O) que é dotado de filantropia/(O) que age em favor do seu semelhante sem esperar disso tirar proveito. **Ant.** Misantropo.

filão *s m* (<it *filone*: grande fio, veio) **1** *Geol* Corpo natural constituído por rochas ou minerais, pouco espesso e muito comprido, que se encontra na fenda ou fra(c)tura de outra rocha. **Comb.** ~ de volfrâmio, incrustado no quartzo. **2** *fig* Situação [Ocasião] propícia para obter grandes vantagens. **Ex.** Enriqueceu a explorar o ~ [negócio chorudo] da venda de terrenos «aos emigrantes». A música folclórica pode ser um grande ~ para os compositores.

filar *v t* (<lat *fíbulo,áre*: unir com agrafos) **1** Deitar os dentes a/Ferrar. **Ex.** O cão filou-se à [filou a] perna do ladrão. **2** Agarrar à força/Segurar/Prender. **Ex.** O polícia filou [agarrou/segurou] o ladrão por um braço para não o deixar fugir. **3** *gír* Obter gratuitamente, ardilosamente. **Ex.** Com muita conversa (lá) consegui ~ uma nota «de 20 euros» ao meu avô. **4** Açular um cão de fila. **5** *Náut* Aproar uma embarcação ao vento/à maré.

filária *s f* (<lar científico *Filaria*) **1** *Med* Designação vulgar da dermatite serpiginosa provocada pela presença de larvas de diversos parasitas no tecido subcutâneo do homem. **Comb.** ~ linfática. **2** *pl Zool* Nome vulgar por que são conhecidos os vermes nematoides da família *Filariidae*, do gé[ê]nero *Filaria*, parasitas do homem e dos animais.

filária-de-medina [verme-da-guiné] *s f [m] Med* Grande filária, *Dracunculus medinensis* L. que provoca a dracunculose ou dracontíase.

filaríase *s f Med* (<filaria + -ase) Doença tropical provocada por filarias. **Ex.** Uma das formas de ~ é a elefantíase.

filariídeo, a *adj/s Zool* (<lat científico *Filariidae*) (Relativo ao) verme da classe *Nematoda* e da ordem *Filariidea*, parasita dos vertebrados, com o corpo comprido e filiforme, que provoca doenças várias no homem e nos animais domésticos.

filariose *s f Med* ⇒ filaríase.

filarmónica [*Br* filarmônica] *s f* (<filarmó[ô]nico) Pequena banda de música [Sociedade musical] constituída essencialmente por instrumentos de sopro e percussão. **Ex.** As festas religiosas das aldeias portuguesas são quase sempre abrilhantadas por ~s da região. ⇒ orquestra.

filarmónico, a [*Br* filarmônico] *adj* (<-filo- + harmó[ô]nico) Relativo a associações [bandas] musicais denominadas ~as. **Comb.** *Orquestra ~a. Sociedade ~a.*

filatelia *s f* (<-filo- + *atéles*: franco, livre de imposto, franquiado) **1** Estudo dos selos de correio de diferentes países. **2** Gosto pelo estudo e por cole(c)cionar selos. **Ex.** O meu marido passa horas com os [de volta dos] selos; tem a paixão da ~.

filatélico, a *adj* (<filatelia + -ico) Relativo à filatelia. **Comb.** Concurso ~. Exposição [Cole(c)ção] ~a.

filatelista *adj/s 2g* (<filatelia + -ista) (O) que se dedica à filatelia. **Comb.** *Cole(c)cionador ~. Reunião* [Encontro] *de ~s.*

filatório, a *adj/s m* (<fiado[1] + -ório) **1** Relativo à fiação. **Comb.** Técnica ~a moderna. **2** *s m* Máquina de fiação.

filáucia *s f* (<gr *philautia*) **1** Amor [exagerado de si] próprio. ⇒ autoestima. **2** Arrogância/Bazófia/Presunção.

filé *s m* (<fr *filet*: fiozinho) **1** Renda de malha larga executada num suporte de rede. **Comb.** Cortinado de ~. **2** Suporte de rede onde é executado o bordado. **3** Guarnição/Tira estreita/Filete[1]. **Comb.** Toalha enfeitada com ~ dourado. **4** *Br* Fatia fina de carne ou peixe/Filete[2](+)/Bife do lombo. **Comb.** *idi ~ de borboleta* [Homem muito magro]. **~-mignon a)** Peça de carne do lombo; **b)** *fig* A melhor parte/O melhor quinhão «dos lucros».

fileira *s f* (<fila + -eira) **1** Série de pessoas ou coisas dispostas umas a seguir às outras/Fila. **Loc.** Seguir [Caminhar/Ir] em ~/fila(+). **Comb.** Uma ~ de carros. **2** *Mil* Alinhamento de soldados dispostos uns ao lado dos outros. **Ex.** Uma enorme ~ de soldados, marchando seis a seis, desfilou diante da tribuna de honra. **4** *pl* Grupo de pessoas que pertencem a [militam em] determinado movimento «civil/político/religiosos». **Loc.** *Ingressar nas ~s* [Alistar-se/Inscrever-se]. *Cerrar ~s* [Unir-se em defesa duma causa] (Ex. Os moradores cerraram ~s exigindo a recolha do lixo no bairro).

filele *s f* (<ár *fileli*, relativo a Tafilele, cidade de Marrocos) Tecido leve próprio para fabricar bandeiras.

filetar *v t* (<filete + -ar[1]) **1** Enfeitar [Debruar] com filetes[1]. **2** Fazer as espiras da rosca dos parafusos. **3** Cortar em filetes[2]. **Loc.** ~ o peixe.

filete[1] (Lê) *s m* (⇒ filé) **1** Fiozinho/Guarnição de fio [fita estreita]/Debrum. **Comb.** Toalha (de mesa) enfeitada com ~ dourado. **2** Espiral da rosca dos parafusos. **Comb.** (Parafuso com) vários ~s de rosca moídos. **3** Moldura estreita e plana/Linha de ornato/Friso/Listel. **4** *Anat* Cada uma das ramificações mais finas dos nervos. **Comb.** ~s nervosos. **5** *Bot* Parte do estame que suporta a antera. **Ex.** O estame completo é formado pelo ~ e pela antera na qual se encontram os sacos poliníferos.

filete[2] (Lé) *s m Cul* (⇒ filé) Posta delgada de carne ou peixe/Bife. **Comb.** ~s de pescada [de peru].

filhar *v t/int* (<filho + -ar[1]) **1** Ado(p)tar como filho/Perfilhar(+). **Ex.** (Porque não tinham filhos) decidiram ~ [ado(p)tar(+)] uma criança órfã. **2** Defender como seu/Abraçar uma causa. **Ex.** Filhou[Filiou(+)]-se num movimento feminista. **3** *Bot* Uma planta deitar rebentos. **Ex.** As oliveiras já começaram a ~.

filharada *s f pop* (<filho + -r- + -ada) Grande número de filhos. **Ex.** Mudaram(-se) para uma casa maior por causa da ~.

filhento [filheiro], a (<filho + -ento) **1** Que gera muitos filhos. **Comb.** Mulher ~a. **2** Que gosta muito dos [Muito agarrado aos] filhos.

filho, a *s* (<lat *fílius,ii*) **1** Cada um dos descendentes em relação aos seus pais. **Ex.** A minha família é composta por cinco pessoas: pai, mãe e três ~s, dois rapazes e uma rapariga. **Prov.** *~ de peixe, sabe nadar* [Diz-se de quem tem as qualidades dos seus antepassados]. *~ és, pai serás; assim como fizeres, assim acharás* [O que fizeres a teus pais também os teus ~s te hão de fazer a ti]. *Quem tem ~s tem cadilhos* (e quem os não tem, cadilhos tem) [Os ~s dão trabalhos, preocupações (mas quem não tem ~s também tem outros problemas)]. *Tal pai, tal ~* [Diz-se de quem é muito parecido com o pai]. **Comb.** *~ ado(p)tivo* [O que foi ado(p)tado como ~]. *~ bastardo*/ilegítimo [~ nascido fora do matrimó[ô]nio]. *~ da casa* [muito amigo duma [muito antigo numa] família/institução]. *~ da terra* [natural duma localidade]. *Rel Maiúsc ~ de Deus* [Jesus Cristo/Segunda pessoa da Santíssima Trindade]. *~ legítimo* [nascido dentro do matrimó[ô]nio]. *~ pródigo* [Personagem da parábola bíblica/Esbanjador/Perdulário]. **2** Descendente de determinada família ou grupo. **Ex.** No Brasil, para além dos ~s de portugueses há também ~s de emigrantes de muitas outras nações. **3** Oriundo de determinada região/~ da terra. **Comb.** ~ de Portugal. **4** Resultado de determinada influência. **Comb.** *~ da revolução. ~ do seu trabalho.* **5** Qualquer animal com relação aos seus progenitores. **Ex.** Os cordeiros são ~s de ovelha e de carneiro. **6** *Bot* Rebento ou gomo de uma planta. **Loc.** Tirar os ~s [mamões] às videiras/às oliveiras/aos castanheiros. **7** *fam* Expressão de carinho dirigida a quem se estima muito. **Ex.** Solícita, confortava a amiga: – Tem calma, ~a, tudo se há de resolver.

filhó *s f Cul* (<lat *folíolum,* dim de *fólium,ii*: folha) Bolo feito de farinha e ovos, frito e polvilhado com açúcar e canela. **Ex.** As ~s são típicas do Natal.

filhote, a *s* (<filho + -ote) **1** *fam dim* de filho/Filho pequeno. **Loc.** Levar os ~s à praia. **2** *Zool* Filho de animal/Cria. **Ex.** A cadela não gosta que lhe toquem [que peguem/mexam] nos ~s.

-filia *suf* (<gr *philía*: amizade) Exprime a ideia de amigo, amizade, predile(c)ção, simpatia: *anglofilia, columbofilia, francofilia, halterofilia, lusofilia.*

filiação *s f* (<lat *filiátio,ónis*) **1** Ligação que une o filho a seus pais. **Ex.** A ~ ilegítima foi abolida da legislação portuguesa. **Comb.** ~ materna [paterna]. **2** A(c)to de filiar/Processo de reconhecimento ou de ado(p)ção de alguém como filho. **Ex.** A ~ foi confirmada pelos testes de ADN. **3** Indicação dada por alguém de quem são os seus pais. **Ex.** Qual é a sua ~? **4** Inscrição [Alistamento] num grupo/numa comunidade/numa associação com regras e leis próprias. **Comb.** ~ num partido político. **5** Relação [Encadeamento] entre coisas

que derivam [têm origem] umas das [umas nas] outras/Conexão. **Comb.** ~ duma língua (com a família de línguas ascendentes a que pertence) «português do latim».

filiado, a *adj/s* (<filiar + -ado) **1** ⇒ perfilhado. **2** (O) que é membro [está inscrito] numa organização «associação/partido». **Ex.** Só os ~s no partido têm direito a voto na escolha dos órgãos dire(c)tivos. **Comb.** Sindicato com muitos ~s/membros/sócios.

filial *adj 2g/s f* (<lat *filiális,e*) **1** Próprio do [Relativo ao] filho. **Comb.** Amor ~ [de filho/a]. ⇒ maternal[no]; paternal[no]. **2** *s f* Estabelecimento «comercial/industrial» sucursal de outro. **Ex.** Eu trabalho numa empresa que tem ~ais em todas as capitais de distrito.

filiar *v t* (<filho + -ar¹) **1** Ado(p)tar como filho/ Perfilhar(+). **Ex.** Finalmente acabou por ~ [perfilhar(+)] a criança nascida duma relação com a criada. **2** Ser admitido como membro/Inscrever-se. **Loc.** ~-se num clube de futebol/num partido político. **3** Estabelecer uma relação dire(c)ta com a origem/a fonte donde provém/Relacionar/ Ligar. **Ex.** Pintura com cara(c)terísticas que a filiam no Impressionismo.

filicida *s/adj 2g* (<filho + -cida) (O) que mata o próprio filho. **Comb.** Tentativa ~.

filicídio *s m* (<filicida + -io) A(c)to de matar o próprio filho.

filiforme *adj 2g* (<fio + -forme) Fino como um fio/Semelhante a um fio. **Comb.** *Med Pulso* ~ [delgado e mole que na palpação dá a sensação dum fio]. *Textura* ~.

filigrana *s f* (<it *filigrana*; ⇒ fio + grão) **1** Trabalho artístico de ourivesaria feito com fios muito finos, de ouro ou prata, entrelaçados. **Ex.** A ~ portuguesa é muito apreciada. **Comb.** Caravela em ~ de prata. **2** Marca de água «nas notas de Banco». **3** ⇒ ornato «de retórica/narrativa».

filigranar *v t/int* (<filigrana + -ar¹) **1** Fazer peças de filigrana. **2** Aplicar a marca de água. **3** *fig* Fazer qualquer tipo de trabalho minucioso e delicado.

filigraneiro, a [filigranista] *adj/s* [2g] (<filigrana + -...) Artífice que trabalha em filigrana. **Ex.** Os ~s portugueses concentram-se nos arredores da cidade do Porto.

filípica *s f Hist* (<lat *philíppica oratio*: discurso contra Filipe) **1** Discurso de Demóstenes contra Filipe, rei da Macedó[ô]nia. **2** *fig* Discurso violento ou mordaz.

Filipinas *s f pl* (<antr Infante Filipe (1527--1598), futuro rei de Espanha (II) e de Portugal (I)) República das ~. **Ex.** A capital das ~ é Manila e a língua oficial é o *tagálog* [tagalo/filipino]; a segunda língua é o inglês que substituiu o espanhol.

filipino, a *adj/s* (*antr* Filipe + -ino) **1** Relativo às [Habitante/Natural das] Filipinas. **Ex.** A religião da maioria dos ~s é a católica. **2** *Hist* Relativo à dinastia dos Filipes, reis espanhóis que reinaram também em Portugal de 1580 a 1640. **Comb.** *Dominação ~a. Período ~.*

filisteu, eia *s/adj* (<lat *philistaei,órum*) **1** Pertencente [Relativo] ao povo cananeu que habitava a Filisteia [Palestina] antes da chegada dos hebreus. **2** *pej* Sem interesse pelas artes/Inculto/Bronco.

filmagem *s f Cin/TV* (<filmar + -agem) A(c)to de filmar/Recolha de imagens «em película cinematográfica». **Ex.** Já começaram as ~ns do novo filme [da telenovela].

filmar *v t Cin/TV* (<filme + -ar¹) Regist(r)ar imagens em filme [em película cinematográfica]. **Loc.** ~ um espe(c)táculo «jogo de futebol». **Comb.** Máquina de ~.

filme *s m* (<ing *film*) **1** *Cine/TV* Película que se introduz numa máquina de filmar para fazer o regist(r)o de imagens cinematográficas. **Ex.** A sessão de cinema foi interrompida porque o ~ partiu. Os ~s são enrolados em bobinas que se acondicionam em caixas de lata. **2** *Fot* Película que se introduz numa máquina fotográfica para fazer fotos/Rolo fotográfico. **Ex.** Estou ansioso por mandar revelar o ~ [rolo(+)] para ver como ficaram as fotos das férias. **3** Sessão de imagens proje(c)tadas no ecrã duma sala de cinema/Obra cinematográfica. **Ex.** Fomos ver um ~ có[ô]mico muito engraçado. Gostaste do ~? Antes do ~, passou um documentário sobre aves exóticas, muito interessante. **4** *fig iron* História exagerada [inventada] e rebuscada. **Ex.** Não precisas de dizer [contar] mais nada, (porque) eu já vi esse ~! **5** *fig* Sequência de acontecimentos/Cena/História. **Ex.** Recomeçaram os incêndios florestais. É o mesmo ~ todos os anos.

fílmico, a *adj* (<filme + -ico) Relativo a [Próprio de] filme. **Comb.** Cenas ~as. Equipamento ~ [de filmagem(+)].

filmografia *s f* (<filme + grafia) Conjunto ordenado de filmes segundo um critério estabelecido «gé[ê]nero/realizador/a(c)tor». **Comb.** ~ *de Charlot* (Charles Chaplin). ~ *do cinema mudo* «português».

filmologia *s f* (<filme + -logia) Estudo do cinema como fenó[ô]meno artístico social.

filmoteca *s f* (<filme + -teca) **1** Arquivo de filmes [microfilmes] com valor histórico documental. **Ex.** A ~ Ultramarina Portuguesa reúne filmes e muitos outros documentos importantes sobre a a(c)ção dos Portugueses no Mundo. **2** Cole(c)ção de filmes e microfilmes. ⇒ biblioteca.

filo *s m Biol* (<gr *phyle,es*: raça, tribo) Grande divisão taxonó[ô]mica em que se agrupam as classes dos seres vivos. **Ex.** O ~ subdivide-se em classes, ordens, famílias, tribos, gé[ê]neros e espécies.

-filo- *suf/pref* (<gr *philos,e,on*: amigo) Exprime a ideia de amigo: *filosofia, acidófilo, anglófilo, columbófilo, francófilo, germanófilo, hidrófilo, xerófilo*.

filó *s m* (<lat *filum,i*: fio) Tecido transparente, semelhante a uma rede fina, utilizado em véus, saiotes, vestidos de cerimó[ô]nia, ...

filodendro *s m Bot* (<-filo- + -dendro) Nome comum de várias plantas ornamentais da família das aráceas, muitas delas trepadeiras de folhas grandes e coriáceas.

filodérmico, a *adj* (<-filo- + dérmico) Diz-se de substância utilizada para conservar a suavidade e frescura da pele. **Comb.** Cosmético ~.

filódio *s m Bot* (<gr *phyllodes*: com aspe(c)to de folha) Folha reduzida ao pecíolo, geralmente comprida e laminar. **Comb.** ~s das austrálias (Acácias-pretas).

filogénese [Br filogênese] [filogenesia/filogenia(+)] *s f* (<gr *phylon,ou*: raça, tribo + -...) História da evolução duma espécie [dum grupo taxonó[ô]mico] ao longo do tempo. **Ex.** A ~ é de certo modo comparável à ontogenia [desenvolvimento embrionário dos seres complexos].

filogenésico [filogenético/filogénico/ Br filogênico/filógeno], a *adj* (<filogenia + -...) Relativo à filogenia. **Comb.** *Estudos ~s. Evolução ~a.*

filogenia *s f* ⇒ filogé[ê]nese.

filoginia *s f* (<filógino + -ia) **1** Amor às [Apreço pelas] mulheres. **2** *Br* Teoria da igualdade intelectual do homem e da mulher. **Ant.** Misoginia.

filogínico [filógino(+)], a *adj* [*adj/s*] (<gr *philogynes*) (O) que tem inclinação para as [tem grande apreço pelas] mulheres. **Comb.** Maneira de ser [Temperamento] ~a/o. **Ant.** Misógino.

filologia *s f* (<lat *philologia,ae*) **1** Estudo crítico de textos literários escritos, procurando averiguar a sua autenticidade e restituí-los à sua forma original de acordo com a intenção do autor. **Comb.** ~ crítica. **2** Estudo científico duma língua com base na análise crítica de textos escritos. **Comb.** ~ *clássica. ~ comparada* (de mais de duas línguas). ~ *portuguesa*.

filológico, a *adj* (<filologia + -ico) Relativo à filologia. **Comb.** *Conhecimentos ~s. Curso* [Trabalho] ~. *Escola ~a*.

filólogo, a *s 2g* (<lat *philólogus,a,um*) Pessoa que se dedica ao estudo da [Especialista em] filologia. **Ex.** Carolina Michaelis e Lindley Cintra são ~s portugueses dos mais conceituados.

filomela *s f Poe* (<antr mitol gr *Philomela*, filha de Pandíon, metamorfoseada em rouxinol) ⇒ rouxinol.

filoniano, a *adj Geol* (<filão + -iano) Relativo a filão/Diz-se de rochas eruptivas constituídas por filão. **Ex.** Há muitos tipos de rochas ~as, quer de composição ácida, quer básica, quer intermédia.

filópode *s m Zool* (<gr *phyllon*: folha + -pode) Espécime de crustáceos cara(c)terizados por terem patas lamelares nadadoras.

filosofal *adj 2g* (<filósofo + -al) Relativo à filosofia ou aos filósofos. **Comb.** Pedra ~. **Sin.** Filosófico(+).

filosofante *s/adj 2g* (<lat *philósofans,ántis*) (O) que filosofa [disserta/discorre] sobre determinado assunto. **Ex.** «um político» Tido por [Considerado um] ~. **Comb.** Ar [Jeito/Discurso] ~.

filosofar *v int* (<gr *philosophéo*: amar a sabedoria, cultivar a filosofia) **1** Discorrer [Meditar] sobre problemas filosóficos/Raciocinar metodicamente sobre um tema. **Loc.** ~ sobre o destino do homem. **2** Pensar/Meditar/Cismar/Maturar. **Ex.** Passava horas a ~ [pensar(+)/cismar(o+)], alheio/a a tudo. **3** *pej* Discorrer de forma pretensamente erudita ou sobre assuntos superficiais com intuitos doutorais/moralistas. **Ex.** Ele é um pedante, está sempre a ~.

filosofia *s f* (<gr *philosofía,as*) **1** Amor pela sabedoria e pelo estudo que a ela conduz. **Ex.** A palavra ~ é atribuída a Pitágoras (séc. VI a.C.), tendo sido ado(p)tada por Cícero (106-43 a.C.) com o mesmo significado. **2** Investigação racional sobre o mundo e o homem procurando conhecer o seu fundamento e destino último/Atitude reflexiva do espírito que acompanha a a(c)tividade criadora do Homem «artística/ científica/religiosa». **Ex.** A ~ pode ser concebida como a tendência ingé[ê]nita do Homem para se decifrar a si mesmo, ao seu destino e ao do mundo. **3** Conjunto de princípios de cará(c)ter metodológico que organizam e regulamentam uma ciência ou a(c)tividade humana. **Comb.** ~ *da Arte*. ~ *da História*. **4** Curso ministrado no ensino secundário e superior com os conhecimentos básicos de Lógica, Gnosi[e]ologia [Epistemologia/Crítica], Ética, Estética, Metafísica e Psicologia. **Comb.** *Aula* [Curso] *de ~. Professor de ~*. **5** Conce(p)ção geral da vida e dos seus problemas/ Capacidade de enfrentar com coragem as vicissitudes da vida/Sabedoria. **Comb.** ~ de vida.

filosófico, a *adj* (<flosofia + -ico) **1** Relativo à filosofia ou aos filósofos. **Comb.** *Corrente* [Escola] *~a. Pensamento ~*. **2** Que revela sabedoria/ponderação/serenidade.

Comb. *Atitude ~a*. *Modo ~ de falar* [de encarar a vida].

flosofismo [filosofice] *s m [f]* (<filosofia+ -ismo) Falsa filosofia/Mania de filosofar.

filósofo, a *s/adj* (<gr *philósophos,on*) **1** (O) que é versado em filosofia. **Ex.** Platão e Aristóteles são ~s que marcaram a antiguidade grega; na Idade Moderna destacaram-se grandes ~s, como Descartes, Kant e Hegel. **2** (O) que gosta de saber/ de conhecer os fundamentos da vida e do universo. **Ex.** Não tinha muitos estudos, mas lia muito e falava como um ~. **3** *fam* Pessoa excêntrica/estranha/lunática. **Ex.** Ele é meio [um pouco] ~ ...

filoxera (Csé) *s f* (<gr *phýllon*: folha + *kserós,a,on*: seco) **1** *Ent* Designação comum dos inse(c)tos homópteros, originários da América do Norte, o mais vulgar dos quais é a ~ da videira, *Phylloxera vitifoliae*. **2** *Agr* Doença das videiras provocada por este inse(c)to. **Ex.** A ~ destruiu grande parte das vinhas europeias no séc. XIX.

filtração *s f* (<filtrar + -ção) A(c)to de filtrar/ Separação de partículas sólidas dispersas num fluido [líquido ou gás] pela passagem através de material poroso (Filtro)/Filtragem. **Ex.** A ~ pode ter como finalidade tanto o aproveitamento do fluido purificado como dos sólidos retidos no filtro.

filtrado, a *adj/s* (<filtrar + -ado) **1** Que se filtrou/Coado. **Comb.** Água ~a. **2** *s m* Líquido que resulta da filtração. **Comb.** *Med ~ glomerular* [Líquido resultante da filtração do plasma sanguíneo através das paredes do glomérulo renal].

filtrador, ora *adj/s* (<filtrar + -dor) (O) que filtra. **Comb.** *A(c)ção ~ora*. *Material ~* [filtrante(+)].

filtrar *v t* (<filtro + -ar¹) **1** (Fazer) passar um fluido [líquido ou gás] através duma substância porosa (Filtro) para eliminar impurezas/Coar. **Loc.** *~ a* água [o vinho]. *~ o ar.* **2** Não deixar passar/Reter. **Ex.** A boquilha ajuda a ~ [reter(+)] o alcatrão do cigarro. **3** Deixar passar parcialmente, moderando a intensidade. **Ex.** Para observar um eclipse, usa-se um vidro escuro para ~ os raios solares. **4** Reter o que é importante [o que é prejudicial] deixando passar o restante. **Ex.** Nas entradas dos estádios «de futebol» a polícia filtra [inspe(c)ciona(+)] rigorosamente todas as pessoas. **Loc.** *~* [Inspe(c)cionar(+)] *os passageiros à entrada nos aviões*. *~* [Fazer a triagem/ Sele(c)cionar(+)/Censurar] *a informação*. *~ um artigo* [texto/livro] (para reter apenas o que é mais importante). **Comb.** Ideias filtradas [tiradas(+)] de outro autor.

filtrável *adj 2g* (<filtrar + -vel) Que se pode filtrar. **Ex.** Esta suspensão [Este líquido] não é ~ porque está muito espessa/o [emulsionada/o].

filtro *s m* (<lat *filtrum,i*) **1** Dispositivo que serve para filtrar/Material poroso «feltro» por onde se faz passar o fluido a filtrar. **Ex.** É preciso mudar os ~s do ar e da gasolina ao carro. Nos laboratórios de química usam-se ~s de papel. A água potável é purificada em ~s de areia. **2** *Fís* Dispositivo utilizado para separar sinais de rádio de frequências diferentes. **Ex.** Como ~, utiliza-se normalmente um circuito cuja impedância varia com a frequência. **Comb.** *~ acústico*. **3** *Fís* Dispositivo que retém [absorve] parte das radiações. **Ex.** Em cinema e fotografia usam-se ~s para produzir efeitos especiais. **Comb.** *~ de corre(c)ção*. *~ de* (raios) *ultravioletas*.

filumenismo *s m* (<-filo- + lat *lúmen*: luz + -ismo) Estudo e cole(c)ção de caixas e carteiras de fósforos.

fim *s m* (<lat *finis,is*) **1** Momento em que qualquer coisa deixou de existir ou de se produzir. **Ex.** Ninguém sabe o que acontecerá no ~ dos tempos. O filme chegou ao ~. Faltam poucos minutos para o ~ da aula. **Loc.** *A ~ de/Com o ~ de* [Com o obje(c)tivo de/a finalidade de/Para] (Loc. Estudar, a ~ de obter uma boa classificação/colocação). *Ao ~ de/No ~ de* [Decorrido certo tempo/Depois de] (Ex. Ao ~ de 3 horas o incêndio estava dominado). *Ao ~ e ao cabo/No ~ de contas* [Na realidade/Afinal] (Ex. Ao ~ e ao cabo não vale a pena escolher muito porque as maçãs são todas iguais. Estavas com tanto medo do exame e ao ~ e ao cabo conseguiste um bom resultado). *Por ~* [Finalmente] (Ex. Já todos estavam fartos de esperar, quando por ~ o espe(c)táculo começou). *Pôr ~ a* [Acabar com/Dar por encerrado/Concluir] (Ex. Meninos, são horas de comer [da refeição]. Vamos pôr ~ à brincadeira. O presidente decidiu pôr ~ à [acabar a] reunião). *fam Ser o ~ da macacada* [A barafunda/ asneira atingir o máximo]. *fam Ser o ~ (da picada)* [Atingir o máximo admissível/ Ser extremamente desagradável]. *fam Ter mau ~* [Acabar mal]. **Sin.** Final; termo. **Ant.** Começo; início; princípio. **2** Conclusão/ Desenlace/Remate. **Ex.** Obras que nunca mais têm ~ [que tardam em acabar/em ficar concluídas]. Não imagino como será o ~ da novela [do filme/romance]. **3** Limite/ Cabo/Extremo/Termo. **Ex.** Chegámos ao ~ da viagem. Aqui é o ~ da linha, todos os passageiros têm que sair. No ~ da rua fica o largo da igreja. **4** Alvo/Obje(c)tivo/ Finalidade/Motivo. **Ex.** O ~ [obje(c)tivo(+)] dele era chegar a presidente do clube. Há pessoas que não olham a meios para atingirem os ~ns que desejam. Não sei com que ~ ele me fez tantas perguntas. **5** Termo da existência terrena/Morte. **Ex.** A avó está muito velh(inh)a e doente; está a chegar ao ~.

fímbria *s f* (<lat *fímbria,ae*) **1** Extremidade inferior duma peça de vestuário. **Comb.** *~ da saia*. **2** Franja/Guarnição. **Comb.** Vestido enfeitado com uma ~ de bordado inglês. **3** Extremidade duma superfície/Limite/Orla(+). **Ex.** O coelho perdeu-se [desapareceu] na ~ do bosque.

fimbriar *v t* (<fímbria + -ar¹) Colocar fímbria em/Enfeitar com franja. **Loc.** *~ uma saia* «para disfarçar [esconder/ocultar] uma nódoa/um rasgão».

fim de semana *s m* Período em que geralmente não há trabalho obrigatório e que decorre desde sexta-feira à noite até domingo à noite. **Ex.** Habitualmente passam os fins de semana na quinta.

fimícola *adj 2g* (<lat *fímum,i*: estrume + -cola) Que vive no estrume. **Comb.** Larvas ~s.

fimose *s f Med* (<gr *phimósis*) Estreitamento do orifício do prepúcio impedindo que a glande fique a descoberto. **Comb.** *~ adquirida* [congé[ê]nita]. *~ hipertrófica*.

finado, a *adj/s* (<finar + -ado) (O) que se finou/que faleceu/Falecido/Defunto/Morto. **Ex.** No dia 2 de novembro, a Igreja Católica celebra o dia de ~s [de fiéis defuntos(+)]. **Comb.** *Dobre a ~s* [Toque do sino pelo falecimento de alguém].

final *adj 2g/s* (<lat *finális,e*) **1** Que está [vem] no fim/Que termina/Último/Derradeiro. **Ex.** Não gostei da parte ~ do livro. **Comb.** *Dir Alegações ~ais*. *loc adv Até ~/Até ao ~ de* [Até ao fim/ao desfecho] (Ex. O espe(c)táculo acabou tarde, mas ficámos (mesmo) até ~ [até ao ~ dele]). *Fil ⇒ causa ~*. *Gram «para que» Conjunção ~* [que indica o obje(c)tivo/a finalidade]. *Decisão ~*. *Juízo ~/Universal* [Julgamento divino a que todas as pessoas serão submetidas no fim dos tempos]. *Em ~ais* [Nos últimos dias] *de* (Ex. Os emigrantes portugueses começam a vir de férias em ~ais de julho). *No ~ [fim] de contas* [Na realidade/Consideradas as circunstâncias] (Ex. No ~ de contas, tu é que tinhas razão: não devíamos ter saído de casa). *Gram Ponto ~* [Sinal de pontuação que indica o fim duma frase ou dum período] (Ex. Na leitura, o ponto ~ sugere [pede/indica] uma pausa mais demorada). *(D)esp Re(c)ta ~* (da meta). **2** Que põe fim/Relativo ao desenlace/Definitivo. **Ex.** Quando soou o apito ~, os vencedores explodiram com gritos de alegria. **Comb.** *Decisão ~*. *Juízo ~*. **3** *s m* Última parte/Desfecho/Fim/Remate. **Ex.** A peça «de teatro» tem um ~ trágico, muito triste! No ~ [fim] da procissão, atrás do pálio, seguia o povo. O concerto teve um ~ empolgante. **4** *s f (D)esp* Última prova duma competição por eliminatórias. **Loc.** Disputar a ~ «da Taça dos Campeões (*Champions League*) Europeus de Futebol». **5** *s f Mús* Nota principal, no modo gregoriano, que determina o tom do trecho musical e pela qual este deve acabar.

finalidade *s f* (<lat *finálitas,átis*) **1** *Fil* Tendência [Ordenamento] do ser para a realização dum obje(c)tivo/para atingir um fim. **Comb.** *~ intrínseca estrutural*. *~ dinâmica da a(c)ção*. *Princípio de ~*. **2** Obje(c)tivo/Fim/Intuito. **Ex.** Fez-se esta obra com a única ~ de eliminar uma curva perigosa. A fisioterapia tem por ~ a recuperação de faculdades motoras e sensitivas perdidas «em acidentes de viação/por doença».

finalista *s 2g* (<final + -ista) **1** O que chega ao fim dum curso/duma fase de estudo. **Comb.** Estudante ~ «de Medicina/do 12.º ano». **2** *(D)esp* Equipa/e [Jogadores] participante(s) na final dum torneio/duma competição (d)esportiva por eliminatórias. **Ex.** Estão apurados os dois ~s «da Taça de Portugal [Liga Europa] de Futebol».

finalização *s f* (<finalizar + -ção) **1** A(c)to ou efeito de finalizar/terminar/Acabamento/Conclusão. **Ex.** O discurso já ia longo. Todos esperavam com impaciência a ~. **Comb.** *~* [Acabamento(+)/Conclusão(o+)] *duma casa*. **2** *(D)esp* A(c)to de marcar gol(o)s num desporto [esporte] cole(c)tivo. **Ex.** A equipa/e jogou bem mas foi muito infeliz na ~: viu três bolas devolvidas pelos postes [por três vezes a bola embateu nos postes da baliza].

finalizar *v t/int* (<final + -izar) **1** Pôr fim a/ Terminar/Concluir. **Ex.** Antes de ~ [concluir] a reunião, (quero dar) só mais um aviso: na próxima semana não há [não haverá] reunião. Temos o maior interesse em ~ [acabar] a obra para podermos fa(c)turar. **2** Dar os últimos retoques/Rematar. **Ex.** O trabalho «relatório» está pronto; falta apenas ~ uns pequenos pormenores da apresentação/entrega. **3** *(D)esp* Chutar para marcar gol(o). **Ex.** O passe [A abertura] foi genial, mas faltou quem finalizasse.

finalmente *adv* (<final + -mente) **1** Depois dum longo período/Por fim/Até que enfim. **Ex.** ~ o comboio [trem] chegou. Já estávamos desesperados com tão grande atraso. **2** Por último/fim. **Ex.** Depois da longa lista dos contemplados com menção honrosa, vou ~ revelar o vencedor. **3** Afinal. **Ex.** Em (que é) que ficamos [O (que é) que decides]? ~, levas o carro ou vais a pé?

finamento *s m* (<finar + -mento) **1** ⇒Acabamento. **2** ⇒ Falecimento/Morte.

finança s f (<fr *finance*: pagamento, fonte de receita) **1** Conjunto de pessoas «banqueiros/empresários» que movimentam grandes somas de dinheiro ou têm grandes negócios. **Ex.** Na comitiva que acompanhou o primeiro-ministro «ao Brasil» iam vários elementos da alta ~. **2** *pl* Tesouro [Fazenda] público/a. **Comb.** Ministro das ~s. Estado [Situação] das ~s públicas. **3** *pl* Estabelecimento público onde são geridas as receitas e despesas do Estado/ Tesouraria da Fazenda Pública. **Loc.** Ir às ~s «(para) pagar os impostos». **4** *pl* Ciência que estuda os problemas de gestão de dinheiro especialmente do dinheiro público. **Comb.** Licenciado em ~s. **5** *pl fam* Situação econó[ô]mica duma pessoa ou instituição. **Ex.** As ~s da empresa andam muito por baixo. Estou mal de ~s, não me posso meter em extravagâncias.

financeiro, a *adj/s* (<finança + -eiro) **1** Relativo ao dinheiro/às finanças. **Comb.** *Aplicação ~a. Problema ~. Se(c)tor ~*. **2** *s* Pessoa especialista em [que trata de] finanças. **Ex.** O novo dire(c)tor foi admitido na empresa por ser um bom ~. ⇒ economista. **3** Banqueiro/Responsável por grandes negócios. **Comb.** Reunião de ~s. **4** *pop* ⇒ Calculista/Usurário.

financiador, ora *adj/s* (<financiar + -dor) (O) que financia. **Ex.** O Banco entrou no proje(c)to «da mini-hídrica» como ~. **Comb.** Entidade ~ora.

financiamento s m (<financiar + -mento) A(c)to ou efeito de financiar/Disponibilização do capital necessário à concretização dum proje(c)to. **Comb.** *~ da construção «dum hotel». ~ da realização dum filme.*

financiar v t (<finança + -i- + -ar¹) **1** Facultar, por empréstimo, o capital necessário para um empreendimento/um negócio. **Ex.** Os Bancos só financiam empresas [negócios] credíveis/rentáveis. **2** Custear as despesas/Pagar. **Ex.** O tio financiou-lhe os estudos [o curso]. **Comb.** Obra financiada pelo Estado.

financiável *adj 2g* (<financiar + -vel) Que pode ser financiado. **Comb.** Negócio [Empreendimento/Proje(c)to] ~.

finar v t/int (<fim + -ar¹) **1** Chegar ao fim/ Findar(+)/Acabar/Terminar. **Ex.** Os privilégios da burguesia finaram [findaram(+)/ acabaram(o+)] com a revolução. **2** ~-se/ Perder as forças/Definhar(-se)/Consumir(-se). **Ex.** A moça finava-se [definhava] de paixão. **3** *fig* ~-se/Desejar muito/Apetecer. **Loc.** ~-se por guloseimas. **4** ~-se/Morrer/ Falecer. **Ex.** A pobre velh(inh)a finou-se como uma santa, não deu por nada.

finca s f (<fincar) Escora/Estaca/Espeque. **Loc.** Colocar uma ~ [estaca(+)] numa árvore (para que cresça direita). **Comb.** *loc adv* À(s) ~(s) [Com empenho/afinco].

fincamento s m (<fincar + -mento) **1** A(c)to de fincar/Cravamento para dar firmeza. **Comb.** ~ duma escora «para apoiar uma viga». **2** Teimosia/Finca-pé(+). **Ex.** Teimou que não deixava a filha estudar e ninguém o demovia daquele ~.

finca-pé s m **1** A(c)to de apoiar o pé com firmeza. **2** *fig* Persistência/Teimosia. **Loc.** Fazer ~ [Teimar em fazer prevalecer as suas ideias/Não desistir dos seus propósitos].

fincar v t (<ficar) **1** Cravar/Enterrar. **Loc.** ~ [Cravar] as unhas «no ladrão/assaltante». **2** Apoiar com firmeza/Firmar. **Loc.** ~ os pés contra a parede. **3** Deixar entranhar/ Arreigar. **Ex.** Fincou na cabeça a ideia de vingança e nunca mais teve sossego. **4** Ficar imóvel/especado/Empertigar-se/Entesar-se. **Ex.** Fincou-se nos pés virado para mim, todo empertigado, em ar de desafio.

findar v t/int (<lat *finitáre* <*fínio,is,íre,ii* ou *ívi,ítum*: limitar, acabar) **1** Dar por findo/ Acabar/Terminar. **Ex.** Deixou escorrer o precioso licor da garrafa até à última gota e exclamou: findou! Deste não há mais! A reunião findou em acalorada discussão. Cerejas? Já não há; findaram em fins de junho. **2** Ficar pronto/Concluir. **Ex.** Depois de ~ o relatório, já fico mais livre para preparar a defesa da tese. **3** Deixar de existir/ Desaparecer/Morrer. **Ex.** Com o desfazer do casamento findaram(-se) os nossos sonhos. **Loc.** ~ os seus dias [Morrer]. **4** Ter como limite/fronteira. **Ex.** A liberdade de cada um finda [acaba(+)/termina(o+)] onde começa a do outro. O lote de terreno não chega à estrada; finda uns metros antes.

findável *adj 2g* (<findar + -vel) Que há de ter fim/Efé[ê]mero/Transitório. **Comb.** Situação ~ [transitória(+)/passageira(o+)]. **Ant.** Infindável; interminável; permanente.

findo, a *adj* (<lat *finítus,a,um*: ⇒ findar) **1** Que chegou ao fim/Terminado/Concluído/Acabado. **Ex.** ~a esta obra, começaremos imediatamente outra. Estamos a encerrar as contas do ano ~. **2** Que desapareceu/Passado/Morto. **Ex.** Esse processo já foi dado por ~ e arquivado.

fineza s f (<fino + -eza) **1** Qualidade do que é fino/delgado/estreito/Finura. **Ex.** A ~ [magreza(+)] da rapariga [moça] fazia aflição; tinha certamente alguma doença! Os filhos diziam que pela ~ das fatias de carne se podia ver o sol. **2** Delicadeza/Amabilidade/Elegância. **Comb.** ~ das maneiras [do porte/do trato]. **3** Favor/Obséquio. **Ex.** Faz-me a ~ de me passar a (jarra da) água. (O conferencista) é uma pessoa muito ilustre que faz a ~ de ser meu amigo.

fingido, a *adj/s* (<fingir + -ido) **1** Que não é real/Simulado/Dissimulado/Hipócrita. **Comb.** *Amizade ~a*/falsa. *Palavras* [Emoções/Sentimentos] *~as*/os. **2** Criado pela imaginação/pela fantasia/Inventado. **Comb.** *Jogos* [Brincadeiras] *~s*/as [de faz de conta]. *Personagens ~as*. **3** Que imita/Falso(+)/Aparente. **Comb.** *Bolsos ~os*. *Pérolas* [Joias] *~as*. **4** s O que aparenta ser uma coisa e é outra/Hipócrita. **Ex.** Não te fies [Não acredites] na amizade [nas palavras] dele, (porque) é um ~!

fingidor, ora *adj/s* (<fingir + -dor) (O) que finge/Fingido/Enganador. **Ex.** Ninguém o/a leva a sério, é um ~/uma ~ora [fingido/a(+)]. **Comb.** Atitudes ~oras.

fingimento s m (<fingir + -mento) **1** A(c)to de fingir/aparentar/simular/Simulação. **Loc.** Servir-se de ~ para ganhar a confiança de alguém. **2** Falta de sinceridade/ Impostura/Hipocrisia. **Ex.** "Aqui está um verdadeiro israelita (Natanael) em quem não há ~" (Jo 1, 47). **Sin.** Ardil; beatice; dissimulação. **Ant.** Lhaneza; sinceridade. **3** Criação fantasiosa/imaginativa/Aparência/Simulacro. **Ex.** Aquele ~ de coxear e mostrar uma cara triste, dava (mesmo) a ilusão de que tinha imensas dores. Não é um incêndio, é apenas ~ [um simulacro(+)] para treino dos bombeiros.

fingir v t/int (<lat *fíngo,is,ere,fínxi,fíctum*: moldar, inventar) **1** Ocultar sentimentos/ intenções/Dissimular. **Ex.** A Fernanda detestava a tia mas dava-lhe muitos beijos fingindo que gostava muito dela (para lhe apanhar o dinheiro/a herança). **2** Dar a aparência de verdadeiro/real/Simular. **Ex.** Passou por mim e nem sequer me cumprimentou; fingiu que não me viu. Achou a comida intragável mas (por cortesia) fingiu que tinha gostado muito. **3** Fazer-se passar por aquilo que não é/Imitar/Falsificar. **Ex.** Durante anos, fingiu que era médico sem que ninguém suspeitasse da fraude. A raposa, prestes a ser apanhada, finge-se (de) morta. **Loc.** ~-se de [Fazer-se passar por] rico. **Comb.** Dinheiro fingido [falso]. **4** Inventar/Fantasiar/Supor. **Ex.** As peças de teatro fingem fa(c)tos reais. **Loc.** ~ [Fazer(+)] de palhaço/rei/herói.

finidade s f (<fim + -i- + -dade) ⇒ finitude.

finito, a *adj/s m* (<lat *finítus,a,um*) **1** (O) que tem um fim/Limitado. **Ex.** O ~ opõe-se ao infinito. **Comb.** Conjunto ~ [com um número determinado de elementos]. **2** Que passa/Contingente/Temporário/Transitório. **Ex.** A vida terrena é ~a. Todas as coisas são ~as. **3** *Gram* Diz-se de todos os modos dos verbos exce(p)tuando o infinit(iv)o. **Ex.** Os modos ~s são: indicativo, imperativo, condicional e con[sub]juntivo.

finitude s f (<finito + -ude) Qualidade do que é finito/limitado. **Comb.** A ~ humana [dos seres].

Finlândia s f *Geog* (< ?) República do Norte da Europa incluída nos países escandinavos. **Ex.** A capital da ~ é Helsínquia. A língua é o finlandês.

fino, a *adj/s* (<lat *finis,is*: fim, limite, o que é acabado, perfeito) **1** Que tem o diâmetro muito pequeno em relação ao comprimento/Delgado. **Ex.** O gato tem o pelo muito ~. **Idi.** *Beber do ~* [Ser importante por estar bem informado/por ter acesso a segredos «políticos»]. *Fazer-se ~* [Armar em esperto/Usar de esperteza/Mostrar-se atrevido]. *Fiar (mais) ~* [Ser difícil/Ter graves consequências]. *Passar a pente ~* [Verificar com o máximo cuidado]. **Ex.** «queria que o ajudasse» *À ~a* [viva] *força* [A todo o custo]. *Uma árvore ~a e muito alta* «eucalipto». **Ant.** Forte; grosso. **2** Que tem pouca [pequena] espessura/Delgado/ Leve. **Ex.** O papel de seda é bastante ~. No verão usam-se tecidos ~s [leves]. **Comb.** Camada ~a «de creme a cobrir o bolo». Lentes (de óculos) ~as [pouco graduadas]. **Ant.** Espesso; forte; grosso. **3** Afiado/ Pontiagudo/Penetrante. **Comb.** *Agulha de ponta* (muito) *~a. Esferográfica ~a*. **4** De reduzidas dimensões. **Comb.** *Gotas ~as* «de orvalho». (Grãos de) *areia ~a. Pó ~. Sal ~*. **5** *fig* Que se manifesta de forma aguda/Penetrante/Pungente. **Comb.** *Dor ~a*/aguda. *Som ~* [muito agudo/estridente]. *Vento ~* [gélido(+)/cortante(o+)]. **6** De forma(s) graciosa(s)/Elegante/Esbelto. **Ex.** A tua filha tem uma car(inh)a muito ~a. A mãe da noiva levava [vestia] um vestido muito ~ [elegante]. **7** Sem rugosidade/ aspereza/Liso/Macio/Suave. **Comb.** *fig Brisa* [Odor] *~a*/o (agradável/suave). *Pele ~* «dos bebés/ês». *Tecido ~* [sedoso]. **8** *fig* Educado/Distinto/Cortês. **Ex.** A esposa é uma senhora muito ~a [distinta/educada]; o marido, pelo contrário, é um brutamontes. **Comb.** Pessoa de ~ trato. **9** Que revela bom gosto/Fora do vulgar/Requintado. **Comb.** *Decoração muito ~a* [requintada]. *Um serviço de jantar* «Vista Alegre/Companhia das Índias/de porcelana chinesa» *muito ~*. **10** Aristocrático/Elegante/Sele(c)to. **Ex.** Fomos convidados para um jantar muito ~ em casa do cônsul. **Comb.** *A ~a* [alta(+)] *sociedade*. *Ambiente ~* [sele(c)to/ requintado]. **11** Precioso/Excelente. **Comb.** *A ~a flor de* [O melhor de]. *Bebida ~a*. *Ouro* [Prata] *~o/a. Vinho ~* [(Vinho do) Porto]. **12** Que revela su(b)tileza/cultura/inteligência. **Comb.** Espírito ~ [su(b)til/arguto]. **13** Astuto/Esperto/Inteligente. **Ex.** Esta criança é muito ~a [esperta/inteligente]; aprende tudo com facilidade. **Idi.** *~ como*

um rato [Arguto/Sagaz/Vivaço]. *Ant. gír* Burro; *gír* cepo; estúpido. **14** *fam* De boa saúde/Restabelecido. **Ex.** Então, como está(s)? – Estive bastante doente mas agora já estou ~. **15** Em boas condições/Reparado/Afinado. **Ex.** O carro veio agora da oficina; está mesmo ~! **16** *s m* O que é elegante/distinto. **Ex.** O ~ [O que está na moda(+)] é o sapato muito bicudo [a saia às pontas/*fam* ponta abaixo, ponta acima]. **17** *region* Copo, estreito e alto, de cerveja tirada à pressão. **Loc. Beber um ~. Tirar um ~. Sin.** *region s f* Imperial; *Br* chope. **18** *s m pl Mús* As notas mais agudas.

finório, a *adj/s Col* (<fino **13** + -ório) (O) que é espertalhão/manhoso/astuto. **Ex.** Olha o ~! Queria trocar uma pulseira de latão por um anel de ouro e ainda por cima dizia que ficava prejudicado, porque a pulseira era muito maior!

finta¹ *s f* (⇒ fingir) **1** *(D)esp* Movimento para enganar o adversário/Drible. **Ex.** Com uma ~ espantosa passou [libertou-se da oposição de] três adversários «no futebol». **2** Simulação/Engano/Disfarce. **Ex.** Fiz uma ~ à empregada: saí por uma porta e entrei por outra e vim encontrá-la sentada a ver a novela. ⇒ fita².

finta² *s f* (<lat *finítus,a,um*: acabado, pago) ⇒ imposto, tributo.

fintar¹ *v t/int* (<finta¹ + -ar¹) **1** *(D)esp* Fazer finta(s)/drible(s)/Driblar. **Ex.** Fintou todos os adversários que lhe apareceram pela frente. **2** Enganar/Ludibriar. **Ex.** Com a desculpa [a justificação] de que ia estudar com uma colega, fintava [enganava] os pais e passava a tarde no café.

fintar² *v t/int* (<finto+-ar¹) (Fazer)fermentar/levedar. **Ex.** Estou à espera que a massa finte [levede(+)] para pôr o bolo no forno a cozer.

finto, a *adj* (<lat *finítus,a,um*: acabado) Que levedou/fermentou. **Comb.** Massa ~a [lêveda(o+)/levedada(+)].

finura *s f* (<fino + -ura) **1** Qualidade do que é fino/delgado/estreito. **Ex.** Os filhos brincavam com a mãe dizendo: a ~ das fatias de carne deixa ver o sol através delas. **Comb.** ~ dum fio [duma lâmina]. **2** Qualidade do que é delicado/leve/Subtileza. **Comb. ~ do paladar. ~ dum tecido**. **3** Delicadeza/Docilidade/Suavidade. **Comb.** ~ das linhas do rosto. ~ de trato. ~ do olhar [do sorriso]. **4** Argúcia/Fineza/Sagacidade. **Comb. ~ das apreciações** [observações/dos comentários]. **~ de espírito**. **5** Cara(c)terística do que é finório/Astúcia/Esperteza/Malícia. **Ex.** Além de ser trapaceiro [aldrabão/pouco sério] ainda se gabava da sua ~.

fio *s m* (<lat *fílum,i*; ⇒ ~ de prumo/~s de ovos) **1** Fibra natural ou sintética, fina e flexível/Linha/Cordel. **Loc. A ~** [A eito/Sem interrupção/De seguida]. **De ~ a pavio** [Do princípio ao fim/A eito]. **Por um ~** [Por pouco/Por um triz]. **Idi. Estar (preso) por um ~** [Estar prestes a terminar/a morrer] (Ex. A reparação está por um ~, fica já pronta. A vida dela está por um ~, está mesmo a morrer, já não vai durar muito). **Perder o ~ à meada**/à conversa [Esquecer-se do que estava a fazer/a dizer]. **Comb.** *fig* **~ condutor** [Indício que serve de referência para encontrar a solução dum problema ou dificuldade]. **~ de pesca**. ⇒ **3**. **~ dental**. **2** Filamento delgado e flexível que serve para segurar ou atar/Cordel/Guita/Liame. **Ex.** A florista enrolou um ~ de trepadeira à volta das flores. **Loc.** Atar um pacote com um ~ de ráfia/de sisal. **3** Filamento de metal de se(c)ção circular, estirado na fieira/Arame. **Comb. ~ de terra** [~ metálico, geralmente de cobre, que liga a massa duma instalação [duma máquina] à terra para descarga em segurança de passagens indevidas de ele(c)tricidade]. **~/Condutor elé(c)trico** [~ metálico, geralmente de cobre ou alumínio, por onde circula a corrente elé(c)trica]. **4** Filamento comprido, fino e flexível. **Comb.** ~(s) de (abóbora-)chila. ⇒ ~(s) de ovos. Cenoura cortada aos ~s. **5** Linha líquida fina e contínua. **Ex.** A torneira só deita um ~(zinho) de água. **Comb.** Um ~ de azeite. **6** Sucessão de peças enfiadas umas nas [ligadas umas às] outras. **Ex.** Trazia ao pescoço um ~ de ouro enfeitado com pérolas. **7** A parte mais afiada dum instrumento cortante/Gume. **Comb.** ~ da navalha [lâmina]. **8** *fig* O que é té[ê]nue/débil/pouco resistente. **Comb. Um ~** [Uma réstea] **de esperança. ~ de voz**. **9** *fig* O que liga/prende/vincula/Laço/Ligação. **Ex.** As nossas vidas ficaram ligadas pelo ~ da luta que em conjunto travámos em defesa do mesmo ideal.

fio de prumo *s m* Instrumento constituído por um peso suspenso num fio, utilizado para verificar a verticalidade «duma parede». **Ex.** Vê [Verifica] se o muro está direito; encosta-lhe o ~.

fiolho *s m Bot* ⇒ funcho.

fiorde *s m Geol* (<norueguês *fjord*) Vale litoral profundo e abrupto penetrado pelo mar, resultante da erosão fluvial e glaciar. **Ex.** Os ~s mais conhecidos são os da Noruega onde chegam a atingir a profundidade de 1300 metros.

fios de ovos *s m pl Cul* Doce em forma de fios, feito com massa de gema de ovo e açúcar.

firma *s f* (<firmar) **1** Assinatura, manuscrita ou gravada, em carta ou documento/Chancela. **Ex.** Atestado «de residência» autenticado com a ~ do presidente da Junta de Freguesia. **2** Nome comercial que identifica um comerciante ou uma sociedade e com o qual se assinam todos os documentos que lhe digam respeito. **Ex.** *EDP – Electricidade de Portugal, S.A., Instituto Antó[ô]nio Houaiss de Lexicografia, Samsung Electronics* são exemplos de ~s muito conhecidas no seu meio. O comerciante em nome individual tem por ~ o seu próprio nome, completo ou abreviado. **3** Estabelecimento comercial/industrial/Empresa. **Ex.** A ~ onde trabalho tem filiais espalhadas pelo país inteiro [por todo o país].

firmado, a *adj* (<firmar + -ado) **1** Apoiado/Fixo. **Ex.** «o avô/a doente» ~o/a na bengala, lá vai andando. **2** Ajustado/Combinado. **Comb.** Contrato [Negócio] ~. **3** Assinado/Autenticado. **Comb.** ~ [Autenticado(+)] com o selo branco [com a assinatura do dire(c)tor].

firmador, ora *adj/s* (<firmar + -dor) (O) que firma/dá segurança/autentica. **Comb. Sinal ~ da autenticidade** «dum documento». **Escora ~ora** «dum andaime».

firmamento *s m* (<lat *firmamentum,i*) **1** Abóbada celeste/Céu. **Ex.** Passava horas absorto a contemplar as estrelas no ~. **2** A(c)to de firmar «o pé no ramo da árvore»/O que serve de sustentação/de fundamento/Estrutura/Base/Alicerce/Firmação.

firmar *v t* (<lat *fírmo,áre*) **1** Tornar firme/seguro/Apoiar com segurança. **Ex.** Ao descer(es) a encosta, firma bem os pés no chão para não escorregares. É preciso melhor a (haste/o poste da) antena da televisão porque abana muito. **2** Tornar mais consistente/mais duro/resistente. **Loc.** ~ a massa do bolo (juntando farinha). ~ um estrado (com tábuas mais grossas). **3** Fixar demoradamente a vista/o olhar. **Ex.** A avó firmou os olhos em mim e exclamou sorridente: é o meu neto! **4** Ajustar [Combinar/Contratar] definitivamente. **Ex.** Estão esclarecidas as dúvidas, vamos ~ o negócio. **5** Formar juízo/Basear/Fundamentar. **Ex.** O juiz firmou-se [baseou-se(+)/fundamentou-se(o+)] no depoimento das testemunhas. **6** Ser reconhecido/Consolidar uma posição/uma qualificação. **Ex.** Em pouco tempo firmou-se um excelente cirurgião. **7** Assinar/Autenticar. **Loc.** ~ um documento. **8** Fazer uma inscrição/Gravar. **Ex.** Pela inscrição (firmada na lápide) da sepultura, concluía-se que tinha sido um herói.

firme *adj 2g* (<lat *firmus,a,um*) **1** Que não se move/Fixo/Seguro. **Ex.** A estante não cai, está ~. **2** Que está bem apoiado/Estável/Seguro. **Ex.** O estrado é ~. Podes saltar em cima dele que não cai, nem parte. **3** Que não vacila/não treme/não fraqueja/Inabalável. **Loc.** Ter [Dirigir com/Governar com] mão ~ [Ter segurança nas decisões/Não vacilar]. **Comb. A pé ~** [Sem vacilar/Estoicamente]. **Vontade ~. Voz ~. 4** Que não mexe/Imóvel/Sereno. **Comb.** Soldados ~s [todos direitos] na formatura. **5** Que tem prazo fixo/Definitivo. **Comb.** Ordem [Encomenda] ~. **6** Diz-se da cor que não desbota (ao lavar). **Comb.** Tecido de cor ~. **7** *s m Geol* Diz-se do solo que tem resistência para suportar as fundações. **Ex.** Nos terrenos alagadiços [pantanosos] constrói-se sobre estacas cravadas até ao ~. **Comb.** Terra ~ [A parte sólida do globo terrestre/O continente].

firmemente *adv* (<firme + -mente) **1** De modo seguro/Com firmeza. **Ex.** A antena foi fixada ~ à parede com abraçadeiras de aço. **2** Com convi(c)ção/Sem hesitações, nem dúvidas. **Ex.** Manteve ~ o seu depoimento. **3** Com bases sólidas/De forma segura. **Ex.** A empresa foi crescendo aos poucos mas ~.

firmeza *s f* (<firme + -eza) **1** Qualidade do que é firme/do que demonstra solidez. **2** Consistência/Robustez/Segurança. **Ex.** Uma ponte construída com grande ~. **3** Robustez física/Força/Vigor. **Ex.** Apesar da idade, não necessita de bengala, caminha com grande ~. Apertou-me a mão com muita ~. **4** Constância/Perseverança/Persistência. **Ex.** Teve de vencer muitas dificuldades. Precisou de muita ~ de vontade para tirar o curso. **5** Certeza [Determinação/Segurança] naquilo em que se acredita ou que se afirma. **Ex.** É um chefe que eu admiro pela ~ que sempre demonstrou nas suas decisões. Quem está disposto a ajudar a arrumar a sala? – Eu, respondeu com ~ o João.

fiscal *adj/s 2g* (<lat *fiscális,e*) **1** Relativo ao fisco/aos impostos. **Comb. Ano ~. Benefícios ~ais. Direito ~. Evasão ~. Execução ~. Fraude ~. Política ~**. **2** Relativo à fiscalização. **Ex.** Foi feita a avaliação da casa pelas Finanças, já não há nenhum impedimento ~ que impeça a realização da venda. As contas tiveram o parecer favorável do conselho ~. Estão em condições de ser aprovadas pela assembleia-geral. **3** *s 2g* O que fiscaliza o cumprimento das leis/normas/regulamentos/... **Comb. ~ das finanças. ~ de obras. ~** [Revisor] **de transportes**.

fiscal de linha [bandeirinha] *s (D)esp* Árbitro auxiliar que num jogo de futebol tem por funções principais assinalar a saída da bola das linhas do campo e as posições de jogadores em fora de jogo. **Ex.** O ~ assinalou vários foras de jogo inexistentes.

fiscalidade s f (<fiscal + -i- + -dade) **1** Conjunto de leis e normas que regulam a aplicação e determinação dos impostos. **Loc.** Ter conhecimentos de ~. **2** Conjunto de impostos que os contribuintes devem pagar. **Comb.** ~ elevada [pesada].

fiscalização s f (<fiscalizar + -ção) **1** A(c)to de fiscalizar/Controle/Vigilância. **Ex.** Ao porteiro «dum condomínio fechado» compete-lhe também fazer a ~ das entradas. **Loc.** Fazer a ~ duma obra. **2** Cargo que consiste na verificação do cumprimento de disposições legais obrigatórias/regulamentos/normas/... **Ex.** A ~ veterinária proibiu o abate de vários animais por suspeita de doença. **Comb.** Departamento (autárquico) de ~ de obras. **3** Desempenho do cargo ou função de fiscal. **Ex.** Foi transferido de fiel de armazém para a ~ [para fiscal].

fiscalizador, ora adj/s (<fiscalizar + -dor) (O) que fiscaliza/Fiscal. **Ex.** Quem lhe disse [Porque (é que) diz] que eu não posso entrar, é o senhor [é você] o ~? **Comb.** Entidade [Organismo] ~ora/or.

fiscalizar v t/int (<fiscal + -izar) **1** Velar pelo cumprimento de normas/regulamentos/disposições legais. **Loc.** ~ *as entradas* «duma empresa/escola». ~ *o cumprimento de normas ou regras* « de segurança/trânsito». ~ *uma obra*. **2** Observar atentamente/Controlar/Vigiar. **Ex.** O patrão gostava de dar uma volta pela fábrica, passando calmamente por todas as se(c)ções, a ~. Para ~ o comportamento do público «nas grandes superfícies comerciais» usam-se muitas vezes câmaras de vigilância vídeo.

fisco s m Econ (<lat *físcus,i*: cesto de vime, saco para as rendas dos príncipes, saídas do erário público) **1** Conjunto de recursos financeiros do Estado/Erário público. **2** Parte da administração pública encarregada da cobrança de contribuições e impostos. **Loc.** Pagar ao ~. **Comb.** *Fuga ao ~. Funcionário do ~*.

fisga s f (<fisgar) **1** Espécie de arpão em forma de garfo para pescar. **Comb.** Pesca à ~. **2** Abertura estreita e comprida/Fenda/Frincha/Greta. **Ex.** Pelas ~s [frestas(+)/frinchas(o+)] da porta do casebre entrava um vento gélido. **3** *pop* Pau bifurcado com dois elásticos presos nas pontas, que serve para atirar pedras. **Loc.** Matar [Caçar] pássaros com ~. ⇒ funda.

fisgado, a adj/s f (<fisgar + -ado) **1** Apanhado com fisga/Agarrado. **Idi.** *Andar* [Ir] *com ela ~a*/Trazê-la ~a [Ter uma ideia (má) fixa/Ir com [Ter] a intenção de «desmascarar um caluniador»]. **Comb.** *Pássaro ~* [Morto com fisga]. *Peixe ~* [arpoado]. **2** s f Golpe de fisga **1**. **Ex.** Partiram-lhe a cabeça com uma ~a. **3** s f Dor aguda intermitente. **Ex.** Deu-me [Trago(+)] uma ~a [pontada(+)] nas costas.

fisgar v t (<fixar) **1** Apanhar [Matar] com fisga. **Loc.** ~ [Caçar/Matar] *um pássaro*. ~ [Arpoar] *um peixe*. **2** *gír* Prender/Agarrar. **Ex.** Dois encapuçados assaltaram a bomba de gasolina mas a polícia fisgou-os [prendeu-os/apanhou-os] logo a seguir. **3** *fam* Aprender [Perceber] rapidamente. **Ex.** Mesmo sem eu lhe dizer nada, o miúdo [pequeno/garoto] fisgou logo [apercebeu-se imediatamente de] que (eu) lhe trazia uma prenda.

fisiatra s 2g Med (<gr *physis*: natureza + *iatrós*: médico) Especialista em fisiatria. **Comb.** Médico ~.

fisiatria s f Med (<gr *physis*: natureza + *iatreía*: medicina) Ramo da medicina que, para tratamento, recorre predominantemente a agentes físicos/naturais. **Ex.** Calor, ultrassons, massagens fazem parte dos meios de reabilitação utilizados pela ~.

fisiátrico, a adj (<fisiatria + -ico) Relativo à fisiatria/ao fisiatra. **Comb.** Tratamento ~.

física s f (<gr *physika*, pl de *physike,es*: estudo da natureza) **1** Ciência que estuda as propriedades gerais da matéria e as leis que a regem/Ciência que estuda os fenó[ô]menos da natureza inanimada sem alterarem a sua composição. **Ex.** A ~ engloba muitos ramos especializados de ciência: Astronomia, Ele(c)tricidade, Geologia, Mecânica, etc.. **Comb.** ~ *aplicada*. ~ *ató[ô]mica*. ~ *clássica*. ~ *das partículas elementares*. ~ *nuclear*. ~ *quântica*. **2** *Maiúsc* Conjunto de conhecimentos relativos a essa ciência e que são ministrados nas escolas. **Ex.** O teste de ~ correu-me muito mal. **Comb.** *Disciplina* [Cadeira] *de ~. Professor de ~*. **3** *Maiúsc* Curso superior em que essa ciência é a matéria dominante. **Comb.** Licenciatura em ~. **4** Livro de estudo dessa matéria. **Ex.** Essa ~ [Esse livro de ~] está ultrapassada/o; já é muito antiga/o.

fisicamente adv (<físico **2** + -mente) Quanto à saúde/ao corpo/Naturalmente. **Ex.** O pai ~ está rijo, apesar dos seus noventa anos. Estava ~ presente mas alheado de tudo, a pensar não sei em quê.

físico, a adj/s (<gr *physikos,e,on*) **1** Relativo à física/às leis da natureza material. **Ex.** Os alunos observaram no laboratório a explicação de alguns fenó[ô]menos ~s. As leis ~as ajudam a compreender melhor a natureza. **2** Que diz respeito ao corpo humano. **Comb.** *Aspe(c)to ~. Beleza ~a. Cansaço ~* [muscular]. *Exercício ~. Trabalho ~*. **3** Relacionado com os sentidos/Corporal/Carnal/Sensual. **Ex.** Tinha por ela apenas um interesse ~, não lhe tinha amor. **4** s Especialista [Cientista] que se dedica ao estudo desta ciência. **Ex.** Arquimedes, Galileu, Einstein contam-se entre os [foram dos] maiores ~s da humanidade. **5** s m Cara(c)terísticas morfológicas da pessoa/Aspe(c)to exterior do corpo. **Ex.** Aquela mulher tem um ~ escultural. Tens um bom ~ [um ~ forte] para trabalhar. **Loc.** *col/fam* Tratar do ~ [da saúde do corpo]. **6** s m Conjunto das funções fisiológicas. **Ex.** Para o bem-estar da pessoa, o ~ é tão importante como o psíquico. **7** s m Hist Designação dos antigos médicos e cirurgiões. **Comb.** ~ [~-mor] da corte.

físico-químico, a adj/s **1** Que se refere simultaneamente à física e à química. **Comb.** Disciplina de ~a. Processo ~. **2** s f Ciência interdisciplinar que estuda fenó[ô]menos simultaneamente nos seus aspe(c)tos físicos e químicos. **Comb.** Licenciatura em ~a. **3** s Cientista que se dedica à física e à química. **Ex.** Para chefiar o laboratório da empresa, contrataram uma ~a, recém-formada.

fisio- elem de formação (<gr *physis,eos*: natureza, formação) Exprime a ideia de **a)** física, *fisioterapia*; **b)** natureza física ou moral, *fisiologia, fisionomia*; **c)** produção, *fisiocracia*.

fisiocracia s f Econ (<fisio- + -cracia) Doutrina (séc. XVIII) que considera a terra como a única fonte de riqueza e a agricultura o trabalho de verdadeira utilidade.

fisiocrata s 2g Econ (<fisio- + -crata) Defensor [Partidário] da fisiocracia.

fisiogénese [*Br* fisiogênese] [**fisiogenia**] s f Biol (<fisio- +...) Aquisição de cara(c)teres novos [Modificação de cara(c)teres] por a(c)ção de agentes físicos exteriores.

fisiognomonia s f Psic (<gr *physiognomonia*) Estudo dos diversos aspe(c)tos físicos, especialmente do rosto, a fim de conhecer a personalidade e o cará(c)ter duma pessoa. **Ex.** A ~ não assenta em bases científicas comprovadas.

fisiognomónico, a [*Br* fisiognomônico] adj (<fisiognomonia + -ico) Relativo à fisiognomonia. **Comb.** Estudo ~.

fisiografia s f (<fisio- + -grafia) Ramo da Geologia que estuda a gé[ê]nese e a evolução das formas de relevo da superfície terrestre/Geografia física.

fisiográfico, a adj (<fisiografia + -ico) Relativo à fisiografia.

fisiologia s f Biol (<gr *physiologia,as*) Ramo da Biologia que estuda as funções e o funcionamento normal dos seres vivos, animais ou vegetais. **Ex.** A ~ procura descrever e interpretar os fenó[ô]menos vitais e descobrir as suas causas e mecanismos. **Comb.** ~ animal [vegetal]. ~ comparada.

fisiológico, a adj (<fisiologia + -ico) Relativo à fisiologia. **Comb.** «digestão» A(c)tividade ~a. Estudos ~. Funções ~as «comer, respirar, evacuar».

fisiologista [**fisiólogo, a**] s (<fisiologia + -ista [gr *physiologos*: filósofo naturalista]) Especialista em fisiologia.

fisionomia s f (<gr *physiognomonia*) **1** Conjunto de traços [feições] do rosto/Semblante/Cara. **Comb.** ~ bonita [delicada]. **2** Expressão do rosto/Aspe(c)to/Aparência. **Comb.** ~/Ar(+) triste [alegre]. **3** *fig* Aspe(c)to particular de alguma coisa/Aparência. **Comb.** ~ da cidade [do país].

fisionómico, a [*Br* fisionômico] adj (<fisionomia + -ico) Relativo à fisionomia. **Comb.** Expressão ~a. Traços ~s.

fisionomista adj/s 2g (<fisionomia + -ista) **1** (O) que conhece [pretende conhecer] o cará(c)ter de outra pessoa pela observação da sua fisionomia. **2** O que tem facilidade em fixar fisionomias.

fisiopatologia s f Med (<fiso- +...) Ciência que estuda as alterações das funções vitais na doença.

fisioterapeuta s 2g Med (<fisio- +...) Profissional que se dedica ao estudo e à prática da fisioterapia. **Ex.** O/A ~ vem (cá a casa) «duas vezes por semana» tratar o meu filho paraplégico.

fisioterapia s f Med (<fisio- +...) Tratamento de doenças através de meios físicos e naturais. **Loc.** Fazer ~. **Comb.** Sessão de ~.

fisioterápico, a adj (<fisioterapia + -ico) Relativo à fisioterapia. **Comb.** *Método ~. Tratamento ~*.

fissão s f (<lat *físsio,ónis*) **1** Rotura/Cisão. **Ex.** A ~ [cisão(+)] do partido foi provocada pela incompatibilidade entre dois líderes. **2** *Fís* Fenó[ô]meno que consiste na divisão de um átomo pesado pelo bombardeamento com neutrões [nêutrons], libertando uma enorme quantidade de energia/Cisão/~ nuclear. **Ex.** Nos rea(c)tores nucleares, a energia é produzida por ~, geralmente do átomo de urânio$_{235}$.

físsil adj 2g (<lat *físsilis,e*) Que é passível de se fender. **Comb.** *Átomo* [Substância] ~. *Rocha ~* [que se divide em lâminas].

fissilidade s f (<físsil + -i- + -dade) Qualidade do que é físsil/Propriedade de uma substância se cindir/dividir em camadas finas. **Comb.** ~ *nuclear* «do átomo de urânio». ~ *duma rocha*.

fissiparidade [**divisão binária**] s f Biol (<fissíparo + -i- + -dade) ⇒ cissiparidade.

fissíparo, a *adj Biol* (<lat *físsus,a,um*: fendido + -paro) Que se reproduz através de divisões do próprio corpo/Cissíparo.

fissípede *adj/s 2g Zool* (<lat *físsipes,edis*: que tem os pés fendidos) **1** (O) que tem os dedos separados na base/Relativo aos ~s. **Ex.** O gato é um ~. **2** *s m pl* Subordem dos mamíferos carnívoros adaptados à vida terrestre. **Ex.** Nos ~s incluem-se os mamíferos digitígrados «cães/gatos» e plantígrados «ursos».

fissura *s f* (<lat *fissúra,ae*) **1** Pequena fenda/Racha/Greta. **Ex.** Esta peça «de ferro fundido» tem que ser rejeitada porque apresenta ~s. **Comb.** Vaso «de barro» com ~s. **2** *Geol* Fenda extensa e pouco profunda nas massas rochosas que pode ser preenchida por veios ou filonetes de outros materiais. **3** *Med* Ulceração alongada e superficial. **Comb.** ~ anal. **4** *Med* Fenda [Sulco] na superfície dos ossos ou das vísceras. **Comb.** ~ *interlobular do fígado*. *Um dente com ~ no esmalte.*

fissuração *s f* (<fissurar + -ção) **1** A(c)to ou efeito de fissurar/Qualidade do que tem fissuras. **Comb.** ~ devida a fadiga [gasto] do material. **2** Produção de fissuras. **Ex.** As temperaturas muito baixas do inverno podem provocar a ~ das rochas.

fissural *adj 2g* (<fissura + -al) Relativo a [Que ocorre em] fissuras. **Comb.** *Geol* Erupção ~ [vulcânica em que o magma atinge a superfície através de extensas fendas].

fissurar *v t/int* (<fissura + -ar¹) Fazer fissura/Rachar/Fender. **Ex.** Uma peça de porcelana que fissurou ao arrefecer. **Loc.** Um osso ~ [dente].

fístula *s f* (<lat *fístula,ae*: tubo, flauta) **1** *Med* Canal congé[ê]nito ou adquirido que dá passagem a secreções fisiológicas ou patológicas entre dois órgãos ou para o exterior do corpo. **Comb.** ~ *interna* [externa]. ~ *gastrocólica* [entre o estômago e o cólon]. **2** *Zool* Abertura na cabeça de certos mamíferos através da qual respiram e lançam ja(c)tos de água. **Comb.** ~ das baleias. **3** *Poe* Flauta pastoril/Avena.

fistular¹ *v t/int* (<fístula + -ar¹) Abrir fístula/Transformar-se em fístula/Ulcerar. **Ex.** A ferida fistulou.

fistular² *adj 2g* (<fístula + -ar²) Em forma de fístula/Com fístula. **Comb.** *Canal* ~. *Lesão* ~.

fistuloso, a (Ôso, Ósa, Ósos) *adj* (<fístula + -oso) Cheio de fístulas/Fistulado. **Comb.** *Bot* Estrutura ~a [oca/tubular] «dum caule».

fita¹ *s f* (<lat *vitta,ae*: faixa «à volta da cabeça») **1** Tecido estreito e comprido/Tira/Faixa. **Ex.** «no casamento» As damas de honor levavam vestidos brancos enfeitados com um grande laço de ~ prateada. **Loc.** Atar [Prender] o cabelo com uma ~. **Comb.** ~ *de nastro*. ~*s do avental* (para o apertar). **2** Tira delgada [fina], comprida e estreita de materiais e com aplicações diversas. **Comb.** ~ *adesiva*. ⇒ ~-cola. ~ *corre(c)tora* [corre(c)tiva]. ~ *de máquina de escrever*. ~ *de seda*. ⇒ ~-do-mar. ~ *isolante* [isoladora]. ~ *magnética* [de gravação«áudio/vídeo»]. ~ *métrica* «de um, dez, vinte, ... metros» [dividida em centímetros [milímetros], utilizada para medir]. *Queima das ~s* [Festa de final de curso em que os estudantes queimam as ~s [insígnias] cara(c)terísticas do respe(c)tivo curso]. **3** Aparas que se formam ao aplainar a madeira. **Comb.** Um saco de ~s «para acender o lume». **4** Película cinematográfica/Filme. **Ex.** Durante a sessão de cinema, por várias vezes partiu a ~. **5** Filme [Sessão/Proje(c)ção] de cinema. **Ex.** Gostaste do filme? – Era uma ~ muito pesada. A vida é muito diferente das ~s de cinema. **6** Tira de tecido para usar na lapela como insígnia honorífica. **Ex.** Usava na lapela as ~s representativas de ter sido condecorado com a medalha de mérito militar.

fita² *s f* (<lat *fictus,a,um*: fingido; ⇒ fingir) **1** História inventada para iludir/Cena fingida. **Idi.** *Deixar-se de ~s* [Deixar de simular/de fingir] (Ex. Deixa-te de ~s e dá [passa para] cá o dinheiro que te emprestei). *Fazer ~s* [Fingir/Simular]. *Ir na ~*/na conversa [Acreditar/Deixar-se convencer] «e comprar oiro falso». ⇒ finta¹. **2** Desordem/Escândalo. **Loc.** Armar ~ [Fazer escândalo/cena/Provocar desordem].

fita-cola *s f* Fita adesiva, geralmente de plástico, usada para fechar/colar/Fita gomada. **Loc.** *Colar com ~ uma folha* (rasgada/que se soltou do livro). *Fechar um embrulho com ~. Pendurar com ~ um aviso na parede.*

fita-do-mar *s f Bot* Planta da família das zosteráceas, *Zostera marina*, espontânea no litoral dos mares europeus.

fitar *v t* (<fixar «os olhos no chão») **1** Fixar os olhos em/Olhar com muita atenção. **Ex.** Quando encontrou o amigo que já não via há muitos anos, fitou os olhos nele para ter a certeza de que não estava enganado. **Loc.** ~ *os olhos no céu* (a contemplar as estrelas). **2** (Um animal) endireitar as orelhas mantendo-as erguidas e imóveis. **Ex.** O gato fitava as orelhas pronto a lançar-se sobre o pássaro que poisara perto dele.

fiteiro, a *adj/s* (<fita² + -eiro) **1** (O) que faz fitas²/Fingidor/Farsante/Exibicionista. **Ex.** Entrou em casa a coxear fingindo-se muito dorido. Não lhe ligue [Não o leve a sério] – disse a irmã para a mãe. Ele é um ~ [ele está a fingir/está a fazer a fita]. **2** *s Bot* Planta de folhas longas e estreitas que servem para atar. **3** *Br* (O) que é galanteador/Namorador. **4** *s m Br* Armário envidraçado/Vitrine.

fitilho *s m* (<fita¹ + -ilho) **1** Fita estreita de tecido que serve para enfeitar roupa. **Comb.** ~ *de seda* [de veludo]. **2** Fita presa à lombada dum livro que serve para marcar a página de leitura/Fitinha. **Comb.** Missal [Livro das Horas] com ~s de várias cores.

fitina *s f Med* (<fito- + -ina) Substância fosforada com aplicações medicinais, contendo cálcio e magnésio, extraída de algumas sementes.

-fito- *elem de formação* (<gr *phyton,ou*: planta) Exprime a ideia de planta ou vegetal, usada em compostos de terminologia botânica: *fitobiologia, fitofagia, fitofármaco, fitopatologia, fitossanitário; briófita, espermatófita, talófita.*

fito *adj/s m* (<fitar) **1** Mira/Alvo. **Ex.** O ~ era um presunto pendurado no topo dum mastro escorregadio que os rapazes procuravam alcançar subindo sem qualquer ajuda. **2** Fim por que se procura atingir/Obje(c)tivo das aspirações/Intuito/Propósito. **Ex.** Em conversa ia desdenhando [dizendo mal] da casa, mas o ~ dele era comprá-la. **3** Obje(c)to «pau curto» posto de pé no chão, que se pretende derrubar com a malha. **Loc.** *Atirar ao ~. Derrubar o ~.* **4** Jogo popular em que se atira ao ~ **3** para o derrubar. **Sin.** Malha. **5** Que se fitou/Fixado. **Comb.** Olhos ~s no chão. **6** Erguido/Imóvel. **Comb.** Orelha ~a.

fitobiologia *s f* (<fito- + ...) Estudo da vida dos vegetais. ⇒ botânica.

fitocecídia *s f Bot* (<fito- + ...) Cecídia [Galha] originada por a(c)ção duma planta «fungo».

fitofagia *s f* (<fito- + -fagia) Qualidade de fitófago.

fitófago, a *adj/s* (<fito- + -fago) (O) «panda/elefante» que se alimenta de vegetais. **Comb.** *Inse(c)to ~. Larva ~a.* ⇒ herbívoro.

fitofarmacêutico, a *adj* (<fito- + ...) Diz-se de produto que protege as plantas de ataques de parasitas.

fitofármaco *s m* (<fito- + ...) Substância que protege as plantas de ataques de parasitas/Pesticida(+).

fitofarmacologia *s f* (<fito- + ...) Ciência que estuda os produtos «composição/dosagem» destinados ao tratamento de plantas. **Ex.** No campo da ~ incluem-se, por ex., bactericidas, fungicidas, inse(c)ticidas e também reguladores de crescimento.

fitogénese [*Br* **fitogênese**] [**fitogenia**] *s f Bot* (<fito- + ...) Estudo da origem e desenvolvimento duma planta.

fitogénico [*Br* **fitogênico**] [**fitogé[ê]neo], a** *adj* (<fitogenia) **1** De origem vegetal. **Comb.** Produto [Substância] ~o/a. **2** Relativo à fitogenia.

fitogeografia *s f* (<fito- + ...) Estudo da distribuição das plantas na superfície terrestre/Geobotânica.

fitografia *s f* (<fito- + ...) ⇒ Botânica descritiva.

fitolacáceo, a *s/adj Bot* (<fito- + laca) (Diz-se de) planta dicotiledó[ô]nea, erva, arbusto ou árvore, de folhas alternas inteiras e flores em cachos carnosos própria dos países quentes. **Ex.** A tintureira é representativa das ~as em Portugal.

fitólito *s m Bot* (<fito- + -lito) Formação petrificada que se encontra em certas plantas.

fitologia *s f* (<fito- + -logia) ⇒ Botânica.

fitólogo, a *s* (<fito- + -logo) O que se dedica ao estudo das plantas/Botânico(+).

fitonímia [**fitonomia**(+)] *s f Bot* (<fito- + gr *onyma* por *ónoma*: nome + -ia) Nomenclatura taxonó[ô]mica botânica.

fitónimo, a [*Br* **fitônimo**] *adj/s* (<fito- + gr *onyma* por *ónoma*: nome) **1** Relativo à fitonímia. **2** *s m* Antropó[ô]nimo [Apelido/Sobrenome] derivado da designação duma planta «Carvalho/Pereira/Oliveira/Silva».

fitopatologia *s f* (<fito- + ...) Estudo das doenças das plantas/Patologia vegetal. **Comb.** Departamento de ~ (duma escola de ciências agrárias).

fitoplâncton *s m Biol* (<fito- + ...) Parte vegetal do plâncton constituída por algas microscópicas e filamentosas.

fitoquímica *s f Agron/Bot* (<fito- + ...) Estudo dos meios da biosfera nos quais se desenvolvem os vegetais e donde extraem os nutrientes de que necessitam. **Ex.** A ~ insere-se na Química Agrícola.

fitossanidade *s f Agron* (<fito- + ...) Estudo dos inimigos das plantas e das técnicas para os evitar e combater/Sanidade vegetal. **Ex.** A ~ e a fitofarmacologia são duas ciências que se completam.

fitossanitário, a *adj* (<fito- + ...) Relativo à fitossanidade/Que tem a(c)ção de prote(c)ção e defesa dos vegetais. **Comb.** Agente ~. Produto ~.

fitotaxia (Csi) [**fitotaxonomia** (Cso)] *s f* (<fito- + gr *táxis*: classificação, ordem + -ia [fito-+ ...]) Parte da Botânica que se dedica à descrição, identificação e classificação dos vegetais.

fitoteca *s f* (<fito- + ...) ⇒ herbário.

fitoterapia *s f* (<fito- + ...) Tratamento de doenças através da utilização de plantas ou dos seus derivados.

fitozoário, a *adj/s* (<fito- + -zoário) **1** Relativo [Pertencente] aos ~s. **2** *s m pl Zool* Termo taxonó[ô]mico desusado que designava os animais metazoários com simetria radiada. **Ex.** Os ~s têm a aparência de planta. **Sin.** Zoófito(+).

fiúza *s f* (<lat *fidúcia,ae*) Segurança quanto à veracidade/Confiança(o+)/Fé/Fidúcia(+).

fivela *s f* (<lat *fibella* <*fíbula,ae*) **1** Peça, geralmente de metal, com espigão[ões], fixa a uma das extremidades dum cinto [duma correia] e onde a outra extremidade vem prender. **Loc.** Sapatos de apertar com ~. **Comb.** ~ *cromada* [de ouro/latão]. ~ *forrada de tecido*. **2** Obje(c)to de adorno. **Comb.** Cabelo preso [apanhado] com ~.

fixa *s f* (<fixar) **1** Na dobradiça, parte fixada à parede. **2** Haste terminada em argola e usada em agrimensura «para segurar a fita métrica».

fixação (Csa) *s f* (<fixar + -ção) **1** A(c)to ou efeito de fixar/Processo de segurar/pregar uma coisa a outra. **Comb.** ~ *dum quadro* «à parede». ~ *duma antena* «no telhado». ~ *duma máquina* «no pavimento». **2** Operação de tornar mais estável/mais firme. **Loc.** Reforçar a ~ «dum poste» com parafusos [pernes] mais fortes. **3** Processo de tornar inalteráveis/constantes certas cara(c)terísticas ou propriedades. **Comb.** ~ *da cor*. ~ *dum formato*. ~ *dum hábito*/costume. **4** Instalação em determinado lugar com cará(c)ter definitivo. **Loc.** Dar [Criar] condições para a ~ de indústrias (numa terra/região). **5** Retenção na memória/Memorização. **Loc.** Ter facilidade [dificuldade] na ~ de datas [nomes/fisionomias]. **6** Determinação prévia e definitiva de qualquer coisa. **Comb.** ~ [Marcação] *da data* «dum teste/duma visita». ~ *dum plano de trabalho* [dum calendário «de execução duma obra»].
7 A(c)ção de fazer incidir o olhar sobre alguma coisa. **Ex.** A ~ do gato no buraco da parede deixava perceber que ali se esconderia o rato. **8** *Biol* Operação citológica e histológica para suspender a a(c)tividade das enzimas existentes na matéria viva e conservar as estruturas como existiam no organismo vivo. **Comb.** ~ dum órgão «tiroide» que foi extraído, para posterior análise. **9** *Psiq* Paragem a um nível emocional infantil no processo de desenvolvimento psicoafe(c)tivo da personalidade. **Ex.** O chuchar no dedo (das crianças) é atribuído a ~ à fase oral da amamentação. **10** *Fot* Operação que consiste em introduzir os filmes [as chapas/os rolos] fotográficos/as já reveladas/as num líquido (Fixador) para remover a substância (Nitrato de prata) não impressionada pela luz. **Ex.** A ~ permite [faz com] que as imagens não se alterem com o tempo. **11** *Quím* Operação que possibilita a retenção dum corpo volátil ou gasoso impedindo que se perca ou não seja aproveitado. **Ex.** As leguminosas fazem a ~ na terra do azoto que extraem do ar. **Comb.** ~ *do oxigé[ê]nio pelo sangue*.

fixador, ora (Csa) *adj/s* (<fixar + -dor) **1** (O) que fixa/prende/retém/segura/Fixante. **Comb.** Parafuso ~. Substância «cola» ~ora. **2** *s m* Substância que serve para fixar o penteado/Laca. **Loc.** Pôr [Aplicar] ~ no cabelo. **Comb.** Bisnaga de ~. **3** *s m Fot* Banho [Líquido] em que se dissolvem as substâncias dum filme [rolo/duma chapa] fotográfico/a não impressionadas pela luz. **Comb.** Frasco de [Tina do] ~. **4** *Biol* Substância utilizada em técnicas citológicas/histológicas para fazer a fixação biológica.

fixamente (Csa) *adv* (<fixo+-mente) **1** De modo fixo. **Comb.** Máquina ~ instalada no chão. **2** Com persistência/Constantemente. **Loc.** Olhar ~ «para o mar». **3** Com atenção. **Loc.** Ouvir ~ o aviso «do professor».

fixante (Csã) *adj 2g* (<fixar + -ante) Que fixa/Fixador. **Comb.** Adesivo medicinal com ~ antialérgico.

fixar (Csar) *v t* (<lat *figo,ere,xum*: fixar, cravar) **1** Prender/Colar/Cravar. **Ex.** Ajuda-me a ~ a vitrine à parede. O carpinteiro fixou a perna da mesa com cola fria. Vou à oficina ~ a chapa de matrícula do carro com parafusos porque está solta. **2** Tornar estável/firme/Dar firmeza. **Ex.** É preciso fazer um buraco [uma cova] mais fundo/a para ~ bem [melhor] o poste. Não consigo ~ [estabilizar(+)] a imagem da televisão. **3** Olhar com insistência/Fitar. **Ex.** A professora fitou os olhos em mim durante todo o teste; devia ter suspeitado que eu queria copiar. **4** Concentrar a atenção/o interesse/Deter-se sobre o que é importante. **Ex.** O conferencista recomendou: fixem-se por instantes apenas nas causas da crise/do conflito. **5** Tornar duradouro/inalterável/Fazer com que algo se mantenha. **Loc.** ~ a cor «dum tecido para não desbotar ao lavar». **6** Instalar(se) de forma definitiva em determinado local. **Loc.** ~ residência «na província/no estrangeiro». **7** Determinar com precisão/Definir/Estabelecer. **Loc.** ~ *a velocidade máxima de circulação*. ~ *normas* «internas de acesso à Internet». ~ *o horário de visita* «dos familiares aos doentes hospitalizados». **8** Guardar [Conservar] na memória/Memorizar. **Ex.** Tenho consulta médica amanhã mas não fixei a [não me recordo da] hora. **Loc.** ~ datas [nomes]. **9** Apegar-se com obstinação/Aferrar-se/Obstinar-se. **Ex.** Fixou-se na ideia de que havia de mudar de curso e não há quem o demova [quem o faça mudar]. **10** Absorver/Reter. **Ex.** As leguminosas fixam o azoto do ar. O organismo fixa apenas a quantidade de vitaminas de que necessita. **11** *Biol* Interromper a a(c)tividade metabólica e enzimática de organismos após a morte para que conservem inalterada a estrutura que tinham enquanto vivos. **Loc.** ~ «um quisto extirpado» para análise.

fixativo, a (Csa) *adj* (<fixar + -t- + -ivo) Que fixa/determina. **Comb.** Norma ~a. ⇒ taxativo.

fixe (Che) *adj 2g* (<fixar) **1** Sólido/Firme/Fixo. **Ex.** Não tenhas medo, o andaime não cai; está bem ~ [fixo(+)]. **2** *pop* Que é leal/Em quem se pode confiar. **Ex.** Este é cá dos nossos, é ~! **Comb.** Amigo [*gír* Tipo/*Br* Cara] ~. **3** *pop* Exclamação que exprime entusiasmo/satisfação/alegria. **Ex.** Ena! ~! A mãe deixa-nos ir à festa!

fixidez (Csi) *s f* (<fixo + -d- + -ez) **1** Qualidade do que é firme/seguro/sólido. **Ex.** A ~ [solidez(+)] dum edifício é dada pelas fundações e pela estrutura. **2** Qualidade do que se mantém estável/imóvel. **Comb.** ~ *dum andaime* [estrado]. ~ *do olhar*. **3** Qualidade do que se mantém inalterável/do que não muda. **Comb.** ~ [Rigidez(+)] de princípios [ideias].

fixismo (Csis) *s m Biol* (<fixo + -ismo) Teoria segundo a qual as espécies são fixas e imutáveis. **Ex.** O ~ opõe-se ao transformismo e ao evolucionismo.

fixista (Csis) *adj/s 2g* (<fixo+-ista) **1** Referente ao fixismo. **Comb.** Teoria ~. **2** Partidário [Defensor] do fixismo. **Ex.** A(c)tualmente será difícil que haja homens de ciência ~s.

fixo, a (Csu) *adj* (<lat *fíxus,a,um*; ⇒ fixar) **1** Que não se move. **Comb.** Barra ~a. Dentes [Prótese] ~os/a. Eixo ~. **2** Estável/Firme. **Ex.** Podes subir sem medo; o escadote está ~ [firme(+)/seguro(o+)]. **3** Preso/Ligado/Seguro. **Ex.** Os armários da cozinha são ~s à parede. **4** Que não varia/Constante. **Ex.** Já não trabalho por turnos rotativos; agora tenho horário ~. Continuas a insistir para que vá contigo. És de ideias ~as; já te disse que não posso. **5** Que não mexe/Imóvel. **Comb.** Olhar ~. **6** Que não (se) altera com o tempo/Inalterável/Firme. **Comb.** Brilho [Cor] ~o/a. **7** Previamente definido/Determinado. **Comb.** Preço ~. Regras ~as. **8** *Quím* Diz-se de substância que não se volatiliza. **Comb.** Carbono ~ [que na destilação não se volatiliza/não faz parte das matérias voláteis].

flã *s m Cul* (<fr *flan*) Doce [Pudim] feito de ovos, açúcar, leite e farinha, coberto com molho de açúcar queimado [caramelizado]. **Ex.** Para sobremesa, além do (pudim) ~, especialidade da casa [deste restaurante], temos outros doces e fruta.

flabelado, a *adj* (<flabelar) Em forma de leque. **Comb.** *Bot* Folhas [Brácteas] ~as.

flabelar *v t/int adj 2g* (<lat *fla(béll)o,áre*: soprar) **1** Abanar(-se) com leque/Agitar o ar/Ventilar(-se). **Ex.** Sentindo-se muito acalorada, começou a ~ [a abanar]-se «com o livro a fazer [a servir] de leque». **2** *adj 2g* Em forma de leque/Flabelado.

flabelífero, a [flabeliforme] *adj* [2g] (<flabelo + -...) Que tem [Em forma de] leque/Flabelado. **Comb.** *Geol* Dobra/Ruga ~.

flabelípede *adj 2g Zool* (<flabelo + -pede) (Animal) com os dedos dos pés alargados em forma de leque.

flabelo *s m* (<lat *flabéllum,i* <*flo,áre*: soprar) Grande leque de penas/Qualquer tipo de leque. **Ex.** Antigamente, nalgumas cerimó[ô]nias pontificais, o ~ era usado como acessório litúrgico.

flache *s m* (<ing *flash*) ⇒ flash.

flacidez *s f* (<flácido + -ez) **1** Qualidade do que é flácido/Falta de firmeza/rigidez. **Comb.** ~ *da carne* [dos músculos]. ~ *dum sofá*. **2** *fig* Relaxamento moral/Falta de determinação/exigência. **Ex.** A ~ [pouca exigência/brandura exagerada/moleza(+)] dos educadores contribui para a degradação moral das crianças e da juventude.

flácido, a *adj* (<lat *flácidus,a,um*) **1** Sem firmeza/Pouco elástico/Mole/Lânguido. **Comb.** Corpo [Músculos] ~o/s. Gordura ~a. Seios ~s. **2** Que perdeu a elasticidade/cede facilmente/Mole/Fofo. **Comb.** Almofada [Esponja] ~a.

flagelação *s f* (<lat *flagelátio,ónis*) **1** Suplício executado com flagelo para obter a confissão duma culpa ou para punir um crime/Açoitamento. **Ex.** A ~ era usada pelos Romanos para castigar os escravos. A ~ de Jesus Cristo foi ordenada por Pôncio Pilatos com o intuito de abrandar o ódio dos judeus. **Comb.** Quadro [Pintura/Tela] da ~. **2** *fig* Tortura física ou moral/Tormento/Sofrimento. **Ex.** Há anos que ela suporta a ~ dum [de ter um] marido alcoólico.

flagelado, a *adj/s m* (<flagelar) **1** Que sofreu flagelação/Castigado [Açoitado] com flagelo. **Ex.** Os Apóstolos (de Jesus Cristo) foram ~s por ordem do sinédrio. **2** *fig* Vítima de calamidade/Castigado/Atormentado. **Ex.** ~ pelo infortúnio. Populações ~as pela guerra e pela fome. Região ~a pelas cheias. **3** *Biol* Que tem flagelos [extensões filamentosas do citoplasma como órgãos locomotores/Relativo [Que pertence] aos ~s. **Comb.** Animal ~. **4** *s m pl Biol* Protozoários cara(c)terizados por terem como órgãos locomotores extensões filamentosas do citoplasma denomi-

nadas flagelos. **Ex.** Os tripanossomas[os] são ~s. **Comb.** Fóssil de ~.

flagelador, ora *adj/s* (<flagelar + -dor) (O) que flagela. **Ex.** Os ~es [verdugos(+)/carrascos] de Jesus Cristo eram soldados mercenários à ordem dos Romanos. **Comb.** Tempestade ~ora das povoações costeiras.

flagelante *adj/s* (<flagelar + -ante) **1** Que flagela/Flagelador. **Comb.** Prática [Penitência] ~. Preocupação ~. **2** *s m Hist* Cristão que, por devoção à flagelação de Jesus, flagelava o próprio corpo como forma de arrependimento e reparação dos seus pecados. **3** *s m Hist* Seita de fanáticos (séc. XIV) proveniente da Alemanha que negava os sacramentos e admitia como único meio de salvação a flagelação. **Ex.** Os ~s foram condenados pelo papa Clemente VI em 1349.

flagelar *v t* (<lat *flagéllo,áre*) **1** Açoitar com flagelo/Chicotear/Vergastar. **Ex.** Os monges flagelavam-se procurando imitar o sofrimento de Jesus. **2** *fig* Causar [Suportar] grande sofrimento/Martirizar(-se)/Torturar(-se)/Atormentar(-se). **Ex.** Flagelava[Atormentava]-se, imaginando que grande desgraça tinha acontecido aos filhos (por)que tardavam em regressar a casa. **3** *fig* Causar grandes estragos/prejuízos. **Ex.** Chuvas torrenciais flagelaram o litoral.

flageliforme *adj 2g Biol* (<flagelo + -forme) Fino e comprido como um flagelo/Que tem a forma de flagelo. **Comb.** Estrutura ~. Filamento ~.

flagelo *s m* (<lat *flagéllum,i*) **1** Antigo instrumento de tortura formado por três tiras de couro ou corda, ligadas a um cabo de madeira, por vezes com esferas metálicas ou fragmentos de ossos nas extremidades. **Ex.** O ~, usado pelos Romanos para castigar os escravos, foi também o instrumento de que os soldados se serviram para açoitar Jesus. ⇒ chicote; azorrague. **2** Grande calamidade/Castigo/Tormento. **Ex.** O encerramento do clube no(c)turno livrou-nos do ~ do barulho ensurdecedor e da praga [do ~] dos marginais que o frequentavam. **Comb.** *O ~ de epidemias* [doenças graves «sida»]. *O ~ dos incêndios florestais.* **3** *Biol* Órgão fino e comprido formado por extensão do protoplasma e que serve para a locomoção da célula. **Ex.** Encontram-se ~s em células de animais (Flagelados, Espermatozoides) e também nalgumas células vegetais.

flagrância *s f* (<lat *flagrántia,ae*: calor a(c)tivo, abrasamento, combustão) **1** Qualidade do que é flagrante/evidente/incontestável. **Ex.** A ~ da mentira notou-se de imediato, tantas eram as contradições da justificação apresentada. **2** Momento ou ocasião em que ocorre o acontecimento/o que é flagrante. **Ex.** Impressionada pela ~ do acidente mortal a que assistiu, não resistiu e desmaiou.

flagrante *adj 2g/s m* (<lat *flágrans,ántis*) **1** Visto [Regist(r)ado] no próprio momento da a(c)ção. **Loc.** Ser apanhado em ~ [visto a fazer uma coisa má «roubo»]. **2** Manifesto/Evidente/Incontestável. **Comb.** Verdade [Erro] ~. **3** *s m* O que acontece no momento em que é observado. **Comb.** ~ *delito*.

flagrar *v int [Br t]* (<lat *flágro,áre*: arder com chama/labaredas) **1** Arder/Inflamar(-se)/Deflagrar(+). **Ex.** As chamas flagraram [deflagraram(+)/irromperam(o+)] pela floresta. **2** *Br* Apanhar em flagrante/Surpreender. **Ex.** O chefe flagrou a secretária dormindo.

flama *s f* (<lat *flámma,ae*; ⇒ flagrar) **1** ⇒ chama; labareda. **2** *fig* Força de paixão/Ardor/Fogo. **3** *fig* Entusiasmo/Vivacidade.

flamante *adj 2g* (<lat *flámmans,ántis*) **1** Que lança chamas/labaredas/Flamejante(+). **Comb.** Erupção ~ [flamejante(+)] dum vulcão. **2** Que tem brilho intenso/Resplandecente. **Comb.** Estrelas ~s [brilhantes(+)/resplandecentes(o+)]. **3** Que tem cores vivas/Vistoso/Alegre. **Comb.** Trajes [Fardas] ~s dos figurantes das marchas «populares lisboetas/do Carnaval carioca».

flamejante *adj 2g* (<flamejar + -ante) **1** Que flameja/lança chamas/Chamejante. **Comb.** Fogueira ~. **2** Que brilha intensamente/Resplandecente. **Comb.** Luz ~ «do farol». **3** *fig* Que parece lançar chispas/Ardente/Muito intenso. **Comb.** Olhar ~ «de ódio/paixão». **4** *fig* Que mostra ostentação/Vistoso/Espampanante. **Comb.** *Penteado ~. Vestido ~.* **5** *Arquit* Diz-se da última fase do estilo gótico cara(c)terizada pela decoração exuberante.

flamejar *v int* (<flama + -ejar) **1** Lançar chamas/labaredas/Estar a arder. **Ex.** Ao longe, na floresta, flamejava um grande incêndio. **2** Brilhar/Resplandecer. **Ex.** Na sala de jantar flamejava [brilhava(+)] uma enorme salva [bandeja] de prata. **3** *fig* Ter a aparência de que lança chispas/Faiscar. **Ex.** Os olhos dela flamejaram de raiva «quando viu o namorado com outra».

flamengo, a *adj/s* (<hol *flaming*) **1** Relativo à Flandres, região da Bélgica e da França no noroeste da Europa. **Comb.** *Cidade ~a. Arte/Escola ~a* «de pintura». *Queijo ~.* **2** *s* Natural ou habitante da Flandres. **Ex.** Os ~s desenvolveram desde o início do 2.º milé[ê]nio uma intensa a(c)tividade comercial, mas foi na arte (Pintura) que se celebrizaram. **3** *s m Ling* Conjunto de diale(c)tos neerlandeses falados numa parte da Bélgica.

flamingo *s m Ornit* (<hol *flaming*) Ave pernalta da família dos fenicopterídeos, de plumagem rosada e ré[ê]miges negras, de pescoço muito comprido e bico largo curvado quase em ângulo re(c)to, que vive geralmente junto ao mar, nas margens de lagos e lagoas de água salgada ou salobra. **Ex.** Uma das espécies mais comuns de ~s que aparece em Portugal na primavera e no verão é o *Phoenicopterus ruber antiquorum*.

flâmula *s f* (<lat *flámmula, ae,* dim de *flámma*: chama) **1** Pequena chama. **2** *Náut* Pequena bandeira [Galhardete] comprida e estreita colocada no mastro ou à proa das embarcações para sinalização ou adorno. **Ex.** O iate do soberano visitante entrou no porto escoltado por pequenas embarcações enfeitadas com ~s com as cores dos dois países. ⇒ galhardete/bandeirinha «com o dístico do clube/da universidade».

flan *s m fr* ⇒ flã.

flanco *s m* (<fr *flanc*) **1** *Anat* Região lateral do corpo entre a anca e as costelas/Ilharga. **Idi.** *Dar* [Oferecer] *o ~* [Mostrar o ponto fraco/Dar azo a críticas/Irritar-se (quase) sem motivo/*fam* Afinar]. **Comb.** *~ direito* [esquerdo]. «atacar» *De ~* [De lado]. **2** *Mil* Lado duma formatura de tropas. **3** *Náut* Costado do navio. **5** *Geol* Cada um dos lados da dobra. **Comb.** ~ *de dobra*.

Flandres *s f* Região da Bélgica e da França, no noroeste da Europa. ⇒ folha de Flandres.

flanela *s f* (<ing *flannel*) Tecido macio, felpudo, cardado, de lã ou algodão. **Comb.** Camisa de ~. Pano de ~ «para dar lustro/limpar o pó».

flange *s f Mec* (<ing *flange*) Aba em forma de coroa circular, colocada no topo de tubos para os ligar entre si ou para sua fixação. **Comb.** Tubos ligados por ~s com parafusos.

flanqueador, ora *adj/s* (<flanquear + -dor) (O) que flanqueia. **Comb.** Soldado ~.

flanquear *v t* (<flanco + -ear) **1** Situar-se [Acompanhar] ao lado/Ladear. **Ex.** As tílias que flanqueiam [ladeiam(+)] a praça exalam um aroma muito agradável. A guarda, a cavalo, flanqueava o carro [o cortejo] presidencial. **2** *Mil* Atacar pelo flanco. **Loc.** ~ *a formação inimiga*. **3** *Mil* Defender por todos os lados/Proteger os flancos. **Loc.** ~ *uma fortificação com baluartes.* **4** *Mil* Marchar paralelamente ao inimigo.

flash (Flǽch) *s m ing* **1** *Fot* Dispositivo que produz um clarão instantâneo no momento em que é tirada uma fotografia em local mal iluminado. **Comb.** ~ *ele(c)tró[ô]nico*. **2** *Fot* Luminosidade [Clarão] produzido por esse dispositivo. **Loc.** Ficar encandeado [cego(+)] pelo ~ dos fotógrafos. **3** *Cine/TV* Cena muito breve. **Ex.** Para anúncio [apresentação] de novos filmes, são muitas vezes escolhidos ~es de cenas chocantes. **4** Notícia curta. **Ex.** O telejornal [noticiário «da noite» da TV] abre geralmente com ~es dos acontecimentos mais relevantes.

flashback (Flǽchbǽque) *s m ing* **1** *Cine* Parte dum filme que mostra uma cena anterior à a(c)ção. **Ex.** Pelas cenas da infância, passadas em ~, compreende-se melhor a neurose do protagonista (do filme). **2** *Liter* Narração de um acontecimento anterior ao tempo em que decorre a a(c)ção/Retrospe(c)tiva.

flato *s m* (<lat *flátus,us*) **1** *Med* Acumulação de gases no estômago e nos intestinos causando mal-estar/Flatulência(+). **Comb.** Cólicas provocadas por ~. **2** Perda momentânea de consciência/Crise histérica/Desmaio/Chilique. **Loc.** Dar(-lhe) o ~. **3** *fig* Vaidade/Presunção/Jactância.

flatulência *s f* (<flato(*us*) + -l- + -ência) **1** *Med* Acumulação de gases no aparelho digestivo provocando dores e inchaço/Flato. **Ex.** Alimentos «feijão» que provocam ~. **2** *Med* Expulsão pela boca/pelo ânus de gases acumulados no aparelho digestivo. **3** *fig* Falta de modéstia/Bazófia/Vaidade/Presunção.

flatulento, a *adj* (<flato(*us*) + -l- + -ento) **1** Que provoca flatulência. **Comb.** Alimentos ~s «ervilhas». **2** Que sofre de flatulência. **Comb.** Pessoa ~a. **3** Relativo à flatulência/ao flato. **Comb.** Crise [Cólica] ~a/de gases. **4** *fig* Vaidoso/Presunçoso/Inchado(+).

flatuloso, a (Ôso, Ósa, Ósos) *adj* (<flato(*us*) + -l- + -oso) Que sofre de flatulência/Sujeito [Atreito] a flato/Flatulento.

flatuosidade/flatuoso *s f/adj* (<flato + -...) ⇒ flatulência/flatuloso.

flauta *s f/2g* (<lat *flo,áre,flátum*: soprar) **1** *Mús* Instrumento musical de sopro, em forma de tubo com furos, de madeira ou metal. **Ex.** A ~ remonta à mais alta antiguidade. Há ~s de quatro espécies: ~ transversal, direita [doce ou de bisel], do deus Pã e dupla. **Comb.** ~ *alto* [em Sol]. ~ *baixo* [em Dó grave]. ~ *em Lá* [~ de amor]. **2** *s 2g Mús* Tocador de ~/Flautista. **Comb.** Os/As ~s duma orquestra. **3** Utensílio de ferreiro para encurvar.

flautado, a *adj* (<flauta + -ado) Que tem o som semelhante ao da flauta/Aflautado(+). **Comb.** Voz ~ [aflautada(+)].

flautar *v t/int* (<flauta + -ar¹) **1** Produzir som semelhante ao da flauta. **2** Tocar flauta/Flautear(+). **Ex.** Não era músico mas de vez em quando gostava de ~ (um pouco).

3 Tornar a voz aguda/aflautada(+). **Loc.** ~ uma canção (imitando uma voz feminina).
flauteado, a *adj* (<flautear) **1** Executado com [Tocado em] flauta. **Loc.** Trecho [Melodia] para ser ~o/a [tocada em flauta(+)]. **2** Suave/Doce/Harmonioso. **Comb.** Voz ~a. **3** Sem preocupações/Regalado/Descansado. **Loc.** Levar uma vida ~a.
flautear *v int* (<flauta + -ear) **1** Tocar flauta. **Ex.** Passar horas a ~, ensaiando uma sonata para flauta e piano. **2** Imitar o som da flauta. **Loc.** ~ uma canção. **3** Passar o tempo sem preocupações/Levar uma vida regalada. **Ex.** Vivia flauteando como se não tivesse obrigações familiares.
flauteio *s m* (<flautear) **1** A(c)ção de tocar flauta. **Ex.** Agora deixa a flauta e vem-me ajudar, (por)que a vida não é só ~; temos de [que] trabalhar. **2** Vida despreocupada/Ociosidade. **Ex.** Estudar não é com ele [não quer]. Passa a vida no ~ [na ociosidade].
flautim *s m/2g Mús* (<it *flautino*) **1** Pequena flauta que produz sons uma oitava acima desta. **Ex.** O ~ é o instrumento de sopro mais agudo da orquestra. **2** *s 2g* Tocador desse instrumento/Flautinista.
flautinista *s 2g* (<flautim + -ista) ⇒ flautim **2**.
flautista *s 2g* (<flauta + -ista) **1** ⇒ flauta **2**/ tocador de flauta. **2** Fabricante de flautas.
flavescência *s f* (<flavescer + -ência) Qualidade do que é flavescente/do que se torna flavo [amarelo/louro].
flavescente *adj 2g* (<flavescer + -ente) Que se pode tornar flavo/louro/amarelado.
flavescer *v int* (<lat *flavésco,ere*: «espiga do trigo» ficar doirado/loiro) Adquirir a cor amarela/Tornar-se louro/Alourar/Dourar(+).
flavo, a *adj* (<*flavus,a,um*) Da cor do trigo louro/Amarelado/Dourado. **Comb.** Cabelos ~s.
flavona *s fd Quím* (<flavo + -ona) Substância ($C_{15}H_{10}O_2$) da qual derivam numerosos corantes vegetais «luteolina»/Qualquer das cetonas constituintes dos flavonoides.
flavonoide (Nói) *s m Quím* (<flavona + -oide) Grupo de substâncias farmacológicas existentes em certas plantas cítricas, usadas como estimulantes circulatórios.
flebectasia *s f Med* (<flebi/o- + ectasia) ⇒ variz.
flebi/o- *elem de formação* (<gr *phléps, phlébos*: veia) Exprime a ideia de veia, artéria: *flebite, flebotomia*.
flébil *adj 2g* (<lat *flébilis,e*) **1** Que chora/denota tristeza/Choroso/Lacrimoso/«guitarra» Plangente. **2** Sem força/«voz» Débil/Fraco.
flebite *s f Med* (<flebi- + -ite) Inflamação nas veias. **Ex.** Tinha dores fortes nas pernas provocadas pela ~.
flebografia *s f Med* (<flebo- + -grafia) Exame radiográfico às veias. **Loc.** Fazer uma ~ por causa [para estudo] das varizes.
flebólito *s m Med* (<flebo- + -lito) Concreção formada numa veia por calcificação dum coágulo sanguíneo.
flebologia *s f Med* (<flebo- + -logia) Ramo da Medicina que estuda as veias.
fleborragia *s f Med* (<gr *phleborrhagia,es*) Hemorragia causada pela ru(p)[ro]tura de veia(s).
flebosclerose *s f Med* (<flebo- + esclerose) Endurecimento patológico da parede das veias. **Loc.** Ter [Sofrer de] ~.
flebotomia *s f Med* (<gr *phlebotomia*) Incisão numa veia para fazer uma sangria/Extra(c)ção total ou parcial duma veia.
flebotrombose *s f Med* (<flebo- + trombose) ⇒ flebite.
flecha *s f* (<fr *flèche*) **1** Arma ofensiva de arremesso, constituída por uma haste com uma das extremidades pontiaguda/Seta. **Ex.** A ~ é arremessada com arco. **Loc.** Subir em ~ [Subir rápida e inesperadamente] (Ex. O preço do petróleo [crude] subiu em ~). **Comb.** Como [Que nem] uma ~ [A grande velocidade] (Ex. O cão saiu (disparado) como uma ~). **2** Qualquer obje(c)to com a forma dessa arma. **3** *Geom* Segmento da perpendicular ao meio duma corda entre esta e o arco. **4** *Arquit* Extremidade em forma de pirâmide ou cone que remata torres ou coberturas de certos edifícios. **5** *Arquit* Altura máxima dum arco. **6** Deformação [Deflexão] duma viga [barra] por a(c)ção duma carga. **Loc.** (Uma viga) fazer ~ [deformar-se em arco/abaular]. **7** *Astr Maiúsc* Pequena constelação boreal.
flechada (Flé) *s f* (<flecha + -ada) Golpe [Ferimento] de flecha/Setada. **Loc.** «índio do Br» Matar um pássaro à [com uma] ~.
flechar (Flé) *v t/int* (<flecha + -ar¹) **1** Ferir com flecha. **Loc.** ~ um animal na caça. **2** Arremessar flechas. **Loc.** Gostar [Ter a paixão] de ~ [de praticar o desporto [esporte] de arco e flecha].
flectir ⇒ fletir.
flegma/flegmão ⇒ fleuma/fleimão.
fleimão *s m Med* (<gr *phlegmone*) Inflamação do tecido conjuntivo de qualquer órgão. **Ex.** Um pequeno arranhão na perna provocou-me um ~ que até febre me deu.
flente *adj 2g* (<lat *flens,éntis*; ⇒ fluir) Que chora/Lastimoso.
flert/flertar ⇒ flirt/flirtar.
fletir (Flè) [*Br* **fle(c)tir** (dg)] *v t/int* [= flectir] (<lat *flécto,is,ere,fluxi,flúxum*) **1** (Fazer) dobrar/Fazer flexão/Curvar/Vergar. **Ex.** A viga fletiu [vergou] com o peso «da cobertura». As árvores, com o vento, fletiam [dobravam-se] quase até partir. **Loc.** ~ [Dobrar] os joelhos. ⇒ genufletir. **2** Tornar-se brando/mole/Fazer cedências/Abrandar/Afrouxar. **Ex.** O governo começou a ~ [fazer cedências(+)] na tentativa de ganhar votos nas eleições que se aproximam.
fleuma *s f* (<gr *phlégma,atos*: inflamação, muco, humor fleumático) **1** Domínio das emoções/Impassibilidade/Frieza. **Ex.** Quando lhe deram a notícia da má situação econó[ô]mica da empresa, respondeu com toda a ~ que depois do fim de semana se iria preocupar com o [esse] assunto. **Comb.** ~ britânica. **2** Falta de interesse/Indiferença/Indolência. **Ex.** Não sai daquela [Não deixa aquela] ~, não se interessa por nada.
fleumático, a *adj/s* (<lat *fleugmáticus,a, um*; ⇒ fleuma) **1** Que revela serenidade/frieza/Que controla as emoções/Imperturbável. **Comb.** Temperamento ~. **2** Que revela falta de interesse/Indiferente. **Comb.** Comportamento ~. **3** *s Psic* Tipo cara(c)terológico pouco emotivo e de rea(c)ções lentas, ponderado e perseverante. **Ex.** A forma cara(c)terológica do ~ é *nEAS* (Não emotivo, a(c)tivo, secundário).
flexão (Csão) *s f* (<lat *fléxio,ónis*) **1** A(c)ção de fle(c)tir/dobrar(-se)/Estado do que se dobrou. **Loc.** Fazer ~ [Entortar/Curvar]. **Comb.** (Viga) deformada por ~. **2** Exercício físico que consiste em fle(c)tir repetidamente os membros superiores. **Loc.** Fazer ~ões. **3** *Fisiol* Movimento de parte do corpo «membros/tronco» que consiste em a dobrar ou curvar diminuindo o comprimento. **Comb.** ~ *das pernas* [dos braços]. ~ *do tronco*. **4** *Fís* Deformação [Encurvamento] de um sólido «barra/viga» por a(c)ção duma força aplicada numa zona não apoiada. **Comb.** ~ circular [com a forma de um arco de circunferência] «duma barra encastrada». **5** *Lin* Variação morfológica das palavras pela qual adquirem nova significação. **Ex.** O tema [A raiz] serve de base às ~ões nominal «mesa ⇒ mesas» e verbal «ir ⇒ irei». ⇒ declinação.
flexibilidade (Csi) *s f* (<flexível + -i- + -dade) **1** Qualidade do que é flexível/Maleabilidade. **Comb.** ~ do cartão/cobre/plástico. **Ant.** Rigidez. **2** Agilidade/Destreza. **Comb.** ~ corporal «das bailarinas/dos acrobatas». **3** Capacidade de se adaptar a diferentes meios/pessoas/Maleabilidade/Condescendência. **Loc.** Ter ~ [abertura] de espírito [Ser capaz de aceitar opiniões diferentes da sua/Ser dialogante/aberto]. **4** Facilidade de se deixar influenciar/de ser manejado/usado. **Ex.** Os amigos abusavam da sua ~ porque ele gostava de agradar a todos. **5** Possibilidade de alteração/mudança/Variabilidade. **Comb.** ~ de horário. **Ant.** Fixidez; inflexibilidade; rigidez.
flexibilização (Csi) *s f* (<flexibilizar + -ção) A(c)to ou efeito de flexibilizar. **Ex.** Por causa da ~ dos horários, há períodos em que nem todos os empregados estão no serviço «no escritório».
flexiblizar (Csi) *v t* (<flexível + -izar) Tornar flexível. **Loc.** ~ *o modo de proceder* [o cará(c)ter]. ~ *um horário*. ~ *um material*.
flexional (Csi) *adj 2g* (<flexão + -al) **1** Relativo a flexão. **Comb.** Exercício (físico) ~. **2** *Gram* Relativo às diferentes formas que as palavras variáveis podem tomar. **Comb.** Alteração ~. Estrutura ~. ⇒ flexão **5**.
flexionar (Csi) *v t* (<flexão + -ar¹) **1** (Fazer) dobrar/Curvar/Fle(c)tir. **Loc.** ~ [Fle(c)tir(+)] o tronco [as pernas]. **2** *Gram* Dar a uma palavra as diferentes formas que ela pode tomar/(Uma palavra) fazer [sofrer] a flexão **5**. **Ex.** Em português, os nomes [substantivos] flexionam em número. **Loc.** ~ [Conjugar(+)] um verbo. ⇒ declinar.
flexível (Csi) *adj 2g* (<lat *flexíbilis,e*; ⇒ fle(c)tir) **1** Susce(p)tível de dobrar/curvar/Maleável. **Ex.** O cobre é um metal ~. **Comb.** Material ~. **2** Que tem agilidade/destreza. **Comb.** Movimentos ~eis «dum ginasta». **3** Fácil de manejar/Domável. **Ex.** Com este arame trabalha-se bem; é muito ~. **Comb.** Automóvel com comandos «dire(c)ção/mudanças» ~eis. **4** Que se acomoda facilmente às circunstâncias/Tolerante/Condescendente/Aberta. **Loc.** Ter uma postura [atitude] ~ «numa negociação». **Comb.** Cará(c)ter ~. **5** Capaz de se adaptar a diferentes condições/a(c)tividades/Versátil. **Comb.** *Empregado ~. Horário ~*/ adaptável.
flexivo, a (Csi) *adj Gram* (<lat *fléxus,a,um* + -ivo) Relativo à flexão/Que tem flexão gramatical. **Comb.** «latim/alemão» *Línguas ~as. Palavras ~as*. ⇒ aglutinante.
flexografia (Csó) *s f* (<lat *fléxus,a,um* + grafia) Processo de reprodução tipográfica que utiliza chapas de impressão flexíveis «de borracha», usual na impressão de obje(c)tos arredondados.
flexor, ora (Csôr) *adj/s* (<lat *fléxus,a,um* + -or) (O) que dobra/faz dobrar/fle(c)tir. **Comb.** *~es do tronco. Músculo ~*.
flexura (Csu) *s f* (<lat *flexúra,ae*) **1** *Anat* Ponto [Zona] onde uma parte do corpo dobra/Articulação(+)/Junta. **2** *Geol* Deformação tectó[ô]nica que consiste no desnivelamento de camadas ou leitos mantendo a continuidade [sem ru(p)[ro]tura]. **Comb.** ~ litoral [continental].
flibusteiro, a *s* (<ing *freebooter*: ladrão à solta) **1** *Hist* Pirata que, nos séc. XVII e XVIII, agia por conta própria no assalto a barcos nos mares americanos. **Ex.** Os ~ holandeses, franceses e ingleses, agindo com a prote(c)ção dos seus soberanos nos

mares do Novo Mundo (América), saqueavam os navios portugueses e espanhóis. **2** *fig* Aventureiro/Desonesto/Trapaceiro.

flictena *s f Med* (<gr *phlyktaina*) Bolha na pele causada por queimadura. **Ex.** As ~s podem ser causadas por excessiva exposição ao sol.

flint [flint-glass] *s m ing* Vidro com elevado índice de refra(c)ção devido à presença de sais de chumbo na sua composição, utilizado em instrumentos de ó(p)tica. **Comb.** ~ leve [denso] (Com menor ou maior teor de chumbo, com menor ou maior índice de refra(c)ção).

flip-flop *s m ing* **1** *(D)esp* Salto para trás com apoio das mãos. **2** *Ele(c)tri* Dispositivo que pode assumir dois estados em correspondência com impulsos de saída e que serve para abrir e fechar circuitos.

flipper *s m ing* Mecanismo [Jogo] que a(c)ciona as bolas nas máquinas de jogo ele(c)tró[ô]nicas. **Loc.** Manejar o ~. Jogar ~.

flirt (Flârt) *s m ing* Ligação amorosa descomprometida e passageira/Namorico.

flirtar ⇒ namor(isc)ar.

floco *s m* (<lat *flóccus,i*) **1** Conjunto de filamentos muito té[ê]nues e leves que esvoaçam com a mais pequena aragem. **Comb.** ~s de lã [algodão]. **2** Pequena partícula leve e pouco densa/Farrapo. **Ex.** A neve cai em ~s. **3** Alimentos em forma de grânulos ou lamelas para serem consumidos posteriormente com adição de água ou leite. **Comb.** ~s de batata. ~s de cereais «aveia». **4** Tufo de pelo na cauda dos animais.

flocoso, a (Ôso, Ósa, Ósos) *adj* (<floco + -oso) **1** Que produz flocos/Em forma de floco. **Comb.** Substância «neve» ~a. **2** Em que há [Feito de] flocos. **Comb.** Alimento ~ [em flocos(+)]. Suspensão [Preparado] ~a/o.

floculação *s f* (<flocular[1] + -ção) **1** *Quím* Destruição duma solução coloidal provocada por um agente exterior e formando flocos. **Ex.** A ~ pode ser provocada pela neutralização das cargas elé(c)tricas das partículas do coloide, por ex., por adição doutro coloide de sinal contrário. **2** *Quím* Aglomeração de partículas em suspensão [dum precipitado] finamente divididas/o em flocos que sedimentam. **Comb.** ~ da água «dos rios» nas estações de tratamento.

flocular[1] *v t/int* (<flóculo + -ar[1]) Fazer a [Precipitar por] floculação. **Loc. Adicionar um agente** (à suspensão) **para ela ~. ~ a água turva**.

flocular[2] *adj 2g* (<flóculo + -ar[2]) Em forma de floco. **Comb.** Precipitado ~.

flóculo *s m* (<lat *flócculus, i* dim de *flóccus, i*) **1** Pequeno floco. **2** *pl Astr* Manchas brilhantes com diferentes tonalidades que aparecem na superfície do Sol.

floema *s m Bot* (<gr *phlóos*: casca + *ema, ematos*: o que é lançado, dardo) Conjunto de tecidos vasculares vegetais constituído por tubos crivosos acompanhados de células do parênquima e do esclerênquima cuja função é o transporte de água, sais minerais e compostos orgânicos elaborados pela fotossíntese. **Comb.** ~ *primário* [resultante da diferenciação do procâmbio]. ~ *secundário* [proveniente do câmbio].

flogístico, a *adj/Br s m* (<flogisto + -ico) **1** Relativo ao flogisto/Que é próprio para desenvolver calor interno resultante da combustão. ⇒ Teoria ~a da combustão. **2** *Br s m* ⇒ flogisto.

flogisto *s m Quím* (<gr *phlogistós,é,ón*: inflamável) Fluido que, segundo os alquimistas do séc. XVIII, era responsável pela combustibilidade das substâncias. **Ex.** Para os alquimistas, as substâncias eram mais ou menos combustíveis conforme tivessem mais ou menos ~.

flogopite[a] *s f Min* (<gr *phlóks,phlogós*: chama) Mica rica em magnésio e que não contém ferro.

flogose *s f Med* (<gr *phlogósis*: combustão) ⇒ inflamação.

flor *s f Bot* (<lat *flós,floris*; ⇒ ~ de enxofre) **1** Órgão vegetal da reprodução sexuada das plantas superiores (Fanerogâmicas). **Ex.** A ~ completa compreende [tem] o cálice, a corola, o androceu e o gineceu. **Idi. Andar com [Ter] os nervos à ~ da pele** [Irritar-se facilmente/*idi* por tudo e por nada]. **Fazer ~es** [Dar nas vistas/Fazer-se engraçado]. **Não ser ~ que se cheire** [Pessoa em quem não se pode confiar/que tem comportamento censurável]. **Comb. ~ da farinha** [A primeira farinha produzida, muito fina e branca]. *idi* **~ da idade/~ da vida** [Entre a infância e a fase adulta/Juventude]. **~ de estufa a)** Planta com ou sem ~ que só se desenvolve em ambiente protegido; **b)** *idi* Pessoa frágil e delicada, criada sem conta(c)to com a realidade. **~ em botão** [que ainda não abriu/ainda não atingiu a maturidade]. **~ feminina**/masculina [que só tem gineceu/androceu]. **~ hermafrodita** [que tem androceu e gineceu]. *idi* **Fina ~** [O que há de melhor] (Comb. Fina ~ da sociedade; ⇒ nata). **2** Planta ornamental cultivada para dar flor. **Ex.** Os jardins da cidade têm uma grande variedade de ~es lindíssimas. **Loc.** Regar as ~es «do jardim/dos vasos». **3** Desenho ou obje(c)to de adorno que representa essa parte da planta. **Ex.** Há ~es de plástico que imitam muito bem as (~es) naturais. **4** *fig fam* Forma de tratamento carinhoso e familiar. **Ex.** Ora viva quem é uma [Olá] ~! **5** *fig* Pessoa que se destaca pela beleza/amabilidade/docilidade/bons sentimentos. **Ex.** Ele é uma ~ [uma joia(+)] de rapaz/moço. Todos os rapazes [moços] a pretendiam: ela era a ~ da aldeia. **6** *Quím* Produto que resulta da sublimação de certas substâncias. **Comb.** ~ de enxofre. **7** *pop* Bolor que se forma à superfície de certos líquidos «vinho» em conta(c)to com o ar «da pipa».

flora *s f* (<lat *Flora,ae*: deusa das flores e dos jardins) **1** Conjunto de espécies vegetais que se desenvolvem numa determinada região. **Ex.** A ~ da Ilha da Madeira (Portugal) tem uma grande variedade de plantas ornamentais e flores lindíssimas. **Comb. ~ da Austrália** [do Amazonas]. **~ mediterrânica**. **~ tropical**. **2** Tratado que descreve as espécies vegetais de determinada região. **3** Conjunto de plantas com propriedades e aplicações específicas. **Comb. ~ medicinal**. **4** *Med* Conjunto de microorganismos que vivem em certas partes do corpo. **Comb. ~ bacteriana** [microbiana]. **~ intestinal**.

floração *s f* (<florir + -ção; ⇒ florescência) **1** *Bot* Fase de aparecimento das flores numa planta. **Ex.** A ~ das amendoeiras dá-se [acontece/surge] no inverno. **2** Estado de plantas em flor. **Ex.** A maior parte das plantas atinge o auge da ~ na primavera. **3** *fig* Estado de grande desenvolvimento/Florescimento «da cultura europeia».

florada *s f* (<flor + -ada) **1** Conjunto de flores. **Ex.** A igreja estava muito mal ornamentada: era uma ~ [um amontoado de flores] de mau gosto. **2** *Cul* Doce de flores de laranjeira. **3** *Cul* Doce de ovos em forma de flores.

floral *adj 2g/s m pl* (<lat *florális,e*) **1** Relativo [Pertencente] à flor. **Comb.** Exposição ~. Odor ~. **2** Que tem [utiliza] flores. **Comb. Arranjo ~**. **Motivos** [Enfeites] **~ais**. *Poe* **Jogos ~ais** [Concurso poético]. **3** *s m pl Maiúsc* Festa em honra da deusa Flora na antiga Roma.

florão *s m* (<flor + -ão) **1** Conjunto de flores com o aspe(c)to de uma única flor. **2** *Arquit* Ornato em forma de flor estilizada colocado no centro dum te(c)to ou no fecho duma abóbada ou dum arco. **Comb.** ~ em ferro forjado.

florar *v int* (<flor + -ar) Deitar flor/Florescer(+)/Florir(o+). **Loc.** Uma planta «macieira/roseira» começar a ~.

flor-da-noite *s f Bot* Planta trepadeira, da família das cactáceas, *Selenicereus pteranthus*, de flores amarelo-escuras que desabrocham à noite.

flor-da-paixão *s f Bot* ⇒ maracujá.

flor de enxofre *s f* ⇒ enxofre sublimado.

flor-de-lis *s f* **1** *Bot* Planta da família das amarilidáceas, *Sprekelia formosíssima*, com folhas estreitas e compridas e flores grandes quase sempre vermelho-escuras. **2** *Bot* Designação de outras plantas da família das liliáceas. **3** Emblema em forma de lírio estilizado, símbolo da antiga realeza francesa. **Ex.** A ~ é frequente em brasões da nobreza portuguesa.

floreado, a *adj/s m* (<florear) **1** Coberto de [Enfeitado com] flores. **Comb.** Andor «de Santo Antó[ô]nio» ~ com cravos. Tecido ~. **2** Muito trabalhado/Exageradamente enfeitado. **Comb.** Arranjos [Adornos] (muito) ~s. Estilo «artístico/literário/oratório» ~. **3** *s m* O que enfeita/adorna/Adorno excessivo. **Comb.** Altar enfeitado com ~s de rosas vermelhas e brancas. Discurso com muitos ~s e poucas ideias. **4** *s m Mús* Variação musical executada por iniciativa do instrumentista sobre o trecho que interpreta.

florear *v t/int* (<flor + -ear) **1** Fazer brotar flores em. **Ex.** Com a chegada da primavera, os montes, os campos, os jardins, toda a natureza começa a ~ [florir(+)]. **2** Ornar com flores. **Ex.** Para tornar a cidade mais bela e atraente, os autarcas pediram à população que floreasse [enfeitasse com flores(+)] as varandas e janelas das suas casas. **3** Manejar com destreza uma arma branca. **Loc.** ~ a espada. **4** Fazer floreados **3, 4**. **Loc.** ~ um discurso/ornamento/trecho musical.

floreio *s m* (<florear) **1** Elegância e graciosidade de movimentos/Agilidade [Destreza] no manejo de arma branca. **Ex.** Os graciosos ~s da pequena bailarina encantaram a assistência. **2** *pl Arquit* Ornatos em que entram flores entrelaçadas. **Comb.** Coluna «em talha dourada» com ~s.

floreira *s f* (<flor + -eira) **1** Vaso [Recipiente] onde se colocam flores. **Ex.** As ~s «do anfiteatro» estavam enfeitadas com cravos vermelhos. **2** Móvel ou coluna onde se colocam vasos com flores ou plantas. **Ex.** Na sala havia duas ~s com vasos de avenca. **3** ⇒ Florista(+).

florejar *v t/int* (<flor + -ejar) **1** Fazer brotar [Encher-se de] flores/Florescer(+)/Florir(o+). **Ex.** Os campos florejavam; a primavera chegara. **2** Ornar com flores/Florear **2**. **3** Fazer floreados «de retórica». **Ex.** O primeiro-ministro florejou um discurso muito bonito mas não se referiu à crise que o país atravessa.

florentino, a *adj/s* (<lat *florentínus,a,um*) **1** Relativo a [Natural ou habitante de] Florença, cidade italiana. **Comb.** ~s ilustres «os Médicis/Machiavelli». Arte «gótico» ~a. **2** Relativo à [Natural ou habitante da]

ilha das Flores (Arquipélago dos Açores, Portugal)/Florense(+). **Ex.** Muitos ~s emigram para os Estados Unidos da América. **Comb.** Queijo ~.

flóreo, a *adj* (<lat *flóreus,a,um*) **1** Relativo a flores/Coberto de flores/Florido(+). **Comb.** Beleza ~a «da Ilha da Madeira (Portugal)». **2** Exuberante/Belo(+)/Viçoso.

florescência *s f* (<lat *florescéntia,ae*; ⇒ florescer) **1** A(c)to de florescer/Florescimento. **2** *Bot* Aparecimento das flores numa planta/Floração. **Ex.** A chuva durante a ~ [floração(+)] estragou a fruta «as maçãs». **3** *Bot* Época em que as flores desabrocham. **Ex.** A ~ das árvores causa alergias respiratórias a muita gente. **4** *fig* Pujança/Brilho/Esplendor. **Comb.** ~ artística «do Renascimento».

florescente *adj 2g* (< florescer + -ente) **1** Que floresce/está em flor. **Comb.** Plantas ~s. **2** Que está em pleno desenvolvimento/Próspero. **Comb.** Economia [Indústria] ~. **Sin.** Forte; notável. **Ant.** Decadente. **3** *fig* [Brilhante/Notável/Esplêndido]. **Comb.** Carreira política ~/brilhante(+).

florescer *v t/int* (<lat *florésco,ere* <*flóreo*) **1** Deitar flor/Cobrir-se de flores/Florir. **Ex.** A maioria das plantas floresce na primavera. **2** A flor ficar aberta/Desabrochar. **Ex.** Os botões de rosa florescem [desabrocham(+)] rapidamente nas jarras. **3** Tornar(-se) notável/Brilhar/Distinguir(-se). **Ex.** O missionário jesuíta Matteo Ricci (1552-1610) floresceu na corte chinesa de Pequim, onde foi apelidado de "sábio do ocidente", graças aos seus conhecimentos científicos. **4** Ter grande desenvolvimento/Prosperar. **Ex.** A indústria ele(c)tró[ô]nica floresceu no final do séc. XX e (ainda) continua a ~. **5** Ter origem/Despontar/Surgir. **Ex.** O cristianismo floresceu em condições adversas de grandes perseguições «de Nero/Diocleciano».

florescimento *s m* (<florescer + -mento) **1** *Bot* A(c)to de florescer/Florescência. **Ex.** O ~ tardio das árvores de fruto foi provocado pelo frio intenso que se fez sentir na primavera. **2** *fig* Estado de progresso/desenvolvimento/expansão/Prosperidade. **Ex.** A entrada para a União Europeia contribuiu para o ~ econó[ô]mico dos países «Portugal» menos desenvolvidos. **Comb.** ~ das artes [letras].

floresta *s f* (<frâncico *forhist*: plantação de pinheiros) **1** (Grande extensão de) terreno coberto de árvores/Bosque/Mata. **Comb.** ~ *amazó[ô]nica*. ~ *tropical*. ~ *virgem* [de vegetação densa e que ainda não foi desbravada nem explorada pelo homem]. ⇒ mato. **2** *fig* Grande quantidade de coisas aglomeradas. **Ex.** Tinha em cima da mesa uma ~ de processos para despachar.

florestação *s f* (<florestar + -ção) Plantação de espécies [árvores] florestais/Formação de florestas. **Ex.** Há subsídios do governo para a ~ de terrenos incultos.

florestal *adj 2g* (<floresta + -al) **1** Relativo à floresta. **Comb.** *Caminhos ~ais. Incêndios ~ais*. **2** Que trata da conservação e desenvolvimento da floresta. **Comb.** Serviços ~ais. **3** Coberto de floresta. **Comb.** Área ~. *Parque* ~. ⇒ reserva.

florestar *v t* (<floresta + -ar[1]) Plantar árvores florestais/Transformar em floresta «uma área deserta». **Loc.** ~ uma área devastada pelo fogo.

floreta *s f* (<flor + -eta) Enfeite em forma de flor. **Ex.** Trazia um lenço de seda ao pescoço apertado com uma ~ de prata.

florete (Rê) *s m* (<fr an *floret*) Arma branca, semelhante à espada mas mais comprida, com lâmina flexível de se(c)ção quadrada ou re(c)tangular sem gume, terminando em botão revestido de couro. **Ex.** O ~ é usado no desporto [esporte] de esgrima.

floretear[1] *v t* (<floreta + -ear) Enfeitar(+) com flores.

floretear[2] *v int* (<florete + -ear) Esgrimir o [com] florete.

flori- *elem de formação* (<lat *flós,floris*) Exprime a ideia de flor, por ex. *floricultura*.

florículo *s m Bot* (<lat *florículus,i* por *flósculus*, dim de *flós*) Pequena flor/Cada uma das flores que constituem um capítulo/uma inflorescência/Flósculo.

floricultor, ora *s* (<flori- + cultor) O que se dedica ao cultivo de flores. **Comb.** ~ profissional [nas horas vagas, como *hobby*].

floricultura *s f* (<flori- + cultura) Arte de cultivar flores/Cultura de plantas ornamentais. **Ex.** Deixei o emprego para me dedicar totalmente à ~.

florido, a *adj* (<florir) **1** Que está em flor/Que tem flores. **Comb.** *Açucena ~a. Jardim* [Canteiro] ~. **2** Enfeitado com flores. **Comb.** *Casa* [Sala/Janela] *~a. Tecido* ~. **3** Relativo às flores. **Comb.** Beleza ~a das encostas plantadas de amendoeiras. **4** «vida/jovem» Que revela grande vitalidade/frescura/Viçoso. **5** *fig* Muito cuidado/Elegante/Brilhante. **Comb.** Estilo [Linguagem] ~o/a.

flórido, a *adj* (<lat *flóridus,a,um*) **1** Que está em flor/Florescente/Florido(+). **2** *fig* Que é elegante/brilhante. **3** *fig* Que tem esplendor/Notável «época dos descobrimentos/das grandes navegações».

florífago, a *adj* (<flori- + -fago) Que come flores. **Comb.** Ave [Inse(c)to] ~a/o.

florífero, a *adj* (<flori- + -fero) Que produz flores/Florígero. **Comb.** Plantas ~a.

floriforme *adj 2g* (<flori- + -forme) Que tem a forma de [Semelhante a] flor. **Comb.** Emblema [Joia] ~.

florígero, a *adj* (<flori- + -gero) ⇒ florífero.

florilégio *s m* (<lat *florilégium,i* <*flós,floris*: flor + -*legium* <*légere*: ajuntar, reunir, colher) **1** Cole(c)ção de flores. **Comb.** ~ de flores campestres. **2** *fig* Cole(c)tânea [Compilação] de trechos escolhidos/Antologia. **Comb.** ~ de poesia lírica «portuguesa, seiscentista».

florim *s m* (<it *fiorino*: antiga moeda de ouro de Florença, Itália) **1** *Hist* Unidade monetária da Holanda até 1999, substituída, depois dessa data, pelo euro. **2** Unidade monetária de outros países «Suriname» que sofreram a influência da Holanda.

floríparo, a *adj Bot* (<flori- + -paro) Diz-se do gomo das plantas que só origina flores.

florir *v t/int* (<lat *floríre* <*flóreo,es,ére,ui*) **1** Dar [Deitar] flor/Estar em flor/Desabrochar/Florescer. **Ex.** As amendoeiras floriram cedo [em época anterior à habitual] porque o tempo [a temperatura ambiente] tem estado quente. **2** *fig* Brotar/Despontar/Brilhar. **Ex.** Quando recebeu a (boa) notícia floriu-lhe um sorriso de enorme satisfação. **3** Cobrir de [Enfeitar com] flores. **Ex.** Na comemoração dos "Fiéis Defuntos" (2 de novembro) os cristãos costumam visitar os cemitérios e ~ as campas [sepulturas] dos seus familiares já falecidos. **Loc.** ~ a casa [Enfeitar a casa com flores].

florista *s 2g* (<flor + -ista; ⇒ floreira) **1** Vendedor [Loja] de flores. **Ex.** Vou à ~ comprar um ramo de flores para oferecer à minha mãe. **2** Fabricante [Vendedor] de flores artificiais. **Ex.** Este ~ só fabrica [vende] flores artificiais de tecido, não fabrica nem vende flores de plástico.

-floro *elem de formação* (<lat *flórus,a,um*; ⇒ flori-) Exprime a noção de flor e usa-se principalmente em termos científicos botânicos: *albifloro, alternifloro, apetalifloro, bifloro, caulifloro, densifloro, plurifloro,…*

floromania *s f* (<flor + -o- + mania) Paixão exagerada por flores. **Loc.** Sofrer de ~.

floromaníaco, a *adj/s* (<floromania+-ico) (O) que sofre de floromania.

flor-seráfica *s f* ⇒ amor-perfeito.

flórula *s f Bot* (<flor + -ula, dim irregular de flora) Flora duma região limitada. **Comb.** ~ do interior «algarvio».

flósculo *s m Bot* (<lat *flósculus,i*, dim de *flós,floris*) **1** Flor pequena/Florículo. **2** Cada uma das flores que constituem um capítulo/uma inflorescência. **Comb.** ~ dos malmequeres.

flos-santório *s m* (<lat *flós sanctórum*: o melhor (da vida) dos santos) Livro que descreve a vida dos santos.

flotilha *s f Náut* (<esp *flotilla*, dim de *flota*; ⇒ frota) **1** Conjunto reduzido de pequenos navios de guerra. **2** Conjunto de pequenas embarcações «de pesca».

fluência *s f* (<lat *fluentia,ae*; ⇒ fluido, fluir) **1** Qualidade do que é fluente/que (es)corre com facilidade/Fluidez. **Ex.** O aquecimento aumenta a ~ [fluidez(+)] dos líquidos viscosos. **2** Facilidade [Espontaneidade] de expressão. **Loc.** Falar com ~ uma língua estrangeira. **3** Escoamento plástico dum fluido por a(c)ção duma força constante.

fluente *adj 2g* (<lat *flúens,éntis*; ⇒ fluido, fluir) **1** Que corre [desliza] com facilidade. **Comb.** Líquido ~. **2** Que tem facilidade de expressão/Espontâneo. **Comb.** *~ em inglês. Discurso vivo e ~*.

fluidal *adj 2g Geol* (<fluido + -al) Semelhante a fluido. **Comb.** *Estrutura ~* «de rochas vulcânicas». *Textura ~* [resultante da fluência da lava].

fluidez *s f* (<fluido + -ez) **1** Qualidade do que é fluido/do que (es)corre [desliza] com facilidade. **Ex.** O aquecimento faz aumentar a ~ dos óleos «azeite». **Comb.** ~ da água [duma pasta]. **Ant.** Viscosidade. **2** Estado do que se processa ao ritmo [à cadência/velocidade] normal, sem paragens forçadas/Qualidade do que é fluente. **Comb.** ~ do trânsito. **3** Facilidade e espontaneidade de expressão/Fluência. **Loc.** Falar [Escrever] com ~ [fluência(+)].

fluídico, a *adj* (<fluido + -ico) Relativo [Semelhante] a fluido. **Comb.** Pasta [Massa] ~a.

fluidificação *s f* (<fluidificar + -ção) A(c)to ou efeito de fluidificar/Processo de tornar fluido. **Ex.** O aumento de temperatura favorece a ~ das substâncias viscosas.

fluidificador, ora *adj/s* (<fluidificar + -dor) (O) que fluidifica/Fluidificante. **Comb.** Aditivo [Produto] ~.

fluidificante *adj 2g/s m* (<fluidificar + -ante) (O) que provoca a fluidificação/Fluidificador. **Loc.** Tomar um ~ para expe(c)torar [para a tosse]. **Comb.** *A(c)ção ~ora. Xarope* ~.

fluidificar *v t* (<fluido + -i- + -ficar) Tornar(-se) fluido/Diluir(-se)/Liquefazer(-se). **Loc.** *~ a massa dum bolo* «juntando leite». *~ um óleo* «por aquecimento».

fluidificável *adj 2g* (<fluidificar + -vel) Que é susce(p)tível de fluidificar(-se). **Comb.** Mistura [Substância] ~.

fluido, a *adj/s m* (<lat *fluidus,a,um*; ⇒ fluente) **1** Que (es)corre/desliza como líquido/Fluente. **Comb.** Lava ~a (expelida por um vulcão). Líquido [Óleo] ~. **2** Que se processa a um ritmo [a uma velocidade] normal. **Comb.** Trânsito ~. **3** Que surge com facilidade/naturalidade/espontaneidade. **Comb.** Discurso [Linguagem/Escrita] ~o/a. **4** Que tem pouca consistência/Mole/Flácido. **Comb.** Pasta ~a. **5** Suave/

Brando. **Comb.** Movimentos [Gestos] ~s «de bailarina». **6** *s m Fís* Designação que engloba as substâncias (Líquidos e gases) que podem sofrer escoamento/Substância que devido à mobilidade das suas moléculas toma a forma do recipiente que a contém. **Comb.** ~ ideal/~ perfeito [desprovido de viscosidade/~ hipotético que obedece rigorosamente a determinadas leis e tem propriedades semelhantes às dos ~s reais].

fluir *v int* (<lat *flúo,is,ere,xi,xum*: correr) **1** (Um líquido) correr regularmente e sem interrupção/Manar. **Ex.** O regato fluía [corria(+)] mansamente ao fundo do vale. **2** Ter origem/Brotar/Surgir. **Ex.** A água fluía abundantemente da nascente. As ideias fluíam(-lhe) em catadupa. **3** Passar sem entraves/Circular livremente. **Ex.** Numa empresa, a informação deve ~ naturalmente para chegar a todos os interessados. Basta que comece a chover para que o trânsito deixe de ~. **4** Decorrer normalmente/sem interrupção. **Ex.** Os anos fluem [passam] sem a gente dar por isso [a gente se aperceber].

fluminense *adj/s 2g* (<lat *flúmen,minis*: rio) **1** ⇒ fluvial(+). **2** Relativo ao Estado ou cidade do Rio de Janeiro, Br.

flúor [F, 9] *s m Quím* (<lat *flúor,fluóris*: corrimento, escoamento; ⇒ fluir) Elemento gasoso da família dos halogéneos [halogenos], amarelo-esverdeado, muito venenoso e de cheiro intenso. **Ex.** O ~ utiliza-se no fabrico de compostos orgânicos fluorados com numerosas aplicações: plásticos «teflon», produtos farmacêuticos, fluidos refrigerantes «freon», etc.

fluorado, a *adj* (<flúor + -ado) Que contém flúor. **Comb.** Compostos [Derivados] ~s.

fluorescência *s f Fís* (<lat *fluoresco* <*fluo*: fluir) **1** Propriedade que têm algumas substâncias de absorverem radiações de determinado comprimento de onda e de emitirem depois radiações doutro comprimento de onda geralmente superior. **2** Emissão de luz por um corpo que cessa imediatamente após ter terminado a excitação. **Ex.** A ~, ao contrário da fosforescência, termina quando acaba a excitação luminosa.

fluorescente *adj 2g* (⇒ fluorescência) «fluorite» Que tem fluorescência.

fluoreto (Rê) *s m Quím* (<flúor + -eto) Composto binário de flúor e outro elemento, metal ou não metal. **Comb.** ~ *de cálcio* (Ca F$_2$). (Tetra)~ *de silício* (Si F$_4$).

flurídrico *adj m Quím* (<flúor + -ídrico) Designação corrente do ácido resultante da solução aquosa do fluoreto de hidrogé[ê]nio (H F). **Comb.** Ácido ~.

fluorimetria *s f Quím* (<flúor + -i- + -metria) Método de análise instrumental baseado na medição das radiações de fluorescência. **Ex.** A ~ é um método de análise rápido e sensível para várias substâncias orgânicas «riboflavina/tiamina».

fluorímetro *s m Quím* (<fluorimetria) Instrumento usado nas análises feitas por fluorimetria. **Ex.** Alguns modelos de ~s podem trabalhar com amostras sólidas.

fluorite/a *s f Min* (<flúor + -ite/a) Mineral constituído por fluoreto de cálcio (Ca F$_2$), que cristaliza no sistema cúbico, de cor violeta, azul, verde, amarela ou branca e que pode ter a propriedade da fluorescência. **Ex.** A ~ é o 4.º termo da escala de dureza (Mhos) e utiliza-se na preparação do ácido fluorídrico e como fundente nas indústrias do vidro e siderúrgica.

fluorítico, a *adj* (<fluorite + -ico) Relativo à fluorite/a. **Comb.** Minerais ~s.

fluorografia *s f* (<flúor + -grafia) Processo de gravura em vidro por meio do ácido fluorídrico.

fluorómetro [*Br* **fluorômetro]** *s m* ⇒ fluorímetro.

fluoroscopia *s f* (<flúor + -scopia) Produção de uma imagem visual num alvo fluorescente por efeito de raios X, para diagnóstico médico ou exame de materiais.

fluossilicato *s m Quím* (<flúor + silicato) Sal ou éster [Anião/Ânion] do ácido fluossilícico. **Comb.** ~ de sódio (Na$_2$SiF$_6$).

fluossilícico *adj/s m Quím* (<flúor + silícico) Diz-se do ácido em cuja composição entra o hidrogé[ê]nio, o flúor e o silício (H$_2$SiF$_6$), usado como agente esterilizante.

flutuabilidade *s f* (<flutuável + -i- + -dade) Qualidade do que é flutuável. **Comb.** ~ dos corpos [astronautas] no espaço sideral/nas naves espaciais.

flutuação *s f* (<lat *fluctuátio,ónis*: agitação «das ondas») **1** A(c)to ou efeito de flutuar/boiar/de se manter à superfície dum líquido. **Ex.** A ~ (dum corpo num líquido) é possível quando a impulsão é maior (do) que o peso do corpo. **Comb.** ~ *dos barcos*. *Linha de* ~. **2** Movimento oscilante/ondulante/Oscilação. **Comb.** ~ [Ondulação(+)] *da água dum lago*. ~ *duma bandeira hasteada*. ~ [Ondulação(+)] *duma seara com o vento*. **3** Alteração de comportamento/Mudança de atitude/de ideias. **Ex.** O último debate televisivo provocou a ~ do eleitorado. **Sin.** Hesitação; inconstância; indecisão; volubilidade. **4** *Econ* Alternância da sucessão de situações econó[ô]micas. **Ex.** A uma época de prosperidade seguem-se outras de penúria – é a ~ (econó[ô]mica). **5** *Fís* Oscilação duma grandeza em torno dum valor médio. **Ex.** O movimento browniano resulta da ~ de partículas microscópicas em suspensão num meio líquido ou gasoso. **Comb.** ~ térmica. **6** *Quím* Processo de separação [concentração] de minérios numa polpa aquosa. **Ex.** A ~ baseia-se na diferença de densidades e na propriedade de adesão (das espécies minerais) ao ar ou à água. **7** *Med* Movimento ondulatório dum líquido acumulado numa cavidade do organismo quando se comprime a parede desta. **Ex.** A ~ sente-se quando se coloca a mão na parede da cavidade. **8** *Biol* Variação dos seres vivos que se traduz num valor que oscila de indivíduo para indivíduo, à volta dum valor médio.

flutuador, ora *s m/adj* (<flutuar + -dor) (O) que flutua/boia/Flutuante. **Comb.** Material «cortiça/esferovite» ~. **2** Instrumento que boia. **Comb.** ~ *de pesca* «à linha/à rede». **3** Cada uma das partes do hidroavião sobre as quais ele poisa na água.

flutuante *adj 2g* (<flutuar + -ante) **1** Que flutua/boia/Flutuador. **Comb.** Resíduos ~s (no mar). **2** Que oscila/ondula. **Comb.** Bandeira ~. **3** Que muda constantemente/Inconstante/Volúvel. **Comb.** Ideias [Sentimentos] ~s. **4** Que vacila/Indeciso/Hesitante. **Comb.** Cará(c)ter ~. **5** Que não é fixo/estável/Que muda constantemente de lugar. **Comb.** População ~. **6** *Econ* Que não tem valor fixo/não é seguro/Variável. **Comb.** *Dívida* ~ [pública que não é consolidada e que tem de se satisfazer em prazo determinado]. *Preço* [Valor] ~.

flutuar *v int* (<lat *flúctuo,áre* <*flúctus*; ⇒ fluir) **1** Manter-se à superfície dum líquido/Boiar/Sobrenadar. **Ex.** A cortiça [madeira] flutua na água. Os barcos flutuam n(as ondas d)o mar. **2** Ficar em suspensão no ar/Pairar. **Ex.** A avioneta lançava panfletos que flutuavam no ar antes de caírem. **3** Tremular ao vento/Ondular. **Ex.** As bandeiras flutuavam [tremulavam(+)] ao vento. **4** Estar indeciso/hesitante/Vacilar. **Ex.** A variação das sondagens indicava que as preferências dos eleitores flutuavam/mudavam. **5** *Econ* Variar de preço/valor. **Ex.** Os preços [As cotações «da Bolsa»] flutuarem.

flutuável *adj 2g* (<flutuar + -vel) **1** Susce(p)tível de flutuar. **Comb.** *Material* ~. *Preço* [*Valor*] ~. **2** Navegável. **Comb.** Curso de água ~ [navegável(+)].

fluvial *adj 2g* (<lat *fluviális,e* <*flúvius,ii*: rio) **1** Relativo ao rio. **Comb.** *Águas* ~*ais*. *Bacia* ~. **2** Que se faz [Que vive] no rio. **Comb.** *Estância* [*Parque*] ~ [à beira-rio]. *Passeio* ~. *Peixes* ~*ais* [do rio(+)]. *Pesca* ~.

fluviómetro [*Br* **fluviômetro**] *s m Geog* (⇒ fluvial) Instrumento para medir o nível das águas dum rio.

flux ((C)s) *s m 2n* (<fluxo) Fluxo. **Comb.** *loc adv* A ~ [Abundantemente/«havia rosas/gente» Em grande quantidade].

fluxão (Csão) *s f Med* (<lat *flúctio,ónis*) Congestão ou corrimento de líquido em alguma parte do corpo/Fluxo. ⇒ hemorragia.

fluxímetro (Csi) *s m Fís* (<fluxo + -i- + -metro) Instrumento para medir fluxos «magnéticos». **Loc.** Calibrar um ~.

fluxo (Cso) *s m* (<lat *flúxus*; ⇒ fluir) **1** Movimento contínuo de algo que corre/flui/Escoamento/Corrente/Curso. **Comb.** ~ *das* águas *dum rio*. ~ *de ar* «através dum filtro». *Econ* ~ *de caixa* [Movimento de entrada e saída de dinheiro numa empresa]. ~ *de carros*. ~ *de sangue* [Hemorragia]. **2** Movimento periódico de subida da água do mar por efeito das marés. **Comb.** ~ e refluxo. **3** Grande quantidade/Torrente. **Comb.** ~ *de emigrantes*. ~ *de participações à polícia* «por assaltos na rua». **4** *Med* Líquido escoado pelo organismo. **Comb.** ~ menstrual [nasal/salivar]. **5** *Fís* Escoamento de fluidos ou de energia. **Comb.** ~ elé(c)trico [luminoso/magnético]. **6** *Quím* Substância utilizada para auxiliar a fusão doutra. **Ex.** O bórax (Tetraborato de sódio) é utilizado como ~ na preparação de amostras para análise.

fluxograma (Csó) *s m* (<fluxo + -grama) Representação gráfica, utilizando símbolos geométricos e outras notações, da definição, análise e solução dum problema/Diagrama de fluxo.

fluxómetro (Csó) [*Br* **fluxômetro**] *s m* (<fluxo + -metro) Instrumento para medir a velocidade de escoamento dum líquido/fluido.

FM *s f* Sigla de **f**requência **m**odulada «na rádio».

FMI *s m* Sigla de **F**undo **M**onetário **I**nternacional/*ing* IMF.

FOB [fob] *adj 2g Com* Iniciais ingl de *free on board*: livre a bordo/Que o preço inclui todos os custos até à colocação da mercadoria no navio. **Comb.** Mercadoria vendida ~. Preço ~.

foba *s/adj 2g Br* (< ?) **1** ⇒ medroso. **2** ⇒ palerma/bruto. **3** ⇒ preguiçoso. **4** ⇒ jactancioso/bazófias.

fobar *v t/int Br* (< ?) **1** Ganhar ou perder todo o dinheiro no jogo. **2** ⇒ gabar [vangloriar]-se.

fobia *s f* (<gr *phóbos*: medo + -ia) **1** Medo patológico de certos obje(c)tos, a(c)tos, situações. **Comb.** ~ *da escuridão*. ~ *das alturas*. **2** Medo ou aversão instintiva. **Comb.** ~ *de falar em* público. ~ *dos exames*.

fóbico, a *adj/s* (<fobia) Relativo a [Que sofre de] fobia. **Comb.** Rea(c)ção ~a [de medo] sem motivo claro.

-fobo *suf* (⇒ fobia) Exprime a ideia de inimizade/medo/aversão, por ex., *hidrófobo*. **Ant.** -filo.

foca *s* (<gr *phoke*) **1** *s f Zool* Designação comum de vários mamíferos anfíbios, de pelo curto e membros espalmados em forma de barbatana. **Ex.** A ~ comum (*Phoca vitulina*) encontra-se nas águas costeiras da Europa e da América do Norte. **2** *s 2g fig* Pessoa muito gorda. **3** *s 2g pop* Pessoa muito avarenta/Sovina. **Ex.** O taberneiro é muito avarento; é uma ~ que não dá nada a ninguém.

focagem *s f* (<focar + -agem) **1** A(c)to ou efeito de focar/Ajustamento dum foco luminoso. **Comb.** ~ dos faróis (dum carro). **2** *Fís* Regulação dum sistema ó(p)tico de forma a obter imagens nítidas. **Comb.** ~ dum microscópio [duma máquina fotográfica]. **3** Abordagem dum tema com especial ênfase/A(c)ção de pôr em evidência/destaque. **Ex.** A oposição limita-se à ~ dos erros do governo sem apresentar alternativas.

focal *adj 2g* (<foco + -al) **1** Relativo ao foco. **Comb.** Círculo [Plano/Re(c)ta] ~. **2** *Fís* Que se refere ao ponto onde convergem os raios luminosos paralelos ao eixo após refra(c)ção numa lente ou reflexão num espelho. **Comb.** Distância ~ [do centro duma lente/dum espelho ao foco]. **3** *Mat* Que se refere aos focos duma có[ô]nica (Elipse ou Hipérbole). **Comb.** Distância ~ [entre os dois focos].

focalização *s f* (<focalizar + -ção) **1** *Fís* Processo de regulação dum sistema ó(p)tico de forma a obter-se nitidez de imagem/Focagem. **2** A(c)to de pôr em evidência determinada pessoa, assunto, fa(c)to. **Ex.** O articulista limitou-se à ~ do conflito sem referir as causas que o provocaram.

focalizar *v t* (<focal + -izar) **1** *Fís* Criar uma imagem nítida, real ou virtual, num sistema ó(p)tico. **2** *Fís* Ajustar um sistema ó(p)tico de forma a obter imagens nítidas/Focar. **Loc.** ~ [Focar(+)] um microscópio. **3** Pôr em evidência/Salientar. **Ex.** O médico focalizou os aspe(c)tos benéficos do exercício físico.

focar *v t* (<foco + -ar¹) **1** Ajustar um foco luminoso. **Loc.** ~ os faróis dum carro. **2** *Fís* Regular um sistema ó(p)tico de forma a obter uma imagem nítida/Focalizar. **Loc.** ~ uma máquina fotográfica [um microscópio]. **3** Captar uma imagem. **Loc.** ~ a estrela polar com um telescópio. **4** Dirigir uma luz [a atenção/o olhar] para um determinado ponto/assunto/pessoa. **Ex.** As câmaras (de televisão) focaram (insistentemente) os dois políticos rivais a cumprimentarem-se. Foca a entrada da casa com os faróis do carro para ver se encontro a chave que me caiu ao chão. O polícia não deixou de ~ [não tirou os olhos de] um desconhecido que lhe pareceu suspeito. **5** Pôr em evidência/Destacar/Salientar. **Ex.** Para justificar as medidas tomadas pelo governo, o ministro focou as consequências desastrosas que, na falta delas, adviriam para a economia nacional.

foçar *v t/int* (<lat *fodiáre* <*fódeo,ere,fossum* : cavar) **1** Revolver com o focinho. **Ex.** O porco [javali] foçava a terra. **2** ⇒ farejar. **3** *fig* ⇒ trabalhar persistentemente.

focídeo, a *adj/s* (<foca + -ídeo) **1** Relativo [Pertencente] aos ~s. **Comb.** Mamífero ~ «foca». **2** *s m pl* Família de mamíferos marinhos à qual pertencem as várias espécies de focas.

focinhada *s f* (<focinho + -ada) Pancada com o focinho/Trombada. **Ex.** Os porcos dão ~s.

focinhar *v t/int* (<focinho + -ar¹) **1** «avião/carro» afocinhar(+). **2** ⇒ foçar.

focinheira *s f* (<focinho + -eira) **1** Focinho [Tromba] de animal. **Ex.** Uma das carnes que entra no [faz parte do] "cozido à portuguesa" é a ~ de porco. **2** Correia que faz parte do cabresto [da cabeçada] e fica por cima das ventas do animal. **3** Açaime que se coloca no focinho dos animais de trabalho «bois/cavalos» para os impedir de comerem as plantas junto das quais têm de passar. **4** *pop (depr)* Rosto (carrancudo)/(Má) cara. **Ex.** Hoje o chefe vem de ~ carrancuda; deve-lhe ter corrido mal a vida!

focinho *s m* (<lat *fo[au]cinus* <*fauces*: goela) **1** Parte saliente da cabeça de vários animais. **Ex.** O cão feriu-se no ~. Os porcos meteram o ~ na gamela e toca [e começaram] a comer. **Idi. Dar no/Ir ao ~** [Bater em alguém] (Ex. Esperaram o árbitro à saída do jogo de futebol e foram-lhe ao ~). **Levar no ~** [Ser agredido]. **Meter o ~ em** [Meter-se onde não é chamado/Intrometer-se]. **Partir o ~** [Ferir-se na cara]. **Torcer o ~** [nariz(+)] [Discordar/Mostrar má cara/aborrecimento/enfado]. **2** *pop (depr)* Rosto (carrancudo)/(Má) cara. **Ex.** Com um ~ daqueles não admira que fique para tia [Com uma cara tão feia não admira que não se case]. Basta olhar-lhe para o ~ para ver que o dia lhe correu mal. **3** Saliência arredondada do piso dum degrau de escada. **4** Parte da frente «do avião».

focinhudo, a *adj* (<focinho + -udo) **1** Que tem o focinho grande. **2** *fig* Carrancudo/Trombudo/Macambúzio. **Loc.** Ser ~ [antipático].

foco (Fó) *s m* (<lat *fócus,i*: lume, fogo, lareira) **1** *Fís* Ponto onde convergem os raios luminosos refle(c)tidos num espelho ou refra(c)tados numa lente quando incidem paralelamente ao eixo principal. **Comb.** ~s conjugados [Dois pontos dum sistema ó(p)tico cujos raios emitidos por um deles convergem sobre o outro]. **2** *Geom* Ponto fixo duma có[ô]nica tal que, para qualquer ponto da curva, é constante a razão entre as suas distâncias ao mesmo ~ e a uma re(c)ta fixa a ele associada, chamada dire(c)triz. **Ex.** A razão constante das distâncias dos pontos da có[ô]nica ao ~ e à dire(c)tiz é a excentricidade (da có[ô]nica). **3** Proje(c)tor de luz. **Ex.** À noite, os monumentos da cidade «estátuas/fachadas de edifícios» são iluminados por ~s. **4** Local dum forno onde se coloca a matéria combustível. **5** Ponto para onde converge [donde irradia] algo/Centro/Sede. **Ex.** Os locais turísticos são ~s de desenvolvimento regional. **Comb.** ~ sísmico [Zona do interior da Terra onde um sismo tem origem]. **6** *Med* Ponto (do corpo) a partir do qual se propaga uma doença/infe(c)ção/lesão. **Comb.** ~ **de infe(c)ção**. ~ **purulento**.

focometria *s f Fís* (<foco + -metria) Parte da ó(p)tica que trata da medição das distâncias focais e da determinação da posição dos focos dum sistema ó(p)tico.

focómetro *s m Fís* (<foco + -metro) Instrumento destinado a medir a distância focal dos sistemas ó(p)ticos centrados.

foder *v t cal* (<lat *fútuo,ere*) **1** ⇒ copular. **2** ⇒ causar dano.

fofo, a (Fôfo) *adj/s m* (< *on*) **1** Que cede à pressão/Mole/Macio. **Comb.** Almofada [Colchão] ~a/o. **2** Flácido/Balofo/Mole. **Comb.** Músculos [Carne] ~os/a [flácidos/a(+)]. **3** *fig* Enfatuado/Afe(c)tado. **4** *fam* Meigo/Amoroso. **Comb.** Criança [Bebé/ê] ~a/o. **5** *s m* Adorno [Tufo] no vestuário (de cerimó[ô]nia). **Comb.** ~s de renda. **6** *s m Cul* Bolo feito com massa muito leve e macia.

fofoca (Fófó) *s f Br* (< ?) Conversa maldizente/Mexerico/Bisbilhotice/Intriga.

fofocar (Fófó) *v int Br* (<fofoca + -ar¹) Mexericar/Maldizer/Intrigar.

fofoqueiro, a (Fófó) *s/adj Br* (<fofocar + -eiro) Bisbilhoteiro/Coscuvilheiro/Mexeriqueiro.

fogaça *s f Cul* (<lat *focácius,a,um*: cozido no borralho) Bolo grande feito com farinha, ovos e açúcar, cara(c)terístico de certas regiões do litoral norte de Portugal. **Comb.** Festa das ~s.

fogachar *v t/int* (<fogacho + -ar¹) Fazer fogachos/Chamejar. **Ex.** Os podadores, à medida que vão podando as videiras, vão fogachando [queimando] aqui e ali [de onde em onde] as vides cortadas.

fogacho *s m* (<fogo + -acho) **1** Pequeno fogo/Chama [Labareda] de curta duração. **Ex.** Um pequeno ~ pode dar origem a um grande incêndio. ⇒ fogueir(inh)a. **2** *fig* Sensação de calor na cara acompanhada de vermelhidão. **Loc.** Sentir um ~ (na cara). **3** *fig* Entusiasmo repentino e passageiro/Arrebatamento/Ímpeto/Assomo. **Ex.** Começou com grande entusiasmo o trabalho de voluntário no hospital, mas foi ~ que durou pouco tempo; depressa desistiu.

fogagem *s f fam* (<fogo + -agem) **1** Irritação da pele cara(c)terizada pelo aparecimento de manchas vermelhas ou pequenas borbulhas. **Loc.** Aparecer uma ~ na cara «duma criança». **2** *fig* Manifestação súbita de um sentimento/Fogacho/Assomo. **Ex.** Não chegou a ser namoro; foi ~ que durou pouco. **3** *Bot* Doença das plantas cara(c)terizada pelo aparecimento de borbulhas.

fogão *s m* (<fogo + -ão) **1** Aparelho para cozinhar. **Comb.** ~ **a gás** [a lenha/misto]. ~ **de ferro** [de tijolos]. ~ **doméstico** [industrial]. ~ **elé(c)trico**. **2** Local onde se acende o lume para aquecer o ambiente/para cozinhar/Lareira/Lar. **Comb.** ~ de sala [Aparelho [Lareira construída na parede] provido de chaminé, onde se acende o lume para aquecer a casa]. **3** *Br* Extensão de terra com melhores condições de cultivo do que as áreas circunvizinhas.

fogareiro *s m* (<fogo + -r- + -eiro) Pequeno fogão portátil. **Loc.** Assar sardinhas num ~ a carvão. **Comb.** ~ a petróleo.

fogaréu *s m* (<fogo + -r- + -éu) **1** Recipiente em forma de concha [tigela] onde ardem matérias inflamáveis para iluminar. **Ex.** Acenderam ~s para alumiarem a choupana onde se tinham abrigado. **2** Archote/Facho/Tocha. **Ex.** Caminhavam de noite à luz de ~s [archotes(+)]. **3** Fogueira/Lume/Fogo. **Ex.** No fim da missa do galo [celebrada na noite de Natal, à meia-noite] o povo juntava-se no adro da igreja à roda [volta] dum enorme ~. **4** Fosforescência produzida por emanações de gases de matéria [cadáveres] em putrefa(c)ção/Fogo-fátuo(+). **Comb.** ~s dos cemitérios. ⇒ fogo de Santelmo. **5** *Arquit* Ornato escultural que termina em forma de chama.

fogo *s m* (<lat *fócus,i*: lar(eira), fogueira, lume; ⇒ ~ de artifício/ ~ de Santelmo/ ~ de vista(s)) **1** Desenvolvimento simultâneo de calor, luz e fumo resultantes da combustão de matérias combustíveis. **Ex.** Há vestígios que indicam que o ~ já era utilizado pelo homem há centenas de milhares de anos. **Loc. Atiçar o ~ a)** Avivar a combustão; **b)** *fig* Provocar ou alimentar uma discussão

(Ex. Eles já passam a vida a discutir. Não vás atiçar ainda mais o ~). *Br* **Botar ~ em**/ Chegar/Deitar/Lançar/Pegar (o) ~ a [Fazer entrar em combustão/Pôr a arder/Incendiar]. *idi* **Brincar com o ~** [Agir levianamente, sem medir as [refle(c)tir nas] consequências] (Ex. Conduzia sempre com velocidade exagerada; teve um acidente e foi parar ao hospital. Eu bem lhe dizia que andava a brincar com o ~]. **Fazer ~ a)** Acender uma fogueira/Foguear; **b)** Disparar «uma pistola/um canhão». *idi* **Levar/ Trazer (o) ~ no rabo** [Ir/Vir muito depressa]. *prov* **Não há fumo sem ~** [Admitir que há fundamento para suspeitar que seja verdade o que se ouve dizer] (Ex. Acreditas que ele tenha roubado? – É o que corre à boca-cheia [o que toda a gente diz] e não há fumo sem ~). *fig* **Pôr as mãos no ~ por** [Assumir a responsabilidade/Responsabilizar-se por/Depositar toda a confiança em] (Ex. Tenho a certeza que a Joana não tirou o dinheiro; por ela, ponho eu as mãos no ~). **Tocar a ~** [Dar o sinal de incêndio tocando a sirene/os sinos]. **Comb.** *idi* **~ de vista** [Só aparência sem corresponder à realidade] (Ex. Mostra-se muito rico mas é só ~ de vista, não tem nada de seu). **~ posto** [Incêndio provocado por a(c)ção criminosa] (Ex. Suspeita-se que o incêndio do armazém tenha sido provocado por ~ posto «para receber a inde(m)nização do seguro»). **À prova de ~** [Que não arde/Incombustível]. **Caro como ~** [Muito caro]. **Em ~** [A arder/Em chamas]. *fig* **Língua de ~** [Labareda/Chama]. **2** Conjunto de substâncias em combustão/Fogueira/ Lume. Ex. No verão, é proibido fazer ~ [acender fogueiras] nas matas/florestas. **3** Chama/Labareda. Ex. Ao longe via-se o ~ [a chama/as labaredas] a sair pela chaminé. **4** Incêndio. Ex. O ~ devorou [consumiu] muitos hectares de floresta. **5** Meio de marcação/cauterização utilizando o ferro em brasa (Loc. Marcar o gado a ~. Cauterizar as gengivas com pontas de ~). **6** Local onde se faz a combustão/Fogão/Lareira/ Lar. **Loc. Acender o ~** [lume(+)/a lareira]. **Pôr ao ~** [Tirar do] ~ [lume(+)] a panela/o tacho. **7** Local de residência/Casa/Habitação. Ex. A autarquia entregou mais uma dezena de ~s a famílias carenciadas. A cooperativa propõe-se construir um bairro residencial com cinquenta ~s. **8** Brilho intenso/Luminosidade forte/Clarão. Ex. Ao longe via-se um grande ~ [clarão(+)] que parecia um incêndio. **9** Espe(c)táculo de pirotecnia produzindo clarões e estrondos ou efeitos luminosos. Ex. A verba maior das despesas da festa foi para o ~. ⇒ fogo de artifício; foguete. **10** Deflagração de carga explosiva/Detonação de arma/ Tiro. Ex. As armas de ~ só apareceram depois de inventada a pólvora. **Loc. Abrir/ Fazer ~** [Começar a disparar]. *Br* **Negar ~** [Falhar a detonação]. **Comb. ~! a)** Voz de comando para disparar; **b)** Exclamação de espanto/indignação. **~ cruzado** [Disparos simultâneos de diversas frentes, dirigidos ao inimigo]. **Ba(p)tismo de ~** [Primeira intervenção em confronto armado/em combate]. **Desmonte a ~** [com explosivos]. **11** *fig* Sensação de calor exagerado e incó[ô]modo que lembra queimadura. **Loc.** Sentir um ~ «no estômago». **12** *fig* Ardor/ Paixão/Entusiasmo. Ex. Levado pelo ~ da juventude, partiu para o estrangeiro à procura de melhor vida. **13** *fig* Estado de excitação sexual. Ex. Ardia em ~ pela mulher por quem se apaixonara. **14** *Fil/Hist* Um dos quatro elementos a partir dos quais se formaria a natureza. Ex. A Química antiga considerava a terra, o ar, o ~ e a água os elementos fundamentais a partir dos quais toda a natureza se formava.

fogo de artifício *s m* **1** Foguetes e outras peças de pirotecnia que, lançados à noite, produzem vistosos efeitos de luz. Ex. A multidão apinhava-se na ponte para assistir ao ~ lançado do rio. Os festejos «do São João Ba(p)tista» terminaram com uma sessão de ~ à meia-noite. **2** *fig* ⇒ Fogo de vista(s)/Só aparência.

fogo de Santelmo *s m* Penacho luminoso que se observa no topo dos mastros e vergas dos navios devido a descarga de ele(c)tricidade atmosférica. Ex. O ~ pode também ser observado em pontos altos «cumes das montanhas/para-raios» da superfície terrestre.

fogo de vista(s) *s m* ⇒ fogo **1 Comb.**

fogo-fátuo *s m* **1** Fosforescência produzida por emanações de gases de cadáveres em decomposição/Fogaréu **4**. Ex. Os ~s-~s geralmente só se observam nos cemitérios. **2** *fig* Esplendor efé[ê]mero/Glória [Prazer] de curta duração.

fogo-preso *s m* Conjunto de peças de pirotecnia queimadas em armações fixas e que fazem mover peças articuladas ou giratórias. Ex. O ~ com rodas a girar e panhaços mexendo as pernas e os braços era o delírio da pequenada [das crianças].

fogosidade *s f* (<fogoso + -dade) **1** Qualidade do que é fogoso/dotado de ardor intenso/Grande vivacidade/Entusiasmo forte/Arrebatamento. Ex. Os bons futebolistas necessitam de ter grande ~. **Comb.** A ~ da juventude. **2** Energia impaciente/ Inquietação/Impetuosidade. Ex. A ~ é cara(c)terística de algumas raças de cavalos. **3** Ardor sexual.

fogoso, a (Ôso, Ósa, Ósos) *adj* (<fogo + -oso) **1** Impetuoso/Arrebatado/Ardente. **Comb.** Temperamento ~. **2** Que atinge temperaturas altas/Muito quente/Abrasador. **Comb.** Clima ~ [abrasador(+)/ tórrido(o+)]. **3** Que revela grande entusiasmo/vivacidade/Inflamado. **Comb.** Discurso ~ [inflamado(+)].

foguear *v t/int* (<fogo + -ear) **1** Fazer fogo/ lume(+). Ex. Junto às bombas de gasolina é proibido ~. **2** Fazer arder/Incendiar/ Queimar. **Loc.** ~ [Queimar(+)] as silvas «da berma da estrada». ~ [Acender(+)] um charuto.

fogueira *s f* (<fogo + -eira) **1** Monte de lenha [material combustível] a arder. **Loc.** Fazer uma ~ «para assar castanhas». Queimar a lenha da poda «das videiras» numa ~. **Idi. Deitar /Lançar/Pôr achas** [lenha] **na ~** [Agravar uma situação/Acirrar ânimos já exaltados]. **Comb.** ~s das festas dos santos populares (Santo Antó[ô]nio, S. João e S. Pedro). **2** Lume da lareira/Labareda. **Loc.** Acender a ~ [lareira(+)] para aquecer a sala. **3** *fig* Estado de exaltação/arrebatamento/ Ardor/Fogo **12**(+). **Comb.** ~ da paixão/do ódio. **4** *fig* Sensação de ardor «no estômago»/Fogo **11**. **5** Pilha de travessas de caminho de ferro [ferrovia] em camadas alternadamente perpendiculares umas às outras.

fogueiro *s m* (<fogo + -eiro) Pessoa encarregada de manter acesas fornalhas de caldeiras ou máquinas a vapor/Br Foguista.

foguetada *s f* (<foguete + -ada) **1** Grande quantidade de foguetes lançados em simultâneo/Foguetório. Ex. Não há festa popular sem ~ [foguetório(+)]. **2** Festa em que são lançados foguetes/Foguetório(+). Ex. Em dia de ~ todo o povo se juntava no adro da igreja em grande animação. **3** *fig* Repreensão/Reprimenda/Descompostura(+). Ex. O (pobre do) empregado ficou enfiado [envergonhado] com a ~ que o patrão lhe passou [deu] à frente de toda a gente.

foguetão *s m* (<foguete + -ão) **1** *aum* de foguete/Foguete grande. **2** *Aer* Propulsor por rea(c)ção usado para transportar naves espaciais e satélites artificiais para o espaço. Ex. O ~ solta-se da nave quando todo o combustível se tiver consumido. **Comb.** Rampa de lançamento de ~ões. **3** Arma de deflagração com raio de alcance grande e variável/Míssil(+).

foguete (Guê) *s m* (<fogo + -ete) Peça de pirotecnia formada por uma cana comprida que tem na extremidade um tubo com matéria explosiva e rastilho ao qual se lança o fogo para o fazer subir e largar as bombas/os materiais de efeitos luminosos que explodem/ardem no ar. Ex. Nas aldeias do norte de Portugal não há festa sem ~s. **Idi. Correr atrás de ~s** [Entusiasmar-se por coisa sem importância] (Ex. Aprendi muito, na vida, já não corro …). **Deitar ~s** [Expressar alegria por alguma coisa que corre bem/que agrada muito]. **Deitar ~s antes da festa** [Festejar um acontecimento «vitória da sua equipa/ aprovação no exame» antes de ele se ter verificado e sem ter a certeza de que venha a acontecer]. **Fazer a festa e deitar os ~s** [Rir-se das próprias graças «anedota» ou ditos]. **Comb.** Como um ~ [Muito rapidamente]. **2** Projé(c)til impulsionado por rea(c)ção. **3** *Aer* Elemento propulsor de naves espaciais/satélites artificiais/Foguetão(+). **Comb.** Motor ~. **4** *fam* Pessoa muito a(c)tiva/dinâmica/Criança viva/traquinas. Ex. Aquela mulher [criança] é um ~; não para um momento.

fogueteiro, a *s* (<foguete + -eiro) Pessoa que fabrica/lança foguetes/Pirotécnico. Ex. Os ~s correm riscos de acidentes graves, quase sempre mortais.

foguetório *s m* (<foguete + -ório) ⇒ Foguetada **1, 2**.

foguista *s 2g Br* (<fogo + -ista) ⇒ fogueiro.

foiçar *v t* (<foice + -ar¹) Cortar com foice/ Ceifar/Segar(+).

foice *s f* (<lat *falx, fálcis*) **1** Ferramenta manual composta por uma lâmina curva e com dentes presa num cabo de madeira, própria para segar. Ex. A ~ é muitas vezes usada como símbolo da vida rural. **Idi. Meter a ~ em seara alheia** [Intrometer-se em assuntos que não lhe dizem respeito]. **Comb. ~ e martelo** [Emblema dos partidos comunistas]. *idi* «o que ele disse veio mesmo» **A talho de ~** [A propósito/Oportunamente].

foicinha *s f* (<foice + -inha) Foice pequena própria para segar erva.

foie gras (Fuágrá) *fr s m Cul* Pasta de fígado de pato/ganso. **Loc.** Comer uma fatia de pão barrada com ~.

foito, a *adj* ⇒ afoito.

fojo (Fô) *s m* (<lat *fóvea,ae*: buraco, cova, escavação) **1** Cova funda escavada na terra, disfarçada com ramos de árvores, para apanhar animais ferozes. Ex. Em tempo de guerra [Na guerrilha] os ~s são usados como armadilhas para capturar o inimigo. **Loc.** Escavar um ~ para apanhar lobos. **2** Cavidade natural nos montes e nas serras/Caverna/Gruta. Ex. Os ~s servem de abrigo aos pastores em dias de tempestade. **3** Cova que se escava nas minas para servir de depósito de água. **4** Redemoinho [Sorvedouro] de água e lama. **5** Local muito profundo dum rio.

folar (Fu) *s m* (<lat *fócula,órum*: braseiro, pl neutro de *fóculus,i*, dim de *fócus,i*: fogo)

folclore

1 Bolo pouco doce recheado de ovos inteiros, que se come pela Páscoa. **Ex.** O ~ transmontano (Nordeste de Portugal) é um bolo não doce feito com farinha, ovos e carne gorda e magra de porco. **2** *fig* Presente que os padrinhos dão aos afilhados e os paroquianos ao pároco por altura da Páscoa. **Idi.** *Tirar o* ~ [O pároco ou um seu delegado visitar pela Páscoa as casas dos paroquianos para anunciar a ressurreição de Jesus Cristo recebendo nessa altura as ofertas (O ~)].

folclore *s m* (<ing *folklore*: saber do povo) **1** Conjunto de tradições populares transmitidas por costumes, crenças, lendas, danças, canções, ..., próprias dum povo, país ou região. **Comb.** ~ português/brasileiro/japonês. **2** Parte da etnografia que se dedica ao estudo, recolha e preservação de material folclórico. **Ex.** Há muitos estudiosos interessados em conhecer o ~ das suas terras. **3** *fig* Manifestação feita com aparato mas desprovida de significado profundo. **Ex.** Muitas das promessas eleitorais não passam de [são apenas] ~; nunca se irão concretizar.

folclórico, a *adj* (<folclore + -ico) Relativo ao folclore ou às suas manifestações. **Comb.** *Dança* [Canção] *~a*. *Festival de ranchos ~s*. *Trajes ~s*. **2** *fig* Colorido/Berrante. **Ex.** Trazes [Vestes] uma camisa toda [muito] ~a! **3** *fig* Desprovido de significado/Superficial. **Ex.** A entrega de diplomas foi uma cerimó[ô]nia ~a e ridícula.

folclorista *s 2g* (<folclore+-ista) O que se dedica à recolha e estudo do folclore.

fole *s m* (<lat *fóllis,is*) **1** Espécie de saco formado por duas tábuas ligadas por material flexível «couro» que se alarga para encher de ar, que é expelido quando se aperta. **Loc.** Atiçar [Avivar/Soprar] o lume com um ~. **Idi.** *Isto não é* ~ *de ferreiro* [Expressão utilizada para afirmar que basta, que chega de maçada] (Ex. Todos os dias me pede que o vá ajudar. Já basta, isto não é [, eu não sou] ~ de ferreiro! Também tenho a minha vida). *Nascer num* ~ [Nascer com muita sorte/Ter sorte em tudo quanto faz]. **2** Aparelho destinado a fornecer o ar necessário para o funcionamento dum instrumento musical. **Comb.** ~ do órgão [harmó[ô]nio/acordeão]. **3** Peça de material flexível [extensível] utilizada em certas máquinas ou aparelhos para prote(c)ção da luz/das poeiras. **Comb.** ~ *da dire(c)ção dum carro*. ~ *duma máquina fotográfica*. **4** *Mús* Sanfona. **Loc.** Tocar ~ [sanfona(+)]. **5** Prega ou refego numa peça de roupa que assenta mal. **Loc.** «casaco» A fazer [Que faz] ~s nas costas. **6** *pop* Estômago/Barriga/Papo. **Ex.** Comes tão depressa que nem a comida te aproveita. (A comida dá) meia-volta (na boca e) vai para o ~; nem mastigas!

folegar *v int* (<lat *fóllico,áre*: respirar ruidosamente; ⇒ folgar) Recuperar o [Tomar um] fôlego/Respirar/Resfolegar. **Ex.** Estava aflito, engasguei-me, não conseguia ~ [respirar(+)].

fôlego *s m* (<fol(e)gar) **1** A(c)to de inspirar e expirar/Respiração. **Loc.** *Ficar sem* ~ [sem ar/incapaz de respirar]. *Ter sete ~s* (como os gatos) [Ter grande resistência] (Ex. Diz-se que os gatos têm sete ~s). *Tomar* (um) ~ [Parar para descansar/Respirar (fundo)]. **Comb.** De ~ [Importante/De relevo] (Comb. «enciclopédia» Uma obra de ~). **2** Capacidade de manter o ar nos pulmões/de ficar (muito tempo) sem respirar. **Ex.** Não consigo nadar muito tempo debaixo de água; não tenho [falta-me o] ~. **3** A(c)ção de soprar/Sopro. **Ex.** A avó já não teve ~ para apagar as velas do bolo de anos duma só vez. **4** *fig* Capacidade para prosseguir alguma coisa que exige esforço/Ânimo/Entusiasmo. **Ex.** O filho não teve ~ para dar continuidade à obra do pai.

foleirada/foleirice *s f* (<foleiro + -...) O que é foleiro.

foleiro, a *adj/s* (<fole + -eiro) **1** *s* O que fabrica/vende foles. **2** *Mús* O que dá ao fole «do órgão»/O que toca fole/sanfona. **3** *adj* De mau gosto./Parolo/Piroso. **Comb.** Decoração ~a. Roupa ~a. **4** De má qualidade/Que não presta. **Comb.** *Mobília ~a*. *Telemóvel* ~.

folga *s f* (<folgar) **1** Interrupção duma a(c)tividade para descanso. **Ex.** O domingo é dia de ~ para a maioria das pessoas. **Loc.** Estar de ~ [Não trabalhar (por ser o seu dia de descanso)]. **Comb.** ~ semanal [obrigatória/compensatória/complementar]. **2** Período de tempo reservado a descanso ou distra(c)ção. **Ex.** Tenho muito trabalho mas hei de arranjar uma ~ para te fazer uma visita. **3** Ócio/Lazer/Brincadeira/Divertimento. **Ex.** As crianças só querem andar na ~ [querem brincar/divertir-se]. Primeiro fazes os deveres (da escola); depois podes ir para a ~ [brincadeira(+)]. **4** Desafogo econó[ô]mico/Abastança/Prosperidade. **Ex.** Os primeiros anos do nosso casamento foram de grande dificuldade; agora vivemos com mais ~. **5** Sobra de pano numa peça de vestuário. **Ex.** As mangas do casaco têm uma grande ~, têm de [que] ser apertadas. **6** Larqueza/Espaço livre/desafogado. **Ex.** Queria comprar uma mobília de quarto maior, mais moderna, mas não tenho ~ no quarto [não tem ~/largueza(+)]. **7** *Mec* Afastamento de duas partes [peças] dum mecanismo que [as quais] deviam estar ajustadas. **Ex.** A caixa de velocidades tem muita [grande] ~ nas engrenagens. **Comb.** Veio duma roda com ~.

folgadamente *adv* (<folgado + -mente) À vontade/Sem restrições. **Loc.** «uma mobília» *Caber* ~ *numa sala*. *Entrar* «numa abertura/num orifício» ~. *Viver* ~ [sem dificuldades econó[ô]micas].

folgado, a *adj* (<folgar + -ado) **1** Que não está cansado pelo trabalho/Descansado/Repousado. **Ex.** Agora o trabalho do meu marido é leve, não o mata; anda muito ~. **2** Que não tem [tem pouco] trabalho/Ocioso/Desocupado. **Ex.** Esta semana tenho muito trabalho, não posso arranjar[reparar]-lhe o carro. Traga-mo para a [na próxima] semana que já estou mais ~. Andas por aí a passear, não tens que fazer? – Estou no desemprego, estou ~ [desocupado(+)/desempregado(o+)]. **3** Que não é apertado/Largo/Amplo. **Ex.** Gosto deste casaco mas não o levo [compro] porque me fica muito ~/largo. O espaço da sala é ~; cabe à vontade [há espaço suficiente para] a mesa e outro sofá. **4** *adj/s Br* (O) que é atrevido/abusador. **5** *adj/s Br* (O) que se esquiva ao trabalho/às obrigações.

folgador, ora *adj* (<folgar + -dor) ⇒ folgazão.

folgança *s f col* (<folgar + -ança) **1** Repouso/Descanso/Folga. **Ex.** Para acabar a encomenda a tempo, ontem foi um dia de (trabalho a) matar. Hoje já temos mais ~. **2** Grande divertimento/Festança/Folia. **Ex.** A juventude pela-se por [gosta muito de] uma noite de ~.

folgar *v t/int* (<lat *fóllico,are* <*flo,áre,flátum*: soprar; ⇒ folegar) **1** Dar folga/descanso a/Descansar. **Ex.** Vou-me sentar para ~ um pouco as pernas. **2** Ter o(s) dia(s) de descanso semanal/Estar de folga. **Ex.** Trabalho em turnos rotativos: numa semana folgo à 2.ª e à 3.ª feira; na outra, à 4.ª e à 5.ª e na seguinte (folgo) à 6.ª, sábado e domingo. **3** Tornar mais suave/Aliviar/Livrar de trabalhos/preocupações. **Ex.** Se a velhinha de quem trato for para um lar de idosos, para mim é um alívio, folgo de muito trabalho e preocupações. **4** Alargar/Desapertar/Aliviar. **Ex.** A saia está justa; basta folgá-la um pouco e já fica bem. Folga um pouco a [Alivia a tensão da] corda para eu ajeitar [compor/colocar melhor] a carga do cami(nh)ão. **5** Andar em festas/Divertir-se. **Ex.** Foram para o arraial, folgaram a noite inteira. **6** *fig* Fazer troça/Gozar. **Ex.** Quando o ouviam dizer, muito compenetrado, que já sabia cozinhar porque tinha aprendido a cozer batatas e a estrelar ovos, os colegas folgavam com a conversa. **7** Sentir alegria/prazer/Regozijar-se. **Ex.** Folgo muito em te ver recomposto e de feliz saúde.

folgaz(ão), zona, zã *adj/s* (<folga +...) **1** Que gosta de se divertir/Brincalhão. **Ex.** O miúdo [garoto] não para em casa, só quer brincadeira, é (um) ~. **2** Bem-disposto/Alegre/Galhofeiro. **Ex.** Ao pé dele ninguém está triste, tem um feitio muito ~, põe toda a gente a rir.

folguedo *s m* (<folgar + -edo) ⇒ dança «popular na aldeia»/brincadeira/folia «de carnaval»/pândega.

folha *s f* (<lat *fólia* pl neutro de *fólium,ii*; ~ de Flandres) **1** *Bot* Órgão da planta que desempenha as funções de assimilação do carbono [de fotossíntese] e de transpiração. **Ex.** As ~s são apêndices laterais do caule e dos ramos, geralmente com forma plana e laminar. **Idi.** *Ao cair da* ~ [No outono] (Ex. É ao cair da ~ que morrem mais pessoas idosas. Até ao cair da ~ ainda há de vir muito calor). **2** Pedaço de papel, geralmente re(c)tangular, sobre o qual se pode escrever, pintar, etc. **Ex.** Os documentos oficiais são quase sempre escritos [impressos] em ~s A_4. **3** Pedaço de papel, geralmente quadrado ou re(c)tangular, que juntamente com outros forma um caderno/livro/uma revista. **Ex.** Que livro tão caro, quantas ~s tem? – Mais de duzentas, tem quatrocentas e tal páginas. **Loc.** Fazer a ~ [relação/listagem dos empregados e respe(c)tivos vencimentos]. *Imprimir uma* ~, *na frente e no verso* [dos dois lados/nas duas páginas]. *idi Virar a* ~ [Mudar de assunto]. **Comb.** ~ *de caixa* [Regist(r)o diário das entradas e saídas de dinheiro da caixa [tesouraria] duma empresa]. ~ *de presenças*. ~ *de serviço* [Regist(r)o da vida profissional dum funcionário]. ~ *oficial* [Publicação/Jornal] que contém a legislação dum país]. *A ~s* [páginas(+)] *tantas* [Em certo momento/A dada altura] (Ex. Estávamos muito bem a conversar quando, a ~s [páginas(+)] tantas, se ouviu um estrondo que nos deixou estarrecidos). *Novo em* ~ [Ainda não utilizado] (Ex. Comprei este carro nov(inh)o em ~). **4** Pedaço de papel de tamanho, formato e espessura variáveis, utilizado para os mais diversos fins. **Comb.** ~ *de cartolina*. ~ *de papel autocolante*/de cenário/de embrulho/de lustro. **5** Placa fina de madeira/metal/.../Chapa/Lâmina. **Comb.** ~ *de cartão* [contraplacado/latão/plástico]. *Cântaro de* ~ [chapa zincada/lata]. **6** Cada uma das partes duma porta. **Comb.** Porta com duas [três] ~s. **7** Parte cortante de facas/ferramentas. **Comb.** ~ de serra. Navalha com duas ~s [lâminas(+)].

folha-corrida *s f* Certificado de regist(r)o criminal.

folha de Flandres s f (⇒ Flandres) Chapa de ferro revestida a estanho/Lata. **Ex.** A ~ é muito utilizada no fabrico de latas de conserva.

folhado, a adj/s m (<folha + -ado) **1** Cheio de folhas/Folhoso. **Comb.** Árvore/Arbusto muito ~a/o. **2** Enfeitado com folhas ou com folhos. **Comb.** Tecido ~. Vestido «de criança» ~ [com folhos(+)]. **3** s m Conjunto das folhas duma planta/Folhagem(+). **Comb.** Arbusto com um ~ espesso. ⇒ rama; frondoso. **4** Cul Massa com recheio doce ou salgado que depois de ir ao forno se apresenta em camadas muito finas. **Comb.** ~s de carne.

folhagem [folhame] s f [m] (<folha+-...) **1** Conjunto de folhas de uma árvore ou planta. **Ex.** As árvores são de ~ caduca umas, e outras de ~ persistente [de folha perene]. **2** Porção de folhas caídas das árvores. **Ex.** No outono, a relva dos parques fica coberta de ~. **3** Conjunto de ramos [Rama] das árvores com folhas/Ramagem/Ramaria. **Ex.** Os madeireiros levaram os troncos e os ramos mais grossos e deixaram a ~ miúda [os ramos(+)] no chão. **4** Ornato que imita folhas. **Ex.** Este tecido com ~ns garridas estampadas é muito alegre, é bom para os fatos de Carnaval das meninas.

folhar v t/int (<folha + -ar¹) **1** Encher [Cobrir] (-se) de folhas/Criar [Deitar] folhas/Folhear. **Ex.** É primavera: as árvores já começaram a ~ [folhear(+)/deitar folhas(o+)]. **2** Enfeitar com folhas. **3** Dar a forma de folha. **4** Fazer adquirir a forma de placas muito finas. **Loc.** ~ a massa «para fazer folhados **4**.

folheação s f Bot (<folhear + -ção; ⇒ foliação **2, 3**) **1** (Período de) aparecimento das folhas nas plantas. **Ex.** Para a maioria das plantas, a ~ atinge o desenvolvimento máximo na primavera. **2** Modo como as folhas se dispõem no caule e nos ramos.

folheado, a adj/s m (<folhear + -ado) **1** Coberto com folha(s). **Comb. Caixa** «guarda-joias» **~a a ouro**. **Madeira ~a**. **2** Lido superficialmente. **Comb.** Livro ~ «para ver os títulos dos capítulos». **3** s m Placa fina de madeira/metal/plástico que reveste outro material. **Comb.** ~ **de cerejeira**/mogno. ~ **de ouro**. ~ **de plástico** [fórmica/PVC]. **4** Geol Diz-se de rochas em que os elementos constituintes se dispõem em folhas [leitos] paralelas/os. **Ex.** O ~ aparece sobretudo nas rochas metamórficas; nas sedimentares confunde-se com a estratificação.

folhear v t/int/adj 2g (<folha + -ear) **1** Cobrir(-se) de folhas/Folhar **1**. **Ex.** Quando as árvores começam a ~ é sinal de que a primavera está próxima. **2** Dividir em folhas. **Loc.** ~ uma tábua [um tronco de árvore]. **3** Revestir com placa ou lâmina fina. **Loc.** ~ o tampo duma mesa «com fórmica». **4** Passar as páginas dum livro/duma revista. **Ex.** Enquanto esperava o autocarro [ó/ônibus] ia folheando uma revista. **5** adj 2g Referente a [Composto por] folhas/Foliar. **Comb. Botão ~**. **Espinhos ~es**.

folheiro, a s Br (<folha + -eiro) **1** O que trabalha a folha de Flandres/Latoeiro. **2** ⇒ «cavalo» airoso/vistoso/garboso.

folhelho (Lhê) s m (<lat follículus,i) **1** Folhas que envolvem a maçaroca [Camisa] do milho. **Ex.** Antigamente, o ~ depois de seco, utilizava-se para encher colchões. **2** Película que envolve o bago da uva e de certos grãos. **Comb.** ~ da ervilha/fava/uva. **3** Geol Rocha xistosa de grão fino.

folhento, a adj (<folha + -ento) Que tem muitas folhas/Frondoso(+)/Folhudo.

folheta (Lhê) s f (<folha + -eta; ⇒ folheto **3**) **1** Folha delgada que se coloca por baixo do engaste das pedras preciosas. **2** ⇒ Fragmento de chapa de ferro. **3** ⇒ Folha de Flandres/Lata.

folhetim s m (<folheto + -im) **1** Se(c)ção dum jornal que ocupa geralmente a parte inferior duma página, onde são publicados artigos de crítica literária e artística, excertos de romances, novelas ou contos. **Ex.** A primeira coisa que a avó procurava no jornal era o ~. **2** Fragmento de romance ou novela publicado em jornais ou transmitido pela rádio. **Ex.** Quando não havia [Enquanto não houve] televisão, os ~ns da rádio tinham uma grande audiência. **3** pej Acontecimento social ou político que se vai desenrolando por episódios mais ou menos escandalosos ou emocionantes. **Ex.** O ~ do desaparecimento da criança estrangeira voltou à baila [voltou a aparecer] em todos os noticiários.

folhetinesco, a (Nês) adj (<folhetim + -esco) **1** Relativo a [Próprio de] folhetim. **Comb.** «discurso/linguagem/texto» Gé[ê]nero ~. **2** pej Que é demasiado sentimental. **Comb.** História/Descrição/Relato ~a/o.

folheti(ni)sta s 2g (<folhetim + -ista) O que escreve folhetins.

folheto (Lhê) s m (<folha + -eto) **1** Obra impressa com poucas páginas. **Comb.** ~ das instruções «duma máquina de lavar». **2** Impresso de natureza publicitária geralmente com uma só folha dobrada em duas ou quatro partes/Prospe(c)to/Panfleto/Desdobrável. **Ex.** A caixa do correio estava at(af)ulhada [a abarrotar/cheia] com ~s de publicidade. **3** Folha muito fina/Lâmina. ⇒ folheta **1**. **4** Biol Camada de células embrionárias. **5** Bot Lâminas que compõem a parte inferior do chapéu de alguns cogumelos.

folhinha s f (<folha + -inha) **1** Dim de folha/Folha pequena. **2** Pequeno livro [Folha] impresso/a com o calendário e várias indicações «festas/feriados/fases da lua» referentes ao dia/mês. **Comb.** ~ litúrgica. ⇒ calendário; agenda.

folho (Fô) s m (<lat fólium,ii: folha) **1** Tira de pano, franzida ou às pregas, que se aplica como adorno em roupas de vestir ou de casa. **Comb.** Colcha [Cortinado] com ~s. Vestido «de criança» com ~s. **2** Excrescência no casco dos animais. **3** Zool Terceira parte do estômago dos ruminantes/Folhoso.

folhoso, a (Ôso, Ósa, Ósos) adj/s m (<folha + -oso) **1** Que tem folhas/Frondoso(+)/Folhudo. **Comb.** Árvore ~a. **2** s m Zool Terceira parte do estômago dos ruminantes/Folho **3**. **Ex.** O estômago dos ruminantes «boi» é formado por pança [bandulho], barrete, ~ e coalheira.

folhudo, a adj (<folha + -udo) **1** Que tem muitas folhas/Folhoso **1**/Frondoso(+). **Comb.** Planta «couve» ~a. **2** Que tem folhos. **Ex.** Não gosto destes cortinados; são demasiado ~s.

folia s f (<fr folie: loucura, capricho) **1** Mús Dança rápida executada ao som do pandeiro ou do adufe. **2** Espe(c)táculo festivo/Brincadeia ruidosa. **Ex.** Que grande ~ vai naquela casa! Ouve-se ao longe a música e a algazarra. **3** Grande divertimento/Pândega. **Ex.** Já o sol tinha nascido quando apareceram em casa. Passaram a noite na ~. Vai trabalhar, meu madraço [preguiçoso]! Só queres andar na ~!

foliação s f (<foliar² + -ção) **1** ⇒ folheação. **2** Numeração das folhas dum livro ao imprimir. **3** Geol Estrutura laminar de certos minerais.

foliáceo, a adj (<lat foliáceus,a,um) **1** Relativo a folha. **2** Que tem a forma de [Semelhante a] folha. **Comb.** Aspe(c)to [Formato] ~. **3** Composto de folhas. **Comb.** Estrutura ~a.

foliado, a adj (<foliar² + -ado) **1** Que tem folhas/Folhoso **1**. **Comb.** Planta ~a. **2** ⇒ foliáceo **2**. **3** Disposto em folhas. **Ex.** Conservava num álbum ~ os desenhos que os netos lhe tinham oferecido quando eram pequenos. **4** ⇒ folheado **4**.

folião, ona s/adj (<folia + -ão) **1** (O) que gosta de se divertir/Folgazão/Borguista. **Ex.** Os amigos dele eram todos (muito) ~ões. **2** Relativo à folia/borga. **Comb.** Cortejo ~ «marcha de Carnaval». **3** O que diverte outras pessoas, dançando, representando/Bobo/Farsante/Histrião. **Ex.** Contrataram dois ~ões para animar a festa de encerramento do ano escolar.

foliar¹ v int (<folia + -ar¹) Andar na [Participar/Meter-se em] folia(s). **Ex.** A gente nova [A juventude] gosta de ~ [de festa(s)/de se divertir].

foliar² adj 2g (<fólio + -ar²) Relativo a folha/Foliáceo/Folhear. **Comb.** Adubo [Nutriente] ~.

fólico adj m Quím (<fólio + -ico) Diz-se do ácido ($C_{19} H_{19} N_7 O_6$) constituinte das vitaminas (do complexo) B.

folicular adj 2g (<folículo + -ar²) Que diz respeito a [tem a forma de] folículo.

foliculina s f Med (<folículo + -ina) Hormona segregada pelos folículos «de Graaf» do ovário.

foliculite s f Med (<folículo + -ite) Inflamação dos folículos «de Graaf» pilosos. **Comb.** ~ demodécia [⇒ sarna].

folículo s m (<lat dim de fólium: folha <fóllis: fole) **1** ⇒ folheta. **2** Bot Membrana que envolve certos frutos e grãos «uva/ervilha». **3** Anat Cavidade ou bolsa «em forma de dedo de luva» formada por invaginação das camadas celulares periféricas. **Comb.** ~ piloso [Cavidade em forma de saco onde está a raiz de um pelo].

foliculoso, a (Ôso, Ósa, Ósos) adj (<folículo + -oso) **1** Semelhante a [Da natureza de] folículo. **2** «pele/ovário» Que tem folículos. **Comb.** Tecido [Células] ~o/as.

folidoto, a adj Zool (<gr pholidotos: dotado de escamas) Que tem o corpo coberto de escamas. **Ex.** Os pangolins são mamíferos ~s.

foliforme¹ adj 2g (<lat fólium: folha + -forme) Que tem a forma de folha. **Comb.** Enfeites ~s.

foliforme² adj 2g (<lat fóllis: fole + -forme) Que tem a forma de fole.

fólio s m (<lat fólium,ii: folha) **1** Livro comercial numerado por folhas e não por páginas. **2** Cada uma das páginas frontais [folhas] assim numeradas. **3** Algarismo designativo do número dessas folhas. **Comb.** ~ «5». **4** Livro impresso em formato in-fólio (Folha dobrada ao meio, obtendo-se quatro páginas). **5** Geom Curva que tem uma parte parecida com uma folha.

foliolado, a adj Bot (<folíolo + -ado) Que tem folíolos. **Ex.** As folhas ~as [compostas] têm vários limbos, ditos folíolos.

folíolo s m Bot (<lat folíolum,i) **1** Pequena folha. **2** Cada um dos limbos em que se dividem as folhas vegetais compostas. **Ex.** Os vários ~s podem estar inseridos na extremidade do pecíolo «folha do trevo», ou dispostos ao longo dum eixo «folha da acácia». **3** Cada uma das folhas modificadas [sépalas] que formam o cálice duma flor.

folipa s f (<folipo) **1** Pequena bolha à superfície da pele/Empola/Folipo. **2** Floco de neve.

folipo s m (<fole + -ipo) **1** ⇒ folipa **1**(+). **2** Bolha de ar que se forma nos líquidos em ebulição/Borbulha. **3** Ruga [Papo] que se forma em roupa mal talhada [cortada] ou que não assenta bem. **Loc.** «um casaco» Fazer ~s nas costas. ⇒ folho.

fome s f (<lat *fames,is*) **1** Sensação provocada pela necessidade de ingerir algum alimento/Apetite. **Ex.** Há alguma coisa que se coma? Já me está a dar a [Já estou com] ~. **Loc. Cair de**/Estar esganado/morto com ~ [Estar muito tempo sem comer/Sentir-se fraco por falta de alimentação]. *idi* **Enganar a** ~ [Ingerir apenas uma pequena porção de alimento insuficiente para ficar saciado]. **Matar a** ~ [Alimentar-se/Ficar saciado comendo qualquer coisa] (Ex. Dei um prato de sopa a um mendigo para lhe matar a ~). **Morrer à** ~ [por falta de alimento]. **Passar** ~ [Não ter comida suficiente para se alimentar]. **Idi. Juntar-se a** ~ **com a vontade de comer** [Unirem-se duas coisas iguais ou coincidirem os desejos de duas pessoas] (Ex. Apenas ela disse à amiga: estou cansada, preciso de espairecer. Vou passar o fim de semana à praia. Juntou-se a ~ com a vontade de comer; a amiga respondeu logo: eu vou contigo). **Comb.** «parece que tens» ~ **de cão** [Apetite insaciável]. **Greve de** ~ [Deixar de comer durante vários dias em sinal de protesto]. **Unhas de** ~ [Pessoa avarenta/*Br* Pão-duro] (Ex. Não vale a pena pedir-lhe que contribua para a festa. Ele é um unhas de ~, quase não come só para juntar dinheiro; não dá nada a ninguém). **2** Escassez de alimento/Subalimentação. **Ex.** A ~ é um flagelo que atinge grande parte da população do continente africano. **3** *fig* Desejo intenso de algo/Avidez/Sede. **Loc.** Ter ~ de carinho/saber/liberdade.

fomentador, ora adj/s (<fomentar + -dor) (O) que fomenta/Incitador/Instigador. **Ex.** Os ideólogos são geralmente os ~es das revoluções. **Comb.** Discurso ~ de «discórdia». **Sin.** Estimulador; impulsionador; promotor.

fomentar v t (<lat *fomento,áre*: alimentar o fogo, aquecer) Promover o desenvolvimento/progresso/Estimular/Favorecer/Incentivar. **Ex.** Oferecer livros às crianças fomenta nelas o gosto pela leitura. O governo procurou ~ o desenvolvimento industrial concedendo benefícios fiscais às novas indústrias. **Loc.** ~ a paz [discórdia].

fomento s m (<lat *fo(vi)mentum,i*: o que mantém o fogo ou aquece, o que conforta) **1** A(c)ção de promover o desenvolvimento/progresso/Estímulo/Apoio/Impulso. **Comb.** ~ **agrário**. ~ **da cultura**/das artes. ~ **da paz**. **Plano** «quinquenal» **de** ~.

fona s f (<gótico *fôn*: fogo) **1** Faúlha que salta do lume e esvoaça pelo ar já apagada. **2** Movimentos apressados, sem descanso/Azáfama(+)/Roda-viva(+). **Idi. Andar numa** ~ [Não descansar um momento/Estar sempre a mexer/trabalhar].

fonação s f Ling (<fr *phonation*; ⇒ -fone) Conjunto de fenó[ô]menos que concorrem para a produção dos sons da linguagem. **Comb.** Órgãos da ~.

fonador, ora adj (<fr *phonateur*; ⇒ -fone) Que produz sons/a fala/voz. **Comb.** Aparelho ~.

fonão [fônon] s m Fís (<gr *phone,es*: voz) Quantum de vibração elástica ou acústica numa rede cristalina que se propaga com energia e dire(c)ção bem definidas. **Ex.** A energia do ~ depende da frequência angular da onda.

fondue s m fr Cul Prato cozinhado com molho de queijo derretido, azeite, vinho e outros condimentos, levado à mesa em recipiente próprio que o mantém muito quente, onde cada comensal mergulha os alimentos que vai comer: fatias de pão, pedaços de carne crua, mariscos, … **Comb.** ~ de chocolate [Doce preparado analogamente mas com chocolate fundido onde se mergulham frutas, pedaços de bolo, …].

-fone suf (<gr *phoné,es*: voz; ⇒ -fono-) Exprime a ideia de som de voz ou de instrumento: *fone, gramofone, linguafone, megafone, microfone, telefone, xilofone*.

fone s m (<gr *phone,es*: voz) **1** Ling Som simples de um fonema/Som de falar. **2** Dispositivo auricular ligado a um aparelho «rádio portátil» por um fio elé(c)trico permitindo que o seu portador seja o único a ouvir o som. **Ex.** Os jovens gostam de ir pela rua com os ~s a ouvir música. **Sin.** Auricular. **3** *Br* Abreviatura de tel(efone). **4** *Br* Auscultador de telefone ou de outro aparelho que sirva para falar com um interlocutor à distância. **Sin.** Auscultador.

fonema s m Fon (<gr *phonéma,atos*: som da voz) Unidade mínima de som articulado que entra na formação das palavras. **Ex.** *Pata* e *bata* distinguem-se pelos ~s iniciais "p" e "b".

fonemática [fonémica] [*Br* fonêmica] s f Ling (<fonemático) Parte da fonologia que estuda os fonemas. **Comb.** ~ **descritiva** [sincró[ô]nica]. ~ **evolutiva ou histórica** [diacró[ô]nica].

fonemático [fonémico], a [*Br* fonêmico] adj (<fonema + -…) Relativo a fonemas ou à fonemática.

fonética s f Ling (<gr *phonetikós*; ⇒ -fone) Ciência que estuda os sons da fala quanto à sua produção (~ articulatória), às suas cara(c)terísticas (~ acústica) e à sua evolução (~ histórica). **Comb.** ~ descritiva. ~ experimental.

fonet(ic)ismo (Né) s m (<fonético + -ismo) Sistema de escrita baseado na representação dos sons. **Ant.** Etimologismo.

fonet(ic)ista (Né) s 2g (<fonético + -ista) Pessoa que se dedica ao estudo da fonética.

fonético, a adj (<gr *phonetikós*) Relativo [Pertencente] à fonética. **Comb. Alfabeto** ~ [Conjunto de sinais para escrever (e ler) de modo uniforme todas as línguas]. **Escrita** [Transcrição] ~**a**/em que os sinais e letras correspondem a sons.

fonia s f (<gr *phoné,es*) Som ou timbre de voz/Língua/Idioma.

foniatra s 2g Med (<fono- + gr *yatros*: médico) Médico especialista em foniatria.

foniatria s f Med (<foniatra + -ia) Estudo e tratamento das anomalias dos órgãos fonadores e das perturbações da voz ou da fala.

fónica [*Br* fônica] s f (<fó[ô]nico) Arte de combinar os sons segundo as leis da acústica.

fónico, a [*Br* fônico] adj (<fono- + -ico) Relativo ao som da voz em geral. **Comb. Dificuldades** ~**as**. **Espaço** ~. **Sinais** ~**s**.

-fono- pref/suf (⇒ -fone) Exprime a ideia de som, voz: *lusófono, fonologia*.

fonofilme s m (<fono- + filme) Filme sonoro(+).

fonofobia s f (<fono- + fobia) Medo de falar em voz alta. **Loc.** Sofrer de ~.

fonófobo, a s/adj (<fono- + -fobo) (O) que sofre de fonofobia.

fonografia s f (<fono- + grafia) **1** *Gram* Representação gráfica dos sons das palavras. ⇒ ortografia. **2** *Fís* Representação gráfica das ondas [vibrações] sonoras.

fonográfico, a adj (<fonografia + -ico) Que diz respeito à fonografia. **Comb.** Regist(r)o ~.

fonógrafo s m (<fono- + -grafo) **1** Instrumento que reproduz os sons gravados em disco sob a forma de sulcos. ⇒ grafonola; gramofone. **2** Aparelho que grava sons em cilindros ou discos metálicos e que também os pode reproduzir.

fonograma s m (<fono- + -grama) **1** Regist(r)o gráfico que representa um som «e ajuda a ler os cara(c)teres ou ideogramas das escritas ideográficas, por ex. do chinês». **2** Sons gravados em suporte material. **Loc.** Ouvir um ~. **3** Suporte material «disco/CD/fita magnética» no qual estão gravados sons. **4** *Br* Telegrama (tele)fonado.

fonólito s m Min (<fono- + -lito) Rocha eruptiva vulcânica da família dos sienitos feldspatoides que emite um som cara(c)terístico quando percutida.

fonologia s f Ling (<fono- + -logia) Disciplina que estuda os sons da fala e a sua função no sistema linguístico.

fonológico, a adj (<fonologia + -ico) Relativo a fonologia ou a fonema. **Comb.** Regras ~as. Processo ~.

fonólogo, a s (<fono- + -logo) O que se dedica ao estudo da fonologia.

fonometria s f Fís (<fono- + -metria) Medição da intensidade dos sons.

fonométrico, a adj (<fonometria + -ico) Relativo à fonometria.

fonómetro [*Br* fonômetro] s m Fís (<fono- + -metro) Aparelho utilizado para medir a intensidade dos sons/da voz.

fonoteca s f (<fono- + -teca) **1** Cole(c)ção de documentos sonoros «discos/fitas magnéticas gravadas». **Comb.** ~ das obras de J. S. Bach. **2** Local onde se guardam esses documentos sonoros. **Comb.** ~ municipal.

fontainha (Ta-i) s f (<lat *fontana,ae* + -inha) Fonte pequena. **Ex.** A existência de várias ~s fez com que o lugar «da cidade do Porto» passasse a designar-se por esse nome.

fonta(na)l adj 2g (<fonte [fontana] + -al) **1** Relativo a [Próprio de] fonte. **2** Que origina/Causador. **Ex.** O assassínio do arquiduque Francisco Fernando da Áustria em Sarajevo (Bósnia) foi o acontecimento ~ que desencadeou a 1.ª Grande Guerra Mundial.

fontanário s m/adj (⇒ fontanal) **1** Construção geralmente com a forma de coluna de pedra ou de ferro, provida de torneira para abastecimento de água ao público/Chafariz. **Ex.** As mulheres iam buscar água ao ~ da aldeia e ali se entretinham a conversar. **2** adj Relativo a fonte. **Comb.** Construção [Monumento] ~.

font(an)ela s f (⇒ fontanal) **1** Pequena fonte. **2** *Anat* Zona membranosa entre os ossos do crânio do feto ou das crianças que desaparece quando se completa o desenvolvimento ósseo/Moleir(inh)a(+). **Comb.** ~ **lateral** [posterior]. **Grande** ~.

fonte s f (<lat *fons,fontis*) **1** Lugar onde brota a água/Nascente. **Ex.** Vou à ~ beber água fresca. **Comb.** ~ **medicinal**. ~ **termal**. **2** Construção dotada de uma ou várias bicas ou torneiras/Chafariz/Fontanário. **Ex.** Na cidade de Roma há muitas ~s monumentais «~ de Trevi/Acqua Paola». **Comb.** ~ [Pia(+)] **ba(p)tismal** [Lugar onde se faz o ba(p)tismo dos cristãos/Recipiente onde está a água para o ba(p)tismo]. ~ **luminosa**. **3** *fig* Algo que brota em abundância/Manancial/Torrente. **Ex.** Ele é uma ~ [um

poço(+)] de sabedoria. **4** *fig* Local de origem/procedência. **Ex.** A casa dos pais era a ~ onde se abasteciam de tudo o que a horta dava «fruta/hortaliça/azeite». **Comb.** ~ *de calor* [energia]. ~ *radioa(c)tiva* [radiativa]. **5** *fig* Causa [Origem/Motivo] de alguma coisa. **Ex.** A ociosidade é a ~ [mãe(+)] de todos os vícios. O ruído é uma das ~s [causas(+)] da surdez. O trabalho era a sua única ~ de rendimento. **6** *fig* Documento [Texto] original tomado como referência em obras de estudo «de história/literatura/arte». **Ex.** Os escritos do historiador judeu Flávio Josefo (37-103 d.C.) são uma ~ muito importante para o conhecimento da vida dos primeiros cristãos. **7** *fig* Pessoa [Documento/Organismo/Instituição] que fornece uma informação. **Ex.** Segundo ~ bem informada, vai haver remodelação ministerial. Como soubeste (d)a notícia? A ~ é segura, fidedigna? **Comb.** ~ limpa [insuspeita/segura/fidedigna]. **8** *Anat* Cada um dos lados da região temporal ou testa/Têmpora. **Ex.** A queda foi fatal: bateu com a ~ no lancil do passeio e fra(c)turou o crânio. **9** Chaga aberta com cautério.

fontícula[o] *s f [m]* (<fonte + -culo) Pequena fonte/Fontinha/Font(na)ela **1**.

fora *adv* (<lat *foras*; ⇒ ~ *da lei*/~ *de jogo*) **1** No lado exterior/Exteriormente. **Ex.** Põe o cão (lá) ~ «porque deixa os sofás cheios de pelo». Fecha a porta. Não andes sempre ~ e dentro [sempre a sair e a entrar] porque entra o frio. **Loc.** *Dar o* ~ [Sair/Escapulir-se]. *Ficar*/Estar ~ *de si* [desorientado/furioso]. *Ficar de* ~ [Não participar/Ser excluído] (Ex. Somos cinco. Para jogar as cartas, um tem de ficar de ~ (, só jogam quatro). Dos candidatos ao curso, apenas três ficaram de ~)]. **Comb.** «vestido» ~ *de moda* [Obsoleto/Antiquado/Desa(c)tualizado]. ~ *do vulgar* [Que não é habitual/Original]. *Criada de* ~ [Serviçal que presta serviço no exterior da casa]. *De* ~ *a* ~ [De um extremo ao outro/Em toda a extensão] (Ex. O campo de futebol tem 120 metros de comprimento, mas o terreno de ~ a ~ tem mais de 200 metros). *Juiz de* ~ [que não é natural da terra onde exerce as suas funções]. **Ant.** Dentro. **2** Noutro local que não na própria habitação. **Ex.** Hoje vamos almoçar ~. Fomos dar um passeio e, como já era tarde, dormimos ~. **3** Em terra estranha/No estrangeiro. **Ex.** O meu filho está a estudar ~ e quando acabar o curso pensa ir para ~, para o estrangeiro, fazer o doutoramento. **4** *prep* Salvo/Exce(p)to/Menos. **Ex.** Todos os dias, ~ a 2.ª-feira, vou ao lar de idosos visitar a minha mãe. **5** Exclamação utilizada para expulsar alguém/exprimir rejeição/reprovação. **Ex.** ~ daqui! Estou a trabalhar, preciso de sossego. O ministro não presta, ~ com ele!

fora da lei *s/adj 2g 2n* (O) que vive à margem das leis impostas [seguidas] pela sociedade/Marginal. **Ex.** Nas grandes cidades proliferam os ~. **Comb.** Comportamento próprio dum ~.

fora de jogo *s m (D)esp* Infra(c)ção cometida por um futebolista que no momento em que lhe é passada a bola tem apenas um adversário entre si e a linha de baliza do opositor. **Ex.** O árbitro deixou vários fora de jogo por assinalar.

foragido, a *adj/s* (<fora + lat *iácio,cere, iáctum*: lançar, atirar) **1** (O) que deixou a sua terra/Refugiado em país estrangeiro/Emigrado. **2** (O) que fugiu e se escondeu para escapar à justiça/Homiziado/Fugido/Evadido. **Ex.** Apareceu por aí (um estranho), ninguém sabe quem ele é, nem donde veio. Deve ser algum ~. **3** (O) que é alvo de perseguição/Acossado. **Ex.** Entrou pela casa dentro a correr, ~, para se esconder dos colegas que lhe queriam bater.

foragir-se *v t* (<foragido) Esconder-se para fugir à justiça/Evadir-se. **Ex.** Se não cometeu nenhum crime nem cometeu qualquer transgressão não precisa de ~ [andar fugido/esconder-se]. ⇒ expatriar-se; emigrar.

foral *s m Hist* (<foro + -al) **1** Antigo documento régio que regulava a administração e definia limites e privilégios duma localidade. **Comb.** ~ manuelino da cidade «de Lisboa». **2** Carta régia que concedia privilégios a pessoas ou instituições. **Comb.** Carta de ~. **3** Documento que confere a propriedade plena de terras e fixa a contrapartida de obrigações [tributos] a pagar ao outorgante «rei/senhor/mosteiro».

foraleiro, a *adj* (<foral + -eiro) Relativo a [De] foral. **Comb.** Disposição [Costume/Privilégio] ~a/o.

forame [forâmen] *s m Anat* (<lat *forámen, inis*: buraco, abertura) Abertura natural dentro dum organismo por onde passam elementos ou partes do mesmo «medula pelas vértebras».

foraminíferos *s m pl Zool* (<lat *forámen, inis*: orifício, poro + -fero) Animais unicelulares que vivem geralmente no fundo dos mares, dotados de concha calcária e pseudópodes finos, de menos de 1 mm de comprimento até poucos milímetros nos maiores. **Ex.** Os ~ fossilizados são muito abundantes nas rochas sedimentares.

foraminoso, a (Ôso, Ósa, Ósos) *adj* (<lat *foraminósus,a,um*) **1** Que possui buracos/Furado/Aberto. **2** «rocha» Esburacado/Poroso/Fendido.

forâneo, a (<lat *foráneus,a,um*) De fora/Estranho/Estrangeiro. **Comb.** Vigário ~ [Representante do bispo/Arcipreste].

forasteiro, a *adj/s* (<esp *forastero* <catalão *foraster*) (O) que é [vem] de fora/Estrangeiro/Peregrino. **Ex.** A cidade está cheia de ~s que vêm para a festa.

forca (Fôr) *s f* (<lat *furca,ae*) **1** Instrumento de execução da pena de morte que consiste numa corda com a qual se pendura pelo pescoço o condenado que morre por asfixia e estrangulamento. **Ex.** As ~s eram muitas vezes levantadas [construídas] na praça pública. **2** A(c)ção de enforcar/Morte causada por esse instrumento/Enforcamento. **Loc.** Condenar à ~. **3** Corda com a qual alguém se estrangula. **4** Utensílio agrícola formado por uma haste de madeira que numa das extremidades tem dois ou três dentes/Forquilha(+)/Forcado/a(o+). **Loc.** Juntar palha [feno] com uma ~.

força (Fôr) *s f* (<lat *fórtia,* pl neutro de *fórtis, e*: forte) **1** Qualidade do que é forte/Vigor físico/Robustez. **Ex.** É um valente[tão]! Tem uma ~ de gigante! Estou velho, já não tenho ~(s). **Loc.** Medir ~s [Procurar saber quem é mais forte]. **Comb.** ~ *bruta* [usada em excesso/Violência]. ~ *de expressão* [Dito comum que utiliza o exagero para realçar uma ideia/Maneira de dizer]. ~ *de hábito* [O que é costume/Rotina]. ~*s do bem/mal* [Tudo o que representa o que é benigno/maligno]. ~*s vivas* [O que produz riqueza econó[ô]mica num país]. *À* ~ [Que não é de livre vontade/Sob coa(c)ção (Ex. A polícia levou-o à ~ para a esquadra). *À viva* ~ [A todo o custo/Violentamente] (Ex. Ela queria à viva ~ que eu fosse com ela às compras. Nem se lembra que eu estou cheia de trabalho e não tenho quem me ajude). *De* ~ *maior* [Inevitável/Incontornável] (Ex. Nunca faltei ao trabalho a não ser por doença ou por motivo de ~ maior).

«bombeiros vieram» *Em* ~ [Em grande quantidade]. *Na* ~ *da idade* [No auge da maturidade/do vigor físico]. **Ant.** Debilidade; fraqueza. **2** Energia espiritual/mental/psicológica/Coragem. **Ex.** Passou muitas dificuldades na vida mas nunca desanimou. Era homem [mulher] de ~. Vou desistir do proje(c)to porque acho que está acima das minhas ~s [que não tenho capacidade para o realizar]. **3** Capacidade de se impor/exercer poder. **Comb.** ~ *dum partido* [da oposição]. ~ *dum presidente*. ~ *reivindicativa* «dos trabalhadores duma empresa». **Sin.** Autoridade; influência; prestígio. **4** Elevado poder de a(c)ção/Intensidade/Veemência. **Ex.** O vento sopra [A chuva cai] com ~. **Comb.** ~ *dum medicamento*. ~ *letal dum veneno*. **5** *Mil* Conjunto de tropas e meios de combate/policiamento. **Comb.** ~ *aérea* [Aviação militar]. ~ *policial*/de ordem [Corporação militar ou paramilitar encarregada de velar pela segurança pública e cumprimento das normas de conduta social/Polícia]. ~*s armadas* [Poder militar dum país constituído pelas tropas e meios de combate de terra, ar e mar]. **6** *Fís* Agente [Causa] capaz de modificar o estado de movimento dum corpo. **Ex.** A unidade de ~ no sistema internacional (SI) é o *Newton*. **Comb.** ~ *ascensional* «de um balão». ~ *centrífuga* [que tende a afastar do centro da traje(c)tória curvilínea um corpo em movimento]. ~ *centrípeta* [dirigida para um ponto (central) e que faz com que um corpo descreva uma traje(c)tória curvilínea]. ~ *de atrito* [que se opõe ao movimento de um corpo sobre outro]. ~ *de inércia* [que se opõe à modificação do estado de repouso ou de movimento dum corpo]. ~ *ele(c)tromotriz* [que mantém a diferença de potencial elé(c)trico entre dois pontos dum circuito aberto ou que origina uma corrente elé(c)trica num circuito fechado]. ~ *ió[ô]nica* [que se exerce entre os iões [íons] devido à sua carga elé(c)trica]. ~ *magnética* [de atra(c)ção ou de repulsão exercida por um polo magnético]. ~ *motriz* [que gera movimento]. ~ *resultante* [que produz o mesmo efeito que as várias ~s que a(c)tuam sobre um corpo]. ~ *viva* [Produto da massa dum corpo pelo quadrado da sua velocidade].

forcado *s m* (<forca + -ado) **1** Utensílio agrícola formado por uma haste de madeira que termina por dois ou mais dentes de madeira ou de ferro/Forquilha/Forcada. **Ex.** O ~ serve para movimentar [levantar/juntar] forragens «erva/feno/palha». **2** Quantidade «de erva/palha» que se apanha duma só vez com esse utensílio. **3** *(D)esp* Cada um dos elementos do grupo que nas touradas pega o touro depois da lide a cavalo. **Comb.** ~ *da cara* [O que vai na frente e se lança sobre a cabeça do touro].

forçado, a *adj/s* (<forçar + -ado) **1** Que não age de livre vontade/Obrigado/Constrangido. **Ex.** Viu-se [Foi] ~ a emigrar porque não tinha trabalho na sua terra. Não obedeceu à ordem do juiz (para abandonar a sala de audiências) e foi ~ pela polícia a sair. **2** Que não se pode evitar/Forçoso/Obrigatório/Necessário. **Ex.** Atrasámo-nos porque tivemos uma paragem ~a «por causa dum acidente». **Comb.** Aterragem ~a. **3** Que não é espontâneo/natural/Fingido/Contrafeito. **Comb.** Sorriso ~. **4** Exagerado/Tendencioso. **Comb.** Comparação [Interpretação dum texto] ~a. **5** *s* Condenado a trabalhos públicos [~s]/Grilheta. **Comb.** ~ *das galés* [Homem perverso/Facínora/Celerado/Malvado].

forçar v t (<força + -ar¹) **1** Aplicar a força física para conseguir algo. **Ex.** Para abrir esta porta é preciso ~ [rodar com força(+)] a chave [o puxador/a maçaneta]. Esta tampa não entra. – Entra, entra [Sim, entra/Entra, sim]! Tens que ~ mais [fazer mais força]. **2** Fazer ceder utilizando a força/Arrombar. **Ex.** Para entrar, os bombeiros tiveram de [que] ~ [arrombar] a porta. **Loc.** ~ um [a porta dum] cofre. **3** Obrigar pela força/Constranger/Coagir. **Ex.** A falta de trabalho forçou-o a emigrar. O receio de ser despedido forçou-o a não revelar [denunciar] irregularidades que se cometiam na empresa. **4** Tentar obter mediante pedidos insistentes/falsas promessas/artimanhas. **Ex.** Tanto insistiu que me forçou a acompanhá-lo ao futebol (sabendo que é desporto que eu detesto). **5** Fazer com esforço/sem naturalidade/Fingir. **Loc.** ~ um aplauso [elogio/uma gargalhada]. **6** Fazer um esforço exagerado/Esforçar. **Ex.** O desejo de se encontrar com a namorada forçava-o a alterar o traje(c)to (e a andar uns quiló[ô]metros a mais). **Loc.** ~ *o motor do carro* «numa subida muito íngreme». ~ *a voz*. **7** Obrigar a mudar/Subjugar. **Loc.** ~ a consciência [vontade]. **8** Alterar a verdade/Mudar o sentido/Distorcer/Desvirtuar. **Loc.** ~ a interpretação dum texto/o sentido duma frase.

forcejar v t/int (<força + -ejar) **1** Fazer esforço/Esforçar-se/Pelejar. **Ex.** Apesar de muito ~ não consegui desatolar [desenterrar] o carro. Por mais que forcejasse não consegui(ria) entrar na [aprender a] matemática. **2** Opor resistência/Lutar/Resistir. **Ex.** Não há remédio, não vale a pena ~! **Loc.** ~ *contra o vento*. ~ [Lutar] *contra tudo e contra todos*.

fórceps s m 2n Med (<lat *fórceps,ipis*: tenaz, pinça) **1** Instrumento cirúrgico em forma de tenaz utilizado para tirar corpos estranhos do organismo, em especial o feto no parto. **Loc.** Fazer um parto com ~ [Tirar a ferros]. **2** Parto feito com esse instrumento. **Loc.** Fazer um ~.

forçosamente adv (<forçoso + -mente) Necessariamente/Inevitavelmente. **Ex.** Para não morrer, tem ~ de [que] ser operado/a. Pela maneira como ele conduzia, o acidente tinha ~ de [que] acontecer [, era natural/inevitável que tivesse o acidente].

forçoso, a (Ôso, Ósa, Ósos) adj (<força + -oso) Obrigatório/Inevitável/Indispensável. **Ex.** Para se poder fazer a escritura, é ~ que esteja presente. É ~ [(absolutamente) necessário(+)] fazer análises para se poder diagnosticar a doença.

forçudo, a adj (<força + -udo) Que tem muita força/Vigoroso/Robusto. **Comb.** *Jovem* ~. *Cavalo* [Touro] ~ [possante(+)].

foreiro, a s/adj (<foro + -eiro) **1** Pessoa que, por contrato, para um foro ou renda, de um bem que utiliza, ao senhorio/Enfiteuta. **2** adj Relativo [Sujeito] ao foro/Que paga foro. **Comb.** *Contrato* ~. *Terreno* ~.

forense adj 2g (<foro + -ense) Relativo ao foro judicial/aos tribunais. **Comb.** *Prática* ~. *Procuração* ~.

fórfex (Fécs) **[fórfice]** s m 2n Med (<lat *fórfex,icis*: tesoura) Instrumento em forma de tesoura/pinça usado em cirurgia.

forja s f (<fr *forge* <lat *fábrica,ae*; ⇒ fabricar) **1** Conjunto de fornalha, fole e bigorna que os ferreiros utilizam para trabalhar o metal. **Loc.** *Aquecer na* ~ «os cinzéis [picos] de pedreiro para os aguçar». *idi Estar na* ~ [em preparação] (Ex. Uma nova lei «do arrendamento» já está na ~). **2** Local [Oficina] onde os ferreiros [artífices] aquecem e trabalham o ferro/metal.

forjador, ora s/adj (<forjar + -dor) **1** (O) que trabalha [dá forma a/molda] o ferro [metal] amolecido na forja. **Loc.** Ter a profissão de [Ser] ~. **2** fig (O) que está na origem de/planeia/maquina. **Loc.** Ser ~ «de mentiras/intrigas». **Comb.** ~ *dum assalto*. *Plano* ~ «duma revolução».

forjadura [forjamento] s f [m] (<forjar + -...) A(c)to [Processo] de forjar. **Loc.** Dedicar-se à/ao ~ «de flores decorativas em ferro». **Comb.** ~ artística/o.

forjar v t (<forja + -ar¹) **1** Trabalhar [Modelar] o ferro [metal] na forja. **Loc.** ~ uma ferradura/uma grade de ferro/uns brincos de oiro. **Comb.** *Ferro forjado*. **2** Dar [Adquirir] determinadas cara(c)terísticas. **Ex.** A informática ajudou a ~ novos artistas publicitários. O exemplo dos mestres ajudou-o a ~ nele o gosto pela investigação e pelo rigor científico. **3** Dar origem a/Criar. **Ex.** A(c)tualmente há muitas iniciativas para ~ novos artesãos para que as antigas tradições não se percam. **Loc.** ~ um plano «para salvar uma empresa da falência». **4** Imitar de forma fraudulenta/Falsificar. **Loc.** ~ [Inventar] *um álibi*. ~ *um documento*/uma assinatura.

forma¹ (Fór) s f (<lat *forma,ae*) **1** Configuração exterior/Formato/Feitio/Aparência. **Ex.** A ~ dum obje(c)to é determinada pelos seus limites exteriores. Ela tem um corpo com ~s graciosas, uma figura esbelta, elegante. **Comb.** ~ *de tratamento* [Expressão variável de acordo com a importância [dignidade/familiaridade] do interlocutor usada quando com ele se dialoga ou a ele se dirige de maneira discursiva] (Ex. Vossa Alteza (V. A.) usa-se para um príncipe; Vossa Eminência (V. E.) para um cardeal; tu, para um igual [irmão/companheiro]; você [o senhor/a senhora] para um desconhecido). ~ *exuberante* «dos adornos/enfeites». ~ *imponente* [Imponência] «dum monumento». Braços abertos em (~ de) cruz. Mesa (de ~) oval [quadrada/re(c)tangular]. **2** Maneira [Modo] de agir/dizer/... **Ex.** Ela veste-se de ~ elegante [desleixada]. Explica-me isso de ~ mais clara. Referiu-se ao assunto de ~ tão velada [reticente/vaga] que não consegui compreender o que queria dizer. **Loc.** *De* ~ *a* [Para] (Ex. Ele trabalha muito de ~ a poder sustentar a família). *De* ~ *alguma*/nenhuma [Não] (Ex. Pai, posso ir jogar futebol? – De ~ alguma [De jeito nenhum]!). *De* ~ *que* [Portanto/Então/E (assim)] (Ex. Você prometeu pagar. De ~ que tem de cumprir). *De qualquer* ~ **a)** Independentemente das circunstâncias (Ex. De qualquer ~, eu vou à reunião); **b)** Apesar de tudo/Não obstante (Ex. Não sei se o estado do tempo permitirá que me ajudes a arranjar o jardim. De qualquer ~, aparece por cá). **3** Vulto pouco definido/Vulto indistinto/confuso/Figura. **Ex.** A luz do candeeiro proje(c)tava na parede ~s [sombras] fantasmagóricas. Ao longe notava-se uma ~ [um vulto(+)] que podia ser um barco ou um rochedo. **4** Modo de expressão literária/artística/Estilo. **Ex.** Os discursos «do político» cativavam mais pela ~ [beleza literária] do que pelo conteúdo [pelas ideias]. Escrevia em prosa mas mantendo sempre a ~ poética de se exprimir. **5** Condição física/intelectual/mental. **Ex.** Todos os dias faço exercício «ando a pé» para manter a ~ (física). **Loc.** «um escritor» *Estar no auge da sua* ~ [carreira]. «um atleta» *Sentir-se em boa* [má] ~. **6** Palavras que acompanham um rito/Fórmula. **Ex.** Antes do Concílio Vaticano II (1962-1965) os sacramentos «ba(p)tismo» eram celebrados doutra ~ [com um rito diferente]. **7** Disposição ordenada e alinhada «de tropas/dos alunos duma escola/duma classe de ginástica»/Formatura. **Idi.** *Andar a dormir na* ~ [Andar distraído/alheado do que se passa à sua volta/idi de cabeça no ar]. **8** Lin Conjunto de cara(c)terísticas fonológicas, gramaticais e lexicais das unidades linguísticas. **Comb.** ~ *nominal* [verbal]. ~ *pessoal* [impessoal] do infinitivo [~ modal/~ nominal]. **9** Lin Cada uma das realizações duma unidade lexical «verbo». **Comb.** ~s *do imperativo*. ~s *do plural*. ~s *da conjugação perifrástica*. **10** Fil O que determina a unidade e a essência de um ser «no homem a alma», por oposição a matéria/Em sentido genérico, princípio de ser, interno ou externo, que dá a perfeição a uma coisa. **Ex.** Aquilo que faz com que a estrutura dum corpo seja mármore ou bronze, é a ~ interna; e que a sua configuração total seja um sólido ou uma estátua, é a sua ~ externa/geométrica. **11** Biol Grupo de seres duma espécie que se distinguem por cara(c)teres específicos. **12** Mús Estrutura duma composição. **Comb.** ~ sonata.

forma² (Fôr) s f (<forma¹) **1** Molde sobre o [dentro do] qual se cria alguma coisa que toma o seu feitio e dimensões. **Ex.** Comprei uma ~ para pudins e outra para pão de ló. **Idi.** *Calçar pela mesma* ~ [Ter as mesmas preferências/inclinações/ideias]. *Ser* ~ *para o pé de* [Servir perfeitamente a/Ser ideal «mulher para o marido»/muito útil]. **Comb.** *Letra de* ~ [imprensa]. *Pão de* ~. **2** Peça de madeira com o feitio do pé utilizada no fabrico de calçado. **Ex.** Os sapatos apertam-me. Vou levá-los ao sapateiro para os pôr na ~ para alargarem um pouco. **3** Molde para fazer a copa do chapéu. **4** Molde [Aro] para enformar e espremer o queijo/Cincho. **Comb.** ~s para queijo bola.

formação s f (<lat *formátio,ónis*) **1** A(c)to ou efeito de formar(-se)/de dar [adquirir] forma. **Ex.** Saímos de casa com um lindo dia de sol. De repente fomos surpreendidos pela ~ dum nevoeiro tão denso que não conseguíamos ver a estrada. **Comb.** ~ *de nuvens altas*. ~ *do feto*. ~ *dos continentes*. **2** A(c)ção de organizar/agrupar/Constituição/Criação. **Comb.** ~ *dum grupo de trabalho*. ~ *dum partido político*. ~ *duma equipa/e* «de futebol». **3** Educação intelectual e moral que molda o cará(c)ter. **Ex.** Os pais deram-lhe uma boa ~. **Comb.** ~ *cristã*. ~ *da consciência* [vontade]. **4** Preparação de alguém para exercer determinada profissão/desempenhar determinadas funções. **Comb.** ~ *de carpinteiros*/operadores «de informática»/professores. *Plano de* ~. *Sessão de* ~. **5** Psic Desenvolvimento integrado da personalidade visando obter uma maturidade afe(c)tiva, emocional e social equilibrada. **Ex.** A ~ pretende ajudar cada homem a saber ser homem e a saber viver como homem e com os outros homens. **6** Conjunto de conhecimentos específicos necessários para exercer determinada a(c)tividade/função. **Ex.** Para dire(c)tor de pessoal, pretendo admitir alguém com ~ jurídica. **Comb.** ~ *musical*. «Ele formou-se na universidade/Ele tem» ~ *universitária*. ⇒ formado **3.** **7** Ling Modo de constituição das palavras. **Ex.** Um dos processos de ~ das palavras duma língua é a derivação. **8** Mil Disposição de tropas, navios, aeronaves deslocando-se sob o mesmo comando. **Loc.** Voar em ~. **Comb.** ~ *de combate*. ~ (de tropas) *em coluna*. **9** Mil Conjunto

de elementos que constituem um corpo militar. **Ex.** O antigo convento foi entregue a uma ~ militar para lhe servir de quartel. **10** *Geol* Unidade fundamental de classificação estratigráfica constituída por massas rochosas de um ou vários tipos, originadas no mesmo período. **Comb.** ~ *granítica*. ~ *terciária*. **11** *Bot* Conjunto de indivíduos que vivendo nas mesmas condições de meio apresentam um certo número de formas biológicas que os aproximam. **Comb.** ~ deserta/herbosa/fitoplâncton.

formado, a *adj* (<formar + -ado) **1** Que se formou/adquiriu forma. **Comb.** *Feto* (completamente) ~. *Planta* ~*a*. **2** Composto/Constituído. **Comb.** Organismo «ameba» ~ por uma só célula. Bairro com [~ por] vários tipos de casas. Bota ~*a* por uma parte em cabedal e outra em tecido. **3** Que concluiu um curso/uma formatura/Licenciado. **Ex.** Os meus filhos são todos ~s: dois em Engenharia/e um em Medicina. **4** Em forma/fila/Alinhados. **Comb.** Alunos ~s [em fila(+)] para a refeição «o self service». **5** Educado/Instruído/Moralmente preparado. **Comb.** Pessoa bem [mal] ~a.

formador, ora *s/adj* (<formar + -dor) **1** (O) que forma/constitui/origina. **Comb.** *Baixas temperaturas* ~*as de geadas*. *Depressões* ~*as de tempestades*. *«ão»* *Sufixo* ~ *de aumentativos* (em português). **2** (O) que orienta/educa/Instrutor. **Comb.** ~ [Instrutor(+)] *de condutores de automóveis*. ~ *de operadores* «de informática». *Experiências* ~*as do gosto* «artístico». **3** O que acompanha, orienta e avalia quem está na fase de aprendizagem duma profissão/Orientador. **Comb.** ~ [Orientador(+)] de estagiários «de enfermagem». **4** O que faz moldes [formas] nas fábricas de cerâmica.

formal *adj 2g* (<forma + -al) **1** Relativo à [Que privilegia a] forma. **Comb.** *Análise* ~. *Perfeição* ~ «duns versos». **2** Que é preciso/categórico/claro. **Comb.** *Desmentido* ~. *Queixa* ~. *Recusa* ~. **3** Que obedece a normas estabelecidas. **Ex.** O processo ~ de candidatura consta de [tem] três impressos. **Comb.** *Convite* ~. *Pedido* ~ «de casamento». **4** Convencional/Cerimonioso/Protocolar. **Ex.** Para a rece(p)ção era obrigatório o traje ~ «*smoking* para os cavalheiros, vestido de noite para as senhoras». **Comb.** Comportamento ~ [cerimonioso/protocolar]. **Ant.** Informal. **5** *Fil* Que tem existência real e efe(c)tiva, perce(p)tiva pela aparência. **Comb.** *Causa* [Princípio] ~ [que faz com que um ente seja aquilo que é] (Ant. Causa material). *Obje(c)to* ~ *duma ciência* [Aspe(c)to que faz com que essa ciência seja ela mesma]. **6** *Mat* Que exprime a maneira como numa operação os dados podem ser combinados sem alterar o resultado. **Comb.** Propriedades [Leis] «comutativa/associativa» ~ais das operações «soma/multiplicação».

formaldeído *s m* Quím (<fórm(ico) + aldeído) Aldeído fórmico (H_2CO)/Metanal]. **Ex.** O ~ é o composto mais simples da série dos aldeídos. ⇒ formol.

formalidade *s f* (<formal + -i- + -dade) **1** Exigência legal indispensável à legitimidade de certos a(c)tos. **Ex.** O processo de candidatura «ao subsídio de desemprego» não foi aceite porque não cumpria todas as ~s «faltava a declaração de despedimento». **2** Regra de conduta considerada de boa educação/Cerimó[ô]nia/Etiqueta. **Ex.** Ao cumprimentar o ministro japonês, fez uma grande vé[ê]nia cumprindo as ~s orientais. És (considerado) da casa [família], não precisas de te preocupar com essas ~s [etiquetas(+)]. **Comb.** Por (mera/simples) ~ [Apenas por cortesia].

formalina *s f Quím* ⇒ formol.

formalismo *s m* (<formal + -ismo) **1** Observância das regras estabelecidas. **Comb.** ~ dum a(c)to jurídico. **2** Respeito excessivo pelas convenções sociais/pela etiqueta. **Ex.** Detesto os jantares «de aniversário» em casa da avó: é um ~ sufocante. **3** Método de análise e descrição que sobrevaloriza a forma em detrimento do conteúdo. **Comb.** ~ russo [Movimento de crítica literária que teve origem em 1914 no Círculo Linguístico de Moscovo].

formalista *s/adj 2g* (<formal + -ista) **1** Relativo ao formalismo/Que respeita as convenções sociais. **Comb.** Comportamento ~. Doutrina ~. **2** Adepto do formalismo/O que segue [cumpre] com rigor as formalidades. **Ex.** Os *gentlemen* ingleses são muito ~s: não se sentam à mesa (para jantar) em mangas de camisa [sem casaco].

formalização *s f* (<formalizar + -ção) **1** A(c)to ou efeito de formalizar/Realização efe(c)tiva/Concretização. **Ex.** Já fui admitido na empresa. Para começar a trabalhar, falta só a ~ do contrato de trabalho. **2** Execução de acordo com todas as normas estabelecidas. **Comb.** ~ dum processo de licenciamento de construção «dum hotel». **3** Redução dum sistema de conhecimentos às suas estruturas formais por meio de símbolos, fórmulas, etc. **Comb.** ~ *abstra(c)ta*. ~ *duma teoria*.

formalizado, a *adj* (<formalizar) **1** Que tomou a forma de/Formulado/Concretizado. **Comb.** Pedido [Queixa] ~o/a. **2** [Feito de acordo com as regras estabelecidas]. **Comb.** Contrato de arrendamento ~. **3** Que assume um aspe(c)to formal/Grave/Cerimonioso. **Comb.** Reunião [Jantar] snob, muito ~a/o [formal(+)]. **4** Reduzido às estruturas formais/Expresso em símbolos/fórmulas. **Comb.** Sistema ~.

formalizar *v t* (<formal + -izar) **1** Fazer a formalização/Concretizar segundo as normas em vigor. **Loc.** ~ *um convite* [pedido de casamento]. ~ *uma reclamação*. **2** Executar conforme as regras oficiais. **Loc.** ~ uma candidatura para apoio dum proje(c)to «pelos fundos comunitários da UE». **3** Reduzir um sistema de conhecimento às suas estruturas formais. **Loc.** ~ uma teoria.

formalmente *adv* (<formal + -mente) **1** Quanto à forma/estrutura. **Ex.** As opiniões «do ministro» ~ são conotadas com o socialismo liberal. **2** De modo formal. **Loc.** Apresentar ~ um pedido [uma reclamação]. ⇒ oficialmente. **3** De modo convencional/cerimonioso/Com etiqueta. **Loc.** *Falar* ~. *Receber* ~ *as visitas*. *Vestir-se* ~. **Ant.** À vontade; descontraidamente; informalmente. **4** Terminantemente/Peren[emp]toriamente. **Ex.** Fui convidado mas recusei ~ [peren[emp]toriamente(+)] o lugar «de dire(c)tor».

formando, a *s* (<formar + -ando) O que frequenta um curso de formação/se prepara para exercer uma profissão/Estagiário. **Ex.** No próximo curso «de informática» serão admitidos 10 ~s, no máximo.

formão *s m* (<forma + -ão) Ferramenta manual de carpintaria constituída por uma lâmina re(c)tangular com cabo de madeira e gume na extremidade. **Ex.** O ~ é utilizado para desbastar madeira.

formar *v t/int* (<lat *fórmo,áre,átum*) **1** Dar origem a/Fazer existir/Originar. **Ex.** O vento formou um redemoinho que arrastava tudo «folhas/ramos/papéis» pelo ar. A estrada estava muito perigosa com o gelo que se formou de noite. **2** Adquirir [Dar] forma/aspe(c)to/configuração. **Ex.** A sombra da antena «da TV» forma uma imagem que parece uma ave. As folhas caídas das árvores formaram um tapete em cima do passeio. **Loc.** ~(-se) uma fila «na paragem do autocarro/ó[ô]nibus». **3** Criar pela imaginação/pelo raciocínio/Conceber/Imaginar/Planear. **Loc.** ~ [Conceber(+)/Gizar(o+)] *um plano*. ~ *uma opinião*. **4** Constituir/Organizar. **Loc.** ~ [Constituir(+)] *família*. ~ *governo*. ~ *um grupo* «de teatro». **5** Fazer parte de/Integrar um grupo/conjunto. **Ex.** As partes formam o todo. O conjunto das pétalas forma a corola da flor. **6** Educar o cará(c)ter/a personalidade/Dar formação «ética/religiosa». **Ex.** Os pais formam (a maneira de ser [o comportamento] d) os filhos. A escola [universidade] ajuda a formar as mentalidades [as pessoas] segundo os valores da sociedade. A Igreja Católica forma o espírito de acordo com os valores cristãos. **7** Transmitir [Adquirir] conhecimentos para o desempenho de determinada função/Instruir(-se)/Diplomar(-se). **Ex.** Formei-me em Economia na Universidade Católica de Lisboa. É um autodida(c)ta; formou-se à sua custa [sozinho]. **8** Pôr-se na forma/Entrar na formatura/Alinhar. **Ex.** Os soldados formaram na parada.

formatação *s f Info* (<formatar + -ção) Preparação de um suporte de dados «memória externa do computador/disquete/CD» para receber/armazenar informação.

formatar *v t Info* (⇒ formar) Preparar um suporte de dados para receber e armazenar informação.

formativo, a *adj* (<formar + -t- + -ivo) **1** Que dá forma/Constitutivo. **Ex.** O radical e a desinência são elementos ~s dos verbos [das formas verbais]. **2** Relativo à formação do cará(c)ter/da personalidade/Educativo. **Comb.** *A(c)ção* ~*a da*(*s*) *Igreja*(*s*) [da escola]. *A(c)tividades* ~*as*.

formato *s m* (<formar) **1** Configuração exterior/Feitio/Forma. **Ex.** Comprei uns sapatos modernos, de ~ bicudo. **Comb.** ~ trapezoidal «dum terreno». Caixa de ~ cúbico. **2** Dimensão de uma obra impressa «livro/revista» resultante do número de vezes em que se dobram as folhas impressas para formar os cadernos. **Ex.** Quanto maior é a dobragem do papel, maior é o número de folhas do caderno e menor o ~. **3** Dimensões (Largura e altura) dum livro expressas em centímetros. **Comb.** «dicionário» ~ 17x25. **4** Medida normalizada de uma folha de papel para escrita/impressão. **Comb.** «resma de papel» ~ A_4 (21x29,7 cm).

formatura *s f* (<lat *formatura,ae* <*fórmo*: formar) **1** A(c)to ou efeito de formar(-se)/tomar forma. **Ex.** A ~ da copa (dum chapéu) faz-se por prensagem do feltro sobre um molde. Para obter um caule (duma árvore jovem) com ~ direita, põe-se-lhe uma estaca. **2** *Mil* Disposição ordenada de tropas/navios de guerra/aviões militares. **Loc.** Passar revista às tropas em ~. **3** Conclusão dum curso superior. **Comb.** ~ em Medicina. Ano de ~. Festa [Baile] de ~.

-forme *elemento de formação* (<lat *-formis* «*uniformis*») Exprime a ideia de forma/configuração: *cruciforme, disforme, filiforme, multiforme*.

formeiro, a *s* (<forma² + -eiro) Fabricante de formas.

formiato *s m* (<fórmico + -ato) Sal/Éster/Anião [Ânion] do ácido fórmico. **Comb.** ~ de sódio (Na CO_2 H).

formica *s f Med* (<lat *formíca,ae*: formiga) Doença hérpica, *Herpes-Zóster*.

fórmica *s f* (<fórmico) Resina sintética obtida a partir de ureia, fenol e ácido fórmico, que se usa em placas para revestir superfícies «de móveis/paredes». **Ex.** A ~ tem propriedades isolantes e é resistente aos agentes químicos.

formicação *s f Med* (<lat *formicátio,ónis*) ⇒ formigueiro; comichão; coceira.

formicante *adj 2g Med* (<lat *fórmicans,ántis*) ⇒ formigante.

formicida *adj 2g/s m* (<formi(ga) + -cida) (Produto) que mata formigas. **Comb.** *Bisnaga de* [*Spray*] ~. *Agente* ~.

formicídeo *adj/s m Ent* (<formiga + -ídeo) **1** Relativo [Pertencente] aos ~s. **2** *s m pl* Família de inse(c)tos himenópteros, que vivem geralmente em coló[ô]nias, a que pertencem as formigas.

formicívoro, a *adj* (<formi(ga) + -voro) Que se alimenta de formigas «pangolim».

fórmico *adj m Quím* (<lat *formica,ae*: formiga) O mais simples dos ácidos carboxílicos (HCOOH)/Metanoico. **Ex.** O ácido ~, líquido incolor de cheiro picante, encontra-se nas formigas e nas urtigas.

formicular *adj 2g* (<lat *formiculáris,e*) Referente [Semelhante] a formiga. **Comb.** *Aspe(c)to* ~. *Parasitas* ~*es*.

formidável *adj 2g* (<lat *formidábilis,e* <*formído,áre*: ter grande medo/terror) **1** Que apresenta qualidades fora do comum/Exce(p)cional/Extraordinário. **Ex.** A Isabel é ~: tem um emprego, faz todo o serviço da casa, dá explicações e ainda tem tempo para praticar desporto. **2** Que causa admiração/Espantoso/Fantástico. **Ex.** Os feitos ~eis dos navegadores portugueses dos séc. XV e XVI ainda hoje [a(c)tualmente] causam admiração. Que (~) descaramento o teu! Atreves-te a negar que pegaste no carro, quando eu te vi sair com ele! Que gol(o) ~! **3** Colossal/Descomunal. **Ex.** Já reparaste no tamanho ~ [descomunal(+)] daquela cobra?! Em Nova Iorque (EUA) há arranha-céus ~eis com mais de cem andares. **4** Que mete medo/Terrível(o+)/Pavoroso(+). **Ex.** Levantou-se uma tempestade ~: trovoada, chuva e vento, metia medo! ⇒ teme[o]roso; temível.

formiga *s f Zool* (<lat *formíca,ae*) **1** Designação comum de pequenos inse(c)tos himenópteros, da família dos formicídeos, que vivem em coló[ô]nias e a que pertencem cerca de 6000 espécies. **Ex.** As ~s são geralmente de cor preta ou escura. Quando fizemos o piquenique, as ~s eram aos milhares à nossa volta. **Idi.** *Já a* ~ *tem catarro* [Sendo ainda criança [adolescente] pretende igualar-se aos adultos/Pretende ser mais do que (o que) é]. **2** *fig* Pessoa a(c)tiva, trabalhadora e econó[ô]mica. **Ex.** Ela é uma ~ como a da fábula: Mata-se a trabalhar [Trabalha sem descanso] só para amealhar algum (dinheiro).

formiga-argentina *s f Ent* Espécie de formiga originária da América do Sul/Formiga-ladra; *Iridomyrmex humilis*.

formiga-branca *s f Ent* ⇒ térmite/as; cupim.

formiga-de-fogo *s f Ent* Espécie de formiga venenosa e agressiva, provida de ferrão, de cor avermelhada/Lava-pés.

formiga-leão *s f Ent* Nome comum de inse(c)tos neurópteros da família dos mirmelonídeos, cujas larvas providas de longas mandíbulas se alimentam de formigas.

formigamento *s m* (<formigar + -mento) Formigueiro/Comichão/Prurido. **Loc.** Sentir um ~ [formigueiro(+)] na pele.

formigante *adj 2g* (<formigar + -ante) Que formiga/Pululante/Fervilhante(+). **Comb.** Movimento ~ de pessoas «que vão e vêm/para cá e para lá». *Med* Pulso ~ [frequente e fraco].

formigão *s m/adj* (<formiga + -ão) **1** *Aum* de formiga/Formiga grande. **2** Mistura de cascalho, saibro e cal, usada em pavimentos. **3** *Br* ⇒ formiga-leão. **4** *adj* Diz-se de touro que tem as hastes pouco pontiagudas.

formigar *v int* (<lat *formíco,áre*: comer, prurir, comichar) **1** Mexer-se continuamente de um lado para outro/Agitar-se. **Ex.** Enquanto estivemos na repartição «de finanças», a empregada loira não parou de ~: ia ao pé dum colega, ia ao pé doutro, cochichava-lhes aos ouvidos, sentava-se, tornava-se a levantar, não parava. **2** Sentir picadas [comichão/formigueiro(+)] nalguma parte do corpo. **Loc.** Sentir a perna a ~. **3** Amealhar como a formiga. **Ex.** Andou a vida inteira a ~ e de nada lhe serviu: viveu sempre como um miserável. **4** Trabalhar a(c)tiva e zelosamente/sem descanso. **Loc.** ~ «no trabalho do campo» até ser noite escura. **5** Ter em abundância/Pulular/Fervilhar. **Ex.** Forasteiros vindos das aldeias para a festa, formigavam [enxameavam(+)] pelas ruas da cidade.

formigo [**formiguilho**] *s m Vet* (<formigar) **1** Doença do casco dos cavalos. **2** *pl region Cul* Doce feito à base de pão, mel, vinho, ovos, açúcar e canela que se come pelo Natal.

formigueira *s f Br Bot* (<formiga + -eira) Nome vulgar da árvore *Tripalis nolitangere* e outras da América do Sul, da família das poligonáceas, em que as formigas se abrigam nos espaços dos caules fistulosos.

formigueiro *s m* (<formiga + -eiro) **1** Construção subterrânea feita pelas formigas e onde elas habitam. **2** Grande quantidade de formigas. **Loc.** Matar um ~ com inse(c)ticida. **3** *fig* Grande quantidade de pessoas/Enxame. **Ex.** Em agosto, vêm os emigrantes passar férias, é um ~ humano [de gente] pelas ruas que nem se pode andar. **4** *col* Sensação de picadas localizada numa parte do corpo. **Loc.** Sentir um ~ «num braço». **Sin.** Comichão; coceira; prurido. **5** *fig* Estado de impaciência/inquietação/excitação. **Ex.** À medida que se aproximava o dia do casamento, o ~ [frenesim(+)/a excitação(o+)] não a deixava; até nem dormia. **6** *Vet* ⇒ formigo. **7** *Ornit* ⇒ papa-formigas.

formol *s m Quím* (<(ácido) fórmico + -ol) Solução aquosa de formaldeído, $(H_2C(OH)_2)$/Formalina. **Ex.** O ~ usa-se como antisséptico e desinfe(c)tante.

formolizar *v t Quím* (<formol+-izar) Tratar com [Conservar em] formol.

Formosa *s f Geog* (<formoso) Nome dado pelos portugueses à ilha de Taiwan(+), quando lá [aí] chegaram em 1582.

formosear *v t* ⇒ aformosear.

formoso, a *adj* (Ôso, Ósa, Ósos) *adj* (<lat *formósus,a,um*; ⇒ forma[1]) **1** De aparência agradável/Bonito/Belo. **Comb.** Jovem ~o/a. **2** Que agrada pela suavidade/doçura/Aprazível/Ameno/Deleitoso. **Comb.** ~a manhã de primavera. **3** Que merece ser celebrado/Brilhante/Magnífico. **Ex.** Versos que evocavam os ~s tempos da juventude. **4** Harmonioso/Sonoro/Melodioso. **Comb.** Voz ~a. **5** Que agrada pelas qualidades morais/Perfeito/Nobre/Íntegro. **Comb.** Alma ~a.

formosura *s f* (<formoso + -ura) **1** Qualidade do que é formoso/Beleza/Boniteza. **Ex.** Antigamente dizia-se: "Gordura é ~" (As mulheres para serem bonitas deviam ser gord(inh)as). **2** Qualidade do que é bom/tem valor/Excelência. **Ex.** Toda a gente se deslumbrou com a ~ [beleza(+)/o esplendor(o+)] do vestido da princesa. **3** Integridade moral/Pureza. **Ex.** Brilhava-lhe no rosto a ~ da alma.

fórmula *s f* (<lat *fórmula,ae* dim de *forma*: figura, forma) **1** Regra estabelecida convencionalmente e que orienta e legitima certos a(c)tos. **Comb.** ~ *contratual*. *Mil* ~ *do juramento de bandeira*. *Rel* ~ *sacramental* [Palavras que fazem parte da celebração dum sacramento] «do ba(p)tismo». **2** Convenção social/Praxe. **Ex.** Como está você? – Tudo numa boa – respondeu ele, segundo a ~ da gíria brasileira. **3** *Anat* ~ *dentária*. ⇒ dente. **4** *Biol* ~ *cromossomática*. ⇒ cromossomas/os. **5** Relação dos componentes dum medicamento e respe(c)tivas dosagens. **Ex.** Além das substâncias a(c)tivas, a ~ indica também o excipiente utilizado. **6** *Mat* Tradução analítica duma relação de dependência entre duas ou mais variáveis. **Ex.** A ~ pode ser representada sob a forma de igualdade ou desigualdade e permite calcular o valor duma variável, conhecidos os das restantes (Ex. Perímetro da circunferência: $P=2\pi R$). **7** *Quím* Expressão simbólica que representa a composição qualitativa e quantitativa das moléculas dos compostos. **Ex.** H_2O e CH_3CH_2OH representam respe(c)tivamente as ~s molecular da água e racional [que evidencia o grupo funcional $-CH_2OH$] do álcool etílico. **8** *(D)esp* Categoria de carros de alta velocidade destinados a competições. **Comb.** *Corrida de* ~ *1*. *Piloto de* ~ *2*.

formulação *s f* (<formular + -ção) **1** Exposição «duma ideia/dum pedido» de forma concisa e clara. **Ex.** A argumentação está bem feita, mas a ~ da conclusão está pouco clara. **2** Definição [Expressão de relações] através de fórmulas. **Comb.** ~ dum teorema.

formulado, a *adj* (<formular + -ado) **1** Que foi obje(c)to de formulação/Expresso em fórmula. **Ex.** A expressão ~a por $a^2 = b^2 + c^2$ representa o teorema de Pitágoras. **2** Enunciado de forma precisa/Definido. **Ex.** Essa pergunta está mal ~a/feita. **3** Exposto/Declarado. **Ex.** Houve pedidos de desculpa ~s por ambas as partes. **4** Receitado(+)/Prescrito. **Ex.** O tratamento ~ pelo meu colega está corre(c)to.

formulador, ora *adj/s* (<formular + -dor) **1** (O) que formula/Autor/Causador/Criador. **Comb.** ~ duma nova teoria. **2** (O) que expressa/dá forma/Reda(c)tor. **Ex.** O ~ do pedido «de reparação do elevador» foi só um, embora o assunto interessasse a todos os inquilinos.

formular *v t/adj 2g* (<fórmula + -ar[1]) **1** Construir mentalmente/Engendrar/Conceber(+). **Loc.** ~ *um plano*. ~ *uma ideia*. **2** Expor com clareza/Enunciar/Exprimir. **Loc.** ~/Fazer um pedido [uma pergunta]. **3** Estabelecer a fórmula de. **Loc.** ~ algebricamente uma lei «do movimento uniforme». **4** Receitar(o+)/Prescrever(+). **Loc.** ~ um tratamento. **5** *adj* Relativo à fórmula. **Comb.** Expressão ~ «duma lei física».

formulário *s m* (<fórmula + -ário) **1** Cole(c)tânea de fórmulas/modelos. **Comb.** ~ *de cartas* «comerciais». ~ *de trigonometria*. **2** Modelo [Minuta] impresso com espaços em branco que deverão ser preenchidos com respostas adequadas/dados pessoais. **Comb.** ~ [Minuta(+)] de requerimento. **3** *Rel* Livro de orações. **Ex.** Rezava sempre as orações da manhã e da noite pelo ~. **4** Livro que contém indicações so-

bre as substâncias que entram nos medicamentos, dosagem respe(c)tiva e modo de preparação/Farmacopeia.

formulismo *s m* (<fórmula + -ismo) **1** Uso e prescrição exagerados de fórmulas. **Ex.** Alunos habituados a resolver exercícios [problemas] só pelo ~ mostram-se incapazes de raciocinar quando as fórmulas não são aplicáveis dire(c)tamente. **2** Apego às fórmulas/Convencionalismo. **Ex.** Ele ainda seguia o ~ de fazer os requerimentos em papel azul de 35 linhas.

formulista *s 2g* (<fórmula + -ista) O que segue com rigor [é prático em/prescreve] determinadas fórmulas.

fornada *s f* (<forno + -ada) **1** Quantidade que se coze no forno duma só vez. **Ex.** O forno é grande, em cada ~ coze 10 pães grandes. **Comb.** *idi* Às ~s [Em grande quantidade e duma só vez]. **2** *fig* Porção de coisas que se fazem duma só vez. **Ex.** Ainda temos mais uma ~ de encomendas para despachar hoje. **3** *fig* Conjunto de pessoas que começam ou terminam determinada a(c)tividade ao mesmo tempo. **Ex.** Os professores que saem em cada ~ [se formam em cada ano] são muito mais do que os que se reformam/aposentam.

fornalha *s f* (<forno + -alha) **1** Forno com elevadíssima temperatura (e grande). **Comb.** ~ *da forja*. ~ *para cozer loiça de barro*. **2** Parte duma máquina onde se queima o combustível. **Comb.** ~ duma caldeira de vapor. **3** Parte do fogão própria para assar/Forno **4**(+). **Ex.** Assei o cabrito no forno de cozer o pão porque o tabuleiro não cabia na ~ do fogão. **4** *fig* Lugar muito quente/Forno **4**(+). **Ex.** Não se pode estar aqui com o calor. Esta sala é uma ~! **3** *fig* Calor intenso/Forno **4**(+). **Ex.** Hoje o dia está uma ~.

fornecedor, ora *s/adj* (<fornecer + -dor) **1** (O) que fornece/abastece. **Ex.** O pão anda [está/vem] muito mal cozido. Vou mudar de ~. É bom ter mais do que um ~ para a mesma mercadoria. Fica-se [É-se] mais bem servido. **Comb.** Países ~es de petróleo. **2** (O) que proporciona algo. **Ex.** A cozinha está sempre quente. O fogão é também ~ de calor ao ambiente. A fruta é um ~ natural de vitaminas.

fornecer *v t* (<fornir + -ecer) **1** Abastecer/Prover. **Ex.** Os hipermercados fornecem a maior parte dos bens alimentares. O rio fornece água para rega e consumo humano. A Argélia fornece gás natural à Espanha e a Portugal. **2** Pôr à disposição/Facultar/Oferecer. **Ex.** Portugal forneceu a Timor-Leste pessoal especializado para colaborar na formação das forças de segurança locais. **3** Produzir/Gerar. **Ex.** A barragem fornece ele(c)tricidade e água para rega. **4** ~-se/Prover-se/Obter. **Ex.** Prevendo o aumento de preço do tabaco, muitos fumadores forneceram-se com uma quantidade apreciável de volumes.

fornecimento *s m* (<fornecer + -mento) A(c)to ou efeito de fornecer/Provisão/Abastecimento. **Ex.** Quando vou às compras [ao hipermercado], trago ~ [forneço-me] para toda a semana. A gasolina esgotou. Esperamos novo ~ [abastecimento(+)] amanhã.

forneiro, a *s* (<forno + -eiro) **1** Proprietário [Encarregado] dum forno. **Ex.** O ~ só abre o forno ao público duas vezes por semana. **2** O que trabalha em fornos. **Comb.** ~ numa fábrica de cerâmica/vidro.

fornicação *s f* (<lat *fornicátio,ónis*) **1** Relação sexual/Cópula/Coito. **2** *Rel* Relação sexual pecaminosa. **3** *cal* Aborrecimento/Importunação.

fornicar *v t/int* (<lat *fornicáre* <*fórnicor,áris, ári,átus sum*: prostituir-se, dar-se à fornicação) **1** Ter relações sexuais/Copular/*cal* Foder. **2** *Rel* Ter relações sexuais ilícitas/pecaminosas. **3** *fig* Causar [Sofrer] prejuízo.

fórnice *s m* (<lat *fórnix,icis*) **1** *Arquit* (Estrutura em forma de) arco(+)/Abóbada. **2** *Anat* Estrutura anató[ô]mica em forma de arco. **Comb.** ~ *faríngeo*. ~ *vaginal*.

fornicoques *s m pl pop* (<fornicar) **1** Cócegas(+). **Ex.** Não me toques; fico cheio de ~. **2** Apetite/Desejo/Tentação. **Ex.** Só de pensar que ia para férias, sentia (cá) uns ~!

fornido, a *adj* (<fornir + -ido) **1** Abastecido(+)/Fornecido(o+). **Comb.** Despensa bem ~a. **2** Forte/Robusto/Alentado. **Comb.** Pessoa bem ~a (de carne) [Pessoa robusta/bem nutrida].

fornilho *s m* (<forno + -ilho) **1** ⇒ Fogareiro. **2** Parte do cachimbo onde se coloca e queima o tabaco. **3** *Mil* Caixa de pólvora que se enterra para depois se fazer explodir/Cavidade que contém o explosivo.

fornimento *s m* (<fornir + -mento) **1** ⇒ Abastecimento/Provisão/Fornecimento(+). **2** ⇒ Corpulência/Robustez.

fornir *v t* (<fr an *fornir*: cumprir, executar, realizar) **1** Abastecer/Prover/Fornecer. **Loc.** ~ [Abastecer(+)] a casa «de víveres». **2** Dar corpo/Tornar forte/Robustecer. **Ex.** Este moço, depois de foi para a tropa, é vê-lo [, começou a] ~.

forno (Fôr) *s m* (<lat *fu[o]rnus,i*) **1** Construção de tijolo ou barro, geralmente abobadada e com uma só abertura, onde é produzido e armazenado o calor para o processo de cozedura. **Ex.** O pão ainda está muito quente; acabou (agora mesmo) de sair do ~. **Loc. Aquecer o ~. Meter no** [Tirar do] ~. **Comb.** ~ *comunitário*. ~ (para produção) *de cal*/cimento. **2** Compartimento do fogão de cozinha ou aparelho semelhante, independente, onde se assam/gratinam/aquecem alimentos. **Ex.** O ~ do meu fogão é a gás. Vou comprar um elé(c)trico que é mais rigoroso no controle da temperatura. **Comb.** Lombo assado no ~. **3** Construção [Aparelho] de forma e materiais variados, conforme a finalidade, onde se processam transformações físicas e químicas a alta temperatura. **Comb.** ~ *crematório*. ~ *de cerâmica*/fundição. ~/Mufla *de laboratório*. **Alto-~** [Construção de grande altura onde nas siderurgias é feita a redução do minério de ferro]. **4** *fig* Lugar muito quente. **Ex.** Esta sala é [está] um ~.

foro *s m* (<lat *fórum,i*: praça pública «de Roma»; ⇒ fórum) **1** *Dir* Pensão paga ao senhorio pelo domínio útil dum prédio ou propriedade conforme o estabelecido no contrato (Enfiteuse)/Renda paga pelo enfiteuta (foreiro) ao senhorio. **Loc.** Pagar o ~. **2** *Dir* Domínio útil dum prédio sujeito ao contrato de enfiteuse. **3** Privilégio [Direito/Imunidade] instituído a por lei ou garantido/a pelo tempo. **4** Povoação que adquiriu ~ de cidade. ⇒ ~ **7**. **4** *Dir* Tribunal judicial. **Comb.** ~ *civil*. ~ *eclesiástico* [Tribunais da Igreja]. **5** *Dir* Competência de tribunal/Jurisdição. **Comb.** ~ *da comarca* «de Lisboa». **6** Alçada/Competência. **Ex.** Esse assunto não é do meu ~. **7** *pl* Direitos/Privilégios. **Ex.** Assumir ~s de [Revestir-se de importância/Pretender ter autoridade sobre determinada matéria].

-foro ⇒ -fero-.

forqueta (Quê) *s f* (<forca + -eta) **1** Pau bifurcado na ponta/Forquilha. **Comb.** ~ [Forquilha(+)/Garfo(o+)] da bicicleta. **2** *Náut* Peça metálica onde se apoia o remo.

forquilha *s f* (<esp *horquilla*: forca) **1** Utensílio agrícola constituído por uma haste de madeira que termina em dois ou três dentes de madeira ou de ferro/Forcado/a(+). **Loc.** Levantar a palha (na eira) com uma ~. **2** Qualquer pau ou vara bifurcada numa das extremidades «para impelir uma canoa/amparar um ramo de árvore/levantar o arame [a corda] de estender a roupa». **3** Osso em forma de V formado pela união das clavículas das aves. **4** Parte da bicicleta onde encaixa a roda da frente/Garfo(+).

forra[1] *s f* (<forrar) **1** Chumaço [Entretela] que se coloca entre o forro e o tecido duma peça de vestuário «casaco/sobretudo». **2** *Náut* Banda [Faixa] que reforça as velas dum barco. **3** Peça delgada «de mármore/madeira» usada para revestir paredes. **4** Chapa metálica de desgaste utilizada para proteger a blindagem de determinadas máquinas «crivos/moinhos da indústria mineira/cimenteira». **Comb.** ~ em aço manganês.

forra[2] *adj f* (<forro[2]) Diz-se de fêmea «ovelha/vaca» que não está prenhe.

forração *s f* (<forrar+-ção) A(c)to ou efeito de forrar/revestir uma superfície com forra(s). **Comb.** ~ das paredes «dum hospital com chapas metálicas de prote(c)ção».

forrado[1]**, a** *adj* (<forrar + -ado) **1** Provido de forro. **Comb.** Saia ~a. **2** Revestido com material de prote(c)ção. **Comb.** *Caixa ~a por dentro* «com pano» *e por fora* «de couro». *Paredes ~as com papel. Sofás de veludo ~s com capas* «de cretone». *Te(c)to ~* [Forro «do quarto»]. **3** Economizado/Poupado. **Comb.** Dinheiro ~ «ao fim do mês». **4** *col* «estômago» farto; cheio de dinheiro».

forrado[2]**, a** *adj Hist* (<forrar[2] + -ado) Que se libertou/Livre/Alforriado. **Comb.** Escravo ~.

forrador, ora *adj/s* (<forrar[1] + -dor) (O) que forra. **Comb.** ~ de paredes «com papel». Material ~.

forra-gaitas *s 2g 2n pop* Forreta(+)/Sovina/Avarento.

forrageal *s m* (< forragem + -al) Campo de forragem.

forragear *v t/int* (< forragem + -ar[1]) **1** Colher [Cortar] forragem. **Loc.** Ir (para o campo) [Andar a] ~. **2** Devastar (um campo)/Destruir. **Ex.** Os incêndios florestais forragearam [devastaram(+)] os montes **3** Procurar e recolher para uso próprio/Respigar. **Loc.** ~ espigas de trigo depois da ceifa. **4** Remexer à procura de/Vasculhar. **Loc.** ~ o baú à procura de recordações de família. **5** *fig* Plagiar. **Loc.** ~ artigos científicos «para os introduzir na sua tese como próprios».

forrageiro, a *adj/s* (<forragem + -eiro) **1** Relativo a forragem. **Comb.** Planta «beterraba» ~a. **2** O que apanha forragens.

forragem *s f* (<fr *fourrage*) Erva, palha ou grão que serve para alimentação de gado. **Loc.** Recolher ~ para o inverno. **Comb.** ~ para ensilar.

forraginoso, a (Ôso, Ósa, Ósos) *adj* (<forragem + -oso) Que serve como [produz] forragem/Forrageiro(+). **Comb.** *Planta ~a. Prado ~*.

forramento *s m* ⇒ forração.

forrar[1] *v t* (<forro[1] + -ar[1]) **1** Aplicar o forro a uma peça de vestuário. **Loc.** ~ uma saia/um casaco. **2** Revestir com material de prote(c)ção. **Loc.** ~ *um sofá* «com capas de pano cru». ~ *as paredes do quarto das crianças* «com papel cenário para elas poderem riscar». **3** *fig* Cobrir completamente. **Ex.** As paredes da sala estão forradas de livros.

forrar² *v t* (<forro² + -ar¹) **1** Tornar livre/forro/Libertar/Alforriar. **Loc.** ~ escravos. **2** Livrar-se/Libertar-se. **Ex.** Não se forrou [livrou(+)] da vergonha de passar por «ladrão». **3** Poupar/Economizar/Aforrar. **Ex.** O ordenado é pequeno, mas ainda consigo ~ algum dinheiro todos os meses.

forreta (Rrê) *s 2g* (<forrar¹ + -eta) Apegado ao dinheiro/Avarento/Sovina. **Ex.** Só deste cinquenta cêntimos (de esmola) ao pobre? Que ~!

forro¹ (Fô) (< ?) **1** Tecido com que se revestem interiormente algumas peças de vestuário e calçado. **Ex.** O cetim é um tecido [pano] muito utilizado para ~ de casacos e de saias. **Comb.** Sapatos com ~ de pelica. **2** Qualquer material que sirva para revestir [encher/reforçar] a superfície interna dum artefa(c)to. **Ex.** Os sofás têm um ~ grosso de espuma por cima das molas. **3** Revestimento exterior de prote(c)ção de cadeiras/sofás/… **Ex.** Comprei um tecido barato às ramagens para ~ [capa(+)/cobertura(+)] dos sofás. **4** Série de tábuas [Placa] que constituem/ui o te(c)to dum compartimento e o isola do telhado. **Comb.** *~ de madeira* «de castanho». *~ de estuque*. **5** Espaço compreendido entre o te(c)to e o telhado. **Ex.** Tinha o dinheiro escondido no ~ (da casa), dentro duma lata.

forro², a *adj* (<ár *hurr*) **1** Liberto da escravidão/Alforriado/Livre. **Comb.** Escravo ~. **2** Que não paga foro/Isento de pagamentos/Desobrigado. **Comb.** Terreno ~. **3** Poupado/Economizado. **Comb.** Dinheiro ~.

forró *s m Br* (<forrobodó) Baile [Música] popular do Nordeste do Brasil.

forrobodó *s m* (< on) **1** *pop* Festança/Farra/Pândega. **Ex.** Como não há de ter sono, andaste no ~ até de madrugada! **2** Trapalhada/Balbúrdia/Confusão. **Ex.** Que ~ vai naquela cozinha! Com tantas mulheres juntas e todas a falar ao mesmo tempo, ninguém se entende!

fortalecedor, ora *adj/s* (<fortalecer + -dor) (O) que fortalece/fortifica/robustece. **Comb.** *Alimento ~ da saúde. Exercício físico ~ dos músculos. Palavras ~oras* [encorajadoras(+)] *do ânimo*.

fortalecer *v t* (<fortal(eza) + -ecer) **1** Tornar(-se) mais forte/Fortificar(-se)/Robustecer(-se). **Ex.** O médico recomendou que ficasse uns dias em repouso para se ~. Depois da crise, fizemos as pazes e o nosso amor saiu [ficou] fortalecido. **Loc.** ~ a vontade. **2** Tornar mais sólido/consistente/Reforçar. **Ex.** A ponte ameaça ruína; se não se ~ [reforçar(+)] acabará por cair. **Loc.** ~ as traves [vigas] do telhado. **3** Tornar mais poderoso/influente/eficaz. **Ex.** O partido fortaleceu-se com o novo líder. Para vencer a crise são precisas medidas que fortaleçam a economia. **4** *Mil* Guarnecer com fortificações e mecanismos de defesa. **Loc.** ~ a defesa dum país «com uma base de mísseis».

fortalecimento *s m* (<fortalecer + -mento) **1** A(c)to ou efeito de se tornar mais forte/vigoroso/Robustecimento. **Comb.** ~ da amizade/saúde/vontade. **Ant.** Enfraquecimento. **2** *Mil* Reforço dos meios de defesa/Fortificação dum local. **Comb.** ~ da segurança «com mais polícias».

fortaleza (Lê) *s f* (<provençal *fortaleza* <lat *fortis,e*: forte) **1** Qualidade do que é forte/Robustez/Força/Vigor. **Ex.** A equipa/e «de futebol» impôs-se ao adversário, mais pela ~ [resistência(+)] dos seus jogadores do que pela sua qualidade técnica. **2** Força moral/Firmeza de cará(c)ter. **Ex.** Os mártires demonstram uma grande ~; apesar das contrariedades não desanimam nem renegam a sua fé. **3** *Mil* Construção que serve para defender um local/Fortificação/Praça forte/Castelo/Forte. **Ex.** Muitas ~s «construídas pelos portugueses» estão a(c)tualmente ao serviço do turismo «como pousadas/museus». **4** *Rel* Uma das quatro virtudes cardeais que torna forte a vontade e encaminha para o bem e a perfeição. **Ex.** Prudência, justiça, ~ e temperança são as quatro virtudes humanas fundamentais em torno das quais se agrupam todas as outras.

forte *adj 2g/s m/adv* (<lat *fórtis,e*) **1** Que tem força/Robusto/Possante. **Ex.** É um rapaz muito ~; tem uma saúde de ferro. **Loc.** Fazer-se ~ [Aparentar ter coragem/Tentar ir além das próprias forças]. **Idi.** *~ como um touro* [Muito ~/Forçudo]. *~ e feio* [De forma intensa/veemente/Muito] (Loc. Bater muito [~ e feio] «no ladrão»). **2** Corpulento/Volumoso/Gordo. **Ex.** Noto [Apercebo-me de] que estou mais ~ porque a roupa fica-me toda apertada. As pessoas «mulheres» ~s [gordas] têm mais dificuldade em encontrar roupa que lhes sirva. **Ant.** Fraco; magro. **3** Sólido/Consistente/Rijo. **Comb.** *~ como o aço. Corda ~. Pau ~* [que não dobra nem parte/grosso]. **4** Audacioso/Corajoso/Valente. **Ex.** Nas contrariedades «doença/pobreza» é (que é) preciso manter-se ~ [ser corajoso/não desanimar]. **Ant.** Cobarde; fraco; medroso. **5** Que se impõe aos outros/Poderoso/Influente. **Comb.** Homem ~ «do partido/regime». **6** Que domina um assunto/Entendido/Especialista. **Comb.** ~ em História/Informática/Mecânica. ⇒ ~**14**. **7** Intenso/Violento. **Ex.** Levantou-se uma ~ tempestade. **Comb.** Rajadas ~s de vento. **8** Que a(c)tua de forma intensa sobre o ânimo ou os sentidos. **Comb.** *Bebida* «chá/café/vinho» *~. Cor ~/carregada. Remédio ~. Sabor ~. Voz ~*. **9** Bem fundamentado/De peso/Convincente. **Comb.** *Argumentos ~s. Razões* [Motivos] *~s* «para acreditar [duvidar]». **10** Excessivo/Exagerado/Ofensivo. **Ex.** Dizer-lhe na cara [Dizer-lhe dire(c)tamente/cara a cara] que é mentiroso, (essa [isso]) é muito ~! **Comb.** Crítica [Palavras] ~e/es. **11** *s Mil* Construção que serve para defender um local/Fortificação/Fortaleza **3**. **Ex.** Ao longo da costa portuguesa há muitos ~s «Caxias/S. Julião da Barra». **12** Pessoa que tem poder. **Ex.** Os ~s devem proteger os fracos. **13** Pessoa que tem grande ânimo/firmeza moral/que é enérgica/corajosa. **Ex.** A empresa tem progredido porque tem um chefe ~. Dá gosto trabalhar com ele. **14** *s* Aquilo em que alguém é perito/especialista. **Ex.** O meu ~ é a informática. ⇒ ~ **6**. **15** *Mús* Trecho musical em que o som deve ser reforçado/mais intenso. **16** *Mús* Com sonoridade intensa. **Ex.** A notação *f* indica que a execução deve ser ~. **17** *adv* Com força/Fortemente. **Loc.** Bater ~ «com a bengala». **18** Com grande intensidade/Intensamente. **Ex.** O vento sopra ~.

fortificação *s f* (<fortificar + -ção) **1** *Mil* A(c)ção de guarnecer um local com meios de defesa. **Ex.** Para ~ da cidade, construíram(-lhe) uma muralha em toda a volta. **2** *Mil* Construção que serve para defender um local/Fortaleza **3**/Forte **11**/Castelo. **Ex.** Muitas das antigas ~ões fronteiriças encontram-se a(c)tualmente em ruínas. **3** *Mil* O que serve para defender um país/uma região/um local. **Comb.** *~ões naturais* «montanhas/desfiladeiros». *~ões de campanha* «abrigos/trincheiras».

fortificado, a *adj* (<fortificar + -ado) **1** Guarnecido com uma construção destinada a defesa/Protegido por fortificação. **Comb.** Cidade ~a. **2** Que se tornou forte/Robustecido. **Comb.** ~ por uma alimentação mais rica e abundante «ficou curado da tuberculose».

fortificador, ora *adj/s* (<fortificar + -dor) **1** (O) que fortifica/dá força/vigor/Fortificante(+). **Comb.** Suplemento alimentar [Tó(ô)nico] ~. **2** (O) que dá ânimo/conforta/Reconfortante. **Comb.** Palavras ~oras [reconfortantes(+)]. **3** (O) que constrói fortificações/planeia a defesa. **Comb.** Departamento [Equipa] ~/ora.

fortificante *adj 2g/s m* (<fortificar + -ante) **1** (O) que fortifica/dá força/Fortificador. **Ex.** O médico receitou-lhe um ~. **2** (O) que dá ânimo/alento/força moral. **Comb.** Exemplos [Palavras/Conselhos] ~s [animadores/as(o+)/reconfortantes(+)].

fortificar *v t* (<lat *fortifíco,áre*) **1** Tornar mais forte/Robustecer. **Ex.** O exercício físico fortifica a saúde. Tivemos um desaguisado [uma zanga/briga] mas está tudo sanado e até serviu para ~ a nossa amizade. **2** Tornar mais intenso/a(c)tivo/poderoso. **Loc.** ~ a militância política. ~ a voz. **3** Tornar mais sólido/resistente/Fortalecer/Reforçar. **Loc.** ~ uma construção. **4** Dar força/razão/Corroborar. **Ex.** As palavras de apoio do general fortificaram [fortaleceram(+)] o movimento dos militares revoltosos. **5** *Mil* Implantar meios de defesa/Construir fortificações **2**. **Loc.** ~ uma região «a zona costeira».

fortim *s m* (<forte + -im) Pequeno forte **11**/Fortificação de dimensões reduzidas.

fortran *s m Info* (<ing *for(mula) tran(slation)*: tradução de fórmulas) Linguagem de programação usada sobretudo para cálculos científicos e técnicos.

fortuitamente *adv* (<fortuito + -mente) Por acaso/Acidentalmente/Casualmente. **Ex.** O abastecimento de água só ~ [acidentalmente(+)] é interrompido. É raríssimo acontecer.

fortuito, a *adj* (<lat *fortuitus,a,um*) Que acontece por acaso/Acidental/Casual. **Comb.** *Acontecimento ~. Encontro ~*.

fortuna *s f* (<lat *fortúna,ae*) **1** Boa ou má sorte/Ventura/Fado/Destino. **Ex.** Tive a ~ [sorte(o+)/felicidade(+)] de ter bons mestres com quem muito aprendi. *iron* Que ~ [sorte(+)] a minha! Tudo me acontece [Só tenho desgraças]! **Comb.** *Erros meus, má ~, amor ardente* (Verso de Bocage, poeta). **2** Acontecimento imprevisto/Casualidade. **Comb.** *Náut ~ do mar* [Acidente a que estão sujeitos a carga do navio e o próprio navio]. **3** Conjunto de bens [haveres]/Riqueza. **Ex.** Ganhou uma ~ na lota[e]ria. **Loc.** Fazer ~ [Acumular grande riqueza/Enriquecer] «no estrangeiro/negociando em diamantes». **4** Quantia exagerada/excessiva. **Ex.** Estes sapatos custaram(-me) uma ~ [foram muito caros]. **5** *Mit* Divindade romana que presidia ao bem e ao mal.

fórum *s m Hist* (<lat *fórum,i*; ⇒ foro) **1** Praça pública, na Antiga Roma, onde se realizavam os a(c)tos mais importantes da vida do povo romano. **Ex.** Em Roma, ainda se podem ver ruínas de muitos *fora* antigos «romano/de Trajano». **2** Local onde se debatem assuntos de interesse público/Centro de a(c)tividades diversas. **3** Reunião de especialistas para debater determinada matéria/Colóquio(+). **Loc.** Organizar um ~ sobre educação [reforma do ensino]. **4** *Br* ⇒ tribunal/nais.

fosca (Fôs) *s f* (<fosco) ⇒ fosquinha.

foscagem *s f* (<foscar + -agem) A(c)to de tornar fosco.

foscar *v t* (<fosco + -ar¹) Tornar fosco. **Loc.** ~ um vidro.

fosco, a (Fôs) *adj* (<lat *fuscus,a,um*) **1** Que não tem brilho/não é polido/Baço. **Comb.** Prata [Aço] ~a/o. **2** Que não é transparente mas deixa passar a luz/Translúcido. **Comb.** «lâmpada de» Vidro ~. **3** ⇒ «céu/tempo» Fusco(+). **4** *fig* Que está alterado/Perturbado. **Ex.** Notava-se que ele não estava bem. Vinha (meio) ~, a cambalear.

fosfatagem *s f* (<fosfatar + -agem) A(c)ção de adicionar [espalhar] fosfato. **Comb.** ~ dum terreno «com cal fosfatada».

fosfatar *v t Agr* (<fosfato + -ar¹) Espalhar fosfato na terra para a tornar mais fértil/ Juntar fosfato às uvas vindimadas para a(c)tivar a fermentação.

fosfato *s m Quím* (<(ácido) fosfórico + -ato) Designação genérica do anião [ânion] dos ácidos fosfóricos e dos respe(c)tivos sais ou ésteres. **Comb.** ~ de amó[ô]nio, $(NH_4)_2HPO_4$.

fosfatúria *s f Med* (<fosfato + -úria) Quantidade excessiva de fosfato na urina.

fosfeno (Fê) *s m Med* (<gr *phos*: luz+*phaínein*: brilho) Sensação luminosa «*idi* ver estrelas» provocada pela excitação da retina devida a traumatismo ou a compressão exterior do globo ocular ou a glaucoma.

fosfina *s f Quím* (<fósforo + -ina) Designação dos compostos derivados do fosfato de hidrogé[ê]nio, PH_3.

fosfito *s m Quím* (<(ácido) fosforoso + -ito) Designação antiquada dos sais e ésteres do ácido fosforoso.

fosfoglicérido *s m Biol/Quím* (<fósforo + glicérido) Designação geral dos compostos da família dos lípidos complexos que se encontram nas membranas celulares. ⇒ glicerofosfórico(+).

fosfolípido [fosfolipídio] *s m Biol/Quím* (<fósforo + lípido) Grupo de lípidos complexos contendo fósforo, abundantes nos tecidos animais e vegetais. **Ex.** A lecitina é um ~.

fosfoproteína *s f Biol/Quím* (<fósforo + proteína) Proteína rica em fósforo «caseína».

fosforação *s f* (<fosfor(ej)ar + -ção) A(c)to ou efeito de fosforar/combinar com fósforo.

fosforeiro, a *adj/s* (<fósforo + -eiro) **1** Relativo a fósforo. **Comb.** Indústria ~a. **2** *s* O que trabalha no fabrico de fósforos. **3** *s f* Local onde se fabricam fósforos. **Ex.** A(c)tualmente há poucas ~as porque existem muitos tipos de isqueiros que substituem os fósforos.

fosforejante *adj 2g* (<fosforejar + -ante) Que fosforeja/brilha como o fósforo. **Comb.** Olhos ~s «duma coruja».

fosforejar *v int* (<fósforo + -ejar) Brilhar como o fósforo aceso. **Comb.** Olhos a ~ de raiva.

fosfóreo, a *adj* (<lat *phosphóreus,a,um*) **1** Relativo a [Que brilha como] fósforo. **Comb.** Clarão ~. **2** Que contém fósforo. **Comb.** Terras ~as.

fosforescência *s f Fís* (<fosforescer + -ência) **1** Propriedade que têm certas substâncias de emitir luz após a excitação. **Ex.** A ~ pode persistir desde muito pequenas fra(c)ções de segundo até alguns dias após ter terminado a excitação. As tintas luminosas são visíveis na obscuridade depois de terem sido iluminadas devido à ~ dos seus componentes. ⇒ fluorescência. **2** Propriedade que têm certos organismos vivos «pirilampo» de emitir luz na escuridão.

fosforescente *adj 2g* (<fosforescer + -ente) Que tem fosforescência/brilha na escuridão. **Comb.** Reclames [Relógios/Tintas] ~s.

fosforescer *v int* (<fósforo + -escer) Emitir luz fosforescente/Emitir luz na obscuridade sem combustão nem libertação de calor. **Ex.** Quando falta a luz elé(c)trica, fosforescem na escuridão os sinais que indicam a localização dos equipamentos de segurança «extintores de incêndio/mangueiras».

fosfórico, a *adj* (<fósforo + -ico) **1** *Quím* Relativo a [Que contém] fósforo/Fosfóreo/Fosforoso. **Comb.** Ácido ~ [orto~ (H_3PO_4)]. Rochas [Minérios] ~as/os [fosforosas/os(+)]. **2** Que brilha como fósforo. **Comb.** Luz ~a.

fosforífero, a *adj* (<fósforo + -fero) **1** Que contém [produz] fósforo. **2** *Zool* Que tem uma parte do corpo fosforescente.

fosforilação *s f Bioq* (<fosforilar + -ção) Incorporação de um radical fosforilo (-H_2PO_3) numa molécula orgânica por rea(c)ção enzimática com ortofosfato ou outro composto fosforilado. **Ex.** Os glúcidos (e outros compostos) só são metabolizados depois de sofrerem [serem a(c)tivados por] ~.

fosforilar *v t Bioq* (<fosforilo + -ar¹) Formar um derivado fosfatado por transferência enzimática de um radical fosforilo de um grupo fosfatado para uma molécula orgânica.

fosforilo/a *s m/f Quím* (<fósforo + -ilo) Radical contendo fósforo, oxigé[ê]nio e hidrogé[ê]nio (-H_2PO_3).

fosforismo *s m Med* (<fósforo + -ismo) Envenenamento com fósforo.

fosforite/a *s f Min* (<fósforo + -ite) Rocha sedimentar formada fundamentalmente por fosfato de cálcio. **Ex.** As ~ são matéria-prima para o fabrico de adubos fosfatados, podendo até ser utilizadas dire(c)tamente como adubo depois de finamente moídas.

fosforização *s f* (<fosforizar + -ção) Formação de fosfato de cálcio no organismo animal.

fosforizar *v t* (<fósforo + -izar) Tornar fosfórico/Formar fosfato.

fósforo [P 15] *s m* (<lat *phósphorus,i*: o que dá ou anuncia luz, estrela d'alva) **1** *Quím* Elemento químico não metálico que aparece na natureza sempre combinado com o oxigé[ê]nio. **Ex.** No estado simples, o ~ pode obter-se em três variedades alotrópicas: ~ vermelho, branco e negro, com propriedades muito diferentes. O principal minério de ~ é a apatite (Fosfato tricálcico impuro). **2** Palito encabeçado por uma mistura inflamável por fricção numa superfície áspera. **Loc.** Riscar/Acender [Apagar] um ~. **Idi.** *Não valer um ~* [Não prestar para nada]. **Comb.** ~ *de cera* [em que o palito é substituído por fios revestidos de cera/parafina]. *Caixa* [Carteira] *de ~s*. *idi Em menos de um ~/Num abrir e fechar de olhos(+)* [Muito rapidamente]. **3** *fig* Agudeza de espírito/Acuidade de raciocínio/Inteligência. **Ex.** Aquela cabeça[cinha] tem muito ~ [Ele é muito inteligente].

fosforogéneo [*Br* fosforogêneo/fosforogênico], a *adj Quím* (<fósforo + -...) Que produz fosforescência/Diz-se dos organismos vivos «pirilampo» que emitem luz.

fosforoscópio *s m Fís* (<fósforo + -scópio) Instrumento destinado a medir a intensidade e a duração da fosforescência.

fosforoso, a (Ôso, Ósa, Ósos) *adj Quím* (<fósforo + -oso) **1** Que contém fósforo. **Comb.** Compostos [Rochas] ~os/as. **2** Diz-se dos compostos de fósforo trivalente. **Comb.** Anidrido [Ácido] ~.

fosgénio [*Br* fosgênio] *s m Quím* (<gr *phos*: luz + *genos*: origem + -io) Gás incolor muito venenoso e sufocante resultante da combinação de cloro com óxido de carbono (Cl_2CO).

fosquinha (Fôs) *s f* (<fosca + -inha) **1** Gesto [Movimento] que é feito para enganar alguém/Fingimento. **Ex.** Ofereci-me para o levar a casa no carro. Começou com ~s dizendo que não queria, mas estava morto por isso [desejoso que isso acontecesse]. **2** Trejeito para fazer rir/para atrair/Careta/Momice. **Loc.** Fazer ~s a uma criança.

fossa (Fó) *s f* (<lat *fossa,ae* <*fódio,ere, fóssum*: cavar) **1** Cavidade de dimensões variadas/Cova/Buraco. **Ex.** As águas da chuva acumularam-se numa ~ [cova(+)] do terreno formando um charco onde os animais vão beber e chafurdar. **Loc.** *fam* Andar/Estar/Ficar na ~ [Estar em grande depressão psicológica/Estar psicologicamente em baixo]. **2** Cova subterrânea onde se lançam deje(c)tos das habitações humanas e outras imundícies. **Ex.** Sentia-se ao longe o mau cheiro exalado pela ~. **Comb.** ~ *séptica* [onde se processa biologicamente a decomposição [mineralização] dos deje(c)tos orgânicos]. **3** *Mil* Cova aberta na terra para refúgio e defesa dos soldados dos ataques inimigos. ⇒ trincheira. **4** *Geog* Cavidade situada no fundo do mar ou do oceano, muito funda, estreita e de bordos íngremes/Abismo submarino. **Comb.** ~ *abissal*/marinha/submarina. ~ *marginal* [submarina, próxima da costa]. **5** *Geol* Depressão originada por afundamento de blocos da crosta terrestre e que se localiza entre falhas paralelas. **Comb.** ~ continental/tectó[ô]nica. **6** *Anat* Cavidade do corpo animal com a abertura mais larga que o fundo. **Comb.** ~ nasal/orbicular/parietal. ⇒ fosseta.

fossado, a *adj/s* (<fossar + -ado) **1** Cavado como um fosso/Remexido/Revolvido. **Comb.** Terra ~a «pelos porcos/javalis». Terreno ~ «para dificultar a entrada de estranhos». **2** *s* Cova à volta das fortificações para servir de defesa/Fosso(+)/Vala. **3** *Hist* Serviço militar a que era obrigada a população vilã, na Idade Média. **4** *Hist* Incursão [Investida militar] feita de surpresa sobre território inimigo, na Idade Média.

fossador, ora *adj/s* (<fossar + -dor) (O) que fossa. **Comb.** Animal «porco» ~.

fossão, ona *s* (<fossar + -ão) **1** (Animal) que fossa muito «porco». **2** *gír* (O) que é muito estudioso/trabalhador/Marrão(+). **Ex.** É um ~, nunca sai de casa, passa a vida a estudar [trabalhar]. **3** *gír* (O) que come muito/Comilão(+).

fossar *v t/int* (<fossa + -ar¹) **1** «porco» Escavar [Revolver] a terra com o focinho. **Ex.** Os javalis fossaram o campo e estragaram a sementeira «do milho». **2** *fig fam* Remexer procurando alguma coisa/Coscuvilhar. **Loc.** ~ as gavetas. **3** Abrir fossas/os/Cavar. **4** *fig fam* Empregar-se arduamente no estudo ou no trabalho. **Loc.** ~ para ser o melhor aluno [para amealhar muito dinheiro].

fosseta (Ssê) *s f Anat* (<fossa + -eta) Pequena (depressão de menores dimensões ca) fossa. **6. Comb.** ~ coccígea/digástrica/sublingual/submaxilar. ⇒ fóvea.

fóssil *adj 2g/s m* (<lat *fóssilis,e*: tirado da terra em escavações; ⇒ fossa) **1** *Pal* Restos ou vestígios de animais ou plantas conservados ou impressos nas rochas cuja formação foi contemporânea desses seres vivos. **Ex.** São ~eis tanto o cadáver dum

fossilífero, a

animal conservado inta(c)to no gelo, como o osso/dente dum vertebrado englobado em sedimentos de diversas idades, ou caules de plantas petrificados, pegadas «de dinossauros» e outros vestígios. **2** *adj* Que se extrai da terra. **Comb.** Carvão ~. Sal ~. **3** *adj Pal* Relativo a restos/vestígios petrificados [fossilizados(+)] de plantas ou animais de épocas passadas. **Comb.** Animal/Madeira/Pegada ~.

fossilífero, a *adj Pal* (<fóssil + -fero) Diz-se de terreno onde existem fósseis. **Comb.** Jazigo ~.

fossilização *s f* (<fossilizar + -ção) **1** *Pal* Conjunto de processos que conduzem à formação de fósseis. **Comb.** ~ por conservação «no gelo». ~ por petrificação [mineralização]. **2** *pej* A(c)to de permanecer apegado a conhecimentos [formas de pensar] antiquados/as/obsoletos/as.

fossilizar *v t/int* (<fóssil + -izar) **1** *Pal* Tornar(-se) fóssil. **Ex.** As partes duras dum ser vivo fossilizam mais facilmente porque resistem melhor aos agentes de decomposição. **2** *fig pej* Manter(-se) apegado a conhecimentos [formas de pensar] antiquados/as/Cristalizar/Ancilosar. **Ex.** Esse professor fossilizou: ainda ensina «a Química» do séc. XIX.

fossípede *adj/s 2g* (<fossar + -pede) «toupeira/tatu» (O) que tem membros adequados a escavar a terra.

fosso (Fô) *s m* (<fossa) **1** Cavidade de profundidade variável/Cova. **Ex.** Vou fazer um ~ ao fundo do quintal para aí recolher a água das chuvas. **2** Escavação profunda e contínua à volta das fortificações para impedir o acesso do inimigo. **3** Vala [Sulco/Rego] feita/o no terreno para escoar a(s) água(s). **Loc.** Drenar um terreno por meio dum ~ escavado a todo o comprimento. **4** *fig* Grande distância entre pessoas ou coisas/Distanciamento. **Ex.** A reconciliação entre eles não será fácil. Separa-os um ~ [abismo(+)] difícil de transpor.

fotão [fóton] *s m Fís* (<foto- + -ão) Quantum [Partícula elementar] de energia cujo valor é *h*ν, sendo *h* a constante universal (de Plank) e ν a frequência da radiação. **Ex.** A hipótese de considerar a luz elementar [quantum de luz] como uma partícula (O ~), foi formulada por A. Einstein em 1905-1906.

fotelasticidade/fotelétrico/foteletron/foteletrônica/fotemissão ⇒ fotoelasticidade/fotoelétrico/fotoeletrão/fotoeletró[ô]nica/fotoemissão.

fótico, a *adj* (<foto- + -ico) Que diz respeito à luz.

fotionização *s f Fís* ⇒ fotoionização.

fotismo *s m* (<foto- + -ismo) Sensação de cor/luz produzida por qualquer um dos sentidos ou por lembrança de alguma coisa/pessoa/Sinestesia visual.

foto *s f* (<*abrev* de fotografia) ⇒ fotografia **2**.

foto- *elemento de formação* (<gr *phos,photós*: luz) Exprime a ideia de luz: *fotocópia, fotografia.*

fotobiografia *s f* (<foto + -...) Biografia baseada em fotografias. **Comb.** ~ dum a(c)tor de cinema [dum poeta/escritor «Miguel Torga»].

fotocartografia *s f* (<foto + -...) Levantamento de cartas [plantas/mapas] geográficas/os por meio de fotografia.

fotocélula *s f Fís* (<foto- + ...) ⇒ célula fot(o)elé(c)trica; fot(o)elé(c)trico.

fotocinese *s f Biol* (<foto-+cinese) A(c)tividade motora suscitada pela luz. **Ex.** O fotismo é um fenó[ô]meno de ~.

fotocisão *s f Fís* (<fotão + ...) Cisão do núcleo ató[ô]mico provocada por um fotão [fóton]. **Comb.** «produção de energia nuclear por» ~ do núcleo de urânio.

fotocolorímetro *s m Fís* (<foto- + ...) Instrumento que serve para avaliar a intensidade duma radiação luminosa.

fotocomposição *s f* (<foto- + ...) Processo de composição usado em artes gráficas que utiliza técnicas fotográficas ou ele(c)tró[ô]nicas para a produção de peças [chapas gravadas] destinadas à impressão. **Ex.** A ~ é também designada por composição a frio.

fotocompositora *s f* (<foto- + ...) Máquina tipográfica que utiliza o processo de fotocomposição. **Comb.** Tipografia equipada com uma ~ (do) último modelo.

fotocondutividade *s f Fís* (<foto- + ...) Aumento de condutividade elé(c)trica dum cristal produzida pela incidência duma radiação. **Ex.** A ~ existe em muitos isoladores e semicondutores mas não nos metais (porque nestes o número de ele(c)trões [elétrons] livres é muito grande).

fotocópia *s f* (<foto + ...) **1** Processo de reprodução instantânea de documentos em papel ou acetato por fotografia executada em máquina própria (Fotocopiadora). **2** Documento obtido por este processo. **Ex.** É preciso juntar à documentação uma ~ do bilhete [da cédula] de identidade. **Loc.** Fazer [Tirar] ~s «de apontamentos».

fotocopiadora *s f* (<fotocopiar+-dora) Máquina ele(c)tró[ô]nica de fazer fotocópias. **Comb.** ~ a cores.

fotocopiar *v t*(<foto- + ...) Fazer fotocópia/Reproduzir um documento pelo processo de fotocópia. **Loc.** ~ cartas/fa(c)turas/...

fotocromático, a *adj* (<foto + cromático) **1** *Fot* Relativo à fotocromia/ao processo fotográfico que permite obter imagens a cores. **2** Que muda de cor sob a(c)ção da luz. **Comb.** Lentes ~as.

fotocromia *s f* (<foto- + -cromo + -ia) **1** *Fís* Propriedade que têm certas substâncias de mudar reversivelmente de cor sob a a(c)ção da luz. **2** *Fot* Processo de obter fotografia a cores.

fot(o)elasticidade *s f Fís* (<foto- + ...) Conjunto de propriedades ó(p)ticas de um material isótropo, tornado artificial e temporariamente anisótropo por nele se exercer uma a(c)ção mecânica externa «compressão/flexão». **Ex.** A ~, descoberta por Brewster em 1816, baseia-se na dupla refra(c)ção temporária e tem aplicação na análise de tensões a que um material está sujeito.

fotoeletrão [fotoelétron] *s m Fís* [= fotoelectrão] (<foto- + ...) Eletrão [Elétron] arrancado da superfície dum condutor metálico [semicondutor fot(o)emissivo] por a(c)ção de um fotão/fóton.

fotoelétrico, a [*Br* **fotoelé(c)trico** (*dg*)] *adj Fís* [= fotoeléctrico] (<foto- + ...) Que transforma energia luminosa em energia elétrica. **Comb. Célula ~a** [Dispositivo sensível à luz que, quando estimulado por esta, gera uma corrente/tensão elétrica]. *Efeito* ~ [Libertação de eletrões [elétrons] da superfície dum sólido por a(c)ção de radiação eletromagnética (Luz)] (Ex. O efeito ~ foi descoberto por Hertz em 1877).

fotoeletrónica [*Br* **fotoele(c)trônica** (*dg*)] *s f Fís* [= fotoelectrónica] (<foto- + ...) Parte da Física que estuda a intera(c)ção entre eletrões [elétrons] ou outras partículas carregadas e fotões [fótons] de luz.

fotoemissão *s f Fís* (<foto- + ...) Emissão de ele(c)trões [elétrons] por uma substância por a(c)ção de radiações ele(c)tromagnéticas.

fotofobia *s f Med* (<foto- + -fobia) Aversão [Intolerância] à luz devido ao mal-estar ou dor provocados por ela. **Loc.** Sofrer de ~.

fotogenia *s f* (<foto- + -genia) **1** Propriedade que tem a luz de produzir efeitos químicos sobre certos corpos/Produção de luz. **2** *Fot* Qualidade do que [de quem] fica bem em fotografias.

fotogénico, a [*Br* **fotogênico**] *adj* (<fotogenia + -ico) **1** Relativo ao efeito da luz sobre certos corpos. **2** Que tem a propriedade da fotogenia. **3** Que fica bem representado em fotografia. **Comb.** Pessoa (muito) ~a.

fotógeno, a *adj Biol* (<foto- + -geno) «pirilampo» Que gera/emite luz.

fotografar *v t/int* (<foto-+ grafar) **1** Reproduzir a imagem por meio de fotografia/Retratar. **Loc.** ~ um monumento/uma paisagem/pessoa. **2** *fig* Descrever com toda a exa(c)tidão e minúcia/Representar fielmente/Retratar. **Ex.** Romance que fotografa [retrata(+)] a sociedade da época. **3** *fig* Gravar na memória. **Ex.** Fiquei tão impressionado [horrorizado] com o acidente que o fotografei [gravei(+)] na minha cabeça.

fotografia *s f* (<foto- + -grafia) **1** Processo de obtenção e fixação de imagens em superfícies fotossensíveis «filme». **Comb.** *Curso de* ~. *Especialista em* ~ «a cores/preto e branco». **2** Imagem obtida por este processo/Foto/Retrato. **Ex.** Tenho ~s dos meus filhos todos juntos, tiradas em épocas [idades] diferentes. Não fiquei na ~ porque fui eu que a tirei. **Loc.** Ficar bem [mal] na ~. **Comb.** ~ **aérea**. ~ **digital** [Técnica de obtenção e conservação de imagens fotográficas por meios ele(c)tró[ô]nicos]. ~ *tipo passe* [de pequenas dimensões, reproduzindo o busto, destinada a documentos «Bilhete de Identidade/Carta de condução»]. *Álbum de* ~*s*. **3** *fig* Cópia exa(c)ta/Reprodução fiel. **Ex.** Ele é mesmo a ~ [car(inh)a(+)] do pai.

fotográfico, a *adj* (<fotografia + -ico) **1** Relativo à fotografia. **Comb. Arte ~a**. **Repórter ~**. **2** Próprio para fazer fotografia. **Comb. Laboratório ~o**/a. **Material ~**. **3** Feito [Obtido] por meio de fotografia. **Comb. Imagem ~a. Prova ~a**. **4** *fig* Que reproduz fielmente lembrando a fotografia. **Comb.** Descrição ~a.

fotógrafo, a *s* (<foto- + -grafo) **1** Pessoa que se dedica à fotografia como amador ou profissional. **Ex.** Esta fotografia está excelente. Quem foi o ~? **2** Estabelecimento onde se tiram e revelam fotografias e se vende material fotográfico. **Ex.** Vou ao ~ tirar fotografias «para o Bilhete de Identidade».

fotograma *s m* (<foto- + -grama) **1** Cada uma das imagens ou quadros dum filme cinematográfico. **Ex.** O ~ corresponde a uma fotografia instantânea que pode ser proje(c)tada como um diapositivo. A velocidade de proje(c)ção do filme é de «24» ~s por segundo. **2** Impressão em papel fotográfico por meio de câmara escura. **3** Imagem obtida por fotografia para medição. ⇒ fotogrametria.

fotogrametria *s f* (<fotograma + -metria) Processo de obter medições rigorosas e a representação gráfica de formas por meio de fotografia. **Ex.** A maior aplicação da ~ é na elaboração de mapas e plantas (Cartografia e Topografia), embora se possa aplicar a tudo o que possa ser fotografado.

fotogravura *s f* (<foto- + ...) **1** Conjunto de processos que permitem transformar as provas tipográficas em chapas gravadas próprias para impressão. **Ex.** A ~ é obtida por a(c)ção fotoquímica sobre chapas

metálicas «zinco/cobre». **2** Gravura obtida por este processo. **Comb.** ~/Zincogravura «dum monumento».

fotoionização *s f* (<fotão + ...) Ionização dum átomo ou molécula devida à eje(c)ção de um ou mais ele(c)trões [elétrons] por a(c)ção de um fotão/fóton.

fotojornalismo *s m* (<foto + ...) Jornalismo baseado fundamentalmente na informação fotográfica.

fotojornalista *s 2g* (<foto + ...) O que se dedica ao fotojornalismo.

fotólise *s f Quím* (<foto- + -lise) Decomposição [Dissociação] de uma molécula por a(c)ção de radiações luminosas ou ultravioletas.

fotó[o]lito *s m* (<foto- + -lito) Pedra [Placa de metal] com imagem reproduzida por fotolitografia, para impressão ou transporte.

fotolitografia *s f* (<foto- + ...) **1** Processo de transferir imagens fotográficas para a pedra litográfica ou para chapas metálicas por cópia dire(c)ta ou por fotolito. **2** Estampa obtida por este processo.

fotologia *s f Fís* (<foto- + -logia) Tratado sobre a luz.

fotoluminescência *s f Fís* (<foto- + ...) Fenó[ô]meno que consiste na emissão de luz visível por uma substância que foi bombardeada por radiação ele(c)tromagnética (Luz). **Ex.** A ~ envolve duas etapas: absorção de energia luminosa, seguida de emissão de fotões [fótons].

fotomagnético, a *adj* (<foto- + ...) Relativo aos fenó[ô]menos magnéticos devidos à a(c)ção da luz.

fotomagnetismo *s m Fís* (<foto- + ...) Fenó[ô]menos magnéticos produzidos por a(c)ção da luz.

fotomecânica *s f* (<foto- + ...) Conjunto de operações fotográficas utilizadas na preparação de gravuras [matrizes] de impressão.

fotometria *s f Fís* (<foto- + -metria) Estudo das fontes de energia radiante [luminosa] pelos efeitos que elas produzem num rece(p)tor apropriado. **Comb.** ~ homocromática [heterocromática].

fotómetro [*Br* fotômetro] *s m Fís* (<foto- + -metro) Instrumento utilizado para medir a intensidade duma fonte luminosa. **Comb.** ~ *colorimétrico.* ~ *de cintilação.*

fotomicrografia *s f* (<foto- +...) Processo para reproduzir por fotografia obje(c)tos microscópicos.

fotominiatura *s f* (<foto- + ...) Processo de reproduzir imagens [Imagens obtidas] «desenhos/quadros» de pequenas dimensões por meio de fotografia.

fotomontagem *s f* (<foto- + ...) **1** Processo de obtenção duma imagem a partir de um conjunto de fotografias combinadas. **2** Trabalho [Foto/Imagem] feito/a por este processo. **Ex.** Como é possível que apareças nesta foto em duas posições diferentes? – Não é uma fotografia, é uma ~.

fotomultiplicador *s m Fís* (<foto- + ...) Aparelho destinado à dete(c)ção e contagem de fluxos luminosos muito pequenos, constituído por um cátodo que é iluminado, um conjunto de dínodos e o ânodo cole(c)tor de ele(c)trões/elétrons. **Ex.** Os dínodos são os ~es [amplificadores] da corrente ele(c)tró[ô]nica proveniente do cátodo.

fóton *s m Fís* ⇒ fotão.

fotonosia *s f Med* (<foto- + -nose + -ia) Designação geral das doenças produzidas pela luz/Fotolesão/Fotopatia.

fotonovela *s f* (<foto- + ...) História aos quadr(ad)inhos, geralmente amorosa, formada por uma sequência de fotografias legendadas ou com o texto inserido em balões. **Ex.** Compro sempre a revista só por causa da ~.

fotonuclear *adj 2g Fís* (<foto- + ...) Diz-se do processo em que as radiações ele(c)tromagnéticas a(c)tuam sobre um núcleo ató[ô]mico libertando neutrões [neutrons] ou partículas alfa.

fotoperiodismo *s m Bot* (<foto- + ...) Período diário da luz a que estão sujeitas as plantas e que tem grande influência no seu crescimento e desenvolvimento. **Ex.** As plantas, quanto à influência do [à resposta ao] ~, classificam-se em plantas de dias longos, de dias curtos e indiferentes.

fotoperíodo *s m Bot* (<foto- + ...) Fase de maior claridade de um ciclo que envolve a alternância de períodos de maior e menor luminosidade.

fotopsia *s f* (<foto- + gr *opsis:* visão + -ia) Sensação luminosa, semelhante a chispas, devida à irritação da retina.

fotoquímica *s f Quím* (<foto- + ...) Parte da Química que se ocupa dos efeitos da luz sobre as substâncias químicas. **Ex.** A a(c)ção da luz sobre os sais de prata foi uma das primeiras investigações da ~.

fotorrecetor (Cè) **[*Br* fotorreceptor]** *s/adj m* [= foto-receptor] (<foto- + ...) Célula diferenciada cuja presença é necessária para que haja excitação luminosa.

fotorreportagem *s f* [= foto-reportagem] (<foto- + ...) Reportagem baseada essencialmente em fotografias acompanhadas de curtas legendas.

fotorrepórter *s 2g* [= foto-repórter] (<foto- + ...) Jornalista que faz fotorreportagem.

fotosfera *s f Astr* (<foto-+ esfera) Parte interna da camada gasosa do Sol que emite a maior parte da sua luz e calor.

fotossensibilidade *s f Med* (<foto- + ...) Sensibilidade às radiações luminosas. **Ex.** A ~ provoca alterações cutâneas específicas nos indivíduos fotossensíveis.

fotossensível *adj 2g* (<foto- + ...) Que é sensível às radiações luminosas. **Comb.** Célula [Órgão] ~.

fotossíntese *s f Bot/Bioq* (<foto- + ...) Processo pelo qual as plantas verdes, por a(c)ção da luz e da clorofila, assimilam o carbono do dióxido de carbono (existente na atmosfera) e libertam oxigé[ê]nio. **Ex.** A ~ traduz-se geralmente pela expressão: $6CO_2 + 12H_2O \xrightarrow{luz}_{clorofila} C_6H_{12}O_6 + 6H_2O + 6O_2$

fotossintético, a *adj* (<foto- + ...) Relativo à fotossíntese. **Comb.** Redução ~a do carbono (CO_2).

fotota(c)tismo(dg) **[fototaxia]** *s m* [*f*] *Biol* [= fototactismo] Fenó[ô]meno de rea(c)ção de organismos à luz que se manifesta por movimento no sentido da fonte luminosa (~ positivo) ou no sentido oposto (~ negativo). **Sin.** Heliotropismo(+); fototropismo(o+).

fototeca *s f* (<foto- + -teca) Cole(c)ção [Local] de arquivos fotográficos. **Comb.** ~ de imagens da 2.ª Guerra Mundial. ~ municipal. ⇒ filmoteca.

fototelegrafia *s f* (<foto- + ...) Reprodução de imagens à distância.

fototerapia *s f Med* (<foto- + ...) Método terapêutico baseado na a(c)ção da luz «luz solar/raios infravermelhos/ultravioletas» sobre o organismo.

fototip(ograf)ia *s f* (<foto- + ...) Processo de transformar chapas fotográficas em gravuras em relevo destinadas a impressão.

fototoxicidade *s f* (<foto- + ...) Toxicidade provocada por exposição dire(c)ta ou indire(c)ta aos raios ultravioletas.

fototropismo *s m Bot* (<foto- + ...) Tropismo provocado pela a(c)ção da luz. **Ex.** Os caules aéreos têm geralmente ~ positivo. ⇒ heliotropismo.

fotovoltaico, a *adj Fís* (<foto- + ...) Diz-se do efeito que consiste na produção de uma força ele(c)tromotriz quando a luz incide sobre certos materiais sensíveis. **Comb.** Central ~a. Pilha ~a.

fotozincografia *s f* (<foto- + ...) Processo de produção de zincogravuras utilizando técnicas fotográficas.

fouçar/fouce/foucinha ⇒ foiçar/foice/foicinha.

fouveiro, a *adj/s m* (<lat *falvarius* <*falvus:* ruivo(+)) Diz-se do cavalo cuja pelagem é castanho-clara malhada de branco.

fóvea *s f* (<lat *fóvea,ae*) **1** Cova/Concavidade/Depressão. **2** *Anat* Depressão no centro da zona amarela da retina onde as células visuais são mais estimuladas pela luz. **Ex.** No globo ocular de outros animais «aves/peixes/répteis» encontram-se ~s análogas às do homem. **3** *Bot* Cavidade existente na base das folhas de algumas plantas, na parte interna da bainha.

fovente *adj 2g* (<lat *fóvens,éntis* <*fóveo, ére:* aquecer, favorecer, fomentar) Que favorece/ajuda/auxilia/Propício(+)/Favorecedor(o+).

fovéola *s f Anat* (<lat dim de *fóvea*) Pequena cavidade que se forma em qualquer órgão ou estrutura anató[ô]mica.

foxtrot **[foxtrote]** (Focs) *s m ing* Dança de salão, de origem americana, que combina várias formas de passos lentos e rápidos. **Loc.** Dançar o ~.

foz *s f Geog* (<lat *fox,fócis* <*faux:* garganta, goela, passagem estreita) Ponto onde desagua um rio/Embocadura/Confluência. **Ex.** A ~ (dum rio) pode ser noutro rio, num lago ou no mar.

fracalhão, ona *adj/s* (<fraco + -alhão; ⇒ fracote) **1** *Aum* de fraco/(O) que tem pouca força. **Ex.** Eu ajudo a mudar [levar/transportar] o guarda-vestidos. – Que ajuda (é que) tu podes dar? És um. –, fracalhão, não podes com uma gata pelo rabo! **2** (O) que tem pouca coragem/Cobarde.

fração (Frà) **[*Br* fra(c)ção** (dg)**]** *s f* [= fracção] (<lat *fractio,ónis* <*frángo,ere,fregi, fráctum:* partir, quebrar) **1** A(c)ção de partir/Divisão/Repartição. **Comb.** *Rel* ~ do pão [Designação utilizada pelos primeiros cristãos para a celebração eucarística/A(c)to de partir o pão eucarístico]. **2** Parte dum todo/Parcela. **Ex.** Apenas uma pequena ~ dos contribuintes foi beneficiada com a alteração da lei fiscal. **Loc.** Dividir um terreno em ~ões [lotes/talhões]. **Comb.** *Miner* ~ **granulométrica** [Cada um dos lotes constituídos por partículas minerais de diâmetros compreendidos entre determinados limites]. *Quím* ~ **de petróleo** [Qualquer dos produtos obtidos na destilação do petróleo bruto]. ~ **molar** [Razão entre o número de moles [mols] de um componente e o número total de moles [mols] existentes numa solução]. **3** *Mat* Expressão que designa uma ou mais das partes iguais em que se divide [considera dividida] uma grandeza/a unidade/Número fracionário/racional/Quebrado. **Ex.** A ~ «4/5» representa a divisão [o quociente] entre dois termos: o numerador (Dividendo) «4» e o denominador (Divisor) «5». **Comb.** ~ **algébrica** «a/b» [em que os termos são representados por letras]. ~ **composta** [Expressão em que pelo menos um dos termos é uma ~]. ~ **decimal** «5/10 ou 0,5» [que se pode exprimir por um número decimal/cujo denominador é 10 ou uma potência de 10]. ~ **imprópria** «4/3» [que é maior do que a unidade/cujo numerador é maior do que o denominador]. ~ **irredutível** «2/5» [que não se pode simplicar mais]. ~ **própria** [cujo numerador é menor do que o denominador]. ~ **simples** [cujos termos são números inteiros]. **Redução de ~ões** ao mesmo [menor] denominador comum (Ex. 1/2 e 2/3, reduzidas ao menor denominador comum, são equivalentes a 3/6 e 4/6). **4** Parte discordante [dissidente] dum grupo/Fa(c)ção(+). **Comb.** ~ (sistematicamente) contestatária dentro dum partido.

fracassar v int (<fracasso + -ar[1]) **1** Não ter êxito/Falhar. **Ex.** O golpe de estado fracassou (e os seus autores foram presos). **2** Perder as forças/Não aguentar o esforço. **Ex.** Podes com o televisor? Se fracassas, lá vai ele pelas escadas abaixo! Então é que fica avariado de vez [definitivamente].

fracasso s m (<it fracasso: ruína, desgraça) **1** Barulho [Estrondo(+)] por alguma coisa que cai ou se parte. **Ex.** Ouvi um ~ [barulho(+)/estrondo(+)] e vim a correr ver o que tinha acontecido. **2** Mau resultado/Insucesso/Fiasco. **Ex.** O negócio foi um ~. Só serviu para perder dinheiro. O espe(c)táculo foi um ~ [fiasco(+)].

fracção/fraccionamento/fraccionar/fraccionário ⇒ fração/...

fracionamento (Frà) [Br **fra(c)cionamento** (dg)] s m [= fraccionamento] (<fra(c)cionar + -mento) **1** Divisão em partes/Fragmentação. **Comb.** ~ [Divisão(+)] **duma empresa**. ~ [Escalonamento(+)] **dum pagamento**. ~ **duma turma**. **2** Quím Separação dos diversos componentes duma mistura. **Comb.** ~ do petróleo.

fracionar (Frà) [Br **fra(c)cionar** (dg)] v t [= fraccionar] (⇒ fra(c)ção) Dividir em partes/fragmentos/fra(c)ções. **Loc.** ~ [Dividir(+)] um pacote de rebuçados «em três».

fracionário, a (Frà) [Br **fra(c)cionário** (dg)] adj [= fraccionário] (<fra(c)ção + -ário) Que se apresenta sob a forma de [Em que há] fra(c)ção/ões. «2a/$_{3+5b}$» Expressão ~a. Número ~.

fraco, a adj/s (<lat flácus,a,um: flácido, mole, caído) **1** Que não tem [Que tem pouca] força/energia física/Débil. **Ex.** A doença deixou-me muito ~ [débil/debilitado]. **Idi.** «ele não gosta de» **Dar parte de ~** [Revelar medo/hesitação]. **Ser ~ de** [Revelar debilidade em] (Ex. Sou ~ de cabeça/pernas/voz). **Ter um ~ por** [Ter predile(c)ção por] alguém. **Ant.** Forte; robusto; vigoroso. **2** (O) que é de constituição física pouco robusta/Franzino. **Ex.** É uma criança ~a [franzina/magra] mas com muita genica. Tem boa saúde. **3** (O) que não tem força de vontade/Que desanima/se deixa abater. **Ex.** "~ rei faz ~a a forte gente" (L. de Camões, Os Lusíadas). **Prov. Dos ~s não reza a História** [Só ficam nos anais [livros] da História os nomes dos heróis/valentes]. **Comb.** ~ de espírito [Com pouca firmeza de cará(c)ter/Volúvel]. **Ant.** Corajoso; forte; valente. **4** Que tem pouca solidez/resistência. **Ex.** Não podemos rebocar o carro com esta corda; é muito ~a. Não te apoies nesse ramo (da árvore) que ele é muito ~. **Comb.** Ponto ~ [Defeito] «dum carro». **5** (O) que tem pouca capacidade [conhecimento/competência] em determinada área/Incompetente/Mau. **Ex.** Dizem que esse médico é ~. Não confio nele [nos seus diagnósticos]. **Comb.** Aluno ~ «em matemática». **6** Pouco intenso/Pouco a(c)tivo. **Comb. Bebida ~a. Chuva ~a. Rea(c)ção ~a**. **7** (O) que age com brandura/com pouca firmeza/Complacente/Mole. **Ex.** Naquela oficina é uma balbúrdia. O chefe é ~ [fam é um banana], não se impõe; os operários fazem dele o que querem. **8** Pouco significativo/Insuficiente/Medíocre/Mau. **Comb.** ~ **poder de compra**. **Pluviosidade ~a. Resultados ~s. Ant.** Bom; elevado; forte. **9** Pouco produtivo. **Ex.** Este mês as vendas foram ~as. **Comb. Ano** «agrícola» ~. **Colheita** «de café/milho» **~a. Terra ~a**. **10** Diz-se de moeda que desvaloriza facilmente. **Comb.** Moeda [Divisas] ~a(s). **Ant.** Forte; sólido. **11** Mús Diz-se do som ou tempo pouco acentuado. **Comb.** Nota [Compasso/Tempo] ~a/o. **Ant.** Forte.

fracote, a adj/s fam (<fraco + -ote) **1** dim de fraco/(O) que tem pouca força física. É gordo, mas é ~, idi não pode com uma gata pelo rabo. **2** Pouco intenso/produtivo. **Comb.** Ano agrícola ~. **3** Que tem pouca qualidade/Medíocre/Insuficiente. **Comb.** Luz ~a/fraquita. Produto «azeite» ~. Resultados ~s.

fractura/fracturar ⇒ fratura/...

frade s m (<lat fráter,tris: irmão) **1** Rel Membro de certas ordens religiosas masculinas «mendicantes»/Frei/Monge. **Ex.** Santo Antó[ô]nio de Lisboa [de Pádua] era ~ franciscano. **Comb.** ~ [Monge(+)] **beneditino**. ~ **capuchinho**. ~ **menor** [franciscano]. **2** Marco de pedra colocado na beira das ruas ou calçadas. **Ex.** Passava horas encostado ao ~ de pedra que impedia a entrada de veículos no beco. **3** Náut Coluna de madeira colocada à retaguarda do mastro grande.

fradépio s m (<frade) Marco de pedra geralmente com o topo arredondado, colocado nas ruas/Frade **2**.

fradesco, a (Dês) adj depr (<frade + -esco) Que diz respeito a frades. **Comb.** Costumes ~s. Hábitos [Vestes] ~os/as. ⇒ conventual; monacal.

fradinho s m (<frade + -inho) dim de frade/Frade humilde/insignificante. ⇒ feijão-~.

fraga s f (<lat fragósus,a,um: escarpado) **1** Rocha escarpada/Penhasco/Rochedo. **Ex.** Desde pequeno que subia as ~s da serra atrás das cabras. Na encosta da serra havia uma grande ~ atrás da qual os pastores se abrigavam do vento. **2** Terreno pedregoso, com altos e baixos.

fragal s m/adj 2g (<fraga + -al) **1** s m Grande quantidade de rochas escarpadas/Fraguedo(+). **2** adj 2g Com muitos penhascos/Escarpado/Fragoso.

fragata s f Náut (<it fregata) **1** Hist Navio de guerra à vela, menor que a nau, usado no séc. XVII. **Ex.** A última ~ portuguesa foi a D. Fernando II e Glória que após ter sofrido um incêndio foi reconstruída e se conserva como museu. **2** Navio de guerra que desloca cerca de 2 000 t e é usado em serviço de escolta, de patrulha e de combate contra submarinos. **3** Barco à vela robusto de boca aberta e um só mastro usado no Rio Tejo (Portugal) para tráfego comercial.

fragateiro, a s/adj (<fragata + -eiro) **1** Tripulante de fragata do Rio Tejo (Portugal). **Comb.** Cul Caldeirada à ~ [Prato de peixe, típico da zona lisboeta]. **2** Náut Embarcação destinada ao transporte de carga/Fragata **3**. **3** adj Que gosta de andar na pândega/vadiagem/Estroina.

frágil adj 2g (<lat frágilis,e) **1** Que quebra facilmente/Quebradiço. **Ex.** Cuidado com [ao lavar] essas chávenas chinesas porque são muito ~eis. **2** Pouco resistente/sólido. **Ex.** Essa tábua é muito ~, não aguenta com o teu peso; vai partir. **3** Franzino/Débil/Fraco. **Ex.** Era uma criança ~: não podia praticar desportos violentos nem andar em correrias. **Comb.** Saúde ~. **4** Que tem falta de consistência/não assenta em bases sólidas. **Comb.** Argumentação [Prova/Argumento] ~. **Ant.** Firme; seguro: sólido. **5** Que cede facilmente às pressões/Pouco firme nas suas convi(c)ções/Influenciável. **Comb.** Personalidade [Temperamento] ~. **6** fig Precário/Efé[ê]mero. **Comb.** Relação conjugal ~.

fragilidade s f (<lat fragílitas,átis) **1** Qualidade do que é frágil. **2** Falta de resistência/solidez. **Comb.** ~ do barro [vidro]. **3** Falta de vigor físico/Debilidade/Fraqueza. **Ex.** A ~ causada pela doença não lhe permite fazer grandes esforços. **4** Tendência para se submeter à vontade dos [deixar influenciar pelos] outros/Fraqueza de cará(c)ter. **Ex.** É bom rapaz mas tem uma grande ~: vai para onde o levam [deixa-se arrastar pelas companhias]. **5** Falta de consistência/Precaridade/Instabilidade. **Comb.** ~ dum proje(c)to. **6** Falta de bases/fundamentação/Inconsistência. **Comb.** ~ de argumentação.

fragilizar v t (<frágil + -izar) Tornar frágil/Tirar resistência/Enfraquecer/Debilitar. **Ex.** A doença fragilizou-me fisicamente; deixou-me sem forças. O escândalo político fragilizou [deixou fragilizado] o partido do governo. O frio fragilizou as chapas de plástico da cobertura.

fragmentação s f (<fragmentar + -ção) **1** A(c)to ou efeito de reduzir a pedaços/partir em bocados. **Comb.** ~ dum bloco de pedra. **2** Cisão/Divisão. **Comb.** ~ dum partido político. **3** Biol Forma de reprodução assexuada de alguns invertebrados «turbelários».

fragmentar v t (<fragmento + -ar[1]) **1** Partir em bocados/Reduzir a pedaços/Esmigalhar. **Ex.** Bastou uma pequena pancada para ~ [partir(+)] a jarra de cristal. **2** Dividir. **Ex.** O partido fragmentou-se em várias fa(c)ções.

fragmentário, a adj (<fragmento + -ário) **1** Relativo a fragmento. **Comb.** Resíduos ~s «duma demolição». **2** Em fragmentos/Incompleto. **Comb.** Cole(c)ção ~a. Transcrições ~as «dum documento».

fragmento s m (<lat fragméntum,i; ⇒ fra(c)ção) **1** Parte de alguma coisa que se partiu. **Ex.** Cortou-se num ~ de vidro. **2** Parte dum todo/Fra(c)ção/Pedaço. **Ex.** Daqui vejo apenas um pequeno ~ [um pedacinho(+)] da tua casa. **Loc.** Dividir uma folha de papel em vários ~s. **3** O que resta duma obra artística [literária] cuja maior parte se perdeu. **Comb.** ~s duma cole(c)ção «particular» de pintura. **4** Parte duma obra inacabada/incompleta. **5** Excerto duma obra literária/musical. **Comb.** ~ duma sinfonia «de Beethoven».

frago s m (<lat frágro,áre: cheirar bem ou mal) **1** Indício de passagem de caça. **2** Excremento de animais selvagens.

fragor (Gôr) s m (<lat frágor,óris; ⇒ fra(c)ção) Ruído semelhante ao de uma coisa que se parte/Ruído estrondoso/Estampido/Estrépito. **Comb. O ~ das ondas a bater nas rochas. O ~ do vento tempestuoso**.

fragorar v int (<fragor + -ar[1]) Produzir fragor/Fazer ruído estrondoso/Troar(+).

fragoroso, a (Ôso, Ósa, Ósos) adj (<fragor + -oso) Estrondoso/Ruidoso. **Comb.** Águas ~as da cachoeira.

fragoso, a (Ôso, Ósa, Ósos) adj (<fraga + -oso) **1** Em que há muitas fragas/Penhascoso. **Comb.** Encostas ~as da serra. **2** De difícil acesso. **Comb.** Caminho ~. **3** fig Difícil de conseguir/Trabalhoso(+).

fragrância s f (<lat *fragrántia,ae*) **1** Qualidade do que exala cheiro agradável. **Ex.** Na primavera, gostava de passear pelo campo e sentir a ~ das flores silvestres. **2** Cheiro agradável/Aroma/Perfume. **Ex.** Ela não podia passar despercebida: a ~ do seu perfume sentia-se ao longe.

fragrante adj 2g (<lat *frágrans,ántis*) **1** Que tem cheiro agradável/Aromático. **Comb.** Flores ~s «da tília». **2** *iron* Que exala cheiro intenso e desagradável/Fétido.

frágua s f (<lat *fábrica,ae*: oficina de ferreiro) **1** Forno onde se caldeiam metais para serem trabalhados/Forja. **2** *fig* Ardor [Calor] intenso/Paixão/Fogo/Fogueira. **3** *fig* Contrariedade/Adversidade. **Comb.** As ~s [provas] da vida.

fraguedo s m (<fraga + -edo) Grande quantidade de rochas escarpadas/Terreno fragoso/Penedia. **Ex.** Na serra, não ficou uma única árvore, só ~. Ardeu tudo!

fragueiro, a s/adj (<fraga + -eiro) **1** (O) que leva a vida a trabalhar pelas serras «a arrancar pedra/resinar pinheiros». **2** Que tem uma vida trabalhosa e dura. **Comb.** Profissão ~a «de mineiro». **3** Agreste/Rude.

fragura s f (<fraga + -ura) Aspereza do terreno em que há penhascos/escarpas/Fragosidade.

fralda s f (<falda) **1** Pano [Papel] absorvente que envolve as nádegas dos bebés/ês ou das pessoas incontinentes. **Loc.** Mudar [Pôr] a ~. **2** Parte inferior da camisa e doutras peças de vestuário. **Loc.** Andar com a ~ de fora. **3** Parte inferior [mais baixa] duma montanha/serra/encosta/Aba/Falda/Sopé. **Loc.** Pastorear o rebanho nas ~s da serra.

fraldão s m (<fralda + -ão) *Aum* de fralda/ *Hist* Parte da armadura que protegia o corpo da cintura para baixo.

fraldilha s f (<fralda + -ilha) **1** Avental de couro usado pelos ferreiros e (antigamente) pelos besteiros. **2** Pequeno avental bordado usado antigamente pelas mulheres.

fraldiqueiro, a adj (<fraldica: fralda pequena + -eiro) **1** Que anda sempre atrás de mulheres/Mulherengo/Efeminado. **2** Diz-se do cão que gosta de estar ao colo das mulheres.

framboesa (Êza) s f *Bot* (<fr *framboise*) **1** Espécie de silva, *Rubus idaeus, L.*, cultivada nas regiões frescas e de solos graníticos ou xistosos, que dá uma amora comestível de cor vermelha quando madura/Framboeseiro/a. **2** Fruto desta planta. **Ex.** A ~ come-se em cru [ao natural] e também se utiliza no fabrico de doces e xaropes.

framboeseiro/a s *Bot* ⇒ framboesa 1.

França s f *Geog* (<franco(s)) País situado no sudoeste da Europa, um dos mais importantes deste continente. **Ex.** A capital da ~ é Paris e a língua é o francês.

francamente adv (<franco + -mente) **1** De modo franco/Com franqueza/Abertamente/Sinceramente. **Ex.** Sei que ele não iria gostar, mas tinha de lhe dizer ~ que ele andava por maus [errados] caminhos. **2** Usa-se para reforçar o que se exprime como verdadeiro. **Ex.** ~, não acredito que ele a tivesse atropelado de propósito. Apesar de ele não ter sido um bom filho, estou ~ disposto a ajudá-lo. **3** Num grau elevado/De forma evidente/Muito. **Ex.** Ela é ~ bonita [feia]. **4** Exclamação que exprime reprovação/indignação/espanto. **Ex.** ~! Já estamos tão atrasados «para a festa» e ainda te entreténs a brincar com o cão!

francês, esa s/adj (<top França + -ês) **1** Relativo a [Natural de] França. **Ex.** Os ~eses são em geral muito cultos. **Idi.** *Despedir-se à ~esa* [Retirar-se sem dizer adeus/ sem dizer nada aos que ficam]. **Comb.** *idi À grande e à ~esa* [Abundantemente/Com grande pompa]. *Revolução ~esa*. **2** Língua falada em França e nos países francófonos. **Ex.** O ~ é uma das línguas com maior número de falantes.

francesia[sice/sismo(+)**]** s (<francês + -...) Imitação afe(c)tada da linguagem [dos costumes] ~esa/eses. **Ex.** A colocação de flores e outros enfeites nos carros dos noivos é uma/um ~ trazida/o de França pelos emigrantes portugueses. ⇒ galicismo.

franchising s m *ing Econ* Contrato de cedência do direito de comercialização de bens ou serviços de determinada marca/ Contrato de franquia(+). **Ex.** A(c)tualmente, estão muito em voga as lojas de ~ «*Beneton*/*Outlet*, no pronto a vestir/*Singer*, nos ele(c)trodomésticos».

frâncico s m *Lin* (<lat *fráncicus,a,um*: de franco 7) Língua dos antigos Francos, que pertence ao grupo de línguas do alto--alemão.

frâncio [Fr 87] s m *Quím* (<*top* França + -io) Metal alcalino, radioa(c)tivo, artificial. **Ex.** O ~ foi descoberto em 1939 por Margueritte Percy, investigadora no Instituto Curie de Paris.

franciscano, a s/adj (<*antr* Francisco (de Assis) + -ano) **1** Religioso pertencente à Ordem fundada por S. Francisco de Assis, séc. XIII, ou a outras Ordens [Congregações/Institutos] dela derivadas/os. **Ex.** Os ~s cara(c)terizam-se pela vida de rigorosa pobreza. **Comb.** *Frade ~. Ordem Terceira ~a. Religiosa ~a* «Hospitaleira». **2** Relativo a S. Francisco de Assis/à Ordem ~a/ às congregações [institutos] de orientação ~a. **Comb.** *Convento ~. Ideal* [Espiritualidade] *~o/a. Pobreza ~a.*

franciú s m *pop* (<*top* França) **1** O que tem nacionalidade francesa. **2** Língua francesa. **Loc.** Falar ~.

franco, a adj/s (<fr *franc*, nome da tribo germânica que invadiu a Gália, hoje França) **1** Que diz aquilo que pensa/Sincero/Verdadeiro. **Ex.** Não gostarás [És capaz de não gostar] de ouvir, mas vou(-te) ser muito ~: acho que procedeste muito mal «roubando a empresa». **Comb.** Pessoa ~a [aberta/sincera/leal]. **Ant.** Dissimulado; fingido; hipócrita; mentiroso. **2** Que denota franqueza/Que é espontâneo/natural. **Comb.** *Gargalhada ~a. Resposta ~a*/clara. *Sorriso ~*/aberto. **3** Generoso/Liberal/Magnânimo. **Ex.** Os transmontanos (Do Nordeste de Portugal) são muito ~s com quem os visita. **Comb.** Mesa ~a [farta(o+)/abundante(+)]. **4** Que é evidente/Notório. **Ex.** O aluno fez ~s progressos «em matemática». **5** Livre de obstáculos/Desimpedido. **Comb.** Entrada [Passagem] ~a. **6** Isento do pagamento de impostos/taxas/tributos. **Comb.** *Feira ~a. Porto ~. Zona ~a.* **7** *Hist* Relativo [Pertencente] aos Francos, povos bárbaros germânicos que invadiram a Gália no séc. IV e deram origem à França. **Comb.** Chefe [Rei] ~. **8** Unidade monetária de alguns países «Suíça».

franco- *elemento de formação* (<franco) Exprime a ideia de francês, *francófono, franco-português* e de livre, *franco-atirador.*

franco-atirador, ora s **1** O que combate contra o inimigo por iniciativa própria sem estar integrado em exército legalmente constituído. **2** Membro de certas corporações com escola de tiro. **3** *fig* Pessoa que, embora pertencendo a determinada organização, age de forma independente nem sempre respeitando as normas do grupo.

francófono, a adj/s (<franco- + -fono) País [Povo] cuja língua oficial é o francês/(O) que fala habitualmente francês. **Comb.** *Comunidade ~a*/francofalante. *Países africanos ~s* «Benim/Gabão/Níger/Senegal». ⇒ lusófono.

franco-mação [-maçom] s m (<fr *franco-maçon*) Membro da franco-maçonaria/ Pedreiro-livre/Mação(+).

franco-maçonaria s f (<franco-mação + -aria) Sociedade secreta de cará(c)ter filantró[ô]pico e fins econó[ô]mico-sociais humanitários de inspiração liberal. **Ex.** Os membros da ~ agrupam-se em "lojas" dirigidas por um grão-mestre.

franco-maçónico, a [*Br* **franco-maçônico**] adj (<franco-mação + -ico) Relativo à franco-maçonaria/aos franco-mações.

franco-português, esa adj/s «instituto/ clube» Da França e de Portugal. **Sin.** Luso--francês.

frangalhada s f (<frango + -alha + -ada) **1** Grande quantidade de frangos/Franganada. **Ex.** Alimentar esta ~ (toda) fica caro! **2** Guisado de frango. **Ex.** A ~ é um prato que rende muito. Faço-o quando tenho que dar de comer a muita gente. **3** *fig* Montão de trapos/farrapos. **Ex.** Dei volta ao [Arrumei o] quarto de costura e tirei um cesto de ~ para deitar fora.

frangalhar v t (<frangalho + -ar¹) Pôr em frangalhos/Despedaçar/Rasgar. **Ex.** O cão atirou-se a mim e frangalhou[esfarrapou(+)]-me as calças.

frangalheiro, a adj/s *pop* (<frangalho + -eiro) (O) que anda vestido com farrapos/ Maltrapilho(o+)/Andrajoso(+). **Ex.** Tenho que mudar de roupa; não vou assim para a rua (todo) ~.

frangalho s m (<lat *frángere*(?): quebrar + -alho) **1** Pedaço de pano [Vestuário] muito usado e gasto/Roupa esfarrapada/Farrapo/Retalho. **Idi.** *fam Estar* [Ficar] *num ~* [psicologicamente destruído/abatido]. *Fazer em ~s* [Partir em pedaços/Esfarrapar/ Despedaçar/Destruir]. **2** O que não presta/ que é velho/Caco. **Loc.** Deitar os ~s velhos para o lixo.

frangalhona s f *depr* (<frangalho + -ona) Mulher de aparência desmazelada/mal vestida/Maltrapilha.

frangalhote s m (<frango + -alho + -ote) **1** Frango já crescido. **2** *pop* Rapazola/Rapaz boé[ê]mio.

franganada s f (<frângão + -ada) **1** Bando de frangos/Frangalhada 1. **2** *pop* Grupo de rapazes e raparigas [moços e moças].

franganito[note], a s *col* (<frângão + -ito/ ote) **1** *dim* de frango/Frango pequeno/ Franguinho(+). **2** *fam* Jovem [Rapaz/Rapariga] na fase da adolescência. ⇒ pinto.

frângão s m (< ?) *an* Frango/Galo.

frango, a s (<frângão) **1** Pinto já crescido/ Galo [Galinha] jovem. **Comb.** ~ assado no forno [no churrasco]. Arroz de ~. **2** *fig fam* Jovem/Adolescente. **3** *fig (D)esp* Bola facilmente defensável que o guarda-redes [goleiro] deixa entrar na baliza. **Comb.** Derrota causada por um ~ incrível do guarda-redes [goleiro].

frango-d'água s m *Ornit* Designação comum de aves da família dos ralídeos, adaptadas à vida aquática, muitas delas migratórias.

franja s f (<fr *frange* <lat *fímbria,ae*: extremidade em fios) **1** Guarnição duma peça de tecido feita com fios ou cordões pendentes. **Comb.** ~ dos cortinados. **2** Acabamento com fios puxados na horizontal ficando os outros pendentes. **Loc.** Fazer uma ~ na toalha (de mesa). **3** Faixa de cabelo que descai liso sobre a testa. **Ex.**

franjado, a

Vou mudar de penteado; já não gosto da [de me ver com] ~. **4** *fig* Grupo minoritário, mais ou menos marginal duma cole(c)tividade. **Comb.** Líder político apoiado apenas por uma pequena ~ do eleitorado «pelos jovens».

franjado, a *adj* (<franjar + -ado) **1** Enfeitado com [Terminado em] franja. **Comb.** *Cortinado ~. Toalha* «de linho» *~a*. **2** Cortado em forma de franja. **Comb.** Cabelo ~.

franjar *v t* (<franja + -ar¹) **1** Aplicar [Guarnecer com] franja(+). **Loc.** ~ um [Aplicar uma franja num(+)] jogo de (toalhas) banho. **2** Desfiar um tecido para formar franja. **Loc.** ~ [Tirar fios para fazer franja a] uma toalha de mesa/um naperão. **3** Cortar o cabelo em franja. **4** *fig* Rodear [Pôr à volta de] alguma coisa, como uma franja/Orlar. **Loc.** ~ um canteiro «com relva».

franqueado, a *adj* (<franquear + -ado) **1** Tornado franco/Desimpedido/Livre. **Comb.** Caminho ~. **2** Cujo acesso foi facultado. **Comb.** Processo (judicial) ~ aos jornalistas. **3** Transposto/Ultrapassado. **Comb.** Dificuldade ~a. **4** Que foi concedido/posto à disposição. **Comb.** Sala ~a «ao grupo de jovens» para reuniões. **5** Que foi dado a conhecer/Revelado. **Comb.** Carta [Segredo] ~ ao público.

franquear *v t* (<franco + -ear) **1** Tornar franco/livre/Desimpedir. **Loc. ~ as fronteiras. ~ um caminho**. **2** Permitir o livre acesso. **Loc. Abrir as janelas para ~ a entrada do sol**. ~ [Abrir ao público(+)] *os jardins do palácio* para serem visitados. **3** Passar para além de/Transpor(+). **Ex.** Os assaltantes escaparam franqueando o muro. **4** Pôr à disposição/Conceder/Permitir. **Loc.** ~ [Dar(+)] comida e alojamento «aos peregrinos». **5** Dar a conhecer/Manifestar/Revelar. **Loc.** ~ [Revelar(+)] um segredo. **6** Deixar ver/Patentear/Mostrar. **Ex.** Só a pessoas de muita confiança franqueava a valiosíssima cole(c)ção de joias. **7** Pagar o transporte de. **Loc.** ~ uma encomenda postal. **8** Isentar de imposto/taxa. **Loc.** ~ a importação «de trigo».

franqueável *adj 2g* (<franquear + -vel) Que se pode franquear/Acessível.

franqueza (Quê) *s f* (<franco + -eza) **1** Qualidade [Disposição de espírito] de quem naturalmente revela o que pensa/Sinceridade/Lealdade. **Ex.** Aprecio muito a ~ daquele jovem. **Loc.** Usar de ~ [Falar abertamente/sem rodeios]. **Comb.** «digo [falo]-lhe» *Com* (toda a) ~ [Sinceramente/Com verdade]. *Com ~!* [Exclamação que exprime desacordo/indignação/irritação] (Ex. Com ~! Acabei de te dizer que hoje não podia sair e já (me) estás outra vez a telefonar para irmos ao cinema!). **2** Generosidade/Liberalidade. **Ex.** Ao pé dele ninguém era pobre; usava de ~ para com toda a gente.

franquia *s f* (<franco + -ia) **1** Isenção de impostos ou outra forma de pagamento. **Comb.** ~ diplomática. **2** Autorização dada pelos correios para envio gratuito de cartas ou encomendas. **Comb.** ~ postal. **3** Pagamento de porte postal por meio de selo. **Ex.** Todos os anos os correios aumentam a ~ das cartas. **4** Selo postal. **5** Regalia/Privilégio. **Comb.** ~ de bagagem [Peso de bagagem que o passageiro tem direito a levar consigo sem pagar suplemento]. **6** *Dir* Dedução, previamente estabelecida no contrato, que a seguradora faz no pagamento de inde(m)nizações ao segurado por perdas e danos. **Ex.** A uma ~ mais alta corresponde o pagamento dum pré[ê]mio de seguro de menor valor.

franquiar *v t* (<franquia 3/4 + -ar¹) Pôr a franquia/o selo(o+)/Selar(+)/Estampilhar. **Loc.** ~ a correspondência. **Comb.** Máquina de ~. ⇒ franquear.

franzido, a *adj/s m* (<franzir + -ido) **1** Que tem pregas muito juntas e pequenas. **Comb.** *Saia ~a. Vestido ~ na cintura*. **2** Que forma rugas/Enrugado. **Comb.** Rosto [Testa] ~o/a (devido à crispação muscular). **3** *s m* Sequência de pregas muito pequenas e juntas feitas num tecido. **Loc.** Fazer um ~ «num cortinado/numa saia».

franzimento *s m* (<franzir + -mento) A(c)to ou efeito de franzir/Enrugamento. **Loc.** Alargar o ~ da cintura do vestido «porque está apertado». **Comb.** ~ do sobrolho.

franzino, a *adj* (<franzir + -ino) **1** Que é de constituição frágil/delicada. **Comb.** Corpo ~ de criança. **2** Que é pouco intenso. **Comb.** Voz ~a. **3** Pouco consistente/Delgado/Fino/Delicado. **Comb.** *Suporte* «de prateleira» *~. Tecido ~* [fino/leve].

franzir *v t* (<*an* frangir <lat *frángo,ere,frégi, fráctum*: quebrar) **1** Fazer pregas pequenas e juntas num tecido/Preguear. **Loc.** ~ os punhos da manga «duma blusa». **2** Enrugar(-se) contraindo os músculos. **Loc. ~ a testa** «ao olhar para o céu». **~ o sobrolho** [Manifestar reprovação/descontentamento].

fraque *s m* (<fr *frac*) Casaco de homem, de cerimó[ô]nia, justo ao corpo e terminando atrás com abas compridas. **Ex.** O casamento é de cerimó[ô]nia. Os homens vão todos de ~.

fraqueiro, a *adj/s f* (<fraco + -eiro) **1** Que tem pouca força/Fraco. **2** *s f* Fraqueza(+) por falta de alimento/Debilidade. **Ex.** Há tanto tempo sem comer, tenho uma ~ que já não me aguento de [em] pé.

fraquejar *v int* (<fraco + -ejar) **1** Perder as forças/a energia física/o vigor/Tornar(-se) fraco. **Ex.** Aguentou com o andor todo o percurso (da procissão) sem ~ [se cansar]. Com a idade, as forças começam a ~/faltar. **2** Perder o ânimo/alento/Esmorecer. **Ex.** Iam decididos a protestar energicamente contra a mudança de horário, mas quando o dire(c)tor apareceu fraquejaram [chegaram-se atrás/calaram-se]. **3** Vacilar/Ceder/Afrouxar. **Ex.** Tomou a resolução de deixar de fumar, mas ao pé de [junto a] outros fumadores fraquejava [não aguentava (e fumava)]. **4** Deixar de funcionar (bem)/Ir-se abaixo(+)/Falhar(+). **Loc.** O motor [A luz] ~. **5** Não ter êxito/sucesso/Fracassar(+). **Ex.** Já se meteu em mil e um [em muitos] negócios: fraquejou em todos.

fraqueza (Quê) *s f* (<fraco + -eza) **1** Falta de força física/de vigor/Debilidade. **Ex.** A ~ das pernas era tão grande que não conseguia andar; a custo se mantinha de pé. **2** Falta de coragem/ousadia/ânimo/Abatimento. **Ex.** A remodelação da empresa não chegou a ser feita por causa da ~ [falta de coragem(+)] dos dirigentes. *idi* Fazer das ~s força [Recuperar o ânimo/Encher-se de energia apesar das contrariedades]. **3** Falta de firmeza interior/força moral/Tendência para ceder. **Ex.** Embora soubesse que estava a proceder mal, por ~ cedeu às pressões da comunicação social. **4** Ponto fraco/Imperfeição/Defeito. **Ex.** A vaidade é a sua maior ~ [é o ponto (mais) fraco dele/a]. **5** Sensação de fome/falta de alimento. **Idi. Cair na ~** [Provocar sensação de indolência/sonolência por se ter ingerido alimento depois de muito tempo sem comer] (Ex. O almoço caiu-me na ~). Estar com ~ [Sentir ~/fome].

frascaria *s f* (<frasco + -aria) Grande quantidade de frascos. **Ex.** Essa ~ que não serve para nada, vou deitá-la fora.

frasco *s m* (<lat *flásco,ónis* <gótico *flaskó*: garrafa) **1** Recipiente de boca estreita, de vidro/loiça/plástico, com rolha/tampa para líquidos ou substâncias sólidas. **Comb. ~ de comprimidos. ~ de tinta. Conjunto de ~s de cozinha**: para açúcar, arroz, farinha, ... **2** Conteúdo desse recipiente. **Ex.** Já vou no [estou a tomar o] segundo ~ de xarope e a tosse ainda não passou. **3** *fam pop* Pessoa [Mulher] feia/sem graça.

frase *s f* (<gr *phrásis,éos*: dicção, elocução, estilo) **1** *Gram* Unidade de expressão linguística que encerra um sentido completo «eu sou português». **Ex.** O verbo [predicado/sintagma verbal] é a palavra fundamental duma ~. A pontuação duma ~ dá indicações sobre a entoação com que a ~ deve ser proferida. **Comb.** ~ feita [fixada pelo uso e que tem um sentido específico/Chavão/Lugar-comum]. ⇒ oração. **2** *Mús* Parte de composição musical constituída por um ou mais motivos e que termina geralmente por uma cadência. **Ex.** O termo ~ pode significar uma parte da melodia ou um (membro de) período do discurso musical.

fraseado, a *s m/adj* (<frasear + -ado) **1** Maneira de escrever/falar/Palavreado. **Comb.** ~ simples [curioso/arrevesado]. **2** *Mús* Maneira de frasear/fazer frases. **3** *adj* Que está organizado em frases. **Comb.** Oração [Prece] ~a em versículos «salmos bíblicos».

frasear *v t/int* (<frase + -ear; ⇒ parafrasear) **1** Dispor em [Fazer] frases/Organizar o discurso em frases/Escrever. **Com.** ~ com simplicidade [elegância]. ⇒ dizer; enunciar. **2** *Mús* Executar dando relevo aos elementos do discurso musical.

fraseologia *s f* (<frase + -o- + -logia) **1** *Gram* Estudo da construção das frases. **Ex.** A ~ tem por base a sintaxe. **2** Conjunto de construções mais cara(c)terísticas de uma língua ou dum escritor. **Comb.** ~ **brasileira. ~ de José Saramago**. **3** Discurso abundante em palavras mas vazio de sentido. **Ex.** É um político bem-falante; abusa da ~.

fraseológico, a *adj* (<fraseologia+-ico) Relativo à fraseologia. **Comb.** Análise ~a dum discurso.

frásico, a *adj* (<frase + -ico) Da frase. **Comb.** Elementos ~s «sintagma nominal/verbal».

Frasniano *s m Maiúsc Geol* (<top Frasne(-le-Couvin), Bélgica + -i- + -ano) Andar do Devó[ô]nico superior que sucede ao Givetiano e antecede o Fameniano. **Ex.** O ~ é muito fossilífero.

frasqueira *s f* (<frasco + -eira) **1** Caixa com compartimentos apropriados para guardar frascos. **2** Lugar [Móvel] onde se guardam vinhos/licores/... **3** Conjunto de vinhos engarrafados e guardados. **Ex.** Tenho uma excelente ~ com vinhos de todas as regiões vinícolas de Portugal.

fraternal *adj 2g* (<fraterno + -al) **1** Que diz respeito a [Próprio de] irmãos/Fraterno(+). **Comb. Amor ~. Divisão ~** «duma herança». **2** *fig* Que revela afeição/cordialidade/Afe(c)tuoso. **Comb.** Abraço ~. Gesto ~ «de solidariedade».

fraterna(l)mente *adv* Como irmão/Com amor. **Ex.** Eu avisei[admoestei]-o ~.

fraternidade *s f* (<lat *fratérnitas,átis*) **1** Relação de parentesco entre irmãos. **Comb.** Ligados pela [por laços de] ~. **2** Amor ao próximo. **Ex.** A religião cristã prega a ~ entre todos os homens. **3** Relação de amiza-

de e sã convivência entre pessoas/comunidades/países. **Ex.** A divisa da Revolução Francesa era: "Liberdade, igualdade, ~".
fraternização s f (<fraternizar + -ção) A(c)to ou efeito de fraternizar(-se)/Convivência amigável entre pessoas/grupos/países. **Sin.** Confraternização(+).
fraternizar v int (<fraterno + -izar) **1** Estabelecer relações amistosas [fraternais] com outrem. **Ex.** Fraternizaram-se nos meses que passaram juntos na guerra. **2** Travar amizade íntima/Confraternizar(+). **Ex.** Um ideal comum ajuda as pessoas a fraternizarem-se. **3** Criar laços de solidariedade/Associar-se. **Ex.** Os bons vizinhos fraternizam uns com os outros ajudando-se mutuamente.
fraterno, a adj (<lat fratérnus,a,um <fráter, tris: irmão; ⇒ sóror) **1** Relativo [Pertencente] a irmãos/Fraternal. **Comb.** Amor ~. Partilha ~a. **2** Afe(c)tuoso/Amigável/Cordial. **Comb.** Relações ~as [cordiais/Boas relações] «entre os alunos da mesma turma».
fratricida s/adj 2g (<lat fratricida,ae) **1** O que mata o irmão/ã. **2** adj Que manifesta oposição [luta] entre pessoas que deveriam relacionar-se como irmãos. **Comb.** Guerra [Luta] ~.
fratura (Frà) **[Br fra(c)tura** (dg)**]** s f [= fractura] (<lat fractura,ae; ⇒ fração) **1** A(c)to de fraturar(-se)/quebrar(-se). **Ex.** O tremor de terra provocou várias ~s nas paredes da casa. **2** Med Traumatismo que consiste na ru(p)[ro]tura dum osso ou duma cartilagem dura. **Comb. ~ da tíbia. ~ duma costela. ~ exposta** [em que o osso fraturado sai para o exterior [fica à vista] pela ferida]. **3** Geol Brecha ou fenda produzida num bloco rochoso com ou sem deslocamento das partes, por a(c)ção de esforços tectó[ô]nicos. ⇒ diaclase; falha. **4** Miner Forma ou tipo de superfície que se obtém quando um mineral se parte de maneira irregular. **Comb. ~ conchoidal** [lisa e encurvada, semelhante a concha]. **~ esquirolosa** [com fragmentos aguçados].
fraturar (Frà) **[Br fra(c)turar** (dg)**]** v t/int [= fracturar] (<fratura + -ar¹) **1** Fazer fratura/Fender/Quebrar/Partir. **Ex.** O apoio do motor fraturou devido às vibrações. **2** Dividir/Fragmentar. **Ex.** O espelho caiu ao chão e fraturou-se em mil [muitos] bocados. **3** Med Partir um osso/uma cartilagem dura. **Loc. ~** [Partir] **o braço. ~ o maxilar.**
fraudar v t (<fraude + -ar¹) **1** Cometer fraude/Burlar «o fisco»/Enganar(+). **2** Deixar lesado/Prejudicar/Defraudar(+). **3** Fazer contrabando/Negociar na candonga.
fraudatório, a adj (<fraudar + -t- + -ório) Em que há [Relativo a] fraude/Fraudulento(+). **Comb. Intenção ~a. Plano ~.**
fraude s f (<lat fraus,dis) **1** A(c)to enganoso praticado de má-fé com a intenção de enganar/prejudicar alguém. **Ex.** Quando deu pela ~ de que lhe tinham vendido um cavalo doente, já os vendedores tinham desaparecido. **2** A(c)ção [Procedimento/Atitude] que contraria as disposições legais e é passível de sanções. **Comb. ~** fiscal.
fraudulência s f (<lat fraudulentia,ae) **1** A(c)to cometido de má-fé com o intuito de enganar/Fraude(+)/Burla. **Ex.** O vinho que lhe vendi não era muito bom, mas acho que não cometi nenhuma ~ porque ele provou-o antes (da compra). **2** Qualidade do que pratica fraudes. **Ex.** Pessoa que vive da ~ [que é pouco séria/pratica habitualmente fraudes].
fraudulento, a adj (<lat frauduléntus,a, um) **1** Realizado [Obtido] por meio de fraude. **Comb.** Lucro ~. **2** Em que há fraude.
Comb. Falência ~a. **3** Propenso à fraude. **Comb.** Associação [Grupo] ~a/o.
fraxina (Csi) s f Med Alcaloide com propriedades terapêuticas que se extrai do freixo.
fraxináceas [fraxíneas] (Csi) s f Bot (<lat fraxinus,i: freixo) Família de plantas dicotiledó[ô]neas arbóreas a que pertence o freixo, Fraxinus excelsior.
frear v t/int (<lat fré[ae]no,áre) **1** Fazer parar um [Diminuir a velocidade dum] veículo. **Ex.** O comboio [trem] começou a ~ [travar(+)] centenas de metros antes de chegar à estação. **2** Reprimir emoções/sentimentos/ímpetos/Refrear(+). **Ex.** A custo conseguiu ~ a língua para não insultar o árbitro (de futebol) por este ter decidido erradamente. **3** Br ~-se/Conter-se(+)/Moderar-se. **Ex.** Freou-se com grande esforço para não chorar.
freático, a adj Geol (<gr phrear,atos: poço) Diz-se do lençol aquífero livre em que o nível de água se encontra próximo da superfície do terreno. **Comb.** Lençol ~.
frecha/frechada s f ⇒ flecha/flechada.
frechal (Fré) s m (<frecha + -al) **1** Viga do madeiramento do telhado que assenta sobre a parede. **2** Viga onde assentam os frontais dum pavimento.
frechar (Fré) v t/int ⇒ flechar.
freelance[cer] s 2g ing Profissional que trabalha de forma independente sem estar vinculado a nenhuma entidade e que presta serviços temporários ou de cará(c)ter ocasional.
free shop s f (<ing (duty) free shop) Loja onde se compram artigos isentos de imposto (IVA). **Comb. ~** do aeroporto.
freguês, esa (Fré) s (<lat fílius ecclésiae: filho da igreja) **1** O que compra habitualmente à mesma pessoa [no mesmo estabelecimento]/Cliente habitual «dum médico». **Ex.** Pelo Natal, a mercearia tinha sempre uma atenção com os [dava um brinde aos] seus ~eses. **Comb.** «a escolha é» col **À vontade do ~** [De acordo com o que a pessoa deseja/Conforme se queira] (Ex. O feitio «do casaco» é à vontade do ~). **2** Habitante duma freguesia/Paroquiano(+). **Ex.** A freguesia [paróquia] era pequena. O prior conhecia todos os seus ~eses pelo nome. **3** coloq Pessoa/Sujeito/Indivíduo. **Ex.** Ninguém conhece esse ~ que apareceu (agora por) aí. Não inspira confiança nenhuma.
freguesia (Fré) s f (<freguês + -ia) **1** Divisão administrativa de categoria imediatamente inferior ao concelho. **Ex.** A ~ é a mais pequena das entidades administrativas. **Comb.** Assembleia [Junta] de ~. **2** Parte do território duma diocese sob a dire(c)ção dum pároco/Paróquia. Geralmente a ~ religiosa (Paróquia) coincide com a ~ civil. **Idi. Mandar** [Ir] **pregar a outra ~** [Mandar [Ir] expor o assunto a outros/Não querer ouvir]. **3** Habitantes duma freguesia/paróquia. **Ex.** Para atender a toda a ~, a Junta precisa de vários funcionários permanentes. A ~ (Paróquia) é servida pelo pároco e dois coadjutores porque é muito populosa. **4** Conjunto de clientes/Clientela «do médico». **Comb.** Loja [Estabelecimento/Organismo] com grande [muita] ~.
frei s m ⇒ frade; freire.
freima s f (<gr phlegma,atos: inflamação) **1** Impaciência/Desassossego/Pressa(+). **Loc.** Sentir ~ de partir «para a viagem». **2** Preocupação/Cuidado. ⇒ fleuma.
freimão s m ⇒ fleimão.
freio s m (<lat frénum,i) **1** Peça metálica presa às rédeas das cavalgaduras que lhes atravessa a boca e que serve para as dirigir. **Idi. Não ter ~ na língua** [Usar lin-
guagem descomedida/Ser inconveniente/desbocado]. **Pôr ~ a** [Reprimir/Conter/Travar]. **Tomar o ~ nos dentes a)** Não obedecer o cavalo ao cavaleiro/Ir desgovernado; **b)** Desobedecer/Abusar. **Comb.** idi Sem ~ [Que é descomedido/Imparável/Desenfreado] (Comb. Paixão sem ~). **2** Dispositivo para regular [parar] o movimento/Travão(+) «do carro». **Loc.** A(c)cionar [Puxar] o ~. **Comb. ~** [Travão(+)] **de mão. ~ pneumático** ⇒ guarda-~. **3** Obstáculo/Entrave/Impedimento. **Ex.** Se os pais não lhe pusessem ~, desbaratava a fortuna em pouco tempo. O governo devia pôr ~ às benesses escandalosas concedidas a gestores de empresas públicas. **4** Anat Estrutura em forma de prega membranosa que reduz ou evita o movimento dum órgão. **Comb. ~** da língua.
freira s f (<freire) Membro duma ordem [congregação/instituto] religiosa/o feminina/o/Irmã/Monja. **Ex.** As ~s fazem votos de pobreza, castidade e obediência. As enfermeiras deste hospital são ~s «franciscanas hospitaleiras». **Loc.** Ir para [Fazer-se] ~. **Comb. ~** sem hábito [que se veste à civil]. Colégio de [dirigido por] ~s.
freire s m (<fr an fraire; ⇒ frade) Membro duma ordem religiosa ou militar/Frade.
freirinha s f (<freira+-inha) **1** Dim de freira/Freira jovem/Noviça. **2** Zool Nome vulgar de caranguejo comestível, Calappa granulata, comum nas águas portuguesas e no Mediterrâneo. **3** Bot Nome vulgar da planta Coreopsis tinctoria, cultivada como ornamental também designada por Bela-Diana/Linda-Flor/Semíramis.
freix(i)al s m (<freixo + (-i-) + -al) Terreno plantado com [Mata de] freixos.
freixo s m Bot (<lat fraxinus,i) Designação de várias plantas do gé[ê]nero Fraxinus, da família das oleáceas, representado em Portugal pela espécie Fraxinus angustifolia. **Ex.** O ~ produz madeira rija de boa qualidade.
fremebundo, a adj (<lat fremebundus,a, um; ⇒ fremir) **1** Fremente(+) de raiva/Arrebatado. **2** Retumbante/Estrondoso/Vibrante.
fremência s f (<fremir + -ência) **1** Estado do que oscila/se agita/estremece/Agitação/Vibração. **2** Arrebatamento/Veemência.
fremente adj 2g (<lat frémens,éntis; ⇒ fremir) **1** Que se agita/vibra/oscila. **Comb.** Árvores ~s. Mãos ~s [trémulas(+)]. **2** Arrebatado/Apaixonado/Vibrante. **Comb.** «o pai» ~ de emoção «abraçou o filho que julgava morto».
fremir v t/int (<lat frémo,is,ere,ui,itum) **1** Produzir um barulho surdo/rumor leve ao agitar-se. **Ex.** As árvores fremiam agitadas pela brisa da tarde. **2** Soar ruidosamente/Bramir/Rugir. **Ex.** A tempestade amainara mas o mar ainda fremia. **3** Tremer de emoção/Vibrar. **Loc. ~** de júbilo [indignação].
frémito [Br frêmito] s m (<lat frémitus, us; ⇒ fremir) **1** Movimento ligeiro de oscilação que produz um ruído surdo/Agitação. **Comb.** O ~ da folhagem (das árvores) agitada pela brisa. **2** Ruído provocado por esse movimento/Rumor/Bramido. **Comb.** O ~ das ondas do mar. **3** Estremecimento/Arrepio/Abalo/Emoção. **Ex.** Quando ouviu falar do filho que estava longe, sentiu um ~ julgando que lhe vinham dar alguma má notícia. **4** Med Vibrações sensíveis à palpação semelhantes a um estremecimento. **Comb. ~** laríngeo [torácico].
frenação [frenagem] s f (<frenar + -...) **1** A(c)to ou efeito de controlar o movimento com o freio/Travagem. **Ex.** Os passageiros foram proje(c)tados para a frente com a ~

[travagem(+)] brusca do comboio [trem]. **2** *fig* Moderação/Contenção/Refreamento. **Comb.** ~ [Contenção(+)/Moderação(o+)] da emoção/do apetite.

frenar *v t/int* (<lat *fre[ae]no,áre*) **1** Fazer parar [Reduzir a velocidade] utilizando o freio/Travar. **Loc.** ~ [Travar(+)] o carro. **2** *fig* Reprimir/Moderar/Refrear(+). **Loc.** ~ [Refrear(+)] instintos/paixões.

frenesi(m) *s m* (<gr *phrenésis*) **1** Estado de exaltação violenta/Agitação febril/Ardor/Fúria. **Ex.** Entrou na sala como um louco, num ~ assustador. **2** A(c)tividade intensa/Zelo fervoroso/Afã. **Ex.** Andavam todos no ~ dos últimos preparativos para a festa. **3** Impaciência/Inquietação. **Ex.** Enquanto aguardava a saída dos resultados do exame, o ~ não o deixava [, não conseguia estar sossegado]. **4** Ardor excessivo/Grande entusiasmo/Arrebatamento. **Ex.** Ao chegar a casa depois de longa ausência, foi o ~ dos beijos e abraços à mulher, aos filhos e à numerosa família que se tinha juntado para o receber.

frenesiar *v t* (<frenesi + -ar¹) Causar frenesi.

freneticamente (Nè) *adv* (<frenético + -mente) **1** Com frenesi/De modo muito agitado/violento. **Ex.** Pegou-lhe pelos colarinhos e sacudiu-o ~. **2** Impacientemente/Agitadamente. **Ex.** Ora se sentava, ora passeava ~ de um para o outro lado da sala.

frenético, a *adj* (<gr *phrenitikós*) **1** Que tem frenesi/Tomado de delírio/Furioso. **Ex.** (O jogador) correu ~ para o adversário com intenção de o agredir. **2** Muito agitado/Impaciente/Inquieto. **Ex.** Os alunos, à medida que se aproximam os exames, começam a andar mais ~s. **3** Que denota excesso de entusiasmo/zelo/Intenso/Vivo. **Comb.** *Entusiasmo* ~. *Vida* ~a.

frénico [*Br* **frênico**] *adj m Anat* (<gr *phrénikos*) Relativo ao diafragma/Diz-se do nervo e dos vasos sanguíneos do diafragma. **Comb.** *Centro* ~ (Espelho de *van Helmont*) [Parte central tendinosa do diafragma].

frenite *s f Med* (<gr *phrenitis*) Inflamação do diafragma.

frenologia *s f* (<gr *phrén,phrenós*: diafragma, coração, espírito + -logia) Antiga ciência que estudava as aptidões e faculdades mentais a partir da forma do crânio.

frenopata *s 2g* (⇒ frenologia) O que sofre de frenopatia.

frenopatia *s f Med* (<frenopata + -ia) Doença mental.

frente *s f* (<lat *frons,frontis*; ⇒ ~ a ~/fronte) **1** Parte anterior de qualquer coisa. **Ex.** O carro embateu numa árvore e desfez a ~. Esta bata aperta à ~; gosto mais das que apertam atrás. **Loc.** *Fazer* ~ *a* [Enfrentar/Resistir] «ao adversário». *Ir em* ~ [Continuar/Levar por diante/Não desistir]. *idi Levar tudo na* ~ [Lutar afincadamente para conseguir aquilo que se pretende/Comportar-se de forma violenta e descontrolada]. *idi Ter pela* ~ [Deparar-se com/Estar diante de] (Ex. Se você vier com más intenções, vai-me ter pela ~ [, terá de lutar comigo]!). **Idi.** *Pôr o carro* [a carroça] *à* ~ *dos bois* [Querer que as coisas avancem depressa de mais, invertendo a sua ordem natural] (Ex. Quando conheceu o namorado da filha e a tratou logo por sogra, ela ripostou: – Lá virá o tempo, não queira pôr o carro à ~ dos bois). **Comb.** «sentar-se» ficar» ~ *a* ~ [Cara a cara/Em posição oposta]. *De* ~ [Frontalmente/*Geom* Paralelo ao plano vertical de proje(c)ção]. «falar» *Em* ~ *de* [Defronte/Diante de] «todos». **Ant.** Costas; retaguarda. **2** Parte dianteira dum edifício/Fachada. **Ex.** O edifício da Câmara Municipal [*Br* da Prefeitura] tem uma ~ muito bonita. **3** Frontaria dum edifício/Fachada. **Ex.** Neste lote de terreno pode-se construir uma casa com três ~s. **4** Primeiro lugar/Posição dianteira. **Comb.** Atleta [Ciclista] da ~. Fila da ~ [Primeira fila] «das cadeiras». **5** Lado principal duma folha de papel. **Loc.** *Imprimir só na* ~ (da folha). *Fotocopiar a* ~ *e o verso da folha*. **6** Lado em que começa um livro. **Ex.** O título (dum livro) está escrito na capa da ~ e por vezes também na lombada. **7** *Mil* Dianteira/Vanguarda/Linha de combate. **Comb.** ~ *de batalha* [combate]. *Linhas da* ~. **8** Ponto onde se pretende atacar um mal/se concentra a resistência/a luta. **Ex.** A droga deve ser combatida em várias ~s «educação da juventude/repressão dos traficantes/vigilância das fronteiras e locais de consumo». **9** Coligação de forças políticas com obje(c)tivos comuns. **Comb.** ~ *popular*. **10** *Met* Zona de transição de duas massas de ar com origem e temperaturas diferentes/Superfície frontal. **Comb.** ~ *fria* [polar/quente].

frente a frente *s m* Debate entre duas pessoas. **Ex.** Hoje há um ~ na televisão entre os dois candidatos à Presidência.

frentista *adj/s 2g Br* (<frente + -ista) **1** (O) que exerce a sua a(c)tividade na frente de trabalho/no acabamento de fachadas de edifícios. **2** Empregado que abastece os carros nas bombas de combustível/Gasolineiro.

frequência *s f* (<lat *frequéntia,ae*) **1** A(c)to de ir habitualmente a um determinado lugar/Assiduidade. **Ex.** Exagerava na ~ de locais de diversão no(c)turna. Apesar de ser bom atleta, na ~ [assiduidade(+)] aos treinos não era exemplar. **2** Conjunto de pessoas que vão regularmente a um determinado local. **Ex.** O restaurante tem boa comida, serve bem, mas a ~ é pouco recomendável [não me agrada]. **3** Participação num curso/a(c)ção de formação/seminário/... **Ex.** Muitos dos cursos iniciados recentemente já acabaram por falta de ~. A ~ de Direito, embora não tivesse acabado o curso, foi-lhe muito útil na vida profissional. **4** Teste de avaliação semestral no ensino superior. **Ex.** Uma boa nota na 1.ª ~ quase que garante a aprovação na cadeira. **5** Repetição sucessiva/Qualidade do que acontece muitas vezes. **Ex.** Tenho dores de cabeça com muita ~. O meu marido, desde que mudou de emprego, vai com muita ~ ao estrangeiro. **6** *Estatística* Número de ocorrências numa amostra representativa. **Ex.** A ~ de alunos com problemas de visão que só são dete(c)tados quando entram no 1.º ciclo escolar é muito elevada. **Comb.** ~ *relativa* [Quociente entre o número de casos em que ocorre determinado fenó[ô]meno e o número de elementos do conjunto]. **7** *Fís* Número de vezes que um fenó[ô]meno periódico se repete na unidade de tempo. **Ex.** A unidade de ~ é o ciclo por segundo ou *hertz*. A ~ (f) é o inverso do período (T) e exprime-se por $f=1/T$. ~ *angular temporal* (Pulsação) ($\omega=2\pi/T$). ~ *angular espacial* (Vibração) ($K=2\pi/\lambda$ onde λ é o ciclo [comprimento de onda]). ~ *modulada* (FM) [de onda de rádio que varia proporcionalmente com a amplitude do sinal]. **8** *Lin* Número de ocorrências duma palavra num *corpus*.

frequencímetro *s m Ele(c)tri* (<frequência + -metro) Instrumento para medir frequências.

frequentação *s f* (<frequentar + -ção) **1** A(c)to de frequentar [ir habitualmente a] um local. **Ex.** Conheceram-se pela ~ do mesmo café. **2** Convivência habitual/Trato. **Comb.** ~ da casa dos sogros.

frequentador, ora *s/adj* (<frequentar + -dor) (O) que vai com regularidade a determinado local. **Ex.** O marido não era muito ~ da igreja mas era ~ assíduo do clube. ⇒ freguês.

frequentar *v t* (<lat *frequénto,áre*) **1** Visitar com regularidade/Ir repetidas vezes a um local. **Ex.** Deixei de ~ o café do bairro porque é muito barulhento; estão sempre a discutir futebol. **Loc.** *Rel* ~ *os sacramentos* [Ir à missa, confessar-se e comungar habitualmente]. **2** Ter um relacionamento constante e íntimo com alguém/Conviver. **Ex.** O antigo prior frequentava a casa do comendador; eram muito amigos. **3** Estudar em determinado estabelecimento de ensino/ano/curso. **Ex.** Já frequento esta [estou/ando nesta] escola há três anos. O meu filho está a ~ o 1.º ano de Direito. **4** Recorrer com regularidade a determinado serviço/Consultar. **Ex.** Desde os 65 anos que frequento as consultas regulares de oftalmologia.

frequentativo, a *adj Gram* (<lat *frequentatívus,a,um*) Diz-se dos verbos que indicam uma a(c)ção que se repete muitas vezes. **Ex.** *Beberricar, folhear, saltitar* são verbos ~s.

frequente *adj 2g* (<lat *fréquens,éntis*) **1** Que se repete muitas vezes/Reiterado/Continuado. **Ex.** (Naquela casa) as discussões eram ~s [É ~ eles discutirem]. É uma curva perigosa que origina acidentes graves muito ~s. **Comb.** *Med Pulso* ~ [acelerado]. **Ant.** Exce(p)cional; raro. **2** Vulgar/Comum/Habitual. **Ex.** O pinheiro e o eucalipto são árvores muito ~s em Portugal.

frequentemente *adv* (<frequente + -mente) Muitas vezes.

fresa *s f Mec* (<fr *fraise*) Ferramenta rotativa, có[ô]nica ou cilíndrica, com várias arestas de corte usada para cortar/desbastar/perfurar metais, madeira, solos, ... **Loc.** Abrir os dentes numa [Fazer uma] roda dentada com a ~. Passar a ~ [fresadora] no terreno depois de o lavrar.

fresador, ora *s* (<fresar + -dor) **1** O que trabalha com a fresa. **2** *s f Mec* Máquina equipada com fresas para cortar/desbastar/perfurar.

fresagem *s f* (<fresar + -agem) Operação de fresar/trabalhar com a fresadora. **Comb.** ~ *duma engrenagem*. ~ *dum terreno* «para destruir as ervas».

fresar *v t Mec* (<fresa + -ar¹) Trabalhar [Cortar/Desbastar/Perfurar] com a fresa.

fresca *s f* ⇒ fresco **15/16**.

frescal *adj 2g* (<fresco¹ + -al) **1** Quase fresco mas com pouco sal. **Comb.** *Bacalhau* ~. **2** Que não está estragado/Fresco. **3** *fig* Que está viçoso/Vigoroso.

frescata *s f fam* (<fresca + -ata) **1** Passeio [Diversão popular] campestre. **2** Patuscada/Divertimento/Farra.

fresco¹, a (Frês) *adj/s* (<germânico *frisk*) **1** Moderadamente frio. **Comb.** *Água* ~a. *Aragem* ~a. **2** Que tem uma temperatura amena/Que não faz calor. **Ex.** No verão, à tarde, fecho as janelas para manter a casa ~a. **3** Que foi refrescado/arrefecido. **Ex.** Quer(es) água ~a ou natural? **4** Leve/Fino. **Ex.** No tempo quente, usam-se roupas mais ~as. **5** Ameno/Agradável/Aprazível. **Ex.** É um sítio muito ~. No verão está-se muito bem aqui. **6** Que não está murcho/Viçoso. **Ex.** As flores ainda estão [se mantêm] ~as apesar de estarem há vários dias na jarra. **7** Apanhado [Colhido/Preparado] há pouco tempo/Que não foi conservado/

Recente. **Ex.** Todos os dias temos pão e leite ~s; o padeiro e o leiteiro fazem a distribuição de porta em porta. **Comb.** *Fruta ~a* [da estação]. *Peixe ~*. **8** Aplicado há pouco tempo/Que ainda não secou. **Comb.** *Pintado de ~. Tinta ~a*. **9** Que sucedeu há pouco tempo/Recente. **Ex.** Trago-lhe notícias ~as «dos seus familiares». **Comb.** *Casados de ~. Dinheiro ~* [acabado de receber]. **10** Que mantém a energia/vitalidade/Que não mostra cansaço. **Ex.** Acabou a corrida muito ~. **Idi.** «o avô ainda está» *~ que nem uma alface* [Cheio de força/Enérgico]. **11** Refeito/Limpo/Saudável. **Ex.** Estava extenuado com tanto trabalho. Tomei um duche e já estou novamente ~ [fresquinho como uma alface]. **12** Que ainda está bem presente na memória/nítido/claro. **Ex.** Fiz exame «de código da estrada» há pouco tempo; ainda tenho a matéria bem ~. **13** *pop* Que é malicioso/brejeiro/indecoroso. **Comb.** *Anedota* [Linguagem] ~a. **14** *pop* Que pratica a(c)tos repreensíveis/Licencioso. **Ex.** Pelo que me contas, essa tua amiga deve ser ~a. **Idi.** *Fazê-la ~a* [Fazer asneira]. **15** *s f* Aragem agradável/Fresco/Frescura/Frescor. **Ex.** No verão, sabe bem apanhar [gozar/saborear] a ~a da noite. **Comb.** *À ~a* [Com pouca roupa/Mal agasalhado/A gozar a ~] (Ex. Vais sair assim à ~a, podes constipar-te. Sentou-se à ~a para descansar um pouco). **16** *s f* Hora em que há menos calor. **Ex.** As cerejas devem ser apanhadas de manhã, pela ~. **17** *s m* Temperatura amena/moderadamente fria/Fresca. **Ex.** Vinha cheio de calor. Quando entrei aqui senti um ~ tão agradável! **Loc.** Pôr-se ao ~ **a)** Refrescar-se/Descansar em lugar ~/Tirar parte da roupa; **b)** *idi* Fugir/Escapulir-se. **Comb.** *O ~ da manhã* [noite]. **18** *s m pl* Alimentos que devem ser consumidos em pouco tempo/Alimentos frescos. **Comb.** *Se(c)ção de ~s* (do supermercado).

fresco² (Frês) *s m Arte* (<it *fresco*) **1** Técnica de pintura aplicada dire(c)tamente sobre paredes rebocadas e preparadas com cal humedecida, aplicando-se tintas diluídas em água. **Ex.** Os pigmentos das tintas eram antigamente constituídos exclusivamente por óxidos metálicos e minerais moídos, como o lápis-lazúli. **2** Quadro pintado por este processo. **Comb.** *~s de Giotto/Pietro della Francesca* (Pintores italianos do Renascimento).

frescor *s m* (<fresco¹ + -or) **1** Qualidade do que é fresco/Frescura. **Ex.** No verão, é muito agradável passear um pouco depois do jantar para saborear o ~ da noite. **2** Aragem fresca/Brisa/Fresco. **Ex.** Abrir portas e janelas para sentir um pouco de ~. **3** Vigor das plantas/Viço. **Ex.** Passava horas no jardim deliciando-se com o ~ das plantas. **4** Vigor da juventude/Vivacidade/Vitalidade/Frescura. **Ex.** Apesar da idade, mantinha um grande ~ [uma grande frescura(+)]. **5** Sensação agradável transmitida pelo que é fresco. **Comb.** *O ~ dos rebuçados de mentol*.

frescura *s f* (<fresco + -ura) **1** O que é moderadamente frio/Frescor. **Ex.** Fiquei consolado/a com a ~ desta água. **2** Aragem [Temperatura] fresca/agradável. **Ex.** Leva um agasalho por causa da ~ da noite. **3** Vigor da vegetação/Viço. **Ex.** A ~ do jardim [das plantas]. **4** Entusiasmo juvenil/Vivacidade/Vitalidade. **Ex.** Apesar da idade, mantinha uma grande ~. **5** Estado dos alimentos colhidos recentemente ou que estão bem conservados. **Comb.** *~ da hortaliça. ~ do peixe*.

fressura *s f* (<lat *frixura*: pedaços para fritar) Conjunto de vísceras de animal que se aproveitam na alimentação/Bofes. **Comb.** *~ (Coração, fígado, pulmões, ...) de borrego/porco/vaca*.

fresta (Frés) *s f* (<lat *fenéstra,ae*) **1** Abertura estreita na parede para entrada de ar e luz. **Ex.** A garagem não tinha janelas; apenas duas pequenas ~s por onde entrava o ar e um pouco de luz. **2** Janela muito estreita e alta. **Comb.** *~s das igrejas góticas e românicas*. **3** Fenda/Frincha/Greta. **Ex.** Com o terramoto, abriram muitas ~s [fendas(+)/rachas/brechas] nas paredes das casas. O calor fez abrir ~s na madeira da porta. **4** Pequena abertura numa porta ou janela que não se pretende fechar totalmente. **Ex.** A vizinha, sempre que pressentia alguém na escada, espreitava por uma ~ da porta para ver quem era.

frestão *s m* (<fresta + -ão) *Aum* de *fresta*/Fresta bipartida por uma coluna cara(c)terística da arquite(c)tura gótica.

fretado, a *adj* (<fretar + -ado) Cedido [Tomado] durante certo tempo, mediante pagamento previamente acordado. **Loc.** Transportar mercadoria em cami(nh)ão ~.

fretador, ora *s* (<fretar+-dor) O que cede [aluga] um meio de transporte ou trata dos contratos de fretamento.

fretagem *s f* (<fretar + -agem) **1** A(c)to de fretar/Fretamento. **2** Comissão ganha pelo fretador.

fretamento *s m* (<fretar + -mento) **1** A(c)to de ceder [tomar] um meio de transporte a título temporário. **2** Locação de um navio. **Comb.** *Carta de ~*. **3** Importância paga pelo aluguer/guel.

fretar *v t* (<frete + -ar¹) Dar [Tomar] um meio de transporte durante um certo período mediante o pagamento do valor estipulado/Alugar. **Loc.** *~ um navio* [cami(nh)ão «TIR»]. *~ um táxi* [carro].

frete (Fré) *s m* (<fr *fret*) **1** Valor pago por qualquer transporte de carga. **Ex.** Nalguns casos o custo do ~ é maior do que o valor da mercadoria. O preço (da mercadoria) já inclui o ~. **2** Preço pago ao dono do transporte pelo aluguer/el deste. **Ex.** O transporte fica caro; ao valor do ~ do cami(nh)ão, acresce o custo do combustível e o vencimento do motorista. **3** Mercadoria [Carga] que é carregada/transportada. **Ex.** Pode-se avisar o cliente de que o ~ [carregamento/a carga] será entregue ao fim da tarde. **4** Aluguer/el dum meio de transporte para conduzir pessoas ou coisas. **Ex.** Não se preocupem (a pensar) como vão para a cidade; eu encarrego-me do ~. **5** Tarefa de que se é incumbido/Recado/Encargo. **Ex.** O João não está (em casa). Foi fazer um ~ [recado(+)] à vizinha. **Comb.** *Moço de ~s*. **6** *pop* Serviço incó[ô]modo/custoso/Tarefa de que se não gosta. **Ex.** Ter que ir com a minha mulher às compras, é sempre um ~. A Mariana vem cá hoje. Vamos ter de fazer o ~ de ouvir as suas intermináveis queixas.

fretejador, ora *adj/s* (<fretejar + -dor) (O) que faz fretes.

fretejar *v int* (<frete + -ejar) Fazer fretes.

fretenir *v int* (<lat *fritínnio,is,íre,ívi,ítum*) Cantar (a cigarra)/Estridular.

freudiano, a (Fròi) *adj* (<antr (Sigmund) *Freud* + -iano) Relativo a Sigmund Freud (1856-1939), neurologista e psiquiatra austríaco, fundador da psicanálise. **Comb.** *Doutrina ~a. Influência ~a*.

freudismo (Fròi) *s m Psiq* (⇒ freudiano) Teorias e métodos psicanalíticos estabelecidos por Freud, relacionando o aparecimento de neuroses com o recalcamento de experiências psíquicas traumáticas de natureza sexual.

frevo *s m Br* (<fervo <ferver) **1** Dança [Música] tradicional pernambucana, de compasso binário e de andamento rápido, na qual os dançarinos executam coreografias individuais com guarda-chuvas. **2** *fig* Brincadeira agitada/Folia/Efervescência. **3** *fig* Desordem/Agitação/Bulício/Confusão.

friabilidade *s f* (<friável + -dade) Qualidade do que é friável/se desagrega/desfaz com facilidade.

friagem *s f* (<frio + -agem) **1** Ar frio/Tempo frio «devido ao vento»/Frialdade. **Ex.** Com esta ~ não se pode andar na rua. **2** Estado dos vegetais crestados pelo frio ou tocados pelo granizo. **Ex.** Veio uma ~ que deu cabo da [destruiu a] fruta.

frialdade *s f* (<lat *frigíditas,tátis*) **1** Qualidade [Estado] do que é frio. **Ex.** Não me toques; a ~ das tuas mãos arrepia-me. **2** Tempo frio/Friagem **1**. **Ex.** Com este vento cortante parece que a ~ se entranha nos ossos. **3** Insensibilidade/Frieza. **Ex.** Depois do tsunami houve turistas que apenas se preocuparam em abandonar imediatamente o país. Como é possível perante tão grande catástrofe agir com tanta ~?. **4** Falta de afe(c)to/Desinteresse/Indiferença(+)/Frieza. **Ex.** Fomos recebidos com tal ~ que apetece nunca mais voltar àquela casa.

friamente *adv* (<frio + -mente) **1** De modo frio/desinteressado/Com indiferença. **Ex.** Quando lhe dei um beijo reagiu ~: – Não me incomodes que estou a trabalhar. **2** Com serenidade/obje(c)tividade. **Ex.** As dificuldades devem ser encaradas ~ para que se encontre a melhor solução. **3** Sem se deixar impressionar/Insensivelmente. **Ex.** Os médicos e enfermeiros/as têm que agir ~ sem se deixarem impressionar demasiado com as doenças.

friável *adj 2g* (<lat *friábilis,e*: quebradiço <*frío,áre*: raspar, partir, quebrar) Que se desagrega/parte/desfaz com facilidade. **Comb.** *Minerais* [Rochas] *~eis*.

fricandó *s m Cul* (<fr *fricandeau*) Prato de carne ou peixe lardeado e estufado. **Comb.** *~ de vitela*.

fricassé/ê *s m Cul* (<fr *fricassée*) Guisado de carne ou peixe aos bocados, a cujo molho se junta gema de ovo e salsa picada. **Comb.** *Frango de ~*.

fricativo, a *adj/s* (<lat *fricatus* <*frico,áre*: esfregar + -ivo) **1** Relativo à [Em que há] fricção. **2** *Fon* Diz-se do som em cuja produção intervém uma fricção originada pelo estreitamento do aparelho fonador, com o ar expirado contra os lábios e os dentes. **Ex.** *"f" e "s" são (exemplos de) consoantes ~as*.

fricção (Friksão) *s f* (<lat *fríctio,ónis*) **1** A(c)to ou efeito de friccionar/esfregar. **Ex.** A ~ da jante no lancil do passeio fez saltar muitas chispas. **Loc.** Ele(c)trizar um corpo (não condutor) «vareta de vidro» por ~ num pano de lã. **2** Resistência ao movimento dos corpos em conta(c)to/Atrito. **Ex.** A ~ é acompanhada de libertação de energia. **3** *Med* A(c)to de esfregar uma parte do corpo com creme, unguento ou outro produto adequado/Massagem. **Loc.** Dar uma ~ com álcool canforado. **4** *fig* Desentendimento(+) entre pessoas/Desavença/Atrito. **Ex.** Os irmãos nem sempre se dão todos bem. Por vezes há ~ões [atritos(+)] entre eles.

friccionar (Friksi) *v t* (<fricção + -ar¹) **1** Passar várias vezes com leve atrito um obje(c)to [a mão] sobre uma superfície/Esfregar. **Loc.** *~* [Esfregar(+)] *com lixa fina. ~ duas pedras*, uma na outra «para as alisar».

2 Fazer fricção com um preparado oleoso terapêutico/Massajar. **Loc.** ~ com creme.

frieira s f (<frio + -eira) **1** *Med* Inflamação cutânea produzida pelo frio, acompanhada de inchaço, comichão intensa e ardor, que ocorre principalmente nos dedos das mãos e dos pés. **Ex.** As ~s também podem causar bolhas e feridas. ⇒ cieiro. **2** *pop* Pessoa que come muito. **3** *pop* Fome intensa.

frieza s f (<frio + -eza) **1** Qualidade [Estado] do que é frio. **Ex.** O chão em mosaico dá uma sensação de ~. **2** Temperatura baixa/Frialdade. **Ex.** A ~ [O frio] do inverno custa muito a suportar. Enquanto sentir a ~ nos pés, não consigo dormir. **3** *fig* Indiferença/Insensibilidade. **Loc.** Falar a [Receber] alguém com ~. **4** *fig* Ausência de entusiasmo/ânimo/Desinteresse. **Ex.** Pela ~ com que a equipa/e está a jogar, nota-se que foi afe(c)tada pelos maus resultados. **5** Falta de colorido/expressividade. **Comb.** ~ da decoração «duma igreja/dum salão de festas».

frigideira s f (<frigir + -deira) Utensílio de cozinha, redondo e pouco fundo, com cabo comprido, de metal ou barro utilizado para fritar. **Loc.** Estrelar ovos [Fritar bifes] na ~. **Sin.** Fritadeira. ⇒ sertã.

frigidez s f (<frígido + -ez) **1** Qualidade do que é frio/Algidez. **Ex.** Tanto tempo à espera naquele corredor frio [na ~ daquele corredor] de pedra, fez-me apanhar uma grande constipação [um resfriado]. **2** ⇒ Indiferença/Insensibilidade/Frieza **3**(+). **3** *Med* Falta de prazer erótico. **Ex.** A ~ é um fenó[ô]meno patológico mais frequente nas mulheres do que nos homens. ⇒ impotência.

frigidíssimo, a *adj* (<lat *frigidíssimus,a, um*) Superlativo absoluto sintético de frígido e frio/Muito frio. ⇒ superlativo.

frígido, a *adj* (<lat *frígidus,a,um*) **1** Que tem temperatura baixa/Gelado/Álgido. **Comb.** Vento ~. **2** *fig* Que se mostra indiferente/apático/distante. **Ex.** Apesar de termos procurado integrá-lo no grupo, manteve-se sempre ~ [frio(+)/distante(+)/apático(o+)], à parte, sem falar com ninguém. **3** *Med* Que não tem desejo ou prazer sexual. **Comb.** Mulher ~a. ⇒ impotente.

frígio, a *adj/s* (<lat *phrygius*) **1** *Hist* Relativo à [Habitante da] antiga Frígia, região central da Ásia Menor. **2** Designativo de um barrete usado pelos ~s, ado(p)tado como insígnia da liberdade durante a Revolução Francesa. **Comb.** Barrete ~.

frigir v t/int (<lat *frígo,is,ere,fríxi,fríctum* [*fríxum*]) **1** Cozer (um alimento) a alta temperatura em azeite, óleo [gordura]/Fritar. **Loc.** ~ [Fritar(+)] carapaus pequenos [jaquinzinhos]. **2** Submeter a temperaturas muito elevadas. **Ex.** Estava um calor (capaz) de ~ [estrelar(+)] ovos ao sol. **3** *fig* Causar [Sofrer] grande incó[ô]modo/Arreliar/Importunar. **Ex.** A polícia frigiu[massacrou(+)]-o horas a fio com um interrogatório cerrado.

frigo(ri)- *elemento de formação* (<lat *frígus, oris*) Exprime a noção de frio: *frigorífico, frigoterapia*.

frigoria s f *Fís* (<frigori- + -ia) Unidade de medida utilizada na indústria do frio e que se define como a quantidade de calor que é preciso retirar a um quilograma de água a 15º C para fazer baixar um grau a sua temperatura.

frigorificação s f (<frigorificar + -ção) **1** Conservação pelo frio. **Comb.** ~ de peixe. Câmara de ~. **2** Produção de frio.

frigorificar v t/int (<frigorífico + -ar¹) **1** Conservar no frio/gelo/frigorífico. **Loc.** ~ alimentos «carne/peixe/vegetais». **2** Produzir frio artificialmente. **Ex.** A arca congeladora está a ~ mal.

frigorífico, a *adj/s m* (<lat *frigoríficus,a, um*) **1** Que produz [conserva o] frio. **Comb.** Arca ~a. Balcão ~. Cami(nh)ão ~. **2** s m Aparelho constituído por um móvel munido de mecanismo produtor de frio, que se destina a conservar e manter frescos os alimentos/*Br* Geladeira/*Br* Refrigerador. **Ex.** O leite longa vida (UHT), depois de abertos os pacotes, deve ser conservado no ~. **3** *Br* Que se especializa na conservação pelo frio. **Ex.** O meu marido trabalha numa firma ~.

frigoterapia s f (<lat *frígus,oris*: frio + terapia) Tratamento terapêutico pelo frio.

frincha s f (< ?) **1** Qualquer abertura muito estreita/Fenda/Fresta/Fisga/Greta. **Loc.** Espreitar por uma ~ da porta. **2** *Br* Fenda ou canal estreito «de cascalho de onde os garimpeiros retiram os diamantes».

frinchoso, a (Ôso, Ósa, Ósos) *adj* (<frincha + -oso) Que tem frinchas/Gretado/Fendido. **Comb.** Tábua/Soalho ~a/o. ⇒ esburacado.

fringilídeo, a *adj/s Ornit* (<lat *fringilla*: tentilhão + -ídeo) **1** Que pertence [Relativo] aos ~s. **2** s m pl Família de pássaros granívoros de bico curto, grosso e có[ô]nico que inclui muitos gé[ê]neros e espécies frequentes na Europa e nas Américas. **Ex.** O canário e o pintassilgo pertencem aos ~.

frio, a *adj/s* (<lat *frígus,goris*; ⇒ frígido) **1** Que se encontra a temperatura baixa/mais baixa que a do corpo humano. **Idi.** «ele é muito teimoso; tentar convencê-lo é» **Malhar em ferro ~** [Insistir inutilmente]. **Comb.** «fazer uma operação» *Med* A ~ [Sem anestesia]. «agredir» **A ferro ~** [Com arma branca]. **Água ~a. Duche ~. Sangue ~. idi Um balde de água ~a** [Alguma coisa muito desagradável que inesperadamente é comunicada e faz arrepiar/gelar de emoção] (Ex. A notícia do acidente mortal do cantor foi um balde de água ~a na multidão que o esperava). **Ant.** Quente. **2** Que perdeu calor/Arrefecido. **Ex.** A sopa já está ~a; aqueces-(m)a um pouco no micro-ondas. **Ant.** Quente. **3** Que não transmite [transmite pouco] calor/Que não aquece. **Ex.** Os sofás forrados a napa são muito ~s. Os tecidos sintéticos são mais ~s que a lã. **4** Que dá a sensação [produz a impressão] de baixa temperatura. **Ex.** A sala sem cortinados fica ~a. Os móveis metálicos são muito ~s. **Comb.** Cores ~as. **5** Imperturbável/Indiferente/Insensível. **Ex.** Tinha muito dinheiro mas era ~; não se comovia com a desgraça alheia. A rece(p)ção que os sogros lhe fizeram foi muito ~a. **7** Que domina as emoções/Racional/Calmo. **Ex.** Nas situações difíceis é necessário manter a cabeça ~a, agir com calma sem se deixar perturbar pela emoção. **8** Que denota pouco entusiasmo ou falta de paixão. **Ex.** Fez um belo discurso mas muito ~; não conseguiu convencer [empolgar(+)/entusiasmar(o+)] o auditório. **9** Que não desperta interesse/Inexpressivo/Desengraçado/Sensaborão. **Ex.** A conversa dela era tão ~a [maçadora(o+)/sensaborona(+)] que ninguém a conseguia ouvir. **10** Pouco sensual/Pouco dado ao prazer sexual. **Comb.** Mulher ~a. **11** s m Baixa temperatura atmosférica/Temperatura semelhante à do inverno ou das zonas polares. **Ex.** A lareira atenuava o ~ que se fazia sentir naquela noite. Os esquimós [inuítes(+)] protegem-se do ~ com peles de animais. **Loc.** *idi* Rapar [Passar(+)] ~. **Comb.** Um ~ de rachar/cortar à faca [muito intenso]. **Ant.** Calor. **12** Estado de ausência de calor. **Comb.** O ~ do mármore [dos metais]. **13** Sensação que resulta da perda de calor. **Ex.** Vou vestir um casaco (por)que estou com ~. **Loc.** Estar transido de [Ter muito] ~. Sentir ~. **14** Falta de afe(c)to/calor humano/Indiferença/Frieza. **Ex.** O ~ que a mãe mostrava na relação com a filha não significava que não lhe tivesse amor. **15** Ausência de entusiasmo/emoção/Frieza/Desinteresse. **Ex.** O clube está prestes a morrer [desaparecer]. O ~ apoderou-se dos sócios e da dire(c)ção, ninguém se interessa por nada, está tudo ao abandono.

frioleira s f (<frívolo + -eira) **1** Renda feita à mão com lançadeira, para enfeitar peças de vestuário «golas/cabeções». ⇒ espiguilha. **2** Aquilo que não tem valor/Bagatela/Insignificância. **3** Parvoíce/Tolice/Patetice.

friorento, a *adj* (<frio + -ento) Que é muito sensível ao frio. **Ex.** Sou muito ~. No inverno, ando sempre cheio de [com muita/enfardelado de] roupa.

frisa¹ s f (<*top* Frísia, região comum à Alemanha e à Holanda nas costas do Mar do Norte) **1** Fibra [Pelo] do pano de lã. **2** Tecido grosseiro de lã. **3** Aparelho para frisar a lã. **4** Tecido de lã para calafetar portinholas dos navios.

frisa² s f (<friso) **1** Camarote ao nível da plateia. **Ex.** À noite, vai o grupo todo ao teatro. Já comprámos duas ~s. **2** Tira contínua de decoração, lisa ou trabalhada/Friso(+).

frisado¹, a *adj* (<frisar¹ + -ado) **1** Dotado de rugas/Enrugado(+). **Comb.** Testa [Rosto] ~a/o. **2** Ondulado/Anelado. **Comb.** Cabelo ~.

frisado², a *adj* (<frisar² + -ado) **1** Que tem frisa/o. **Comb.** Rebordo ~. **2** Posto em destaque/Assinalado/Salientado. **Comb.** Assunto várias vezes ~.

frisador, ora *adj/s* (<frisar + -dor) **1** (O) que ondeia os cabelos/encrespa os tecidos. **2** s Instrumento [Máquina] que serve para frisar.

frisagem s f (<frisar + -agem) **1** A(c)to de frisar/ondear cabelos/encrespar tecidos. **2** Colocação de frisos/as.

frisante *adj 2g* (<frisar + -ante) **1** Que ondeia/encrespa. **2** Que encaixa [se adequa] bem/Apropriado. **Comb.** Exemplo ~. **3** Que é convincente/Incisivo/Exa(c)to/Preciso. **Comb.** Interpelação ~.

frisar¹ v t/int (<frisa¹ + -ar¹) **1** Tornar(-se) rugoso/enrugado. **Loc.** ~ a testa. **2** Ondular[Encrespar]-se o cabelo. **Ex.** O cabelo voltou a ~-se¹.

frisar² v t (<friso + -ar¹) **1** Decorar [Guarnecer] com friso. **Ex.** Vou ~ a cozinha com uma fiada de azulejos de cor mais escura «no rodapé». **2** Salientar/Sublinhar/Acentuar. **Ex.** O professor frisou [disse] repetidas vezes que quem não fizesse os trabalhos de casa teria (nota) negativa.

frísio, a [frisão] *adj/s* (<lat *frísii,órum*) **1** Relativo à [Natural da] Frísia, região do norte da Holanda. **2** Relativo às [Natural das] ilhas Frísias, no Mar do Norte. **3** *Lin* Língua falada no norte da Holanda e da Alemanha. **4** *Zool* Raças de cavalos e bovinos originárias da Frísia. **Ex.** Os bovinos ~s, notáveis pela sua produção de leite, também são designados por raça [vaca] holandesa.

friso s m (<it *friso*) **1** *Arquit* Parte superior do entablamento entre a cornija e a arquitrave. **2** *Arquit* Faixa pintada ou esculpida que adorna, pelo interior, a parte superior duma parede. **3** Ornamento em forma de barra ou cercadura. **Ex.** As paredes da casa de banho eram de azulejos lisos

com um ~ de cor diferente, mais escura. **4** Cercadura em trabalhos tipográficos. **Ex.** O livro «a Bíblia» tinha uma encadernação de luxo, em couro com um ~ dourado na capa. **5** Conjunto de elementos dispostos em sequência como numa faixa. **Ex.** Olhando para o grupo de moças que se encontravam na varanda, exclamou: – Que belo ~!

frita s f (<frito) **1** (Tempo de) cozimento dos materiais com que se fabrica o vidro. **2** Queima das substâncias orgânicas que vêm misturadas com o minério. **3** *Cul* Qualquer alimento frito/Fritura. **Loc.** Comer umas ~s «de bacalhau com farinha, ovo e salsa/de abóbora». **4** *Cul* Fatia de pão que, depois de embebida em leite [vinho] doce e passada por ovo, é cozinhada em óleo na frigideira e servida polvilhada com açúcar e canela ou regada com calda de açúcar/Rabanada(+). **Ex.** As ~s são típicas da época do Natal.

fritada s f (<fritado) **1** O que se frita duma só vez/Fritura. **Comb.** Uma ~ de batatas. **2** *Cul Br* Omeleta/e com recheio «de camarão/atum». **3** *Br pop* Situação confusa/Complicação/Balbúrdia.

fritadeira s f (<fritar + -deira) **1** Utensílio de cozinha que serve para fritar/Frigideira. **Comb.** ~ elé(c)trica. ⇒ sertã. **2** Mulher que faz fritos para vender.

fritar v t/int (<frito + -ar¹) **1** *Cul* Cozer (um alimento) em gordura vegetal ou animal, a alta temperatura/Frigir. **Loc.** ~ batatas/peixe/bifes. **2** Fazer o cozimento dos ingredientes com que se fabrica o vidro. ⇒ frita 2.

fritilária s f Bot (<fritilo + -ária) Planta liliácea semelhante a túlipa, que reúne dezenas de espécies, algumas delas existentes em Portugal «coroa-imperial».

fritilo s m (<lat *fritíllus,i*) Copo para jogar dados.

frito, a adj/s (<frigir) Que foi cozinhado em óleo [gordura] a alta temperatura/se fritou [frigiu]. **Loc.** Acompanhar um bife com batatas ~as. **Idi.** Estar [Ficar] ~ [numa situação complicada/crítica/*idi* em maus lençóis] (Ex. Se vem [nos descobre] a polícia, estamos ~s!...). **2** s m Qualquer alimento cozinhado em gordura ou óleo a alta temperatura/Fritura. **Ex.** Os ~s fazem-me muito mal por causa da gordura. **3** s m *Cul* Bolinho de massa batida com ovos, cozinhado com azeite ou óleo e polvilhado com açúcar e canela «coscorão/filhó/sonho».

fritura s f (<fritar + -ura) **1** A(c)to de fritar. **Loc.** Passar a tarde na ~ [a fritar]. **2** Qualquer alimento frito/Fritada. **Comb.** ~s [Fritos(+)] de Natal.

friúra s f (<frio + -ura) Estado do que se encontra frio/Frialdade.

frivolidade s f (<frívolo + -i- + -dade) **1** Cara(c)terística do que julga as coisas com ligeireza/superficialidade/Leviandade. **Comb.** ~ de certas revistas populares [da literatura de cordel]. **2** Coisa sem importância/Futilidade/Ninharia/Insignificância. **Ex.** Ditos maldizentes, são ~s que não me preocupam.

frívolo, a adj (<lat *frívolus,a,um*) **1** Que se interessa por frivolidades/Que dá pouca atenção às coisas sérias. **Comb.** Pessoa ~a. **2** Que tem pouca importância/Sem fundamento/Superficial. **Comb.** Conversa ~a/ociosa/má.

froco s m (<lat *floccus,i*) **1** Tufo de filamentos ténues que esvoaçam com a aragem/Floco(+) «de neve». **2** Felpa de lã [seda] cortada aos bocadinhos ou torcida em cordão para ornamentar peças de vestuário/toalhas/tapetes. **Ex.** Quando aspirava o chão, tinha o cuidado de não deixar os ~s dos tapetes enrolados.

froixel/froixeza/froixidade/froixidão/froixo ⇒ frouxel/… .

fronde s f Bot (<lat *frons,frondis*) **1** Folhagem das árvores e dos fetos/Ramagem/Copa. **Comb.** ~ sempre verde «das laranjeiras». **2** Folha desenvolvida dos fetos na qual se formam os elementos de reprodução. **3** Talo não diferenciado de certo tipo de plantas aquáticas «lentilhas-d'água» que produz as folhas.

fronde(j)ar v t/int (<fronde + -e(j)ar) Cobrir(-se) de folhas/Criar ramagem.

frondejante adj 2g (< frondejar + -ante) Que frondeja/tem muitas folhas/muitos ramos/Frondoso(+). **Comb.** Árvore «tília» ~.

frondente [frôndeo, a] adj (<lat *frondens, éntis*) Que tem muitas [coberto de] folhas/Frondoso(+).

frondescência s f (<frondescer + -ência) Aparecimento e crescimento de folhagem. **Comb.** Fase de ~ duma árvore.

frondescente adj 2g (<frondescer + -ente) Que começa a desenvolver folhas/Coberto de folhas/Frondoso.

frondescer v int (<lat *frondésco,ere*) Criar [Cobrir-se de] folhas/Frondejar.

frondosidade s f (< frondoso+-i-+-dade) **1** Qualidade do que é frondoso. **2** Ramagem densa. **Ex.** Nem uma réstia [um raio] de sol penetrava na ~ das árvores que ladeavam a alameda.

frondoso, a (Ôso, Ósa, Ósos) adj (<fronde + -oso) **1** Que tem muitas folhas/Que tem ramagem densa/Frondejante. **Comb.** Árvore [Copa] ~a. **2** Cerrado(o+)/Espesso(+). **Comb.** Vegetação [Bosque] ~a/o. **3** *fig* Abundante/Extenso/Prolixo(+). **Comb.** Palavreado ~.

fronha s f (< ?) Peça de roupa que envolve e resguarda o travesseiro ou a almofada. **Loc.** ~ a condizer com os [do mesmo tecido e com enfeites idênticos aos] lençóis. **2** *pop* Cara/Rosto. **Ex.** Com uma ~ daquelas, tão desagradável e mal encarada, nunca vai [irá] cativar ninguém. ⇒ fuça(s).

frontal adj 2g/s m (<fronte + -al) **1** Referente à fronte/testa. **Comb.** Osso ~ ⇒ **11**. **2** Que ocorre [se produz] de frente. **Comb.** Choque [Embate] ~ «entre dois carros». **3** Que revela franqueza/Dire(c)to/Franco. **Ex.** Pessoa muito ~: diz o que tem a dizer [o que pensa] sem rodeios. **4** Radical/Firme. **Comb.** Atitude [Oposição] ~. **5** *Geom* (Em proje(c)ções ortogonais) paralelo ao plano vertical. **Comb.** Re(c)ta ~. **6** s m Faixa com que os judeus cingem a fronte durante as orações. **7** Tira de tecido que faz parte do véu de algumas religiosas e cobre a testa. **8** Peça do freio que cinge a testa do animal/Testeira. **9** (Alfaia que cobre) a frente do altar. **Comb.** ~ bordado «a ouro». ~ do altar-mor. **10** *Arquit* Peça que coroa a fachada principal dum edifício ou a parte superior das portas e janelas/Frontão. **11** *Anat* Osso ímpar situado na parte anterior do crânio. **Ex.** O ~ opõe-se ao occipital.

frontalidade s f (<frontal + -i- + -dade) **1** Qualidade do que é frontal/Franqueza. **Ex.** Todos admiram a sua ~ [a ~ dele]: não receia dizer o que pensa. **2** *Arte* Representação da figura humana com o rosto voltado para a frente. **Comb.** Lei da ~.

frontão s m (<fronte + -ão) **1** *Arquit* ⇒ frontal **10**. **2** *Br* (Parede da) casa onde se joga a pelota. **3** *Br* Jogo da pelota (basca).

frontaria s f (<fronte + -aria) **1** *Arquit* Fachada(+) principal dum edifício/Frontispício. **Comb.** ~ duma igreja. **2** Lado exterior de qualquer coisa.

fronte s f Anat (<lat *frons,frontis*; ⇒ frente) **1** Parte ântero-superior da cabeça entre os olhos e o couro cabeludo/Testa(+). **Ex.** Uma ~ vasta é indício de inteligência. **Idi.** Curvar a ~ [Baixar a cabeça/a crista/Submeter-se]. **2** Rosto/Cara. **Ex.** Lia-se-lhe na ~ a alegria que lhe ia na alma. **Loc.** Levantar a ~ [Afirmar a sua dignidade]. **Comb.** De ~ [Diante/Pela frente]. **3** ⇒ frontaria.

frontear v t/int (<fronte + -ear) Pôr-se [Ficar] em frente de/Defrontar. **Ex.** A igreja fronteia (com) a praça principal. O cavaleiro fronteava [defrontava] o touro desafiando-o a investir [atacar].

fronteira s f (<fronte + -eira) **1** Linha que delimita uma região/um território/Estrema/Raia. **Ex.** A ~ que separa os dois concelhos passa ao fundo da minha propriedade. **2** Limite que separa dois territórios/países/Raia. **Ex.** O rio «Minho/Douro» faz ~ entre Portugal e Espanha. **Comb.** ~ marítima [terrestre]. ~ natural [que segue um acidente geográfico «montanha/rio»]. **3** O que separa duas coisas distintas ou contrárias. **Loc.** A(c)tuar na ~ da legalidade. **Comb.** ~ entre o bem e o mal.

fronteiriço, a adj (<fronteiro + -iço) Que vive [se situa] na fronteira/Raiano. **Comb.** Conflitos [Escaramuças] ~os/as. Localidades [Populações] ~as.

fronteiro, a adj/s (<fronte + -eiro) **1** Situado na frente. **Comb.** Casa ~a à igreja. Jardim ~ ao palácio. **2** ⇒ Fronteiriço/Raiano/Limítrofe. **3** s m Hist Comandante duma praça militar situada na fronteira.

frontispício s m (<lat *frontispicium,ii* <*frons,frontis*: frente e *aspício,ere*: olhar, ver, contemplar) **1** *Arquit* Fachada principal dum edifício/Frontaria/Fachada. **2** Página inicial dum livro. **Ex.** No ~, além do título, está indicado o nome do autor do livro e a editora.

frota s f (<escandinavo *floti*) **1** Conjunto de navios de guerra/Armada «de Vasco da Gama». **Comb.** Poderosa ~, com porta-aviões e submarinos nucleares. **2** Conjunto de navios mercantes. **Comb.** ~ de graneleiros. ~ pesqueira «bacalhoeira». **3** Conjunto de veículos [meios de transporte] duma companhia ou dum país. **Comb.** ~ de aviões [táxis].

frouxar v t/int (<frouxo + -ar¹) ⇒ afrouxar.

frouxel s m (<frouxo + -el) **1** Penugem das aves. **2** Pelos curtos, finos e macios que cobrem a face. **3** Camada aveludada de pelos que reveste alguns frutos «pêssego» e algumas folhas. **4** Material macio usado no enchimento de almofadas e travesseiros. **5** *fig* Macieza/Moleza.

frouxeza[xidade/xidão(+)] s f (<frouxo + -…) **1** Qualidade do que é frouxo/não está esticado/Lassidão. **Comb.** ~ duma amarra [corda]. **2** Falta de energia/vigor/Moleza(+). **Comb.** ~ provocada pela doença. **3** Falta de fervor/força moral/Fraqueza/Tibieza(+). **Loc.** Atravessar uma fase de ~ na sua vida espiritual. **Comb.** ~ de cará(c)ter. **4** Falta de intensidade. **Comb.** ~ da luz.

frouxo, a adj/s (<lat *fluxus,a,um*: fluido, líquido, que corre; ⇒ fluir) **1** Que não está tenso/esticado/Lasso/Bambo/Folgado. **Comb.** Corda [Atadura/Nó] ~a/o. **2** Pouco intenso/Brando. **Comb.** Luz [Som] ~a/o. **3** Que tem falta de energia/vigor/Fraco/Débil. **Ex.** Sinto-me (mesmo) ~. Parece-me que estou a *idi* chocar [incubar] alguma doença «uma gripe». **4** Indolente/Mole. **Ex.** O calor deixa-me ~ [mole(+)], incapaz de trabalhar. **5** s Pessoa sem energia/Covarde/Medroso. **6** *Br pop* ⇒ Que sofre de impotência sexual/Impotente

frufru s m (< on) **1** Rumor das folhas/dos tecidos quando se tocam. **Ex.** No outono, ao entardecer, reinava a calma; só se ouvia o ~ da folhagem agitada pela ligeira brisa. **Comb.** ~ dos saiotes de nylon das senhoras. **2** Rumor do bater das asas durante o voo.

frugal adj 2g (<lat frugális,e) **1** Relativo a frutos. **2** Que se alimenta de comida simples e pouco abundante/Parco/Sóbrio. **Ex.** Não é pessoa dada a comezainas. É muito ~. **3** Que é de fácil digestão/Simples/Leve. **Comb.** Refeição ~. **4** Que se cara(c)teriza pela simplicidade/moderação/sobriedade. **Comb.** Hábitos ~ais. Vida ~.

frugalidade s f (<lat frugálitas,átis) **1** Qualidade do que é frugal/moderado na alimentação. **Ex.** A ~ contribui para uma boa saúde. **2** Simplicidade de vida e costumes/ Temperança/Sobriedade. **Loc.** Esforçar-se por viver com [Cultivar a] ~.

frugívoro, a adj (<lat frux,gis; fruto «da terra») ⇒ frutívoro.

fruição (U-í) s f (<lat fruítio,ónis) **1** A(c)to ou efeito de fruir/Deleite/Gozo/Prazer. **Comb.** A ~ da vida. **2** Posse/Usufruto/Desfrute. **Comb.** Direito de ~.

fruir v t (<lat frúor,eris,i,itus sum) **1** Tirar proveito/Gozar/Desfrutar/Saborear. **Ex.** Deliciava-se com uns dias de férias na aldeia, fruindo dos bons ares, do sossego e da comida saudável. **2** Estar na posse/Usufruir. **Ex.** Como os donos estavam longe, o caseiro [rendeiro] fruía da quinta e de tudo quanto nela se produzia.

fruitivo, a adj (<fruir + -tivo) **1** Que frui/tira proveito/goza. **Ex.** Cultivar a terra, além de ser compensador, era também ~ para ele que apreciava a vida simples do campo. **2** Susce(p)tível de causar fruição/Agradável/Aprazível. **Comb.** Companhia ~a. Divertimentos ~s.

frumentação s f (<lat frumentátio,ónis) **1** Armazenamento de cereais em tempo de guerra. **2** Hist Distribuição gratuita de frumento [trigo] na antiga Roma.

frumentáceo, a adj (<frumento + -áceo) Parecido aos [Da natureza dos] cereais, sobretudo trigo.

frumentário, a adj (<frumento + -ário) Relativo ao [Da natureza do] trigo ou de outro cereal. **Comb.** Hist Leis ~as [Série de seis leis populares que regulamentaram a distribuição, gratuita ou a preços módicos, de trigo aos cidadãos romanos indigentes].

frumento s m (<lat frumentum,i) Espécie de trigo sele(c)cionado/Trigo candial. **2** Qualquer outro cereal. **Sin.** Trigo(+).

frúnculo s m pop ⇒ furúnculo.

fruste adj 2g (<it frusto: gasto) **1** De qualidade inferior/De pouco valor/Ordinário. **2** Rude/Grosseiro.

frusto, a adj (<lat frustum,i: pedaço, bocado) **1** Diz-se de medalha [escultura] cujos cara(c)teres se acham carcomidos pelo tempo. **2** Med Relativo a uma forma leve ou incompleta duma doença. **3** Br ⇒ fruste **2**.

frustração s f (<lat frustrátio,ónis) **1** Dece(p)ção causada pela não satisfação de expe(c)tativas/Desapontamento/Malogro. **Ex.** Sentiu uma grande ~ por ter reprovado no exame. **2** Psic Estado resultante da impossibilidade de satisfazer um desejo ou uma necessidade. **Ex.** A ~ pode ter como consequências a desorganização pessoal ou a agressividade. **Comb.** ~ afe(c)tiva. Teste de ~.

frustrado, a adj/s (<frustrar) **1** Que não teve o resultado que se esperava/Malogrado. **Comb.** Plano ~. Tentativa de assalto ~a. **2** (O) que não conseguiu [que foi impedido de] realizar os seus desejos/Insatisfeito. **Comb.** Um (indivíduo) ~. **3** Que não chegou a desenvolver-se/Imperfeito/Incompleto. **Comb.** Vocação ~a «de professor».

frustrador, ora adj/s (<frustrar + -dor) **1** (O) que impede a realização dum desejo/faz gorar uma aspiração. **Comb.** Causa [Força] ~ora. **2** (O) que priva alguém do que lhe pertence.

frustrante adj 2g (<frustrar + -ante) Que causa insatisfação/desilude/defrauda. **Ex.** Ficar desempregado numa altura de grande recessão econó[ô]mica é uma situação ~/desanimadora.

frustrar v t (<lat frustro,áre) **1** Ficar dece(p)cionado/Causar dece(p)ção/Desapontar. **Ex.** A derrota frustrou milhares de espe(c)tadores que assistiram ao jogo. **2** (Fazer) falhar/Tornar(-se) inútil/Malograr/Gorar. **Ex.** O sistema de abertura retardada dos cofres frustrou os planos dos assaltantes. **3** Ir contra as expe(c)tativas/Defraudar/Desiludir. **Ex.** Os representantes da administração participaram na reunião sem poder de decisão, o que, à partida, frustrou qualquer possibilidade de acordo.

frustratório, a adj (<frustrar + -tório) **1** Ilusório/Enganoso(+)/Falaz. **Comb.** Promessas ~as. **2** Que retarda/Dilatório. **Comb.** Manobras ~as [dilatórias(+)].

fruta s f (<lat fructa, pl neutro de fructus,us) Conjunto dos frutos comestíveis. **Comb.** ~ cristalizada [Frutos «cereja/pera» ou casca «de laranja» embebidos em calda de açúcar e seca]. ~ da época **a)** Cara(c)terística de determinada época do ano; **b)** fig Próprio do tempo ou dos costumes (Ex. As constipações [Os resfriados] no inverno, são ~ da época). ~ madura [totalmente desenvolvida/boa para comer]. ~ verde [ainda não completamente criada].

fruta-da-condessa [-do-conde] s f Bot ⇒ anona.

fruta-pão s f Bot **1** Árvore da família das moráceas, Artocarpus incisa/communis, com folhas grandes (60-90 cm) ovais, escuras na página superior e mais claras na inferior, cultivada da Malásia à Polinésia e no Brasil/Árvore-do-pão. **Ex.** O látex da ~ misturado com gengibre é utilizado em emplastros para tratamento de cefaleias. **2** Fruto de **1**.

frutar v int (<fruto + -ar) **1** Dar fruto/Frutificar(+)/Frutear. **Loc.** Uma árvore começar a ~. **2** Dar origem/Produzir.

frutaria s f (<fruta + -aria) Estabelecimento onde se vende fruta. **Loc.** Comprar «laranjas/maçãs» na ~.

fruteador, ora adj (<frutear + -dor) Que frutifica/dá frutos ou faz frutificar. **Ex.** Os tratamentos das árvores «poda/tratamentos fitossanitários» são operações ~oras.

frutear v int (<fruto + -ear) (Fazer) dar frutos/ Tornar frutífero/Frutificar.

fruteira s f (<fruto + -eira) **1** Árvore de fruta/o/que dá fruto. **Loc.** Plantar ~as no quintal. **2** Recipiente onde se põe fruta. **Comb.** ~ de prata [vidro/porcelana]. **3** Lugar onde se armazena a fruta/Fruteiro **4**. **4** Mulher que vende fruta.

fruteiro, a adj/s (<fruto + -eiro) **1** Que dá fruto/Frutífero. **Comb.** Centro [Estação] ~o/a. Planta ~a. Região ~a. **2** Que aprecia [gosta de] fruta. **Ex.** Os meus filhos são todos ~s: comem fruta a todas as refeições e muitas vezes fora delas. **3** s O que vende fruta. **4** s m Lugar onde se armazena a fruta/Fruteira **3**.

frutescência s f (<lat frutescentia; ⇒ frutescer) **1** Período de desenvolvimento dos frutos/Frutificação(+). **2** Fase final de maturação dos frutos.

frutescente adj 2g (<lat frutéscens,éntis; ⇒ frutescer) **1** Que produz frutos. **Comb.** Árvore pequena [nova], ainda não ~. **2** Que tem a forma de árvore/Arborescente.

frutescer v int (<lat frutésco,is,ere) Dar frutos/Frutificar(+).

fruticuloso, a (Ôso, Ósa, Ósos) adj (<lat frutículus, dim de frútex, ícis: arbusto, rebento+-oso) «talo» Semelhante a arbusto/Frutescente.

fruticultor, ora s/adj (<fruto + cultor) (O) que se dedica à cultura de árvores de fruto. **Comb.** Associação de ~es.

fruticultura s f (<fruto + cultura) Cultura de árvores de fruto. **Loc.** Dedicar-se à ~. **Comb.** Apoios à ~.

frutífero, a adj (<fruto + -fero) **1** Que produz frutos/Fruteiro. **Comb.** Árvore [Pomar] ~a/o. Região ~a. **2** Que tem utilidade/dá resultado/Proveitoso/Produtivo/Útil. **Comb.** Estudo [Trabalho] ~.

frutificação s f (<frutificar + -ção) **1** Formação e desenvolvimento de frutos. **Ex.** As cerejas têm um tempo de ~ bastante curto; o das amendoeiras é muito longo. **2** Época em que aparecem os frutos. **Ex.** Agosto e setembro são os meses de ~ das videiras [uvas] e de muitas outras plantas.

frutificar v int (<lat fructifíco,áre) **1** Dar frutos/Frutescer. **Ex.** É este o primeiro ano em que o pomar frutifica. Não choveu, as searas não frutificaram, as espigas ficaram mirradas. **2** fig Dar resultados positivos/Produzir efeitos benéficos. **Ex.** Não era muito inteligente mas tanto trabalhou que o esforço acabou por ~: conseguiu tirar um curso [formar-se na universidade]. **3** Ter como consequência/Transformar-se em. **Ex.** A epopeia dos descobrimentos marítimos dos portugueses (séc. XV e XVI) frutificou no conhecimento de novos mundos e outras gentes.

frutificativo, a adj (<frutificar + -tivo) Que faz frutificar/Capaz de dar frutos/Frutífero. ⇒ frutuoso.

frutiforme adj 2g (<fruto + -forme) Com a forma de fruto.

frutívoro, a adj (<fruto + -voro) Que come [se alimenta de] frutos/Carpófago. **Comb.** Animais ~s.

fruto s m (<lat fructus,us; ⇒ ~s do mar) **1** Bot Corpo resultante do desenvolvimento do ovário, em geral após a fecundação, que contém a semente. **Comb.** ~ agregado ou sinantocárpico [proveniente duma inflorescência]. ~ múltiplo [de uma só flor e múltiplos ovários]. ~ simples [duma só flor e de um único ovário]. Árvore de ~. **2** Qualquer produto da terra. **Ex.** Trabalhavam de sol a sol mas viviam quase só dos ~s da terra, poucos alimentos compravam. **Comb.** Terra de abundantes ~s. **3** Filho/Descendente. **Ex.** Os filhos são o ~ do amor dum casal. **4** fig Resultado [Consequência] de qualquer processo. **Ex.** Não admira que se tivesse [tenha] tornado um vadio. É (o) ~ da educação que teve. Nunca o ensinaram a trabalhar. **5** Rendimento/Lucro. **Ex.** A fortuna que conseguiu juntar é ~ de muito trabalho. **6** Dir Propriedades/Bens/Valores passíveis de usufruto e distribuição. **Comb.** ~s civis [Consequência de negócio jurídico «rendas»]. ~s naturais [que provêm dire(c)tamente de alguma coisa «trigo/azeite»].

frutos do mar s m pl Todos os crustáceos e moluscos marinhos comestíveis/Marisco. **Comb.** Arroz de ~ [marisco(+)]. Caldeirada de ~.

frutose s f Quím (<fruta + -ose) Açúcar natural que se encontra livre nos frutos e no

mel, $C_6H_{12}O_6$. **Ex.** A ~ é isó[ô]mera [um isó[ô]mero] da glicose.

frutuário, a *adj* (<lat *fructuárius,ii*) **1** Relativo a [Próprio de] frutos. **2** Que produz bons resultados/Fértil/Proveitoso. **Ex.** A jornada (Jogo «futebol» desse dia) foi ~a [proveitosa(+)] para o nosso clube: ganhou e os nossos rivais mais dire(c)tos perderam. ⇒ frutuoso.

frutuoso, a (Ôsos, Ósa, Ósos) *adj* (<lat *fructuosus,a,um*; ⇒ fruto) **1** Que dá abundantes frutos. **Ex.** É uma árvore «macieira/laranjeira» muito ~a/fruteira «fica sempre carregadinha». **2** Lucrativo/Útil/Proveitoso. **Comb.** Negócio [Empreendimento] ~.

ftalato *s m Quím* (<ftál(ico) + -ato) Sal ou éster do ácido ftálico. **Comb.** ~ de sódio.

ftaleína *s f Quím* (⇒ ftálico) Nome genérico de substâncias corantes derivadas da rea(c)ção do anidrido ftálico com fenóis.

ftálico *s m Quím* (<(na)fta(leno) + -ico) Diz-se do ácido benzenodicarboxílico, $C_6H_4(COOH)_2$ e do anidrido respe(c)tivo. **Ex.** O anidrido ~ é matéria-prima importante na síntese de poliésteres «Terilene».

ftiríase *s f* (<gr *phteiríasis*) **1** *Med* Doença de pele provocada pelo desenvolvimento excessivo de piolhos numa parte ou na totalidade do corpo. **2** *Bot* Doença dos vegetais cara(c)terizada por grande desenvolvimento de parasitas.

ftisiúria *s f Med* (<gr *phthísis*: consumpção + -úria) Emagrecimento provocado por excessiva secreção de urina.

fuba *s f* (<quimbundo *fuba*) **1** Bebida fermentada de certas regiões africanas. **2** *Ang/Moç* ⇒ fubá.

fubá *s m/adj 2g* (<quicongo *mfuba*) **1** *Br* Farinha de milho ou arroz com a qual se faz o angu. **Comb.** ~ mimoso [refinado/muito fino/Farinha muito fina]. **2** *Br* Situação confusa/Desordem. **3** *adj 2g Br* Diz-se dos bovinos com pelo branco.

fubeca *s f Br* (< ?) **1** Agressão física/Sova(+). **2** Reprimenda(+)/Descompostura. **3** ⇒ derrota/fracasso(+).

fubica *s Br* (< ?) **1** ⇒ joão[zé]-ninguém. **2** ⇒ calhambeque.

fuça *s f pop* (<focinho) Cara/Rosto/Ventas. **Loc.** *Apanhar/Levar na*(s) ~(s) [Ser esbofeteado ou esmurrado na cara]. *Ir às ~s* [Bater em/Agredir alguém].

fucáceo, a *adj/s f Bot* (<fuco + -áceo) **1** Relativo [(O) que pertence] às ~as. **2** *s f pl* Família de algas feofíceas, do gé[ê]nero *Fucus*, a que pertencem a bodelha e os sargaços.

fúchsia/fuchsina *s f* ⇒ fúcsia/fucsina.

fuco *s m* (<lat *fucus,i*: bodelha, sargaço) **1** *Bot* Alga castanha donde se extrai uma substância utilizada em tinturaria. **2** *fig* Cosmético para o rosto. **3** *fig* Enfeite/Adorno/Arrebique. **4** *fig* Disfarce/Hipocrisia.

fucoide (Cói) *adj 2g/s f* (<fuco + -oide) **1** Semelhante ao fuco/Fuciforme. **2** *s f pl Pal* Plantas (Algas ou órgãos foliares de fetos) fósseis.

fúcsia *s f/adj 2g* (<antr *L. Fuchs*, botânico alemão (1501-1566) +-ia) **1** *Bot* Gé[ê]nero de plantas (*Fuchsia, L.*) da família das onagráceas que compreende vários arbustos ornamentais designados por *Brincos-de-princesa*. **2** *adj 2g* Que é cor-de-rosa forte, levemente purpúreo.

fucsina *s f Quím* (<fúcsia + -ina) Corante vermelho usado na indústria têxtil e de curtumes/Magenta.

fueirada *s f* (<fueiro + -ada) **1** Pancada com fueiro. **Ex.** Deu uma ~ na vaca que estava a comer as videiras. **2** Jogo completo de fueiros para um carro de bois ou uma carroça. **Ex.** Vamos aproveitar essas varas mais direitas e grossas para uma ~.

fueiro *s m* (<lat *funárius* ou *funális,e*: de corda) **1** Cada um dos paus que se erguem dos lados dos carros de bois para amparar a carga. **Loc.** Encostar os molhos de erva [palha] aos ~s para não caírem. **2** Pau qualquer/Estadulho/Varapau. **Loc.** Ameaçar alguém com um ~. ⇒ moca; cajado.

fuelóleo [fuel] *s m* (<ing *fuel* + óleo) Combustível líquido pesado resultante da destilação do petróleo bruto e utilizado no aquecimento de fornos e caldeiras. **Ex.** Há vários tipos de ~ consoante a viscosidade «*diesel-oil/burner-oil/thin* [*thick*]*-fuel-oil*». ⇒ gasóleo.

fúfia *s f pop* (<*on*?) **1** Mulher pretensiosa/presunçosa. **Ex.** Quem será aquela ~ toda pintada e com ar arrogante? **2** Atitude de excessiva confiança e altivez/Empáfia. **3** *s 2g* Pessoa sem mérito mas favorecida pela sorte.

fúfio, a *adj pop* (<*on*?) Reles/Ordinário.

fuga *s f* (<lat *fuga,ae*; ⇒ fugir) **1** Retirada rápida e precipitada/Evasão/Fugida. **Ex.** A ~ dos presos resultou porque foi planeada ao pormenor. **Loc.** Pôr(-se) em ~ [(Fazer) fugir/Escapar-se]. **2** Retirada apressada e desordenada de tropas [populações] devido a ameaça ou perigo iminente/Debandada. **Ex.** A ~ da população do Porto (Portugal), acossada [perseguida] pelo exército napoleó[ô]nico, causou o desastre da ponte das barcas (29 março de 1808), no qual morreram milhares de pessoas. **3** A(c)ção de se esquivar de forma su(b)til ao cumprimento duma obrigação. **Comb.** ~ *aos impostos. ~ de capital* [Saída ilegal de capitais para o estrangeiro]. **4** A(c)to de deixar escapar [revelar] algo que devia ser mantido em segredo. **Comb.** ~ de informação. **5** Saída de gás ou líquido devida à avaria. **Ex.** A explosão foi causada por uma ~ de gás. **6** Abertura por onde se escapa um gás ou um líquido. **Ex.** A ~ [O furo(+)] do pneu foi reparada/o com a aplicação de um remendo. **7** Orifício por onde entra o ar para o fole. **Ex.** A ~ (do fole) é tapada interiormente com um opérculo de couro que deixa entrar o ar mas o impede de sair. **8** Orifício do aparelho de destilação/do alambique/Escape. **9** Ocasião favorável/Oportunidade/Ensejo/Aberta. **Ex.** Aproveitei uma ~ (em que não havia clientes) para vir tomar um café. **10** *Mús* Composição polifó[ô]nica em contraponto, que repete sucessivamente, por cada uma das vozes, o mesmo tema. **Ex.** A ~ atingiu o seu apogeu com J.S. Bach (1685-1750). **11** *Med* Afastamento injustificado e total ou parcialmente inconsciente do local onde se encontrava. **Ex.** A ~ do epilé(p)tico é a mais cara(c)terística deste tipo de ~s que também ocorrem com outros doentes mentais. **12** *fig* A(c)to de não fazer o que devia/Evasão/Escapatória. **Ex.** O álcool é uma ~ para ele.

fugacidade *s f* (<lat *fugácitas,átis*; ⇒ fugaz) **1** Qualidade do que corre ou foge rapidamente. **Comb.** ~ das imagens [notícias] dum telejornal. **2** Qualidade do que passa rapidamente/é efé[ê]mero/Transitoriedade. **Comb.** ~ da vida. **3** *Fís* Pressão que um gás real exerceria se se comportasse como um gás ideal.

fugado, a *adj Mús* (<fuga 10 + -ado) Diz-se de composição polifó[ô]nica semelhante à fuga/que tem fugas.

fugalaça *s f* (<fuga + laça/o) **1** Corda comprida que se atira aos animais para os prender. **Ex.** A ~ permite que os animais corram bastante até se cansarem e mais facilmente serem apanhados. **2** Corda do arpão na caça à baleia. **3** A(c)to de soltar. **4** *fig* Prazo estipulado para executar determinada tarefa.

fugato *s m Mús* (<it *fugato*) Andamento com as cara(c)terísticas da fuga. ⇒ fugado.

fugaz *adj 2g* (<lat *fúgax,ácis*) **1** Que corre [foge] com muita velocidade. **Ex.** Os ciclistas passaram num andamento fugacíssimo (Muito, muitíssimo ~). **2** De curta duração/Efé[ê]mero/Transitório/Passageiro. **Comb.** Prazer [Alegria/Vida] ~.

fugente *adj 2g/s m* (<lat *fúgiens,éntis*; ⇒ fugir) **1** Que parece escapar-se da vista. **Comb.** *Figura ~ dum brasão. Imagem ~* [que numa pintura, por efeito da perspe(c)tiva, se perde à distância]. **2** *s m pl Arte* O que está representado em último plano num quadro/Longes.

fugida *s f* (<fugido) Retirada [Saída] rápida/Partida precipitada. **Ex.** Vim aqui numa ~ só para te cumprimentar. **Comb.** *De ~* [passagem/Rapidamente/A correr]. *Em ~* [fuga(+)/debandada/retirada rápida].

fugidio, a *adj* (<lat *fugitívus,a,um*; ⇒ fugitivo) **1** Que tem tendência para fugir/é propenso a fugas. **2** Que evita a convivência/Pouco sociável/Esquivo. **Comb.** Criança ~a. **3** Que desaparece rapidamente/Transitório/Fugaz. **Comb.** *Esperança ~a. Sensação ~a.*

fugido, a *adj* (<fugir) Que se escapou/desgarrou/Evadido/Foragido. **Ex.** O criminoso anda ~. O boi [A ovelha] anda ~/[a]/desgarrado/perdido.

fugiente *adj 2g* (<lat *fúgiens,éntis*; ⇒ fugente) Que foge/se afasta da vista. **Comb.** Imagens ~s.

fugir *v int* (<lat *fúgio,ere,itum*) Afastar-se precipitadamente para escapar a um perigo/uma ameaça/Debandar. **Ex.** Se eu não fugia, o carro, que passou a toda a velocidade, atropelava-me na passadeira. Os ladrões, quando pressentiram a polícia, fugiram *idi* a sete pés [a toda a pressa]. O tempo está a ficar fusco; vamos ~ antes que comece a chover. **Loc.** ~ ao fisco [Não cumprir as obrigações fiscais/pagar os impostos]. **Idi.** *~ a boca para a verdade* [Dizer algo sem querer/inadvertidamente]. **Comb.** «capa/vulto» *idi Cor de burro a ~/* quando foge [De cor indefinida/cinzenta/parda]. **2** Sair dum local onde se estava preso/Escapar-se/Evadir-se. **Ex.** Os presos fugiram da cadeia. O cão estava preso mas conseguiu ~. **3** Desaparecer/Sumir-se. **Ex.** Os assaltantes fugiram de carro. O gato fugiu com um grande pedaço de carne. **4** Esconder-se/Retirar-se. **Ex.** A moça fugiu com o namorado; ninguém sabe para onde foram. Os eremitas fogem do mundo e refugiam-se no deserto. **5** Evitar/Afastar-se. **Ex.** Não sei que mal lhe fiz; ele foge de mim logo que me vê. Coitado, anda sempre a ~ dos credores. Para não fazer o mal, o melhor é ~ das ocasiões/tentações. **6** Escapar/Escorregar. **Ex.** O martelo fugiu-me da mão e atingiu[bateu]-me em cheio no joelho. A garrafa do azeite estava escorregadia e fugiu-me da mão; partiu-se e entornou o azeite todo. **7** Não assumir o que se devia/Safar-se/Furtar-se. **Ex.** Os preguiçosos fogem ao trabalho. **8** Passar muito rapidamente. **Ex.** O tempo foge [passa/voa] sem a gente dar por isso [dar conta/se aperceber].

fugitivo, a *adj/s* (<lat *fugitívus,a,um*; ⇒ fugir) **1** (O) que fugiu/se evadiu/Desertor. **Ex.** Os (presos) ~s ainda andam a monte [ainda não foram encontrados/recapturados]. **2** Que passa rapidamente/Efé[ê]mero/Fugaz/Fugidio. **Ex.** A artista teve uma carrei-

ra brilhante mas ~a [curta(+)/fugaz(o+)]. A glória do mundo é ~a [fugaz/efé[ê]mera(+)/passageira(o+)]. 3 Que é pouco nítido/Vago/Impreciso. **Comb. Contornos ~s** [pouco nítidos(o+)/imprecisos(+)]. *Imagens ~as* [fugidias(+)]. 4 Que não é sociável/Esquivo(+)/Arisco/Fugidio(+). **Ex.** Está sempre longe dos colegas. É um rapaz muito ~ [esquivo(o+)/fugidio(+)].

-fugo *suf* (<lat *fúgo,áre*: fazer fugir) Exprime a ideia de fugir/afugentar/afastar: *centrífugo, hidrófugo, vermífugo*.

fuinha (Fu-í) *s f/2g* (<fr *fouine*) 1 *Zool* Pequeno mamífero, *Martes foina*, da família dos mustelídeos, carnívoro, de pele pardo-arruivada, de cheiro muito a(c)tivo e desagradável/Toi[ou]rão. **Ex.** As ~s alimentam-se de pequenos mamíferos, aves, rãs, inse(c)tos e também de frutos. 2 *s 2g fig* Pessoa avarenta/Sovina/Somítico. **Ex.** É um ~ [sovina(+)]: está sempre a chorar o dinheiro que gasta [a lamentar-se por ter de gastar dinheiro]. 3 Pessoa que gosta de intrigas/Bisbilhoteiro. **Ex.** Detesto aquela mulher: é uma ~ sempre a escutar aqui [num lado] para contar acolá [noutro]. 4 Pessoa muito magra «com cara de ~».

fula¹ *s f* (<fr *foule* (?)) 1 Pressa/Diligência. **Comb.** À ~ [pressa/~~~/Precipitadamente]. ⇒ lufa-lufa. 2 Grande quantidade de pessoas ou coisas. 3 Empola. 4 Cada uma das cavidades bucais [bochecha] onde se acumula a comida enquanto se mastiga.

fula² *s f* (<lat *fúllo,ónis*: o que lava e prepara os panos depois de tecidos) 1 Preparação do feltro para chapéus. 2 Aparelho para acetinar/apisoar tecidos/Calandra/Pisão.

fula³ *s/adj 2g* (<fula *pullo*, pl de *ful-bé*: castanho-claro) 1 (O) que pertence [Relativo] aos ~s. **Comb. ~ da Guiné. Língua ~. Povo ~.** 2 *s m pl Etno* Povo que ocupa parte da África Ocidental entre o Senegal e o Níger. **Ex.** Os ~s são um dos principais grupos étnicos da Guiné-Bissau. 3 *Ling* Conjunto complexo de idiomas falados sobretudo no litoral da África Ocidental desde o rio Senegal ao Futa Djalom e também nalgumas zonas do interior do Mali, Alto Volta e Nigéria. 4 *Br* Diz-se de mestiço de negro e mulato/Pardo. **Comb.** Mulata ~.

fula⁴ *s f Bot* (<sân *phull*: desabrochar) Designação comum atribuída pelos portugueses a diferentes plantas nativas da Índia «angélica-branca, *Hosta plantaginea*».

fulano, a *s* (<ár *fulân*) 1 Pessoa cujo nome se não conhece ou não se quer mencionar. **Ex.** «nas Finanças» fui atendido por um ~ muito simpático. Quem é o ~ de que(m) estás a falar? – O nome não interessa (que se diga); o que importa é que não se cometa o mesmo erro. 2 *col* Pessoa/Indivíduo/Sujeito/*pej* ~ninho. **Ex.** Quem será o ~ que vem ao nosso quintal às [a roubar] laranjas? **Comb. ~ de tal** [Sujeito indeterminado/Expressão usada em modelos de requerimentos/petições/... para designar o nome [a identidade] do requerente]. **~, sicrano e beltrano** [Todas as pessoas/Esta, essa, aquela pessoa].

fulão *s m* (<fula²+-ão) Caldeira para tratamento do feltro destinado à confe(c)ção de chapéus.

fulcrado, a *adj Agr* (<fulcro + -ado) Que produz novos caules pelo processo de mergulhia/(Caule) com raízes compridas que penetrando na terra dão origem a novos caules.

fulcral *adj 2g* (<fulcro + -al) Relativo ao fulcro/Fundamental/Crucial. **Comb.** Jogador ~ (para o bom rendimento da equipa/e). Personalidade ~ «do partido». Questão ~.

fulcro *s m* (<lat *fulcrum,i*) 1 Ponto de apoio/Suporte/Sustentáculo. **Comb.** ~ duma bússola. 2 Ponto crucial/Centro de interesse. **Ex.** O apoio às crianças e jovens abandonados [da rua] foi o ~ da a(c)ção social de grandes apóstolos da era moderna «São João Bosco/P. Américo, português fundador da "Casa do Gaiato"». **Comb. O ~ da questão** «é o dinheiro». «desde que (aqui) chegou, o artista tornou-se o ~ **das atenções** [da atenção de todos]. 3 *fig* Ponto de apoio duma alavanca. **Ex.** Na alavanca interfixa, o ~ fica entre a potência e a resistência. 4 *Bot* Qualquer órgão que protege ou auxilia a sustentação da planta «espinhos/estípulas/brácteas». 5 Espigão sobre o qual gira qualquer coisa.

fulgência *s f* (<fulgir + -ência) Qualidade daquilo que brilha/Fulgor(+)/Brilho(o+)/Esplendor. **Comb.** A ~ das pratas [dos obje(c)tos de adorno, de prata] (que enfeitavam a sala).

fulgente *adj 2g* (<lat *fúlgens,éntis*; ⇒ fulgir) Que fulge/brilha/Brilhante(+)/Luzente. **Ex.** O português Nuno Álvares Pereira (séc. XIV-XV), canonizado em abril de 2009 (S. Nuno de Santa Maria), foi uma personalidade ~ como valoroso chefe militar e humilde frade ao serviço dos mais pobres. **Comb.** Anel ~ [brilhante(o+)/reluzente(+)].

fúlgido, a *adj* (<lat *fúlgidus,a,um*) ⇒ fulgente.

fulgir *v t/int* (<lat *fúlgeo,es,ére,si*) 1 (Fazer) brilhar/Ter fulgor/Resplandecer. **Ex.** No céu límpido fulgiam [(treme)luziam/brilhavam] as estrelas. 2 Sobressair/Realçar(-se). **Ex.** Apesar de ser nobre e rica, o que mais fulgia [refulgia(+)] nela era a bondade e a simplicidade.

fulgor *s m* (<lat *fulgor,óris*) 1 Brilho intenso/Esplendor/Clarão. **Ex.** No episódio evangélico da transfiguração, Jesus Cristo mostra-se aos apóstolos com todo o seu ~ divino. **Comb.** O ~ das estrelas «do Sol, ao meio-dia». 2 O que emite luz/Luzeiro. **Ex.** Ao longe, via-se o ~ [clarão(+)] do incêndio que grassava na floresta. 3 *fig* Brilhantismo/Distinção. **Ex.** O português P. Antó[ô]nio Vieira (1608-1697), religioso da Companhia de Jesus, foi muito admirado pelo ~ dos seus dotes oratórios.

fulguração *s f* (<fulgurar + -ção) 1 Clarão sem estrondo produzido pela ele(c)tricidade atmosférica. 2 Clarão [Cintilação] rápido/a/Brilho/Fulgor. **Ex.** A ~ «jogos de luz» de abertura do espe(c)táculo, durou apenas uns breves instantes. 3 *fig* Ideia [Pensamento] que surge de repente/Iluminação. 4 *Med* ⇒ fulminação.

fulgural *adj 2g* (<lat *fulgurális,e*) Relativo ao relâmpago ou ao raio.

fulgurância *s f* (<fulgurar + -ância) Qualidade do que brilha/resplandece/apresenta fulgor. **Comb.** ~ dum espe(c)táculo «de fogo de artifício».

fulgurante *adj 2g* (<fulgurar + -ante) 1 Que brilha intensa e rapidamente como um relâmpago/Brilhante. **Comb.** Olhar ~. 2 Que surge repentinamente «no espírito/na imaginação». **Comb.** Ideia [Raciocínio] ~. 3 Que se faz notar pela rapidez e pelo brilho ou pela intensidade. **Ex.** A crise global atingiu todos os países com uma ~ rapidez.

fulgurar *v int* (<lat *fúlguro,áre*) 1 Relampejar. **Ex.** Os relâmpagos fulguravam tão longe que mal se ouviam os trovões. 2 Emitir [Refle(c)tir] luz/brilho intensa/o/Luzir/Brilhar/Resplandecer. **Ex.** Nas joias que a rainha ostentava, fulgurava [brilhava(+)/resplandecia(o+)] um valioso diamante que encimava o diadema. 3 *fig* Sobressair/Distinguir-se/Destacar-se. **Ex.** Desde pequeno que fulgurava [se distinguia(+)/sobressaía(o+)] entre os colegas pela sua inteligência.

fulgurito *s m Geol* (<lat *fúlgur,uris*: relâmpago, raio + -ito) Corpo vitrificado, geralmente de forma oblonga, cilíndrico, tubular, originado pela fusão de areias quartzosas por a(c)ção de descargas elé(c)tricas atmosféricas. **Comb.** ~s do deserto do Saará.

fulgoroso, a (Ôso, Ósa, Ósos) *adj* (<lat *fúlgur,uris*: relâmpago, raio + -oso) ⇒ fulgurante.

fuligem *s f* (<lat *fulígo,inis*) 1 Partículas negras e gordurosas resultantes da combustão e que arrastadas pelo fumo se espalham pelo ar ou se depositam nas tubagens e chaminés. **Ex.** A ~ da chaminé sujou os lençóis que estavam a secar ao sol. 2 Mancha negra que se encontra à superfície de alguns frutos «citrinos» e cereais/Ferrugem.

fuliginosidade *s f* (<fuliginoso + -i- + -dade) 1 Qualidade [Estado] do que está coberto de fuligem. **Ex.** A extra(c)ção [saída] dos gases [do fumo] era dificultada pela ~ das tubagens e da chaminé. 2 *Med* Crosta negra que cobre os dentes e a língua em certas doenças.

fuliginoso, a (Ôso, Ósa, Ósos) *adj* (<lat *fuliginósus,a,um*) 1 Que contém/lança fuligem. **Comb.** Gases ~s. 2 Enegrecido pela fuligem. **Comb.** Paredes ~as «da cozinha». 3 *Med* Que tem uma crosta negra devido a doença. **Comb.** Dentes [Língua] ~os/a.

fulista *s 2g* (<fula² + -ista) Operário de chapelaria encarregado da preparação dos feltros.

fulminação *s f* (<fulminar + -ção) 1 Morte causada por descarga elé(c)trica atmosférica. 2 Destruição súbita e total/Aniquilação. 3 Detonação de substância explosiva.

fulminado, a *adj* (<fulminar + -ado) 1 Destruído por um raio. **Ex.** A árvore «sobreiro» secou ~a por um raio. 2 Destruído rapidamente/Aniquilado. **Comb.** Cidade ~a por uma catástrofe «terramoto». 3 *fig* Profundamente arrasado/comovido/Desfeito(+). **Ex.** Os pais ficaram ~s [desfeitos] com a notícia do acidente mortal do filho.

fulminador, ora *adj/s* (<fulminar + -dor) 1 (O) que fulmina/lança raios. **Comb.** Trovoada ~a. 2 (O) que destrói/aniquila. **Comb.** Tempestade ~a.

fulminante *adj/s* (<fulminar + -ante) 1 Que fulmina/lança raios. **Comb.** «Júpiter» Divindade ~. 2 Que ocorre de forma rápida/Que tem efeito destruidor/mortal imediato. **Comb.** Ataque cardíaco ~. 3 Arrasador/Furioso/Violento/Terrível. **Comb.** Palavras [Olhares] ~s. 4 *s m* Explosivo com que se carregam as cápsulas e os detonadores. 5 Pequeno explosivo utilizado em espingardas/pistolas de brincar. **Ex.** Ofereceram à criança um brinquedo pouco pedagógico: uma pistola de lata [de brincar] e uma caixa de ~s.

fulminar *v t/int* (<lat *fúlmino,áre*) 1 (Raio) ferir/matar. **Ex.** Uma trovoada fortíssima atingiu um rebanho e fulminou várias ovelhas. 2 Matar instantaneamente. **Ex.** A síncope cardíaca [O enfarto] fulminou-o num instante. 3 Destruir completamente/Reduzir a nada/Aniquilar. **Ex.** O obje(c)tivo do nazismo «de Hitler» era ~ [aniquilar] todos os judeus. 4 Lançar raios/coriscos. **Ex.** Uma forte trovoada fulminava em vários pontos do céu. 5 Dirigir palavras [gestos/olhares] violentos/Inve(c)tivar. **Ex.** Na resposta, o candidato «a presidente da autarquia» fulminou o seu opositor com um

discurso truculento. **6** Deixar sem a(c)ção/ Aturdir/Estarrecer. **Ex.** O grito da professora "Basta!" e a severidade do seu olhar fulminaram a turma; não se ouvia *idi* tugir nem mugir [*idi* não se ouvia um mosquito/ fez-se um silêncio sepulcral]. **7** Brilhar/Fulgurar. **Ex.** Na escuridão da noite, aqui e ali, fulminavam [luziam(+)] pirilampos.

fulminato *s m Quím* (<fulmín(ico) + -ato) Sal ou anião/ânion do ácido fulmínico. **Ex.** O ~ de mercúrio usa-se como detonador de explosivos.

fulminatório, a *adj* (<fulminar + -t- + -ório) **1** Que fulmina/lança raios. **Comb.** Tempestade ~a. **2** Que ataca [destrói] repentinamente. **Comb.** Uma inve(c)tiva ~a.

fulmíneo, a *adj* (<lat *fulmíneus,a,um*) **1** Relativo [Semelhante] ao raio. **Comb.** Clarão ~. **2** *fig* Brilhante/Veloz como o raio. **Comb.** Sonhos [Ideias] ~os/as/irrealizáveis.

fulmínico *adj Quím* (<lat *fúlmen,inis*: raio + -ico) Diz-se do ácido HCNO que forma sais instáveis/Que faz explodir.

fulo, a *adj* (<lat *fúlvus,a,um*) **1** Diz-se dos negros que têm uma tonalidade amarelada. **2** *fig* Que muda de cor devido a excitação ou sensação muito forte. **Ex.** Quando o despediram do emprego, ficou ~, fez-se de todas as cores, empalideceu, ia desmaiando. **3** *col* Muito zangado/Furioso/ Irado. **Ex.** Ficou ~ por lhe terem estragado o carro.

fúlvido [fulvo(+)], a *adj* (<lat *fúlvus,a,um*) De cor amarelada/Alourado/Dourado. **Comb.** *Animal de pelo ~. Cabelo ~*.

fumaça *s f* (<fumo + -aça) **1** Grande quantidade de fumo/Fumarada. **Ex.** Da chaminé saía uma ~ negra. Que ~ [fumarada(+)] está (nesta) sala! **2** Quantidade de fumo (do cigarro/cachimbo) aspirado duma só vez. **Loc.** Tirar uma ~. **3** *fig* Vaidade/Petulância/ Pretensões infundadas. **Ex.** (Este fulano) aparece por aqui a fazer figura de rico mas é só ~. Ouviram-se tiros disparados para o ar. O general clamava: acalmem-se, fiquem serenos, é só ~ [não é a sério/é só para intimidar]!

fumaceira *s f* (<fumaça + -eira) ⇒ fumaça; fumarada.

fumacento, a *adj* (<fumaça + -ento) Que deita fumo/Fumarento. **Ex.** Esta lenha não presta, arde mal; é muito ~a.

fumada *s f* (<fumado) **1** Fumo que se faz como forma de sinalização. **Ex.** Os sobreviventes da queda dum avião na montanha fizeram uma ~ para que mais facilmente os pudessem localizar. **2** ⇒ fumaça **2**. **3** ⇒ Fumaceira; fumarada.

fumado, a *adj* (<fumar + -ado) **1** Que tem a cor do fumo/Enegrecido. **Comb.** Quartzo ~. **2** Que foi exposto ao fumo para secar e conservar/Defumado(+). **Comb.** *Salmão ~. Toucinho ~. Truta ~a*.

fumador, ora *s* (<fumar + -dor) O que tem o hábito de fumar/*Br* Fumante. **Comb.** ~ *de cachimbo*. ~ *inveterado*. ~ *passivo* [Vítima dos fumadores]. *Sala reservada a não ~es*.

fumagem *s f* (<fumar+-agem) **1** Exposição de alimentos [carne/peixe] ao fumo para os secar e conservar. **Comb.** ~ *de carne de porco* «presunto/enchidos». *Conservação por ~*. **2** Dourado falso. **3** Antigo imposto sobre as casas onde se acendia o fogo.

fumagina *s f Bot* (<lat *fumágo,inis*) Doença de plantas «laranjeira/oliveira/videira» provocada por pulgões/fungos parasitas. **Ex.** A ~ aparece como crostas negras nas folhas.

fumante *adj/s* (<fumar + -ante) **1** (O) que fuma/Fumador(+). **Ex.** Ainda tão pequeno e já gosta de puxar do [pelo] cigarro. É um dos novos ~s da turma. **2** Que deita fumo/ Fumegante(+). **Comb.** Lixeira ~ [em combustão sem chama]. **3** Que liberta vapores. **Comb.** *Ácido ~. Vinho ~*.

fumar *v t/int* (<lat *fúmo,áre*) **1** Inspirar e expirar o fumo do tabaco. **Ex.** Quer um cigarro? – Não, obrigado. Não fumo. **Loc.** ~ cachimbo/cigarros. **Idi.** *fam Ó tu que fumas!* [Expressão utilizada para chamar alguém que não merece grande consideração, sem lhe mencionar o nome]. **2** Expor alimentos «carne/peixe» ao fumo para secar e conservar/Defumar(+). **Loc.** ~ presunto/ enchidos «alheiras/chouriços/salpicões». **3** Expelir fumo/Fumegar. **Ex.** Esta chaminé fuma muito mal; deve estar obstruída com fuligem. **4** *fig* Encolerizar-se/Enfurecer-se.

fumaraça[rada] *s f* (<fumar +-…) Grande quantidade de fumo/Fumaça/Fumaceira. **Ex.** A lenha molhada arde mal; faz uma grande ~.

fumarar *v t/int* (<fumar + -ar[1]) Deitar [Expelir/Espalhar] fumo/Fumegar.

fumarento, a *adj* (<fumar + -ento) **1** Que deita fumo/Fumacento. **Comb.** Fogueira [Lenha] ~a. **2** Cheio de fumo/Com cheiro [Sabor] a fumo. **Comb.** *Comida ~a. Paredes ~as. Roupa ~a* [a cheirar a fumo].

fumaria *s f* (<fumo + -aria) ⇒ Lugar onde se fuma/Fumatório(+).

fumária *s f Bot* (<lat *fumaria,ae*; ⇒ fumo) Planta herbácea da família das fumariáceas, abrangendo muitas espécies, geralmente anuais, ere(c)tas, prostradas ou semitrepadoras «erva molarinha, *Fumaria officinalis*/~-dos-campos, *Fumaria agraria*/~-das-paredes, *Fumaria muralis*».

fumariáceas *s f pl Bot* (<fumaria + -áceas) Família de plantas dicotiledó[ô]neas, herbáceas, com folhas alternas, flores hermafroditas e frutos secos.

fumárico *adj m Quím* (<fumaria + -ico) Diz-se do ácido orgânico dicarboxílico insaturado (Transbutenodioico), de fórmula racional COOH-CH=CH-COOH]. **Ex.** O ácido ~ tem como isó[ô]mero *cis* o ácido maleico.

fumarola *s f Geol* (<fumar + -ola) Manifestação vulcânica secundária que consiste na emissão de vapor de água e outros gases «anidridos sulfuroso e carbónico» através de fendas do vulcão. **Ex.** As ~s têm a aparência de pequenas colunas de fumo branco.

fumatório, a *s m/adj* (<fumar + -tório) **1** Diz-se do aparelho com que se fuma. **Ex.** O cachimbo [A boquilha] são (dispositivos/ obje(c)tos) ~s. **2** *s m* Lugar [Sala/Salão] onde se fuma/Fumaria. **Ex.** No Oriente, os ~s são os lugares [as zonas] destinados/as a fumar «ópio».

fumável *adj 2g* (<fumar + -vel) Que se pode [é bom para] fumar. **Comb.** Erva ~.

fumegante *adj 2g* (<fumegar + -ante) Que fumega/deita fumo. **Comb.** *Fogueira ~*, mal apagada. *Sopa ~* [a fumegar(+)/muito quente].

fumegar *v int* (<lat *fúmigo,áre*) **1** Deitar fumo. **Ex.** Ao longe, vê-se ~; deve ser algum incêndio florestal. **2** Exalar vapores. **Ex.** O sol abriu [começou a brilhar] e logo o chão molhado começou a ~. **Comb.** Comida «sopa» muito quente, a ~. **3** Formar borbulhas/Produzir espuma. **Comb.** Champanhe a ~ nas taças. **4** *fig* Irromper/ Surgir/Transparecer. **Ex.** Ninguém acreditava nela. A mentira fumegava [transparecia] em cada história que contava. **5** *fig* Sentir grande cólera/Inflamar-se. **Loc.** ~ de raiva.

fumeiro *s m* (<fumo + -eiro) **1** Lugar [Vão da chaminé] onde se acumula o fumo e se penduram as carnes [os enchidos/presuntos] para defumar. **Idi.** *É (só) atar e pôr ao ~* [Diz-se daquilo que se pode fazer [terminar] com grande facilidade e rapidez] (Ex. Já me trazes o trabalho «de costura» quase pronto. É (mesmo só) atar e pôr ao ~ [dar os últimos retoques e fica pronto]). **2** Conjunto de carnes expostas ao [secas e conservadas pelo] fumo «presunto/enchidos». **Comb.** ~ regional «de Trás-os-Montes, Portugal». **3** Cano [Conduta] de chaminé por onde sai o fumo. **4** Grande quantidade de fumo/Fumarada.

fúmido, a *adj* (<lat *fúmidus,a,um*) **1** Que deita fumo/Fumoso/Fumífero. **Comb.** Focos de incêndio ~s [mal apagados]. **2** Semelhante ao fumo. **Comb.** Ambiente ~ [fumoso(+)]. Gases ~s.

fumífero, a *adj* (<fumo + -i- + -fero) ⇒ fumoso.

fumífugo, a *adj/s m* (<fumo + -i- + -fugo) **1** Que espalha [afasta] o fumo. **2** *s m* Aparelho que se coloca nas chaminés para tiragem forçada do fumo/Exaustor(+).

fumigação *s f* (<fumigar + -ção) **1** A(c)ção de submeter um corpo ao fumo/vapor. **2** *Med* Tratamento duma parte do corpo por meio de vapores medicinais. **Ex.** A ~ aplica-se em otorrinolaringologia. **3** Desinfe(c)ção de locais por meio de fumo ou de gases que destroem animais [parasitas/inse(c)tos] nocivos.

fumigador *s m* (<fumigar + -dor) Aparelho que serve para fazer fumigações. **Comb.** ~ de fole (para apicultura).

fumigar *v t* (<lat *fúmigo,áre*) **1** Submeter um corpo à a(c)ção do fumo ou de outros gases/vapores. **2** *Med* Produzir fumo/vapor em recinto fechado utilizando substâncias medicinais com fins terapêuticos. **3** Exterminar parasitas [Desinfe(c)tar locais] por a(c)ção de fumo/gases/vapores. **Loc.** ~ uma colmeia (para obrigar as abelhas a recolher).

fumista *s 2g* (<fumo + -ista) ⇒ Fumador/ *Br* Fumante.

fumívoro, a *adj* (<fumo + -i- + -voro) **1** Que absorve [engole] o fumo. **Comb.** Substância ~a. **2** ⇒ exaustor(+)/fumífugo.

fumo *s m* (<lat *fumus,i*) **1** Mistura gasosa que resulta da combustão de matérias orgânicas podendo conter pequenas partículas em suspensão. **Ex.** A chaminé está a deitar ~. O incêndio provocou uma enorme nuvem de ~. **Idi.** *Não há ~ sem fogo* [Não há indícios sem que haja uma causa para isso]. **Comb.** *Cortina de ~ a)* [denso que impede a visibilidade]; *b) fig* Subterfúgio para enganar alguém. *Pólvora sem ~* [Explosivo «de nitroglicerina» que não faz ~]. **2** Gases produzidos pela combustão do tabaco/Hábito de fumar. **Ex.** O ~ [fumar] faz mal à saúde. Já tentei mas não sou capaz de deixar o ~ [deixar de fumar]. Importa-se [Quer fazer o favor] de apagar o cigarro? O ~ incomoda-me. **Comb.** Sala de ~ [reservada a fumadores]. **3** Vapor que se desprende de corpos húmidos ou de líquidos por aquecimento. **Ex.** Quando o sol começava a aquecer, o orvalho das plantas transformava-se numa té[ê]nue nuvem de ~. **4** Bafo. **Ex.** Nas manhãs frias a respiração [o bafo(+)] transforma-se em ~. **5** Gases [Vapores] que se desprendem de corpos em decomposição. **Ex.** Do monte de estrume saía ~ mal-cheiroso. **6** Tira de pano preto usada como sinal de luto. **Ex.** Por quem estará ele de luto [Quem lhe terá morrido]? Traz [Tem/Usa] um ~ (preto) na lapela [no braço]. **7** ⇒ negro de ~. **8** *fig*

O que é efé[ê]mero/transitório. **Ex.** O dinheiro que ganhou ao jogo [a jogar] foi ~ que depressa desapareceu. **Comb.** ~ *da glória*. ~ *de palha* [Coisa que não dura/de pouco valor]. **9** *fig* Cheiro [Gosto] a esturro. **Ex.** Cheira-me [Sabe-me] a ~! Deves ter deixado esturrar o assado. **10** *fig* Indício/Suspeita. **Comb.** Negócio com ~(s) de falcatrua [de pouco sério]. **11** *pl* Vapores de álcool que sobem à cabeça. **Ex.** Com os ~s do vinho já não dizia *idi* coisa com coisa [não sabia o que dizia]. **12** *pl* Vaidade/Presunção. **Ex.** É um pobre(tana) com ~s de rico.

fumo-bravo *s m Bot* Planta herbácea da família das solanáceas, *Solanum auriculatum*, com propriedades medicinais e cujas folhas se usam como as do tabaco.

fumosidade *s f* (<fumoso + -i- + -dade) **1** Qualidade do que é fumoso/do que deita fumo. **Comb.** ~ dum casebre miserável, insalubre. **2** Fumo/Vapores.

fumoso, a (Ôso, Ósa, Ósos) (<fumo + -oso) **1** Que deita [cheira a] fumo/Com sabor a fumo. **Comb.** Ambiente ~. Gosto [Sabor] ~. Substância «lenha molhada» ~a. **2** *fig* Presunçoso/Vaidoso.

funambulesco, a (Lês) *adj* (<funâmbulo+-esco) **1** Relativo a [Próprio de] funâmbulo. **2** Burlesco/Excêntrico. **Comb.** Comportamento ~.

funambulismo *s m* (<funâmbulo + -ismo) Profissão [Arte] de funâmbulo.

funâmbulo, a *s* (<lat *funâmbulus,i*) **1** Equilibrista que anda/dança na corda bamba/no arame. **Loc.** Ir ao circo ver os ~s. **2** *fig* O que muda de opinião ou partido/Inconstante.

funária *s f Bot* (<lat *funária,ae*: corda) Nome vulgar da vários musgos da família das funariáceas frequentes nos sítios húmidos e frescos.

funariáceas *s f pl Bot* (<funária + -áceas) Família de musgos, geralmente anuais, a que pertence a espécie *Funaria hygrometrica*, frequente em Portugal.

função *s f* (<lat *fúnctio,ónis*; ⇒ fungível) **1** Desempenho de uma a(c)tividade/um cargo/Ocupação/Tarefa/Serviço. **Ex.** A ~ dele era encaminhar os convivas para os respe(c)tivos lugares. Era um técnico competente mas que nunca desempenhou ~ões de chefia. **Comb.** «trabalhar» Em ~ de «ajudar a família» [Devido a/Dependendo de/Por causa de]. **2** A(c)tividade exercida/Emprego/Profissão/Trabalho. **Ex.** Foi admitido para a ~ de dire(c)tor comercial. Desempenha a ~ de vigilante «na escola». **Comb.** «ele não está na/é da» ~ pública [Conjunto dos servidores do Estado/Funcionários que se ocupam da administração do Estado/da coisa pública]. **3** Utilidade/Uso. **Ex.** O friso cromado do carro não tem qualquer ~; é apenas decorativo. **4** Trabalho executado por um aparelho ou sistema. **Ex.** A ~ do despertador é tocar à hora marcada. **Comb.** ~ do motor de arranque/da embrai[bre]agem. **5** Manifestação festiva/Festividade/Espe(c)táculo. **Ex.** O homenageado não quis comparecer à ~ da entrega da condecoração. Apagaram-se as luzes, a ~ [o espe(c)táculo(+)] vai começar. **6** *Biol* A(c)tividade executada por um órgão ou conjunto de órgãos no seio de um organismo ou sistema, concorrendo para a conservação do indivíduo ou da espécie. **Comb.** *Bot* ~ *clorofilina* [Síntese feita pelas plantas com clorofila, a partir dos glícidos, de dióxido de carbono e água/Fotossíntese]. ~ *digestiva* [reprodutora/respiratória]. *~ões de relação* [que têm por fim pôr em comunicação o interior dum organismo com o exterior «locomoção/sensibilidade»]. *~ões de vida animal* [dos aparelhos [órgãos/sistemas] de relação: aparelho locomotor, sistema nervoso, órgãos dos sentidos]. *~ões de vida vegetativa* [de nutrição e reprodução comuns a todos os seres vivos organizados]. **7** *Gram* Papel desempenhado por uma palavra ou grupo de palavras numa frase. **Comb.** ~ predicativa [semântica/sintá(c)tica]. **8** *Mat* Correspondência que a cada elemento do conjunto *A* associa um (ou mais) elemento(s) do conjunto *B*, distinto ou não de *A*. **Ex.** A ~ é definida por $y=f(x)$ em que *x* representa cada um dos elementos do conjunto *A* (Domínio da ~) e *y* cada um dos elementos de *B* (Contradomínio da ~). ~ *biunívoca ou univalente* [~ em que a cada elemento de *A* corresponde um e só um elemento de *B*]. ~ *multívoca ou multiforme* [~ em que a cada elemento de *A* corresponde mais do que um elemento de *B*]. **9** *Psic* A(c)tos da consciência, fenó[ô]menos transitivos interiores e fugazes que manifestam a a(c)tividade do eu. **Ex.** Amar, odiar, conhecer, pensar, querer, recordar, ... são ~ões psíquicas. **10** *Quím* Conjunto de compostos orgânicos que apresentam idêntico comportamento químico. **Ex.** O grupo funcional é a cara(c)terística que define uma dada ~ (Ex. ~ ácido carboxílico: R-COOH, em que -COOH é o grupo funcional e R o grupo (Radical) alquilo; ~ álcool: R-OH; ~ éter: R-O-R'). **11** *Ling* Conjunto de propriedades de um enunciado determinadas pelo obje(c)tivo da comunicação. **Comb.** ~ *apelativa* [cognitiva ou denotativa/conotativa/informativa/poética]. ~ *sintá(c)tica* «sujeito/vocativo/predicado». ~ *semântica* «agente/destinatário».

funchal *s m* (<funcho + -al) Sítio onde crescem funchos.

funcho *s m Bot* (<lat *f(a)enúculum*, por *fenicúlum,i*, dim de *f(a)enum*: feno) Planta herbácea vivaz da família das umbelíferas, *Foeniculum vulgare*, com flores amarelas e caule ramoso, com propriedades aromatizantes e medicinais. **Ex.** O ~ é usado como tó[ô]nico e vermífugo e também em culinária e na preparação de licores.

funcho-de-porco *s m Bot* (*Peucedam officinale*) ⇒ brinça.

funcho-doce[-de-Itália/-hortense] *s m Bot* (*Foeniculum vulgare, dulce*) ⇒ erva-doce.

funcional *adj 2g* (<função + -al) **1** Que diz respeito às funções de um órgão ou aparelho. **Comb.** *Lesão* ~ «*nervosa*». *Perturbação* ~ «da visão». **2** Que estuda as funções. **Comb.** *Mat Análise* ~. *Linguística* ~. *Psicologia* ~. **3** De fácil uso/aplicação/Prático/Utilitário. **Comb.** Automóvel ~. Máquina de cozinha ~ [fácil de manejar/útil/prática]. **4** Bem adaptado pelo modo de funcionar/pelas dimensões/pela configuração ao fim para que foi concebido. **Comb.** Casa ~. Software «de contabilidade» ~. **5** Pronto a funcionar. **Ex.** A máquina «de lavar» foi reparada, está ~ [operacional(+)]. **6** *Br* Relativo aos funcionários públicos. **Comb.** Categoria ~.

funcionalidade *s f* (<funcional + -i- + -dade) **1** Qualidade do que é funcional/prático. **Comb.** ~ dum edifício «escolar/hospitalar». **2** Capacidade para a execução de determinada tarefa. **Ex.** A ~ deste computador pode ser melhorada «instalando um adaptador para acesso à Internet».

funcionalismo *s m* (<funcional + -ismo) **1** Sistema administrativo que tem por base a existência de um grande número de funcionários. **Ex.** A organização do ~ baseada na divisão de tarefas e hierarquização dos serviços conduz à burocracia. **2** Classe dos funcionários. **Comb.** ~ público [Conjunto dos servidores do Estado/Função pública]. **3** Maneira como alguma coisa funciona. **Ex.** Edifício «adaptado a hospital» com falta de ~ [pouco funcional]. **4** *Psic* Doutrina que considera as funções psíquicas como processo de adaptação do organismo ao seu meio. **Ex.** O ~ interessa-se pelo estudo dos a(c)tos psíquicos e não pelos elementos a que a análise abstra(c)ta os poderá reduzir.

funcionalista *adj/s 2g* (<funcional + -ista) **1** Relativo ao funcionalismo ou aos funcionários. **2** *s* O que é partidário do funcionalismo.

funcionamento *s m* (funcionar + -mento) **1** Ac)to de funcionar/A(c)tividade/A(c)ção. **Ex.** A nova escola já entrou em ~. O ~ «do Centro de Saúde» deixa muito a desejar [não é bom]. A chave de ignição põe o motor em ~. **2** Maneira como cada pessoa se comporta ou age. **Ex.** Uns gostam de trabalhar à noite, até tarde; outros preferem levantar-se cedo e trabalhar de manhã; cada um tem o seu ~ próprio.

funcionar *v int* (<função + -ar¹) **1** Exercer a sua função/Estar em exercício/Operar/Trabalhar. **Ex.** O computador não funciona, está avariado. As [A repartição de] Finanças já não funcionam aqui. Mudaram [Mudou] para as novas instalações. **2** Estar em boas condições para operar/exercer a a(c)tividade. **Ex.** O Jardim de Infância só pode ~ depois de concluída a vedação do recinto. Este motor não pode ~, não tem óleo. **3** Ter determinado resultado ou efeito. **Ex.** A justiça funcionou: a burla foi descoberta e os transgressores punidos. **4** Estar aberto ao público. **Ex.** A Conservatória (de Regist(r)o Civil) funciona à hora do almoço. A urgência hospitalar funciona 24 horas por dia. **5** *Fisiol* Um órgão desempenhar a sua função. **Ex.** Os intestinos funcionam mal [não regulam (bem)]. A cabeça já não funciona [já está fraca].

funcionário, a *s* (<funcionar + -ário) Trabalhador por conta de outrem que exerce uma função remunerada e permanente/Empregado. **Ex.** Os ~s do Banco são muito atenciosos. Preciso de admitir um novo ~ «para a informática». **Comb.** ~ público [Empregado do Estado].

funda *s f* (<lat *funda,ae*) **1** Tira de couro ou corda para arremessar pedras. **Ex.** Segundo a Bíblia, David venceu o gigante Golias derrubando-o com uma pedra arremessada com a ~. **2** *Med* Aparelho para reter na cavidade abdominal a víscera que tem tendência a sair para o saco da hérnia. **Ex.** A ~ é um método externo, mecânico, de tratamento [de contenção] das hérnias. **3** *Náut* Cabo que, abraçando na diagonal o costado duma embarcação, a fixa ao navio.

fundação *s f* (<fundar + -ção) **1** Criação [Início] de uma coisa/Origem/Princípio. **Ex.** Foi professor do colégio desde a sua ~. Celebrou-se o centenário da ~ do clube. **2** Base sobre a qual se constrói um edifício/Alicerce/Fundamento/Sustentáculo. **Ex.** A ~ fixa a construção ao solo para garantir a estabilidade. **Comb.** ~ contínua [por pilares e vigas]. **3** Criação, por meio de doação ou legado, de uma instituição de interesse público sem fins lucrativos. **Ex.** O magnata Calouste Gulbenkian legou a sua fortuna para criação duma ~ com fins culturais, científicos e humanitários.

4 Instituição criada dessa forma. **Comb.** ~ *Ajuda à Igreja que sofre*. ~ *Gulbenkian*.

fundado, a *adj* (<fundar + -ado) **1** Que tem fundamento/Baseado em argumentos sólidos/Justificado. **Comb.** Crítica ~a [com fundamento]. Condenação ~a «em provas irrefutáveis». **2** Alicerçado/Construído/Edificado. **Comb.** Edifício ~ sobre rocha firme. **3** Estabelecido sobre determinados princípios/Baseado. **Comb.** «Acção Católica» Movimento ~ [baseado(+)] na Doutrina Social da Igreja Católica.

fundador, ora *adj/s* (<fundar + -dor) **1** (O) que funda/dá origem/Instituidor. **Comb.** ~ *dum instituto religioso* «S. João Bosco». *Causas* [Circunstâncias/Normas/Dire(c)tivas] *~oras* «dum partido». **2** (O) que cria/inventa/Autor. **Comb.** ~ duma teoria [corrente/dum movimento].

fundagem *s f* (<fundo + -agem) Parte sólida em suspensão num líquido que deposita no fundo/Borra/Pé/Fezes. **Comb.** ~ [Borra(s)] do vinho «num tonel».

fundamentação *s f* (<fundamentar + -ção) Argumentação/Justificação/Comprovação. **Comb.** ~ *duma decisão* [opinião/dum juízo]. ~ *duma tese*.

fundamental *adj 2g/s m* (<fundamento + -al) **1** Que serve de fundamento/alicerce/base. **Comb.** Rocha [Base] ~ onde assenta o edifício. **2** Que é essencial/tem cará(c)ter determinante/Principal. **Ex.** A educação é a base ~ do desenvolvimento dum país. **3** *s m* O que é essencial/O mais importante. **Ex.** Ser pobre ou rico não é importante. O ~ é ser honesto e bom cidadão. **4** *s m Mús* Som base do tom ou do acorde.

fundamentalismo *s m* (<fundamental + -ismo) Tendência conservadora que defende uma obediência intransigente a certos princípios/Radicalismo/Obscurantismo. **Comb.** ~ religioso [político].

fundamentalista *adj/s* (<fundamental + -ista) Relativo ao fundamentalismo/(O) que defende [pratica] o fundamentalismo/Radical. **Ex.** Os ~s são intransigentes na defesa das duas ideias, são muito fechados. **Comb.** Movimento ~ «islâmico».

fundamentalmente *adv* (<fundamental + -mente) **1** De modo fundamental/Essencialmente/Basicamente. **Ex.** A defesa apoiou-se ~ em provas documentais. **2** Principalmente/Sobretudo. **Ex.** A tua aprovação no exame de condução depende de ~ da calma que conseguires manter.

fundamentar *v t* (<fundamento + -ar¹) **1** Dar como razão/fundamento/motivo/justificação. **Ex.** O árbitro fundamentou [justificou] a aplicação do castigo máximo numa indicação errada do juiz de linha (Árbitro auxiliar). **2** Indicar as bases/os princípios em que se baseia. **Ex.** O governo fundamentou a escolha do local «para o novo aeroporto» em pareceres técnicos de vários especialistas. **3** Alicerçar/Basear/Estabelecer/Firmar. **Loc.** ~ *uma afirmação* «teoria/tese» em dados experimentais. ~ [Alicerçar(+)/Fundar(o+)] *um pilar* «numa sapata de betão».

fundamento *s m* (<lat *fundamentum,i*) **1** Base duma construção/Alicerce. **Comb.** ~ dum edifício. **2** Razão/Motivo/Prova. **Ex.** É uma afirmação sem ~ [gratuita(+)/sem justificação]. **3** Conjunto de princípios em que assenta um sistema de ideias ou valores/uma teoria/ciência. **Comb.** Os ~s da Mecânica Quântica.

fundão *s m* (<fundo + -ão) **1** Lugar mais fundo de um rio/Pego. **Ex.** É perigoso banhar-se num rio quando existem ~ões. **2** Lugar situado no fundo dum vale entre elevações muito altas. **3** Alto mar. **Comb.** Pesca de ~.

fundar *v t/int* (<lat *fúndo,áre*) **1** Fazer os alicerces [as fundações] duma construção. **Loc.** ~ um edifício sobre base firme/sólida. **2** Dar origem «a uma instituição»/Constituir/Criar. **Loc.** ~ uma escola [cole(c)tividade]. **3** Tomar como base/Ser a base de/Fundamentar(-se). **Ex.** Os jornais publicaram notícias falsas fundadas em boatos. **4** Tornar (mais) (pro)fundo/A(pro)fundar. **Ex.** Vamos ~ um pouco mais o poço para ver se não seca no verão. **5** Penetrar profundamente/Lançar raízes profundas. **Ex.** O encontro com Cristo Ressuscitado fundou [calou fundo(+)] no coração de Paulo de Tarso, transformando-o num apóstolo incansável do cristianismo.

fundável *adj 2g* (<fundar + -vel) Diz-se dum terreno que tem uma camada arável profunda. **Comb.** Terreno ~.

fundeadou[oi]ro *s m* (<fundear + -douro) Local próprio para os barcos ancorarem/Ancoradouro.

fundear *v int* (<fundo + -ear) **1** Deitar ferro/Ancorar. **Ex.** O iate fundeou no local onde os mergulhadores iam iniciar a pesca submarina. **2** (Uma embarcação) estar num porto/Aportar. **Ex.** O porta-aviões fundeou ao largo. **Loc.** ~ num porto de abrigo. **3** Tocar no fundo. **Loc.** (Um barco) ~ nos baixios (e ficar encalhado). **4** Lançar para o fundo. **Ex.** O cadáver nunca apareceu. Talvez o tivessem fundeado no rio.

fundeiro¹, a *adj* (<fundo + -eiro) **1** Que fica no fundo/em baixo. **Comb.** Culturas ~as. **2** Que é muito alto/profundo. **Comb.** Ravinas ~as. Poço ~.

fundeiro², a *s* (<funda + -eiro) **1** O que faz fundas. **2** O que combate com funda/Fundibulário(+).

fundente *adj 2g/s m* (<lat *fúndens,éntis*; ⇒ fundir) **1** Que funde/derrete. **Comb.** Neve ~ [a derreter(+)]. **2** Que está em fusão. **Ex.** À margarina ~ [derretida(+)], juntar os ovos e os outros ingredientes do bolo. **3** *fig* Lânguido. **4** *s m Quím* O que facilita a fusão. **Ex.** Na preparação de amostras para análise química, utilizam-se ~ «bórax» para as homogeneizar na fusão.

fundiário, a *adj* (<fundo + -i- + -ário) Relativo a terrenos/Agrário(+). **Comb.** *Medidas ~as*. *Política ~a*.

fundibulário *s m* (<lat *fundibulárius,ii*) O que combate com funda. **Ex.** Nas antigas batalhas, os ~s protegiam os soldados da frente de combate.

fundíbulo *s m* (<lat *fundíbulum,i*) Antigo engenho de guerra para arremessar pedras. ⇒ funda.

fundição *s f* (<fundir + -ção) **1** A(c)to de fundir/Fusão. **2** Operação [Arte/Técnica] de fundir metais para fabricar peças em moldes. **Ex.** Com uma só ~ de ferro, vazaram-se três tipos de moldes [peças]. **3** Instalação industrial onde se fundem e vazam metais. **Comb.** ~ *de ferro*. ~ *de metais não-ferrosos*. **4** Peças obtidas a partir de metal fundido. **Ex.** Nas cozinhas antigas havia vários utensílios em ~ [ferro fundido(+)] «fogões/panelas/trempes». **Comb.** Jante em ~ de antimó[ô]nio. **5** Conjunto de cara(c)teres tipográficos para compor uma obra. **6** *fig* Produção intelectual/Plano/Proje(c)to.

fundido, a *adj* (<fundir + -ido) **1** Que se fundiu/Derretido. **Comb.** *Alumínio ~*. *Ferro ~* [Liga de ferro, com carbono superior ao do aço, que após fundição é vazada em moldes]. **2** Unido/Junto. **Comb.** Duas empresas ~as numa só. **3** *Ele(c)tri* Que deixou de funcionar por ter derretido algum componente do circuito elé(c)trico. **Comb.** Lâmpada ~a. **4** Esbanjado(+)/Desbaratado. **Comb.** Fortuna ~a [perdida(+)] numa noite «no casino».

fundidor, ora *adj/s* (<fundir + -dor) (O) que funde ou trabalha em fundição. **Ex.** Nas pequenas fundições, os ~es são muitas vezes também moldadores. **Comb.** *Aparelho ~*. *Máquina ~ora*.

fundilhar *v t* (<fundilho + -ar¹) Pôr fundilhos em. **Loc.** ~ umas calças.

fundilho *s m* (<fundo + -ilho) **1** Parte das calças [calções/cuecas] que corresponde ao assento. **Ex.** Furioso com o rapaz que lhe estragara o carro, gritava: "Se o apanho, pego-lhe pelos ~s das calças e atiro-o ao rio". **2** Remendo posto nessa parte do vestuário. **Ex.** As calças estão rotas; precisam duns ~s.

fundinho *s m* (<fundo + -inho) Biombo com duas folhas, atrás das portas dos salões, simulando a passagem para outro compartimento. ⇒ pano de fundo.

fundir *v t* (<lat *fundo,is,ere,fúdi,fúsum*) **1** (Fazer) passar do estado sólido ao líquido/Derreter. **Loc.** ~ alumínio [cobre/ouro]. **2** Fazer peças por vazamento do metal fundido em moldes. **Loc.** ~ *calços de travão*. ~ *panelas de alumínio*. ~ *rodas dentadas*. **3** Juntar/Unir. **Ex.** Os emigrantes fundiram-se com os nativos e deram origem a uma nova raça. As empresas do grupo fundiram-se (todas) numa só. **4** Incorporar/Misturar. **Ex.** As vozes dos que apoiavam fundiram-se com as dos que protestavam numa gritaria ensurdecedora. **5** *Ele(c)tri* Avariar [Deixar de funcionar] por ter derretido algum elemento do circuito. **Ex.** A (resistência da) torradeira fundiu.

fundista *s 2g* (<fundo + -ista) **1** O que escreve artigos de fundo de um jornal. **2** *(D)esp* Atleta que faz corrida de fundo. **Ex.** A corrida «maratona» teve a participação de ~s de renome mundial «Carlos Lopes/Rosa Mota».

fundível *adj 2g* (<fundir + -vel) Que se pode fundir/derreter/Fusível.

fundo, a *adj/s* (<lat *fundus,i*) **1** Que tem profundidade/fondura/Profundo. **Comb.** *Abismo ~*. *Cova ~a*. *Poço ~*. **2** Cavado/Reentrante. **Comb.** *Golpe ~* «na perna». «costa marítima com» *Recortes ~s*. **3** *fig* Que vem do íntimo/Sentido. **Comb.** Suspiro [Gemido] ~. **4** *s f* ⇒ funda. **5** *s m* Parte mais baixa [mais afastada da abertura] duma coisa oca ou escavada. **Loc.** *Ir ao ~* [Afundar-se/Não flutuar] (Ex. A madeira, na água, não vai ao ~). **Idi.** *Bater no ~* [Cair no desânimo/na prostração]. *Calar ~* [Causar profunda impressão/Sensibilizar]. *Prometer mundos e ~s* [o impossível/tudo *idi* e mais alguma coisa] (Ex. É habitual, nas campanhas eleitorais, os políticos prometerem mundos e ~s (que não irão cumprir)). *Ser um poço sem ~* [Ser interminável/Inesgotável/Não atingível] (Ex. Ele é um poço sem ~ de sabedoria. A informática proporcionou um poço sem ~ de aplicações). *Ver o ~ ao tacho* **a)** *fam* Comer tudo; **b)** Esclarecer completamente um assunto/Atingir plenamente o obje(c)tivo/Levar até ao fim um empreendimento/uma tarefa. **Comb.** *O ~ do mar* [poço/da cova]. *Sem ~* [Inesgotável]. **6** Parte mais baixa e sólida onde repousa ou corre a água. **Comb.** ~ do lago [regato]. **7** Parte interna e inferior dum obje(c)to. **Comb.** ~ duma caixa [garrafa/vasilha/dum saco]. **8** Parte mais afastada dum espaço interior ou exterior em relação à entrada/ao início. **Ex.** A casa fica ao ~ [no fim] da rua. **Comb.** ~ [Fim] do túnel [corredor]. **9** Parte mais íntima [verdadeira] duma pessoa. **Ex.** Guardo no ~ do coração as mais gratas

recordações do tempo que passámos juntos. Ele, no ~, não é má pessoa, mas tem um feitio um tanto agressivo. **10** Âmago/Cerne duma questão. **Ex.** Os grandes pensadores vão ao ~ das questões. **Loc.** Estudar um assunto a ~. **Comb. De ~ a)** [Fundamental/Essencial] (Ex. Tomar medidas de ~ para vencer a crise); **b)** Que serve de base/suporte/enquadramento (Comb. Música de ~); **c)** *(D)esp* De longa distância (Comb. Corredor de ~). **11** Base/Fundamento/Razão. **Comb.** «afirmações» *Sem qualquer ~ de verdade. Pintura com um ~ azul.* **12** Quantia de dinheiro de que se pode dispor. **Ex.** Não sendo rico, dispunha de um pequeno ~ para acorrer a qualquer eventualidade. **Comb. ~ de maneio** [Disponibilidades de tesouraria/Montante disponível para pequenas despesas do dia a dia]. **~ de reserva** [Parte dos lucros líquidos duma empresa retirada para fazer face a certas eventualidades]. **~ de reserva legal** [Retenção anual obrigatória de 20% dos lucros líquidos até perfazer um quinto do capital social]. *A ~ perdido* [Quantia disponibilizada para determinado fim sem obrigatoriedade de reembolso]. **13** *pl* Quantia considerável destinada a determinados fins. **Loc.** Angariar ~s «para a construção duma igreja». **Comb. ~s comunitários** [disponibilizados pela União Europeia aos países aderentes]. **~s públicos** [Títulos de crédito garantidos pelo Estado].

fundura *s f* (<fundo + -ura) **1** Distância desde a superfície ao fundo/Profundidade. **Comb.** Poço de grande ~ [com muita ~/muito fundo(o+)/profundo(+)]. **2** *fig* Grande quantidade/Boa qualidade. **Comb.** Admirado pela ~ [profundidade(+)/vastidão(o+)] do seu saber/pela ~ [sensatez(+)] dos seus juízos. **3** *fig* Intensidade(+) com que alguma coisa se manifesta. **Comb.** ~ da dor.

fúnebre *adj 2g* (<lat *fúnebris*, e <*fúnus,neris*: enterro, funeral) **1** Que se refere à morte ou ao funeral. **Comb. Cerimó[ô]nias ~s.** *Cortejo ~* «para o cemitério». **2** *fig* Lúgubre/Triste/Funéreo. **Comb. Ambiente ~.** *Ideias* [Sonhos] *~s.*

funeral *adj 2g/s m* (<lat *funerális,e*) **1** Relativo à morte/ao funeral/Fúnebre. **2** *s m* Conjunto de a(c)tos que precedem o sepultamento/Enterro. **Ex.** O ~ [cortejo fúnebre] seguiu a pé desde a igreja até ao cemitério. **Comb. ~ com muita gente.** *Missa de ~* [corpo presente].

funerário, a *adj/s f* (<lat *funerárius,a,um*) **1** Relativo à morte/ao funeral/Fúnebre. **Comb. Agência ~a. Carro ~.** **2** *s f* Agência [Casa] funerária. **Ex.** A ~a também vende velas e flores.

funéreo, a *adj* (<lat *funéreus,a,um*) ⇒ fúnebre.

funestador, ora *adj/s* (<funestar + -dor) (O) que funesta.

funestar *v t/unt* (<lat *funésto,áre*: expor à morte, assassinar, desgraçar) **1** Tornar [Ser] funesto/Afligir/Entristecer. **Ex.** A miséria bateu-lhe à porta mas soube lutar sempre sem se ~ [se deixar abater(+)]. **2** Manchar a reputação/Desonrar. **Ex.** Mais do que a integridade da filha, temia que a sua leviandade [que a leviandade dela] funestasse a família. **3** Assinalar como condenável/censurável/Condenar/Estigmatizar. **Ex.** O olhar reprovador do pai funestou [condenou(+)] o procedimento do filho.

funesto, a *adj* (<lat *funéstus,a,um*) **1** Que causa a morte/Fatal/Mortal. **Comb.** Doença ~a. **2** Que pressagia a morte ou a desgraça/Sinistro. **Ex.** O piar da coruja [do mocho] é tido como ~. **3** Que evoca a morte/desgraça/tristeza/Infeliz/Desventurado. **Comb.** Pensamentos [Recordações] ~os/as. **4** Nocivo/Prejudicial. **Comb.** Amizades [Influências] ~as.

fungada *s f* (<fungar + -ada) A(c)to de fungar/Ruído «fum-fum» produzido ao fungar. ⇒ esgana «do cão».

fungadeira *s f* (<fungar + -deira) **1** A(c)to de aspirar e expelir ar pelo nariz quase continuamente. **2** Choradeira. **Ex.** Estou farto de te ouvir (choramingar); é bom que acabes com a ~.

fungadela *s f* (<fungar + -dela) **1** A(c)to de aspirar [expelir] o ar pelo nariz produzindo um ruído cara(c)terístico. **Ex.** Deu uma ~ para desobstruir o nariz. **2** A(c)to de aspirar [expulsar] o ar pelo nariz quando se ri ou chora. **Ex.** As ~s que se ouviram em surdina durante o discurso mostravam o desacordo da assistência.

fungão[1], ona *adj/s col* (<fungar + -ão) **1** (O) que funga muito/que choraminga (por tudo e por nada)/Choramingão(+). **Comb.** Menino ~. Criança ~ona. **2** *pl* Ventas/Cara. **Idi.** Ir aos *~ões a* [Esbofetear] *alguém*.

fungão[2] *s m Bot* (<fungo + -ão) **1** Variedade de fungo. **2** Doença das gramíneas produzida por um fungo/Cravagem. **Comb.** ~ do milho.

fungar *v t/int* (<on) **1** Absorver ou inspirar pelo nariz. **Loc.** ~ rapé. **2** Aspirar ou expulsar ar pelo nariz produzindo um ruído cara(c)terístico. **Loc.** ~ por causa da constipação [do resfriado]. **3** Aspirar ou expulsar o ar pelo nariz com ruído, enquanto se ri ou chora. **Ex.** Não continuo a aula enquanto não pararem de ~.

fungicida *adj 2g/s m* (<fungo + -cida) (O) que destrói fungos «parasitas das plantas».

fúngico, a *adj* (<fungo+-ico) Relativo a [Da natureza dos/Produzido por] fungos. **Comb. Esporo ~. Infe(c)ção ~a. Substância ~a.**

fungícola *adj 2g* (<fungo + -cola) Que vive nos fungos/cogumelos.

fungiforme *adj 2g* (<fungo + -forme) Semelhante a fungo. **Comb.** Aspe(c)to [Aparência] ~.

fungível *adj 2g* (<lat *fungíbilis,e* <*fúngor,ere,gi,functus/m*: satisfazer, ocupar-se, desempenhar; ⇒ função) **1** Que se pode gastar/gozar. **2** Que se gasta/consome com a primeira utilização. **3** *Dir* Diz-se das coisas que não são substituíveis por outras da mesma espécie, qualidade e quantidade. **Comb.** Bens ~eis.

fungo *s m* (<lat *fungus,i*) **1** *Bot* Planta constituída por uma ou mais células que se reproduz por esporos, parasita ou saprófita/Cogumelo/Mofo/Bolor. **Ex.** Os ~s dividem-se em classes: *Ficomicetes, Ascomicetes, Basidiomicetes* e *Deuteromicetes*. **2** *Biol* Micro-organismos desprovidos de clorofila, que se reproduzem por esporos, englobando os bolores e as leveduras. **Ex.** As micoses são causadas por ~s.

fungosidade *s f* (<fungoso + -i- + -dade) **1** Qualidade do que é fungoso. **2** *Med* Excrescência em forma de cogumelo que aparece na superfície das feridas. **3** *Agr* Doença das videiras que se manifesta pela formação duma rede de filamentos brancos à volta das raízes, destruindo-as.

fungoso, a (Ôso, Ósa, Ósos) *adj* (<fungo + -oso) **1** Relativo [Semelhante] ao cogumelo. **2** Que tem poros como uma esponja/Esponjoso.

funicular *adj 2g/s m* (<lat *funículus*, dim de *funis,is*: corda + -ar²) **1** Que tem a forma de [é semelhante a] corda/Filamento. **2** Que é puxado por cabos/cordas. **Comb.** Sistema ~ (de transporte). **3** *s m* Sistema de transporte inclinado, puxado por cabos de aço a(c)cionados por um motor estacionário. **Ex.** O ~ é utilizado para vencer grandes diferenças de nível. ⇒ teleférico.

funículo *s m* (<lat *funículus,i*) **1** Pequena corda. **2** *Anat* ⇒ Cordão umbilical(+). **3** *Zool* Parte da antena dos inse(c)tos. **4** *Bot* Filamento que liga o óvulo [a semente] à placenta (do carpelo).

funiforme *adj 2g* (<lat *funis,is*: corda + -forme) ⇒ funicular **1**.

funil *s m* (<lat *fundíbulum,i*; ⇒ fundir) **1** Utensílio em forma de cone terminado por um tubo, que é usado para deitar líquidos em recipientes com boca estreita. **Loc.** Encher uma garrafa de azeite com um ~ «de alumínio/plástico». **2** O que se assemelha a [tem a forma de] este utensílio. **Loc.** Fazer um ~ [uma concha(+)] com as mãos «para beber água duma bica». Dobrar uma folha de papel em ~ «para fazer um cartucho para as castanhas assadas». **3** O que deixa passar pequena quantidade. **Ex.** Rua que termina em ~. **Comb.** Lei de ~ [injusta/feita para favorecer apenas alguns].

funilaria *s f* (<funil + -aria) **1** Estabelecimento onde se fabricam [vendem] funis. **Comb.** ~ de lata (Folha de Flandres) «para as adegas». **2** Conjunto de funis.

funileiro *s m* (<funil + -eiro) Fabricante [Vendedor] de funis e outros obje(c)tos de lata/Latoeiro. ⇒ picheleiro.

fura-bolo(s) *s m col* (<furar + ...) **1** Diz-se do dedo indicador. **2** *s 2g 2n* Pessoa a(c)tiva/empreendedora/que faz pela vida/Fura-vidas(+). **Ex.** Naquela família são todos uns ~.

fura-buxo *s m Ornit* Nome vulgar de aves palmípedes marinhas da família dos procelarídeos, também conhecidas por rolim e chireta.

furacão *s m* (<caribe *hurakán*) **1** Ventania repentina forte e devastadora/Ciclone/Tufão. **Ex.** Os ~ões são fenó[ô]menos frequentes em algumas regiões da América. **2** *fig* Tudo que destrói com rapidez e violência. **Ex.** O ~ da multidão enfurecida destruiu tudo o que encontrava pela frente: carros, montras, ... **3** *fig* Movimento violento/Ímpeto arrebatado. **Ex.** A baixa da bolsa [A perda do emprego] foi um ~ na nossa vida.

furadeira *s f Br* (<furar + -deira) Ferramenta utilizada para fazer furos «na madeira/no metal/na pedra»/Broca «elé(c)trica»(+).

furado, a *adj* (<furar + -ado) **1** Que tem furo(s). **Comb. Bola ~a. Panela** [Vasilha] **~a. Roda** [Pneu do carro] **~a/o.** **2** *fig* Que não teve êxito/Frustrado/Gorado. **Ex.** As previsões «das sondagens» saíram ~as [não se concretizaram]. **Comb.** Plano [Negócio] ~. **3** *fig col* Que não tem valor. **Ex.** Isso não vale um tostão ~ [um chavo].

furador, ora *s/adj* (<furar + -dor) **1** Instrumento utilizado para fazer furos. **Comb. ~ de escritório** (para furar as folhas de papel nas margens, para arquivo). **~ de osso/marfim** das costureiras (para meter ilhós). **2** *adj* Que faz buracos. **Comb.** «toupeira» Animal ~. **3** Empreendedor/A(c)tivo. **Ex.** Foi despedido [Perdeu o emprego], mas como é ~ não vai ficar sem fazer nada.

fura-greve(s) *s 2g 2n* (<furar + ...) Pessoa que não participa numa greve para a qual foi convocada. **Ex.** Os ~ geralmente são malvistos pelos colegas.

furano *s m Quím* (<lat *fúr(fur),uris*: casca, farelo + -ano) Composto heterocíclico insaturado, C_4H_4O, líquido, com o ponto de ebulição de 31,5° C, obtido (a partir) da

palha ou do farelo dos cereais. **Ex.** O ~ dá origem a derivados «furfural» com aplicação industrial.

furão *s m* (<lat *fúro,ónis*) **1** *Zool* Mamífero carnívoro, *Mustela putorius*, da família dos mustelídeos, de corpo flexível, patas curtas e pelagem castanha-escura, utilizado na caça ao coelho. **Ex.** O ~ doméstico é um pouco menor e de cor mais clara do que o ~-bravo. **2** Instrumento pontiagudo utilizado para fazer furos. **3** *fig* Pessoa empreendedora/dinâmica/Fura-vidas. **4** *fig* Pessoa curiosa/Intrometido/Mexeriqueiro.

fura-panascos *s m 2n zool* Réptil da família dos cincídeos com membros locomotores rudimentares conhecido por cobra-de-pernas/cobra-cega/Licranço(+).

fura-paredes *s 2g 2n* Pessoa perspicaz, esperta, empreendedora/Furão **3**/Fura-vidas.

furar *v t/int* (<lat *foro,áre*) **1** Fazer furo(s) [orifício(s)] em/Perfurar. **Loc.** ~ *as orelhas* (para pôr brincos). ~ *documentos* (para arquivar). ~ *uma chapa de ferro*. **2** Passar através de. **Ex.** O cão furou pela sebe e fugiu. **Loc.** ~ através [pelo meio] da multidão. **3** Fazer cessar/Interromper/Alterar. **Ex.** Um estrondo furou [quebrou(+)] o silêncio da noite. **4** (Fazer)gorar/Fracassar/Frustrar. **Ex.** O aparecimento inesperado da polícia furou o plano dos assaltantes. **Loc.** ~ [Não aderir a] uma greve. **5** Abrir rombo/Romper. **Ex.** O pneu do carro furou. O ciclista «camisola-amarela» atrasou-se porque furou. **6** Abrir valas/buracos/Esburacar. **Ex.** As obras do saneamento furaram [esburacaram(+)] todas as ruas do bairro.

fura-vidas *s m 2g 2n col* (<furar + ...) Pessoa empreendedora e a(c)tiva com grande iniciativa para ganhar a vida. **Ex.** Ele é um ~; começou com um pequeno negócio e hoje [a(c)tualmente] é um grande industrial.

furente *adj 2g Poe* (<lat *fúrens,éntis* <*fúro, ere*: enfurecer-se) Que está em fúria/Enfurecido/Furioso/Irritado. **Sin.** Furioso(o+); furibundo(+).

furfuração *s f* (<lat *fúrfur,uris*: caspa, farelo + -ção) Produção de caspa(+) na cabeça.

furfuráceo [furfúreo], a *adj* (<lat *fúrfur*; ⇒ furfuração) Relativo [Semelhante] ao farelo.

furgão *s m* (<fr *fourgon*) **1** Vagão de caminho de ferro, coberto e fechado, que se destina ao transporte de bagagens e encomendas. **2** Veículo automóvel, comprido e coberto, para tansporte de carga. **Comb.** ~ duma empresa de mudanças.

furgoneta *s f* (<fr *fourgonnette*) Pequena camioneta [*Br* camionete] fechada, com porta traseira, para transporte de mercadorias de pouco peso e volume. **Ex.** Vendia calçado nas feiras com uma ~.

fúria *s f* (<lat *fúria,ae*) **1** Estado de grande exaltação que se manifesta de modo repentino e violento/Cólera/Raiva/Furor/Ira. **Loc.** Ter uma [um ataque de] ~ [Reagir de forma violenta, com palavras e a(c)ções]. **2** Grande força/Ímpeto. **Ex.** O mar em ~ galgou os paredões e invadiu a esplanada. **Comb.** A ~ do vento. **3** Entusiasmo/Fervor/Arrebatamento. **Ex.** Quando regressou «da guerra» abraçou e beijou com toda a ~ a noiva que o esperava no cais. **4** *fam* Procedimento precipitado sem medir as consequências. **Ex.** Deu-lhe uma ~ e despediu-se do emprego. Agora *idi* torce a orelha [vê que fez asneira] porque não arranja trabalho.

furibundo, a *adj* (<lat *furibúndus,a,um*) Que revela furor/ira/cólera/Furioso. **Ex.** Chegou a casa ~ porque o seu clube tinha perdido.

furioso, a (Ôso, Ósa, Ósos) *adj* (<lat *furiósus,a,um*) **1** Que denota fúria/Muito irritado/Raivoso/Colérico. **Ex.** Os passageiros estavam ~s com tão grande atraso do comboio [trem]. A mãe ficou ~a por não a termos avisado de que não vínhamos [viríamos] jantar. **2** Que está atacado de fúria/agitação violenta. **Ex.** Esse doente (mental) é perigoso; de repente fica ~ e ataca [agride] toda a gente. **3** Que denota exaltação. **Ex.** Lançar olhares ~s. **4** Que não se contém/Descontrolado/Impetuoso/Arrebatado. **Comb.** Adepto ~ dum clube de futebol. **5** *fig* Que tem grande força/Muito violento. **Comb.** Ventania ~a.

furna *s f* (<lat *furnus* por *fórnus,i*: forno) **1** Grande cavidade natural no interior dum rochedo ou da terra/Caverna/Gruta. **Ex.** As ~s serviram de abrigo aos homens primitivos. **2** Subterrâneo dum edifício/Cave. **3** ⇒ lugar escondido; covil.

furo *s m* (<furar) **1** Abertura artificial redonda feita por um obje(c)to pontiagudo/Buraco/Orifício. **Ex.** Para fixar os toalheiros tenho que fazer vários ~s nos azulejos da casa de banho [do banheiro]. **Idi.** *Espreitar o* ~ [Procurar uma boa saída/solução]. **2** Abertura feita no solo para extrair água. **Ex.** O ~ dá água suficiente para regar durante todo o verão. ⇒ poço artesiano. **3** Orifício feito num pneu por onde sai o ar. **Loc.** Remendar [Consertar] um ~. **4** *col* Posição/Grau/Ponto. **Ex.** Pela tua atitude «de ajudar os mais necessitados» subiste um ~ na minha consideração. **5** *col* Meio de resolução dum caso difícil/Expediente/Saída. **Ex.** O negócio das [de] sucatas foi um bom ~ para ele. Em pouco tempo pagou as dívidas todas. **6** *gír* Tempo le(c)tivo não preenchido/Aula que não houve [não foi dada] por falta de professor. **Ex.** O professor de História faltou. Tivemos um ~ «ao primeiro tempo». **Comb.** Horário com vários ~s. **7** *gír* Notícia jornalística em primeira mão/Cacha.

furoeiro, a *s/adj* (<furão + -eiro) **1** (O) que cria [vende] furões. **2** *s f* Caixa onde se transporta o furão para a caça. **3** *adj* Que caça com furão. **Comb.** Caçador ~.

furor *s m* (<lat *fúror,óris*) **1** Estado de grande exaltação/Agitação violenta/Cólera/Fúria/Raiva. **Ex.** Quando deu pela falta da carteira, começou a gritar com grande ~, vociferando ameaças. **2** Delírio violento que acompanha certos estados de loucura. **3** Entusiasmo(+)/Arrebatamento. **Ex.** À chegada, os campeões foram aplaudidos com grande ~ pela multidão que os aguardava no aeroporto. **Loc.** Fazer ~ [Ter grande sucesso/Causar grande admiração/entusiasmo] (Ex. Artista que fez ~ quando era novo/a).

furriel *s m Mil* (<fr *fourier*) **1** Posto militar entre primeiro cabo e segundo sargento. **Comb.** Divisas de ~. **2** Militar com essa graduação. **Comb.** Se(c)ção comandada por um ~.

furta-cor [-cores(+)**]** *adj 2g/s m* (<furtar + ...) (A cor) que muda conforme a incidência da luz/Que tem cor indecisa/cambiamte. **Comb.** Tecido ~.

furtadela *s f* (<furtar + -dela) **1** A(c)to de furtar(-se)/esquivar(-se)/Desvio(+) do corpo para evitar um encontro. **Comb.** Às ~s [Disfarçadamente/Às escondidas(+)/ocultas]. **2** Camuflagem [Ocultação] de alguém/alguma coisa/Encobrimento. **3** Pequeno furto. **Ex.** As vendedeiras tinham que estar muito atentas quando passavam os alunos da escola para evitar as ~ de fruta.

furtado, a *adj* (<furtar + -ado) **1** Que se furtou/Roubado. **Comb.** Obje(c)tos ~s. **2** ⇒ Escondido/Esconso. ⇒ águas-furtadas.

furta-fogo *s m* Luz escondida. **Comb.** Lanterna de ~ [com dispositivo que pode ocultar a luz sem a apagar].

furta-passo *s m* Passo curto do cavalo. **Comb.** A ~ [Com cautela/Mansamente].

furtar *v t* (<furto + -ar[1]) **1** Apoderar-se de coisa alheia sem consentimento do dono/Roubar(+). **Ex.** Furtaram-me a carteira, ao entrar para o autocarro/ó[ô]nibus. **2** Apresentar como seu o que é de outrem/Usurpar. **Ex.** O professor furtava a pesquisa dos alunos em proveito próprio. **3** Impedir/Negar. **Ex.** Não nos furtes o prazer da tua companhia ao jantar. **4** Afastar(-se)/Desviar(-se). **Ex.** Furtou-se a [Driblou/Fintou] vários adversários a caminho da baliza. **5** Esquivar-se/Escapar-se. **Loc.** ~-*se a responder*. ~-*se ao trabalho*. ~ [Trocar(+)] *as voltas* «à polícia» [Seguir um caminho diferente do habitual para evitar encontrar-se com alguém].

furtivo, a *adj* (<lat *furtívus,a,um*) **1** Que se faz às escondidas/se encobre. **Comb.** Encontro ~/secreto. **2** Clandestino/Dissimulado. **Comb.** Caçador [Atirador] ~. **3** Que se quer que passe despercebido/Rápido/Fugidio. **Comb.** Olhar [Sinal de olhos] ~/Olhadela.

furto *s m* (<lat *fúrtum,i*) **1** A(c)to de furtar/Subtra(c)ção fraudulenta de coisa alheia/Roubo(+). **Ex.** O crime de ~ é contra o patrimó[ô]nio. Os detidos são acusados de vários ~s. **Comb.** A ~ [Às escondidas(+)/Ocultamente]. **2** A(c)to de apresentar como seu o que é de outrem. **3** Aquilo que foi furtado. **Ex.** Os assaltantes foram presos e o ~ recuperado quase integralmente.

furuncular *adj 2g* (<furúnculo + -ar[2]) **1** Referente a furúnculo/Furunculoso. **Comb.** Inflamação ~. **2** Da natureza do furúnculo. **Comb.** Abcesso ~.

furúnculo *s m* (<lat *furúnculus,i*) Infe(c)ção da pele na zona do folículo pilo-sebáceo causada por estafilococo. **Ex.** Os ~s podem aparecer em qualquer parte do corpo onde haja pelos mas sobretudo nas zonas mais sujeitas a atrito «pescoço/ombros». ⇒ espinha.

furunculose *s f Med* (<furúnculo + -ose) Erupção de muitos furúnculos.

furunculoso, a (Ôso, Ósa, Ósos) *adj* (<furúnculo + -oso) **1** Relativo a furúnculo/Furuncular. **Comb.** Infe(c)ção ~a. **2** Que tem [é atreita a] furúnculos. **Comb.** Criança ~a.

fusa *s f Mús* (<it *fusa*) (Sinal que representa a) nota musical com o valor de metade da semicolcheia e 1/32 da semibreve. **Ex.** A ~ tem o valor de 1/8 de tempo.

fusão *s f* (<lat *fúsio,ónis*; ⇒ fundir) **1** A(c)to ou efeito de derreter/Derretimento. **Loc.** Fazer a ~ duma amostra «de minério» para ser analisada. **2** *Fís* Passagem do estado sólido ao estado líquido por a(c)ção do calor. **Ex.** A ~ do chumbo dá-se a temperatura mais baixa do que a do cobre. **Comb.** ~ *nuclear*/Rea(c)ção de ~ [Rea(c)ção entre núcleos ató[ô]micos leves formando um mais pesado e libertando grande quantidade de energia]. *Ponto de* ~ [Temperatura a que uma substância passa do estado sólido ao líquido]. **3** União íntima de seres ou coisas. **Comb.** ~ *de raças*. ~ *dos corações de um casal* «que se une pelo matrimó[ô]nio». **4** Aliança/Junção/Asso-

ciação. **Comb.** ~ de empresas/~ de dois partidos políticos.

fusário s m Bot (<lat científico *Fusarium*) Designação comum de fungos imperfeitos (Deuteromicetes) que causam várias doenças nas plantas «cereais/tomateiro/bataeira».

fusco, a adj/s (<lat *fuscus,a,um*) **1** Que se tornou escuro/Pardo. **Comb.** Tempo ~. **2** Que perdeu o [tem pouco] brilho/Fosco. **Ex.** A bandeja «de casquinha» ficou ~a; perdeu o brilho, está muito feia. **3** fig Melancólico/Triste/Sombrio. **Comb.** Olhar ~. ⇒ lusco-fusco.

fusela s f (<fuso + -ela) Ornato de escudo em forma de fuso.

fuselagem s f Aer (<fr *fuselage*) Parte principal do avião que limita o espaço destinado aos passageiros e à carga e onde se fixam as asas. **Ex.** A ~ é feita com materiais resistentes e leves.

fusibilidade s f (<fusível + -i- + -dade) Qualidade do que é fusível/se pode derreter ou fundir. **Comb.** ~ elevada «do quartzo». Escala de ~ [de Kobell].

fusiforme adj 2g (<fuso + -forme) Que tem a forma de fuso/Fusoide/Afusado. **Comb.** Corpo ~.

fúsil adj 2g (<lat *fusílis,e*) Que se pode fundir. **Comb.** Mineral ~.

fusionar v t (<fusão + -ar¹) Fazer a fusão de/Misturar vários elementos que se confundem num só/Amalgamar. **Loc.** ~ duas empresas.

fusível adj 2g/s m (<lat *fusíbilis,e*; ⇒ fundir) **1** Que se pode fundir/derreter/Fundível/Fúsil. **Comb.** Substância [Metal] ~. **2** s m Ele(c)tri Fio metálico introduzido num circuito elé(c)trico para o proteger, que funde quando há sobrecarga, interrompendo a passagem de corrente.

fuso s m (<lat *fúsus,i*) **1** Utensílio de madeira que se vai adelgaçando gradualmente até às extremidades terminando em bico, que serve para enrolar o fio quando se fia à roca. **Loc.** Girar o ~. **Prov.** *Cada terra tem seu uso, cada roca tem seu ~* [Devemos aceitar os costumes diferentes dos nossos]. **Comb.** idi Direito como um ~ [«homem» Muito empertigado]. **2** Peça roscada das prensas que serve para fazer o aperto. **Comb.** ~ (da prensa) dum lagar. **3** Peça vertical que serve de apoio às escadas em caracol. **4** Pau de alargar os dedos das luvas. **5** Geom Porção da superfície esférica compreendida entre dois semicírculos máximos. **Comb.** Geog **~ horário** [Cada um dos 24 segmentos geométricos com a longitude de 15° em que por convenção a Terra foi dividida, a que corresponde a mesma hora legal dentro dessa divisão]. Biol **~ acromático** [Formação fusiforme constituída por filamentos acromáticos que aparece na célula quando se dá a divisão nuclear indire(c)ta].

fusório, a adj (<lat *fusórius,a,um*) Relativo à fundição.

fusta s f Náut (⇒ fuste) Antiga embarcação comprida de fundo chato, com vela e remos. **Ex.** As ~s foram usadas pelos portugueses no Oriente.

fuste s m (<lat *fústis,is*) **1** Pau comprido e fino/Haste. **2** Arquit Parte da coluna entre a base e o capitel. **Ex.** O ~ pode ser liso ou estriado (com ou sem listéis). **3** Bot Parte do tronco das árvores entre o solo e as ramificações. **Comb.** «eucalipto» Árvore de alto ~. **4** Náut Peça com que se escoram os mastros dos navios. **5** Mús Corpo principal do bombo e do tambor. **6** Parte da coronha da espingarda que aloja o cano, a caixa da culatra e os mecanismos a ela ligados.

fustigação s f (<fustigar + -ção) **1** A(c)to de fustigar/Flagelação. **2** Instigação/Estímulo.

fustigada s f (<fustigado) A(c)to de fustigar/Fustigação. **Loc.** Castigar severamente com algumas ~s.

fustigador, ora [**fustigante**] adj (<fustigar +-...) (O) que fustiga. **Comb.** Vento ~.

fustigar v t (<lat *fustígo,áre*) **1** Bater com a vara/Flagelar/Vergastar. **Ex.** Correu atrás dos meliantes com uma vara para os ~. **2** Bater repetidamente com força e ruído. **Ex.** O vento fustigava violentamente as árvores da rua. **3** fig Castigar/Assolar/Maltratar. **Comb.** Populações «africanas» fustigadas pela má governação e pelas intempéries. **4** fig Criticar violentamente. **Ex.** Na campanha eleitoral os grandes problemas foram esquecidos. Os políticos preferiram ~ os adversários com diatribes estéreis. **5** fig Causar dor/sofrimento moral. **Ex.** Vivia atormentado, fustigado pelo remorso de ter deixado os pais ao abandono. **6** fig Estimular/Espicaçar/Incitar. **Ex.** Naturalmente fraco, não conseguia resistir aos amigos que o fustigavam com propostas de noites de farra.

futebol s m (D)esp (<ing *football*) Modalidade (d)esportiva disputada por duas equipas/es de onze jogadores cada uma, num campo re(c)tangular, em que o obje(c)tivo é meter a bola na baliza do adversário. **Ex.** No ~ só os guarda-redes [goleiros], na sua área, podem tocar a bola com a mão. **Comb.** ~ de salão [Futsal/Jogo muito semelhante ao ~, mas disputado por equipas/es de cinco elementos cada, em recinto aberto ou coberto de dimensões mais reduzidas].

futebolista s 2g (D)esp (<futebol + -ista) Jogador de futebol. **Ex.** A carreira profissional dos ~s termina geralmente por volta dos 35 anos de idade.

futebolístico, a adj (<futebolista + -ico) Relativo a futebol/futebolista. **Comb.** Conversa ~a.

futicar v t/int Br (< ?) **1** Causar rugas/Amarrotar/Amarfanhar. **2** Espetar/Furar/Coser com pontos largos/Cosicar. **3** Importunar/Aborrecer.

fútil adj 2g (<lat *fútilis,e*) **1** Que tem pouco valor/De pouca importância/Insignificante. **Comb.** *Conversa* ~. *Motivo* ~. **2** Superficial/Leviano/Frívolo. **Comb.** Rapariga [Moça] ~.

futilidade s f (<lat *futílitas,átis*) **1** Qualidade do que é fútil/Frivolidade/Superficialidade. **Ex.** Há gente que passa a vida [o tempo] a ver novelas e outras ~s semelhantes. **2** Coisa insignificante/sem valor/desnecessária/supérflua. **Loc.** Gastar dinheiro em ~s.

futilizar v t/int (<fútil + -izar) **1** Tornar fútil/sem importância/banal/Dizer futilidades. **Ex.** A reunião acabou futilizada com críticas [ataques] pessoais. **2** Ocupar-se de coisas insignificantes/frívolas/supérfluas. **Ex.** Desde que se reformou leva uma vida inútil; futilizou-se.

futre s m/adj (<lat *fútuo,ere*: ter relações sexuais com uma mulher) **1** Pessoa desprezível/reles/Bandalho. **2** Pessoa agarrada ao dinheiro/Avarento/Sovina. **3** adj 2g Sem importância/Reles/Mesquinho.

futrica s (<futre + -ica) **1** s f Loja de coisas insignificantes/Baiuca. **2** s f Montão de coisas velhas/Trastes sem valor. **3** s m (Em Coimbra, Portugal) nome dado a quem não é estudante. **Ex.** No baile, havia mais ~s do que estudantes. **Comb.** À ~ [Com roupa vulgar/Sem traje acadé[ê]mico].

futricar v t/int (<futrica + -ar¹) **1** Negociar de forma desonesta/Trapacear. **Ex.** Vendedores ambulantes futricando de porta em porta relógios, joias e outras quinquilharias. **2** pop Estragar/Prejudicar. **Loc.** ~ um negócio. **3** Br Provocar alguém de modo impertinente/Importunar. **4** Br Fazer intrigas/Mexericar.

futriqueiro, a s (<futrica + -eiro) Dono de loja que vende quinquilharias/coisas de pouco valor. **Comb.** Negócio de ~.

futriquice s f (<futrica + -ice) A(c)ção vil e desprezível.

futsal s m (<fut(ebol de) sal(ão)) ⇒ futebol de salão.

futuração s f (<futurar + -ção) A(c)to de futurar/Predição/Conje(c)tura/Suposição. **Ex.** Não tenho o hábito [dom] de fazer ~ões.

futuramente adv (<futuro + -mente) De [Para o] futuro/De hoje em diante. **Ex.** ~, à sexta-feira, o escritório passa a encerrar às quatro (horas) da tarde.

futurar v t/int (<futuro + -ar¹) Predizer o futuro/Fazer prognósticos/Conje(c)turar. **Ex.** O noivo é rico mas tem mau feitio. Não lhes futuro uma vida fácil. As sondagens futuravam nova vitória do partido do governo, mas *idi* saíram furadas [não se concretizaram].

futuridade s f (<futuro + -i- + -dade) **1** Qualidade de coisa futura. **Ex.** Não me vou preocupar com ~s que poderão nunca vir a acontecer. **2** Tempo futuro. **Ex.** A ~ [O futuro(+)] a Deus pertence [só Deus o conhece].

futurismo s m Arte/Liter/Hist (<futuro + -ismo) Movimento estético e literário iniciado em 1909 com o manifesto *Marinetti*, exaltando um novo conceito de vida baseada na velocidade e na força da mecânica e da técnica e na liberdade absoluta de expressão. **Ex.** O ~ rejeitava o passado e tudo quanto era tradicional.

futurista s/adj 2g Arte/Liter (<futuro + -ista) **1** O que segue o [que diz respeito ao] futurismo. **Ex.** Almada Negreiros, Mário Sá Carneiro e Fernando Pessoa contam-se entre os ~s portugueses mais insignes. A aventura ~, breve e espe(c)tacular, precedeu os movimentos artísticos do dadaísmo, cubismo e surrealismo. **2** Que evoca o futuro tal como ele é imaginado, em especial no que diz respeito ao progresso científico e tecnológico. **Comb.** Visão [Descrição] ~ do mundo. **3** Extravagante/Excêntrico. **Comb.** Ideias [Comportamentos] ~s.

futurível adj 2g/s m (<lat *futuríbilis*) **1** s m Fil O que será mas só se se derem determinadas condições. **Ex.** O futuro será; o ~ será se... **2** adj/s 2g (O) que, em termos de futurologia, pode acontecer/Possível(+).

futuro, a s m/adj (<lat *futurum,i*) **1** Tempo que está para vir/que se segue ao presente/Amanhã/Porvir. **Ex.** No ~ teremos comboios [trens] mais rápidos «TGV» a circular no país. Prevê-se que no ~ a empresa se expanda além-fronteiras. **Comb.** *Gram* **~ imperfeito** «do verbo *fazer* é *farei*»/**perfeito** «é *terei feito*». *De* ~ [Daqui para a frente/De hoje em diante]. **2** Aquilo que vai acontecer num tempo a seguir ao presente/Sorte/Destino. **Ex.** O ~ a Deus pertence [~ só Deus sabe/o conhece]. **Loc.** *Preparar o* ~. **Ter** [Ser de] sucesso/êxito] (Ex. «médico» Profissão que tem [é de] ~). **Comb.** ~ *incerto* [risonho/certo]. «negócio» **Sem ~** [Condenado ao fracasso]. **3** Gerações vindouras. **Ex.** A política de endividamento público excessivo há de ser julgada pelo ~ [pela posteridade]

que sofrerá as consequências. **4** *adj* Que há de vir/acontecer/Vindouro. **Ex.** A nossa ~a viagem de férias vai ser aos Açores (Portugal). As prestações (de pagamento) da casa são a(c)tualmente muito dispendiosas. As ~as vão ser mais suaves porque todos os anos diminuem. **5** Que está para ser/acontecer. **Ex.** O ~ engenheiro já tem emprego assegurado. Que afadigada anda a ~a noiva com o casamento! Nem consegue dormir.

futurologia *s f* (<futuro + -logia) Conjunto de pesquisas que têm por obje(c)tivo prever, em dado momento, acontecimentos futuros «evolução da ciência/estado do mundo»/Arte de prever o futuro a partir das tendências manifestadas no presente. **Ex.** Fazer ~ é sempre arriscado; há grandes possibilidades de engano.

futurólogo, a *s* (<futuro+-logo) Especialista em futurologia.

fuxicar *v t Br* (<fut(r)icar) **1** Coser com pontos largos/Cosicar/Alinhavar. **Loc.** ~ a bainha duma saia. **2** Amarrotar/Amachucar. **3** Remexer/Revolver. **4** Fazer algo apressadamente/Combinar de repente. **5** Intrigar/Mexericar. **6** Importunar.

fuxiqueiro, a *adj Br* (<fuxicar + -eiro) Mexeriqueiro/Bisbilhoteiro.

fuzarca *s f Br* (< ?) Farra/Festa.

fuzil *s m* (<lat *focilis (petra)*: (pedra) de fogo <*focus,i*: fogo) **1** Peça de aço com que se faz fogo na pederneira. **Ex.** Os fumadores antigos acendiam o cigarro num isqueiro primitivo constituído por um morrão incendiado [posto em brasa] pelas chispas dum ~. **2** Peça de aço das espingardas antigas que, roçando na pederneira (Sílex), desprendia chispas que provocavam a explosão da pólvora. **3** Nome dado às antigas espingardas de pequeno calibre, equipadas com esse processo de inflamação/Carabina/Espingarda.

fuzilada *s f* (<fuzil + -ada) **1** Muitos tiros simultâneos de espingarda/Fuzilaria(+). **Ex.** Os soldados acordaram com o barulho da ~ do inimigo. **2** Golpe de fuzil na pederneira. **3** Série de relâmpagos longínquos.

fuzilado, a *adj* (<fuzilar + -ado) **1** Morto a tiro de fuzil/de arma de fogo. **Loc.** «espião» Morrer ~. **2** Morto por um raio/Fulminado. **Ex.** O pastor caiu ~ [fulminado(+)] por um raio quando se abrigava da tempestade debaixo duma árvore.

fuzilador, ora *s/adj* (<fuzilar + -dor) (O) que fuzila/mata [manda matar] com arma de fogo. **Comb.** Pelotão ~.

fuzilamento *s m* (<fuzilar + -mento) A(c)to ou efeito de fuzilar/Execução com arma de fogo. **Comb.** Condenado à morte por ~.

fuzilante *adj 2g* (<fuzilar + -ante) Que lança chispas/fuzila/Faiscante(+)/Cintilante.

fuzilar *v t/int* (<fuzil + -ar¹) **1** Matar com disparos de várias armas de fogo/Executar por fuzilamento. **Loc.** ~ espiões [prisioneiros de guerra]. **2** Lançar clarões/faíscas/Brilhar intensamente. **Ex.** À luz do sol, a espada desembainhada fuzilava [brilhava(+)] intensamente. **3** *fig* Deixar transparecer ódio/rancor/ameaça. **Ex.** Olhares que fuzilavam, ameaçadores. **4** ⇒ Lançar faíscas/Relampejar(+).

fuzilaria *s f* (<fuzil + -aria) **1** Muitos tiros simultâneos de arma de fogo. **2** Tiroteio entre inimigos. **Ex.** Ao longe ouvia-se a ~ dos exércitos em combate.

fuzileiro *s m Mil* (<fuzil + -eiro) Soldado armado de fuzil/Soldado de infantaria. **Comb.** ~ naval [Militar de infantaria pertencente a um corpo de forças especiais da Armada preparadas para missões arriscadas].

fuzil(h)ão *s m* (<fuzil + -ilhão) Espigão ou bico da fivela que prende a presilha.

fuzuê *s m Br* (< ?) **1** ⇒ folia/Carnaval/pândega. **2** ⇒ briga/desordem.

G

g ou **G** (Jê/Guê) *s m* (<lat g ou G; ⇒ j/J) **1** Sétima letra do alfabeto latino e português, correspondente à terceira do grego chamada *gama*; antes das vogais *e* e *i* toma o valor de *j*. **2** (Com *minúsc*) *Fís* Símbolo de grama e de aceleração da gravidade. **3** (Com *maiúsc*) *Fís* Símbolo de gauss e de condutância elé(c)trica. **4** *Mús* ⇒ (nota) sol(+).

G 7/8 *s m pl* (<Grupo dos sete *grandes*: Estados Unidos, Canadá, Grã-Bretanha, Alemanha, França, Itália, Japão (e Rússia)).

gabação [gabanço] *s* (<gabar + ...) A(c)to ou efeito de gabar. **Sin.** Elogio(+).

gabador, ora *adj/s* (<gabar + -dor) Que tem o hábito de elogiar. **Sin.** Gabão¹; adulador. ⇒ gabarola.

gabão¹, ona *adj/s* (<gabar + -ão) **1** Aquele que se gaba muito. **Ex.** Ela é uma [muito] ~ona, está sempre a elogiar-se[-me].

gabão² *s m* (<ár *qabâ*: manto; ⇒ gibão) Veste com mangas largas, capuz e gola larga.

Gabão *s m Geog* País da África Equatorial. **Ex.** A capital do ~ é Libreville e os habitantes são gaboneses/gabonenses.

gabar *v t col* (<provençal *gabar*) Elogiar(+). **Ex.** Ela, mãe coruja, vive a ~ os filhos. **Idi.** *Gaba-te cesto* (que vais à vindima) [Não sejas gabarolas/Não tens razão para te ~]!

gabardina *s f* (<gabão² + -ina; ⇒ gabardo) **1** Tecido de lã, algodão ou fibra sintética, sarjado, tecido em diagonal e com trama apertada, usado no fabrico de vestuário exterior. **2** Sobretudo ou casaco comprido feito de **1**.

gabardo *s m* (<gabão² + tabardo) ⇒ gabão².

gabarito *s m* (<fr *gabarit*: modelo, molde) **1** Modelo [Instrumento/Suporte/Medida fixa] para fazer barcos, aviões, mobília, ... ⇒ medida; bitola; calibre; modelo; forma. **2** *fig* Competência profissional/Estatura intelectual/Classe/Categoria/Nível. **Ex.** Não tem ~ para o [para ocupar este] cargo. **3** *Br* Tabela das respostas corre(c)tas às questões de uma prova, especialmente do tipo de escolha múltipla.

gabarola(s) *adj/s 2g* (<gabar + -ola) (O/A) que se gaba a si mesmo/Vaidoso. **Ex.** Ele é um ~; gaba-se mas nunca fez nada.

gabarolice *s f* (<gabarola + -ice) Dito de gabarola(s). **Ex.** Deixa-te de [Acaba (lá) com as tuas] ~s.

gabela¹ *s f* (<ár *(al)qabâla*: imposto) **1** *Hist* Antigo imposto sobre o sal. **2** *Hist* Imposto pago pelo visado por sentença judicial/Qualquer imposto. **3** Feira/Mercado.

gabela² *s f* (<gavela) ⇒ gavela.

gabião *s m* (<it *gabbione*) **1** Cesto grande de alças/Cesto de vindima. **2** Espécie de cesto de ramos entrelaçados, usado na preparação de parapeitos de pedras/terra. **3** Rede de arame/aço para proteger da erosão canais de terra, taludes/Parapeito de sustentação.

gabinardo *s m* (<gabão² + tabardo) **1** Capote comprido com mangas/Gabão². **2** Antigo capote de mangas compridas.

gabinete *s m* (<fr *cabinet*: pequena câmara) **1** Pequena divisão de habitação destinada a um uso específico, sobretudo a trabalho intelectual. **Ex.** Fecha-se no ~ para trabalhar à vontade. **2** Sala de trabalho de quem exerce uma função ou cargo/Escritório. **Ex.** Foi chamado ao ~ do dire(c)tor. **Comb.** *Homem de ~* [Pessoa mais vocacionada para o estudo do que para a a(c)ção]. *Política de ~* [Conjunto de decisões desfasadas da realidade concreta em que deveriam basear-se]. **3** Compartimento onde estão instalados os aparelhos e os materiais para um tipo de estudos/investigações/Laboratório. **Comb.** *~ de física*/química/desenho. *~ de leitura* «do Rio de Janeiro» ⇒ biblioteca (pública). **4** Conjunto de colaboradores imediatos de quem exerce cargo importante/Conjunto de ministros de um governo/Ministério(+). **Ex.** O chefe do governo indigitado está a constituir o seu ~. **5** Espaço reservado à preparação de quem vai entrar em cena/Camarim(+).

gabiru, ua *s* (<tupi *gabiru*: rato) **1** Patife/Velhaco/Malandro. **Ex.** Ele sempre me saiu um ~! **2** Garoto travesso/traquina(s). **3** Pessoa finória. **4** Indivíduo de conduta reprovável.

gabo *s m* (<gabar) ⇒ gabação.

gabola(s) *adj/s 2g* (<gab(ar) + -ola) ⇒ gabarola.

gabro *s m Min* (<it<lat *gláber,bra,brum*: sem pelo) Rocha de magma, que contém plagióclase cálcica, etc.

gadanha *s f* (<esp *guadaña*) **1** Colher comprida e funda/Concha(+). **Ex.** Tira a sopa da panela com a ~. **2** *Agr* Instrumento de cabo comprido, com lâmina longa e larga na extremidade, para segar feno/Gadanho. **Ex.** Em junho ceifava o feno de pé, manejando com energia a ~. A ~ aparece muitas vezes na [como] representação simbólica da morte. **3** A(c)to de gadanhar. **4** *pop* Mão/Gadanho. **Loc.** *Deitar a ~/unha* [Furtar/Roubar]. **5** Garra de animal.

gadanhar *v t* (<gadanha + -ar¹) **1** *Agr* Cortar o feno com a gadanha **2**. **2** Arranhar com as unhas. **3** Agarrar firmemente.

gadanheira¹ *s f Agr* (<gadanha + -eira) Máquina para ceifar feno/erva/Segadeira mecânica.

gadanheiro, a² *s* (<gadanha + -eiro) Pessoa que sega feno com a gadanha **2**.

gadanho *s m* (<gadanha) **1** *Agr* Espécie de foice para cortar feno/Gadanha 2(+). **2** *Agr* Ancinho de dentes compridos de ferro. **3** *Agr* ~ forquilha. **4** Garra de ave de rapina. **5** *pop* Mão/Dedo/Unha. **Loc.** *Deitar o ~* [Apoderar-se de/Furtar]. *Meter o ~* [Cobrar um custo exagerado].

gadelha, gadelho, gadelhudo ⇒ guedelha ...

gadídeo, a *adj/s Icti* (<gr *gádos*: pescada + -ídeo) Diz-se de peixe ou de família de peixes teleósteos de cabeça volumosa e escamas cicloides, a que pertencem o bacalhau e a pescada.

gado *s m* (< ?) **1** *Zool* Conjunto de animais quadrúpedes de grande e médio porte, criados para serviços agrícolas ou para consumo. **Ex.** Foi levar o ~ ao preguiça/lameiro. **Comb.** *~ bovino* [vacum]/cavalar/muar/asinino/ovino [lanígero]/caprino/suíno. *~ de engorda* [que deve aumentar de peso antes do abate]. *~ bravo*. *~ grosso* [bovino/cavalar/muar/asinino]. *~ miúdo* [caprino/ovino/suíno]. *Cabeça de ~* [Cada animal] (Ex. Tenho um rebanho «de ovelhas» de 150 cabeças/animais). *Feira de ~*. **2** ⇒ Rebanho/Manada/Vara. **3** *depr* Gente ordinária/grosseira. **4** *depr* Conjunto de prostitutas.

gadolínio [Gd 64] *s m Quím* (<antr *Gadolin*, químico finlandês (1760-1852)) Elemento sólido, metal branco prateado, da família dos lantanídeos.

gaélico, a *adj/s* (<celta *gaidhlig*) **1** Relativo ao [Próprio do] povo celta da Irlanda e da Escócia. **2** *s m Ling* Língua céltica de que derivam o irlandês e o escocês. ⇒ galês.

gafa *s f* (<ár *qafa*) **1** *Mil an* Gancho com que se puxava a corda da besta(É) para a armar. **2** Garra de animal. **3** *Med* Lepra(+)/Gafeira/Hanseníase. **4** *Vet* Sarna leprosa que atinge algumas espécies animais. **5** *Bot* Moléstia que faz engelhar e cair as azeitonas.

gafanhão *s m Ent* (<gafanh(oto) + -ão) Gafanhoto grande que devora as searas; *Phasgonura viridissima*.

gafanhoto *s m* (<gafa **1** + -anho + -oto) **1** *Ent* Nome vulgar de várias espécies de inse(c)tos ortópteros, sendo alguns nocivos à agricultura. **Ex.** Os ~s saltam muito, devido a terem os membros posteriores muito desenvolvidos. **Idi.** *pop Deitar ~s/perdigotos(+)* [Ao falar, soltar involuntariamente no ar salpicos de saliva]. **Comb.** *Nuvem de ~s*. *Praga de ~s*. **2** *Bot* Planta tropical, de rizoma lenhoso, flores pálidas e frutos capsulares, da família das euforbiáceas; *Jatropha elliptica*. **3** *Ornit* Nome vulgar de algumas aves de rapina diurnas, da família dos falconídeos, como o peneireiro/gavião/milhafre.

gafar *v t* (<gafa + -ar¹) **1** Agarrar/Prender com gafa **1**. **2** Pegar gafa a/Contagiar(-se)/Contaminar(-se).

gafaria *s f an* (<gafa **3** + -aria) ⇒ leprosaria.

gafe *s f* (<fr *gaffe*) **1** Atitude/Palavra impensada/inconveniente, que cria embaraço. **Ex.** No meio da conversa, cometeu uma ~, revelando o que não devia. Não tem o sentido das conveniências, é useiro e vezeiro em [, comete muitas] ~s. **2** Lapso/Engano. **3** Deslize/Disparate/Tolice.

gafeira *s f* (<gafa + -eira) **1** *Med an* Lepra(+)/Gafa **3**. **2** *Vet* Sarna leprosa que ataca certas espécies animais/Gafa **4**. **3** *Vet* Varíola/Bexigas no gado ovino/Morrinha. **4** *Vet* Doença que faz inchar as pálpebras no gado bovino.

gafo, a *adj/s Med* (<gafa **3**) **1** *s m an* Lepra/Gafa **3**/Gafeira **1**. **2** (O) que está atacado de lepra/gafa **3**/Leproso(+). **3** Corrompido moralmente.

gaforina *s f* (<antr *Gafforini*, cantora italiana que, nos princípios do séc. XIX, se evidenciava também pelo penteado) **1** *fam* Cabelo comprido em desalinho/Grenha/Trunfa. **2** Cabelo levantado/eriçado sobre a testa/Topete/Poupa.

gagá *adj/s 2g* (<fr *gaga*) (O) que está senil, mental ou fisicamente diminuído. **Ex.** Já está meio ~, coitado! **Sin.** Caqué(c)tico; decrépito; *pop* xexé.

gago, a *adj/s* (< on) (O) que fala de forma entrecortada, repetindo ou prolongando sílabas ou sons/que gagueja. **Idi.** *Ficar ~/parvo(+) com* [Ter uma grande surpresa]. *Ver-se ~* [Ficar atrapalhado/embaraçado, sem saber que fazer]. **Comb.** *Parte ~a* [Atitude inesperada/disparatada/ridícula].

gagueira *s f* (<gago + -eira) ⇒ gaguez.

gaguejar *v int/t* (<gago + -ejar) **1** Falar com dificuldade, entrecortando involuntariamente as palavras, repetindo ou prolongando sílabas/sons. **Ex.** E-e-e-ele «riu-se de mim e eu bati-lhe». **2** *fig* Exprimir-se com hesitação/insegurança/Titubear. **Loc.** *~ uma desculpa* [no exame].

gaguez *s f Med* (<gago + -ez) Perturbação da fala cara(c)terizada por pronúncia entrecortada, repetição ou prolongamento de sílabas/sons. **Ex.** A ~ criava nele um sentimento de inferioridade.

gaiatada s f (<gaiato + -ada) **1** Grupo de crianças/gaiatos. **2** Atitude/Dito de criança travessa/Garotice.
gaiatar v int (<gaiato + -ar) Agir como gaiato/Fazer travessuras de garoto/Vadiar.
gaiatice s f (<gaiato + -ice) **1** Cara(c)terística do que é gaiato. **2** Travessura/Garotice.
gaiato, a s/adj (<gaio² + -ato) **1** Garoto/Miúdo/Criança. **Ex.** Os ~s entreteveram-se a jogar à bola. **2** Miúdo/Adolescente irrequieto/vivo/travesso/vadio. **3** Divertido/Brincalhão/Jovial. **Ex.** O seu espírito ~ espevitava/despertava a boa disposição no grupo.
gaifona s f (< ?) Careta/Trejeito/Macaquice feita por troça/brincadeira. **Ex.** A turma quase rebentava de riso com as discretas ~s do colega.
gaifonice s f (<gaifona + -ice) ⇒ gaifona.
gaio¹ s m (<lat gáius) **1** Ornit Ave robusta da família dos corvídeos, com plumas de cores variadas, (com) asas e rabo de cor preta; Garrulus glandarius. **Ex.** Os ~s causaram grande prejuízo no pomar de macieiras. **2** Náut Cabo que se fixa na cabeça dos paus de carga de um navio.
gaio², a adj (<provençal gai: alegre) **1** Alegre/Brincalhão/Jovial. **2** Esperto/Fino/Perspicaz.
gaiola s f (<lat cavéola, dim de cávea: gaiola) **1** Caixa com grade de arame, portátil, que serve de prisão a pássaros ou a animais pequenos. **Ex.** O canário saltitava na ~. **Idi. Viver em ~ dourada** [Levar vida desafogada, mas sem liberdade]. **2** Prisão para feras/Jaula(+). **3** pop Cárcere/Cela/Prisão. **Ex.** Já há [faz] três anos que está na ~. **4** Armação de ripas/tábuas para prote(c)ção de móveis, ao serem transportados. **5** Pilha de travessas de caminho de ferro/ferrovia. **6** Br Vagão ferroviário para transporte de gado. **7** Br Pequeno navio a vapor de navegação fluvial. **8** Parte bojuda da roca de fiar. **9** Lugar contíguo à praça de touros, onde os animais são guardados até à corrida. **10** (D)esp Círculo de lançamento do disco ou do martelo, rodeado em parte por rede de prote(c)ção. **11** pop Apartamento/Casa de dimensões reduzidas em prédio com vários andares. **Ex.** A ~ em que vivo não dá para ter grande mobília.
gaiolo (Ôlo) s m (<gaiola) Armadilha para pássaros, em forma de pirâmide feita de varas cruzadas. ⇒ aboiz.
gaita s f/interj (<gótico gaits: cabra; ⇒ ~ de beiços/~ de foles) **1** Mús Instrumento de sopro constituído por um tubo com palheta e orifícios, semelhante à flauta. **Ex.** O pastor fez [tratou de fazer] uma ~ com uma cana. **Loc.** Parar a ~ [Fazer cessar alguma coisa: música, conversa, …]. **Comb.** ~ de capador [Pequeno instrumento de sopro feito de canudos paralelos de tamanho desigual contíguos, que emitem uma sequência de sons diferentes]. **2** Haste verde de centeio ou de outra planta herbácea, oca, que emite um som quando se sopra numa das extremidades, depois de fazer um corte longitudinal junto ao nó do caule. **3** Qualquer instrumento de sopro para crianças/Pífaro. **4** pop gír/cal Designação depreciativa de qualquer obje(c)to/Coisa insignificante/pop Porcaria. **Ex.** Não sei que faça com esta ~ de maquineta. **5** pop Coisa nenhuma. **Ex.** Isto é uma ~: nem fazem nem deixam fazer. **Idi.** pop **Ir-se à ~** [Estragar-se/Malograr-se]. **Saber que nem ~s** [Estar apetitoso/saboroso]. **6** pop Circunstância que desgosta/Contrariedade/pop Chatice. **Ex.** Este tempo (chuvoso) é uma ~, estraga-nos as férias.

7 Chifre/Chavelho/Corno. **8** Zool Cada um dos orifícios branquiais da lampreia. **9** Br pop Dinheiro. **10** cal Pé[ê]nis. **11** interj/cal Exclamação de aborrecimento/irritação/frustração. **Ex.** ~ [Bolas(+)/Favas]! Logo ele havia de faltar hoje!
gaitada s f (<gaita + -ada) **1** Toque de gaita. **2** Trecho de música instrumental mal executado. **3** pop Censura/Repreensão/pop Rabecada. **4** pop Ferimento/Pancada com chifre/gaita 7. **5** gross ⇒ Cópula/Coito.
gaita de beiços s f Mús Pequeno instrumento de sopro, com palhetas metálicas vibráteis dispostas em pranchete com orifícios/Harmó[ô]nica/Realejo.
gaita de foles s f Mús Instrumento de sopro constituído por tubos ligados a um odre, que se enche de ar através de um tubo superior/Gaita galega.
gaiteiro, a adj/s <gaita + -eiro) **1** Que anda muito em festas/Alegre/Folião. **Ex.** Era um rapaz todo ~, semeava boa disposição à sua volta. **2** Que desperta a atenção/Vistoso/Garrido. **Ex.** Com aquele vestido ~ parecia mais nova. **3** s Tocador de gaita, sobretudo de gaita de foles. **4** Br ⇒ mangue.
gaiu[ú]ta s f (<fr cahute: cabana?) **1** Pequena construção de madeira para servir de abrigo/resguardo. **2** Náut Armação metálica ou de madeira, envidraçada, que cobre uma escotilha, para entrada de ar e luz. **3** Náut Casa de construção ligeira, situada à ré da embarcação, onde se abriga a engrenagem do leme. **4** Parte externa e acessória de um edifício, onde há instalações sanitárias públicas.
gaiva s f (<lat cávea: jaula) **1** Entalhe feito com goiva/Goivadura. **2** Escavação feita na terra pela água da chuva. **3** an Fosso de castelo. **4** gír ⇒ gaveta.
gaivagem s f (<gaivar + -agem) (Rego/Vala para) drenagem/esgoto de águas.
gaivão s m Ornit (<lat gaviánus, de gávia: gaivota) Ave da família dos apodídeos, conhecida também por andorinhão; Sterna hirundo.
gaivar v t (<gaiva + -ar¹) Fazer o esgoto de [Drenar] águas.
gaivin(h)a s f Ornit (<lat gávia: gaivota + -ina) Designação vulgar de várias aves palmípedes da família dos larídeos, sendo algumas conhecidas também por andorinha-do-mar, chilreta, ferreirinho, garrau, garajau, …
gaivota s f (<lat gávia: gaivota + -ota) **1** Ornit Nome vulgar de várias aves palmípedes da família dos larídeos, sendo algumas também conhecidas por alcatraz, falcoeiro, guincho, … **Ex.** Um bando de ~s sobrevoava o pequeno barco que regressava da pesca. **2** Náut Pequeno barco de recreio movido a pedais. **Ex.** Na praia alugámos uma ~ por uma hora. **3** Engenho para tirar água dos poços/Cegonha(+)/Picota.
gajada s f (<gajo + -ada) depr Conjunto de pessoas de baixa reputação/Conjunto de gajos/gajas. **2** Conjunto de pessoas com que se tem grande familiaridade/Grupo de amigos/Malta(+).
gajão s m (<cigano esp gachó: camponês) **1** Indivíduo espertalhão. **2** Forma de tratamento respeitosa dada pelos ciganos a quem não é da sua raça. **3** ⇒ homem arrogante.
gajeiro, a adj s m (<it gaggia: gávea + -eiro) **1** Que tem agilidade e destreza a trepar/Que escala bem. **2** s m Náut Marinheiro encarregado do serviço de um mastro num barco à vela e que antigamente estava incumbido da vigilância, subindo à gávea.

gajice s f (<gajo + -ice) **1** A(c)ção ou qualidade de gajo. **2** Atitude de pessoa astuta/Velhacaria/Maroteira(+).
gajo, a s (<gajão) **1** Alguém que não se conhece ou cujo nome se quer omitir/Fulano/Sujeito/Indivíduo/pop Tipo/Br Um cara. **Ex.** Nunca vi cá aquele ~. **2** depr Indivíduo de baixa reputação. **Ex.** Um ~ desses não merece consideração. **3** depr Indivíduo velhaco/finório/astuto. **Ex.** É preciso (ter) cuidado com esse ~.
gala¹ s f (<it gala: pompa) **1** Festa de grande aparato/Celebração formal. **Ex.** Foi ontem a ~ de entrega dos Óscares. **Comb.** ~ **do Casino**. **Grande ~**. **Noite de ~**. **2** Indumentária distinta ou de cerimó[ô]nia indicada para determinadas solenidades, segundo normas de protocolo ou de etiqueta. **Ex.** Para o a(c)to exige-se traje de ~. **3** Fausto/Aparato/Pompa. **Ex.** O salão estava ornamentado com grande ~. **Comb.** Baile de ~. Espe(c)táculo de ~. **4** Ostentação/Jactância. **Loc.** Fazer ~ de/em [Procurar mostrar/exibir/Vangloriar-se de]. **5** Ornato/Enfeite. **Ex.** Na primavera, a Natureza veste as suas ~s de encanto.
gala² s f (<galar) **1** Mancha germinativa no ovo fecundado/Galadura(+). **2** Náut Balanço suave da embarcação, a navegar ou ancorada.
galã s m (<esp galán<fr galant) **1** Homem elegante e galanteador/Sedutor. **2** Cine/Teat Principal papel masculino, como sedutor/A(c)tor de bela aparência que desempenha esse papel. **Ex.** Nos filmes de hoje perdeu-se bastante a figura do ~.
galação s f (<galar + -ção) ⇒ galadura.
galáctico, a adj (<gr galaktikós: branco como o leite) **1** Relativo a uma galáxia ou à Via Láctea. **Comb.** Sistema ~. **2** fig (D)esp Diz-se de futebolistas famosos, considerados superestrelas. **Ex.** Os ~s do Real Madrid (Clube de futebol) custaram milhões.
(ga)lactómetro [Br (ga)lactômetro] s m (<gr gála, ktos: leite + -metro) Areó[ô]metro que mede a densidade do leite.
galactose s f (<gr galáktwsis) **1** Um dos dois açúcares em que se desdobra a lactose. **2** Produção de leite pelas glândulas mamárias.
galado, a adj (<galar) Diz-se do ovo fecundado pelo galo. **Ex.** A galinha está a chocar ovos ~s.
galadura s f (<galar + -dura) **1** A(c)ção de o galo fecundar a fêmea. **2** Ponto branco na gema indicativo de o ovo ter sido fecundado.
galaico, a adj (<lat galláicus) Relativo ou pertencente à Galiza, região noroeste de Espanha/Galego(+).
galaico-duriense adj Relativo à Galiza (Espanha) e à região do Douro (Portugal), sobretudo ao seu sistema montanhoso.
galaico-português adj/s **1** Relativo à Galiza (Espanha) e a Portugal. **2** s m Língua românica, falada no noroeste da Península Ibérica, de que derivam o português e o galego. ⇒ galego 3.
galalite s f (<gr gála: leite + líthos: pedra) Material plástico obtido por a(c)ção do formol sobre a caseína pura.
galanta[e]ria s f (<galante + -a[e]ria) **1** Arte de cortejar/galantear. **2** Atitude/Dito gentil/amável/Cortesia/Galanteio. **Ex.** Foi uma ~ dele oferecer-me o lugar. Seduzia as moças com ~s. **3** Pessoa cortês/gentil. **Ex.** Pode dizer-se que ele é uma ~. **4** Dito espirituoso/Graça/Chiste(+). **Ex.** Todos apreciavam as suas ~s.
galante adj/s 2g (<fr galant: elegante, garboso) **1** (O) que é delicado/gentil/cortês

(para) com as damas. **Ex.** Dedicava versos ~s às moças do grupo. **Comb.** Gesto ~. **2** Elegante/Esbelto/Distinto/Vistoso. **3** (O) que é espirituoso/divertido/gracioso/engraçado. **Comb.** Dito ~. **4** (O) que procura agradar/seduzir. **5** Picante/Malicioso. **Comb.** Aventura ~. História ~.

galanteador, ora *adj/s* (<galantear + -dor) (O) que procura seduzir com elogios/cortesias/atenções/galanta[e]rias. **Ex.** Ela não apreciava os piropos do ~.

galantear *v t* (<galante + -ear) **1** Dirigir elogios/galanteios, geralmente a uma mulher, para lhe agradar/Cortejar/Namorar. **2** Ter atenções/amabilidades para alguém, visando a sua sedução/conquista.

galanteio *s m* (<galantear) A(c)to atencioso/Dito elogioso/amável dirigido a alguém com o fim de agradar/seduzir/conquistar. **Ex.** A moça deixou-se levar pelos ~s do sedutor.

galanteria *s f* ⇒ galantaria.

galantina[e] *s f Cul* (<fr *galantine*) **1** Iguaria à base de carnes desossadas cobertas com fina camada de gelatina. **2** Doce feito com polpa de frutas «marmelo/maçã», a que, na cozedura, se juntam frutas cristalizadas, passas de uva, …

galão[1] *s m* (<fr *galon*) **1** Tira/Fita bordada a debruar [enfeitar] roupas/estofos/cortinados. **2** Tira dourada aplicada nas mangas e nos ombros de uniformes de oficiais militares, indicando a sua patente. **Idi.** *Puxar pelos galões* [Servir-se da autoridade ou do poder que lhe confere a posição hierárquica que ocupa, para se impor]. **3** ⇒ tira estreita.

galão[2] *s m* (<ing *gallon*) **1** Unidade de medida de líquidos, de capacidade variável. **Comb.** *~ americano* [equivalente a 3,785 litros]. *~ imperial* [equivalente a 4,546 litros, usada no Reino Unido]. **2** Bebida de café com leite, servida em copo alto. **Ex.** «no bar» De manhã pedia sempre um ~ e uma torrada.

galão[3] *s m* (< ?) **1** Salto do cavalo com o dorso arqueado e as patas dianteiras levantadas. **2** Salto largo/Pulo. **3** Ja(c)to de líquido que primeiro sai do gargalo da garrafa.

galápago *s m Vet* (<esp *galápago*) Úlcera na coroa do casco do gado cavalar e muar.

galapo *s m* (<esp *galapo*) **1** Almofada na sela onde se senta o cavaleiro. **2** Ligadura para cobrir/proteger feridas.

galar *v t* (<galo + -ar[1]) **1** O galo ou a ave macho realizar coito com a fêmea/Cobrir/Fecundar. **Comb.** Ovo galado (e de que pode nascer pinto). **2** *gír* Ter relações sexuais.

galardão *s m* (<gótico *withralaun*: recompensa ?) **1** Pré[ê]mio para distinguir serviços valiosos ou obras de grande mérito/Recompensa. **Ex.** O sentimento de gratidão daquela gente humilde foi o melhor ~ para aquele benemérito. **2** Homenagem/Honraria/Glória/Distinção. ⇒ óscar.

galardoar *v t* (<galardão + -ar[1]) Atribuir pré[ê]mio/galardão por serviços/obra de grande valor em sinal de reconhecimento público/Distinguir/Premiar. **Ex.** O Chefe de Estado [O Presidente] galardoou o insigne escritor.

galarim *s m* (< ?) **1** Ponto mais elevado/Cúmulo/Píncaro/Máximo/Auge. **Ex.** Com este feito atingiu o ~ [chegou aos píncaros] da glória. **Loc.** Estar no ~/na berlinda. **2** Grandeza/Opulência/Ostentação. **3** Aposta em que o jogador aumenta a parada para o dobro. **Loc.** Pagar ao ~ [Pagar em dobro uma dívida].

galáxia *s f Astr* (<gr *galaxías*: círculo de leite, Via Láctea) **1** Conjunto de grande número de estrelas e de outros astros, poeira cósmica e gás, animado de movimento de expansão, que forma um sistema astral. **Ex.** O Universo organiza-se em ~s. **2** *maiúsc* A nossa Galáxia, visível da Terra, constituída por milhares de milhões de estrelas, em que se inclui o Sol e o sistema solar, poeira cósmica e gás, que se mantém estável e a cuja proje(c)ção na esfera celeste se dá o nome de Via Láctea ou Estrada de Santiago. **3** *fig* ⇒ infinidade [grande número] «de pessoas importantes».

galdério, a *adj/s* (<lat *gáudeo,ére*: alegrar-se?) **1** (O) que anda habitualmente na pândega. **2** (O) que anda na vadiagem/Valdevinos/Vagabundo. **Ex.** Não gosta de trabalhar, é cá um ~! **3** Esbanjador/Dissipador. **4** Pessoa que mente/intruja. **5** Mulher leviana/Prostituta.

galdrope *s m* ⇒ gualdrope.

galé *s f* (⇒ galera) **1** *Mar* Antigo barco de guerra, movido sobretudo a remos, munido de um esporão para abalroar barcos inimigos. **Ex.** Remar nas galés em trabalhos forçados era uma pena aplicada aos condenados. **2** Peça quadrangular, com rebordo em três lados (⇒ galeão 4), em que o tipógrafo assenta as linhas já compostas de uma folha que vai a imprimir.

gálea *s f* (<lat *gálea*) **1** *Mil* Capacete antigamente usado pelos guerreiros/Elmo. **2** Dor de cabeça em que há a sensação de aperto no crânio.

galeão *s m* (<galé + -ão) **1** *Mar* Antigo navio de alto bordo, de guerra ou mercante, com quatro mastros, de popa arredondada e bojuda. **Ex.** O ~, navio de grande tonelagem, foi usado entre os séc. XVI e XVIII. **2** Aparelho de pesca de cerco, usado junto às costas marítimas. **3** Barco de pesca que cerca o peixe com a rede. **4** Peça re(c)tangular de tipografia, com rebordo em dois lados, em que são colocadas linhas de composição tipográfica.

galega (Lê) *s f* (<galego) **1** *Bot* Nome comum a algumas variedades de plantas «couve» da família das leguminosas. **2** *Bot* Planta herbácea usada como forragem; *Galega officinalis*. **3** *Bot* Variedade de oliveira de azeitonas pequenas, quase negras quando maduras; *Olea Europaea*. **4** *Br Ornit* Ave da família dos columbídeos; *Columba Rufina*.

galego, a (Lê) *adj/s* (<lat *gallaecus*) **1** (O) que é natural/habitante da região espanhola da [Relativo à/Da] Galiza. **2** Designação comum dada a alguns frutos/produtos. **Comb.** *Couve ~a. Feijão ~. Trigo ~. Uva ~a.* **3** *~* Língua românica falada na região espanhola da Galiza.

galego-português, esa *adj/s* ⇒ galaico-português.

galeirão *s m Ornit* (<esp *gallarón*) **1** Nome de aves pernaltas da família dos ralídeos, sendo uma delas a viúva ou negra. **2** Ave pernalta de arribação, da família dos carradríedos, também conhecida por abibe e galispo; *Vanellus vanellus*. **3** Nome de algumas aves da família dos columbídeos.

galena *s f* (<lat *galéna*) **1** Mineral constituído essencialmente por sulfureto de chumbo, importante minério deste metal. **2** Muito pequeno e rudimentar rece(p)tor de rádio que utiliza cristais deste metal. **Ex.** No quarto, na gaveta da secretária, escondia uma ~, iludindo a vigilância dos prefeitos do internato.

galenite *s f* (<galena + -ite) ⇒ galena 1.

galeno *s m* (<antr Galeno, médico grego do séc. II d.C.) ⇒ médico.

galeota *s f* (<galé + -ota) **1** *Náut* Galé pequena, movida a remos, com vela. **2** *Náut* Barco longo de recreio, movido a remos, usado em navegação fluvial. **3** *Icti* Nome vulgar de peixes teleósteos, da família dos amoditídeos, existentes na costa portuguesa. **4** *Br* Carrinho de mão [Carreta], com duas rodas, usado sobretudo em terraplanagem.

galeote *s m* (<it *galeotto*) **1** Remador de galé/Condenado às galés. **2** ⇒ galeota 1. **3** Espécie de capa antiga.

galera *s f* (<gr *galéa*: toninha) **1** *Náut* Antiga embarcação de guerra, estreita e comprida, movida a remos ou também à vela/Galé. **2** *Náut* Barco mercante de dois/três mastros, com velas redondas. **3** ⇒ Carro de bombeiros. **4** ⇒ Carroça grande para transporte de mobílias e de fardos pesados. **5** ⇒ Forno de fundição. **6** *Br* Grupo/Roda de amigos. **Sin.** Rapaziada.

galeria *s f* (<it *galleria*) **1** Varanda envidraçada. **2** *Arquit* Corredor comprido e largo, com amplas janelas ou com te(c)to envidraçado. **Ex.** As ~s costumam ser importantes zonas comerciais. **3** Qualquer passagem coberta, estreita e comprida. **4** Corredor subterrâneo de uma mina. **Ex.** Nas ~s da mina de carvão há o risco de explosão de gás metano. **5** Caminho aberto por alguns animais debaixo do solo ou por parasitas na madeira ou debaixo da pele. **Ex.** As ~ das toupeiras complicam a rega das culturas. **6** Lugar destinado à exposição de quadros e de outras obras de arte/Sala de museu. **7** Estabelecimento comercial de exposição e venda de quadros e de outros obje(c)tos de arte. **Comb.** *~ de arte*. **8** Conjunto «fotografias/retratos» de personalidades célebres «Presidentes», reais ou de ficção/Conjunto de retratos literários. **9** Tribuna extensa destinada ao público em alguns edifícios/Conjunto de assentos em piso mais elevado numa sala de espe(c)táculos/*gír* Galinheiro. **Ex.** O público pode assistir à sessão parlamentar na ~. **Comb.** *«falar/governar» Para a ~* [Para causar boa impressão na opinião pública]. **10** *Náut* Varanda na popa do navio. **11** Armação de madeira, forrada ou decorada, sobre janelas ou portas, a cobrir a parte superior de cortinados/reposteiros. **12** Fila de árvores alinhadas junto a rio/estrada.

galerista *s* (<galeria + -ista) Proprietário de galeria de arte.

galês, esa *adj/s* (<*top* Gales) **1** (O) que é do País de Gales, região da Grã-Bretanha. **2** *s m* Língua de origem céltica falada no País de Gales. ⇒ gaélico.

galeto (Ê) *s m Br Cul* (<it *galletto*) **1** Frango novo assado no espeto. **2** Restaurante ou lanchonete onde se servem ~s.

galfarro *s m* (<esp *galfarro*: oficial de polícia) **1** Antigo oficial de diligências ou de justiça/Meirinho/Beleguim. **2** *depr* Comilão/Glutão. **3** *depr* Indivíduo vadio/turbulento. **4** *depr* Indivíduo interesseiro.

galga *s f* (<galgo) **1** ⇒ galgo. **2** Mó de lagar de azeite. **3** *Náut* Pequena âncora que é lançada à frente de outra maior. **4** *pop* Fome intensa. **Ex.** Estava com uma ~ capaz de devorar uma pratada. **5** ⇒ Mentira/Boato/Peta. **6** *col* Grande rapidez/velocidade. **Ex.** O miúdo ia cá com uma ~ !

galgar *v t* (<galgo + -ar[1]) **1** Passar [Saltar] por cima de/Transpor rapidamente. **Ex.** A torrente galgou o muro e inundou o campo. **2** Vencer distâncias/Percorrer em velocidade. **Ex.** O treino permitiu-lhe ~ os duros quiló[ô]metros num tempo recorde. **3** Subir numa escala/hierarquia/Alcançar rapidamente uma posição elevada. **4** «car-

pinteiro» Traçar, com instrumento próprio, linhas paralelas às arestas das tábuas.

galgo, a *s* (<lat *gállicus* (*canis*): cão gaulês) Cão de raça, de patas altas, corpo esguio e focinho afilado, muito veloz. **Ex.** O ~ depressa alcançou a lebre. **Comb.** Corrida de ~s.

galgueiro, a *adj* (<galgo + -eiro) Diz-se da água que corre ao longo de terreno inclinado.

galha[1] *adj Bot* (<lat *gálla*) **1** Excrescência formada em órgãos vegetais devido a picada de inse(c)to ou por a(c)ção de parasita. ⇒ bugalho. **2** Ramificação do tronco de uma árvore ou de um arbusto/Galho(+)/Ramo(o+).

galha[2] *s f* (<lat *glándula*/*gálla*) **1** *Icti* Barbatana dorsal de alguns peixes. **2** *Zool* Armação(+) formada pelas hastes [pelos chifres] de um animal/Galhada «do boi». **Ex.** A ~ daquele veado impressiona.

galhada *s f* (<galho + -ada) **1** ⇒ *Bot* Ramificação de cacho de uvas. **2** Ponto em que as calças bifurcam em duas pernas. **3** *Br* ⇒ copa/ramos/galhos (da árvore).

galhardete *s m* (<galhardo + -ete) **1** Bandeira farpada no alto dos mastros do navio, usada como sinal/ornamentação. **2** Bandeira estreita e comprida usada em época festiva para ornamentar ruas/edifícios. **Ex.** A aldeia em festa tinha vários arcos enfeitados com ~s. **3** Pequena bandeira triangular, usada como insígnia de clube (d)esportivo, unidade militar, … **Ex.** Antes do jogo, os capitães das equipas trocaram ~s.

galhardia *s f* (<galhardo + -ia) **1** Qualidade do que é galhardo/distinto/elegante. **Ex.** A ~ do seu porte «noivo/soldado» impressionava o povo. **2** Generosidade/Magnanimidade. **3** Coragem/Bravura/Valentia. **Ex.** Enfrentou com ~ as contrariedades.

galhardo, a *adj* (<fr *gaillard*: vigoroso) **1** Que tem aparência elegante/distinta/De belo porte/Garboso(+). **2** Generoso/Magnânimo/Gentil. **3** Corajoso/Valente/Forte. **4** Alegre/Animado/Folgazão. **5** *s m Náut* Castelo da proa ou da popa.

galheiro, a *adj* (<galho + -eiro) **1** Diz-se do veado com chifres grandes. **2** *depr* Diz-se do marido a quem a mulher é infiel/*pop* Cornudo. **3** *s m* Fogueira [Lume] de galhos. **Idi. Ir para o ~ a)** Ir à ruína/Fracassar; **b)** Falecer/Morrer (Ex. Coitado, já foi para o ~).

galheta *s f* (<esp *galleta*) **1** Pequeno recipiente «de vidro» com gargalo, para, à mesa, servir azeite, vinagre, ou outro tempero líquido. ⇒ galheteiro. **2** Cada um dos dois pequenos recipientes de vidro para vinho e água, a utilizar na celebração da missa. **3** *Quím* Instrumento de vidro usado em laboratório. ⇒ pipeta. **4** *pop* Bofetada/Sopapo/Chapada. **Loc.** Dar [Levar/Receber] um par de ~s. **Idi. Par de ~s** [Duas pessoas extravagantes que andam sempre juntas/Casal ridículo].

galheteiro *s m* (<galheta + -eiro) Peça do serviço de mesa, geralmente com uma haste ao centro, onde se levam à mesa as galhetas de azeite e vinagre ou ainda recipientes com sal, pimenta, outros temperos (Pê).

galho *s m* (<lat *galleus* <*galla*) **1** Ramo(+) de árvore. **Ex.** Esteve a cortar os ~s [a rama] aos pinheiros. **Idi. Ferrar o ~** [Dormir uma soneca]. **2** Parte de um ramo que, ao ser cortado ou quebrado, fica ligada ao caule/tronco da planta/Esgalho(+). **3** Ramificação de um cacho/ramo com os seus frutos/Escádea. **Comb.** Um galh(inh)o de cerejas. **4** Cada ramo da armação do veado/Chifre/Haste. ⇒ galha[2] **2. 5** ⇒ *pl* Chifres de animal jovem. **6** Ramo de árvore genealógica. **7** O que serve de empecilho à livre circulação/Estorvo/Complicação. **Idi.** *Br* **Quebrar o ~** [(Ajudar a) resolver uma situação difícil].

galhofa *s f* (<esp *gallofa*) **1** Conversa divertida/Brincadeira/Risota. **Ex.** O grupo «de alunos» estava na ~. **2** Gracejo sarcástico/Troça/Zombaria. **Loc.** Fazer ~ [Troçar] «do professor». **3** *Br* «andar/cair na»Vida airada/Pândega. **4** *Icti* Nome comum a algumas espécies de peixes mugiliformes, da família dos mugilídeos, também conhecidos por tainhas.

galhofada *s f* (<galhofa + -ada) **1** Grande galhofa/brincadeira/risota. **2** Grande zombaria/troça.

galhofar *v int* (<galhofa + -ar[1]) **1** Divertir-se ruidosamente com outrem/Fazer galhofa. **2** Troçar/Zombar. **3** ⇒ gracejar. **4** *Br* Causar desordem/tumulto/briga/Gerar confusão.

galhofeiro, a *adj/s* (<galhofa + -eiro) **1** (O) que gosta de galhofar. **2** Brincalhão/Folgazão/Divertido. **3** ⇒ trocista.

galhudo, a *adj* (<galho + -udo) **1** Diz-se de árvore com muitos galhos. **2** Diz-se de animal com chifres grandes. **3** *depr* Diz-se de marido enganado/traído pela mulher/*pop* Cornudo. **4** *s m Icti* Nome comum a várias espécies de peixes plagióstomos, também conhecidos por cação. **5** *Br Icti* Peixe teleósteo tropical da família dos carangídeos, de dorso azul e branco prateado; *Trachynotus Glaucus*.

galicanismo *s m* (<galicano + -ismo) *Hist* Movimento de católicos franceses que propunham a independência administrativa da Igreja de cada país em relação ao papa.

galicano, a *adj/s* (<lat *gallicánus*<*Gállia*: França) **1** Partidário/Defensor do galicanismo. **2** Relativo à Igreja Católica de França.

galicismo *s m Ling* (<gálico + -ismo) Construção/Expressão/Palavra francesa noutra língua/Francesismo. **Ex.** O termo *dossier* é um ~.

gálico, a *adj/s* (<lat *gállicus*) **1** *Hist* Relativo à antiga Gália ou à França/Gaulês(+). **2** *s m pop* Doença venérea também conhecida por sífilis(+). **3** *Quím* Diz-se do ácido encontrado na noz-de-galha, usado em fotografia, corantes, fármaco…

galiforme *adj/s 2g* (<galo + -forme) ⇒ galináceo.

galilé *s f* (<an fr *galilée* <lat *galilaea*: pórtico de igreja) **1** *Arquit* Espécie de alpendre junto à porta de igrejas, como prolongamento do pórtico. **2** Cemitério em antigos mosteiros, onde eram enterradas pessoas nobres.

galileu, eia *adj/s* (<lat *galilaeus*) **1** (O) que é da [Relativo à] Galileia, região norte da Palestina. **2** *maiúsc* Epíteto dado a Cristo, por ter vivido em Nazaré, localidade da Galileia.

galináceo, a *adj/s* (<lat *gallináceus*: de galo) Relativo à galinha ou a outras aves «perú/faisão/perdiz» da ordem dos galináceos, de asas curtas e patas fortes.

galinha *s f* (<lat *gallína*) **1** Fêmea adulta do galo, frequentemente criada em capoeira, cujos ovos e carne são muito usados na alimentação (humana). **Ex.** Na aldeia, a um doente dava-se caldo e carne de galinha. **Prov. Cautela e caldos de ~ nunca fizeram mal a ninguém** [Quanto mais prudentes (formos) mais seguros (estaremos)]. **Loc.** Deitar uma ~ [Colocar ovos galados num ninho para serem incubados por uma galinha choca]. **Idi. Deitar-se com as ~s** [Deitar-se muito cedo]. **Cercar ~s** [Cambalear embriagado]. **Matar a ~ dos ovos de ouro** [Provocar o fim de uma preciosa fonte de rendimento]. «você será [ficará] rico» **Quando as ~s tiverem dentes** [Nunca]. **Querer ~ gorda por pouco dinheiro** [Procurar ter grande proveito com pouco esforço]. **Comb. ~ choca a)** A que está apta a incubar; **b)** *fig* Pessoa doente ou pouco a(c)tiva. **Mãe ~** [*Br* coruja/que procura acompanhar e proteger demasiado os filhos]. **~ dos ovos de ouro** [Fonte preciosa e inesperada de riqueza]. «com medo ou frio ficar com» **Pele de ~** [Pele arrepiada]. **2** *fam* Coisa fácil de conseguir/Canja(+)/*Br* Garapa(+). **Ex.** Vencer esse adversário é ~. **3** *fig* Falta de sorte/Azar/Infelicidade. **4** *Br* Diz-se de indivíduo volúvel nos gostos/interesses/Pessoa de vida fútil. **5** *Br* Diz-se do indivíduo que, no relacionamento sexual, muda facilmente de parceiro.

galinha-d'água *s f Ornit* Ave pernalta da família dos ralídeos, sedentária, também conhecida por franga-d'água; *Galinula Chloropus*.

galinha-da-guiné [da-índia/d'angola] *s f* ⇒ pintada.

galinha-do-mar *s f Icti* Peixe teleósteo da família dos escorpenídeos, também conhecido por cantariz, cantarilho; *Sebastes marinus*).

galinha-do-mato [do-monte] *s f Ornit* **1** Ave pernalta de arribação, da família dos burinídeos, também conhecida por alcaravão; *Burinus Oedicnemus*. **2** *Br* Ave da família dos formicariídeos, que se alimenta de inse(c)tos, sobretudo de formigas; *Formicarius colma*.

galinha-sultana *s f Ornit* Ave pernalta da família dos ralídeos, que aparece nas zonas ribeirinhas, também conhecida por alqueimão; *Porphyrio porphyrio*.

galinheiro, a *s* (<galinha + -eiro) **1** Negociante/vendedor de galinhas. **2** *s m* Recinto, geralmente delimitado por rede metálica, onde se criam galinhas/Capoeira. **3** *s m pop* Zona de sala de espe(c)táculos, por cima da última fila de camarotes, onde não há lugares marcados e os preços são mais baixos/*Br* Torrinha.

galinhola *s f Ornit* (galinha + -ola) **1** Ave pernalta de arribação da família dos escolopacídeos, de bico muito comprido, que está em Portugal nos meses frios e cuja carne é muito apreciada; *Scolorax rusticola*. **2** *Br* ⇒ galinha-d'angola.

gálio[1][Ga 31] *s m Quím* (<lat *gállium*, alatinização do *antr P. Lecoq* (1838-1912), químico francês que o descobriu ou de *Gallia*: França) Elemento metálico com propriedades semelhantes às do alumínio. **Ex.** O ~ utiliza-se em semicondutores, transístores, memórias de computadores, …

gálio[2] *s m Bot* (<gr *gála*: leite) Nome de várias espécies de plantas rubiáceas, utilizadas para coalhar o leite.

galipote *s m* (<fr *galipot*) **1** Resina sólida que fica aderente ao pinheiro na zona da sangria. **2** Terebintina que, por evaporação, perdeu o seu óleo essencial. **3** Resina com que se barra o fundo de algumas embarcações. **4** Incenso branco.

galispo *s m Ornit* (<galo + -isco ?) **1** *fam* Galo pequeno. **2** Ave pernalta da família dos carabiídeos, com um penacho na cabeça, também conhecida por abibe; *Vanellus vanellus*.

Galiza *s f Geog* Região do noroeste de Espanha, onde se fala o galego. ⇒ galaico-português.

galo s m (lat *gállus*; ⇒ galinha) **1** Macho adulto da galinha, de crista vermelha dentada e carnuda, rabo com longas e coloridas penas. **Ex.** A voz [O canto] do ~ é có-có-ró-có. O canto do ~, ao romper da aurora, acordava o povoado. **Idi. Cantar de ~** [Tomar atitude arrogante, por ocupar posição superior ou devido a ocorrência favorável]. «se eu estivesse em casa quando veio o ladrão» **Outro ~ cantaria** [As coisas seriam bem diferentes se a situação não fosse a que se verifica/verificou]. ***Sentir-se como ~ na capoeira*** [Ter o rei na barriga/Estar em situação confortável]. **Comb. ~ de Barcelos** [Figura tradicional da olaria portuguesa, muito colorida, representativa de um ~ lendário que cantou depois de assado para defender um condenado inocente]. **~ de briga**/rinha/combate [que foi adestrado para lutar com outros]. *fig* **~ doido** [Indivíduo leviano/desmiolado]. **Luta de ~s a)** Luta entre dois ~s; **b)** *fig* Despique entre pessoas rivais. *Catol* **Missa do ~** [celebrada na noite (que precede o dia) de Natal]. ⇒ garnisé. **2** Nome dado às aves galiformes, do género *Gallus*, da família dos fasianídeos. **3** Lâmina móvel do cata-vento, com a forma desta ave. **Ex.** O ~ da torre da igreja indicava que o vento soprava de norte. **4** *fam* Inchaço/Protuberância na cabeça provocada por contusão/traumatismo/Carolo. **Ex.** Aquele miúdo, desastrado, andava sempre com algum ~ na cabeça. **5** Pouca sorte/Azar/Desilusão. **Ex.** Perder com o último classificado é ~ ! Quando viu as notas na pauta, o aluno ficou cá com um ~! **6** *fig* Pessoa de influência. **7** *adj/s* ⇒ gaulês.

galo- *pref* (<lat *gállus*: gaulês) Significa francês/gaulês. **Sin.** Franco-(+).

galocha s f (<fr *galoche*) **1** Bota alta de borracha(+) usada para evitar o conta(c)to dos pés com água ou sujidades. **Ex.** A enxurrada obrigou-o a usar as ~s. **2** Rebento de enxerto. **3** *Náut* Peça metálica que se prende na borda/amurada do navio onde labora o virador.

galopada s f (<galope + -ada) **1** Corrida a galope/A(c)ção de galopar. **2** Andamento muito acelerado.

galopante *adj 2g* (<galopar + -ante) **1** Que galopa. **2** «inflação» Que evolui muito rapidamente. **3** *Med* Diz-se de doença que se desenvolve ou alastra com rapidez. **Comb.** Tuberculose ~.

galopar *v int* (<fr *galoper*) **1** Andar [Cavalgar] a galope. ⇒ trotar. **2** Deslocar-se em movimento muito acelerado.

galope s m (<fr *galop*) **1** O andamento mais rápido de alguns equídeos, sobretudo do cavalo/Corrida veloz. **Loc.** «ir» **A ~** [Em andamento/ritmo muito acelerado]. ⇒ trote. **2** Dança de ritmo vivo e saltitante, em voga na Europa no séc. XIX. **3** Música dessa dança. **4** *Náut* Parte superior do mastaréu, acima da braçadeira do mastro.

galopim s m (<fr *galopin*) **1** Rapaz travesso e brincalhão. **2** Moço de recados. **3** Angariador de votos para um candidato, em campanha eleitoral. **4** Galope curto e cadenciado.

galpão s m *Br* Construção simples «para depósito de materiais»/Barracão/Coberto/Telheiro.

galra s f (<galrar) ⇒ voz/fala/lábia.

galrão, ona *adj* (<galrar + -ão) Muito falador/Tagarela.

galrar *v int* (<lat *gárrulo,áre*: falar muito) **1** Falar muito e sem tino. **2** Contar bravatas/Vangloriar-se. **3** ⇒ recalcitrar. **4** ⇒ palrar.

galrear *v int* (<lat *gárrulo,áre*: falar muito) «criança» Emitir os primeiros sons de fala/Palrar/Balbuciar.

galucho s m (<galo + -ucho) **1** Soldado recruta. **2** Novato/Caloi[ou]ro. **3** Indivíduo inexperiente/acanhado/tímido.

galvânico, a *adj* (<galvano- + -ico) **1** Relativo a correntes elé(c)tricas contínuas/Relativo ao galvanismo. **2** Relativo à aplicação terapêutica dessas correntes.

galvanismo s m (<galvano- + -ismo) **1** *Ele(c)tri* Conjunto de fenó[ô]menos ligados à geração de correntes elé(c)tricas contínuas por meios químicos, em pilhas, acumuladores… **Ex.** Quando placas/elé(c)trodos de metais diferentes entram em conta(c)to com um ele(c)trólito, verifica-se ~. **2** *Med* Tratamento de doenças por aplicação de correntes contínuas. **3** *Med/Biol* Indução de movimento nos nervos/músculos de animais por correntes elé(c)tricas. **4** ⇒ excitação passageira.

galvanização s f (<galvanizar + -ção) **1** Operação de revestir uma peça de metal, normalmente ferro, de uma camada de zinco, para evitar a corrosão atmosférica ou a oxidação/Zincagem. ⇒ cromagem. **2** *Med* Aplicação de corrente elé(c)trica contínua na estimulação de nervos/músculos. **3** *fig* A(c)ção de despertar grande entusiasmo/Dinamização. **Ex.** Ele é excelente na ~ das pessoas para causas nobres.

galvanizador, ora *adj/s* (<galvanizar + -dor) **1** (O) que reveste um metal de uma camada de zinco/(O) que galvaniza. **Comb.** Processo ~. **2** *Fís* Que submete à a(c)ção de correntes elé(c)tricas contínuas de baixa tensão. **3** (O) que desperta grande entusiasmo/motivação. **Ex.** As palavras ~as do chefe deram nova força ao grupo.

galvanizante *adj 2g* (<galvanizar + -ante) ⇒ galvanizador.

galvanizar *v t* (<galvano- + -izar) **1** *Fís/Quím* Revestir um metal de uma camada de zinco para evitar a sua corrosão/oxidação. **Comb.** Ferro galvanizado. **2** *Fís/Quím* Tornar dourado/prateado/niquelado por meio de galvanoplastia. **3** *Med* Estimular, através de corrente elé(c)trica de baixa tensão, nervos/músculos/Reanimar. **4** *fig* Despertar/Tomar grande entusiasmo/Inflamar(-se)/Animar(-se)/Empolgar. **Ex.** O capitão da equipa procurou ~ os companheiros para a vitória.

galvan(o)- *pref* (<antr L. Galvani (1737-1798), físico e médico italiano) Significa galvanismo, incentivo/animação (Ex. ~izar, ~ómetro, ~plastia, ~stegia).

galvanómetro [*Br* **galvanômetro**] s m (<galvano- + -metro) Aparelho de medida de correntes elé(c)tricas de baixa intensidade.

galvanoplastia s f *Fís/Quím* (<galvano- + -plastia) **1** Processo de fazer depositar, sobre um obje(c)to, uma camada metálica obtida, por ele(c)trólise, da solução salina em que o obje(c)to está mergulhado. **2** Processo de reprodução de obje(c)tos através de um revestimento ele(c)trolítico sobre uma superfície não metálica, que funciona como matriz ou molde.

galvanoscópio s m (galvano- + -scópio) *Ele(c)tri* Instrumento que permite dete(c)tar a passagem de correntes elé(c)tricas e determinar o seu sentido.

galvanostegia s f *Fís/Quím* (<galvano- + gr *stégō*: cobrir + -ia) Operação de um revestimento metálico «douradura/cromagem» por ele(c)trólise.

gama s m (<gr *gámma*: terceira letra do alfabeto grego, γ; ⇒ gamo) **1** *Ling* Nome da terceira letra do alfabeto grego, correspondente ao g do latino e do português. **Comb. Ondas ~** [Ritmo das ondas cerebrais regist(r)adas em ele(c)troencefalograma]. ***Radiação ~***. ***Raios ~***. **2** Unidade de intensidade de um campo magnético terrestre. **3** Unidade de medida de massa igual a um micrograma. **4** Conjunto variado/Conjunto compreendido entre dois extremos. **Comb. ~ de frequência**. **~ de produtos**. **~ de sentimentos**. **~ de valores**. **5** Série de cores em gradação natural/Espe(c)tro. **6** Série de coisas comparáveis dentro da mesma categoria, classificadas segundo o seu valor, tamanho… **Ex.** O felizardo comprou um carro topo de ~. **Comb.** ~ alta/Alta ~. ~ baixa/Baixa ~/~ média. Topo de ~. **7** *Mús* ⇒ escala.

gamado, a *adj* (<gama **1** + -ado) **1** Que tem a extremidade em ângulo re(c)to (como a letra grega gama maiúscula Γ). **Ex.** A cruz ~a [A suástica] era o símbolo do nazismo. **2** *col* Que foi furtado/roubado; ⇒ gamar. **3** *Br fam* Apaixonado/Encantado/*pop* Vidrado.

gamaglobulina s f *Med* (<gama **1** + globulina) Proteína do plasma sanguíneo usada no tratamento de deficiências imunitárias em determinadas infe(c)ções.

gamanço s m *gír* (<gamar + -anço) A(c)to ou efeito de gamar/Ladroagem/Roubo. **Loc. Andar no ~** [Dedicar-se ao roubo/furto].

gamão s m (< ?) **1** *Bot* Nome de planta também designada abrótea; *Asphodelus lusitanicus*. **2** Jogo de azar e de cálculo, de tábuas e dados, disputado por dois parceiros sobre um tabuleiro. **3** Tabuleiro em que se disputa esse jogo.

gamar *v t/int* (< ?) **1** *gír* Furtar su(b)tilmente/*pop* Surripiar/*pop* Fanar/*gír* Palmar. **2** *Br fam* Ficar apaixonado/encantado/*pop* vidrado.

gamba[1] s f *Zool* (lat *gámbarus*: camarão) Camarão graúdo, crustáceo da família dos peneídeos; *Parapenaeus longirostris*.

gamba[2] s f *Mús* (<it *gamba*: perna) Espécie de viola, que se apoia na perna, como acontece com o violoncelo. **Comb.** Viola de ~ (+).

gambá s m *Zool* (<tupi *ga'bá*: seio oco) Marsupial das Américas que exala um cheiro pestilento quando (se sente) ameaçado; *Didelphis*. **Idi. Bêbedo como um ~**/um odre [Muito bêbedo].

Gâmbia s f República da costa ocidental da África, cuja capital é Banjul e cujos habitantes são os gambianos.

gâmbia s f *pop* (<it *gamba*: perna) Perna. **Idi. Dar às ~s** [Correr/Fugir/Andar]. **Ir-se abaixo das ~s** [Fraquejar].

gambiarra s f (< ?) **1** Série de pequenos refle(c)tores no te(c)to de um palco/estúdio. **2** Extensão elé(c)trica de fio comprido, com uma lâmpada na ponta, para levar luz a pontos afastados. **3** Extensão elé(c)trica a que se liga um rosário de lâmpadas, como o que decora uma árvore de natal.

gambito s m (<it *gambetto*: rasteira) **1** Trapaça/Artimanha/Ardil para vencer o adversário. **2** No xadrez, lance em que se perde um peão para levar o adversário a perder peça importante ou para adquirir posição vantajosa.

gamboa s f (< ?) **1** *Bot* Fruto do gamboeiro/Marmelo grande. **2** *Br* Esteiro que só tem água na praia-mar. **3** *Br* Braço de mar/rio que funciona como armadilha para prender peixes quando a maré enche.

gamboeiro s m *Bot* (<gamboa + -eiro) Variedade de marmeleiro que produz marmelos grandes; *Cydonia oblonga*.

gambozinos s m pl (< ?) Animais imaginários que alguém manda procurar a um ingé[ê]nuo, por brincadeira. **Idi. Andar aos ~s** [Andar desorientado/Vaguear].

gamela[1] (Mé) s f (<lat *camélla*: vaso) **1** Re(c)ipiente de madeira/barro, re(c)tangular ou em forma de tigela grande, onde se dá de comer a animais. **Ex.** As águas com farelo eram dadas aos animais na ~. ⇒ masseirão; escudela. **2** Recipiente em forma de grande tigela em que a comida ia para a mesa e donde se comia em conjunto. **Idi. Comer da mesma ~** [Viver em intimidade/Ter opinião semelhante/Usufruir dos mesmos privilégios]. **3** ⇒ ~da. **4** s Indivíduo boçal/rude. **5** *Br* Mentira/Falsidade. **6** *Br depr* Indivíduo que faz de engenheiro sem ter diploma.

gamela[2] s m *Zool* (<gama + -ela) Pequena gama/corça.

gamelada s f (<gamela + -ada) **1** Porção de comida contida numa gamela. **2** *fig* Mixórdia/Misturada.

gameleira s f *Br Bot* (<gamela + -eira) Árvore de grande porte, da família das moráceas, que fornece madeira branca; *Ficus doliaria*.

gamelo (Ê) s m (<gamela) Vasilha alongada usada para alimentar o gado.

gâmeta s m *Biol* (<gr *gamétes*: esposo) Célula sexual madura, masculina ou feminina. **Ex.** O ~ feminino é o óvulo, o ~ masculino é o espermatozoide.

gametângio s m *Bot* (<gâmeta + gr *aggeíon*: vaso) Órgão produtor de gâmetas nas plantas.

gametófito, a adj/s *Bot* (<gâmeta + -fito-) **1** Fase haploide da planta, em que produz gâmetas funcionais. **2** (Planta) que se encontra nessa fase.

-gamia suf (<gr *gámos*: casamento + -ia) Significa casamento (Ex. poligamia, monogamia, endogamia).

gamo, a s *Zool* (<lat *gámmus*) Mamífero ruminante da família dos cervídeos, tendo o macho chifres caducos ramificados e espalmados nas extremidades. ⇒ veado.

-gamo- pref/suf (<gr *gámos*: casamento) Significa casamento, união (Ex. gamofobia, bígamo, polígamo, gamopétalo, gamossépalo).

gamofobia s f (<gamo- + fobia) Receio mórbido de casar.

gamopétalo, a adj *Bot* (<gamo- + pétala) «corola do convólvulo» Que tem as pétalas mais ou menos ligadas entre si/Simpétalo.

gamossépalo, a adj *Bot* (<gamo- + sépala) «cálice do crav(eir)o» Que tem as sépalas mais ou menos unidas/Sinsépalo.

Gana s m *Geog* República da costa atlântica africana, com capital em Acra, designando-se os habitantes (de) ganeses.

gana s f (<esp *gana*) **1** Grande vontade/desejo. **Ex.** Está cá com uma ~ de triunfar no curso que não para de estudar. **2** Ímpeto/Impulso/Veneta. **Loc. Dar na (real) gana** [Apetecer-lhe/Decidir arbitrariamente] (Ex. Deu-lhe na (real) ~ ficar em casa e não veio à nossa reunião). **Ter/Sentir ~s** «de matar». **3** Desejo de fazer mal a alguém/Intenção de vingança. **Ex.** Ficou-lhe com uma ~ que parecia que ia bater-lhe. **4** *pop* Grande fome/apetite. **Ex.** Estava com ~s de comer uma pratada de batatas com bacalhau.

ganadaria s f (<esp *ganadería*: rebanho) **1** Exploração agro-pecuária em que se faz a criação de tou[oi]ros de lide. **2** Conjunto de tou[oi]ros dessa exploração. ⇒ boiada.

ganadeiro, a s (<esp *ganadero*) **1** Criador de tou[oi]ros de lide. **2** Guardador de gado/Vaqueiro/*Br* Boi(ad)eiro.

ganância s f (<esp *ganancia*) **1** Ambição exagerada de ganho/lucro. **Ex.** A ~ levava-o a explorar os trabalhadores. **2** Lucro ilícito/Usura/Onzena.

ganancioso, a (Ôso, Ósa, Ósos) adj (<ganância + -oso) **1** Que é ávido de dinheiro ou de bens. **Ex.** Uma pessoa ~a nunca está satisfeita com o que tem. **2** Que ambiciona grandes lucros/Que tem ganância/Ambicioso.

ganapo, a s (< ?) **1** Catraio/Miúdo/Garoto/Moleque. **2** Indivíduo de má criação/Velhaco/Mal-educado/Malcriado.

gancha s f (<gancho) **1** ⇒ ancinho. **2** ⇒ gadanha para cortar feno. **3** ⇒ Ramo grosso de árvore/Pernada.

gancheta s f (<gancho + -eta) **1** ⇒ gancho pequeno. **2** Gancho na extremidade de uma vara para pendurar obje(c)tos. **3** Arame dobrado em gancho com que as crianças conduziam/guiavam o ar(c)o.

gancho s m (<céltico *ganskio*: galho de árvore) **1** Peça normalmente de metal, curva na extremidade, para pendurar/suspender obje(c)tos. **Idi. Ser de ~** [Ser pessoa exigente/complicada ou de trato difícil]. **2** Obje(c)to de arame recurvado com que as mulheres seguram o cabelo. **3** Parte das calças entre o cós e a zona de união das duas pernas. **4** ⇒ anzol. **5** Casa de penhores/Prego(+). **6** Trabalho provisório para aumentar o rendimento/Extra/Biscate(+). **Ex.** Apareceu-lhe um ~ aproveitou. **Loc.** Ter/Fazer um ~. **7** Lucro desse trabalho. **8** Negócio ilícito/Furto/Roubo. **9** *pop* Mulher bonita. **10** *(D)esp* No boxe, golpe/soco curto dado com o braço dobrado.

ganchorra (Ô) s f (<gancho + -orra) **1** Gancho grande usado na atracagem dos barcos/Croque. **2** ⇒ arpão. **3** *gír* Mão grande/Garra. **4** *gír* ⇒ âncora.

ganchoso, a adj (<gancho + -oso) Curvo, com a forma de gancho.

gandaia s f (<esp *gandaya*: vadiagem) **1** A(c)to de revolver o lixo para encontrar coisa de algum valor. **2** Ofício de trapeiro(+). **3** *depr* Mulher vadia/Galdéria. **4** Mandriice/Ociosidade/Vadiagem. **Loc.** Andar/Cair na ~.

gândara, gandra s f (<lat *gándera*) **1** Terreno arenoso estéril ou pouco produtivo. **2** Terreno coberto de plantas agrestes/Charneca(+).

gandulo, a adj/s (<esp *gandul* <ár *gandúr*: moço de condição modesta mas preguiçoso e janota) **1** (Moço) travesso/vadio/parasita. **2** (Indivíduo) desonesto/tratante. **Ex.** É preciso cuidado com esse grupo de ~s que andam aí a rondar.

gang *ing* ⇒ gangue.

ganga[1] s f (<chinês *kang*) Tecido de algodão muito resistente, geralmente em tom azul ou amarelo, usado em vestuário de traje informal. **Comb.** Calças de ~.

ganga[2] s f (<al *gang*) **1** Resíduo geralmente não aproveitável de jazida mineral/Substância que na natureza envolve minério ou pedra preciosa/Escória. **2** Coisa sem valor. **3** *pop* Velocidade/Rapidez. **Loc.** Ir na ~ [Deslocar-se a grande velocidade/*pop* Ir na esgalha].

gânglio s m (<lat *gánglion*<gr *gágglion*) **1** Pequena dilatação no curso de um vaso linfático «~ linfático» ou dos nervos que contêm fibras e células nervosas «~ simpático»/Nódulo. **Ex.** Os ~s linfáticos situam-se especialmente no pescoço, nas axilas e nas virilhas. **2** *Med* Pequeno nódulo causado pela inflamação de uma dessas dilatações. **3** *pl pop* Infe(c)ção tuberculosa primária. **Loc.** Ter ~s.

ganglioma s m *Med* (<gânglio + -oma) Tumor (maligno) de um gânglio/Epitelioma de gânglio linfático.

ganglionar adj 2g (<gânglio + -ar[2]) Relativo aos [Da natureza dos] gânglios.

ganglionite s f *Med* (<gânglio + -ite) Inflamação dos gânglios.

gangorra s f (< ?) **1** *Br* Prancha re(c)tangular, comprida, com apoio apenas no centro, na qual, em cada extremidade, se senta uma criança, subindo e descendo alternadamente/Baloiço(+). **2** Esse divertimento. **3** Engenho primitivo manual de cana-do-açúcar.

gangrena s f *Med* (<lat *gangraena*) **1** Morte e putrefa(c)ção de tecidos de uma parte do organismo. **Ex.** A ~ na perna obrigou à sua amputação. ⇒ necrose. **2** *fig* O que produz destruição progressiva. **3** *fig* Corrupção moral. **Ex.** A perversão dos costumes é a ~ [é o cancro] das sociedades.

gangrenar v t/int *Med* (<gangrena + -ar[1]) **1** Produzir ou ser atacado de gangrena. **2** *fig* Destruir(-se) progressivamente. **3** *fig* Corromper-se moral ou fisicamente/Perverter-se.

gangrenoso, osa (Ôso, Ósa, Ósos) adj *Med* (<gangrena + -oso) Que tem (a natureza da) gangrena.

gângster (Tér) s m (<ing *gangster*) **1** Membro de gangue organizado de criminosos/malfeitores. **2** Indivíduo sem escrúpulos na consecução dos seus obje(c)tivos.

gangue s m (<ing *gang*) Associação de malfeitores/criminosos/Quadrilha/Bando. **Ex.** Viu a luta entre dois ~s rivais. **Comb.** Chefe do ~.

ganha-dinheiro s m Trabalhador braçal/Jornaleiro/Ganhão.

ganhador, ora adj/s (<ganhar + -dor) **1** (O) que lucra/ganha. **2** (O) que vence ou luta por vencer. **Ex.** Diz-se que em equipa ~a não se mexe [não se devem mudar os jogadores].

ganhão s m (<ganhar + -ão) O que aceita qualquer trabalho para ganhar a vida/Jornaleiro.

ganha-pão s m (<ganhar + pão) A(c)tividade/Trabalho que garante o rendimento necessário à subsistência [ao sustento] de alguém ou da sua família. **Ex.** Ter um ~ é indispensável (para poder comer e viver).

ganhar v t (<fr *gagner* <germânico *waidanjan*: obter alimentos) **1** Auferir um rendimento/salário/retribuição. **Ex.** Ele começou a ~ o salário mínimo. **Loc. ~ bem** [Auferir alto salário]. **~ mal** [Ter baixo salário]. **~ o pão**/a vida [Assegurar o sustento de si e da família]. **2** Receber por mérito/Obter. **Ex.** Ganhou uma bolsa de estudo. Dizia que queria ~ [ir para] o céu. **3** A(c)ertar num jogo de sorte/azar. **Ex.** Acabou de ~ [Ganhou agora] a lotaria. **4** Conquistar/Granjear. **Ex.** Soube ~ o apreço/respeito da comunidade. **5** Adquirir progressivamente/Passar a ter. **Ex.** Precisa de ~ prática/confiança/bons hábitos. **Loc. ~ corpo a)** Adquirir maior compleição física (Ex.O miúdo ganhou corpo, está quase um homem); **b)** «uma ideia/um plano» Passar a ter maior consistência/estruturação/concretização. **6** Obter vantagem/benefício/Lucrar. **Ex.** Que ganho eu em tirar [Para que me serve] esse curso? No mundo dos negócios há sempre quem ganha e quem perde. Ficou a ~ com a troca «dos terrenos». **Idi. Não ~ para o susto** [Passar momentaneamente por uma situação difícil]. **7** Ter êxito/sucesso/Sair vitorioso. **Ex.** Ganhou a causa no tribunal. **8** Vencer/Derrotar um adversário num jogo. **Ex.** Ganhámos por 5-3 [cinco (a) três]. **9** Ser superior a alguém. **Ex.** O irmão

ganha-lhe em dedicação ao trabalho. **10** Conquistar. **Ex.** O rei D. Afonso Henriques ganhou [conquistou(+)] Lisboa aos mouros em 1143. **11** Tomar conta de/Apoderar-se de. **Ex.** O sono ganhou [venceu(+)] o enfermo. **12** Deixar-se tomar por/Contrair. **Ex.** Acabou por ~ vícios difíceis de extirpar. **13** Melhorar. **Ex.** O vinho ganha com o passar dos anos. **14** Propagar-se/Espalhar-se. **Ex.** Havia o perigo de a epidemia ~/invadir [grassar/se espalhar por] toda a região. **15** Chegar até/Atingir. **Ex.** Quando ganhou o [chegou ao] cume do monte, estava exausto. **16** Chegar a posição vantajosa. **Loc.** «corredor/atleta» **~ a dianteira** [Passar à frente de todos]. **~ terreno** [Melhorar/Progredir] «e ser nomeado Primeiro-Ministro». **17** Gastar menos/Poupar. **Loc.** ~ tempo [Demorar menos (do) que o normal «na viagem»/Apressar a realização de alguma coisa].
ganho[1]**, a** *adj* (<ganhar) **1** Que se adquiriu/obteve. **Ex.** A prática ~a num ofício é muito importante. **2** Que se lucrou. **Ex.** O dinheiro ~ na Bolsa de valores) melhorou-lhe o nível de vida. **3** Que se vence. **Ex.** Mais um jogo ~ e o campeonato [título de campeão] é nosso [e somos campeões].
ganho[2] *s m* (<ganhar) **1** A(c)to ou efeito de ganhar/Obtenção de vantagem. **Ex.** O ~ da empreitada deu-lhe uma grande confiança. **Ant.** Perda. **2** O que se ganha/Lucro/Proveito/Provento. **Ex.** O ~ neste negócio é compensador. **Ant.** Perda; prejuízo. **Comb.** ~s e perdas [Título de uma conta onde se lançam lucros e prejuízos]. **3** *Ele(c)tri* Aumento de grandeza/magnitude de um parâmetro de entrada, como a voltagem, por a(c)ção de um dispositivo amplificador. **4** *Br* Roubo/Furto.
ganhu(n)ça *s f col* (<ganhar + -u(n)ça) **1** Avidez de dinheiro/Grande ambição/Ganância(+). **2** Lucro exagerado.
ganido *s m* (<lat *gannītus*) **1** Lamento/Gemido do cão por dor/insatisfação. **Ex.** O ~ do cachorro meteu-lhe dó. **2** *fig* Voz esganiçada.
ganir *v int* (<lat *gánnio, íre*) **1** «o cão» Soltar grito de dor/medo/insatisfação. **Ex.** O cão gania, "pedindo" que o soltassem. ⇒ ladrar; uivar. **2** *fig col gír* Gemer como os cães/Lamentar-se/Chorar. **Ex.** Que estás para aí a ganir? Cala-te mas é [Não era melhor que te calasses?].
ganja/á *s f* (<hindustani *ganjhá*) **1** Resina extraída de uma espécie de cânhamo [*Cannabis indica*], sendo a base do haxixe. **2** *Br* ⇒ presunção; vaidade; insolência.
ganoide (Nói) *adj 2g/s m pl* (<gr *gános*: brilho + -oide) Diz-se de peixe ou da família de peixes teleóstomos, possuidores de grandes escamas brilhantes.
ganso, a *s* (<gótico *gans*) **1** *Ornit* Nome de aves palmípedes corpulentas, sobretudo as do gé[ê]nero *Anser*, da família dos anatídeos, sendo uma das espécies doméstica; *Anser domesticus*. **2** *Anat* Parte externa e posterior da coxa do boi. **3** *Br* ⇒ bebedeira.
garabulha *s f* (<garabulho) **1** Confusão/Embrulhada/Trapalhada. **2** Escrita ilegível/Desenho só esboçado/Garatuja/Rabisco. **3** *s 2g* Pessoa de intrigas/enredos.
garabulhento, a *adj* (<garabulho + -ento) Que tem garabulho/Áspero/Rugoso.
garabulho *s m* (<it *garbuglio*: entrelaçamento, confusão) **1** Aspereza/Rugosidade. **2** Confusão/Trapalhada. ⇒ garabulha. **3** Má caligrafia/Garatuja.
garafunho[a]s *s pl* (< ?) Letras mal feitas/Rabiscos/Garatujas/Gatafunhos(+)/*Br* Garranchos.

garagem *s f* (<fr *garage*) **1** Local coberto para recolha de veículos. **Ex.** Gosto de pôr o carro sempre na ~. **Comb.** ~ de recolha [Local coberto onde se tem estacionamento de dia ou de noite mediante pagamento]. **2** Oficina de reparação e manutenção de veículos.
garagista *s 2g* (<fr *garagiste*) **1** Proprietário ou gerente de uma garagem. **2** Funcionário de garagem/Mecânico(+).
garajau *s m* (< ?) **1** *Ornit* Ave palmípede aquática, também conhecida por gaivin(h)a ou garrau; *Sterna fluvialis*. **2** *Br* Cesto oblongo em que se levam aves ao mercado.
garança *s f* (<fr *garance*) **1** *Bot* Planta da família das rubiáceas, de cujas raízes se extrai uma substância corante vermelha; *Rubia tinctoria*. **2** Corante que se extrai dessa planta. **3** Tom vermelho vivo.
garanhão *s m* (<esp *garañon* <germânico *wranjon*: cavalo cobridor) **1** Cavalo destinado à reprodução. **2** *fig* Homem mulherengo/femeeiro.
garante *s 2g* (<fr *garant*) **1** Pessoa que assegura a realização/veracidade/autenticidade de alguma coisa. **Ex.** Ele é o ~ do sucesso desta iniciativa. **2** *Dir* Pessoa que dá uma garantia/Avalista/Fiador(+).
garantia *s f* (<fr *garantie*) **1** A(c)to ou efeito de garantir/Fiança/Aval/Caução. **2** Aquilo «qualidades» que assegura que alguma coisa se cumpre/realiza. **Ex.** Ele é a ~ de que o proje(c)to vai para a frente. A boa classificação nesse curso é a melhor ~ de emprego. **3** Documento em que o vendedor/fabricante declara o compromisso de assegurar a boa qualidade e o normal funcionamento de um produto vendido, por um certo período de tempo. **Comb.** Certificado de ~ «por um ano». **4** Prazo de validade desse compromisso. **Ex.** A avaria do televisor não me preocupa muito porque ainda está na ~. **5** Segurança que o credor tem relativamente à recuperação do crédito. **Comb.** ~ bancária [Fiança prestada por um banco]. **6** *pl* Disposições jurídicas para proteger certos direitos. **Comb.** **~s constitucionais**. **~s individuais**. **~s parlamentares**.
garantir *v t* (<fr *garantir*) **1** Dar [Ter] garantia/Responsabilizar-se pela boa qualidade e pelo bom funcionamento de um produto fornecido a outrem. **Comb.** Máquina garantida [com garantia]. **2** Prometer de forma peremp[ren]tória/Assegurar. **Ex.** Quem me garante que as coisas se passaram assim? O filho garantiu que ia esforçar-se por melhorar. **Comb.** Mau resultado [Desastre] garantido [seguro/(mais que) certo] «se você não fizer como eu lhe digo». **3** Afirmar como certo ou verdadeiro/Certificar/Atestar. **4** ⇒ Autenticar/Avalizar/Caucionar. **5** Responsabilizar-se por/Abonar/Afiançar. **Ex.** O reitor (da Universidade) garantiu-nos a continuidade do curso. **6** Tornar seguro/Acautelar/Proporcionar. **Ex.** As poupanças garantem tranquilidade na velhice. **7** ⇒ Proteger/Defender.
garapa *s f Br* (< ?) **1** Suco extraído da cana-do-açúcar. **2** Bebida preparada com qualquer suco de fruta, acrescentando água e açúcar ou mel. **3** *fig* Coisa boa, fácil/Canja(+). **Ex.** Esse trabalho é uma ~, dou cabo dele [, faço-o] em dois dias.
garatuja *s f* (< ?) **1** Letra mal feita/Rabisco/Gatafunho/*Br* Garrancho. **2** Desenho tosco. **3** Trejeito do rosto/Careta/Esgar.
garatujar *v t/int* (<garatuja + -ar[1]) Fazer garatujas/gatafunhos/Rabiscar.

garavato *s m* (<esp *garabato*) **1** Pau com um gancho na extremidade para colher fruta. **2** ⇒ G(a)raveto(+).
garaveto *s m* (<garavato?) **1** Pedaço de lenha miúda/Graveto(+). **2** *pop* Dedo delgado.
garbo *s m* (<it *garbo*: modelo) **1** Boa aparência/Elegância nos gestos/Galhardia/Donaire. **Loc.** «toureiro» Cavalgar com ~. **2** Porte imponente/Pundonor/Brio. **Comb.** O ~ do chefe. **3** Distinção/Primor/Perfeição. **Loc.** Cantar com ~.
garboso, a (Ôso, Ósa, Ósos) *adj* (<garbo + -oso) **1** Que tem garbo/galhardia/Elegante/Gentil. **2** Distinto/Brioso.
garça *s f* (<lat *árdea*: garça real) **1** *Ornit* Nome de várias aves aquáticas da família dos ardeídeos, pernaltas, de bico comprido e pontiagudo. **Comb.** ⇒ **~-real**. **~-ribeirinha**. «mulher com» **Colo de ~** [Pescoço alto e elegante]. **2** Tela/Tecido de textura rala e fina. ⇒ talagarça.
garção *s m* (<fr *garçon*) Empregado de mesa em cafés, restaurantes, ... ⇒ garçom; garçonete.
garça-real (⇒ garça) *s f Ornit* Garça de grande porte, de cor entre o branco e o cinzento.
garça-ribeirinha (⇒ garça) *s f Ornit* Garça de plumagem de cor branca brilhante, comum no Algarve (Portugal).
garço, a *adj* (<garça) Verde-azulado/Esverdeado. **Ex.** A moça tinha uns olhos ~s.
garçom *Br s m* ⇒ garção.
garçone *s f* (<fr *garçonne*) Moça que leva uma vida independente, com hábitos semelhantes aos de rapaz. **Comb.** Cabelo à ~ (Diz-se do corte de cabelo de senhora muito curto).
garçonete *Br s f* (<fr *garçonette*: menina) Empregada de mesa em café, restaurante, ... ⇒ garção.
garçota *s f* (<garça + -ota) **1** Garça jovem. **2** *pl* Penas de garça, muito brancas e finas, que servem de ornato/Penacho.
gardénia [*Br* **gardênia**] *s f Bot* (<antr A. Garden (1730-1791), botânico escocês) Nome comum a várias plantas ornamentais «jasmim-do-cabo» da família das rubiáceas, de flores grandes brancas e aromáticas; *Gardenia grandiflora*.
gare *s f* (<fr *gare*) **1** Instalações onde se processa o embarque e o desembarque de passageiros e mercadorias. **Comb.** **~ aérea**. **~ marítima**. **~ rodoviária**. **2** Parte coberta de estação de caminho de ferro [*Br* estrada de ferro], onde se tem acesso aos comboios [trens]. **Ex.** O meu pai esperava-me na ~. ⇒ plataforma.
garfada *s f* (<garfo + -ada) Porção de comida que um garfo leva de cada vez à boca. **Loc.** «comer feijões» Às ~s [Levando muito de cada vez].
garfo *s m* (<lat *gráphium*: estilete?) **1** Utensílio de mesa com dentes, para apanhar alimentos sólidos e os levar à boca. **Ex.** O meu avô já come com faca e ~. **Loc.** «refeição» De ~ [Com utilização de talheres] (Ex. Hoje, como vamos viajar, o pequeno-almoço é de ~). **Idi.** *Ser um bom ~* [Comer muito/sempre bem]. **Comb.** ~ de carne [peixe/sobremesa]. **2** *Agr* ⇒ Forcado[a]/Forquilha. **3** *Agr* Parte de ramo [Rebento] de uma planta que se enxerta noutra. **4** Forquilha de roda de bicicleta/motocicleta. **5** Pequeno enxame que emigra com uma colmeia com excesso de abelhas.
gargaleira *s f* (<gargalo + -eira) Orifício no bojo de pipas e tonéis/Batoque.
gargalhada *s f* (<gargalhar) Risada espalhafatosa e prolongada. **Ex.** A anedota fê-los rir às ~s.

gargalhar *v int* (<*on garg-*, ruído do líquido ao gargarejar) Dar/Soltar gargalhadas(+)/ Rir ruidosamente.

gargalheira *s f* (<gargalho + -eira) **1** *Hist* Coleira com ganchos com que se prendiam os escravos. **2** *fig* Tirania/Opressão. **3** Coleira de pregos que se põe no pescoço de cães para os defender dos lobos. **4** Ruído produzido pelo escarro na garganta.

gargalho *s m* (<gargalhar) Mucosidade/ Escarro que se expele com dificuldade da garganta.

gargalo *s m* (<on) **1** Parte superior e estreita de frasco/garrafa/garrafão. **Ex.** Segurou a garrafa pelo ~. **2** *pop* Pescoço/Garganta/ Goela(s). **3** *fig* Entrada ou passagem muito estreita.

garganeiro, a *adj* (<gargan(ta) + -eiro) Que come muito/Glutão.

garganta *s f Anat* (<*on garg-*: ruído do líquido no gargarejo) **1** Parte anterior do pescoço, por baixo da boca. **Ex.** Sentiu um arrepio na ~. **Loc.** Ter a ~ seca [Sentir sede(Sê)]. **Idi.** «algo» ***Estar/Ficar/Ter atravessado na ~*** [Não esquecer/perdoar uma desconsideração/ofensa de que foi vítima] (Ex. A(quela) ofensa que ele me fez tenho-a (aqui) atravessada na ~). **2** Zona de localização das cordas vocais. **Loc.** Ter [Ficar com/Sentir] um nó na ~ [Estar incapaz de falar, por grande surpresa ou forte emoção]. **3** Voz forte. **Ex.** Tem cá uma ~ para cantar o fado! **Idi.** ***Ter muita ~*** [Ser gabarola(s)/fanfarrão]. **4** Gabarolice/Palavreado. **Ex.** Não contes com ele, só tem [ali há só] ~. **5** Parte superior e estreita de candeeiro/lâmpada. **6** *Geog* Passagem estreita entre montes/Desfiladeiro. **Ex.** A ~ de Loriga, na Serra da Estrela (Portugal), é imponente! **7** Qualquer passagem muito estreita.

gargantear *v t/int* (<garganta + -ear) **1** Pronunciar/Cantar com voz requebrada, variando rapidamente os tons. **2** Emitir trinados/Gorjear. **3** Autoelogiar-se/Gabar-se.

garganteio *s m* (<gargantear) Trinado/Gorjeio.

gargantilha *s f* (<garganta + -ilha) Colar/ Ornato que se usa bem cingido ao pescoço.

gargarejar *v t/int* (<lat *gargarízo,áre*) Fazer agitar, sob a pressão do ar vindo da laringe, um líquido na garganta e na boca, sem engolir/Fazer gargarejo.

gargarejo *s m* (<gargarejar) **1** A(c)ção de gargarejar. **2** Líquido, medicamentoso ou não, usado para gargarejar. **3** *fig* Pronúncia trémula/nervosa. **4** *pop* Namoro da rua para a janela.

gárgula *s f* (<lat *gárgula*) **1** Goteira de escoamento da água de uma fonte. **2** *Arquit* Goteira saliente das paredes de construções medievais, para escoar a água da chuva, tendo geralmente a forma de figura grotesca/monstruosa.

garibáldi *s m* (<antr *Garibaldi* (1807-1882), general da campanha de unificação de Itália) **1** Camisa vermelha que se veste por fora das calças. **2** Casaco curto de mulher. **3** *Br* Pastel assado em tabuleiro e enrolado com recheio.

garimpar *v t* (<garimpo + -ar¹) Explorar pedras ou metais preciosos.

garimpeiro *s m* (< grimpeiro, de grimpa (Cume de serra)+ -eiro) **1** *Br* Explorador de pedras e metais preciosos. **2** *fig* Explorador de preciosidades. **3** *fig* Escritor que usa palavras/expressões rebuscadas/raras. ⇒ preciosista.

garimpo *Br s m* (<garimpeiro) **1** Local de exploração de ouro/diamantes. **2** *an* Exploração furtiva/clandestina de ouro ou diamantes. **3** *pop* Moço de recados. **4** Vadio/Larápio.

garlopa *s f* (<esp *garlopa* <hol *voorlop*) Plaina grande.

garnacha *s f* (<lat *guanaca*: manto) Capa(+)/ Veste talar, larga, usada por magistrados e sacerdotes.

garnacho *s m pop* (<garnacha) Capote com mangas, cabeção e capuz/Gabão.

garnear *v t* (< ?) Brunir/Alisar até brilhar «couro/cabedal» com a maceta.

garnisé *s/adj 2g* (<top *Guernesey*, ilha inglesa do Canal da Mancha, origem de galináceos de pequeno porte) **1** Diz-se de galináceo de tamanho pequeno. **2** *fig* Pessoa de pequena estatura/Garoto.

garo *s m* (<gr *gáron*: salmoira) **1** Espécie de lagosta. **2** Salmoira feita com vísceras desse crustáceo ou de certos peixes.

garoa *s f Br* (<caruja) ⇒ chuvisco; nevoeiro; *Ang* cacimbo.

garotada *s f* (<garoto + -ada) **1** Conjunto de garotos. **Ex.** A ~ fazia tanto barulho que não ouvi o que ele disse. **2** A(c)ção própria de garotos/Marotice/Garotice(+).

garotagem *s f* (<garoto + -agem) Grupo de garotos/Garotada **1**.

garotar *v int* (<garoto + -ar¹) **1** Agir como um garoto/Fazer garotice/Brincar. **2** Andar na gandaia **4**/Vadiar.

garotelho, a (Tê) *s* (<garoto + -elho) **1** Garoto pequeno/Pirralho/Garotito. **2** *depr* Garoto malcriado/insolente/irreverente.

garotice *s f* (<garoto + -ice) **1** Atitude [A(c)ção] de garoto/Criancice. **2** Vida de garoto. ⇒ garotada.

garoto, a (Rô) *s/adj* (<garção + -oto) **1** Criança ou adolescente de pouca idade. **Ex.** Ele ainda é um ~. **2** Criança que anda pela rua a vadiar. **3** *depr* Pessoa irresponsável/imatura. **Ex.** Essa atitude não é de homem, é de ~. **4** *s f* Namorada/Miúda. **Ex.** Tem uma ~ (toda) jeitosa. **5** *s m* Café com leite servido em chávena pequena. **Ex.** No café pediu uma torrada e um ~. ⇒ galão² **2**. **6** *adj* Brincalhão/Travesso/Maroto. **Ex.** O rapaz é muito ~.

garoupa *s f Icti* (< ?) Nome de duas espécies de peixes teleósteos, da família dos serranídeos, também conhecidas por requeima e seima; *Epinephélus* «guaza». **Ex.** A ~ é um peixe muito apreciado.

garra *s f* (<céltico *garra*: pata) **1** Unha forte, recurva e aguçada de alguns animais, como as aves de rapina «águia» e os felinos «gato/leão». **Ex.** A gazela caiu nas ~s da leoa. **Idi.** ***Encolher as ~s*** [Disfarçar a agressividade (à espera da hora para atacar)]. ***Mostrar as ~s*** [Ameaçar]. **2** *fig* Mãos fortes ou usadas para violência. **Ex.** Deitou as ~s [unhas(+)] ao larápio e não largou. **3** Obje(c)to usado para prender/ agarrar/Gancho metálico que segura a joia em anel, brinco, ... **4** *fig* Tirania exercida pelo homem ou por alguma coisa. **Ex.** Queria livrar-se das ~s [do vício] da droga. Caiu nas ~s [mãos] do inimigo. **5** *fig* Tenacidade/Determinação no agir. **Ex.** É um homem de [com] ~. **6** *fig* Grande vigor/ entusiasmo. **Ex.** O pianista tocou com ~. **7** *Bot* Apêndice, em forma de gancho, com que as trepadeiras se prendem a um suporte/Gavinha(+). **8** *Zool* Pelos compridos em redor das juntas, nos membros dos equídeos. **9** *Náut* A(c)ção de garrar. **Loc.** Estar/Ficar/Ir à ~ **a)** «uma embarcação» Depois de fundeada, arrastar os ferros pelo fundo; **b)** *fig* Ir à deriva/Perder o rumo.

garrafa *s f* (<ár *garrafá*: vaso de barro) **1** Recipiente alongado, geralmente cilíndrico, com gargalo, normalmente de vidro ou de plástico, destinado a conter líquidos. **Ex.** Pôs a ~ de água na mesa. **Comb.** ~ térmica ⇒ garrafa-termo; jarra. **2** Quantidade de líquido que esse recipiente pode conter. **Ex.** Bebeu meia ~ de vinho. **3** Recipiente metálico cilíndrico apto a conter gás sob pressão. **Comb.** ~ de oxigé[ê]nio [A que fornece esse gás para a(c)tividades subaquáticas ou para fins terapêuticos/industriais]. **4** Quantidade de gás que esse recipiente pode conter. **Ex.** A ~ de gás butano subiu muito de preço.

garrafal *adj* (<garrafa + -al) **1** Que tem a forma de garrafa. **2** Que é grande/Graúdo. **Comb.** Letra ~ [Diz-se de um tipo de letra muito grande, bem legível]. **3** «estilo» Empolado/Enfático/Pomposo. **4** *Agr* Diz-se de uma variedade de ginjeira ou dos seus frutos, grandes e sumarentos. **Comb.** Ginjas ~ais.

garrafão *s m* (<garrafa + -ão) **1** Recipiente grande de vidro/plástico, em forma de garrafa bojuda, com asa, por vezes revestido de verga/plástico/... **Ex.** Veio para o piquenique de ~ em punho. **Comb.** ***~ de água*** [azeite/vinho]. ***Voz de ~*** [Voz roufenha, própria de quem bebe muito]. **2** Quantidade de líquido que esse recipiente pode conter. **Ex.** Na festa ao ar livre bebeu-se mais (do) que um ~ de vinho.

garrafa-termo *s f* Garrafa de vidro de parede dupla, envolvida em material metálico/plástico, destinada a conservar a temperatura dos líquidos nela colocados.

garrafeira *s f* (<garrafa + -eira) **1** Armação com orifícios [lóculos] para guardar ou envelhecer bebidas alcoólicas engarrafadas. **Ex.** A ~ está num local muito fresco. **2** Conjunto de bebidas alcoólicas engarrafadas. **Ex.** Ele tem muito orgulho na sua ~.

garraiada *s f* (<garraio + -ada) **1** Corrida em que se lidam tou[oi]ros novos nunca antes corridos. **Ex.** Uma ~ integra o programa da Queima das Fitas dos estudantes de Coimbra (Portugal). **2** Conjunto de garraios.

garraio *s m* (< ?) **1** Novilho com idade até três anos. **2** *fig* Indivíduo jovem e inexperiente/Novato(+)/Caloiro.

garrancha *s f* (<garrancho) **1** Ramo grosso de árvore/Pernada(+). **2** Cajado com uma volta na extremidade superior, semelhante ao báculo. **3** Vara comprida com gancho na ponta, para cortar ramos de árvore.

garrancho *s m* (<garra + gancho) **1** Ramo de árvore/arbusto torto ou retorcido. **2** ⇒ Cavaco/Garaveto. **3** *Br* Galho seco e fino de árvore/arbusto. **4** *Vet* Doença no casco de cavalgaduras. **5** Parceiro que, no jogo do voltarete, dá cartas e fica sem jogar. **6** *Br* ⇒ garatuja/gatafunho.

garrano *s m* (<ing *garron*: cavalo pequeno e forte) **1** Cavalo pequeno mas resistente. **2** Indivíduo velhaco/Patife.

garrar *v t/int* (<garra + -ar¹) **1** *Náut* «numa embarcação» Soltar [Ficarem soltas] as amarras/Andar à deriva/Vogar. **Ex.** O barco garrou devido à violência das ondas. **2** Passar além de/Ultrapassar.

garrau *s m Ornit* (< ?) Ave palmípede, da família dos larídeos, também conhecida por garajau ou gaivin(h)a.

garrida *s f* (<lat *garrítus*: tagarelice) **1** Sino pequeno/Sineta/Campainha/Chocalho. **2** Roda de ferro que, colocada debaixo das pedras grandes, servia para as remover. ⇒ garrido.

garridice *s f* (<garrido + -ice) **1** Qualidade do «vestido» que é garrido/alegre/vivo/ vistoso. **2** Apuro exagerado «da jovem» no trajar/Elegância/Gala.

garrido, a *adj* (<garrir) **1** Que chama a atenção/Vistoso/Colorido. **Comb.** Cor(es)

~a(s). ⇒ berrante. **2** Alegre/Animado/Vivo/Gracioso. **3** Que tem muitos enfeites/adornos/Elegante/«um jovem (todo)» Janota.

garrir *v int* (<lat *gárrio,íre*: chilrear,tagarelar) **1** Vestir com garridice/elegância/Aperaltar-se(+)/Pavonear-se. **2** ⇒ Falar muito/Tagarelar/Papaguear. **3** «ave» Soltar sons alegres/Chilrear(+).

garrotar *v t* (<garrote + -ar¹) **1** *Med* Aplicar um garrote a um membro para estancar o sangue de uma hemorragia ou para fazer sobressair uma veia. **2** Estrangular com garrote/Sufocar/Enforcar/Matar.

garrote *s m* (<fr *garrot*: cacete, arrocho) **1** *Med* Faixa, geralmente de borracha, com que se aperta um membro para fazer estancar o sangue de uma ferida ou para fazer sobressair uma veia. **2** *Hist* Pau com que se apertava a corda do enforcado. **3** *Hist* Suplício de estrangulamento. **Loc.** Condenar ao ~. **4** *fig* ⇒ Forte ansiedade/Angústia. **5** *Zool* Região saliente do corpo de ovinos e bovinos, entre o dorso e o pescoço/Cernelha/Agulha/Cachaço(+).

garrotear *v t* (<garrote + -ear) ⇒ garrotar.

garrotilho *s m Med* (<esp *garrotillo*) Angina aguda infe(c)ciosa na parte posterior da cavidade bucal, que provoca sufocação/Difteria laríngea/Crupe.

garrucha *s f* (<esp *garrucha*: roldana) **1** *Mil* Antigo mecanismo para armar a besta (É), retesando a corda. **2** *Hist* ⇒ Antigo instrumento de tortura/Garrote. **3** *Náut* Argolas de ferro fixas à parte superior das velas. **4** *pl Náut* Cabos que amarram as velas. **5** *Br* Pistola grande de carregar pela boca/Bacamarte(+).

garru(n)cho *s m Náut* (<garrucha) Cada um dos anéis de metal ou de cabo cosidos ao pano da vela, para neles se fixar um cabo de manobra.

garruço *s m* (< ?) Barrete/Carapuço/a.

garrular *v int* (<lat *gárrulo,áre*) Falar muito/Palrar/Tagarelar/Papaguear.

garrulice *s f* (<gárrulo + -ice) Hábito de falar muito/Tagarelice(+)/Loquacidade.

gárrulo, a *adj/s* (<lat *gárrulus*) **1** «ave» Que canta/gorjeia muito/Chilreador. **2** (O) que fala muito/Tagarela/Palrador.

garupa *s f* (<gótico *kruppa*: massa arredondada) **1** Parte posterior do corpo do cavalo, entre o lombo e a cauda/Anca(s). **2** Mala/Alforge que se transporta nas ancas da cavalgadura ou atrás da sela. **3** *pl* Correias com que se prende ao selim o que se transporta atrás. **4** *fig* Lugar atrás do assento da bicicleta/motocicleta.

gás *s m* (<fr *gaz* <gr *kháos*: caos; ⇒ ~ dos pântanos) **1** *Fís* Substância fluida que espontaneamente se expande até ocupar a totalidade do recipiente. **Ex.** Os gases diferem dos sólidos e dos líquidos na ocupação do espaço disponível. **Comb.** ~ *carbó[ô]nico* [Anidrido carbó[ô]nico/CO_2]. ~ *nobre/raro* [Substância gasosa rara na atmosfera]. ~ *de cidade* [~ que é distribuído aos consumidores domésticos através de canalização]. ~ *natural* [Mistura de hidrocarbonetos voláteis existente no subsolo, com elevado poder calorífero, com usos industriais e domésticos]. ~ *de iluminação*. ~ *pobre* [~ que resulta da passagem de ar e/ou vapor de água sobre carvão incandescente, utilizando o gasogé[ê]nio]. **2** Fluido gasoso, canalizado ou não, usado para consumo doméstico, na confe(c)ção de alimentos ou em aquecimento. **Ex.** O (preço do) ~ subiu muito no último ano. **Loc.** *Ligar o* ~. *Cortar o* (fornecimento de) ~. **Comb.** *Botija* [Garrafa/Bilha] *de* ~. *Conta do* ~. *Contador do* ~ (de cidade). *Fornecimento de* ~. *Fuga de* ~. **3** Composto gasoso usado para afe(c)tar o organismo. **Comb.** ~ *hilariante* [Monóxido de azoto, que dá boa disposição]. «granada de» ~ *lacrimogé[ê]neo* [que provoca forte irritação nos olhos e nas mucosas, sendo um dos meios usados pelas forças policiais para dispersar aglomerações de pessoas hostis]. ~ *de mostarda*. ~ *sarin*. *Câmara de* ~ [Um dos meios de execução dos condenados à morte]. **4** *fig* Vivacidade/Entusiasmo/Dinamismo. **Loc.** *Ter muito* ~. *Ganhar* ~. *Perder* ~. *Ir a todo o* ~ [Deslocar-se «de carro» a grande velocidade]. **5** *pl* Fluido gasoso gerado no aparelho digestivo/Flatulência/Ventosidade. **Ex.** «sente-se inchado devido a» Ter muitos ~es.

gasalhamento *s m* (gasalhar + -mento) A(c)to ou efeito de gasalhar/Agasalho(+).

gasalhar/gasalho ⇒ agasalhar/agasalho.

gascão, coa *adj/s* (<fr *gascon*) **1** Natural ou residente na Gasconha, região do sudoeste de França. **2** *s m* Diale(c)to da Gasconha. **3** *fig* ⇒ Indivíduo que alardeia coragem/Fanfarrão(+)/Parlapatão.

gás dos pântanos *s m Quím* Metano que se liberta devido à fermentação aeróbica da matéria orgânica dos pântanos.

gaseado, a *adj/s* (<gasear) **1** (O) que foi intoxicado por gases, particularmente na guerra. **2** *fig* Perturbado psiquicamente/Alucinado.

gasear *v t* (<gás + -ear) Utilizar gás tóxico/asfixiante como arma de guerra.

gaseificação *s f* (<gaseificar + -ção) **1** Processo de fazer passar uma substância ao estado gasoso/Reduzir a gás. **2** Dissolução de gás carbó[ô]nico num líquido.

gaseificado, a *adj* (<gaseificar) Que contém gás carbó[ô]nico. **Comb.** Água ~a. Vinho ~.

gaseificador, ora *adj/s m* **1** (O) que gaseifica. **2** *s m* Antigo aparelho de iluminação, de luz muito brilhante sob a a(c)ção de uma corrente de ar que se mistura à chama.

gaseificar *v t* (<fr *gazéifier*) **1** Fazer passar uma substância ao estado gasoso/Reduzir a gás. ⇒ liquefazer; solidificar. **2** Dissolver gás carbó[ô]nico num líquido.

gaseiforme *adj 2g* (<fr *gazéiforme*) Que está no estado gasoso.

gasganete (Nê) *s m fam* (< *on*) Pescoço/Gasna[e]te/Goela/*pop* Gorgomilo. **Loc.** Apertar o ~ a [Sufocar por asfixia/Estrangular].

gasificação, gasificado, gasificador, gasificar, gasiforme ⇒ gaseificação…

gasna[e]te *s m* (<esp *gaznate*) ⇒ gasganete.

gasoduto *s m* (<gás + -duto) Tubagem para transporte, a longa distância, de gás natural ou de gases derivados do petróleo. ⇒ oleoduto.

gasogénio [*Br* **gasogênio**] *s m* (<gás + -gé[ê]nio) **1** Aparelho destinado à produção de gás pobre, fazendo passar uma corrente de ar e/ou vapor de água sobre carvão/madeira incandescente. **2** Aparelho com que se fabrica a água de Seltz. **3** Gás substituto da gasolina.

gasógeno, a *adj/s m* (<gás + -geno) **1** Que produz gás. **2** *s m* Mistura de álcool e terebintina para iluminação. **3** ⇒ gasogé[ê]nio **3**(+).

gasóleo *s m* (<gás + …) Carburante de motores diesel, mistura de hidrocarbonetos/Óleo diesel. **Ex.** O ~ é uma fra(c)ção na destilação do petróleo, mais viscoso do que a gasolina.

gasolina *s f* (<gás + óleo + -ina) **1** Líquido combustível muito volátil, mistura de vários hidrocarbonetos, usado em motores de explosão. **Ex.** Na ~ é importante o número de octanas. Tenho um carro a ~ e um jipe a gasóleo. **Loc.** Abastecer de [Meter] ~. **Comb.** Bomba (de ~) [Posto de abastecimento desse e de outros combustíveis]. **2** *s m* Barco pequeno com motor que usa esse combustível.

gasolineira *s f* (<gasolina + -eira) **1** Empresa distribuidora de combustível. **2** Posto de gasolina/de abastecimento de combustível/Bomba (de ~).

gasolineiro, a *adj/s* (<gasolina + -eiro) **1** Que tem a ver com a produção/distribuição de combustíveis. **2** *s* Pessoa que trabalha em posto de abastecimento de combustíveis.

gasometria *s f* (<gás + -metria) **1** Determinação das cara(c)terísticas físico-químicas dos gases. **2** Medição dos volumes de gases numa mistura. **3** *Med* Essa medição feita aos gases respiratórios.

gasómetro [*Br* **gasômetro**] *s m* (<gás + -metro) **1** Aparelho para medir os volumes de gases numa mistura. **2** Aparelho para recolher o gás em formação/Candeeiro a gás (Com mecha embebida em petróleo). **3** Aparelho para a produção de acetileno por a(c)ção da água sobre o carbonato de cálcio. **4** Grande reservatório para armazenar o gás combustível e o distribuir sob pressão constante/Fábrica de gás.

gasosa *s f* (<gasoso) **1** Bebida refrigerante gaseificada, preparada com água um pouco açucarada e acidulada. **Ex.** Pediu uma ~ para misturar com cerveja. **2** *col* Gasolina para veículos automóveis. **Ex.** Tenho de ir meter ~ para a viagem. **3** *col* Grande velocidade. **Ex.** O carro levava (cá) uma ~ que só visto [Íamos a uma velocidade louca]!

gasoso, a *adj* (<gás + -oso) **1** Relativo a [Que contém] gás. **Comb.** *Corpo* ~. *Estado* ~ [em que a substância ocupa todo o espaço do recipiente, por oposição aos estados sólido e líquido]. **2** «líquido» Que contém anidrido carbó[ô]nico dissolvido/Gaseificado. **Comb.** Água ~a.

gaspacho *s m Cul* (<esp *gazpacho*) Sopa preparada com pão, água fria, tomate, pimento, alho e cebola, temperados com azeite, vinho e sal. **Ex.** O ~ serve-se frio.

gáspea *s f* (< ?) **1** Parte de cima da frente do calçado, desde o peito do pé até ao bico, que é cosida à parte posterior. **Ex.** A ~ do sapato era de um cabedal mais escuro. **2** Remendo/Retalho. **3** *col* Grande velocidade/correria. **4** *pop* ⇒ Bofetada/Tabefe/Pontapé. **5** *pop* Repreensão/Censura. **Loc.** Passar umas ~s a [Repreender] alguém.

gaspear *v t* (<gáspea + -ar¹) Pôr/Deitar gáspeas no calçado.

gastador, ora/eira *adj/s* (<gastar + -dor) **1** (O) que gasta para além do necessário/Dissipador/Esbanjador/Perdulário. **2** *s m Mil* Soldado sapador que corta estacas no mato para obras de defesa. **3** *s m* Roçador de mato.

gastar *v t* (<lat *vásto,áre*: destruir) **1** Usar/Consumir um bem. **Ex.** O carro gasta sete litros (de gasolina) aos cem (quiló[ô]metros). **Idi.** ~ *cera com ruins defuntos* [Fazer sacrifícios por alguém que os não [não os] merece]. **2** Despender/Desembolsar dinheiro. **Ex.** Preciso de ~ menos em transportes. **3** Usar mal/Malbaratar/Esbanjar/Dissipar. **Ex.** Em pouco tempo é capaz de ~ uma fortuna [~ muito dinheiro]. **Idi.** «pronto, não falo mais (com você), estou a» ~ *o meu latim* [Argumentar em vão]. **4** ~-se/Extinguir-se/Esgotar-se. **Ex.**

A vela gastou-se ao fim de duas horas. **5** Deteriorar pelo uso/Desgastar/Estragar. **Ex.** O rapaz costuma ~ muito o calçado. **6** Fazer perder energia/vigor/Debilitar. **Ex.** As muitas noites mal dormidas gastaram-no em poucos anos. **7** Ocupar/Levar «tempo». **Ex.** Gastei [Levei/Demorei] dois dias a reparar a avaria. **8** Passar. **Ex.** Na calma da aldeia não sabia como ~ o tempo.

gáster *s m Ent* (<gr *gáster,trós*: ventre, estômago) Nas formigas, parte dilatada do abdó[ô]men [abdome] situada atrás do pecíolo.

gasto, a *adj/s m* (<gastar) **1** Que se consumiu pelo uso/Que se gastou. **Ex.** Fica cara a gasolina ~a na viagem. **2** «dinheiro» Que se desembolsou. **Ex.** A importância/quantia ~a na compra não foi elevada. **3** Que está deteriorado pelo muito uso. **Ex.** O pneu já estava muito ~. **4** Que está envelhecido/Debilitado/Cansado. **Ex.** O teu amigo pareceu-me muito ~. **5** Passado/Ocupado. **Ex.** As horas ~as [passadas(+)] na conversa foram muito agradáveis. **6** Empregado/Aplicado. **Ex.** O esforço ~ [despendido] no proje(c)to não foi em vão. **7** *s m* Consumo. **Ex.** O ~ de água no jardim fica caro. **8** *s m* Dispêndio de dinheiro/Despesa. **Ex.** As receitas mal [quase não] dão para [mal cobrem] os ~s. **9** *s m* Deterioração pelo uso/tempo/Desgaste. **Ex.** Tão grande ~ do pneu não dá qualquer segurança.

gastralgia *s f Med* (<gastro- + algia) Dor no estômago.

gastrectasia *s f Med* (<gastro- + ectasia) Dilatação do estômago.

gastrectomia *s f Med* (<gastro- + gr *ek* : para fora + -tomia) Ablação total ou parcial do estômago.

gastrenteralgia *s f Med* (<gastro- + entero- + algia) Dor no estômago e no intestino.

gastrenterite *s f Med* (<gastro- + entero- + -ite) Inflamação das mucosas do estômago e do intestino.

gastrenterocolite *s f Med* (<gastro- + entero- + colite) Gastrite acompanhada de inflamação dos intestinos delgado e grosso.

gastrenterologia *s f* (<gastro- + entero- + algia) Parte da ciência médica que estuda as doenças do estômago e dos intestinos.

gastrenterologista *adj/s 2 g* (<gastrenterologia + -ista) Especialista em gastrenterologia.

gástrico, a *adj* (gastro- + -ico) Que é relativo ao estômago. **Comb.** Inflamação ~a. *Mucosa ~a*. *Perturbação ~a*. *Suco ~*. Úlcera ~a.

gastr(o)intestinal *adj 2g* (<gastro- + intestinal) Relativo ao estômago e ao intestino.

gastrite *s f Med* (<gastro- + -ite) Inflamação aguda ou cró[ô]nica da mucosa do estômago.

-gastr(o)- *pref/suf* <gr *gáster,trós*: estômago) Significa estômago, alimentação (Ex. gastrite, gástrico, ~enteralgia, ~enterite, epi~, hipo~, ~logia, ~nomia).

gastrocele *s f Med* (<gastro- + -cele) Hérnia no estômago.

gastrologia *s f* (<gastro- + -logia) **1** Ciência [Arte] da boa cozinha. **2** Tratado sobre a arte culinária.

gastrológico, a *adj* (<gastrologia + -ico) Relativo à gastrologia.

gastrólogo, a *s* (<gastro- + -logo) Especialista em arte culinária.

gastronomia *s f* (<gastro- + -nomia) **1** Arte de confe(c)cionar alimentos que proporcionam prazer a quem come. **2** Arte de comer bem/Apreço pelos prazeres da mesa. **3** Comida típica de uma região. **Ex.** A ~ da zona [região/terra] é muito apreciada.

gastronómico, a [*Br* **gastronômico**] *adj* (<gastronomia + -ico) Relativo a gastronomia.

gastrónomo, a [*Br* **gastrônomo**] *s* (<gastro- + -nomo) **1** Pessoa que sabe apreciar a boa mesa. ⇒ sibarita; bom garfo. **2** Pessoa que conhece e pratica a arte da boa cozinha/Especialista em gastronomia.

gastropatia *s f Med* (<gastro- + -patia) Qualquer doença no estômago.

gastrópode *adj/s m* (<gastro- + -pode) (Diz-se de) molusco ou classe de moluscos que têm um pé ventral largo, cabeça com tentáculos, concha univalve. **Ex.** O caracol e a lesma são ~s.

gastrorragia *s f Med* (<gastro- + -ragia) Hemorragia no estômago.

gastrorreia *s f Med* (<gastro- + gr *rhéo, rhéin*: correr) Secreção excessiva de suco gástrico.

gastroscopia *s f Med* (<gastro- + -scopia) Exame dire(c)to ao interior do estômago, usando o gastroscópio.

gastroscópio *s m Med* (<gastro- + -scópio) Instrumento para a observação da superfície interna do estômago.

gastrostomia *s f* (<gastro- + gr *stóma*: boca + -ia) Operação cirúrgica de fazer uma abertura no estômago para o esvaziar ou para nele introduzir alimento.

gastrotomia *s f Med* (<gastro- + gr *tomé*: corte + -ia) Abertura temporária ou corte de parte do estômago para extra(c)ção de um corpo estranho, extirpação de uma úlcera, laqueação de vaso sanguíneo, ...

gastrovascular *adj 2g Zool* (<gastro- + vascular) **1** Relativo ao tubo digestivo e aos vasos sanguíneos. **2** Diz-se da cavidade que, nos animais celenterados, desempenha funções digestivas e circulatórias.

gástrula *s f Biol* (<gastro- + -ula) Fase do desenvolvimento do embrião animal em que ele apresenta parede dupla.

gata *s f* (<gato) **1** ⇒ gato. **2** *Icti* Nome vulgar de espécies de peixes seláquios da família dos cilídeos, também conhecidos por cação, pata-roxa, bruxa, cascarra, ... existentes na costa marítima portuguesa. **3** *Náut* Âncora de um só braço, usada nas amarrações fixas. **4** *Náut* Vela da gávea do mastro de ré de uma galera. **5** *Hist* Antiga máquina de guerra semelhante à catapulta. **6** ⇒ *gír* Reprovação/*pop* Chumbo/Raposa. **7** ⇒ *pop* Bebedeira/Carraspana. **8** ⇒ *Br* Mulher atraente. **9** *pl* Posição rasteira do corpo. **Idi.** *Andar de gat(inh)as* [Deslocar-se apoiando as mãos, os joelhos e os pés no chão]. *Ficar de ~s* **a)** Estar muito cansado/Estar exausto; **b)** Ficar abatido/desanimado.

gata-borralheira *s f fig* Mulher que se entrega totalmente aos trabalhos caseiros, não gostando de sair [conviver fora] de casa.

gatafunhar *v int* (<gatafunho + -ar¹) Fazer rabiscos/garatujas/Escrever ou desenhar com traços irregulares/ininteligíveis.

gatafunho *s m* (<gato) **1** Letra tosca e ilegível/Desenho mal feito/Rabisco/Garatuja. **2** *pl pop* Mãos. **Ex.** Deitou os ~s [as unhas(+)] ao casaco do malandro e segurou-o bem.

gatão, ona *s* (<gato + -ão) **1** Gato de grande tamanho/Gatarrão. **2** *Br* Homem elegante/atraente; ⇒ gata **8**.

gatar *v t/int* (<gata **6** + -ar¹) **1** Cometer erro/engano/lapso. **2** *gír* Reprovar em exame/Apanhar (uma) raposa/Chumbar(+).

gataria *s f* (<gato + -aria) **1** Ajuntamento de gatos. **2** *gír* Grande quantidade de reprovações em exame.

gatarrão, ona *s* (<gato + -arrão) Gato grande/Gatão.

gatázio *s m* (<gato + -ázio) **1** Garra/Unha de gato. **2** *pl pop* Mãos/Unhas fortes de alguém. **Loc.** Deitar os ~s a [Agarrar/Prender]. **3** ⇒ Ferimento provocado por unha/Arranhão(+). **4** ⇒ Grande embuste/logro/engano.

gatear *v t/int* (<gato + -ear) **1** Unir/Segurar com grampo/gato. **2** Deitar gatos em loi[ou]ça. **3** Arranhar com as unhas. **4** Trepar como os gatos. **5** «criança» Andar de gatas(o+)/Gatinhar(+). **6** *fig* ⇒ Discutir/Contender/Altercar. **7** *Br* ⇒ surripiar; roubar.

gateira *s f* (<gato + -eira) **1** Abertura na parte inferior de uma porta exterior ou em parede de casa para passagem de gato. **2** Fresta no telhado para arejamento/iluminação do interior. **3** *Náut* Abertura no convés, à proa, para dar passagem à amarra que desce até ao porão. **4** *pop* Bebedeira.

gateiro, a *adj/s* (<gato + -eiro) **1** Destinado aos gatos. **2** (O) que gosta muito de gatos/Tratador de gatos. **3** O que deita/aplica gatos/grampos em loi[ou]ça para a consertar.

gatil *s m* (<gato + -il) **1** Lugar de recolha de gatos. **2** Lugar onde se faz criação e venda de gatos de raça. ⇒ canil.

gatilho *s m* (<esp *gatillo*) Pequena peça de arma de fogo que se puxa para disparar o proje(c)til.

gatimanho(s) *s m* (<gato + manha) **1** Gestos/Sinais feitos com as mãos. **2** Careta/Trejeito/Momice/Esgar. **3** Rabisco/Gatafunho/Garatuja.

gatinhar *v int* (<gatinho + -ar¹) **1** Deslocar-se apoiando no chão as mãos, os joelhos e os pés/Gatear **5**/Andar de gatas. **Ex.** O bebé/ê já gatinha. **2** *fig* Ser principiante/novato.

gato, a *s* (<lat *cáttus*; ⇒ felino) **1** Mamífero carnívoro da família dos felídeos, de que há muitas espécies e raças domesticadas, existindo também em estado selvagem. **Ex.** A ~ é o encanto da neta. O ~ gosta que lhe passem a mão pelo pelo. **Prov.** *~ escaldado de água fria tem medo* [Uma má experiência torna a pessoa desconfiada/prudente de mais]. *~ escondido com rabo de fora* [Deixar a descoberto algo que se pretendia secreto]. *De noite todos os ~s são pardos* [Nem sempre é fácil ver diferenças]. **Idi.** *O ~ ir às filhós* [Suceder algo indesejável/perigoso/arriscado]. *Atirar-se a algo como ~ a bofe* [Ser impetuoso/Comer com sofreguidão/voracidade]. *Atirar-se a alguém como ~ a bofe* [Ser agressivo com]. *Brincar ao ~ e ao rato* [Procurar repetidamente alguém que sempre se escapa]. *Comprar/Comer* [Vender/Impingir] *~ por lebre* [Ser enganado ou enganar]. *Dar-se/Ser como cão e ~* [Duas pessoas nunca se entenderem, discutirem sempre]. *Estar com um olho no prato e (com) outro no ~* [Estar vigilante para não ser logrado/*pop* levado/enganado]. *Não aguentar um ~ pelo rabo* [Estar muito fraco]. *Não há cão nem ~ que não «faça/tenha/seja/...»* [Toda a gente «faz/tem/é/...»]. *Passar «por um lugar» como ~ por brasas* [Passar de fugida/Não se demorar ali]. **2** *m* Erro/Engano em escrita ou em operação de cálculo. **Ex.** Tem de descobrir onde está o ~. **3** *m* Peça metálica que une partes de obje(c)to de barro ou de peça de loi[ou]ça que estalou/Grampo. **Ex.** Mandou deitar um ~ num prato antigo de estimação. **4** *m* Peça metálica de ferro

que, numa construção, une o revestimento de cantaria à alvenaria. **5** *m Náut* Gancho de ferro com olhal, para poder ser ligado a um cabo. **6** *m* Utensílio com que o tanoeiro prepara as aduelas do tonel. **7** *m* Peça da aldraba em que se move a tranqueta. **8** *pl m col* Ruído sibilante da respiração, revelador de afe(c)ção dos brônquios/Pieira/Farfalheira. **9** *Br* Pessoa elegante/atraente.

gato-bichaneiro *s Ent* Nome vulgar do inse(c)to também conhecido por bicha-cadela.

gato-bravo *s m Zool* Gato robusto de pelagem cinzento-acastanhada e cauda felpuda, existente nas florestas montanhosas do sul da Europa; *Felis sylvestris*. **2** ⇒ lince. **3** ⇒ gineta/o.

gato-maltês, a, -esa *s Zool* Gato doméstico, sobretudo de cor cinzenta.

gato-montês, esa *s* ⇒ gato-bravo.

gato-pingado *s m pop* **1** ⇒ Indivíduo que acompanha os enterros a pé de tocha/archote na mão. **2** ⇒ Funcionário de agência funerária que trata de tudo o que respeita a um funeral/Cangalheiro(+). **3** *col* Pessoa sem importância. **4** *pl* Elementos de um pequeno grupo de pessoas que deveria ser mais numeroso. **Ex.** À reunião não compareceram mais do que cinco ou seis gatos-pingados.

gato-sapato *s m* **1** Jogo infantil semelhante à cabra-cega, em que se dá com um sapato naquele que tem os olhos vendados. **2** Coisa desprezível. **Loc.** Fazer de alguém ~ [Fazer de alguém o que se queira/Tratar com desprezo/Manipular/Humilhar].

gatunagem *s f* (<gatuno + -agem) **1** Bando de gatunos/Quadrilha/Ladroagem. **Ex.** É preciso ter muito cuidado com a ~. **2** Hábito/A(c)to de roubar/Vida de gatuno/Ladroeira.

gatunar *v int* (<gatuno + -ar¹) **1** Levar vida de gatuno/ladrão. **2** ⇒ Roubar/Furtar.

gatunice *s f* (<gatuno + -ice) ⇒ Hábito/A(c)to de roubar/Ladroeira/Gatunagem 2(+).

gatuno, a *adj/s* (<esp *gatuno*: relativo ao gato) **1** (O) que rouba/furta/Ladrão/ *fam* Larápio. **2** (O) que explora outrem/que lucra, de forma ilegítima, com trabalho ou bens alheios/Vigarista.

gaúcho, a *adj/s* (<*gaucho*: indígena do Rio da Prata) **1** (O) que é natural/habitante do estado brasileiro do Rio Grande do Sul, especialmente da zona rural. **2** (O) que é habitante da zona rural do Uruguai ou da Argentina, dedicando-se à criação de gado. **3** Guardador de gado/(O) que monta bem a cavalo. ⇒ campino «do Ribatejo, Pt»; vaqueiro.

gáudio *s m* (<lat *gáudium*) **1** Grande alegria/Regozijo/Júbilo(+). **2** ⇒ Pândega/Folia/Brincadeira.

gaulês, esa *adj/s* (<fr *gaulois*) **1** Da antiga Gália, território da a(c)tual França. **2** ⇒ francês. **3** *s m* Língua céltica falada pelos antigos gauleses.

gauss *s m Fís* (<antr *K. Gauss* (1777-1855), físico e matemático alemão) Unidade de indução magnética no sistema CGS (centímetro/grama/segundo).

gávea *s f Náut* (<lat *cávea*: gaiola) **1** Plataforma redonda, com grade, no cimo do mastro de um navio, que antigamente tinha a função de local de vigia ou de combate. **Comb.** Cesto de ~. **2** Vela imediatamente superior à grande.

gavela (Vé) *s f* (<céltico *gabhail*: braçado) Feixe «de erva/lenha»/Braçado. ⇒ gabela².

gaveta (Vê) *s f* (<lat *gabáta*: tigela) **1** Compartimento corrediço em móvel «mesa» com a forma de caixa sem tampa, para guarda de alguma coisa. **Loc.** *Abrir* [Fechar] *a* ~. *Arrumar a* ~. *Guardar na* ~. **Idi.** *Meter «um plano» na* ~ [Não querer dar execução a/Não dar seguimento a]. «um pedido/assunto» *Ficar na* ~ [Estar esquecido]. **2** No cemitério, cada um dos compartimentos sepulcrais [com os ossos dos defuntos] que se sobrepõem em parede vertical. **3** *Mec* Dispositivo de máquina a vapor que, em vaivém, regula a entrada do vapor no cilindro, ora num ora no outro lado do êmbolo.

gavetão *s m* (<gaveta + -ão) Gaveta grande «da có[ô]moda/do armário/do guarda-roupa».

gaveto (Vê) *s m* (< ?) **1** Peça côncava ou convexa usada em trabalho de carpintaria. **2** Esquina/Ângulo de uma construção. **Comb.** Prédio de ~ [situado em esquina de ruas]. **3** *Agr* Parte superior do podão.

gavião *s m* (<lat *gávia*: gaivota + -ão) **1** Nome vulgar de algumas aves de rapina diurnas, da família dos falconídeos e dos a(c)cipitrídeos, também conhecidas por falcão, milhafre, peneireiro, … **2** *Bot* Órgão com que plantas trepadeiras/sarmentosas se prendem a suportes/Gavinha(+). **3** *Bot* Eixo principal de uma raiz, que sobressai em raiz aprumada/Raiz mestra. **4** *Vet* Cada um dos últimos dentes da maxila superior do cavalo. **5** Extremidade cortante do formão ou de outros instrumentos «foice/tesoura de podar».

gaviete (Ête) *s m Náut* (< ?) Espécie de roldana colocada à proa do navio para suspender a âncora ou obje(c)tos pesados.

gavinha *s f* (< ?) Apêndice com que uma planta trepadeira/sarmentosa se prende a um suporte/Gavião **2**/Abraço/Elo **2**.

gavota *s f* (<fr *gavotte*: dança) **1** Antiga dança francesa de ritmo binário, popular entre os habitantes das montanhas. **2** Música de suporte a essa dança.

gay *ing* ⇒ homossexual.

gaza *s f* ⇒ gaze.

gazão *s m* (<fr *gazon*: relva) **1** Relva de jardim. **2** Terreno relvado.

gaze *s f* (<persa *gaz*: vara, medida de largura do tecido) **1** Tecido leve e transparente de malha fina, de seda ou de algodão. **2** *Med* Tecido de algodão esterilizado, leve e poroso, usado em procedimentos médicos. **3** ⇒ Moeda de cobre persa.

gazear *v int* (<on) **1** «ave» Soltar a voz/Chilrear(+). **2** ⇒ «criança» Palrar. **3** Faltar a uma obrigação/Faltar à aula/Fazer gazeta.

gazela (Zé) *s f* (<ár *gazâlâ*) **1** Nome vulgar de mamíferos ruminantes da família dos bovídeos, ágeis e graciosos, de pernas longas e chifres em espiral, presentes nos dois sexos. **2** *fig* Mulher nova, alta, bonita e elegante.

gazeta (Zê) *s f* (<it *gazzeta*: jornal) **1** ⇒ Publicação periódica/Jornal. **2** *fig* ⇒ Pessoa sempre informada de tudo. **3** Falta a uma aula ou a uma obrigação. **Loc.** Fazer ~.

gazetear *v int* (<gazeta + -ear) Faltar a aula ou ao cumprimento de uma obrigação/Fazer gazeta (+)/Gazear **3**.

gazeteiro, a *adj/s* (<gazeta + -eiro) **1** *depr* ⇒ (O) que espalha notícias sem fundamento/Noveleiro/Intriguista. **2** ⇒ (O) que escreve em publicação periódica/Jornalista. **3** ⇒ Vendedor de jornais. **4** (O) que falta de propósito a aulas ou ao cumprimento de uma obrigação.

gazetilha *s f* (<esp *gacetilla*) Publicação periódica de cará(c)ter mais ligeiro, com apontamentos de cró[ô]nica mundana ou escritos em tom iró[ô]nico/humorístico/jocoso/Folhetim(+).

gazua *s f* (<esp *ganzúa*: chave falsa) **1** Instrumento de ferro para abrir fechaduras. ⇒ pé de cabra. **2** Chave falsa.

geada *s f* (<lat *geláta*, de *gélo,áre*: gelar) Orvalho congelado sobre superfícies expostas ao ar, quando o frio é intenso. **Ex.** A ~ era tão forte que mais parecia um nevão. **Comb.** ~ negra [A que, sendo tardia, estraga plantas novas ou rebentos, que ficam escuros e acabam por secar].

gear *v int/t* (<lat *gélo,áre*) **1** Formar-se geada. **Ex.** Ao anoitecer começou a ~, estava muito frio. **2** ⇒ Gelar.

geba (Ê) *s f* (<lat *gíbba*) ⇒ giba(+).

gebo, a (Gê) *adj/s* (<lat *gíbbus*) **1** (O) que tem corcunda/giba/*pop* Marreco/Corcunda. **2** ⇒ (O) que anda mal vestido/Maltrapilho. **3** *s m Zool* ⇒ zebu(+).

geena (Geê) *s f* (<hebr *gehéne*: vale de condenados perto de Jerusalém) **1** ⇒ Local de suplício eterno/Inferno(+). **2** ⇒ Sofrimento intenso/Tormento.

gêiser *s m* (<ing *geyser* <islandês *geysir*: poço que jorra) Nascente de água quente de origem vulcânica, com proje(c)ção intervalada de ja(c)tos de água e vapor.

gel (É) *s m* (<ing *gel*; ⇒ gelo) **1** *Quím* Substância gelatinosa resultante da coagulação de uma solução coloidal. **2** Cosmético gelatinoso a aplicar no cabelo, dando-lhe brilho e consistência. **3** Produto gelatinoso usado em higiene corporal. **Comb.** ~ de banho.

gelada *s f* (<gelar) **1** Depósito de cristais de gelo, por congelação do orvalho/Geada. **2** Verdura coberta de geada. **3** *Br* ⇒ refresco com gelo. **4** *Bot* Erva também chamada erva-do-orvalho.

geladaria *s f* (<gelado + -aria) Estabelecimento em que se fabricam/vendem/servem gelados/Sorveteria. **Ex.** No verão, a ~ tem sempre muitos clientes.

geladeira *s f* (<gelar + -deira) **1** Tanque em que, nas fábricas de gelo, se gela a água. **2** *Br* ⇒ frigorífico. ⇒ geleira **4** [Congelador].

gelado, a *adj/s m* (<gelar) **1** Que passou do estado líquido ao estado sólido/Que gelou. **Comb.** Lago ~. **2** Que está (muito) frio/Que está a uma temperatura relativamente baixa. **Ex.** A cerveja está ~a. Não tomou banho na praia porque a água estava ~a. Tinha os pés ~s e não conseguia dormir. **3** *fig* Paralisado «de medo»/Petrificado. **4** *fig* ⇒ Insensível/Indiferente. **5** *fig* Pouco/Nada amigável. **Ex.** Acusado de grave crime, encontrou um ambiente ~ na chegada à aldeia. **6** *s m* Doce feito de leite, natas, açúcar, a que pode juntar-se frutos ou chocolate, tornando-se consistente por refrigeração/Sorvete. **Ex.** Apetecia-lhe muito um ~.

geladura *s f* (<gelar + -dura) **1** Queima/Seca(É) [Perda de viço] em plantas provocada pela geada. **2** *Med* Congestão e tumefação da pele, com intenso prurido, devido ao frio. ⇒ frieira.

gelar *v int/t* (<lat *gélo,áre*) **1** (Fazer) passar do estado líquido ao sólido, por a(c)ção do frio/Congelar. **Ex.** Com temperatura muito negativa, o ribeiro gelou. **2** Arrefecer muito/Resfriar. **Ex.** Este frio vai ~-lhe os pés. **3** Provocar uma sensação de frio intenso. **Ex.** A brisa da montanha gelou-lhe o nariz e a face. **4** *fig* Deixar ficar sem a(c)ção/Paralisar, geralmente por medo/Entorpecer. **Ex.** Gelou-se-lhe o sangue nas veias. **5** *fig* (Fazer) perder o entusiasmo/Desanimar. **Ex.** A notícia desanimou-o [gelou-lhe o ânimo]. **6** *fig* Causar grande desilusão. **Ex.** O gol(o) (do) adversário perto do apito final gelou as bancadas do estádio.

gelataria s f ⇒ geladaria.
gelatina s f (<fr *gélatine*; ⇒ gelo) **1** *Quím* Proteína obtida de ossos/cartilagens/pele/fibras de animais, que, dissolvida em água quente, toma a forma de geleia. **Comb.** ~ vegetal [que é obtida da cozedura de algas ou extraída de frutos/raízes]. **2** *Cul* Substância proteica fabricada industrialmente em folhas transparentes ou coloridas, utilizada sobretudo na confe(c)ção de sobremesas. **3** *Cul* Doce preparado com esta substância, cuja superfície treme muito ao menor movimento. **4** *fig* Qualquer substância mole sem consistência. **5 Comb.** *Quím* ~ explosiva [Explosivo potente de aspe(c)to gelatinoso, feito a partir de nitroglicerina e nitrato de celulose].
gelatinado, a adj (<gelatina + -ado) Que está coberto de [Que tem] gelatina.
gelatiniforme adj 2g (<gelatina + -forme) Que tem aparência gelatinosa.
gelatinoso, a (Ôso, Ósa, Ósos) adj (<gelatina + -oso) **1** Que tem o aspe(c)to ou a consistência da gelatina. **2** Que contém gelatina. **3** Mole/Tré[ê]mulo.
geleia s f (<fr *gelée*) **1** Extra(c)to de substâncias animais/vegetais que, ao resfriar, solidifica, ficando com consistência gelatinosa. **2** *Cul* Compota feita com o líquido resultante da cozedura de frutos, o qual, resfriando, toma o aspe(c)to de gelatina. **Comb.** ~ *de maçã*. ~ *de marmelo*. **3** Substância de consistência gelatinosa. **Comb.** ~ real [Produto da secreção das abelhas obreiras, destinado à alimentação das larvas e da abelha-mestra, utilizado medicinalmente como tó[ô]nico no tratamento de astenias].
geleira s f (<gelo + -eira) **1** *Geol* Grande massa de gelo acumulado em regiões polares ou em zonas de alta montanha/Glaciar. **2** Aparelho para fabricar gelo. **3** Cavidade subterrânea usada para conservar o gelo durante o verão. **4** Lugar onde se produz/conserva gelo. **5** Caixa isotérmica portátil para conservar frios alimentos e bebidas.
gelha (Gê) s f (⇒ engelhar) **1** *Agr* Ruga na película de grão/fruto. **2** Ruga(+) na face. **3** Dobra acidental em tecido.
gélido, a adj (<lat *gélidus*) **1** Extremamente frio/Gelado/Glacial. **Ex.** Soprava uma brisa ~a no cimo da montanha. **2** Enregelado(+)/Paralisado/Tolhido. **Ex.** Tinha os pés ~s, já nem os sentia. **3** *fig* Insensível/Frio/Indiferente. **Comb.** Semblante ~.
gelificar v t/int (<gelo/gel + -ficar) **1** ⇒ Ficar congelado/Congelar(+). **2** ⇒ Dar/Tomar a consistência de gel/gelatina.
gelividade s f (<fr *gélivité*) ⇒ Propriedade de um material se desagregar pela congelação da água no interior das suas fissuras.
gelo (Gê) s m (<lat *gélu(m/s),î*) **1** Água no estado sólido, constituída por cristais hexagonais. **Ex.** A água gela(É) [transforma-se em ~] aos zero graus centígrados/célsius(+). **2** Fragmentos de ~. **Ex.** Pediu um uísque com dois cubos de ~. **Comb.** *~s flutuantes* [Icebergues]. *Balde de ~. Pedra de ~. Saco de ~*. **3** *fig* Frio intenso. **Ex.** Não se pode sair à rua, lá fora está um ~! **4** *fig* Frieza(+) de sentimentos/Insensibilidade/Indiferença. **Ex.** Impressiona o ~ com que ele reage «às nossas perguntas». Recebia-o sempre com um ~ difícil de compreender. **Idi.** *Quebrar o ~* [Iniciar a conversa tentando pôr termo a um ambiente tenso entre pessoas].
gelose s f (<gel + -ose) Substância gelatinosa extraída de algumas algas vermelhas, com aplicação na indústria farmacêutica e biológica/Ágar-Ágar.
gelosia s f (<it *gelosia*: persiana e 'ciúme') Grade de ripas ajustada à abertura de janela/porta, para resguardar, da luz e calor excessivo, o interior da casa, dar privacidade, podendo ter fim decorativo/Persiana/Rótula/Adufa.
gema (Gê) s f (<lat *gémma*) **1** *Zool* Parte central do ovo de ave ou réptil, de cor amarela e forma esferoide. **Ex.** O doce leva meia dúzia de ~s (de ovo). **2** *Fig* ⇒ Parte central de alguma coisa/Núcleo. **3** *fig* O que é mais puro/genuíno. **Loc.** De ~ [Autêntico/Genuíno] (Ex. É um português de ~). **4** Pedra preciosa **Ex.** O anel tem uma linda ~. **5** *Bot* Protuberância no caule ou nos ramos da planta, dando origem a flores, folhas ou a um ramo/Botão/Borbulha/Rebento/Gomo/Broto. **6** *Bot* Resina ou pez que brota de sangria/golpe no tronco de pinheiro.
gemação s f (<lat *gemmátio,ónis*: brotar dos gomos; ⇒ gema 5) **1** *Bot* Desenvolvimento dos gomos [das gemas] de uma planta, que caindo na terra dão origem a novas plantas. **2** Conjunto e disposição das gemas de uma planta. **3** *Zool* Processo de reprodução assexuada por divisão celular dire(c)ta/Gemiparidade(+).
gemada s f *Cul* (<gema + -ada) Alimento preparado com gema(s) de ovo(s) cru(s), batida(s) com vinho/leite e açúcar.
gemado, a adj (<gemar) **1** *Bot* Que tem botões/gemas/rebentos. **2** *Bot* «pessegueiro» Que foi enxertado de borbulha/gema. **3** «anel» Que está ornado de pedrarias. **4** «canário» Que tem a cor da gema do ovo.
gemante adj 2g (<lat *gémmans,ántis*, de *gémmo,áre*: brilhar) **1** Que brilha como pedra preciosa. **2** Ornado de pedra preciosa/Gemado 3.
gemar v t/int (<lat *gémmo,áre*: deitar rebento) **1** *Bot* Enxertar com borbulha/gema. **2** *Bot* Lançar rebentos/gemas/Abrolhar. **3** Preparar com gema(s) de ovo(s). ⇒ gemada.
gemebundo, a adj (<lat *gemebúndus*) **1** Que solta gemidos de dor/Que geme. **2** Que tem o hábito de se lamentar/queixar/Lamuriento. **3** Gemente/Plangente.
gemedor, ora adj/s (<gemer + -dor) **1** (O) que emite gemidos/que geme. **2** Lamentoso/Plangente/Gemente/Triste.
gemedoi[ou]ro s m (<gemer + -dou[oi]ro) Sucessão de gemidos/Rumor [Murmúrio] plangente produzido por alguém que geme. **Ex.** O velhinho está sempre naquele [não para com aquele] ~ (coitadinho)!
gemente adj 2g (<gemer + -ente) **1** Que emite gemidos/que geme. **2** ⇒ Plangente/Lamurioso/Gemedor/Gemebundo.
gémeo, a [*Br* **gêmeo**] adj/s (<lat *géminus*) **1** (O) que nasceu do mesmo parto que outrem. **Ex.** A minha irmã teve [deu à luz] (um par de) ~s. **Comb.** *~s verdadeiros* [que têm origem no mesmo ovo] (⇒ monozigótico). *Falsos ~s* [que provêm de ovos diferentes] (⇒ heterozigótico). **2** *fig* Muito semelhante física ou psiquicamente. **Comb.** Almas ~as [Pessoas com os mesmos gostos/ideais]. **3** *Anat* Cada um dos músculos pares e paralelos da barriga da perna e da zona das nádegas. **4** *Bot* Diz-se dos frutos do mesmo pedúnculo. **5** s m pl maiúsc *Astr* Terceira constelação do Zodíaco, no Hemisfério Norte. **6** s m pl maiúsc Terceiro signo do Zodíaco (de 21 de maio a 20 de junho).
gemer v int/t (<lat *gémo,ere*) **1** Soltar gemidos/lamentos. **Ex.** Transida [Cheia/A tre-mer] de frio, a criança gemia num canto. **2** Exprimir sofrimento, com voz chorosa. **3** *fig* Sofrer/Padecer. **Ex.** O povo gemia sob um regime totalitário. **4** *fig* «o vento pelas frinchas da porta» Produzir um som/ruído semelhante a gemido. **Ex.** O portão gemeu nos gonzos ferrugentos. **5** *fig* Emitir um som plangente. **Ex.** Nas suas mãos, a guitarra gemia uma balada. **6** *Agr* Torcer «a vara da videira», na amarração.
gemido s m (<lat *gémitus*; ⇒ gemer) **1** Voz chorosa de sofrimento/Lamento doloroso. **Ex.** Os ~s da velhinha encheram-no de compaixão. **2** ⇒ Queixume/Lamentação. **3** *fig* ⇒ Tom plangente do canto de algumas aves ou do som de alguns instrumentos musicais. **4** *fig* Ruído prolongado e dolorido produzido por agentes naturais como o vento, a tempestade, ... **Ex.** O silvo do vento nas frestas de portas e janelas (mais) parecia um ~.
gemífero, a adj (<lat *gémmifer*) **1** Que produz/tem pedras preciosas/gemas 4. **2** *Bot* Que produz rebentos/gemas 5.
geminação s f (<lat *geminátio,ónis*) **1** Disposição aos pares. **2** *Ling* Duplicação de uma consoante. **3** *Min* Agrupamento de cristais da mesma espécie mineral que não se desenvolveram paralelamente. **4** Acordo de cooperação entre entidades/instituições similares do mesmo país ou de diferentes países. **Ex.** A nossa escola secundária tem uma ~ com um liceu de Cabo Verde. As duas cidades «Porto e Nagasaki» resolveram fazer uma ~.
geminado, a adj (<lat *geminátus*, de *gémino,áre*: duplicar) **1** Disposto aos pares/Duplicado. **Comb.** Vivendas ~as. **2** «janela» Que tem dois caixilhos que abrem para os lados. **3** *Ling* Diz-se de consoante dupla. **4** «entidades/instituições similares» Que têm entre si um acordo de cooperação. **Comb.** Cidades ~as/irmãs.
geminar v t (<lat *gémino,áre*: duplicar) **1** Dispor/Agrupar aos pares/Duplicar. **2** Dividir em partes iguais ligadas entre si. **3** *Ling* Duplicar uma consoante. **4** ~-se/ Fazer acordo de cooperação com entidade/instituição similar. **Ex.** As duas cidades geminaram-se em 1993.
gemiparidade s f *Biol* (<gemíparo + -idade) Processo de reprodução assexuada de alguns seres, com formação de gomo/gema, que se destaca, ou não, do indivíduo primitivo e depois se desenvolve.
gemíparo, a adj *Biol* (<lat *gemíparus*) Que se reproduz por gomo/gema, que, individualizando-se, origina novo ser/Que se reproduz por gemiparidade.
gémula [*Br* **gêmula**] s f (<lat *gémmula*: pequeno rebento) **1** *Biol* Rama/Gomo de pequena dimensão. **2** *Bot* Pequeno gomo foliar e terminal do caulículo do embrião. **3** *Biol* Massa esférica de formação interna que se enquista e depois se desenvolve em seres como as esponjas, originando novo ser.
gemulação s f *Biol* (<gé[ê]mula + -ção) **1** Processo de reprodução, com produção de gé[ê]mulas. **2** Processo de reprodução das leveduras, em que uma pequena célula brota de outra e a seguir se separa, originando nova levedura/Gemiparidade.
genciana s f *Bot* (<lat *gentiána*) **1** Planta herbácea da família das gencianáceas, cujas raízes são utilizadas com fins terapêuticos; *Gentiana lutea*. **2** Extra(c)to amargo da raiz dessa planta, que estimula o apetite.
gencianáceo, a adj/s *Bot* (<genciana + -áceo) (Diz-se de) planta ou família de plantas «genciana», espontâneas em cli-

mas temperados ou cultivadas com fins ornamentais/medicinais.

gendarmaria *s f* (<fr *gendarmerie*) **1** Corpo de gendarmes. **2** Posto de gendarmes.

gendarme *s m* (<fr *gendarme*, de *gens d'armes*: gente [homem] de armas) **1** Militar integrado num corpo de polícia que, em alguns países, tem por missão assegurar a manutenção da ordem pública. **Ex.** Os EUA pensam ser [que são] os ~s do mundo. **2** *fig* Pessoa autoritária.

gene *s m Biol* (<al *gen* <lat *geno*[*gigno*]: gerar) **1** Unidade fundamental da hereditariedade presente nos cromossomas, que condiciona a transmissão e manifestação dos cara(c)teres hereditários. **2** Unidade fundamental do *ácido desoxirribonucleico* [ADN], principal constituinte dos cromossomas.

genealogia *s f* (<gr *genealogía*: linhagem) **1** Estudo que procura estabelecer a origem de um indivíduo ou de uma família. **2** Série de gerações que estão na ascendência de alguém. **Ex.** Estava interessado em conhecer a ~ da família. **Comb.** Livro de ~s. ⇒ etimologia. **3** Linhagem/Estirpe. **4** ⇒ Origem/Procedência.

genealógico, a *adj* (<gr *genealogikós*) Relativo à determinação das sucessivas gerações que estão na origem de uma família ou de um indivíduo/Relativo à genealogia. **Comb.** *Árvore ~a. Estudo ~.*

genealogista *s 2g* (<genealogia + -ista) Pessoa que se dedica a estudar a origem e a sucessão das gerações nas famílias, descrevendo as relações de parentesco.

genearca *s m* (<gr *geneárkhes*) Primeiro progenitor [Tronco(+)] de uma família/linhagem/espécie.

genebra *s f* (<an fr *genèvre* <lat *juníperus*: zimbro) Aguardente de cereais aromatizada com bagas de zimbro/Gim².

genebrada *s f* (<genebra + -ada) Bebida em que se mistura genebra, água, açúcar e sumo de casca de limão.

-géneo [*Br* **-gêneo**] *suf* (<gr *(homo)genés*: de igual) natureza) Entra na formação de adje(c)tivos e significa **origem**, **geração**, **produção** (Ex. halo~, hetero~, homo~, lacrimo~, ele(c)tro~). ⇒ -gé[ê]nio.

general *s/adj 2g* (<lat *generális*: geral) **1** Militar de graduação imediatamente superior a brigadeiro. **Ex.** Chegou a ~ aos cinquenta anos. **2** Chefe/Caudilho. **3** ⇒ geral. **4** Diz-se de oficial das forças armadas que, na hierarquia militar, tem patente acima do posto mais elevado de oficial superior. **Ex.** São oficiais ~ais os brigadeiros, os generais e os marechais. **5** *Mil* Que abrange o conjunto de um comando. **Ex.** Num quartel-~ funciona o comando de uma região militar.

generala *s f* (<general) **1** Superiora Geral (+) de uma ordem religiosa. **2** Toque de tambor/corneta/clarim com que se dava alarme ou se reuniam as tropas para lutar. **3** *pop* Mulher de general.

generalato[do] *s m* (<general + -ato) **1** *Mil* Patente/Posto de general. **2** Tempo durante o qual um ge(ne)ral exerce as suas funções. **3** Dignidade de superior(a) geral de ordem religiosa.

generalidade *s f* (<lat *generálitas,átis*) **1** Cara(c)terística do que é geral. **2** Maior número de/Maioria. **Ex.** A ~ das pessoas gosta de férias à beira-mar. **3** Princípio/Ideia geral. **Ex.** O orçamento do Estado foi já aprovado na ~, falta a aprovação na especialidade. **4** *pl* Conjunto de princípios gerais ou de ideias fundamentais em qualquer matéria. **5** *pl depr* Afirmações gerais/elementares/banais sobre qualquer assunto. **Ex.** O conferencista limitou-se a dizer ~s.

generalíssimo, a *adj s m* (⇒ ge(ne)ral) **1** *sup* de geral/Muito geral. **2** *Mil* General que detém autoridade sobre outros generais. **3** Chefe supremo de um exército/Título que, nessa condição, é conferido ao Chefe de Estado.

generalista *adj/s 2g* (<geral + -ista) **1** Que trata algum assunto numa perspe(c)tiva global, não especializada. **2** Diz-se de médico de clínica geral/Internista. **3** Diz-se de alguém cujas aptidões, conhecimentos ou interesses se estendem a diversos campos. **4** «livro/explicação» Que se dirige aos diversos públicos, abordando muitos assuntos.

generalização *s f* (<generalizar + -ção) **1** Processo de estender os resultados da observação de alguns casos à totalidade dos casos possíveis/A(c)to de generalizar. **Ex.** Qualquer ~ envolve riscos. **2** Difusão/Disseminação «da doença»/Propagação de um fenó[ô]meno **Ex.** A ~ [O aumento] do uso do transporte público é uma necessidade. **Comb.** ~/Difusão **de uma expressão. ~ de um hábito. ~ de uma moda**. **3** *Lóg* Processo de formação de um conceito geral a partir da análise de alguns casos particulares. **Ex.** Partir do particular para o geral é uma ~. ⇒ abstra(c)ção.

generalizar *v t* (<geral + -izar) **1** Estender os resultados observados em alguns casos à totalidade de casos semelhantes. **2** Tornar geral/Vulgarizar. **Ex.** Importa ~ [aumentar(+)] o consumo de hortaliças e frutas. **3** Ser/Tornar cada vez mais numeroso/Difundir(-se)/Propagar(-se)/Disseminar(-se)/Estender(-se). **Ex.** Os furtos têm vindo a ~-se [a aumentar]. É preciso ~ [alargar] o acesso à Internet.

generativo, a *adj* (<lat *generatívus*; ⇒ gerar) **1** Que gera ou tem a propriedade de gerar. **2** Relativo à geração ou ao a(c)to de gerar. **3** *Ling* Diz-se de um modelo de gramática que descreve de forma sistemática/formal a geração das frases de uma língua, a partir de um conjunto de regras.

generatriz *adj/s f* (<lat *generátrix,ícis*; ⇒ gerador) **1** *Geom* ⇒ geratriz(+). **2** Que gera/Geradora(+). **3** Relativa à reprodução.

genericamente (Né) *adv* (<genérico + -mente) Relativamente à quase totalidade [ao comum] dos elementos de um conjunto/Em geral/Sem especificar/Globalmente. **Ex.** ~ pode dizer-se que aqui a população é simpática. Falámos do [desse] assunto mas só ~/de passagem (+).

genérico, a *adj/s m* (<gé[ê]nero + -ico) **1** Relativo a gé[ê]nero (Por oposição a específico). **Comb.** Conceito ~. **2** Tratado em termos gerais, sem particularizar. **Ex.** Fez umas considerações ~as [gerais(+)] sobre a criminalidade. **3** ⇒ «conceito/plano» Vago/Indeterminado. **4** *Med* Medicamento que é apresentado apenas pelo nome do seu princípio a(c)tivo, comercializado sem nome de marca. **Ex.** Tem havido um crescente consumo de (medicamentos) ~s. **5** *s m* Elenco de autores, intérpretes, colaboradores, técnicos, … que participaram em filme, programa televisivo/radiofó[ô]nico, … **Ex.** O ~ da telenovela aparece no início da emissão de cada episódio.

género [*Br* **gênero**] *s m* (<lat *génus,eris*) **1** *Lóg* Conceito geral que subordina [abrange/engloba] outros conceitos «espécie/classe». **Ex.** Aristóteles definiu a espécie pelo ~ próximo e pela diferença específica. **Comb.** ~ supremo [O que não é englobado por nenhum outro]. **2** Conceito geral que engloba todas as propriedades comuns de um dado grupo ou de uma classe de seres/obje(c)tos. **3** Conjunto de seres com cara(c)terísticas comuns. **4** *Biol* Grupo taxi[o]nó[ô]mico superior à espécie e inferior à família. **5** Espécie/Raça. **Comb.** ~ humano [Conjunto dos seres humanos]. ⇒ reino «animal/vegetal». **6** Sexo a que se pertence «como fa(c)tor de tratamento diferenciado». **Ex.** Nas democracias ocidentais têm-se vindo a abolir quaisquer diferenciações em função do ~/sexo. **7** *Gram* Categoria indicadora do masculino, feminino ou neutro, baseada na distinção de sexos ou atribuída por convenção. **Ex.** Os nomes *vinho*, *rapaz*, *bosque* são do ~ masculino. O português, ao contrário do latim, não tem ~ neutro. **8** Tipo/Estilo/Modo/Espécie/Classe. **Ex.** Havia na feira mercadorias de todo o ~. **Loc.** Fazer/Ser o ~ de alguém [Ser do seu agrado]. **Comb.** ~ de vida [Modo de viver de um ou mais indivíduos/Ofício/Emprego/Trabalho]. **9** *Arte/Liter* Categoria em que se agrupam produções artísticas ou literárias, em função de cara(c)terísticas similares. **Comb.** ~ *dramático.* ~ *épico.* ~ *lírico.* ~ *narrativo.* ~ *surrealista.* **10** *pl* Produtos agrícolas/Víveres/Mercadorias. **Ex.** Antes muitos serviços eram pagos em ~s (alimentícios) e não em dinheiro. Ainda há pequenas comunidades que trocam ~s por outros ~s.

generosidade *s f* (<lat *generósus,átis*) **1** Qualidade de generoso. **2** Qualidade do que é levado a esquecer [sacrificar] os seus interesses a favor de outrem/Magnanimidade. **Ex.** Em qualquer iniciativa «apoio aos migrantes» era notória a sua ~. **3** Disposição para dar mais do que é normal/Prodigalidade/Liberalidade. **Ex.** Nos peditórios «para clube/igreja» contava-se sempre com a sua ~. Houve ~ na ajuda às vítimas da tempestade. **Ant.** Mesquinhez. **4** ⇒ Tolerância/Indulgência. **5** ⇒ A(c)ção/Atitude generosa.

generoso, a (Ôso, Ósa, Ósos) *adj* (<lat *generósus*: de boa linhagem; ⇒ gerar) **1** Que tem nobreza de cará(c)ter e de sentimentos. **2** Magnânimo/Liberal. **3** Que gosta de dar/Que dá mais do que se considera ser normal. **Ant.** Avarento, mesquinho. **4** ⇒ Que é dado a tolerância/Que perdoa facilmente/Indulgente. **5** *fig* Que produz em grande abundância/Fecundo/Fértil. **Ex.** A horta é ~a na produção de legumes. **6** «vinho do Porto(Portugal)» Que tem elevada graduação alcoólica/Espirituoso.

génese [*Br* **gênese**] *s f* (<gr *génesis*) **1** Origem e desenvolvimento de alguma coisa/Geração/Formação/Génesis. **Ex.** Importa conhecer a ~ deste fenó[ô]meno. **2** Processo que conduziu a que alguma coisa seja como [o que (+)] é. **Ex.** A ~ [origem] da violência [da doença] merece um estudo aprofundado. **Comb.** ~ da obra de arte. **3** *Br maiúsc s m* Primeiro Livro da Bíblia, que narra a criação do mundo/Gé[ê]nesis **2**.

genesíaco [**genésico**], **a** *adj* (<génese + -ico) Relativo à gé[ê]nese/Gé[ê]nese(+).

génesis [*Br* **gênesis**] *s f* (<gr *génesis*) **1** ⇒ génese **1**(+). **2** *s m maiúsc* Génese **3**(+).

genética *s f Biol* (<genético) Ciência que estuda os fenó[ô]menos e as leis da transmissão hereditária dos cara(c)teres dos seres vivos, a estrutura e as funções dos genes.

geneticista *s 2g* (<genética + -ista) Especialista em genética.

genético, a *adj Biol* (<gr *genetikós*) **1** Relativo à genética. **Comb.** *Engenharia ~a* [Desenvolvimento e emprego de tecnologias, métodos e processos científicos para manipulação dire(c)ta dos genes, levando

à alteração das cara(c)terísticas hereditárias]. **2** Relativo aos genes. **Comb. *Código* ~. *Manipulação* ~*a*.** ⇒ genoma. **4** Relativo ao processo ou aos fa(c)tores que estão na origem de um fenó[ô]meno. **Comb.** Método ~ [que foca a evolução de algo desde o primeiro estádio até ao último].

genetlíaco, a *adj/s* (<gr *genethliakós*) **1** Que se refere ao horóscopo ou ao nascimento de alguém. **2** *s m* Composição, geralmente poética, que celebra o nascimento de alguém. **3** *s* Pessoa que prevê o futuro de alguém pelo dia do seu nascimento.

genetliologia *s f* (<gr *genethlialogía*: horóscopo) Arte de predizer o futuro de alguém pela posição dos astros no dia do seu nascimento.

gengibre *s m Bot* (<ár *zindgibile*<lat *zíngiber, eris*) **1** Planta herbácea nativa e cultivada sobretudo em zonas tropicais, da família das zingiberáceas, com rizoma aromático, usada como tempero, como medicamento e em perfumaria; *Zingiber officinale*. **2** Rizoma dessa planta.

gengiva *s f Anat* (<lat *gingíva*) Parte da mucosa da boca que cobre a zona de implantação dos dentes. **Ex.** Ao lavar os dentes, a ~ sangrou um pouco.

gengivite *s f Med* (<gengiva + -ite) Inflamação das gengivas.

-genia *suf* (<gr *génos*: família + -ia) Significa *geração, formação, produção* (Ex. oro~, hidro~, eu~, foto~, pato~).

genial *adj 2g* (<gé[ê]nio + -al) **1** «inventor/poeta» Que revela gé[ê]nio/Próprio de grande talento/Brilhante/Notável. **Ex.** O arquite(c)to teve uma ideia ~. **2** «quebra-cabeças» De grande originalidade/Engenhoso. **3** Relativo à índole/inclinação [ao gé[ê]nio] de alguém. **4** Jovial/Alegre. **5** «carro/pessoa» Ó(p)timo/Formidável.

genialidade *s f* (<genial + -idade) **1** Qualidade do «inventor» que tem/revela extraordinária capacidade criadora. **2** Grande talento. **Ex.** Ele é uma ~ !

genica *s f col* (< ?) Agilidade física/mental/Energia/Força/Vigor. **Comb.** Pessoa forte [a(c)tiva/com (muita) ~].

geniculado, a *adj* (<lat *geniculátus*) «corpo/nervo/caule» Que dobra como o joelho/Que tem grande curvatura.

genicular *adj* (<lat *geniculáris*) Relativo ao joelho.

génio [*Br* **gênio**] *s m* (<lat *génius,ii*) **1** Grande capacidade criadora inata/Extraordinário talento. **Ex.** O seu ~ manifestou-se em várias artes. **Loc.** «escritor» *De* ~ [Exce(p)cional/Invulgar/Engenhoso]. **2** Pessoa que revela essas qualidades. **Ex.** Só um ~ podia fazer uma tal obra de arte. **3** Temperamento [Índole] «irascível»/Manifestação de raiva/de ira. **Ex.** Quando lhe dá [vem] o ~, é uma criança muito difícil. Parece que ele tem mau ~. **4** Conjunto de cara(c)teres identificadores de alguma coisa/Natureza(+)/Qualidade. **Comb.** ~ *da língua* «portuguesa». ~ *de um povo*. **5** *Mit* Espírito bom ou mau em que os antigos acreditavam presidir ao nascimento e reger o destino de cada pessoa/Espírito com poder mágico. ⇒ duende.

-génio [*Br* **-gênio**] *suf* (<gr *génos*: geração) Entra na formação de substantivos e significa *origem, geração, produção* (Ex. hidro~, gaso~, nitro~, oxi~).⇒ -gé[ê]neo; -geno-.

genioplastia *s f* (<gr *geneíon*: queixo + -plastia) Operação cirúrgica para restaurar o queixo.

genioso, a (Ôso, Ósa, Ósos) *adj* (<gé[ê]nio + -oso) **1** ⇒ Que tem mau gé[ê]nio/Irascível. **2** ⇒ genial.

genital *adj 2g* (<lat *genitális*: que gera) **1** Relativo aos órgãos sexuais/reprodutores. **Comb.** (Órgãos) ~ais masculinos/femininos. *Zona* ~. **2** Referente [Que se destina] à reprodução sexuada do homem ou de outros animais. **3** *s m pl* Órgãos ~ais/Genitália.

genitivo *s/adj m* (<lat *genitívus*: que gera) **1** Caso do complemento restritivo/possessivo/determinativo em algumas línguas declináveis. **Ex.** No latim, a enunciação de um substantivo «nos dicionários» faz-se indicando o nominativo e o ~. **Comb.** «em latim o» Caso ~ «de *rósa* é *rósae*/de *Pétrus* é *Pétri*». **2** *Ling* Interpretação semântica dada a complemento regido pela *prep de*, consoante se trate de sujeito ou de obje(c)to. **Comb.** ~ *subje(c)tivo* (Ex. Regist(r)ei as dúvidas dos alunos). ~ *obje(c)tivo* (Ex. Fiz a contabilização dos estragos).

-geno- *pref/suf* (<gr *génos*: geração) Significa *origem, raça, produção* (Ex. ~cídio, genoma, genótipo; canceri~, endó~, eró~).

genocida *adj/s 2g* (<geno- + -cida) **1** Relativo a genocídio. **Comb.** *Política* ~. **2** (O) que ordena/pratica genocídio.

genocídio *s m* (<geno- + -cídio) **1** Extermínio deliberado e sistemático de uma comunidade, de um grupo étnico/racial/religioso. **Ex.** Vários ~s têm ocorrido sobretudo em períodos de guerra. **2** Aniquilamento de grupos humanos, das suas instituições ou formas de expressão, tornando muito difícil a sua continuidade.

genoma *s m Biol* (<gene + -noma) **1** Descrição da estrutura dos genes do corpo humano, distribuídos por vinte e três pares de cromossoma[o]s/Código genético. **2** Conjunto dos genes de uma espécie de ser vivo. **Comb.** O ~ *humano*. **3** Conjunto das moléculas de ADN [Ácido desoxirribonucleico] presentes numa célula de uma espécie de ser vivo.

genoplastia *s f* (<lat *géna*: face + -plastia) Cirurgia para restaurar a face, utilizando tecido de outra parte do próprio corpo. ⇒ plástica.

genótipo *s m* (<geno- + tipo) Constituição hereditária de um indivíduo, formada por todos os genes presentes nas suas células.

genovês, esa *adj/s* (<top Génova + -ês) De Génova. **Ex.** No período dos Descobrimentos (séc. XV), os portugueses estiveram muito ligados aos ~es.

genro *s m* (<lat *génerus*, por *génus,eris*) Designação dada pelos pais ao marido de sua filha. **Ex.** O nosso ~ é um excelente marido e pai, a nossa filha teve muita sorte. **Ant.** Sogro. ~ nora.

gentalha *s f depr* (<gente + -alho/a) Gente reles/Ralé/Escória.

gente *s f* (<lat *gens, géntis*: clã, raça) **1** Conjunto indeterminado de pessoas/Multidão/Povo. **Ex.** Havia muita ~ na manifestação. A praça estava cheia de ~. **2** Habitantes de uma localidade/região ou de um país. **Ex.** A sua ~ é, em geral, simpática. **3** *pl* Povos/Nações. **Comb.** Direito das ~s. **4** Ser humano. **Ex.** Toda a ~ merece respeito. Toda a ~ é pessoa. **Comb.** A ~ **a)** A pessoa que fala/Eu (Ex. A ~ trabalha, trabalha [Eu trabalho, trabalho], e a minha vida não vai para a frente); **b)** Grupo de pessoas que inclui a pessoa que fala (Ex. Como não sabíamos que fazer, a ~ foi [, fomos] ao cinema); **c)** Terceira pessoa indeterminada (Ex. O que é que a ~ há de fazer, se não há remédio/solução? Incomodam a ~ [as pessoas] por tudo e por nada). **5** Pessoa tida em consideração/Pessoa respeitável. **Ex.** Qualquer um gosta de ser ~. **Loc.** *Fazer-se* [Tornar-se/Virar] ~ [Chegar a adulto/Amadurecer/Crescer]. *Como* ~ *grande* **a)** À maneira de um adulto (Ex. Porta-se «à mesa/na igreja/em sociedade» como ~ grande); **b)** Muito/Bem (Ex. Jogou/Trabalhou como ~ grande). **6** Conjunto de pessoas com cara(c)terística (em) comum. **Comb.** ~ *bem* [Grupo de pessoas de classe social alta]. ~ *boa/* ~ *de bem* [Pessoa(s) corre(c)ta(s)/hospitaleira(s)/Afável(veis)]. ~ *fina* [Pessoa(s) de esmerada educação/ *Br* Pessoa(s) simpática(s)]. ~ *de dinheiro* [Rico(s)]. *idi* ~ *de palmo e meio* [Crianças]. ~ *de paz* [Pessoas pacíficas/amigas]. ~ *de respeito* [Pessoa(s) honesta(s)]. ~ *do campo* [Criadores de gado/Agricultores/Rurais]. ~ *do mar* [Pescadores/Marinheiros]. ~ *do teatro*. ~ *nova* [Juventude]. ~ *reles*. ~ *sem vergonha*. *idi Cinco*[Dez]*-réis de* ~ **a)** Criança; **b)** Pessoa de pequena estatura. **7** Grupo de pessoas ao serviço de alguém. **Ex.** A ~ do fidalgo anda a preparar a festa. **8** Família(+). **Ex.** A minha ~ tem-me ajudado muito na doença. **Comb.** ~ *de casa* [Familiares]. **9** *Br* Exclamação de grande alegria/entusiasmo. **Ex.** ~ [Amigos]! Vai [Façamos] um brinde à saúde de todos nós!

gentil *adj 2g* (<lat *gentílis*: da mesma linhagem) **1** Delicado/Cortês/Agradável/Simpático. **Ex.** Foi muito ~ ao oferecer-lhe uma bebida fresca. **2** Aprazível/Amável. **Ex.** Escreveu-lhe uma carta ~ a felicitá-lo pelo pré[ê]mio alcançado. **3** Gracioso/Elegante/Garboso/Fino. **Ex.** A moça tinha um porte muito ~. ⇒ gentil-homem.

gentileza *s m* (<gentil + -eza) **1** Qualidade do que é gentil/atencioso. **Ex.** No grupo, ele sobressaía pela ~. **2** A(c)to/Gesto amável/delicado. **Ex.** Teve a ~ de convidá-lo para a sua festa de aniversário. **3** Graciosidade/Elegância/Garbo. **Ex.** Movia-se com uma grande ~.

gentil-homem *s m/adj* (<fr *gentilhomme*) **1** *Hist* Fidalgo/Nobre. **2** *fig* Indivíduo de porte e comportamento distinto/Cavalheiro. **3** *fig* Airoso/Elegante/Garboso.

gentílico, a *adj/s m* (<lat *gentílicus*; ⇒ gentio) **1** Relativo às gentes pagãs, aos gentios. **Comb.** *Costumes* ~s. *Ritos* ~. **2** Não civilizado/Indígena/Selvagem/Bárbaro. **3** *s m Ling* Nome que designa a localidade, a região, o país de que alguém procede ou em que nasceu/habita. **Ex.** Os termos *lisboeta, alentejano, português, angolano* são exemplos de ~s.

gentilmente *adv* (<gentil + -mente) Cortesmente/Amavelmente. **Ex.** «no Metro/ô» Cedeu ~ o lugar ao velhinho.

gentinha *s f* (<gente + -inho/a) **1** *Dim* de gente. **2** *depr* Gente de baixa condição social/Gente mesquinha/intriguista/rude/Ralé. ⇒ gentalha.

gentio, a *adj/s* (<lat *genitívus*: de nascença; ⇒ gentílico) **1** *Rel* (O) que, para os hebreus e para os primeiros cristãos, não seguia a sua religião/Pagão/Idólatra. **Comb.** Os (povos) ~s. **2** (O) que não é civilizado/Selvagem/Bárbaro. **3** *col/depr* ⇒ Grande quantidade de gente/Multidão.

gentleman *ing* ⇒ Homem de fino trato/Cavalheiro(+).

genufletir (Flè) [*Br* **genufle(c)tir** (dg)] *v int* [= genuflectir] (<lat *genuflécto,ere*) Dobrar o joelho, podendo tocar o chão, em sinal de grande respeito/reverência à divindade ou a alto membro da hierarquia/Ajoelhar. **Ex.** Diante do sacrário, genufle(c)tiu e fez uma grande vé[ê]nia.

genuflexão ((c)ssão) *s f* (<lat *genufléxio, ónis*) A(c)to de genufle(c)tir, geralmente em sinal de grande reverência/respeito.

genuflexo, a *adj* (<lat *genufléxus*) ⇒ ajoelhado.

genuflexório ((c)ssó) *m* (<lat *genuflexórium*) Pequeno móvel para rezar em igreja/oratório, com estrado baixo, em que se ajoelha, e um apoio frontal para braços/mãos.

genuinidade *s f* (<genuíno + -idade) Qualidade do que é genuíno/autêntico/puro.

genuíno, a *adj* (<lat *genuínus*: de nascença, natural, verdadeiro) **1** Autêntico/Natural/Puro. **Ex.** A pele do casaco é ~a. **2** Exa(c)to/Rigoroso/Verdadeiro. **Ex.** Desconhecia o sentido ~ da palavra «humildade». **3** Sincero/Franco. **Ex.** Uma alegria ~ brilhava-lhe na face.

geo- *pref* (<gr *gê*: Terra) Significa Terra (Ex. ~grafia, ~térmico, ~logia, ~cêntrico).

geobiologia *s f* (<geo- + ...) Ramo da Biologia que estuda a evolução dos seres vivos em ligação com a evolução da Terra.

geobotânica *s f* (<geo- + ...) Ciência que estuda a distribuição geográfica das plantas e as causas que a explicam/Fitogeografia.

geocêntrico, a *adj* (<geo- + centro + -ico) **1** Relativo ao centro da Terra. **2** Diz-se de qualquer sistema ou construção matemática que toma o centro da Terra como ponto de referência. ⇒ heliocêntrico.

geocentrismo *s m* (<geo- + centro + -ismo) Teoria cosmológica «de Ptolomeu» em que a Terra era considerada o centro do Universo, girando todos os astros à sua volta. ⇒ heliocentrismo.

geocíclico, a *adj* (<geo- + ...) **1** Que é relativo à órbita da Terra. **2** Que depende do ponto da órbita em que a Terra se encontra. **Ex.** A diferente duração dos dias e das noites ao longo do ano é um fenó[ô]meno ~. **3** Diz-se do aparelho que simula o movimento anual da Terra em torno do Sol.

geocinético, a *adj Geol* (<geo- + ...) Relativo aos movimentos que alteram a superfície da crusta terrestre e aos movimentos sísmicos.

geoclimatologia *s f* (<geo- + ...) Estudo dos climas terrestres em relação com fenó[ô]menos cósmicos/astronó[ô]micos.

geocronologia *s f* (<geo- + ...) Parte da Geologia que estuda a idade das rochas e de fenó[ô]menos geológicos em determinada área terrestre.

geode *s m Geol* (<gr *geódes*) **1** Cavidade em rocha, revestida de um agregado de cristais. **2** *Med* Cavidade óssea patológica, representada por imagem transparente em radiografia.

geodesia *s f* (<gr *geodaisía*) Ciência que procura determinar as dimensões e a forma da Terra ou de uma parte da sua superfície, fazendo a sua representação.

geodésico, a *adj* (<geodesia + -ico) Relativo à geodesia. **Ex.** Vemos marcos ~s em pontos elevados. **Comb.** Trabalhos ~s.

geodesígrafo *s m* (<geodesia + -grafo) Instrumento para fazer medições geodésicas das terras.

geodinâmica *s f Geol* Parte da Geologia que estuda as modificações na crusta terrestre, provocadas por agentes internos ou externos.

geoeconomia *s f Geog* (<geo- + ...) Ciência que estuda as relações entre os fenó[ô]menos geográficos e os econó[ô]micos.

geofagia *s f Med* (<geo- + -fagia) Hábito patológico de comer terra/barro.

geófago, a *adj/s* (<geo- + -fago) (O) que sofre de geofagia.

geofísica *s f Geol* (<geo- + ...) Ciência que estuda os fenó[ô]menos físicos que ocorrem na Terra, à superfície, em profundidade ou na atmosfera. **Ex.** A gravidade, o magnetismo ou os sismos são alguns dos fenó[ô]menos estudados pela ~.

geofísico, a *adj/s* (<geo- + ...) **1** Relativo à geofísica. **2** Especialista em geofísica.

geofone *s m* (<geo- + -fone) Aparelho portátil que, pelo eco, permite escutar ruídos subterrâneos «sísmicos/de escavações de inimigo».

geogenia *s f Geol* (<geo- + -geno- + -ia) Ramo da geologia que trata da origem e da formação da Terra, sobretudo da sua crusta.

geognosia *s f Geol* (<geo- + gnose + -ia) Ramo da geologia que estuda a parte sólida da Terra.

geografia *s f* (<geo- + grafia) **1** Ciência que descreve a Terra e estuda a distribuição dos fenó[ô]menos físicos, biológicos e humanos, as causas dessa distribuição e as relações locais entre eles. **Ex.** O nosso guia turístico tinha muitos conhecimentos de ~. **Comb.** ~ *econó[ô]mica* [que trata da relação entre fenó[ô]menos sociais e geográficos, especialmente quanto à distribuição dos recursos do solo e subsolo, sua produção e consumo/Geoeconomia]. ~ *física* [que descreve a morfologia da superfície terrestre]. ~ *histórica* [que estuda cronologicamente as fases da constituição de um país, os povos que aí habitaram, os acontecimentos mais significativos]. ~ *humana* [que trata dos fa(c)tos resultantes da relação entre o homem e o meio]. ~ *linguística* [Campo da dile(c)tologia que trata das especificidades de um idioma no território em que é falado]. ~ *política*/Geopolítica [Ramo desta ciência que trata das relações entre o Estado e o meio]. **2** Compêndio ou tratado desta ciência. **Ex.** Ainda não comprei a ~. **3** Disciplina [Curso] que estuda os fenó[ô]menos geográficos. **Ex.** Temos ~ às terças e quintas(-feiras). **4** Cara(c)terísticas geográficas de uma zona/Topografia. **Ex.** A ~ da região presta-se para passeios com interesse cultural. **5** Descrição da superfície de qualquer outro planeta/satélite. **Comb.** A ~ da Lua. A ~ de Marte.

geográfico, a *adj* (<gr *geωgraphikós*) Relativo a geografia. **Comb.** *Acidente* ~ «serra/morro/pico». *Carta* ~*a* [Mapa]. *Coordenadas* ~*as* [Latitude e longitude]. *Meio* ~. *Situação* ~*a*.

geógrafo, a *s* (<gr *geωgráphos*) Pessoa especializada em geografia.

geoide (Ói) *s m* (<gr *geoeidés*) Designação da forma geométrica da Terra «Um ~», semelhante a uma esfera achatada nos polos.

geologia *s f* (<geo- + -logia) **1** Ciência que estuda a origem, a evolução, a estrutura da Terra e os materiais que a compõem. **2** *maiúsc* Disciplina [Curso] em que se ensina esta ciência. **Ex.** No horário temos, a seguir, ~. O meu amigo anda em [frequenta/estuda] ~. **3** *maiúsc* Obra/Compêndio que trata desta ciência. **Ex.** Esqueci-me da ~ em casa [Não trouxe a ~]. **4** Cara(c)terísticas geológicas de uma zona. **Ex.** A ~ desta zona da serra merece uma referência especial.

geológico, a *adj* (<geologia + -ico) Relativo a geologia. **Comb.** *Corte* ~ «para estudo do terreno». *Era* ~*a*. *Formação* ~*a*. *Mapa* ~*o* [Carta ~*a*].

geólogo, a *s* (<geo- + -logo) Pessoa especializada em geologia.

geomagnético, a *adj* (<geo- + ...) Relativo ao geomagnetismo.

geomagnetismo *s m* (<geo- + ...) **1** Ramo da geofísica que estuda o magnetismo terrestre e as suas variações seculares. **2** Conjunto de fenó[ô]menos relativos ao campo magnético terrestre.

geomancia *s f* (<lat *geomántia*<gr *geωmanteía*: adivinhação pela terra) Arte de adivinhar pela interpretação de linhas/figuras formadas por um punhado de terra lançada numa superfície plana.

geómetra [*Br* **geômetra**] *s 2g* (<gr *geωmétres*) **1** Pessoa especializada em geometria. **Ex.** O grego Euclides foi um notável ~. **2** *s f* Larva de inse(c)tos da família dos geometrídeos/Lagarta-mede-palmos.

geometral *adj 2g* (<geó[ô]metra + -al) «plano» Que indica a posição, a forma e as dimensões exa(c)tas das partes de um obje(c)to ou de uma obra, sem atender à perspe(c)tiva.

geometria *s f* (<gr *geωmetría*) **1** Ramo da matemática que estuda o espaço e as propriedades das figuras que o podem ocupar. **Ex.** A ~ teve um grande desenvolvimento desde a antiguidade clássica. **Comb.** ~ *analítica* [que se baseia no sistema de coordenadas cartesianas para determinar um ponto num plano ou no espaço]. ~ *descritiva* [que estuda as propriedades das figuras espaciais por meio de proje(c)ções ortogonais sobre dois semiplanos perpendiculares]. ~ *euclidiana* [que se baseia no postulado das paralelas de Euclides]. ~ *não euclidiana* [Diz-se das ~s que rejeitam o postulado das paralelas]. ~ *no espaço* [que estuda as figuras no espaço a três dimensões]. ~ *plana*. *fig De ~ variável* [Que pode adaptar-se às circunstâncias/Flexível]. **2** Compêndio [Tratado] sobre esta área da matemática.

geométrico, a *adj* (<gr *geωmetrikós*) **1** Relativo à geometria. **Comb.** *Figura* ~*a*. *Mat Progressão* ~*a* [em que um número resulta da multiplicação do anterior por um número constante diferente de 1, chamado razão da progressão]. **2** Diz-se de figuras que apresentam traçado re(c)tilíneo ou curvilíneo, como quadrados, re(c)tângulos, círculos, ... **Comb.** *Desenho* ~. *Ornamentação* ~. **3** *fig* Que procede com rigor lógico/Exa(c)to/Preciso/Rigoroso. **Comb.** *Espírito* ~ [Pessoa que gosta da exa(c)tidão em tudo].

geometrídeo, a *adj/s* (<geó[ô]metra 2 + -ídeo) Diz-se de inse(c)to ou de família de inse(c)tos lepidópteros, vulgarmente designados borboletas, cujas larvas «lagarta-mede-palmos» parecem medir aos palmos a superfície em que se deslocam.

geomorfologia *s f* (<geo- + ...) Ramo da geofísica que estuda as a(c)tuais formas do relevo da Terra, a sua origem e evolução.

geonomástica *s f* (<geo- + onomástica) ⇒ toponímia.

geopolítico, a *adj/s* (<geo- + ...) **1** Relativo à relação entre os fenó[ô]menos geográficos e a política. **2** *s f* Estudo da influência de fa(c)tores geográficos sobre a política do Estado/Geografia política.

geoquímico, a *adj/s* (<geo- + ...) **1** Relativo à geoquímica. **2** (Pessoa) que se especializou em geoquímica. **3** *s f* Ciência geológica que estuda o modo como agem os elementos químicos na terra, a sua distribuição e alterações na crusta terrestre, na biosfera, hidrosfera e atmosfera.

georama *s m* (<geo- + gr *órama*: espe(c)táculo) Grande globo oco e transparente, estando o espe(c)tador no centro, o qual vê, nas suas paredes, a superfície da Terra em pintura ou em relevo.

Geórgia

Geórgia s f República do leste da Europa, nas margens do Mar Negro, cuja capital é Tbilissi.

georgiano, a adj/s (<Geórgia + -ano) **1** Relativo a [Da] Geórgia. **2** O que é natural ou residente na Geórgia. **3** s m Língua falada na Geórgia, pertencente ao grupo de línguas caucásicas.

geórgico, a adj (<gr geurgikós: do campo, agrícola) **1** Relativo à vida ou aos trabalhos do campo. **2** s f Obra «poema, quadro...» sobre os trabalhos agrícolas ou a vida campestre. **Ex.** Diz-se que As Geórgicas são a obra mais perfeita do poeta latino Virgílio.

geosfera s f (<geo- + esfera) Parte sólida da Terra, constituída pela litosfera, mesosfera e núcleo (terrestre). ⇒ atmosfera.

geoso, a (Ôso, Ósa, Ósos) adj (<gelo + -oso) ⇒ Em que há geada/Geado(+).

geossinclinal adj 2g/s m Geol (<geo- + sinclinal) (Relativo a) vasta bacia na orla de continentes, onde se acumularam espessas camadas de sedimentos.

geostacionário, a adj (<geo- + estacionário) «satélite artificial» Que mantém sempre a mesma posição em relação à Terra.

geostático, a adj/s Geol (<geo- + estático) **1** Relativo a geostática. **2** s f Ramo da Geologia que estuda o equilíbrio das camadas superiores da crosta terrestre.

geo(e)stratégia s f (<geo- + estratégia) **1** Mil Parte da estratégia dependente de fa(c)tores geográficos, como o terreno, o clima, a demografia, a economia, ... **2** Estudo da influência que tais fa(c)tores têm na estratégia dos Estados/Política geostratégica.

geostratégico, a adj (<geo(e)stratégia + -ico) Relativo a geo(e)stratégia.

geotecnia s f (<geo- + -tecnia) Ramo da engenharia que estuda as cara(c)terísticas geológicas e mecânicas dos terrenos destinados a obras.

geotécnico, a adj (<geo- + técnico) Relativo a geotecnia.

geotermia s f Geol (<geo- + -termia) **1** Ramo da geologia que estuda os fenó[ô]menos que ocorrem no interior da Terra. **2** Calor da Terra.

geotérmico, a adj (<geotermia + -ico) Relativo a geotermia. **Comb.** Energia ~a. ⇒ termas.

geotermómetro [Br **geotermômetro**] s m (<geo- + ...) Termó[ô]metro para avaliar a temperatura do solo.

geotrópico, a adj (<geotropia + -ico) Relativo ao geotropismo.

geotropismo s m Bot (<geo- + tropismo) Crescimento «das raízes e caule das plantas» orientado pela a(c)ção da gravidade. ⇒ heliotropismo.

geração s f (<lat generátio,ónis) **1** A(c)to ou efeito de gerar/Criação de um novo ser semelhante ao que o gera/Procriação. **Ex.** A ~ de filhos é um dos fins do casamento. **Comb.** ~ espontânea [Teoria antiga que admitia que, em certas circunstâncias, um ser vivo podia gerar-se espontaneamente de matéria não viva]. **2** Grau de filiação em linha re(c)ta. **Ex.** Entre alguém e o seu bisavô temos quatro gerações. **3** Espaço médio de tempo que separa cada um dos graus de filiação, calculado em cerca de 25 anos. **Ex.** As consequências dire(c)tas da guerra estenderam-se a [fizeram-se sentir em] duas gerações. **4** Conjunto de indivíduos que procedem do mesmo tronco. **Ex.** Deu-se a designação de Ínclita ~ aos filhos do rei português D. João I e de D. Filipa de Lencastre. **5** maiúsc Conjunto de personalidades ilustres de uma época com ideais e iniciativas comuns. **Ex.** Em Portugal ficou célebre a ~ de 70 (1870, dos escritores Eça de Queirós, Antero de Quental, Teófilo Braga, Ramalho Ortigão, Oliveira Martins, Guerra Junqueiro, ...). **6** Conjunto de pessoas de idade semelhante ou que tiveram uma experiência comum. **Comb.** ~ do pós-guerra. ~ do rock-and-roll. ~ sacrificada. A minha [nossa] ~. **7** Cada fase importante da evolução de uma tecnologia. **Ex.** Tem um telemóvel [Br celular] da terceira ~. **Comb.** Da última ~. **8** Geom Formação de uma figura geométrica pelo movimento de um ponto ou de uma linha/superfície. **Comb.** ~ de um círculo [plano/cone]. **9** Produção/Formação. **Comb.** ~ de ele(c)tricidade. ~ de um furacão.

geracional adj 2g (<geração + -al) Próprio de [Relativo a] uma geração. **Comb.** Crise ~. Problema ~.

gerador, ora, triz adj/s (<gerar + -dor) **1** (O) que gera/produz/cria/desencadeia alguma coisa/Progenitor. **Ex.** Importa haver proje(c)tos ~es de emprego. É uma situação ~ de conflitos. **2** s m Mec (Parte da) máquina térmica em que se produz o vapor. **3** s m Ele(c)tri Máquina «dínamo» que transforma qualquer forma de energia em energia elé(c)trica.

geral adj/s 2g (<lat generális) **1** Que respeita [se aplica/dirige] a todas ou à maioria das pessoas/coisas. **Ex.** É do interesse ~ que haja boas estradas. **Comb.** Greve ~. Mobilização ~. Princípios gerais de uma ciência. Propriedades gerais da matéria. **2** Que respeita a todo um conjunto de pessoas/coisas. **Ex.** Foi convocada uma assembleia-~ de alunos [condó[ô]minos]. **3** Comum/Vulgar/Dominante. **Ex.** A opinião ~ é (a de) que o desemprego vai subir/aumentar. **4** Que atinge [respeita a] todo o organismo do ser vivo. **Ex.** Fez a operação com anestesia ~. O estado ~ do doente é satisfatório. **Comb.** Medicina ~. **5** Lóg Abrangente. **Ex.** O conceito de veículo é mais ~ que o de automóvel. **6** Global/Universal. **Comb.** História ~ das civilizações. **7** Não pormenorizado/Genérico. **Ex.** Deu uma ideia ~ do assunto. Fez umas considerações gerais sobre o problema. **Loc.** «tratou do assunto/falou do caso» Em linhas/termos gerais [Sem especificar/pormenorizar/Por alto]. **8** Diz-se de um cargo de chefia ou de um organismo que superintende em todo um serviço. **Comb.** Dire(c)tor-~ das Alfândegas. Procurador-~ da República. Dire(c)ção-~ da Energia. Dire(c)ção-~ do Ensino Secundário. **9** s m Autoridade suprema numa ordem ou congregação religiosa. **Ex.** O ~ dos jesuítas [Guardião dos franciscanos]. **10** s m A maioria/generalidade das pessoas/coisas. **Ex.** O ~ dos casos é de fácil resolução. **Loc. Em** [No] ~ [Normalmente]. **11** s m Lóg O que se aplica a todos os elementos de uma classe/Universal. **Ant.** Particular. **12** s f Local de sala de espe(c)táculos com preço mais baixo. **Ex.** Comprou dois bilhetes para a ~. **Sin.** col Galinheiro. **13** s f Público que ocupa essa zona. **Ex.** A ~ estava um bocado ruidosa.

geralmente adv (<geral + -mente) **1** Na maior parte dos casos/das vezes/Por via de regra/Habitualmente/Normalmente. **Ex.** Aqui uma carta chega ~ ao destino no dia seguinte. **2** Relativamente à [Pela] maioria das pessoas/Em termos gerais/Genericamente. **Ex.** Esta exposição foi ~ muito elogiada.

geraniáceo, a adj/s Bot (<gerânio + -áceo) Diz-se de planta ou de família de plantas herbáceas ou arbustivas do gé[ê]nero Geranium, de folhas lobadas e flores hermafroditas.

gerânio s m Bot (<lat gerânium) Designação de algumas plantas ornamentais herbáceas ou arbustivas, da família das geraniáceas, de folhas grandes e flores vermelhas de cheiro forte e cores vivas/Flor destas plantas.

gerar v t (<lat género,áre <géro,ere,géstum) **1** Biol Dar origem a um ser vivo semelhante/Fazer nascer/germinar/Procriar. **Ex.** Ali, nas aldeias, há pouca população em idade de ~. A semente, deitada à terra, vai ~ uma nova planta. **2** Fazer aparecer/Causar/Criar. **Ex.** A grande afluência de carros costuma ~ [causar(+)] engarrafamentos. As rivalidades geraram mau ambiente na turma. A derrocada da bancada gerou o pânico na assistência. **3** Ter como resultado/Produzir. **Ex.** A empresa conseguiu (~) lucros apreciáveis. Há várias formas de ~ energia elé(c)trica sem poluir o ar. **4** Geom Dar origem a uma figura/forma, por um movimento, no espaço, de um ponto, de uma linha ou de uma superfície. **Loc.** ~ um círculo/cilindro/cone. **5** Ling Produzir pela aplicação de um conjunto estruturado de regras. **Loc.** ~ frases.

gerativo, a adj (<gerar + -tivo) **1** Relativo a geração/Que gera. **2** ⇒ generativo **3**.

geratriz adj/s f (<lat generátrix,icis: a que gera; gerador **1**) **1** ⇒ geradora. **2** Geom s f Re(c)ta cujo movimento gera uma superfície regrada.

gerbéria, ge[é]rbera, s f Bot (<antr T. Gerber, naturalista alemão do séc. XVIII) Planta ornamental da família das compostas, de flores amarelas e cor-de-rosa. ⇒ margarida(-do-transval).

gerbo (Gér) s m Zool (<lat científico gerboa <ár jerbu) Pequeno mamífero roedor do deserto e da estepe, com os membros posteriores muito longos, adaptados para o salto.

gerência s f (<gerente + -ia) **1** A(c)ção de administrar/gerir/dirigir. **Ex.** A ~ de uma grande empresa é uma tarefa exigente. ⇒ gestão. **2** Função de gerente/Cargo de dire(c)ção de empresa/estabelecimento. **Ex.** A ~ (re)tira-lhe tempo de lazer. **3** Pessoa ou conjunto de pessoas a exercer a administração de empresa/estabelecimento. **Ex.** A ~ tomou a decisão certa/corre(c)ta. **4** Gabinete em que essa(s) pessoa(s) trabalha(m). **Ex.** Esteve na ~ a resolver uns problemas. **5** Período em que o gerente exerce o cargo. **Ex.** Na sua ~ a empresa teve grandes lucros.

gerente adj/s 2g (<lat gérens,éntis, de géro, ere: gerir) **1** (O) que administra/gere/dirige uma sociedade, um negócio, ... **Ex.** A assinatura do ~ é exigida no documento. **Comb.** ~ comercial [Pessoa contratada para exercer a gerência numa sociedade de que não é sócio]. Corpos ~s [Conjunto de pessoas que gerem uma sociedade]. Sócio ~. ⇒ dire(c)tor; presidente. **2** Dir Cargo de quem é responsável pela gerência.

gergelim s m Bot (<ár jiljilan) **1** Planta herbácea oleaginosa, da família das pedaliáceas, cujo fruto é uma cápsula que contém sementes comestíveis, conhecida também por sésamo; Sesamum indicum. **2** Semente dessa planta, rica em óleo, usado na alimentação, quando refinado, ou no fabrico de sabões. **3** Cul Bolo feito com sementes dessa planta.

gergilada s m (<gergelim + -ada) Doce feito com gergelim, farinha e calda de açúcar.

geriatra s 2g Med (<gr géron: velho + iatrós: médico) Médico especialista em geriatria.

geriatria s f Med (<gr géron: velho + iatreia: cura) Ramo da medicina que trata das doenças ligadas ao envelhecimento.

geriátrico, a adj (<geriatria + -ico) Relativo à geriatria.

gerifalte s m Ornit (<al geier: abutre + falk: falcão) 1 Ornit Ave de rapina das zonas ár(c)ticas e subár(c)ticas, maior que o falcão, da família dos falconídeos; Falco rusticolus. 2 fig ⇒ Pessoa gananciosa e sem escrúpulos/Vigarista.

geringonça s f col (<an provençal gergon: linguagem difícil de entender) 1 ⇒ Calão/Gíria. 2 Coisa «cadeira» mal feita, que facilmente se desconjunta/col Caranguejola. 3 Máquina complicada/col «não entendo esta» Engenhoca.

gerir v t (<lat géro,ere; ⇒ gerente) 1 Fazer a gestão dos recursos humanos ou materiais/Administrar/Dirigir/Governar. Ex. ~ uma empresa em tempo de crise é difícil. 2 Exercer a gerência de. Ex. Foi nomeado para ~ a organização. 3 Resolver com eficiência. Ex. É hábil a ~ conflitos. Loc. ~ a crise. 4 Fazer uso adequado «de recursos». Ex. É fundamental saber ~ os estoques[2]. 5 Saber controlar /Ter o sentido [fig ta(c)to] de como tirar partido/vantagem de uma situação. Ex. O jornalista teve a arte de ~ a entrevista de modo a ser bastante esclarecedora.

germanada s f (<germano + -ada) ⇒ Conjunto de irmãos/Irmandade(+)/Fraternidade(+).

germanal adj 2g (<germano + -al) ⇒ Próprio de irmãos/Fraternal(+).

germanar v t (<germano + -ar[1]) 1 ⇒ Tornar semelhante/Irmanar(+). 2 ⇒ Reunir/Associar.

germânico, a adj/s (<lat germánicus) 1 Relativo à [Da] antiga Germânia, sensivelmente no território da a(c)tual Alemanha. Ex. Os povos ~s ofereceram grande resistência à conquista romana. 2 ⇒ Alemão. 3 Grupo de línguas indo-europeias do Norte da Europa, que se subdivide em germânico oriental ou gótico, setentrional ou nórdico e ocidental, ao qual pertencem o inglês, o alemão, o holandês, ...

germânio [Ge 32] s m Quím (<top Germânia) Elemento metaloide, semicondutor, muito usado no fabrico de transístores.

germanismo s m (⇒ germânico) 1 Ling Termo ou expressão do alemão usado por falante de outra língua. 2 Imitação de costumes/hábitos alemães.

germanista adj/s 2g (<top Germânia + -ista) 1 Relativo ao germanismo. 2 Pessoa conhecedora da língua/cultura alemã.

germanizar v t (<germano[2] + -izar) (Fazer) tomar hábitos/cara(c)terísticas próprios/as dos alemães.

germano[1], a adj/s (<lat germánus: irmão; ⇒ germe) 1 (O) que tem o mesmo pai e a mesma mãe. Comb. Irmãos ~s. 2 ⇒ Que não sofreu [teve] alteração/adulteração/Genuíno/Puro.

germano[2], a adj/s (<lat germáni,órum: germanos) ⇒ germânico 1/2.

germe, gérmen s m (<lat gérmen,minis) 1 Biol Primeiro estádio do desenvolvimento de um novo ser vivo/Embrião. Ex. Estar em ~. 2 Ornit Parte do ovo fecundado que dá origem ao embrião/Cicatrícula. 3 Bot Parte da semente/raiz que dá origem a uma nova planta. 4 Med Microorganismo causador de doença. Ex. Os ~s estão na origem [são causa] de doenças infe(c)ciosas. 5 fig Causa/Origem/Começo. Ex. Aquela desavença foi o ~ de uma rivalidade [guerra] duradoura.

germicida adj 2g/s m (<germe + -cida) (Substância) que destrói germes nocivos/Microbicida. ⇒ inse(c)ticida; pesticida.

germinação s f (<lat germinátio,ónis) 1 A(c)to ou efeito de germinar. 2 Bot Início do [Todo o] processo de desenvolvimento de uma semente ou de um esporo. Ex. Com humidade e calor dá-se a ~ das sementes. Com a ~ da semente, o seu embrião passa da vida latente à vida a(c)tiva. 3 fig Desenvolvimento(+) gradual [Evolução] de alguma coisa. Ex. Foi com muito interesse que acompanhei a ~ daquele plano ambicioso.

germinadoiro s m ⇒ germinadouro.

germinador, ora adj/s m Bot (<lat germinátor,óris) 1 Que faz germinar o embrião. 2 s m Aparelho usado para provocar e permitir observar a germinação de sementes.

germinadouro s m (<germinar + -douro) 1 Lugar subterrâneo onde se faz germinar a cevada para o fabrico da cerveja. 2 Qualquer lugar destinado à germinação de sementes.

germinal adj 2g/s m (<germe + -al) 1 Bot Relativo a germe ou a embrião. 2 Que se encontra no primeiro estágio de desenvolvimento.

germinar v int/t Bot (<lat gérmino,áre) 1 Começar a desenvolver-se «semente, tubérculo, esporo» até originar um novo ser. 2 Deitar rebentos/Grelar/Brotar. 3 fig Iniciar(-se) um desenvolvimento gradual/Despontar. Ex. Uma nova esperança ia ~ naquela alma atribulada. 4 ⇒ fig Gerar/Produzir.

germinativo, a adj (<germinar + -tivo) 1 Relativo ao processo de germinação. 2 Que germina ou faz germinar.

-gero suf (<lat -ger,era,erum: que produz) Significa origem, produção (Ex. belí~, corní~, famí~, laní~). ⇒ -fero-.

gerocomia s f (<gr gerokomía) Higiene das [Cuidados com as] pessoas idosas. ⇒ gerontologia.

gerodermia s f (<gr gérwn: velho + dérma: pele + -ia) Velhice precoce manifestada por pele seca com rugas.

geronte s m Hist (<gr gérwn,ontos: velho) Cada um dos 28 magistrados, com idade de, pelo menos, 60 anos, que formavam o Senado em cidades da antiga Grécia.

gerontocracia s f (<gr gérwn,ontos: velho + -cracia) Governação por anciãos.

gerontologia s f (<gr gérwn,ontos: velho + -logia) 1 Estudo dos fenó[ô]menos relacionados com a fisiologia/psicologia/sociologia das pessoas idosas. 2 Tratado sobre os problemas relacionados com o envelhecimento das pessoas.

gerúndio s m (<lat gerúndium; ⇒ gerar) Forma nominal invariável terminada em – ndo. Ex. Os brasileiros usam mais o ~ (do) que os portugueses: estes dizem mais *ele está a estudar*, enquanto os brasileiros preferem *ele está estudando*.

gerundivo s m (<lat gerundívus «modus») Forma nominal adje(c)tiva, variável, do verbo latino, usada quer para substituir o gerúndio em certas construções, quer para expressar a obrigação de se praticar uma a(c)ção. Ex. Alguns substantivos em português derivam dire(c)tamente do ~ latino, como *adenda, agenda, corrigenda, educando, memorando*, ...

gerúsia s m Hist (<gr gerósia: conselho de anciãos) Assembleia legislativa de Esparta na antiga Grécia, constituída por 28 gerontes e 2 reis/Senado.

gessada s f (<gesso + -ada) Massa de gesso sobre a qual os douradores aplicam a folha de ouro.

gessar v t (<gess + -ar[1]) 1 Revestir com gesso para pintar/dourar/Estucar. 2 Aplicar gesso em/Engessar(+) «um braço partido».

gesseiro, a s (<gesso + -eiro) 1 Artista que trabalha em gesso/Estucador. 2 s f Mina/Depósito/Local donde se extrai gesso.

gesso (Gê) s m (<lat gýpsum<gr gýpsos) 1 Miner Mineral branco constituído por sulfato de cálcio hidratado. Ex. O ~ tem aplicações várias, como em decoração, fabrico de moldes, imobilização de fra(c)turas, ... Comb. ~ comum. ~ de estuque [Sulfato de cálcio anidro «em resultado de calcinação completa»]. ~ de presa [O que, desidratado, uma vez amassado com água e deixado a secar, consolida endurecendo]. ⇒ gipsita/gipso. 2 Massa deste mineral usada em rebocos, moldagens, esculturas, ... 3 Arte Obje(c)to artístico feito deste material. Ex. Na feira havia ~s muito bonitos. 4 Med Dispositivo rígido feito com massa deste mineral parcialmente desidratada, com o fim de imobilizar temporariamente um membro fra(c)turado. Loc. Pôr [Mudar/Tirar] o ~.

gesta (Gés) s f (<lat gésta,tórum: feitos) 1 A(c)to heroico/Façanha/Proeza. 2 Acontecimento ou conjunto de acontecimentos históricos «que enaltecem um povo». Ex. Portugal orgulha-se da ~ dos Descobrimentos. 3 Liter Composição poética de cará(c)ter épico que surgiu na Idade Média em França, a qual narra feitos heroicos, reais ou lendários. Comb. Canção de ~.

gestação s f (<lat gestátio,ónis: o carregar, transporte <gésto,áre: levar, transportar) 1 Biol Desenvolvimento intrauterino(Tra-u) do novo ser até ao nascimento/Gravidez. Ex. A ~ na espécie humana dura cerca de nove meses. 2 Tempo durante o qual alguma coisa se forma/produz/Preparação/Elaboração de alguma coisa. Ex. A ~ do plano ocupou-lhe algumas semanas.

gestalt(ismo) s m Psic (<al gestalt: forma + -ismo) Teoria segundo a qual cada fenó[ô]meno psicológico é um conjunto organizado em que cada elemento depende solidariamente da estrutura do conjunto/Teoria da forma.

gestante adj 2g/s f (<lat géstans,ántis, de gésto,áre: trazer, ser portador de) 1 Que traz em si o embrião/Que está em período de gestação. 2 ⇒ Cheio/Prenhe. 3 s f (Mulher) grávida (+).

gestão s f (<lat géstio,ónis) 1 A(c)to ou efeito de gerir. 2 A(c)tividade de administrar uma empresa, uma organização, um patrimó[ô]nio, ... Ex. A ~ da empresa dá-lhe muito trabalho. ⇒ gerência. 3 Conjunto de a(c)ções desenvolvidas nessa a(c)tividade. 4 Conjunto de pessoas que gerem uma empresa/organização/Gerência(+). Ex. Já comuniquei esse problema à ~. 5 Tempo em que dura a a(c)tividade [o mandato] de alguém gerir. Na ~ dele a empresa teve grandes lucros. 6 maiúsc Curso superior em que se ministram conhecimentos relacionados com a forma de gerir empresas. Ex. Formei-me (na Universidade) em Gestão. 7 Utilização racional/adequada de recursos para atingir obje(c)tivos. Comb. ~ do(s) estoque(s). ~ do pessoal. ~ [Uso] do tempo [das horas de trabalho]. 8 Conjunto de procedimentos para tirar um maior proveito ou conseguir um razoável equilíbrio de interesses «numa negociação». Ex. Importa que a ~ do dossiê das pescas salvaguarde os interesses dos trabalhadores.

Gestapo s f Hist (<al Ge(heime)Sta(asts) Po(lizei): polícia secreta do Estado) Nome da polícia secreta/política do Estado na Alemanha nazi.

gestatório, a adj (<lat gestatórius) **1** Relativo à gestação. **2** Que pode ser levado/transportado.

gesticulação s f (<lat gesticulátio,ónis) A(c)to ou efeito de gesticular/A(c)to de movimentar partes do corpo como forma de expressão, para reforço/substituição da fala.

gesticulado, a adj/s m (<gesticular) **1** Expresso por gestos. **2** Série de gestos/Gesticulação.

gesticulador, ora adj/s (<gesticular + -dor) (O) que faz muitos gestos ao expressar-se.

gesticular v int/t (<lat gestículor,ári) **1** Fazer gestos(+) como forma de expressar-se, para reforço/substituição da linguagem verbal/Fazer mímica. **2** Expressar por gestos/Acenar(+). **Ex.** Como estava longe do amigo, gesticulava a pedir auxílio.

gesto s m (<lat géstus; ⇒ gerar) **1** Movimento do corpo, sobretudo da cabeça, dos braços e mãos, com que se reforça a expressão de ideias ou sentimentos. **Ex.** Quando fala, faz muitos ~s. **2** Conjunto desses movimentos. **Ex.** Há quem diga que o ~ é tudo [que basta um ~ para se fazer entender]. **3** ⇒ col A(c)to/Movimento obsceno com a mão ou com o braço/Manguito(+). **4** ⇒ Fisionomia/Rosto(+)/Semblante/Aparência. **5** A(c)to/Procedimento/Atitude. **Ex.** Teve o ~ nobre de defender o adversário em tribunal.

gestor, ora adj/s (<lat géstor,óris) (Pessoa) que administra [gere] uma empresa/um negócio/patrimó[ô]nio/Gerente(+)/Administrador. ⇒ gestão.

gestual adj 2g (<gesto + -al) Relativo ao gesto/Que se expressa por gestos. **Ex.** Os surdos-mudos usam linguagem ~.

geyser ing ⇒ gêiser.

ghetto it ⇒ gueto.

giba s f (<lat gíbba) **1** pop Saliência convexa no dorso ou no peito/Corcunda/Corcôva/Bossa. **2** ⇒ Proeminência/Cume de forma arredondada. **3** Mar Última vela da proa.

gibão[1] s m (<it giubbote) **1** Hist Antiga veste masculina de mangas compridas, que cobria o tronco do pescoço à cintura, usada entre os séc. XIII e XVII. **2** ⇒ Casaco curto que se veste sobre a camisa/Colete(+)/Gabão[2]. **3** Casaco de pele usado por vaqueiros e pastores.

gibão[2] s m Zool (<fr gibbon) Designação comum de primatas arborícolas da família dos hilobatídeos, com longos braços, encontrados no sul da Ásia. ⇒ orangotango.

gibi Br s m (< ?) **1** gír Garoto negro. **2** Revista aos quadr(ad)inhos/Banda desenhada para crianças e jovens. **Idi. Não estar no ~** [Ser fora do comum/Ser inacreditável].

gibosidade s f (<giboso + -idade) Saliência/Protuberância na superfície de um corpo/Corcunda/Bossa.

giboso, a (Ôso, Ósa, Ósos) adj (<lat gibbósus) Com giba, natural ou por deformidade.

giesta s f Bot (<lat genésta) Nome comum de arbustos espontâneos da família das leguminosas, de flores brancas ou amarelas. **Ex.** Em abril e maio, o amarelo vivo das flores das ~ embeleza as margens da estrada. A ~ em Portugal usa-se como combustível e para fazer vassouras; no Japão é planta de jardim usada no arranjo floral.

giestal s m (<giesta + -al) Campo de giestas/Giesteira.

giga s f (< ?) **1** Selha larga e pouco funda. **2** Cesto redondo de vime, sem asas/Canastra. **Idi. Arrear a ~** [Usar linguagem grosseira, gritando e gesticulando]. **3** Parte saliente da sola do calçado.

giga- pref (<gr gígas: gigante) Significa mil milhões de vezes a unidade indicada (Ex. ~bit, ~watt, ~tonelada).

gigabit s m Info (<giga- + bit) Múltiplo do bit, com o valor de mil milhões de bits.

gigabyte ing Info (<giga- + ...) Medida de informação digital igual a mil milhões de bytes.

gigante s m/adj 2g (<gr gígas,antos) **1** Mit Na literatura grega, nome de seres fabulosos de extraordinária estatura, nascidos da união entre o Céu e a Terra, que faziam guerra aos deuses. **Comb.** Os ~s e os Titãs. **2** Ser fantástico de grande estatura/compleição, comum na literatura infantojuvenil. **3** Pessoa de enorme estatura/O que sofre de gigantismo. **Ant.** Anão. **4** Pessoa que se distinguiu pelas extraordinárias a(c)ções ou qualidades. **Ex.** Camões e Pessoa foram ~s na poesia portuguesa. **Sin.** Colosso, gé[ê]nio. **5** Grupo empresarial muito importante no seu se(c)tor, com grande capacidade de produção. **Ex.** Essa marca é um ~ na indústria automóvel, a nível mundial. **6** Arquit Contraforte/Escora em alvenaria, para reforço de arco ou parede sujeita a forte pressão/Botaréu(+). **7** Bot Planta da família das malváceas/Alteia/Malvaisco. **8** De extraordinárias proporções/dimensões/Enorme/Colossal. **Comb. Abóbora ~. Lula ~. Onda ~. Panda ~.**

gigantesco, a adj (<gigante + -esco; ⇒ agigantar(-se)) **1** Que tem estatura de gigante. **Ex.** A estátua é ~a. **2** Enorme/Colossal/Descomunal. **Ex.** Uma onda ~a chocou com os rochedos. A crise econó[ô]mica tem uma dimensão ~a. **3** Muito superior ao que é normal/Excessivo. **Ex.** Foi preciso um esforço ~ para reparar os estragos.

gigantismo s m (<gigante + -ismo) **1** Desenvolvimento exce(p)cional de alguma coisa «planta». **2** Med Crescimento patológico de alguém cujo corpo atinge altura exagerada. **Ant.** Nanismo. **3** Crescimento excessivo. **Ex.** O ~ de algumas metrópoles prejudica a qualidade de vida da população.

gigantone (Tó) s m (<it gigantone) Boneco grotesco de grande dimensão e cabeça grande, que costuma animar cortejos carnavalescos e festejos populares de rua/Gigantão. **Ex.** No corso seguiam vários ~s.

gigawatt s m Ele(c)tri (<giga- + ...) Unidade de energia equivalente a mil milhões de watts.

gigo s m (<giga) **1** Cesto de vime/junco, alto e estreito. **2** Ramo de árvore com frutos.

gigolô s m (<fr gigolo) **1** Homem que vive a custas de uma mulher, geralmente mais velha. **2** Br O que vive à custa de prostituta ou da amante/Rufião.

gila s f ⇒ chila.

gilbardeira, gilbarbeira s f Bot (< ?) Planta subarbustiva da família das liliáceas, de ramos sem folhas, mas com espinhos de que nascem flores, sendo o fruto uma baga/Brusca; Ruscus aculeatus. ⇒ vasculho.

gilbert [Gb] s m Fís (<antr W. Gilbert, físico inglês do séc. XVI) Unidade de medida da força magnética e motriz.

gilete (Lé) s f (<marca regist(r)ada ing gillette) **1** Utensílio de barbear, com cabo e cabeça, onde encaixa uma lâmina. **Ex.** Com a ~ era có[ô]modo fazer a barba em casa. A ~ deve o nome ao seu inventor e primeiro fabricante, K. C. Gillette. **2** Essa lâmina, com dois gumes. **3** ⇒ Br gír Indivíduo com relacionamento sexual com mulheres e homens/Bissexual.

gilvaz s m (<antr Gil Vaz) Golpe fundo [Cicatriz «de golpe»] na face.

gil-vicentino, a adj (<antr Gil Vicente + -ino) Relativo/Pertencente a este grande dramaturgo português (séc. XV-XVI) ou à sua obra literária. **Ex.** O teatro (gil-)vicentino ainda hoje é representado com muito agrado do público.

gil-vicentista adj/s 2g (<antr Gil Vicente + -ista) **1** ⇒ gil-vicentino. **2** Estudioso da vida e obra literária de Gil Vicente. ⇒ camonista.

gim[1] s m (<ing gin<fr engin) Instrumento para encurvar as calhas dos trilhos da ferrovia.

gim[2] s m (<ing gin; ⇒ genebra) Aguardente à base de cereais e zimbro/Genebra. **Ex.** No bar pediu um ~ [um gim-tônica (Com água tó[ô]nica)]. ⇒ gin.

gímnico, a adj (<gr gymnikós) Relativo à ginástica ou ao exercício físico. **Comb. A(c)tividade ~a. Exercício ~.**

gimno- pref (<gr gymnós: nu) Significa **nudez** ou **ginástica** (Ex. gimnofobia, gimnocarpo, gimnosperma; gimnodesportivo).

gimnocarpo adj/s m Bot (<gr gymnókarpos: de fruto nu) **1** Que tem o fruto sem revestimento. **2** Planta herbácea da família das cariofiláceas, existente no deserto, servindo de alimento aos camelos; *Gymnocarpus frutico sus*.

gimnodesportivo, a adj (<gimno- + ...) Relativo [Destinado] à ginástica e ao desporto. **Ex.** A Câmara Municipal construiu junto à escola um pavilhão ~. **Comb.** Prova ~a.

gimnofobia s f (<gimno- + fobia) Aversão ao nudismo/Grande receio de ficar nu.

gimnosperma s f/adj Bot (<gimno- + gr spérma: semente) (Diz-se de) planta ou de família de plantas espermatófitas cujos óvulos ou sementes estão a descoberto/Gimnospérmicas.

gimnospermia s f Bot (<gimnosperma + -ia) Qualidade de, em plantas fanerogâmicas, o carpelo, sem estilete nem estigma, se reduzir a um ovário exposto.

gimnospérmico, a adj/s (<gimnosperma + -ico) Diz-se de planta ou de classe de plantas espermatófitas em que óvulos e sementes se apresentam nus, sem prote(c)ção.

gimnospermo, a adj ⇒ gimnospérmico.

gimnotídeo, a adj/s Icti (<gimnoto + -ídeo) Diz-se de peixe ou de família de peixes teleósteos, ápodes, existentes em rios da América do Sul, com órgãos que provocam fortes descargas elé(c)tricas; *Gymnotidae*.

gimnoto s m Icti (<lat gymnotus <gr gymnós: nu + nṓtos: dorso) Gé[ê]nero de peixes teleósteos, ápodes, de água doce, da família dos gimnotídeos, existente no rio Amazonas, que produzem fortes descargas elé(c)tricas.

gin ing ⇒ gim[2].

ginasial adj 2g/s m (<ginásio + -al) **1** Relativo a ginásio/Ginasiano. **2** Relativo à educação física ou à ginástica. **3** Diz-se do ensino secundário ou do estabelecimento em que é ministrado, de alguns países, como o Brasil, a Alemanha, a Suíça. **Ex.** No Brasil, o ~ ocupa os quatro anos a seguir ao ensino primário.

ginasiano, a adj/s (<ginásio + -ano) **1** Relativo a ginásio/Ginasial **1**. **2** Br (O) que frequenta/cursa o ginasial **3**.

ginásio s m (<gr *gymnásion*) **1** Recinto em que se pratica a educação/cultura física ou desporto/esporte. **2** *Hist* Na Grécia antiga, escola pública de educação física dos atletas e dos efebos. **3** *Br* Em alguns países, como o Brasil, a Alemanha, a Suíça, o equivalente a liceu, escola secundária. **Ex.** O meu filho é novo, ainda só está/anda no [frequenta/cursa o] ~.

ginasta s 2g (<gr *gymnastés*: professor de ginástica) **1** *(D)esp* Pessoa que pratica regularmente ginástica/Atleta. **2** O que revela destreza nos exercícios de ginástica. **3** Artista de circo que executa exercícios de força e destreza/Acrobata.

ginástica s f (<gr *gymnastiké*) **1** Técnica/Arte orientada para, através de exercícios adequados, se desenvolver, fortificar e dar agilidade ao corpo. **Ex.** A ~ facilita o domínio do corpo. **Comb.** ~ rítmica [acompanhada de música]. **2** Prática desses exercícios. **Ex.** Sinto-me bem a fazer ~. **3** Aula/Sessão em que se fazem esses exercícios. **4** *fig* Exercitação que desenvolve uma faculdade. **Ex.** A filosofia, a matemática ou o latim obrigam a uma grande ~ do espírito. **Comb.** ~ mental. **5** *fig* Grande esforço exigido para se atingir um obje(c)tivo. **Ex.** Para equilibrar as finanças lá de casa, neste tempo de crise, é necessária (cá) uma ~!...

ginasticar v t (<ginástica + -ar¹) Exercitar(-se) através de ginástica. **Ex.** Vamos ~ todo o corpo: pernas, tórax, ...

ginástico, a adj (<gr *gymnastikós*) Relativo à ginástica/Gímnico.

gincana s f (<ing *gymkhan*<hind *gend-kána*: quadra de bolas) Competição/Festa (d)esportiva, geralmente motorizada, em que, na classificação dos concorrentes, contam a rapidez e a perícia com que contornam obstáculos, ou realizam tarefas bizarras, ao longo do percurso a fazer.

gineceu s m (<gr *gunaike‹os*) **1** *Bot* Órgão feminino das flores, com um ou mais carpelos/Pistilo. **Ant.** Estame. **2** *Hist* Na Grécia antiga, parte da casa reservada às mulheres. **3** Lugar onde só trabalham ou se reunem mulheres.

gineco- pref (<gr *gyné,naikós*: mulher) Significa mulher (Ex. ~cracia, ~logia). ⇒ -gin(o)-.

ginecocracia s f (<gr *gunaikocratía*) **1** Governo feminino. **2** Predomínio das mulheres na administração pública.

ginecofobia s f *Psic* (<gineco- + fobia) **1** Receio mórbido em relação ao sexo feminino. **2** Aversão às mulheres/Ginofobia/Misoginia(+).

ginecófobo, a adj/s (gineco- + -fobo) (O) que sofre de ginecofobia/Misógino(+). ⇒ misantropo.

ginecologia s f (<gineco- + -logia) Especialidade médica que faz o estudo da fisiologia e da patologia do corpo da mulher, particularmente dos seus órgãos sexuais.

ginecológico, a adj (<ginecologia + -ico) Relativo à ginecologia.

ginecologista adj/s 2 g (<ginecologia + -ista) Especialista no estudo ou na prática da ginecologia.

ginecomania s f *Psic* (<gineco- + mania) Atra(c)ção exagerada pelas mulheres/Satiríase.

ginecómano, a [*Br* **ginecômano**] s (<gineco- + -mano) Pessoa que sofre de ginecomania. **Ant.** Misógino.

gineta¹ (Nê) s f *Zool* (<ár *yarnéit*) Mamífero carnívoro da família dos viverrídeos, também conhecido por gato-bravo, gineto ou toirão; *Genetta*.

gineta² (Nê) s f (<ár *zenéti*: indivíduo da tribo berbere dos zenetas (África do norte), famosa pela destreza a cavalgar) **1** Modo de equitação em que o cavaleiro monta com estribos curtos/Equitação à Marialva. **Loc.** Montar à ~. **2** *Hist* Bastão ou lança curta, que antigamente os capitães usavam como insígnia de autoridade. **3** *Mil* Antiga designação do posto de capitão.

ginete (Nê) s m (⇒ gineta²) **1** *Zool* Cavalo pequeno, de boa raça, ligeiro e adestrado. **2** *Br* Cavaleiro hábil/Jóquei. **3** ⇒ *Hist* Antigo cavaleiro munido de lança e adaga. **4** *col* Mau gé[ê]nio. **Ex.** Quando lhe dá o ~, ninguém o segura.

ginetear v int *Br* (<ginete + -ear) **1** ⇒ cavalgar (bem); montar «cavalo arisco». **2** ⇒ «cavalo» dar pinotes; corvetear.

gineto s m ⇒ gineta¹.

ginga s f *Mar* (<gingar) Remo apoiado num encaixe à popa, com que se movimenta a embarcação ora para um, ora para outro lado. **2** *Moç* ⇒ bicicleta. **3** *Br* ⇒ finta.

gingação s f (<gingar + -ção) Meneio/Balanço do corpo, sobretudo das ancas/Ginga 3.

gingador adj/s m *Náut* (<gingar + -dor) (O) que manobra a ginga **1**. **2** ⇒ gingão **1**/**2**.

gingão, ona adj/s (<gingar + -ão) **1** (O) que, ao andar, baloiça o corpo para um e outro lado/(O) que se bamboleia. **Ex.** Ia pela rua todo ~, assobiando. **2** Próprio do que assim anda. **Comb.** «modo de» *Andar ~. Ar ~. Fadista ~. Jeito ~.* **3** Desordeiro/Brigão.

gingar v t (< ?) **1** Balançar o corpo, sobretudo as ancas, para um, ora para o outro lado/Menear os quadris. ⇒ saracotear. **2** Mover para um e para o outro lado/Balançar. **Ex.** O vento fazia ~ a copa das árvores. **3** *Náut* Remar com a ginga.

gingerlina s f (<ing *gingerline*< ?) Tecido de lã com fio de seda, também chamado lã de camelo.

gínglimo s m *Anat* (<gr *gígglimos*: dobradiça) Articulação uniaxial, que apenas permite a flexão e a extensão, como a do cotovelo.

ginja s f (< ?) **1** *Bot* Fruto da ginjeira, semelhante à cereja, agridoce, muito usado na confe(c)ção de compotas e licores. **Ex.** É difícil encontrar ~s à venda. **Idi. Cair** [Saber] *que nem ~s* **a)** Ter um ó(p)timo sabor; **b)** Dar imenso jeito (Ex. Este dinheirinho agora caiu que nem ~s). *Calhar como ~s* [Acontecer no momento oportuno]. **2** Bebida alcoólica feita com este fruto, aguardente e açúcar/Ginjinha. **3** ⇒ s 2g Idoso agarrado a velhos conceitos/hábitos. **4** ⇒ *Br* s 2g Pessoa avarenta.

ginjal s m (<ginja + -al) Pomar de ginjeiras.

ginjeira s f *Bot* (<ginja + -eira) Árvore semelhante à cerejeira, da família das rosáceas, cujo fruto é a ginja; *Prunus cerasus*. **Ex.** Há algumas variedades de ~. **Idi. Conhecer alguém de ~** [Saber muitas coisas de alguém e desde há muito tempo, sobretudo os seus pontos fracos] (Ex. Você (a mim) não me engana; conheço-o de ~).

ginjinha s f (<ginja + -inha) Bebida alcoólica feita com aguardente, açúcar e ginjas/Ginja **2**. **Ex.** Quem visita Óbidos (Portugal) não dispensa beber ali uma ~.

ginkgo s m *Bot* ⇒ leque-doirado.

-gin(o)- pref/suf (<gr *gyné,naikós*: mulher) Significa mulher (Ex. ~fobia, misó~,). ⇒ gineco-.

ginofobia s f *Psic* (<gino- + ...) Aversão às mulheres/Ginecofobia/Misoginia(+).

ginostémio [*Br* **ginostêmio**] s m *Bot* (<gino- + gr *stémων*: estame + -io) Órgão colunar que existe em flores como as orquídeas, que une os estames com o estilete/Coluna.

ginseng s m *Bot* (<chinês *jên-shên*, de *jên*: homem + *shên*: planta, cuja raiz tem forma humana) Planta herbácea da família das araliáceas, com origem na Ásia, cuja raiz tem propriedades tó[ô]nicas e estimulantes.

gípseo, a adj (<lat *gýpseus*: de gesso) **1** Feito em gesso. **2** Semelhante ao gesso.

gipsífero, a adj (<gípseo +-fero) Que contém gesso. ⇒ gessar; alabastrite.

gipsita [**gipso**] s f [m] (<gr *gýpsos*: gesso) Sulfato de cal, que se apresenta como pó branco e seco, vulgarmente designado gesso de Paris.

gipsófila s f *Bot* (<gr *gýpsos*: gesso + -filo¹«por surgir em solos calcários») **1** Planta herbácea da família das carioláceas, com muitas e pequenas flores em numerosos ramos finos/Cravo-do-amor; *Gipsophila paniculata*. **2** Flor ou conjunto de flores dessa planta.

gipsografia[**gravura**] s f (<gesso + ...) (Processo de obter) estampa com gesso.

giração s f (<girar + -ção) **1** A(c)to de girar/rodar/Giro. **2** Movimento giratório. **3** ⇒ Circulação(+) de pessoas/veículos.

gira-discos s m sing e pl *Hist* (<girar + disco) Aparelho elé(c)trico que tem um prato onde se coloca um disco de vinil que gira, sendo as suas estrias percorridas por uma agulha inserida num braço móvel e a gravação transmitida por colunas. **Ex.** Tenho saudades dos meus discos de vinil e do ~.

girador, ora adj/s (<girar + -dor) (O) que gira ou faz girar em volta de. **Comb.** Máquina ~a.

girafa s f *Zool* (<lat *giraffa*<ár *zarafá*) **1** Mamífero ruminante africano da família dos girafídeos, com pernas e pescoço muito longos e estreitos, pelo em tons de castanho e amarelo com manchas pretas; *Giraffa camelopardalis*. **Ex.** A ~ é o animal que atinge maior altura, podendo chegar aos seis metros. **2** *fig* Indivíduo muito alto e de pescoço comprido. **Ex.** O rapaz está uma ~, precisamos de esticar o pescoço para lhe ver a cara. **3** *Cine/TV* Dispositivo longo usado para suspender, ou levar de um lado para outro, microfones ou fontes de iluminação, mantendo-os fora do enquadramento das câmaras. **4** *Mús* Tipo de piano com cauda vertical.

giraldinha s f (<girar) *col* Vida airada (+)/Diversão/Pândega(+). **Loc.** Andar na ~ [Passar a vida em festanças].

girândola s f (<it *girandola*) **1** Suporte com orifícios, onde se colocam foguetes que vão ser lançados ao mesmo tempo ou em sucessão rápida. **Ex.** A miudagem olhava com ansiedade para a ~ já cheia de fogo. **2** Conjunto desses foguetes que sobem e rebentam ao mesmo tempo. **3** Sequência rápida de falas «perguntas», de obje(c)tos, ...

girar v int/t (<lat *gýro,áre*; ⇒ giro) **1** (Fazer) andar à roda/Mover(-se) em volta de um centro. **Ex.** Pôs o disco a ~. A borboleta girava à volta da luz. **2** Fazer rodar uma parte do corpo/Dar meia volta/Virar. **Ex.** Girando o tronco, evitou o choque. **3** Descrever um movimento de translação em volta de um centro. **Ex.** A Terra gira à volta do Sol. **4** Percorrer um circuito/Correr/Circular. **Ex.** Gira[Corre]-lhe nas veias o sangue dos gloriosos antepassados. **5** Andar em azáfama/Ter grande a(c)tividade. **Ex.** A mãe girava pela casa atendendo a todos. **6** Difundir-se/Divulgar-se/Espalhar-se. **Ex.** A notícia girou [correu(+)] célere por cafés e esplanadas. **7** Andar de mão

em mão/Circular. **Ex.** Nesse jogo, a boina girava entre o grupo e era difícil localizá-la. **8** Centrar-se em/Gravitar. **Ex.** A conversa girou à volta das [foi sobre as] vantagens do proje(c)to. **9** Sair rapidamente/Abalar. **Ex.** Eh lá [tu], gira já [, fora] daqui! Desaparece!

girassol *s m Bot* (<girar + sol) **1** Planta herbácea de caule longo e ere(c)to, da família das compostas, em que a flor, de grandes pétalas amarelas, capítulo de cor castanha e sementes ricas em óleo, segue a traje(c)tória do Sol acima do horizonte; *Helianthus annuus*. **Ex.** Em Portugal veem-se grandes plantações de ~. **Comb.** Óleo de ~. **2** Flor dessa planta. **3** *Min* Variedade de opala que produz reflexos de várias cores quando é girada ao sol.

giratório, a *adj* (<girar + -tório) Diz-se do movimento «da Terra» em volta de um eixo. **Comb.** Suporte [Mes(inh)a] ~o[a] «de restaurante chinês».

gíria *s f Ling* (<girar?; ⇒ geringonça) **1** Linguagem verbal específica de uma comunidade restrita, de um grupo profissional ou social, que lhe permite comunicar sem ser entendida por estranhos. **Ex.** A ~ estudantil é muito rica e sugestiva. **2** Linguagem codificada de alguns grupos «marginais, gatunos, ...» para impedir a compreensão de outrem. **Ex.** Os ladrões servem-se da ~ para ocultar os seus propósitos.

girino *s m Zool* (<lat *gyrínus*: embrião de rã) Forma larvar dos batráquios, sobretudo anuros, quando ainda possuem cauda e brânquias externas, permanecendo, por isso, sempre dentro da água/*pop* Cabeçudo.

giro, a *s m/adj* (<gr *gýros*: círculo) **1** Movimento em volta de um eixo/ponto/Rotação. **2** A(c)to de circular em veículo. **Ex.** Num ~ pela cidade vi que muitos prédios precisam de reparação. **3** Passeio curto/Volta(+)/Ronda. **Ex.** Fui dar um ~ para espairecer. **4** Num serviço feito por turnos, a vez/escala de cada um. **Ex.** O ~ [turno(+)] dele é entre a meia-noite e as oito da manhã. **Comb.** Polícia de ~/ronda. **5** Circulação de moeda ou de títulos de crédito. **6** *adj* Interessante/Engraçado/Bonito. **Ex.** Ele é uma pessoa ~a, com sentido de humor. **Comb.** Filme ~o. Ideia ~a. Livro ~. Vestido ~.

girofle[ê] *s m Bot* (<fr *girofle*) Nome vulgar por que também se designa o cravo-da-índia.

girómetro [*Br* **girômetro**] *s m Fís* (<giro + -metro) Aparelho que mede a velocidade de rotação de uma máquina.

giropiloto *s m Aer Náut* (<giro + piloto) Aparelho de comando automático que, com o auxílio de um giroscópio, permite manter o rumo em avião, navio, foguete, ...

giroscópio *s m Fís* (<giro + -scópio) Aparelho em que um corpo se move em torno de um eixo, que faz parte de um segundo sistema também em rotação, sendo usado para estabilizar navios, aviões.

giróstato *s m Fís* (<giro + lat *státus*: fixo) **1** Aparelho constituído, na sua forma mais simples, por um corpo em rotação em torno de um eixo, fazendo este parte de outro corpo também em rotação em volta de um eixo diferente. **2** Qualquer sólido com movimento de rotação em volta do seu eixo.

girote *s m* (<giro 3 + -ote) **1** Passeio/Giro pequeno. **Ex.** Dar um ~ faz bem a qualquer pessoa. **2** *depr* Indivíduo vadio(Á).

gitano, a *adj/s* (<esp *gitano*<lat *aegytánus*: egípcio) ⇒ Cigano(+).

giz *s m* (<gr *gýpsos*: gesso) **1** *Miner* Variedade de carbonato/sulfato de cálcio. **2** Essa espécie de calcário reduzido a pó e moldado em cilindros de pequena espessura, com o fim de escrever em quadro de ardósia, em parede, tecido, ... **Ex.** O ~ sujava-nos as mãos quando na aula íamos ao quadro (preto). **Comb.** ~ de cor.

gizar *v t* (<giz + -ar¹) **1** Desenhar/Traçar/Marcar/Riscar com giz. **2** *fig* Proje(c)tar/Arquite(c)tar/Delinear/Conceber/Idealizar/Planear. **Ex.** Gizou um plano que me parece perfeito.

glabela *s f Anat* (⇒ glabro) Saliência do osso frontal do crânio na zona entre as sobrancelhas.

glabro, a *adj* (<lat *glaber*) **1** Que não tem pelos/penugem/barba. **Comb.** Folha ~a. Rosto ~. **2** ⇒ Calvo.

glace *s f Cul* (<fr *glace*: gelo <lat *glácies,ei*: gelo; ⇒ glacial) Cobertura de bolo à base de açúcar dissolvido em clara de ovo batida em castelo [*Br* em neve]/Glacé/ê(+).

glacé/ê *adj/s m* (⇒ glace) **1** Diz-se de bolo coberto com glace. **Comb.** Bolo ~. **2** Diz-se de frutos secos cobertos com açúcar cristalizado. **3** Diz-se de um tipo de seda «sintética» brilhante prateada. **4** Diz-se de papel muito liso, lustroso e esmaltado. **Comb.** Papel ~.

glaciação *s f* (<lat *glácio,áre*: gelar + -ção) **1** A(c)ção ou efeito de (se) transformar em gelo/Congelamento. **2** *Geol* Cobertura de grandes áreas continentais por espessas camadas de gelo. **3** *Geol* Cada um dos grandes períodos em que se verificou essa grande e persistente acumulação de gelos. **Ex.** Durante o Quaternário houve quatro glaciações.

glacial *adj 2g* (<lat *glaciális*) **1** Relativo a [Constituído por] gelo. **2** Extremamente frio/Gélido/Gelado. **Ex.** Soprava no cimo da serra um vento ~. **3** Diz-se de época geológica em que grandes extensões continentais estavam cobertas de espessas camadas de gelo. **Comb.** Período ~. **4** Diz-se de zonas geográficas próximas dos polos. **Comb.** Oceano ~ Ár(c)tico/Antár(c)tico. **5** *fig* Pouco amistoso/Frio(+)/Reservado. **Ex.** Não sabia a razão daquele acolhimento ~. **6** *fig* Que mostra grande indiferença/Impassível/Duro. **Ex.** Nada fazia mudar aquele semblante ~.

glaciar *s m Geog/Geol* (<fr *glacier*; ⇒ glacial) Grande massa de gelo que se movimenta muito lentamente/Geleira **1**. **Ex.** Os ~es cavaram vales profundos.

glaciário, a *adj* (<glaciar + -io) **1** Relativo a glaciar/glaciação/gelo. **Ex.** Muito perto da nascente, o rio Zêzere (Portugal) percorre um vale ~ de grande beleza. **2** ⇒ Diz-se da época em que predominavam os glaciares/Glacial **3**(+).

gladiador *s m* (<lat *gladiátor,óris*) **1** *Hist* Indivíduo que, nos circos da antiga Roma, combatia com outros ou com feras para divertimento do público. **Ex.** Os ~es eram sobretudo prisioneiros de guerra e condenados. **2** ⇒ *fig* Lutador profissional, sobretudo pugilista.

gládio *s m* (<lat *gládium/s,ii*) **1** *Mil* Antiga espada «dos legionários romanos» curta e larga, de dois gumes. **2** ⇒ espada(+). **3** *fig* ⇒ Combate/Luta. **4** *fig* ⇒ Poder/Força.

gladíolo *s m Bot* (<lat *gladíolus*: espada pequena; ⇒ gládio) **1** Planta bolbosa ornamental, da família das iridáceas, com caule e folhas em forma de espada, e flores «de várias cores» dispostas em espiga; *Gladiolus*. **2** Flor dessa planta.

glaiadina *s f* (< ?) Substância que se mistura ao vinho para o engrossar e clarear.

glamour *ing s m* Charme/Encanto(+) que alguém ou alguma coisa tem, tornando-se atraente/interessante. **Ex.** Há quem, em festas, se deixe seduzir pelo ~ das indumentárias.

glande *s f* (<lat *glans,glándis*) **1** Fruto indeiscente de algumas árvores, como o carvalho, a azinheira, o sobreiro, ..., que é envolvido, na base, por uma cúpula/Bolota(+)/Lande. **Ex.** Em algumas zonas, as ~s são a base da alimentação de suínos. **2** Qualquer obje(c)to com a forma desse fruto. **3** Extremidade anterior [Cabeça] do pé[ê]nis, coberta pelo prepúcio. **4** Extremidade anterior do clítoris.

glandiforme *adj* (<glande + -forme) Que tem o aspe(c)to de glande.

glândula *s f Anat* (<lat *glándula*: bolota pequena; ⇒ glande) Célula/Tecido/Órgão com a função de produzir/segregar substâncias que são usadas noutras partes do organismo ou que são eliminadas. **Ex.** As ~s endócrinas lançam dire(c)tamente no sangue a sua produção hormonal; as ~s exócrinas lançam as suas produções no exterior, dire(c)ta(mente) ou indire(c)tamente. **Comb.** ~ *de secreção externa/interna*. ~ *mamária*. ~ *pineal* [Epífise]. ~ *pituitária* [Hipófise]. ~ *salivar*. ~ *sebácea*. ~ *sudorípara*. ~ *suprarrenal/ad-renal*.

glandulação *s f* (<glândula + -ção) Estrutura ou disposição das glândulas.

glandular *adj 2g* (<glândula + -ar²) **1** Relativo às glândulas. **2** Que tem forma/estrutura semelhante à das glândulas.

glasnost *ru s f* Política de democratização/liberdade nos meios de informação na ex-União Soviética, durante a *perestroika* do político M. Gorbachev/Transparência política.

gláucia *s f Bot* (<gr *gláukion*) Planta da família das papaveráceas, com flores amarelas semelhantes às da papoila; *Glaucium flavum*.

glauco, a *adj* (<gr *glaukós*: esverdeado) **1** Verde-claro/Esverdeado. **2** Verde-azulado «(das ondas) do mar».

glaucoma *s m Med* (<gr *gláukωma*) Doença em que se regist(r)a o endurecimento do globo ocular com diminuição da acuidade visual, devido ao aumento da tensão no olho, podendo levar à cegueira.

gleba *s f* (<lat *gleba*) **1** ⇒ Terreno próprio para cultura/Leiva(+). **2** *Hist* Terreno a que, no período feudal, os servos estavam ligados. **Comb.** Servos da ~. **3** ⇒ Terreno em que há minério.

glena *s f* (<gr *gléne*) Cavidade arredondada de um osso na qual a cabeça de outro osso se articula.

glenoide (Nói) [**glenoidal**] *adj 2g* (<gr *glenoidés*) Diz-se da cavidade de um osso em que outro se articula. **Ex.** A cavidade de articulação da omoplata com o úmero é ~.

gleucómetro [*Br* **gleucômetro**] *s m* (<gr *gleúkos*: mosto + -metro) Instrumento para medir a quantidade de açúcar existente no mosto.

glice[é]mia *s f Med* (<glico- + -emia) Taxa de glicose no sangue. **Ex.** O diabético tem um valor elevado de ~.

glicerato *s m Quím* (<glicer(ina) + -ato) Preparado farmacêutico cujo excipiente é formado por água, amido e glicerina.

glicéreo *s m* (<glicer(ina) + -eo) Preparado farmacêutico cujo excipiente é a glicerina.

gliceria *s f Bot* (<gr *glykerós*: doce) Planta aquática da família das gramíneas que fornece excelente forragem; *Glyceria fluitans*.

glicérico, a *adj Quím* (<glicer(ina) + -ico) **1** Que contém glicerina. **2** Diz-se de ácido que resulta da oxidação da glicerina.

glicérido[e] *s m* (<glicer(ina) + -ido/e) Éster da glicerina.

glicerina s f Quím (<gr *glykerós*: doce + -ina) Líquido orgânico xaroposo, incolor e adocicado, obtido como subproduto da saponificação de gorduras, com uso doméstico, farmacêutico e industrial/Glicerol.

glicerofosfato s m Quím (<glicer(ina) + fosfato) Sal derivado do ácido glicerofosfórico.

glicerofosfórico, a adj Quím (<glicer(ina) + fosfórico) Diz-se de ácido derivado de glicerina e de ácido fosfórico, usado no fabrico de glicerofosfatos.

glicerol s m (<glicer(ina) + -ol) ⇒ glicerina.

glícido, glicídio s m Bioq (<glico- + -id(i)o) Nome comum de substâncias orgânicas, naturais ou sintéticas, que agrupam açúcares redutores e os compostos que, por hidrólise, os originam.

glicínia s f Bot (<fr *glycine*; ⇒ glico-) **1** Planta trepadeira ornamental da família das leguminosas, que produz cachos vistosos de flores odoríferas, geralmente de cor lilás; *Wistaria sinensis*. **2** Flor dessa planta.

glico- pref (<gr *glykýs*: doce) Significa açúcar; ⇒ glice[é]mia, glicogenia, glicose, glicosúria.

glicogénese [Br **glicogênese**] [**glicogenia**] s f Bioq (<glico- + …) Formação de açúcar/glicogé[ê]nio no organismo.

glicogénico, a [Br **glicogênico**] adj (<glicogenia + -ico) Relativo a glicogenia ou a glicogé[ê]nio.

glicogénio [Br **glicogênio**] s m Bioq (<glico- + -génio) Glícido [Glicídio] complexo formado a partir de moléculas de glicose, sendo reserva energética abundante no fígado e nos músculos.

glicol s m Quím (<glic(erina) + (álco)ol) Qualquer álcool em que há dois hidroxilos, usado como solvente.

glicolipídio, glicolípido s m Bioq (<glico- + …) Qualquer substância em que há a associação de um lípido com um açúcar.

glicómetro [Br **glicômetro**] s m (<glico- + -metro) ⇒ gleucó[ô]metro.

glicoproteína s f Bioq (<glico- + …) Composto orgânico formado por uma proteína e um glícido.

glicose s f (glico- + -ose) Açúcar redutor existente nos frutos doces, mel, uvas, podendo ter fermentação alcoólica. **Ex.** A ~ é a principal fonte de energia dos organismos. Uma taxa elevada de ~ no sangue é sinal de diabetes.

glicosúria s f Med (<glicose + gr *oúron*: urina + -ia) Presença anormal de açúcar na urina.

glicosúrico, a adj (<glicosúria + -ico) Relativo a glicosúria.

glide s m/f Ling (<ing *glide*) Fonema que não é vocálico nem consonântico/Semivogal(+)/Semiconsoante(+). **Ex.** O ~ é um som de transição, não distintivo, produzido pelos órgãos fonadores/articuladores quando passam de uma posição para outra. O i em *fui* e *muito* é um ~ [uma semivogal(+)].

glifo s m (<gr *glyphé*: gravura, entalhe, ranhura) **1** Arquit Cavidade côncava ou triangular aberta em ornatos arquite(c)tó[ô]nicos, inicialmente para facilitar o escoamento das águas. **2** Traço/Desenho cinzelado/gravado em baixo-relevo. **3** Designação dos cara(c)teres de escrita dos Maias.

glioma s m Med (<gr *glia*: cola + -oma) Tumor do sistema nervoso central/Neuroglioma(+).

glioxal (Ks) s m Quím (<gr *glía*: cola + *oxýs*: ácido + al(deído)) Glicol ordinário, usado no fabrico de resinas sintéticas, em colas, na indústria têxtil.

glíptica s f (<gr *glyptikós*: próprio para gravar) Arte de gravar em pedras preciosas.

gliptogénese [Br **gliptogênese**] s f Geol (<gr *glyptós*: gravado + …) Fase de um ciclo geológico em que são depositados em depressões, e aí se acumulam, os detritos provocados pelos agentes externos da erosão «tempestades, ventos, …» no relevo anterior.

gliptognosia s f (<gr *glyptós*: gravado + *gnose* + -ia) Conhecimento sobre pedras preciosas gravadas.

gliptografia s f (<gr *glyptós*: gravado + -grafia) Descrição das pedras preciosas antigas gravadas.

gliptologia s f (<gr *glyptós*: gravado + -logia) Ciência que estuda a gravação artística em pedras preciosas antigas.

glissando s m Mús (<it *glissando* <*glissare*: deslizar, glissar «do avião») Efeito sonoro de passar rapidamente os dedos pelas teclas ou cordas de um instrumento.

global adj 2g (<globo + -al) **1** Que considera todos os elementos de um conjunto/Total/Integral/Abrangente. **Ex.** Uma visão ~ dos dados dum problema facilita a sua resolução. **2** Que respeita ao globo terrestre/Mundial. **Ex.** O aquecimento ~ é talvez o maior problema do séc. XXI.

globalidade s f (<global + -idade) **1** Qualidade do que é global/Cará(c)ter do que é tomado no seu todo. **Ex.** A ~ da sua abordagem do problema é um modelo a seguir por todos. **2** Totalidade dos elementos de um conjunto. **Ex.** A ~ [O conjunto] dos funcionários da empresa está contente com esta gestão.

globalismo s m Ped (<global + -ismo) **1** Método de aprendizagem da leitura em que se parte da frase para a palavra e desta para a sílaba. **2** ⇒ globalização(+).

globalista adj/s 2g (<global + -ista) **1** Que é relativo ao globalismo. **2** (O) que pratica/defende o globalismo.

globalização s f (<globalizar + -ção) **1** A(c)ção ou efeito de globalizar(-se). **2** Econ Fenó[ô]meno de integração/interdependência dos mercados produtores e consumidores a nível mundial. **Ex.** A ~ alterou completamente as condições dos mercados. **3** Fenó[ô]meno de progressiva integração de políticas e culturas dos vários países, incentivado pelas tecnologias da informação e desenvolvimento dos meios de transporte. **4** Psic Forma de perce(p)ção dos primeiros estádios de desenvolvimento da criança, em que há uma visão sincrética, indiferenciada, das coisas.

globalizar v t (<global + -izar) **1** Considerar/Tomar em conjunto. **2** Integrar(-se) em conjunto vasto intera(c)tivo. **Ex.** A economia tem vindo a ~-se. **3** Tornar(-se) comum/Estender(-se) a todos. **Ex.** Importa ~ [generalizar/estender] o apoio aos necessitados.

globalmente adv (<global + -mente) **1** De modo global/No conjunto. **Ex.** Importa pensar os problemas ~, não se fixar apenas [só] em pormenores. **2** Em termos gerais/De modo geral. **Ex.** O aproveitamento dos alunos da turma tem sido ~ positivo. **3** A nível mundial. **Ex.** O efeito de estufa tem de ser atacado ~.

globe-trotter ing s m Pessoa que anda em constantes viagens pelo mundo/Andarilho «das sete partidas».

globo s m (<lat *glóbus*) **1** Qualquer coisa com a forma esférica/esferoide. **Comb.** ~ ocular. **2** Geog Representação esférica da Terra. **Ex.** O ~ (terráqueo) é a forma mais realista de representar a Terra. **3** Esfera terrestre/Planeta Terra. **Ex.** Ao nível do ~ [A nível mundial (+)], esta doença é a primeira causa de morte. **4** (Meia) bola oca, de vidro/cristal/… colocada em volta de lâmpada para lhe difundir a luz. **Ex.** Com o ~ branco consegue-se uma luminosidade maior. **5** Campânula(+) «de vidro» arredondada para cobrir/proteger alimentos/Redoma(+). **Ex.** A queijeira tem um ~.

globoso, a (Ôso, Ósa) adj (<lat *globósus*) Que tem a forma de esfera/globo/Arredondado/Redondo/Esférico(+).

globular adj 2g (<glóbulo + -ar²) **1** Med Referente a glóbulo sanguíneo. **2** Que tem/toma a forma de glóbulo/Globuloso.

globulária s f Bot (<lat *globulária*) Planta vivaz ornamental, com flores azuis e caule com propriedades medicinais, da família das globulariáceas; *Globularia vulgaris*.

globulariáceo, a adj/s (<lat *globulária* + -áceo) Diz-se de planta ou de família de plantas dicotiledó[ô]neas, com flores em capítulo e cujos frutos são aqué[ê]nios.

globulina s f Biol (<glóbulo + -ina) Qualquer das várias proteínas globulares existentes sobretudo em tecidos animais, pouco solúveis na água, da família dos anticorpos e de proteínas ligadas ao transporte de lípidos pelo plasma.

glóbulo s m (<lat *glóbulus*: bola pequena; ⇒ globo) **1** Pequeno corpo esférico/arredondado. **2** Bioq Corpúsculo em suspensão em líquidos orgânicos «sangue, linfa, …». **Comb.** ~ **branco** [Leucócito]. ~ **vermelho** [Eritrócito] (do sangue).

globuloso, a (Ôso, Ósa, Ósos) adj (<glóbulo + -oso) **1** Que tem a forma de glóbulo/Globular(+)/Redondo. **2** ⇒ Composto de glóbulos/Globular(+).

glomérulo s m Biol (<lat *glomérulus* <*glómus,eris*: novelo) Pequeno novelo de vasos sanguíneos «capilares» ou de fibras nervosas. **Comb.** ~ de Malpighi [Cada um dos corpúsculos da zona cortical do rim, composto pelo enovelamento de capilares sanguíneos].

glória s f (<lat *glória*) **1** Fama/Celebridade de alguém por feitos extraordinários ou qualidades exce(p)cionais. **Ex.** O general atingiu a ~ com a vitória em duras batalhas. **2** Pessoa/Obra famosa que é motivo de honra/orgulho para uma nação, uma comunidade. **Ex.** O poeta Fernando Pessoa é uma ~ da poesia portuguesa. **Comb.** Coroa de ~ [O «filho/livro» que mais honra «alguém»]. **3** Grande mérito/valor. **Ex.** A sua ~ [O seu maior mérito(+)] foi levar as pessoas a serem solidárias com os pobres. **4** Êxito/Sucesso. **Ex.** A empresa, no seu período de ~, expandiu-se muito. **5** Apogeu de uma carreira/função. **Ex.** A sua ~ foi quando ganhou esse pré[ê]mio. **6** Esplendor/Magnificência. **Ex.** Nem os nossos reis, na sua ~, construíram obra arquitectó[ô]nica tão bela. **7** Homenagem/Enaltecimento/Louvor(+). **Ex.** Ele desprezou as ~s dos homens. **8** Crist Hino de louvor a Deus na primeira parte da Missa. **9** Crist Breve hino de louvor a Deus: *Glória ao Pai, ao Filho e ao Espírito Santo. Como era no princípio, agora e sempre (amen).* **10** Rel Bem-aventurança eterna/Beatitude celeste. **Ex.** Neste dia celebramos aqueles que Deus tem na sua ~. **11** Crist ⇒ Círculo luminoso/Halo/Auréola(+) que rodeia a cabeça na representação de Cristo ou dos santos. **12** Jogo de dados em que ganha quem primeiro chega à última casa «do tabuleiro».

gloriar v t (<lat *glórior,ári*) **1** ⇒ Glorificar/Honrar/Homenagear/Exaltar. **2** ⇒ ~-se/Cobrir-se de glória/Ganhar fama/Celebrizar-se. **3** ~-se/Manifestar orgulho/Ufanar-

glorificação

-se/Vangloriar-se. **Ex.** Ele gloria-se de ser o primeiro a receber tão grande pré[ê]mio.

glorificação s f (<lat glorificátio,ónis) **1** A(c)to ou efeito de glorificar. **2** Exaltação/Enaltecimento/Consagração por grandes feitos/obras/qualidades/virtudes. **Ex.** A ~ dos heróis é um a(c)to que une o povo. **3** Apoteose por feito extraordinário. **Ex.** Assistimos à ~ [apoteose(+)] do atleta vencedor da maratona. **4** Rel Louvor supremo a Deus. **5** Rel Passagem dos justos à bem-aventurança celestial. **6** Catol ⇒ Beatificação/Canonização.

glorificar v t (<lat glorífico,áre) **1** Dar glória/Prestar culto a. **Ex.** O povo glorifica a Deus, senhor do Universo. **2** Enaltecer(+)/Exaltar(+)/Celebrar/Louvar(o+). **Ex.** Importa ~ aqueles que mais se distinguiram na ajuda às vítimas. **3** ~-se/Cobrir-se de glória (+)/Notabilizar-se. **Ex.** Com tal dedicação à causa dos pobres, glorificou-se aos olhos do povo. **4** ~-se/Mostrar orgulho/Ufanar-se(+)/Vangloriar-se/Gloriar-se. **Ex.** É justo ~-se do êxito obtido com tamanho sacrifício. **5** Rel ~-se/Passar à bem-aventurança celestial. **6** Catol Beatificar/Canonizar. **Ex.** O papa acaba de ~ alguns mártires dos nossos tempos «beatificando[canonizando]-os».

gloríola s f depr (<lat gloríola: pequena glória) Glória imerecida/falsa/Vaidade.

gloriosamente adv (<glorioso + -mente) **1** Com grande fama/prestígio/glória. **Ex.** O nosso exército bateu-se [combateu] ~ nas frentes de batalha. **2** Com grande esplendor/brilho. **Ex.** O sol dourava (~) as searas de trigo/arroz. **3** De forma exuberante/Com grande entusiasmo. **Ex.** Entoavam ~ cânticos de triunfo.

glorioso, a (Ôso, Ósa, Ósos) adj (<lat gloriósus) **1** Coberto de glória (+)/Célebre/Famoso/Notável/Ilustre. **Ex.** O ~ herói foi recebido em apoteose. O nosso ~ [grande(+)] clube merece todo o apoio. **2** Que é relativo a feitos valorosos/extraordinários. **Ex.** Esta «vitória de Aljubarrota, 14 de agosto de 1385» é uma data ~a para o povo português. **3** Que é digno de honra/glória. **Ex.** A epopeia narra os ~s feitos dos antepassados. **4** Que tem êxito/sucesso. **Ex.** A ~a caminhada da nossa equipa para o título (de campeão) galvanizou os adeptos [Br a torcida]. **5** Que tem esplendor/magnificência/brilho. **Ex.** Foi numa ~a [maravilhosa/grande] festa que os conterrâneos mostraram o grande carinho pelo seu benfeitor. **6** Rel Que está na glória [bem-aventurança] eterna/Glorificado. **Ex.** Celebra-se hoje a festa de dois ~s mártires «S. Pedro e S. Paulo». **7** Rel Diz-se de fa(c)tos/mistérios causadores de grande alegria/exaltação «para os crentes». **Comb.** Mistérios ~s do Rosário. **8** Que se orgulha/gloria/ufana. **Ex.** Está ~ [ufano(+)] pelo sucesso que tem conseguido.

glosa (Gloza) s f (<lat glosa <gr glissa: «ponta da» língua) **1** Anotação, entre linhas ou à margem, para explicar uma palavra ou passagem mais difícil de um texto. **Ex.** Na Idade Média era comum a existência de ~s. **2** ⇒ Nota explicativa/Comentário. **3** ⇒ Crítica à obra de alguém/Censura. **4** Liter Composição poética em que se desenvolve o sentido de um mote, do qual se repete um ou mais versos no fim de cada estrofe. **Ex.** São muito conhecidas ~s de Camões ou de Gil Vicente. **5** ⇒ Supressão/Recusa de um orçamento ou de uma quantia averbada numa conta, por a considerar indevida. **6** Mús ⇒ Variação.

glosador, ora adj/s (<glosar + -dor) (O) que glosa/Intérprete/Comentarista.

glosar (Glozar) v t (<glosa + -ar¹) **1** Anotar um comentário explicativo de uma palavra ou de uma passagem obscura de um texto/Explicar por (meio de) glosa. **2** Censurar/Criticar. **3** Suprimir/Eliminar/Rejeitar uma quantia averbada num escrito/orçamento por a considerar indevida. **4** Desenvolver um mote numa composição poética. **5** Mús Fazer variações/glosas.

glossário s m (<gr glωssárion) **1** Dicionário de termos antigos, de sentido obscuro ou pouco conhecidos/Obra de vocabulário especializado. **Comb.** ~ de Linguística. **2** Lista de algumas palavras ou expressões de uma obra que apresentem dificuldade, acompanhadas do seu significado, a qual vem em apêndice. **Ex.** Em caso de dificuldade, deve consultar-se o ~.

glossarista s 2g (<glossário + -ista) Autor de glossário.

glossema s m Ling (<fr glossème; ⇒ glosa) Menor unidade linguística que pode ter significado. ⇒ morfema.

glossemático, a adj/s Ling (<fr glossématique) **1** Relativo à glossemática. **2** Pessoa versada nessa teoria linguística. **3** s f Teoria linguística que concebe a língua como forma e organizada em dois planos, o da expressão e o do conteúdo.

glossite s f Med (<glosa + -ite) Inflamação da língua.

glossofaríngeo, a adj (<glosa + faríngeo) Relativo/Pertencente à língua e à faringe.

glossografia s f (<glosa + -grafia) **1** Anat Descrição anató[ô]mica da língua. **2** Ling Pesquisa de palavras obscuras/antigas/Arte de fazer glossários.

glossolalia s f (<glosa: língua + gr laliá: loquacidade) **1** Suposta capacidade de falar várias línguas estrangeiras sem as ter estudado. **2** Crist Milagre do dia de Pentecostes em que pessoas de diversos povos ouviam os apóstolos, cada uma na sua língua. **3** Med Distúrbio em certos doentes mentais que julgam inventar uma nova linguagem/Glossomania.

glossolálico, a adj Relativo a glossolalia.

glossologia s f (<glosa + -logia) **1** Ling Ciência da linguagem/Estudo comparativo de diversas línguas/Linguística(+)/Glotologia/Glótica. ⇒ filologia. **2** Med Estudo das doenças da língua.

glotal adj 2g (<glote + -al) **1** Relativo à glote. **2** Ling Diz-se do som consonântico na articulação do qual intervém a glote.

glote s f Anat (<gr glωttís: lingueta de instrumento de sopro) Abertura entre as cordas vocais na parte mais estreita da laringe.

glótico, a adj/s f (<glote + -ico) **1** Anat Relativo à glote. **2** s f Ling Ciência da linguagem/Estudo comparativo de diferentes línguas/Glossologia/Glotologia.

glotite s f Med (<glote + -ite) Inflamação da glote.

glotocronologia s f Ling (<glosa + cronologia) Técnica de investigação para determinar em que época duas ou mais línguas se separaram/individualizaram de uma língua originária comum.

glotologia s f ⇒ glossologia.

glotológico, a adj (<glotologia + -ico) Relativo à glotologia/Glossolálico.

glotorar v int (<lat glo(c)tóro,áre) Soltar a sua voz a cegonha.

gloxínia (Ks) s f Bot (<antr B.P.Gloxin, botânico alsaciano do séc. XVIII + -ia) Planta ornamental com muitas variedades cultivadas no Brasil, de flores muito vistosas; Sinningia speciosa.

glúcido, glucídio s m ⇒ glícido(+).

glucose s f ⇒ glicose(+).

gluglu s m (< on) **1** Voz do peru. **Ex.** O miúdo atemorizou-se com o ~ do peru. **2** Som produzido por um líquido quando sai de recipiente com gargalo estreito.

gluma s f Bot (<lat glúma: película do grão «de trigo») Bráctea que aos pares se encontra na base da espigueta das gramíneas.

glutamato s m Bioq (<glutâm(ico) + -ato) Qualquer éster ou sal derivado do ácido glutâmico.

glutâmico adj s m (<glút(en) + am(ido) + -ico) **1** Diz-se de um aminoácido que entra na constituição das proteínas, sobretudo de origem vegetal. **Comb.** Ácido ~. **2** Diz-se de um aminoácido com sabor a carne, usado como condimento. **3** Diz-se do aminoácido oxidado pelo tecido cerebral, com a(c)ção excitante sobre as funções mentais.

glutão, ona adj/s (<lat glútto,ónis) (O) que come em excesso e com sofreguidão/Comilão.

glúten s m (<lat glúten,inis: cola) Substância viscosa que é mistura de proteínas existentes na maior parte das sementes dos cereais, sobretudo do trigo.

glúteo, a adj/ s m Anat (<gr gloutós: nádega) **1** Referente às nádegas. **2** s m Cada um dos três músculos que executam os movimentos da coxa na articulação do quadril.

glutinoso, a (Ôso, Ósa) adj (<lat glutinósus) **1** Que contém glúten. **2** Semelhante ao glúten. **3** Que cola/Pegajoso/Viscoso.

gluton(ar)ia s f (<glutão + -aria) Qualidade do que é glutão/comilão.

gnaisse s m Min (<al gneiss) Rocha metamórfica laminar, cristalina, semelhante ao granito, constituída por feldspato, quartzo, mica e elementos variáveis.

gnetáceo, a adj Bot (<gneto + -áceo) Diz-se de planta ou de família de plantas gimnospérmicas, envolvendo trepadeiras e arbustos; Gnetaceae.

gneto s m Bot (<mal ganemu) Planta trepadeira de zonas tropicais, sendo as sementes comestíveis.

gnoma s f (<gr gnóme: sentença) Sentença moral/Máxima.

gnómico, a [Br gnômico] adj (<gnoma + -ico) Relativo a gnoma/Sentencioso.

gnomo s m (<gr genómos: habitante da terra) Gé[ê]nio anão de aspe(c)to disforme que, segundo a cabala, vive no interior da Terra e guarda os seus tesouros, as minas de ouro e as pedras preciosas.

gnomólogo, a s (gnoma + -logo) O que discorre/escreve sob a forma de sentenças.

gnómon [Br gnômon] s m (<gr gnómωn, onos: agulha) Antigo instrumento que indicava a altura do sol acima do horizonte a partir da sombra proje(c)tada por um ponteiro.

gnose s f (<gr gnώsis: conhecimento) **1** Conhecimento/Ciência/Sabedoria. **2** Fil/Hist Ecle(c)tismo que visava conciliar todas as religiões, explicando o seu sentido profundo através de um conhecimento esotérico do divino, comunicável por tradição ou por iniciação.

gnosia s f (<gr gnώsis: conhecimento + -ia) Reconhecimento de um obje(c)to através de um dos sentidos. **Comb.** ~ auditiva. ~ olfa(c)tiva.

gnosi[e]ologia s f Fil (<gnose + -logia) Teoria do conhecimento, da sua possibilidade, origem, natureza, valor e limites/Epistemologia(+)/Crítica. **Ex.** A ~ é uma das disciplinas filosóficas, ao lado da Lógica, da Metafísica, da Estética, da Axiologia, ...

gnosticismo s m (<gnóstico + -ismo) **1** *Fil/Hist* Doutrina de seitas dos três primeiros séculos do Cristianismo, que fundavam a salvação na rejeição da matéria como fonte do mal e num conhecimento superior ao da Igreja, fruto de uma revelação interior, quanto à religião e a todas as coisas. **2** Qualquer doutrina que pretenda ter um conhecimento completo de tudo por processos suprarracionais.

gnóstico, a adj/s (<gr *gnωstikós*: do conhecimento) **1** Relativo à gnose ou ao gnosticismo. **2** Adepto do gnosticismo.

GNR Sigla de Guarda Nacional Republicana, corpo militarizado que em Portugal vela pela ordem pública, sobretudo em localidades de pequena e média dimensão. ⇒ polícia.

gnu s m *Zool* (<boxímane *qnu*) Mamífero da ordem dos artiodá(c)tilos, da família dos bovídeos, semelhante ao búfalo na forma da cabeça e dos chifres, que habita sobretudo no sul de África; boi-cavalo; *Connochaetes gnu*.

gobelina/o s f (<antr *Gobelin*, nome de uma família de tintureiros do séc. XVII) Tapeçaria ou estofo feitos em tecido rico, ilustrado com notáveis composições.

godé[ê][1] s m/adj 2g (<fr *godet*: prega) **1** Ondulação de tecido que é cortado em viés, em saia, manga, … **Ex.** Gostava muito da sua saia de ~s. **2** *Br* Que apresenta essa forma. **Comb.** Saia ~.

godé[ê][2] s m (<fr *godet*: recipiente) Pequena tigela em que o pintor dilui as tintas.

godilhão s m (< ?) **1** Nó de fios empastados em tecido ou no enchimento de colchões/travesseiros. **2** Grumo/Caroço que aparece na farinha ou em calda mal diluída. **3** *pop* Caroço/Nó.

godo, a adj/s *Hist* (<lat *góthi,órum*: Godos<gótico *guthans*) **1** Relativo aos [Dos] godos. **2** s pl Antigos povos germânicos que, vindo a dividir-se em dois ramos, Visigodos e Ostrogodos, entraram progressivamente no território do Império Romano desde o séc. III ao séc. V.

goela s f (<lat *gulélla*, dim de *gúla*: garganta) **1** *pop* Parte superior (do canal interno) da garganta. **2** *pop* Voz. **Idi.** *Abrir as ~s* [Gritar]. *Cortar as ~s* [o pio] *a alguém* a) (Fazer) calar alguém; b) Matar. *Deitar as mãos às ~s* [ao pescoço/aos gorgomilos] «do adversário para o dominar». *Molhar a ~* [Tomar pequena quantidade de uma bebida «alcoólica»].

goethite/a s f *Miner* (<antr Goethe, sábio e escritor alemão (1749-1832) + -ite/a) Óxido de ferro hidratado, um dos constituintes da limonite/a.

gofrar v t (<fr *gaufrer*) **1** Traçar nervuras em folhas/flores artificiais. **2** Imprimir em relevo, por simples pressão, desenhos, letras, … em papel ou em lombada de livro.

gogo s m (< ?) **1** ⇒ Pedra rolada e arredondada/Seixo(+). **2** ⇒ Pedra oval no fundo do rodízio do moinho/Guilho/Espigão. **3** ⇒ Gosma 3.

goiaba s f *Bot* (<tupi *a-coyaba*: muitos caroços) Fruto da goiabeira, utilizado no fabrico da goiabada.

goiabada s f *Cul* (<goiaba + -ada) Doce de goiaba.

goiabeira s f *Bot* (<goiaba + -eira) Arbusto ou pequena árvore nativa de zona tropical, da família das mirtáceas, cujas folhas têm valor medicinal, sendo os frutos «goiabas» muito utilizados no fabrico de compotas; *Psidium guajava*.

goiva s f (<lat *gúbia*: cinzel, formão) **1** Espécie de formão com lâmina côncavo--convexa, utilizado por artesãos e artistas para fazer sulcos sobretudo em madeira. **2** *Mil* Agulha usada antigamente para desobstruir/limpar o ouvido de arma de fogo.

goivadura s f (<goivar + -dura) **1** A(c)ção de talhar/cortar com goiva. **2** Entalhe côncavo de meia-cana feito com goiva. **3** Sulco com essa forma.

goivar v t (<goiva + -ar[1]) **1** Cortar/Entalhar com goiva/Cinzelar. **2** Ferir profundamente com goiva ou com outro instrumento cortante.

goivo [goiveiro] s m *Bot* (<lat *gáudium*: alegria) Flor ou planta dos gé[ê]neros *Cheiranthus* e *Mattiola*, da família das crucíferas. **Ex.** Tinha no jardim ~s vermelhos, amarelos e brancos.

gol *Br* s m *(D)esp* (<ing *goal*) **1** ⇒ baliza. **2** ⇒ golo.

gola (Gó) s f (<lat *gúla*: garganta) **1** Parte superior de peça do vestuário que rodeia o [que está próxima do] pescoço/Colarinho. **Ex.** No inverno usa camisola de ~ alta. **2** *Mil* Na antiga armadura, parte que protegia o pescoço. **3** *Arquit* Moldura com uma superfície côncava e outra convexa. **4** Sulco semicilíndrico em torno do disco da roldana. **5** *pop* ⇒ coleira. **6** *pop* ⇒ garganta.

golaço s m *(D)esp* (<gol(o) + -aço) Gol(o) de belo efeito, devido à violência do remate, à traje(c)tória da bola ou à especial habilidade revelada na jogada.

golada s f (<gole + -ada) **1** *Náut* Canal de navegação onde passam pequenos barcos, no extremo de bancos de areia. **Ex.** Por vezes o mar fecha a ~. ⇒ goleta 1. **2** ⇒ Quantidade de líquido que se engole de uma vez/Gole(+)/Trago.

gole s m (<(en)golir) Quantidade de líquido que se engole de uma vez. **Ex.** Bebi um ~ para provar mas não gostei. ⇒ trago.

goleada s f *(D)esp* (<golear + -ada) Vitória (de uma equipa) por grande diferença de golos/*Br* goles/góis. **Ex.** Ficou célebre a ~ infligida ao [sofrida pelo] clube rival.

goleador, ora adj/s *(D)esp* (<golear + -dor) (O) que marca [faz] muitos golos.

golear v t *(D)esp* (<gol(o) + -ear) Vencer (o adversário) por larga margem [diferença] de golos.

goleiro, a *Br* s *(D)esp* (<gol(o) + -eiro) Jogador que, no futebol, a(c)tua junto da sua baliza [*Br* meta/gol] e é o único a poder tocar a bola com a mão ou o braço dentro da sua grande área. **Sin.** Guarda-redes.

goleta (Ê) s f *Náut* (<gola + -eta) **1** Canal estreito de acesso a um porto, onde apenas podem circular pequenas embarcações. ⇒ golada 1. **2** ⇒ escuna.

golf ing ⇒ golfe.

golfada s f (<golfar + -ada) **1** Quantidade abundante de líquido «sangue» que se expele do organismo de uma vez/Jorro/Vó[ô]mito. **Loc.** *Às ~s* [Em grande quantidade/Em jorros]. **2** O que sai [surge] com ímpeto. **Ex.** ~s de vapor irrompiam da locomotiva. **3** ⇒ Sopro de vento/Lufada(+).

golfar v t/int (<golfo + -ar[1]) **1** «o organismo» Expelir um líquido em quantidade, de cada vez/Vomitar. **Ex.** O ferimento profundo golfava sangue. **2** Sair com ímpeto/Jorrar(+)/Irromper. **Ex.** O fumo carregado do incêndio golfava das janelas.

golfe s m *(D)esp* (<ing *golf*) Jogo em que os praticantes, com o menor número de tacadas, tentam fazer entrar uma pequena bola maciça numa série de buracos ao longo de um campo relvado. **Ex.** No Algarve (Portugal), o ~ atrai muitos turistas estrangeiros. **Comb.** *Campo de ~. Clube de ~. Partida de ~. Saco de ~.*

golfejar v t/int (<golfo + -ejar) ⇒ Golfar repetidamente.

golfinho s m *Zool* (<gr *delfís,ínos*) Mamífero cetáceo marinho, da família dos delfinídeos, com dentes e focinho alongado, que vive em grupo em mares quentes e temperados, podendo ser domesticado em grande aquário; *Delphinus delphis*. **Ex.** As crianças divertiam-se imenso a ver os elegantes saltos dos ~s.

golfista s 2g *(D)esp* (<golfe + -ista) ⇒ Praticante de golfe.

golfo s m (<gr *kólpos,ou*: seio «de mulher») **1** *Geog* Reentrância de larga abertura no litoral dum continente ou de uma grande ilha, geralmente em forma de semicírculo. **Comb.** *~ Pérsico. Corrente do ~* «do México». ⇒ baía. **2** ⇒ golfada/vó[ô]mito. **3** ⇒ Abismo profundo/Sorvedouro. **4** *Bot* ⇒ nenúfar.

gólgota s m (<lat *top Golghota*, próximo da (cidade de) Jerusalém do séc. I, onde Cristo foi crucificado) **1** Lugar de suplício/Calvário(+). **2** Sofrimento atroz/Martírio(+).

goliardo, a adj/s m (<lat *goliárdus* <antr Golias, gigante filisteu morto, em combate desigual, por David, futuro rei dos judeus) **1** *Hist* Relativo ao gigante Golias. **2** *Hist* Diz-se de estudantes boé[ê]mios que, na Idade Média, vagueavam como jograis/trovadores, satirizando e contestando as instituições. **3** ⇒ *fig* (O) que leva vida desregrada/dissoluta/Vagabundo(+).

golo s m *(D)esp* (<ing *goal*) Entrada da bola na baliza/*Br* no gol. **Ex.** O ~ é a festa do futebol. ⇒ tento; ponto.

golpada [golpázio] s f/m (<golpe + -ada) Manobra hábil/ardilosa/desonesta para obter um benefício, com prejuízo de outrem.

golpe s m (<gr *kólaphos,ou*: bofetada) **1** Pancada violenta/Murro/Soco. **Ex.** «no boxe» Infligiu duros ~s ao adversário. **Comb.** *~ de misericórdia* a) que visa abreviar o sofrimento «de pessoa/animal» antes da morte; b) *fig* Última a(c)ção destruidora de algo já decadente. **2** *fig* Contusão/Traumatismo. **Ex.** Está a recuperar dos ~s sofridos. **3** Corte/Ferimento com obje(c)to cortante/aguçado/contundente. **Ex.** O ~ na mão demorou a cicatrizar. **4** *(D)esp* Movimento rápido de ataque [defesa]. **Ex.** O judoca desferiu um ~ certeiro que surpreendeu o adversário. **Loc.** Aparar o ~ [Amortecer o seu impacto]. **Comb.** *~ baixo* a) que é irregular, por ser desferido na zona abaixo da cintura; b) *fig* Procedimento desonesto/desleal. *~ de rins* a) Inflexão rápida do corpo do jogador para atingir [apanhar] a bola que sofreu [teve] um repentino desvio na traje(c)tória; b) *fig* Mudança nítida nas opiniões ou no comportamento de alguém, por vezes como resposta oportunista a uma alteração da situação. **5** *fig* Rasgo/Lampejo. **Comb.** *~ de sorte. ~ de audácia. ~ de vista* [Boa e rápida perce(p)ção das situações] (Ex. O guarda-redes [*Br* goleiro] confiou no ~ de vista, não se estirou e foi batido [sofreu gol(o)]). *~ de mestre* [A(c)to feito com grande perícia e eficácia]. **6** *fig* Manobra desleal/Ardil/Trama. **Ex.** «o ladrão» Andava já a preparar o ~. **Loc.** Dar o ~ [Apoderar--se, por fraude, de património[ô]nio alheio]. **Idi.** *~ do baú* a) Desfalque; b) Casamento com pessoa rica por interesse financeiro. *Mil ~ de mão* [Ataque de surpresa contra pontos de vigilância [contra pequenas guarnições] do inimigo. **7** *fig* Sublevação que altera a situação política. **Comb.** *~ de Estado* [Derrube e substituição dos titulares do poder político, por vezes com mudança de regime]. *~ militar* [realizado por forças armadas]. **8** *fig* Acontecimen-

to imprevisto. **Loc.** Acusar o ~ **a)** Reagir a algo adverso; **b)** Mostrar-se afe(c)tado/ressentido com a situação criada; **c)** Revelar diminuição de capacidades/recursos. **Comb.** ~ *de teatro* [Reviravolta inesperada numa situação]. «morrer» ***De*** *~/chofre* [Subitamente]. **9** *fig* Abalo moral/Causa de sofrimento. **Ex.** A morte da filha foi para eles um duro ~. **10** *fig* Deslocação súbita/Lufada(+) «de ar». **Comb.** ~ de vento.

golpear *v t* (<golpe + -ear) **1** Ferir com instrumento cortante. **2** Atingir com pancada/murro/soco/Bater. **3** ⇒ *fig* Desgostar profundamente [muito]/Afligir.

golpismo *s m* (<golpe + -ismo) **1** Propensão de alguém para usar ardil/artimanha com o fim de obter vantagens ou alcançar os seus obje(c)tivos. **2** Ideologia/Prática política de alcançar o poder pela força e não pela vitória em eleições livres.

golpista *adj/s 2g* (<golpe + -ista) **1** (O) que executou/preparou um golpe de Estado. **Ex.** Os ~s foram presos e vão ser julgados. **2** (O) que procura [defende] a conquista do poder político pela força. **3** (O) que pratica [recorre a] a(c)tos desonestos para obter vantagens.

goma *s f* (<lat *gúmma*) **1** *Bot* Secreção que exsuda de algumas plantas «cerejeira», de aspe(c)to viscoso e transparente. **2** Massa para colar, resultante da mistura de substâncias em pó e água/Cola(+). **Ex.** Na aldeia então [nesse tempo] usavam, para colar papel, farinha de centeio misturada com água. **3** Preparado de amido para engomar roupa. **4** Guloseima gelatinosa de várias cores e formatos, muito do agrado das [, de que gostam muito as] crianças. **Ex.** O miúdo pedia à mãe que lhe comprasse ~s. **5** Substância usada na colagem [clarificação] do vinho. **6** *Bot* Doença de algumas plantas que exsudam uma substância viscosa. **7** *Med* Tumor sifilítico. **8** *Zool* Grande antílope africano.

goma-arábica *s f* **1** Resina que exsuda de algumas plantas tropicais de África e Ásia, sobretudo das acácias, com utilização industrial. **2** Cola fabricada com essa resina.

goma-elástica *s f* ⇒ borracha.

goma-laca *s f* Substância obtida do inse(c)to cochinilha, com aplicação na indústria.

gomar[1] *v int* (<gomo + -ar¹) «a planta» Deitar gomos/Lançar rebentos novos.

gomar[2] *v t* (<goma + -ar¹) **1** ⇒ Pôr goma num tecido/Engomar(+). **2** ⇒ Clarificar o vinho.

goma-resina *s f* Mistura de goma e resina obtida por incisão em algumas plantas, usada como expe(c)torante.

gomenol *s m* (<top *Gomen*, cidade do Canadá + -ol) Óleo antisséptico obtido por destilação de folhas e frutos de uma planta da família das mirtáceas, a *Melalencia viridiflora*.

gomil *s m* (<lat *aquiminále,is*: jarro) Jarro com gargalo estreito.

gomo *s m Bot* (<lat *grúmus*: montinho de terra) **1** Rebento/Gema. **Ex.** Os ~s crescem à entrada da primavera. **2** Cada uma das divisões naturais da polpa de frutos, como a laranja. **Ex.** Deu quatro ~s da laranja ao miúdo. **3** *Br* Intervalo entre dois nós do caule das gramíneas, como o bambu ou a cana.

gomosidade *s f* (<gomoso + -idade) Qualidade do que é gomoso/viscoso/pegajoso.

gomoso[1]**, a** (Ôso, Ósa) *adj* (<goma + -oso) **1** ⇒ Que produz goma. **2** ⇒ Semelhante à goma/Viscoso(+).

gomoso[2]**, a** (Ôso, Ósa) *adj Bot* (<gomo + -oso) **1** Que tem gomos¹/rebentos. **2** Que se divide em gomos². **Ex.** A laranja é um fruto ~ [tem gomos (+)]. **3** Que se assemelha a um gomo **2**.

gónada [*Br* **gônada**] *s f Biol* (<gr *gónos*, *ou*: geração) Nome comum de glândula sexual, quer feminina, o ovário, quer masculina, o testículo, produtora de hormonas e dos gâmetas, na mulher, o óvulo, e no homem, o espermatozoide. ⇒ gonócito.

gôndola *s f* (<it *gondola*) **1** Barco comprido, estreito, de fundo chato, cara(c)terístico dos canais da cidade italiana de Veneza, com elevação das extremidades da proa e da popa, movido com um remo comprido colocado à popa. **Ex.** O casal realizou, à noitinha, um passeio romântico numa ~. **2** Lancha destinada ao transporte de passageiros em alguns países. **3** *Br* Vagão ferroviário, descoberto na parte superior, usado para transporte de minérios e de materiais a granel.

gonete (Nê) *s m* (< ?) ⇒ trado; pua.

gongo *s m* (<mal *gong*) **1** Instrumento de percussão originário da Ásia oriental, constituído por um disco de metal, pendendo livremente, que é golpeado por uma baqueta pesada acolchoada na ponta/Tantã. **2** *(D)esp* Instrumento que, no boxe, marca o início e o fim dos assaltos. **3** Disco metálico campanular, percutido de forma intermitente por uma haste com pequena esfera na extremidade, ao ser a(c)tivado o circuito elé(c)trico da campainha. **4** Sinal de aviso para o início ou termo de uma a(c)tividade. **Idi.** *Ser salvo pelo ~* [Livrar-se de situação embaraçosa no último instante/Escapar por um triz (+)].

gongórico, a *adj* (<antr L. de Gôngora (1561-1627) + -ico) **1** Relativo ao escritor espanhol Gôngora ou ao gongorismo. **2** «estilo» Afe(c)tado/Rebuscado.

gongorismo *s m Liter* (⇒ gongórico) Estilo introduzido na literatura espanhola por Gôngora, que depois alastrou a outros países, cara(c)terizado pelo uso exagerado de figuras de estilo, sobretudo metáforas, de trocadilhos e palavras eruditas. ⇒ preciosismo **1**.

gongorista *adj/s 2g* (⇒ gongórico) **1** Relativo ao gongorismo. **2** (O) que cultiva o [Partidário do] gongorismo/Gongórico.

gonídia/o *s* (⇒ -gono²-) **1** Qualquer das células de alga verde que, em simbiose com um fungo, está presente no talo de um líquen. **2** Célula reprodutora nas algas.

goniometria *s f* (<gr *gwnía*: ângulo + -metria) **1** Técnica da medição de ângulos. **2** «em cristais» Medida dos ângulos interfaciais.

goniómetro [*Br* **goniômetro**] *s m* (<-gono¹- + -metro) Instrumento usado para medir ângulos.

-gono[1]**-** *suf* (<gr *gwnía*: ângulo, canto) Significa **ângulo**, **esquina**; ⇒ decá~, eneá~, hexá~, isó~, octó~, pentá~, polí~.

-gono[2]**-** *pref/suf* (<gr *gónos*: geração, semente genital) Significa **geração**, **semente genital**; ⇒ gónada, gonócito, ~coco, ~rreia, epí~, cosmogonia, teogonia.

gonócito *s m Biol* (<gono-² + gr *kýtos*: célula) Célula que produz gâmetas, óvulo ou espermatozoide. ⇒ gó[ô]nada.

gonococo (Côco) *s m Biol* (<gono-² +gr *kókkos*: semente) Bactéria causadora da gonorreia; *Neisseria gonorrhoeae*.

gonorreia *s f Med* (<gr *gonórrhoia*: corrimento em órgão sexual) Doença venérea provocada por gonococos, em que há um corrimento mucoso [purulento] pela uretra/Blenorragia/*pop* Esquentamento.

gonorreico, a *adj* (<gonorreia + -ico) Relativo a [Provocado pela] gonorreia.

gonzo *s m* (<gr *gómphos*: cavilha, prego) Mecanismo de duas peças unidas por um eixo comum, estando uma fixa e movendo-se a outra em volta desse eixo, presa a uma porta/janela/.../Bisagra/Dobradiça(+). **Ex.** Devido à falta de óleo, os ~s do portão chiavam bastante [, o portão rangia nos ~s].

gorar *v t/int* (< ?) **1** «Ovo» Corromper-se na incubação/Fracassar. **Ex.** Quando os pintos nasceram, vimos dois ovos gorados. **2** *fig* ~-se/Perder-se/Desaproveitar-se. **Ex.** Gorou-se mais uma oportunidade de ele conseguir trabalho.

goraz *s m* (<lat *vórax,ácis*: voraz) **1** *Icti* Peixe teleósteo da família dos esparídeos, de corpo comprido e avermelhado, muito apreciado na alimentação; *Pagellus centrodontus*. **2** *Ornit* Ave pernalta da família dos ardeídeos; *Nicticorax*.

gordaço, a *adj/s* (<gordo + -aço) (O) que é [está] muito gordo. ⇒ gorducho.

gordalhaço, a; gordalhão, ona; gordalhuço, a; gordalhufo, a; gorda(n)chudo, a; *Br* **gordão, ona** ⇒ gordaço.

górdio *adj m* (<lat *antr Górdius*, lavrador da Frígia (Ásia Menor, Turquia) que veio a ser rei) Diz-se de um nó muito difícil de desatar (como o nó que ligava o jugo ao timão do carro do rei Górdio, desatado [cortado com a espada] por Alexandre Magno). **Idi.** *Cortar o nó ~* [Sair de situação muito complicada].

gordo, a *adj/s* (<lat *gúrdus*) **1** (O) que tem excesso de tecido adiposo/Obeso/*col* Anafado/*col* Cheio/Nédio. **Ex.** Está muito ~, come e bebe de mais [*Br* demais]. Os ~s são às vezes motivo de chacota. **Idi.** *Está ~o/a que nem um texugo/uma lontra* [Está mesmo muito ~]! *Nunca o ter visto mais ~* [Desconhecer alguém] (Ex. Conhece aquele fulano/senhor? – Nunca o vi mais ~ (nem mais magro). **2** «animal» Que está bem nutrido [tem muita carne]. **Ex.** Com tanta pastagem, o gado está ~. **Idi.** *Querer galinha ~a por pouco dinheiro* [Pretender grandes proveitos com pouco esforço]. **3** Que se reduz a gordura. **Ex.** A manteiga e a banha são substâncias ~as. **4** Que contém uma parte considerável de gordura. **Comb.** *Caldo ~. Carne ~a. Creme ~. Leite ~*. Óleo ~. **5** Diz-se de dias do período do Carnaval. **Ex.** Na aldeia comíamos o bucho «do porco», uma delícia, no Domingo Gordo, antes de se entrar na Quaresma. **Comb.** *Sábado ~. Segunda-feira ~a. Terça-feira ~a* «de Carnaval». **6** *Agri* «solo» Fértil(+)/Fecundo/Produtivo(+). **Ex.** Neste terreno ~, as colheitas são abundantes. **7** Diz-se de cara(c)teres tipográficos de linha grossa/carregada. **Ex.** Na leitura dos jornais, só passei os olhos pelas [vi à pressa as] (letras) ~as «títulos». **8** Que tem dimensão maior que a normal/Volumoso/Grosso/Avantajado. **Ex.** Levava ~s [grossos] volumes [grandes calhamaços] para a biblioteca. **9** Elevado/Avultado/Considerável. **Ex.** A empresa paga-lhe um ~ salário, ele vive bem!

gordote, a *adj* (<gordo + -ote) Um pouco gordo/obeso. **Ex.** O nosso amigo está a dar para o [está a ficar] ~.

gorducho, a *adj* (<gordo + -ucho) **1** Diz-se sobretudo de criança com rosto rechonchudo, de formas arredondadas. **Ex.** Foi uma criança ~a até aos sete anos. **2** ⇒ Bastante gordo.

gordura *s f* (<gordo + -ura) **1** *Quím* Qualquer dos muitos glicéridos de ácidos gordos, que são compostos de carbono, oxigé[ê]nio e hidrogé[ê]nio, insolúveis na água. **Comb.** *~ animal* [que se encontra no te-

cido adiposo orgânico]. ~ **vegetal** [que é extraída de algumas plantas]. **2** Tecido adiposo no homem e nos animais. **Ex.** A concentração de ~ na (zona da) cintura origina os inestéticos *col* pneus. As ~s do porco são aproveitadas para (fazer) farinheiras e morcelas, enchido muito apreciado. ⇒ banha; sebo. **3** Qualidade/Estado de gordo. **Ex.** Houve tempo em que a ~ era formosura. **4** Qualquer substância untuosa, sólida ou líquida, usada na preparação de alimentos. **Ex.** O azeite, os óleos vegetais, a margarina, a manteiga e a banha são ~s de uso comum na cozinha. **5** *fig* O que é excessivo/supérfluo. **Ex.** Na empresa há umas ~s que vamos cortar/eliminar.

gordurento, a *adj* (<gordura + -ento) **1** Que tem excesso de gordura/Gorduroso. **Comb. Caldo ~. Molho ~**. **2** «corpo/mãos» Sujo de gordura/Engordurado/Ensebado/Sebento.

gorduroso, a (Ôso, Ósa, Ósos) *adj* (<gordura + -oso) **1** Relativo a gordura. **Comb. Substância** [Pele] ~a. **Tecido** ~. **2** Que tem [é constituído por] gordura.

gorgolão *s m* (⇒ garganta) **1** ⇒ Porção de líquido que jorra de um só ja(c)to/Golfada(+)/Borbotão/Jorro(+). **2** ⇒ Porção de líquido que é engolida de uma vez/Gole.

gorgol(ej)ar *v t/int* (<gorgolão + -ejar) **1** Fazer o ruído do gargarejo/Agitar um líquido na boca com o ar vindo da laringe/Gargarejar(+). **2** Beber com o ruído produzido pelo ar que se deixa entrar na garrafa. **3** Expelir/Sair «água» às golfadas, com ruído semelhante ao do gargarejo. **4** «peru» Fazer gluglu/«ave» Gorjear.

gorgolejo *s m* (<gorgolejar) **1** A(c)to ou efeito de «córrego/ribeiro» gorgolejar. **2** ⇒ Gargarejo.

gorgomil(o) *s m pop* (< ?) ⇒ Garganta/Goela.

górgone *s f* (<gr *Gorgónes*, de *gorgós*: terrível) **1** *Mit gr* Cada uma das três irmãs Górgonas com serpentes no lugar dos cabelos, cujo olhar petrificava quem as encarava. **2** Figura decorativa de mulher com aquela forma, de boca escancarada. **Ex.** Em alguns chafarizes, a água flui [corre] da boca da ~. **3** *fig* Mulher feia e de mau cará(c)ter.

gorgorão *s m* (<an fr *gros-grain*: grão grosso) Tecido encorpado «de seda, algodão, lã», com riscas/cordões salientes.

gorgulho *s m Ent* (<lat *curcúlio,ónis*) **1** Nome comum de inse(c)tos coleópteros que atacam sementes, sobretudo quando armazenadas em celeiros. **Ex.** O ~ pode causar graves prejuízos. **2** ⇒ caruncho. **3** *Br* ⇒ seixo/pedra/areia «de leito de rio».

gorila *s m* (<gr *Górillai*: tribo africana de corpo peludo) Macaco de grande porte, de pelo negro, robusto e feroz, que vive em grupo na floresta tropical da África equatorial «Gabão», alimentando-se de vegetais; *Gorilla gorilla*. **Ex.** O ~ é o mais corpulento dos primatas.

gorja *s f* (<fr *gorge*: garganta) **1** ⇒ Garganta/Goela. **2** *pop* ⇒ Pescoço/Cachaço. **3** *pop* ⇒ gorjeta.

gorjal *s m* (<gorja + -al) **1** *Mil* Parte da armadura que protege o pescoço. **2** Antiga peça de adorno das mulheres/Colar «de prata» com pedras preciosas/Gorjeira.

gorjear *v t/int* (<gorja + -ear) «ave» Emitir sons melodiosos, com variações rápidas/Trinar. **2** Cantar modulando a voz.

gorjeio *s m* (<gorjear) **1** Canto melodioso de algumas aves, com rápida variação de tons/Trinado. **Ex.** O ~ do rouxinol emergia no silêncio matinal. **2** Voz humana suave e harmoniosa. **Ex.** Ouvia-se o ~ das criancinhas a brincar no parque (do jardim).

gorjeira *s f* (<gorja + -eira) Peça de renda, de pano, de pedras preciosas, ... usada pelas mulheres ao pescoço/Gorjal.

gorjeta *s f* (<gorja + -eta) **1** Pequena gratificação em dinheiro por um serviço prestado, sendo por vezes suplementar à quantia a pagar. **Ex.** Ele, no restaurante, tirava [ganhava] bom [bastante/muito] dinheiro em ~s. **2** Escopro fino para cinzelar mármore/pedra.

gorne *s m Náut* (<it *gorna*: rego, garganta) **1** Abertura na caixa do moitão em que gira a roldana, dando passagem ao cabo. **2** Qualquer abertura munida de roda «na amurada».

goro, a (Gô) *adj* (<gorar) **1** Diz-se do ovo que durante a incubação se corrompeu, ficando sem gerar/Gorado. **2** Que fracassou/Frustrado/«plano/negócio» Falhado(+).

gororoba *s f Br* (< ?) **1** ⇒ comida «fraca». **2** ⇒ cachaça. **3** ⇒ bêbedo. **4** ⇒ molengão. **5** ⇒ desordem.

gorra *s f* (<vasconço *gorra*) Cobertura flexível, ajustada à cabeça, de forma cilíndrica/Boina(+)/Barrete/Gorro/Carapuça. **Idi.** (Meter-se) de gorra com «alguém» **a)** Aliar-se a/Conluiar-se com; **b)** Fazer camaradagem/amizade com; **c)** Insinuar-se junto de.

gorro *s m* (<gorra) **1** Cobertura justa para a cabeça, sem aba e com forma cilíndrica ou có[ô]nica. ⇒ gorra. **2** Barrete «de campino» preto e comprido usado por estudantes que usam capa e batina. **3** Chapéu redondo de senhora.

gosma *s f* (< ?) **1** Mucosidade, semelhante a baba espessa, expelida pela boca de alguns animais. **2** Qualquer substância espessa e viscosa expelida por um vegetal. **3** *Vet* Doença da língua das aves, particularmente das galinhas. **4** Doença «dos potros/das ovelhas» cara(c)terizada por inflamação das vias respiratórias e corrimento nasal. **5** *fam* Tosse brônquica forte. **6** *fam* ⇒ escarro; catarro. **7** (O) que é egoísta e pretende viver à custa dos outros.

gosmar *v int* (<gosma + -ar¹) **1** Expelir mucosidade/escarro pela boca. **2** Falar tossindo/escarrando.

gosmento, a *adj* (<gosma + -ento) **1** Que tem gosma. **Comb. Galinha** ~a. **2** ⇒ Semelhante a gosma. **3** ⇒ Que tosse [escarra] muito.

gospel *s m* (ing *gospel*: evangelho <*good*: boa + *spell*: narrativa, nova) Canto religioso dos cultos evangélicos da comunidade negra norte-americana. ⇒ *negro spiritual*.

gostar *v t/int* (<lat *gústo,áre*: saborear) **1** Sentir agrado/prazer em alguma coisa. **Ex.** Gosto que me convidem para festas. **2** Sentir simpatia por/Ter boa impressão de. **Ex.** Gosto daquela gente simples da aldeia. **Ant.** Detestar; odiar. **3** Sentir atra(c)ção sexual [amor/ternura] por alguém. **Ex.** Os namorados gostam um do outro. **4** Achar bem/Concordar com/Aprovar. **Ex.** O pai gostou da [achou bem/aprovou a] minha escolha. **5** Apreciar mais [Achar mais agradável] um alimento/sabor. **Ex.** Gosto muito de laranjas. **6** Ter tendência/inclinação para. **Ex.** O meu irmão gosta muito de carros, de velocidade(s). **7** Ter vocação/motivação para. **Ex.** Gosto de escrever. **8** Desejar/Querer/Pretender. **Ex.** «doente ao médico» Gostava [Agradecia] que me dissesse a verdade. **9** Ter necessidade de/Dar-se bem com/Procurar. **Ex.** As plantas gostam de luz e de humidade. **10** Ter o hábito de/Costumar. **Ex.** No fim da refeição gosta de tomar café. **11** Ter uma impressão agradável ou penosa face a uma situação. **Ex.** Gostei de o ver feliz, confiante. Não gostei da cara dele, pareceu-me doente. Gostei da atitude dele de ajudar o colega. Não gostei da decisão do juiz.

gostável *adj 2 g Br* ⇒ agradável.

gosto *s m* (<lat *gústus,us*) **1** Sentido que distingue os sabores. **Ex.** Convém que o cozinheiro tenha o ~ apurado. **2** Sabor «dos alimentos». **Ex.** Esta maçã tem um ~ estranho. **3** Prazer/Satisfação/Agrado. **Ex.** Comer com ~ é sinal de saúde. Dá ~ vê-lo jogar té[ê]nis. Foi um ~ tê-los na minha casa. **Loc. Fazer (muito) ~ em que** [Ter prazer em que/Desejar muito que] «nos visitem/venham ver-nos». **Tomar ~ por** [Começar a interessar-se por]. **Idi. Quem corre por ~ não cansa** [Um esforço em algo agradável não custa]. **4** Conformidade, ou não, com determinado critério de beleza ou estilo. **Ex.** Aquele edifício, se não é de mau ~, é, pelo menos, de ~ duvidoso/discutível. É uma igreja ao ~ oriental. **5** Sensibilidade estética. **Ex.** A sala está decorada com ~. Ele tem uma grande falta de ~. Tem muito [bom] ~ a vestir [Veste com elegância]. **6** Conformidade, ou não, com o que considera corre(c)to/certo/aceitável/conveniente. **Ex.** É de bom ~ convidar certas pessoas importantes para a festa. **Comb. Brincadeira de mau ~** [imprópria/inconveniente/sem graça]. **7** Interesse/Motivação/Propensão/Apetência. **Ex.** Tem ~ pela discussão das ideias. **8** Vontade/Preferência. **Ex.** Cada um «aluno» escolhe um pré[ê]mio a seu ~. **Idi. ~s não se discutem** [Deve aceitar-se a diversidade de opiniões/Ninguém pode [deve] querer impor o seu ponto de vista].

gostosamente *adv* (<gostoso + -mente) Com agrado/De boa vontade/Regaladamente. **Ex.** Aceitou ~ o convite para o casamento. Saboreou ~ a requintada iguaria/comida.

gostosão, ona *adj/s Br gír* (<gostoso + -ão) **1** (O) que é desejado pelo outro sexo/Atraente/Bonitão(+). ⇒ pimpão. **2** (O) que se arma em [se julga] conquistador/Convencido(+).

gostoso, a (Ôso, Ósa, Ósos) *adj* (<gosto + -oso) **1** «alimento» Que tem sabor agradável/Saboroso(+)/Delicioso. **Ex.** A carne está muito ~a. **2** Que dá prazer/Agradável(+). **Ex.** A vinda deles permitiu-nos um ~ convívio. **3** *Br fig* Que desperta desejo sexual/Atraente(+). **Ex.** Moça ~a! – comentavam os rapazes.

gostosura *s f Br* (<gostoso + -ura) **1** O que é muito agradável/Delícia(+). **Ex.** A gulosseima era uma ~. **2** Grande prazer/Deleite. **Ex.** O relaxamento no fim da tarefa foi uma ~. **3** *fig* Mulher bonita/atraente. **Ex.** A jovem era linda, uma ~ !

gota (Gô) *s f* (<lat *gútta*) **1** Pequena porção de líquido que, ao cair, tem a forma de esfera ou de pera/Pingo. **Ex.** Da torneira mal fechada, a água caía ~ a ~. **Idi. Foi a ~ de água que fez transbordar o copo** [Fa(c)to/Procedimento que, a seguir a outros semelhantes, provocou a crise]. **Comb. Rega ~ a ~** [Fornecimento de humidade à planta no mínimo necessário, como forma de poupar água]. **2** Porção de medicamento líquido que vai caindo sucessivamente do conta-gotas. **Ex.** O médico receitou-lhe umas ~s «de colírio» para a vista. **3** *fig* Pequena quantidade de um líquido. **Ex.** Pediu que lhe desse [pusesse no copo] só uma ~ de licor. **4** *Arquit* Ornato de forma redonda/có[ô]nica/piramidal, geralmente na base da cornija. **5** *Med* Doença que

provoca grande dor por inflamação nas articulações, devido ao excesso de ácido úrico no sangue. **Ex.** Uma boa dieta é uma grande ajuda a quem tem ~.
gota-coral *s f pop Med* ⇒ epilepsia.
gota-serena *s f Med* Perda completa [parcial] da visão por afe(c)ção interna, sem lesão aparente no olho/Amaurose(+).
goteira *s f* (<gota + -eira) **1** Telha em meia-cana para escoamento da água da chuva de uma cobertura. **Ex.** Com o frio intenso, pendiam da ~ pingos de gelo. **2** Cano para captar a água da chuva/Calha. **3** Fenda no telhado por onde a água da chuva entra dentro de casa. **4** *Anat* Sulco na superfície de um osso.
gotejador *s m/adj* (<gotejar + -dor) (O) que goteja «bico que se embute num tubo de rega para que a água caia em gotas no solo».
gotejante *adj 2g* (<gotejar) Que cai [verte] gota a gota/Que goteja. **Ex.** Uma torneira ~ [a pingar] causa grande desperdício de água.
gotejar *v int/t* (<gota + -ejar) Verter [Cair] «um líquido» gota a gota/Pingar.
gótico, a *adj/s m* (<lat *góthicus,a,um*; ⇒ godo) **1** Relativo aos Godos ou à sua cultura. **2** Diz-se de um tipo de letra cara(c)terizado por traços angulosos e sobretudo verticais, com ornatos em forma de pontas e ganchos. **Comb.** Alfabeto ~. **3** *Arquit* Diz-se de um estilo desenvolvido na Europa, entre os séc. XII e XV, em que abóbadas e arcos têm a forma ogival. **4** *s m Ling* Língua dos Godos.
gotícula *s f* (<gota) ⇒ Gota minúscula/Gotinha(+).
goto[1] (Gô) *s m pop* (<lat *gúttur,uris*: garganta) Glote(+). **Loc.** Ir para o [Cair no] ~ [«um alimento» Entrar na glote ao engolir, provocando forte tosse e asfixia]. **Idi.** *Cair*[Dar(-lhe) ***no*** ~ [Ter a simpatia de [Agradar a] alguém] (Ex. A música [marcha] da banda dava [caía] no ~ a todos. Aquele «político» não fala comigo; não lhe caí no ~).
goto[2] *s m Mús* (<jp *koto*) ⇒ koto.
gotoso, a (Ôso, Ósa, Ósos) *adj Med* (<gota 5 + -oso) **1** Relativo à [Cara(c)terístico da] gota 5. **2** ⇒ Que sofre de gota 5.
goulag *s m* (<sigla russa GOULAG: Direcção do Estado dos Campos) Campo de concentração da União Soviética (Estado euro-asiático no período 1922-1991), para onde se enviavam presos políticos.
gourmet *fr s m* Indivíduo apreciador e bom conhecedor de iguarias e de bons vinhos/Gastró[ô]nomo(+).
governabilidade *s f* (<governável + -idade) Cara(c)terística do que pode ser administrado/dirigido/governado. **Ex.** A ~ de um país é uma condição de progresso.
governação *s f* (<lat *gubernátio,ónis*: condução de um navio) **1** A(c)to de governar/Governo/Administração. **2** Prática seguida pelos governantes. **Ex.** A boa ~ atende às necessidades da população.
governado, a *adj* (<governar) **1** Dirigido/Administrado/Chefiado. **Ex.** O país tem sido ~ por dois ou três partidos. **2** Que sabe [tem o hábito de] poupar/Que se controla nos gastos. **Ex.** Uma pessoa ~a pode temer menos o futuro. **3** Que tem uma boa situação financeira. **Ex.** Está ~, quase não precisa de trabalhar.
governador, ora *s* (<lat *gubernátor,óris*: timoneiro, piloto) **1** O que exerce o governo de um estado federado ou de uma região administrativa em alguns países. **Comb.** ~ *do Estado de S. Paulo* (Brasil). ~ *civil* [Magistrado administrativo que, em Portugal, representava o Governo Central em cada distrito junto dos órgãos de administração local, que tutelava]. *Hist* ~ *do Reino* [Título dos regentes de Portugal nas primeiras dinastias]. **2** Título dado aos presidentes dos conselhos de administração de algumas instituições ou ao representante do Estado na administração do Banco Central. **Comb.** ~ do Banco de Portugal.
governador-geral *s m Hist* Pessoa «Tomé de Sousa» nomeada pelo Governo da Metrópole para exercer a chefia política e administrativa em cada uma das antigas coló[ô]nias portuguesas «Brasil», tutelando os governadores dos distritos.
governamental *adj 2 g* (<governo + -mento + -al) **1** Relativo ao [Do] governo de um país. **Ex.** A equipa ~ voltou a estar completa. **Comb.** *A(c)tividade ~. Decisão ~. Decreto ~. Elenco ~* [Ministério]. *Iniciativa ~*. **2** Que apoia o [Partidário do] governo. **Comb.** Partido ~.
governamentalismo *s m* (<governamental + -ismo) **1** Tendência para [Prática de] colocar no campo de decisão do governo o que está fora das suas atribuições. **2** Teoria que preconiza a ampliação das competências do governo.
governamentalização *s f* (<governamentalizar + -ção) Passagem de um serviço para o campo da decisão/gestão do governo do país. **Ex.** Na opinião de alguns, a ~ enfraquece a sociedade civil e a democracia.
governamentalizar *v t* (<governamental + -izar) O governo passar a gerir/controlar serviços que funcionavam autonomamente.
governança *s f col/gír* (<governar + -ança) ⇒ governação; governo.
governanta *s f* (<governante) Mulher contratada para ter a seu cargo, numa casa alheia, a dire(c)ção das tarefas domésticas, os cuidados com crianças e idosos.
governante *adj/s 2g* (<governar) (Pessoa) que exerce funções no [que pertence ao elenco do] governo.
governar *v t* (<lat *gubérno,áre*: dirigir um navio) **1** Traçar a política e dirigir a administração pública de um país/Exercer o poder executivo. **Ex.** Em eleições escolhe-se quem vai ~ o país. Foi-lhe conferido o mandato de ~. **2** Administrar(+)/Gerir(+)/Dirigir(+). **Ex.** É uma tarefa difícil ~ uma empresa tão grande. **3** *Náut* Conduzir/Guiar uma embarcação «com o leme». **Ex.** No lago é fácil ~ o barco. **4** Controlar os movimentos de um animal, de um veículo, de uma máquina. **Ex.** Tem grande perícia a ~ o carro no rali. **5** ~-se/Ter autonomia na gestão dos seus recursos. **Ex.** Apesar de muito jovem, sabe já ~-se sem precisar da ajuda dos pais. **Loc.** ~ *a vida* [Fazer por garantir os meios de subsistência]. *Ele/a, que se governe!* [Exclamação de quem não quer continuar a preocupar-se com a vida de outrem]. **6** *iron* ~-se/Adquirir boa situação financeira de forma pouco lícita. **Ex.** Soube ~-se enquanto esteve a ocupar o cargo de chefia.
governativo, a *adj* (<lat *gubernatívus*) Referente ao [Do] governo. **Ex.** A a(c)ção ~a tem sido apreciada pelo povo. **Comb.** Programa ~o/do governo(+).
governável *adj 2g* (<lat *gubernábilis*) Que se pode governar.
governo *s m* (<lat *gubernum,i*: (timão do) leme) **1** A(c)to ou efeito de dirigir/administrar/governar. **2** Exercício do poder político num país/comunidade/província/região/Governação. **3** Órgão do poder executivo de um país/Conjunto de personalidades nomeadas para exercer. **Ex.** O ~ tem gozado de grande popularidade. O chefe do ~ [O primeiro-ministro] falou ao país. **Loc.** *Demitir o ~. Formar ~.* **Comb.** ~ *provisório* [nomeado para exercer o poder executivo em período transitório de crise até à implantação de nova estrutura institucional] (Ex. A seguir à revolução do 25 de abril de 1974, houve em Portugal vários ~s provisórios). *Programa do ~*. **4** Órgão que exerce poder político num território. **Comb.** ~ *civil* **a)** Órgão que representava o ~ central junto dos órgãos autárquicos e das populações de um distrito; **b)** Edifício onde funcionava esse órgão. ~ *estadual* «do Estado de S. Paulo». ~ *federal* [central] «de Brasília/do Br». ~ *regional* [Órgão do poder executivo nas regiões autó[ô]nomas de Açores e Madeira, politicamente responsável perante a Assembleia Regional]. **5** A(c)tuação de um governante. **Ex.** No ~ deste político houve grande sentido do bem comum. **6** Período em que se exerce o poder/Mandato. **Ex.** No meu ~ houve uma certa prosperidade. **7** Comando de uma embarcação. **Ex.** Em águas calmas o ~ do barco está facilitado. **8** *Náut* ⇒ leme de embarcação. **9** Domínio/Controle de um animal/veículo. **Ex.** O carro ficou sem ~ e caiu ao rio. **10** ⇒ rédeas; freio. **11** Orientação/Controle. **Ex.** Para meu ~, preciso de mais informação sobre o proje(c)to.
governo-geral *s m* Conjunto de funções do governador-geral.
governo-sombra *s m* Grupo de elementos de um partido da oposição que acompanha as decisões dos vários ministérios.
gozação *s f Br* (gozar + -ção) A(c)to de gracejar/troçar/ridicularizar/Chacota/Brincadeira(+)/Gozo.
gozado, a *adj* (<gozar) **1** Que se gozou/aproveitou/fruiu. **Comb.** Férias (bem) ~as/passadas. **2** «aluno» Que é alvo de troça/*br* gozação «pelos colegas». **3** *Br* Engraçado/Divertido/Có[ô]mico. **Ex.** É mesmo um cara ~! **4** *Br* Curioso/Estranho/Interessante/Gracioso. **Ex.** O ~ é que, apesar dos contratempos, saiu-se bem daquela trapalhada!
gozador, ora [gozão, ona] *adj/s* (<gozar) (O) que é trocista/que tem propensão para criticar com graça. **Ex.** Nem todos suportam aquele ar de ~ incorrigível. **Sin.** Brincalhão(+).
gozar *v t/int* (<gozo + -ar[1]) **1** Ter/Procurar prazer/satisfação. **Ex.** Só pensa em ~ a vida, trabalho não é com ele [, não gosta de trabalhar]. **2** Aproveitar/Desfrutar/Fruir «o que é agradável». **Ex.** Muito gosta ele de ~ o sol da manhã! **Loc.** ~ *as férias*. ~ *a licença*. ~ *a reforma*. **3** Deliciar-se/Deleitar-se com. **Ex.** ~ a serenidade do campo era o que mais desejava. **4** Passar o tempo em diversões. **Ex.** Para ele o que importa é ~. **5** Dispor de [Ter] uma capacidade, direito, benefício, … **Ex.** Goza de [Tem] boa saúde. Goza de uma grande facilidade de falar em público. Goza do [Tem o] direito de preferência na compra da casa do vizinho. **6** Ter/Possuir/Usufruir. **Ex.** O artista goza de [tem] grande popularidade entre os jovens. **7** Atingir o orgasmo na relação sexual. **Ex.** Queixava-se ao médico de não conseguir ~ com o parceiro. **8** Fazer chacota com [Troçar de] alguém. **Ex.** – Cala-te, não me gozes [não gozes comigo]! «ameaçando» Estás a [Queres] ~ comigo, ou quê?
gozo[1] *s m* (<lat *gáudium*: alegria) **1** Uso/Usufruto. **Ex.** Já velho, continua no pleno ~ das faculdades. **2** Experiência satisfatória. **Ex.** Está no ~ das merecidas férias.

3 Sensação/Sentimento aprazível/agradável. **Ex.** Tem ~ em ouvir o rouxinol pela manhã. Dá-lhe especial ~ [alegria] recordar a infância com os amigos. **4** Prazer sexual. **5** Motivo de divertimento/Coisa engraçada. **Ex.** Dá ~ [Tem graça] ouvi-los a discutir. Foi um ~ ver o respeitável ancião a correr atrás do [correr a apanhar o] chapéu. **6** Troça/Chacota/Zombaria. **Ex.** Está no ~ com o [Troça do] caloiro/primeiranista/novato.

gozo² s m (<esp *gosque*: pequeno cão que ladra?) ⇒ Cão pequeno que não é de raça/Rafeiro.

gozoso, a adj (<gozo + -oso) **1** «manhã» Que dá satisfação/gozo/prazer/Agradável(+). **2** «olhar/gargalhada» Que revela contentamento/alegria. **3** *Catol* Diz-se de mistérios do rosário relativos a cinco acontecimentos felizes anteriores à vida pública de Jesus. **Comb.** Mistérios ~s «Anunciação...».

grã¹ s f (<lat *grána*, pl de *gránum*: semente, grão) **1** *Ent* ⇒ Cochonilha. **2** Tinta escarlate obtida a partir desse inse(c)to/Carmim. **3** Tecido tingido com essa tinta. **4** *Bot* Excrescência que se forma em tecidos de uma espécie de carvalho (*Quercus coccifera*) devido à a(c)ção de inse(c)tos/parasitas/Galha¹. **5** *Vet* Pequeno tumor que se forma na abóbada palatina de solípedes «cavalo», junto aos dentes incisivos.

grã² adj f ⇒ grão²; grande.

graal s m (<fr *graal*) Vaso/Cálice que, segundo romances de cavalaria medievais, teria sido usado por Cristo na Última Ceia e por José de Arimateia para receber o sangue de Cristo crucificado. **Comb.** Santo ~.

grabato s m (<lat *grabátus*) **1** ⇒ Catre. **2** *Bot* Pequeno e tosco ramo de árvore/Lenha miúda/Graveto(+). **Ex.** Para se proteger do frio, tinha ido buscar, para a lareira, um feixe de ~s.

Grã-Bretanha s f Reino Unido (da Grã-Bretanha e da Irlanda do Norte), cuja capital é Londres e a língua é o inglês. ⇒ Inglaterra.

graça s f (<lat *grátia*: agrado, favor, estima, agradecimento; ⇒ gracinha) **1** *Catol* Dom gratuito de Deus. **Ex.** A (virtude da) fé é uma ~ divina. **Idi.** *iron* **Por obra e ~ do Espírito Santo** [Sem esforço próprio, como se por milagre (de Cristo ser concebido no seio de Nossa Senhora)]. **2** *Catol* Estado daquele que está sem pecado grave/Pureza de alma. **Ex.** Se está em ~, pode (ir) comungar. **Loc.** *Estar em* (estado de) ~. *Perder a ~ de Deus* [Pecar]. **Comb.** ~ *santificante*. *Estado de ~*. **3** *Catol* Dom/Favor a ser concedido por Deus, por um santo ou pela Igreja. **Ex.** Pediu ao santo «S. Agostinho» a ~ da conversão do filho. **4** Dádiva/Mercê/Benesse concedida a alguém. **Ex.** O rei concedeu esta ~ aos súbditos da região. **Comb.** *De ~* **a)** Sem pagamento/custo/Gratuito (Ex. O espe(c)táculo ficou-nos [foi] de ~); **b)** *fig* Muito barato (Ex. Por dois euros, esta peça é (praticamente) de ~). **5** Presente simbólico/Pequena prenda/Lembrança/Mimo. **Ex.** Quis trazer-lhe esta ~, é só uma gracinha! **6** *Dir* A(c)to de clemência do Chefe de Estado ao conceder um indulto ou comutação de pena a um condenado. **Ex.** O recluso/preso espera uma ~ do Presidente. **7** Pessoa/Coisa que sobressai pelo encanto/pela graciosidade ou beleza. **Ex.** Sem dúvida, a moça é uma ~, um amor! **Idi.** *Dar um ar da sua ~* «na festa/reunião»[Marcar presença/Vir]. **8** Elegância de porte/movimentos/formas. **Ex.** «a filha» Tem muita ~ no andar, é uma senhora! Com os apertos da multidão, o vestido ficou sem ~. **9** Modo espirituoso de dizer/Piada. **Ex.** Tem ~ a contar anedotas. Ao ser repetida, a anedota perde a ~. **Loc.** *Achar ~* [Gostar de/Apreciar]. «pessoa/texto/...» **Com** [Sem] ~. *interj* **Tem ~!** [É curioso/estranho/engraçado] (Ex. Tem ~! Eu também estudei nesse colégio!). **10** O que é divertido/Pilhéria. **Ex.** «a criança» Sai-se com cada ~, que *idi* é de morrer a rir. Mas, qual é a ~? **Loc.** *Não estar* [Não ser] *para ~s* [Não estar com [Não ter] disposição para brincadeiras]. «disse aquilo (só)» *Por ~* [Para brincar]. **11** Dito/A(c)to com velada intenção de ferir/atingir/incomodar alguém. **Ex.** Ele quer fazer-se engraçadinho, mas eu não gosto nada das suas ~s! **12** Sabor agradável/Gosto/Tempero(Pê) «da comida». **Ex.** O arroz está sem ~, falta-lhe qualquer coisa! **13** *pop* Nome(+) da pessoa/Nome de ba(p)tismo. **Ex.** Para preenchermos o impresso, diga-me a sua ~. **14** *pl* Expressão de agradecimento/gratidão/reconhecimento. **Ex.** ~s a Deus, tudo correu bem. No princípio da refeição, damos ~s ao Senhor pelo alimento que vamos tomar. **Loc.** *~s a* [Devido a/Por causa de/Por a(c)ção de] (Ex. ~s a ele, conseguimos o que pretendíamos. ~s ao esforço de todos, pudemos vencer). **15** Disposição para fazer favores ou ser agradável a alguém/Benevolência/Estima. **Prov.** *Mais vale cair em ~ do que ser engraçado* [Por vezes tira-se mais proveito de um acaso feliz do que do próprio esforço]. **Idi.** *Cair nas ~s de alguém* [Conquistar «o chefe»/Ter a sua simpatia]. *Estado de ~* [Período inicial da a(c)tividade de um governo, em que ainda goza da boa vontade do povo, que espera para ver como vai a(c)tuar]. **16** *pl Mit* Três divindades «femininas» que na Grécia antiga personificavam o poder de agradar.

gracejar v int (<graça + -ejar) Fazer comentário jocoso/bem-humorado/Motejar. **Ex.** Gosta de ~ com os colegas.

gracejo s m (<gracejar) **1** A(c)to de gracejar. **2** Dito espirituoso/engraçado/Pilhéria/Graça. **Ex.** Um ~ diverte e favorece a camaradagem.

grácil adj 2g (<lat *grácilis*) **1** Leve/Fino/Delicado. **Comb.** Braços gráceis. **2** ⇒ «forma» Elegante/Gracioso.

gracilidade s f (<lat *grácílitas,átis*) Qualidade do «corpo» que é fino/delicado/grácil.

gracílimo, a adj (<lat *gracíllimus, sup* de *grácilis*) Muito grácil.

gracinha s f (<graça + -inha) **1** ⇒ *Dim* de graça. **2** Dito espirituoso/iró[ô]nico/Piada. **Ex.** É um brincalhão, gosta de sair-se com [de dizer] ~s. **3** Crítica su(b)til/Insinuação mordaz/Graçola. **Ex.** Dispenso essas ~s! **4** «criança que é» Encanto/Amor. **Ex.** A tua filha é uma ~ ! **5** ⇒ Gesto/Dito engraçado de criança. **6** ⇒ Pessoa [Coisa] que encanta.

graciola [graciosa] s f *Bot* (<graça + ...) Planta herbácea, venenosa, da família das escrofuláceas, com aplicação medicinal; *Gratiola officinalis*.

graciosa s f (<gracioso) ⇒ graciola.

graciosamente adv (<gracioso + -mente) **1** Com graça/beleza. **Ex.** A dançarina rodopiava ~ frente à assistência embevecida. **2** De forma alegre/divertida. **Ex.** Exprimia-se ~ provocando o sorriso do grupo. **3** De graça/Gratuitamente(+). **Ex.** É servida ~ uma refeição aos pobres.

graciosidade s f (<gracioso + -idade) Qualidade do que é gracioso/elegante/Leveza/Graça. **Ex.** Ficámos maravilhados com a ~ dos seus movimentos em palco.

gracioso, a (Ôso, Ósa, Ósos) adj (<lat *gratiósus*) **1** Que tem graça/encanto/Elegante. Aquela ~a figura de mulher impressionou-o. **2** Que faz rir/Engraçado/Divertido/Espirituoso. **Ex.** O ~ comentário do professor despertou o interesse da turma. **3** De graça/Gratuito(o)/Grátis(+). **Ex.** A inscrição na corrida é ~a. **Ant.** Pago. **4** ⇒ Que concede graças/favores/Magnânimo.

graçola (Çó) s f (<graça + -ola) **1** Piada de mau gosto/Dito inconveniente/Gracinha 3. **Ex.** Já não suporto as ~s daquele insolente. **2** s 2g Indivíduo que costuma ser inconveniente nas suas chalaças/piadas/*iron* Engraçadinho. **Ex.** Aquele ~ *idi* faz perder a paciência a um santo.

grã-cruz s f **1** Grau mais elevado de certas ordens honoríficas. **Ex.** Ele foi distinguido com a (condecoração da) ~ da Ordem de Santiago e Espada. **2** Insígnia desse grau, constituída por uma cruz pendente de uma faixa colocada a tiracolo. **3** s 2g Dignitário condecorado com essa insígnia.

gradação s f (<lat *gradátio,ónis*: escada) **1** Variação contínua e gradual no sentido de aumento ou de diminuição. **Ex.** No arco-íris há uma ~ de cores entre os extremos vermelho e violeta. **2** *Mús* Passagem gradual de um som a outro. **3** *Gram* Figura de retórica em que uma sequência de palavras expressa uma progressão de sentido ascendente ou descendente. **Ex.** Na frase *Estive horas, dias, semanas, meses à espera de uma carta* há uma ~ (ascendente).

gradagem s f (<gradar + -agem) A(c)ção de alisar a terra de cultivo [de desfazer os torrões] com a grade. **Ex.** Antes de lançar a semente de centeio à terra, o lavrador procedia à [fazia a] ~ do terreno.

gradar¹ v t (<grade + -ar¹) Desfazer os torrões [Alisar a terra] com a grade/Gradear. **Ex.** Para ~ com mais eficiência, a grade transportava, às vezes, o lavrador e uma grande pedra de contrapeso.

gradar² v int (<grado¹ **1** + -ar¹) «grão de trigo/milho» Aumentar de tamanho/volume/Crescer. **Ex.** O lavrador alegrava-se de ver o cereal ~ na espiga.

gradaria s f (<grade + -aria) Vedação feita com várias grades/Gradeamento(+).

gradativo, a adj (<lat *gradátus*: em degraus + -ivo) **1** Que aumenta «progresso» ou diminui «retrocesso» progressivamente/Gradual. **2** Que se desenvolve [faz] por etapas/Que evolui. **Comb.** Processo ~.

grade s f (<lat *crátis,is*: grade de canas) **1** Vedação/Divisória, geralmente metálica ou de madeira, formada por barras, com intervalos, podendo ser decorada. **Ex.** Para impedir assaltos, mandou pôr ~s nas janelas. ⇒ Gradeamento. **2** *pl* Compartimento limitado por ~ /Locutório de convento ou de prisão. **3** *pl* Estabelecimento prisional/Cadeia. **Loc.** Ir parar às [Ficar atrás das (+)] ~s [Ser preso]. **4** Caixa «de plástico» com divisórias para transporte de bebidas engarrafadas. **Ex.** Para a festa encomendou duas ~s de cervejas. **5** Alfaia agrícola formada por traves de madeira unidas, com ou sem pontas metálicas na face inferior, para alisar a terra de cultivo ou desfazer os torrões. **6** Estrutura de ripas de madeira usada para prote(c)ção na deslocação de móveis ou para transporte de aves. **7** Molde de madeira/ferro no fabrico de telhas e tijolos. **8** Caixilho em que o pintor estica uma tela. **9** Utensílio com que se limpa o pelo de cavalgaduras. **10** *Vet* Instrumento metálico usado para cauterizar feridas.

gradeado, a adj/s m (<gradear) **1** Que é vedado com grades **1**/**2**. **2** «terreno» Alisado

com grade 5/Gradado(+). 3 ⇒ Que tem a forma de grade. 4 s m ⇒ gradeamento(+).

gradeamento s m (<gradear + -mento) 1 A(c)ção ou efeito de gradear. 2 Estrutura de vedação/resguardo, formada por ripas ou por barras metálicas com intervalos/Conjunto de grades. 3 Divisória em forma de grade com motivos decorativos.

gradear v t (<grade + -ear) 1 A(c)ção de vedar a passagem ou de delimitar [cercar] um espaço com grade 1. 2 Vet Cauterizar «ferida» com grade 10.

gradecer v int (<grado¹ + -ecer) ⇒ gradar.

gradiente s m (<lat grádiens,éntis, de grádior,grádi: caminhar) 1 Variação de uma grandeza em determinada dire(c)ção/Declive de uma linha/Variação gradativa. 2 Grau de variação de determinada cara(c)terística. **Comb.** ~ *do declive do terreno*. ~ *geotérmico*. ~ *de pressão atmosférica*. ~ *da temperatura*.

gradil s m (<grade + -il) Grade «baixa» que cerca/protege um edifício/lugar/Gradeamento(+).

gradim s m (<fr gradine) Instrumento de lâmina dentada usado pelos escultores para aplanar as asperezas deixadas pelo cinzel no mármore.

grado¹, a adj (<lat granátus: cheio de grão; ⇒ grão) 1 «espiga» Que tem o grão grosso, bem desenvolvido. **Ex.** A colheita promete [vai ser abundante], o trigo está ~. 2 ⇒ crescido; gordo. 3 ⇒ abundante; farto. 4 fig Importante/Insigne. **Comb.** Gente ~a «da nossa cidade». ⇒ graúdo.

grado² Geom (<lat grádus: grau) Centésima parte de um quadrante da circunferência/Unidade de medida de arcos e de ângulos ao centro da circunferência (Símbolo gr). **Ex.** Um ângulo re(c)to mede 100 ~s.

grado³ s m (<lat grátus: agradável; ⇒ agrado) an Desejo/Vontade. **Loc.** «fazer algo» *De bom ~* [De boa vontade/Com agrado]. *De mau ~* [De má vontade/(De espírito) contrariado]. *Mau ~ meu/seu* [Apesar de eu/ele não querer] «o plano falhou».

graduação s f (<lat graduátio,ónis; ⇒ grau) 1 A(c)ção ou efeito de (se) graduar. 2 Divisão em graus de um instrumento de medida. **Ex.** O termó[ô]metro clínico tem ~ entre 35 e 42 graus Celsius. 3 «numa lente» Número de dioptrias. 4 Percentagem de álcool numa bebida. **Ex.** Este vinho tem alta ~. 5 Mil Designação do grau/posto na hierarquia militar. 6 Ordenação das pessoas numa lista atendendo a determinados critérios de sele(c)ção. **Ex.** A ~ dos candidatos acaba de ser afixada na vitrina/tabela/no quadro. 7 Conclusão de um curso superior/Formação. **Ex.** Ele está de parabéns, acaba de obter a ~ [de se formar] em Medicina. ⇒ pós-graduação. 8 Posição social/Posto/Categoria.

graduado, a adj/s (<graduar) 1 Que está dividido em graus, centímetros ou em outra unidade de medida. **Ex.** Na cozinha, com um copo ~ é fácil medir as quantidades dos ingredientes. **Comb.** Régua ~a. 2 Diz-se de lentes com certo número de dioptrias. **Ex.** Para conduzir [Br dirigir] um veículo automóvel deve usar óculos ~s. 3 (O) que ocupa um posto na hierarquia militar. 4 (O) que possui um grau acadé[ê]mico/que concluiu um curso superior. 5 Em que há uma progressão. **Comb.** Exercícios ~s. 6 Importante(+)/Conceituado/Distinto. **Ex.** Estavam (presentes) os membros mais ~s da associação.

gradual adj 2g/s m (<lat graduális; ⇒ grau) 1 Que se realiza/processa por graus/etapas, de forma lenta, no sentido do aumento ou da diminuição. **Ex.** A seguir a uma doença grave, a recuperação das forças é ~, vai-se fazendo pouco a pouco. 2 Catol Salmo responsorial(+) na missa entre a leitura da epístola e a do evangelho.

gradualmente adv (<gradual + -mente) A pouco e pouco/De forma gradual/Progressivamente.

graduando, a s (<graduar 4) ⇒ formando.

graduar v t (⇒ grau) 1 Dividir um instrumento de medida em graus/unidades de acordo com uma escala. **Loc.** ~ *um tubo de ensaio.* ~ *uma régua.* ~ *um termó[ô]metro*. 2 Regular a posição, a força, a intensidade de algo de modo a conseguir o uso mais favorável em dado momento/Controlar/Dos(e)ar. 3 Ordenar/Classificar segundo um ou mais parâmetros. 4 Conferir [Obter] um grau do ensino superior. 5 Conferir um posto/título militar.

grã-duquesa s f (⇒ grão-duque) 1 ⇒ Soberana de um grão-ducado. 2 ⇒ Esposa do grão-duque.

grafar v t (<grafo- + -ar) Dar forma escrita a [Escrever] palavras segundo uma norma ortográfica.

grafema s m Ling (<grafo- + -ema) Unidade mínima de um sistema de escrita que, na escrita alfabética, corresponde à letra ou a outros sinais distintivos, como os da pontuação, hífen, til, …

graffiti it ⇒ grafito.

grafia s f (<grafo²- + -ia) 1 Regist(r)o das ideias pela escrita. 2 Maneira pessoal de escrever/col Letra. **Ex.** O miúdo tem uma ~ [letra] muito certinha, muito bonita! 3 Maneira como uma palavra está escrita. **Ex.** Esta palavra está escrita ainda na ~ antiga.

graficamente adv (<gráfico + -mente) 1 Do ponto de vista da imagem ou do texto. **Comb.** Anúncio ~ chamativo. 2 Por meio de gráfico 6. 3 ⇒ claramente.

gráfico, a adj/s (<gr graphikós) 1 Relativo à representação da palavra pela escrita/Relativo à grafia. **Comb.** Cara(c)teres ~s. 2 Representado por desenho, linhas ou formas geométricas. **Comb.** Representação ~a. 3 Relativo a qualquer tipo de grafismo feito pelo homem numa qualquer superfície. 4 Diz-se de técnicas de reprodução, gravura, estereotipia, … **Comb.** Artes ~as. 5 s Pessoa que trabalha nesse ramo de a(c)tividade ou nessa indústria. **Comb.** Sindicato dos ~s. 6 s m Representação plana de dados econó[ô]micos, sociais, físicos, … que evidencia uma variação dos fenó[ô]menos e sua correlação num dado período. **Ex.** O ~ mostra a relação da crise econó[ô]mica com a diminuição da natalidade. 7 s m Linha traçada por um aparelho regist(r)ador. **Ex.** O ~ do sismógrafo mostra bem a intensidade do terramoto. 8 s f Estabelecimento onde se fazem trabalhos impressos/Tipografia. **Ex.** Passei pela ~a e mandei imprimir uns cartões de visita.

grafila s f (<cast grafila) Orla de moeda/medalha, junto à serrilha.

grã-fino, a adj/s Br (<grão² + …) 1 Indivíduo abastado/que vive no luxo/Gente fina (+). 2 Próprio de ~/Requintado/Sele(c)to/Elegante.

grafismo s m (<grafo- + -ismo) 1 Forma de escrever/Aspe(c)to gráfico. 2 Forma pessoal de escrever/fam Letra. 3 Arte Estilo próprio de um artista nos seus desenhos ou pinturas/Traço(+). **Comb.** ~ de Leonardo (da Vinci). 4 Ped Traços inseguros feitos pela criança na preparação para a escrita.

grafite/a s f Miner (<al graphit, termo criado por A. Werner (1750-1817), mineralogista alemão) 1 Mineral de cor cinzento-escuro, variedade do carbono, com brilho metálico, usado no fabrico de lápis/minas, em pilhas ató[ô]micas, como lubrificante/…/Plumbagina. 2 Lápis próprio para desenhar. 3 Br ⇒ grafito 2.

grafito s m (<it graffito) 1 Hist Inscrição [Figura desenhada] gravada, com ponta dura de estilete, em paredes, muralhas ou monumentos de civilizações antigas. 2 Desenho/Frase/Palavra de cará(c)ter jocoso/contestatário feito, geralmente com spray de tinta, em parede/muro/monumento observável da [desde a] via pública/Graffiti.

-grafo¹ suf (<gr gráphw: escrever) Significa pessoa [coisa] que escreve; ⇒ da(c)tiló~, estenó~, geó~, musicó~, sismó~, telé~.

grafo²- pref (<gr gráphw: escrever) Significa escrever, inscrever; ⇒ grafismo, grafite, ~logia.

grafologia s f (<grafo²- + -logia) Ciência que faz o estudo da personalidade de alguém pelos traços da sua letra/escrita.

grafológico, a adj (<grafo²- + -logia) Relativo à grafologia.

grafologista s 2g (<grafologia + -ista) Especialista em grafologia/Grafólogo.

grafólogo, a s (<grafo²- + -logo) ⇒ grafologista.

grafómetro [Br **grafômetro**] s m (<grafo²- + -metro) Aparelho usado nos levantamentos topográficos para medir ângulos do terreno. ⇒ triangulação.

grafonola s f (<grafo²- + fono- + -ola) Antigo aparelho reprodutor de sons gravados em cilindro/disco, sendo o som ampliado por altifalante encerrado em caixa portátil/Gramofone. **Ex.** A ~ foi precursora do gira-discos.

grafopsicologia s f (<grafo²- + psicologia) Conhecimento da psicologia de alguém pelo estudo da sua letra/escrita. ⇒ grafologia.

graforreia s f Psic (<grafo² + -reia) Necessidade premente que o doente tem de escrever muito, fazendo-o de forma desconexa/Grafomania.

grafostática s f Mec (<grafo²- + estática) Aplicação da geometria à resolução de problemas da mecânica estática.

grainha (Gra-î) s f (<grão + -inha) 1 Semente da videira «que tem a forma de pequeno grão». **Ex.** Ao comer uvas, alguns engolem as ~s. 2 Vet Doença frequente no porco e no boi, provocada por larvas da té[ê]nia/Chaveira/Cisticercose.

gral s m (<fr graal) 1 ⇒ almofariz. 2 ⇒ graal.

gralha s f (<lat grácula, f de gráculus: gaio, gralho) 1 Ornit Nome vulgar de vários gé[ê]neros de pássaros da família dos corvídeos. 2 Ornit Ave de corpo esguio e plumagem de colorido brilhante, também conhecida por gralho, abelheiro ou abelharuco; Merops apiaster. 3 fig Pessoa muito faladora/Tagarela. 4 col Erro num texto escrito por distra(c)ção/Lapso. 5 ⇒ Jogo popular em que, com malha, se procura derrubar o fito do adversário/Malha/Fito(+).

gralhada s f (<gralha + -ada) 1 Som estridente do canto das gralhas. 2 Chilrear de muitos pássaros ao mesmo tempo/Cantoria. 3 Vozearia(+) confusa de muita gente junta.

gralho s m (<lat gráculus) 1 Ornit ⇒ abelheiro; abelharuco; gralha 2(+). 2 Mec Roda dentada que, no guincho, engata [desengata] o movimento do tambor.

grama¹ s m (<gr grámma: escrópulo, pedra pequena como grão) Unidade de medida de massa (Símbolo g). **Ex.** Um quilograma (Kg) tem mil ~s (1000 g).

grama² s f Bot (<lat grámina, pl de grámen, inis: relva) 1 Planta rasteira, com rizoma,

da família das gramíneas, prejudicial às culturas/Gramão; *Cynodon dactylon*. **Ex.** É preciso mondar a ~, que ela escalda/seca(É) a terra. **2** Erva da família das gramíneas, cultivada em jardins, própria para locais de recreio/Relva.

-grama *suf* (<gr *grámma,atos*: letra, texto, lista) Exprime a ideia de: **a)** regist(r)o (⇒ audio-~, cinti(lo)~, hemo-~, holo~); **b)** escrita, texto (⇒ ana~, cripto~, crono~, epi~, hiero~, pro~, tele~); **c)** milésima parte da massa do quilograma-padrão (⇒ centi-~, deca~, deci~, hecto~, mili~). ⇒ grama¹.

gramadeira *s f* (<gramar¹ + -deira) **1** Instrumento de madeira para trilhar o linho antes de ser espadelado. **2** Mulher que trabalha com este instrumento. **3** Gancho usado para puxar a palha para a manjedoura, nos estábulos.

gramado *s m Br* (<gramar²) **1** Espaço de terreno coberto com grama² **2**/Relvado(+). **2** *gír* Campo de futebol. ⇒ gramar² **2**.

grama-força *s m* Unidade de medida de força (Símbolo *gf*).

gramagem *s f* (<grama¹ + -agem) Peso em gramas de uma folha de papel com um metro quadrado, sendo base de comparação com outros papéis/*br* Gramatura.

gramar¹ *v t* (<lat *cármino,áre*: cardar) **1** Trilhar o linho com gramadeira/Espadelar. **Ex.** A espadela grama o linho. **2** *pop* Suportar/Aguentar algo desagradável. **Ex.** A gente tem de ~ [aguentar(+)] cada coisa! Nem imaginas o que eu tenho gramado na minha escola! **3** *pop* ⇒ Comer/Beber/Engolir. **4** *pop* Gostar de alguém ou de alguma coisa/Desejar. **Ex.** Ela grama-o, não sei porquê! Eu gramava que me oferecessem uma viagem a Paris.

gramar² *v t/int* (<grama² + -ar¹) Semear/Plantar [Cobrir de] grama² **2**.

gramática *s f* (<lat *grammática* <gr *grammatiké*) **1** *Ling* Descrição dos princípios que organizam uma língua/Sistema de regras a seguir na construção de frases de uma língua. **Ex.** Os erros de sintaxe mostram que ele não domina a ~ do português. **Idi.** *Dar muitos pontapés na ~* [Cometer erros graves ao expressar-se numa língua]. **Comb.** *~ comparada* [Disciplina que compara a estrutura de duas ou mais línguas]. *~ descritiva*. *~ ge(ne)rativa «e transformacional»* [Teoria linguística que procura definir o conhecimento implícito que um falante nativo tem da sua língua, que lhe permite construir frases gramaticais/bem formadas]. *~ normativa. ~ tradicional*. **2** Compêndio/Livro que descreve a estrutura e as regras de funcionamento de uma língua. **Ex.** Preciso de comprar uma boa ~. **3** *fig* Sistema/Conjunto de regras de uma ciência/arte/técnica «cinema».

gramatical *adj* (<lat *grammaticális*) **1** Relativo a gramática/Referente à estrutura de uma língua. **Ex.** A matéria ~ para o teste é diminuta/pouca. **Comb.** *Categoria/Classe ~*. *Palavra ~* [que é referente à estrutura da língua, não tendo referência externa definida «ao contrário das palavras lexicais»] (Ex. Os artigos «o/um», os pronomes «eu/vós», as preposições «com/para» e as conjunções «que/mas» são palavras ~ais). **2** Que respeita as regras da gramática/Bem formado. **Comb.** *Frase ~*. **Ant.** Agramatical.

gramaticalidade *s f* (<gramatical + -idade) Qualidade de é e conforme com a gramática de uma língua/Qualidade das frases bem formadas. **Ant.** Agramaticalidade.

gramaticalmente *adv* (<gramatical + -mente) Conforme as regras da gramática. **Comb.** Frase ~ corre(c)ta/perfeita.

gramático, a *s* (<gr *grammatikós*) **1** Pessoa que contribui para a descrição da estrutura e funcionamento de uma língua/Especialista em gramática. **2** Autor de escritos sobre a gramática.

gramíneo, a *adj/s f Bot* (<lat *gramíneus*: de relva) **1** Relativo ou pertencente às gramíneas. **2** *s f* Planta monocotiledó[ô]nea, cujo caule é um colmo, a inflorescência é composta de espiguilhas e o fruto é uma cariopse; *Gramineae*. **Ex.** Os cereais pertencem à família das ~as.

graminho *s m* (⇒ -grama) **1** Instrumento com que o carpinteiro traça linhas paralelas junto às arestas da tábua. **2** Utensílio para fazer em tiras o couro destinado a correias ou a instrumentos ligados à tra(c)ção animal na lavoura.

gram-negativo, a *adj Biol Med* (<antr Gram + ...) Diz-se de bactéria que não fixa a cor rosa quando submetida à técnica de Gram. **Ant.** Gram-positivo.

gramofone *s m* (<ing *gramophone*) Antigo instrumento reprodutor do som gravado em disco, que se fazia girar através de um motor de corda/Grafonola. ⇒ gira-discos.

gramp(e)ador, ora *adj/s* (<gramp(e)ar + -dor) **1** *s f* Máquina para brochar cadernos, revistas e livros a fio metálico. **2** (Diz-se de) pessoa que trabalha com essa máquina. **3** *s m* Aparelho manual para gramp(e)ar papéis/Agrafador.

gramp(e)ar *v t* (grampo + -(e)ar) **1** Prender com grampo. **2** Brochar a fio metálico. **3** *Br gír* Deter/Prender. **Loc.** ~ o gatuno. **4** *Br* Imobilizar alguém para que outro o roube/Roubar/Furtar. **Loc.** ~ o telefone de alguém [Colocá-lo sob escuta].

grampo *s m* (<germânico *kramp*) **1** Peça de metal que une duas pedras numa construção ou dois blocos/Gato **4**, **3**. **2** Prensa que aperta duas peças de madeira acabadas de colar. **3** Haste de ferro/madeira usada para apertar ou segurar peças em que se trabalha. **4** Peça metálica fina com as extremidades em ângulo re(c)to com que se agrafam folhas de papel/Agrafo. **5** Escápula de parafuso que se fixa no te(c)to para suspender candeeiros, lustres, ... **6** Prego recurvo com que se prendem arames de uma cerca, fios elé(c)tricos/telefó[ô]nicos, ... **7** *Br* ⇒ Gancho(+) do cabelo. **8** *Br* Instalação que permite controlar ligações de um telefone (que está) em escuta.

gram-positivo, a *adj Biol Med* (⇒ gram-negativo) Diz-se de bactéria que fica corada de violeta pela aplicação da técnica de Gram. **Ant.** Gram-negativo.

grana *s f* (<esp *grana*) **1** Tecido tingido com tinta escarlate obtida da cochonilha/Grã. **2** *Br gír* ⇒ dinheiro.

granada *s f* (<fr *grenade*) **1** *Mil* Proje(c)til explosivo de grande/médio calibre, lançado por peça de artilharia. **2** Artefa(c)to que contém um explosivo ou um agente químico incendiário/lacrimogé[ê]neo, ... lançado com a mão ou usando arma de fogo. **Ex.** A polícia usou ~s [balas] lacrimogé[ê]neas para dispersar os manifestantes. **Comb.** *~ de mão* [Proje(c)til explosivo lançado à mão, retirando-lhe a cavilha para o detonar]. **3** Emblema com a forma desse proje(c)til usado no uniforme de oficiais de artilharia. **4** *Miner* Nome comum de vários minerais do grupo dos silicatos, de cores vivas, utilizados em joalharia. **5** Cor vermelha escura, semelhante à de grãos de romã. **6** Tecido de seda semelhante à granadina.

Granada *s f* Estado insular das Pequenas Antilhas, cuja capital é Saint George's, designando-se os habitantes de granadinos.

granadeiro *s m* (<granada + -eiro) **1** *Mil* Soldado encarregado de lançar granadas. **2** *fig* Homem alto e corpulento.

granadino, a *adj/s* (<granada + -ino) **1** Relativo à ilha de Granada (Estado independente) ou à cidade espanhola de Granada. **2** Que tem cor, etc. de romã. **3** *s f* Tecido com renda de seda crua formada por dois fios muito torcidos. **4** *s f* Tecido de algodão fino e rendado.

granador *s m* (<granar **1** + -dor) Aparelho para granar pólvora.

granal *adj 2 g /s m* (<grão + -al) **1** Relativo a grão/Granulado(+). **2** *s m* Campo semeado de grão-de-bico.

granar *v t/int* (<grão + -ar) **1** Dar forma de grão/Granular **3**(+). **2** ⇒ Criar grão. ⇒ gradar².

granate *s m* (<fr *grenat*: granada) Pedra de cor vermelho-escuro, usada em joalharia, semelhante à granada **4**.

grandalhão, ona *adj/s col* (<grande + -alho + -ão) **1** ⇒ Muito grande/Enorme(+). **2** Pessoa alta e corpulenta.

grande *adj 2g/s m* (<lat *grándis,e*) **1** Que tem dimensão maior do que é comum. **Ex.** É uma loja de roupa de tamanhos ~s. **Loc.** À ~ **9 Idi.** *Em (ponto) ~* [Em tamanho maior]. **Idi.** *Ser um ~* [bom] *garfo* [Comer muito]. **Comb.** *«estrada/via» De ~ circulação* [Com muito trânsito]. **2** Que tem dimensão/tamanho/valor/gravidade maior que outro da mesma espécie. **Ex.** O carro/automóvel ~ é do meu irmão, o meu (carro) é o pequeno. As ~s empresas têm problemas próprios. **Idi.** *Apanhar pela medida ~* [Ser fortemente penalizado/castigado]. **Comb.** *(D)esp ~ área* [Onde o guarda-redes [*Br* goleiro], no futebol, pode tocar a bola com a mão]. *Hist «Primeira/Segunda» ~ Guerra*. *(D)esp ~ penalidade* [Penálti]. *Fot ~ plano* [Imagem obtida a pequena distância do obje(c)to, aparecendo destacada no écran]. *(D)esp ~ prémio* [Prova automobilística de Fórmula 1]. *~ superfície* (comercial) [Supermercado/Hipermercado]. *Férias ~s «do verão». Letra ~* [maiúscula]. *Sorte ~* [Primeiro pré[ê]mio de uma lotaria]. **3** Que tem um tamanho maior do que o pretendido. **Ex.** O casaco fica-me ~, é pena, porque gosto dele! **4** Diz-se de alguém que é alto e corpulento. **Ex.** Um homem ~ precisa de muito alimento! **5** Que está crescido ou que atingiu a idade adulta. **Ex.** O teu filho está ~! Quando for ~, gostava de ser médico. **Comb.** *«já é/sou» Gente ~* [Adulto]. **6** Intenso/Violento. **Ex.** Estava com ~s dores. Ouviu-se um ~ estrondo. **7** Excessivo/Extremo. **Ex.** Os ~s calores da época afligiam sobretudo a população idosa. **8** Muito numeroso. **Ex.** Para fazer a guerra mobilizou-se um ~ exército. **9** Abundante/Copioso. **Ex.** Este ano houve uma ~ produção de vinho. **Idi.** *«gastar/viver» À ~ (e à francesa)* [Sem preocupações de dinheiro/Faustosamente]. **10** Que produz bons resultados. **Ex.** Essa foi uma ~ ideia. **11** Grave/Sério. **Ex.** Há o ~ perigo de infe(c)tar os colegas. **Idi.** *~ nau, ~ tormenta* [~ empresa, ~s problemas]. **12** Importante/Significativo. **Ex.** A ~ questão que se põe é se devemos fazer já o investimento. **13** Que se distingue pelo excelente desempenho de uma a(c)tividade/profissão/Ilustre. **Ex.** É um ~ orador. Ergueram uma estátua ao ~ médico. É, sem dúvida, um ~ atleta. **14** Que revela assinaláveis qualidades morais, nobreza de espírito. **Ex.** É

uma ~ alma, uma ~ mulher! **15** Que exerceu influência decisiva para o bem de um povo ou do mundo (inteiro). **Ex.** Os ~s homens andam ligados ao [contribuem para o] progresso da humanidade. **16** Mais rico/forte/poderoso que outros. **Ex.** As ~s potências dominam o mundo. **17** De grande qualidade/Excelente. **Ex.** Serviram-nos um ~ vinho. **Comb.** ~ espe(c)táculo. **18** Diz-se de um tempo especialmente feliz. **Ex.** ~s [Bons] tempos os que passámos juntos no liceu! O ~ dia para ele foi o da licenciatura/formatura (na universidade). **19** Em que há ligação/afinidade muito forte. **Ex.** Sabia que eram ~s amigos. **20** *s m* Pessoas/Grupos/Clubes/Países que dominam. **Ex.** A vida está para os ~s [Os poderosos é que estão bem]!

grandemente *adv* (<grande + -mente) Em larga medida/Sobremaneira/Muito. **Ex.** Ele foi ~ responsável pelo insucesso deste proje(c)to.

grandessíssimo, a *adj col* Forma reforçada de *sup* absoluto sintético de *grande*, usada mais em contexto de sentido negativo/Grandíssimo(+)/Enorme. **Ex.** Apanhou [Passou por/Sofreu] um ~ susto. Saiu-me [Ele é/Revelou-se] um ~ patife.

grandeza *s f* (<grande + -eza) **1** Qualidade/Propriedade do que é grande. **Ex.** A ~ da construção exige avultadas verbas. **2** *Mat* Propriedade do que é mensurável/Quantidade. **Comb.** *Relação de ~*. *~s dire(c)tamente* [inversamente] *proporcionais*. **3** ⇒ O que pode ter aumento ou diminuição/Grau/Tamanho. **4** Importância/Valor. **Ex.** A ~ do proje(c)to entusiasmou a assistência. **5** Imponência/Grandiosidade(+). **Ex.** A ~ do monumento impressiona. **6** Excelência/Genialidade/Superioridade. **Ex.** Para avaliar a ~ de um espírito/cientista importa atender às condições da sua época. **7** ⇒ Supremacia «da antiga Grécia/Roma»/Hegemonia. **8** Ostentação/Opulência/Fausto. **Comb.** «ele tem a» *Mania das ~s* [Ambição desmedida/Megalomania]. **9** Nobreza de sentimentos/Magnanimidade. **Ex.** A ~ daquela alma foi uma grande ajuda para os pobres e miseráveis. **10** *Astr* Antiga unidade de medida do brilho das estrelas, substituída por *magnitude*. **Ex.** A Estrela Polar era considerada de segunda ~.

grandiloquência *s f* (<grande + eloquência) **1** Estilo muito fluente/elevado/eloquente. **Ex.** A ~ do orador cativava a assistência. **2** *depr* Modo afe(c)tado/pomposo/rebuscado de expressão. **Ex.** Tal ~ já não se usa, cansa os ouvintes.

grandiloquente *adj 2g* (<grande +eloquente) **1** «pessoa» Que se expressa com grandiloquência/Muito eloquente. **2** *depr* «estilo» Pomposo/Afe(c)tado/Rebuscado. **Comb.** Discurso ~.

grandíloquo, a *adj* (<lat *grandíloquus*) **1** «pessoa» Que se expressa com grande eloquência. **2** «estilo» Pomposo/Elevado/Sublime/Grandiloquente.

grandiosidade *s f* (<grandioso + -idade) **1** Imponência/Magnificência/Pompa/Sump[Sun]tuosidade. **Comb.** A ~ do palácio. **2** Alto valor moral. **Ex.** A ~ da sua a(c)ção a favor dos necessitados será sempre lembrada.

grandioso, a (Ôso, Ósa, Ósos) *adj* (<lat medieval *grandiósus*) **1** Muito grande/Imponente. **Ex.** A ~a construção «Aqueduto das Águas Livres, em Lisboa» impressiona os visitantes. **2** ⇒ Majestoso/Magnificente/Pomposo. **3** Nobre/Elevado. **Ex.** Os ~ feitos dos antepassados enalteceram a pátria. **4** Ambicioso/Arrojado/Ousado. **Comb.** Proje(c)to ~.

grandote, a *adj* (<grande + -ote) A dar para o [Um tanto] grande/crescido. **Ex.** O rapaz está ~, tem corpo de adulto.

granel *s m* (<catalão *granell*) **1** Local de guarda do cereal em grão/Silo. **2** *Mar* Carga transportada em porão de navio sem embalagem, controle/acondicionamento especial. **Loc.** A ~ **a)** Sem embalagem/acondicionamento; **b)** Diz-se de mercadoria não embalada, vendida em quantidades fra(c)cionadas (Ex. Comprei figos a ~, mandei pesar um quilo (deles)); **c)** *fig* Por grosso/A rodos/Em grande quantidade; **d)** Sem ordem/À mistura. **3** Porção de composição tipográfica antes de (ser) integrada em página. **4** *pop* Desordem/Confusão. **Ex.** Foi (para ali) um ~ que até meteu [~ em que até interveio a] polícia.

granido *s m* (<granir) **1** Desenho/Gravura feito/a com pequenos pontos mais ou menos concentrados, sem traço a contornar. **2** Sombreado ou volume no desenho obtido por esse processo. **3** Aspereza na superfície de alguns papéis de desenho. **4** Trabalho de ourivesaria que dá [produz] aspe(c)to granulado à superfície do metal.

granífero, a *adj* (<lat *graníferus*: produtor de grãos) Que produz/apresenta grãos.

graniforme *adj 2g* (<grão + -forme) Que tem a forma de grão.

granir *v t* (<it *granire*: granular **3/4**; ⇒ granitar) **1** Desenhar/Gravar imagem pontilhando uma superfície, sem linha a contornar. **2** Limpar pedra/placa tipográfica, tornando-a mais áspera e rece(p)tiva à molhagem durante a impressão.

granita *s f* (<grão + -ita) **1** Pequena bola [Glóbulo] de substância mole. **2** Excremento granular de alguns animais, como o coelho ou a ovelha/Caganita(+). **3** Grainha(+) do bago de uva. **4** Aguardente com essência de anis.

granitado, a *adj/s m* (<granitar) **1** Que tem textura granular/Que tem o aspe(c)to de granito. **Comb.** Papel ~. Tecido ~. **2** *s m* Tecido de grãos grossos, frequente em toalhas e guardanapos.

granitar *v t* (<granito/a + -ar[1] ⇒ granir) **1** Dar forma de pequeno grão/Reduzir a granitos/as. **2** Dar a aparência de granito a.

granítico, a *adj* (<granito + -ico) **1** Relativo ao [Próprio do] granito. **2** Formado de granito. **3** Da natureza do granito/Granitoso. **4** Que é muito duro, «homem rígido» à semelhança do granito.

granito *s m* (<it *granito*) **1** *Geol* Rocha eruptiva, dura, granular, formada por quartzo, feldspato e mica. **Ex.** Na minha região as casas eram de [construídas em] ~. **2** Grão miúdo (+)/Grãozinho.

granitoide (Tói) *adj 2g* (<granito + -oide) «textura» Semelhante ao granito.

granitoso, a (Ôso, Ósa, Ósos) *adj* Da natureza do granito/Granítico(+).

granívoro, a *adj* (<grão + -voro) Que se alimenta de grãos/sementes. **Ex.** Muitas aves são ~as. ⇒ herbívoro; carnívoro.

granizada *s f* (<granizar) **1** Queda abundante de granizo/Saraivada(+). **2** *fig* Queda de alguma coisa «balas» à semelhança de granizo.

granizar[1] *v t* (<grão + -izar) Dar forma granular a/Reduzir a grão miúdo.

granizar[2] *v int* (<granizo + -ar) Cair granizo.

granizo *s m* (<esp *granizo*; ⇒ grão) **1** Precipitação sob a forma de pedras de gelo, formadas na nuvem devido a grande e brusco arrefecimento/Saraiva(+). **Ex.** O ~ de maio provocou grandes estragos nas vinhas. **2** ⇒ grão miúdo.

granja *s f* (<fr *grange*; ⇒ grão) **1** Propriedade rústica com construções, alfaias e gado para a exploração agrícola em pequena escala/Quinta. **2** Construção fechada onde se guardam colheitas, alfaias da lavoura, gado/Abegoaria.

granjear *v t* (<granja + -ear) **1** Cultivar a terra. **2** Alcançar com trabalho/esforço/Conquistar/Obter. **Loc.** ~ a simpatia/confiança «do chefe».

granjeio *s m* (<granjear) **1** Cultivo da terra. **2** Colheita(+) de produtos agrícolas. **3** Diligência para obter algum proveito. **Ex.** Empenhava-se muito no ~ do sustento da família. **4** ⇒ Ganho/Lucro.

granulação *s f* (<granular **3** + -ção) **1** Redução a pequenos grãos. **2** Aglomerado de pequenos grãos de uma substância. **3** Fragmentação e solidificação em grãos de um produto fundido «mel» devido a arrefecimento rápido. **4** *Med* Formação de grânulos na superfície de um órgão, mucosa ou feridas «cicatrização».

granulado, a *adj/s m* (<granular). **1** Que é formado de pequenos grãos. **Comb.** Açúcar ~. **2** *s m* Substância que se apresenta sob a forma de pequenos grãos. **Ex.** O médico receitou-lhe um ~ que é fácil de tomar. As rações para animais geralmente têm a forma de um ~. **3** *s m* Conjunto de inertes «areias, britas, …» das argamassas e dos betões. ⇒ cascalho.

granular *adj 2g/v t* (<grânulo + -ar[2/1]) **1** Semelhante a um grão. **2** Que é constituído de pequenos grãos. **3** *v t* Reduzir a pequenos grãos. **4** *v t* Dar forma de grânulos a. ⇒ esfarelar; desfazer; esmiuçar.

granulite/o *s f/m* (<grânulo + -ite/o) **1** Rocha eruptiva de textura granular constituída de quartzo, feldspato alcalino e mica branca/Granito de mica branca. **2** Rocha metamórfica constituída essencialmente de quartzo e feldspato.

grânulo *s m* (<lat *gránulum*) **1** Grão pequeno «chumbo»/Glóbulo. **2** Cada pequena saliência de uma superfície áspera «papel». **3** Pílula constituída por uma substância medicamentosa e por um excipiente que geralmente é açúcar.

granulócito (<grânulo + -cito) *s m Histologia* Qualquer dos três tipos de leucócitos, com núcleo de forma irregular e grânulos no citoplasma. **Ex.** Os três tipos de ~s são: basófilos, eosinófilos e neutrófilos.

granuloma (Ô) *s m Med* (<grânulo + -oma) Lesão que se manifesta por nódulos de tecido inflamado, geralmente em ligação com um processo infe(c)cioso.

granuloso, a (Ôso, Ósa, Ósos) *adj* (<grânulo + -oso) **1** Formado de grânulos. **2** «papel» Que tem superfície áspera. **3** *Med* Que apresenta granulações **4**.

granza *s f* ⇒ garança.

granzal *s m* (<granza + -al) **1** Plantação de granza/garança. **2** Plantação de grão-de-bico.

grão[1] *s m* (<lat *gránum*) **1** Fruto/Semente das gramíneas e de algumas leguminosas. **Comb.** ~ de arroz [centeio/milho/trigo]. **2** ⇒ Grão-de-bico. **3** Semente de alguns vegetais. **Comb.** ~ de mostarda. **4** Pequeno corpo arredondado «chumbo»/Glóbulo/Partícula. **Idi.** *Estar com* [Ter] *um ~ na asa* [Estar levemente embriagado/Estar exuberante/alegre por ingestão de bebida alcoólica]. **Comb.** *~ de chumbo*. *~ de areia*. *~ de pólen*. *Rocha de ~ fino/grosso*. **5** *fig* Pequena porção de alguma coisa. **Ex.** Ponho no tomate um ~ de sal. Há um ~ de ironia nas suas palavras. **6** Peque-

nina saliência/Grânulo numa superfície. **7** Unidade de medida de peso usada para pérolas e outras gemas, corespondendo à quarta parte do quilate (50 mg). **8** *col* Testículo. **Sin.** *gír* Tomate.
grão², **grã** *adj* ⇒ grande.
grão-de-bico *s m Bot* **1** Planta herbácea da família das leguminosas, muito cultivada pelo valor nutritivo das suas sementes de cor amarelada, sendo uma boa forragem e um fertilizante do solo; *Cicer arietinum*. ⇒ gravanço. **2** Semente dessa planta, de elevado valor alimentício, esquinada e terminada em bico. **Ex.** Num prato de bacalhau cozido temos sempre grão-de-bico cozido, com salsa e cebola.
grão-ducado *s m* Território/País governado por um grão-duque «Luxemburgo».
grão-ducal *adj 2g* Relativo ao [Do] grão-duque.
grão-duque *s m* (<grão² + ...; ⇒ grã-duquesa) Título de alguns príncipes soberanos/Soberano de um grão-ducado.
grão-mestrado *s m* Cargo de grão-mestre.
grão-mestre *s m* Chefe supremo de uma ordem militar, de uma ordem de cavalaria, da maçonaria de uma região.
grão-vizir *s m Hist* Primeiro-ministro do antigo império otomano.
grapsídeo, a *adj/s Biol* (<gr *grapsaios*: espécie de caranguejo) (Diz-se de) crustáceo ou família de crustáceos de carapaça quadrada e pinças de tamanhos iguais achatadas; *Grapsidae*. **Ex.** O caranguejo é um ~.
grasnad(el)a *s f* (<grasnar + -ada) **1** Som roufenho e áspero produzido por aves como a águia, o corvo, o pato, a gralha, ... **2** Ruído áspero produzido por outros animais/Coaxar da rã. **Ex.** Ouvia-se a ~ do sapo, de tempos a tempos [, com intervalos de tempo/, a espaços]. **3** *fig* Vozearia desagradável/Balbúrdia.
grasnar *v int* (<lat *grácito,áre*) **1** «ave» Emitir som roufenho e áspero, próprio da espécie/Crocitar. **Ex.** O ganso, o corvo e a gralha são algumas das aves que grasnam. **2** *depr* Falar/Gritar em toada desagradável ao ouvido. **Ex.** (Por)que estás (para aí) a ~?
grasn(id)o *s m* (<grasnir/ar) **1** ⇒ grasnada. **2** Ruído áspero de alguma coisa que range/Rangido(+). **Ex.** Com a falta de óleo, as dobradiças da porta produzem um ~ incomodativo.
grasnir *v int* (<grasnar) ⇒ grasnar.
grassar *v int* (<lat *grássor,ári*: caminhar) **1** Alastrar/Propagar-se. **Ex.** A epidemia grassava por toda a região. **2** «um mal» Ganhar [Tomar] cada vez maior proporção/influência/Aumentar/Proliferar. **Ex.** Ouviam-se as maiores críticas à criminalidade que grassava.
gratear *v t* (<fr *gratter*) ⇒ rocegar.
grateia *s f* (<gratear) **1** Instrumento para limpar [rocegar] o fundo dos rios. **2** Vara comprida provida de três anzóis, utilizada na pesca do polvo. **3** ⇒ busca-vidas; fateixa.
gratidão *s f* (<lat *gratitúdo,inis*) **1** Qualidade de quem é grato/agradecido. **2** Sentimento de quem está agradecido/grato a alguém por um benefício/favor recebido. **Ex.** Quis testemunhar a todos a sua ~ por o ajudarem nesta dificuldade. **Ant.** Ingratidão.
gratificação *s f* (<lat *gratificátio,ónis*: benefício) **1** A(c)to ou efeito de gratificar. **2** Pagamento adicional [Pré[ê]mio] por um serviço prestado ou pelo bom resultado do trabalho. **3** ⇒ gorjeta.

gratificante *adj 2g* (<gratificar) «trabalho/tarefa» Que dá satisfação interior «pelo bom resultado»/Compensatório. **Ex.** É ~ para o professor ver que os alunos progridem. **Ant.** Frustrante.
gratificar *v t* (<lat *gratíficor,ári*: ser agradável a, obsequiar) **1** Remunerar adicionalmente [Premiar/Compensar] a boa prestação de um serviço com uma gratificação/gorjeta. **Ex.** Em alguns países é costume ~ qualquer serviço prestado. **2** Dar prazer interior/Satisfazer. **Ex.** A boa aprendizagem dos alunos gratifica [é uma alegria para] o professor. **3** ⇒ Dar os parabéns a/Felicitar(+).
gratinado, a *adj/s m Cul* (<gratinar) **1** «iguaria» Cuja superfície é sujeita a temperatura elevada para alourar. **Comb.** Bacalhau ~. **2** *s m* Prato confe(c)cionado que, geralmente coberto de queijo ou pão ralado, vai ao forno a alourar. **3** *s m* Crosta que se forma na superfície do prato devido à elevada temperatura a que foi sujeito.
gratinar *v t Cul* (<fr *gratiner*) Sujeitar a elevada temperatura a superfície superior de um prato confe(c)cionado, coberto geralmente de queijo, pão ralado, creme, para alourar.
grátis *adj 2g/adv* (<lat *grátis*) De graça/Sem pagamento/*col* De borla. **Ex.** A entrada no espe(c)táculo é ~ [gratuita/de graça]. Aí trabalhei ~, como voluntário.
grato, a *adj* (lat *grátus*: agradável) **1** Que dá satisfação/Agradável/Aprazível. **Ex.** Os anos da mocidade são para mim uma ~a recordação. **2** Que revela gratidão por um benefício/favor recebido/Agradecido/Reconhecido. **Ex.** Ficou-lhe ~ para sempre [~ toda a vida]. **Ant.** Ingrato.
gratuitamente *adv* (<gratuito + -mente) **1** De graça/Sem pagar/*col* De borla. **2** Sem fundamento/razão/De modo gratuito. **Ex.** Falou ~ [sem razão (+)] quando o acusou de negligência.
gratui(ti)dade *s f* (<gratuito + -idade) **1** Cara(c)terística do que é grátis/gratuito, do que não se paga. **Ex.** A ~ é importante, sobretudo para os pobres. **2** Cara(c)terística do que não tem fundamento/justificação. **Ex.** A ~ [sem-razão] de tais afirmações merece a maior censura.
gratuito, a *adj* (<lat *gratúitus*) **1** Que não exige [envolve] pagamento/Grátis. **Ex.** O serviço é ~. **2** Que não tem razão de ser/Que não tem justificação/Infundado(+). **Ex.** Fez uma acusação ~a.
gratulação *s f* (<lat *gratulátio,ónis*) **1** A(c)to ou efeito de gratular. **2** Manifestação de agradecimento/gratidão a. **3** ⇒ Felicitação/Parabéns/Congratulações.
gratular *v t* (<lat *grátulor,ári*: agradecer, felicitar) **1** ⇒ Dar os parabéns a/Congratular-se com (+)/Felicitar(+). **2** ⇒ Mostrar reconhecimento/gratidão.
gratulatório, a *adj* (<lat *gratulatórius*) **1** «discurso» Que pretende felicitar. **2** «palavra(s)» Que expressa gratidão/De agradecimento.
grau *s m* (<lat *grádus*: passo) **1** Cada posição numa hierarquia/classificação. **Ex.** O ~ de poluição naquela avenida é muito elevado. Apresenta um excelente ~ de conhecimentos na disciplina. **2** Cada um dos sucessivos postos de uma profissão. **Ex.** Ele está ainda no ~ de aprendiz. **Comb.** ~s da carreira médica. **3** Dignidade social obtida por mérito/privilégio, ... **Ex.** Foi-lhe concedido o ~ de grande oficial da Ordem de Santiago. **4** Título acadé[ê]mico do ensino superior. **Ex.** Obteve o ~ de licenciatura em Estudos Clássicos e Portugueses. **5** Escalão/Etapa numa série. **Ex.** O sistema educativo envolve os vários ~s [níveis] de ensino. **6** Situação/Estado comparável com outra/o de nível superior ou inferior. **Ex.** A vítima apresenta queimaduras do primeiro e do segundo ~. **Loc. Em alto ~** [Muitíssimo]. ***Em último* ~** [Extremamente]. **7** Nível dentro de uma escala de referência. **Ex.** O sismo foi de ~ sete na escala de Richter. **8** Cara(c)terização da proximidade [distância] de parentesco entre pessoas. **Ex.** Entre pai e filho há um parentesco de primeiro ~ e entre avô e neto de segundo ~, na linha dire(c)ta. **9** Cada divisão principal num instrumento de medida. **Ex.** O termó[ô]metro clínico começa em 35 e vai até aos 42 ~s. **10** *Fís* Unidade de medida da temperatura. **Ex.** Preveem-se 36 ~s para hoje. **Comb.** **~ *centígrado*/**célsius(+). **~ *fahrenheit*. ~ *positivo*** [acima de zero]. **~ *negativo*** [abaixo de zero]. **11** Unidade de medida do teor de uma substância «álcool/ácido/...» numa mistura. **Ex.** Este uísque é de 40 ~s. **12** *Gram* Categoria indicadora de níveis de intensidade/grandeza, de forma relativa ou absoluta, em substantivos/adje(c)tivos/advérbios. **Ex.** Um adje(c)tivo pode ser empregue no ~ normal «grande», no (~) comparativo «maior» e no superlativo «máximo». **13** *Geog* Unidade de medida da latitude [longitude] de um lugar. **Ex.** A cidade de Lisboa está à latitude de 38 ~s, no hemisfério norte. **14** Unidade de medida de ângulos e de arcos da circunferência, sendo a nonagésima parte de um ângulo re(c)to. **Ex.** Um ângulo agudo mede menos de 90 ~s. **15** *Álg* Expoente da derivada de ordem mais elevada numa equação diferencial. **Ex.** Já sabe resolver equações de segundo ~. **16** *Mús* Posição de uma nota na escala diató[ô]nica. **Ex.** O *lá* é o sexto ~ da escala de *dó*.
graúdo, a *adj/s* (<lat *granútus*, de *gránum*: grão) **1** Que tem tamanho maior do que é comum. **Comb.** Abóbora ~a. **2** Bem desenvolvido/Crescido/Grado/Grande. **Ex.** A fruta ~a [grande(+)] é mais cara. **3** ⇒ *fam* Pessoa adulta. **Ex.** Os ~s [adultos(+)] são vistos pelas crianças como um modelo a imitar. **4** (O) que é poderoso/influente/rico. **Ex.** Os ~s entendem-se (bem) [interagem] na defesa dos seus interesses. **5** ⇒ Importante/Considerável. **Comb.** Negócio ~ [Grande negócio(+)].
gravação *s f* (<gravar + -ção) **1** A(c)to ou efeito de gravar ornatos, figuras, símbolos, letras em superfícies duras. **Ex.** Para fazer a ~, usou o cinzel. **2** Regist(r)o de sons ou imagens num suporte «fita magnética, disco, cassete, ...» por processos mecânicos, ele(c)tró[ô]nicos ou digitais, para serem depois reproduzidos. **3** Sons ou imagens assim gravados. **Ex.** Tenho uma ~ de que vais gostar.
gravador, ora *adj/s* (<gravar + -dor) **1** Que grava. **2** *s* Pessoa que grava em superfícies duras, como metal, vidro, madeira. **3** *s m* Aparelho que regist(r)a e reproduz o som gravado em fita magnética. **Ex.** Ao entrevistar o chefe do partido, o jornalista levou um ~. **4** *s m* Aparelho para gravar e reproduzir imagens. **Comb.** **~ de videocassetes**.
gravame *s m* (<lat *gravámen,minis*) **1** O que sobrecarrega/oprime. **2** Encargo/Imposto pesado. **3** Ofensa grave/Agravo/Vexame. **4** ⇒ prejuízo. **5** ⇒ opressão.
gravanço *s m fam Bot* (<esp *garbanzo*) ⇒ grão-de-bico.
gravar¹ *v t* (<fr *graver*) **1** Traçar figuras, letras, símbolos, ... em superfície dura com instrumento cortante [pontiagudo] ou utilizando reagente químico. **Sin.** Entalhar;

esculpir; lavrar. **2** Marcar de forma impressiva, duradoura, difícil de apagar «um a(c)to heroico». **3** Estampar/Imprimir. **4** Marcar com selo/ferrete. **5** Fixar na memória. **Ex.** Tenho ainda gravada na memória a frase que ele então pronunciou. **6** Regist(r)ar/Fixar sons ou imagens num suporte para futura reprodução. **Ex.** ~ um episódio de telenovela é um trabalho demorado. **Ant.** Desgravar; apagar. **7** *Info* Transferir dados digitalizados para um meio de armazenamento, para posterior recuperação/Salvar.

gravar² *v t* (<lat *grávo,áre*) **1** Prejudicar/Oprimir(+)/Molestar. **2** Sobrecarregar com impostos/Onerar/Agravar(+). **3** *Dir* Sujeitar bens móveis ou imóveis a encargos ou limitações «penhora, hipoteca, …».

gravata *s f* (<fr *cravate* <croata; ⇒ Croácia) **1** Acessório, geralmente masculino, constituído por uma tira de tecido que, apresentando um nó junto à garganta, desce até à cintura. **Ex.** Tem bom gosto na escolha das ~s. Na repartição usa sempre fato [*Br* terno] e ~. **Loc. Pôr (a) ~. Tirar a ~. Comb. ~-borboleta** [Lacinho/Gravatinha]. **~ de seda**. **2** *Ornit* Conjunto de penas que, na zona do pescoço de algumas aves, apresentam uma coloração diferente da do resto do corpo. **3** Golpe em que o atacante, colocado nas costas da vítima, a sufoca, cingindo-lhe o pescoço com o braço. **Ex.** Passou-lhe uma ~ e deixou-o sem rea(c)ção. **4** *s m gír* Pessoa importante/influente.

gravataria *s f* (<gravata + -aria) **1** Estabelecimento onde se fabricam ou vendem gravatas. **2** Grande quantidade de gravatas.

gravateiro, a *s* (<gravata + -eiro) **1** Pessoa que fabrica ou vende gravatas. **2** *Br* Ladrão que aplica o golpe da gravata **3** à vítima.

grave *adj/s m* (<lat *grávis*: pesado…) **1** Importante/Sério. **Ex.** A tuberculose é um ~ problema de saúde pública. **Comb. Erro ~/muito grande. Falha ~. Falta ~. Rel Pecado ~/mortal**. **2** Que envolve grande risco/perigo. **Ex.** Teve um acidente ~. **3** Que exige um cuidado especial/Preocupante. **Ex.** O cancro é uma doença ~. A ~ situação da empresa está a afligir os trabalhadores. **4** Penoso/Doloroso/Duro. **Ex.** Muitos estão na ~ situação de desemprego. **5** Solene/Elevado. **Ex.** Admirava a prosa ~ de Alexandre Herculano. **Comb.** Estilo ~. **6** Sisudo/Austero/Reservado. **Ex.** O semblante ~ do ancião impunha respeito. **7** Intenso/Profundo. **Ex.** Passou por [Teve] um ~ desgosto. **8** *Mús* Diz-se do andamento lento/vagaroso. **9** *Mús* Diz-se de cada uma das notas do regist(r)o inferior de alguns instrumentos ou da voz de alguns cantores/Baixo. **Comb. Nota ~. Voz ~**. **10** *Fís* Diz-se de um som de baixa frequência. **11** *s m Fís* O que está sujeito às leis da gravidade. **Comb.** Lei da queda dos ~s. **12** *Gram* Diz-se do acento gráfico que assinala a crase da preposição *a* com o artigo definido [pronome demonstrativo] feminino *a, as* ou com *o* a inicial de formas do demonstrativo. **Ex.** Disse à mãe e às irmãs que chegava mais tarde. Telefonou às colegas que convidara. Teceu elogios àquela professora e àquele professor. ⇒ agudo; circunflexo. **13** *Gram* Diz-se da palavra que tem o acento tó[ô]nico na penúltima sílaba/Paroxítono. **Ex.** A palavra canela é ~. **14** *Gram* Diz-se da rima ou do verso que termina em palavra paroxítona. **Ex.** O verso *Alma minha gentil que te partiste* é, como a sua rima, ~. **15** *s m Hist* Moeda portuguesa de prata do tempo do rei D. Fernando (séc. XIV).

gravela *s f* (<fr *gravelle*: areia) **1** Bagaço seco de uva. **2** Borra de vinho. **3** *Med* Concreção/Cálculo/Areia de pequena dimensão nos rins ou na bexiga.

graveto (Vê) *s m* (<garaveto) **1** Fragmento de ramo de árvore/Pequeno pedaço de lenha/Garavato/Garaveto. **2** Ancinho para a recolha de sargaço. **3** *Br* Árvore cuja madeira é usada para fazer caixas. **4** ⇒ *pl pop* Pernas finas/Canetas(+).

grávida *s f* (<lat *grávidus,a,um*: pesado; ⇒ engravidar) Mulher em cujo seio se desenvolve um novo ser/Mulher em estado de gestação. **Ex.** Está garantida boa assistência médica às ~s.

gravidade *s f* (<lat *grávitas,átis*: peso; ⇒ gravitação) **1** Força de atra(c)ção mútua entre os corpos, originada pela gravitação. **2** Força atra(c)tiva que a Terra exerce sobre os corpos que estão nela ou na sua vizinhança. **Comb. ~ terrestre. Centro de ~**. **3** Qualidade do que é grave. **Ex.** A pena a aplicar tem em conta a ~ do delito. **4** Importância/Seriedade de eventuais consequências nefastas. **Ex.** A ~ da crise exige medidas extraordinárias. **5** Grande risco/perigo. **Ex.** A ~ da doença requer terapêutica de choque. **6** Sisudez/Austeridade/Circunspe(c)ção. **Ex.** A ~ do seu semblante inspirava respeito à garotada. **7** *Mús* Qualidade de sons baixos.

gravidez *s f* (<grávido + -ez) Estado da mulher e das fêmeas dos mamíferos no período de gestação de novo(s) ser(es), desde a fecundação até ao nascimento. **Comb. ~ ectópica**/extra-uterina [em que o óvulo fecundado se fixa fora do útero]. **Teste de ~. Sin.** *pop* Prenhez.

gravídico, a *adj* (<grávida + -ico) Que é relativo à [Próprio da/Provocado pela] gravidez. **Comb.** Vó[ô]mitos ~s.

grávido, a *adj* (<lat *grávidus*: cheio) **1** Que tem dentro de si um novo ser em gestação/Que está no estado de gravidez/*pop* Prenhe. **Comb.** Útero ~. **2** *fig* Cheio/Repleto/Carregado. **Ex.** Pronunciou um discurso ~ [prenhe(+)/cheio(o+)] de elogios ao povo da localidade]. ⇒ grávida.

gravilha *s f* (<?) Pedra britada/Cascalho. **Ex.** A estrada está ainda com ~, falta o asfalto.

gravimetria *s f* (<grave 11 + -metria) **1** *Fís* Conjunto de métodos e processos usados no estudo do campo gravitacional da Terra e na medição das suas variações em diferentes lugares. **2** *Quím* Método de análise química quantitativa de uma substância, fazendo pesagens.

gravimétrico, a *adj* (<gravimetria + -ico) Relativo à gravimetria ou ao gravímetro.

gravímetro *s m* (<grave 11 + -metro) **1** *Fís* Aparelho que serve para medir a intensidade e a dire(c)ção do campo gravitacional em determinado ponto da superfície da Terra. **2** *Fís* Aparelho que serve para medir a gravidade específica de uma substância.

graviola *Br s f* (<?) *Bot* Árvore da família das anonáceas, muito cultivada no noroeste brasileiro, cujos frutos são utilizados na produção de sucos [sumos] e sorvetes; *Anona cherimolia*. **2** Fruta dessa planta.

gravitação *s f* (<gravitar + -ção; ⇒ gravidade) **1** A(c)to ou efeito de gravitar. **2** Fenó[ô]meno de atra(c)ção mútua que os corpos exercem entre si, dependente da sua massa e distância. **Comb.** Lei da ~ universal.

gravitacional *adj 2g* (<gravitação + -al) Relativo à gravitação. **Comb.** Campo ~.

gravitar *v int* (<fr *graviter*) **1** Mover-se «em órbita ou para determinado ponto» devido à força da gravitação. **Ex.** Os planetas do nosso sistema gravitam em torno [andam à volta] do Sol. **2** *fig* Desenvolver-se sob a influência de. **Ex.** Ali toda a assistência social gravita em torno do Centro Paroquial. **3** *fig* Viver na dependência de/Existir em função de. **Ex.** À sua volta gravita um grupo de gente parasita. A minha vida gravita à volta da escola [dos filhos]. **4** *fig* ⇒ tender para.

gravoso, a (Ôso, Ósa, Ósos) *adj* (<grave + -oso) **1** Que sobrecarrega/agrava/Oneroso/Pesado. **Ex.** A carga fiscal que temos é ~a para muitos. **Comb.** Imposto ~/demasiado pesado. **2** Humilhante/Vexatório. **3** Que prejudica/penaliza. **Ex.** Estas condições do empréstimo são ~as, não convêm.

gravura *s f* (<gravar + -ura) **1** Arte de traçar sulcos em superfície dura com instrumento cortante ou pontiagudo/Arte de gravar. **Ex.** Em ~ usa-se a goiva e o buril. **Comb. ~ rupestre** [feita em rocha «das margens do Rio Côa, Portugal» das cavernas por civilizações antigas, por vezes associada à pintura]. **2** Arte de fixar e reproduzir imagens usando reagente químico. **Comb. ~ a água-forte. ~ a água-tinta**. **3** Placa de metal [Prancha de madeira/Pedra/…] com desenho inciso [Obra de gravador/ Matriz] para impressão de imagens. **4** Estampa obtida a partir dessa matriz/Figura/Ilustração impressa. **Ex.** As ~s da revista têm muita qualidade. ⇒ zinco~.

graxa *s f* (<lat *grássia*, de *crássus*: espesso, gordo) **1** Mistura industrial de pó de fuligem ou de uma substância corante com gordura, utilizada para dar lustro ou polir cabedal. **Ex.** Os sapatos estão a precisar de ~. **2** ⇒ sebo; lubrificante; unto. **3** *gír* Lisonja servil para obter favor. **Ex.** O aluno costumava dar ~ ao professor pensando vir a ter melhor nota. **4** *col* Vinho ordinário.

graxista *adj/s 2g* (<graxa + -ista) (O) que bajula/lisonjeia servilmente outrem para obter um favor/Engraxador **2**/*col* Manteigueiro.

gray *ing s m Fís* (<antr L.H.Gray, radiobiologista inglês) Unidade de medida de dose de radiação absorvida (Símb. *Gy*).

grazina *adj/s 2g* (<grazinar) **1** (O) que fala muito em voz alta/Tagarela. **2** (O) que resmunga/rezinga/recalcitra. **3** *Ornit* Nome vulgar de algumas aves palmípedes, da subordem das gaivotas, também conhecidas por gaivinas; *Sterna*.

grazinada *s f* (<grazinar + -ada) Ruído de muitas vozes simultâneas/Falatório/Barulheira.

grazinar *v int* (<lat *gracináre*, de *grácito, áre*: grasnar) **1** Falar muito e em voz alta/Palrar. **2** Resmungar/Rezingar/Lamuriar/Lamentar-se. **3** ⇒ grasnar; crocitar.

Grécia *s f* República do sul da Europa, com a capital em Atenas. **Ex.** Os naturais e os habitantes da ~ chamam-se gregos e a sua língua é o grego.

greco- (Gré) *pref* (<lat *gráecus*: grego) Significa grego, da Grécia; ⇒ ~-latino, ~-romano.

greco-latino, a *adj* **1** Relativo às duas línguas clássicas, grego e latim. **2** *Hist* Relativo às antigas civilizações da Grécia e de Roma. **Ex.** «ocidentais» Somos herdeiros da cultura ~.

greco-romano, a *adj Hist* Que é comum às antigas civilizações de gregos e romanos. ⇒ heleno.

greda (Ê) *s f* (<lat *créta*: argila) Variedade de argila macia e friável, com grande capacidade de absorção de gorduras. **Ex.** Recorreu à ~ para tirar nódoas da madeira.

green ing s m (D)esp Relvado de corte baixo perto dos buracos [da meta] do campo de golfe.

grega s f (<grego) **1** Tira de tecido usada como enfeite, acabamento ou debrum de roupas, cortinados, ... **2** *Arquit* Ornamento geométrico constituído pelo entrelaçar de linhas horizontais e verticais em ângulo re(c)to.

gregário, a adj (<lat *gregárius*: relativo a rebanho; ⇒ grei) **1** Que vive em grupo/bando/rebanho. **Ex.** A ovelha é um animal ~. **Comb.** *Ave* ~a. *Espécie* ~a. **2** Que leva os seres de uma espécie a reunirem-se. **Comb.** *Instinto* ~. *Tendência* ~a. **3** *fig* Que aprecia e procura a companhia de outras pessoas/Sociável.

gregarismo s m (<gregário + -ismo) **1** Tendência dos indivíduos de uma espécie a viverem em grupo/bando, sobretudo na procura de alimento. **2** Vida em grupo desses animais. **3** Tendência a desejar e procurar a companhia de outras pessoas/Sociabilidade.

grego, a (Ê) adj/s (<lat *gráecus*; ⇒ heleno) **1** (O) que é natural ou habitante da Grécia. **Idi.** «tentar/querer» *Agradar a ~s e a troianos* [Pretender satisfazer dois grupos com posições opostas/Ser incoerente/irresoluto]. *Ver-se ~ para* [Passar por grande embaraço para superar uma dificuldade/Ficar muito atrapalhado] (Ex. Na cidade vi-me ~ para estacionar o carro). **2** Relativo à Grécia antiga ou moderna ou aos seus habitantes. **Idi.** *(Deixar)* «plano/solução» *para as Calendas ~as* [Adiar para nunca mais (Os ~s não tinham Calendas, só os romanos (as tinham))]. **Comb.** *Civilização ~a. Cultura ~a. Espírito ~. Filosofia ~a* «de Aristóteles/...». **3** Relativo à religião ortodoxa da Grécia. **Comb.** *Cruz ~a. Rito ~.* **4** s m Língua indo-europeia da Grécia. **Comb.** *~ clássico. ~ bíblico. ~ moderno.* **Idi.** «algo» *Ser ~ para alguém* [Este nada perceber desse assunto] (Ex. Isso «que você fala» para mim é ~/chinês [Não sei/entendo nada disso]).

gregoriano, a adj/s m (<antr Gregório + -ano) **1** Relativo ao papa Gregório I (séc. VI) ou ao papa Gregório XIII (séc. XVI). **Ex.** O canto ~ deve-se ao papa Gregório I, que fez a reforma da liturgia e coligiu o repertório do cantochão. O calendário ~ deve-se ao papa Gregório XIII, que reformou a contagem do tempo, fixando um ano bissexto de 4 em 4 anos. **2** s m *Mús* Canto monódico da liturgia católica/Cantochão. **Ex.** Até ao séc. XVI, em que se introduziu a polifonia, o ~ era o único canto litúrgico da Igreja Católica. Hoje o ~ tem muitos adeptos, como mostra o mercado discográfico.

grei s f (<lat *grex,grégis*: rebanho) **1** Rebanho de gado miúdo. **2** *fig* Conjunto dos fiéis de uma paróquia ou de uma diocese. **3** Conjunto dos membros de um partido ou de uma associação. **4** Povo de um país. **Ex.** O dever dum governante é servir a ~. O lema da GNR é *Pela Lei e pela ~*.

grelado, a adj/s (<grelar; ⇒ grelo **2/3**) **1** Diz-se de semente/tubérculo«batata»/bolbo que deitou grelo/rebento. **2** Diz-se do estudante do penúltimo ano do curso superior, que, na pasta, exibe uma estreita fita com a cor da sua faculdade, o grelo **4**, a queimar na festa da Queima das Fitas. **Ex.** São os ~s que, em Coimbra (Portugal), organizam a festa da Queima das Fitas.

grelar v int (<grelo + -ar) Deitar gomo/rebento. **Ex.** As batatas já grelaram, é tempo de as deitar à terra [de as plantar].

grelha (Ê) s f (<lat *cratícula*, de *crátis*: grade) **1** Utensílio metálico de cozinha, com barras paralelas, para assar «sardinhas/carne» ou torrar. **Ex.** Na aldeia fazia torradas na ~. **2** Qualquer rede metálica. **Comb.** *~ do fogão*. **3** ⇒ Antigo instrumento de suplício. **4** Parte metálica da frente do automóvel por onde entra o ar que vai ventilar/arrefecer o motor. **5** Quadro de apresentação de itens/dados em folha com quadrados/re(c)tângulos, para mais fácil compreensão ou relacionamento. **Comb.** *~ de avaliação. ~ de parâmetros. ~ salarial. ~ de programação televisiva.* **6** Conjunto de posições ocupadas pelos carros na pista, à partida para uma prova automobilística. **Comb.** *~ de partida.*

grelhado, a adj/s *Cul* (<grelhar) **1** Que foi cozinhado a elevada temperatura em grelha. **Comb.** *Bife* ~. *Peixe* ~. **2** s m Prato de carne ou peixe assado na grelha ou na chapa. **Ex.** No restaurante pedia sempre ~s.

grelhador s m *Cul* (<grelhar + -dor) **1** Utensílio de cozinha próprio para grelhar carne ou peixe. **2** Parte «chapa» do fogão usada para grelhar/assar alimentos.

grelhar v t *Cul* (<grelha + -ar¹) Cozinhar um alimento sobre uma grelha ou chapa, sujeitando-o a elevada temperatura. **Ex.** Ele costumava ~ o peixe fresco trazido da praça.

grelo (Ê) s m (< ?) **1** Gomo/Gema que se desenvolve na semente. **2** Rebento em tubérculo «batata»/bolbo. **3** Haste florífera de plantas como a couve ou o nabo. **Ex.** Como hortaliça a acompanhar o prato, preferia ~s de couve. **4** Fita pequena e estreita usada na pasta por estudante do penúltimo ano de um curso superior. **Ex.** O ~ é queimado na festa da Queima das Fitas (⇒ grelado **2**). **5** *pop* ⇒ clítoris.

gremial adj 2g/s m (<gré[ê]mio + -al) Relativo a [Do] gré[ê]mio.

grémio [*Br* **grêmio**] s m (<lat *grémium*: regaço) **1** Colo/Regaço/Seio/Meio(+)/Âmbito(o+). **Comb.** *~* [Seio(+)] *da família* [igreja/cristandade/«âmbito» lei]. **2** Antigo organismo corporativo formado por entidades patronais de um se(c)tor de a(c)tividade. **Comb.** *~ da lavoura.* **3** Associação/Corporação com fins culturais ou recreativos. **Comb.** *~ Literário.*

grená adj 2g/s m (<fr *grenat*) **1** Cor vermelha escura/Cor de vinho (+). **2** Que tem essa cor. **Ex.** A romã é ~. O vestido ~ fica-lhe muito bem.

grenha s f (<celta *grenn*: pelo no rosto) **1** Cabelo emaranhado/desalinhado/Gaforina/Trunfa/Guedelha. **2** Juba(+) de leão. **3** Vegetação densa e emaranhada/Brenha.

grés s m (<fr *grès*: bloco de pedra) **1** *Geol* Rocha sedimentar formada por grânulos unidos por um cimento natural. **Ex.** O ~ cerâmico utiliza-se muito no fabrico de botijas e de manilhas para canalizações. **2** Pó dessa rocha utilizado para polir metais/Arenito. **3** Pasta de argila siliciosa e areia fina, usada em olaria.

greta (Ê) s f (<gretar) **1** Abertura estreita/Fenda/Racha/Frincha. **Ex.** As paredes da casa, que tem cinco anos, apresentam algumas ~s. **2** Fissura na pele humana provocada por frio intenso, por alguns trabalhos ou por doença. **3** Fenda no terreno devido ao calor intenso. **Ex.** O leito (lodoso) do rio, cheio de ~s, estava ressequido. **4** *Vet* Escoriação nas pregas dos joelhos de cavalgaduras que lhes dificultam a locomoção.

gretado, a adj (<gretar) **1** Que apresenta gretas/rachas/fendas/fissuras. **2** Diz-se de brasão com estrias/listras.

gretadura s f (<gretar + -dura) **1** A(c)to ou efeito de gretar(-se). **2** Fissura na pele devido a frio intenso, a certos trabalhos ou a doença/Greta.

gretamento s m (<gretar + -mento) **1** A(c)to ou efeito de gretar/Gretadura. **2** Abertura de fenda/fissura. **3** *Agr* Doença que provoca fendas na maçã e na pera.

gretar v t/int (<lat *crépito,áre*: rachar) **1** Abrir fenda/greta em/Rachar. **Ex.** O sol forte gretou [fez ~] o terreno de cultivo. **2** Criar fissura/Fender-se/Estalar. **Ex.** A pele das mãos gretou devido ao muito frio (⇒ frieira). A febre alta fez-lhe ~ os lábios.

grevas s f pl (<fr *an grève*) **1** *Mil* Partes da armadura que cobriam as pernas abaixo do joelho. **2** Tira de tecido que conserva o calor e resguarda a parte inferior das pernas «de soldados em campanha, de alpinistas, ...». ⇒ polaina.

greve s f (<fr *grève*) Cessação voluntária e cole(c)tiva do trabalho por assalariados como forma de defender os seus interesses e de pressionar o empregador. **Ex.** Os trabalhadores viram-se forçados a fazer [ir para a] ~. Diz-se que a ~ é a última arma do trabalhador. **Loc.** *Aderir à ~. Declarar ~. Entrar em ~. Fazer ~. Suspender a ~.* **Comb.** *~ de braços caídos/br cruzados* [Apesar de os trabalhadores comparecerem no local de trabalho, há a paralisação de toda a a(c)tividade]. *~ de fome* [Recusa de tomar qualquer alimento, como forma de protestar e reivindicar]. *~ de zelo* [Forma de protesto em que se executa o trabalho com todo o rigor mas devagar, o que faz diminuir a produtividade]. *~ geral* [A(c)to político de parar todas as a(c)tividades no país como protesto contra a política do governo]. *~ selvagem* [Paralisação do trabalho sem respeitar o que a lei estabelece, como a obrigatória apresentação do pré-aviso]. *Adesão à ~. Direito à ~. Piquete de ~* [Grupo de grevistas que, colocados à entrada no local de trabalho, procuram dissuadir [impedir] outros de trabalhar]. *Pré-aviso de ~.*

grevista adj/s 2g (<greve + -ista) **1** Relativo a greve. **Comb.** *Movimento* ~. *Surto* ~. **2** (O) que faz greve. **Ex.** Os ~ recusam-se a ceder ao patronato.

grifar v t (<grifo + -ar¹) **1** Inclinar a letra para a direita/Compor texto em itálico. **2** Marcar «de alguma forma»/Sublinhar. **3** Fazer grifo em cabelo/Frisar/Encaracolar.

grifo¹ s m (<gr *gryps,pós*) **1** *Mit* Animal fabuloso, com cabeça e asas de águia e corpo de leão. **2** ⇒ *Ornit* Abutre sedentário/Abetarda. **3** ⇒ Unha recurva/Garra. **4** Caracol do cabelo.

grifo², a adj/s m (<antr Grif, impressor alemão do séc. XVI) (Diz-se do) tipo inclinado de letra/Itálico.

grila s f (<grilo) **1** *Ent* Fêmea do grilo. **2** *pop* ⇒ vulva.

grilar *Br* v t/int (<grilo + -ar¹) **1** Fazer cricri(+)/Produzir um ruído semelhante ao do grilo. **2** ⇒ preocupar(-se). **3** ⇒ Transtornar/Estragar «o programa».

grilhão s m (<esp *grillón*) **1** Corrente metálica formada por elos encadeados. **2** pl *Hist* Cadeia grossa de ferro que prendia as pernas dos condenados. **3** Cordão de ouro «de adorno do pescoço». **4** Corrente de metal fino para prender o relógio «de bolso». **5** *fig* Prisão/Laço/Algema.

grilheta s f (<grilhão + -eta) Argola de ferro na extremidade de uma corrente, a que se

prendiam os condenados a trabalhos forçados/Grilhão **1**.

grilídeo, a *adj/s* (<grilo + -ídeo) (Diz-se de) inse(c)to ou família de inse(c)tos ortópteros, cuja designação vulgar é grilo; *Grillidae*.

grill ing *s m* ⇒ grelhador.

grilo *s m* Ent (<lat *gríllus*) **1** Nome comum de inse(c)tos ortópteros da família dos grilídeos, de cor escura, saltadores, cujos machos emitem um som estridente pela fricção das asas anteriores. **Ex**. No campo, mal caía a [, ao começo da] noite, irrompia o interminável concerto dos ~s com o seu gri-gri [cricri(+)]. **Idi**. *Andar aos ~s, como a raposa* [Ser muito pobre]. **2** *maiúsc pop* Frade da Ordem dos Agostinhos Descalços. **3** Espécie de jogo popular. **4** ⇒ relógio de bolso. **5** *Br* Pessoa maçadora. **6** *Br* Preocupação/Contrariedade. **Ex**. Na minha cabeça há um ~ que não me larga. **7** *fam* ⇒ Pé[ê]nis de criança/Pipi(+).

grimpa *s f* (<grimpar) **1** Parte móvel do cata-vento. **2** Parte mais alta de alguma coisa/Cume/Crista/Cocuruto. **3** Cabeça. **Idi**. *Levantar a ~* [Mostrar-se insubmisso/orgulhoso/Reagir]. *Baixar a ~* [Submeter-se/Sujeitar-se sem protesto].

grimpar *v int* (<fr *grimper*: trepar) **1** Crescer em altura. **2** Subir/Trepar. **3** Conseguir melhor posição social/Subir na vida. **4** *Br* ⇒ Gripar².

grinalda *s f* (<esp *guirnalda*) **1** Coroa de flores/ramos/pérolas/pedrarias. **Ex**. Uma linda ~ [auréola(+)] rodeava a cabeça da imagem da santa. **2** Cordão de folhagens e flores. **Ex**. Para a festa, os arcos da rua estavam ornados de/com ~s. **3** *Arquit* Ornato de flores, folhas e frutos entrelaçados/Festão. **4** Entrelaçamento de dois ramos no reverso de moedas. **5** *fig* Antologia literária/Florilégio. **6** *Náut* Parte superior do painel da popa de uma embarcação.

gripal *adj 2g* (<gripe + -al) Da gripe. **Comb**. *Estado ~. Vírus ~*.

gripar¹ (<gripe + -ar) Ficar com gripe. **Ex**. O meu pai está gripado.

gripar² *v t/int* (<fr *gripper*) «máquina/motor» Deixar de funcionar devido ao fa(c)to de as peças, ao friccionarem, ficarem coladas por falta de lubrificação/*br* Gri(m)par. **Ex**. Deixou ~ o carro e agora tem uma grande despesa a mais. **Comb**. Motor gripado.

gripe *s f* (<fr *grippe*) Doença infe(c)ciosa, epidé[ê]mica, viral, que provoca febre, dor de cabeça e de garganta, com afe(c)ções respiratórias e abatimento geral. **Ex**. A ~ ataca sobretudo no inverno. **Loc**. Ficar com ~. **Comb**. *Epidemia de ~. Vacina da ~. Vírus da ~*. ⇒ influenza; resfriado.

gris *adj 2g/s m* (<fr *gris*: cinzento) **1** (Cor de) cinza(+), entre o branco e o preto. **2** «camurça» Que tem essa cor/Cinzento(+).

grisalho, a *adj* (<gris + -alho) Mesclado de pelos brancos/Que tem brancas/Acinzentado. **Ex**. Na reunião abundavam as cabeças ~s. **Comb**. *Barba ~a. Cabelo ~*.

grisu *s m* (<fr *grisou*) Gás das minas de carvão, formado de metano, anidrido carbó[ô]nico e azoto. **Comb**. Explosão de ~.

grita *s f* (<gritar) **1** A(c)ção de gritar/Vozearia/Berreiro/Gritaria(+). **2** *gír* ⇒ Sentinela.

gritante *adj 2g* (<gritar) **1** Que grita/brada. **2** *fig* Evidente/Manifesto/Notório. **Ex**. Aquele prédio é uma aberração ~. **3** Revoltante/Chocante. **Ex**. Reagimos àquela injustiça ~. **4** Diz-se de uma cor viva/berrante(+). **Ex**. A cor do carro era um amarelo ~.

gritar *v t/int* (<lat *quiríto,áre*) **1** Proferir sons muito agudos e altos, em sinal de dor, medo, ... **Ex**. O miúdo gritava, gritava! **2** Clamar por socorro. **Ex**. Quando ouviram ~, todos acorreram. **3** Dizer em voz muito forte/Berrar/Bradar. **Ex**. Só quando gritou lhe prestaram atenção. **4** Berrar com/Ralhar. **Ex**. Alguém gritou à miudagem que fazia asneiras. **5** Protestar/Reclamar/Barafustar. **6** *fig* Não condizer com/Contrastar com/Berrar. **Ex**. A cor da saia grita [não condiz nada (+)] com a da blusa.

gritaria *s f* (<grito + -aria) **1** Ruído forte de vozes simultâneas/Berreiro/Alarido. **2** Sequência de gritos. **Ex**. Só uma birra podia originar tal ~.

grito *s m* (<gritar) **1** Som agudo e alto como expressão de dor, medo, espanto, alegria, surpresa, ... **Ex**. Ouviu-se um ~ e ficámos assustados. **Loc**. *Dar* [Soltar] *um ~. Desatar aos ~* [Fazer uma gritaria]. **Idi**. «*ser*» *De ~s* [Muito bonito/Atraente/Excelente] (Ex. É uma mulher de ~s!). «*ser*» *O último ~ de* [A mais recente novidade, com impacto na opinião pública «no campo da moda/tecnologia/...». **Comb**. *~ de alegria. ~ de dor. ~ de espanto*. **2** Voz forte para intervir numa situação. **Ex**. No meio da confusão, o professor deu um ~ e a turma acalmou. **Comb**. *~ de aclamação. ~ de guerra* [Expressão proferida em voz forte pelos soldados à entrada em combate]. *~ do Ipiranga* a) Expressão *Independência ou Morte* pronunciada em 1822 pelo Infante D. Pedro, filho do rei de Portugal D. João VI, ao proclamar a independência do Brasil junto ao riacho Ipiranga na cidade de S. Paulo; b) *fig* Afirmação de autodeterminação/autonomia de alguém, em qualquer campo. **3** Expressão de protesto/revolta. **Ex**. Fez-se ouvir o ~ dos oprimidos. **4** Voz interior que expressa um forte sentimento. **Comb**. *~ de alma*. **5** Voz de algumas espécies animais. **Comb**. *~ da hiena*. ⇒ uivo.

grogue *adj 2g/s m* (<ing *grog*) **1** Bebida alcoólica «rum/conhaque/aguardente/...» diluída em água quente com açúcar e casca [sumo] de limão. **2** Estonteado/Atordoado/Titubeante por ingestão de bebida alcoólica. **Ex**. Quando saiu da festa já estava meio [um pouco] ~.

Grone[en]lândia *s f Geog* (<hol *Gronland*) A maior ilha do mundo, perto da Islândia, ficando mais de metade no círculo ár(c)tico. **Ex**. A ~ é da Dinamarca mas quer independentizar-se; os habitantes são gronelandeses. ⇒ inuit(e).

grosa (Gró) *s f* (<grosso) **1** Conjunto de doze dúzias. **2** Lima grossa usada para desbastar madeira, metais ou cascos de cavalgaduras. **3** Faca de fio embotado usada para descarnar peles. **4** ⇒ Comentário maledicente/Glosa **3**.

groselha (Zê) *s f/adj 2g Bot* (<fr *groseille*) **1** Baga, geralmente de cor vermelho sanguíneo, utilizada no fabrico de xarope e geleia, que é fruto de plantas conhecidas por groselheira. **2** Bebida obtida pela mistura desse xarope com água. **3** ⇒ groselheira. **4** De cor vermelha semelhante à dessa baga.

groselheira *s f Bot* (<groselha + -eira) Arbusto cujo fruto é a groselha.

grossaria *s f* (<grosso + -aria) **1** Tecido grosso de linho ou de algodão. **2** ⇒ grosseria.

grosseiramente *adv* (<grosseiro + -mente) De forma indelicada/grosseira/rude.

grosseirão, ona *adj/s* (<grosseiro + -ão) **1** *Aum* de grosseiro. **2** Muito imperfeito/De fraca qualidade. **Comb**. Tecido ~. **3** (O) que é muito mal-educado/indelicado/rude.

grosseirismo *s m* (<grosseiro + -ismo) **1** Qualidade da pessoa que é rude/indelicada/grosseira. **2** Procedimento/Comportamento de quem tem essa forma de ser. **Ex**. O ~ dele envergonha o irmão junto dos colegas.

grosseiro, a *adj/s* (<grosso + -eiro) **1** De má qualidade. **Comb**. Tecido ~. **Ant**. Fino. **2** Mal-acabado/Tosco/Rústico. **Comb**. *Móvel ~*. **3** Pouco elaborado/Imperfeito/Impreciso/Vago. **Comb**. *Cálculo ~. Estimativa ~a*. **Ant**. Exa(c)to; preciso; rigoroso. **4** Sem graça/finura/graciosidade. **Comb**. Feições ~as da imagem «do santo». **5** (O) que é mal-educado/ordinário/malcriado/rude/indelicado. **Ex**. Detesto atitudes ~as. **6** Contrário à decência ou ao pudor/Impróprio/Obsceno/Chocante. **Ex**. Hoje ouvem-se a cada passo termos ~s.

grosseria *s f* (<grosseiro + -ia) **1** Qualidade de grosseiro. **2** Falta de boas maneiras ou de delicadeza. **3** A(c)to/Atitude/Expressão inconveniente/indecente. **Ex**. Respondeu-lhe com uma ~/um palavrão.

grossista *adj/s 2g* (<grosso + -ista) (O) que vende [compra] grandes quantidades de um produto/Intermediário entre o produtor/fabricante e quem «lojista» vende ao público/Armazenista. **Ex**. O ~ vende aos retalhistas.

grosso, a (Grô, Gró) *adj/adv/s m* **1** Que tem espessura [largura/grossura] grande ou maior do que é comum. **Ex**. O convento tem paredes ~as. **Comb**. *Camisola ~a. Livro ~. Pingas ~as* «de chuva». *Tecido ~. Traço ~. Tronco ~*. **2** Que tem um tamanho maior que outro semelhante. **Comb**. *Caça ~a. Gado ~. Intestino ~. Sal ~*. **3** Denso/Espesso/Pastoso/Basto. **Comb**. *Molho*(Mô) *~. Sopa ~a. Xarope ~*. **Ant**. Ralo; raro. **4** Áspero/Rugoso. **Comb**. *Casca ~. Mãos ~as. Pele ~a*. **Ant**. Fino. **5** *fig* ⇒ Mal-acabado/Grosseiro. **6** Descuidado/Pouco rigoroso. **Idi**. *Fazer vista ~a* [Fazer por não ver «algo incorre(c)to que obrigaria a intervir»/Deixar passar (sem reparo)]. **7** Volumoso/Avultado. **Ex**. Gastaram-se na obra ~as somas de dinheiro. **8** Grande. **Ex**. Gerou-se uma ~a pancadaria. Fez asneira da ~a [Fez grande asneira]. **9** «voz/tom» Grave/Baixo. **Ex**. O rapaz tem já voz ~a. **Idi**. *Falar adv ~/Fazer voz ~a* a) Impor a sua autoridade; b) Repreender. **10** *s m* Grande quantidade/Parte maior. **Ex**. O ~ dos adeptos quer a mudança de treinador.

grosso modo *lat adv* Em geral/Sumariamente/Sem ir ao pormenor/Por alto.

grossura *s f* (grosso + -ura) **1** Diâmetro/Espessura de alguma coisa. **Ex**. A ~ do tronco daquela árvore «castanheiro/cedro» impressiona. **2** Corpulência. **Ex**. Ele tem cá uma largura de ombros, uma ~! **3** *Br* ⇒ Grosseria/Rudeza. **4** *col* Bebedeira. **Ex**. Apanha cada ~ que é vê-lo [que muitas vezes o vemos] encostado às paredes.

grota (Ô) *s f* (<it *grotta*<gr *krýpte*: cripta; ⇒ gruta) **1** Cavidade aberta pela água das chuvas na encosta da montanha ou pela enchente na margem dum rio. **2** Depressão de terreno (h)úmida e sombria. **3** *Br* Vale profundo ou plano inclinado entre montanhas.

grotesco, a *adj/s m* (<it *grottesco*) **1** «aspecto/figura» Que desperta riso ou troça/Caricato/Extravagante. **2** «homem» Bizarro/Có[ô]mico/Excêntrico. **3** *s m Liter* Subcategoria do có[ô]mico ou do burlesco em que se privilegia o disforme, o ridículo ou o extravagante. **4** *Arte* Ornamento que representa folhas e flores, animais, figuras humanas ou seres fantásticos reunidos em cercaduras, medalhões ou frisos que envolvem os painéis centrais.

grou, grua *s/s f* (<lat *grus,úis*) **1** *Ornit* Nome vulgar de aves migradoras pernaltas, da família dos gruídeos; *Gruidae*. ⇒ cegonha.

2 *s f* Máquina para levantar, transferir ou depositar cargas pesadas, usada sobretudo em docas e cais/Guindaste(+). **3** *s f* Roldana de guindaste. **4** *s f Cine/TV* Plataforma móvel, usada em filmagens de exteriores ou em grandes estúdios, para sustentar a câmara e o operador. **5** *s f* Máquina para introduzir água nas locomotivas, para derreter com ja(c)to o gelo das asas do avião antes da de(s)colagem, …

grudadouro *s m* (<grudado + -ouro) Série de cavaletes sobre os quais, na fábrica de lanifícios, se estendem as teias a secar, depois de mergulhadas em cola ou grude.

grudadura *s f* (<grudar + -(d)ura) Local ou ponto em que alguma coisa «porcelana» se grudou a outra.

grudar *v t* (<grude + -ar¹) **1** Colar(-se) com grude/(Fazer) aderir fortemente/Pegar/Unir. **2** ⇒ Fixar. **3** ~-se/Ficar junto de/Agarrar-se a/Acompanhar sempre. **Ex.** Na festa grudou-se ao primo e não o largou (mais). **4** *Br* ~-se/Lutar corpo a corpo.

grude *s m* (<glúten) **1** Cola feita com gelatina animal, usada na união e colagem de peças de madeira. **2** Massa colante usada pelos sapateiros. **3** *Br* ⇒ Luta/Briga. **4** *Br* ⇒ amizade estreita; namoro.

grugulejar *v int* (< *on*) **1** Soltar, o peru, a sua voz/Fazer gru-gru/glu-glu(+). **2** Emitir sons semelhantes aos do peru.

grugulejo *s m* (<grugulejar) Diz-se do som emitido pelo peru, que faz glu-glu.

gruiforme *adj/s Ornit* (<grou + -forme) Diz-se de ave ou da ordem de aves pernaltas, terrestres ou aquáticas, de dedos longos, bico comprido, pernas longas e asas curtas, a que pertence a galinhola.

gruir *v int* (<grou + -ir) Soltar, o grou, a sua voz/Grasnar.

grulha *s f* (<esp *grulla*: grua (ave)) Pessoa faladora/Tagarela.

grulhada *s f* (grulhar) **1** Vozearia de grou(s). **2** Algazarra/Balbúrdia/Barulheira de várias vozes humanas simultâneas.

grulhar *v int* (<grulha + -ar¹) **1** Soltar, o grou, a sua voz/Gruir. **2** *fig* ⇒ Falar muito/Palrar/Tagarelar.

grumar *v int* (<grumo + -ar¹) Formarem-se grumos «na farinha/no leite»/Ficar grumoso.

grumete *s m Mar* (<fr *groumet*: criado jovem) Praça da armada de categoria imediatamente inferior à de marinheiro.

grumo *s m* (<lat *grúmus*) **1** Grão minúsculo/Grânulo. **2** Coágulo de caseína, albumina «na farinha» ou fibrina. **3** Amontoado de pequenas partículas.

grumoso, a (Ôso, Ósa) *adj* Que apresenta grumos/Granuloso.

grúmulo *s m* (<grumo + -ulo) Pequeno grumo.

grunhido *s m* (<grunhir) Som emitido pelo porco ou pelo javali.

grunhir *v int* (<lat *grúnnio,íre*) **1** Emitir, o porco ou o javali, a sua voz. **2** *fig* Falar baixo entre dentes/Resmungar/Rezingar.

grupelho *s m depr* (<grupo + -elho) **1** Pequeno grupo. **2** Agremiação insignificante, sem importância.

grupo *s m* (<it *gruppo*: reunião, nó) **1** Conjunto de pessoas ou coisas próximas, consideradas como formando um todo. **Ex.** Havia ali um ~ de vizinhos a comentar o caso. O ~ de casas em volta da praça era de grande beleza. **Loc.** *Andar em ~. Formar um ~.* **Comb.** *~ de crianças. ~ excursionista. ~ de trabalhadores. ~ de turistas. Espírito de ~. Trabalho de ~.* **2** Conjunto de pessoas que têm cara(c)terísticas, obje(c)tivos ou interesses em comum. **Ex.** Na aldeia formámos um ~ «associação/clube» cultural e recreativo. **Comb.** *~ de controle*/o [Conjunto de indivíduos cujo comportamento normal é comparado a outro/G~ experimental]. *~ (d)esportivo. ~ folclórico. ~ musical. ~ parlamentar* [Conjunto dos deputados de cada partido com assento no Parlamento]. *~ de pressão* [Conjunto de pessoas unidas na defesa dos seus interesses materiais ou das suas ideias]. *~ de risco* [Conjunto de pessoas mais expostas a contrair certa doença]. *~ sanguíneo* [Cada um dos quatro «O, A, B, AB» tipos de sangue humano «cujas incompatibilidades são importantes para a hereditariedade e para transfusões»]. *~ social.* **3** Conjunto de pessoas ou instituições que se juntam para determinado fim. **Ex.** A nossa equipa é um ~ coeso e equilibrado. **Comb.** *~ econó[ô]mico* [Conjunto de empresas, geralmente de diferentes ramos de a(c)tividade, em que uma delas tem posição dominante e estabelece a estratégia]. **4** *Biol* Conjunto de seres vivos de cara(c)terísticas comuns «celenterados». **5** *Ling* Palavra ou conjunto de palavras que formam um constituinte da frase, funcionando como um todo hierarquizado. **Comb.** *~ adje(c)tival. ~ adverbial. ~ nominal. ~ verbal.* **6** *Quím* Na tabela periódica, conjunto de elementos que se situam na mesma coluna por terem propriedades semelhantes. **7** *Álg* Conjunto munido de operação associativa, que admite elemento neutro e elemento oposto.

grupúsculo *s m depr* (⇒ grupelho) **1** Grupo muito pequeno. **2** Partido com muito reduzido número de adeptos.

gruta *s f* (<it *grotta*<lat *crypta*) **1** Grande cavidade, natural ou artificial, aberta na rocha, geralmente calcária, à superfície ou no interior da Terra, por a(c)ção das chuvas ou do homem. **Ex.** Como chovia, abrigou-se numa ~ próxima. Nas ~s da Serra dos Candeeiros (Portugal) apreciei sobretudo as estalactites e as estalagmites. ⇒ caverna. **2** Qualquer abrigo ao nível do solo/Lapa. **Ex.** Fizemos uma ~ no jardim «para a imagem de Nossa Senhora».

grutesco, a *adj/s m* (<gruta + -esco) **1** Relativo a [Próprio de] gruta. **2** *s m pl Arte* Ornatos representativos de coisas da natureza/Pintura [Escultura] que representa gruta/Arabescos.

guache[o] *s m Arte* (<fr *gouache*) **1** Técnica de pintura que usa uma substância pastosa resultante da mistura de corantes, goma e água. **2** Pintura executada com essa técnica. **3** *pl* Conjunto dessas tintas diluíveis apresentado em estojo/caixa. **Ex.** Como gosta muito de pintar, ofereci-lhe uns ~ e uns pincéis.

guaiaco *s m Bot* (<lat *guaiacum*) Árvore tropical da família das rutáceas, cuja madeira, resinosa e aromática, é a mais dura que se conhece; *Guaiacum officinale.* **Sin.** Pau-santo.

gualdrapa *s f* (<esp *gualdrapa*) **1** ⇒ Aba(+) de casacão ou balandrau. **2** ⇒ Manta que se estende sobre o dorso da cavalgadura, em cima da qual assenta a sela ou albarda, pendendo pelos lados/Xairel/Xabraque.

gualdrope *s m Náut* (< ?) **1** Cabo fixo à cana do leme que facilita o seu manejo. **2** Cada um dos dois cabos presos à meia-lua do leme para comando de pequena embarcação.

guanaco *s m Zool* (< ?) Mamífero ruminante da América do Sul, da família dos camelídeos «lama/alpaca», sem corcova, cuja lã é utilizada no fabrico de abafos; *Lama guanicoe.*

guanina *s f Bioq* (guano + -ina) Substância azotada, derivada da purina, que entra na composição de ácidos nucleicos. ⇒ ADN.

guano *s m* (<esp *guano*) Matéria resultante da acumulação de excrementos e cadáveres de aves, abundante em ilhas do (Oceano) Pacífico e na costa ocidental da América do Sul, utilizada como fertilizante.

guante *s m* (<catalão *guant* <frâncico *wanth*: punho) **1** Luva de ferro da armadura antiga. **2** ⇒ *fig* Autoridade despótica/Mão de ferro(+).

guapo, a *adj* (<esp *guapo*) **1** Elegante(+)/Bonito(o +)/Airoso/Garboso. **2** Valente(+)/Corajoso/Ousado.

guará *s 2g* (<tupi *agwa'ra*) **1** *Ornit* Ave pernalta de plumagem vermelha muito vistosa. **2** ⇒ flamingo. **3** *Zool* Mamífero canídeo de pernas finas e compridas, também chamado lobo.

guaraná *s m* (<tupi *wara'ná*) **1** *Bot* Grande arbusto tropical da família das sapindáceas, cujas sementes, reduzidas a pó ou a pasta, têm propriedades tó[ô]nicas ou estimulantes; *Paullinia cupana.* **2** Pasta ou pó a obter dessas sementes. **3** Xarope feito com essas sementes. **4** Refrigerante preparado com esse pó ou xarope. **5** Resina dessa planta.

guarani *s 2g/adj* (<tupi *guarini*: guerrear) **1** *Etn* Indígena pertencente à grande família tupi-guarani. **Ex.** Os aguerridos ~s habitaram a parte do Brasil a sul do Rio de Janeiro, a Bolívia e o Paraguai. **2** *s m* Língua do tronco tupi, da família linguística tupi-guarani. **3** Unidade monetária do Paraguai.

guarda *s f/s 2g* (<guardar) **1** A(c)to ou efeito de guardar, de vigiar, de garantir a segurança ou de cuidar de pessoa ou coisa que lhe esteja confiada. **Loc.** Em [De(+)] ~ [Em estado de alerta/de sobreaviso]. **Comb.** *~ dos filhos. ~ do tesouro. Cão de ~.* **2** Vigilância sobre reclusos para evitar que se evadam. **3** A(c)ção de dar prote(c)ção/amparo. **Comb.** *Crist* Anjo da ~. **4** Aquilo que se destina a impedir um dano/Resguardo/Anteparo. **Ex.** As ~s da ponte são altas sobretudo por causa das crianças. **5** Observância/Cumprimento de mandamento. **Ex.** A ~ dos dez mandamentos é uma obrigação dos cristãos. **Comb.** Dia santo [Festa] de ~ [em que o crente se deve abster de trabalhos servis/duros, para participar nos a(c)tos de culto]. **6** Preservação/Defesa de valores culturais ou morais. **Comb.** *~ do patrimó[ô]nio.* **7** Corpo militar/militarizado encarregado de garantir a ordem pública e a segurança de pessoas e bens. **Loc.** Ó da ~ ! [Exclamação de pedido de socorro]. **Comb.** *Mil ~ avançada* [Destacamento de segurança à frente de coluna militar que marcha contra o inimigo]. *~ civil. ~ municipal. Velha ~* [Os veteranos/Os mais antigos «da empresa/associação»]. **8** Grupo de agentes de segurança designados para acompanhar/proteger uma entidade pública. **Comb.** *~ de honra* [Força militar que recebe ou acompanha uma ilustre personalidade oficial]. *Render da ~* [Substituição do grupo de agentes de segurança por outro da mesma corporação] (**Ex.** Gostei de assistir ao cerimonial do render [da mudança/troca/substituição] da ~). **9** *(D)esp* No boxe e na esgrima, posição do corpo que evite os golpes do adversário. **10** Folha não impressa, no princípio e no fim de um livro, para reforço e acabamento da encadernação, sendo colada a unir a capa ao corpo do volume. **Comb.** Folha de ~. **11** *Agr* Vide com rebentos que se deixa na videira após a poda. **12** *s 2g*

Agente de força de segurança/Polícia/Sentinela/*Br* Policial. **Ex.** O ~ fazia serviço na esquadra.

guarda-chaves *s m sing e pl* (<guardar + …) **1** Empregado ferroviário encarregado de vigiar e manobrar as chaves ou dispositivos nos desvios [entroncamentos] das linhas. ⇒ guarda-linha. **2** ⇒ porteiro. ⇒ chaveiro.

guarda-chuva *s m* (<guardar + …) Obje(c)to portátil para proteger da chuva ou do sol/Chapéu de chuva. **Ex.** O ~ tem um cabo, uma armação flexível de hastes metálicas cobertas de um pano impermeável ou de outro material.

guarda-comidas *s m sing e pl* (<guardar + …) Móvel com prateleiras, vedado com rede de arame, para guardar alimentos.

guarda-costas *s m sing e pl* (<guardar + …) **1** Navio de guerra que faz a vigilância das águas territoriais de um país. **2** *s* Pessoa contratada para acompanhar e defender outra de qualquer agressão física. **Ex.** O primeiro-ministro apareceu rodeado de um numeroso grupo de ~.

guardador, eira *adj/s* (guardar + -dor) **1** (O) que vigia, guarda ou defende alguém ou alguma coisa. **Ex.** O cão é um ~ atento [um bom guarda] da casa do dono. **2** (O) que observa [cumpre] normas ou preceitos. **3** (O) que é poupado/avarento.

guarda-fato(s) *s m sing e pl* (<guardar + …) Móvel para guardar fatos/vestidos/Guarda-roupa(+)/Roupeiro. ⇒ guarda-vestidos.

guarda-fio(s) *s m* (<guardar + …) Indivíduo encarregado de vigiar e reparar linhas telefó[ô]nicas e telegráficas. ⇒ ele(c)tricista.

guarda-florestal *s m* Empregado do Estado encarregado de assegurar a conservação da floresta, evitando incêndios, e de impedir a caça e a pesca fora da época e da zona em que são permitidas.

guarda-fogo *s m* (<guardar + …) **1** Peça metálica que se coloca diante da chaminé para evitar incêndios. **2** Parede entre telhados de prédios contíguos para evitar a propagação do fogo.

guarda-freio(s) *s 2g sing e pl* (<guardar + …) **1** Pessoa que conduz (carros) elé(c)tricos/*Br* bonde, manejando o freio [travão]/Condutor/Motorista(+). **2** Funcionário do caminho de ferro [da ferrovia] que vigia e maneja os freios [travões] das carruagens.

guarda-joias (Jói) *s m sing e pl* (<guardar + …) Caixa/Cofre para guardar joias. **Ex.** A avó ofereceu à neta um lindo ~.

guarda-lama(s) *s m* (<guardar + …) **1** Peça colocada diante e por cima das rodas de um veículo para parar os salpicos de lama/*Br* Para-lama. **Ex.** Depois de transitarmos por aquele terreno enlameado, os ~ do carro ficaram muito sujos. **2** Extremidade inferior maciça da bainha da espada. **3** Barra forte de pano a forrar a parte inferior de um vestido.

guarda-leme *s m Mar* (<guardar + …) Peça de artilharia situada junto do leme.

guarda-linha *s 2g* (<guardar + …) Pessoa que vigia as linhas férreas. ⇒ guarda-chaves.

guarda-livros *s 2g sing e pl* (<guardar + …) Funcionário que regist(r)a a contabilidade e o movimento de transa(c)ções de uma empresa, escriturando os livros comerciais/Contabilista(+).

guarda-lou[oi]ça *s m* (<guardar + …) **1** Armário onde se guarda a lou[oi]ça da casa/Lou[oi]ceiro. **2** Prateleira onde se arruma a lou[oi]ça.

guarda-mão *s m* (<guardar + …) Parte de uma arma branca «espada/catana» perpendicular à lâmina e que serve para proteger a mão.

guarda-marinha *s m Mar* **1** Posto da Marinha entre aspirante e segundo-tenente. **2** Oficial que ocupa esse posto.

guarda-mato *s m* (<guardar + …) **1** Peça de espingarda em forma de arco que protege o gatilho. **2** Vala para limitar matagais ou pastagens. **3** Vala junto a salinas para impedir que sejam invadidas por águas de terrenos contíguos. **4** *pl* As duas peças de pele que, colocadas sobre as calças, protegem as pernas de pastores e de rurais/Safões.

guarda-menor *s m* Funcionário subalterno dos tribunais da Relação e de outras repartições.

guarda-mor *s m* **1** *Hist* Oficial que comandava vinte archeiros ou alabardeiros da casa real, cabendo-lhe a guarda do rei. **2** Chefe de alfândega nos portos. **3** Chefe de funcionários subalternos em algumas repartições públicas.

guardanapo *s m* (<fr *garde-nappe*) Peça de pano ou papel usada às refeições para limpeza dos lábios ou das mãos ou para preservar a roupa de salpicos de comida. **Ex.** Naquele restaurante os ~s são sempre de pano.

guarda-noturno *s m* Indivíduo que, por conta dos moradores, vigia de noite habitações, veículos ou estabelecimentos comerciais da zona. **Ex.** Contratámos um ~ para maior segurança de pessoas e bens.

guarda-pó *s m* (<guardar + …) **1** Forro de madeira assente sobre os caibros da armação do telhado/Entreforro. **2** Casaco leve comprido que se veste sobre a roupa para não apanhar pó/Bata «branca»(+).

guarda-portão *s m* (<guardar + …) ⇒ porteiro.

guarda-pratas *s m sing e pl* (<guardar + prata) Móvel para guardar obje(c)tos de prata, sobretudo a baixela.

guardar *v t* (<germânico *wardon*: estar em guarda) **1** Vigiar para proteger/preservar/Tomar conta de/Estar de guarda a. **Ex.** Encarregou-se de ~ a criança no parque. O cão é eficaz a ~ a casa. **2** Vigiar para impedir a fuga. **Ex.** Os polícias ficaram a ~ o criminoso. **3** Vigiar para proteger de perigo/ameaça. **Ex.** A sentinela está a ~ o quartel. **4** Encobrir/Ocultar. **Ex.** Ela ainda quer ~ o dinheiro no colchão. **5** Conservar por muito tempo sem consumir. **Ex.** Nem todos os vinhos se podem ~ por vários anos. **6** Colocar em local adequado/seguro/Acondicionar. **Ex.** Guardou o dinheiro na carteira. **7** Tomar posse de alguma coisa/Ficar com algo. **Ex.** – Olha, guarda este fio de ouro como recordação da tua avó. **8** Ter em si/Conter/Encerrar. **Ex.** O mar guarda grandes tesouros «dos naufrágios». **9** Manter disponível/Não usar já/Pôr de parte/Reservar. **Ex.** É bom ~ um dinheirinho [~ uma certa importância (em dinheiro)] para qualquer imprevisto/contratempo. **10** Pretender ter desocupado/reservado para alguém vir a usar. **Ex.** Telefonou a ~ mesa no restaurante/Guardou o lugar da mesa com o jornal. **11** Manter consigo sem dar a conhecer/Não partilhar. **Ex.** Tinha dificuldade em ~ um segredo. **12** Continuar a ter/Manter/Conservar. **Ex.** Os seus músculos ainda guardam a resistência de outros tempos [de antes]. Na autoestrada há que ~ a distância para o veículo da frente. **13** Reter na memória. **Ex.** Guardo ainda as imagens daquela tragédia. **14** Continuar a sentir/Alimentar um sentimento. **Ex.** Guardava ainda rancor ao vizinho. **15** Conservar «uma disposição de ânimo»/Manter «uma atitude». **Ex.** Na dificuldade conseguia ~ a calma. Guardou silêncio até ao fim. **16** Revelar/Mostrar/Apresentar. **Ex.** Guardou [Teve] sempre um grande respeito aos mais velhos. Embora jovem, guardava o decoro próprio de uma senhora. **17** Cumprir/Observar/Respeitar normas ou preceitos. **Ex.** A consciência (moral) levava-o a ~ os mandamentos. **18** *Crist* Abster-se de trabalhos duros/servis «em alguns dias». **Ex.** É obrigação do cristão ~ domingos e dias santos [equiparados aos domingos por serem solenidades litúrgicas]. **19** ~- se/Abster-se de/Evitar. **Ex.** Guarda-te de cometer qualquer infra(c)ção. **20** Livrar de/Preservar. **Ex.** Pedia a Deus que guardasse o filho das más companhias. **21** ~-se/Abrigar-se de/Livrar-se de. **Ex.** Quis ~-se [fugir] da chuva mas não encontrou abrigo. **22** Deixar para mais tarde/Adiar. **Ex.** Guardou a discussão do assunto para a noite. **23** Passar tempo junto de «defunto»/Velar(+). **Ex.** Estivemos duas horas no velório [na capela mortuária] a ~ o [a rezar pelo] falecido.

guarda-redes *s 2g sing e pl (D)esp* (<guardar + rede) Jogador que, em jogos como o futebol, andebol, hóquei, … está junto à sua baliza para evitar que a bola aí entre/*Br* Goleiro.

guarda-republicano *s m* Soldado da GNR.

guarda-rios *s m sing e pl* (<guardar + rio) Pessoa encarregada de vigiar os cursos de água, velando pelo cumprimento da legislação relativa ao exercício da pesca, preservação ambiental, desvio de águas, … **Ex.** O ~ multou-o por fazer pesca ilegal.

guarda-roupa *s m* (<guardar + …) Móvel [Compartimento da casa] onde se guardam fatos e vestidos/Guarda-vestidos/Guarda-fatos. **Ex.** O teu ~ está cheio.

guarda-sol *s m* (<guardar + …) Obje(c)to portátil para proteger do sol, constituído por uma haste, que se fixa no solo ou num suporte, ligada a uma armação com varetas metálicas, coberta de pano de cor clara/Chapéu de sol. **2** ⇒ guarda-chuva/sombreiro. **3** ⇒ sombrinha «de senhora».

guarda-vento *s m* (<guardar + …) Reposteiro/Anteparo de madeira colocado dentro de templos e de outros edifícios junto à porta principal, para resguardar do vento e impedir os transeuntes de verem o que ali decorre. ⇒ biombo.

guarda-vestidos *s m* (<guardar + vestido) ⇒ guarda-fatos; guarda-roupa(+); roupeiro.

guardião, ã *s* (<lat *guardiánus*<gótico *wardjan*: sentinela) **1** O que guarda alguma coisa. **2** ⇒ guarda-costas. **3** Superior Geral de uma comunidade franciscana. **4** O que defende princípios, ideias, valores. **5** ⇒ *(D)esp* Guarda-redes/*Br* Goleiro. **6** ⇒ *Náut* Marinheiro especializado em manobra. **7** *s m* ⇒ abóbora-do-mato.

guarente *s m* (<?) Fazenda que sobra quando se encurtam por baixo capas ou capotes.

guarida *s f* (<guarir; ⇒ guarita) **1** ⇒ Toca de feras/Covil. **2** *fig* Local que serve de abrigo «para carro»/refúgio. **3** *fig* Acolhimento/Amparo/Hospedagem a alguém. **Ex.** O desgraçado [pobre] encontrou ~ naquela família caridosa. **Loc.** Dar ~ a [Dar crédito a/Tomar em consideração].

guarir *v t/int* (<gótico *warjan*: defender) ⇒ Ficar curado/Recuperar a saúde/Curar(+).

guarita *s f* (<fr an *garite*: refúgio) **1** Torre nos ângulos dos antigos baluartes (das mura-

lhas) para abrigar a sentinela. **2** Cubículo portátil para abrigo de sentinela ou de quem vigia. **3** ⇒ abrigo; guarida 2.

guarnecer *v t* (<guarnir + -ecer) **1** Prover de forças militares/Pôr guarnição em/Fortificar/Defender. **2** *Náut* Prover de tripulantes e de equipamento. **3** Prover «a casa/biblioteca (de bons livros)» do que é necessário/Equipar/Abastecer. **4** Pôr ornatos à volta de/Adornar/Enfeitar. **Ex.** Guarneceu o vestido com uma linda barra. **5** Caiar «parede» depois de rebocar. **6** *Cul* Rodear um prato «de bacalhau» cozinhado de adequado acompanhamento «com azeitonas». **7** *Tip* Cercar com gravuras, filetes, vinhetas, …

guarnecimento *s m* (<guarnecer + -mento) **1** A(c)to ou efeito de guarnecer. **2** O que guarnece/Guarnição(+). **3** Ornato/Adorno. **4** ⇒ revestimento.

guarnição *s f* (<guarnir + -ção) **1** A(c)to ou efeito de guarnecer/Guarnecimento. **2** O que guarnece. **3** O que fortifica/protege. **4** *Mil* Conjunto de forças militares estacionadas numa praça forte/cidade/região. **5** *Mil* Conjunto de praças (Soldados) que guarnece uma posição. **6** *Náut* Tripulação(+) de um navio. **7** Conjunto de remadores de um barco de regata. **8** Punhos e copos da espada. **9** Adorno/Enfeite/Ornato. **10** Fita/Barra/Tira que enfeita uma peça de vestuário, a orla de vestido/toalha/lençol/Orla. **11** Faixa decorativa de azulejo/mármore/madeira que reveste parede até certa altura «a contar do chão». ⇒ roda-pé. **12** *Tip* Cercadura de filetes/tarjas/vinhetas, … **13** *Cul* O que, numa refeição, acompanha um prato. **Ex.** O peixe cozido vinha com uma ~ de feijão verde. **14** (Aplicação de) fina camada de cal em parede rebocada. **15** (Conjunto de) arreios(+)/jaezes/atafais de uma cavalgadura.

guarnir *v t* (<gótico *warnjan*: advertir) ⇒ guarnecer.

guar-te *us* na *loc adv* (<guarda-te) Sem tirte nem ~ [Sem aviso prévio/Sem dizer água vai]! ⇒ tir-te.

Guatemala *s f* República da América Central, com capital na cidade de Guatemala, sendo a língua oficial o espanhol e os habitantes guatemaltecos.

guedelha *s f* (<lat *vitícula*: gavinha) **1** Cabeleira comprida e desgrenhada/Melena. **2** ⇒ madeixa.

guedelhudo, a *adj* (<guedelha + -udo) Que tem o cabelo comprido e desgrenhado. ⇒ cabeludo.

guei *br adj/s* (<ing *gay*) ⇒ homossexual.

gueira *s f* (< ?) *Icti* Substância viscosa que cobre as escamas do peixe.

gueixa (Cha) *s f* (<jp *geisha* <*gei*: arte + *sha*: pessoa) (Jovem) japonesa treinada nas artes da dança, do canto, do cerimonial do chá, da conversação, que entretém os fregueses em festas e banquetes.

guelra *s f Icti* (<goela) Órgão respiratório dos peixes e de outros animais aquáticos/Brânquia. **Ex.** As ~s permitem aos peixes utilizar o oxigé[ê]nio da água. **Idi. Ter sangue na ~** [Ter vivacidade/Ser impetuoso].

guerra *s f* (<germânico *werra*: combate) **1** Luta armada entre nações ou entre fa(c)ções/partidos do mesmo país. **Ex.** Na Europa, durante séculos, houve ~s entre nações rivais. As ~s são a vergonha da humanidade. Perdemos uma [Fomos vencidos numa] batalha, não perdemos a ~! **Comb.** ~ **aberta** [Conflito declarado]. ~ **ató[ô]mica** [com uso de armas nucleares]. ~ **bacteriológica/biológica** [em que são usados micro(o)rganismos patogé[ê]nicos para matar pessoas]. ~ **civil/intestina** [entre fa(c)ções/partidos do mesmo país]. ~ *colonial* [em que naturais da coló[ô]nia se revoltam e lutam (pela independência) contra a potência colonizadora]. ~ *convencional* [sem emprego de armas nucleares]. ~ *de extermínio*/morte [em que se procura eliminar/matar toda a população do inimigo]. ~ *global* [em que as operações militares se estendem a várias zonas do mundo]. ~ *de movimento* [em que um contendor pressiona o inimigo com deslocações constantes]. ~ *de nervos* [em que se procura descontrolar o inimigo mantendo-o em constante pressão psicológica]. ~ *psicológica* [em que se usa a propaganda, se fazem ameaças ao inimigo]. ~ *química* [em que se usam substâncias tóxicas]. ~ *relâmpago* [em que há um ataque súbito e de grande violência que neutraliza o inimigo, sendo por isso de curta duração]. ~ *sem cartel* [implacável/de extermínio]. ~ *sem tréguas* [contínua]. ~ *total* [em que se mobilizam todos os recursos materiais e humanos]. ~ *de trincheiras*. **A(c)to de ~. Declaração de ~. «estar» Em pé de ~ a)** Pronto para a ~; **b)** Muito agitado/revoltado. *Primeira* [*Segunda*] **Grande ~. Grito de ~. Madrinha de ~** [Senhora que se ofereceu para apoiar psicologicamente um combatente que está longe]. **Prisioneiro de ~. Provisões de ~. Reparação de ~. Teatro de ~** [Zona em que decorrem combates]. **2** Situação de conflito não armado entre nações ou blocos militares. **Comb.** ~ *fria* **a)** Estado de tensão entre Estados; **b)** *Hist* Tensão entre o Bloco de Leste, liderado pela União Soviética, e o Bloco Ocidental, liderado pelos EUA, desde o fim da Segunda Guerra Mundial até à queda do muro de Berlim, em 1989. **3** Arte militar. **Ex.** Na ~ devemos distinguir entre tá(c)tica e estratégia. **4** Administração militar. **Ex.** Quando andava na escola, ainda havia o cargo de Ministro da ~. **5** Forte oposição a alguma coisa. **Ex.** Moveu-se ali uma [Fez-se] ~ ao desperdício «de recursos». **6** Situação conflituosa entre pessoas ou instituições. **Ex.** Houve ~ permanente entre estas entidades «pessoas/instituições», o que prejudicou a localidade.

guerrear *v t* (<guerra + -ear) **1** Lutar com armas contra/Fazer a guerra a/Combater. **2** Discutir com/Conflituar. **Ex.** Vocês estão sempre a ~ [em guerra(+)]! **3** ⇒ Opor-se a/Obstar a/Hostilizar/Perseguir. **4** ⇒ Pugnar/Lutar por alguma coisa.

guerreiro, a *adj/s* (<guerra + -eiro) **1** Relativo à guerra/Militar. **2** Que tem propensão/inclinação para a guerra/Belicoso. **Comb.** Espírito ~. **Ant.** Pacífico. **3** Que na luta se distingue pela valentia/Aguerrido. **4** (O) que combate na guerra. **Ex.** Os nossos ~s honraram Portugal. **5** (O) que pugna [luta] por uma causa/Lutador.

guerrilha *s f* (<esp *guerrilla*) **1** Luta armada movida por pequenos grupos em ataques de surpresa, geralmente com armamento ligeiro e de grande mobilidade. **Comb.** ~ urbana. **2** Ataque feito desse modo. **3** Grupo armado que ado(p)ta essa forma de luta. **Ex.** A ~ fez vários sequestros. **4** *fig* Contínua discussão/desavença. **Ex.** Os políticos estão numa ~ constante. **Comb.** ~ *institucional* [Relação conflituosa entre instituições, procurando cada uma vencer a contenda]. ~ *parlamentar* [entre os deputados dos diferentes partidos].

guerrilhar *v int* (<guerrilha + -ar¹) **1** Fazer guerrilha (+)/Levar [Ter] vida de guerrilheiro. **2** *fig* ⇒ discutir/brigar.

guerrilheiro, a *adj/s* (<guerrilha + -eiro) **1** Relativo a [Da] guerrilha. **Ex.** A investida ~a atormenta a população. **2** (O) que toma parte numa guerrilha/Membro de um grupo armado. **Ex.** Os ~s atacaram perto da cidade.

gueto *s m* (<it *ghetto* <hebr *guet*) **1** *Hist* Bairro onde os judeus viviam por imposição das autoridades ou por sua livre vontade. **Ex.** As judiarias eram ~s dentro das cidades. **2** Bairro onde uma comunidade vive segregada do resto da população. **Ex.** Por vezes os habitantes de um ~ têm mais dificuldade de/em encontrar emprego. **3** *fig* Situação de tratamento discriminatório. **Ex.** Importa acabar com o ~ em que esses jovens se encontram.

guia *s f* (<guiar) **1** ⇒ A(c)to ou efeito de guiar/Condução/Orientação(+). **2** *s 2g* Pessoa encarregada de conduzir um grupo «de turistas» e de lhe indicar o caminho a seguir/Pessoa que comanda um grupo. **Comb.** ~ de patrulha «no escutismo». ⇒ cicerone. **3** *s m* Livro/Manual/Folheto com instruções «Roteiro da cidade de Lisboa». **4** *s 2g* Pessoa que orienta alguém sobre assuntos da vida ou dos negócios. **Ex.** O meu ~ nos negócios foi sempre o meu pai. **Comb.** ~ [Orientador/Conselheiro] espiritual. **5** Documento que acompanha mercadorias/encomendas expedidas para terem livre trânsito até ao destino. **Comb.** ~ de remessa. **6** Documento que deve acompanhar uma pessoa para ela ter livre trânsito ao deslocar-se a um local ou a um serviço/Autorização/Permissão. **Comb.** ~ *de marcha* [Documento militar que identifica o portador numa deslocação, indicando a entidade a que deve apresentar-se]. **Sin.** Passaporte; salvo-conduto. **7** Formulário de cobrança de receita do Estado a apresentar em repartição pública. **Ex.** Foi com a ~ de cobrança preenchida à tesouraria. **Comb.** ~ *de vencimentos* [Descritivo dos salários a pagar aos funcionários de um serviço público]. **8** Peça que comanda a haste do êmbolo numa máquina a vapor. **9** Correia que vai da cabeça do cavalo até à mão do picador. **10** Correia que vai do freio do cavalo de tiro até à mão do cocheiro. **11** Parelha de cavalos que vai na frente quando a carruagem é puxada por mais que uma parelha. **12** Vara da empa da vinha. **13** Cada extremidade do bigode. **14** Linhas longitudinais que marcam os limites da estrada.

guiador, ora *adj/s* (<guiar + -dor) **1** ⇒ (O) que conduz/dirige/encaminha/orienta/Guia(+). **2** *s m* Peça que regula a dire(c)ção de uma máquina/bicicleta/automóvel/Volante/*Br* Guião. **3** *s m* Índice dos livros de escrituração.

Guiana *s f* República da América do Sul, com capital em Georgetown, sendo a língua oficial o inglês e designando-se os habitantes de guiane[nen]ses. **Comb.** ~ Francesa. *an* ~ holandesa ⇒ Suriname.

guião *s m* (<an fr *guión*: o que guia) **1** Estandarte que vai à frente de procissão ou de irmandade/Pendão. **2** *Mil* Estandarte que vai à frente das tropas/Pendão. **3** *Mil* Cavaleiro que levava esse estandarte. **4** *Cine/TV* Texto com as instruções de realização de um filme ou de uma telenovela. **5** ⇒ guiador 2. **6** *Mús* Sinal no fim de uma pauta indicando a primeira nota da pauta seguinte.

guiar *v t* (<lat *guidáre* <gótico *widan*: juntar-se ?) **1** Servir de guia a/Indicar o caminho a. **Ex.** Guiou o turista até ao museu. **2** Conduzir/Dirigir «um veículo». **Ex.** Gosto de ~ com pouco trânsito. **3** Determinar o rumo/Orientar/Nortear. **Ex.** As crianças precisam de alguém que as guie/oriente/ensine.

4 ⇒ Aconselhar/Esclarecer. **5** Apoiar/Ajudar. **Ex.** «Peço que» Deus o guie [ajude/acompanhe].

guiché[ê] s m (<fr *guichet*) Portinhola em balcão de atendimento ao público, por onde se dão informações, se fazem pagamentos, se recebem ou entregam documentos. ⇒ bilheteira.

guidão[dom] s m (<fr *guidon*: guiador) Barra de dire(c)ção «de bicicleta»/Guiador **2** (+)/Volante.

guilda s f Hist (<hol *gilde*: reunião de festa) Associação corporativa da Europa medieval dos vários mesteres. ⇒ gré[ê]mio.

guilho s m (< ?) **1** Espigão de ferro [pedra] na parte inferior do eixo do rodízio, girando em cavidade aberta numa pedra fixa. **2** Cunha de ferro para rachar pedra/lenha. **Ex.** Rachava grossos troncos batendo com um pesado maço nos ~s que neles espetara. **3** *Anat* Raiz aguçada de um queixal.

guilhotina s f (<antr *Guillotin*, médico que propôs este instrumento de morte como forma de abreviar o sofrimento dos condenados) **1** Instrumento de decapitação de condenados à morte, constituído por duas colunas entre as quais desce uma lâmina que atinge o pescoço da vítima. **Ex.** Durante a Revolução Francesa a ~ foi usada para matar, entre outros, o rei e a rainha. **2** Pena de morte executada com este instrumento. **Ex.** O químico Lavoisier foi condenado à ~. **3** Máquina usada, sobretudo nas oficinas gráficas, para cortar papel.

guilhotinar v t (<guilhotina + -ar¹) **1** Cortar a cabeça do condenado com guilhotina. **2** Cortar papel com guilhotina.

guinada s f (<guinar + -ada) **1** A(c)to ou efeito de «o boi» guinar «movendo repentinamente a cabeça/os chifres». **2** Desvio repentino de rumo de um veículo. **Ex.** A ~ do carro incomodou os passageiros. **3** *Náut* Mudança brusca de dire(c)ção/rumo da proa de uma embarcação. **4** *col* Dor muito viva e súbita/Pontada(+) «no estômago». **5** Salto que o cavalo dá para fugir ao castigo do cavaleiro.

guinar v int (< ?) **1** Desviar(-se) bruscamente da dire(c)ção/do rumo em que seguia. **Ex.** O cavalo guinou para o atalho e quase desequilibrou o cavaleiro. **2** *Náut* «a proa do barco» Mudar rapidamente de dire(c)ção/rumo/Bordejar. **Ex.** O barco guinou a estibordo.

guinchadeira s f (<guinchar + -deira) Grande alarido provocado por gritos/guinchos.

guinchar v int (<guincho + -ar¹) **1** «pessoa ou animal» Soltar sons agudos/Dar guinchos. **2** Cantar/Falar/Gritar com voz estridente.

guincho¹ s m (< on) Som agudo produzido por pessoa ou animal «cão/porco»/Qualquer som estridente. **Ex.** Os miúdos riam com os ~s dos macacos. ⇒ ronco.

guincho² s m (<ing *winch*) **1** Máquina que serve para içar obje(c)tos pesados, constituída por um sarilho onde se enrola um cabo/Guindaste. **2** *Náut* Máquina de eixo horizontal para movimentar cabos. **3** ⇒ reboque.

guindagem s f (<fr *guindage*) A(c)to de guindar/Operação de içar obje(c)tos pesados.

guindar v t (<fr *guinder*) **1** Elevar/Içar obje(c)tos pesados. **2** *fig* ~-se/Subir de posição/estatuto/Atingir posição elevada. **Ex.** Com muito e bom trabalho soube ~-se a um lugar de grande destaque.

guindaste s m (<fr *guindeau* <escandinavo *vindâss*) Aparelho para içar e movimentar obje(c)tos muito pesados, sobretudo nos portos/Grua.

Guiné(-Bissau) s f República da costa ocidental da África, com capital em Bissau, tendo o português como língua oficial e designando-se os habitantes de guineenses(+)/guinéus.

Guiné(-Conacri) s f República da costa ocidental da África, com capital em Conacri, tendo o francês como língua oficial e designando-se os habitantes de guineenses.

Guiné Equatorial s f República da costa ocidental da África, com capital em Malabo, tendo o espanhol como língua oficial e designando-se os habitantes de equato-guineenses/guinéu-equatorianos.

guingão s m (<mal *guingong*) **1** Tecido de algodão fino e lustroso. **2** Parte mais grosseira da seda. **3** Excremento do bicho-da-seda.

guinhol s m (<fr *guignol*: marionete sem fios<antr Guignol, a(c)tor) **1** ⇒ Teatro de fantoches/marionetes(+). **2** Boneco animado pelos dedos do operador.

guionista s 2g (<guião 4 + -ista) Autor de guião para filme, telenovela ou série radiofó[ô]nica.

guipura s f (<fr *guipure*) Renda fina de linho ou seda, com motivos em grande relevo.

guirlanda s f (<provençal *guirlanda*) Festão ornamental feito de flores, frutos e ramagens entrelaçados/Grinalda.

guisa s f an (<germânico *wisa*: maneira) Maneira/Modo/Laia. **Loc.** «pôr pano [ramos] na cabeça» À ~ de [À maneira de] «chapéu».

guisado, a adj/s m Cul (<guisar) **1** Que se refogou e guisou. **2** s m Prato em que o alimento é refogado e a seguir cozido com um pouco de água ou vinho. **Comb.** ~ de carne «com batatas».

guisar v t (<guisa + -ar¹) **1** Cul Cozinhar a partir de um refogado. **Ex.** Comprei um quilo de carne para ~. **2** *fig* Preparar/Aprontar/Traçar. **Ex.** Que andas (para aí) a ~ [tramar]?... **3** ⇒ Dar azo a (+).

guita s f (<lat *vitta*: fita?) **1** Corda fina/Cordel/Baraço/Barbante. **Ex.** Atou o feixe de lenha com uma ~. **Idi.** *col* **Dar ~ a** [Deixar falar]. **2** *gír* Velocidade/Rapidez. **Ex.** Passou por aqui a toda a ~. **3** *col* Dinheiro. **Ex.** Tem muita ~, pode comprar um bom carro.

guitarra s f *Mús* (<ár *kitâra* <gr *kithára*: cítara) Instrumento de cordas metálicas, que tem uma caixa de ressonância de madeira de fundo chato. **Ex.** O fado é acompanhado à ~ e à viola [e ao violão]. **Idi. Quem tem unhas** (é que) **toca ~** [Para fazer é preciso saber/Para triunfar é preciso ter meios/condições]. **Comb.** ~ **clássica**. ~ **elé(c)trica** [ligada a aparelho elé(c)trico, que modifica e amplifica o som]. ~ **portuguesa** [com caixa de ressonância em forma de pera e seis pares de cordas «que são dedilhadas a acompanhar o canto do fado»]. ~ **espanhola** ⇒ viola.

guitarrada s f (<guitarra + -ada) **1** *Mús* Execução de um trecho à guitarra/Toque de guitarra. **Ex.** O programa radiofó[ô]nico intitula-se "Fados e ~s". **2** Concerto de guitarras.

guitarrista s 2g (<guitarra + -ista) Pessoa que toca ou ensina a tocar guitarra.

guizeira s f (<guizo + -eira) Conjunto de correia e guizos que se prende ao pescoço de alguns animais domésticos.

guizo s m (< ?) **1** Esfera metálica oca que tem dentro bolinhas de ferro, as quais, sendo agitadas, produzem um tilintar. **Ex.** O gato tinha um ~ ao pescoço. **2** *Ornit* Pássaro de cor escura da família dos cipselídeos, também conhecido por pedreiro, semelhante ao andorinhão; *Apus apus*.

gula s f (<lat *gúla*: garganta, goela) **1** Vício de comer ou beber em excesso/Glutonaria/Gulodice **2**. **Ex.** A ~ prejudica a saúde. **2** *Crist* Um dos pecados capitais. **3** Atra(c)ção desmedida por doces e iguarias finas/Gulodice. **4** ⇒ Desejo exagerado/Sofreguidão/Avidez. **5** *Arquit* Moldura em forma de S, em cimalha ou cornija. **6** ⇒ Plaina com que se moldam os frisos das portas.

gulag ru s m ⇒ goulag.

gulodice s f (<guloso + -ice) **1** Alimento muito apetitoso/Doce/Guloseima(+). **Ex.** Ela não resiste a comer ~s. **2** Qualidade de quem é guloso/Gosto excessivo por comer ou beber/Gula. **Ex.** Comer tantos bolos é ~.

guloseima s f (<guloso + -eima) Alimento muito apetitoso/Doce.

guloso, a (Ôso, Ósa, Ósos) adj/s (<lat *gulósus*: glutão) **1** (Pessoa) que gosta muito de comer e beber/Comilão/Glutão. **2** Pessoa que gosta muito de doces e de iguarias finas. **3** *fig* (Pessoa) que tem um desejo exagerado de possuir [alcançar] alguma coisa «elogios/novidades». **Sin.** Ávido; sôfrego.

gume s m (<lat *acúmen,inis*: ponta) **1** Parte cortante da lâmina/Parte afiada de instrumento de corte. **Idi. Estar no ~ de** [Estar na iminência de/Estar prestes a/Estar em risco de]. **Ser uma espada** [faca(+)] **de dois ~s** [Poder ter consequências favoráveis e desfavoráveis/Ter prós e contras]. **2** *fig* Agudeza «de espírito»/Perspicácia.

guri, ia s Br (<tupi *gui'ri*: bagre novo) ⇒ menino/criança/garot(inh)o/miúdo/moleque.

guru s m (<sân *guru*: pessoa grave) **1** Mestre espiritual hindu. **2** Mentor/Guia/Mestre(+) espiritual. **3** Líder carismático «na política/economia».

gurupés s m *Náut* (< ?) Mastro oblíquo situado no extremo da proa de um navio.

gusa s f (<fr *gueuse*) **1** Ferro de primeira fundição, com elevada proporção de carbono e impurezas, obtido nos altos-fornos. **2** *Náut* Barras de metal que servem de lastro ao navio.

gusano s m *Ent* (<esp *gusano*: caruncho da madeira, verme) **1** Larva de alguns inse(c)tos, que se desenvolvem na madeira, onde cavam galerias. **Ex.** O ~, enfraquecendo as estruturas de madeira, causa grandes prejuízos. **Sin.** Bicho-carpinteiro(+). **2** Nome comum de larvas parasitas de alguns animais domésticos. **3** Nome comum de inse(c)tos que resultam dessas larvas. **4** ⇒ estro. **5** ⇒ tavão.

gustação s f (<lat *gustátio,ónis*; ⇒ gosto) **1** A(c)to de comer [beber] pequena quantidade de/A(c)to de provar/saborear/Prova/Degustação. **2** Sentido de perce(p)ção dos sabores/Paladar/Gosto. **Ex.** A língua é o órgão da ~.

gustativo, a adj (<lat *gústo,áre,tátum*: saborear + -ivo) **1** Relativo ao sentido do gosto. **2** Diz-se do nervo que conduz a sensação de sabor ao cérebro.

gustatório, a adj/s m (<lat *gústo,áre,gustátum*: saborear + -ório) **1** ⇒ gustativo(+). **2** Prato que se serve a iniciar uma refeição, para abrir o apetite/Entrada(+). ⇒ aperitivo(+).

guta s f (<mal *getah*: resina) Goma resinosa produzida pela guteira.

guta-percha s f (<ing *gutta-percha* <mal *getah-percha*) Látex extraído de várias plantas da família das sapotáceas, o qual, depois de coagulação e purificação, tem várias aplicações industriais.

guteira s f Bot (<guta + -eira) Nome comum de árvores da família das gutíferas, que produzem as gutas.
gutífero¹, a adj (<lat gútta: gota + -fero) Que deita gotas.
gutífero², a adj/s (<guta + -fero) 1 Que produz [contém] guta. 2 s f Diz-se de planta ou de família de plantas dicotiledó[ô]neas da zona tropical de que se faz a extra(c)ção de gomas, resinas; Gutiferae.
gutural adj (<lat gutturális <gúttur,uris: garganta) 1 Relativo à garganta. 2 Diz-se do som grave/rouco, que provém da garganta. 3 Ling Diz-se da consoante «o l de móvel» produzida por elevação da língua em dire(c)ção ao palato/Velar.
guturalização s f (<guturalizar + -ção) A(c)to ou efeito de guturalizar.
guturalizar v t (<gutural + -izar) 1 Pronunciar com voz gutural. 2 Ling Tornar posterior a articulação de um som.

H

h (Agá) *s m* (<lat *h/H*) **1** Consoante muda do alfabeto português. **Idi.** *A hora ~/certa* (Ex. Estava a precisar da tua ajuda; chegaste na hora ~). **2** *Abrev* de hora e hidrogé[ê]nio. **Loc.** Almoçar à 1h [às 13h (Treze horas)]. **Comb.** Bomba H.

ha *abrev* de hectare.

há ⇒ haver.

hã *interj* (<*on*) Exprime rea(c)ção, indecisão. **Ex.** Ó moço! – ~ «que (me) quer»? ⇒ ah, hem, oh.

habanera *s f* (<*Havana, top*) Música ou dança cubana.

hábeas córpus lat *Dir* "Que tenhas teu corpo"/Direito de aguardar «julgamento» em liberdade.

habena (Ê) *s f* (<lat *habéna*) Rédea(+) de cavalo.

hábil *adj 2g* (<lat *hábilis,e*) **1** Apto/Capaz/Competente/Destro. **Ex.** Ele tem umas mãos muito ~beis/ágeis. Ela foi muito ~ a resolver as questões com o vizinho. **Comb.** Cirurgião ~ de mãos. ⇒ jeitoso. **2** *Dir* Que tem capacidade legal para a prática de certos a(c)tos. **Comb.** Advogado ~.Tempo [Título] ~.

habilidade *s f* (<lat *habílitas,átis;* ⇒ -dade) **1** Aptidão/Capacidade/Competência. **Loc.** *Ter ~ de mãos. Ter ~ para trabalhos manuais* [para o negócio]. **2** *pl* Exercícios ginásticos difíceis ou engraçados. **Sin.** Malabarismo. **3** *gír* Astúcia/Manha.

habilidoso, a (Ôso, Ósa, Ósos) *adj* (<habilidade+-oso) Que tem jeito/habilidade. **Sin.** Ajeitado; hábil. **Ant.** Desajeitado. ⇒ habilitado.

habilitação *s f* (<habilitar+-ção) **1** A(c)to ou efeito de habilitar(-se). **Loc.** Ter ~ões [conhecimentos] para um cargo. **Comb.** Exame de ~. **Sin.** Aptidão(+); capacidade. **2** *Dir* Modo, documento, título ou a[c]to pelo qual se prova um direito «a herdar».

habilitado, a *adj* (<habilitar) Que tem habilitação [os requisitos] para algo/Aprovado. **Sin.** Apto; preparado; hábil; capaz; competente. ⇒ habilidoso.

habilitanço *s m* (<habilitar+-anço) Quantia que se empresta ao parceiro no jogo de azar. ⇒ vantagem.

habilitando, a *s m* (<habilitar + -ndo) Quem se prepara para uma habilitação. ⇒ aprendiz; cursista; estudante.

habilitante *adj/s 2g* (<habilitar+-ante) (O) que solicita habilitação judicial.

habilitar *v t* (<lat *habílito,áre*) **1** Preparar(+). **Ex.** O professor preparou [habilitou] os candidatos para a prova. **2** *~-se*/Tornar-se hábil/apto/capaz. **Ex.** Em meio ano habilitou-se a [para] (ser) cozinheiro. **3** Ganhar [Dar] o direito/Prover. **Ex.** Com este bilhete habilita-se a ganhar (n)a lota[e]ria. Habilite-se já à lota[e]ria nacional! Habilitou-se [Habilitaram-no] (como) herdeiro daquela grande fortuna. **Loc.** Habilitar-se à sorte grande [Jogar na lota[e]ria]. **Idi.** *Tu ainda te habilitas a alguma*/a uma bonita/à sorte grande [Se não tens cuidado vai-te acontecer uma desgraça]!

habilmente *adv* (<hábil+-mente) Com habilidade. **Loc.** Preparar ~ [com muito jeito] o encontro para fazer as pazes.

habitabilidade *s f* (<habitável+-idade) Qualidade do que é habitável. **Ex.** Esta casa está inabitável [não tem (as mínimas) condições de ~]!

habitação *s f* (<habitar+-ção) **1** A(c)to ou efeito de habitar. **Ex.** A casa está pronta para ~. **2** Lugar onde se habita/Casa/Residência. **Ex.** Estes prédios são só [tudo] ~ções [moradias].

habitacional *adj 2g* (<habitação+-al) Relativo à habitação. **Ex.** A nossa casa situa-se [fica(+)] numa tranquila zona ~.

habitáculo *s m* (<lat *habitáculum,i*) Pequena habitação. **Sin.** Cabina/e(o+); quart(it)o(+).

habitante *adj/s 2g* (<habitar+-ante) Residente/Morador. **Ex.** Portugal tem cerca de dez milhões de ~s. ⇒ natural.

habitar *v t* <lat *hábito,áre*) Residir/Viver/Morar/Ocupar. **Ex.** Os povos primitivos desceram das montanhas e vieram ~ [ocupar] os vales. Nós habitávamos [morávamos/residíamos/vivíamos] no primeiro andar. A virtude não habita nos corações maus [em quem não tem coração(+)]. **Ant.** Desabitar.

ha[á]bitat *s m* lat (⇒ habitar) **1** *Biol* "Ele habita"/Meio [Local] apropriado a determinado ser. **Comb.** ~ natural (Ex. O ~ natural dos pinguins são os locais gelados). **2** Conjunto de condições em que se vive. **Ex.** A biblioteca é praticamente o meu ~. **Comb.** Os ~s urbano e rural.

habitável *adj 2g* (<lat *habitábilis,e*) Pronto/Próprio para ser habitado. **Ex.** A casa não está ~, ainda não tem água nem luz. **Ant.** Inabitável.

hábito *s m* (<lat *hábitus,us* <*hálo,áre*: soprar, exalar) **1** O que resulta de a(c)tos repetidos. **Ex.** Já nem pensava nas manobras de conduzir (o carro), tal era o ~. **Comb.** *~s boé[ê]mios. A força do ~. «fazer algo, só» Por ~.* **2** Tendência/Comportamento/Vício. **Ex.** Tenho o ~ de roer as unhas. **3** Uso/Costume/Tradição. **Ex.** É ~ almoçarmos à uma[às treze]h. **Comb.** *Bons* [Maus] *~s*. **4** Traje das ordens religiosas. **Prov.** *O ~ não faz o monge* [Não é pela aparência que devemos julgar as pessoas/O mais importante dum religioso é o seu coração]. **Loc.** *Deixar* [Largar] *o ~* [Abandonar a ordem religiosa]. *Tomar o ~* [Professar]. **Comb.** **Idi.** *~s menores* [Roupa interior]. *~s sagrados* ⇒ paramentos. **5** *Miner/Biol* Aspe(c)to(+). **Comb.** *~ arbóreo. ~ externo* [do corpo humano]. *~ fibroso*.

habituação *s f* (<habituar+-ção) **1** ⇒ hábito. **2** *Med* Dependência gradual de uma substância. **Ex.** O vinho e as drogas criam ~ no organismo.

habituado, a *adj/s* (<habituar) **1** Acostumado. **Comb.** Crianças mal ~as [com maus hábitos] «preguiçosas». **2** Frequentador. **Ex.** Nenhum dos ~s compareceu ao jantar.

habitual *adj 2g* (<hábito+-al) Frequente/Usual/Ordinário. **Ex.** Mãe, chegarei «a casa, para o jantar» à hora ~.

habitualmente *adv* (<habitual+-mente) De modo habitual/regular/frequente. **Ex.** Para uma alimentação saudável coma legumes ~ [regularmente/sempre].

habituar *v t* (<lat *habítuo,áre*) **1** (Fazer) ganhar hábito/Acostumar. **Ex.** Habituei os meus filhos a ir(em) para a cama cedo. **Ant.** Desabituar. **2** *~-se*/Acostumar-se. **Ex.** Foi difícil ~-me ao (clima) frio.

habitudinário, a *adj* ⇒ incorrigível; reincidente.

habitué (Ê) fr ⇒ frequentador «da loja»; habituado **2**.

hacker ing *Info* ⇒ ciberpirata.

hafalgesia *s f Med* (<gr *hafé,es:* tocar + algesia) Sensibilidade dolorosa do ta[c]to «ao metal do relógio de pulso».

háfnio [Hf 78] *s m Quím* (<lat *háfnium*) Elemento descoberto em Copenhaga, 1923.

hagiografia *s f* (<hagiógrafo+-ia) Biografia de santos. **Loc.** Gostar de (ler) ~s [biografias/vidas de santos].

hagiográfico *adj* (<hagiógrafo+-ico) Da hagiografia. **Comb.** Ensaio [Estudo] ~.

hagiógrafo *s m* (<gr *hágios*: santo + *-grafo*) Autor de hagiografia.

hagiologia *s f* (<gr *hágios*: santo + -logia) Estudo(s)/Tratado (acerca) dos santos.

hagiológico, a *adj* (<hagiologia + -ico) Referente aos santos.

hagiológio *s m* (<gr *hágios*: santo + *lógion*: dito) Livro/Lista/Palavras de santos. ⇒ martirológio.

hagiónimo [*Br* **hagionimo**] *s m* (<gr *hágios*: santo + *ónyma*: nome) ⇒ hierónimo.

háiku [*haikai*] jp Pequeno poema de 17 sílabas em três versos de 5, 7 e 5, e que canta [se refere a] um tema simples das quatro estações do ano.

Haiti *s m Geog* **1** (República do) ~. **Ex.** Os habitantes do ~ são haitianos e a sua capital é Porto do Príncipe. **2** Ilha ~. **Ex.** A ilha ~ é uma das Grandes Antilhas e está dividida em dois países independentes: o ~ e a República Dominicana.

halibute *s m Icti* (< ?) ⇒ hipoglosso **3** (+).

haliêutica *s f* (<gr *halieutiké*) **1** Arte de pescar. **2** *fig* Arte de missionar.

halite[a] *s f Miner* (<gr *háls,halós*: sal + -ite) Minério de sal natural/Sal-gema.

hálito *s m* (<lat *hálitus,us* <*hálo,áre*: soprar, exalar) **1** Cheiro proveniente da boca. **Loc.** Estar com mau ~. **2** Ar expirado/Bafo. **3** *fig* Cheiro/Odor/Aroma(+). **Comb.** O ~ das flores. **4** *poe* ⇒ aragem.

hall ing Sala de entrada(+). ⇒ átrio; vestíbulo; pórtico.

halo *s m* (<gr *hálos*: eira circular) **1** Círculo brilhante que, por vezes, aparece em volta do Sol ou da Lua. **Ex.** Devido à leve névoa, a Lua apresentava um ~. **2** Zona circular difusa em volta de fonte luminosa. **Comb.** Um ~ de poeira [de neblina]. **3** Auréola(+) dourada de metal em volta da cabeça nas imagens de Cristo ou dos santos. **4** *Fig* Brilho/Esplendor/Prestígio. **Ex.** O ~ do seu talento atraía os jovens. **Comb.** *Um ~ de glória. Um ~ poético* «do professor». **5** *Anat* Círculo avermelhado em volta do mamilo.

halófilo, a *adj* (<gr *háls,lós*: sal + -filo) Que vive em terrenos salgados. **Ex.** O estafilococo é um (germe) ~.

halogéneo, a [*Br* **halogêneo**] *adj/s m Quím* (<gr *háls,lós*: sal + *génos*: origem + -eo) (De) qualquer elemento da família do cloro. **Ex.** O cloro, o flúor, o boro, o iodo e o ástato formam o grupo dos ~s. **Comb.** *Faróis de ~. Lâmpadas de ~.*

halogenação *s f Quím* (<halógeno) Rea(c)ção em que um ou mais átomos de halogé[ê]neos são introduzidos num composto.

halogénico, a [*Br* **halogênico**] *adj* (<halogéneo + -ico) Que é relativo a compostos que contêm um ou mais elementos da família do cloro.

halógeno, a *adj* (<gr *háls,lós*: sal + *génos*: origem) ⇒ halogé[ê]nico.

halografia *s f Quím* (<gr *háls,halós*: sal + -grafia) Estudo/Tratado dos sais.

haloide (Lói) *adj/s 2g* (<gr *háls,lós*: sal + -oide) **1** (Produto) semelhante ao sal marinho. **2** *Quím* (Composto) que contém um metal e um halogé[ê]neo. **3** (Terreno agrícola) de grande salinidade.

halometria *s f Quím* (<gr *háls,lós*: sal + -metria) Processo para determinar a con-

centração das soluções salinas comerciais.

halotecnia *s f Quím* (<gr *háls,lós*: sal + *téchne*: arte + -ia) Parte da Química que trata da preparação dos sais.

haltere (Té) *s m* (<gr *haltéres*: peso de chumbo) **1** *(D)esp* Haste de metal com duas esferas ou discos amovíveis nas extremidades, utilizada em ginástica e em provas de força ou musculação. **Ex.** Os praticantes de ~s costumam ser homens possantes. **Loc.** Elevar o ~ até à altura do peito [até ao alto (por cima da cabeça)]. **2** *Ent* Apêndice torácico que, de cada lado, substitui a asa posterior nos inse(c)tos dípteros. **Sin.** Balanceiro; balancim.

halterofilia *s f (D)esp* (<haltere + -filia) Modalidade que consiste no levantamento de halteres.

halterofilismo *s m* (<halterofilia + -ismo) ⇒ halterofilia.

halterofilista *adj/s 2g* (<halterofilia + -ista) (O) que pratica a modalidade (d)esportiva da halterofilia.

hamada *s f Geog* (<ár *hammádah*) Planalto rochoso extenso no deserto, sem areia.

hambúrguer *s m* (<ing *hamburger (steak)*: (bife) à maneira de Hamburgo) Bife de carne picada, de forma arredondada, servido no pão ou no prato. **Ex.** Muitas vezes pedi ao almoço um ~ com um ovo estrelado e batata frita.

hamita[1] *s m Pal* (<lat *hámus*: gancho + -ita) Molusco cefalópode fóssil, do período cretáceo.

hamita[2] *adj/s 2g* (<antr Ham, suposto filho do bíblico Noé + -ita) (O) que pertence a um dos povos do norte de África. **Ex.** Os berberes, os egípcios, os líbios e os sudaneses são povos ~s. **Sin.** Camita(+).

hámster, hamster *s m Zool* (<al *hamster*) Mamífero roedor, semelhante a um rato e que armazena os alimentos nas bochechas; *Mesocricetus auratus*. **Ex.** O meu amigo tem um ~ na gaiola.

han chin Principal dinastia (206 a.C. a(té) 220 d.C.) e maior etnia chinesa.

handebol ⇒ andebol.

handicap ing **1** ⇒ ponto fraco(+)/deficiência(o+). **2** *(D)esp* ⇒ desvantagem(+).

hangar (Gár) *s m* (<fr *hangar* <frâncico *haim*: casa + *gard*: cobertura) **1** Construção de grandes dimensões para recolha e reparação de aeronaves. **2** Grande armazém para guardar mercadoria ou materiais. ⇒ galpão; telheiro; coberto.

hansa *s f Hist* (<an al *hansa*: companhia) **1** Associação de cidades do Norte da Europa, na Idade Média, para defesa do seu comércio. **2** Associação de mercadores, na Idade Média, para defesa do monopólio do comércio de uma região. ⇒ grémio; liga; cartel.

hanseático, a *adj Hist* (<fr *hanséatique*) Relativo/Pertencente a uma hansa. **Ex.** Coló[ô]nia era uma cidade ~a.

hanseníase/hanseniano (<antr G.H.A. Hansen, médico norueguês) ⇒ lepra/leproso.

hápax *s m sing e pl Ling* (<gr *hápax(legómenon)*: só uma vez) Termo ou expressão «de Camilo Castelo Branco» que ocorre apenas uma vez nos textos escritos de uma língua.

haploide (Plói) *adj 2 g* (<gr *haploeidés*: de aspe(c)to simples) «núcleo celular» Que, como os gâ[a]metas, contém apenas metade dos cromossomas cara(c)terísticos de uma espécie. **Comb.** Célula ~.

haplologia *s f Gram* (<gr *haploús*: simples + *lógos*: palavra + -ia) Contra(c)ção ou redução a uma só de duas sílabas iguais ou semelhantes contíguas. **Ex.** A formação da palavra "bondoso" (<bondade + -oso) – e não "bondadoso" – revela a ocorrência de um fenó[ô]meno de ~.

haraquiri *s m* (<jp *hára*: barriga + *kíru*: cortar) **1** Forma de suicídio de honra praticado no Japão sobretudo por guerreiros e nobres, em que há o rasgar do ventre com uma faca ou um sabre. **2** *fig* A(c)ção de quem põe em risco um negócio ou a própria vida.

hardcore ing **1** ⇒ violento; total; radical; intransigente. **2** ⇒ pornográfico.

hardware ing **1** ⇒ Obje(c)to de metal; armamento. **2** *Info* Parte física de um computador. ⇒ *software*.

harém *s f* (<ár *harám*: «local» proibido ou sagrado) **1** Parte do palácio do sultão destinado às suas mulheres. **2** Conjunto de 1 ou outras mulheres. **Ex.** Ele julga-se o maior, fiado na segurança do seu ~. **Comb.** O ~ do galo [bode/carneiro/cavalo]. **3** Casa onde se pratica prostituição. **Ex.** Aquilo (ali) é um ~. **Sin.** Lupanar(+); prostíbulo(o+).

harmonia *s f* (<gr *harmonía*: acordo) **1** Conjunto de sons [acordes] agradáveis ao ouvido. **Comb.** ~ *musical*. *A ~ de um coro*. *A ~ da voz do cantor*. *fig A ~ das ondas* (a bater) *na praia*. *A ~* [melodia(+)] *das vozes* [do canto] *das ave(zinha)s*. **2** Proporção entre as partes de um todo. **Ex.** Há uma grande ~ no conjunto de edifícios que rodeiam a praça. A altura dos edifícios está em ~ com a área livre. Ali nada choca: os móveis estão em perfeita ~ com a grandiosidade do palácio. **Comb.** De [Em] ~ com [Em conformidade com/ De acordo com]. **3** *Mús* Ciência dos acordes. **Loc.** Estudar ~. **4** *Mús* Conjunto de instrumentos de sopro numa orquestra. **5** Bom entendimento entre pessoas. **Ex.** Naquela família reina perfeita ~, sendo um modelo a seguir [imitar]. **Ant.** Desarmonia. ⇒ ordem; equilíbrio.

harmónica [*Br* **harmônica**] *s f Mús* (<harmó[ô]nico) **1** Instrumento musical de lâminas a percutir com pequena vara de madeira. **2** Instrumento de sopro com vários orifícios que se faz correr entre os lábios. **Ex.** Na minha aldeia, há cinquenta anos, à falta de acordeão ou concertina, uma ~ bastava para se fazer um baile, em que o tocador [executante] também dançava «com o seu par». **Sin.** Gaita de beiços; realejo. **3** Instrumento musical com fole, semelhante a um acordeão com teclado de botões pequenos. **Sin.** Concertina. **4** Harmó[ô]nio portátil. **5** Flauta de amolador.

harmónico, a [*Br* **harmônico**] *adj* (<harmonia + -ico) **1** Relativo a um conjunto de sons de efeito agradável/Que tem harmonia. **Sin.** Afinado; melodioso. **2** «todo» Que apresenta proporção [equilíbrio] entre os seus elementos. **Ex.** Aquele bairro forma um conjunto ~ [harmonioso], agrada a toda a gente. **Comb.** O desenvolvimento ~ [harmonioso(+)/completo] da criança. **3** *Mús* Que serve de acompanhamento a uma melodia. **Comb.** *Escala ~a. Sons ~s.* **4** *Fís* Diz-se de oscilações secundárias que são múltiplos da principal. **Comb.** *Movimento ~* [vibratório simples/sinusoidal/pendular]. *Onda ~*. **5** *Mat Álg* Que obedece à equação de Laplace. **Comb.** *Análise ~a. Divisão ~. Média ~. Progressão ~.*

harmónio [*Br* **harmônio**] *s m Mús* (<fr *harmónium*) Instrumento musical, substituto do órgão, com teclado e fole a(c)cionado por pedais ou motor elé(c)trico. **Comb.** O ~ da igreja. ⇒ organista.

harmoniosamente *adv* (<harmonioso + -mente) Com harmonia. **Ex.** As crianças cantavam ~ [em uníssono e afinad(inh)as] o hino da escola. Avós, filhos e netos vivem ~ na mesma casa. A sala estava ~ [bem] decorada.

harmonioso, a (Ôso, Ósa, Ósos) *adj* (<harmonia + -oso) **1** Que é agradável ao ouvido ou à vista. **Ex.** Ela tem uma voz ~a, é um prazer ouvi-la declamar. Admirei sobretudo os movimentos ~s dos bailarinos. **2** Coerente/Equilibrado/Proporcionado. **Ex.** O casario forma um conjunto ~ com o meio envolvente. **3** Que revela bom entendimento entre as pessoas. **Ex.** Pressente-se naquela casa um ambiente ~, em que todos se sentem felizes.

harmonização *s f* (<harmonizar + -ção) **1** *Mús* Arranjo harmó[ô]nico «de uma melodia popular/duma monodia religiosa». **2** Pacificação/Reconciliação(+). **Comb.** ~ de um casal desavindo.

harmonizar *v t* (<harmonia + -izar) **1** Pôr(-se) ou estar em harmonia/Conciliar. **Ex.** Para evitar dissabores de última hora, convém tentar ~ [conciliar] os interesses em jogo. **Loc.** ~ interesses opostos. **2** *Mús* Compor acompanhamento [harmonia] para uma melodia. **Loc.** ~ uma cantiga popular. **3** Estabelecer um bom relacionamento entre pessoas. **Ex.** Ele entendia que devia tentar ~ os grupos em litígio/guerra.

harpa *s f Mús* (<fr *harpe*) Instrumento triangular com cordas que se dedilham, munido de um sistema de pedais que afe(c)tam a afinação das cordas. **Comb.** ~ eólia [que vibra (exposta) ao vento]. ⇒ lira.

harp(e)ar [**harpejar**] *v t/int Mús* (<harpa + ...) Tocar (na) harpa. **Ex.** Harpeou, com grande vigor e entusiasmo, um belo trecho musical e arrancou [teve] uma longa salva de palmas. ⇒ arpejo.

harpia *s f* (<gr *hárpyia*) **1** *Mit* Monstro com corpo de abutre de garras afiadas e cabeça de mulher. **2** Pessoa má e ávida do alheio. **3** Mulher cruel. **4** *Ornit* Grande ave de rapina das Américas Central e do Sul; *Harpia harpyia*. ⇒ gavião.

harpista *s 2g* (<harpa + -ista) Tocador de harpa.

(h)arúspice *s m* (<lat *(h)arúspex,icis*) Sacerdote da Roma antiga que predizia o futuro com (base no exame d)as entranhas das vítimas sacrificadas.

hássio [Hs 108] *s m Quím* (<top al *Hess*, latinizado *hass* + -io) Elemento sintético da família dos actinídeos, descoberto em 1984.

hasta *s f* (<lat *hasta*: lança) **1** *Mil* Arma de arremesso em forma de lança. **2** Venda pública a quem mais der. **Loc.** Vender em ~ pública [Alienar bens em leilão, geralmente no seguimento de decisão judicial].

haste *s f* (<hasta) **1** Vara de madeira ou de outro material, em que se coloca alguma coisa. **Ex.** A ~ da bandeira está fixada na varanda da repartição pública. **Comb.** Bandeira a meia ~ [que, em sinal de luto, é colocada a um terço da vara]. **Sin.** Mastro. **2** *Bot* Estrutura [Parte] da planta que serve de suporte a ramos, folhas, flores ou frutos. **Sin.** Caule; pedúnculo; tronco. **3** Parte comprida e levantada de alguma coisa. **Comb.** ~ da cruz [Parte mais comprida da cruz donde partem os braços]. **4** Chifre que alguns animais apresentam na parte frontal da cabeça. **Ex.** Pegou o touro pelas ~s [pelos cornos (+)]. **Comb.** As ~s elegantes dos touros da chega. **Sin.** Chavelho; chifre; corno.

hastear *v t* (<haste + -ear) **1** Fazer subir na haste. **Ex.** Tinha a incumbência de ~ a

bandeira aos [todos os (+)] domingos e feriados. A bandeira já está hasteada? **Sin.** Içar; subir. **Ant.** Arrear; baixar. **2** ⇒ erguer(-se); levantar(-se).

hastil *s m* (<haste + -il) **1** Pau comprido com ponta cortante/Cabo de hasta **1**. **2** ⇒ caule; haste; vergôntea.

haurir *v t* (<lat *háurio,íre,háustum*: tirar «água da fonte», esgotar) **1** Extrair/Retirar algo de dentro de alguma coisa. **Ex.** Importa ~ as riquezas do subsolo e pô-las ao serviço do povo. **Loc.** ~ [Tirar] (bom) proveito da situação [Aproveitar a ocasião]. **2** Absorver/Inalar. **Ex.** Muito gostava ele de ~ o perfume das [de cheirar as] flores do jardim. **3** Consumir até ao fim/Esgotar. **Ex.** Fez questão de [Insistiu em] ~ o precioso néctar [vinho generoso] até à última gota. **Sin.** Exaurir(+).

hausto *s m poe/erud* (<lat *háustus*) **1** A(c)to de sorver/haurir. **Ex.** Leu todo o poema de um só ~. **2** Quantidade de líquido que se engole de uma vez. **Sin.** Gole(o+); sorvo(+); trago. **3** Quantidade de ar que se aspira de uma vez. **Ex.** Ergueu o peito num ~ fundo e vagaroso «e começou a (contar a) sua triste história». **Sin.** As[Ins]piração(+).

haustório *s m Bot* (<lat *haustor,óris*: o que tira líquido; ⇒ haurir) Ramificação através da qual o fungo parasita penetra nos tecidos da planta hospedeira para absorver nutrientes.

Havai *s m* (<*top* Hawai, arquipélago no meio do Oceano Pacífico) Um dos estados norte-americanos, cuja capital é Honolulu e cujos habitantes são havaianos.

haver *v t/int s m* (<lat *hábeo,ére*: ter) **1** Ter. **Ex.** Eles haviam [tinham(+)] conhecimento [notícia] (de) que o pai chegaria naquele dia. O país houve [possuiu(+)/teve(+)] grandes riquezas que não soube aproveitar. Dizem que (n)este ano vai ~ [colher-se/produzir-se] muito café. Ainda há [temos/se tem] muito que [a/para] fazer. Já não há [não temos] pão. – Bem haja [Obrigado]! – Não há [tem] de quê. **Prov. *Por bem fazer, mal* ~** [Receber ingratidão]. **Loc.** ~ **mister** [Ser preciso]. ~ *por* [Achar] **bem** «construir uma nova escola». **2** [~ **que** + **infinitivo**] Ser preciso/forçoso/conveniente. **Ex.** Havia [Tínhamos] que contar com o pior. Há que [Tem que se/Importa] ler muito para estar informado. Havia que informar as autoridades do sucedido. **3** [~ + **particípio**] Ter feito/acontecido «algo no passado». **Ex.** Nós já havíamos [tínhamos (+)] lido o livro que o professor aconselhou. O comboio [trem] já havia [tinha(+)] partido quando chegámos à estação. **4** [~ + **de** + **infinitivo**] Pretender/Realizar «no futuro»/ Expressar dúvida. **Ex.** Eu hei de [quero] ver se ele se esquece da reunião, que depois falamos [Se ele se esquecer da reunião eu vou repreendê-lo/castigá-lo]! Ele há de fazer [fará] o exame e só depois pode ser admitido ao trabalho. Nós havemos de ir [iremos] ao tribunal para testemunhar a favor do arguido. Não sei bem, mas hão de viver [mas talvez vivam] ali umas mil pessoas, não te [lhe] parece? **5** Existir. **Ex.** Haverá [Há de ~] sempre invejas, o homem não é perfeito! Há políticos que pensam mais em si do que no país. *idi* Não há cão nem gato que não tenha carro [Toda a gente tem automóvel]. **6** Estar/Encontrar-se. **Ex.** Há muitas pessoas à entrada do museu. **7** Acontecer/Ocorrer/Realizar-se. **Ex.** Houve menos acidentes (n)este ano. Amanhã há [vai ~/haverá] exame de Português. Que (é que) houve [aconteceu]? Haja o que houver, eu fico! (Ele) há cada um(a)! [Aparecem as pessoas [Acontecem as coisas] mais estranhas]. **8** Obter/Reaver. **Ex.** Não houvemos [(ob)tivemos (+)] as informações de que precisávamos. Não conseguiu ~ [reaver (+)] nada do que lhe roubaram. **9** ~-se/(Com)portar-se. **Ex.** Sempre quero saber como (é que) ele se houve [comportou] naquela delicada situação. **10** [~-**se com**] Prestar contas a/Tratar com/Enfrentar. **Ex.** Vai ter de ~-se com [ter de enfrentar] o chefe, que *col* não é para brincadeiras [, que é muito exigente]! É preferível havermo-nos [tratar(mos)] com o sócio, que não se exalta tanto. **11** [**Há/Havia …(que)**] Ter decorrido «tempo»/Durar. **Ex.** Esse escritor faleceu há [faz] cem anos. Há [Faz] muitos anos que não fumo/Não fumo há [faz] muitos anos. Havia [Tinham passado] dois meses que não ia à sua aldeia/Não ia à sua aldeia havia [fazia] dois meses. O soberano reina há [faz] cinco anos. **12** [**Não ~ como**] **a)** Não ser possível (Ex.Tenho pena, mas não há como [há maneira de] resolver o problema); **b)** Ser preferível (Ex. Para se apanhar um bom lugar para o espe(c)táculo, não há como [, é melhor/deve-se] ir cedo; **c)** Ser o[a] melhor... (Ex. Não há como a minha sogra [A minha sogra é a melhor] para fazer filhós. Não há como um jipe para subir a serra [Para subir a serra, o melhor que há [o melhor transporte] é um jipe]).

13 *s m Com* O que se tem a receber na escrituração comercial de uma empresa. **Ex.** Para o equilíbrio financeiro atende-se ao "deve" e ao "~". **Sin.** Receita. **Ant.** Deve. **14** *s m pl* Bens/Fazenda/Posses. **Ex.** Os seus ~es eram muito modestos, vivia sobretudo da magra pensão.

haxixe *s m* (<ár *haxix*: erva seca) **1** *Bot* Vegetal de origem asiática cujas folhas secas são mascadas ou fumadas; *Cannabis sativa*. **Sin.** Cânhamo. **2** Droga que provoca euforia ou alucinações, fabricada com a resina extraída das folhas e inflorescências dessa planta. **Ex.** O ~ costuma ser classificado como droga leve. **3** Extra(c)to alcoólico desta resina usado na indústria farmacêutica.

He *simb Quím* Símbolo do hélio.

headphone *ing* ⇒ auricular; auscultador.

hebdómada[e] [*Br* **hebdômada**] *s f* (<gr *hebdomás,ádos*: grupo de [número] sete) Espaço de sete dias/sete semanas/sete anos. ⇒ hebdomadário.

hebdomadário, a *adj/s m* (<hebdó[ô]mada + -ário) **1** Semanal. **2** Publicação periódica semanal. **Sin.** Semanário(+). **3** O que preside, durante uma semana, ao coro de um convento ou colegiada.

hebefrenia *s f* (<gr *hébe*: juventude + *phrén*: espírito + -ia) Variedade de esquizofrenia que na adolescência se manifesta por incoerência na fala e nas atitudes/Demência precoce.

hebetação *s f* (<lat *hebetátio,ónis*) Entorpecimento das faculdades intelectuais ou dos sentidos.

hebetar *v t* (<lat *hébeto,áre*: enfraquecer) Debilitar [Embotar] a mente ou os sentidos.

hebetismo *s m* (<hebetar + -ismo) Entorpecimento da mente ou dos sentidos. **Sin.** Estupidez; imbecilidade; embotamento(+).

hebraico, a *adj/s m* (<gr *hebraikós*; ⇒ hebreu) **1** Relativo ou pertencente aos hebreus, povo que na Antiguidade vivia na Judeia. ⇒ judeu; israelita. **2** Indivíduo do povo hebreu. **3** *Ling* Língua dos hebreus. **Ex.** Grande parte dos livros da Bíblia foi escrita em ~. ⇒ aramaico.

hebraísmo *s m* (<hebraico + -ismo) **1** *Ling* Palavra ou expressão da língua hebraica. **2** Conjunto de cara(c)terísticas dos hebreus. **3** *Rel* Judaísmo(+).

hebraísta *adj/s 2g* (<hebraico + -ista) (O) que se dedica ao estudo do hebraico.

hebraizar *v t/int* (<gr *hebraízo*) **1** Usar a língua hebraica. **2** Fazer(-se) hebreu.

hebreu, eia *adj/s* (<lat *hebraeus*) **1** Relativo ou pertencente ao povo hebreu. ⇒ judeu; israelita. **2** Indivíduo hebreu. **3** *s m Ling* ⇒ hebraico **3**.

hecatombe *s f* (<gr *hecatón*: cem + *boús*: boi) **1** *Rel* Sacrifício de cem bois «oferecido a Zeus». **2** *Fig* Massacre de numerosas pessoas. **Sin.** Carnificina. **3** *Fig* Grande destruição. **Ex.** O terramoto provocou uma autêntica ~ na cidade «de Lisboa em 1755».

hecatostilo *s m Arquit* (<gr *hecatón*: cem + *stýlos*: coluna) Pórtico/Edifício «grego/antigo» de [com] cem colunas.

hectare [**ha**] *s m* (<hecto- + are) Unidade de medida agrária equivalente a cem ares ou um hectó[ô]metro quadrado. **Ex.** A quinta do avô tem quatro ~s de terra muito fértil.

héctica [*Br* **hé(c)tica** (*dg*)] *s f* (<héctico) **1** *Med* Estado febril prolongado com enfraquecimento progressivo do organismo e grande emagrecimento. **2** ⇒ tuberculose; tísica.

héctico, a [*Br* **hé(c)tico** (*dg*)] *adj/s* (<gr *hectikós*: contínuo) **1** Relativo a héctica. **2** (O) que sofre de héctica. **Sin.** Tísico(+); tuberculoso(o+).

hecto- *pref* (<gr *hecatón*: cem).

hectográfico, a *adj* (<hectógrafo + -ico) **1** Relativo a hectógrafo. **2** «papel» Usado como matriz pelo hectógrafo, sendo a sua camada de tinta solúvel em álcool.

hectógrafo *s m* (<hecto- + -grafo) Aparelho para reprodução de textos e desenhos produzidos em papel hectográfico/Duplicador a álcool.

hectograma [**hg**] *s m* (<hecto- + grama) Unidade de massa equivalente a cem gramas.

hectolitro [**hl**] *s m* (<hecto- + litro) Unidade de medida de capacidade equivalente a cem litros.

hectómetro [**hm**] [*Br* **hectômetro**] *s m* (<hecto- + metro) Unidade de medida de comprimento equivalente a cem metros.

hectopascal [**hPa**] *s m Fís* (<hecto- + pascal[2]) Unidade de medida de pressão equivalente a cem pascais.

hediondez *s f* (<hediondo + -ez) **1** Qualidade do que é repugnante/hediondo. **Sin.** Asquerosidade; sordidez. **2** Qualidade de a(c)to moralmente condenável/Depravação.

hediondo, a *adj* (<esp *hediondo*) **1** Que é nojento/asqueroso. **Sin.** Imundo. **2** Que é moralmente condenável/repugnante. **Ex.** A população ficou (profundamente) indignada perante aquele crime ~. **3** ⇒ fedorento. **4** ⇒ feio.

hedónico, a [*Br* **hedônico**] *adj/s* (<gr *hedonikós*) **1** Relativo ao hedonismo. **2** ⇒ hedonista.

hedonismo *s m* (<gr *hedoné*: prazer + -ismo) **1** *Fil* Doutrina que propõe como valor supremo o prazer, o qual será a finalidade e fundamento da vida moral. **Ex.** Desde a Antiguidade têm aparecido diversas formulações de ~. **2** Modo de vida em que o prazer é o obje(c)tivo a atingir. **Ex.** O ~ da juventude a(c)tual pode comprometer o futuro da sociedade.

hedonista *adj/s 2g* (<gr *hedoné*: prazer + -ista) (O) que é partidário/praticante do he-

donismo. **Ex.** Uma sociedade ~ tem mais dificuldade em enfrentar a adversidade.

hedonístico, a *adj* (<hedonista + -ico) Referente ao hedonismo ou aos seus seguidores. **Sin.** Hedó[ô]nico **1**.

hegemonia *s f* (<gr *hegemonía*: comando, dire(c)ção) **1** *Hist* Dominação de uma cidade sobre outra(s) na antiga Grécia. **Ex.** A cidade de Atenas exerceu ~ na Hélade [Grécia]. **2** Supremacia/ Preponderância de um Estado sobre outro. **Ex.** A tentativa de exercer ~ pode desencadear grandes conflitos. **3** Liderança dentro de uma organização ou se(c)tor. **Ex.** Essa empresa depressa se impôs, conseguindo a ~ no mercado.

hegemónico, a [*Br* **hegemônico**] *adj* (<gr *hegemonikós*: apto para comandar) Relativo à hegemonia. **Ex.** O mundo está contra o poder ~ dos norte-americanos.

hegemonizar *v t* (<hegemonia + -izar) Tornar hegemó[ô]nico.

hégira *s f* (<ár *hidjira*: fuga) **1** *Hist* Fuga de Maomé de Meca para Medina. **2** Era maometana com início na data dessa fuga, que ocorreu no ano 622 da era cristã. **3** *fig* ⇒ êxodo; fuga.

hein *interj* ⇒ hem.

helénico, a [*Br* **helênico**] *adj/s m* (<gr *hellenikós*) **1** Relativo à Hélade (Grécia antiga) ou aos seus habitantes. **2** *s m Ling* Grupo de diale(c)tos gregos.

helenismo *s m* (<gr *hellenismós*) **1** Cultura e civilização da Grécia antiga. **2** *Hist* Cultura de influência grega que vigorou depois do séc. IV a.C. nos territórios conquistados por Alexandre Magno. **3** *Ling* Palavra ou expressão próprias da língua grega.

helenista *s 2g* (<gr *hellenistés*) Especialista da cultura ou língua da Grécia antiga.

helenístico, a *adj* (<helenista + -ico) **1** Relativo à cultura de influência grega, com elementos orientais, que vigorou nos territórios conquistados por Alexandre Magno. **Comb.** *Cultura ~a. Filosofia ~a.* **2** «espaço de tempo» Que decorreu entre a conquista do Oriente (333 a.C.) por Alexandre Magno e a conquista da Grécia pelos romanos (146 a.C.). **Comb.** *Período ~.*

helenizar *v t* (<heleno + -izar) Tornar(-se) conforme à língua ou maneira de ser grega/helé[ê]nica. **Ex.** "A vida chegará à perfeição no dia em que toda a terra se helenize e toda a Hélade se evangelize".

heleno, a *adj/s* (gr *héllen,nos*) **1** (O) que é relativo ou pertence ao povo dos Helenos, que povoou a Grécia antiga. **2** (O) que é relativo ou pertence à Grécia moderna. **Sin.** Grego(+).

helíaco, a *adj Astr* (<gr *heliakós*: do sol) «astro» Que aparece na abóbada celeste ao mesmo tempo que o sol nasce ou se põe.

helianto *s m Bot* (<gr *hélios*: sol + *ánthos*: flor) ⇒ girassol.

hélice *s f* (<gr *hélix,ikos*: «movimento» espiral [circular], ~) **1** *Náut* Aparelho propulsor de navios, submarinos, aeronaves e dirigíveis, com várias pás helicoidais, ac(c)ionado por motor. **2** ⇒ espiral. **3** Obje(c)to em forma de caracol. **4** Voluta a embelezar os capitéis coríntios. **5** *s m Anat* Rebordo externo do pavilhão da orelha. **Sin.** Hélix.

helicicultura *s f* (<gr *hélix,ikos*: espiral/caracol + cultura) Criação de caracóis para alimentação.

helicídeo, a *adj/s m Zool* (<gr *hélix,ikos*: caracol + -ídeo) (O) que é relativo ou pertence aos helicídeos, classe de moluscos gastrópodes, pulmonados. **Ex.** O caracol é um ~.

helicoidal *adj 2g* (<helicoide + -al) Em forma de [Semelhante a] uma hélice/Em espiral. **Ex.** A ranhura de um parafuso é (resultado de um movimento) ~. **Comb.** *Movimento ~* [O de um sólido que gira em volta de um eixo ao mesmo tempo que avança ao longo dele].

helicoide (Cói) *adj/s 2g* (<hélice + -oide) **1** Que tem forma de hélice/Heliciforme/Helicoidal. **2** [*Geom*] **Ex.** A superfície gerada por uma curva em movimento helicoidal é um(a) ~.

helicómetro [*Br* **helicômetro**] *s m* (<gr *hélix,ikos*: hélice + -metro) Aparelho para medir a força das hélices.

helicóptero *s m Aer* (<gr *hélix,ikos*: hélice + *pterón*: asa) Aeronave que se eleva e sustenta na atmosfera através [por meio] de hélices horizontais de eixo vertical. **Ex.** A facilidade e rapidez de deslocação do ~ a qualquer lugar torna-o indispensável no socorro a doentes em perigo de vida.

hélio [**He 2**] *s m Quím* (<gr *hélios*: sol) Elemento químico da família dos gases nobres, inodoro e incolor. **Ex.** O ~ tem aplicações diversas, como no enchimento de balões, em anúncios luminosos ou no equipamento de mergulhadores para diluição do oxigé[ê]nio.

heliocêntrico, a *adj* (<gr *hélios*: sol + centro + -ico) **1** *Astr* Que tem o Sol como centro. **Ex.** A teoria ~a de Copérnico veio substituir a teoria geocêntrica de Aristóteles. **2** Relativo ao centro do Sol. **Comb.** *Coordenadas ~as.*

heliocentrismo *s m* (<gr *hélios*: sol + centro + -ismo) Teoria proposta por Copérnico e que considera o Sol como centro do sistema solar.

heliocometa *s m* (<gr *hélios*: sol + cometa) Fenómeno luminoso que o Sol apresenta às vezes no ocaso, semelhante à cauda de um cometa.

heliocromia *s f* (<gr *hélios*: sol + -cromo + ia) Heliogravura a cores/Reprodução de cores por fotografia.

heliófilo, a *adj* (<gr *hélios*: sol + -filo) «planta» Que gosta de [se desenvolve bem ao] sol.

heliografia *s f* (<gr *hélios*: sol + -grafia) **1** *Astr* Descrição do Sol. **2** *Tip* Reprodução fotográfica de um original por decalque.

heliógrafo *s m* (<gr *hélios*: sol + -grafo) **1** *Astr* Aparelho para observar o Sol. **2** *Meteor* Instrumento para regist(r)ar diariamente as horas [o período] em que o Sol está descoberto. **3** Aparelho telegráfico que utiliza os raios do Sol, refle(c)tindo-os e orientando-os com um espelho.

heliogravura *s f* (<gr *hélios*: sol + gravura) **1** Processo de obtenção de formas de impressão em baixo-relevo. **Sin.** Fotogravura. **2** Chapa obtida por este processo. **3** Imagem impressa com essa chapa ou por cilindros obtidos pelo mesmo processo.

heliolatria *s f* (<gr *hélios*: sol + *latreia*: adoração) Adoração do Sol.

heliómetro [*Br* **heliômetro**] *s m* (<gr *hélios*: sol + -metro) Aparelho, hoje ultrapassado, para medir o diâmetro aparente do Sol e também a distância angular entre pequenos planetas e estrelas próximas.

helioscopia *s f* (<gr *hélios*: sol + -scopia) Observação do sol com helioscópio.

helioscópio *s m* (<gr *hélios*: sol + *skopéo*: observar) **1** *Astr* Instrumento com vidro de cor ou fumado para observar o Sol. **2** Instrumento para dirigir a imagem do Sol para uma câmara escura.

helióstato *s m Fís* (<gr *hélios*: sol + *statós*: parado) Instrumento de ó(p)tica que, apesar do movimento de rotação da Terra, proje(c)ta os raios solares sobre um ponto fixo. ⇒ celóstato.

heliotecnia [**heliotécnica**] *s f* (<gr *hélios*: sol + ...) Técnica do aproveitamento da energia solar.

helioterapia *s f Med* (<gr *hélios*: sol + ...) Tratamento de doenças por raios solares. **Sin.** Banho de sol. ⇒ actinoterapia.

heliotropia *s m Bot* (<gr *hélios*: sol + *trópos*: dire(c)ção + -ia) Propriedade de uma planta (de) se virar sempre na dire(c)ção do Sol. **Ex.** A designação de "girassol" deve-se à ~ desta planta.

heliotrópio *s m* (<gr *heliotrópion*: relógio de sol, pedra preciosa, girassol) **1** *Bot* Planta da família das boragináceas, rica em alcaloides; *Heliotropium peruvianum*. **2** *Bot* Qualquer planta cuja flor se vira para o Sol. **Ex.** O girassol é um ~ [dos ~s]. **3** Aparelho de operações geodésicas que concentra os raios solares num ponto a distância. **4** *Miner* Calcedó[ô]nia de cor esverdeada com pontos vermelhos.

heliporto *s m* (<helicóptero + porto) Espaço destinado à aterr(iss)agem e de(s)colagem de helicópteros.

helitransportar *v t* (<helicóptero + transportar) Transportar «passageiros, bagagens ou equipamentos» em helicóptero. **Comb.** *Tropa(s) helitransportada(s).*

helitransporte *s m* (<helicóptero + transporte) Deslocação ou transporte em helicóptero.

hélix *s m sing e pl Anat* (gr *hélix,ikos*: pavilhão da orelha) Rebordo exterior do pavilhão da orelha. **Sin.** Hélice **5**.

helmintíase *s f Med* (<gr *hélmins,inthos*: verme, lombriga + -íase) Doença provocada pela presença de vermes parasitas, os helmintos, no organismo, particularmente nos intestinos.

helminto *s m Zool* (<gr *hélmins,inthos*: verme) Verme parasita que vive nos intestinos. **Sin.** Lombriga(+).

helmintologia *s f* (<helminto + -logia) Parte da Zoologia que estuda os vermes em geral e, em especial, os parasitas.

helmintologista *s 2g* (<helmintologia + -ista) Especialista em helmintologia.

helvécio [**helvético**(+)], **a** *adj/s* (<lat *helvéti(c)us*) Da Helvécia (Nome latino da Suíça)/Suíço(+). **Comb.** *Confederação Helvética* [Suíça]. ⇒ Suíça.

hem *interj* (<*on*) **1** Exclamação que exprime interrogação ou dúvida sobre algo que não se percebeu bem. **Ex.** ~ [O quê/Como], que (é que) você disse? **2** Exclamação de espanto, crítica ou indignação. **Ex.** Então ele disse isso, ~ ?! Sempre *idi* fazendo das suas [fazendo algum disparate], ~ ? ⇒ eh.

hemácia *s f* (<fr *hématie*<gr *haíma, atos*: sangue) Glóbulo vermelho do sangue(+). **Sin.** Eritrócito(+).

hemaglutinar *v t Med* (<hemo- + ...) Aglutinar o sangue para exame.

hemartrose *s f Med* (<hemo- + artrose) Derramamento de sangue numa articulação devido a traumatismo.

hematémese [*Br* **hematêmese**] *s f Med* (<hemato- + gr *émesis*: vó[ô]mito) Vó[ô]mito de sangue(+) por hemorragia do esó[ô]fago/estômago/duodeno.

hematia *s f* (<hemato- + -ia) ⇒ hemácia.

hematina *s f Bioq* (<hemato- + -ina) Pigmento que contém ferro e a que se deve a cor do sangue.

hematite[a] *s f Miner* (<gr *haimatítes*) Principal minério de ferro. ⇒ pirite.

hemato- *pref* (<gr *haíma,atos*: sangue) Exprime a noção de sangue. **Sin.** Hemo-.

hematocele s f Med (<hemato- + -cele) Derrame ou tumor interno, sobretudo nos órgãos genitais.

hematócrito s m Med (<hemato- + gr *kritós*: separado, escolhido) Tubo graduado, para determinar o volume de glóbulos vermelhos no sangue.

hematófago, a adj (<hemato- + gr *phagós*: comilão) «parasita» Que se alimenta do sangue de outros animais.

hematófilo, a adj (<hemato- + -filo) Que gosta de sangue.

hematofobia s f (<hemato- + -fobia) Aversão mórbida a sangue.

hematografia s f Med (<hemato- + -grafia) Descrição/Estudo do sangue.

hematoide (Tói) adj 2g (<hemato- + -oide) Semelhante ao sangue.

hematologia s f Med (<hemato- + -logia) Ciência que estuda o sangue, a sua fisiologia e patologia.

hematológico, a adj (<hemato- + ...) Relativo à hematologia. **Comb.** Análise ~a [sanguínea(+)].

hematologista s 2g (<hematologia + -ista) Especialista em hematologia.

hematólogo, a s (<hemato- +-logo) ⇒ hematologista.

hematoma s m Med (<hemato- + -oma) Acumulação de sangue num órgão ou tecido a seguir a uma hemorragia. **Ex.** O miúdo caiu, bateu com a cabeça na pedra e fez um grande ~. ⇒ ferida sem sangue.

hematopoese s f Fisiol (<hemato- + gr *poíesis*: criação) Formação e desenvolvimento de células sanguíneas na medula óssea e nos gânglios linfáticos.

hematose s f Fisiol (<gr *haimatósis*: a(c)ção de converter em sangue) Transformação do sangue venoso em sangue arterial nos alvéolos pulmonares. **Ex.** No processo da [Na] ~ o sangue liberta dióxido de carbono e toma oxigé[ê]nio.

hematoxilina s f Quím (<hemato- + gr *xílon*: madeira + -ina) Substância obtida de uma planta «hematóxilo/pau-campeche» da família das Leguminosas, que a(c)tua como corante nuclear.

hematozoário, a adj/s m Zool (<hemato- + gr *zoárion*: pequeno animal) **1** (Animal parasita) que se alimenta do sangue do hospedeiro. **2** s m pl Classe de protozoários parasitas que vivem no sangue de um animal.

hematúria s f Med (<hemato- + -uria) Presença de sangue na urina.

hemeralopia s f Med (<gr *heméra*: dia + *alaós*: cego + *óps,pos*: vista + -ia) Grande diminuição ou perda de visão quando a luminosidade se reduz. **Ex.** No crepúsculo algumas pessoas experimentam ~.

hemerografia s f (<gr *heméra*: dia + -grafia) Catálogo de jornais e de outras publicações periódicas.

hemeroteca s f (<gr *heméra*: dia + *théke*: depósito) Local de conservação de cole(c)ções de jornais e de outras publicações periódicas.

hemialgia s f Med (<gr *hemí*: metade + ...) Dor que só ataca metade do corpo. ⇒ hemicrania.

hemiciclo s m (<gr *hemikýklion*) **1** Espaço de forma semicircular, geralmente com bancadas a que se acede por escadas. **2** Espaço com esta estrutura onde decorrem as sessões de assembleia parlamentar. **Ex.** Nessa sessão havia um elevado número de deputados no ~ «do Palácio de S. Bento, Pt». **Sin.** Parlamento.

hemicilindro s m (<gr *hemikýlindros*) Cada metade do cilindro cortado pelo eixo.

hemicrania s f Med (<gr *hemikranía*) Dor apenas localizada num dos lados da cabeça. **Sin.** Enxaqueca(+). ⇒ hemialgia.

hemiopia s f Med (<gr *hemí*: metade + *óps, pos*: vista + -ia) Defeito de visão em que há perda de metade do campo visual.

hemiplegia s f Med (<gr *hemí*: metade + *plegé*: golpe + -ia) Paralisia que atinge os movimentos voluntários só de um dos lados do corpo. ⇒ paraplegia.

hemiplégico, a adj/s (<hemiplegia + -ico) (O) que está afe(c)tado de hemiplegia.

hemíptero adj/s (<gr *hemí*: metade + *pterón*: asa) **1** Zool Que tem asas ou barbatanas curtas. **2** Ent Que é relativo ou pertencente aos hemípteros. **3** s m pl Ent Ordem de inse(c)tos sugadores; *Hemiptera*. **Ex.** O percevejo é (um) ~.

hemisférico, a adj (<hemisfério + -ico) **1** Que tem a forma de metade de uma esfera. **2** Que é relativo a hemisfério.

hemisfério s m (<gr *hemisphaírion*) **1** Metade de uma esfera. **2** Geog Metade do globo terrestre, dividido pela linha do equador ou de um meridiano. **Ex.** O ~ sul tem muito mais superfície de mar do que o ~ norte. **Comb.** ~ **ocidental**. ~ **oriental**. **3** Geog Representação num plano de metade do globo terrestre/da esfera celeste. **4** Anat Cada uma das duas metades laterais do cérebro ou do cerebelo. **Comb.** ~s cerebrais.

hemistíquio s m Liter (<gr *hemistíkhion*) Cada uma das metades do verso «alexandino», divididas pela cesura.

hemitropia s f Miner (<gr *hemí*: metade + *tropia*) Geminação de cristal hemítropo (Em que uma das faces opostas parece ter feito meia rotação, 180°, sobre a outra).

hemo- pref (<gr *haíma*: sangue) Exprime a noção de sangue. **Sin.** hemato-.

hemocianina s f Bioq (<hemo- + gr *kyanós*: azul + -ina) Substância azulada no sangue de crustáceos e moluscos, que contém cobre e é usada como antígeno experimental em animais.

hemocitómetro [Br **hemocitômetro**] s m Med (<...+ -cito- + ...) Aparelho para calcular o número de glóbulos vermelhos numa (dada) quantidade de sangue.

hemocultura s f Med (... + cultura) Técnica para dete(c)tar bactérias no sangue e colocar parte desse sangue em meio nutritivo favorável à proliferação dessas bactérias.

hemodialisar v t (<hemodiálise + -ar) Submeter a hemodiálise.

hemodiálise s f (<...+ diálise) Processo terapêutico que visa eliminar do sangue, por filtragem com membrana porosa artificial, substâncias tóxicas, no caso de insuficiência renal. **Ex.** Enquanto esperava a transplantação de rim compatível, foi obrigado a [teve de] fazer ~ durante alguns anos.

hemodinâmica s f Fisiol (<... + dinâmica) Estudo dos fenó[ô]menos mecânicos que regulam a circulação do sangue nos vasos sanguíneos.

hemodinamómetro [Br **hemodinamômetro**] s m Fís (<... + dinamó[ô]metro) Aparelho para medir a pressão sanguínea.

hemofilia s f Med (<...+ -filia) Doença hereditária familiar transmitida pela mãe a criança(s) do sexo masculino, a qual consiste na dificuldade de coagulação do sangue, com propensão para hemorragias.

hemofílico, a adj/s Med (<hemofilia + -ico) **1** (O) que tem hemofilia. **2** Relativo a hemofilia.

hemofobia s f (<... + fobia) Aversão ao derrame de sangue.

hemoglobina s f Bioq (<... + glóbulo + -ina) Proteína presente nos glóbulos vermelhos que fixa o oxigé[ê]nio, levando-o às células de todo o organismo.

hemoglobinúria s f Med (<hemoglobina + -uria) Presença de hemoglobina na urina.

hemograma s m Med (<...+ gr *grámma*: registo) Exame laboratorial do sangue, regist(r)ando a qualidade dos seus elementos e as respe(c)tivas percentagens. **Loc.** «médico» Mandar fazer um ~ [a análise do sangue(+)].

hemolinfa s f Zool (<...+ linfa) Líquido do aparelho circulatório dos invertebrados, com as funções do sangue e da linfa dos vertebrados.

hemólise s f Med (<... + gr *lýsis*: dissolução) Alteração e destruição dos glóbulos vermelhos, com libertação de hemoglobina que passa para o plasma.

hemolítico, a adj (<... + gr *lytikós*: que dissolve) **1** Relativo a hemólise. **2** Que provoca a hemólise.

hemopatia s f (<... + -patia) Qualquer doença do sangue.

hemoplástico, a adj Bioq (<hemo- + ...) «alimento» Que concorre rapidamente para a produção de sangue.

hemoptise s f Med (<... + gr *ptýsis*: expe(c)toração) Expe(c)toração de sangue por hemorragia nos órgãos respiratórios. **Ex.** Quando surgiram as ~s, pressentimos que a sua morte estaria próxima.

hemorragia s f Med (<gr *haimorrhagía*) Derramamento de sangue por rup[ro]tura de vaso sanguíneo. **Comb.** ~ externa [em que o sangue corre para fora do corpo]. ~ interna [que ocorre em órgão ou tecido interno] (⇒ hematoma).

hemorrágico, a adj (<hemorragia + -ico) Relativo a hemorragia.

hemorroida(s) (Rrói) s f Med (<gr *haimorrhoídes*) Formação de varizes nas veias da mucosa do ânus e do re(c)to.

hemorroidal adj 2g/s m Med (<hemorroida + -al) Relativo a hemorroida(s). **Comb.** Fluxo/Tumor/Dilatação ~.

hemóstase, hemostasia s f Med (<gr *haimóstasis*: medicamento que retém o sangue) (Conjunto de fenó[ô]menos que levam a)o estancar de uma hemorragia.

hemostático, a adj/s m Med (<gr *haimostatikós*: que retém o sangue) **1** Que estanca hemorragia. **Sin.** Anti-hemorrágico(+). **2** Meio ou medicamento para estancar o sangue.

hemoterapia s f Med (<...+ terapia) Terapia em que se usa o sangue ou algum dos seus elementos.

hemotórax (Ks) s m Med (<...+ tórax) Derramamento de sangue no tórax (Sobretudo na pleura ou pulmão). ⇒ hematoma.

hemulídeo, a adj/s m Icti (<hemo- + *oúlon*: forte + -ídeo) (O) que é relativo ou pertence aos hemulídeos, família de peixes teleósteos. **Ex.** A xaputa é (um) ~.

hena s f Bot (<ár *hinna*) Arbusto tropical cujas flores são usadas em adornos e cosmética; *Lawsónia inérmis*.

hen[un]decágono s m (<gr *héndeca*: onze + -gono-) Polígono de onze ângulos e onze lados.

hendecassílabo, a adj/s m (<gr *hendekasýlabos*) **1** Que tem onze sílabas. **2** s m Verso com onze sílabas.

hendíadis s f 2n Liter (<gr *hendíadis*: duas coisas por uma) Figura de retórica em que se ligam dois substantivos iguais. **Ex.** Vagueava na escuridão e na noite (Em vez de "escuridão da noite").

henriquino, a adj (<antr Henrique + -ino) Relativo ao Infante D. Henrique (1394-

-1460), iniciador dos descobrimentos portugueses.

henry [H] *s m Fís* (<*antr* Joseph Henry, físico norte-americano) Unidade de indutância «num circuito elé(c)trico».

hepatalgia *s f Med* (<gr *hépar,atos*: fígado + algia) Dor no fígado (+).

hepático, a *adj/s* (<gr *hépar,atos*: fígado + -ico) **1** Relativo ao fígado. ⇒ figadal. **Comb. Canal ~o. Cólica ~a. 2** Pessoa que sofre de doença do fígado.

hepatismo *s m Med* (<gr *hépar,tos*: fígado + -ismo). ⇒ hepatologia.

hepatite *s f Med* (<*hépar,tos*: fígado + -ite) Inflamação do fígado por agente infe(c)cioso/tóxico. **Ex.** A i(c)terícia anda associada à ~. A ~ é uma doença infe(c)ciosa grave. **Comb. ~ A. ~ B. ~ C**.

hepatizar(-se) *v int Med* (<gr *hépar,tos*: fígado + -izar) «tecido pulmonar» Ficar com o aspe(c)to de fígado.

hepatocele *s f Med* (<gr *hépar,atos*: fígado + -cele) Hérnia do fígado.

hepatocirrose *s f Med* (<gr *hépar,atos*: fígado + ...) Cirrose (do fígado) (+). **Ex.** O exagerado consumo de álcool pode conduzir à ~.

hepatogástrico, a *adj Med* (<gr *hépar,tos*: fígado + gástrico) Relativo simultaneamente ao fígado e ao estômago.

hepatogastrite *s f Med* (<hepatogástrico + -ite) Inflamação do fígado e do estômago.

hepatologia *s f* (<gr *hépar,tos*: fígado + -logia) Estudo do fígado, das suas funções e doenças.

hepatomegalia *s f Med* (<gr *hépar,atos*: fígado + *mégas,megále,méga*: grande + -ia) Aumento exagerado do volume do fígado. **Sin.** Megalepatia.

hepatorragia *s f Med* (<gr *hépar,atos*: fígado + *rrhagía*: ru(p)tura) Hemorragia no fígado.

hepatotomia *s f Med* (<gr *hépar,tos*: fígado + *tomé*: corte + -ia) Intervenção cirúrgica no fígado.

heptacordo, a (Cór) *adj/s Mús* (<gr *heptákhordos*: sete cordas) (O) que tem sete cordas ou «escala» sons. **Comb.** Lira ~a.

heptaédrico, a *adj Geom* (<heptaedro + -ico) Relativo ao heptaedro.

heptae(Édro)dro *s m Geom* (<gr *heptá*: sete + *hédra*: face) Sólido que tem sete faces.

heptágono *s m Geom* (<gr *heptágonos*) Polígono que tem sete ângulos/lados.

heptâmetro *s m/adj Gram* (<gr *heptá*: sete + -metro) (Verso grego/latino) de sete pés métricos.

heptassílabo, a *adj/s m Gram* (<gr *heptá*: sete + ...) (Verso/palavra) que tem sete sílabas.

hera (Hé) *s f Bot* (<lat *hédera*) Planta trepadeira da família das araliáceas, com raízes adventícias, sempre verde; *Hedera helix*. **Ex.** Na parede da casa, toda coberta do verde da ~, abria-se graciosamente uma janela. ⇒ ~-terrestre.

heráldica *s f* (<heráldico) **1** Ciência que estuda a origem, evolução e significado dos brasões, fazendo também a sua descrição. **2** Conjunto dos emblemas ou símbolos usados em brasões.

heráldico, a *adj/s m* (<heraldo + -ico) **1** Relativo à heráldica ou à brasões. **2** Especialista em heráldica. **Sin.** Heraldista.

heraldo *s m an* (<fr *an heralt*: pregoeiro «de coisas importantes») ⇒ arauto.

herança *s f* (<lat *haeréntia*: coisas vinculadas <*háereo, ére*: estar ligado, agarrar, aderir; ⇒ herdade; herdeiro) **1** O que se herda por sucessão ou testamento. **Ex.** A ~ que recebeu veio tirá-lo do aperto financeiro em que estava. **2** *Dir* Bens, propriedades, direitos e obrigações de alguém, os quais, por sua morte, passam para os seus sucessores. **Comb. ~ jacente** [que não foi aceite nem repudiada, nem declarada vaga para o Estado]. **~ vacante** [vaga]. **Aceitação da ~** [A(c)to pelo qual alguém com direito à herança assume a qualidade de herdeiro]. **Imposto sobre ~. 3** Situação que se encontra quando se sucede a alguém num cargo. **Ex.** O partido vencedor das eleições criticou asperamente a pesada ~ que o anterior governo lhe deixou. **4** *Gené* Cara(c)teres físicos ou psicológicos que se transmitem por hereditariedade. **5** O que foi transmitido pelas gerações anteriores ou vem da tradição. **Ex.** A honestidade foi a maior ~ que os pais lhe deixaram. **Comb.** ~ cultural.

hera-terrestre *s f Bot* Planta herbácea, também cultivada; *Glechoma heredacea*. **Sin.** Coroa-da-terra; hortelã-do-mato.

herbáceo, a *adj Bot* (<lat *herbáceus*) **1** Relativo/Semelhante a erva. **2** «planta» De consistência tenra/Que tem caule e ramos não lenhosos.

herbanário *s m* (<lat *herba*: erva + -ário) **1** Local onde se vendem plantas medicinais. **Sin.** Ervanária. **2** Pessoa que cultiva ou vende essas plantas. **Sin.** Ervanário. **3** O que se dedica ao estudo das plantas medicinais.

herbário *s m* (<lat *herba*: erva + -ário) **1** Cole(c)ção de plantas secas, organizadas e classificadas, para exposição ou estudo científico. **Ex.** No meu tempo de liceu, era com muito entusiasmo que cada aluno organizava o seu ~, procurando no campo o que ali ia figurar [o que queria lá pôr]. **2** Compartimento onde se guardam tais cole(c)ções.

herbicida *adj 2g/s m* (<erva + -cida) (Produto) que mata ervas daninhas. **Ex.** O uso de ~s pode (concorrer para) degradar perigosamente os solos.

herbífero, a *adj* (<erva + -fero) «lameiro» Que produz muita [boa] erva.

herbívoro, a *adj/s m* (<erva + -voro) **1** Que se alimenta de vegetais. **Ex.** Os animais ~ têm o intestino mais longo que os carnívoros. **2** *s m* Animal que come erva e vegetais. **Ex.** O elefante [cavalo] é (um) ~.

herbolário, a *adj/s* (<lat *hérbula*: ervazinha + -ário) **1** (O) que cole(c)ciona plantas. **2** (O) que tem conhecimentos sobre plantas medicinais. **Sin.** Erv[Herb]anário(+).

herbóreo, a *adj* (<lat *herbóreus*) Que é semelhante a erva. **Sin.** Herbáceo.

hercúleo, a *adj* (<lat *hercúleus*) **1** (Digno) de Hércules, semideus da mitologia grega. **2** Que tem uma força extraordinária. **Comb. Força ~a. Homem ~o. Sin.** Possante; robusto. **3** Que exige um extraordinário esforço e muita coragem/Muito difícil de realizar. **Ex.** O suplantar dos obstáculos que se vão levantar é uma tarefa ~a, só estará ao alcance de um autêntico herói.

hércules *s m Fig* (<Hércules, semideus da mitologia grega) Indivíduo de força extraordinária. **Ex.** O descomunal desenvolvimento muscular daquele peito e (dos) braços fazia supor estarmos perante um ~.

herdade *s f* (<lat *heréditas,átis*: herança) Grande propriedade rural. **Ex.** É no Alentejo que encontramos a maior dimensão das ~s. **Sin.** Monte «alentejano». ⇒ fazenda; quinta; campo; chão.

herdar *v t* (<lat *herédito,áre*) **1** Receber de alguém, por ocasião da sua morte, bens que lhe pertenciam. **Ex.** Agora vivia melhor, depois de ~ uma avultada fortuna deixada por um tio. **2** Ter por hereditariedade. **Ex.** Parecia ter herdado do pai, para além da extraordinária semelhança de feições, um jeito especial para o negócio. **3** Receber «uma situação» deixada por quem o precedeu no cargo. **Ex.** Não é agradável ~ uma tal trapalhada quando se iniciam funções [se assume um cargo]. **4** *fam* Passar a usar o que era de outro. **Ex.** Como eram vários irmãos, os mais novos iam ~ o que deixava de servir aos mais velhos.

herdeiro, a *s* (<lat *hereditárius*; ⇒ hereditário) **1** *Dir* Pessoa que recebe, por lei ou testamento, bens ou direitos que eram de alguém quando da sua morte. **Comb. ~ legítimo. ~ testamentário. ~ universal. Habilitação de ~s. Príncipe ~** «da Suécia/do Japão». **2** Aquele que recebe por hereditariedade. **Ex.** Foi ~ da fantástica resistência à adversidade que o pai sempre teve. **3** *fam* Filho. **Ex.** O casal tinha dois ~s, qual deles o mais promissor [ambos muito promissores] no mundo dos negócios. **4** Pessoa que sucede a alguém. **Ex.** O ~ do trono oferece (ao povo) as melhores garantias de segurança.

hereditariedade *s f* (<hereditário + -dade) **1** *Gené* Transmissão biológica de geração em geração pelos genes. **Ex.** A doença dele é um problema de ~. **2** *Gené* Conjunto de cara(c)teres físicos e psicológicos transmitidos aos descendentes. **3** Condição [Qualidade/Direito] de herdeiro.

hereditário, a *adj* (<lat *hereditárius*; ⇒ herdeiro) **1** Que se transmite geneticamente [hereditariamente/por hereditariedade] aos descendentes. **Ex.** Há quem diga que tal comportamento se deve a uma tara ~a. **2** Que se transmite por testamento ou (por) direito de sucessão. **Comb.** Bens ~s. **3** Que se transmite por tradição.

herege *adj/s 2g* (<gr *haeretikós*: que escolhe, sectário) **1** *Rel* (O) que insiste em professar doutrina contrária ao que a Igreja propõe como matéria de fé. **2** (O) que defende ideias contrárias às que geralmente se admitem. **3** *pop* (O) que não vai à igreja/missa. **Sin.** Ateu; ímpio; incrédulo.

heresia *s f* (<lat <gr *háiresis*: escolha, opinião sectária) **1** *Rel* Doutrina contrária à da Igreja [à que a Igreja define como dogma], professada por um crente. **2** *pop* A(c)to ou palavra ofensivos à religião. **3** *pop* Opinião contrária ao que geralmente é aceite. **4** *col* ⇒ contrassenso; tolice.

heresiarca *s 2g Rel* (<gr *hairesiárkhes*) Fundador ou chefe de seita herética.

herético, a *adj/s* (<lat<gr *hairetikós*) **1** *Rel* (O) que professa o que é contrário ao que a Igreja propõe como dogma. **2** *pop* ⇒ herege **3** (+). **3** *fam* ⇒ inteiramente errado/falso.

hermafrodita *adj/s 2g Biol Bot* (<gr *hermafróditos<antr mit* Hermafrodito: filho de Hermes e Afrodite) (Ser vivo) que tem as células reprodutoras dos dois sexos. **Comb.** Flor ~.

hermafroditismo *s m* (<hermafrodita + -ismo) **1** *Biol* Presença dos dois sexos no mesmo indivíduo. **2** *Med* Afe(c)ção congé[ê]nita rara de presença no mesmo indivíduo de tecido ovariano e testicular. **3** *Bot* Presença conjunta numa flor de androceu e gineceu.

hermeneuta *s 2g* (<gr *hermeneutés*: intérprete, mensageiro) Especialista em hermenêutica.

hermenêutica *s f* (<gr *hermeneutiké*: arte de interpretar) **1** *Rel* Interpretação dos textos sagrados. **2** A(c)tividade de interpretar textos legais e outros escritos. ⇒ heurística.

hermenêutico, a *adj* (<gr *hermeneutikós*: explicativo) Relativo à hermenêutica.

hermes *s m sing e pl* (<gr *Hermés*) **1** Pequena coluna sem capitel com a cabeça do deus «grego»Hermes/«romano»Mercúrio. **2** Estátua que representa esse deus. **Sin.** Herma. ⇒ hermético **4**.

hermeticamente *adv* (<hermético + -mente) **1** «fechado» Sem permitir a entrada ou saída do ar. **2** De forma difícil de perceber/ De forma opaca. **Sin.** Obscuramente.

hermeticidade *s f* (<hermético + -idade) Qualidade do que se fecha de modo a não permitir a entrada ou saída do ar.

hermético, a *adj/s* (<fr *hermétique* <Hermes Trismegistus, deus ou filósofo egípcio ligado à alquimia) **1** Fechado de forma a impedir a entrada ou a saída do ar. **2** Difícil de perceber/Obscuro/Misterioso. **Comb.** Escrita [Literatura] ~a. **3** Encimado por escultura representando a cabeça do deus Hermes. **4** *Arte* «coluna» Que tem cabeça de homem a substituir o capitel. **5** (O) que se dedica [Relativo] à alquimia.

hermetismo *s m* (⇒ hermético) **1** Doutrina ligada ao gnosticismo e à alquimia. **2** Qualidade do que é obscuro ou difícil de perceber.

hérnia *s f* (<lat *hérnia*) **1** *Med* Massa de (parte de) um órgão que saiu da concavidade que o devia conter. **Comb.** ~ *discal* [de um disco da coluna vertebral]. ~ (intestinal) *estrangulada* [apertada pelos dois lados e que não se pode fazer reentrar]. **2** *Bot* Doença de vegetais que apresentam nós no caule ou na raiz.

hernial *adj 2g* (<hérnia + -al) Da hérnia.

hernioso, a (Ôso, Ósa/os) *adj* (<hérnia + -oso) Que tem hérnia.

herniotomia *s f Med* (<hérnia + -tomia) Tratamento cirúrgico da hérnia.

herói *s m* (<gr *héros*: chefe, semideus; ⇒ heroína[1]) **1** O que sobressai por a(c)to guerreiro ou de grande coragem. **Ex.** No fim da guerra o povo recebeu em apoteose os seus ~s. **2** O que sobressai [se evidencia] em qualquer campo **Ex.** Para o miúdo o melhor jogador do clube é o seu ~. **Comb.** O ~ [animador/centro] da festa. Os ~s da ciência. **3** Protagonista em obra de ficção. **Comb.** *O ~ do filme*. *O ~ do romance* [da novela]. ⇒ ~-có[ô]mico. **4** ⇒ semideus. **5** *Mit* Personagem nascida da ligação de um deus e um mortal. **Ex.** O poeta Virgílio apresenta o ~ Eneias como fruto da relação entre o troiano Anquises e a deusa Vénus.

heroicamente *adv* (<heroico + -mente) **1** Com grande valentia ou coragem. **Loc.** Suportar [Aguentar] ~ as dores mais terríveis. **2** Com grande determinação ou esforço. **Loc.** Chegar ~ ao cume da montanha.

heroicidade *s f* (<heroico + -idade) Qualidade do que é heroico. **Comb.** A ~ da mãe a [para] salvar o filh(inh)o. **Sin.** Heroísmo.

heroicizar *v t* (<heroicidade + -izar) Transformar em [Fazer] herói(s).

heroico, a (Rói) *adj* (<gr *heroikós*) **1** Relativo a herói ou heroína[1]. **Comb.** «os Descobrimentos» Idade ~a «de Pt». **2** Que se evidenciou pela coragem ou valentia. **Ex.** A vitória «de Rosa Mota» na maratona foi um feito ~. **Comb.** *A(c)to ~*. *Jovem ~*. **3** *Liter* «estilo/gé[ê]nero» Que celebra os a(c)tos dos heróis. **Comb.** *Poema ~*. **Sin.** Épico(+).

herói-cómico, a [*Br* **herói-cômico**] *adj Liter* Que aparenta grandiosidade e faz rir. **Ex.** Esse autor tem um poema ~ cuja representação divertiu imenso a sociedade de então.

heroína[1] *s f* (<gr *heroíne*; ⇒ herói) **1** Mulher que se evidenciou por um a(c)to de coragem ou uma qualidade extraordinária digna de admiração. **2** Personagem principal de obra de ficção. **Ex.** A ~ [protagonista] do romance acaba por suicidar-se.

heroína[2] *s f Quím* (<herói + -ina) Alcaloide obtido por a(c)ção do anidrido acético sobre a morfina, muito tóxico. **Ex.** A ~ é uma droga dura.

heroinomania *s f* (<heroína[2] + mania) Estado de dependência física e psíquica do consumo de heroína.

heroísmo *s m* (<herói + -ismo) **1** Qualidade do herói ou do que é heroico. **Sin.** Heroicidade. **2** Grande coragem ou força de cará(c)ter. **3** A(c)ção heroica.

herpes *s m* (<gr *herpes*: dartro, impigem) Doença infe(c)ciosa da pele e das mucosas formando líquido em pequenas vesículas. **Comb.** ~ bucal. ~-zóster [Zona]. ⇒ varicela.

herpético, a *adj/s* (<gr *hérpes, etos*: herpes + -ico) **1** Relativo a herpes. **2** (O) que sofre de herpes.

herpetismo *s m* (⇒ herpético) Predisposição de um organismo para ter herpes.

herpetologia[1] *s f* (⇒ herpético) Estudo sobre o herpes e o seu tratamento.

herpetologia[2] *s f Zool* (<gr *herpetón*: réptil + -logia) Disciplina/Ciência que estuda os répteis e os anfíbios.

hertz [Hz] *s m sing e pl Fís* (<antr H. R. Hertz, físico alemão) Unidade de frequência de onda ele(c)tromagnética igual a um ciclo por segundo.

hertziano, a *adj Fís* (⇒ hertz) Relativo às ondas ele(c)tromagnéticas descobertas por Hertz, usadas nas emissões de rádio. **Ex.** A descoberta das ondas ~as tornou possível a radiodifusão.

Herzegovina ⇒ Bósnia-Herzegovina.

hesitação *s f* (<lat *haesitátio,ónis*) A(c)to ou efeito de hesitar. **Ex.** Depois de muita ~ decidi vender a casa dos (meus) pais.

hesitante *adj 2g* (<hesitar) Que hesita. **Ex.** Quanto à ida à reunião estou ~, vou? não vou?

hesitar *v int* (<lat *háesito,áre*) **1** Estar indeciso sobre o que fazer, dizer ou pensar. **Loc.** Não ~ [duvidar] em aceitar a proposta. **2** Fazer uma breve pausa antes de agir/ Mostrar insegurança na a(c)ção. **Ex.** Não hesitou um segundo em lançar-se à água para salvar o irmão. **3** Titubear/Parar/Gaguejar. **Ex.** Hesitava muito no discurso [nas respostas].

hesperíde[i]o, a *adj/s Bot* (<mit Hespéride[a]s, ninfas que tinham pomos de oiro no seu jardim) (O) que é sumarento, como a laranja.

hetero- *pref* (<gr *héteros*: outro) Significa diferença.

hetero[anomo]carpo, a *adj Bot* (<gr *heterókarpos*) «fungo» Que produz flores ou frutos diferentes.

heterocíclico, a *adj* (<hetero + -cíclico) **1** *Quim* Diz-se de composto orgânico em cuja molécula há um ciclo de átomos que não são todos da mesma espécie/Que tem ciclos diferentes. **2** *Bot* Diz-se de flor que apresenta números diferentes de peças florais.

heteróclise *s f* (<...+ gr *klísis*: inclinação) **1** Afastamento das regras da gramática ou da arte/Qualidade de heteróclito. **2** ⇒ irregularidade.

heteróclito, a *adj* (<gr *heteróklitos*) **1** *Gram* Que pertence simultaneamente a duas ou mais declinações, na língua grega/latina. **Ex.** O *adj exanimis, e* ou *exanimus, a, um* – que significa inanimado, morto – é ~. **2** *Gram* Que se afasta das regras da gramática. **3** Que é diferente do que é normal. **Comb.** Espírito [= Pessoa] ~o[a]. **Sin.** Estranho; extravagante; irregular.

heterocromia *s f* (<... + -cromo- + -ia) Coloração diferente de duas partes que deveriam ter a mesma cor. **Comb.** A ~ da íris (nos dois olhos).

heterocromossoma[o] (sexual) *s m Biol* (<... + cromossoma/o) Cromossoma/o de que depende o sexo do futuro ser vivo (XY para o sexo masculino e XX para o feminino).

heterodáctilo, a [*Br* **heterodá(c)tilo** (*dg*)] *adj Zool* (<...+ gr *dáktilos*: dedo) **1** «ave» Que tem o dedo externo reversível [virado para trás] ou dois dedos soldados entre si. **2** «animal» Que tem os dedos bastante diferentes entre si.

heterodinâmico, a *adj Fís* (...+gr *dýnamis*: força + -ico) Que gera força desigual.

heteródino *adj/s m Ele(c)tro* (<...+ gr *dýnamis*: força) (Diz-se de) processo de encontro de duas ondas, produzindo outra de batimento audível.

heterodoxia (Dòcsi) *s f* (<gr *heterodoxía*: diferente opinião) **1** Doutrina religiosa que difere da que é aceite na região. **Sin.** Heresia. **2** Oposição ao que é geralmente aceite. **Ant.** Ortodoxia.

heterodoxo, a (Dòcso) *adj* (<gr *heterodóxos*: que pensa [opina] diferentemente) **1** *Rel* Que diverge da doutrina de fé seguida pelo comum da população da zona. **2** Que é contrário ao que o comum da população aceita. **Ex.** Acho a sua afirmação [opinião] um pouco ~a, para não dizer [, ou talvez] errada. **Ant.** Ortodoxo.

heterogamia *s f* (<... + gr *gámos*: casamento + -ia) Fecundação através de dois gâ[a]metas de estrutura diferente.

heterogâmico, a *adj* (<... + gr *gámos*: casamento + -ico) **1** *Biol* Que se reproduz pela junção de gâ[a]metas de estrutura diferente. **2** *Bot* «inflorescência» Que tem flores femininas ou estéreis a cercar as masculinas ou hermafroditas.

heterogeneidade *s f* (<heterogé[ê]neo + -idade) Composição por elementos ou partes de natureza diferente/Qualidade do que é heterogé[ê]neo. **Ant.** Homogeneidade.

heterogéneo, a [*Br* **heterogêneo**] *adj* (<gr *heterogenés* + -eo) Que é composto de elementos diferentes. **Comb.** Um grupo [Uma mistura] muito ~ de alunos. **Ant.** Homogé[ê]neo.

heterogenia *s f* (<... + gr *génos*: nascimento + -ia) **1** *Biol* Alternância de gerações com cara(c)teres diferentes. **2** Teoria da geração espontânea ou da reprodução sem germes nem óvulos.

heteromorfia *s f* (<heteromorfo + -ia) **1** *Biol* Apresentação de formas muito diferentes na mesma espécie/Qualidade do que é heteromorfo. **2** *Quím* Fenó[ô]meno da cristalização do carbono» em sistemas diferentes de substâncias com semelhante composição química «diamante e grafite».

heteromórfico, a *adj* (<heteromorfia + -ico) Relativo à heteromorfia ou ao heteromorfismo/Heteromorfo.

heteromorfismo *s m* (Mór) ⇒ heteromorfia.

heteromorfo, a (Mór) *adj* (<... + -morfo) **1** Que apresenta diversidade ou alteração de formas. **2** *Biol* «organismo» Que apresenta diferenciação morfológica das suas células. **Sin.** Heteromórfico.

heteronímia *s f* (... + gr *ónyma*: nome + -ia) **1** *Gram* Relação entre palavras semelhantes mas de raiz diferente. **Ex.** *Cavalo* e *égua* são um caso de ~. **Comb.** A ~ das

formas [dos tempos] *vou, fui, irei* do verbo *ir*. **2** *Liter* Conjunto dos heteró[ô]nimos «do escritor Fernando Pessoa» (Alberto Caeiro, Ricardo Reis, Álvaro de Campos e Bernardo Soares).
heterónimo, a [*Br* **heterônimo**] *s m/adj* (<... + gr *ónyma*: nome) **1** *s m Liter* Nome de personalidade «Ricardo Reis» criada por um autor «Fernando Pessoa», com cará(c)ter e ideias próprias, assinando uma sua obra. ⇒ pseudó[ô]nimo. **2** *Liter* «obra» Que é assinada por essa personalidade. **Comb.** Poesia ~a. **3** *Gram* Palavra semelhante a outra(s) mas de raiz diferente. **Ex.** "Vou" e "irei" são ~as. **4** Que diz o mesmo por diferentes palavras.
heteronomia *s f* (... + gr *nómos*: lei + -ia) Ausência de verdadeira autonomia. **Ex.** O guiar-se apenas pelo que os outros dizem (e fazem) é uma ~.
heterónomo, a [*Br* **heterônomo**] *adj* (⇒ heteronomia) **1** Sem autonomia. **2** *Miner* «cristal» Que tem uma formação diferente da normal.
heteroplasia *s f Med* (<... + gr *plásis*: modelação + -ia) Formação de tecido patológico a partir do tecido normal por alteração da morfologia celular.
heteroplastia *s f Med* (<... + gr *plastós*: modelado + -ia) **1** ⇒ heteroplasia. **2** Substituição, no corpo, de uma estrutura perdida por outra de indivíduo de espécie diferente ou por material sintético.
heterópode *adj/s 2g Zool* (<gr *heterópous, odos*) Que tem pés diferentes entre si ou grande diferença entre os membros anteriores e posteriores «que são uma membrana achatada de natação».
heteróptero, a *adj/s m Zool* (<...+ gr *ptéron*: asa) **1** Que tem as asas diferentes. **2** (O) que é relativo ou pertence à classe dos ~s. **3** *s m pl* Inse(c)tos artrópodes com aparelho sugador.
heteróscio, a *adj/s* (<...+ gr *skia*: sombra) Habitante da Terra cujas sombras ao meio-dia são todo o ano opostas. **Ex.** Os que vivem na zona temperada dos hemisférios norte e sul são ~s: as sombras de uns voltadas para norte, as de outros voltadas para o sul. ⇒ anfíscio.
heterospórico, a *adj Bot* (<hetero + esporo + -ico) Relativo a [Em que ocorre] heterosporia, fenó[ô]meno que consiste na produção pela mesma planta de dois tipos de esporos: macrósporos e micrósporos.
heterossexual (Csu) *adj/s 2g* (<... + sexual) (O) que tem atra(c)ção sexual pelo sexo oposto.
heterossexualidade *s f* (<... + sexualidade) Atra(c)ção sexual pelo sexo oposto/ Qualidade de heterossexual.
heterotaxia (Csi) *s f* (... + gr *táxis*: ordenação + -ia) **1** Disposição anormal das partes de um todo. **2** *Biol* Localização anormal de alguma parte do corpo.
heterotérmico, a *adj* (<... + gr *thérme*: calor + -ico) **1** Que tem temperatura variável. **2** *Zool* Que tem temperatura dependente da do meio ambiente/Que tem sangue frio. **Ex.** Os répteis são ~s.
heterotropia *s f Med* (<gr *heterótropos*: que se vira para outro lado + -ia) ⇒ estrabismo.
heterozigótico, a *adj Gené* (<... + zigoto + -ico) Que provém de gâ[a]metas cujos cromossoma[o]s não têm a mesma constituição genética/Híbrido.
heterozigoto, a *adj/s m Gené* (<... + zigoto) (Ser vivo) que tem cromossoma[o]s de pais com cara(c)teres genéticos diferentes.

heureca (Ré) *interj* (<gr *héureka*: achei <gr *heurísko*: achar, descobrir) Exclamação de entusiasmo por ter descoberto a solução de um problema difícil. **Sin.** Pronto!; Já sei [descobri]!
heurística *s f* (<heurístico) **1** Arte de inventar ou descobrir. ⇒ hermenêutica. **2** *Ped* Método de ensino em que é o aluno a descobrir por si próprio o que se pretende ensinar-lhe. **3** *Hist* Ramo voltado para a pesquisa de fontes e documentos.
heurístico, a *adj* (<gr *heurísko*: encontrar) Que leva à descoberta/Relativo à heurística. **Comb.** *Hipótese ~a*. *Método ~* [que leva o aluno a descobrir por si próprio].
hexa- *pref* (<gr *héx*: seis) Significa seis.
hexacorde[o] (Cór) *s m Mús* (<... + gr *chordé*: corda) **1** Escala de seis notas. **2** Intervalo de sexta. **3** Instrumento de seis cordas.
hexaédrico, a *adj Geom* (<hexaedro + -ico) Que tem seis faces/Relativo ao hexaedro.
hexaedro *s m Geom* (<gr *hexáedros*) Poliedro que tem seis faces «cubo».
hexagonal *adj 2g Geom* (<hexágono + -al) **1** Que tem seis ângulos/Relativo ao hexágono. **Comb.** *Sistema de cristalização ~* [que tem três eixos horizontais e um vertical ao plano deles]. **2** Que tem por base um hexágono. **Comb.** *Prisma ~*.
hexágono, a *s m/adj Geom* (<gr *hexágonos*: hexagonal) *s m* Polígono de seis lados e seis ângulos.
hexagrama *s m* (<... + -grama) Conjunto de seis letras ou sinais.
hexâmetro *s m Liter* (<gr *hexámetros*) Verso grego ou latino de seis pés. **Comb.** ~ da(c)tílico [Verso em que o quinto pé é dá(c)tilo e o sexto é espondeu ou troqueu].
hialino, a *adj* (<gr *hyálinos*) Que é relativo/ semelhante ao vidro. **Sin.** Vítreo(+). **2** *Miner* «cristal» Transparente, límpido e incolor. **Comb.** Quartzo ~.
hialite/a *s f* (<gr *hýalos*: vidro + -ite) **1** *Med* Inflamação do humor vítreo do globo ocular. **2** *Miner* Variedade hialina da opala.
hiálito *s m* (<gr *hýalos*: vidro + *líthos*: pedra) Vidro opaco e escuro «da Boé[ê]mia», usado geralmente na fabricação de obje(c)tos de luxo.
hialografia *s f* (gr *hýalos*: vidro + -grafia) **1** Arte de desenhar, pintar ou gravar sobre o vidro. **2** Pintura feita sobre vidro.
hialográfico, a *adj* (<hialografia + -ico) Que é relativo à hialografia.
hialógrafo *s m* (<gr *hýalos*: vidro + -grafo) Instrumento para desenhar mecanicamente a perspe(c)tiva ou para tirar cópias de um desenho com um espelho.
hialoide (Lói) *adj/s f* (<gr *hýalos*: vidro + -oide) **1** Que tem a transparência do vidro/ Hialino/Vítreo. **2** *s f Anat* Membrana translúcida que envolve o humor vítreo do olho.
hialotecnia *s f* (<gr *hýalos*: vidro + *téchne*: arte + -ia) Arte de trabalhar o/em vidro.
hialotécnico, a *adj* (<hialotecnia + -ico) Que é relativo à hialotecnia.
hialurgia *s f* (<gr *hyaulourgós*: fabricante de vidro + -ia) Arte de fabricar o vidro.
hialúrgico, a *adj* (<gr *hyalourgikós*) Relativo à hialurgia.
hiante *adj* (<lat *híans,ántis*: de boca aberta) **1** «abismo» Que tem uma grande boca ávida e ameaçadora. **2** Que está de boca muito aberta. **3** Que está esfomeado(+). **Sin.** Faminto(+).
hiato *s m* (<lat *hiátus*) **1** *Gram* Encontro/Sequência de duas vogais que não formam ditongo. **Ex.** Na palavra *aí* há um ~; e nas palavras *a água* há dois ~s, sendo um deles entre os dois primeiros *aa*. **2** Falta de continuidade «no governo»/Interrupção.

3 Espaço entre duas coisas/Falha. **Sin.** Lacuna. **4** ⇒ abertura; fenda.
hibernação *s f* (<lat *hibernátio,ónis*) **1** *Zool* Estado de entorpecimento de alguns animais na estação fria. **Comb.** *Med ~ artificial* [Estado de torpor, por hipotermia, provocado em mamíferos com fins terapêuticos]. *~ das cobras* [dos morcegos/ dos ursos]. **Sin.** Letargo; sedação. **2** *Bot* Propriedade de algumas plantas de crescerem e florescerem na estação fria.
hibernáculo *s m* (<lat *hibernáculus*) **1** Local para resistir ao Inverno. **2** *Bot* Invólucro prote(c)tor dos brotos ou gemas «de plantas aquáticas» que esperam a primavera para germinar.
hibernal *adj* (<lat *hibernális*) **1** Que é relativo ao [próprio do] inverno. **2** *Bot* Que cresce ou floresce no inverno. ⇒ estival; outonal; primaveril. **3** Que é relativo à hibernação de alguns animais. **Comb.** Sono ~.
hibernante *adj* (<lat *hibérnans, ántis*) Que hiberna. **Ex.** As cobras e os ursos são animais ~s.
hibernar *v int* (<lat *hiberno,áre*) **1** Passar a estação fria em estado de sono profundo. **2** *Fig* Ter pouca a(c)tividade.
hibernoterapia *s f Med* (<lat *hibérnus*: de inverno + ...) Técnica de, por hipotermia artificial (25 a 30°), tratar doenças mentais.
hibisco *s m Bot* (<gr *ibískos*) **1** Planta arbustiva ornamental da família das malváceas; *Hibiscus*. **2** Flor «grande, vermelha ou branca» dessa planta.
hibridação *s f Biol* (<lat *hybridátio,ónis*) Produção de plantas ou animais pelo cruzamento de espécies ou raças diferentes. ⇒ híbrido.
hibridar *v t* (<híbrido + -ar^1) Fazer a hibridação/Produzir híbridos.
hibridez *s f* (<híbrido + -ez) **1** Qualidade do que é híbrido. **Sin.** Hibridismo. **2** Qualidade do que resulta da junção de coisas diferentes. **3** Ausência de regularidade/ normalidade. **Sin.** Anomalia.
hibridismo *s m* (<híbrido + -ismo) **1** ⇒ hibridez. **2** *Gram* Termo híbrido/Junção de elementos de línguas diferentes na formação de uma palavra. **Ex.** O termo [A palavra] televisão, formado[a] com um elemento grego *tele* e um latino *visio*, é um ~.
híbrido, a *adj/s m* (<lat *hýbrida* <gr *hýbris*: excesso) **1** *Biol* (O) que é resultante do cruzamento de espécies ou raças diferentes. **Ex.** A mula/O mulo [macho/jumento] é um animal ~ (Filho de burra e cavalo ou de égua e burro), não podendo reproduzir-se. **Ant.** Puro (de raça). ⇒ bastardo; pluri[multi]racial. **2** *Gram* «televisão é um termo» Formado pela junção de elementos de línguas diferentes: grego e latim (⇒ hibridismo 2 **Ex.**). **3** (O) que é composto de elementos diferentes. **Comb.** Cultura ~a. ⇒ heterogé[ê]neo; misto.
hidático, a *adj Zool* (<hidátide) Que é relativo a té[ê]nia em estado de larva. **Comb.** *Med* Quisto ~ [que origina a equinococose].
hidátide *s f* (<gr *hydatís,ídos*: vesícula) **1** *Zool* Forma larvar de pequena té[ê]nia que origina a equinococose. **2** *Med* Tumor enquistado provocado por essa larva. **3** Qualquer estrutura semelhante a um quisto.
hidra *s f* (<gr *hýdra*: cobra de água) **1** *Zool* Serpente de água doce. **Comb.** *Mit ~ de Lerna* [Serpente de sete cabeças que renasciam ao serem cortadas, finalmente destruída por Hércules]. ⇒ bicho de sete cabeças. **2** *Fig* O que é fonte de males e de destruição, crescendo à medida que se combate. **Ex.** A corrupção instalada é

como a ~ (de Lerna). **3** *Zool* Celenterado em forma de pólipo, que vive em águas doces; *Hydra*. **4** *Icti* Espécie de esqualo; *Squalus hydra*. **5** *Maiúsc* Constelação austral, a mais extensa no céu.

hidrácido *s m Quím* (<hidrogé[ê]nio + ácido) Designação geral dos ácidos que não contêm oxigé[ê]nio. **Ex.** O ácido sulfídrico é um ~.

hidragogo, a (Gôgo) *adj/sm* (<gr *hydragogós*: que conduz a água) (Medicamento) que tem a(c)ção purgativa ou diurética.

hidrângea [hidranja] *s f Bot* (<hidro- + gr *ággos*: vaso + -ea) ⇒ hortênsia.

hidrargírio *s m Quím* (<gr *hydrárgyros*) Antiga designação do mercúrio.

hidrargirismo *s m Med* (<hidrargírio + -ismo) Intoxicação provocada pelo mercúrio.

hidraste *s f Bot* (<hidro- + ?) Planta ranunculácea de valor medicinal; *Hydrastis canadensis*.

hidratação *s f* (<hidratar + -ção) **1** A(c)to ou resultado de hidratar(-se). **2** Absorção de água por um corpo. **Ant.** Desidratação. **3** *Quím* Formação de um hidrato. **4** Aplicação de um creme sobre a pele para lhe devolver a humidade natural.

hidratado, a *adj* (<hidratar) **1** Que se hidratou/Que restabeleceu a humidade natural. **2** Tratado/ Combinado com água.

hidratante *adj 2g/s m* (<hidratar) **1** Que hidrata. **2** *s m* Cosmético usado para aumentar a humidade da pele.

hidratar *v t* (<hidrato + -ar¹) **1** *Quím* Combinar com água/Transformar em hidrato. **2** Restabelecer a quantidade de água perdida por um corpo. **Ex.** Foi aconselhado a usar um creme para ~ a pele.

hidratável *adj 2g* (<hidratar + -vel) Que se pode hidratar/Que pode combinar-se/tratar-se com água.

hidrato *s m Quím* (<hidro- + -ato) Composto que resulta da combinação de água com outra substância. **Comb.** ~ de carbono [Composto orgânico formado de oxigé[ê]nio, hidrogé[ê]nio e carbono].

hidráulica *s f* (<hidráulico) **1** *Eng* Técnica de condução e elevação de água através de construções. **2** *Eng* Técnica de construção na água. **3** Repartição que trata da administração dos cursos de água. **4** *Fís* Estudo dos fluidos em repouso e em movimento para aplicação em engenharia.

hidráulico, a *adj/s m* (<gr *hydraulikós*: órgão movido por água) **1** Relativo à movimentação dos líquidos, sobretudo água. **Comb. Bomba ~a. Energia ~a. Máquina ~a.** **2** Que se move por meio de água. **Comb. Motor ~. Prensa ~a. Travão [Freio] ~. Turbina ~a.** **3** Que endurece com a água/Que se mistura com água. **Comb. Cal ~a. Cimento ~. Ladrilho ~.** **4** Que se ocupa de construções na água. **Comb. Engenharia ~a. Engenheiro/a ~.**

hidravião *s m* ⇒ hidroavião.

hidrelétrico, a ⇒ hidr(o)elé(c)trico.

hidremia *s f Med* (<hidro- + -emia) Excesso de água no sangue.

hidreto *s m Quím* (<hidrogé[ê]nio + ...) Composto de hidrogé[ê]nio. **Comb.** ~ de bismuto [cálcio/lítio].

hídrico, a *adj* (<hidro- + -ico) **1** Que é relativo à água. **Comb.** «carência de» Recursos ~s «CV». ⇒ aquático. **2** Que é feito por meio de [à base de] água.

hidro- *pref* (<gr *hýdor*: água) Exprime a noção de água ou de líquido. ⇒ higro-.

hidroavião *s m Aer* (<...+ avião) Aeronave com [provida de] flutuadores que permitem pousar na [descolar da] água.

hidróbio, a *adj* (<...+ gr *bíos*: vida) Que vive na água. ⇒ Aquático(+).

hidrocarbonado, a *adj Quím* (<hidrogé[ê]nio + carbono + -ado) Que contém hidrogé[ê]nio e carbono.

hidrocarboneto (Nê) *s m Quím* (<hidrogé[ê]nio + carbono + -eto) Composto orgânico à base de hidrogé[ê]nio e carbono.

hidrocefalia *s f Med* (<hidrocéfalo + -ia) Acumulação anormal de líquido cefalorraquidiano na cavidade craniana/Hidropisia cerebral. **Sin.** Cabeça-d'água.

hidrocéfalo, a *adj Med* (<gr *hydroképhalos*) Que sofre de hidrocefalia.

hidrocele (Cé) *s f Med* (<gr *hydrokéle*) Formação de líquido seroso, com aspe(c)to de tumor, no escroto, no testículo ou no cordão espermático.

hidrocussão *s f Med* (<...+ -cussão<lat *concússio,ónis*: abalo) Perda dos sentidos pelo conta(c)to abrupto com água fria, podendo levar à morte por afogamento.

hidrodinâmica *s f Fís* (<... + dinâmica) Disciplina que estuda o movimento dos líquidos e sua intera(c)ção com a superfície de corpos sólidos.

hidrodinâmico, a *adj Fís* (<... + dinâmico) Relativo ao movimento dos líquidos/Relativo à hidrodinâmica.

hidroelétrico, a [*Br* **hidroelé(c)trico** (dg)] *adj Fís* [= hidroeléctrico] (<... + elé(c)trico) Relativo à transformação da energia das quedas de água em energia elé(c)trica. **Comb. Central ~a. Empresa ~a.**

hidrofiláceo, a *adj Bot* (<lat *hydrophyllaceae*) Que é relativo ou pertence às hidrofiláceas, família de plantas herbáceas de folhas grandes e ornamentais, com flores muito coloridas; *Hidrophillaceae*.

hidrofilídeo, a *adj/s m Ent* (<lat *hydrophilidae*) Que é relativo ou pertence à família dos hidrofilídeos, família de inse(c)tos coleópteros aquáticos ou subaquáticos, com palpos longos; *Hidrophilidae*.

hidrófilo, a *adj/s m* (<... + -filo) **1** Que gosta de água. **2** Que absorve facilmente água. **Comb.** Algodão ~. **3** «ser vivo» Que está adaptado a viver em ambiente (h)úmido. **4** *s m Ent* Inse(c)to coleóptero de cor escura, da família dos hidrofilídeos, frequente na água de charcos, tanques ou ribeiros.

hidrófito, a *adj/s Bot* (<... + gr *phytón*: planta) (Vegetal) que vive normalmente na água, submerso ou flutuante. **Sin.** Higrófito.

hidroflutuador *s m* (<... + flutuador) Veículo que se desloca sobre almofada de ar à superfície da água. **Sin.** Hovercraft. ⇒ hidroplanador.

hidrofobia *s f* (<...+ -fobia) **1** *Patol* Horror à água ou aos líquidos. **2** *Med* Antiga designação, imprópria, da doença infe(c)ciosa da raiva.

hidrófobo, a *adj/s m* (<gr *hydrophóbos*) **1** (O) que tem horror à água ou aos líquidos. **2** *an Med* (O) que está atacado de raiva. **Sin.** Raivoso(+).

hidrófugo, a *adj* (<... + -fugo) **1** «material» Que impede a penetração da humidade. **2** Que afasta a humidade.

hidrogenação *s f Quím* (<hidrogenar + -ção) Combinação de um composto orgânico com o hidrogé[ê]nio.

hidrogenado, a *adj Quím* (<hidrogenar) Que contém hidrogé[ê]nio ou se combinou com ele. **Comb.** Composto ~.

hidrogenar *v t Quím* (<hidrogé[ê]nio + -ar¹) Combinar(-se)/Tratar com hidrogé[ê]nio.

hidrogenia *s f* (<... + gr *génos*: nascimento + -ia) Teoria sobre a formação das massas de água da Terra.

hidrogénio [H 1] [*Br* **hidrogênio**] *s m Quím* (<...+ gr *génos*: origem) Elemento gasoso, incolor e inodoro, que com o oxigé[ê]nio entra na composição da água (OH_2). **Comb.** ~ pesado ⇒ prótio; deutério; trítio.

hidrogeologia *s f Geol* (< ... + geologia) Parte da Geologia que estuda a procura e captação de águas subterrâneas.

hidroginástica *s f (D)esp* (<hidro- + ...) Ginástica aeróbica praticada na água.

hidrografia *s f* (<... + -grafia) **1** *Geog* Ramo da geografia física que estuda as águas, à superfície e subterrâneas, da Terra. **2** *Geog* Conjunto das águas de uma região. **3** *Mar* Ciência/Técnica que procura a(c)tualizar os mapas marítimos e o conjunto dos documentos necessários à navegação.

hidrográfico, a *adj* (<hidrografia + -ico) Que é relativo à hidrografia. **Comb. Bacia ~a** do (rio) Amazonas. **Carta ~a. Instituto ~** (⇒ hidráulica 3).

hidrógrafo, a *s* (<... + -grafo) Especialista em hidrografia.

hidroide (Drói) *adj s 2g Biol* (<hidro- + -oide: com aparência de água) (Dos) hidrozoários medusiformes.

hidrol *s m* (<hidro- + -ol) **1** *Quím* Molécula simples da água. **2** *Quím* Designação comum de alguns álcoois secundários. **3** Água mineral.

hidrolato *s m* (<hidro- + -l- + -ato) Solução aquosa aromática obtida por destilação da água onde se mergulharam flores ou substâncias aromáticas.

hidrolisar *v t* (<hidrólise + -ar¹) Fazer a hidrólise.

hidrólise *s f Quím* (<... + gr *lýsis*: dissolução) Rea(c)ção de dupla decomposição [alteração] de uma substância pela e da água.

hidrologia *s f* (<... + -logia) Estudo da distribuição geográfica e das propriedades físicas e químicas das águas de superfície e subterrâneas «de uma base para formar um ácido fraco».

hidrológico, a *adj* (<hidrologia + -ico) Relativo à hidrologia. **Comb. Mapa ~. Plano ~.**

hidrologista *s 2g* (<hidrologia + -ista) Especialista em hidrologia.

hidrólogo, a *s* (<... + -logo) ⇒ hidrologista.

hidromassagem *s f* (<... + massagem) Massagem feita por meio de ja(c)tos ou remoinhos de água.

hidromecânica *s f Fís* (<... + mecânica) Ciência que estuda a mecânica dos fluidos em repouso ou em movimento.

hidromecânico, a *adj* (<... + mecânico) **1** Relativo à hidromecânica. **2** Que usa a água como força motriz.

hidromedusa(s) *s f Biol* (<gr *hydromédousa*: rainha das águas) Pólipo(s) hidrozoário(s).

hidromel *s m* (<gr *hydrómeli*) **1** Bebida, fermentada ou não, feita de água e mel/Água melada. **Sin.** Água-mel. **2** Espécie de vinho melado feito com bagaço de uva, uma vez espremido.

hidrometria *s f Fís* (<... + -metria) **1** Ramo da hidrodinâmica que trata da medida das grandezas físicas da água em movimento. **2** Medição da densidade, peso e pressão dos líquidos, especialmente da água, por meio do hidró[ô]metro.

hidrométrico, a *adj* (<hidrometria + -ico) Relativo à hidrometria.

hidrometrídeo, a *adj/s m Ent* (<hidró[ô]metro + -ídeo) **1** Que é relativo ou pertence à família dos hidrometrídeos, inse(c)tos hemípteros predadores que andam sobre a água. **2** *s m* Animal dessa família. **Ex.** O alfaiate é um ~.

hidrómetro [*Br* **hidrômetro**] *s m Fís* (<... + -metro) **1** Nome genérico de aparelhos para fazer medições relativas à água. ⇒ contador da água (de casa). **2** ⇒ densímetro. **3** Aparelho para medir a velocidade de uma corrente líquida.

hidromineral *adj 2g* (<... + mineral) Relativo à água mineral. **Comb.** *Estância ~. Fonte ~.* ⇒ termas.

hidromotor *s m* (... + motor) Motor movido a água.

hidrópico, a *adj/s* (<gr *hydropikós*) **1** *Med* Que tem acumulação anormal de líquido nos tecidos ou cavidades. **2** Que é relativo a essa acumulação. **3** *Med* (O) que sofre de hidropisia.

hidropisia *s f Med* (<gr *hýdrops,opos* + -ia) Acumulação anormal de líquido nos tecidos ou cavidades do organismo.

hidroplanador *s m* (<... + planador) **1** *Aer* Avião sem motor apto para de(s)colar e pousar sobre a água. **2** *Mar* Embarcação rápida que se apoia na água através de pás laterais.

hidroplano *s m* (<... + plano) ⇒ hidroavião.

hidropneumático, a *adj* (<... + pneumático) **1** «aparelho» Que funciona por meio de água e de um gás comprimido. **Comb.** *Travão* [Freio] *~. Suspensão ~a.* **2** «máquina» Que rarefaz o ar de um espaço. **3** Que serve para recolher gases através da água.

hidroquinona *s f Quím* (< ...+ quinona) Substância *us* como antioxidante em medicina e revelador em fotografia.

hidrorragia *s f Med* (<... + gr *-rrhagia<rhégnumi*: jorrar) **1** Abundante derramamento de águas num organismo «antes do parto». **2** Passagem da água do plasma aos espaços intersticiais a seguir a certos choques.

hidrorreia *s f* (<gr *hydrórrhoia*) **1** *Med* Corrimento anormal de água no organismo. ⇒ hidrorragia. **2** Suor abundante.

hidroscopia *s f* (<... + gr *skopéo*: observar + -ia) Técnica de procurar lençóis de água subterrâneos.

hidroscópico, a *adj* (<hidroscopia + -ico) Relativo à hidroscopia.

hidroscópio *s m* (<... + gr *skopéo*: observar + -io) **1** Instrumento usado para encontrar águas subterrâneas. **2** *an* Instrumento para determinar o peso específico da água.

hidróscopo *s m* (<gr *hydroskópos*) Especialista em hidroscopia. **Sin.** Vedor.

hidrosfera (Fé) *s f Geol* (<hidro- + esfera) Água que cobre mais de dois terços da superfície terrestre «mar» ou que está suspensa na atmosfera.

hidrossáur(i)o *s m* (<... + gr *sáuros*: lagarto) Animal da classe dos hidrossauros, grandes répteis com o corpo revestido por placas córneas, a viver na água ou junto a ela. **Ex.** O crocodilo é um *~*.

hidrossol *s m Quím* (<... + solução) Solução coloidal em que o dispersante é a água e o disperso é um sólido.

hidrossolúvel *adj 2g* (<... + solúvel) Que se dissolve na água. **Ex.** O açúcar é *~*. **Comb.** *Vitamina ~.*

hidrostática *s f Fís* (... + estática) Parte da Física que estuda as forças que se exercem num fluido em repouso.

hidrostático, a *adj Fís* (<... + estático) Relativo às forças exercidas num fluido em repouso. **Comb.** *Equilíbrio ~. Pressão ~a.*

hidróstato *s m* (<... + gr *statós*: parado) **1** Aparelho que permite o trabalho debaixo de água. **2** Instrumento flutuante, de metal, para pesar corpos. **3** Aparelho elé(c)trico usado na dete(c)ção da entrada ou saída de águas. ⇒ contador da água.

hidrotecnia *s f Fís* (<... + gr *tékhne*: arte + -ia) Parte da Mecânica que estuda a condução e a distribuição de águas.

hidroterapêutica *s f* (<hidroterapêutico) ⇒ hidroterapia.

hidroterapêutico, a *adj* (<... + terapêutico) Relativo ao uso da água com fins terapêuticos.

hidroterapia *s f Med* (<... + terapia) Uso da água com fins terapêuticos.

hidroterápico, a *adj* (<hidroterapia + -ico) Relativo à hidroterapia. **Sin.** Hidroterapêutico(+).

hidrotermal *adj 2g* (<... + termal) **1** *Geol* Que é relativo a [originado por] soluções aquosas de origem profunda. **2** ⇒ hidrotérmico.

hidrotérmico, a *adj* (<... + térmico) Relativo, ao mesmo tempo, à água e ao calor.

hidrotimetria *s f Quím* (<gr *hydrotés*: fluidez + -metria) Determinação da dureza de uma água, medindo a quantidade de sais de cálcio, magnésio e outros metais que ela contenha.

hidrotímetro *s m Quím* (<gr *hydrotés*: fluidez + -metro) **1** Instrumento para medir a quantidade de sais dissolvidos [a dureza] de uma água. **2** Instrumento para avaliar a existência de água nas nascentes ou para calcular o depósito deixado por ela em ebulição prolongada.

hidrotórax (Cs) *s m Patol* (<... + tórax) Derramamento aquoso da pleura.

hidrotropismo *s m Bot* (<... + tropismo) Tropismo em que a água é o agente excitante «das raízes da planta».

hidrovia *s f* (<... + via) Caminho por água (do mar, rios ou lagos). ⇒ canal; ferrovia; rodovia.

hidróxido (Csi) *s m Quím* (<hidro- + óxido) **1** Designação geral de bases que contêm hidroxilo/a. **Comb.** *~ de bário. ~ de cálcio. ~ de potássio. ~ de sódio.* **2** Anião composto apenas de oxigé[ê]nio e hidrogé[ê]nio.

hidroxilo (Csi) *s m Quím* (<hidrogé[ê]nio + oxigé[ê]nio + -ilo) Radical químico que é formado por um átomo de hidrogé[ê]nio e um átomo de oxigé[ê]nio (OH). **Sin.** Oxidrilo.

hidrozoário, a *adj/s* (<gr *hydrozoárion*: animalzinho da água) (O) que é relativo ou pertence à classe dos hidrozoários, animais celenterados com a forma de pólipo ou de medusa.

hidrúria *s f Med* (<hidro- + -uria) Excesso de água na urina.

hiemação *s f* (<lat *hiemátio,ónis*) ⇒ hibernação(+).

hiemal *adj 2g* (<lat *hiemális*: do inverno) **1** Relativo ao [Próprio do] inverno. **Comb.** *Sono ~.* **Sin.** Hibernal(+). **2** *Bot* Que cresce ou floresce no inverno.

hiena (Ê) *s f* (<gr *hýaina*) **1** *Zool* Animal mamífero, carnívoro e feroz, da família dos hienídeos; *Hyaena*. **2** *Fig* Pessoa que age de forma cruel ou traiçoeira/Raposa(+).

hienídeo, a *adj/s Zool* (<hiena + -ídeo) (O) que é relativo ou pertence aos hienídeos, mamíferos carnívoros em que se inclui a hiena.

hierarca *s m* (⇒ hierarquia) Pessoa que ocupa grau elevado numa hierarquia «eclesiástica».

hierarquia *s f* (<gr *hierarkhía <hierós*: sagrado + *arkhé*: (co)mando, autoridade) **1** Ordenação ou graduação do poder no meio civil, militar ou eclesiástico. **Comb.** *~ eclesiástica. ~ militar.* **2** Classificação ordenada dentro de um grupo ou organização de acordo com o poder, autoridade ou função. **3** *Rel* Conjunto de membros da Igreja que têm poder de jurisdição, sob a chefia do papa. **4** Grau/Ordem de importância. **Ex.** Muitos lamentam a profunda alteração na *~* de valores que se tem operado nas sociedades ocidentais.

hierarquicamente *adv* (<hierárquico + -mente) Atendendo à hierarquia/Em termos do exercício do poder ou da autoridade.

hierárquico, a *adj* (<gr *hierarkhikós*) Relativo à hierarquia/Que respeita a gradação de poder ou de importância. **Comb.** *Grau ~o. Ordem ~a. Recurso ~.*

hierarquização *s f* (<hierarquizar + -ção) Escalonamento por ordem crescente ou decrescente/ Organização segundo uma hierarquia.

hierarquizar *v t* (<hierarquia + -izar) Dispor, em níveis diferentes, por ordem de importância ou valor, as pessoas ou as coisas.

hierática *s f* (<hierático) Papel muito fino usado na escrita de livros sagrados/Papel bíblia(+).

hierático, a *adj* (<gr *hieratikós*) **1** *Rel* Relativo à religião ou ao sagrado. **Comb.** *Escrita ~a* [Escrita cursiva e abreviada usada pelos antigos sacerdotes egípcios, que simplificava a escrita hieroglífica]. **2** *Rel* Que é relativo à Igreja ou aos sacerdotes. **3** *fig* Majestoso/Solene/Formal. **Loc.** Entrar, *~*, na (sala de) rece(p)ção.

hiero- *pref* (<gr *hierós*: sagrado) Exprime a noção de sagrado.

hierocracia *s f* (<... + -cracia) Governo «islâmico» a cargo dos sacerdotes ou sob sua influência. ⇒ teocracia.

hierofante/a *s m* (<gr *hirophantes*) **1** *Hist gr/lat* Intérprete de mistérios. **2** ⇒ pitonisa; esfinge; adivinho; feiticeiro.

hieroglífico, a *adj* (<gr *hieroglyphikós*) **1** Referente a [Formado por] hieróglifos. **2** *Fig* Difícil de decifrar. **3** *Fig* ⇒ enigmático; misterioso.

hieróglifo *s m* (<gr *hieroglyphos*: carácter sagrado) **1** Cada um dos cara(c)teres da escrita pictórica dos antigos egípcios. **2** *Fig* Escrita ilegível ou indecifrável.

hierografia *s f* (<... + -grafia) Descrição/História das religiões(+).

hierograma *s m* (<... + gr *grámma*: letra) Cará(c)ter da escrita hierática.

hierologia *s f* (<... + -logia) Estudo das várias religiões. ⇒ teologia.

hierológico, a *adj* (<hierologia + -ico) Relativo à hierologia.

hierólogo, a *s* (<gr *hierológos*) Especialista no conhecimento das religiões.

hieronímia *s f* (<hierónimo + -ia) Conjunto ou estudo dos nomes sagrados.

hieronímico, a *adj* (<hieró[ô]nimo/hieronímia + -ico) **1** Relativo a hieró[ô]nimo ou a hieronímia. **2** (Relativo a S.) Jeró[ô]nimo. ⇒ jeró[ô]nimo.

hierónimo [*Br* **hierônimo**] *s m Rel* (<... + gr *ónyma*: nome) Nome sagrado ou nome relativo à doutrina de uma religião.

hierosolimita(no) *adj/s 2g* (<lat *je[hie]rosolimitae*) De Jerusalém.

hifa *s f Biol Bot* (<gr *hyphé*: tecido, filamento) Cada um dos filamentos, septados ou não, do talo dos fungos.

hífen *s m Gram* (<gr *hyphén*: juntamente) Sinal gráfico (-) usado para separar sílabas em fim de linha, unir elementos de palavras compostas «bem-estar» ou unir formas pronominais átonas a verbos, pronomes ou advérbios. **Ex.** As expressões "di-lo-ia, no-lo, ei-lo" exemplificam o uso do *~* com um pronome átono.

hifenizar *v t* (<hífen + -izar) Usar hífen.

hi-fi ing Ele(c)tron ⇒ alta fidelidade.

higiene s f (<gr *hygieinós*: são, que contribui para a saúde) **1** Conjunto de regras e práticas para preservar a saúde. **Comb.** ~ *íntima* [do aparelho genital]. ~ *mental* [da mente/do espírito/psicológica]. ~ *pública* [Conjunto de meios que o Estado proporciona para defesa da saúde dos cidadãos]. **2** Conjunto de condições que permitem a saúde e o bem-estar. **3** Asseio/Limpeza. **Loc.** Fazer a [Tratar da] ~ do doente.

higienicamente adv (<higié[ê]nico + -mente) Segundo as leis da higiene. **Ex.** O tabaco, ~ falando [, do ponto de vista da higiene], é um veneno.

higiénico, a [*Br* **higiênico**] adj (<higiene + -ico) Relativo à higiene. **Comb.** *Papel* ~ [O que na casa de banho se usa na limpeza da parte inferior do tronco]. *Passeio* ~ [Caminhada que visa sobretudo preservar a saúde e manter a boa forma]. *Penso* ~ [O que, constituído por fibras absorventes, é usado pela mulher no período menstrual].

higienista adj/s 2g (<higiene + -ista) **1** (O) que se ocupa da higiene ou da prevenção da doença. **2** Especialista em higiene.

higienizar v t (<higiene + -izar) Criar as condições de salubridade e higiene/Tornar higié[ê]nico.

higro- pref (<gr *hygrós*: (h)úmido) Exprime a noção de (h)umidade. ⇒ hidro-.

higróbio, a adj/s m (<gr *hygróbios*) (O) que vive na água ou em meio (h)úmido.

higrofilia s f (<... + -filia) Preferência por lugares (h)úmidos.

higrófilo, a adj (<... + -filo) Que vive ou se desenvolve em meio (h)úmido. **Sin.** Hidrófito.

higrófito s m (<... + -fito) Planta adaptada a clima [meio] (h)úmido. **Sin.** Hidrófito.

higrofobia s f (<... + fobia) Aversão à água, à (h)umidade e aos líquidos em geral.

higrófobo, a adj/s m (<... + -fobo) ⇒ hidrófobo.

higroma (Ô) s m Med (<... + -oma) Inflamação de bolsas subcutâneas, com aumento do líquido seroso. **Ex.** O ~ é mais frequente na zona do joelho, junto à rótula.

higrometria s f (<... + -metria) Estudo dos métodos e processos de medição da (h)umidade atmosférica.

higrométrico, a adj (<higrometria + -ico) Relativo à higrometria.

higrómetro [*Br* **higrômetro**] s m (<... + -metro) Instrumento usado para medir a (h)umidade relativa do ar.

higroscopia s f (<... + -scopia) Observação da (h)umidade relativa da atmosfera.

higroscópio s m (<... + -scópio) Instrumento para determinar de forma aproximada o grau de (h)umidade da atmosfera.

higróstato s m Fís (<... + -stato) Aparelho que mantém uniforme a (h)umidade do ar num ambiente fechado. ⇒ desumidificador.

hilar adj 2g (<hilo + -ar²) Referente ao hilo. **Sin.** Hilário.

hílare adj 2g (<lat *hílaris*) **1** ⇒ alegre(+); contente. **2** Que provoca o riso/Folgazão. **Sin.** Brincalhão(+).

hilariante adj 2g (<hilariar + -ante) Que faz rir/Có[ô]mico/Divertido. **Comb.** *Gás* ~ [Monóxido de azoto, que provoca um certo entusiasmo].

hilari(z)ar v t (<hílare + -izar) Tornar hílare/Fazer rir. **Sin.** Alegrar(+).

hilaridade s f (<lat *hiláritas,átis*) **1** Explosão de riso/Risada. **2** ⇒ alegria(+); contentamento.

hilário, a adj (<hilo + -ário) ⇒ hilar.

hileia s f Br (<gr *hylaía*: do bosque, selvagem) ⇒ Amazó[ô]nia brasileira.

hilemorfismo s m Fil (<gr *hýle*: matéria + *morphé*: forma + -ismo) Teoria aristotélico-escolástica segundo a qual um ser resulta da junção de dois princípios, a matéria e a forma.

hilídeo, a adj/s m (<gr *hýle*: bosque + -ídeo) (Diz-se de) batráquio ou família de batráquios arborícolas, sem cauda; *Hylidae*. ⇒ perereca(+).

hilífero, a adj/s m (<hilo + -fero) **1** Que possui hilo. **2** s m Tegumento do óvulo ou da semente.

hilo s m (<lat *hílum*) **1** *Bot* Ponto no óvulo a que se liga o funículo. **2** *Bot* Cicatriz na semente que corresponde a esse ponto. **3** *Anat* Ponto de inserção de vasos e nervos. **Comb.** ~ *do fígado*. ~ *do rim*.

hilota (Ló) s m (<gr *héilos,otos*: escravo) **1** *Hist* Escravo espartano que trabalhava nos campos do senhor. **2** *Fig* Pessoa de baixa condição social ou que leva vida de sacrifício.

hilozoísmo s m Fil (<gr *hýle*: matéria + *zoé*: vida + -ismo) Teoria segundo a qual toda a matéria do universo é viva.

hímen s m (<gr *hymén*: membrana) **1** *Anat* Membrana que, na mulher virgem, tapa parcialmente a entrada da vagina. **2** *Bot* Membrana delgada que envolve a corola de uma flor em botão. **3** ⇒ himeneu.

himeneu s m (<gr *hyménaios*: canto nupcial) **1** ⇒ casamento. **2** Festa nupcial. **Sin.** Boda.

himénio [*Br* **himênio**] s m Bot (<gr *hyméion*) Formação membranosa de filamentos em alguns fungos, originando células reprodutoras.

himenocarpo, a adj/s m Bot (<hímen + ...) (Que tem) fruto membranoso.

himenifiláceo, a adj/s f (<hímen + gr *phýllon*: folha + -áceo) (Diz-se de) planta ou família de plantas de folhas translúcidas com soros no prolongamento das nervuras.

himenóforo, a s m Bot (<hímen + gr *phorós*: que leva) Parte do cogumelo que segura o himé[ê]nio.

himenomicete(s) adj 2g /s m (<hímen + gr *mýkes,etos*: fungo) (Diz-se de) cogumelo ou família de cogumelos que têm himé[ê]nio em forma de lâmina ou de chapéu.

himenópode adj 2g Ornit (<hímen + -pode) «pato» Que tem os dedos ligados por membrana.

himenóptero, a adj/s m Ent (gr *hymenópteros*) (Diz-se de) inse(c)to ou ordem de inse(c)tos artrópodes com dois pares de asas membranosas e que passam por metamorfoses completas. **Ex.** A abelha é um ~.

himenotomia s f (<hímen + -tomia) **1** Dissecação das membranas. **2** Incisão no hímen.

hinário s m (<hino + -ário) Livro de cânticos (+)/Cole(c)ção de hinos «religiosos».

híndi s m Ling (<top Hind: Índia) Língua literária e a mais espalhada das línguas oficiais da Índia.

hindu (Dú) adj/s 2g (<indo-iraniano *hinduí*: regiões setentrionais da Índia) **1** Que é relativo ou pertence à Índia. **Sin.** Indiano(+). **2** (O) que é natural ou habitante da Índia. **Sin.** Indiano(+). **3** Que é relativo ao hinduísmo, principal religião da Índia. **4** Praticante da religião hindu.

hinduísmo s m (<hindu + -ismo) Religião bramânica da maior parte da Índia.

hinduísta adj/s 2g Rel (<hindu + -ista) **1** Que é relativo ao hinduísmo. **Sin.** Hindu(+). **2** (O) que estuda o hinduísmo.

hindustani[o] s/adj (<híndi + *stāni*: país) Habitante, língua ou simplesmente relativo à grande região do norte da Índia, Indostão/Hindustão.

hino s m (<gr *hýmnos*: canto) **1** Cântico para celebrar alguém ou alguma coisa, em sinal de alegria ou entusiasmo. **Ex.** Antes dos jogos era entoado o ~ do clube, predispondo os adeptos para um apoio entusiástico à equipa/e. **Loc.** Compor um ~ à vitória [aos heróis]. **Comb.** ~ *ambrosiano* (De S. Ambrósio) [*lat* Te Deum]. ~ *à natureza*. ~ *Nacional* [da Nação/da Pátria]. ~ [Canto/Cântico] *religioso*. **2** *fig* ⇒ louvor; elogio.

hioide (Ói) adj 2g /s m Anat (<gr *hyoeidés*: em forma de ípsilon) Osso pequeno em forma de ferradura, situado no pescoço.

hipálage s f Gram (<gr *hypallagé*: troca) Figura de retórica em que, na mesma frase, se atribui a uma ou mais palavras o que pertence a outra(s). **Ex.** "Tira-me desta dúvida" é ~ de "Tira de mim esta …".

hipalgesia s f Med (<hipo- + *álgesis*: sofrimento + -ia) Diminuição da sensibilidade à dor. **Sin.** Hipalgia; hipoalgesia. **Ant.** Hiperalg(es)ia.

hipalgia s f Med (<hipo- + gr *algós*: dor + -ia) ⇒ hipalgesia.

hipanto s m Bot (<hipo- + gr *ánthos*: flor) **1** Parte inferior do cálice em algumas plantas, como a roseira. **2** ⇒ sicó[ô]nio.

hiper s m (<hipermercado) ⇒ hipermercado.

hiper- pref (<gr *hypér*: além de) Significa grau elevado ou grande intensidade.

hiperacidez s f (<... + acidez) **1** Qualidade do que é [está] hiperácido/Acidez extrema. **2** Med Excesso de ácido clorídrico no suco gástrico.

hiperácido, a adj (<... + ácido) Que tem excessiva [extrema] acidez/Demasiado ácido.

hiperactividade/hiperactivo ⇒ hiperatividade/hiperativo.

hiperacusia s f Med (<... + gr *ákousis*: audição + -ia) Excessiva acuidade auditiva, havendo dor na captação de alguns sons, sobretudo os agudos.

hiperafrodisia s f Patol (<... + afrodisia) Excessiva excitabilidade sexual.

hiperalgesia s f Med (<... + gr *álgesis*: dor + -ia) Excessiva sensibilidade à dor. **Ant.** Hipoalgesia.

hiperalgia s f Med (<... + gr *álgos*: dor + -ia) ⇒ hiperalgesia.

hiperalimentação s f (<... + alimentação) Excesso de consumo de alimentos.

hiperão s m Fís (<hiper- + ele(c)trão) Partícula elementar instável com massa superior à do protão e menor que a do deuterão.

hiperatividade (Rà) s f A(c)tividade excessiva ou superior à normal.

hiperativo, a (Rà) adj **1** *Patol* Que é excessivamente a(c)tivo/irrequieto. **Ex.** Há crianças ~as que têm dificuldade de concentração na escola. **2** Que revela a(c)tividade superior à que é comum/A(c)tivíssimo/Que não pára.

hipérbato(n) s m Gram (<gr *hyperbatón*: transposto, invertido) Figura de sintaxe em que é alterada ou invertida a ordem das palavras ou das frases. **Ex.** Aquele que me pôs os cabelos brancos, filho ingrato.

hipérbole s f (<gr *hyperbolé*: a(c)ção de passar por cima, excesso) **1** *Gram* Figura de retórica em que há exagero na expressão de uma ideia, ampliando a dimensão das coisas. **Ex.** Usou uma ~ quando disse que o vizinho era (alto como) uma torre. **2** *Geom* Curva có[ô]nica correspondente à se(c)ção de uma superfície có[ô]nica por um plano paralelo ao seu eixo.

hiperbólico, a *adj* (<hipérbole + -ico) **1** Relativo à [Que tem a forma de] hipérbole. **2** ⇒ exagerado.

hiperbolizar *v t* (<hipérbole + -izar) **1** Dar a forma de curva hiperbólica. **2** ⇒ exagerar.

hiperboloide (Lói) *s/adj Geom* (<hipérbole + -oide) **1** Sólido ou superfície cujas se(c)ções planas são hipérboles ou elipses. **2** ⇒ hiperbólico **1**.

hiperbóreo, a *adj* (<gr *hyperbóreos*) Que vive no extremo norte da Terra. ⇒ boreal; setentrional.

hipercinesia *s f Med* (<... + cinesia) Excesso de a(c)tividade motora, com aumento anormal da amplitude e rapidez dos movimentos.

hipercinético, a *adj* (<... + cinético) **1** Que é relativo à hipercinesia. **2** *Med* Que sofre do aumento anormal da capacidade motora.

hipercolia *s f* (<... + gr *kholé*: bílis + -ia) *Med* Secreção biliar excessiva.

hipercrítica *s f* (<... + crítica) Crítica exagerada e severa.

hipercrítico, a *adj* (... + crítico) Que exagera na minúcia e severidade da crítica.

hipercromia *s f Med* (<... + -cromo + -ia) **1** Pigmentação excessiva da pele. **2** Anormal aumento da hemoglobina no sangue.

hiperdulia *s f Rel* (<hiper- + ...) Culto prestado à Virgem Maria [a Nossa Senhora (+)]. ⇒ dulia; latria.

hiperemia *s f* (<... +-emia) Congestão sanguínea/Excesso de sangue em qualquer parte do corpo.

hiperemotividade *s f Med* (<... + emotividade) Excesso de duração ou de intensidade das emoções.

hiperespaço *s m Mat* (<... + espaço) Espaço com mais de três dimensões.

hiperestesia *s f Med* (<... + gr *aísthesis*: sensação + -ia) Excesso de sensibilidade à dor ou a qualquer estímulo. **Ant.** Hipoestesia.

hiperestés[t]ico, a *adj* (<hiperestesia + -ico) Relativo à hiperestesia.

hiperexcitabilidade *s f* Excitabilidade excessiva ou extrema.

hiperexcitável *adj 2g* Excitável ao extremo.

hiperfagia *s f Med* (<... + -fagia) ⇒ bulimia.

hipergenesia [**hipergénese**] [*Br* **hipergênese**] *s f Med* (<... + gr *génnesis*: geração + -ia) Desenvolvimento exagerado de uma estrutura anató[ô]mica ou de um tecido. ⇒ hipertrofia.

hiperglicemia *s f Med* (<... + glicemia) Excesso de glicose no sangue.

hipericáceo, a *adj/s f Bot* (<lat *Hypericaceae*) (Diz-se de) planta ou família de plantas cujos frutos têm a forma de cápsula ou de baga; *Hypericaceae*. **Ex.** O hipericão é um ~.

hipericão *s m Bot* (<gr *hyperikón*) Planta medicinal, contra a diarreia, da família das Hipericáceas, com florinhas de pétalas amarelas; *Hypéricum perforátum*. **Sin.** Milfurada.

hipérico *s m Bot* (<gr *hyperikón*) Designação geral de plantas de várias espécies da família das Hipericáceas.

hiperidrose (Dró) *s f Med* (<... + gr *hídros*: suor) Secreção excessiva de suor.

hiperinose (Nó) *s f Med* (<... + gr *ís,ínos*: fibra, nervo + -ose) Excesso de fibrina no sangue.

hiperligação *s f Info* (<... + ligação) Referência num elemento de uma página da Internet que permite ligação a outra página ou documento.

hiperlipemia *s f Med* (<... + gr *lípos*: gordura +-emia) Excesso de concentração de gordura no sangue.

hipermédia *s m Info* (<... + média) Associação de texto, som e imagem, podendo passar-se dire(c)tamente de um para outro.

hipermercado *s m* (<... + mercado) Estabelecimento comercial de grande dimensão, de venda a retalho em regime de autosserviço/Grande superfície comercial. ⇒ supermercado; centro comercial; loja.

hipermetria *s f Poe* (<hipérmetro + -ia) Separação de palavra composta em duas, ficando uma parte no fim do verso e a outra no início do verso seguinte.

hipérmetro *adj/s m Poe* (<gr *hypérmetros*: que excede a medida) (Verso hexâmetro) em que a última sílaba é excedentária.

hiperme[é]trope *adj 2g Med* (<hipérmetro + *óps,ópos*: vista) Que sofre de hipermetropia.

hiper(metr)opia *s f Med* (<hipermetrope + -ia) Anomalia da visão por deformação do globo ocular, formando-se a imagem atrás da retina, com dificuldade de enxergar ao perto.

hipermnésia *s f Med* (<... + gr *mnésis*: memória) Exagerada tendência e capacidade para lembrar o passado.

hipermnésico, a *adj* (<hipermnesia + -ico) Que é relativo a [Que sofre de] hipermnésia.

híperon *s m Fís* ⇒ hiperão.

hiperonímia *s f Gram* (<hiperó[ô]nimo + -ia) Relação semântica entre uma palavra, o hiperó[ô]nimo, e outra(s) que se lhe subordina(m). **Ex.** Entre pássaro e rouxinol há uma relação de ~. **Ant.** Hiponímia.

hiperónimo, a [*Br* **hiperônimo**] *adj/s m Gram* (<... + gr *ónyma*: nome) Termo cujo significado é mais genérico do que o de outro(s) termo(s) que subordina. **Ex.** O termo peixe é ~ em relação a sardinha ou a pargo. **Ant.** Hipó[ô]nimo.

hiperplasia *s f Biol* (<... + gr *plásis*: modelação + -ia) Aumento benigno de um tecido «depois duma operação ao osso partido» devido à multiplicação anormal das células. **Ant.** Hipoplasia. ⇒ hipertrofia.

hipersensibilidade *s f* (<... + sensibilidade) Sensibilidade excessiva ou maior do que a normal.

hipersensível *adj 2g* (<... + sensível) Que tem uma sensibilidade excessiva ou acima da que é normal. **Ex.** Ele é ~ [muito melindroso] «, deixe-o/não lhe diga nada».

hipersónico, a [*Br* **hipersônico**] *adj* (<... + sónico) «velocidade» Que é pelo menos cinco vezes superior à do som propagado no ar. **Comb.** Túnel aerodinâmico ~. ⇒ «avião» supersó[ô]nico.

hipertensão *s f* (<... + tensão) **1** *Med* Pressão do sangue, num órgão ou sistema, acima [mais elevada] do que é normal/ Tensão arterial excessiva. **Ex.** Porque tem ~, procura medir regularmente a tensão arterial. **Ant.** Hipotensão. **2** Tensão/Pressão elevada «proveniente de excesso de trabalho».

hipertensivo, a *adj/s m* (<hipertenso + -ivo) (Medicamento/Fa(c)tor) que aumenta a tensão sanguínea.

hipertenso, a *adj/s Med* (<... + tenso) (O) que sofre de hipertensão. **Ant.** Hipotenso.

hipertermia *s f Med* (<gr *hypérthermos* + -ia) Elevação da temperatura do organismo acima do que é normal. **Sin.** Febre(+). **Ant.** Hipotermia.

hipertexto *s m Info* (<... + texto) Disposição das partes de um texto de modo a permitir o acesso independentemente da sua sequência linear.

hipertimia *s f Psic* (<... + gr *thymós*: alma + -ia) Excitabilidade/Emotividade excessiva. **Comb.** ~ *maníaca* [Euforia]. ~ *melancólica* [Estado de ansiedade/depressão].

hipertir(e)oidismo *s m Med* (< ... + tir(e)oidismo) Secreção exagerada da glândula tir(e)oide, habitualmente com aumento do volume desta. **Sin.** Bócio. **Ant.** Hipotir(e)oidismo.

hipertonia *s f* (<gr *hypértonos*: estendido de mais + -ia) **1** *Fisiol Med* Aumento da tonicidade de um músculo ou de um órgão acima do que é normal, oferecendo resistência à distensão. **2** *Biol* Condição de uma solução com maior concentração de solutos do que outra.

hipertónico, a [*Br* **hipertônico**] *adj* (<hipertonia + -ico) Que é relativo à [Que apresenta] hipertonia.

hipertricose *s f Med* (< ... + gr *thríx,trikós*: pelo + -ose) Aumento exagerado do revestimento piloso.

hipertrofia *s f* (< ... + gr *trophé*: alimentação + -ia) **1** *Biol* Desenvolvimento excessivo do volume de um órgão ou parte do corpo. **Comb.** ~ do coração [estômago]. **Ant.** Hipotrofia. **2** *fig* Desenvolvimento exagerado de alguma coisa. **Comb.** ~ da máquina estatal [dos órgãos do Estado].

hipertrofiado, a *adj* (<hipertrofiar) Que teve um desenvolvimento exagerado/Que apresenta hipertrofia.

hipertrofiar *v t* (<hipertrofia + -ar¹) Fazer aumentar muito de volume/Causar hipertrofia.

hipertrófico, a *adj* (<hipertrofia + -ico) Que se desenvolveu excessivamente/Relativo à hipertrofia.

hípico, a *adj* (<gr *hippikós*: de cavalo) Que é relativo ao cavalo ou à corrida de cavalos. ⇒ equestre; equino; cavalar. **Comb.** Concurso ~.

hipismo *s m* (<gr *híppos*: cavalo + -ismo) **1** Conjunto das provas (d)esportivas disputadas a cavalo. **Sin.** Equitação(+). **2** Concurso hípico. **Ex.** As provas de ~ costumam ter uma assistência sele(c)ta. **Sin.** Corrida de cavalos (+); turfe.

hipnagógico, a *adj/s m* (<gr *hýpnos*: sono + *agogós*: que conduz + -ico) (Medicamento) que provoca o sono. **Sin.** Soporífero(+); sonífero. **2** Que é imediatamente anterior ao sono. **Comb.** Alucinações ~as. Estado ~. **Sin.** Hipnótico(+).

hipnoanálise *s f Psic* (<gr *hýpnos*: sono + análise) Psicanálise que usa a hipnose para chegar à zona inconsciente do paciente.

hipnofobia *s f* (gr *hýpnos*: sono + fobia) **1** Medo de dormir. **2** Terror/Medo durante o sono.

hipnógeno, a *adj/s m* (<gr *hýpnos*: sono + *génos*: produção) (O) que dá sono. **Sin.** Hipnótico(+); soporífero.

hipnoide (Pnói) *adj* (<gr *hýpnos*: sono + -oide) Semelhante ao sono ou à hipnose. **Comb.** Estado ~ [intermediário entre a vigília e o sono].

hipnologia *s f* (<gr *hýpnos*: sono + -logia) Ciência que estuda o sono ou o hipnotismo.

hipnomania *s f* (<gr *hýpnos*: sono + mania) Obsessão pelo sono, sem necessidade de dormir.

hipnopatia *s f* (<gr *hýpnos*: sono + -patia) **1** *Med* Doença com manifestações de muito sono. **2** Sono provocado por hipnotismo. **Sin.** Hipnose(+).

hipnose *s f* (<gr *hýpnosis*) **1** Estado de sonolência provocado por sugestão do hip-

notizador ou por substâncias psicotrópicas. **2** Estado de passividade semelhante ao do sono. **Sin.** Sonolência; torpor.

hipnoterapia *s f* (<gr *hýpnos*: sono + terapia) Processo de cura baseado no sono prolongado ou na sugestão hipnótica.

hipnótico, a *adj/s m* (<gr *hypnotikós*: que dá [induz o] sono) **1** Que é relativo à hipnose ou ao hipnotismo. **2** (O) que induz o sono. **Sin.** Soporífero. **3** *Fig* Fascinante/Magnético/Encantador. **Comb.** Olhar ~.

hipnotismo *s m* (<hipnótico + -ismo) **1** Conjunto de técnicas que, sobretudo com recurso à sugestão, conduzem a um sono artificial ou hipnose. **2** Ciência que estuda as técnicas e fenó[ô]menos relacionados com a hipnose. **3** *Fig* Arte de atrair/fascinar. **Sin.** Magnetismo(+).

hipnotização *s f* (<hipnotizar + -ção) A(c)to ou resultado de hipnotizar.

hipnotizador, ora *adj/s* (<hipnotizar + -dor) **1** (O) que produz em alguém a hipnose ou sono artificial. **2** *Fig* (O) que atrai/fascina.

hipnotizar *v t* (<hipnótico + -izar) **1** Provocar a hipnose em alguém. **2** *Fig* Captar a atenção de forma exclusiva/Atrair/Fascinar. **Ex.** O futebol na televisão tem o condão de ~ o miúdo, que fica totalmente preso a ver o desenrolar das jogadas.

hipo- *pref* (<gr *hypó*: debaixo de) Significa *insuficiência* ou *posição inferior*).

hipoacusia *s f Med* (<... + gr *ákousis*: audição + -ia) Diminuição (do sentido) da audição/Surdez ligeira.

hipoalgesia *s f* (<... + gr *álgesis*: dor + -ia) Diminuição da sensibilidade à dor.

hipobrânquio, a *adj Icti* (<... + brânquia) Que tem as brânquias na parte de baixo do corpo.

hipocalórico, a *adj* (<... + calórico) Que tem poucas [Baixo em] calorias. **Comb.** Alimento ~.

hipocampo *s m* (<gr *hippócampos*: cavalo-marinho) **1** *Mit* Monstro com corpo de cavalo e cauda de peixe. **2** *Anat* Estrutura curva na face inferior do lobo temporal do cérebro. **3** *Icti* Pequeno peixe teleósteo, que nada em posição vertical, com cabeça semelhante à do cavalo/Cavalo-marinho(+); *Hippocámpus eréctus*.

hipocarpo *s m Bot* (<hipo + ...) Ponta saliente dum fruto, como no caju.

hipocastanáceo, a *adj/s* (<gr *híppos*: cavalo + *kástanon*: castanho + -áceo) (Diz-se de) planta ou família de plantas de flores muito vistosas «castanheiro».

hipocentro *s m Geol* (<... + centro) Região do interior da crosta da Terra onde se origina um terra[e]moto/Foco sísmico. ⇒ epicentro.

hipocinesia *s f* (<... + gr *kínesis*: movimento + -ia) **1** *Med* Deficiência das funções [a(c)tividades] motoras/Lentidão exagerada de movimentos. **2** ⇒ indolência; inércia; prostração. **Ant.** Hipercinesia.

hipoclorito *s m Quím* (<... + cloro + -ito) Sal do ácido hipocloroso ou anião dele derivado. **Ex.** O ~ de sódio é a vulgar lixívia de uso doméstico.

hipocolia *s f Med* (<... + gr *kholé*: bílis + -ia) Diminuição da secreção de bílis.

hipocondria *s f* (<hipocôndrio + -ia) **1** *Med* Perturbação mental em que há excessiva preocupação com o seu estado de saúde ou a convicção infundada de estar a desenvolver doença grave. **2** Profunda tristeza ou melancolia persistente.

hipocondríaco, a *adj/s* (<hipocondria + -aco) **1** (O) que sofre de hipocondria ou de melancolia persistente. **2** Que é relativo à hipocondria.

hipocôndrio *s m Anat* (<gr *hypokhóndrios*: situado sob as cartilagens) Cada uma das faces laterais da região superior do abdó[ô]men [abdome] por baixo das falsas costelas.

hipocorístico, a *adj/s Gram* (<gr *hypokoristikón*: suavizante, diminutivo) (Vocábulo familiar ou infantil) que indica tratamento carinhoso e é formado normalmente por duplicação de sílaba. **Ex.** Os nomes Lili, mamã, papá [papai], titi, (An)toninho, Zé, Paulão são exemplos de vocábulos ~s.

hipocrático, a *adj* (<antr Hipócrates + -ico) Relativo a Hipócrates, médico da antiga Grécia, ou à sua doutrina. **Comb.** Juramento ~ [Compromisso do novo médico de respeitar o código deontológico da sua profissão].

hipocrisia *s f* (<gr *hypokrisía*: a(c)ção de representar (no teatro)) A(c)to de [Tendência para] fingir ou aparentar ser o que se não é. **Ex.** O que mais o revoltava era a ~ do colega, que com falinhas mansas pretendia atrair as boas graças do chefe. **Sin.** Dissimulação; falsidade; farisaísmo.

hipócrita *adj/s 2g* (<gr *hypokrités*; ⇒ hipocrisia) **1** (O) que procura mostrar ser o que não é ou diz o que não sente. **Ex.** Deve-se ser sincero e não ~. **2** Que envolve hipocrisia/dissimulação. **Ex.** A sua bondade ~ alimentava a crítica dos que o conheciam bem.

hipocromia *s f Med* (<... + -cromo + -ia) **1** Falta ou insuficiência de pigmentação da pele. **2** Insuficiência de hemoglobina nos glóbulos vermelhos.

hipoderme *s f* (<... + derme) **1** *Anat* Tecido celular subcutâneo logo abaixo da derme/Camada mais profunda da pele. **2** *Bot* Tecido celular de suporte por baixo da epiderme de alguns órgãos vegetais. **3** *Zool* Zona celular no tegumento do corpo de animais, como os inse(c)tos.

hipodérmico, a *adj* (<hipoderme + -ico) **1** Que é relativo à hipoderme/Subcutâneo. **Comb.** Gordura ~a. **2** Que se aplica sob a pele. **Comb.** Inje(c)ção ~a. **3** *Bot* Que se desenvolve por baixo da epiderme dos vegetais.

hipódromo *s m* (<gr *hippódromos*) Recinto em que se realizam corridas de cavalos. ⇒ hípico.

hipoestesia *s f Med* (<... + *aísthesis*: sensação + -ia) Sensibilidade a estímulos tá(c)teis abaixo do normal. **Ant.** Hiperestesia.

hipófise *s f Anat* (<gr *hypóphysis*: crescimento por baixo) Glândula endócrina localizada na base do cérebro. **Ex.** A ~ regula a a(c)tividade de várias glândulas endócrinas. **Sin.** Pituitária.

hipofosfato *s m Quím* (<... + fosfato) Sal do ácido hipofosfórico.

hipofosfito *s m Quím* (<... + fosfito) Sal do ácido hipofosforoso.

hipofosfórico, a *adj Quím* (<... + fosfórico) «ácido» Que é composto de fósforo, hidrogé[ê]nio e oxigé[ê]nio.

hipofosforoso, a *adj Quím* (<... + fosforoso) «ácido» Que é composto de fósforo, hidrogé[ê]nio e oxigé[ê]nio, sendo menos oxigenado que o hipofosfórico.

hipogástrio *s m Anat* (<gr *hypogástrios*) Zona do abdó[ô]men [abdome] abaixo do umbigo/Baixo ventre (+).

hipogeu, geia *s/adj* (<gr *hypógeios*) **1** (O) que é subterrâneo. **Comb.** *Sepultura ~eia. Templo ~.* **2** *Bot* Caule subterrâneo/Rizoma. **Comb.** Cotilédone ~geia. Fruto ~.

hipoglicemia *s f Med* (<... + glicemia) Diminuição ou insuficiência da taxa de glicemia no sangue.

hipoglosso, a (Glô) *adj/s m Anat* (<gr *hypoglóssios*: debaixo da língua) **1** Que se situa debaixo da língua. **2** *s m* Nervo craniano motor que se distribui na língua e na faringe. **3** *Icti* Peixe teleósteo com valor comercial; *Hippoglossus vulgaris*. **Sin.** Halibute.

hiponímia *s f Ling* (<hipó[ô]nimo + -ia) Subordinação semântica de um termo em relação a outro. **Ex.** O termo *feijão* em relação ao termo *legume* é um caso de ~. **Ant.** Hiperonímia.

hipónimo [*Br* **hipônimo**] *s m Ling* (<hipo- + gr *ónyma*: nome) Termo semanticamente subordinado a outro. **Ex.** *Minhoto* em relação a *português* é um ~. *Cadeira* é ~ de *assento*. **Ant.** Hiperó[ô]nimo.

hipoplasia *s f Med* (<... + gr *plásis*: modelação + -ia) Insuficiente desenvolvimento de um órgão ou tecido, geralmente por diminuição do número de células. **Ant.** Hiperplasia.

hipopotamídeo, a *adj/s Zool* (<hipopótamo + -ídeo) (Diz-se de) mamífero ou família de mamíferos artiodá(c)tilos de corpo volumoso e patas curtas, habituados ao meio aquático. **Ex.** O hipopótamo é um ~.

hipopótamo *s m* (<gr *hippopótamos*: cavalo de rio) **1** *Zool* Mamífero anfíbio, de grande porte, paquiderme, que habita junto a rios e lagos; *Hippopotamus amphibius*. **2** *pop* Pessoa corpulenta e desajeitada/Pessoa muito gorda. **Ex.** Ele parece um ~ e ela uma baleia.

hiposcénio [*Br* **hiposcênio**] *s m Teat* (<gr *hyposkénion*: parte inferior do palco) Parte mais baixa do palco nos antigos teatros gregos e romanos; tinha um muro, normalmente decorado com pilastras e era o espaço destinado à orquestra. ⇒ proscé[ê]nio.

hipossecreção *s f Fisiol* (<... + secreção) Insuficiente secreção de glândula ou célula.

hipossulfato *s m Quím* (<... + sulfato) Sal do ácido hipossulfúrico.

hipossulfito *s m Quím* (<... + sulfito) Sal do ácido hipossulfuroso.

hipossulfúrico, a *adj Quím* (<... + sulfúrico) «ácido» Que é composto de enxofre, hidrogé[ê]nio e oxigé[ê]nio, estando este elemento em maior proporção do que no (ácido) hipossulfuroso.

hipossulfuroso, a *adj Quím* (<... + sulfuroso) «ácido» Que é composto de enxofre, hidrogé[ê]nio e oxigé[ê]nio, com este elemento em menor proporção do que no (ácido) hipossulfúrico.

hipóstase *s f* (<gr *hypóstasis*: suporte básico; ⇒ substância) **1** *Med* Depósito de um líquido orgânico. **2** *Med* Fraca circulação do sangue em algum órgão ou parte do corpo. **3** *Crist* União (em Cristo) das naturezas divina e humana.

hipostático, a *adj* (<gr *hypostatikós*) Relativo a hipóstase. **Comb.** *Crist* União ~a [União na pessoa de Cristo das naturezas divina e humana].

hipostenia *s f* (<... + gr *sthénos*: força + -ia) Diminuição da energia corporal/Perda das forças (+). ⇒ astenia; neurastenia.

hipostilo, a *adj/s m* (<gr *hypóstylos*) **1** «pórtico/sala/templo» Que tem o te(c)to sustentado por colunas. **2** *s m* Te(c)to sustentado por colunas.

hipóstomo [*Br* **hipostômio**] *s m Zool* (<... + gr *stóma*: boca) **1** Saliência có[ô]nica em alguns celenterados, onde se abre a boca. **2** Região ântero-inferior da cabeça nos inse(c)tos.

hipotálamo *s m Anat* (<... + tálamo) Região do cérebro, situada abaixo do tálamo, reguladora de várias funções vegetativas, como o sono, a temperatura do corpo, processos de metabolismo.

hipotaxe (Cse) *s f Gram* (<gr *hypótaxis*) Relação sintá(c)tica de subordinação entre orações ou entre palavras da frase. **Sin.** Subordinação(+).

hipoteca (Té) *s f* (<gr *hypothéke*: base, apoio) **1** Sujeição de um bem, geralmente imóvel, para garantir o pagamento de uma dívida, sem passar para o credor a posse desse bem. **Ex.** Ao conceder o empréstimo para compra de uma casa, o banco exige a ~ desse imóvel até toda a dívida estar paga. **2** Dívida resultante desse a(c)to. **3** *Dir* Direito real que o credor de dívida tem de tomar posse efe(c)tiva de um bem, dado em garantia, pelo não pagamento dessa dívida.

hipotecar *v t* (<hipoteca + -ar¹) **1** Usar um bem, geralmente imóvel, como garantia do pagamento de uma dívida ao credor/Dar como hipoteca. **Ex.** Tenho a (minha) casa hipotecada. **2** Onerar com hipoteca. **3** *fig* Comprometer antecipadamente/Pôr em risco. **Ex.** Se não houver uma boa formação para os jovens, estamos a ~ o futuro deles e do (nosso) país!

hipotecário, a *adj* (<hipoteca + -ário) Que é relativo a [Que envolve] hipoteca.

hipotecável *adj 2g* (<hipotecar + -vel) Que se pode hipotecar [dar como garantia de pagamento de uma dívida].

hipotensão *s f Med* (<... + tensão) Tensão inferior à normal num órgão ou no organismo. **Comb.** ~ **arterial.** ~ **venosa. Ant.** Hipertensão.

hipotenso, a *adj/s Med* (<... + tenso) (O) que tem habitualmente menor tensão arterial do que a normal. **Ant.** Hipertenso.

hipotensor, ora *adj/s m Med* (<hipotenso + -or) (O) que produz diminuição de tensão arterial.

hipotenusa *s f Geom* (<gr *hypoteínousa*) Lado oposto ao ângulo re(c)to num triângulo re(c)tângulo. ⇒ cateto.

hipotermia *s f Med* (<... + -termia) **1** Diminuição excessiva da temperatura do corpo, às vezes provocada artificialmente para uma intervenção cirúrgica. **2** Método de cura de doenças por meio do frio.

hipótese *s f* (<gr *hypóthesis*: a(c)ção de pôr em baixo, suposição) **1** Possibilidade de algo ocorrer, dadas certas circunstâncias. **Ex.** Há a ~ [possibilidade] de ele chegar [Pode ser que ele chegue] mais cedo, se houver menos trânsito do que é habitual. **Loc. Não ter ~(s) de** [Não poder] «ganhar as eleições». **Encarar a ~ de** [Admitir como possível] «mudar de empresa». **Comb. Em ~ alguma** [De maneira nenhuma] «farei o que você diz». **Em qualquer ~** [Seja como for] «amanhã estarei todo o dia em casa». **Na ~ de** [Na eventualidade de /No caso de] «chover, o passeio será adiado». **Na melhor das ~s** [Se tudo correr da forma mais favorável]. **Por ~** [Por suposição] «o lado AB é igual ao (lado) BC». **2** *Fil* Explicação provisória que carece de prova/Fase do método experimental entre a observação e a experimentação. **3** *Mat* Dados aceites como ponto de partida para demonstrar uma nova proposição.

hipotético, a *adj* (<gr *hypothetikós*: que faz uma suposição) **1** Relativo a [Baseado em] hipótese. **Comb.** *Lóg* Juízo ~ [em que a asserção [afirmação] está condicionada]. **2** Eventual/Incerto/Possível/Suposto. **Comb.** Ganho [Lucro] ~ «de dois mil euros».

hipotipose *s f Gram* (gr *hypotýposis*: representação, modelo) Descrição de tal modo viva de fa(c)tos ou obje(c)tos que dá a sensação de se estar a observá-los dire(c)tamente.

hipotir(e)oidismo *s m Med* (<... + tir(e)oide + -ismo) Insuficiência da a(c)tividade fisiológica da glândula tiroide, de que resulta perda de vitalidade e menor taxa de metabolismo. **Ant.** Hipertir(e)oidismo.

hipotonia *s f* (<... + gr *tónos*: tensão + -ia) **1** *Med* Baixa tonicidade muscular. **2** *Fisiol* Baixa pressão sanguínea/Redução da tensão em qualquer parte do corpo. ⇒ hipotensão.

hipotónico, a [*Br* **hipotônico**] *adj* (<hipotonia + -ico) Que é relativo a hipotonia.

hipotrofia *s f* (<... + gr *trophé*: alimentação + -ia; ⇒ hipertrofia) **1** Nutrição insuficiente. **2** Estado da criança que à nascença tem tamanho e peso abaixo do normal. **3** Deficiente crescimento e desenvolvimento de um órgão ou tecido.

hippie, hippy ing **1** (Jovem/Movimento) que, nos anos sessenta/setenta do séc. XX, contestava os valores e a moral da sociedade tradicional, propondo o amor e a paz. **2** (O) que, nesse período, se vestia de um modo não convencional e deixava crescer muito o cabelo. **Ex.** O movimento ~ irrompeu nos EUA e atraiu muitos jovens.

hipsometria *s f Fís Geog* (<gr *hýpsos*: altura + -metria) Processo de medição da altitude aplicando meios geodésicos e barométricos. **Sin.** Altimetria(+).

hipsométrico, a *adj* (<hipsometria + -ico) Relativo à medição da altitude de um lugar.

hipsómetro [*Br* **hipsômetro**] *s m Fís* (<gr *hýpsos*: altura + -metro) Instrumento para medir a altitude de um lugar pela determinação da pressão atmosférica, atendendo ao ponto de ebulição da água nesse lugar. **Sin.** Altímetro(+).

hircina *s f Quím* (<lat *hírcus*: bode + -ina) Substância que se extrai da gordura do bode e do carneiro.

hircino, a *adj* (<lat *hircínus*) De bode.

hircismo *s m* (<lat *hírcus*: bode + -ismo) Odor desagradável proveniente das axilas de algumas pessoas. **Sin.** Bodum(+).

hirsuto, a *adj* (<lat *hirsútus*) **1** Que tem pelos ou cabelos compridos e duros. **Comb.** Barba ~a. **Sin.** Cabeludo; peludo. **2** Áspero/Encrespado/Eriçado. **Comb.** Cabelo [Cabeleira] ~. ⇒ crespo; carapinha. **3** *Bot* «tremoceiro/vagem da giest(eir)a» Que tem pelos longos, ásperos ou flexíveis. **4** *fig* Que age com aspereza/Ríspido(+). **Comb.** Cará(c)ter [Gé[ê]nio] ~.

hirto, a *adj* (<lat *hírtus*) **1** Que está esticado e firme. **Comb.** Fio [Corda] ~. **Sin.** Duro; rígido; teso. **2** Que está imóvel/Que estacou. **Loc.** Ficar ~ de medo [frio]. **3** ⇒ eriçado; «cabelo» crespo; hirsuto **2**.

hirudíneo, a *adj/s Biol* (<lat *hirúdo,dinis*: sanguessuga + -eo) (Diz-se de) verme ou grupo de vermes parasitas anelídeos, providos de ventosa bucal e posterior. **Ex.** A sanguessuga é ~.

hirudinicultura *s f* (<hirudíneo + ...) Cultura de sanguessugas (para fins farmacêuticos ou comerciais).

hirundiníedo, a *adj/s m* (<lat *hirúndo,dinis*: andorinha + -ídeo) (O) que é relativo ou pertence aos ~s, família de aves migradoras a que pertence a andorinha.

hispânico, a *adj/s* (<lat *hispánicus*) **1** Que é relativo ou pertence à Hispânia, nome com que os romanos designavam a Península Ibérica. **Sin.** Ibérico(+). ⇒ Lusitânia. **2** (O) que pertence ou é relativo à Espanha. **Sin.** Espanhol(+).

hispanista *adj/s 2g* (<lat *hispánus* + -ista) (O) que é especialista em assuntos de Espanha, sobretudo na sua língua e literatura.

hispano, a *adj/s* (<lat *hispánus*) ⇒ hispânico.

hispano-americano, a *adj/s* **1** Que é relativo (simultaneamente) a espanhóis e americanos. **2** Que é relativo a países ou indivíduos americanos de língua espanhola e aos EUA. **3** (O) que é natural ou habitante de país americano de língua espanhola.

hispano-árabe *adj/s 2g* **1** Que é relativo ou pertence à Península Ibérica quando esteve sob domínio árabe. **2** Que é relativo a espanhóis e árabes ou às suas culturas.

hispano-romano *s m Ling* Um dos ramos das línguas novilatinas, abrangendo o português, o galego, o castelhano, o leonês, o asturiano e o catalão.

híspido, a *adj* (<lat *híspidus*) **1** ⇒ hirsuto **1**(+). **2** ⇒ hirsuto **2**. **3** Que tem superfície rugosa/Que é áspero. **Comb.** *Testa* ~**a** [rugosa(+)]. *Pedra* ~ [áspera(+)]. **4** *Bot* ⇒ hirsuto **3**(+).

hissope (Ó) *s m Rel* (<hissopo) Utensílio de metal para aspergir água benta/Aspersório. **Loc.** Aspergir os fiéis com o ~ [um ram(inh)o de hissopo]. ⇒ asperges.

hissopo (Ssô) *s m Bot* (<lat *hyssópus*) Planta medicinal da família das labiadas, ornamental e de folhas aromáticas; *Hissopus officinalis*.

histamina *s f Fisiol* (<histidina + ...) Amina formada a partir da histidina e libertada por células do sistema imunológico nas rea(c)ções alérgicas.

histamínico, a *adj* (<histamina + -ico) Que é relativo à histamina.

histeralgia *s f Med* (<gr *hystéra*: útero + algia) Sensação de dor no útero.

histeranto, a *adj/s Bot* (<gr *hýsteros*: posterior + *ánthos*: flor, rebento) (Diz-se de) planta em que as folhas vêm depois das flores «cerejeira».

histerectomia *s f* (<gr *hystéra*: útero + *ektomé*: ablação + -ia) Ablação total ou parcial do útero. ⇒ histerotomia.

histerese *s f Fís Info* (<gr *hystéresis*: falta, atraso) Relação variável entre várias unidades ou sinais.

histeria *s f Psiq* (<gr *hystéra*: útero + -ia) **1** Doença nervosa em que há falta de controle/o sobre a(c)tos e emoções, podendo ocorrer convulsões e alucinações. **Sin.** Histerismo. **2** Comportamento desequilibrado em que há um nervosismo exagerado. **Ex.** Aqueles pais sofrem muito com a ~ da filha.

histérico, a *adj/s* (<gr *hysterikós*) **1** Que revela grande nervosismo/Relativo a histeria. **2** (O) que revela grande descontrolo e perturbação/que padece de histeria.

histerismo *s m* ⇒ histeria.

histeropatia *s f Med* (<gr *hystéra*: útero + -patia) Doença do útero. **Sin.** Metropatia.

histeroscopia *s f Med* (<gr *hystéra*: útero + -scopia) Exame do útero usando o histeroscópio.

histeroscópio *s m* (<gr *hystéra*: útero + -scópio) Instrumento para exame do útero.

histerotomia *s f* (<gr *hystéra*: útero + -tomia) Incisão no útero/Cesariana/*Br* Cesária. ⇒ histerectomia.

histidina *s f Bioq* (< histo- + -ina) Aminoácido na origem da histamina e presente em todas as proteínas, abundando na hemoglobina.

histo- *pref* (<gr *histíon*: tecido, tela, vela (de barco)) Significa sobretudo tecido do organismo.

histocompatibilidade *s f Med* (<... + compatibilidade) Grau de identidade genética entre dois indivíduos, que possibilita ou não o transplante de tecidos.

histofisiologia *s f Biol* (<... + fisiologia) Ciência que estuda as funções dos tecidos orgânicos.

histogénese [*Br* **histogênese**] *s f Biol* (<... + gé[ê]nese) Formação ou desenvolvimento de tecidos orgânicos ou sua diferenciação.

histogenia *s f Biol* (<... + gr *génos*: nascimento + -ia) ⇒ histogé[ê]nese.

histograma *s m* (<... + gr *grámma*: regist(r)o) Gráfico formado por re(c)tângulos de base igual, colocada ao mesmo nível, e cuja altura é proporcional aos valores da grandeza representada.

histólise *s f Med* (<... + -lise) Dissolução ou decomposição de tecidos orgânicos.

histologia *s f Biol* (<... + -logia) Ciência biomédica que estuda a estrutura microscópica e composição dos tecidos vivos.

histológico, a *adj* (<histologia + -ico) Que é relativo à histologia.

histologista *s 2g* (<histologia + -ista) Especialista em histologia.

histoma (Ô) *s m Med* (<... + -oma) Tumor de tecido orgânico.

histoquímica *s f Med* (<... + química) Ramo da histologia que estuda a constituição química das células e dos tecidos.

história *s f* (<gr *historía*: pesquisa, informação) **1** Conjunto de fa(c)tos passados. **Ex.** Ao longo da ~, o homem tem vindo a progredir. **Idi.** *Passar à ~* [Cair no esquecimento]. **2** Conjunto de conhecimentos relativos ao passado. **Ex.** A ~ europeia costuma dividir-se em Idade Média, Moderna e Contemporânea. **Loc.** Ficar para a ~ [Merecer figurar entre o que vai ser relatado aos vindouros]. **Idi.** *Dos fracos não reza a ~* [Só os fa(c)tos importantes e os seus autores devem ser relatados]. **Comb.** *A ~ antiga* [da antiguidade]. *~ Universal. ~ de Portugal.* **3** Estudo científico dos fa(c)tos que mostram a evolução da Humanidade. **Ex.** O nosso professor de ~ conseguiu pôr-nos a gostar da disciplina. **4** Compêndio escolar em que se faz o estudo do passado. **Ex.** Empresta-me (aí) a tua [o teu livro de] ~, por favor, (por)que quero tirar [esclarecer] uma dúvida. **5** Estudo da origem e evolução de um ramo da ciência ou da arte. **Comb.** *~ do automóvel. ~ da aviação. ~ da medicina. ~ da pintura.* **6** Conjunto de dados relativos a um indivíduo, família, instituição, localidade, ... **Ex.** O médico quis saber a ~ clínica do meu irmão. **Comb.** *A ~* [vida/biografia] *de Vasco da Gama.* **7** Sequência de eventos reais ou fictícios. **Comb.** *Rel* ~ *Sagrada* [Narrativa do Antigo e do Novo Testamento] (Sin. Bíblia). **8** Relato de acontecimentos fictícios. **Ex.** Quando era criança, eu gostava muito das ~s que a minha mãe me contava. **Comb.** *~ aos qua(dra)dinhos* [Banda desenhada]. **9** Relato engendrado para enganar o interlocutor. **Ex.** «você aprendeu japonês em seis meses?» Qual ~ ! Que ~ é essa? «de você andar a dizer que o roubei». É preciso ter cuidado e não ir em [não se deixar enganar com] ~s. Não me venhas com ~s, (por)que eu não nasci ontem [, que tu a mim não me enganas]! **Comb.** *~* [Conto] *da carochinha* [Patranha/Mentira]. *~ inverosímil* [do arco-da-velha/das arábias]. **10** Complicação/Confusão arranjada por alguém. **Ex.** Depois de toda aquela ~, eu já não tinha vontade de fazer mais nada. **11** Algo a merecer reprovação. **Ex.** Isso cheira-me a [parece-me] ~! **12** Rodeios por não ter coragem de abordar dire(c)tamente uma questão difícil com outra pessoa. **Ex.** Deixe-se de ~s, o que é que pretende afinal? **13** Caso amoroso. **Ex.** Parece que houve uma ~ entre eles, há anos. **14** *pop* Ciclo menstrual. **Ex.** Ela está um bocado maldisposta, deve estar com a ~.

historiado, a *adj* (<historiar) **1** Que se historiou. **2** *depr* Cheio de episódios/Muito enfeitado.

historiador, ora *s* (<historiar + -dor) **1** Autor de obras ou de estudos de história. **2** Especialista em história. **3** Narrador de qualquer acontecimento/Contador de histórias (+).

historial *s m* (<história + -al) **1** Narrativa longa [Enumeração extensa] de uma sequência de acontecimentos relativos a uma entidade ou instituição. **Ex.** Se quisesse fazer o ~ das dificuldades que a nossa Associação teve de superar, escreveria [dava para/podia escrever] um livro. **2** Conjunto de fa(c)tos históricos/Obra que os relata/Narrativa.

historiar *v t* (<história + -ar) **1** Fazer a história [Narrar os pormenores] de um acontecimento. **2** Embelezar com ornatos/Decorar com pormenores.

historicamente *adv* (<histórico + -mente) **1** De acordo com a história. **Ex.** Essas desavenças estão documentadas ~. **2** Do ponto de vista histórico. **Ex.** Esse documento foi ~ decisivo para se mudar a perspe(c)tiva geral sobre a instituição «Cruz Vermelha».

historicidade *s f* (<histórico + -idade) **1** Cará(c)ter do que é histórico/do que realmente aconteceu/Valor histórico. **Sin.** Autenticidade. **2** Cará(c)ter do que varia com as épocas/Conjunto de fa(c)tores circunstanciais.

historicismo *s m* (<histórico + -ismo) **1** *Fil* Doutrina segundo a qual os fa(c)tos históricos são únicos, devendo ser analisados à luz das ideias da sua época. **Sin.** Relativismo. **2** *Fil* Teoria que propõe que a marcha da história da humanidade é regulada por grandes leis. **3** ⇒ historicismo.

histórico, a *adj/s m* (<história + -ico) **1** Que é relativo à história/aos fa(c)tos. **Comb.** *Fa(c)to ~. Linguística ~a* [que estuda a evolução da língua ao longo dos tempos, ou seja, numa perspe(c)tiva diacró[ô]nica]. *Fil Materialismo ~* [Conce(p)ção marxista da evolução das sociedades]. *Personagem ~a. Tempo ~. Verdade ~a.* **2** Que é relativo à narração dos acontecimentos importantes na vida de um povo. **Comb.** *Monumento* [Obra] *~.* **3** «fa(c)to» Que está documentado. **4** Que aconteceu de fa(c)to. **Ex.** Por estranho que pareça, isto é ~, não foi inventado. **Sin.** Autêntico; real. **5** Digno de figurar na história/Muito importante. **Ex.** Foi uma cena ~a [memorável], a rea(c)ção do ministro à provocação do jornalista. Aquela vitória do partido foi designada de ~a. **6** «escrito» Que se inspira em fa(c)tos ou personagens da História. **Comb.** *Romance ~.* **7** *s m* Membro dos primeiros tempos de uma organização ou partido. **Ex.** O grupo dos ~s do partido «socialista» fez ouvir as suas posições [explicou as suas ideias] no Congresso. **8** *s m* Narração cronológica dos fa(c)tos relativos a alguma coisa. **Sin.** Historial. ⇒ cró[ô]nica.

histórico-geográfico, a *adj* Que é relativo simultaneamente à história e à geografia.

historieta (Ê) *s f* (<história + -eta) **1** História ou narrativa curta. **2** *depr* Narrativa de acontecimento sem importância. **3** Pequeno relato de fa(c)to curioso ou humorístico. **Sin.** Anedota. **4** ⇒ patranha; mentira.

historiografia *s f* (<gr *historiographía*) **1** Conjunto de obras de história sobre uma época ou uma personalidade importante. **Comb.** *A ~ dos descobrimentos portugueses.* **2** A(c)ção de escrever a história. **Loc.** Fazer a ~ da Segunda Guerra (Mundial). **3** Estudo crítico sobre a história ou os historiadores.

historiográfico, a *adj* (<historiografia + -ico) Que é relativo à historiografia.

historiógrafo, a *s* (<gr *historiográphos*) **1** Pessoa oficialmente nomeada para escrever a história de uma época ou de uma personalidade importante. **2** Autor de obras de história. **Sin.** Historiador(+).

histotomia *s f Med* (<histo- + -tomia) Dissecação anató[ô]mica dos tecidos.

histrião *s m* (<lat *hístrio,ónis*) **1** *Teat* Comediante que entre os antigos romanos representava farsas. **2** *Teat* ⇒ bobo; comediante. **3** *depr* A(c)tor exagerado ou vaidoso. **Sin.** Charlatão. **4** *depr* Pessoa que age de forma indigna. **Sin.** Farsista.

histricídeo, a *adj/s m Zool* (<gr *hýstrix, íkhos*: porco-espinho + -ídeo) (Diz-se de) animal ou família de mamíferos roedores com espinhos «porco-espinho [ouriço-cacheiro]»; *Hystricidae*.

histrionice *s f* (<histrião + -ice) A(c)to (próprio) de histrião. **Sin.** Macaquice(+).

histriónico, a [*Br* **histriônico**] *adj* (<lat *histriónicus*) **1** Que é relativo a [próprio de] histrião ou comediante. **2** ⇒ exagerado; vaidoso.

hitita *adj/s 2g Hist* (<heb *hitti* + -ita) **1** Que é relativo [O que pertence] aos Hititas, antigo povo que habitou a Síria. **2** *s m* Língua dos ~s, um dos mais antigos testemunhos do tronco linguístico indo-europeu.

hitleriano, a *adj/s Hist* (<antr Adolfo Hitler + -iano) De Hitler.

hitlerismo *s m Hist* (<hitleriano + -ismo) Regime político que vigorou na Alemanha entre 1933 e 1945. **Sin.** Nacional-Socialismo(+); Nazismo(o +).

hobby ing ⇒ passatempo; entret(en)imento.

hodierno, a *adj* (<lat *hodiérnus*) Que é dos dias de hoje, é de agora/A(c)tual. **Comb.** *Tempos ~s. Vida ~.*

hodómetro [*Br* **hodômetro**] *s m* (<gr *hodós*: caminho + -metro) Instrumento que serve para medir o percurso feito por pessoas ou veículos. ⇒ podó[ô]metro.

hoje *adv/s m* (<lat *hódie*) **1** (N)o dia em que se está. **Ex.** ~ está um lindo dia. **Comb.** *De ~ a oito dias* [Daqui a uma semana]. *De ~ em diante* [Daqui para o futuro]. *Mais ~ mais amanhã* [Por estes dias/Dentro de pouco tempo]. **2** No presente/Na época a(c)tual/Agora. **Ex.** ~, já ninguém usa essa palavra. ~, nas grandes cidades, há maior insegurança das pessoas. **Comb.** *~ em dia* [A(c)tualmente]. **3** *s m* A época a(c)tual. **Ex.** A juventude de ~ diverte-se sobretudo na discoteca. **Comb.** *Nos dias de ~* [A(c)tualmente]. *O Portugal a(c)tual* [moderno/de ~].

Holanda *s f Geog* (Reino d)os Países Baixos. **Ex.** A capital da ~ é Amsterdão mas a sede do governo é Haia.

holandês, esa *adj/s* (<top Holanda + -ês) **1** (O) que é natural/habitante da Holanda. **2** Que é relativo ou pertence à Holanda ou aos seus habitantes. **Comb.** *Língua ~esa.* **Sin.** Neerlandês. ⇒ flamengo; frisão.

holding ing Empresa que é proprietária de a(c)ções em outras empresas, e cuja a(c)tividade se resume à administração desses valores.

holismo s m (<gr *hólos*: todo + -ismo) Abordagem que, nas ciências humanas «Med/Fil», privilegia a visão global sobre a análise de cada componente isolado.

holístico, a adj (<gr *hólos*: total + -ístico) Que é relativo ao holismo.

hólmio [Ho 67] s m (<*top* [Stock]holm: Estocolmo, terra natal do seu descobridor, Per Cleve + -io) Elemento metálico prateado e macio, pertencente ao grupo das terras raras.

holocausto s m (<gr *holócauston*) 1 *Rel* Sacrifício, entre os antigos hebreus, em que a vítima era totalmente consumida pelo fogo. 2 Vítima sacrificada desse modo. 3 Assassínio em massa, como o dos judeus durante o regime nazi. 4 *Fig* ⇒ sacrifício; abnegação; renúncia.

holocéfalo, a adj/s m *Icti* (<gr *hólos*: todo + *kephalé*: cabeça) (O) que é relativo ou pertence aos holocéfalos, grupo de peixes marinhos de esqueleto cartilagíneo, mais conhecido por quimeras, papagaios-do-mar ou peixes-rato.

holoceno [holocénio] [*Br* **holocênio**] s m *Geol* (<gr *hólos*: todo + *kainós*: novo, recente) Período recente, estes últimos dez mil anos, da idade da Terra. ⇒ cenozoico.

holoédrico, a adj (⇒ holoedro) Diz-se da classe que, em cada sistema cristalográfico, apresenta a maior [a mais elevada] simetria.

holoedro (É) s m *Miner* (<gr *hólos*: inteiro + *hédra*: assento, face) Cristal holoédrico: com todas as faces iguais.

holofote (Fó) s m (<gr *holóphotos*: todo iluminado) Foco luminoso de grande intensidade que proje(c)ta um feixe de luz a grande distância. ⇒ proje(c)tor; foco.

holografia s f (<gr *hólos*: todo + -grafia) Técnica de regist(r)ar e visualizar obje(c)tos em relevo, em três dimensões.

hológrafo, a adj (<gr *hológraphos*: totalmente escrito pelo autor) «testamento» Que é totalmente escrito pela mão do seu autor.

holograma s m (<ing *hologram*<gr *hólos* + *gramma*: reprodução completa) Fotografia que dá ilusão de relevo quando iluminada por um feixe de raios *laser*.

holomorfismo [holomorfose] s m *Biol Miner Mat* (<gr *hólos*: todo + *morphé*: forma + ...) Cara(c)terística de tudo o que é completo como a regeneração total de um órgão.

holopatia v f (<gr *hólos*: todo + -patia) Enfermidade que afe(c)ta todo o organismo.

holotúria s f *Icti* (< ?) Equinoderme da classe dos holoturioides[ríedeos] que vive na areia lodosa no fundo do mar e é uma iguaria da culinária oriental. **Sin.** Pepino[Lagarta]-do-mar; tripango.

hombridade s f (<esp *hombredad*) 1 Re(c)tidão/Dignidade/Nobreza de cará(c)ter. 2 ⇒ honestidade; honradez. 3 ⇒ coragem.

homem s m (<lat *hómo,inis*; ⇒ homenzarrão[zinho]; homessa; homúnculo) 1 Indivíduo da espécie humana/Cada um de nós. **Ex.** A inteligência do ~, aliada à possibilidade de transmissão dos conhecimentos, dá-lhe grande vantagem sobre os outros animais. **Comb.** ~ *das cavernas* [Antepassado pré-histórico]. ~ *de Neandhertal* [Hominídeo (extinto) de há 100 000 anos]. 2 Conjunto de todos os seres humanos. **Ex.** O ~, para sobreviver, procurou sempre melhores condições de vida. **Sin.** Humanidade. 3 Ser com qualidades e imperfeições. **Ex.** Claro que temos limitações, ou não fôssemos [, afinal somos/basta sermos] homens! 4 Ser humano do sexo masculino. **Ex.** A união do ~ e da mulher garante a conservação da espécie (humana). ⇒ **6 Comb.** 5 Adolescente do sexo masculino já dotado de virilidade. **Ex.** Ainda ontem [não há muito tempo] era uma criança e já a barba lhe quer [está a] despontar...Está um ~ ! 6 Indivíduo do sexo masculino que atingiu a maturidade. **Ex.** Já não é nenhum garoto, é um ~ feito, por isso tem responsabilidades. **Loc.** «todos votaram/concordaram» *Como um só* ~. *Falar de* ~ *para* ~ [Ser franco/sincero]. *Ser um grande* ~ [Notabililizar-se pela excelência do desempenho numa a(c)tividade, com grande utilidade social]. **Comb.** ~ *de a(c)ção* [Indivíduo empreendedor]. ~ *das arábias* [extravagante ou aventureiro]. ~ *de armas* [valente/que segue a carreira militar]. ~ *de bem* [honesto/honrado]. ~ *de Deus* [devoto/piedoso/santo]. *idi* ~ *de duas caras* [oportunista]. ~ *de Estado* [Estadista]. ~ *feito* [que atingiu o estado adulto]. ~ *forte* [que tem autoridade/que manda]. ~ *de gabinete* [que se dedica mais ao estudo do que à a(c)ção]. ~ *da lei* [Oficial de justiça, advogado ou magistrado]. ~ *de leis* [Jurista]. ~ *do leme* [Timoneiro]. ~ *de letras* [Intelectual/Estudioso]. *idi* ~ *de mão* [Subalterno sempre pronto a executar as ordens do chefe]. ~ *do mar* [Marinheiro]. ~ *do mundo* [que aprecia a vida social]. ~ *de negócios* [que desenvolve a(c)tividade comercial/Comerciante]. ~ *de palavra* [que cumpre o que promete]. *idi* ~ *de palha* [que é preguiçoso e sem dignidade]. «ser» ~ *para a guerra* [corajoso/valente/trabalhador]. ~ *de poucas palavras* [reservado]. ~ *de propósito* [decidido]. ~ *público* [que ocupa alto cargo do Estado]. ~ *de pulso* [que sabe impor a sua autoridade]. ~ *de sete instrumentos/ofícios* [que desenvolve múltiplas a(c)tividades]. ~ *da rua* [Pessoa do povo]. ~ *de sociedade* [que frequenta a alta sociedade]. *De* ~ *para* ~ ⇒ **6 Loc.** *Filho do* ~ [Jesus Cristo (Quando Ele se refere a si mesmo)]. 7 Dono da casa, que se convencionou ser quem deve enfrentar e resolver os mais difíceis problemas da família. **Ex.** Naquela casa parece que não há um ~, anda tudo ao deus-dará. Ela é que é o ~ da casa. 8 Subalterno que é digno de confiança. **Ex.** Prometeu que mandava lá os seus ~ens para lhe resolverem o problema. Temos [Eis o nosso] ~ ! 9 *pop* Marido. **Ex.** O meu ~ costuma tratar das coisas com tempo, não à última hora. 10 *adj pop* O que se distingue pela virilidade. **Ex.** Ele é muito ~ ! – replicava furiosa a mulher.

homem-bom s m *Hist* Homem do povo, com posses e respeitado, que na Idade Média tinha poderes no seu concelho, podendo representá-lo em Cortes.

homem-chave s m O que tem papel fulcral na decisão ou execução de um negócio ou empreendimento.

Homem-Deus ⇒ Jesus Cristo.

homem-hora s m Medida de trabalho feito por uma pessoa numa hora.

homem-rã s m Mergulhador portador de escafandro que executa tarefas civis ou militares debaixo de água, até certa profundidade.

homenageado, a adj/s (<homenagear) (O) que recebe uma homenagem em sinal de apreço/respeito/reconhecimento. **Ex.** O ~ usou por fim da palavra para agradecer «esta manifestação de apreço que muito me sensibilizou».

homenagear v t (<homenagem + -ar¹) Manifestar apreço ou reconhecimento [Prestar honras ou homenagem] a alguém pelo seu mérito/valor.

homenagem s f (<an provençal *omenatge*: vassalo) 1 *Hist* Juramento de fidelidade, sujeição e respeito do vassalo ao senhor feudal/Vassalagem(+). 2 A(c)to de manifestar apreço pelo mérito/valor de alguém. **Ex.** Quisemos prestar-lhe esta (justa/merecida/pequena/simples) ~ por tudo o que fez pela nossa terra. 3 *Mil* Licença a presos militares de circular livremente numa zona.

homenzarrão s m aum (<homem + -zarrão) Homem corpulento e/ou alto. **Ex.** Como era um ~, facilmente foi contratado para segurança numa empresa. **Ant.** Homenzinho; anão.

homenzinho s m dim (<homem + -zinho) 1 Homem magro e de pequena estatura. **Ant.** Homenzarrão. 2 Rapaz à entrada na adolescência. **Ex.** O seu filho já está um ~! 3 *fam depr* Homem pobre ou de pouco valor. **Ex.** O ~ não sabe o que diz. Não bata ao [no] ~, já [, bem] basta o ele ser pobre!

hom(e)omorfismo s m (<homeomorfo + -ismo) 1 Qualidade de homeomorfo. 2 *Mat* Correspondência biunívoca entre dois conjuntos.

hom(e)omorfo, a adj (<gr *homoiómorphos*) 1 *Biol Bot* «organismo» Que é semelhante a outro organismo, tendo embora origem diferente. 2 *Mat* Correspondência nos dois sentidos, um a um, entre dois espaços topológicos ou duas figuras geométricas.

homeopata s 2g *Med* (<homeopatia) O que defende ou pratica a homeopatia.

homeopatia s f *Med* (<gr *hómoios*: semelhante + *pathé*: dor) Método de tratar um doente com substâncias capazes de produzir efeitos semelhantes aos que ele apresenta. **Ant.** Alopatia.

homeopático, a adj (<homeopatia + -ico) 1 Que é relativo à homeopatia. **Comb.** Medicina ~a. 2 *fig* Que é feito pouco a pouco/Que é administrado em pequenas porções. **Ex.** Contou-lhes o caso [Bebeu a caipirinha] em doses ~as.

homeostasia s f *Biol* (<gr *hómoios*: semelhante + *stásis*: situação + -ia) Processo de regulação que leva um organismo a manter constante o equilíbrio de funções apesar das variações do meio ambiente.

homeostático, a adj *Biol* (<homeostasia + -ico) Que é relativo à homeostasia.

homeoteleuto s m *Gram* (<gr *homoiotéleutos*: igual fim) Repetição sucessiva do mesmo ou semelhante som terminal das palavras na mesma frase ou verso. ⇒ rima.

hom(e)otermia s f *Biol* (<gr *hómoios*: semelhante + *thérmos*: calor + -ia) Propriedade de um organismo manter constante a própria temperatura, apesar de esta variar no meio ambiente.

homérico, a adj *Liter* (<antr Homero + -ico) 1 Relativo a [Próprio de] Homero, poeta épico grego do séc. VII a.C., dado como autor das epopeias *Ilíada* e *Odisseia*. **Comb.** Poemas ~os. 2 *Fig* Que é extraordinário/fantástico/grandioso. **Comb.** Feitos [Façanhas] ~os[as]. ⇒ hercúleo.

homessa interj (<homem + essa) Expressão de espanto ou indignação. **Ex.** ~ ! Então você não sabia que devia estar aqui para abrir a porta da loja [fábrica]!

homicida adj/s 2g (<lat *homicída*) 1 (O) que matou alguém/que cometeu homicídio. **Sin.** Assassino(+). 2 Que levou à [causou a] morte de alguém. **Comb.** *Desejo* ~ [de matar]. *Guerra* ~ [em que morre muita gente].

homicídio s m (<lat *homicídium*) A(c)to de tirar a vida a [matar] alguém. **Ex.** O ~ é

um crime muito grave [é o maior crime que existe]. **Comb.** ~ *involuntário* [que resulta de a(c)to negligente ou inábil]. ~ *qualificado* [que tem circunstâncias agravantes]. ~ *simples* [sem circunstâncias agravantes]. ~ *voluntário* [em que houve a intenção de matar].

homilética *s f* (<homilia + -ico) Arte de pregar/Oratória sagrada.

homilia *s f* (<gr *homilía*: reunião, conversa, lição) **1** *Rel* Pregação breve que o sacerdote faz na missa explicando os textos sagrados. **Ex.** Depois da leitura do evangelho, o nosso pároco prende a atenção dos fiéis numa ~ de dez minutos. **2** *depr* Discurso com intuito moralista/Sermão(+). **Ex.** Já cá faltava [Dispensa-se/Não queremos [estamos para] ouvir] a ~ do costume!

hominídeo, a *adj/s* (<homem + -ídeo) (O) que pertence [é relativo] aos hominídeos, família de mamíferos primatas, envolvendo além do homem, que sobreviveu, várias espécies desaparecidas.

hominívoro, a *adj* (<homem + lat *vóro,áre*: comer) Que come carne humana. **Sin.** Antropófago(+).

hominização *s f* (<homem + -izar + -ção) Conjunto de processos evolutivos da espécie humana, físicos e psíquicos, desde a fase primitiva até à condição a(c)tual. **Ex.** A ~ é a história da evolução do homem.

homiziado, a *adj/s* (<homiziar) (O) que anda fugido à (a(c)ção da) justiça.

homiziar *v t* (<homizio + -ar) **1** Dar refúgio a quem anda fugido à (a(c)ção da) justiça. **Loc.** ~ um criminoso. **2** Fugir à a(c)ção da justiça. **3** ⇒ esconder-se. **4** Criar inimizades/Malquistar(+). **Ex.** Queriam homiziá-lo com o chefe.

homizio *s m* (<lat *homicídium*: homicídio) **1** A(c)to de dar abrigo a alguém fugido à justiça ou de homiziar-se. **2** Estado da pessoa que anda escondida ou homiziada por crime digno de morte ou desterro. **3** Local onde se escondia alguém fugido à justiça/Esconderijo/Valhacouto.

homo lat (⇒ homem) Gé[ê]nero cuja espécie é a humana a(c)tual. **Comb.** *Homo sapiens* [Única espécie vivente de ~].

homo- *pref* (<gr *homós*: igual) Significa *igualdade* ou *semelhança*.

homocêntrico, a *adj* (<homo- + centro + -ico) **1** *Geom* Que tem o mesmo centro. **Sin.** Concêntrico(+). **2** *Fís* «feixe de raios luminosos» Que convergem em [divergem de] um mesmo ponto.

homofonia *s f Gram* (<gr *homophonía*) Relação entre palavras que se pronunciam do mesmo modo mas têm significado e grafia diferentes. **Ex.** Nas palavras *concerto* e *conserto* temos um caso de ~.

homófono, a *adj Gram* (<gr *homóphonos*) Que tem pronúncia igual à de outra palavra, diferindo porém na grafia e no significado. **Ex.** *Concelho* e *conselho*, *conserto* e *concerto*, *cozer* e *coser* são (palavras) ~as. ⇒ homógrafo.

homogamia *s f Bot Biol* (<... + -gamia) **1** Maturação simultânea do androceu e do gineceu. ⇒ hermafrodita. **2** Tendência para casar com pessoas da mesma idade, origem, ...

homogâmico [homógamo], a *adj* Em que há homogamia.

homogeneidade *s f* (<homogé[ê]neo + -idade) **1** Qualidade do que é constituído por partes [elementos] de natureza [valor] igual. **Ex.** A ~ da nossa equipa/e, não havendo pontos fracos, é um grande trunfo para a conquista do campeonato. **2** ⇒ uniformidade; semelhança.

homogeneização *s f* (<homogeneizar + -ção) **1** A(c)to [Processo] de tornar(-se) homogé[ê]neo/uniforme. **2** Tratamento dado ao leite para evitar que os seus elementos constitutivos se separem.

homogeneizar *v t* (<homogé[ê]neo + -izar) Tornar homogé[ê]neo/semelhante.

homogéneo, a [*Br* **homogêneo**] *adj* (<gr *homogenés* + -eo) **1** Que tem estrutura uniforme/Que apresenta grande uniformidade [semelhança] entre os seus componentes. **Ex.** Como a turma é bastante ~, torna-se mais fácil a a(c)ção do professor na definição de estratégias que conduzam à aprendizagem. **2** Que é formado por uma só substância. **3** *Mat* «polinó[ô]mio» Que tem todos os termos no mesmo grau.

homogenia [homogénese] [*Br* **homogênese**] *s f* (<gr *homogéneia*: parentesco) **1** Qualidade do que é uniforme/homogé[ê]neo. **Sin.** Homogeneidade(+). **2** *Biol* Modo de geração regular de seres produzida por indivíduos da mesma espécie. **3** *Biol* Semelhança de partes devido a origem comum.

homografia *s f Gram* (<homógrafo + -ia) Relação entre palavras com a mesma grafia mas com pronúncia e significado diferentes. **Ex.** Nas frases *Come-se a sopa com a colher* (É) e *Gosto de colher* (Ê) *flores no campo* há um caso de ~ entre as palavras sublinhadas. ⇒ homofonia.

homógrafo, a *adj Gram* (<homo- + -grafo) «palavra» Que tem igual grafia que outra, mas pronúncia e significado diferentes. **Ex.** Na frase *Jogo* (Jó) à bola com os meus amigos, mas a equipa/e varia em cada *jogo* (Jô), as palavras sublinhadas são ~as. **Comb.** ~ imperfeito [O que se distingue pela acentuação, expressa graficamente]. ⇒ homófono.

homologação *s f* (<homologar + -ção) **1** A(c)to de homologar/Aprovação. **Ex.** É de prever que não haverá problemas na ~ dos programas do ensino secundário por parte da tutela [do Estado]. **Sin.** Confirmação; ratificação. **2** *Dir* Confirmação por autoridade judicial ou administrativa de certos a(c)tos, a qual lhes confere força executória ou validade jurídica.

homologar *v t* (<homólogo + -ar[1]) **1** Fazer a confirmação [homologação]/Reconhecer oficialmente. **Ex.** Não se sabe se a Federação «das Olimpíadas» vai ~ o recorde conseguido pelo nosso atleta. **2** Aceitar e aprovar o que é proposto. **Ex.** O Governo não deverá ~ os preços dos passes sociais «bilhetes com desconto» apresentados pela empresa.

homologia *s f* (<gr *homología*: linguagem concordante) Estado de partes homólogas em *Anat*, *Biol*, *Quím*, *Geom* e *Liter*. ⇒ homotipia.

homólogo, a *adj/s* (<gr *homólogos*: que fala ou concorda com) **1** (O) que é semelhante/que tem relação de correspondência. **Ex.** O nosso Ministro da Justiça e o (seu ~) de Espanha tiveram conversações na última semana. **2** *Biol* «parte do organismo» Que tem a mesma estrutura que outra, mas com aspe(c)to e funções diferentes. **Ex.** Os membros anteriores dos mamíferos e as asas das aves são estruturas ~as. **3** *Geom* «lado/ângulo/arco, ...» Que é correspondente a outro de figura semelhante. **4** *Mat* Que tem o mesmo valor relativo. **Ex.** Numa proporção os antecedentes e os consequentes são ~s. **5** *Quím* «composto orgânico» Que pertence à mesma função química que outro. **6** *Gené* «cromossoma» Que tem os mesmos genes e na mesma sequência que outro.

homomorfo[fismo] ⇒ hom(e)omorfo/hom(e)omorfismo.

homonímia *s f* (<homó[ô]nimo + -ia) **1** Nome igual para coisas diferentes. **2** *Gram* Propriedade das palavras que têm grafia e pronúncia iguais mas significado diferente. **Ex.** Só do contexto pode esclarecer o sentido de palavras em relação de ~, como *canto* (de ave) e *canto* (de local).

homónimo, a [*Br* **homônimo**] *adj/s* (<gr *homónymos*) **1** (O) que tem o mesmo nome. **Ex.** O meu ~ é uma pessoa bem [muito] divertida. **2** *Gram* «palavras» Que têm grafia e pronúncia iguais, mas significado diferente. **Ex.** Na expressão "Como (*conj*) ele disse, eu como (*v*) muito, devia comer menos", há duas palavras ~as.

homopétalo, a *adj Bot* (<homo- + pétala) «flor, corola» Cujas pétalas são todas iguais.

homossexual *adj/s 2g* (<homo- + sexual) **1** Que é relativo à homossexualidade. **Ex.** Hoje a sociedade parece mais tolerante para o comportamento ~. **2** (O) que sente atra(c)ção sexual por [que tem relações sexuais com] pessoas do mesmo sexo. **Sin.** Gay.

homossexualidade [homossexualismo] *s f/m* (<homo- + ...) **1** Atra(c)ção sexual por pessoas do mesmo sexo. **2** Comportamento homossexual.

homotálico, a *adj Bot* (<homo- + gr *thalós*: haste, ramo) Diz-se de fungo autofértil, hermafrodita.

homotermal [homotermia/homotérmico] ⇒ hom(e)otermia.

homotetia *s f Geom* (homo- + gr *thetós*: colocado + -ia) Propriedade das figuras geométricas, em que, sendo semelhantes, cada ponto de uma tem na outra um ponto correspondente e com um ponto fixo que se diz centro de ~.

homotético, a *adj* (<homotetia + -ico) Que é relativo a [Em que há] homotetia.

homotipia *s f Anat* (<homo- + gr *týpos*: marca) Semelhança entre órgãos ou partes do mesmo corpo, como o olho direito e esquerdo, que então se dizem homótipos. ⇒ homologia.

homozigoto *s m Biol* (<homo- + zigoto) Ser de linha pura, proveniente da união de gâ[a]metas com a mesma constituição genética dos cromossoma[o]s.

homúnculo *s m* (<lat *homúnculus*) **1** Homem pequeno. **Comb.** *Ped* Teoria do ~ [Ideia de que a criança é um adulto em ponto pequeno, sem especificidade própria]. **2** *depr* Homem insignificante ou de pouco valor. **3** *depr* Indivíduo desprezível/vil. **4** Ser humano artificial que os alquimistas pretendiam [julgavam] ter criado. **5** Pequeno feto humano que antigamente se julgava existir no esperma humano.

Honduras *s f pl Geog* País da América Central/República das ~. **Ex.** As ~ têm como capital Tegucigalpa e os seus habitantes são hondurenhos.

honestamente *adv* (<honesto + -mente) **1** Sem recorrer a processos ilícitos/Com honestidade/Com dignidade e honradez. **Ex.** Conseguiu aquela fortuna trabalhando ~. **2** De acordo com a sua consciência/Sinceramente. **Ex.** ~, apesar de, neste caso, ele ser meu adversário, eu não podia mentir. **Sin.** Francamente.

honest(iz)ar *v t* (<lat *honesto,are*: honrar, embelezar) ⇒ (Pretender/Procurar) tornar honesto; dignificar(+); honrar(o+).

honestidade *s f* (<honesto + -idade) **1** Qualidade do que age de acordo com a sua consciência do dever. **Ex.** A sua ~ intelectual era reconhecida até pelos adversá-

rios. **2** Qualidade do que procede segundo regras morais instituídas pela sociedade. **Ex.** A ~ nos negócios é sempre de louvar.

honesto, a *adj* (<lat *honéstus*: honroso, distinto, honesto) **1** Que procede de acordo com as regras éticas socialmente aceites. **Ex.** Ele sempre me pareceu uma pessoa ~a, penso que podes confiar nele. **Comb.** Procedimento ~. **2** Que tem dignidade de cará(c)ter/Consciencioso. **Ex.** Esse cargo fica muito bem entregue a um homem ~ como ele (é) [a um homem tão ~]. **Sin.** Digno; honrado; íntegro. **3** *an* Casto/Decente. **Ex.** Apreciava aquela moça, que lhe parecia ~a. **Comb.** Moda ~. **4** *fig* Que é satisfatório/conveniente/razoável. **Ex.** Serviram-nos à refeição um vinho ~, na expressão do [, como dizia o] meu amigo. **Comb.** Salário ~. **Sin.** Mediano.

honor (Ôr) *s m an* (<lat *honor*[s],*óris*: cargo ou posto de honra; paga; homenagem) Honra. **Comb.** Dama de ~ **a)** *Hist* Mulher nobre que estava junto da rainha em solenidades ou rece(p)ções na corte; **b)** Jovem classificada em segundo ou terceiro lugar em concurso de beleza, aparecendo junto da *miss* vencedora no momento da sua coroação.

honorabilidade *s f* (<honorável + -dade) Qualidade do que é digno de respeito ou de ser honrado. **Sin.** Probidade; respeitabilidade(+).

honorário, a *adj/s m* (<lat *honorárius*: honroso) **1** Que, deixando (embora) de exercer a profissão, conserva o título e honras. **Ex.** Ele é o presidente ~ do nosso clube. ⇒ emérito. **2** Que dá prestígio mas não implica prestação de serviço ou remuneração. **Ex.** Ele é sócio ~ da nossa Academia. **3** *s m pl* Remuneração pelos serviços de quem exerce profissão liberal. **Ex.** Os ~s cobrados por aquele médico na primeira consulta parecem-me exagerados. **Sin.** Preço(s). ⇒ direitos «autorais».

honorável *adj 2g* (<lat *honorábilis*) Digno de respeito (+). ⇒ honrado; venerável; distinto.

honorífico, a *adj* (<lat *honoríficus*) **1** Que distingue/honra. **Ex.** Os seus méritos justificam que fosse agraciado com esse título ~. **2** Que confere prestígio mas não benefícios materiais. **Comb.** Cargo ~.

honoris causa lat «grau académico» Que é concedido (por uma universidade) a uma personalidade ilustre sem prestação de exames, a título honorífico. **Ex.** Ontem teve lugar o doutoramento ~ desse grande estadista pela Universidade de Coimbra.

honra *s f* (<honrar; ⇒ honor) **1** Sentimento da própria dignidade que leva a proceder com re(c)tidão e empenho. **Ex.** Pôs sempre a ~ acima de qualquer vantagem material. O ministro jurou por sua ~ desempenhar com zelo e lealdade as funções que lhe eram confiadas. **Loc.** *Dar a sua palavra de ~* [Dar a maior garantia]. *Empenhar a própria ~* em algum obje(c)tivo [Prometer esforçar-se ao máximo na sua obtenção]. *Ser para alguém ponto de ~* alguma coisa [Ser muito importante consegui-la]. **Idi.** *Fazer as ~s da casa* [Receber hóspedes ou convidados com as maiores atenções]. «paguei tudo [logo]» *Por ~ da firma* [casa]. **Comb.** «está em jogo/perigo» *A ~* [O bom nome] *do país. Sob compromisso de ~*. **2** Boa consideração social em relação a alguém devido ao seu valor ou mérito. **Ex.** A ~ da equipa e da terra ter conseguido bater mais um recorde, frente a fortes adversários, encheu o povo de júbilo. **Sin.** Glória; prestígio. **3** Homenagem prestada a alguém. **Ex.** Houve um jantar em ~ do médico que trabalhou na aldeia durante vinte anos. **Comb.** *~s fúnebres* [(Homenagem prestada ao morto no) funeral]. *~s militares* [Homenagem das forças armadas a uma personalidade ilustre ou a um falecido]. *Mil Guarda de ~* [Força militar que recebe personalidade ilustre ou alta figura de Estado]. *Porto de ~* [Beberete em que é servido vinho do Porto a participantes em congresso/reunião]. **4** Sinal de consideração/distinção. **Ex.** É para mim uma ~ poder fazer uma exposição [poder apresentar um trabalho] neste colóquio. **Loc.** Ter ~s de primeira página [Uma notícia aparecer em grande destaque no jornal]. **Idi.** «ele esforçou-se por ganhar, lá isso» *~ lhe seja feita* [Expressão de apreço pela atitude/a(c)ção meritória de alguém] «mas perdeu». **Comb.** Quadro de ~ **a)** Lista ordenada de pessoas de mérito reconhecido; **b)** Lista de alunos de uma escola que tiveram muito bom aproveitamento escolar. **5** Orgulho ou vaidade. **Ex.** Dizia-se beirão (Da Beira, Pt) "com muita [toda a] honra". **6** Louvor ou veneração. **Ex.** A festa da aldeia, com muitos foguetes, foi em ~ de S(anto) Antó[ô]nio. **7** *an* Castidade de donzela/Virgindade/Pudor. **Ant.** Desonra. **8** *pl Hist an* Terra com privilégios pertencente a um nobre.

honradamente *adv* (<honrado + -mente) De uma forma digna/honesta/re(c)ta. **Ex.** Nunca se deixou tentar pela ambição, continuou a ganhar a vida ~. **Sin.** Honestamente; re(c)tamente. ⇒ honrosamente.

honradez *s f* (<honrado + -ez) **1** Qualidade do que procede de forma digna/honesta. **Ex.** Nos tempos que correm [Hoje em dia], a ~ é uma qualidade que deve merecer o maior apreço. **2** Integridade de cará(c)ter. **Ex.** A sua ~ nunca esteve em dúvida. **3** Cumprimento das regras morais ou sociais.

honrado, a *adj* (<honrar) **1** Que age de forma digna de consideração e respeito. **Ex.** Como era um homem ~, concedi-lhe o empréstimo sem garantias especiais. **2** Que é conforme às regras morais ou sociais vigentes. **Ex.** Levava uma vida ~a, o que justificava o respeito que merecia a [tinha da parte de] todos. **Comb.** Palavra ~a [que dá garantias de cumprimento]. **3** *an* Casto/Recatado. **Ex.** Ele, para casar, desejava uma moça ~a.

honrar *v t* (<lat *honóro,áre*) **1** Dar crédito/prestígio. **Ex.** A obra deste autor «P. Antó[ô]nio Vieira» honra a literatura portuguesa. **2** Prestar homenagem. **Ex.** A Academia vai honrá-lo com a atribuição de um pré[ê]mio literário. **3** Tratar com respeito e consideração. **Ex.** Qualquer cidadão deve ~ os símbolos da pátria: a bandeira e o hino. ~ pai e mãe é uma obrigação em qualquer sociedade. **4** Dignificar/Enobrecer. **Ex.** O empenho que pôs na melhoria da vida dos pobres muito o honrava. **5** Ser fiel a um compromisso. **Ex.** Ele não podia deixar de ~ [respeitar/defender] o pacto que tinha firmado. **Loc.** ~ [Manter] *um compromisso*. ~ [Cumprir] *a palavra dada*. **6** Causar [(Fazer) sentir] orgulho. **Ex.** Muito me vai ~ [Sentir-me-ei (muito) honrado com] a sua presença na minha festa «de anos». Honrava-se de poder contar com a colaboração de todos.

honraria *s f* (<honra + -aria) **1** Mercê que enobrece alguém/Título honorífico. **Ex.** Mostrando quanto o considerava, cumulou-o de ~s. **2** Manifestação de apreço/Honras. **Ex.** Foi recebido com ~s com que não contava [~s que não esperava].

honrosamente *adv* (<honroso + -mente) Com todas as honras/Solenemente/Orgulhosamente. **Ex.** Foi recebido ~ pelo Presidente (da República). Depois da vitória entrou ~ na cidade. ⇒ honradamente.

honroso, a (Ôso, Ósa, Ósos) *adj* (<honra + -oso) **1** Que dignifica/enobrece. **Ex.** Não podia deixar de aceitar o ~ convite para jantar que ele me enviou. **Comb.** Menção ~a. **2** Digno/Satisfatório/Conveniente. **Ex.** Acabaram por conseguir uma classificação ~a «medalha de bronze» naquela modalidade (d)esportiva, quando já poucos esperavam.

hooligan ing ⇒ desordeiro (violento/bêbedo).

hoplita *s m Hist* (<gr *hoplítes*: soldado com armadura) Antigo soldado grego com armadura pesada. ⇒ infantaria.

hóquei *s m (D)esp* (<ing *hockey*<?) Jogo em que a bola é batida com um taco recurvado na parte inferior [ing *stick*] visando a entrada dela na baliza do adversário. **Ex.** Portugal foi várias vezes campeão mundial em [na modalidade de] ~ em patins. **Comb.** *~ em campo. ~ no* [sobre] *gelo. ~ em patins*.

hoquista *s 2g* (<hóquei + -ista) Jogador de hóquei.

hora *s f* (<gr *hóra*: período de tempo, duração, hora, relógio) **1** Momento preciso indicado pelo relógio. **Ex.** São agora quatro ~s [4h] em ponto [exa(c)tas]. Bateram [Deram/Soaram] as oito (~s) no relógio da torre da igreja. Que ~s são? – São dez e três quartos [São onze menos um quarto]. A que ~s vamos [saímos]? – Às quinze [três da tarde]. Tem (aí) ~s? **Loc.** Marcar a ~ «da reunião». **Comb.** *~ de inverno/verão*. ⇒ Mudança da ~. *~ universal* [(meridiano) de Greenwich]. *~ legal*/oficial [A que um Estado ado(p)ta atendendo ao seu fuso horário, podendo estar ligeiramente atrasada ou adiantada em relação à hora solar]. *Mudança da ~* [Atraso ou avanço de 60 minutos na hora legal, para melhor aproveitamento do período de luz solar ao longo do ano]. **2** Intervalo de tempo equivalente a sessenta minutos. **Ex.** Um dia tem vinte e quatro ~s. ⇒ **1 Ex.** **3** Na Antiguidade, a duodécima parte do dia solar. **Ex.** Entre os antigos, o tempo em que o sol estava acima do horizonte era dividido em doze ~s, fosse verão ou inverno. **4** Unidade de tempo que é base de cálculo de outras grandezas. **Ex.** Fez a viagem à média de 100 km por ~. Ganha cinco euros por ~. Daqui a Lisboa será uma ~ e meia (viajando) de automóvel. **5** Tempo em que se desenvolve uma a(c)tividade. **Ex.** Um funcionário público faz trinta e cinco ~s semanais. **Loc.** «um sindicato» *Lutar contra a semana de quarenta ~s*. *Fazer umas ~s* em casa de alguém [Fazer serviço doméstico remunerado]. **Comb.** *~ extra(ordinária)* [Para lá [Fora/Além] do horário normal]. *~s de lazer. ~ de trabalho.* **6** *pl* Longo espaço de tempo. **Ex.** Esteve ~s (e ~s) à espera do amigo, que acabou por não vir/chegar. Ficou ~s debaixo do chuveiro! **Comb.** *~s a fio*/esquecidas/perdidas [Muito tempo]. **7** Momento fixado para qualquer coisa. **Ex.** Chegou atrasado [depois da ~], como é costume. Acha que [Isto] são ~s de chegar [Porque chegou tão tarde]? Estamos ainda dentro da ~, não é necessário apressarmo-nos/correr. **Loc.** *Chegar a ~s. Estar na ~* [Já são ~s]. *Estar na ~ de* «abrir/fechar/comer». **Comb.** ~ *H* **a)** Momento fixado para importante movimento de tropas; **b)** Momento exa(c)to. «chegar»

A ~s [À ~ marcada]. *Antes* [Depois] *da ~.* À última ~ [No fim]. «chegar» *Em cima da ~* [Quase atrasado]. **8** Período não bem definido. **Ex.** A passagem das ~s não o preocupa. Ele não tem ~s para nada [não respeita os horários]. **Comb.** *~s mortas* [de maior silêncio na alta noite]. *~s vagas* [Tempo livre/sem ocupação]. *A altas ~s* [Muito tarde/Noite dentro]. «chegámos a casa» *A boas ~s* [Em tempo conveniente]. *A más ~s* [Demasiado tarde]. **9** Período do dia em que é costume decorrer uma a(c)tividade. **Ex.** Ele costuma aparecer pela ~ do levantar a tenda. **Comb.** *~ do almoço*. *~ do deitar*. *~ do jantar*. *~ do levantar*. *~ de ponta* [Período do dia de mais intenso trânsito/Tempo de entrada e saída dos empregos]. *~ da sesta*. **10** Momento oportuno. **Ex.** É a ~ de perguntar se há hipóteses de sucesso. Não é a ~ de discutir, mas de agir. **Idi.** *Deitar foguetes antes da ~/festa* [Ser demasiado confiante]. **11** Momento relevante da vida de uma pessoa ou de um grupo. **Ex.** Cada um pode ter a sua ~ e o importante é aproveitá-la. **Loc.** *Chegar a sua ~* **a)** Momento de a mãe dar à luz; **b)** Momento da morte. *Ter as ~s contadas* [Estar próxima a morte]. **Idi.** *Estar tudo pela ~ da morte* [Estar tudo muito caro]. **Comb.** *Br ~ do aperto* [Momento difícil]. *~s amargas*. *~ de azar*. *~ derradeira/extrema/suprema* [Últimos momentos de vida]. *~s felizes*. *Br idi ~ de a onça beber água* [Momento difícil a exigir solução imediata]. *~ de sorte*. *Em boa ~* [Felizmente] (Ex. Em boa ~ eu respondi ao anúncio, gosto imenso deste trabalho). *Em má ~* [Infelizmente]. *Br idi Na ~ do vamos ver* [Momento de perigo a exigir uma atitude enérgica]. **12** *Catol* Momento estabelecido de recitação de orações. **Comb.** *~s canó[ô]nicas/Liturgia das ~s* (+) [Orações que o clero e freiras devem rezar ao longo do dia, e aconselháveis a todos os fiéis] (Ex. As ~s canó[ô]nicas são: matinas [ofício de leitura (+)], laudes, sexta, nona, vésperas e completas). *~ de nona* [Três (~s) da tarde]. *~ sexta* [Meio-dia]. *Hist Livro das ~s* [Antigo livro de devoções] (⇒ breviário; liturgia das ~s). **13** Momento fugaz. **Ex.** Foi um sonho alimentado durante anos que se desfez numa ~.

horário, a *adj/s m* (<lat *horárius,a,um*: de uma hora) **1** Relativo a horas. **Ex.** O meu irmão, na escola, tem uma carga ~a semanal de 30h [tem 30h de aula por semana]. **Comb.** *Fuso ~* [Zona do planeta que tem a mesma hora «dependente da longitude contada (a partir) do Meridiano de Greenwich»]. *Sinal ~* [Indicativo sonoro da hora exa(c)ta] (Ex. Às 11h 00m ouvi o sinal ~). **2** Que se calcula por hora/Que corresponde ao período de uma hora. **Ex.** Do Porto a Lisboa fez uma média ~ de 100 km. **Comb.** *Salário ~*. *Velocidade ~* [à/por hora]. **3** *s m* Tempo de a(c)tividade regular/Período de funcionamento de um serviço. **Ex.** O ~ de trabalho semanal é de 35h. O ~ [expediente] daquele estabelecimento é das 9h às 19h, com interrupção de duas horas para almoço. Naquela linha dos comboios [trens] costumam respeitar [cumprir] o ~, vêm normalmente respeitar a tabela. **Loc.** Não ter ~/Ter ~ flexível [Não estar fixada a hora de entrada ou saída do trabalho]. **Comb.** *~ nobre* [Período de maior audiência televisiva]. *~ de inverno/~ de verão* [Diferente distribuição do serviço «de transporte público» a prestar consoante a época do ano]. **4** *Br* Comboio [Trem] que tem hora marcada. **Ex.** O ~ saiu faz [há] quinze minutos.

horda *s f* (<fr *horde*<tártaro *orda*: acampamento militar) **1** Tribo de nó[ô]madas. **Comb.** ~s bárbaras. **2** Bando indisciplinado que provoca desordens. **Ex.** Eles não passavam de [Eles eram] uma ~ de desordeiros. **3** Grupo numeroso e desordenado de pessoas/Multidão. **Ex.** A polícia procurava conter a ~ de jovens exaltados que avançava para a entrada do estádio.

hordeáceo, a *adj/s Bot* (<lat *hordeáceus*: de cevada) **1** Da família das Gramíneas, a que pertencem, entre outros, o centeio e a cevada. **2** Semelhante aos grãos ou à espiga da cevada. ⇒ triga[1].

hordéolo *s m Oftalmologia* (<lat *hordéolus,i*: dim de *hórdeum,ei*: cevada) Pequeno abcesso que cresce na borda da pálpebra/Terçol.

horizontal *adj 2g/s f* (<horizonte + -al) Paralelo ao [à linha do] horizonte/Perpendicular à vertical. **Ex.** A posição ~ é a melhor para descansar. **Loc.** *Estar na ~* [Estar deitado (ao comprido)]. *Pôr-se na ~* [Deitar-se]. *Traçar uma ~*. **Comb.** *Distância ~*. *Eixo ~*. *Plano ~*. *Re(c)ta* [Linha] ~. **Ant.** Vertical.

horizontalidade *s f* (<horizontal + -idade) Qualidade ou estado em que está [se encontra] o que é paralelo à linha do horizonte ou à água em repouso.

horizonte *s m* (<gr *horízon, ontos kýklos*: círculo separador) **1** Linha circular que parece unir o céu e a terra, limitando o campo visual. **Ex.** O barco desapareceu no ~. **Comb.** *~ aparente* [sensível/visível/visual]. *~ artificial* [Dispositivo de instrumentos astronó[ô]micos para assegurar a horizontalidade quando não é visível o ~]. *Linha do ~*. **2** Parte do céu e da terra que confina com essa linha. **Comb.** Confins do ~. **3** Campo visual [Espaço visual] de alguém ao ar livre. **Ex.** No cimo de uma serra o ~ alarga-se enormemente. **4** *Geol* Camada do solo homogé[ê]nea na estrutura e composição. **5** *fig* Quadro geográfico, social ou cultural em que alguém se move. **Ex.** Tinha um espírito aventureiro, queria ir à descoberta de novos ~s. **Loc.** *Abrir* [Alargar] *os ~s*. *Ter ~s estreitos* [Ser um espírito tacanho e sem ambição]. *Ter ~s largos* [Ser um espírito aberto/empreendedor]. **6** *fig* Limites do campo da consciência/memória. **Ex.** No ~ da memória, nada havia que verdadeiramente o prendesse à terra natal. **7** *fig* Perspe(c)tivas para o futuro. **Ex.** A doença que o apoquentava havia anos não lhe permitia sonhar, limitava-lhe os ~s.

hormona [*Br* **hormônio**] *s f/m Biol* (<gr *hormáo*: pôr em movimento; excitar) Substância química, produzida por glândula endócrina, que, lançada no sangue, vai a(c)tuar sobre outras partes do organismo. **Ex.** Uma equilibrada produção de ~s é fundamental para o bom funcionamento do organismo. **Comb.** *~ do crescimento*.

hormonal *adj 2g* (<hormona + -al) Relativo às hormonas. **Ex.** Há casos de obesidade que estão relacionados com um problema ~.

hormonoterapia *s f Med* (<hormona[mônio] + terapia) Tratamento feito à base de hormonas/hormônios.

horologia [**horometria**] *s f* (<gr *horológion*: relógio) **1** Ciência da medição do tempo. **2** ⇒ relojoaria(+).

horóscopo *s m* (<lat *horóscopus*: a parte do céu que começa a aparecer quando alguém nasce) **1** Posição dos astros à hora do nascimento de alguém. **2** Predição, feita por astrólogo, do que será a vida de alguém, com base nessa posição dos astros ao nascer/Coluna em jornal ou revista onde se faz essa predição para os pertencentes a cada signo do Zodíaco. **Ex.** Quando comprava o jornal, ia logo ver o ~, para saber se podia contar com o favor dos astros.

horrendo, a *adj* (<lat *horréndus*: terrível) **1** Que apavora/Que causa horror. **Ex.** Era um espe(c)táculo ~o, aquela trovoada. **Sin.** Medonho. **2** Muito feio/Repugnante. **Ex.** Deparámos com uma figura ~a, um monstro. **3** Cruel/Hediondo. **Ex.** Cometeu [Praticou] um crime ~o, inconcebível. **4** Excessivo/Extremo/Horrível/Terrível(+). **Ex.** A notícia foi um choque ~o para mim, andei muito abalado por uns tempos.

hórrido [**horrífico**]**, a** *adj* (<lat *hórridus*) ⇒ horrendo.

horripilante *adj 2g* (<lat *horrípilans,ántis*: que põe os cabelos em pé) **1** Que aterroriza/Medonho/Arrepiante. **Ex.** Aquele grande incêndio no hotel foi um espe(c)táculo ~! **Sin.** Terrível. ⇒ horroroso. **2** Que é muito feio/Repugnante.

horripilar *v t* (<lat *horrípilo,áre*: ficar com os cabelos em pé) **1** Causar/Sentir arrepios (+). **Ex.** O conta(c)to súbito com a pele viscosa do bicho foi de ~. **2** Provocar horror/repulsa.

horrível *adj 2g* (<lat *horríbilis*) **1** Muito desagradável/Péssimo. **Ex.** Ser recebido daquela forma tão fria foi ~. **2** Que provoca medo ou horror. **Ex.** Foi uma tempestade ~, com relâmpagos e trovões em catadupa e (com) imensa chuva. **Comb.** Tempo ~. **3** Que é muito feio/Repugnante. **Ex.** O aspe(c)to daquele bicho é ~ [O bicho até mete medo].

horrivelmente *adv* (<horrível + -mente) **1** Muito mal/Pessimamente. **Ex.** Contra o que se poderia esperar, ele reagiu ~. **2** Extremamente/Intensamente. **Ex.** Na última fase da doença, ele sofreu ~ [muito, muito]!

horror (Rôr) *s m* (<lat *hórror,óris*: arrepio) **1** Sensação de grande medo/Pavor. **Ex.** A passagem do furacão fez-me sentir o ~ da morte iminente. Tenho ~ de ficar só! **2** Forte impressão de repulsa ou desagrado. **Ex.** Causou-lhe ~ a visão de tanta miséria às portas [mesmo à entrada/ao lado/nos arredores] da capital. **3** Sentimento de aversão/ódio. **Ex.** Confessou-nos o seu ~ a todas as formas de opressão. Que ~ «matar uma criança»! **Comb.** «devemos ter um» Santo ~ «de fazer mal/de pecar». **4** Situação [Estado] de grande infelicidade/sofrimento. **Ex.** A doença duradoura que o afe(c)tou foi um ~ para ele que apreciava a vida ao ar livre. As guerras modernas «dos americanos» só causam ~res. **5** Atrocidade/Monstruosidade. **Ex.** Falou-nos dos ~es vividos na guerra. **6** Coisa [Pessoa] difícil de suportar. **Ex.** O miúdo é um ~, não para quieto um segundo! **7** Pessoa [Coisa] muito feia. **Ex.** Aquela casa, com a mistura esquisita de cores e formas, é um ~! **8** Grande quantidade. **Ex.** Estive uma eternidade [um ~ de tempo] à espera do autocarro/ó[ô]nibus. **9** *pl* A(c)ções/Palavras ofensivas. Disse-lhe ~es e ele não reagiu.

horrorizar *v t* (<horror + -izar) Provocar um sentimento de grande indignação/Causar horror. **Ex.** A crueldade das tropas sobre pessoas indefesas horrorizou-o.

horroroso, a (Ôso, Ósa, Ósos) *adj* (<horror + -oso) Muito desagradável/Horrível/Péssimo/Lastimoso. **Ex.** Foi um quadro ~ o que resultou do brutal choque dos dois carros. ⇒ horripilante.

horta (Ó) *s f* (<horto; ⇒ hortícola) Terreno de cultivo de hortaliças e legumes/Chácara-

ra/Machamba. **Ex.** Ele esmera-se no tratamento [Ele trata bem] da ~. ⇒ quintal; jardim.

hortaliça *s f* (<lat *hortalítia*) Conjunto de plantas leguminosas ou herbáceas «alface/couve/tomate/feijão/fava» cultivadas na horta para alimentação humana. **Ex.** Para defesa [bem] da saúde, deve incentivar-se o consumo de ~s. **Sin.** Verdura(+); legumes(o+). ⇒ hortense.

hortaliceiro, a *s/adj* (<hortaliça + -eiro) **1** Vendedor de hortaliça. ⇒ hortelão; horticultor; quitandeiro; chacareiro; machambeiro. **2** *adj* Que gosta muito de hortaliça.

hortelã *s f* (<lat *hortuléna*: da horta) Planta herbácea muito aromática da família das labiadas, cultivada na horta e utilizada em culinária e em farmácia; *Mentha spicata*. **Ex.** Na canja deitava sempre um raminho de ~, que lhe dava um sabor tão bom! **Comb.** ⇒ ~-pimenta.

hortelão, oa *s* (<lat *hortulánus*: jardineiro) Pessoa que tem [trata de] hortas.

hortelã-pimenta *s f Bot* Planta da família das labiadas, aromática, cultivada para extra(c)ção de óleo rico em mentol; *Mentha piperita*.

hortense *adj 2g* (<horta + -ense) Da horta/ Que é cultivado ou se cria na horta. **Ex.** Junto das grandes cidades, as verduras [os produtos ~s/os legumes] têm grande valor econó[ô]mico.

hortênsia *s f Bot* (<?) **1** Planta ornamental da família das saxifragáceas, de flores azuis, brancas ou rosáceas; *Hydrangea hortensis, Hortensia opuloides*. **Ex.** Nos Açores, *Pt*, vemos sebes de ~s a separar os campos de pastagem. **Sin.** Hidrângea[anja]. **2** Flor dessa planta.

hortícola *adj 2g* (<lat *hortícola*) **1** Da horta. **Ex.** A zona ~ é a mais fértil. **Comb.** Planta ~. **2** Relativo à horticultura. **Ex.** A a(c)tividade ~ compensa [dá rendimento] quando se abastece uma praça [um mercado].

horticultor, ora *s* (<horta + cultor) O que trata hortas ou jardins.

horticultura *s f* (<horta + cultura) Cultivo de hortas (ou jardins). ⇒ jardinagem.

hortifloricultura *s f* (<horta + flor + ...) Cultura simultânea de produtos hortícolas e de flores.

hortifruticultura *s f* (<horta + fruta + ...) Técnica ou cultura simultânea de legumes e árvores de fruta.

horto *s m* (<lat *hórtus*) **1** Pequena horta. **2** Espaço em que se cultivam plantas ornamentais/Jardim(+). **Comb.** O ~ de Getsé[ê]mani [O Jardim das Oliveiras] (Onde Jesus Cristo orava e (onde) foi preso). **3** Terreno em que se cultivam plantas para experiências ou venda. **Comb.** ~ florestal.

hos(s)ana *interj/s m* (<hebr *hoshi'ah nna*: saúde e glória!) **1** Aclamação de louvor/triunfo. **Ex.** Na Procissão dos Ramos, lembrando a entrada triunfal de Jesus em Jerusalém, a multidão que desfilava em interminável cordão humano ia exclamando: Hos(s)ana ao Filho de David! **2** *Rel* Hino de louvor. **Ex.** Romperam [Foram entoados] ~s num arrebatamento de júbilo. **3** *Rel* Ramo(+) que os fiéis levam a benzer em Domingo de Ramos. **4** ⇒ saudação.

hospedagem *s f* (<hospedar + -agem) Acolhimento de pessoas com ou sem remuneração. ⇒ hospitalidade.

hospedar *v t* (<hóspede + -ar[1]) **1** Receber em casa como hóspede. **Sin.** Acolher; alojar. **2** Proporcionar alojamento a alguém para pernoitar ou estar durante algum tempo. **3** ~ -se/Alojar-se. **Ex.** Para passar a noite, pensou em ~-se [em ficar] numa residencial do centro da vila.

hospedaria *s f* (<hóspede + -aria) Estabelecimento que recebe hóspedes mediante pagamento. **Ex.** No século XIX, os universitários de Coimbra, ao irem para [ao regressarem de] férias, se eram de longe, iam pernoitando ao longo da viagem sempre nas mesmas ~s, o que dava ocasião a efusivos cumprimentos. **Sin.** Estalagem(+); pensão(o+); pousada. ⇒ hotel; pousada.

hóspede *s/adj 2g* (<lat *hóspes,itis*) **1** Pessoa que se aloja por algum tempo fora da própria casa. **Ex.** Sempre ouvi dizer que ela tratava muito bem os seus ~s. **Loc.** «marido/filho» *iron* Ser ~ de sua casa [Só aparecer para as refeições]. **Comb.** Casa de ~s. ⇒ turista. **2** *fig* (O) que é frequentador [cliente (habitual)] de um lugar. **Ex.** O meu marido, no verão, é ~ da piscina. **3** *Biol* Animal parasita. **Ex.** O cão rafeiro via-se aflito com um arreliador ~: a carraça. **4** ⇒ ignorante (em alguma matéria). **5** ⇒ estranho/alheio/peregrino.

hospedeiro, a *s/adj* (<hóspede + -eiro; ⇒ hospitaleiro) **1** (O) que recebe alguém com ou sem pagamento. **2** Dono de hospedaria. **3** *s f* Profissional de companhia de aviação que dá apoio aos passageiros. **Comb.** ~a *(de bordo/do ar)* [Membro de tripulação de avião que dá assistência aos passageiros] (Sin. *Br* Aeromoça). ⇒ comissário. ~a *de terra* [Funcionária de companhia aérea que no aeroporto dá informações e apoio aos passageiros]. **4** *s m Biol* Ser vivo «porco/boi» em que se alojam parasitas.

hospício *s m* (<lat *hospítium*: a(c)ção de hospedar, hospedagem) **1** Estabelecimento que recolhe sobretudo doentes com perturbações mentais ou incuráveis. **Ex.** A família, impossibilitada de lhe dar a devida assistência, pensou em interná-lo num ~. **2** Casa de caridade que acolhe idosos/peregrinos/viandantes. ⇒ lar (de terceira idade); abrigo; asilo. **3** Lugar onde se recolhem animais abandonados.

hospital *s m* (<lat *hospitále,is*: casa para hóspedes) Estabelecimento para internar e tratar doentes ou feridos. **Ex.** Naquele ~ o horário da visita aos doentes é bastante alargado. A gripe fez mossa na família, temos ali *fig* um ~! **Loc. Baixar** [Dar baixa] *ao* ~ [Ser internado (no ~)]. *Mandar alguém para o* ~ [Usar violência ferindo alguém com gravidade]. *Ter* [Darem-lhe] *alta do* ~ [Sair do ~].

hospitalar *adj 2g* (<hospital + -ar[2]) Que é relativo a hospital ou hospício. **Ex.** A rede ~ em Portugal tem algumas lacunas. **Comb. Alta** ~ [Autorização dada pelo médico para alguém deixar de estar internado no [para sair do (+)] hospital]. *Instalações ~es. Internamento ~*.

hospitalário *s/adj m Hist* (<Hospital + -ário) Cavaleiro da Ordem de Malta ou do Hospital. **Ex.** Em Portugal, os ~s tinham a sede no Crato, vila do Alto Alentejo.

hospitaleiro, a *adj/s* (<hospital + -eiro; ⇒ hospedeiro) (O) que recebe (as) visitas com agrado/Acolhedor. **Ex.** Gosto muito daquela gente porque é ~a.

hospitalidade *s f* (<lat *hospitálitas,átis*: condição de forasteiro) **1** Qualidade do que é hospitaleiro/Boa acolhida. **Ex.** A nossa «portuguesa/moçambicana/timorense/japonesa» ~ é elogiada pelos estrangeiros. **2** Trat(ament)o amável/afável «das visitas»/Amabilidade. **Ex.** Muito lhe agradeço a [Fico-lhe (muito) grato pela] sua ~. ⇒ hospedagem.

hospitalização *s f* (<hospitalizar + -ção) Internamento de um doente num hospital para receber tratamento médico.

hospitalizar *v t* (<hospital + -izar) **1** Internar (num hospital). **Ex.** O (meu) pai sentiu-se mal e teve de ser hospitalizado. **2** Transformar uma instalação em hospital «a título provisório».

hossana ⇒ hosana.

hoste *s f* (lat *hóstis,is*: estrangeiro, inimigo) **1** Conjunto de soldados/Tropa. **Ex.** A ~ inimiga já tinha tomado posição. **2** *pl col* Multidão. **Ex.** Convinha dar um esclarecimento para acalmar as ~s.

hóstia *s f* (<lat *hóstia*: vítima (oferecida aos deuses)) **1** *Crist* (Partícula circular de) pão ázimo que é consagrada pelo sacerdote na missa e recebida na comunhão [no sacramento da eucaristia]. **Comb.** ~ *consagrada*. ~ *santa* [Cristo oferecido ao Pai na cruz ou presente na ~]. **2** *Rel* Vítima(+) de sacrifício feito a uma divindade. **3** Massa de farinha de trigo utilizada em pastelaria. **4** Cápsula (comestível, de massa) para envolver medicamentos/Forma farmacêutica.

hostiário *s m Rel* (<hóstia + -ário) Caixa grande e adornada para guardar hóstias não consagradas. **Sin.** Caixa das hóstias(+). ⇒ sacrário; custódia; ostensório.

hostil *adj 2g* (<lat *hostílis*: de inimigo) **1** Que revela inimizade ou aversão/Que hostiliza. **Ex.** Sempre se revelou ~ para com aquele colega. **Comb.** «evitar» Palavras ~is. **2** Que ataca [é agressivo para] alguém. **Ex.** A História mostra que esses povos sempre foram ~is aos estrangeiros [«árabes» inimigos entre si]. **Comb.** Multidão ~ [ameaçadora/revoltada]. **3** Que é contrário/desfavorável. **Ex.** Um ambiente ~ impede que se desenvolva um trabalho de qualidade e gratificante. **Comb.** Rece(p)ção fria [quase ~].

hostilidade *s f* (<hostil + -idade) **1** Qualidade do que é hostil. **Ex.** A sua ~ [A ~ dele] para comigo estava à vista de todos [era bem clara/evidente]. Pressenti logo uma ~ entre eles, que fiz por [que procurei] ignorar. **2** *pl* A(c)ção de atacar/hostilizar/Guerra. **Ex.** As ~s entre as duas famílias começaram logo a seguir às férias. **Comb.** *Começo das ~s. Suspensão das ~s*.

hostilizar *v t* (<hostil + -izar) **1** Tratar com agressividade como (a um) inimigo. **Ex.** Alguns funcionários hostilizaram o novo administrador. Ele tinha o costume de ~ o irmão, fosse pelo que fosse [Ele estava sempre contra o irmão]. **2** Opor-se a [Desaprovar] alguma coisa. **Ex.** Ela parece que tinha gosto em ~ quaisquer planos da rival. **3** ⇒ combater; guerrear.

hotel *s m* (<fr *hotel* <lat *hospitále,is*: casa para hóspedes) Estabelecimento que presta alojamento com conforto, servindo, ou não, refeições. **Ex.** Quando vou ao Porto, costumo alojar-me [ficar] no ~, apesar de ter ali familiares. ⇒ residencial; pensão; pousada; hospedaria.

hotelaria *s f* (<hotel + -aria) **1** Rede de hotéis de uma região ou país. **Ex.** Com a crise que se vive, a ~ passa (por) [está a ter] um período difícil. **2** A(c)tividade ou administração hoteleira/Indústria de fornecer alojamento e serviço de refeições. **Ex.** O se(c)tor da ~ hoje tem [conta com] profissionais qualificados. **3** Curso de administração hoteleira. **Ex.** Há já um número apreciável de pessoas formadas em ~. **Comb.** Escola de ~.

hoteleiro, a *adj/s* (<hotel + -eiro) **1** Relativo a hotel. **Ex.** O se(c)tor ~ está em franca [grande] expansão. **2** Dono/Gerente de hotel. **Ex.** Ser ~ hoje exige alguma criatividade na oferta de serviços.

hotentote *adj/s* 2g (<hol *hotentot*: gago) **1** Habitante ou relativo a um povo da África meridional, sobretudo da Namíbia. ⇒ boximane. **2** Grupo de línguas faladas na mesma região.

hou *interj* (< on) Grito para fazer parar os bois (Para parar uma montada «cavalo/burro» é x[ch]ó!).

hovercraft ing Veículo anfíbio de transporte de pessoas [carga], deslocando-se em terra ou na água sobre almofada de ar. **Sin.** Hidroflutuador; aerobarco; aerodeslizador.

huguenote *adj/s* 2g *Hist* (<fr *huguenot* <al *eidgenoss*: confederado) Designação dada na França aos protestantes, sobretudo calvinistas, nos séc. XVI e XVII. **Sin.** Protestante(+).

hui *interj* (< on) **1** Exclamação de dor. **Ex.** ~! Dói tanto! **Sin.** Ai! **2** Expressão de surpresa/espanto. **Ex.** ~! Como pode ser isso? **Sin.** Oh!

hulha *s f* (<fr *houille*) Carvão mineral de cor negra, com grande percentagem de carbono. **Sin.** Carvão(+). ⇒ antracito; linhito.

hulhífero, a *adj* (<hulha + -fero) Que tem/produz hulha. **Comb.** Região ~a.

hum *interj* (<on) **1** Expressão de desconfiança/dúvida. **Ex.** ~! Isso não bate lá muito certo [não parece lógico]! Cheira-me a esturro [Não será bem assim]! **2** Expressão de impaciência. **Ex.** ~! Não há meio de ele chegar [Já se demora tanto/Nunca mais chega]!

humanamente *adv* (<humano + -mente) **1** Para o ser humano. **Ex.** Parece-me ~ impossível aguentar tanto sofrimento. **2** Com humanidade/compreensão/benevolência. **Ex.** Tratar ~ os outros é obrigação de cada um.

humanar *v t* (<humano + -ar) **1** Tornar (-se) humano/Tomar a natureza humana. **Comb.** Jesus, Deus humanado. **2** Tornar(-se) compreensivo ou tolerante/Humanizar-se. ⇒ humanizar.

humanidade *s f* (<lat *humánitas,átis*: condição e natureza do ser humano) **1** Conjunto dos seres humanos. **Ex.** Os riscos ambientais ameaçam (toda) a ~. **2** O que é específico da natureza humana. **Ex.** A ~ presente em cada homem implica direitos e deveres inalienáveis. **3** Sentimento de bondade [compaixão] em relação aos desfavorecidos. **Ex.** Era de esperar que ele tratasse com ~ os sem-abrigo, pois conhecia bem as suas dificuldades. **Ant.** Desumanidade. **4** Solicitude para com os outros. **Ex.** Distinguia-se pela ~ com que tratava quem a ele recorresse. **5** *pl* Estudos de línguas «clássicas: grego/latim/sânscrito/mandarim», literatura, filosofia e história ao nível secundário ou superior. **Ex.** Optou por um curso de ~s, porque não se entendia com [porque lhe era difícil] a matemática.

humanismo *s m* (<humano + -ismo) **1** *Hist* Movimento intelectual europeu, nos séc. XV e XVI, que procurava valorizar as capacidades humanas, inspirando-se nos autores clássicos greco-latinos. **Ex.** É bem conhecida a frase de Protágoras (Sofista grego do séc. V a.C.) "O homem é a medida de todas as coisas", que está na [é a] base do ~. **2** *Fil* Teoria de que o homem é o valor supremo [é o centro de referência para tudo]. **Comb.** ~ *cristão*. *iluminista*. ~ *ocidental*. ~ *oriental*.

humanista *adj/s* 2g (<humano + -ista) **1** *Hist* Relativo ao humanismo **1**. **Comb.** *Autor* ~. *Cultura* ~. *Movimento* ~. **Sin.** Humanístico. **2** (O) que é adepto do humanismo filosófico. **3** (O) que é versado nas humanidades (⇒ humanidade **5**).

humanístico, a *adj* (<humanista + -ico) **1** Relativo ao humanismo ou aos humanistas. **Sin.** Humanista. **2** Relativo às [ao ramo de conhecimento das] humanidades (⇒ humanidade **5**). **Comb.** *Estudos* ~s.

humanitário, a *adj/s* (<humanidade + -ário) (O) que promove o bem-estar dos homens/que procura ajudar quem mais precisa. **Ex.** A Organização dos Médicos sem Fronteiras desenvolve uma a(c)ção ~a muito apreciada. **Sin.** Filantrópico. **2** (O) que é compassivo/benevolente. ⇒ humano **3**.

humanitarismo *s m* (<humanitário + -ismo) Dedicação ao bem comum. **Sin.** Filantropia(+); benevolência.

humanização *s f* (<humanizar + -ção) **1** Processo evolutivo de humanizar(-se)/tornar(-se) compreensivo ou benévolo. **2** Evolução para uma maior socialização.

humanizar *v t* (<humano + -izar) **1** Tornar humano/ Dar condição ou forma humanas. **Ex.** Importa ~ a cidade, torná-la favorável à convivência entre as pessoas. O Filho de Deus humanizou-se [fez-se homem (o+)/humanou-se/encarnou (+)] para salvação do mundo [de todos nós]. **2** Tornar benévolo/tolerante. **Ex.** As terríveis condições de vida da população ajudaram a ~ os invasores. **3** Tornar sociável. **Ex.** A camaradagem do meio estudantil era capaz de ~ o caloiro mais tímido.

humano, a *adj/s* (<lat *humánus*: próprio da natureza ~a, bom, instruído) **1** Do homem. **Ex.** Na aula de Biologia estuda-se o corpo ~. **Comb.** *Ciências* ~*as* ⇒ humanidade **5**. *Espécie* ~*a*. *Família* ~*a*. *Gé[ê]nero* ~ [Humanidade **1**]. *Natureza* ~*a*. *Respeito* ~ [Receio de proceder bem com medo de ser criticado]. *Voz* ~*a*. **2** Próprio dos homens. **Prov.** *Errar é* ~*o* [Qualquer homem pode falhar]. **Loc.** Tentar evitar a [Fugir à] dor é ~. **Comb.** *Calor* ~*o* [Afeição/Simpatia que incentiva]. *Justiça* ~*a*. **Ant.** Inumano. **3** Benévolo/Bondoso/Compreensivo. **Ex.** O nosso professor era muito ~, o que favorecia o ambiente da aula. **Ant.** Desumano.

humanoide (Nói) *adj/s* 2g (<humano + -oide) (O) que é semelhante ao homem.

humedecer [*Br* umedecer] *v t/int* (<(h)úmido + -ecer) Deixar/Ficar (h)úmido. **Ex.** O pano está pouco (h)umedecido, é (bom) (h)umedecê-lo bem (por)que (se) limpa melhor.

humedecimento [*Br* umedecimento] *s m* (<(h)umedecer + -mento) A(c)to/Processo/Resultado de molhar levemente ou de (h)umedecer.

humidade [*Br* umidade] *s f* (<lat *humíditas,átis*; ⇒ (h)úmido) **1** Qualidade do que está levemente molhado. **Ex.** A ~ das paredes interiores da casa faz aparecer pequenas manchas na pintura. **2** Quantidade de água presente no solo. **Ex.** Aqui a ~ da terra é suficiente para a germinação das sementes. Sem ~ as plantas não se desenvolvem. **3** Presença de vapor de água na atmosfera. **Ex.** Como tenho problemas de ossos, ressinto-me bastante com o aumento da ~. **Comb.** ~ *absoluta* [Quantidade de vapor de água por metro cúbico de ar]. ~ *relativa* [Relação entre a quantidade de vapor de água existente no ar e a que iria saturá-lo à mesma temperatura].

humidificação *s f* (<humidificar + -ção) **1** A(c)to/ou efeito de humidificar. **2** Processo de introduzir vapor de água no ar, de modo a obter-se a humidade desejada.

humidificador [*Br* umidificador] *s m* (<(h)umidificar + -dor) **1** Aparelho para manter a (h)umidade conveniente no ambiente de um compartimento. ⇒ desumidificador. **2** Aparelho pulverizador utilizado para dar ao papel o conveniente grau de (h)umidade no processo de acetinação. ⇒ borrifador.

humidificar [*Br* umidificar] *v t* (<(h)úmido + -ficar) **1** Tornar (h)úmido/(H)umedecer. **2** Aumentar o (teor de) vapor de água/a (h)umidade.

húmido, a [*Br* úmido] *adj* (<lat *húmidus* <*húmeo,ére*: (h)umedecer) **1** Que está levemente molhado/Que contém pouca água. **Ex.** A terra ainda está ~a [ainda tem region sessão], não é necessário regá-la. **Ant.** Seco. **2** Que contém vapor de água. **Ex.** No litoral o ar é mais ~. **Comb.** *Clima* ~ [com grande grau de (h)umidade ou de chuva]. **3** Impregnado de água ou de outro líquido. **Ex.** A toalha está ~a, e é de vinho!

humificação *s f* (<humificar + -ção) Processo de (se) humificar.

humificar *v t/int* (<húmus + -ficar) Integrar-se na terra. **Comb.** Processos químicos que humificam matérias orgânicas. Resíduos vegetais (naturalmente) humificados.

húmil(e) *adj* 2g *poe* (<lat *húmilis*: humilde) ⇒ humilde.

humildade *s f* (<lat *humílitas,átis*; ⇒ humilde; humilhação) **1** Qualidade do que é humilde. **Ex.** Apreciava nele sobretudo a ~ de que dava provas no convívio com toda a gente. A ~ é a verdade. **Comb.** ~ *falsa* [*idi* de anzol]. **Ant.** Soberba. **2** Consciência das próprias limitações. **Ex.** Teve a ~ de reconhecer que se havia [tinha] enganado. **Sin.** Modéstia. **Ant.** Altivez; arrogância. **3** Atitude de respeito e submissão. **Ex.** A sua ~ causou boa impressão ao ministro. **4** Sentimento de inferioridade em relação a alguém/Acanhamento(+). **Ex.** A sua ~ não lhe permitia encarar de frente o juiz. **5** Sobriedade/Simplicidade. **Ex.** A ~ [fraca qualidade (+)] das habitações do bairro denotava a pobreza [as poucas posses] da população. **6** Condição social desfavorável/Pobreza(+). **Ex.** A alegria com que o velho recebeu a notícia do insignificante aumento da pensão era o melhor sinal da ~ em que se encontrava.

humildar *v t* (<humilde + -ar¹; ⇒ humilhar(+)) **1** ⇒ Tornar(-se)/Mostrar-se humilde. **2** ⇒ sujeitar; submeter.

humilde *adj/s* 2g (<lat *húmilis*: que está junto à terra [ao húmus], baixo, comum) **1** (O) que mostra modéstia e consciência das suas limitações. **Ex.** É uma pessoa ~, mas tem grande valor. **2** Que manifesta submissão/respeito. **Ex.** Seja ~ com [Seja dócil aos] seus pais. Sempre lhe conheci uma atitude ~. **3** Que numa escala hierárquica ocupa lugar modesto. **Ex.** Ele não passava de um ~ [Ele era um simples] funcionário. **4** Pouco valioso/Sóbrio/Despretensioso. **Ex.** Recebia habitualmente dos pais um presente ~ [pobre(zinho)]. **5** Pobre/Simples. **Ex.** Era de condição ~, vivendo numa casa também ~. Gostava de conviver com os ~s. **Comb.** *Uma* ~ [pequena] *cidade do interior* [sertão].

humilhação *s f* (<lat *humiliátio,ónis*; ⇒ humildade) **1** A(c)to/Resultado de humilhar-se. **Ex.** A ~ a que quis sujeitar-se é difícil de compreender. **2** A(c)to que ofende [rebaixa] outra pessoa. **Ex.** Receber tal repriminda em público foi para ele uma ~. **Sin.** Vexame. **3** ⇒ submissão.

humilhante *adj* 2g (<humilhar) Que humilha/Que abate moralmente. **Ex.** Para ele, que sempre vivera na abundância, recorrer à caridade pública seria ~.

humilhar *v t* (<lat *humílio,áre*) **1** Tornar(-se)/ Mostrar-se humilde. **Ex.** Naquela circuns-

tância preferiu ~-se e (assim) evitar mais problemas. **2** Fazer perder o amor próprio a alguém/Rebaixar/Vexar. **Ex.** Parece que sentia prazer em ~ os colegas [subordinados]. **3** ~-se/Pôr-se em posição de inferioridade/de modéstia excessiva. **Ex.** Quis ~-se para dar um exemplo de serviço à comunidade. **4** ⇒ submeter(-se); sujeitar(-se).
humílimo, a *adj sup* de húmil(e)/humilde (<lat *humíllimus*) Muito humilde.
humo *s m* ⇒ húmus.
humor (Môr) *s m* (lat *húmor, óris*: (h)umidade, água, ~) **1** Substância fluida de um organismo. **Ex.** Para explicar o estado de saúde ou de doença de um organismo, os antigos tinham a teoria dos quatro humores: sangue, linfa, bílis e atrabílis. **Idi.** Estar com os ~es [Estar maldisposto/de mau ~]. **Comb.** ~ *aquoso* [Líquido do olho entre o cristalino e a córnea]. ~ *cristalino* [Líquido do olho onde se faz a refra(c)ção da luz]. ~ [Corpo] *vítreo* [Substância gelatinosa do olho entre o cristalino e a retina]. **2** Estado afe(c)tivo de alguma duração/Disposição de ânimo. **Ex.** Vamos lá a ver com que ~ ele hoje aparece na repartição. **Loc. Estar de bom ~** [Estar bem-disposto]. **Estar de mau ~** [Estar maldisposto]. **3** Dito ou a(c)ção capaz de provocar a boa disposição ou riso dos outros. **Ex.** Os portugueses, com a sua veia para as [, tão amigos de] anedotas, fazem ~ com tudo. **Loc.** Ter o sentido do ~ [Gostar de [Saber] divertir os outros com comentários jocosos]. **Comb.** ~ *britânico*. ~ *negro* [que provoca o riso com situações tristes/mórbidas]. **3** Predisposição para criar situações có[ô]micas. **Ex.** Não há dúvida (de) que o rapaz tem ~, é sempre uma excelente companhia em [nas] festas.
humorado, a *adj* (<humor 2 + -ado) Relativo ao estado de espírito de alguém. **Ex.** Felizmente ele hoje vem bem-~ [vem de bom humor], vamos ver se conseguimos o que queremos. Quando ele está mal-~, tudo se complica.
humorismo *s m* (<humor 3 + -ismo) **1** Qualidade do que tem humor/Veia có[ô]mica/Graça. **Ex.** O ~ deste autor de teatro de revista tem feito rir às gargalhadas a plateia [o público]. **Comb.** O ~ de Eça de Queirós. **2** Estilo humorístico. **Ex.** Em alguns jornais e revistas há uma se(c)ção humorística [de ~].
humorista *adj/s 2g* (<humor 3 + -ista) **1** (O) que tem graça. **Ex.** Hoje nota-se uma certa carência de ~s. ⇒ có[ô]mico. **2** (O) que fala, escreve ou age de modo a divertir/que tem veia có[ô]mica. **Ex.** Eça de Queirós é (um grande) ~.
humorístico, a *adj* (<humorista + -ico) **1** Que faz rir. **Comb.** Programa ~. **2** Relativo a humor/humorismo/humorista.
húmus *s m* (<lat *húmus*: terra, solo; ⇒ humor) Matéria orgânica da parte superior do solo, resultante da decomposição de restos animais e sobretudo vegetais. **Ex.** Os terrenos ricos em ~ são muito férteis.
Hungria *s f Geog* (<germânico *Ungar*; ⇒ húngaro) República da ~ /Mgyaroszág. **Ex.** A capital da ~ é Budapeste.
húngaro, a *adj/s* (<lat *húngarus*; ⇒ magiar) **1** Da Hungria. **2** (O) que é natural ou habitante da Hungria. **3** *s m* Língua da Hungria.
huno, a *adj/s* (<lat *Húnni*: os Hunos) (O) que é dos [pertence aos] Hunos, povo asiático que invadiu a Europa no séc. V d. C. **Ex.** Os ~s, na sua marcha para ocidente, foram comandados por Átila.
hurra *interj/s m* (<ing *hurrah*) **1** Exclamação de alegria/aprovação. **Ex.** O numeroso grupo de estudantes, à chegada do ilustre professor, gritou em uníssono: ~! ~! ~! **2** Grito de guerra entre os russos. **3** Saudação dos marinheiros aos seus comandantes e a pessoas ilustres.

i s m (<lat i) **1** Nona letra e terceira vogal do alfabeto português. **Idi. Pôr os pontos nos ii/is** [Deixar uma situação plenamente esclarecida]. **Comb.** ~ grego [Nome dado vulgarmente ao y]. **2** *maiúsc* Em numeração romana representa *um* ou *primeiro*. **Ex.** O séc. XXI iniciou-se em 2001. O rei D. João I (Primeiro) assegurou a independência de Portugal na luta contra o rei de Castela. **3** Numa ordenação indica a nona posição. **Ex.** Estou a morar nesta rua, no n.º 7 – I. Neste prédio, em regime de propriedade horizontal, ele é o proprietário da Fra(c)ção I. **Comb.** Alínea [Cláusula] i. **4** *maiúsc Fís* Símbolo de corrente elé(c)trica. **5** *maiúsc Lóg* Símbolo da proposição particular afirmativa.

i- *pref* «de ilegítimo, imóvel, imerecido» ⇒ in-.

-ia *suf* (<lat -*ia*) Significa **a) qualidade** (Ex. rebeldia, miopia, ousadia, valentia); **b) estado** (Ex. alegria, apatia, sincronia); **c) a(c)tividade** (Ex. advocacia, chefia).

iâmbico, a *adj* (<gr *iambikós*) **1** Relativo ao iambo. **2** Formado por iambos. ⇒ jâmbico.

iambo *s m Liter* (<gr *íambos*) Pé de verso, formado por duas sílabas, sendo longa a primeira e breve a segunda. ⇒ jambo.

iamologia *s f* (<gr *íama*: medicamento + -logia) ⇒ Tratado sobre medicamentos/ Farmacologia(+).

iamotecnia *s f* (<gr *íama*: medicamento + -tecnia) Arte de preparar medicamentos.

-iano *suf* (<lat: (*ciceron*)*ianus,a,um*) Designa um autor ou as suas obras; ⇒ camoni[e]-ana/o.

ianomâmi *adj/s 2g* (<etn Iamomâmis) **1** Relativo aos ~s, tribo indígena do norte do Brasil e da Venezuela. **2** Indivíduo dessa tribo. **3** *s m* Família linguística a que pertencem línguas indígenas do norte do Brasil e da Venezuela.

ianque *adj/s 2g* (<ing *yankee*) **1** *Hist* Nome dado pelos ingleses aos colonos dos estados do norte e nordeste dos EUA quando proclamaram a independência do país. **2** *Hist* Nome dado pelos habitantes dos estados do sul dos EUA aos habitantes dos estados do norte e nordeste, durante a Guerra da Secessão. **3** *depr* Diz-se dos EUA e dos seus naturais, se são de origem saxó[ô]nica. **Comb.** Imperialismo ~.

ião [*Br* **íon**] *s m Quím* (<gr *ión*: que vai, de *eimi*: ir) Átomo ou grupo de átomos ele(c)tricamente carregado. **Comb.** ~ **negativo** [que recebeu um ou mais ele(c)trões/elétrons]. **~ positivo** [que perdeu um ou mais ele(c)trões].

iaque *s m Zool* (<tibetano *gyagt*) Boi do Tibete parecido com o búfalo; *Bos gruniens*.

iara *Br s f* (<tupi *'iara*: senhora) Espécie de sereia de rios e lagos, segundo a mitologia dos índios do Brasil.

-íase *suf* (<gr -*íasis*) Significa processo/estado mórbido (Ex. elefant~, helmint~, litía-se). **Sin.** -ose.

iate *s m* (<hol *jacht*) **1** Navio à vela, de média tonelagem, com dois mastros e velas triangulares. **Ex.** Na marina estavam ancorados bonitos ~s. **2** Qualquer embarcação de recreio, movida a vela ou a motor, podendo estar equipada para fazer viagens de médio ou longo curso.

iátrico, a *adj* (<iatro- + -ico) ⇒ Relativo à medicina ou ao médico/Medicinal(+)/Médico(+).

-iatra/o- *suf/pref* (<gr *iatrós*: médico) Significa médico/medicina (Ex. ped~, ger~, psiqu~, iatrogenia).

iatrofísica *s f* (<iatro- + …) Física aplicada à medicina.

iatrogenia *s f Med* (<iatro- + -genia) Situação patológica resultante da a(c)ção do médico ou da medicação em tratamento de anterior doença. **Ex.** As deformações no feto provocadas há anos pelo uso de talidomida por grávidas são exemplo de ~.

ib. *abrev* de *ibidem*.

IBAN *abrev* de *International Bank Account Number* = número internacional da «minha» conta bancária. ⇒ NIB.

ibérico, a *adj/s* (<gr *iberikós*) **1** Relativo à Península Ibérica ou aos países que a formam, Portugal e Espanha. **Ex.** Os povos ~s fazem entre si grandes trocas comerciais. **2** *Hist* Relativo à antiga Ibéria ou aos seus habitantes, os iberos. ⇒ iberista.

iberismo *s m Hist* (<ibero + -ismo) Doutrina/ Corrente que advogava a união política de Portugal e Espanha, a União Ibérica. **Ex.** Ainda hoje há quem advogue o ~.

iberista *adj/s 2g* (<ibero + -ista) Partidário da união política de Portugal e Espanha. **2** Relativo ao iberismo.

ibero, a (Bé) *adj/s* (<lat *ibérus*) **1** Relativo [Pertencente] à Península Ibérica ou à Ibéria. **2** *Hist* Indivíduo pertencente a **1**. **Ex.** Antes da chegada dos celtas já os ~s habitavam a Península (Ibérica).

ibero-americano, a *adj/s* **1** Relativo [Pertencente] à Península Ibérica e ao continente americano. **2** (O/A) que tem cara(c)terísticas da Península Ibérica e do continente americano. **3** Relativo aos países americanos que têm, como língua oficial, o português «Brasil» ou o espanhol. **Comb.** Música ibero[latino(+)]-americana. ⇒ latino-americano.

ibero-romano, a *adj/s Hist* Que é [tem cara(c)terísticas] da Península Ibérica e do Império Romano.

ibidem *lat adv* «em citações» Na mesma obra, capítulo ou página/No mesmo lugar (*abrev*: ib. ou ibid.).

ib(id)ídeo, a *adj/s Ornit* (<lat *íbis, idis*: íbis + -ídeo) (Diz-se) de ave ou família de aves pernaltas, de bico longo e recurvo, não pontiagudo.

íbis *s 2g sing e pl Ornit* (<lat *íbis, idis* <gr *ibis*) **1** Ave pernalta da família dos ibidídeos, parecida com a cegonha, de plumagem branca mas negra na cabeça, pescoço, cauda e patas; foi ave sagrada para os egípcios, porque destruía os répteis das margens do Nilo. **2** Nome comum de várias aves aquáticas, de bico longo e recurv(ad)o (para baixo).

içamento *s m* (<içar + -mento) A(c)to de elevar/erguer/Levantamento. **Comb.** O ~ [içar] da bandeira «nacional».

içar *v t* (<fr *hisser*) Fazer subir/Erguer/Levantar(+)/Alçar. **Ex.** O guindaste içou o contentor e pô-lo no camião. **Ant.** Arriar.

-icar *suf* Significa **a) Diminutivo** (Ex. adoc~, beber~, cos~, salp~); **b) Repetição** (Ex. depen~, mexer~, namor~, tremel~).

ícaro *s m* (<*Mit* Ícaro, que usou asas coladas com cera e querendo voar até ao Sol morreu porque as asas derreteram) Pessoa que vê frustrados os seus obje(c)tivos, devido à ambição exagerada.

-ice *suf* (<lat -*it*[*c*]*ie*(*s*)) Significa atitude censurável (Ex. estroin~, idiot~, bisbilhot~, patet~).

iceberg *ing* ⇒ icebergue.

i[ai]cebergue (<norueguês *ijsberg*) *s m* **1** Massa de gelo flutuante de grandes dimensões, submersa em grande parte, que se separou de um glaciar polar. **Ex.** O choque com um ~ foi a causa do naufrágio do navio Titanic, em 1912. **Idi. Ser só a ponta do ~** [O que até agora alguém conhece sobre um determinado problema grave é uma muito pequena parte dele]. **2** *fig* Pessoa de temperamento frio, pouco acessível.

ice-cream *ing* ⇒ gelado **6**.

icéria *s f Ent* (<lat científico *icerya*) Inse(c)to hemíptero que ataca sobretudo folhagem da laranjeira, do limoeiro e da videira.

-icho, a *suf dim* (<lat -*ículus*) Tem sentido depreciativo (Ex. corn~, barb~, rab~).

-ício, a *suf* (<lat -*it*[*c*]*ius*) Significa **relação** (Ex. advent~, aliment~, fict~, natal~; car~, estult~, mal~, not~, puer~).

icnografia *s f* (<gr *ikhnographía*) **1** Planta de um edifício/Representação gráfica que faz a proje(c)ção horizontal das suas paredes. **2** Arte de traçar essas plantas.

icnógrafo, a *s* (<gr *íkhnos*: traça, pegada + -grafo) Pessoa que faz plantas de edifícios/Versado em icnografia.

-ico, a *suf* (<lat -*i(c)cus*) Significa **a) diminutivo** (Ex. aban~, namor~, bailar~, demon~, burr~); **b) semelhança** (Ex. cilíndr~, elípt~, esfér~); **c) relação** (Ex. calór~, térm~, alfabét~, aráb~, aním~, bás~, metál~, cefál~, higié[ê]n~).

-iço, a *suf* (<lat -*it*[*c*]*ius*) Tem sentido **a) depreciativo** (Ex. magr~, mort~, palh~, post~, rol~); **b) frequentativo** (Ex. abafad~, sumid~, assomad~).

-ícola ⇒ -cola.

ícone *s m* (<gr *eikún, kónos*: imagem) **1** «sobretudo nas igrejas ortodoxas» Pintura religiosa sobre madeira a representar figura sagrada, sendo obje(c)to de culto. **Ex.** O ~ de S. Paulo, no segundo milé[ê]nio do seu nascimento, foi estando presente em [foi passando por] muitas casas da nossa paróquia. **2** Signo cujo significante é semelhante ao significado. **Ex.** Uma fotografia de alguém é um ~. **3** *Info* Símbolo/Figura que representa um documento, programa ou função do computador. **4** Pessoa ou coisa emblemática da sua época, de um grupo, de uma mentalidade.

icónico, a [*Br* **icônico**] *adj* (<lat *icónicus*: feito ao natural) **1** Relativo a ícone/imagem. **2** Que reproduz/representa fielmente o modelo. **Comb. Pintura ~a. Estátua ~a.**

iconista *s 2g* (<ícone + -ista) Pessoa que faz ícones/imagens.

icono- *pref* (<gr *eikún, ónos*: imagem, ícone) Significa imagem (Ex. ~clasta, ~grafia).

iconoclasmo [**iconoclastia**(+)] *s m* (<ícone + gr *klásma*: a(c)to de quebrar) **1** *Hist Rel* Doutrina bizantina que, nos séc. VIII e IX, repudiava o culto das imagens sagradas, considerando-o idolatria. **2** Mentalidade/Prática/Atitude de iconoclasta. ⇒ iconoclastia.

iconoclasta *adj/s 2g* (<gr *eikonoklástes*) **1** *Rel* (O) que destrói imagens sagradas ou promove essa destruição, opondo-se ao seu culto. **2** *Hist* Partidário do iconoclasmo em Bizâncio, nos séc. VIII e IX. **3** *Hist* (O) que, seguindo a doutrina protestante, se opunha ao culto das imagens sagradas nas igrejas católicas, nos séc. XVI e XVII. **4** (O) que destrói obras de arte ou monumentos. **5** *fig* (O) que não respeita as instituições, as crenças ou qualquer tradição.

iconoclastia *s f* (<iconoclasta + -ia) ⇒ iconoclasmo.

iconografia s f (<gr *eikonographía*) **1** Estudo descritivo de símbolos, imagens e representações figuradas. **Ex.** A ~ estuda símbolos e imagens em quadros, gravuras, medalhas, estampas, retratos, estátuas, monumentos, ... **Comb.** ~ *cristã*. ~ *do Renascimento* «europeu». *A ~ medieval* «das catedrais». *Se(c)ção de ~* «da Biblioteca Nacional». **2** Conjunto de ilustrações de uma obra. **Ex.** A ~ desta enciclopédia é muito vasta. **3** Cole(c)ção de retratos de homens ilustres.

iconográfico, a adj (<iconografia + -ico) Relativo a iconografia: representações figuradas, gravuras, imagens, retratos.

iconógrafo, a s (<gr *eikonográphos*) Pessoa que se especializou em iconografia.

iconólatra adj/s 2g (<icono- + -latra) Adorador de [Que presta culto a] imagens/Que pratica iconolatria.

iconolatria s f (<icono- + -latria) Adoração de imagens/Culto de latria prestado a imagens sagradas.

iconologia s f (<gr *eikonología*) **1** Estudo científico das representações, nas artes, de figuras míticas, alegóricas ou emblemáticas. **2** Repertório de tais representações. **3** Ramo das belas-artes que estuda as representações de determinado tema em vários artistas e em várias épocas.

iconologista s 2g (<iconologia + -ista) ⇒ iconólogo.

iconólogo, a s (<icono- + -logo) Especialista no estudo e interpretação das imagens/Perito em iconologia.

iconoscópio s m (<icono- + -scópio) Dispositivo de uma câmara ele(c)tró[ô]nica que permite analisar imagens.

iconoteca s f (<icono- + -teca) **1** Local reservado à cole(c)ção de imagens, gravuras, estampas, retratos, fotografias em museus e bibliotecas. **2** Cole(c)ção sistematizada dessas representações/Repertório de material iconográfico.

icor (Côr) s m Med (<gr *ikhór*: pus) Humor ou líquido purulento que escorre de úlceras e abcessos. ⇒ pus.

icosaedro s m (<gr *eikosáedros*: que tem vinte faces) Poliedro com vinte faces.

icoságono s m (<gr *eikoságonos*) Polígono com vinte ângulos.

icosandro, a adj Bot (<gr *eíkosi(n)*: vinte + *anér, andrós*: homem, estame) «vegetal» Que tem vinte ou mais estames no cálice.

icterícia s f Med (<ictérico + -ia) Doença cara(c)terizada pela coloração amarela da pele, das mucosas e das secreções orgânicas, em resultado do excesso de pigmento biliar no sangue. **Ex.** A ~ costuma andar associada a doenças do fígado, como a hepatite.

ictérico, a adj/s (<gr *ikterikós*) **1** Relativo a icterícia. **2** (O) que sofre de icterícia.

icterídeo, a adj/s Ornit (<gr *íkteros*; amarelo + -ídeo) (Diz-se de) pássaro ou (de) família de pássaros americanos de grande porte, de bico có[ô]nico, robusto, de plumagem colorida em que ressalta o amarelo e o verde.

icteroide (Rói) adj 2g Med (<ictérico + -oide) Que se assemelha à icterícia. **Comb.** Tifo ~.

ictio- pref Icti (<gr *íkhthys*: peixe) Significa peixe (Ex. ictiofagia).

ictiofagia s f (<ictio- + -fagia) Sistema de alimentação à base de peixe.

ictiófago, a adj/s (O) que se alimenta principalmente de peixe.

ictiografia s f (<ictio- + -grafia) Estudo descritivo dos peixes.

ictiógrafo, a s (<ictio- + -grafo) Especialista em ictiografia.

ictioide (Ói) adj 2g (<gr *ikhthyoeidés*) Que tem a forma de peixe. ⇒ pisciforme.

ictiol s m (<ictio- + -ol) Nome comercial do ictamol, betume sulfuroso obtido a partir de peixes fósseis, usado como antisséptico e analgésico em afe(c)ções cutâneas.

ictiologia s f (<ictio- + -logia) Ramo da Zoologia que estuda os peixes.

ictiologista [ictiólogo, a] s (<ictio- + ...) Pessoa que se dedica ao estudo dos peixes/Especialista em ictiologia.

ictiose (Ó) s f Med (<ictio- + -ose) Tendência para a secura, espessamento e descamação da epiderme, que toma um aspe(c)to semelhante ao de escamas de peixes.

ictiossauro, a adj/s Pal (<ictio- + -sauro) Diz-se de réptil ou grupo de répteis marinhos fósseis, da era mesozoica.

icto s m (<lat *íctus*: golpe, choque) **1** Gram Maior intensidade sonora de uma sílaba na palavra/Acento tó[ô]nico(+). **2** Gram Acento em determinada sílaba de pé ou verso. **3** Rel Cada um dos impulsos para a frente dados ao turíbulo no a(c)to de incensar, numa cerimó[ô]nia litúrgica.

id s m Psiq (<lat *is,ea,id*: este, esta, isto) Sistema mais profundo da psique, inconsciente, que, na teoria freudiana, é em parte hereditário e inato, em parte adquirido e recalcado, fonte dos impulsos instintivos, dominado pelo princípio do prazer. **Ex.** Freud, na psique, distinguiu três instâncias: o *id*, o *ego* e o *superego*.

id. abrev de idem.

ida s f (<ir) **1** A(c)to de deslocar-se de um lugar a outro. **Ex.** A minha ~ a Lisboa permitiu a resolução do problema. **Comb.** ~ *por vinda* [Deslocação com breve permanência no local de destino]. «bilhete de avião» *De ~ e volta*. **2** Mudança/Saída para outro lugar em que se pretende [vai] permanecer. **Ex.** A ~ dele para o Brasil foi aos dezoito anos. A ~ dele para a tropa deixou os pais ansiosos. **3** Série de peças/Fila/Fiada(+). **Ex.** O colar tem duas ~s de pérolas.

-ida suf (<-ido) Significa a(c)ção (Ex. arremet~, corr~, desc~, bat~, mex~).

idade s f (<lat *aétas, átis*) **1** Tempo de vida desde o nascimento até ao momento presente/referenciado. **Ex.** Tem doze anos (de ~). Nessa altura [Então] tinha eu (a ~ de) vinte anos. **Comb.** ~ *crítica* **a)** Período em que é mais provável a ocorrência de certos problemas ou de doenças; **b)** Na mulher, a menopausa/No homem, a andropausa. ~ *escolar* [Período em que crianças e adolescentes são obrigados por lei a frequentar a escola]. ~ *legal* [Limite mínimo ou máximo do número de anos de vida para o início ou termo do exercício de direitos ou deveres] «para votar». ~ *da inocência* [Infância]. Psic ~ *mental* [Nível de desenvolvimento intelectual de uma criança correspondente à média de outras de determinada idade] (Ex. Tem 12 anos mas a ~ mental é de 14 (anos)). ~ *núbil* [Limite mínimo de anos para poder casar]. ~ *dos porquês* [Período em que as crianças querem saber as causas de tudo]. ~ *viril* [do homem adulto]. *De (certa)* [Entrado na] ~ [Com cerca de 70 ou mais anos]. *De meia* ~ [Com cerca de 50 anos]. *De tenra* ~ [Muito novo/Menino]. *Flor da* ~ [Juventude]. *Limite de* ~ [Tempo de vida a partir do qual não se pode legalmente exercer uma função]. *Maior de* ~ [Que atingiu a maioridade «18 anos»]. *Menor de* ~ [Que ainda não atingiu a maioridade]. **2** Número considerável de anos. **Ex.** Perdeu já diversas capacidades devido à ~. **Comb.** Peso da ~ [dos anos(+)]. **3** Cada período em que se costuma dividir a vida do homem/Época da vida. **Comb.** ~ *adulta* [em que se atinge o pleno desenvolvimento físico]. ~ *avançada* [Velhice/Muita ~]. *Mudança da* ~ **a)** Período em que a mulher passa a ser menstruada; **b)** Período da menopausa. *Pirâmide de ~s* [Representação gráfica do número de pessoas de um país ou região distribuídas segundo a idade e o sexo/gé[ê]nero] (Ex. A pirâmide de uma população envelhecida tem uma base reduzida). *Terceira* ~ [~ a seguir aos 65 anos]. **4** Época histórica. **Comb.** ~ *Antiga* [Até 476 d.C., data da queda do império romano]. ~ *Média* [De 476 a 1453, data da tomada de Constantinopla pelos turcos]. ~ *Moderna* [De 1453 a 1789, data do início da Revolução Francesa]. ~ *Contemporânea* [De 1789 até ao presente]. **5** Período marcado por fa(c)to importante, descoberta científica, avanço tecnológico, ... **Comb.** ~ *da pedra*. ~ *da pedra lascada*. ~ *da pedra polida* [Neolítico]. ~ *dos metais*. ~ *do cobre*. ~ *do bronze*. ~ *do ferro*. **6** Geol Subdivisão geocronológica correspondente ao andar «Jurássico».

-idade ⇒ -dade.

-idão suf (<lat -*túdo, dinis*) Significa qualidade (Ex. amarel~, apt~, escur~, sofregu~, sol~).

ideação s f (<idear + -ção) A(c)to/Efeito de a mente conceber/formar ideias.

ideal adj 2g/s m (<lat *ideális,e*) **1** Relativo a ideia/Que existe na mente/imaginação. **Ex.** Precisa de ter os pés na terra, de não se deixar fascinar pelo seu mundo ~. **2** Que possui qualidades em alto grau/Perfeito. **Ex.** O aluno ~ põe em primeiro lugar o estudo. **Comb.** *Mulher* ~. *Vida* ~. **3** O que é obje(c)to da maior aspiração. **Ex.** O seu ~ é uma vida calma e despreocupada. **4** Modelo absoluto de perfeição. **Ex.** O ~ de beleza não se alcança. **5** Princípio/Valor que se defende. **Ex.** Procurava ser fiel aos seus ~ais. **6** Solução mais conveniente/adequada/O melhor. **Ex.** O ~ [melhor] era falarmos [ele vir ter comigo] antes da reunião.

idealidade s f (<ideal + -idade) **1** Cara(c)terística do que é imaginado, criado pela mente/Qualidade do que é ideal. **2** Mundo do pensamento ou da imaginação. **3** Propensão para viver em função do que é ideal/Idealismo 3(+).

idealismo s m (<ideal + -ismo) **1** Fil Teoria que reduz o ser ao pensamento, sendo o espírito a única realidade. **Ex.** Em Hegel, o ~ atinge o seu pleno desenvolvimento. **Ant.** Materialismo. **2** Crença na possibilidade de concretizar ideais. **Ex.** Isso (O) que você [o senhor] diz é um ~ [é idealista]; na prática é impossível. **3** Disposição de viver em função de um ideal nobre/Defesa de princípios elevados. **Ex.** O seu ~ era uma fonte de coragem para ultrapassar obstáculos. **4** Arte Conce(p)ção de arte que valoriza mais a imaginação do que a imitação fiel da realidade.

idealista adj/s 2g (<ideal + -ista) **1** Relativo ao idealismo. **2** Partidário do idealismo. **3** O que vive em função de ideais/Sonhador. **Ex.** Ele foi sempre [Ele é] um ~, não sabe como é o mundo. **Ant.** Realista; prático.

idealístico, a adj (<idealista + -ico) Relativo a idealismo e a idealista.

idealização s f (<idealizar + -ção) **1** A(c)to ou efeito de idealizar. **2** Criação pela imaginação/Conce(p)ção. **3** Elaboração mental de um plano/proje(c)to. **4** Processo de elevar até à perfeição a pessoa amada. **Ex.**

Sobretudo na poesia da época medieval, a mulher amada foi motivo de ~.

idealizador, ora *adj/s* (<idealizar + -dor) (O) que cria/imagina/idealiza.

idealizar *v t* (<ideal + -izar) **1** Imaginar como ideal/Conceber como perfeito/Dar cará(c)ter ideal a. **2** Elaborar um proje(c)to/plano «da casa a construir». **3** Conceber uma ideia sobre alguma coisa antes de a conhecer efe(c)tivamente. **Ex.** Idealizou que ia ter uma tarefa fácil e depois reconheceu o seu engano.

idear *v t* (<ideia + -ar¹) ⇒ idealizar.

ideário *s m* (<ideia + -ário) Conjunto das ideias principais de uma doutrina, de uma organização, de um autor. **Comb.** ~ **democrático**. **O** ~ [A linha(+)/política] *do novo Governo*.

ideia *s f* (<lat *ídea*) **1** Representação intele(c)tual de algo concreto, abstra(c)to ou imaginário. **Ex.** As ~s de grande e pequeno são contrárias. **2** «na vida psíquica» O que é produto de reflexão. **Ex.** Distinguimos entre ~, sentimento e desejo. **3** Lembrança/Recordação. **Ex.** Tens ~ de ter vindo cá nessa altura? **4** Mente/Pensamento/ *col* Cabeça. **Ex.** Não me sai da ~ que foi ele o responsável pelo fracasso. **Comb.** ~ fixa [Obsessão]. **5** Conhecimento um tanto vago/Noção aproximada. **Ex.** Tenho ~ de que ele quer participar no proje(c)to. Tens ~ de quantas pessoas vivem na nossa aldeia? – Não sei [faço a menor ~]. **Loc.** Fazer ~ de [Ter uma noção de].
6 Perspe(c)tiva pessoal/Modo de ver/Ponto de vista/Opinião/Parecer. **Ex.** A minha ~ é que a obra deve avançar rapidamente. **Loc.** Trocar ~s [Conversar/*Br* Bater um papo]. **Comb.** ~ **feita** [que é geralmente aceite]. *História das* ~s «da Europa» [Estudo das mentalidades ao longo do tempo]. **7** Previsão do que venha a acontecer. **Ex.** Tenho ~ de que ainda vão pedir-nos ajuda. **8** Propósito de realizar algo/Plano. **Ex.** Tem ~ de criar aqui um centro de investigação científica. **Comb.** ~ **força** [que combina a vertente intele(c)tual com a a(c)ção]. ~ **luminosa** [Pensamento original e vigoroso]. **9** Intenção. **Ex.** A minha ~ não era [Eu não queria] criar um problema entre eles. **10** Proposta de solução «de uma situação embaraçosa». **Ex.** À falta de melhor ~, decidiu cancelar o plano. **11** Sugestão/Proposta. **Ex.** A ~ da marcha a favor do ambiente partiu dos jovens. **Loc.** Dar uma ~. **12** Sentido geral [Fio condutor] de uma obra. **Ex.** A ~ do romance é alertar para os perigos deste estilo de vida.
13 Visão de conjunto de uma obra ou de um proje(c)to. **Ex.** Fiquei com uma ~ da sua teoria. **14** Modo de pensar cole(c)tivo «de uma sociedade». **Ex.** Estão em voga ~s que defendem o individualismo. **15** *pl* Conjunto de opiniões de alguém sobre diversos temas. **Ex.** As ~s dela parecem-me desajustadas/incoerentes(+). **Loc.** Ser de [Ter] ~s avançadas [Pensar de forma contrária à mentalidade comum]. **16** *pl* Indicações [Sugestões] vagas. **Ex.** Deu-me umas ~s que foram uma boa ajuda para o meu trabalho.

idem *pron dem* (<lat *idem*; ⇒ *id.*) O mesmo/A mesma coisa (Em indicações bibliográficas, citações, etc. usa-se para indicar o mesmo autor ou a mesma obra, evitando referir de novo o seu nome).

idêntico, a *adj* (<lat *idénticus*) **1** Que tem as mesmas cara(c)terísticas que outro(s)/ Igual. **Ex.** Esses gé[ê]meos são ~s, é muito difícil identificá[distingui]-los. **2** Que não difere do que fora antes ou noutra situação. **Ex.** Ele continua com ~as condições para triunfar. **3** Muito semelhante/Análogo. **Ex.** Eles têm condições ~as de sucesso.

identidade *s f* (<lat *idéntitas, átis*) **1** Conjunto de cara(c)terísticas e de dados próprios e exclusivos de uma pessoa, que permitem o seu reconhecimento ou identificação como tal. **Ex.** É obrigatório andar com um documento que prove a ~. **Comb.** ~ *falsa* [Pessoa disfarçada]. *Bilhete/Carteira/Cartão de* ~ [Documento que contém, além da fotografia e da assinatura do titular, dados relativos à sua data de nascimento, filiação, naturalidade, ...]. **2** Conjunto de cara(c)terísticas de uma coisa que impede que seja confundida com outra. **3** Cara(c)terística do que é idêntico/Igualdade/Semelhança. **4** Consciência da continuidade do eu. **Comb.** *Crise de* ~. *Perda de* ~. **5** *Álg* Igualdade entre proposições que se verifica para todos os valores das suas variáveis «$x^2-y^2 = (x + y) (x - y)$».

identificação *s f* (<identificar + -ção) **1** A(c)to ou efeito de (se) identificar. **2** Documento comprovativo da identidade. **Ex.** O polícia pediu-lhe a ~. **3** Determinação da identidade/Reconhecimento. **Ex.** A autópsia permitiu a ~ do cadáver. **4** Apuramento das cara(c)terísticas definidoras de alguma coisa «doença» pertencer a uma classe, espécie, ... **5** *Psiq* Processo psicológico de alguém se transformar, assimilando cara(c)terísticas de outrem «comediante/cantor» que considera modelo.

identificador, ora *adj/s* (<identificar + -dor) **1** (O) que identifica/reconhece/serve para reconhecer/distingue. **Comb.** Cartão ~. **2** *s m* Dispositivo que, colado num veículo, é reconhecido ele(c)tronicamente à sua passagem para efeito de cobrança de um serviço prestado. **Ex.** Nas autoestradas portuguesas, o uso de ~ permite a não paragem do veículo para pagar a portagem [*Br* o pedágio].

identificar *v t* (<lat medieval *identífico, áre*) **1** Provar [Fazer reconhecer] a identidade. **Ex.** O passaporte identifica o passageiro. **2** Indicar a natureza e as cara(c)terísticas distintivas de. **Ex.** O andar e a voz permitem ~ uma pessoa ao longo da vida. **3** Descobrir a identidade de/Reconhecer. **Ex.** Uma tarefa difícil foi ~ as vítimas do terrível desastre aéreo. **4** Dar-se conta da existência de/Tomar consciência clara de/ Descortinar. **Ex.** Para resolver bem um problema, é preciso primeiro identificá-lo. **5** ~-se/Dizer quem é ou o que faz/ Apresentar documento que comprova a identidade/Apresentar-se. **Ex.** No tribunal começaram por ~ as testemunhas. **6** *Psiq* ~-se/Tornar-se idêntico a [Confundir-se com] outrem/Tomar cara(c)terísticas de alguém que se ado(p)ta como modelo. **Loc.** ~-se com alguém [Ter a mesma opinião/posição sobre um assunto]. **7** ~-se/ Ajustar-se a/Conformar-se com. **Ex.** Com o tempo acabou por ~-se com os hábitos da [acabou por se habituar à] aldeia.

identificável *adj 2g* (<identificar + -vel) «doença» Que se pode identificar «facilmente».

ideo- *pref* (<gr *idéa*: ideia) Significa ideia (Ex. ~grama, ideólogo, ~lógico, ~grafia).

-ídeo *suf* (<gr *eídos*: forma) Significa classificação taxonó[ô]mica (Ex. homin~, bov~, corv~, aracn~, equ~, psitac~).

ideografia *s f* (<ideo- + -grafia) Sistema de escrita em que as ideias e as coisas são representadas dire(c)tamente por símbolos ou imagens. ⇒ ideograma.

ideográfico, a *adj* (<ideografia + -ico) **1** Relativo a ideografia. **2** Diz-se de símbolo gráfico ou de sistema «chinês» de escrita que representa não os sons mas a ideia das coisas. **Comb.** «chinês» Escrita ~a.

ideografismo *s m* (<ideo- + grafismo) Representação dire(c)ta das ideias e coisas por imagens ou símbolos.

ideógrafo, a *s* (<ideo- + -grafo) Especialista «chinês» em ideografia.

ideograma *s m* (<ideo- + -grama) Sinal gráfico «letra chinesa» que exprime uma ideia ou coisa, e não um som. **Sin.** Logo[Picto]grama.

ideologia *s f* (<ideo- + -logia) **1** Sistema de ideias e valores que definem uma visão do mundo, com decisiva influência na vida individual e cole(c)tiva. **Ex.** A ~ marxista vigorou em vários países. **Comb.** ~ *capitalista*. ~ *liberal*. **2** Conjunto de ideias que correspondem à visão da realidade de um grupo social, ligada à preservação do seu estatuto e interesses. **Ex.** Para alguns, as leis são o reflexo da ~ dominante. **3** *depr* Filosofia vaga e confusa.

ideológico, a *adj* (<ideologia + -ico) **1** Relativo a ideologia. **2** Relativo a ideias expressas. **Comb.** Debate ~.

ideólogo, a *s* (<ideo- + -logo) **1** O que concebe uma teoria/ideologia. **2** O que aparece como defensor oficial de uma teoria orientadora do comportamento individual e cole(c)tivo. **3** *depr* O que parece desligado da realidade, entregue a ideias abstra(c)tas. **Sin.** Idealista 3(+).

id est lat [,isto é,] [,ou seja,] (Expressão que indicia uma clarificação do que acaba de ser referido); *abrev*: i. e..

idielétrico, a [*Br* idielé(c)trico *(dg)*] *adj* [= idieléctrico] (<idio- + ...) «um isolante» Que pode ser eletrizado por atrito ou fricção.

ídiche *s m* ⇒ iídiche.

idílico, a *adj* (<idílio + -ico) **1** Relativo a idílio, breve poema pastoril de tema amoroso. **2** Pastoril/Bucólico. **Comb.** *Ambiente* ~. *Paisagem* ~a. **3** De sentimentos delicados/Puro. **Comb.** *Amor* ~. **4** Idealista/ Sonhador/Utópico.

idílio *s m* (<lat *idyllium* <gr *eidýllion*: pequeno poema) **1** *Liter* Na Antiguidade, inicialmente pequeno poema de qualquer gé[ê]nero. **2** *Liter* Poema lírico de tema bucólico/pastoril. **3** Amor terno e delicado. **4** Conversa amorosa entre namorados. **5** Devaneio/Sonho/Utopia.

idio- *pref* (<gr *ídios*: próprio, peculiar; ⇒ -ídeo) Significa cara(c)terístico/próprio/o mesmo (Ex. ~ssincrasia, ~cromático, ~le(c)to, ~ma, ~tismo).

idioblasto *s m Biol* (<idio- + gr *blastos*: broto, rebento) Célula diferente das outras no mesmo tecido «vegetal».

idiocromático, a *adj Miner* (idio- + cromático) Diz-se do mineral com cor própria [cara(c)terística] e constante.

idioelétrico, a [*Br* idioelé(c)trico *(dg)*] [= idioeléctrico] ⇒ idielétrico.

idiólatra *adj/s 2g* (<idio- + -latra) ⇒ (O) que se adora a si próprio/Egocêntrico(+)/ Egoísta(o+).

idiolatria *s f* (<idio- + -latria) ⇒ Culto de si próprio/Egocentrismo(+)/Egoísmo(o+).

idiole(c)to *s m Ling* (<idio- + (dia)le(c)to) Sistema linguístico de um único indivíduo num período da sua vida.

idioma *s m* (<gr *idíwma, atos*: estilo próprio) **1** Língua (própria de um povo, nos seus aspe(c)tos peculiares). **Comb.** O (~) *português* [A língua portuguesa]. **2** *fig* Arte Estilo/Forma de expressão artística própria de um indivíduo, de um movimento, de um período, ...

idiomático, a *adj* (<gr *idiomatikós*) Relativo a [Cara(c)terístico/Próprio de] de um idioma. **Comb.** Expressão [Frase] ~a.

idiomatismo *s m Ling* (<idioma + -ismo) Construção/Expressão «chover a cântaros» peculiar a uma língua, não devendo ser traduzida literalmente para outra língua. ⇒ idiotismo 3; modismo.

idiomórfico, a *adj* (<idio- + -morfo- + -ico) ⇒ idiomorfo(+).

idiomorfo, a *adj Miner* (<idio- + -morfo) Diz-se de um mineral bem cristalizado, que tem a sua forma cara(c)terística.

idiopatia *s f* (<idio- + -patia) **1** *Med* Doença que não é consequência de outra. **2** Simpatia especial por alguma coisa.

idiopático, a *adj* (<idiopatia + -ico) **1** *Med* Diz-se da doença que não tem origem noutra. **2** ⇒ Que é próprio de um indivíduo/Peculiar(+).

idioplasma *s m Biol* (<idio- + ...) Célula ou tecido a partir dos quais um novo organismo pode ser gerado. ⇒ cromatina; plasma germinativo.

idiossincrasia *s f* (<gr *idiosynkrasía*: cará(c)ter próprio) **1** *Med* Susce(p)tibilidade do organismo de um indivíduo a reagir de forma particular a agentes exteriores, físicos ou químicos. **2** Modo peculiar de sentir e reagir de um indivíduo ou de um grupo. **3** Temperamento cara(c)terístico de um indivíduo.

idiossincrási[ti]co, a *adj* (<idiossincra(sia) + -t- + -ico) **1** Relativo a idiossincrasia. **2** Peculiar a [Próprio/Cara(c)terístico de] alguém.

idiota (Ó) *adj/s 2g* (<gr *idiútes*: ignorante) **1** (O) que é tolo/parvo/pouco inteligente. **Ex.** Ele é um ~, não faz nada de jeito [, não sabe fazer nada/não faz nada em condições]. **Sin.** Estúpido; ignaro; imbecil; pateta. **Ant.** Esperto; inteligente. **2** *Med* (O) que sofre de idiotia. **3** Diz-se de algo que não tem valor ou interesse. **Ex.** O plano dele é ~, não entusiasma ninguém. **Comb.** *História* ~. *Livro* ~ [disparatado/sem interesse].

idiotia *s f* (<idiota + -ia) **1** *Med* Afe(c)ção congé[ê]nita cara(c)terizada por um défice mental muito grave, com ausência de linguagem e um nível mental inferior a criança de três anos. **2** Falta de bom senso/Estado de idiota.

idiotice *s f* (<idiota + -ice) Qualidade [Estado] de idiota/Maluqueira/Parvoíce.

idiotismo *s m* (<idiota + -ismo) **1** ⇒ idiotia 1. **2** Falta de inteligência/Estupidez/Parvoíce/Idiotice(+). **3** *Ling* ⇒ idiomatismo(+).

ido *adj m* (<ir) Que foi/passou/Passado. **Loc.** Em tempos ~s [No passado/Antigamente].

-ido, a Terminação dos verbos terminados em *ir* «proibir» e em *er* «nascer». **Ex.** Proib~; nasc~.

idocrásio *s m Miner* (<gr *éidos*: forma + *krásis*: mistura) ⇒ vesuvianite/a(+).

idólatra *adj/s 2g* (<lat *idólatra*) **1** (O) que presta culto a ídolo(s). **2** Relativo a [Que tem o cará(c)ter de] idolatria. **3** Grande admirador de alguém ou de alguma coisa/Apaixonado.

idolatrar *v t* (<idólatra + -ar¹) **1** Prestar culto a [Adorar] um animal, uma imagem, um obje(c)to, como divindade. **2** Ter uma grande admiração por. **3** Amar com paixão.

idolatria *s f* (<lat *idolátria*) **1** *Rel* Adoração de um ídolo/Culto prestado a algo considerado divindade, como um animal, imagem, obje(c)to. **2** *fig* Admiração exagerada/Amor excessivo.

idolátrico, a *adj* (<idolatria + -ico) Relativo a idolatria ou a idólatra.

ídolo *s m* (<gr *eídwlon*: imagem) **1** Imagem representativa de uma divindade, a que se presta adoração/culto. **2** *fig* Pessoa muito admirada, sobretudo na área do desporto, da canção/música, do cinema. **Ex.** Jovens e adolescentes seguem apaixonadamente os seus ~s.

idoneidade *s f* (<lat *idóneitas, átis*) **1** Qualidade do que é idóneo, do que tem competência para o desempenho de um cargo ou de uma função/Aptidão/Capacidade. **Ex.** Precisamos de gente que tenha ~ para desenvolver [fazer] as várias tarefas da fábrica [do hospital]. **2** ⇒ Re(c)tidão de cará(c)ter/Honestidade.

idóneo, a [*Br* **idôneo**] *adj* (<lat *idóneus*) **1** Que é apto, competente para o desempenho de um cargo ou de uma função. **Ex.** Parece-me pessoa ~a para presidente da junta de freguesia. **2** Que tem um comportamento honesto/digno/sensato. **3** Apropriado/Adequado/Conveniente.

Idos *s m pl Hist* (<lat *Idus*) Um dos três dias fixos do mês (Calendas, Nonas e ~) que, no calendário romano, serviam de referência para indicar a data, ocorrendo no dia 15 nos meses de março, maio, julho e outubro, e a 13 nos restantes meses. **Ex.** Na Roma antiga, para indicar o dia 10 de março, dizia-se: no sexto dia antes dos ~ de março. Júlio César foi assassinado nos ~ de março do ano 44 a.C.

idoso, a (Óso, Ósa, Ósos) *adj/s* (<i(da)de + -oso) (Pessoa) que é de idade avançada/Velho. **Ex.** Os ~s estão a ser uma parte cada vez maior da sociedade ocidental.

i. e. ⇒ id est.

lémen [*Br* **lêmen**] *s m* República da península arábica, com a capital em Saná, sendo os habitantes designados de iemenitas.

iene *s m* (<jp en) ⇒ yen (Grafia internacional e mais próxima do original japonês).

igarapé *s m* (<tupi *igara*: canoa + *pe*: caminho) **1** ⇒ riacho. **2** ⇒ canal/estreito «entre pequenas ilhas do Amazonas».

iglu *s m* (<inuíte *iglu*: casa de neve) **1** Casa de habitação em forma de cúpula, feita pelos *depr* esquimós [inuítes(+)] com blocos de neve dura ou gelo. **2** *Mil* Pequena construção em forma de cúpula para guardar munições.

ignaro, a *adj/s* (<lat *ignárus*) **1** (O) que não tem instrução/Ignorante(+)/Inculto. **2** (O) que não tem bom senso/Estúpido(+)/Idiota.

ignávia *s f* (lat *ignávia*) **1** ⇒ preguiça/indolência. **2** ⇒ falta de coragem; cob[v]ardia.

ignavo, a *adj* (<lat *ignávus, a, um*) **1** ⇒ preguiçoso/indolente. **2** ⇒ pusilânime/cob[v]arde.

ígneo, a *adj* (<lat *ígneus* <*ígnis*: fogo) **1** Relativo [Semelhante] ao fogo. **Comb.** *Cara(c)terísticas ~as. Pôr do sol ~*. **2** «ele(c)trólise» Produzida pelo fogo. **3** *Geol* Diz-se de rocha resultante da solidificação do magma (de vulcão). **4** *fig* Ardente/Inflamado/Apaixonado/Entusiástico. **Comb.** Temperamento ~ [fogoso(+)].

ignescência *s f* (<ignescente) Estado do corpo que está a arder/que se inflamou. ⇒ ignição.

ignescente *adj 2g* (<lat *ignéscens, éntis* <*ignésco, ere*: incendiar-se) Que tem fogo/A arder/Incandescente(+)/Inflamado.

ignição *s f* (⇒ ígneo) **1** Combustão, sem chama, de uma substância sólida. **2** Inflamação de mistura gasosa. **Comb.** Ponto de ~. **3** Mecanismo com que se põe a funcionar um veículo motorizado. **Ex.** Logo que liguei a ~, o motor começou a trabalhar/funcionar. **Comb.** Chave de ~.

ignífero, a *adj* (<lat *ígnis*: fogo + -fero) Que tem [traz/produz] fogo.

ignífugo, a *adj* (<lat *ígnis*: fogo + -fugo) **1** Que evita/dificulta a combustão. **2** Que afasta/apaga o fogo.

ignipun(c)tura (*dg*) *s f Med* (<lat *ígnis*: fogo + *punctúra*: picada) Processo de cauterizar os tecidos com instrumento metálico ao rubro. ⇒ cáustico; moxa.

ignívomo, a *adj* (<lat *ignívomus*) Que expele/vomita fogo. **Comb.** Vulcão/Cratera ~/a.

ignívoro, a *adj* (<lat *ígnis*: fogo + -voro) Que engole [parece engolir] fogo. **Ex.** No circo impressionou-o um artista ~o [que engolia fogo (+)].

ignóbil *adj 2g* (<lat *ignóbilis*) **1** Que não tem nobreza. **2** Vil/Abje(c)to/Baixo/Desprezível/Reles. **Ex.** A sua atitude [Aquele comportamento] ~ provocou a revolta do grupo. **Ant.** Nobre.

ignobilidade *s f* (<lat *ignobílitas, átis*: baixa origem) Qualidade do que é ignóbil, vil, baixo/Baixeza(+).

ignobilmente *adv* (<ignóbil + -mente) De modo ignóbil/De forma vil/baixa. **Loc.** Proceder [Portar-se] ~ «na festa».

ignomínia *s f* (<lat *ignomínia*) Grande desonra/afronta/Opróbrio/Infâmia. **Ex.** Sofreu a ~ de ser injustamente acusado de um crime.

ignominiar *v t* (<ignomínia + -ar¹) ⇒Tratar com ignomínia/Desonrar/Ultrajar.

ignominioso, a (Ôso, Ósa, Ósos) *adj* (<lat *ignominiósus*) Que causa ignomínia/ultraje/infâmia/Vergonhoso. **Comb.** Um castigo ~.

ignorado, a *adj* (<ignorar) **1** Que não é conhecido. **Ex.** O problema de saúde ainda era ~. **2** Que não é notado/Humilde/Apagado. **Ex.** O povo ~ estava cansado de esperar por uma vida melhor. **3** Que é marginalizado por outrem/Menosprezado. **Ex.** O rapaz fora ~ pelo chefe da equipa.

ignorância *s f* (<lat *ignorántia*) **1** Falta de conhecimento/saber. **Ex.** A ~ vence-se com o estudo. **Comb.** *Fil* Douta «socrática» [O saber que nada sabe «profundamente»]. **2** Estado do que desconhece a existência de alguma coisa. **Ex.** Na sua ~ dos problemas do mundo parecia feliz. **Comb.** ~ *crassa* [Enorme falta dos conhecimentos «que deveria ter»]. *Santa ~!* [Grande ingenuidade]. **3** Falta de instrução/prática em determinado domínio. **4** Fraco nível de instrução de uma sociedade. **Ex.** Os governantes são responsáveis pelo estado de ~ da população. O povo vive na ~ [é analfabeto/não tem instrução].

ignorantão, ona *adj/s* (<ignorante + -ão) (O) que é muito ignorante, embora se julgue sabedor.

ignorante *adj/s* (<lat *ignórans, ántis* <*ignóro, áre*: ignorar) **1** (O) que não sabe/que desconhece/ignora. **Ex.** Eu era ~ [Eu não sabia(+)] dos perigos daquela aventura. **2** (O) que tem falta de conhecimento ou de prática num determinado domínio/assunto. **Ex.** Em informática sou um perfeito ~. **3** (O) que tem falta de instrução/Iletrado/Analfabeto/Inculto. **Ex.** Um povo ~ é mais facilmente enganado/levado.

ignorantismo *s m* (<ignorante + -ismo) **1** Teoria que defende a vantagem da ignorância/Obscurantismo(+). **2** Estado de ignorância. **Ex.** O ~ facilitava a repressão do povo.

ignorar *v t* (<lat *ignóro, áre*) **1** Não ter conhecimento de/Não saber/Desconhecer. **Ex.** Ignorava que ele tivesse chegado. **2** Não atender a/Não dar atenção a/Não fazer caso de. **Ex.** Ficou aborrecido porque o tinham ignorado. O entrevistado

ignorou a [não fez caso da] pergunta do jornalista. **3** Não ter [levar] em conta/Não cumprir [obedecer a] uma norma. **Ex.** Ele por vezes ignora as regras da cortesia. **4** Não contemplar/incluir. **Ex.** Para fazer o trabalho da escola costuma ~ algumas obras de consulta. **5** Ser avesso a/Ser incapaz de. **Ex.** Parece ~ tudo [Não sabe(+)] o que seja desavença/quezília/conflito.

ignoto, a (Ignó) *adj* (<lat *ignótus*) **1** Desconhecido/Ignorado. **Ex.** Os navegadores portugueses do séc. XV deram a conhecer regiões ~as. **2** Que não é notado/Humilde/Apagado(+). **Ex.** É uma justa homenagem aos ~s obreiros do progresso.

igreja *s f* (<gr *ekklesía*: reunião) **1** *maiúsc Hist* Comunidade dos fiéis que, desde os primeiros séculos da nossa era, professaram a fé em Cristo, na linha da tradição apostólica/Cristandade. **Ex.** Na ~ de Cristo houve duas grandes separações, com recusa da autoridade do papa: a dos ortodoxos, no séc. XI, e a dos protestantes, no séc. XVI. **Comb.** ~ *primitiva*. *Padres da* ~. **2** *maiúsc* Comunidade dos cristãos que reconhecem a autoridade do papa, bispo de Roma/Conjunto dos fiéis católicos. **Ex.** A missionação é uma importante a(c)tividade da ~. **Comb.** ~ *Católica Apostólica Romana*. ~ *militante* [visível/dos fiéis]. ~ *padecente* [das almas no Purgatório]. ~ *triunfante* [dos santos no Céu]. *Doutor da* ~. *Ministro da* ~. *Santa Madre* ~. **3** *maiúsc* Hierarquia católica. **Ex.** É obrigação da ~ orientar os fiéis. **4** *maiúsc* Conjunto de fiéis que, dentro do cristianismo, seguem uma confissão (Doutrina/Ensin(ament)o) particular. **Comb.** ~ *Anglicana*. ~ *Evangélica*. ~ *Ortodoxa* [dos cristãos dos países do leste da Europa, de rito oriental, que reconhecem a autoridade do Patriarca do Oriente]. **5** Edifício destinado à oração e à celebração do culto a Deus. **Ex.** Brincávamos no adro da ~. **Comb.** *A (~) matriz* [O templo cristão mais importante numa localidade com mais que um]. *Torre da* ~. *Sino da* ~. ⇒ campanário.

igrejinha *s f* (<igreja + -inha) **1** ⇒ Igreja pequena/Capela/Ermida(+). **2** *fig* ⇒ Grupo muito fechado de pessoas/*col* Panelinha(+)/Capelinha.

igual *adj/s 2g* (<lat *aequális,e*) **1** Que, em comparação com outro, não apresenta diferença em natureza, aparência, qualidade, quantidade, grandeza, valor, duração, ... **Ex.** Comprou dois livros ~ais. **Loc.** *Continuar ~ a si mesmo* [Manter as mesmas qualidades/cara(c)terísticas]. *De ~ modo* [Da mesma maneira/Assim/Também]. *Falar/Tratar de ~ para/a ~* [(Relacionar-se com outrem) sem sentimentos de superioridade ou de inferioridade]. **idi** *Não ter/haver ~* [Ser único/Ser diferente de qualquer outro/Ser o melhor]. «tratar as pessoas/cortar o papel» *Por ~* [Do mesmo modo/Com a mesma medida]. **2** Que não varia/Que se mantém idêntico/Constante/Estável. **Ex.** No verão, em Pt, o tempo pode manter-se ~ durante muitos dias. **3** Que não apresenta irregularidades/saliências/Liso/Plano. **Ex.** A superfície da sala é muito ~. **4** (O) que é da mesma condição/que tem o mesmo estatuto. **Ex.** Apesar de dirigir a instituição, a(c)tua como (um) ~ entre ~ais (lat *par inter pares*). **5** Que se aplica em idênticas condições a muitos. **Ex.** O regulamento é ~ [é o mesmo] para todos. **6** *Álg* Que é equivalente. **Ex.** 3+3 é ~ a 6. **7** *Geom* Diz-se de figuras que podem coincidir. **Ex.** Dois triângulos são ~ais se têm todos os lados e ângulos ~ais.

igualação *s f* (<igualar + -ção) A(c)to ou efeito de igualar/nivelar. ⇒ equação. **Ant.** Diferenciação.

igualar *v t* (<igual + -ar¹) **1** Tornar(-se) igual/Equiparar(-se). **Ex.** A lei iguala todos os cidadãos em deveres e direitos. **2** Atingir o mesmo nível em qualquer aspe(c)to. **Ex.** Eles igualam-se na dedicação ao próximo. **3** Atingir [Ter] a mesma importância/qualidade. **Ex.** A empresa cresceu sempre até ~ a rival. **4** Conseguir o mesmo resultado «numa competição». **Ex.** Já perto do fim a nossa equipa veio a ~ a partida. **Sin.** Empatar.

igualável *adj 2g* (<igualar + -vel) Que pode ser igualado. **Ant.** In~.

igualdade *s f* (<lat *aequálitas, átis*) **1** Condição do que é igual. **Ex.** Eles estão em ~ de circunstâncias para poder ganhar [poder ser eleitos/escolhidos]. **2** Fa(c)to de não haver diferença quantitativa ou qualitativa entre coisas ou pessoas. **Ex.** Os funcionários públicos da mesma categoria têm tido ~ de vencimento/salário. **3** *Mat* Relação entre grandezas iguais (Símbolo =). **Ex.** Entre 3 + 3 e 2 + 4 há uma ~. **4** *(D)esp* Resultado em que as duas equipas empatam. **Ex.** No fim da partida regist(r)ou-se uma ~ [um empate(+)] a três bolas/tentos. **5** Princípio de organização social em que todos os indivíduos têm os mesmos direitos e deveres. **Ex.** A Revolução Francesa, em 1789, proclamou a Liberdade, a Fraternidade e a ~ para todos os cidadãos.

igualha *s f* (<lat *aequália*, pl de *aequális,e*: igual) Igualdade/Semelhança de condição social ou de comportamento (Mais *us* em tom depreciativo). **Ex.** Por favor, não me trate assim, que eu não sou da sua ~.

igualitário, a *adj/s* (<igualdade + -ário) **1** Que procura/visa estabelecer a igualdade entre os homens. **Ex.** O ideal ~ seduziu muitos revolucionários. **Comb.** *Sistema ~o*. **2** (O) que advoga a igualdade social de todos/Igualitarista(+).

igualitarismo *s m* (<igualitário + -ismo) Doutrina que defende um sistema político-social de igualdade total dos cidadãos. ⇒ democracia. **Ant.** Elitismo. (⇒ diserimação).

igualitarista *adj/s 2g* (<igualitário + -ista) Partidário do igualitarismo.

igualização *s f* (<igualizar + -ção) Processo de igualizar/Igualação. **Ex.** A ~ das remunerações foi exigida pelos sindicatos.

igualizar *v t* (<igual + -izar) **1** Suprimir as diferenças entre/Tornar igual. **Ex.** Ele procurou ~ a dificuldade das tarefas que distribuiu aos filhos. **2** Nivelar/Alisar/Aplanar.

igualmente *adv* (<igual + -mente) **1** Do mesmo modo/Identicamente. **Ex.** Ele procedeu ~, mas desta vez não teve o mesmo sucesso. **2** Na mesma medida. **Ex.** Os dois irmãos são ~ responsáveis pelo que aconteceu. **3** Além disso/Ainda/Também. **Ex.** ~ fomos ao concerto, que teve muito nível. **4** Na conversação, usa-se como fórmula de retribuir um cumprimento/voto. **Ex.** Tive muito gosto em vê-lo! – ~ [E eu também]! Desejo-lhe boa saúde! – ~!

iguana *s f Zool* (<esp *iguana* <aruaque *iwana*) Designação comum de lagartos da família dos iguanídeos, existentes na América Central e do Sul, com uma crista no dorso, atingindo alguns grande dimensão.

iguanídeo, a *adj/s Zool* (<iguana + -ídeo) (Diz-se de) réptil ou (de) família de répteis sáurios, a que pertence a iguana.

iguaria *s f* (< ?) **1** Comida saborosa/Prato apetitoso/Petisco. **Ex.** Serviram-nos ali ~s da gastronomia regional. **2** Qualquer comida preparada/Prato. **Ex.** A refeição constava de muitas [várias] ~s.

ih *interj* (< on) Exclamação que exprime admiração/espanto/ironia/temor. **Ex.** ~ [Eh]! Que grande que ele está! ~ [Ai]! Que precipício! ⇒ oh!; ui!; ah!

iídiche *s m* (<ing *iyddish*<al *jüdisch*:judeu) Língua derivada do alemão, falada pelos judeus da Europa Central e Oriental, com influência hebraica e eslava. ⇒ sefardi(m).

-il *suf* (<lat *-ilis*) Significa **a)** Próprio de (Ex. hostil, mulheril, pueril, pastoril); **b)** Local de recolha de animais (Ex. canil, touril); **c)** Relação (Ex. Peitoril, febril, pernil); **d)** Instrumento (Ex. Buril, cantil).

ilação (Lá) *s f* (<lat *illátio, ónis* <ínfero, érre, *illátum*: inferir, concluir) A(c)to ou efeito de inferir/concluir. **Ex.** Das duas premissas tirou a devida ~. **Sin.** Conclusão; inferência.

ilangue-ilangue *s m Bot* (<tagalo *ilang-ilang*) Árvore da família das anonáceas, de folhagem persistente, com a flor em forma de campânula, muito aromática; *Cananga odorata*.

ilapso *s m* (<lat *illápsus* <illábor, llápsus sum*: penetrar) Influxo divino na alma de alguém, segundo os ascetas.

ilaquear *v t* (<lat *illáqueo, áre*: prender com laço; ⇒ laquear¹) **1** Prender com laço/Enlaçar/Enredar. **2** *fig* Enganar/Iludir.

ilativo, a (Lá) *adj* (<lat *illatívus*) Relativo a ilação/Conclusivo/Dedutivo. **Comb.** *Conjunção ~a* «portanto; pois».

ilegal *adj 2g* (<i- + legal) Que não é legal/Contrário à lei/Ilícito. **Ex.** O procedimento dele foi ~. **Comb.** *Comércio ~*. *Meio [Medida/A(c)to] ~*. *Posse ~ de arma*. «*imigrante em» Situação ~*.

ilegalidade *s f* (<ilegal + -idade) **1** Qualidade do que é ilegal/ilícito. **2** A(c)to/Procedimento contrário ao que dispõe/determina a lei. **Loc.** *Cometer uma ~*.

ilegalmente *adv* (<ilegal + -mente) De modo ilegal/Contra a lei. **Loc.** *Construir um prédio ~*.

ilegibilidade *s f* (<ilegível + -idade) Qualidade do que não se consegue ler. **Ex.** A ~ da assinatura impediu-nos de identificar o autor do texto.

ilegitimidade *s f* (<ilegítimo + -idade) **1** Qualidade de «filho» ilegítimo. **2** Condição do que vai contra as leis/normas. **3** *an* ⇒ bastardia.

ilegítimo, a *adj* (<i- + legítimo) **1** Que não é «ouro» legítimo/verdadeiro. **2** «união/casamento» Que não é conforme ao direito/Que contraria a lei/norma/regra. **Ex.** Trata-se de um negócio ~. **3** «queixa/esperança» Que não se justifica/«conclusão» Que não tem fundamento. **4** Dizia-se de filho nascido fora do casamento. ⇒ bastardo.

ilegível *adj 2g* (<i- + legível) Que não se lê [se consegue ler]. **Ex.** A receita do médico é ~ para mim, tão indecifrável é a letra. O texto, com a tinta muito esbatida, está praticamente ~. **Comb.** *Assinatura ~. Letra ~*.

íleo *s m Anat* (<lat *íleus* <gr *eileós*: cólica intestinal) **1** Parte final do intestino delgado entre o jejuno e o intestino grosso. **2** *Med* Oclusão intestinal.

ileocecal *adj 2g* (<íleo + cecal) Relativo conjuntamente ao íleo e ao cego. **Comb.** *Apêndice ~. Válvula ~*.

ileocolite *s f Med* (<íleo + colite) Inflamação do íleo e do cólon.

ileostomia *f Med* (<íleo + gr *stóma*: boca + -ia) Cirurgia abdominal [Ânus artificial] para excreção de fezes.

ileso, a (Lê) *adj* (<lat *illaesus, a, um*) Que não apresenta ferimento/lesão/Incólume. **Ex.** Felizmente saiu ~ do acidente.

iletrado, a *adj/s* (<i- + letrado) **1** (O) que não sabe ler nem escrever/Analfabeto. **2** (O) que tem pouca instrução ou pouca cultura literária. **3** (O) que revela iliteracia.

iletrismo *s m* (<i- + letra + -ismo) Qualidade de iletrado/Analfabetismo(+).

ilha *s f* (<lat *ínsula*) **1** *Geog* Porção de terra emersa, menor que um continente, rodeada de água por todos os lados. **Ex.** As ~s portuguesas são banhadas pelo [ficam todas no] Oceano Atlântico. **2** *fig* Grupo de casas pobres junto a uma cidade «Porto, *Pt*» ou povoado. **3** *fig* O «país» que está muito isolado ou é muito diferente do que o rodeia. **Ex.** Aquele bairro, com os seus graves problemas, é uma ~ «de pobreza/droga» que merece um apoio especial.

ilhal *s m* (<lat *ília*: ilharga + -al) **1** *Anat* Cada uma das regiões laterais do corpo da rês, entre a última costela, a ponta da alcatra e o lombo. **2** Cada uma das depressões laterais do cavalo na região infero-lombar. **3** ⇒ flanco; ilharga.

ilhar *v t* (<ilha + -ar) ⇒ Tornar incomunicável/Isolar(+)/Separar.

ilharga *s f* (<lat *iliárica* <*ília,ium*: flanco) **1** No homem, cada zona lateral do corpo entre a anca e o ombro/Flanco. **Loc.** À ~ de [Ao lado de] (Ex. O atleta corre para a meta, sempre com o adversário à ~). «deitar-se» *De* ~ [De esguelha]. *idi De mão na* ~ [De forma arrogante]. *idi Rir até rebentar as* ~*s* [Rir às gargalhadas/Rebentar de riso(+)]. *idi Ter alguém à* ~ [Estar a ser vigiado/controlado por alguém sempre pronto a censurar/advertir]. **2** Nos animais, região lateral do abdó[ô]men [abdome] e das costelas/Flanco. **3** Parte lateral de alguma coisa. **Comb.** ~ do navio. **4** *fig* Indivíduo que acompanha sempre alguém. **5** *fig* Conselheiro íntimo/Confidente/Prote(c)tor.

ílhavo *s m* (<*top* Ílhavo (Portugal)) **1** Barco usado pelos pescadores na ria de Aveiro (Portugal). **2** *Icti* ⇒ tainha(+)/muge(m).

ilhéu, oa *adj/s m* (<ilha + -éu) **1** Relativo a ilha. **2** «japonês/açoriano» Natural ou habitante de ilha. **3** Pequena ilha(o +)/Ilhota(+). **4** Rochedo no meio do mar. ⇒ recife. **5** Na estrada, zona interdita à circulação que separa as correntes de tráfego/Separador(+).

-ilho, a *suf* (<lat *-ículus*) Significa *diminutivo* (Ex. rastilho, afogadilho, estribilho, aguadilha, pacotilha).

ilhó *s 2g* (<lat *oculíolus* <*óculus*: olho) **1** Orifício por onde se enfia o atacador/cordão «dos sapatos» ou a fita. **Ex.** O miúdo já aprendeu a enfiar o atacador nos ~s. **2** Aro de metal [plástico] a debruar esse orifício.

ilhoa *s f* ⇒ ilhéu.

ilhota (Ó) *s f* (<ilha + -ota) Ilha pequena/Ilhéu.

ilíaco, a *adj/s m Anat* (<lat *ilíacus*) **1** Relativo à região pélvica, à bacia. **2** *s m* Osso par, lateral, resultante da soldadura do ílio, ísquio e púbis, formando a cintura pélvica/Osso do quadril.

ilíada *s f* (<gr *Iliás, ádos*: relativo a Ílion/Tróia) **1** *fig* Qualquer narrativa de feitos heroicos. **2** *maiúsc* Poema, atribuído a Homero – a quem se atribui também a *Odisseia* –, que narra os dez anos de combates na guerra de Troia. **Ex.** Na I~ avultam heróis, como Aquiles, Ulisses, Ajax, Heitor, … e na Eneida, escrita por Virgílio, o herói é Eneias.

ilibação *s f* (<ilibar + -ção) A(c)to de isentar de culpa ou de ilibar/Reabilitação.

ilibar *v t* (<lat *illibátus*: puro, íntegro <*in + libo, áre,atum*: tirar um pouco «para oferecer aos deuses») **1** Livrar de mancha/pecado/Purificar. **Ex.** A Virgem Maria foi ilibada (da mancha) do pecado original. **2** Isentar de culpa/Livrar de acusação. **Ex.** O juiz ilibou o réu das acusações que lhe moveram. **3** ⇒ Restituir o bom nome/Reabilitar(+).

iliberal *adj 2g* (<i- + liberal) **1** Que se opõe à liberdade/ Não liberal/Despótico. **2** Mesquinho(+)/Somítico/Avarento/Avaro(o+). **Ant.** Generoso; pródigo.

iliberalidade *s f* (<iliberal + -(i)dade) **1** Qualidade do que é iliberal. **2** Tendência para o despotismo/a intolerância. **3** Falta de generosidade/Mesquinhez/Avareza(+).

iliberalismo *s m* (<i- + liberalismo) Doutrina/Prática de oposição à liberdade, sobretudo no campo político/Autoritarismo(+).

ilícito, a *adj/s m* (<lat *illícitus*: proibido) **1** Que não é lícito/Ilegal/«lucro/procedimento» Ilegítimo. **2** *Dir* (O) que é proibido pela [contrário à] lei/Delito(+). **Ex.** Foi acusado de ter cometido um ~ de grande gravidade. **Comb.** ~ *civil* [Delito civil]. ~ *penal* [Crime].

ilicitude *s f* (<ilícito + -(t)ude) Qualidade do que é ilícito/Oposição à lei. **Ex.** Desconhecia a ~ daquele a(c)to, mas teve de pagar a multa.

ilídimo, a *adj* (<i- + lídimo) ⇒ Espúrio/Ilícito/Ilegítimo.

ilidir *v t* (<lat *íllido,ere*: bater contra) Argumentar contra/Refutar(+)/Rebater/Contestar. **Ex.** O advogado foi brilhante a ~ os argumentos do adversário.

ilimitação *s f* (<i- + limitação) ⇒ Qualidade do que não tem limite/Imensidão.

ilimitado, a *adj* (<i- + limitado) **1** Que não lhe foi fixado limite/Que não foi demarcado. **Ex.** A greve é por período ~. **2** Que não tem limite/fim/Imenso/Infinito. **Ex.** A série dos números inteiros é ~a. **3** Que é difícil de calcular/Que parece não ter fim. **Ex.** O país, no subsolo, dispõe de [tem] recursos ~s. Tem uma resistência ~a [incrível(+)], nunca se cansa! **4** Que não tem restrições/Absoluto(+)/Total. **Ex.** O tirano gozou de [teve/usou] um poder ~.

ilimitável *adj 2g* (<i- + limitável) ⇒ «liberdade» Que não se pode limitar.

ílio *s m Anat* (<lat *ílium*) Peça óssea que, na maior parte dos vertebrados adultos, está soldada ao ísquio e ao púbis, constituindo a parte achatada do osso ilíaco, da anca.

iliquidez *s f* (<i- + liquidez) **1** Qualidade do que não é [está] líquido. **2** *Econ* Falta de dinheiro para fazer pagamentos ou cumprir obrigações. **Ex.** A crise pode levar a empresa à ~. **Ant.** Liquidez.

ilíquido, a *adj* (<i- + líquido) **1** «Ajustes/Partilhas» Que não é ainda bem conhecido/Que não foi determinado/apurado. **2** Que está sujeito ainda a deduções/Bruto. **Comb.** Salário ~. **Ant.** Líquido. **3** Que não é (prontamente convertível) em dinheiro. **Comb.** A(c)tivos ~s.

iliteracia *s f* (<i- + literacia) Dificuldade de [em] entender o que (se) lê/Analfabetismo. **Ex.** A ~ do povo impede o progresso econó[ô]mico.

ilmenite/a *s f Miner* (<*top* Ilmen (Rússia) + -ite/a) Mineral romboédrico, constituído por óxido de ferro e titânio trigonal, sendo o principal minério de titânio, usado no fabrico de aços especiais.

ilocução *s f Ling* (<ing *illocution* <lat *in + locútio*: fala) A(c)to de fala que influi na relação dos interlocutores, tendendo a levar à realização de um a(c)to «ordem, pedido, convite, cumprimento, …».

ilocutório, a *adj Ling* (<ilocução) Relativo à ilocução/Que realiza a a(c)ção «ordem, pedido, convite, …» determinada pelo verbo «Abra a porta!». **Comb.** A(c)to ~. Força ~a.

ilógico, a *adj* (<i- + lógico) **1** Contrário às regras da lógica/Que não é coerente/Inconsequente. **Ex.** É ~ tirar essa conclusão [ilação] das premissas. **2** Que não faz sentido/Absurdo.

ilogismo *s m* (<ilóg(ico) + -ismo) **1** (Qualidade d)o que é ilógico. **2** Atitude estranha/inexplicável/inesperada. **Comb.** O mito do ~ feminino.

iludir *v t* (<lat *illúdo, ere, sum*) **1** Fazer acreditar no que não é verdade(iro)/Fazer cair em erro/Provocar ilusão/Enganar. **2** Burlar/Intrujar/Ludibriar. **Ex.** Iludiu a boa-fé daquela gente simples. **3** ⇒ Frustrar/Gorar. **4** Fugir [Furtar-se/Escapar] à a(c)ção de alguém. **Ex.** Estudava [Arquite(c)tava] esquemas/formas de ~ o fisco. Conseguiu ~ a vigilância da polícia. **5** Procurar atenuar/Mitigar/Aliviar. **Ex.** Aprendeu a ~ [enganar(+)] a fome com umas bolachas de água e sal. **6** ~-se/Cair em engano/Fiar-se em. **Ex.** Deixou-se ~ pelas [Fiou-se nas] promessas do namorado.

iludível *adj 2g* (<iludir + -vel) **1** Que pode ser iludido/enganado. **Ex.** Uma pessoa simplória é facilmente ~. **2** ⇒ Que pode conduzir à ilusão/Ilusório(+).

iluminação *s f* (<iluminar + -ção) **1** A(c)ção ou efeito de iluminar. **Ex.** A ~ do recinto fica cara [custa bastante dinheiro]. **Comb.** ~ *artificial*/natural. ~ *dire(c)ta*/indire(c)ta. **2** Quantidade de luz presente. **Ex.** Esta ~ é suficiente. **Comb.** ~ pública [Sistema de luzes que iluminam o espaço público «ruas, praças, …»] (Ex. A ~ com luzes ou candeeiros espaçados (em) cerca de 50 metros parece adequada). **3** Conjunto de luzes que iluminam um espe(c)táculo, uma filmagem, uma emissão de televisão. **4** Conjunto de luzes decorativas em época festiva/Iluminações(+). **Ex.** Este ano a ~ de Natal foi muito apreciada. **5** *fig* Inspiração(+) súbita/Rasgo. **Ex.** Este poema é fruto de [deve-se a] uma ~ particularmente [muito] feliz e fecunda. **6** *fig* ⇒ Conhecimento aprofundado/Inspiração. **7** *fig Rel* Graça que Deus concede de um conhecimento mais profundo da verdade. **Ex.** A teoria da ~ é importante na filosofia de S(anto) Agostinho. ⇒ iluminado 7.

iluminado, a *adj/s* (<iluminar) **1** Que tem claridade/luz/Alumiado. **Ex.** A rua, de noite, está ~a. **2** Luminoso/Brilhante/Radioso. **Comb.** Olhar ~. **3** Dotado de conhecimento/Sabedor/Esclarecido/Instruído. **Comb.** Espírito ~. **4** Dotado de grande inspiração. **Comb.** Poeta ~/Inspirado(+). **5** *depr* Pessoa demasiado convencida do seu saber, da sua superioridade. **Ex.** Há (para aí) uns ~s que opinam sobre tudo. **6** Pessoa clarividente/Visionário. **Ex.** Só um ~ [génio] poderia conceber um plano tão engenhoso. **7** *Rel* (O) que recebeu a graça divina de um mais aprofundado conhecimento da verdade/Místico(+). **8** ⇒ Iluminista 2.

iluminador, ora [iluminante] *adj* (<iluminar) **1** Que ilumina/alumia. **2** Próprio para iluminar. **Comb.** Petróleo ~.

iluminar *v t* (<lat *illúmino, áre, átum*) **1** Proje(c)tar luz sobre/Tornar mais claro/Alumiar. **Ex.** Quer ~ a sala com um candeeiro de pé alto. **2** Decorar com luzes por ocasião festiva. **Ex.** Pelo Natal costumam ~ a principal artéria/rua da vila. **3** Dar uma expressão alegre/radiosa. **Ex.** Aquele anúncio iluminou-lhe o semblante/rosto. **4** Ajudar a compreender/entender ou a encontrar a melhor solução para problema grave ou um bom rumo na vida. **Ex.** A leitura daquele livro sagrado veio ~ a sua mente inquieta. Pedia a Deus que iluminasse o filho naquela encruzilhada **2**. **5** Vir

subitamente à mente/Ter uma inspiração/um rasgo. **Ex.** O seu espírito iluminou-se e dali em diante foi outra pessoa (muito diferente do que fora). **6** Decorar com [Pintar] iluminuras.

iluminismo *s m Hist* (<fr *illuminisme* <iluminar) Movimento intelectual e cultural do séc. XVIII que manifestava uma confiança plena na ciência e na razão crítica, defendendo a liberdade de pensamento e os direitos dos cidadãos/Filosofia das luzes.

iluminista *adj/s 2g* (<fr *illuministe*) **1** Relativo ao iluminismo. **2** Adepto do iluminismo.

iluminura *s f* (<fr *enluminure*) **1** *Hist* Arte praticada na Idade Média pelos monges copistas que, no pergaminho, decoravam, em cores vivas, um texto, uma letra capitular, …, com desenho artístico, miniatura, arabesco… **2** Cada um desses elementos decorativos. **Ex.** Há ~as muito bonitas! **3** *Arte* Aplicação de cores vivas a uma estampa.

ilusão *s f* (<lat *illúsio, ónis*: engano) **1** *Psic* Erro de perce(p)ção/Interpretação defeituosa dos dados dos sentidos. **Comb.** ~ (de) ó(p)tica. **2** Representação falsa julgada verdadeira/Erro de apreciação. **3** Perce(p)ção enganosa provocada por truque de ilusionista. **4** Confusão entre aparência e realidade. **Ex.** Reconheci [Vi] que aquela imagem «miragem na água» era uma ~. **5** Esperança vã/Devaneio/Sonho. **Ex.** Vive de ilusões da juventude, coitado! **6** Logro/Engano. **Ex.** As vantagens oferecidas pelo vendedor eram uma ~.

ilusionismo *s m* (<ilusão + -ismo) Arte de criar ilusões perce(p)tivas através de truques, artifícios, prestidigitação. **Comb.** Sessão de ~/magia. ⇒ mágica.

ilusionista *adj/s 2g* (<ilusão + -ista) **1** Relativo à arte do ilusionismo. **2** Pessoa que pratica essa arte. ⇒ mágico.

ilusório [ilusivo/ilusor], a (<ilusão + …) **1** Que é diferente do que parece/Que ilude/engana. **Ex.** Os argumentos dele são ilusórios/falsos. **2** Que não é real/Quimérico/Vão. **Ex.** O lucro nesse negócio é ~. O tamanho da estátua é ~.

ilustração *s f* (<lat *illustrátio, ónis*) **1** Processo de (se) tornar ilustre/famoso. **2** Qualidade do que é ilustre/Renome. **3** Instrução/Cultura. **Ex.** A ~ do povo é importante tarefa dos governos. **4** ⇒ Pessoa muito sabedora/Celebridade(+). **5** Pequena narrativa que ajuda a interiorizar [compreender] o que se expôs num texto (doutrinário)/Exemplo(+). **6** Arte de criação [sele(c)ção] de imagens para decorar/elucidar um texto. **Ex.** É um bom profissional em ~. **7** A(c)to ou efeito de ilustrar um livro «de histórias infantis»/texto com qualquer tipo de imagens. **8** Imagem «gravura, esquema, quadro, desenho» que complementa ou decora um texto. **Comb.** As ~ções da revista/do livro.

ilustrado, a *adj* (<ilustrar; ⇒ ilustre) **1** Sabedor/Erudito/Culto. **Ex.** Um homem ~ pode julgar com maior prudência. **2** «texto» Documentado para ficar mais claro/compreensível. **Ex.** Um livro ~ atrai mais a atenção do público. **3** «publicação» Que apresenta imagens/ilustrações. **Ex.** O texto está ~ com desenhos sugestivos. **Comb.** *Jornal ~. Postal ~. Revista ~a.*

ilustrador, ora *adj/s* (<ilustrar + -(d)or] **1** Que ilustra/clarifica/elucida. **2** (O) que faz a ilustração de uma obra ou de um texto/Profissional de ilustração **6**.

ilustrar *v t* (<lat *illústro, áre*: dar brilho) **1** Tornar famoso/ilustre/Celebrizar. **Ex.** Os grandes feitos ilustraram os heróis. **2** ~-se/Adquirir [Transmitir] conhecimento/Instruir(-se). **Ex.** Tem feito tudo para se ilustrar. **3** Decorar com imagens. **Ex.** Tem revelado muita arte a ~ a revista. **4** Evidenciar/Exemplificar. **Ex.** Estes desacatos ilustram [provam/mostram] a falta de segurança no país.

ilustrativo, a *adj* (<ilustrar + -tivo) Que ilustra/exemplifica/clarifica.

ilustre *adj 2g* (<lat *illústris,e*; ⇒ ilustrado) **1** Que é célebre/famoso pelas suas qualidades, pelo seu valor ou mérito/Notável/Eminente. **Ex.** A nossa cidade teve vários homens ~s/famosos/notáveis. **2** Que se distingue pela excelência da sua a(c)tuação em qualquer campo. **Ex.** O ~ professor formou várias gerações e foi agora homenageado. **Comb.** *iron* ~ desconhecido [Pessoa cujo valor se desconhece]. **3** (Que tem origem) nobre/Fidalgo. **Comb.** Família ~.

ilustríssimo, a *sup* de ilustre **1** Muito ilustre/famoso. **2** Tratamento de cerimó[ô]nia dado a pessoas por quem se tem elevada consideração ou em cartas. **Ex.** Ao ~ Senhor/Professor/Doutor/….

im- *pref* Forma do *pref* in- antes de p ou b; ex.: ~perfeito; ~berbe. ⇒ in-.

-im *suf* Significa *diminutivo* (Ex. amendoim, bandolim, botequim, bergantim, camarim, farolim, folhetim, lagostim).

imã *Br s m* ⇒ íman [magnete/o].

imã [imame/o] *s m* (<ár *imam*: chefe) **1** Sacerdote muçulmano. **2** *Hist* Título que os califas atribuíam a si próprios como chefes políticos e religiosos dos povos muçulmanos.

imacu(labi)lidade *s f* (<imaculável + -idade) Qualidade do que não pode ter mancha/mácula/Cará(c)ter de imaculável.

imaculado, a *adj* (<lat *immaculátus*: sem mancha) **1** Que não tem qualquer mancha/sujidade/Limpo/Cândido/Puro. **2** *Crist* Que não tem pecado. **Comb.** *Catol ~a Conceição* [Nascimento ~ de Maria, Mãe de Jesus Cristo] (Ex. A festa da ~ (Conceição), a 8 de dezembro, é uma das mais solenes na Igreja). ⇒ sagrado.

imaculável *adj 2g* (<lat *immaculábilis,e*: que não se mancha) ⇒ impecável(+).

imagem *s f* (<lat *imágo, inis*) **1** Representação visual, sob forma gráfica, plástica, fotográfica, de uma pessoa ou coisa. **Ex.** As ~ens [fotografias] do desastre publicadas no jornal *idi* cortam o coração. **2** Representação plástica de figuras de culto religioso. **Ex.** Na procissão, o andor com a ~ de S(anto) Antó[ô]nio ia à frente dos outros. **3** Representação dinâmica de pessoas e coisas num écran de cinema, de televisão, ... **Ex.** As ~ens [cenas] do grande incêndio causaram viva impressão. **4** Representação formada na retina (do olho) que é transmitida ao nervo ó(p)tico. **Comb.** ~ *desfocada.* ~ *nítida.* **5** Reprodução visual em superfície polida. **Ex.** A ~ formada na [num lençol de] água «lago» é menos nítida que a de um espelho plano. **Comb.** ~ *real.* ~ *virtual.* **6** Representação mental de algo na sua ausência/Representação que, de forma recorrente, vem à mente/Lembrança/Recordação. **Ex.** Não me sai da cabeça a ~ daquele panorama deslumbrante. **Comb.** ~ *auditiva.* ~ *gustativa.* ~ *olfa(c)tiva.* ~ *tá(c)til.* ~ *visual.* **7** Semelhança/Analogia/Parecença. **Ex.** Na Bíblia refere-se que Deus criou o homem à sua ~. **8** O que imita ou faz lembrar alguém ou alguma coisa/Réplica/Retrato. **Ex.** A moça é a ~ da [faz lembrar a] mãe. **9** Conjunto de conceitos e valores que o público associa a uma pessoa, a uma instituição ou a um produto. **Ex.** Esse homem político goza de excelente ~ [boa fama] junto dos eleitores. A ~ da [dessa] escola foi prejudicada pelos últimos acontecimentos. **10** Aparência que se transmite ou procura transmitir a outros. **Ex.** A ~ «do professor» é importante, sobretudo em algumas profissões. **Loc.** *Cuidar da ~. Ter boa ~* [Dar boa impressão]. **Comb.** ~ *de marca* **a)** Representação valorativa que o público consumidor tem de um produto comercializado sob uma designação; **b)** Representação dominante no público sobre uma pessoa ou uma instituição. *Culto da ~* [O dar importância só à] ~. **11** *Gram* Figura de estilo que faz a evocação viva de uma realidade, recriando sensações sobretudo visuais. **Ex.** A caça é a ~ da guerra. **12** *Gram* Personificação. **Ex.** Ela era a ~ da euforia da vitória. **13** *Mat* Elemento do conjunto de chegada que corresponde a um elemento do conjunto de partida.

imagético, a *adj/s f* (<imagem + -(ét)ico) **1** «descrição» Que se faz/exprime por imagens. **Comb.** A ~ [O conjunto de imagens] d'*Os Lusíadas* de Luís de Camões. **2** Que revela imaginação.

imaginação *s f* (<lat *imaginátio, ónis*) **1** A(c)to ou efeito de imaginar. **2** Faculdade de pensar por imagens, de representar o que está ausente. **Comb.** ~ criadora «de Luís de Camões». **3** Faculdade de inventar, de criar novas representações sensíveis/Fantasia. **Ex.** Ela tem uma ~ fértil, fa(c)tor importante num publicitário. A ciência é obra da razão e da ~. **Idi.** *Dar largas à ~* [Entregar-se a [Viver de] sonhos/devaneios]. **4** Algo criado pela fantasia. **Ex.** Aquela história é pura ~.

imaginar *v t* (<lat *imagino(r), áre/i, nátus sum*) **1** Formar na mente uma imagem, uma representação/Visualizar. **Ex.** Imaginou-se num palco perante uma grande plateia. Um crime assim [desses], só imaginado, já mete medo. *interj* «ele disse que não me paga a dívida» Imagina/e (só)! (Exclamação de grande estranheza perante algo que se dá a conhecer ao interlocutor). **2** Julgar/Supor/Presumir. **Ex.** Sempre o imaginei como um (grande) gé[ê]nio. Quem podia ~ que vencer ia ser tão fácil! **3** Criar/Inventar. **Ex.** Imaginou um plano de arrepiar [um plano que até mete medo]! **4** Pensar como real o que o não é. **Ex.** Deu em [(Sem razão) começou a] ~ que o professor a detestava. **5** Fazer ideia/Pensar/Admitir (como possível). **Ex.** Não podia ~ que o meu amigo não vinha [viria] à festa. **6** ⇒ Cismar/Magicar.

imaginário, a *adj/s* (<lat *imaginárius*) **1** Que só existe na imaginação/Fantasioso/Fictício. **Ex.** O filme desenrola-se numa cidade ~a. **Comb.** Perigo ~. **2** *Geom* Numa hipérbole, diz-se do eixo de simetria que não atravessa a curva. **3** *Mat* Diz-se do número cujo quadrado é um número real negativo. **4** *s m* Domínio da [Mundo criado pela] imaginação. **Ex.** No ~ da criança, tudo era uma luta entre bons e maus. **Comb.** O real e o ~. **5** *an s* O que faz estátuas ou imagens de santos/Santeiro(+). **6** *s f* Arte de fazer imagens/Estatuária(+).

imaginativo, a *adj* (<imaginar + -tivo) **1** Que tem (muita) imaginação/Criativo/Inventivo/Engenhoso. **Comb.** Poder ~/criativo «de Camões». **2** ⇒ Que pensa muito na mesma coisa/Cismático. **3** *s* Pessoa de imaginação fértil.

imaginável *adj 2g* (<imaginar + -vel) Que se pode [Que é de] imaginar/conceber/prever/Previsível(+). **Ex.** Era ~ [de (pre)ver]

que aquele traquina(s) se ia lembrar de fazer alguma (asneira)!

imaginoso, a (Óso, Ósa/os) *adj* (<lat *imaginósus*) **1** Que revela grande imaginação/Criativo/Imaginativo(+). **2** Fabuloso/Imaginário(+)/Inveros(s)ímil. **3** *Gram* Diz-se do estilo ou da obra em que abundam as imagens poéticas/Poético(+).

imagiologia *s f Med* (<imagem + -logia) Técnica de recurso à imagem «radiografia, ecografia, TAC, cintigrafia, ressonância magnética, ...» como meio auxiliar de diagnóstico (médico).

imagística *s f* (<imagem + -ístico) Repertório de imagens de um autor de obra literária/artística. ⇒ imagético.

imago (Má) *s 2g* (<lat *imágo, inis*: imagem) **1** ⇒ imagem. **2** *Psiq* Imagem ou lembrança da infância que se proje(c)ta inalterável na idade adulta. **Ex.** A ~ materna despertava-lhe um sentimento de ternura. **3** *Ent* Forma adulta de um inse(c)to que passa por metamorfoses.

imaleável *adj 2g* (<i- + maleável) «ferro» Que não é flexível/não se pode malear.

íman [ímã] *s m* (<fr *aimant*) **1** Corpo ou substância «óxido salino de ferro» que tem a propriedade de atrair os metais/Magneto/e. **2** Corpo magnetizado que atrai o ferro. **Ex.** A porta deste armário fecha com ~. **3** *fig* O que atrai/seduz. **Ex.** «para o miúdo» A bola era o ~ em que concentrava toda a atenção.

imanar *v t* (<íman + -ar¹) ⇒ magnetizar.

imane (Mã) *adj 2g* (<lat *immánis*: cruel <in- + *manus,a,um*: bom; ⇒ inumano) **1** ⇒ Cruel/Desumano(+)/Feroz. **2** ⇒ Muito grande/Enorme(o+)/Desmedido(+).

imanência *s f* (<imanente + -ia) Qualidade de imanente/Inerência. **Ant.** Transcendência.

imanente *adj 2g* (<lat *immánens, éntis* <in + *máneo, ére*: ficar, permanecer) **1** «atributo/qualidade» Que está contido na essência de um ser/Inerente/Intrínseco. **Ant.** Transcendente. **2** Que tem origem no interior do ser/Que não é determinado por algo exterior. **Ex.** Nele era ~ [natural] o gosto pelas artes.

imanentismo *s m Fil* (<imanente + -ismo) Doutrina que considera o valor ou o absoluto como intrínseco a todas as coisas. **Ant.** Transcendentalismo.

imanidade *s f* (<lat *immánitas, átis*; ⇒ imane) **1** Qualidade do que é extraordinariamente grande/«preço» alto. **2** Crueldade «do tirano»/Desumanidade/Ferocidade «das feras».

imanizar *v t* (<íman) ⇒ Magnetizar.

imarcescível *adj 2g* (<lat *immarcescíbilis,e* <in + *marcésco, ere*: murchar, definhar) **1** Que não murcha/«flor» Que não perde a frescura/o viço. **2** «glória/amizade» Que não se extingue/Incorru(p)tível/Inalterável.

imaterial *adj 2g/s m* (<i- + material) **1** Que não é formado de matéria. **Ex.** Os valores «paz/honestidade» são ~ais. ⇒ intangível. **2** *s m* O que é incorpóreo/espiritual. **Ex.** O homem também se interessa pelo ~.

imaterialidade *s f* (<imaterial + -idade) ⇒ Qualidade do que é imaterial.

imaterialismo *s m Fil* (<imaterial + -ismo) Teoria que nega a existência da matéria, reduzindo a realidade ao espírito e às suas representações/Idealismo **1**(+).

imaturidade *s f* (<i- + maturidade) **1** Qualidade do que é imaturo, do que não teve pleno desenvolvimento. **Comb.** ~ de um fruto. **2** *fig* Falta de sensatez/maturidade. **Ex.** Preocupava-o a ~ do filho, que não se aplicava ao estudo.

imaturo, a *adj* (<lat *immatúrus,a,um*) **1** Que não está maduro. **Ex.** Não se deve comer fruta ~a/verde(+). **Ant.** Maduro. **2** Que não atingiu o pleno desenvolvimento físico/emocional/psicológico. **Ex.** O rapaz parece-me ~, (ainda) muito acriançado. **3** *fig* Que revela falta de maturidade/sensatez.

imbatível *adj 2g* (<im- + bater + -vel) Que parece invencível/insuperável/inultrapassável. **Ex.** A nossa equipa está [tem-se revelado] ~! **Comb.** *Marca*/Recorde ~. *Preço* ~ [muito baixo].

imbebível *adj 2g* (<im- + bebível) Que não se pode beber/Intragável(+).

imbecil *adj/s 2g* (<lat *imbecíllis/llus*: fraco) **1** (O) que tem falta de inteligência/Parvo/Estúpido/Idiota. **Ex.** Pouco há a esperar daquele ~. **2** Que tem atitude pouco sensata, sobretudo revelando fraqueza. **Ex.** Fui ~ em não protestar. **3** *Psic* (O) que tem grande atraso mental.

imbecilidade *s f* (<lat *imbecíllitas, átis*: fraqueza) **1** Qualidade de imbecil/Estupidez/Parvoíce. **Ex.** Foi uma ~ não pedir ajuda. **2** *Psic* Atraso mental(+) acentuado que se situa entre a debilidade mental e a idiotia. **Ex.** Os testes revelaram que a criança sofre de ~.

imbecilizar *v t* (<imbecil + -izar) Tornar(-se) imbecil/Perder a capacidade de raciocinar, de reagir de forma inteligente. **Ex.** O ambiente social muito fechado em que vivia imbecilizou-a.

imbele (Bé) *adj* (<lat *imbéllis,e* <in + *bellum*: guerra) **1** Que não é dado à luta/guerra/Pacífico. **Ant.** Belicoso. **2** ⇒ Que não é aguerrido/Cobarde/Fraco.

imberbe (Bér) *adj/s m* (<lat *imbérbis* <in + *barba*) **1** (Rapaz) que ainda não tem barba. **Ex.** Com quinze anos, era ainda ~. **2** *fig* Muito jovem/novo/inexperiente. **Ex.** Não confiava muito na sensatez daquele (moço) ~.

imbicar *v t/int* (<im- + bico + -ar¹) **1** ⇒Tornar bicudo/Afiar. **2** *Mar* ⇒ Abicar/Encalhar/Rumar. **3** ⇒ Embirrar(+).

imbricação *s f* (<imbricar + -ção) **1** Disposição de coisas que parcialmente se sobrepõem, como telhas num telhado/Sobreposição(+). **2** *fig* ⇒ Ligação estreita/íntima/Entrosamento(+).

imbricado, a *adj* (<imbricar) **1** Em que há imbricação. **Comb.** Flor com ***pétalas* ~as**/sobrepostas. ***Folhas* ~as** [imbricantes]. **2** *fig* Complicado(+)/Complexo. **Ex.** É um caso ~ que obriga a muitas cautelas.

imbricar *v t* (<lat *ímbrico,áre,átum*: cobrir com telhas côncavas) **1** Dispor com sobreposição parcial. **2** *fig* Estabelecer uma ligação estreita/Interligar(-se) com.

imbróglio *s m* (<it *imbroglio*) **1** Situação complicada/difícil/*col* Sarilho. **2** Confusão/Trapalhada/Embrulhada. **3** *Teat* Enredo intrincado/confuso.

imbuído, a *adj* (<imbuir) **1** Embebido num líquido. **Ex.** O algodão hidrófilo estava ~ [embebido(+)] em álcool. **2** ⇒ Impregnado/Penetrado/Entranhado . **3** *fig* Convicto de/Fortemente dominado por «uma ideia ou um sentimento». **Ex.** Vivia ~ [impregnado] de um ideal, de uma fé inabalável na vitória final.

imbuir *v t* (<lat *ímbuo,ere*: impregnar) **1** Fazer penetrar profundamente/Impregnar/Embeber(+). **Ex.** Tratou de ~ as ginjas em aguardente. Fez ~ [Embebeu] o pano em água gelada. **2** *fig* Entrar profundamente na mente uma ideia ou um sentimento. **Ex.** Deixou-se ~ de um forte sentimento de revolta.

imediação *s f* (<in-b): em, dentro + mediação) **1** O fa(c)to de estar contíguo/de não ter nada de permeio. **2** *pl* Proximidades/Arredores/Cercanias/Redondezas. **Ex.** Nas imediações havia um tanque onde nadavam patos.

imediatamente *adv* (<imediato + -mente) **1** No mesmo instante/De imediato/Sem demora/Rapidamente/Logo. **Ex.** «depois do acidente» Chamei ~ por [Pedi logo] socorro. **2** Na primeira ocasião/Na posição contígua «no espaço/tempo/na escala/...». **Ex.** Passei a clínica e virei ~ à esquerda. O posto ~ superior (ao de tenente-coronel) é o de coronel. **3** De forma automática/espontânea. **Ex.** Aquele grito levou-me ~ a pensar que acontecera uma desgraça. **4** De forma dire(c)ta. **Ex.** A crise atinge ~ [logo/em cheio] os mais pobres.

imediatismo *s m* (<imediato + -ismo) **1** Cará(c)ter do que é imediato. **Ex.** Diminuiu a pena ao faltoso devido ao ~ da sua rea(c)ção. **2** Tendência para agir sem um cuidadoso exame da situação. **Ex.** O ~ [A pressa/precipitação/irreflexão] prejudica muitas vezes a solução dos problemas. **3** Tendência para a(c)tuar em função de vantagem imediata.

imediatista *adj/s 2g* (<imediato + -ista) (Pessoa) que revela imediatismo no agir.

imediato, a *adj/s m* (<lat *immediátus*) **1** Que não tem nada de permeio/Contíguo «no espaço, no tempo, na escala, ...». **Ex.** A casa ~a [(logo) a seguir] é do meu primo. No dia ~ [seguinte/a seguir(+)] fomos para Lisboa. Um oficial do posto ~ [logo acima] ganha mais 300 euros. **Comb.** *Causa* ~*a*/dire(c)ta/próxima «do acidente de carro». *Lóg Inferência* ~*a* [em que a conclusão resulta da única premissa (sem intermediário)]. **Ant.** Mediato; remoto. **2** Que precede [sucede a] algo, sem intervalo. **Ex.** No dia ~ fui [No dia anterior tinha ido] à cidade. **3** Que acontece logo a seguir. **Ex.** No acidente, o motorista teve morte ~a/instantânea. Este remédio tem efeito ~/instantâneo. O tribunal determinou a ~a suspensão da pena. **Loc.** *adv* De ~ [Logo a seguir]. **4** *s m* Pessoa que só depende de um superior/chefe, a quem substitui na sua ausência ou impedimento. **5** *s m Mar* Subcomandante, que tem a seu cargo os serviços de bordo e o policiamento geral do navio.

imedicável *adj 2g* (<i- + medicável) ⇒ Que não se pode medicar/Incurável(+).

imemorável [imemorial] *adj 2g* (<i- + memorável) De que não há ou não pode [deve] haver memória/Antiquíssimo. **Loc.** Desde tempos ~veis/~riais.

imensamente *adv* (<imenso + -mente) **1** Em grande quantidade/Desmedidamente. **Ex.** A produção de vinho cresceu ~. **2** Em muito elevado grau. **Ex.** A mãe sente-se ~ feliz com a vinda do filho.

imensidade *s f* (<imenso + -idade) **1** Qualidade/Cará(c)ter do que é imenso. **Ex.** A ~ do mar [universo] deslumbra-nos! **2** Ilimitada extensão/Vastidão. **Comb.** A ~ das terras cultivadas. **3** Quantidade indeterminável/Grande número de/Infinidade. **Ex.** Teve imensas [uma ~ de] oportunidades que não aproveitou.

imensidão *s f* (<imenso + -idão) ⇒ imensidade.

imenso, a *adj/indef/adv* (<lat *imménsus* <in: sem, não + *métior, mensus sum*: medir) **1** Que não tem limites/Que não se pode medir. **Ex.** No mar ~ a ilha era um agradável refúgio. **2** Muito grande/Difícil de avaliar/Enorme/Extraordinário. **Ex.** Passou por [Teve] um sofrimento ~. **3** *indef* Grande quantidade/número de. **Ex.** ~a gente veio à festa. Tivemos ~s problemas com ele

[que ele nos levantou/causou]. **4** *adv* Em grande quantidade/Em elevado grau/Muitíssimo. **Ex.** Gostava ~ de ir (até) à aldeia. Sofreu ~ com a morte do irmão.

imensurabilidade *s f* (<imensurável + -idade) Qualidade/Condição do que é imensurável, do que não se pode medir.

imensurável *adj 2g* (<i- + mensurável) Que não se pode medir/Imenso/Enorme/Incomensurável. **Ex.** O sofrimento dos oprimidos foi ~.

imerecido, a *adj* (<in-**a**) + merecido) Que não se merece/Injusto/Indevido. **Ex.** O pré[ê]mio dele [que lhe deram] é ~.

imergência *s f* (<imergente + -ia) A(c)to ou efeito de imergir/Imersão. **Ex.** A ~ do náufrago demorou algum tempo. ⇒ emergência.

imergente *adj 2g* (<imergir + -(e)nte) Que mergulha «num líquido»/Que imerge/Que sofre imersão. ⇒ emergente.

imergir *v t/int* (<lat *immérgo, ere* <in: para + *mergo, mersum*: mergulhar) (Fazer) mergulhar em líquido/Penetrar profundamente em/Afundar(-se). **Ex.** O submarino foi imergindo até desaparecer completamente.

imérito, a *adj* (<lat *imméritus*: não merecido) Imerecido(+)/Indevido/Injusto. ⇒ emérito.

imersão *s f* (<lat *immérsio, ónis*) **1** A(c)to ou efeito de (fazer) imergir/mergulhar/Submersão. **2** *Astr* Momento do desaparecimento de um astro ao ser encoberto por outro, no eclipse.

imersível *adj 2g* (<imerso + -vel) Que pode imergir/Mergulhável/Afundável.

imersivo, a *adj* (<imerso + -ivo) **1** ⇒ imersor. **2** Que envolve [se realiza por] imersão. **Comb.** Ba(p)tismo ~ [por imersão(+)].

imerso, a (Mér) *adj* (<lat *immérsus*; ⇒ imergir) **1** Coberto pelas águas/Mergulhado/Afundado/Submerso. **Ex.** A superfície ~a [submersa(+)] da Terra é muito maior que a (superfície) emersa. ⇒ emerso. **2** *fig* Muito envolvido em algum assunto/Concentrado em/Absorto. **Ex.** Encontrei-o ~ [mergulhado] na leitura do romance/no estudo.

imersor, ora *adj* (<imerso + -or) Que imerge ou faz imergir.

imida *s f Quím* (⇒ amido) Qualquer composto orgânico (RCO)NH, em que R é um radical alquila.

imigração *s f* (<imigrar + -ção; ⇒ emigração; migração) **1** Entrada de estrangeiros num país onde pretendem permanecer e trabalhar. **Ex.** Portugal, hoje, é ao mesmo tempo um país de emigração e de ~. **Comb.** ~ *clandestina*. ~ *legal*. **2** Contingente de pessoas que estão nessa situação num país/Conjunto de imigrados. **Ex.** A ~ nordestina (Do nordeste do Br) em S. Paulo tende a diminuir ou a crescer de acordo com a situação do trabalho.

imigrado, a *adj/s* (<imigrar) (Pessoa) que veio para um país para nele se estabelecer e trabalhar. **Ex.** Os ~s, à chegada (a um país), podem sentir grandes dificuldades.

imigrante *adj/s 2g* (<imigrar + -(a)nte) (Pessoa) que veio para um país para aí se estabelecer/Imigrado. **Ex.** Os ~s são já uma importante força de trabalho na Europa. ⇒ emigrante.

imigrar *v int* (<lat *ímmigro,áre,atum* <in: para + *mígro*: migrar) Entrar num país estrangeiro para aí trabalhar e fixar residência, temporária ou definitiva. ⇒ emigrar.

imigratório, a *adj* (<imigrar + -tório) Relativo à imigração. **Comb.** *Movimento* ~. *Surto* ~. ⇒ emigratório.

imina *s f Quím* (⇒ amina) Qualquer composto orgânico RR'C = NR" em que R, R' e R" são radicais alquila ou arila.

iminência *s f* (<iminente + -ia) Condição do que está prestes a acontecer, do que está iminente. **Ex.** Estava na ~ de reprovar [col chumbar] se não estudasse mais para o exame. ⇒ eminência.

iminente *adj 2g* (<lat *ímminens, éntis*, de *immíneo, ére*: estar próximo, ameaçar) Que está prestes a [Que ameaça] acontecer/Próximo. **Ex.** A derrocada do prédio parecia ~. ⇒ eminente.

imisção *s f* (<lat *immíxtio, ónis*: o que se mistura) ⇒ A(c)ção de se imiscuir em/Imiscuição(+)/Intromissão/Ingerência.

imiscibilidade *s f* (<imiscível + -idade) Qualidade/Condição do que não pode misturar-se.

imiscível *adj 2g* (<lat *in*: não + miscível) Que não pode misturar-se/não é miscível. **Ex.** A água e o azeite são imiscíveis (entre si) [e o azeite não se misturam (+)].

imiscuição *s f* (<imiscuir-se + -ção) A(c)to ou efeito de imiscuir-se em/Intromissão/Interferência/Ingerência. **Ex.** A (sua) ~ nos negócios do sogro deu mau resultado.

imiscuir-se *v* (<lat *immíscieo, ére, cui, mix[s]tum*: misturar) Meter-se de modo abusivo onde não deve/Intrometer-se/Interferir em. **Ex.** Não permitiu que ele se imiscuisse nos seus negócios.

imissão *s f* (<imitir) A(c)to ou efeito de imitir. **Comb.** ~ *de posse* [Decisão (judicial) que dá a alguém a posse de alguma coisa].

imitação *s f* (<lat *imitátio, ónis*) **1** A(c)to ou efeito de imitar. **2** A(c)to de intencionalmente reproduzir gestos/atitudes de outrem. **Ex.** A ~ (dos tiques) do governante era perfeita; punha toda a gente a rir. **Loc.** «cantar o fado» À ~ de «Amália Rodrigues». **Idi.** *Ser macaco de* ~ [Estar sempre a tentar copiar os a(c)tos de alguém]. **3** A(c)to de tomar alguém ou algo como modelo. **Ex.** O escritor «principiante» faz a ~ de um autor clássico. **4** Reprodução/Cópia de um original. **Ex.** Este quadro é ~ de obra dum grande mestre. **5** Processo de fazer passar um produto por outro/Produto contrafeito/Falsificação/Contrafa(c)ção. **Ex.** A ~ de uma assinatura é crime. Na feira vendiam ~ções por produtos de marca. **Comb.** *Pérolas falsas* [*de* ~ (+)]. **6** *Mús* Processo de repetir um motivo musical por uma voz diferente da que inicialmente o apresentou.

imitador, ora *adj/s* (<imitar + -dor) **1** (O) que imita/reproduz. **2** Artista que, em espe(c)táculo, faz imitações de pessoas, de vozes, …/Mímico. **Ex.** O público delirou com a a(c)tuação do ~ que retratou os políticos na perfeição [perfeitamente].

imitar *v t* (<lat *ímitor,ári,átus sum*) **1** Procurar reproduzir fielmente a(c)tos ou cara(c)terísticas de alguém. **Ex.** O filho pretende ~ o pai. **2** Num espe(c)táculo, procurar reproduzir fielmente os gestos, os tiques, a voz de figuras públicas. **Ex.** O artista divertiu imenso a plateia a ~ alguns ministros. **3** Tomar como modelo/Inspirar-se em. **Ex.** Camões imitou os clássicos «Virgílio na Eneida» na epopeia. **4** Querer fazer passar a cópia pelo original/Falsificar(+). **Ex.** Foi acusado de ~ a assinatura do empresário. **5** Ter a aparência de/Fazer lembrar(+). **Ex.** As comidas expostas «à entrada do restaurante» são imitadas, são de plástico. Este produto imita muito bem o produto de marca, mas não é a mesma coisa [mas é falso].

imitativo, a [imitante] *adj* (⇒ imitar) Que imita. **Comb.** *Som* [*Música*] *imitativo*[a] *do canto das aves*.

imitável *adj 2g* (<imitar + -vel) Que se pode imitar **Ex.** A tua assinatura é facilmente ~.

imitir *v t* (<lat *immítto, míssum*) (Fazer) entrar na posse de algo. **Ex.** Foi condenado por se ~ em terreno alheio.

imo, a *adj/s m* (<lat *ímus*: profundo) **1** Que está no lugar mais fundo. **2** *s m* Íntimo/Âmago. **Comb.** O ~ *do peito*.

-imo Terminação do superlativo dos adje(c)tivos; vem do latim. **Ex.** Fácil – facílimo.

imobiliário, a *adj/s* (<imóvel + -ário) **1** Diz-se de bens imóveis, os que não podem ser deslocados por natureza ou por lei. **Ex.** Também no ~ se regist(r)a hoje uma crise. **Comb.** *Mediação* ~*a*. *Mediador* ~. **2** Cada um desses bens. **3** *s f* Empresa que se dedica à comercialização de bens imóveis. **Ex.** Esta ~a tem vendido muitos andares e terrenos para construção.

imobilidade *s f* (<i- + mobilidade) **1** Qualidade/Estado/Condição do «banco/altar» que é ou está imóvel. **2** Condição do que não se move por si. **Ex.** A ~ do enfermo é uma enorme limitação. **3** Longa permanência na mesma posição/Estado do que não muda. **Ex.** A ~ do orador prejudica o discurso. **4** Falta de evolução/Inércia(+)/Paragem/Imobilismo 2(o+). **Ex.** Criticavam a ~ da Administração na condução dos negócios. **5** Falta de rea(c)ção/Impassibilidade(+). **Ex.** A ~ do seu rosto impressiona. **6** *Vet* Rigidez dos músculos locomotores do cavalo, que lhe dificulta os movimentos.

imobilismo *s m* (<imóvel + -ismo) **1** Recusa de evolução/Aversão ao progresso/Apego à tradição. **Ex.** O ~ da aldeia explica o seu atraso em relação a outras localidades. **Sin.** Conservadorismo. **2** Falta de iniciativa/Tendência para ficar ina(c)tivo. **Ex.** O ~ da Dire(c)ção na condução do clube irrita os sócios.

imobilista *adj 2g* (<imóvel + -ista) ⇒ Partidário do imobilismo/Conservador(+).

imobilização *s f* (<imobilizar + -ção) **1** A(c)to ou efeito de manter(-se) fixo [imóvel]/de imobilizar. **Ex.** O médico fez a ~ do braço com gesso. **2** A(c)to de travar os movimentos de. **Ex.** A polícia rapidamente conseguiu a ~ do assaltante. **3** Impossibilidade de deslocação/Paralisação. **Ex.** O agente da autoridade [polícia] determinou a ~ do veículo acidentado e apreendeu os documentos. **4** Não movimentação/Congelamento «de conta bancária». **Ex.** O fisco determinou a ~ das suas contas bancárias com vista à penhora. **5** Estagnação(+)/Paragem. **Ex.** A economia caminhava para a ~.

imobilizar *v t* (<imóvel + -izar) **1** Fazer ficar imóvel/Proibir a movimentação. **Ex.** O polícia mandou ~ o veículo. **2** Impedir os movimentos de. **Ex.** No hospital imobilizaram-lhe o braço com gesso. **3** (Fazer) perder a capacidade de se movimentar/Paralisar. **Ex.** A lesão da espinal-medula imobilizou-lhe os membros inferiores. **4** Impedir o progresso/Obstar à evolução de. **Ex.** O desânimo da população acabou por ~ o país. **5** *Dir* Atribuir a bens móveis a qualidade de imóveis.

imoderação *s f* (<i- + moderação) Falta de moderação/Excesso/Exagero/Abuso. **Ex.** A ~ no comer é má para a saúde.

imoderado, a *adj* (<i- + moderado) Excessivo/Exagerado/Abusivo/Descomedido. **Ex.** O consumo ~ de bebidas alcoólicas prejudica a saúde.

imodéstia *s f* (<i- + modéstia) **1** Opinião demasiado favorável sobre si próprio/Falta de modéstia/Presunção/Vaidade. **Loc.** Passe [Desculpe] a ~ [Expressão intercalar usada pelo falante quando refere algo (muito) positivo sobre si mesmo] (Ex. E,

passe [desculpe(m)] a ~, até dei um bom contributo para o sucesso da firma/empresa). **Ant.** Humildade; modéstia. **2** Falta de pudor/Despudor/Indecência. **Ex.** Criticava a ~ de modas mais atrevidas.

imodesto, a *adj* (<i- + modesto) **1** Que tem opinião demasiado favorável sobre as suas capacidades/Vaidoso/Presunçoso. **Ant.** Despretensioso; humilde; modesto. **2** Que não respeita o pudor/Impudico/Indecente. **Comb.** Moda ~.

imodicidade *s f* (<imódico + -idade) Qualidade do que é imoderado/exagerado/excessivo. **Sin.** Excesso(+).

imódico, a *adj* (<i- + módico) «preço» Muito elevado/Exagerado(+)/Excessivo(+).

imodificável *adj 2g* (<i- + modificável) «edifício» Que não se pode alterar/modificar.

imolação *s f* (<imolar + -ção) **1** A(c)to ou efeito de imolar/Sacrifício de uma vítima «cordeiro» em honra de uma divindade. **2** Sacrifício da própria vida por uma causa que se julga muito importante. **Ex.** Ali, alguns escolhem a ~ pelo fogo como forma de protesto. **3** Renúncia(+) a algo favorável para melhor servir uma causa. **4** *fig* ⇒ Chacina/Mortandade.

imolador, ora *adj/s* (<imolar + -dor) (O) que imola/sacrifica.

imolar *v t* (<lat *ímmolo, áre, átum*: sacrificar) **1** Sacrificar um animal «cordeiro, vitelo, bode, ...» a uma divindade. **Ex.** Preparava-se para ~ a vítima colocada sobre o altar. **2** Matar «inocentes»/Abater/Massacrar «o povo». **3** ~-se/Sacrificar a própria vida por uma causa. **Ex.** *Crist* Jesus Cristo imolou-se [entregou-se «aos inimigos para sofrer a morte»] em expiação dos pecados dos homens. Um jovem resolveu ~-se pelo fogo em sinal de protesto. **4** Privar-se de alguma coisa a favor de uma causa. **Ex.** Imolou [Dedicou toda(+)] a sua juventude ao serviço dos pobres.

imoral *adj/s 2g* (<i- + moral) **1** Contrário à moral/Que não respeita as regras da conduta (adequada). **Comb.** Conduta [Livro/Revista] ~. **2** Indecoroso/Desonesto/Depravado/Escandaloso. **Comb.** A(c)ção ~. **3** Que não respeita o pudor/Indecente. **4** (O) que leva [tem] vida dissoluta.

imoralidade *s f* (<imoral + -idade) **1** Qualidade do que é imoral. **Ex.** A ~ da sua vida [dos seus a(c)tos] escandalizou a aldeia. **2** Comportamento que não é conforme à moral ou que infringe as regras da boa conduta. **Ex.** A ~ campeia por toda a parte. **3** Depravação/Libertinagem/Devassidão. **Ex.** Muitos escolhem o caminho da ~.

imoralismo *s m* (<imoral + -ismo) **1** Doutrina que propõe regras contrárias às da moral comum, particularmente da moral cristã. **Comb.** O ~ de alguns políticos. **2** ⇒ imoralidade.

imoralista *adj/s 2g* (<imoral + -ista) Relativo a ou partidário do imoralismo. **Comb.** Doutrina ~.

imorigerado, a *adj* (i- + morigerado) Que não segue os bons costumes/Libertino/Imoral/Devasso.

imorredou[oi]ro, a *adj* (<i- + morredouro) Que não morre/acaba. **Comb.** «deixar» Memória [Fama] ~a. **Sin.** Imortal; perpétuo. **Ant.** Efé[ê]mero; transitório.

imortal *adj/s 2g* (<lat *immortális,e*) **1** Que não morre/acaba/Perpétuo/Eterno. **Ex.** O espírito [A alma] é ~. **2** Que dura indefinidamente/Perene/Infindável/Inextinguível. **Ex.** Jurou-lhe um amor ~/eterno(+). **Comb.** Glória ~. **3** Que permanece para sempre na memória dos homens. **Ex.** A obra (literária) de Camões é ~. **4** *s* Pessoa cuja fama perdura através de gerações. **5** *s pl* ⇒ deuses pagãos «romanos». **6** *Bot* Designação comum de plantas da família das amarantáceas e da família das compostas, cultivadas como ornamentais.

imortalidade *s f* (<lat *immortálitas, átis*) **1** Qualidade do que é imortal/Condição do que vive para sempre. **Comb.** ~ da alma. **2** Perpetuação na memória dos homens/Fama perene. **Ex.** O grande poeta «Virgílio/Camões» atingiu a ~.

imortalizar *v t* (<imortal + -izar) **1** (Fazer) viver para sempre/Tornar(-se) imortal. **2** (Fazer) permanecer indefinidamente na memória dos homens. **Ex.** Os Descobrimentos do séc. XV imortalizaram o nome de Portugal.

imortificado, a *adj* (<i- + ...) Em ascética, diz-se da pessoa comodista, pouco mortificada [rigorosa consigo mesma].

imotivado, a *adj* (<i- + motivado) «acusação» Que não tem razão de ser ou fundamento/Injustificado/Gratuito.

imoto, a (Mó) *adj* (<lat *immótus*) ⇒ Imóvel(+)/Fixo/Inabalável/Inflexível.

imóvel *adj 2g/s m* (<i- + móvel) **1** Que não se move/Fixo. **Ex.** «no baile» Permaneceu ~ todo o tempo, como uma estátua. **2** Que não se pode deslocar. **Ex.** Tem uma fortuna em bens ~veis. **3** *fig* Que não muda/Inalterável. **Comb.** Rosto ~ «do acusado». **4** *s m* Bem que não pode ser deslocado devido à sua natureza ou por disposição legal. **Ex.** O ~ «casa/propriedade» foi penhorado pelo fisco.

impaciência *s f* (<im- + paciência) **1** Falta de paciência/calma para suportar alguma pessoa ou situação «adversa»/Irritação. **Ex.** A ~ desenhava-se [revelava-se/via-se] já no seu rosto. **2** Falta de serenidade/Ansiedade/Agitação. **Ex.** Aguardava com ~ a chegada do correio. **3** Pressa em conseguir o que se pretende/Nervosismo/Precipitação. **Ex.** Procurava uns papéis importantes com ~.

impacientar *v t* (<impaciente + -ar¹) **1** Fazer perder a paciência a/Irritar/Enervar. **Ex.** A longa espera pelo único atrasado começava a ~ o grupo. **2** ~-se/Perder a paciência(+)/Irritar-se/Agastar-se. **Ex.** A constante agitação do miúdo levou-o «dentista/avô» a ~-se.

impaciente *adj 2g* (<im- + paciente) **1** Que não tem paciência/Que tem pouca calma. **Ex.** É [Fica] uma pessoa ~ à [na] primeira dificuldade. **2** Que não suporta ter de esperar. **Ex.** Ficou ~ ao ir para a fila. **3** Muito desejoso de/Ávido de. **Ex.** Andava ~ [Ansiava] por ir para férias. **4** Que se mexe muito/Agitado/Inquieto(+). **Ex.** Não parava quieto, estava ~. **5** Irritadiço/Rabugento(+). **Ex.** Com a idade, alguns ficam ~s.

impacte *s m* ⇒ impacto.

impacto, a *adj/s m* (<lat *impáctus*, de *impíngo, ere, páctum*: impelir contra <*in*: para + *pángo*: fixar, plantar) **1** Metido à força/Seguramente implantado/Arremessado/Impelido(+). **2** *s m* Forte choque entre dois corpos «carros»/Embate/Colisão. **Comb.** Ponto de ~. **3** *s m* Forte abalo provocado em alguém ou em alguma coisa por acontecimento ou situação relevante/Forte impressão. **Ex.** A morte do irmão teve um ~ enorme ~ no jovem. O ~ da crise no turismo sentiu-se mais no desemprego. **Comb.** ~ ambiental [Conjunto de alterações provocadas no (equilíbrio do) ambiente natural de uma zona geográfica por uma grande obra «estrada»].

impado, a *adj* (<impar) **1** Que está cheio/empanturrado(+) de comida ou de bebida/Inchado. **2** *fig* Cheio de vaidade/Orgulhoso/Impante **2**. **Ex.** Falou todo ~ do triunfo conseguido.

impagável *adj 2g* (<im- + pagável) **1** Que não se pode [deve] pagar. **Ex.** A dívida era tão grande que parecia ~. **2** Que não tem preço/Muito valioso/Precioso/Inestimável. **Ex.** O impulso dado por ele à indústria local é ~ [não tem preço (+)]. **3** Que tem muita graça/Muito original/Có[ô]mico/Excêntrico. **Ex.** Ele é ~/admirável a divertir o público.

impala *s 2g Zool* (<zulo *impala*) Antílope africano, de pelo castanho/avermelhado, com zonas brancas, de chifres em forma de lira; *Aepyceros melampus*.

impalpável *adj 2g* (<im- + palpável) Que não se pode (a)palpar/Que não é perce(p)tível pelo ta(c)to/Imaterial. **Comb.** Um pó de arroz muito fino, quase ~.

impaludar *v t* (<im- + lat *pálus, údis*: paul + -ar¹) **1** Infe(c)tar com paludismo. **2** ~-se/Apanhar [Contrair] paludismo.

impaludismo *s m* ⇒ malária; paludismo.

impante *adj 2g* (<impar + -(a)nte) **1** Empanturrado(+)/Cheio de comida ou bebida/Inchado. **2** Cheio de vaidade/Impado **2**. **3** Que está ofegante/arquejante.

impar *v int* (<esp *hipar*) **1** Respirar com dificuldade/Ofegar(o+)/Arquejar(+). **2** (Fazer) soluçar(+) convulsivamente. **3** Empanturrar-se [*col* Entupir-se] de comida ou bebida. **4** Mostrar-se cheio de vaidade/orgulho/alegria/prazer/... ⇒ impado **2**/impante **2**.

ímpar *adj/s 2g* (<lat *ímpar, ris*) **1** *Mat* Diz-se do número inteiro que não é divisível por 2. **Ex.** O número 7 é ~. **2** Diz-se de um elemento de série cuja posição corresponde a um número ~. **Ex.** Nasci num ano ~ «2001». **3** *Anat* Diz-se de órgão que não tem par. **Ex.** O fígado é ~. **4** *fig* Que tem grande valor/Que não tem igual/Único. **Ex.** Esse romancista «Camilo Castelo Branco» é figura ~ na literatura portuguesa.

imparável *adj 2g* (<im- + parável) **1** Que não para/não pode ser parado/travado/interrompido. **Ex.** O processo, uma vez [, se] iniciado, é ~. **2** Muito a(c)tivo/Difícil de dominar/conter. **Ex.** O movimento de revolta das massas parece ~. Esse jogador, quando engrena [arrancar(+)] a caminho da baliza, é ~.

imparcial *adj 2g* (<im- + parcial) Que não favorece ou prejudica um dos lados numa disputa/Que não é parcial/Neutro/Isento/Justo/Equitativo. **Ex.** Um árbitro [juiz] deve ser ~. **Comb.** Decisão ~/justa.

imparcialidade *s f* (<imparcial + -idade) Neutralidade/Equidade/Justiça/Isenção. **Ex.** A ~ é obrigação de quem decide numa disputa.

imparidade *s f* (<ímpar + -idade; ⇒ par) **1** ⇒ Qualidade de ímpar. **2** ⇒ Desigualdade/Disparidade.

imparissílabo, a *adj/s m* (< im- + parissílabo) **1** *Gram* (Diz-se de) palavra com um número ímpar de sílabas. **Ex.** *Janela* é um ~ [é ~a]. **2** *Gram* «em latim e grego» (Diz-se de) palavra que tem diferente número de sílabas no nominativo e no genitivo «*pes, pedis*».

impartilhável *adj 2g* (<im- + partilhável) Que não se pode partilhar.

impartível *adj 2g* (<im- + partível) Que não se pode dividir/partir/Indivisível(+).

impasse *s m* (<im- + passe) **1** Situação difícil para a qual não parece haver saída. **Ex.** Não estamos a ver [Não sabemos] como superar o ~. **2** Dificuldade insolúvel/*col* Beco sem saída. **Loc. Chegar-se a um ~. Estar num ~. Sair do ~. 3** E[I]mpecilho/

Embaraço/Estorvo. **Ex.** Gastámos muito tempo a tentar ultrapassar o ~.

impassibilidade s f (<impassível + -idade) **1** Qualidade de impassível. **2** Indiferença à adversidade/Insensibilidade à emoção ou à dor/Imperturbabilidade. **Ex.** «o ofendido» Revelou uma ~ que nos impressionou!

impassível adj 2g (<lat *impassíbilis,e:* sem sofrimento) **1** Que não está sujeito a sofrer. **2** Que parece não reagir emocionalmente perante qualquer situação boa ou má. **Ex.** Perante aquele [tão grande] desastre mostrou-se ~. **Sin.** Fleumático; imperturbável; indiferente; frio. **Ant.** Apaixonado.

impavidez s f (<impávido + -ez) Qualidade do que não tem medo/Audácia perante o perigo/Ousadia(+)/Intrepidez(o+). **Ant.** Covardia; timidez.

impávido, a adj (<lat *impávidus*) Que não tem [revela] medo perante o perigo/Corajoso/Ousado/Destemido. **Ex.** Avançou ~ a enfrentar as chamas. ~, atirou-se à água para salvar o náufrago. **Comb.** ~ e sereno.

impecabilidade s f (<impecável + -idade) **1** Qualidade, só de Cristo, que não pode cometer pecado. **2** fig Perfeição. **Comb.** ~ no trajar/vestir.

impecável adj 2g (<im- + pecar + -vel) **1** Incapaz de pecar. **2** Que não pode [deve] ter falha. **Ex.** A reparação de um avião tem de ser ~. **3** Que tem grande qualidade/Perfeito/Corre(c)to. **Ex.** Fiquei contente com [Apreciei] o trabalho dele, que foi [está] ~. **4** Que tem boa aparência. **Ex.** O fato [*Br* terno] dele está ~. **5** Diz-se de pessoa cujo trato é de grande corre(c)ção e afabilidade. **Ex.** A senhora é ~/extraordinária, em caso de dificuldade vai ajudar-te.

impeciolado, a adj Bot (<im- + peciolado) «folha» Que não tem pecíolo/Séssil(+).

impedância s f Ele(c)tri (<ing *impedance*) Quociente entre a tensão eficaz aplicada a um circuito e a intensidade eficaz da corrente que o percorre, dependendo da frequência dessa corrente.

impedição s f (<impedir + -ção) A(c)to ou efeito de impedir/A(c)ção de não permitir que alguém faça alguma coisa/Obstáculo/Estorvo/Impedimento(+).

impedido, a adj/s m (<impedir) **1** Obstruído/Interrompido/Vedado. **Ex.** A estrada está ~a devido a um acidente. **2** Impossibilitado/Incapacitado/Privado de. **Ex.** Estava ~ de sair de casa por doença. **3** *(D)esp Br* Diz-se do futebolista em posição ilegal de fora de jogo. **4** Diz-se de número de telefone temporariamente indisponível/Ocupado. **Ex.** Não consegui a ligação porque o telefone continuava ~. **5** s m Mil Soldado que está ao serviço particular de um oficial. **Ex.** Mando aí o meu ~, que resolve o problema.

impedidor, ora adj/s (<impedir + -dor) (O) que impede/obsta/impossibilita.

impediente adj 2g (<impedir + -(e)nte) **1** Que põe entrave a/Impedidor/Impeditivo. **2** *Dir* Diz-se de circunstância que proíbe o casamento, mas não o anula se foi celebrado, havendo então lugar a uma pena civil. ⇒ dirimente.

impedimento s m (<impedir + -mento) **1** A(c)to ou efeito de obstar a/impedir/proibir. **Ex.** O ~ de concorrer «a essa prova [ao campeonato]» desagradou-me. **2** O que impede a realização/concretização de alguma coisa/Obstáculo/Estorvo/Entrave. **Comb.** ~ *dirimente* (do matrimó[ô]nio). «o acidente causou» ***O ~ do trânsito***. **3** Estado de quem está impossibilitado de exercer as suas funções por doença ou outro motivo. **Ex.** No ~ do chefe, o subchefe assume a dire(c)ção da repartição.

4 *Mil* Serviço especial prestado por um(a) praça num quartel.

impedir v t (<lat *impédio, ire, ítum*) **1** Impossibilitar a [Obstar à] realização [ocorrência] de alguma coisa. **Ex.** A gripe impediu-o de se deslocar [de ir] a Lisboa. O muro impediu a queda do carro ao rio. **2** Proibir/Inibir/Vedar. **3** Estorvar/Dificultar/Bloquear. **Ex.** A queda da árvore na via [estrada] está a ~ o trânsito.

impeditivo, a adj (<impedir + -tivo) Que impossibilita/impede/proíbe. **Ex.** A falta do certificado de habilitações é ~a da inscrição na Faculdade/Universidade.

impelir v t (<lat *impéllo, ere, púlsum*: lançar) **1** Fazer avançar/Impulsionar/Empurrar. **Ex.** O colega impeliu-o para dentro da piscina. **2** Atirar/Lançar/Arremessar. **Ex.** Impeliu [Atirou(+)] a bola contra o muro. As bolas do bilhar são impelidas pelo taco e por outras. **3** Incitar/Incentivar/Estimular. **Ex.** Pensava ~ [animar(+)] o filho a tirar o curso de medicina. **4** Forçar/Coagir/Obrigar. **Ex.** As dificuldades da família impeliram[obrigaram]-no a conciliar estudos e trabalho.

impendente adj 2g (<impender + -(e)nte) **1** Que está prestes a acontecer/«perigo/tragédia» Iminente(+). **2** Que pode cair/Suspenso(o +)/Pendurado(+).

impender v int (<lat *impéndeo, ére:* estar suspenso) **1** Estar prestes a acontecer/Estar iminente(+). **2** Ser responsabilidade de/Caber a/Competir a/Pertencer a. **Ex.** Impende [Cabe/Compete(+)/Incumbe(o+)] ao ministro velar pela segurança dos cidadãos.

impene (Pé) adj 2g Ornit (<im- + pena) «quivi/avestruz» Sem penas desenvolvidas. **Sin.** Implume.

impenetrabilidade s f (<impenetrável + -idade) **1** Qualidade do que é impenetrável/Inacessibilidade(+). **2** Qualidade do que não se pode explicar ou entender/Incompreensibilidade(+). **3** *Fís* Propriedade da matéria pela qual dois corpos não podem ocupar o mesmo espaço.

impenetrável adj 2g (<im- + penetrável) **1** Que não pode ser penetrado/atravessado. **Ex.** Ali o mato era ~. **2** fig Que não se deixa impressionar/Insensível/Impassível. **Ex.** Continuava ~ às súplicas do pobre homem. **3** Que não é compreensível/analisável. **Ex.** Havia ali «naquela casa» um mistério ~. **4** Diz-se da pessoa que não revela claramente o que pensa ou sente/Fechado/Reservado. **Ex.** Instado a dar opinião, continuou ~.

impenhorável adj (<im- + penhorável) Que não pode ser penhorado.

impenitência s f (<lat *impaeniténtia:* falta de arrependimento) **1** Estado de impenitente/Falta de arrependimento. **2** *Rel* Persistência/Obstinação no pecado ou no erro. **Ex.** A ~ é o maior obstáculo à conversão.

impenitente adj 2g (<lat *impáenitens, éntis*) **1** Que não revela arrependimento. **2** Que persiste [Obstinado] no pecado/erro/vício. **Ex.** É um devasso ~. **Ant.** Arrependido.

impensado, a adj (<im- + pensado) **1** Que não foi pensado/Irrefle(c)tido. **Ex.** A rea(c)ção disparatada que teve só pode ter sido um a(c)to ~. **2** Imprevisto/Inesperado(+). **Ex.** A minha intervenção teve um efeito ~.

impensável adj 2g (<im- + pensável) Que não se pode imaginar/supor/pensar/Inconcebível. **Ex.** Era ~ que ele pudesse fazer tal escalada «ao Everest».

imperador s m (<lat *imperátor, óris;* ⇒ imperatriz) **1** Soberano de um império. **Ex.** O(c)távio César Augusto foi o primeiro ~ de Roma. **2** *Icti* Peixe teleósteo da família dos bericídeos, de cor avermelhada e olhos grandes; *Berix decadactylus*. **3** *Ent Br* Inse(c)to lepidóptero; *Thysania agrippina*.

imperante adj 2g (<imperar + -(a)nte) **1** Que governa/reina/impera. **Ex.** O partido ~ no país está ligado a [fez] algumas reformas. **2** Que sobressai/predomina/Preponderante. **Ex.** A mentalidade ~ [reinante(+)/a(c)tual] no país não facilita o progresso social.

imperar v int (<lat *ímpero,áre*) **1** «o soberano» Exercer o poder absoluto/Mandar. **Ex.** Carlos V imperou em grande parte da Europa. **2** Prevalecer/Preponderar/Predominar. **Ex.** As ideias que imperavam favoreciam a democracia. **3** Exercer forte influência/domínio. **Ex.** A concórdia imperava [reinava/era geral] entre os povos.

imperativamente adv (<imperativo + -mente) De modo imperativo/autoritário. **Ex.** Disse-lhe ~ que se calasse [~: cale--se!].

imperativo, a adj/s m (<imperar + -tivo) **1** Que ordena/impõe/Autoritário. **2** Forçoso/Obrigatório(+). **Ex.** É ~ o recenseamento eleitoral em Portugal. **3** *Gram* Diz-se do tipo de frase «saia daqui/dê-me água» que exprime uma ordem, um pedido, ... **4** s m *Gram* Modo verbal que exprime uma ordem, um conselho, um pedido, um convite. **Ex.** Na frase *Vem até minha casa,* o verbo *vir* está (usado) no ~. **5** s m Dever/Obrigação/Imposição. **Comb.** *Fil* ~ categórico (de Kant) [Lei moral, que se impõe à vontade sem condições, peremp[ren]toriamente].

imperatriz s f (<lat *imperátrix, ícis;* ⇒ imperador) **1** Soberana de um império. **Ex.** Catarina II (Segunda) foi ~ da Rússia. **2** Mulher do imperador. **3** fig Mulher dominadora.

impercebível adj 2g (<im- + percebível) Que é difícil de captar/perceber pelos sentidos/Imperce(p)tível(+).

imperceptibilidade/imperceptível ⇒ imperceptibilidade/...

impercetibilidade (Cè) [*Br* **imperceptibilidade**] s f [= imperceptibilidade] (<impercetível + -idade) Qualidade [Condição] do «som» que é impercetível.

impercetível (Cè) [*Br* **imperceptível**] adj 2g [= imperceptível] (<im- + percetível) **1** Que não se pode perceber/apreender pelos sentidos «por ser muito pequeno». **Ex.** Havia um defeito ~ na peça da máquina. **2** Que é muito difícil de notar/Insignificante/Té[ê]nue/Su(b)til. **Ex.** A diferença entre as duas gravuras era praticamente ~.

imperdível adj 2g (<im- + perdível) **1** «partida/jogo/processo» Que não se pode perder/Em que se deve comparecer. **Ex.** Disseram-me que o espe(c)táculo era ~. **2** «negócio/a(c)tividade» Que tem lucro assegurado.

imperdoável adj 2g (<im- + perdoável) «erro» Que não pode [deve] ser perdoado/Que não tem desculpa/«falta/crime» Muito grave.

imperecedou[oi]ro, a adj (<im- + perecedouro) Que não pode [deve] morrer/desaparecer/Imorredouro/Perene/Imperecível(+).

imperecível adj 2g (<im- + perecível) «amor/glória» Que não pode perecer/morrer/Imortal/Indestrutível/Perene. **Ex.** O espírito [A alma] é ~. **Ant.** Efé[ê]mero; transitório; perecível; mortal.

imperfe(c)tibilidade (dg) s f [= imperfectibilidade] (<imperfe(c)tível + -idade) Qualidade [Condição] do que não pode ser melhorado/aperfeiçoado.

imperfe(c)tível (dg) adj 2g [= imperfectível] (<im- + perfe(c)tível) Que não pode ser aperfeiçoado/Incorrigível(+).

imperfeição s f (<im- + perfeição) 1 Qualidade do que tem falha/Erro/Defeito. Ex. A ~ do móvel só depois «no escritório» foi descoberta. 2 Cada defeito/falha. Ex. Temos de conviver com as ~ões das pessoas. 3 Pequena marca indevida «num obje(c)to». Ex. Uma peça com ~ é vendida a preço mais baixo. Sin. Defeito(+). 4 Estado do que não foi acabado/concluído. ⇒ imperfeito 3 Ex. .

imperfeito, a adj (<im- + perfeito) 1 Que tem falha/defeito/imperfeição/Mal executado. Ex. O trabalho dele foi [ficou] muito ~. 2 Que, de sua natureza, não é perfeito. Ex. O homem é um ser ~. 3 Que não foi acabado/concluído/Incompleto. Ex. As Capelas ~s, no Mosteiro da Batalha (Portugal), não têm te(c)to. Sin. Inacabado(+). 4 Diz-se do ser vivo «flor/inse(c)to» que ainda não atingiu todas as fases do seu desenvolvimento natural. 5 s Gram (Diz-se dos) tempos verbais que exprimem a a(c)ção, o processo ou o estado como inacabados, no passado ou no futuro, perdurando. Comb. Pretérito ~ (do indicativo «eu cantava e ele dançava»/do conjuntivo «cantasse e dançasse»). 6 Mús Diz-se do acorde musical formado apenas por duas notas.

imperfuração s f Med (<im- + ...) Malformação ou oclusão congé[ê]nita de um conduto ou orifício. Comb. ~ do ânus.

imperial adj 2g/s f (<império + -al) 1 Referente ou pertencente a império/imperador/imperatriz. Ex. O trono, a coroa e o ce(p)tro ~ais eram dignos de admiração. 2 fig Que revela autoridade/Arrogante. Ex. Entrando na cidade a cavalo, o seu semblante ~ metia respeito. 3 fig Pomposo/Magnificente. Comb. Rece(p)ção ~. 4 s f Cerveja tirada à pressão, servida em copo alto e fino. Ex. Devido ao calor, pedi uma ~, (que foi) acompanhada de tremoços.

imperialismo s m (<imperial + -ismo) 1 Política expansionista de um Estado, procurando o domínio político/econó[ô]mico/cultural de outros países. Ex. A luta contra o ~ foi uma das bandeiras (Ideais) do nosso partido. Sin. Colonialismo. 2 Sistema [Regime] imperial(+). 3 fig Tendência a exercer domínio intelectual/moral sobre outros. Ex. Importa resistir ao ~ dos meios de comunicação social, pensando pela própria cabeça.

imperialista adj/s 2g (<imperial + -ista) 1 Relativo ao imperialismo 1. Ex. Aquela política ~ desencadeou uma forte rea(c)ção popular na ex-coló[ó]nia. Comb. *Conce(p)ção ~. Visão ~.* 2 (O) que defende ou pratica o imperialismo. Comb. Estado ~. 3 Partidário do sistema de governo em que o soberano é um imperador ou uma imperatriz. ⇒ monárquico.

imperícia s f (<im- + perícia) 1 Falta de perícia ou de habilidade na realização de uma tarefa ou no desempenho de uma a(c)tividade. Ex. Revelou muita ~ na resolução do conflito. 2 Inépcia/Incompetência/Inexperiência. Ex. A ~ do condutor do veículo originou [(é que) causou] o desastre.

império s m (<lat *impérium*) 1 Unidade política que abrange um vasto território, agrupando vários povos sob uma única autoridade soberana. Ex. Os antigos romanos construíram um extenso ~. No séc. XX deu-se [ocorreu] o fim de vários ~s. Comb. ~ *colonial*. ~ *marítimo* [dos mares/que tem o domínio das rotas comerciais]. 2 Forma de governo em que o soberano é um imperador ou uma imperatriz. Ex. Em Roma o ~ sucedeu à república, com a vitória de Augusto sobre os rivais do triunvirato. 3 Nação assim governada. 4 Nação de grande extensão territorial, independentemente da forma de governo. Comb. ~ americano. 5 Domínio ou poder absoluto. Comb. ~ despótico. 6 Poder ou influência marcante. Ex. Muita gente age sob o ~ da moda. Comb. ~ *da razão*. ~ *dos sentidos*. 7 Espaço/Se(c)tor em que se exerce domínio. Ex. Os cimentos são o ~ deste grupo econó[ô]mico. 8 Grande empresa ou grupo econó[ô]mico com papel marcante na a(c)tividade industrial ou comercial, governado/a por uma pessoa, família ou grupo. 9 fam «dar ordens com» Tom de voz [Gesto/Atitude] arrogante/Altivez. 10 No arquipélago dos Açores, pequena capela com decoração típica onde se expõe a coroa do Espírito Santo nas festas em sua honra. 11 Br Coreto montado ao lado das igrejas para as festas do Espírito Santo.

imperiosamente adv (<imperioso + -mente) De forma autoritária/obrigatória. Ex. Ordenou-lhe ~ que abandonasse o local.

imperioso, a (Óso, Ósa, Ósos) adj (<lat *imperiósus*) 1 Que ordena de forma autoritária, sem admitir recusa ou resistência. Comb. Gesto [Tom/Voz] ~. 2 Muito intenso/Irresistível/Premente. Ex. Sentia um ~ desejo de conversar com alguém. Comb. Necessidade ~a [urgente/absoluta] de ajuda. 3 Forçoso/Necessário/Obrigatório(+). Ex. É ~ que apresente o relatório ainda hoje.

imperito, a adj/s (<im- + ...) Ignorante(+)/Inexperiente. Ex. Sou ~ nessa matéria «informática».

impermanência s f (<im- + permanência) Qualidade/Cará(c)ter do que não permanece/dura/Inconstância/Instabilidade.

impermanente adj 2g (<im- + permanente) Que não é duradouro/Inconstante/Efé[ê]mero/Instável(+).

impermeabilidade s f (<impermeável + -idade) 1 Qualidade do que não é atravessado por um fluido/do que é impermeável. Ex. A ~ daquele solo impede a infiltração da água das chuvas. 2 fig Qualidade do que não se deixa influenciar pelas ideias de outrem.

impermeabilização s f (<impermeabilizar + -ção) Operação de tornar impermeável «o terraço do prédio/o tecido».

impermeabilizar v t (<impermeável + -izar) Tratar um tecido, um papel, uma superfície de modo a impedir que a água ou outro fluido os atravesse. Ex. Os condó[ô]minos decidiram mandar ~ as paredes do prédio.

impermeável adj 2g/s m (<im- + permeável) 1 «tecido» Que não se deixa atravessar por água ou ou (por) outro fluido/Que não é permeável. 2 fig Que não se deixa influenciar ou afe(c)tar pelo pensamento de outrem. 3 s m Vestuário leve de tecido impermeabilizado, usado para proteger da chuva. Ex. Quando começou a chover, tirou da mala e enfiou [vestiu] o ~.

impermutabilidade s f (<impermutável + -idade) Condição do «emprego na firma» que não se pode trocar por outro.

impermutável adj 2g (<im- + permutável) «valor/ideal» Que não se pode trocar por outro/Que não é possível permutar.

imperscrutabilidade s f (<imperscrutável + -idade) Qualidade/Cará(c)ter do que não pode ser analisado/investigado.

imperscrutável adj 2g (<im- + perscrutável) Que não é possível perscrutar/Insondável. Ex. Os desígnios de Deus são ~veis.

impersonalidade s f (<im- + personalidade) Condição de impessoal/Qualidade do que não é cara(c)terístico de uma pessoa/Ausência de originalidade/Impessoalidade. Comb. ~ da ciência.

impertérrito, a adj (<lat *impertérritus* <in: não + *(per)térreo, rritum*: aterrorizar) Que não tem medo/Impávido/Intrépido. Ex. ~, avançou contra [para] o inimigo.

impertinência s f (<im- + pertinência) 1 Qualidade do que não é relativo ao assunto em causa/Despropósito. Ex. Criticou a ~ da pergunta. 2 A(c)to/Gesto/Atitude impertinente/Falta de respeito/Insolência/Incorre(c)ção/Inconveniência. Ex. Esteja calado, deixe-se de ~s! 3 Mau humor/Rabugice. Ex. Sabia lidar com a ~ do avô.

impertinente adj 2g (<lat *impértinens, éntis*: inconveniente <in: não + *pertíneo*: pertencer) 1 «argumento» Que não se relaciona com o que está a ser tratado/não vem a propósito/Inoportuno. Ex. Essa é uma questão ~. 2 Que causa enfado/Inconveniente/Irreverente/Incorre(c)to/Ofensivo. Ex. A sua atitude ~ foi criticada pelos presentes. 3 Que revela mau humor/Rabugento. Ex. O avô [Esta criança] está hoje muito ~.

imperturbabilidade s f (<imperturbável + -idade) 1 Qualidade do que se mantém calmo/sereno/imperturbável. 2 Grande presença de espírito/Grande tranquilidade. Ex. Impressiona a sua ~ nos momentos mais críticos.

imperturbável adj 2g (<im- + perturbável) 1 Que mantém a calma/Que não se altera/perturba/Impávido/Impassível. Ex. No meio do perigo revelou-se ~. 2 Que não se deixa abalar/Que revela sangue-frio/coragem.

impérvio, a adj (<lat *impérvius, a, um*) 1 ⇒ «caminho» Intransitável(+). 2 ⇒ «floresta» Impenetrável(+). 3 Fechado/Insensível. Ex. Era uma alma [pessoa] ~a aos bons sentimentos.

impessoal adj 2g (<im- + pessoal) 1 Que não tem os atributos de pessoa. Ex. A lei é ~. 2 Que não se refere ou pertence a uma só pessoa. Ex. A decisão foi do grupo, ~. 3 Que não é subje(c)tivo/Neutro/Obje(c)tivo. Ex. Um julgamento ~/imparcial(+) é o mais justo. 4 Que não depende das cara(c)terísticas, tendências e gostos de uma pessoa/Que revela falta de originalidade. Ex. Tudo nele parece ~ [convencional(+)/vulgar(+)], desde a forma de vestir (até) à maneira de pensar. 5 Que revela frieza, distanciamento, indiferença. Ex. Não gostei da forma ~ com que nos receberam. Sin. Frio; seco; reservado. Ant. Caloroso. 6 Gram Diz-se do verbo «anoitecer» que, em sentido próprio e não figurado, se usa apenas no infinitivo e na 3.ª pessoa do *sing*, tendo sujeito nulo. Ex. Ontem choveu muito aqui. Aqui é raro nevar. 7 Gram Diz-se de forma verbal que não apresenta flexão de pessoa. Ex. O infinitivo do português pode aparecer na forma ~ ou pessoal, como na expressão *Importa estudar* (Impessoal) e *Importa estudarmos* (Pessoal). 8 Gram Diz-se da frase que não apresenta sujeito gramatical «falar bem inglês».

impessoalidade s f (<impessoal + -idade) 1 Cara(c)terística do que não depende ou não é atribuível a uma só pessoa/Impersonalidade. 2 Ausência de originalidade. 3 Gram Cara(c)terística de forma verbal com sujeito nulo.

impetigem s f ⇒ impetigo

impetigo s m Med (<lat *impetígo, inis*. impigem) Afe(c)ção cutânea contagiosa causada por estreptococo ou estafilococo, com erupção de pequenas pústulas que, depois de secas, formam crustas amarelas.

ímpeto s m (lat *ímpetus<in*: para/a + *peto*: dirigir-se, procurar chegar) **1** Movimento intenso, súbito e violento. **Ex.** Foi difícil suster [aguentar(+)] o ~ da onda. Aguentámos o ~ inicial da equipa adversária. O ~ [A força] das chamas aterrorizou a aldeia. **2** Ardor/Veemência/Furor. **Ex.** Foi com ~ [toda a força(+)] que atacámos o fogo. **3** Violência de sentimentos/Arrebatamento. **Ex.** É difícil, por vezes, refrear o ~ da paixão.

impetração s f (<impetrar + -ção) **1** A(c)to de suplicar/pedir/requerer. **2** Obtenção daquilo que se solicitou/impetrou.

impetrante adj/s 2g (<impetrar + (a)nte) **1** (O) que suplica/pede/requer. **2** *Dir* (O) que requer uma providência judicial/Autor.

impetrar v t (<lat *ímpetro,áre*: alcançar) **1** Suplicar/Pedir/Requerer. **Ex.** Impetrou clemência para o pobre homem. **2** *Dir* Interpor recurso num juízo.

impetuosidade s f (<impetuoso + -idade) **1** Carácter do que avança com força/veemência/fúria/Qualidade do que é impetuoso. **Ex.** A ~ da torrente fez desabar o muro. **2** Energia/Força/Rapidez. **Ex.** A ~ da (sua) rea(c)ção revela [mostra] que se sentiu ofendido. **3** *fig* Exuberância/Arrebatamento/Entusiasmo(+)/Ardor(+). **Ex.** A ~ com que defendeu o seu plano contagiou o grupo.

impetuoso, a (Ôso, Ósa, Ósos) adj (<ímpeto + -oso) **1** Que avança com veemência/Violento. **Ex.** Um vento ~ fazia dobrar a copa das árvores. **2** *fig* Impulsivo/Exaltado/Arrebatado. **Ex.** O seu temperamento ~ dificultava a relação com o grupo.

impiedade s f (<lat *impíetas, átis*) **1** Falta de respeito/piedade «de Voltaire» em relação ao sagrado e a Deus/Desprezo da religião. **2** A(c)to que ofende o que deve ser venerado/respeitado/A(c)ção ímpia. **Ex.** Alguns orgulham-se das suas ~s. **3** Falta de compaixão(+)/Desumanidade/Crueldade/Crueza. **Ex.** A sua ~ perante o sofrimento alheio chocou-me.

impiedoso, a (Ôso, Ósa, Ósos) adj (<im- + ...) **1** Que não respeita a religião e o que é sagrado/Ímpio(+). **2** ⇒ Que não tem compaixão perante o sofrimento alheio/Desumano(+)/Insensível(+)/Impio. **3** Que julga sem tolerância/indulgência. **Ex.** Teceu [Teve] considerações ~as sobre a assistência aos idosos. **4** *fig* Inclemente(+)/Duro/Violento. **Ex.** Uma chuva ~a caiu durante toda a viagem. Moveu uma marcação ~a [sem tréguas] ao craque da equipa adversária.

impi(n)gem s f Med (⇒ impetigo) Erupção cutânea com formação de crusta amarelada ou gretada/Impetigo. **Ex.** Tinha mais que uma ~ no rosto.

impingidela s f (<impingir + -dela) A(c)to ou efeito de impingir/Logro/Engano/Embuste/Intrujice.

impingir v t (<lat *impíngo, ere*: impor; ⇒ impacto) **1** Dar(+) [Bater] com força/Pespegar. **Ex.** Impingiu[Deu]-lhe um bofetão. **2** Enganar/Intrujar. **Ex.** Acaba de ~-lhe mais uma peta. **3** Convencer alguém a adquirir [receber] algo que não pretendia ou de que não necessitava. **Ex.** Com muita conversa (fiada) acabou por ~[vender]-lhe umas bugigangas. **4** Forçar alguém a (aguentar) algo fastidioso/enfadonho. **Ex.** O orador impingiu-nos um discurso interminável. **5** Passar uma coisa por outra/Defraudar/Intrujar. **Ex.** Quiseram ~ ao público produtos financeiros de risco por simples depósitos. **Idi.** ~ [Vender(+)] *gato por lebre*. **6** ~-se/Fazer-se convidado.

impio, a adj/s (<im- + pio) (O) que não revela piedade/sensibilidade perante a dificuldade alheia/Cruel/Desumano/Bárbaro. **Ex.** Aquela gente ~ merece dura crítica.

ímpio, a adj/s (<lat *ímpius*) (O) que não respeita a religião ou ofende o sagrado/que revela impiedade/Ateu/Descrente. **Ex.** Os ~s movem grandes ataques à religião.

implacabilidade s f (<implacável + -idade) **1** Qualidade do «doença» que não se deixa [pode] acalmar/abrandar/moderar. **2** Cará(c)ter de quem «professor que castiga» não perdoa ou se mostra inflexível/Dureza/Insensibilidade.

implacável adj 2g (<lat *implacábilis <in + pláco, áre*: aplacar, acalmar) **1** Que não se deixa [pode] aplacar/moderar/Que não cede. **Ex.** O chefe manteve-se ~ na sua decisão. Alimentava [Tinha] um ódio ~ ao rival. **Sin.** Inexorável; inflexível. **2** Irresistível/Incontornável/Incontestável. **Ex.** Usou uma argumentação ~/arrasadora e ganhou a causa (no tribunal). **3** Forçoso/Necessário/Fatal. **Ex.** Para os [No entender dos] antigos, o destino era ~/cego.

implantação s f (<implantar + -ção) **1** Introdução, fixação e posterior desenvolvimento de alguma coisa. **Ex.** A ~ da República em Portugal ocorreu em 1910. A ~ do produto «computador» no mercado tem vindo a aumentar. **Sin.** Estabelecimento. **2** *Med* Intervenção cirúrgica para inserir matéria natural ou artificial numa zona do corpo. **Ex.** Os médicos decidiram fazer-lhe a ~ de um rim. **3** Essa matéria inserida. **Ex.** Oxalá a ~ não seja rejeitada pelo organismo. **Sin.** Implante(+); enxerto. **4** Fixação do ovo (fecundado) à mucosa do útero/Nidação(+). **5** Disposição dos prédios na área a urbanizar, segundo o proje(c)to. **Ex.** A ~ do nosso prédio no terreno parece-me favorável.

implantar v t (<im- + plantar) **1** Instalar(-se)/Fixar de forma duradoura/Estabelecer. **Ex.** Todos estes imigrantes se implantaram [radicaram(+)] facilmente no Brasil. **2** Introduzir um implante/Inserir uma coisa noutra/Fixar. **Ex.** Quero mandar ~ um dente. **3** Entrar e desenvolver-se numa sociedade «um hábito, uma moda»/Tornar-se usual/aceite. **Ex.** Também aqui se implantou o hábito do chá das cinco (horas/da tarde). **Loc.** ~ [Introduzir] novos costumes.

implante s m (<implantar) **1** A(c)to ou efeito de implantar. **2** Operação cirúrgica para introduzir no organismo um aparelho/órgão/Enxerto. **Ex.** O ~ do fígado [da córnea] foi bem sucedido. **3** Tecido/Órgão/Aparelho assim introduzido. **Ex.** Há quem tenha vários ~s. **Comb.** ~ dentário.

implementação s f (<implementar + -ção) **1** A(c)ção ou processo de executar um plano/programa/Concretização. **Ex.** Coube-lhe fazer a ~ do arrojado plano. **2** Entrada em vigor. **Ex.** A ~ da reforma demorou algum tempo.

implementar v t (<implemento + -ar¹) **1** Levar à prática [Executar] um plano/proje(c)to/programa. **Ex.** É difícil ~ uma reforma no terreno [na sociedade], muito diferente de traçá-la no papel. **2** Fazer entrar em vigor. **Ex.** ~ a reforma vai ter (os seus/alguns) problemas.

implemento s m (<ing *implement*: instrumento para realizar uma tarefa <lat *ímpleo, ére*: encher) **1** O que serve para realizar alguma coisa/Apetrecho(+). ⇒ alfaia «agrícola». **2** Execução do que está decidido. **Comb.** ~ da lei [do contrato]. **Sin.** Implementação(+).

implicação s f (<lat *implicátio, ónis*: enlaçamento) **1** A(c)to ou efeito de implicar(-se). **Comb.** A ~ [O entrecruzamento] de ruas e ruelas. **2** *Lóg* Relação lógica entre uma proposição que é antecedente e outra(s) que é/são sua consequência. **3** *Lóg* O que está subentendido/subjacente/Fundamento lógico. **4** O que deriva de algo/Consequência. **5** Envolvimento/Comprometimento «num a(c)to doloso». **Ex.** Vem no jornal a ~ do advogado no crime fiscal. **6** Comportamento que revela incompatibilidade «de temperamentos»/aversão/embirração/antipatia. **Ex.** Entre eles há uma ~ constante [Andam sempre à birra/às turras].

implicância s f (<implicar + -ância) ⇒ Impertinência/Incompatibilidade/Implicação 6.

implicante adj/s (<implicar + (a)nte) **1** (O) que procura provocar [implicar com] alguém, criar problemas. **2** ⇒ Birrento/Quezilento/Implicativo(+).

implicar v tr/int (<lat *ímplico,áre,átum*: entrelaçar) **1** Fazer pressupor/Requerer/Exigir/Significar. **Ex.** Esse crime tão sofisticado implicou uma cuidada preparação. **2** Ter como consequência lógica/Acarretar. **Ex.** A ida para a tropa implica muito esforço físico. **3** Obrigar a/Exigir/Requerer. **Ex.** Uma operação tão arriscada implica o máximo cuidado. Uma obra dessas [de tão grande envergadura] implica gastar uma fortuna.

implicativo, a adj (<implicar + -tivo) **1** Que exige logicamente/Que obriga a/Que implica. **Ex.** Ter carro implica(+) [é ~ de] despesas. **2** Que provoca quezília/Que embirra com. **Ex.** O rapaz é ~, é difícil aturá-lo!

implicitamente adv (<implícito + -mente) De forma não expressa/Sem referência dire(c)ta. **Ex.** Do que ele disse, ~ conclui-se que o trabalho vai só a meio. **Ant.** Explicitamente.

implícito, a adj (<lat *implícitus*, de *ímplico, áre*) Que não está expresso no enunciado, mas que pode concluir-se dele. **Ex.** Se vais casar, está ~ que vais [, também tens de] comprar ou alugar casa, não é (assim)? **Ant.** Explícito.

implodir v t/int (<im- + (ex)plodir; ⇒ implosão) Demolir(-se) um edifício por explosões localizadas de forma a os detritos se concentrarem num ponto central. **Ex.** É um espe(c)táculo [Vale a pena] ver ~ um grande edifício.

imploração s f (<implorar + -ção) A(c)to de pedir com humildade «sobretudo a Deus»/Súplica(+)/Rogo. **Ex.** Fez uma ~ a Deus pela boa sorte do filho na guerra.

implorante adj/s (<implorar + (a)nte) (O) que pede humildemente e com insistência/se suplica.

implorar v t (<lat *implóro, áre, atum <in +ploro: chorar*) Pedir com insistência e humildade/Suplicar/Rogar «a Deus». **Ex.** Implorou a Deus o perdão dos [para os] seus pecados. Implorou ajuda para o filho (que está) em dificuldades.

implorativo, a adj (<implorar + -tivo) Que implora/Suplicante(+). **Ex.** Estava de joelhos diante do altar em atitude ~a.

implosão s f (<im- + (ex)plosão; ⇒ implodir) **1** Demolição de um edifício pela detonação de cargas explosivas de modo que os destroços caiam na área de construção. **2** Erupção violenta de um fluido num espaço fechado em que a pressão é muito menor que no exterior. **3** *Ling* Primeira fase

da articulação de uma consoante oclusiva pelos órgãos fonadores.

implosivo, a adj (<implosão + -ivo) **1** Relativo a implosão. **2** Ling Diz-se da (consoante) oclusiva cuja articulação se limita à primeira fase. **Ex.** O p de *inepto* é uma oclusiva ~a.

implume adj 2g (<lat *implúmis*) «ave» Que não tem penas ou plumas. **Sin.** Impene.

impolidez s f (im- + polidez) **1** «na pedra» Falta de polimento. **2** fig ⇒ Falta de educação/cortesia/Indelicadeza(+)/Rudeza(+).

impolido, a adj (<lat *impólitus*: tosco) **1** «granito/pedra» Que não foi alisado/Que não teve polimento. **2** «homem» Que tem um aspe(c)to rústico/tosco. **3** fig Que revela falta de delicadeza/cortesia/educação. **Ex.** Foi muito ~ (da parte dele) sair [ir] sem se despedir.

impolítico, a adj (<im- + político) **1** Que não tem o sentido da oportunidade. **Comb.** Procedimento ~. **2** Contrário à boa política. **3** fig Que revela falta de polidez/cortesia/delicadeza. **4** s f Inabilidade para solucionar problemas/Política errada. **5** Falta de delicadeza/civilidade/cortesia.

impoluível adj 2g (<im- + poluível) Que não se pode manchar/macular/poluir.

impoluto, a adj (<lat *impollútus*) **1** ⇒ impolido. **2** Que não tem manchas/Puro/Imaculado. **Comb.** Parede de um branco (Cor branca) ~. **3** fig Honesto/Digno/Virtuoso. **Ex.** Sempre se revelou um homem ~, alguém em quem se pode confiar.

imponderabilidade s f (<imponderável + -idade) **1** Qualidade [Estado] do que não tem peso. **Ex.** Nas naves espaciais, os astronautas experimentam a ~. **2** Condição do que não se pode ponderar/calcular/considerar. **Comb.** A ~ de todos os fa(c)tores e circunstâncias.

imponderação s f (<im- + ponderação) Irreflexão/Precipitação(+). **Ex.** A ~ nos negócios pode levar à falência.

imponderado, a adj (<im- + ponderado) Que não cuida de tentar prever e avaliar as consequências das suas decisões/Irrefle(c)tido/Imprudente/Impensado/Precipitado(+). **Ex.** Foi uma decisão ~a que [mas] felizmente não teve más consequências.

imponderável adj 2g/s m (<im- + ponderável) **1** Que não se pode pesar. **Ex.** No espaço, onde já não a(c)tua a gravidade, um corpo torna-se ~ [deixa de ter peso]. **2** «situação/caso» Que não se pode prever/ponderar/avaliar. **3** s m Fa(c)to ou circunstância que não se previu e que é importante numa dada [em determinada] situação. **Ex.** Um ~ qualquer pode comprometer decisivamente os nossos planos.

imponência s f (<imponente + -ia) **1** Qualidade do que é imponente/grandioso/Monumentalidade «do Palácio de Mafra, Portugal». **2** Magnificência/Sump[Sun]tuosidade. **Ex.** A ~ de um grande estádio repleto de público é um espe(c)táculo a não perder [digno de se ver]. **3** Solenidade/Altivez/Majestade no porte. **Ex.** A ~ da figura do imperador a cavalo inspirava profundo respeito.

imponente adj 2g (<lat *ímponens, éntis*; ⇒ impor) **1** «pessoa» Com autoridade/Que impõe respeito/Solene/Altivo. **Ex.** É uma figura [pessoa] ~ no porte e na dignidade. **2** Que se impõe pela dimensão/magnificência/majestade. **Ex.** É um panorama ~ o que dali se avista. O rochedo que ali se ergue a pique é ~. **3** Que causa grande admiração pela excelente qualidade. **Ex.** O espe(c)táculo de fogo de artifício foi ~.

impontar v t pop (<im- + ponto + -ar¹) **1** Fazer [Mandar] sair alguém «de casa»/Expulsar/Despedir. **2** ⇒ Encaminhar(-se)/Dirigir(-se) para. **3** Desfazer-se de. **Ex.** Impontou-lhe um casaco que já não vestia.

impopular adj 2g (<im- + popular) **1** Que não agrada à população. **Ex.** Esta reforma governativa é ~. **2** «Governo» Que não tem a estima/simpatia da população/Que não é bem-visto. **Ex.** Um político ~ dificilmente vence em eleições.

impopularidade s f (<im- + popularidade) Qualidade do que não tem a simpatia/estima do povo, do que é impopular.

impopularizar v t (<impopular + -izar) Perder a simpatia do povo/Tornar impopular. **Ex.** As últimas decisões ministeriais começaram a ~ o governo.

impor (Pôr) v t (<lat *impóno, ere, pósitum*: pôr sobre, impor) **1** Tornar obrigatório/Forçar a cumprir. **Ex.** A lei impõe um prazo para reclamar. O regulamento do Internato impõe um horário rígido aos alunos. **2** Obrigar a aceitar [cumprir] uma ordem/prescrição. **Ex.** O professor impôs silêncio na aula. **3** ~-se/Fazer aceitar a sua autoridade/vontade. **Ex.** Bateu o pé [Reagiu] e conseguiu ~-se no clube. **4** Pôr em vigor/Criar/Fixar/Estabelecer. **Ex.** O Governo impôs novas taxas para o imposto. **5** Aplicar/Infligir «um castigo/uma pena/repreensão». **Ex.** O juiz impôs ao réu a pena de cinco anos de prisão. **6** Despertar no espírito de outrem/Fazer sentir/Incutir/Inspirar. **Ex.** A sua figura veneranda impunha respeito. **7** ~-se/Ter [Ganhar] prestígio/Ser aceite e apreciado por qualidades próprias. **Ex.** O artista depressa se impôs no mundo da canção. **8** Tornar necessário/Forçar (a)/Exigir. **Ex.** A falta de alternativas impôs aquela fraca solução. Impõe-se [É necessário/preciso] que cada um assuma as suas responsabilidades. **9** Pôr sobre/Colocar por cima de. **Ex.** No ritual da ordenação, o bispo impõe as mãos sobre a cabeça do ordenando. **10** Atribuir/Dar um nome. **Ex.** O padrinho impôs-lhe o nome de João. **11** Imputar(+)/Assacar a alguém «um crime». **Ex.** Queria ~ ao colega a batota «copianço» que ele próprio fizera.

importação s f (<importar + -ção) **1** A(c)tividade econó[ô]mica de um país comprar e adquirir noutro [de outro] mercadorias, serviços, bens de consumo. **Ex.** Impõe-se a ~ de veículos de transporte. **Ant.** Exportação. **2** Conjunto dos bens importados. **Ex.** As ~ções têm superado as exportações. **3** Introdução num país de pessoas, ideias, modas, hábitos vindos do estrangeiro. **Ex.** A ~ de mão de obra é um fenó[ô]meno recente [com poucos anos] em Portugal.

importador, ora adj/s (<importar + -dor) **1** Que é relativo à importação. **Comb.** Comércio ~. A(c)tividade ~a. **2** (O) que manda vir algo do estrangeiro para venda no próprio país/que se dedica à importação. **Ex.** Alguns ~es queixam-se de difícil acesso ao crédito.

importância s f (<importante + -ia) **1** Qualidade do que tem relevância/interesse para algo ou alguém. **Ex.** Todos reconhecem a ~ do novo hospital. **Loc. De** ~ [Importante/Significativo/Prestigiado] (Ex. É uma pessoa [um assunto] de ~). **Dar** ~ **a a)** Prestar atenção a alguém ou a alguma coisa/col Ligar a; **b)** Manifestar consideração/interesse/Dar valor a. **Não tem** ~ **a)** Não é significativo/importante/Não tem interesse; **b)** «em resposta a pedido de desculpa» Expressão que procura aliviar [pôr à vontade/desculpar] o interlocutor (Ex. Por favor, desculpe! – Ah, deixe lá, não tem ~). **2** Prestígio/Autoridade/Influência de alguém. **Ex.** Está muito convencido da sua ~, mas engana-se. **3** Quantia de [em] dinheiro usada em situação de compra ou venda/Custo/Preço. **Ex.** Pediram-me (a ~ de) 100 euros por este aparelho de vídeo.

importante adj 2g (<importar + (a)nte) **1** Que interessa a alguém/Que tem valor/relevância para alguma coisa. **Ex.** É ~ cuidar da saúde. A passagem [aprovação] no exame foi ~ para o seu futuro. **2** Necessário/Indispensável/Fundamental. **Ex.** É ~ saber com quem podemos contar para [saber quem vai fazer] esse trabalho. É ~ começar a preparar a festa. **3** Que tem prestígio/Que é considerado/Que tem autoridade/valor. **Ex.** É um jogador ~ na equipa. **4** Que revela vaidade/sobrançaria. **Ex.** Ele passeia-se com um ar ~! **5** Que é considerável/Que atinge um valor significativo. **Ex.** A tempestade causou estragos ~s. **6** s m O que importa/O que mais interessa. **Ex.** O ~ é que conseguimos o nosso obje(c)tivo [o que queríamos]!

importar v t/int (<lat *impórto, áre, átum*: trazer para dentro) **1** Comprar ao estrangeiro e introduzir no próprio país, para aqui comercializar, mercadorias, bens de consumo/Fazer importações. **Ex.** A empresa importa veículos de transporte. **2** Ado(p)tar o que é estrangeiro. **Ex.** O povo gosta de ~ modas e ideias de países que julga mais avançados. **3** Ter um preço/Custar. **Ex.** O investimento importou em [foi de] cinquenta mil euros. **4** Ter importância para [Interessar a] alguém. **Ex.** Importa-nos que o preço do produto não suba. **5** Ser necessário/indispensável/conveniente. **Ex.** Importa que cada um faça o que deve (fazer). **6** ~-se/Dar importância a/Preocupar-se com. **Ex.** Importa-se muito com o [Só pensa no] bem-estar da família. **7** Causar/Acarretar/Implicar. **Ex.** Andar em festas importa (fazer mais) despesa.

importável adj 2g (<importar 1 + -vel) Que pode ser importado.

importe s m (<importar 3) Valor/Quantia/Importância(+)/Custo. **Ex.** A fa(c)tura tem o ~ de novecentos euros.

importunação s f (<importunar + -ção) **1** A(c)to ou efeito de importunar. **2** Insistência fastidiosa/maçadora junto de alguém. **3** Aquilo que incomoda/contraria/aborrece/col chateia.

importunador, ora adj/s (<importunar + -dor) (O) que perturba/aborrece/enfada/interrompe/Importuno(+).

importunar v t (<importuno + -ar) Molestar/Maçar «com pedidos/perguntas»/Aborrecer/col Chatear.

importunidade s f (<importuno + -idade) Qualidade do que maça/enfada/perturba/importuna. ⇒ importunação.

importuno, a adj (<lat *importúnus*) (O) que incomoda/Maçador. **Ex.** É um ~, já não o posso ver na minha frente! ⇒ Inoportuno.

imposição s f (<lat *impositio, ónis*) **1** A(c)to ou efeito de impor. **2** A(c)ção de colocar por cima de. **Ex.** O bispo fez a ~ das mãos sobre a testa do crismando. **Comb.** Catol ~ das cinzas (Na quarta-feira de cinzas, da Quaresma). **3** Uso da autoridade ou do poder para ordenar ou fixar uma obrigação ao(s) subordinado(s). **Ex.** A ~ de um novo imposto é normalmente [sempre] impopular. O juiz fixou a ~ de ele indemnizar o queixoso. **Comb.** ~ de uma norma [regra]. **4** Ordem dada a alguém. **Ex.** Foi difícil aceitar tal ~. **5** Obrigação a cumprir/Dever. **Ex.** É uma ~ legal socorrer a víti-

ma de um acidente. **6** O que é forçoso/Obrigação/Exigência. **Ex.** Era uma ~ da sua consciência ajudar o irmão naquele momento difícil. **7** *Tip* Operação de dispor numa folha a composição tipográfica de forma que, ao dobrá-la, as páginas fiquem na ordem normal.

impositivo, a *adj* (<lat *impósitum*, de *impóno, pósitum*: impor + -ivo) Que obriga a cumprir/Que impõe/Obrigatório(+).

impossibilidade *s f* (<im- + possibilidade) **1** Condição do que é irrealizável/impossível. **2** Impedimento/Incapacidade de fazer alguma coisa. **Ex.** Na ~ de eu [Como não posso] ir aí, gostava que vocês viessem cá. **3** O que não pode realizar-se/acontecer. **Ex.** A quadratura do círculo é uma ~.

impossibilitar *v t* (<im- + possibilitar) **1** Tornar impossível/irrealizável/inviável/Impedir. **Ex.** A gripe impossibilitou-o de [não o deixou] vir à festa. **2** (Fazer) perder forças/aptidões/Incapacitar. **Ex.** A grave doença impossibilitou-o [deixou-o impossibilitado (+)] para o trabalho.

impossível *adj 2g* (<im- + possível) **1** Que não pode existir/Que não pode ser realizado. **Ex.** A quadratura do círculo é ~. É ~ ir a grande velocidade naquela estrada. **2** Que é muito difícil de fazer/aceitar/aguentar. **Ex.** É-me ~ [Não posso] trabalhar tanto. É ~ [Não se pode] ceder mais. Estava um ambiente ~ [péssimo] no grupo. **Loc.** i*nterj* (***Parece***) ~ *!* [Exclamação de admiração, espanto, censura] (Ex. O quê? Fizeste 300 km em duas horas? (Parece) ~ ! Com essas acrobacias, qualquer dia ainda vais parar ao hospital! … Olha(-me) para essas calças, todas cheias de nódoas! Parece ~ !). **3** Que é proibido/interdito. **Ex.** É ~ exercer essa função sem habilitação adequada. **4** Que tem um comportamento difícil/insuportável. **Ex.** A miúda está ~/insuportável, com birras constantes! **5** Estranho/Incrível(+)/Inacreditável. **Ex.** Passei por [Aconteceram-me/Tive] peripécias ~veis! **6** *s m* O que não é possível ou é muito difícil de fazer/conseguir. **Ex.** «subir contigo o Everest?» Isso é pedir o ~! **Idi.** Fazer o possível e o ~ «para conseguir (realizar) um obje(c)tivo» [Empenhar-se ao máximo/Não poupar esforços].

imposta (Pós) *s f* (<lat *impósta*) **1** *Arquit* Última pedra de um pilar ou de um pé-direito de alvenaria onde assenta a extremidade de um arco ou abóbada/Cornija. **2** Trave de madeira colocada na parte superior de um vão de porta ou janela. **Ex.** Nas casas de xisto, por cima de portas e janelas, vê-se uma ~ de castanho, madeira muito resistente.

impostar *v t* (<it *impostar*) «o a(c)tor, o cantor» Fixar a voz [Articular bem] de modo a emitir o som em plenitude.

imposto, a (Pôsto, Pósta, Póstos) *adj/s m* (<lat *impósitus*; ⇒ impor) **1** Que se colocou por cima de/Que se impôs. **Ex.** Foi-lhe ~a uma condecoração pelos serviços prestados. **2** Que se obrigou a cumprir/aceitar. **Ex.** Foi-lhe ~a a pena de dois anos de prisão. **3** *s m* Contribuição obrigatória em dinheiro para as despesas públicas. **Ex.** Há ~s sobre (o rendimento de) pessoas singulares (IRS) e pessoas cole(c)tivas (IRC). **Comb.** ~ *descontado na fonte*. ~ *dire(c)to* [de renda]. ~ *indire(c)to* [de/sobre o consumo]. ~ *predial*. **4** *s m pl* Conjunto dessas contribuições. **Ex.** O Estado arrecada muitos milhões em ~s. É dever de todo (o) cidadão pagar os ~s.

impostor, ora (Tôr) *adj/s* (<lat *impóstor, óris*: enganador; ⇒ impor) **1** (O) que procura iludir as pessoas simples/ingé[ê]nuas abusando da sua confiança/Embusteiro/Mentiroso/Trapaceiro. **2** (O) que finge sentimentos e ideais que não tem/Hipócrita(+). **3** (O) que levanta [propaga] calúnias ou falsidades. **Ex.** Importa estar de sobreaviso em relação aos ~es.

impostura *s f* (<lat *impostúra*: burla; ⇒ impor) **1** A(c)ção de usar falsas aparências para enganar/Embuste/Fraude. **Ex.** As ~s de certa gente bem-falante têm enganado vários idosos. **2** Propaganda de falsa doutrina. **Ex.** Tais ideias são ~s de falsos profetas. **3** Calúnia/Falsidade/Mentira. **Ex.** Tudo isso não passa de ~s [isso é pura ~]. **4** Afe(c)tação de superioridade/Bazófia/Presunção. **Ex.**Toda aquela pose de barriga cheia é sinal de ~.

impotável *adj 2g* (<im- + potável) Que não se pode [Impróprio para] beber (+)/Não potável(+). **Comb.** Água ~. ⇒ intragável; imbebível.

impotência *s f* (<lat *impoténtia*: falta de força) **1** Falta de poder, de força, de capacidade para fazer alguma coisa. **Ex.** Reconheço a minha ~ para resolver este problema/caso. **2** *Med* Disfunção masculina de não conseguir a ere(c)ção para a prática do a(c)to sexual. **Ex.** Causas fisiológicas ou psíquicas podem originar ~.

impotente *adj 2g/s* (<lat *ímpotens, éntis*) **1** (O) que não tem força ou meios para fazer algo ou resolver uma situação adversa/Fraco. **Ex.** Revelou-se ~ para pôr ordem na instituição «escola». **2** *Med* (Homem) que sofre de impotência sexual.

impraticabilidade *s f* (<impraticável + -idade) Condição do que não se pode executar ou realizar/Impossibilidade de pôr em prática alguma coisa.

impraticável *adj 2g* (<im- + praticável) Que não se pode pôr em prática/Que não é possível executar. **Ex.** Esse plano é ~ por falta de gente competente.

imprecação *s f* (<lat *imprecátio, ónis*; ⇒ súplica) A(c)to de rogar a um ser superior que faça mal a alguém/Praga(+)/Maldição. **Ex.** Raios te partam! ~ era a ~ que lhe saía à primeira contrariedade.

imprecar *v t* (<lat *ímprecor, ári* <*in* + *précor*: pedir) Pedir vingança a um ser superior [Desejar mal a alguém/Rogar uma praga(+)/maldição/Praguejar].

imprecatado, a *adj* (im- + precatado) Que não tem cuidado/Que não se precave/Desprecatado(+)/Desprevenido(o+)/Incauto. **Ex.** Uma pessoa ~a está mais sujeita à desgraça/aos perigos.

imprecativo [imprecatório], a *adj* (<imprecar) Que exprime [envolve] praga/imprecação/maldição.

imprecaução *s f* (<im- + precaução) Falta de precaução (+)/cautela/cuidado(+)/Imprevidência/Imprudência. **Comb.** Acidente «de carro» (causado) por ~.

imprecisão *s f* (<im- + precisão) **1** Falta de rigor/precisão/exa(c)tidão «do vocabulário»/Inexa(c)tidão. **2** Cará(c)ter de vago/indeterminado. **Ex.** A ~ dos limites da propriedade pode trazer problemas.

impreciso, a *adj* (<im- + preciso) **1** «termo/argumento/declaração» Que tem falta de rigor/precisão/clareza. **2** Vago/Indefinido/Indeterminado(+). **Ex.** Um número ~ de pessoas apresentou essa reclamação.

impreenchível *adj 2g* (<im- + preenchível) Que não se pode preencher/completar/substituir/ocupar. **Ex.** Essa vaga [Esse lugar] do quadro de efe(c)tivos neste momento é ~.

impregnação *s f* (<impregnar + -ção) A(c)to ou efeito de impregnar(-se)/Penetração profunda de um fluido/líquido num corpo. **Ex.** A ~ do algodão hidrófilo pelo álcool é muito rápida. **2** Grande influência na mentalidade de alguém exercida por ideias, ideologias, … **Ex.** A ~ dos espíritos pelos valores em voga alterou muito os comportamentos. **3** *Zool* Penetração do óvulo pelo espermatozoide/Fecundação(+).

impregnar *v t* (<lat *impráegno, áre, átum*: penetrar em <*in* + *praegno*: emprenhar) **1** «um líquido/fluido» Penetrar profundamente num corpo, ficando aí entranhado. **Ex.** O ar húmido impregnou os cobertores no armário, daí [, causando] o cheiro a mofo. Um forte cheiro a perfume impregnou a (atmosfera da) sala. **2** Infiltrar-se em/Repassar/Embeber. **Ex.** A persistente chuva miudinha impregnou-lhe a camisola. **3** Fazer entrar na mente/Ficar fortemente influenciado/afe(c)tado/Imbuir-se de. **Ex.** A revolução impregnou a população citadina de novos ideais. **4** *Zool* ⇒ Fecundar/Emprenhar(+).

impregnável *adj 2g* (<impregnar + -vel) **1** Que deixa infiltrar/penetrar um fluido/líquido/Que se deixa impregnar. **2** «espírito» Que facilmente se deixa influenciar por novas ideias/Rece(p)tivo/Permeável(+).

impremeditação *s f* (<im- + premeditação) Ausência de planeamento/premeditação/preparação [Não premeditação(+)]. **Ex.** A ~ do crime é uma atenuante.

impremeditado, a *adj* (<im- + premeditado) Que não foi planeado/preparado/Não premeditado(+). **Ex.** Se foi ~a, essa atitude é mais desculpável.

imprensa *s f* (<imprensar) **1** Conjunto de técnicas e de processos tipográficos/ele(c)tró[ô]nicos para produzir obra impressa. **Comb.** Letra de ~. **2** Máquina que faz impressão tipográfica/Prelo. **Ex.** O livro já está na ~ [no prelo (+)]. **3** Conjunto de máquinas, materiais e equipamentos de oficina tipográfica. **4** Estabelecimento que executa a impressão de livros ou de outras publicações. **5** Conjunto dessas obras impressas. **6** Conjunto de jornais, revistas de um lugar/país ou de determinado gé[ê]nero. **Comb.** ~ *diária*. ~ *(d)esportiva*. ~ *matutina*. ~ *periódica*. ~ *vespertina*. **7** Processo de difusão de informação jornalística. **Comb.** ~ *falada* (Rádio, TV). ~ *escrita* (Jornais, revistas e livros). **8** A(c)tividade jornalística/Comunicação social. **Comb.** Liberdade de ~. **9** Conteúdo dessa informação. **Ex.** A ~ é fazedora de opinião na sociedade. **Comb.** Revista de ~ [Recolha e análise de artigos saídos nos jornais sobre algum assunto]. **10** Conjunto de jornalistas e repórteres. **Ex.** O ministro convocou a ~ para (fazer) uma comunicação importante. **Comb.** Conferência de ~ [Reunião convocada para responder às perguntas dos jornalistas].

imprensar *v t* (<im- + prensa + -ar[1]) **1** Apertar «frutos/sementes» na prensa/Comprimir. **2** ⇒ Imprimir(+). **3** Constranger/Apertar «o adversário».

impreparação *s f* (<im- + preparação) Falta de conhecimentos, de aptidão para realizar uma tarefa/Deficiente preparação.

impreparado, a *adj* (<im- + preparado) Que não está apto/preparado para executar uma tarefa ou para enfrentar uma situação «difícil».

imprescindibilidade *s f* (<imprescindível + -idade) Qualidade/Condição do que não é dispensável, do que é absolutamente necessário.

imprescindível *adj 2g* (<im- + prescindível) «parecer/opinião» Que não se pode dispensar/«ajuda» De que não se pode

prescindir/Absolutamente necessário. **Ex.** É ~ a presença de todos na reunião.

imprescritibilidade *s f* (<imprescritível + -idade) Qualidade/Condição do que não pode ser anulado/do direito que não prescreve.

imprescritível *adj 2g* (<im- + prescritível) **1** Que não se pode ordenar/recomendar/prescrever. **2** Que não se pode anular/invalidar/Que não está sujeito a prescrição.

impressão *s f* (<lat *impréssio, ónis*: a(c)ção de uma coisa sobre outra; ⇒ imprimir) **1** Pressão de um corpo sobre outro. **2** Marca, vestígio deixado por essa pressão. **Comb.** ~ *digital [Impressões digitais* [Vestígio do conta(c)to da parte interior dos dedos com uma superfície, podendo servir de meio de identificação]. **3** Sensação produzida por um estímulo sobre uma terminação nervosa. **Ex.** Um choque elé(c)trico produz uma ~ desagradável. **4** Efeito imediato de cará(c)ter afe(c)tivo que um fa(c)to ou situação produz no espírito de alguém/Perturbação emocional/Abalo/Comoção. **Ex.** O miúdo, sujinho e maltrapilho, fez-me muita ~ ! A tragédia «homicídio» causou grande ~ na aldeia. **Loc.** Causar boa/má ~. **5** Conhecimento inseguro, fruto de um primeiro conta(c)to com uma realidade. **Comb.** *À primeira ~/* vista «a casa é boa». *Para as primeiras ~ões* [No início] «tudo está bem». **6** Conhecimento impreciso/Noção/Ideia. **Ex.** Tenho (a) ~ de que ele pode encarregar-se disso. **Loc.** *Dar a ~* de que [Levar a pensar que] «gosta do Brasil».
7 Opinião/Parecer que se tem sobre algo/alguém. **Ex.** Trocámos ~ões sobre o que mais convinha fazer. **8** Conjunto de processos de reprodução de desenhos, figuras, cara(c)teres gravados num suporte (Matriz) sobre uma superfície sólida «papel, cartão, tecido, ...». **9** Conjunto de processos técnicos para reproduzir um original gráfico numa tipografia/Arte ou técnica de imprimir. **Comb.** ~ *de um jornal*. ~ *de um livro*. **10** Se(c)ção da oficina de tipografia onde é feito esse trabalho. **11** Número de exemplares de uma edição tipográfica/Tiragem(+). **12** Aspe(c)to que apresenta um texto impresso quanto ao tipo de letra, quantidade de tinta... **Ex.** A ~ está muito boa, o texto lê-se muito bem. **13** Saída numa impressora do resultado do processamento de dados no computador. **Comb.** ~ *a cores*. ~ *a preto e branco*.

impressionabilidade *s f* (<impressionável + -idade) Qualidade/Condição do que pode ser facilmente influenciado ou impressionado. **Ex.** A ~ [sensibilidade(+)] das crianças torna-as muito vulneráveis a maus comportamentos dos pais.

impressionado, a *adj* (<impressionar) **1** Que é afe(c)tado por uma emoção agradável ou desagradável/Comovido/Abalado/Agradado. **Ex.** Fiquei ~ com a destreza [agilidade/habilidade] dos artistas no circo. Ainda estou ~ com a violência do desastre de carro. **2** Que ficou com uma primeira boa ou má impressão [ideia] acerca de alguém ou de alguma coisa. **Ex.** Para já, fiquei bem ~ com o rapaz, vamos (lá) a ver se no futuro isso se confirma! **3** Que tem uma marca/imagem/Que sofreu alteração. **Comb.** *Filme ~. Chapa ~a. Película ~a*.

impressionante *adj 2g* (<impressionar + (a)nte) **1** Que causa viva impressão «pela beleza, porte, ...»/Que provoca admiração/Fascinante/Extraordinário(+). **Ex.** Revelou uma resistência ~ na escalada da serra. **2** Que sensibiliza/comove/abala/perturba. **Ex.** O filme era de uma violência ~/incrível/bárbara!

impressionar *v t* (<impressão + -ar¹) **1** Causar viva emoção de espanto/admiração. **Ex.** A beleza da igreja «da Batalha/dos Jerónimos» impressionou-o. **2** Abalar/Comover/Perturbar/Chocar. **Ex.** A violência das imagens ia ~ o público. **3** ~-se/Ser abalado/Sentir-se emocionado. **Ex.** Impressionou[Comoveu(+)]-se quando soube da morte do amigo. **4** Deixar uma ideia em alguém. **Ex.** A boa aparência da candidata (ao emprego) impressionou favoravelmente o dono da loja. **5** Provocar a atenção de/Atrair. **Ex.** O rapaz disse aquela graça para ~ as moças. **6** Causar alteração em. **Ex.** A luz impressiona a chapa fotográfica, fixando aí uma imagem. **7** Afe(c)tar um órgão dos sentidos. **Ex.** As vibrações sonoras impressionam o ouvido.

impressionável *adj 2g* (<impressionar + -vel) **1** Que se impressiona [emociona] com facilidade/Sensível(+). **Ex.** Como é uma pessoa ~, é melhor não ver essas imagens. **Ant.** Insensível; frio. **2** Que se deixa alterar por agente externo. **Comb.** *Chapa ~. Material ~. Película ~.*

impressionismo *s m* (<impressão 4 + -ismo) **1** *Arte* Movimento da pintura francesa iniciado nos fins do séc. XIX que procurava representar as impressões iniciais, os efeitos fugazes da luz e do movimento. **Ex.** O ~ traduz uma forma o(p)timista de ver a realidade. **2** *Liter* Estilo que procura transmitir as impressões e sentimentos do autor, em vez de fazer uma descrição obje(c)tiva da realidade. **3** *Mús* Estilo musical que procura exteriorizar impressões/sentimentos de forma fluida, evitando-se ritmos bem definidos.

impressionista *adj/s* (<impressão + -ista) **1** Relativo ao [Próprio de] impressionismo na pintura, na literatura ou na música. **2** (O) que é seguidor dessa corrente artística. **3** «descrição de viagem» Que se baseia em impressões iniciais.

impressivo, a *adj* (<lat *impréssum*, de *ímprimo,ere*: gravar + -ivo) **1** Que imprime/grava. **Comb.** Tinta ~a. **2** Que causa impressão/Marcante/Impressionante(+). **Ex.** Estas são imagens ~as da miséria da população.

impresso, a (Pré) *adj/s m* (<lat *impréssus*; ⇒ imprimir) **1** Que resulta de impressão tipográfica/Que se imprimiu. **Comb.** Material ~. **Ant.** Manuscrito. **2** Que ficou marcado/fixado «na memória, no espírito». **Ex.** Essa experiência dolorosa ficou para sempre ~a em mim. **3** *s m* Qualquer produto da imprensa. **Ex.** Temos feito cartões de visita, circulares, folhetos, prospe(c)tos e outros ~s. **4** *s m* Formulário com espaços em branco para preencher. **Ex.** Pedi um ~ de renovação de matrícula (da escola).

impressor, ora *adj/s* (<impresso + -or) **1** Que imprime/Que trata da impressão. **2** Operário que trabalha com o prelo. **3** Proprietário de oficina gráfica. **4** Pessoa que imprime e publica uma obra/Editor(+). **5** *s f* Máquina de impressão de texto e imagens/Prelo/Prensa. **6** *s f Info* Instrumento periférico que regist(r)a em papel informação processada no computador. **Comb.** ~ *laser*. **7** *s f Fot* Aparelho que imprime fotografias por conta(c)to.

imprestável *adj* (<im- + prestável) **1** «móvel/máquina» Que não é útil/Que não presta [serve] para nada. **2** «pessoa» Que não gosta de [não costuma] ajudar/Que não se mostra disponível para prestar um serviço.

impreterível *adj 2g* (<im- + preterível) **1** Que tem de ser executado/realizado/Obrigatório/Indeclinável. **Ex.** É uma ordem ~, que não vou discutir. **2** «prazo» Que não se pode ultrapassar/adiar/preterir.

imprevidência *s f* (<im- + previdência) Falta de cautela em relação ao que possa acontecer/Descuido/Incúria. **Ex.** Foi uma ~ desastrosa não resolver o problema familiar imediatamente.

imprevidente *adj 2g* (<im- + previdente) Que revela falta de previsão/cautela/cuidado/Imprudente. **Ex.** Foi ~ e agora sofre as consequências.

imprevisão *s f* (<im- + previsão) «molhei-me por» Falta de previsão «da chuva».

imprevisibilidade (<imprevisível + -idade) Qualidade do «tempo/da chuva» que não é possível antever/prever.

imprevisível *adj 2g* (<im- + previsível) **1** «fim/data/dia» Que não se pode antever/prever/calcular. **Ex.** O desfecho [resultado] do jogo é ~. **2** «pessoa» Que tem um comportamento muito variável. **Ex.** O rapaz é ~, nunca se sabe o que pode sair dali [se sabe como se vai (com)portar].

imprevisto, a *adj/s m* (<im- + previsto) **1** «despesa» Que não se previu/«caso/acontecimento» Inesperado. **2** Que não toma cuidado/cautela/Imprevidente(+)/Incauto(+). **3** *s m* O que acontece sem se prever/Algo inesperado. **Ex.** Houve um ~ «caí e parti uma perna» e (eu) não pude ir à reunião.

imprimar *v t* (<im- + primeiro + -ar) Preparar uma superfície que vai ser pintada com uma primeira demão de tinta.

imprimatur lat (⇒ imprimir) Autorização «da autoridade eclesiástica ou da universidade» para se imprimir uma obra "Imprima-se".

imprimir *v t* (<lat *ímprimo,ere,impréssum*) **1** Reproduzir num suporte de papel ou noutro material um texto [uma figura]/Fazer a impressão de/Estampar. **Ex.** Mandou ~ o livro. **Loc.** ~ cartões de visita. **2** Deixar marcado/regist(r)ado numa superfície. **Ex.** Com os dedos a mãe imprimia um sinal distintivo nos pães que iam cozer no forno cole(c)tivo [do povo]. **3** ⇒ Publicar. **4** Marcar profundamente/Inculcar/Infundir/Gravar. **Ex.** A sua «de S. Francisco de Assis» espiritualidade imprimiu nos discípulos [seus seguidores] um grande desprendimento dos bens materiais. **Loc.** *Catol ~ cará(c)ter* [Deixar uma marca espiritual indelével] (Ex. Os sacramentos do ba(p)tismo, crisma e ordem imprimem cará(c)ter). **5** Transmitir/Dar/Aplicar/Comunicar. **Ex.** O novo chefe imprimiu outro [maior/novo] dinamismo ao proje(c)to.

improbabilidade *s f* (<improvável + -idade) Condição do que dificilmente ocorre/Cará(c)ter do que dificilmente será verdadeiro. **Comb.** A ~ da vitória [de ganhar o jogo]. ⇒ incerteza; dúvida.

improbidade *s f* (<lat *impróbitas,átis*; ⇒ ímprobo) **1** Ausência de honestidade/probidade/Perversidade(+)/Maldade(o+). **2** A(c)ção má/condenável.

ímprobo, a *adj/s* (<lat *ímprobus*: desonesto) **1** (O) que não é probo/Desonesto(+). **2** (O) que é perverso/malvado(+). **3** Que cansa/fatiga/Árduo/Penoso/Difícil. **Comb.** Trabalho ~.

improcedência *s f* (<improcedente + -ia) **1** Qualidade do que não se justifica/Condição de indevido/improcedente. ⇒ incoerência. **2** *Dir* Falta de justificação para que se atenda o pedido de uma das partes num conflito, por falta de fundamento legal ou de provas. **Ex.** O juiz indeferiu o pedido por ~.

improcedente *adj 2g* (<im- + procedente) **1** *Dir* «denúncia/acusação/queixa» Que não tem fundamento/Que não se justifica. **2** Que não tem coerência lógica/Que é inconsequente. **Comb.** Argumento ~.

improdutividade *s f* (<improdutivo + -idade) **1** Condição do que não dá fruto/Qualidade do que é improdutivo/Falta ou escassez de produção. **Ex.** A ~ do terreno dificulta a sua venda. **2** Ausência de lucro/rentabilidade numa a(c)tividade. **Ex.** A ~ desse negócio era previsível.

improdutivo, a *adj* (<im- + produtivo) **1** «árvore/terreno» Que não gera/produz fruto/Estéril. **2** «capital/investimento» Que não dá lucro/Que não tem rentabilidade. **3** Inútil(o +)/Infrutífero(+). **Ex.** A diligência que fiz revelou-se ~a.

improficiência *s f* (<im- + proficiência) Qualidade do que não é útil/proveitoso/vantajoso/eficiente/competente.

improficiente *adj 2g* (im- + proficiente) Que não tem utilidade/proveito/vantagem/Ineficiente/Incompetente.

improficuidade *s f* (<improfícuo + -idade) Qualidade do que não tem utilidade/Condição de improfícuo.

improfícuo, a *adj* (<im- + profícuo) **1** «esforço» Que não traz vantagem/proveito/Inútil. **2** «trabalho» Improdutivo/Vão.

impronunciar *v t Dir* (<im- + pronunciar) «o juiz» Não levar alguém [o réu/o acusado] a julgamento, por considerar improcedente a queixa/denúncia.

impronunciável *adj 2g* (<im- + pronunciar + -vel) «palavra comprida» Que é impossível ou difícil de pronunciar/dizer.

improperar *v t* (<lat *imprópero, áre*) ⇒ Dirigir impropérios a/Exprobrar(+).

impropério *s m* (<lat *impropérium*) **1** Acusação injuriosa/Afronta/Ultraje. **Ex.** Cobriu-o de ~s! **Sin.** Infâmia; insulto; vitupério. **2** ⇒ Repreensão ofensiva/Censura(+). **3** *Catol* Queixas que, nas cerimó[ô]nias de sexta-feira santa, Cristo dirige ao povo judeu, que representa a humanidade, pela injustiça da sua condenação.

improporcional *adj 2g* (<im- + proporcional) Que não é proporcional/Que não está em harmonia/proporção com o todo.

impropriamente *adv* (<impróprio + -mente) **1** De forma não adequada/Indevidamente/Incorre(c)tamente. **Ex.** Ali designam ~ de *malho* o machado. **2** De modo não conveniente/decente. **Ex.** Comportou-se ~ [sem educação] durante o jantar.

impropriedade *s f* (<impróprio + -dade) **1** Qualidade de impróprio/Falta de adequação/conveniência/propriedade. **2** Incorre(c)ção «da linguagem/frase». **3** Comportamento/Dito impróprio/Falta de educação/Grosseria.

impróprio, a *adj* (<lat *impróprius*: inadequado) **1** Que não apresenta as condições que se consideram necessárias/convenientes. **Ex.** É (uma) água ~a para beber. **2** Desajustado/Inadequado. **Ex.** Esse calçado é ~ [não é bom] para a caminhada. Aquele traje é ~ para esta circunstância. Dirigiu-se ao polícia em termos ~s [com palavras de mal-educado]. **3** Que não é favorável/conveniente. **Ex.** O local parece-me ~ para o estudo. Telefonou a horas ~s [numa hora má]. **4** Que tem falta de exa(c)tidão/rigor/propriedade. **Ex.** O termo é ~ para definir esse conceito. **5** Indecoroso/Obsceno. **Ex.** O uso de linguagem ~a [indecorosa] deve ser criticado. **6** Que não é habitual/usual/próprio/Estranho. **Ex.** É uma atitude ~a [que não é] dele, que sempre foi respeitador.

improrrogabilidade *s f* (<improrrogável + -idade) Qualidade do que não pode ser prolongado/adiado/prorrogado. **Comb.** ~ do prazo.

improrrogável *adj 2g* (<im- + prorrogável) «prazo» Que não pode ser adiado/prolongado/protelado/prorrogado.

improtelável *adj 2g* (<im- + protelável) Que não se pode adiar/protelar. **Ex.** É uma decisão ~/inadiável.

improvável *adj 2g* (<im- + provável) Que dificilmente pode acontecer/ocorrer/Que não é provável. **Ex.** A vinda dele nesta semana é ~. **2** Que não se consegue provar. **Comb.** Afirmação ~/sem fundamento(+).

improvidência *s f* (<lat *improvidéntia*) Falta de cuidado/cautela. **Ex.** Tanta ~ tinha de dar mau resultado.

improvidente *adj 2g* (<im- + providente) **1** Que não toma cuidado/cautela/providências/Imprudente. **2** Que não acautela o futuro/Gastador(o+)/Dissipador/Esbanjador(+).

impróvido, a *adj* (<lat *impróvidus*: que não se precaveu) ⇒ Improvidente.

improvisação *s f* (<improvisar + -ção) **1** A(c)to de fazer [criar] algo sem preparação anterior, sem um plano prévio. **Ex.** Admiro nele a capacidade de ~. **2** O que é feito ou criado desse modo, por vezes para resolver uma dificuldade inesperada. **Ex.** A ~ até resultou (bem)!

improvisado, a *adj* (<improvisar) Que se improvisou. **Comb.** Almoço ~.

improvisador, ora *adj/s* (<improvisar + -dor) (O) que faz ou cria algo no momento, sem preparação/plano anterior, de improviso. **Ex.** Na aldeia, aos domingos, havia por vezes cantigas ao desafio, entre grupos ~es.

improvisar *v t* (<improviso + -ar¹) **1** Fazer [Criar] alguma coisa sem preparação/plano anterior. **Ex.** Os portugueses estão habituados a ~. **2** Inventar no momento/Arranjar à pressa. **Loc.** ~ um palco para a festa [~ um almoço]. **3** Tocar sem seguir uma pauta/Discursar sem texto/A(c)tuar de improviso. **Ex.** «o cantor/guitarrista» Costuma sair-se bem quando improvisa. **4** Fazer com o que se tem à mão, à falta de [, se não se tiver] meios adequados. **Ex.** Perante este problema imprevisto, foi necessário ~. **5** ~-se/Desempenhar função para a qual não se está preparado.

improviso, a *s m/adj* (<lat *improvísus*: inesperado] **1** Improvisação. **Loc. *De* ~ a)** «falar/discursar» Sem preparação prévia; **b)** «sair» De imediato/De repente/De súbito. **2** ⇒ improvisado. **3** *s m Mús* Conjunto de modificações momentâneas introduzidas pelo intérprete na execução de um trecho ou esse trecho. **Loc.** Tocar/Fazer um ~.

imprudência *s f* (<lat *imprudéntia*) **1** Falta de cuidado/atenção/ponderação/Qualidade do que é imprudente. **Ex.** A ~ nos negócios pode trazer grandes prejuízos. **2** Comportamento que revela falta de cuidado/ponderação/prudência. **Ex.** O motorista cometeu a ~ de fazer a ultrapassagem onde não podia.

imprudente *adj/s 2g* (<lat *imprúdens,éntis*) **1** (O) que age sem ter cuidado/sem ponderar as consequências/Irrefle(c)tido/Precipitado/Leviano. **Ex.** Fui ~ por não me precaver com [por não levar] o guarda-chuva «e molhei-me». **2** Inconveniente/Inoportuno/Despropositado. **Ex.** Uma palavra ~ nesta situação deitaria tudo a perder [estragaria tudo/o negócio].

impuberdade *s f* (<im- + puberdade) Estado de quem ainda não é adolescente/Fase em que ainda não se atingiu a puberdade/Condição de impúbere.

impúbere *adj/s 2g* (<lat *impúbes, eris*; ⇒ púbere) Pessoa que ainda não atingiu a puberdade/adolescência.

impubescência *s f* (<impubescente + -ia) ⇒ impuberdade.

impubescente *adj 2g* (<lat *impubéscens, éntis*: que não tem pelos/barba) ⇒ Impúbere.

impudência *s f* (<lat *impudéntia*) Falta de pudor/moral/Atrevimento/Descaramento/Desfaçatez. **Ex.** Ele teve a ~ de chamar ladrão ao pai, um pai tão bom para (com) os filhos! Não cometa tal ~!

impudente *adj 2g* (<lat *impúdens, éntis*: despudorado) Que não tem pudor/Desavergonhado/Impudico/Descarado/Atrevido. **Sin.** Despudorado; impudico.

impudicícia *s f* (<lat *impudicítia*) Falta de pudor/recato. **Ex.** ~ é sinó[ô]nimo de impudência, mas menos [não tão] forte.

impudico, a *adj/s* (lat *impúdicus*) (O) que não tem pudor/Lascivo/Sensual/Obsceno/Indecente. **Comb.** Gesto ~/impudente.

impudor *s m* (<im- + pudor) Falta de pudor/decência. **Ex.** Censurava o ~ de algumas modas femininas. **2** ⇒ Descaramento/Cinismo.

impugnação *s f* (<lat *impugnátio, ónis*: contestação) **1** A(c)to de impugnar/Pedido de anulação/Contestação/Oposição a. **Comb.** ~ das eleições «para Presidente». **2** *Dir* Petição com que alguém contesta uma sentença do juiz, alegações da parte contrária ou uma decisão administrativa, para anular os seus efeitos.

impugnar *v t* (<lat *impúgno, áre*: atacar) **1** Opor-se a/Lutar contra. **Loc. ~ *uma lei*. *~ a decisão do tribunal*. **2** Exigir a anulação de/Invalidar. **Ex.** O nosso partido decidiu ~ as eleições. ⇒ contestar/refutar.

impugnativo, a *adj* (<impugnar + -tivo) Relativo a impugnação/Que serve para impugnar. **Comb.** Alegação [Argumento] ~.

impugnável *adj 2g* (<impugnar + -vel) Que pode ou deve ser impugnado. **Ex.** A argumentação contrária é ~. O a(c)to eleitoral é ~ devido à prática de irregularidades.

impulsão *s f* (<lat *impúlsio,ónis*; ⇒ impelir; empurrão) **1** ⇒ A(c)to de impulsionar/Força exercida sobre um corpo para o impelir/Impulso(+). **2** *Fís* Força vertical (de baixo para cima) exercida sobre um corpo em parte imerso num fluido, igual ao peso do fluido deslocado pelo corpo. **Ex.** Sentimos o corpo mais leve na água devido à ~. **3** *Psic* Necessidade imperiosa e repentina de fazer algo fora do controle da vontade/Pulsão.

impulsionador, ora *adj/s* (<impulsionar + -dor) (O) que incita/estimula a fazer alguma coisa. **Ex.** O professor foi o principal ~ do proje(c)to. O entusiasmo dele foi o elemento ~ do arranque da construção do Centro Social.

impulsionar *v t* (<impulsão + -ar¹) **1** Exercer uma força para impelir/Fazer mover/Empurrar(+). **Ex.** Como o motor do carro não pegava, ajudámos a ~ o veículo até à descida. **2** Estimular/Incentivar/Dinamizar/Motivar. **Ex.** É bom haver alguém a ~ recolhas de fundos. **Loc.** ~ os alunos ao estudo.

impulsividade *s f* (<impulsivo + -idade) Qualidade de alguém que é precipitado/irrefle(c)tido a agir/Tendência para agir de forma impulsiva.

impulsivo, a *adj/s* (<impulso + -ivo) **1** «força» Que produz impulso/movimento. **2** (Pessoa) que age sem refle(c)tir, de forma repentina, seguindo o impulso de momento.

Ex. Para um cargo de tanta responsabilidade não convém uma pessoa ~a.

impulso *s m* (<lat *impúlsus*: empurrão; ⇒ impelir) **1** A(c)to de impelir/Movimento dado a um corpo/Força que faz mover. **Loc.** Tomar [Ganhar] ~/balanço para saltar. **Comb.** «vir dar à praia com» O ~ das ondas. **2** O que leva ao desenvolvimento [maior dinamismo] de uma a(c)tividade econó[ô]mica, social, cultural/Estímulo. **Ex.** O empresário deu um grande ~ à indústria pesada na região. **3** Estímulo/Incitamento. **Ex.** O ~ [ânimo(+)] dado aos jogadores pelo público tornou mais fácil a vitória. **4** *Psic* Força incontrolável/instintiva(+) que leva o indivíduo a agir de forma repentina, espontânea, sem refle(c)tir. **5** Sinal de curta duração. **Ex.** O custo do telefonema [da chamada telefó[ô]nica] depende do número de ~s. **Comb.** ~ *telefó[ô]nico*. ~ *telegráfico*.

impulsor, ora *adj/s* (<lat *impúlsor*, óris: incitador) (O) que põe em movimento/Impulsivo/Impulsionador(+).

impune *adj 2g* (<lat *impúnis, e* <*in + poena*: pena) **1** Que não sofreu castigo/punição. **Ex.** O autor do crime acabou por ficar ~. Essa ofensa ao seu bom nome [à sua honra] não pode ficar ~. **Ant.** Castigado; punido. **2** Que não se reprimiu/Que se deixou livre(+).

impunemente *adv* (<impune + -mente) Sem castigo/censura/consequências nefastas. **Ex.** Foi ~ que a autoridade «polícia» cometeu essas atrocidades.

impunidade *s f* (<lat *impúnitas, átis*) Estado/Condição do que não tem ou não teve castigo/punição. **Ex.** A ~ de alguns crimes desacredita a [retira crédito à administração da] justiça.

impureza (Rê) *s f* (<lat *impurítia*) **1** Qualidade/Estado de impuro/Poluição. **2** Qualidade do que está alterado/corrompido. **3** Que tem elementos estranhos à sua composição. **Ex.** O minério extraído tem muitas ~s. **4** Falta de asseio/limpeza. **5** Falta de pudor/castidade/Imoralidade.

impuro, a *adj* (<lat *impúrus*) **1** «metal» Que tem mistura de elementos estranhos à sua composição. **2** «água» Que está contaminado/alterado/«ar»poluído. **3** ⇒ Sujo/Maculado/Manchado. **4** Diz-se da linguagem não vernácula. **Ex.** Como é estrangeiro, é natural que o seu português seja por vezes ~ [fraco(+)/imperfeito(+)]. **5** ⇒ Devasso/Desonesto. **6** Que não tem pudor/castidade/Imoral/«desejo/palavra» Obsceno.

imputabilidade *s f* (<imputável + -idade) **1** Qualidade do que pode ser imputado a alguém/Condição da pessoa que pode ser responsabilizada pelos seus a(c)tos. **2** *Dir* Possibilidade de atribuir a autoria ou a responsabilidade de a(c)to punível a alguém.

imputação *s f* (<lat *imputátio, ónis*) **1** Atribuição de a(c)to censurável a alguém/A(c)to ou efeito de imputar «um erro/uma falta». **2** *Dir* Atribuição a alguém da autoria ou da responsabilidade de um ilícito penal. **Ex.** A lei não permite a ~ de crianças.

imputar *v t* (<lat *ímputo,áre,átum*) **1** Culpar alguém por algo censurável «roubo». **Ex.** Imputaram-lhe a [Culparam-no pela] planificação do atentado. **2** Atribuir a causa ou a autoria a. **Ex.** Costumam ~ os baixos salários à fraca produtividade. Imputaram o fracasso da operação [daquele negócio] ao funcionário, que se revelou inábil. **3** Aplicar/Destinar uma verba a «um fim». **4** Conferir um encargo a/Sobrecarregar.

imputável *adj 2g* (<lat *imputábilis,e*) **1** Que pode ser imputado/atribuído a alguém. **2** *Dir* «alguém» Que legalmente pode ser responsabilizado por um a(c)to punível. **Ex.** O rapaz, com essa idade «16 anos», já é ~.

imputrefação (Fà) **[*Br* imputrefa(c)ção** (*dg*)] *s f* [=imputrefacção] (<im-+ putrefação) Ausência de putrefação. **Ex.** A ~/incorrupção(+) do cadáver na sepultura causou grande admiração no [ao] povo.

imputrescibilidade *s f* (<imputrescível + -idade) Qualidade do que não apodrece.

imputrescível *adj 2g* (<im- + putrescível) Que não pode apodrecer.

imundice, imundície/a *s f* (lat *immundíties, ei*) **1** Qualidade/Estado de imundo/Falta de limpeza/asseio/Sujidade(o+)/Porcaria(+). **2** Coisa nojenta/imunda/Deje(c)to/Excremento/Lixo. **Ex.** A casa [O terreno] estava cheia[o] de ~. **3** *Br* ⇒ Grande quantidade de «erva ruim»/Abundância.

imundo, a *adj* (<lat *immúndus*) **1** Muito sujo/Nojento. **Ex.** A enxurrada deixou a garagem ~a [cheia de lama]. **2** *fig* Moralmente baixo/Torpe/Ignóbil. **Ex.** Aquela mente ~a só concebia planos reprováveis. **3** Indecoroso/Indecente/Licencioso/Obsceno. **Ex.** Procurava reprimir desejos ~s que o afligiam. **4** Que não é puro/limpo. **Comb.** *Rel* Espírito ~ [Demó[ô]nio].

imune *adj 2g* (<lat *immúnis,e*) **1** Que goza de [tem] imunidade/Que não está sujeito a algo. **Ex.** Ele é ~ às provocações [tentações] dos colegas. **2** *Biol* «organismo» Que resiste ao ataque de agentes infe(c)ciosos ou tóxicos.

imunidade *s f* (<lat *immúnitas, átis*) **1** Isenção de deveres ou encargos a que outros estão sujeitos concedida por lei a quem desempenha certos cargos ou funções. **Comb.** ~ *diplomática* [Privilégio dos diplomatas [agentes diplomáticos] de não estarem sujeitos à jurisdição de autoridades e tribunais do país em que exercem funções]. ~ *parlamentar* [Privilégio dos deputados de estarem protegidos de a(c)ções penais movidas contra eles]. **2** *Biol Med* Capacidade do organismo de resistir ao ataque de agentes patogé[ê]nicos. **Ex.** Com a vacinação procura-se a ~ contra este vírus da gripe.

imunitário, a *adj Med* (<imunidade + -ário) **1** Que é relativo a imunidade/Resistente ao ataque de agentes patogé[ê]nicos. **Ex.** O vírus da sida fragiliza o sistema imunitário.

imunização *s f* (<imunizar + -ção) A(c)to ou efeito de imunizar.

imunizador, ora *adj/s m* (<imunizar + -dor) **1** Que protege «a madeira do caruncho»/imuniza. **2** *s m* Substância que protege o organismo de agentes patogé[ê]nicos.

imunizar *v t* (<imune + -izar) **1** Fazer ficar imune a algo «ao ódio/amor». **2** *Med* Tornar um organismo invulnerável a agentes patogé[ê]nicos. **Ex.** A vacina contra a gripe tem a função de ~ contra a infe(c)ção por um determinado vírus.

imunodeficiência *s f Med* (<imune + deficiência) Incapacidade de um organismo (de) resistir à infe(c)ção provocada por um agente patogé[ê]nico. ⇒ sida.

imunodeficiente *adj/s 2g Med* (<imune + deficiente) Diz-se de um organismo incapaz de resistir aos [a ser infe(c)tado por] micr(o)organismos patogé[ê]nicos, não produzindo suficientes anticorpos.

imunodeprimido, a *adj Med* (<imune + deprimido) Diz-se do indivíduo ou do organismo que tem as defesas naturais diminuídas, por doença.

imunoglobulina *s f Bioq* (<imune + globulina) Proteína presente no plasma ou no soro sanguíneo que a(c)tua no organismo como anticorpo.

imunologia *s f* (<imune + -logia) Estudo da imunidade a agentes patogé[ê]nicos e dos meios artificiais de a provocar ou reforçar.

imunológico, a *adj* (<imunologia + -ico) Relativo a imunologia.

imunologista *s 2g* (<imunologia + -ista) Especialista em imunologia.

imunopatologia *s f* (<imune + patologia) Ramo da medicina que estuda as rea(c)ções imunitárias do organismo associadas a doenças.

imunoterapia *s f Med* (<imune + terapia) Tratamento de doenças por alteração do sistema imunitário, sobretudo por transplantes de medula óssea.

imutabilidade *s f* (<lat *immutabílitas, átis*) Qualidade/Condição do que não muda ou não pode mudar/Invariabilidade.

imutável *adj 2g* (<lat *immutábilis, e*) Que não muda ou não pode mudar/Inalterável. **Ex.** As leis da Natureza são ~veis.

in¹ *adj 2g* (<ing in<lat *in*: em) Que está na moda/Aceite. **Ex.** Esse cantor agora é muito ~ [está na moda (+)].

In² *Quím* Símbolo do índio.

in- *pref* (<lat *in-*) Significa: **a)** *negação, carência* ou *ausência* (Ex. infeliz, inábil, invalidar); **b)** *movimento para dentro* (Ex. incorrer, incriminar, incitar, inspirar). ⇒ i-, im-, ir-.

-ina *suf* (<lat *-inus, a, um*) Forma substantivos femininos «medicina», sobretudo da Química «estricnina, cafeína».

inabalável *adj 2g* (<in- + abalável) **1** Que não pode ser abalado/«rochedo» Inamovível. **2** Que resiste/Firme/Fixo. **Ex.** A construção parece sólida, ~. **3** Seguro nas suas convicções/decisões/Que não se deixa demover. **Ex.** Tem uma fé ~ [absoluta] na validade da sua proposta. **4** Que não se deixa perturbar/impressionar/Inexorável. **Ex.** Revelou-se ~ na sua posição, apesar de muito criticado.

inábil *adj 2g* (<lat *inhábilis,e*: inapto) **1** Que não revela habilidade/destreza na execução de uma tarefa. **Ex.** Daquelas mãos ~beis [Daquele ~] não podia sair grande coisa [sair coisa «comida» bem feita]! **2** *Dir* Que é incapaz/incompetente/inapto para atingir o obje(c)tivo pretendido. **Comb.** ~ para testemunhar. **3** Que não tem argúcia/arte para lidar com as pessoas de modo a conseguir delas o que pretende. **Ex.** Revelou-se um negociador ~ e o acordo firmado não nos é favorável.

inabilidade *s f* (<inábil + -idade) Qualidade de inábil/Falta de habilidade/Incompetência/Incapacidade(+).

inabilitação *s f* (<in- + habilitação) **1** Falta de habilitação/aptidão. **2** *Dir* Falta de capacidade para realizar certos a(c)tos jurídicos, geralmente por deficiência de ordem física ou psíquica.

inabilitar *v t* (<in- + habilitar) **1** Tornar inapto/incompetente/Incapacitar. **Ex.** O acidente vascular cerebral inabilitou-o para o serviço docente [para (poder) ser professor]. **2** *Dir* Declarar alguém incapaz para realizar certos a(c)tos, geralmente por deficiência física ou mental. **3** *Br* ⇒ Reprovar(+) em exame.

inabitado, a *adj* (<in- + habitado) ⇒ Que não tem habitantes/Despovoado(+)/Desabitado(o +).

inabitável *adj 2g* (<in- + habitável) «lugar/construção» Que não pode ser habitado/Onde não se pode morar, viver. **Ex.** A casa está ~, tem de ser limpa (, pintada, reformada).

inabitual *adj 2g* (<in- + habitual) Que não é habitual (+)/usual/normal/Raro. **Ex.** Nele, a falta de atenção nas aulas é ~.

inabordável *adj* (<in- + abordável) **1** Que não se pode abordar/Inacessível. **Ex.** Essa é uma praia ~/inacessível(+). Agora esse tema [assunto] é ~ [(quase) tabu(+)] devido ao ambiente criado. **2** «pessoa» Que não permite abordagem/Que não se presta ao diálogo. **Ex.** É um indivíduo difícil, ~/distante.

in abstracto *loc lat* Em princípio/abstra(c)to, sem atender ao caso concreto e às suas circunstâncias. **Ex.** Essa afirmação «não há homens maus», ~, parece aceitável.

inacabado, a *adj* (<in- + acabado) Que não foi terminado/Imperfeito/Incompleto. **Comb.** Obra ~a/por terminar/que ficou a meio.

inacabável *adj* (<in- + acabável) **1** Que não pode ser acabado/Que não se pode terminar/completar. **2** ⇒ Que não tem fim/Interminável(o +)/Infindável(+).

inação (Nà) *s f* [= inacção] (<in- + ação ⇒ inatividade) **1** Falta de iniciativa/ação/Inércia(+). **Ex.** A ~ do Dire(c)tor foi muito criticada. **2** O estar parado/Ina(c)tividade(+)/Ociosidade(+). **Ex.** A ~ pode conduzir a vícios. **3** Falta de dinamismo/Indolência(+). **Ex.** O temperamento dele tende para a ~.

inacção ⇒ inação.

inaceitável *adj 2g* (<in- + aceitável) **1** Que não pode ser aceite. **Ex.** Tal inde(m)nização é ~. **2** Que não se pode permitir/tolerar/Inadmissível. **Ex.** Esse comportamento do aluno «bater no colega» é ~.

inacessibilidade *s f* (<lat *inaccessibílitas, átis*: impossibilidade de atingir; ⇒ aceder) **1** Qualidade do que não se pode alcançar/Condição do que é de difícil acesso ou é inacessível. **Ex.** Na guerra, a ~ de alguns locais impede o ataque por terra. **2** Qualidade da pessoa que põe entraves a ser conta(c)tada ou não se dispõe à convivência. ⇒ inabordável.

inacessível *adj 2g* (<lat *inaccessíbilis, e*) **1** Que não se pode atingir/«lugar» Que não tem acesso possível ou fácil. **Ex.** A fortaleza, situada na íngreme encosta, era praticamente ~. **2** «preço» Que não se pode pagar/alcançar/obter. **3** «mistério/problema» Que não está ao alcance da inteligência/Que não se pode compreender. **4** «pessoa» Que não se presta a ser conta(c)tada por outrem/Que dificulta a relação social. **Ex.** Escusas de esperar [Não esperes] ajuda da parte dele, pois consta [dizem] que é ~. ⇒ inabordável.

inaciano, a *adj* (<antr S. Inácio de Loiola, fundador da Companhia de Jesus) Relativo a Inácio. **Comb.** Espiritualidade ~a. ⇒ jesuíta/jesuítico.

inacostumado, a *adj* (<in-a) + acostumado) **1** Que não tem o hábito de/Que não está acostumado a(+). **Ex.** Ele, ~ a madrugar, estava cheio de sono. **2** Que não acontece normalmente/Não habitual(+)/Raro. **Ex.** Um ~ tempo de calor pelo outono dentro era uma forte ameaça de incêndios florestais.

inacreditável *adj 2g* (<in- + acreditável) **1** Em que não se pode acreditar/Que não é digno de crédito/Incrível. **Ex.** Contou-nos uma história ~ (Ou maravilhosa ou inventada) de aventuras. **2** Que não se consegue imaginar/Inconcebível/Incrível. **Ex.** É ~ que num país tão rico haja pessoas a morrer à [de] fome! **3** Que causa admiração/Desmedido/Extraordinário/Incrível. **Ex.** O palácio é de uma beleza (arquite(c)tó[ô]nica) ~/extraordinária.

inactividade/inactivo ⇒ inatividade/...

inacusável *adj* (<in- + acusável) Que não se pode ou deve acusar/Inocente(+). **Ex.** Ele é ~ [não tem culpa nenhuma(+)].

inadaptação *s f* (<in- + adaptação) **1** Falta de ajustamento/adaptação a uma situação diferente. **Comb.** ~ social. **2** Incapacidade de integração num novo ambiente. **Comb.** ~ escolar da criança.

inadaptado, a *adj/s* (<in- + adaptado; ⇒ desadaptado) **1** (O) «criança» que não se ajusta/adapta a um novo ambiente «escolar». **2** (O) «marginal» que tem [sente] muita dificuldade em integrar-se numa sociedade.

inadaptável *adj* (<in- + adaptável) Que não se pode adaptar(+)/adequar. **Comb. Peça** ~ àquela máquina. **Pessoa** ~ ao ambiente da cidade.

inadequação *s f* (<in- + adequação) Qualidade do que não se ajusta/adequa ao que se pretende ou às circunstâncias. **Ex.** A ~ dos meios disponíveis é uma dificuldade suplementar. Era clara a ~ do proje(c)to às cara(c)terísticas do terreno.

inadequado, a *adj* (<in- + adequado) Que não é apropriado/conforme/adequado. **Ex.** Esse vestuário é ~ para esta cerimó[ô]nia.

inadiável *adj 2g* (<in- + adiável) **1** Que não pode ser adiado/Não transferível para momento posterior/Impreterível. **Comb.** Compromisso ~. **2** «operação (cirúrgica)» Que não deve ser adiado, pela sua urgência.

inadmissão *s f* (<in- + admissão) **1** Recusa de admitir ou de ser admitido/Exclusão. **Ex.** A sua ~ no [A recusa pelo] clube revoltou-o. **2** A(c)to de não contratar/empregar alguém. **Ex.** A ~ de mais pessoal tinha sido decidida. **3** Não aceitação. **4** A(c)to de não permitir alguma coisa. **Ex.** A ~ de tal comportamento «mentir» é justificável.

inadmissibilidade *s f* (<inadmissível + -idade) Qualidade de inadmissível.

inadmissível *adj 2g* (<in- + admissível; admitir) **1** Que não pode ser admitido/aceite. **Ex.** Fora deste prazo, o recurso jurídico é ~. **2** «argumento/prova» Que não se pode reconhecer como válido/verdadeiro. **3** Que não se pode aceitar/permitir/Intolerável. **Ex.** «aqui» Qualquer desacato [falta de respeito] é ~.

inadvertência *s f* (<in- + advertência) **1** Falta de atenção/Imprevidência/Descuido. **Loc.** «desculpe! Se o não vi foi» Por ~. **2** Erro por falta de cuidado/Negligência. **Ex.** Foi uma ~ deixar passar o prazo de reclamação «1 ano de garantia da máquina».

inadvertidamente *adv* (<inadvertido + -mente) Sem se dar conta de/Sem ter consciência de/Sem se aperceber de. **Ex.** Deixou ~ a chave na porta.

inadvertido, a *adj* (<in- + advertido; ⇒ advertir) **1** Feito sem cuidado/Impensado/Irrefle(c)tido(+). **Ex.** Um a(c)to ~ pode ter graves consequências. **2** Que não foi avisado/advertido.

inalação *s f* (<lat *inhalátio, ónis*: perfume; ⇒ inalar) **1** Aspiração/Inspiração de substâncias gasosas pelas vias respiratórias. **Ex.** A ~ de fumo num incêndio pode causar [levar a/dar] intoxicação. **2** *Med* Aspiração de vapor ou de substâncias medicamentosas «oxigé[ê]nio», para tratamento das vias respiratórias. **Ex.** Nas termas receitaram-lhe ~ções «de vapor de eucalipto».

inalador, ora *adj/s* (<inalar + -dor) **1** (O) que inala. **2** Que é usado para fazer inalação. **Comb.** Aparelho ~. **3** *s m Med* Aparelho usado para inalação **2**.

inalante *adj/s 2g* (<⇒ inalar) **1** ⇒ inalador **1**. **2** Que é [serve] para inalar. **Comb. Medicamento ~. Poro** ~ dos espongiários «estrela-do-mar» [Cada um dos orifícios por onde lhes entra a água].

inalar *v t* (<lat *inhálo, áre, átum*: soprar, exalar um cheiro) Absorver, pelas vias respiratórias, substâncias em estado gasoso ou em partículas muito finas. **Ex.** Caiu intoxicado por ~ gases tóxicos na fábrica.

in albis *lat* Em total desconhecimento do assunto em causa/Em branco/Ignorante. **Ex.** Não tenho opinião, estou ~. No exame, fui apanhado ~/em branco(+) [perguntaram-me o que eu não sabia].

inalienabilidade *s f* (<inalienável + -idade) **1** Condição do que não se pode dar ou transferir para outrem/Impossibilidade de alienação. **2** *Dir* Cara(c)terística dos bens que, por lei ou por vontade do proprietário, no momento da transmissão não podem ser alienados ou penhorados/Condição do que não pode mudar de titular.

inalienação *s f* (<in- + alienação) Condição do que não pode ser alienado.

inalienado, a *adj* (<in- + alienado) Que se tornou inalienável.

inalienável *adj 2g* (<in- + alienável) **1** De que não se pode ser privado/Que não pode ser penhorado. **2** Que não se pode transmitir/vender a outrem/Que não pode mudar de titular.

inalterabilidade *s f* (<inalterável + -idade) **1** Qualidade do que não se pode modificar/alterar. **2** Qualidade de alguém que não se perturba/Serenidade(+)/Constância(+).

inalterado, a *adj* (<in- + alterado) **1** Que não se modificou/«texto» Que não sofreu transformação/Sem alteração. **Ex.** O plano continua ~. **2** Sereno/Impassível/Calmo. **Ex.** Nas situações mais aflitivas permanece ~.

inalterável *adj 2g* (<in- + alterável) **1** Que não se pode modificar/mudar/alterar. **2** Que não se perturba/comove/Impassível/Sereno.

inambu *s m Ornit* Designação comum de aves galináceas da família dos tinamídeos, dos gé[ê]neros *Tinamus* e *Crypturellus*, de corpo robusto e cauda rudimentar ou inexistente. ⇒ tinamu.

inamissível *adj 2g* (<in- + amissível) «propriedade» Que não se pode perder.

inamovibilidade *s f* (<inamovível + -idade) **1** Qualidade do que não pode deslocar-se/transferir-se. **2** *Dir* Privilégio de algumas profissões em que os titulares não podem ser removidos dos seus cargos senão a seu pedido ou por fundamentado interesse público.

inamovível *adj 2g* (<in- + amovível) **1** «mesa/cadeirão» Que não se pode mover/deslocar/transferir. **2** *Dir* Diz-se do cargo em que o seu titular só pode ser transferido ou removido a seu pedido ou nos casos previstos na lei/Diz-se também desse titular.

inanalisável *adj 2g* (<in- + analisável) Que não pode ser estudado/analisado.

inane *adj 2g* (<lat *inánis, e*) **1** «argumento» Que não tem conteúdo/Oco(+)/Vazio(+). **2** «período histórico/palavra» Que tem pouco valor/Fútil/Vão/Inútil.

inanição *s f* (<lat *inanítio, ónis*) **1** Estado de muito grande fraqueza do organismo por falta de alimentos ou por não os assimilar. **Loc.** Morrer de ~. **2** ⇒ Vacuidade(+).

inanidade *s f* (<lat *inánitas, átis*) **1** Qualidade do que está vazio/Vacuidade(+). **2** Qualidade do que tem pouco valor/Inutilidade(+) «de esforços». **3** *Fil* A não existência(+)/O não ser/existir.

inanimado, a *adj* (<lat *inanimátus*) **1** Que nunca teve [Que deixou de ter] vida. **Ex.** As rochas são seres ~s. **Comb.** Matéria ~a. **2** Que perdeu os sentidos/Desmaiado(+)/

Inconsciente(o +)/Desfalecido. **Ex.** Caiu ~ e foi logo socorrido. **3** Que não tem energia/vivacidade/expressão/movimento. **Ex.** O rosto parecia ~. **4** Que não tem alma. **Comb.** Corpo ~/morto [Cadáver].

inânime *adj 2g* (<lat *inánimis,e* <*in* +*animalus*) Que não tem vida/alma/Inanimado(+)/Morto.

inanir *v t* (<lat *inánio, íre*: esvaziar) ⇒ Deixar/Ficar muito enfraquecido por falta de alimento/Debilitar-se(+).

inapagável *adj 2g* (<in- + apagável) **1** Que não se pode apagar/Inextinguível(+). **Ex.** Essa traição é uma nódoa ~/indelével(+). **2** «feito/façanha» Que não se pode suprimir/esquecer.

inapelável *adj 2g* (<in- + apelável) **1** Diz-se de pessoa a quem não se vai pedir/recorrer «por ser inútil fazê-lo», para quem não se pode apelar. **Ex.** Esse magistrado, tão severo, é ~. **2** Diz-se de decisão definitiva contra a qual não há defesa/a(c)ção possível. **3** *Dir* «sentença» Que não admite recurso.

inapetência *s f* (<in- + apetência) **1** Falta de apetite (+) [de vontade de comer]/Anorexia. **Ex.** A ~ costuma ser sintoma de doença. **2** Falta de desejo/vontade. **Ex.** A ~ dos alunos para a leitura dificulta o enriquecimento do vocabulário.

inaplicabilidade *s f* (<inaplicável + -idade) **1** Qualidade do «plano/lei» que não se pode aplicar [não se adequa] a determinado caso. **2** Qualidade do que não se pode executar. **Ex.** A ~ desse plano era previsível. **3** Qualidade do que não se pode pôr/colocar sobre alguma coisa. **Ex.** A ~ dessa tinta à madeira obrigou a mais despesa.

inaplicado, a *adj* (<in- + aplicado) **1** «plano» Que não teve aplicação/Que não foi aplicado/usado. **2** «aluno» Que não se dedica ao trabalho/estudo/Que não presta a devida atenção a.

inaplicável *adj* (<in- + aplicável) **1** «lei/decreto» Que não pode [deve] ser aplicado. **2** «proje(c)to» Que não pode ser executado. **3** «peça/tinta» Que não se ajusta/adequa a.

inapreciável *adj 2g* (<in- + apreciável) **1** Que não se pode apreciar/avaliar pela sua pequenez/Insignificante(+). **2** Que tem uma importância tão grande que é difícil de calcular/Que merece grande apreço/De alto valor. **Comb.** Ajuda ~/extraordinária. Joia ~/sem preço(+)/caríssima(+).

inapreensível *adj 2g* (<in- + apreensível) Que não pode ser apreendido/Incompreensível(+).

inapresentável *adj 2g* (<in- + apresentável) Que não se pode [deve] apresentar/mostrar/expor/Que não tem boa apresentação. **Ex.** Esse teu trabalho escrito está ~. Estou ~ [Não estou apresentável(+)] «para a festa/as visitas», tenho de mudar de roupa.

inaproveitável *adj 2g* (<in- + aproveitável) Que não interessa [não se pode] aproveitar/Inútil. **Comb.** Restos «de madeira» ~veis/que já não se aproveitam(+).

inaptidão *s f* (<in- + aptidão) **1** Ausência de habilitação/Falta de aptidão (+)/Inabilidade para. **Ex.** É notória a ~ dele para desempenhar tal função «o cuidar dos idosos». **2** Falta de propensão para alguma coisa. **Ex.** Confessava a sua ~ para tirar [fazer o curso de] medicina.

inapto, a *adj* (<in- + apto) Que tem falta de aptidão/capacidade/habilidade para alguma coisa/Incompetente/Incapaz. **Ex.** Foi declarado ~ para o serviço militar. ⇒ inepto.

inarrável *adj 2g* (<i(n)- + narrável) Que não se pode contar/narrar/descrever/Inenarrável(+). **Ex.** Tudo aquilo deu [resultou] numa confusão ~/incrível!

inarrecadável *adj 2g* (<in- + arrecadável) Que não se pode/consegue arrecadar/cobrar (+). **Ex.** Essa dívida fiscal parece ~.

inarticulado, a *adj/s* (<lat *inarticulátus*) **1** Que não tem articulações/Não segmentado. ⇒ desarticular. **2** *Ling* «palavra/som» Que foi mal pronunciado/ouvido. **3** *s m pl Zool* Classe de invertebrados braquiópodes.

inarticulável *adj 2g* (<in- + articulável) **1** Que não se pode articular. **2** *Ling* «nome estrangeiro» Que não se consegue [Difícil de] pronunciar.

in articulo mortis lat *Dir* Na iminência [À hora] da [Em artigo de] morte.

inassimilável *adj 2g* (<in- + ...) «conhecimento/alimento» Difícil de [Que não se pode] assimilar.

inatacabilidade *s f* (<inatacável + -idade) **1** Qualidade do que não pode ser atacado. **2** Qualidade do que não se pode refutar/contestar/censurar.

inatacável *adj 2g* (<in- + atacável) **1** «reduto/castelo» Que não pode ser atacado/Inexpugnável(+). **2** Que não pode ser refutado/Incontestável. **Comb.** Argumentação ~. **3** Que não se pode censurar/Irrepreensível(+). **Comb.** Comportamento ~.

inatendível *adj 2g* (<in- + atendível) «pedido» Que não pode [deve] ser considerado/atendido. **Ex.** Essa pretensão, segundo a lei, é ~.

inatingível *adj 2g* (<in- + atingível) **1** «posto/cargo/grau» Que não se pode alcançar/atingir/A que não se pode chegar/Inacessível. **2** Que está livre de a(c)ção que o atinja/Não criticável/Intocável. **Ex.** Alguns poderosos agem como se fossem ~veis. **3** Que é impossível [muito difícil de] realizar/conseguir. **Ex.** Esse obje(c)tivo [ideal] parece ~. **4** Que não se pode [Que é muito difícil de] entender/compreender. **Ex.** Essa demonstração é ~ para um ignorante como eu (sou). Tal mistério de fé «Santíssima Trindade» é ~ para o homem.

inatismo *s m* (<inato + -ismo) **1** *Fil* Teoria que defende que, à nascença, o homem traz ideias, princípios, estrutura mental anteriores a qualquer experiência. **Ex.** Platão e Descartes defenderam formas de ~. **2** *Ling* Teoria segundo a qual a linguagem é uma capacidade inscrita no código genético da espécie humana, sendo a(c)tivada pelo meio.

inatividade (Nà) *s f* [= inactividade] (<inativo + -idade ⇒ inação) **1** Qualidade do que está parado/inativo/Condição do que não está a funcionar/Ausência de a(c)tividade. **Ex.** A ~ da fábrica prejudicava sobretudo os trabalhadores. **2** Qualidade de quem não tem iniciativa/dinamismo/energia/Inércia/Indolência. **Ex.** A ~ do familiar era asperamente criticada. **3** Situação de quem «funcionário» não tem trabalho ou não participa no serviço ativo.

inativo, a (Nà) *adj/s* [= inactivo] (<in- + ativo) **1** (O) que não está em [a desenvolver uma] a(c)tividade. **Comb.** Vulcão ~/extinto. **2** (O) que «fábrica» está parado. **3** (O) que tem falta de iniciativa/dinamismo/energia/Indolente(+). **4** Pessoa que não está em serviço. **5** Que não produz efeito/Ineficaz. ⇒ **Comb.** Remédio ~.

inato, a *adj* (<lat *innátus*) **1** Que vem com a pessoa à nascença/Congé(ê)nito/Natural. **Comb.** *Fil* Ideia ~a [que, segundo o racionalismo, está na mente sem ter origem na experiência ou na imaginação criadora] (Ex. Descartes classificou as ideias, distinguindo entre ~as, adventícias e fa(c)tícias). **2** Que é inerente ao modo de ser de alguém. **Ex.** Tem um sentido ~ das conveniências [do procedimento mais adequado a cada circunstância]. **3** ⇒ Que não chegou a nascer/Nonato(+).

inaudito, a *adj* (<lat *inaudítus*) **1** «situação» De que nunca se ouviu falar. **Ex.** Isso «um disparate/crime» é ~ [uma coisa completamente ~a]! **2** *fig* Extraordinário/Incrível. **Ex.** Foi de [Teve] uma coragem ~a a enfrentar o perigo.

inaudível *adj 2g* (<in- + audível) **1** Que não [mal/apenas] se consegue ouvir. **Ex.** Falava tão baixo que era praticamente ~.

inauferível *adj 2g* (<in- + auferível) **1** Que não se pode obter/auferir. **Ex.** Esse lucro é ~ neste tipo de negócio. **2** Que não se pode retirar «a ninguém»/Próprio/Inerente(+).

inauguração *s f* (<lat *inaugurátio, ónis*; ⇒ inaugurar) **1** A(c)to/Cerimó[ô]nia em que publicamente se inicia o funcionamento de alguma coisa. **Ex.** A ~ da nova escola teve a presença de governantes «Ministro/a da Educação». **2** Primeira apresentação/Estreia. **Ex.** A ~ da peça teatral atraiu muito público. **3** Início/Começo. **Ex.** A ~ [ado(p)ção(+)] de um novo estilo de negociação deixou as pessoas satisfeitas. **Comb.** ~ do ano escolar.

inaugurador, ora *adj/s* (<inaugurar + -dor) **1** (O) que inaugura/inicia/funda alguma coisa. **2** Relativo a inauguração. **Ex.** A *idi* febre ~a dos governos costuma ocorrer perto de eleições.

inaugural *adj 2g* (<inaugurar + -al) **1** Relativo a inauguração. **Comb.** Cerimó[ô]nia ~. **2** Inicial/Primeiro. **Ex.** No futebol, o golo [gol] ~ [o primeiro gol(o)(+)] é importante para qualquer equipa. **Comb.** Aula ~. Sessão ~ «da peça teatral/do filme».

inaugurar *v t* (<lat *ináuguro, áre, atum*: tomar os agouros; inaugurar) **1** Dar início oficial ao funcionamento de alguma coisa, geralmente de forma solene/Colocar ao uso do público. **Ex.** O Presidente da República foi convidado para ~ a importante fábrica. O ministro veio ~ a nova estrada. **Loc.** *uma exposição*. *~ uma sala de espe(c)táculos*. **2** Usar pela primeira vez/Estrear. **Ex.** Toda a família veio para ~ a nossa nova casa. **3** Iniciar/Abrir. **Ex.** Juntámo-nos para ~ a época de caça. **Loc.** *(D)esp* ~ *o marcador* [«num jogo» Fazer/Marcar o primeiro golo]. ~ *um ciclo de* «conferências, ...».

inautenticidade *s f* (<in- + autenticidade) Qualidade/Cará(c)ter de inautêntico/Ausência de autenticidade.

inautêntico, a *adj* (<in- + autêntico) **1** Que não é verdadeiro/autêntico/genuíno/Falso. **Comb.** Documento ~. **2** Fingido(+)/Simulado. **Comb.** *Comportamento/Gesto/A(c)to ~/só para mostrar*. **3** ⇒ «poema» Não original/genuíno/Que não pertence ao autor «Camões» a que se atribui/Espúrio.

inavegável *adj 2g* (<in- + navegável) Que não permite a navegação/Não navegável(+). **Comb.** *Braço de mar ~. Rio ~.*

inca *adj/s 2g* (<quéchua *inka*: senhor) **1** Que pertence ou é relativo ao povo dos Incas. **Comb.** *Civilização ~. Império ~.* **2** Tribo quéchua do vale do Cuzco (Peru), que dominou outras vizinhas, formando um império entre 1110 e 1535, data da invasão e colonização espanhola. **3** Título do soberano desse império/Membro da família deste, a qual se constituiu em dinastia. **4** *s m* Língua falada pelos Incas.

inçadou[oi]ro *s m* (<inçar + -douro) Lugar repleto/infestado/muito cheio «de animais, de plantas, …».

incalcinável *adj 2g Quím* (<in- + calcinável) Que não se pode calcinar.

incalculável *adj 2g* (<in- + calculável) **1** «preço de obra de arte muito antiga» Que não se pode quantificar/calcular. **2** «quantidade» Que não se pode determinar/avaliar de forma exa(c)ta. **3** Enorme/Imenso. **Ex.** A riqueza que ele deixou é ~. **4** Muito numeroso/Incontável(+) «número das estrelas».

incandescência *s f* (<incandescente + -ia) **1** Estado de um corpo «ferro» que, por a(c)ção de calor intenso, ficou ao rubro ou branco, em brasa. **2** *Fís* Emissão de radiação luminosa por um corpo aquecido a alta temperatura. **Comb.** Lâmpada elé(c)trica [de ~]. **3** *fig* ⇒ Arrebatamento psicológico/Exaltação(+)/Efervescência.

incandescente *adj 2g* (<lat *incandéscens, éntis*, de *incandésco, ere*: ficar branco, estar em brasa) **1** Que está em brasa/Ao rubro/Candente. **Comb.** *Carvão* ~ [Brasa]. *Ferro* ~. **2** *fig* Ardente/Arrebatado/Exaltado/Fogoso.

incandescer *v t/int* (⇒ incandescente) **1** Pôr em brasa/Ficar candente/incandescente. **2** *fig* Exaltar-se(+)/Inflamar-se(o +).

incansável *adj 2g* (<in- + cansável) **1** Que não se cansa. **2** Muito a(c)tivo/dinâmico. **Ex.** ~ [Dinâmica], ela põe toda a gente a colaborar. **3** Que se empenha totalmente para conseguir alguma coisa, não se poupando a esforços/sacrifícios. **Ex.** Devemos o êxito desta exposição ao organizador, que foi ~.

incapacidade *s f* (<lat *incapácitas, átis*) **1** Estado/Condição de incapaz. **2** Falta de capacidade física/mental/moral para desenvolver uma a(c)tividade. **Ex.** Revela ~ para se concentrar no estudo. **3** Incompetência/Inaptidão. **Ex.** É notória a sua ~ para desempenhar o cargo. **4** *Dir* Qualidade de quem está privado do exercício de alguns direitos/Falta de capacidade legal para realizar certos a(c)tos da vida civil.

incapacitar *v t* (<in- + capacitar) Tornar(-se) [Declarar] incapaz/inapto/Inabilitar. **Ex.** O acidente incapacitou-o para o trabalho. Era um bom professor mas teve um derrame cerebral e ficou incapacitado.

incapaz *adj/s 2g* (<lat *íncapax,ácis*: que não compreende) **1** (O) que não é capaz. **Ex.** É ~ de [Nunca tem] um gesto de carinho. Revelou-se [Foi] ~ [Não foi capaz(+)] de solucionar o problema. **2** Que não tem qualidades/aptidão para alguma coisa/Inapto. **Ex.** Foi declarado ~ para o serviço militar. **3** Que recusa proceder de certo modo. **Ex.** Ele é ~ de mentir [nunca mente]. **4** (O) que é totalmente destituído de talento. **Ex.** É um ~, coitado! **5** *Dir* Que não tem capacidade legal/jurídica.

inçar *v t* (<lat *indício, áre*, de *indícium*: sinal) **1** Encher/Cobrir/Povoar/Infestar «de inse(c)tos, …». **Ex.** A vinha está inçada de erva, é preciso lavrá-la. A fruta em decomposição inçou o local de inse(c)tos. **2** Fazer alastrar(+)/Contaminar/Contagiar(+).

incara(c)terístico (*dg*), **a** *adj* [= incaracterístico] (<in- + ...) Que não tem traços distintivos evidentes/Sem características especiais. **Ex.** A paisagem, ao longo de quiló[ô]metros é ~a, monótona.

incardinar *v t* (<lat *incardináre*) Admitir um padre/clérigo numa diocese.

incarnação *s f* ⇒ encarnação.

incarnar *v int* ⇒ encarnar.

incauto, a *adj/s* (<lat *incáutus*) **1** (O) que não toma precauções/não tem cuidado/cautela. **Ex.** Os ~s estão mais sujeitos ao [correm mais] perigo de ser(em) roubados. **2** Imprudente/Descuidado.

incender *v t* (<lat *incéndo, ere*) **1** ⇒ incendiar. **2** Deixar afogueado/ruborizado/corado. **Ex.** O esforço da corrida [O calor/O entusiasmo] incendeu-lhes as faces. **3** *fig* ⇒ «a guerra» Exacerbar(-se). **4** *fig* ⇒ Entusiasmar/Excitar/Animar «os corações dos jovens».

incendiar *v t* (<incêndio + -ar¹) **1** Pegar/Atear fogo a/Pôr a arder. **Ex.** As faúlhas da locomotiva a vapor incendiaram os [pegaram (o) fogo aos] pastos ressequidos. Ficou tudo incendiado [a arder]. **2** *fig* Entusiasmar/Inflamar(+)/Excitar/Exacerbar. **Ex.** A rivalidade dos clubes vizinhos incendiou os adeptos naquele jogo decisivo. **3** Dar [Ficar com] cor avermelhada/Ruborizar/Afoguear. **Ex.** A corrida e o calor intenso incendiaram-lhes as faces. **4** Pôr [Ficar] brilhante/cintilante como fogo. **Ex.** As [O forte calor das] labaredas da lareira incendiavam-lhe o rosto.

incendiário, a *adj/s* (<incêndio + -ário) **1** Que serve para pegar fogo a/Próprio para incendiar. **Comb.** Bomba ~a. **2** *fig* Que entusiasma/excita/estimula. **3** *fig* Que inflama o espírito/Que incita à revolta. **Ex.** Desenvolveram uma campanha ~a contra o governo. **4** Pessoa que intencionalmente provoca um incêndio. **Ex.** Já prenderam alguns ~s da floresta (n)este ano. **5** *fig* Pessoa subversiva/Revolucionário louco.

incendido, a *adj* (<incender) **1** ⇒ incendiar/ado. **2** *fig* ⇒ «face» afoguear/ada. **3** *fig* Possuído de grande fervor ou paixão. **Comb.** Um coração ~ de amor «pelos pobres/pela Pátria». ⇒ «diálogo» aceso.

incendimento *s m* (incender + -mento) **1** A(c)to ou efeito de incender(-se). **Ex.** Não se sabia a causa do ~ [acendimento(+)/incêndio] do mato. **2** Afogueamento/Ardor «no rosto». **3** *fig* Grande excitação/entusiasmo/Arrebatamento. **4** *fig* Forte irritação/Exaltação/Exasperação.

incêndio *s m* (<lat *incéndium*) **1** Grande fogo que pode provocar avultados prejuízos. **Ex.** O ~ destruiu os últimos andares do prédio. **Comb.** ~ *florestal*. *Boca de* ~ [Terminal de conduta de água a utilizar pelos bombeiros em caso de ~]. *Bomba de* ~. **2** *fig* Movimento/Ideologia «revolucionária» que rapidamente avança/alastra. **Ex.** Qual [Como um] ~, os fortes protestos estenderam-se logo a toda a província. **3** *fig* Conflito violento/Tumulto/Conflagração/Guerra. **Ex.** Adivinhava-se o ~ depois de graves acusações mútuas.

incensação *s f* (<incensar + -ção) **1** A(c)to ou efeito de incensar. **2** *fig* Bajulação/Lisonja.

incensador, ora *adj/s* (<incensar + -dor) **1** Que incensa/(O) que perfuma com incenso. **2** *s m* Turíbulo(+)/Incensório(+). **3** *fig* (O) que lisonjeia/adula/bajula «para obter benefício».

incensamento *s m* (<incensar + -mento) ⇒ incensação.

incensar *v t* (<incenso + -ar¹) **1** Perfumar queimando incenso. **Ex.** Na missa solene, o sacerdote incensou o altar, a cruz e a assembleia dos fiéis. **2** *fig* Adular/Lisonjear/Bajular. **Ex.** Gosta de ~ quem lhe possa ser útil.

incenso *s m* (<lat *incénsum*) **1** Substância resinosa aromática que, queimada, liberta um fumo denso de forte odor. **Ex.** Nas cerimó[ô]nias religiosas solenes é frequente o uso do ~. **2** *Bot* Nome comum de árvores do género *Boswellia*, da família das burseráceas, de que se extraem resinas aromáticas. **3** *fig* Elogio excessivo/Lisonja/Adulação.

incensório *s m* (<incenso + -ório) Recipiente em se queima incenso/Turíbulo(+). **Ex.** O sacerdote, com uma pequena colher, retira da naveta um pouco de incenso e deita-o sobre as brasas do ~.

incentivador, ora *adj/s* (<incentivar + -dor) (O) que estimula/incentiva/promove.

incentivar *v t* (<incentivo + -ar¹) **1** Estimular/Motivar/Encorajar/Animar «a fazer alguma coisa». **Ex.** O professor incentivou-os à prática do desporto/esporte. **2** Impulsionar/Promover. **Ex.** Importa ~ o estudo das ciências experimentais.

incentivo, a *s m/adj* (<lat *incentívum*: estímulo) **1** Aquilo que estimula/anima/incentiva. **Ex.** Um pré[ê]mio é sempre um ~ para quem estuda ou trabalha. **Comb.** ~ fiscal [Isenção ou redução do imposto «como forma de promover o investimento»]. **2** ⇒ Estimulante/Incentivador(+).

incerteza (Tê) *s f* (<in- + certeza) **1** Qualidade do que não é certo, do que oferece [dá lugar a] dúvidas, do que não é seguro prever. **Ex.** Neste tempo de crise, de ~ quanto [em relação] ao futuro, as pessoas temem investir. **Comb.** *Fís* Princípio da ~ [Indeterminismo dos átomos]. **2** Estado de espírito de quem não está seguro/certo da verdade ou de uma realidade. **Ex.** Há em mim a ~ de se ele é pessoa de confiança [em que se pode confiar]. **3** Indecisão/Dúvida no agir. **Ex.** Vivia na ~ de se havia de [se devia] partir ou ficar. **4** Fa(c)to/Situação imprevisível. **Ex.** As ~s podem vir a alterar os nossos planos.

incerto, a (Cér) *adj/s m* (<lat *incértus*) **1** De que não se tem a certeza/Contingente/Imprevisível. **Ex.** O futuro é sempre ~. **2** Que tem dúvidas/Que não está seguro de alguma coisa. **Ex.** Estava ~ de que [qual] decisão (devia) tomar. **3** Desconhecido/Indeterminado. **Ex.** No edital referia-se alguém com residência em parte ~a. **4** Sujeito a mudança/Inconstante/Variável. **Ex.** O tempo está muito ~, ora faz sol ora chove. **5** Não distinto/Vago/Impreciso. **Ex.** A forma do obje(c)to é um pouco ~a. **6** Não definido/Indeciso/Irregular. **Ex.** A criança tinha ainda a escrita um pouco ~a. **7** Problemático/Arriscado/Difícil. **Ex.** Diziam os latinos que o amigo certo se conhece na hora ~a. **8** *s m* Aquilo de que não há garantia de que aconteça. **Ex.** Trocar o certo pelo ~ [Renunciar a um bem presente para alcançar algo melhor no futuro], não é prudente [pode não ser uma boa opção].

incessante *adj 2g* (<in- + cessante) **1** Que não cessa/para/Contínuo/Ininterrupto. **Ex.** Aquele ruído ~ não o deixava dormir. **2** Frequente/Constante(+). **Ex.** Já estava cansado dos protestos ~s/repetidos.

incessantemente *adv* (incessante + -mente) A cada momento/Sem parar/Continuamente/Sempre/Constantemente. **Ex.** Estava ~ a ser chamado para ajudar na cozinha. Trabalhava ~ para cumprir os prazos das encomendas.

incesto (Cés) *s m* (<lat *incestus*, de *in- + castus*) Relacionamento sexual entre parentes, consanguíneos ou afins, nos graus em que se proíbe o casamento. **Comb.** ~ entre irmãos.

incestuoso, a *adj/s* (<lat *incestuósus*) **1** Relativo a [Que envolve] incesto. **Comb.** Relação ~a. **2** Oriundo de incesto. **Comb.** Filho ~. **3** Pessoa que tem relações sexuais com parente consanguíneo ou afim.

inchação *s f* (<lat *inflátio, ónis*) **1** A(c)to/Processo/Resultado de inchar. **2** Aumento de volume/Inchaço(+)/Edema/Intumescência.

Ex. A ~ da perna apresentava a cor vermelha de inflamação. **3** *fig* Arrogância/Vaidade/Presunção. ⇒ inchado **3**.

inchaço *s m* (<inchar + -aço) **1** Aumento de volume de uma parte do corpo, geralmente devido à inflamação/Edema/Inchação. **Ex.** O ~ da mão incomodava-o muito. **2** *fig* Presunção/Vaidade.

inchado, a *adj* (<inchar) **1** «zona do corpo» Que tem aumento de volume, sobretudo devido à inflamação/doença. **Ex.** Queixa-se dos [Diz que tem os(+)] pés ~s. **2** Arredondado/Cheio/Enfunado. **Ex.** Sentia-se ~ [empanturrado(+)] de tanto comer [de comer tanto]. **Comb.** Velas ~as «pelo vento». **3** *fig* Vaidoso/Presumido/Presunçoso/Orgulhoso. **Ex.** Altivo, caminhava todo ~ sem falar com ninguém/alguém.

inchadura/inchamento *s* ⇒ inchação.

inchar *v t/int* (<lat *ínflo,áre,átum*) **1** (Fazer) aumentar de volume/Dilatar(-se). **Ex.** A água faz ~ a madeira. Incharam-lhe as pernas com a caminhada. **2** Tomar/Dar forma arredondada/Enfunar. **Ex.** O vento faz ~ as velas do barco. **3** *fig* Mostrar-se orgulhoso/Envaidecer(-se)/Revelar presunção. **Ex.** Parecia ~ com os sucessivos êxitos!

incicatrizável *adj 2g* (<in- + cicatrizável) **1** Que não pode cicatrizar. **Comb.** Ferida ~. **2** *fig* Que não se pode remediar. **Comb.** Desilusão ~/sem remédio(+).

incidência *s f* (<incidente + -ia) **1** Qualidade/Cará(c)ter do que é incidente. **2** Acontecimento acidental/Ocorrência(+)/Incidente(+). **3** A(c)to ou efeito de incidir [recair] sobre/atingir/afe(c)tar. **Ex.** A ~ do imposto sobre a classe média origina uma avultada receita fiscal. **4** *Geom* Encontro de duas linhas/superfícies ou de uma linha com uma superfície. **5** *Fís* Encontro «de um raio» com uma superfície. **Ex.** Na encosta os raios do sol têm uma ~ quase vertical. **Comb.** Ângulo de ~. *Ponto de ~*.

incidental *adj 2g* (<lat *incidentális*) **1** ⇒ «assunto/problema» Acessório/Secundário(+). **2** ⇒ «caso» Fortuito/Acidental(+).

incidente *adj 2g/s* (<lat *íncidens,éntis*; ⇒ incidir) **1** Que sobrevém/Acessório/Secundário/Acidental. **2** Que incide/recai sobre uma superfície ou um corpo segundo determinado ângulo. **Comb.** Raio ~. **3** *Ling* (Diz-se da) frase/proposição relativa explicativa, a qual corta o enunciado principal para indicar uma qualidade do nome (que é) seu antecedente. **Ex.** No enunciado *"Os alunos, que são excelentes, colaboram muito na aula"*, a frase relativa explicativa, *que são excelentes*, é ~. **4** *s m* Fa(c)to/Acontecimento imprevisto/Incidência. **Ex.** Felizmente a viagem decorreu sem ~s. **5** *s m* Fa(c)to, geralmente negativo, que interrompe o curso de alguma coisa. **Ex.** Houve um ~ «discussão/zanga», bem [muito] desagradável, que nos estragou o passeio. **6** *s m Dir* Algo que surge no decorrer de um processo como questão acessória, dependendo da decisão do juiz. **7** Desacato/Tumulto. **Ex.** Houve graves ~s «assaltos às lojas», que obrigaram à intervenção policial.

incidir *v int* (<lat *íncido,ere*: cair sobre) **1** Recair sobre/Atingir/Afe(c)tar. **Ex.** O imposto incide sobre todas as transa(c)ções. Ao nascer do sol, os raios incidem sobre a terra plana quase horizontalmente. **2** Cair/Incorrer em. **Ex.** Voltou a ~ nos mesmos erros, ainda não aprendeu a viver! **3** ⇒ Acontecer/Ocorrer/Sobrevir.

incindível *adj 2g* (<in- + cindível) Que não se pode separar/cindir/Inerente(+).

incineração *s f* (<incinerar + -ção) **1** Redução a cinzas pelo fogo. **Comb.** ~ de cadáver [Cremação(+)]. **2** Operação química de obter substâncias minerais de uma substância orgânica, reduzindo-a a cinzas. **3** Processo químico industrial de tratamento de resíduos sólidos urbanos por via térmica, recuperando o calor produzido.

incinerador, ora *adj/s* (<incinerar + -dor) **1** (O) que incinera/que reduz a cinzas. **2** Aparelho/Máquina/Fornalha que reduz a cinzas os lixos e resíduos. ⇒ crematório.

incinerar *v t* (<lat *incínero, áre*) **1** Reduzir a cinzas/Cremar. **2** Proceder à cremação de cadáver. **3** Proceder à queima/incineração de resíduos sólidos urbanos.

incipiência *s f* (<incipiente) Qualidade/Condição do que está no início de/do que é incipiente.

incipiente *adj 2g* (<lat *incípiens, éntis*, de *incípio, ere*: começar) **1** Que está no início/princípio/Que começa a manifestar-se. **Ex.** A vida democrática nesse país é ainda ~ [está *idi* a dar os primeiros passos]. **2** Que se inicia em alguma coisa/Principiante.

incircuncidado, incircunciso(+) *adj/s m* (<in- + ...) (O) que não sofreu a circuncisão.

incisão *s f* (<lat *incísio, ónis*) **1** A(c)ção de cortar/Golpe com instrumento cortante. **2** Entalhe/Corte. **Ex.** Fez uma ~ na casca do ramo para aí enxertar o gomo de outra árvore. Para extrair resina faz-se a ~ na casca do tronco do pinheiro bravo. **3** *Cir/Med* Abertura/Golpe com bisturi num tecido orgânico.

incisar *v t* (<inciso + -ar[1]) Fazer um corte/uma incisão(+) em. ⇒ golpear.

incisivo, a *adj/s m* (<lat *incisívus*) **1** Que é próprio para cortar. **Comb.** (Dente) ~. **2** Conciso/Sucinto/Dire(c)to. **Ex.** Numa linguagem ~a disse o que pretendia. **3** Perspicaz/Agudo/Penetrante. **Comb.** Espírito ~. **4** Firme(+)/Peremp[ren]tório/Enérgico. **Comb.** Ordem ~a. **5** *s m* Dente apto a cortar os alimentos. **Ex.** Na dentição humana há os ~s, os caninos e os molares.

inciso, a *adj/s m* (<lat *incísus*) **1** Golpeado com instrumento cortante. **2** *Bot* «folha» Que nas suas margens apresenta recortes irregulares e profundos. **3** *Gram* Frase, geralmente curta, inserida noutra. **Ex.** Em *"O primeiro milho, diz o provérbio, é dos pardais"*, a frase intercalada *diz o provérbio* é um ~. **4** *Mús* Grupo de notas que forma um fragmento rítmico. **5** *Dir* Subdivisão de um artigo da lei, podendo subdividir-se em alíneas.

incisor, ora *adj/s* (<lat *incísor, óris*) (O) que corta.

incisório, a *adj* (<lat *incisórius*) Que corta.

incitação *s f* (<lat *incitátio, ónis*) **1** A(c)to ou efeito de incitar/estimular/incentivar a fazer alguma coisa/Incitamento(+). **2** Palavra/Grito/Som/Gesto para estimular/Encorajamento. **Ex.** Não faltou ~ [apoio(+)] à equipa. **3** Instigação/Exortação. **4** Provocação/Desafio. **5** *Fisiol* Estímulo que, partindo dos centros nervosos, provoca contra(c)ção de músculos. ⇒ excitação.

incitador, ora *adj/s* (<lat *incitátor, óris*) (O) que impele/incita/instiga/desafia a alguma coisa.

incitamento *s m* (<incitar + -mento) A(c)to ou efeito de incitar «à virtude/a ser bom»/estimular/instigar a fazer alguma coisa/Incitação **1**.

incitante *adj 2g* (<incitar + -(a)nte) Que impele/incita/provoca/instiga/Incitador.

incitar *v t* (<lat *íncito,áre*) **1** Impelir/Encorajar/Estimular a fazer alguma coisa. **Ex.** Um pré[ê]mio vai ~ os alunos ao estudo. **2** Desafiar/Provocar. **Loc.** ~ [Açular(o+)/Acirrar(+)] os cães/o cão. **3** Levar a reagir/Excitar/Inflamar. **Ex.** Tal injustiça incitou o povo à violência. **4** ⇒ Fazer surgir/Despertar/Suscitar.

incivil *adj 2g* (<lat *incivílis*) Que não tem boas maneiras/Que revela falta de delicadeza/Descortês/Rude.

incivilidade *s f* (<lat *incivílitas, átis*: violência) **1** Falta de cortesia/Ausência de boas maneiras/Indelicadeza/Rudeza. **2** A(c)to/Atitude/Dito que revela falta de educação/delicadeza.

incivilizado, a *adj* (<in- + civilizado) Não civilizado/Rude/Inculto/Indelicado.

incivilizável *adj 2g* (<in- + civilizável) Que não se pode civilizar.

incivismo *s m* (<in- + civismo) Falta de civismo (+)/patriotismo/Ausência de dedicação ao interesse público.

inclassificável *adj* (<in- + classificável) **1** Que não se pode classificar/Que não se pode definir bem ou incluir numa classe. **2** Confuso/Desordenado. **Ex.** Aquele amontoado de livros é ~. **3** *fig* Muito criticável/condenável/Inqualificável(+). **Ex.** Aquele comportamento, pela sua gravidade, é ~. **Comb.** *A(c)to ~. Atitude ~.*

inclemência *s f* (<lat *incleméntia*) **1** Qualidade de quem não se dispõe a perdoar erros/falhas/Falta de indulgência/Severidade [Rigor] a castigar. **Ex.** A ~ do rei atemorizava o povo. **2** *fig* Qualidade do que é difícil de suportar/Aspereza/Dureza/Rigor. **Ex.** A ~ da chuva, na tarde fria, não o deixava partir. **3** ⇒ A(c)ção cruel/inclemente.

inclemente *adj 2g* (<lat *inclémens, éntis*) **1** Que não perdoa faltas alheias/Severo com outrem/Duro/Rigoroso. **Ex.** Uma pessoa ~ não faz amigos. **Ant.** Indulgente/Benévolo/Clemente. **2** *fig* Difícil de suportar/Duro/Áspero. **Ex.** Um clima ~ afasta os turistas. **Comb.** Um inverno ~ [rigoroso/muito frio (e chuvoso)].

inclinação *s f* (<lat *inclinátio, ónis*) **1** A(c)to ou efeito de inclinar(-se). **2** A(c)to de fle(c)tir levemente a cabeça para a frente em sinal de cumprimento ou de respeito/Vé[ê]nia/Mesura. **Ex.** Cumprimentou o superior com uma pequena ~. **3** Posição oblíqua de uma (linha) re(c)ta ou de uma superfície plana sobre uma linha ou plano horizontais/Declive. **Ex.** Ali a ~ da estrada é acentuada. **Comb.** ~ magnética [Ângulo que o eixo longitudinal da agulha magnética, livremente suspensa, forma com o plano do horizonte]. **4** *Geol* Obliquidade dos estratos geológicos em relação à linha do horizonte. **5** Propensão/Vocação/Tendência/*col* Queda. **Ex.** Desde muito novo mostrou ~ para a música. **6** Atra(c)ção afe(c)tiva ou amorosa/Simpatia. **Ex.** Sentia uma certa ~ pela vizinha do lado.

inclinado, a *adj* (<inclinar) **1** Que se inclinou. **Ex.** A Torre de Pisa (Itália) é muito ~a. **2** Que tem uma posição oblíqua «nem vertical, nem horizontal». **Comb.** Plano ~. **3** Que tem propensão [tendência] para/Que está disposto a. **Ex.** Sente-se ~ para a(c)tividades ao ar livre. Estou ~ a comprar um terreno para construção. **4** Que tem simpatia por/Que sente atra(c)ção «amorosa» em relação a. **Ex.** Mostra-se ~ para uma colega.

inclinar *v t* (<lat *inclíno, áre*) **1** Pôr/Ficar em posição oblíqua/Desviar(-se) da linha vertical ou horizontal. **Ex.** Inclinou a jarra para encher o copo de água. **2** Curvar(-se) levemente para a frente. Inclinou-se em sinal de cumprimento respeitoso. **3** Curvar/Dobrar o corpo em dire(c)ção ao solo. **Ex.** Inclinou[Baixou]-se para apanhar o chapéu que (lhe) caíra [tinha caído] ao chão. **4** Apresentar declive/inclinação. **Ex.**

Na zona, o terreno inclina(-se) muito [é muito inclinado(+)] e torna difícil a descida. **5** *fig* ~-se/Mostrar-se favorável a/Tender a [para]/Predispor-se a. **Ex.** Ele inclina-se a apoiar o nosso proje(c)to.

inclinómetro [*Br* **inclinômetro**] *s m* **1** Nome de instrumentos para medir ângulos de inclinação. **2** Instrumento que mede a inclinação magnética.

ínclito, a *adj* (<lat *ínclitus*) Que se distingue pelas suas qualidades exce(p)cionais/Ilustre/Notável. **Comb.** ~a geração, altos infantes [Filhos do rei português D. João I (séc. XIV-XV)].

incluir *v t* (<lat *inclúdo, ere*) **1** Abranger/Integrar/Conter/Compreender. **Ex.** A nossa lista inclui pessoas de várias profissões. **2** Fazer constar de/Meter em/Inserir/Juntar. **Ex.** Resolveram incluí-lo no grupo. **3** Trazer/Acarretar/Implicar/Envolver. **Ex.** Abrir o clube a todos inclui correr riscos.

inclusão *s f* (<lat *inclúsio, ónis*) **1** A(c)to ou efeito de incluir/inserir/juntar. **Ex.** A ~ de crianças com deficiência física na turma é útil para todos. **2** Estado do que está compreendido/abrangido/integrado. **Ex.** A sua ~ no quadro dos melhores alunos da escola encheu de alegria os pais. **3** Condição do que está implicado/envolvido. **Ex.** A ~ de riscos nestes investimentos afasta muita gente. **4** Igualdade de oportunidades que uma sociedade procura oferecer a todos, sem qualquer discriminação. **Ex.** Procura-se criar escolas de ~. **5** *Mat* Relação entre dois conjuntos em que um deles tem todos os elementos do outro. **6** *Lóg* Relação entre dois conceitos em que um deles está contido na extensão do outro. **7** *Histol* Técnica de microscopia em que há a introdução de um tecido/órgão em parafina derretida, que, ao resfriar, permite cortá-lo em finas lâminas para exame ao microscópio. **8** *Miner* Corpo estranho «sólido, líquido ou gasoso» incluído em minerais ou rochas. **9** *Med* Estado do dente que não chega a irromper, ficando encerrado na maxila. **Comb.** ~ do dente do siso.

inclusivamente *adv* (<inclusivo + -mente) Até mesmo/Até/Além disso/Além do mais/Também/Inclusive. **Ex.** Todos, ~ o meu irmão, o apoiaram nessa candidatura. ~ [E até/depois], quando me pediu, eu emprestei-lhe algum dinheiro.

inclusive (Zí) *adv* (<lat *inclusíve*) **1** Até/Até mesmo/Além do mais/Inclusivamente. **Ex.** ~ [(E) até], eu fui dos primeiros a ajudá-lo. **2** Com inclusão do último elemento referido. **Ex.** A matéria do teste, no compêndio, é da página 12 à p(ág). 27, ~. **Ant.** Exclusive.

inclusivo, a *adj* (<lat *inclusívus*) **1** Que inclui ou pode incluir. **2** Que promove a inclusão social. **Ex.** Procura-se que a escola seja ~a, que não marginalize nenhum aluno. **3** *Ling* Diz-se do pronome *nós*, quando envolve o falante e o ouvinte.

incluso, a *adj* (<lat *inclúsus*) **1** Metido dentro de/Contido/Encerrado/Incorporado. **Ex.** ~ no [Dentro do] envelope [sobrescrito] vinha o documento de que precisava. **2** Que faz parte de/Abrangido/Envolvido/Incluído. **3** Anexado/Inserido/Junt(ad)o. **4** Latente/Enterrado em. **Ex.** O dente do siso continua ~ no maxilar, sem aparecer (⇒ inclusão 9). **5** *s* Religioso que se encerrava em cela muito estreita, aí vivendo como se estivesse enterrado.

incoação *s f* (<lat *inchoátio, ónis*) Começo/Princípio/Início.

incoadunável *adj 2g* (<in- + coadunável) Que não se pode combinar/harmonizar/coadunar com/Inconciliável com/Incompatível(+). **Ex.** Tal comportamento «ralhar» é ~ com a prática da boa vizinhança.

incoagulável *adj 2g* (<in- + coagulável) Que não pode coagular/solidificar.

incoativo, a *adj* (<lat *inchoatívus*) **1** Que principia/começa. **2** *Gram* Diz-se do verbo que exprime começo de a(c)ção/processo, mudança de estado. **Ex.** Os verbos *adormecer, amanhecer, florescer* são ~s.

incobrável *adj 2g* (<in- + cobrável) Que não se consegue cobrar/executar/receber. **Ex.** Como o devedor é insolvente, a dívida é ~.

incoercível *adj 2g* (<in- + coercível) **1** Que não se pode coagir/Que não é coercível. **2** «desejo/ambição» Que não se pode conter/encerrar num espaço. **3** «riso» Que não se pode refrear/domar/reprimir/Incontido(+).

incoerência *s f* (<in- + coerência) **1** Qualidade do que é incoerente/Falta de lógica/congruência/nexo entre ideias, ditos, atitudes, comportamentos/Contradição/Discrepância. **Ex.** Fiz-lhe notar a ~ entre o que dissera e o que se propunha fazer. **2** A(c)to/Dito/Atitude/Comportamento incoerente. **Ex.** Foi uma ~ «do seu discurso» muito criticada.

incoerente *adj/s 2g* (<in- + coerente) **1** Que não tem conexão lógica/Inconsequente/Contraditório. **Ex.** Usou uma argumentação ~. **2** «discurso» Que não tem coesão/Incongruente/Desordenado/Desconexo. **3** *s* O que se contradiz/Aquele em que há discrepância entre o que diz e o que faz. **Ex.** Ele é um ~ [Ele contradiz-se].

incoesão *s f* (<in- + coesão) Falta de coesão(+)/Falta de unidade entre os elementos de um grupo ou entre as partes de um todo «livro».

incogitável *adj 2g* (<in- + cogitar) ⇒ impensável(+).

incógnito, a *adj/s* (<lat *incógnitus*) **1** Que se desconhece/Ignoto. **Ex.** Os marinheiros portugueses partiram à procura de paragens [terras] ~as/desconhecidas(+). **Comb.** Filho de pai ~. **2** Que não é reconhecido/Que passa despercebido/Que esconde a sua identidade. **Ex.** Passou ~ entre a multidão. **3** *s m* Situação de alguém que procura ocultar a sua identidade ou presença. **Ex.** Com um disfarce manteve o ~ [viajou ~]. **4** *s f Mat* Grandeza que só será determinada pela resolução de uma equação, de um problema. **Ex.** «o aluno» Já resolve equações com duas ~as. **5** O que não se sabe nem se pode prever com segurança. **Ex.** Em tudo isto a grande ~a [o que nós não sabemos] é como é que ele vai reagir.

incognoscível *adj/s m* (<in- + cognoscível) Que não é possível conhecer/Que a inteligência humana não pode compreender «Deus».

íncola *s m Poe* (<lat *íncola*) Habitante(+)/Residente/Morador.

incolor (Lôr) *adj 2 g* (<lat *íncolor, óris*) **1** Que não tem cor. **Ex.** A água potável deve ser ~. **2** *fig* Que não tem (motivos de) interesse/Sem colorido/Insípido/Monótono/Enfadonho. **Ex.** É uma prosa ~, que não prende o leitor. **3** *fig* Que não tem cara(c)terísticas marcantes/Indiferenciado/Indefinido/«pessoa» *Que nem é carne nem é peixe*. **4** *fig* Diz-se de órgão de comunicação social que não tenha uma orientação ideológica ou política bem definida. **Ex.** É um jornal ~, neutro(+).

incólume *adj 2g* (<lat *incólumis,e*) **1** Que não sofreu dano/Que não foi ferido/Ileso/Inta(c)to. **Ex.** Saiu ~ do acidente, parece milagre! **2** Inalterado/Igual. **Ex.** O seu nível de vida passou ~ pela crise.

incombatível *adj 2g* (<in- + combatível) Que não se pode combater/contestar/Inatacável.

incombinável *adj 2g* (<in- + combinável) Que não se pode combinar/juntar/conciliar. **Ex.** A cor do casaco é ~ com a desta [não diz com esta] saia.

incomburência *s f* (<incomburente + -ia) Qualidade de incomburente. **Comb.** ~ do azoto.

incomburente *adj 2g* (<in- + comburente) «azoto» Que não alimenta a combustão.

incombustibilidade *s f* (<incombustível + -idade) Qualidade do «amianto» que não é combustível.

incombustível *adj 2g* (<in- + combustível) Que não pode arder/«amianto» Que não entra em combustão.

incombusto, a *adj* (<in- + ...) «tronco» Que não ardeu completamente.

incomensurabilidade *s f* (<incomensurável + -idade) Qualidade do que não pode ser medido por ser de tamanho enorme/desmedido.

incomensurável *adj 2g* (<in- + comensurável) **1** *Mat* Que não se pode medir. **Ex.** Num quadrado, a diagonal e o lado são ~veis. **2** «grandeza do universo» Que é extremamente grande/Sem [Que não tem] medida/Desmedido/Enorme/Imenso.

incomerciável *adj 2g* (<in- + comerciável) Que não pode ser obje(c)to de comércio/Que não se pode negociar.

incomestível *adj 2g* (<in- + comestível) «guisado/mixórdia» Que não se pode comer/Intragável/«fruto» Que não é comestível(+).

incomodado, a *adj* (<incomodar) **1** Que foi importunado/molestado/perturbado «com um pedido». **Ex.** Já estava (a ficar) ~ com tanta insistência. **2** Irritado/Enfadado/Desgostoso. **Ex.** O professor pareceu ~ com o comportamento da turma. **3** Que está um pouco adoentado/Indisposto/Maldisposto. **Ex.** Sentia-se ~ e resolveu não sair (de casa). **4** Que sente incó[ô]modo/mal-estar. **Ex.** A cadeira é má, deixa-o ~, a mexer-se continuamente. **5** *f pop* Que está no período menstrual.

incomodar *v t* (<lat *incómmodo, áre, átum*) **1** Interromper alguém no seu trabalho ou lazer/Importunar/Perturbar. **Ex.** – Dá-me licença? Não incomodo? – Faz favor «de dizer/de entrar». **2** Indispor/Molestar. **Ex.** O calor incomoda-o muito. **3** ~-se/Irritar-se/Aborrecer-se. **Ex.** Não sei como é, incomoda-se com tudo [tudo o incomoda]! **4** ~-se/Fazer diligências/Esforçar-se em proveito de outrem. **Ex.** Muito obrigado, custa-me que se incomode por minha causa. **5** Preocupar-se com/Cuidar de. **Ex.** É pena que não se incomode [preocupe] com os estudos dos filhos.

incomodativo, a *adj* (<incomodar + -tivo) Que perturba/molesta/importuna/incomoda. **Comb.** *Pessoa ~a. Ruído ~.*

incomodidade *s f* (<lat *incommóditas, átis*) **1** Qualidade daquilo que é molesto/incó[ô]modo/Qualidade do que causa desconforto. **Ex.** Estava nervoso devido à ~ da presença do rival. A ~ da cadeira prejudica-lhe o estudo. **2** Mal-estar físico/Doença ligeira/Má disposição. **Ex.** Qualquer ~ o leva a não querer trabalhar.

incómodo, a [*Br* **incômodo**] *s m/adj* (<lat *incómmodus, a, um*: que está em mau estado) **1** Sensação de mal-estar/Desconforto. **Ex.** A longa viagem, em estrada tortuosa, causou-lhe um grande ~. **2** Doença ligeira/Indisposição. **Ex.** O ~ de um pouco de febre fê-lo faltar às aulas. **3** O que embaraça/estorva/aborrece/con-

traria. **4** Esforço/Trabalho/Diligência a favor de alguém ou de alguma coisa. **Ex.** Deu-se ao ~ de me arranjar emprego. **5** *pop* ⇒ Menstruação. **6** Que não é có[ô]modo/confortável. **Ex.** O sofá é um pouco ~. **7** Que causa má disposição/mal-estar/desconforto. **Ex.** O intenso calor estava a ser muito ~ para a criança. **8** Que importuna/embaraça/aborrece/enfada. **Ex.** Fez-lhe uma pergunta ~a, mas necessária [mas que tinha de (lh)a fazer]. **9** Impróprio/Inadequado/Inconveniente. **Ex.** Abordou-o [Foi falar com ele] numa hora ~a.

incomparável *adj* (<in- + comparável) **1** Que não se pode comparar/Que não tem comparação «em sentido positivo ou negativo». **Ex.** São duas realidades muito diferentes, ~veis. É uma paisagem, linda, linda, ~! **2** Único/Extraordinário/Exce(p)cional. **Ex.** Ele foi de uma dedicação ~ à causa dos pobres.

incomparavelmente *adv* (<incomparável + -mente) Em grau muito elevado/Extremamente/Muitíssimo. **Ex.** Este teste é ~ [dez/cem/mil vezes] mais difícil do que o outro.

incompassível *adj 2g* (<lat *incompassíbilis,e*) Que não tem piedade/compaixão(+)/Insensível(+)/Inflexível/Implacável.

incompassivo, a *adj* (<in- + compassivo) ⇒ Incompassível(+).

incompatibilidade *s f* (<incompatível + -idade) **1** Impossibilidade de se combinar/conciliar/harmonizar. **Comb.** ~ de tipos de sangue. **2** *Dir* Impossibilidade legal de simultaneamente exercer dois cargos ou profissões. **Ex.** Havia ~ em exercer um cargo público e uma a(c)tividade comercial. **3** Impossibilidade de convivência/Confronto de personalidades/Desentendimento/Zanga. **Ex.** A ~ dos dois tornava impossível o diálogo. Dei-me conta de ~s no grupo. *Med* **4** Impossibilidade de duas substâncias farmacêuticas serem combinadas ou administradas ao mesmo tempo sem grave risco.

incompatibilização *s f* (<incompatibilizar + -ção) **1** A(c)ção ou efeito de tornar inconciliável/incompatível. **2** Corte de relações entre pessoas/Zanga. **Ex.** A ~ deles é já antiga [não é recente/não é de agora].

incompatibilizar *v t* (<incompatível + -izar) **1** Tornar(-se) incompatível/inconciliável. **2** ~-se «com o chefe»/Cortar relações/Zangar-se com/Tornar-se inimigo de.

incompatível *adj 2g* (<in- + compatível) **1** Que não pode combinar-se/coexistir/conviver com/Inconciliável. **Ex.** A boé[ê]mia é ~ com a prática de desporto [esporte] profissional. **2** Diz-se de substâncias farmacêuticas que não podem combinar-se ou ser administradas ao mesmo tempo sem grave risco. **3** Diz-se de cargos/funções que a lei não permite que alguém exerça em simultâneo.

incompensável *adj 2g* (in- + compensável) **1** Que não pode ser compensado/Que não pode ser contrabalançado. **2** Que não se pode inde(m)nizar/pagar/Irreparável.

incompetência *s f* (<in- + competência) **1** Falta de aptidão/qualificações/competência para exercer uma função/Incapacidade. **Ex.** Revelou muita ~ no desempenho do cargo. **2** *Dir* Impedimento legal de um juiz [tribunal] julgar certos litígios por estarem fora da sua jurisdição.

incompetente *adj/s 2g* (<in- + competente) **1** (O) que não tem aptidão/qualificação/competência para desempenhar uma função/um cargo. **Ex.** Revelou ser ~ ao não saber resolver o problema. **2** (O) que exerce mal uma função/a(c)tividade. **Ex.** Importa afastar os ~s se queremos progredir. **3** *Dir* Diz-se do tribunal [juiz] legalmente impedido de julgar certos litígios que caem fora da sua jurisdição. **Ex.** O tribunal declarou-se ~ para julgar este caso.

incomplacência *s f* (<in- + complacência) **1** Falta de compreensão/complacência/benevolência para (com) as falhas de outrem/Severidade/Austeridade. **2** Recusa em atender a pedidos/solicitações de outrem.

incomplacente *adj 2g* (<in- + complacente) **1** Que revela falta de compreensão/complacência/condescendência para as falhas de outrem/Severo. **2** Que recusa atender aos pedidos de outrem/Austero.

incompleto, a *adj* (<lat *complétus*) **1** A que falta alguma coisa/Que não está completo. **Ex.** Esta cole(c)ção de livros está ~a. Deu uma volta ~a ao recinto da escola. **2** A que falta uma parte essencial/Imperfeito/Parcial. **Ex.** A resposta à pergunta do teste está ~a. Sentia-se que a sua felicidade era ~a. **3** *fig* «organismo» Mutilado/Truncado.

incompletude *s f* (<incompleto + -ude) Estado do que não está completo. **Comb.** *Psic* Sentimento de ~ [de imperfeição e de insuficiência, cara(c)terístico de certas doenças psíquicas].

incomplexo, a *adj* (<in- + complexo) **1** «número/silogismo» Que envolve uma só coisa/substância/ideia/Simples(+)/Que não é complexo. **2** Não complicado/Fácil(+).

incomportável *adj 2g* (<in- + comportável) **1** Que não se pode admitir/tolerar/suportar. **Ex.** Um tal comportamento é ~/inadmissível(+). **2** «gasto» Que excede a capacidade econó[ô]mica de alguém. **Ex.** Esse montante de despesa é ~. **3** ⇒ não se ajusta a/Incompatível/Inconciliável.

incompreendido, a *adj/s* (<in- + compreendido) (O) que não é [não se julga] devidamente compreendido/apreciado/valorizado pelos outros. **Ex.** Sou um ~! Dizia-se [Dizia que era] ~ e não escondia um certo azedume no trato.

incompreensão *s f* (<in- + compreensão) **1** Falta de compreensão. **Ex.** A ~ do texto impediu um bom resultado no teste. **2** Recusa em aceitar [admitir] alguma coisa. **Ex.** Queixava-se da ~ dos pais quanto ao seu proje(c)to de vida. **3** Atitude/A(c)to que revela essa não aceitação. **Ex.** Era mais uma ~ que teria de ultrapassar.

incompreensibilidade *s f* (<incompreensível + -(i)dade) Qualidade do que é difícil ou impossível de compreender «Deus».

incompreensível *adj 2g/s m* (<in- + compreensível) **1** Que não se pode compreender/Que excede a capacidade da mente humana/Inconcebível/Insondável/Misterioso. **2** Difícil de entender. **Ex.** O texto, com tantos erros e imperfeições, era praticamente ~. **3** Difícil de imaginar/conceber/Impensável/Muito estranho/Inadmissível. **Ex.** É ~ que tenham saído de casa sem me avisar. **4** *s m* O que não se pode compreender.

incompreensivo, a *adj* (<in- + compreensivo) **1** «aluno/leitor» Que não é capaz de entender. **2** Incapaz de tentar entender/aceitar as dificuldades/limitações dos outros/Severo/Inflexível/Rígido. **Ex.** Queixava-se de ter um pai ~.

incompressível [incomprimido, a] *adj* (<in- + ...) **1** Diz-se de algo cujo volume, submetido à pressão, não diminui/Que não se pode comprimir. **2** *fig* «manifestação popular» Que não se consegue reprimir/impedir/Irreprimível(+).

incomprovado, a *adj* (<in- + comprovado) Que não se comprovou/Que não se confirmou com provas. **Ex.** Essa acusação continua ~a/sem provas(+).

incompto, a *adj* (<lat *incomptus, a, um*: despenteado, sem ornato) Em que não há arte ou enfeite/Tosco. **Comb.** Barba [Cabelo] ~.

incomputável *adj 2g* (<in- + computável) Que não se pode calcular/computar.

incomum *adj 2g* (<in- + comum) **1** Que não é [Fora do] comum. **2** Insólito/Raro/Invulgar/Exce(p)cional. **Ex.** É um acontecimento ~, que provocou a maior admiração. **3** «talento» Superior a todos.

incomunicabilidade *s f* (<incomunicável + -idade) **1** Qualidade/Estado/Condição do que está/é incomunicável. **2** Impossibilidade de falar ou conta(c)tar com outros. **Comb.** ~ do recluso/preso. **3** Ausência de comunicação/ligação. **Comb.** ~ dos (dois) recintos. **4** *Dir* Impossibilidade de transferir alguma coisa para alguém.

incomunicação *s f* (<in- + comunicação) Falta de comunicação «por estrada».

incomunicável *adj 2g* (<in- + comunicável) **1** «presidente» Que não é/está comunicável. **2** «preso» Que não pode conta(c)tar/comunicar com outrem. **3** «opinião/segredo» Que não se pode exprimir/expressar/confiar. **4** «povoado» Que não comunica com [não se liga a] outro/Isolado. **5** *Dir* Que não se pode transmitir/transferir para outrem/Inalienável(+). **Comb.** Bens [Privilégios/Direitos] ~veis.

incomutável *adj 2g* (<in- + comutável) «pena/multa» Que não se pode comutar.

inconcebível *adj 2g/s m* (<in- + concebível) **1** Que não se pode conceber/compreender/explicar. **Ex.** É ~ viver em terra tão pobre! **2** «a beleza de Deus» Que ultrapassa o poder da razão humana. **3** Extraordinário/Inacreditável/Admirável/Surpreendente. **Comb.** Um frio ~ nesta época/altura (do ano).

inconcessível *adj 2g* (<in- + concessível) «licença/regalia» Que não se pode ou não se deve conceder(+).

inconciliável *adj 2g* (<in- + conciliável) **1** Que não é compatível/coadunável/conciliável com. **Ex.** O sucesso nos estudos é ~ com uma vida desregrada. **2** Que não se pode acordar/harmonizar/reunir/combinar com. **Ex.** Os dois temperamentos são ~veis/incompatíveis(+). ⇒ irreconciliável.

inconcludente *adj 2 g* (<in- + concludente) Que não permite que se chegue a uma conclusão/Que não resolve/prova/Inconclusivo. **Ex.** A averiguação das causas do desastre foi ~.

inconclusivo, a *adj* (<in- + conclusivo) Que não é suficiente para concluir/De que não se pode tirar uma conclusão/«uma questão» Que não resolve/Que não é conclusivo. **Comb.** Inquérito ~. Investigação ~a [que não chegou a uma conclusão].

incocluso, a *adj* (<in- + concluso) Que não está acabado/concluído/Que não chegou a uma conclusão/Incompleto/«sentir-se» Insatisfeito.

inconcusso, a *adj* (<lat *inconcússus*) **1** «edifício» Que está solidamente fix(ad)o/Firme/Estável/Inabalável. **2** «uma verdade» Incontestável/Irrefutável/Indiscutível. **Ex.** A teoria assenta em bases ~as. **3** *fig* Que não se deixa corromper/Íntegro/Austero. **Comb.** Juiz ~.

incondicionado, a *adj/s m* (<in- + condicionado) **1** Que não está sujeito a qualquer limitação/condição. **2** *Psic* Que não depende de condicionamento/aprendizagem/Natural. **Comb.** Reflexo ~. **3** *s m* O

Absoluto. **Ex.** Os seres contingentes, em última análise, devem a sua existência ao Ser ~ [a Deus].

incondicional *adj 2g* (<in- + condicional) **1** Que não está sujeito a qualquer condição/restrição. **Comb.** Rendição ~/sem condições. **2** Que não está dependente da circunstância ou de qualquer condição. **Ex.** Era um adepto ~ [ferrenho] da liberdade de expressão. O dire(c)tor «da escola» podia contar com o nosso apoio ~. **Comb.** Admirador ~. **3** Que deve executar-se em quaisquer circunstâncias. **Comb.** Pagamento ~ do imposto.

incondicionalmente *adv* (<incondicional + -mente) Sem restrições/condições/De modo incondicional. **Ex.** Aceitou ~ a nossa proposta.

incôndito, a *adj* (lat *incónditus*) Feito sem regra/Desordenado/«grupo» Desorganizado/«discurso» Confuso(+).

inconexão *s f* (<in- + conexão) Falta de conexão (+)/ligação/Desconexão(+).

inconexo, a *adj* (<lat *inconnéxus*) Que não tem nexo/Desconexo(+). **Ex.** É um texto ~, de difícil compreensão.

inconfessado, a *adj* (<in- + confessado) «tristeza/segredo» Que não se revela/declara/confessa/Que se encobriu/dissimulou.

inconfessável *adj 2g* (<in- + confessável) **1** Que não se pode [deve] revelar/dizer/confessar. **2** Vergonhoso/Mau. **Ex.** Assaltavam-no desejos ~veis [maus], que ele procurava reprimir.

inconfesso, a (Fé) *adj* (<in- + confesso) **1** ⇒ Inconfessado/Ocultado. **2** *Dir* Diz-se do réu que nega ter sido autor do crime de que é acusado.

inconfidência *s f* (<in- + confidência) **1** Revelação de segredo confiado/Indiscrição. **Ex.** A ~ foi duramente criticada. **2** ⇒ Abuso de confiança. **3** ⇒ Deslealdade/Infidelidade.

inconfidente *adj/s 2g* (<in- + confidente) **1** (O) que revela um segredo que lhe foi confiado. **2** ⇒ desleal/infiel.

inconformado, a *adj/s* (<in- + conformado) (O) que se recusa a aceitar uma situação desfavorável e apresenta protesto/(O) que não se conforma/resigna. **Ex.** Estou ~ com a decisão do chefe. **Ant.** Conformado; resignado.

inconformável *adj 2g* (<in- + conformável) Que não se pode conformar/resignar. **Ex.** Ele está ~ [Ele não se conforma(+)].

inconforme *adj 2g* (<in- + conforme) **1** Que não é ou não está conforme/Que diverge de. **Ex.** O requerimento está ~ com a norma, faltando dados importantes. **2** Que não se resigna/conforma/Inconformado(+).

inconformidade *s f* (<in- + conformidade) **1** Falta de conformidade «com a norma»/Divergência/Desacordo. **2** ⇒ inconformismo.

inconformismo *s m* (<in- + conformismo) **1** Maneira de ser de quem não se resigna ou conforma com facilidade. **Ex.** Apreciava muito o seu ~, a sua coragem de dizer não. **2** Atitude/Comportamento de recusa das ideias ou dos procedimentos que são comuns num grupo ou numa sociedade/Independência/Rebeldia.

inconformista *adj/s 2g* (<in- + conformista) (O) que resiste a aceitar [que não aceita] as ideias, normas e hábitos dominantes no meio social em que está inserido.

inconfortável *adj 2g* (<in- + confortável) **1** Que não oferece/proporciona conforto/comodidade/bem-estar/Que provoca mal-estar. **Ex.** Este sofá é ~. As palavras dele colocaram-me numa situação ~. **2** Que não se pode confortar/Inconsolável(+). **Ex.** A perda [morte] do filho deixou-o ~.

inconfundível *adj 2g* (<in- + confundível) Que não se pode confundir com outro/Muito próprio/diferente/Único. **Ex.** O estilo deste autor é ~.

incongruência *s f* (lat *incongruéntia*) **1** Cará(c)ter do que é incongruente. **2** Ausência de conformidade/adequação/Discrepância/Incompatibilidade. **3** Falta de coerência/de lógica. **4** A(c)to/Dito que é incongruente/incoerente.

incongruente *adj 2g* (<lat *incóngruens, éntis*) **1** Que não condiz com/Que não está de acordo com/Incompatível. **Ex.** Essa afirmação é ~ com o que tinhas dito. **2** Ilógico/Incoerente/Desconexo/Despropositado. **Ex.** O discurso dele foi ~. **3** Inadequado/Impróprio. **Ex.** O teu comportamento é ~ com o que dizes pretender.

incongruidade *s f* (<lat *incongrúitas, átis*) ⇒ incongruência.

incôngruo, a *adj* (<lat *incóngruus*) ⇒ incongruente.

inconjugável *adj 2g* (<in- + conjugável) **1** *Ling* Diz-se de verbo defe(c)tivo «chover» que não se conjuga em algumas formas. **2** «cores» Que não se pode combinar/harmonizar/ligar.

inconquistado, a *adj* (<in- + conquistado) **1** Que não foi conquistado/dominado/Não submetido pela força das armas. **2** *fig* Que não se sujeita/Insubmisso(+).

inconquistável *adj 2g* (<in- + conquistável) **1** Que não se pode conquistar pelas armas/Inexpugnável(+)/Invencível. **2** Que não se deixa seduzir. **Comb.** Moça ~.

inconsciência *s f* (<in- + consciência) **1** Qualidade/Estado de inconsciente. **2** Estado patológico de perda temporária da consciência de si e do meio envolvente/Desfalecimento. **Ex.** O violento choque provocou-lhe ~. **3** Cará(c)ter dos fenó[ô]menos que escapam à consciência. **4** Falta de previsão/perce(p)ção/Desconhecimento. **Ex.** Tais acrobacias revelam a ~ dos riscos a que se expôs. **5** Falta de reflexão/discernimento/Leviandade. **Ex.** Foi por ~ que não se preveniu devidamente. **6** A(c)to/Dito que revela falta de ponderação/prudência. **Ex.** Foi uma ~ deixar o gás do fogão ligado/aceso. **7** Falta de sentido moral, de justiça. **Ex.** A ~ de alguns patrões agrava a situação dos trabalhadores.

inconsciente *adj/s 2g/s m* (<in- + consciente) **1** Que não é dotado de consciência. **Comb.** Matéria ~. **2** Que perdeu temporariamente a consciência de si e do meio envolvente. **Ex.** O jovem acidentado ainda está ~. **3** (O) que não se dá conta de/que não tem conhecimento/consciência de. **Ex.** Estava ~ do [Não sabia o] perigo que corria. **4** (O) que tem um procedimento irresponsável/leviano. **Ex.** Um tal disparate só pode ser de alguém ~. **5** «processo/fenómeno» Que passa despercebido ao indivíduo em que ocorre/Espontâneo/Instintivo. **Ex.** Grande parte da vida humana decorre a nível ~. **6** *s m Psic* Conjunto de fenó[ô]menos psíquicos que escapam totalmente à consciência. ⇒ subconsciente. **7** *s m Psiq* Conjunto de processos dinâmicos que, não atingindo a consciência, influenciam o comportamento involuntário. **Ex.** Segundo Freud, o ~ é constituído por tendências recalcadas na infância que a censura (Do próprio) depois impede de acederem [virem] à consciência.

incônscio, a *adj* (<lat *incónscius*) ⇒ inconsciente.

inconsequência *s f* (<lat *inconsequéntia*) **1** Falta de coerência/conexão/lógica. **2** Aquilo que é incoerente/ilógico/desconexo/inconsequente. **3** Falta de ponderação/reflexão. **4** A(c)to imponderado/leviano.

inconsequente *adj 2g* (<lat *inconséquens, éntis*) **1** Que não tem lógica/nexo/coerência. **Ex.** A sua argumentação é ~. **Sin.** Contraditório; incoerente; incongruente. **2** Que é irrefle(c)tido/leviano/imprudente/irresponsável. **3** (O) que não procede de acordo com as [que não é fiel às] suas ideias. **4** Que não teve/tem consequências. **Ex.** Felizmente (que) o disparate revelou-se ~.

inconsideração *s f* (<lat *inconsiderátio, ónis*) **1** Falta de ponderação/reflexão/Leviandade. **Ex.** A ~ dos riscos deste negócio pode sair-nos [pode vir a ser-nos] cara. **2** Falta de cuidado/precaução. **3** Falta de delicadeza/consideração/deferência/Desconsideração(+). **Ex.** Ficou melindrado com a ~ por parte do presidente, à chegada à cerimó[ô]nia.

inconsiderado, a *adj* (<lat *inconsiderátus*) **1** Que é feito [proferido] sem ponderação/reflexão/consideração. **Comb.** *Dito* ~. *Gesto* ~. **2** Arriscado/Leviano/Imprudente/Temerário. **Ex.** Um comportamento ~ pode levar à desgraça.

inconsistência *s f* (<in- + consistência) **1** Falta de solidez/estabilidade/firmeza/consistência. **Ex.** A construção parecia ter alguma ~. A ~ financeira do clube refle(c)te-se nos resultados (d)esportivos. **2** Falta de coerência/nexo/coesão entre as partes de um todo. **Ex.** A ~ do raciocínio *idi* saltava à vista [era evidente]. **3** Falta de firmeza nas ideias/convicções/Inconstância no agir.

inconsistente *adj 2g* (<in- + consistente) **1** Que tem falta de solidez/firmeza/coesão/consistência. **Ex.** A armação da estufa parece-me ~, não resiste a uma ventania. A defesa do réu foi ~. **2** Que não tem base sólida/Sem fundamento. **Ex.** Isso é uma história ~ que não merece crédito. **3** Que não tem coerência/nexo/lógica. **Ex.** A tese tem fragilidades, é ~.

inconsolado, a *adj* (<in- + consolado) Que não foi/ficou aliviado da (sua) dor/tristeza/Desconsolado(+).

inconsolável *adj 2g* (<lat *inconsolábilis*) **1** Que não pode ser aliviado da sua dor/tristeza/Que não pode ser consolado. **Ex.** A perda [morte] do filho deixou-a ~. **2** Que sofre enormemente/Tristíssimo.

inconspícuo, a *adj* (<lat *inconspícuus*) **1** Difícil de ver/perce(p)cionar/notar/distinguir. **Ex.** A saliência é ~a. É uma pessoa ~a, que passa despercebida. **2** *Bot* Numa planta, diz-se de órgão ou parte que é difícil de notar, devido à sua pequenez.

inconstância *s f* (<lat *inconstántia*) **1** Falta de regularidade/continuidade/Qualidade do que muda frequentemente. **Ex.** A ~ do tempo não dá segurança ao planeamento das férias. **Sin.** Mutabilidade; mudança(+); variabilidade. **2** Falta de perseverança em seguir um rumo definido. **Ex.** A ~ dele impediu-o de ter êxito. **3** Tendência para mudar facilmente de ideias/atitude/sentimentos/amores. **Ex.** A sua ~ não dá confiança a ninguém.

inconstante *adj/s 2g* (<lat *incónstans, ántis*) **1** Que varia/muda frequentemente/Que não é constante/Instável/Variável. **Ex.** Na primavera, o tempo costuma ser mais ~. **2** (O) que muda facilmente de ideias/atitude/sentimentos/amores/Volúvel. **Ex.** Por ser tão ~ chamavam-lhe cata-vento.

inconstitucional *adj 2g* (<in- + constitucional) **1** Que é contrário à Constituição, lei fundamental de um Estado/Que viola princípios consagrados na Constituição. **Ex.** O decreto-lei do governo foi declarado ~.

inconstitucionalidade *s f* (<in- + constitucionalidade) Cará(c)ter do que viola a Constituição ou princípios aí consagrados. **Ex.** O Tribunal Constitucional declarou a ~ do decreto-lei, onde duas normas estavam feridas de ~ [eram inconstitucionais].

inconsumível *adj 2g* (<in- + consumível) Que não pode ser consumido/Inconsump[sun]tível.

inconsumpto, a *adj* (<lat *inconsúmptus*) Que não foi consumido/Inteiro.

inconsútil *adj 2g* (<lat *inconsútilis*: não costurado) **1** Que não tem costura/Que é formado de uma só peça/Inteiriço. **Ex.** Como vem na Bíblia, a túnica de Cristo, sorteada pelos soldados no Calvário, era ~. **2** «coluna» Que não tem falha/fenda.

incontaminado, a *adj* (<lat *incontamiátus*) Puro(+)/Limpo(+)/Impoluto. **Comb.** Rio ~ [de água limpa].

incontável *adj 2g* (<in- + contável) **1** Que não é possível calcular/Que, devido ao grande número, não se pode contar/enumerar. **Ex.** A multidão, compacta, estendia-se por várias avenidas, era ~. **2** «segredo» Que não se pode narrar/relatar/contar.

incontestável *adj 2g* (<in- + contestável) **1** Que não se pode pôr em causa/De que não se pode duvidar/Indiscutível/Inegável/Certo. **Ex.** Os seus escritos são de um valor ~. **2** Que não se pode refutar/contestar. **Ex.** *Dir* A argumentação da defesa é ~.

incontestavelmente *adv* (<incontestável + -mente) Sem dúvida/De forma evidente/Indiscutivelmente/Seguramente. **Ex.** Ele «Camões/Vieira» foi ~ o maior vulto da nossa literatura.

incontido, a *adj* (<in- + ...) «riso/lágrimas/alegria» Que não se contém/reprime/Irreprimível.

incontinência *s f* (<lat *incontinéntia*) **1** Falta de moderação/comedimento no falar, no agir. **Ex.** A ~ verbal é o seu maior defeito. **2** Falta de moderação dos impulsos sexuais/Sensualidade/Concupiscência. **Ex.** A ~ era uma das suas fraquezas. **3** *Med* Incapacidade de controlar a saída de urina ou fezes/Perda involuntária de urina. **Ex.** A ~ é um grande entrave ao relacionamento social.

incontinente *adj/s 2g* (<lat *incóntinens, éntis*) **1** (O) que não revela moderação/continência no falar/agir. **2** (O) que não é moderado nos impulsos sexuais/Lascivo/Sensual. **3** *Med* (O) que é incapaz de controlar a emissão de urina ou de fezes/que sofre de incontinência.

incontine[ê]nti *adv* (<lat *in continenti tempore*) ⇒ imediatamente; no mesmo instante; na mesma hora..

incontornável *adj 2g* (<in- + contornável) **1** Que não pode ser torneado/evitado/Que tem de ser enfrentado. **Ex.** É um obstáculo ~. **2** Que não se consegue evitar/Forçoso. **Ex.** Os inconvenientes dessa decisão são ~veis. **3** Que tem de ser tido em conta/Que não pode ser esquecido/ignorado. **Ex.** Esse autor é ~ nesse campo de estudo.

incontrito, a *adj* (<in- + contrito) Que não se arrepende/não tem contrição/Impenitente.

incontrolável *adj 2g/s m* (<in- + controlável) **1** Que não se pode dominar/controlar. **Ex.** O incêndio na floresta estava ~. **Comb.** *Enxurrada* ~. *Juventude* ~. **2** (O) que não pode ser verificado/medido. **Ex.** Esses fenó[ô]menos ainda são ~veis experimentalmente pela ciência.

incontroverso, a *adj* (<in- + controverso) «fa(c)to» Que não é obje(c)to de discussão/controvérsia/Admitido por todos/Evidente/Indubitável/«uma verdade» Indiscutível. **Ex.** Tal afirmação é ~a.

inconveniência *s f* (<lat *inconveniéntia*: falta de acordo) **1** Qualidade do que é inconveniente/desadequado/inoportuno/Falta de conveniência. **Ex.** A ~ daquelas palavras foi maior naquela circunstância solene. **2** Falta de educação/cortesia/Indelicadeza/Grosseria. **Ex.** Coitado, não cai na conta das ~s! **3** A(c)to/Dito que é contrário aos valores, às condutas e normas aceites numa sociedade. **Ex.** Disse uma ~ que originou sorrisos de reprovação.

inconveniente *adj/s 2g/s m* (<lat *inconvéniens, éntis*) **1** Que não é adequado/apropriado/oportuno. **Ex.** A hora é ~ para visitas [para se ir a casa de alguém]. **2** Que não traz vantagem/Que não é útil. **Ex.** Esse investimento parece-me ~/mau(+). **3** (O) que vai contra a boa educação, a decência, as condutas e normas julgadas corre(c)tas numa sociedade/Indecoroso/Indecente/Imoral. **Ex.** Aquele vestido ~ mereceu a crítica de muitos. **4** *s m* Consequência negativa/Defeito/Desvantagem/Incó[ô]modo/Transtorno. **Ex.** O uso desse calçado tem ~s. O único ~ desse trabalho é ter de me levantar tão cedo.

inconversível, inconvertível(+) *adj* (<in- + ...) **1** «moeda» Que não se pode converter/trocar «em ouro». **2** Que não se pode transformar noutra coisa/«pessoa» Que não pode mudar/Que é muito difícil ou impossível de converter.

inconvicto, a *adj* (<in- + ...) Que não está convencido(+).

incorporação *s f* (<lat *incorporátio, ónis*) **1** A(c)to ou efeito de integrar/incorporar. **2** Inclusão de uma coisa noutra ou num todo «de novos sócios no clube»/Integração/Assimilação. **3** *Econ* Aquisição de uma empresa por outra. **4** *Mil* Apresentação de recrutas nas unidades em que vão iniciar o serviço militar. **Ex.** A ~ de março envolveu [abrangeu] milhares de recrutas. **5** *Br* Tomada do corpo do médium por um guia ou espírito. **6** ⇒ encarnação **4**(+) «do mal/da bondade». **7** ⇒ condomínio.

incorporal *adj 2g* (<lat *incorporális,e*) Que não é material/corpóreo.

incorporar *v t* (<lat *incórporo, áre, átum*) **1** Dar/Tomar corpo/Adquirir forma material. **Comb.** *Br* ~ um espírito. **2** Integrar(-se)/Incluir(-se) num todo/Anexar. **Ex.** A escola básica incorpora [inclui/compreende] alunos, professores, auxiliares de educação e funcionários administrativos. A potência vencedora incorporou [anexou(+)] novos territórios. **3** Admitir para fazer parte de/Juntar a. **Ex.** Também me incorporei na [me juntei à] procissão. Este artigo foi agora incorporado no código civil. **4** *Mil* Convocar simultaneamente um conjunto de recrutas para uma unidade [um quartel], para início do serviço militar.

incorpóreo, a *adj* (<lat *incorpóreus*) Que não tem corpo/Que não é material/corpóreo/Espiritual/Imaterial. **Comb.** Bens ~s.

incorreção (Rrè) *s f* [= incorrecção] (<in- + correção) **1** Qualidade do «livro/afirmação» que é incorreto. **2** Qualidade do que não é verdade(iro)/Falta de precisão/Inexa(c)tidão. **Ex.** Qualquer ~ deve ser suprimida. **3** Erro(+)/Imperfeição. **Ex.** Há uma ~ nas contas. **4** Procedimento incorreto/Falta de educação/Indelicadeza/Grosseria. **Ex.** Nele a ~ é habitual. Queixava-se da ~ com que fora tratada. **5** Falta de integridade/honestidade/lealdade. **Comb.** ~ moral [Desonestidade(+)].

incorrecção/incorrecto ⇒ incorreção/incorreto.

incorrer *v int* (<lat *incúrro,ere*) **1** Cair em/Praticar/Fazer. **Ex.** Voltou a ~ no [a cometer o] mesmo erro. **2** Ficar sujeito a/Expor-se a. **Ex.** Com este crime, incorre numa pena máxima de oito anos de prisão.

incorreto, a (Rrè) *adj* [= incorrecto] (<lat *incorréctus*) **1** Que apresenta erro/falha/Imperfeito/Errado(+). **Ex.** O resultado do exercício de matemática está ~. **2** Que não respeita as normas sociais/Indelicado/Descortês/Grosseiro. **Ex.** Foi ~ com o [~ em relação ao] professor. **3** Que revela falta de perícia/aptidão/conhecimento numa a(c)tividade. **Ex.** O condutor do veículo teve uma manobra ~ e perigosa. **4** Desleal/Desonesto. **Ex.** Na condução do negócio foi muito ~ com o sócio.

incorrigível *adj/s 2g* (<in- + corrigível) **1** Que não se pode corrigir/emendar/consertar. **Ex.** Esse lapso é já ~ [Esse erro é irreparável]. **2** Diz-se de um defeito/vício que perdura. **Ex.** Nele o vício do álcool já parece ~. **3** O que persiste num procedimento errado/prejudicial/indigno. **Ex.** Parece orgulhar-se de pertencer ao grupo dos ~veis/*idi* dos que não têm (mais) remédio.

incorrosível *adj 2g* (<in + ...) «metal» Que não sofre corrosão/não se corrói. ⇒ inoxidável.

incorrupção *s f* (<lat *incorrúptio, ónis*) Qualidade ou estado do que não se corrompe.

incorruptível [*Br* **incorru(p)tível** *(dg)*] *adj/s 2g* (<lat *incorruptíbilis*) **1** Que não está sujeito à corrupção. **2** *fig* (O) que não se deixa subornar/corromper/Honesto/Re(c)to.

incorrupto, a [*Br* **incorru(p)to** *(dg)*] *adj* (<lat *incorrúptus*) **1** «corpo de santo» Que não sofreu (o processo da) corrupção. **2** *fig* Que não se deixou seduzir/subornar.

incredibilidade *s f* (<lat *incredibílitas,átis*) Qualidade/Condição do que não se pode acreditar, do que é incrível.

incredulidade *s f* (<lat *incredúlitas,átis*) **1** Qualidade de quem «cé(p)tico» tende a não acreditar facilmente/Atitude de dúvida/descrença. **2** Falta de fé «do ateu»/de crença religiosa.

incrédulo, a *adj/s* (<lat *incrédulus*) **1** (O) que não acredita facilmente na veracidade de alguma coisa/que duvida. **Ex.** Estava ~ quanto à história que lhe contaram. **2** (O) que não tem fé religiosa/Descrente/Agnóstico/Ateu. **3** Pouco confiante/seguro. **Ex.** Pareceu-me ~ acerca do futuro êxito profissional do amigo. **4** *fig* Ató[ô]nito/Espantado/Surpreso. **Ex.** Assistiu ~ à estrondosa derrota da sua equipa.

incrementar *v t* (<lat *increménto,áre*) Desenvolver(-se)/Fomentar(-se)/Acrescentar/Aumentar. **Ex.** Importa ~ a reciclagem de resíduos domésticos.

incremento *s m* (<lat *increméntum*) A(c)to ou efeito de incrementar/Desenvolvimento/Aumento/Fomento. **Ex.** Procurou o ~ das relações entre os dois países.

increpação *s f* (<lat *increpátio,ónis*) A(c)to ou efeito de increpar/Repreenda severa/Censura/Admoestação.

increpar *v t* (<lat *íncrepo,áre*) Repreender severamente/Acusar/Censurar.

incréu, creia *s* (<lat *incrédulus*) **1** O que não acredita facilmente/Incrédulo **1**(+). **2** O que não tem fé/que não tem religião/Descrente/Agnóstico/Incrédulo **2**(+).

incriado, a *adj/s m* (<lat *increátus*) Que não foi criado/Que existe sem ter sido criado/Que não teve princípio. O (Ser) Incriado [Deus].

incriminação *s f* (<incriminar + -ção) Atribuição/Imputação da culpa/responsabilidade de uma falta ou de um delito a alguém/Acusação. **Ex.** O juiz determinou a ~ do empresário.

incriminar *v t* (lat *incrímino, áre, átum*) **1** Atribuir/Imputar a responsabilidade de um crime/delito a alguém/Acusar « de roubo»/Culpar. **Ex.** A análise dos vestígios incriminou o réu. **2** Considerar como crime.

incriminatório[tivo], a *adj* (<incriminar + -tório/-tivo) «fa(c)to/prova» Que incrimina/denuncia.

incriminável *adj 2g* (<incriminar + -vel) Que se pode acusar de crime/Que se pode incriminar.

incrível *adj 2g/s m* (<lat *incredíbilis,e*; ⇒ crer) **1** «notícia» Em que é difícil [que não se pode] acreditar. **2** Estranho/Extraordinário/Espantoso. **Ex.** É ~ a velocidade atingida pelo comboio [trem]. **3** Difícil de compreender/explicar/aceitar. **Ex.** É ~ como ele consegue um tal domínio da bola. **4** *s m* O que custa acreditar/Inacreditável. **Ex.** O ~ é que venceu aquele que parecia ser o mais fraco.

incruento, a *adj* (<lat *incruéntus*) **1** Em que não há derramamento de sangue/Não cruento/«revolução» Pacífica. **Comb.** Sacrifício ~ [em que a Deus se oferecem frutos da terra ou produtos do trabalho do homem em vez do sangue derramado da vítima] (Ex. A missa é um sacrifício ~). **2** Que não é cruel/sanguinário.

incrustação *s f* (<lat *incrustátio, ónis*) **1** A(c)to ou efeito de incrustar(-se). **2** A(c)to de inserir/embutir, na superfície de uma substância, fragmentos de outra, a servir de ornamento. ⇒ incrustar **1**. **3** O que é embutido/incrustado. **4** *Miner* Formação de crosta na superfície de um corpo. **5** *Quím/Miner* Crosta formada na superfície de corpos imersos em águas calcárias ou nas paredes de máquinas a vapor.

incrustar *v t* (<lat *incrústo, áre*) **1** Inserir/Embutir fragmentos de uma substância na superfície de outra «nácar no ébano», a servir de ornamento/Engastar/Marchetar. **2** Cobrir(-se)/Revestir(-se) de crosta/camada de outra substância «tinta, esmalte, …». **3** *fig* Fixar(-se) fortemente/Instalar-se de forma duradou[oi]ra/Gravar(-se).

incubação *s f* (<lat *incubátio, ónis*) **1** A(c)to ou efeito de incubar. **2** A(c)ção de chocar ovos/Desenvolvimento do embrião no interior do ovo/Choco. **Ex.** A galinha choca fazia a ~ da ninhada. **3** *Med* Processo de assegurar na incubadora a vida do recém-nascido, sobretudo se for prematuro. **4** *Med* Período que medeia entre a entrada de vírus/bactéria no organismo e a manifestação dos sintomas patológicos. **5** *fig* Processo de preparação/elaboração silenciosa de algo até se manifestar/apresentar. **Ex.** Aquele engenhoso plano esteve em ~ no seu espírito durante meses.

incubador, ora *adj/s* (<lat *incubátor, óris*) **1** Que serve para incubar. **2** *s f* Aparelho usado para chocar artificialmente ovos/Chocadeira/Incubadora. **3** *s f* Aparelho para assegurar as funções vitais de um recém-nascido, sobretudo se for prematuro, em temperatura semelhante à do seio materno.

incubar *v t/int* (<lat *íncubo, áre*) **1** (Fazer) desenvolver-se o embrião do ovo de forma natural ou artificial/Chocar. **Ex.** A galinha (choca) está a ~ [chocar] ovos galados [A galinha está no choco]. **2** *fig* Ser portador de vírus [bactéria] que pode originar doença. **Ex.** Anda a ~ [chocar(+)] uma gripe. **3** *fig* Planear demorada e laboriosamente antes de pôr em prática. **Ex.** Ainda está a ~ o plano do romance.

íncubo, a *adj/s m* (<lat *íncubus, i*) **1** Que se deita sobre alguma coisa «palha». **2** «ave» Que choca os ovos. **3** *s m Mit* Demó[ô]nio lendário em forma de homem que se apoderaria sexualmente de mulheres adormecidas/Pesadelo.

inculca *s f* (<inculcar) **1** A(c)to ou efeito de inculcar/averiguar/informar. **2** *s 2g* Pessoa que procura e fornece informações/indicações/Informador.

inculcador, eira *adj/s* (<inculcar + -dor) (O) que informa/Inculca **2**.

inculcar *v t* (<lat *incúlco, áre*) **1** Informar/Indicar. **2** Sugerir/Propor/Recomendar. **3** Fazer gravar/imprimir no espírito de alguém/Incutir. **Ex.** Na infância os pais inculcaram-lhe valores que lhes serviram para (toda) a vida. **4** Fazer(-se) aceitar/Impor(-se)/Insinuar(-se).

inculpabilidade *s f* (<inculpável + -idade) Qualidade/Condição de quem não pode/não merece ser inculpado.

inculpação *s f* (<inculpar + -ção) A(c)to ou efeito de inculpar/incriminar alguém.

inculpado, a *adj* (<inculpar) ⇒ incriminar/ado.

inculpar *v t* (<lat *incúlpo, áre, átum*) Atribuir a culpa a/Culpar(+)/Incriminar/Acusar. **Ant.** Desculpar.

inculpável *adj 2g* (<lat *inculpábilis,e*) Que não pode ser culpabilizado/Que não pode [não merece] ser acusado/Inocente.

inculto, a *adj* (<lat *incúltus*) **1** «terreno» Que não está cultivado/Baldio. **Ex.** Vê-se muita terra ~a que antes era cultivada. **2** Que não tem instrução/Ignorante/Rude. **Ex.** Ele é um ~. **3** «pomar» Que não é tratado/Bravo/Silvestre. **Comb.** Barba ~a [não aparada].

incultura *s f* (<in- + cultura) **1** Qualidade/Condição de inculto. **2** Falta de cultura(+)/Ignorância.

incumbência *s f* (<incumbir + -ência) **1** A(c)ção de encarregar/incumbir alguém de fazer alguma coisa/Responsabilidade/Encargo/Missão. **Ex.** Tinha a ~ de tratar dos preparativos da festa. O pároco tem a ~ de ajudar os fiéis na prática do bem. **2** Aquilo de que se é [está] incumbido. **Ex.** A minha ~ era convocar os sócios para a reunião.

incumbente *adj 2 g* (<lat *incúmbens, éntis*; ⇒ incumbir) **1** «o trabalho» Que cabe/compete a «cada um». **2** «asa do inse(c)to» Que cai sobre «o dorso»/Que se inclina/debruça/apoia sobre.

incumbir *v t/int* (<lat *incúmbo, ere, cúbitum*: deitar-se sobre, encarregar-se) **1** Encarregar alguém de uma tarefa/Atribuir a alguém a obrigação de fazer algo. **Ex.** O pai incumbiu-o de vigiar o irmão pequenino. **2** ~-se/Tomar o encargo de/Responsabilizar-se por fazer algo. **Ex.** Incumbiu-se de tentar a resolução do problema. **3** *fig* ~-se/Acabar por ter uma função supletiva ou inesperada. **Ex.** O tempo incumbiu-se de mostrar [Com o tempo [Depois] viu-se] que ele estava errado. **4** Caber/Competir a. **Ex.** A educação das crianças incumbe sobretudo aos pais.

incumprimento *s m* (<in- + …) Falta de cumprimento «da dívida».

incunábulo *s m* (<lat *incunábula, órum*: berço, local de nascimento) **1** Começo/Origem/Berço. **2** Obra impressa nos primeiros tempos da imprensa, até ao ano de 1500. ⇒ começo(s)/origem.

incurável *adj 2g* (<lat *incurábilis,e*) **1** Que não tem cura. **Comb.** Doença [col Mal] ~. Doente ~. **2** Que não é possível corrigir/extinguir/Que não tem emenda. **Comb.** Vício ~/inveterado(+).

incúria *s f* (<lat *incúria*) **1** Falta de cuidado/Negligência/Desleixo. **Ex.** O problema não está resolvido por ~ do funcionário. **2** Falta de a(c)ção/Inércia. **Ex.** A casa está em ruínas por ~ do dono.

incursão *s f* (<lat *incúrsio, ónis*) **1** Investida/Penetração em território inimigo/Invasão. **Ex.** Em perseguição aos guerrilheiros fizeram uma ~ no país vizinho. **2** Entrada súbita. **3** Passeio/Viagem/Excursão por uma região, país, … **Ex.** Estando ali, fizemos ainda uma ~ pela ilha de Capri (Itália). **4** Passagem rápida. **Ex.** A ~ pelo Centro Histórico da cidade não demorou mais de [do que] uma hora. **5** Pesquisa/Estudo em área de conhecimento diferente da habitual. **Ex.** A minha ~ na cultura islâmica foi muito breve e superficial.

incurso, a *adj/s m* (<lat *incúrsus*) **1** Que incorreu em/Envolvido(+)/Implicado/Comprometido(+) «em algo desagradável/grave». **2** *s m* ⇒ incursão.

incuso, a *adj* (<lat *incúsus*: picado a martelo) «moeda/medalha/…» Cunhado só de um lado/Que não tem reverso.

incutir *v t* (<lat *incútio, ere*: bater em) **1** Fazer penetrar em/Inculcar «na mente». **Ex.** Os pais incutiram-lhe o respeito pelos mais velhos. **2** Infundir/Comunicar/Inspirar. **Ex.** A presença de veteranos incutia confiança nos [aos] principiantes.

inda *adv pop* ⇒ ainda.

indagação *s f* (<lat *indagátio,ónis*) **1** A(c)to ou efeito de perguntar/indagar/Inquirição. **Ex.** Quis logo fazer a ~ dos motivos do crime. **2** A(c)ção de [o] tentar saber/descobrir/Investigação/Pesquisa. **Ex.** A ~ das causas de tamanho desastre foi a tarefa imediata da polícia. **3** *Dir* Busca/Sindicância/Devassa. **Comb.** Alta [Simples] ~.

indagador, ora *adj/s* (<lat *indagátor, óris*) (O) que indaga/pergunta/investiga.

indagar *v t* (<lat *indágo,áre,átum*) **1** Procurar saber/Tentar descobrir/Perguntar/Averiguar/Investigar. **Ex.** Nos arquivos foi ~ os feitos do antepassado ilustre. **2** Interrogar de modo formal/Inquirir. **Ex.** Tratou de ~ como se deu [como aconteceu] o acidente.

indagativo, a *adj* (<indagar + -tivo) «técnica/olhar» Que serve [Próprio] para indagar.

indagatório, a *adj* (<indagar + -tório) ⇒ indagativo.

indébito, a *adj/s m* (<lat *indébitus,a,um*: que não é devido; ⇒ dever **1**) **1** «glória/dívida/castigo» Que não é devido/Imerecido. **2** ⇒ injustificado/inconveniente. **3** *s m Dir* Pagamento feito sem obrigação de o fazer.

indecência *s f* (<lat *indecéntia*: incorre(c)ção, o que não fica bem) **1** Falta de decência/lisura/honestidade. **2** A(c)to ou dito indecente/Obscenidade/Inconveniência/Indignidade. **Ex.** Cometeu a ~ de dirigir alguns palavrões à senhora. **3** Qualidade do que atenta contra o pudor e os bons costumes. **Ex.** Chocava a ~ daquela minissaia. **4** Falta de respeito/Atrevimento(+). **Ex.** Teve a ~ de me ameaçar aos gritos!

indecente *adj/s 2g* (<lat *índecens,éntis* <*décet, decére*: ficar bem, ser conveniente) **1** Desonesto/Reprovável. **Comb.** Comportamento ~. **2** (O) que atenta contra o pudor, a moral ou os bons costumes/Libertino. **Ex.** As imagens publicadas na revista são ~s. **3** Impróprio/Incorre(c)to/Inconveniente. **Comb.** Linguagem ~. **4** Que não está limpo/apresentável/Sujo/Sebento. **Ex.** Trazia um casaco com [cheio de] nódoas, ~. **5** *col* Muito grande. **Ex.** Tem uma sorte ~ [*cal* do(s) diabo(s)] no jogo das cartas.

indecifrável *adj 2g* (<in- + decifrável) **1** Que não se consegue decifrar/descodificar. **Ex.** Aquele sistema de escrita parecia ~. **2** Que não se consegue ler. **Ex.** A escrita dele é horrível, ~! **3** Que não se consegue entender/interpretar/Enigmático. **Ex.** É um texto complicado, ~. **4** Que é muito difícil de resolver.

indecisão *s f* (<in- + decisão) **1** Falta de decisão/Hesitação. **Ex.** Naquela emergência, uma ~ podia ser fatal. **2** Qualidade de quem tem dificuldade de decidir/Irresolução. **Ex.** Por vezes a sua ~ faz-me nervos [~ irrita-me]. **3** *fig* Indefinição/Incerteza. **Ex.** Ao desenhar, havia uma certa ~ no traço.

indeciso, a *adj* (<lat *indecísus*) **1** Que não toma uma decisão/Hesitante/Inseguro quanto à resolução a tomar/Titubeante. **Ex.** Acontece-me por vezes ficar ~ em situações complicadas. **2** Que costuma ter dificuldade em decidir/Irresoluto/Inseguro. **Ex.** Porque é ~, não (pode nem) deve chefiar o grupo. **3** *fig* Impreciso/Indefinido(+)/Vago/Ambíguo. **Comb.** Cor ~a.

indeclarável *adj 2g* (< in- + ...) «ofensa/dor» Que não se pode declarar/Indizível(+).

indeclinável *adj 2g* (<lat *indeclinábilis,e*) **1** Que não se pode declinar/evitar/«convite» Que tem de ser aceite/Irrecusável/Obrigatório. **2** *Gram* «palavra» Que não se altera na terminação/Que não se flexiona/declina. **Ex.** Uma conjunção «mas/todavia» é uma palavra ~.

indecomponível *adj 2g* (<in- + decomponível) «substância» Que não se pode dividir/fragmentar/decompor.

indecoro (Cô) *s m* (<lat *indecórus*) **1** Falta de decoro/Qualidade do que não está de acordo com as normas morais ou sociais. **2** Qualidade do «vestido» que vai contra [que não respeita] o pudor ou os bons costumes. **3** A(c)to indigno/impróprio/indecente. **Ex.** Teve o ~ [descar(ament)o(+)] de ainda pedir uma inde(m)nização.

indecoroso, osa (Ôso, Ósa, Ósos) *adj* (<lat *indecorósus*) **1** Que tem falta de decoro/Que não é conforme com as regras morais ou sociais/Que é contrário ao pudor ou aos bons costumes. **Comb.** Comportamento ~. **2** ⇒ Impróprio/Incorre(c)to. **3** ⇒ Indigno/Vergonhoso/Vil.

indefectível ⇒ indefetível.

indefensável *adj 2g* (<in- + defensável) **1** Que não pode ser defendido/protegido/Que não tem defesa. **Ex.** A aldeia, situada na planície, era ~. **2** Que não pode ser sustentado/fundamentado/justificado. **Ex.** À luz da ciência a(c)tual, essa teoria é ~. **3** *(D)esp* Diz-se do remate que não pode ser defendido/detido pelo guarda-redes [*Br* goleiro]. **Ex.** Esse remate era ~, não tinha defesa possível.

indeferimento *s m* (<indeferir + -mento) **1** A(c)to ou efeito de indeferir/Recusa em atender uma pretensão ou pedido. **2** *Dir* Despacho administrativo ou judicial desfavorável ao que foi requerido por outrem. **Ex.** O ~ da pretensão exposta no requerimento deixou-o desiludido, frustrado.

indeferir *v t* (<in- + deferir) **1** Não atender a pretensão [o pedido] de outrem. **2** *Dir* Dar despacho desfavorável a um requerimento.

indeferível *adj 2g* (<in- + deferível) **1** «requerimento» Que não se pode [deve] deferir.

indefeso, a (Fê) *adj* (<lat *indefénsus*; ⇒ defender) **1** Que não está [foi] defendido/protegido. **Ex.** O exército inimigo invadiu o pequeno país ~. **2** Que não tem meios para se defender. **Ex.** O cidadão, ~ perante o fisco, teve uma surpresa desagradável. A criança, ~a, gritava por socorro. ⇒ desarmado. **3** *Dir* Diz-se da pessoa que não tem advogado que a defenda.

indefesso, a (Fé) *adj* (<lat *in*: não/sem + *defetíscor, eris, féssus sum*: cansar-se) Que não se cansa/Incansável/Infatigável/Constante.

indefetível (Fè) [*Br* **indefectível**] *adj 2g* [= indefectível] (<in- + defe(c)tível) **1** Que não falha/Incontestável/Sólido/Infalível. **Ex.** Entre eles havia uma amizade ~. **2** «memória/gratidão» Que não pode desaparecer [mudar]/Indestrutível/Imperecível/Eterno.

indefinição *s f* (<in- + definição) **1** Falta de definição/Cará(c)ter do que é indeterminado/vago. **Ex.** A ~ do curso que o filho ia seguir preocupava-os. **2** Cará(c)ter do que não tem contornos precisos/rigorosos/Indeterminação/Ambiguidade. **Ex.** A ~ da política econó[ô]mica prejudica o país. **3** Cará(c)ter de quem não toma posição clara/Hesitação. **Ex.** A ~ de alguns sócios causou algum mal-estar na reunião.

indefinidamente *adv* (<indefinido + -mente) **1** De forma vaga/imprecisa/indefinida. **Ex.** Via-se ao longe, um pouco ~, um barco. **2** Por tempo indeterminado/*col* Eternamente/Para sempre/Sem prazo/termo. **Ex.** Fiquei ~ à espera (de) que me convocassem para exame.

indefinido, a *adj* (<lat *indefinítus*: vago) **1** Que não é [foi] determinado/demarcado/precisado. **Ex.** A separação das propriedades era um tanto ~ a. **2** Vago/Incerto. **Ex.** O seu futuro estava ainda ~. **3** *Bot* Diz-se da inflorescência agrupada cujo eixo não termina em flor, parecendo prolongar-se sempre. **Ex.** O cacho e a espiga são inflorescências ~as. **4** *Bot* Diz-se dos estames que numa flor estão em número superior a dez. **5** *Gram* Diz-se do artigo «um/a», determinante «certo/a» ou pronome «alguém» que se referem a algo que é vago, indeterminado.

indefinível *adj 2g* (<in- + definível) Que não se pode definir/explicar.

indeformável *adj 2 g* (<in- + deformável) Que não se pode deformar/Inalterável.

indeiscência *s f Bot* (<in- + deiscência) Qualidade de indeiscente.

indeiscente *adj 2g Bot* (<in- + deiscente) Diz-se do órgão «antera» que não se abre normalmente numa época da sua evolução e do fruto «maçã» que não se abre naturalmente para libertar as sementes quando atinge a maturação.

indelével *adj 2g* (<lat *indelébilis, e* <*déleo, ére*: apagar) **1** Que não se pode apagar/destruir/eliminar. **Ex.** A glória da epopeia marítima portuguesa é ~. **Comb.** Tinta ~. **2** *fig* Inesquecível. **Ex.** O horror da guerra era uma marca ~ na sua mente.

indeliberado, a *adj* (<in- + ...) «a(c)to» Feito inconscientemente/Não premeditado.

indelicadeza *s f* (<in- + delicadeza) **1** Qualidade/Cará(c)ter do que é indelicado/Falta de cortesia, de boa educação/Grosseria/Rudeza. **Ex.** Ficou envergonhado com a ~ do filho em relação às visitas. **2** A(c)to/Dito indelicado. **Loc.** Cometer uma ~.

indelicado, a *adj/s* (<in- + delicado) **1** (O) que mostra falta de cortesia, de boa educação/Rude/Grosseiro. **Ex.** O aluno teve palavras ~as para com o professor. **2** Incorre(c)to/Impróprio/Inconveniente. **Ex.** O comportamento dele foi ~.

indelineável *adj 2g* (<in- + delineável) **1** «figura» Que não se pode delinear. **2** «sombra» De contornos mal definidos/Vago/Confuso.

indemissível *adj 2g* (<in- + ...) Que não está sujeito a demissão/não se pode demitir.

indemne [*Br* **inde(m)ne** (dg)] *adj 2g* (<lat *indémnis,e*; ⇒ dano) Que não sofreu dano/Ileso/Incólume. **Ex.** Saiu ~ do acidente.

indemnidade [*Br* **inde(m)nidade** (dg)] *s f* (<indemne + -idade) **1** Isenção de dano «no acidente de carro». **2** Perdão/Absolvição de culpa.

indemnização [*Br* **inde(m)nização** (dg)] *s f* (<indemnizar + -ção) **1** A(c)to ou efeito de indemnizar. **2** O que se dá para compensar/reparar um prejuízo/dano. **Ex.** A ~ não o satisfez. **3** *Dir* Verba para reparar prejuízo causado a terceiro. **Ex.** Pelo despedimento recebeu uma ~ choruda [grande/considerável] devido aos muitos anos de casa [de trabalho ali].

indemnizar [*Br* **inde(m)nizar** (dg)] *v t* (<indemne + -izar) Compensar/Ressarcir alguém por um prejuízo, por perdas e danos. **Ex.** O juiz obrigou o réu a ~ o lesado.

indemnizável [*Br* **inde(m)nizável** (dg)] *adj 2g* (<indemnizar + -vel) Que pode ser indemnizado/Que se pode reparar/compensar.

indemonstrável *adj 2g* (<lat *indemonstrábilis, e*) Que não se pode demonstrar/provar. **Ex.** Um axioma «Nada pode ser e não ser ao mesmo tempo» é ~.

indene/indenidade/indenização/indenizar/indenizável ⇒ indemne/...

independência *s f* (<in- + dependência) **1** Qualidade/Condição do que é autó[ô]nomo/independente. **Comb.** A ~ da mulher. **2** Cará(c)ter do que não se deixa influenciar por outrem, do que goza de imparcialidade nas suas posições/decisões. **Ex.** Preza-se muito a ~ dos jornalistas face ao poder político e econó[ô]mico. **3** Condição da pessoa que não precisa da ajuda de outrem em bens materiais. **Ex.** Antes qualquer jovem procurava a ~ o mais cedo possível. **4** Condição de um estado que não está sujeito à soberania de outro/Autonomia política/Soberania nacional. **Ex.** Timor lutou duas vezes pela sua ~. **5** Ausência de subordinação entre entidades/poderes. **Ex.** A ~ do poder judicial é um valor fundamental numa democracia. **6** Rejeição de qualquer dependência. **Comb.** A ~ dos jovens de hoje.

independente *adj/s 2g* (<in- + dependente) **1** «jornal/criança/mulher» Que tem autonomia em relação a alguém ou a alguma coisa/Que não é dependente. ⇒ **8**. **2** Diz-se de um estado que não está sujeito à soberania de outro. **Ex.** O Brasil tornou-se ~ no séc. XIX, a [no dia] 7 de setembro de 1822. **3** Diz-se de um poder não subordinado a outro. **Ex.** O poder judicial é ~ do poder executivo. **4** Diz-se de profissão ou de trabalhador sem vínculo de dependência na prestação do serviço. **Ex.** Em Portugal, o trabalhador ~ passa recibos verdes. **5** Diz-se do deputado ou artarca não filiado num partido. **Ex.** O presidente desta autarquia é um ~.

6 Que assegura a sua subsistência pela sua a(c)tividade ou por meios próprios. **Ex.** Quem é ~ goza de maior liberdade. **7** Que não está relacionado com um outro. **Ex.** Os [Estes] dois problemas são ~s um do outro [são ~s do (problema ou assunto) que estamos a tratar]. **8** Que não se deixa

influenciar. Ex. (Nas suas opiniões) é um espírito muito ~. **9** Numa habitação, compartimento separado com entrada exclusiva. **Ex.** Procurava na zona um quarto ~ para alugar.

independentemente *adv* (<independente + -mente) **1** Sem relação com/Separadamente. **Ex.** As duas questões devem ser tratadas ~. **2** Sem ter em conta/Sem atender a. **Ex.** ~ do que os outros façam, nós vamos arriscar. **3** Para lá de/Além de. **Ex.** ~ do que já conseguimos, queremos aumentar as vendas.

independentismo *s m* (<independente + -ismo) Reivindicação de independência política.

independentista *adj/s 2g* (<independente + -ista) (O) «Tiradentes/Xanana» que defende a independência do seu território.

independentizar *v t* (<independente + -izar) **1** Tornar independente. **2** ~-se/Ganhar independência/Autonomizar-se/Libertar-se.

indescritível *adj 2g* (<in- + descritível) **1** «ansiedade» Que não se pode descrever «de [por ser] tão fora do comum». **Ex.** A destruição provocada pelo sismo é ~. **2** Extraordinário/Espantoso. **Ex.** Foi um espe(c)táculo de uma beleza ~/indizível.

indesculpável *adj 2g* (<in- + desculpável) Que não se pode desculpar/Imperdoável(+). **Ex.** Tal falha é ~.

indesejável *adj/s 2g* (<in- + desejável) **1** Que não se pode [deve] desejar. **Ex.** A alteração da lei é ~. **2** Inconveniente/Impróprio/Perigoso. **Ex.** Agora é ~ [é melhor não(+)] insistir [falar mais]. **3** Pessoa que não é bem-vinda [não é bem aceite] num grupo.

indesfrutável *adj 2g* (<in- + desfrutável) Que não se pode desfrutar/gozar.

indesmentível *adj 2g* (<in- + desmentível) Que não se pode negar/desmentir. **Ex.** A responsabilidade dele no caso é ~.

indestrinçável *adj 2g* (<in- + destrinçável) Que não se pode desenredar/destrinçar/separar.

indestrutível *adj 2g* (<in- + destrutível) **1** Que não pode ser destruído/«marca» Indelével «na História». **2** «edifício» Sólido/Firme/Resistente/«fé/confiança» Inabalável.

indesvendável *adj 2g* (<in- + desvendável) «fa(c)to/caso» Que não se pode descobrir/desvendar/revelar.

indeterminação *s f* (<in- + determinação) **1** Falta de clareza/limites claros/Indefinição(+). **Ex.** A ~ das funções de cada um na empresa prejudica a gestão. **2** Qualidade do «futuro» que é indeterminado/impreciso/ambíguo. **3** Indecisão(+)/Hesitação/Irresolução.

indeterminado, a *adj* (<in- + determinado) **1** Que não se conhece de forma clara/Impreciso/Indefinido/Vago. **Ex.** Os limites da propriedade são um tanto [um pouco] ~s. **Comb.** *Gram* Sujeito ~ «alguém». **2** Que não se consegue quantificar/Desconhecido. **Ex.** Um número ~ de pessoas apresentou queixa. **3** Que revela dificuldade de decidir/Irresoluto/Indeciso(+).

indeterminável *adj 2g* (<in- + determinável) **1** «o estado do tempo a longo prazo» Que não se pode estabelecer com clareza/Que não se pode determinar/precisar. **2** ⇒ Incalculável.

indeterminismo *s m* (<in- + determinismo) *Fís/Fil* Qualidade de indeterminado no mundo do espírito ou da matéria.

indevidamente *adv* (<indevido + -mente) **1** De forma inadequada/incorre(c)ta/imprópria. **Ex.** Fui ~ considerado culpado do acidente. **2** Sem ter direito/Sem merecer/Sem se justificar. **Ex.** Recebeu um subsídio estatal ~. Teve um pré[ê]mio ~. **3** Sem ter o dever de/Por lapso/engano. **Ex.** Pagou ~ um imposto de que legalmente estava isento.

indevido, a *adj* (<in- + devido) **1** Impróprio/Incorre(c)to/Inadequado. **Ex.** O uso ~ de uma máquina pode ser perigoso. Está a tomar uma medicação ~a. **2** Que não é merecido/Que não se justifica/Que não é devido. **Ex.** O pré[ê]mio que recebeu era ~/imerecido/injusto.

índex (Cs) *s m* (<lat *índex, dicis*: sinal) **1** ⇒ índice «do livro». **2** *maiúsc* Lista de livros cuja leitura era proibida pela Igreja Católica aos fiéis, por apresentar perigo para a fé ou para a moral/Índice **8**. **Loc.** Estar [Pôr] no ~ [Considerar prejudicial/indesejável]. **3** Dedo da mão entre o polegar e o médio/Indicador(+).

indexação (Cssa) *s f* (<indexar + -ção) **1** A(c)to ou efeito de indexar. **2** Colocação de informação em índice ou em lista ordenada para fácil localização. **3** *Info* Método de organizar a informação de base de dados para melhor a localizar. **4** *Econ* Corre(c)ção de valores em função de um índice «sobretudo para contrariar os efeitos da inflação».

indexar (Cssa) *v t* (<índex + -ar¹) **1** «em livro» Dotar [Pôr o (+)] índice para fácil localização de assuntos tratados. **2** Colocar/Regist(r)ar em índice ou lista «por ordem alfabética». **3** *Econ* Afe(c)tar de um índice, para corre(c)ção de valores «sobretudo para contrariar os efeitos da inflação dos preços». **Ex.** O governo resolveu ~ as pensões à taxa da inflação regist(r)ada. **4** *Mat* Relacionar duas grandezas, quantificando uma delas em função da variação da outra.

indez (Dês) *s m* (<lat *índicis (ovum)*: ovo de sinal) Ovo que se coloca onde se pretende que a galinha faça a postura.

Índia *s f* República do sul da Ásia, com capital em Nova Deli, designando-se os habitantes de indianos e tendo como línguas oficiais o híndi e o inglês.

indianismo *s m* (<indiano + -ismo; ⇒ hinduísmo) **1** Qualidade/Cará(c)ter do que é indiano. **2** Ciência das línguas e culturas da Índia. **3** *Br Liter* Temática da literatura romântica centrada no índio brasileiro.

indianista *adj/s 2g* (<indiano + -ista) **1** Relativo ao indianismo. **2** Pessoa que se dedica ao estudo das culturas e línguas indianas. **3** *Br* Autor de obra literária sobre os índios do Brasil.

indiano, a *adj/s* (<Índia + -ano; ⇒ índio¹) **1** Que se refere à Índia. **Ex.** Aqui há muitos ~s que se dedicam ao comércio. **2** Natural ou habitante da Índia. **3** Diz-se da fila em que as pessoas estão ou seguem ordenadamente umas atrás das outras. **Ex.** Os alunos iam em fila ~a para o refeitório.

indicação *s f* (<lat *indicátio, ónis*) **1** A(c)to ou efeito de indicar. **2** Informação acerca de alguma coisa. **Ex.** Temos a ~ de que o (nosso) pai está atrasado [O pai disse que vai chegar tarde]. **3** Esclarecimento/Instrução. **Ex.** Na placa estava a ~ dos cuidados a ter [das precauções que se devia(m) tomar]. **4** Indício/Sinal. **Ex.** A forma das nuvens é uma ~ do tempo que vai fazer [haver]. **5** Sugestão/Conselho/Proposta/Recomendação. **Ex.** Escolheu a marca do computador por ~ do amigo. **6** Escolha/Eleição. **Ex.** A ~ da nova gestão ocorre ainda (n)esta semana.

indicado, a *adj* (<lat *indicátus*) **1** Que se indicou. **2** Escolhido(+)/Eleito/Apontado. **Ex.** O chefe ~ tem uma grande experiência. **3** Apropriado/Adequado/Conveniente. **Ex.** Este aparelho é ~ para o seu caso [é bom para o que (você) quer]. **4** Aconselhado(+)/Recomendado. **Ex.** Este hotel foi-me ~ por um amigo.

indicador, ora *adj/s* (<lat *indicátor, óris*) **1** (O) que dá indicações/que indica «a reserva de combustível/a velocidade/a pressão». **2** Informativo/Indicativo. **3** Que sugere/Indiciador. **Ex.** Aquela cor pálida era ~a [sinal(+)] de doença. **4** (Diz-se do) dedo da mão entre o polegar e o médio. **Ex.** Para regist(r)ar a impressão digital usa-se o (dedo) ~. **5** *s m* Publicação que serve de guia/Roteiro. **6** *s m* Agulha móvel de aparelho telegráfico/Ponteiro. **7** *s m Quím* Substância que, por alteração da sua cor, dete(c)ta a natureza ácida ou básica de um meio. **Ex.** O papel azul de tornesol e a fenolftaleína são ~es. **8** *s m Econ* Índice de a(c)tividade econó[ô]mica.

indicana *s f Quím* (<índigo **1** + -ana) Substância $C_8H_7O_4NS$ que pode existir no sangue, na urina e no suor e é sinal de putrefa(c)ção do intestino/*Br* Indicã.

indicar *v t* (<lat *índico,áre,átum*) **1** Dar a conhecer/Mostrar «com o dedo»/Designar. **Ex.** Indicou-lhes o caminho a seguir [Disse-lhes qual era o caminho «para a estação»]. **2** Sugerir/Aconselhar/Recomendar. **Ex.** Indiquei-lhe um advogado muito competente. **3** Dar a conhecer/Informar/Esclarecer. **Ex.** Fiquei [Encarreguei-me] de lhe ~ [de lhe dizer onde é] a sede do clube. **4** Ser sinal de/Indiciar. **Ex.** Tudo indica [Parece] que os problemas vão continuar. **5** Designar/Indigitar. **Ex.** É preciso [dar] ~ três nomes para a administração do condomínio. **6** Mostrar certo valor/Regist(r)ar. **Ex.** O relógio indicava [marcava(+)] 13 horas certas/exa(c)tas. **7** Fixar/Determinar/Estabelecer. **Ex.** O sócio ia ~ a questão que queria ver discutida.

indicativo, a *adj/s m* (<lat *indicatívus*) **1** (O) que indica/informa/indicia. **Ex.** Nele, o fraco aproveitamento escolar é ~ de pouco estudo. **2** Conjunto de algarismos iniciais de um número telefó[ô]nico correspondente a um país, zona geográfica ou rede telefó[ô]nica. **Ex.** Na Grande Lisboa [Cidade de Lisboa e arredores] o ~ telefó[ô]nico é (o) 21. **3** Trecho musical que regularmente introduz um programa radiofó[ô]nico ou televisivo. **4** *Gram* (Diz-se do) modo verbal que exprime a a(c)ção, o processo ou o estado como reais. **Ex.** Na frase *Encontrei-me com o professor*, a forma verbal está no (modo) ~. ⇒ con[sub]juntivo/imperativo.

índice *s m* (<lat *índex, icis*: o que indica, sinal) **1** Lista, no princípio ou no fim de um livro, indicando as páginas de partes, capítulos e matérias tratadas. **Ex.** Para ver rapidamente o conteúdo do livro recorre[vai]-se ao ~. **2** Lista dos termos e matérias de uma publicação com indicação das suas páginas, segundo uma ordem. **Ex.** Na revista vou logo ver o ~. **Comb.** ~ *alfabético*. ~ *analítico/remissivo* [organizado por assuntos]. ~ *geral* [que segue a ordem por que os assuntos aparecem]. **3** Ficheiro em que se guarda a informação sobre a localização dos dados armazenados. **4** Num ficheiro, conjunto de cartões divisórios encimados por pequeno re(c)tângulo ou quadrado com números, letras, ... que são indicações.

5 Conjunto de pequenas abas com letras, números ou, palavras em algumas páginas de livros ou cadernos, para ser mais fácil o acesso às suas se(c)ções. **6** Pon-

teiro ou obje(c)to móvel que, ao percorrer uma escala graduada ou as divisões de um mostrador, fornece indicações sobre a variação de uma grandeza. **7** Sinal tipográfico que serve de lembrete. **8** *maiúsc Catol* Lista de livros cuja leitura era proibida aos crentes pela Igreja, por os julgar contrários à fé ou à moral/Índex **2**. **9** O que indica uma cara(c)terística particular/Sinal(+). **Ex.** O emaranhado da história narrada é ~ de uma poderosa imaginação. **Comb.** *Ling* ~ temático [Na língua portuguesa, as terminações *o*, para o masculino «gato», e *a*, para o feminino «gata»]. **10** Dedo da mão entre o polegar e o médio/Índex **3**/Indicador(+). **11** Relação centesimal entre duas dimensões do esqueleto, para classificar diferentes estádios de uma espécie «ao longo do tempo». **Comb.** ~ cefálico [craniano].
12 Número que traduz uma relação entre duas grandezas. **Comb.** ~ de massa corporal [Quociente entre o peso e o quadrado de estatura «de alguém»]. **13** Valor que exprime a frequência ou o nível de um fenó[ô]meno. **Comb.** ~ *de abandono escolar*. ~ *de aprovações* em exame. ~ *de audiência* «de uma rádio/televisão». **14** *Econ* Valor que refle(c)te o andamento do mercado bolsista e que se baseia na média de cotações de um grupo de a(c)ções. **15** *Mat* Número ou letra, sempre diferente, atribuído a cada um dos elementos de um conjunto ou a cada posição numa escala. **Ex.** Numa sucessão, o ~ indica o lugar que o termo nela ocupa. **16** *Mat* Número que, num radical, indica o grau da raiz. **Ex.** Na raiz quadrada, o ~ é *2*; na raiz cúbica, o ~ é *3*.
indiciação *s f* (<indiciar + -ção) **1** A(c)to ou efeito de indiciar. **2** Fornecimento de indício(s)/Indicação. **3** *Dir* Declaração processual de haver indícios de prática de fa(c)to punível.
indiciador, ora *adj/s* (<indiciar + -dor) **1** (O) que indicia/denuncia/Acusador. **Ant.** Indiciado. **2** (O) que revela por indícios.
indiciar *v t* (<indício + -ar¹) **1** Revelar por indícios/Denunciar. **Ex.** Os maus resultados da empresa indiciam [são prova [sinal] de] má gestão. **2** Pronunciar como arguido/Acusar. **Ex.** O tribunal indiciou-o de grave delito. **3** Anunciar com antecedência/Prenunciar. **Ex.** O rápido avanço da superfície frontal indicia tempestade.
indício *s m* (<lat *indícium*: sinal) **1** Sinal/Indicação. **Ex.** A falta às aulas era ~ de que alguma coisa não ia bem [de que o aluno tinha algum problema]. **2** Marca/Vestígio. **Ex.** A polícia procura ~s para identificar os criminosos. **3** *Dir* Algo que sugere a prática de um delito. **4** Sinal(+) natural de algo que lhe está associado. **Ex.** O fumo é ~ de fogo.
índico, a *adj/s* (<lat *índicus*) Da Índia/Indiano. **Comb.** O (Oceano) Í~.
indiferença *s f* (<lat *indifferéntia*) **1** Atitude/Sentimento de não considerar significativa/importante para si uma realidade/situação/Ausência de sentimentos relativamente a alguém ou a alguma coisa/Desinteresse. **Ex.** Recebeu a notícia da morte do professor com ~. ⇒ equanimidade. **2** Insensibilidade/Frieza/Desprendimento na forma de pensar ou de reagir. **Ex.** Impressiona a ~ com que ele encara a desgraça alheia. **Comb.** ~ *moral* [Estado de quem não tem preocupações morais]. ~ *religiosa* [Estado de quem menospreza qualquer religião]. **3** Falta de consideração/Sentimento de altivez/Menosprezo.

indiferenciado, a *adj* (<in- + diferenciado) **1** Em que não se faz/justifica separação/distinção/Não diferenciado. **Ex.** Um grupo indiferenciado de pessoas foi admitido a concurso. **2** Diz-se do trabalhador não qualificado, capaz de desempenhar tarefas variadas. **Ex.** O salário do trabalhador ~ costuma ser mais baixo. **Ant.** Especializado; profissional.
indiferente *adj/s* (<lat *indífferens, éntis*) **1** (O) que revela desinteresse relativamente a alguém ou a alguma coisa/(O) que não se preocupa com/ (O) que mostra indiferença. **Ex.** Tem vindo a aumentar o número de ~s em relação à política. **2** Que não desperta o interesse/Banal. **Ex.** A desgraça alheia é ~ para muitos. **3** Que não justifica uma preferência. **Ex.** É-me ~ que ele venha ou não. Para esse efeito é ~ ter um ou outro dos dois cursos (universitários).
indiferentemente *adv* (<indiferente + -mente) **1** Sem preferência/De igual modo/Sem distinção/*col* Tanto se lhe dá. **Ex.** Come, ~, carne ou peixe. **2** Com indiferença. **Ex.** Reagiu ~ [Mostrou-se indiferente] à minha proposta.
indiferentismo *s m* (<indiferente + -ismo) **1** Qualidade de quem se mostra indiferente. **2** Atitude sistemática de indiferença em relação à política, à religião, aos valores, … **Ex.** Segundo alguns, o ~ é mais perigoso (do) que uma frontal oposição.
indiferentista *adj/s 2g* (<indiferente + -ista) (O) que revela indiferentismo.
indígena *adj/s 2g* (<lat *indígena*) **1** (O) que é originário da região onde habita/Autóctone/Aborígene. **Ex.** Os ~s dançaram para o ilustre visitante. **Comb.** Fauna ~. **2** Relativo à população que habitava a região antes de sofrer um processo colonizador. **Comb.** *Arte* ~ (⇒ artesanato). *Costumes ~s. Cultura ~.*
indigência *s f* (<lat *indigéntia*) **1** Falta/Carência(+). **Ex.** A ~ de recursos familiares impediu-o de estudar. **2** Situação de quem é muito pobre/necessitado. **Ex.** É triste viver na ~/miséria. **3** Conjunto das pessoas que estão nessa situação.
indigente *adj/s 2g* (<lat *índigens,éntis*) **1** (O) que tem falta de alguma coisa/Carente(+). **Ex.** Dizia-se ~ de carinho, de consideração. **2** (O) que é muito pobre/Miserável/Mendigo. **Ex.** O governo deve auxiliar os [pensar nos] ~s.
indigerível *adj* (<in- + digerível) **1** Que não se pode digerir/Difícil de digerir/Indigesto(+). ⇒ «prato» intragável. **2** *fig* Que é difícil de suportar/tolerar/Inaceitável(+). **Ex.** Tal afronta é ~/intorerável(+)!
indigestão *s f* (<lat *indigéstio, ónis*) **1** Perturbação/Paragem do processo de digestão. **Ex.** Algum tempo depois de comer, tomou uma bebida gelada e teve uma ~. **2** Saturação/Excesso/Fartote. **Ex.** Uma ~ de guloseimas pode levar à abstinência [fazer enjoar as doçuras].
indigesto, a (Gés) *adj* (<lat *indigéstus*) **1** Que pode perturbar a digestão. **Ex.** À noite as favas são um prato pesado, ~. **2** Que é difícil de ler ou de interpretar. **Ex.** Essa é uma prosa um tanto ~a. **3** Enfadonho/Maçador. **Ex.** A conversa dele dá sono, é ~a!
indigitação *s f* (<indigitar + -ção) A(c)to ou efeito de indicar/propor alguém para ocupar um cargo ou desempenhar uma função. **Ex.** A assembleia-geral fez a ~ da nova Administração.
indigitar *v t* (<lat *indígito, áre*) **1** Indicar/Apontar com o dedo. **2** Propor alguém para um cargo ou função. **Ex.** Os sócios

vão ~ o presidente da Dire(c)ção. **3** Enfiar/Meter no dedo(+).
indignação *s f* (<lat *indignátio, ónis*) **1** A(c)to de indignar(-se). **2** Rea(c)ção enérgica de cólera perante uma grave injustiça/afronta/Sentimento vivo de revolta. **Ex.** O povo reagiu com ~ àquele crime hediondo. Também em política há o direito à ~.
indignado, a *adj* (<indignar) **1** Que experimenta um sentimento de revolta perante uma indignação/Que se indignou. **Ex.** Ficou ~ com a descortesia com que o receberam. **2** Que revela/traduz esse sentimento. **Ex.** A sua voz ~a impressionou a assistência.
indignamente *adv* (<indigno + -mente) De maneira indigna/Sem razão(+). **Ex.** Foi maltratado [tratado ~]. Foi condenado ~.
indignar *v t* (<lat *indígno, áre*) **1** Causar indignação/Revoltar/Enfurecer. **Ex.** O desleixo dos alunos indignou o professor. **2** ~-se/Sentir indignação/Revoltar-se/Irritar-se. **Ex.** Indignou-se com a falta de respeito pelo [em relação ao/para com o] público.
indignidade *s f* (<lat *indígnitas, átis*) **1** Qualidade de indigno. **2** Falta de respeito/dignidade/corre(c)ção. **Ex.** A ~ do seu procedimento foi asperamente criticada. **3** A(c)to indigno/Baixeza/Afronta. **Ex.** Foi mais uma ~, como é hábito dele. **4** *Dir* Ingratidão grave cometida por herdeiro ou legatário que pode levar à revogação dos favores concedidos pelo testador ou à perda da herança. **Ex.** A ~ do herdeiro ficou-lhe cara [causou-lhe grave dano].
indigno, a *adj* (<lat *indígnus*) **1** Que não é digno/Impróprio/Inadequado/Indevido. **Ex.** Tal comportamento ~ teve o justo castigo. Essa atitude é ~ de ti. **2** Não merecedor de/Não digno de. **Ex.** Ele é ~ de (ter/receber) tal pré[ê]mio. **3** Torpe/Vil/Indecoroso/Indecente. **Ex.** A(c)tos tão ~s merecem condenação.
índigo *s m* (<lat *índicus*<gr *indikós*: da Índia) **1** Substância de origem vegetal de cor semelhante ao azul-violeta/Anil/Indicana [Indicã]. **2** *Bot* Planta do anil/Anileira.
índio¹, a *adj/s* (<*top* Índia) (Relativo aos) indígenas americanos/Ameríndio. **Ex.** Na descoberta da América, aos seus habitantes deu-se o nome de ~s, por se julgar estar na ambicionada Índia. **Comb.** Tribos ~as. ⇒ indiano **1/2**.
índio² [In 49] *s m Quím* Metal prateado, solúvel em ácidos, usado em semicondutores, na indústria nuclear, como dete(c)tor de radiações, …
indirectamente/indirecto ⇒ indiretamente/…
indiretamente (Rè) *adv* [= indirectamente] (<indire(c)to + -mente) **1** Através de alguém ou de alguma coisa/Não de forma dire(c)ta). **Ex.** O acidente acabou por afe(c)tar muita gente ~. **2** De forma não explícita/expressa/dire(c)ta. **Ex.** Por aquela conversa, ~ ficou a saber que iria ser despedido.
indireto, a (Ré) *adj/s f* [= indirecto] (<lat *indiréctus*) **1** Que não se faz em linha re(c)ta. **Ex.** A sala tem iluminação ~a, sendo a luz proje(c)tada no te(c)to. **2** Que passa por agentes intermédios/Que não é dire(c)to. **Ex.** Ali a eleição do Presidente é ~a, faz-se através do Parlamento. **Comb.** *Sufrágio* ~. *Venda* ~*a*. **3** (D)*esp* Em certos jogos, diz-se de livre [castigo] que não pode ser executado com remate dire(c)to à baliza, devendo ter a interferência de [passar por] outro jogador. **4** Diz-se de imposto que não incide sobre rendimentos, mas sim sobre transa(c)ção de bens ou mercadorias. **Ex.** A maior parte da receita fiscal

do Estado provém de impostos ~s «IVA». **5** *Gram* Diz-se do verbo que rege um complemento preposicional ou adverbial. **6** *Gram* Diz-se do complemento do verbo transitivo dire(c)to que é regido pela preposição *a*, o qual normalmente expressa aquele que é beneficiado ou prejudicado pela a(c)ção. **Ex.** Na frase *Dei um presente a todos* há um complemento ~: *a todos*. **7** *Gram* Diz-se do discurso ou enunciado que está inserido no interior de outro através de um verbo declarativo. **Ex.** No período *Disse que vinha mais tarde naquele dia* temos um caso de discurso ~. **8** Diz-se da linha colateral do parentesco. **9** Não explícito/expresso. **Ex.** Por meias palavras, de forma ~, fiquei a saber tudo o que pretendia. **10** *s f* Dito iró[ô]nico ou humorístico com que veladamente se pretende fazer uma crítica/Piada. **Ex.** Percebi bem a ~ com que, na conversa com o grupo, me quis atingir, mas achei melhor não acusar o toque [não reagir]. Ele está sempre com [sempre a dizer] ~as!...

indiscernível *adj 2g* (<in- + discernível) «vulto/figura» Que não se consegue distinguir/«estilo/prosa» Que não se pode discernir.

indisciplina *s f* (<lat *indisciplína*) **1** Falta de respeito por regras estabelecidas/Falta de disciplina/ordem/Desobediência/Rebeldia. **Ex.** Hoje a ~ é muito frequente. **2** Comportamento indisciplinado/incorre(c)to/Barulho. **Ex.** A ~ nas aulas impede a aprendizagem. **3** Falta de método/organização na realização de tarefas. **Ex.** A ~ no trabalho prejudica os resultados. **Comb.** ~ mental. **Ant.** Ordem; disciplina.

indisciplinado, a *adj/s* (<in- + disciplinado) **1** (O) «empregado» que não cumpre regras estabelecidas/Desobediente/Rebelde. **2** (O) que a(c)tua sem método/organização. **Ex.** O trabalho não rende tanto a um ~. **3** Que não segue uma regra/Desordenado/Caótico. **Ex.** O trânsito estava ~/caótico(+), havia uma grande confusão.

indisciplinar *v t* (<in- + disciplinar) (Fazer) perder o respeito a regras estabelecidas/Revoltar(-se). **Ex.** Bastava ele para ~ [perturbar(+)] a turma.

indiscreção (Forma etimologicamente mais corre(c)ta que *indiscrição*).

indiscreto, a *adj/s* (<lat *indiscrétus*: o que não distingue) **1** (O) que age sem a devida reserva/que tem falta de discreção/recato/Imprudente/Leviano/Exibicionista. **Ex.** Um ~ pode prejudicar muito uma empresa. **2** Que revela o que devia ficar oculto/Que revela um segredo/Inconfidente/Inconveniente. **Ex.** A todo o momento, da sua boca pode sair algo ~. **3** Intrometido/Curioso/Bisbilhoteiro. **Ex.** É uma mulher ~a que ouve aqui para contar além.

indiscre[i]ção *s f* (<in- + discre[i]ção; ⇒ indiscreção) **1** Qualidade do que age sem a devida reserva/discre[i]ção/Falta de recato/Exibicionismo. **Ex.** A ~ da moça não agradou ao irmão. **2** Qualidade de quem revela o que devia ficar em segredo. **Ex.** A ~ da mulher causa dissabores à família. **3** Dito indiscreto/inconveniente/Inconfidência. Foi uma ~ que muito nos prejudicou. **4** Tendência para procurar saber o que lhe não diz respeito/Bisbilhotice.

indiscriminadamente *adv* (<indiscriminado + -mente) Sem qualquer critério/Aleatoriamente/Indistintamente/Sem discriminar/De igual modo. **Ex.** Lia ~ tudo o que lhe ofereciam.

indiscriminado, a *adj* (<in- + discriminado) **1** Que não tem em conta as diferenças/Que não obedece a regra, método ou critério. **Ex.** O uso ~ de cremes prejudica a pele. **2** Que não tem uma classificação. **Ex.** Um conjunto de caixotes ~s [que não se sabe o que têm dentro] continua a ocupar o salão.

indiscutível *adj 2g* (<in- + discutível) Que não é susceptível de discussão/dúvida/Que todos aceitam/Que não deve ser posto em causa/Inquestionável/Incontestável/Certo. **Ex.** A boa qualidade dessa marca é ~. Estes cinco jogadores são ~veis [não podem faltar] na nossa equipa.

indiscutivelmente *adv* (<indiscutível + -mente) Sem dúvida/Indubitavelmente/Seguramente/Certamente. **Ex.** Ele é ~ um grande [é ~ muito bom] médico.

indisfarçável *adj 2g* (<in- + disfarçável) **1** Que não se pode esconder/disfarçar. **Ex.** A dificuldade de o bêbedo se equilibrar era ~. **2** Que está à vista/Claro/Notório/«erro» Evidente.

indispensável *adj 2g/s m* (<in- + dispensável) **1** Que faz muita falta/Que é absolutamente necessário/Imprescindível. **Ex.** É ~ que alguém trate do caso. **2** *s m* O mínimo de coisas de que não se pode prescindir/O que é absolutamente necessário numa circunstância. **Ex.** Fomos para o fim de semana com o ~ na mala.

indisponibilidade *s f* (<in- + disponibilidade) **1** Qualidade/Estado do que não está livre/disponível. **Ex.** O presidente já sabe da ~ da sala [que a sala não está livre] para a nossa reunião. **2** Que não tem disponibilidade para alguém ou para alguma coisa. **Ex.** Já sabemos da ~ do dire(c)tor para nos receber. **3** Qualidade de quem não está disposto a fazer alguma coisa. **Ex.** Não esperava a ~ dele para [que ele não quisesse] tratar deste assunto. **4** *Dir* Qualidade do que é inalienável «em situação de falência».

indisponível *adj 2g* (<in- + disponível) **1** Que não se pode utilizar ou que não está acessível. **Ex.** Uma avaria deixou o carro ~. O último modelo da marca está ainda ~ no mercado. **2** Incomunicável/Inconta(c)tável. **Ex.** Queríamos falar com o chefe mas ele está ~. **3** *Dir* Que não é alienável «numa situação de falência».

indispor *v t* (<in- + dispor) **1** Provocar um ligeiro mal-estar físico/Causar indisposição. **Ex.** O jantar, bastante pesado, indispô-lo durante a noite. **2** Irritar/Aborrecer. **Ex.** A indisciplina na aula indispôs o professor. **3** ~-se/Zangar-se(+)/Desentender-se/Desavir-se. **Ex.** Com a acesa discussão, os vizinhos indispuseram-se [ficaram desavindos].

indisposição *s f* (<in- + disposição) **1** Ligeiro mal-estar passageiro, físico ou psicológico. **Ex.** Uma ~ impediu-o de chegar mais cedo. **2** Falta de vontade/apetência/inclinação para alguma coisa. **Ex.** É conhecida a sua ~ para [Sabe-se que ele não quer] ser professor. **3** ⇒ Má vontade/Aversão.

indisposto, a (Pôsto, Pósta, Póstos) *adj* (<in- + disposto) **1** Que sente ligeiro mal-estar físico/«estou/sinto-me»Maldisposto/Incomodado. **2** Mal-humorado/Irritado/Descontente/Agastado. **Ex.** Estava ~ com o vizinho com quem discutira.

indisputável *adj 2g* (<in- + disputável) **1** Que não se pode pôr em causa/Inquestionável(+)/Incontestável. **Ex.** O extraordinário valor da sua obra literária é ~. **2** Que não pode ser obje(c)to de competição/luta «pela sua posse»/Que não pode ser disputado. **Ex.** Numa ditadura o poder é ~.

indissociável *adj 2g* (<in- + dissociável) Que não se pode dissociar/desligar/Inseparável. **Ex.** A justiça e a caridade são virtudes ~veis.

indissolubilidade *s f* (<in- + dissolubilidade) **1** Qualidade do que não se espalha homogeneamente por um líquido/Qualidade do que não se pode dissolver. **Ex.** é conhecida a ~ do azeite na água. **2** Cará(c)ter do que não se deve desfazer/anular/dissolver. **Ex.** A doutrina católica afirma a ~ do matrimó[ô]nio.

indissolúvel *adj 2g* (<in- + dissolúvel) **1** Que não se dissemina regularmente por um líquido/Insolúvel. **2** Que não se pode anular/dissolver/desfazer/Que é obrigatório manter. **Ex.** O casamento católico é ~, não se admite o divórcio.

indistinguível *adj 2g* (<in- + distinguível) Que não se pode distinguir/Que não se vê claramente. ⇒ indistinto.

indistintamente *adv* (<indistinto + -mente) **1** De forma imprecisa/vaga/indistinta. **2** Sem fazer distinção/diferença/Indiscriminadamente/Indiferentemente. **Ex.** Distribuiu presentes ~ por todas as crianças.

indistinto, a *adj* (<in- + distinto) **1** Que não se distingue/Vago/Impreciso/Confuso. **Ex.** Ao longe via-se uma mancha ~a de gado na pastagem. **Comb.** Voz [Fala/Pronúncia] ~. **2** Que, numa mistura, é muito difícil de individualizar/separar.

inditoso, a (Ôso, Ósa, Ósos) *adj/s* (<in- + ditoso) (O) que não foi bem sucedido/Que não teve sorte/Desafortunado/Infeliz(+)/Desditoso(+). **Ex.** O ~ [infeliz(+)/pobre(+)] soldado morreu na emboscada.

individuação *s f* (<indivíduo + -ção) O conferir cará(c)ter único, individual.

individual *adj 2g* (<indivíduo + -al) **1** Que se refere ou pertence a um só indivíduo. **Ex.** No hotel pedi um quarto ~. **Comb.** *Liberdade ~. Transporte ~.* **Ant.** Cole(c)tivo; geral. **2** Que é feito por uma só pessoa. **Ex.** O trabalho ~ deve ser valorizado. **Comb.** *Esforço ~. Reclamação ~.*

individualidade *s f* (<individual + -idade; ⇒ indivíduo) **1** Aquilo que distingue/cara(c)teriza uma pessoa ou coisa em relação a outras. **Ex.** A ~ de cada homem faz dele um ser único, original. **2** Pessoa a que se reconhece grande valor pela obra realizada ou cargo que ocupa/Personalidade. **Ex.** Na sessão inaugural estavam várias ~s. **Comb.** Alta ~.

individualismo *s m* (<individual + -ismo) **1** Maneira de pensar ou de agir de quem preza a independência em relação a outrem. **Ex.** O seu ~ tornava difícil uma a(c)ção conjunta. **2** Tendência para pensar e agir apenas no interesse próprio/Egoísmo. **Ex.** Nos momentos difíceis do grupo, o seu ~ era visto como uma afronta. **3** Doutrina/Teoria que valoriza a autonomia individual mais do que o papel do grupo.

individualista *adj/s 2g* (<individual + -ista) **1** Relativo ao individualismo. **2** (O) que pensa e age de forma autónoma, com independência/Partidário do individualismo. **3** (O) que se preocupa apenas com os interesses próprios. **Ex.** Como é muito ~ [uma pessoa], não entra em campanhas de solidariedade. **4** (O) que evita a(c)tuar em equipa, devendo fazê-lo. **Ex.** É ~, tem dificuldade em trabalhar em grupo. No futebol, os ~s querem/procuram fazer tudo sozinhos.

individualização *s f* (<individualizar + -ção) **1** Aquisição de cara(c)terísticas próprias/distintas pelo indivíduo/Individuação. **2** Adaptação aos diferentes indivíduos/Personalização.

individualizar *v t* (<individual + -izar) **1** (Fazer) adquirir cara(c)terísticas particulares/

Tornar diferente/Distinguir. **2** Considerar o indivíduo, destacando-o do grupo. **3** Adaptar algo «o ensino» a cada indivíduo de acordo com as suas cara(c)terísticas.

individualmente *adv* (<individual + -mente) **1** Em separado/Cada um de per [por] si/Em particular. **Ex.** Falei com todos os alunos ~. **2** Como indivíduo/Pessoalmente(+)/*col* Cá por mim. **Ex.** ~, [Eu] sou favorável à organização desse jantar.

individuar *v t* (<indivíduo + -ar) ⇒ individualizar.

indivíduo, a *s m/adj* (<lat *indivíduus*: indivisível) **1** Qualquer ser tomado como um todo indivisível/Ser concreto. **2** *Biol* Cada organismo de uma espécie animal ou vegetal. **Ex.** Nas espécies em vias de extinção o número de ~s é reduzido. **3** Ser humano considerado como parte da comunidade/Pessoa/Sujeito. **Ex.** Cada ~ é responsável pela qualidade da sociedade de que faz parte [em que está inserido]. **4** *col* Pessoa de que não se quer ou não se sabe dizer o nome. **Ex.** O ~ [Ele] quis dirigir-se [ir dar parte/queixar-se] à polícia.

indivisão *s f* (<in- + ...) Qualidade de indiviso.

indivisário, a *s Dir* (<indiviso + -ário) ⇒ co--proprietário.

indivisibilidade *s f* (<indivisível + -idade) Qualidade do «número/terreno» que não se pode dividir.

indivisível *adj 2g/s m* (<lat *indivisíbilis, e*) **1** «5» Que não se pode dividir «por 2». **Comb.** Bens ~veis. ⇒ indiviso **1**. **2** *s m* O que, devido à sua pequenez, não se pode dividir «partícula».

indiviso, a *adj Dir* (<lat *indivísus*) **1** Que não está dividido/Inteiro. **Comb.** *Co-propriedade ~a. Herança ~a.* **2** ⇒ indivisível.

indizível *adj 2g* (<in- + dizível) **1** ⇒ Inexplicável. **2** Extraordinário/Inefável. **Comb.** Uma alegria ~.

indo- *pref* (<lat *índus*: indiano) Significa Índia ou indiano. **Ex.** indo-chinês, indo-europeu, indo-português.

indo-ariano *adj/s* (<indo- + ...) **1** Que é relativo aos indianos e aos árias. **2** Indivíduo pertencente a povo cuja língua deriva do indo-ariano **3**. **3** *Ling* Conjunto de línguas indo-europeias faladas na Índia.

indobrável *adj 2g* (<in- + dobrável) **1** «ferro» Que não se pode dobrar/Inflexível. **2** *fig* «homem» Insubmisso.

Indochina *s f Hist* (<indo- + China) Península do Sudeste da Ásia, em que se situam os estados de Birmânia [Myanmar], Tailândia, Laos, Camboja, Vietname e Malásia.

indo-chinês, esa *adj* (<indo- + ...) Relativo à Índia e à China.

indochinês, esa *adj/s Hist* (<Indochina) «país/região» Da Indochina.

indócil *adj 2g* (<lat *indócilis, e*: que não aprende [não se deixa «instruir/vestir»] «menino/criança» Insubmisso/Insubordinado/Desobediente/Rebelde/Indisciplinado. **Ant.** Dócil; meigo; obediente.

indocilidade *s f* (<lat *indocílitas, átis*) **1** Qualidade de indócil/insubmisso/Rebeldia/Indisciplina.

indocilizar *v t* (<indócil + -izar) Tornar(-se) insubmisso/desobediente/indócil/rebelde.

indocumentado, a *adj* (<in- + documentado) Que não tem [traz] documentos que comprovem alguma coisa. **Ex.** Como estava ~, a polícia multou-o.

indo-europeu, eia *adj/s* **1** Relativo à Índia e à Europa. **2** Relativo à língua primitiva, reconstruída por filólogos e linguistas, que estará na origem da maior parte das línguas faladas na Europa e noutros continentes. **3** (O) que pertence a um dos povos que falam as línguas derivadas desse tronco comum. **4** *s m pl* Conjunto de povos de origem asiática que no 2.º milé[ê]nio a.C. se expandiram para a Índia, Pérsia e Europa. **5** *s m Ling* Língua primitiva que se supõe estar na origem de línguas antigas – como o latim, o grego – e modernas como o português, espanhol, francês, inglês, alemão, italiano, romeno, ...

indol (Dól) *s m Quím* (<índ(igo) + -ol **b**)) Substância obtida do alcatrão e usada em perfumaria.

índole *s f* (<lat *índoles, is*: inclinação natural) Conjunto de qualidades e traços inatos que condicionam o comportamento, a forma de sentir/Temperamento/Cará(c)ter/Feitio. **Ex.** O miúdo é de boa [má] ~. Como definiria [define] a ~ do povo brasileiro?

indolência *s f* (<lat *indoléntia*: insensibilidade à dor) **1** Qualidade do que age de forma lenta/morosa/Falta de a(c)tividade/energia/Moleza/Qualidade de indolente. **Ex.** Tanta ~ faz-me nervos [~ irrita-me]. **2** Falta de sensibilidade à dor/Impassibilidade. **3** Incapacidade de sentir emoções/Ausência de interesse por alguma coisa/Indiferença/Apatia. **Ex.** A ~ que revelava era uma dificuldade para arranjar emprego. **4** Falta de cuidado/Desleixo/Negligência/Preguiça. **Loc.** Viver na ~/Preguiça.

indolente *adj/s 2g* (<lat *índolens, éntis*: que não sofre) **1** (O) que revela falta de a(c)tividade [energia]/que é muito moroso [lento] a agir. **Ex.** Não se pode contar com ~s para fazer os últimos preparativos da festa. **Sin.** Mole; vagaroso. **Ant.** A(c)tivo; vivo. **2** (O) que se mostra indiferente [apático]/que não reage ou não se emociona. **3** Que revela insensibilidade à dor/Impassível. **4** Desleixado/Negligente/Preguiçoso.

indolor (Lôr) *adj 2g* (<lat *indolóris, e*: não doloroso) **1** «vacina» Que não causa dor/Que não é doloroso. **Ex.** A anestesia tornou ~ a intervenção cirúrgica. **2** *fig* Que não exige grande esforço/sacrifício/Suave/Leve. **Ex.** A recuperação da economia foi quase ~ para o comum da população.

indomado, a *adj* (<in- + domado) **1** Que não foi domesticado/domado/Bravo/Selvagem. **Ex.** Um animal ~ pode ser perigoso. **2** *fig* Não contido/controlado/refreado. **Ex.** Um sentimento ~ de inveja impedia um bom ambiente no grupo. **3** Não vencido/Insubmisso. **Ex.** Foi sempre um lutador ~.

indomável *adj 2g* (<in- + domável) **1** Que não se consegue domar/dominar. **Ex.** Um desejo ~ de vingança atormentava-o. **2** Que não se consegue amansar/domesticar. **Ex.** O animal anda esbaforido, ~. **3** «cará(c)ter/homem» Que não se pode subjugar/Insubmisso/«coragem» Invencível. **Ex.** O ~ chefe das tropas era muito temido pelos inimigos. **4** Que não se pode modificar/Inflexível/Fatal. **Ex.** Queixava-se do ~ destino.

indomesticável *adj 2g* (<in- + domesticável) «javali» Que não se consegue amansar/domesticar.

indominável *adj 2g* (<in- + dominável) «paixão» Que não se consegue submeter/reprimir/dominar.

indómito, a [*Br* **indômito**] *adj* (<lat *indómitus*) **1** Indomado/Bravio/Selvagem. **2** *fig* Não vencido/subjugado. **Ex.** A ~a nação há de vencer mais este desafio. **3** Soberbo/Altivo/Arrogante/Impertérrito. **Ex.** Em atitude ~a avançou para a multidão em fúria.

Indonésia *s f* República do sudeste da Ásia, formada por inúmeras ilhas, com capital em Jacarta, designando-se os habitantes de indonésios.

indonésio, a *adj/s* (<*top* Indonésia, do gr *indós*: indiano + *nésos*: ilha) **1** Da Indonésia. **Comb.** Rupia ~a. **2** Natural ou habitante da Indonésia. **3** *s m* Língua oficial da Indonésia, do ramo ~, do subgrupo malaio-polinésio.

indo-português, esa *adj/s* Relativo à Índia e a Portugal. **Comb.** *Estilo/Arte ~/a. Relações ~esas* [luso-indianas].

indostânico, a *adj* (<Indostão + -ico) Relativo ao Indostão, região da Índia constituída pela grande planície indo-gangética/Hindustani/o.

indouto, a *adj/s* (<lat *indóctus*) **1** Que não é douto/instruído/Ignorante/Analfabeto/Iletrado. **Ex.** É mais fácil enganar os ~s. **2** Inábil/Inepto/Incapaz.

indrominar *v t* (< ?) Mentir a/Enganar/Intrujar/Ludibriar. **Ex.** Gaba-se de ~ ingé[ê]nuos, sobretudo gente idosa.

in dúbio lat Em caso de dúvida/Na falta de certeza «sobre os fa(c)tos». **Ex.** Ao administrar a justiça, os Romanos tinham a máxima: *In dubio pro reo* (Na dúvida [decida--se] a favor do réu).

indubitável *adj 2g* (<in- + dubitável) Que não se pode pôr em dúvida/Absolutamente certo/Incontestável/Evidente/Óbvio. **Ex.** Trata-se de uma verdade ~ «todo o homem é mortal».

indução *s f* (<lat *indúctio, ónis*: introdução em, a(c)ção de estender sobre) **1** A(c)ção de induzir/inferir. ⇒ induzimento. **2** *Fil* Tipo de raciocínio que, partindo do que se verifica em alguns casos particulares, o generaliza a todos os casos da mesma espécie/Raciocínio que vai do particular para o geral. **Ex.** A ~ é logicamente menos segura que a dedução, mas é mais produtiva. A ~ e a dedução estão presentes na investigação das ciências da natureza. **3** Estímulo/Incentivo/Instigação. **4** *Biol* A(c)ção de algumas zonas embrionárias que leva à diferenciação de zonas próximas em determinado sentido. **5** *Fís* Transmissão à distância de energia. **Comb.** *~ ele(c)tromagnética* [Processo pelo qual se produz uma força ele(c)tromotriz num circuito quando se varia o fluxo magnético que o atravessa]. *~ ele(c)trostática* [Ele(c)trização num corpo que antes se encontrava em estado neutro, pela aproximação de outro corpo com carga elé(c)trica]. *~ mútua. Bobina de ~.*

indúcias *s f pl* (<lat *indútiae, árum*: tréguas, armistício) **1** *Dir* Dilação(Là) que o credor concede ao devedor para pagar uma dívida estando o caso ainda em tribunal. **2** ⇒ trégua.

indúctil *adj* (<in- + dúctil) **1** Que não é flexível/maleável/dúctil. **2** Que é difícil de moldar/Que é difícil de adaptar(-se) às circunstâncias. **3** *Fís* Diz-se do metal «ferro» que não pode ser reduzido a fios.

inductilidade *s f* (<in- + ductilidade) Qualidade de indúctil.

indulgência *s f* (<lat *indulgéntia*; ⇒ indulto) **1** Qualidade de indulgente/Disposição para perdoar faltas/ofensas/Condescendência/Tolerância/Benignidade. **2** Ausência de severidade/rigor/Predisposição para julgar de forma favorável. **Ex.** O autor esperava [pedia] a ~ dos leitores para certas liberdades de estilo. **3** *Catol* Perdão de penas devidas por pecados cometidos. **Comb.** ~ plenária [Remissão absoluta das penas].

indulgente *adj/s 2g* (<lat *indúlgens, éntis*) **1** Que revela indulgência. **Ex.** Ele não o deve [vai] repreender, é uma pessoa ~. **2** (O) que tem tendência a perdoar os erros, as ofensas ou as faltas de outrem/

Condescendente/Tolerante. **Ex.** Somos ~s [cegos] para os defeitos próprios e severos para os alheios [os dos outros]. **3** Que revela benevolência na apreciação. **Ex.** A crítica jornalística em geral foi ~.

indultar *v t* (<indulto + -ar¹) **1** Reduzir ou comutar uma pena/Suavizar um castigo/Conceder indulto. **Ex.** Pelo Natal o Chefe de Estado costuma ~ alguns reclusos. ⇒ a(m)nistiar. **2** Perdoar uma falta/Relevar/Desculpar.

indulto *s m* (<lat *indúltus*: concessão, favor <*indúlgeo, ére, dúltum*: favorecer, (con)ceder, perdoar) **1** Redução ou comutação de uma pena. **2** Perdão/Absolvição/Desculpa. **3** *Catol* Dispensa ou comutação de uma obrigação religiosa concedida pela autoridade eclesiástica. **4** *Dir* Dispensa de um encargo legal. **5** *Hist* Decreto a [para] conceder um privilégio ou uma graça.

indumentária *s f* (<indumento + -ária) **1** Traje/Vestuário usado por alguém. **Ex.** Apresentou-se com uma ~ que deu nas vistas [que despertou a atenção geral]. **2** Arte ligada ao vestuário. **3** História do vestuário em uso em um dado povo, época, classe, cultura, … **Ex.** O estudo da ~ é muito interessante.

indumentário, a *adj* Relativo a indumentária/indumento.

indumento *s m* (<lat *induméntum*: cobertura) **1** ⇒ Indumentária/Roupa/Vestuário. **2** *fig* O que cobre/reveste/disfarça. **3** *Bot* Revestimento de certos órgãos vegetais por pelos, escamas, …

indústria *s f* (<lat *indústria*: diligência) **1** Destreza/Habilidade/Engenho/Arte/Perícia para fazer alguma coisa. **2** *Iron* ⇒ Artimanha/Artifício/Astúcia. **3** Conjunto de a(c)tividades econó[ô]micas ligadas à exploração das fontes energéticas e à transformação de matérias-primas em bens de produção e de consumo. **Ex.** A ~ constitui o se(c)tor secundário da economia. **Comb.** **~ alimentar** [que transforma produtos agrícolas para a alimentação humana]. **~ estratégica** [que envolve a ~ pesada e a de material de guerra]. **~ extra(c)tiva** [que explora as minas]. **~ ligeira** [que produz bens de consumo, como alimentos, vestuário, ele(c)trodomésticos, …]. **~ pesada/de base** [que trata da produção de máquinas e ferramentas pesadas, da metalurgia, da siderurgia, do se(c)tor químico, da produção de ele(c)tricidade]. **~ de precisão** [que produz material ele(c)tró[ô]nico, elé(c)trico, ó(p)tico, de rádio e relojoaria]. **~ transformadora** [que transforma matérias-primas em produtos fabricados]. **4** Qualquer dos ramos da a(c)tividade econó[ô]mica produtores de bens ou serviços em larga escala. **Comb.** **~ automóvel**. **~ do espe(c)táculo**. **~ do turismo**. **5** Conjunto de empresas de um espaço e época determinados. **Ex.** A ~ nacional está a passar uma crise. **6** Empresa dedicada à fabricação de bens/Fábrica/Manufa(c)tura. **Ex.** Montou uma pequena ~ para se entreter e ganhar algum dinheiro. **Comb.** ~ caseira. **7** Profissão mecânica ou mercantil/Ofício/Arte.

industrial *adj/sm* (<indústria + -al) **1** Relativo ao ramo econó[ô]mico da indústria. **Comb.** **Desenho ~**. **Escola ~**. **Espionagem ~**. **Política ~**. **Propriedade ~**. **Revolução ~**. **Zona ~** perto de uma localidade. **2** Que é produzido pela indústria, em oposição à produção artesanal. **Comb.** **Produção ~**. **3** Que tem [Onde há] muita indústria. **Ex.** Na zona suburbana está a cintura ~ da grande cidade. **4** *s m* Pessoa que é proprietária ou administradora de uma indústria/fábrica. **Ex.** Na nossa região há vários ~ais inovadores.

industrialismo *s m* (<industrial + -ismo) **1** Sistema de organização econó[ô]mica e social resultante da Revolução Industrial. **2** Doutrina que considera a indústria a base do desenvolvimento da sociedade e do poder do Estado. **3** ⇒ industrialização.

industrialização *s f* (<industrializar + -ção) **1** Aplicação de técnicas industriais à produção. **2** Instalação de novas indústrias numa região ou no desenvolvimento das aí (já) instaladas. **Ex.** A ~ do país trará melhores condições de vida à população.

industrializar *v t* (<industrial + -izar) **1** Aplicar técnicas e processos industriais à produção. **2** Instalar e desenvolver indústrias numa região ou no país. **3** Aumentar o peso do se(c)tor industrial na economia.

industriar *v t* (<indústria + -ar¹) **1** Transmitir ou adquirir conhecimentos para exercer uma arte/a(c)tividade/um ofício/Adestrar/Instruir/Exercitar/Capacitar. **Ex.** Tratou de o ~ no ofício de carpinteiro. **2** *Iron* Propor a alguém a(c)tuação menos honesta para alcançar obje(c)tivos geralmente ilícitos. **Loc.** ~ a roubar.

industriário, a *adj/s Br* ⇒ funcionário de fábrica/indústria; operário.

industrioso, a (Ôso, Ósa/os) *adj* (<lat *industriósus*: laborioso) **1** A(c)tivo/Trabalhador. **Comb.** Abelha ~a. **Ant.** Ocioso. **2** «obra» Em que há perícia/indústria **1**. **3** «mecânico» Engenhoso/Habilidoso. **4** Astuto/Ardiloso/Sagaz. **Comb.** Um ladrão ~.

indutância *s f Ele(c)tri* (<indução **5** + -ância; ⇒ induzir) **1** Propriedade de um ou dois circuitos vizinhos que faz com que uma força ele(c)tromotriz seja gerada por indução. **2** Bobina de indução.

indutivo, a *adj* (<lat *inductívus*; ⇒ induzir) **1** Relativo à [Que procede por] indução. **Comb.** Resultado/Conclusão ~/a. **2** *Fil* Diz-se do raciocínio que parte do particular para o geral. **Comb.** Método ~. **Ant.** Dedutivo. **3** «conselho» Que induz/incita/leva/instiga a «estudar mais». **4** ⇒ indutor **4**.

indutor, ora *adj/s* (<lat *indúctor, óris*) **1** (O) que induz/incita/instiga a/Instigador(+). **2** *s m Ele(c)tri* Campo magnético, magnete/o ou circuito elé(c)trico que provoca a indução ele(c)tromagnética. **3** *s m Ele(c)tri* Corpo ele(c)trizado que provoca a indução ele(c)trostática. **4** *Ele(c)tri* (O) que, por indução, produz um campo ele(c)tromagnético. **Comb. Circuito ~**. **Corrente ~a**. **Fio ~**. **5** *Lóg* (Diz-se da) proposição que é ponto de partida da indução.

induzido, a *adj/s* (<induzir) **1** Que foi levado/incitado a fazer alguma coisa. **Ex.** Na escolha do curso, foi ~ por um colega. **2** Que se induziu/provocou. **Comb.** **Corrente ~a**. **Parto ~**. **3** *s m Ele(c)tri* Circuito ele(c)trizado por indução ele(c)tromagnética. **4** *s m Ele(c)tri* Corpo condutor que sofreu a indução ele(c)trostática.

induzimento *s m* (<induzir + -mento) A(c)ção ou efeito de induzir «a matar»/aliciar/incitar/Aliciação/Instigação. ⇒ indução **1**.

induzir *v t* (<lat *indúco, ere, dúctum*: ter em conta, conduzir para) **1** Aliciar/Incitar/Encorajar/Levar a fazer alguma coisa. **2** Despertar um estado de espírito/Inspirar/Incutir. **Ex.** Os últimos assaltos induziram medo na comunidade. **3** Fazer incorrer em/Impelir a. **Ex.** Os falsos sinais do veículo da frente induziram-no no fatal engano. **Loc.** ~ em erro [Levar a cometer falha involuntária]. **4** Estimular/Facilitar um processo fisiológico. **Ex.** Toma um medicamento que induz o sono. O obstetra tratou de ~ o parto. **5** Provocar/Causar/Originar. **Ex.** A notícia da presença do Presidente na inauguração da fábrica induziu em todos um novo entusiasmo. **6** *Lóg* Tirar uma conclusão por indução/Inferir.

inebriante *adj 2g* (<inebriar) **1** Que embriaga/entontece/inebria. **Comb.** **Perfume ~**. **Vapor ~**. **2** *fig* Que deslumbra/encanta/enleia/extasia. **Ex.** Naquele ambiente ~ esqueceu os seus problemas.

inebriar *v t* (<lat *inébrio, áre*) **1**(Fazer) ficar ébrio/Embriagar/Entontecer «por a(c)ção de substância ingerida ou por vapores». **2** *fig* Encantar/Deslumbrar/Deliciar. **Ex.** Deixou-se ~ pelo [Ficou inebriado com o] ambiente de luxo que o rodeava.

inédia *s f* (<lat *inédia*) **1** Abstinência de qualquer alimento. **2** Período dessa abstinência.

ineditismo *s m* (<inédito + -ismo) **1** Qualidade do «escândalo» que é totalmente novo/inédito/Raridade. **2** Qualidade do que nunca foi mostrado/exibido/publicado.

inédito, a *adj/s m* (<lat *inéditus*) **1** Que nunca foi visto/Totalmente novo/Original. **Ex.** É uma a(c)tuação ~a das autoridades policiais. **2** Que nunca foi exibido. **3** (O) que nunca foi publicado. **Ex.** Os ~s do grande poeta Fernando Pessoa mereceram o maior interesse dos estudiosos.

inefável *adj 2g* (<lat *ineffábilis, e*) **1** «alegria» Que não se pode exprimir por palavras/Que não se pode descrever/explicar/Indizível. **Ex.** O grande mistério da Eucaristia é (algo) ~. **2** «rosto» Que deslumbra/encanta/Delicioso.

ineficácia *s f* (<in- + …) **1** Qualidade do que não é eficaz/Falta de eficiência. **Ex.** A ~ do medicamento deixou-o desanimado. **2** Qualidade do que não produz o efeito esperado. **Ex.** A ~ do método ado(p)tado aconselha uma mudança (de estratégia). **3** Qualidade do «professor» que não cumpre a sua função/Ineficiência **2**(+).

ineficaz *adj 2g* (<lat *inéfficax, ácis*) **1** Que não produz resultado satisfatório/Ineficiente. **Ex.** O seu esforço revelou-se ~. **2** Que não cumpre a sua função/Ineficiente. **Ex.** A vigilância policial foi ~ a travar o crime.

ineficiência *s f* (<in- + …) **1** Qualidade do que não produz o resultado pretendido. **2** Qualidade do que não cumpre satisfatoriamente a sua função. **Ex.** A ~ dos serviços públicos cria graves problemas aos cidadãos.

ineficiente *adj 2g* (<in- + …) **1** Que não produz o resultado esperado/Que não rende como se deseja. **Ex.** Com a indisciplina (dos alunos), o trabalho do professor é ~ em grande parte. **2** Que não desempenha bem a sua função. **Ex.** Um funcionário ~ é um entrave ao progresso da empresa.

inegável *adj 2g* (<i- + …) Incontestável/Evidente/Óbvio. **Ex.** O mérito do jovem (d)esportista é ~. É ~ que o pré[ê]mio foi bem [justamente] atribuído «a esse aluno».

inegavelmente *adv* (<inegável + -mente) Sem dúvida/Incontestavelmente/Manifestamente/Obviamente/Claramente(+). **Ex.** Ele foi ~ o grande responsável por este fracasso.

inegociável *adj 2g* (<in- + …) Que não se pode negociar/Que não pode ser obje(c)to de comércio ou de negociação. **Ex.** Este patrimó[ô]nio cultural é ~. Essa cláusula do contrato é um direito ~, não pode ser *idi* moeda de troca.

inelegibilidade s f (<in- + elegibilidade) Condição/Situação do que não pode ser eleito.

inelegível adj 2g (<in- + elegível) Que não está em condições de poder ser eleito. **Ex.** Porque foi condenado em tribunal, de momento é ~ [não pode ser eleito (+)] para este cargo.

inelutável adj 2g (<lat *ineluctábilis, e*) 1 Contra o qual é impossível [inútil] lutar/Invencível/Implacável. **Ex.** Para qualquer ser vivo, a morte é uma realidade ~. 2 Forçoso/Fatal. **Comb.** Destino ~. 3 Incontestável/Irrefutável/Indiscutível. **Comb.** *Prova* [***Verdade***] ~/*irrefutável*(+).

inenarrável adj 2g (<lat *inenarrábilis, e*) Que não se pode narrar ou descrever/Indizível/Indescritível(+). **Ex.** Aquela enorme tragédia foi um quadro ~.

inépcia s f (<lat *inéptia*) 1 Falta de aptidão/capacidade para desempenhar uma função/Qualidade de inepto. **Ex.** É de todos conhecida a ~ do candidato para enfrentar situações difíceis. 2 Falta de inteligência/Estupidez/Imbecilidade. 3 Despropósito/Disparate. **Ex.** De ~ em ~, a vida dele é uma asneira pegada/contínua; só faz disparates!

ineptidão s f (<inepto + -idão) ⇒ inépcia.

inepto, a adj (<lat *inéptus*) 1 Que não tem aptidão/capacidade para desempenhar uma função/Inábil. **Ant.** Apto. 2 Tolo/Imbecil/Idiota. 3 Inadequado/Disparatado/Absurdo.

inequação s f Mat (<in- + ...) Desigualdade de expressões em que há uma ou mais variáveis, devendo determinar-se os valores desta(s) que satisfazem [tornam verdadeira] essa desigualdade.

inequívoco, a adj (<in- + ...) Que não suscita dúvidas/Evidente/Óbvio/Manifesto/Claro. **Ex.** Houve uma mudança ~a [clara] na maneira de se comportar.

inércia s f (<lat *inértia*: ina(c)ção) 1 Estado de inerte. 2 Falta de dinamismo/energia/a(c)tividade/iniciativa. **Ex.** Dava preocupantes sinais de ~. 3 Apatia/Prostração. 4 Indolência/Moleza/Torpor/Preguiça. **Ex.** Ali havia quem se entregasse à ~ sem um rumo para a vida. 5 *Fís* Propriedade dos corpos de permanecerem em repouso ou em movimento até que uma força venha tirá-los desse estado. **Comb.** Força de ~ [com que os corpos reagem à a(c)ção de outros corpos].

inerência s f (<inerente + -ia) 1 Qualidade/Cará(c)ter de inerente. 2 Ligação natural necessária [forçosa] de uma coisa a outra. **Ex.** A paternidade, por ~, obriga à responsabilização pelos filhos. 3 *Lóg* Relação entre o sujeito e uma sua qualidade essencial/intrínseca. **Ex.** Entre o conceito de homem e o de mortal há uma relação de ~. 4 Ocupação de um cargo por se ser titular de um outro cargo. **Ex.** Tem assento neste órgão consultivo do presidente por ~, devido a [, por] ser primeiro-ministro.

inerente adj 2g (<lat *inhaérens, éntis*, de *inhaéreo, ére*: estar ligado a, inerir) 1 Que tem uma relação forçosa com alguma coisa/Que é inseparável de. **Ex.** É ~ a um pai prover ao sustento e educação do filho. 2 Que deriva do exercício de um cargo. **Ex.** A tomada de decisões é ~ à função de administrador.

inerme (Nér) adj 2g (<lat *inérmis, e*) 1 Que não tem armas ou meios de defesa/Desarmado(+)/Indefeso. 2 *Bot* Diz-se de planta ou órgão vegetal desprovidos de espinhos/ganchos/acúleos. 3 *Zool* Diz-se de animal sem meios de defesa ou ataque.

inerrante adj 2g (<in- + ...) 1 Que não erra/não se engana. **Comb.** Cará(c)ter ~ [de inerrância] da Sagrada Escritura. 2 «astro» Fixo; não errante.

inerte (Nér) adj 2g/s m (<lat *íners, értis*) 1 Que não tem a(c)tividade ou movimento próprios. **Comb.** Corpo ~. 2 Que não dá sinal de vida/Inanimado/Desmaiado/Imóvel. 3 Carecido de energia física ou moral/Abatido/Prostrado. 4 Que produz inércia. 5 *fig* Indolente/Mole. 6 Diz-se de gás elementar/nobre/raro «hélio/néon» sem a(c)tividade química. 7 s m Material granuloso «areia» a que se junta água e um aglutinante para formar argamassas, betões/Agregado. **Ex.** No mundo da construção, é importante o mercado de ~s.

inervação s f (<inervar + -ção) 1 A(c)to ou efeito de inervar. 2 *Anat* Distribuição dos nervos no organismo. 3 *Fisiol* Conjunto dos fenó[ô]menos nervosos produzidos no organismo por intervenção dos centros nervosos.

inervar v t (<in- + nervo + -ar; ⇒ enervar) 1 Dotar uma parte do organismo de fibras nervosas. 2 Comunicar a(c)tividade/capacidade motriz a. 3 Fazer nervuras em. 4 *Mús* Pôr corda de nervo em "arco"/Encordoar.

inérveo, a adj (<in- + nérveo) 1 Que não tem nervuras. **Comb.** Coluna ~a. Lombada ~a. 2 *Bot* Que parece não ter nervuras.

inescrutável adj 2g (<in- + ...) Que não se pode investigar/escrutar/Insondável/Impenetrável/Incompreensível. **Comb.** Os ~eis desígnios de Deus [do Senhor].

inescusável adj (<in- + ...) 1 Que não se dispensa/escusa/Indispensável(+). 2 Imperdoável/Indesculpável(+).

inesgotável adj 2g (<in- + ...) 1 Que não se pode esgotar/Que não tem fim/Inexaurível. **Ex.** A energia das ondas é ~. 2 «fonte/saber» Muito abundante/Copioso/Infinito. 3 Que se renova incessantemente. **Ex.** Tinha uma paciência ~/*idi* de santo.

inesperadamente adv (<inesperado + -mente) Sem se prever/De surpresa/De repente/Subitamente. **Ex.** Apareceu ~ um carro em contramão e quase provocou um acidente.

inesperado, a adj (<in- + ...) 1 «resultado/sucesso» Que não se esperava/Imprevisto. 2 «acontecimento» Repentino/Súbito.

inesquecível adj (<in- + esquecer + -vel) Que não se pode ou deve esquecer/Que se gravou profundamente na memória/Inolvidável. **Ex.** Foram dias ~veis os que passámos na ilha da Madeira, *Pt*.

inestancável adj 2g (<in- + ...) 1 Que não se pode deter/estancar. **Ex.** A enxurrada parecia ~. 2 Que não se pode exaurir/Inesgotável(+).

inestético, a adj (<in- + ...) Contrário à estética/De mau gosto/Desagradável à vista. **Ex.** O edifício da escola é uma construção ~a, mas sólida.

inestimável adj 2g (<lat *inaestimábilis, e*) 1 Que não se pode avaliar/estimar/Incalculável(+). **Ex.** O custo da obra a fazer é, para já, ~. 2 De grande valor. **Ex.** A sua ajuda naquela situação difícil foi ~. 3 Que é muito apreciado/Que se estima muito. **Ex.** Esse patrimó[ô]nio cultural é ~/único!

inevitabilidade s f (<inevitável + -idade) 1 Qualidade do que não se pode evitar. 2 Acontecimento/Fa(c)to inevitável. **Ex.** Como estudou pouco, a reprovação no exame era uma ~ [(já) era de esperar].

inevitável adj 2g/s m (<lat *inevitábilis, e*) 1 (O) que não se pode evitar/impedir/Fatal. **Ex.** Com o rigor da tempestade, os prejuízos eram ~veis. 2 Que está sempre presente/Habitual/Usual. **Ex.** Chegou com o seu ~ barrete, para não variar [, como é seu costume].

inevitavelmente adv (<inevitável + -mente) Forçosamente/Necessariamente.

inexactidão/inexacto ⇒ inexatidão/...

inexatidão (Zà) s f [= inexactidão] (<in- + ...) 1 Qualidade do que não é exato/rigoroso/verdadeiro. **Ex.** Lamento a ~ da notícia do jornal. 2 O que está errado/incorre(c)to. **Ex.** Infelizmente as ~dões nele [dele] são habituais.

inexato, a (Zá) adj [= inexacto] (<in- + ...) 1 Que não é corre(c)to/exato/verdadeiro/preciso/Que não tem rigor/«cálculo» Errado. **Ex.** Deves corrigir essa informação, que é ~a.

inexaurível (Zau) adj 2g (<in- + ...) 1 Que não se pode esgotar/exaurir. **Ex.** A mina parece ser uma fonte ~ de riqueza. 2 Que existe em grande quantidade/Abundante.

inexcedível (Neis) adj 2g (<in- + ...) Que não se pode exceder/superar/ultrapassar/Muito grande. **Ex.** Os jovens foram de [mostraram] uma dedicação ~ a esta causa.

inexcitável (Neis) adj 2g (<in- + ...) Que não reage «a estímulos»/não se pode excitar/Imperturbável.

inexecução (Ze) s f (<in- + ...) Falta de execução. **Comb.** A ~ [não execução] do contrato/do proje(c)to.

inexecutável (Ze) adj (<in- + ...) Que não se pode executar. **Ex.** Isso é um proje(c)to ~.

inexequível (Ze) adj 2g (<in- + ...) Que não se pode levar a cabo/executar/realizar/cumprir. **Ex.** Esse plano ambicioso parece-me ~/irrealizável/impossível.

inexigível (Zi) adj 2g (<in- + ...) Que não pode [deve] ser exigido. **Ex.** Esse documento é ~ pelo empregador.

inexistência (Zis) s f (<in- + ...) 1 Não existência. **Ex.** A ~ de uma boa estrada tem prejudicado a economia da zona. 2 Falta/Carência. **Ex.** A ~ de recursos aflige muitas famílias. 3 Ausência/Falta. **Ex.** A ~ de vigilância policial facilita o crime.

inexistente (Zis) adj 2g (<in- + ...) Que não é real/efe(c)tivo/Que não existe. **Ex.** Para aquela população as ajudas são ~s.

inexorável (Zo) adj 2g (<lat *inexorábilis, e*) 1 Que não atende [cede] a rogos/súplicas/Que não condescende/perdoa/Inflexível/Implacável. **Ex.** Manteve-se ~ por mais que lhe pedissem [~ apesar de lhe terem implorado muito]. 2 Severo/Rígido/Austero. 3 Que não se pode evitar/Inelutável/Fatal. **Comb.** Destino ~.

inexpedito, a (Nes) adj (<in- + ...) 1 Que não mostra desembaraço/desenvoltura/agilidade a tratar de qualquer coisa/Lento(+). **Ex.** O funcionário que nos atendeu era um tanto [um pouco] ~.

inexperiência (Ines) s f (<lat *inexperiéntia*) 1 Falta de conhecimentos obtidos no conta(c)to com as situações práticas/Falta de experiência «dos jovens»/Qualidade de inexperiente. **Ex.** Teve dificuldade em arranjar trabalho devido à sua ~ nesta área.

inexperiente (Ines) adj/s 2g (<lat *inexpériens, éntis*) 1 (O) que não tem prática/experiência em determinado domínio. **Ex.** Precisa de ajuda, pois é ~. Um condutor ~ está mais sujeito a ter acidentes. 2 (O) «jovem/adulto» que não tem vivência das situações/Ingé[ê]nuo/Inexperto.

inexperto, a adj/s ⇒ inexperiente.

inexpiável (Nes) adj 2g (<in- + ...) Que não se pode expiar/remir/Imperdoável. **Ex.** Tão grande crime é ~.

inexplicável (Nes) *adj 2g* (<in- + ...) **1** Que não se pode esclarecer/explicar. **Ex.** Algumas verdades de fé religiosa são ~veis. **2** «um caso» Estranho/Obscuro/Misterioso. **3** Que não se pode justificar/Incompreensível/Inaceitável. **Ex.** A conduta dele parece-me ~.

inexplicavelmente (Nes) *adv* (<inexplicável + -mente) **1** Sem razão aparente/Sem motivo plausível/De modo que não se compreende. **Ex.** ~ faltou à reunião que (ele próprio) convocara. **2** De modo difícil de explicar. **Ex.** Foi para casa ~, em vez de ir para o trabalho.

inexplorado, a (Nes) *adj* (<in- + ...) **1** Que não foi descoberto/explorado. **Ex.** O firmamento continua, em grande parte, ~. **2** Que não foi estudado/debatido. **Ex.** O tema continua ~. **3** Que não foi bem aproveitado/De que não se tirou o proveito/rendimento possível. **Ex.** Os recursos da região continuam ~s.

inexplorável (Nes) *adj 2g* (<in- + ...) **1** «jazida» Que não se pode explorar. **2** «o mundo do crime» Que não se pode conhecer/estudar.

inexpressivo, a (Nes) *adj* (<in- + ...) **1** «fachadas das casas» Que não apresenta traços distintivos/Sem expressão. **2** Sem vivacidade/colorido. **Comb.** Prosa ~a. **3** Que não deixa transparecer sentimentos/emoções. **Comb.** Rosto ~.

inexprimível (Nes) *adj 2g* (<in- + ...) **1** Que é difícil de exprimir/expressar/transmitir por palavras/Indizível. **2** Que, pela sua intensidade, é impossível descrever/cara(c)terizar. **Comb.** *Alegria ~. Dor ~. Entusiasmo ~.*

inexpugnável (Nes) *adj 2g* (<lat *inexpugnábilis, e*) Que não se pode conquistar pelas armas/Inatacável. **Ex.** A fortificação, no cimo do monte, era ~.

inextensível (Nes) *adj 2g* (<in- + ...) **1** Que não se pode estender/alargar. **2** Que não é extensivo a [válido para] «outros casos».

inexterminável (Nes) *adj 2g* (<lat *inextermínábilis, e*) «praga» Que não se pode exterminar/Indestrutível/Inextinguível.

inextinguível (Nes) *adj 2g* (<lat *inextinguíbilis, e*) «fogo/incêndio» Que não se pode extinguir/suprimir/destruir.

inextinto, a (Nes) *adj* (<lat *inexstínctus*; ⇒ extinguir) Que subsiste/Que não está extinto. **Comb.** Fogo ~.

inextirpável (Nes) *adj 2g* (<lat *inextirpábilis, e*) «vício/preconceito» Que não se pode arrancar/erradicar/exterminar/extirpar.

in extremis (Ecstré) *lat* Por um triz (+)/No último instante/Na última oportunidade/Nos últimos momentos «da vida». **Ex.** Evitou o acidente ~ com uma manobra arriscada. Impediu o golo do adversário ~ sobre a linha de baliza.

inextricável (Nes) *adj 2g* (<lat *inextricábilis*) **1** Que é muito difícil de [Que não se pode] extricar/Muito enredado. **Ex.** Temos aqui um imbróglio [uma meada] ~. **2** Que não se pode separar/dissociar. **3** Que não é possível esclarecer/elucidar/Confuso/Complexo. **Comb.** Processo ~. **4** «problema» Que não se pode resolver.

infalibilidade *s f* (<infalível + -idade) **1** Qualidade de infalível/do que não falha/do que a(c)tua [do que se processa] como se espera e produz o resultado previsto. **2** *Catol* Qualidade do Papa e do Concílio Ecumé(ê)nico de serem infalíveis na definição solene de matéria de fé ou de moral/costumes.

infalível *adj 2g* (<lat *infalíbilis*; ⇒ falir, falhar) **1** «remédio» Que não falha/Que tem garantido o resultado. **Ex.** Ali o sucesso é ~ [é mais que certo (+)]. **2** Que não se engana/«relógio» Que anda sempre certo. **3** Que está sempre presente/Que não falha/Habitual/Inseparável. **Ex.** Compareceu na reunião com a sua ~ bengala. **4** *Catol* Que, ao definir solenemente matérias de fé ou de moral, não pode enganar-se. **Ex.** Na definição de dogmas, o Papa é ~.

infalivelmente *adv* (<infalível + -mente) Sem qualquer dúvida/Inevitavelmente/Fatalmente. **Ex.** Ele vai ajudar-nos, ~ [, estou certo disso (+)].

infamante [infamador, ra] *adj* (<lat *infámans, ántis*, de *infámo, áre*) Que vai contra a reputação/honra de alguém/Difamador.

infamar *v t* (<lat *infámo, áre*) Desacreditar/Desonrar/Difamar. **Ex.** É um a(c)to condenável ~ alguém.

infame *adj/s 2g* (<lat *infámis, e*) **1** Que provoca descrédito/desonra/Vil/Torpe/Baixo. **Ex.** Moveram-lhe uma campanha ~. **2** (O) que está desacreditado/desonrado/Que tem má reputação. **Ex.** Tem um passado ~, vergonhoso. **3** (O) que tem um comportamento condenável/indigno. **Ex.** Só um ~ [desavergonhado] poderia levantar [ser autor de] tal calúnia. **4** «homem» Detestável/Desprezível. **Ex.** Seu [Você é um] ~!

infâmia *s f* (<lat *infámia*) **1** Perda da boa reputação/Desonra(+)/Ignomínia. **Ex.** Esse boato originou a ~ do jovem. **2** Qualidade de infame. **Ex.** A ~ [ignomínia] daquela notícia inventada encheu de furor os familiares. **3** A(c)to, atitude ou dito que prejudica o bom nome, a honra de uma pessoa ou instituição. **Ex.** Cometeu uma grande ~/vileza!

infanção *s m Hist* (<lat medieval *infántio, ónis*) **1** Título da nobreza, na Idade Média, superior ao de cavaleiro e inferior ao de fidalgo ou rico-homem. **2** Pessoa que possuía esse título.

infância *s f* (<lat *infántia*) **1** Primeiro período da vida humana, entre o nascimento e a adolescência/Meninice/Puerícia. **Ex.** Conservo as melhores recordações da minha ~. **Comb.** *Amigo de ~. Educadora de ~. Jardim de ~. Primeira ~* [Do nascimento até aos três anos]. *Segunda ~* [Dos três aos sete anos]. *Terceira ~* [Dos sete anos até à adolescência/puberdade]. **2** Conjunto das crianças. **Ex.** O apoio à ~ tem vindo a progredir. **3** *fig* Período inicial de alguma coisa/Princípio/Começo. **Ex.** Na ~ do regime democrático [do novo país independente] cometeram-se alguns excessos.

infando, a *adj* (<lat *infándus*) **1** De que não se pode [deve] falar/Abominável/Hediondo/Execrável. **Ex.** Este crime ~ [nefando(+)] merece uma pena exemplar/dura. **2** Depravado/Perverso/Malvado. **3** Ímpio/Sacrílego.

infanta *s f* (<infante) **1** Filha de reis, em Portugal e Espanha, sem direito ao trono. **2** Mulher de infante.

infantado *s m* (<infante/a + -ado) Tudo o que é propriedade de um infante ou de uma infanta.

infantaria *s f Mil* (<it *infanteria*) Conjunto de tropas que, sendo a maior parte do exército, combatem a pé com armas ligeiras/Ramo do exército que integra esses militares. **Ex.** Fez a tropa (na arma) de ~. **Comb.** Regimento de ~. ⇒ artilharia.

infantário *s m* (<infante + -ário; ⇒ infância **1**) Estabelecimento que se ocupa da assistência a crianças de tenra [pouca] idade, a partir dos três meses, durante uma parte do dia. **Ex.** Antes de ir para o trabalho, deixo o meu filho no ~, até às dezanove horas.

infante *adj 2g/s m* (<lat *ínfans, ántis*) **1** Que ainda não fala. **2** Relativo à criança/Infantil. **3** Filho de reis, em Portugal e Espanha, sem direito ao trono. **Ex.** O ~ e a infanta [Os ~s] brincavam, sob o olhar terno da rainha. **4** Criança/Menino(+). **5** *Hist Mil* Soldado de infantaria/Peão.

infanticida *s/adj 2g* (<lat *infanticída*) (O) que cometeu infanticídio.

infanticídio *s m* (<lat *infanticídium*) Assassínio de uma criança, especialmente no parto ou nos primeiros dias após o nascimento.

infantil *adj 2g* (<lat *infantílis, e*) **1** Relativo à criança ou à infância/Próprio de criança. **Ex.** O mundo ~ tem muito [é cheio de(+)] encanto. **Comb.** Imaginação [Sorriso] ~. **2** Que se destina a crianças/Apropriado para crianças. **Comb.** *Jardim ~. Jogo ~. Literatura ~*. **3** Que mantém cara(c)terísticas de criança/Que revela imaturidade. **Ex.** O rapaz é muito ~ [muito criança], muito ingé(ê)nuo. **4** *s m pl (D)esp* Categoria de jogadores/atletas com menos de quinze anos. **Ex.** Fez a (sua) carreira no clube, desde os ~is.

infantilidade *s f* (<infantil + -idade) **1** Qualidade do que é infantil. **Ex.** A ~ das conversas entre os miúdos tem um grande encanto. **2** A(c)to/Dito ingé(ê)nuo/Atitude que parece de criança. **Ex.** Já estamos habituados às suas ~s [às ~s dele (+)], é muito imaturo.

infantilismo *s m Med* (<infantil + -ismo) Paragem do desenvolvimento do organismo na infância, mantendo o indivíduo cara(c)terísticas morfológicas e/ou psíquicas de criança para além da puberdade.

infantilizar *v t* (<infantil + -izar) **1** Tornar(-se) infantil/(Fazer) proceder como uma criança. **2** Dar cara(c)terísticas infantis a.

infantilmente *adv* (<infantil + -mente) À maneira de criança/De modo infantil/Ingenuamente. **Ex.** Reage ~ [como (uma) criança(+)] quando é desafiado pelo grupo.

infarto *s m* ⇒ enfarte.

infatigável *adj 2g* (<lat *infatigábilis, e*) **1** Que desenvolve um esforço continuado/Que não sente [revela] fadiga/Incansável. **Ex.** Foi ~ na preparação da festa. **2** Zeloso/Diligente. **Ex.** O advogado foi ~ na recolha de documentação. **3** Forte/Resistente(+). **Ex.** Só alguém ~ [muito resistente] podia levar a cabo tão penosa tarefa.

infausto, a *adj* (<lat *infáustus*) **1** Infeliz/Desditoso/Funesto/Triste. **Ex.** Recebeu a ~a notícia logo de manhã. **2** Que traz desgraça/Trágico/Aziago/Nefasto. **Ex.** Naquele ~ dia tudo me correu mal [me foi adverso].

infeção (Fè) [*Br* **infe(c)ção** (dg)] *s f Med* [= infecção] (<lat *inféctio, ónis*) **1** A(c)ção ou resultado de infe(c)tar/Penetração e desenvolvimento de microrganismos patogé(ê)nicos num organismo. **Ex.** A vacina destina-se a evitar a ~. **2** Doença provocada por esses microrganismos, que permanecem localizados ou se espalham pelo organismo. **Ex.** A septicé(ê)mia é uma ~ muito grave. Para combater a ~ está a tomar um antibiótico forte. **Comb.** *~ microbiana. ~ oportunista* [que resulta da circunstância de um germe, até então inofensivo, aproveitar o estado de fragilidade ocasional do organismo para provocar a doença]. **3** Contágio/Contaminação. **4** *Info* Entrada ou presença de vírus no computador, em arquivo, sistema operacional ou dispositivo. **Ex.** Confio no antivírus para impedir a ~ do computador. **5** *fig* Corrupção moral.

infecção/infeccionar/infeccioso/infectar ⇒ infeção/...

infecionar (Fè) [*Br* **infe(c)cionar** (dg)] *v t Med* [= infeccionar] (<infe(c)ção + -ar¹)

1 Causar infe(c)ção/Infetar. **2** Contagiar/Contaminar/Viciar. **3** *fig* Perverter(-se)/Corromper(-se)/Depravar(-se).

infecioso, a (Fè) **[***Br* **infe(c)cioso** (*dg*)**]** *adj* [= infeccioso] (<infe(c)ção + -oso) **1** Que provoca [transmite] infe(c)ção/Contagioso. **Comb.** *Agente ~. Germe ~.* **2** Que resulta de infe(c)ção. **Ex.** Importa prevenir o aparecimento de qualquer doença ~a.

infe(c)to((*dg*), **a** *adj* [= infecto] (<lat *inféctus*, de *infício, ere, éctum*: infe(c)tar<*in + fácio, ere*: fazer) **1** Que tem infe(c)ção/Infe(c)tado(+). **2** Que exala mau cheiro/Nauseabundo/Pestilento/Fétido(+). **Ex.** Havia ali uma lixeira ~a. **3** Que causa repugnância/repulsa/Abje(c)to/Putrefa(c)to. **Ex.** O cadáver em decomposição deitava já um cheiro ~. **4** Que é foco de infe(c)ção/Insalubre. **Ex.** Era um lugar ~, a evitar. **5** *fig* Corrompido moralmente/«livro» Imoral.

infe(c)tocontagioso (*dg*), **a** (Ôso, Ósa, Ósos) *adj* [= infecto-contagioso] Causado por infe(c)ção e que se transmite por contágio. **Ex.** A tuberculose é uma doença ~a.

infectum (Fé) lat *Gram* Diz-se do conjunto de tempos verbais que, em latim, correspondem a a(c)ção não acabada/Imperfeito(+). **Ant.** *Perfectum* [Perfeito(+)].

infecundidade *s f* (<in- + fecundidade) Qualidade ou estado de infecundo/Esterilidade.

infecundo, a *adj* (<in- + fecundo) **1** Que não está apto a reproduzir/Que não gera/Estéril. **2** Que não dá fruto/Improdutivo. **3** Que não é criativo/inventivo. **Comb.** Mente ~a.

infelicidade *s f* (<lat *infelícitas, átis*) **1** Estado de quem é [está/se sente] infeliz/Falta de felicidade. **Ex.** A ~ da filha preocupava-o. **2** Acontecimento desfavorável que faz sofrer/Adversidade/Infortúnio. **Ex.** Teve a ~ de perder o [da morte do] pai na adolescência. **3** Situação dolorosa/Sofrimento. **Ex.** A perda do emprego do pai foi a causa da ~ familiar. **4** Sentimento de insatisfação/abatimento/frustração. **Ex.** Ai! que ~ (a minha)!

infelicíssimo, a *adj sup Gram* (<infeliz) Muito infeliz.

infeliz *adj/s 2g* (<lat *infélix, ícis*) **1** (O) que não é feliz/que vive sem alegria/que habitualmente anda contrafeito/que tem um ar [aspe(c)to] triste]. **Ex.** Há por aí muita gente ~. **2** (O) que inspira compaixão/Desgraçado/Miserável. **Ex.** Procurava ajudar os ~es. **3** (O) que está descontente/frustrado/desanimado. **Ex.** Está ~ porque o exame lhe correu mal. **4** Que não é bem sucedido/Que não tem sorte/Que sofre adversidade. **Ex.** Foi ~ no sorteio dos pré[ê]mios, não lhe calhou [saiu] nenhum. **5** Que teve uma intervenção inoportuna/desadequada. **Ex.** Ele foi muito ~ no que disse [Ele disparatou]. **6** Não apropriado/ajustado à circunstância. **Ex.** Fez um discurso um bocado ~, que poucos aplaudiram. A ideia de convidar todo o grupo foi ~/má. **7** Desfavorável/Infausto/Funesto. **Ex.** Coitado, teve um fim ~!

infelizmente *adv* (<infeliz + -mente) Contrariamente ao que era desejável/Lamentavelmente. **Ex.** Eu, ~, não o pude ajudar.

inferência *s f* (<inferir + -ência) **1** A(c)ção ou efeito de inferir/Conclusão/Ilação. **2** *Lóg* Operação de afirmar a verdade de uma proposição pela ligação lógica que ela tem com outras consideradas verdadeiras/Dedução/Indução. **Comb.** *~ imediata. ~ mediata.* **3** O que se conclui através dessa operação.

inferior *adj/s 2g* (<lat *inférior, ius*) **1** Que se situa em nível menos elevado, abaixo de/Que está na base de. **Ex.** A ribeira corre a um nível ~ ao das casas. **Comb.** *Membros ~es* «do corpo humano» [Pernas]. *Passagem ~* [que está por baixo de «via-férrea, de estrada, …»]. *Piso* [Andar] *~* [que fica abaixo de outro]. **Ant.** Superior. **2** *Hist* Que se situa num período mais recuado/distante. **Comb.** *Paleolítico ~*. **3** Que está numa relação de subordinação hierárquica a outro. **Comb.** *Oficial ~. Patente ~. Posto ~. Tribunal ~.* **Ant.** Superior. **4** Menor «na grandeza, intensidade, quantidade, …». **Ex.** Comprei fruta por um preço ~. Poupei uma quantia ~ à do mês passado. **5** De menor valor/qualidade. **Ex.** Esse tecido é ~ ao outro. **6** Que tem menor capacidade que outrem. **Ex.** «este atleta» Não se considera ~ aos outros. **7** Medíocre/Fraco. **Ex.** Esse romance é uma obra ~ [menor(+)] do escritor. **8** *Biol* Que tem uma organização mais simples/Que é menos evoluído. **Comb.** *Grau ~* da cadeia «zoológica». *Animal ~.* **9** *Geog* Diz-se da parte do rio mais próxima da foz. **Ex.** No seu curso ~, o rio desliza mansamente. **Ant.** Superior. **10** *s* Diz-se da pessoa subordinada hierarquicamente a outra/Subalterno. **Ex.** Há uma boa relação entre ele, superior, e os seus ~es.

inferioridade *s f* (<inferior + -idade) **1** Estado/Condição/Posição de inferior «em força/valor/meios/número/…»/Desvantagem. **Ex.** É mais difícil jogar «futebol» em ~ numérica. **2** Imagem desfavorável que alguém tem [faz] de si mesmo/Desconfiança relativamente às capacidades próprias. **Ex.** Os seus fracassos com certeza devem-se a um complexo de ~ muito arreigado.

inferiorizar *v t* (<inferior + -izar) Colocar(-se) em posição de inferioridade/Rebaixar(-se)/Desvalorizar(-se)/Humilhar(-se). **Ex.** Muito gosta ele de ~ os (seus) subalternos!

inferir *v t* (<lat *ínfero,ínferere*: concluir<*in + féro, ferre*: trazer) Fazer inferência/Tirar ilação/Concluir em resultado de raciocínio/Depreender. **Ex.** Daí inferiram que ele era responsável pelo sucedido. **Sin.** Deduzir; induzir; concluir.

infernal *adj 2g* (<lat *infernális, e*) **1** *Mit* Relativo ao lugar subterrâneo onde os antigos julgavam morarem as almas dos mortos. **2** *Rel* Relativo ao inferno, em que se diz penarem os demó[ô]nios e os condenados, em castigo das suas más a(c)ções. **3** De grande maldade/Perverso/Diabólico/Demoníaco. **Ex.** Concebeu um plano ~ para provocar os maiores distúrbios. **4** Atroz/Insuportável. **Ex.** Passou por um sofrimento ~. **5** Brutal/Violento. **Ex.** No seu avanço ~, a enxurrada vinda da montanha tudo arrasou. **6** Estonteante/Alucinante/Vertiginoso. **Ex.** A automotora, na sua marcha ~, galgava pontes e túneis na encosta debruçada sobre o rio.

infernar *v t* (<inferno + -ar¹) (Fazer) sofrer grande tormento/desespero/Afligir. **Ex.** O seu obje(c)tivo era ~ o pobre [infeliz] irmão.

inferneira *s f* (<inferno + -eira) **1** Situação de grande alvoroço/desordem/Tumulto(+). **Ex.** Os grupos rivais tinham-se envolvido em grande disputa e confusão, uma ~! **2** Grande algazarra/Alarido/Gritaria/Barulheira(+)/Chinfrim. **3** *Br* O que exige grande esforço/fadiga/Trabalheira(+).

infernizar *v t* (<inferno + -izar) **1** (Fazer) sofrer grande aflição/desespero/Atormentar(+). **Ex.** O egoísmo do marido infernizava-lhe a vida. **2** Irritar fortemente/Impacientar(+).

inferno *s m* (<lat *inférnum*: profundezas da Terra) **1** *maiúsc Crist* Lugar ou estado de suplício perpétuo, pela privação de Deus, para os demó[ô]nios e para os homens que, depois da morte, forem condenados pelas más a(c)ções (praticadas) em vida. **Ex.** Temia ir para o ~. **Loc.** *interj* Vai para o ~!/ Vai para as profundas [para os quintos] dos ~s! [Exclamações de raiva, de grande impaciência, contra alguém que se quer bem longe]. **Comb.** *Fogo do ~.* **2** Conjunto dos demó[ô]nios. **Ex.** Os poderes do ~ nada puderam contra a sua virtude heroica. **3** *pl Mit* Lugar subterrâneo em que, segundo os antigos, permaneceriam as almas dos defuntos. **4** *fig* O que custa muito a suportar/Grande sofrimento. **Ex.** «a sogra» Fazia-lhe (À nora) a vida num ~. **5** Suplício atroz/Dor violenta/Martírio/Tormento. **Ex.** Teve a experiência de um ~ em vida. **6** Grande balbúrdia/tumulto/desordem/confusão/Inferneira 1. **Ex.** A seguir ao forte terramoto a cidade mergulhou num ~.

ínfero, a *adj* (<lat *ínferus*: que está em baixo) **1** ⇒ Inferior. **2** Em lugar inferior. **Comb.** *Ovário* (vegetal) *~.*

ínfero-anterior *adj 2g* Situado abaixo e à frente.

ínfero-exterior *adj 2g* Situado abaixo e na parte exterior.

ínfero-interior *adj 2g* Situado abaixo e na parte interior.

ínfero-posterior *adj 2g* Situado abaixo e atrás.

infértil *adj 2g* (<lat *infértilis, e*) **1** Que não é fértil/Improdutivo/«solo/terra» Estéril. **2** *fig* Que produz pouco/Infrutífero. **Comb.** Imaginação ~/pobre(+).

infertilidade *s f* (<lat *infertílitas, átis*) **1** Qualidade de infértil/Infecundidade/Esterilidade. **2** *Med* Incapacidade para procriar.

infertilizar *v t* (<infértil + -izar) Tornar(-se) infértil/Deixar ou ficar estéril.

infestação *s f* (<lat *infestátio, ónis*) **1** A(c)to ou efeito de infestar. **2** Propagação de parasitas num local ou num organismo, podendo causar ou transmitir doenças. **Comb.** *~* [Praga] *de piolhos/pulgas/ácaros/vermes/…*

infestador, ora [infestante] *adj/s* (<infestar + -dor) **1** (O) que infesta. **2** Diz-se de planta/animal parasita que invade um local ou um organismo, provocando estrago ou doença.

infestar *v t* (<lat *infesto, áre*: atacar) **1** Invadir e espalhar-se em grande número, provocando estrago. **Ex.** Uma praga de lagartas infestou a horta. A relva do jardim ficou (toda) infestada de ervas daninhas. **2** *Med* Causar infestação 2. **3** Devastar/Assolar. **Ex.** Nessa época os piratas infestavam os mares. **4** Encher/Ocupar em demasia. **Ex.** As pessoas infestam de carros as ruas da cidade [A cidade está infestada de carros(+).

infetar (Fè) **[***Br* **infe(c)tar** (*dg*)**]** *v t* [= infectar] (<infe(c)to + -ar¹) **1** Provocar [Ser atingido/afe(c)tado por] doença infe(c)ciosa/Contagiar(-se). **Ex.** Esse microrganismo infe(c)tou duas pessoas da família. **2** *Info* Passar vírus para o computador/Contaminar. **Ex.** Um poderoso vírus, vindo por correio ele(c)tró[ô]nico, infe(c)tou o meu computador.

infeto/infetocontagioso ⇒ infe(c)to/infe(c)to(-)contagioso.

infibulação *s f Med* (<lat *infíbulo, áre*: atar com agrafo ou fivela) Operação em pessoa ou animal que consiste em fechar orifícios genitais para impedir o coito completo.

infidelidade *s f* (<lat *infidélitas, átis*) **1** Qualidade de quem não é fiel a [não respei-

ta] um compromisso assumido. **Ex.** A ~ é sempre censurável. **2** A(c)to/Comportamento de quem viola a confiança de alguém/Deslealdade/Traição. **3** Violação do dever de fidelidade ao cônjuge, tendo relação sexual com outrem/Adultério. **Ex.** A causa próxima do divórcio foi a ~ de um dos cônjuges. **4** Falta de rigor/exa(c)tidão na desejada conformidade com o que serve de referência. **Ex.** A ~ da tradução ao (texto) original é evidente em várias passagens. **5** Falta de coerência com princípios/valores que se diz seguir. **6** Falta de cumprimento de obrigações propostas pela religião que se professa. **7** *Rel* Conjunto das pessoas que não são crentes ou que não seguem a religião dominante «cristianismo».

infiel *adj/s 2g* (<lat *infidélis, e*) **1** (O) que viola um compromisso/dever assumido. **Ex.** Tem remorso de ter sido ~ à sua missão. **2** (O) que engana [trai] o parceiro na vida amorosa ou conjugal. **Comb.** *Companheiro* ~. *Esposa* ~. *Marido* ~. **3** (O) que viola a confiança de alguém/que não cumpre os deveres a que está obrigado. **Ex.** Um empregado ~ fez um desfalque na empresa. **4** Que se afasta dos princípios/valores que deveria seguir. **Ex.** O povo critica quem é ~ às verdades que diz professar. **5** «texto» Que não está conforme ao original, como se pretende/Que não é exa(c)to. **Comb.** Memória ~/falhada/fraca. **6** *Rel* (O) que não é crente/que não segue a religião dominante «cristã». **Ex.** Antes moviam-se guerras contra os ~éis.

infiltração *s f* (<infiltrar + -ção) **1** A(c)to ou efeito de infiltrar(-se). **Ex.** A ~ da água da chuva no solo é mais rápida se o terreno está seco. **2** Penetração lenta de um fluido nos interstícios de um corpo sólido. **3** Penetração acidental de água numa parede de um prédio devido a defeito de construção ou a má conservação. **Ex.** A (h)umidade na parede do quarto é resultado de uma ~ (de água). **4** Introdução furtiva de alguém numa organização que se pretende combater. **Ex.** A ~ de polícias no grupo do narcotráfico apressou a prisão dos maiorais. **5** Entrada e difusão lenta de novas ideias na mente das pessoas ou na sociedade. **6** *Med* Introdução ou acumulação de líquido ou de células patogé[ê]nicas em certos tecidos. **7** *Med* Inje(c)ção lenta de um medicamento numa zona do organismo. **8** *Mil* Avanço furtivo de tropas no território do inimigo para o atacar pela retaguarda. **9** *(D)esp* Em modalidade cole(c)tiva com bola, penetração rápida do jogador que leva a bola na defesa contrária. **Ex.** A ~ do atacante no último reduto adversário foi feita com mestria.

infiltrado, a *adj/s* (<infiltrar) **1** (O) que se infiltrou. **2** (Pessoa) que se introduziu furtivamente em organização inimiga. **3** *Patol* Material estranho/patogé[ê]nico que penetrou em tecido ou órgão.

infiltrar *v t* (<in-**b**) + filtro + -ar¹) **1** (Fazer) passar lentamente um fluido pelos interstícios de um sólido, como num filtro. **2** (Fazer) penetrar/Inserir/Introduzir lentamente. **Ex.** Dois pedaços de madeira dura infiltraram-se-lhe nos dedos. As ideias liberais infiltraram-se na sociedade. **3** Introduzir(-se) furtivamente alguém em organização inimiga para a espiar ou atacar.

ínfimo, a *adj* (<lat *ínfimus*) **1** Que, numa escala/hierarquia, ocupa a posição mais baixa. **Ant.** Sumo; supremo. **2** Muito pequeno; mínimo. **Ex.** Estudou bem o assunto até ao ~ pormenor. **3** De muito pequeno valor/Insignificante/Desprezível. **Ex.** O contributo dele para esta obra foi ~/mínimo.

infindável *adj 2g* (<in- + findável) **1** Que não tem fim/Que parece não acabar/Interminável. **Ex.** Aquele (período de) sofrimento parecia ~ [nunca mais acabava]! **2** Incalculável/Incontável. **Ex.** A seguir à destruição do terramoto, um número ~ de [, imensa] gente aguardava a distribuição de um pouco de comida.

infindo, a *adj* (<in- + findo) **1** Que não tem fim/Que não termina. **Ex.** A série dos números inteiros é ~a/infinita(+). **2** Que não se pode quantificar/calcular/Imenso(+). **Ex.** A mãe sentiu uma doçura ~a com [ao ler] a carta do filho. **3** Que parece não ter fim/Ilimitado. **Ex.** Estive um tempo ~ à tua espera!

infinidade *s f* (<lat *infínitas, átis*) **1** Qualidade do que não tem princípio nem fim/Condição do que é ilimitado/infinito. **2** Grande quantidade/número. **Ex.** Colocaram-me uma ~ de questões a que procurei responder. **3** *Rel* Atributo de Deus/do Seu infinito poder.

infinitamente *adv* (<infinito + -mente) **1** Sem fim/medida/limite/De modo infinito. **Ex.** (Na catequese cristã ensina-se que) Deus é ~ bom. **2** Muitíssimo/Extremamente. **Ex.** Fico-lhe ~ grato por tão preciosa ajuda!

infinitesimal *adj 2g* (<infinitésimo + -al) **1** Que é muito pequeno/Mínimo/Ínfimo. **2** *Mat* Relativo a quantidades extremamente/infinitamente pequenas. **Comb.** *Análise* ~. *Cálculo* ~.

infinitésimo, a *adj/s m* (<lat *infinitésimus*) **1** Que é extremamente/infinitamente pequeno. **2** *s m Mat* Grandeza/Quantidade infinitamente pequena que tende para zero.

infinitivo, a *adj/s m Gram* (<lat *infinitívus*: indeterminado) **1** Diz-se da frase/oração que tem o verbo no ~ «(O) beber vinho». **Ex.** Em latim a frase ~a é mais usada do que em português. **2** *s m* Forma nominal [Modo] do verbo que indica a a(c)ção, o processo ou o estado de forma indeterminada, sem expressão do tempo e do modo. **Comb.** ~ *impessoal* «beber vinho». ~ *pessoal*/flexionado «Nós bebermos vinho?!».

infinito, a *adj/s m* (<lat *infinítus*: imenso) **1** (O) que não tem fim/termo/Ilimitado. **Ex.** Imaginamos o espaço e o tempo como ~s. **2** *Rel* Deus. **3** *Rel* Diz-se dos atributos divinos, por oposição ao que é humano. **Ex.** A misericórdia de Deus é ~a. **4** Que não se pode quantificar/Incalculável. **Comb.** *Conjunto* ~. *Linha* ~. *Movimento* ~. **5** Que não se pode medir/Incomensurável. **6** Que parece não mais acabar **Ex.** Ficou extasiado a contemplar a vastidão ~a do céu estrelado. **7** Em grau ou número extremamente elevados. **Ex.** Vi a cena repetir-se (n)um número ~ [repetir-se ~as] vezes. **8** *s m Gram* ⇒ infinitivo **2**. **9** *s m Mat* Grandeza cujos valores não são limitados/O que não tem limite determinado. **Ex.** A série dos números inteiros tende para o ~. **10** O espaço muito distante. **Ex.** Tinha o olhar perdido no ~.

infinitude *s f* ⇒ infinidade.

infirmar *v t/int* (<lat *infírmo, áre*: enfraquecer) **1** Fazer perder a força/firmeza/autoridade/eficácia/Enfraquecer. **Ex.** Tratou de ~ [de deitar abaixo/de derrotar(+)] os argumentos do adversário. **2** Ser fraco em/Ser pouco consistente em determinado aspe(c)to/Claudicar/Falhar. **Ex.** A acusação (do queixoso) infirma de prova insuficiente. **3** ⇒ Invalidar/Anular/Revogar.

infixo *s m Gram* (<lat *infíxus*, de *ínfigo,ere*: meter, pregar) Morfema que se insere entre a palavra primitiva e o sufixo da palavra derivada; por ex. o *z* de cafezal ou cafezinho.

inflação (Flà) *s f* (<lat *inflátio, ónis*: inchaço) **1** A(c)to ou efeito de inflar. **2** *Econ* Subida continuada e generalizada dos preços, devida à excessiva circulação da moeda em relação aos bens disponíveis. **Ex.** A ~ prejudica sobretudo quem tem uma pensão fixa, pois fica a poder comprar cada vez menos bens. **Comb.** *Descida da* ~. *Subida da* ~. *Taxa da* ~. **Ant.** Deflação. **3** Valorização excessiva e artificial de alguma coisa. **Ex.** Em algumas escolas há ~ das notas/classificações. **4** Crescimento excessivo/Número exagerado. **Ex.** No ensino superior português verifica-se ~ de [há demasiados] cursos. **5** *fig* ⇒ Vaidade/Soberba.

inflacionado, a (Flà) *adj* (<inflacionar) **1** *Econ* Em que há um aumento generalizado de preços. **Comb.** Economia ~. **2** Que teve uma subida exagerada e injustificada. **Ex.** Nessa escola as classificações estão geralmente ~as.

inflacionar (Flà) *v t* (<inflação + -ar¹) **1** *Econ* Aumentar o preço de bens e serviços. **2** *Econ* Fazer uma exagerada emissão de moeda provocando a sua desvalorização. **3** Aumentar demasiado. **Loc.** ~ *salários*. ~ *o preço dos transportes*.

inflacionário, a (Flà) *adj* (<inflação + -ário) **1** Relativo à inflação. **Comb.** *Espiral* ~a. *Processo* [Práticas] ~o[as]. *Tendência* ~a. **2** Que promove a inflação/Inflacionista. **Comb.** *Fa(c)tor* ~o. *Política* ~a.

inflacionismo (Flà) *s m* (<inflação + -ismo) **1** Prática/Política de inflação. **2** Teoria defensora das vantagens da inflação.

inflacionista (Flà) *adj/s 2g* (<inflação + -ista) **1** Relativo à inflação/Que promove a inflação/Inflacionário. **2** Defensor do inflacionismo.

inflado, a *adj* (<inflar) **1** Inchado. **2** *fig* Soberbo; vaidoso.

inflamação *s f* (<lat *inflammátio, ónis*) **1** A(c)to ou efeito de inflamar, de pegar fogo/Fenó[ô]meno de uma substância combustível se incendiar. **Ex.** A ~ da gasolina é muito fácil. **2** *Med* Rea(c)ção local dos tecidos à a(c)ção de um agente patológico, seja físico, químico ou microrganismo. **Ex.** A ~ na perna fazia-o coxear. **3** *Med* Tumefa(c)ção acompanhada de calor, vermelhidão/rubor. **Ex.** Para tratar a ~ aconselhou-me um creme. **4** Rubor(+)/Afogueamento(+). **Ex.** O enorme esforço e o calor tórrido daquela tarde explicavam a ~ do seu rosto. **5** *fig* Grande entusiasmo/Exaltação(+)/Excitação. **Ex.** Esperava-se a ~ da multidão à chegada do herói.

inflamado, a *adj* (<lat *inflammátus*) **1** Que está em combustão/chama/Aceso. **Ex.** Esta lenha, uma vez ~a, produz muito calor. **2** *Med* Que tem inflamação **2**. **Ex.** O tornozelo ~ provoca-lhe grande dor. **3** Inchado/Afogueado/Ruborizado. **4** *fig* Muito irritado/exaltado **Ex.** Com voz ~a exigiu silêncio total. **5** *fig* Arrebatado/Ardente/Apaixonado. **Ex.** Em tom ~ apelou à união de todos.

inflamar *v t* (<lat *inflámmo, áre, átum*: incendiar) **1** Pegar fogo (a)/Deixar [Ficar] em chamas/Incendiar(-se). **Ex.** A gasolina inflama-se facilmente. **2** *Med* Provocar [Sofrer] inflamação **3**/(Fazer) inchar. **Ex.** Com o vento muito frio a garganta inflamou-se-lhe. **3** Pôr [Ficar] vermelho/Ruborizar(-se)/Afoguear(-se). **Ex.** O calor intenso inflamou-lhe o rosto. **4** *fig* Excitar(-se)/

Entusiasmar(-se)/Arrebatar. **Ex.** Antevendo a grande vitória, os espíritos [ânimos(+)] inflamaram-se. **5** *fig* Irritar(-se)/Exaltar(-se). **6** *Br* «restaurante» Ficar lotado/repleto.

inflamatório, a *adj* (<inflamar + -tório) **1** Relativo a [Que envolve] inflamação. **Ex.** O processo ~ manifestou-se há pouco (tempo). **2** Que causa inflamação. **Comb.** Agente ~. **3** *fig* Que entusiasma/excita.

inflamável *adj 2g* (<inflamar + -vel) **1** «gasolina» Que entra facilmente em combustão/Que tende a incendiar-se. **2** *fig* «temperamento» Exaltado(+)/Que é propenso a entusiasmar-se/excitar-se/exaltar-se.

inflar *v t/int* (<lat *ínflo,áre,átum*: soprar em, inchar) **1** Ganhar volume [Inchar] com ar/gás/«vela de barco» Enfunar-se/Intumescer. **2** *fig* Aparentar importância/Enfatuar--se/Envaidecer-se. ⇒ inflado.

inflectir ⇒ infletir.

infletir (Flè) [*Br* **infle(c)tir** (dg)] *v t/int* [= inflectir] (<lat *inflécto, ere, fléxum*) **1** Curvar(-se)/Inclinar(-se)/Fletir. **2** Mudar de dire(c)ção/rumo. **Ex.** Ao fundo da rua, o carro infletiu para a esquerda. **3** *fig* Mudar de obje(c)tivo/orientação. **Loc.** ~ noutra dire(c)ção [por um atalho]. **4** Modificar o tom da [Modular a] voz «para dar à frase uma ento(n)ação expressiva.

inflexão (Kssão) *s f* (<lat *infléxio, ónis*: desvio) **1** A(c)ção ou resultado de infle(c)tir/curvar «a cabeça»/dobrar. **Comb.** *Geom* Ponto de ~ [em que muda o sentido da concavidade de uma curva e no qual esta é atravessada pela tangente]. **2** Mudança de dire(c)ção/rumo. **3** Mudança de tom de voz/Modulação expressiva. **Ex.** As contínuas inflexões tornaram o discurso mais agradável de ouvir. **4** *Gram* Variação de desinências/Flexão(+).

inflexibilidade (Kssi) *s f* (<inflexível + -idade) **1** Qualidade do que não se pode dobrar/curvar/Cará(c)ter de inflexível. **2** *fig* Qualidade de quem não se deixa influenciar/impressionar com súplicas/Falta de maleabilidade. **Ex.** Chocou-me a sua ~ perante os rogos dos queixosos. **3** *fig* Rigidez de cará(c)ter/Austeridade.

inflexível (Kssi) *adj 2g* (<lat *inflexíbilis, e*) **1** Que não se pode curvar/dobrar/fle(c)tir. **2** *fig* Que não é influenciável por súplicas/Implacável/Impassível. **Ex.** O polícia revelou-se [foi] ~ a aplicar a multa. **3** *fig* Incapaz de adaptar-se às circunstâncias/Que não é maleável/Rígido. **Ex.** É ~ no cumprimento do programa traçado.

infligir *v t* (<lat *inflígo, ere*) **1** Aplicar/Impor «castigo/pena/repreensão». **Ex.** O juiz infligiu [aplicou(+)] uma dura pena ao réu. **2** Fazer suportar/Causar «algo desagradável» a. **Ex.** A nossa equipa infligiu pesada derrota à [ao clube] rival. A tempestade infligiu [causou(+)] grandes danos aos agricultores da região.

inflorescência *s f* (<lat *inflorescéntia*, de *inflorésco, ere*: florir) **1** Maneira como as flores se dispõem numa planta. **Ex.** O cacho é uma ~ agrupada. **2** Conjunto das flores agrupadas de uma planta, com um eixo comum, sem haver folhas a separá--las.

influença *s f* ⇒ influenza.

influência *s f* (<influir) **1** A(c)ção exercida sobre algo ou sobre alguém. **Ex.** O clima tem ~ na agricultura. Uma noite mal dormida tem ~ no rendimento escolar. **2** Mudança no comportamento de alguém devido ao convívio habitual com outrem. **Ex.** As más companhias [Os companheiros indesejáveis] tiveram uma nefasta ~ no seu comportamento. **3** Capacidade que alguém tem, pelo seu prestígio, cargo ou poder econó[ô]mico, de obter de outrem o que pretende «para si ou para outros». **Ex.** Uma pessoa de ~, numa sociedade corrupta, consegue favores para familiares e afilhados. **Comb.** Tráfico de ~s. **4** Autoridade que um Estado ou uma cultura/civilização exercem sobre (toda) uma região. **Ex.** A cultura da Grécia Antiga exerceu profunda ~ nas terras em volta do Mediterrâneo. **Comb.** Esfera [Zona] de ~.

influenciador, ora *adj/s* (<influenciar + -dor) **1** Que a(c)tua sobre [Que modifica] alguma coisa/Que influencia. **Ex.** Um fa(c)tor ~ da escolha daquele curso foi ele gostar muito de matemática. **2** (O) que modifica o procedimento de alguém.

influenciar *v t* (<influência + -ar¹) **1** Ter ascendente [A(c)tuar] sobre o espírito de outrem, levando-o a modificar a forma de pensar ou de agir. **Ex.** Este escândalo político vai ~ o [vai influir no] voto do eleitorado. **2** Provocar uma modificação em alguma coisa. **Ex.** A temperatura ambiente influencia o desenvolvimento das plantas.

influenciável *adj 2g* (<influenciar + -vel) **1** Que pode ser alterado por a(c)ção de alguém ou de alguma coisa/Que pode sofrer influência de. **Ex.** O rendimento escolar é ~ por problemas familiares. **2** Que facilmente pode ser manipulado/persuadido/convencido. **Ex.** Quem pensa por si próprio [pela própria cabela(+)] não é ~.

influente *adj/s 2g* (<influir) **1** Que influi [tem influência] em. **Ex.** Um aspe(c)to ~ na pena a aplicar é o fa(c)to de o réu ter confessado o crime. **2** (Pessoa) que tem prestígio/poder, que é capaz de interferir na a(c)tuação ou no comportamento de outros/Importante. **Ex.** Uma pessoa ~, num meio pequeno, mais facilmente pode levar à união de esforços para o bem comum.

influenza *s f Med* (<it *influenza*) Doença contagiosa causada por um vírus que afe(c)ta sobretudo as vias respiratórias, causando febre e mal-estar em todo o corpo/Gripe.

influir *v t/int* (<lat *ínfluo,ere,flúxum*: correr para) **1** Ter influência em/Contribuir para/Ter importância para «algo acontecer». **Ex.** A crise econó[ô]mica influiu muito no nível de vida do povo. **2** Fazer correr «um fluido» para. **3** Levar a fazer/Motivar/Entusiasmar. **4** *fig* Inspirar/Incutir/Comunicar. **Ex.** Os bons resultados influem [dão(+)] confiança à equipa. **5** Fazer penetrar/Imbuir/Impregnar. **6** Ter importância/valor/Contar. **Ex.** Perdida toda a esperança, já nada influi/conta/importa/vale. A idade não influi, a experiência sim.

influxo (Ksso) *s m* (<lat *inflúxus*; ⇒ influir) **1** A(c)ção ou efeito de influir/A(c)ção exercida sobre/Influência/Estímulo. **Ex.** Foi sob o ~ desta ideologia que algumas leis foram elaboradas. Foi por ~ de um professor que escolheu este curso. **2** Afluência/Convergência. **3** Enchente da maré/Maré-cheia/Praia-mar.

infoexclusão (Eis) *s f Info* [= info-exclusão] (<info(rmática) + ...) Impossibilidade de aceder às [Desconhecimento das] novas tecnologias de informação. **Ex.** Muita gente vai estar sujeita à ~. **Ant.** Infoalfabetização.

infografia *s f Info* (<info(rmática) + grafia) **1** Técnica de criar imagens por computador. **2** Gráfico obtido por computador para tratar visualmente dados estatísticos e outras informações.

in-fólio, a *adj/s m* (<lat *in fólio*: na folha) **1** Diz-se da folha de impressão dobrada ao meio, de que resultam cadernos de quatro páginas. **2** Diz-se do formato de livro assim obtido. **3** Livro impresso nesse formato.

infonauta *s 2g* ⇒ cibernauta.

informação *s f* (<informar + -ção ⇒ informe²) **1** A(c)to ou efeito de informar(-se), de comunicar, de dar a conhecer alguma coisa a alguém. **Ex.** A ~ sobre os transportes públicos interessa muito ao turista. Para tua ~ [Se queres saber], o menu do almoço de hoje tem um prato de leitão assado. **2** Indicação/Esclarecimento/Explicação sobre qualquer assunto. **Ex.** Devia dirigir-me ao balcão [serviço competente] para colher [pedir(+)] a ~. **Loc.** Dar boas ~ões sobre alguém [Testemunhar o bom comportamento ou a competência da pessoa]. **3** Esclarecimento, por escrito, dado por um funcionário ao seu superior, sobre documento a despachar. **4** Conjunto de instituições e equipamentos que têm por missão difundir notícias junto do público. **Ex.** A ~ que temos no país tem várias limitações. É obrigação da ~ alertar os cidadãos para os riscos que correm. **Comb.** *Liberdade de ~. Órgão de ~. Papel da ~.* **5** Transmissão e difusão de notícias para a população em geral. **6** Acontecimento de interesse geral dado a conhecer pela comunicação social. **Ex.** Deram essa ~ no noticiário das 13h. **7** Conjunto de dados ou conhecimentos relativos a um assunto recolhidos numa investigação/Documentação. **Ex.** O tratamento da ~ é fundamental na preparação de uma tese «de doutoramento». **Comb.** *~ genética* [Conjunto de cara(c)teres hereditários transmitidos por genes]. *~ nova*. **8** *Info* Conjunto de dados que podem ser processados por um sistema informático. **9** *Info* Produto desse processamento. **10** *Br* Indício da existência de ouro, pedras preciosas ou diamantes na zona.

informado, a *adj* (<informar) Que tem um bom conhecimento de determinado assunto. **Ex.** Sendo ele uma pessoa ~a, saberá tomar a melhor decisão.

informador, ora *adj/s* (<informar + -dor) **1** (O) que fornece informações/que ajuda a esclarecer alguma coisa/Informante **1**. **2** Pessoa cuja profissão é recolher e dar informações. **3** Pessoa que denuncia outros à polícia ou lhe fornece informações a troco de qualquer compensação/*pop* Bufo.

informal *adj 2g* (<in- + formal) **1** Isento de formalidades/Que não tem de obedecer a regras definidas. **Ex.** Gosta de tratar dos assuntos de forma muito ~, por ser mais prático. **Comb.** *Linguagem ~. Traje ~*. **2** Que não tem cará(c)ter oficial. **Ex.** Foi uma reunião ~, para não termos de fazer a(c)ta. **3** Diz-se de indumentária prática/desportiva. **Ex.** Para esta festa vai-se descontraído, com vestuário ~. **4** *Arte* Diz-se de um tipo de arte abstra(c)ta europeia do séc. XX que recusava seguir o modelo geometrizante.

informante *adj/s 2g* (<informar + (a)nte) **1** (O) que informa/que esclarece/Informador **1/2**. **2** *Ling* Falante nativo que, diante dum *corpus* do seu idioma, informa sobre ele linguistas de outros idiomas. **Ex.** Foi ~ no dicionário de Português-Janopês.

informar *v t* (<lat *infórmo, áre*: dar forma a) **1** Dar conhecimento de alguma coisa a alguém/Fazer saber/Comunicar/Esclarecer/Instruir. **Ex.** Quero ~ que estão abertas as inscrições para o novo curso. **2** Prestar informação ao grande público. **Ex.** Um jornal deve ~ com isenção. **3** ~-se/Pôr-se ao corrente de/Obter esclarecimentos/Inteirar-se de/Inquirir. **Ex.** Procurou ~-se do que tinha

de fazer junto de [perguntando a] um vizinho. **4** Dar parecer/informação sobre/Instruir «um processo». **Ex.** Vou ~ o requerimento que entrou, para o chefe decidir. **5** Dar forma a/Estruturar. **Ex.** Os princípios que informaram a sua educação continuam válidos. **6** Estar presente em/Cara(c)terizar. **Ex.** O espírito de disponibilidade total informou a sua a(c)ção caritativa.
informática *s f* (<fr *informatique*; ⇒ informar) **1** Ciência que se ocupa do tratamento da informação usando computadores. **Ex.** Vai optar pelo [escolher o] curso de ~. **2** Conjunto de técnicas aplicáveis ao tratamento da informação, usando programas instalados em computadores.
informático, a *adj/s* (<informática) **1** Relativo à informática. **2** (Pessoa) que se especializou em informática. **Ex.** Os ~s da empresa às vezes ficam a fazer serão [horas extraordinárias].
informativo, a *adj* (<informar + -tivo) **1** Relativo a informação. **Ex.** A liberdade e a isenção ~as são essenciais numa democracia. **2** Que tem por obje(c)tivo informar. **Comb. Bloco** ~. **Bloqueio** ~. **Boletim** ~. **Espaço** ~. **Programa** ~.
informatização *s f* (<informatizar + -ção) **1** A(c)ção ou resultado de informatizar. **2** Tratamento da informação através de meios proporcionados pelo computador. **3** Substituição dos métodos tradicionais de trabalho por formas automatizadas de tratamento de informação, usando programas de computador. **Ex.** A gerência decidiu a ~ da empresa.
informatizar *v t* (<informát(ica) + -izar) **1** Aplicar os recursos da informática a alguma coisa. **2** Dotar de meios informáticos. **Ex.** O governo tratou de ~ a administração da justiça.
informatizável *adj 2g* (<informatizar + -vel) **1** Que se pode informatizar. **2** Que se pode tratar por meios informáticos.
informe[1] *adj 2g* (<lat *infórmis, e*: sem forma; ⇒ disforme) **1** Que não tem forma precisa/acabada. **Comb. Bloco** ~ «de granito». **Corpo** ~. **Massa** ~/bruta. **2** Que tem um aspe(c)to irregular. **Comb.** Estátua [Obra] ~/inacabada. **3** Demasiado grande/Colossal. **Ex.** Aquela construção ~ a envolver [~ que rodeia] a pequena praça é chocante.
informe[2] *s m* (<informar) Informação/Indicação/Esclarecimento/Explicação. **Ex.** Deu-me um precioso ~ para eu tomar a decisão certa. **Loc.** Receber um ~. Transmitir [Dar] todos os ~s.
informidade *s f* (<lat *infórmitas, átis*: falta de forma) **1** Estado/Qualidade do que é informe[1]/Falta de forma precisa/determinada. **2** *Dir* Falta de uma formalidade exigida para a validade de um a(c)to jurídico.
infortunado, a *adj/s* (<lat *infortunátus*) **1** (O) que foi desfavorecido pela sorte/Infeliz/Desventurado/Desafortunado(+). **2** Que traz [envolve] desgraça/infortúnio/Nefasto. **Comb. Dia** ~o. **História** ~a. **Momentos** ~os.
infortúnio *s m* (<lat *infortúnium*) **1** Má sorte/Infelicidade/Desdita/Adversidade. **Ex.** É nos tempos de ~ que a amizade se revela melhor. **2** Acontecimento adverso/infeliz/Desgraça. **Ex.** A morte prematura do pai foi um ~ que marcou a sua vida.
infra- *pref* (<lat *infra*: abaixo de) Significa **posição inferior** (Ex. «O» ~[abaixo(+)]--assinado «José Silva», ~-estrutura, ~-humano, ~-vermelho).
infração (Frà) **[***Br* **infra(c)ção** (dg)**]** *s f* [= infracção] (<lat *infráctio, ónis*: a(c)ção de quebrar; ⇒ infringir) **1** A(c)ção que desrespeita regras/normas/Transgressão. **Ex.** O árbitro sanciona [castiga] a ~ das leis do jogo. **2** *Dir* Violação de uma lei, sobretudo de uma lei penal.
infracção ⇒ infração.
infracitado, a *adj* (<infra- + ...) Citado/Mencionado abaixo «no texto». **Ant.** Supracitado.
infrator, ora (Frà) **[***Br* **infra(c)tor** (dg)**]** *adj/s* [= infractor] (<lat *infráctor, óris*) (O) que infringe uma regra/norma/lei/Transgressor. **Ex.** Os ~es devem ser punidos. **Comb.** *(D)esp* Benefício do ~ [Decisão de punir que, na circunstância do jogo, favorece a equipa faltosa].
infraestrutura *s f* [= infra-estrutura] **1** Parte inferior de uma estrutura, servindo-lhe de suporte. **2** Base de uma construção, normalmente abaixo do solo/Alicerces/Fundações. **Ex.** A ~ deste prédio assenta na rocha/no roço. **3** Fundações de uma via-férrea, de uma estrada de grande tráfego, de uma ponte, ... **Ex.** Procedeu-se à [Fez-se a] renovação da ~ de troços da Linha do Norte (Portugal). **4** Sistema de serviços públicos de zona urbanizada ou do país. **Ex.** O saneamento, as redes de fornecimento de ele(c)tricidade, de água, de gás, de comunicações constituem as ~s de uma cidade. **5** Conjunto de instalações e de condições que tornam possível o funcionamento regular de uma organização «escola». **6** *Fil* Segundo o materialismo marxista, estrutura econó[ô]mica de uma sociedade, constituída pelas forças produtivas e suas relações, por oposição a superestrutura.
infra-humano, a *adj* Que está abaixo do nível da condição humana/Que não assegura a dignidade humana. **Ex.** Aquela gente vive em condições ~as.
infrangível *adj 2g* (<in- + frangível) **1** Que não se pode quebrar/destruir. **Sin.** Inquebrável(+). **2** *fig* «lei» Que não se pode violar/Inviolável(+).
infrassom *s m Fís* [= infra-som] Onda acústica de frequência inferior a dezasseis ciclos por segundo, que o ouvido humano não pode captar.
infravermelho, a *adj/s m* (<infra- + ...) (Diz-se da) radiação ele(c)tromagnética de comprimento de onda inferior ao vermelho do espe(c)tro solar, a qual é invisível ao olho humano. **Ex.** As aplicações industriais e terapêuticas dos (raios) ~s são várias.
infrene (Frè) *adj 2g* (<lat *infrénis, e*) **1** Que não se domina/controla/Que não tem freio/Desenfreado(+). **Ex.** Aquela ambição ~ foi a sua desgraça. **2** Imoderado/Desmesurado.
infringir *v t* (<lat *infríngo, ere, fráctum*: quebrar) Violar regras/normas/convenções/Transgredir/Desrespeitar. **Ex.** Não se importava de ~ os regulamentos.
infringível *adj 2g* (<infringir + -vel) «norma» Que se pode infringir/ignorar.
infrutescência *s f* (<in- b) + frutescência; ⇒ inflorescência 2) Grupo de frutos provenientes de uma inflorescência agrupada.
infrutífero, a *adj* (<lat *infructíferus*) **1** Que não dá fruto/Estéril. **Ex.** Decidi cortar esta árvore ~a. **2** *fig* Que não dá o resultado desejado/Inútil/Baldado. **Ex.** Os nossos esforços foram ~s, não conseguimos salvar o ferido.
infrutuoso, a (Ôso, Ósa/os) *adj* (<in- + frutuoso) **1** Que não produz frutos/Infecundo/Estéril/Infrutífero. **2** *fig* Inútil/Vão/Baldado. **Ex.** Tanto trabalho ~ fez-nos desanimar.
infundado, a *adj* (<in- + fundado) **1** «notícia» Que não tem fundamento. **2** Que não tem razão de ser/Que não se justifica. **Ex.** Havia o receio ~ de ele faltar à palavra [de ele não cumprir o que prometera]. **3** «acusação» Que não se comprovou.
infundir *v t* (<lat *infúndo, ere, fúsum*) **1** Mergulhar em líquido/Pôr de molho. **Ex.** Infundiu [Pôs/Colocou] as folhas de chá em água a ferver. **2** Derramar/Verter um líquido sobre alguma coisa. **3** Fazer penetrar/Insuflar. **4** Incutir/Inculcar/Inspirar. **Ex.** Infundiu nos [Ensinou bem aos] filhos o respeito pelos mais velhos.
infusa *s f* (<infuso) **1** Vasilha de líquidos, com asa lateral, semelhante a uma bilha. **2** Pequeno cântaro de barro, onde a água refresca. **Ex.** Água fresquinha, era a da ~ !
infusão *s f* (<lat *infúsio, ónis*) **1** A(c)to ou resultado de infundir/de derramar um líquido num recipiente. **2** Processo de pôr de molho, em água geralmente a ferver, uma substância, para lhe extrair propriedades alimentícias ou medicinais/Maceração. **3** Líquido assim obtido/Chá «de várias ervas». **4** *Biol* Cultura de microrganismos em água, onde se deitaram geralmente detritos vegetais. **5** A(c)to de fazer penetrar «boas ideias no espírito dos filhos»/Introdução.
infusível *adj 2g* (<in- + fusível) Que não se pode fundir.
infuso, a *adj/s m* (<infundir) **1** Posto ou obtido em infusão. **2** Derramado/Vertido/Espalhado. **3** «virtude/dom» Infundido «dire(c)tamente por Deus» no espírito/Inato/Adquirido sem esforço. **Comb.** Ciência ~a [Saber adquirido por inspiração divina/sem esforço de aprendizagem]. **4** *s m* Medicamento obtido por infusão. **5** *s f/m* (Líquido obtido por) infusão.
infusório, a *adj/s Zool* (<lat *infusórium*: vasilha) (Diz-se de) protozoários ciliados, que se podem desenvolver em infusões vegetais. **Comb.** *Miner* Terra de ~s [Variedade de sílica orgânica pulverulenta].
ingénito, a [*Br* **ingênito**] *adj* (<lat *ingénitus*) Que se tem ao nascer/Inato(+)/Congénito.
ingente *adj 2g* (<lat *íngens, éntis*: elevado) **1** Muito grande/Desmedido/Enorme. **Ex.** Só com um esforço ~ se removeu o pedregulho do caminho. **2** «ruído» Muito intenso/Estrondoso.
ingenuidade *s f* (<lat *ingenúitas, átis*) **1** Qualidade de ingé[ê]nuo/Credulidade. **Ex.** Fiquei admirado com tal ~ num adulto. **2** Dito ou a(c)ção próprios de um ingé[ê]nuo. **Ex.** Tal ~ ia-lhe ficando cara [~ esteve prestes a causar-lhe grave prejuízo]. **3** Simplicidade/Candura «de criança».
ingénuo, a [*Br* **ingênuo**] *adj/s* (<lat *ingénuus*: livre por nascimento «na Roma antiga») **1** (O) que revela candura/Inocente/Simples. **2** (O) que é demasiado crédulo/que é fácil de enganar. **Ex.** Divertia-se a enganar os ~s. Como é ~, *idi* caiu na esparrela/deixou-se enganar. **3** Espontâneo/Natural. **Ex.** Aquela rea(c)ção ~a provocou o riso geral. **4** *Br* (Diz-se de) filho de escravo nascido livre.
ingerência *s f* (<lat *íngerens, éntis*, de *íngero, ere*: introduzir) **1** A(c)to ou efeito de se ingerir em/de falar sem licença. **2** A(c)to de se intrometer/introduzir indevidamente em campo alheio/Intromissão. **Ex.** A ~ dele neste negócio foi muito criticada.
ingerir *v t* (<lat *íngero, ere*) **1** Introduzir no organismo através da boca/Engolir/Beber/Comer. **Ex.** Tratou de ~ alguma água para matar a sede. **2** ~-se/Imiscuir-se/Intrometer-se/Intervir em assunto alheio. **Ex.** Queria ~-se na compra da minha casa mas eu recusei. **3** *col* Aceitar algo como verdadeiro/*pop* Engolir «uma peta» (+).

ingestão s f (<lat *ingéstio, ónis*) A(c)ção ou resultado de ingerir/Introdução no organismo através da boca. **Ex.** A ~ de bebidas alcoólicas deve ser moderada.

Inglaterra s f (<inglês + terra) Parte sul da Grã-Bretanha ou Reino Unido, limitada a norte pela Escócia e a oeste pelo País de Gales, com a capital em Londres.

inglês, esa adj/s (<lat *ángli,órum*: povo germânico que habitou a Grã-Bretanha) **1** Relativo à [Da] Inglaterra ou aos [dos] seus habitantes/Britânico. **2** Natural ou habitante da Inglaterra. **3** s m Língua indo-europeia do grupo germânico, falada no Reino Unido, EUA e nos territórios do antigo império britânico, sendo ainda [hoje] a principal língua de comunicação internacional. **Idi.** «ele fez [disse] aquilo» *(Só) para ~ ver* [Para dar uma aparência agradável, embora enganadora/falsa].

inglesismo s m (<inglês + -ismo) Palavra ou expressão do inglês introduzida noutra língua/Anglicanismo(+).

inglório, a adj (<lat *inglórius*) **1** Que não dá glória/fama/Que não enobrece. **Ex.** Foi uma vitória [morte] ~a/triste. **2** Obscuro/Apagado(+)/Modesto. **Ex.** Levou [Teve] sempre uma vida ~a. **3** Que não traz proveito/vantagem/Inútil/Vão/Baldado. **Ex.** Foi um esforço ~, que o deixou frustrado.

ingovernável adj 2g (<in- + ...) **1** Que não se pode [se deixa] governar/dirigir. **Ex.** A desordem social torna o país ~. **2** Que não se pode disciplinar/Rebelde/Insubmisso/Insubordinado.

ingratidão s f (<lat *ingratitúdo, dinis*) **1** Qualidade de ingrato. **Ex.** A ~ é sempre criticável. **2** Falta de reconhecimento/gratidão por bens ou favores recebidos. **Ex.** Ficou chocado com a ~ do vizinho. **3** A(c)to ou dito ingrato. **Ex.** Fez tanto sacrifício por eles e no fim só recebeu ~dões.

ingrato, a adj/s (<lat *ingrátus*: desagradável, ingrato) **1** (O) que não se mostra reconhecido à pessoa de quem recebeu um bem/favor. **Ex.** Um ~ não merece consideração/que lhe facilitem a vida. **2** (O) que não retribui a dedicação [o amor] de alguém. **Ex.** A irmã foi uma ~a, pois nunca mais deu notícias. **3** Que não compensa o esforço dispendido/Que não dá o fruto esperado/Improdutivo. **Ex.** Ali os solos são ~s, a produção é escassa/pouca. **4** Que é difícil/penoso/árduo. **Ex.** É um assunto ~ «o das partilhas».

ingrediente s m (<lat *ingrédiens,éntis*, de *ingrédior, di*: entrar em) Substância que entra na preparação de algo «um prato de culinária, um medicamento, uma mistura, ...»/Constituinte. **Ex.** Para fazer uma boa sangria [caipirinha] importa conhecer as espécies e as quantidades dos ~s.

íngreme adj 2g (< ?) **1** Muito inclinado/Que tem grande declive/Difícil de subir ou descer. **Ex.** Cheguei exausto ao cimo do caminho tão ~! **Comb.** Encosta ~/a pique. **2** Escarpado/Abrupto.

ingressar v int (ingresso + -ar¹) **1** Entrar num espaço reservado ou num novo período de tempo. **Ex.** Para ~ no recinto é preciso levar uma credencial. **2** Passar a fazer parte de «um grupo, associação, instituição, ...». **Ex.** O meu sobrinho acaba de ~ na Faculdade (Universidade).

ingresso (Gré) s m (<lat *ingréssus*: entrada <*ingrédior,di,gréssus sum*: entrar) **1** A(c)ção de ingressar/Entrada. **2** Admissão em grupo, instituição, a(c)tividade. **3** Bilhete de entrada. **Ex.** Já temos os ~s para o festival de música.

íngua s f Med (<lat *inguina*: tumor da virilha) **1** Inflamação/Inchaço dos gânglios linfáticos da virilha/Bubão inguinal. **2** Entumescimento de gânglio linfático de outra zona do corpo «axilas, pescoço».

inguinal adj 2g (<lat *inguinális*) Relativo à [Da/Situado na] virilha. **Comb.** Hérnia ~.

ingurgitação s f (<lat *ingurgitátio, ónis*) **1** A(c)ção ou efeito de ingurgitar(-se)/Ingurgitamento. **2** Med Afluxo excessivo de um fluido orgânico a um órgão/tecido/...

ingurgitar v t/int (<lat *ingúrgito, áre*) **1** Engolir rapidamente grande quantidade de comida/bebida/Comer sofregamente (Sô)/Enfartar(-se). **2** Encher totalmente/Tornar repleto/Obstruir/Entupir. **3** Aumentar de volume/Intumescer(-se)/Inchar. **4** *fig* Estar fortemente apegado a vícios e paixões.

inhame s m Bot (<banto *nyam*: comer) Nome comum a algumas plantas herbáceas monocotiledó[ô]neas da família das aráceas e das dioscoreáceas, que apresentam tubérculos ou rizomas tuberosos alimentícios. ⇒ mandioca.

-inho, a suf Significa *diminutivo* (Ex. livr~, mont~, cadeir~a) ou *expressão de carinho* (Ex. crianc~a, velh~, prim~).

inibição s f (<lat *inhibítio, ónis*: a(c)ção de remar para trás ou fazer parar) **1** A(c)ção ou resultado de inibir(-se)/Impedimento/Proibição(+)/Interdição. **Ex.** A ~ de conduzir [br dirigir] (veículos) aplica-se a transgressões graves. **2** Processo mental que conduz à incapacidade ou hesitação de agir ou expressar-se, a uma perturbação do desempenho, por timidez ou insegurança. **Ex.** Ao pretender [Para] falar em público sente uma forte ~. **3** *Fisiol/Quím* Bloqueio ou retardamento de um processo fisiológico ou químico. **4** *Fisiol* Anulação do efeito de um estímulo por interferência de outro. **5** *Psiq* Resistência à consciencialização de algo por a(c)ção da autocensura.

inibidor, ora adj/s (<inibir + -dor) **1** (O) que provoca inibição. **Comb.** ~ do crescimento. **2** s m *Quím* Substância «~ enzimático» que, sem se consumir na rea(c)ção, tem capacidade de a suspender ou retardar.

inibir v t (<lat *inhíbeo, ére, bitum*: fazer parar) **1** Proibir/Obstar/Impedir. **Ex.** O cargo que ocupa inibe[impede]-o de concorrer. **2** Refrear/Retrair/Desencorajar. **Ex.** O sobre-endividamento das empresas e das famílias vai ~ o crescimento da economia. **3** Causar/Sentir embaraço/Constranger(-se). **Ex.** Costuma ~-se [Fica/Sente-se inibido] quando fala para [perante] uma grande assembleia. **4** Bloquear/Anular/Contrariar. **Ex.** Importa ~ a acidez do estômago.

inibitório, a adj (<inibir) Que inibe/impede/impossibilita/Inibidor.

iniciação s f (<lat *initiátio, ónis*) **1** A(c)to ou efeito de iniciar(-se). **2** Introdução numa experiência nova. **Ex.** A sua ~ amorosa foi vivida com alguma ansiedade. **3** Acesso a conhecimentos misteriosos, secretos, por admissão numa seita religiosa ou sociedade secreta. **4** Ritual a cumprir por aquele que aí é admitido. **5** A(c)to de dar ou receber as noções elementares de uma área do saber, de uma arte, técnica, prática, língua, ... **Ex.** A minha ~ ao inglês foi aos sete anos. **6** *Etn* Conjunto de práticas a cumprir pelo jovem para ganhar o estatuto de adulto [de outros de maioridade]. **Ex.** Na aldeia, o adolescente, era admitido na "mocidade", sujeitava-se a alguns ritos e tinha de "pagar o vinho".

iniciado, a adj/s (<iniciar) **1** Que se iniciou/Principiado/Encetado/Começado. **Ex.** O trabalho ~ deve prosseguir. **2** (O) que foi admitido à iniciação, que tomou conta(c)to com doutrinas misteriosas ou práticas de seita ou organização secreta. **3** (O) que foi introduzido no conhecimento ou prática de alguma coisa nova. **4** s m pl *(D)esp* Categoria de praticantes de uma modalidade, entre os infantis e os juvenis. **Ex.** Fomos campeões em futebol, no escalão de ~s. ⇒ júnior **2**.

inicial adj 2g/s f (<lat *initiális, e*) **1** Que está no princípio/começo de alguma coisa. **Ex.** A parte ~ do caminho é plana. **2** Primeiro. **Ex.** A proposta ~ [A primeira proposta] era menos favorável. **3** s f Primeira letra de uma palavra/Primeira letra do nome de uma pessoa, de uma empresa, de uma organização, ... **Ex.** A ~ de casa é C. A sigla ONU é formada pelas ~ais de *Organização das Nações Unidas*.

inicialmente adv (<inicial + -mente) Nos primeiros tempos/No começo/princípio.

iniciando, a s (<iniciar + -(a)ndo) Indivíduo que vai ser admitido à iniciação **3**.

iniciar v t (<lat *inítio, áre*) **1** Dar/Ter início/Começar/Principiar. **Ex.** Iniciou a reunião com uma saudação aos novos membros da equipa. **2** Dar/Receber os primeiros ensinamentos numa arte, técnica ou área do saber. **Ex.** Fui eu que o iniciei na música. **3** Introduzir(-se) no conhecimento dos segredos ou nas práticas de uma seita ou de uma organização secreta. **Ex.** A tarefa de ~ um neófito exige alguma sensibilidade. **4** Experimentar pela primeira vez/Estrear(-se). **Ex.** Iniciou-se no campismo aos dez anos. **5** *Info* Fazer o arranque de um dispositivo. **Ant.** Encerrar.

iniciático, a adj (<iniciar + -tico) Relativo à [Da] iniciação **3/4**. **Comb.** Ritual ~o.

iniciativa s f (<iniciativo) **1** A(c)ção de, em primeiro lugar, propor ou realizar uma ideia nova. **Ex.** A ~ de fazer a festa pertence ao [foi do] nosso chefe. **2** Diligência/Medida. **Ex.** A ~ de limpar as ruas é de louvar. **3** Qualidade de quem tem espírito criativo e empreendedor, de quem ousa pensar e fazer algo novo. **Ex.** A economia precisa muito de pessoas com ~. **Comb.** ~ *privada* [A(c)tividade «econó[ô]mica» desenvolvida por particulares e não pelo Estado].

iniciativo, a adj (<iniciar + -tivo) ⇒ inicial.

início s m (<lat *inítium <íneo,is,itum*: entrar em, começar) **1** Princípio/Começo. **Ex.** O ~ do estágio é em junho. **2** Primeiro período de/A parte inicial de. **Ex.** O ~ das férias foi um pouco agitado. O ~ do livro é interessante. O ~ da fila está já a uns [a cerca de] cinquenta metros. **Comb.** De ~ [Nos primeiros tempos/No princípio/Inicialmente].

inigualável adj (<in- + ...) «um cantor» Que não se pode igualar/Incomparável/Único.

in íllo témpore lat Naquele tempo/Em tempos idos/Há muito tempo.

iniludível adj 2g (<in- + ...) **1** «chefe/vigilância» Que não se pode ludibriar/enganar/iludir. **2** «é um dever» Que não admite dúvidas/Evidente/Manifesto/Claro. **3** Que tem de ser levado em conta. **Ex.** É um problema ~, que exige uma solução (rápida).

inimaginável adj 2g (<in- + ...) «proje(c)to» Que não se pode imaginar. **2** Inconcebível/Incrível/Inacreditável. **Ex.** Aquele corpo franzino foi capaz de uma resistência ~/incrível(+).

inimigo, a adj/s (<lat *inimícus*) **1** (O) que tem ódio a/que quer prejudicar/que é hostil a. **Ex.** Dizia que não tinha ~s. Dizia-se ~ figadal [mortal/jurado] dos opressores/tiranos. **Comb.** ~ número um [Maior ~]. **Ant.** Amigo. **2** (O) que pertence a grupo adverso/que milita no campo contrário/que pertence ao país com que se está em guerra. **Ex.** O (exército) ~ atacou a cidade fronteiriça. Importa enfrentar o ~ com determinação.

Sin. Beligerante. **Ant.** Aliado. ⇒ adversário «no jogo». **3** Que dificulta/estorva/impede. **Ex.** O demasiado frio é ~ das culturas (do campo). **Prov. *O ó(p)timo é ~ do bom.*** **4** (O) que manifesta aversão a/que detesta/que é avesso [contrário] a. **Ex.** O rapaz parece idi ~ do trabalho. **5** (O) que prejudica/que é perigoso para. **Ex.** Alguns vermes são ~s da floresta. Há vários produtos ~s do ambiente. **Comb.** ~ público [Pessoa muito perigosa para a sociedade]. **6** *pop* Diabo/Demó[ô]nio. **Ex.** Importa resistir às tentações do ~.
inimitável *adj 2g* (<lat *inimitábilis, e*) Que não se consegue imitar/copiar.
inimizade *s f* (<lat *inimícitas, átis*, por *inimicítia*) **1** Sentimento de aversão, de má vontade em relação a alguém que se considera inimigo/Antipatia/Ódio. **Ex.** A ~ entre eles era notória. **2** Desarmonia/Hostilidade.
inimizar [inimistar] *v t* (<inimigo) Tornar(-se) inimigo. **Ex.** Inimiz[mist]aram-se sem razão, por um malentendido.
inimputabilidade *s f Dir* (<in- + ...) Condição de quem não pode assumir a responsabilidade pelos seus a(c)tos.
inimputável *adj/s 2g Dir* (<in- + ...) (O) que não pode ser responsabilizado pelos seus a(c)tos.
ininteligível *adj 2g* (<in- + ...) **1** Que não se pode/consegue compreender/entender. **2** Misterioso/Obscuro/Confuso.
ininterruptamente *adv* (<ininterrupto + -mente) Sem interrupção/Sem cessar/Constantemente/Permanentemente. **Ex.** Nessa manhã choveu ~.
ininterrupto, a *adj* (<in- + interrupto) Sem interrupção/paragem/Constante/Contínuo/Permanente.
iniquidade *s f* (<lat *iníquitas, átis*) **1** Cará(c)ter de iníquo. **Ex.** A ~ [maldade(+)] de alguns homens parece não ter limites. **2** Falta de equidade/justiça. **Ex.** A ~ daquela sentença judicial revoltou-o. **3** A(c)ção iníqua/injusta. **Ex.** Cometeu tantas ~s que todos o detestavam. **4** Perversão de costumes/Depravação. **Ex.** Parece que a ~ atrai mais alguma juventude do que a virtude. **5** *Rel* Pecado/Mal. **Ex.** Cristo veio destruir o reino da ~ e apelava à conversão.
iníquo, a *adj* (<lat *iníquus*) **1** Contrário à justiça/equidade. **Ex.** «divorciar-se» Foi uma decisão ~a que lhe comprometeu o futuro. **2** Contrário à moral ou à religião. **3** «juiz» Mau/Perverso.
injeção (Jè) *s f* [= injecção] (<lat *injéctio, ónis*: a(c)ção de lançar) **1** A(c)ção de inje(c)tar. **2** Introdução, sob pressão, de um gás ou de um líquido num corpo ou cavidade. **3** *Med/Vet* Introdução, com seringa e agulha, de uma substância medicamentosa num tecido ou vaso do organismo. **Loc. *Dar uma ~. Levar* [*col* Apanhar/Receber] *uma ~*. 4** Essa substância a inje(c)tar. **Ex.** O médico receitou-me umas ~ções. **5** *fig* Estímulo/Incentivo a desenvolver/acelerar a a(c)tividade. **Ex.** A empresa está a precisar de uma ~ de ar fresco «novos empregados». **6** *Mec* Processo de pulverização do combustível e sua distribuição nas câmaras de combustão dos motores diesel. **Comb.** Bomba de ~. **7** Entrada em grande quantidade ao mesmo tempo. **Ex.** Decidiu-se uma ~ de capital na empresa. **8** *col fig* Conversa/Palestra longa e enfadonha. **Ex.** O discurso foi cá uma ~ *col* que nem queiras saber! **9** *Br* Pessoa maçadora.
injecção/injectado/injectar/injectável/injector ⇒ injeção/...
injetado, a (Jè) *adj* [= injectado] (<inje(c)tar) **1** Introduzido no corpo por meio de injeção. **2** Diz-se do vaso capilar de cor vermelho vivo devido ao afluxo de sangue/Congestionado(+). **3** «dinheiro» Investido «num se(c)tor econó[ô]mico».
injetar (Jè) *v t* [= injectar] (<lat *injécto, áre, atum<injício, ere, jéctum*: lançar, deixar cair) **1** Introduzir um fluido num corpo usando seringa. **2** Dar injeção. **Ex.** Injetou-lhe a vacina no braço. **3** Introduzir sob pressão/Fazer penetrar. **4** Investir dinheiro num se(c)tor da economia. **Ex.** O empresário acaba de ~ uns milhões na transformação da cortiça. **5** Pôr/Ficar vermelho devido a afluxo de sangue.
injetável (Jè) *adj* [= injectável] (<injetar + -vel) Que se pode injetar.
injetor, ora (Jè) **[*Br* inje(c)tor** (dg)**]** *adj/s m* [= injector] (<injetar) **1** Que introduz um fluido sob pressão/Que injeta. **2** *s m Mec* Aparelho que injeta combustível nos cilindros do motor. **3** *s m* Aparelho que alimenta de água as caldeiras da máquina a vapor. **4** Aparelho que introduz um fluido num órgão mecânico. **5** Parte do aparelho usado para pulverizar/sulfatar.
injunção *s f* (<lat *injúnctio, ónis*: imposição) **1** A(c)to ou efeito de injungir. **2** Ordem expressa/formal/Imposição/Exigência.
injungir *v t* (<lat *injúngo, ere*: impor) Ordenar de forma expressa/formal/Obrigar(+)/Mandar.
injúria *s f* (<lat *injúria*: injustiça) **1** A(c)to ou efeito de injuriar. **2** Dito que ofende a dignidade ou a honra de uma pessoa ou organização/instituição. **Ex.** Lançavam ~s um ao outro [Injuriavam-se mutuamente]. **3** A(c)to contrário à justiça ou ao direito. **Loc.** Praticar ~s. **4** *fig* Dano/Estrago/Deterioração/Prejuízo. **Comb. *As ~s da cheia. As ~s* [*col* maleitas(+)] *da idade* [velhice].
injuriante [injuriador] *adj* (<injuriar) Que injuria/insulta/ofende.
injuriar *v t* (<injúria + -ar¹) **1** Caluniar/Desonrar/Ofender/Ultrajar «a memória dos mortos». **2** *fig* Provocar estrago/dano/prejuízo. **Loc.** ~ [Danificar] o estômago.
injurioso (Ôso, Ósa, Ósos) *adj* (<lat *injuriósus*) Que injuria/Insultuoso/Ofensivo/Ultrajante. **Comb.** Palavra [Suspeita] ~a.
injustamente *adv* (<injusto + -mente) **1** De modo injusto/indevido. **Ex.** Tratou ~ quem o podia ajudar. **2** Sem fundamento/motivo. **Ex.** Acusaram-no de fraude ~.
injustiça *s f* (<lat *injustítia*) **1** Falta de equidade/justiça. **Ex.** Reina a ~ em muitas sociedades. **2** Qualidade do que é injusto/imerecido. **Ex.** A ~ do despedimento revoltou o trabalhador. **3** A(c)to/Procedimento injusto. **Ex.** Cometem-se muitas ~s. **4** Qualidade do que não se justifica/Falta de fundamento válido. **Ex.** A ~ da atribuição do pré[ê]mio foi criticada por muitos.
injustiçado, a *adj/s* (<in- + justiçado) **1** (O) que foi atingido por [(O) que sofreu] uma injustiça. **2** (Pessoa) a quem não se fez justiça. **Ex.** Queixava-se de continuar ~ por atraso no julgamento (do tribunal).
injustificado, a *adj* (<in- + justificado) **1** Inaceitável/Que não tem justificação/Sem motivo razoável/suficiente. **Ex.** Na escola, no mundo do trabalho distingue-se bem entre faltas justificadas e ~as. **2** «castigo/multa» Que não foi obje(c)to de uma justificação/Que não foi fundamentado.
injustificável *adj 2g* (<in- + justificável) Que não pode ser justificado/Que não tem desculpa possível/Inaceitável(+). **Ex.** Um tal comportamento é ~.
injusto, a *adj/s m* (<lat *injústus*) **1** (O) que é contrário à justiça/equidade. **2** Que não se mereceu. **Ex.** Foi um castigo ~. **3** (O) que viola os direitos de alguém. **Ex.** O patrão ~ é temido e odiado. **4** Que não tem fundamento/Que não tem razão de ser. **Ex.** Quer um castigo, quer um pré[ê]mio pode(m) ser ~(s).
in limine (Lí) lat Logo de entrada [no primeiro momento]/De início/No começo/À partida. **Ex.** Acabou com a indisciplina ~, logo na primeira aula.
in loco (Ló) lat No próprio local. **Ex.** Eu não ouvi dizer, eu estava lá, ~ !
in memoriam lat Em lembrança de «pessoa falecida»/Para perpétua memória «deste acontecimento/heroísmo».
-ino *suf* Significa **a)** *Lugar* (Ex. alpino, andino, argelino); **b)** *Lugar de origem* (Ex. abrantino, brigantino (Abrantes, Bragança - Portugal)); **c)** *Classe* (Ex. asinino, bovino, caprino, ovino); **d)** *Pertença* (Ex. beneditino, joanino, manuelino, vicentino); **e)** *Relação* (Ex. diamantino, esmeraldino, leonino); **f)** *Diminutivo* (Ex. pequenino; ⇒ -ito a); -inho).
inobservado, a *adj* (<lat *inobservátus*) **1** Que nunca foi visto/observado. **Comb.** Fenó[ô]meno ~. **2** Que não foi cumprido/respeitado. **Comb.** Lei ~a.
inobservância *s f* (<in- + observância) Falta de cumprimento [respeito] «da lei». **Ex.** A ~ do regulamento da fábrica [escola] gerou alguns problemas.
inobservável *adj* (<in- + observável) **1** «fa(c)to» Que não pode ser observado/visto/verificado. **2** «regra» Impossível de cumprir.
inocência *s f* (<lat *innocéntia*: mansidão) **1** Qualidade ou estado de inocente. **2** Ausência de malícia/Ignorância do mal/Candura. **Ex.** A ~ das crianças é encantadora! **Comb.** Idade da ~ [Infância]. **3** Grande ingenuidade/Credulidade. **Ex.** Há quem abuse da sua ~. **4** Ausência de culpa/Absolvição pelo tribunal. **Ex.** O juiz sentenciou [declarou] a ~ do réu.
inocentar *v t* (<inocente + -ar¹) Considerar inocente/Declarar não culpado.
inocente *adj/s 2g* (<lat *innócens, éntis*: inofensivo) **1** Que não prejudica/«mentira» Inofensiva/Inócuo. **2** (O) que não tem malícia/maldade. **Ex.** O escândalo dos ~s é grave. Aquele comentário, para bom entendedor, não foi ~. **3** *Dir* Sem culpa. **Ex.** O acusado foi considerado ~. **4** *Rel* (O) que não tem pecado/Puro. **5** (O) que é ingé[ê]nuo/crédulo. **Ex.** Diverte-se a enganar [*pop* gozar] os ~s. **6** Atrasado mental/Idiota/Imbecil.
in-octavo lat **1** Diz-se da folha de impressão dobrada três vezes, formando dezasseis páginas. **2** Esse formato de livro. **3** Livro com esse formato. ⇒ in-fólio.
inocuidade *s f* (<inócuo + -idade) Qualidade do que é inócuo, do que não causa dano. **Ex.** A ~ desse divertimento deixa os pais sossegados.
inoculação *s f* (<lat *inoculátio, ónis*: enxerto) **1** A(c)to ou efeito de inocular. **2** Introdução num corpo de uma substância, normalmente com fim preventivo ou terapêutico. ⇒ inje(c)ção.
inocular *v t* (<lat *inóculo, áre*: enxertar) **1** Fazer penetrar num corpo. **Ex.** Com o ferrão da cauda, o lacrau inoculou-lhe no pé descalço o doloroso veneno. **2** *Med* Introduzir no corpo uma substância, geralmente com fim preventivo ou terapêutico/Vacinar. **Ex.** Com a seringa inoculou-lhe no braço a vacina da [Vacinou-o contra a (+)] gripe. ⇒ inje(c)tar. **3** *fig* Incutir/Transmitir/Difundir/Propagar ideias/ideologias.
inócuo, a *adj* (<lat *innócuus*<*in + nóceo, ére, cui*: prejudicar) **1** Que não prejudica/Inofensivo. **Ex.** Esse chá deve ser ~, se

não faz bem também não faz mal! **2** Diz-se daquilo que não tem consequências que mereçam atenção. **Comb.** A(c)to ~. **3** Sem [Que não tem] efeito. **Comb.** Medidas econó[ô]micas ~as.

inodoro, a (Dó) *adj* (<lat *inodórus*) Que não tem [exala] cheiro/odor. **Ex.** A água é ~a.

inofensivo, a *adj* (<in- + ofensivo) **1** Que não ofende. **Ex.** Fez um comentário divertido e ~. **2** Que não ataca/Que não faz mal/Que não é perigoso. **Ex.** Não tenha medo, o meu cão é ~ [não morde(+)]. **3** Que não é prejudicial/nocivo/Inócuo. **Ex.** A aragem está fresca, mas deve ser ~a.

in-oitavo ⇒ in-octavo.

inolvidável *adj 2g* (<in- + olvidável) Que não pode ser esquecido/Que vai ser sempre lembrado/Inesquecível. **Ex.** Foi um dia ~ !

inominado, a *adj* (<lat *innominátus*) «osso/planta» Que não tem nome/De que não se conhece o nome.

inominável *adj 2g* (<lat *innominábilis, e*) **1** Que não se pode nomear. **2** Tão detestável que nem deve ser nomeado/Abje(c)to/Vil/Ignóbil. **Ex.** Praticou um crime ~/detestável.

inoperância *s f* (<inoperante + -ia) **1** Qualidade de inoperante. **2** Falta de resultado satisfatório/Ineficiência/Ineficácia. **Ex.** A ~ [inutilidade(+)/incapacidade(o+)] deste funcionário é mais que evidente.

inoperante *adj 2g* (<in- + operante) **1** «remédio» Que não tem o efeito esperado/Ineficaz. **2** Que não opera de modo adequado/Que não funciona/Incapaz.

inópia *s f* (<lat *inópia*) Falta «de dinheiro/alimentos»(+).

inopinado, a *adj* (<lat *inopinátus*: inesperado) **1** Que não se prevê/Inesperado(+)/Estranho(+). **Ex.** O miúdo reagiu de forma ~a. **2** «decisão» Surpreendente/Incrível/Extraordinário.

inopinável *adj 2g* (<lat *inopinábilis, e*) Que não se pode prever/imaginar/esperar.

inoportunidade *s f* (< inoportuno + -idade) **1** Cará(c)ter do que não é oportuno/conveniente. **Ex.** Criticaram a ~ da intervenção policial. **2** Cará(c)ter do que não acontece no momento [tempo] certo/devido. **3** Qualidade do que vem [acontece] a despropósito.

inoportuno, a *adj/s* (<lat *inopportúnus*) **1** Que não acontece no tempo certo/Que não é conveniente/oportuno/Intempestivo. **Ex.** A vinda dele foi ~a. **2** (O) que intervém [ocorre] de forma desajustada/despropositada. **Ex.** Foi ~o/a nas palavras que proferiu. Um comentário ~ pode estragar o ambiente da festa.

inorgânico, a *adj* (<in- + orgânico) **1** Que não tem a organização de um ser vivo/Que não tem órgãos/Que não tem natureza animal ou vegetal. **2** Que pertence ao mundo inanimado/Mineral.

inositol [inosite] *s m* [f] *Quím* (<gr *is, inós*: fibra + -itol/ite) Glícido que existe em muitos tecidos dos organismos, fa(c)tor de crescimento, e *us* como vitamina do complexo B.

inóspito, a *adj* (<lat *inhóspitus*) **1** Que não oferece/tem ambiente favorável à vida humana/Agreste/Áspero. **Ex.** Chegámos a uma região ~a, de clima muito rigoroso. **2** Que não é hospitaleiro/acolhedor. **Comb.** Gente ~a/bárbara(+).

inovação *s f* (<lat *innovátio, ónis*: renovação) **1** A(c)to ou efeito de inovar **2** Introdução de algo novo num domínio/Mudança/Renovação. **Ex.** O progresso duma economia anda muito ligado à ~. **3** O que é novo/original. **Ex.** Este telemóvel [*Br* celular] apresenta algumas ~ções.

inovador, ora *adj/s* (<inovar + -dor) **1** Que traz mudança/ Que inova. **Ex.** Este maquinismo é algo ~. **2** (O) que revela propensão para criar/inventar. **Ex.** A sociedade valoriza os espíritos ~es.

inovar *v t/int* (<lat *ínnovo, áre*) Introduzir mudança/Criar algo novo/Modernizar(-se). **Ex.** Quando uma economia inova, torna-se mais competitiva.

inox (Nóksse) *adj 2g/s m* (<inox(idável)) (Aço) inoxidável. **Ex.** O faqueiro é ~. O ~ é hoje exigido nas cozinhas que servem o público.

inoxidável (Kssi) *adj* (<in- + oxidável) Que não (se) oxida/Que não enferruja. **Comb.** Aço ~.

input *ing Econ* **1** Entrada de bens e serviços. **2** *Info* Introdução de dados (no computador).

inqualificável *adj 2g* (<in- + qualificável) **1** «um tom de verde» Que não é possível qualificar/Indefinível(+). **2** Muito mau(+)/indigno/reprovável. **Ex.** Teve um comportamento ~.

in-quarto *lat* **1** Diz-se da folha de impressão que é dobrada em quatro, de que resultam oito páginas. **2** Formato de livro assim composto. **3** Livro com esse formato. ⇒ in-octavo.

inquebrantável *adj 2g* (<in- + quebrantável) **1** Que não se pode quebrantar/abater/Inflexível. **2** Firme/Persistente/Incansável. **Ex.** Tinha uma força de vontade ~/*idi* a toda a prova.

inquebrável *adj 2g* (<in- + quebrável) «copo de vidro» Que não quebra/não se pode quebrar/fragmentar.

inquérito *s m* (<lat *in-* + *quaérito, áre*: buscar por muito tempo <*quaéro, ere*: buscar) **1** A(c)to ou efeito de inquirir/perguntar/interrogar/Averiguação. **2** Conjunto de diligências ordenadas pela autoridade administrativa ou judicial para apurar a verdade de alegados a(c)tos irregulares ou a responsabilidade em ocorrências. **Ex.** A seguir ao acidente ferroviário, o ministro da tutela [obras públicas, transportes e comunicações] ordenou a realização de um rigoroso ~. **Comb.** ~ *administrativo*. ~ *judicial*. ~ *parlamentar*. ~ *policial*. **3** Técnica usada em ciências sociais no estudo de uma questão, fazendo-se a recolha de opiniões ou testemunhos. **Ex.** Para a elaboração da sua tese recorreu a um ~. **Loc.** *Elaborar um ~*. *Responder ao ~*. **4** Sondagem junto do público sobre uma questão de ordem política, econó[ô]mica ou social.

inquestionável *adj 2g* (in- + questionável) Que não se põe em dúvida/Indubitável/Indiscutível/Incontroverso. **Ex.** Trata-se de uma verdade ~. O [A validade do] argumento parece ~.

inquietação *s f* (<lat *inquietátio, ónis*) **1** Estado de inquieto/agitado/Nervosismo. **2** Falta de tranquilidade/calma/Desassossego/Ansiedade. **Ex.** Nela, a ~ era habitual. **3** Estado de preocupação por algo que se teme (que) venha a acontecer. **Ex.** A ~ [preocupação] pelo que podia acontecer ao filho distante não a deixava entrar na festa. **4** O que provoca esse estado de espírito. **Ex.** As possíveis más companhias do filho são a sua ~. Tenho tantas ~ções com aquele vizinho! **5** *fig* Insatisfação(+) intelectual/de espírito/Sede de saber.

inquietador, ora *adj/s* (<inquietar + -dor) (O) que causa inquietação/desassossego/Perturbador.

inquietante *adj 2g* (<inquietar + -ante) Que causa preocupação/inquietação/ansiedade. **Ex.** O resultado das análises clínicas que fez é ~/preocupante(+).

inquietar *v t* (<lat *inquiéto, áre, átum*) **1** Causar ansiedade/Preocupar/Perturbar/Angustiar. **Ex.** O avanço da epidemia inquieta a população. **2** Causar agitação/Intranquilizar. **Ex.** Um só aluno pode ~ [perturbar(+)] uma classe [turma] inteira.

inquieto, a *adj* (<lat *inquiétus*) **1** Que não para [está] quieto/Desassossegado(+)/Agitado. **Ex.** É um miúdo ~, não para um momento! **2** Apreensivo/Preocupado(+)/Angustiado. **Ex.** Estava ~ com o resultado dos exames. **3** Que não tem repouso/Que revela intranquilidade/nervosismo/alvoroço. **4** *fig* Que nunca está satisfeito/Que aspira (sempre) a mais. **Ex.** Sempre o conheci como um espírito ~/insatisfeito.

inquietude *s f* (<lat *inquietúdo, inis*) ⇒ inquietação.

inquilinato *s m* (<lat *inquilinátus*) **1** Condição de quem reside em casa alugada. **Comb.** Lei do ~ [A que fixa os deveres e direitos do inquilino e do senhorio]. **2** Relação entre o inquilino e o senhorio. **3** Conjunto dos inquilinos/arrendatários/locatários.

inquilinismo *s m Biol* (<inquilino + -ismo) **1** Associação de duas espécies de plantas em que uma utiliza a outra como habitação, sem a prejudicar. **2** ⇒ comensalismo.

inquilino, a *s* (<lat *inquilínus*) **1** Pessoa que reside em casa alugada/Arrendatário/Locatário. **2** *Biol* Ser vivo que vive no corpo ou no abrigo de outro, sem o prejudicar. ⇒ parasita.

inquinação *s f* (<lat *inquinátio, ónis*) **1** A(c)ção ou resultado de «a água» inquinar/Inquinamento. **2** Conspurcação/Poluição/Mancha. **3** Degradação/Degenerescência.

inquinamento *s m* (<inquinar + -mento) ⇒ inquinação.

inquinar *v t* (<lat *inquíno, áre, átum*) **1** Fazer perder a alguma coisa a pureza inicial/Conspurcar/Poluir. **Ex.** A água foi inquinada por um esgoto. **2** Sujar/Manchar/Afe(c)tar/Degradar «o ensino/a verdade»/Prejudicar «as boas relações de família»/Destruir.

inquirição *s f* (<inquirir + -ção) **1** A(c)ção ou efeito de inquirir para obter informação/Indagação/Averiguação/Sindicância. **2** *Dir* Interrogatório feito às testemunhas. **3** *pl Hist* Averiguações ordenadas por reis portugueses dos séc. XIII e XIV para saber da legitimidade da posse de terras pelos nobres. **Ex.** Por causa da prepotência e abusos de alguns nobres, os reis ordenaram ~ções.

inquiridor, ora *adj/s* (<inquirir + -dor) **1** (O) que inquire/investiga/averigua. **2** Pessoa que conduz um inquérito ou averiguação.

inquirir *v t* (<lat *inquíro, ere, quísitum*: perguntar <*quaéro, ere*: buscar) **1** Procurar obter informação/Perguntar/Indagar/Averiguar. **Ex.** Começou por ~ os suspeitos [alegados autores] do desacato. **2** *Dir* Interrogar (testemunhas).

inquisição *s f* (<lat *inquisítio, ónis*) **1** A(c)to de inquirir/Averiguação/Inquirição. **2** *maiúsc Hist* Tribunal eclesiástico criado no séc. XIII, também designado de Tribunal do Santo Ofício, que julgava os acusados de heresia e feitiçaria, velando pela pureza da fé católica. **Ex.** Os abusos antigamente praticados pela ~ são motivo de censura à Igreja Católica.

inquisidor, ora *adj/s* (<lat *inquisítor, óris*) **1** (O) que averigua/indaga/inquire/Inquiridor(+). **2** (O) que procura obter informação

pormenorizada/exaustiva. **3** *m* (Diz-se do) juiz membro do tribunal da Inquisição **2**.

inquisitivo, a *adj* (<lat *inquisitívus*) **1** Relativo a indagação/averiguação/inquisição. **2** Que interroga/Que procura informação detalhada. **3** ⇒ curioso; meticuloso.

inquisitorial *adj 2g* (<inquisitório + -al) **1** Que interroga/devassa. **2** Relativo à Inquisição/Próprio de inquisidores/Inquisitório. **Comb.** Processo ~. **3** Duro/Desumano/Cruel. **Comb.** Métodos ~ais/cruéis.

inquisitório, a *adj* (⇒ inquirir) ⇒ inquisitorial.

insaciado, a *adj* (<lat *insatiátus*) Que não se satisfaz/sacia/Insatisfeito.

insaciável *adj 2g* (<lat *insatiábilis, e*) **1** Que não se pode satisfazer/saciar. **Comb.** Desejo [Ambição] de [pelo] poder/dinheiro. **2** Muito ambicioso/Que deseja sempre mais/Ávido «de elogios»/Sôfrego.

insalivação *s f* (<insalivar + -ção) A(c)ção ou efeito de insalivar/Impregnação dos alimentos com saliva durante a mastigação.

insalivar *v t* (<in- b) + salivar) Impregnar os alimentos de saliva durante a mastigação

insalubre *adj 2g* (<lat *insalúber, bris, bre*) Que não é saudável/Que prejudica a saúde/Doentio. **Ex.** As zonas pantanosas são frequentemente ~s.

insalubridade *s f* (<lat *insalúbritas, átis*) Qualidade do que não é saudável/salubre. **Ex.** A ~ do local afe(c)ta as vias respiratórias.

insanável *adj 2g* (<lat *insanábilis, e*) **1** Que não se pode sanar/Incurável(+). **2** *fig* Que não se pode remediar/corrigir. **Ex.** As falhas do processo são ~veis, não há nada a fazer. **3** *fig* «obstáculo» Que não se pode superar/Intransponível.

insânia *s f* (<lat *insánia*) **1** Estado de insano/Loucura(+)/Demência. **2** A(c)to tresloucado/Desatino(+).

insanidade *s f* (<lat *insánitas, átis*) **1** Qualidade [Estado] de insano/louco/demente. **Ex.** O seu comportamento revela uma ~ profunda. **2** Falta de sensatez. **3** A(c)to que revela falta de senso. **Ex.** Nele as ~s são constantes.

insano, a *adj/s* (<lat *insánus*) **1** (O) que não está bem do espírito/Louco/Demente. **2** Insensato/Tresloucado. **3** Árduo/Cansativo/Excessivo. **Ex.** Foi necessário um esforço ~ para limpar as ruas de enxurrada.

insatisfação *s f* (<in- + …) **1** Estado/Qualidade de insatisfeito, de quem quer progredir mais. **2** Desagrado/Descontentamento. **Ex.** Mostrou ~ pelo rumo que as coisas estão a tomar. Eu até compreendo a sua ~ «se o seu sócio o roubou».

insatisfatório, a *adj* (<in- + …) Que não satisfaz/Que não é/está conforme ao que se espera/deseja. **Ex.** O seu rendimento escolar tem sido ~. **2** Insuficiente/Fraco. **Ex.** A sua dedicação ao estudo continua ~a.

insatisfeito, a *adj/s* (<in- + …) **1** (O) que não está contente/satisfeito com alguma coisa/Inconformado. **Ex.** Aquele comentário mordaz deixou-o ~ [feriu-o (muito)]. São muitos os ~s com a governação. **2** (O) que deseja mais. **Ex.** Já conseguiu muita coisa, mas continua ~. Comeu tudo mas ainda está ~ [ainda quer (comer mais)]!

insaturação *s f* *Quím* (<in- + …) Condição de substância orgânica insaturada.

insaturado, a *adj* *Quím* (<in- + …) **1** Diz-se dos compostos orgânicos com ligações duplas ou triplas. **2** Diz-se da solução em que a concentração de soluto é inferior à sua capacidade de dissolver.

insciência *s f* (<lat *insciéntia<in + scío, re*: saber) **1** Falta de conhecimento/Ignorância(+). **2** Falta de perícia/Inaptidão(+)/Incapacidade.

insciente *adj 2g* (<lat *ínsciens, éntis*) **1** Desconhecedor/Ignorante(+). **2** Inapto(+)/Inábil.

inscrever *v t* (<lat *inscríbo, ere, psi, ptum*) **1** Gravar em superfície resistente/Insculpir/Esculpir. **Ex.** Mandou ~ no frontispício «do livro» uma máxima grega. **2** Fazer constar numa lista/Regist(r)ar(-se). **Ex.** Foi ~-se na corrida [prova pedestre]. **3** Regist(r)ar(-se) numa organização/instituição. **Ex.** Inscreveu-se na Faculdade [Universidade(+)], no curso de Filosofia. **4** Incluir/Inserir. **5** Escrever/Anotar. **6** *Geom* Traçar dentro de figura geométrica. **Ex.** O professor mandou ~ um hexágono num círculo.

inscrição *s f* (<lat *inscríptio, ónis*: a(c)to de escrever sobre) **1** A(c)to ou efeito de inscrever. **2** Gravação de cara(c)teres numa superfície resistente, como pedra, metal, madeira, … **3** Palavra/Expressão/Frase em relevo ou gravada em pedestal de estátua, monumento, vaso, medalha, moeda, … para evocação de pessoa ou acontecimento importante/Epígrafe. **4** A(c)to e regist(r)o de admissão ou de participação em organismo, curso ou evento. **Ex.** Fiz a minha ~ na Faculdade de Letras. Já temos a nossa ~ na Corrida da Primavera. **5** A(c)to ou efeito de incluir algo num regist(r)o oficial. **Ex.** Já foi feita a ~ do prédio na matriz urbana do concelho. **6** *Dir* Regist(r)o em livro próprio ou em organismo competente de a(c)tos como hipotecas, penhores, doações, …, como a lei determina. **7** Título de dívida pública.

inscrito, a *adj* (<lat *inscríptus*; ⇒ inscrever) **1** Gravado/Esculpido. **Ex.** Esta frase está ~a na base da estátua. **2** Escrito/Anotado. **3** Incluído numa lista/Regist(r)ado. **Ex.** Já estou ~ no grupo dos excursionistas. **4** Matriculado. **Ex.** Muitos colegas estão ~s em cursos de Ciências. **5** *Geom* Diz-se de polígono traçado no interior de uma figura geométrica de modo a ter os vértices tangentes a linhas que a limitam. **Ex.** Temos (aqui) um [Vejam este] triângulo equilátero ~ num círculo.

insculpir *v t* (<lat *inscúlpo, ere, ptum*: gravar a buril ou cinzel; ⇒ inscrever) **1** Gravar em superfície dura por incisões/Entalhar/Esculpir. **2** *fig* Gravar/Fixar na memória.

insculptor, ora *s* (<lat *inscúlptum, de inscúlpo, ere* + -or) Entalhador(o+)/Gravador(+) de inscrições.

inscultura *s f* (<inscult(or) + -ura) Arte de insculpir/Entalhe(+)/Talha. **Ex.** Esta ~ é de grande perfeição.

insecável[1] *adj 2g* (<lat *insiccábilis, e*: que não seca) **1** «roupa» Que não seca/Que custa a enxugar. **2** «fonte» Que não acaba/nunca seca/Inesgotável.

insecável[2] *adj 2g* (<lat *insecábilis, e*) Que não é possível cortar/separar/Indivisível.

insectário (Sè) **[***Br* **inse(c)tário** (*dg*)**]** *s m* (<inse(c)to + -ário) Viveiro ou cole(c)ção de inse(c)tos «borboletas».

insecticida ⇒ inseticida.

insectífugo, a (Sè) **[***Br* **inse(c)tífugo** (*dg*)**]** *adj/s m* (<inse(c)to + -fugo) **1** Que afugenta/afasta os inse(c)tos. **2** Preparado químico, planta ou substância que afasta os inse(c)tos.

inse(c)tívoro (*dg*)**, a** (Sè) *adj/s m* [= insectívoro] (<inse(c)to + -voro) **1** «animal» Que se alimenta de insetos. **2** *s m pl* Ordem de pequenos animais mamíferos, com dentes caninos fracos e molares perfurantes, cuja alimentação é à base de insetos.

insecto ⇒ inseto.

inse(c)tologia (*dg*) (Sè) *s f* [=insectologia] (<inse(c)to + -logia) Estudo científico dos inse(c)tos/Entomologia(+).

insegurança *s f* (<in- + segurança) **1** Qualidade do que não é seguro/Condição do que não inspira confiança/Falta de segurança. **Ex.** A ~ das ruas preocupa as pessoas, que pedem mais policiamento. **2** Sentimento de (poder correr) perigo. **Ex.** Perde a boa disposição quando sente alguma ~. **3** Falta de confiança em si próprio, nas suas capacidades. **4** Falta de consistência/Inconsistência.

inseguridade *s f* (<inseguro + -idade) ⇒ insegurança.

inseguro, a *adj* (<in- + seguro) **1** Que não tem firmeza/segurança/Instável. **Ex.** A estrutura metálica parece um pouco ~a. **2** Perigoso/Arriscado. **Ex.** A rua à noite é ~a. **3** Que não tem confiança nas capacidades próprias. **Ex.** Pareceu-me ~ a defender a tese. **4** Que não tem a certeza de alguma coisa/Que hesita. **Ex.** Estava ~ [em dúvida] sobre se havia de avançar ou não.

inseminação *s f* (<inseminar + -ção) Conjunto de fenó[ô]menos, naturais ou artificiais, ligados à introdução do sé[ê]men na cavidade uterina para a fecundação do óvulo. **Comb.** ~ artificial [Técnica de fecundação do óvulo sem conta(c)to sexual, sendo depositado o esperma, previamente retirado do macho, nas vias genitais femininas].

inseminar *v t* (<lat *insémino, áre*: semear) Fazer inseminação/fecundação artificial. **Ex.** Na região [Aqui] é comum ~ as vacas.

insensatez *s f* (<in- + sensatez) **1** Falta de (bom) senso/Qualidade de insensato. **Ex.** Quem faz isso revela ~. **2** Procedimento imprudente/leviano/inoportuno. **Ex.** Foi uma ~ [um disparate] não pedir logo ajuda. **3** Falta de juízo/Loucura.

insensato, a *adj/s m* (<in- + sensato) **1** (O) que revela falta de (bom) senso. **2** Imprudente/Imponderado/Leviano/Temerário. **Ex.** Foi uma atitude ~a não se abrigar da chuva. **3** Louco/Doido.

insensibilidade *s f* (<in- + …) **1** Falta de sensibilidade a estímulo físico/Privação de sensação. **Ex.** A anestesia provoca ~ temporária. **2** Incapacidade de reagir emocionalmente/Apatia/Frieza. **Ex.** Choca [Não se compreende] a sua ~ à desgraça e dor alheias. **3** Indiferença/Desinteresse. **Ex.** Revela ~ à beleza do texto literário, diz que não é científico.

insensibilização *s f* (<insensibilizar) **1** Supressão da sensibilidade/Anestesia(+). **2** Perda da capacidade de emocionar-se.

insensibilizar *v t* (<insensível + -izar) **1** (Fazer) perder a capacidade de sentir/Tornar(-se) insensível/Anestesiar. ⇒ drogar. **2** ~-se/Ficar insensível(+)/Perder a capacidade de reagir emocionalmente/Tornar-se indiferente ao que o rodeia.

insensitivo, a *adj* (<in- + sensitivo) Que não tem sensibilidade/Insensível.

insensível *adj* (<lat *insensíbilis, e*) **1** Que não é sensível. **2** Que é ou está desprovido de sensibilidade física/Que não reage a estímulos físicos. **Ex.** Com a anestesia (local), essa zona do corpo ficou ~ por algum tempo. **3** Que é imperce(p)tível/Que não é captável pelos sentidos. **4** Que parece não reagir a um estímulo como seria normal/Que se comporta como se não sentisse. **Ex.** O meu irmão é ~ ao frio. **5** *fig* Que não se emociona/Que revela indiferença/Frio. **Ex.** Nunca se entusiasma com nada, parece ~. **6** *fig* Que não se compadece com o sofrimento alheio. **Ex.** É impressionante como a desgraça do irmão o deixa ~.

7 Que não revela predisposição para atender a uma ou mais categorias de valores. **Ex.** Para ele só conta a boa comida, a tudo o mais é ~.

insensivelmente *adv* (<insensível + -mente) De modo insensível/De forma gradual e despercebida/Sem se dar conta. **Ex.** ~ acabou por adormecer.

inseparável *adj 2g* (<lat *inseparábilis, e*) **1** Que não se consegue separar. **2** *pl* Que habitualmente andam juntos. **Ex.** São amigos ~veis desde a escola primária.

insepulto, a *adj* (<lat *insepúltus*) «corpo» Que não foi sepultado «depois da catástrofe»/Sem sepultura.

inserção *s f* (<lat *insértio, ónis*: enxerto; ⇒ inserir) **1** A(c)to ou efeito de inserir/incluir/intercalar uma coisa em outra. **2** A(c)ção de fazer participar em/Introdução. **Ex.** Tem sido difícil a ~ [entrada] de ex-reclusos no mercado de trabalho. **3** Integração num conjunto. **Ex.** É louvável a ~ [entrada/matrícula] de alunos com deficiência nas turmas. **4** Ponto em que [Modo como] uma parte se liga/fixa a outra. **Ex.** A ~ das folhas nos ramos varia com a espécie da planta.

inserir *v t* (<lat *ínsero,ere,sértum*) **1** Incluir/Introduzir/Intercalar algo num todo. **Ex.** Inseriu no contrato uma cláusula que não me parece razoável/bem(+). Costuma ~ [fazer(+)] muitas citações no discurso. **2** Fazer a integração num conjunto/grupo. **Ex.** Foi fácil ~ aquele aluno na turma. **3** ~-se/Fazer parte de. **Ex.** Estas decisões/medidas inserem-se na política de contenção das despesas. **4** Fazer entrar em/Introduzir(+). **Ex.** Tentou ~ a chave na fechadura. **5** Implantar/Fixar/Enxertar.

inserto, a (Sér) *adj/s m* (<lat *insértus*) (O) que se inseriu/incluiu/integrou. ⇒ encarte.

inseticida (Sè) [*Br* **inse(c)ticida** (*dg*)] *adj 2g/s m* [= insecticida] (<inseto + -cida) **1** Que mata insetos. **2** *s m* Substância ou preparado químico que mata insetos. **Ex.** A praga de insetos ali era tal que tive de usar um ~.

inseto (Sé) [*Br* **inse(c)to** (*dg*)] *s m Ent* [= insecto] (<lat *inséctum*) **1** *pl* Classe de animais invertebrados, com o corpo protegido por quitina, dividido em cabeça, tórax e abdómen, com três pares de patas e dois (pares) de asas. **Ex.** Alguns ~s incomodam muito o homem. **2** *depr* Pessoa desprezível/vil/insignificante. ⇒ verme.

insexual *adj 2g* (<in- + ...) Que não manifesta natural inclinação/interesse pelo sexo. ⇒ assexuado.

insídia *s f* (<lat *insídia*) **1** Estratagema traiçoeiro/Ardil/Emboscada/Cilada/*Br* Tocaia. **Ex.** Importa estar de sobreaviso quanto a ~s do inimigo. **Loc.** Armar ~s. **2** Intriga/Perfídia/Traição.

insidiar *v t* (<lat *insidio, áre*) **1** Armar [Preparar] ciladas/insídias. **2** Atraiçoar. **3** Procurar seduzir com fim malévolo.

insidioso, osa (Ôso, Ósa, Ósos) *adj* (<lat *insidiósus*) **1** Que arma [prepara] cilada/emboscada/Traiçoeiro/Pérfido. **2** Que a(c)tua ou se desenvolve de forma dissimulada. **Ex.** Algumas doenças avançam de forma ~a.

insight (Sáit) *ing* Iluminação da mente que subitamente mostra a solução dum problema/Chispa da inteligência/Intuição(+).

insigne *adj 2g* (<lat *insígnis, e*: que tem sinal distintivo «no rosto», insigne) **1** Que se notabilizou/distinguiu/Notável/Ilustre. **Ex.** O ~ professor é autor de obras de grande valor. **2** Extraordinário/Meritório.

insígnia *s f* (<lat *insígnia, pl* neutro de *insignis, e*: insigne) **1** Sinal distintivo de dignidade, função, posto, classe, corporação, ... **Ex.** Na festa todos ostentavam as suas insígnias. **2** Medalha/Condecoração. **3** Estandarte/Bandeira. **4** Divisa/Emblema dos membros de uma associação ou clube.

insignificância *s f* (<insignificante + - ia) **1** Cara(c)terística do que é insignificante/pequeno. **Ex.** A ~ da despesa não justifica pagar a prestações. **2** Pouco valor/Mínima importância. **Ex.** A sua obra poética, pela ~, não merece menção especial. **3** Coisa de pouco valor/Bagatela/Ninharia. **Ex.** A prenda que deram é uma ~. **4** Ausência de sentido/significado. **Ex.** A ~ da frase revela pouco domínio da língua.

insignificante *adj 2g* (<in- + ...) **1** Que não é importante/Que não é significativo. **Ex.** O contributo dele para o sucesso das vendas foi ~ [quase nulo]. **2** Mínimo/Diminuto. **Ex.** A despesa feita foi ~. **3** De fraca qualidade/de pouco valor. **Ex.** É um livro ~, li só algumas páginas. É um (homem) ~, a quem ninguém liga (nada) [dá a menor importância]. **4** Que não tem sentido/Que não se entende. **Ex.** Para mim, tal frase é ~ [não faz sentido].

insignificativo, a *adj* (<in- + ...) **1** Que não tem importância/Insignificante 1. **2** Que não tem significação/sentido/Que não significa nada/Insignificante 4. **Ex.** Neste texto, tão rico, não há elementos ~s, vazios de sentido.

insinceridade *s f* (<in- + ...) Fingimento/Simulação/Hipocrisia.

insincero, a *adj* (<in- + ...) Não sincero/Fingido/Dissimulado.

insinuação *s f* (<lat *insinuátio, ónis*) **1** A(c)to ou efeito de insinuar(-se). **2** Forma hábil de dar a entender algo sem o expressar dire(c)tamente. **Ex.** Para não se comprometer, recorria à ~. **3** O que dessa forma é dado a entender. **4** Censura velada/Remoque. **Ex.** Às vezes uma ~ fere mais (do) que uma reprimenda. **5** Comportamento orientado para captar a simpatia, seduzir, conseguir aceitação num novo meio social. **Ex.** A sua entrada na alta roda [alta sociedade] foi conseguida recorrendo à ~ persistente.

insinuador, ora *adj/s* (<lat *insinuátor, óris*) **1** (O) que (se) insinua. **2** (O) que veladamente dá a entender alguma coisa. **3** (O) que tem tendência para a insinuação **4**.

insinuante *adj 2g* (<insinuar + -ante) **1** Que insinua/Que habilmente dá a entender algo. **Ex.** No discurso houve referências ~s [houve insinuações(+)], que desagradaram a alguns. **2** Hábil a despertar a simpatia, a agradar/seduzir. **Ex.** ~ [Bem falante], de boa aparência, andava sempre rodeado de moças.

insinuar *v t* (<lat *insínuo, áre<in + sinus*: dobra, bolso, coração, seio) **1** Dar a entender [Sugerir] alguma coisa sem a referir dire(c)tamente. **Ex.** Não disse isso, mas insinuou-o. **2** Introduzir disfarçadamente/Infiltrar. **3** ~-se/Penetrar [Avançar] «contornando obstáculos»/Infiltrar-se. **Ex.** Insinuou-se pelo meio da multidão. **4** ~-se/Captar habilmente a simpatia, a aceitação «num novo meio social». **Ex.** Em pouco tempo conseguiu ~-se na [entre os membros da] associação.

insipidez *s f* (<insípido + -ez) **1** Qualidade do que não tem sabor/gosto. **2** Pouco tempero/sal «na comida». **3** *fig* Monotonia/Sensaboria/Enfado.

insípido, a *adj* (<lat *insípidus <in + sápidus*: saboroso) **1** Que não tem sabor/gosto. **2** Que tem pouco sal/Insosso(+). **3** *fig* «livro» Que não tem graça/interesse/Aborrecido/Enfadonho.

insipiência *s f* (<lat *insipiéntia<in + sapiéntia*) Ignorância(+)/Insciência.

insipiente *adj 2g* (<lat *insípiens, éntis<in- + sápiens*) **1** Ignorante(+)/Insciente. **2** Imprudente/Insensato. **3** Que tem falta de juízo/Néscio/Tolo.

insistência *s f* (<insistente + -ia) **1** A(c)to de insistir/Repetição continuada de uma diligência/a(c)ção até conseguir o que pretende. **Ex.** Foi devido à sua ~ que a aldeia teve este melhoramento. **Loc.** Com ~ [Repetidamente]. **2** Persistência/Perseverança. **3** Cará(c)ter do que é forçado/insistente.

insistente *adj 2g* (⇒ insistir) **1** Que persiste até conseguir o que pretende. **2** Teimoso/Obstinado. **3** Maçador/Importuno. **4** «pedido» Repetido/Reiterado/Renovado.

insistentemente *adv* (<insistente + -mente) «pedir» Muitas vezes/Repetidamente.

insistir *v t/int* (<lat *insísto, ere <in + stó, áre, stéti, státum*: estar (de pé)) **1** Repetir um pedido [conselho] que não foi logo atendido. **Ex.** Insistiu com ele para deixar de fumar. **2** Persistir/Perseverar/Teimar. **Ex.** Quando a vida não corre à medida dos desejos [ao nosso gosto], importa ~. **3** Manter um comportamento [uma opinião] resistindo a uma crítica. **Ex.** Continua a ~ que (ele é que) tem razão. **4** Procurar impor a sua vontade/perspe(c)tiva. **Ex.** Resolveu ~ que a festa havia de ser em sua casa. **5** Repetir um exercício «físico». **Ex.** Na aula de ginástica, o professor fazia ecoar o estribilho: "Insiste! Insiste!".

ínsito, a *adj* (<lat *ínsitus <ínsero, situm*: semear) **1** Implantado pela natureza. **2** Congé[ê]nito/Inato/Inerente. **3** *fig* Firmemente gravado no espírito.

insociabilidade *s f* (<in- + ...) **1** Qualidade de insociável/Não apetência para o convívio social/Misantropia(+). **Ex.** A prova da sua ~ é que não tem amigos. **2** Falta de urbanidade/delicadeza/amabilidade.

insociável *adj* (<in- + ...) **1** Que não é sociável/Que evita a convivência social/Misantropo(+). **2** Que não usa boas maneiras/Que não respeita as normas de cortesia/Indelicado/Intratável.

insofismável *adj* (<in- + sofismável) **1** Que não se pode pôr em causa/Indiscutível/Irrefutável. **Ex.** O mérito da sua obra é ~/indiscutível(+). **2** Evidente/Iniludível/Patente/Óbvio.

insofrido, a *adj* (<in- + sofrido) **1** «doente» Que não aceita/suporta o sofrimento. **2** «cará(c)ter» Impaciente/Inquieto/Turbulento. **3** «paixão/ódio» Arrebatado/Indomável/Furioso.

insofrível *adj 2g* (<in- + sofrível) **1** Que não se consegue sofrer/aguentar/Insuportável(+)/Intolerável(+). **2** Que não se pode sossegar/aquietar. **3** Que não se pode comer/ingerir/Intragável(+).

insolação *s f* (lat *insolátio, ónis*) **1** A(c)to ou efeito de insolar. **2** Incidência da radiação solar numa superfície/Exposição ao sol. **3** *Med* Estado mórbido provocado por excessiva/prolongada exposição ao sol. **Ex.** Um dos ciclistas em [da] prova apanhou/teve uma ~. **4** *Med* Tratamento terapêutico pela exposição controlada aos raios solares. **5** *Meteor* Durante determinado período, número de horas em que uma superfície recebe radiação solar dire(c)ta «estando o céu descoberto». **Ex.** O Algarve é a zona de Portugal com maior ~.

insolar *v t* (<lat *insólo, áre*) **1** Expor ao sol. **2** Pôr/Ficar doente devido à exposição excessiva/prolongada ao sol/Causar [Sofrer/Ter] uma insolação(+).

insolência s f (<lat *insoléntia*) 1 Cara(c)-terística do que é insolente. 2 Algo fora do comum. 3 Atitude insólita/estranha/atrevida/malcriada. 4 Falta de respeito/Grosseria. **Ex.** Na reunião cometeu uma ~. 5 Arrogância/Soberba.

insolente adj/s 2g (<lat *insólens, éntis*) 1 (O) que revela atrevimento/má-criação/Malcriado. **Ex.** Não tenho paciência para suportar [aturar(+)] ~s. 2 (O) que mostra injustificado orgulho/Arrogante/Soberbo. 3 Provocante/Atrevido/Descarado.

insólito, a adj (<lat *insólitus*) Que não é habitual/Anormal/Raro/Estranho. **Ex.** Aconteceu ali um fa(c)to ~ que causou a maior admiração.

insolúvel adj 2g (<lat *insolúbilis, e*) 1 Que não se dissolve. **Ex.** Essa substância «azeite/resina» é ~ na água. 2 Que não se pode resolver/solucionar/explicar. **Ex.** Esse problema continua ~. 3 Que não se consegue desfazer/anular/desatar. **Comb.** Nó ~. 4 «dívida» Que não se pode pagar/cobrar.

insolvência s f (<in- + solvência) 1 Condição/Estado de insolvente/Incapacidade de pagar uma dívida. 2 *Dir* Situação do devedor ou da empresa cujo passivo é superior ao a(c)tivo. **Ex.** O tribunal declarou a ~ da empresa.

insolvente adj/s 2g (<in- + solvente) (O) que não tem meios para pagar o que deve.

insolvível adj 2g (<in- + solvível) Que não se pode pagar/Insolúvel 4.

insondável adj 2g (<in- + sondável) 1 Que não se pode sondar. **Comb.** Os ~veis desígnios de Deus. 2 Inexplicável/Misterioso/Incompreensível. **Ex.** O plano daquele visionário é ~. 3 «abismo» De que não se consegue encontrar o fundo/limite.

insone (Só) adj 2g (<lat *insómnis, e*) Que não tem sono ou não consegue dormir/Que tem insó[ô]nia.

insonhável adj 2g (in- + sonho) Que nem se pode sonhar/Impossível/Irrealizável. **Ex.** Eu, vir a ser Presidente? – Isso é ~.

insónia [*Br* **insônia**] s f (<lat *insómnia*: falta de sono) 1 Dificuldade em/de adormecer/dormir. **Loc.** Ter [Sofrer de] ~s. 2 Falta de sono.

insonoridade s f (<in- + sonoridade) 1 Qualidade do que é insonoro/Falta de sonoridade. 2 Qualidade do que não tem um som agradável/harmonioso.

insonorização s f (<insonorizar + -ção) 1 A(c)to ou efeito de insonorizar «os estúdios da rádio». 2 Processo de redução/eliminação da propagação do som pelo emprego de materiais isoladores. **Ex.** Num edifício habitacional a ~ «das portas/janelas/paredes» permite maior conforto.

insonorizar v t (<in- + sonorizar) 1 Tornar insonoro «um motor». 2 Impedir a propagação do som «ao estúdio de gravação» pelo emprego de materiais isoladores.

insonoro, a (Nó) adj (<in- + sonoro) 1 Que não tem sonoridade/Que não emite som. 2 «chão/parede» Que amortece o som. 3 «voz/acorde» Que não tem um som agradável/harmonioso.

insonso, a adj (<lat *insúlsus*) ⇒ insosso(+).

insosso, a (Sôsso) adj (<lat *insúlsus*) 1 Que tem pouco sal/Que não tem sabor/Insípido. **Ex.** A sopa está ~a. **Idi.** *Br* **Comer insosso e beber salgado** [Ser pobre]. 2 *fig* Que não tem graça/Desinteressante. **Ex.** A moça parece-me ~a, *idi* um pãozinho sem sal!

inspeção (Pè) s f [= inspecção] (<lat *inspéctio, ónis*: observação <*inspício, ere, péctum*: olhar para) 1 A(c)to ou efeito de inspecionar. 2 Operação de controle pormenorizado e rigoroso/Vistoria/Revisão. **Ex.** A ~ de um avião tem de ser extremamente rigorosa. 3 Controle oficial do funcionamento ou do estado de conservação de equipamentos/obje(c)tos/estruturas, da qualidade de mantimentos, … **Ex.** A ~ das pontes rodoviárias foi reforçada a seguir ao terrível acidente. **Comb.** ~ *periódica dos elevadores* [ascensores]. ~ *de veículos automóveis*. 4 Fiscalização de uma a(c)tividade ou de um serviço, verificando se cumpre as normas estabelecidas. **Comb.** ~ de contas/regist(r)os. 5 Departamento encarregado de proceder a essa fiscalização ou controle/Conjunto dos seus inspe(c)tores. **Ex.** O meu amigo, no Ministério, está na ~. 6 Função de inspe(c)tor. **Ex.** A ~ exige rigor e bom senso. 7 Inspe(c)tor ou grupo de inspe(c)tores que levam a cabo uma missão. **Ex.** A ~ esteve na minha escola. 8 *Mil* Exame médico dos mancebos para avaliar a sua aptidão para o serviço militar. **Ex.** Na ~ o mancebo era declarado apto ou inapto para o serviço militar. 9 *Med* Exame clínico a realizar por junta médica a funcionário doente.

inspecção/inspeccionar ⇒ inspeção/…

inspecionar (Pè) v t [= inspeccionar] (<inspeção + -ar¹) 1 Examinar com rigor para verificar se tudo está/funciona como convém. **Ex.** O trabalho dele é ~ veículos automóveis. 2 Observar minuciosamente. 3 Verificar o cumprimento de normas.

inspetar (Pètor) v t [= inspectar] (<lat *inspécto, áre*) ⇒ inspecionar.

inspetor, ora (Pètôr) adj/s [= inspector] (<lat *inspéctor, óris*; ⇒ inspe(c)ção) 1 Relativo à inspeção. **Ex.** A a(c)tividade ~a exige grande competência. 2 (Pessoa) que verifica o cumprimento de normas/que inspeciona ou fiscaliza. **Ex.** Na escola tivemos a visita do ~. 3 Pessoa que tem por função examinar e dar informação sobre a qualidade do trabalho de funcionários. 4 Funcionário superior que chefia, em alguns serviços públicos. **Comb.** ~ de impostos.

inspiração s f (<lat *inspirátio, ónis*: respiração) 1 A(c)to ou efeito de inspirar. 2 *Biol* No processo da respiração, entrada do ar nos pulmões. **Ex.** O médico pediu-me uma ~ profunda. 3 Entusiasmo criador que anima músicos, artistas plásticos, escritores. **Ex.** Produziu este texto num momento de rara [grande] ~. 4 Emergência/Descoberta súbita da solução de um problema que preocupava muito. **Ex.** Foi uma ~ do momento que me deu a chave do problema. 5 Predisposição para determinado gé[ê]nero de a(c)tividade. **Ex.** Revela ~ para compor versos. 6 Influência determinante que uma pessoa ou coisa exerce na criatividade do espírito de outrem. **Ex.** O mar sempre foi a sua ~. 7 Orientação/Conselho(+) que se revela importante para a vida de alguém. **Ex.** Foi por ~ do meu professor que enveredei por este curso. 8 *Crist* Especial iluminação divina [do Espírito Santo] recebida pelos autores sagrados da Bíblia.

inspirado, a adj/s (<inspirar) 1 Que se inspirou. 2 *Biol* «ar» Que foi introduzido nas vias respiratórias. **Ex.** O ar ~ contém mais oxigé[ê]nio do que o ar expirado. 3 (O) que/sente predisposição para criar, sobretudo nos campos da arte. **Ex.** O poeta, ~ pela sua musa «amada», legou-nos um poema imortal. 4 «obra» Que revela excelência, um nível apreciável de qualidade. **Comb.** *Poema ~/lindo. Trecho musical ~.* 5 *Crist* Diz-se de autor de texto sagrado, que teve uma especial iluminação divina. **Ex.** Os autores da Bíblia foram ~s pelo Espírito Santo nos seus escritos.

inspirador, ora adj/s (<lat *inspirátor, óris*) 1 Que inspira. 2 Que ajuda a introduzir o ar nos pulmões/Inspiratório. 3 (O) que induz/entusiasma o espírito à criação artística/científica. **Ex.** A (musa) inspiradora dos seus versos foi a bela princesa. 4 Que sugere ideia/plano que outrem pode desenvolver.

inspirar v t/int (<lat *inspíro, áre, átum*) 1 Fazer entrar o ar nas vias respiratórias até aos pulmões. **Ex.** O médico disse-me que devia ~ fundo. 2 Despertar entusiasmo criador em alguém. **Ex.** O panorama deslumbrante inspirava [era de ~] qualquer artista. 3 ~-se em/Servir de modelo para a criação artística. **Ex.** Camões, na composição da epopeia *Os Lusíadas,* inspirou-se na *Eneida* do poeta latino Virgílio. 4 Proporcionar/Dar uma ideia/sugestão que outrem desenvolve. **Ex.** A leitura daquele artigo de jornal inspirou-me para a criação deste meu negócio. 5 Despertar um sentimento em alguém. **Ex.** A sua ingenuidade dá(+)[inspira]-me pena. 6 *Crist* Dar uma especial iluminação divina ao autor sagrado. **Ex.** Os cristãos admitem que Deus inspirou os autores da Bíblia.

inspirativo, a adj ⇒ inspirador.

inspiratório, a adj (<inspirar + -tório) Relativo à inspiração, à entrada do ar nas vias respiratórias até aos pulmões. **Comb.** Movimento ~. ⇒ inspirador.

instabilidade s f (<lat *instabílitas, átis*) 1 Falta de estabilidade/solidez. 2 Cara(c)-terística do que é inconstante/variável. **Ex.** A ~ do tempo determinou a marcação tardia das férias. 3 Estado do corpo que facilmente balouça ou perde a posição desejada. 4 *Quím* Estado de uma substância que facilmente se decompõe. 5 Perturbação de uma sociedade/Sentimento generalizado de incerteza/insegurança. **Ex.** A ~ política prejudica a economia do país. 6 Falta de equilíbrio psicológico. **Ex.** O trabalho dele é muito prejudicado pela sua recorrente ~. ⇒ instável 4.

instalação s f (<instalar + -ção) 1 A(c)to ou efeito de instalar. 2 A(c)ção de colocar num local equipamentos que ficam aptos a funcionar. **Ex.** Pagou oitocentos euros pelo aparelho de televisão, com a ~. 3 Colocação de rede de ele(c)tricidade, de gás, de água, de telefone, … **Ex.** A ~ vai ser sujeita a vistoria prévia. 4 Alojamento temporário ou permanente/Acomodação. **Ex.** A ~ das pessoas vítimas do incêndio ficou a cargo da Prefeitura [Câmara Municipal]. 5 *pl* Edifício ou sala(s) onde vivem pessoas ou onde funcionam serviços. **Ex.** As ~ções da repartição [dos escritórios] são ó(p)timas. 6 A(c)to de dar posse, de investir alguém num cargo. **Ex.** Coube ao ministro a ~ do novo dire(c)tor-geral. 7 Criação das condições de funcionamento de um novo serviço público. **Ex.** Está nomeada a comissão encarregada da ~ da nova escola.

instalador, ora adj/s (<instalar + -dor) (O) que instala alguém ou alguma coisa.

instalar v t (<fr *installer*) 1 Estabelecer/Construir/Erigir. **Ex.** Aqui vão ~ a nova escola. 2 Colocar equipamento e pô-lo apto a funcionar/Montar. **Ex.** Vêm trazer o aparelho «de TV» e instalam-no. **Loc.** ~ o telefone. 3 *Info* Acrescentar um programa ou um dispositivo a um computador, ficando pronto a ser utilizado. 4 Alojar(-se) de forma temporária ou definitiva/Colocar [Ficar] em local adequado com o conforto desejável/Acomodar(-se). **Ex.** ~ tanta gente não é fácil! 5 ~-se/Fixar-se de forma duradou-

ra. **Ex.** O vírus instalou-se nos pulmões. **6** Dar posse a/Investir num cargo ou função. **7** Fazer aparecer/Provocar/Desencadear/Originar. **Ex.** A sua chegada instalou a confusão no [trouxe a confusão ao] grupo.

instância *s f* (<lat *instántia*: a(c)ção de apressar; ⇒ instante²) **1** A(c)to ou efeito de instar, de rogar com insistência/Súplica. **Loc.** Em última ~ [Como último recurso/Por fim] «pedi ajuda aos amigos». **2** Qualidade do que revela empenho/perseverança. **3** Cará(c)ter do que está iminente ou do que é urgente. **4** Domínio/Campo/Esfera. **Comb.** *~ da economia. ~ da finança.* **5** Autoridade ou organismo com poder de decisão. **6** *Dir* Jurisdição/Foro. **7** *Dir* Conjunto de a(c)tos de todo um processo judicial, desde a entrada da a(c)ção até à sua conclusão no julgamento. **8** *Dir* Cada um dos juízos ordenados hierarquicamente por onde pode passar a a(c)ção até à decisão definitiva. **Comb.** *Tribunal de primeira ~. Tribunal de segunda ~* [Tribunal da Relação]. *~s superiores* **a)** Tribunais superiores ao da primeira ~. **b)** Chefias dos serviços. **9** Réplica a uma obje(c)ção do adversário. **10** *Liter* Forma de intervenção de um determinado fa(c)tor na economia do texto. **11** *Psiq* Segundo Freud, cada uma das três partes do aparelho psíquico: id, ego e super-ego.

instantaneamente *adv* (<instantâneo + -mente) **1** De um momento para o outro/Repentinamente/Imediatamente. **2** Por um momento/instante/Fugazmente.

instantaneidade *s f* (<instantâneo + -idade) Condição do que é instantâneo/momentâneo.

instantâneo, a *adj/s* (<lat *instantáneus*) **1** Que se realiza num instante/Que dura muito pouco. **Ex.** Houve uma resistência ~a, mas logo sucumbiu [morreu]. **2** Que ocorre de forma repentina/Imediato. **Ex.** A sua rea(c)ção foi ~a. **Comb.** Lotaria ~a [em que se raspa um cartão, sabendo-se logo se foi premiado]. **3** Diz-se de alimento «café» desidratado que fica pronto a consumir ao misturar-se com água ou leite. **4** *s m* Fotografia tirada com tempo de abertura do diafragma extremamente curto.

instante¹ *s m* (<lat *ínstans, ántis* <*insto, áre*: estar sobre) Muito pequeno espaço de tempo/Momento. **Ex.** Espere um ~ [momento], se faz favor. Num ~ conseguiu puxá-lo e salvou-o da morte. **Loc.** «chorar/beber» *A cada ~* [Muitas vezes/Continuamente]. *A todo o ~* **a)** Muitas vezes; **b)** De um momento para o outro/Muito proximamente/Não tarda (Ex. A todo o ~ ele pode chegar e eu tenho de o acompanhar). *De ~ a ~* [Continuamente]. *No mesmo ~* [Imediatamente/Logo]. «comeu» *Num ~* [Muito depressa].

instante² *adj* (<lat *ínstans, ántis*; ⇒ instar) **1** Que insiste sem cessar/Que insta/Que não desiste de pedir. **Comb.** Rogo ~. **2** Que está quase a acontecer/Iminente(+). **Comb.** Ameaça ~. **3** Urgente/Inadiável. **Comb.** Diligência ~. ⇒ instância.

instantemente *adv* (<instante²) ⇒ insistentemente.

instar *v int* (<lat *ínsto, áre*: pedir) **1** Rogar insistentemente/Suplicar. **2** Insistir. **Ex.** Instou com ele para lhe conceder novo prazo de [para lhe adiar o] pagamento. **3** Continuar a perguntar. **4** Exigir/Forçar. **5** Estar para acontecer/Estar iminente/Urgir.

instauração *s f* (<lat *instaurátio, ónis*) **1** A(c)to ou efeito de instaurar/instituir/implantar/fundar. **Ex.** A ~ da democracia «em Portugal» veio trazer uma nova esperança. **2** *Dir* A(c)to de pôr em marcha/promover/lançar. **Ex.** A ~ de um processo disciplinar ao funcionário foi consensual.

instaurador, ora *adj/s* (<lat *instaurátor, óris*) (O) que instaura/institui/promove.

instaurar *v t* (<lat *instáuro, áre, átum*) **1** Fundar/Estabelecer/Instituir/Implantar. **Ex.** A revolução permitiu ~ um novo regime. **2** *Dir* Iniciar/Promover/Abrir. **Ex.** Decidiram ~ um inquérito para apurar responsabilidades.

instável *adj 2g* (<lat *instábilis, e*) **1** Que não é constante/Que muda/varia frequentemente. **Comb.** *Clima ~. Tempo ~.* **2** Que não é estável/firme/seguro. **Comb.** Cadeira ~. **3** *Quím* Que facilmente se desagrega. **Comb.** Composto ~. **4** Que tem propensão para alterações frequentes de humor/Volúvel/Desequilibrado. **Comb.** Espírito ~.

instigação *s f* (<lat *instigátio, ónis*) **1** A(c)to ou efeito de instigar/incentivar. **2** Gesto/Dito que tem esse fim. **3** Solicitação insistente.

instigador, ora *adj/s* (<lat *instigátor,óris*) **1** (O) que estimula/incentiva a fazer alguma coisa. **2** Que atiça/acirra/Provocador.

instigar *v t* (<lat *instígo, áre, átum*) **1** Incentivar/Incitar «à revolta»/Estimular. **2** Incitar a atacar/Açular «os cães»/Acirrar(+).

instilação *s f* (<lat *instillátio,ónis*) **1** A(c)to ou efeito de instilar(-se). **2** Introdução/Administração de um líquido gota a gota. **3** *fig* A(c)to de incutir/insinuar um sentimento ou uma ideia no espírito de outrem. **Ex.** A ~ de ódio nas mentes [pessoas] pode levar a grandes violências.

instilador, ora *adj/s* (<instilar + -dor) **1** Que instila. **2** Que introduz um líquido, gota a gota, numa cavidade. **3** *s m* Aparelho adequado a essa operação. **4** Que insinua/incute uma ideia ou um sentimento na mente de outrem.

instilar *v t* (<lat *ínstillo,áre,átum*) **1** Introduzir um líquido, gota a gota, numa cavidade. **2** *fig* Fazer penetrar/Incutir/Insinuar subtilmente uma ideia ou sentimento bons na mente de outrem «jovem».

instintivo, a *adj* (<instinto + -ivo) **1** Relativo ao instinto/Inato. **2** Derivado do instinto. **Ex.** Teve uma rea(c)ção ~a. **3** Que se deixa conduzir pelo instinto e não pela razão. **Ex.** É uma pessoa ~a, não se espera dela uma decisão amadurecida. **4** Que não é precedido de reflexão/Involuntário/Espontâneo/Automático. **Ex.** O remate (da bola) à queima-roupa obrigava a [exigia] uma defesa [rea(c)ção] ~a.

instinto *s m* (<lat *instínctus*: impulso) **1** Impulso natural que leva o «homem» animal a realizar os a(c)tos que asseguram a sua sobrevivência e a da espécie. **Ex.** O ~ serve de guia ao animal. **Comb.** ~ de conservação. **2** Padrão de comportamento não aprendido, comum aos indivíduos de uma espécie. **Comb.** ~ gregário. **3** *Psic* Pulsão interior, alheia à razão e a considerações de ordem moral ou social, que impele a a(c)tos de satisfação egoísta/Natureza. **Ex.** Educar é ensinar a orientar os ~s. **Comb.** *Bons ~s. Maus ~s.* **4** Propensão para intuir/pressentir/adivinhar. **Ex.** O seu ~ dizia-lhe que seria um bom negócio. **5** Aptidão natural para uma a(c)tividade/Talento/Inclinação. **Ex.** Há nele um ~ [Ele tem um talento] para a música que importa explorar. **6** *Col* A(c)tividade espontânea/reflexa. **Ex.** O guarda-redes [*Br* goleiro], com bons reflexos, fez uma grande defesa por ~.

institor, ora *s Dir* (<lat *instítor, óris*) Pessoa que administra um negócio por encargo do dono.

institucional *adj 2g* (<instituição + -al) **1** Relativo/Pertencente a instituição. **2** Relativo a instituições do Estado. **Ex.** As relações entre eles nada têm de pessoal, são apenas ~ais. **Comb.** *Guerrilha ~* [Falta de boa colaboração entre instituições, procurando cada uma fazer prevalecer a sua posição]. *Solidariedade ~.*

institucionalizar *v t* (<institucional + -izar) Dar/Tomar cará(c)ter institucional/legal/Oficializar. **Ex.** Para se ~, uma associação tem que satisfazer/reunir certas condições.

institucionalmente *adv* (institucional + -mente) **1** De modo institucional. **2** Segundo as normas institucionais.

instituição *s f* (<lat *institútio, ónis*) **1** A(c)to de instituir/estabelecer/fundar/criar. **2** Organização de cará(c)ter duradouro. **Ex.** A escola é uma ~ de grande importância social. **Comb.** *~ de beneficência. ~ familiar. ~ militar. ~ parlamentar. ~ de solidariedade social.* **3** *depr* O que, embora reprovável, se tornou vulgar/comum. **Ex.** A "cunha" e o tráfico de influências, infelizmente, parecem já ~ções [uma ~]. **4** Estabelecimento de utilidade pública. **5** Cada um dos órgãos do poder político, estabelecidos a nível nacional ou internacional «ONU». **6** *Dir* Nomeação de herdeiro por testamento. **7** *pl* Regime de um país. **Ex.** A democracia exige o respeito das [pelas] ~ções. **8** Personalidade marcante num determinado ramo. **Ex.** Entre os arquite(c)tos [Para os brasileiros], Óscar Niemeyer era uma ~.

instituidor, ora *adj/s* (<instituir+-dor) (O) que institui/Fundador/Iniciador/Instaurador.

instituir *v t* (<lat *instítuo,ere,tui,tútum*) **1** Iniciar/Fundar/Estabelecer/Criar. **Ex.** Instituiu-se [Foi instituído] um novo relacionamento entre os dois povos. **2** Marcar/Determinar/Fixar. **Ex.** Instituiu um novo prazo para liquidação da dívida. **3** Designar/Nomear/Constituir. **Ex.** Decidiu ~ como único herdeiro um sobrinho.

instituto *s m* (<lat *institútum,i*: estabelecimento) **1** O que foi estabelecido/instituído com cará(c)ter duradouro. **2** Entidade criada com regulamentação jurídica. **Comb.** ~ do referendo. **3** Organização religiosa. **Comb.** *~ secular* [Regime de vida religiosa [de perfeição] sem os votos de pobreza, obediência e castidade e sem ser obrigatória a vida em comunidade]. **4** Organismo de investigação ou de divulgação. **Comb.** *~ Camões* [da Cultura e Língua Portuguesa] (Em Lisboa). **5** Designação de organismos de cará(c)ter social ou econó[ô]mico que coordenam a(c)tividades de serviço público. **Comb.** *~ Brasileiro do café. ~ Nacional de Emergência Médica* (INEM). **6** Estabelecimento de ensino a nível médio ou superior. **Ex.** O Instituto Superior Técnico, em Lisboa, é uma escola de grande prestígio. **7** Edifícios onde funcionam esses vários organismos e estabelecimentos de ensino. **8** Estabelecimento comercial de prestação de serviços. **Comb.** ~ de Beleza.

instrução *s f* (<lat *instrúctio, ónis*) **1** A(c)to de instruir(-se). **2** Transmissão de conhecimentos teóricos ou práticos/Ensino/Formação. **Comb.** *~ militar. ~ pública* [Conjunto de conhecimentos ministrados em estabelecimento de ensino público]. **3** *Mil* Formação militar básica, antes da especialidade/Recruta. **Ex.** O período da ~ (militar) é difícil para muitos soldados. **4** Conjunto de conhecimentos adquiridos na escola ou ao longo da vida. **Ex.** É uma pessoa de muita ~. **5** *pl* Indicações sobre

a(c)ções a realizar e modo de proceder dadas por superior hierárquico/Dire(c)tiva/Normas. **6** *pl* Indicações sobre o funcionamento de um aparelho, sobre o modo corre(c)to de usar um produto, sobre a forma de preencher um impresso oficial, … **Ex.** Antes de começar a montagem da máquina, é bom ler atentamente as ~ções. **7** *Dir* Em processo civil ou criminal, conjunto de investigações prévias ao julgamento para apuramento dos fa(c)tos, seus agentes e circunstâncias. **Comb.** Juiz de ~. **8** *Info* Informação codificada introduzida no computador.

instruendo, a *adj/s* (⇒ instruir) **1** (O) que está a receber instrução/Aluno(+). **Ant.** Instrutor; professor. **2** *Mil* (O) que está a fazer a recruta (⇒ instrução **3**).

instruído, a *adj* (<instruir) **1** Que recebeu instrução/Que é informado/sabedor. **2** Que tem muitos conhecimentos [muita informação]/Culto. **Ex.** Vê-se (bem/logo) que é uma pessoa ~a. **3** *Dir* Diz-se do processo que está pronto para julgamento.

instruir *v t* (<lat *ínstruo, ere, trúctum*) Transmitir/Adquirir conhecimentos/Formar(-se). **Ex.** Cabe ao professor ~ [ensinar(+)] os alunos. **2** Ensinar a fazer/Adestrar/Treinar/Habilitar. **3** Dar/Adquirir informação sobre alguma coisa/Inteirar(-se)/Esclarecer(-se). **Ex.** Quero instruí-lo sobre a vida no internato. **4** Dar ordens sobre a forma de proceder. **Ex.** Instruiu-me sobre as precauções a tomar. **5** Reunir documentos segundo normas estabelecidas por lei. **Ex.** Foi encarregado de ~ o processo disciplinar movido ao professor. **6** *Dir* Em processo civil ou criminal, promover as investigações que tornem possível a realização do julgamento.

instrumentação *s f* (<instrumentar + -ção) **1** A(c)to ou efeito de instrumentar. **2** Arte de combinar as partes de uma composição musical/Orquestração.

instrumental *adj 2g/s m* (<instrumento + -al) **1** Relativo a instrumento. **2** Que serve de instrumento para a a(c)ção. **3** (O) que funciona como meio para alcançar alguma coisa. **Ex.** A retirada do exército dele foi apenas ~, para disfarçar. **4** *Mús* Diz-se da execução de um trecho musical apenas por instrumentos. **Comb.** Concerto ~. ⇒ orquestra. **5** *Dir* Que consta de instrumento ou escritura pública. **Comb.** Provas ~ais. **6** *Gram* (Diz-se do) caso da declinação nominal que indica o instrumento com que se executa a a(c)ção. **Ex.** Vertendo para latim a frase *Cortou o ramo com a faca*, o caso de "a faca" é o ~. **7** Conjunto de instrumentos necessários a uma a(c)tividade especializada. **Comb. O ~ de um cirurgião. O ~ de um fotógrafo. Sin.** Ferramenta(+). **8** Conjunto dos instrumentos de uma banda/orquestra.

instrumentalização *s f* (<instrumentalizar + -ção) **1** Utilização de pessoas ou organizações como meio para obter vantagens. **Ex.** A ~ de uma pessoa, quando disso ela toma consciência, é considerada uma grave ofensa. **2** O equipar algo com os instrumentos necessários para funcionar.

instrumentalizar *v t* (<instrumental + -izar) **1** Utilizar uma pessoa/organização como meio para tirar vantagem pessoal/Abusar de/Manipular. **Ex.** Se lhe convier, não hesita em ~ o próximo. **2** Dotar dos equipamentos e instrumentos necessários para funcionar/Tornar operacional «o plano econó[ô]mico».

instrumentalizável *adj 2g* (<instrumentalizar + -vel) Que pode ser usado abusivamente como meio/pode ser instrumentalizado. **Ex.** Como é ingé[ê]nuo, é ~ por gente sem escrúpulos.

instrumentar *v t* (<instrumento + -ar¹) **1** *Mús* Escrever a parte do texto musical que cabe a cada instrumento executar. **2** *Med* Passar ao cirurgião os instrumentos de que vai precisando no decorrer da operação.

instrumentário, a *adj/s* (<instrumento + -ário) **1** Cuja firma ou presença é necessária para lavrar [fazer/passar] um documento. **Comb.** Testemunha ~a. **2** *s f* ⇒ instrumental **7**.

instrumentista *s 2g Mús* (<instrumento + -ista) **1** Pessoa que toca um instrumento musical. **2** Compositor de música instrumental.

instrumento *s m* (<lat *instruméntum*; ⇒ in[con]struir) **1** Utensílio apropriado para realizar uma tarefa/Ferramenta. **Ex.** A tesoura é um ~ cortante. **Comb. ~ de precisão** [que garante rigor/exa(c)tidão nos resultados]. **2** *Mús* Obje(c)to destinado à produção de sons musicais. **Comb. ~ de cordas. ~ de percussão. ~ de sopro**. **3** Meio usado para alguma coisa. **Ex.** O ~ do crime foi uma arma branca. **4** *fig* O que é agente ao serviço de outrem. **Ex.** Francisco de Assis desejava ardentemente ser ~ da paz de Deus. **5** Causa(+)/Fa(c)tor de. **Ex.** Foi ~ de escândalo para aquela gente simples.

instrutivo, a *adj* (⇒ instruir) **1** Próprio para instruir/Que aumenta o saber/Que forma. **Ex.** Esse programa televisivo é ~. **2** *Dir* Relativo à instrução de processo judicial.

instrutor, ora *adj/s* (<lat *instrúctor, óris*; ⇒ instruir) **1** (O) que dá instrução/que proporciona conhecimento/que adestra na aquisição de técnicas. **2** *Mil* (O) que está encarregado da instrução militar. **3** Pessoa que adestra e prepara os candidatos ao exame de condução de veículos automóveis. **4** *Dir* (Juiz) encarregado de instruir um processo judicial.

ínsua *s f* (<lat *ínsula*: ilha) **1** Ilha pequena no curso do rio/Ilhota. **Ex.** O Castelo de Almourol (Portugal) fica numa ~ do Rio Tejo. **2** Terreno marginal de um rio/Lezíria.

insubmergível *adj 2g* (<in- + …) Que não se pode submergir.

insubmersível *adj 2g* (<in- + …) ⇒ insubmergível.

insubmissão *s f* (<in- + …) Qualidade de insubmisso do que não se submete à vontade de outro/Resistência a ser dominado por outro.

insubmisso, a *adj/s* (<in- + …) **1** (O) que não se deixa submeter/que é independente/indomável/rebelde. **2** *Br* O que, convocado a prestar serviço militar, não se apresentou/Desertor/Refra(c)tário(+).

insubordinação *s f* (<in- + …) **1** Falta de subordinação. **2** Cara(c)terística do que é insubmisso/insubordinado/independente/rebelde/indisciplinado. **3** A(c)ção de se insurgir/revoltar/rebelar contra a autoridade/ordem estabelecida. **4** *Mil* Recusa de obedecer a ordem de um superior hierárquico.

insubordinado, a *adj/s* (<in- + …) **1** (O) que não se submete à vontade de outrem/Desobediente/Rebelde. **2** (O) que cometeu a(c)to de indisciplina/rebelião. **Ex.** Os ~s «da escola/do exército» foram duramente castigados.

insubordinar *v t* (<in- + …) **1** Incitar a desrespeitar a autoridade/disciplina/Provocar a revolta de. **2** ~-se/Tornar-se rebelde/indisciplinado.

insubornável *adj 2g* (<in- + …) Que não se deixa subornar/corromper/Íntegro/Honesto/Re(c)to.

insubsistência *s f* (<in- + subsistência) **1** Qualidade do que não pode continuar a existir/manter-se. **2** Qualidade do que não tem fundamento ou razão de ser.

insubsistente *adj 2g* (<in- + subsistente) **1** Que não pode subsistir. **2** Que não tem razão de ser.

insubstituível *adj 2g* (<in- + …) **1** Que não pode ser substituído/Único. **2** Que não tem igual/Excelente. **Ex.** Diz-se que não há pessoas ~veis [que ninguém é ~ (+)].

insucesso *s m* (<in- + …) Mau resultado/Fracasso/Malogro. **Comb.** ~ escolar [Falta de aproveitamento do(s) aluno(s)].

insuficiência *s f* (<lat *insufficiéntia*: incapacidade) **1** Qualidade do que é insuficiente/insatisfatório. **2** Falta/Carência/Escassez. **Ex.** A ~ de recursos impede muita gente de ter uma vida feliz. **3** *Med* Incapacidade de um órgão de desempenhar cabalmente a sua função. **Comb. ~ cardíaca. ~ renal**. **4** Incapacidade(+) de alguém de exercer um cargo/Incompetência(o+). **Ex.** O mau funcionamento do serviço deve-se mais à ~ do que a desleixo [má vontade].

insuficiente *adj* (<lat *insufficiens, éntis*) **1** Que não é suficiente/bastante/Escasso. **2** Que não atinge o nível satisfatório/Fraco/Medíocre. **Ex.** O rendimento do negócio [da loja] é claramente ~. **3** *s m* Classificação de prova/teste escolar que não atingiu o meio da escala/Nota negativa.

insuflação *s f* (<lat *insufflátio, ónis*; ⇒ inje(c)ção, inoculação) **1** A(c)to ou resultado de insuflar. **2** A(c)to de fazer penetrar numa cavidade através do sopro. **Ex.** A ~ do ar nos pulmões salvou o rapaz acidentado. **3** Introdução de um fluido num espaço, dilatando-o. **Ex.** A ~de ar quente no balão fê-lo subir. **4** *Med* A(c)to de fazer penetrar numa cavidade um gás, vapor ou pó muito fino, com fim terapêutico. **Ex.** A ~ de aerossóis nas vias respiratórias é muito receitada. **5** *fig* Influência sobre a mente alheia/Incitamento/Inspiração/Sugestão.

insuflador, ora *adj/s* (<insuflar + -dor) **1** (O) que faz penetrar em cavidade através do sopro/que insufla. **2** *fig* (O) que incute/inspira/sugere uma ideia ou um sentimento a outrem. **3** *s m* Aparelho que introduz num espaço um gás ou vapor. **4** *s m Med* Instrumento que faz penetrar nas vias respiratórias um fluido ou um pó muito fino.

insuflar *v t* (<lat *insúfflo, áre*: soprar sobre) **1** Introduzir [Encher com] ar «bola de futebol», gás ou vapor, geralmente por sopro. **2** Fazer inchar/Dilatar. **3** Incutir/Infundir/Despertar/Inspirar/Sugerir uma ideia ou um sentimento a outrem. **4** *Med* Fazer penetrar por sopro, numa cavidade do corpo, um gás, vapor, anestésico, pó fino, … **Ex.** Resolveu ~-lhe oxigé[ê]nio. **5** *Med* Fazer entrar ar nos pulmões de uma vítima de asfixia, com aparelho ou por respiração boca a boca.

insuflável *adj 2g/s m* (<insuflar + -vel) **1** Que se pode fazer dilatar ou encher com ar, gás/Que se pode insuflar. **Comb.** Colchão ~ «de plástico». **2** *s m* Obje(c)to que se usa depois de cheio com ar ou gás. **Ex.** A boia é um ~.

ínsula *s f* (<lat *ínsula*: ilha) **1** *Geog* Ilha(+). **2** *Anat* Região oval do córtex cerebral.

insulação *s f* (<insular² + -ção) **1** A(c)to ou efeito de insular(-se). **2** A(c)ção de tornar semelhante a uma ilha/Isolamento(+). **3** Afastamento da vida social.

insulamento *s m* (<insular² + -mento) ⇒ insulação.

insulano, a *adj/s* (<lat *insulánus*) **1** Relativo a ínsula/ilha/Insular¹. **2** (O) que é natural ou habitante de ilha/Ilhéu(+).

insular¹ adj/s 2g (<lat *insuláris, e*) 1 Relativo ou pertencente a uma ilha/Ilhéu/Insulano. **Ex.** O Japão é um país ~. 2 Natural ou habitante de ilha/Ilhéu(+).

insular² v t (<lat *ínsula*: ilha + -ar¹) 1 Tornar(-se) semelhante a uma ilha. 2 *fig* Tornar incomunicável/Isolar(+). 3 ~-se/Afastar-se do grupo/Ficar isolado/solitário.

insularidade s f (<insular + -idade) 1 Qualidade do que pertence a uma ilha. 2 Condição do território constituído por uma ou mais ilhas/Cará(c)ter de insular. **Ex.** É justo haver compensações para os custos da ~ «dos Açores». 3 *fig* Condição do que vive isolado da comunidade.

insulina s f (<fr *insuline*, do lat *ínsula*: ilha; gerada nas *ilhotas de Langherans* do pâncreas) 1 *Bioq* Hormona segregada pelo pâncreas que a(c)tua no metabolismo dos açúcares no organismo. **Ex.** A diabetes está relacionada com a insuficiência da (função que cabe à) ~. 2 Medicamento preparado com essa hormona. **Ex.** A criança diabética já se habituou a tomar ~.

insulso, a adj (<lat *insúlsus*) 1 Que tem falta de sal/Ensosso/Insosso(+). 2 «prato» Sem [Que não tem] sabor/Sensaborão. 3 *fig* «espe(c)táculo/comédia» Que não tem graça/Desprovido de interesse/*idi* Morto.

insultar v t (<lat *insulto, áre*) 1 Ofender gravemente por palavras/Injuriar/Ultrajar. **Ex.** Começou a ~ o condutor do outro veículo (automóvel). 2 Desonrar/Desrespeitar. **Ex.** Insultou-me julgando-me capaz de tal indignidade «o mentir a um amigo».

insulto s m (<lat *insúltus*) 1 A(c)ção ou palavra ofensiva da honra ou dignidade de alguém/Ultraje/Afronta. **Ex.** Não reagiu aos ~s do vizinho. 2 *Med* Ataque(+) súbito. **Comb.** ~ apoplé(c)tico.

insultuoso, a (Ôso, Ósa, Ósos) (<insulto + -oso) Ofensivo da dignidade/honra/Insultante/Injurioso/Ultrajante. **Ex.** Dirigiu palavras ~as ao pobre (do) velho.

insumo s m *Econ* (<lat *insúmo, ere, súmptum*: tomar) ⇒ *input*.

insuperável adj 2g (<lat *insuperábilis, e*) 1 Que não se consegue vencer/resolver. **Ex.** Uma tal dificuldade parecia ~. 2 Que não se pode ultrapassar/superar. **Ex.** O recorde conseguido pelo atleta afigurava-se [parecia] ~.

insuportável adj (<in- + ...) 1 Muito incomodativo/Difícil de aguentar/suportar. **Comb.** «estou numa» Situação ~. 2 «menino» Muito irrequieto/De trato muito difícil/Que não se pode aturar. 3 «a(c)to» Que não se pode aceitar/tolerar por ir contra a justiça, o direito, o decoro, a moral/Intolerável.

insuprível adj 2g (<in- + ...) Que não se pode substituir/suprir.

insurgente adj/s 2g (<lat *insúrgens, éntis*; ⇒ insurgir) (O) que se insurge/subleva/Insurre(c)to(+)/Revoltoso(o+).

insurgir v t (<lat *insúrgo, ere, surréctum*: levantar-se contra) 1 Levar à revolta/Rebelar(-se)/Sublevar(-se) **Ex.** Por fim o povo insurgiu-se contra o ditador. 2 Manifestar desacordo/Opor-se a/Reagir. **Ex.** A aldeia quis [tentou] ~-se contra o proje(c)to de traçado da estrada.

insurreccional/insurreccionar/insurrecto ⇒ insurrecional/...

insurrecional (Rrè) [*Br* **insurre(c)cional** (*dg*)] adj 2g [= insurreccional] (<insurreição + -al) Relativo a [Que tem o cará(c)ter de] insurreição. **Ex.** O movimento ~ alastrou pelo país.

insurrecionar (Rrè) [*Br* **insurre(c)cionar** (*dg*)] v t [= insurreccionar] (<insurreição + -ar) Levar à revolta/insurreição/Rebelar(-se)/Sublevar(-se).

insurreição s f (<lat *insurréctio, ónis*) 1 A(c)to ou resultado de insurgir(-se). 2 Levantamento contra o poder instituído/Rebelião/Revolta/Sublevação. 3 Conjunto de rebeldes/revoltosos. **Ex.** A ~ foi duramente reprimida.

insurreto, a (Rré) [*Br* **insurre(c)to** (*dg*)] adj/s [= insurrecto] (<lat *insurréctus*; ⇒ insurgir) (O) que se insurgiu/sublevou/revoltou. **Ex.** Os ~s [revoltosos(+)] não conseguiram o seu propósito.

insuscetível (Cè) [*Br* **insusce(p)tível** (*dg*)] adj [= insusceptível] (<in- + ...) 1 Que não é suscetível/não se melindra. 2 Que não é passível/suscetível de/Incapaz de(+). **Comb.** Juiz ~ de corrupção.

insuspeição s f (<in- + ...) Ausência de suspeição/Falta de motivo para suspeitar.

insuspeitável adj 2g (<in- + ...) «pessoa» Que não pode merecer suspeita/Em que se pode confiar plenamente.

insuspeito, a adj (<in- + ...) 1 «homem» Digno de confiança/De que não se deve suspeitar. 2 Fidedigno/Desinteressado/Imparcial/Isento. **Ex.** É um testemunho [uma fonte] ~[a]. **Comb.** Pessoa ~a.

insustentável adj (<in- + ...) 1 Que não se pode manter/sustentar/aguentar. **Ex.** O a(c)tual nível de vida é ~, temos de poupar. 2 Que não se pode defender/aceitar/Que não tem fundamento. **Ex.** Os extremismos são ~veis. 3 Que não se pode tolerar/Insuportável. **Ex.** A opressão dos mais fracos é ~/inaceitável/intolerável(+).

intacto, a [*Br* **inta(c)to** (*dg*)] adj (<lat *intáctus*) 1 Que não foi tocado/alterado. **Ex.** A seguir ao vendaval, o casebre continua ~. 2 Que está inteiro «bolo/melão»/Que não foi encetado/Que tem todas as suas partes. 3 Que não sofreu dano/Incólume/Ileso. **Ex.** Saiu do acidente sem um arranhão, inteiramente ~. 4 Que não foi atingido por crítica/reparo/ataque/Impoluto/Irrepreensível. **Ex.** Neste escândalo, o seu bom nome continua/sai completamente ~.

intangibilidade s f (<intangível + -idade) Qualidade do que é intangível.

intangível adj 2g (<in- + ...) 1 Que não se pode tocar/pegar. 2 Que não se consegue atingir/Inatingível(+)/Inacessível/Inalcançável. 3 Que não é perce(p)tível pelo ta(c)to/Incorpóreo. 4 Que, por sua natureza, não pode ser atacado/destruído. **Ex.** Há valores [direitos] ~veis numa sociedade responsável.

-inte suf Significa **agente** (Ex. constitu~, contribu~, ped~). ⇒ -ante; -ente.

integérrimo, a adj (<lat *integérrimus*) *Sup* de íntegro. **Ex.** É um homem ~, honestíssimo!

íntegra s f (<íntegro) 1 Texto completo/inteiro. **Ex.** Tenho aqui [comigo] a ~ do decreto. 2 Totalidade. **Loc.** Na ~ [Na totalidade/Integralmente] (Ex. Leu o texto na ~).

integração s f (<integrar + -ção) 1 A(c)to ou efeito de integrar(-se). 2 Inclusão/Incorporação num todo. 3 *Biol* Coordenação das a(c)tividades de vários órgãos para o funcionamento harmonioso de um sistema. 4 *Sociol* Processo em que um indivíduo/grupo se insere numa comunidade sem perder a sua identidade cultural. **Comb.** ~ racial. 5 Processo de adequação do comportamento de alguém ao da comunidade em que acabou de entrar. **Ex.** A ~ dos portugueses em qualquer país estrangeiro costuma ser fácil. A criança teve uma ~ difícil na escola. 6 Processo econó[ô]mico/político em que duas ou mais nações decidem ado(p)tar entre si a livre circulação de pessoas e bens e formas de cooperação. **Comb.** ~ **aduaneira**. ~ **monetária**. 7 *Econ* Processo de concentração de empresas. 8 *Mat* Cálculo de uma integral.

integracionismo s m (<integração + -ismo; ⇒ integralismo) 1 Doutrina que defende a integração de duas ou mais nações com vista a uma política externa e interna comum. 2 Movimento/Política de integração social de indivíduos, grupos ou minorias raciais.

integrado, a adj (<integrar) 1 Que é parte de alguma coisa/Que se insere num todo. **Comb.** Ensino ~ [Integração nas turmas de alunos portadores de qualquer insuficiência/deficiência]. 2 Que se integrou na [se adaptou à] comunidade em que passou a incluir-se/Adaptado. **Comb.** Minoria ~a.

integrador, ora adj/s (<lat *integrátor, óris*) 1 (O) que realiza/favorece a integração. 2 s m Instrumento que integra a quantidade a medir em relação ao tempo. 3 s m Máquina que efe(c)tua a operação matemática da integração ou do cálculo das integrais.

integral adj 2g/s f (<lat *integrális, e*) 1 Total/Global/Inteiro/Completo. **Ex.** Importa fazer a leitura da obra ~. 2 Diz-se do cereal não refinado, que não teve qualquer redução/subtra(c)ção (⇒ farelo). **Ex.** Em casa só consome arroz ~. 3 Diz-se do alimento confe(c)cionado com um produto completo. **Comb.** Pão ~. 4 *Mat* Diz-se do ramo das matemáticas que estuda a determinação da função de que provém uma diferencial ou derivada. **Comb.** Cálculo ~. 5 *Mat* Função/Solução de uma equação diferencial.

integralidade s f (<integral + -idade) Qualidade de integral/completo/total.

integralismo s m (<integral + -ismo ⇒ integracionismo) 1 Aplicação integral de uma doutrina ou de um sistema. 2 *Hist Br* Movimento político de inspiração fascista fundado no Brasil em 1932 e extinto em 1937. **Comb.** *Hist* ~ Lusitano [Movimento sócio-político, iniciado em Portugal na segunda década do séc. XX, que pretendia criar uma mentalidade nacionalista, católica, antiliberal e monárquica].

integralmente adv (<integral + -mente) Totalmente/Inteiramente/Na íntegra. **Ex.** Li o livro ~/todo.

integrante adj 2g/s f (<lat *íntegrans, ántis*) 1 Que integra/está incluído em/faz parte de. **Comb.** «este estrangeiro é [faz]» Parte ~ «da nossa comunidade/terra». 2 *Gram* Diz-se da conjunção que introduz uma frase completiva. **Ex.** Na sequência *Sei que ele está bem*, o "que" é uma conjunção ~. 3 *Gram* Diz-se da oração completiva introduzida por uma conjunção. **Ex.** Na sequência *É importante que ele venha*, a oração "que ele venha" é ~, funcionando como sujeito da frase anterior.

integrar v t (<lat *íntegro, áre, átum*) 1 Tornar-se parte de/Incluir(-se) em. **Ex.** O treinador integrou o jogador na equipa que defrontou o clube rival. 2 Ter na sua constituição/Reunir. **Ex.** A equipa integra [consta de/tem] investigadores de várias áreas. 3 ~-se/Combinar(-se) harmoniosamente com. **Ex.** Este quadro integra-se perfeitamente [fica (muito) bem] na decoração da sala. 4 Realizar/Promover a adaptação a. **Ex.** O professor rapidamente integrou a criança na nova turma. 5 ~-se/Ser membro participativo de uma comunidade. **Ex.** Integrou-se na comunidade com facilidade. 6 *Mat* Determinar o/a integral de uma função ou de uma equação diferencial.

integridade s f (<lat *intégritas, átis*) **1** Condição do que se mantém inteiro ou íntegro/do que não sofreu diminuição. **Ex.** É dever do Chefe de Estado garantir a ~ territorial do país. **2** Qualidade do que não foi atingido/agredido/Qualidade do que está/ficou ileso/inta(c)to. **Ex.** O acidente nem sequer **idi** beliscou a sua ~ física (Fisicamente não sofreu nada). **3** Qualidade do que não se alterou/degradou. **Ex.** A autoridade eclesiástica vela pela ~ da fé. **4** Qualidade de quem revela re(c)tidão moral/honestidade. **Ex.** A sua ~ é a melhor garantia da fidelidade à palavra dada. **5** Qualidade do que é inocente/puro/casto.

integrismo s m (<íntegro + -ismo) ⇒ fundamentalismo «religioso»; conservadorismo. **Ant.** Progressismo; modernismo.

íntegro, a adj (<lat *ínteger, gra, grum*<*in* + *tango, ere*: tocar; ⇒ íntegra) **1** Que está inteiro/completo. **2** Que é honesto/justo/bem formado. **Ex.** É pessoa ~a, em quem se pode confiar. **3** Que revela re(c)tidão/honestidade. **Ex.** Uma consciência ~a é garantia de imparcialidade. ⇒ sup integérrimo.

inteiramente adv (<inteiro + -mente) **1** Totalmente/Completamente/Plenamente. **Ex.** Concordo ~ [cem por cento] com ele. **2** Em exclusivo/Somente. **Ex.** Dedica-se ~ [todo] ao estudo.

inteirar v t (<inteiro + -ar¹) **1** Completar/Perfazer. **2** Pôr(-se) a par de/Informar-se/Dar ou tomar conhecimento de. **Ex.** Quis inteirar-se do [Quis saber o] resultado do exame.

inteireza s f (<inteiro + -eza) **1** Qualidade do que é/está inteiro. **2** Qualidade de quem está bem física e psicologicamente. **3** Qualidade do que revela re(c)tidão moral/honestidade. **Comb.** ~ *de cará(c)ter*. ~ *moral*. *Pessoa de grande* ~ [muito íntegra/re(c)ta].

inteiriço, a adj (<inteiro + -iço) **1** Que é feito de uma só peça, sem cortes/juntas/Maciço. **Ex.** O tampo da mesa é ~. **Comb.** *Capa* ~*a* (Sin. Inconsútil 1(+)). *Manto* ~. **2** Que não apresenta interrupção. **3** fig Inflexível/Rígido/Hirto.

inteiro, a adj/s m (<lat *ínteger, gra, grum*: íntegro) **1** Que é considerado em toda a sua extensão, do princípio ao fim. **Ex.** Percorri o país ~ de automóvel. **Loc.** *Trabalhar a tempo* ~ [Fazer o horário normal de trabalho diário «por oposição a tempo parcial»]. adv *Por* ~ [Totalmente]. **Comb.** *Ano* ~. *Cidade* ~*a*. *Dia* ~. *Fotografia de corpo* ~. *Mundo* ~. *Semana* ~*a*. **2** Que tem todas as suas partes/Que não foi aberto/quebrado/partido. **Ex.** O queijo ainda está ~. O prato caiu mas ficou ~. **3** Constituído por uma só peça, sem cortes ou articulações. **Comb.** *Capa* ~*a/inconsútil(+)*. *Móvel* ~*/inteiriço(+)*. *Vestido* ~. **4** Que não sofreu dano/Ileso/Incólume. **Ex.** Não sei como *col* saí ~ daquele acidente! **5** Diz-se do animal macho não castrado. **Comb.** *Burro* ~. *Gato* ~. **6** fig Que tem cará(c)ter/Firme nas suas convicções e atitudes/Íntegro(+). **Ex.** Faltam, por vezes, homens ~s, que deem o exemplo. **7** Que não tem limites/restrições/Total. **Ex.** Tem ~a/completa liberdade para escolher o tema da palestra. Pode contar com o nosso ~ apoio. **8** *Mat* Diz-se dos números naturais, dos números constituídos apenas por uma ou mais unidades, positivos ou negativos, sem parte fra(c)cionária.

intele(c)ção (dg) (Lè) s f [= intelecção] (<lat *intelléctio, ónis*) Processo de entender/compreender/Entendimento(+).

intelectivo, a (Lè) adj (<lat *intellectívus*) Relativo à inteligência ou ao entendimento/Intelectual.

intelecto (Lè) s m (<lat *intelléctus*) Faculdade de conceber/compreender/conhecer/Entendimento(+)/Inteligência(+)/Mente(+).

intelectual (Lè) adj/s 2g (<lat *intellectuális, e*) **1** Relativo ao intelecto/entendimento. **Comb.** A(c)tividade ~. **2** Relativo ao mundo do espírito. **Ex.** A elite ~ tem tido pouca intervenção na vida pública. **3** Próprio de quem tem predile(c)ção pelas coisas do espírito. **Ex.** Aquela fronte bem levantada, os cabelos ao vento, davam-lhe um ar ~. **4** s Pessoa que revela grande gosto e interesse pela cultura, literatura, arte, ciência ou a elas se dedica. **Ex.** Não liga muito [Não dá importância] aos prazeres da mesa, é mais [sobretudo] um ~.

intelectualidade s f (<lat *intellectuálitas, átis*) **1** Qualidade do que tem relação com o intelecto. **2** Conjunto de faculdades intelectuais. **3** Conjunto/Grupo de intelectuais de uma localidade/região/país/... **Ex.** A ~ da região pouco se tem manifestado sobre o [pouco fala no] proje(c)to.

intelectualismo s m (<intelectual + -ismo) **1** Tendência para, no homem, valorizar as faculdades intelectuais em detrimento do sentimento e vontade. **2** Predominância do elemento intelectual numa obra literária/musical. **3** Predominância da razão «em S. Tomás de Aquino»/da inteligência numa cultura/Valorização especial da a(c)tividade intelectual face à prática. **4** Preponderância dos intelectuais numa sociedade. **5** *Fil* Doutrina que procura reduzir o universo dos fenó[ô]menos ao elemento intelectual.

intelectualista adj/s 2g (<intelectual + -ista) **1** Relativo ao intelectualismo. **2** Partidário do intelectualismo.

intelectualizar v t (<intelectual + -izar) **1** Dar/Tomar cará(c)ter intelectual/Racionalizar. **2** Recorrer ao pensamento abstra(c)to, preterindo a intuição e a emotividade. **3** Tornar-se um intelectual/Desenvolver mais as faculdades intelectuais.

intelectualoide (Lói) adj/s 2g depr (<intelectual + -oide) (O) que presume de [que pretende passar por] intelectual, ostentando erudição superior à que possui. **Ex.** São ridículas as atitudes de alguns ~s *idi* da nossa praça [~s cá da terra].

inteligência s f (<lat *intelligéntia*) **1** Faculdade de conceber/entender/conhecer. **Comb.** *Quociente de* ~. *Teste de* ~. **2** Conjunto de funções mentais que possibilitam o conhecimento, a compreensão das situações, a resolução teórica de problemas. **Comb.** ~ *artificial* [Ramo da informática que visa elaborar programas que tornem os computadores capazes de realizar operações semelhantes às da mente humana]. **3** Discernimento fácil/Perspicácia. **Ex.** Teve a ~ de saber esperar a melhor oportunidade. **4** Habilidade/Engenho/Destreza. **Ex.** Revelou ~ na escolha da tá(c)tica para vencer. **5** Pessoa de grande talento. **Ex.** O tratado que escreveu confirma que ele é uma ~! **Sin.** *col* Cabeça; *col* cérebro. **6** Capacidade do ser vivo de se adaptar a novas situações. **Ex.** Alguns cães revelam uma ~ que nos espanta.

inteligente adj/s 2g (<lat *intélligens, éntis*) **1** Dotado da faculdade de pensar/conceber/entender/aprender. **2** (O) que revela uma capacidade intelectual acima da média. **Ex.** Os (alunos) ~s têm maior facilidade na aprendizagem. **3** Que revela sagacidade, bom entendimento da situação e sensatez. **Ex.** Foi uma decisão ~ a que ele tomou. **4** Eficiente/Hábil/Competente. **Ex.** Quando o funcionário é ~, é mais fácil contornar [dar um jeito para resolver os] os problemas. **5** Capaz de realizar operações comparáveis às da mente humana. **Comb.** Edifício ~ [onde está informatizado um conjunto de serviços, como a gestão da energia, consumos, administração, segurança, …]. **6** s m Dire(c)tor de corrida de touros.

inteligibilidade s f (<inteligível + -idade) **1** Qualidade do que pode ser facilmente compreendido. **2** Clareza/Transparência.

inteligível adj 2g (<lat *intelligíbilis, e*) **1** Que pode ser compreendido. **2** Que se entende bem/Claro. **3** Que é apreensível pela razão e não pelos sentidos. **Comb.** Mundo ~ [das ideias/essências, por oposição ao sensível, na teoria plató[ô]nica].

intemerato, a adj (<lat *intemerátus*) Não manchado/Puro/Impoluto/Íntegro.

intemperado, a adj (<lat *intemperátus*) Sem temperança/moderação/Exagerado/Descomedido/Dissoluto/Destemperado.

intemperança s f (<lat *intemperántia*) **1** Falta de temperança/sobriedade/Excesso. **Comb.** ~ *de linguagem*. **2** Falta de moderação na comida e/ou na bebida/Gula(+). **Ex.** A ~ arruína a saúde.

intempérie s f (<lat *intempéries, ei*) **1** Perturbação atmosférica violenta/Tempestade/Temporal. **2** Qualquer fenó[ô]meno climático extremo. **3** fig Desgraça/Infortúnio. **Ex.** Sobreviveu a todas as ~s da vida.

intempestivamente adv (<intempestivo + -mente) **1** De forma inoportuna/intempestiva/Fora do tempo próprio. **2** De forma imprevista/Subitamente.

intempestividade s f (<intempestivo + -idade) **1** Qualidade do que acontece fora do tempo oportuno. **2** Qualidade de imprevisto/súbito/inesperado.

intempestivo, a adj (<lat *intempestívus*) **1** Que vem fora do tempo próprio/oportuno. **2** Que não vem a propósito/Desajustado. **Ex.** Essa intervenção no Congresso foi ~a. **3** Súbito/Imprevisto/Inesperado. **4** Prematuro.

intemporal adj 2g (<lat *intemporális, e*) **1** Que está para além do tempo/De todos os tempos/Que não muda/Eterno. **Ex.** Alguns valores «amor» são ~ais/eternos. **2** Imaterial/Espiritual.

intenção s f (<lat *inténtio, ónis*) **1** O que se propõe [que nos propomos] conseguir/Propósito/Plano/Ideia. **Ex.** A ~ dele é tirar um curso que tenha futuro. **2** Desejo/Intento. **Ex.** Tenho ~ de ir a casa logo que possa. A minha ~ era ajudar, mas acabei por complicar. **Loc.** «missa oferecida» Por ~ de [Em proveito espiritual de/Por alma de um defunto]. **Comb.** *Boa* ~. *Má* ~. *Segunda* ~*/Segundas* ~*ões(+)* [Ideia que se procura dissimular, mas que é o real motivo da a(c)ção]. «ferir alguém» *Sem* ~ [querer].

intencionado, a adj (<intencionar) Que tem um propósito/plano ou uma intenção. ⇒ bem-intencionado; mal-intencionado.

intencional adj 2g (<intenção + -al) **1** Feito com um fim/de propósito/Deliberado/Premeditado/Propositado. **Ex.** O prejuízo (causado) foi ~. **2** Relativo a intenção. **Comb.** Ironia delicada mas ~/consciente.

intencionalidade s f (<intencional + -idade) **1** Cara(c)terística do que é intencional, do que tem uma intenção, do que visa um fim. **2** Resultado a obter [Fim] de um a(c)to/Propósito. **Ex.** Além da ~ consciente, há uma ~ natural/instintiva. A ~ [intenção(+)] da sua ajuda não foi desinteressada.

intencionalmente adv (<intencional + -mente) De propósito/Por querer/De modo

intencional/Deliberadamente/Propositadamente.

intencionar v t (<intenção + -ar¹) ⇒ tencionar.

intencionismo s m (<intenção + -ismo) Opinião que considera válido apenas o a(c)to feito com intenção consciente.

intendência s f (<intender) 1 Dire(c)ção de negócios importantes/Administração. 2 Função pública de ordem administrativa. **Comb.** Hist ~ Geral da Polícia (⇒ intendente 3). 3 Tempo pelo qual o intendente exerce tal função. 4 *maiúsc* Local/Repartição onde o intendente exerce a a(c)tividade. **Ex.** Passei pela ~ para saber se o meu requerimento já foi deferido. 5 Mil Serviço militar encarregado da contabilidade, da aquisição e armazenamento de víveres/fardamento/combustíveis/...

intendente s 2g (<intender) 1 Pessoa encarregada de administrar certos serviços públicos/Prefeito. 2 Pessoa encarregada de dirigir um grande estabelecimento/negócio ou de administrar os bens de outrem/Gerente(+). 3 Mil Oficial encarregado da contabilidade e dos abastecimentos. 3 Hist Antigo magistrado superior da polícia. **Ex.** O ~ Pina Manique está ligado à fundação da Casa Pia, em Lisboa, nos fins do séc. XVIII.

intender v t (<lat *inténdo, ere*: dirigir) 1 Dirigir/Superintender(+)/Administrar. 2 Tornar(-se) mais intenso/Aumentar. 3 Exercer vigilância sobre.

intensão s f (<lat *inténsio, ónis*: tensão) 1 (Aumento de) intensidade (+)/força. 2 Ling Primeira fase da articulação de um fonema.

intensidade s f (<intenso + -idade) 1 Qualidade do que é intenso/enérgico/veemente. 2 Grau muito elevado de alguma coisa. **Ex.** A ~ da dor impedia-o de atender a mais alguma coisa. A ~ do ruído era de ensurdecer. 3 Quociente de uma quantidade por unidade de tempo. **Ex.** A ~ de uma corrente elé(c)trica mede-se em amperes. **Comb.** *~ de corrente elé(c)trica* [Razão entre a quantidade de ele(c)tricidade que atravessa uma se(c)ção de um circuito e o tempo em que passou por esta]. *~ de iluminação* [Fluxo luminoso que incide numa unidade de superfície].

intensificação s f (<intensificar + -ção) Processo de se tornar mais forte/veemente/intenso/Aumento/Incremento. **Ex.** A ~ do esforço levou a um cansaço mais rápido.

intensificar v t (<intenso + -ficar) Tornar mais forte/intenso/Aumentar/Incrementar/Exacerbar. **Ex.** Importa ~ o combate ao tráfico de drogas.

intensivo, a adj (<intenso + -ivo) 1 «curso de português» Que se realiza com intensidade e em pouco tempo. 2 Que emprega um grande esforço de forma contínua, mas durante pouco tempo. **Ex.** Para entregar a tese dentro do prazo teve de desenvolver um trabalho ~. **Comb.** *Unidade de cuidados ~s* [Sala de hospital com equipamento especial, para onde vão doentes graves que precisam de uma vigilância e assistência mais cuidadas]. 3 Diz-se (do tipo) de agricultura em que, em pequeno espaço de terreno, se procura obter produção compensadora, com grande emprego de meios «fertilizante/água».

intenso, a adj (<lat *inténsus*) 1 Forte/Veemente/Abundante. **Ex.** A chuva ~a impedia de ver à distância. 2 Que tem um grau superior ao habitual/Grande. **Ex.** Desenvolveu uma ~a a(c)tividade a favor dos pobres. 3 Árduo/Aturado. **Ex.** Só com trabalho ~ se pode vencer o [este] desafio.

intentar v t (<lat *inténto, áre*) 1 Planear/Pretender/Tencionar. **Ex.** (In)tentou criar uma associação prote(c)tora dos animais. 2 Procurar conseguir/Tentar. **Ex.** Intentava [Pensava/Queria] falar com o amigo logo que (fosse) possível. 3 Dir Pôr em tribunal/Processar. **Ex.** Decidiu ~ uma a(c)ção contra [Decidiu processar(+)] o vizinho.

intento s m (<lat *inténtus*) O que se pretende alcançar/Obje(c)tivo/Propósito/Plano. **Ex.** O seu ~ [A intenção dele (+)] é terminar o curso e começar logo a trabalhar.

intentona s f (<intento + -ona) 1 Plano insensato/Intento louco. 2 Ataque inesperado, geralmente falhado. **Comb.** ~ militar. 3 Conspiração para revolta. **Ex.** As autoridades castigaram duramente os cabecilhas da ~.

inter- pref (<lat *inter*: entre; ⇒ intra-) Significa a) *relação entre dois ou mais* (Ex. ~disciplinar, ~locutor, ~mediar, ~modal, ~nacional, ~pretar); b) *localização entre dois* (Ex. ~calar, ~ceder, ~valo, ~lúdio, ~planetário, ~tropical); c) *corte de continuidade* (Ex. ~ceptar, ~romper, ~rupção, ~vir).

interação (Rà) s f [= interacção] (<inter- + ...) 1 A(c)ção recíproca entre dois ou mais órgãos/organismos/corpos/indivíduos. **Ex.** O progresso da localidade foi obra de poucas pessoas que trabalharam em ~ [que interagiram/colaboraram(+)] para o obje(c)tivo comum. 2 Trabalho compartilhado em que há influência mútua. 3 Comunicação entre pessoas/Diálogo. 4 Info Intervenção do utilizador no curso da a(c)tividade de um programa informático. 5 Inter-relacionamento dos elementos de um grupo ou entre grupos de uma comunidade.

interacção/interactividade/interactivo ⇒ interação/...

interagir v int (<inter- + ...) 1 Exercer intera(c)ção/Colaborar(+). 2 Desenvolver influência recíproca em a(c)ção conjunta. 3 Compartilhar um trabalho ou a(c)tividade. **Ex.** Importa ~ a favor do bem comum. 4 Comunicar/Dialogar/Relacionar-se/Colaborar.

interajuda s f (<inter- + ...) Ajuda recíproca/mútua. **Ex.** Fiquei maravilhado com a ~ que ali reina/existe.

interastral adj 2g (<inter- + ...) Que se situa/realiza entre astros/Intersideral/Intercósmico.

interatividade (Rà) s f [= interactividade] (<inter- + ...) 1 Qualidade de interativo. 2 A(c)ção recíproca entre dois ou mais indivíduos ou entre elementos de um sistema. 3 Info Capacidade de intervenção do utilizador no sistema informático pela introdução de dados e comandos.

interativo, a (Rà) adj [= interactivo] (<inter- + ...) 1 Relativo a interação. 2 Info «sistema» Que possibilita uma relação a(c)tiva entre o utilizador e o programa informático.

intercadência s f (<inter- + ...) 1 Perturbação na regularidade de movimentos/Alteração na cadência/continuidade. 2 Med Movimento desordenado das pulsações, com intermitências. 3 Med Desfalecimento temporário/Enfraquecimento momentâneo. **Ex.** Na ~ do delírio abria os olhos e sorria.

intercadente adj 2g (<inter- + ...) 1 «ruído» Descontínuo/Intermitente/Irregular. 2 «fala» Que tem alterações no seu ritmo.

intercalação s f (<lat *intercalátio, ónis*) 1 A(c)to ou efeito de intercalar. 2 Colocação de permeio/Inserção «de uma frase no texto»/Interposição. 3 Acréscimo de um dia, 29, ao mês de fevereiro em ano bissexto.

intercalar¹ v t (<lat *intércalo, áre*) Inserir(-se) no meio de/Pôr de permeio/Interpor. **Loc.** «Miguel Torga» ~ poesias no seu diário.

intercalar² adj 2g (<lat *intercaláris, e*) «dia» Que se insere de permeio/Que se intercala. **Comb.** Verso ~ [Estribilho(+)].

intercambiador, ora adj/s (<intercambiar + -dor) 1 (O) que realiza o intercâmbio. 2 s m Dispositivo colocado entre vias-férreas de bitola [de espaço entre carris] diferente, permitindo a certos comboios [trens] passarem de uma para outra. **Ex.** Alguns comboios [trens] rápidos podem passar, através de ~, da via de bitola europeia para a via de bitola ibérica e vice-versa.

intercambiar v t (<inter- + cambiar) Fazer intercâmbio/Permutar/Trocar. **Loc.** ~ alunos com outras escolas. ~ [Trocar(+)] experiências.

intercâmbio s m (<intercambiar) 1 Reciprocidade de relações econó[ô]micas/comerciais, culturais, ... entre países. 2 Troca/Permuta. **Ex.** O ~ entre as duas instituições «universidades» foi benéfico [bom/proveitoso] para ambas.

interceção (Cè) [Br **intercepção**] s f [= intercepção] (<lat *intercéptio, ónis*) 1 A(c)ção de intercetar/deter alguma coisa impedindo o seu curso. **Ex.** A ~ do carro roubado foi pedida à polícia. A ~ da bola rematada impediu o golo (provável). 2 Subtra(c)ção de alguma coisa que se destinava a outrem. **Ex.** A ~ [O roubo] da encomenda causou-lhe grave prejuízo.

intercedente adj/s 2g (⇒ interceder) (O) que intervém/pede a favor de alguém ou de alguma coisa/Intercessor(+).

interceder v int (<lat *intercédo, ere, céssum*: existir entre, intervir) Intervir/Diligenciar a favor de uma pessoa ou coisa/Pedir «junto de alguém». **Ex.** Havia que ~ por ele para que não fosse castigado.

intercepção/interceptação/interceptador/interceptar/intercepto/interceptor ⇒ interceção/...

interce(p)to, a (dg) (Cé) [Br **intercepto**] adj [= intercepto] (<lat *intercéptus*) 1 «telegrama» Que se intercetou. 2 ⇒ intercalar²/intercalado.

intercessão s f (<lat *intercéssio, ónis*: mediação) 1 A(c)to ou efeito de interceder. 2 Pedido junto de alguém a favor de outra pessoa, normalmente para obter benesse [favor(es)] ou perdão. 3 Catol Intermediação pedida a um santo, à Virgem Maria ou a Cristo numa oração a Deus. **Ex.** Na Missa, as orações a Deus referem a ~ de Cristo «*por Cristo Nosso Senhor*».

intercessor, ora adj/s (<lat *intercéssor, óris*; ⇒ interceder) O que intervém junto de alguém a favor de outrem ou de alguma coisa/Mediador.

interceptação (Cè) [Br **interceptação**] s f [= interceptação] (<intercetar + -ção) ⇒ interceção.

intercetador, ora (Cè) [Br **interceptador**] adj/s [= interceptador] (<intercetar + -dor) 1 (O) que interceta. 2 (O) que interrompe o curso de [que detém] alguma coisa. 3 (O) que desvia [toma] o que se destina a outro. 4 s m Avião de caça que interceta incursão aérea inimiga.

intercetar (Cè) [Br **interceptar**] v t (<lat *intercípio, ere, céptum*: subtrair, desviar a meio do caminho + -ar¹) 1 Interromper o curso de/Fazer parar/Deter. 2 Apoderar-se do que vai dirigido a outro. 3 Cortar ligação «telefó[ô]nica/telegráfica/...», impedindo a comunicação. 4 Fazer a abordagem

«a avião, a navio, …» para identificação ou para impedir um ataque ou a(c)tividade ilícita «de droga». **5** *(D)esp* Impedir a passagem da bola rematada à baliza ou passada a outro(s) jogador(es).
interceto ⇒ interce(p)to.
intercetor, ora (Cè) **[***Br* **interceptor]** *adj/s* [= interceptor] (<lat *intercéptor, óris*) **1** (O) que interrompe o curso [a passagem] de algo. **2** *s m* Dispositivo para recolher, a meio do traje(c)to, materiais vários. **Comb. ~ de esgotos. ~ oceânico** [Galeria formada por manilhas de grande dimensão para recolha de águas fluviais e esgotos, indo desembocar a grande profundidade no mar, longe da costa]. **3** (O) que se apodera do que se destina a outro/Intercetador.
intercidades (Tèr) *adj/s 2g sing e pl* (<inter- + cidades) Designação de comboio [trem] rápido, com ligação dire(c)ta a várias [distintas] cidades.
intercisão *s f* (<lat *intercísio, ónis*) Corte(+)/Mutilação/Divisão/Separação.
interciso, a *adj* (<lat *intercísus*) **1** «mártir» Cortado/Mutilado/Dividido/Retalhado. **2** «discurso» Interrompido(+)/Cortado(o +).
interclubista [*Br* **interclube]** *adj* (<inter- + …) Que se realiza entre clubes. **Comb.** Torneio ~ [entre clubes].
intercomunicação *s f* (<inter- + …) **1** Comunicação recíproca. ⇒ intercomunicador. **2** Passagem que permite a comunicação física entre espaços fechados. **Ex.** Todo o comboio [trem] tinha ~.
intercomunicador *s m* (<inter- + …) Aparelho com um microfone e pequeno altifalante, utilizado para comunicar entre as salas do edifício ou entre a portaria [entrada/o portão] e o interior da casa / Interfone.
intercomunicar *v int* (<inter- + …) Comunicar entre si. ⇒ intercomunicação/cador.
intercomunitário, a *adj* (<inter- + …) **1** Que diz respeito a mais que uma comunidade. **2** Que existe ou se estabelece entre comunidades.
interconexão (Nékssão) *s f* (<inter- + …) Relação entre dois ou mais elementos/fenó[ô]menos/circuitos/Interligação.
interconsonântico, a *adj Ling* (<inter- + …) «hífen» Situado entre consoantes. ⇒ intervocálico.
intercontinental *adj 2g* (<inter- + …) **1** Situado entre dois ou mais continentes. **Ex.** Ali o espaço (marítimo) ~ é de milhares de quiló[ô]metros. **2** «assunto» Que se refere a dois ou mais continentes. **3** Que se faz entre continentes/Que vai de um a outro continente. **Comb.** *Míssil ~. Voo ~.*
intercorrente *adj* (<inter- + corrente) **1** Que se mete de permeio/Que sobrevém. **2** *Med* «febre» Que aparece no decorrer de outra doença. **3** Irregular/Intercadente. **Comb.** Pulso ~.
intercósmico, a *adj* (<inter- + …) Que se situa ou move entre grandes corpos celestes/Interastral/Astronó[ô]mico/Espacial.
intercostal *adj 2g* (<inter- + …) «dor» Que se localiza entre as costelas. **Comb.** Músculos ~tais.
intercultura *s f* (<inter- + …) Troca recíproca de elementos culturais, de mundivivências.
intercultural *adj 2g* (<inter- + …) Relativo à intercultura/Que se estabelece entre duas ou mais culturas. **Ex.** Na minha escola há um clube ~ «luso-brasileiro». **Comb.** Diálogo ~ [entre culturas].
intercutâneo, a *adj Anat* (<lat *intercutáneus*) Situado por baixo da pele/Subcutâneo(+).

interdental *adj 2g* (<inter- + …) **1** «cárie» Que se situa entre os dentes. **2** Que se usa [«som *chi*» que se pronuncia] entre os dentes.
interdepartamental *adj 2g* (<inter- + …) Que existe ou se realiza entre dois ou mais departamentos.
interdependência *s f* (<inter- + …) Condição/Estado de pessoas ou coisas que têm uma dependência mútua/que dependem umas das outras.
interdependente *adj 2g* (<inter- + …) Em que há dependência mútua. ⇒ interdependência.
interdepender *v int* (<inter- + …) Ter uma relação de interdependência/Depender uns dos outros.
interdição *s f* (<lat *interdíctio, ónis*) **1** A(c)to ou efeito de proibir/interdizer/interditar. **2** Proibição de uso ou funcionamento. **Ex.** A ~ da estrada causa grave transtorno. Foi decidida a ~ do estádio devido aos distúrbios de domingo. **3** *Dir* Proibição temporária ou definitiva de exercer certa a(c)tividade ou de praticar certos a(c)tos. **Ex.** Foi-lhe imposta a ~ de passar cheques. **4** Situação da pessoa a quem foi imposta tal proibição. **5** *Dir* Decisão judicial que priva alguém do direito de dispor dos seus bens. **6** *Mil* A(c)ção que visa dificultar/impedir o uso, pelo inimigo, de determinada área ou instalação.
interdigital *adj 2g* (<inter- + …) Que se localiza entre os dedos. **Loc.** *Zool* Membrana ~ [que liga os dedos de alguns animais das classes dos batráquios «rã», répteis, aves «pato» e mamíferos].
interdisciplinar *adj 2g* (<inter- + …) **1** «matéria» Que diz respeito a mais que uma disciplina ou área do conhecimento. **2** «ensino/aula» Que estabelece relação entre duas ou mais disciplinas.
interdisciplinaridade *s f* (<interdisciplinar + -idade) **1** Qualidade de interdisciplinar. **2** Prática de ensino em que, na aprendizagem de uma matéria, se recorre ao contributo de mais que uma disciplina. **Ex.** Na minha escola praticamos muito a ~.
interditar *v t* (<interdito + -ar[1]) **1** Proibir o uso ou funcionamento de alguma coisa «casa/estrada»/Interdizer. **2** *Dir* Impedir alguém de exercer funções, de forma temporária ou definitiva. **3** *Dir* Declarar interdito/Privar alguém da livre disposição dos seus bens.
interdito, a *adj/s* (<lat *interdíctus/m*: vedado, proibição) **1** Não autorizado/Proibido/Vedado. **2** (O) que foi judicialmente impedido de dispor dos seus bens. **3** *Dir* (O) que foi judicialmente impedido de exercer certa a(c)tividade ou de praticar certos a(c)tos. **4** *s m Dir* Mandado judicial a proibir a prática de determinado a(c)to. **5** *s m Catol* Proibição eclesiástica de celebrar «missa» ou de usar «igreja».
interdizer *v t* (<lat *interdíco, ere, díctum*: proibir) **1** Impedir/VedarProibir. **2** *Dir* Privar alguém dos seus direitos. **3** *Catol* ⇒ interditar 2/3.
interessado, a *adj/s* (<interessar) **1** Que mostra interesse/curiosidade por alguma coisa/Motivado. **Ex.** Está muito ~ no curso.Vi-o ~ em conhecer a história da família. **2** Que se empenha em alguma coisa. **3** Aquele a quem um fa(c)to, a(c)to ou negócio diz respeito. **Ex.** Importa convocar todos os ~s para a reunião. **4** (O) que tem parte em empresa/negócio. **Ex.** Ele é parte ~a neste caso/negócio.
interessante *adj 2g* (<interessar + -ante) **1** Que desperta interesse/atenção. **Ex.** Esse plano parece-me ~. A montra está ~,

muita gente para para ver. **2** Que suscita curiosidade. **Ex.** Ali os festejos de Carnaval costumam ser ~s. **3** Que desperta prazer/agrado. **Ex.** Achei o filme muito ~. **4** Que tem interesse/Que pode ser útil/proveitoso. **Ex.** Era ~ saber como se pode concorrer. **5** Que seduz/atrai pelo seu valor; beleza, simpatia, … **Ex.** É uma moça muito ~, não lhe falta companhia. **6** *fam* Diz-se do estado de gravidez na mulher. **Ex.** Nota-se já bem o seu estado ~.
interessar *v t/int* (<interesse + -ar[1]) **1** Despertar interesse/Motivar. **Ex.** Procurou ~ os filhos em relação à alimentação racional. **2** Suscitar atenção/curiosidade/Ter importância para alguém. **Ex.** O que se passou lá «na reunião/festa» não me interessa. **Idi.** *Não ~ nem ao Menino Jesus* [Não ter o mínimo interesse para ninguém]. **3** Ser útil/Convir. **Ex.** Interessa saber quando ele chega. **4** ~-se/Sentir atra(c)ção afe(c)tiva/sexual. **Ex.** Começou a ~-se por uma moça bonita da vizinhança. **5** ~-se/Mostrar vontade de ajudar, de acompanhar a evolução de. **Ex.** O dire(c)tor (da escola) interessou-se muito pela criança deficiente e facilitou a sua integração na turma.
interesse (Rê) *s m* (<lat *intérsum,ínterest, esse, fui*: estar entre, interessar) **1** Sentimento de curiosidade/simpatia por algo que é agradável/importante/original. **Ex.** Ouvimos com muito ~ o orador. O público revelou muito ~ pelo espe(c)táculo. **2** O que é importante/vantajoso para alguém. **Ex.** É do nosso ~ preservar o ambiente. A limpeza das ruas é um serviço de ~ público. **3** Vantagem/Proveito que se retira de alguma coisa. **Ex.** Temos ~ em sermos os primeiros a chegar. **4** Atenção exclusiva [Apego] ao proveito próprio. **Ex.** O que faz é por ~, nada mais «e não por ser (nosso) amigo». **5** *Dir* Direito de obter vantagem de bens ou situações/Benefício correspondente. **Ex.** Contratou um advogado para defender o seu ~ na divisão da herança. **6** Qualidade do que retém a atenção ou seduz. **Ex.** É uma moça com ~, bonita, elegante. É um espe(c)táculo com ~, não percas [, não deixes de o ver]! **7** Atitude de benevolência/cuidado com alguém. **Ex.** Agradeci-lhe o seu ~ pelo resultado do meu exame. **8** Empenho pessoal em alguma coisa/Preocupação. **Ex.** Manifestou ~ em que tudo estivesse pronto a tempo. **9** *pl* Assuntos ou negócios particulares importantes. **Loc.** Não deixar os seus ~ por mãos alheias [Encarregar-se de tratar do que é seu, para garantia de maior proveito]. **10** Quota/Participação em empresas/negócios e nos seus lucros. **Ex.** Tem ~ em várias empresas. **11** Juro(+) de capital depositado.
interesseiro, a *adj/s* (<interesse + -eiro) **1** (O) que só tem em atenção as vantagens próprias/que só pensa no seu interesse. **Ex.** Amigo ele não é mas um ~ que "não dá ponto sem nó". **2** Que revela calculismo/egoísmo. **Ex.** A sua colaboração no grupo teve sempre um cará(c)ter ~.
interestadual *adj 2g* (<inter- + …) **1** «campeonato/comércio» Que se realiza entre dois ou mais estados federais «brasileiros». **2** «ponte» Que respeita simultaneamente a esses estados ou às suas relações. **3** «rodovia» Que liga dois ou mais estados. ⇒ internacional.
interétnico, a *adj* (<inter- + …) De várias etnias. **Comb.** Boas relações ~as.
interface *s m* (<ing *interface*) **1** Dispositivo de ligação física ou lógica entre dois sistemas ou partes de um sistema. **2** Local de confluência de diversos meios de trans-

porte público, facilitando a mudança de um para outro. **Ex.** Uma vez chegado ao ~ do Campo Grande (Lisboa), tomo aí o metro(politano) para (minha) casa. **3** Área de intera(c)ção entre coisas diferentes. **4** *Info* Fronteira compartilhada por dois dispositivos, sistemas ou programas, com troca de dados entre si. **5** *Fís* Zona de separação entre dois estados da matéria.

interferência *s f* (<interferir + -ência) **1** A(c)to ou resultado de interferir/intervir/Intromissão/Ingerência. **Ex.** É criticável a sua ~ no negócio. **2** Perturbação do som ou da imagem na rece(p)ção de uma emissão de rádio ou televisão, devido à proximidade de campos magnéticos. **3** *Fís* Fenó[ô]meno de intera(c)ção de movimentos ondulatórios com a mesma frequência e amplitude, mas com diferente fase, que se adicionam.

interferente *adj* (<interferir + -ente) **1** Que intervém/interfere. **2** Em que há o fenó[ô]meno da interferência.

interferir *v int* (<inter- + lat *fero*: trazer) **1** Intrometer-se/Intervir/Ingerir-se/Imiscuir-se. **Ex.** Ela gosta de ~ "por tudo e por nada". **2** Influenciar com a sua a(c)ção o desenrolar de uma situação que não lhe diz respeito dire(c)tamente. **3** Ter influência em/Condicionar. **Ex.** A tomada de alguns medicamentos (soporíferos) interfere [influi] na condução de veículos. **4** Perturbar a rece(p)ção de emissão de rádio ou televisão/Causar interferência.

interferometria *s f Fís* Aplicação dos fenó[ô]menos de interferência da luz para determinar grandezas físicas.

interfixo, a *adj* (<inter- + fixo) **1** *Mec* Diz-se da alavanca com o fulcro entre a potência e a resistência. **Comb.** Alavanca ~a. **2** *s m Ling* Afixo que aparece entre duas formas linguísticas de base. **Ex.** A vogal *o* em Físico-Químicas é um ~.

interfloral *adj 2g Bot* (<inter- + ...) Diz-se da bráctea que separa as flores no rece(p)táculo de um capítulo.

interfoliáceo, a *adj Bot* (<inter- + ...) Situado entre duas folhas do mesmo nó.

interfoliar[1] *adj 2g Bot* (<inter- + ...) Situado entre duas folhas consecutivas.

interfoliar[2] *v t* (<inter- + lat *fólium*: folha + -ar) Colocar folhas não impressas entre as outras folhas de um livro.

interfone *s m* (<inter- + -fone) **1** Sistema de comunicação telefó[ô]nica interna que liga unidades de um mesmo edifício ou complexo «escolar/fabril». **2** Cada um dos aparelhos telefó[ô]nicos que interligam essas unidades. **3** Aparelho constituído por um microfone e um pequeno altifalante usado para comunicar entre as salas de um complexo/Intercomunicador.

intergaláctico, a *adj* (<inter- + ...) Que se situa ou acontece entre galáxias.

interglaciário, a *adj Geol* (<inter- + ...) Que se situa entre dois períodos glaciários.

intergovernamental *adj 2g* (<inter- + ...) Que se realiza entre [Que envolve] dois ou mais governos, governadores ou organismos estatais.

ínterim *s m* (<lat *ínterim*: entretanto) **1** Espaço de tempo intermédio. **2** Intervalo de tempo em que um cargo é provisoriamente ocupado por pessoa que não (é) o titular. **3** *adv* Entretanto(+)/Entrementes. **Loc.** Neste ~ [(Neste) entretanto(+)] «nada aconteceu».

interinad[t]o *s m* (<interino + -ado) Desempenho interino de um cargo. ⇒ interinato.

interinamente *adv* (<interino + -mente) De modo interino/Provisoriamente. **Ex.** Ocupou o lugar ~ até que, em resultado de concurso, ficou efe(c)tivo na repartição.

interinato ⇒ interinado.

interinidade *s f* (<interino + -idade) **1** Condição de interino. **Ex.** A ~ não lhe garantia estabilidade. **2** Intervalo de tempo em que se desempenha um cargo na condição de interino. **Ex.** Na ~ revelou-se um funcionário muito competente.

interino, a *adj/s* (<it *interino*; ⇒ ínterim) **1** (O) que provisoriamente substitui outrem no desempenho de uma função. **2** Provisório/Temporário/Passageiro. **Ex.** O desempenho ~ do cargo durou seis meses.

interinsular *adj 2g* (<inter- + insular) **1** Que respeita às relações entre ilhas, sobretudo do mesmo arquipélago. **2** Que se efe(c)tua entre ilhas «Açores». **Comb.** Transporte ~.

interior *adj 2g/s m* (<lat *intérior, ius*) **1** (Relativo à) parte de dentro/Que está dentro ou do lado de dentro. **Ex.** O espaço ~ da casa tem uma dimensão considerável. O ~ da casa tem uma bela decoração. **Comb.** *Parede ~ da casa. Pátio ~. Roupa ~* [íntima]. **2** Relativo ao psiquismo/íntimo/espírito de alguém. **Ex.** A sua vida ~ era atormentada por escrúpulos. Tem um ~ [coração] de grande generosidade. **Comb.** Mundo ~ [Vida do espírito]. **3** *adj/s m sing* (Que está em) espaço afastado da orla marítima ou de fronteira exterior. **Ex.** A zona ~ do país precisa de mais indústria. O ~ do país está desertificado. **4** Relativo ao próprio país, por oposição ao exterior. **Ex.** Devemos preocupar-nos com os problemas ~es [internos(+)/domésticos] antes de pensarmos nos exteriores. **5** Organização e administração de um país. **Ex.** O Ministério da Administração Interna (Portugal) designava-se antes Ministério do ~. **6** Estrutura e vida interna de uma organização social, política, ... **Ex.** Os problemas devem ser tratados e resolvidos no ~ do clube/partido/sindicato/... **7** Diz-se de quarto da casa sem luz exterior, sem janela. **Ex.** Alugou um quarto ~, por ser mais barato. **8** *s m Cine* Recinto fechado. **Ex.** O filme tem muitas cenas de ~es. **9** Diz-se de mar circundado por terras, sem ligação a outro mar ou a oceano. **Ex.** O Cáspio é um mar ~. **10** *Mat* Conjunto de pontos interiores de um conjunto.

interioridade *s f* (<interior + -idade) **1** Qualidade do que é interior. **2** Condição do que fica longe da orla marítima ou de uma fronteira. **Ex.** A ~ tem custos [desvantagens] que importa compensar. **3** Vida psíquica do indivíduo. **Ex.** A ~ de cada um [O coração do homem (+)] é um mistério.

interiorização *s f* (<interiorizar + -ção) **1** A(c)to ou efeito de interiorizar. **2** Processo de aquisição e de consolidação de conhecimentos. **3** Recolhimento interior/Reflexão sobre as próprias vivências.

interiorizar *v t* (<interior + -izar) **1** Fazer penetrar [Infundir] na mente/Apreender conhecimentos/Assimilar. **2** Tomar consciência de/Refle(c)tir sobre. **3** Tornar (mais) interior «a alegria/a dor».

interiormente *adv* (<interior + -mente) **1** (Por) dentro/Internamente. **Ex.** A casa ~ [por dentro (+)] é muito bonita. **2** Na mente/No espírito/íntimo. **Ex.** O que nele se passava ~ era difícil de saber.

interjacente *adj 2g* (<inter- + jacente) Que está ou se pôs no meio de outras coisas/Interposto(o +)/Intercalado(+).

interjecional (Jè) [*Br* **interje(c)cional** (dg)] *adj 2g* [= interjeccional] (<interjeição + -al) **1** Referente a interjeição. **2** Que tem a função ou cara(c)terísticas de interjeição.

interjetivo, a (Jè) [*Br* **interje(c)tivo** (dg)] *adj* [= interjectivo] (<lat *interjectívus*) **1** Que tem o valor de interjeição. **Comb.** *Grito ~ «Basta!»*. **Locução** ~a. **2** Que é expresso por interjeição.

interjeição *s f Gram* (<lat *interjéctio, ónis*) Palavra invariável que expressa uma rea(c)ção súbita, uma emoção, um apelo, uma ordem, ... **Ex.** Em *Oh! Que beleza!*, "oh" é uma ~ que exprime admiração, espanto.

interligação *s f* (<inter- + ...) A(c)to ou efeito de interligar-se/Ligação recíproca. **Comb.** A ~ dos serviços «de transporte».

interligar *v t* (<inter- + ...) **1** Ligar duas ou mais coisas/Associar/Unir. **2** ~-se/Ligar-se entre si/Estar relacionado com. **Ex.** As duas questões interligam-se [estão interligadas(+)], há que estudá-las simultaneamente/juntas/ao mesmo tempo.

interlinear *adj 2g* (<inter- + ...) **1** «espaço» Que está entre linhas. **2** Relativo às entrelinhas. **Ex.** Acrescentou alguns comentários ~res.

interlocução *s f* (<lat *interlocútio, ónis*) **1** Conversação entre duas ou mais pessoas/Diálogo/Conversa/Colação. **2** Interrupção da conversa pela fala de novo interlocutor.

interlocutor, ora *s* (<lat *interlóquor, qui, locútus sum*: interromper + -or) **1** Pessoa que conversa com outra. **Comb.** Dois [Cinco/Vários] ~res. **2** O que é encarregado pelo grupo de falar em nome de todos. **Ex.** Foi nomeado pelos colegas como ~ junto da entidade patronal. **3** *Ling* Sujeito falante que, comunicando, troca informação com outro(s), produzindo enunciados.

interlocutório, a *adj/s m* (<inter- + locutório) **1** *Dir* (Diz-se de) despacho num processo que, não sendo uma sentença final, é uma instrução para se chegar ao julgamento final. **2** *s f* Esse tipo de despacho.

interlúdio *s m* (<lat *interlúdium*) **1** *Mús* Pequeno trecho instrumental que tem a função de preencher o espaço entre dois a(c)tos ou partes de uma grande composição. **2** Separador musical ou dramático entre as partes de um espe(c)táculo ou de uma emissão radiofó[ô]nica ou televisiva.

interlunar *adj 2g Astr* (<inter- + ...) Relativo ao tempo em que a Lua não se vê, ao interlúnio.

interlúnio *s m Astr* (<lat *interlúnium*) Intervalo de tempo entre o momento em que a Lua desaparece e aquele em que volta a aparecer.

intermediação *s f* (<intermediar + -ção) **1** A(c)to ou efeito de intermediar. **2** Papel de intermediário/mediador. **Ex.** O negócio fez-se com a ~ do amigo. **3** Estabelecimento de ligação entre litigantes. **Ex.** Coube-me a mim, amigo de ambos, fazer a ~, promover as pazes (entre eles). **4** A(c)tividade do sistema bancário, ao emprestar aos investidores o dinheiro depositado por outros.

intermediar *v t/int* (<intermédio + -ar[1]) **1** Situar(-se) entre/Estar [Pôr(-se)] de permeio. **2** Servir de mediador/intermediário. **Ex.** Fui eu a ~ o negócio.

intermediário, a *adj/s* (<intermediar + -ário) **1** Que está de permeio. **2** (O) que faz a ligação entre outros/Mediador(+)/Medianeiro. **Ex.** O parente, como ~, facilitou o negócio. **3** (O) que, no circuito comercial, está entre o produtor e o consumidor/Revendedor. **Ex.** Os produtores agrícolas queixam-se do lucro exagerado dos ~s.

intermédio, a *adj/s m* (<lat *intermédius*) **1** Que está no meio ou de permeio/Que não está num extremo. **Ex.** Nos lotes de terreno «para construção» há um ~ entre

o meu e o dele. A nota [classificação] do teste foi ~a, satisfatória. **2** O que está no meio de duas coisas. **Loc.** Por ~ de [Devido à intervenção de/Por mediação de/Por meio de]. **3** Pessoa que faz a ligação entre pessoas para comunicarem, negociarem/Intermediário/Mediador.

intermeter v t (<lat *intermítto, ere*: deixar livre) Meter de permeio/Interpor/Intercalar/Intrometer.

intermezzo it *Mús* **1** Curta peça musical, inserida noutra de cará(c)ter mais sério ou numa ópera. **2** ⇒ entremez.

interminável adj 2g (<in- + ...) **1** Que não tem termo/fim. **2** Que se prolonga muito no tempo ou no espaço. **Ex.** O discurso parecia ~.

interministerial adj 2g (<inter- + ...) **1** Que se realiza entre ministérios/ministros. **Comb.** Reunião ~. **2** Relativo a [Que integra] dois ou mais ministérios. **Comb.** Proje(c)to ~.

intermissão s f (<lat *intermíssio, ónis*) **1** Interrupção momentânea. **Ex.** Leu o livro sem ~. **2** Intervalo de tempo em que algo se não manifesta. **Ex.** O espe(c)táculo continuou sem ~ões.

intermitência s f (<intermitente + -ia) **1** Qualidade do que é intermitente. **2** Interrupção temporária/Paragem momentânea/Intervalo. **Ex.** Os ataques aéreos [Os disparos] repetiam-se sem ~. **3** *Med* Na pulsação cardíaca, intervalo maior do que o normal. **4** *Med* Descontinuidade de sintomas numa doença.

intermitente adj 2g (<lat *intermíttens, éntis*, de *intermítto, ere*: suspender) Que tem paragens/interrupções/intermitências/Descontínuo. **Comb.** Febre ~. Som ~.

intermitentemente adv (<intermitente + -mente) Com paragens/interrupções/intermitências/De forma descontínua/intervalada.

intermitir v int (<lat *intermítto, ere*) Ter interrupções temporárias/Parar por intervalos/Alternar com/Interromper(+).

intermodal adj 2g (<inter- + ...) Diz-se do transporte em que, até chegar ao destino, há utilização de diferentes meios. **Ex.** O transporte ~ de mercadorias a grande distância, com recurso sucessivo ao navio, à ferrovia e ao cami(nh)ão, pode ser mais econó[ô]mico e mais favorável ao ambiente.

intermolecular adj 2g (<inter- + ...) Que se situa ou realiza entre moléculas.

intermuscular adj 2g *Anat* (<inter- + ...) «tecido conjuntivo» Que se situa entre os músculos.

internacional adj 2g (<inter- + ...) **1** Respeitante às relações entre nações. **Comb.** Direito ~. **2** Que se faz entre duas ou mais nações. **Comb.** Comércio ~. **3** Que tem a participação de duas ou mais nações. **Comb.** Concurso ~. Feira ~. **4** *(D)esp* (Diz-se do) (d)esportista que representa o seu país em competição com país estrangeiro. **Ex.** Esse atleta foi muitas vezes ~. **5** s f *maiúsc* Associação de trabalhadores de todo o mundo fundada em Londres por Marx em 1864 para defender os direitos da classe operária. **6** s f *maiúsc* Hino revolucionário dessa associação. **Ex.** Cantava-se a ~ a plenos pulmões.

internacionalidade s f (<internacional + -idade) Qualidade de internacional.

internacionalismo s m (<internacional + -ismo) **1** Política de cooperação entre as nações. **2** Sistema de política internacional. **3** Doutrina que propõe a aliança das classes operárias independentemente da nação a que pertençam.

internacionalista adj/s 2g (<internacional + -ista) **1** Relativo ao internacionalismo. **2** Partidário do internacionalismo. ⇒ cosmopolita.

internacionalização s f (<internacionalizar + -ção) **1** Processo de fazer que algo diga respeito a mais que uma nação/Extensão a várias nações. **Ex.** A ~ da crise financeira era de esperar. **2** *(D)esp* Integração de um atleta na equipa nacional que vai defrontar a sele(c)ção de outra nação. **Ex.** Alguns jogadores têm já dezenas de ~ções.

internacionalizar v t (<internacional + -izar) **1** Tornar internacional. **2** Estender a várias nações. **Ex.** O conflito veio a ~-se.

internacionalmente adv (<internacional + -mente) Para [Em relação a/Na perspe(c)tiva de] várias nações. **Ex.** Esse torneio tem muito prestígio ~.

internado, a adj/s (<internar) **1** (O) que está num lugar que não pode abandonar livremente. **Ex.** Os ~s no asilo são poucos. **2** (O) que está hospitalizado. **Ex.** Está (aqui) ~ há vários dias. **3** (Aquele) a quem foi fixada residência de que não pode sair. **4** Embrenhado(+). **Ex.** ~ [Perdido] na mata, teve dificuldade em encontrar a saída.

internamente adv (<interno + -mente) **1** No interior/Na parte de dentro. **Ex.** ~ a casa é um encanto! **2** A nível psicológico. **Ex.** Parece muito alegre, mas ~ [Por dentro/interiormente] está às vezes angustiado. **3** A nível interno de um país, de uma instituição, ... **Ex.** ~ há vários problemas graves que vamos resolver.

internamento [internação] s (<internar + -mento) **1** A(c)to ou efeito de (se) internar. **2** A(c)to de obrigar alguém a residir em lugar de que não pode sair livremente. **3** A(c)to de dar entrada em hospital ou casa de saúde (a alguém) para aí ficar até deixar de ser necessária uma assistência cuidada. **Ex.** O seu ~ foi exigido pela gravidade do estado de saúde. **4** Entrada em colégio para aí residir durante o período de aulas. **5** Colocação de alguém em instituição de assistência. **6** *Dir* Colocação de alguém com perturbação mental em hospital psiquiátrico ou estabelecimento adequado, por decisão judicial.

internar v t (<interno + -ar¹) **1** Pôr no interior/Colocar dentro/Introduzir. **2** ~-se/Movimentar-se para o interior de um espaço. **Ex.** O nosso avançado (O que joga à frente) recebeu a bola, internou-se, driblou um adversário e atirou à baliza com êxito. **3** Colocar em colégio interno/casa de corre(c)ção/instituição psiquiátrica/asilo. **4** (Fazer) entrar, em casa de saúde ou hospital, um doente, para aí ter tratamento até ter alta. **5** Obrigar alguém a residir em local fora da morada habitual, sem daí poder sair. **6** ~-se/Avançar para o interior de/Embrenhar-se. **Ex.** Ao ~-se no bosque, a certa altura perdeu o sentido de orientação. **7** ~-se/Ficar absorvido em/Enfronhar-se.

internato s m (<fr *internat*; ⇒ internamento 4) **1** Estabelecimento de ensino em que os alunos têm residência no período de aulas. **2** Condição de aluno interno. **Ex.** O ~ é a situação mais indicada para ele neste momento. **3** Regime de estabelecimento com alunos internos. **4** Estabelecimento de assistência a crianças órfãs ou internadas. **5** Conjunto de crianças que aí vivem. **Ex.** O ~ fez praia na (zona da) Figueira da Foz (Portugal). **6** Período em que os recém-formados em medicina devem trabalhar num hospital, antes de poderem exercer/Situação de médico interno dos hospitais. **Ex.** Nesse hospital fez o ~ geral de medicina e depois o (~) da especialidade.

internauta s 2g *Info* (<inter(net) + nauta) Pessoa que navega na Internet.

Internet s f *Info* (<ing *internet*) Rede mundial de comunicação por computadores, que permite aos utilizadores a troca de mensagens e difundir e obter grande quantidade de informações.

internista s/adj 2g *Br* (<interno + -ista) Médico de clínica geral (+); generalista.

interno, a adj/s (<lat *intérnus*) **1** Que fica do lado de dentro. **Comb.** Ângulo ~. *Ouvido ~*. **Ant.** Externo. **2** Que está ou se produz no interior de uma organização, instituição, país, ... **Ex.** Acabámos de aprovar o Regulamento ~ da Escola. **Comb.** *Assunto ~ do partido. Comércio ~. Dívida ~a. Produto ~ bruto* [PIB]. **3** Que se situa ou produz num órgão do interior do corpo. **Comb.** *Hemorragia ~a. Secreção ~a.* **4** Que respeita à mente/ao espírito/A nível psicológico. **Ex.** A escolha da profissão deve ser do foro ~ de cada um. **5** (Aluno) que reside durante o período le(c)tivo no colégio onde estuda. **Ex.** O colégio tem (alunos) ~s e externos. **6** (Médico) que trabalha num hospital a cumprir um período de pós-graduação. **7** «doente» Que deu entrada em hospital ou casa de saúde para tratamento, até ter alta.

internuclear adj 2g (<inter- + ...) Que está ou se processa entre dois núcleos.

interoceânico, a adj (<inter- + ...) «canal do Panamá» Que está ou se processa entre dois ou mais oceanos.

interocular adj 2g (<inter- + ...) Que fica entre os olhos. **Comb.** Distância ~.

íntero-inferior adj 2g (<interno + ...) Situado dentro e na parte de baixo.

íntero-posterior adj 2g (<interno + ...) Situado dentro e na parte de trás.

íntero-superior adj 2g (<interno + ...) Situado dentro e na parte de cima.

interparlamentar adj 2g (<inter- + ...) «encontro» Em que intervêm representantes de dois ou mais parlamentos.

interpartidário, a adj (<inter- + ...) Que se realiza entre dois ou mais partidos (políticos). **Comb.** Consenso ~. Debate ~. Entendimento ~.

interpelação s f (<lat *interpellátio, ónis*) **1** A(c)to ou efeito de interpelar. **2** A(c)ção de interrogar alguém para obter uma informação. **3** No Parlamento, pedido de explicações a um membro do governo sobre assunto da sua competência. **4** *Dir* Intimação judicial a alguém para responder acerca de uma ocorrência.

interpelador, ora adj/s (<lat *interpellátor, óris*) (O) que interroga/que faz uma interpelação.

interpelante adj/s 2g (⇒ interpelar) (O) que interroga/que faz uma interpelação/Interpelador. **Comb.** Partido ~.

interpelar v t (<lat *interpéllo, áre, átum*) **1** Fazer uma pergunta ou pedir explicações a alguém em tom de confronto. **2** Fazer no Parlamento, a um membro do governo, um pedido formal de explicações «sobre assunto da sua competência». **3** Intimar judicialmente alguém a responder sobre uma ocorrência.

interpenetração s f (<interpenetrar + -ção) Processo de duas coisas mutuamente penetrarem uma na outra/Penetração recíproca de dois corpos/Fusão/Combinação.

interpenetrar-se v t (<inter- + ...) Penetrarem-se [Invadirem-se] mutuamente dois elementos/corpos, entrando um dentro do outro.

interpessoal *adj 2g* (inter- + ...) **1** Que se estabelece entre duas ou mais pessoas. **Ex.** As relações ~ais são importantes para o equilíbrio emocional das pessoas.

interplanetário, a *adj* (<inter- + ...) Que está ou se realiza entre planetas. **Comb.** *Espaço ~. Viagem ~a* «à Lua».

Interpol *ing* Organização mundial da polícia de combate ao crime/*International Police*.

interpolação *s f* (<lat *interpolátio, ónis*: conserto) **1** A(c)to ou resultado de interpolar. **2** A(c)to de introduzir algo de permeio. **3** A(c)to de intercalar palavra/frase num texto. **4** Trecho que se intercala. **5** Esquema de rima em que, entre dois versos que rimam, há dois ou mais que não rimam com eles, podendo rimar ou não entre si. **6** *Mat* Processo de achar o valor de uma função entre dois valores conhecidos por processo diverso da lei que é dada pela função.

interpolado, a *adj* (<interpolar) **1** Que se meteu de permeio/Que se intercalou. **2** Que não está em sequência perfeita. **3** Diz-se do esquema de rima em que, entre dois versos que rimam, há dois ou mais (versos) que não rimam com eles, podendo, ou não, rimar entre si.

interpolar[1] *v t* (<lat *intérpolo, áre, átum*: alterar, consertar) **1** Introduzir/Ficar no meio/(Fazer) alternar/Intercalar. **2** Introduzir palavra/expressão em texto, alterando-o. **3** Interromper. **4** *Mat* Efe(c)tuar uma interpolação **6**.

interpolar[2] *adj 2g* (<inter- + polar) Que se situa entre os polos de uma pilha ou de outro sistema físico.

interpontuação *s f* (<inter- + ...) Pontos intercalados no texto – [...] – para indicar omissão de palavras/parte do texto.

interpor *v t* (<lat *interpóno, ere, pósitum*) **1** Pôr(-se) entre duas coisas/Meter(-se) de permeio. **2** Intervir como mediador. **3** Servir de/Colocar(-se) como obstáculo. **Ex.** A polícia interpôs-se entre os grupos rivais. **4** Refutar/Contrapor(+). **Ex.** Não houve quem interpusesse obje(c)ções a esta proposta. **5** Dar entrada [Apresentar] em tribunal. **Ex.** O advogado resolveu ~ recurso da decisão do tribunal de primeira instância.

interposição *s f* (<lat *interposítio, ónis*) **1** A(c)to de interpor(-se). **2** Situação do que está entre duas coisas. **3** Circunstância que funciona como obstáculo. **Ex.** A ~ do feriado vinha prejudicar a conclusão do negócio. **4** A(c)to de intervir como mediador. **Ex.** A ~ do amigo de ambos facilitou a reconciliação. **Comb.** *Dir* ~ *de pessoa* [Substituição do verdadeiro interessado em a(c)to jurídico por um terceiro, num processo de simulação]. **5** A(c)to de dar entrada [de apresentar] em tribunal. **Ex.** A ~ de recurso era já esperada.

interposto, a (Pôsto, Pósta, Póstos) *adj* (<lat *interpósitus*; ⇒ interpor) **1** Que está ou se pôs de permeio/Que se intercalou. **2** Que serviu de mediador/intermediário. **Comb.** *Por ~a pessoa* [Por interposição de outrem/De forma indire(c)ta] (Ex. Vim a saber, por ~a pessoa, que ele desistira do negócio). **3** *s m* ⇒ entreposto.

interpretação *s f* (<lat *interpretátio, ónis*) **1** A(c)to ou efeito de interpretar. **2** Sentido em que se toma algo que se observa, lê ou ouve/Significado que se atribui a isto. **Comb.** *Psiq* ~ *dos sonhos*. **3** Explicação/Comentário. **Ex.** A primeira parte do teste de Português é a ~ do texto. **4** Tradução(+)/Versão para outra língua. **Ex.** No encontro de altas personalidades de países diferentes que não dominam uma mesma língua há sempre alguém encarregado da ~. **5** Modo de declamar, de representar no teatro/cinema ou de executar uma peça musical/um bailado/uma coreografia. **Ex.** A ~ do a(c)tor nessa peça teatral arrancou enormes [muitos(+)] aplausos.

interpretador, ora *adj/s* (<lat *interpretátor, óris*) (O) que interpreta/«falar por» Intérprete(+)/Tradutor «simultâneo».

interpretar *v t* (<lat *intérpretor, ári, tátus sum*) **1** Dar um sentido/significado ao que se observa, lê ou ouve/Dar [Fazer] uma interpretação. **2** Propor um significado oculto/simbólico para um relato «de um sonho recorrente». **Ex.** Freud considerou importante ~ os sonhos dos pacientes, para identificar a origem dos seus recalcamentos. **3** Explicar o que possa haver de menos claro num texto, numa lei, num autor. **4** Traduzir(+)/Verter para outra língua. **5** Tomar em certo sentido/Julgar. **Ex.** Temia que o interpretassem mal [Temia ser mal interpretado]. **6** Ter uma compreensão arguta de /Dar forma a. **Ex.** O bom político sabe ~ as aspirações [a vontade] do eleitorado. **7** Desempenhar um papel no teatro/cinema/Representar «(a figura de) S(ão) José de Anchieta». **8** *Mús* Executar uma peça musical, um bailado, uma coreografia.

interpretativo, a *adj* (<interpretar + -tivo) **1** Relativo à atribuição de significado/Que explica. **Comb.** *Criança com grande capacidade ~a*. **2** Que contém/traduz uma interpretação. **Comb.** *Análise ~a. Lei ~a*.

interpretável *adj 2g* (<lat *interpretábilis, e*) Que pode ser interpretado.

intérprete *s 2g* (<lat *intérpres, etis*: intermediário, tradutor, intérprete) **1** (O) que interpreta/explica o sentido de um texto, de uma a(c)ção ou atitude. **2** Pessoa que, junto de interlocutores de duas línguas diferentes, verte para a outra língua o que cada um diz, permitindo a comunicação entre eles. **3** Pessoa que verte para uma língua falada a linguagem gestual dos mudos e vice-versa. **Ex.** Em alguns programas aparece no televisor a figura do ~. **4** O que dá a conhecer a alguém o que outrem pensa ou deseja, servindo de intermediário. **Ex.** O amigo foi, junto do presidente, o ~ das suas preocupações. **5** O que serve para revelar algo que está oculto. **Ex.** Os olhos são ~s do nosso estado de alma. **6** *Cine/Teat/TV* O que faz o papel de uma personagem. ⇒ interpretar **7**. **7** *Mús* O que toca/canta uma peça musical.

inter-racial *adj 2g* Que diz respeito a pessoas de diferentes raças.

inter-radial *adj 2g Geom* Situado entre raios.

inter-regional *adj* Que diz respeito a [Que se realiza entre] duas ou mais regiões. **Comb.** *Comboio* [Trem] *~. Torneio* [Campeonato] *~*.

interregno (Rré) *s m* (<lat *interrégnum*) **1** Intervalo de tempo entre a morte de um rei e a entronização do sucessor/Período em que não há rei. **2** Falta de governo. **3** *fig* Intervalo entre a suspensão e a reposição de uma situação. **4** *fig* Interrupção momentânea de alguma coisa. **Ex.** Depois de um ~ ele voltou [tornou] a fumar.

inter-relação *s f* **1** A(c)to ou efeito de inter-relacionar-se. **2** Relação mútua entre elementos/pessoas.

inter-relacionar *v t* Estabelecer(-se) relação mútua entre elementos/pessoas, com influência recíproca.

inter-resistente *adj 2g* Diz-se de alavanca que tem a resistência entre o fulcro e a potência.

interrogação *s f* (<lat *interrogátio, ónis*) **1** A(c)to de interrogar/perguntar/questionar. **2** *Gram* Expressão/Frase indicativa de que se deseja saber algo do interlocutor «através de uma resposta». **Comb.** *~ retórica* [que se faz a um auditório, não para obter resposta, mas como forma de prender a atenção para o discurso]. *Ponto de ~* [Sinal gráfico colocado no fim de frase interrogativa dire(c)ta/?]. **3** Gesto/Sinal que exprime pergunta. **Ex.** Aquele levantar de queixo e franzir de sobrolho era uma ~. **4** O que é incerto/misterioso/problemático e se desejaria conhecer. **Ex.** O sentido da existência é ~ que nos acompanha ao longo da vida.

interrogador, ora *adj/s* (<lat *interrogátor, óris*) (O) que interroga/pergunta/indaga.

interrogar *v t* (<lat *intérrogo, áre, átum*) **1** Fazer perguntas/Procurar obter de alguém uma informação. **2** Testar oralmente os conhecimentos «do aluno». **Ex.** Na aula seguinte, o professor começou por ~ os alunos sobre a matéria dada [antes explicada]. **3** Pôr questões/Inquirir/Averiguar. **Ex.** O juiz interrogou o arguido e as testemunhas. **4** ~-se/Ter dúvidas sobre/Não saber ao certo. **Ex.** Interrogo-me sobre o [Duvido do] real valor desta formação «da juventude/dos quadros da empresa».

interrogativo, a *adj* (<lat *interrogatívus*) **1** Que interroga. **Comb.** *Frase ~a* «Já comeu?». **2** Que serve para fazer uma pergunta. **Comb.** *Advérbio ~* «Quando vens?». *Pronome ~* «Quem?». **3** Que envolve/exprime dúvida. **Comb.** *Gesto ~. Olhar ~/interpelativo*.

interrogatório, a *adj s m* (<lat *interrogatórius*) **1** Que encerra pergunta/interrogação. **2** Que serve para perguntar. **3** *s m* Conjunto de perguntas, particularmente quando feitas a arguido ou a testemunhas por autoridade judicial ou policial. **Ex.** O ~ durou duas longas horas.

interromper *v t* (<lat *interrúmpo, ere, rrúptum*) **1** Cortar a continuidade de uma a(c)tividade ou situação **Ex.** Desculpe(-me) se interrompo o seu trabalho! O árbitro interrompeu o jogo. A polícia tratou de [parar] o trânsito. A trágica notícia veio ~ a felicidade daquela família. **2** Começar a falar enquanto outrem está ainda a usar da palavra. **Ex.** Tinha o mau hábito de ~ idi por tudo e por nada. Interrompeu o discurso do orador com um sonante Bravo! **3** Fazer parar/cessar. **Ex.** O pai encarregou-se de ~ a discussão. Os países resolveram cortar [~ as] relações diplomáticas. **4** Deixar de fazer temporariamente. **Ex.** Interrompeu a frequência das aulas devido à sobrecarga de trabalho. Decidiu ~ o curso por um ano. **4** Não continuar/Suspender. **Ex.** Resolveram ~ a reunião para almoço.

interrupção *s f* (<lat *interrúptio, ónis*) **1** A(c)to ou efeito de interromper. **2** Corte na continuidade de alguma coisa. **Ex.** A ~ dos estudos tirou-lhe hipóteses de um bom emprego. Foi um belo jogo, com muito poucas ~ções. **Loc.** *Sem ~* [De forma contínua]. **3** Cessação temporária. **Ex.** O juiz decidiu a ~ do julgamento por uma semana.

interrupto, a *adj* (<lat *interrúptus*) Que se interrompeu/suspendeu/Interrompido(+).

interru(p)tor (*dg*), **ora** [*Br* **interruptor**] *adj/s* (<lat *interruptor, óris*) **1** Que interrompe/corta a continuidade de alguma coisa. **2** *s m* Dispositivo para suspender ou estabelecer a passagem da corrente elé(c)trica, abrindo ou fechando o circuito. **Ex.** Para acender a luz ligou o [carregou no botão do] ~.

interse(c)ção (dg) (Sè) s f [= intersecção] (<lat *interséctio, ónis*) **1** Corte pelo meio de uma linha ou de um plano. **Ex.** A re(c)ta que faz a ~ da circunferência em dois pontos designa-se secante. **2** Zona de cruzamento de ruas/vias. **Ex.** A minha casa fica na ~ das duas avenidas. **3** *Geom* Ponto em que se cruzam duas linhas. **4** *Geom* Linha de cruzamento de dois planos. **5** *Mat* Conjunto formado pelos elementos que são comuns a dois conjuntos. **Comb.** Conjunto ~. ⇒ interce(p)ção; intercessão.

interse(c)tar (dg) (Sè) v t [= intersectar] (<lat *intér-seco, áre, cui, éctum*: cortar pelo meio + -ar¹) Cruzar/Cortar pelo meio/Fazer a interse(c)ção. **Ex.** Essa praça fica onde as duas ruas se interse(c)tam. ⇒ interce(p)tar.

interserir v t (<lat *intérsero, ere*) Meter de permeio/Inserir(+).

intersexual *adj 2g* (<inter- + ...) **1** Que ocorre entre os dois sexos. **Comb.** Rivalidade ~. **2** Que apresenta cara(c)terísticas de um e do outro sexo. ⇒ hermafrodita.

intersexualidade s f *Biol* (<inter- + ...) Estado intermédio entre os dois sexos, com a presença de cara(c)teres secundários de um e do outro no mesmo indivíduo.

intersideral *adj 2g* (<inter- + ...) Que ocorre ou se situa entre os astros/Interastral. **Comb.** Espaço ~.

interstelar *adj 2g* (<inter- + estelar) «gás» (Que se situa) entre as estrelas.

intersticial *adj 2g* (<interstício + -al) Relativo aos intervalos entre células/moléculas de um corpo. **Comb. Células ~ais** [Elementos com função secretora nos testículos e ovários dos animais]. **Espaços ~ais**.

interstício s m (<lat *interstítium*) **1** Intervalo entre as moléculas ou as células de um corpo. **2** Pequeno espaço entre duas coisas contíguas. **3** Muito pequena abertura/Fenda/Greta/Frincha. **Ex.** A erosão das rochas é também provocada pelo gelo formado nos seus ~s «devido à água aí infiltrada». **4** *Catol* Tempo mínimo que deve mediar entre a rece(p)ção de dois graus de ordens eclesiásticas. **5** *Br* Tempo mínimo em que um funcionário/empregado deve permanecer num posto para [antes de/até] poder ser promovido.

intersubjectividade/intersubjectivo ⇒ intersubjetividade/...

intersubjetividade (Jè) s f [= intersubjectividade] (<inter- + ...) **1** Qualidade de intersubjetivo. **2** Comunicação recíproca entre indivíduos/Diálogo. **3** Relação interpessoal. **Ex.** Há quem entenda que o sentido profundo da existência só é atingível pela ~.

intersubjetivo, a *adj* [= intersubjectivo] (<inter- + ...) **1** Que se estabelece entre dois ou mais sujeitos humanos. **Comb.** Relação ~a. **2** Que envolve a consciência de mais que um indivíduo. **3** *Fil* Que é válido para qualquer sujeito humano. **Ex.** Segundo Kant, o conhecimento científico é ~, tem o seu fundamento na estrutura *a priori* do entendimento humano.

interterritorial *adj 2g* (<inter- + ...) Relativo a dois ou mais territórios.

intertexto (Teis) s m *Liter* (<inter- + ...) Texto literário «A Eneida, de Virgílio» que serve de ponto de partida a outro «Os Lusíadas, de Camões» ou o influencia.

intertextualidade (Teis) s f *Liter* (<inter- + ...) Propriedade de qualquer texto, ao ser criado ou lido, estabelecer relações com outros textos. **Ex.** A imitação, a citação são formas de ~. **2** Conjunto de relações que um texto, sobretudo o literário, tem com outros (textos).

intertrigem s f *Med* (<lat *intertrígo, ginis*: esfoladura, escoriação) Inflamação produzida nas dobras da pele por transpiração, por falta de higiene ou por fricção continuada, sobretudo das coxas.

intertropical *adj 2g Geog* (<inter- + ...) Que é relativo à [Que se situa na] zona entre os trópicos. **Comb.** Zona ~/tórrida.

interuniversitário, a *adj* (<inter- + ...) Que se realiza entre universidades. **Comb.** Torneio ~.

interurbano, a *adj* (<inter- + ...) Que se faz entre duas ou mais cidades. **Comb. Carreira ~a. Chamada** (telefó[ô]nica) **~a. Transporte ~**.

intervalado, a *adj* (<intervalar) Separado por intervalo(s)/Que tem algo de permeio/Entremeado/Espaçado. **Ex.** A floresta de pinheiros estava ~a com a de carvalhos.

intervalar¹ v t (<lat *intervállo, áre*: separar por intervalo) **1** Deixar um espaço entre coisas. **Ex.** É preciso ~ [espaçar(+)] mais a plantação «das laranjeiras». **2** Realizar algo em tempos/momentos espaçados/Interromper uma a(c)tividade para continuar mais tarde/Fazer um intervalo (+). **Ex.** É hora de ~ [(fazer um) intervalo(+)] para almoço. **3** Intercalar/Alternar/Entremear. **Ex.** É normal ~ as aulas com tempo de recreio. ⇒ intervalado **Ex.**

intervalar² *adj* (<intervalo + -ar²) Que se situa num intervalo/Intersticial.

intervalo s m (<lat *intervállum*) **1** Espaço entre coisas. **Ex.** No ~ entre as casas os miúdos jogam à bola. **2** Tempo que medeia entre duas datas ou dois fa(c)tos. **Ex.** Houve um ~ de dez anos entre a sua entrada e saída do [Andou 10 anos no] colégio. **Loc.** «visitar os parentes/chover» A ~s [De tempos a tempos/De quando em quando/De forma intermitente]. **3** Espaço de tempo entre partes de um espe(c)táculo. **Ex.** As equipas recolhem aos balneários para (o) ~. O filme tem ~. Numa peça de teatro «drama/comédia» há um ~ no fim de cada a(c)to. **4** Espaço de tempo entre aulas/Recreio(+). **Ex.** A campainha (da escola) tocou para ~. **5** Interrupção de uma a(c)tividade. **Ex.** E se fizéssemos agora um ~ para descontrair? **6** *Mús* Diferença de altura entre notas musicais.

intervenção s f (<lat *intervéntio/tus*; ⇒ intervir) **1** A(c)to ou efeito de intervir. **2** A(c)to de tomar [usar] a palavra numa reunião [sessão] para expressar uma opinião. **Ex.** O deputado levantou-se para fazer uma ~. **3** Ponto de vista expresso nessa ocasião. **Ex.** A ~ do deputado levantou acesos protestos. A ~ do Dire(c)tor foi muito aplaudida. **4** Aparecimento em cena de a(c)tor/a(c)triz em peça de teatro/filme/... **Ex.** A sua ~ na peça é muito curta. **5** Participação a(c)tiva num processo a decorrer. **Ex.** A sua ~ no lance [remate] foi decisiva para evitar o gol(o) adversário. **6** Mediação/Intercessão. **Ex.** Foi devido à ~ do nosso amigo que a avaria do carro se resolveu rapidamente.
7 A(c)ção desenvolvida pelas forças da autoridade «polícia/tropa/...» ou pelos serviços de prote(c)ção civil «bombeiros». **Ex.** Foi necessária a ~ da polícia para acalmar os ânimos [para restabelecer a ordem]. O pavoroso incêndio obrigou à ~ de várias corporações de bombeiros. **Comb. Forças de ~** [Militares com a função de combater bandos armados ou de guerrilha]. **Polícia de ~** [Corpo de polícia preparado para a(c)tuar em caso de grave tumulto]. **8** Interferência do Estado «numa empresa/num serviço» para assegurar o cumprimento da lei, averiguando eventuais irregularidades. **Ex.** A salvaguarda da saúde pública obriga à ~ dos fiscais em restaurantes.
9 Ingerência de um Estado em assuntos de outro país. **Comb.** ~ humanitária [Interferência da comunidade internacional num país para assegurar a sobrevivência de pessoas]. **10** *Med* A(c)to praticado por cirurgião em corpo vivo com fins terapêuticos/Operação(+). **Ex.** Ele já não se livra de [Ele precisa de] uma ~ cirúrgica. **11** *Dir* Admissão, por decisão judicial, de uma terceira pessoa alheia à a(c)ção, para defesa dos interesses de alguém aí envolvido.

intervencionismo s m (<intervenção + -ismo) **1** Sistema que defende a interferência estatal na economia do país. **2** Conjunto de decisões econó[ô]micas tomadas pelas autoridades públicas. **3** Teoria que propõe a interferência de um ou de vários estados na política de outro país. **4** Ingerência(+) de um ou vários países na política interna ou externa de outro país.

intervencionista *adj/s 2g* (<intervenção + -ista) **1** Relativo ao intervencionismo econó[ô]mico ou político. **Ex.** Uma política ~ «americana» pode levar a graves conflitos. **2** Partidário do intervencionismo.

interveniente *adj/s 2g* (<lat *intervéniens, éntis*; ⇒ intervir) **1** (O) que toma parte em/ que usa da palavra numa intervém/Participante. **Ex.** Os ~s no colóquio louvaram esta iniciativa cultural. **2** *Dir* Pessoa que se propõe aceitar ou pagar uma letra protestada/Fiador(+). **3** *Dir* (Pessoa) que intervém em processo judicial, sem ser autor ou réu, tendo interesses próprios a defender.

interventivo, a *adj* (⇒ intervir) **1** Relativo à intervenção. **2** Que intervém/Que tem propensão para intervir. **Ex.** Alguns entendem que o Presidente devia ser mais ~.

interventor, ora *adj* (<intervir) ⇒ interveniente.

interversão s f (<lat *intervérsio, ónis*) **1** *Dir* A(c)to ou efeito de interverter «a posse precária (de um bem ou título) em posse legítima». **2** Inversão da ordem natural ou habitual.

interverter s f (<lat *inter-vérto, ere, ti, vérsum*: voltar noutra dire(c)ção) Mudar a ordem natural de/Colocar ao contrário/às avessas/Inverter(+).

intervir v int (<lat *intervénio, íre, véni, véntum*) **1** Tomar parte a(c)tiva em/Ter intervenção em. **Ex.** Resolveu ~ para salvar a empresa da falência. **2** Tomar a [Usar da] palavra em público. **Ex.** Na sessão da tarde intervieram vários oradores. **3** A(c)tuar quando a situação o justifique. **Ex.** Os bombeiros foram chamados a ~ para combater as chamas [o incêndio]. A polícia interveio para restabelecer a ordem (pública). **4** Exercer uma competência, interferindo sobretudo em caso de irregularidade. **Ex.** A entidade reguladora poderá ter de [ser levada a] ~ para fazer respeitar a lei. O governo vai ~ no banco para evitar a (sua) falência. **5** Intrometer-se/Interferir.

intervocálico, a *adj Ling* Que fica entre vogais. **Comb. Consoante ~a. Posição ~**.

intestado, a *adj Dir* (<lat *intestátus*) **1** Que faleceu sem deixar testamento válido. **2** Diz-se de herdeiro não incluído no testamento.

intestinal *adj 2g Biol* (<intestino¹ + -al) Relativo aos intestinos. **Comb. Mucosa ~. Oclusão ~. Suco ~/entérico. Vilosidade ~** [Conjunto das pequenas saliências da mucosa do intestino delgado].

intestino¹ s m *Anat* (<lat *intestínum, ni*) **1** Canal do aparelho digestivo situado na zona abdominal, que, no homem e em

muitos mamíferos, vai do estômago ao ânus. **Ex.** Na zona do apêndice termina o ~ delgado e começa o ~ grosso. O ~ delgado divide-se em duodeno, jejuno e íleo; o ~ grosso (divide-se) em cego, cólon, sigmoide e re(c)to. **Loc.** Dar(-me/-lhe...) volta aos ~s [Provocar diarreia]. **2** *pl* Vísceras/Entranhas/*pop* Tripas.

intestino², a *adj* (<lat *intestínus, a, um*) **1** Que se passa no [Que vem do] interior(+) de um corpo. **2** Que se passa no interior de um grupo, de uma comunidade, de um país/Nacional/Civil. **Ex.** Uma guerra ~a/civil(+) debilita mais um país do que um conflito com o exterior. **Comb.** *Lutas ~as. Rivalidades ~as.*

intifada *s f* (<ár *intifada*: rebelião <*fadda*: revoltar-se) Rebelião popular palestina contra as forças de ocupação israelita na Cisjordânia e na faixa de Gaza. **Ex.** A segunda ~ começou no ano 2000.

intimação *s f* (<lat *intimátio, ónis*) **1** A(c)to ou efeito de intimar. **2** A(c)to de ordenar/impor alguma coisa a alguém. **3** *Dir* Notificação de uma pessoa para comparecer junto da autoridade ou para cumprir uma ordem judicial/Citação. **4** Documento em que se faz essa notificação.

intimamente *adv* (<íntimo + -mente) **1** Bem [Muito] no íntimo/fundo. **Ex.** Ele, ~, é feliz. **2** Estreitamente/Dire(c)tamente. **Ex.** Os dois problemas «droga e roubo» estão ~ ligados. **3** De forma muito próxima/profunda. **Ex.** Eles, amigos de longa data [de muitos anos], conhecem-se ~. **4** De forma íntima, do ponto de vista afe(c)tivo ou sexual. **Ex.** Numa vida desregrada, conheceu ~ muitas mulheres.

intimar *v t* (<lat *íntimo, áre, átum*: conduzir para, ordenar) **1** Obrigar a fazer/Impor/Ordenar alguma coisa. **Ex.** Intimou-o a pagar-lhe a dívida até ao fim do mês. **2** *Dir* Notificar oficialmente [Citar] alguém. **Ex.** O tribunal intimou-o a comparecer para depor. **3** Falar com arrogância.

intimativo, a *adj* (<intimar + -tivo) **1** Que ordena de forma imperiosa/Que intima. **2** *Dir* Que serve para notificar/citar oficialmente. **3** Enérgico/Autoritário(+)/Impositivo. **Loc.** Falar com voz ~a.

intimidação *s f* (<intimidar + -ção) A(c)to ou efeito de infundir temor/ameaçar/intimidar. **Ex.** Recorria à ~ das crianças para manter a disciplina na aula.

intimidade *s f* (<íntimo + -idade) **1** Qualidade do que é íntimo/chegado. **Ex.** A ~ das relações do filho com um revolucionário preocupava-o. **2** Nível profundo do ser. **Ex.** Na ~ do espírito temia pelo futuro dos filhos e netos. **3** Relação muito próxima [Grande confiança] com alguém. **Ex.** Eles não têm grande ~ (entre si). **4** Vida privada. **Ex.** Na ~, ele é uma pessoa adorável.

intimidador, ora ⇒ intimidativo.

intimidar *v t* (<lat *intímido, áre, átum*; ⇒ tímido, temor) **1** Provocar/Sentir temor/medo/Amedrontar/Atemorizar. **Ex.** A ameaça de pesado castigo intimidava-o. **2** Causar embaraço/insegurança/timidez. **Ex.** A presença dos superiores intimidava-o.

intimidativo[dador], a *adj* (<intimidar + ...) Que intimida/assusta/atemoriza.

intimismo *s m* (<íntimo + -ismo) **1** Qualidade do que é íntimo/secreto/pessoal. **Ex.** O ~ do seu diário atrai o leitor. **2** *Liter* Tendência literária que procura explorar [analisar minuciosamente] os sentimentos íntimos. **3** *Arte* Corrente da pintura impressionista cuja temática são cenas de interiores ou da vida familiar.

intimista *adj/s 2g* (<íntimo + -ista) **1** Relativo ao intimismo. **Ex.** O cará(c)ter ~ do seu livro é motivo de interesse para muitas pessoas. **2** Diz-se da literatura cuja temática privilegia os sentimentos íntimos. **3** Diz-se da pintura impressionista de cenas de interiores e da vida doméstica.

íntimo, a *adj/s* (<lat *íntimus*: o mais interior, secreto) **1** Relativo ao que constitui a essência de alguma coisa. **Ex.** Nunca apreendemos totalmente a natureza ~a das coisas. **2** Situado na parte mais interior/profunda do ser [da mente]. **Ex.** É preciso respeitar o que pertence ao [o que é do] foro ~ da pessoa. **3** Que é profundo e minucioso. **Ex.** Ele tinha um conhecimento ~ [perfeito(+)] das dificuldades por que as pessoas passavam. **4** Muito chegado/Estreito(+). **Ex.** Há uma relação ~a entre a leitura frequente de obras literárias e a riqueza de vocabulário dos alunos. **5** Que está muito ligado a alguém por afei(c)ção, amizade ou confiança mútua. **Ex.** Eram (amigos) ~s, entre eles não havia segredos. **6** Que envolve a(c)to sexual. **Ex.** Enquanto namorados nunca tiveram relações ~as. **7** Relativo às partes genitais ou às partes do corpo que não se expõem. **Comb.** *Higiene ~a. Partes ~as. Roupa ~a*/interior(+). **8** Que se realiza apenas com familiares próximos ou com amigos muito chegados. **Comb.** *Cerimó[ô]nia ~a. Festa ~a.* **9** Que proporciona a maior privacidade/tranquilidade/intimidade. **Ex.** Aquela gruta era o recanto (~) em que se refugiava. **10** Que trata de assuntos pessoais/privados/secretos. **Comb.** *Diário ~.*
11 *s* Pessoa com que se tem uma forte ligação de amizade/afeição/confiança/cumplicidade. **Ex.** Só com os ~s se têm certas conversas. **12** *s m* Parte mais profunda de um ser/Zona mais reservada da pessoa. **Ex.** O que há [se passa] no ~ [interior(+)] da Terra ainda é uma incógnita. No seu ~ temia pelo futuro de filhos e netos. **Loc.** *No ~* [No fundo(+)] (**Ex.** No ~ era uma pessoa tranquila, serena, confiante no futuro). *Ter bom/mau ~* [Mostrar ter bons/maus sentimentos no trato com os outros].

intimorato, a *adj* (<in- + timorato) Intrépido/Que não tem/mostra medo/temor/Destemido/Valente.

intina *s f Bot* (<lat *intus*: dentro + -ina) Membrana interna do órgão do pólen, também denominada endimenina.

intinção *s f Catol* (lat *intínctio, ónis*: a(c)ção de mergulhar ou molhar) A(c)to de só mergulhar parte da hóstia no vinho consagrado. **Loc.** Comungar por ~.

intitulação *s f* (<intitular + -ção) A(c)to ou efeito de (se) intitular/Atribuição de um título.

intitular *v t* (<lat *intítulo, áre, átum*) **1** Dar(-se) uma designação [um nome]. **2** Atribuir um título. **Ex.** Intitulou-se defensor da honra da instituição. Quero ~ o meu livro "Civilização sem Guerras".

intocável *adj/s 2g* (<in- + tocável) **1** Que não pode [deve] ser tocado «por ser frágil / devido ao seu elevado valor»/Intangível. **Comb.** *Peça de arte ~.* **2** Que não pode [deve] ser mudado/alterado. **Ex.** Para alguns o a(c)tual sistema político é ~. **3** Que não pode [deve] ser criticado/censurado/Inatacável. **Ex.** O ilustre escritor era considerado ~. **4** Que é obje(c)to de respeito religioso/Sagrado(+). **5** ⇒ pária; leproso.

intolerância *s f* (<lat *intolerántia*) **1** Qualidade de intolerante. **2** Falta de compreensão/indulgência/condescendência com os defeitos e falhas dos outros. **Ex.** A ~ que revela impede-o de ter amigos. **3** Incapacidade de conviver com quem tem diferente modo de pensar ou agir/Sectarismo. **Ex.** A ~ religiosa foi causa de sangrentas guerras. **Comb.** *~ cultural.* **4** Não aceitação pelo organismo de certos alimentos/medicamentos. **Comb.** *~ ao leite. ~ à penicilina.* ⇒ alergia.

intolerante *adj/s 2g* (<lat *intólerans, ántis*) **1** Que revela intolerância/rigidez/severidade. **Ex.** Aquela atitude ~ foi duramente criticada. **2** (Pessoa) que não mostra condescendência/tolerância com os defeitos/erros alheios. **Ex.** Um ~ não ganha a simpatia dos que o rodeiam. **3** (Pessoa) que tende a não aceitar opinião diferente da sua em política/religião/costumes/conce(p)ção do mundo.

intolerável *adj 2g* (<lat *intolerábilis, e*) **1** Que não se pode suportar/aguentar/tolerar. **Comb.** *Sofrimento ~/insuportável(+)/terrível(+).* **2** Que não se pode [deve] aceitar/admitir/permitir. **Ex.** A indisciplina é ~ [inadmissível] na sala de aula.

intonação *s f* ⇒ entonação.

intonso, a *adj* (<lat *intónsus* <in + *tóndeo, ére, totóndi, tónsum*: cortar, tosquiar) **1** «ovelha/rebanho» Não tosquiado. **2** «barba/cabelo» Que não está cortado/aparado.

intoxicação (Chi) *s f* (<intoxicar + -ção) **1** *Med* Envenenamento provocado por absorção de substância tóxica. **Comb.** *~ alimentar* [Grave perturbação provocada no aparelho digestivo por ingestão de alimento deteriorado]. *~ por monóxido de carbono.* **2** *fig* Persistente a(c)ção exercida sobre a mente das pessoas, procurando incutir-lhes ideias distorcidas ou desfavoráveis a alguém. **Ex.** Por vezes surgem organizações apostadas [que se lançam] em campanhas de ~ da opinião pública.

intoxicante *adj* (<intoxicar + (a)nte) Que intoxica/envenena.

intoxicar (Chi) *v t* (<in- + tóxico + -ar¹) **1** *Med* Envenenar [Causar grave perturbação] por absorção pelo organismo de uma substância tóxica/deteriorada. **Ex.** O alimento deteriorado intoxicou a maior parte dos convidados. **2** *fig* Influenciar negativamente a mente das pessoas de forma persistente, incutindo-lhes opinião desfavorável sobre uma pessoa/instituição. **Ex.** Esse jornal é um pasquim que se ocupa de ~ o público, enxovalhando pessoas de bem.

intra- *pref* (<lat *intra*: dentro de; ⇒ inter-) Significa *interior, dentro de* (**Ex.** ~muros).

intra-arterial *adj Anat* Que se situa ou ocorre dentro de uma artéria. ⇒ endo[intra]venoso.

intra-atómico, a [*Br* intra-atômico] *adj Fís* **1** Relativo ao interior do átomo. **2** Que se situa ou ocorre dentro do átomo. **Comb.** *Estrutura ~a.*

intra-auricular *adj Anat* **1** Relativo ao interior da orelha/aurícula. **2** Que ali se situa ou ocorre.

intracardíaco, a *adj Anat* (<intra- + ...) **1** Relativo ao interior do coração. **2** Que ali se situa ou ocorre.

intracelular *adj 2g* (<intra- + ...) Que se situa ou ocorre no interior da célula.

intracomunitário, a *adj* (<intra- + ...) Que se verifica dentro de uma comunidade de pessoas/estados/países.

intracontinental *adj 2g Geog* (<intra- + ...) Que se situa ou ocorre dentro de um continente. ⇒ intercontinental.

intracraniano, a *adj Anat* (<intra- + ...) **1** Relativo ao interior do crânio. **2** Que se situa ou ocorre dentro do crânio.

intradérmico, a *adj Anat* (<intra- + ...) **1** Relativo ao interior da derme/pele. **2** Que se situa ou ocorre no interior da derme. ⇒ intramuscular.

intradorso s m (<intra- + ...) **1** *Arquit* Parte interior e côncava de arco/abóbada/cúpula. **2** Superfície inferior da asa do avião.

intraduzível adj (<in- + ...) **1** «palavra/expressão» Que não se pode traduzir/Que não se pode expressar noutra língua. **2** Que não se pode exprimir (em palavras).

intragável adj 2g (<in- + ...) **1** Que não se consegue comer/beber/Que não é possível tragar. **Ex.** Esta bebida [Este remédio] é uma mixórdia ~! **2** *fig* «pessoa» De temperamento muito desagradável/Que não se pode aguentar/tolerar/Insuportável. **Ex.** É uma pessoa ~, todos a/o detestam.

intra-hepático, a adj Que se situa na parte interior do fígado.

intramuros adj 2g/adv (<lat *intra*: dentro de + *murus,i*: muralha) Dentro dos muros ou das muralhas (de uma vila/cidade). **Ex.** A parte ~ da vila de Óbidos(Portugal) tem grande interesse turístico. Em Almeida/Monsaraz (Portugal) a casa dele está ~.

intramuscular adj 2g (<intra- + ...) **1** Relativo ao interior de um músculo. **2** Que se situa ou aplica no interior do músculo. **Comb.** Inje(c)ção ~.

intranquilidade s f (<in- + ...) Falta de tranquilidade/Desassossego/Sobressalto. **Ex.** A ~ de espírito prejudica o trabalho intelectual.

intranquilo, a adj (<in- + ...) Que tem falta de tranquilidade/sossego/Inseguro(+)/Preocupado(+). **Ex.** Pareceu-me ~, pouco confiante.

intransferível adj 2g (<in- + ...) **1** Que não pode ser transferido. **Ex.** O funcionário é ~ para outro serviço. **2** «tesouro» Que não pode ser transmitido a outrem/Inalienável/Intransmissível. **3** Que não se pode adiar/Inadiável. **Ex.** A data do exame é ~.

intransigência s f (<in- + ...) **1** Qualidade de quem não abdica da sua posição [resolução], de quem não cede a solicitações/Qualidade de intransigente/inflexível. **2** Falta de condescendência/compreensão/tolerância para as falhas alheias/Severidade/Rigidez. **Ex.** A sua ~ deixou as pessoas admiradas/desiludidas.

intransigente adj 2g (<in- + ...) Que não transige/condescende com o que considera errado/Que não cede a solicitações/Inflexível/Severo/Austero. **Ex.** O professor foi ~/inflexível, não aceitou adiar o teste.

intransitável adj 2g (<in- + ...) Em que não se pode passar/transitar/«estrada/caminho» Que está em muito mau estado de conservação. **Ex.** A via está praticamente/quase ~.

intransitivamente adv *Gram* (<intransitivo + -mente) De modo intransitivo/Diz-se do uso do verbo em que este não é seguido de complemento dire(c)to ou indire(c)to. **Ex.** Em *Comi e saí a correr*, o verbo *comer* está usado/construído ~ (⇒ intransitivo **2**).

intransitividade s f (<intransitivo + -idade) **1** Qualidade/Condição do que não se pode transmitir a outrem. **2** *Gram* Cará(c)ter de verbo intransitivo.

intransitivo, a adj (<lat *intransitívus*) **1** Que não se pode passar/transmitir a outro/Intransmissível(+). **2** *Gram* Diz-se do verbo «chover» que não se constrói com complemento obrigatório, dire(c)to ou indire(c)to. ⇒ intransitivamente **Ex.**

intransmissibilidade s f (<in- + ...) Qualidade de intransmissível.

intransmissível adj 2g (<in- + ...) **1** Que não se pode transmitir/passar/transferir a outro. **Ex.** O encargo que tinha era ~. **2** Que não se pode comunicar/transmitir. **Ex.** Ali a mensagem, sem telefone nem (qualquer) outro meio de comunicação, era ~.

intransponível adj 2g (<in- + ...) **1** «obstáculo» Que não se pode transpor/ultrapassar. **2** Que não se pode resolver/superar/vencer/contornar. **Comb.** Dificuldade [Obstáculo] ~.

intransportável adj 2g (<in- + transportável) Que não se pode levar de um lado para o outro/Que não é possível transportar.

intraocular adj 2g *Anat* [= intra-ocular] Que está no interior do olho.

intrapulmonar adj 2g (<intra- + ...) Que se situa ou ocorre no interior do pulmão.

intratável adj 2g (<lat *intractábilis, e*) **1** «doença» Que não é tratável. **2** «pessoa» Com quem não se pode conviver/tratar/Insociável. **Ex.** É um indivíduo ~ ninguém aguenta a sua companhia. **3** *fig* Inacessível/Intransitável(+). **Comb.** Caminho ~. **4** Diz-se do metal difícil de fundir.

intratelúrico, a adj (<intra- + ...) **1** Relativo ao interior da Terra. **2** Que aí se situa ou ocorre.

intratorácico, a adj *Anat* (<intra- + ...) **1** Relativo ao interior do tórax. **2** Que aí se situa ou ocorre.

intrauterino, a adj *Anat* **1** Relativo ao interior do útero. **2** Que aí se situa ou ocorre.

intravascular adj 2g *Anat* (<intra- + ...) **1** Relativo ao interior dos vasos sanguíneos. **2** Que aí está ou ocorre. ⇒ intra-arterial; intravenoso.

intravenoso, a adj (<intra- + ...) **1** Relativo ao interior das veias. **2** Que está ou se aplica no interior das veias/Endovenoso. ⇒ intravascular.

intrepidez s f (<intrépido + -ez) **1** Qualidade de intrépido/corajoso. **Ex.** O bombeiro foi premiado pela sua ~ naquela emergência. **2** Bravura/Valentia/Arrojo. **Ant.** Medo; temor.

intrépido, a adj (<lat *intrépidus*) Que não receia o perigo/não trepida/Corajoso/Destemido. **Ex.** O ~ jovem atirou-se à água revolta(Ô) para salvar a criança.

intricado, a adj (<intricar) **1** Que é ou está emaranhado/enredado/enleado/confuso. **Ex.** É uma história ~a, que quero estudar melhor. **2** «problema» Que é difícil de resolver/Complicado/Complexo. **Ex.** O caso era ~, não sabia se tudo iria correr bem.

intricar v t (<lat *intríco, áre, átum*: embaraçar <*in* + *trícae, árum*: tricas, bagatelas) **1** Emaranhar/Enlear/Embaraçar/Enredar. **2** Tornar confuso/Complicar.

intriga s f (<intrigar) **1** A(c)to de intrigar. **2** Situação complicada/Salgalhada. **3** Maquinação secreta para prejudicar alguém ou para obter vantagem/Trama/Enredo/Cilada. **Ex.** Há quem recorra à ~ para conseguir o que pretende. Eu gosto de ser franco, nunca gostei de ~s. **Comb.** ~ de bastidores [Trama que passa de boca em boca [que se espalha] no interior de uma instituição, despertando comentários malévolos em surdina [em voz baixa] (pelos corredores)]. ⇒ conluio; trama. **3** Mexerico/Bisbilhotice. **Loc.** Ser de ~s [Gostar de criar enredos/de bisbilhotices]. **4** Conjunto de peripécias de um romance, de uma peça teatral, de um filme, de uma telenovela/Enredo(+)/A(c)ção. **Ex.** A ~ desta telenovela é deveras [muito] complicada.

intrigalhada s f (<intriga + -alha + -ada) **1** Grande intriga. **2** Conjunto de intrigas/maquinações.

intrigante adj 2g (<intrigar + -(a)nte) **1** Que intriga. **2** «pessoa» Que cria enredos/mexericos/Intriguista. **3** Que causa estranheza/surpresa/Que desperta curiosidade.

intrigar v t (<lat *intríco, áre, átum*: embaraçar; ⇒ intricar) **1** Tramar intrigas/Criar, junto de colegas ou vizinhos, histórias comprometedoras de pessoas que conhecem/Maquinar. **Ex.** O hábito de ~ é condenável. **2** Provocar estranheza/surpresa/perplexidade/Despertar curiosidade/Deixar desconfiado. **Ex.** A entrada frequente dele naquele lugar intrigava-o [trazia-o intrigado].

intriguice s f (<intriga + -ice) Má-língua/Bisbilhotice/Coscuvilhice/Mexeriquice.

intriguista adj/s 2g (<intriga + -ista) (O) que promove [cria] intrigas/enredos. **Ex.** A a(c)ção dos ~s pode causar graves prejuízos às pessoas e às instituições.

intri(n)cado, a adj ⇒ intricado.

intrincar v t ⇒ intricar.

intrinsecamente (Trín) adv (<intrínseco + -mente) **1** Por natureza/essência. **2** De modo intrínseco/Em si/Estruturalmente. **Ex.** Era uma pessoa ~ boa [sã/honesta], nem sempre bem compreendida.

intrínseco, a adj (<lat *intrínsecus*) **1** Que é próprio de/Que faz parte da essência de. **Ex.** As qualidades ~as do jovem só mais tarde foram reconhecidas. **2** Real/Inerente. **Ex.** O valor ~ de algumas coisas escapa à [é desconhecido da] maior parte das pessoas, só os sábios o descobrem.

intro- pref (<lat *íntro*: dentro; ⇒ intra-) Significa *para dentro/para o interior de* (Ex. ~duzir; ~meter; ~spe(c)ção; ~vertido).

introdução s f (<lat *introdúctio, ónis*) **1** A(c)ção ou efeito de (se) introduzir. **Ex.** A ~ de droga no país é crime. **2** A(c)ção de dar entrada a uma pessoa num espaço e de a apresentar (aos presentes). **Ex.** Coube-me fazer a ~ [apresentação(+)] do artista no palco. **3** A(c)ção de fazer entrar num grupo, numa sociedade. **Ex.** A ~ [entrada] do amigo no nosso clube será feita na próxima reunião. **4** A(c)ção de fazer entrar/penetrar. **Ex.** O velhinho tem já dificuldade na ~ da chave na fechadura. **5** Inclusão/Inserção. **Ex.** A (~ de) fruta na dieta diária é fundamental. **6** *Info* A(c)ção de meter dados no computador. **7** Ado(p)ção de algo que é novo na região/no país. **Ex.** A ~ da última geração de telemóveis [Br celulares] está para breve [vai ocorrer brevemente]. **8** Noções elementares/básicas de uma ciência/matéria/Disciplina [Livro] em que elas são apresentadas/estudadas. **Ex.** A ~ à Filosofia habilitava o estudante a compreender os vários sistemas de pensamento. **9** Parte inicial de um discurso, de uma dissertação/Apresentação do tema e das linhas gerais do seu tratamento. **Comb.** ~, desenvolvimento e conclusão. **10** Texto preliminar e explicativo de um livro/⇒ Prefácio/Apresentação/Prólogo/"Ao leitor". **11** *Mús* Parte inicial de uma peça musical/Pequeno trecho musical com que abrem algumas óperas.

introdutor, ora adj/s (<lat *introdúctor, óris*) (O) que introduz/apresenta.

introdutório, a adj (<lat *introductórius*) **1** Que introduz/apresenta. **Comb.** Nota ~a. **2** Que prepara para o conhecimento/a prática de alguma coisa/Que serve de introdução. **3** Que inicia/Preliminar.

introduzir v t (<lat *intro-dúco, ere, xi, ctum*: guiar para dentro) **1** Dar entrada a alguém ou a alguma coisa num espaço. **Ex.** Introduziu o amigo na sala. Precisa de ~ [pôr(+)] algumas cadeiras no salão. **2** Fazer entrar/Inserir. **Ex.** Introduzo o cartão na ranhura da porta para entrar. **3** Meter dentro de. **Ex.** Todos os dias gostava de ~ uma moeda no mealheiro. **4** ~se/Entrar furtivamente em/Insinuar-se. **Ex.** O gatuno entrou

[introduziu-se na casa] por uma janela mal fechada. O miúdo conseguiu ~-se entre os arbustos. **5** Fazer admitir num grupo ou num meio social. **Ex.** Quis ~ o novo residente na associação recreativa local. **6** Apresentar alguém que vai tomar a palavra [falar] ou a(c)tuar [representar] em público. **Ex.** Coube-me [Fiquei encarregado de] ~ os oradores da sessão. **7** Apresentar uma nova personagem. **Ex.** Era a altura [o momento oportuno] de o narrador ~ a figura mais grotesca da história. **8** «num documento/impresso» Preencher um espaço/Lançar/Regist(r)ar. **Ex.** O professor vai ~ as classificações [notas] (dos alunos) na pauta. **9** Acrescentar algo/Incluir/Integrar. **Ex.** Introduziu mais um nome na lista de candidatos ao lugar. **10** Trazer pela primeira vez, para uma região, sementes, plantas, animais originários de outras regiões distantes. **Ex.** Os portugueses introduziram a abóbora, o tomate e o tabaco no Japão, no séc. XVI. **11** Levar, para zona [país] distante, um hábito que depois se generaliza «geralmente devido ao prestígio do introdutor». **Ex.** D. Catarina, uma princesa portuguesa, então rainha de Inglaterra, no séc. XVII, introduziu neste país o hábito de tomar chá (pelas cinco (horas) da tarde). **12** Ensinar/Aprender as noções básicas de uma ciência/técnica/Iniciar(-se) numa a(c)tividade. **Ex.** Gosto de ~ as crianças no [ao] estudo da matemática.

introito (Trói) *s m* [= intróito] (<lat *intróitus*: entrada) **1** Começo/Início/Entrada. **2** Introdução «de um discurso/livro/...». **3** *Catol* Cântico da entrada do sacerdote, que inicia a missa (Pode ser lido). **4** *fam* Conversa preliminar. **Ex.** O filho não imaginava o que viria a seguir àquele ~ (dos pais).

intrometer *v t* (<lat *intro-mítto, ere, misi, missum*: enviar para dentro) **1** Pôr(-se) de permeio. **Ex.** Intrometeu-se entre eles para apaziguar os ânimos. **2** Emitir opinião/Intervir em assunto que lhe não diz respeito. **Ex.** Intrometeu-se [*idi* Meteu o nariz] onde não *idi* era chamado [onde não devia].

intrometido, a *adj/s* (<intrometer) **1** Metido dentro/Introduzido. **2** Metido de permeio. **3** Que intervém em assunto que lhe não diz respeito/*fam* Abelhudo/*fam* Metediço/Atrevido/Indiscreto. **Ex.** É um ~, há que (se) lhe dar para trás [~, não se pode dar-lhe hipótese de intervir].

intromissão [**intrometimento**] *s f/m* (⇒ intrometer) **1** A(c)to ou efeito de intrometer(-se)/Ingerência em assunto alheio. **Ex.** A sua ~ no negócio foi criticada. **2** Introdução/Entrada de uma coisa noutra. **3** Penetração de um órgão [corpo] noutro.

introspeção (Pè) [*Br* **introspe(c)ção** (dg)] *s f Psic* [= introspecção] (<lat *introspéctio, ónis*) **1** Análise que alguém faz da sua mente, dos seus sentimentos e experiências. **2** *Psic* Método de investigação psicológica em que se analisa a própria consciência. **Ex.** Para muitos, a ~ não é um método válido de fazer ciência psicológica. **Ant.** Extrospe(c)ção.

introspecção/introspectivo ⇒ introspeção/...

introspetivo, a (Pè) [*Br* **introspe(c)tivo** (dg)] *adj Psic* [= introspectivo] (<lat *introspéctum<introspício, ere, péxi, péctum*: olhar para dentro + -ivo) Relativo à [Que usa a] introspeção. **Comb.** Método ~. **Ant.** Extrospe(c)tivo.

introversão *s f* (<lat *introvérsio, ónis*: o voltar-se para dentro) **1** A(c)to ou efeito de introverter(-se). **2** Atitude de se voltar para dentro de si, alheando-se do [, mostrando indiferença ao] que o rodeia. **Ant.** Extroversão.

introverter *v t* (<lat *intro*: para dentro + *vérto, ere, ti, sum*: voltar(-se)) Voltar(-se) para dentro/Fixar-se na sua vida interior, sendo indiferente ao exterior. **Ant.** Extroverter.

introvertido, a *adj/s Psic* (<introverter) (O) que se volta para o seu interior/que evita o convívio, a relação social/Reservado/Ensimesmado. **Ex.** Os ~s têm dificuldade em conviver, têm tendência a isolar-se.

intrujão, ona *adj/s col* (<intrujar + -ão) **1** (Pessoa) que engana com astúcia/Aldrabão/Burlão/Impostor(+)/Mentiroso(o +). **Ex.** Meti-me [Fiz trato] com aquele ~, sem saber, e fui levado [e deixei-me enganar]. **2** *Br* Rece(p)tador de obje(c)tos roubados.

intrujar *v t* (⇒ intrusão) Iludir com astúcia/Enganar/Burlar. **Ex.** Não se fie nele, (meu) amigo, que bem o pode ~!

intrujice *s f* (<intrujar + -ice) A(c)to de intrujar/Trapaça/Embuste/Mentira/Burla. **Ex.** Na aldeia já conhecem as suas ~s.

intrusão *s f* (<lat *intrúsio, ónis*: introdução à força <*in* + *trúdo, ere, trúsum*: empurrar) **1** A(c)to de introduzir-se com astúcia/Entrada indevida ou à força num local. **Ex.** A ~ de gente indesejável no recinto lançou a confusão na assistência. **2** A(c)to de apossar-se de um cargo/benefício a que não tem direito. **3** *Dir* A(c)to de ocupar imóvel/terras sem autorização do legítimo proprietário. **4** A(c)to de intervir ou de se intrometer em assunto alheio. **5** *Mil* Incursão(+) de aviões de caça ou de combate em território inimigo. **6** *Geol* Introdução de magma eruptivo na crusta terrestre.

intrusivo, a *adj Geol* (⇒ intrusão) **1** Que resulta de [Em que ocorre] intrusão. **2** Diz-se de material magmático que se intrometeu em cavidades da crosta ou entre camadas de rochas.

intruso, a *adj/s* (<lat *intrúsus*: introduzido à força) **1** (O) que se introduziu num local sem ser convidado nem desejado/Importuno. **Ex.** Foi chamada a polícia para expulsar o bando de ~s. **2** (O) que pratica intrusão. **3** (O) que se apodera de cargo/dignidade/bens de forma ilegítima. **4** (O) que se intromete onde não deve. **Ex.** Você, aqui, um ~!

i[e]ntubação *s f* (<intubar + -ção) A(c)to ou efeito de intubar.

intubar *v t* (<in- + tubo + -ar¹) ⇒ entubar.

intuição *s f* (<lat *intuítio, ónis*; ⇒ intuir) **1** Capacidade de apreender de forma clara e imediata. **Ex.** Temos alguns conhecimentos por ~, a outros chegamos por dedução/pelo raciocínio. **Loc.** Conhecer intuitivamente [por ~]. **2** *Fil* Forma de conhecimento claro, dire(c)to e imediato. **Ex.** A ~ e o raciocínio permitem o progresso dos conhecimentos. **Comb.** ~ *metafísica*/intelectual «do adulto». ~ *sensível*/empírica/sensorial «da criança». **3** O que se intui. **4** Capacidade de pressentir algo que vai acontecer. **Ex.** A minha ~ já me dizia [mostrava/revelava] que o proje(c)to ia resultar [se ia concretizar/realizar]. **5** *Teol* Visão(+) dire(c)ta de Deus pelos bem-aventurados.

intuicionismo *s m* (<intuição + -ismo) Doutrina que atribui à intuição o principal papel no processo do conhecimento. **Ex.** O filósofo Bergson foi um defensor do ~.

intuicionista *adj/s 2g* (<intuição + -ista) **1** Relativo ao intuicionismo. **2** Partidário do intuicionismo.

intuir *v t* (<lat *intúeor, éri, intúitus sum*: observar, ver) **1** Ter a intuição de/Apreender dire(c)tamente algo, sem recurso ao raciocínio/à razão. **2** Pressentir/Adivinhar.

Ex. Intuí logo que ele ia cumprir o que prometera, e assim foi [, e não me enganei].

intuitivo, a *adj* (<intuito + -ivo) **1** Relativo à intuição. **Ex.** Temos conhecimento ~ e racional. **Ant.** Discursivo. **2** Que revela aptidão para a apreensão imediata da realidade/Dotado de intuição. **Comb.** Pessoa ~a. ⇒ racional. **3** Que é claro/evidente. **Comb.** Verdade ~a.

intuito *s m* (<lat *intúitus*: visão) O que se pretende alcançar/Obje(c)tivo/Intenção. **Ex.** O meu ~ é preveni-lo para os perigos que corre [que o ameaçam]. O meu ~ é (vir a) ser médico.

intumescência *s f* (<intumescente) **1** A(c)to ou efeito de intumescer. **2** Aumento de volume de um tecido orgânico/Inchaço/Tumefa(c)ção/Entume(s)cência).

intumescente *adj 2g* (<lat *intuméscens, éntis* <*intumésco, ere*: inchar) Que aumenta de volume/incha/intumesce/entume(s)ce/Túmido. ⇒ entume(s)cente.

intumescer *v t/int* (<lat *intumésco, ere*: inchar) **1** (Fazer) aumentar de volume/Inchar/Dilatar/Entumescer. **2** *fig* ~-se/Tornar-se orgulhoso/Envaidecer-se/Ensoberbecer-se.

intumescido, a *adj* (<intumescer) Inchado(+)/Tumefa(c)to/Entumecido.

inturgescer *v t/int* (<lat *inturgésco, ere*) Tornar-se túrgido/Intumescer.

inúbil *adj 2g* (<i- + núbil) Que ainda não está em idade de casar.

inuít(e) *adj/s 2g* (<língua indígena «do Canadá» *inuit*: povo, gente) **1** (Diz-se de) indivíduo ou do povo (*depr* esquimó) que habita a região ár(c)tica do Alasca à Groen[ne]lândia ou da sua língua. **2** *s m* Língua falada por esse povo.

inultrapassável *adj 2g* (<in- + ultrapassável) Que não pode ser ultrapassado/Intransponível.

inumação *s f* (<inumar + -cao) A(c)to de sepultar um cadáver/Enterr(ament)o.

inumanidade *s f* (<lat *inhumánitas, átis*: crueldade) **1** Falta de humanidade/Desumanidade(+)/Crueldade. **2** A(c)ção ou atitude desumana.

inumano, a *adj* (<lat *inhumánus*: desumano) **1** Que tem falta de humanidade, de clemência, de consideração em relação a outrem/Cruel/Desumano(+). **2** Superior à natureza humana/Sobre-humano(+).

inumar *v t* (<lat *ínhumo, áre*: enterrar) Sepultar um cadáver/Enterrar(+).

inumerável *adj 2g* (<i- + numerável) **1** Impossível de numerar/Que não se pode contar/Inúmero/Incontável. **Ex.** As estrelas são ~veis. **2** Em quantidade considerável/Em grande número/Copioso. **Ex.** Uma multidão ~ [imensa/enorme] acorreu ao concerto.

inúmero, a *adj* (<lat *innúmerus*) (Muito) numeroso/Sem-número/Múltiplo/Em grande número. **Ex.** Os perigos que prevíamos eram ~s. ⇒ inumerável; muito(s).

inundação *s f* (<lat *inundátio, ónis*) **1** A(c)to ou efeito de inundar(-se). **2** Processo natural, ou não, de alagamento de um espaço. **Ex.** A forte e prolongada chuvada levou à [causou a] ~ de casas das zonas baixas. O rebentamento de uma conduta provocou a ~ da rua. **3** Submersão de zonas vizinhas do leito de um rio, em caso de cheia. **4** *fig* Grande afluência/Enchente. **Ex.** Na zona histórica da cidade hoje havia uma ~ de turistas. **5** *fig* Grande abundância de alguma coisa. **Ex.** No supermercado há uma ~ de produtos tropicais.

inundado, a *adj* (<inundar) **1** Que ficou coberto de água ou de um líquido/Que sofreu

inundação. **Comb.** Campos ~s. **2** *fig* Que se encheu de alguma coisa. **Ex.** O supermercado está ~ de produtos estrangeiros. **3** *fig* Em que há uma grande afluência/Que tem uma ocupação considerável. **Ex.** O recinto estava ~ de crianças.

inundar *v t* (<lat *inúndo, áre, átum*) **1** Cobrir com água ou com um líquido/Alagar/Submergir. **Ex.** Choveu tanto que inundou a parte baixa da cidade. **2** Banhar/Encher. **Ex.** No fim da corrida, o suor inundava-lhe a face. O sol da manhã inundava o quarto de uma luz intensa. **3** Fornecer em grande quantidade/Saturar. **Ex.** A rádio e a televisão inundam-nos de notícias a cada momento.

inundável *adj 2g* (<inundar + -vel) Que pode ser inundado/Que pode sofrer inundação.

inupto, a *adj* (<lat *inúptus*) Que não é casado/Solteiro(+)/Celibatário.

inusitado, a *adj* (<lat *inusitátus*) **1** Não usual/Que não costuma ocorrer/Que não é vulgar/Raro. **Ex.** A vinda ~ do inspe(c)tor à repartição levantou suspeitas. **2** Que está fora dos padrões comuns/Insólito/Estranho(+). **Ex.** Houve muitas críticas àquele comportamento ~. ⇒ anormal. **3** Que causa surpresa/Inesperado/Extraordinário. **Ex.** A falta ~a [surpreendente] de vários produtos no supermercado causou-lhe estranheza.

inútil *adj s 2g* (<lat *inútilis, e*) **1** Que não tem utilidade/préstimo. **Ex.** A casa dos pais tinha muitos obje(c)tos inúteis. **2** Que não vale a pena/Dispensável/Escusado/Vão. **Ex.** É ~ insistir, (por)que ele não cede a essa pretensão. Ameaçar as pessoas é ~, quando elas estão determinadas a resistir. **3** Que não deu o resultado esperado. **Ex.** O grande esforço para passar no exame revelou-se ~. **4** (Pessoa) que não trabalha ou que não presta qualquer serviço à sociedade. **Ex.** Cidadãos inúteis não os queremos na nossa [aqui na nossa] terra!

inutilidade *s f* (<lat *inutílitas, átis*) **1** Qualidade de inútil/Falta de utilidade. **Ex.** A ~ daqueles obje(c)tos levou-a a pô-los [a jogá-los] no lixo. **2** O que não conduz a benefícios/resultados/que não traz proveito. **Ex.** A ~ do esforço dispendido deixou-o frustrado. **3** Pessoa ou coisa sem valor. **Ex.** O rapaz parecia diligente, mas revelou-se uma ~ [um zero] no trabalho.

inutilização *s f* (<inutilizar + -ção) **1** A(c)to ou efeito de inutilizar, de tornar inútil. **Ex.** A ~ do medicamento aconteceu porque expirou o seu prazo de validade. **2** A(c)ção de destruir/invalidar/anular. **Ex.** A tempestade destruiu as(+) [provocou a ~ das] culturas. A ~ [obliteração] dos selos postais faz-se com o carimbo dos correios. **3** A(c)ção de tornar incapaz/inapto. **Ex.** A ~ do jogador para os próximos jogos causa um grave problema à equipa.

inutilizar *v t* (<inútil + -izar) **1** Tornar inútil/Frustrar. **Ex.** O vendaval inutilizou todo o nosso esforço para preparar a festa. **2** Tornar incapaz/inapto. **Ex.** O acidente inutilizou-o para o trabalho. **3** Danificar/Destruir. **Ex.** O curto-circuito inutilizou-lhe o aparelho de televisão. **4** Anular/Eliminar. **Ex.** Na educação, uma má companhia pode ~ [estragar] o que se conseguiu com grande esforço.

inutilmente *adv* (<inútil + -mente) Sem proveito/préstimo/Em vão. **Ex.** Gasta muito dinheiro ~. Trabalhei ~ [em vão/para nada], a tempestade arruinou-me as culturas.

invadir *v t* (<lat *invádo, ere, vásum*) **1** Irromper/Entrar pelo território de outro país com uma força militar e ocupá-lo/Apoderar-se de/Conquistar. **Ex.** No início do séc. XIX, os franceses invadiram Portugal (por) três vezes. **2** Penetrar/Entrar num local de forma abusiva/inoportuna/Devassar. **Ex.** Os manifestantes invadiram o Ministério «da Saúde». **3** Avançar sobre/Inundar. **Ex.** Com as fortes chuvas, o rio invadiu as margens. **4** Afluir em grande número/Infestar. **Ex.** Os produtos estrangeiros invadem os nossos supermercados. **5** Espalhar-se/Disseminar-se/Alastrar. **Ex.** A epidemia de gripe invadiu a região. Um forte cheiro a comida invadiu o corredor. **6** Apoderar-se de/Dominar. **Ex.** Uma tristeza profunda invadiu o seu espírito.

invaginação *s f* (<invaginar + -ção) **1** A(c)to ou efeito de invaginar(-se). **2** A(c)ção de envolver em bainha. **3** *Bot* Prolongamento de um órgão em forma de bainha. **4** *Biol* Penetração de uma parte de uma estrutura orgânica noutra zona celular com uma cavidade ou depressão. **5** *Med* Penetração de um segmento de um órgão noutro seu segmento, como por vezes ocorre no intestino. **Ex.** A ~ do intestino produz a sua oclusão. **6** *Cir* Operação em que se introduz uma das extremidades do intestino cortado na outra.

invaginante *adj 2g* (<invaginar) **1** Que se invagina. **2** *Bot* Diz-se da folha sem pecíolo que se insere numa bainha que reveste o entrenó do caule. **3** Em que há penetração, patológica ou não, de um segmento noutro segmento do mesmo órgão. ⇒ invaginação **5 Ex.**

invaginar *v t* (<in- + vagina + -ar¹) **1** Envolver numa bainha. **2** ~-se/Dobrar-se para dentro. **3** Unir por meio de invaginação **6**/Ligar uma parte duma estrutura orgânica a outra.

invalidação *s f* (<invalidar + -ção) **1** A(c)to ou efeito de invalidar/Anulação. **Ex.** A ~ do gol(o) indignou os adeptos [fãs] da equipa. A ~ da sentença pelo tribunal superior veio fazer justiça [foi justa]. **Ant.** Confirmação; ratificação. **2** A(c)to ou efeito de inutilizar/incapacitar. **Ex.** A ~ [ausência(+)] do trabalhador devido ao acidente foi de [durou] dois meses. **3** A(c)to de retirar valor/importância/crédito/fundamento a. **Ex.** «o advogado» Tomou a seu cargo a ~ dos [Rebateu os(+)] argumentos da acusação.

invalidade *s f* (<in- + validade) **1** Falta de validade/Qualidade do que não tem aceitação [valor(+)] legal, do que não está conforme com o que é exigido. **Ex.** Desconhecia a ~ do bilhete de identidade por ter passado o prazo de validade. O advogado comunicou-me a ~ do contrato. **2** Inutilide(+). **Ex.** A ~ do meu esforço deixou-me frustrado.

invalidar *v t* (<inválido + -ar¹) **1** Tornar inválido/Anular. **Ex.** O árbitro invalidou o gol(o) devido a falta do atacante. **2** Causar invalidez/Incapacitar. **Ex.** O acidente invalidou-o para o trabalho. **3** Retirar crédito/Mostrar a falta de fundamento de. **Ex.** O advogado começou por ~ a argumentação da parte contrária. **4** Obstar a/Impedir/Contrariar. **Ex.** Essa circunstância não invalida [Isso não obsta a (+)] que ele se apresente a concurso.

invalidez *s f* (<inválido + -ez) Estado de quem está incapacitado de trabalhar [de desenvolver uma a(c)tividade profissional] por razões de saúde/Condição de inválido.

inválido, a *adj/s* (<lat *invalídus*) **1** Que não é válido/Que não tem validade/valor. **Ex.** O argumento é ~, não tem qualquer [a mínima] lógica. **2** Que não reúne as condições legais. **Ex.** O documento não foi aceite por ser ~. **3** (Pessoa) que ficou incapacitada para o exercício de uma a(c)tividade, por razões de saúde. **Ex.** Importa que os ~s tenham uma prote(c)ção especial por parte do Estado.

invariabilidade *s f* (<in- + variabilidade) **1** Qualidade do que não varia/muda/Imutabilidade. **2** *Gram* Qualidade da palavra que não é flexionada. **Comb.** ~ da conjunção «mas»/do advérbio «boamente/mais».

invariância *s f* (<invari(ante) + -ância) **1** Propriedade [Qualidade] do que permanece constante/do que não varia. **2** *Mat/Fís* Propriedade de uma grandeza ou de uma variável de um sistema que numa transformação se mantém constante.

invariante *adj/s 2g* (<in- + variante) **1** Diz-se do que é constante, do que não varia. **2** *Mat/Fís* Diz-se do «sistema físico-químico em equilíbrio» que apresenta invariância, da grandeza ou da variável física que se mantém constante numa transformação. **Comb.** ~ diferencial.

invariável *adj 2g* (<in- + variável) **1** Que é sempre o mesmo/Que não muda/varia. **Comb.** *Forma* ~. *Volume* ~/*constante*. **2** Que acontece sempre/Que se repete. **Ex.** É ~ [infalível(+)/(mais que) certo] ele vir pedir-me ajuda antes do teste. **3** *Gram* Diz-se de palavra que não é flexionada. **Ex.** As preposições «a/até» e conjunções «se/mas/ou» são ~eis.

invariavelmente *adv* (<invariável + -mente) Todas as vezes/Sempre/Repetidamente. **Ex.** Ele passa aqui, pelo meu escritório às dez horas, ~, *idi* faça chuva ou faça sol [, em quaisquer circunstâncias].

invasão *s f* (<lat *invásio, ónis*; ⇒ invadir) **1** A(c)to ou efeito de invadir. **2** Penetração de forma maciça e violenta num espaço, ocupando-o pela força/Entrada não autorizada de tropas estrangeiras no território de um país. **Ex.** O Império Romano do Ocidente caiu [desmoronou-se/ruiu(+)] no séc. V devido às ~sões dos bárbaros. A ~ de um país por um exército inimigo «dos EUA» origina sempre várias formas de violência. **3** Penetração abusiva/inoportuna de alguém num local, geralmente de forma agressiva. **Ex.** Temia-se a ~ da câmara municipal [da prefeitura] pelos manifestantes. **4** Intromissão na esfera privada [vida pessoal] de alguém. **Ex.** Algumas revistas praticam a ~ da vida privada das figuras públicas. **5** Difusão em grande escala. **Ex.** A ~ das feiras por produtos contrafeitos obrigou a (uma) maior fiscalização. **6** Propagação/Alastramento de uma doença/Surto epidémico. **Ex.** A região sofreu a ~ do perigoso vírus.

invasivo, a *adj* (<lat *invásum* + -ivo; ⇒ invadir) **1** Relativo a invasão. **2** Que tende a alastrar/propagar-se «pelo organismo/pelo campo». **Ex.** Tinha um tumor maligno ~, havia que extraí-lo rapidamente. A grama é uma planta ~a que importa extirpar dos terrenos cultivados. **3** *Med* Em que há penetração no organismo. **Comb.** *Cirurgia* ~a.

invasor, ora *adj* (<lat *invásor, óris*) **1** (O) que invade. **2** (O) que penetra em território alheio, empregando a força. **Ex.** Os ~es foram derrotados e perseguidos até à fronteira. **Comb.** *Exército* ~.

invectiva/invectivar/invectivo ⇒ invetiva/...

inveja (Vé) *s f* (<lat *invídia*) **1** Sentimento de desgosto pela felicidade ou boa situação de outrem/Sofrimento devido ao bem de outros. **Ex.** Tinha ~ do sucesso do seu concorrente. **Sin.** Ciúme. **2** Desejo irreprimível do que pertence a outrem/Cobiça. **Ex.** Sentia ~ da vida regalada da vizinha. **Idi.** *Morder-se/Roer-se/Morrer de ~* [Sentir

frustração pelo bem alheio, que desejaria para si]. **3** Obje(c)to desse desejo. **Ex.** A liberdade dos jovens era a sua «de pessoa adulta» ~.

invejar *v t* (<inveja + -ar¹) **1** Desejar para si o que outrem possui. **Ex.** Invejava o carro do vizinho. Dizia ~ a sorte do amigo, que tinha uns filhos adoráveis [excelentes]. **2** Sentir desgosto pelo bem-estar de outrem/Ter inveja de. **Ex.** ~ alguém é sinal de grande fraqueza de espírito.

invejável *adj 2g* (<invejar + -vel) Digno de ser desejado/Apreciável/Considerável(+). **Ex.** A fortuna dele era ~/grande.

invejoso, a (Ôso, Ósa, Ósos) *adj/s* (<inveja + -oso) **1** (O) que sente [mostra] desgosto pelo bem-estar de outrem. **Ex.** O ~ é (uma pessoa) infeliz. **2** (O) que cobiça o que outrem possui/Ganancioso.

invenção *s f* (<lat *invéntio, ónis*: descoberta) **1** Faculdade de inventar/criar/imaginar. **2** A(c)to ou efeito de inventar, de conceber algo novo, de ser o primeiro a descobrir algo inédito. **Ex.** A ~ da penicilina «por A. Fleming, em 1928» foi um marco histórico no campo da medicina. **3** O que assim foi descoberto, concorrendo para o avanço da humanidade/Invento. **Ex.** O telefone foi uma ~ que aproximou as pessoas. **4** Descoberta/Achado «de relíquias» **Comb.** ~ [Exaltação(+)] da Santa Cruz [Festa que celebra, a 14 de setembro, a descoberta da cruz de Jesus Cristo]. **5** A(c)to de criar pela imaginação, de fantasiar. **6** O produto dessa criação. **Ex.** Monstros horríveis eram as suas ~ões preferidas. **7** A(c)to de malevolamente criar e pôr a circular uma história que compromete outrem/Má-língua. **Ex.** Ela é especialista na ~ de patranhas/mentiras. **8** A história que assim foi criada/inventada. **Ex.** A implicação dele no crime é pura ~ de alguém sem escrúpulos [alguém muito mentiroso]. **9** *Hist* Primeira parte do processo retórico clássico, em que o orador concebia os argumentos a explorar no discurso, para que este fosse persuasivo. **10** *Mús* Pequena composição instrumental.

invencibilidade *s f* (<invencível + -dade) **1** Qualidade/Condição do «exército/país/atleta» que não pode ser vencido/derrotado. **2** Qualidade do que não pode ser abalado, do que é irresistível/irrefutável. **Ex.** A ~ [força(+)] da sua argumentação convenceu os mais renitentes. **3** Qualidade do que é intransponível. **Ex.** A ~ [barreira(+)] daquela cadeia de montanhas impedia as relações entre as populações de ambos os lados.

invencionice *s f* (<invenção + -ice) A(c)to ou dito enganoso/Embuste/Mentira/Artimanha.

invencível *adj 2g* (<lat *invincíbilis, e*) **1** Que não pode ser vencido/derrotado. **Ex.** O rei Filipe II de Espanha, no séc. XVI, reuniu, para o ataque à Inglaterra, um grande número de barcos a que deu a pretensiosa designação de *Armada Invencível*, que acabou desbaratada. **2** Que é ou parece inultrapassável/intransponível(+). **Ex.** A montanha, muito íngreme, apresentava-se ~. **3** Que não se pode refutar/Indiscutível. **Ex.** A argumentação parece ~/imbatível(+)/segura. **4** Que não se pode [consegue] dominar/refrear.

invendí[á]vel *adj 2g* (<lat *invendíbilis, e*) **1** Que não se pode vender. **2** Que não é fácil vender.

inventar *v t* (<invento + -ar¹) **1** Criar alguma coisa/Ser o primeiro a conceber a ideia de alguma coisa/Descobrir. **Ex.** Bell inventou o telefone. **Idi.** ~/***Descobrir a pólvora*** [Pretender ter descoberto [ser o primeiro a descobrir/encontrar] uma solução que já estava encontrada]. **2** Elaborar mentalmente um plano/Arquite(c)tar. **Ex.** Inventou um estratagema para prejudicar o adversário. **3** Conceber na imaginação/Idealizar. **Ex.** Tinha muito jeito para ~ histórias para crianças. **4** Alegar falsamente. **Ex.** Para todas as suas faltas inventa desculpas. Inventa dificuldades para deixar de cumprir a sua obrigação.

inventariação *s f* (<inventariar + -ção) A(c)ção de identificar, enumerar e descrever um conjunto de obje(c)tos a incluir num rol/regist(r)o/A(c)ção de fazer o inventário de «da herança».

inventariante *adj/s 2g* (<inventariar + -(a)nte) **1** (O) que inventaria. **2** *Dir* (O) que é encarregado pelo juiz de administrar os bens do falecido, enquanto não se faz a partilha pelos herdeiros. **3** *Dir* (O) que está encarregado de identificar, arrolar, avaliar e administrar a partilha dos bens da herança.

inventariar *v t* (<inventário + -ar¹) **1** Fazer o inventário de bens. **2** Catalogar/Arrolar/Elencar.

inventário *s m* (<lat *inventárium*; ⇒ invento) **1** Relação pormenorizada dos bens deixados por um defunto, com vista à sua partilha pelos herdeiros. **Ex.** Como o falecido tinha filhos menores, fez-se um ~ no tribunal da comarca. **2** Documento em que se apresenta essa relação. **3** Relação dos bens de uma pessoa ou de uma instituição. **Ex.** Convém ter o ~ do mobiliário da escola sempre a(c)tualizado. **4** Descrição e avaliação do a(c)tivo e do passivo de uma sociedade comercial. **5** Enumeração dos elementos de um todo/Lista/Rol/Catálogo.

inventiva *s f* (<inventivo) Faculdade [Capacidade] de criar, imaginar ou criar/Criatividade(+)/Engenho/Inventividade.

inventivo, a *adj/s f* (<inventar + -ivo) **1** Que inventa/cria/imagina algo original. **Ex.** O rapaz tem ~a [revela espírito ~], pode ser um bom elemento a recrutar para a (nossa) empresa/firma. **2** Que tem facilidade para inventar/Que revela imaginação fértil. **3** Engenhoso/Talentoso.

invento *s m* (<lat *invéntum* <*invénio, véntum*: descobrir <*in + vénio, ire*: vir) **1** ⇒ Invenção 2(+). **2** O que se inventou/Descoberta. **Ex.** O computador foi um ~ que alterou profundamente a vida dos povos.

inventor, ora *adj/s* (<lat *inventor, óris*) **1** (O) que tem talento para inventar/criar algo original. **2** (O) que primeiro teve a ideia de algo novo/Autor de um invento, regist(r)ado como seu/Descobridor. **Ex.** Édison foi o ~ da lâmpada elé(c)trica. **3** (O) que especula/fantasia/inventa. **Ex.** O ~ de tal calúnia [O caluniador] deve ser punido por difamação.

inverdade *s f* (<in- + verdade) Qualidade do que não é verdadeiro/exa(c)to (É o eufemismo de mentira).

inverídico, a *adj* (<in- + ...) Que não é inteiramente exa(c)to/verdadeiro/verídico/Inexa(c)to. ⇒ falso.

inverificável *adj* (<in- + ...) **1** Que não pode ser verificado. **2** «hipótese» Que dificilmente se verifica/averigua.

invernada *s f* (<inverno + -ada) **1** Período prolongado de mau tempo, com chuva e frio. **2** Inverno rigoroso/Invernia(+). **Ex.** O inverno passado foi uma verdadeira [foi *idi* o que se diz uma] ~.

invernal *adj 2g* (<lat *hibernális, e*) **1** Relativo ao inverno. **2** Próprio do inverno/Hibernal(+).

invernar *v int* (<inverno + -ar¹) **1** Fazer frio e chuva. **2** Passar o inverno (em lugar) ao abrigo dos rigores desta estação/Hibernar.

invernia *s f* (<inverno + -ia) **1** Inverno rigoroso/Invernada. **2** Tempo de chuva e frio.

inverniço, a *adj* (<inverno + -iço) **1** Próprio do inverno. **2** Que se desenvolve [colhe] no inverno. **Ex.** O meu vizinho ofereceu-me umas peras ~as do seu quintal.

inverno (Vér) *s m* (<lat *hibérnus, a, um* (*tempus/hiems*)) **1** Estação que sucede ao outono, sendo a mais fria do ano. **Ex.** No ~ os dias são pequenos e as noites grandes. No ~ andamos agasalhados para evitar gripes e constipações/resfriados. **Comb.** *Desportos* [*Br* Esportes] *de* ~. *Pico do* ~ [Período de clima mais agreste da estação]. *Sol de* ~ [que aquece pouco]. **2** Tempo frio e chuvoso. **Ex.** Aí temos [Chegou] o ~, há [, temos] que acender a lareira! **3** *fig* Última fase da vida/Velhice. **Ex.** No ~ da vida, tudo se afigura mais difícil.

invernoso, a (Ôso, Ósa, Ósos) *adj* (<inverno + -oso) **1** Relativo ao [Próprio do] inverno. **2** Frio/Chuvoso. **Ex.** O tempo ~ dá[provoca]-me tristeza.

inveros(s)ímil *adj 2g* (<in- + verosímil) **1** Que não é ou não parece verdadeiro/crível/Que não é veros(s)ímil. **2** Pouco provável.

inveros(s)imilhança *s f* (<in- + verosimilhança) **1** Qualidade do que não parece verdadeiro/crível/Qualidade de inveros(s)ímil. **2** Qualidade do que parece pouco provável.

inversamente *adv* (<inverso + -mente) **1** Ao contrário/De modo inverso. **Ex.** A irmã é estudiosa; ele, ~, [ele, pelo contrário/, por sua vez] é preguiçoso [é (mais) dado à] preguiça. **2** Em sentido contrário/Na razão inversa. **Ex.** Essas grandezas são ~ proporcionais: se uma aumenta, a outra diminui, na mesma proporção.

inversão *s f* (<lat *invérsio, ónis*) **1** A(c)ção de virar/voltar em sentido oposto ao que é natural/comum. **Ex.** Pôr uma mesa de pernas para o ar é fazer uma ~. **2** Procedimento/Uso contrário ao normal ou ao estabelecido. **Ex.** Um aluno dar [orientar] a aula é uma ~ dos papéis de professor e aluno. **3** *Ling* Troca de posição dos constituintes da frase. **Ex.** Há ~ do sujeito quando este aparece [é colocado] a seguir ao predicado, como na frase: *Soaram as dez badaladas no sino da torre da igreja*. **4** Situação de troca da posição relativa de pessoas ou coisas. **Ex.** Na anterior prova de atletismo, ele foi o primeiro e o amigo (foi) o segundo; agora deu-se a ~ das posições: o amigo foi o primeiro e ele (foi) o segundo.
5 A(c)to de virar «o carro» para o sentido contrário àquele em que se deslocava. **Ex.** Fez a ~ (de marcha) em local perigoso, perto da curva. **Comb.** ~ *de marcha* **a)** Dispositivo de veículo automóvel que permite a deslocação em sentido contrário [que permite fazer marcha-atrás]; **b)** Manobra, em veículo, de tomar o sentido contrário àquele em que vinha. **6** Processo de alteração de uma situação para a (sua [para a que lhe é]) contrária. **Ex.** Passar de pobre a rico ou de rico a pobre são casos de ~. **7** Troca de posições num ordenamento, numa escala. **Ex.** Sobretudo desde os anos 60 do séc. XX assistimos a uma flagrante ~ de valores. **8** Atra(c)ção sexual por pessoas do mesmo sexo/Desempenho do papel do outro sexo/Homossexualidade. ⇒ invertido 3.
9 *Anat* Anomalia de um órgão aparecer fora do seu lugar normal ou no lado oposto. **Comb.** ~ *do fígado*. **10** *Med* Revira-

mento de um órgão oco sobre si mesmo, especialmente do útero. **11** *Geol* Situação de terrenos antigos se sobreporem a terrenos mais recentes. **12** *Mús* Deslocamento da nota superior de um intervalo para um lugar abaixo da mais grave ou vice-versa. **13** *Meteor* **Comb.** ~ (térmica/de temperatura) [Aumento brusco do gradiente [nível da curva] vertical de temperatura na atmosfera].

inversivo, a *adj* (<inverso + -ivo) **1** Que inverte. **2** Em que há inversão.

inverso, a *adj/s* (<lat *invérsus, a, um*) **1** Colocado na posição/ordem contrária à normal ou à inicial/Invertido. **Ex.** Quem se despe tira as peças de roupa pela ordem ~a daquela por que se [as] vestiu. **Comb.** Dicionário ~ [em que as palavras aparecem alfabeticamente ordenadas pela sua terminação] «*Dicionário ~ do Português*, da Ed. Cosmos, 1993». **2** Diz-se de grandezas que variam em sentido contrário. **Ex.** As carências das famílias variam na razão ~ dos seus salários. **3** *Mat* Diz-se de número, função, operação ou transformação em relação a outro/a, quando da sua multiplicação ou combinação, o resultado é a unidade ou a identidade, o ponto de partida. **Ex.** 1/5 é ~ de 5, da sua multiplicação obtém-se a unidade. A multiplicação e a divisão são operações ~as, da sua combinação chega-se ao número inicial: (15 x 3) : 3 = 15. **4** *adj/s m* Oposto/Contrário. **Ex.** Esperava tirar proveito do negócio, mas aconteceu-me o ~, até tive prejuízo. Quando caminhava para a escola, o carro da (minha) colega seguia [cruzou-me/vinha] em sentido ~. **Loc.** *Ao ~ de* [Ao contrário de]. **5** *Gram* Antó[ô]nimo(+). **6** *s f Ling/Lóg* Proposição cujos termos foram invertidos, colocados em ordem contrária à inicial/Afirmação contrária. **Ex.** *O João chamou a Maria* é a ~a de *A Maria chamou o João*.

inversor, ora *adj/s m* (<lat *invérsum* + -or ⇒ inverter) **1** Que faz virar em sentido contrário/Que inverte. **2** *s m* Aparelho para inverter o sentido do movimento de um conjunto mecânico. **3** *Ele(c)tri* Aparelho para inverter uma corrente elé(c)trica.

invertebrado, a *adj/s m* (<in- + vertebrado) (Diz-se de) animal sem esqueleto interno, sem coluna vertebral. **Ex.** Os inse(c)tos são ~. No reino animal, os ~s são a grande maioria.

inverter *v t* (<lat *invérto, ere, sum*) **1** Mudar para sentido oposto/Virar ao contrário. **Ex.** O automobilista resolveu ~ a marcha na rotunda. **Loc.** ~ *a ampulheta*. **2** Trocar de posição/Mudar a ordem de. **Ex.** A sorte dos contendores inverteu-se para o [perto do] fim do combate. Inverteu-se a posição das equipas na tabela classificativa. **3** Alterar a posição/ordem normal de/Pôr do avesso. **Loc.** ~ *a ordem das palavras*. **4** ⇒ investir «dinheiro».

invertido, a *adj/s* (<inverter) **1** Colocado em posição contrária à normal/Voltado ao contrário do que estava. **Ex.** O garrafão está ~ [virado para baixo (+)] para escoar completamente as borras do vinho. **2** Posto do avesso. **3** *s col depr* Pessoa que sente atra(c)ção sexual por alguém do mesmo sexo/Homossexual.

invertível *adj 2g* (<inverter + -vel) Que se pode inverter/Passível de ser invertido.

invés *s m* (<lat *invérsum*; ⇒ inverter) Lado oposto/contrário/Avesso. **Loc.** *adv Ao ~* [Ao contrário] (Ex. A moça é estudiosa, ao ~ o irmão é preguiçoso). *prep Ao ~ de* [Ao contrário/inverso de] (Ex. Ao ~ do que pensava, não foi ele o culpado).

investida *s f* (<investir) **1** A(c)to ou efeito de acometer/arremeter/investir/Ataque/Assalto. **Ex.** A ~ do exército inimigo foi difícil de conter. **2** Avanço impetuoso contra um alvo. **Ex.** As ~as dos manifestantes contra o cordão policial provocaram vários feridos. Na tourada, a ~ [turra] do touro contra o forcado da cara (O primeiro da fila de forcados que faz a pega de caras) foi muito forte. **3** Tentativa(+)/Ensaio. **Ex.** Houve mais de uma ~ do trabalhador junto da dire(c)ção da empresa para conseguir a mudança de tarefa. **4** *fig* Dito picante/malicioso/Gracejo. **Ex.** Já estava farto das suas ~as de mau gosto. **5** *fig col* Abordagem amorosa ou sexual. **Ex.** Só depois de várias ~as a moça aceitou o namoro.

investidor, ora *adj/s* (<investir + -dor) **1** (O) que acomete/ataca/investe. **2** (O) que graceja/Trocista(+). **3** *Econ* (O) que aplica capitais para aumento da produção/(O) que compra a(c)ções ou títulos no mercado de capitais. **Comb.** ~ *institucional* [Organismo que costuma fazer grandes aplicações em a(c)ções e obrigações].

investidura *s f* (<investir + -dura) **1** A(c)to ou efeito de empossar/investir alguém «presidente do clube» em cargo ou dignidade/Provimento. **2** Cerimó[ô]nia de tomada de posse de um cargo ou dignidade. **3** A função ou cargo de que se toma posse.

investigação *s f* (<lat *investigátio, ónis*) **1** A(c)to ou efeito de investigar/inquirir/indagar/apurar. **Ex.** A ~ do caso foi confiada a um inspe(c)tor experiente. **2** Estudo demorado e rigoroso de alguma coisa. **3** Estudo de uma classe de fenó[ô]menos, usando método e processos considerados válidos, para chegar a uma explicação que signifique um avanço do conhecimento científico. **Ex.** Depois da licenciatura, escolheu dedicar-se à ~. **4** *Dir* Conjunto de diligências para apurar a verdade dos fa(c)tos ou a ocorrência de infra(c)ções e de a(c)tos criminosos, para a conveniente punição. **Ex.** Ainda decorre a ~ do crime [das causas do incêndio]. **Comb.** ~ *da paternidade/maternidade* [A(c)ção para determinar o verdadeiro progenitor de uma criança]. ~ *policial*.

investigador, ora [investigante] *adj/s* (⇒ investigar) **1** (O) que investiga/indaga/inquire. **2** (O) que procura analisar uma ocorrência e as suas circunstâncias. **3** Especialista que desenvolve trabalhos de pesquisa científica. **4** *Br* Agente policial.

investigar *v t* (<lat *investígo, áre, átum*: seguir no rasto de) **1** Seguir os vestígios, as pistas deixadas por. **2** Indagar/Pesquisar/Apurar. **3** Fazer diligências para apuramento da verdade de certos fa(c)tos ou da prática de infra(c)ções ou crimes. **Ex.** A polícia continua a ~ para chegar aos [descobrir os] culpados. **4** Realizar pesquisas «de Biologia/História» usando métodos e técnicas científicas. **Ex.** Para ele é apaixonante a tarefa de ~. **5** Proceder ao [Realizar o] exame minucioso de alguma coisa.

investigável *adj 2g* Que pode ou deve ser investigado.

investimento *s m* (<investir + -mento) **1** *Econ* A(c)to ou efeito de investir, de aplicar capitais. **Ex.** Em tempos de crise, os ~s costumam reduzir-se. **Comb.** ~ *estrangeiro*. ~ *privado*. ~ *público*. **2** *Econ* Aplicação de capitais em operações financeiras. **3** Emprego de recursos ou empenhamento pessoal para melhoria de uma situação. **Ex.** Custear o curso superior de um familiar não é uma despesa, é antes [ao/pelo contrário] um ~. Agora está na moda o ~ em arte. **4** ⇒ Investida(+)/Ataque/Acometimento. **5** ⇒ A(c)to de diligenciar/Tentativa(+)/Ensaio.

investir *v t/int* (<lat *invéstio, íre, ítum*: revestir) **1** Atirar-se com ímpeto contra «um alvo»/Acometer/Atacar. **Ex.** O touro investiu contra o forcado com muita força. **2** Dar posse de um cargo ou dignidade/Fazer a investidura em/Empossar. **Ex.** O Presidente da Mesa da Assembleia investiu-o em Presidente da Dire(c)ção do clube. **3** *Econ* Aplicar capitais em equipamentos ou instalações para aumento da produção. **Ex.** É preciso ~ para que o produto cresça. **4** *Econ* Fazer aplicações financeiras. **5** Empregar recursos ou energias na melhoria de uma situação, na defesa de uma causa. **Ex.** Decidiu ~ a fundo [muito] na carreira «de investigador». Como voluntário, investiu muito no apoio aos necessitados. **6** Interessar-se por/Dedicar-se a. **Ex.** Para melhorar o estilo, importa ~ na leitura de [importa ler (+)] bons autores.

inveterado, a *adj* (<lat *inveterátus, a, um*) **1** «vício/defeito» Que é já antigo/De [Desde] há muito tempo. **Ex.** Os fumadores ~os têm mais [muita/grande] dificuldade em abandonar o vício (de fumar). É um mentiroso ~, ninguém [, não se(+)] pode confiar nele. **2** Firmemente estabelecido/Arre[a]igado/Enraizado/Entranhado. **Ex.** Os hábitos ~s [arreigados(+)] têm a força de natureza.

inveterar *v t* (<lat *invétero, áre, átum*) Tornar(-se) habitual/crónico/Enraizar(-se)/Entranhar(-se)/Arre[a]igar(-se). **Ex.** Uma grande antipatia inveterou-se nele contra aquela família.

invetiva (Vè) **[***Br* **inve(c)tiva** (dg)**]** *s f* [= invectiva] (<lat *invectíva, órum*: palavras violentas, de *ínvehor, hi, invéctum*: arremessar contra) A(c)to ou efeito de invetivar, de agredir com palavras injuriosas/Diatribe. **Ex.** Na sua intervenção no Parlamento proferiu ~s violentas contra o Governo.

invetivar (Vè) **[***Br* **inve(c)tivar** (dg)**]** *v t* [= invectivar] (<invetiva + -ar¹) **1** Dirigir palavras injuriosas/violentas a alguém/Insultar. **2** Fazer inveteva contra alguém ou alguma coisa/Criticar com veemência. **Ex.** O orador invetivou a corrupção na política, a injustiça que atinge os mais fracos.

invetivo, a (Vè) **[***Br* **inve(c)tivo** (dg)**]** *adj* [= invectivo] (<lat *invectívus*) **1** Que censura asperamente. **2** Agressivo/Injurioso/Insultuoso.

inviabilidade *s f* (<lat *inviábilis, e*: inviável + -dade) **1** Qualidade de «proje(c)to» inviável/intransitável. **2** Qualidade do que é inexequível, do que não se pode concretizar/realizar. ⇒ impossibilidade.

inviabilizar *v t* (<lat *inviábilis, e*: inviável + -izar) **1** Tornar inexequível/irrealizável/inviável/Comprometer a realização de. **Ex.** A forte chuvada inviabilizou o arraial programado. **Sin.** Impossibilitar. **2** Tornar incapaz de desenvolver uma a(c)tividade. **Ex.** A crise veio ~ muitas pequenas empresas. **3** Tornar intransitável/inacessível/inviável.

inviável *adj 2g* (<lat *inviábilis, e*) **1** Intransitável(+)/Inacessível. **Ex.** Com a enxurrada, a rua ficou ~. **2** Que não se pode realizar/concretizar/Inexequível. **Ex.** Com tão pouco dinheiro, é ~ [impossível(+)] fazer uma festa condigna. **3** Que não tem condições de sustentabilidade/Que não pode ter sucesso, vingar. **Ex.** Nas a(c)tuais condições de mercado, esse tipo de empresa é ~/impossível.

invicto, a *adj* (<lat *invíctus, a, um*) Que ainda não foi vencido. **Ex.** A nossa equipa

continua ~a neste campeonato. **Comb.** Cidade ~a [Porto (Portugal)].

invídia s f (<lat *invídia*) ⇒ inveja.

in vino veritas (Vé) lat *No vinho (está) a verdade*, máxima que atribui à ingestão um pouco imoderada de vinho por um conviva o poder de o levar a mostrar aos outros a sua verdadeira natureza ou a revelar o que costuma calar. **Ex.** Ele parecia muito reservado, mas afinal, para o fim do almoço, *col* bem regado, não parava de contar histórias da família: *in vino veritas*.

ínvio, a adj (<lat *ínvius, a, um*) **1** «deserto» Que não tem caminhos/vias. **2** Que não permite a passagem/Intransitável(+)/Inacessível. **Comb.** Caminhos ~s [*idi* de cabras(+)].

inviolabilidade s f (<inviolável + -dade) **1** Qualidade ou condição de inviolável. **2** Qualidade daquilo em que não é possível penetrar/entrar. **Comb.** ~ **do cofre**. ~ [Inexpugnabilidade] **da fortaleza/do castelo**. **3** Qualidade daquilo que não pode ser devassado/invadido/violado. **Ex.** Qualquer pessoa tem direito à ~ do domicílio. **Comb.** ~ da correspondência [das cartas]. **4** Qualidade do que não se pode infringir/transgredir. **Ex.** A ~ dessa regra é admitida por todos. **5** Condição do que não pode ser desrespeitado/profanado. **Ex.** A lei determina a ~ dos templos. **6** Prerrogativa de não poder ser processado criminalmente devido a cargo ou função que desempenha. **Ex.** Os diplomatas estrangeiros gozam de ~ no país em que desempenham funções. **7** Prerrogativa de não poder ser coagido/molestado enquanto desempenha determinada função ou está num dado cargo. **Ex.** A Constituição do país reconhece a ~ dos deputados.

inviolado, a adj (<in- + violado) **1** Que não foi infringido/transgredido. **Ex.** A regra permanece ~a. **2** Que não foi danificado/Que se mantém íntegro/inta(c)to/puro. **3** Que não foi devassado/Em que não se penetrou. **Ex.** O cofre permaneceu [está] ~.

inviolável adj 2g (<lat *inviolábilis. e*) **1** Que não se pode violar/abrir/devassar/Em que é impossível penetrar. **Ex.** Este cofre é ~. **2** Que não se deve transgredir/infringir. **Ex.** Esta norma é ~, para que o sistema funcione bem. **3** «templo» Que não se deve profanar/Que é digno do maior respeito. **4** Que não pode ser coagido/violentado. **5** *Dir* Que não pode ser molestado, em virtude de desempenhar determinada função ou ocupar um certo cargo. **Ex.** Qualquer deputado é ~. **6** *Dir* Que goza de imunidade judicial.

inviril adj 2g (<in- + viril) Que revela falta de virilidade/E[A]feminado(+).

invirilidade s f (<in- + ...) Qualidade/Condição do que revela falta de virilidade.

invisibilidade s f (<in- + ...) **1** Qualidade/Condição de invisível. **2** Qualidade do que não se deixa ver, do que se esconde.

invisível adj 2g/s (<lat *invisíbilis, e*) **1** Que não é perce(p)tível pela vista/Que é impossível ver. **Comb.** Astro ~ a olho nu. **2** Que se esconde/Que não aparece em público. **Ex.** *fig* É um ministro ~. **3** Que passa despercebido/Que se ignora. **Ex.** Pendia sobre ele uma ameaça ~. **4** s m O que não se vê. **5** s m Gancho muito fino para o cabelo. **6** s f Rede muito fina para segurar o cabelo.

invisual adj/s 2g (<in- + visual) (O) que está privado de visão/que não vê/Cego. **Ex.** O Braille é um sistema de leitura com o ta(c)to, destinado a ~ais.

invitar v t (<lat *invíto, áre, átum*) ⇒ convidar.

invitatório, a adj/s m (<lat *invitatórius, a, um*) **1** Que serve para convidar/Que envolve convite. **2** *Catol* Oração em que se pede a prote(c)ção divina para uma nova igreja ou instituição. ⇒ invocação **3**. **3** *Catol* Início do Ofício Divino, com o salmo «94» e antífona, que convidam a louvar a Deus.

invite s m (<invitar) ⇒ convite.

in vitro lat Diz-se de pesquisa ou manipulação biológica fora do organismo vivo, em tubo de ensaio ou proveta. **Comb.** Fecundação ~. ⇒ vidro.

invocação s f (<lat *invocátio, ónis*) **1** A(c)to ou efeito de invocar. **2** A(c)to de pedir a prote(c)ção ou a ajuda de uma divindade, de uma entidade sobrenatural. **3** Colocação de um templo sob a prote(c)ção de um patrono. **Ex.** A nossa igreja tem a ~ de S(anto) Antó[ô]nio. **4** *Liter* Na epopeia, parte do poema em que o autor «Luís de Camões» apela às musas ou a uma divindade para que lhe dê a inspiração necessária. ⇒ invocar **3 Ex.**. **5** A(c)to de aduzir algo como argumento a seu favor/Alegação. **Ex.** Esperava ser atendido, fazendo a ~ dos [, por causa dos/, dados os] serviços anteriormente prestados a instituição.

invocar v t (<lat *ínvoco, áre, átum*) **1** Apelar à prote(c)ção ou à ajuda de uma divindade ou de uma entidade sobrenatural. **Ex.** Quando se sente aflito, invoca a Virgem Maria «Nossa Senhora Aparecida/Nossa Senhora de Fátima». **2** Rogar/Pedir/Suplicar auxílio. **3** *Liter* Pedir a inspiração às musas ou a uma divindade para a composição de uma obra épica. **Ex.** Camões, n'*Os Lusíadas*, invoca as Tágides, ninfas do (rio) Tejo. **4** Aduzir como prova ou argumento a seu favor/Alegar. **Ex.** Para obter os favores do povo, invocou a [, falou da] a(c)ção benemérita dos seus antepassados. **5** Lembrar/Referir. **Ex.** Em conversa com o amigo, invocou [lembrou(+)] as brincadeiras comuns da infância.

invocativo, a adj (<lat *invocátus* + -ivo; ⇒ invocar) Que envolve um pedido/apelo/ Que invoca. **Comb.** Tom ~.

invocável adj 2g (<invocar + -vel) Que pode ser invocado/Digno de invocação. **Comb.** Argumento ~/aduzível/a propósito.

involução s f (<lat *involútio, ónis*) **1** Processo regressivo/Movimento de retrocesso. **Ex.** Nem sempre há progresso na natureza ou no mundo humano, há também processos de ~. **Ant.** Evolução. **2** *Med* Regresso de um órgão dilatado ao seu tamanho anterior. **Comb.** ~ uterina «após o parto». **3** *Biol* Processo contrário ao crescimento, à evolução/Atrofia e degenerescência das células de um organismo. **Comb.** ~ senil. **4** *Biol*/*Bot* Movimento de um órgão que se enrola para dentro/Dobra para o interior.

invólucro s m (<lat *invólucrum*) **1** O que envolve ou reveste completamente alguma coisa/Embrulho/Embalagem/Cobertura. **Ex.** O ~ do perfume tinha ó(p)tima apresentação. **2** *Bot* Conjunto de brácteas que envolvem uma flor ou uma inflorescência.

involuntariamente adv (<involuntário + -mente) Sem querer/Inconscientemente/ De modo involuntário. **Ex.** ~ fiz tropeçar a minha amiga e pedi-lhe desculpa. **Ant.** Propositadamente.

involuntário, a adj (<lat *involuntárius*) **1** Que não é feito de propósito/Sem intenção. **Ex.** Teve uma rea(c)ção ~a de zanga que se apressou a corrigir [que logo controlou]. **2** Que ocorre sem intervenção da vontade/Automático/Espontâneo. **Ex.** Os reflexos das pálpebras são movimentos ~s. **3** Contra (sua) vontade/Indesejado/ Forçado. **Ex.** Fui espe(c)tador ~ daquela cena nada edificante «de zanga».

involutivo, a adj (<lat *involútus* + -ivo) Relativo a [Que envolve] involução. **Comb.** Processo ~.

invulgar adj 2g (<in- + vulgar) **1** Que não costuma ocorrer/Que não é comum/Raro/ Estranho. **Ex.** Um tornado é um fenó[ô]meno ~ em Portugal. **2** Extraordinário/Especial/Exce(p)cional. **Ex.** O grande incêndio exigiu um esforço ~ dos [do corpo de] bombeiros. **3** Que é/está acima da média/ Superior ao normal. **Ex.** Revela um talento ~ para o teatro [É/Vai ser um grande a(c)tor].

invulgarmente adv (<invulgar + -mente) Extraordinariamente/Excepcionalmente(+)/Estranhamente. **Ex.** Hoje foi um dia ~ quente.

invulnerabilidade s f (<invulnerável + -dade) **1** Qualidade/Condição do que é invulnerável/do que não pode ser ferido/ atingido. **2** Qualidade do que não pode ser refutado/atacado.

invulnerável adj 2g (<in- + vulnerável) **1** Que não pode ser ferido/Inatingível/Invencível. **Ex.** Armado *col* até aos dentes, sentia-se ~. **2** Irrefutável(+)/Inatacável(+). **Ex.** A sua argumentação é ~. **3** Que não é influenciável/Insensível a. **Ex.** Revelou-se/ invencível ~ às solicitações mundanas.

-io suf (<lat *-ívus*) Significa: **a)** *Cole(c)tivo* (Ex. rapaz~, mulher~, casar~); **b)** *Relação com outrem* (Ex. compadr~, senhor~); **c)** *Pertença* (Ex. concelh~, bald~, morgado); **d)** *Qualidade* (Ex. alvad~, brav~, doent~, escorregad~, luzid~, reinad~, sombr~, vad~).

iodado, a adj (<iodar) **1** Que tem iodo. **2** A que se juntou iodo ou sal de iodo.

iodar v t (<iodo + -ar¹) **1** Cobrir com [Embeber em] iodo. **2** Misturar com iodo.

iodato s m *Quím* (<iodo + -ato) **1** Designação comum dos sais do ácido iódico (HIO_3). **2** Anião correspondente a esse ácido.

iode (ió) s m *Ling* (<hebr *yod*) **1** Nome da décima letra do alfabeto hebraico que corresponde ao y. **2** *Fon* Nome da semivogal palatal «o *i* de jeito/o *u* de pau».

iodeto (ê) s m *Quím* (<iodo + -eto) **1** Designação comum dos sais do ácido iodídrico. **2** Anião derivado deste ácido.

iódico, a adj *Quím* (<iodo + -ico) Diz-se do ácido HIO_3 usado como desinfe(c)tante.

iodídrico, a adj *Quím* Diz-se do ácido HI, usado como expe(c)torante.

iodismo s m *Med* (<iodo + -ismo) Intoxicação provocada pelo uso prolongado de iodo.

iodo [I 53] (ió) s m *Quím* (<gr *iódes*: cor violeta) Elemento não metálico, do grupo dos halogé[ê]neos, de cor violeta, sólido, com brilho metálico. **Comb. Tintura de ~** [Solução alcoólica de ~, com propriedades antissépticas].

ioga (ió) s m/f (<sân *yoga*: união (com Deus)) **1** Antiga disciplina filosófica hindu que visa a libertação e a união com o absoluto através de exercícios espirituais e corporais. **2** Ginástica que procura aplicar estes princípios através da postura corporal e do controlo/e dos movimentos respiratórios. **Ex.** Gosto de praticar ~ para conseguir uma maior serenidade e equilíbrio psíquico.

iogurte s m (<turco *yogurt*) **1** Alimento de consistência cremosa, preparado com leite coalhado com fermentos lácteos. **Ex.** As crianças costumam gostar muito de ~. **2** Porção desse alimento em embalagem.

Ex. Todos os dias como uns [cerca de] três ~s.

iogurteira s f (<iogurte + -eira) Recipiente fechado em que se faz o fabrico caseiro de iogurte.

ioiô s m (<ing *yo-yo*) Brinquedo formado por dois discos unidos no centro por um pequeno cilindro, onde se enrola e desenrola um fio conforme se faz(em) subir ou descer os discos por estição.

íon s m br Quím (<gr *iṓn, ióntos*: que caminha<*éimi*: ir) ⇒ ião.

iónico, a [Br **iônico**] adj Fís-Quím (<íon + -ico) Relativo ao ião, átomo ou grupo ató[ô]mico que ganhou ou perdeu um ou mais ele(c)trões.

ionização s f (<ionizar + -ção) **1** Fís/Quím Processo pelo qual um ou uma molécula perde ou ganha ele(c)trões, transformando-se em ião. **2** Med Introdução, através da corrente elé(c)trica, de iões de um medicamento nos tecidos.

ionizante adj 2g (<ionizar + -(a)nte) Que decompõe átomos ou grupos de átomos/Que produz ionização. **Comb. *Partícula* ~. *Radiação* ~.**

ionizar v t Fís/Quím (<íon + -izar) Provocar a ionização.

ionosfera s f (<íon + esfera) Parte da atmosfera terrestre situada acima da estratosfera, entre os 70 km e os 500 km aproximadamente, onde existem iões e ele(c)trões livres em quantidades suficientes para refle(c)tir as ondas ele(c)tromagnéticas.

ioruba s/adj 2g Nome do povo e língua do sudoeste da Nigéria, também espalhados por Benim e Togo e trazidos para o Brasil «Bahía» onde ainda se destacam.

iota (Ó) s m Ling (<gr *iṓta*) Nome da nona letra do alfabeto grego, que corresponde ao *i* do alfabeto latino. ⇒ jota.

iotacismo s m Ling (<gr *iutakismós*) **1** Uso excessivo, numa língua, do som *i* a substituir ou a intercalar outras vogais «*a i água*». **Ex.** O ~ cara(c)teriza o grego moderno em relação ao grego antigo. **2** Dificuldade na pronúncia das semivogais palatais (⇒ iode 2).

ipê s m Bot (<tupi *i'pe*: casca) Nome comum de várias árvores do Brasil, sobretudo de uma, *Macróbim tabebuia*, de lindas flores amarelas, símbolo do Brasil e árvore nacional.

ipomeia s f Bot (<gr *ips, ipós*: bicho da madeira + *hómoios*: semelhante) Planta trepadeira, convolvulácea, com centenas de espécies «batata-doce». **Sin.** Convólvulo; bons-dias.

ípsilon s m Ling (<gr *ypsilón*) Vigésima letra do alfabeto grego e penúltima do alfabeto português. **Sin.** I grego (+).

ipsis verbis (Ípsis Vérbis) lat loc adv Com reprodução das mesmas palavras/Textualmente. **Ex.** Teve o cuidado de me transmitir ~ o recado recebido.

ipso facto (Ípso fácto) lat loc adv Pelo próprio fa(c)to/Em consequência forçosa disso/Automaticamente. **Ex.** Reconhecida a paternidade, ~ há que contar com o novo herdeiro [, o filho biológico (também) tem direito à herança (paterna)].

ir v int (<lat *éo,ire,ítum*) **1** Deslocar-se de um lugar a outro. **Ex.** Fui de Lisboa ao Porto em três horas. **Loc.** col **~ à faca** [Fazer uma cirurgia]. **«algo» ~ à praça** [Ser leiloado]. **~ ao cabo do mundo para** [Fazer todos os esforços] alcançar um obje(c)tivo. fig **~ ao fundo de** [Analisar/Estudar bem] «um assunto». col **~ dentro** [Ser preso]. **~-se embora** [Partir]. fig **~ longe** [«alguém» Ter bons proje(c)tos/Ter futuro promissor] (Ex. O rapaz, pelos indícios, vai longe!). **~ para o ar** [Ser transmitido «pela rádio/televisão»] (Ex. O programa vai para o ar às 21h). **~ pelos ares** [Rebentar/Estoirar/Destruir-se] (Ex. Houve um estrondo, o carro foi pelos ares). **~ ter com** [Deslocar-se para se encontrar com alguém]. ***Vá com Deus!*** (Fórmula de despedida, ainda até há pouco usada em meios rurais). col ***Não ~ mais longe*** [Expressão que prenuncia a apresentação de um exemplo elucidativo] (Ex. Olhe, para não ~ mais longe, veja o caso da minha amiga, tanto trabalho para nada!). ***Não ~ tão longe*** [Não concordar plenamente «com o que acaba de ser dito»] (Ex. Eu não vou tão longe: acho que, apesar de tudo, ele ainda teve algum mérito). ***Vai à fava/Vai*** gross ***àquela parte/Vai bugiar*** [Não me col chateies/aborreças!]. **Idi. ~ desta para melhor** [Morrer] (Ex. Coitado, já foi desta para melhor!).
2 Estender-se no espaço ou no tempo. **Ex.** A nossa quinta vai do rio até ao sopé da montanha. O horário das aulas vai das 8h 30m às 18h 30m. **3** Dirigir-se a um lugar para aí estar pouco tempo/Ir a. **Ex.** Fui a Lisboa tratar dum assunto. **Loc. ~ a casa.**
4 Dirigir-se a um lugar com intenção de aí permanecer/Ir para. **Ex.** Foi *para* Lisboa estudar. **Loc. ~ para casa. 5** Deslocar-se a um lugar para aí fazer alguma coisa. **Ex.** Fomos ao cinema à tarde. **Loc. ~ à escola. ~ à igreja. ~ à praia. ~ ao** [tomar] **banho. ~ ao futebol. ~ ao médico.**
6 Deslocar-se de certo modo. **Ex.** Íamos (a cavalo) ora a trote, ora a galope, pelo meio da lezíria. Fui a corta-mato. Ia descalço. Íamos a contragosto [contra a/com pouca/sem vontade], mas íamos. **7** Procurar servir-se. **Ex.** Às escondidas ia ao açúcar [ia ao perfume da irmã]. **8 ~-se/**Procurar estabelecer relacionamento com. **Ex.** No terreiro, os rapazes iam-se às moças, preparando o bailarico. **9 ~-se/**Atacar. **Ex.** Irritado, foi[atirou]-se a ele e deixou-o maltratado [e deu-lhe uns bons murros]. **10** Proceder de determinado modo. **Ex.** Os irmãos iam ao despique (por) todo o caminho. **Loc. *Vá lá a gente...*** (Expressão enfática negativa) [Não se deve…] (Ex. Vá lá a gente acreditar/confiar/fiar-se nas promessas dos políticos!). ***Vá lá!*** a) (Expressão de tolerância) (Ex. Vocês fizeram mal, mas, vá lá, desta vez passa [desculpo-os], não se fala mais nisso!); b) (Expressão de apelo/insistência à satisfação de um pedido, inicialmente contrariado) (Ex. – Ó mãe, vá lá [, então?], deixe-me ir, eu não (me) demoro!). ***Ainda vá*** (Expressão de tolerância) (Ex. Que ele me censure, ainda vá [, seja!]; agora [; mas] que me insulte, isso nunca [eu não consinto]!). **11** Passar a outro estado. **Ex.** Na forja, depressa o ferro vai [fica] ao rubro. **12** Proceder de forma excessiva/Exagerar. **Ex.** Viciado no jogo, ia ao ponto de [, chegava a] gastar, num dia, uma fortuna [, muito dinheiro]! **13** Atingir um certo nível/valor/Chegar a. **Ex.** Num mês, a nossa despesa facilmente ia aos cinco mil euros.
14 Decorrer/Desenvolver-se de determinado modo. **Ex.** Os negócios iam a contento da família. Como vão os estudos? – idi De vento em popa [Muito bem]! **15** Resolver-se. **~ a bem** [Ter resolução pacífica, razoável]. **~ a mal** [Ter resolução litigiosa]. **16** Admitir/Supor. **Ex.** Vamos [Suponhamos] que ele não aceita a nossa proposta e tudo volta ao princípio?... **17** Sentir-se/Passar. **Ex.** Como vais [estás] de [em relação à] saúde? – Bem, obrigado! **18** Ter como dire(c)ção/Seguir para. **Ex.** Esta autoestrada vai para o Algarve (Portugal). **Loc. ~ dar a/ ~ ter a** [Dirigir-se para/Desembocar em] (Ex. Essa rua vai dar à praça principal da terra/localidade). **19** Ter como fim. **Ex.** As calças vão para lavar. **20** Ser colocado em. **Ex.** O carro vai para a oficina. O fato vai para a lavandaria. **21** Ter como destino/términus. **Ex.** O comboio [trem] vai para o Porto. **22** Seguir uma carreira/um curso/Ingressar numa instituição. **Ex.** O meu filho quer ~ para professor, a minha filha vai para a medicina. O seu sonho é ~ para a Universidade. **23** Ter como finalidade. **Ex.** Este dinheiro vai para [é para comprar] livros. **24** Passar a pertencer a. **Ex.** A herança do defunto vai para a viúva.
25 Estar prestes a perfazer/Estar quase a atingir/Ter passado, mais ou menos, um certo tempo. **Ex.** Saiu daqui vai para [há (mais ou menos)] meia hora. Morreu há [vai para/faz] vinte anos. **26** Deslocar-se através de. **Ex.** Fomos pelo caminho, mas podíamos ~ pela estrada. **27** Prolongar-se/Estender-se. **Ex.** A conversa foi pela noite dentro, até altas horas [até muito tarde]. **28** Ter de idade/Andar por. **Ex.** Nessa altura ele ia pelos (seus) [tinha cerca de] quarenta anos. **29** Seguir o conselho de. **Ex.** Vá por mim [Faça o que eu lhe digo], que não se vai arrepender! **Idi. ~ atrás de/ ~ na conversa de** «alguém» [Deixar-se convencer]. **30** Analisar/Considerar um assunto. **Ex.** Vamos por partes [Analisemos ponto por ponto], que o assunto é complexo. **31** Passar gradualmente de … a. **Ex.** Na sua carreira de a(c)tor, foi da sátira ao drama e à comédia. **32** Trajar/Vestir/Mascarar-se. **Ex.** Foi ao casamento de fraque. Fui de preto ao funeral. No cortejo de Carnaval foi de rainha do ferro-velho. **33** Evoluir em sentido positivo ou negativo. **Ex.** Os negócios vão de mal a pior, a situação agrava-se (a) cada dia. **Loc. ~ abaixo** [Ser destruído/Cair/Desabar] (Ex. O muro, com a enxurrada, foi abaixo). **~-se abaixo** a) Ficar deprimido, desmoralizado; b) «máquina» Deixar de funcionar (Ex. O motor do carro foi-se abaixo). **Idi. ~ tudo por água abaixo** [Perder-se tudo/Arruinar-se]. **34** Ligar-se de forma harmoniosa/Combinar bem. **Ex.** A cor da blusa vai [combina] bem com a da saia. **Idi. ~ com alguém à bola** [Dar-se bem [Simpatizar] com uma pessoa]. **Não ~ com a cara de** [Não simpatizar com] alguém. **35** Chocar com/Embater em. **Ex.** O carro foi contra o muro e ficou muito (a)machucado. **36** Contrariar/Transgredir. **Ex.** Foi contra a vontade do pai e este não gostou. ~ contra o regulamento pode ser grave. **37** Seguir. **Ex.** Ele ia comigo quando isto aconteceu. **Loc. ~ em frente/~ por diante/~ à luta** a) Prosseguir/Continuar na mesma dire(c)ção; b) Lutar para atingir o obje(c)tivo traçado «apesar de circunstâncias adversas». **38** Passar em sala de espe(c)táculos. **Ex.** O filme vai [passa(+)] no cinema do meu bairro.
39 Ocorrer/Acontecer. **Ex.** Nem sabes a confusão que vai [há/reina] lá em casa! **40** Transcorrer/Passar. **Ex.** Vão (lá) dez anos (em) que o não vejo. **41 ~-se/**Desaparecer/Acabar. **Ex.** Foi-se o entusiasmo dos primeiros tempos. **42** Arit Transitar para a casa imediata à esquerda, ao realizar qualquer das quatro operações. Sete vezes três vinte e um, e vão [sobram] dois. Sete e [+] seis (são) treze, e vai [sobra] um. Oito para treze cinco, e vai [sobra] um. **43** Arit Indicar o resto na prova dos nove. **Ex.** Sete e oito quinze e vão

[sobram] seis. **44** *interj* Vá!/Vamos! [Exclamações de incitamento]. **Ex.** Vá! De que estão à espera? Vamos! Força! **45** *loc adv* ***Vai daí (que)*** [Em consequência/Por isso/ Disso resultou que/A seguir] (Ex. O colega foi chamado ao dire(c)tor, vai daí, todos pensaram o pior). ***Vai, não vai*** [Muitas vezes/Frequentemente] (Ex. Ele, vai não vai, vem pedir-me ajuda).
Nota *Gram* Como verbo auxiliar, pode indicar: **a)** tempo futuro (Ex. Vou estudar mais, prometo! Iria escolher um curso difícil); **b)** tempo passado (Ex. Foste pôr a carta no correio? Eu fora [tinha ido] telefonar para casa); **c)** iminência de acção/processo (Ex. O rapaz ia falar, mas o pai não deixou. O comboio [trem] ia partir. O espe(c)táculo vai começar!); **d)** progressão (Ex. Os dias iam passando. Nós fomos fazendo os nossos trabalhos); **e)** ordem/pedido/convite/ incitamento (Ex. Vai chamar o teu irmão... Vai fazer-lhe companhia. Vamos recordar tempos passados? Vamos lutar até ao fim!

ir- *pref* (<lat *in-*: não) Forma tomada pelo prefixo *in-* antes de *r*. **Ex.** irracional, irreal, irresponsável.

ira *s f* (<lat *íra*) **1** Sentimento de rancor/raiva/cólera/Profunda indignação/Forte irritação/Fúria. **Ex.** Estava totalmente dominado pela ~ face àquela abominável calúnia. **2** Exteriorização deste sentimento. ⇒ ódio.

iracúndia *s f* (<lat *iracúndia*) Cara(c)terística do que é irascível/Propensão para deixar-se tomar por sentimentos de rancor/Fúria/Ira.

iracundo, a *adj* (<lat *iracúndus, a, um*) Propenso a mostrar sentimentos de grande irritação, de fúria, de ira, de cólera/Irascível.

irado, a *adj* (<irar) **1** Tomado de ira/raiva/cólera/Furioso. **Ex.** Quando está ~/zangado *idi* ninguém pode com ele/não há quem o ature. **2** *fig* Diz-se de elemento da natureza que passa por forte agitação/tumulto. **Ex.** O céu ~ dardejava faíscas sobre a montanha. O mar ~ fazia baloiçar a embarcação, criando o pânico nos passageiros.

iraniano, a *adj/s* (<*top* Irão + *-iano*) **1** Do Irão ou dos seus habitantes. **2** Natural/ Habitante do Irã(o). **3** *s m Ling* Língua falada no Irã(o), pertencente ao ramo indo-iraniano da família do indo-europeu.

Irã(o) *s m* República islâmica do sudoeste da Ásia, com capital em Teerão, designando-se os habitantes de iranianos (É a antiga Pérsia).

Iraque *s m* República do sudoeste da Ásia, com capital em Bagdade, designando-se os habitantes de iraquianos.

iraquiano, a *adj/s* (<*top* Iraque + *-iano*) **1** Do Iraque ou dos seus habitantes. **2** *s m Ling* Língua do Iraque, uma variante do árabe. ⇒ persa.

irar *v t* (<lat *íro, áre, átum*) **1** Causar ira a/Indignar/Encolerizar/Enfurecer. **Ex.** Tamanho insulto à sua família irou [indignou(+)] o nobre rapaz. **2** *~-se*/Irritar-se muito/ Exaltar-se. **Ex.** Costuma ~-se quando o contrariam sem razão.

irara *s f Zool* (<tupi *(e) i'rara*) Mamífero carnívoro voraz da América Central e do Sul, da família dos mustelídeos, de corpo esguio, pelagem curta e áspera, também designado de papa-mel, jaguapé, taira.

irascibilidade *s f* (<irascível + *-dade*) **1** Qualidade de irascível. **2** Propensão para encolerizar-se/enfurecer-se/irar-se.

irascível *adj/s 2g* (<lat *irascíbilis, e*) (O) que se irrita facilmente, que tem tendência a encolerizar-se/Iracundo. **Ex.** Não provoques o velho, que ele é um tanto ~. **Comb.** Temperamento ~.

irénico, a [*Br* **irênico**] *adj* (<gr *eirenikós*) ⇒ «cará(c)ter/temperamento/sentimento» pacífico [de paz]; calmo; conciliador.

iriado, a *adj* (<iriar) Que tem as cores do arco-íris/Que brilha com reflexos coloridos/Matizado/Irisado(+).

iriar *v t* (<íris + *-ar*) Colorir(-se) com as cores do arco-íris/Matizar(-se)/Irisar(-se)(+).

iridáceo, a *adj/s Bot* (<lat *iridaceae*; ⇒ íris) (Diz-se) de planta ou de família de plantas com rizoma, colmo ou bolbo, tendo algumas espécies flores de uso ornamental. **Ex.** O lírio e o gladíolo são plantas ~as.

irídio [**Ir 77**] *s m Quím* (<lat *íris, idis*: arco-íris + *-io*) Elemento sólido, metal prateado, muito duro e denso, inatacável pelos ácidos.

íris *s m/f sing e pl* (<gr *íris, írídos*: arco-íris) **1** *Anat* Membrana circular pigmentada, com uma pequena abertura no centro, a pupila [*col* menina do olho]. **Ex.** A íris situa-se no globo ocular entre a córnea e o cristalino. **2** *Met* Fenó[ô]meno luminoso em forma de arco, com faixas coloridas que vão do vermelho ao violeta, resultante da decomposição da luz solar/Arco-íris(+). **Ex.** O ~ surge no céu, no lado oposto ao do sol, quando a sua luz atinge nuvens baixas que ameaçam chuva. **3** Conjunto de reflexos coloridos que parecem rodear certos obje(c)tos ao serem observados com uma lente. **4** Cores matizadas que aparecem na fusão de certos metais, como o cobre. **5** *Miner* Variedade de quartzo irisado/ Calcedó[ô]nia(+). **6** *Ent* Borboleta diurna da família dos ninfalídeos, tendo o macho reflexos irisados nas asas; *Apatura íris*. **7** *Bot* Gé[ê]nero de plantas da família das iridáceas, muito cultivadas pelas suas flores, a que pertence o lírio. **8** Pó aromático extraído da raiz de algumas dessas plantas, usado em perfumaria. **9** *fig* Grande satisfação/alegria/felicidade.

irisação *s f* (<irisar + *-ção*) **1** Formação de reflexos coloridos à superfície de determinados corpos, o que lembra o arco-íris. **2** Conjunto desses reflexos nos corpos com essa propriedade.

irisado, a *adj* (<irisar) Que brilha com reflexos coloridos/Matizado.

irisar *v t* (<íris + *-ar*) (Fazer) ficar com cores/matizes/reflexos que lembram o arco-íris/ Matizar(-se).

Irlanda *s f* República do norte da Europa, com capital em Dublin, designando-se os habitantes de irlandeses. ⇒ gaélico.

irmãmente *adv* (<irmão + *-mente*) Como [À maneira de] irmãos/Fraternalmente. **Ex.** Convivem ~, na melhor harmonia.

irmanar *v t* (<irmão + *-ar¹*) **1** Unir(-se)/Ligar (-se) por laços fraternos. **Ex.** As dificuldades comuns irmanam os que as sofrem. **2** Tornar(-se) semelhante/Igualar. **3** Emparelhar/Emparceirar.

irmandade *s f* (<irmão + *-dade*) **1** Parentesco entre irmãos. **2** Conjunto de irmãos de uma família. **3** Grande amizade/intimidade semelhante à de irmãos. **4** Associação de fiéis para fins de culto religioso ou de solidariedade/Confraria. **Ex.** A ~ de S. Pedro [de S(ão) Roque] está sempre representada na procissão. **5** Associação de pessoas para um obje(c)tivo comum, político, social, ...

irmão, ã *s/adj* (<lat *germánus*) **1** Indivíduo cujo parentesco com outro é o de terem os mesmos pais «pai e mãe», ou só a mesma mãe ou só o mesmo pai. **Ex.** Tenho mais três irmãos: dois rapazes e uma rapariga. **Comb.** ~ *gé[ê]meo* [que nasceu [foi gerado] ao mesmo tempo]. ~ *de leite* [que foi alimentado pelo leite da mesma ama] (Sin. Colaço). ~*ãos germanos* [do mesmo pai e da mesma mãe]. ~ *primogé[ê]nito*. ~ *consanguíneo/de sangue* [que apenas tem o mesmo pai]. ~*s de criação* [Pessoas criadas juntas, sem terem os mesmos pais]. ~*s uterinos* [filhos apenas da mesma mãe]. ~ *siameses* **a)** que nascem ligados por uma parte do corpo ou por um órgão; **b)** *fig* Amigos inseparáveis. *Mit* **As Nove Irmãs** [As Musas].
2 *fig* Amigo com quem se partilha uma experiência muito significativa, um proje(c)to, um ideal/Amigo íntimo e dedicado. **Comb.** ~*s de armas*. **3** *Crist* Todo o ser humano, considerado como filho de Deus/Tratamento que os crentes usam entre si, nessa qualidade. **Ex.** ~s, louvemos o Senhor! **4** Pessoa que faz parte de uma irmandade **4**, confraria ou comunidade em que se partilham as mesmas causas. **Comb.** ~ da Misericórdia. **5** Frade ou freira que não desempenha cargos superiores. **Ex.** O ~ ecó[ô]nomo encarrega-se dos abastecimentos. **Comb.** *Irmã da caridade* [Religiosa dedicada a serviços de assistência e beneficência]. *Irmã hospitaleira* [Religiosa que trata doentes]. **6** *adj* Que tem com outro relações de parentesco, históricas, afe(c)tivas, culturais, linguísticas/Próximo/ Semelhante. **Ex.** O Brasil e Portugal são países ~s. **Comb.** *Culturas ~ãs. Línguas ~ãs.*

ironia *s f* (<gr *eirωneía*: a(c)to de perguntar simulando ignorância) **1** Forma de humor em que se pretende dar a entender o oposto do que as palavras significam. **Ex.** A fina ~ do apresentador mantém o público muito interessado e bem-disposto. **2** *Liter* Figura de linguagem em que se pretende insinuar/expressar o contrário daquilo que se diz. **Ex.** Há (um uso de) ~ quando um pai, numa a(c)tuação desastrada de um filho «deixar cair e partir os copos», exclama: Lindo serviço!... **3** Sarcasmo/Zombaria. **4** Contraste entre o que era de esperar e o que (efe(c)tivamente) aconteceu. **Ex.** Por ~ do destino, quando tudo parecia perdido é que começou o sucesso da empresa. **5** *Fil* Primeira fase do método socrático, em que se interroga o que se julga sabedor, pondo-lhe sucessivas questões que o levam a cair em contradição e a tomar consciência da sua ignorância.

ironicamente *adv* (<iró[ô]nico + *-mente*) **1** De modo iró[ô]nico/humorístico/sarcástico. **2** Contra o que seria de esperar/Estranhamente (⇒ ironia **4 Ex.**).

irónico, a [*Br* **irônico**] *adj* (<ironia + *-ico*) **1** Relativo à [Que envolve] ironia. **Comb.** *Comentário ~. Tom ~*. **2** Que usa frequentemente a ironia. **Ex.** Eça de Queirós é um escritor ~. **3** Que contrasta com o que se esperaria. **Ex.** Muitas vezes o destino é ~, troca-nos as voltas.

ironizar *v int* (<ironia + *-izar*) Exprimir-se dando a entender o contrário do que se diz/Usar ironia/Troçar.

iroso, a *adj* (<ira + *-oso*) Cheio de ira/Enraivecido/Enfurecido/Irado(+).

irra *interj* (< *on* ?) Exclamação de irritação/raiva/repulsa/impaciência/*cal* Com os diabos!/Apre!/Arre! **Ex.** ~! Não há paciência para [Não aguento] tanto disparate!

irracional *adj 2g/s m* (<lat *irrationális, e*) **1** Que não é dotado de razão/Que não tem (a faculdade do) raciocínio. **Comb.** Animal ~ (Todos os animais, além do homem) ⇒ **5**. **2** Que não está de acordo com o bom senso/Não conforme à razão/Ilógico. **Ex.** Tal decisão parece-me ~. **3** Que age de forma precipitada/Que não faz uso convenien-

te da razão. **Ex.** Em muitas decisões os homens são [comportam-se como] ~ais. **4** *Mat* **a)** Diz-se do número que não é inteiro nem fra(c)cionário; **b)** Diz-se da equação ou expressão algébrica cuja incógnita está dentro de um sinal de raiz. **5** *s m* Animal (que não é dotado de razão)/Bruto. **Ex.** Muitos ~ais maravilham-nos com o que fazem, só por instinto.

irracionalidade *s f* (<irracional + -idade) **1** Qualidade/Condição de irracional, do que não é dotado de razão. **2** Qualidade do que não é conforme ao bom senso/à lógica/à razão. **Comb.** ~ da decisão. ~ do comportamento.

irracionalismo *s m* (<irracional + -ismo) Atitude intelectual ou teoria que nega o valor da razão e a racionalidade do real, dando mais importância ao instinto, à intuição… na apreensão da realidade.

irracionalista *adj/s 2 g* (<irracional + -ismo) **1** Relativo ao irracionalismo. **2** Adepto do irracionalismo.

irradiação *s f* (<irradiar + -ção) **1** A(c)to ou efeito de irradiar. **2** Movimento a partir de um centro em várias dire(c)ções. **Comb.** ~ de calor. **3** Emissão de raios luminosos ou de outra natureza. **4** Difusão/Propagação/Transmissão. **5** Exposição de alguma coisa a um feixe de radiação ionizante. **Comb.** ~ de alimentos. **6** Exposição de um organismo à a(c)ção de radiação ionizante ou de neutrões para efeitos de diagnóstico ou terapêutica. **7** Passagem de um fenó[ô]meno fisiológico que ocorre numa zona do corpo a zonas periféricas. **Comb.** ~ da dor «para os membros inferiores». **8** Difusão da luz em volta de astros ou de corpos luminosos que lhes dá a aparência de serem maiores do que são. **9** A(c)to de afastar um funcionário/trabalhador/atleta por comportamento incorre(c)to grave. **Ex.** A ~ do funcionário, na sequência do processo disciplinar que lhe foi levantado, parece inevitável. Foi decidida a ~ [expulsão(+)] do ciclista por ser reincidente no *doping*.

irradiador, ora *adj/s m* (<irradiar + -dor) **1** Que irradia/expande à sua volta. **Comb.** ~ de luz e calor. **2** Que difunde/propaga/espalha. **3** *s m* Aparelho que irradia calor/Aquecedor/Calorífero. **Ex.** No inverno tenho o ~ ligado durante (várias) horas. ⇒ radiador.

irradiante *adj 2g* (<irradiar + -(a)nte) **1** Que irradia/difunde/propaga. **2** Brilhante/Reluzente. **3** *fig* «pessoa» Que espalha alegria/felicidade.

irradiar *v t* (<lat *irrádio, áre, átum* <in + *radiáre*: brilhar <*rádius*: raio) **1** Lançar/Espalhar em volta/Difundir/Emitir. **Ex.** A lareira irradia um calor intenso. A estação de rádio [TV] começou a ~ [transmitir] as primeiras notícias do campeonato de futebol. **2** Transmitir/Comunicar «entusiasmo/alegria». **Ex.** A moça irradiava alegria, perto dela não havia tristezas [ninguém estava triste]. **3** Afastar/Excluir. **Ex.** O seu comportamento era tão mau que tiveram de o ~ [expulsar (+)] do colégio.

irreal *adj 2g/s m* (<ir- + real) **1** Que não é [parece] real/Que é fruto da fantasia. **Ex.** Vive num mundo ~, *idi* sempre nas nuvens. **2** *s m* O que não é real/O que é apenas imaginário/ilusório.

irrealidade *s f* (<ir- + realidade) Qualidade de irreal/Cará(c)ter ficcional/imaginário de alguma coisa. **Ex.** Desconhecia a ~ daquela ameaça, o que o trazia [mantinha] ansioso.

irrealista *adj 2 g* (<ir- + realista) Que não está ajustado/adequado à realidade/A que falta realismo/Que revela falta de bom senso/de equilíbrio. **Ex.** A proposta de aumento dos salários é ~. É ~ pensar que todos vão aderir ao proje(c)to.

irrealizável *adj 2g* (<ir- + realizável) Que não se pode realizar/concretizar/Impraticável. **Ex.** Ele conseguir pagar num ano tantas dívidas, acumuladas ao longo de uma década, parece-me ~/impossível.

irreclamável *adj 2g* (<ir- + reclamável) Que não pode ser reclamado/exigido. **Ex.** O pagamento desses prejuízos é ~ face à apólice do seguro.

irreconciliável *adj* (<ir- + reconciliável) Que não se consegue(m) reconciliar. **Ex.** Os parentes ofenderam-se tanto uns aos outros que agora estão ~veis.

irreconhecível *adj 2g* (<ir- + reconhecível) **1** Que não se consegue reconhecer/identificar. **Ex.** A terrível explosão tornou [deixou] os corpos ~veis. **2** Que está muito diferente do que era. **Ex.** Depois do grande incêndio a paisagem ficou ~. **3** Que esteve longe de corresponder [Que não correspondeu] às expe(c)tativas. **Ex.** A nossa equipa esteve ~, tão fraco foi o jogo que fez!

irrecorrível *adj 2g* (<ir- + recorrível) **1** A que não se pode recorrer. **2** *Dir* De que não se pode apresentar recurso. **Comb.** Sentença ~.

irrecuperável *adj 2g* (<ir- + recuperável) **1** Que não se pode recuperar/Que não se pode reaver/Que se perdeu definitivamente. **2** Que não se pode [não é de] consertar/Que não se pode reabilitar. **Ex.** A máquina está tão deteriorada [estragada] que é ~. Está tão viciado em drogas e destruído psiquicamente que parece (ser) ~.

irrecusável *adj 2g* (<ir- + recusável) **1** Que não se pode recusar/Que deve ser concedido. **Ex.** Esse pedido de ajuda é ~. **2** Que não pode ser contestado/Irrefutável(+). **Ex.** A argumentação do advogado parece ~.

irredento, a *adj* (<it *irredento*) Diz-se do território que não foi resgatado.

irre(di)mível *adj 2g* (<ir- + re(di)mível) Que não se pode remir/reparar.

irredutibilidade *s f* (<irredutível + -idade) Qualidade ou condição de irredutível.

irredutível *adj 2g* (<ir- + redutível) **1** Que não pode ser reduzido/diminuído. **2** *Mat* Que não se pode simplificar/decompor. **Comb.** Fra(c)ção ~. **3** Que se mantém inflexível/Que não cede/Intransigente. **Ex.** Apesar dos insistentes pedidos de clemência, o presidente continua ~. **4** Que não se consegue dominar/vencer. **Comb.** Adversário ~. **5** *Med* Diz-se de órgão que não pode voltar à situação anterior. **Comb.** Hérnia ~.

irreflectidamente/irreflectido ⇒ irrefletidamente/irrefletido.

irrefletidamente (Flè) *adv* [= irreflectidamente] (<irrefletido + -mente) De modo irrefletido/impensado/Imponderadamente/Levianamente.

irrefletido, a (Flè) *adj* [= irreflectido] (<ir- + refletido ⇒ refletir) **1** Que não pondera/reflete/pensa/Leviano. **2** Que se faz/diz sem reflexão/ponderação prévia. **Ex.** Depois arrependeu-se daquela rea(c)ção ~a.

irreflexão *s f* (<ir- + reflexão) **1** Falta de ponderação/Imprudência/Leviandade. **2** A(c)to/Dito imprudente. **Ex.** Tal atitude foi uma ~ que lhe custou caro [lhe causou grande prejuízo].

irreformável *adj 2g* (<ir- + reformável) **1** Que não pode ser reformado/renovado. **2** Que não pode ser aperfeiçoado/modificado.

irrefragável *adj 2g* (<lat *irrefragábilis, e*) Que não pode ser contestado/negado/Irrecusável/Irrefutável/Indiscutível.

irrefrangível *adj 2g* (<ir- + refrangível) Que não sofre refra(c)ção/Que não se refra(c)ta.

irrefreável *adj 2g* (<ir- + refreável) «ambição» Que não se pode refrear/domar/reprimir.

irrefutabilidade *s f* (<ir- + refutabilidade) Qualidade do que é irrefutável, do que não se pode contestar ou pôr em dúvida.

irrefutável *adj 2g* (<ir- + refutável) Que não se pode refutar/contestar/desmentir/«fa(c)to/verdade» Indiscutível/Óbvio.

irregular *adj 2g* (<ir- + regular) **1** Que não é regular. **2** Que não é uniforme/simétrico. **Comb.** Polígono ~. **3** De ritmo ou intensidade variável. **Comb.** *Frequência* ~. *Pulso* [Pulsação (do coração)] ~. **4** Que não tem harmonia/Desproporcionado **Ex.** O edifício é esquisito, tem uma forma muito ~. **5** Que não é homogéneo/Desigual **Ex.** A rua tem um piso ~, presta-se a pequenos acidentes. **6** Que tem a(c)tuação ou rendimento variáveis. **Comb.** *Aluno* ~. *Atleta* ~. **7** Inconstante/Volúvel. **Comb.** Comportamento ~. **8** Que não está conforme com a lei ou com as regras. **Ex.** A a(c)tuação do funcionário foi ~. O jogador estava em posição ~, em fora de jogo [*Br* em impedimento], por isso o gol(o) foi anulado. **Comb.** *Processo* ~. **9** *Gram* Que na sua declinação ou conjugação não segue o paradigma/modelo/Anómalo **Ex.** O verbo *ter* é ~. **Comb.** *Forma* ~ (do verbo). **10** *Rel* Que incorreu em irregularidade/Que não pode receber ou exercer as ordens canó[ô]nicas. **11** *Mil* Diz-se de tropas que não pertencem ao exército permanente. **12** *s m pl Zool* **a)** Grupo sistemático de ouriços/equinoides em que o ânus não está na linha oposta à boca mas na superfície oral; **b)** *s m* Espécime(n) desse grupo.

irregularidade *s f* (<irregular + -idade) **1** Qualidade de irregular. **2** Falta de uniformidade/Desigualdade. **Ex.** A ~ do piso dificulta o passeio [o caminhar] aos idosos. A ~ do clima desincentiva o investimento dos agricultores. **3** Falta de regularidade na a(c)tuação ou nos resultados. **Ex.** A ~ na assistência às aulas prejudica muito o rendimento escolar. Num campeonato longo, a ~ de uma equipa afasta-a dos lugares cimeiros da classificação. **4** Procedimento que infringe uma norma/regra estabelecida/Falta/Falha. **Ex.** Na apresentação das contas da empresa há umas ~s que importa corrigir.

irregularmente *adv* (<irregular + -mente) **1** De modo não uniforme/regular. **Ex.** Estava um pouco aflito porque o coração batia ~. **2** Com violação de uma regra/norma estabelecida. **Ex.** A inscrição do aluno foi feita ~. O avançado [atacante] foi travado ~ e o árbitro assinalou a falta.

irrelevância *s f* (<ir- + relevância) Qualidade do que não é importante/relevante, do que não tem significado. **Ex.** Pouca gente esteve presente, dada a ~ do acontecimento.

irrelevante *adj 2g* (<ir- + relevante) Que não tem importância/significado/relevância. **Ex.** Para nós é ~ que ele saia ou (que) fique «é um sócio pouco a(c)tivo».

irreligião *s f* (<ir- + religião) **1** Falta de crença religiosa/Incredulidade(+). **2** Ateísmo(+)/Impiedade.

irreligiosidade *s f* (<ir- + religiosidade) **1** Qualidade/Cará(c)ter de irreligioso. **2** Falta de religiosidade/Incredulidade. **3** A(c)to/Dito contrário à religião.

irreligioso, a *adj/s* (<ir- + religioso) **1** (O) que não é crente/Ateu(+). **2** (O) que ataca a religião.

irremediável *adj 2g* (<ir- + remediável) 1 Que não tem remédio/solução/Irreparável(+). **Ex.** A destruição da casa pelo incêndio foi para ele uma perda ~. 2 Inevitável/Fatal. **Ex.** A doença era tão grave que o desenlace [a morte] parecia ~.

irremediavelmente *adv* (<irremediável + -mente) 1 Sem hipótese de solução/Sem remédio. **Ex.** Contraída a doença, o seu futuro estava ~ comprometido. 2 Inevitavelmente/Fatalmente. **Ex.** Reprovado no exame, ia perder ~ a bolsa de estudo. 3 De vez/Definitivamente. **Ex.** O grave acidente atirou-o ~ para uma cadeira de rodas.

irremissível *adj 2g* (<lat *irremissíbilis, e*) 1 «crime» Que não deve ser perdoado/Indesculpável. 2 «perda» Que não se pode evitar/Fatal/Infalível/Forçoso.

irremitente *adj 2g* (<ir- + remitente) 1 «febre» Que não diminui/baixa. 2 «esforço» Constante.

irremível *adj 2g* ⇒ irre(di)mível.

irremovível *adj 2g* (<ir- + removível) 1 Que não se pode retirar de onde está/Que não se pode remover/afastar. **Ex.** A pedra é tão grande que é ~. 2 Que não se pode evitar/Fatal/Implacável/Irremediável. **Ex.** É um risco ~, por mais que se procure evitar.

irremunerado, a *adj* (<ir- + remunerado) Que não é pago/remunerado/Gratuito.

irremunerável *adj 2g* (<lat *irremunerábilis, e*) Que não pode ser pago/remunerado/ Que está acima de qualquer pagamento. **Ex.** O seu contributo heroico para o salvamento das vítimas é ~, *col* não há dinheiro que (o) pague!

irrenunciável *adj 2g* (<ir- + renunciável) A que não se pode renunciar/De que não se pode desistir. **Ex.** O convite era ~. **Comb.** Proposta ~.

irreparável *adj 2g* (<ir- + reparável) 1 Que não se pode reparar/recuperar. **Ex.** O aparelho está tão deteriorado [estragado/velho] que é ~ [que não tem conserto]. 2 Que não se pode compensar/ressarcir. **Ex.** Tal ofensa à honra da família é ~! 3 Que não se pode remediar/corrigir. **Ex.** Os prejuízos causados pela tempestade são ~veis. 4 Que não é possível evitar/Fatal/Inelutável/Forçoso. **Ex.** Agora a falência da empresa parece ~ [certa/que não tem remédio].

irrepartível *adj 2g* (<ir- + repartível) 1 Que não se pode dividir em partes/Indivisível. 2 Que não se pode repartir/partilhar. **Ex.** Há pré[ê]mios que são ~veis.

irrepetível *adj 2g* (<ir- + ...) «feito heroico/proeza/experiência» Que não se repete/pode repetir/Único.

irreplicável *adj 2g* (<ir- + replicável) Que não pode ser contestado/Que não admite réplica/Irrefutável(+)/Irrespondível. **Ex.** A sua argumentação parece ~.

irrepreensível *adj 2g* (<ir- + repreensível) 1 Totalmente corre(c)to/Impecável. **Ex.** A conduta do rapaz tem sido ~. 2 A que não se pode fazer qualquer censura/reparo/crítica/Perfeito. **Ex.** A sua a(c)tuação neste processo foi ~/muito boa.

irreprimível *adj 2g* (<ir- + reprimível) «riso/impulso/desejo» Que não se pode dominar/reprimir/refrear/controlar/Irresistível.

irrequieto, a *adj* (<lat *irrequiétus, a, um*) 1 Que não tem sossego/Que não para quieto/Que está sempre a mexer-se/Desinquieto. **Comb.** Criança ~a. 2 Agitado/Impaciente/Nervoso. **Ex.** Era uma pessoa ~, sempre ansiosa, nas circunstâncias mais banais. 3 Muito a(c)tivo/Criativo/Vivo. **Ex.** A sua mente ~ estava sempre a congeminar novos planos.

irrequietude *s f* (<irrequieto + -ude) Qualidade/Estado de irrequieto/Falta de quietude/sossego/Agitação/Irrequietação.

irrescindível *adj 2g* (<ir- + rescindível) Que não se pode rescindir/anular/invalidar. **Comb.** Contrato ~.

irresgatável *adj 2g* (<ir- + resgatável) Que não se pode resgatar.

irresignável *adj 2g* (<ir- + resignável) 1 Que não se pode conformar/resignar. 2 A que não se pode renunciar/Que não se pode abandonar.

irresistível *adj 2g* (<ir- + resistível) 1 A que não se consegue resistir. **Ex.** Uma torrente ~, vinda da montanha sobranceira, levava tudo à [pela(+)] frente. 2 A cuja força não se pode fazer frente, resistir/Invencível/Inelutável. **Ex.** A nossa equipa esteve ~ neste jogo. 3 Cujo encanto seduz necessariamente/Fascinante. **Ex.** Era uma moça de uma beleza ~. 4 Que não se consegue suster/refrear/controlar/Irreprimível. **Ex.** Um impulso ~ de vingança apoderou-se dele. 5 Que não se pode evitar/Fatal.

irresolução *s f* (<ir- + resolução) 1 Qualidade/Estado de irresoluto/indeciso. 2 Hesitação/Indeterminação.

irresoluto, a *adj* (<lat *irresolútus, a, um*) 1 Que (ainda) não teve resolução/Que não foi resolvido. **Comb.** Problema ~ [por resolver]. 2 Que tem dificuldade em decidir-se/Indeciso/Hesitante/Inseguro. **Comb.** Homem [Cará(c)ter] ~.

irresolúvel *adj 2g* (<ir- + resolúvel) 1 «problema» Que não pode ser resolvido/Que não tem solução/Insolúvel(+). 2 Que não se pode decompor/reduzir. **Comb.** *Mat* Fra(c)ção ~. 3 Que não se pode anular/desfazer. **Comb.** Contrato ~ [irrescindível(+)].

irrespeitável *adj 2g* (<ir- + respeitável) Que não merece respeito.

irrespeitoso, a *adj* (<ir- + respeitoso) Irreverente/Desrespeitoso(+). **Comb.** Tratamento ~.

irrespirável *adj 2g* (<ir- + respirável) 1 Impróprio para respirar/Muito poluído/Contaminado. **Comb.** Ar ~. 2 Em que é difícil respirar. **Comb.** Ambiente ~.

irrespondível *adj 2g* (<ir- + respondível) Que não tem resposta/A que não se pode responder/Irreplicável(+)/Irrefutável(+). **Comb.** Argumentação ~.

irresponsabilidade *s f* (<ir- + responsabilidade) 1 Qualidade de irresponsável. 2 *Dir* Condição de quem não pode responder pelos seus a(c)tos. 3 A(c)to/Dito irrefle(c)tido/imponderado/imprudente/Leviandade. **Ex.** Aquele comentário despropositado e ofensivo foi uma ~.

irresponsável *adj/s 2g* (<ir- + ...) 1 Que não é responsável. **Ex.** Deixou que a criança fosse sozinha para a rua, é um ~! 2 *Dir* «juiz» Que não pode ser responsabilizado no exercício das suas funções.

irrestaurável *adj 2g* (<ir- + restaurável) Que não se pode restaurar/recuperar.

irrestringível *adj 2g* (<ir- + restringível) Que não se pode restringir/limitar.

irrestrito, a *adj* (ir- + restrito) Que não tem limites/restrições/Ilimitado(+)/Amplo(+).

irretorquível *adj 2g* (<ir- + retorquível) A que não se pode retorquir/Irrespondível/ Irreplicável.

irretractável ⇒ irretratável¹.

irretratável¹ *adj 2g* (<ir- + retratável¹) Que não é possível retratar¹/Que não pode ser revogado/anulado/alterado por a(c)to posterior. **Comb.** Negócio ~. ⇒ irrescindível.

irretratável² *adj 2g* (<ir- + retratável²) Que não se pode retratar²/reproduzir «por desenho/pintura/fotografia/...».

irretroactividade/irretroactivo ⇒ irretroatividade/...

irretroatividade (Àti) *s f Dir* [= irretroactividade] (<ir- + retroatividade) Princípio geral que impede que uma nova lei tenha efeitos sobre a(c)tos jurídicos anteriores.

irretroativo, a (À) *adj* [= irretroactivo] (<ir- + retroativo) Que não tem efeitos sobre o passado. **Ant.** Retroa(c)tivo.

irrevelável *adj 2g* (<ir- + revelável) Que não se deve dar a conhecer/Que não se deve revelar.

irreverência *s f* (<lat *irreveréntia*) 1 Ausência do respeito devido a alguém ou a alguma coisa. 2 A(c)to/Dito irreverente/desrespeitoso. **Ex.** Nunca pensei [Recusava-me a pensar/admitir] que ele fosse capaz de (cometer) tal ~.

irreverencioso, a *adj* (<ir- + reverencioso) ⇒ irreverente.

irreverente *adj/s 2g* (<lat *irréverens, éntis*) 1 (Pessoa) que falta ao respeito devido a alguém ou a alguma coisa. 2 Que revela falta de consideração/cortesia/Desrespeitoso. **Ex.** Deve-se censurar qualquer atitude [palavra] ~.

irreversibilidade *s f* (<ir- + reversibilidade) Qualidade/Condição do que é irreversível, do que não pode voltar para trás, do que só pode seguir/produzir-se num sentido. **Comb.** ~ da norma jurídica.

irreversível *adj 2g* (<ir- + reversível) 1 Que não é reversível. 2 Que só pode seguir num sentido. **Ex.** O tempo é ~. 3 *Quím* Diz-se da rea(c)ção que se desenvolve de forma completa, não podendo os produtos resultantes reagir entre si de modo a voltar às substâncias iniciais.

irrevogabilidade *s f* (<irrevogável + -idade) 1 Qualidade de irrevogável, do que é definitivo/imutável. **Comb.** ~ da decisão. 2 Impossibilidade de invalidar/anular o que se fez. **Comb.** ~ de uma doação.

irrevogável *adj 2g* (<ir- + revogável) 1 Que não pode ser revogado/anulado. 2 Que não pode voltar atrás. **Comb.** Contrato ~/irrescindível. 3 Que não se pode mudar/alterar.

irrigação *s f* (<lat *irrigátio, ónis*) 1 A(c)to ou efeito de irrigar. 2 A(c)ção de levar a água às culturas através de canais, tubos, .../Rega artificial. **Ex.** A ~ da vasta área foi feita com (a) água desviada da albufeira (da barragem). **Comb.** Canal de ~. 3 *Med* A(c)to de limpar/lavar com água ou solução medicamentosa uma ferida ou zona doente do organismo. 4 Inje(c)ção de um líquido no organismo com o irrigador. **Comb.** ~ intestinal (⇒ clister). 5 *Anat* Circulação natural de líquidos no organismo. **Comb.** ~ (sanguínea) do cérebro.

irrigador, ora *adj/s* (<lat *irrigátor, óris*) 1 (O) que irriga. **Comb.** Canal ~. 2 *s m* Utensílio para regar canteiros/jardins/Regador(+). ⇒ mangueira. 3 Utensílio para fazer irrigações medicinais (⇒ irrigação 4).

irrigar *v t* (<lat *írrigo, áre, átum*) 1 Levar água a um terreno, a terras de cultivo/Regar artificialmente. 2 «o sangue/a linfa» Afluir às zonas do organismo. 3 *Med* Aplicar irrigação 3/4.

irrigável *adj 2g* (<irrigar + -vel) Que pode ser regado/irrigado. **Ex.** Com a nova barragem, a área ~ [irrigada] vai aumentar muito.

irrisão *s f* (<lat *irrísio, ónis*) A(c)to de rir de alguém com desdém/Zombaria/Troça/Escárnio. **Ex.** Ela foi obje(c)to da ~ do grupo.

irrisório, a *adj* (<lat *irrisórius*) 1 Que envolve irrisão/troça. 2 Que provoca o riso/Có[ô]mico/Ridículo. 3 «custo» Muito pequeno/Insignificante/Irrelevante.

irritabilidade *s f* (<lat *irritabílitas, átis*) **1** Qualidade de irritável. **2** Propensão para facilmente se enervar/exaltar/irritar, para *idi* ferver em pouca água. **3** Propriedade dos órgãos e tecidos de reagirem a uma excitação interna ou externa/Sensibilidade. **4** *Med* Estado de um órgão/tecido que reage de forma excessiva a um estímulo.

irritação *s f* (<lat *irritátio, ónis*) **1** A(c)to ou efeito de irritar-se. **2** Estado de enervamento/exaltação por ter sido contrariado/perturbado/Agastamento. **3** *Med* Estado de leve inflamação de um órgão/tecido. **Ex.** Estou a combater a ~ da garganta com umas pastilhas. **4** Rea(c)ção(+) normal de um nervo a um estímulo.

irritadiço, a *adj* (<irritar + -diço) Que é propenso a irritar-se/agastar-se/exaltar-se facilmente. **Ex.** As pessoas ~as [de mau gé[ê]nio] são de difícil convivência.

irritado, a *adj* (<irritar) **1** «chefe» Que está enervado/exasperado/agastado/zangado. **2** «tecido/órgão» Que mostra sinais de inflamação ligeira/Que causa dor/ardor/comichão.

irritante *adj 2g* (<irritar + -(a)nte) **1** «problema/voz/pessoa» Que irrita/enerva/incomoda/Irritativo. **Ex.** É um ruído ~, que não me deixa concentrar. **2** *Med* «creme» Que produz inflamação ligeira/ardor. **3** *s m* Substância que estimula/excita/Excitante/Estimulante.

irritar *v t* (<lat *írrito,áre,átum*) **1** Enervar(-se)/Agastar(-se)/Exasperar(-se/Zangar(-se). **Ex.** Aquelas palavras insolentes irritaram-no. Irrita-se quando é contrariado. **2** *Med* Inflamar(-se) levemente/Causar desconforto/comichão. **Ex.** Aquele creme irritou-lhe o rosto. **3** «estímulo» Provocar rea(c)ção de um tecido/órgão. **Ex.** Ao cortar a cebola, as gotículas de líquido irritam os olhos, provocando [e fazem(+)] lágrimas.

irritativo, a *adj* (<irritar + -tivo) **1** Que irrita/incomoda/Irritante. **Comb. Pessoa ~a. Ruído ~.** **2** Que provoca desconforto/ardor/comichão.

irritável *adj 2g* (<lat *irritábilis,e*) **1** «pessoa» Que se exalta/enerva facilmente/Irascível/Irritadiço(+). **2** «órgão/tecido» Que reage vivamente a estímulo/excitação/Muito sensível(+). **Ex.** Tem uma pele ~, não pode usar qualquer creme.

írrito, a *adj* (<lat *írritus,a,um*) **1** Sem efeito/Nulo. **2** *Dir* «contrato» Que não produz efeito jurídico por não respeitar a legalidade.

irrogar *v t* (<lat *írrogo,áre,átum*) Infligir/Impor «pena/castigo/censuras» a alguém.

irromper *v int* (<lat *irrúmpo, ere, rupi, ruptum*) **1** Entrar repentinamente e com ímpeto. **Ex.** O grupo irrompeu pela sala em algazarra, lançando a confusão. **2** Ocupar abruptamente um espaço/Invadir. **Ex.** A enxurrada saltou do leito do ribeiro e irrompeu pelas hortas, destruindo as hortaliças. **3** Surgir e avançar em força. **Ex.** O Sol, naquela gloriosa manhã de maio, irrompeu triunfante no horizonte. As chamas irromperam pela sala consumindo os móveis. **4** Jorrar/Brotar. **Ex.** Da canalização, já velha, irrompia um ja(c)to de água que inundou a loja. **5** Iniciar/Começar de forma súbita. **Ex.** À [Quando teve/recebeu a] notícia da reprovação no exame irrompeu num choro convulsivo, todo inconsolável.

irrupção *s f* (<lat *irrúptio, ónis*) **1** A(c)to ou efeito de irromper. **2** Entrada impetuosa e súbita num local/Invasão. **Ex.** A torrente, transbordando do leito da ribeira, fez uma ~ pelas culturas, arrasando-as. **3** Investida/Ataque. **Ex.** As tropas fiéis ao presidente fizeram uma ~ no quartel dos revoltosos. **4** Manifestação inesperada/Aparecimento/Surgimento. **Ex.** A ~ de uma paixão perturba sempre o espírito. A ~ de novos valores/craques (no mundo) do futebol veio animar o povo português.

irruptivo, a *adj* (<lat *irrúptus, a, um + -ivo* ⇒ irromper) Relativo a irrupção/Que envolve/produz irrupção.

isagoge (Gó) *s f* (<gr *eisagogé, es*: introdução) Princípios elementares/Iniciação/Introdução/Prefácio/Proé[ê]mio.

isca *s f* (<lat *ésca*: alimento, ~) **1** O que no anzol atrai o peixe/Engodo(Gô)/Isco. **2** *fig* O que serve para atrair/seduzir/Chamariz. **Idi. Morder a ~** [Cair na armadilha (que outrem lhe preparou)]. **3** *Cul* Fatia fina de fígado de porco ou de vaca, temperada e frita. **Ex.** Hoje temos ~s ao almoço. **4** *Cul* Fritura com tiras de bacalhau. **5** *fam* Pedacinho/Biscato. **6** Pólvora ou outro combustível que, inflamado por faíscas, comunica o fogo/Rastilho. **7** *Br* Mecha de isqueiro.

isco *s m* (<isca) **1** Substância usada para atrair animais, sobretudo peixes/Isca(+). **2** Chamariz/Engodo(Gô)/Negaça. **3** Massa de fermento concentrado de que se obtêm outros fermentos para a panificação.

-isco *suf* (gr *–ískos*) Significa **a)** *diminutivo* (Ex. aster~, chuv~, cor~, mari~, pet~); **b)** *origem* (Ex. mour~).

isenção *s f* (<lat *exémptio, ónis*) **1** A(c)to ou efeito de isentar de/Dispensa de um encargo, do pagamento de imposto/taxa/propina/... **Ex.** Na compra de uma casa modesta há ~ do imposto municipal sobre transa(c)ções. O meu pai teve ~ do serviço militar. **Comb.** ~ de propinas. **2** Qualidade de quem é imparcial/equitativo/isento/Neutralidade. **Ex.** A um árbitro exige-se ~/imparcialidade. **3** Independência de opinião. **Ex.** Há comentadores do jornal que primam pela ~ [que são modelos de ~]. **4** *Catol* Autonomia parcial/total de algumas ordens religiosas em relação ao bispo do lugar.

isentar *v t* (<isento + -ar¹) **1** Desobrigar/Dispensar de um encargo, do pagamento de imposto/taxa/propina/Tornar(-se) isento. **2** Eximir(-se)/Livrar(-se) de uma responsabilidade/culpa/Absolver. **Ex.** O juiz isentou-o de culpa no acidente.

isento, a *adj* (<lat *exémptus, a, um* <*éximo, ere̓, émptum*: tirar de) **1** Que está dispensado/desobrigado de um encargo. **Ex.** Ficou ~ (do pagamento) de propinas. **2** Livre/Liberto de «responsabilidade/culpa». **Ex.** Está ~ de responsabilidade na falência da empresa. **3** De espírito independente/Imparcial. **Ex.** A arbitragem num conflito de interesses tem de ser ~a. Todos sabemos que um articulista «de jornal» deve ser ~.

Islã/Islame *s m* ⇒ Islão.

islâmico, a *adj* (<Islame + -ico) Relativo ao islamismo ou ao Islão. **Sin.** Muçulmano.

islamismo *s m* (<Islame + -ismo) **1** Religião muçulmana, fundada por Maomé no séc. VII, cuja doutrina se encontra no seu livro sagrado, o Corão. **2** Movimento político e religioso da expansão desta religião. **Ex.** O ~ expandiu-se rapidamente no séc. VII por todo o Médio Oriente e norte de África.

islamita *adj/s 2g* (<Islame + -ita) Crente do islamismo/Maometano/Muçulmano.

islamítico, a *adj* (<islamita + -ico) Relativo ao islamismo ou aos islamitas.

islamização *s f* (<islamizar + -ção) Expansão do islamismo, da cultura e dos costumes muçulmanos para novas regiões. **Ex.** Na zona central de África tem-se verificado uma progressiva ~.

islamizar *v t* (<Islame + -izar) **1** Converter(-se) ao islamismo. **2** (Fazer) adquirir cara(c)terísticas ou comportamentos islâmicos/muçulmanos.

Islândia *s f* República do norte da Europa, com capital em Reiquejavique, designando-se os habitantes de islandeses.

islandês, esa *adj/s* (<*top* Islândia + -ês) **1** Da Islândia ou dos seus habitantes. **2** Língua germânica do grupo nórdico, falada na Islândia.

Islão *s m* (<ár *islam*: submissão (a Deus)) **1** Religião dos muçulmanos, cujo livro sagrado é o Corão [Alcorão]. **2** Conjunto dos países maometanos. ⇒ islamismo.

ismaelita *adj/s 2g* (<*antrop* Ismael + -ita) **1** Relativo a Ismael, filho de Abraão e da escrava Hagar. **2** (O) que pertence à tribo hebraica de Ismael. **3** Árabe de uma das tribos descendentes de Ismael.

-ismo *suf* (<gr *–ismós*) Significa **a)** *doutrina religiosa* (Ex. cristian~, bud~, islam~); **b)** *movimento artístico, literário* (Ex. cub~, impression~, natural~, modern~); **c)** *sistema político-ideológico* (Ex. comun~, social~, capital~); **d)** *teoria filosófica* (Ex. cartesian~, hegelian~, kant~, marx~, tom~); **e)** *fenó[ô]meno linguístico* (Ex. neolog~, arca~, galic~, rotac~); **f)** *qualidade* (Ex. anacron~, imediat~, isocron~, pragmat~, simpl~). ⇒ -ista.

iso- *pref* (<gr *ísos*: igual) Significa *igualdade* (Ex. isóbaro, isósceles, isomorfo, isótopo).

isobárico, a *adj Geog* (<isóbaro + -ico) Que apresenta [tem] a mesma pressão atmosférica. **Comb.** Linha ~a [Isóbara 2].

isóbaro, a *adj* (<iso- + gr *báros*: pressão, peso) **1** *Geog* Que tem igual pressão atmosférica. **2** *s f Geog* Linha que num mapa une os pontos de igual pressão atmosférica. **3** *Fís* Diz-se dos núcleos ató[ô]micos com o mesmo número de massa mas com diferentes números ató[ô]micos.

isóbata *s f Geog* (<iso- + gr *báthos*: profundidade) Linha que, num mapa, une pontos do mar com a mesma profundidade.

isobático, a *adj Geog* (⇒ isóbata) Que tem igual profundidade.

isóclino, a *adj Geog* (<gr *isoclinós*: igualmente inclinado) **1** Diz-se de qualquer ponto da Terra com a mesma inclinação magnética. **2** «dobra geológica» Que tem os flancos com a mesma inclinação.

isocromático, a *adj* (<iso- + cromático) **1** Relativo a isocromia. **2** Que tem uma coloração uniforme.

isocromia *s f* (<iso- + -cromo- + -ia) Imagem transparente, coberta de verniz, semelhante a uma pintura a óleo.

isócromo, a *adj* (<iso- + -cromo) ⇒ isocromático.

isocronismo *s m* (<iso- + -crono- + ismo) **1** Qualidade de isócrono. **2** Qualidade do que se realiza com intervalos de tempo iguais ou com igual duração. **Comb.** ~ das oscilações do pêndulo.

isócrono, a *adj* (<gr *isókronos*) **1** Que tem a mesma duração. **2** Que se realiza com intervalos de tempo iguais. **Comb.** Pulsação ~a/normal. **3** «gesto/movimento (dos dançarinos)» Que se realiza ou acontece ao mesmo tempo. **Sin.** Sincró[ô]nico(+).

isodinâmico, a *adj* (<iso- + ...) **1** Que tem a mesma força/intensidade. **2** Diz-se de alimentos equivalentes quanto à energia que fornecem ao organismo.

isoédrico, a *adj* (<iso- + gr *hédra*: face + -ico) Diz-se do cristal de faces iguais ou semelhantes.

isogamia *s f Biol* (<iso- + -gamia) Reprodução em que, na formação do ovo, entram dois gâmetas idênticos.

isógeno, a *adj* (<iso- + -geno) Que tem a mesma origem.

isoglosso, a *adj Ling* (<iso- + gr *glôssa*: língua) **1** Diz-se de regiões que pertencem ao mesmo domínio linguístico, apresentando [tendo] cara(c)terísticas linguísticas específicas. **2** *s f* Linha imaginária que marca a fronteira entre dois diale(c)tos ou (entre) duas línguas.

isogonal *adj* (<isógono + -al) **1** *Geom* Que tem ângulos iguais. **Sin.** Isogó[ô]nico; isógono. **2** *Fís* Que tem a mesma declinação magnética. **3** *s f Fís* Linha que numa carta geográfica liga pontos de igual declinação magnética.

isogónico [isógono], a [*Br* isogônico] *adj* (<gr *isogônios*: de ângulos iguais) ⇒ isogonal.

isografia *s f* (<iso- + -grafia) Reprodução exa(c)ta da letra manuscrita/*Fac símile* (+).

isoieta *s f Met* (<iso- +gr *hyetós*: chuva) Linha que, num mapa geográfico, une os pontos do globo terrestre que têm a mesma média de pluviosidade, durante um determinado período de tempo.

isolação *s f* (<isolar + -ção) ⇒ isolamento.

isolacionismo *s m* (<isolação + -ismo) Doutrina que defende o isolamento de um país «Japão no séc. XVII» em relação aos restantes, recusando alianças, compromissos ou a assinatura de acordos. ⇒ isolamento **5**.

isolacionista *adj/s 2g* (<isolação + -ista) Relativo ao [Adepto do] isolacionismo.

isoladamente *adv* (<isolado + -mente) **1** Em situação de isolamento. **Ex.** Gosta de viver ~/isolado(+). **Ant.** Em grupo. ⇒ socialmente [em sociedade]. **2** À parte/Separadamente. **Ex.** Fui adquirindo as peças do serviço «de chá/mesa» ~. **Ant.** Em conjunto/De uma vez. **3** De forma diferente dos restantes. **Ex.** Criticou ~ [, só ele,] a decisão superior [vinda de cima/do chefe].

isolado, a *adj* (<isolar) **1** Separado dos outros/Afastado. **Ex.** Vive numa casa ~a, a uns quatrocentos metros do povoado. **2** Afastado do convívio social/Só/Solitário. **Ex.** Para escrever gosta de ficar ~/só/retirado. **3** Que não se repete/Único. **Ex.** Houve um caso ~ de meningite, logo devidamente tratado. **4** Sozinho/Só. **Ex.** Ficou ~ no apoio a essa contestação. Perante o perigo de contágio, no hospital ficou logo ~ [em/de quarentena]. **5** Considerado fora do contexto. **Ex.** Uma frase ~a do discurso [artigo/livro] pode ter uma interpretação erró[ô]nea. **5** *Fís* Diz-se do corpo que não está em conta(c)to com um condutor elé(c)trico ou térmico ou está separado dele por material isolante.

isolador, ora *adj/s m* (<isolar + -dor) **1** (O) que isola. **2** *Ele(c)tri* Diz-se de materiais «mica/ebonite/vidro/porcelana» que não são condutores de ele(c)tricidade. ⇒ ~ **4**; dielé(c)trico. **3** Diz-se de materiais que impedem a passagem do calor, do frio, do som, da (h)umidade/Isolante. **Ex.** A cortiça é um (material) ~. **4** *s m* Material ou suporte que impede a passagem de formas de energia. **Comb.** ~ elé(c)trico. ~ térmico.

isolamento *s m* (<isolar + -mento) **1** A(c)to ou efeito de isolar(-se). **2** Afastamento em relação a outros semelhantes. **3** Ausência ou fuga do convívio social/Solidão. **Ex.** Estranhamente ela «jovem alegre» aprecia o ~ [Por estranho que (nos) pareça, ela gosta de ficar só]. **4** Estado de uma sociedade ou de um país que evita as relações com o exterior. ⇒ isolacionismo. **5** Afastamento forçado de alguém atingido por doença quando há perigo de contágio. **6** Afastamento prolongado de um animal de outros da mesma espécie. **7** A(c)ção de impedir ou reter a passagem da corrente elé(c)trica, do calor, do frio, do ruído, da (h)umidade, utilizando material isolante. **Ex.** O ~ da (h)umidade num prédio é uma garantia de mais conforto.

isolante *adj 2g/s m* (<isolar + -(a)nte) **1** Que isola. **2** Diz-se de corpo ou material que não é condutor elé(c)trico/Isolador(+). **3** Diz-se de material que impede a transmissão de calor, frio, (h)umidade, ruído. **Ex.** Com a aplicação de um material ~ no terraço, a casa ficou mais confortável, menos fria no inverno e menos quente no verão. **4** *s m* Material ou suporte que impede a transmissão da ele(c)tricidade ou do calor.

isolar *v t* (<lat *in* + *sólus,a,um*: só, solitário + -ar¹) **1** Afastar(-se) dos que o rodeiam. ⇒ insular. **2** Separar alguém dos outros por razões de segurança, de perigo de contágio, .../Pôr incomunicável. **3** Tornar inacessível pelos meios normais. **Ex.** A subida das águas do rio isolou a aldeia. **4** Retirar do contexto. **Ex.** ~ essa expressão do conjunto do discurso [Usá-la fora do contexto] não é corre(c)to. **5** Separar/Extrair. **Loc.** ~ *um composto químico.* ~ *um vírus.* **6** Fazer o revestimento de um espaço com substância que impede a passagem do calor, do frio, do ruído. **7** Envolver um condutor de ele(c)tricidade com substância isolante. **Ex.** O plástico é usado para ~ um condutor elé(c)trico.

isomeria *s f Quím* (<isó[ô]mero **2** + -ia) Qualidade de compostos químicos com o mesmo peso molecular mas com estrutura e propriedades diferentes.

isómero, a [*Br* isômero] *adj* (<gr *isomerés*: que tem partes iguais) **1** Relativo a isomeria. **2** *Quím* Diz-se de compostos com a mesma fórmula molecular mas com estrutura e propriedades diferentes. **3** *Bot* Diz-se de um conjunto de órgãos florais que tem o mesmo número de peças que outro.

isometria *s f* (<iso- + -metria) **1** Igualdade de dimensões. **2** *Mat* Transformação biunívoca que mantém as distâncias.

isométrico, a *adj* (<isometria + -ico) **1** Que tem dimensões iguais. **2** *Mat* Que mantém as distâncias. **3** *Fisiol* Diz-se da a(c)ção muscular que desenvolve tensão sem contra(c)ção do músculo. **4** *Liter* Diz-se das estrofes e dos poemas constituídos por versos com o mesmo número de sílabas métricas.

isomorfia *s f* (<isomorfo + -ia) ⇒ isomorfismo.

isomorfismo *s m* (<isomorfo + -ismo) **1** Qualidade do que tem a mesma forma/Qualidade dos corpos isomorfos. **2** *Biol* Semelhança superficial entre indivíduos de diferentes espécies. **3** *Miner* Semelhança na estrutura cristalina de duas substâncias de composição química diferente. **4** *Mat* Correspondência biunívoca entre os elementos de dois conjuntos.

isomorfo, a (Mór) *adj* (<iso- + -morfo) **1** Que possui a mesma forma. **2** *Miner* Diz-se de corpos que podem formar cristais mistos em quaisquer proporções/Que apresenta [tem] a mesma ou semelhante estrutura cristalina. **3** *Mat* Diz-se de dois conjuntos quando há isomorfismo entre eles.

isonomia *s f* (<gr *isonomía*: igualdade de direitos) **1** *Dir* Princípio geral que estabelece a igualdade de todos perante a lei/Igualdade de direitos. **Comb.** ~ salarial [dos salários]. **2** *Miner* Cristalização segundo as mesmas leis.

isónomo, a [*Br* isônomo] *adj* (<gr *isónomos*) **1** Em que há isonomia «de salários». **2** *Miner* Diz-se dos cristais construídos segundo a mesma lei.

isópode *adj 2g/s m* (<iso- + gr *pous, podós*: pé) (Diz-se de) crustáceo ou da ordem de crustáceos aquáticos ou terrestres da subclasse dos malacostráceos, sem carapaça, de cabeça geralmente em forma de escudo, tendo pelo menos seis pares de patas semelhantes.

isopor *s m Br* (<*Com* Isopor) ⇒ esferovite; poliestireno.

isopreno *s m Quím* (<iso- + popreno) Substância (C_5H_8) *us* na fabricação de borracha sintética.

isóptero, a *adj/s Ent* (<iso- + gr *pterón*: asa) (Diz-se de) inse(c)to ou (da) ordem de inse(c)tos artrópodes, que vivem em comunidade, com aparelho bucal mastigador, e, quando alados, com dois pares de asas sensivelmente iguais. **Ex.** As térmites são ~o/as.

isósceles *adj 2g sing e pl Geom* (<gr *isoskelés*: de (com) lados, pernas ou membros iguais) Diz-se de triângulo com dois lados iguais e de trapézio que tem iguais os lados não paralelos.

isossilábico, a *adj Gram* (<iso- + silábico) Diz-se de palavras, versos ou frases que têm o mesmo número de sílabas.

isostasia *s f Geol* (<iso- + gr *stásis*: equilíbrio + -ia) **1** Equilíbrio relativo mantido pelas camadas superiores da crusta terrestre. **2** Teoria segundo a qual tal equilíbrio resulta das diferenças de densidade das matérias que compõem a crusta terrestre.

isostático, a *adj* (<isostasia + -ico) Diz-se do movimento vertical de blocos da crusta terrestre para restaurar a isostasia **1**, alterada pela erosão acentuada daqueles blocos. ⇒ isotérico.

isotérico, a *adj* (<iso- + gr *théros*: estio) Diz-se da linha que, num mapa, liga os pontos da Terra em que a temperatura média é a mesma no verão.

isotérmico, a *adj* (<iso- + térmico) **1** «região» Que tem a mesma temperatura média dia «que outra(s)». **2** *Fís* Que se produz a uma temperatura constante. **3** *s f Geog* Linha que, num mapa, une os pontos da Terra de igual temperatura média anual ou mensal, reduzida ao nível do mar. **4** *s f Fís* Curva que representa a variação interdependente da pressão e do volume de um gás a temperatura constante.

isotonia *s f Quím* (<gr *isótonos*: da mesma pressão + -ia) Equilíbrio molecular de duas soluções que têm a mesma pressão osmótica.

isotónico, a [*Br* isotônico] *adj* (<isotonia + -ico) Diz-se de um líquido em relação a outro, se ambos têm a mesma pressão osmótica a igual temperatura.

isótono, a *adj Fís* (<gr *isótonos*) Diz-se dos nuclídeos com o mesmo número de neutrões [*Br* nêutrons] mas com diferentes números ató[ô]micos.

isotopia *s f Fís* (<isótopo + -ia) Propriedade dos nuclídeos que têm o mesmo número ató[ô]mico, mas diferentes números de massa.

isotópico, a *adj* (<isotopia + -ico) Relativo à isotopia ou a isótopo.

isótopo, a *adj/s m Fís* (<iso- + gr *tópos*: lugar) (Diz-se de) cada um de dois ou mais átomos de um mesmo elemento, cujo núcleo possui o mesmo número de protões [*Br* prótons] e ele(c)trões [*Br* elétrons], mas diferente número de neutrões [*Br* nêutrons].

isotropia *s f Fís* (<isótropo + -ia) Qualidade de certos meios ou materiais que têm as

mesmas propriedades físicas em todas as dire(c)ções em que forem medidas.

isotrópico, a *adj* (<isotropia + -ico) Relativo a isotropia ou a isótropo.

isótropo, a *adj/s m* (<iso- + gr *trópos*: dire(c)ção) (Diz-se de) meio ou corpo que possui as mesmas propriedades físicas em todas as dire(c)ções.

isqueiro *s m* (<isca + -eiro) **1** Pequeno utensílio portátil, geralmente metálico, com carga inflamável pelo atrito de uma pequena roda de aço dentada em pederneira, usado sobretudo por fumadores. **Comb. ~ a gás/gasolina. Pedra de ~**. **2** Dispositivo no automóvel para acender cigarros. **3** Acendedor de fogão elé(c)trico ou a gás.

isquemia *s f Med* (<gr *ískhaimos*: que detém o sangue + -ia) Diminuição ou suspensão da irrigação sanguínea numa parte do organismo. **Ex.** O ele(c)trocardiograma dele acusou [regist(r)ou] uma leve ~.

isquiático, a *adj* (<lat *ischiádicus*) Do ísquio ou dos quadris/Ciático(+)

ísquio(n) *s m Anat* (<gr *iskhíon*) Parte inferior e posterior do osso ilíaco, em que encaixa o fémur, soldada ao ílio e ao púbis.

Israel *s m* República do Próximo Oriente, junto ao Mar Mediterrâneo, que reivindica a cidade de Jerusalém como capital, designando-se os naturais ou habitantes de israelitas.

israelita *adj/s 2g* (<*top* Israel + -ita) **1** Relativo ou pertencente a Israel ou aos seus habitantes. **2** Natural ou habitante de Israel. ⇒ judeu; hebreu.

-íssimo, a *suf Gram* (<lat *-íssimus, a, um*; por ex.: *justus* ⇒ *justíssimus*) Indica o superlativo [maior grau] dos *adj* e *adv*. **Ex.** Just~, felic~, muit~.

isso *pron dem* (<lat *ípse,a,um*; ⇒ isto; aquilo) **1** Indica alguma coisa próxima do interlocutor. **Ex.** Podes dar-me ~? Agradeço que me chegues ~. **2** Refere alguma coisa do interlocutor, sem precisar o nome. **Ex.** ~ que usas sobre os ombros, como é que se chama? **3** Refere-se a algo acabado de dizer/escrever ou que vai ser explicitado. **Ex.** Ela esqueceu-se (do dia) dos meus anos, mas ~ não importa. «(meus) filhos!» ~ de cada um fazer o que lhe apetece tem de/que acabar... **Loc. Não estar para ~** [Recusar fazer o que acaba de ser referido] (Ex. Estudar, ele não está para ~ [, ~ não é com ele/, disso ele não gosta/, é coisa que ele não quer]). **Por ~** [Por esse motivo] (Ex. Cometeu uma falta grave; por ~ ele foi duramente censurado). **4** *fam depr* Pode indicar pessoas de modo vago, de que se falou. **Ex.** ~ é gente que convém evitar [*col* é do piorio/é gente má]. **5** *fam* No encontro com alguém com que se tem intimidade e que não se vê habitualmente, pode referir-se à situação do interlocutor «saúde/negócios/trabalho/...». **Ex.** Como vai ~? Já há uns tempos [muito tempo] que te não vi... **6** *col* Expressa aprovação/estímulo. **Ex.** Bravo! ~ é que é falar! No ginásio, o professor incitava: Salta!...Salta!... ~! ~! Muito bem! **7** *col* Exprime negação iró[ô]nica. **Ex.** (Ele,) pegar na enxada? ~ sim! *col* Era o que mais faltava!... Diz que me faz calos...

-ista *suf* Significa: **a)** *partidário de um sistema político, ideológico, filosófico* (Ex. absolut~, anarqu~, parlamentar~, presidencial~; comun~, social~, colonial~; aprior~, empir~, existencial~, material~, positiv~, racional~); **b)** *seguidor de uma doutrina religiosa* (Ex. bud~, confucian~, calvin~); **c)** *seguidor de uma corrente artística* (Ex. cub~, impression~, modern~, natural~, real~, surreal~); **d)** *agente* (Ex. antagon~, a(c)tiv~, cicl~, jornal~, protagon~); **e)** *estudioso de um ramo do saber* (Ex. african~, encicloped~, helen~, latin~); **f)** *Qualidade* (Ex. alarm~, chauvin~, human~, o(p)tim~, pessim~). ⇒ -ismo.

istioforídeo, a *adj/s m Icti* (<gr *istíon*: vela de barco + *phorós*: que leva + -ídeo) (Diz-se de) peixe ou de família de peixes que têm o maxilar superior alongado e uma grande barbatana dorsal.

ístmico, a *adj* (<istmo + -ico) **1** Relativo ou semelhante a istmo. **2** *s pl Hist* Jogos solenes que se celebravam todos os 3, 4 ou 5 anos no istmo de Corinto. ⇒ olímpico.

istmo *s m Geog* (<gr *isthmós*) **1** Faixa estreita de terra a unir dois continentes ou uma península e um continente. **Comb. ~ da baía de Luanda. ~ de Corinto** (Grécia). **2** *Anat* Zona estreita que liga dois órgãos ou partes maiores de um órgão/Estrangulamento entre cavidades.

isto *pron dem* (<lat *iste, a, ud*; ⇒ isso; aquilo) **1** Designa alguma coisa próxima de quem fala ou escreve. **Ex.** ~ é um instrumento muito útil. **2** Indica algo que acaba de ser dito/escrito ou que se vai explicitar. **Ex.** «professor ao aluno» Olhe, menino, ~ de faltar às aulas é muito grave! **Loc. , ~ é**, [Que o mesmo é dizer/Ou seja/Quer dizer/Ou melhor (dizendo)] (Ex. Para a festa convidei os presentes, ~ é, toda a gente que ali estava. Preciso de ler a bibliografia sobre o assunto, ~ é, os autores de referência e os trabalhos mais recentes). **3** *fam* Exprime desaprovação/censura em relação a algo, a uma situação. **Ex.** «meninos!/ então?» Tanta correria pela casa! Mas o que é ~? Vamos lá a sossegar!... «fui roubado» Ao que ~ chegou! Não se pode confiar em ninguém... **4** *fam* Exprime aprovação/louvor/elogio. **Ex.** ~ é que é jogar! [~ é que é uma equipa!/A (nossa) equipa joga muito bem!]. **5** Em correlação com *aquilo*, indica o que está mais perto no espaço ou no discurso. **Ex.** ~ é de [bom] comprar [~ deve comprar-se], aquilo não. Quanto à casa, entre comprar e [ou] alugar, acho que ~ agora é mais indicado [adequado] do que aquilo. **Loc.** E mais ~ e mais aquilo... [*col* Um não mais acabar/parar] (Ex. Depois de comprar o que precisa, ainda leva *col* e mais ~, e mais aquilo... Quando telefona, ninguém a cala: *col* e mais ~, e mais aquilo... Parece que não tem nada para fazer!).

-ita *suf* Significa *origem/pertença* (Ex. israelita, levita, moscovita, semita, sibarita). ⇒ -ite b).

Itália *s f* República do sul da Europa, com capital em Roma, designando-se os habitantes de italianos. **Ex.** Eu sou ítalo-brasileiro, os meus pais [avós] vieram da ~.

italiano, a *adj* (<*top* Itália + -ano) **1** «língua» Da Itália. **2** *s f* Café expresso servido em pouca água. **Ex.** A nossa amiga faz sempre questão em pedir uma ~a.

itálico, a *adj/s m* (<lat *itálicus*) **1** Relativo à Itália ou aos seus habitantes, sobretudo na Antiguidade. **2** *s m* Grupo de línguas indo-europeias faladas na Itália antiga. **3** *s m* Letra ou tipo de imprensa com inclinação para a direita. **Ex.** Neste dicionário a classe gramatical «*adj/...*» aparece em ~. **Sin.** *Br* Letra italiana; grifo[2].

italiota *adj/s 2g* (<gr *italiôtes*) **1** Relativo ou pertencente à população da zona central da península itálica antes do domínio romano. **Sin.** Etrusco(+). **2** Designação genérica dos naturais ou habitantes da zona central da península itálica antes de Roma iniciar a sua expansão.

ítalo, a *adj/s* (<lat *ítalus*) Relativo ⇒ Itália **Ex..** à Itália/Italiano/Latino/Romano.

-itar *suf* Significa **repetição** (Ex. dorm~ (De dormir), exerc~, salt~(De saltar), tir~). ⇒ iterativo 2; frequentativo.

itauá ⇒ ituá.

-ite *suf* Significa **a)** *inflamação* (Ex. apendic~, bronqu~, cist~, dermat~, faring~, gastr~, hepat~); **b)** *substância natural ou artificial* (Ex. cupr~, ebon~, graf~, lenh~, magnet~, vulcan~); **c)** *formação natural* (Ex. estalact~, estalagm~).

item (Í) *s m* (<lat *ítem*: do mesmo modo) **1** Cada um dos elementos de um conjunto organizado. **2** Artigo/Cláusula/Parcela/Tópico que se inclui numa enumeração. **3** Cada uma das perguntas/questões de um teste/questionário. **Ex.** No teste, o ~ n.º 7 foi o que regist(r)ou [teve] mais respostas erradas. **Comb.** ~ de escolha múltipla. **4** *Ling* Qualquer forma linguística considerada como unidade de um conjunto. **Ex.** *Raiz, tronco, ramo* são itens lexicais; *pessoa, número, tempo, modo* são itens gramaticais. **5** *adv* ⇒ também.

iteração *s f* (<lat *iterátio, ónis*) **1** A(c)to ou efeito de iterar/Repetição. **2** *Mat* Processo de resolução de uma equação ou de um sistema de equações, constituído por uma sequência de operações em que o obje(c)to de cada uma é o resultado da que a precede.

iterar *v t* (<lat *ítero, áre, átum*: repetir<*íterum*: pela segunda [por sua] vez) Dizer ou fazer de novo/Repetir(+)/Reiterar(+).

iterativo, a *adj* (<lat *iteratívus*) **1** Que ocorre várias vezes/Que se repete/Frequente/Reiterado. **2** *Gram* Diz-se dos verbos e dos sufixos que exprimem a repetição da a(c)ção/Frequentativo(+). **Ex.** Saltitar (⇒ -itar) é um verbo ~.

itérbio [Yb 70] *s m Quím* (<*top* Ytterby (Suécia) + -io) Elemento da família dos lantanídeos, metal macio prateado pertencente ao grupo das terras raras, usado em laser e raios X. ⇒ ítrio; érbio.

itinerante *adj/s 2g* (<lat *itínerans, ántis* <*itínero, áre*: viajar) **1** (O) que se desloca no exercício de uma função. **Comb.** Embaixador ~. **2** Diz-se da a(c)tividade que vai mudando de local. **Comb. Biblioteca ~. Comércio ~. Exposição ~. Teatro ~**. **3** (O) que passeia/viaja/Viandante(+). ⇒ transeunte.

itinerário *s m* (<lat *itinerárium*<*íter, itíneris*: caminho (percorrido) <*éo, íre, ítum*: ir) **1** Caminho a percorrer para ir de um lugar a outro/Percurso/Traje(c)to. **2** Indicação dos locais onde se passa ou pára durante uma viagem/Roteiro. **Ex.** O ~ da nossa excursão tem muito interesse cultural. **3** Obra que relata uma viagem, referindo os locais visitados e as impressões experimentadas/Descrição de viagem. **4** Indicação dos locais em que pára um transporte público e do seu horário. **Ex.** Acabei de consultar o ~ do autocarro [*Br* ônibus] e em breve estarei aí.

-ito *suf* Significa **a)** *diminutivo* (Ex. aren~, grup~, meteor~, pequen~; ⇒ -inho/-ino); **b)** *Quím Sal* derivado de um ácido com menor quantidade de oxigé[ê]nio do que outro (Ex. nitrito, sulfito).

ítrio [Y 39] *s m Quím* (<lat científico *yttrium*<*top* Ytterby (Suécia)) Elemento sólido, metal macio prateado pertencente ao grupo das terras raras. ⇒ érbio; itérbio.

itu *s m Bot* (<tupi *i'tu*: cascata) ⇒ pau-ferro.

ituá [itauá] *s m Bot* (<tupi *itu'a*) Planta brasileira que fornece fibras têxteis.

iúca *s f Bot* (<taino *yucca*) Árvore da família das liliáceas, originária de zonas subtro-

picais americanas, cultivada em Portugal com fins ornamentais.

iugoslavo, a *adj/s* ⇒ Jugoslávia.

iva *s f Bot* (<fr *ive*) Planta vivaz da família das labiadas, aromática, espontânea em zonas secas do centro e sul de Portugal; *Ajuga iva*.

IVA Sigla de **I**mposto sobre o **V**alor **A**crescentado.

-ível *suf* (<lat *-íbilis, e*; ⇒ -ável; -vel) Significa **a) *possibilidade*** (Ex. cognosc~, confund~, convert~, cr~, discut~, revers~); **b) *que é passível de*** (Ex. combust~, consum~, susce(p)t~); **c) *qualidade*** (Ex. sofr~, tem~, terr~); **d) *relação*** (Ex. compat~, prefer~).

-ivo, a *suf* (<lat *-ivus*) Significa **a) *função*** (Ex. coerc~, convidat~, execut~, explicat~, informat~, inquisit~, legislat~, sele(c)t~); **b) *qualidade*** (Ex. cansat~, emot~, enjoat~, lasc~, lucrat~, noc~); **c) *relação*** (Ex. ado(p)t~, cooperat~, corporat~, fest~, cole(c)t~).

ixode (Kssó) *s m Ent* (<gr *ixṓdes*: pegajoso) Acarídeo parasita dos vertebrados, aos quais suga o sangue, mais conhecido por carraça ou carrapato.

ixodídeo, a (Ksso) *adj/s m Ent* (<ixode + -ídeo) (Diz-se de) acarídeo ou família de acarídeos de carapaça dorsal em forma de escudo, que sugam o sangue dos vertebrados, incluindo o homem, podendo originar doenças.

iza [izaquente/disanha] *s f Bot* Árvore tropical africana da família das moráceas, muito frondosa, de folhas ornamentais, de cujas sementes se fabrica uma farinha alimentar; *Treculia africana*.

-izar *suf* Significa **a) *a(c)ção*** (Ex. cot~, fiscal~, satir~, util~); **b) *transformação*** (Ex. civil~, fossil~, human~, suav~).

J

j (Jota/Jê) s m **1** Décima letra e sétima consoante do alfabeto português. **Ex.** O *j* é uma consoante fricativa palatal sonora «já/janela/hoje». **2** Décimo lugar numa série indicada pelas letras do alfabeto. **Comb.** Fila *J*. Alínea *j*). **3** *Fís Maiúsc* Símbolo de joule.

já adv/conj (<lat *j[i]am*) **1** Imediatamente. **Ex.** Saia daqui ~ (~)! Espera (aí), vou ~ [~ vou]. **Ant.** Ainda não. **2** Agora/Presentemente. **Ex.** O pai ~ chegou [está]. O Carlos estava doente mas ~ está bom. ~ estou a ver ao longe o avião. O velhinho ~ não ouve. **Comb.** ~ *agora* [Então] «diga-me cá: você não quer desistir do pleito [tribunal] ?». ~ *não* «há (mais) vinho». ~ *que* [Dado que/Uma vez que] «você diz que viu, eu acredito». *Desde* ~ [Antecipadamente] «agradecemos a resposta ao nosso pedido». *Desde* [*Para*] ~ [Além do mais/Para começar] «esse proje(c)to é uma (autêntica) loucura». *Para* ~ [Por enquanto] «não preciso de telemóvel». *Para* ~ [Se quer saber/Antes de mais] «você é um mentiroso». **Ant.** Ainda não. **3** Antes/Anteriormente. **Ex.** Eu ~ conhecia [tinha visto] este senhor [cavalheiro]. Eu ~ fui ao Brasil [a Timor]. Espero que quando chegar(es) a Lisboa [ao Porto], eu ~ lá esteja. **Ant.** Ainda não. **4** Dentro de [Daqui a] pouco (tempo). **Ex.** Eu vou sair [lá fora], mas volto ~. – (Bem/Então) até ~. Entrem [Fazem favor de entrar] para a sala (que) a reunião ~ vai começar. **5** Mas. **Ex.** O meu filho, em casa, estuda; ~ com os outros, na escola, só quer [*col* lhe dá para] brincar. **6** Claro/Naturalmente/Pois. **Ex.** Despediram-me (do emprego)! – Estava-se mesmo a ver [Já se via]; você chegava sempre tarde… **7** Não só… mas também/Ora… ora/Quer… quer/Tanto… como. **Ex.** A menina ~ em casa, ~ fora [na rua], não largava a boneca. **8** "Dai graças a Deus". **Ex.** Se conseguirmos empatar (no jogo) ~ é muito!

jabiraca s f *Br* ⇒ jararaca.

jabiru s m *Br* ⇒ jaburu.

jaborandi s m *Br Bot* (<tupi *yambïra'ndi*) Nome comum de várias plantas da família das rutáceas e das piperáceas, geralmente com propriedades medicinais.

jabota s f *Br Zool* (<tupi *yawo'ti*) Fêmea do jabuti.

jaburu s m *Br Ornit* (<tupi *yambï'ru*) **1** Ave pernalta brasileira de plumagem branca e patas negras, da família dos ciconiídeos. **2** *fig* Pessoa feia/desajeitada/tristonha.

jabuticaba s f *Bot* (<tupi *yawoti kawa*) Fruto da jabuticabeira.

jabuticabeira s f *Bot* (<jabuticaba + -eira) Árvore mirtácea de bagas comestíveis; *Myrciária cauliflora*.

jabuti(m) s m *Zool* (<tupi *yawo'ti*) Réptil queló[ô]nio terrestre, herbívoro, comestível.

jaca s f *Br* (<malaiala *chakka*) **1** Fruto da jaqueira em forma de elipse e com cheiro agradável/Jaqueira. **2** *Br col* ⇒ cartola/chapéu.

jacá s m *Br* (<tupi *aya'ka*) Cesto de taquara ou cipó usado para transportar carga no dorso dos animais.

jaça s f (< ?) **1** Mancha [Imperfeição] no interior duma pedra preciosa. **2** *fig* Mácula(+) na reputação. **Comb.** Pessoa honrada, sem ~. **3** ⇒ Prisão/Cárcere. **4** ⇒ Cama/Leito.

jacami(m) s m *Br Bot* (<tupi *yaka'mi*) Árvore nativa brasileira, *Aspidosperma inundatum*, da família das apocináceas, que dá excelente madeira amarela, muito rija. **Ex.** O ~ é frequente na floresta amazó[ô]nica.

jaçanã s f *Br Ornit* (<tupi *yasa'nã*) Ave pernalta, *Jacana jacana*, frequente em lagoas brasileiras, também conhecida por aguapeaçoca, cafezinho, japiaçoca, marrequinha.

jaçapé s m *Br Bot* (<tupi ?) Planta herbácea, *Kyllinga odorata*, da família das gramíneas/Capim-de-cheiro.

jacarandá s m *Br Bot* (<tupi *yakara'ndá*) **1** Árvore da família das bignoniáceas, *Jacaranda ovalifolia*, originária do Brasil e da Argentina, que fornece boa madeira para marcenaria e é utilizada como ornamental em ruas «de Lisboa» e praças. **2** Nome vulgar de muitas outras plantas da mesma e doutras famílias, muitas delas produzindo boa madeira.

jacaratiá s m *Br Bot* (<tupi *yakarati'a*) Árvore da família das caricáceas, *Jacaratia spinosa*, que se desenvolve nas regiões tropicais e cujo fruto é uma baga comestível e que produz um látex usado como vermífugo forte.

jacaré s m *Zool* (<tupi *yaka're*) **1** Nome de grande réptil da família dos crocodilídeos, de focinho largo e curto, frequente na Amazó[ô]nia; *Caiman crocodilus*. **2** *Br Bot* Árvore da família das leguminosas cuja madeira tem várias aplicações.

jacente adj 2g/s m (<lat *jácens,éntis*; ⇒ jazer) **1** Que jaz ou está deitado/estendido. **Comb.** *Corpo* [Cadáver] ~ na estrada «vítima de acidente». «túmulo com *Estátua* ~ (na tampa). **2** Situado(+)/Localizado/Posicionado. **Comb.** Vale ~ entre duas montanhas. **3** *Dir* (Diz-se de) herança que não se sabe a quem pertence, mas ainda não declarada vaga para o Estado. **4** s m Viga longitudinal das pontes onde assenta o tabuleiro ou (assentam) as travessas. **5** s m pl Rochedos submersos a pouca profundidade, perigosos para a navegação/Baixios.

jacinto s m (<lat *hyacinthus,i*) **1** *Bot* Planta bolbosa, *Hyacinthus orientalis*, da família das liliáceas de que existem numerosas variedades cultivadas como ornamentais. **Ex.** Há ~s com flores singelas ou dobradas, de várias cores: azul, roxo, rosado, branco. **2** *Miner* Pedra preciosa transparente, avermelhada ou castanha, constituída por silicato de zircó[ô]nio/Zircão.

jackpot (Jàquepóte) s m (<ing *jackpot*) **1** Pré[ê]mio elevado num jogo resultante de acumulações sucessivas. **Ex.** Esta semana há ~ no Totoloto. **2** *fig* Sorte exce(p)cional. **Ex.** Como é possível?! Saíram-lhe três prémios no mesmo sorteio! Um autêntico ~!

jacitara s f *Br Bot* (<tupi *yasit'ara*) Nome vulgar de palmeira trepadora de caule delgado, *Desmoncus macroacanthos*, e de outras congé[ê]neres, das quais se obtém uma fibra têxtil.

jacobinismo s m (<jacobino + -ismo) **1** *Hist* Doutrina política revolucionária nascida em França em 1789 no decurso da Revolução Francesa. **2** ⇒ extremismo sectário; radicalismo.

jacobino, a s/adj (<fr *facobin*) **1** *Hist* Membro do clube de revolucionários franceses (Clube dos Jacobinos) fundadores do jacobinismo. **Ex.** Os ~s tomaram esse nome por se reunirem na antiga Capela dos Jacobinos (Dominicanos). **2** *Hist* Sectário obstinado/Revolucionário violento/Anticlerical raivoso. **Ex.** Os ~s intervieram nas grandes violências e atrocidades da Revolução Francesa «morte do rei/ perseguição à Igreja Católica/estabelecimento do Terror». **3** *Br* ⇒ antiestrangeiro; xenófobo.

jactância [*Br* **ja(c)tância** (*dg*)] s f (<lat *jactantia,ae*; ⇒ jactar-se) Cara(c)terística [Atitude] de quem exibe as suas qualidades ou proezas/Arrogância/Ostentação/Presunção/Vaidade/Bazófia. **Ex.** Há um contraste chocante entre a ~ dos discursos dos membros do governo e o estado de crise que a nação atravessa. **Ant.** Humildade; modéstia.

jactancioso, a [*Br* **ja(c)tancioso** (*dg*)] adj (<jactância+-oso) Arrogante/Presunçoso/Vaidoso. **Comb.** Conversa [Palavras] ~a(s).

jactar-se [*Br* **jatar-se**] v t (<lat *jácto,áre, átum*: lançar/atirar muito ou com força, gabar-se) Mostrar jactância/Vangloriar-se/Gabar-se.

jacto ⇒ jato

jacu s m *Br Ornit* (<tupi *ya'ku*) Ave galinácea semelhante aos faisões, silvestre mas domesticável/Jacupemba/Jacutinga/Jacu-taquara.

jaculação s f (<lat *jaculátio,ónis*) **1** A(c)to ou efeito de jacular/Ejaculação. **2** Saída súbita e impetuosa/Ja(c)to/Arremesso. **3** Expressão oral [Fala/Saída(+)] espontânea e impetuosa. **Ex.** O espanto que o atrevimento do homem lhe causou foi tão grande que não conteve a ~ dum [que lhe atirou à cara um(+)] insulto.

jaculador, ora adj/s (<jacular + -dor) (O) que arremessa uma arma «dardo/besta». ⇒ archeiro; besteiro.

jacular v t (<lat *jáculor,ári,átus sum*) **1** Lançar [Atirar/Arremessar] longe/com força. **Loc.** ~ [Desferir(+)/Disparar(o+)] um dardo. **2** Ferir com arma de arremesso.

jaculatório, a adj/s f (<lat *jaculatórius,a, um*) **1** Que lança ja(c)tos/Que atira com ímpeto. **Comb.** *Fonte* ~a. *Movimento* ~. **2** s f *Rel* Oração breve e fervorosa. **Ex.** As ~s «Meu Deus, eu Vos [Te] amo» são expressões de amor e confiança em Deus.

jacúzi [*jacuzzi*] s m (<ing, marca comercial) Banheira equipada com ja(c)tos de água que massajam o corpo. **Ex.** Mandei instalar um ~ na casa de banho [no banheiro] para massajar a minha coluna.

jade s m *Miner* (<fr *jade*) Designação de vários minerais duros, de cor verde ou esverdeada, utilizados em utensílios e como ornamento. **Ex.** Incluem-se no ~, a nefrite (Variedade de anfíbola) e a jadeíte (Variedade de piroxena).

jadeíte/a s f *Miner* (<jade + -ite) Variedade de piroxena, silicato de alumínio e sódio, geralmente conhecida por jade. **Ex.** A ~ de cor verde-esmeralda é uma espécie rara, muito apreciada pelos chineses.

jaez s m (<ár *djahāz*: provisões, conjunto de peças) **1** Adorno de bestas e cavalgaduras/Arreio. **Comb.** *Cavalos* de Alta Escola» enfeitados com ricos ~es [bem ajaezados(+)]. **2** *fig* Qualidade/Espécie/Laia. **Ex.** Julgas que sou do teu ~ [da tua laia(+)]?!

jaezar v t (<jaez + -ar¹) ⇒ ajaezar.

jagodes s m 2n *depr pop* (< ?) **1** Pessoa ordinária/que não merece confiança. **Ex.** Anda por aí um ~ que ninguém conhece, com tão mau aspe(c)to que não inspira confiança. **2** Pessoa insignificante/sem importância/Zé [João]-ninguém/Pobre-diabo. **Ex.** Ó ~! Vem cá para me fazeres um recado. É um pobre ~ que não faz mal a ninguém.

jaguar *s m Zool* (<tupi *ya'wara*) Mamífero carnívoro da família dos felídeos, *Panthera onca*, de cor amarelada com manchas pretas, que vive na América do Sul, parecido com o tigre mas menor/Onça(-pintada).

jagunço *s m Br* (< ?) **1** Guarda-costas de fazendeiro/Capanga. **Ex.** Quem se opusesse ao cacique local, corria o risco de ser espancado pelos ~s. **2** Pistoleiro contratado para matar/Cangaceiro/Salteador. **3** *fig depr* Pessoa reles/torpe.

jainismo *s m* (<sân *j(a)ina*: vencedor, santo + -ismo) Uma das religiões da Índia.

jalapa *s f* (<top *J[X]alapa*, cidade do México) **1** *Bot* Nome comum de plantas da família das convolvuláceas oriundas do México, de que se extrai resina (Jalapina) com propriedades purgativas. **2** *region* ⇒ Vinho de má qualidade/Zurrapa(+).

jalapinha *s f Bot* (<jalapa + -inha) Nome comum de algumas plantas semelhantes à jalapa, mas venenosas, que têm aplicações com efeito purgativo.

jaleco, a *s* (<turco *jelek*: colete) Casaco curto, sem abas, que chega só até à cintura/Jaqueta. **Ex.** O pastor vestia ~ de pele de ovelha.

Jamaica *s f Geog* (<arauaque *Haymaca*: ilha das fontes) Ilha das Grandes Antilhas, no mar das Caraíbas, a sul de Cuba. **Ex.** A capital da (República da) ~ é Kingston e os seus habitantes são jamaicanos; os autóctones primitivos eram os arauaques.

jamais *adv* (<já + mais) **1** Em tempo algum/Nunca. **Ex.** Ele ~ seria capaz de me faltar ao respeito. **Comb.** Nunca ~ [*fam* Nunca na vida] (Ex. Tu seres como o [*idi* Tu chegares aos calcanhares do] teu pai, nunca ~!). **2** Alguma vez/Nenhuma vez. **Ex.** Se ~ [alguma vez/Se (alg)um dia] vier a emigrar, há de ser para um país semelhante ao nosso e ~ [e nunca] será para sempre. ~ [Nunca] se viu coisa assim/igual/parecida!

jamanta *s f Icti* (< ?) Nome vulgar de peixe marinho seláceo, de corpo discoide mais largo que comprido, afim da raia; *Manta birostris*. **Ex.** Na costa portuguesa são frequentes algumas variedades de ~s de grandes dimensões.

jamba *s f* (<fr *jambe*: perna) Cada uma das estruturas laterais duma porta ou janela.

jambeiro *s m Bot* (<jambo + -eiro) Árvore da família das mirtáceas cujos frutos vermelhos (Jambos) são comestíveis e muito apreciados; *Syzygium jambos*.

jâmbico, a *adj Poe* (<gr *iambikós,é,ón*) (Diz-se de) verso formado por jambos[2]/Relativo a jambo[2]/Iâmbico.

jambo[1] *s m Bot* (<sân *jambu*) Fruto do jambeiro.

jambo[2] *s m Poe* (<gr *iambos, ou*) Unidade métrica (Pé) do verso latino ou grego constituída por uma sílaba longa e uma breve/Iambo.

jamboeiro *s m Bot* ⇒ jambeiro.

jambolão [jamelão] *s m Bot* (<concani *jambu'ām*) Árvore da família das mirtáceas, *Syzygium jambolanum*, do Brasil e da Índia, que produz frutos roxos escuros, comestíveis.

jamboree *s m* (<ing *jamboree*: festa ruidosa) Grande acampamento [congresso/reunião] de escu[o]teiros. **Comb.** ~ nacional [internacional].

janaúba *s f Bot* (<tupi *yãdi'iba*: árvore do óleo) Planta selvagem brasileira que produz frutos com aplicação medicinal.

jandaia *s f Br Ornit* (<tupi *ya'naia*) Ave da família dos psitacídeos, *Aratinga solstitialis*, do tipo dos periquitos, de cabeça e peito amarelos/Nandaia.

jandaíra *s f Zool* (<tupi *yãda'ira*) Abelha do Brasil produtora de excelente mel.

janeiradas [janeiras(+)] *s f pl* (<janeiro) Cantigas tradicionais populares portuguesas, cantadas em grupo por ocasião do Ano Novo, desejando boas-festas. **Loc.** Cantar as ~.

janeiro *s m* [= Janeiro] (<lat *Januarius mensis* < *Janus*, deus romano com duas caras: o sol e a lua) Primeiro mês dos calendários juliano e gregoriano, com 31 dias. **Comb.** Luar de ~. **2** *pl minúsc* Anos de idade. **Ex.** Cinquenta ~s já idi cá cantam [Já tenho [fiz] cinquenta anos].

janela *s f* (<lat *januella*, dim de *janua*: porta) **1** Abertura na parede dum edifício, acima do pavimento, para deixar entrar a luz e o ar. **Ex.** Sala com amplas ~s por onde entra (a luz d)o sol a jorros. **Idi.** **Deitar** [Jogar] **(o) dinheiro (pela) ~ fora** [Gastar muito em coisas supérfluas/Esbanjar dinheiro]. *Br* **Entrar pela ~** [Não seguir os trâmites normais «para obter um emprego/entrar numa escola»/*idi* Entrar «para a chefia» pela porta do cavalo]. **Estar à ~** [junto à ~ olhando para fora]. **2** Estrutura envidraçada, com caixilho de madeira, metálico ou de material sintético, geralmente de abrir, que tapa a abertura da parede. **Comb.** ~ com caixilhos de alumínio anodizado [com vidros espelhados]. **~ de guilhotina** [com dois caixilhos, um fixo e outro que se move na vertical]. **3** Abertura coberta com vidraça, fixa ou móvel, em automóveis e outros meios de transporte fechados. **Ex.** Nos aviões, gosto de ir à [do lado da] ~. Nos automóveis é perigoso debruçar-se à ~. **4** *fam* Rasgão na roupa/Buraco nos sapatos/no calçado. **Ex.** Trazia [Calçava] uns sapatos muito velhos, com o dedo grande já a sair por uma ~. **5** Abertura [Orifício] por onde se faz uma ligação/se estabelece comunicação ou que serve para ver o que está do outro lado. **Comb.** *Anat* ~ oval/redonda [Orifícios do ouvido médio]. **6** *Geol* Fenda provocada pela erosão, deixando a descoberto o substrato das camadas mais antigas/~ tectó[ô]nica. **7** Abertura em folha de papel, envelope, cartão, geralmente tapada com material transparente que deixa ver o que está por baixo. **Comb.** Envelope com ~. **8** *Info* Área do ecrã do computador, de forma re(c)tangular, através da qual podem ser dadas instruções. **Loc.** Abrir uma [nova] ~ «sem fechar as outras». **9** *fig* Perspe(c)tiva que surge inesperadamente. **Loc.** Abrir-se uma ~ de esperança. **10** *pl pop* Os olhos. **Ex.** Duas grandes ~s brilhavam na penumbra do quarto: A menina tinha-se levantado e já vinha à nossa procura.

janelo (Nê) *s m pop* (<janela) Janela pequena/Postigo(+). **Comb.** Porta «da cozinha» com ~.

jangada *s f* (<malaiala *changadam*) Armação flutuante de madeira [troncos] que serve de embarcação rudimentar. **Loc.** Atravessar o rio numa ~.

jangadeira *s f Bot* (<jangada+-eira) Árvore brasileira da família das tiliáceas, *Apeiba tibourbou*, que dá madeira muito leve, boa para fazer jangadas/Pau-de-Jangada. **Ex.** A casca da ~ serve para fazer cordas.

janízaro *s m* (<turco *yenī*: novo + *cēri*: tropa, milícia) Soldado de um corpo de elite do exército turco. **Ex.** Os ~s chegaram a constituir uma milícia muito numerosa que gozava de grande prestígio.

janota *adj 2g/s m* (<antr Janot, a(c)tor có[ô]mico francês dos fins do séc. XVIII) **1** (Diz-se de) pessoa que se veste com esmero exagerado/Peralta/*fam* Catita. **Ex.** Vais todo [muito] ~, onde é a festa (hoje)? Ela anda sempre tão ~ que às vezes até parece [até lhe fica] mal. **2** Que está na moda/Chique/Elegante. **Ex.** Já viste os sapatos ~s que comprei, com salto alto e muito afilados, como é moda agora?

janotice *s f* (<janota + -ice) Cuidado excessivo com a apresentação/Esmero demasiado no modo de vestir/Janotismo. **Ex.** Sempre gostei de vestir com simplicidade; nunca fui de [fui dado a] ~s.

jansenismo *s m Rel Hist* (<antr C. Jansé[ê]nio (1585-1638), holandês, teólogo e bispo + -ismo) Doutrina teológica e conce(p)ção de vida cristã formulada por Cornélio Jansénio, versando sobre a conciliação da graça de Deus com a liberdade do homem, cara(c)terizada pelo moralismo rígido e austero. **Ex.** O ~ deu origem a grandes controvérsias dentro da Igreja, tendo como principais intervenientes os Oratorianos e Dominicanos, como defensores, e, os Jesuítas, como opositores.

jansenista *s/adj 2g* (⇒ jansenismo) **1** (O) que é partidário [seguidor] do jansenismo. **Ex.** Blaise Pascal foi um dos ~s mais acérrimos. **2** Relativo ao jansenismo. **Comb.** *Doutrina* ~. *Rigorismo* ~.

jantar *s m/v int* (<lat *jénto,áre,átum*) **1** *s m* Refeição que se toma ao fim da tarde/Refeição da noite/«Última» Ceia/*pop* Janta. **Ex.** O ~ em minha casa é às 8 (horas) da noite. **2** O que se come nessa refeição. **Ex.** O ~ deve ser uma refeição leve. Queres que te ajude a fazer o [a preparar a refeição do] ~? **3** *v int* Tomar a refeição da noite, o ~. **Ex.** Não esperes por mim para ~; hoje janto [jantarei/vou jantar(+)] fora [num restaurante]. **Comb.** Sala de ~ [Divisão da casa onde se tomam as refeições].

jantarada *s f fam* (<jantar + -ada) Refeição abundante e apetitosa/Comezaina. **Ex.** Para festejar os anos vou fazer uma ~ com os amigos.

jante *s f Mec* (<fr *jante*: "curva") Aro metálico da roda de um veículo automóvel onde se fixa o cubo e encaixa o pneu. **Comb.** Automóvel com ~s de alumínio [de liga leve].

jaó *s 2g Br Ornit* (<on *jahó?*) Nome comum de várias aves da família dos tinamídeos, existentes no Brasil e noutros países sul-americanos. **Ex.** Algumas espécies de ~s «zambelê» estão em perigo de extinção.

Japão *s m Geog* (<mal *djapã*) **1** País insular situado na extremidade oriental da Ásia que tem como capital Tóquio; os habitantes são japoneses e falam japonês. **Ex.** Portugal foi o primeiro país da Europa a conta(c)tar com o ~, 23 de setembro de 1543. **2** *an minúsc* **japão, oa** ⇒ japonês.

japoneira *s f Bot* (<top Japão + -eira) ⇒ camélia.

japonês, esa *adj/s* (<top Japão + -ês) **1** Natural ou habitante do Japão/Nipó[ô]nico. **Ex.** Historicamente, o início do povo ~ situa-se no séc. III ou IV da era cristã, embora mitologicamente seja apontado o ano 660 a.C. como início do reinado do 1.º Imperador, Jimmu. **2** Relativo ao Japão/aos japoneses. **Comb.** Arte [Pintura/Escultura] ~esa. Língua ~esa [Japonês].

japónico, a [*Br* japônico] *adj* (<top Japão + -ico) ⇒ japonês(o+)/«o comércio luso-» nipó[ô]nico(+).

japonizar *v t* (<top Japão + -izar) Dar cara(c)terísticas/feição/hábitos de japonês. **Ex.** Venceslau de Morais, conhecido português que chegou ao Japão em 1898, japonizou-se, encantado pela beleza da terra e pela cultura japonesa, e aí viveu até à morte, em 1929.

japonólogo, a *s* (<Japão + -logo) Conhecedor «da arte/história/...» do Japão/Versado em japonologia.

japu *s m Br Ornit* (<tupi *ya'pi*) Nome comum de pássaros do continente sul-americano da família dos icteríneos, com longas penas na cauda, também designado por iapu.

jaque *s m Náut* (<ing *jack*: bandeira de navio) Pequena bandeira quadrada que se iça à proa do navio com as cores e armas nacionais. **Loc.** Içar o ~.

jaqueira *s f Bot* (<jaca + -eira) Árvore da família das moráceas, *Artocarpus heterophylla*, de origem asiática que dá boa madeira e grandes frutos (Jacas) comestíveis.

jaqueiral *s m* (<jaqueira + -al) Conjunto de jaqueiras.

jaqueta *s f* (<fr *jaquette*) Casaco curto, sem abas. **Ex.** A ~ preta faz parte do traje típico dos campinos ribatejanos. **Sin.** Jaleca.

jaquetão *s m* (<jaqueta + -ão) **1** Jaqueta larga. **Ex.** O homem do séc XIX usava, como traje de rua, o ~, feito de tecido grosso. ⇒ samarra; sobretudo. **2** Casaco masculino, de trespasse. **Ex.** Trajava sempre de maneira elegante: sapatos pretos a brilhar, calças cinzentas bem vincadas, ~ azul com botões dourados, cuidadosamente apertado. ⇒ paletó.

jaquinzinho *s m Pop Icti* ⇒ carapau.

jararaca *s f Br* (<tupi *yara'raka*: a que agarra envenenando) **1** *Zool* Uma cobra venenosa. **Ex.** A ~ alimenta-se de ratos. **2** *Fig* Pessoa má. **Ex.** A minha vizinha é uma (autêntica) ~!

jarda *s f* (<ing *yard*) Unidade fundamental de medida de comprimento, do sistema anglo-saxónico, equivalente a 0,914 m. ⇒ metro.

jardim *s m* (<fr *jardin*; ⇒ ~ de infância) **1** Terreno privado ou público, geralmente cercado, onde se cultivam flores e plantas ornamentais. **Ex.** O ~ da minha casa é um verdadeiro encanto: toda a espécie de plantas e flores aí se desenvolvem. A nossa cidade tornou-se famosa pela beleza dos seus ~ns. **Comb.** ~ botânico «de Coimbra». ~ de inverno [Espaço envidraçado da casa para defender as plantas do frio]. ~ público. ~ zoológico. ⇒ horto; parque. **2** Local ou região aprazível pela sua beleza ou pelo esmero com que é cuidado. **Ex.** Que bem tratado está este quintal; é um autêntico [parece um] ~! Portugal é um ~ florido à beira-mar plantado. **3** *Náut* Corredor da popa.

jardim de infância [jardim-escola/jardim-infantil] *s m* Estabelecimento destinado à educação de crianças dos três aos seis anos. **Ex.** No ~ as crianças fazem muitos jogos e desenhos. **Sin.** Infantário.

jardinagem *s f* (<jardim + -agem) **1** A(c)tividade que consiste no tratamento de um jardim. **Ex.** A ~ é um dos meus passatempos favoritos. **2** Arte de cultivar jardins. **Ex.** A(c)tualmente há muitas empresas especializadas em ~.

jardinar *v int* (<jardim + -ar¹) **1** Tratar do jardim. **2** Dedicar-se à jardinagem. **Ex.** ~ é a minha a(c)tividade principal. **Comb.** ~ canteiros (de flores). **3** *pop* Mexer-se muito, sem fazer nada. **Ex.** Não fazes outra coisa senão andar (para aí) a ~.

jardineira *s f* (<jardim + -eiro) **1** ⇒ jardineiro. **2** Recipiente onde se cultivam flores ou plantas ornamentais «no terraço». **3** Móvel para vasos de plantas. **Comb.** A ~ da varanda [sala]. **4** *Cul* Guisado com carne e legumes frescos. **Ex.** Fiz uma ~ deliciosa com carne de vitela, batata, cenoura e muitas ervilhas. **5** *pl* Calças ou saia com peitilho e alças de cruzar nas costas. **Ex.** Para tratar do quintal visto umas ~s de ganga.

jardineiro, a *s* (<jardim + -eiro) Quem trata dos jardins. **Ex.** A Câmara Municipal [A Prefeitura] emprega dezenas de ~s.

jardinista *s 2g* (<jardim + -ista) **1** Pessoa que desenha jardins. **Ex.** Se o jardim não tem um bom traçado a culpa é do ~. ⇒ paisagista. **2** Pessoa que gosta muito de jardins ou de jardinagem. **Ex.** O meu pai deliciava-se a contemplar os jardins da cidade; era por natureza um ~! **3** *Br* ⇒ ônibus; coche. **4** *Br* ⇒ professora de jardim de infância.

jargão *s m* (<fr *jargon* <*on gargar*) **1** Linguagem corrompida/imperfeita. **Ex.** O bagageiro ia-lhe explicando num ~ incompreensível onde ficava o hotel. ⇒ crioulo; pidgin. **2** Forma de expressão própria de um determinado grupo social, compreensível apenas por iniciados. **Ex.** Este guarda-redes [goleiro] não vê um boi; dá cada frango! (Deixa entrar muitos golos). **Sin.** Gíria(+). ⇒ cifra.

jarra *s f* (<ár *jarra*: vaso de barro para água) **1** Recipiente «de vidro», com asa e bico, para «água». **Ex.** O vinho foi servido em ~s de cristal. ⇒ jarro. **2** Recipiente para flores. **Comb.** ~ chinesa [de cristal/de estanho/de porcelana]. **3** *depr* Pessoa idosa, desajeitada, ridícula. **Idi.** *Par de ~s* [Duas pessoas de aspe(c)to ridículo que andam geralmente juntas]. ⇒ jarreta.

jarrão *s m* (<jarra + -ão) **1** Jarra grande usada como peça decorativa. **Comb.** ~ chinês. **2** *Fig* Pessoa que numa reunião ou festa permanece ina(c)tiva. **Ex.** Enquanto o baile decorria animado, aqueles dois ~ões (ali) permaneciam apáticos (⇒ jarra 3 Idi.).

jarreta (Ê) *adj/s 2g* (<jarra 3: velho ridículo + -eta) Pessoa antiquada/ridícula/caduca. **Ex.** (No hospital) trataram-me como se eu fosse um velho ~. Casou com uma ~ só por (causa do) dinheiro.

jarretar *v tr* (<jarrete + -ar¹) **1** Cortar os jarretes a. **2** Amputar «um braço»/Decepar/Cortar. **3** *Fig* Retirar (parte de um conjunto)/Suprimir/Eliminar. **Ex.** A censura jarretou [cortou(+)] partes essenciais do discurso.

jarrete (Ê) *s m Anat* (<fr *jarret* <gaulês *garra*: perna) **1** Parte de trás da articulação do joelho. **2** Tendão da perna dos quadrúpedes. **Sin.** Curvejão, curvilhão.

jarreteira *s f* (<jarrete + -eira) **1** Fita elástica usada para segurar as meias acima ou abaixo do joelho. **Ex.** Os escuteiros portugueses usam ~s da cor correspondente à se(c)ção a que pertencem. **Sin.** Liga(+). **2** Ordem de cavalaria inglesa que tem uma liga por distintivo.

jarrinha *s f Bot Br* (<jarra + -inho) Planta trepadeira com propriedades medicinais, também conhecida por mil-homens.

jarro¹ *s m* (<jarra) Recipiente maior que a jarra «para levar água». ⇒ cântaro/a; gomil.

jarro² *s m Bot* (<lat *arum,i*) **1** Planta com folha sagitada e flor em forma de V, geralmente branca, com uma pequena haste amarela no meio e pé verde. **2** Flor dessa planta.

jasmim *s m Bot* (<ár *yásmin*: arbusto, flor) Designação vulgar de várias plantas oleáceas [jasmináceas] com flores aromáticas. **Ex.** A essência de ~ é muito utilizada em perfumaria.

jaspe *s m Miner* (<gr *iáspis,idos*) **1** Variedade de quartzo opaco, de cores variadas, usada como pedra preciosa. **Comb.** ~-negro [Pedra de toque]. **2** Mármore listrado. **3** Obje(c)to artístico feito dessa pedra.

jaspear *v tr* (<jaspe + -ar¹) Dar a aparência do jaspe (Pela cor/veios/matizes).

jáspeo, a [jaspoide] *adj* (<jaspe + ...) Semelhante ao jaspe. **Comb.** Coluna de coloração ~a. Mármore ~.

jataí¹ [jataí[ú]ba] *s m Bot* (<tupi *yeta'i*: planta que fornece madeira) Designação de várias plantas da família das palmeiras. **Ex.** A palmeira ~ é muito abundante na América latina. **Comb.** Farinha de ~. Óleo de ~.

jataí² *s f Ent* (<tupi *yate'i*: espécie de abelha) Uma abelha (do Brasil, produtora de mel muito apreciado).

jatância/jatancioso/jatar-se ⇒ jactância/...

jato *s m* (<lat *jáctus,us*) **1** Saída impetuosa dum fluido/Jorro. **Comb.** ~ de água. ~ de vapor. **2** Feixe luminoso de grande intensidade. **Comb.** ~ de luz. **3** *Aer* Fluxo gasoso que sai pelo tubo de escape dos rea(c)tores [motores/propulsores] dos aviões e outros aparelhos que se movem deste modo/Avião movido por este tipo de propulsão. **Ex.** Os ~s [Os aviões a ~] substituíram quase completamente os aviões de grande porte com motor de hélice. **4** Impulso/Ímpeto. **Comb.** De um ~ [Duma só vez/Sem interrupção]. **5** A(c)to ou efeito de lançar/Arremesso(+)/Lançamento.

jau *adj 2g an* (<malaio *jáu*: de Java) ⇒ javanês.

jaú *s m* (tupi *yaú*: aquele que devora) **1** *Icti* Grande peixe de água doce do Brasil. **Ex.** Quando fisgado, o ~ é capaz de arrastar a canoa por quiló[ô]metros. **2** ⇒ bailéu; andaime.

jaula *s f* (<lat *cavéola* <*cávea*: gaiola) **1** Gaiola com grades fortes para animais ferozes. **Ex.** No jardim zoológico é perigoso aproximar-se das ~s. **2** *gír col* Prisão; cadeia. **Loc.** Meter (alguém) na ~.

java *s f Info* Linguagem de programação orientada para obje(c)tos, derivada da linguagem C++.

javali *s m Zool* (<ár *jabalii*: montês) Porco montês/selvagem. **Ex.** As batidas ao ~ são muito apreciadas pelos caçadores.

javalina *s f Zool* (<javali + -ina) Fêmea do javali.

javalino, a *adj* (<javali + -ino) Relativo ao javali.

javanês, esa *adj* (<Java + -ês) De Java (A maior ilha da Indonésia). **Ex.** Eu tenho um amigo ~. **Comb.** ~ [Língua javanesa]. Café ~ [java].

javardice *s f pop* (<javardo + -ice) Porcaria/Sujidade/Abandalhamento. **Loc.** Fazer/Dizer ~s.

javardo *s/adj* (<javali + -ardo) **1** *Zool* ⇒ javali. **2** *pej* (Homem) sujo/grosseiro/mau. **Ex.** Com tanta porcaria vê-se logo que esta é a mesa dos ~s. **Comb.** Trigo ~. Um comportamento [Uma atitude] ~.

javardolas *s 2g sing e pl* (<javardo + -ola + -s) Pessoa javarda mas inofensiva.

javradei[ou]ra *s f* (<javrar + -deira) Ferramenta de tanoeiro para abrir javres.

javrar *v t* (<javre + -ar¹) Abrir javres.

javre *s m* (<lat *gábulum,i*: forca, patíbulo) Sulco nas extremidades das aduelas dos pipos e tonéis onde encaixam os tampos.

jazente *adj/s 2g* (<jazer + -ente) **1** ⇒ jacente. **2** Peça ou viga para assentar «canhões/barcos/pontes». ⇒ jacente.

jazer *v int* (<lat *jáceo,ére*: estar deitado) **1** Estar deitado. **Loc.** «doente» ~ na cama. **2** Estar morto. **Loc.** ~ no caixão. **3** Estar sepultado. **Ex.** Aqui jaz o meu avô. **4** Estar colocado/posto. **Ex.** Em cima da mesa

jazia [via-se/estava] uma pesada terrina de prata. **5** Estar imóvel/tranquilo/sereno. **Ex.** Na rua deserta jazia o velho palácio, outrora sempre animado com festas dos fidalgos. **6** Apoiar-se/Basear-se. **Ex.** A segurança dele jaz [está] no bom emprego que tem. **7** *Dir* Não estar repartida a herança (jacente).

jazida *s f* (<jazer + -ida) **1** ⇒ decúbito. **2** ⇒ sepultura. **3** *Geol* Concentração elevada «de mineral» no solo. **Ex.** Em Neves Corvo encontra-se a maior ~ portuguesa de cobre. **Comb.** ~ *arqueológica* (Ex. Em Conímbriga há ainda importantes ~s arqueológicas por explorar). ~ *de impregnação*. ~ *petrolífera* [de petróleo].

jazigo *s m* (<jazer + -igo) **1** Sepultura com pedra tumular. **2** Monumento funerário «de família». **3** *Miner* ⇒ jazida 3.

jazz *s m Mús* (<ing *jazz* < ?) Música vocal ou instrumental, de origem negro-americana, que se difundiu universalmente no pós--guerra. **Ex.** New Orleans é a capital do ~. A(c)tualmente proliferam as bandas de ~.

jazzístico, a *adj Mús* (<*jazz* + -ístico) Relativo ao jazz. **Comb.** *Ambiente* ~. *Música* ~*a* [(de) jazz(+)].

jê *s m* Nome da letra "j" ou "J". **Sin.** Jota(+).

jeans *s 2g pl* (<ing *jeans* <*top* Génova) Calças de ganga, de cor predominantemente azul, de corte (d)esportivo, originárias dos EUA. **Ex.** As ~ são mais práticas do que as clássicas calças vincadas. **Sin.** Calças de ganga (+).

jecoral [**jecorário, a**] *adj* (<lat *jécus,oris*: fígado) Relativo ao fígado. **Sin.** Figadal(+); hepático(o+).

jeira *s f* (<lat *diárium*: trabalho [salário] diário) **1** Antiga unidade de medida agrária romana = 25 ares. **2** Terreno de cultura de 25 ares. **Sin.** Courela; leira. **3** *gír* Salário diário de um trabalhador rural. **Loc.** *Andar à* ~/ *jorna* [Trabalhar ao dia]. *Pagar as* ~*s* aos trabalhadores. **Comb.** Torna-~ [Trabalho para retribuir outro].

jeitão *s m fam* (<jeito + -ão) Modo «engraçado»/Aparência «presunçosa». **Sin.** Jeito(+).

jeiteira *s f pop* (<jeito + -eira) Queda ou habilidade natural para alguma coisa. **Ex.** Tem (cá) uma ~ para o negócio! **Sin.** Jeito(+); queda(o+).

jeitinho *s m fam* (<jeito + -inho) Maneira delicada/Muito cuidado/Habilidade. **Ex.** Cuidad(inh)o! Os copos são de cristal, leve-os com ~. **Comb.** O ~ brasileiro [O ajudar, mesmo contra a lei].

jeito *s m* (<lat *jáctus,us*: lançamento, arremesso, ja(c)to) **1** Modo/Maneira/Feitio/ Aspe(c)to. **Ex.** As mesas enfiavam-se umas nas outras em ~ de comboio [trem]. Conhecia-se à distância pelo seu ~ corcunda de caminhar. Cumprimentou-o efusivamente com aquele ~ cara(c)terístico de abanar demoradamente a mão. Gostei muito do ~ dele. Pelo ~ como fala se vê a educação que tem. **Loc.** *A* ~ [Na posição favorável/A calhar/Em tempo oportuno] (Ex. Peguei na minha maçã; estava mesmo a ~. Esse dinheir(it)o veio mesmo a ~). *Com* ~ [cuidado] (Ex. Abrir a porta com ~ «para não fazer barulho»). *Dar* ~ [Ser útil/ Poder/Convir] (Ex. O livro de receitas deu--me muito ~). *Dar mau* ~ [Calhar mal] (Ex. Amanhã não posso ir; dá-me mau ~). *Dar um* ~ [Compor/Consertar] (Ex. A máquina não trabalha; talvez lhe possa dar um ~). *Deste/Daquele* ~ [Desta/Daquela forma] (Ex. Sou assim, deste ~, «paciência!»). *Fazer* ~ ⇒ Dar ~. *Fazer o* [um] ~ [Ajudar/ Favorecer] (Ex. O professor fez o ~ e o aluno passou [foi aprovado]). *Não ter* ~ [Não fazer sentido] (Ex. De [Vestir] camisola [pu-lôver] com este calor, não tem ~ nenhum). *Pelo*(s) ~(s) [Pelos vistos/Ao que parece] «ele é ladrão». *Sem* ~ [Descuidado/Desarrumado/Desastrado] (Ex. Estava tudo em desalinho, mesmo sem ~). **2** Aptidão/ Disposição/Propensão natural para determinada tarefa. **Loc.** Ter ~ para a música [o negócio/a pintura]. **3** Lesão do músculo ou tendão provocada por um movimento em falso. **Ex.** Dei um ~ ao pescoço que [e] nem me posso virar. **4** Arranjo/Arrumação. **Ex.** Dá um ~ nesse armário [nessa sala] (por)que está num grande desarrumo. **5** Cuidado/Cautela. **Ex.** Pega nos copos com ~ (para não os partires). **6** Movimento ligeiro/Gesto. **Ex.** Confirmou com um ligeiro [leve] ~ de cabeça.

jeitoso, a (Ôso, Ósa, Ósos) *adj* (<jeito + -oso) **1** Habilidoso/ Hábil. **Ex.** O meu filho é muito ~, faz qualquer trabalho. **2** Adequado/Apropriado/Conveniente/Útil. **Ex.** Essa caixa é mesmo ~a para guardar os colares. **Comb.** Casa ~a [boa] para idosos [para as crianças]. **3** Belo/Elegante. **Ex.** Tens um casaco muito ~. **4** Equilibrado/De dimensões proporcionadas. **Ex.** O novo modelo (de automóvel) é muito ~; não é grande, mas é espaçoso.

jejuar *v int* (<lat *jejúno,áre*) **1** Não comer. **Ex.** Hoje comi de mais [*br* demais]; amanhã vou ~. **2** Reduzir o que se come. **Ex.** O preceito de ~, para os católicos, consiste em ter apenas uma refeição principal por dia e as outras mais reduzidas. **3** *Fig* Abster-se de algo que é agradável. **Ex.** Gosto muito da telenovela, mas hoje vou ~.

jejum *s m* (<lat *jejúnium,ii*) **1** Abstenção ou redução de alimentos, voluntária ou forçada. **Ex.** Ainda não almoçaste? Que grande ~! **Loc.** «Sair de casa/Ir para o emprego» *Em* ~ [Sem comer]. **Idi.** *Ficar em* ~ [Não compreender]. **2** *Rel* Prescrição penitencial que obriga a reduzir os alimentos em determinado período. **Ex.** Sexta-feira Santa é dia de ~ (de preceito) para os católicos. **Loc.** *Quebrar o* ~ **a)** Fazer a primeira refeição; **b)** Comer mais do que prescreve o ~ **2**. *Observar* [Guardar/Cumprir] *o* ~. **Comb.** ~ *do Ramadão*. ~ *rigoroso* «dos monges/no dia da operação». **3** *Fig* Privação de algo que dá prazer. **Ex.** Hoje fiz ~ de tabaco.

jejuno *adj/s m* (<lat *jejúnus,a,um*) **1** Que está em jejum. **2** *s m Anat* Parte do intestino delgado «vazio». **3** *fig* ⇒ ignorante.

jenipapada *s f Br Bot* (<jenipapo + -ada) Doce ou refresco de jenipapo.

jenipapeiro *s m Br Bot* (<jenipapo + -eiro) Árvore tropical útil pelos frutos, madeira e produtos de tinturaria que fornece.

jenipapo *s m Br Bot* (<tupi *yandi'pawa*: mancha escura) **1** Fruto do jenipapeiro. **2** ⇒ jenipapeiro.

jenolim *s m* (<lat *gálbulus*: verdelhão, ave amarelada) Cor amarelada usada na pintura.

jeová *s m* (<hebr *Jehovah* <*adonai*: meu senhor) **1** Nome de Deus (que não se deve pronunciar). **2** *pop* (Membro de) seita cristã.

jeovismo *s m* (<Jeová + -ismo) Culto hebraico em que Deus é designado por Jeová.

jeovista *adj/s 2g* (<Jeová + -ista) Relativo ao jeovismo.

jerarca *s m* (<gr *hierós*: sagrado + *arkhé*: governo) Autoridade religiosa superior/ Hierarca.

jerarquia [**jerárquico**] ⇒ hierarquia [hierárquico].

jereba *s 2g Br* (<tupi *ye'rebae*: o que se revira) **1** Animal de ruim montaria ou magro/ fraco/Pileca(+). **2** ⇒ arreios. **3** ⇒ joão--ninguém.

jeremiada *s f depr* (<Jeremias + -ada) ⇒ Lamentação(o+)/Lamúria(+).

jeremiar *v int depr* (<Jeremias + -ar¹) ⇒ Lamuriar/Choramingar/Lastimar-(se)(+).

jeremias *adj/ 2g* (<*antr* Jeremias: profeta bíblico, considerado o autor das "Lamentações") O que se lamenta constantemente. **Ex.** Parece um ~, (está) sempre a lamentar-se.

jereré [**jareré**] *s m Br* (<tupi *yere're*) **1** Rede de pesca em forma de funil. **2** *Med* ⇒ escabiose.

jericada *s f* (<jerico + -ada) **1** Conjunto de jericos. **2** Passeio em jericos. **Ex.** Para animar a festa, os jovens organizaram uma ~. **3** ⇒ asneirada, burricada.

jerico *s m fam Zool* (< ?) **1** Burro/Jumento. **Ex.** Só de ~ era possível subir a encosta do monte. **2** *Fig* Pessoa pouco inteligente/ Burro(+).

jerónimo [*Br* **jerônimo**] *adj/s m* (<*antr* Jeró[ô]nimo: santo e tradutor da Bíblia para latim) (Da Ordem) de S. Jeró[ô]nimo. **Comb.** Um (frade/monge) ~.

jeropiga *s f* (< ?) **1** Bebida alcoólica doce, preparada com mosto, aguardente e açúcar. **Loc.** Pelo S. Martinho, castanhas com ~. ⇒ água-pé. **2** ⇒ vinho abafado. **3** *Depr* Vinho de má qualidade/Zurrapa(+).

jerosolimita(no, a) *adj/s* (<lat *jerosolimitanus, a, um*) De Jerusalém.

jesuíta *adj 2g/s m* (<Jesus + -ita) **1** (O) que é da (ordem religiosa) Companhia de Jesus. **Ex.** O Padre Antó[ô]nio Vieira, "imperador da língua portuguesa", era (sacerdote) ~. **Comb.** As (antigas) Missões ~s «do Paraguai». Colégio [Universidade] ~. **2** *Fig depr* ⇒ dissimulado. **3** *Cul* Pastel de massa folhada, triangular, coberto com claras e açúcar.

jesuítico, a *adj* (<jesuíta + -ico) Dos jesuítas. **Comb.** Espiritualidade jesuít(ic)a [inaciana]. Estilo [Teatro] ~. **Sin.** Jesuíta(+).

jesus *interj* (<Jesus Cristo) Exprime espanto, surpresa, alegria, medo, pedido de socorro. **Ex.** Ai ~ [meu Deus], que alegre notícia!

jet set (ing) Pessoas socialmente importantes que gostam de se fazer notadas.

jiboia (Bói) *s f* (<tupi *yi'mboya*) Grande serpente da América do Sul, não venenosa.

jiboiar *v int Br* (<jiboia + -ar¹) Digerir refeição copiosa em repouso.

jigajoga *s f* (< ?) **1** Antigo jogo de cartas. **2** Jogo de crianças parecido com a cabra--cega. **3** Coisa pouco estável, passageira. **4** Engenhoca/Geringonça. **Ex.** Com esta ~ consigo falar para o sótão e para a garagem. **5** Estratagema/ Falcatrua. **Ex.** Com a ~ que arranjou, entra sempre «no museu» sem pagar bilhete.

jihad ár Guerra "santa".

jila *s m* (<mandinga *jula*: comerciante) Vendedor ambulante da Guiné.

jiló *s m Bot* (<quimbundo *njilu*) Baga comestível, fruto do jiloeiro.

jiloeiro *s m Bot* (<jiló + -eiro) Planta hortense cujo fruto é o jiló.

jimbo *s m* (<quimbundo *njimbu*: búzio) **1** *Hist* Pequena concha usada como moeda no antigo reino do Congo. **2** *Br* ⇒ dinheiro.

jimboa *s f Ang* (<quimbundo *mboa* pl *jimboa*) Legume angolano comestível.

jimbolo *s m Ang* Espécie de pão.

jimbório *s m Ang* (<quimbundo *jimbório*) Bando de pardais ou de outros pássaros pequenos/Pardalada.

jingoísmo *s m Hist* (<ing *jingoism*) nacionalismo belicoso/exagerado.

jinguba s f Ang (<nguba) ⇒ Amendoim.

jipe s m (<ing jeep, nome comercial) Veículo automóvel com tra(c)ção às quatro rodas, próprio para circular em terrenos acidentados. **Ex.** Os ~s são muito utilizados pelo exército e em trabalhos de montanha e floresta.

jirau s m (<tupi yu'ra) **1** Armação ou prateleira «para fumeiro de carne/seca de peixe ou queijo». **2** Palanque «para construir casa na água».

jito s m (<ing jet ?) Cano [Canal vertical] que conduz o metal fundido para dentro do molde de fundição.

jiu-jitsu s m (D)esp (<jp jujutsu) Método japonês de luta para defesa pessoal, baseado mais em movimentos de destreza e habilidade do que na força física, para dominar o adversário. ⇒ judo[ô].

joalha[e]ria s f (<fr joaillerie) **1** Arte de trabalhar metais preciosos e pedras preciosas e semipreciosas para fabricar joias. **Comb.** Mestre de ~. **2** Conjunto de joias. **Comb.** Cole(c)ção [Mostra] de ~. **3** Estabelecimento onde se vendem joias/Ourivesaria(+). **Comb.** ~s de Florença (Itália).

joalheiro, a s/adj (<fr joaillier) **1** Artífice que trabalha em joias/Ourives. **Comb.** Aprendiz de ~. **2** Comerciante de joias/Ourives. **3** Relativo a joia ou a joalha[e]ria. **Comb.** Comércio ~. Indústria [Arte] ~a.

joanete (Nê) s m (<esp juanete) **1** Deformação da [Saliência na] articulação do dedo grande do pé. **Ex.** O calçado apertado [justo ao pé] magoa-me o ~. **2** Náut Vela por cima da gávea. **3** Náut Mastro onde prende a gávea.

joaninha s f (<antr Joana + -inha) **1** Ent Nome vulgar do inse(c)to coleóptero da família dos coccinelídeos, Coccinela septempunctata, e outras, de corpo semiesférico, vermelho com pintas pretas e asas membranosas. **Ex.** As crianças gostam de apanhar ~s nos jardins; e dizem: ~ voa voa, leva as cartas a Lisboa. **2** Icti Peixe teleósteo fluvial, Crenichla lacustris, de cor acinzentada com vários pontos negros/Truta-brasileira.

joanino, a adj (<antr João + -ino) **1** Relativo a João/Joana. **Comb.** Culto (religioso) ~ «em Aveiro, Portugal» a Santa Joana Princesa. Festas ~as «em Portugal, no Porto/em Braga» em honra de S. João Ba(p)tista. ⇒ junino. **2** Referente aos reis de Portugal D. João I e D. João V e às suas épocas. **Comb.** Dinastia ~a (Iniciada por D. João I). Arquite(c)tura ~ [Da época de D. João V]. ⇒ manuelino.

joão-ninguém s m fam depr Indivíduo insignificante/sem importância. **Ex.** Ele não passa de [não é mais do que] um ~ a quem não se liga [dá importância]. **Sin.** Zé-ninguém(+).

joão-pestana s m fam Sono. **Ex.** Meninos, são horas de ir para a cama que já está a chegar o ~. A esta hora (tardia), com o ~ já nem consegue abrir os olhos.

job s m (<antr Job, personagem bíblica) Pessoa extremamente pobre e paciente. **Loc.** Ser pobre como ~. «é preciso» Ter paciência de ~ «para te aturar».

jocosidade s f (<jocoso + -i- + -dade) Qualidade do que é jocoso/Humor/Graça/Chiste. **Ex.** Ao pé dele ninguém está [fica] triste; é (dotado) duma ~ contagiante.

jocoso, a (Ôso, Ósa, Ósos) adj (<lat jocósus,a,um <jócus: brincadeira) Que provoca o riso/Engraçado/Divertido/Chistoso. **Comb.** Ar ~. Dito [Estilo] ~.

joeira s f (<joio + -eira) **1** Peneira grande para separar o trigo do joio e de outras sementes/Crivo(+)/Ciranda. **Loc.** Passar «o cereal» pela ~. **2** A(c)to de joeirar «o trigo»/Joeiramento. **3** fig O que permite separar o que é bom do que é mau/Crivo/Filtro. **Loc.** Fazer a ~ «das revistas, antes de as expor na biblioteca juvenil».

joeirar v t (<joeira + -ar¹) **1** Passar «o trigo/cereal» pela joeira/Crivar(+). **2** fig Separar o que é bom ou aproveitável do que é mau ou não tem valor. **Loc.** ~/Escolher notícias/imagens/fotos.

joeireiro, a s (<joeira + -eiro) **1** O que joeira «o cereal». **2** O que faz joeiras.

joelhada s f (<joelho + -ada) Pancada dada com o joelho ou no joelho. **Ex.** O jogador «de futebol» foi expulso porque agrediu o adversário com uma ~. Tenho o joelho inchado com [por causa de] uma ~ que dei no corrimão da escada.

joelheira s f (<joelho + -eira) **1** Parte das calças que cobre o joelho. **Ex.** Aquela criança anda constantemente (a brincar) com os joelhos no chão; as ~s das calças estão coçadas, quase a romper. **2** Bocado de tecido ou couro com que se reforçam as calças na zona do joelho. **Ex.** Nas calças que o meu filho traz por [usa em] casa, prego-lhe sempre ~s. **3** (D)esp Prote(c)ção almofadada com que alguns (d)esportistas resguardam os joelhos. **Ex.** Os jogadores de voleibol e de hóquei em patins usam sempre ~s. **4** Parte da armadura que protegia o joelho.

joelho s m (<lat genúculum, i, dim génu, us) **1** Anat Região que liga a coxa à perna onde se insere a articulação do fémur com a tíbia. **Ex.** Na parte frontal do ~ situa-se a rótula. **Idi.** Br Ajuntar joelho(s) [Estar ina(c)tivo/sem trabalho]. Dobrar o(s) ~(s) [Manifestar respeito/cortesia] (Ex. «O Papa» é uma pessoa diante de quem se dobra o ~. Ela é muito orgulhosa; não dobra o ~ diante de ninguém). Fazer (alguma coisa) em cima do ~ [Fazer precipitadamente/à pressa/sem cuidado] (Ex. As coisas feitas à pressa, em cima do ~, saem sempre mal). Pedir de ~s [Implorar humilde e insistentemente] (Ex. Já te pedi duas vezes que me viesses ajudar e ainda não vieste; queres que te peça de ~s [; não queres que te peça de ~s, pois não(+)]?). Pôr-se de ~s [Ajoelhar-se/Pedir de ~s]. **Comb.** De ~s [Com os ~s no chão] (Loc. Rezar de ~s). **2** Parte das calças que cobre esta zona do corpo. **Comb.** Calças rotas no ~. **3** Zool Região dos membros anteriores dos quadrúpedes onde se insere a articulação do antebraço com a canela. **Comb.** Touro de ~s fracos [que nas lides tauromáquicas dobra até ao chão as patas dianteiras]. **4** Dispositivo que faz a articulação entre dois órgãos duma peça ou dum instrumento «tripé e máquina fotográfica». **5** Peça em ângulo re(c)to que faz a ligação entre dois tubos perpendiculares. **Comb.** ~ roscado de 3/4 (Cerca de 12 mm de diâmetro). **6** pl fam Parte inferior das coxas. **Loc.** Sentar um filho sobre os ~s.

joga s f (<jogo) Pedra lisa e arredondada/Calhau rolado/Seixo do rio.

jogada s f (<jogar + -ada) **1** A(c)to ou efeito de jogar. **Idi.** Estar dentro da [a par da/Conhecer a] ~/situação/história. Estar fora da [Não conhecer a] ~. Br Morar na ~ [Aperceber-se duma situação/Entender uma explicação]. **2** A vez de jogar de cada um dos parceiros dum jogo. **Ex.** Na próxima ~ dou-te xeque-mate. **3** A(c)tuação de um (ou mais) jogador(es) respeitando as regras do jogo/Lance. **Ex.** Os dois avançados fizeram uma ~ primorosa que terminou no gol(o) da vitória. **4** col Esquema ardiloso/Estratagema/Golpe. **Ex.** Não me provoques porque sabes que eu não alinho [não me deixo envolver] em ~s dessas [sujas(o+)/pouco honestas(+)].

jogador, ora s/adj (<jogar + -dor) **1** (O) que joga/participa num jogo. **Ex.** A sueca é um jogo de cartas para quatro ~es. **Comb.** ~ exímio [Excelente ~] «de bilhar». **2** Praticante habitual, geralmente profissional, duma modalidade (d)esportiva. **Comb.** ~ de futebol/hóquei/té[ê]nis. **3** (O) que habitualmente joga a dinheiro. **Comb.** ~ inveterado [viciado]. **4** fig (O) que toma decisões arriscadas/que é capaz de arriscar na expe(c)tativa de obter grandes lucros. **Ex.** Ele foi sempre um ~: agora está rico, mas já perdeu muito dinheiro.

jogar v t/int (<lat jóco,áre,átum) **1** Participar em a(c)tividade lúdica/recreativa segundo determinadas regras/Fazer um jogo/Brincar. **Loc.** ~ à bola. ~ [dominó]. ~ cartas/~ uma carta [(Nos jogos de cartas) pôr uma carta na mesa/deitar uma carta]. ~ jogos de mesa [sala]. **Idi.** ~ à pancada [Lutar/Envolver-se em zaragata com agressões físicas]. ~ a última cartada [Ter [Usar] a última oportunidade para alcançar um obje(c)tivo]. ~ pela certa [~ no seguro (+)/Não correr riscos]. **2** Praticar uma modalidade (d)esportiva, geralmente em equipa/e. **Loc.** ~ futebol/té[ê]nis/voleibol. **3** Disputar uma partida/um jogo. **Ex.** O Benfica jogou com o Barcelona para a Taça dos Campeões Europeus (Champions League) de Futebol. **4** Apostar em jogos de azar. **Loc.** ~ na lota[e]ria [no totoloto]. ~ no casino. **5** Ser jogador (a dinheiro)/Arriscar ao [Ter o vício do] jogo. **Ex.** Ele bebe, fuma, tem muitos defeitos mas não joga. **Loc.** ~ na Bolsa «na alta/baixa» [Comprar e vender títulos com o obje(c)tivo de obter lucros]. **6** Arremessar/Lançar/Atirar. **Ex.** O epilé(p)tico, quando pressentiu que ia ter um ataque, jogou-se para o chão. Ao chegar da escola, jogava a pasta em cima do sofá e só pensava em (ir) brincar. **Idi.** ~ [Atirar(+)] à cara [Dizer dire(c)tamente uma ofensa/algo desagradável]. ~ fora [Deitar para o lixo/Desfazer-se de alguma coisa]. **7** Movimentar(-se) oscilando/Gingar. **Ex.** Desesperado com a demora [o atraso] da namorada, jogava a cabeça para um e outro lado para ver se ela aparecia. **8** Usar com habilidade/Manipular. **Idi.** ~ com as cores [Obter determinado efeito à custa das cores utilizadas]. ~ com as palavras (⇒ jogo **1** Comb.). ~ com pau de dois bicos [Ser traiçoeiro/Servir duas partes opostas]. **9** Expor à sorte/Pôr em risco/Aventurar. **Ex.** Teve que tomar uma decisão em que jogava o seu futuro. **Idi.** ~ uma cartada no escuro [Tomar determinada resolução desconhecendo totalmente qual será o resultado ou (quais serão) as consequências]. **10** Ter determinado efeito/Intervir. **Ex.** Não perdemos o comboio [trem] porque ele teve uma avaria e chegou atrasado. O atraso [A avaria] jogou a nosso favor. Está um dia de sol maravilhoso. (Até) o tempo jogou a favor do nosso piquenique. **11** Fazer movimentos/Trabalhar/Mover-se/Funcionar. **Ex.** A cabeça do fé[ê]mur joga na cavidade do ilíaco. Uma peça que joga [corre/desliza] sobre outra. **12** Condizer/Combinar/Harmonizar-se. **Ex.** O azul não joga [fica bem/diz/liga] com o verde. As meias castanhas não jogam com as calças cinzentas.

jogata s f col (<jogo + -ata) (Partida de) jogo(+). ⇒ jogada.

jogatina s f (<jogata + -ina) Hábito [Vício] de jogar, especialmente a dinheiro. **Ex.** É um

desgraçado; anda sempre sem dinheiro [na miséria]; gasta tudo na ~.

jogging *s m (D)esp* (<ing *jogging*) Corrida a pé, ao ar livre, em andamento moderado «para manter a forma».

jogo (Jô) *s m* (<lat *jócus,i*: gracejo, graça, zombaria) **1** A(c)tividade física ou mental que tem como finalidade o divertimento/Brincadeira/Passatempo. **Ex.** Meninos, não vos quero aqui sentados; vamos fazer um ~ «o gato e o rato». **Comb.** *~ da macaca*. *~ de palavras* [Combinação de palavras que, aproveitando os vários sentidos de um vocábulo, produz um efeito falso ou jocoso/Trocadilho/Sofisma]. *~s infantis*. *~s florais* [Concurso literário/de poesia] (⇒ floral 2). *~s olímpicos* ⇒ olímpiada. **2** A(c)tividade lúdica ou competitiva com regras bem definidas em que cada participante procura ganhar ou obter melhor resultado do que o(s) outro(s) jogador(es)/Partida. **Loc.** Ter bom/mau ~ [(Diz-se do) jogo de cartas quando as que saem a um jogador são boas/más] (Ex. Não admira que tenha perdido; (eu) não tinha ~ (nenhum) [; tinha mau ~]). **Comb.** *~ de cartas* «bridge/póquer/sueca». *~ de té[ê]nis* [futebol/andebol]. *~ de xadrez*. **3** Competição (d)esportiva/Desafio/Encontro/Partida. **Ex.** Hoje não vou ao cinema; prefiro ir ao [ir ver o] ~ «Benfica-Sporting». Amanhã tenho ~ de [vou jogar] basquetebol. **4** A(c)tividade recreativa realizada com um mecanismo ele(c)tró[ô]nico «computador/vídeo». **5** Conjunto de peças ou obje(c)tos que permitem realizar uma a(c)tividade recreativa. **Ex.** O meu pai ofereceu-me um ~ novo «dominó». **Comb.** ~ da glória [de damas/do monopólio]. **6** A(c)tividade em que se arrisca dinheiro ou coisa de valor. **Comb.** *~ do totoloto* [totobola/euromilhões]. *~s de azar* «roleta/lota[e]ria» [em que ganhar ou perder depende apenas da sorte]. **7** Vício de jogar a dinheiro. **Ex.** Arruinou-se no [Perdeu toda a fortuna ao] ~. **8** Cada uma das partes duma a(c)tividade (d)esportiva/competição/campeonato/partida. **Ex.** Com este ~ termina a partida «de sueca» (De 4 jogos). Campeonato com ~s a duas mãos [em que os mesmos adversários se defrontam duas vezes]. **9** O que é distribuído a cada jogador para poder jogar. **Loc.** Ordenar [Distribuir] o ~ «as cartas» antes de começar a jogar. **10** Valor das peças «cartas» dadas [que são distribuídas] a cada jogador. **Ex.** Estou com azar [pouca sorte], sai-me [tenho/dão-me] sempre mau ~. **11** Valor [Dinheiro] que se arrisca em cada lance/jogada/parada. **Ex.** Não jogo(Jó) no clube porque os parceiros gostam do ~ alto [com paradas elevadas/em que os parceiros apostam quantias muito elevadas de cada vez]. **12** Conjunto de bilhetes de lota[e]ria. **Ex.** Geralmente as tabacarias também vendem ~. Ele é cauteleiro, vende ~. **13** Técnica [Modo] de jogar. **Ex.** É um jogador «de futebol/té[ê]nis» com um ~ muito rápido. **Loc.** Fazer ~ perigoso. **14** Conjunto de obje(c)tos semelhantes e com a mesma função que formam um todo. **Comb.** *~ de cama* [lençóis e almofadas]. *~ de ferramenta* [chaves «de parafusos e porcas»]. **15** Movimento normal das peças dum mecanismo. **Comb.** ~ das válvulas dum motor de explosão. **16** Oscilação dum navio. **Loc.** Enjoar com o ~ [balanço(+)] do navio. **17** Conjunto de movimentos harmoniosos e coordenados. **Comb.** *~ de mãos* «dum pianista». *~ de pés* «dum pugilista». **18** Combinação harmoniosa de movimentos/raios luminosos «laser»/jorros de água com efeito artístico. **Comb.** *~ de água*. *~ de luz*. **19** A(c)tividade [Procedimento/Estratégia] para obter determinado fim. **Comb.** *~ de alianças* (secretas). *~ de bastidores* [Aquilo que se faz secretamente para influenciar o rumo dos acontecimentos]. *fam ~ do empurra* [Atitude de se esquivar à responsabilidade remetendo-a para outrem que por sua vez poderá fazer o mesmo] (Ex. Dão-me sempre a mesma resposta: "Não é comigo, é com a minha colega". Põem-se no ~ do empurra e ninguém resolve o caso). **20** Atitude/Comportamento/Modo de agir. **Ex.** Enganou muita gente até lhe descobrirem o ~.
Idi. *Abrir* [Mostrar] *o ~* [Revelar o que realmente pretende/Dizer quais são as suas intenções]. *Aparar o ~* [Aceitar o comportamento dissimulado [desleal/desonesto] de alguém que procura atingir os seus obje(c)tivos prejudicando outras pessoas]. *Esconder o ~* [Não mostrar as suas intenções]. *Estar em ~* [Depender das circunstâncias/de decisões/do acaso/Tratar-se de/Ser «muito dinheiro»] (Loc. Estar em ~ muito dinheiro à sua reputação). *Estar* [Ver] *o ~ mal parado* [Alguma coisa não estar a correr bem/Ser previsível [evidente] o fracasso]. *Fazer o ~ de* [Ser conivente/Colaborar de forma simulada em manobras dirigidas por outra pessoa]. *Pôr em ~* [em causa/em risco]. *Ter ~ escondido* na manga [Dispor de meios [argumentos/informações] não revelados para usar no momento oportuno]. **Comb.** *~ duplo* [Comportamento que pretende fazer crer a uns uma coisa e a outros o contrário/Atitude de quem esconde deliberadamente a verdade ou aquilo que realmente pretende]. *~ limpo/sujo* [Propósitos honestos/desonestos].

jogral *s m* (<provençal *joglar* <lat *joculáris, e*: divertido, faceto, risível) **1** *Hist* Indivíduo que, na Idade Média, para ganhar a vida divertia os senhores nos palácios ou o povo na praça pública, cantando, dançando, recitando poesias e fazendo toda a espécie de acrobacias. **Ex.** As poesias e canções dos ~ais eram geralmente acompanhadas com instrumentos de corda ou percussão. **Comb.** ~ais de Deus [Frades franciscanos que ado(p)taram na pregação o estilo dos ~ais]. **2** Bobo/Palhaço/Farsista.

jogralidade *s f* (<jogral + -i- + -dade) **1** Representação [A(c)tuação/Espe(c)táculo] jogralesca/o/de jogral. **2** ⇒ Gracejo/Chocarrice/Chalaça.

joguete (Guê) *s m* (<esp *juguete*; ⇒ jogo/gar) **1** Pessoa ou coisa que serve de brinquedo ou é obje(c)to de troça. **Ex.** Como é possível que por ser aleijado façam dele ~? Este gato é um brincalhão; qualquer coisa «um trapo/uma rolha de cortiça» lhe serve de ~. **2** Pessoa que é manipulada por outra/que se comporta de acordo com os interesses de outra. **Ex.** Ele é [foi sempre] um ~ nas mãos da mulher.

joguetear *v int* (<joguete + -ear) **1** Dizer gracejos/Zombar. **2** Lutar [Esgrimir] na brincadeira. **Loc.** ~ com paus a fingir de espadas.

joia *s f* (<fr *joie*) **1** Obje(c)to de adorno pessoal, geralmente de prata ou ouro, enfeitado ou não com pedras preciosas. **Comb.** As ~s da coroa [realeza] «portuguesa». **2** Coisa de grande valor artístico. **Ex.** O Mosteiro dos Jerónimos em Lisboa, Portugal, é uma ~ da arquite(c)tura quinhentista, em estilo manuelino. **3** *fig* Pessoa bondosa, simpática, amável. **Ex.** Aquela criança é uma ~; vê [repara] com que carinho ela trata a avó. **4** Quantia em dinheiro que se paga pela inscrição em certas associações. **Ex.** A mensalidade no lar de idosos não é muito cara, mas para entrar tem que se pagar uma ~ avultada.

joint venture (Dzoint ventchâr) *s f* (<ing *joint venture*: união de risco) Empreendimento conjunto de duas empresas, sem cará(c)ter definitivo, partilhando responsabilidades, riscos e lucros. **Ex.** Para construção e exploração duma fábrica «de concentrado de tomate» uma empresa portuguesa associou-se em ~ com outra italiana.

joio *s m* *Bot* (<lat *lólium,ii*) Planta anual da família das gramíneas, *Lolium temulentum*, de folhas lineares e ásperas, prejudicial ao cereal em cujas searas cresce dando frutos semelhantes ao trigo do qual é difícil de separar/Fruto dessa planta. **Ex.** O ~ produz uma substância tóxica perigosa para o homem e os animais. **2** *fig* Coisa má que prejudica outra boa quando com ela se mistura. **Idi.** *Separar o trigo do ~* [Separar [Distinguir] o que é bom do que é mau] (Ex. Os políticos nem todos são corruptos ou incompetentes; é preciso separar o trigo do ~).

joker *s m* (<ing *Joker*) ⇒ jóquer.

jónico [jónio], a [*Br* **jônico/jônio**] *adj/s* (<gr *ionikós,é,ón*) **1** Relativo à Jó[ô]nia, província da Grécia Antiga, ou aos jó[ô]nios. **2** *Arquit* (Diz-se do) ordem de arquite(c)tura grega cara(c)terizada por colunas com capitéis ornados de volutas. **Comb.** Coluna ~a.

jóquei *s m (D)esp* (<ing *jockey*) Cavaleiro(+) profissional que monta cavalos de corrida. **Ex.** Os ~s sujeitam-se a um regime alimentar muito severo para não aumentarem de peso.

jóquer *s m* (<ing *Joker*) **1** Carta extra dum baralho, geralmente com a figura dum bobo, utilizada em determinados jogos com a função que nesse jogo lhe é atribuída. **2** Sorteio dum número de série inscrito num boletim. **Ex.** Em Portugal, o ~ é sorteado dos números dos boletins do totoloto.

Jordânia *s f Geog* (<top Jordão + -ia) País asiático do Médio Oriente cuja capital é Amã; os seus habitantes são jordanos e a língua o árabe.

jorna *s f* (<lat *diúrna (ópera)*: (trabalho) de um dia) **1** Salário correspondente a um dia de trabalho/Salário diário de trabalhador rural/Jornal 1/Jeira. **Ex.** Não tenho emprego fixo; ganho algumas ~s quando me dão trabalho. **2** Trabalho rural feito durante um dia. **Loc.** Trabalhar à ~ [jeira(+)/ganhando ao dia e só nos dias em que trabalha]. **3** *Br* ⇒ bebedeira.

jornada *s f* (<jorna + -ada) **1** Caminhada feita [Distância percorrida] num dia. **Ex.** Os peregrinos «que vão a Fátima (Portugal) a pé» fazem ~s de 20 a 30 quiló[ô]metros. **2** Viagem feita por terra/Expedição. **Ex.** Atarefado com os preparativos da ~, só muito tarde se deitou. **Loc.** Contar as proezas da ~ «aos Picos da Europa». **3** Trabalho feito durante um dia. **Ex.** Aproveitamos o (dia) feriado para pintar a casa; já passava da meia-noite quando acabámos a ~. **4** Período entre o nascer e o pôr do sol. **Comb.** As longas ~s de verão. **5** Dia assinalado por um acontecimento importante. **Ex.** Os dias da visita do Papa Bento XVI a Portugal (Maio de 2010) foram ~s que ficam para a História. **6** Dia destinado a debate/reflexão/a(c)tividades em grupo sobre um assunto específico. **Comb.** ~s de geriatria. ~s pedagógicas «de matemática». **7** *(D)esp* Dia em que se

realizam encontros (d)esportivos de um campeonato ou torneio. **Comb.** ~ com «três» encontros decisivos para a classificação final. O melhor gol(o) da ~.

jornadear v int (<jornada + -ear) **1** Ir de jornada. **Ex.** Amanhã é dia de ~ «até Lisboa». **2** Fazer jornadas. **Ex.** Há três dias que jornadeio [ando a trabalhar(+)] no quintal e ainda lá tenho muito que fazer [ainda não acabei o trabalho]. **3** Andar de um lado para o outro. **Ex.** O meu filho é vendedor; passa os dias a ~ [andar(+)] de terra em terra.

jornal s m (<lat *diurnális,e*) **1** Salário diário/Pagamento de um dia de trabalho/Jorna. **Loc.** Ir «à quinta/herdade/fazenda» pagar os ~ais [a jeira(+)] aos trabalhadores. Trabalhar a ~ [à jorna]. **2** Relato das a(c)tividades [dos acontecimentos] do dia/Diário. **Comb.** ~ de parede «dum acampamento». **3** Publicação periódica que informa sobre acontecimentos da a(c)tualidade. **Loc.** *Anunciar no ~. Comprar* [Assinar] *o ~. Ler o ~.* **Comb.** ~ *diário* [semanal/quinzenal/mensal]. ~ *(d)esportivo. Vendedor* [Quiosque] *de ~ais.* **4** Instituição [Empresa] que produz essa publicação periódica/Edifício [Instalações] onde ela se situa. **Ex.** Vou ao (~) «Diário de Notícias de Lisboa» recolher dados sobre a revolução portuguesa dos cravos (de 25 de abril de 1974). Chego todos os dias muito tarde a casa. Só saio do ~ depois de estar pronta a edição do dia seguinte. **5** Boletim informativo transmitido pela rádio/TV/Noticiário. **Comb.** ~ das 9 (horas). (Tele)~ da noite.

jornaleiro, a adj/s (<jornal 1 + -eiro) **1** (O) que trabalha à jorna/que é pago ao dia. **Loc.** *Contratar ~s. Pagar aos ~s.* **Comb.** Trabalho ~ [de ~(+)]. **2** *Br* Que se faz dia a dia/Diário/Quotidiano. **Comb.** Esforço ~. Tarefas ~as. **3** *Br* Vendedor de jornais/Ardina. **Ex.** O ~ hoje esqueceu-se de me deixar o jornal (em casa).

jornalismo s m (<jornal 3/4 + -ismo) **1** A(c)tividade profissional de quem trabalha na comunicação social «imprensa/rádio/televisão». **Ex.** Dedicou-se ao ~. **Comb.** Curso de ~. **2** Modo de expressão cara(c)terístico dos meios de comunicação social/Estilo próprio dos jornalistas. **Comb.** ~ sensacionalista. Bom [Mau] ~. **3** Conjunto dos órgãos de comunicação social/Conjunto dos jornalistas. **Ex.** À manifestação para defesa da liberdade de expressão acorreu o ~ [a comunicação social (+)] em peso [todo o ~]. Só o ~ (d)esportivo se interessou pelas [comentou as] eleições do presidente do nosso clube de futebol.

jornalista s 2g (<jornal 3/4+-ista) Profissional que trabalha na comunicação social «imprensa/rádio/televisão». **Ex.** Os ~s precipitaram-se sobre os jogadores [sobre os campeões] procurando tirar fotografias e colher impressões [opiniões] sobre o triunfo obtido. **Loc.** Trabalhar como [Ser] ~. **Comb.** ~ *operador de imagem.* ~ *(d)esportivo.*

jornalístico, a adj (<jornalista + -ico) **1** Relativo a jornais ou a outros meios de comunicação social. **Comb.** *Empresa ~a. Meio ~.* **2** Relativo ao jornalismo ou aos jornalistas. **Comb.** Experiência ~a.

jorra (Jô) s f (<jorrar) **1** Escórias de ferro. **Ex.** A ~ sobrenada no metal «ferro/aço» líquido. **2** Breu derretido com que untam interiormente as vasilhas de barro.

jorrar v int (<ár *jurr*: arrasto + -ar¹) **1** (Um líquido) sair com força e abundância/Irromper/Brotar. **Ex.** O petróleo que jorrava do furo formava uma enorme mancha que alastrava pela superfície da água do mar. O sangue jorrava-lhe do golpe profundo. **2** (Deixar) sair/Emanar/Fluir. **Ex.** A luz que jorrava [entrava] pela janela permitia ver quem se aproximava. Do vulcão jorrava uma torrente de lava que ia deslizando pela encosta. **3** Aparecer de repente/Surgir. **Ex.** As ideias jorravam(-lhe) em catadupa.

jorro (Jô) s m (<jorrar) **1** Saída abundante e impetuosa dum líquido/Ja(c)to/Golfada. **Comb.** *A ~s* [Em grande abundância/Copiosamente] (Loc. Chover a ~s [a cântaros(+)]). *Um ~ de água* «da mangueira». **2** Feixe intenso de raios luminosos. **Comb.** Um ~ de luz. **3** Aquilo que surge de repente e em catadupa. **Ex.** O acontecimento «queda do governo» deu origem a um ~ de notícias contraditórias.

jota s m (<lat *ióta*) Nome da letra *j* ⇒ j.

joule s m Fís (<antr James Joule (1818-1889), físico inglês) Unidade de energia do Sistema Internacional, equivalente ao trabalho realizado pela força de um newton quando o seu ponto de aplicação se desloca de um metro na dire(c)ção da própria força (Símbolo J). **Ex.** Um ~ equivale a 0,24 calorias e a 10^7 erg.

jovem s/adj 2g (<lat *juvenis,e*) **1** (O) que tem pouca idade/Novo/Moço. **Ex.** O nosso grupo de teatro é formado apenas por ~ns. Formou-se (na Universidade) ainda muito ~. **Ant.** Idoso; velho. **2** Que existe há pouco tempo/Recente. **Comb.** Empresa ~. País «Timor Lorosae/-Leste» ~. **Ant.** Antigo. **3** *fig* Que mantém a frescura e o aspe(c)to de quem tem pouca idade. **Ex.** Já não é novo mas conserva-se muito ~. **Comb.** ~ *de espírito* [Pessoa aberta/curiosa/estudiosa]. *Ar* [Aspe(c)to] ~. **4** Que está na fase de crescimento/Que ainda não chegou à idade adulta. **Comb.** Árvore [Animal] ~. **5** Que é próprio para pessoas de pouca idade. **Comb.** *Cartão ~* [com o qual o titular pode obter descontos «nas viagens de longa distância em transportes públicos»]. *Moda ~. Se(c)ção* «de pronto-a-vestir» ~.

jovial adj 2g (<lat *joviális,* e <*Júpiter, Jóvis*: (deus) Júpiter) **1** Que é alegre/bem disposto/prazenteiro. **Ex.** Recebe-nos sempre com um sorriso ~. **Ant.** Mal-encarado; sisudo. **2** Que faz rir/Divertido. **Ex.** Tem um feitio ~, divertido; faz rir toda a gente. **Ant.** Carrancudo; triste; tristonho.

jovialidade s f (<jovial + -i- + -dade) Qualidade de que é jovem/Propensão para a boa disposição/Bom humor. **Ex.** A ~ daquela rapariga [moça] enchia a sala; punha toda a gente bem-disposta.

juá s m *Br* Bot (<tupi *yu'a*) Designação comum de frutos e de várias plantas da família das solanáceas, todas com frutos comestíveis e aplicações medicinais.

juazeiro s m Bot (<juá + -z- + -eiro) Árvore ramnácea, resistente ao calor, drupas comestíveis – juá – e boa madeira; *Ziziphus joazeiro*.

juba s f (<lat *juba,ae*) **1** Pelo longo, grosso e áspero que cresce do pescoço e cabeça do leão. **Ex.** A fêmea do leão (A leoa) não tem ~. ⇒ crina «do cavalo». **2** *col* Cabelos compridos e abundantes/Trunfa. **Ex.** Tenho que cortar a ~; está muito grande e faz [causa]-me muito calor.

jubilação s f (<lat *jubilátio,ónis*) **1** A(c)to ou efeito de jubilar(-se)/Sentimento ou manifestação de alegria intensa/grande júbilo. **Ex.** Depois da vitória dos campeões «do Benfica» no estádio, veio [seguiu-se] a ~ [festa(+)] pelas ruas da cidade. **2** Cessação de funções por limite de idade/Aposentação «de professor universitário/de juiz». **3** *Br* Perda do direito de matrícula em curso universitário por excesso de reprovações.

jubilado, a adj/s (<jubilar + -ado) **1** (O) que se jubilou/se aposentou por limite de idade. **Ex.** Após a última lição, o ~ foi efusivamente aplaudido pela numerosa assistência. **Comb.** Professor ~ «da Faculdade de Direito/Medicina». **2** Muito experiente e com prestígio/Distinto/Emérito. **3** *Br* Afastado do ensino superior por ter ultrapassado o prazo máximo permitido para conclusão do curso.

jubilar¹ v t/int (<lat *júbilo,áre,átum*) **1** Encher(-se) de júbilo/alegria/Regozijar(-se)/Rejubilar(-se). **Ex.** A multidão que enchia o recinto jubilou [rejubilou(+)] quando o Papa apareceu «à janela dos seus aposentos, na Praça de S. Pedro, no Vaticano». **2** Obter [Ser concedida] a jubilação/aposentação honrosa. **Ex.** A Universidade jubilou-o tecendo-lhe grandes elogios pela dedicação e competência com que tinha servido (a causa d)o ensino. Jubilou-se aos 70 anos. **3** *Br* Afastar-se [Ser afastado] do ensino universitário por excesso de faltas ou reprovações.

jubilar² adj 2g (<júbilo/jubileu + -ar²) **1** Referente a júbilo/alegria. **Ex.** O discurso era frequentemente interrompido por manifestações ~es [jubilosas(+)] da assistência. **2** Referente a jubileu. **Comb.** *Ano ~. Comemoração ~.*

jubileu s m (<lat *jubilaeus,i*) **1** Rel Hist Grande festividade hebraica celebrada de 50 em 50 anos, durante a qual as dívidas eram perdoadas e os escravos libertados. **Ex.** "Declarareis santo o quinquagésimo ano… Será para vós um ~" (Lev 25, 10). **2** *Rel* Ano Santo celebrado pela Igreja Católica ao fim de cada quarto de século e em outras datas especiais. **Comb.** ~ [Ano Santo] da Redenção (Em 1933 e em 1983). ~ [Ano Santo] Mariano/da Virgem Maria. **3** *Rel* Indulgência plenária e outras graças espirituais concedidas pelo Papa em certas ocasiões solenes «Ano Santo», mediante determinadas condições/Celebração de festejos [Cumprimento de requisitos] para obtenção dessa indulgência ou graça. **4** Quinquagésimo aniversário duma instituição/do exercício de determinada função/Bodas de ouro. **Comb.** ~ *sacerdotal* [Bodas de oiro de sacerdote/sacerdócio]. **5** Festa comemorativa para celebrar a aposentação por limite de idade.

júbilo s m (<lat *júbilum,i*) Alegria extrema/Grande contentamento/Regozijo. **Ex.** Povos todos, aclamai a Deus, em ~ e ao som da trombeta.

jubiloso, a (Ôso, Ósa, Ósos) adj (<júbilo + -oso) Cheio de júbilo/Com grande contentamento. **Ex.** Todos estavam ~s [delirantes] com mais uma vitória alcançada. **Comb.** Manifestação ~a.

jucá s m *Br* Bot (<tupi *yu'ka*: matar) ⇒ pau-ferro.

juçapé s n *Br* Bot (<tupi *yasa'pe*) Planta herbácea da família das gramíneas, *Imperata brasiliensis*, cujas folhas são utilizadas para cobertura de habitações/Capim-sapé(+).

juçara s f *Br* Bot (<tupi *yi*[*eí*]*'sara*) Palmeira nativa da América do Sul, *Euterpe edulis*, cuja seiva é usada na produção de álcool e também para estancar o sangue e secar feridas/Jiçara/Caiú/Coqueiro-caiú.

juciri s m *Br* Bot (<tupi *yusi'ri*) Planta trepadeira nativa do Brasil, da família das solanáceas, *Solanum juciri*, usada como calmante e desobstruente/Caruru-de-espinho/Jiquirioba/Juá.

jucundidade s f (<lat *jucúnditas, átis*) Qualidade do que é jucundo/Prazer/Agrado/Alegria(+).

jucundo, a adj (<lat *jucúndus, a, um*) Alegre(+)/Agradável/Prazenteiro. **Comb.** Dias ~s «do Natal de Jesus». *Olhar ~*. *Sorriso ~*.

judaico, a adj (<lat *judáicus,a,um*) Relativo aos judeus ou ao judaísmo/Hebraico/Judeu/Hebreu/Israelita. **Comb.** *Comunidade ~a. Prescrições ~as* [da Lei ~a]. *Religião ~a*.

judaísmo s m Rel (<lat *judaísmus,i* <(tribo de) Judá, quarto filho de Jacob) **1** Fenó[ô]meno religioso que se desenvolveu no povo judaico sobretudo nos cinco séculos que antecederam a era cristã, envolvendo manifestações de ordem cultural, política e civilizacional. **Ex.** O ~ tem por base a religião monoteísta formulada no Antigo Testamento (da Bíblia). **2** Conjunto do povo de cultura e religião judaica/Os Judeus.

judaizante (Da-í) adj/s 2g Rel (<judaizar + -ante) **1** Grupo incluído nos judeo-cristãos, formado principalmente por fariseus convertidos ao cristianismo, que pretendia impor aos pagãos ba(p)tizados a lei mosaica «a circuncisão». **Ex.** O Apóstolo Paulo foi contestado e perseguido pelos ~s. **2** Que judaíza/pretende judaizar. **Comb.** Procedimento [Prática] ~.

judaizar (Da-í) v t/int (<lat *judaízo,áre, átum*) Seguir a lei [religião] judaica/Ado(p)tar a cultura judaica. ⇒ judiar.

judeo[judaico]-cristão adj/s **1** s Hist Rel (Diz-se dos) judeus convertidos ao cristianismo. **Ex.** Os ~s provinham quer dos que falavam o hebraico e cumpriam rigorosamente a lei mosaica, muitos deles judaizantes, quer da diáspora, de língua grega e mais humanos e universalistas na interpretação da lei. **2** Relativo aos judeus e aos cristãos/à civilização e cultura que têm as suas raízes no judaísmo e no cristianismo.

Judeia s f Geog Rel (⇒ judaísmo) Região da Palestina com limites variáveis consoante as épocas, onde se situa a cidade de Jerusalém.

judeu, judia s/adj (<hebr *yehudi*: habitante do reino de Judá; ⇒ judaísmo) **1** Povo semita originário da Judeia que professa a religião judaica/Hebreu/Israelita. **Ex.** Jesus Cristo era ~ por ter nascido em Belém, cidade da Judeia. Os ~s foram cruelmente perseguidos durante a Segunda Guerra Mundial. **2** (O) que segue a lei judaica ou mosaica. **Ex.** Maria, mãe de Jesus, embora tendo provavelmente nascido na Galileia, era judia. **3** *pej* ⇒ De má índole/Avarento/Usurário.

judiação s f (<judiar + -ção) ⇒ judiaria 3/4(+).

judiar v t/int depr (<judeu + -ar¹) Troçar/Zombar/Maltratar. ⇒ judaizar.

judiaria s f (<judeu + -aria) **1** Bairro separado onde, nas cidades e lugares importantes, viviam os judeus. **Ex.** As ~s situavam-se geralmente junto ao castelo [à fortaleza] local «Mouraria, em Lisboa, Portugal». **2** Grande número de judeus. **Ex.** Ao sábado, a ~ afluía em massa à sinagoga. **3** Troça/Escárnio. **Ex.** Os alunos massacravam o [zombavam do] professor «de português» com toda a espécie de ~s: as aulas dele pareciam uma feira. **4** Maus tratos/Maldades/Diabruras. **Ex.** A mãe ameaçava: – Se tornas [voltas] a fazer ~s à tua irmã, ponho-te de castigo o dia inteiro.

judicativo, a adj (<lat *judicatívus,a,um*) **1** Que tem a faculdade de julgar. **Ex.** Os advogados não têm competência ~a. **2** Que julga/se exprime por sentença/Sentencioso. **Comb.** Decisão ~a.

judicatório, a adj (<lat *judicatórius,a,um*) **1** Relativo a julgamento. **Comb.** Processo ~. **2** Próprio para julgar. **Comb.** Considerações ~as «antes da leitura da sentença».

judicatura s f Dir (<julgar + -ura) **1** Poder ou função de julgar. **2** ⇒ magistratura(+). **3** ⇒ tribunal.

judicial adj 2g (<lat *judiciális,e*) **1** Relativo à justiça/a juízo/a julgamento/Que se processa em juízo. **Comb.** *Instrução ~. Processo ~*. **2** Referente aos juízes ou aos tribunais. **Comb.** *Função ~. Magistrado ~. Poder ~*.

judicialmente adv (<judicial + -mente) Com intervenção da justiça ou dos tribunais. **Ex.** O caso teve de ser resolvido ~.

judiciar v int (<lat *judícium,ii*: julgamento + -ar¹) Decidir em juízo/Tomar resoluções judiciais.

judiciário, a adj (<lat *judiciárius,a,um*) **1** Que diz respeito à organização da justiça/Forense/Judicial. **Comb.** Reforma ~a. **2** Que é feito por ordem dos tribunais. **Comb.** Venda ~a. ⇒ polícia ~a.

judicioso, a (Ôso, Ósa, Ósos) adj (<lat *judícius*: juízo + -oso) **1** Que age com sensatez/acertadamente/Prudente/Ponderado. **Comb.** *Decisão ~a. Pessoa ~a*. **2** Que se exprime com gravidade/Sentencioso. **Loc.** Falar em tom [de modo] ~. **3** Moralista. **Comb.** Conselhos ~s.

judio, a ⇒ judeu.

judo[ô] s m (D)esp (<jp *jūdō* <*jū*: calmo, delicado + *dō*: modo, método) Arte de combate corpo a corpo para defesa pessoal, derivado do jiu-jitsu, que se baseia na agilidade e rapidez de movimentos. **Ex.** O ~ é uma modalidade olímpica desde os Jogos Olímpicos de Tóquio (1964).

judoca (Dó) s 2g (<jp *judoka*) Praticante de judo. **Ex.** A categoria dos ~s distingue-se pela cor do cinto «branco/verde/preto».

jugada s f (<jugo + -ada) **1** Terreno que uma junta de bois lavra num dia. **2** Antigo tributo pago pelo cultivador (Jugu[gad]eiro) em produtos colhidos «trigo/milho/vinho» em quantidade proporcional à colheita. **Ex.** A ~ foi o principal tributo até à criação da contribuição predial.

jugal adj 2g (<jugo + -al) **1** Referente a jugo. **2** Anat (Diz-se do) osso malar ou das maçãs do rosto. **Comb.** *Osso ~. Ligamento ~*.

jugo s m (<lat *júgum,i*) **1** Peça de madeira grossa que assenta na cabeça ou sobre o cachaço do boi ou dos bois duma junta, que serve para os atrelar ao carro/à carroça/ao arado/Canga. **Ex.** Os ~s da faixa litoral de Portugal, do Minho a Aveiro, são [eram] geralmente artisticamente trabalhados. **2** Hist Lança colocada horizontalmente sobre outras duas cravadas no solo por baixo da qual os antigos Romanos faziam passar os inimigos derrotados/~ ignominioso. **3** fig Sujeição/Dominação. **Loc.** Sacudir o ~ «da escravidão» [Libertar-se].

Jugoslávia s f Geog Hist Antiga república socialista federal com a capital em Belgrado, que após a queda do Muro de Berlim (1989) se desmembrou nas repúblicas que a constituíam: Sérvia, Croácia, Eslovénia, Bósnia-Herzegovina, Macedónia e Montenegro.

jugulação s f (<jugular + -ção) A(c)to ou efeito de jugular.

jugular¹ v t (<lat *júgulo,áre,átum*) **1** Cortar o pescoço/Degolar/Decapitar. **2** Impedir o desenvolvimento/Extinguir/Debelar/Dominar/Esmagar/Subjugar. **Loc.** *~ uma revolta* [um motim]. *~ uma epidemia*.

jugular² adj 2g Anat (<lat *júgulus,i*: garganta +-ar²) Relativo à garganta ou ao pescoço. **Comb.** Veia ~.

juiz, juíza s (<lat *júdex,icis*) **1** Dir Magistrado/a que administra a justiça aplicando [fazendo aplicar] a lei. **Ex.** O ~ condenou o réu a dois anos de prisão. **Loc.** Br Casar no ~ [Casar pelo civil]. **Comb.** *~ de paz* [O que administra a justiça [procura obter a conciliação de pessoas em desavença] em julgado de paz para evitar o litígio em tribunal]. *Rel Maiúsc Supremo ~* [Deus]. **2** Aquele que julga/Árbitro. **Ex.** Ninguém é bom ~ em causa própria [É difícil julgar com imparcialidade quando estão em causa interesses próprios]. **Comb.** *(D)esp ~ de linha* [Árbitro auxiliar de futebol que tem por funções principais assinalar a saída da bola pelas linhas laterais e de fundo e os fora de jogo/Bandeirinha/Fiscal de linha]. **3** Presidente de uma irmandade ou confraria, especialmente em festas religiosas. **Comb.** «este ano, ela é a» *~ da festa* « da Senhora das Dores».

juízo s m (<lat *judícium,ii*) **1** A(c)to ou efeito [Faculdade] de julgar/Discernimento. **Loc.** Fazer bom [mau] ~ acerca de alguém. Não ter ~ formado acerca de alguma coisa ou de alguém. **2** Sensatez/Bom senso/Tino/Ponderação. **Ex.** Estes rapazes não têm ~ nenhum [só fazem disparates/são irresponsáveis]. **Loc.** *Estar no seu ~* [em perfeito] ~ [Saber o que faz ou diz]. *Ganhar ~* [Tornar-se sensato/responsável]. *fam Moer o ~ a alguém* [Fazer a cabeça em água/Maçar/Aborrecer]. *Perder o ~* a) Enlouquecer; b) Agir de forma insensata. *Ter o ~ no seu lugar* [Proceder acertadamente/com sensatez]. **3** fam Maturidade «afe(c)tiva/emocional»/Mente/Cabeça. **Ex.** Aquela mulher deu-lhe volta ao ~ [fê-lo perder a cabeça/agir irresponsavelmente]. **Loc.** Não regular bem do ~ [Ter atitudes insensatas]. **4** Opinião acerca de alguma coisa/Apreciação/Parecer/Conceito. **Ex.** Para fazer um ~ sobre esse assunto necessito de mais informação. **5** Rel Julgamento divino a que todas as pessoas serão sujeitas no fim dos tempos. **Ex.** O pintor renascentista Miguel Ângelo pintou no te(c)to da Capela Sistina (Vaticano), a cena do ~ Final, conforme o imaginava. **6** Divisão de um tribunal em que o juiz exerce a sua competência. **Ex.** Processo entregue ao [a correr no] «3.º» ~ cível. **Loc.** *Pôr em ~* [Mover uma a(c)ção em tribunal]. *Vir a ~* [Defender-se em tribunal].

jujuba s f Bot (<gr *zizyphon*) **1** Fruto drupáceo comestível da jujubeira. **2** ⇒ Jujubeira.

jujubeira s f Br Bot (<jujuba + -eira) Árvore da família das ramnáceas semelhante ao juazeiro, mas mais pequena.

julgado, a s m/adj (<julgar) **1** Dir Decisão judicial/Sentença. **Loc.** Transitar [Passar] em ~ [Decorrer o tempo previsto na lei para que uma sentença se torne efe(c)tiva (por não ter sido apresentado recurso)]. **2** Dir Jurisdição do juiz. **Comb.** *~ municipal* [Tribunal municipal de categoria inferior ao de comarca]. *~ de paz* [que abrange a área duma freguesia]. **3** adj Que foi obje(c)to de julgamento/Sentenciado. **Comb.** Causa [Processo] ~a/o. **4** Considerado/Imaginado/Reputado. **Ex.** Contratação de um jogador ~ muito habilidoso (e que redundou em fracasso).

julgador, ora s/adj (<julgar + -dor) (O) que julga/Apreciador/Juiz(+)/Árbitro. **Loc.** Não ter competência para ser ~ duma obra «de arte».

julgamento (<julgar + -mento) **1** A(c)to ou efeito de julgar/emitir um juízo. **Ex.** Estou

apenas a mencionar um fa(c)to, não estou a fazer qualquer ~/juízo(+). ⇒ **4. 2** *Dir* Decisão de um tribunal sobre um processo/Sentença. **Loc.** Marcar a data de um ~. **Comb.** ~ *à porta fechada*. ~ *popular* [feito pelo povo sem recurso a tribunal]. ~ *sumário* [Sentença pronunciada sem realização de audiência]. **3** *Dir* Audiência em tribunal em que se analisam fa(c)tos/provas/testemunhos com vista ao apuramento da verdade. **Ex.** O ~ já decorre há vários meses. **4** Exame/Análise/Apreciação. **Loc.** Fazer ~s/juízos precipitados «sobre alguém». ⇒ **1.**

julgar *v t/int* (<lat *júdico,áre,átum*) **1** Decidir como juiz ou árbitro/Deliberar/Sentenciar. **Ex.** Foi difícil ~ aquele criminoso porque as provas eram pouco claras. **2** Analisar [Avaliar/Examinar] um assunto para sobre ele tomar uma decisão. **Ex.** O júri julgou [analisou(o+)/apreciou(+)] os processos de todos os concorrentes para escolher apenas um. "Não julgueis ou não sereis julgados" – disse Jesus. **3** Considerar/Pensar/*pop* Achar. **Ex.** Julguei [Pensei] que a situação fosse bem pior do que na realidade é. Julgas [Pensas] que não sou capaz de aprender «a guiar/dirigir»? Não julgo que seja necessária a tua presença aqui. **4** Fazer uma ideia/Ter uma noção/Calcular. **Ex.** Pelo passado político esse se pode ~ o que seria se chegasse a Primeiro-Ministro. **5** ~-*se*/Supor-*se*/Ter-*se* por/Considerar-*se* como. **Ex.** Ele julga-se [julga que é] muito inteligente. Ela, desde que foi promovida, julga-se muito importante, nem fala às colegas.

julho *s m* [= Julho] (<lat *július,ii*) Sétimo mês do ano civil nos calendários juliano e gregoriano, com 31 dias. **Ex.** Gosto de fazer [tirar/gozar] férias em ~ porque os dias são longos e quentes.

juliano, a *adj/s f* (<lat *juliánus,a,um*) **1** Relativo a Caio Júlio César (101 a.C.- 44 a.C.) ou ao calendário reformado por sua ordem. **Comb.** *Calendário* ~. *Reforma* ~*a*. **2** *s f Cul* Sopa preparada com vários legumes picados. **Ex.** Nos dias de feira, a ementa daquele restaurante incluía sempre (sopa) ~*a*.

jumento, a *s Zool* (<lat *juméntum,i*: animal de carga, besta de puxar carro) **1** Mamífero perissodá(c)tilo, da família dos equídeos, semelhante ao cavalo, menos corpulento e com orelhas mais compridas/Asno/Burro(+). **Loc.** *Albardar o* ~. *Carregar o* ~ *com sacos «de castanhas»*. **2** *depr* Pessoa pouco inteligente/estúpida. **Ex.** (No exame) apareceu lá cada ~, só visto! *idi* Não davam uma para a caixa [Não faziam nada direito/acertado/corre(c)to].

junça *s f Bot* (<lat *júnceus,a,um*) Nome vulgar de erva vivaz rizomatosa, *Cyperus baldius*, da família das ciperáceas, frequente nos lugares (h)úmidos e pantanosos/Albafor/Juncinha.

juncáceo, a *adj/s f pl Bot* (<junco + -áceo) (Diz-se de) família de plantas monocotiledó[ô]neas herbáceas com folhas lineares, a que pertencem os juncos.

juncal *s m* (<junco + -al) Terreno onde crescem juncos. **Sin.** Junqueira.

junção *s f* (<lat *júnctio,ónis*; ⇒ jungir) **1** A(c)to de juntar/União. **Ex.** Pela ~ das duas parcelas de terreno obtivemos um lote onde já é possível construir uma casa. **2** Local onde duas coisas se juntam/unem/Confluência. **Ex.** O principal café da terra fica na ~ das duas ruas. **3** *Fís* Região de separação entre dois semicondutores de condutividades diferentes: de carga positiva um, e negativa o outro.

juncar *v t* (<junco + -ar[1]) **1** Cobrir de juncos. **2** Espalhar [Cobrir com] grande quantidade. **Ex.** O vendaval deixou a praça juncada de folhas e ramos de árvore partidos. Ruas (por onde passa a procissão) juncadas de flores e verdura.

junco[1] *s m Bot* (<lat *júncus,i*) Nome vulgar de várias plantas herbáceas da família das juncáceas e de outras junciformes, frequentes em terrenos (h)úmidos ou alagadiços.

junco[2] *s m Náut* (<mal *adjong*) Embarcação milenária dos mares e rios chineses com inúmeras variantes, à vela, com a popa mais alta que a proa. **Ex.** A(c)tualmente, muitos ~s já são movidos a motor.

jungir *v t* (<lat *júngo,ere,júnxi,júnctum*) **1** Ligar por meio de jugo ou canga/Emparelhar. **Loc.** ~ *os* [*uma junta de*] *bois*. **2** Prender animais a um carro ou a alfaia agrícola/Atrelar(+). **Loc.** ~ *uma parelha de mulas à carroça*. **3** Unir(+)/Ligar/Juntar. **Loc.** ~ [Juntar(+)] *a teoria à prática*. ~ [Unir(+)] *pelos laços do matrimó*[ô]*nio*.

junho *s m* [= Junho] (<lat *június,ii*) Sexto mês do ano civil dos calendários juliano e gregoriano com 30 dias. **Ex.** No hemisfério norte o verão começa em ~.

junino, a *adj* (<junho + -ino) Relativo ao mês de junho. **Comb.** *Festas* ~*as* (Dos santos que se celebram nesse mês: S. Antó[ô]nio, S. João Ba(p)tista, SS. Pedro e Paulo). ⇒ joanino.

júnior *adj/s 2g* (<lat *júnior,óris*, comparativo de *júvenis*; ⇒ jovem) **1** (O) que tem menos idade/que é mais novo/mais jovem. **Ex.** São primos e têm o mesmo nome: Gonçalo. O (Gonçalo) ~ é mais alto do que o primo mais velho. **Ant.** Sénior. **2** *(D)esp* Classe de (d)esportistas com idades compreendidas entre os 16 e os 19 anos. **Ex.** «O Benfica» Sagrou-se campeão em [na classe de] juniores «de futebol». **3** Relativo a essa classe etária. **Comb.** Se(c)ção «de pronto-a-vestir» ~. Moda ~ [jovem(+)].

juníperoo *s m Bot* (<lat *juníperus,i*) Designação comum de arbustos da família das cupressáceas, cultivadas pela madeira e que produzem umas escamas carnosas semelhantes a uma baga, comestíveis e usadas na produção de bebidas, perfumes e aromatizantes. ⇒ zimbro.

junqueira *s f* (<junco + -eira) Terreno onde crescem juncos/Juncal.

junquilho *s m Bot* (<esp *junquillo*) Planta herbácea bolbosa da família das amarilidáceas, *Narcissus jonquilla*, que dá flores amarelas muito aromáticas/Flor dessa planta. **Comb.** *Canteiro de* ~.

junta *s f* (<junto) **1** Ponto [Linha/Superfície] de união de elementos [partes] de um todo ou conjunto. **Loc.** Fechar [Tapar/Vedar] as ~s «da parede» com argamassa/silicone. ⇒ **8.** (Um líquido) verter pela ~ «da tampa». **Comb.** ~ *de dilatação* [Espaço entre dois elementos de construção «duma ponte» para permitir que se possam dilatar com o calor]. **2** *Anat* Conjunto de elementos que mantém os ossos unidos uns aos outros/Articulação(+). **Comb.** ~ *da anca/do joelho/pulso*. **3** Encaixe para ligação de peças ou elementos. **Comb.** ~ *de encaixe*. **4** Parelha de animais «bois/vacas», que, jungidos ou atrelados, puxam juntos à carroça. **Comb.** *Lavrador abastado, com muitas terras e duas* ~s *de bois*. **5** Conjunto de pessoas com determinada missão/Comissão. **Comb.** ~ *médica* [Conjunto de médicos que avaliam a situação clínica dum doente]. **6** Conjunto de pessoas que fazem parte da administração pública, com funções consultivas/administrativas/ de inspe(c)ção de um determinado se(c)tor de a(c)tividade. **Comb.** ~ *de A(c)ção Social*. ~ *Autó*[*ô*]*noma das Estradas* [JAE]. ~ *de Freguesia* [Corpo administrativo [Autarquia] local a nível de freguesia]. **7** *Geol* Fissura que divide as rochas/Fenda/Diáclase. **8** Substância [Material/Corpo] que se introduz na junção de duas superfícies para fazer a vedação. **Comb.** ~ *de borracha/silicone/cobre*.

juntamente *adv* (<junto + -mente) **1** Preso ou unido a outra coisa/Junto. **Ex.** ~ com esta carta [este ofício] vão os documentos solicitados. **Ant.** Em separado. **2** Ao mesmo tempo/Concomitantemente/Simultaneamente. **Ex.** Gritavam todos ~ [à uma/em coro]: Viva a República [Abaixo o governo]! **Comb.** ~ *com* [Na companhia de/Formando um conjunto] (Ex. Os jovens, ~ com [, e (também)] alguns adultos, organizaram uma festa para os idosos do lar).

juntar *v t* (<junto + -ar[1]) **1** Reunir pessoas ou coisas de modo a formarem um todo/Unir/Aproximar/Ligar. **Ex.** Alguns trabalhadores juntaram-se para apresentar uma reclamação «sobre as condições de segurança na fábrica». Juntei os móveis que me deram os meus pais e os meus irmãos e consegui mobilar a sala de jantar. **Loc.** ~ *as peças dum puzzle*. **2** Reunir(-se) [Fazer (com) que se reúnam] no mesmo espaço e ao mesmo tempo/Congregar. **Ex.** No Natal, a família junta-se (toda) «em casa dos pais». **3** Reunir/Concentrar/Aglomerar. **Ex.** A manifestação juntou [teve] muita gente. **4** Misturar duas ou mais coisas/Adicionar/Acrescentar. **Ex.** Junta-se o leite morno à massa (do bolo) e bate-se muito bem. **Loc.** ~ *sal/pimenta, a gosto* [à discri[e]ção]. **5** Anexar uma coisa a outra/a um todo. **Loc.** ~ *ao requerimento fotocópia da legislação que o fundamenta*. **6** Fazer cole(c)ção de(+)/Cole(c)cionar. **Loc.** ~ *moedas/postais/caixas de fósforos para a cole(c)ção*. **7** Amealhar/Amontoar. **Loc.** ~ *dinheiro* «para fazer face a qualquer imprevisto/para comprar uma moto». **8** Possuir em simultâneo/Combinar/Aliar. **Loc.** «O Papa Bento XVI» ~ *a sabedoria e a humildade*. ~ *o útil ao agradável*. **9** Estabelecer ligação/Unir espaços. **Ex.** As casas ao longo da estrada juntam as duas povoações. A ponte junta as duas cidades. **10** Passar a viver maritalmente sem se casar/Amigar-se. **Ex.** Ainda não (se) casaram mas já se juntaram. **Idi.** ~ *os trapinhos* [Casar-se]. **11** Passar a fazer parte dum grupo/Associar-se. **Loc.** ~-*se ao partido*.

junto, a *adj/adv* (<lat *junctus,a,um*; ⇒ jungir) **1** Juntamente/Em conjunto/Unido/Ligado. **Ex.** Só se vende o casaco (~) com as calças. **Loc.** Rezar de [com as] mãos ~as/postas. Saltar a pés ~os. **Idi.** *Jurar a pés* ~*os* [Afirmar com toda a veemência/convicção. **Comb.** Por ~ [Por atacado/De uma só vez/Em quantidade] (Ex. Fazer as compras por ~ «para todo o mês». Nunca te chega [Nunca ficas satisfeito] com pouco, queres sempre tudo por ~ [queres tudo de uma vez]). **2** Ao pé [lado] de/Chegado/Perto. **Ex.** A minha casa fica ~ à escola. **3** Em companhia/Formando grupo. **Ex.** Os jovens do bairro foram todos ~s ao cinema. Estavam muitas pessoas ~as a comentar o acidente. **4** Que ocorre em simultâneo/Que se manifesta ao mesmo tempo. **Ex.** Chegámos juntos [Cheguei junto com ele/Cheguei ao mesmo tempo que ele] ao restaurante. **5** Em anexo/apenso/Ligado. **Ex.** O questionário está ~ ao texto. O subsídio de férias vem [é pago] ~ com o salário deste mês. **6** Que está misturado/

foi adicionado. **Ex.** Bebo sempre o leite (~) com um pouco de café ou chocolate. **7** Que vive maritalmente sem ser casado. **Ex.** Eles já vivem ~s há bastante tempo.

juntura *s f* (<lat *junctura,ae*; ⇒ jungir) **1** Ponto [Linha/Superfície] em que se juntam duas ou mais coisas/Junta/Ligação. **Ex.** Há infiltrações de água da chuva na ~ [junta(+)] das duas paredes/da placa do telhado com a parede. **2** *Anat* Articulação. **Comb.** A ~ dos quadris.

Júpiter *s m Maiúsc* (<lat *Júpiter,Jóvis*) **1** *Mit* Pai dos deuses na mitologia romana, equivalente a Zeus na mitologia grega. **2** *Astr* O maior dos planetas do sistema solar, entre Marte e Saturno.

juquiri *s m Br Bot* ⇒ juciri; mimosa.

jura *s f pop* (<jurar) **1** A(c)to ou efeito de jurar/prometer solenemente/Juramento(+)/ Promessa. **Ex.** Fiz uma ~ de que não voltava a fumar e hei de cumprir. **2** A(c)to de pedir a maldição [um mal] para alguém/ Praga. **Ex.** Não há mal que não lhe aconteça. Foi ~ que alguém lhe fez [Foi praga que alguém lhe rogou(+)].

jurado, a *adj/s* (<jurar + -ado) **1** Que jurou/ prometeu solenemente/Que está sob juramento. **Ex.** Afirmação solenemente ~a pela testemunha. Silêncio ~, que por nada quebraria. **2** Manifesto/Reconhecido/Assumido. **Comb.** Vadio [Vagabundo] ~. **3** *s* Pessoa convocada para decidir com outras uma questão em juízo. **Ex.** Os ~s saíram da sala de audiências e reuniram para deliberar. **4** *s* Membro dum júri. **Comb.** ~ dum certame [concurso] «musical».

juramentar *v t* ⇒ ajuramentar.

juramento *s m* (<lat *juraméntum,i*) **1** A(c)to ou efeito de jurar/Afirmação solene pela qual alguém se obriga a dizer a verdade. **Loc.** *Prestar* ~ [(Com)prometer(-se a) dizer a verdade]. *Respeitar um* ~. *Violar* [Quebrar(+)] *um* ~. **Comb.** ~ falso. **2** Promessa solene/Compromisso. **Ex.** Quantas vezes prometeu à mãe, sob ~ [fez o ~ à mãe] de que deixaria a droga mas nunca cumpriu. **3** Fórmula usada para uma promessa solene. **Comb.** *Mil* ~ *de bandeira* [Compromisso solene assumido pelos militares de defender o seu país]. ~ *de Hipócrates* [Compromisso solene dos médicos, após a conclusão do curso, de respeitar o código deontológico legado por Hipócrates, médico da antiga Grécia].

jurar *v int* (<lat *júro,áre,átum*) **1** Prometer solenemente/Prestar juramento. **Ex.** A testemunha jurou dizer a verdade. **2** Afirmar com veemência que diz a verdade/que é verdade o que afirma. **Ex.** Juro que não fui eu «que tirei o dinheiro». Não gosto de ~ [Não precisas que te jure], mas sabes que digo a verdade [que não minto]. **Loc.** ~ *a pés juntos* ⇒ junto **1 Idi. 3** Assumir um compromisso solene/Fazer juramento. **Ex.** Os militares juram servir a pátria. **Loc.** ~ *bandeira*. ⇒ juramento **3 Comb. 4** Afirmar com juramento. **Ex.** Juro pela minha saúde que ele mas há de pagar [ele há de pagar o mal que me fez]!

jurássico, a *adj/s Geol* (<fr *jurassique* <Jura, cadeia montanhosa do Sul da França) **1** Que diz respeito ao período geológico do Jurássico. **Comb.** Flora [Fauna] ~a. **2** *s m Maiúsc* Sistema geológico do Mesozoico que sucede ao Triásico e antecede o Cretácico. **Ex.** O ~ divide-se em andares cara(c)terizados sobretudo pelas faunas de amonites.

juratório, a *adj* (<lat *juratórius,a,um*) Relativo a juramento.

jurema *s f Br Bot* (<tupi *yu'rema*) Árvore espinhosa da família das leguminosas, *Pithecellobium tortum*, semelhante à mimosa/ Acácia do Brasil.

júri *s m* (<ing *jury*) **1** *Dir* Conjunto de pessoas convocadas por um tribunal para julgar uma causa/Jurados. **2** Conjunto de pessoas qualificadas, organizado para avaliar/classificar o mérito de pessoas ou coisas/Órgão colegial de julgamento. **Loc.** Fazer parte dum ~ «dum exame/de provas de doutoramento/dum concurso». **Comb.** Presidente [Membro] dum ~.

juridicamente *adv* (<jurídico + -mente) De acordo com a lei/o direito. **Comb.** A(c)to ~ punível.

jurídico, a *adj* (<lat *jurídicus,a,um*) **1** Relativo ao direito. **Comb.** *Consultor* [Consultório] ~. *Parecer* ~. **2** Conforme aos princípios do direito. **Comb.** *Norma* ~*a*. *Processo* ~.

jurisconsulente *s 2g* (<lat *jus,júris*: direito +consulente) O que faz uma consulta jurídica.

jurisconsulto, a *s* (<lat *jurisconsultus,i*) Pessoa versada em leis e que dá pareceres sobre questões jurídicas/Jurista(+)/ Jurisperito. **Loc.** Obter o parecer dum ~.

jurisdição *s f* (<lat *jurisdíctio,ónis*) **1** *Dir* Poder [Autoridade legal] para aplicar leis ou administrar a justiça. **Comb.** ~ *civil* [religiosa]. ~ *criminal* [administrativa]. **2** Conjunto dos tribunais da mesma espécie. **3** Área (territorial) em que um magistrado exerce as suas atribuições. **Ex.** Isso não é da minha ~. **4** Poder exercido sobre alguém/alguma coisa/Alçada/Competência. **Ex.** Os bispos têm ~ religiosa ordinária e plena na sua diocese, mas devem exercê-la como irmãos de todos os diocesanos. **Comb.** ~ *duma autarquia* «sobre feiras e mercados locais». ~ *do governo* «sobre a imigração».

jurisdicional *adj 2g* (<jurisdição + -al) Relativo à jurisdição. **Comb.** Competência ~.

jurisperito, a *s* (<lat *jurisperítus,i*) ⇒ jurisconsulto.

jurisprudência *s f Dir* (<lat *jurisprudéntia,ae*) **1** Ciência do direito. **Ex.** Formei-me em ~ [Direito(+)]. **2** Método ou critério de interpretação e aplicação das leis pelos tribunais. **Ex.** Questão complexa que deve ser esclarecida pela ~ dos tribunais. **3** Fonte de direito que decorre das decisões dos tribunais sobre questões geralmente controversas. **Ex.** Questão sobre a qual já há ~.

jurista[1] *s 2g* (<lat *jus,júris*: direito + -ista) Especialista em leis/em direito/Jurisconsulto. **Loc.** Consultar um ~.

jurista[2] *s 2g* (<juro + -ista) O que empresta dinheiro a juros/Detentor de títulos de dívida pública.

juro *s m* (<lat *jus,júris*: direito, equidade, justiça) **1** Remuneração percentual obtida por dinheiro emprestado, depositado ou investido por um período determinado. **Idi.** *Pagar com* ~*s* [Pagar caro/Sofrer as consequências] (Ex. Ele há de pagar com ~s a desfeita que me fez). **Comb.** ~ *de obrigações* [depósitos «a prazo/à ordem»]. ~ *de mora* [Penalização aplicada ao devedor por atraso no pagamento duma dívida]. *Taxa de* ~ *anual*. **2** *fig* Recompensa. **Ex.** Quem faz o bem, acaba por receber os ~s [por ser recompensado].

jurubeba *s f Br Bot* (<tupi *yuru'wewa*) Planta medicinal da família das solanáceas.

jururu *adj 2g Br* (<tupi *yuru'ru* ou *xearu'ru*) Triste/Melancólico.

jus *s m* (<lat *jus,júris*) Direito. **Idi.** *Fazer* ~ *a* [(Fazer por) merecer/Ser reconhecido a alguém o direito a] (Ex. Fazer ~ a [Merecer] um elogio. Finalmente, foi feito ~ à [foi reconhecida a] competência do professor.

jusante *s f Geog* (<fr *jusant*: maré baixa) **1** Lado duma corrente para onde correm as águas, contrário ao da nascente. **Comb.** A ~ [Para o lado da foz]. **Ant.** Montante. **2** ⇒ Maré vazante/Baixa-mar.

justa[1] *s f* (<justar) **1** *Hist* Na Idade Média, combate entre dois homens armados com lança/Torneio. **Comb.** ~ a cavalo [a pé]. **2** ⇒ Luta/Confronto/Contenda. **3** ⇒ Questão/Desacordo.

justa[2] *elem loc adv* (<justo **4/6**) À ~ **1** Na medida certa/Nem mais, nem menos/Resvés. **Ex.** O tecido «para o vestido» foi (mesmo) à ~; não sobrou nada. **2** Por diferença mínima. **Ex.** Ganhámos à ~. Chegámos mesmo à ~, quase com o comboio [trem] em andamento.

justamente *adv* (<justo + -mente) **1** De modo justo/Com justiça. **Loc.** Governar ~. Distribuir ~. **2** Precisamente/Exa(c)tamente. **Ex.** Foi ~ aí [nesse lugar] que se deu o acidente.

justapor *v t* (<justa + pôr) Pôr junto/ao lado de/Unir(-se). **Ex.** A parede constrói-se justapondo tijolos lado a lado, em várias camadas. Para aumentar a casa, justapuseram-lhe um acrescento [anexo] nas traseiras onde fizeram a cozinha.

justaposição *s f* (<justapor; ⇒ pôr) **1** A(c)ção ou efeito de justapor/colocar junto/ encostado. **2** Situação de coisa ao lado de [de coisa encostada] outra/Aposição. **Ex.** Unindo dois triângulos isósceles por ~ das bases, obtém-se um losango: ◊. O bairro foi crescendo por ~ de casas do mesmo tipo, ao longo de várias ruas. **3** Modo de crescimento de corpos inorgânicos por agregação sucessiva de células a um núcleo primitivo. **4** *Gram* Formação de palavras compostas em que cada elemento conserva a sua autonomia gráfica e fonética «couve-flor/porco-espinho/saca-rolhas».

justaposto, a (Ôsto, Ósta, Óstos) *adj* (<justapor; ⇒ pôr) Colocado lado a lado/em continuidade/Unido. **Comb.** *Figuras* ~*as*. *Palavras* ~*as*. *Peças* ~*as*.

justar *v t* ⇒ ajustar.

justeza *s f* (<justo + -eza) **1** Qualidade do que é justo/está conforme à justiça. **Ex.** Ninguém contestou a ~ da decisão. **2** Qualidade do que se adequa bem/Conveniência. **Ex.** A ~ da observação mereceu o aplauso da assistência. **3** Exa(c)tidão/ Certeza/Precisão(+)/Rigor. **Ex.** O acabamento das peças de relojoaria tem que ser feito com grande ~.

justiça *s f* (<lat *justítia,ae*) **1** Virtude moral que dispõe alguém a dar [fazer] a outrem o que é devido/Equidade. **Ex.** Prudência, ~, fortaleza e temperança são as quatro virtudes cardeais/fundamentais. **2** Conformidade com o direito estabelecido. **Loc.** Aplicar [Respeitar] a ~. **Idi.** ~ *lhe seja feita* [Expressão de reconhecimento da razão ou mérito de alguém]. *Dizer de sua* ~ [Dar a sua opinião/Emitir parecer]. *Fazer* ~ [Condenar o culpado]. *Fazer* ~ *a alguém* [Reparar-lhe um agravo/Reconhecer-lhe razão/Dar-lhe o tratamento merecido]. *Fazer* ~ *pelas próprias mãos* [Castigar sem recorrer aos poderes competentes]. **3** Poder de aplicar as leis/Poder judicial. **Loc.** *Cair nas mãos da* ~. *Prestar contas à* ~. **4** Aplicação das leis para solucionar litígios/julgar causas. **Ex.** A ~ é lenta [funciona mal]. **5** Conjunto de pessoas/instituições/serviços do poder judicial. **Comb.** *Oficial de* ~. *Procurador da* ~. *Tribunal de* ~. **6** Magistratura(+)/Os magistrados.

Ex. Enveredou pela carreira da ~. **7** Alegoria representativa da isenção e imparcialidade da aplicação do direito que consiste numa mulher de olhos vendados com uma balança numa mão e uma espada na outra. **Comb.** (Símbolo d)a ~.

justiçado, a *adj/s* (<justiçar + -ado) (O) que sofreu pena de [foi condenado à] morte. **Comb.** Último pedido dum ~.

justiçar *v t* (<justiça + -ar¹) **1** Punir com pena de morte. **2** Demandar em juízo/Levar à justiça.

justiceiro, a *adj/s* (<justiça + -eiro) **1** ⇒ (O) que gosta de fazer justiça/Imparcial/Justo(+)/Re(c)to(+). **2** (O) que é rigoroso/implacável na aplicação da lei/Cruel. **Comb.** Rei ~ «D. Pedro I de Portugal».

justificação *s f* (<lat *justificátio,ónis*) **1** A(c)ção de justificar(-se)/Conjunto de razões [argumentos/provas] apresentadas em proveito [para defesa] próprio/a ou de outrem. **Ex.** A ~ que apresentou, por ter faltado ontem «à reunião», não convenceu ninguém. **2** Prova judicial. **Ex.** A ~ da inocência do réu fundamentou-se nos depoimentos das testemunhas. **3** *Rel* A(c)ção divina que justifica [torna justo] concedendo a graça ao que a não tinha. **Ex.** Pela ressurreição de Cristo, veio para todos a ~ (que nos dá uma vida nova). Da obra de justiça de um só – Jesus Cristo – resultou para todos os homens a ~ que traz a vida nova. **4** Fixação dum texto dentro da mancha tipográfica.

justificado, a *adj* (<justificar + -ado) **1** Que apresenta [tem] justificação. **Comb.** Falta «ao trabalho/à escola» ~a. **2** Que lhe foi reconhecida inocência/Reabilitado. **Ex.** Preso posto em liberdade por ter sido ~. **3** (Diz-se de) texto alinhado na mancha tipográfica.

justificador, ora *adj/s* (<justificar + -dor) (O) que justifica/explica/esclarece. **Comb.** Fa(c)to [Motivo] ~ da sua ausência ao trabalho.

justificante *adj/s 2g* (<lat *justíficans,ántis*) **1** Que justifica. **Comb.** Provas ~s. **2** *Rel* Que confere a graça divina/torna justo. **Comb.** Fé [Graça] ~ [santificante(+)]. **3** *s* O que requer justificação em juízo.

justificar *v t* (<lat *justífico,áre,átum*) **1** Expor o motivo, a razão de algo/Apresentar justificação. **Ex.** Entregou um atestado médico para ~ as faltas ao trabalho por doença. **2** Tornar justo/Legitimar/Desculpar. **Ex.** Os fins não justificam os meios. Não vale a pena tentares ~-te porque a tua atitude malcriada não tem [não merece] desculpa. **3** *Rel* Fazer passar do estado de pecado ao estado de graça. **Ex.** É Deus quem justifica. "Aquele (Deus) que nos chamou, também nos justificou" (Rom. 8:30). **4** ~-se/Ser necessário/pertinente/Fundamentar-se/Explicar-se. **Ex.** Justifica-se que o trabalho no(c)turno seja mais bem pago que o diurno. Não se justifica que uns tenham vencimentos exorbitantes e outros ganhem uma miséria. **5** Fazer o alinhamento dum texto.

justificativo, a *adj/Br s f* (<justificar + -tivo) **1** Que serve para justificar/Que confirma a verdade de algo. **Loc.** Apresentar um ~o/uma ~a «do atraso». **Comb.** Documento ~. Fa(c)to ~. **2** *Br s f* Documento que prova a veracidade dum fa(c)to.

justificatório, a *adj* (<justificar + -tório) Que serve para justificar/poder compreender. **Ex.** A mãe procurava encontrar razões ~as para a mudança de comportamento do filho.

justificável *adj 2g* (<justificar + -vel) **1** Que se pode justificar/Explicável. **Ex.** A operação é ~ dado o estado do doente. **Ant.** Inexplicável; injustificável. **2** Que se pode aceitar/Compreensível. **Comb.** Erro ~ «atendendo à pouca idade dele». **Ant.** Inaceitável; incompreensível.

justiniano, a *adj Hist* (<antr Justiniano, imperador romano do Oriente) Referente a Justiniano (527-565) ou ao código que ele mandou compilar. **Ex.** O código ~ é uma das fontes do direito português.

justo, a *adj/s* (<lat *jústus,a,um*; ⇒ jus) **1** (O) que age de forma moralmente corre(c)ta/Imparcial/Equitativo. **Ex.** É difícil ser sempre ~. **Idi.** *Dormir como um ~* [Ter um sono profundo]. **Comb.** Professor ~. **2** Que é conforme ao direito/Que respeita a lei. **Comb.** *Causa ~a*. *Castigo ~*. *Sentença ~a*. **Ant.** Injusto. **3** Adequado/Justificado/Merecido. **Ex.** Fez um bom trabalho; recebe [vai receber] a ~a recompensa. **4** Exa(c)to/Preciso. **Loc.** Procurar [Dizer] a palavra ~a. **5** Razoável/Aceitável/Justificável. **Comb.** Reclamação [Indignação] ~. **6** Que assenta bem/Ajustado/Cingido/Apertado. **Ex.** Usam-se [Estão na moda] as calças ~as ao corpo. Os sapatos muito ~s magoam-me (os pés). **7** *s/adj Rel* (O) que vive e procede de acordo com a vontade (Justiça) de Deus. **Prov.** *Pagar o ~ pelo pecador* [O inocente ser castigado [repreendido] ficando o culpado impune]. **Comb.** *Bib* O ~ Abel. **Ant.** Pecador.

juta *s f Bot* (<sân *jūta*: fita do cabelo) **1** Planta herbácea de origem indiana, da família das tiliáceas, *Corchorus capularis* e *Corchorus olitorius*, de caule longo não lenhoso que fornece boa fibra têxtil. **2** Fibra fornecida por essa planta. **3** Tecido feito com essa fibra. **Comb.** Sacos de ~.

jutaí *s m Br Bot* (<tupi *yuta'i*) ⇒ tamarindeiro; tamarindo.

jutaúba *s f Br Bot* (<tupi *yuta'uba*) Árvore meliácea nativa do Brasil cuja madeira é boa para construções.

juvenil *adj/s 2g* (<lat *juvenílis,e*) **1** Que diz respeito à [é próprio da] juventude/Jovem. **Comb.** *Ar ~*. *Entusiasmo* [Ardor] ~. **2** Destinado a adolescentes/jovens. **Comb.** *Literatura ~*. *Moda ~*. **3** *(D)esp* (Diz-se de) desporto [esporte] praticado por adolescentes de idades compreendidas entre os 14 e os 16 anos. **Comb.** *Classe ~* «de judo». *Futebol ~*. **4** *s (D)esp* (D)esportista com idade entre os 14 e os 16 anos.

juvenilidade *s f* (<juvenil + -i- + -dade) **1** Qualidade do que é juvenil ou jovem. **2** ⇒ Juventude(+).

juventude *s f* (<lat *juvéntus,útis*) **1** Fase da vida entre a infância [adolescência] e a idade adulta/Mocidade. **Comb.** ~ feliz. Sonhos [Ideais] de ~. **2** Pessoas que se encontram nessa fase da vida/Gente nova/Os jovens/A mocidade. **Comb.** *~ estudante*. *~ trabalhadora*. *Albergue de ~*. *Pousada da ~*. **3** Cara(c)terísticas próprias das pessoas jovens. **Ex.** Ela/e tem uma ~ contagiante. Ambiente onde se respira ~.

K

k (Capa) *s m* **1** Décima primeira letra e oitava consoante do alfabeto português. **Ex.** O ~ utiliza-se em palavras estrangeiras e estrangeiras aportuguesadas e seus derivados «ketchup/kafkiano/marketing». **2** Décimo primeiro lugar numa série indicada por letras do alfabeto. **Ex.** Na fila ~, antes da *L* e depois da *J*, ainda há lugares. **3** *Fís Maiúsc* Símbolo de grau Kelvin. **Ex.** A temperatura de 0° C corresponde a 273° K. **4** *Fís Maiúsc* Símbolo da constante de Boltzmann. **5** *Fís minúsc* Símbolo que, colocado antes duma unidade, designa o múltiplo 10^3 dessa unidade «kg, km». **6** *Quím Maiúsc* Símbolo do elemento potássio.

kafkiano, a *adj* (<antr *Kafka*, escritor checo de língua alemã) **1** Relativo a Franz Kafka (1883-1924) ou à sua obra. **Comb.** Visão ~a [existencialista] da vida. Conto/Romance ~. **2** ⇒ complicado/labiríntico/absurdo.

Kaiser *s m Maiúsc* (<al *Kaiser*) Designação do imperador da Alemanha desde a coroação de Guilherme II (1888) até à implantação da república em 1918.

kamikaze *s m/adj 2g* (<jp *kamikaze*: vento dos deuses) **1** Designação dos pilotos suicidas japoneses que na Segunda Guerra Mundial se ofereciam para se lançarem sobre alvos inimigos em aviões carregados de explosivos. **Ex.** Os ~s puseram fora de combate [danificaram ou afundaram] 253 navios dos Aliados. **2** *fig* Pessoa que pratica a(c)ções que põem em grave risco a própria vida. **Loc.** Agir como os ~s. **3** *adj 2g* Relativo a piloto suicida/a ataques suicidas. **Comb.** Voos [Ataques] ~s.

kantiano, a *adj/s Fil* (<antr *I. Kant*) **1** Relativo ao filósofo alemão Immanuel Kant (1724-1804) ou ao seu sistema e à sua obra. **Comb.** *Doutrina filosófica ~a. Pensamento ~. Obra ~a «Crítica da Razão Pura».* **2** *s* Discípulo [Seguidor/Adepto] de Kant.

kantismo *s m Fil* (<antr *Kant* + -ismo) Conjunto de correntes filosóficas que têm raiz na obra de Kant. **Ex.** As posições filosóficas de grandes idealistas alemães «Hegel/Schopenhauer» têm origem no ~.

karaoke *s m* (<jp *karaoke* <*kara*: vazio + *oke(sutora)*: orquestra) Espe(c)táculo [Entretenimento/Divertimento] «em bar ou restaurante» em que qualquer pessoa pode cantar acompanhando uma música pré-gravada com possibilidade de ler a letra respe(c)tiva num ecrã. **Loc.** Participar num ~.

karaté *s m* (<jp *karate* <*kara*: vazio + *te*: mão) Arte marcial japonesa, utilizada a(c)tualmente como modalidade (d)esportiva e de defesa, sem qualquer arma, servindo-se apenas de golpes rápidos e vigorosos das mãos e dos pés. **Loc.** Praticar ~.

karateca (Té) *s 2g* (<karaté + ...) Praticante de karaté(+).

karroo (Cárrú) *s m Geol* (<hotentote *harrô*: árido, seco, pelo ing *karroo*) Conjunto de planaltos semidesérticos da África do Sul com formações geológicas cujas idades vão do Carbó[ô]nico ao Jurássico Inferior. **Comb.** Sistema de ~.

kart *s m* (<ing *Go-Kart*, marca comercial) Veículo automóvel pequeno, de um só lugar, sem carroçaria nem suspensão e sem caixa de velocidades usado apenas em competições (d)esportivas.

karting *s m ing (D)esp* Desporto [Esporte] praticado com kart/Corrida de karts.

kartista *s 2g* (<kart + -ista) Praticante de kart.

kartódromo *s m* (<kart + -dromo) Pista para corridas de karts.

kayak *s m inuíte* ⇒ caiaque.

Kazaniano *s m Geol Maiúsc* (<top *Kazan*, cidade russa + -iano) Andar do Pérmico de fácies lagunar ou subcontinental, formado por camadas vermelhas, incluindo arenitos cupríferos, leitos com bivalves de água doce e restos de vegetais. **Ex.** O ~ é equivalente ao Turingiano da Europa Ocidental.

Kb Símbolo de kilobit.

KB Símbolo de kilobyte.

Kcal Símbolo de grande caloria [de quilocaloria].

Keewatiniano (Quiva) *s m Geol Maiúsc* (<top *Keewatin*, distrito do Canadá + -iano) Andar geológico correspondente ao Pré-câmbrico Inferior, pertencente ao *Escudo Canadiano*.

kelvin *s m Fís* (<antr *Lord William Kelvin* (1824-1907), físico inglês) Unidade de temperatura termodinâmica do Sistema Internacional, símbolo °K, definida como 1/273,15 do ponto triplo da água. **Ex.** Em graus ~, o ponto de fusão do gelo equivale a 273,15 °K e o ponto de ebulição da água (à pressão atmosférica) a 373,15 °K.

kepleriano, a *adj* (<antr *Kepler* + -iano) Relativo a Johannes Kepler (1571-1638), astró[ô]nomo alemão ou às leis que regem o movimento dos planetas em torno do Sol, por ele estabelecidas. **Ex.** As leis ~as foram essenciais para a obtenção da lei de atra(c)ção universal estabelecida por Newton.

ketchup (Caetchâp) *s m ing Cul* Molho de tomate condimentado com vinagre, sal, açúcar e outros ingredientes.

Keuper (Cóipa) *s m Geol Maiúsc* (<top al *Keuper*: marga arenífera) Unidade estratigráfica correspondente à parte superior do Triásico de fácies germânica formada por margas de cores variadas.

Keweenawiano (Kivinavi) *s m Geol Maiúsc* (<top *Keweenaw*, península americana (EUA) na margem sul do lago Superior + -iano) Andar do Pré-câmbrico Superior.

keynesianismo (Keine) *s m Econ* (<keynesiano + -ismo) Doutrina proposta pelo economista inglês John Maynard Keynes (1883-1946) que preconiza a promoção do pleno emprego pelo Estado, como forma de combater as recessões econó[ô]micas.

keynesiano, a *adj* (<antr *J. M. Keynes* + -iano) Relativo ao economista inglês John Maynard Keynes (1883-1946) ou às suas teorias.

kg Símbolo de quilo(grama).

kgf Símbolo de quilograma-força.

kHz Símbolo de quilohertz.

kibutz *s m hebr* Pequena propriedade agrícola cole(c)tiva em Israel.

kierkegaardiano, a (Kirkgârdi) *adj* (<antr *Kierkegaard* + -iano) Relativo ao filósofo dinamarquês S. Kierkegaard (1813-1855) ou à sua obra.

kieselguhr (Kizalgur) *s m Quím* (<ing *kieselguhr* <al *Kiesel*: seixo, sílex + *guhr*: depósito lodoso) Variedade de diatomite com grande poder de absorção, usada como matéria filtrante/Farinha fóssil.

kilo- elem de formação (<gr *khilioi*: mil) Exprime a noção de mil/milhar. ⇒ k **5**.

kiloampere *s m Ele(c)tri* (<kilo- + ampere) Unidade de medida de intensidade de corrente elé(c)trica (KA) equivalente a mil amperes.

kilobit [Kb] *s m Info* (<kilo- + ing *bit*) Unidade de medida de informação equivalente a mil *bits*.

kilobyte [KB] *s m Info* (<kilo- + ing *byte*) Unidade de informação equivalente a 1024 *bytes*.

kilohertz [kHz] *s m Fís* (<kilo- + antr *Hertz*) Unidade de medida de frequência equivalente a mil *hertz*.

kilojoule (Jule) *s m Fís* (<kilo- + joule) Unidade de medida de trabalho (kJ) equivalente a mil *joules*.

kilovolt [kV] *s m Ele(c)tri* (<kilo- + *volt*) Unidade de medida de potencial elé(c)trico (kV) equivalente a mil *volts*.

kilovolt-ampere *s m Ele(c)tri* Unidade de medida de potência aparente (kVA) em circuitos de corrente alterna.

kilowatt [kW] (kilo-uóte) *s m Fís* (<kilo- + *watt*) Unidade de potência (kW) equivalente a mil *watts*.

kilowatt-hora (Kilo-uóte) *s m Fís* Unidade de medida de energia [trabalho] (kWh) equivalente à energia fornecida por uma fonte com a potência de 1 kilowatt durante uma hora.

kilt *s m ing* **1** Peça do traje típico masculino escocês, constituída por uma saia até ao joelho, de tecido xadrez de lã. **2** Saia semelhante, usada na moda feminina.

kimberlito *s m Geol* (<top *Kimberley*, cidade da África do Sul + -ito) Rocha eruptiva que preenche as chaminés diamantíferas.

kimeridgiano *s m Geol Maiúsc* (<top *Kimmeridge*, localidade do condado de Dorset, Inglaterra+-iano) Andar do Jurássico Superior.

kimono *s m jp* ⇒ quimono.

king *s m ing* Jogo de cartas mais simples do que o bridge, disputado por quatro parceiros, em duas séries, com pontos de valor negativo na primeira e positivo na segunda. **Ex.** Num jogo de ~, o total de pontos (positivos ou negativos) de cada série é de 1300.

kírie *s m Rel* (<gr *kyrie*, vocativo de *kyrios*: Senhor) Início do rito penitencial da missa que em português se diz: Senhor, tende piedade de nós.

kirsch *s m* (<al abrev de *kirschwasser*) Aguardente de cerejas (+) que fermentaram com os caroços.

kit *s m ing* **1** Estojo(+) com diversos artigos usados para o mesmo fim/Caixa de ferramenta/Malinha. **Comb.** ~ *de desenho*. *~ de primeiros socorros*. **2** Conjunto de peças que se vendem soltas para serem montadas pelo utilizador de acordo com o folheto de instruções que o acompanha. **Comb.** ~ *de um avião «Concorde»*.

kitchenette *s f* (<ing *kitchenette*, dim de *kitchen*) Pequena cozinha geralmente integrada em sala de apartamento. **Comb.** Apartamento «T_1» [Estúdio] com ~.

kitsch *adj 2g/s m* (<al *kitsch*) «pintura/decoração/estilo» Que se cara(c)teriza por valores estéticos inferiores mas ao gosto do público em geral. **Ex.** As massas preferem o ~.

kiwi *s m Bot ing* ⇒ quivi.

kJ Símbolo de kilojoule.

kl Símbolo de quilolitro.

km Símbolo de quiló[ô]metro.

knock-out (Nokaut) *s m ing (D)esp* **1** Golpe que, no pugilismo, põe o adversário fora de combate/KO. **2** Situação do pugilista que, derrubado pelo adversário, se man-

know-how

têm caído durante mais de dez segundos/ KO. **Loc.** Pôr (o adversário) ~ [K.O.].

know-how (Nou'hau) *s m ing* Série de conhecimentos, aptidões e técnicas adquiridas por alguém [um grupo/uma empresa] pelo estudo e pela experiência, que lhe conferem competência na execução de determinadas tarefas/O saber como (fazer) (+). **Comb.** ~ em informática (para o desenvolvimento de *software* para aplicações específicas).

K.O. *abrev* de *knock out* = derrotado [fora de combate].

Kosovo *s m Geog* País europeu dos Balcãs cuja capital é Pristina e cujos habitantes são os kosovares. **Comb.** Povo kosovar.

koto (Kô) *s m* jp Mús Espécie de cítara ou lira, mas que assenta no chão em posição horizontal.

krach *s m al* Desastre financeiro/Falência estrondosa. **Comb.** ~ da Bolsa (de valores).

kraft *s m al* Tipo de papel de embalagem, escuro e resistente, fabricado pelo processo sulfuroso. **Comb.** Embrulhado em papel ~.

kremlin *s m ru* **1** Recinto fortificado, com muralhas, que constitui muitas vezes o bairro central da cidade russa. **Comb.** ~ de Moscovo/Nijni-Novogorod/Astracã. **2** Governo russo. **Comb.** Invasão «da Hungria» ordenada pelo ~. ⇒ Rússia.

krípton *s m* Quím (<gr *krypton*: oculto) ⇒ crípton.

kung-fu *s m* (<chin *gonfu*: arte, destreza) Arte marcial chinesa semelhante ao karaté japonês.

Kuwait *s m Geog* País vizinho do Iraque, no golfo pérsico. **Ex.** A capital também é ~; os habitantes são kuwaitianos.

kV Símbolo de kilovolt.

kW Símbolo de kilowatt.

kwanza *s m* Unidade monetária de Angola.

L

l (Éle/Lê) *s m* **1** Décima segunda letra e nona consoante do alfabeto português. **Ex.** *l* é uma consoante alveolar. Lilás é uma palavra com dois *ll*. **2** Décimo segundo lugar numa série indicada pelas letras do alfabeto. **Ex.** Os lugares das filas da frente, até à fila L (exclusive), estão todos reservados. **3** *Maiúsc* Símbolo que em numeração romana representa 50 «LX = 60». **4** *minúsc* Símbolo de *litro*. **Comb.** Garrafa de água de 1,5 *l*. **5** *Geog Maiúsc* Símbolo do ponto cardeal *leste*.

-la *pron* ⇒ -lo.

lá¹ *adv* (<lat *illac*) **1** Aquele lugar/Aí/Ali. **Ex.** Foste à feira? Não te vi por ~. – Venho de ~ agora mesmo. O meu filho foi estudar para Lisboa e ~ ficou. **Comb.** ~ *fora* [No exterior da casa] (Ex. ~ fora está muito frio). **2** Naquele [Nesse] lugar/Ali/Aí/Acolá. **Ex.** Pegaste no meu livro? – Não, continua [está(+)] ~ na estante. **Loc.** Estar ~ [presente] (Ex. Vai ser uma *idi* festa de arromba! ~ estaremos!). **3** Em lugar distante/Além. **Ex.** As visitas estão a chegar, já vi o carro ~ ao longe. **Comb.** ~ *para* [Em parte incerta distante] (Ex. Ele mora ~ para o outro extremo da cidade). ~ *para diante* [Mais à frente] (Ex. O Correio fica ~ para diante). ~ *por fora* [No estrangeiro] (Ex. Foi emigrante; passou muitos anos ~ por fora). **4** Nesse tempo/Então. **Ex.** Só saí de casa à noitinha. Até ~ estive sempre a trabalhar. **Comb.** ~ *para* [Cerca de] (Ex. Devo chegar a casa ~ para as dez (horas) da noite). **5** Partícula enfática **a)** Para chamar a atenção (Ex. ~ está a loja de que te falei; **b)** Com sentido de negação (Ex. Já saíram os resultados dos exames? – Sei ~ [Não sei]. A tua mãe era ~ [não era] capaz de te fechar a porta!); **c)** Como confirmação (Ex. ~ se viu quem tinha razão); **d)** Reforçando um pedido/uma ordem (Ex. Vá [Anda] ~, come a sopa. Deixe ~ a sua filha ir à festa); **e)** Indicando dúvida/incerteza (Ex. Parece que ele não se portou ~ muito bem); **f)** Enfatizando a quantidade na expressão "para ~ de" (Ex. Dizem que ele tem no Banco mais [para ~] de um milhão de euros).

lá² *s m Mús* (<lat *labii*, primeira sílaba da primeira palavra do sexto verso do hino em latim de S. João Ba(p)tista) **1** Sexta nota da escala natural. **Ex.** O ~ é a nota de afinação [~ do diapasão]. O ~ corresponde à letra *A* do sistema de notação usado por ingleses, alemães e holandeses. **2** Símbolo que na pauta musical representa essa nota. **Ex.** Na clave de sol, o ~ ocupa o 2.º espaço da pauta. **3** Corda ou tecla que reproduz o som correspondente a essa nota. **Ex.** No violino, o ~ é a segunda corda, e no violoncelo a primeira.

lã *s f* (<lat *lana, ae*) **1** Pelo que cobre o corpo de alguns animais «carneiros». **Ex.** Depois da tosquia a ~ é lavada, cardada e penteada para então ser fiada. **Prov.** *Ir por* [buscar] ~ *e volver* [voltar/ficar] *tosquiado* [Tentar enganar e acabar por ser enganado]. **Comb.** ~ *churra* [grosseira]. ~ *merina* [fina]. *idi* **Com pezinhos de ~** [Sem fazer barulho/Com cuidado/Mansamente]. **2** Fio ou tecido feito desse pelo. **Ex.** Comprei um fato de boa fazenda de ~. **Comb.** *Meada* [Novelo] *de ~*. *Meias de ~*. **3** *pl* Peças de vestuário feitas com esta matéria. **Ex.** As ~s devem ser lavadas a frio [baixa temperatura] e pouco centrifugadas. **4** *fig fam* Cabelo comprido. **Ex.** Já é tempo de cortares essa ~ [O teu cabelo está muito comprido]! **5** *Bot* Lanugem de certas plantas. **6** Produto artificial fibroso com propriedades semelhantes às da ~. **Comb.** ~ *de aço* [Fibras metálicas usadas em esfregões de limpeza]. ~ *de vidro* [Material de isolamento térmico].

labaça *s f Bot* (<lat *lapathium, ii*) Nome vulgar da planta herbácea vivaz, *Rumex conglomeratus*, da família das poligonáceas, espontânea e frequente em Portugal e existente em quase todo o mundo.

labareda (Barê) *s f/2 g* (< ?) **1** Língua de fogo/Chama alta. **Ex.** Um enorme incêndio destruiu um prédio antigo. As ~s viam-se a quiló[ô]metros de distância. **2** *fig* Ardor/Impetuosidade/Energia. **Ex.** Saíam-lhe do olhar ~ s de ódio. **3** *fig s 2g* Pessoa azafamada/a(c)tiva/irrequieta. **Ex.** Tinha 70 anos mas continuava a mesma ~ que conhecêramos na juventude; não parava o dia inteiro.

lábaro *s m* (<lat *labarus, i*) **1** *Hist* Estandarte do imperador Constantino. **Ex.** O ~ (de Constantino) era encimado pelo símbolo de Cristo. **2** *Hist* Estandarte imperial dos Romanos. **3** ⇒ Bandeira/Pendão/Estandarte.

labelo (Bê) *s m* (<lat *labéllum*, dim de *lábium, ii*: lábio) **1** Pequeno lábio. **2** *Bot* Tépala média superior recurvada da flor das orquídeas. **3** *Zool* Bordo em forma de lábio da concha de alguns moluscos univalves. **4** *Zool* Extremidade da armadura bucal em forma de lábio dos inse(c)tos dípteros.

labéu *s m* (<lat *labes*: queda, nódoa) Mancha infamante/Desonra. **Ex.** Ela teve sempre um comportamento irrepreensível, sem ~. Desonestidade que lança o ~ sobre toda a família.

lábia *s f pop* (<lábio) **1** Conversa meiga fingida com que se pretende cativar [persuadir] alguém para obter algum benefício/ *idi* Conversa fiada. **Loc.** Deixar-se levar [convencer] pela ~ de alguém. **2** Habilidade para enganar alguém com palavras astuciosas/Astúcia/Manha. **Loc.** Ter muita [uma grande(+)] ~.

labiado, a *adj/s f* (<lábio + -ado) **1** Em forma de lábio. **Comb.** Animal ~ [que tem formações labiais que se salientam pelo tamanho, grossura ou cor]. **2** *Bot* Que tem a corola em forma de tubo, irregular e dividida em dois lábios. **Comb.** Planta [Flor] ~a. **3** *Bot* Relativo [Pertencente] às ~as. **4** *s f pl Bot* Família de plantas, ervas ou arbustos, dicotiledó[ô]neas geralmente aromáticas. **Ex.** O alecrim e a alfazema pertencem às ~as.

labial *adj/s 2g* (<lábio + -al) **1** Referente ao lábio. **Comb.** Cicatriz [Corte] ~. **2** *Lin* Fonema que se articula com os lábios. **Ex.** A vogal *u* e as consoantes *p* e *b* são ~ais.

labialização *s f Fon* (<labializar + -ção) Passagem dum som não labial a labial por influência dum som labial contíguo.

labializar *v t Fon* (<labial + -izar) Tornar labial «o *l* de Brasil»/Fazer passar de não labial a labial. **Loc.** ~ um som [uma consoante].

lábil *adj 2g* (<lat *lábilis, e*) **1** Que escorrega/desliza/cai facilmente. **Comb.** Flores «das cerejeiras» com pétalas ~eis [que caem/duram pouco]. Pavimento ~ [escorregadio(+)]. **2** Transitório/Passageiro/Efé[ê]mero. **Comb.** Felicidade [Bem-estar] ~ «dado por estupefacientes». **3** Variável/Instável. **Comb.** Humor ~.

labilidade *s f* (<lábil + -i- + -dade) Qualidade do que é lábil/Instabilidade. **Comb.** ~ emocional.

lábio *s m* (<lat *lábium, ii*) **1** *Anat* Designação gené[ê]rica das estruturas anató[ô]micas cutâneas ou muco-carnosas, semelhantes a bordos que delimitam orifícios. **Comb.** ~s (bucais) [Cada uma das partes, superior e inferior, que limitam a cavidade bucal/Beiços]. ~ *leporino Med* [Malformação congé[ê]nita que se traduz por uma fenda do lábio superior que se pode estender à gengiva e ao palato]. ~s *vulvares*/*Grandes e pequenos ~s* [Quatro pregas laterais que rodeiam a vulva]. **2** Órgão do aparelho fonador/Boca. **Ex.** Interrogado «pela polícia», cerrou [fechou] os ~ s e não disse palavra. **3** *fig* Linguagem/Palavras/Discurso. **Ex.** O orador era brilhante; tinha o auditório suspenso dos seus ~s. **4** *Med* Cada um dos bordos duma ferida. **5** *Bot* Cada uma das partes em que se divide a corola simpétala de certas flores. **6** *Zool* Parte inferior da armadura bucal dos inse(c)tos.

labiodental *adj 2g/s f* (<lábio + dental) **1** Relativo a lábio(s) e a dente(s). **Comb.** Ferimento ~. **2** *Fon* Diz-se do som que se produz encostando o lábio inferior aos dentes incisivos superiores/Dentolabial. **Comb.** «f/v» Consoante ~. **3** *s f Fon* Consoante produzida desta forma.

labionasal *adj 2g* (<lábio + nasal) **1** «ferida» Do lábio e nariz. **2** *Fon* (Diz-se da) letra *m*.

labioso, a (Ôso, Ôsa, Ôsos) *adj* (<lábio + -oso) **1** Que tem lábios grandes/Beiçudo(+). **2** Que tem lábia.

labiovelar *adj 2g/s f* (<lábio + velar) (Diz-se do) som [da consoante] produzido/a com arredondamento dos lábios e elevação da língua contra o palatino. **Ex.** Os sons *qu* e *gu* de *aquoso* e *íngua* são ~es.

labiríntico, a *adj* (<labirinto + -ico) **1** Relativo [Semelhante] a labirinto. **Comb.** Desenho ~. **2** Complicado/Confuso. **Comb.** *Bairro antigo ~. Frases ~as.*

labirintite *s f Med* (<labirinto 5 + -ite) Inflamação do ouvido interno. ⇒ otite.

labirinto *s m* (<gr *labyrinthos, ou*) **1** *Hist* Designação dada na Antiguidade a edifícios com inúmeros compartimentos, corredores e galerias tão enredados que se tornava difícil encontrar a saída. **Ex.** O ~ egípcio das margens do lago Moeris tinha 3000 divisões. A designação de ~ provém do ~ de Creta, construído por Dédalo, por ordem do rei Minos, para encerrar o Minotauro. **2** Estrutura composta por vários caminhos interligados de tal forma que se torna difícil encontrar a saída/Dédalo. **3** Conjunto de caminhos entrecruzados, ladeados por arbustos altos e espessos, planeado para passatempo em busca da saída. **Comb.** ~ *dos jardins de Versailles*, França. **4** Conjunto de coisas [situações] complicadas/Confusão/Imbróglio. **Comb.** ~ *das leis*. *O ~ das ruas* de Alfama (Lisboa). ~ *de ideias*. **5** *Anat* Conjunto de cavidades que constituem o ouvido interno. **Ex.** O ~ é composto por vestíbulo, canais semicirculares e caracol. **6** *Poe* Composição poética que pode ser lida em mais que uma dire(c)ção.

labirintodontes *s m pl Pal* (<labirinto + gr *odoús, óntos*: dente) Animais fósseis do grupo dos estegocéfalos, que viveram no Pérsico e no Triásico.

labita *s f* (<lat *levita*) Casaca de homem/Sobrecasaca/Casaco muito comprido. **Ex.** O padre hoje não trazia batina; vinha de calça(s) preta(s), ~ e cabeção.

labor (Bôr) *s m* (<lat *lábor, óris*) Tarefa árdua e demorada/Trabalho(+)/Faina. **Ex.** Para vencer a crise vai ser preciso um ~ gigantesco. Toalha «de mesa» bordada com muita arte e grande ~.

laboração *s f* (<laborar + -ção) A(c)to de laborar/Trabalho/Exercício. **Ex.** A fábrica está pronta a entrar em ~/funcionamento.

laboral *adj 2g* (<labor + -al) Relativo a trabalho/labor. **Comb.** Contrato ~ [*Br* trabalhista]. Legislação ~.

laborar *v t/int* (<lat *labóro, áre*) **1** Exercer uma a(c)tividade/Trabalhar/Funcionar. **Ex.** Muitas fábricas pararam [deixaram de ~] por causa da recessão econó[ô]mica. **2** Trabalhar/Lidar/Labutar. **Ex.** Para amealhar algum dinheiro tivemos de ~ [labutar(+)] dia e noite [muito/arduamente]. **3** Amanhar a terra/Cultivar/Lavrar. **Ex.** É dura a vida de quem tem que ~ a terra! **4** *fig* Incorrer/Cair. **Loc.** ~ em erro.

laboratorial *adj 2g* (<laboratório + -al) Relativo a laboratório. **Comb.** *Análises ~ais*. *Empregado* ~ [*Br* Laboratorista]. *Equipamento* ~.

laboratório *s m* (<lat *laborátum* <*laboráre*: trabalhar + -ório) **1** Local devidamente apetrechado com instalações, aparelhagem e produtos para desenvolvimento da ciência experimental. **Loc.** Produzir em ~ um protótipo. **Comb.** *~ de análises clínicas* [químicas]. *~ de línguas* [Sala equipada com aparelhagem adequada ao ensino de línguas e à prática de exercícios de expressão oral]. *~ farmacêutico* [Empresa industrial de produtos farmacêuticos]. *Trabalho de ~*. **2** *Fot/Cine* Estabelecimento onde se fazem trabalhos fotográficos ou cinematográficos «revelações/ampliações/montagens». **3** *fig* Lugar onde se realizam grandes transformações ou operações.

laboriosamente *adv* (<laborioso + -mente) De modo laborioso/Com muito esforço/À custa de muito trabalho. **Ex.** ~, conseguiu transformar aquela terra cheia de pedras num jardim.

laboriosidade *s f* (<laborioso + -i- + -dade) Qualidade do que é laborioso/Esforço/Diligência. **Comb.** A ~ das abelhas.

laborioso, a (Ôso, Ósa, Ósos) *adj* (<lat *laboriósus, a, um*) **1** Dedicado ao trabalho/Trabalhador/Esforçado/Diligente/A(c)tivo. **Comb.** Gente ~a do norte de Portugal. **2** Penoso/Difícil/Árduo/Trabalhoso(+). **Comb.** Tarefa ~.

labradorite/a *s f* Miner (<top *Labrador*, região oriental do Canadá) Rocha eruptiva com estrutura microcristalina constituída por plagioclases ou feldspatos sodiocálcicos, cara(c)terizada por apresentar cores iridescentes «azul/verde/dourado» e brilhantes. **Ex.** A ~ é usada em joalharia.

labregada *s f* (<labrego + -ada) **1** A(c)to ou dito de labrego. **Ex.** Não dava um passo para ir ouvir um artista que só diz ~s. **2** Grupo de labregos. **Ex.** Seria bom que arranjasses melhor companhia e deixasses de andar com essa ~.

labrego, a (Brê) *s/adj* (<esp *labriego*; ⇒ labrusco) **1** Rude/Grosseiro/Boçal. **Comb.** Atitudes ~as. **2** *depr* Pessoa rude do campo/Campó[ô]nio(+)/Aldeão(+). **Ex.** Era um médico muito popular. Quando ia à aldeia não se coibia [privava/envergonhava] de confraternizar com os ~s da terra. **Loc.** Ter ares de ~. **3** *Br* ⇒ arado.

labreguice *s f* (<labrego + -ice) ⇒ labregada.

labrídeo, a *adj/s Icti* (<lat *labrum, i*: lábio (superior) + -ídeo) (Diz-se de) peixe ou família de peixes teleósteos, de lábios espessos, carnívoros, abrangendo centenas de espécies. **Ex.** O bodião é um ~.

labro *s m* (<lat *labrum, i*) **1** Parte superior do aparelho bucal dos inse(c)tos. **2** Lábio superior dos mamíferos.

labrosta/e [labrusco, a] *adj/s depr* (<labrar, por lavrar <lat *laboráre*: trabalhar) ⇒ Labrego/Rústico/Grosseiro.

laburno *s m Bot* (<lat *labúrnum, i*: árvore dos Alpes) Arbusto ornamental da família das leguminosas com flores amarelas dispostas em racimos terminais pendentes.

labuta *s f* (<labutar) Trabalho árduo/Labor/Lida/Canseira. **Ex.** As gentes do campo gastam a vida na ~ do dia a dia.

labutação *s f* (<labutar + -ção) A(c)to de labutar.

labutar *v int* (<labor + lutar) **1** Trabalhar intensamente e com perseverança. **Ex.** Para viver da terra [agricultura] é preciso ~ o ano inteiro. **2** Desenvolver grande a(c)tividade/Não parar de trabalhar. **Ex.** É um grande empresário mas nunca deixou de ~.

laca *s f* (<ár *lakka*) **1** Substância obtida da seiva de certas árvores da China e do Japão. **Ex.** A ~ utiliza-se na decoração de mobiliário e outros obje(c)tos. **2** Resina de origem animal produzida por um inse(c)to, *Laccifer lacca Kerr*, formando incrustações nos ramos de várias espécies de árvores asiáticas «da Índia» onde vive. **Ex.** A ~, em solução alcoólica, é utilizada como verniz de madeira. **3** Peça coberta ou decorada com esse tipo de verniz. **Ex.** As ~s japonesas são as mais célebres. **4** *Quím* Pigmento resultante da fixação de matéria corante orgânica solúvel sobre um suporte mineral/Goma-laca. **5** Solução alcoólica de substâncias naturais ou sintéticas usada para fixar o cabelo. **Comb.** ~ para cabelos oleosos.

laçada *s f* (<laça + -ada) Nó corredio que se desata facilmente/Laço **1**. **Loc.** Dar uma ~. **Ant.** Nó cego.

laçador, ora *adj/s m Br* (<laçar + -dor) (O) que é hábil no manejo do laço para apanhar animais em movimento «cavalos/touros».

lacaio, a *s* (<esp *lacayo*) **1** *Hist* Criado que acompanhava o amo em passeios e viagens. **2** *pej* Pessoa servil/subserviente que se rebaixa para obter favores. **Ex.** O presidente da autarquia anda sempre com os ~s atrás [sempre acompanhado pelos [por um grupo de] ~s].

lacar *v t* (<laca + -ar¹) Revestir [Cobrir/Pulverizar] com laca «madeira/móveis».

laçar *v t* (<laço + -ar¹) Prender com laço/Atar/Enlaçar. **Loc.** ~ os atacadores dos sapatos. ~ um animal «cavalo».

laçaria *s f* (<laço + -aria) **1** Ornamentos feitos com laços/fitas enlaçadas. **2** Quantidade de laços.

laçarote (Ró) *s m* (<laço + -r- + -ote) Laço grande e vistoso. **Ex.** Ela ia muito bonita com um vestido enfeitado com um grande ~ atrás.

lacear *v t* (<laço + -ear) Enfeitar com laços. **Ex.** As ruas embandeiradas, com os mastros ligados por cordas laceadas e enfeitadas com verdura e flores, davam (aos visitantes) o primeiro sinal de festa.

laceração *s f* (<lat *lacerátio, ónis*) A(c)to de lacerar/Dilaceração. **Comb.** ~ dum tumor.

lacerante *adj 2g* (<lat *lácerans, ántis*) Que lacera/Dilacerante. **Comb.** «bisturi» Instrumento ~. *fig* Gritos ~s [dilacerantes(+)].

lacerar *v t* (<lat *lácero, áre*) **1** Rasgar com violência/Ferir/Dilacerar. **Loc.** ~ os joelhos numa queda. **2** *fig* Causar [Sofrer] um grande desgosto/Despedaçar/Dilacerar. **Ex.** Com o coração lacerado [dilacerado(+)] pela morte do marido nem sequer soltava um gemido.

lacerável *adj 2g* (<lacerar + -vel) Que se pode lacerar/rasgar. **Ex.** A ferida [infe(c)ção/O tumor] ainda não está ~ [em condições de ser lacerada/o].

lacertídeo, a *adj/s Zool* (<lat *lacertus, i*: lagarto + -ídeo) **1** Relativo [Semelhante] a lagarto. **2** (O) que pertence aos ~s. **3** *s m pl* Família de répteis sáurios (Lagartos pequenos) terrestres, de membros curtos, cauda comprida e língua bífida.

lacete (Cê) *s m* (<laço + -ete) **1** Pequeno laço. **Comb.** Vestido de criança enfeitado com ~s de cores vivas. **2** Parte da fechadura por onde passa o fecho/a língua. **Ex.** A fechadura não abre. A língua [O fecho] encravou [ficou presa/o] no ~. **3** Trecho de estrada com duas curvas com as convexidades voltadas uma para a outra, ligadas por outra curva de pequeno raio, numa encosta íngreme. **4** Movimento sinuoso/serpenteante «do comboio nas curvas da via-férrea/ferrovia». **5** Empedrado feito em certas zonas das estradas para evitar o desgaste causado pelas enxurradas.

lacínia *s f* (<lat *lacínia, ae*: ponta, aba, fímbria) **1** *Bot* Cada uma das partes alongadas e pontiagudas de certos órgãos vegetais «folhas [agulhas do pinh(eir)o]/pétalas/sépalas». **2** *Zool* Peça da armadura bucal trituradora de alguns inse(c)tos.

laço *s m* (<lat *láceus* <*laqueus, i*) **1** Nó corredio que desata facilmente/Laçada. **Ex.** As fitas do avental apertam com um ~. **Comb.** Tranças do cabelo enfeitadas com dois ~s (de fita) de seda. **Ant.** Nó cego. **2** Acessório de vestuário, predominantemente masculino, constituído por uma fita que passa por baixo do colarinho e termina com um nó próprio. **Ex.** O ~ é usado quase sempre em substituição da gravata. **3** Enfeite feito com fitas de cores variadas, com várias laçadas e pontas encaracoladas que se coloca na embalagem das prendas. **Ex.** É habitual enfeitar as prendas das meninas com ~s cor-de-rosa e as dos rapazes com ~s azuis. **4** Armadilha/Cilada/Prisão. **Loc.** Apanhar pássaros com um ~. **Idi.** *Cair no ~* **a)** Ficar preso/enamorado; **b)** Ser ludibriado/enganado. **5** *fig* Aliança/União/Pacto/Vínculo. **Loc.** Dar o ~/nó(+) [Casar-se]. **Comb.** ~s de parentesco [sangue].

lacólito *s m Geol* (<gr *lakkos, ou*: cavidade, cisterna + -lito) Massa rochosa eruptiva plano-convexa, resultante da intrusão de magma em cavidades [entre camadas] de rochas sedimentares. **Ex.** Com a erosão, o ~ aflora dando a impressão de um lago no meio da rocha.

lacomancia *s f* (<gr *lakhos, eos*: sorte, destino + -mancia) Adivinhação por meio de dados. **Loc.** Praticar [Ser perito em] ~.

lacónico, a [*Br* lacônico] *adj* (<gr *lakónicós*: (como um) espartano) Que se exprime por poucas palavras/Breve/Conciso. **Ex.** É sempre ~ nas suas respostas; é só "sim" e "não". Que mensagem mais [tão] ~a: «janto/não vou»!

laconismo *s m* (<gr *lakónismós*) Modo lacó[ô]nico de falar ou escrever. **Ex.** Só fala por monossílabos. É dum ~ irritante!

lacrador, ora *s/adj* (<lacrar + -dor) (O) que lacra. **Comb.** *~ de amostras* «para análises forenses». *Resina ~ora*.

lacraia *s f Zool* (<ár *al-'aqrab*) **1** Fêmea do lacrau ou escorpião/Lacrau pequeno. **2** Crustáceo comestível. **3** *Br* Artrópode miriápode/Centopeia(+).

lacrar *v t* (<lacre + -ar¹) **1** Fechar com lacre. **Loc.** ~ cartas [encomendas]. **2** Tornar in-

violável «com selo de chumbo». **Loc.** ~ um armazém «para inspe(c)ção policial».

lacrau *s m Zool* (<ár *al-'aqrab*) ⇒ escorpião; lacraia.

lacrau-do-mar *s m Icti* Peixe teleósteo da família dos gradídeos/Pichelim.

lacre *s m* (<ár *lak*; ⇒ laca) **1** Substância resinosa misturada com corante usada para fechar de forma inviolável cartas/encomendas/garrafas/... **Ex.** O ~ aplica-se derretido [tornado pastoso] pelo calor. **2** *Br Bot* Nome de várias plantas do Brasil.

lacreada *s f* (<lacrear + -ada) Ornato feito com esmalte, pintura ou verniz de laca.

lacrear *v t* (<lacre + -ear) Dar a cor de lacre/Ornamentar com lacre.

lacrimação *s f* (<lat *lácrima, ae* + -ção) Derramamento de lágrimas(+)/Lagrimação/Choro(o+).

lacrimal *adj 2g/s m* (<lat *lácrima, ae* + -al) **1** Que diz respeito aos órgãos secretores/excretores de lágrimas. **Comb.** *Canais ~ais. Glândulas ~ais.* **2** *Arquit* Elemento em forma de goteira ou cavado «na soleira da porta» para a água escorrer.

lacrim(ej)ante *adj 2g* (<lacrimejar/lágrima + -ante) Que lacrimeja/chora(minga). **Ex.** O menino chegou ao pé de mim ~ porque tinha perdido o brinquedo.

lacrim(ej)ar *v int* (<lat *lácrima, ae* + -(ej)ar) **1** Deitar lágrimas/Choramingar. **Ex.** É uma criança muito sensível [mimada]: se lhe ralham, começa logo a ~ [choramingar(+)]. **2** *fig* Verter algumas gotas/Gotejar/Pingar. **Ex.** O cântaro de barro lacrimeja. Tem com certeza algum poro ou rachadela.

lacrimogéneo, a [*Br* **lacrimogêneo**] *adj* (<lat *lácrima, ae* + gr *genos*: formação) Que provoca lágrimas/faz chorar. **Ex.** A cebola é um produto ~. **Comb.** Gases ~s «*us* pela polícia contra os manifestantes».

lacrimoso, a (Ôso, Ósa, Ósos) *adj* (<lat *lácrima, ae* + -oso) **1** Banhado em lágrimas/Que chora muito/Choroso. **Ex.** Maria, mãe de Jesus, estava junto à cruz ~a por ver o filho sofrer. **2** Que provoca o choro/Lastimável/Triste/Aflitivo/Aflito. **Comb.** Gritos ~s.

lacrimotomia *s f Med* (<lat *lácrima* + -o- + -tomia) Incisão do canal [saco] lacrimal/Extra(c)ção da glândula lacrimal.

lactação *s f* (<lat *lactátio, ónis*) **1** A(c)to de lactar/Amamentação/Aleitação. **2** Segregação do leite pelas glândulas mamárias das fêmeas dos mamíferos e sua condução para o exterior. **Comb.** Período de ~ [Tempo durante o qual as fêmeas produzem leite para alimentação dos filhos].

lactalbumina *s f Bioq* (<lacto- + albumina) Albumina que o leite contém.

lactante *s/adj 2g* (<lat *láctans, ántis*) (A) que dá [produz] leite/amamenta. **Ex.** Os alimentos muito condimentados ou com sabor [cheiro] muito intenso devem ser evitados pelas ~s. **Comb.** Período ~. ⇒ lactente.

lactar *v t/int* (<lat *lácto, áre*) **1** Dar de mamar a(+)/Aleitar/Amamentar(o+). **Ex.** Durante o período de lactação, as mães empregadas têm direito a intervalos de paragem para lactarem [amamentarem(+)] os filhos. **2** Alimentar-se com o leite materno/Mamar. **Ex.** A criança só acalmou quando a mãe a pôs ao peito a ~ [a mãe lhe deu de mamar(+)]. **3** ⇒ (Fêmea) segregar leite.

lactário, a *adj/s m* (<lat *lactárius, a, um*) **1** Relativo ao leite/à lactação. **2** *s m* Estabelecimento que fornece leite gratuito a crianças pobres.

láctase *s f Bioq* (<lacto- + -ase) Enzima que desdobra a lactose em glicose e galacto-se. **Ex.** A ~ desempenha um papel importante na digestão do leite.

lactato *s m Quím* (<(ácido) láctico) Sal ou éster [Anião/Ânion] do ácido láctico. **Ex.** O ~ de sódio ($CH_3CHOHCOONa$) é usado como plastificante e inibidor de corrosão.

lactente *s/adj 2g* (<lat *láctens, éntis*) (Criança) que ainda mama. **Ex.** Os ~s têm prioridade no atendimento médico. ⇒ lactante.

lácteo, a [*Br* **lá(c)teo** (*dg*)] *adj* (<lat *lácteus, a, um*) **1** Relativo a [Próprio de] leite. **Comb.** *Cor ~a. Derivado ~.* **2** Semelhante a leite. **Comb.** «látex» Líquido ~. **3** Que tem [produz] leite. **Comb.** *Farinha ~a. Secreção ~a.*

lactescência [*Br* **la(c)tescência** (*dg*)] *s f* (<lactescente + -ência) Cara(c)terística dum líquido que se assemelha ao leite/Qualidade do que é lactescente.

lactescente [*Br* **la(c)tescente** (*dg*)] *adj 2g* (<lat *lactéscens, éntis*) Que se assemelha pela cor e consistência ao leite/Lácteo(+)/Leitoso(+). **Comb.** Líquido ~. Suco «da figueira» ~. ⇒ látex.

lacti/o- *elem de formação* (<lat *lac, lactis*: leite) Exprime a noção de leite: *láctico, lactose.*

lacticínio [*Br* **la(c)ticínio** (*dg*)] *s m* (<lat *lacticínium, ii*) Produto derivado do leite ou em que o leite é o principal componente, usado na alimentação humana. **Ex.** O queijo, a manteiga e os iogurtes são os ~s mais abundantes. **Comb.** Fábrica de ~s.

lá(c)tico (*dg*), **a** *adj* [= láctico] (<la(c)ti- + -ico) **1** Relativo ao leite/Lácteo. **Comb.** Derivados ~s. **2** *adj m Quím* Diz-se do ácido que se encontra no leite fermentado, em alguns vegetais e no tecido muscular e no sangue dos animais. **Ex.** O ácido ~ ($CH_3CHOHCOOH$) é um líquido xaroposo utilizado como acidulante na indústria alimentar.

lacticolor *adj 2g* (<lacti- + lat *color*: cor) Que tem a cor do leite. **Comb.** Tinta ~ [branca leitosa(+)].

lactífago, a *adj* (<lacti- + -fago) Que se alimenta de leite/Galactófago.

lactífero, a *adj* (<lacti- + -fero) Que produz [conduz] leite. **Comb.** *Canais ~s. Órgãos ~s.*

lactiforme *adj 2g* (<lacti- + -forme) Que tem o aspe(c)to de leite. **Comb.** Líquido [Xarope] ~.

lactígeno, a *adj* (<lacti- + -geno) Que produz [faz aumentar a produção de] leite. **Comb.** Produtos ~s.

lacto- ⇒ lacti-.

lactoalbumina *s f Bioq* ⇒ lactalbumina.

lactobacilo *s m* (<lacto- + ...) Designação comum de bactérias Gram-positivas [Gram +] que atacam os hidratos de carbono dando como produtos finais de fermentação ácido láctico, álcool e dióxido de carbono.

lactodensímetro [**lactómetro**] [*Br* **lactômetro**] *s m* (<lacto- + ...) Instrumento para medir a densidade do leite/Galactó[ô]metro.

lactose (Ctó) *s f Quím* (<lacto- + -ose) Componente do leite dos mamíferos, constituído por dois açúcares: galactose e glicose/Açúcar do leite. **Ex.** A ~ ($C_{12}H_{22}O_{11}$) é obtida como produto secundário do fabrico do queijo, no soro.

lactosúria *s f Med* (<lactose + -úria) Presença anormal de lactose na urina.

lactuca *s f Bot* (<lat *lactúca, ae*: alface) Designação comum de plantas da família das compostas com inúmeras variedades conhecidas genericamente como alfaces.

lactucário *s m* (<lactuca + -ário) Suco leitoso obtido por incisão no caule da alface e que tem aplicações medicinais.

lactúceo, a *adj* (<lactuca + -eo) Relativo [Semelhante] à alface.

lactucina *s f* (<lactuca + -ina) Produto com a fórmula $C_{15}H_{16}O_5$, que se extrai do lactucário e tem propriedades sedativas.

lacuna *s f* (<lat *lacúna, ae*: lago(a), buraco, vão) **1** Espaço vazio/Interrupção/Fenda. **Ex.** A falta da ponte na estrada é uma ~ que a torna intransitável. As ~s do telhado são para preencher com telhas de vidro. **2** Ausência de um ou mais elemento(s) numa série/num conjunto/Falta/Falha. **Ex.** Só depois de concluída a casa (é que) se notaram as ~s do proje(c)to. **Comb.** *Dir ~ da lei* [Situação não prevista pela lei]. *Listagem com várias ~s.* **3** Omissão/Esquecimento. **Ex.** Esqueci-me de telefonar à madrinha para lhe dar os parabéns; ~ imperdoável! **4** Deficiência de conhecimentos/Carência de ordem intelectual. **Ex.** Há graves ~s no sistema de ensino «português/angolano». Ele não consegue progredir na matemática porque tem muitas ~s nos conhecimentos básicos desta disciplina. **5** Cavidade intercelular irregular nos tecidos orgânicos. **6** *Min* Posição ató[ô]mica em que há ausência dum átomo na rede cristalina. **7** *Geol* Descontinuidade numa série estratigráfica. **Ex.** A ~ estratigráfica pode ocorrer por interrupção da sedimentação ou por terem sido destruídos os estratos formados. **8** Lesão cara(c)terizada pelo aparecimento de pequenas cavidades no tecido nervoso podendo dar origem a perturbações físicas ou mentais. **Comb.** ~ dos centros nervosos.

lacunar *adj 2g* (<lacuna + -ar²) **1** Relativo a lacuna(s). **Comb.** Perturbação ~ «motora». **2** Que tem lacunas/Incompleto/Insuficiente. **Comb.** Relatório ~.

lacunário *s m Arquit* (<lat *lacunárium, ii*) **1** Ornato entre o cruzamento das arquitraves. **2** Intervalo entre vigas.

lacunoso, a (Ôso, Ósa, Ósos) *adj* (<lat *lacunósus, a, um*) **1** ⇒ lacunar **2**. **2** *Bot* Que apresenta grandes espaços intercelulares. **Comb.** Parênquima ~.

lacustre *adj 2g* (<fr *lacustre*; ⇒ lago) **1** Referente a [Próprio de] lago. **Comb.** *Fauna [Flora] ~. Sedimentos ~s.* **2** Que vive [está situado] nas margens dum lago. **Comb.** *Cidade ~. Civilização ~.*

lada *s f* (<lat *lada, ae*) ⇒ esteva(+); ládano.

ladainha (Da-í) *s f* (<lat *litánia, ae*) **1** *Rel* Prece dirigida a Deus [à Virgem Maria/aos Santos] sob a forma de curtas invocações recitadas pelo ministro sagrado [pelo presidente/orientador] às quais os fiéis respondem com um refrão. **Loc.** Rezar a *~ de Todos os Santos. ~ de Nossa Senhora* [~ lauretana]. **2** *fig* Discurso fastidioso/Repetição prolongada de palavras/Lenga-lenga. **Ex.** Quando chego ao pé dela [chego junto dela], começa logo com a ~ das queixas. Já não a posso ouvir!

ládano *s m* (<lat *ládanum, i*) Produto resinoso extraído da esteva, *Cistus ladanifer*, e de outras plantas cistáceas, que contém um óleo essencial muito aromático usado em perfumaria.

ladeamento *s m* (<ladear + -mento) A(c)to de ladear. **Ex.** Vamos começar por fazer o ~ do terreno com uma vedação provisória; mais tarde construiremos um muro.

ladear *v t* (<lado + -ear) **1** Acompanhar ao lado/Estar ao lado de/Flanquear. **Ex.** Na primavera, sentia-se o cheiro agradável das tílias que ladeavam o parque. A avó todas as tardes dava um passeio ladeada

por duas aias [criadas], porque já não conseguia andar sozinha. **2** Surgir por um dos lados/Abordar/Flanquear. **Ex.** Os assaltantes ladearam-no de surpresa para lhe roubarem a carteira. **3** Não tratar dire(c)tamente/Contornar/Rodear. **Loc.** ~ uma dificuldade [questão/um problema]. **4** Andar de lado (+). **Loc.** Fazer o cavalo ~.
ladeira *s f* (<lado + -eira) Encosta(+)/Inclinação de terreno/Declive. ⇒ rampa.
ladeirento, a *adj* (<ladeiro + -ento) Em que há ladeiras/Com declives acentuados/Íngreme. **Comb.** Terras ~as.
ladeiro, a *adj/s* (<lado + -eiro) **1** Que pende para o lado/Inclinado(+). **Comb.** Terreno ~. **Ant.** Plano. **2** Que está ao lado/Que ladeia. **Ex.** O muro ~ da estrada já foi derrubado várias vezes, na curva, por embates de automóveis. **3** Diz-se de prato pouco fundo. **Comb.** Prato ~. **4** *s m* ⇒ ladeira.
ladineza [ladinice] *s f* (<ladino + - ...) Qualidade do que é ladino/Astúcia/Esperteza(+). **Ex.** Desde pequeno que dava mostras de grande ~.
ladino, a *adj/s* (<lat *latínus, a, um*: latino) **1** Esperto/Vivo/Traquinas. **Comb.** Criança ~a. **2** Astuto/Finório/Manhoso. **Ex.** Tem cuidado com os vendedores ambulantes; eles são muito ~s [manhosos(+)]. Se não te acautelas, vendem-te *idi* gato por lebre [o que não presta como se fosse bom]. **3** *s m Ling* Diale(c)tos falados na antiga Récia romana (Região compreendida entre o Reno e o Danúbio) e também pelos judeus que saíram da Espanha/Rético/Reto-romano.
lado *s m* (<lat *látus, eris*) **1** Parte lateral/Flanco/Ilharga. **Ex.** O coração fica do ~ esquerdo. Moro numa rua com casas só dum ~. O carro despistou-se e bateu de ~ numa árvore. **Idi.** *Estar ao ~ de* [a favor de/Apoiar]. *Ficar de cara ao ~* [Ficar envergonhado/vexado/desapontado]. *Olhar de ~* [com desprezo/desconfiança/Desprezar]. *Pôr de ~* [Rejeitar/Abandonar/Desprezar]. *Pôr dinheiro de ~* [Poupar/Amealhar/Economizar]. **Comb.** *~ a ~* [A par] (Loc. Caminhar (duas pessoas) ~ a ~). *De ~* [Obliquamente/De esguelha/De viés] (Ex. O móvel só coube na [passou pela] porta de ~). *De ~ a ~*/De um ~ ao outro [De uma ponta à outra/De um extremo ao outro]. «andar» *De um ~ para o outro* [Para cá e para lá]. *Para os ~s de* [Na proximidade de/Na vizinhança de/Perto de] (Ex. A ilha de Timor fica para os ~s da Austrália). *Por outro ~* [Em contrapartida]. *Por um ~ ... por outro (~) ...* [Alternativa de pontos de vista/de decisões/soluções] (Ex. Por um ~, gostava muito de ir contigo ao cinema, por outro ~, o tempo faz-me falta para estudar).
2 Qualquer das partes de uma coisa por oposição à outra. **Ex.** Os quartos do ~ norte são frios; os do ~ sul apanham muito sol, são mais quentes. Nesta rua só é permitido estacionar do [no] ~ que não tem casas. **3** Qualquer das superfícies dum obje(c)to em relação à outra. **Ex.** Este tecido é tão bonito do (~ do) avesso como do (~ do) direito. Os documentos em papel devem ser escritos só dum ~ da folha. **Comb.** ~ de cima [de baixo] «do tampo duma mesa». **4** Proximidade/Vizinhança/Cercania(s). **Ex.** A vizinha do ~ deixou de me falar. O cavalheiro que se sentou a(o) meu ~ «no comboio/trem» era muito simpático e conversador. O mercado é aqui mesmo ao ~. **5** Partido/Posição/Fa(c)ção. **Ex.** Essa proposta veio do ~ dos ambientalistas. As baixas do (~ do) inimigo foram muito numerosas. **6** Linha de parentesco em relação a ascendentes. **Ex.** As feições são do ~ do pai. Nos antepassados do ~ da mãe houve vários músicos. **7** Modo como se encara alguma coisa/Perspe(c)tiva/Ângulo/Aspe(c)to. **Ex.** Numa compra, não basta atender à qualidade e à utilidade dum obje(c)to; é preciso ter em conta o ~ econó[ô]mico. Vistas as coisas por esse ~, talvez tenhas razão. **8** *Geom* Linha que limita uma figura plana. **Comb.** ~ dum ângulo [polígono]. **9** *Geom* Superfícies [Faces] que limitam um sólido geométrico. **Ex.** O cubo tem seis ~s.
ladra *s f* (<ladrão) **1** Mulher que rouba. **Ex.** Quando a viam entrar na loja, os empregados davam logo o alerta: "Atenção, chegou a ~". **2** Vara comprida para tirar fruta das árvores.
ladrador, ora *adj/s* (<ladrar + -dor) (O) que ladra. **Comb.** Cão pouco ~.
ladrão, ladra *adj/s* (<lat *látro, ónis*; ⇒ ladra) **1** (O) que rouba/furta/Gatuno/Salteador. **Ex.** Os ~ões entraram(-lhe) em casa e roubaram tudo o que tinha valor: computador, chaves, dinheiro, joias, ... **2** Pessoa desonesta/Explorador/Patife/Tratante. **Ex.** Deixei de comprar naquela loja porque vendem tudo caríssimo. São uns ~ões [exploradores]! **3** *fam* Maroto/Atrevido/Travesso. **Ex.** Criança travessa como este meu neto não há [Este meu neto é muito travesso]. Então o ~ não destruiu as flores (todas) do jardim?! **4** Rebento vegetal que prejudica o desenvolvimento da planta/Mamão(+). **Loc.** Tirar os ~ões às videiras/aos castanheiros. **5** Tubo ou orifício por onde se escoa o excedente dum líquido. **Comb.** (Tubo) ~ dum depósito «de água».
ladrar *v int* (<lat *látro, áre*) **1** (Cão) dar latidos/Latir. **Ex.** Não consegui dormir; os cães toda a noite ladraram. **2** *fig pej* Falar sem sentido. **Ex.** Aquela mulher só diz disparates. Vim-me embora, deixei-a a ~ sozinha.
ladrido *s m* (<ladrar) ⇒ latido(+).
ladrilhador, ora *s/adj* (<ladrilhar + -dor) (O) que ladrilha. **Ex.** A obra está pronta para os ~es começarem a trabalhar.
ladrilhar *v t/int* (<ladrilho + -ar¹) Aplicar [Revestir de] ladrilhos. **Loc.** ~ o chão «duma cozinha».
ladrilheiro, a *s* (<ladrilho + -eiro) **1** ⇒ Ladrilhador. **2** Fabricante de ladrilhos.
ladrilho *s m* (<lat *laterículus, dim* de *láter, eris*: tijolo, ~) Pequena laje poligonal, geralmente quadrada ou re(c)tangular, de barro cozido, cerâmica ou outro material, que serve principalmente para revestir o chão. **Loc.** Pôr ~s no chão [Revestir o chão com ~s]. ⇒ azulejo; taco.
ladro¹, a *adj* (<lat *látro, ónis*) Que é ladrão.
ladro² *s m* (<ladrar) ⇒ Latido(+).
ladroa (Drô) *s f/adj* ⇒ Ladra 1(+).
ladroagem *s f* (<ladro¹ + -agem) **1** Bando de ladrões/Gatunagem. **Ex.** Junta-se aquela ~ em magotes, encobrem-se uns aos outros e roubam tudo o que podem. **2** A(c)to de roubar/Ladroeira/Roubalheira. **Ex.** Deixou de estudar, não trabalha e anda por aí na ~.
ladroeira [ladroíce] *s f* (<ladro¹ +- ...) **1** A(c)ção de roubar/Furto/Roubo/Ladroagem **2**. **Loc.** Andar na ~. **2** *pop* Comercialização por valor exagerado/Exploração/Roubalheira. **Ex.** Quando chegam os turistas ou os emigrantes, os preços sobem [aumentam] logo; é uma ~!
ladrona (Drô) *s f* (<ladrão, *fem*) ⇒ ladra 1(+).
ladu *s m Cul Chin (Macau)* (<concani *ladu*) Bolo feito com arroz glutinoso, pinhão, coco, feijão branco e especiarias, cozido a vapor, que se serve coberto com pó de feijão branco torrado.
lagamar *s m* (<lago + mar) **1** Cova funda no mar ou num rio. **2** Parte abrigada de um porto ou baía/Lugar onde se pode fundear com segurança. **3** Lagoa de água salgada.
lagar *s m* (<lat *lácus, us*: cova, lago) **1** Espécie de tanque onde se faz vinho. **Loc.** Pisar as uvas no ~. **2** Casa [Fábrica] ou aparelhagem adequada para fazer vinho ou azeite. **Comb.** ~ de azeite.
lagarada *s f* (<lagar + -ada) Quantidade de uvas pisadas [mosto] ou azeitona moída duma só vez. **Ex.** Cada ~ dava [rendia] 10 pipas de vinho.
lagaragem *s f* (<lagar + -agem) **1** Conjunto de serviços prestados no lagar para fazer vinho ou azeite. **2** Pagamento em vinho ou azeite que se dá ao dono do lagar por cada lagarada.
lagareiro, a *s/adj* (<lagar + -eiro) **1** Dono [Encarregado] do lagar. **2** *adj* Relativo a lagar. **Comb.** Trabalhos [Operações] ~os/as.
lagareta [lagariça] *s f* (<lagar + - ...) Lagar pequeno.
lagariço, a *adj/s m* (<lagar + -iço) Do lagar/*Br s m* Recipiente onde se espremem frutos.
lagarta *s f* (<lat *lacarta*, por *lacerta, ae*) **1** *Zool* Nome vulgar da larva dos inse(c)tos lepidópteros e himenópteros, de corpo mole alongado e cilíndrico formado por anéis. **Ex.** As ~s alimentam-se de plantas fanerogâmicas podendo causar enormes prejuízos nas culturas. **2** ⇒ lagartixa. **3** Conjunto de chapas metálicas articuladas formando esteira, interpostas entre as rodas dum veículo e o solo, permitindo a sua deslocação em terreno acidentado. **Comb.** Tra(c)tor de ~s/Lagarteiro.
lagartear *v int* (<lagarto + -ear) Estirar-se ao sol como os lagartos.
lagartixa *s f* (<lagarto) **1** Pequeno réptil sáurio da família dos lacertídeos/Sardanisca. **Ex.** As ~s são inse(c)tívoras. **2** *fig* Pessoa magra e feia. **3** *fig* Mulher magra, a(c)tiva, agitada.
lagarto *s m* (<lat *lacartus*, por *lacertus, i*) **1** *Zool* Nome comum de diversos sáurios da família dos lacertídeos, cara(c)terizados por terem corpo robusto, cauda comprida, membros fortes com cinco dedos, língua bífida retrá(c)til e olhos com pálpebras móveis/Sardão. **Ex.** A espécie de ~s mais frequente em Portugal, *Lacerta lepida lepida*, chega a atingir 50 cm de comprimento. **Idi.** *Dizer cobras e ~s de alguém* [Dizer muito mal]. **Comb.** ~, ~! [Exclamação para esconjurar uma má ideia/um mau presságio]. **2** *Icti* Peixe dos Açores, Portugal.
lagena (Gê) *s f* (<lat *lagéna, ae*) **1** Antigo vaso de colo estreito, em forma de garrafa. **2** Vaso de barro com asas/Bilha(+). **3** *Pal* Foraminífero com concha calcária finamente perfurada, de estrutura radial e uma só câmara. **Ex.** As ~s foram assinaladas no Jurássico mas ainda aparecem nos mares a(c)tuais.
lago *s m* (<lat *lácus, us*) **1** *Geog* Acumulação permanente de água numa depressão fechada. **Ex.** Os ~s podem ser de origem tectó[ô]nica «Tanganica/Niassa, África», vulcânica «Crater Lake, EUA» ou glaciar «Como/Garda, Itália». Os grandes ~s de água salgada são designados por mares «Cáspio/Aral/Morto». **2** Extensão de água criada artificialmente num jardim. **Ex.** No parque há um ~ onde se pode passear de barco e que tem peixes vermelhos e pretos. **3** *fig* Grande quantidade de líquido entornado no chão. **Ex.** Esqueci-me da torneira do lavatório aberta; a casa de banho

[; o banheiro] ficou um ~. **Idi. *Estar num ~*** [Estar encharcado/banhado em suor].

lagoa (Gô) *s f* (<lat *lacona,* por *lacuna, ae*) **1** Extensão de pequena profundidade de água doce ou salgada, mais pequena que um lago. **Loc.** Tomar banho na ~. **2** Pântano/Paul.

lagocéfalo, a *adj Zool* (<gr *lagos*: lebre + *kephalé*: cabeça) Que tem o focinho com o lábio superior fendido, semelhante ao da lebre. ⇒ leporino.

lagoeiro *s m* (<lago + -eiro) **1** Porção de água da chuva empoçada numa pequena depressão do terreno. **2** Local encharcado.

lagoftalmia *s f Med* (<gr *lagos*: lebre + oftalmia) Paralisia do nervo orbicular das pálpebras que se traduz pela impossibilidade de fechar completamente os olhos, tornando-os semelhantes aos das lebres. **Ex.** A ~ pode causar a cegueira.

lagópode *adj 2g/s m* (<gr *lagos*: lebre + -pode) **1** *Zool* Diz-se do animal que tem as patas semelhantes às da lebre. **2** *Bot* Diz-se do órgão vegetal coberto ou envolvido por pelos. **3** *s m Ornit* Grupo de aves galináceas da família dos faisanídeos cuja carne é muito apreciada na alimentação.

lagosta (Gôs) *s f* (<lat *lacústa,* por *locústa, ae*) **1** *Zool* Nome vulgar de algumas espécies de crustáceos da família dos palinurídeos, de corpo grande alongado, patas curtas e antenas mais compridas que o corpo. **Ex.** A ~ é um dos mariscos mais apreciados. **2** ⇒ col Bofetada.

lagosteiro, a *adj/s* (<lagosta + -eiro) **1** Empregado na pesca à lagosta. **Comb.** *Barco ~. Pescador ~.* **2** *s m* Lugar onde se faz a criação de lagostas. **Ex.** Os ~s são geralmente construídos nas rochas do mar, junto à costa. **3** *s f* Embarcação empregada na pesca da lagosta. **Comb.** *Mestre duma ~.*

lagostim *s m Zool* (<lagosta + -im) Crustáceo da família dos astacídeos, decápode, macruro, com corpo estreito e alongado, carapaça dura e patas compridas com pinças nas pontas, mais pequeno que a lagosta. **Ex.** O ~ é muito apreciado na alimentação.

lágrima *s f* (<lat *lácrima, ae*) **1** Gota de líquido segregado pelas glândulas lacrimais. **Loc.** Chegar [Vir(em) (+)] as ~s aos olhos [Emocionar-se/Enternecer-se]. **Idi. *Estar banhado em* [Estar num mar de] *~s*** [Estar num choro intenso]. ***Ter a ~ ao canto do olho*** [Chorar por pequena coisa/Ter sensibilidade excessiva]. ***Ter ~s na voz*** [Manifestar emoção/Falar com voz tré[ê]mula]. **Comb.** *idi ~s de crocodilo* [Choro ou queixume fingido]. *idi **Banhado** [Debulhado] em ~s* [Num choro intenso]. *idi **Vale de ~s*** [Vida de sofrimento/Esta vida]. **2** Pranto/Choro. **Comb.** Olhos rasos de ~s [Em grande choro]. **3** Pequena quantidade de líquido/Gota/Pingo. **Ex.** O vinho acabou. A garrafa já não tem nem uma ~. **4** Pingos luminosos do fogo de artifício. **Comb.** Foguetes de ~s.

lagrimação/lagrimal/lagrimejar/lagrimoso ⇒ lacrimação/.../lacrimoso.

laguna *s f* (<lat *lacuna, ae*) **1** Extensão de água salgada ou salobra, de pequenas dimensões e forma alongada paralela à costa, que comunica com o mar de forma contínua ou intermitente. **Ex.** As ~s formam-se muitas vezes por obstrução dos estuários com areia. **2** Canal entre bancos de areia ou ilhotas na foz dum rio. **3** Pequena lagoa. **4** Ria.

lai *s m Hist Poe* (<celta *lai*) Composição poética musicada medieval, narrativa ou lírica. **Comb.** Os lais líricos.

laia *s f* (< ?) **1** *fam pej* Cara(c)terísticas duma determinada classe ou grupo de pessoas. **Ex.** Eu trabalho, não ando na vadiagem, não sou da tua ~! **Sin.** Raça; casta; qualidade; jaez. **2** Feitio/Maneira/Modo. **Comb.** À ~ de [À maneira de] «ladrão/osga».

laicado *s m* (<laico + -ado) **1** Conjunto dos membros da Igreja Católica que não fazem parte da hierarquia nem do estado religioso. **Ex.** O Concílio Vaticano II (1962-1965) atribuiu grande importância ao ~ no apostolado da Igreja. **2** Qualidade do que é [Estado de] leigo.

laical *adj 2g* (<laico + -al) **1** Que tem a condição [o estado] de leigo. **Comb.** Redução (dum clérigo) ao estado ~ [ao estado canó[ô]nico de leigo]. **2** Que não pertence à Igreja ou a qualquer religião/Laico/Profano. **Comb.** Ensino ~/laico.

laicidade *s f* (<laico + -i- + -dade) Qualidade do que tem o cará(c)ter temporal, independente da Igreja (Católica) ou de qualquer outra religião. **Comb.** ~ do Estado.

laicismo *s m Hist* (<laico + -ismo) Ideologia (positivista, idealista, materialista) que tende a confinar o religioso e o sagrado rigorosamente ao domínio particular/privado. **Ex.** O ~ aparece como ideologia dominante na Europa após a Revolução Francesa.

laicização *s f* (<laicizar + -ção) A(c)to ou efeito de laicizar/Secularização. **Comb.** *~ do ensino. ~ de instituições* de beneficência «Misericórdias».

laicizar *v t* (<laico + -izar) Tornar(-se) laico/Tirar o cará(c)ter religioso/Retirar [Sair] da influência ou dependência de qualquer confissão religiosa/Secularizar. **Loc.** ~ o ensino.

laico, a *adj* (<lat *laicus, a, um* <gr *laikós*: povo) Que não é religioso/Leigo/Laical/Secular. **Comb.** *Estado ~. Ensino ~/laical.*

lais *s m Náut* (< ?) Ponta da verga/Penol. **Comb.** ~ de guia [Nó que se dá no seio dum cabo usando um dos chicotes para formar uma alça].

laissi *s m Chin (Macau)* (<chin *lei-si*: dinheiro da sorte) Presente em dinheiro oferecido em ocasiões especiais «casamento/Ano Novo Chinês», dentro dum envelope vermelho próprio para o efeito.

laivo *s m* (<lat *lábes, is*: mancha) **1** Mancha/Nódoa/Salpico. **Comb.** Toalha manchada com uns ~s amarelados. **2** *pl fig* Noções superficiais/Rudimentos. **Ex.** Está em Portugal há bastante tempo mas não domina a língua. Aprendeu apenas uns ~s de português. **3** *pl fig* Restos(+)/Vestígios(o+). **Ex.** Nas ruínas ainda se notam ~s da antiga riqueza da cidade.

laja/e *s f* (< ?) **1** Pedra lisa plana utilizada para cobrir pavimentos/paredes/sepulturas. **Ex.** Ajoelhou-se na ~ da igreja. **Comb.** *~ do claustro. ~ tumular.* **2** Superfície extensa, mais ou menos plana, de afloramento de rocha. **Ex.** Malhavam o centeio e o milho na ~ que servia de eira. **3** *Eng* Placa de pequena espessura de betão armado utilizada na construção de pavimentos e coberturas.

lajeado, a *adj/s m* (<lajear + -ado) **1** Que tem [está coberto com] laje. **Comb.** Pavimento ~. **2** *s m* Superfície coberta de lajes/Lajedo. **3** Pavimento de pedra. **4** *Br* Regato cujo leito é rochoso.

lajeador, ora *s/adj* (<lajear + -dor) (O) que lajeia.

lajeamento *s m* (<lajear + -mento) A(c)to de lajear/Pavimentação. **Comb.** ~ duma praça [rua].

lajear *v t* (<laje + -ear) Cobrir com laje/Pavimentar. **Loc.** ~ o chão «dum armazém/duma oficina». ⇒ empedrar; calcetar.

lajedo (Jê) *s m* (<laje + -edo) **1** Pavimento revestido com lajes. **Loc.** Escorregar no ~ húmido da rua. **2** Local onde há muitas lajes. **Loc.** Correr atrás das cabras no ~ da serra.

lajota (Jó) *s f Br* (<laje + -ota) Pequena laje usada geralmente para revestir pisos. **Comb.** Cozinha revestida a ~.

-lalia/lalo- *suf/pref* (<gr *laléó*: falar, balbuciar) Exprime a ideia de falar. ⇒ glosso~.

lalopatia *s f Med* (<lalo- + -patia) Nome comum de todas as perturbações da fala.

lama¹ *s f* (<lat *lama, ae*) **1** Terra ensopada em água/Lodo. **Ex.** A enxurrada deixou as ruas cobertas de ~. **Loc.** Sujar os sapatos na ~ do caminho. **2** *fig* Vida [Condição] abje(c)ta/lamentável/Baixeza/Desonra. **Loc.** *Cair na ~. Tirar alguém da ~.*

lama² *s m Zool* (<quíchua *lama*) Mamífero ruminante da família dos camelídeos originário da região andina «Peru/Bolívia» da América do Sul, aproveitado para a produção de carne, leite e lã/Alpaca/Guanaco. ⇒ vicunha.

lama³ *s m Rel* (<tibetano *blama*) Sacerdote budista do Tibete e da Mongólia. **Ex.** O mais alto dignitário na hierarquia dos ~s é o Dalai-~.

lamaçal *s m* (<lama + -aço + -al) **1** Sítio com muita lama/Lamaceiro/a/Lodaçal/Atoleiro. **Ex.** Por causa das obras, cada vez que chove as ruas ficam transformadas num ~. **2** *fig* Situação degradante/Aviltamento moral/Pântano(+). **Loc.** Cair [Viver] num ~ donde não é fácil sair.

lamaceiro/a *s m/f* ⇒ lamaçal.

lamacento, a *adj* (<lama + -ento) **1** Em que há muita lama/Coberto de lama. **Comb.** Terra [Caminho] ~a/o. **2** Semelhante a lama. **Comb.** «saia/calças» Com manchas ~as.

lamaísmo *s m Rel* (<lama³ + -ismo) Forma especial de budismo do «grande veículo» que se desenvolveu no Tibete. **Ex.** No ~ é atribuída grande importância aos a(c)tos rituais e às práticas mágicas.

lamaísta *s 2g* (<lama³ + -ista) Seguidor do lamaísmo.

lamarão *s m* (<lama¹ + -r- + -ão) **1** Grande lamaçal. **2** Grande porção de lodo que a baixa-mar deixa a descoberto junto dos portos.

lamarckismo *s m Biol* (<antr Lamarck (1744-1829), naturalista francês+-ismo) Teoria evolucionista baseada nas ideias de Lamarck. **Ex.** O ~ assenta nos princípios de adaptabilidade dos seres vivos pelo uso ou não uso dos órgãos e da hereditariedade dos cara(c)teres adquiridos.

lambada *s f* (<lombada <lombo + -ada) **1** Pancada com a mão/Bofetada. **Loc.** Dar [Levar] uma(s) ~(s). **2** Agressão física/Pancada/Pancadaria. **Loc.** Andar à ~. **3** *fig* Ralhete(+)/Descompostura(+)/Raspanete(+). **Ex.** O chefe passou[deu]-me uma ~ por eu chegar atrasado que me deixou envergonhado. **4** *Mús Br* Música e dança populares brasileiras com coreografia semelhante à do samba. **5** *Br* ⇒ gole «de cachaça».

lambança *s f* (<lamber + -ança) **1** *pop* O que se pode lamber/comer. **2** *pop* Comezaina/Patuscada. **Ex.** Depois duma ~ dessas não admira que te sintas empanturrado. **3** Grande palavreado/Gabarolice/Bazófia. **Ex.** Sempre que fala dos filhos é a ~ do costume, são sempre os melhores; não há ninguém como eles! **4** Barulheira/Algazarra. **Ex.** Ouvi tal ~ na rua que até cheguei à janela para ver se tinha aconte-

cido algum desastre. **5** *fig Br* Serviço mal feito. **6** *fig Br* Intriga/Mexerico.

lambão, ona *adj/s* (<lamber + -ão) **1** (O) que é glutão/lambareiro/Comilão. **Ex.** Não voltes a trazer (cá) para casa esses ~ões (dos) teus colegas: comeram, numa tarde, um queijo inteiro e tudo o que encontraram no frigorífico. **2** Preguiçoso/Madraço. **Comb.** Criado [Empregado] ~.

lambareiro, a *s/adj* (<lamber + -eiro) (O) que gosta de lambarices/petiscos/coisas doces/Guloso. **Ex.** A minha neta é muito ~a. Quando entra em minha casa vai logo à procura de guloseimas ou petiscos.

lambari *s m Ict* (<tupi *alambari*) **1** Nome de vários peixes das Américas Central e do Sul. **2** *Br* ⇒ serrote.

lambarice *s f* (<lamb(ar)ão + -ice) **1** Qualidade do que é lambareiro/Gulodice. **Ex.** É pouco amigo [Não gosta] de trabalhar. Prefere andar na ~ na casa deste e daquele [casa dos amigos]. **2** Alimento doce ou apetitoso/Guloseima(+). **Ex.** As avós gostam de dar ~s aos netos.

lambaz¹ *adj/s 2g* (<lamber + -az) ⇒ Glutão/Comilão/Lambão.

lambaz² (Bás) *s m* (< ?) **1** *Náut* Vassoura de corda e trapos usada a bordo para lavar e enxugar os pavimentos. **Loc.** Lavar o convés com o ~. **2** *region* Tijolo grosso e quadrado.

lambazar *v t* (<lambaz² + -ar¹) Lavar e enxugar com o lambaz.

lambda *s m* (<gr *lambda*) **1** Nome da décima primeira letra do alfabeto grego (λ, Λ). **Ex.** O ~ corresponde ao *l*. **2** *Anat* Ponto de encontro da sutura dos parietais com a (sutura) do occipital e dos parietais. **3** *Fís* Partícula elementar da família dos hiperões/híperons. **Comb.** Ponto ~ [Temperatura de 2,186 º K, à qual podem existir duas formas de hélio líquido].

lambdacismo *s m Fon* (<gr *lambdakismós, ou*) Pronúncia defeituosa do *r* que é articulado como *l* «pelos chineses» (Roma=Loma).

lambdoide (Dói) *adj 2g/s f* (<lambda + -oide) **1** Com a forma de lambda. **2** *s f Anat* Sutura em forma de lambda que une o occipital aos dois parietais.

lambe-botas *s 2g 2n Col* Adulador/Bajulador.

lambedela *s f* (<lamber + -dela) ⇒ lambidela.

lambedor, ora/eira *s/adj* (<lamber + -dor) **1** (O) que lambe/adula/lisonja/Bajulador/Adulador. **2** Xarope medicamentoso muito doce. **Loc.** Tomar um ~ para a tosse.

lamber *v t* (<lat *lámbo, is, ere, i, itum*) **1** Passar a língua sobre. **Ex.** Comeu a tablete de chocolate e depois lambeu os dedos. O cão lambe as mãos do dono. Deitado ao sol, o gato espreguiçava-se e lambia o pelo. **Idi.** ~ **os beiços** [Saborear/Deleitar-se com o que comeu]. ~ **as botas**/os pés [Bajular/Adular]. **2** *pop* Comer sofregamente/Devorar. **Ex.** Vinha esfomeado. Sentou-se à mesa e lambeu um prato de sopa *idi* em menos de um ai [num instante]. **3** *fig* ~-se/Sentir grande prazer/satisfação. **Ex.** O garoto [miúdo/A criança] lambe-se por andar de mota. **4** *fig* Passar ao de leve/Roçar. **Ex.** Deliciava-se com a frescura da brisa que lhe lambia a face. O carro passou tão perto de mim que me lambeu a manga do casaco. **5** *fig* Arrasar/Destruir. **Ex.** As chamas lamberam rapidamente toda a encosta da serra.

lambert *s m Fís* (<antr J. H. Lambert (1728-1777), matemático francês) Unidade de fluxo luminoso correspondente à emissão de um lúmen por cm².

lambeta (Bê) *s f* (<lamber + -eta) **1** Guloseima(+). **Ex.** Esta criança *idi* é um castigo para comer [Esta criança come mal], mas se for ~, come tudo num instante. **2** Coisa de pouca duração. **Ex.** Tinha um emprego muito bom mas foi dispensado; a ~ acabou(-se) depressa. **3** *Br* ⇒ mexeriqueiro; puxa-saco.

lambidela (Dé) *s f* (<lamber + -dela) **1** A(c)to de lamber de forma rápida. **Loc.** Dar uma ~ no selo para o colar na carta. **2** *fig* Vista de olhos superficial. **Ex.** Não estou seguro da matéria para o teste/exame. Dei-lhe só uma ~ muito a correr. **3** *fig* Lisonja/Bajulação. **Ex.** Foi promovido pelo seu valor. Não precisou de dar ~s ao chefe. **4** ⇒ Gorjeta/Gratificação.

lambido, a *adj* (<lamber + -ido) **1** Que se lambeu/Que recebeu lambidelas. **Comb.** Gato ~. **2** *pop* Bem-posto/Apurado no vestir. **Ex.** É pobre mas apresenta-se sempre muito ~. **3** Com o cabelo muito molhado. **Ex.** Espera até que seque o cabelo. Não vou para a rua toda ~a.

lambiscar *v t* (<lamber + -iscar) Comer pouco/pequenas porções/Debicar. **Ex.** À refeição pouco come porque passa o dia a ~ aquilo que lhe agrada.

lambisco *s m* (<lambiscar) **1** Pequena porção de comida/Gulodice. **Ex.** Só comes esse bocadinho de carne? Isso para mim era um ~. A sopa não te agrada. Só gostas de ~s. **2** *fig* Insignificância/Pouca coisa.

lambisgoia (Gói) *s f depr* (< ?) **1** Mulher delambida/presumida. **2** Mulher mexeriqueira/intrometida. **Ex.** Deixou a [Divorciou-se da] mulher e anda por aí com uma ~ que lhe há de gastar tudo quanto ganha.

lambisqueiro, a *adj/s* (<lambiscar + -eiro) **1** (O) que lambisca/Debiqueiro. **Comb.** Criança ~a, ruim para comer [, que come mal]. **2** Lambareiro/Guloso.

lambrequim *s m* (<fr *lambrequin*) **1** *Hist* Antigo adorno do elmo constituído por tiras de tecido que cobriam a nuca e se prolongavam sobre as costas. **2** Ornato recortado de madeira, metal ou tecido para enfeitar beirados de telhados, dosséis, cortinados de janelas, etc.

lambreta *s f* (<it *lambretta*, marca comercial) Veículo motorizado de duas rodas de pequeno diâmetro e quadro aberto, sem pedais, para dois passageiros.

lambri/il/im *s m* (<fr *lambris*) Revestimento total ou parcial de madeira, azulejo, mármore ou outros materiais aplicado em paredes interiores como decoração. **Comb.** Paredes decoradas com ~is/ins de azulejos antigos.

lambrizar *v t* (<lambri + -izar) Aplicar [Revestir com] lambris/ins.

lambug[j]em *s f* (<lamber + -ugem) **1** A(c)to de comer gulodices. **Loc.** Andar à ~ [Proceder de forma interesseira e oportunista à espera de lucro]. **2** Iguaria apetitosa/Acepipe. **3** Resto de comida que fica nos pratos. **Loc.** Tirar a ~ dos pratos antes de os meter na máquina de lavar loiça. **4** Pequeno lucro num negócio para atrair clientes/Engodo. **5** *Br* ⇒ Gratificação/Suborno.

lambuja *s f Br* (<lambujem) **1** Vantagem concedida ao adversário em jogo, aposta ou negócio. **2** ⇒ lambugem **5**.

lambujar *v int* (<lambujem + -ar¹) Comer guloseimas/lambarices/Andar à lambugem. **Ex.** Passaste a manhã a ~, como hás de agora «ao almoço» ter fome?!

lambujeiro, a *adj/s* (<lambujar + -eiro) (O) que lambuja.

lambujem ⇒ lambugem.

lambuzada *s f* (<lambuzar + -ada) **1** Mancha gordurosa/Besuntadela. **Ex.** Tem cuidado! Se não pões o funil na garrafa para a encheres de azeite, acabas por fazer uma grande ~. **2** Lambidela. **Ex.** Se tento escapar-me à ~ dos seus beijos [dos beijos dela], a pobre velha fica muito triste.

lambuzadela *s f* (<lambuzar + -dela) **1** A(c)to de lambuzar/Lambuzada. **Ex.** As ~s de óleo das calças não saíram ao lavar. **2** Aplicação de uma ligeira camada oleosa/Pintura ligeira. **Loc.** Dar uma ~ de tinta «no muro da rua». **3** *fig* Conhecimentos superficiais/Noções ligeiras/Rudimentos/Tintas. **Ex.** Nunca aprendi informática. Só tive umas ~s de processamento de texto.

lambuzar *v t* (<lambujar) Pôr nódoas de gordura/Sujar com comida ou substâncias gordurosas. **Ex.** Lambuzou a [Ficou todo lambuzado na] cara a comer um gelado de chocolate. **Loc.** ~ a roupa com as mãos sujas de óleo.

lamecha (Mé) *adj/s* (⇒ lamentar) **1** (O) que é exageradamente terno ou sensível/Mimado. **Ex.** Não suporto [Não consigo aturar] pessoas ~s. **Comb.** Atitude [Conversa] ~. **2** (O) que está sempre a lamentar-se/Piegas. **Ex.** Com a idade, está a ficar muito ~, queixa-se por tudo e por nada.

lamechice *s f* (<lamecha + -ice) **1** Qualidade de lamecha. **Ex.** Torna-se antipático/a por causa da ~. **2** A(c)to [Comportamento] de lamecha. **Ex.** A conversa [Os queixumes] dela não passa/am de ~; não está tão mal como diz.

lameiral *s m* (<lameiro + -al) Lameiro grande/Lameirão/Série de lameiros. **Comb.** Região muito fértil, com extensos ~ais.

lameiro/a *s m/f* (<lama + -eiro) **1** Terreno (h)úmido onde cresce erva/Prado/Pasto. **Loc.** Segar erva [o feno] no/a ~. **2** Embarcação de ferro que serve para transportar a lama dragada nos portos.

lamela (Mé) *s f* (<lat *laméla*, dim de *lámina*) **1** Lâmina pequena. **Comb.** «amêndoa» Cortada/o às ~s muito finas. **2** Placa de vidro muito fina que se coloca sobre o material que vai ser observado ao microscópio. **3** Folha [Lâmina/Membrana] delgada. **4** Estrutura delgada das brânquias dos bivalves e dos peixes.

lamelado, a *adj* (<lamelar + -ado) Que tem [Disposto em] lamelas/Lamelar. **Comb.** Estrutura ~a [lamelar **2**(+)].

lamelar *v t/adj 2g* (<lamela + -ar^{1/2}) **1** Guarnecer de lamelas. **2** Dividir em lamelas. **3** *adj 2g* Em forma de lamela/Lamelado. **Comb.** Estrutura ~.

lamelibrânquio, a *adj/s m Zool* (<lamela + brânquia + -io) **1** Diz-se do animal «ostra perlífera» cujas brânquias são lamelares. **2** *s m pl* Antiga subclasse dos moluscos bivalves.

lamelicórneo, a *adj/s m Zool* (<lamela + córneo) **1** Relativo [Pertencente] aos ~s. **2** *s m pl* Grupo de inse(c)tos coleópteros «escaravelhos» cujas antenas terminam por um conjunto de peças lamelares.

lameliforme *adj 2g* (<lamela + -forme) Em forma de lamela. **Comb.** Peixe ~.

lamelirrostro, a *adj/s m Ornit* (<lamela + -rostro) **1** Relativo [Pertencente] aos ~s. **2** *s m* Ave da subordem dos ~s. **Ex.** O pato e o ganso são ~s. **3** *s m pl* Subordem de aves palmípedes cujo bico largo tem lamelas córneas laterais.

lamentação *s f* (<lat *lamentátio, ónis*) **1** A(c)to de lamentar/Lamento/Queixume. **Ex.** A ~ é uma manifestação de dor ou de desgosto muitas vezes acompanhada de gemidos. ⇒ muro das ~ões. **2** Canto triste/Elegia. **Comb.** *Rel* ~ões de Jeremias [Poemas elegíacos extraídos do Livro do

Profeta Jeremias em que o profeta deplora a destruição de Jerusalém pelos Caldeus].

lamentador, ora *adj/s* (<lamentar + -dor) (O) que lamenta.

lamentar *v t* (<lat *laménto, áre*) **1** Chorar com gemidos/gritos/Manifestar dor/infelicidade. **Ex.** A viúva lamentava [chorava] em altos gritos a morte do marido. **2** Manifestar pena/dó/compaixão. **Ex.** O governo lamentou a destruição causada pela catástrofe e prometeu ajuda à população atingida. **3** Ter pena/Lastimar/Deplorar. **Ex.** Lamentamos que tenha vindo cá em vão, mas hoje não há consulta. O médico está doente.

lamentável *adj 2g* (<lamentar + -vel) **1** Que merece [deve] ser lamentado. **Ex.** É ~ [pena] que não nos tenham avisado de que não havia aulas. Escusávamos de ter vindo (à escola) perder tempo. **2** Digno de dó/Lastimável/Triste. **Ex.** Aquela família atingida pelo desemprego e pela doença ficou numa situação ~.

lamentavelmente *adv* (<lamentável + -mente) **1** De modo lamentável. **Ex.** ~, situações destas «de atraso dos transportes públicos» repetem-se com muita frequência. **2** Infelizmente/Deploravelmente. **Ex.** As famílias mais pobres, ~, são as que mais sofrem com a crise econó[ô]mica.

lamento *s m* (<lamentar) **1** A(c)to de lamentar/Queixa/Lamentação/Lamúria. **Ex.** Encontrei a vizinha na rua. Estive mais de uma hora a ouvir os seus ~s [queixumes(+)/as suas lamúrias(o+)]. **2** Choro/Gemido/Ai. **Ex.** Era um doente muito insofrido [que não suportava o sofrimento]: os seus ~s [gemidos(+)] ouviam-se ao longe. **3** Voz triste com que se exprime dor/amargura. **Ex.** Pelo ~ da sua voz [da voz dele/a] percebia-se que a vida não lhe corria bem. **4** *Liter/Mús* Obra poética [Composição musical] que exprime dor/mágoa.

lamentoso, a (Ôso, Ósa, Ósos) *adj* (<lamento + -oso) **1** Relativo a lamento/Lamentável/Lastimoso/Deplorável. **Comb.** «discussões injuriosas/ofensivas» Incidentes ~s [deploráveis(+)] «ocorridos na ausência do chefe». **2** Que se lamenta/Choroso/Queixoso. **Comb.** Voz ~a.

lâmina *s f* (<lat *lámina, ae*) **1** Pedaço de metal ou doutra substância, liso e muito delgado. **Comb.** ~ **de aço** (cobre/alumínio]. Tampo de mesa revestido com uma ~ **de fórmica**. **2** Folha metálica, afiada, de instrumento cortante. **Comb.** ~ [Gume] de machada [plaina/guilhotina/faca]. **3** Folha de aço adaptada a máquinas de barbear. **Comb. Gilete com ~ dupla. Pacote de ~s** (de barbear). **4** Chapa de vidro sobre a qual se monta o material para observação ao microscópio. ⇒ lamela **2**. **5** *Biol* Membrana ou camada delgada de um tecido animal ou vegetal. **Comb.** ~ **dentária**. ~ **do chapéu dos cogumelos**. **6** *Arqueo* Peça pré-histórica de pedra fina e alongada, em que o comprimento, de cerca de 12 cm, ultrapassa duas vezes a largura. **7** Carregador de armas automáticas em que as munições são dispostas em paralelo. **8** ⇒ *fig* Pessoa estúpida.

laminação *s f* (<laminar + -ção) A(c)to de reduzir um material a lâmina(s)/Laminagem. **Ex.** A ~ pode ser feita por redução da espessura «dos metais» ou por separação do material em placas finas «da ardósia».

laminado, a *adj/s m* (<laminar¹) **1** Que foi reduzido a lâmina/Que tem a forma de [é semelhante a] lâmina/Que é formado por lâminas. **Comb.** Aço ~. «porta de» Madeira ~a. **2** Produto siderúrgico obtido por redução da espessura, por compressão contínua. **Comb.** Se(c)ção de ~s (duma siderurgia).

laminador, ora *s* (<laminar¹ + -dor) **1** Operário siderúrgico que trabalha na laminagem. **2** Máquina de laminar composta por dois cilindros que giram em sentidos opostos entre os quais se faz passar o material «aço/plástico/vidro» que se quer laminar.

laminagem *s f* (<laminar + -agem) Processo industrial para reduzir o material a lâmina(s) por compressão contínua entre dois cilindros que giram em sentidos opostos/Se(c)ção industrial «das siderurgias» onde esse processo se realiza. **Comb.** ~ **a quente** [frio]. Rolos de chapa de aço obtida por [na] ~.

laminar¹ *v t* (<lâmina + -ar¹) **1** Reduzir a lâmina(s)/Adelgaçar. **Loc.** ~ **um metal** «alumínio/cobre/aço». ~ **vidro**. **2** Cobrir [Revestir/Proteger] com uma camada fina/Chapear(+). **Loc.** ~ [Chapear(+)] uma porta «com chapa de aço».

laminar² *adj 2g* (<lâmina + -ar²) **1** Que tem a forma de [é semelhante a] lâmina. **Comb.** Revestimento ~. **2** Que é formado por lâminas ou lamelas. **Comb.** Estrutura ~.

laminária *s f Bot* (<lat *laminária, ae* <*lámina*) Alga marinha castanha, da família das laminariáceas, algumas delas comestíveis, cujo talo pode ter a função medicinal de dilatar o colo do útero ou de canais fistulosos.

laminariáceo, a *adj/s Bot* (<laminária + -áceo) **1** Que pertence [é relativo] às ~as. **2** *s f* Alga da família das ~as. **3** *s f pl* Família de algas marinhas feofíceas, castanhas, de grandes dimensões.

laminável *adj 2g* (<laminar¹ + -vel) Que pode ser laminado. **Comb.** Material ~.

lamínula *s f* (<lâmina + -ula) Pequena lâmina/Lamela.

lamiré *s m Mús* (<lá + mi + ré) **1** Instrumento musical que dá a nota de referência (O lá) para afinação de vozes e instrumentos/Afinador/Diapasão. **Ex.** O ~ é um instrumento de palheta. **2** *fig* Sinal de começo/início. **Loc. Dar o ~** [o tom ou o sinal de começo]. **Dar um ~** [Dar um pequeno indício ou sugestão].

lamnídeo, a *adj/s m Icti* (<gr *lamna*: tubarão + -ídeo) **1** Relativo aos ~s. **2** *s m pl* Família de tubarões lameliformes de focinho pontiagudo e barbatana [nadadeira] caudal em forma de meia-lua.

lâmpada *s f* (<gr *lampás, ádos*: tocha, archote) **1** Invólucro de vidro sem ar ou com um gás a baixa pressão munido de um dispositivo que produz luz por efeito da corrente elé(c)trica. **Ex.** A ~ elé(c)trica (de incandescência) foi inventada por Thomas Edison em 1879. **Comb.** ~ **fluorescente**. ~ [Tubo] **de néon**. ~ **de vapor de mercúrio**. **2** Recipiente com combustível onde arde uma mecha ou pavio para produzir luz/Lamparina. **Ex.** A ~ de azeite constantemente acesa junto ao sacrário assinala a presença do Santíssimo Sacramento. **3** Recipiente contendo combustível destinado a produzir calor. **Comb.** ~ [Lamparina(+)] **de álcool** «para aquecer água». ~ **de soldar**. ⇒ candeia; lampião; lamparina; luminátia; luz **3/5**.

lâmpada-piloto *s f* Lâmpada «vermelha» que serve para indicar a passagem de corrente elé(c)trica num circuito/indicar que um aparelho está ligado à elé(c)tricidade/em carga/sob tensão.

lampadário *s m* (<lâmpada + -ário) Grande candelabro [castiçal] com uma ou mais lâmpadas/Lustre. **Comb.** ~ **de bronze**.

lamparina *s f* (<lâmpa(da) + -ina) **1** Pequena lâmpada. **2** Recipiente com combustível «álcool/azeite» e torcida ou pavio que fornece luz ou calor. **Loc.** Fazer café numa máquina caseira aquecida com [numa] ~ de álcool.

lampeiro, a *adj* (<lampo + -eiro) **1** Lampo(+)/Temporão(o+). **Comb.** Fruta ~a [temporã(+)/lampa(+)]. **2** Lesto/Ligeiro/Rápido. **Ex.** Ele é ~: chega [vai] num instante ao café buscar umas cervejas. **3** Atrevido/Espevitado. **Ex.** O respeito é muito bonito. Cuidado com o que dizes, não te armes em [te faças/te comportes como] ~ [atrevido/malcriado].

lampejante *adj 2g* (<lampejar + -ante) Que lampeja/Cintilante. **Comb.** Clarões «da trovoada» ~s no céu [Relâmpagos(+)].

lampejar *v int* (<lâmpada + -ejar) Brilhar como relâmpago/Relampejar(+)/Lançar faíscas/Coriscar/Cintilar. **Ex.** Vai chover. Ao longe já se vê ~. No alto do monte vê-se uma luz(inha) a ~ [brilhar(o+)/cintilar(+)].

lampejo *s m* (<lampejar) **1** A(c)to de lampejar/Clarão repentino. **Ex.** Os vizinhos já devem ter chegado. Pareceu-me ver uns ~s de luz (lá) em casa. **2** *fig* Manifestação rápida de uma ideia/Inspiração.

lampião *s m* (<it *lampione*; ⇒ lâmpada) **1** Grande lanterna, portátil ou fixa, elé(c)trica ou a combustível. **Ex.** No inverno, saíam para o trabalho muito cedo, noite escura, levando na mão ~ões para se alumiarem. **2** Poste de iluminação pública. **Ex.** As ruas da cidade antigamente eram iluminadas por artísticos ~ões [candeeiros] de ferro fundido. **Comb.** ⇒ *pej* ~ **da esquina** [Vadio/Vagabundo].

lampinho *s adj m gír* (<lampo + -inho) ⇒ O que não tem [cria] barba/Imberbe.

lampirídeo, a *adj/s m Ent* (<lat *lampyris, idis*) **1** (Diz-se de) pirilampo, lampíride ou vaga-lume. **2** *s m pl* Família de inse(c)tos coleópteros de abdó[ô]men [abdome] fosforescente a que pertencem os pirilampos.

lampo, a *adj* (<lâmpada) «fruta» Que aparece antes do tempo/Temporão. **Comb.** Figos ~.

lampreia *s f Zool* (<lat *lampreda, ae*) Nome vulgar das duas espécies de ciclóstomos de corpo cilíndrico: 1) ~-do-mar, *Petromyzon marinus*, de coloração clara com manchas escuras que pode atingir mais de um metro de comprimento; 2) ~-de-água-doce, *Lampetra fluviatilis*, de coloração uniforme, mais pequena, atingindo entre 30 e 60 cm de comprimento. **Ex.** As ~s, principalmente a ~-do-mar, são muito apreciadas em culinária. **Comb.** ~ **de ovos** [Doce de fios de ovos com o formato duma ~]. ⇒ enguia.

lamúria *s f* (<lat *lemúria, iórum*: festividades no(c)turnas pelas almas do outro mundo; ⇒ lé[ê]mur(e) 2) **1** Lamentação interminável e importuna/Choradeira/Queixume. **Ex.** Cada vez que aquela senhora me encontra desfia [conta/relata] um rol [idi rosário(+)] de ~s. **2** Modo triste de falar/Lamento. **Ex.** Não há razão para estar(es) com tantas ~s. Afinal não aconteceu nada de grave.

lamuriador, ora *adj/s* (<lamuriar + -dor) (O) que faz lamúrias/se lamuria/Lamecha. **2. Ex.** Ele tem aquele jeito ~; fala como se lhe acontecessem só [apenas] desgraças.

lamuriante *adj* (<lamuriar + -ante) Que faz lamúrias/Que se serve de queixumes para obter o que pretende. **Ex.** Passa a vida ~ atrás do chefe [Dirige-se repetidas vezes, ~, ao chefe] «pedindo um trabalho mais leve».

lamuriar *v t/int* (<lamúria + -ar¹) Desfazer-se em [Fazer] lamúrias/choradeiras/queixu-

mes/Lamentar-se/Lastimar-se. **Ex.** Já não posso ouvir aquela colega; passa os dias a ~-se. Não tens razão para te ~ porque ficaste muito bem colocada «na escola/no emprego».

lamuriento, a *adj* (<lamuriar + -ento) Lamentoso/Lamuriante/Lamecha **2. Comb.** Voz ~a.

lana-caprina *s f* (<lat *lana, ae*: lã + *caprinus, a, um*: de cabra; só as ovelhas têm lã, as cabras não) Coisa insignificante/sem importância/que não existe. **Comb.** Questão de ~/sem sentido.

lanar *adj 2g* (<lã + -ar²) Que diz respeito à lã/Lanígero. **Comb.** «ovelhas» Gado ~ [lanígero(+)].

lança *s f* (<lat *lancea, ae*) **1** Arma de arremesso constituída por uma haste comprida que termina com uma lâmina de aço pontiaguda. **Ex.** Um soldado trespassou o peito [lado] de Jesus Cristo crucificado, depois de morto, com uma ~. **Idi.** *Baixar a ~* [Dar-se por vencido]. *Meter uma ~ em África* [Praticar uma proeza/Realizar com êxito uma empresa difícil] (Ex. O teu doutoramento foi uma ~ em África!). *Quebrar/Romper ~s por* alguém ou alguma coisa [Bater-se por/Lutar em defesa de «um ideal»]. **2** Soldado que combate com essa arma/Lanceiro. **3** Adorno de serralharia com a forma dessa arma utilizado em gradeamentos e portões. **Comb.** Gradeamento preto com ~s douradas. **4** Varal dos carros de tiro ao lado do qual puxam os animais. **Comb.** ~ duma carruagem puxada por uma parelha de cavalos. **5** *Náut* ⇒ pau de carga. **6** *s m Br* Ladrão de carteiras/Carteirista(+).

lança-bombas *s m 2n* (<lançar + ...) Aparelho montado em aviões ou navios de guerra para lançar bombas.

lança-chamas *s m 2n* (<lançar + ...) Aparelho utilizado para lançar líquidos inflamados sobre o inimigo.

lançada *s f* (<lança + -ada) Golpe de lança. **Loc.** Ferir alguém com uma ~.

lançadeira *s f* (<lançar + -deira) **1** Aparelho de tear, em forma de navete, que transporta a canela com o fio que vai tecer a (teia da) urdidura. **Ex.** As ~s são geralmente de madeira com pontas có[ô]nicas metálicas. **2** Peça da máquina de costura que contém a canela e dirige a linha do lado do avesso. **3** *Br* ⇒ vaivém(+) espacial.

lançado, a *adj/s m* (<lançar) **1** Que é bem sucedido na profissão ou socialmente. **Comb.** (Bem) ~o/a na vida [Bem encaminhado/a]. **2** *s m* ⇒ vó[ô]mito.

lançador, ora *adj/s* (<lançar + -dor) **1** (O) que atira a lança ou outro obje(c)to. **Comb.** *(D)esp* ~ de dardo [disco/peso/bola «de basebol»/martelo]. **2** Pessoa que faz [oferece] lanços em leilões. **Ex.** As obras leiloadas são entregues ao último ~.

lança-foguetes [-granadas] *s m 2n* (<lançar + ...) Dispositivo de lançamento de foguetes [granadas].

lançamento *s m* (<lançar + -mento) **1** A(c)to ou efeito de lançar/Arremesso/Lanço 1/Lance 1. **Comb.** *~ de bombas* [Bombardeamento]. *(D)esp* *~ do disco* [peso/martelo]. *~ dum satélite artificial*. *Rampa de ~*. **2** Assentamento dos alicerces duma construção. **Comb.** Cerimó[ô]nia do ~ da primeira pedra «do novo hospital». **3** A(c)ção preparatória [publicitária] para dar início à comercialização dum novo produto. **Ex.** O autor autografou os livros vendidos na sessão de ~ da sua última obra. A *Airbus* adiou mais uma vez o ~ do novo avião. No ~ da nova marca de iogurtes todas as crianças podiam receber uma amostra gratuita. **4** *Com* Escrituração de verbas nos regist(r)os de contabilidade. **Loc.** Fazer o ~ dos movimentos diários «de caixa». **5** Determinação [Atribuição] das verbas que cada contribuinte deve pagar. **Comb.** ~ da taxa de saneamento. **6** *Bot* Rebento de árvores ou arbustos/Gomo/Renovo. **Comb.** Árvore «oliveira» com um bom ~. **7** *Náut* A(c)to de pôr um barco a flutuar/Bota-fora. **7** *Zool* ⇒ cobrição.

lança-minas [-mísseis] *s m 2n* (<lançar + ...) Veículo destinado ao lançamento de minas [mísseis].

lançar *v t* (<lat *lánceo, áre*: manejar a lança) **1** Arremessar com força/Atirar. **Ex.** O garoto [miúdo/A criança] lançou uma pedra e partiu o vidro dum carro. No início do jogo «de futebol» o árbitro lança a moeda ao ar para a escolha de campo. **Idi.** *~ aos bichos*/às feras [Deixar ao abandono]. *~ em rosto*/Atirar à cara(+) [Acusar]. *Náut ~ ferro* [Ancorar/Fundear]. *~ luz sobre* [Esclarecer/Explicar]. *~ mão de* [Servir-se]. *~ mãos à obra* [Iniciar com energia/de forma decidida]. *~ Atirar(+)] o barro à parede* [Dizer ou fazer alguma coisa para ver se resulta/para conseguir um obje(c)tivo que não se quer revelar]. *~ os olhos*/um olhar [Olhar depressa e repentinamente]. *~ poeira nos olhos* [Procurar iludir]. *~-se de cabeça* [Iniciar algo sem pensar muito]. **2** Deitar/Estender. **Ex.** ~ as redes «ao mar». **3** Expelir/Exalar/Espalhar. **Ex.** O vulcão continua a ~ [expelir(+)] torrentes de lava incandescente, cinza e fumo. Com o perfume que ela lança [exala(+)], não pode passar despercebida. **4** Dar início/Pôr em marcha. **Ex.** Os partidos políticos já começaram a ~ a próxima campanha eleitoral. Para aumentar as vendas, a empresa lançou novos produtos no mercado. **5** Fazer recair sobre alguém/Atribuir/Imputar. **Ex.** Além de fazer o mal «partir um vidro da janela», ainda (por cima) lançou as culpas ao [sobre o] colega. **6** Fazer constar/Espalhar/Divulgar. **Loc.** ~ um boato [uma atoarda]. **7** Dizer de repente e com convicção. **Loc.** *~ uma pergunta* [ideia]. *~ um grito* [uma gargalhada]. **8** Deixar escorrer/Derramar/Verter. **Loc.** ~ para a via pública «a água de lavagem dos carros». **9** Semear/Disseminar/Gerar. **Loc.** ~ a confusão [discórdia]. **10** Vomitar. **Ex.** Ficou maldisposto com o almoço e lançou-o (fora) logo a seguir. **11** Fazer lançamentos contabilísticos/Escriturar. **Loc.** ~ as fa(c)turas do mês. **12** Impor uma contribuição/Fixar um imposto. **Loc.** ~ um imposto [uma taxa] «sobre os combustíveis». **13** Fazer lances num leilão/Oferecer determinada quantia. **Ex.** Estou interessado em arrematar a viatura mas não vou ~ mais do que cinco mil euros. **14** ~-se/Atirar-se/Precipitar-se. **Ex.** Para escapar às chamas, lançou-se do 3.º andar. Lançou-se nos braços da mãe «que já não via há muito tempo».

lança-torpedos *s m 2n* (<lançar + ...) Dispositivo montado a bordo dos navios de guerra para lançamento de torpedos.

lance *s m* (<lançar) **1** A(c)to ou efeito de lançar/Lanço. **Idi.** *~ de olhos* [Olhar pouco demorado]. *Errar o ~* [Não ser bem sucedido/Não acertar]. **2** Episódio/Fa(c)to/Caso/Ocorrência. **Ex.** A polícia não teve dúvidas em prender o agressor porque tinha observado o ~. **3** A(c)to notável/digno de referência/Feito singular. **Ex.** Notabilizou-se pelos ~s de herói aventureiro. **4** Impulso/Rasgo/Golpe. **Ex.** Num ~ de coragem atirou-se à água para salvar a criança. **5** Aventura [Peripécia/Reviravolta] num romance/filme. **6** *(D)esp* Jogada. **Ex.** Um jogo [Uma partida] que fica na memória por dois ou três ~s de excelente futebol. **7** Oferta de preço para arrematação dum bem em leilão/Lanço 2.

lancear *v int* (<lança + -ear) **1** ⇒ alancear. **2** *Br* Pescar com rede de arrasto.

lanceiro *s m* (<lança + -eiro) **1** Soldado que combate com lança. **Comb.** Cavaleiro acompanhado por ~s. **2** Fabricante de lanças. **3** Cabide para armas/Armeiro/Panóplia. **4** *pl* Regimento de soldados armados de lança, pertencente à arma de cavalaria. **5** *pl Mús* Dança de quadrilha de origem inglesa.

lanceolado, a [lanceolar] *adj* (<lat *lancéola, ae*: pequena lança) **1** Em forma de lança. **2** *Bot* Diz-se de folha cujo limbo tem a forma de lança.

lanceta (Cê) *s f* (<lança + -eta) **1** Instrumento cirúrgico, de dois gumes, com que se praticam pequenas cirurgias. **Loc.** Abrir um abcesso com ~ [Lancetar um abcesso(+)]. **2** Pequeno cutelo pontiagudo utilizado nos matadouros para abate de reses.

lancetada *s f* (<lancetar + -ada) Incisão feita com lanceta. **Ex.** Depois da ~, a ferida purgou [, saiu o pus da ferida] e senti-me mais aliviado.

lancetar *v t* (<lanceta + -ar¹) Abrir [Cortar] com lanceta. **Loc.** ~ um tumor.

lancha *s f Náut* (<mal *lantxaran*: rápido, ágil) Pequena embarcação costeira ou de vias interiores navegáveis, para serviço geral de transporte de pessoas e mercadoria. **Ex.** As ~s normalmente fazem serviço de apoio aos navios nos portos. **Comb.** ~ rebocadora.

lanchada *s f* (<lancha + -ada) Carga transportada de cada vez por uma lancha. **Loc.** Descarregar uma ~ de sacos «de adubo».

lanchar *v t/int* (<lanche + -ar¹) Comer o lanche/Merendar. **Ex.** Fomos ~ à pastelaria. Lanchámos [Comemos] chá com torradas.

lanche *s m* (<ing *lunch*: almoço) Pequena refeição a meio da tarde/Merenda. **Ex.** Fiz um bolo para o [para comemos ao] ~.

lancheira *s f* (<lanche + -eira) Recipiente próprio [Maleta] para transportar comida e conservá-la durante algumas horas. **Ex.** No meu emprego anterior não havia cantina. Todos os dias tinha que levar a ~ com o almoço.

lancheiro *s m* (<lancha + -eiro) Condutor de lancha. **Comb.** Um ~ muito experiente.

lanchô [lanchonete] (Né) *s f Ang Moç Br* (<ing *luncheonette*) Restaurante que serve lanches.

lancil *s m* (< ?) Elemento de cantaria, betão ou outro material, estreito e comprido, que serve de resguardo nos passeios e nos parapeitos de janelas e varandas. **Ex.** O carro embateu no ~ do passeio «e rebentou um pneu».

lancinante *adj 2g* (<lat *láncinans, ántis*) Que parece que rasga a carne/Pungente/Doloroso/Aflitivo. **Ex.** As dores eram tantas «quando lhe faziam o curativo» que soltava gritos ~s.

lancinar *v t/int* (<lat *láncino, áre*: despedaçar, rasgar) **1** Causar dores intensas. **Ex.** A infe(c)ção provocou um abcesso que o lancinava dia e noite. **2** *fig* Atormentar/Afligir. **Ex.** Vivia lancinado pela preocupação do dinheiro. **3** Fazer-se sentir de modo doloroso «por picadas». **Ex.** É um doente que só geme quando o abcesso começa a ~.

lanço *s m* (<lançar; ⇒ lance) **1** A(c)to ou efeito de lançar/Lançamento/Arremesso. **2** Oferta de preço feita durante uma licitação/Lance 7. **Ex.** O leiloeiro avisou que para aquele quadro «de Picasso» só

se aceitavam ~s superiores (ao anterior), no mínimo, em cem euros. **3** Quantidade de peixes apanhados duma só vez na rede. **Loc.** Um ~ de fazer rebentar a rede! **4** Troço [Se(c)ção] de estrada/muro/... **Ex.** Ficou concluído o ~ «de muro» entre as duas ruas. **Comb.** ~ de casas degradadas. **5** Parte [Conjunto de degraus] duma escada entre dois patamares. **Ex.** Entre cada piso, há dois ~s de escada com nove degraus cada um. **6** Volta de lançadeira no tear. **7** A(c)ção de lançar os dados/Pontos obtidos em cada jogada. **Ex.** É um jogador com muita sorte. Obteve o máximo de pontos em três ~s [jogadas] consecutivos/as.

landau *s m* (<top al *Landau*, cidade alemã do Estado da Renânia-Palatinado) Antiga carruagem de tra(c)ção animal, de quatro rodas e dois bancos frente a frente, com capota.

lande *s f Bot* (<lat *glans, glandis*) Fruto do carvalho e do sobreiro/Bolota(o+)/Glande(+).

langor *s m* (<lat *lánguor, óris*) ⇒ languidez.

langoroso, a (Ôso, Ósa, Ósos) *adj* (<langor + -oso) **1** Lânguido(+)/Frouxo. **Comb.** Ar [Voz] ~o/a. **2** Que revela sensualidade/volu(p)tuosidade. **Comb.** *Mulher ~a. Música ~a.*

languento, a *adj pop* (<languir + -ento) **1** Doentio/Enfermiço. **Comb.** Homem ~. **2** Piegas/Lamecha. **Comb.** Criança [Mulher] ~a.

languescente *adj 2g* (<languescer + -ente) Fraco/Lânguido(+)/Debilitado(+). **Comb.** Estado ~.

languescer *v int* (<lat *languésco, is, ere, gui*) **1** Perder a vitalidade/Enfraquecer/Debilitar-se(+). **Ex.** Pessoa nova e a(c)tiva que de repente «com a doença» começou a ~. **2** Tornar-se lânguido/Assumir uma expressão doce ou sensual. **Loc.** Ambiente que convidava a ~.

languidez *s f* (<lânguido + -ez) **1** Estado de quem sente faltarem as forças/Enfraquecimento/Moleza/Desfalecimento/Prostração. **Ex.** Desde que foi para o lar de idosos, a ~ apoderou-se dele/a, nem parece o/a mesmo/a. **2** Expressão de frouxidão de quem se sente dominado por paixão amorosa/Volu(p)tuosidade. **Loc.** Olhar (para) alguém com ~.

lânguido, a *adj* (<lat *lánguidus, a, um*) **1** Que não tem forças/Debilitado/Abatido/Fraco. **Ex.** Não se lhe notam melhoras. Encontramo-lo sempre deitado, com ar ~, abatido, triste, ... **2** Sensual/Volu(p)tuoso. **Comb.** Olhar ~.

languir *v int* ⇒ languescer.

lanhar *v t* (<lat *lánio, áre*) **1** Dar lanhos/Abrir golpes/Ferir. **Loc.** ~ *a cara* «a(o) fazer a barba». *~-se nos espinhos* «duma roseira». ~ [Dar golpes/Golpear] *o peixe* para a salga [para o salgar]. **2** *fig* Deturpar uma língua. **Ex.** Não sabia falar línguas estrangeiras mas lanhava [arranhava(o+)/tentava falar(+)] espanhol.

lanho *s m* (<lanhar) **1** Golpe de instrumento cortante. **Ex.** Fez um grande ~ na mão com a faca de cozinha. **2** Golpe dado ao longo do peixe para depois o salgar ou secar. **3** *Br* Bocado de carne cortado às tiras.

lanífero, a *adj* (<lã + -fero) Que tem lã ou lanugem/Lanígero. **Comb.** Planta ~a.

lanifício *s m* (<lat *lanifícium, ii*) Artefa(c)to [Tecido] de lã. **Comb.** ~ feito em Portugal «na Covilhã». Fábrica de ~s.

lanígero, a *adj* (<lat *lániger, era, erum*) **1** Que produz [cria] lã/Lanífero. **Comb.** Gado ~. **2** Coberto de pelugem que se assemelha à lã. **Comb.** Planta com folhas ~as.

laniídeo, a *adj/s Ornit* (<lat *lánius*: carniceiro + -ídeo) Diz-se de pássaro trepador, «picanço» de bico forte com uma formação saliente cara(c)terística (Espécie de dente).

lanolina *s f* (<lã + -ol + -ina) Substância gordurosa que se obtém na lavagem da lã dos ovinos e que se utiliza em farmácia e perfumaria. **Ex.** A ~ entra na preparação de cremes para a pele.

lanosidade *s f* (<lanoso + -i- + -dade) Qualidade do que é lanoso. **Comb.** ~ dos pêssegos.

lanoso, a (Ôso, Ósa, Ósos) *adj* (<lã + -oso) **1** Relativo à lã. **Comb.** Camada ~ da pele «das ovelhas». **2** Que tem lã/Coberto de lã/Lanudo. **Comb.** Animal «lama» de pelo ~.

lantanídeo *s m Quím* (<lantânio + -ídeo) Designação dos elementos de número ató[ô]mico 58 a 71, entre o lantânio (N.º ató[ô]mico 57) e o háfnio (N.º ató[ô]mico 72. **Ex.** Os ~s são: cério, praseodímio, neomídio, promécio, samário, európio, gadolínio, térbio, disprósio, hólmio, érbio, túlio, itérbio e lutécio.

lantânio [La 57] *s m Quím* (<gr *lanthánein*: passar despercebido) Elemento químico de massa ató[ô]mica 138,9 com propriedades metálicas semelhantes às do ferro, pertencente ao grupo das terras raras «*us em isqueiros*». **Ex.** O ~, com a densidade de 6,166 e ponto de fusão 920º C, obtém-se de minérios «monazite (Índia, Brasil, África do Sul) e bastnasite (Califórnia e Novo México)», por ele(c)trólise ou por redução metalotérmica(+).

lantejou[oi]la *s f* ⇒ lentejou[oi]la.

lanterna (Tér) *s f* (<lat *lanterna, ae*) **1** Obje(c)to de iluminação, portátil ou fixo, cuja luz é resguardada por uma prote(c)ção de vidro ou de material translúcido/Lampião/Lamparina. **Ex.** Com a vulgarização do uso da ele(c)tricidade, as ~s de carboneto (Queimando gás acetileno) caíram em desuso. **Comb.** ~ *a petróleo.* ~ *de parede.* ~ *veneziana* [feita com papel decorado e plissado à maneira de fole, iluminada por uma vela]. **2** Obje(c)to portátil de iluminação, alimentado a pilhas elé(c)tricas. **Comb.** ~ *de bolso. Telemóvel com ~.* **3** *Náut* Parte superior do farol onde se encontra o foco de iluminação. **4** Farol das bicicletas e dos automóveis antigos, colocado na parte dianteira para iluminação e na retaguarda para sinalização. **Comb.** ~ vermelha **a)** Sinalização encarnada colocada na traseira da última carruagem dum comboio/trem; **b)** *fig col (D)esp* O último duma competição/Lanterninha.

lanterna-de-aristóteles (<?) *s f* Aparelho complexo da boca dos equinodermes «ouriço-do-mar», constituído por músculos e peças calcárias e que serve para mastigação.

lanterna-mágica *s f* Aparelho para proje(c)ção de imagens num alvo, constituído por uma caixa onde se coloca a lâmpada e um sistema de lentes para ampliação do feixe luminoso. **Ex.** Os modernos sistemas ó(p)ticos de proje(c)ção têm a sua origem na ~.

lanterneiro *s m* (<lanterna + -eiro) **1** Fabricante de lanternas. **2** Antigo encarregado do serviço de iluminação da via pública «acender/apagar/limpar lanternas e lampiões». **3** *Br* O que faz serviços de lanternagem, de conserto de carroça[ce]ria de veículos.

lanterneta (Nê) *s f* (<lanterna + -eta) **1** Lanterna pequena. **2** *Mil* Caixa metálica cilíndrica cheia de fragmentos de ferro, que funcionava como cartucho dum projé(c)til de artilharia.

lanternim *s m* (<lanterna + -im) **1** Pequena lanterna. **2** *Arquit* Abertura para iluminação natural e ventilação na cobertura dum edifício. **Loc.** Subir ao telhado para limpar os vidros do ~. **3** *Arquit* Parte de um zimbório aberta lateralmente para iluminar o recinto coberto pela cúpula. **Ex.** O ~ serve de remate ornamental da cúpula.

lanudo, a *adj* (<lã + -udo) ⇒ lanoso.

lanugem *s f* (<lat *lanúgo, ginis*) **1** Pelo que precede o aparecimento da barba nos adolescentes/Penugem(+)/Barbicha/Uns pelinhos. **2** *Med* Pelo sedoso que recobre a pele do feto nas últimas semanas da vida intrauterina(Tra-u) e desaparece pouco antes do nascimento. **3** *Bot* Camada aveludada de pelos muito finos que reveste certas folhas e frutos «pêssego».

lanuginoso, a (Ôso, Ósa, Ósos) *adj* (<lat *lanuginósus, a, um*) **1** Que tem lanugem. **Comb.** Cara ~a. Fruto ~. **2** Semelhante a lã ou algodão. **Comb.** Semente envolvida em fibras ~as.

Laos *s m* País do sudoeste da Ásia. A capital é Vienciana e a língua principal o laosiano.

lapa *s f* (<pré-céltico *lappa*: pedra) **1** Grande pedra que ressaindo dum rochedo forma debaixo de si um abrigo. **Ex.** As ~s são muito frequentes nas regiões graníticas. **2** Gruta originada por erosão/Furna. **Loc.** Refugiar[Abrigar]-se numa ~. **3** *Zool* Nome vulgar de diversas espécies de moluscos marinhos da classe dos gastrópodes. **Ex.** As ~s vivem fixadas nas rochas marinhas do litoral. **Idi.** *Agarrado «ao poder» como uma ~* [Não querer deixar «o cargo/lugar» de maneira nenhuma].

lapada *s f region* (<lapa + -ada) **1** Bofetada/Lambada. **Loc.** Levar [Dar] duas [um par de] ~s. ⇒ pedrada.

lapão, ona *s/adj* (<sueco *lapp*) **1** Relativo à [Habitante da] Lapó[ô]nia/Lapó[ô]nio. **2** Língua falada na Lapó[ô]nia.

laparão *s m Med/Vet* (<gr *lapára, as*: flanco +-ão) Intumescência ganglionar e dos vasos linfáticos que se manifesta muitas vezes sob a forma de tumor cutâneo, provocada pela doença denominada mormo.

láparo *s m* (< ?) Coelho ou lebre ainda novos/Caçapo. **Comb.** Ninhada de ~s. ⇒ laparoto.

laparoscopia *s f Med* (<gr *lapára*: flanco + -scopia) Método de observação dire(c)ta da cavidade peritoneal por meio de instrumentos ó(p)ticos inseridos através da parede abdominal/Peritoneoscopia.

laparoto (Rô) *s m region* (<láparo + -oto) **1** Láparo já crescido. **Ex.** Apanhei dois ~s já crescid(inh)os alapados numa moita. **2** Rapaz gordo e tolo.

laparotomia *s f Med* (<gr *lapára*: flanco + -tomia) Incisão cirúrgica na parede do abdó[ô]men [abdome] para acesso aos órgãos aí contidos. **Comb.** ~ *vertical* [horizontal]. ~ *supra*[infra]*umbilical*.

lapela (Pé) *s f* (< ?) Parte da gola dum casaco ou peça de vestuário desse tipo «fraque», voltada para fora e que se prolonga sobre o peito dum e doutro lado. **Loc.** Usar uma flor na ~. **Comb.** ~ de veludo.

lapidação *s f* (<lat *lapidátio, ónis*) **1** A(c)to de lapidar/Apedrejamento. **Ex.** Estêvão, o primeiro mártir cristão, foi morto em Jerusalém por ~ [apedrejamento(+)]. **2** Operação de desbastar irregularidades e imperfeições das pedras preciosas para as valorizar. **Comb.** ~ *de diamantes. Oficina de ~* «*de cristal*».

lapidado, a (<lapidar¹) **1** «prevaricador» Morto à pedrada/Apedrejado. **2** Polido/Desbastado. **Comb.** Topázio ~. **3** fig Aperfeiçoado/Melhorado/Educado. **Ex.** O teu inglês ainda precisa de ser ~ [aperfeiçoado/melhorado]. Esta criança veio em bruto da aldeia, precisa de ser ~a [educada/polida].

lapidador, ora s/adj (<lapidar + -dor) **1** O que apedreja. **Ex.** Os primeiros ~es [apedrejadores(+)] de Estêvão (O primeiro mártir cristão) foram os membros do sinédrio. **2** Operário que trabalha na lapidação de pedras preciosas/Proprietário duma lapidação. **Ex.** Em Portugal (Lisboa) há uma empresa ~ora de diamantes com muito bons ~es [lapidários(+)]. **3** adj Relativo a lapidação. **Comb.** Pó ~ «de diamante».

lapidagem s f (<lapidar + -agem) ⇒ lapidação **2**.

lapidar¹ v t (<lat lápido, áre) **1** Matar à pedrada/Apedrejar(+). **Loc.** ~ um condenado. **2** Polir e talhar pedras preciosas/vidro. **Loc.** ~ diamantes. **3** fig Melhorar a qualidade/Aperfeiçoar/Educar. **Loc.** ~ [Polir(+)] a linguagem [o texto dum discurso]. ~ o gosto artístico.

lapidar² adj 2g (<lápide + -ar²) **1** Relativo a pedra/lápide. **Comb.** *Inscrição ~. Instrumentos ~es*. **2** fig Fundamental/Basilar. **Comb.** *Obra «literária» ~/perfeita*. **3** fig De qualidade superior/Primoroso. **Comb.** *Execução ~* «dum trecho musical». *Discurso ~* [com conteúdo/claro/conciso].

lapidaria s f (<lapidar + -ia) **1** Arte [Indústria] de lapidar. **2** Oficina de lapidação.

lapidário, a s/adj (<lat lapidárius, a, um) **1** Artífice que lapida pedras preciosas. **Ex.** Em Portugal, durante o séc. XVIII, havia muitos ~s que trabalhavam pedras preciosas e semipreciosas. **2** Tratado medieval acerca dos minerais e das pedras preciosas, contendo informações sobre as suas virtudes curativas e simbolismos. **Ex.** Um dos mais notáveis ~s foi o *Liber lapidum seu de gemmis*, de Marbodo, bispo de Rennes, falecido em 1123. **3** s f Ciência que estuda as inscrições lapidares antigas. **4** adj Relativo a inscrições lapidares/Lapidar².

lápide s f (<lat *lápis, idis*) **1** Pedra que contém uma inscrição relativa a alguém [algum fa(c)to] notável. **Ex.** No primeiro centenário do nascimento do poeta Miguel Torga foi descerrada uma ~ comemorativa na casa onde ele nasceu. **2** Pedra tumular.

lapidícola adj 2g (<lápide + -cola) Diz-se de animal que vive [faz o ninho] nas fendas das rochas.

lapidificação s f (<lapidificar + -ção) A(c)to ou efeito de lapidificar/Consolidação de rochas. **Comb.** ~ das rochas sedimentares.

lapidificar v t (<lápide + -ficar) Consolidar uma rocha «detrítica»/Petrificar.

lapidoso, a (Ôso, Ósa, Ósos) adj (<lápide + -oso) Em que há muitas pedras/Pedregoso(+).

lapili (Pí) s m Geol (<it *lapilli*, pl de *lapillo*: pedra pequena) Fragmentos sólidos de rocha, de dimensões entre 5 mm e 5 cm, arredondados ou angulosos, eje(c)tados pelos vulcões. **Ex.** N(as ilhas d)os Açores (Portugal) utiliza-se o ~ na pavimentação de estradas e no fabrico de blocos de betão.

lápis s m 2n (<it *lápis* <lat *lápis, idis*: pedra «hematite») **1** Obje(c)to cilíndrico ou prismático que tem no centro uma haste fina de grafite ou material semelhante e serve para escrever ou desenhar. **Loc.** Escrever a [Sublinhar com] ~ «preto». **Comb.** ~ duro [mole]. *Estojo de ~ de cor*. **2** Obje(c)to de substâncias diversas para escrever ou desenhar, geralmente de forma cilíndrica. **Comb.** *~ de cera* [carvão]. *~ de pedra* [de ardósia para escrever na lousa]. **3** Haste de substância medicamentosa [cosmética] para aplicação tópica. **Comb.** *~ hemostático* [Cilindro de alúmen para estancar o sangue]. *~ infernal* [de nitrato de prata, utilizado em cauterizações].

lapisada s f (<lápis + -ada) **1** Traço a lápis. **2** ⇒ «com uma» penada.

lapiseira s f (<lápis + -eira) **1** Obje(c)to de forma tubular no qual se colocam hastes (Minas) de material «grafite» próprio para escrever ou desenhar/Porta-minas. **Ex.** A ~ pode conter minas de diferentes durezas e de várias cores. ⇒ esferográfica. **2** Estojo para guardar lápis, etc. **Comb.** ~ [Estojo(+)] para 12 lápis de cor.

lápis-lazúli s m Min (<it *lapis lazzuli*) Pedra azul, constituída por aluminossilicato de sódio e cálcio/Lazulite/Lazurita. **Ex.** Antigamente o ~ era uma pedra preciosa muito apreciada, com várias utilizações decorativas «contas de colar/mosaicos».

lápis-tinta s m 2n Obje(c)to semelhante ao lápis em que a mina de grafite é substituída por outra substância que absorve a (h)umidade, tornando a escrita semelhante à de tinta.

Lapónia [*Br* **Lapônia**] s f Região montanhosa e fria da Europa Setentrional, dividida politicamente pela Suécia, Noruega, Finlândia e Rússia.

lapónio, a [*Br* **lapônio**] adj/s (<Lapónia) ⇒ lapão.

lapso s m (<lat *lapsus, a, um* <*lábor, bi, psum*: cair escorregando) **1** Decurso do tempo/Intervalo de tempo. **Ex.** Os dois (amigos) já não se encontraram: houve um ~ de alguns minutos entre a partida de um e a chegada do outro. **2** Erro cometido inadvertidamente/Descuido. **Ex.** Foi um ~ da minha parte não ter avisado de que chegava [chegaria] tarde. **3** Falta de memória/Esquecimento. **Ex.** Por ~ deixei caducar a carta de condução [trouxe comigo a chave da tua casa].

lapsus linguae loc lat Erro da fala por inadvertência. O sair [dizer sem querer].

lapsus memoriae loc lat Perda momentânea de memória/Recordação inexa(c)ta/Esquecimento.

lapuz (Pús) adj/s m (<lapa?) (O) que é grosseiro/rude/Lapouço. **Ex.** Evito passar à porta da taberna. Há sempre (por) lá ~es que, para se fazerem engraçados, só dizem asneiras.

laqueação s f (<laquear + -ção) A(c)to de laquear/Interrupção de fluxo dum líquido orgânico «sangue» por constrição do vaso onde ele circula. **Comb.** *~ duma veia* «para estancar o sangue». *~ das trompas de Falópio*.

laquear¹ v t Med (<lat *láqueo, áre*) Ligar [Fechar] um vaso sanguíneo de modo definitivo ou temporário. **Loc.** ~ as trompas.

laquear² v t (<laca + -ar¹) **1** Revestir [Pintar] com laca/verniz/esmalte. **Loc.** ~ um móvel. **2** Aplicar laca no cabelo.

lar s m (<lat *Lar, Laris*, deus da mitologia romana prote(c)tor da casa) **1** Casa de habitação/Domicílio. **Ex.** Terminada a guerra, os soldados só pensavam no regresso ao ~. Abandonou o ~ e fugiu para parte incerta. **2** Conjunto de pessoas ligadas por laços de sangue que habitam na mesma casa/Família. **Loc.** Ter saudades do ~. **3** Estabelecimento onde se alojam pessoas com o mesmo tipo de carências às quais é prestado apoio social «dormida/refeições». **Comb.** ~ de estudantes [idosos]. **4** Terra natal/Pátria. **Ex.** Depois de vários anos passados no estrangeiro, regressou ao ~ (pátrio). **5** Lugar onde se acende o lume na cozinha/Lareira(+). **Ex.** Nas noites frias de inverno a família passava o serão aquecendo-se em redor do ~.

laracha s f e m pop (< ?) **1** Chalaça/Chiste/Piada. **Ex.** Aquilo (que ele disse) é só ~. **Loc.** Dizer ~s. **2** s m Indivíduo que procura ter piada/que gosta de dizer gracejos. **Ex.** É um ~ que não se pode levar a sério. **3** Br Impostura/Logro/Embuste.

larada s f (<lar + -ada) **1** Borralho [Cinza] da lareira. **Loc.** Limpar [Tirar] a ~ [o borralho(+)/a cinza(o+)]. **2** Conjunto de coisas que se põem a aquecer [cozinhar] na lareira. **Uma ~ de castanhas. 3** Conjunto de pessoas à roda da lareira. **Ex.** Como estava sozinho/a, ao serão juntava-se à ~ da vizinha. **4** fig Grande quantidade. **Ex.** Apanhei uma ~ de figos que chega para a aldeia inteira.

laranja s f/m (<ár *naranja*) **1** Bot Fruto da laranjeira, arredondado, com a casca exterior entre o amarelo e o vermelho, dividido em gomos. **Ex.** A ~ é um fruto muito rico em vitamina C. **Idi.** *Estar* [Pôr alguém] *a pão e ~s* [Passar [Fazer passar] fome] «de castigo». **2** s m Cor entre o amarelo e o vermelho/Cor de ~. **Ex.** Este ano, o ~ está na moda.

laranjada s f (<laranja + -ada) Bebida «enlatada» feita com sumo [suco/essência] de laranja. **Ex.** A ~ é uma bebida adocicada não alcoólica.

laranjal s m (<laranja + -al) Pomar de laranjeiras. **Comb.** Os ~ais do Algarve (Portugal).

laranjeira s f Bot (<laranja + -eira) Nome comum de várias espécies de árvores de fruto, principalmente a laranjeira-doce [laranjeira-da-china], *Citrus sinensis*, e a laranjeira-azeda, *Citrus aurantium amara*, da família das rutáceas. **Ex.** A laranjeira-azeda é usada como cavalo de enxertia da laranjeira-doce e o fruto em doces e licores.

laranjinha s f (<laranja + -inha) **1** dim de laranja/Laranja pequena. **2** Licor de laranja. **3** Jogo popular. **Ex.** A ~ era um jogo palaciano conhecido nos séc. XV e XVI por jogo das bolas. **4** Mesa de jogo/Bilhar russo.

larapiar v t col (<larápio + -ar¹) Roubar(+)/Surripiar. **Loc.** ~ laranjas do [no] quintal do vizinho.

larápio, a s (< ?) O que rouba/Ladrão/Gatuno. **Ex.** «nos transportes públicos» É preciso cuidado com os ~s «porque roubam as carteiras aos incautos».

lardear v t (<lardo + -ear) **1** Entremear pedacinhos de toucinho numa peça doutra carne. **2** Entremear/Intercalar «citações no discurso».

lardo s m (<lat *lar(i)dum, i*) **1** Toucinho cortado em tiras para entremear noutra carne. **2** fig Condimento/Tempero. **Ex.** No debate dos dois líderes políticos não faltaram ~s de ironia.

laré s m (< ?; ⇒ laurear²) Vida ociosa [airada]/Boa-vai-ela/Pândega. **Loc.** Andar [Passar a vida] no ~ [a divertir-se/a vadiar]. **Comb.** Ó ~! [Expressão que traduz assentimento entusiástico/Pois então] (Ex. Os bilhetes [As entradas] são caros/as, mas vou ver o jogo «do Benfica». Ó ~! Isso é que vou!).

larear v int (<laré + -ar¹) ⇒ Andar no laré/Laurear²(+).

lareira s f (<lar + -eira) **1** Vão aberto na parede ou na parte inferior da chaminé onde se

acende o lume para cozinhar ou aquecer/ Lar **5. Comb.** Sala com ~.

larga *s f* (<largo) **1** A(c)to ou efeito de largar/ Largada. **2** Soltura/Liberdade. **Ex.** É uma mãe muito severa: não dá ~(s) aos filhos. **Idi.** *Dar* ~*s a* [Soltar as peias/Expandir sem receio] «à alegria/imaginação». **Comb.** À ~ [Com franqueza/Prodigamente] (Ex. Na festa, os convidados divertiram-se [comeram] à ~). À vara ~ [Inteiramente à vontade/ Sem restrições]. **Comb.** Crianças criadas (por aí) na rua, à vara ~.

largada *s f* (<largar + -ada) **1** A(c)ção de largar/Partida de um lugar. **Ex.** A ~ «para a corrida de avós e netos» é da praça «da República», às 10 h da manhã. **2** A(c)ção de soltar/deixar sair o que está preso. **Comb.** ~ de pombos [touros]. **3** *pop* Chiste/Piada/Tirada. **Ex.** Ele tem ~s [saídas(o+)/tiradas(+)] com imensa graça.

largado, a *adj* (<largar) **1** Que se largou/soltou. **Ex.** Caíram na rua vários azulejos ~s [desprendidos(+)] da parede. **2** Que vai a toda a pressa/à desfilada. **Ex.** Já está atrasado; saiu ~/disparado(+) [; largou a correr] para tentar apanhar o comboio [trem]. **3** *Br* Deixado ao abandono/Desprezado. **Ex.** Encontrei este saco ~ num banco de jardim. **Loc.** Viver ~ à sua própria sorte. **4** *Br* Que não cuida de si/Displicente no trajar e no modo de viver/Desinteressado. **Ex.** É um pobre-diabo. Abusa da bebida [do álcool], vive ~ de tudo.

largamente *adv* (<largo + -mente) **1** À larga/ Sem restrições. **Ex.** A reforma dá-lhe para viver ~ [à larga(+)], sem preocupações de dinheiro. **2** Em grande quantidade/Abundantemente. **Ex.** A colheita «de maçãs/ uvas» excedeu ~ [muito] as previsões.

largar *v t/int* (<largo + -ar¹) **1** Deixar escapar o que estava seguro/Desprender/ Soltar. **Ex.** Não largues a pasta (por)que tem documentos muito importantes. O cavaleiro largou as rédeas e depois nunca mais segurou o cavalo. *Náut* Larga! [Voz de comando para soltar a amarra do navio]. **2** Segurar com menos força/Deixar lasso/Afrouxar. **Ex.** Estica menos a corda, larga[lassa(+)/afrouxa]-a um pouco. **3** Abandonar/Deixar/Despojar-se. **Ex.** Largou/Abandonou a mulher e os filhos e foi não se sabe para onde. No fim do contrato (de arrendamento) vou ter que ~ a casa. Largou [Despojou-se de/Abandonou] tudo e foi para o convento. **4** Terminar o trabalho/*fam* Despegar. **Ex.** De (À) tarde, estou sempre ocupado. Só largo (o trabalho) às seis (horas). Os trabalhadores de turnos contínuos largam às oito, às quatro da tarde e à meia-noite. **5** Afastar-se de alguém/Perder de vista/ Desviar. **Ex.** Esteve sempre distraído. Durante toda a aula não largou [tirou(+)] os olhos da namorada. **6** Ir-se embora/Partir. **Ex.** O barco largou há dez minutos. **7** Partir repentinamente e com velocidade/Sair disparado/Disparar. **Ex.** No contrarrelógio, os ciclistas largavam de cinco em cinco minutos por ordem inversa da classificação. (⇒ largado 2). **8** Proferir/Desfechar. **Ex.** É muito mal-educado, larga asneiras a toda a hora [constantemente]. Não gosto dele; está sempre a ~ piadas. Ela largou uma gargalhada que se ouviu em toda a casa. **9** Exalar/Emanar/Soltar. **Ex.** Estas flores largam [deitam(+)/exalam] um perfume delicioso. **10** *fam* Dar determinada quantia em pagamento/Desembolsar/Pagar. **Ex.** Até venho abananado/espantado! Tive que ~ quase quinhentos euros pela revisão do carro!

largo, a *adj/s m* (<lat *largus, a, um*) **1** Que tem grande largura/Amplo. **Comb.** *Avenida* ~*a*. *Pano* [Tecido] ~. *Salão* ~. **Ant.** Estreito. **2** Que tem grande dimensão/Espaçoso/Vasto. **Ex.** Na planície alentejana (Portugal) veem-se ~s [grandes/extensos] trigais a perder de vista. **Ant.** Acanhado; pequeno. **3** Que não é estreito nem apertado/Folgado/Amplo. **Comb.** *Calças* ~*s* «à boca de sino». *Sapatos* ~*s*. **4** Acima da média/Considerável/Importante. **Ex.** A empresa fez ~as concessões aos seus trabalhadores. **Loc.** Ter ~s [muitos] conhecimentos «de economia». **5** Abundante/Copioso/Exagerado. **Ex.** O governo gastou ~s [muitos] milhões de euros em proje(c)tos megalómanos. **6** Que se afasta do [Que excede o] normal. **Idi.** *Fazer vida* ~*a* [faustosa/Gastar sem medida]. *Ter vistas* ~*as* [Ser muito aberto/Ter grandes obje(c)tivos/Pensar em grande]. **Comb.** *A passos* ~*s* [Apressadamente/Rapidamente] (Ex. Minado por um cancro, caminha depressa [a passos ~s] para o fim). **7** Que é demorado/Longo. **Ex.** Passei ~as horas ao telefone tentando convencer a minha amiga «de que o divórcio não era a melhor solução». **8** *s m* Espaço público amplo/Praça/Terreiro. **Ex.** Nas tardes quentes de verão, no ~ fronteiro à igreja há sempre idosos sentados à sombra das árvores. **9** Lado menor duma superfície re(c)tangular/Largura. **Ex.** O terreno é muito comprido mas só tem 10 m de ~. **10** Extensão de mar bastante afastada da terra. **Ex.** Mesmo com mau tempo, os pescadores fizeram-se ao ~. O naufrágio deu-se ao ~ da costa portuguesa. **Idi.** *Deitar o coração ao* ~ [Cobrar ânimo/Reagir/Não desanimar]. *Fazer-se ao* ~ [Ir para o mar alto]. *Ficar ao* ~ [«o navio» Não atracar/Fundear longe de terra]. *Passar ao* ~ «do ferido no acidente» [Ficar indiferente/Não se envolver]. *Pôr-se ao* ~ [Abandonar alguém/alguma coisa]. **11** *Mús* Andamento [Trecho] musical vagaroso.

largueto (Guê) *s m Mús* (<it *larghetto*) Andamento [Composição] musical menos lento do que o largo.

largueza (Guê) *s f* (<largo + -eza) **1** Qualidade do que é largo/amplo. **Ex.** Tenho uma casa grande, com muita ~. O vizinho com um terreno com tanta ~ [largura] foi construir a casa no pior sítio, quase encostada à nossa. **Comb.** ~ de vistas/ espírito [Capacidade para encarar os vários aspe(c)tos duma questão/Tolerância]. **2** Abundância/Riqueza/Abastança. **Ex.** Na casa dos meus avós vivia-se com muita ~; era uma casa farta. **3** Liberalidade/Generosidade. **Ex.** «o capitão» Era um homem muito generoso: recompensava com muita ~ qualquer serviço que lhe prestassem. **4** Desgoverno(+)/Esbanjamento/Dissipação. **Ex.** Como gosta de se armar em [de se fazer] rico, muitos se aproveitam [exploram] a sua ~.

largura *s f* (<largo + -ura) **1** Qualidade do que é largo/Largueza. **Ex.** Diminuíram os [Cortaram aos] passeios para aumentar a ~ da rua. A fluidez do trânsito é prejudicada pela (pouca) ~ da ponte. **2** Menor dimensão duma superfície re(c)tangular. **Comb.** ~, comprimento e altura da mesa. Corredor muito comprido «dum hospital» com a ~ de 2 m apenas.

larica *s f* (< ?) **1** *Bot* ⇒ joio. **2** *fam* Fome. **Ex.** Estou com uma ~ que nem vejo.

larídeo, a *adj/s Ornit* (<gr *larós*: gaivota + -ídeo) Diz-se de ave palmípede «gaivota/ gavina», de asas longas e aberturas nasais no bico.

laringe *s f Anat* (<gr *larygs, laryggos*) Órgão situado na parte anterior e superior da traqueia, constituída por músculos e cartilagens. **Ex.** A ~ intervém na respiração e na fonação.

laringectomia *s f Med* (<laringe + -tomia) Ablação parcial ou total da laringe.

laríngeo, a *adj* (<laringe + -eo) Relativo a laringe.

laringite *s f Med* (<laringe + -ite) Inflamação da laringe. **Comb.** ~ cró[ó]nica [aguda].

laringologia *s f Med* (<laringe + -logia) Tratado acerca da laringe e das suas doenças.

laringoscopia *s f Med* (<laringe + -scopia) Exame da laringe com aparelho apropriado.

laringoscópio *s m Med* (<laringe + -scópio) Aparelho utilizado para observação da parte interior da laringe.

laringotomia *s f Med* (<laringe + -tomia) Operação cirúrgica de incisão na laringe.

laringotraqueal *adj 2g* (<laringe + traqueal) Relativo à laringe e à traqueia. **Comb.** Incisão ~.

laró [laroz(+)] *s m* (< ?) Interse(c)ção de duas vertentes [águas] no telhado, formando ângulo reentrante por onde se escoa a água da chuva.

larva *s f Biol* (<lat *larva, ae*: máscara, espantalho, demó[ó]nio) Estado de um animal que, saído do invólucro do ovo, passa a ter vida independente e é muito diferente do adulto. **Ex.** O bicho-da-seda é ~ duma borboleta.

larvado, a *adj* (<lat *larvátus, a, um*: possuído de larvas (Fantasmas)) **1** *Med* Diz-se da doença que apresenta sintomas intermitentes. **Comb.** *Epilepsia* ~. *Febres* ~*as*. **2** *col* Que é doido/maníaco.

larval [larvar(+)] *adj 2g* (<lat *larvális*, e [larva + -ar²]) **1** Que diz respeito a larva. **Comb.** Estado ~. **2** Que causa temor/Assustador. **Comb.** Figuras ~ais/ares.

larvicida *s m/adj 2g* (<larva + -cida) (O) que destrói as larvas. **Loc.** Pulverizar «os pinheiros» com ~ para matar as lagartas [larvas].

larvícola *adj 2g* (<larva + -cola) Que se desenvolve no corpo de larva.

larvívoro, a *adj* (<larva + -voro) Que se alimenta de larvas.

lasanha *s f Cul* (<it *lasagna*) Prato de massa às tiras entremeadas com recheio de carne picada. **Ex.** A ~ é um prato típico italiano.

lasca *s f* (< ?) **1** Fragmento de madeira, metal ou pedra/Estilha. **Loc.** Pôr uma ~ [cunha] debaixo do pé da mesa [Calçar a mesa com uma ~ [um calço] «de madeira»(+)] para ela não oscilar. **2** Bocado/Fatia/Tira. **Comb.** ~ de bacalhau [presunto/ queijo]. **3** Espécie de jogo de azar. **4** *fig col* Mulher bonita e vistosa.

lascar *v t/int* (<lasca + -ar¹) **1** Partir [Fender]-se em lascas. **Ex.** O quadro caiu ao chão e lascou o vidro. Estraguei a tábua. Ao serrar, lascou. **Loc.** *Br* De ~ [De rachar(+)/ Muito intenso] (Ex. Está um calor de ~). **2** *Náut* Arrear o cabo.

lascívia *s f* (<lat *lascívia, ae*) Qualidade do que é lascivo/Sensualidade/Luxúria. **Ex.** Tornava-se notada [Dava nas vistas(+)] pela ~ dos seus modos [do seu comportamento escandaloso].

lascivo, a *adj* (<lat *lascívus, a, um*) Em que há lascívia/Dado aos prazeres sensuais/Libidinoso/Volu(p)tuoso. **Comb.** *Dança* ~*a*. *Mulher* ~*a*.

laser (Lêizar) *s/adj m Fís* (<iniciais do ing *light amplification by stimulated emission of radiation*: amplificacação de luz por meio

lassar de emissão estimulada da radiação) Dispositivo gerador de um feixe de radiações monocromáticas de elevada intensidade/Relativo a esse tipo de radiações. **Ex.** O feixe ~ permite perfurar substâncias muito duras «aço/diamante» e tem inúmeras aplicações industriais «corte/soldadura», cirúrgicas «oftalmologia/terapia de tumores», bioquímicas «a(c)ção sobre células vivas», etc.

lassar *v t* (<lat *lásso, áre*: cansar, fatigar, abater-se; ⇒ lasso) Tornar lasso/Afrouxar/Alargar. **Loc.** ~ a corda que segura a carga «dum cami(nh)ão».

lassidão [lassitude] *s f* (<lat *lassitúdo, inis*) **1** Cara(c)terística do que está lasso. **2** Esgotamento físico/Cansaço/Fadiga. **Ex.** O calor provoca a ~. **3** Falta de interesse/Tédio/Enfastiamento. **Ex.** Não sei o que ele/a tem: isolou-se naquela ~ e não quer ver ninguém.

lasso, a *adj* (<lat *lassus, a, um*: cansado, abatido, lânguido, enfermo; ⇒ lassar) **1** Desapertado/Solto/Largo/Frouxo/Bambo. **Comb. Corda** [Atadura/Nó] *~a/o*. *Parafusos ~s* [pouco [mal] apertados]. **2** Cansado/Fatigado/Esgotado. **Ex.** Depois dum dia de trabalho, chego a casa e só me apetece deixar-me cair ~ no sofá e *idi* passar pelas brasas [dormi(ta)r um pouco]. **3** Aborrecido/Entediado. **Ex.** Estão desempregados e também não querem trabalhar; preferem passar o dia ~s no café ou na rua, encostados às paredes. **4** Devasso/Depravado/Dissoluto. **Comb.** Costumes ~s.

lástex (Cs) *s m* (<marca comercial do ing *elastic + látex* ?) Tecido elástico feito com fio de borracha envolto em fibras naturais ou artificiais, usado na confe(c)ção de cintas de senhora e outros artigos.

lástima *s f* (<lastimar) **1** A(c)to ou efeito de lastimar(-se)/Lamentação/Lamúria. **Ex.** Sempre que encontro aquela mulher, lá vem [, já sei que hei de ouvir] o mesmo [habitual] rosário [rol] de ~s [queixas/lamúrias]. **2** Sentimento de compaixão/Pena/Dó. **Loc.** Causar ~. **3** Aquilo que é digno de compaixão/dó. **Ex.** É o bairro mais miserável da cidade: uma verdadeira ~! **4** *pej* O que não presta/é inútil. **Ex.** Como presidente da câmara [prefeito], foi uma ~: prometeu muito mas não fez nada. **Loc.** Ficar numa ~ [em muito mau estado/sem conserto/inutilizado].

lastimador, ora *adj/s* (<lastimar + -dor) (O) que (se) lastima. **Comb.** Discurso ~.

lastimar *v t* (<lat *blastemáre* <*blasphemáre*: blasfemar, ultrajar) **1** Sentir desgosto/Lamentar/Deplorar. **Ex.** Lastimo que tenhas deixado de estudar. **2** Ter pena de/Compadecer-se. **Ex.** Toda a gente lastimou a desgraça que se abateu sobre aquela família. **3** Queixar-se/Lamentar-se. **Ex.** Não querem trabalhar e depois lastimam-se da falta de sorte.

lastimável *adj 2g* (<lastimar + -vel) Digno de lástima/Lamentável/Deplorável. **Ex.** É ~ que não se tomem medidas «eliminem situações de perigo» antes de as desgraças [de os acidentes (mortais)] acontecerem.

lastimoso, a (Ôso, Ósa, Ósos) *adj* (<lastimar + -oso) **1** Que inspira compaixão/Digno de ser lastimado. **Ex.** «depois das inundações» A cidade ficou num estado ~. **2** Que se lastima/Choroso. **Ex.** Encontrei a viúva ~a [chorosa(+)], mergulhada na sua dor. **3** Próprio de quem se lastima/Que se lamenta/Lamuriento. **Comb.** Conversa ~a [lamurienta(+)].

lastração [lastragem/lastramento] *s* (<lastrar + - …) A(c)to ou efeito de lastrar/Assentamento/Espalhamento de (ba)lastro. **Comb.** ~ duma estrada [via-férrea/ferrovia].

lastrar *v t* (<lastro + -ar¹) **1** Pôr [Carregar com] lastro/Tornar estável aumentando o peso [espalhando a carga] na parte inferior. **Loc.** ~ um navio [cami(nh)ão]. **2** Espalhar (ba)lastro «na ferrovia».

lastro *s m* (<hol *last*: carga) **1** Material pesado que se põe no porão dos navios para aumentar a estabilidade. **Ex.** Para ~ dos navios usam-se frequentemente lingotes de ferro fundido. **2** Base/Fundamento. **Ex.** Nas estradas, o asfalto é aplicado sobre um ~ de gravilha. **3** *fig pop* Pequena porção de comida com que se prepara o estômago para uma bebida alcoólica. **Loc.** Petiscar «pão com presunto» para servir de ~ à prova do vinho.

lata *s f* (<it *latta*) **1** Folha de ferro delgada recoberta a estanho/Folha de Flandres. **Ex.** A ~ é muito usada na indústria conserveira. **Comb. Bairro de ~** [degradado/miserável/ Br Favela]. **2** Recipiente feito desse material. **Comb. ~ de bolachas** [bombons]. **~ de conserva**. **Atum** [Sardinhas] *em ~*. **Cântaro de ~**. **3** *col* Automóvel velho em mau estado/Caranguejola. **Ex.** O quê? Fazer uma viagem com essa ~? Não chega ao destino! **4** *fig* Descaramento/Atrevimento. **Loc. Ter ~** [Ser descarado/atrevido] (Ex. É preciso ter ~! Dizeres que não tens dinheiro e ainda há pouco recebeste mais de cem euros). **5** *pop* Cara/Rosto. **Ex.** Aquela colega tem uma ~ [*gír* fronha] que mete medo [tem uma cara muito feia]. **6** Br ⇒ latão 2.

latada *s f* (<lata + -ada) **1** Estrutura tipo grade, feita de ripas de madeira, ferro ou cimento, disposta ao longo de paredes ou fixa no solo e que serve de apoio a videiras ou outras plantas trepadeiras/Ramada. **Loc.** Descansar à sombra duma ~. **2** *pop* Bofetada/Tabefe. **Loc.** Levar [Dar] duas ~s [lambadas(+)]. **3** Barulho de latas a bater umas nas outras. **Comb.** Praxe da ~ [Cortejo de estudantes caloiros arrastando latas pelas ruas «de Coimbra, Pt» em grande algazarra].

latagão, ona *s* (< ?) Pessoa [Jovem] alta/o e robusto/a/Matulão. **Ex.** Como ele cresceu! Fez-se [Está] um ~.

latão *s m* (<ár *latun*: cobre) **1** *Metalurgia* Liga de cobre e zinco em proporções variáveis mas em que o cobre é sempre superior a 50%. **Comb. ~ amarelo** [com cerca de 65% de cobre e 35% de zinco]. **~ vermelho** [com cerca de 85% de cobre e 15% de zinco]. **2** Vasilha grande de lata/Caldeiro/a. **Comb.** ~ do lixo.

látego *s m* (< ?) Chicote(+) de cordas ou correias próprio para açoitar/Azorrague.

latejante *adj 2g* (<latejar + -ante) Que lateja/Palpitante. **Ex.** Contorcia-se com dores no braço inchado e ~, sinal duma grande infe(c)ção.

latejar *v int* (<lado + -ejar) Dilatar-se e contrair-se ritmicamente/«coração» Palpitar/«veia (do pulso)» Pulsar. **Ex.** A arder em febre, todo o corpo latejava.

latejo *s m* (<latejar) A(c)ção de latejar «das veias»/Palpitação/Pulsação. **Ex.** De vez em quando, sentia uns ~s de arrepiar.

latência *s f* (<lat *láteo, ére, ui*: estar escondido) **1** Cara(c)terística do que está oculto/ escondido mas que se irá revelar. **Comb.** ~ duma doença. **2** *Psic* Tempo que decorre entre o começo de um estímulo e a respe(c)tiva resposta. **Comb.** *Psicanálise* Período de ~ [Fase de desenvolvimento que pode ir do 4 aos 12 anos, antes da puberdade].

latente *adj 2g* (<lat *látens, éntis*; ⇒ latência) «doença» Que não se manifesta exteriormente/Oculto/Escondido. **Ex.** Desde há muito que a revolução estava ~ «nos meios militares». **Comb.** *Fís Calor ~* [Energia associada a uma transformação de mudança de estado físico, isobárica e isotérmica «fusão/vaporização/sublimação», duma substância. *Biol Vida ~* [Estado de repouso dum organismo em que não se manifestam os sinais vitais] (⇒ vegetativo).

lateral *adj 2g/s* (<lat *laterális, e*) **1** Que está [é relativo] ao lado. **Comb. Entrada ~** «duma igreja». **Faixa ~** «duma avenida». **Linha ~** «dum campo de futebol». **Parede ~** [exterior] «duma casa». **2** Que está à margem/fora do contexto. **Comb.** Considerações [Comentários] ~ais ao tema «da discussão». **3** *Fon* Diz-se do som «l» produzido pelo ar que passa pelos dois lados da cavidade bucal para a língua estar encostada ao palato e aos dentes. **4** *s f Fon* Consoante «l» produzida desta forma. **5** *(D)esp* Jogador que a(c)tua junto da linha ~ do campo. **Ex.** As situações de perigo surgiam quando os ~ais subiam no terreno [se aproximavam da baliza adversária].

lateralidade *s f* (<lateral + -i- + -dade) **1** Qualidade do que é lateral. **Comb.** Terras esquecidas [prejudicadas] por causa da sua ~. **2** *Psic* Predomínio funcional de um dos lados do corpo sobre o outro. **Ex.** A ~ determina os destros e os sinistros.

lateralizar *v t* (<lateral + -izar) **1** Tornar(-se) lateral/Considerar não prioritário. **Comb.** Proje(c)to «construção de nova ponte» lateralizado pelo novo governo. **2** Localizar-se em [Depender de] apenas um dos lados do cérebro. **Ex.** A trombose cerebral lateralizou-lhe as funções motoras.

lateranense *adj 2g* (<lat *lateranensis, e*) Referente à catedral romana de S. João de Latrão ou aos cinco concílios que aí se realizaram.

laterite/o/a *s f/m Geol* (<lat *láter, eris*: tijolo) Rocha avermelhada das regiões tropicais, formada essencialmente por concreções pisolíticas de hidróxidos de ferro e alumínio.

látex (Cs) **[látice]** *s m* (<lat *látex, icis*: água nascente, fluido, líquido) Suco leitoso espesso segregado por algumas plantas «árvore-da-borracha/guta-percha».

lático ⇒ láctico.

latido *s m* (<latir) **1** O ladrar do cão. ⇒ ganido. **2** *fig* Remorso(+)/Apelo/Grito. **Comb.** ~ de consciência «por ter oferecido ao filho a moto em que veio a ter o acidente».

latifundiário, a *s/adj* (<latifúndio + -ário) **1** Proprietário de latifúndio. **Ex.** Os políticos marxistas atacam sistematicamente os capitalistas e os ~s. **2** Referente a latifúndio. **Comb. Agricultura** [Exploração agrícola] *~a*. *Propriedade ~a*.

latifúndio *s m* (<lat *latifundium, ii*) Propriedade rural de grande extensão. **Ex.** A exploração agrícola do ~ é geralmente a monocultura. **Ant.** Minifúndio.

latim *s m* (<lat *latine loqui*: falar em latim) **1** *Ling* Língua indo-europeia falada no Lácio (Região central da Itália a(c)tual) e espalhada pelo Império romano nos territórios conquistados, dando origem às línguas românicas ou neolatinas: português, espanhol, francês, italiano e romeno. **Idi. Perder** [Gastar] *o seu ~* [Perder o tempo e o esforço/Esforçar-se sem possibilidade de obter resultados]. **Comb. ~ *bárbaro/Baixo ~*** [~ usado pelos tabeliães nos documentos públicos desde o séc. IX ao XII]. **~ *clássico*** [dos escritores clássicos «Virgílio/Cícero»]. **~ *macarró[ô]nico*** [Lingua-

gem burlesca «dos estudantes de Coimbra, Pt» utilizando palavras [terminações] latinas]. **~ popular/vulgar** [falado pelas camadas populares nas várias províncias romanas, do qual resultaram as línguas românicas]. **2** Língua científica por excelência e oficial da Igreja Católica. **Ex.** O ~ é usado por [às] vezes nas celebrações litúrgicas públicas presididas pelo Papa, nas grandes celebrações eucarísticas internacionais e nos documentos oficiais do magistério e da pastoral da Igreja «encíclicas/exortações apostólicas», mas cada vez menos. **3** *fig* Discurso difícil/Coisa difícil de entender/*fam* Chinês. **Ex.** Dessa linguagem moderna «da informática» cheia de palavras[vrões] estrangeirados, não entendo nada. Isso para mim é ~ [chinês(+)]! **4** *fig* Conversa [Argumentos] com que se tenta convencer alguém sem o conseguir. **Ex.** Apesar de todo o meu ~, não o consegui convencer «a ir comigo ao cinema».
latinada *s f* (<latim + -ada) **1** Discurso [Longa citação] em latim. **Ex.** É professor de português mas, de vez em quando, solta [diz/*col* sai-se com(+)] uma ~ para alardear [mostrar] o seu saber. **2** Erro no uso das regras gramaticais do latim. **Ex.** Depois de tantos anos de estudo do latim ainda dá(s) dessas [comete(s) essas] ~s [*gír* calinadas(+)] «securítas em vez de secúritas»?!
latinar *v int* (<lat *latíno, áre*) Falar ou escrever em latim(+). ⇒ latinizar.
latinidade *s f* (<lat *latínitas, átis*) **1** Estudo da língua, cultura e civilização latinas. **Comb.** Mestre em [de] ~. **2** Maneira de «Cícero/Virgílio» falar e escrever o latim. **3** Feição cultural cara(c)terística dos povos latinos. **Ex.** Os brasileiros não escondem a sua forte ~. Os portugueses deixaram marcas de ~ em todos os seus antigos domínios «do Brasil à China».
latinismo *s m* (<latim + -ismo) Palavra, frase ou construção gramatical próprias da língua latina. **Ex.** – *Hoc opus hic labor est* (Aqui é que está o problema *idi* Aqui é que a porca torce o rabo)! – Lá vens tu com os teus ~s [com o teu latim]!
latinista *s 2g* (<latim + -ista) Pessoa especializada na língua, cultura e civilização latinas. **Ex.** Os grandes ~s ocidentais «Jeró[ô]nimo Osório, bispo de Silves (Portugal)» são geralmente sacerdotes católicos.
latinização *s f* (<latinizar + -ção) A(c)to ou efeito de latinizar(-se). **Comb.** ~ dos povos colonizados.
latinizante *adj 2g* (<latinizar + -ante) Que latiniza. **Comb.** Educação ~.
latinizar *v t/int* (<lat *latinízo, áre*) **1** Dar forma latina a uma palavra/expressão. **Loc.** ~ um neologismo «anglo-saxó[ô]nico». **2** ⇒ romanizar.
latino, a *s/adj* (<lat *latinus, a, um*) **1** Relativo ao [Escrito em] latim. **Comb. Palavra ~a. Texto ~. 2** Relativo [Pertencente] aos povos [às línguas] procedentes do antigo Império Romano. **Ex.** O português é uma língua ~a. **3** Relativo [Pertencente] à Igreja Católica do Ocidente. **Loc.** Celebrar os sacramentos «a Eucaristia» segundo o rito ~ (Diferente do rito católico ortodoxo). **4** *s* Natural dos países cujas línguas derivam do latim e que sofreram influência da civilização romana. **Ex.** Os ~s são em geral exaltados/pouco calmos.
latino-americano, a *adj/s* **1** Que diz respeito à América Latina (Desde o México até à Argentina) ou aos seus habitantes. **2** *s* Natural [Habitante] de qualquer país da América Latina. ⇒ ibero-americano.

latinório *s m* (<latim + -ório) Mau latim/Latim mal aplicado. **Ex.** O sacristão na missa respondia ao padre num ~ *idi* de pôr os cabelos em pé [num latim totalmente deturpado].
latir *v int* (<lat *gláttio, is, íre*) «o cão» Soltar latidos/Ladrar «ão, ão». **Ex.** Toda a noite os cães latiram; não me deixaram dormir. ⇒ ganir; uivar.
latitude *s f Geog* (<lat *latitúdo, dinis*: largura, extensão; ⇒ longitude) **1** Medida em graus do arco do meridiano compreendido entre o equador e o paralelo do lugar a que diz respeito. **Ex.** A ~ varia de 0º (No equador) a 90º (Nos polos) e diz-se norte [setentrional] ou sul [meridional]. **Comb. ~ celeste** [eclíptica]. **Alta ~. Baixa ~.** ⇒ coordenadas terrestres. **2** Região terrestre entre paralelos. **Ex.** Há animais «renas» que só se dão [criam] em certas ~s. **3** Amplitude/Desenvolvimento/Extensão. **Ex.** Há palavras com uma grande ~ de conceitos. **4** *fig* Liberdade [Facilidade/Possibilidades] de agir. **Ex.** O novo dire(c)tor-geral beneficia de [tem] uma grande ~ para gerir a empresa como achar melhor.
latitudinal *adj 2g* (<latitude + -al; ⇒ longitudinal) Referente a latitude/No sentido da largura. **Comb.** Corte ~ [transversal(+)] «do abdó[ô]men». Variação ~ (devida à rotação da Terra).
latitudinário, a *adj* (<latitude + -ário) **1** Que é amplo/extensivo/vasto. **2** Que é arbitrário nas suas interpretações/Que interpreta de forma ampla/livre/Condescendente/Laxista(+). **Comb.** Interpretação ~a [lata(o+)] das leis e preceitos morais.
lato, a *adj* (<lat *latus, a, um*) Largo/Amplo/Extenso. **Ex.** Sobre religião, as conversas eram sempre ~as/longas(+): prolongavam-se até de madrugada. **Comb.** Sentido ~ «duma palavra/frase». **Ant.** Restrito.
latoaria *s f* (<latão + -aria) Oficina de latoeiro.
latoeiro, a *s* (<latão + -eiro) O que trabalha em lata [folha de Flandres], latão ou chapas metálicas semelhantes/Funileiro. **Ex.** Vou ao ~ [à latoaria] soldar uma peça de cobre do carro. ⇒ picheleiro.
latosa (Ósa) *s f col* (<lata 4 + -osa) Grande falta de vergonha/Descaramento/Lata 4 (+). **Ex.** Ora vejam [lá] a ~ da empregada: não pode [quer] lavar as panelas porque estraga as unhas!
lato sensu lat Em [No] sentido lato/geral/extenso. **Ant.** *Stricto sensu.* ⇒ (r)estrito.
latria *s f Rel* (<gr *latreia, as*: culto a um deus) Culto de adoração devido unicamente a Deus. **Ex.** O culto de ~, dirigido a Deus ou a cada uma das Pessoas da Santíssima Trindade, é o obje(c)to principal da religião e pode ser público ou privado.
latrina *s f* (<lat *latrina, ae*) Lugar onde se fazem as deje(c)ções/Retrete(+)/Privada/Sentina/*Br* Banheiro(+)/Quarto de banho(o+)/WC. **Ex.** Fazer limpeza às ~s da cadeia.
latrocinar *v t/int* (<lat *latrocínor, ári, átus sum*) Cometer latrocínio/Roubar usando de violência.
latrocínio *s m* (<lat *latrocínium, ii*) Roubo à mão armada/Extorsão violenta/Assalto(+). **Ex.** Roubos e ~s são cada vez mais frequentes nas grandes cidades.
lauda *s f* (<lat *laus, laudis*: louvor) **1** Composição poética antiga (séc. XIII) de tema religioso entoada pelo solista e continuada pelo coro ou pelo povo. **2** Página de um livro. **Comb.** ~ da dedicatória (dum livro). **3** Cada uma das faces duma folha. **Comb.** Escrito nas duas ~s [na frente e no verso(+)].

laudabilidade *s f* (<lat *laudabílitas, átis*) Qualidade do que é louvável.
láudano *s m Med* (<lat *ládanum, i*; ⇒ ládano) Medicamento à base de tintura de ópio e açafrão usado como analgésico/sedativo.
laudativo [laudatório(+)**], a** *adj* (<lat *laudativus[tórius], a, um*) Relativo a [Que encerra/contém] louvor/Que louva. **Comb.** Discurso laudatório. Palavras laudativas.
laudável *adj 2g* (<lat *laudabilis, e*) ⇒ louvável.
laúde *s m* (<ár *al-'aud*) ⇒ alaúde.
laudes *s f pl Rel* (<lauda **1**) Oração litúrgica da manhã. **Ex.** ~ é a segunda hora canó[ô]nica da oração litúrgica diária (A primeira é *matinas* que após o Concílio Vaticano II se chama *ofício de leitura*).
laudo *s m Dir* (<lat *láudo, áre*: aprovar) Opinião do perito [louvado/árbitro] sobre matéria em averiguação. **Comb.** ~ de avaliação [vistoria]. ~ de exame médico.
lauráceo, a *adj/s Bot* (<lat *laurus, i* ou *us*: lour(ei)ro) (Diz-se de) árvore ou arbusto da família das dicotiledó[ô]neas, com folhas alternas sem estípulas, persistentes e flores pequenas dispostas em inflorescência, cujo fruto é uma baga.
láurea *s f* (<lat *láurea, ae*: folha ou coroa de lour(ei)ro) **1** Coroa de louros (+). **2** ⇒ *fig* Pré[ê]mio/Galardão. **3** ⇒ *fig* Elogio/Homenagem.
laureado, a *adj/s* (<laurear[1] + -ado) **1** Coroado de louros/Premiado. **Comb.** Atleta [Equipa/e] ~o/a. **2** Enfeitado com (coroa de) louros. **Comb.** Medalha com a efígie ~a de Camões. **3** ⇒ *fig* Louvado/Aplaudido/Festejado. **4** *s* O que num concurso ou exame obteve um pré[ê]mio. **Comb.** Banquete em honra dos ~s.
laurear[1] *v t* (<lat *láureo, áre*) **1** Colocar coroa de louros em. **Ex.** O costume de ~ os vencedores remonta à época do Império Romano. **2** Premiar/Galardoar/Condecorar. **Ex.** O governo laureou a Corporação dos Bombeiros, na pessoa do seu comandante, pelo heroísmo da sua a(c)tuação «no apoio às vítimas das inundações». **3** Aplaudir/Festejar. **Comb.** Político laureado apenas pelo seu partido.
laurear[2] *v int pop* (<larear) Andar no laré/Vadiar(+). **Ex.** Trabalhar não é com ele; passa a vida a ~ pela cidade. **Loc.** *Gír* ~ a pevide [Dar uma volta «para desopilar»/Andar por aí/Vaguear].
laurel *s m* ⇒ láurea.
laurêncio [Lr 103] *s m Quím* (<antr *Ernest O. Lawrence* (1901-1958), físico americano) Elemento transuraniano descoberto em 1961 na Universidade da Califórnia. **Ex.** O ~ apresenta, em solução aquosa, o estado de oxidação +3.
láureo, a *adj* (<lat *laureus, a, um*) Relativo ao [Feito de] louro.
lausperene *s m Rel* (<lat *laus*: louvor + *perennis*: permanente) Exposição solene do Santíssimo Sacramento numa igreja [capela] para adoração permanente «desde manhã até à noite/durante a Quaresma/o ano inteiro».
lauto, a *adj* (<lat *lautus, a, um*) **1** Abundante/Opíparo. **Comb.** ~ **banquete**. «comer» À ~a [À farta]. **2** Grandioso/Sun[mp]tuoso/Magnífico/Soberbo.
lava *s f Geol* (<it *lava*) Matéria magmática em fusão expelida pelos vulcões. **Ex.** Enquanto a cidade romana de Herculano era atingida pela corrente de ~ do Vesúvio, no ano 79 d.C., a cidade de Pompeia, à distância considerável de uma dezena de quiló[ô]metros, era soterrada pelas escórias e cinzas expulsas violentamente pelo vulcão.

lavabo *s m* (<lat *lavábo*: lavarei <*laváre*) **1** *Rel* (Primeira palavra pronunciada pelo sacerdote no) ritual de purificação das mãos, na celebração da missa em latim. **2** Lavatório fixo na parede para lavagem das mãos. **Ex.** À entrada da cantina da escola há ~s dum e doutro lado da porta. **3** Instalações sanitárias de lugares públicos «cafés/cinemas/bares/WC».

lavação *s f* ⇒ lavagem(+).

lavadeiro, a *s m/f* (<lavar + -deiro) **1** Pessoa que tem o ofício de lavar a roupa de outrem. **Ex.** A lavagem da roupa (própria e alheia) é geralmente feita por ~as. ⇒ máquina de lavar. **2** *s f* Máquina de lavagem das lãs nas fábricas de lanifícios. **Ex.** As ~as são constituídas por várias tinas (Barcas) em série para melhor aproveitamento da água de lavagem. **3** *s f Ornit* ⇒ lavandisca.

lavadela (Dé) *s f* (<lavar + -dela) Lavagem ligeira. **Ex.** Dar uma ~ aos pratos apenas para tirar os restos de comida «antes de os pôr na máquina de lavar».

lavado, a *adj* (<lavar + -ado) **1** Que se lavou/Limpo. **Ex.** Só te pego ao colo se tiveres as mãos ~as [limpas]. **Loc.** Fazer a cama de ~ [Substituir lençóis e fronhas por outros limpos/novos]. **Comb. idi *Cama, mesa e roupa ~a*** [Alojamento completo com alimentação e tratamento da roupa]. *Hortaliça ~a*. **2** Muito molhado/Encharcado. **Ex.** Queria vestir as calças de ganga mas estão ~as [molhadas(+)]. Mesmo que as estenda agora já não têm tempo de secar [já não secam a tempo (de as vestir)]. **Comb.** ~ [Banhado(+)] **em lágrimas**. **3** *fig Arte* Feito com tintas diluídas/De cores esbatidas. **Comb.** Pintura [Desenho] ~a/o. **4** *fig* Purificado/Arejado/Limpo. **Comb.** Ares ~s «da montanha». **5** *fig* Sincero/Franco/Puro. **Comb.** Pessoa de coração ~ [Uma alma ~a].

lavador, ora *adj/s* (O) que lava manual ou mecanicamente/*Br* Máquina de lavar roupa industrial ou caseira. **Comb.** ~ de carros. Máquina ~a.

lavadou[oi]ro *s m* (<lavar + -dou[oi]ro) **1** Tanque (público) onde se lava a roupa. **2** Pedra ou tábua onde, ao lavar, se ensaboa e esfrega a roupa.

lavadura *s f* (<lavar + -dura) **1** A(c)to ou efeito de lavar/Lavagem(+). **2** Água da primeira limpeza dos pratos e da loiça de cozinha com restos de comida que, depois de adicionada com farinha ou farelo, se dá aos porcos.

lavagante *s m Zool* (< ?) Crustáceo marinho decápode macruro, da família dos astacídeos, *Homarus vulgaris*, muito frequente nas costas europeias/Navegante/Labugante. **Loc.** Preparar um petisco de ~s grelhados.

lavagem *s f* (<lavar + -agem) **1** A(c)to ou efeito de lavar. **Comb.** **~ a frio** [quente]. **~ a seco** [Limpeza química da roupa]. *Psic* **~ ao cérebro** [Processo de destruir coercivamente as resistências psicológicas de alguém para o levar a aderir a convi(c)ções diferentes das suas ou a confessar-se culpado de delitos que não cometeu]. **~ de dinheiro** [Introdução no circuito comercial de dinheiro ganho por meios ilícitos]. *Agr* **~ de solos** [Eliminação de materiais que se dissolvem na ~ são arrastados pela] água]. **2** Irrigação de órgãos [cavidades] «estômago» para remover substâncias nocivas. **Loc.** Fazer uma ~ aos intestinos «antes duma colonoscopia». **3** *Miner* Eliminação [Separação] da ganga do minério por meio de água. **Ex.** A ~ de minério elimina principalmente materiais terrosos e pouco densos. **4** *pop* Comida para porcos/Lavadura **2**.

lava-lou[oi]ça *s m* (<lavar + lou[oi]ça) Equipamento de cozinha instalado numa banca com torneira(s) de água e bacia(s) [tina(s)] de lavagem com escoamento para o esgoto. **Comb.** ~ inox com duas bacias.

lavamento *s m* (<lavar + -mento) ⇒ lavagem.

lavanda *s f* (<it *lavanda*) **1** *Bot* ⇒ alfazema. **2** Essência extraída dessa planta usada em produtos de perfumaria. **Comb.** Água-de-coló[ô]nia ~. **3** Bacia antiga onde se colocava o gomil e que servia para lavagem das mãos e do rosto. **Comb.** ~ de prata «do séc. XIX». ⇒ lavatório; lavabo. **4** Pequena taça individual com água (e limão) que se põe na mesa para lavagem dos dedos após a refeição.

lavanda[e]ria *s f* (<lat *lavanda*: coisas para lavar + -aria) **1** Compartimento duma casa onde se lava a roupa e passa a ferro. **Comb.** ~ dum hotel. **2** Estabelecimento comercial onde se lava a roupa e passa a ferro. **Ex.** A colcha é muito grande para a lavar em casa. Vou mandá-la à ~.

lavandisca *s f Ornit* (<lat *lavandum* <*laváre*: lavar + -isca) Nome vulgar de vários pássaros da família dos motacilídeos também conhecidos por alvéola, boieira, lavandeira.

lava-pés *s m Rel* (<lavar + pé) Rito efe(c)tuado pelo presidente na *Missa da Ceia* em Quinta-feira Santa, para recordar o gesto de lavar os pés aos Apóstolos, praticado por Jesus no início da Última Ceia. **Ex.** O ~ significa que o presidente da assembleia litúrgica, à semelhança de Cristo, deve servir e não ser servido.

lavar *v t/int* (<lat *lávo, áre, átum/láutum/lótum*) **1** Tirar as impurezas [a sujidade] com líquido, especialmente água/Limpar. **Loc.** ~ a roupa [as mãos]. «o mecânico» ~ uma peça do carro com gasóleo. **Idi.** ~ **a roupa suja** [Discutir em público questões [defeitos/querelas] privadas]. **~ daí as mãos** [Declarar-se estranho a/Não se responsabilizar/*idi* Sacudir a água do capote]. **2** Ter o ofício de lavadeira/Desempenhar a tarefa de cuidar da limpeza da roupa. **Ex.** As lavadeiras antigas iam ~ para o rio. Hoje não fiz mais nada senão ~ «a roupa à mão». **3** Correr abundantemente sobre uma superfície/Banhar/Regar. **Ex.** As ondas lavaram o convés do navio. **4** ~-se/Lavar o corpo «mãos/pés/cara»/Banhar-se/Tomar banho. **Ex.** No verão, lavo-me [tomo banho(+)] duas vezes por dia. **5** *fig* Ilibar/Inocentar/Justificar. **Loc.** **Tentar ~-se da suspeita** de corrupção. **~ a honra** [Justificar-se perante a opinião pública]. **6** *fig* Purificar/Absolver. **Ex.** Jesus Cristo lavou [re(di)miu] com o Seu sangue os pecados de toda a humanidade.

lavatório *s m* (<lat *lavatórium, ii*) **1** Móvel com bacia, próprio para lavagem das mãos e do rosto. **Comb.** ~ antigo com bacia, balde e jarro de porcelana [de esmalte]. **2** Bacia fixa na parede com torneira de água para lavagem das mãos. **Comb.** ~ da cantina «da escola». **3** *Br* Casa de banho [*Br* Banheiro] somente com sanita e bacia para lavagem das mãos/Lavabo. **4** A(c)to de purificação/limpeza.

lavável *adj 2g* (<lavar + -vel) Que se pode lavar. **Comb.** Estofos «do carro» ~eis. Parede [Tinta] ~.

laverca *s f Ornit* (<gó[ô]tico *láwerka*) ⇒ calhandra; cotovia.

lavoira *s f* ⇒ lavoura.

lavor *s m* (<lat *labor, óris*) **1** Qualquer trabalho(+) manual. **Comb.** ~ de carpinteiro/pedreiro. **2** Trabalho/Faina/Lida. **Ex.** Andava entretida no ~ [na lida(+)] da casa, nem dei por tu chegares [nem me apercebi de que tu tinhas chegado (a casa)]. **3** Trabalhos manuais feitos com agulha de acordo com um modelo. **Ex.** Na aula de ~es femininos aprendia-se a fazer renda e bordados. **4** Ornamento/Ornato.

lavou[oi]ra *s f* (<lat *labória* <*laboráre*: trabalhar a terra) **1** Amanho e cultivo da terra. **Ex.** Deixou o emprego «numa fábrica» para se dedicar totalmente à ~. **Comb.** Casa de ~ [Exploração agrícola/Herdade/Quinta]. ⇒ lavrador. **2** Preparação da terra para a sementeira ou plantação/Lavra. **Loc.** Fazer uma ~ ligeira [superficial] «para destruir as ervas daninhas». **3** Conjunto dos lavradores. **Ex.** A ~ reclama o aumento de preço para os produtos agrícolas.

lavra *s f* (<lavrar) **1** A(c)to de lavrar. **Ex.** A ~ é um trabalho que exige grande esforço físico. **2** Terra lavrada/preparada para a sementeira. **Ex.** A ~ do cereal [trigo/centeio] já está concluída. **3** Produção [Fabrico] agrícola/Colheita. **Comb.** Vinho [Azeite/Hortaliça] da nossa ~. **4** *fig* Autoria/Invenção/Criação. **Ex.** Essa frase não é da minha ~. **5** Trabalho de extra(c)ção de minério/Mineração(+). **Comb.** **~ a céu aberto** [em galerias subterrâneas]. **~ duma mina** «de volfrâmio».

lavradeiro, a *adj/s f* (<lavrar + -deiro; ⇒ lavrador) **1** (Animal) que se usa em serviços de lavoura. **Comb.** Burro [Macho] ~. **2** *s f* Mulher de lavrador. **Ex.** Não quis casar com o dono da herdade para não ser toda a vida ~a. **3** Mulher que trabalha na lavoura/Camponesa. **Ex.** Na praça [No mercado], gosto de comprar às ~as porque vendem os produtos «cebolas/feijão/hortaliça» da sua própria produção.

lavradio, a *adj s m* (<lavrado + -io) **1** Diz-se do terreno que está em condições de ser lavrado/Arável. **2** *s m* A(c)to de lavrar/Lavoura. **Loc.** Andar «com o tra(c)tor» no ~.

lavrado, a *adj/s* (<lavrar + -ado) **1** Que foi revolvido com o arado/Arado. **Comb.** Terra ~a. **2** Enfeitado industrialmente com desenhos em relevo. **Comb.** Tecido «de seda» ~. **3** Cinzelado. **Comb.** Pedra «granito» ~a. **4** Regist(r)ado/Escrito. **Comb.** ~ em a(c)ta «de reunião da assembleia-geral de a(c)cionistas». **5** *s f* Lavra/Terra lavrada. **Ex.** Esta ~ está pronta para semear milho. **6** *s f* Tempo de lavrar. **Ex.** Quando chega a primavera, é a força das ~as [é o tempo em que se lavra mais].

lavrador, deira *s/adj* (<lavrar + -dor) **1** (O) que lavra/cultiva terras. **Comb.** Filho de ~es rendeiros [caseiros de terras]. **2** Dono de exploração agrícola/fazenda/herdade/quinta. **Comb.** ~ abastado, com muitos rendeiros, pastores e muito gado.

lavragem *s f* (<lavrar + -agem) A(c)to ou efeito de lavrar/Lavra **1**(+).

lavramento *s m* (<lavrar 2 + -mento) A(c)to de lavrar/Feitio e cunhagem(+) das moedas.

lavrante *s/adj 2g* (<lavrar 2 + -ante) (O) que lavra/Artista cinzelador de ouro ou prata/Ourives. **Comb.** Aprendiz da arte [do ofício] de ~.

lavrar *v t/int* (<lat *laboro, áre*) **1** Preparar a terra para a cultivar remexendo-a com o arado/Arar/Amanhar. **Loc.** ~ um campo «com tra(c)tor» para semear «milho». **2** Cinzelar/Alisar/Esculpir. **Ex.** O canteiro [pedreiro] feriu-se numa mão quando lavrava pedra «de granito» para a fachada da nova igreja. **Loc.** ~ uma inscrição [um epitáfio(+)] na pedra duma sepultura. ~ [Cunhar(+)] moeda. **3** Fazer trabalhos

manuais de agulha e linha/Fazer lavores. **Comb.** Toalha lavrada «com motivos de Natal». **4** Fazer a exploração de minérios [minerais] em minas. **5** Pôr por escrito/Exarar em a(c)ta ou auto/Redigir. **Ex.** O escrivão lavrou o auto da sentença proferida pelo juiz. **6** Desenvolver-se/Propagar-se/Alastrar. **Ex.** A epidemia «de gripe» lavrou pelo país inteiro. **7** Exprimir oralmente ou por escrito/Manifestar. **Loc.** ~ um protesto.

laxação (Cha) s f (<laxar + -ção) ⇒ lassidão.

laxante (Cha) s m/adj 2g Med (<laxar + -ante) (O) que facilita a evacuação das fezes/Laxativo/Purgante. **Loc.** Tomar um ~. **Comb.** Efeito ~.

laxar (Cha) v t (<lat láxo, áre, átum) **1** Tornar laxo/frouxo/Alargar/Afrouxar. **Loc.** ~ [Relaxar(+)] os músculos. **2** Deixar correr livremente/Aliviar. **Loc.** ~ os intestinos. **3** fig Tirar a energia/Enfraquecer/Relaxar. **Loc.** ~ o entusiasmo.

laxativo, a (Cha) adj (<lat laxatívus, a, um) ⇒ laxante.

laxidão (Chi) s f (<laxar) ⇒ lassidão.

laxismo (Chis) s m (<laxo + -ismo) **1** Tendência doutrinal que facilita o não cumprimento das normas morais, por múltiplas circunstâncias/desculpas. **Ex.** O ~ opõe-se a excessos rigoristas «da moral jansenista». **2** Tolerância excessiva em relação à falta de cumprimento do dever e das obrigações. **Ant.** Rigorismo.

laxista (Chis) adj/s (<laxo + -ista) (O) que é adepto [defensor] do laxismo/Tolerante [Permissivo] em excesso. **Comb. Doutrina** [Moral] ~. **Pessoa** [Sacerdote/Confessor] ~.

laxo, a (Cho) adj (<lat laxus, a, um) Frouxo/Lasso.

layout s m ⇒ leiaute.

lazarento, a adj (<lázaro + -ento) **1** Coberto de chagas ou pústulas. **2** ⇒ Leproso(+). **3** Muito magro/Escanzelado/Esfomeado. **Comb.** Animal «burro/cão» ~.

lazareto (Rê) s m (<it lazzaretto) **1** Casa de assistência a leprosos. **Ex.** A fundação dos ~s deve-se aos cristãos e remonta ao séc. IV. ⇒ gafaria; leprosaria(+). **2** Casa de assistência para tratamento de doentes com doenças contagiosas. **Ex.** Os ~s serviam para isolar pessoas [viajantes] em quarentena para evitar a propagação de epidemias.

lazarista s 2g (<antr (S.) Lázaro, denominação de um priorado de Paris+-ista) Membro da Congregação [da Sociedade dos Padres] da Missão fundada por S. Vicente de Paulo e aprovada pelo Papa Urbano VIII em 1633. **Ex.** Os ~s também são chamados vicentinos.

lázaro s m (<antr Lázaro, pobre da parábola evangélica, Lc 16, 20) **1** O que tem o corpo coberto de chagas ou úlceras. **Ex.** Assaltaram-no e bateram-lhe tanto que ficou como um ~. **2** ⇒ Leproso. **3** ⇒ Pessoa lazarenta/Miserável.

lazeira s f (<lazeirar?) **1** Desgraça/Adversidade. **Ex.** Tem tido pouca sorte. Já passou por [suportou] grandes ~s «fome/frio/doença». **2** pop Preguiça/Moleza. **Ex.** Depois do almoço dá-me uma ~, não consigo fazer nada, só me apetece dormir. ⇒ leseira. **3** pop Necessidade de comer/Fome. **Ex.** Estou com uma ~ que até me dói o estômago.

lazeirar v int (<lacerar <lat laceráre: fazer em pedaços) Ter lazeira/Sentir fome.

lazer s m (<lat licére: ser lícito, ter vagar) **1** Tempo de repouso/Descanso/Ócio/Vagar. **Comb.** Áreas «jardins/parques» **de ~. Horas de ~. 2** A(c)tividade em que se ocupa o tempo livre ou de descanso/Recreação. **Ex.** O desporto [esporte] «té[ê]nis» é o seu ~ preferido.

lãzudo, a adj/s (<lã+ -z- + -udo) **1** (O) que tem muita lã/muito pelo. **Comb.** Animal «ovelha/cão» ~. **2** fig O que usa cabelo grande e desgrenhado. **Ex.** Esses ~s podem ser muito bons rapazes, mas o aspe(c)to faz-nos duvidar (de que o sejam). **3** gír Grosseiro/Estúpido. **Comb.** Bando de ~s.

lazúli s m ⇒ lápis-lazúli; lazulite.

lazulite/a s f Miner (<lazúli + -ite/a; ⇒ lápis-lazúli) Mineral de cor azul-violeta, fosfato de alumínio, ferro e magnésio que ocorre em massa granular, por vezes com cristais piramidais aguçados, monoclínicos.

lé/ê s m **1** ⇒ l. **2** Cada um. **Loc.** Lé com lé, cré com cré [Cada qual com seu igual(+)].

leal adj 2g (<lat legális, e) **1** Que não falta às suas promessas/Fiel/Corre(c)to. **Ex.** Foi sempre um funcionário cumpridor e ~ à empresa. **2** Sincero/Honesto/Franco. **Comb.** «político» ~ para com todos, amigos e adversários.

lealdade s f (<leal + -dade) Qualidade do que é leal/Fidelidade/Devotamento. **Comb. ~ à pátria. ~ para com os colegas.**

lealdar v t (<lat legalitáre: sujeitar às leis) Declarar (mercadorias importadas) para cumprir as regras fiscais. ⇒ legalizar.

leão, oa s (<lat léo, ónis) **1** Zool Nome vulgar de mamíferos carnívoros da família dos felídeos, corpulentos, de cor castanho-avermelhada, sendo os machos providos de grande juba em redor da cabeça, que vive nas savanas da África e da Ásia. **Ex.** O ~ é considerado o rei dos animais. **2** fig Pessoa muito robusta/Corajoso/Forte. **Idi. Ter entradas de ~ e saídas de sendeiro** [Apresentar-se cheio de arrogância e terminar humilhado, acobardado]. **Comb. idi** Parte de ~ [Numa partilha ou trabalho, o quinhão ou parte mais importante].

Leão s m Maiúsc (⇒ leão) **1** Astr Grande constelação zodiacal situada ao sul da Ursa Maior, entre o Caranguejo e a Virgem. **2** Astrologia Quinto signo do Zodíaco, de 23 de julho a 22 de agosto.

leão-marinho s m Zool ⇒ lobo-marinho.

leasing (Lízing) s m Econ (<ing to lease: alugar) Sistema de aluguer/el de bens adquiridos para esse fim por uma sociedade financeira, em que o cliente no final do contrato tem a opção de compra pelo valor remanescente. **Loc.** Adquirir uma máquina «de fotocópias» em [pelo sistema de] ~. **Comb. Contrato de ~. Sociedade de ~.**

lebre (Lé) s f (<lat lépus, oris; ⇒ coelho) **1** Zool Mamífero roedor da família dos leporídeos, de orelhas muito compridas e muito veloz; o macho é lebrão. **Idi. Comer** [Comprar/Vender] **gato por ~** [Ser enganado [Enganar] pelas aparências]. **Levantar a ~** [Chamar a atenção para um problema [assunto] imprevisto ou inoportuno] (Ex. Em casos de suspeita de corrupção, os jornalistas são geralmente os primeiros a levantar a ~). **2** Cul Prato de caça preparado com a carne desse animal. **Ex.** A especialidade da casa [deste restaurante] é ~ à caçador.

Lebre s f Maiúsc Astr (⇒ lebre) Pequena constelação austral.

lebreiro, a s/adj (<lebre + -eiro) **1** (Cão) adestrado para a caça à lebre/Galgo(o+)/Lebréu(+). **Ex.** Comprei um casal de ~s. **2** Que caça lebres.

lebréu, é s Zool (<lebre + -éu) Cão/Cadela que caça lebres. ⇒ galgo.

leca s f gír (< ?) Dinheiro [Nota] de pouco valor/Dinheiro. **Ex.** Nas horas vagas faço uns biscates para ganhar umas ~s. **Comb. idi** Meia ~ [Pessoa muito baixa].

lecionação/lecionador/lecionar/lecionário ⇒ lecionação/...

lecionação (Lè) **[**Br **le(c)cionação** (dg)**]** s f [= leccionação] (<lecionar + -ção) A(c)to de lecionar/dar lições/ensinar. **Ex.** Vou deixar o emprego para me dedicar à ~ particular [dedicar a dar explicações(+)] «de inglês».

lecionador, ora (Lè) **[**Br **leccionador** (dg)**]** s/adj [= leccionador] (<lecionar + -dor) (O) que leciona/Explicador(+)/Professor(o+).

lecionar (Lè) **[**Br **le(c)cionar** (dg)**]** v t/int [= leccionar] (<lat léctio, ónis: lição + -ar¹; ⇒ ler) Ensinar(+)/Ser professor(o+) «de História»/explicador. **Ex.** Comecei a ~ no ensino oficial público há 15 anos. Este ano leciono [estou a ~] Química ao 12.º ano.

lecionário (Lè) **[**Br **le(c)cionário** (dg)**]** s m [= leccionário] (<lição + -ário; ⇒ lecionar) Livro com [que contém] os textos litúrgicos que se lêem na missa. **Comb.** ~ dominical «Ano A».

lecitidáceo, a s f pl Bot (<lat lecythis: frasco para azeite «a que se parece o fruto da sapucaia» + -áceo) (Diz-se de) planta ou família de plantas dicotiledó[ô]neas, lenhosas, de grande porte, intertropicais, a que pertencem a sapucaia e a castanha-do-pará.

lecitina(s) s f Bioquím (<lécito + -ina) Lípidos complexos pertencentes ao grupo dos fosfolípidos, constituídos por glicerol esterificado por ácidos gordos (Dois grupos hidroxilo) e por ácido fosfórico (Terceiro grupo hidroxilo). **Ex.** As ~s existem em muitos tecidos biológicos «fígado/sistema nervoso/cérebro» e na gema do ovo.

lécito s m Biol (<gr lékithos, ou: gema do ovo) ⇒ deutolécito; vitelo nutritivo.

lectivo ⇒ letivo.

led s m Ele(c)tri (<ing LED, iniciais de light emitting diode: díodo que emite luz) Semicondutor que emite luz quando é atravessado por uma corrente elé(c)trica.

ledeburite/a s f (<antr A. Ledebur, metalurgista alemão falecido em 1906 + -ite/a) Eutéctico formado a altas temperaturas por cementite/a e austenite/a que se decompõe, no arrefecimento, em ferrite/a e cementite/a.

ledice s f (<ledo + -ice) **1** Estado de ledo/Contentamento/Alegria(+). **2** pl Facécias(+)/Ditos jocosos. **Ex.** Ao pé dele [Junto dele] ninguém está triste: toda a gente ri com as suas ~s.

ledo, a (Lê) adj (<lat laetus, a, um) Alegre(o+)/Contente(+)/Risonho(+). **Ex.** As crianças corriam pelo jardim ~as e cheias de vida.

ledor, ora adj/s (<ler + -dor) Amigo de ler/Leitor. **Ex.** Ele nunca foi muito ~ [nunca gostou muito de ler].

legação¹ s f (<lat legátio, ónis) **1** A(c)to de legar. **2** Representação diplomática permanente de um Governo junto de outro, dirigida por um ministro e com categoria inferior a embaixada. **3** Edifício onde reside o diplomata e onde funcionam os serviços que ele dirige. **4** Missão diplomática enviada a um país estrangeiro para tratar de um assunto específico/Delegação(+).

legação² s f Bot (< ?) ⇒ salsaparrilha-bastarda/alegra-campo.

legacia s f (<legação + -ia; ⇒ de~) Cargo, dignidade ou jurisdição do legado¹.

legado¹, a s (<lat legátus, i) Enviado de um Governo a outro país para cumprir uma missão especial. **Ex.** Timor enviou um ~

a Portugal para tratar da cooperação de militares portugueses na formação das forças de segurança timorenses. **Comb.** *Rel ~ a latere* [Cardeal enviado pelo Papa para o representar de forma especial em circunstâncias particularmente solenes «congressos eucarísticos/grandes peregrinações internacionais»]. *~ pontifício* [enviado pelo Papa para o representar e, em determinadas circunstâncias, agir em seu nome]. ⇒ núncio.

legado² *s m Dir* (<lat *legátum, i*) **1** Valor [Bens] deixado(s) em testamento a quem não é herdeiro legítimo. **Loc.** Deixar um ~ «uma quinta» a uma instituição «de solidariedade social». **Comb.** ~ *pio* [que se destina à satisfação de encargos de natureza espiritual «a(c)tos de culto/obras de caridade»]. **2** Conjunto de bens culturais transmitidos pelas gerações anteriores. **Ex.** Cada povo deve preservar o ~ [patrimó[ô]nio] cultural deixado pelos seus antepassados.

legal *adj 2g* (<lat *legális, e*) **1** Relativo [Conforme] à lei/Prescrito pela [Que resulta da] lei. **Comb.** *Disposição ~. Hora ~. Impedimento ~. Situação ~.* **Ant.** Ilegal. **2** *Br* Que está certo/em ordem. **Ex.** Sim, está ~! Eu vou com você «ao cinema». **3** *Br* Justo/Bom/Interessante. **Ex.** Que mais pode ela querer? Tem saúde, dinheiro, um marido ~, não lhe falta nada! A professora «de inglês» é muito ~.

legalidade *s f* (<legal + -i- + -dade) **1** Qualidade do que está de acordo com a lei/que é legal. **Ex.** Quero andar tranquilo: trabalho sempre na [com] ~. **Ant.** Ilegalidade. **2** Conjunto de requisitos, formalidades ou condições que tornam um a(c)to legal. **Ex.** Uma disposição [imposição] que carece de ~.

legalismo *s m* (<legal + -ismo) Atitude [Comportamento] que consiste em se preocupar apenas com o cumprimento da lei positiva sem ter em conta a lei natural, a equidade, a caridade. **Ex.** Por causa do ~ burocrático há problemas que se arrastam durante anos sem nunca serem resolvidos.

legalista *s/adj 2g* (<legal + -ista) **1** (O) que se preocupa em [que defende] o rigoroso cumprimento da lei. **Comb.** *Atitude ~. Espírito ~.* **2** Relativo à lei/às normas legais. **Ex.** A atribuição dum subsídio «pensão de sobrevivência» não devia ser apreciada apenas sob o aspe(c)to estritamente ~/legal(+).

legalização *s f* (<legalizar + -ção) A(c)to de legalizar. **Comb.** ~ *da residência* num país estrangeiro. ~ *duma habitação* clandestina.

legalizar *v t* (<legal + -izar) **1** Tornar legal/Pôr em conformidade com a lei. **Loc.** ~ um automóvel «comprado no estrangeiro». ~ um terreno «comprado por contrato verbal». **2** Comprovar a autenticidade/Autenticar/Certificar. **Loc.** ~ [Autenticar(+)/Reconhecer(o+)] uma assinatura.

legalmente *adv* (<legal + -mente) De forma legal/De acordo com a lei. **Loc.** Agir ~. **Comb.** Família ~ constituída.

legar *v t* (<lat *légo, áre*: ordenar por lei, delegar em alguém, enviar representante; ⇒ de~) **1** Deixar em herança. **Ex.** O padrinho legou-lhe uma casa. **2** Deixar um legado. **Ex.** Legou a biblioteca à universidade da sua terra. **3** Enviar alguém como seu (de) legado.

legatário, a *s* (<lat *legatárius, ii*) Aquele a favor de quem o testador dispõe do legado. **Ex.** Os ~s só sucedem no passivo do testador se a herança for [na medida em que a herança for] insuficiente para o pagamento das dívidas.

legenda *s f* (<lat *legéndus, a, um*: que deve ser lido) **1** Texto escrito que acompanha uma ilustração/Letreiro/Dístico/Rótulo/Inscrição. **Ex.** Cada obra de arte (do museu) tem uma ~ explicativa. **Comb.** ~ *de banda desenhada.* ~ *duma figura.* Anedota desenhada sem ~ [sem palavras(+)]. **2** Lista explicativa de sinais convencionais ado(p)tados em plantas e mapas. **Ex.** A escala faz parte da ~ de plantas «de construções» e mapas. **3** *Cin/TV* Texto que corre em rodapé com a tradução da língua original em que o filme é falado. **Ex.** Quando os filmes não são dobrados, as ~s são indispensáveis para a sua compreensão (por quem não conhece a língua original). **4** ⇒ Narrativa fabulosa/Lenda. **5** Cole(c)ção de vidas de santos.

legendagem *s f* (<legendar + -agem) **1** A(c)to de legendar/Inserção de legendas. **Comb.** ~ *das figuras* «de um livro». ~ *dum filme.* **2** Conjunto de legendas. **Ex.** A exposição perde [fica empobrecida] porque a ~ (das obras expostas) é muito fraca.

legendar *v t* (<legenda + -ar¹) Fazer [Inserir] legendas. **Loc.** ~ *as ilustrações* dum livro. ~ *um filme.* ~ *um mapa* [desenho].

legendário, a *adj/s* (<legenda + -ário) **1** Relativo a legenda/inscrição. **Comb.** Configuração ~a «em balões, nas vinhetas da banda desenhada». **2** Lendário/Fabuloso. **Comb.** Narrativas de feitos heroicos, reais ou ~os. **3** *s* Autor de legendas. **Ex.** Comecei a trabalhar no escritório duma firma importadora de filmes e depois passei a ~. **4** Compilação de vidas de santos/Autor dessa compilação.

legião *s f* (<lat *légio, ónis*) **1** *Hist Mil* Unidade do antigo exército romano formada por tropas de cavalaria e infantaria. **2** *Mil* Corpo de tropas de qualquer exército. **Comb.** ~ *Estrangeira* [Corpo de tropas estrangeiras criado pela França em 1831 e que participou a(c)tivamente nas duas Grandes Guerras Mundiais]. ~ *de Honra* [Ordem nacional francesa, civil e militar, instituída por Napoleão Bonaparte (1769-1821)]. **3** *fig* Grande aglomerado de pessoas/animais/Multidão. **Comb.** ~ *de atletas* amadores. ~ *de mosquitos.*

legibilidade *s f* (<legível + -i- + -dade) Qualidade do que é legível/Nitidez. **Comb.** Documento com falta de ~ [pouco nítido/legível].

legionário, a *adj/s* (<lat *legionárius, a, um*) **1** Relativo a legião. **Comb.** Tropas ~as. **2** *s* Militar que faz parte duma legião. **Ex.** Os ~s da extinta Legião Portuguesa tinham fardas verdes.

legislação *s f* (<lat *legislátio, ónis*) **1** A(c)to/Direito de legislar. **Ex.** A ~ é da competência do órgão de soberania legislativo (Assembleia/Congresso/Parlamento). **2** Conjunto de leis e preceitos que regulam determinada matéria. **Ex.** A ~ sobre o funcionamento de casas de diversão no(c)turna vai ser alterada brevemente. **Comb.** ~ emanada [vinda] da União Europeia.

legislador, ora *s/adj* (<lat *legislátor, óris*; ⇒ lei) (O) que legisla/faz leis. **Ex.** Adivinha-se [Pensa-se] que não seria essa a intenção do ~. **Comb.** Normas ~as da rotulagem «de produtos alimentares». ⇒ legislativo.

legislar *v t/int* (<legislador) **1** Fazer leis/Regulamentar. **Loc.** ~ sobre a reforma «fiscal». **2** Estabelecer normas/princípios/Determinar/Ordenar. **Ex.** O regulamento da escola legisla sobre [regulamenta(+)/define(+)] as atribuições dos funcionários auxiliares.

legislativo, a *adj* (<legislar + -tivo) **1** Que diz respeito à elaboração de leis/à legislação. **Comb.** *Assembleia ~a. Poder ~.* **2** Que tem força de lei. **Comb.** *Documento ~. Medida* [Disposição] *~a.* ⇒ legislador.

legislatura *s f* (<fr *législature*) **1** Duração normal do mandato da assembleia política ou parlamento. **Ex.** A ~ corresponde ao período entre duas eleições (legislativas) gerais. **2** Reunião de parlamentares em assembleia/Sessão do órgão legislativo. **Comb.** Último dia de ~ «antes das férias».

legislável *adj 2g* (<legislar + -vel) Que pode ser legislado. **Comb.** Matéria ~.

legisperito, a *s* (<lat *legis-peritus*) ⇒ legista/jurisconsulto.

legista *s/adj 2g* (<lat *lex, légis* + -ista) (O) que conhece [estuda] as leis/Jurisconsulto(+). **Loc.** Colher [Saber/Conhecer/Pedir] a opinião dum ~. **2** Especialista em Medicina legal/Médico legista. **Comb.** Morte confirmada pelo ~.

legítima *s f Dir* (<legítimo) Parte do patrimó[ô]nio de que o titular [testador] não pode dispor gratuitamente por se destinar a herdeiros em linha re(c)ta.

legitimação *s f* (<legitimar + -ção) **1** A(c)to ou efeito de legitimar/de tornar válido de acordo com as leis vigentes/Legalização. **Comb.** ~ [Legalização(+)] do consumo de drogas leves. **2** *Dir* Meio jurídico pelo qual se atribui aos filhos nascidos fora do casamento o título de filhos legítimos. **Comb.** ~ dum filho natural. **3** A(c)ção de justificar/Explicar. **Comb.** ~ duma decisão [escolha].

legitimado, a *adj/s* (<legitimar + -ado) **1** Tornado legítimo. **Comb.** Processo ~ com a apresentação de documentos em falta «certidão comprovativa da situação contributiva». **2** *s Dir* Filho natural que o casamento dos pais legitimou. **Ex.** Os ~s passam a gozar dos mesmos direitos que os legítimos.

legitimador, ora *adj/s* (<legitimar + -dor) (O) que legitima. **Comb.** *A(c)to ~. Circunstâncias ~as.*

legitimamente *adv* (<legítimo + -mente) **1** De modo legítimo/Legalmente. **Ex.** Ascendeu ao cargo ~ porque foi o primeiro classificado no concurso. **2** Aceitavelmente/Justificadamente. **Ex.** Ela, muito ~, pediu que lhe concedessem uma semana de férias «para tratar do marido doente».

legitimar *v t* (<lat *legitímo, áre*) **1** *Dir* Dar a um filho natural direitos idênticos aos dos filhos legítimos. **Loc.** ~ um filho natural (nascido antes do casamento dos pais). **2** Fazer reconhecer como autêntico/legítimo/Legalizar. **Loc.** ~ *a posse dum terreno.* ~ *um testamento.* **3** Justificar/Explicar. **Ex.** As declarações do primeiro-ministro legitimam o receio de que a crise econó[ô]mica se irá agravar.

legitimário, a *adj/s* (<legítima + -ário) (O) que tem direito [Relativo] à legítima. **Ex.** A legítima é a quota da herança reservada aos ~s. **Comb.** Herdeiro ~.

legitimidade *s f* (<legítimo + -i- + -dade) **1** Qualidade do que é legítimo/se conforma com a lei/Legalidade. **Ex.** Os pais têm ~ para [têm o direito de] exigir que a escola eduque bem os seus filhos. **Comb.** ~ dum a(c)to [duma eleição]. **2** Qualidade do que é conforme com princípios e valores comummente aceites. **Ex.** Todos os cidadãos têm ~ para se manifestarem contra a degradação do meio ambiente. Um professor que usa o telemóvel nas aulas não tem ~ para dizer aos alunos que não o façam.

legítimo, a *adj/s* (<lat *legítimus, a, um*) **1** Que está de acordo com a lei. **Comb.** *Autoridade ~a. Governo ~.* **2** Admitido pelo bom senso/pela razão/Justificado. **Comb.** *~a defesa* [Defesa pela força contra agressões ilícitas quando não seja possível o recurso à autoridade em tempo útil]. *Desejos* [Aspirações] *~os/as. Lucro ~.* **3** *Dir* Diz-se do filho nascido dentro do casamento. **Ex.** A lei portuguesa a(c)tual suprimiu a distinção entre filhos nascidos dentro do casamento (Legítimos), e fora do casamento (Ilegítimos). **4** Genuíno/Autêntico/Natural/Puro. **Comb.** *Prata ~a. Produto* «vinho do Porto» *~.*

legível *adj 2g* (<lat *legíbilis, e*; ⇒ ler) **1** Que se pode ler facilmente. **Comb.** *Letra* [Escrita] *~.* **Sin.** Claro; compreensível; decifrável. **Ant.** Ilegível; indecifrável; apagado. **2** Que é digno de ser lido/Que se lê com agrado. **Comb.** *Contos* [Prosa] *~eis/el.* **Ant.** Ilegível; intragável(+).

legivelmente *adv* (<legível + -mente) De modo legível/Com nitidez/Claramente. **Ex.** Procuro escrever sempre ~ aquilo que se destina a [que vai] ser lido por outros.

legra (Lé) *s f* (<lat *lígula, ae*: colher) **1** Lâmina curva cortante utilizada para escavar na madeira. **2** *Med* Instrumento utilizado no exame às fra(c)turas cranianas ou nas raspagens dos ossos.

legrar *v t* (<legra + -ar¹) Operar [Limpar/Raspar] com legra.

légua *s f* (<lat *leúga, ae*) **1** Unidade de medida itinerária equivalente a cinco quiló[ô]metros. **Ex.** A minha casa dista da cidade pouco mais de uma ~. **2** *fig* Grande distância indeterminada. **Ex.** Os carteiros todos os dias percorrem ~s pela cidade a distribuir o correio. **Idi.** À *~/A ~s de distância* [A grande distância]. *Conhecer à ~* [muito bem/distintamente]. *Fugir à ~/a sete ~s* [a toda a pressa].

legume *s m* (<lat *legúmen, inis*) **1** Fruto das plantas leguminosas, geralmente seco e deiscente, que abre por duas fendas/Vagem. **2** *pl* (Parte da) planta leguminosa ou herbácea usada na alimentação/Verdura(s). **Ex.** Os ~s «folhas/talos/bolbos» usam-se geralmente em saladas, a acompanhar as refeições e na sopa.

leguminoso, a (Ôso, Ósa, Ósos) *adj/s f Bot* (<lat *leguminósus, a, um*) **1** Relativo [Que pertence] às ~as. **Comb.** *Planta* [Fruto] *~a/o.* **2** *s f* Planta da família das ~as. **Ex.** O feijão e a ervilha são ~as. **3** *s f pl* Família de plantas angiospérmicas, dicotiledó[ô]neas que frutificam em vagem e podem ser herbáceas «ervilha/feijoeiro», arbustos «giesta/tojo» ou árvores «acácia/olaia».

lei *s f* (<lat *lex, légis*) **1** Princípio [Dire(c)triz] que exprime ou rege determinado modo de ser ou agir. **Comb.** *~ de Deus* [Preceitos de natureza religiosa transmitidos por Deus ao homem através da Revelação]. ⇒ Dez mandamentos. *~ moral* [que impõe [apresenta] à liberdade pessoal um dever [uma necessidade] moral]. *~ natural* [Imperativo de natureza moral, apresentado à liberdade pessoal segundo as exigências da própria natureza]. *~ positiva* [em que o imperativo provém duma autoridade exterior]. **2** Prescrição [Regra obrigatória] elaborada e votada pelo poder legislativo e promulgada pela autoridade soberana. **Ex.** Em Portugal, as ~s dimanam da Assembleia da República e são promulgadas pelo Chefe do Estado. **Comb.** *~ constitucional* [⇒ constituição]. *~ do mecenato* [que concede benefícios fiscais a quem financie instituições culturais ou humanitárias]. *~ marcial* [que autoriza, em situações de emergência, a intervenção da autoridade militar no caso de alteração da ordem pública]. ⇒ Decreto-~; proje(c)to de ~; proposta de ~. **3** Conjunto de preceitos [normas] que regulam um se(c)tor particular específico. **Comb.** *~s de composição musical. ~s* [Regras(+)] *gramaticais.* **4** Expressão definidora das relações dos fenó[ô]menos naturais. **Comb.** *~ da gravidade/da gravitação. ~s da Astronomia/Física/Química.* **5** Domínio sobre alguém/alguma coisa/Poder/Mando. **Comb.** *~ da força/da selva/do mais forte* [imposta arbitrariamente por quem é mais forte]. **6** Qualidade de metais preciosos genuínos. **Comb.** *Ouro* [Prata] *de ~* [que tem os quilates determinados por lei e que variam consoante o país].

leiaute *s m* (<ing *to lay*: pôr, apresentar + *out*: para fora) **1** Esboço de disposição [implantação] no terreno. **Comb.** *~ duma fábrica.* **2** Exposição das linhas gerais dum proje(c)to/Esboço/Esquema. **Comb.** *~ dum anúncio* [folheto publicitário].

leigo, a *s/adj* (<lat *laicus* <gr *laikós*: do povo) **1** (O) que não tem ordens sacras. **2** *fig* Pessoa que desconhece um assunto/que não sabe nada de «arquit». **3** ⇒ «ensino» laico.

leilão *s m* (<ár *al-a'lam*: bandeira, estandarte, tabuleta) Venda de obje(c)tos a quem fizer a melhor oferta/Hasta pública/Arrematação. **Comb.** *~ de obras de arte. Biblioteca* «de escritor célebre» *vendida em ~.*

leiloamento *s m* (<leiloar + -mento) A(c)to de leiloar/Venda em leilão.

leiloar *v t* (<leilão + -ar¹) Pôr [Vender] em leilão. **Ex.** A polícia leiloou um lote de obje(c)tos achados na via pública e não reclamados.

leiloeiro, a *s* (<leiloar + -eiro) **1** O que dirige [anuncia/apregoa] a venda em leilão/Pregoeiro. **Ex.** O ~ entregou o quadro a quem ofereceu o lanço mais elevado. **2** Pessoa [Empresa/Sociedade] que organiza leilões.

leira *s f* (<lat *glarea, ae*(?): cascalho, saibro) **1** Faixa de terra para cultivo entre dois limites/Courela. **Ex.** Era tão pobre que nem uma ~ de terra tinha para cultivar. **2** Rego aberto na terra para nele se lançar a semente. **Loc.** *Semear umas* [algumas] *~s «de feijão».* **3** Canteiro entre dois regos por onde corre a água/Alfobre/Tabuleiro. **Comb.** *~ de couves para plantar.*

leishmânia (Lich) *s f Biol* (<antr W. B. *Leishman* (1865-1926), bacteriologista escocês + -ia) Protozoário do gé[ê]nero *Leishmania*, da família dos tripanossomídeos, parasita do homem e de alguns animais domésticos.

leishmaniose (Lich) *s f Med* (⇒ leishmânia) Designação geral das doenças causadas pelas leishmânias como o botão do oriente e o calazar e transmitidas por picadela de mosquito.

leitão, oa *s* (<leite + -ão) **1** Porco pequeno na fase de lactação. **Loc.** *Criar ~ões para venda/engorda.* **Comb.** *idi Em ~* [Completamente despido/Nu]. **2** *Cul* Prato preparado com a carne desse animal. **Ex.** No final do banquete serviram ~ acompanhado com champanhe.

leita[e]ria *s f* (<leite + -aria) **1** Lugar onde se recebe leite para tratamento [fabrico de queijo/manteiga]. **2** Loja onde se vende leite e lacticínios. **Loc.** *Comprar iogurtes* [requeijão] *na ~.* **3** Estabelecimento comercial semelhante a um café de bairro, onde se consomem produtos lácteos, refrigerantes, bolos, .../Pastelaria. **Ex.** Entrei na ~ para comer um bolo e tomar um café.

leite *s m* (<lat *lac, láctis*) **1** Líquido branco opaco segregado pelas glândulas mamárias das fêmeas dos mamíferos. **Ex.** O ~ é um alimento completo. Todos os dias tomo ~ com café ao pequeno-almoço. **Comb.** *~ condensado* [concentrado por evaporação e ao qual foi adicionado açúcar para se conservar]. *~ de vaca* [ovelha/cabra]. *~ em pó* [reduzido a pó (solúvel) por evaporação completa da água]. *~ fresco/*do dia [que não foi pasteurizado]. *~ gordo* [com alto teor de gordura]. *~ magro* [desnatado/com baixo teor de gordura]. *~ meio-gordo* [com teor médio de gordura]. *~ pasteurizado* [que foi esterilizado pelo calor]. *Dentes de ~* [Primeira dentição da criança que dura aproximadamente até aos oito anos]. *Irmãos de ~* [amamentados pela mesma mulher/Colaços]. **2** Suco segregado por algumas plantas. **Ex.** Os figos quando são apanhados verdes deitam muito ~. **3** Emulsão cosmética que se aplica na pele para a hidratar ou limpar. **Comb.** *~ de limpeza.*

leite-creme (Cré) *s m Cul* Doce feito com leite, ovos, farinha e açúcar que depois de pronto é coberto com açúcar, queimado com ferro próprio. **Ex.** O ~ é uma sobremesa muito apreciada.

leite de cal *s m Quím* Suspensão aquosa de hidróxido de cálcio utilizada para caiar.

leite-de-galinha *s m Bot* Erva vivaz da família das liliáceas, *Ornithogalum umbellatum*, bolbosa, frequente em Portugal.

leiteiro, a *s/adj* (<leite + -eiro) **1** Que produz leite. **Comb.** *Gado* «vaca/ovelha» *~.* **2** Relativo à produção de leite. **Comb.** *Indústria ~a. Se(c)tor ~.* **3** Próprio para conter leite. **Comb.** *Bilha* [Cântaro] *~a/o.* **4** *s* Vendedor de leite. **Ex.** A ~a/O ~ todos os dias nos traz leite fresco a casa. **5** *s f* Vasilha em que se serve o leite/*Br* Fervedor de leite. **Ex.** O meu serviço é muito completo: além da loiça de jantar tem ~a, cafeteira e chávenas almoçadeiras. **6** *fig* O que anda com [tem] sorte. **Ex.** Ganhaste outra vez no totoloto, és um ~! **7** *s f pop* Sorte. **Ex.** Nas cartas, ganha sempre. Tem uma ~a, sai-lhe sempre bom jogo.

leiteria *s f* ⇒ leitaria.

leitmotiv (Laitmotif) *s m* (<al *leitmotiv*) **1** *Mús* Tema melódico ou harmó[ô]nico que cara(c)teriza uma personagem ou um sentimento e reaparece ao longo do desenrolar da a(c)ção/Motivo condutor. **Ex.** O ~ vulgarizou-se principalmente a partir das óperas de Wagner que o utilizou de forma sistemática. **2** Ideia ou fórmula que aparece de forma sistemática numa obra literária, num discurso, num filme. **Ex.** A magia [feitiçaria] é o ~ da série do Harry Potter.

leito *s m* (<lat *léctus, i*) **1** Armação de ferro ou madeira com estrado onde assenta um colchão/Cama. **Comb.** *~* [Cama(+)] *de ferro* [madeira «de mogno»]. *~ de morte* [em que está uma pessoa prestes a morrer]. *~ nupcial* [Cama onde os noivos dormem pela primeira vez/Tálamo]. **2** Qualquer superfície em que descansa um corpo. **Ex.** Os pastores deitam-se muitas vezes em ~s [camas(+)] de palha ou feno. **3** Cama completa com a respe(c)tiva roupa. **4** Superfície por onde corre um curso de água ou repousa um oceano/mar/lago/Álveo. **Ex.** Choveu tanto que a água transbordou do ~ do rio [o rio saiu do seu ~]. **5** Superfície de terreno ocupada pelos elementos essenciais duma estrada: plataforma, valetas, taludes. **Ex.** Para alargar o ~ da estrada foi necessário demolir algumas casas. **6** *fig Dir* Vínculo conjugal/Casamento/Matrimó[ô]nio. **Ex.** Eles são meios-irmãos,

leitor, ora

não são filhos do mesmo ~. **7** *fig* Situação em que alguém se encontra. **Comb.** **~ de espinhos** [Situação aflitiva/angustiante]. **~ de rosas** [Situação agradável/deliciosa].

leitor, ora *s/adj* (<lat *léctor, óris*; ⇒ ler) **1** (O) que lê/Ledor. **Ex.** Ele é um ~ assíduo de jornais (d)esportivos. **2** O que tem o ministério de proclamar as leituras litúrgicas. **Comb.** Grupo de ~es «da paróquia/diocese». **3** O que recebeu a segunda das antigas ordens sacras menores. **Ex.** A(c)tualmente há apenas ~es instituídos e ~es designados. As antigas ordens menores já não existem. **4** O que é encarregado de fazer uma leitura em público. **Ex.** Para ~ das conclusões do plenário foi escolhido um membro da comissão de trabalhadores. **5** Professor de língua e literatura do seu país numa universidade estrangeira. **Comb.** ~ de português na universidade francesa «de Montpellier». **6** Aparelho que descodifica os sinais regist(r)ados num suporte magnético. **Comb.** **~ de cassetes**/CD. **~ ó(p)tico** [que identifica sinais gráficos e os transpõe para o computador para serem tratados informaticamente].

leitorado *s m* (<leitor 5 + -ado) **1** Cargo [Lugar] de leitor **5. Loc.** Concorrer para o ~ de português «em Madrid». **2** Tempo em que é exercido esse cargo. **Ex.** Após «20» anos de ~ de português no estrangeiro, regressou ao seu país.

leitoso, a (Ôso, Ôsa, Ósos) *adj* (<leite + -oso) Que tem o aspe(c)to de [Que é semelhante a] leite/Lácteo. **Comb.** Cor [Sabor] ~a/o.

leituga *s f Bot* (<lat *lactúca, ae*: alface) Planta herbácea de seiva leitosa da família das compostas, *Tolpis barbata* e outras, espontânea em Portugal e usada na alimentação de alguns animais.

leitura *s f* (<lat *lectúra, ae*; ⇒ ler) **1** A(c)to ou efeito de ler. **Loc.** Fazer uma ~ em público «na igreja». **Comb.** *Espaço de ~* «na biblioteca». *Tempo de ~*. **2** O que se lê. **Ex.** Os romances policiais são a minha ~ preferida. **Comb.** Boas [Más] ~s. **3** Arte [Modo] de ler. **Ex.** É boa professora de português mas tem uma má ~; é pouco clara e muito monótona, pouco expressiva. **4** Aquilo que se apreende ao ler/Conteúdo dum texto escrito. **Ex.** Que coisas espantosas (que) tu sabes! – Aprendi-as na ~ dum livro muito interessante «de viagens». **5** Interpretação que cada um faz dum texto/acontecimento/... **Ex.** Cada partido (político) fez uma ~ diferente do discurso do Presidente [do resultado das eleições].

leiva *s f* (<lat *gleba, ae*) **1** Porção de terra levantada pelo arado/pela charrua/enxada/Pequena elevação de terra entre dois regos. **2** ⇒ Sulco/Rego. **3** Terreno de cultivo/*Hist* «servos da» Gleba. **4** Torrão que se tira com a enxada/o arado. **5** *pop* ⇒ aduela.

leixão *s m* (< ?) Penedo destacado na costa marítima «de Leixões, Portugal»/Ilhota.

leixa-prem *s m Liter* (<provençal *lai[ei]sar*: deixar + *pren(dre)*: tomar) Artifício poético antigo «do lirismo galaico-português» que consistia em começar uma estrofe pelo verso ou pela palavra em que terminara a estrofe anterior.

lema (Lê) *s m* (<gr *lémna, atos*: tudo o que se toma ou recebe, proveito, ganho) **1** Proposição preliminar que prepara ou facilita a demonstração dum teorema. **2** Regra de procedimento [Sentença] escrita, geralmente curta/Norma/Divisa/Emblema. **Ex.** "Unidos para vencer" é o ~ do nosso grupo. **3** Palavra que aparece como entrada num dicionário, sujeita a flexões no discurso. **Ex.** O infinitivo impessoal é o ~ pelo qual os verbos são representados no dicionário.

lembrado, a *adj* (<lembrar + -ado) **1** Que se lembrou/Recordado. **Ex.** Disseste que passarias por cá [aqui] hoje, disso estou eu bem ~o/a. **2** Que tem boa memória(+). **Ant.** Esquecido. **3** Que deixou lembrança/Memorável. **Ex.** Pelé e Eusébio são dois futebolistas ainda hoje muito ~s. **4** ⇒ Atento/Desperto/Acordado. **5** ⇒ «nome/candidato» sugerido; mencionado.

lembrança *s f* (<lembrar + -ança) **1** A(c)to de lembrar/Recordação. **Ex.** Vêm-me muito à ~ aquelas férias que passámos juntos. **2** Faculdade de recordar/Memória. **Ex.** O desastre do filho nunca lhe saiu da ~. **3** Impressão que se conserva e que acorre ao espírito/Reminiscência. **Ex.** Tenho boas ~s do tempo de estudante. **4** Ideia [Inspiração] momentânea/Sugestão/Proposta. **Ex.** Quem foi que teve a ~ genial de irmos passar o fim de semana fora? **5** Presente/Oferta/Brinde. **Ex.** Nesta viagem só trouxe ~s para os netos. **6** *pl* Cumprimentos/Recomendações. **Ex.** Dá ~s nossas à tua família.

lembrar *v t/int* (<lat *mémoro, áre*) **1** Trazer à memória/ao espírito/Recordar. **Ex.** Este sabor faz-me ~ o bolo de mel que a minha avó fazia. Lembro-me perfeitamente do dia em que te vi pela primeira vez. **2** Comemorar/Celebrar/Evocar. **Ex.** No dia de Fiéis Defuntos (2 de novembro) lembramos os familiares já falecidos. **3** Reter na memória/Ter presente no espírito. **Ex.** Ainda me lembro de muitas coisas que aconteceram quando era criança muito pequena. A avó já não se lembra de nada. **4** Vir de repente à memória/Ocorrer inesperadamente ao espírito. **Ex.** Tenho de [que] voltar imediatamente a casa. Lembrei-me que o bico do fogão ficou aceso.
5 Sugerir algo para que não fique esquecido ou seja tido em conta. **Ex.** Lembrou ao marido que no regresso tinha que trazer os filhos da escola. **Loc.** ~ a hora duma reunião. **6** Fazer vir à memória/ao espírito por associação de ideias. **Ex.** Aquela cara faz-me ~ o teu primo Joaquim. Uma paisagem que me lembra os Alpes. **7** Admoestar/Prevenir/Advertir. **Ex.** Não estragues os sapatos. É bom que te lembres que foram muito caros e tão depressa não te poderemos comprar outros. **8** Apresentar como sugestão/alternativa/Sugerir. **Ex.** E se fôssemos ao cinema? – lembrou o João.

lembrete (Brê) *s m* (<lembrar + -ete) **1** Apontamento para ajudar a memória. **Ex.** Para não me esquecer do dia de anos da minha neta pus [escrevi] um ~ na minha agenda. **2** *fam* Repreensão/Raspanete(+)/Castigo ligeiro. **Ex.** Como vou chegar tarde a casa, (já sei que) vai haver [vou ouvir um] ~. Não foi uma palmada que lhe dei; foi apenas um ligeiro ~ para ela saber que não deve fazer mal ao irmão mais pequeno.

leme (Lé) *s m* (<lema?) **1** Aparelho com que se dirigem embarcações/aviões. **Ex.** O ~ dos barcos está colocado atrás [à popa] e o dos aviões também. **2** *fig* Administração/Governo/Dire(c)ção «dum país/duma empresa». **Loc. Perder o ~** [Ficar sem saber o que fazer/Desorientar-se] *Ter o* [Estar ao/Ir ao] ~ [Dirigir/Governar].

lemingue *s m Zool* (<ing *lemming*) Roedor da família dos murídeos, de cauda curta e pelagem densa amarelada, que vive nas regiões ár(c)ticas.

lemnáceo, a *adj Bot* (<gr *lémna*: lentilha-d'água + -áceo) (Diz-se de) planta rudimentar, aquática, como a lentilha-d'água.

lemnisco *s m* (<gr *lemniskós*) **1** *Hist* Fitas pendentes da coroa de louros dos vencedores. **2** Tira ou fita que prende os selos aos diplomas. **3** *Mat Mús* Sinal gráfico que indica transposição (Mudança de membro ou regist(r)o); ÷/⁀.

lémure [*Br* **lêmure**] *s m* (<lat *lémures, um*: almas do outro mundo, fantasmas) **1** *Zool* Designação comum de diversos macacos africanos da família dos lemurídeos, arbícolas, de corpo e membros esguios, pelagem cinzenta, densa e macia, cauda longa não preênsil e focinho longo. **Ex.** Os ~s abundam na ilha de Madagáscar. **2** *pl* Na antiguidade romana, designação das almas do outro mundo/Fantasmas.

lemurídeo, a *adj/s* (<lémure + -ídeo) (Diz-se de) primata que compreende os lé[ê]mures.

lenço *s m* (<lat *línteum, i*: pano de linho; ⇒ linho) **1** Pedaço de pano que serve para (uma pessoa) se assoar, limpar o suor/as lágrimas. **Ex.** Os ~s são de pano fino e de formato quadrangular. **Comb.** ~ de papel [Pedaço de papel que modernamente se usa em vez de ~ ou de toalh(inh)a]. **2** Acessório de vestuário, quadrado ou com a forma de faixa estreita e comprida, que se usa em volta do pescoço, pelos ombros, ou (as senhoras) na cabeça. **Loc.** Pôr [Atar] um ~ na cabeça «por causa do vento». **Comb.** ~ de seda.

lençol *s m* (<lat *lintéolum, i*: pedaço pequeno de pano de linho; ⇒ lenço) **1** Pedaço grande de pano, usado na cama aos pares, um para cobrir o colchão e o outro para cobrir as pessoas enquanto estão deitadas. **Ex.** Antigamente usavam-se ~óis de linho; agora são de algodão ou tecido sintético «terylene». **Idi. Estar em maus ~óis** [em situação difícil]. **Ir para vale de ~óis** [para a cama/Ir dormir]. **2** *fig* Superfície extensa e pouco espessa. **Comb.** **~ de água** [areia]. **~ freático** [Extensão subterrânea de água, situada a um nível pouco profundo, que pode ser explorada por meio de poços/furos]. **~ petrolífero**.

lenda *s f* (<lat *legenda, ae* pl neutro de *legendum*: aquilo que devia ser lido da vida dum santo) **1** Narrativa oral ou escrita de cará(c)ter maravilhoso, de acontecimentos reais ou fictícios, aos quais a imaginação popular acrescentou elementos fantásticos. **Ex.** Na Idade Média proliferaram as ~s de heróis e de santos. **Comb.** ~ de Eneias. **2** Narrativa fantasiosa/Historieta/Façanha. **Ex.** Os poderes miraculosos atribuídos a bruxos e feiticeiros não passam de [são apenas] ~s. **3** Mentira/Patranha/Fantasia/Fraude.

lendário, a *adj* (<lenda + -ário) **1** Relativo a lenda/Imaginário/Fabuloso. **Comb.** Heróis ~s. **2** Que tem o cará(c)ter de lenda. **Comb.** Narrativa ~a.

lêndea *s f* (<lat *lendina* <*lens, lendis*: lêndea, lentilha) Ovo depositado pelos piolhos, *Pediculus humanus*, nos cabelos. **Comb.** Cabeça (de criança) cheia de ~s.

lendroeiro *s m* ⇒ loendro; espirradeira.

lengalenga *s f* (< *on*) Narrativa extensa, monótona e fastidiosa/Ladainha/Cantilena. **Ex.** Para adormecer o filho, todas as noites lhe contava a mesma ~.

lenha *s f* (<lat *ligna, orum*, pl de *lignum, i*: madeira; ⇒ lenho **2**) Material de origem vegetal utilizado para alimentar uma combustão com aproveitamento do calor gerado. **Loc.** Apanhar [Rachar] ~ para «fazer uma fogueira/acender o fogão/a lareira».

Idi. *Arranjar ~ para se queimar* [Fazer alguma coisa que resulte em prejuízo de si próprio]. **Deitar** [Pôr] ~ [achas] *na fogueira* [Fomentar desentendimentos/Atiçar uma discórdia]. **2** *pop* Pancadaria/Sova/Surra. **Idi.** *Levar* [Dar] *uma carga de ~/uma sova.*

lenhador, ora s (<lenhar + -dor) **1** O que colhe [derruba árvores], prepara [corta/racha] lenha. **Comb.** Mãos de ~. **2** *Br s/adj* (O) que gosta de apostar na corrida de automóveis.

lenhar v int (<lenha + -ar¹) ⇒ Cortar [Rachar] lenha (+).

lenheiro s m (<lenha + -eiro) **1** ⇒ lenhador. **2** Lugar onde se junta a lenha/Sequeiro.

lenhificação s f *Bot* (<lenhificar + -ção) Impregnação da celulose das paredes da membrana celular pela lenhina, o que lhe dá uma certa rigidez/Lignificação(+).

lenhificar v t *Bot* (<lenha + -i- + -ficar) Produzir lenhificação.

lenhina s f *Bot* (<lenha+-ina) Substância orgânica complexa e mal definida que conjuntamente com a celulose constitui a maior parte da madeira das árvores/Lignina(+).

lenhite/o s f/m *Miner* ⇒ lignite/o.

lenho s m (<lat *lignum, i*) **1** *Bot* Conjunto de tecidos vegetais que desempenham as funções de suporte da planta e transporte da seiva/Xilema. **Ex.** O ~ é constituído por feixes de vasos lenhosos [de traqueias]. **2** Tronco de árvore sem ramos nem folhas/Madeiro. **Comb.** *Santo* [Sagrado] ~ [A cruz em que Jesus Cristo foi crucificado/O Madeiro da Cruz].

lenhoso, a (Ôso, Ósa, Ósos) *adj* (<lenho + -oso) **1** *Bot* Que tem as paredes celulares lenhificadas. **Comb.** Parênquima ~a. **2** Relativo ao lenho. **Comb.** Células ~as. **3** Da consistência da madeira. **Comb.** Material ~.

lenidade s f (<lat *lénitas, tátis*) ⇒ brandura; ternura; suavidade.

lenificar v t (<lat *lenífico, áre*) Lenir/Aliviar(+)/Abrandar/Mitigar(+)/Suavizar(o+). **Loc.** ~ as dores (físicas ou morais).

lenimento s m (<lat *lenimentum, i*) **1** Aquilo que alivia [mitiga] as dores/Lenitivo(+). **2** Aquilo que amolece. **3** *fig* Alívio/Consolação. ⇒ bálsamo.

leninismo s m (<*antr* Lenine (1870-1924), político revolucionário russo + -ismo) Doutrina política e social marxista ampliada e aplicada por Lenine na Rússia.

lenir v t (<lat *lénio, íre*) ⇒ lenificar.

lenitivo, a s/adj (<lenir + -tivo) **1** (O) que acalma/suaviza/Calmante. **Loc.** Tomar um chá «de tília/doce-lima» como ~ [calmante(+)]. **2** (O) que alivia/abranda a dor/Lenimento. **Comb.** Propriedades ~as [sedativas(+)] «dum remédio». **3** Alívio/Consolação/Bálsamo. **Ex.** A visita e o carinho dos filhos eram o grande ~ para a tristeza que a consumia.

lenocínio s m (<lat *lenocínium, ii*: tráfico de escravas para prostituição) Favorecimento [Exploração] da prostituição em proveito próprio e para satisfazer os desejos desonestos de outrem. **Ex.** A gravidade do crime de ~ será tanto maior quanto mais indefeso for o explorado «menoridade/pobreza».

lentamente *adv* (<lento + -mente) **1** Com pouca velocidade/Devagar/Vagarosamente. **Ex.** O comboio/trem atravessa a ponte muito ~ «por causa dos trabalhos de manutenção». **2** A pouco e pouco/Aos poucos. **Ex.** O doente vai recuperando ~. Muito ~ vou conseguindo trabalhar com o computador.

lente¹ s f *Fís* (<lat *lens, léntis*: lentilha) Meio transparente limitado por duas superfícies esféricas [cilíndricas] ou por uma esférica [cilíndrica] e outra plana. **Comb.** ~ (bi/plano/menisco) *côncava*. ~ (bi/plano/menisco) *convexa*. ~*s bifocais* «dos óculos» [que têm duas distâncias focais diferentes, uma na parte superior para ver ao longe e outra na parte inferior para ver ao perto]. ~*s de conta(c)to* [Pequenos discos de material plástico apropriado que se colocam nos olhos sobre a córnea para corrigir a visão em substituição dos óculos].

lente² s/adj 2g (<lat *légens, entis*; ⇒ ler; le(c)cionar) Professor [Docente] universitário. **Ex.** Os modernos métodos de ensino (que não é feito por meio de leitura) tornam inadequada a designação de ~ para o professor.

lentejou[oi]la s f (<lat *lens, lentis*: lentilha + -ola) Pequena lâmina circular de metal ou outra substância brilhante «madrepérola» com orifício a [no] meio que se aplica como adorno em peças de vestuário. **Comb.** Vestido enfeitado com ~s.

lentejoular v t (<lentejoula + -ar¹) Enfeitar com lentejoulas.

lentícula s f (<lente¹, *dim*) **1** Pequena lente. **2** *Bot* Formação suberosa saliente da superfície do caule e por vezes da raiz. **Ex.** As ~s formam-se sobre os estomas, substituindo-os em parte nas trocas gasosas com a atmosfera.

lenticular *adj 2g* (<lentícula + -ar²) **1** Que tem a forma de lente/Lentiforme. **Comb.** Corpo [Partícula] ~. *Geol* Quartzo ~ [em filões ~es no seio de xistos metamórficos]. **2** Relativo a lentícula. **Comb.** Formações ~es na raiz duma planta. **3** *Anat* Osso do ouvido médio entre o martelo e a bigorna.

lentidão s f (<lat *lentitúdo, inis*) **1** Qualidade do que é lento/vagaroso/Falta de ligeireza/Vagar/Morosidade. **Ex.** Com a ~ com que trabalhas a podar as árvores nem à meia-noite tens o serviço acabado. Nas horas de ponta, a ~ do trânsito [tráfego] é exasperante. **2** Falta de vivacidade [rapidez] no raciocínio/na compreensão. **Ex.** Para que ele consiga compreender é preciso explicar-lhe tudo muito bem [tudo *idi* tintim por tintim] porque tem uma grande ~ de raciocínio.

lentiforme *adj 2g* (<lente + -forme) Que tem a forma de lente/Lenticular. **Comb.** Partículas ~s.

lentigem s f (<lat *lentígo, inis*: sardas, lentilhas) Mancha pigmentosa da pele, semelhante à sarda/efélide. **Comb.** Rosto com ~ns.

lentilha s f *Bot* (<lat *lens, éntis*) **1** Planta anual da família das leguminosas, *Lens esculenta*, cujas sementes (Grãos) são comestíveis e muito nutritivas. **Loc.** Vender-se por um prato de ~s [Deixar-se corromper por uma ninharia]. **2** Sementes [Grãos] comestíveis dessa planta. **Loc.** Cozinhar ~s com pezinhos de porco.

lentilha-d'água s f *Bot* Nome vulgar duma pequena planta flutuante da família das lemnáceas, *Lemna gibba*, e outras, frequente em charcos, ribeiros e valas.

lentisco s m *Bot* (<lat *lentíscus, i*) Nome vulgar dum arbusto do gé[ê]nero da pistácia cujo fruto é uma pequena baga escura da qual se extrai óleo comestível/Aroeira.

lento, a *adj* (<lat *lentus, a, um*) **1** Que se move devagar/Vagaroso. **Ex.** É cuidadoso no trabalho mas muito ~. **Loc.** Caminhar «subir a encosta» a passos ~s. **Comb.** «proje(c)tar/ver» *Em câmara lenta* [Em ritmo vagaroso]. *Faixa para veículos* ~*s*. **2** Que se prolonga no tempo/Demorado/Moroso. **Loc.** Cozinhar a fogo ~ [a lume brando]. Decorrer a um ritmo ~. **Comb.** *Combustão* ~*a*. *Morte* ~*a*. *Processo* ~. **3** Que tem falta de empenhamento/vivacidade/Mole/Pachorrento. **Ex.** É um funcionário muito ~; não interessa à nossa firma. **Sin.** Indolente; preguiçoso. **Ant.** A(c)tivo; diligente; dinâmico. **4** Que carece de vivacidade/agilidade no raciocínio. **Comb.** ~ *nas decisões*. *De compreensão* ~*a*. **5** *Mús* Mais vagaroso que o adágio. **6** *Agr* Que tem bastante (h)umidade/(H)úmido.

leoa s f *Zool* ⇒ leão.

leonino, a *adj* (<lat *leoninus, a, um*) **1** Relativo a leão. **Comb.** *Espécie* ~*a*. *Juba* ~*a*. **2** *fig* Desleal/Malvado/Pérfido. **Comb.** *Divisão* ~*a* [Dolosa/Injusta]. *Fúria* ~*a*. **3** *(D)esp* Relativo ao clube de futebol *Sporting Club de Portugal*/Sportinguista(+). **Comb.** *Claque* ~*a*. *Equipa/e* ~*a*.

leontíase s f *Med* (<gr *leontíasis, eos*) Doença da face cara(c)terizada pelo espessamento da pele, lábios e nariz provocando o aspe(c)to leonino.

leopardo s m *Zool* (<lat *leopárdus, i*) Nome vulgar de várias espécies de mamíferos carnívoros da família dos felídeos, muito ágeis e ferozes, que vivem nas florestas da África e da Ásia. **Ex.** As onças, panteras, chitas são animais que pertencem ao gé[ê]nero ~.

lépido, a *adj* (<lat *lépidus, a, um*) **1** Alegre/Jovial/Prazenteiro. **Ex.** Quando ela aparecia, risonha e ~a, todo o grupo ficava bem-disposto. **2** Lesto/Ligeiro/Rápido/Expedito. **Ex.** Dava gosto ver os rapazes no recreio, ~s a correr, saltar, subir às árvores, sempre em movimento.

lepidolite/a s f *Miner* (<gr *lépis, idos*: escama + -lito/e) Mineral do grupo das micas, de cor rosa ou lilás, constituída por aluminossilicato de potássio e lítio. **Ex.** A ~ é o principal minério de lítio.

lepidóptero, a *adj/s Ent* (<gr *lépis, idos*: escama + *pterón*: asa) (Diz-se de) inse(c)to ou ordem de inse(c)tos cara(c)terizada por ter dois pares de asas, armadura bucal sugadora e metamorfoses completas. **Ex.** Os ~s são correntemente denominados borboletas.

leporídeo, a *adj/s Zool* (<lat *lépus, oris*: lebre + -ídeo) (Diz-se de/a) Família de mamíferos lagomorfos que inclui as lebres e os coelhos, de cauda curta, orelhas compridas e membros posteriores aptos para saltar.

leporino, a *adj* (<lat *leporinus, a, um*) **1** Relativo a lebre. **2** Diz-se do lábio fendido como o da lebre. **Ex.** O lábio ~ é uma deformação congé[ê]nita facilmente corrigível por intervenção cirúrgica.

lepra (Lé) s f (<gr *lepra, as*) **1** *Med* Infe(c)ção cró[ô]nica contagiosa, provocada pelo bacilo de Hansen, *Bacyllus leprae*, cara(c)terizada por lesões cutâneas específicas/Hanseníase. **Ex.** O contágio da ~ faz-se por conta(c)to dire(c)to. **2** *Bot* Doença produzida por fungos nas folhas das árvores «pessegueiro/amendoeira». **3** *fig* Vício [Coisa nociva] que se propaga como uma epidemia/Praga. **Ex.** As drogas e a sida/aids (HIV) são a ~ da a(c)tualidade.

leprologia s f (<lepra + -logia) Tratado sobre a lepra.

leproma (Prô) s m *Med* (<lepra + -oma) Tumor constituído por um nódulo saliente em que existe anestesia [sem sensibilidade] tá(c)til, térmica ou dolorosa.

leprosaria [leprosário] s f/m (<lepra + -...) Hospital para leprosos/Gafaria/Lazareto.

leproso, a (Ôso, Ósa, Ósos) s/adj (<lepra + -oso) **1** (O) que tem lepra. **Ex.** A(c)tualmente em África «Moçambique/Quénia» ainda há muitos ~s. **2** *fig* (O) que é corrupto/vicioso.

leptão [lépton] s m Fís (<gr *lépton, ou*: fino, delgado) Grupo de partículas elementares de spin semi-inteiro, constituído pelo neutrino v, o electrão e^- e o miuão µ, e as respe(c)tivas antipartículas: antineutrino v^-, positrão e e o miuão positivo $µ^+$. **Ex.** Os ~ões são fermiões (Obedecem à estatística de Fermi-Dirac).

leque s m (<chin *Liú Kiú*, top das 70 ilhas Léquias [Ryûkyû/Okinawa], ao sul do Japão) **1** Obje(c)to constituído por um conjunto de varetas que se sobrepõem numa das extremidades inseridas num eixo comum e que podem abrir e fechar, que serve para agitar o ar diante do rosto para refrescar as pessoas/Abano. **Ex.** O ~ aberto tem geralmente a forma (semi)circular. Os ~s foram também usados no Oriente como ornato precioso e distintivo de alta dignidade. **2** Aquilo que tem essa forma. **Ex.** O peru, quando alguém se aproximava, abria a cauda em ~. **3** Conjunto [Série/Quantidade] de coisas que apresentam interligação ou se articulam umas com as outras/Gama/Variedade/Panóplia. **Ex.** Esse curso apresenta um ~ muito grande de saídas profissionais. **4** Afastamento entre dois valores extremos. **Comb.** ~ salarial «duma empresa». **5** *Zool* Molusco marinho lamelibrânquio, comestível, da família dos pectinídeos/Vieira.

leque-doirado s m Bot (<da cor de oiro das suas folhas no outono e que têm a forma de leque) Árvore de grande porte, *Ginkgo biloba*, que produz bagas de cheiro cara(c)terístico mas comestíveis. **Sin.** Árvore-avenca.

ler v t/int (<lat *légo, ere, léctum*: recolher, escolher, ler; ⇒ legar) **1** Percorrer com os olhos o que está escrito e apreender o seu sentido/significado. **Ex.** Ainda não anda na escola e já sabe ~. **Loc.** ~ *as legendas* «dum filme». ~ *inglês*. ~ *o jornal* [um livro]. **Idi.** *~(-lhe) a cartilha* [Dar(-lhe) um raspanete/uma reprimenda]. ~ *pela mesma cartilha* [Ser da mesma opinião/Ter a mesma maneira de pensar]. ***Sem saber ~ nem escrever*** [Sem saber como algo aconteceu/Ser ignorante/pouco habilitado/*idi* leigo na matéria] (Ex. Chegou ao topo da carreira sem saber ~ nem escrever. Não têm a noção do que é [*idi* São uns cepos a] jogar futebol. Ganharam o jogo sem saber ~ nem escrever). **2** Pronunciar em voz alta o que está escrito/Fazer a leitura. **Ex.** É um político que não gosta de falar de improviso. Lê os discursos de antemão preparados. **3** Olhar para quaisquer sinais gráficos e saber interpretá-los/decifrar o seu significado. **Loc.** ~ *braile*. ~ *música*. ~ *um desenho* [gráfico]. ~ *uma radiografia*. **4** Tomar conhecimento através da leitura/Inteirar-se. **Ex.** Li no jornal que o governo vai ser remodelado. **5** Praticar a a(c)tividade de leitura. **Ex.** Gosto muito de ~. Ela passa tardes inteiras a ~. **6** Perscrutar/Adivinhar/Descobrir. **Ex.** Lia-se-lhe nos olhos que estava a mentir. **Loc.** ~ *a sina* [Predizer o futuro de alguém analisando a palma da mão]. ~ *nas entrelinhas* [Perceber o que não foi claramente expresso]. ~ *os astros* [Prever o futuro pela posição relativa dos astros]. **7** Reproduzir informações regist(r)adas em suporte mecânico, magnético ou ó(p)tico. **Loc.** ~ um CD/uma disquete.

lerdo, a adj (<cast *lerdo*: pesado, torpe) **1** Que se move com lentidão/Pouco a(c)tivo/Vagaroso. **Ex.** A nova empregada do café é anafada e ~a; leva horas a atender os clientes. **2** Pouco inteligente/Bruto/Estúpido. **Ex.** É demasiado ~ para conseguir desempenhar essa tarefa «trabalhar com um computador». **Comb.** Piadas ~as [grosseiras/estúpidas].

lereia s f Br (< ?) Conversa inútil/oca/Conversa fiada.

léria s f/2g (< ?) **1** Palavreado/Lábia/Patranha. **Ex.** É mau político mas tem muita ~ [mas ~ não lhe falta]. Não me venham (cá) com [Não me contem] ~s (por)que eu sei que é tudo mentira. **2** s 2g Pessoa que fala muito mas que não merece crédito/Fanfarrão/Gabarola. **Ex.** Ninguém se pode fiar [Não se pode acreditar] nele, é um ~(-s). **3** s f pl Ponto de croché. **Loc.** Fazer ~s «com linha muito fina».

lés *elem de loc adv* (<fr an *lez*: lado) De ~ a ~/De lado a lado/De um lado ao lado oposto. **Ex.** Fizeram uma grande viagem: percorreram o país de ~ a ~.

lesa- (Lé) *elem de formação* (<lat *laesa* <*laedere*: ferir, prejudicar, ofender) Usado em composição por justaposição exprime a ideia de ofensa/prejuízo; ⇒ lesa-humanidade.

lesador, ora adj/s (<lesar + -dor) (O) que lesa/prejudica/Lesivo(+). **Comb.** Leis [Regulamentos] ~oras/es «dos direitos dos trabalhadores».

lesa-humanidade[-majestade/-pátria] (Lé) Ofensa à humanidade em geral/ao rei/à pátria. **Ex.** Tal [Esse] a(c)to é de ~. ⇒ leso-patriotismo.

lesante adj/s 2g (<lesar + -ante) ⇒ lesador.

lesão s f (<lat *laesio, ónis*; ⇒ lesar) **1** Med Ferimento/Contusão/Traumatismo. **Ex.** As vítimas do acidente de viação apresentavam ~ões graves. O jogador «futebolista» foi substituído ao intervalo do jogo porque se ressentiu duma ~ antiga. **Comb.** ~ corporal [cerebral/pulmonar]. **3** *Dir* Dano pessoal ou material/Violação de um direito. **Ex.** O réu foi condenado a inde(m)nizar os sócios pela ~ patrimonial que lhes tinha causado. **4** Qualquer dano/prejuízo. **Ex.** O boato «de que tinha desviado fundos da empresa» causou-lhe uma ~ grave na sua reputação.

lesar v t (<fr *laédo, ere, laesum*) **1** Causar [Sofrer] lesão física/Ferir-se/Lesionar(--se). **Ex.** Ao cortar lenha com uma motosserra, lesou(-se) [lesionou(-se)(+)] (n)um pé. **2** Ofender a dignidade/reputação/o prestígio. **Ex.** Calúnias «publicadas nos jornais» lesaram-lhe o bom nome e a reputação. **3** Causar prejuízo/dano/perdas/Prejudicar. **Ex.** Era um profissional muito justo que tinha a preocupação de não ~ ninguém «clientes/fornecedores/empregados». **Loc.** ~ *o Estado* «fugindo aos impostos».

lesbianismo s m (<lesbiano + -ismo) Homossexualidade feminina/Prática de a(c)tos sexuais entre mulheres/Safismo.

lesbiano [lésbico(+)], a adj/s f (<top Lesbos, ilha grega +- ...) **1** Habitante de Lesbos. **2** Relativo ao lesbianismo. **Comb.** A(c)tos [Práticas] ~os/as. **3** s f Mulher homossexual. **Comb.** Concentração [Manifestação «de protesto»] de ~as.

lésbio, a adj ⇒ lésbico.

leseira s f Br (<leso + -eira; ⇒ lazeira) **2** Falta de energia para trabalhar/Moleza/Preguiça.

lesim s m (<lesão + -im) **1** Superfície de fra(c)turação fácil em algumas pedras. **Ex.** Esta pedra de mármore [de granito] para a banca da cozinha tem de [que] ser rejeitada porque apresenta um ~ (por onde pode facilmente partir). **2** Veio da madeira.

lesionar v t (<lesão + -ar¹) Causar [Sofrer] lesão/Lesar/Ferir(-se)/Magoar(-se). **Ex.** O guarda-redes [goleiro] titular não pôde alinhar [integrar a equipe/a/jogar] porque se lesionou num treino.

lesivo, a adj (<lesar + -ivo) Que lesa/provoca dano/Prejudicial. **Ex.** Não assinou o contrato porque achou que tinha cláusulas ~as dos seus interesses.

lesma (Lês) s f (<lat *límax, ácis*) **1** *Zool* Nome vulgar de várias espécies de moluscos gastrópodes da família dos limacídeos que vivem em lugares (h)úmidos e se alimentam exclusivamente de vegetais. **Ex.** As ~s são muito prejudiciais nas hortas e jardins. **2** *fig* Pessoa vagarosa/indolente. **Ex.** Demoraste mais de uma hora a chegar da escola a casa, traje(c)to que se fazia [percorria] num quarto de hora. Sempre me saíste uma [Que] ~! **3** *fam pej* Pessoa desajeitada/sem graça. **Ex.** Não voltes a trazer essa tua amiga cá para casa. Embirro com [Não trago] essa ~!

lesmar v int (<lesma + -ar¹) **1** Andar vagarosamente. **2** Estar sem fazer nada. **Ex.** Vêem-se por aí muitos homens novos a ~ à porta dos cafés.

lés-nordeste s m (<leste + nordeste) **1** Ponto da rosa dos ventos intermédio entre o leste e o nordeste. **2** Vento que sopra dessa dire(c)ção.

leso, a (Lê) adj (<lat *laesus, a, um*) **1** Que sofreu lesão/Ferido(+)/Contuso. **Ant.** Ileso. **2** Lesado(+)/Prejudicado.

leso-patriotismo s m Ofensa ao amor à pátria. **Comb.** Crime de ~.

Lesoto (Zô) s m Geog Reino independente dentro da África do Sul. **Ex.** A capital do ~ é Maseru e os habitantes são lesotianos.

lés-sueste s m (< leste + sueste) **1** Ponto da rosa dos ventos intermédio entre o leste e o sueste. **2** Vento que sopra dessa dire(c)ção.

lestada (Lés) s f (<leste + -ada) Vento que sopra de leste. **Ex.** No verão, quando sopra esta ~, seca tudo.

lestamente (Lês) adv (<lesto + -mente) Prontamente/Rapidamente/Depressa. **Loc.** Caminhar ~.

leste (Lés) s m/adj 2g (<fr *l'est* <ing *east* <gr *aúōs*: aurora) **1** *Geog* Ponto cardeal (Símbolo E) situado à direita de quem olha para o norte/Oriente/Nascente/Levante/Este. **Ex.** Tenho uma casa com a fachada voltada a [virada para] (o) ~. **Idi.** *Estar a ~* [Não estar a par do que se passa/Desconhecer uma situação/Não perceber dum assunto]. **Ant.** Oeste. **2** Região situada a oriente dum ponto de referência. **Comb.** O ~ europeu [A Europa do ~]. **3** Vento que sopra desse ponto. **Ex.** Quando sopra o ~, seca tudo. **4** adj Relativo a [Situado a/De] ~. **Comb.** *Costa ~* «dos EUA». *Zona ~* «da cidade».

lesto, a (Lés) adj (< ?) **1** Ligeiro/Rápido. **Loc.** Caminhar com passo ~. **Sin.** Ágil; veloz. **Ant.** Indolente; lento; lerdo; vagaroso. **2** Decidido/Vivo/Diligente. **Ex.** Quando os filhos começaram a discutir, logo a mãe interveio ~a a pôr cobro à [a acabar com a] desavença. **Comb.** Memória ~a [viva/arguta].

letal adj 2g (<lat *letális, e*) **1** Que provoca a [diz respeito à] morte/Mortal(o+)/Mortífero(+). **Comb.** *Doença ~*. *Veneno* [Dose] ~. **2** Lúgubre/Funesto/Fatídico. **Comb.** Silêncio ~.

letalidade s f (<letal + -i- + -dade) **1** Qualidade do que é letal. **Comb.** ~ dum ve-

neno. **2** Número de óbitos/Mortalidade(+). **Comb.** ~ dum país [duma região]. ~ [Mortalidade(+)] infantil. Índice de ~ «duma doença».

letão, ã adj/s (⇒ Letó[ô]nia) **1** Natural [Habitante] da Letó[ô]nia. **2** Relativo à [Da] Letó[ô]nia. **3** s m Ling Língua indo-europeia do grupo báltico falada na Letó[ô]nia/Lético.

letargia s f (<gr lethargia) **1** Med Situação patológica de turvação do estado de consciência acompanhada de apatia e inibição motora. **Loc.** Entrar [Estar] em ~. **2** Sono artificial provocado por hipnose ou por um medicamento. **3** Indolência/Apatia/Desânimo/Torpor.

letárgico, a adj (<letargia + -ico) Relativo a letargia/Apático/Insensível. **Comb. Sono ~. Tristeza ~a.**

letícia s f Poe (<lat laetítia, ae) Alegria(+)/Ledice.

lético, a adj/s m (<lat laeticus, a, um) ⇒ letão.

letífero, a adj (<lat létifer, era, erum) Que provoca a morte/Letal/Mortífero(+).

letificante adj 2g (<letificar + -ante) Que produz alegria. **Comb.** Acontecimento ~/jubiloso(+). Companhia ~/agradável(+).

letificar v t (<lat laetífico, are) Causar alegria.

letífico, a adj (<lat laetíficus, a, um) Que causa alegria/Letificante. **Comb.** Sensação ~a.

letivo, a (Lè) [Br **le(c)tivo** (dg)] adj [= lectivo] (<lat lectivus, a, um) **1** Referente a lições/ao ano escolar. **Ex.** O ano ~ «em Portugal» começa em setembro. **Comb.** Textos [Livros] ~s. **2** Em que há lições/aulas. **Comb. A(c)tividades ~as. Tempos ~s.**

Letónia [Latvija] [Br **Letônia**] s f Geog País situado no mar Báltico, entre a Estó[ô]nia e a Lituânia, cuja capital é Riga. ⇒ letão.

letra (Lê) s f (<lat líttera, ae) **1** Ling Cada um dos sinais gráficos dum [que representam um] alfabeto. **Ex.** O alfabeto português, além das 23 ~s que tinha, tem agora mais 3 ~s: K, W, Y. **Loc. Levar/Tomar à ~** [a sério/Dar importância] (Ex. Disse-lhe, na brincadeira, que ela era feia e ela levou-o [levou isso] à ~ e deixou de me falar). **Responder à ~** [usando os mesmos (maus) modos/Responder torto]. **Comb. ~ dobrada** [Dois cara(c)teres iguais representando um único som «rr/ss»]. **~ dominical** [Uma das sete primeiras ~s do alfabeto latino que, no calendário eclesiástico, em cada ano corresponde ao domingo]. **À ~** [Palavra por palavra/No sentido literal] (Loc. Traduzir à ~). **2** Forma de escrever esses sinais [cara(c)teres]/Caligrafia. **Loc.** Ter boa [má] ~ [caligrafia]. **Comb. ~ de imprensa** [de forma]. **~ de mão** [escrita à mão/manuscrita]. fam **~ de médico** [que é difícil de decifrar]. **~ garrafal** [muito grande (e mal feita)] **~ gótica** [angulosa, usada na Idade Média e ainda a(c)tualmente na Alemanha]. **~ grande** [maiúscula]. **~ pequena** [minúscula]. **3** Tipo de impressão tipográfica. **Comb. ~ capital** [inicial]. **Corpo de ~.**
4 Aquilo que está escrito/Expressão formal dum texto. **Ex.** A ~ da Bíblia não é suficiente para se conhecer a sua mensagem profunda. A ~ «do discurso» diz isso, mas o espírito da declaração é totalmente diferente. **5** Mús Versos [Textos/Palavras] que acompanham a música para serem cantados/as. **Ex.** A música e a ~ da canção «vencedora» são do mesmo autor. **6** Econ Título de crédito que consiste numa ordem de pagar determinada quantia dada por uma pessoa (Sacador) a outra (Sacado/Aceitante) em favor de uma terceira pessoa (Tomador). **Loc. Aceitar/Endossar/Protestar/Sacar uma ~. Meter uma ~ ao Banco/Descontar uma ~** [Receber do Banco a importância da ~, antes da data do seu vencimento, mediante o pagamento de juros]. **Comb. ~ de câmbio** [Documento pelo qual um cambista, tendo recebido determinada importância, ordenava, a um terceiro junto do qual tinha crédito, que pagasse uma quantia equivalente noutra moeda e noutro lugar]. **7** pl Carta/Missiva. **Ex.** Quando chegares (ao destino) escreve umas ~s para sabermos se tudo correu bem. Há tanto tempo que não temos [sabemos] notícias tuas. (Então), não podias escrever duas [umas] letr(inh)as?! **8** pl Conhecimentos que se adquirem pela leitura/Instrução. **Prov. Muitas tretas, poucas ~s** [Falar muito é sinal de pouco saber]. **Comb. Pessoa de poucas ~s** [pouco instruída]. **Primeiras ~s** [Instrução rudimentar [inicial] em qualquer matéria]. **9** pl Disciplinas de cará(c)ter humanístico por oposição às de cará(c)ter científico ou técnico. **Comb. Faculdade de ~** «da Universidade de Lisboa». **Formado** [Licenciado] **em ~s** «clássicas». **10** pl Obras de cará(c)ter literário/Literatura. **Ex.** Ele dedicou toda a sua vida às ~s. À conferência só assistiu gente das ~s.

letrado, a s/adj (<lat litterátus, a, um; ⇒ literato) (O) que é muito instruído/tem cultura/Erudito/Douto. **Comb.** Reunião [Jantar] de gente ~a. **Ant.** Ignorante; iletrado.

letra-morta s f Escrito [Lei/Prescrição] que perdeu valor jurídico por haver outro/a mais recente. **Ex.** Esse testamento é ~; existe outro com data posterior.

letreiro s m (<letra + -eiro) **1** Inscrição com informações de interesse público/Cartaz/Tabuleta. **Ex.** Na portaria há [está] um ~ que diz: "Proibida a entrada a pessoas estranhas ao serviço". **2** Legenda/Rótulo/Inscrição. **Ex.** Já se veem (por toda a parte) ~s a anunciar saldos.

letria s f ⇒ aletria.

letrista s 2g (<letra + -ista) **1** Br Artista especializado no desenho de letras. **2** O que escreve a letra de canções. **Comb.** Compositor e ~ «Chico Buarque».

léu s m pop (<provençal leu <lat levis, e: leve) Tempo de ócio/Vadiagem. **Comb.** Ao ~ [À mostra/Sem cobertura/Nu] (Loc. Andar de pernas [rabo] ao ~).

leucemia s f Med (<gr leukós: branco + -emia) Doença neoplásica maligna cara(c)terizada pelo aumento pronunciado e permanente de glóbulos brancos (Leucócitos) no sangue. **Ex.** A ~ pode ser povocada por diversos fa(c)tores «vírus/radiações/mutações cromossó[ô]micas».

leucémico, a [Br **leucêmico**] adj (<leucemia + -ico) Relativo a leucemia.

leucina s f Bioq (<gr leukós: branco + -ina) Aminoácido essencial (Ácido 2-amino-4-metilpentanoico, $(CH_3)_2CHCH_2(NH_2)COOH$, componente de várias proteínas «seroalbumina/insulina/β-lactoglobulina».

leucite/a s f Min (<gr leukós: branco + -ite/a) Mineral do grupo dos feldspatoides, alumino-silicato de potássio, típico das lavas alcalinas.

leucitito s m Min (<leucite + -ito) Rocha vulcânica composta principalmente por leucite/a e piroxena.

leucócito s m Med (<gr leukós: branco + -cito-) Célula incolor do sangue e da linfa/Glóbulo branco. **Ex.** Os ~s desempenham um papel muito importante no sistema de defesa imunitária do organismo.

leucocitose s f Med (<leucócito + -ose) Aumento temporário de leucócitos no sangue.

leucodermia s f Med (<gr leukós: branco + derme + -ia) Mancha esbranquiçada na pele por falta de pigmentação. ⇒ albinismo.

leucoma (Cô) s m Med (<gr leukoma, atos) Mancha branca cicatricial da córnea que pode perturbar profundamente a visão.

leucopo(i)ese s f Med (<gr leukós: branco + poiesis: produção) Conjunto de fenó[ô]menos de diferenciação celular que conduzem à formação de leucócitos.

leucóptero, a adj Zool (<gr leukós: branco + pteron: asa) Que tem asas brancas. **Comb.** Inse(c)to ~.

leucorreia s f Med (<gr leukós: branco + rhein: correr, fluir) Corrimento mucoso esbranquiçado que provém da vagina ou do útero da mulher.

leucotomia s f Med (<gr leukós: branco + -tomia) Intervenção neurocirúrgica para tratamento de certas doenças psiquiátricas «obsessões/ideias delirantes» que consiste na interrupção de conexões do lobo frontal do cérebro com outras regiões encefálicas. **Ex.** A ~ foi introduzida em 1934 pelo médico português Egas Moniz (1874-1955), o que lhe mereceu a atribuição do Pré[ê]mio Nobél da Medicina em 1949. ⇒ lobotomia.

leucoxena (Cssê) s f Miner (<gr leukós: branco + xenos: estrangeiro) Mistura de minerais ricos em titânio com predominância da esfena ou titanite.

leva s f (<levar) **1** Grupo de pessoas que se desloca [é levado/conduzido] para algum lugar/Magote/Rancho. **Ex.** As ~s de emigrantes de Leste para Portugal começaram após a queda do Muro de Berlim (1989). **2** Porção de algo que é transportado de uma vez/Transporte/Remessa. **Ex.** O tecido que me encomendaste estava esgotado. Segue[guirá] na próxima.

levada s f (<levado) **1** A(c)ção de levar/transportar/Leva. **Ex.** Na primeira ~ [leva(+)] de passageiros no barco para atravessar o rio vão as crianças e os idosos. **Comb.** De ~/roldão(+) [De modo rápido e precipitado] (Loc. Ir de ~). **2** Corrente de água [Canal/Vala] que se desvia dum rio «para irrigação/mover um moinho». **3** Queda de água/Cascata. **Comb.** ~s da Ilha da Madeira (Portugal).

levadiço, a adj (<levado + -iço) Que se pode levantar e baixar. **Comb.** Ponte ~a.

levado, a adj (<levar + -ado) **1** Que é transportado/conduzido. **Ex.** Os processos [documentos/dossiês] ~s na viagem extraviaram-se, desapareceram. **Loc.** Ser ~ [enganado/ludibriado] pela publicidade enganosa. **2** Travesso/Traquinas/Atrevido. **Comb.** Homem ~ da breca/do diabo [que faz coisas extraordinárias/que é irrequieto/arrojado/endiabrado].

leva-e-traz s 2g Br (<levar + trazer) Pessoa mexeriqueira/que ouve num lado e conta no outro/que gosta de levar e trazer (novas/boatos).

levamento s m (<levar + -mento) **1** A(c)to de levar. **Ex.** O penoso [doloroso] ~ da cruz por Jesus Cristo, para o Calvário. **Sin.** Transporte(+). **2** Furto.

levantado, a adj (<levantar + -ado) **1** Que se levantou/está em posição erguida/posto de pé. **Idi. Andar de cabeça ~a** [Não ter nada a temer/Não ter de que se envergonhar]. **Comb.** «doente» ~ da cama [Que já anda [está] a pé]. **2** Que é nobre/

sublime. **Comb.** Estilo ~ «dum discurso». **3** Estroina/Doidivanas/Leviano. **Ex.** Não quero essa rapariga [criada/serviçal] cá em casa; é muito ~a [namoradeira], qualquer dia aparece grávida. **4** Insubordinado/Revoltado/Rebelde. **Ex.** A turma não é má, mas há dois ou três alunos mais ~s que estragam o ambiente.
levantador, ora *adj/s* (<levantar + -dor) **1** (O) que levanta [provoca/incita] a revolta/Agitador. **2** (O) que eleva/levanta/Elevador. **Comb.** Músculo ~ «da cabeça».
levantamento *s m* (<levantar + -mento) **1** A(c)to de levantar(-se). **Ex.** O ~ de pesos é prejudicial para a coluna (vertebral). **Comb.** (D)esp ~ do peso [Halterofilismo]. **2** A(c)to de retirar o cadáver duma pessoa do lugar onde ocorreu a sua morte. **Ex.** O ~ da vítima de assassínio já foi autorizado pela polícia. **3** A(c)to de aumentar/elevar/tornar mais alto. **Ex.** A construção da casa está na fase do ~ das paredes. **4** Revolta/Amotinação/Rebelião. **Comb.** ~ *de rancho* [Recusa da refeição pelos soldados dum quartel por causa da má qualidade da comida]. ~ *popular*. **5** A(c)to de retirar de um depósito «conta bancária/estação dos correios» alguma coisa a que se tem direito. **Comb.** ~ *de dinheiro* «no Multibanco». ~ *duma encomenda* «nos Correios». **6** A(c)ção de regist(r)ar [lavrar/redigir] formalmente. **Ex.** O juiz ordenou o ~ dum auto à testemunha por causa do seu comportamento injurioso. **7** A(c)ção de listar/fazer o rol. **Loc.** Fazer o ~ [inventário(+)] dos produtos em armazém/estoque. Fazer o ~ [a lista(+)] dos produtos em falta (para os comprar «no supermercado»). **8** Recolha de dados para análise duma situação. **Ex.** Ainda não foi feito o ~ completo dos estragos causados pelas inundações. **9** *Top* Conjunto de operações necessárias à elaboração duma carta ou planta de determinado terreno ou região. **Ex.** O padre jesuíta Diogo Soares integrou a missão que entre 1730 e 1748 fez o ~ das cartas geográficas do território brasileiro.
levantar *v t* (<lat *levans, ántis* <*lévo*, áre, átum: aliviar) **1** Erguer/Elevar/Alçar. **Ex.** Os convidados levantaram a taça, brindando aos noivos. Levantem os braços. É um assalto! **Idi.** ~ *a lebre* [Suscitar uma questão/ideia/um problema]. ~ *a mão* (contra alguém) [Tentar agredir/Ameaçar]. ~ *a ponta do véu* [Revelar uma pequena parte dum segredo/mistério]. ~ *a voz* [Falar mais alto/com arrogância]. ~ *a cabeça* [Recuperar depois duma crise]. ~ *cabelo*/a grimpa [Mostrar-se arrogante/ameaçador/Ensoberbecer-se]. ~ *ferro* [Recolher a âncora para iniciar viagem/*idi* Sair zangado e de modo precipitado]. ~ *fervura* [Entrar em ebulição/Começar a ferver]. ~ *voo* [Erguer-se no ar/Voar]. *Não* ~ *um dedo*/*idi* Não mexer uma palha [Não fazer qualquer esforço/Não dar ajuda nenhuma]. **2** Deslocar de baixo para cima/Apanhar do chão. **Ex.** Levanta o sofá para tirarmos a carpete. Antes de aspirar, levanta [apanha(+)] os brinquedos que estão espalhados pelo chão. **3** Construir/Armar/Montar. **Loc.** ~ *as paredes* «duma casa»/um monumento/uma estátua. ~ [Montar/Armar] *uma tenda*.
4 (Fazer) subir ao ar/Espalhar. **Ex.** O carro passou a grande velocidade e levantou uma nuvem de poeira. **5** Dirigir para cima/Endireitar. **Ex.** Ele estava tão envergonhado que nem levantava os olhos do chão. Levanta a cabeça (por)que quero olhar bem para os teus olhos para ver se estás a mentir. **6** Pôr-se de pé/Erguer-se/Sair da cama. **Ex.** Todos os dias me levanto cedo. Antes de o Sol se ~ [Sol nascer(+)] já eu estou levantado [a pé] há muito. Ele continua doente. Há dois dias que não se levanta da cama. **7** Pôr na posição vertical/ao alto/Endireitar. **Ex.** O trânsito foi cortado [interrompido] porque estão a ~ o poste que caiu com a ventania. **8** Despontar/Nascer/Surgir. **Ex.** De repente levantou-se uma grande tempestade. No inverno, o sol levanta-se [nasce(+)] mais tarde. **9** Aumentar de intensidade/volume/Fazer soar mais alto. **Ex.** A mãe nunca se descontrolava, sabia repreender sem nunca ~ a voz. Levanta o rádio para eu ouvir as notícias. **10** Estar em posição mais elevada/Sobressair. **Ex.** Ao lado da cidade levanta-se uma grande montanha. **11** Dar origem a/Fazer aparecer/Causar. **Loc.** ~ *dúvidas* [suspeitas/problemas]. ~ *falsos testemunhos*. **12** Fazer referência/Falar dum assunto/Mencionar/Lembrar. **Ex.** Na reunião, foi também levantada a questão da revisão salarial. **13** Fazer cessar/Retirar/Remover. **Ex.** Foi levantada a proibição de estacionar «em frente do tribunal». As tropas levantaram o cerco à cidade. **14** Insurgir-se/Revoltar-se/Rebelar-se. **Ex.** Os professores levantaram-se em peso [na grande maioria] exigindo a demissão do ministro da Educação. **15** (Re)tirar donde está guardado/depositado. **Loc.** ~ *dinheiro* no Banco. ~ *uma encomenda* nos Correios. **16** Fazer subir/Levar para cima. **Loc.** ~ [Subir(+)] *os preços*. ~ *a cortina*. ~ *a bainha da saia* [Pôr a saia mais curta]. **17** (O tempo) melhorar/Desanuviar(-se)/Limpar/Abrir. **Ex.** Parece que vamos ter um dia de sol. O tempo está a ~.
levante *s m* (<lat *lévans, ántis*; ⇒ levar) **1** A(c)to ou efeito de levantar. **Loc.** *Andar de* ~ [Não parar/Não descansar] (Ex. Toda a noite andei de ~ porque o meu filho não parava de chorar com dor de ouvidos). *Estar de* ~ [prestes a abandonar um local/a mudar de residência] (Ex. Já estou de ~ outra vez. Este ano é a segunda vez que mudo de casa). **2** Lado onde nasce o Sol/este [leste]/nascente/oriente. **Ex.** No ~ há poucas nuvens; o céu já começou a clarear. **3** Vento forte que nas regiões mediterrânicas sopra de leste. **Ex.** O ~ provoca grande ondulação. **4** *Maiúsc* Região do Mediterrâneo oriental que se estende desde Itália até ao Egi(p)to/(Próximo) Oriente. **Ex.** O ~ foi um grande centro de cultura e civilização. **5** ⇒ Levantamento 4.
levantino, a *adj/s f* (<levante 4 + -ino) **1** Relativo ao [aos países do] levante/Natural do Levante/Oriental. **2** *s f* Seda de má qualidade fabricada no Levante.
levar *v t* (<lat *lévo*, áre, átum: aliviar, tornar leve, erguer) **1** Transportar consigo/Carregar/Conduzir. **Ex.** Jesus Cristo levou a cruz às costas [aos ombros] para o Calvário. Para a viagem, é melhor ~ cada um a sua mala do que uma mala grande para os dois. Não te esqueças de ~ a carteira com os documentos. **Idi.** ~ *a bem* [Aceitar/Concordar]. ~ *a água ao seu moinho* [Conseguir de forma astuciosa aquilo que pretende]. ~ *a cabo* [Concluir com sucesso]. ~ *a mal* [Ofender-se/Não gostar/Não aceitar]. ~ *a melhor* [Conseguir o que pretende/Vencer]. ~ *a peito* [Considerar muito importante/Empenhar-se em alguma coisa]. ~ *a sério* [Considerar importante/Acreditar]. ~ *as mãos à cabeça* [Ficar alarmado/desesperado]. ~ *água no bico* [Ter uma intenção reservada/escondida]. ~ *(a minha/sua) avante* [Fazer prevalecer a opinião/a vontade]. ~ *barato*/caro [Vender por baixo/alto preço]. ~ *com a porta na cara* [Obter uma resposta negativa inesperada]. ~ *e trazer* [Ouvir num lado e contar no outro/Mexericar]. ~ *por diante* [Fazer avançar/Não desistir/Prosseguir]. ~ *poucas*/para tabaco [Apanhar uma tareia]. ~ *que contar* [Passar por uma situação difícil/Sofrer um desaire/Ouvir uma repri-menda]. ~~-se do(s) diabo(s)* [Zangar-se/Exasperar-se/Enfurecer-se]. *cal Diabos te* [me/a/o] *levem* [Expressão de espanto/irritação/raiva]. *Não* ~ *a nada* [Ser inútil/Não ter futuro/Não produzir efeito]. *Não* ~ *nada* [Não querer dinheiro em troca/Dar de graça]. **2** Acompanhar alguém a um determinado local/Guiar. **Ex.** Por favor, pode indicar-me onde ficam as Finanças? – O caminho é um pouco complicado; eu levo-o/a lá. Os tios levaram-me ao circo. **3** Usar [Trazer vestida/o] uma peça ou um acessório de vestuário. **Ex.** Como é que a noiva ia (vestida)? – Levava um vestido de renda comprido, de meia manga, um colar de pérolas e uma linda grinalda. Está calor; não levo casaco. **4** Servir de comunicação/Dar acesso. **Ex.** Esta rua leva-(o/a) ao centro da cidade. **5** Oferecer uma prenda/Dar um presente. **Ex.** Foi visitar a avó velhinha e doente e levou-lhe uns bol(inh)os de que ela gostava. No dia da mãe, levo-lhe sempre um ramo de flores. **6** Retirar/Roubar/Furtar. **Ex.** Assaltaram uma gasolineira esta noite e levaram todo o dinheiro que estava no cofre. Neste bairro desaparece [roubam/levam] tudo; até os vasos (de flores) me levaram da varanda. **7** Demorar (muito)/Arrastar. **Ex.** A construção da basílica levou dezenas de anos. Um processo (judicial) que já leva anos e ainda não ficará concluído tão depressa [brevemente]. Já estou farto de esperar. Levas horas a arranjar-te para saíres de casa. **8** Exigir como paga/Arbitrar um preço. **Ex.** O explicador «de matemática» leva 30 euros à hora. O advogado levou-lhe 100 euros pela consulta [pelo parecer]. **9** Adquirir/Comprar. **Ex.** Vou ~ peixe para o almoço. Vi (numa loja) umas camisolas baratas, levei logo duas.
10 Passar o tempo/a vida. **Ex.** Levei a noite (inteira) a acordar «com o ladrar dos cães». Como não havia de acabar na miséria se levou a vida na vadiagem, sem nunca trabalhar? **11** Apresentar [Expor/Submeter] para apreciação/despacho. **Loc.** ~ um assunto a despacho/ao dire(c)tor. **12** Ter como consequência/Dar origem/Causar. **Ex.** A má gestão levou a firma à falência. O teu silêncio leva-me a pensar que tens algum problema. **13** Tirar a vida/Causar a morte. **Ex.** Via o pai sofrer tanto que pedia a Deus que o levasse. A guerra levou-lhe o filho mais velho. **14** Influenciar/Enganar/Ludribiar. **Ex.** Com essas fal(inh)as mansas é que tu me levas. **Loc.** ~ *à certa* [Enganar]. *Deixar-se* ~ [Ser influenciado/arrastado/enganado]. **15** Agir com [Tratar] as pessoas de modo a não criar conflitos/atritos. **Ex.** Era um bom professor com muito jeito para ~ os alunos mais rebeldes. Ela tem um feitio difícil. É preciso saber levá-la [saber lidar com ela]. **16** Ter capacidade/Comportar. **Ex.** Essa vasilha só leva dois litros. A carrinha leva nove pessoas. **17** Entrar na composição/Fazer parte como constituinte. **Ex.** Esse bolo leva seis gemas mas não leva claras. O casaco leva botões forrados de tecido «liso» a condizer. **18** Apresentar em público/Exibir. **Ex.** O nosso grupo de teatro amador levou à

cena um auto de Gil Vicente. O cinema do bairro leva sempre filmes antigos.

leve *adj 2g* (<lat *levis, e*) **1** Pouco pesado. **Ex.** Eu posso levar essa mala que é ~. **Idi.** *Que a terra lhe seja* ~ [Que Deus se compadeça da sua alma/Que descanse em paz]. **Comb.** *Ao de* ~ [Com suavidade/Levemente] (Ex. Passou-lhe a mão ao de ~ pelos cabelos). **2** Que exerce pouca pressão/Pouco intenso. **Loc.** Dar um ~ toque «na bola/na tecla [no rato] do computador». **3** Que se move com facilidade/Ágil/Ligeiro. **Comb.** Passos ~s «da bailarina». Máquina «de costura» ~. **4** Que tem pouca consistência/densidade. **Comb.** *Massa* «do bolo» ~. *Metal* [Liga] ~. *Neblina* ~. *Tecido* ~. **5** Superficial/Sem profundidade/Ligeiro. **Comb.** *Conversa* ~. *Romance* [Peça de teatro/Filme] ~. **6** Que não cansa/Fácil de executar. **Comb.** *Serviço* [Trabalho] ~. **7** Pouco acentuado/Pouco perce(p)tível. **Comb.** *Som* ~. *Um* ~ *sorriso*. **8** Delicado/Gracioso/Agradável/Alegre. **Comb.** *Decoração* ~. *Espe(c)táculo* ~. *Música* ~. **9** Aliviado/Desoprimido. **Ex.** Desabafei, sinto-me ~. **Comb.** Consciência ~. **10** Fácil de digerir/Frugal/Sóbrio/Parco. **Comb.** Alimento [Refeição] ~. **11** Que se interrompe facilmente/Ligeiro. **Comb.** Sono ~. **Ant.** Pesado; profundo. **12** Pouco concentrado/Fraco. **Comb.** Chá [Café] ~ [fraco(+)]. Vinho [Bebida alcoólica] ~ [com pouco álcool]. **Ant.** Forte. **13** Pouco ponderado/Irrefle(c)tido/Leviano. **Loc.** Ser ~ de cabeça/Ter a cabeça ~ [Ser leviano/imprudente na maneira de proceder].

levedação *s f* (<levedar + -ção) A(c)to ou efeito de levedar.

levedar *v t/int* (<lêvedo + -ar[1]) **1** Tornar(-se) lêvedo/(Fazer) fermentar. **Ex.** Depois de amassada, a massa do pão deixa-se [fica em repouso] a ~. O leite levedou [fermentou(+)/azedou(o+)]. **2** (Fazer) desenvolver(-se)/Tornar(-se) maior/Fermentar. **Ex.** Ideias que já há muito vinham levedando.

lêvedo, a *adj* (<lat *lévitus*, por *levátus, a, um*: levantado, erguido, elevado) Que fermentou. **Comb.** Massa (de pão/bolo) ~a.

levedura *s f Bioq* (<lêvedo + -ura) Designação de organismos unicelulares [fungos] que se reproduzem por gemulação uns, e outros por cissiparidade, e desencadeiam processos de fermentação, alguns deles com aplicação na indústria alimentar/Fermento. **Ex.** As ~s que provocam a fermentação alcoólica decompõem os açúcares solúveis em álcool libertando anidrido carbó[ô]nico.

leveiro, a *adj* (<leve + -eiro) **1** Pouco pesado/Leve. **Ex.** O menino pode levar essa caixa que é leveir(inh)a; está vazia. **2** Despreocupado/Superficial/Leviano. **Comb.** ~ da cabeça [De juízo ~].

levemente *adv* (<leve + -mente) **1** Exercendo pouca pressão/Ao de leve/Ligeiramente. **Ex.** Passou-lhe ~ a mão pelos cabelos. **2** De modo superficial/leviano/pouco profundo/Ligeiramente. **Ex.** O assunto não chegou a ser discutido; foi apenas falado [tocado] ~.

leveza (Vê) *s f* (<leve + -eza) **1** Qualidade do que é leve/pouco pesado. **Comb.** ~ *da lã*. ~ *dum castigo* [duma pena]. Tecido «tule» com grande ~. **2** Graciosidade/Delicadeza/Suavidade. **Comb.** ~ *de estilo*. ~ *do andar* [de movimentos «duma bailarina»]. **3** *fig* Falta de ponderação/Leviandade(+). **Loc.** Agir com ~.

leviandade *s f* (<leviano + -dade) **1** Qualidade do que é leviano/Falta de seriedade. **2** Comportamento leviano/Insensatez/Irreflexão. **Loc.** *Cometer ~s. Revelar* [Mostrar] ~ «nas palavras/no comportamento». **3** Inconstância nas relações afe(c)tivas/Volubilidade. **Ex.** Gaba-se muito das conquistas amorosas, o que mostra a sua ~.

leviano, a *adj/s* (<lat *leviánus* <*levis*, e: leve) **1** (O) que age sem ponderação/Precipitado/Imprudente. **Comb.** *Condução* (automóvel) ~a. *Resposta* [Rea(c)ção] ~a. **2** (O) que comete leviandades/Frívolo/Volúvel. **Ex.** É boa pequena [moça/rapariga] mas um pouco ~a.

leviatã[ão] *s m* (<hebr *Leviathan*: monstro da água) **1** *Mit* Monstro inimigo de Jeová. **2** *fig* Força poderosa/bruta «do Estado».

levirato *s m* (<lat *lévir,viri*: cunhado + -ato) Obrigação de um irmão de um morto casar com a cunhada viúva e sem filhos para assegurar a continuação da família. **Ex.** O ~, imposto pela lei judaica, existiu também noutras sociedades do Oriente Antigo «Assírios/Hititas».

levirrostro, a *adj/s m pl Ornit* (<leve + -rostro) **1** Que tem o bico leve. **2** *s m pl* Ordem de pássaros trepadores.

levita *s m Rel* (<*antr* Levi, personagem bíblica, filho de Jacob, que deu origem a uma das tribos de Israel +-ita; ⇒ levítico) Membro da tribo de Levi. **Ex.** Os ~s, que não eram sacerdotes (Descendentes de Aarão), desempenhavam funções secundárias no serviço do templo e do altar.

levitação *s f* (<levitar + -ção) Elevação, sustentação e deslocação no ar do corpo humano (ou outro) sem apoio visível nem a(c)ção física controlável. **Ex.** O fenó[ô]meno da ~ parece ser de origem parapsicológica.

levitar *v int* (<lat *lévo, áre*: levantar + -itar; ⇒ leve) Erguer-se e permanecer no ar sem nada visível que o sustente. **Ex.** Conta-se na vida de alguns santos «Santa Teresa de Ávila» que, quando em êxtase, se levitavam.

levítico, a *adj/s m Bib* (<levita + -ico) **1** Relativo aos levitas. **Comb.** Funções ~as. **2** *s m Maiúsc* Terceiro livro do Pentateuco (Da Bíblia). **Ex.** O título ~ indica o conteúdo do livro que se centra no serviço do culto.

levo[ó]giro, a *adj Quím* (<lat *laevus, a, um*: esquerdo + giro) Diz-se dum composto que, quando atravessado por um feixe de luz polarizada, faz rodar o plano de polarização para a esquerda. **Ex.** A cada composto ~ corresponde sempre um isó[ô]mero ó(p)tico dextro[ó]giro.

levulose *s f Quím* (<lat *laevus, a, um*: esquerdo + -ose) Açúcar dos frutos e do mel/Frutose. **Ex.** A ~ é um isó[ô]mero da glicose.

lexema (Cssê) *s m Ling* (<gr *lexis*: palavra) Unidade de base do léxico que pode ser inferior à palavra, coincidir com ela ou incluir a locução. **Ex.** *Bene-*, *benevolência* e *sentença benevolente* são exemplos de ~s.

lexical (Cssi) *adj 2g* (<léxico + -al) **1** Relativo ao léxico/vocabulário. **Comb.** *Riqueza* ~ [vocabular] duma língua. **Variante**. **2** Relativo a uma lista de palavras (Glossário) de cará(c)ter especializado. **Comb.** Índice ~ dos principais conceitos «dum livro».

lexicalização (Cssi) *s f Ling* (<lexicalizar + -ção) Processo através do qual um grupo de morfemas (Sintagma) se transforma numa unidade lexical (Palavra-cabeça ou entrada nos dicionários), cujos constituintes são indissociáveis e exprimem uma ideia única.

lexicalizar (Cssi) *v t Ling* (<lexical + -izar) Transformar uma locução/um sintagma numa unidade lexical autó[ô]noma. **Ex.** A locução *sem vergonha* lexicaliza-se em *sem-vergonha*.

léxico (Cssi) *s m Ling* (<gr *leksikos, e, on*: que diz respeito à palavra; ⇒ léxis) **1** Conjunto de unidades linguísticas [de palavras] que uma língua oferece. **Ex.** O ~ [vocabulário] português contém palavras arcaicas (Arcaísmos) que já não se usam e foi enriquecido pela ado(p)ção de palavras e locuções de outras línguas. **2** Glossário de termos técnicos duma área especializada. **Comb.** ~ *médico*. ~ *bíblico*. **Sin.** Dicionário(+). **3** Conjunto de vocábulos empregues por um autor. **Comb.** ~ camoniano (De Luís de Camões).

lexicografia (Cssi) *s f Ling* (<léxico + grafia) Ramo da Linguística que estuda o vocabulário duma língua visando principalmente a forma e a significação das palavras para composição dum dicionário.

lexicográfico, a (Cssi) *adj* (<lexicografia + -ico) Relativo à lexicografia. **Comb.** Análise [Estudo] ~a/o.

lexicologia (Cssi) *s f Ling* (<léxico + -logia) Estudo do léxico distribuindo as palavras por campos lexicais em volta de noções «parentesco/cores» e analisando-as nas suas relações «distribuição/frequência».

lexicológico, a (Cssi) *adj* (<lexicologia + -ico) Relativo à lexicologia. **Comb.** Estudo [Investigação] ~o/a.

léxicon (Cssi) *s m* (<gr *leksikon*) ⇒ léxico.

lexiologia (Cssi) *s f Gram* (<gr *leksis, eos*: palavra + -lógia) Parte da Gramática que estuda a palavra nas suas funções/flexões e nos seus processos de formação.

léxis (Cssi) *s f 2n Lóg* (<gr *leksis, eos*: palavra) Termo utilizado na Lógica para designar uma proposição que se enuncia sem que seja afirmada ou negada a sua verdade. **Ex.** A ~ apenas considera o conteúdo da proposição e não a sua veracidade.

lezíria *s f Geog* (<ár *al-djazíra*: a ilha) **1** Planície situada nas margens dum rio, frequentemente alagadas pelas cheias. **Ex.** As ~s «do rio Tejo, Portugal» são terrenos muito férteis. **2** Pequena ilha no meio dum rio, formada por lodos e detritos.

lha *contr do pron pessoal* **lhe** *com o pron pessoal* **a** [*fem* de lho]. **Ex.** Ele compôs uma canção para o filho e cantou-lha à noite.

lhama[1] *s f Zool* (<quíchua *llama*) ⇒ lama[2].

lhama[2] *s f* (<lat *flamma*: chama) Tecido brilhante de fio de ouro ou prata que lhe dá o aspe(c)to de chama.

lhaneza *s f* (<lhano + -eza) Qualidade do que é lhano/afável/Candura/Singeleza. **Loc.** *Receber* (as visitas) *com* ~. *Ter* ~ [afabilidade/amabilidade] *de trato*.

lhano, a *adj* (<lat *planus*: plano) **1** Franco/Sincero. **Comb.** Conversa ~a. **2** Amável/Afável/Simples/Despretensioso. **Comb.** Pessoa ~a (no trato) com toda a gente.

lhanura *s f* (<lhano + -ura) **1** ⇒ lhaneza. **2** Planura/Planalto. **Ex.** Ao longe, na extensa ~ [planura(+)], viam-se rebanhos a pastar.

-lhão, -lhona *suf* (<lha + ão) Muito «esperto/parvo»; ⇒ grandalhão.

lhe *pron pessoal* (<lat *illi*) Designa a terceira pessoa do singular e indica: **a)** A pessoa ou coisa de que se fala ou escreve «disse-~/peguei-~»; **b)** A pessoa a quem se fala ou escreve «já ~ disse (a si/a você).

lho *contr do pron pessoal* **lhe** *com o pron pessoal* **o** [*masc* de lha]. ⇒ lha.

li[1] *s m* (<chin *li*) Unidade chinesa de distância equivalente a 576 m.

li[2] *s m* (<chin *lie*) Tratamento respeitoso honorífico entre os chineses.

li³ *s m* (<chin *le*) Pequena moeda chinesa de estanho ou de cobre. ⇒ yuan; renminbi.

lia *s f* (<fr *lie*) **1** Bagaço da uva de que se faz a água-pé. **2** Depósito que se forma nos líquidos fermentados «vinho»/Borra/Pé/Fezes. **Ex.** Serve o vinho do Porto com cuidado porque tem ~ no fundo da garrafa.

liaça *s f* (<fr *liasse*) Palha utilizada para embalar obje(c)tos frágeis para não partirem quando são transportados. **Loc.** Meter numa caixa [Embalar] copos de cristal com ~.

liação *s f* (<liar + -ção) A(c)to ou efeito de liar/Liame.

liadou[oi]ro *s m* (<liar + -dou[oi]ro) Pedra que sobressai duma parede para ligar a outra (parede) e a segurar.

liamba *s f Bot* (<quimbundo *liamba*) Planta herbácea da família das canabináceas, *Cannabis sativa*, usada para fumar como droga alucinogé[ê]nia/Cânhamo. **Loc.** Cultivar [Fumar] ~.

liame *s m* (<lat *ligámen, inis*) **1** Tudo aquilo que liga/prende uma pessoa ou coisa a outra/Laço/Vínculo. **Ex.** São muito fortes os ~s que nos ligam à terra onde nascemos. **Comb.** ~ *de cordel*. *~s espirituais*. **2** *Náut* Conjunto de cordas dum veleiro/Cordame.

liana *s f Bot* (<fr *liane*) Designação de várias plantas trepadeiras lenhosas e muito compridas. **Ex.** Nas regiões tropicais há ~s muito compridas e fortes que, entrelaçando-se nos caules das árvores, tornam as florestas impenetráveis.

lí[i]ase *s f Bioq* (<gr *lúsis, eos*: a(c)ção de separar, dissolução) Cada uma das enzimas que catalisam a adição de grupos funcionais a duplas ligações ou a rea(c)ção inversa.

liar *v t* (<lat *ligáre*) ⇒ ligar.

Lias [Lias(s)ico] *s m Geol* (ing *lias*: tipo de calcário ou de rocha calcária) Subsistema estratigráfico correspondente ao Jurássico inferior.

libação *s f* (<lat *libátio, ónis*; ⇒ libar) **1** *Rel* Cerimó[ô]nia religiosa que consistia em derramar um líquido «vinho/azeite/sangue de vítimas» em honra duma divindade como sinal de veneração ou para obter prote(c)ção. **Ex.** As ~ões eram quase sempre associadas a sacrifícios. **2** A(c)to de beber vinho apenas por prazer. **Loc.** Entregar-se a ~ões. ⇒ brinde.

libanês, esa *adj/s* (<*top* Líbano + -ês) **1** Relativo ao Líbano. **2** (O) que é natural ou habitante do Líbano.

Líbano *s m Geog* (<hebr *Lebanon*) País do Próximo Oriente, situado entre a Síria, Israel e o mar Mediterrâneo, cuja capital é Beirute.

libar *v t/int* (<lat *líbo, áre*) **1** Fazer libações em honra de alguma divindade. **2** Beber em honra de alguém. **Ex.** Os colegas festejaram a conclusão do curso «de engenharia» libando [bebendo(+)] um cálice de Porto em honra do novo engenheiro. **3** *fig* Gozar/Saborear. **Ex.** Aposentado, retirou-se para a província para ~ [gozar(+)] os prazeres da vida simples do campo.

libelinha *s f Ent* (<libél(ula) + -inha) Nome vulgar de inse(c)tos odonatos que têm a cabeça móvel com grandes olhos, antenas curtas e armadura bucal trituradora, tórax alongado, dois pares de asas transparentes e membranosas, abdó[ô]men/abdome comprido e estreito que se alimentam de outros inse(c)tos/Libélula/Tira-olhos.

libelista *adj/s 2g* (<libelo + -ista) ⇒ panfletário.

libelo (Bé) *s m* (<lat *libellus, i*) **1** Exposição escrita ou oral que acusa alguém apresentando as razões [provas] dessa acusação. **Comb.** ~ *acusatório*. **2** Escrito de teor satírico difamatório/Panfleto.

libélula *s f Ent* (<lat *libellula, ae*) ⇒ libelinha.

libente *adj 2g* (<lat *libens, éntis*) Que faz tudo [qualquer coisa] de boa vontade/Prestável.

líber *s m Bot* (<lat *líber, líbri*) Tecido das plantas lenhosas entre a casca e o lenho formado por vasos condutores crivosos/Entrecasca. **Ex.** O ~ é o tecido condutor da seiva elaborada. ⇒ floema.

liberação *s f* (<lat *liberátio, ónis*; ⇒ libertação) **1** Quitação ou extinção duma dívida/Exoneração de obrigações ou compromissos. **Loc.** Obter (um religioso) a ~ dos votos de pobreza, castidade e obediência. **2** *Br Com* Supressão das restrições legais ao comércio livre de certas mercadorias.

liberal *adj 2g* (<lat *liberalis, e*) **1** Que é generoso/gosta de dar. **Loc.** Ser ~ para com os pobres. **2** Que é tolerante/aceita opiniões diferentes da sua/Que defende a liberdade de pensamento e de a(c)ção. **Ex.** É um chefe compreensivo, que aceita as opiniões dos seus colaboradores porque teve uma educação ~. **Comb.** Espírito ~. **3** Relativo ao [Que é partidário do] liberalismo. **Ex.** O poder foi tomado pelos ~ais [pelo partido ~]. **Comb. Constituição** [Leis] *~al*/ais. **Correntes** [Ideias] *~ais*. **Político** [Filósofo] *~*. **4** Que exerce a(c)tividades com tutela patronal. **Comb. Artes** *~ais*. **Profissão** *~* «de médico».

liberalidade *s f* (<lat *liberálitas, átis*) **1** Qualidade do que é liberal. **2** Disposição para dar/partilhar com os outros o que se possui/Generosidade. **Loc.** Recompensar [Premiar] alguém com ~. **Ant.** Avareza. **3** *Dir* A(c)to pelo qual se concedem a outrem gratuitamente bens ou benefícios/Doação. **Ex.** As ~s podem fazer-se em vida ou por morte.

liberalismo *s m* (<liberal + -ismo) **1** *Hist* Conjunto de ideias e doutrinas surgidas no séc. XVIII que defendem a liberdade de consciência e procuram garantir as liberdades individuais no domínio da política, da religião, da moral, da economia, etc. **Ex.** O ~ opôs-se ao absolutismo. **Comb.** ~ *econó[ô]mico* [Doutrina que defende a iniciativa individual e a livre concorrência, opondo-se à intervenção do Estado n(o campo d)a economia]. **2** Qualidade do que é liberal/tem largueza de espírito/segue as doutrinas liberais. **Ex.** Os seus escritos denotam um grande ~. Educou os filhos com ~ [liberalidade(+)]. **3** ⇒ Comportamento pródigo/Liberalidade.

liberalista *adj/s 2g* (<liberal + -ista) (O) que é partidário do [Relativo ao] liberalismo **1**. **Comb.** Ideias *~s*.

liberalização *s f* (<liberalizar + -ção; ⇒ liberação) **1** A(c)to ou efeito de liberalizar/de aumentar as liberdades individuais e reduzir a intervenção do Estado. **Comb.** *~ da imprensa*. *~ dum regime político*. *~ econó[ô]mica*. **2** Processo pelo qual alguma coisa se liberaliza/se torna mais livre/mais aberta. **Comb.** *~ de costumes*. **3** Reconhecimento [Aceitação] legal daquilo que antes era proibido. **Comb.** *~ do aborto* [consumo de drogas].

liberalizador, ora *adj/s* (<liberalizar + -dor) (O) que liberaliza. **Comb. Efeito** *~*. **Medida** *~ora*. **Política** *~ora*.

liberalizar *v t* (<liberal + -izar; ⇒ liberar/libertar) **1** Tornar(-se) mais liberal/menos conservador. **Loc.** ~ *os costumes*. **2** *Econ* Estabelecer a liberdade econó[ô]mica favorecendo a livre concorrência. **Loc.** ~ *a economia* [os preços]. **3** Instaurar [Encaminhar para/Favorecer] o regime político do liberalismo/Sofrer a liberalização. **Loc.** ~ *um* [o regime político dum] *país*. **4** Dar com prodigalidade/Distribuir com generosidade. **Ex.** O proje(c)to de construção do lar avançou rapidamente porque houve patrocinadores que liberalizaram os recursos necessários todos.

liberar *v t* (<lat *líbero, áre*) **1** Tornar(-se) livre/Libertar(-se). **Loc.** ~ [Libertar(+)](-se) *da angústia* [tristeza]. **2** Libertar(-se) de dívida/obrigação/compromisso/Exonerar(-se)/Desobrigar(-se). **Ex.** A empresa liberou-o do tempo de pré-aviso de despedimento. **3** Tornar legal/Autorizar/Liberalizar. **Loc.** ~ *a comercialização* «de drogas leves». **4** Conseguir reaver o que estava retido. **Loc.** ~ *as mercadorias retidas* «na alfândega».

liberativo, a *adj* (<liberar + -tivo) Que liberta/desobriga. **Comb.** Sentença *~a*.

liberatório, a *adj* (<liberar + -tório) **1** Que envolve liberação. **2** *Dir* Próprio para substituir a moeda na quitação duma dívida. **Comb.** Documento [Instrumento] *~*.

liberdade *s f* (<lat *libértas, átis*) **1** Condição de um ser que pode agir sem constrangimento de acordo com as leis da sua natureza. **Ex.** Os animais selvagens gozam da ~ natural de se poderem movimentar à vontade no seu meio ambiente. **2** Direito de um cidadão agir segundo a sua própria determinação dentro dos limites fixados pela lei. **Comb.** ~ *de a(c)ção*. *~ de consciência*/*~ religiosa* [Direito de professar ou não qualquer religião, crença ou ideologia]. *~ de culto* [Possibilidade garantida pela autoridade pública de poder exercer práticas cultuais próprias da sua religião]. *~ de expressão* [de poder manifestar publicamente o seu pensamento/as suas opiniões]. *~ de imprensa* [de usar os meios de comunicação para expor o seu pensamento/as suas ideias/opiniões]. *~ sindical* [Direito dos trabalhadores de aderirem ou não a um sindicato]. **3** Estado de quem não está subjugado, prisioneiro ou totalmente dependente de alguém. **Ex.** Os réus foram absolvidos e postos em ~ por falta de provas. **Comb.** ~ *condicional* [sujeita a restrições estabelecidas legalmente].

4 Possibilidade individual e cole(c)tiva de poder exercer os direitos cívicos de escolha dos governantes e legisladores. **Ex.** As democracias são regimes políticos de ~. **Comb.** Eleições realizadas em *~*. **5** Condição de quem está livre de compromissos ou obrigações particulares específicas. **Ex.** Estou desempregado, tenho ~ para me dedicar à a(c)tividade que quiser. **Loc.** Ter ~ para casar (por não haver vínculos anteriores). **6** Estado de quem não tem restrições de obediência ou outras. **Loc.** ~ *para sair à noite* [para jogar no casino]. **7** Desvio da prática habitual/do que é considerado norma ou padrão. **Loc.** Tomar a ~ «de fumar» [Não ficar à espera de licença/Tomar a iniciativa sem autorização expressa para tal]. **Comb.** *~ de costumes* «no vestir» [linguagem]. *~ poética* [Expressões ou forma de linguagem só aceitáveis em poesia]. **8** A(c)to ou dito considerado abusador/indecoroso/licencioso. **Ex.** Eu não (lhe) admito essas [tais] *~s*! **9** *Fil* Qualidade da vontade de se guiar por motivos e valores conscientemente assumidos. **10** *Fil* Estado da pessoa que se determina apenas pela razão, suprimindo qualquer interferência das paixões na decisão/*~ racional*. **11** *Fil* Poder da pessoa de se autodeterminar/Livre arbítrio. **12** Condição de possibilidade da vida moral. **Ex.** Tudo o que diminui a ~ diminui a responsabilidade e o cará(c)ter moral dum a(c)to.

Libéria s f Geog Estado da Costa Ocidental Africana entre a Serra Leoa, a República da Guiné-Conacri, a Costa do Marfim e o Oceano Atlântico cuja capital é Monróvia.

liberiano, a adj/s (<top Libéria + -ano) Natural ou habitante da [Relativo à] Libéria. **Comb.** Navio [Petroleiro] com pavilhão ~o. Tribo ~a «mandinga/gissis».

liberi(a)no, a adj Bot (<líber + -ino) Relativo ao líber.

líbero s m (D)esp (<it líbero) Jogador de futebol que a(c)tua atrás dos defesas para colmatar eventuais falhas.

líbero-lenhoso, a adj Bot (<liberi(a)no + lenhoso) Diz-se do feixe condutor duplo, constituído por vasos crivosos e vasos traqueanos. ⇒ líber.

libérrimo, a adj (<lat libérrimus, a, um) Superlativo absoluto simples de livre. **Sin.** Muito livre(+).

libertação s f (<libertar + -ção) **1** A(c)to ou efeito de libertar(-se)/de sair de onde (se) está preso. **Ex.** Ir estudar para fora da terra foi para ele/a uma ~. **Comb.** ~ de prisioneiros [reféns]. **2** A(c)ção de libertar o homem de tudo o que o possa constranger [obrigar] ou oprimir. **Comb.** ~ *da imaginação* «pela a(c)tividade artística». ~ *de preconceitos*. **3** Emancipação/Independência. **Comb.** ~ *de povos colonizados*. Movimentos feministas *de* ~ *da mulher*. **4** Exoneração/Desobrigação. **Comb.** ~ dum compromisso [duma dívida]. **5** Emanação/Exalação/Desprendimento. **Comb.** ~ de calor [cheiro/gás/vapores] «numa rea(c)ção química». **6** Desimpedimento/Desobstrução. **Comb.** ~ de escolhos [impecilhos/dificuldades] «que impedem a realização duma tarefa/obstruem uma passagem».

libertador, ora adj/s (<libertar + -dor) (O) que liberta/concede a liberdade/Salvador. **Ex.** Para os cristãos – e na verdade – Jesus Cristo é o verdadeiro e único ~ [Salvador(+)] de toda a humanidade. **Comb.** Movimentos ~es.

libertar v t (<liberto + -ar¹) **1** Pôr em liberdade/Tornar livre/Soltar. **Loc.** ~ *pássaros presos* numa gaiola. ~ *prisioneiros*. **2** Dar a independência/Conceder a emancipação/alforria. **Loc.** ~ *escravos*. ~ *um país colonizado*. **3** Pôr fim a uma obrigação/um compromisso/Desobrigar. **Ex.** A empresa libertou-me do serviço de apoio a clientes estrangeiros. Paguei a última prestação do carro; libertei-me dum pesado fardo [encargo]. **4** Livrar(-se) daquilo que estorva/Desobstruir/Desimpedir. **Loc.** ~ uma passagem. **5** Solucionar problemas «psíquicos/emocionais»/Livrar(-se) de dificuldades. **Ex.** O psiquiatra libertou-o da obsessão que o oprimia. **6** Emanar/Exalar/Desprender. **Ex.** As combustões vivas libertam calor. Uma rea(c)ção química que liberta vapores «corrosivos».

libertário, a adj/s (<libertar + -ário) **1** (O) que não admite restrições às liberdades individuais. **Comb.** *Doutrinas* ~as. *Socialismo* ~. **2** ⇒ Anarquista.

libertinagem s f (<libertino + -agem) **1** Desregramento de costumes/Vida de libertino/Licenciosidade/Devassidão. **Ex.** A revolução provocou o aumento da ~. Muitos confundem liberdade com ~. **2** Atitude de quem assume a total liberdade de pensamento e de a(c)ção/Orgulhosa insubmissão(+). **Comb.** Filósofo defensor da ~.

libertino, a adj/s (<lat libertínus, a, um) **1** (O) que leva vida dissoluta/imoral/Devasso. **Comb.** *Costumes* ~s. *Vida* ~a. **2** (O) que manifesta irreverência a crenças e práticas religiosas e a outras regras e normas estabelecidas. **Ex.** Os ~s podem considerar-se precursores dos *Livres Pensadores*.

liberto, a adj/s (<lat libértus, i: (escravo) liberto/forro) **1** Posto em liberdade/Solto. **Ex.** O arguido esteve em prisão preventiva mas já está ~. **2** Desoprimido/Aliviado. **Ex.** Quando o exame terminou senti-me ~. Contei tudo aos meus pais e fiquei ~o/a duma enorme preocupação. **3** Livre de obrigações/preconceitos/Desobrigado. **Comb.** ~ *de compromissos*. *Espírito* ~. **4** s Escravo que obteve a liberdade ou carta de alforria. **Ex.** Os ~s costumavam tomar o nome do seu libertador.

Líbia s f Geog (<lat Lybia) País mediterrânico do Norte de África cuja capital é Tripoli. ⇒ líbio.

libidinagem s f (<lat libído, inis + -agem) Vida de libidinoso/Lascívia/Volu(p)tuosidade. **Loc.** Entregar-se à [Viver na] ~.

libidinoso, a (Óso, Ósa, Ósos) adj/s (<lat libidinósus, a, um) **1** (O) que é lascivo/sensual/Dissoluto/Devasso. **Comb.** *Jovem* ~. *Prazeres* ~s. **2** Relativo à sensualidade. **Comb.** Pensamentos [Olhares] ~s.

libido s f (<lat libido, inis) **1** Desejo ou pulsão sexual. **2** Segundo o médico austríaco Freud (1856-1939), energia psíquica associada às pulsões vitais, particularmente à pulsão sexual. **3** Para o médico suíço Jung (1875-1961), energia psíquica, seja qual for o seu obje(c)to.

líbio, a adj/s (<pop Líbia) Natural ou habitante da [Relativo à] Líbia. **Ex.** A grande maioria dos ~s fala o árabe mas há tribos que ainda conservam [falam] o berbere.

libra s f (<lat libra, ae: balança, peso) **1** *Fís* Unidade de massa do sistema inglês equivalente a 453,6 g (Símbolo *lb*). **Ex.** Uma ~ equivale a 16 onças. **2** Moeda de ouro inglesa que também circulou em Portugal até ao primeiro quartel do séc. XX. **Ex.** A ~ foi muito usada como adorno feminino em cordões de ouro. **3** Unidade monetária de vários países. **Comb.** ~ *esterlina* [inglesa] (Símbolo £). ~ *irlandesa*. **4** *Astr Maiúsc* Sétima constelação do Zodíaco situada entre o Leão e o Escorpião/Balança. **5** Sétimo signo do Zodíaco.

libração s f Astr (<librar) Movimento de oscilação aparente (em longitude ou latitude) do globo lunar que torna visível um pouco mais do hemisfério sul da Lua.

librar v t/int (<lat líbro, áre, átum: balançar, equilibrar; ⇒ libra) **1** ⇒ equilibrar/balancear. **2** ⇒ «águia» suspender (no ar); pairar.

libré s f (<fr livrée) Uniforme [Vestimenta] de criados e cocheiros de casa nobre/Farda. **Comb.** Porteiro de hotel [Criado/Mordomo] de ~.

libretista s 2g (<libreto + -ista) Pessoa que escreve libretos. **Comb.** Compositor e ~.

libreto (Brê) s m (<it libretto) Texto em prosa ou verso de óperas/cantatas. **Loc.** Acompanhar pelo ~ «em português» uma ópera (cantada na língua original).

liça s f (<fr lice) **1** Paliçada de madeira em torno de castelos ou praças. **2** Terreno rodeado por essa paliçada onde se realizavam torneios. **3** *fig* Luta [Disputa] física ou verbal/Discussão/Polé[ê]mica. **Loc. *Entrar na*** ~ [no combate/na discussão]. ***Trazer à*** ~ [Apresentar à discussão].

lição s f (<lat léctio, ónis: escolha, leitura; ⇒ ler) **1** Exposição oral perante uma assistência com o fim de ensinar. **Loc.** Dar uma ~. **Comb.** Última ~ «dum professor catedrático». **2** Conjunto de matérias [Unidade temática/didá(c)tica] duma disciplina organizado para ser transmitido em cada aula. **Ex.** Hoje a ~ de História foi sobre a Revolução dos Cravos, em Portugal, 25 de abril de 1974. **Comb.** *Curso* «de inglês» *em* «20» *~ões*. *Sumário da* ~. **3** Matéria que o aluno deve aprender aula a [para cada] aula. **Ex.** Mãe, posso ir brincar? Já estudei as ~ões de hoje. É um aluno muito aplicado que tem sempre as ~ões em dia [sabe [estuda] sempre as ~ões]. **4** Ensino facultado individualmente ou a pequenos grupos para reforço [colmatar atrasos] da aprendizagem/Explicação. **Ex.** O meu filho vai começar com ~ões particulares de matemática porque está muito atrasado. **5** O que se aprende com alguém muito sabedor ou com explicações ocasionais. **Ex.** O guia (do museu) deu-nos uma boa ~ de história de arte. **6** Ensinamento [Conselho/Exemplo] que orienta ou educa. **Ex.** A atitude de entregar a carteira encontrada na rua foi uma grande ~ de honestidade. **Loc.** Tirar a ~ duma fábula. **7** Ensinamentos retirados de erros que se cometem ou de situações de infortúnio. **Ex.** O susto que apanhei (por me ter despistado sem consequências graves) serviu-me de ~: passei a conduzir com muito mais cuidado. **8** Repreensão/Reprimenda/Castigo. **Ex.** «por ter faltado às aulas» Levou uma ~ do pai, (~) que lhe serviu de emenda.

liçarol s m (<liço) Cada uma das duas barras transversais do tear que sustentam os liços.

liceal adj 2g (<liceu + -al) Relativo a [Do] liceu. **Comb.** Estabelecimento de ensino ~. Estudante ~.

licença s f (<lat licentia, ae: liberdade, depravação, licença) **1** Permissão para fazer [deixar de fazer] alguma coisa/Autorização/Consentimento. **Ex.** O pai deu-me ~ para eu levar o carro. Os alunos não podem sair da aula sem ~. Dá-me ~ que eu passe «para ocupar aquele lugar vago»? **2** Autorização concedida por entidades oficiais para exercer determinadas a(c)tividades, praticar certos a(c)tos ou possuir e usar determinados obje(c)tos, mediante o pagamento de uma taxa/Documento que comprova a concessão de autorização. **Ex.** O fiscal da Câmara [Prefeitura] exigiu que lhe mostrasse a ~ de construção da casa. **Loc.** Possuir/Requerer/Tirar uma ~. **Comb.** ~ *de caça*. ~ *de condução*. ~ *construção*. ~ *de porta aberta* [para exercer a a(c)tividade comercial em estabelecimento aberto ao público]. ~ *de uso e porte de arma*.

3 Autorização dada a um funcionário para se ausentar temporariamente do seu emprego. **Ex.** O chefe deu-me ~ para sair mais cedo. Pediu uma ~ sem vencimento para ir ao estrangeiro visitar o filho doente. **Loc.** Estar de ~ [férias/Ser o seu dia de descanso]. **Comb.** ~ *de nojo* [Ausência ao serviço por motivo de falecimento dum familiar]. ~ *de parto*/maternidade/paternidade [Ausência por motivo de nascimento dum filho]. ~ *sabática* [Dispensa da a(c)tividade normal «le(c)tiva» durante um ano para descanso e dedicação a trabalhos de investigação e formação]. ~ *sem vencimento* [Dispensa da a(c)tividade profissional durante um período longo com perda de vencimento e de contagem do tempo de serviço]. **4** Autorização dada pelo titular duma patente [invenção] a outra entidade para explorar [fabricar/comercializar] o obje(c)to dessa patente. **Loc.** Fabricar «máquinas fotográficas» sob ~ da «*Canon*». **5** Autorização eclesiástica católica para publicação de uma obra, expressa pela fórmula latina *nihil obstat* ou *imprimatur*. **6** Liberdade de palavras ou a(c)tos que ultrapassa o que é aceitável/Licenciosidade(+).

licenciado, a *s/adj* (<licenciar + -ado) **1** (O) que tem licenciatura conferida por um estabelecimento de ensino superior. **Ex.** Os filhos dele são todos ~s «em Direito». **2** *Mil* (O) que terminou o tempo de serviço no a(c)tivo. **Comb. Major** da Força Aérea ~. *Tropas* ~*as*. **3** Que tem licença. **Comb.** *Estabelecimento* ~. *Obra* ~*a*.

licenciamento *s m* (<licenciar + -mento) **1** Processo de obtenção de licença junto de entidades oficiais para determinados fins «construção de edifícios/instalações industriais». **Ex.** A empresa encarregou uma agência para tratar do ~ da nova fábrica. **2** *Mil* Concessão de dispensa temporária de serviço a um (contingente) militar. **Comb.** Militares em situação de ~.

licenciando, a *s* (<licenciar) Aluno que está prestes a obter a licenciatura. **Comb.** Curso com poucos ~s.

licenciar *v t* (<licença + -iar) **1** Conceder [Obter] licença para determinado fim. **Loc.** ~ uma obra [um estabelecimento comercial]. **2** Despedir/Mandar embora. **Ex.** A empresa vai ~ todos os trabalhadores eventuais. **3** Conferir o grau de licenciatura/Formar(-se)/Dar [Obter] licenciatura. **Ex.** A Faculdade de Medicina este ano licenciou poucos médicos. Licenciou-se em Química.

licenciatura *s f* (<licenciar + -ura) Grau acadé[ê]mico obtido com a conclusão de um curso universitário/Formatura. **Ex.** A ~ é um grau intermédio entre o bacharelato e o doutoramento. **Comb.** ~ em Letras [Direito/Medicina]. ⇒ mestrado.

licenciosidade *s f* (<licencioso + -i- + -dade) Qualidade de licencioso/Libertinagem/Devassidão/Desregramento de costumes.

licencioso, a (Ôso, Ósa, Ósos) *adj* (<lat *licenciósus, a, um*) **1** Que leva vida desregrada/Dissoluto/Libertino. **Comb.** Jovens [Pessoas] ~os/as. **2** Que manifesta/contém/insinua sensualidade/lascívia. **Comb.** Canções [Imagens/Filmes] ~as/os.

liceu *s m* (<gr *Lukeion*, escola onde Aristóteles ensinava) Estabelecimento público de ensino secundário de âmbito geral que dava acesso à universidade. **Ex.** Formou-se em Lisboa mas fez [tinha feito] o ~ no Porto. **Comb.** Aluno [Professor] de ~. ⇒ colégio; *Br* ginásio; escola «de ensino médio».

licitação *s f* (<licitar + -ção) **1** A(c)to de licitar/pôr em leilão para ser vendido pela melhor oferta. **Ex.** A ~ fixa o valor mínimo por que os bens são postos em arrematação. **2** Oferta feita num lanço para aquisição de um bem posto em leilão.

licitador, ora [licitante] *adj/s* (<licitar) **1** (O) que licita [põe à venda] em leilão bens mobiliários ou imobiliários. **Ex.** Os ~es do espólio «do artista» foram os próprios herdeiros. **2** (O) que oferece uma quantia para aquisição dum bem posto em leilão/Licitante. **Ex.** O quadro foi disputado por vários ~es.

licitar *v t/int* (<lat *lícitor, ári, átus sum*) **1** Pôr à venda para ser vendido pelo melhor preço em leilão. **Ex.** Os herdeiros licitaram a herança por não terem chegado a acordo sobre os bens que caberiam a cada um. **2** Oferecer uma quantia num lanço para aquisição dum bem posto em leilão. **Ex.** Não apareceu ninguém a ~ a casa porque o valor base era muito alto.

lícito, a *adj/s* (<lat *lícitus, a, um*) **1** (O) que é permitido por lei/Legal. **Ex.** Nem tudo o que é ~ é honesto. **2** (O) que é permitido pela moral ou por convenções éticas/religiosas. **Ex.** É ~ desobedecer a leis que não respeitam os direitos fundamentais da pessoa humana. O ~ e o ilícito no plano legal e no plano moral podem não ser coincidentes. **3** (O) que é justo/razoável/lógico. **Ex.** Se o despediram, é ~ concluir que não era bom funcionário.

licitude *s f* (<lícito + -ude) **1** Qualidade do que é lícito/permitido/Legitimidade. **Ex.** A ~ das escutas telefó[ô]nicas «a titulares de altos cargos políticos» foi posta em causa pelo partido do governo. **2** Conformidade com a lei positiva/com normas morais ou princípios éticos. **Ex.** A ~ ou ilicitude duma a(c)ção pode variar com a normatividade a que está sujeita.

liço *s m* (<lat *lícium, ii*) Cada um dos fios de arame suspensos dos liçaróis do tear por entre os quais passa o fio da trama.

licoperdáceo, a *adj/s Bot* (<gr *lykos*: lobo + *perdonai*: produzir ventosidades + -áceo) **1** Relativo [Pertencente] às ~as. **2** *s f pl* Família de fungos gastromicetes.

licopodiáceo, a *adj/s Bot* (<licopódio + -áceo) (Diz-se de) pteridófitas de caules aéreos dicotó[ô]micos, com folhas e esporos pequenos, a que pertence o licopódio.

licopódio *s m Bot* (<gr *lykos, ou*: lobo + *pous, podos*: pé + -io) Designação comum de plantas pteridófitas do gé[ê]nero *Lycopodium*, da família das licopodiáceas que compreende várias espécies. **Ex.** Em Portugal, existe na Serra da Estrela o ~ da espécie *Lycopodium clavatum*.

licor (Côr) *s m* (<lat *líquor, óris*) **1** Bebida alcoólica doce e aromática, espessa, obtida por maceração e infusão de substâncias vegetais em aguardente ou álcool. **Comb.** ~ de canela/ginja/tangerina. **2** Porção dessa bebida servida em cálice próprio. **Loc.** Tomar um ~ de amêndoa como digestivo. **3** Designação de certos reagentes [preparados] com fins laboratoriais ou industriais. **Comb.** ~ *de Schweitzer*/Fehling (Reagentes laboratoriais). ~ [Lixívia(+)] **negro**/a (Do tratamento da madeira na indústria da celulose).

licoreiro, a *s* (<licor + -eiro) Fabricante [Vendedor] de licores. **Ex.** Os monges «beneditinos» foram ~s afamados. **2** Conjunto de frasco [garrafa] e copos para licor. **Comb.** ~o/a de cristal.

licorista *s 2g* (<licor + -ista) Fabricante [Comerciante] de licores.

licorne (Cór) *s m* (<lat *unicórnis, e*) **1** Animal fabuloso com um só corno no meio da testa/Unicórnio(+). **2** *Maiúsc Astr* Constelação austral.

licoroso, a (Ôso, Ósa, Ósos) *adj* (<licor + -oso) **1** Que tem as propriedades do [Semelhante ao] licor. **Comb. *Consistência* ~*a*. *Líquido* ~.** **2** Diz-se dos vinhos de sabor adocicado e elevado teor alcoólico. **Ex.** Em Portugal estão classificados como ~s, além de outros, os vinhos do Porto e da Madeira.

licra *s f* (<ing *Lycra*, marca comercial) Tecido sintético elástico usado no fabrico de peças de vestuário «fatos de banho/desporto».

licranço *s m Zool* (<ár *al-'qrab*: lacrau) Nome vulgar de alguns répteis serpentiformes, de membros reduzidos/Cobra-cega/Cobra-de-vidro.

lida *s f* (<lidar) **1** Qualquer trabalho que exija esforço/Tarefa/Faina/Azáfama. **Loc.** Fazer (todos os dias) a ~ da casa. **Prov.** *Tanta ~ para tão pouca vida* [Os prazeres da vida não compensam os desgostos e trabalhos]. **2** *Br* Leitura rápida/O passar os olhos «pelo jornal»/Ledela.

lidado, a *adj* (<lidar + -do) Diz-se do animal (Touro) que foi toureado [corrido/farpeado]. **Ex.** As chocas (Vacas que servem de guia) entraram na arena para encaminharem o touro ~ para o curro.

lidador, ora *adj/s* (<lidar + -dor) **1** (O) que lida/trabalha/combate. **Ex.** Valentes ~es «Gonçalo Mendes da Maia» tomaram de assalto o castelo. **2** Toureiro. **Ex.** A assistência aplaudiu o ~ [toureiro(+)] que entrou na arena a cavalo.

lidar *v t/int* (<lat *litigo, áre*: litigar) **1** Trabalhar/Labutar/Afadigar-se. **Ex.** Andei toda a manhã a ~ e ainda não tenho a casa em ordem. **2** ⇒ Combater/Lutar/~ **6**. **3** Conseguir viver tranquilamente com diversas pessoas ou situações. **Ex.** O chefe tinha mau feitio, não era fácil ~ com ele. Não a aceitaram como empregada no infantário porque não sabia ~ com crianças. Sofreu muito quando soube da (gravidade da) doença, mas depressa aprendeu a ~ com ela. **4** Saber usar com facilidade ferramentas, instrumentos ou outros materiais/utensílios. **Ex.** Sabia ~ com todas as máquinas da fábrica. Lidava com o computador como se fosse um brinquedo. **5** Ter conta(c)to frequente com [Atender] pessoas/Conviver/Relacionar-se. **Ex.** No emprego, lido com pessoas de todas as categorias sociais. **6** Correr um touro/Tourear. **Loc.** ~ um touro.

lide *s f* (<lat *lis, lítis*: pleito, litígio, disputa) **1** Trabalho penoso/Labuta/Lida. **Ex.** Acabadas as férias, voltamos às ~s do dia a dia. **2** Combate/Peleja/Luta. **Ex.** A ~ foi muito dura mas acabámos por vencer. **3** Pleito(+) jurídico/Litígio(+). **Ex.** A ~ terminou com um acordo favorável a ambas as partes. **4** A(c)tividade em que se põe grande empenho/Dedicação a uma causa. **Ex.** Desgostoso com as querelas partidárias, decidiu retirar-se das ~s políticas. **5** Toureio. **Comb.** ~ a pé [a cavalo]. ⇒ lidar **6**.

líder *s 2g* (<ing *leader*: chefe) **1** Pessoa que tem qualidades de chefia/que sabe dirigir ou orientar outros/Chefe(+)/Guia(+). **Ex.** Ele é o ~ do grupo [da turma]. Nota-se que a equipa/e tem falta de um bom ~. **2** Pessoa que dirige um movimento/grupo político e a(c)tua como seu representante institucional. **Comb.** ~ *parlamentar*. ~ *revolucionário*. **3** Entidade [Pessoa] que em determinado ramo de a(c)tividade ocupa lugar de destaque/ocupa o primeiro lugar. **Comb.** *Empresa* ~ do mercado. *Clube* ~ da competição [do campeonato].

liderança *s f* (<liderar + -ança) **1** A(c)ção [Capacidade] de liderar/Função de líder/Chefia. **Ex.** Sob a sua ~ o clube venceu [ganhou/conquistou(+)] vários troféus. Apesar de a empresa se encontrar em crise, a ~ do dire(c)tor nunca foi contestada. **2** Período durante o qual um líder exerce essa função. **Ex.** Abandonou o cargo de dirigente do partido ao fim de uma longa ~. **3** Posição de destaque em determinada área. **Ex.** A ~ da política mundial há vários anos que é exercida pelos EUA.

liderar *v t* (<líder + -ar¹) **1** Exercer a função de líder/Chefiar(+)/Dirigir(+)/Orientar/Guiar. **Loc.** ~ uma empresa/um grupo/movimento/país. **2** Estar à frente/no primeiro lugar. **Ex.** O automobilista Michael Schumacher liderou a corrida de F 1 do [desde o] princípio ao fim. Após a vitória sobre o seu adversário mais dire(c)to, o clube «Benfica/Corint(h)ians» passou a ~ a competição.

lídimo, a *adj* (<lat *legítimus, a, um*) **1** Genuíno/Autêntico/Puro. **Comb.** O fado, ~a canção (popular) portuguesa. **2** Legal/Legítimo(+). **Ex.** Os embaixadores são os ~s representantes dum país no estrangeiro, onde exercem as suas funções.

lido¹, a *adj* (<ler) **1** «livro» Que muita gente leu/«autor» Que é muito conhecido. **Ex.** Miguel Torga é um dos escritores portugueses mais ~s. **2** Que se tornou culto com a leitura/Instruído/Sabedor. **Ex.** Ainda é novo mas tem uma grande cultura; é muito ~ e viajado.

lido² *s m Geog* (<it *lido* <lat *lítus, oris*: costa) Faixa de areia que fecha pelo lado do mar uma reentrância da costa. **Comb.** O ~ de Veneza, entre o Adriático e a laguna de Veneza. ⇒ restinga.

Liechtenstein *s m Geog* Pequeno Principado entre a Áustria e a Suíça e mais ligado a esta. **Ex.** A capital de ~ é Vaduz e os seus habitantes ~enses.

lienteria *s f Med* (<lat *lienteria, ae*) Diarreia em que os alimentos são evacuados antes de serem digeridos. **Sin.** Corte de digestão (+).

lierne (Ér) *s m Arquit* (<fr *lierne*) Nervura em cruz nas abóbadas góticas ou ogivais.

liga *s f* (<ligar) **1** A(c)ção de unir/ligar/Junção/Ligação/União. **2** Acordo político entre estados [regiões/governos] tendo em vista a defesa de interesses comuns/Aliança/Coligação/União. **Comb.** ~ Árabe. **3** Associação de pessoas [organismos] com interesses comuns para unificar formas de a(c)tuação/Associação/Aliança. **Comb.** ~ Portuguesa contra o Cancro. **4** Associação de clubes da mesma categoria para organização de competições (d)esportivas. **Comb.** ~ Portuguesa de Clubes de Futebol. **5** Combinação de dois ou mais metais [de metais e elemento(s) não metálico(s)] geralmente obtida por fusão. **Ex.** O bronze é uma ~ de cobre e estanho. Carro equipado com jantes de ~ leve (À base de alumínio e magnésio). **6** Ponto base de tricô que é o reverso da meia. **Ex.** Revesilho (dos punhos) feito alternadamente com malha de ~ e de meia. **7** Acessório de vestuário que consiste numa faixa de tecido elástico. **Loc.** ~ [Cinto de ~s] para segurar as meias. **Comb.** *idi* De faca na ~ [Diz-se de pessoa violenta/agressiva/ameaçadora]. **8** ⇒ *s 2g Br* Bom companheiro/Amigo inseparável.

ligação *s f* (<ligar + -ção) **1** A(c)to ou efeito de ligar/União/Junção. **Loc.** Pedir [Fazer] a ~ à rede elé(c)trica [de distribuição de água]. **2** Aquilo que liga/articula/mantém unido. **Ex.** O duodeno faz a ~ entre o estômago e o intestino. **Comb.** *Elo de* ~. *Peça de* ~. **3** Operação pela qual se estabelece conta(c)to/conexão/Comunicação entre pessoas em pontos distantes. **Ex.** Pediu à secretária que lhe fizesse uma ~ para as informações do aeroporto. Estava ao telefone e cortaram [interromperam] a ~. **Comb.** ~ por satélite. **4** Comunicação entre dois locais por diversos meios. **Ex.** Entre Lisboa e Tóquio não há ligação aérea dire(c)ta. **Comb.** ~ *ferroviária* [por estrada]. ~ *marítima*. **5** Articulação entre linhas [meios] de transporte para permitir efe(c)tuar um percurso entre localidades sem ligação dire(c)ta. **Ex.** Nessa estação o *Metro/ô* tem ligação com o caminho [a estrada] de ferro. Não há voos dire(c)tos de Paris para o Algarve mas há ~ em Lisboa. **6** Conta(c)to entre partes se(c)tores duma organização/pessoas dum grupo. **Ex.** Foi trabalhar para a província e perdeu a ~ com os colegas de curso. O ciclista teve um furo, atrasou-se e perdeu a ~ com o pelotão. **7** Relação lógica entre os elementos dum discurso/as partes dum texto/duma obra. **Ex.** Fez um discurso com uma série de ideias soltas (sem ~ entre elas). Não há ~ entre as várias partes da obra; são completamente independentes. **8** *Gram* Relação gramatical entre (termos de) orações por meio de conjunções ou preposições. **Comb.** ~ de orações [proposições] por coordenação ou subordinação. **9** Relação de parentesco, afe(c)tiva ou de interesse mútuo entre pessoas/Laço/Vínculo. **Ex.** A ~ da mãe com um filho recém-nascido é muito intensa. **10** Relação amorosa com alguém. **Ex.** Casou(-se) mas já tinha filhos de ~ões anteriores. **11** Relação de dependência entre fa(c)tos, acontecimentos ou coisas. **Ex.** Há uma ~ estreita entre a degradação moral e o aumento da criminalidade. **12** *Fon* A(c)to de pronunciar duas palavras consecutivas unindo a consoante final da primeira com a vogal inicial da palavra seguinte. **Ex.** Em "Às onze (horas)" faz-se a ~ do *s* de às com o *o* de *onze*: "àzonze". **13** *Quím* Capacidade de os elementos químicos se combinarem entre si e uns com os outros, determinada pelo comportamento e distribuição dos ele(c)trões [elétrons] periféricos dos vários átomos. **Comb.** ~ *covalente* [em que há formação de um par de ele(c)trões [elétrons] partilhado entre os dois átomos]. ~ *dupla*/*tripla*/*múltipla* [em que há partilha de mais do que um par de ele(c)trões [elétrons]] (Ex. No etileno H_2 C=C H_2 há partilha de dois pares ele(c)tró[ô]nicos: ~ dupla). ~ *ió[ô]nica* [em que há cedência ou capta ção de ele(c)trões [elétrons]]. ~ *metálica* [típica dos metais e compostos intermetálicos em que os ele(c)trões [elétrons] livres circulam em fluido através duma estrutura de iões [íons] positivos].

ligadura *s f* (<lat *ligatura, ae*; ⇒ ligar) **1** Aplicação duma tira de pano ou de outro material à volta duma parte do corpo para a envolver ou imobilizar. **Ex.** Imobilizaram-lhe o braço fra(c)turado com uma ~ embebida em gesso. A enfermeira tratou-lhe a ferida, pôs-lhe um penso e envolveu-a numa ~. **2** Faixa [Tira] de pano [gaze/adesivo] comprida e estreita utilizada para esse fim. **Comb.** ~ de adesivo. Caixa de ~s de gaze. **3** *Mús* Sinal em forma de curva unindo duas ou mais notas indicando prolongamento [continuidade] de som.

ligame [ligâmen] *s m* (<lat *ligámen, inis*) **1** Aquilo que liga/Laço/Ligação/Vínculo/Conexão. **2** *Dir* Impedimento de matrimó[ô]nio.

ligamento *s m* (<lat *ligamentum, i*) **1** O que serve para ligar/que faz a ligação. **Comb.** ~ feito por soldadura [colagem/rebitagem]. **2** *Anat* Feixe de tecido fibroso que liga os ossos ou as cartilagens nas articulações. **Comb.** Rotura de ~s «do joelho». **3** *Anat* Prega do peritoneu que faz a ligação dos vários órgãos do abdó[ô]men/abdome à parede abdominal. **4** Argamassa com que se ligam materiais de construção. **Loc.** Aplicar azulejos na parede com um ~ de cimento-cola.

ligar *v t/int* (<lat *lígo, áre, átum*) **1** Unir [Prender/Atar] o que estava separado. **Ex.** Não leves as peças «anilhas/porcas» soltas, podem perder-se. Junta-as todas e liga-as com um cordel. **Loc.** ~ as pontas dum fio que partiu. **2** Envolver com [Aplicar] uma ligadura. **Ex.** A enfermeira fez-lhe o penso e ligou-lhe a ferida. **3** Fazer aderir [Colar] uma coisa a outra. **Ex.** Liguei [Colei(+)] com cola rápida, a asa da chávena que tinha partido e ficou como nova. **Loc.** ~ tijolos com argamassa de cimento e areia. **4** Fazer com que os ingredientes duma mistura se homogeneizem. **Ex.** A água e o azeite não ligam. **Loc.** Bater a massa dum bolo para ela ~. **5** Fazer a fusão de substâncias «metais» heterogéneas para obter uma mistura uniforme/Fazer uma liga. **Loc.** Preparar [Pesar] os componentes do latão (cobre, chumbo e zinco), para os ~ no forno de fusão. **6** Estabelecer a comunicação entre dois pontos. **Ex.** Lisboa tem duas grandes pontes que ligam as duas margens do Tejo. O corredor liga a sala de espera aos gabinetes. **Comb.** Duas cidades ligadas por autoestrada. **7** Estabelecer conta(c)to telefó[ô]nico com alguém/Telefonar. **Ex.** Liga [Telefona] aos nossos compadres para virem cá hoje jantar. Ficaram de me ~ [Disseram que me telefonavam[nariam]] do consultório para indicar [marcar/nos dizerem] a data da nova consulta. **8** Estabelecer um encadeamento/uma relação coerente/com nexo. **Loc.** ~ fa(c)tos [ideias]. **9** Harmonizar(-se)/Enquadrar(-se)/Condizer. **Ex.** Esses sapatos não ligam com o vestido. O vinho tinto liga bem com pratos de carne. **10** Criar vínculos/laços/Estabelecer relações «sentimentais/profissionais». **Ex.** Os três amigos ligaram[associaram(+)]-se para explorar um restaurante. **Loc.** *~-se a um partido* político. *~-se pelo matrimó[ô]nio* [Casar]. **11** Dar importância/atenção. **Ex.** Ela nunca ligou aos meus conselhos e também não é pessoa de ~ a críticas. Há pais que pouco ligam aos filhos: querem-nos no infantário [na escola] o dia inteiro para não terem de se preocupar com eles. **12** *Ele(c)tri* Estabelecer conta(c)to/Fechar um circuito/Pôr em tensão. **Ex.** Já ligaram a ele(c)tricidade ao nosso prédio. **Loc.** *~ a televisão* [luz]. *~ o aspirador* [secador de cabelo]. **13** Pôr em funcionamento/A(c)cionar o mecanismo de arranque. **Loc.** ~ [Acender(+)] *o gás*. *~ o motor* do carro. **14** *Gram* Estabelecer relações de coordenação ou subordinação entre orações/Pôr palavras em sequência para formar frases com sentido. **Ex.** As conjunções ligam orações subordinadas à subordinante. Ligou cinco palavras e fez um lindo verso. **15** *Mús* Unir duas ou mais notas. **Ex.** As frases musicais do canto gregoriano devem ser muito bem ligadas.

ligeiramente *adv* (<ligeiro + -mente) **1** Com desembaraço/ligeireza. **Ex.** Quando pressentiram que o dono do pomar estava a chegar, escaparam ~ saltando a vedação. **2** Com pouca intensidade/Levemente/Um pouco. **Ex.** A chuva abrandou ~ [um pouco]. Hoje o doente está ~ [um pouquinho] melhor. **3** De modo superficial/Sem grande profundidade/Superficialmente. **Loc.** Abordar um assunto ~ [à ligeira]. **4** De forma leviana/Despreocupadamente. **Ex.** Não admira que se tivessem separado ao fim de tão pouco tempo de casados, pois encararam sempre muito ~ o casamento.

ligeireza *s f* (<ligeiro + -eza) **1** Qualidade do que é ligeiro/Rapidez de movimentos/Agilidade/Destreza. **Ex.** Apesar da idade, move-se com muita ~. Sempre admirei a ~ com que as senhoras fazem tricô. **2** Leveza [Delicadeza] de gestos/movimentos/atitudes. **Loc.** Dançar com ~. **3** Superficialidade/Levianidade/Irreflexão. **Ex.** É impressionante a ~ [facilidade] com que tanta gente gasta dinheiro, que lhes faz falta, em coisas totalmente supérfluas.

ligeiro, a *adj/s* (<lat *leviarius* <*levis, e*: leve) **1** Que se desloca com ligeireza/Rápido/Desembaraçado/Ágil. **Ex.** Aonde vais a correr, tão ~? Ele tem pé ~ [Ele anda depressa]. **Comb.** ~ [Desembaraçado] a trabalhar. **2** Pouco pesado/Leve. **Ex.** Só levo a encomenda se for coisa ~a; sofro da coluna, não posso pegar em pesos [coisas pesadas]. **3** Que tem pouca espessura/Fino/Leve. **Ex.** No verão, usam-se fatos [tecidos] mais ~s. **Loc.** Vestir-se à ~a [com fatos leves/finos]. **4** Que dura pouco/Que passa rapidamente/Breve/Rápido. **Ex.** Não deixes cozer muito o peixe. Dá-lhe só uma ~a fervura. A meio da manhã, temos uma ~a [curta/pequena(+)] pausa para tomar café. **5** Pouco intenso/Fraco/Leve. **Ex.** Ela tem uma ~a ponta de febre. O tempo está ameno; sopra uma ~a brisa. **6** Facilmente digerível/Que provoca digestões fáceis. **Comb.** Alimentos [Comida/Refeição] ~os/a. **7** Que tem pouca consistência/solidez/Pouco firme/Frágil/Precário. **Ex.** O temporal arrasou a maior parte das construções ~as junto à costa. **8** Que tem pouca importância/Com pouco valor/Insignificante. **Ex.** Não foi um acidente grave; apenas um ~ toque. **Comb. *Erro* ~. *Ferimentos* ~s. *Ofensas* ~as**. **9** Pouco trabalhoso/Fácil/Leve. **Ex.** É doente, só pode fazer trabalhos ~s. Habituou os filhos desde pequenos a colaborar nas tarefas ~as [mais leves] da casa. **10** Que é pouco profundo/Superficial. **Ex.** Nunca estudei informática mas tenho umas ~as noções. **11** Que tem um conteúdo [versa um tema] pouco profundo/Que se destina a distrair. **Comb. *Filmes* ~s. *Música* ~a. *Teatro* ~**. **12** Que revela pouca ponderação/manifesta leviandade/Superficial/Leviano. **Loc.** Ser muito ~ a fazer juízos/tirar conclusões. Tratar das coisas à ~a [sem ponderação/com leviandade]. **Comb.** Costumes [Comportamento] ~os/o. **13** Diz-se de arma de baixo calibre e de manejo rápido. **Comb. *Arma* ~a. *Artilharia* ~a. *Metralhadora* ~a**. **14** *adj/s m* (Diz-se do) veículo automóvel de peso bruto inferior a 3500 kg ou com lotação até nove lugares. **Ex.** Esta carrinha (de caixa aberta) é de carga mas é um carro ~. Os carros ~os destinam-se na grande maioria ao transporte de passageiros. **Loc.** Tirar [Ter] carta de ~s.

light *adj 2g* (<ing *light*: leve) Diz-se dos alimentos e bebidas com valor calórico [álcool/açúcar/gordura] inferior ao normal. **Comb. *Bolo* ~. *Cerveja* ~. *Manteiga* ~. *Sumo* [Refrigerante] ~**.

lígneo, a *adj* (<lat *lígneus, a, um*) ⇒ lenhoso.

lignificação/lignificar/lignina ⇒ lenhificação/lenhificar/lenhina.

ligniforme *adj 2g* (<lat *lignum, i*: madeira + -forme) Que tem a natureza [o aspe(c)to] da madeira.

lignite/o *s f/m Miner* (<lat *lignum, i*: madeira + -ite/o) Carvão fóssil de origem vegetal com teor de carbono (65-75%) inferior ao da hulha, de cor castanha ou negra. **Comb.** ~ xiloide [que conserva a estrutura da madeira].

ligueirão *s m Icti* (< ?) Nome vulgar de peixes teleósteos da família dos amotidídeos, *Ammonites lanceolatus*, frequentes na costa portuguesa, também conhecidos por pescada-bicuda e pica.

lígula *s f* (<lat *lígula, ae*: pequena língua) **1** *Bot* Apêndice membranoso de algumas folhas na base do limbo e no prolongamento da bainha. **2** *Zool* Parte do lábio inferior dos inse(c)tos. ⇒ lingueta.

ligulado, a *adj* (<lígula + -ado) **1** Que tem lígulas. **2** Em forma de lígula. **3** *Bot* Diz-se da corola irregular, simpétala, de tubo curto mas com limbo alongado em forma de lígula.

liláceo, a *adj* (<lilás + -áceo) Relativo [Semelhante] ao lilás. **Comb.** Corola ~a. ⇒ liliáceo.

lilás *s m Bot* (<ár *lilak*) **1** Planta arbustiva da família das oleáceas, *Syringa vulgaris*, com flores odoríferas de cor violeta clara (Lilás) ou branca, dispostas em cachos/Lilaseiro. **Comb.** Canteiro com lilases brancos e roxos (Lilases). **2** Flor dessa planta. **3** Cor arroxeada semelhante à do ~.

liliáceo, a *adj/s* (<lat *liliáceus, a, um*) **1** Relativo [Semelhante] ao lírio. **2** *s f pl Bot* Planta/Família de plantas monocotiledó[ô]neas, herbáceas ou por vezes lenhosas, de flores regulares, frequentes em Portugal.

liliputiano, a *adj* (<ing *liliputian*) **1** Relativo à [Habitante da] ilha imaginária de Lilipute, do romance *Viagens de Gulliver*, do escritor inglês Jonathan Swift. **2** Muito pequeno. **Comb.** Edição ~a. **3** *depr* Pessoa minúscula/Anão/Pigmeu.

lima[1] *s f* (<lat *lima, ae*; ⇒ lixa) **1** Ferramenta manual constituída por uma barra de aço temperado com uma ou mais superfícies coberta(s) com entalhes finos, utilizada para desbastar ou polir metais ou outros materiais duros. **Comb.** ~ *de três quinas* [*Br* Limote]. ~ *fina* ou *murça* [grossa]. ~ *redonda*. **2** Obje(c)to metálico ou de outro material «cartão/plástico» com revestimento rugoso para desbastar ou polir/Lixa 1. **Comb.** ~ de unhas. **3** *fig* Aquilo que corrói/desgasta. **Comb.** A ~ dos anos [do tempo].

lima[2] *s f Bot* (<ár *lima*) **1** Fruto da limeira, *Citrus aurantifolia*, amarelo esverdeado, oval, de sabor amargo ou doce. **2** ⇒ Limeira.

limacídeo, a *adj/s Zool* (<lat *límax, ácis*: lesma, caracol + -ídeo) (Diz-se de) família de moluscos gastrópodes a que pertence a lesma.

limado, a *adj* (<limar + -ado) **1** Que foi desbastado com lima. **Comb.** Bordos ~s. **2** Corroído/Gasto. **Comb.** Rochas ~as [desfeitas] pelas areias. **3** *fig* Aperfeiçoado/Apurado/Corre(c)to. **Comb.** Texto [Discurso] ~. **4** *fig* Ajuizado. **Ex.** Parece-me que este moço não é ~ [não tem o juízo todo]...

limador, ora *adj/s* (<limar + -dor) **1** (O) que lima. **Comb.** Ventos [Águas] ~es/oras. **2** *s m* Ferramenta mecânica própria para desbastar/Lima mecânica. **Loc.** Desbastar «a superfície duma peça fundida» no ~.

limadura *s f* (<limado + -ura) **1** A(c)to ou efeito de limar/Aperfeiçoamento/Corre(c)ção. **Ex.** Com mais uma pequena ~ a peça fica pronta. **2** *pl* Limalha.

limalha *s f* (<fr *limaille*) Fragmentos metálicos que se soltam ao limar ou tornear metais. **Comb.** ~ de ferro [aço/bronze].

limão *s m Bot* (<ár *l(e)imun*) Fruto do limoeiro, de cor amarela esverdeada, de aroma forte e sumo muito ácido. **Comb. *Chá* [Carioca] *de* ~ [feito com casca de ~]. *Cor de* ~. *Sumo de* ~.

limar *v t* (<lat *limo, áre, átum*) **1** Desbastar [Polir] com lima. **Loc.** *~ as unhas. ~ uma peça* «para tirar as rebarbas». **2** Aperfeiçoar/Retocar. **Loc.** ~ um texto. **3** Tornar mais educado/cortês. **Ex.** A convivência com gente mais educada limou-o; já não é tão grosseiro.

limatão *s m* (<esp *limatón*) Lima grande, quadrada ou redonda.

limbo *s m* (<lat *limbum, i*: orla) **1** *Bot* Parte principal, geralmente larga e chata, da folha. **Ex.** A folha completa é composta por bainha, pecíolo e ~. **2** *Bot* Parte laminar duma sépala ou duma pétala que as liga às outras. **3** Bordo exterior, geralmente graduado, de instrumento de precisão. **Comb.** ~ dum teodolito. **4** *Astr* Bordo exterior do disco de um astro. **5** ⇒ Borda/Extremidade/Orla/Fímbria. **6** *Rel* Antiga conce(p)ção doutrinal que supunha que as crianças que morriam sem ba(p)tismo acediam a um estado de felicidade natural mas sem a visão beatífica de Deus. **Ex.** A (ultrapassada) doutrina sobre o ~ nunca pertenceu à Fé. **7** *fig* Estado de indecisão/Esquecimento. **Loc.** Deixar (alguém/alguma coisa) no ~ [Votar ao esquecimento].

limeira *s f Bot* (<lima[2] + -eira) Árvore da família das rutáceas, afim do limoeiro, que produz frutos comestíveis e aromáticos. **Ex.** A ~ é muito cultivada no Brasil.

limiar *s m* (<lat *limináris, e*) **1** Soleira da porta/Patamar. **Ex.** Uma inscrição gravada no ~ da porta do templo lembrava aos peregrinos que iam entrar num espaço [local] sagrado. **2** Entrada de um edifício/de uma casa. **Ex.** Insisti para que entrasse mas ele não passou do ~ do corredor. **3** Fase inicial/Início/Começo. **Ex.** O ~ do séc XXI ficou marcado por vários acontecimentos trágicos: guerras, catástrofes naturais, a(c)tos terroristas de extrema crueldade e violência, ... **4** *Fís* Valor mínimo (de quantidade ou qualidade) de um estímulo necessário para produzir resposta no sistema em que a(c)tua. **Comb.** ~ (energético) de excitação. **5** *Fisiol* Valor que devem atingir os parâmetros que condicionam a a(c)tividade «intensidade/duração» de um estímulo para que seja desencadeada a resposta do tecido estimulado. **6** *Psic* Menor estímulo capaz de produzir uma sensação. **Comb.** ~ auditivo [cromático/visual].

liminar *adj 2g/s m* (<lat *limináris, e*) **1** Posto à entrada/Preliminar/Prévio. **Comb.** Advertência ~ [preliminar(+)/prévia(o+)]. **2** *s m* ⇒ limiar.

limitação *s f* (<lat *limitátio, ónis*) **1** A(c)to ou efeito de limitar/Processo de contenção ou restrição de alguma coisa/Redução. **Ex.** A crise obriga à ~ de despesas supérfluas. **2** A(c)ção de fixar os limites/marcar as estremas/Demarcação. **Comb.** ~ de lotes num terreno. **3** Fixação dum prazo/dum limite temporal. **Comb.** ~ do prazo de inscrição «de novos alunos». **4** Perda parcial ou total de capacidades «físicas/intelectuais». **Ex.** Não obstante as ~ões intelectuais que o afe(c)tam [que tem], ele desempenha cabalmente as funções da sua profissão.

limitado, a *adj* (⇒ limitar) **1** Que está demarcado/tem os limites marcados/definidos. **Comb.** Propriedade [Terreno] ~a/o. **2** Que não pode ultrapassar certo limite/Fixado. **Comb. *Preço* ~. *Velocidade* ~a. **3** Reduzido/Restrito. **Comb. *Poderes* ~*os* pela Constituição. *Recursos* financeiros ~*s*. **4** Reduzido em alguma das suas capacidades «físicas/intelectuais». **Ex.** Não se lhe podem entregar tarefas de responsabilidade; é intelectualmente muito ~. O acidente deixou-o ~ fisicamente.

limitar *v t* (<lat *límito, áre, átum*) **1** Pôr limite a/Demarcar. **Loc.** ~ um campo «de futebol». **2** Servir de limite/Delimitar/Estremar. **Ex.** O rio Minho limita Portugal ao norte. A estrada limita a escola pelo sul. **3** Estabelecer limites/Fixar valores «máximo/mínimo». **Ex.** O a(c)tual código da estrada limita a velocidade máxima nas autoes-

tradas a 120 km/h e a mínima a 50 km/h. **4** Reduzir/Moderar/Restringir/Conter. **Loc.** ~ gastos/despesas. **5** Criar dificuldades/entraves/Condicionar. **Ex.** A deficiença física limita-lhe o leque de opções profissionais. As obrigações familiares limitam bastante a nossa mobilidade; não podemos sair «ir ao teatro» sempre que nos apetece. **6** ~-se/Reduzir-se/Cingir-se. **Ex.** Tão grande aparato limitou-se a um pequeno desaguisado [desentendimento/sarilho] entre adeptos de clubes rivais. Não fiz nada de errado; limitei-me a seguir as instruções do aparelho/da máquina.

limitativo, a *adj* (<limitar + -tivo) **1** Que limita/estabelece [serve de] limite. **Comb.** *Barreira ~a. Linha ~a.* **2** Que restringe/condiciona/Restritivo. **Comb.** *Cláusula ~a.* «falta de investimento» *Fa(c)tor ~* do crescimento econó[ô]mico [da criação de empregos].

limite *s m* (<lat *límes, itis*: caminho entre dois campos, raia) **1** O que marca [define] a estrema entre dois terrenos contíguos/Fronteira/Marco. **Loc.** Fixar/Marcar/Traçar os ~s. **Comb.** ~s [Fronteiras(+)] dum país. **2** Linha que marca o fim de [que delimita] alguma coisa. **Loc.** Traçar os ~s [contornos(+)] duma figura. **Comb.** ~ do horizonte. **3** Momento [Data/Época] que marca o início/fim de determinado intervalo de tempo. **Ex.** As "Idades" da História «Média/Moderna» não têm ~s definidos com precisão. O exame tem ~ de tempo. **Comb.** ~ **de idade** [Idade a partir da qual é facultativo ou proibido continuar a exercer uma profissão [desempenhar determinadas funções] e legalmente vedado o ingresso numa carreira profissional] (Ex. Aposentou-se ao atingir o ~ de idade). **4** Valor extremo, máximo ou mínimo, duma escala. **Ex.** Os ~s para definição do grau Celsius da escala de temperatura são: o ponto de fusão do gelo (0°), e o ponto de ebulição da água (100°). **5** Ponto [Valor] extremo que não pode [deve] ser ultrapassado. **Loc.** Ultrapassar os ~s [Ir além do que é aceitável]. **Comb.** ~ **de peso** [Peso máximo que pode ser transportado por um passageiro «no avião» sem pagamento adicional]. ~ **de velocidade**. **6** Termo/Meta. **Ex.** Lutou até ao ~ das suas forças. Atingiu o ~ hierárquico da sua profissão. **7** *Mat* Valor fixo do qual uma grandeza variável pode aproximar-se indefinidamente. **Comb.** ~ duma função [sucessão].

limítrofe *adj 2g* (<lat *limitróphus, a, um*) **1** Que tem limites comuns/Confinante. **Comb.** *Países ~s. Terrenos ~s.* **2** Que vive nas imediações dos limites. **Comb.** *Populações ~s /da raia* «dos dois concelhos/países».

límnico, a *adj* (<gr *limne, es*: pântano, lago + -ico) Proveniente de lagos ou pântanos. **Comb.** *Geol Depósitos ~s* [formados em bacia de sedimentos de água doce]. *Geol Fácies ~a* [A que se refere a meio lacustre].

limnófilo, a *adj* (<gr *limne*: pântano, lago) Que vive nas águas estagnadas/Palustre(+).

limo *s m Bot* (<lat *limus, i*) **1** Planta aquática submersa misturada com o lodo do fundo, de folhas lineares ou filamentosas. **Ex.** Os ~s podem ser algas ou plantas fanerogâmicas. **2** Vegetação verde microscópica que se desenvolve à superfície de pedras, troncos, paredes, onde haja (h)umidade. **3** ⇒ Lodo/Lama.

limoeiro *s m Bot* (<limão + -eiro) Árvore de folhas persistentes da família das rutáceas, *Citrus limon*, que produz frutos ovais amarelo-esverdeados (Limões), aromáticos e muito ácidos. **Ex.** Os ~s do quintal estão carregad(inh)os de limões.

limonada *s f* (<limão + -ada) Bebida preparada com sumo [suco/essência] de limão, água e açúcar. **Loc.** Beber uma ~ fresca.

limonete (Nê) *s m Bot* (<limão + -ete) Planta arbustiva odorífera da família das verbenáceas, *Lippa triphylla*, com folhas lanceoladas inteiras, flores esbranquiçadas dispostas em espiga, originária da América do Sul/Doce-lima/Lúcia-lima. **Comb.** Chá de ~.

limonite/a *s f Miner* (<gr *leimon*: terreno coberto de relva, prado + -ite/a) Minério de ferro constituído por uma mistura de hidróxidos e óxidos de ferro, de cor amarela ou castanha. **Ex.** A ~ é um mineral de alteração que pode formar depósitos sedimentares valiosos como minério de ferro.

limosidade *s f* (<limoso + -i- + -dade) **1** Cara(c)terística do que tem limos. **Comb.** ~ da água «dum charco». **2** Acumulação de limos. **Loc.** Limpar [Dragar(+)] a ~ acumulada no fundo do lago.

limoso, a (Ôso, Ôsa, Ôsos) *adj* (<limo + -oso) Que tem limos. **Comb.** *Águas ~as. Pântano ~.*

limpa *s f* (<limpar) **1** A(c)to de limpar/Limpeza(+). **2** Limpeza de ramos supérfluos de árvores (Poda)/Eliminação de arbustos e ervas daninhas dos jardins/Limpeza **4**. **Loc.** Fazer a ~ da oliveira. *Br idi* Fazer uma ~ [Roubar/Saquear]. **Comb.** ~ de enxada [mão]. **3** Parte da charneca onde não há vegetação/Clareira(+).

limpa-chaminés *s 2g 2n* (<limpar + chaminé) **1** Pessoa que se encarrega da limpeza de chaminés. **Ex.** Os ~ vieram limpar a chaminé do fogão de sala e não sujaram nada. **2** Obje(c)to que serve para limpar o interior de chaminés de lareiras, fogões e candeeiros.

limpadela *s f* (<limpar + -dela) Resultado duma ligeira operação de limpeza/Pequena limpeza. **Ex.** Esta semana dei só uma ~ à casa, não tive tempo para mais.

limpador, ora [eira] *adj/s* (<limpar + -dor) **1** (O) que limpa. **Comb.** *Br ~ de para-brisa* ⇒ limpa-para-brisas. *~ de telhados*. **2** Máquina de joeirar cereais. **Loc.** Alugar um/a ~ para joeirar o trigo. **3** Podador de oliveiras. **Loc.** Contratar ~es para podar o olival.

limpadura *s f* (<limpar + -dura) **1** ⇒ limpadela. **2** *pl* Resíduos de limpeza dos cereais/Restos de comida que ficam nos pratos. **Ex.** As ~s da cozinha juntam-se à comida [vianda] dos porcos. **Loc.** Aproveitar as ~s do trigo para alimento das galinhas.

limpamento *s m* (<limpar + -mento) A(c)to ou efeito de limpar/Limpeza(o+)/Limpa(+).

limpa-neves *s m 2n* (<limpar + neve) Veículo equipado com dispositivo para remover a neve das estradas. **Ex.** A estrada ficou intransitável com o nevão que caiu, mas os ~ já estão a trabalhar.

limpa-para-brisas *s m 2n* (<limpar + para-brisas) Dispositivo com escovas de borracha macia que gira alternadamente para um e outro lado para limpar o vidro da frente dum automóvel. **Ex.** Os ~ podem ter movimento contínuo ou intermitente. ⇒ limpa-vidros **1**.

limpar *v t/int* (<limpo + -ar¹) **1** Tornar(-se) limpo/Tirar a sujidade/Eliminar pó/manchas/nódoas/Fazer limpeza. **Loc.** ~ *a alma*/consciência [Livrá-la do pecado/do remorso]. ~ *a casa*/as paredes/o pó/a rua/um fato. ~ *a seco* (a roupa) [com processos químicos sem utilizar água]. **Idi.** ~ *as mãos à parede* [Ter vergonha daquilo que fez] (Ex. Cortaste o tecido torto e agora não chega para o vestido. Bem podes ~ as mãos à parede pelo trabalho que fizeste). *gír* ~ *o sarampo*/sebo a alguém [Matar]. **2** Eliminar a água [(h)umidade] ou qualquer líquido/Enxugar/Secar. **Ex.** Entornou-se água na mesa; limpa-a bem para não manchar. **Loc.** ~ *as mãos* (depois de as lavar). ~ *as lágrimas*. ~ *o suor*. **3** Eliminar o que não presta/o que contamina ou é nocivo. **Loc.** ~ *uma ferida* «com desinfe(c)tante». ~ *as ervas daninhas* «dum canteiro». ~ *os ramos secos* duma árvore. **4** Separar impurezas/Joeirar. **Loc.** ~ arroz [cereais]. **5** Preparar um alimento para ser cozinhado. **Loc.** ~ a carne (tirando o que não é comestível)/os legumes. **6** (Fazer) ficar limpo/sem nuvens. **Ex.** O tempo [céu] está a ~. **7** *fam* Comer tudo/Esvaziar completamente. **Ex.** Os trabalhadores vinham esfomeados. Limparam a comida toda e ainda comiam mais, se houvesse. O meu filho e os colegas limparam quanto havia no frigorífico e duas garrafas de vinho. **8** *gír* Retirar dinheiro coercivamente/Sacar/Roubar. **Ex.** Os impostos limpam-nos uma grande fatia do ordenado. Assaltaram o supermercado e limparam todo o dinheiro que havia na caixa. **9** *gír (D)esp* Conquistar o primeiro lugar duma competição/Ganhar. **Ex.** O meu clube limpou mais um campeonato. **10** *fam* ~-se/Anular uma impressão negativa/Fazer esquecer. **Ex.** Os colegas do partido estão a tentar ~ a imagem do político envolvido num escândalo de corrupção.

limpa-vidros *s m 2n* (<limpar + vidro) **1** Obje(c)to [Dispositivo dos automóveis] que serve para limpar vidros. **Ex.** O ~ traseiro do carro tem as escovas gastas. ⇒ limpa-para-brisas. **2** Detergente próprio para lavar vidros. **Ex.** Comprei um ~ duma nova marca e parece-me bom.

limpeza *s f* (<limpo + -eza) **1** A(c)to ou efeito de limpar. **Ex.** Hoje é dia de ~ «da casa». Admitiram-na «no hotel» como empregada de ~. **Comb.** ~ *a seco* [por processos químicos sem recurso à lavagem com água]. *Produtos de ~* «lixívia/detergentes». **2** Qualidade [Estado] do que está limpo/asseado/cuidado. **Ex.** É pobre mas apresenta-se sempre com muita ~. Muitos se admiram com a ~ das ruas desta cidade. **3** Eliminação da sujidade/Remoção de impurezas/do lixo. **Ex.** A ~ do escritório é feita ao fim do dia depois de todos saírem. **Loc.** Fazer a ~ «da casa de banho [do banheiro]». **4** Desbaste [Poda] de árvores/arbustos/Eliminação de ervas daninhas. **Loc.** Fazer a ~ das árvores [sebes]/dos canteiros. **5** Qualidade do que é honesto/puro/limpo/Re(c)tidão de consciência/Transparência. **Loc.** Agir com ~ [re(c)tidão(+)/honestidade(o+)]. **Comb.** ~ *de alma* [Re(c)tidão de consciência]. **6** *fig gír* Desaparecimento [Desvio/Roubo] de alguma coisa. **Ex.** As crianças deram com [encontraram] os chocolates e fizeram uma ~ completa: não ficou nenhum. **7** *fig pop* Processo de eliminação [afastamento] de pessoal indesejável ou de alterações drásticas. **Ex.** A primeira medida do novo dire(c)tor foi a ~ do pessoal da se(c)ção de compras. É urgente fazer a ~ das finanças da empresa. **8** *fam* Desembaraço(+)/Desenvoltura/Habilidade(o+)/Competência(+). **Loc.** Fazer as coisas [Trabalhar] com grande ~. **9** *Mil* Operação militar que visa eliminar qualquer foco de resistência ou causa de rebelião numa zona já ocupada. **Loc.** Proceder à operação de ~ «de armas/equi-

pamento/documentos/combatentes inimigos» numa zona ocupada.

limpidez s f (<límpido + -ez) **1** Qualidade do que é límpido/Nitidez/Transparência. **Comb.** ~ da água/do ar. **2** *fig* Ingenuidade/Pureza. **Comb.** ~ do olhar «duma criança». **3** Brilho/Claridade/Resplandecência. **Comb.** ~ dum espelho [de metais polidos]. **4** *fig* Clareza de pensamento [raciocínio]/expressão. **Comb.** ~ dum discurso.

límpido, a *adj* (<lat *límpidus, a, um*) **1** Que é claro/transparente/puro. **Comb.** Água [Ar] ~a/o. (⇒ limpo **6 Comb.**) **2** Sem nuvens/Desanuviado/Claro. **Comb.** Céu ~. **3** Que denota simplicidade/pureza/tranquilidade. **Comb.** Olhar [Alma] ~o/a. **4** Polido/Brilhante. **Comb.** Espelho [Metal] ~. **5** *fig* Perce(p)tível/Claro/Cristalino/Distinto. **Comb.** Voz ~ [cristalina].

limpo, a *adj* (<lat *límpidus, a, um*) **1** Que não está sujo/não tem sujidade. **Idi.** *Estar/Ficar ~* [sem dinheiro]. *Passar a ~* [Copiar um rascunho/Escrever na forma definitiva]. *Pôr* [Tirar] (tudo) *a ~* [Apurar a verdade/Esclarecer]. *Ter as mãos ~as* [Não ter praticado qualquer crime ou a(c)ção desonesta/Estar isento de culpa]. **Comb.** *Casa ~a. Mãos ~as. Roupa ~a. Ruas ~as.* **2** Que tem hábitos de higiene/Que cuida da apresentação/Asseado. **Comb.** Pessoa [Empregada] (muito) ~a. **3** Sem lixo/ervas daninhas/plantas nocivas. **Comb.** Mata ~a. Terreno [Campo/Jardim] ~. **4** Livre de impurezas ou substâncias estranhas/Que foi joeirado. **Comb.** Arroz [Cereal/Trigo] ~. **5** Sem nuvens/Claro. **Comb.** Dia [Céu] ~. **6** Isento de contaminação/Puro/Purificado. **Comb.** Água ~a. Ar [Gases] ~o/os. **7** Isento de culpa/Sem mancha. **Comb.** *Consciência ~a. Folha de serviço* [Ficha] *~a*. **8** Conseguido [Ganho] de forma honesta/com seriedade. **Comb.** Negócio [Lucro] ~. (Notícias obtidas de) *fonte ~a* [credível]. **9** Livre de descontos/Líquido. **Ex.** O meu ordenado é de 1500 euros; mas ~s, só recebo 1200. **10** Em branco(+)/Por escrever. **Comb.** Folha de papel ~.

limusina/e s f (<fr *limousine* <top fr Limoges) Automóvel ligeiro de luxo, muito espaçoso, que pode ter o habitáculo [lugar] dos passageiros separado do motorista por divisória de vidro.

lináceo, a *adj/s* (<lat *línum, i*: linho + -áceo) (Diz-de de) família de plantas dicotiledó[ô]-neas, herbáceas ou arbustivas, de folhas simples inteiras e flores regulares hermafroditas. **Ex.** O principal gé[ê]nero das ~as é o *Linum*, de que se extrai o [a fibra do] linho.

linária s f *Bot* (<lat *línus, i* + -ária) Planta semelhante ao linho/Linho bravo/Valverde.

lince s m *Zool* (<lat *lynx, cis*) **1** Mamífero carnívoro da ordem dos fissípedes e da família dos felídeos, de pelagem amarela, cobreada ou acinzentada, formando um pincel de pelos nas orelhas, de que se conhecem várias espécies. **Ex.** O ~ europeu atinge cerca de 1 metro de comprimento, sem contar com a cauda que tem cerca de 25 cm. **2** *Maiúsc Astr* Constelação do hemisfério norte situada entre os Gémeos e a Ursa Maior.

linchador, ora s/adj (<linchar + -dor) (O) que lincha.

linchamento s m (<linchar + -mento) A(c)to ou efeito de linchar. **Comb.** Morto por ~.

linchar v t (<antr W. Lynch, americano do séc XVIII) Fazer justiça [Executar] pelas próprias mãos, sem julgamento, por decisão [iniciativa] popular. **Ex.** A polícia interveio para que a multidão não linchasse o criminoso.

linda/e s f/m (<lindar) Estrema/Raia/Limite(o+)/Marco(+).

lindamente adv (<lindo + -mente) **1** De forma bela/Maravilhosamente. **Ex.** A noiva, ~ vestida, estava radiante. **2** Com perfeição/O(p)timamente/Excelentemente. **Ex.** O orador falou ~. Falas bem inglês? – Falo ~.

lindar v t/int (<lat *límito, áre*) **1** Pôr lindas [marcos] em/Fazer demarcação. **Loc.** ~ um terreno. **2** Fazer limite com/Confinar/Limitar 1/2(+). **Ex.** A nossa casa [propriedade] linda [confina(+)] com a escola.

lindeiro, a *adj/s f* (<linda/e + -eiro) **1** Confinante/Limítrofe. **Comb.** Terrenos ~s [confinantes(+)/limítrofes(o+)]. **2** s f Verga superior de porta ou janela/Lintel(+).

lindeza s f (<lindo + -eza) **1** Qualidade do que é lindo/Beleza/Formosura/Graça. **Ex.** Olhando do alto da montanha ficamos extasiados com a ~ [beleza(+)] da paisagem. **Comb.** Que ~ [amor] de criança [Que criança (tão) linda]! **2** Perfeição/Harmonia/Primor. **Ex.** Ofereceram à ilustre visitante uma joia de rara ~. **3** *fam iron* Aquilo que é feio ou não presta. **Ex.** Olha que ~ de desenho (que/me) fizeste! É bom para deitar no cesto dos papéis.

lindo, a *adj* (<lat *legítimus*(?) ou *límpidus*(?)) **1** Que agrada à vista [ao ouvido]/Belo/Bonito/Formoso. **Ex.** Ela tem uma voz ~a! Ofereceram-me um ~ quadro a óleo. **Comb.** ~ como os amores [Que é muito ~]. Que ~a mulher! **2** Harmonioso/Elegante. **Ex.** A decoração da igreja «para o casamento» era simples mas muito ~a. **3** Bem executado/Perfeito. **Ex.** Para o concurso de presépios o meu filho fez um trabalho ~. **4** Que dá prazer/Agradável. **Ex.** Demos um ~ passeio. O tempo ajudou; esteve um dia ~o. **5** Que manifesta elevação moral/Que serve de exemplo/Bom. **Ex.** Tiveste um ~ gesto de solidariedade ajudando os feridos no acidente. É ~ ver os filhos singrar na vida. **6** *iron* Que é de lamentar/Que merece reprovação/Mau. **Ex.** Limpaste as pratas com palha-d'aço, ficaram cheias de riscos. Fizeste um ~ serviço!

lineamento s m (<lat *lineamentum, i*) **1** Produção duma linha/Traço. **2** *pl* Esboço/Contornos. **Comb.** ~ dum proje(c)to/duma figura. **3** *pl* Traços fisionó[ô]micos/Feições. **Ex.** Pelos ~s do rosto (vê-se que) deve ser índio americano. **4** *pl* Primeiras noções/Rudimentos. **Ex.** De informática tenho apenas uns ~s/umas tintas(+).

linear ad 2g (<lat *lineáris, e*) **1** Relativo a linha. **Comb.** *Forma ~* «da folha [das agulhas] dos pinheiros». *Medidas ~es* [de comprimento] «metro/cm». **2** Que é representado por meio de linhas. **Comb.** *Esquema* [Desenho] *~. Figura ~*. **3** Que segue em linha re(c)ta. **Ex.** A nova estrada entre as duas localidades tem um traçado quase ~ [é quase uma re(c)ta]. **4** Que é simples/sem complicações/Pouco profundo. **Ex.** A testemunha limitou-se a fazer uma descrição ~ dos acontecimentos. Essa explicação é demasiado ~ para um fenó[ô]meno tão complexo. **Comb.** Discurso [Raciocínio] ~. **5** *Mat* Diz-se da equação do 1.º grau [da função] que pode ser representada por uma re(c)ta. **6** *Mat* Diz-se da relação entre variáveis em que à variação de uma corresponde uma variação proporcional da outra.

linearidade s f (<linear + -i- + -dade) Qualidade do que é linear. **Comb.** *~ dum traçado. ~ duma função* matemática.

linearmente adv (<linear + -mente) **1** Dispostos em linha/um a seguir ao outro. **Ex.** Os a(c)tores foram apresentados ~ por ordem de entrada em cena. **Comb.** Alunos dispostos ~ [em fila(+)] «por ordem de alturas». **2** De forma simples dire(c)ta ou esquemática/Sem desvios. **Loc.** Abordar ~ um assunto.

linearizar v t (<linear + -izar) Tornar linear/Proje(c)tar [Representar] de forma linear. **Loc.** ~ uma função matemática.

líneo, a *adj* (<lat *líneus, a, um*) Relativo ao [Feito de] linho. **Comb.** Tecido ~ [Meio-linho/Semelhante ao [Com] linho].

linfa s f (<lat *lympha, ae*) **1** *Biol* Líquido incolor ou levemente amarelado que contém em suspensão glóbulos brancos, proteínas e partículas de gordura e circula nos vasos linfáticos. **2** *Bot* Seiva aquosa que circula nos tecidos vegetais.

linfadenite s f *Med* (<linfa + adenite) Inflamação dos gânglios linfáticos.

linfadenoma s m *Med* ⇒ linfoma.

linfangite s f *Med* (<linfa + angite) Inflamação dos vasos linfáticos.

linfático, a *adj/s* (<lat *lymphaticus, a, um*) **1** Relativo à linfa. **Comb.** Sistema [Vaso] ~. **2** Que contém linfa. **Comb.** Secreção ~a. **3** (O) que sofre de linfatismo. **Comb.** Um (doente) ~. **4** *Psic* Tipo fleumático, lento, passivo, apático, mole e indiferente. **Comb.** *Temperamento ~. Um ~.*

linfatismo s m *Med* (<linfático + -ismo) Doença cara(c)terizada por um desenvolvimento físico e intelectual retardado, com pouca resistência às doenças infe(c)ciosas, manifestando apatia e falta de vigor. **Ex.** O ~ também é designado por diátese exsudativa de Czerny.

linfócito s m *Anat* (<lat *lympha*: água + -cito-) Tipo de leucócito hialino que se encontra no sangue, na medula óssea, nos gânglios e na linfa. **Ex.** Os ~s a(c)tuam principalmente na elaboração de anticorpos para defesa do organismo.

linfoide (Fói) adj 2g (<linfa + -oide) Relativo [Semelhante] à linfa. **Comb.** Formação ~.

linfoma [linfadenoma] s m *Med* (<linfa + -oma) Tumor maligno do tecido linfoide, de predomínio ganglionar, que se revela muitas vezes sob a forma de focos múltiplos/Nome genérico das neoplasias do tecido linfoide.

linga[1] s f *Náut* (<ing *sling*) Cadeia de corda com que se prende um fardo para ser içado/Br Eslinga. **Ex.** As ~s para içar fardos muito pesados podem terminar em ganchos ou patolas.

linga[2] s m (<sân *linga*) Símbolo do falo, do deus indiano Siva, associado à fertilidade.

lingada s f (<linga[1] + -ada) Carga que a linga levanta de cada vez.

lingar v t (<linga[1] + -ar[1]) Cingir ou içar com linga. **Loc.** ~ bidons «de óleo»/material «em paletes» para carregar no navio.

lingerie s f (<fr *lingerie*) Roupa interior feminina. **Comb.** *~ da última moda. Loja de ~.*

lingote (Gó) s m (<fr *lingot*) Porção de metal vazado em molde com a forma trapezoidal ou de barra e que se destina a ser novamente fundido. **Comb.** *~ de bronze* [ferro]. *~* [Barra] *de ouro.*

lingoteira s f (<lingote + -eira) Molde onde se vaza o metal líquido para fazer lingotes. **Loc.** Proteger interiormente as ~s «com cal» para não derreterem.

língua s f *Anat* (<lat *língua, ae*; ⇒ ~ *de gato/de sogra/~ de trapos*) **1** Órgão musculoso alongado, situado na cavidade bucal, dotado de papilas gustativas responsáveis pelo paladar e auxiliar da deglutição e da fonação. **Ex.** Deita a ~ de fora para ver se tens febre. **Idi.** *Dar à ~/Dar com a ~ nos dentes* [Revelar um segredo/Ser indiscreto/Falar de mais/Não saber calar-se quando necessário]. *Desenferrujar a*

~ [Falar muito após longo tempo de silêncio]. **Dobrar a ~** [Falar com mais respeito] (Ex. Não é "o professor disse". Dobre a ~ e diga "o Sr. Professor disse"). **Meter a ~ no saco** [Expressão usada para mandar calar alguém] (Ex. Meta a ~ no saco que a conversa não é consigo [que *col* não foi para aqui chamado/a]). **Não chegar a ~** [Não conseguir dizer o [a palavra] que queria]. **Não ter papas na ~** [Falar sem rodeios/Ser demasiado franco]. **Pagar com ~ de palmo** [Satisfazer integralmente e à força um compromisso/Sofrer represálias mais gravosas do que aquilo que disse ou fez]. **Pagar pela ~** [Sofrer consequências graves pelo que disse]. **Perder a ~** [Ficar calado/Não dizer nada]. **Pôr pimenta na ~** [Expressão usada para ameaçar as crianças que mentem ou dizem palavras grosseiras]. **Puxar pela ~** [*idi* Tirar nabos da púcara/Incitar a falar para, disfarçadamente, obter alguma informação]. **Saber na ponta da ~** [muito bem/*idi* de cor e salteado]. **Ter a [uma] ~ comprida/Ter ~ de palmo** [Ser maldizente/Falar mal dos outros]. **Ter «um nome/uma palavra» debaixo da ~** [Não se lembrar, no momento, de algo que lhe é muito familiar]. **Comb.** ~ *bífida* [que na ponta se divide em duas partes como a de serpente]. **2** *Cul* Carne desse órgão de alguns animais utilizada na alimentação. **Comb.** ~ *de vaca* «estufada». *~s de bacalhau*. **3** Sistema de sons vocais, que podem ser transcritos graficamente, por meio dos quais se processa a comunicação entre os membros duma comunidade humana/Faculdade humana da linguagem. **Ex.** Uma ~ pode ser falada de diferentes formas. **Comb.** ~ *mãe* [que está na origem de outras ~as]. ~ *materna* [que se aprendeu na infância no país em que se nasceu]. ~ *morta* [que já não é falada por nenhum povo mas se utiliza em documentos escritos «sânscrito/latim e grego clássico». ~ *oficial* [reconhecida por um Estado e na qual são redigidos os documentos oficiais]. ~ *viva* [falada a(c)tualmente por um ou mais povos]. **Família de ~as** [Línguas que têm a mesma origem] «afro-asiáticas/indo-europeias».
4 Qualquer outro código ou sistema de linguagem usado como meio de comunicação. **Comb.** ~ *gestual* «dos surdos-mudos». **5** Conversa indiscreta/Bisbilhotice/Maledicência. **Ex.** É preciso ter cuidado com a ~; nem tudo o que se sabe se deve dizer. **Idi. Ter ~ comprida**/uma ~ viperina [Ser maldizente]. **6** O que tem a forma estreita e comprida como uma ~. **Comb.** ~ *de fogo*. ~ *de terra*. ~ *duma fechadura*.
língua de gato *s f Cul* Variedade de biscoito seco, pequeno, com a forma semelhante à da língua dos gatos. **Ex.** As ~s de gato são geralmente muito apreciadas pelas crianças.
língua-de-ovelha *s f Bot* Planta herbácea da família das plantagináceas, aproveitada como forragem para os animais/*Br* Festuca. **Loc.** Apanhar ~ para os coelhos.
língua de sogra *s f Cul* Pasta doce, tipo bolacha, enrolada em forma de cone, geralmente vendida pelas ruas e nas praias.
língua de trapos *s 2g col* **1** Pessoa maldizente. **2** O que fala incorre(c)tamente/Trapalhão.
linguado *s m* (<língua + -ado) **1** *Icti* Designação de vários peixes teleósteos, de corpo muito achatado e alongado, muito apreciados na alimentação. **Comb.** ~ *frito* [grelhado]. **Filetes de ~**. **2** Tira de papel em que se escreve o original destinado a ser composto e impresso. **3** Lâmina comprida de metal. **4** *pop* Conversa [Linguagem] inconveniente.
linguafone *s m* (<língua + -fone) Sistema de ensino de línguas vivas baseado na utilização de gravações áudio. **Loc.** Aprender alemão com ~.
linguagem *s f* (<língua + -agem) **1** Qualquer sistema ou conjunto de sinais convencionais, fonéticos ou visuais, que servem para os membros duma comunidade humana comunicarem entre si. **Comb.** ~ *falada* [escrita]. ~ *gestual*. ~ *verbal*. **2** Sistema linguístico utilizado por um povo [país/uma nação] para realizar essa faculdade. **Comb.** ~ *natural*. **Função da ~**. **3** Conjunto de termos [vocábulos/expressões] próprios dum se(c)tor da sociedade/dum ramo científico. **Comb.** ~ *dos pescadores*. ~ *informática*. ~ *jurídica*. **4** Modo de falar de acordo com as circunstâncias/o interlocutor/o obje(c)tivo que se pretende atingir. **Ex.** O conferencista utilizou uma ~ pouco clara. **Comb.** ~ *cuidada* [erudita]. ~ *familiar* [popular]. ~ *solene*. **5** Forma de expressão que traduz a maneira de ser [o estado de espírito/a intenção] de quem comunica. **Comb.** ~ *autoritária*. ~ *hipócrita* [fingida]. ~ *maliciosa*. **6** Maneira própria de um autor [uma corrente literária/época] se exprimir verbalmente ou por escrito. **Comb.** ~ *barroca* [gongórica]. ~ *camoniana* [de Camões]. ~ *poética*. **7** Qualquer sistema de sinais codificados elaborado a partir duma língua e que serve para comunicar em circunstâncias especiais. **Comb.** ~ *cifrada* «morse». ~ *gestual*. **8** Meio de comunicação natural próprio duma espécie animal. **Comb.** ~ *das andorinhas*. ~ *das formigas*. ~ *dos leões*. **9** Conjunto de símbolos utilizados na realização de programas informáticos/~ (de) máquina. **Comb.** ~ Cobol [Fortran].
linguajar *v t/int/s* (<linguagem + -ar¹) **1** Dar à língua/Tagarelar. **Ex.** Quando encontra as amigas, passa horas a ~ [dar à língua(+)/tagarelar(+)]. **2** Falar pouco claro. **Ex.** Ouvi-os ~ mas não percebi o que diziam. **3** *s* Modo de falar/Fala/Diale(c)to. **Ex.** Pelo vê-se logo [percebe-se] que é das ilhas [da Madeira/dos Açores].
lingual *adj 2g/s f* (<língua + -al) **1** Relativo à língua. **Comb. Músculos ~ais. Papilas** (gustativas) *~ais*. **2** *s f Fon* (Diz-se de) consoante «c,d» cuja articulação se realiza com o auxílio da língua.
linguareiro, a *adj/s* (<língua + -r- + -eiro) (O) que fala de mais [da vida dos outros]/Coscuvilheiro/Linguarudo/Maldizente. **Ex.** É muito ~o/a, incapaz de guardar um segredo. Conta tudo o que ouve, e sabe a vida de toda a gente.
linguarejar *v int* (<língua + -r- + -ejar) ⇒ linguajar.
linguarice *s f* (<língua + -r- + -ice) ⇒ tagarelice.
linguarudo, a *adj* (<língua + -r- + -udo) ⇒ linguareiro.
lingueirão *s m Zool* (<língua + -eiro + -ão) Designação comum de moluscos lamelibrânquios da família dos solenídeos, de concha alongada, comestíveis/Navalha.
lingueta (Gu-ê) *s f* (<língua + -eta) **1** Obje(c)to semelhante a uma língua pequena. **2** Peça móvel, delgada e achatada que se adapta ao bucal de certos instrumentos de sopro. **3** Parte móvel da fechadura que se desloca com a chave para abrir e fechar/Língua. **Ex.** A fechadura está estragada: a ~ não corre [desliza/sai/anda], está presa. **4** Pedaço de cabedal que, no calçado com atacadores, protege o peito do pé/Língua. **Ex.** Ao calçar os sapatos arrancou-se a ~.
linguete (Gu-ê) *s m* (<língua + -ete) Peça metálica que se introduz numa roda dentada para que não desande. **Loc.** Puxar o ~ para trás [Destravar o ~] para a roda ficar solta.
linguiça (Gu-í) *s f/2g* (< ?) **1** Espécie de chouriço delgado feito com carne de porco. **Loc.** Assar uma ~. **2** *s 2g* Pessoa alta e magra.
linguiforme (Guí) *adj 2g* (<língua + -forme) Que tem a forma de língua.
linguista (Gu-ís) *s 2g* (<língua + -ista) Especialista em linguística. **Comb.** ~ *português do séc XX* «L. F. Lindley Cintra».
linguística (Gu-ís) *s f* (<linguístico) Ciência que estuda a linguagem articulada. **Comb.** ~ *aplicada* [que faz a aplicação das técnicas e resultados da pesquisa a outros campos do conhecimento humano, em particular ao ensino de línguas]. ~ *comparada* [que, pela comparação das línguas, permite sele(c)cionar o material e as técnicas mais adequadas ao ensino]. ~ *diacró[ô]nica* [que estuda uma língua [família de línguas] considerando as mudanças e os processos de evolução ao longo do tempo]. ~ *descritiva* [que faz a descrição duma língua em determinado período cronológico]. ~ *sincró[ô]nica* [que estuda a estrutura e o funcionamento duma língua num determinado momento da sua evolução]. ⇒ gramática; sintaxe.
linguístico, a (Gu-ís) *adj* (<linguista + -ico) Relativo à língua ou à linguística. **Comb. Estudo ~. Pesquisa ~a**.
linguodental *adj 2g/s f* (<língua + dental) **1** Que diz respeito à língua e aos dentes. **2** *Ling* (Diz-se de) consoante «c» que se articula com a língua encostada aos dentes.
linguopalatal *adj 2g* (<língua + palatal) Que se pronuncia com a língua encostada ao céu da boca «l/no».
linha *s f* (<lat *línea, ae*) **1** Fio fino de fibras naturais ou sintéticas. **Ex.** Não tenho ~s para acabar de coser a saia. **Idi. Saber as ~s com que se cose** [Conhecer as dificuldades que se têm de enfrentar]. **Comb.** ~ *de algodão* [seda/náilon]. ~ *de alinhavar* [coser/bordar]. **Carrinho de ~s**. **2** Fio grosso e resistente/Cordel/Guita/Barbante. **Loc.** Pescar à ~ [com uma cana de pesca]. **Comb.** ~ *de pesca* [geralmente de náilon, onde se prende o anzol]. ~ *de sapateiro*. ~ *do fio de prumo*. **3** Sistema de cabos metálicos destinados ao transporte e distribuição de energia elé(c)trica. **Loc.** Instalar uma nova ~ para abastecimento elé(c)trico da cidade. **Comb.** ~ de alta tensão.
4 Sistema de cabos através dos quais se estabelece a comunicação. **Ex.** Não consigo ligar [telefonar] "para o escritório"; a ~ está ocupada. **Loc. Estar em ~** [em comunicação telefó[ô]nica]. **Comb.** ~ *de faxe* [telefó[ô]nica/telegráfica]. *~s cruzadas* [Sobreposição de conversas de circuitos telefó[ô]nicos diferentes]. **5** *Geom* Traço fino e contínuo formado por uma sucessão de pontos contíguos dum plano ou do espaço. **Comb.** ~ *horizontal* [vertical]. ~ *poligonal*. ~ *quebrada aberta* [fechada]. ~ *re(c)ta* [curva]. **6** *Fís/Geog* Traço contínuo que se obtém unindo os pontos de igual valor de determinada grandeza. **Comb.** ~ *isóbara* [isobárica/que une pontos de igual pressão atmosférica]. ~ *isotérmica* [que une os pontos com a mesma temperatura]. **7** Traço real ou virtual que liga pontos/limita espaços/define contornos. **Ex.** Nas faixas de rodagem separadas por ~ contínua não é permitido fazer ultrapassagens. O vencedor (dum jogo de futebol)

decide-se dentro das quatro ~s (e não com discussões sobre quem é o melhor). **Comb. ~ de horizonte** [Limite aparente entre o céu e a terra]. **~ de mira** [Re(c)ta imaginária que liga a mira da arma ao alvo]. **~ divisória** de dois terrenos.
8 Traço [Sucessão de cara(c)teres/palavras] impresso [escrito/a] numa folha de papel. **Ex.** Enganei-me a ler: saltei uma ~. A terceira ~ do texto tem uma gralha [um erro]. **Comb. ~s da pauta** de música. *Em breves* **~s** [poucas palavras/resumo]. *Em* **~s** *gerais* [A traços largos/Sem entrar em pormenores]. *Em toda a* **~** [Em todos os aspe(c)tos/Completamente]. *Papel* [Folha] *com* **~s**. «conseguir o que se quer» *Por* **~s** *travessas* [Indire(c)tamente/Por intermediários]. *Por uma* **~** [Por pouco/Por um triz(+)]. **9** Mensagem escrita. **Ex.** De vez em quando escreve(-nos) umas ~s para sabermos como estás. **10** Traços [Sulcos] existentes na palma da mão. **Loc.** Ler as ~s da mão [a sina]. **Comb. ~ da vida.**
11 Delineamento duma figura pelo traçado aparente dos seus contornos. **Ex.** Ela tem umas ~s harmoniosas, equilibradas. **Loc.** Manter a ~ [Conservar a elegância/a beleza física]. **Comb. ~s aerodinâmicas** [que oferecem pouca resistência ao ar] «do carro». **12** Forma de corte/Traçado/Talhe. **Comb. ~ da moda. ~ jovem.** *Vestido de* **~** *direita.* **13** Série/Modelo/Estilo. **Loc.** Sair de ~ [Deixar de se fabricar/vender]. **Comb. ~ branca** [Produtos «ele(c)trodomésticos» comercializados sem marca]. *Automóvel da nova* **~**. *De primeira* **~** [De excelente qualidade]. *Produtos da mesma* **~**. **14** O que é estreito, longo e contínuo. **Comb. ~ de água** [Depressão natural por onde correm as águas pluviais]. **~[Via-]** *férrea* [Carris por onde circula o comboio/trem]. **15** Percurso seguido por um serviço de transporte aéreo/terrestre/marítimo. **Ex.** Entre Lisboa e Madrid há várias ~s aéreas diárias. Fátima (Portugal) é servida pela ~ do Norte. **Comb. ~ «azul/vermelha»** do *Metro/ô*.
16 Rumo/Dire(c)ção/Orientação. **Ex.** Os romances da série «Harry Potter» seguem todos a mesma ~. **Loc.** *Educar segundo a* **~** *de orientação cristã. Andar na* **~** [Portar-se bem/Proceder de acordo com o desejado]. *Entrar na* **~**/*nos eixos* [Voltar a comportar-se com sensatez/Corrigir-se]. *idi Fazer trinta por uma* **~** [Fazer toda a espécie de tropelias/Causar desordem/distúrbios]. *Levar em* **~** *de conta* [Tomar em consideração/Atender a]. *Meter na* **~** [Obrigar a proceder segundo as normas de conduta/Repreender/Corrigir]. *Perder a* **~** [Tomar atitudes incorre(c)tas/descompostas]. *Sair da* **~**/*das marcas/dos eixos* [Portar-se mal]. **Comb. ~ de crédito** [Condições especiais de concessão de crédito por uma entidade bancária para fins específicos]. *Um jornal de determinada* **~** *política.* **17** Série de pessoas ou coisas dispostas umas a seguir às [umas ao lado das] outras/Alinhamento/Fila. **Ex.** Na ~ da frente «da fotografia» estão os mais pequenos. **Comb.** Em ~ [fila/Uns a seguir aos outros].
18 Conjunto de pessoas provenientes do mesmo tronco familiar/Sequência dos graus de parentesco. **Comb.** ~ ascendente [descendente/colateral]. **19** *Mil* Conjunto de soldados em formatura ou que ocupam determinada posição estratégica. **Comb. ~ de infantaria** [cavalaria/artilharia]. **~ da frente** (de combate). **20** *(D)esp* Conjunto de jogadores sele(c)cionados para uma competição ou que constituem uma equipa/e ou parte dela. **Ex.** O treinador ainda não deu a conhecer a ~ [o plantel] para o jogo de hoje. **Comb. ~ de ataque** [da frente]. **~ defensiva. 21** Instalação organizada para a produção em cadeia de determinado produto. **Comb. ~ de montagem** de automóveis. *Produção «de televisores» em* **~**/*série.* **22** *Biol* Sequência dos graus de parentesco. **Comb. ~ colateral. ~ dire(c)ta. ~ materna.**

linhaça *s f* (<linho + -aça) Semente do linho que serve para infusões, extra(c)ção de óleo e, (sendo-depois de) moída, para a preparação de cataplasmas. **Comb.** Óleo de ~. *Papas de* ~.

linhagem[1] *s f* (<linho + -agem) Tecido grosseiro de linho/Serapilheira. **Ex.** A ~ dos sacos tem sido substituída por plástico e outras fibras sintéticas.

linhagem[2] *s f* (<linha **22** + -agem) **1** Série de gerações duma família/Genealogia/Estirpe. **Comb.** Livro (de regist(r)o) de ~. **2** Condição social/Origem. **Loc.** Ser de boa ~/estirpe.

linhal *s m* (<linho + -al) Campo semeado de linho.

linho *s m Bot* (<lat *linum, i*) **1** Planta herbácea anual da família das lináceas, *Linum usitatissimum*, de folhas lanceoladas e flores pequenas azuis, de cujo caule se extrai uma fibra com aplicação na indústria têxtil. **Ex.** O ~ cultiva-se em terrenos húmidos. **2** Fibra obtida por maceração do caule dessa planta. **Ex.** O ~ sofre várias operações (ripagem, curtimento, espadelagem) até à obtenção da fibra que há de ser transformada em fio. **3** Tecido fabricado com essa fibra. **Comb.** Lençóis de ~. *Toalha de* ~.

linhol *s m* (<linho + -ol) Fio grosso com que os sapateiros cosem o calçado. **Ex.** Os sapateiros enceram o ~ com que cosem os sapatos.

linhoso, a (Ôso, Ósa, Ósos) *adj* (<linho + -oso) Relativo [Semelhante] ao linho.

linimento *s m* (<lat *linimentum, i*) Medicamento líquido oleoso usado em fricções sobre a pele. **Comb. ~ amoniacal** canforado. **~ para queimaduras.**

linina *s f* ⇒ acromatina.

linoleato *s m Quím* (<linoleico + -ato) Sal ou éster do ácido linoleico. **Comb.** ~ de potássio, $C_{17}H_{31}$COOK.

linoleico *adj m Quím* (<lat *linum*: linho + *oleum*: óleo + -ico) Diz-se do ácido gordo insaturado ($C_{18}H_{32}O_2$) comum em vários óleos vegetais «azeite». **Ex.** O ácido ~ é usado na alimentação animal, no fabrico de margarinas e na indústria de tintas.

linoleína *s f Quím* (<linole(ico) + -ina) Glicerídio do ácido oleico existente nos óleos secativos.

linóleo *s m* (<lat *linum*: linho + óleo) Material impermeável feito com tela de juta impregnada com uma mistura de óleo de linhaça e cortiça em pó. **Ex.** O ~ é usado como revestimento de tampos de mesas, paredes, soalhos e para coberturas.

linotipia *s f* (<linotipo + -ia) Arte tipográfica de compor com linótipo.

linotipista *s 2g* (<linótipo + -ista) Operador de lino[ó]tipo.

lino[ó]tipo *s m* (<ing *linotype*, marca comercial; ⇒ linha **8** + tipo) Máquina de compor e fundir os cara(c)teres tipográficos por linhas inteiras.

lintel *s m* (<fr an *lintel*) Elemento resistente de betão armado ou outro material «alvenaria/pedra/cantaria» que se coloca na parte superior de portas ou janelas/Dintel/Verga. **Ex.** O ~ apoia-se nas ombreiras.

lio *s m* (<li(g)ar) **1** ⇒ Aquilo que prende/liga/Liame/Atilho(+). **2** ⇒ Feixe/Molho(+).

liofilização *s f* (<liofilizar + -ção) Processo moderno de conservação «de alimentos/sangue/tecidos vivos» por desidratação e congelação rápida a uma temperatura muito baixa, seguida de sublimação no vácuo. **Ex.** A ~ permite que as propriedades das substâncias se mantenham praticamente inalteradas.

liofilizar *v t* (<gr *lyein*: dissolver + *philos*: amigo + -izar) Fazer a liofilização. **Loc.** ~ antibióticos [bactérias/vírus].

lioz *s/adj 2g Miner* (<fr an *liois*, a(c)tual *liais*) Variedade de calcário branco compacto usado em construção e estatuária. **Ex.** O [A pedra] ~ foi muito utilizada na reconstrução de Lisboa após o terramoto de 1755.

lípase *s f Bioq* (<gr *lipos*: gordura + -ase) Enzima presente nos diversos sucos digestivos que saponifica as gorduras. **Comb. ~ gástrica.**

lípido *s m Quím* (<lipo- + -ido) Substância composta por ácidos gordos, insolúvel na água mas solúvel em determinados solventes «benzeno/éter». **Ex.** Os ~s são fundamentais nas estruturas celulares pela sua função energética.

lipo- *elem de formação* (<gr *lipos*: gordura) Exprime a ideia de gordura: *lipoma, lipotimia*.

lipoaspiração *s f Med* (<lipo- + aspiração) Processo cirúrgico de aspiração de gorduras subcutâneas.

lipogénese [*Br* **lipogênese**] *s f* (<lipo- + génese) Processo de formação de substâncias gordas nos organismos animais ou vegetais.

lipoma (Pô) *s m Med* (<lipo- + -oma) Tumor benigno de cor amarelada constituído por lóbulos de tecido adiposo. **Ex.** Os ~s são frequentes e podem aparecer em várias partes do corpo, principalmente no tecido celular subcutâneo.

lipossolúvel *adj 2g* (<lipo- + solúvel) Que se dissolve nas gorduras e nos solventes das gorduras «éter». **Comb.** Substância ~.

lipotimia *s f Med* (<gr *lipothymia*) Perda passageira do conhecimento [dos sentidos]/Desmaio. **Ex.** A ~ é provocada por uma perturbação circulatória.

lipúria *s f Med* (<lipo- + -úria) Doença cara(c)terizada por excesso de gordura na urina.

liquefacção/liquefactivo ⇒ liquefação/...

liquefação (Fà) [*Br* **liquefa(c)ção** (*dg*)] *s f Fís* [= liquefacção] (<liquefazer + -ção) Passagem duma substância dos estados sólido ou gasoso ao estado líquido. **Ex.** A ~ dum corpo sólido tem o nome de fusão. A passagem do estado gasoso ao líquido também se denomina condensação.

liquefa(c)tivo (*dg*), **a** (Fà) *adj* [= liquefactivo] (<liquefazer + -ivo) Que se liquefaz.

liquefacto, a *adj* (<lat *liquefáctus, a, um*) ⇒ liquefeito.

liquefazer *v t* (<lat *liquefácio, is, cere, féci, fáctum*) **1** Tornar líquida uma substância sólida/Derreter/Fundir. **Loc.** ~ [Derreter(+)] manteiga. ~ [Derreter(+)/Fundir(o+)] um metal. **2** Fazer um gás passar ao estado líquido. **Loc.** ~ o ar.

liquefeito, a *adj* (<lat *liquefactus, a, um*) Que passou ao estado líquido/Derretido/Liquefa(c)to. **Comb.** Gelo ~. Margarina ~a [derretida(+)].

líquen *s m* (<gr *leikhen*) Nome gené[ê]rico de plantas formadas por associação simbiótica de um fungo com uma alga. **Ex.** Os ~es desenvolvem-se nas mais diversas condições de (h)umidade e temperatura

«nos troncos das árvores/à superfície das pedras». **2** *Med* Dermatose com manchas salientes que ataca principalmente indivíduos adultos do sexo masculino.

liquescente *adj 2g* (<lat *liquéscens, éntis*) Que está a liquefazer-se. **Ex.** A manteiga com o calor fica ~.

liquescer *v int* (<lat *liquésco, is, éscere, lícui*) Tornar-se líquido/Liquefazer-se. **Ex.** Guarda a manteiga no frigorífico para não ~ [amolecer(o+)/derreter(+)] com o calor.

liquidação *s f* (<liquidar + -ção) **1** A(c)to ou efeito de liquidar. **2** Apuramento de contas/Cálculo de montante a pagar. **Ex.** Feita a ~ do imposto «IRS» verificou-se que não tinha nada a pagar, mas que ainda iria ser reembolsado. **3** Pagamento de dívida ou encargo. **Ex.** Veja qual é o saldo devedor da minha conta (por)que quero fazer a ~ de tudo. **4** Conjunto de a(c)tos destinados a encerrar a a(c)tividade duma sociedade com apuramento das dívidas e do passivo e distribuição do a(c)tivo remanescente – se o houver – pelos sócios. **Comb.** Sociedade «comercial» em ~. **5** Venda total da mercadoria a preço reduzido para extinção do negócio ou renovação dos artigos. **Ex.** Vendem-se todos os artigos com desconto de 50% por motivo de ~ total «para mudança de ramo». **6** A(c)ção de aniquilar/destruir/matar «um rival»/Aniquilamento. **Ex.** O atentado visava a ~ do rei e do regime monárquico.

liquidado, a *adj* (<liquidar + -ado) **1** Que se liquidou/Pago/Saldado. **Comb.** Conta [Fa(c)tura] ~a. **2** Que se apurou/foi feita a conta. **Comb.** Imposto ~/pago. **3** Que terminou/Encerrado/Fechado. **Comb.** *Negócio* [Contrato] ~ [fechado(o+)/concluído(+)]. *Estabelecimento* [Firma] ~o/a/ fechado [desfeita]. **4** Esclarecido/Tirado a limpo. **Comb.** Assunto [Questão] ~o/a [arrumado/a/esclarecido/a]. **5** Destruído/Derrotado/Morto. **Comb.** *Assaltante* ~/ morto. *Adversário* ~derrotado. *Inimigo* ~/ derrotado/morto.

liquidador, ora [**liquidante**] *s/adj* (<liquidar + -dor) (O) que liquida/Liquidatário. **Comb.** *Agente* ~. *Sociedade* ~a [que faz liquidações/leilões].

liquidar *v t* (<lat *líquido, áre, átum*) **1** Fazer a liquidação/o pagamento (de dívida). **Loc.** ~ [Pagar] uma conta [fa(c)tura]. **2** Vender a preço reduzido. **Ex.** A loja «de pronto a vestir» está a ~ [a vender com desconto] todos os artigos «para mudança de ramo». **3** Encerrar a a(c)tividade duma sociedade. **Ex.** Os sócios decidiram vender a fábrica e ~ [desfazer] a sociedade. **4** Pôr fim a alguma coisa de forma rápida ou violenta/Destruir. **Ex.** Este ano, eram tantos os caracóis e as lesmas no jardim que a muito custo os consegui ~/matar. O bombardeamento liquidou [derrotou completamente] o exército inimigo em poucas horas. **5** Resolver um assunto/Terminar uma questão/Encerrar. **Ex.** Finalmente, após alguma discussão, liquidámos [resolvemos/arrumámos] a questão das partilhas a contento de todos os herdeiros. **6** Esclarecer dúvidas/Tornar claro. **Ex.** Tivemos uma longa conversa e o assunto ficou liquidado [arrumado(o+)/ encerrado(+)].

liquidatário, a *adj/s* (<liquidar + -t- + -ário) **1** (O) que é encarregado de fazer uma liquidação/Liquidador. **Ex.** Creio que o ~ das Finanças foi demasiado rigoroso no cálculo do imposto a pagar. **Comb.** Sociedade ~a [leiloeira]. **2** Que se encontra em liquidação. **Ex.** Vai haver reunião dos credores da sociedade ~a [que está em liquidação].

liquidável *adj 2g* (<liquidar + -vel) Que é susce(p)tível de ser liquidado. **Ex.** O imposto ainda não é ~ porque faltam documentos. **Comb.** Dívida ~ em prestações.

liquidez *s f* (<líquido + -ez) **1** Qualidade do que é [tem o estado] líquido. **Ex.** O mercúrio é o único metal que tem ~ [que é líquido(+)] nas condições normais de pressão e temperatura. **2** Capacidade para converter a(c)tivos financeiros em dinheiro ou em recursos facilmente transa(c)cionáveis. **Comb.** Títulos [Produtos financeiros] com ~. **3** Disponibilidade de dinheiro em caixa para satisfazer compromissos imediatos. **Ex.** A firma atrasou o pagamento dos salários por falta de ~ de tesouraria [por não ter dinheiro]. **4** Qualidade do que está claramente definido ou determinado. **Ex.** A ordem é bem clara. Se não foi cumprida não foi por estar redigida sem ~ [clareza(+)].

liquidificação *s f* (<liquidificar + -ção) A(c)to ou efeito de liquidificar(-se)/Liquefa(c)ção(+).

liquidificador, ora *adj/s* (<liquidificar + -dor) (O) que liquidifica/Liquidificante.

liquidificante *adj 2g* (<liquidificar + -ante) Que liquidifica/provoca a passagem ao estado líquido.

liquidificar *v t* (<líquido + -ficar) Tornar líquido/Liquefazer(+). **Loc.** Juntar água a um batido «de fruta» para o ~ um pouco mais.

líquido, a *s m/adj* (<lat *líquidus, a, um*) **1** Um dos três estados da matéria, cara(c)terizado por ter volume constante e não ter forma própria. **Ex.** Dos três estados da matéria (sólido, ~ e gasoso) apenas o ~s e os gases são fluidos. **Comb.** *Fisiol* ~ *amniótico* [que envolve o feto no útero durante a gravidez/*fam* Águas]. *Fisiol* ~ *cefalorraquidiano* [que preenche as cavidades cerebrais e medulares]. *Fisiol* ~ *seminal*/espermático [Esperma]. *Fís* ~ *ideal* [que é incompressível e tem coeficiente de viscosidade nulo]. ~ *oleoso* [viscoso]. ~ *precioso* [A água]. *Fisiol* ~*s orgânicos* [Quantidade de solutos em água existente no organismo humano]. **2** Que tem consistência fluida, podendo adquirir a forma do recipiente onde se encontra. **Ex.** A geleia ficou muito ~a, não gelatinou [não ganhou consistência de gel]. Devem beber-se muitos ~s. **Comb.** *Alimento* ~. *Lama* ~a. *Molho* ~. *Papa* «para bebé[ê]s» ~a. **3** *Dir* Que está fixado/determinado/Que foi sujeito a liquidação/Liquidado. **Comb.** Imposto ~ [liquidado(+)]. **4** *Com* Que não está sujeito a descontos ou outros encargos. **Comb.** *A(c)tivo* ~. *Lucro* ~. *Ordenado* ~. **Ant.** Bruto; ilíquido. **5** Que se pode converter em moeda/Imediatamente disponível. **Comb.** *Riqueza* ~a. **6** Que é claro/razoável/compreensível. **Ex.** Se não tivesse havido erros graves da arbitragem, é ~ [claro(+)] que o resultado do jogo teria sido outro/diferente. **7** *Fon* Diz-se das consoantes *l* e *r* em certos grupos consonânticos. **Ex.** São ~as o *l* e o *r* de *cloro* e *preto*. **8** Sem incluir ou contar a embalagem ou recipiente «barco». **Comb.** *Peso* ~ do bolo enlatado.

lira[1] *s f* (<gr *lyra*) **1** *Mús* Instrumento musical em forma de *U* com uma barra horizontal no topo onde se fixam as cordas verticais. **Ex.** A ~, a cítara e o alaúde são instrumentos musicais da antiguidade. **2** *Mús* Símbolo da Música. **Ex.** Via-se que era músico porque usava na lapela uma ~ como emblema. **3** *Maiúsc Astr* Constelação boreal de que faz parte a estrela Vega, uma das mais brilhantes do céu. **Ex.** A ~ situa-se entre Hércules e Cisne.

lira[2] *s f* (<it *lira*) **1** Antiga unidade monetária da Itália, de São Marino e do Vaticano, substituída pelo euro. **2** Unidade monetária da Turquia.

lírico, a *adj/s* (<lat *lyricus, a, um*) **1** *Liter* Diz-se de composições literárias que na Antiguidade eram acompanhadas ao som da lira. **Ex.** Os salmos bíblicos são poemas ~s. **2** *Liter* Que se destina a ser cantado ou musicado/Que exprime subje(c)tividade. **Comb.** *Autor* ~. *Gé[ê]nero* ~. *Poesia* ~a. *Teatro* ~. **3** *s* Pessoa que cultiva o gé[ê]nero ~. **Ex.** Camões além de épico foi também um grande ~. **4** *s fig* Indivíduo sentimental e sonhador. **Ex.** Ele é um ~ que anda sempre nas nuvens. **5** *s f* Gé[ê]nero literário, principalmente poesia, em que o autor exprime a sua subje(c)tividade. **Comb.** A ~ camoniana (De Luís de Camões, poeta português do séc. XVI). **6** *s f* Cole(c)ção de poesia ~a. **Comb.** Antologia da ~a portuguesa «do séc XVII».

lírio *s m Bot* (<lat *lilium, ii*) **1** Nome vulgar das plantas do gé[ê]nero Íris, da família das iridáceas e outras, rizomatosas ou bolbosas, espontâneas e cultivadas para fins ornamentais. **2** Flor dessas plantas. **Comb.** ~s brancos [amarelos/roxos]. **3** *fig* Símbolo da pureza e inocência. ⇒ açuceno; íris[2].

lirismo *s m* (<lira[1] + -ismo) **1** Gé[ê]nero literário cara(c)terizado pela subje(c)tividade e sensibilidade poética do autor. **Ex.** O ~, a epopeia e o drama são os três gandes gé[ê]neros literários. **2** Conjunto das obras líricas dum autor/Lírica **5/6**(+). **3** Modo de expressão marcado pela subje(c)tividade e pela sensibilidade poética. **Comb.** ~ duma obra musical [duma pintura]. **4** Modo de viver marcado pelo entusiasmo sentimental e idealista. **Comb.** O ~ da juventude. **5** *pej* Idealismo ingé[ê]nuo. **Ex.** É preciso ser realista e não se deixar arrastar por ~s de sonhadores.

lis *s m Bot* (<fr *lis*) **1** ⇒ lírio. **2** ⇒ flor-de-lis.

Lisboa *s f Geog* (<lat *Olíssipo, ónis* <gr *Odusseus*: Ulisses) Capital de Portugal. **Ex.** Os cidadãos de ~ são lisboetas (Ê). ⇒ olissiponense.

lise *s f* (<gr *lysis, eos*: libertação) **1** *Med* Queda gradual da temperatura na evolução duma doença para a cura. **Ant.** Crise. **2** *Med* Desintegração de corpos bacterianos ou celulares por a(c)ção de lisinas.

-lise *suf* (<gr *lysis, eos*: libertação) Exprime a ideia de dissolução, libertação: *análise, diálise, ele(c)trólise, hidrólise*.

lisina *s f Bioq* (<lise + -ina) **1** Aminoácido essencial (Ácido α-ε-diaminocapróico) indispensável para o crescimento e reparação de tecidos. **Ex.** A ~ não é sintetizada pelo organismo devendo ser fornecida pelos alimentos. **2** Anticorpo específico que provoca a destruição (Lise **2**) de células e tecidos.

liso, a *adj* (<lat *lisus, a, um*) **1** Que tem a superfície sem saliências nem asperezas. **Idi.** *Estar* [Ficar] ~/sem dinheiro. **Comb.** *Chão* ~. *Granito* ~ [polido]. *Porta* ~a. **2** Que é plano/Que não é acidentado/Sem altos e baixos nem rugosidades muito pronunciadas. **Comb.** Terreno [Campo] ~ [plano(+)]. **3** Que é macio/suave ao ta(c)to. **Comb.** Pele ~a. **4** Que não tem pregas nem ornatos. **Comb.** Saia [Vestido] ~a/o. **5** (Tecido) que tem cor uniforme sem riscas nem enfeites. **Ex.** Com essa saia xadrez diz bem uma blusa ~a do mesmo tom. **6** Que não é ondulado nem encaracolado. **Comb.** *Cabelo* ~. *Chapa metálica* ~a.

7 *fig* Que é franco/honesto/sincero. **Comb.** ~ nos negócios.

lisol *s m* (<ing *lysol*, marca comercial) Solução concentrada de sabão e ácido fé[ê]nico usada como desinfe(c)tante e antisséptico.

lisonja *s f* (<esp *lisonja*; ⇒ louvar) **1** Elogio exagerado para agradar ou obter favores/Adulação/Bajulação. **Ex.** Até ser promovido, andava sempre à volta do chefe com ~s. **2** Elogio honroso/Mimo. **Ex.** Agradeço as suas palavras, mas são ~s [elogios(+)] que não mereço. **3** Prazer/Orgulho. **Ex.** Não sinto qualquer ~ em ocupar um lugar [cargo] que ninguém quis.

lisonjeador, ora *adj/s* (<lisonjear + -dor) (O) que lisonjeia. **Ex.** Ele tem feitio [é um] ~. **Comb.** Elogio [Dito] ~/lisonjeiro(+).

lisonjear *v t* (<lisonja + -ear) **1** Fazer elogios exagerados para agradar/obter favores/Bajular/Adular. **Loc.** ~ os poderosos. **2** (Fazer) sentir prazer/orgulho. **Ex.** As palavras elogiosas do júri lisonjearam-no muito. Lisonjeou o filho com uma valiosa prenda.

lisonjeiro, a *adj/s* (<lisonja + -eiro) **1** (O) que lisonjeia/louva exageradamente/Lisonjeador/Adulador/Bajulador. **Comb.** Pessoa ~a [lisonjeadora(+)/bajuladora(o+)]. **2** Que revela adulação/falso louvor. **Ex.** Prefiro ouvir a verdade, mesmo que seja desagradável, a [, do que] palavras ~as. **3** Que é motivo de orgulho/Elogioso. **Ex.** A crítica referiu-se ao novo livro com comentários muito ~s. **Comb.** Convite ~ [honroso(+)].

lisossoma *s m Med* (<lise² + soma²) Formação intracelular que contém enzimas hidrolíticas que intervêm na digestão de materiais estranhos introduzidos na célula e das bactérias fagocitadas pelos leucócitos.

lista *s f* (<germânico *lista*) **1** Série de nomes de pessoas ou coisas que têm alguma relação entre si/Listagem/Rol. **Ex.** Já fiz a ~ dos convidados para o casamento. Estive a fazer a ~ das compras e esqueci-me dela em casa. **Comb.** ~ *de espera* [Relação de nomes de pessoas que aguardam determinado serviço «consulta médica/intervenção cirúrgica»]. ~ *negra* [Relação de pessoas consideradas merecedoras de censura ou indesejáveis] (Comb. ~ negra do chefe [dum partido político]). ~ *oficial* [Relação «de nomes/números» emitida por entidade competente, pública ou privada, tida como definitiva e credível] (Comb. ~ oficial dos candidatos aprovados num concurso. ~ oficial dos números premiados na lotaria). ~ *telefó[ô]nica* [Relação de assinantes indicando número de telefone, nome e morada referente a determinada localidade/região/país]. **2** Risca [Faixa] de cor diferente do fundo onde se insere. **Comb.** Camisola branca com duas ~s verdes atravessadas. **3** Ementa de restaurantes e casas de pasto onde constam as iguarias disponíveis e respe(c)tivos preços/Cardápio/Carta. **Ex.** Por favor, traga-me a ~ para eu escolher (o que vou comer). **Loc.** Servir [Comer] à ~ [escolha do cliente]. **Comb.** ~ dos vinhos. **4** Catálogo. **Ex.** Esse móvel ainda está na ~, mas já não se fabrica. **5** Relação de candidatos «dum partido» que se apresentam conjuntamente a uma eleição. **Ex.** O partido aprovou as ~s de candidatos a deputados de todos os círculos eleitorais. **Comb.** Cabeça de ~ [Candidato que na ~ figura em primeiro lugar/O primeiro a ser eleito]. **6** Zona de pelo de alguns animais que, pela cor ou tonalidade diferente, dá a ilusão de risca. **Comb.** Gato amarelo com uma ~ branca no dorso. As ~s [riscas(+)] pretas e brancas das zebras. **7** Enumeração [Série] de alguma coisa. **Ex.** Tenho uma ~ enorme de assuntos a tratar «antes de ir para férias».

listagem *s f* (<listar + -agem) **1** Relação de pessoas ou coisas/Lista/Rol. **Loc.** Fazer a ~ do que é necessário tratar «para a festa». **2** *Info* Apresentação por linhas, de programas ou dados de computador em sucessão ou ordem numérica.

listar *v t* (<lista + -ar¹) **1** Fazer a [Inscrever na] lista/Fazer a relação/Alistar. **Loc.** ~ *as presenças* na reunião. ~ *os candidatos* «a um emprego». **2** Fazer listas [riscas/faixas]/Listrar. **Loc.** ~ [Marcar] os lugares de estacionamento no parque. **3** Tomar nota/Catalogar/Enumerar. **Loc.** ~ os defeitos de fabrico mais comuns em determinado artigo.

listel(o) *s m* (<it *listello*: pequena lista **2**) Moldura estreita que acompanha outra maior ou separa as caneluras duma coluna/Filete.

Listenstaine *s m Geog* ⇒ Liechtenstein.

listra *s f* (<lista **2**) Risca [Faixa] num tecido, de cor diferente da do resto do mesmo. **Comb.** Tecido verde com ~s amarelas.

listrado, a *adj* (<listrar + -ado) Que tem listras/Às riscas. **Comb.** Tecido ~.

listrar *v t* (<listra + -ar¹) Fazer [Enfeitar com] listras. **Loc.** ~ um cenário com listras brancas a imitar as nuvens do céu.

lisura *s f* (<liso + -ura) **1** Qualidade do que é liso/Maciez. **Comb.** ~ da pele [do cabelo]. ~ [Planura] dum terreno. **2** *fig* Honestidade/Sinceridade. **Loc.** Usar de ~ nos negócios.

litania *s f* (<gr *litaneia*: oração) ⇒ ladainha.

litargírio *s m Quím* (<gr *lithargyros*) Protóxido de chumbo (PbO) amarelo, usado como pigmento/Fezes de ouro.

liteira *s f* (<fr *litière* <lat *lectus*: leito, cama) Cadeira portátil coberta e fechada, equipada com dois varais compridos para ser transportada por homens ou puxada por animais. **Ex.** As ~s eram usadas para transportar senhoras [pessoas importantes] por caminhos difíceis.

literacia *s f* (<lat *littera, ae* + -acia; ⇒ letra) Capacidade para ler e escrever. **Ant.** Iliteracia.

literal *adj 2g* (<lat *litterális, e*) **1** Que corresponde [é idêntico] à letra do texto. **Comb.** Citação [Transcrição] ~. **2** Diz-se de tradução que é feita palavra por palavra. **Ex.** A tradução ~ normalmente não é muito corre(c)ta.

literalismo *s m* (<literal + -ismo) Prática de [Tendência para fazer] interpretação literal.

literalmente *adv* (<literal + -mente) **1** À letra. **Comb.** Texto citado ~. **2** Absolutamente/Totalmente/Completamente. **Ex.** Ele não sabia ~ [absolutamente] nada. **Comb.** Estádio ~ [total/completamente] esgotado.

literariamente *adv* (<literário) Em linguagem ou com conteúdo literário. **Ex.** Esse livro ~ tem pouco valor.

literariedade *s f* (<literário + -dade) Qualidade do que é literário. **Comb.** ~ dum texto [duma obra].

literário, a *adj* (<lat *litterárius, a, um*; ⇒ letrado) **1** Relativo à literatura. **Comb.** A(c)tividade ~a. **Gé[ê]nero** ~. **2** Que tem cara(c)terísticas específicas da literatura/Pertencente à literatura. **Comb.** **Estilo** ~. **Texto** [Obra] ~o/a. **3** Relativo ao estudo da literatura ou de obras ~as. **Comb.** **Análise** ~a. Comentador ~. **Crítica** ~a.

literatice *s f depr* (<literato + -ice) **1** Literatura de má qualidade e pretensiosa. **2** Cara(c)terística de literato sem valor.

literato, a *s* (<lat *litterátus, a, um*; ⇒ letrado) **1** O que tem grandes conhecimentos de literatura. **Comb.** Professor universitário e grande ~. **2** Que se ocupa de assuntos ligados à literatura. **Comb.** ~ responsável pela se(c)ção de crítica literária dum jornal ou revista. **3** Que se dedica à literatura/Escritor. **Ex.** O romancista Fernando Namora e o poeta Miguel Torga, ambos médicos, foram dois ~s notáveis portugueses do séc. XX.

literatura *s f* (<lat *litteratúra, ae*) **1** Arte que consiste no uso estético da linguagem escrita, em prosa ou poesia, na produção de obras literárias. **Ex.** Segundo o *Guia Prático de Análise Literária* (São Paulo – Brasil, 1969) a ~ é a "encarnação sensível da ideia na palavra significante". **2** Conjunto de produções literárias dum escritor/duma época/dum país. **Comb.** ~ *brasileira* [portuguesa]. ~ *camiliana* (De Camilo Castelo Branco, romancista português do séc. XIX). ~ *de cordel* [de cará(c)ter popular, vendida nas feiras e mercados em folhetos pendurados num cordel/de pouco valor literário]. ~ *de ficção* [Gé[ê]nero a que pertencem o romance, a novela e o conto]. ~ *medieval*. ~ *oral* [transmitida oralmente de geração em geração]. **3** A(c)tividade [Profissão] de escritor/de pessoa que se dedica às letras. **Comb.** Congresso de ~. **4** Disciplina que tem por obje(c)to o estudo de obras, autores e temas [gé[ê]neros] literários. **Comb.** ~ *comparada*. *Aula de* ~. *Curso de* ~. *Teoria da* ~. **5** Conjunto de livros e obras publicados sobre determinado tema/Bibliografia. **Ex.** Já há imensa ~ sobre a crise financeira de 2008. **6** Texto explicativo que acompanha determinado produto. **Ex.** Antes de tomar um medicamento leio sempre a ~ [explicação/as indicações (+)] para ver as contraindicações e os efeitos secundários. **7** *depr* Conversa sem fundamento/fantasiosa/*idi* fiada. **Ex.** Isso não tem qualquer fundamento científico; é só ~.

litíase *s f Med* (<gr *lithiasis, eos*: calosidade) Doença que consiste na formação de calosidades (Cálculos) nos canais excretores «vias biliares/urinárias». **Comb.** ~ salivar [biliar/urinária]. **Sin.** Calculose.

lítico¹, a *adj* (<gr *lithikos, e, on*) Relativo à pedra. **Comb.** Elementos [Fragmentos] ~s.

lítico², a *adj* (< ?) Que não tem mistura/Legítimo/Puro. **Ex.** No hospital, serviam-me uma sopa sem nada que alimentasse; era (mesmo) (uma) água ~a.

litificação *s f Geol* (<litificar + -ção) Série de modificações responsáveis pela transformação dos sedimentos em rochas sedimentares consolidadas. **Ex.** A ~ pode ocorrer em simultâneo com a deposição dos sedimentos ou (muito) posteriormente.

litificar *v t* (<lito- + -ficar) Transformarem(-se) os sedimentos em rocha consolidada.

litigante *adj/s 2g* (<litigar + -ante) **1** (O) que litiga/tem uma contenda em tribunal. **Ex.** O juiz aconselhou os ~s a fazerem um acordo. **Comb.** Partes ~s. **2** (O) que sustenta litígio/está em desavença. **Ex.** Eram vizinhos e ~s desde há muito tempo; sempre que se encontravam envolviam-se em violenta discussão.

litigar *v t/int* (<lat *litígo, áre*) **1** Pôr um processo em tribunal/Sustentar litígio no foro/Contestar [Demandar] em juízo/Pleitear. **Loc.** ~ uma herança. **2** Entrar em disputa/Debater-se/Contender/Pelejar. **Ex.** O casal desavindo e separado litigava frequentemente pela posse dos filhos.

litigável *adj 2g* (<litigar + -vel) **1** Que se pode litigar/Litigiosos. **Comb.** Causa [Questão] ~. **2** Discutível/Contestável. **Comb.** Resolução [Sentença] ~/discutível(+).

litigiar *v t/int* (<litígio + -ar¹) ⇒ litigar.

litígio *s m* (<lat *litígium, ii*) **1** *Dir* Conflito de interesses apresentado a tribunal para resolução/A(c)ção judicial/Demanda/Pleito. **Ex.** A partilha da herança foi resolvida em ~. **2** Disputa/Contenda/Conflito(+). **Ex.** As cunhadas entraram em ~ por causa das brigas dos filhos.

litigioso, a (Ôso, Ósa, Ósos) *adj* (<lat *litigiósus, a, um*) **1** Relativo a litígio/Que é obje(c)to de a(c)ção judicial. **Comb.** *Divórcio ~. Partilhas ~as.* **Ant.** Amigável. **2** Que é motivo de discórdia/Conflituoso. **Comb.** *Assunto ~. Feitio ~* [conflituoso(+)].

lítio [Li 3] *s m Quím* (<lat *lithium, ii*) Elemento químico metálico de cor branca, muito leve, pertencente à família dos metais alcalinos. **Ex.** O ~, além das muitas aplicações dos seus compostos, é utilizado como desgasificante e agente de refinação de metais fundidos.

litisconsórcio *s m Dir* (<lat *lis, lítis*: litígio + consórcio) Litígio judicial em que intervêm mais do que duas partes principais discutindo a mesma causa. **Comb.** *~ inicial* [que ocorre no momento da propositura da a(c)ção]. *~ necessário* [imposto às partes pelo tribunal]. *~ sucessivo* [que se verifica posteriormente à propositura da a(c)ção].

litisconsorte *s 2g Dir* (⇒ litisconsórcio) Pessoa que conjuntamente com outra(s) demanda alguém em juízo.

litispendência *s f Dir* (<lat *lis, lítis*: litígio + pendência) Exce(p)ção dilatória que pretende evitar que no mesmo tribunal ou em tribunais diferentes se encontrem duas causas entre as mesmas partes e a respeito do mesmo conflito de interesses. **Ex.** A ~ tem a finalidade de evitar que o(s) tribunal(ais) venha(m) a contradizer-se ou a repetir-se.

-lito/e- *pref/suf* (<gr *lithos, ou*) Exprime a ideia de pedra: *litófago, litófito, litografia, litogravura, litologia; batólito, lepidólito, micrólito*.

litófago, a *adj Zool* (<lito- + -fago) «molusco/concha» Que se introduz nas rochas para aí se alojar.

litófilo, a *adj* (<lito- + -filo) Diz-se da planta ou do animal que vive sobre os rochedos.

litófito *s m* (<lito- + -fito) Produção marinha arborescente segregada pelos polipeiros.

litogénese [*Br* litogênese] *s f Geol* (<lito- + génese) Conjunto de processos de natureza física, química e biológica responsáveis pela consolidação das rochas sedimentares.

litografia *s f* (<lito- + grafia) **1** Processo de impressão sobre papel de imagens [inscrições/textos] feitas com tinta gorda sobre uma pedra ou placa metálica. **Ex.** A ~ é a(c)tualmente pouco utilizada por ser um processo de impressão caro. **2** Gravura obtida por esse processo/Litogravura. **3** Oficina onde se executam trabalhos litográficos.

litográfico, a *adj* (<litografia + -ico) Relativo à litografia. **Comb.** *Calcário ~* [Pedra de calcário usada em litografia]. *Gravura ~a*.

litógrafo, a *s* (<lito- + -grafo) Profissional [Artista] de litografia. **Ex.** O ~ imprime desenhos [gravuras/inscrições] feitos por ele próprio ou por outros.

litologia *s f Geol* (<lito- + -logia) Parte da Geologia que estuda a gé[ê]nese, composição e propriedades das rochas.

litológico, a *adj* (<litologia + -ico) Relativo à litologia. **Comb.** *Geol* Descontinuidade ~a (Há descontinuidade ~a quando no perfil do solo se distinguem camadas de materiais originários diferentes).

litólogo, a [litologista] *s* [2g] (<lito- + ...) Pessoa que se dedica ao estudo das rochas/Especialista em litologia.

litoral *s m/adj 2g* (<lat *litorális, e* <*litus, oris*: costa, praia) **1** *Geog* Orla da terra [Região] próxima do mar/Costa. **Ex.** O ~ português é mais desenvolvido do que o interior. **2** Que diz respeito à beira-mar/Litorâneo. **Comb.** *Fauna* [Flora] *~. Zona ~.*

litorâneo, a *adj* ⇒ litoral **2**.

litosfera *s f Geol* (<lito- + esfera) Parte externa da terra constituída por rochas consolidadas/Crusta terrestre.

litotes *s f 2n Ling* (<gr *litotes*) Figura de retórica mediante a qual se afirma um conceito negando ironicamente o seu contrário. **Ex.** Usa-se a ~ quando por ex. se diz *Ele não é nada tolo* querendo significar *Ele é muito esperto*.

litotomia *s f Med* (<lito- + -tomia) Operação cirúrgica para extrair pedras (Cálculos). **Ex.** As primeiras ~s a ser praticadas foram as cistolitomias (Extra(c)ção de pedras da bexiga).

litótopo *s m Geol* (<lito- + gr *topos*: lugar) Zona de sedimentação uniforme cara(c)terizada por determinado tipo de sedimentos.

litotrícia[tripsia] *s f Med* (<lito- + gr *tripsis, eos*: fricção + -ia) Operação cirúrgica que consiste no esmagamento dos cálculos da bexiga com um aparelho introduzido pela uretra.

litráceo, a *adj/s Bot* (<lat *lythrum, i* + -áceo) (Diz-se de) família de plantas dicotiledó[ô]neas, ervas ou arbustos, geralmente contendo alcaloides, com flores hermafroditas dispostas em inflorescências de cacho ou espiga. **Ex.** As ~as englobam várias plantas aquáticas e anfíbias «salgueirinha, *Lythrum salicaria*/erva-sapa, *Lythrum junceum*».

litro *s m* (<gr *litra*: peso e moeda) **1** Unidade de medida de capacidade do sistema métrico decimal, símbolo *l*. **Ex.** Um ~ é equivalente a um decímetro cúbico de água nas condições normais de pressão e temperatura. **Idi.** *pop* Ser igual ao ~ [Não ter importância/Ser indiferente] (Ex. Se não me ajudares, não vou contigo ao cinema. – Que me importa? Isso para mim é igual ao ~ [idi Isso a mim não me aquece nem arrefece]). **2** Quantidade correspondente a um decímetro cúbico. **Ex.** Traz-me do supermercado seis ~s de leite meio gordo e cinco ~s de feijão-manteiga seco. **3** Vasilha com essa capacidade. **Ex.** Na mercearia têm uma medida de ~ aferida. **Comb.** Garrafa de ~.

Lituânia *s f Maiúsc Geog* Estado do norte da Europa, situado junto ao mar Báltico, cujos habitantes, os lituanos, falam o lituano e cuja capital é Vilnius.

litura *s f* (<lat *litura, ae* <*líno, ere, lítum*: raspar) Parte dum escrito riscado para ficar ilegível/Rasura(+).

liturgia *s f* (<gr *leitourgia*: função pública, serviço em favor do povo) **1** *Hist* Na antiguidade grega, serviço, inicialmente gratuito, em benefício da comunidade. **Ex.** Era ~ a preparação duma expedição militar/a organização de jogos públicos. **2** *Rel* Culto dirigido a Deus, por pessoa categorizada, em favor do povo. **Ex.** Para os cristãos a ~ é o exercício da função sacerdotal de Cristo continuada pelos ministros ordenados e que se concretiza principalmente na celebração da Eucaristia (Missa) e dos sacramentos. **3** *Rel* Ramo das ciências eclesiásticas que estuda as origens, a evolução e as normas do culto católico. **Comb.** *Curso de ~. Professor de ~.*

litúrgico, a *adj* (<liturgia + -ico) Relativo à liturgia. **Comb.** *Calendário ~. Festa* [Solenidade] *~a. Livros ~s. Oração ~a. Tempo ~. Vestes ~as.*

liturgista *s 2g* (<liturgia + -ista) Pessoa especializada em liturgia. **Comb.** Curso orientado por um grande ~.

lividez *s f* (<lívido + -ez) **1** Estado do que é lívido/Palidez. **Ex.** Pela ~ [palidez(+)] do rosto, via-se como vinha apavorado. **2** Cor pálida e violácea provocada pela morte ou pela doença. **Comb.** ~ cadavérica.

lívido, a *adj* (<lat *lívidus, a, um*) **1** Que tem uma cor entre o chumbo e o violáceo. **Comb.** Rosto ~ «dum moribundo». **2** Muito pálido. **Comb.** ~ de pavor. **3** De cor té[ê]nue azulada. **Comb.** Claridade ~a «duma manhã fria de inverno».

livor *s m* (<lat *lívor, óris*) ⇒ lividez.

livra *interj* (<livrar) Exprime aversão/repugnância/surpresa. **Ex.** ~! Só de pensar no desastre que podíamos ter tido me dá arrepios! ~! Outra vez a mesma conversa de políticos mentirosos! **Sin.** Apre!

livralhada *s f pop* (<livro + -alho + -ada) Grande quantidade de livros. **Ex.** Vou deitar fora esta ~ toda que não me serve de [para] nada. Aquilo não é uma biblioteca, é uma ~ sem interesse [valor] nenhum.

livramento *s m* (<livrar + -mento) A(c)to de livrar/Libertação/Resgate. **Ex.** Só cinco reclusos beneficiaram do ~ concedido pelo indulto natalício do Presidente da República.

livrança *s f* (<livrar + -ança) **1** A(c)ção de livrar/Livramento. **2** *Com* Título de crédito que contém uma promessa de o subscritor pagar determinada quantia em dinheiro ao tomador/*Br* Nota Promissória. **Ex.** A ~ tem uma função econó[ô]mica análoga à da letra comercial.

livrar *v t* (<lat *líbero, áre*; ⇒ livre) **1** Tornar livre/Dar liberdade/Libertar. **Ex.** O bom comportamento livrou-o da cadeia [prisão] antes de cumprir a totalidade da pena. **2** Desembaraçar(-se) duma situação complicada ou perigosa. **Ex.** Porque falaste verdade e te confessaste culpado, livraste-te de ser castigado. **3** Pôr a salvo/Defender/Proteger. **Ex.** Agarrei a criança por um braço e livrei-a de ser atropelada. Que Deus nos livre de todo o mal. **Idi.** *Deus me/te/nos/vos livre* [Expressão que designa a firme intenção de não fazer [de que não aconteça] algo] (Ex. Nunca seria capaz de bater assim numa criança, Deus me livre! Deus nos livre das más línguas [Deus nos livre que falem mal de nós!]). **4** Desembaraçar(-se) de alguém [alguma coisa] que incomoda/Afastar. **Ex.** Foi muito difícil ~-me daquela companhia. **5** Exprime ameaça quando usado no imperativo. **Ex.** Livra-te de saíres [Não queiro que saias/Não te deixo sair] sem licença! Podes sair com os teus amigos mas livra-te de [mas ai de ti se] chegar(es) tarde.

livraria *s f* (<livro + -aria) Estabelecimento onde se vendem livros. **Ex.** Livros técnicos e científicos só se encontram em ~s especializadas. ⇒ Biblioteca.

livre *adj 2g* (<lat *líber, libera, líberum*) **1** Que tem liberdade de agir segundo a sua vontade. **Ex.** O homem é (um ser) ~: pode fazer opções, escolher o que julga ser melhor. **2** Que não está privado de liberdade física/Que não é prisioneiro/Solto. **Ex.** Esteve preso preventivamente mas já está ~ por

não haver provas que o incriminassem. **3** Que não está sujeito a pressões/preconceitos/influências/Que tem liberdade interior/Independente. **Ex.** Ele é um espírito ~: não se deixa influenciar por nada nem por ninguém. **Idi. *Ter pulso* ~**/***Ter carta-branca*** [Ter possibilidade de trabalhar/tomar iniciativas sem depender de nada nem de ninguém]. ***Ver-se* ~ *de*** [Desembaraçar-se/Libertar-se] (Ex. Aquela mulher *idi* fala pelos cotovelos [fala muito]; nunca mais me conseguia ver ~ dela). **4** Que não é dominado por [não é propriedade de] ninguém/não tem a condição de escravo. **Ex.** *Hist* Recebeu a carta de alforria. Passou de escravo a homem ~. **5** Que não está ocupado/Disponível/Vago. **Ex.** Hoje não trabalho, tenho o dia ~. Posso ir contigo «às compras» mas só estou ~ ao fim da tarde. **Comb.** *Táxi* ~. *Retrete [Br Banheiro]* ~. **6** Que não está comprometido. **Ex.** Não há qualquer impedimento de que o patrão venha a casar com a secretária; ambos são ~s. Não sou filiado em nenhum partido político. Estou ~ para me candidatar «a presidente da autarquia» como independente. **7** Que goza de autonomia/independência/Autó[ô]nomo. **Comb.** *Nação* ~. *Povo* ~. **8** Que não apresenta obstáculos/impedimentos/Desimpedido. **Comb.** *Caminho* ~. *Passagem* ~. **Ant.** Impedido; obstruído. **9** Que não está sujeito ao serviço militar obrigatório/Isento/Dispensado. **Ex.** Não fiz tropa; fiquei ~ na inspe(c)ção. Estou ~ porque já cumpri o serviço militar. **10** Que não tem dívidas ou outros compromissos financeiros. **Ex.** Acabámos de pagar a casa. Estamos ~s dum grande encargo. **Comb.** *Bens* ~*s de ó[ô]nus e encargos*. **11** Que é permitido/autorizado/Que não exige formalidades específicas/Aberto/Gratuito. **Ex.** A biblioteca é de acesso ~ para consulta de livros no local. **Comb.** *Entrada* ~. *Venda* ~. **Ant.** Condicionado; pagável; reservado; restrito. **12** *Econ* Que não está sujeito a restrições/Em que há liberdade de circulação/transa(c)ção/iniciativa. **Comb.** ~ *concorrência*. *Feira* ~ [franca(+)]. *Mercado* ~. ⇒ FOB. **13** Que não é imposto/não está sujeito a regras previamente estabelecidas. **Loc.** *«aluno» Fazer uma composição sobre um tema* ~. *Estilo* (de natação) ~. *Luta* ~. *Provas* ~*s* (dum concurso). *Tradução* ~ [não literal]. *Verso* ~ [sem rima]. **14** Que tem costumes desregrados/Demasiado permissivo. **Comb.** *Conduta [Linguagem]* ~/*desregrada*. **15** Diz-se de movimento que se realiza sem apoio de força exterior. **Loc.** *Saltar de paraquedas(Pà) em queda* ~. *Andar «de bicicleta/carro» em roda* ~ [sem pedalar/com o motor desligado/em ponto morto]. **16** *s (D)esp* Penalidade assinalada pelo árbitro por uma falta cometida. **Comb.** (~ *de) canto*. ~ *dire(c)to* [que pode ser marcado com um remate dire(c)to à baliza]. ~ *indire(c)to* [que, para dar origem a gol(o), tem de tocar noutro jogador antes de entrar na baliza].

livre-arbítrio *s m Fil* Faculdade de se poder determinar/escolher segundo a sua vontade, sem obedecer a outra regra. **Ex.** Só [Todo] o ser humano é dotado de ~ que lhe permite escolher entre o bem e o mal.

livre-câmbio *s m Econ* Permuta de mercadorias entre países sem direitos alfandegários. **Ex.** A doutrina do ~ visa a liberdade do comércio internacional e contrapõe-se ao prote(c)cionismo. ⇒ livre **12**.

livre-circulação *s f* Deslocação de pessoas e bens sem impedimentos ou restrições numa determinada região ou entre países. **Ex.** Na União Europeia vigora a ~.

livreco (Vré) *s m depr* (<livro + -eco) Livro pequeno e de pouco valor. **Ex.** Não percas tempo a ler ~s sem interesse. ⇒ livrete/o.

livre-docência *s f Br* Título universitário que se obtém por concurso ou por mérito.

livre-docente *s 2g Br* O que obteve o título de livre-docência.

livreiro, a *s/adj* (<livro + -eiro) **1** Comerciante de livros. **Comb.** *Associação de* ~*s*. *Família de* ~*s*. **2** Relativo a livros. **Comb.** *A(c)tividade* ~*a*. *Comércio* ~.

livremente *adv* (<livre + -mente) **1** De modo livre/Sem constrangimentos/obstáculos. **Ex.** Vou tirar o casaco para me poder mexer ~. Andar a passear ~ [sem um plano] pela cidade. **2** De livre vontade/Por sua escolha. **Loc.** *Exprimir-se* ~. *Tomar* ~ *uma decisão*. **3** Sem ter que respeitar normas ou regras fixas/Sem obedecer a um padrão determinado. **Loc.** *Executar* ~ *um trecho musical*. *Fixar* ~ *os preços*. **4** Sem obedecer a regras morais ou convenções sociais/Licenciosamente. **Loc.** *Comportar-se* ~. *Falar* ~. *Vestir-se* ~.

livre-pensador, ora *s Hist* O que pretende professar uma maneira de pensar emancipada de qualquer ingerência exterior, nomeadamente eclesiástica ou religiosa. **Ex.** Os ~s surgiram primeiro em Inglaterra e depois, de forma mais radical, na França. **Sin.** Incrédulo; irreligioso.

livresco, a (Vrês) *adj* (<livro + -esco) **1** Relativo aos livros. **2** *depr* Que se baseia apenas na leitura de livros/Que não foi obje(c)to de experiência/Puramente teórico/Não assimilado/aprofundado. **Comb.** *Cultura* ~*a*. *Saber* ~*o*. **Ant.** Sério/Profundo/Bem pensado.

livrete/o (Vrê) *s m* (<livro + -ete; ⇒ livreco) **1** Livro pequeno «de instruções, guia». **2** Documento com o formato de pequeno livro, onde estão regist(r)ados dados de determinadas máquinas «veículos automóveis» e obje(c)tos «armas de fogo» e a identificação do proprietário. **Ex.** O ~ de viaturas automóveis e o título de regist(r)o de propriedade que o acompanhava, em Portugal, foram substituídos por um documento único. **Comb.** ~ *de espingarda caçadeira*.

livre-trânsito *s m* Documento que permite a entrada e a circulação em espaços de acesso condicionado. **Ex.** Para assistir ao julgamento, só foi permitida a entrada a jornalistas portadores de ~.

livro *s m* (<lat *líber, bri*; ⇒ líber) **1** Conjunto de folhas de papel [cadernos] impressas ou manuscritas, ligadas [cosidas/coladas] ordenadamente, formando um volume protegido por uma capa. **Ex.** A Bíblia foi o primeiro ~ a ser impresso na Europa (Por Gutenberg, cerca de 1450). **Loc.** *Editar [Publicar]* ~*s*. *Folhear [Ler]* ~*s*. *Imprimir* ~*s*. **Comb.** ~ *de bolso* [de formato e preço reduzido]. ~ *ilustrado* [com figuras/fotos]. ~*s usados* [em segunda mão]. **2** Composição escrita, literária ou científica, em prosa ou em verso, apresentada com esse formato. **Idi.** *Devorar* (um) ~(*s*) [Ler muito(s) (~s)/Ler rapidamente e com entusiasmo]. *Falar como um* ~ *aberto* [com conhecimento e pertinência]. *Não abrir um* ~/Não pegar num ~ [Não estudar]. **Prov.** *Um burro carregado de* ~*s é (um) doutor* [Mesmo sendo ignorante, se tiver consigo muitos ~s parece uma pessoa sábia]. **Comb.** ~ *branco* [Conjunto de documentos e informações sobre um assunto específico, publicado por entidade credível com o fim de esclarecer o público]. *Náut* ~ *de bordo* [onde são anotadas as ocorrências duma viagem «de barco»] (⇒ caixa-negra). ~ *de cheques* [Conjunto de impressos emitidos por uma instituição bancária que, depois de preenchidos e assinados pelo seu titular, servem para movimentar uma conta]. *Rel* ~ *de horas* [que contém as orações litúrgicas correspondentes a várias horas do dia]. ~ *de leitura* [que serve para aprender a ler/para iniciar no estudo da literatura]. ~ *de linhagens* [que contém o regist(r)o genealógico de famílias nobres]. ~ *de ponto*/*presenças* [onde são regist(r)adas as presenças no local de trabalho]. ~ *de reclamações* [onde os utentes de determinado serviço podem anotar queixas/protestos/reclamações]. *Rel* ~ *litúrgico* [que reúne textos e orações relativas a a(c)tos de culto]. *Rel* ~ *sagrado* [Conjunto de textos inspirados por Deus e transmitidos pelos profetas/escritores sagrados] (Ex. A Bíblia é o ~ sagrado dos hebreus e dos cristãos e o Corão o do Islamismo). *Rel* ~*s canó[ô]nicos*/*sagrados* [~s da Bíblia aceites pelo magistério da Igreja Católica que, tendo Deus por Autor, foram inspirados e dados à comunidade crente, primeiro hebraica e cristã depois]. *Rel Religiões do* ~ [Hebraísmo, Cristianismo e Islamismo]. **3** Cada uma das partes de uma obra. **Ex.** A Bíblia tem 73 ~s canó[ô]nicos: 46 do Antigo Testamento e 27 do Novo. ⇒ volume «de enciclopédia».

lixa *s f* (< ?; ⇒ lima¹) **1** Papel impregnado numa das faces com material abrasivo usado para polir/desbastar metal ou madeira. ~ *fina* [grossa]. ~ *de ferro* [madeira]. **2** *Icti* Peixe da família do cação com cinco ou seis aberturas branquiais de cada lado do corpo e duas barbatanas precedidas dum espigão. **3** Pele áspera desse peixe usada como abrasivo.

lixadeira[dora] *s f* (<lixar + -...) Máquina de [Ferramenta para] lixar. **Comb.** ~ *elé(c)trica*.

lixadela *s f* (<lixar + -dela) **1** A(c)to de lixar de forma [Lixação] ligeira. **Loc.** *Dar uma* ~ *nos bordos duma chapa «para tirar as rebarbas»*. **2** *fig fam* A(c)to de pôr alguém em situação crítica/em apuros/Lixanço. **Ex.** Perdi o autocarro [ó[ô]nibus] «das 8 h» e apanhei uma ~ de ficar uma hora na rua à espera do seguinte.

lixador(a) *s* (<lixar + -dora) ⇒ lixadeira.

lixanço *s m* (<lixa + -anço) ⇒ lixadela **2**.

lixar *v t* (<lixa + -ar¹) **1** Desbastar [Polir] com lixa. **Loc.** ~ *uma peça de ferro* para tirar a ferrugem. ~ *uma tábua* para que fique perfeitamente lisa. **2** *fig gír* Prejudicar/Tramar. **Ex.** O colega bem me lixou. Pediu-me dinheiro emprestado e nunca mais mo devolveu. **Idi.** *Que se lixe!* [Exclamação que exprime total desinteresse/Não vale a pena fazer caso/Não importa]. *Vai-te* ~! [Expressão usada para fazer sentir a alguém impaciência e desagrado]. **3** *fig col* Causar grandes estragos/Danificar. **Ex.** O pai emprestou-lhe o carro e ele teve um acidente e lixou-lho todo. Ficou sem conserto [Ficou inutilizado].

lixeira *s f* (<lixo + -eira) **1** Local onde é lançado ou se acumula o lixo e detritos vários. **Ex.** As antigas ~s foram substituídas por aterros sanitários e instalações de reciclagem. **2** Sítio imundo/muito sujo. **Ex.** Naquele morro há gente a viver em barracas miseráveis. É uma imundície por todo o lado; está transformado numa ~.

lixeiro, a *s* (<lixo + -eiro) Pessoa que recolhe e transporta o lixo.

lixívia *s f* (<lat *lixívia, ae*; ⇒ barrela) **1** Solução alcalina destinada à lavagem [branqueamento] de roupa e como desinfe(c)tante. **Loc.** Pôr a roupa na ~. Juntar umas gotas de ~ à água para a desinfe(c)tar. **2** *Quím* Solução [Suspensão] de material resultante dum processo industrial. **Comb.** ~ negra [Líquido que resulta do cozimento da madeira [polpa] na indústria da celulose].

lixiviação *s f* (<lixiviar + -ção) **1** Operação química que consiste na extra(c)ção de componentes solúveis de materiais pulverizados. **Comb.** ~ dum minério «com ácido sulfúrico». **2** *Geol* Dissolução pela água e remoção dos constituintes de rochas e solos.

lixiviador, ora *adj/s* (<lixiviar + -dor) (O) que faz lixiviação. **Comb.** *Agente* ~. *Solução ~ora*.

lixiviar *v t* (<lixívia + -ar¹) Fazer a lixiviação/Lavar com lixívia. **Ex.** A chuva ácida lixivia os solos. **Loc.** ~ um minério. ~ a roupa branca.

lixo *s m* (<lat *lixa*(?): água da lixívia) **1** O que está estragado/não presta/O que se deita [joga] fora. **Ex.** Isso já não presta [já não serve para nada], vai para o ~. **Comb.** Balde [Caixote] do ~. **2** Sujidade/Imundície/Resíduos. **Ex.** As crianças a brincar fazem muito ~. Pega na vassoura e varre o ~ da cozinha. **Loc.** Aspirar o ~. **3** *fig* Aquilo que não presta/não tem valor. **Ex.** A televisão apresenta muito ~. Não percas tempo a ler essas revist(ec)as. Só trazem ~. **4** Local onde se recolhem os desperdícios. **Loc.** Deitar para o [Pôr/Jogar no] ~. **Comb.** Carro do ~.

-lo, a *pron* (<lat *ille, illa, illud*: aquele) Variante do pronome pessoal ou demonstrativo *o/a*, sempre que ocorre depois duma forma verbal terminada em *r*, *s* ou *z*, depois dos pronomes *nos* e *vos* e depois do advérbio *eis*. **Ex.** Gosto muito do meu marido. Hei de amá-lo enquanto viver. Onde está a sobremesa? – Comemo-la! Diz-lhe que nos dê boleia. – Tenho vergonha, di-lo tu. Viste a minha pasta? – Ei-la aqui. Esta casa foi o meu pai quem no-la deu.

ló *s m Náut* (<hol *loef*) Lado donde sopra o vento/Barlavento. **Loc.** Virar o barco [Meter a proa] a ~.

loa (Lô) *s f* (<an *loar*, louvar) **1** *Hist Liter* Originariamente designava o prólogo duma peça teatral em que se dirigiam louvores à pessoa a quem ela era dedicada. **2** Discurso laudatório/Apologia. **Ex.** Muitos poetas teceram [cantaram] ~s aos seus prote(c)tores/mecenas. **3** Cântico religioso em louvor da Virgem Maria ou dos Santos. **Ex.** O poeta português João de Deus (1830-1896) escreveu as *Loas à Senhora do Cabo*. **4** Mentira/Atoarda. **Idi.** *Não ir em ~s* [Não se deixar enganar «por lisonjas»].

loba (Lô) *s f* (< ? ⇒ lobo) **1** Veste antiga que arrastava pelo chão. **2** Veste talar preta usada pelos magistrados nas funções judiciais/Beca.

lobado, a *adj Bot* (<lobo² + -ado) Que está dividido em lobos [lóbulos] por recortes profundos. **Comb.** Folha [Cálice/Corola] ~a/o.

lobby *s m* (<ing *lobby*: vestíbulo) Grupo «nos EUA» que exerce influência sobre governantes, órgãos do poder, opinião pública, para defender os seus interesses particulares. **Ex.** Nos grandes proje(c)tos de investimento público, aparecem sempre *lobbies* na defesa das soluções que mais lhes interessam. **Comb.** *~ das farmácias*. *~ dos ecologistas*. **Sin.** Grupo de pressão.

lobectomia *s f Med* (<lobo² + gr *ektome, es*: corte + -ia) Operação cirúrgica que consiste na remoção de um lobo pulmonar.

lobeiro, a *adj/s* (<lobo¹ + -eiro) **1** (O) que caça [é bom caçador de] lobos. **Ex.** Na aldeia, havia vários ~s profissionais para defenderem os rebanhos das alcateias que desciam esfomeadas da serra. **Comb.** Cão ~. **2** Relativo a lobo/Que se parece com o lobo. **Comb.** Cavalo de pelo ~. Manta ~a (Às riscas e de cores variadas).

lobélia *s f Bot* (<antr *Lobel*, botânico belga do séc. XVI + -ia) Planta da família das campanuláceas de seiva cáustica e venenosa. **Ex.** A ~ com aplicações em farmácia é a *Lobélia inflata*.

lobeliáceo, a *adj/s Bot* (<lobélia + -áceo) **1** Relativo à lobélia/às ~as. **2** ⇒ campanuláceo.

lobelina *s f Quím* (<lobélia + -ina) Alcaloide que se obtém das sementes da lobélia, ($C_{22}H_{27}NO_2$), e que tem aplicação como estimulante dos movimentos respiratórios.

lóbi *s m* ⇒ *lobby*.

lobisomem *s m* (<lobo¹ + homem) Mito do homem que se transformou em animal (Lobo) e vagueia durante a noite pelos montes cumprindo o seu destino. **Ex.** À superstição do ~ anda associado o número sete: tem que percorrer sete caminhos, com botas de sete léguas, passar por sete lugares assombrados [perigosos], ...

lobito, a *s* (<lobo¹ + -ito) **1** Lobo pequeno/Lobato. **2** Divisão dos escu[o]teiros portugueses que engloba os mais pequenos, até aos dez anos/Lobinho. **Ex.** O conjunto dos ~s dum agrupamento é designado por alcateia.

lobo¹, a (Lô) *s m* (<lat *lúpus, i*) **1** *Zool* Animal mamífero carnívoro, da família dos canídeos, *Canis lúpus*, semelhante a um cão grande. **Ex.** Os ~s vivem nas regiões montanhosas isoladas. **Idi.** *Cair* [Meter-se] *na boca do ~* [Expor-se inadvertidamente a perigos/Cair numa cilada]. *Comer como um ~* [Comer muito]. *Parecer que viu a)* Ter o cabelo despenteado e espetado; *b)* Mostrar-se assustado/cheio de medo. *Ser ~ com pele de cordeiro* [Ser mau mas aparentar ser dócil e bem intencionado]. *Ter fome de ~/cão(+)* [Estar sempre esfomeado/com fome]. **Prov.** *Quem não quer ser ~ não lhe veste a pele* [Quem não quer ter trabalhos [problemas] não se mete neles] (Ex. Fui preso com os meus colegas que partiram a montra mas eu não fiz nada. – Andavas com eles, foste considerado igual a eles; sabes como é: quem não quer ser ~ não lhe veste a pele!). **Idi.** *~ do mar* [Marinheiro experimentado e corajoso]. **2** ⇒ *fig* Pessoa má/cruel.

lobo² (Lô) *s m* (<gr *lobos*) **1** *Anat* Parte arredondada de um órgão. **Comb.** *~ da orelha*. *~ do cérebro*. *~ pulmonar*. **2** *Bot* Parte arredondada entre duas reentrâncias dum recorte das folhas/pétalas.

lobo-marinho *s m Zool* Mamífero anfíbio da família dos otarídeos, semelhante à foca.

lobotomia *s f Med* (<lobo² + -tomia) Operação cirúrgica que consiste no corte da substância branca do lobo frontal do cérebro. **Ex.** A ~ é uma variante da leucotomia cerebral concebida pelo médico português Egas Moniz (1874-1955) e que, por isso, recebeu o pré[ê]mio Nobel de Medicina. ⇒ leucotomia.

lôbrego, a *adj* (< ?) **1** Escuro/Sombrio/Lúgubre. **Comb.** Casa situada num beco ~. **2** Que mete medo/Medonho/Assustador. **Ex.** A candeia [vela], abanada pelo vento, desenhava nas paredes sombras ~as, fantasmagóricas. **3** Que provoca tristeza/Triste/Soturno. **Comb.** Ambiente ~.

lobrigar *v t* (<lat *lúcubro, áre*: trabalhar à luz da candeia) **1** Ver com dificuldade/Enxergar/Entrever. **Ex.** No denso nevoeiro lobrigava-se um vulto que parecia um homem. **2** Ver por acaso, instantaneamente. **Ex.** Lobriguei ali um rato a esgueirar-se [fugir] pelo buraco da parede. **3** Perceber(+)/Entender(+). **Ex.** A pobre rapariga [moça] não conseguiu ~ nada do que lhe disseste. Ela é um pouco atrasada.

lobulação *s f* (<lobular + -ção) Divisão [Disposição] em lóbulos.

lobular *adj 2g* (<lóbulo + -ar²) **1** Relativo [Semelhante] a lóbulo. **2** *Anat* Que tem a forma de/Que está dividido em lóbulo(s). **Comb.** Estrutura ~ «do cérebro». **3** *Bot* Que está dividido em lobos/lóbulos/Lobado. **Comb.** Recorte ~ duma folha.

lóbulo *s m* (<lobo² + -ulo) **1** *Anat* Parte arredondada e saliente dum órgão/Subdivisão do lobo. **Comb.** ~ da orelha. **2** *Bot* Recorte arredondado e pouco profundo das folhas de algumas plantas.

lobuloso, a (Ôso, Ósa, Ósos) *adj* (<lóbulo + -oso) Que possui [está dividido em] lóbulos/Lobular/Lobado.

loca (Ló) *s f* (<lat *lóca, órum*, pl neutro de *lócus*: lugar) Toca «de peixe»/Furna/Lapa. **Ex.** Os pastores abrigam-se do frio e da chuva em ~s debaixo de grandes fragas.

locação *s f* (<lat *locátio, ónis*) **1** A(c)to de locar/Aluguer/Arrendamento. **Ex.** Resolvi ir para a cidade de comboio/trem e, quando lá chegar, fazer a ~ [o aluguer(+)] de um automóvel (sem condutor). **Comb.** Contrato de ~ [arrendamento(+)] duma casa. **2** *Dir* Cedência onerosa e temporária do gozo [usufruto] de uma coisa. **Ex.** O contrato de ~ é feito entre o proprietário da coisa (Locador) e a pessoa que terá o usufruto dela (Locatário).

locador, ora *s* (<lat *locátor, óris*) Aquele que dá de aluguer/l ou arrendamento.

local *adj 2g/s* (<lat *locális, e*; ⇒ lugar) **1** Relativo a um lugar/uma localidade/região. **Comb.** *Anestesia ~*. *Chamada ~*. *Comércio ~*. *Imprensa ~*. *Problemas ~ais*. **2** *s m* Localidade/Sítio. **Ex.** Gosto de ir passear pelo parque; é um ~ muito aprazível. Foi exa(c)tamente nesse ~ que se deu o acidente. **3** *s f* Notícia dada por um jornal relativa à localidade onde é editado. **Ex.** A primeira página do jornal era ocupada por duas ~ais: as festas da cidade e a subida de divisão do clube de futebol da terra.

localidade *s f* (<lat *locálitas, átis*) **1** Espaço determinado/limitado. **2** Lugar habitado/Povoação/Povoado. **Ex.** Aqui não há farmácia; há uma na ~ mais próxima, a cerca de três quiló[ô]metros. A ~ [terra] onde nasci não é cidade mas é sede de concelho.

localização *s f* (<localizar + -ção) **1** A(c)to ou efeito de localizar/determinar o local onde algo se encontra. **Ex.** Os mergulhadores andam a pesquisar a ~ dum barco que naufragou no séc. XVIII. A polícia fez um desenho na estrada para assinalar a ~ dos carros após o embate. **2** Determinação das coordenadas dum lugar/duma região. **Ex.** A marinha já fez a ~ da zona (do mar) onde o avião terá caído. **3** Situação/Posição/Local/Área/Zona. **Ex.** Há muita gente que não concorda com a ~ da nova ponte. A minha casa tem uma ~ privilegiada: cheia de sol e com uma vista magnífica sobre o mar. **4** *Med* Determinação do ponto a partir do qual se desenvolve um

localizar

processo patológico. **Comb.** ~ dum tumor maligno.

localizar *v t* (<local + -izar) **1** Identificar [Descobrir/Assinalar] o local [espaço] onde algo se encontra/aconteceu. **Ex.** Os mergulhadores ainda não localizaram o cadáver do pescador que morreu afogado. Dei voltas (e mais voltas) à feira para conseguir ~ a tenda que vende lençóis e pano de linho. **2** Colocar no espaço/Situar. **Ex.** O proje(c)to Localizava [deixava/punha] a casa no centro do terreno mas preferimos localizá-la mais ao canto e fazer quintal no resto do terreno. **3** ~-se/Situar-se/ Orientar-se. **Ex.** Não conheço a cidade e não sei onde estou. Tenho que me ~ com o auxílio do mapa [da planta]. **4** Situar no tempo. **Loc.** ~ acontecimentos passados.

localmente *adv* (<local + -mente) **1** No próprio lugar. **Ex.** Todos os avisos referentes a horários do serviço litúrgico «missas» são afixados ~ à porta da igreja. Os candidatos a cargos autárquicos são eleitos ~. **2** No lugar a que se está a fazer referência. **Ex.** Aqui não é possível fazer o regist(r)o dum prédio de Lisboa; só ~ na conservatória respe(c)tiva. **3** Numa parte de um todo mais amplo. **Loc.** Anestesiar ~ uma perna.

loção *s f* (<lat *lótio, ónis*; ⇒ lavar) **1** Lavagem com esponja embebida em líquido/Ablução. **Ex.** Vinha cansado e cheio de calor. Depois duma ~ fiquei fresco (*idi* como uma alface). **2** Líquido próprio para lavagens medicinais. **Loc.** Massajar o corpo com uma ~ de bálsamo. **3** Líquido perfumado para aplicar na pele «na cara depois da barba»/no cabelo. **Loc.** Aplicar ~ capilar [para impedir a queda do cabelo].

locar *v t* (<lat *lóco, áre, átum*) Fazer locação/Dar de aluguer/arrendamento. **Loc.** ~ [Alugar(+)] uma viatura sem condutor. ~ [Arrendar(+)] uma casa.

locatário, a *s* (<lat *locatárius, a, um*) O que toma por locação/aluguer/arrendamento/Inquilino/Arrendatário. **Ex.** O ~ de um automóvel sem condutor obriga-se a devolver a viatura como a recebeu «com o depósito de combustível completamente cheio». **Comb.** ~ [Inquilino] duma casa.

locativo, a *adj/s* (<locar + -ivo) **1** Relativo a locação/arrendamento/aluguer/el. **Comb.** *Condições ~as. Preço ~.* **2** *s Gram* Designativo que em certas línguas «lituano» exprime uma relação de lugar.

lockout (Locaut) *s m ing* (<*ing to lock out*: fechar do lado de fora, deixar na rua) Encerramento temporário duma empresa por iniciativa da entidade patronal em oposição a uma greve dos trabalhadores ou por dificuldades «financeiras/de mercado». **Ex.** Na crise econó[ô]mica global, muitas empresas recorreram ao ~ por dificuldades financeiras e falta de encomendas.

locomoção *s f* (<lat *lócus*: lugar + *mótio*: movimento) **1** A(c)to de se deslocar de um lado para outro/Deslocação. **Ex.** Os membros inferiores [As pernas] são o órgão de ~ humana. A ~ animal pode ser aérea, aquática ou terrestre. **2** Transporte [Deslocação] de pessoas, coisas ou animais de um lado para outro. **Ex.** O carro, o comboio/trem e o avião são os meios de ~ mais utilizados para a deslocação de pessoas.

locomotiva *s f* (⇒ locomoção) Máquina de tra(c)ção ferroviária, a vapor «carvão», óleos pesados [diesel] ou elé(c)trica, que reboca um comboio. **Ex.** As ~s a vapor deixaram de ser utilizadas por motivos econó[ô]micos.

locomotividade *s f* (⇒ locomoção) Propriedade de locomoção.

locomotivo, a *adj/s f* (⇒ locomoção) **1** Relativo à locomoção. **Comb.** Capacidade ~a. **2** *s f* ⇒ locomotiva.

locomotor, ora [, triz] *adj* (⇒ locomoção) **1** Que faz [efe(c)tua/contribui para] a locomoção. **Comb.** Órgão ~ «barbatanas dos peixes». **2** Relativo à locomoção/Locomotivo. **Comb.** Faculdade ~ora dos animais.

locomover-se *v t* (<lat *lócus*: lugar + mover-se) Passar dum lugar para outro/Mudar de lugar/Deslocar-se. **Ex.** Devido a um acidente, só consegue ~ apoiado em [a] duas bengalas.

locução *s f* (<lat *locútio* [*loquútio*], *ónis* <*lóquor, qui, cútus sum*: falar) **1** Maneira de falar [pronunciar/articular/ «palavras/sílabas»/Dicção. **Ex.** Pela ~ [fala(o+)/Pelo modo de falar(+)] sabe-se logo [imediatamente] de que região é natural. **Comb.** ~ cuidada. **2** ⇒ Modo de expressão/Linguagem/Estilo. **3** *Gram* Conjunto de palavras que, por terem significado próprio, equivalem a uma só. **Comb.** ~ adverbial [que tem cara(c)terísticas de advérbio] (Em "Ir às escuras", *às escuras* é ~ adverbial). **4** A(c)tividade de locutor radiofó[ô]nico ou televisivo. **Comb.** Especialista na ~ de eventos de cará(c)ter religioso «grandes peregrinações/viagens do Papa».

loculado, a *adj* (<lat *loculátus, a, um*) Que está dividido em lóculos.

locular *adj 2g Bot* (<lóculo+-ar²) «ovário» Que tem lóculos separados por septos.

lóculo *s m* (<lat *lóculus, i*) **1** Pequena cavidade na parede para colocar algo/Nicho. **2** *Bot* Cavidade de vários órgãos vegetais «ovário/cápsula de esporos». **3** *Zool* Câmara da carapaça calcária dos foraminíferos.

loculoso, a (Ôso, Ósa, Ósos) (<lóculo + -oso) Com [Que tem] lóculos.

locupletar *v t* (<lat *locuplétо, áre*: enriquecer (com terras)) **1** Tornar (mais) rico/Enriquecer. **Ex.** Locupletou-se à custa de negócios ilícitos «tráfego de droga». **2** Ficar totalmente cheio/Encher-se/Abarrotar/Atestar. **Ex.** A venda de terrenos locupletou os cofres (até aí exaustos) da instituição «Santa Casa da Misericórdia».

locusta *s f Ent* (<lat *locústa, ae*) Inse(c)to da família dos ortópteros, prejudicial à agricultura/Gafanhoto(o+)/Saltão(+).

locutor, ora *adj/s* (<lat *locútor, óris*; ⇒ locução) **1** (O) que fala/O que tem a profissão de falar em [para o] público. **Ex.** Tens boa dicção: davas [podias ser] um bom ~. **Comb.** *~ora da televisão. ~ (d)esportivo*. **2** *Ling* O que emite a mensagem/Emissor. **Sin.** Falante(+). **Ant.** Ouvinte; rece(p)tor.

locutório, a *adj/s m* (<lat *locutórius, ii*; ⇒ locução) **1** *Ling* Diz-se de a(c)to linguístico que consiste na produção de um enunciado [na elocução]. **Comb.** A(c)to ~. **2** *s m* Lugar separado por grades onde as religiosas de clausura falam com quem as visita/Parlatório.

lodaçal *s m* (<lodo + -aço + -al) **1** Lugar onde há muito lodo/Lamaçal/Atoleiro. **Ex.** A enxurrada transformou as ruas num ~ intransitável. **2** *fig* Vida dissoluta/degradante/Devassidão. **Ex.** As más companhias arrastaram-no para o ~ da droga e do roubo. **3** *fig* Lugar de devassidão.

lodacento, a *adj* (<lodo + -aço + -ento) Que contém lodo/lama/Lodoso/Lamacento. **Ex.** Tem cuidado ao atravessares o ribeiro. As pedras ~as são muito escorregadias.

lódão *s m Bot* (<lat *lotanus* <*lótus, i*: lótus) **1** Nome comum de plantas aquáticas da família das ninfáceas, entre as quais o nenúfar ou lótus. **2** Árvore mediana da família das ulmáceas, utilizada frequentemente como ornamento de ruas «~-bastardo, *Celtis australis*».

lodeiro, a *s* (<lodo + -eiro) ⇒ Atoleiro.

lodo (Lô) *s m* (<lat *lutum, i*) **1** Solo de aluvião com areia, argila e matéria orgânica em decomposição/Lama. **Ex.** O estuário dos rios tem uma espessa camada de ~ no fundo. **2** *fig* Degradação/Baixeza/Ignomínia. **Loc.** Tirar (alguém) do ~ [Ajudar a sair da desgraça].

lodoso, a (Ôso, Ósa, Ósos) *adj* (<lodo + -oso) **1** Que tem lodo/Lamacento/Lodacento. **Comb.** Terrenos ~s. **2** ⇒ *fig* Sujo/Torpe/Vil.

loendro *s m Bot* (<gr *rhododendron*) **1** Arbusto da família das ericáceas, *Rhododendrum ponticum*, de folhas perenes compridas, lanceoladas e flores cor de púrpura ou violáceas dispostas em cachos. **Ex.** Na época da floração (primavera), os ~s da serra de Monchique (Portugal) são motivo de grande atra(c)ção turística. **2** Arbusto da família das apocináceas, *Nerum oleander*, de flores brancas ou cor-de-rosa, considerado venenoso/Cevadilha/Espirradeira.

loess(e) (Loésse) *s m Geol* (<al *löss*: solto) Rocha detrítica rica em calcário, em cuja composição se encontram detritos angulares muito pequenos de quartzo, mica e rochas diversas. **Ex.** O ~ forma-se na periferia dos grandes desertos «China/EUA» com poeiras arrastadas pelo vento.

loessito *s m Geol* (<loess + -ito) Rocha constituída por loess consolidado.

lofócomo *adj/s m* (<gr *lophos, ou*: crista, penacho + *kome, es*: cabeleira) (O) que tem cabelo curto encrespado, disposto em tufos pequenos separados por espaços que parecem áreas de calvície. **Ex.** O tipo de cabelo ~ foi encontrado sobretudo nos Bosquímanos e nos Hotentotes.

logânia *s f Bot* (<antr J. Logan (1674-1751), naturalista americano) Designação comum de plantas arbustivas, loganiáceas, usadas como ornamentais pelas suas flores vistosas, originárias da Austrália e da Nova Zelândia.

logaritmação *s f Mat* (<logaritmo + -ção) Operação pela qual, sendo dadas a potência e a base, se determina o expoente. **Ex.** A ~ é a operação inversa da potenciação.

logarítmico, a *adj* (<logaritmo + -ico) Relativo aos logaritmos. **Comb.** *Equação* [Expressão] ~a. *Escala* ~a.

logaritmo *s m Mat* (<gr *logos*: razão, cálculo + *arithmos*: número) Expoente a que se deve elevar determinada base para se obter um dado número. **Ex.** A expressão: $log_a N=m$ significa que m é o ~ de N na base a. O ~ de 100, na base 10, é 2.

-logia *elem de formação* (<gr *logos*: razão, palavra, linguagem + -ia) Exprime a noção de estudo, tratado, ciência: *antropologia, biologia, cardiologia, dermatologia, ecologia, ...*

logicamente *adv* (<lógico + -mente) De modo lógico/racional/Racionalmente/De modo sensato/razoável. **Ex.** Se a porta estava fechada e ele entrou, ~, é porque tinha chave. **Loc.** *Agir ~/coerentemente/com coerência*. *Comportar-se ~* [com sensatez] perante as dificuldades. *Raciocinar ~. Resolver ~ um problema*.

logicismo *s m* (<lógica + -ismo) **1** Tendência para aplicar os métodos da lógica a outros ramos do saber. **2** Tendência para contrapor e fazer prevalecer os processos e métodos da lógica aos da psicologia.

3 Tendência para fazer da matemática uma parte da lógica.

lógico, a *adj/s f* (<gr *logikós, é, ón*: segundo a razão, relativo à palavra) **1** Relativo à ~a. **Ex.** Os silogismos seguem leis ~as. **2** Que é conforme ao bom senso/Coerente/Racional. **Ex.** Se te sentes doente, é ~ que deves consultar um [ir ao] médico. Na vida, devemos seguir critérios [devemos ser] ~s. **3** Natural/Necessário/Inevitável. **Ex.** O chumbo [A reprovação] no exame é consequência ~a de não teres estudado. **4** *s m* Pessoa que se dedica ao estudo da ~a/Especialista em ~a. **Ex.** O maior ~ indiano foi o budista Dignãga (séc. V-VI). **5** *s f* Disciplina normativa tradicionalmente ligada à Filosofia que se propõe determinar as condições da verdade nos diferentes domínios do saber. **Ex.** Aristóteles pode considerar-se o verdadeiro fundador da ~ ocidental com a obra *Organon*. **Comb.** ~ *bivalente* [que apenas conhece dois valores: o verdadeiro e o falso]. ~ *escolástica* [formal clássica/tradicional]. ~ *formal clássica* [Estudo dos conceitos, juízos e raciocínios, abstraindo dos obje(c)tos que designam e das leis do pensamento/~ aristotélica]. ~ *matemática*/simbólica [que visa estabelecer um sistema restrito de notações simbólicas capaz de exprimir a inclusão, a disjunção, a implicação e a transformação dos conjuntos]. ~ *polivalente* [que pressupõe mais de dois valores de verdade (: o verdadeiro, o falso e o indeterminado)] (⇒ dialé(c)tica). **6** *s f* Obra [Compêndio] que sistematiza tal disciplina. **Comb.** Curso [Compêndio] de ~a. **7** *s f* Encadeamento coerente das ideias e das coisas/Coerência. **Ex.** Para defesa da sua proposta seguiu um raciocínio sem ~a, cheio de contradições. Em boa ~ [Pensando bem] o culpado do desastre fui eu. **8** *s f* Maneira particular de raciocinar cara(c)terística de determinado grupo. **Ex.** Hoje mata-se e rouba-se sem qualquer remorso. É a ~ de quem não tem moral. **Comb.** ~ infantil [Maneira de pensar [Raciocínio] da criança].

logística *s f* (<gr *logistikós, é, ón*: relativo ao raciocínio, ao cálculo, aos números; logístico) **1** *Mil* Ramo da administração militar que estuda e coordena os diferentes serviços «intendência/material/saúde/transporte» em ordem a satisfazer as necessidades da vida e combate das tropas em campanha. **Ex.** "A ~ condiciona todas as campanhas e limita muitas" (D. Eisenhower (1890-1969), general e presidente dos EUA). **Comb.** *Departamento de* ~. *Especialista em* ~. **2** *Mat Hist* Arte de calcular [Aritmética prática] entre os gregos.

logístico, a *adj/s* (⇒ logística) **1** Relativo à logística. **Comb.** *Apoio* ~. *Planeamento* ~. **2** *s* Pessoa que se ocupa da logística.

logo *adv/conj* (<lat *loco*, ablativo de *locus, i*: no lugar) **1** Imediatamente/Prontamente/Já/Sem demora. **Ex.** Basta-me fazer um sinal ao cão e ele vem [senta-se/ataca] ~. Dou à [Rodo a] chave e o carro pega ~ [carro começa ~ a trabalhar]. Quando acabarem as aulas vem para casa. **Comb.** ~ ~ [Sem qualquer demora/hesitação] (Ex. Se não lhe acudo ~ ~, morria afogado). ~ *a mim/~ agora* [Expressão usada para indicar desagrado por algo que acontece] (Ex. ~ a mim (é que) me haviam de escolher para fazer o discurso de boas-vindas ao Presidente! ~ agora que estava para sair (é que) chegaram visitas!. ~ *vi!* [Expressão usada para indicar aconteceu algo que alguma coisa que já antecipadamente se previa] (Ex. À velocidade com que aqui passaste, ~ vi que ias ter um acidente). **2** Daqui a pouco/Mais tarde/Proximamente. **Ex.** Vem comigo fazer compras. – Agora não posso; só se for ~ [mais tarde]. Vens cá ~ «depois do jantar»? Até ~ [Expressão usada como fórmula de despedida de quem se espera voltar a ver brevemente]. **3** Em seguida/A seguir/Depois. **Ex.** Deixa-me acabar de atender o teu colega que ~ falo contigo. A carteira da Joana (na escola) fica ~ atrás da minha. **4** *conj* Conjunção usada para exprimir uma conclusão/Por conseguinte/consequência/Pelo que. **Ex.** Faltaste ao trabalho, ~ não ganhas [não te pagamos]. **5** *conj* ~ *que*/Locução conjuntiva temporal/Assim que/Quando. **Ex.** ~/Assim que chegues [Quando chegares], avisa-me; (porque) quero falar contigo. **6** Ser claro/Portanto (Com *desde*). **Ex.** Você ia a guiar o carro quando tivemos o acidente. Desde ~ [Eu acho que/Portanto] a culpa foi sua.

-logo- *elem de formação* (<gr *logos*, *ou*: razão, palavra) Exprime as noções de: **a)** Palavra, discurso: *diálogo, monólogo;* **b)** O que fala/estuda/Especialista: *astrólogo, biólogo, futurólogo, psicólogo;* **c)** *adj* Que mantém uma relação expressa pela outra formante da palavra: *homólogo, heterólogo; logofobia, logografia, logomaquia.*

logofobia *s f* (<logo- + fobia) **1** Aversão pela leitura. **2** Medo de falar/de se exprimir em público. **Ex.** A ~ é frequente nos gagos.

logografia *s f* (<logo- + grafia) Modo de escrever tão rápido como se fala/Estenografia(+)/Taquigrafia(+).

logograma *s m* (<logo- + -grama) Desenho que corresponde a uma sequência fó[ô]nica na escrita ideográfica «chinesa». ⇒ fonograma; ideograma.

logomaquia *s f* (<gr *logomakhias, as*) Disputa gerada por interpretações diferentes da mesma palavra/Uma «inútil» questão de palavras.

logopedia *s f* (<logo- + gr *paideia*: educação) Educação [Corre(c)ção] da fala nas crianças.

logorreia *s f* (<logo- + gr *rhein*: correr) Necessidade patológica de estar sempre a falar/Verborreia(+).

logos *s m 2n* (<gr *logos, ou*) **1** *Rel Maiúsc* O Verbo Divino, segunda pessoa da Santíssima Trindade. **Ex.** "No princípio era O Logos, O Verbo" – lê-se no começo do Evangelho de São João. **2** *Fil* Razão [Palavra] divina organizadora do mundo/Princípio mediador entre o mundo sensível e o inteligível. **3** *Fil* Princípio de inteligibilidade e razão de todas as coisas. **Ex.** O ~ exerce a função de fundamento autêntico das relações entre os homens, como expressão do pensamento e da verdade do ser.

log[ó]otipo *s m* (<logo- + tipo) **1** Conjunto de letras «TAP/LAM» [Imagem/Desenho] constituindo uma só peça e que serve de elemento de identificação duma marca/empresa/instituição. **Comb.** ~ duma companhia de aviação [marca de roupa/empresa de serviços]. **2** Grupo de duas ou mais letras fundidas num só tipo para tornar mais rápida a composição tipográfica. **Ex.** A invenção do ~ ocorreu no séc. XVIII em substituição dos cara(c)teres móveis individuais.

logração *s f* (<lograr + -ção) Engano/Equívoco/Logro(+). **Loc.** Cair na ~ [no logro/Ser enganado].

logrador, ora *adj/s* (<lograr + -dor) (O) que logra/Mentiroso/Trapaceiro. **Comb.** Conversa ~ora [enganadora(+)].

logradou[oi]ro *s m* (<lograr + -dou[oi]ro) **1** Terreno contíguo a uma habitação para serventia/Terreiro. **Ex.** Um andar [piso] num prédio não me serve para morar. Quero uma casa com ~ onde eu possa espairecer ao ar livre. **2** Espaço ao ar livre para uso público. **Ex.** A quinta adquirida pela autarquia foi destinada a ~ público. **3** Terreno público para pastagem de gados.

logramento *s m* (<lograr + -mento) ⇒ logração.

lograr *v t/int* (<lat *lúcror, áris, ucrátus sum*; ⇒ lucrar) **1** Tirar prazer/satisfação/Gozar(+)/Fruir. **Ex.** Gosto muito de passear pelos montes para ~ [desfrutar] do ar puro e da beleza da paisagem. **2** Tirar proveito/Lucrar/Aproveitar. **Ex.** Não tendo o clube «Benfica» conseguido ir além do empate, acabou por ~ com a derrota do seu rival mais dire(c)to «Sporting». **3** Alcançar/Conseguir. **Ex.** Falei com ele várias vezes, demoradamente, mas não logrei [consegui(+)] convencê-lo a permanecer na empresa. **4** *Iron* Fazer cair no logro/Enganar/Burlar. **Ex.** As virtudes [qualidades] que o vendedor de *idi* banha da cobra [que o charlatão] atribuía ao produto serviam apenas para ~ ingé[ê]nuos compradores. **5** Ter o efeito desejado/Surtir efeito/Ter bom resultado. **Ex.** O nosso colega acabou por ser promovido (sem o merecer). Logrou com os presentes [as prendas/ofertas] que dava ao chefe.

logro (Lô) *s m* (<lat *lucrum, i*: lucro, ganho) **1** ⇒ logração. **2** Engano(+)/Ardil/Fraude(+). ⇒ lograr **4**.

loiça/loiçaria/loiceiro ⇒ louça/...

loio (Lói) *s m/adj* (<*antr* de Santo Elói + -o) **1** *Hist* Frade da antiga congregação dos Có[ô]negos de S. João Evangelista (Cónegos Regrantes). **Ex.** A congregação dos ~s desapareceu em Portugal no séc. XVIII com a extinção das Ordens religiosas. **Comb.** *Convento dos* ~s. *Largo dos* ~s. **2** *Bot* Planta com flor de cor roxo-azulada, *Centaurea cyganus.*

loira/loiraça/loirar/loirejar/loiro/loisa ⇒ loura/...

loja *s f* (<fr *loge*) **1** Lugar de exposição e venda de mercadorias «de calçado: sapataria»/Estabelecimento comercial aberto ao público. **Ex.** Se não tens linhas vai à ~ comprá-las, pois, se tas empresto, fazem-me falta. **Comb.** ~ de ferragens [tecidos/miudezas/brinquedos]. **2** Piso térreo dum prédio/Cave. **Ex.** Nas casas rurais antigas, as ~s serviam de armazém e para guardar os animais. ⇒ curral. **3** Associação [Lugar de reunião] de maçons. ⇒ maçonaria.

lojeca (Jé) *s f* (<loja + -eca) Loja pequena e de pouca importância.

lojista *s 2g* (<loja + -ista) Dono de loja/Comerciante. **Ex.** Os ~s protestaram contra os novos horários de funcionamento das lojas.

lologinídeo, a *adj/s Zool* (<lat *lollígo, inis*: choco + -ídeo) (Diz-se de) moluscos cefalópodes «lula/choco» com duas brânquias e cinco pares de tentáculos.

lomba *s f* (<lombo) **1** Cumeada dum monte/duma serra. **Ex.** Dei um grande passeio: subi até à ~ da serra e ainda desci um pouco pelo outro lado. **2** Pequena elevação a toda a largura duma estrada ou caminho. **Ex.** Foram colocadas ~s ao pé da escola para obrigar os automobilistas a reduzir a velocidade. É muito perigoso fazer ultrapassagens nas ~s. **3** Pequeno monte de terra ou areia formado pelo vento/Médão.

lombada *s f* (<lomba + -ada) **1** Lomba prolongada. **Comb.** ~ duma serra. **2** Dorso

dum animal quadrúpede corpulento «boi»/ Lombo **1. Comb.** ~ *dum porco*. *Carne da* ~. **3** Parte do livro onde se fixam as capas e as folhas. **Ex.** Tenho uma Bíblia com encadernação de luxo e o título em letras douradas gravado na ~.

lombalgia *s f Med* (<lombo + algia) Dor na região lombar/Lumbago. **Loc.** Sofrer de [Queixar-se com] ~s/dores nas costas (+).

lombar *adj 2g* (<lombo + -ar²) Referente ao [Do] lombo. **Comb.** *Nervo* ~. *Região* ~. *Vértebras* ~*es*.

lombardo, a *adj/s* (<it *lombardo*) **1** Natural ou habitante da [Referente à] Lombardia, região do Norte de Itália. **Ex.** Os ~s têm um diale(c)to próprio, o ~. O clima ~ é muito variado. **2** *Bot* Diz-se de variedade de couve de folha muito enrugada, apreciada em culinária. ⇒ couve-~a.

lombo *s m* (<lat *lumbus, i*) **1** Parte carnuda de um e outro lado da coluna vertebral dos animais «quadrúpedes» que cobre os rins. **Comb.** Cavalos gordos, com ~s lustrosos. **2** Carne dessa parte utilizada na alimentação. **Ex.** O prato do dia é lomb(inh)o de porco assado no forno. **3** *pop* Região lombar do corpo humano/Costas(+). **Ex.** Bem podes ajudar a carregar os sacos porque *fam* tens bom ~. **Idi.** *Ir ao ~ a alguém* [Bater/Sovar]. *Sair do ~/pelo* [Ser conseguido à custa de muito trabalho/esforço] (Ex. Tenho uma bela casa mas saiu-me do ~). **4** ⇒ Lombada **3**. **5** ⇒ Elevação de terreno/Lomba(+).

lo[u]mbrical *adj 2g* (<lat *lumbricus, i* + -al) Relativo a lombriga.

lo[u]mbricoide *adj 2g* (<lat *lumbricus, i* + -oide) Semelhante a [Com a forma de] lombriga.

lombriga *s f Zool* (<lat *lumbricus, i*) Nome vulgar do verme *Ascaris lumbricoides*, nemátodo parasita do intestino delgado do homem. **Loc.** Tomar um vermífugo para expulsar as ~s.

lombrigueiro, a *s Bot* (<lombriga + -eira) Planta da família das urticáceas utilizada como vermífugo/Guaxinguba.

lomentáceo, a *adj Bot* (<lomento + -áceo) Diz-se de frutos de algumas leguminosas que estão divididos transversalmente por falsos septos, ficando uma só semente em cada divisão.

lomento *s m* (<lat *lomentum, i*) **1** Farinha de favas. **2** *Bot* Tipo de vagem indeiscente, divisível em artículos monospérmicos «vagem da serradela, *Ornithopus sativus*».

lona (Lô) *s f* (<*top* Olonne, cidade francesa) Tipo de tecido grosso e forte próprio para fabricar tendas, toldos, velas de barcos, … **Idi.** *Estar nas* ~*s* [sem dinheiro/esgotado/acabado] (Ex. Já quase não temos produtos para vender; o armazém está nas ~s. A construção da casa levou-nos tudo quanto tínhamos. Deixou-nos (mesmo) nas ~s). **Comb.** *Cobertura de* ~. *Saco de* ~.

londrino, a *adj/s* (<*top* Londres, capital da Inglaterra +-ino) Natural ou habitante de [Relativo a] Londres. **Ex.** Há muitos ~s de origem asiática.

longada *s f* (<longo + -ada) A(c)to de ir para longe/Afastamento. **Loc.** Ir de ~ [Ir de viagem para longe].

longal *adj 2g* (<longo + -al) **1** Que é longo/comprido. **2** Diz-se de variedade de azeitona e de castanha de boa qualidade que têm forma alongada.

longamente *adv* (<longo + -mente) **1** De forma comprida/Extensamente. **Ex.** A planície estende-se ~ [, longa,] até ao horizonte. **2** Demoradamente. **Ex.** Discutimos ~ o problema/assunto/essa questão.

longa-metragem *s f Cine* Filme de longa duração. **Ex.** Considera-se ~ [Uma ~ é] um filme com mais de 1600 metros de comprimento e mais de uma hora de proje(c)ção. **Ant.** Curta-metragem.

longana *s f Bot Br* (<chin *long* [*lum*]-*ien*: olho de dragão) Planta da família das sapindáceas, *Nephelium longana*, que produz frutos comestíveis com o mesmo nome/Olho-de-boi.

longânime *adj 2g* (<lat *longánimis, e* <*longus ánimus*) **1** ⇒ Magnânimo(+)/Generoso. **2** Paciente e generoso (⇒ longanimidade **2** Ex.). **3** ⇒ Corajoso/Destemido.

longanimidade *s f* (⇒ longânime) **1** Virtude [Qualidade] de ser capaz de suportar contrariedades em benefício de outrem/Magnanimidade/Generosidade. **Ex.** Demonstrou uma grande ~ nas noites que passou à cabeceira da mãe doente. **2** Paciência para suportar ofensas/Coragem/Resignação. **Ex.** Fizeram-lhe a vida negra [Criaram-lhe muitos problemas/Procuraram humilhá-lo] mas nunca se vingou apesar de ter tido oportunidade para isso. Era homem de grande ~.

longarina *s f* (<it *longarina*) Cada uma das vigas onde se apoia longitudinalmente o tabuleiro duma ponte ou a carroçaria dos automóveis. **Ex.** As ~s da ponte apresentam uma ligeira flexão. No embate, o carro ficou com as ~s empenadas.

longe *adv/adj 2g/s m* (<lat *longe*; ⇒ longo) **1** A grande distância. **Ex.** Moro ~ do meu local de trabalho; não posso ir a pé. Vais emigrar para tão ~, não sei se te voltarei a ver. **Idi.** «Um jovem» *Chegar* ~/*Ir* (muito) ~ [Atingir um obje(c)tivo elevado/Ultrapassar o que é considerado normal] (Ex. O teu filho vai ~ [vai ser pessoa importante]). *Estar* ~ [distraído/alheado/absorto] (Ex. Desculpa, não ouvi o que disseste, estava ~). *Ir* ~ *de mais* [Exceder o que é admissível/Abusar] (Ex. Estás a ir ~ de mais; se te não calas, ainda nos vamos zangar!...). *Ver* ~ [Ser perspicaz/Ter visão/Prever o futuro]. **Comb.** ~ *disso* [Antes pelo contrário] (Ex. Eles não são ricos, ~ disso! Até já foi preciso socorrê-los com alimentos). *Ao* ~ [A uma distância grande/considerável] (Ex. Ao ~ avista-se a silhueta dum navio). *De* ~ **a)** De um ponto afastado (Ex. Não consegui falar com o teu irmão; só o vi de ~); **b)** Distanciado em termos comparativos (Ex. O carro que comprei é de ~ [é muito] melhor que o anterior); **c)** Distanciado no tempo (Ex. A fama do vinho do Porto já vem de ~). *De* ~ *a* [em] ~ [A grandes intervalos no espaço ou no tempo] (Ex. Não plantes só arbustos pequenos. De ~ em ~ planta uma árvore maior. Vejo o meu filho poucas vezes. Só cá vem de ~ em ~). *Nem de perto nem de* ~/*Nem de* ~ *nem de perto* [De maneira nenhuma/Nem pouco mais ou menos] (Ex. O irmão nem de perto nem de ~ é tão bom futebolista como ele. Se calhar, tu também estavas interessado no lugar… – Eu? Nem de ~ nem de perto, estou muito bem onde estou). **2** A grande distância no tempo (passado ou futuro). **Ex.** ~ vão os tempos em que brincávamos no pátio da escola. Ainda temos que suportar muito frio. O verão ainda vem ~. **3** Em situação pouco provável/pouco acessível. **Ex.** Estava ~ de te poder encontrar aqui. Julguei que ainda estavas no estrangeiro. Nem sei como consegui o lugar. Estava ~ de pensar que seria classificado em primeiro. **4** *adj 2g* Distante/Longínquo/Afastado. **Loc.** Conhecer [Ir para] ~s terras. **5** *s m* O que está a grande distância. **Ex.** «quando se gosta» Do ~ se faz perto [As distâncias, mesmo sendo grandes, podem ser percorridas]. **6** *s m pl* Os obje(c)tos representados no último plano dum quadro. **Ex.** Repara nos pormenores dos ~s daquela pintura. **7** *s m pl* Tempos passados/remotos. **Ex.** É uma tradição que se perde nos ~s dos séculos.

longevidade *s f* (⇒ longevo) **1** Qualidade do «castanheiro» que dura muito/Longa vida. **Ex.** O "carocha/fusca" foi um modelo de carro *Volkswagen* que atingiu uma ~ enorme, dificilmente ultrapassável. **2** Tempo que dura a vida duma pessoa. **Ex.** A ~ das mulheres é superior à dos homens.

longevo, a (Gé) *adj* (<lat *longáevus, a, um* <*lóngus aevum*) **1** Que dura/vive muito/«homem» Idoso. **2** Vivaz/«tradição/ideia» Duradoura.

longilíneo, a *adj* (<longo + linha) Que é estreito [fino] e alongado/«animal» Que tem o corpo esguio e alongado. **Comb.** *Corpo* ~. *Formas* [Formato] ~*as/o*.

longínquo, a *adj* (<lat *longínquus, a, um*; ⇒ longe) **1** Que fica a grande distância/Muito afastado/Distante. **Ex.** Os navegadores portugueses dos séc. XV e XVI descobriram terras ~as da África, da Ásia e da América. **2** Que está afastado no tempo/Remoto. **Ex.** Em eras ~as existiram animais enormes «dinossauros» entretanto desaparecidos. As perspe(c)tivas da descoberta duma vacina para a sida/aids/HIV ainda são ~as.

longirrostro, a (Rrôs) *adj Ornit* (<longo + -rostro) Que tem o bico ou focinho longo. **Comb.** Ave «garça/cegonha» ~a.

longitude *s f Geog* (<lat *longitúdo, inis*; ⇒ longo) Distância angular entre o meridiano do lugar e o meridiano de origem ou referência. **Ex.** A ~ varia de 0° a 180° para leste ou para oeste do primeiro meridiano [meridiano de referência/de Greenwich]. Portugal fica entre 6° 14′ e 9° 33′ de ~ oeste. **Comb.** *Astr* ~ *celeste* [Ângulo entre os círculos máximos passando pelos polos da eclíptica e contendo a dire(c)ção considerada e o ponto vernal; varia de 0° a 360° no sentido dire(c)to].

longitudinal *adj 2g* (<lat *longitúdo, inis* + -al) **1** Relativo à longitude. **Comb.** Coordenada ~. **2** No sentido do comprimento. **Comb.** *Corte* ~. *Perfil* ~. **Ant.** Transversal.

longo, a *adj* (<lat *longus, a, um*) **1** Que é comprido/extenso. **Ex.** A viagem é ~a: temos um ~o caminho a percorrer. Ela tem uns ~s cabelos caídos pelas costas. **Comb.** *Ao* ~ [No sentido do maior comprimento/Paralelamente a] (Ex. Caminhar ao ~ do rio. Há recipientes para o lixo [os papéis] ao ~ da rua). *Arma de* ~ *alcance*. *Transporte* [Camionagem] *de* ~ *curso*. **2** Que dura muito/Demorado. **Ex.** O espe(c)táculo tornou-se cansativo por ser muito ~. Depois duma ~a espera acabámos por ser recebidos «pelo ministro». **Comb.** *Econ* ~ *prazo* [Prazo superior a um ano] (Comb. Empréstimo [Depósito] a ~ prazo). *Ao* ~ *de* [Durante/No decorrer de] (Ex. A experiência foi-se ganhando ao ~ dos anos). *De* ~*a data* [Que é antigo/vem de tempos atrasados]. *Vida* ~*a*.

longueirão *s m Zool* (<ligueirão) Molusco lamelibrânquio comestível, bivalve, comprido e estreito/Navalha(+)/Faca/Ligueirão(+).

lonjura *s f* (<longe + -ura) **1** (Grande) distância. **Ex.** Não podemos ir a pé porque a ~ é grande. **2** Espaço entre dois pontos. **Ex.** Daqui à escola, a ~ [distância(+)] é pequena. Ponho-me [Chego] lá em 10 minutos [Demoro 10 minutos a chegar lá].

lontra s f Zool (<lat *lutra, ae*) **1** Mamífero carnívoro da família dos mustelídeos, adaptado à vida aquática, com membros curtos e membranas interdigitais. **Ex.** A pele da ~, cuja comercialização foi interdita, era muito apreciada para abafos [agasalhos]. **2** *fig* Pessoa gorda/indolente. **Ex.** Ele engordou muito; está como uma ~.

loquacidade s f (<lat *loquácitas, átis* <*lóquor*: falar; ⇒ locução) **1** Qualidade do que é loquaz/Logorreia/Verbosidade/Loquela. **Ex.** Não gosto de pessoas muito caladas, mas a ~ excessiva também me aborrece. **2** Qualidade de quem tem o dom da palavra/Eloquência.

loquaz adj 2g (<lat *lóquax, ácis*; ⇒ loquacidade) **1** Que fala muito/Palrador/Tagarela. **Ex.** Os latinos, especialmente os andaluzes (Da província espanhola da Andaluzia) têm fama de ser(em) muito ~es. **2** ⇒ Bem-falante/Eloquente.

loquete (Quê) s m (<fr *loquet*) ⇒ (a)loquete.

lóquios s m pl Med (<gr *lókios, a, on*: relativo ao parto) Corrimento uterino sanguíneo, seroso, que ocorre depois do parto durante cerca de um mês.

lorcha (Lór) s f (<mal *long-chuen*) Embarcação ligeira chinesa «Macau».

lorde (Lór) s m (<ing *lord*) **1** Título honorífico dado em Inglaterra aos nobres e aos pares do reino. **2** Membro da câmara alta do Parlamento inglês. **3** Título honorífico inglês conferido aos membros do governo e altos funcionários políticos. **4** *fam* Homem que vive com luxo e ostentação/Grande senhor. **Loc.** Ter vida de [Viver como um] ~ [Ser um ricaço/Viver na opulência/na abastança].

lordose s f Med (<gr *lordosis, eos*) Curvatura (excessiva) da coluna vertebral humana nas regiões cervical e lombar, cuja convexidade se dirige para a face anterior do tronco. **Ex.** Numa coluna normal, a ~ é compensada por outra curvatura na dire(c)ção oposta, situada na região dorsal.

loriga s f Mil Hist (<lat *lorica, ae*) Antiga veste militar (Da Idade Média) feita de tiras de tecido grosso ou de couro, posteriormente substituídas por chapas metálicas dispostas em escama. **Ex.** As ~s deixaram de se usar por causa do seu peso excessivo. ⇒ couraça; carapaça.

loro (Ló) s m (<lat *lórum, i*) **1** Correia dupla que liga o estribo ao selim. **2** Parte da cabeça das aves entre o bico e os olhos.

lorpa (Lôr) adj/s 2g (< ?) Imbecil/Parvo/Patego. **Ex.** Ele é (meio) ~; deixa-se enganar por toda a gente. **Comb.** Olhar [Riso/Sorriso] ~.

losango s m (<fr *losange*; ◊) Paralelogramo [Quadrilátero] de lados iguais que tem dois ângulos agudos e dois obtusos/Rombo. **Ex.** As diagonais do ~ são perpendiculares e cruzam-se ao meio uma da outra.

lostra (Lôs) s f *gír* (<lat *lustrum, i*: pântano, lupanar, bordel) **1** Bofetada(+)/Tabefe. **Ex.** Se te armas em esperto, arriscas-te a levar duas ~s. **2** Mulher preguiçosa/desleixada.

lota (Ló) s f (<lotar) **1** Lugar onde é descarregado o peixe acabado de pescar e se cobram os direitos fiscais a pagar por essa pescaria. **2** Local onde se vende o peixe por grosso, à chegada dos barcos. **Loc.** Comprar peixe na ~. **3** Porção de peixe arrematado nesse processo de venda. **Loc.** Arrematar uma ~ de um milheiro de sardinhas.

lotação s f (<lotar + -ção) **1** A(c)to ou efeito de lotar. **2** Determinação da capacidade de um espaço/da quantidade máxima de pessoas que um recinto/sala/veículo pode levar. **Ex.** A ~ dos anfiteatros da escola é muito maior do que a das salas de aula. Um táxi tem a ~ normal de quatro pessoas. **3** Capacidade de carga dum navio. **Comb.** Cargueiro com a ~ de 1000 toneladas. **4** Guarnição de oficiais e praças que constituem a tripulação dum navio de guerra.

lotado, a (<lotar + -ado) **1** Que tem a lotação completa/Cheio(+)/Esgotado. **Ex.** Assistir a um desafio [jogo] decisivo de futebol «uma final» com o estádio completamente ~ é um espe(c)táculo empolgante. **2** De que foi calculada a lotação. **Comb.** Anfiteatro ~ para 300 pessoas. **3** Que foi dividido em lotes. **Comb.** Terreno ~ para construção de moradias. **4** Misturado com tipos diferentes do mesmo produto. **Comb.** Café [Vinho] ~.

lotador, ora adj/s (<lotar + -dor) (O) que faz lotes/Misturador.

lotar v t (<lote + -ar[1]; ⇒ lotear) **1** Dividir em lotes/Fazer o loteamento. **Loc.** ~ um [Fazer o loteamento dum(+)] *terreno*. ~ *uma herança*. **2** Calcular [Determinar] a lotação. **Comb.** Estádio de futebol lotado para 50 000 espe(c)tadores. **3** Preencher completamente a lotação. **Ex.** Faltam 3 passageiros para ~ o autocarro [ó[ô]nibus]. **4** Preparar um lote/Fazer a mistura. **Loc.** ~ vinhos [cafés].

lota[e]ria s f (<it *lotteria*) **1** Jogo de azar que consiste em emitir bilhetes numerados, com pré[ê]mios pecuniários atribuídos por sorteio. **Ex.** Tenho uma fra(c)ção «um vigésimo» da ~ premiada com o terceiro prémio. **2** Rifa/Sorteio. **3** *fig* Qualquer coisa sujeita ao acaso. **Ex.** São tantos os pretendentes ao lugar que ser eu o escolhido é uma autêntica ~.

lote (Ló) s m (<fr *lot*) **1** Cada uma das partes em que um todo se reparte/Quinhão. **Ex.** Numa herança, a constituição dos ~s é geralmente diferente, mas todos devem ser de valor equivalente. **Comb.** Terreno dividido em ~s. **2** Obje(c)to ou conjunto de obje(c)tos que se leiloam duma só vez. **Ex.** Primeiro leiloaram um ~ de louça chinesa; depois, um quadro de Picasso. **3** Conjunto de obje(c)tos geralmente da mesma natureza. **Ex.** Gostava daquela camisa. Não comprei porque só vendem em ~s de seis. Comprei na lota um ~ de peixes variados. **4** Mercadoria de determinado tipo. **Comb.** Café do ~ «Timor». **5** Carga em toneladas [metros cúbicos] que um navio desloca.

loteamento s m (<lotear + -mento) **1** Divisão em lotes. **Loc.** Fazer o ~ dum terreno para urbanizar. **2** Terreno loteado. **Ex.** Vou construir uma casa no novo ~ ao pé da [~ junto à] ponte.

lotear v t (<lote + -ear; ⇒ lotar) Fazer o loteamento(+)/Dividir em lotes. **Loc.** ~ *um terreno*. *Terreno para* ~.

loteria s f Br ⇒ lotaria.

loto[1] (Ló) s m Bot (<lat *lótus*) ⇒ lódão(+); lótus(+).

loto[2] (Lô) s m (<it *lotto*) Jogo de azar que se joga com cartões com cinco números e quatro casas em branco cada um e que vão sendo preenchidos com marcas cilíndricas numeradas, tiradas à sorte dum saco/Quino/Br Bingo. **Ex.** No ~, ganha o primeiro jogador que preencher o cartão.

lótus s m 2n Bot (<lat *lótus*) **1** Designação comum de plantas ninfeáceas com flores brancas, róseas, azuis ou violáceas/Lódão. **2** Planta aquática, *Nymphaea lotus*, com grandes flores brancas/Loto-sagrado/Nenúfar. ⇒ vitória-régia.

lou[oi]ça s f (<lat *lúteus, a um*: de barro ou *lautia, orum*: obje(c)tos postos à disposição dum hóspede) **1** Obje(c)tos de cerâmica para o serviço doméstico de mesa e de cozinha. **Loc.** *Lavar a* ~. *Arrumar a* ~. **Idi.** *Partir a* ~ (toda) [Fazer um grande banzé/Armar uma grande discussão/Barafustar com grande veemência] (**Ex.** Essa decisão não pode ser posta em prática; vou à reunião de condó[ô]minos e parto a ~ toda). *Ser (d)outra* ~ [Ser muito diferente e melhor] (**Ex.** Com a nova gerência, aquilo «o hotel/restaurante» é outra ~! Nem parece o mesmo!). **Comb.** ~ de barro [porcelana]. **2** Obje(c)tos de metal «alumínio/ferro esmaltado/inox» para o serviço da cozinha. **Comb.** ~ de cozinha em inox. **3** Conjunto de peças de cerâmica para o serviço de higiene nas casas de banho [nos banheiros]/~ sanitária. **Ex.** As paredes da casa de banho [do banheiro] são de azulejos brancos e as ~s de cor bege.

loucamente adv (<louco + -mente) **1** Com loucura/De modo louco/Doidamente. **Ex.** A pobre velh(inh)a já não estava em perfeito juízo. Passava horas a chamar ~ pela mãe. **2** De modo impensado/Sem refle(c)tir/Desvairadamente. **Loc.** Agir ~. **3** *fig* Muito. **Loc.** Amar ~ alguém.

louçania s f (<loução + -ia) **1** ⇒ conjunto de enfeites/Garridice. **2** ⇒ Elegância/Garbo.

loução, ã adj (<lat *lautians, a, um* <*lautia*; ⇒ louça) **1** Que está enfeitado (em excesso)/Vistoso/Garrido. **2** Elegante/Garboso. **Comb.** Jovem todo/a ~. *Traje* ~ão. **3** *fig* Cheio de frescor/Viçoso/Agradável à vista. **Comb.** Natureza ~ã.

lou[oi]çaria s f (<louça + -aria) **1** Grande quantidade de louça. **Ex.** Depois do jantar de família fica a ~ para lavar e arrumar. **2** Estabelecimento que vende louça. **Ex.** A ~ da esquina tem peças muito boas e relativamente baratas.

louceiro, a s (<louça + -eiro) **1** s m Armário onde se guarda a louça/Guarda-louça(+). **Comb.** ~ de cozinha. **2** Pessoa que fabrica [vende] louça. ⇒ louçaria.

louco, a adj/s (< ?) **1** (O) que perdeu a razão/o juízo/Demente/Doido/Alienado. **Loc.** Ficar ~o/a. **Idi.** *Estar* [Ser] ~ *por* [Estar desejoso/impaciente/Querer [Gostar] muito] (**Ex.** Estou ~ por que cheguem as férias. Ele é ~ por bananas).**Comb.** *idi* ~ [Doido] *varrido*/de todo [Completamente ~]. *Bexigas* ~*as* [Varicela]. *Hospital de* [para] ~*s* [doentes mentais]. **2** (O) que tem falta de bom senso/Insensato/Imprudente. **Ex.** Meter-se a caminho [Iniciar uma viagem] com tão grande tempestade, é [só] de ~s [é um a(c)to próprio de quem não é sensato]. **3** (O) que está perturbado/fora de si/Desorientado/Desvairado. **Ex.** Com as tuas manias [a tua gritaria] pões-me ~. Quando vou às compras venho (de lá) ~o/a com o dinheiro que se gasta. **4** Extraordinário/Exagerado. **Ex.** Não se pode comprar nada «na praça». Está tudo por um preço ~ [tudo caríssimo]!

loucura s f (<louco + -ura) **1** Med Estado do que é louco/Alienação mental/Demência. **Ex.** A ~ é uma doença mental grave com perda das relações com o real. **Comb.** ~ maníaco-depressiva [Psicose de base afe(c)tiva com acessos maníacos e acessos melancólicos/Ciclotimia]. **2** Estado de descontrole emocional/Falta de ponderação/Insensatez/Temeridade. **Ex.** Levado pela ~ [ganância(+)] do dinheiro, deixou a família e emigrou para o estrangeiro «Venezuela/EUA», donde nunca mais voltou. Meter-se em tal negócio seria uma verdadeira ~. **3** Extravagância/Exagero. **Ex.** Fizemos a ~ [extravagância/Demo-nos ao luxo] de ir festejar os anos a um restaurante de luxo e pagamos uma ~ [um exagero] «1000 €».

lou[oi]ra *s f* (<lou[oi]ro) **1** Mulher que tem cabelo louro. **Ex.** Uns gostam das ~s, outros preferem as morenas. **2** *pop* ⇒ Libra esterlina. **3** *gír* ⇒ Cerveja.

loureiro *s m Bot* (<louro + -eiro) Planta da família das lauráceas, *Laurus nobilis*, com folhas lanceoladas odoríferas utilizadas como condimento. **Ex.** Os frutos do ~, pequenas bagas, são utilizados em medicina e na indústria.

lou[oi]rejar *v t/int* (<lou[oi]ro + -ejar) Tornar(-se) louro/Amarelecer. **Ex.** O verão está a chegar; as searas «de trigo/arroz» já começaram a ~.

louro¹, a *adj/s* (<lat *laurus, i*: loiro; ⇒ **4**) **1** *s m Bot* ⇒ loureiro. **2** *s m* Folha de loureiro para condimento. **Loc.** Juntar um pouco de ~ ao guisado. **3** *s m pl* Glória/Triunfo. **Idi.** *Adormecer* [Descansar] *sobre os ~s* [Confiar nos êxitos alcançados e deixar de se esforçar]. *Cobrir-se de ~s* [Triunfar/Obter pré[ê]mios/Tornar-se famoso]. *Colher os ~s de* [Obter o proveito e a fama de alguma a(c)ção em que participa]. **4** «milho/trigo» Loiro/(O) que tem cabelo de cor clara, entre o amarelo e o castanho claro. **Ex.** Nos países nórdicos predominam os ~s. **Comb.** Rapariga [Moça] de cabelos ~s.

lou[oi]ro² *s m Ornit pop* (<maori *nóri*) ⇒ Papagaio(+).

lousa *s f Miner* (<lat *lausia, ae*) **1** Rocha metamórfica xistosa, impermeável, muito escura/Ardósia. **Ex.** A ~ é de clivagem muito fácil, em placas finas. **2** Placa dessa rocha. **Ex.** Paredes revestidas a ~ em forma de escamas. **3** Pedra tumular/Lápide. **Ex.** Todas as semanas ia ao cemitério colocar flores na ~ da campa da mãe. **4** Placa quadrangular (de ardósia) fixa à parede da sala de aula sobre a qual se escreve com giz/Quadro (preto). **5** Pequena placa de ardósia encaixilhada, que era para uso individual dos alunos. **Ex.** Na ~ escrevia-se com um lápis feito de ~ [feito da mesma pedra].

louva-a-deus *s m 2n Ent* (<louvar a Deus) Nome de inse(c)tos ortópteros carnívoros da família dos mantídeos, de corpo estreito e comprido, cuja postura, quando pousados, lembra a atitude de quem reza. **Ex.** Os ~ alimentam-se de aranhas e outros inse(c)tos.

louvação *s f* (<lat *laudátio, ónis*) **1** *Dir* A(c)to judicial de nomeação dos peritos para arbitramento ou dos louvados para uma segunda avaliação de inventário. **Ex.** A ~ num processo de inventário ocorre quando anteriormente não houve acordo dos interessados. **2** A(c)to de louvar/Louvor(+)/Elogio.

louvado, a *s m/adj* (<louvar + -ado) **1** *s m Dir* Perito nomeado pelo tribunal para proceder a uma avaliação ou peritagem de arbitramento. **2** Que recebeu louvor/foi elogiado/enaltecido. **Comb.** Militares (falecidos em combate) ~s a título póstumo.

louvador, ora *s/adj* (<louvar + -dor) (O) que louva.

louvaminha *s f/s 2g* (<louvaminhar) **1** *s f* Louvor exagerado/Adulação/Lisonja. **Ex.** Aquela colega até aborrece. Anda sempre à volta do chefe com ~s. **2** *s 2g* Pessoa que gosta de elogiar/bajular. **Loc.** Não se deixar levar [influenciar] pelos/as ~s.

louvaminhar *v t* (<louvam(ento) + -inhar) Dirigir louvaminhas/Lisonjear/Bajular/*fam* Dar graxa/Engraxar. **Ex.** Não adianta [Não vale a pena] louvaminhares o patrão, (por)que ele por isso não te vai aumentar o ordenado.

louvaminheiro, a *adj/s* (<louvaminhar + -eiro) (O) que louvaminha/bajula/lisonjeia/Louvaminha. **Comb.** *Feito* [Como/Com modos de] *~* «foi/veio pedir um emprego». *Palavras ~as*.

louvar *v t* (<lat *laudo, áre*) **1** Prestar culto a Deus, bendizendo o Seu nome e a Sua perfeição. **Ex.** Todos os crentes devem adorar e ~ a Deus como primeira obrigação. **2** Dirigir louvores/Elogiar/Enaltecer/Gabar. **Ex.** Todos louvaram o gesto do taxista que devolveu a carteira esquecida por um passageiro no táxi. Os pais louvaram-no muito pelo bom resultado conseguido no exame. **3** Reconhecer o valor/Aplaudir/Apreciar/Aprovar. **Ex.** Todos os partidos louvaram as medidas anunciadas pelo governo para fomentar o emprego. **4** *Dir* Calcular o valor de alguma coisa/Avaliar(+). **Ex.** O tribunal mandou ~ os bens da sociedade que se encontrava em processo de falência. **5** *~-se/*Apoiar-se na [Fazer sua a] opinião de outrem.

louvável *adj 2g* (<louvar + -vel) Digno de louvor. **Comb.** Atitude [Gesto/Procedimento] ~.

louvor *s m* (<*an* loor <loar, louvar; ⇒ louvação **2**) **1** A(c)to de louvar a Deus/à Virgem Maria/aos Santos. **Loc.** Fazer a(c)tos de ~ [Dirigir ~es] a Deus. **Comb.** Festa em ~ da Virgem Maria. **2** Reconhecimento do mérito/Elogio/Aplauso. **Ex.** A imprensa referiu-se com grandes ~es ao comportamento da equipa das quinas (Sele(c)ção Nacional portuguesa). **3** Manifestação de apreço pelas qualidades [pelo valor] de alguém/Panegírico. **Ex.** A sessão começou com um discurso de ~ ao cientista homenageado, pela sua longa carreira de investigador. **4** Expressão formal do valor dum a(c)to ou comportamento por parte dum superior hierárquico ou duma instituição. **Ex.** Na a(c)ta, foi exarado um voto de ~ ao presidente cessante. **Loc.** Ser agraciado com um ~. **5** Classificação máxima atribuída a um candidato na defesa duma tese ou numa prova de exame final. **Comb.** Aprovado com distinção e ~.

loxodromia *s f Náut* (<gr *loksós, e, on*: inclinado + -dromo + -ia) Linha de navegação «avião/barco» que corta todos os meridianos sob o mesmo ângulo/Linha de rumo(+).

LSD *s m Maiúsc* (<sigla do al *Lysergs*äure-*Di*äthylamid) Dietilamina do ácido lisérgico, alucinogénia, extraída da cravagem do centeio.

lua *s f* (<lat *luna, ae*; ⇒ ~ de mel) **1** *Astr Maiúsc* Satélite natural da Terra. **Ex.** A ~ é o corpo celeste mais próximo da Terra e um dos maiores satélites do sistema solar. **Idi.** *Andar* [Estar] *na ~* [Estar distraído/absorto/fora da realidade]. *Ladrar à ~* [Insultar quem está ausente ou quem não faz caso]. *Pedir* [Prometer] *a ~* [o impossível]. *Pôr alguém nos píncaros* [cornos] *da ~* [Exaltar/Elogiar exageradamente]. *Ser de* [Ter] *~s* [Ser de humor variável]. **Comb.** *~ cheia*/Plenilúnio [Fase em que a Terra está entre o Sol e a ~ e esta volta para a Terra a face iluminada]. *~ nova*/Novilúnio [Fase em que a ~ apresenta voltada para a Terra a face não iluminada]. **2** Satélite de qualquer outro planeta do sistema solar. **Comb.** ~s de Júpiter [Saturno]. **3** Claridade difundida sobre a Terra pelo satélite/Luar(+). **Comb.** Noite sem ~. **4** Período de vinte e oito dias/Mês lunar. **Ex.** A gestação do ser humano é de nove meses ou de cerca de dez ~s. **Idi.** *Ter uma ~* [aduela(+)/um parafuso(o+)] *a menos* [Ter modos amalucados]. **5** *pop* Período do cio dos animais. **Ex.** A cadela [gata] anda [está] com a ~.

lua de mel *s f* Período inicial a seguir ao casamento. **Ex.** Os noivos ainda estão em ~. **Loc.** Partir para a ~ [Partir em viagem de núpcias].

luandense *adj/s 2g* (<*top* Luanda, capital de Angola + -ense) (Natural) de Luanda.

luar *s m* (<lat *lunáris, e*) Luz do Sol [Claridade] refle(c)tida pela Lua. **Ex.** Está uma bela noite de ~.

luarento, a *adj* (<luar + -ento) Em que há luar. **Comb.** Noites ~as.

lubricar *v t* (<lat *lúbrico, áre*) **1** Tornar lúbrico/húmido/escorregadio. **2** Relaxar (o ventre) com um laxante.

lubricidade *s f* (<lat *lubrícitas, átis*) **1** Qualidade do que é escorregadio/lúbrico. **2** Tendência para a sensualidade/Luxúria/Lascívia.

lúbrico, a *adj* (<lat *lúbricus, a, um*) **1** Escorregadio. **2** Sensual/Lascivo. **Comb.** Desejos [Pensamentos] ~s.

lubrificação *s f* (<lubrificar + -ção) A(c)to de lubrificar/Aplicação de substâncias oleosas entre superfícies em movimento para reduzir o atrito. **Comb.** *~ do veio* [das chumaceiras] dum motor. *~ das dobradiças* duma porta.

lubrificador, ora *s/adj* (<lubrificar + -dor) (O) que lubrifica/Lubrificante. **Comb.** *~ de máquinas* industriais. *Poder ~* [lubrificante(+)] «dum óleo».

lubrificante *s/adj 2g* (<lubrificar + -ante) (O) que lubrifica/Substância cuja finalidade é reduzir o atrito entre duas peças em movimento. **Comb.** A(c)ção ~ das lágrimas no globo ocular. Departamento de óleos e ~s. *Propriedades ~s* «dum óleo».

lubrificar *v t* (<lúbrico + -ficar) **1** Untar com óleo [Olear] superfícies sujeitas a movimento para reduzir o atrito. **Loc.** *~ a corrente* duma bicicleta. *~ uma máquina* de costura. **2** Tornar lúbrico/escorregadio/(h)úmido. **Loc.** ~ as mucosas [articulações].

lucano *s m Ent* (<lat *lucanus, i*) Inse(c)to coleóptero de mandíbulas denteadas/Cabra-loira/Vaca-loira.

lucarna *s f* ⇒ lucerna **1**.

lucerna *s f* (<lat *lucérna, ae*) **1** Abertura no telhado, geralmente com cobertura de vidro, por onde entra a luz natural para o interior dum edifício/Claraboia/Lucarna. **Ex.** O vão da escada era iluminado apenas por uma ~ no telhado. **2** Lanterna antiga/Candeia/Lamparina/Lampadário. **Ex.** As antigas ~s eram geralmente de barro ou de bronze. **Loc.** Pôr azeite na ~.

lúcia-lima *s f Bot* ⇒ limonete.

lucidar *v t* (<luz + dar) ⇒ decalcar.

lucidez *s f* (<lúcido + -ez) **1** Qualidade do que é lúcido/Clareza [Rigor] de raciocínio. **Ex.** Apesar da idade, conserva uma grande ~ (de espírito). **2** ⇒ Brilho/Claridade/Transparência. **Comb.** ~ [Brilho(+)/Limpidez(o+)] dos copos de cristal. **3** *Psic* Recuperação da a(c)tividade mental normal depois de um período de confusão mental ou de delírio. **Ex.** Já está muito confuso, mas ainda tem alguns momentos de ~.

lúcido, a *adj* (<lat *lúcidus, a, um*) **1** Que tem luz/Que brilha/Cintilante. **Ex.** Milhares de pontos ~s [brilhantes(+)/luminosos(o+)] iluminavam o recinto da procissão de velas. **2** Transparente/Claro. **Ex.** Na cristaleira, sobressaíam as peças ~as [brilhantes(+)] de cristal. **3** Que tem um raciocínio claro/rigoroso/preciso. **Ex.** O aluno deu uma explicação muito ~a do fenó[ô]meno celeste «aurora boreal». **4** Que compreende com rapidez e facilidade. **Loc.** Ser dotado de [Ter uma] inteligência ~a. **5** Que conserva as suas faculdades mentais. **Ex.** Apesar da idade, mantém-se perfeitamente ~.

lúcifer *s m* (<lat *lúcifer, eri*) **1** O que brilha/Para os gregos, planeta Vé[ê]nus, estrela

da manhã. **2** *Maiúsc* Satanás, o cabecilha dos demó[ô]nios.

luciferino, a *adj* (<Lúcifer + -ino) Relativo a Lúcifer/Diabólico.

lucífero, a *adj Poe* (<lat *luciferus, a, um*) Que dá [traz] luz/Que ilumina(+). **Comb.** Palavras bondosas e ~as.

lucilação *s f* (<lucilar + -ção) A(c)to de lucilar/Cintilação.

lucilante *adj 2g* (<lucilar + -ante) Brilhante/Cintilante(+). **Comb.** Estrelas ~s.

lucilar [luciluzir] *v int* (<luz + luzir) Brilhar com luz tré[ê]mula/Cintilar/Tremeluzir.

lucímetro *s m* (<luz + -metro) Aparelho que serve para determinar a quantidade total de luz [energia luminosa] recebida por um corpo num dado intervalo de tempo. **Ex.** O ~ foi inventado pelo físico italiano A. Bellani em 1834.

lucina *s f Zool* (<lat *lucina, ae*) Gé[ê]nero de moluscos bivalves «amêijoa» de concha arredondada, muito comuns, quer vivos, quer no estado de fósseis.

lucinídeo, a *adj/s* (<lucina + -ídeo) (Diz-se de) família de moluscos bivalves de concha arredondada, a que pertence a amêijoa.

lúcio *s m Icti* (<lat *lucius, ii*) Peixe teleósteo de água doce, de corpo e cabeça muito alongados, com dentadura muito poderosa, muito voraz. **Ex.** Os ~s podem atingir 1,2 metros de comprimento e o peso de 40 kg.

lucrar *v t/int* (<lat *lúcror, áris, ári, átus sum*) **1** Ter proveito/Obter benefício/Tirar vantagem/Ganhar. **Ex.** Os pais fizeram um grande sacrifício para construir a casa mas pouco tempo (se) gozaram dela. Quem lucrou foram os filhos. Não lucras nada com a tua má disposição. Andas aborrecido e aborreces os outros. **2** Ter lucro/Ganhar dinheiro «num negócio/investimento». **Ex.** Lucrei 10% na venda do carro. Quem investe é para ~.

lucrativo, a *adj* (<lat *lucrativus, a, um*) **1** Que dá lucro/Vantajoso/Rentável. **Comb.** A(c)tividade ~a. **Negócio** [Empreendimento] ~. **2** ⇒ Que é útil/Proveitoso(+).

lucro *s m* (<lat *lucrum, i*) **1** Ganho pecuniário numa operação comercial. **Ex.** Os Bancos têm geralmente ~s elevados. O ~ da venda de fruta é muito incerto por causa da que se estraga. **Comb.** ~ **bruto** [Diferença entre o custo de produção [da compra] e o preço de venda]. ~ **líquido** [Ganho obtido numa transa(c)ção depois de deduzidos todos os custos]. **2** Proveito/Utilidade/Interesse. **Ex.** A descoberta dos antibióticos trouxe grandes ~s a toda a humanidade. Essa amizade não te dá ~ nenhum; o melhor é acabares com ela.

lucubração *s f* (<lat *lucubrátio, ónis*: estudo à luz da vela ou lamparina) **1** Trabalho intelectual feito em horas de descanso. **2** ⇒ Meditação profunda/Reflexão(+).

lucubrar *v t/int* (<*lúcubro, áre*) **1** Trabalhar [Estudar] durante a noite. **Ex.** Ele passou longos serões lucubrando a tese de doutoramento. **2** Meditar profundamente/Refle(c)tir. **Ex.** Era uma pessoa muito prudente; passava horas a ~ [refle(c)tir(+)] antes de tomar uma decisão importante.

lúcula *s f Astr* (<luz + -ula) Conjunto de pequenas rugas brilhantes com aspe(c)to de grãos, na fotosfera solar, separadas por interstícios [Poros] menos brilhantes.

luculento, a *adj* (<lúcula + -ento) **1** Luzente/Brilhante. **2** *fig* Esplêndido/Magnífico. **Comb.** Festa ~a.

ludião *s m Fís* (<lat *lúdio, ónis*: histrião, dançarino) Aparelho destinado a mostrar as várias condições de equilíbrio dum corpo mergulhado num líquido/Lúdio. **Ex.** O ~ é um instrumento didá(c)tico recreativo: o corpo mergulhado no líquido é um boneco que pode mover-se e tomar várias posições.

ludibriante *adj 2g* (<ludibriar + -ante) Que ludibria/Enganador(+). **Comb.** Conversa ~.

ludibriar *v t* (<ludíbrio + -ar¹) **1** Iludir/Intrigar/Enganar. **Ex.** Um sujeito muito bem-falante ludibriou um casal de idosos: levou[roubou]-lhes todo o dinheiro que tinham em casa. **2** Fazer acreditar numa ilusão. **Ex.** O ilusionista, fazendo desaparecer uma nota, conseguiu ~ as crianças e também alguns adultos.

ludíbrio *s m* (<lat *ludíbrium, ii*) **1** A(c)to ou efeito de ludibriar/Engano/Embuste(+)/Logro(+). **Loc.** Cair num ~ [Ser enganado]. **2** Obje(c)to de brincadeira maldosa/Escárnio/Zombaria. **Ex.** A fidelidade conjugal é a(c)tualmente motivo de ~ [chacota(+)] para certos humoristas libertinos e alguns órgãos de comunicação social irresponsável.

ludibrioso, a (Ôso, Ósa, Ósos) *adj* (<ludíbrio + -oso) Que envolve ludíbrio/Enganador/Insolente/Insultante. **Comb.** Atitude [Comportamento] ~a/o.

lúdico, a *adj* (<ludo 2 + -ico) **1** Relativo a jogo/brincadeira. **Ex.** A a(c)tividade ~a é essencial para o desenvolvimento da criança. **2** Que diverte/dá prazer. **Comb.** Aprendizagem ~a.

lúdio *s m Fís* ⇒ ludião.

ludo *s m* (<lat *ludus, i*: jogo, diversão) **1** Jogo de sala para dois ou (até) quatro parceiros em que as pedras se movimentam nas casas dum tabuleiro de acordo com o número de pontos indicados pelo dado. **Ex.** Nas tardes chuvosas, as crianças entretinham-se a jogar o ~. **2** Qualquer jogo/Divertimento.

ludoteca *s f* (<ludo + -teca) Espaço numa instituição «escola/biblioteca infantil» onde existem equipamentos lúdicos «jogos/brinquedos» à disposição das crianças.

ludoterapia *s f Med* (<ludo + terapia) Tratamento à base de jogos e divertimentos.

lues (És) *s f Med* (<lat *lues, is*: peste, doença da pele) ⇒ sífilis.

luético, a *adj* (<lues + -ico) ⇒ siflítico.

lufa *s f* (<ing *loof*: lado do vento) **1** ⇒ lufada. **2** *Náut* Vela que se iça quando há ventania/Contra(c)ção da vela por a(c)ção duma lufada. **3** *fig* Azáfama/Afã/Lufa-lufa(+). **Ex.** Levo [Passo/Gasto] todo o dia na ~ [numa ~-~(+)]; não tenho um momento de descanso.

lufada *s f* (<lufa + -ada) **1** Vento forte e rápido/Rajada de vento. **Ex.** Uma ~ de vento deitou os vasos ao chão. **Comb.** ~ de ar fresco [quente]. **2** Bafo/Exalação momentânea/Baforada/Fumaça. **Ex.** Pela chaminé saíam ~s de fumo negro.

lufa-lufa *s f* Grande pressa/Correria/Azáfama/Canseira. **Ex.** Fiz o trabalho todo à [numa(+)] ~ para acabar a tempo de apanhar o comboio/trem. **Loc.** Andar «todo o dia» numa ~ [numa (grande) azáfama].

lufar *v int* (<lufa + -ar¹) O vento soprar com grande intensidade. **Ex.** O dia estava tempestuoso. Lá fora o vento lufava [sopra-va(+)] com força.

lugar *s m* (<lat *localis, e* <*lócus, i*) **1** Parte de determinado espaço/Local/Sítio. **Ex.** Em que ~ (é que) tu estavas, (por)que eu não te vi na festa? Na sala ainda há ~ para mais cadeiras. Arrumem os livros no seu ~ [no ~ deles]. **Idi. Dar ~ a** [Ter como resultado/Proporcionar/Causar] (Ex. Se levares o livro do teu irmão, isso vai dar ~ a uma briga). **Ir para bom ~** [Após a morte ser contado entre os que gozam da bem-aventurança eterna/Morrer]. **Ter ~** [Acontecer/Realizar-se] (Ex. A maior parte das festas religiosas populares têm ~ no verão). **Comb.** ~ *público* [a que todas as pessoas podem ter acesso]. ~ *sagrado*/santo [reservado ao culto religioso/Igreja/Santuário/Templo]. ~ *seguro* [protegido/onde os riscos são reduzidos]. *Maiúsc* ~*es Santos* [associados à vida, paixão e morte de Jesus Cristo]. *Mat* ~ *geométrico* [Figura geométrica formada exclusivamente pelos pontos que gozam de determinada propriedade] (Ex. A circunferência é o ~ geométrico dos pontos dum plano equidistantes de um ponto [do centro]). **2** Localidade/Região/País/Povoação. **Ex.** Em Portugal há ó(p)timos ~es para passar férias. Preenche o impresso com o nome, a idade e o ~ de nascimento. **3** Posição/Ordem/Classificação. **Ex.** Numa competição (d)esportiva todos querem conquistar o primeiro ~. Em que ~ ficaste no concurso? Pode ser atendido já, (por)que eu dou-lhe o meu ~ [a minha vez]. **4** Posto de trabalho/Emprego/Cargo/Ocupação. **Ex.** Está desempregado, mas prometeram-lhe um ~ na fábrica de calçado. Ocupou o ~ de presidente da associação durante muito tempo. Ele não tem competência para o ~ que ocupa. **Idi. Não aquecer (o) ~** [Não ficar muito tempo no mesmo ~/Mudar constantemente (de emprego)]. **Pôr o ~ à disposição** [Demitir-se dum cargo]. **5** Situação [Categoria/Estatuto/Posição] social. **Ex.** Não vou para a primeira fila [para as cadeiras da frente] porque sei bem qual é o meu ~. **Idi. Pôr alguém no seu ~** [Fazer sentir a alguém como se deve comportar]. **Pôr-se no seu ~** [Saber comportar-se de acordo com a sua categoria/posição social]. **Ter um ~ ao sol** [uma posição social favorável e vantajosa]. **6** Espaço destinado a cada pessoa em salas de espe(c)táculo/recintos (d)esportivos/meios de transporte. **Ex.** No teatro, gosto de ficar nos ~es [assentos] da frente. O autocarro [ó[ô]nibus] não parou porque já não tinha ~; ia superlotado. **Comb.** ~ *cativo* [reservado permanentemente para o seu titular]. ~ *de honra* [reservado para pessoas a quem é devida distinção especial]. Autocarro [Ônibus] com cinquenta ~es sentados. Automóvel de dois ~es. **7** Título de acesso a salas de espe(c)táculo/recintos (d)esportivos/meios de transporte/Bilhete. **Ex.** Queres ir comigo ao cinema? Tenho dois ~ es [bilhetes] para a sessão da noite. **8** Pequeno estabelecimento comercial onde se vendem vegetais/fruta/... **Ex.** Estas laranjas são muito boas; comprei-as no ~ da nossa rua.

lugar-comum *s m* **1** Expressão [Ideia] sem originalidade utilizada correntemente/Banalidade/Trivialidade/Chavão. **Ex.** Dizer que ter ideias contrárias às da maioria das pessoas *não é politicamente corre(c)to*, isso não passa de [isso é] um ~. **2** Qualquer fonte donde os oradores, teólogos, etc., podem tirar provas [ideias] aplicáveis a vários assuntos/Tópicos.

lugarejo (Rê) *s m* (<lugar + -ejo) Pequeno povoado/Aldeola/Terriola. **Comb.** Um ~ perdido na serra.

lugar-tenente *s m* O que, em caso de ausência da pessoa que lhe é imediatamente superior, desempenha, por delegação, as suas funções. **Comb.** ~ dum general.

lugente *adj 2g* (<lat *lúgens, éntis*; ⇒ luto¹) Plangente(+)/Lúgubre.

lugre¹ *s m Náut* (<ing *lugger*) Navio de vela de três (ou mais) mastros todos iguais, uti-

lizado na pesca distante «do bacalhau». **Ex.** Os ~s são navios velozes e fáceis de manobrar.

lugre² s m Ornit (< ?) Ave passeriforme da família dos fungilídeos, *Carduelis spinus*, também conhecida por pintassilgo-verde(+).

lúgubre adj 2g (<lat *lúgubris, e*) **1** Relativo à morte/Fúnebre/Lugente. **Comb.** Cortejo ~ [fúnebre(+)]. **2** Triste/Soturno. **Ex.** O ambiente da casa, muito escura, com as janelas sempre fechadas, era ~. **3** Medonho/Sinistro. **Comb.** Cenas [Sonhos] ~s.

lugubridade s f (<lúgubre + -i- + -dade) Qualidade do que é lúgubre.

luís s m (<antr Louis XIII (1610-1643), rei de França) Antiga moeda francesa de ouro ou prata que começou a circular em França no reinado de Luís XIII/Moeda de ouro de 20 francos com a efígie de Napoleão.

lula s f Zool (<lat *lólligo, inis*: choco, ~; ⇒ siba) Nome de alguns moluscos cefalópodes, decápoles, de corpo subcilíndrico alongado, não achatado, muito apreciados na alimentação. **Comb.** ~s recheadas «com chouriço».

lulu s m (<fr *loulou*) Cão pequeno, de luxo. **Ex.** A senhora passava horas sentada no sofá com o ~ ao colo, a ver televisão.

lumaréu s m (<lume + -aréu) **1** Fogacho/Labareda/Fogaréu(+). **Ex.** Pela porta do forno saía um ~ que quase chegava ao telhado. **2** Grande clarão. **Ex.** Que ~ será aquele que se vê ao longe?

lumbago s m Med (<lat *lumbágo, inis*) Dor na região lombar. **Ex.** O ~ pode ser causado por posições incorre(c)tas da coluna vertebral, lesões dos discos intervertebrais, doenças reumáticas ou outras.

lumbrical [lumbricário, a] adj 2g [adj] (<lat *lumbricus, i* +-...) Referente a lombrigas/Lombrical.

lumbricida adj 2g (<lat *lumbricus, i* + -cida) Que mata lombrigas/Vermífugo. **Comb.** Produto ~.

lumbricoide (Cói) adj 2g (<lat *lumbricus, i* + -oide) ⇒ lombricoide.

lume s m (<lat *lúmen, inis*; ⇒ lúmen) **1** Estado duma substância em combustão viva produzindo luz e calor/Fogo/Fogueira. **Ex.** É muito perigoso ter as crianças ao pé do ~. **Loc.** Acender o ~ para cozinhar. Fazer uma fogueira para se aquecer. Pôr a panela ao ~ para fazer o jantar. **Idi.** *Dar a ~* [Publicar]. *Ter ~ no olho* [Ser esperto/perspicaz/Não se deixar enganar]. *Trazer a ~* [Revelar/Manifestar]. **2** Fonte de luz que serve para alumiar/Chama/Círio/Vela/Tocha. **Ex.** Quando não havia ele(c)tricidade, a iluminação era feita com vários tipos de ~. **3** Luz/Clarão/Brilho «dos olhos». **4** Obje(c)to ou zona incandescente. **Comb.** O ~ do cigarro. **5** fig Manifestação de inteligência/Brilho/Fulgor. **Loc.** Sobressair pelo ~ [brilho(+)/fulgor(o+)] das suas ideias.

lúmen s m Fís (<lat *lúmen, inis*: lume) Unidade de fluxo luminoso do Sistema Internacional que corresponde ao fluxo emitido por uma fonte luminosa pontual e uniforme, com uma intensidade de uma candela num ângulo sólido de um esterradiano.

lumi[e]eira/o s (<lume + -eira/o) **1** Obje(c)to que serve para alumiar/Luminária/Lâmpada/Archote(o+)/Tocha(+)/Castiçal. **Ex.** No inverno, saíam muito cedo para o trabalho, noite escura, com ~s na mão para verem o caminho. **2** Lume/Fogo/Labareda/Clarão. **Ex.** De noite, os pastores faziam ~s para afugentar os lobos. **3** Fresta por onde entra a luz/Claraboia(+). **Ex.** A escada era iluminada apenas pela luz que entrava pelas ~s da parede. **4** s m pop ⇒ pirilampo.

luminância s f Fís (<lat *lúmen, inis*: lume + -ância) Quociente da intensidade luminosa emitida por uma superfície numa dada dire(c)ção, pela área aparente dessa superfície. **Ex.** Por convenção internacional, a ~ é a designação da grandeza que antigamente se chamava brilho. As unidades de ~ são a *vela por cm²* ou *stilb (sb)* e a *vela por m²* ou *nit (nt)*.

luminar adj 2g/s m (<lat *lumináre, is*) **1** Que dá luz. **Comb.** Fonte [Ponto/Foco] ~/luminosa/o(+). **2** s m Astro. **Ex.** No céu, há dois ~es importantes: o Sol, que ilumina o dia, e a Lua, que ilumina a noite. **3** s 2g fig Pessoa que se notabiliza nas artes, nas ciências ou nas letras. **Ex.** Luís de Camões e Fernando Pessoa são dois ~es da literatura portuguesa.

luminária s f (<lat *luminária, ium*) **1** Aquilo que alumia/Lâmpada/Lamparina/Candeia. **2** pl Iluminações(+) das ruas nas festas populares. **Ex.** Pelo Natal, as ruas das cidades são engalanadas com belas ~s. **3** fig Pessoa de grande saber/Luminar **3**. **Comb.** Uma ~ «em História de Arte».

luminescência s f (<lume + -escer + -ência) **1** Qualidade do que é luminescente. **2** Fís Emissão de parte da energia absorvida por um corpo, sob a forma de radiações ele(c)tromagnéticas, na região do espe(c)tro visível ou próxima dele. **Ex.** A energia que irá produzir ~ pode ser originada por rea(c)ções químicas ou bombardeamento com fotões ou ele(c)trões [fótons ou elétrons].

luminescente adj 2g (<lat *luminéscens, éntis*) **1** Relativo à luminescência. **Comb.** *Fenó[ô]meno ~. Propriedade ~*. **2** Que é capaz de produzir luminescência. **Ex.** Os sólidos ~s tomam o nome genérico de "fósforos".

luminímetro s m (<lume + -metro) Aparelho que serve para medir a intensidade dos fluxos luminosos.

luminosidade s f (<luminoso + -i- + -dade) **1** Qualidade do que é luminoso. **Comb.** A ~ das estrelas. **2** Intensidade da luz emitida. **Ex.** A ~ dos faróis dos automóveis que vêm em sentido contrário encandeia[ofusca]-me.

luminoso, a (Ôso, Ósa, Ósos) adj (<lat *luminósus, a, um*) **1** Que tem luz própria. **Ex.** As estrelas veem-se no céu como pontos ~s. **Comb.** Anúncios [Reclamos] ~s. **2** Que reflе(c)te a luz. **Comb.** *Superfície ~a. Tinta ~a*. **3** Relativo à luz. **Comb.** *Energia* [Radiação] *~a. Intensidade ~a*. **4** Em que há luz/Iluminado/Claro. **Comb.** Bela *noite ~a de luar. Sala ~a* [clara(+)/bem iluminado(o+)]. **5** fig Que parece irradiar luz de dentro de si/Radioso/Resplandecente. **Comb.** Olhar [Sorriso] ~. **6** fig Que é inteligente/perspicaz/lúcido. **Comb.** Espírito [Inteligência] ~o/a. **7** fig Que lança luz sobre um assunto/Esclarecedor/Elucidativo. **Comb.** Ideia ~a.

luminotecnia [luminotécnica] s f (<lume +-...) Conjunto de dispositivos e técnicas de iluminação aplicadas a ambientes/monumentos/espe(c)táculos/cinema/televisão/...

luminotécnico, a adj/s (<luminotecnia + -ico) **1** Relativo a luminotecnia. **Comb.** *Dispositivo ~. Proje(c)to ~*. **2** s Profissional de luminotecnia. **Comb.** Iluminação efe(c)tuada por um ~ competente.

luminoterapia s f Med (<lume + terapia) Tratamento de certas doenças pela a(c)ção da luz.

lunação s f Astr (<lat *lunátio, ónis*) Intervalo de tempo decorrido entre duas luas novas sucessivas/Mês lunar(+). **Ex.** A ~ tem a duração aproximada de vinte e nove dias e meio.

lunar adj 2g/s m (<lat *lunáris, e*) **1** Referente à Lua. **Comb.** Mês [Ano/Ciclo] ~. ⇒ solar. **2** s m Sinal congé[ê]nito na pele que os antigos atribuíam à influência da Lua.

lunário s m (<lat *luna, ae*+-ário) Calendário em que o tempo é contado por luas.

lunático, a adj/s (<lat *lunáticus, a, um*) **1** Que é influenciado pela Lua/Sonhador/Tolo. **Ex.** Fala-se para ele e não ouve. É uma pessoa ~a; anda sempre distante, absorto [nas nuvens(+)]. **2** s Psicopata que sofre mutações de humor sem qualquer motivação/Maníaco/Excêntrico.

lundu(m) s m (< ?) **1** Br Designação de danças de origem africana desenvolvidas no Brasil. **Ex.** O ~ tornou-se muito popular no séc. XVIII, tanto em Portugal, como no Brasil. **2** STP Dança folclórica de São Tomé e Príncipe.

luneta (Nê) s f (<fr *lunette*: obje(c)to em forma de lua) **1** Fís Instrumento telescópico em que a ocular é uma lente divergente que dá uma imagem direita. **Ex.** Galileu descobriu os satélites de Júpiter em 1609 servindo-se duma ~. **2** Par de vidros ou lentes encaixilhados num aro de metal ou outro material apropriado, que se coloca no nariz para auxiliar a visão. **Ex.** O velho conde, de bengala e ~, todos os dias dava o seu passeio. **3** pl fam Óculos. **Ex.** Dá-me as minhas ~s (por)que sem elas já não consigo ler. **4** Abertura circular ou oval numa parede para iluminar o interior dum edifício. **5** Instrumento de aço circular que serve para medir o calibre das balas.

luniforme adj 2g (<lua + -forme) Que tem a forma que a Lua apresenta em qualquer das suas fases.

lúnula s f (<lat *lunula, ae*) **1** Pequena lua/Obje(c)to em forma de meia-lua. **2** Geom Figura geométrica em forma de um crescente. **3** Astr Satélite de outro planeta que não a Terra «Júpiter/Saturno». **4** Med Mancha esbranquiçada na base da unha.

lunulado, a [lunular/luniforme] adj [2g] (⇒ lua/lúnula) Que tem a forma de lua ou de lúnula.

lupa s f (<fr *loupe*) **1** Lente convergente que aumenta o diâmetro aparente dum obje(c)to. **Ex.** As letras são tão peque(ni)nas que preciso duma ~ para as conseguir ler. **Comb.** Examinado à ~ [com todo o cuidado/rigor/Observado minuciosamente]. **2** Microscópio simples. **3** Vet Tumor nos joelhos de alguns animais.

lupanar s m (<lat *lupánar, áris*) Casa de prostituição/Bordel/Prostíbulo.

lupino¹ s m Bot (<lat *lupínus, i*) Planta herbácea anual ou vivaz da família das papilionáceas, com espécies cultivadas como forragem e outras como ornamentais.

lupino², a adj (<lat *lupinus, a, um*) Relativo ao lobo.

lúpulo s m Bot (<lat *lúpulus, i*) Planta herbácea trepadora e aromática, *Humulus lupulus*, da família das canabináceas, utilizada no fabrico da cerveja.

lúpus s m 2n Med (<lat *lúpus, i* <gr *lóbos*: lobo²) Inflamação cró[ô]nica da pele cara(c)terizada por ulceração de evolução lenta e progressiva. **Comb.** *~ tuberculoso* [Lupoma/Pápula redonda, mole, indolor, amarelada, translúcida que pode ulcerar]. *~ eritematoso* [Inclui-se nas doenças do colagénio com manifestações muito variadas].

lura s f (<lat *lúra, ae*: saco(la), barriga) Buraco feito na terra pelo coelho e outros animais para sua habitação/Esconderijo/Toca(+)/Covil. **Ex.** Os furões obrigam os coelhos a sair das ~s.

lurar v t (<lura + -ar¹) Fazer luras/Escavar/Esburacar(+). **Ex.** As toupeiras luram a [fazem túneis na] terra à procura de alimento. **Comb.** Terreno lurado.

lusco, a adj (<lat *luscus, a, um*) Que só tem um olho/Vesgo(+)/Que vê mal.

lusco-fusco s m O anoitecer/Crepúsculo da tarde. **Ex.** Ao chegar o ~, as galinhas começam a recolher ao poleiro.

lusíada adj 2g/s (<antr Luso, personagem mitológica que teria povoado a parte ocidental da Península Ibérica + -i- + -ada) (Descendente de) Luso/Lusitano/Português. **Ex.** O poema épico escrito por Luís de Camões (1525-1580) narrando os feitos heroicos dos Portugueses através da sua História e culminando com a descoberta do caminho marítimo para a Índia por Vasco da Gama, em 1498, intitula-se *Os Lusíadas*. **Comb.** Povo ~/luso/lusitano(+)/português(o+).

Lusitânia s f Geog Hist (<lat *Lusitánia*) Uma das três grandes regiões em que os romanos dividiram a Península Ibérica. Abrangia a a(c)tual Estremadura espanhola e todo o a(c)tual Portugal a sul do rio Douro. As principais cidades eram Mérida, Beja e Santarém.

Lusitaniano s m Maiúsc Geol (<top Lusitânia (Portugal) + -ano) Andar do Jurássico superior. **Ex.** O estratópico do ~ encontra-se na região de Torres Vedras (Portugal).

lusitanidade s f (< lusitano + -i- + -dade) Qualidade peculiar de ser português/Portuguesismo/Lusitanismo. **Ex.** Por muito que aprecie os estrangeiros, prezo muito mais a minha ~.

lusitanismo [lusismo] s m (<lusitano [luso] + -ismo) 1 Modo específico de ser e sentir dos portugueses/Costume próprio dos portugueses. **Ex.** A saudade é um ~ típico. 2 Palavra [Locução] portuguesa quando considerada do lado doutra língua. **Ex.** O ~ torna-se evidente quando comparado com o brasileirismo, por ex. na frase: "Tu não me digas!" e "Você não diga, não!".

lusitanizar v t Hist (<lusitano + -izar) Dar forma lusitana/Aportuguesar(+).

lusitano, a adj/s (<lat *lusitánus, a, um*; ⇒ lusíada) 1 Relativo à Lusitânia ou aos portugueses. **Comb.** *Costumes ~s. Modo de ser ~*. 2 s Natural [Habitante] da Lusitânia (Portugal). **Ex.** Os Lusíadas, poema épico de Luís de Camões, narram os feitos heroicos dos ~s.

luso, a adj/s Mit (<lat antr *Lusus, i*, filho de Liber) ⇒ lusíada.

luso-africano [-brasileiro/britânico/castelhano/chinês/nipó[ô]nico/...] adj Que diz respeito a Portugal e à África/ao Brasil/...

luso-descendente s 2g Pessoa que descende de portugueses. **Ex.** Os ~s estão espalhados pelo mundo inteiro. As maiores comunidades de ~s encontram-se em França e nos EUA.

lusófilo, a adj/s (<luso + -filo) (O) que tem simpatia [amizade/admiração] por Portugal ou pelos portugueses.

lusofonia s f (<luso + -fonia) 1 Qualidade do ser e falar português/O que é próprio da cultura portuguesa. 2 Comunidade formada pelos países de língua oficial portuguesa. ⇒ CPLP.

lusófono, a adj/s (<luso + -fono) 1 Diz-se do país ou do povo cuja língua oficial é o português. **Comb.** Países ~s. 2 (O) que fala português. **Comb.** Comunidade ~/CPLP.

luso-tropicalismo s m Teoria «do sociólogo brasileiro Gilberto Freyre/1900-1987» segundo a qual o relacionamento dos portugueses com os povos e culturas dos trópicos assenta em processos de miscigenação precursores da lusofonia/Luso-tropicologia/gismo.

lustração s f (<lat *lustrátio, ónis*) 1 A(c)to ou efeito de lustrar/polir/tornar brilhante/purificar. **Ex.** Essa bandeja (de prata) está tão estragada que já não merece a ~. 2 Hist Cerimó[ô]nia religiosa dos antigos gregos e romanos que consistia em aspersões, procissões e sacrifícios de expiação para purificar pessoas, casas, campos.

lustral adj 2g (<lat *lustrális, e*) Que serve para purificar. **Comb.** Água ~ [do ba(p)tismo].

lustrar v t/int (<lat *lústro, áre*) 1 Dar lustro/Tornar brilhante/Polir. **Loc.** *~ os sapatos. ~ um tecido*. 2 Ter brilho/Brilhar/Luzir/Resplandecer. **Ex.** Tive muito trabalho para deixar o chão a ~ [brilhar(+)]. **Loc.** Trazer (sempre) os sapatos a ~ [brilhar(+)]. 3 ⇒ Purificar/Purgar/Lavar. 4 Tornar(-se) instruído/educado/culto. **Ex.** Ela era meio [um pouco] alabregada mas lustrou-se desde que foi para a cidade estudar.

lustre s m (<lustrar) 1 Brilho de obje(c)to polido/Lustro. **Ex.** Com a água da chuva, os sapatos perderam o ~. 2 Brilhantismo/Magnificência. **Ex.** A condessa era famosa pelo ~ [brilhantismo(+)/pela magnificência(o+)] das rece(p)ções que dava no palácio. 3 ⇒ Honra/Glória/Fama. 4 Candeeiro suspenso do te(c)to com várias lâmpadas. **Comb.** ~ de cristal.

lustro¹ s m (<lustrar) ⇒ lustre.

lustro² s m (<lat *lústrum, i*: purificação do povo romano antigo efe(c)tuada de cinco em cinco anos) Período de cinco anos. ⇒ quartel.

lustroso, a (Ôso, Ósa, Ósos) adj (<lustre + -oso) 1 Que tem lustre/Reluzente/Luzidio. **Comb.** Tecido «seda/cetim» ~. 2 fig Ilustre(+)/Magnífico. **Comb.** Personagem ~a. 3 fig Que tem pompa/Esplêndido. **Comb.** Festa ~a [Pomposa(+)/Esplêndida(o+)].

luta s f (<lat *lucta, ae*) 1 A(c)to de lutar/Combate sem armas entre pessoas ou grupos/Disputa. **Ex.** Na política, há muitas ~s pelo poder. No parlamento houve acesa ~ de palavras entre os deputados da direita e da esquerda. No final do jogo, as duas claques envolveram-se em ~. **Idi.** *Dar ~* [Não se dar por vencido/Tentar vencer/Resistir]. *Ir à ~* [Enfrentar as dificuldades/Procurar alcançar o que se deseja]. 2 (D)esp Combate corpo a corpo entre dois atletas segundo certas regras. **Comb.** *~ greco-romana. ~ livre.* ⇒ boxe. 3 Qualquer contenda com ou sem armas/Combate/Peleja/Guerra. **Ex.** A polícia envolveu-se em ~ com um grupo de homens armados que assaltaram o posto. A guerra dura há vários anos com ~s [batalhas] consecutivas. 4 Esforço feito por uma pessoa [um grupo] para defesa dum ideal/ultrapassar um obstáculo/dominar um defeito/... **Comb.** *~ contra o cancro* [alcoolismo/tabagismo]. *~ por melhores condições* de vida. *~ de classes*.

lutador, ora adj/s (<lutar + -dor) 1 (O) que luta/se esforça por alcançar um obje(c)tivo/por vencer dificuldades. **Ex.** Ele é um ~: fez muitos sacrifícios para tirar um curso superior. **Comb.** Um jogador de futebol muito ~ [viril/empenhado/persistente]. *Espírito ~*. 2 s (D)esp O que pratica alguma modalidade de luta (d)esportiva. **Ex.** Os ~es da luta livre de hoje são amadores. Pratica boxe, mas não é ~ profissional.

lutar¹ v int (<lat *lúctor, áris, átus sum*) 1 Travar luta/combate/Combater/Pelejar. **Ex.** Os soldados lutaram denodadamente para porem o inimigo em debandada. Os nacionalistas lutaram vinte anos pela independência do seu país. 2 Andar à luta/pancada/Agredir fisicamente/Desferir golpes/Brigar. **Ex.** Os dois vizinhos lutaram por causa dos desacatos cometidos pelos filhos. 3 Esforçar-se/Empenhar-se/Pugnar. **Ex.** Eu bem lutei contra o sono mas acabei por adormecer. A(c)tualmente, para entrar num curso superior «medicina», é preciso ~ muito. **Loc.** ~ contra a droga. **Idi.** ~ [Remar(+)] *contra a corrente/maré* [Defender uma opinião [um ponto de vista] oposta à da maioria das pessoas/Procurar inverter o desenrolar dos acontecimentos]. 4 Arcar/Arrostar. **Ex.** Por causa da crise provocada pelo desemprego, há muita gente numa situação difícil [que luta com dificuldades].

lutar² v t (<lat *lúto, áre*) Tapar com uma massa (Luto²) que endurece com o calor/Fechar/Vedar. **Loc.** ~ as juntas dos ladrilhos do chão «da cozinha».

Luteciano s m Maiúsc Geol (<top Lutécia, antigo nome de Paris) Andar equivalente do Eocé[ê]nico médio. **Ex.** O ~ tem como estratótipo o calcário grosseiro de Paris (França).

lutécio [Lu 71] s m Quím (<top Lutécia; ⇒ Luteciano) Elemento químico metálico, sólido, último membro dos lantanídeos. **Ex.** O ~ foi isolado pela primeira vez em 1907, no estado de óxido, por G. Urbain.

luteína s f Bot (<lúteo + -ina) Pigmento amarelo do grupo das xantofilas existente nas algas.

lúteo, a adj (<lat *lúteus, a, um*: amarelo) De tom amarelado. **Comb.** *Anat Corpo ~* [Massa em que estão presentes células amarelas com luteína, que prepara a mucosa do útero para a implantação do ovo].

luteranismo s m Rel (<antr M. Lutero (1483-1546), teólogo alemão) Cristianismo evangélico desenvolvido pela doutrina do teólogo reformador alemão Martinho Lutero, que se cara(c)teriza pela livre interpretação da Bíblia e justificação apenas pela fé.

luterano, a adj/s (⇒ luteranismo) 1 Relativo a Lutero ou ao luteranismo. **Comb.** *Doutrina ~a. Reforma ~a*. 2 Seguidor de Lutero/Adepto do luteranismo. **Ex.** Em Portugal, nunca houve muitos ~s.

lutito s m Geol (<lat *lutum, i*: lodo + -ito) Rocha sedimentar formada por partículas argilosas de granulação muito fina.

luto¹ s m (<lat *lúctus, us* <*lúgeo, ére, xi, ctum*: chorar a morte de alguém) 1 Sentimento de dor [Pesar] pela morte de alguém. **Loc.** Estar de ~ [Sentir a tristeza por lhe ter morrido alguém muito próximo]. 2 Conjunto de manifestações convencionais que expressam a dor [tristeza] pela morte de alguém ou por algum acontecimento trágico. **Loc.** Andar de ~ [Vestir-se de preto por causa da morte de algum familiar próximo]. **Comb.** *~ aliviado* [menos rigoroso por já ter decorrido um período bastante longo sobre o acontecimento que lhe deu origem]. *~ carregado* [Traje completamente preto]. *~ nacional* [Cerimó[ô]nias oficiais de pesar pela morte de alguma figura pública ou pela ocorrência de alguma tragédia no país]. 3 Período de tempo convencional durante o qual se manifesta com sinais exteriores «traje/gravata preto/a» a dor pela morte de alguém/

Nojo. **Ex.** Enquanto estava de [guardava o] ~ pela morte do marido, a viúva quase não saía de casa.

luto² *s m* (<lat *lutum, i*: lodo, lama) Massa aplicada para tapar juntas ou reparar fendas, que endurece com o calor. ⇒ betume.

lutuoso, a (Ôso, Ósa, Ósos) *adj/s f* (<lat *luctuósus, a, um*) **1** Que está de luto/Vestido de luto. **Comb.** *Semblante ~. Trajes ~s.* **2** Triste/Lúgubre/Fúnebre. **Comb.** *Música ~a* [fúnebre(+)]. *Ornamentos* «crepes negros/velas» *~s*. **3** *s f* Antigo direito recebido pelo senhorio dire(c)to por morte do enfiteuta. **4** *s f* Noticiário do falecimento de pessoas/Necrologia(+).

luva *s f* (<gótico *lôfa*: palma da mão) **1** Peça de vestuário que se ajusta à mão para agasalho/adorno/higiene/prote(c)ção. **Ex.** Calça as ~s (por)que está muito frio. A noiva levava ~s de renda até ao cotovelo. Para realizar trabalhos com materiais cortantes «vidro/chapas metálicas» devem usar-se sempre ~s de prote(c)ção. Os médicos e enfermeiros usam ~s de borracha muito finas. **Idi.** *Assentar como* [que nem] *uma ~* [Ajustar(-se) perfeitamente/Ficar (mesmo) bem/Convir perfeitamente] (Ex. O móvel parece que foi feito de propósito para este canto; assenta aqui como [que nem] uma ~]. *Deitar a ~* [Deitar a unha(+)/mão/Apoderar-se de alguma coisa/Roubar] (Ex. Cuidado com essa cliente; ela deita a ~ a tudo o que pode). *De ~ branca* [Delicadamente/Com distinção] (Loc. Dar uma bofetada de ~ branca [Repreender com elegância]). *Ficar macio como uma ~* [mais calmo depois duma discussão/depois de ter sido repreendido]. **2** Peça tubular que serve para ligar canos. **3** *pl* Gratificação (por vezes ilícita) por algum serviço prestado/Gorjeta avultada/Suborno. **Ex.** O gerente, para assinar um contrato de montante elevado, exigia sempre ~s. Dar ~s [Subornar]. Receber ~s [Deixar-se subornar].

luvaria *s f* (<luva + -aria) Fábrica ou loja de luvas.

luveiro, a *s* (<luva + -eiro) O que faz [vende] luvas.

lux (Cs) *s m Fís* (<lat *lux, lúcis*) Unidade de iluminação do Sistema Internacional (Símbolo *lx*), igual a um lúmen por m²: 1 lx = 1 lm/m².

luxação (Cha) *s f Med* (<lat *luxátio, ónis*) **1** Lesão articular cara(c)terizada pela saída do lugar da extremidade de um osso da articulação. **Ex.** As ~ões são causadas normalmente por traumatismos violentos que rompem os ligamentos. **2** Deslocação de algum órgão. **Comb.** *~ dentária. ~ do cristalino* (do olho).

luxar¹ (Cha) *v t Med* (<lat *lúxo, áre, átum*) **1** Deslocar(-se) um osso da articulação/Desarticular/Desconjuntar. **Loc.** *~ um joelho* [ombro]. **2** Deslocar; ⇒ luxação 2.

luxar² (Cha) *v int* (<luxo + -ar¹) Vestir-se com luxo/Ostentar luxo. **Ex.** Se ela realmente fosse pobre, não luxava tanto.

Luxemburgo (Chem) *s m Geog* Estado europeu que com a Bélgica e a Holanda formam o Benelux. **Ex.** O ~ é um Grão-Ducado; a capital também é ~ e os habitantes são luxemburgueses.

luxo (Cho) *s m* (<lat *lúxus, us*: excesso) **1** Uso abundante e ostensivo de bens materiais caros e supérfluos/Fausto/Pompa/Sump[Sun]tuosidade. **Ex.** Já tinha dois (bons) carros e agora comprou um de ~. **Loc.** Gastar a fortuna em ~s. **Idi.** *Dar-se ao ~* [(Poder) permitir-se alguma coisa cara ou extravagante] (Ex. No dia dos meus anos demo-nos ao ~ de ir jantar ao melhor restaurante da cidade). **Comb.** *De ~* [De boa qualidade e alto preço] (Comb. Relógio/Pulseira/Carro de ~). **2** Aquilo que é considerado desnecessário e dispendioso mas que dá prazer/conforto. **Ex.** Agora temos aquecimento central: um ~ a que não estávamos habituados.

luxuosamente (Chu) *adv* (<luxuoso + -mente) Com luxo/ostentação/Ricamente/Sump[Sun]tuosamente. **Ex.** O salão estava ~ decorado. Tinha fama de andar sempre ~ vestida.

luxuosidade (Chu) *s f* (<luxuoso + -i- + -dade) Qualidade do que é luxuoso.

luxuoso, a (Chu) (Ôso, Ósa, Ósos) *adj* (<luxo + -oso) Que ostenta luxo/Pomposo/Sump[Sun]tuoso. **Comb.** *Apartamento com acabamentos ~s. Decoração ~a. Vestuário ~.*

luxúria (Chu) *s f* (<lat *luxúria, ae*: superabundância) **1** ⇒ Viço [Exuberância] das plantas. **2** Desejo desenfreado dos prazeres sensuais/Lascívia/Libertinagem/Voluptuosidade. **Loc.** Entregar-se à [Viver na] ~. **3** *Rel* Um dos sete pecados capitais/principais/maiores.

luxuriante (Chu) *adj 2g* (<lat *luxúrians, ántis*) Que se desenvolve abundantemente/Exuberante/Viçoso. **Comb.** *Vegetação ~.*

luxuriar (Chu) *v int* (<lat *luxúrio, áre*) **1** Desenvolver-se de forma exuberante/Vicejar. **Loc.** *Uma floresta ~.* **2** Entregar-se à luxúria/lascívia/Praticar a(c)tos luxuriosos.

luxurioso, a (Chu) (Ôso, Ósa, Ósos) *adj* (<lat *luxuriósus, a, um*; ⇒ luxúria **2**) Dado à luxúria/Sensual/Lascivo. **Comb.** *Vida ~a.*

luz *s f* (<lat *lux, lúcis*) **1** *Fís* Radiação ele(c)tromagnética natural ou artificial captável pelo olho humano e da grande maioria dos animais. **Ex.** De dia temos a ~ solar; à noite a ~ refle(c)tida pela Lua, (a ~ d)o luar. **Idi.** *Dar à ~* [Ter um filho/Parir]. *Lançar* [Fazer] *~ sobre* [Esclarecer/Elucidar] (Ex. Já se fez ~ sobre o crime ocorrido na semana passada. A tua explicação lançou ~ sobre as nossas dúvidas). *Sair* [Vir] *à ~* [Aparecer/Ser divulgado/publicado]. *Ser a ~ dos olhos de alguém* [Ser muito amado] (Ex. Aquela filha era a ~ dos meus olhos). *Ver uma ~ ao fundo do túnel* [Haver algum sinal de esperança «de vencer uma dificuldade/ultrapassar um mau momento»] (Ex. Já vemos uma ~ ao fundo do túnel: o doente já abriu os olhos). **Comb.** *~ artificial* [natural]. *À ~ de* [Segundo o critério/as normas/os princípios] (Ex. À ~ dos últimos conhecimentos da medicina, trata-se duma doença incurável. À ~ dos princípios democráticos as minorias devem ser respeitadas). «roubar/assaltar» *À ~ do dia/do Sol* [Às claras].
2 Claridade produzida por qualquer fonte luminosa. **Ex.** Fecha a janela (por)que não consigo dormir com a ~ da rua. **Comb.** Sala [Casa] com muita ~. **3** Foco luminoso/Fonte de ~ «lâmpada/vela/candeia». **Loc.** Acender/Abrir [Apagar/Fechar] a ~. **4** Energia elé(c)trica instalada nas casas para iluminação e usos domésticos. **Ex.** Faltou a ~ [Houve um corte de corrente] e a arca frigorífica descongelou. A ~ da minha casa é paga pelo Banco. **5** Cada um dos focos que constituem um sistema de iluminação ou sinalização. **Ex.** As ~es dos travões (do carro) não acendem. Este carro só tem uma ~ de marcha-atrás. **Idi.** *Dar ~ verde* [Autorizar a prosseguir] (Ex. O ministro deu ~ verde ao proje(c)to «da nova autoestrada»). **Comb.** *~ verde/amarela/vermelha* [Sinais luminosos que num semáforo [Br farol] regulam o trânsito]. *Candelabro com seis ~es*. **6** Reflexo dos raios luminosos/Brilho/Fulgor. **Comb.** A ~ das pratas e dos cristais. A ~ dos olhos. **7** Claridade numa pintura/fotografia/desenho. **Comb.** Beleza dum quadro realçada pelos efeitos de ~. **8** *fig* Compreensão/Esclarecimento/Explicação. **Ex.** A tua observação trouxe-nos alguma ~. Da discussão nasce a ~. **9** *pl* Conhecimentos/Saber/Erudição. **Loc.** *Ter umas ~es* [Saber um pouco/Ter conhecimentos escassos/rudimentares]. **Comb.** *idi Século das ~es* [séc. XVIII].

luzeiro *s m* (<luz + -eiro) **1** Aquilo que dá luz/ilumina/Clarão(+). **Ex.** Ao longe via-se o ~ da iluminação da cidade. A avaliar pelo ~ que se vê na serra, o incêndio deve ser enorme. **2** *fig* Pessoa ilustre/sabedora/Luminar **3**. **Ex.** O P. Antó[ô]nio Vieira (1608-1697), jesuíta português, missionário no Brasil, diplomata, defensor dos índios e pregador ilustre é um dos maiores ~s da literatura portuguesa.

luzente *adj 2g* (<luz + -ente) Que luz/brilha/Refulgente/Resplandecente. **Comb.** Olhos ~s «das corujas/dos gatos, de noite».

luzerna (Zér) *s f Bot* (<fr *luzerne*) Nome vulgar da planta herbácea da família das leguminosas, *Medicago sativa*, e de outras afins, espontâneas ou cultivadas para forragem do gado.

luzidio, a *adj* (<luzido + -io) Brilhante/Lustroso/Luzente. **Comb.** Pele [Cabelo/Pelo] ~a/o.

luzido, a *adj* (<luzir + -ido) **1** Que luz/Brilhante/Luzidio. **Comb.** Farda com ~s botões dourados. **2** Vistoso/Pomposo. **Comb.** *~as festas. ~ cortejo alegórico.*

luzimento *s m* (<luzir + -mento) Brilho/Esplendor/Fausto/Pompa. **Ex.** Os jogos olímpicos de Pequim (2008) ficaram na memória pelo ~ da cerimó[ô]nia de abertura.

luzir *v int* (<lat *lúceo, is, ére, lúxi*) **1** Emitir luz/Brilhar/Resplandecer. **Ex.** Ao longe vê-se o farol a ~. As estrelas luzem no céu. Ele traz sempre os sapatos a ~ [brilhar]. **2** *fig* Surgir de repente/Aparecer. **Ex.** Uma ideia luziu na sua mente. **3** *fig* Desenvolver-se/Medrar. **Ex.** Cuidava do jardim com todo o esmero; tinha as plantas sempre a ~. **4** *fig* Dar nas vistas/Realçar/Sobressair. **Ex.** Naquela casa [família] luz muito dinheiro, só se veem luxos e grandezas. **5** *fig* Dar lucro/vantagem/Aproveitar. **Ex.** Não se viu [notou] que tanto esforço luzisse para alguma coisa [esforço desse qualquer lucro].

M/m (Éme/Mê) **1** Décima terceira letra do alfabeto português. **2** *maiúsc* Mil (Em numeração romana). **Ex.** O túmulo deste sacerdote é do ano M depois de Cristo.

ma *contr pron* me + *pron* a. **Ex.** Ele falou-me da foto, mas não ~ mostrou.

má ⇒ mau.

maca *s f* (<taino *hamáca*) Cama de lona ou almofadada, para a remoção de feridos ou transporte de doentes. **Ex.** O ferido foi transportado numa ~ para o hospital da cidade.

maça *s f* (<lat vulg *mátea*) **1** Pau bastante pesado, mais grosso numa das extremidades, usado como arma antigamente. **Ex.** Era frequente o uso da ~ nos torneios medievais. **Sin.** Clava. **2** Obje(c)to de madeira, com a forma de pera ou de garrafa, destinado à ginástica rítmica. **Ex.** A ginasta treinava mais com a ~ do que com os outros aparelhos. **3** Obje(c)to «de madeira» para maçar «o linho». ⇒ pilão.

maçã *s f* (<lat *matiána*; ⇒ ~ de Adão) **1** Fruto da macieira. **Ex.** A ~ é uma fruta muito saudável. **Comb.** Bolo [Compota/Puré/Sumo/Tarte] **de** ~. **~ do rosto** [Parte do rosto correspondente ao osso malar] (Ex. A ~ marcava-o de maneira peculiar).

macabro, a *adj* (<fr *macabre*) Que evoca ou envolve a morte/Medonho/Horrível. **Ex.** É uma personagem ~a, criada para assustar os espe(c)tadores mais sensíveis.

macaca *s f* **1** *pop* Má sorte; infelicidade. **Idi. Estar com a ~** (Ex. Pode dizer-se que a rapariga [moça] está com a macaca: tudo lhe sai mal, ultimamente). **2** Jogo infantil. **Ex.** No recreio, as crianças divertiam-se com o jogo da ~.

macacada *s f* (<macaco + -ada) **1** Grupo de macacos. **2** *pop* Grupo de pessoas ridículas/grotescas. **Ex.** Encontrou uma ~ muito especial, que dava urros e se movia de forma desastrada. **3** Imitação grotesca/Macaquice/Momice. **Idi.** *fam* **Ser o fim da ~!** [Expressão usada para indicar que determinada situação está fora de controlo] (Ex. É o fim da macacada! Agora, o melhor é fugir).

macacal *adj 2g* (<macaco + -al) Relativo a ou próprio de macacos/Simiesco(+).

macacão *s m* (<macaco + -ão) **1** *Aum* de macaco. **2** Homem sabido/astuto/manhoso/*pop* macacório. **Ex.** O Manuel é (um indivíduo) dotado de inteligência e astúcia tão oportunas e eficazes que o consideram um verdadeiro ~. **3** Peça de vestuário que cobre o tronco e os membros, usada por alguns trabalhadores como prote(c)ção/Fato-macaco.

macaco, a *s/adj Zool* (<banto *makako*) **1** Mamífero da ordem dos primatas. **Ex.** As crianças sentem-se felizes sempre que vão ao jardim zoológico e observam as brincadeiras dos ~s. **Idi.** *fam* **~s me mordam**! [Exclamação que reforça a afirmação de empenho em fazer algo e que se exprime mediante uma condição] (Ex. ~s me mordam, se não vou assistir ao jogo Benfica-Sporting!). **Ir pentear ~s** [Mandar embora alguém] (Ex. Vai pentear ~s, não me chateies!). **Ser ~ velho**/de rabo coçado [Não se deixar enganar]. **Ter ~s** [macaquinhos (+)] **no sótão** [Não ter juízo]. **Comb.** *fam* **~ de imitação** [Pessoa que imita os [que faz tudo como vê fazer aos] outros] (Ex. É um autêntico ~ de imitação). **Fato-~** ⇒ Macacão 3. **2** *adj* Espertalhão/Astucioso/Finório/Mau. **Ex.** Qual James Bond, era rápido na antecipação e na resposta. Era uma pessoa bastante ~a! **3** Instrumento para levantar ou suster obje(c)tos pesados. **Ex.** Na oficina, um potente e moderno ~ pneumático [hidráulico] levanta os carros em reparação. **4** *pl* Rabiscos(+) sem nexo, geralmente feitos por crianças/Arabescos/Gatafunhos(o+).

macacoa (Cô) *s f fam* **1** Doença sem importância, de pouca gravidade. **Ex.** O menino nada tem de cuidado, é uma ~ [indisposição], amanhã já vai à escola. **2** *Br* Gripe.

maçada *s f* (<maçar + -ada) O que é fastidioso, enfadonho, sem interesse/Aborrecimento/*fam* Chatice. **Ex.** Que ~, estar tanto tempo à espera e (ter de) ir para casa sem falar com o médico!

macadame *s m* (<*Mac Adam*, engenheiro inglês) Processo de pavimentação de estradas com pedra britada e comprimida. **Ex.** As estradas que atravessam os bosques são, normalmente, de ~.

macadamização *s f* (<macadamizar + -ção) Operação de pavimentação com macadame. **Ex.** O Governo mandou proceder à ~ da estrada que liga as duas aldeias.

macadamizar *v t* (<macadame + -izar) Pavimentar estradas com macadame.

maçã de Adão *s f* Saliência na parte anterior do pescoço formada pela cartilagem da laringe/Pomo de Adão. **Ex.** As maçãs de Adão são sinal para todos de que os rapazes deixaram definitivamente de ser crianças. **Sin.** Proeminência laríngea.

maçador, ora *adj/s* (<maçar + -dor) (O) que causa aborrecimento, que importuna/Aborrecido/Cansativo/ *fam* Chato. **Ex.** Ele é muito [é um (grande)] ~, nunca se cala.

maçadoria *s f* (<maçador + -ia) **1** Grande aborrecimento/maçada. **2** Reunião/Conversa longa e aborrecida.

macaense **1** *adj 2g/s 2g* Que é de Macau. **Ex.** Tenho uma amiga ~. **2** Natural ou habitante de Macau/Macaísta. **Ex.** Os ~s gostam muito de cuidar dos jardins.

macambúzio, a *adj/s* (<banto *makambuzi*: pastor) *pop* (O) que fala pouco/é mal-humorado/tem ar triste. **Ex.** O Jorge é (um) ~, está sempre calado e nunca sorri.

maçaneta *s f* (<maça + -eta) **1** Obje(c)to, fixo nas portas, no qual se segura para abri-las/Puxador. **2** Ornato globular que remata uma extremidade «dos ferros das barras das camas». **3** *Mús* Tipo de baqueta para percutir [tocar] o bombo/Maça.

mação *s m* (<fr *maçon*: pedreiro) Membro da maçonaria. ⇒ franco-~.

maçapão *s m* (<esp *mazapán* <it *marzapane*) Bolo pequeno e redondo, feito com amêndoas pisadas, claras de ovos e açúcar.

macaqueador, ora *s* (<macaquear + -dor) Pessoa que imita grotescamente, como os macacos. ⇒ macaco 1 **Comb.**.

macaquear *v t/int* (<macaco + -ear) **1** Imitar os macacos. **2** Fazer gestos có[ô]micos, ridículos, grotescos, como os macacos. **3** Imitar exageradamente alguém, pondo a ridículo. **Ex.** Era o modo como macaqueava os gestos do vizinho e todos se riam com o ridículo da cena.

macaquice *s f* (<macaco + -ice) **1** A(c)ção de macaquear. **2** Imitação grotesca, como fazem os macacos. **Ex.** A Joana está sempre com [sempre a fazer] ~s, imita toda a gente.

macaquinho *s m* **1** *Dim* de macaco. **Idi. Meter ~s na cabeça de alguém** [Incutir certas ideias/Influenciar] (Ex. Meteram-lhe ~s na cabeça e agora não é capaz de compreender o que lhe digo). **Ter ~s no sótão a)** Ter preocupações infundadas ou exageradas; **b)** Ter manias/pouco juízo. **2** Peça de vestuário para as crianças muito pequenas.

maçar *v t* (<maça 3 + -ar¹) **1** Bater/Malhar com maça. **Loc.** ~ o linho. **2** Provocar ou sentir aborrecimento. **Ex.** Os discursos dele maçam toda a gente.

macaréu *s m Náut* Onda de arrebatação, à entrada dum estuário, quando a maré-cheia vence a corrente do rio. ⇒ pororoca.

maçarico *s m* (< ?) **1** *Ornit* Nome de várias aves marinhas pernaltas de bico comprido e rabo curto. **2** *Mec* Aparelho para fundir metais. **3** *gír* Homem recentemente incorporado nas Forças Armadas. **Ex.** Os ~s têm o cabelo rapado. **4** *fam* Pessoa inexperiente. **Ex.** Ele é um ~, não é capaz de resolver um problema tão simples!

maçaroca *s f* (<maça 3 + roca¹) **1** Espiga de milho. **2** *Br* Enredo, intriga. **3** Conjunto de fios ou cabelos enrolados em novelo oblongo.

macarrão *s m* (<it *maccherone*) **1** Massa alimentícia de farinha de trigo, com a forma de pequenos canudos canelados. **2** Prato confe(c)cionado com essa massa.

macarronada *s f* (<macarrão + -ada) Prato confe(c)cionado com «frango e» macarrão.

macarrónico, a [*Br* macarrônico] *adj* (<it *maccheronico*) Que tem uma mistura de palavras de uma língua com elementos de outra. **Ex.** Exprime-se num português ~, o que se compreende: viveu durante muitos anos em dois ou três países.

Macedónia [*Br* **Macedônia**] *s f Geog* República balcânica cuja independência foi reconhecida em 1993. **Ex.** A capital da ~ é Escópia e os habitantes são os macedónios.

macedónia [*Br* **macedônia**] *s f Cul* (<fr *macédoine*) **1** Prato confe(c)cionado com vários legumes ou vários frutos. **2** ⇒ miscelânea [amálgama] (+) «literária».

macela (Cé) *s f* (<maçã + -ela) *Bot* **1** Nome de algumas plantas Compostas «camomila». **2** Flores dessas plantas, com as quais se preparam infusões. **Ex.** Frequentemente a Maria tomava uma infusão de ~, para acalmar as dores de estômago.

maceração *s f* (<lat *macerátio,ónis*) **1** A(c)ção de macerar. **2** Sacrifício do corpo por meio de jejuns e outras penitências, como a flagelação e a mortificação. **Ex.** Buscava a santidade e, para isso, achava que o melhor era a ~ do seu já débil corpo.

macerado, a *adj* (<macerar) **1** Que esteve imerso num líquido. **Ex.** A ginginha faz-se com ginjas maceradas em aguardente. **2** Que sofreu muitas penas. **Ex.**Tinha o corpo ~/com várias contusões.

macerar *v t* (<lat *mácero,áre*) **1** Mergulhar um corpo sólido num líquido para que um dos dois adquira as propriedades do outro. **Ex.** Ponho as frutas a ~ em vinho do Porto. **2** Mortificar /Torturar. **Ex.** Macerava o corpo, deitando-se nas rochas.

maceta (Cê) *s f* (<maça + -eta) **1** Espécie de martelo de cabo curto e pesada peça de ferro có[ô]nica, quase cilíndrica, usado por pedreiros. **2** ⇒ maçaneta 3.

macet(e)ar *v t* (<maceta + -ar¹) Bater com maceta ou macete.

macete (Cê) *s m* (<maço + -ete) Maço pequeno.

mach *s m Fís* (<*antr* Ernst Mach) Relação da velocidade dum projé(c)til, avião, etc., com a velocidade do som/Número de Mach.

machada *s f* (<machado) Machado pequeno. **Ex.** Usava uma ~ para cortar ramos das árvores que lhe atrasavam a marcha «na floresta».

machadada *s f* (<machado + -ada) **1** Golpe dado com machado/machada. **2** *fig* Acontecimento com consequências desagradáveis e definitivas. **Ex.** A reprovação no exame foi uma ~ nas suas ambições. **Loc.** À ~ [A golpes de machado/machada] (Ex. Os bombeiros tiveram que partir [arrombar] a porta à ~.

machadinha/o *s* (<machada + -inho) **1** *Dim* de machada/o. **2** Machada/o de pequenas dimensões usados em diversas a(c)tividades.

machado *s m* (<lat *marcul(at)us, dim* de *márcus,i*: martelo) Instrumento cortante, formado por uma cunha de ferro afiada e fixa a um cabo de madeira, para cortar [rachar] lenha ou ser usado como arma de ataque. **Ex.** Na cozinha, não dispensava um machad(inh)o ou um cutelo para cortar o peru.

machamba *s f Moç* (<suaíli *chámba*) Pequena quinta ou fazenda, plantação ou propriedade. **Ex.** A guerra afastou muita gente do campo, porque as ~ s, minadas, eram um perigo. **Sin.** *Br* Chácara; horta(+).

machão *s m* (<macho + -ão) **1** *Aum* de macho. **2** *pop* Homem alto e robusto/Homenzarrão(+). **3** *pop* Homem que se gaba da sua masculinidade e pujança sexual. **Ex.** Ele gosta de falar das suas aventuras sexuais – atitude típica do ~.

machear *v t/int* (<macho + -ear) **1** Fazer machos ou pregas no pano. **2** «animal macho» Cobrir(+) «fêmea».

macheia *s f pop* (<mão + cheio) ⇒ mancheia(+)/mão-cheia(o+).

machete (Chê) *s m* (< ?) **1** Faca grande [Facão] usada[o] no mato. **2** *Mús* ⇒ cavaquinho.

machimbombo *s m Moç* (<ing *machine pump*) Autocarro. **Sin.** *Br* Ônibus.

machismo *s m* (<macho + -ismo) Atitude de prepotência dos homens em relação às mulheres. **Ex.** O ~ é inadmissível e merece ser combatido. ⇒ feminismo.

machista *adj 2g/s 2g* (<macho + -ista) Que tem atitudes de prepotência, baseadas na não aceitação da igualdade de direitos entre homens e mulheres. **Ex.** Ela tem colegas ~s que, por vezes, a aborrecem. O número dos ~s diminui à medida que as mulheres aumentam a sua influência na sociedade.

macho *s m* (<lat *másculus*) **1** Ser do sexo masculino. **Ex.** Nos nomes de animais que só têm uma forma, ~ é *adj* «tigre ~/cobra ~». O carneiro é o ~ da ovelha. **Ant.** Fêmea. **2** Homem considerado apenas no aspe(c)to físico e sexual. **Ex.** O ~ latino é um estereótipo que corresponde às cara(c)terísticas do homem do Sul da Europa. **3** Animal de carga, resultado do cruzamento de burro com égua ou de burra com cavalo. **Ex.** Tinha dois ~s, que eram fortes e o ajudavam no trabalho. **Sin.** Mulo. **Ant.** Mula. **4** Peça que entra [encaixa] noutra. **Comb.** *Ele(c)tri* Ficha ~ e ficha fêmea.

macho(n)a *s f pop* (<machão) Mulher de modos considerados próprios dos homens. **Ex.** Algumas pessoas eram desagradáveis quando falavam da Maria, diziam que era uma ~.

machucar *v t* (<esp *machucar*) **1** Amarrotar/Esmagar/Pisar/Triturar. **Ex.** Ela machucou a saia. Tropecei e machuquei a ponta do pé. **2** *Br* Causar ou sofrer dano físico ou psicológico. **Ex.** As palavras ofensivas do João machucaram bastante o Francisco.

maciço, a *adj/s m* (<massa) **1** Que constitui uma massa compacta, sem partes agregadas nem interstícios. **Ex.** As paredes ~as da casa davam-lhe muita segurança. Este anel é de oiro ~. **2** Que é feito ou ocorre em grandes quantidades. **Ex.** Foi ~a a participação nas festas da aldeia. **3** Conjunto compacto de relevos montanhosos. **Ex.** O ~ da Serra da Estrela (Portugal) atrai muitos visitantes.

macieira *s f* (<maçã + -eira) Árvore do género *Malus*, cujo fruto é a maçã.

maciez(a) *s f* (<macio + …) Qualidade daquilo que é macio/suave. **Ex.** A ~ do tecido fazia lembrar a suavidade do pelo do gato.

macilento, a *adj* (<lat *macilentus*) **1** Magro. **Ant.** Anafado. **2** Pálido/Descorado. **Ex.** Contrastando com as cores avermelhadas [rosadas] das crianças da sua idade, ele tinha um ar ~, que preocupava a família. **3** Mortiço/Apagado. **Comb.** *Luz ~a/mortiça*(+). *Olhar ~/mortiço*(+).

macio, a *adj* (< ?) **1** Que não possui asperezas/Suave. **Ex.** Este cobertor é muito ~. **Ant.** Áspero. **2** Ameno. **Ex.** Dizia-lhe palavras bonitas, ~as [meigas], que a seduziam e iludiam. **3** Agradável «ao paladar». **Ex.** O bolo [tempo] está ~.

maço *s m* (<maça) **1** Instrumento formado por um bloco de madeira rija ou de ferro, com um cabo no meio. **Ex.** Às sete da manhã, os carpinteiros e os calceteiros pegavam nos ~s e encaminhavam-se para o trabalho. **2** Conjunto de coisas reunidas num só volume. **Ex.** Sempre que ia à cidade, o meu pai levava na carteira um ~ de notas e regressava carregado com as compras que fazia. **Comb.** *Um ~* [baralho] *de cartas. Um ~ de cigarros. Um ~* [bloco/Uma rima] *de papel.*

maçom/n *s m* (<fr *maçon*) ⇒ mação.

maçonaria *s f* (<fr *maçonnerie*) Sociedade secreta, de fins iniciáticos. **Ex.** O triângulo e o compasso são símbolos que identificam a ~. **Sin.** Franco-~.

maconha *s f* (<quimbundo *mak'aña*: tabaco) **1** *Bot* ⇒ cânhamo. **2** Droga entorpecente como o ópio e feita a base de **1**.

maçónico, a [*Br* **maçônico, a**] *adj* (<maçon + -ico) Que é relativo à maçonaria. **Ex.** A loja ~a é um local de reunião.

macota (Có) *s/adj* (<quimbundo *ma'kota*: os principais do «soba») *Br* Indivíduo que possui influência de vária ordem ou que é rico, sabedor, capaz.

macramé *s m* (<fr *macramé*) Trabalho têxtil, manual, tecido com fio entrelaçado e à base de nós, formando motivos decorativos. **Ex.** Ele fez um painel em ~.

má-criação *s f* Falta de educação. **Ex.** A ~ é intolerável em qualquer sociedade.

macro *s m* (⇒ macro-) **1** Barra que se põe sobre vogal de sílaba longa «do latim: *faciō*» (O sinal gráfico em cima deste *i* é de sílaba breve). **2** *Info* Sequência de comandos e instruções gravada para permitir rapidez ao toque de uma tecla.

macro- *pref* (gr *makrós,á,ón*: grande, longo) Exprime a ideia de grande e longo. ⇒ micro-.

macróbio, a *adj/s* (<gr *makróbios*) Que tem (uma) vida longa/Longevo. **Ex.** Estávamos perante um ~ especial: com mais de noventa anos, caminhava sem problemas, lia sem óculos e falava com todo o rigor.

macrobiota/o *adj/s* (Pessoa) que segue um regime alimentar macrobiótico.

macrobiótica *s f* (<gr *makrobíotos* + -ica) Regime alimentar natural e equilibrado, à base de cereais integrais, legumes, frutas secas, que exclui ingredientes resultantes de transformações químicas e industriais. **Ex.** Ela decidiu seguir a ~, acreditando que é a dieta mais saudável.

macrobiótico, a *adj* (<gr *makrobíotos* + -ico) Relativo a uma dieta natural e equilibrada, que se supõe prolongar a vida. **Ex.** Vamos a um restaurante ~o.

macrocefalia *s f* (<macro- + -céfalo- + -ia) Desenvolvimento anormal e excessivo da cabeça, tornando-a desproporcionada em relação ao resto do corpo.

macrocéfalo, a *adj/s* (macro- + -céfalo) Que tem a cabeça grande, desproporcionada em relação ao resto do corpo.

macrocosmo *s m* (<macro- + cosmo) **1** Mundo das coisas grandes, por oposição às pequenas. **2** *Fil* Universo como um todo orgânico, por oposição ao ser humano considerado como um microcosmo.

macroeconomia *s f* (<macro- + economia) Ramo da ciência econó[ô]mica que estuda aspe(c)tos globais de uma economia, os seus níveis de produção e rendimento e a relação entre os diversos se(c)tores.

macroeconómico, a [*Br* **macroeconômico**] *adj* (<macro- + …) Que se refere às estruturas, aos fenó[ô]menos econó[ô]micos globais. **Ex.** Os mercados estão atentos aos indicadores ~s.

mácron *s m* ⇒ macro(+).

macroscópico, a *adj* (<macro- + -scópico) **1** Visível a olho nu [sem auxílio de qualquer instrumento ó(p)tico]. **2** Que é relativo ao exame, à observação de coisas grandes. **Ex.** Vou dar-lhes agora uma visão ~a [geral(+)] da situação política.

macua *s/adj 2g* (< ?) **1** Indivíduo de etnia ~. **2** Língua do Norte e Centro de Moçambique.

maçudo, a *adj* (<maça + -udo) **1** Que tem a forma de maça ou de maço. **2** Que é monótono e fatigante, que aborrece. **Ex.** Comprei um livro e não o li todo, porque era muito ~.

mácula *s f* (<lat *mácula*) **1** Mancha, nódoa. **Ex.** O vestido ficou limpo, sem ~. **Comb.** *Sem ~* [Honrado/Puro] (Ex. É uma pessoa em quem se pode confiar, é sério, sem ~). **2** *Astr* Mancha na superfície de um astro luminoso como o Sol ou a Lua. **3** *Anat* Zona da retina, onde a acuidade visual é máxima/~ lútea.

maculado, a *adj* (<lat *maculátus*) Que está manchado/sujo. **Ant.** I~.

macular *v t* (<lat *máculo,áre,átum*) **1** Manchar(+)/Sujar. **Ex.** ~ uma toalha branca. **2** Comprometer a honra/reputação de alguém. **Ex.** Não se deve ~ a imagem [honra/o bom nome] de outras pessoas.

macumba *s f Br* (< ?) **1** Religião que associa elementos do cristianismo, do animismo africano e de crenças ameríndias/Ritual dessa religião. **2** Magia negra/Bruxaria/Feitiçaria. **3** Instrumento musical de origem africana.

macumbeiro, a *adj/s* (<macumba + -eiro) (O) que pratica macumba.

Madagáscar *Geog* País insular do Oceano Índico, em frente de Moçambique. **Ex.** A capital da república de ~ é Tananarive, a língua é o malgaxe e os habitantes são os malgaxes.

madalena *s f* (<*antr* Maria Madalena, personagem bíblica) **1** Mulher chorosa e arrependida. **Idi.** *Chorar como uma ~* (arrependida) [Chorar muito] (Ex. Sentiu-se muito infeliz e desatou a chorar como uma ~ arrependida). **2** *Cul* Pequeno bolo «de forma redonda ou re(c)tangular», feito com farinha de trigo, ovos, açúcar e manteiga.

Ex. Come sempre uma ou duas ~s ao pequeno-almoço.

madeficar *v t* (<lat *made(fi)o* + -ficar*) ⇒ amolecer; (h)umedecer; molhar.

madeira *s f* (<lat *matéria,ae*) **1** Parte lenhosa de que é composto o tronco, os ramos e as raízes de alguns vegetais. **Ex.** A ~ seca arde com facilidade. **2** Material lenhoso, extraído de algumas plantas de tipo arbóreo, usado em construção, carpintaria, marcenaria ou outro trabalho. **Ex.** Para a sala escolheu móveis em ~ de carvalho.

Madeira *s f top* (<madeira) **1** Arquipélago composto pelas ilhas da Madeira, Porto Santo e Desertas, situado no Oceano Atlântico. **Ex.** Os naturais da ~ são madeirenses e a capital regional é a cidade do Funchal. **2** *s m* Vinho generoso da ilha do ~. **Ex.** Quando vou a algum bar, tomo com frequência um ~.

madeirame [madeiramento] *s m* (<madeira + …) **1** Conjunto de madeiras. **Ex.** Os navios traziam o ~ importado dos países vizinhos. **2** Estrutura/Armação de madeira. **Ex.** O abundante ~ conferia harmonia e beleza ao conjunto, e, pelo modo como estava entrelaçado, inspirava segurança.

madeirar *v t/int* (<madeira + -ar¹) **1** Colocar uma estrutura de madeira. **2** Trabalhar em madeira.

madeireiro, a *adj/s* (<madeira + -eiro) **1** Que é relativo ao tratamento e comercialização de madeiras. **Comb.** Indústria ~a. **2** Negociante/Pessoa que trabalha em madeiras. **Ex.** Ele reuniu-se com os ~s da região, para analisar as condições do investimento que queria ali fazer.

madeiro *s m* (<madeira) **1** Tronco grosso ou peça de madeira desse tronco. **Ex.** O rigor do frio do inverno obrigava a família a reunir-se perto do fogo do ~, para a conversa do serão. **2** Instrumento de suplício, constituído por duas vigas de madeira, sobrepostas na perpendicular/Cruz. **Ex.** Cristo foi pregado na [no ~ da] cruz, o Santo lenho.

madeixa *s f* (<gr *métaks*) **1** Pequena porção de fios. **Comb.** ~ de algodão/lã/linha/seda. **2** Pequena porção de cabelo. **Ex.** Ela guarda uma ~ de quando era pequena. **3** *pl* Pequenas porções de cabelo (da cabeça) que foram pintadas ou descoloradas, de forma a obter matizes diferentes da cor do resto do cabelo. **Ex.** Houve uma época em que trazia ~s azuis, numa manifestação de extravagância que agradava aos amigos.

madona *s f* (<it *madonna*) Imagem pintada ou esculpida de Nossa Senhora, mãe de Jesus Cristo. **Ex.** As ~s de Botticelli são belíssimas.

madraçar[cear] *v t/int* (<madraço + -ar¹) Levar vida ociosa, de madraço. **Ex.** Ele não tinha nenhum sentido de responsabilidade, nem gostava de trabalhar; ~ era o que sabia fazer na perfeição.

madracice [madraçaria] *s f* (<madraço + …) Cará(c)ter de quem não gosta de trabalhar, de quem é madraço. **Ex.** Fazia da ~ um modo de vida, nem comida procurava.

madraço, a *adj/s* (<ár *matrá*: almofadão, colchão + -aço) Que não gosta de trabalhar, que evita o esforço. **Ex.** Não se incomodava quando diziam que era ~ ou dire(c)tamente lhe chamavam o ~. O trabalho *idi* não era com ele [Não fazia [trabalhava] nad(inh)a].

madrasta *adj/s f* (<lat *matrásta*) **1** Que é fonte de dissabores e tristezas. **Ex.** Bem se pode dizer que a vida tem sido ~ para ele, só tem tido dificuldades. **2** Segunda mulher do pai em relação aos filhos só dele. ⇒ enteado. **3** Mãe pouco carinhosa, mulher que maltrata os filhos. **Ex.** Nem parece (ser) mãe daquela criança, comporta-se como (uma) ~.

madre *s f* (<lat *mater*: mãe) **1** Freira/Religiosa professa. **Ex.** Eram muitas as ~s que a queriam ajudar, mas só a ~ Teresa a compreendia. **2** Superiora. **Ex.** É a (~) superiora do convento que preside às orações. **3** *Anat* Órgão do aparelho reprodutivo feminino dos mamíferos/Útero/Matriz. **4** Borra/Depósito/Pé/Sedimento. **Ex.** Num frasco de vinagre a ~ deve ficar até ao fim. **5** Terra em que vem misturado o minério. **Comb.** ~ de metais. **6** *Arquit* Viga onde assentam os barrotes/caibros.

madrepérola *s f* (<madre + pérola) Camada interna, calcária, da concha dos moluscos, de brilho nacarado, que serve para fabricar vários obje(c)tos e que é também denominada nácar. **Ex.** Os móveis com incrustações de ~ são uma preciosidade.

madrépora *s f Zool* (<it *madrepora* <*madre*: mãe + gr *póros*: poro) Nome comum dos celenterados de mares tropicais da família dos madreporídeos, cujos esqueletos calcários, os polipeiros, formam recifes.

madrepórico [madreporário], a *adj* (<madrépora + …) Pertencente ou relativo a madrépora.

madressilva *s f Bot* (<lat *matrisílva*) Planta trepadeira, da família das caprifoliáceas, *Lonicera*, Lin., de folha caduca e flores aromáticas amareladas, de que há várias espécies, selvagens e de jardim.

madrigal *s m* (<it *madrigale*) **1** Texto poético curto, delicado, lisonjeiro e terno. **2** Canção pastoral. **3** Cumprimento lisonjeiro.

madrigalesco, a *adj* (<madrigal + -esco) Que é relativo a madrigal, que tem cará(c)ter de madrigal. **Ex.** Trata-se de [É] um livro de poemas ~os, que lhe dá um tom amável e simples.

madrigueira *s f* (<esp *madriguera*) **1** Buraco no solo que serve de abrigo para certos animais. **Ex.** O coelho escondia-se rapidamente na sua ~ [toca(+)], quando a Alice se aproxima. **2** Casa de reputação duvidosa. **Ex.** Havia tempos que a tristeza o conduzia pelas noites a ~s nada recomendáveis.

madrileno, a (Lê) *adj/s* (<esp *madrileño*) De Madrid, capital da Espanha. **Ex.** Os ~s têm o hábito de passear ao fim da tarde.

madrinha *s f* (<lat *matrína* <*máter*: mãe) **1** Mulher que testemunha o ba(p)tismo, o crisma ou o casamento de outra pessoa, em relação à qual é assim chamada e reconhecida. **Ex.** A ~ da Francisca ofereceu-lhe um lindo colar no dia do casamento. **2** Mulher que dá o nome a alguém ou a alguma coisa ou preside a uma inauguração. **Ex.** A mulher do Presidente foi a ~ do mais recente navio da empresa. **3** Mulher que protege alguém ou alguma coisa. **Ex.** Na escola dela, as alunas mais velhas são consideradas ~s das mais novas, para as ajudarem. **Comb.** ~ de guerra [Mulher que, durante a guerra, mantinha correspondência com um combatente, para o animar] (Ex. Ela era ~ de guerra de um soldado que se sentia muito infeliz).

madrugada *s f* (<madrugar + -ada) **1** A(c)ção de se levantar da cama muito cedo. **Ex.** Levanta-se ainda de ~ para ir para o trabalho. **2** Período entre as zero horas e o nascer do Sol. **Ex.** Choveu toda a ~.

madrugador, ora *adj/s* (<madrugar + -dor) **1** Que se levanta da cama muito cedo, que madruga. **2** Que chega cedo. **Ex.** Estava no sítio combinado, muito tempo antes da hora combinada, era um ~ [, é (sempre) muito pontual(+)].

madrugar *v int* (<lat *maturicáre*, frequentativo de *maturo,áre,átum*: amadurecer, apressar) **1** Acordar e levantar-se muito cedo/de madrugada. **Ex.** Costuma ~: ainda as se veem as estrelas e já prepara a abertura do café. **2** Chegar antes da hora prevista. **Ex.** A reunião começa às dez. Como sempre, o Dire(c)tor decidiu ~ e desde as nove (que) está à espera dos restantes.

madureza *s f* (<maduro + -eza) **1** Qualidade do que está maduro. **Comb.** A ~ da fruta. ⇒ maturação; amadurecimento. **2** Estado do que chegou ao seu pleno desenvolvimento. **Ex.** Chegou a uma idade em que a ~ de espírito sustenta as suas decisões. **3** *pop* Mania/Patetice/Tolice. **Ex.** Tinha umas ~s que faziam duvidar da sua sensatez.

maduro, a *adj* (<lat *matúrus*) **1** Que atingiu o último grau de desenvolvimento. **Ex.** Colhem-se os frutos, quando estão ~s. **2** Que está preparado para assumir responsabilidades. **Ex.** Está na idade ~a, apto para tomar decisões sobre o seu futuro. **3** Que já não é novo. **Ex.** O café era frequentado por gente ~a [por adultos], a maioria já perto dos cinquenta. **Idi.** *Cair de* ~ [Acontecer por si só, sem se poder evitar] (Ex. Diz-se que o regime político do país caiu de ~). **4** *Gír* Pessoa com muita experiência de vida ou conhecimentos nalgum domínio. **Ex.** Havia uns ~s que se encontravam para discutir(em) futebol com todos os detalhes/pormenores.

mãe *s f* (<lat *mater*; ⇒ ~ de santo) **1** Mulher que deu à luz um ou mais filhos. **Comb.** ~ *biológica* [que é a responsável dire(c)ta pela sua gravidez]. ~ *de aluguer/el* [Mulher que aceita gerar pela introdução artificial no seu útero do ovo obtido *in vitro* com gâmetas de um casal que não poderia gerar naturalmente, comprometendo-se a entregar-lhe o bebé ao nascer]. **Idi.** ~ *galinha/Br* coruja [Que gosta de estar sempre rodeada dos filhos e os protege demasiado] (Ex. Os filhos acham que ela é uma ~ galinha, não lhes dá autonomia nenhuma). **2** Fêmea que teve uma ou mais crias. **3** Mulher que engravidou e traz uma criança no ventre. **Ex.** Os hábitos alimentares da ~ têm influência no desenvolvimento do feto. **4** *fig* Mulher que dispensa cuidados maternais. **Ex.** Ajuda-os tanto que lhe chamam a ~ dos pobres.

mãe-d'água *s f* (<mãe + de + água) Nascente/Reservatório de água.

mãe de santo *s f Br* Mulher responsável de religiões populares brasileiras que associam elementos do cristianismo, do animismo africano e de crenças ameríndias.

maestro, trina *s* (<it *maestro*) **1** Pessoa que compõe música/Compositor. **2** Pessoa que dirige uma orquestra. **Ex.** O ~ dirigiu muito bem a orquestra. **3** Título honroso dado a um músico.

mafarrico *s m* (< ?) **1** *pop* O demó[ô]nio. **2** *fam* Pessoa endiabrada, criança traquina. **Ex.** Quando era pequeno, não parava quieto, era um autêntico ~.

má-fé *s f* Intenção de prejudicar, sem o demonstrar claramente. **Loc.** À ~ [De forma traiçoeira] (Ex. Atacou-o à ~, de forma tão rápida que não esboçou um gesto de defesa). *De* ~ [Com consciência de proceder com dolo] (Ex. Provou-se depois que a(c)tuou de ~: quando assinou o contrato, já tinha a intenção de não o cumprir).

máfia *s f* (<it *máfia*) **1** *Maiúsc* Sociedade secreta fundada na Itália, no século XIX, com o obje(c)tivo de garantir a segurança pública, posteriormente transformada em organização de malfeitores. **Ex.** Diz-se que

a Máfia constitui um estado dentro do Estado. **2** Organização secreta de traficantes e criminosos. **Ex.** A violência não acaba, porque há uma ~ bem instalada na cidade que beneficia muito com isso. **3** *fam depr* Rede, pouco clara, de interesses e grupos de pressão que pratica o tráfico de influências. **Ex.** Há pessoas que conseguem os melhores negócios, por serem conhecidos de verdadeiras ~s poderosas e influentes.
mafioso, a (Ô, Ósa/os) *adj/s* (<it *maffioso*) **1** Que é membro da Máfia. **2** Que pertence a uma organização secreta de malfeitores, a uma máfia. **3** *fam* Que procura atingir os seus obje(c)tivos por meios ilícitos, obscuros. **Ex.** É um (indivíduo) ~, ninguém sabe onde e como consegue meios para fazer vida de [para viver como um] rico.
maga *s f* (<lat *mága*) Mulher que pratica a magia, a bruxaria/Feiticeira(o+)/Bruxa(+).
magala *s m* (< ?) *pop* Soldado sem distinção/Recruta. **Ex.** As jovens iam passear para o jardim, que, ao domingo, era frequentado por ~s.
magalânico, a *adj* (<antr Fernão de Magalhães, navegador português) Relativo à pessoa, ao estreito e à província chilena de Magalhães.
magana *s f* (ár *mar'a hana*: mulher de bordel) **1** *Mús* Certa música antiga. **2** Mulher namoradeira. **3** Prostituta (+).
maganagem *s f* (<magano + -agem) **1** Grupo de pessoas engraçadas, que gostam de fazer travessuras. **Ex.** A ~ entrava na sala e toda a gente começava a rir, antecipando as brincadeiras que viriam a seguir. **2** Comportamento engraçado, travesso. **Ex.** Todos admiravam a ~ do rapaz, capaz de dispor bem qualquer pessoa.
maganão, ona *adj/s* (<magano + -ão) **1** *Aum* de magano. **2** Que gosta muito de brincar. **Ex.** O Francisco é um ~, está sempre a pregar partidas. **3** Que é muito malicioso. **Ex.** Ele conta anedotas, com palavras cheias de segundo sentido, de uma malícia inteligente, é um grande ~.
magano, a *adj/s* (<magana) **1** Que é engraçado, que gosta de fazer travessuras. **2** Que é atrevido/malicioso. **Ex.** Que ~ com as suas piadas! Todos se divertiam imenso. **3** Negociante de gado. **Ex.** O ~ fazia sempre bom negócio, cada vez que ia à feira com os seus animais. **4** *Hist* Homem que comprava e vendia escravos [Negreiro]. **Ex.** Era vê-los desembarcar e voltar para bordo, ~s de sucesso, acompanhados de escravos, de volta ao reino.
magarefe (Ré) *s m* (< ?) **1** Pessoa que mata reses «num matadouro», cuja carne é vendida no talho/Carniceiro. **2** *fam depr* Cirurgião incompetente. **Ex.** Ainda pensou apresentar queixa à administração do hospital, tal foi a incompetência revelada por aquele ~. **3** *pop* Homem de mau cará(c)ter, sem vergonha.
magazine *s m* (<ár *mahazin*) **1** Publicação ilustrada/Revista(+). **Ex.** À quinta-feira, comprava o ~ favorito na folheá-lo para o café. **2** Programa de televisão ou rádio, sobre assuntos da a(c)tualidade. **Ex.** Ultimamente, falta-lhe a paciência para os ~s radiofó[ô]nicos. **3** Loja de vestuário/B(o)utique/Armazém.
Magdaleniano, a *adj/s m Arqueo* (<top La Madeleine: Dordogne, França) (Que é relativo ao) último período do Paleolítico, cara(c)terizado pelo auge da indústria do osso e da arte rupestre, encontrados em cavernas.
magia *s f* (<gr *mageía, as*) **1** Arte de produzir efeitos contrários às leis da natureza, por meio de práticas ocultistas. **2** Truque ilusionista, destinado a fazer (des)aparecer obje(c)tos/Mágica **1**. **3** Religião dos magos. **4** Conjunto de procedimentos, baseado na crença em forças sobrenaturais, inscrito na tradição das sociedades consideradas primitivas. **Comb.** ~ negra [Invocação, através de poderes mágicos, dos espíritos maus, com o fim de prejudicar alguém] (Ex. Numa voz estranha, e dançando, fazia apelos e citava o nome da vítima. Era a sua maneira de praticar a ~ negra). **5** Encantamento/Encanto/Fascínio. **Loc.** «como que» Por ~ [De forma inexplicável] (Ex. Por ~, começaram a cair papelinhos de muitas cores, para espanto da criançada).
magiar *adj 2g/s 2g* (húng *magyar*) ⇒ húngaro.
mágica *s f* (<mágico) **1** Magia **2. Comb. Passe(s) de ~ a)** Truque imperce(p)tível do ilusionista, para fazer desaparecer ou deslocar objectos (Ex. Num passe de ~, o ilusionista fez aparecer o chapéu e o coelho, noutro sítio do palco); **b)** *idi* Modo rápido e eficaz de solucionar algum problema (Ex. Os problemas da saúde pública não se resolvem com nenhum passe de ~). **2** Peça de teatro com transformações cé[ê]nicas fora do natural. **3** Mulher que pratica a magia.
magicar *v t/int* (<mágico + -ar¹) Pensar muito sobre a mesma coisa/Cismar. **Ex.** Vejo-o tão calado, deve andar a ~ em alguma coisa.
mágico, a *adj/s* (<gr *magikós*) **1** Que não encontra explicação nas leis da natureza. **Idi. Ter uma varinha ~a** [Ser capaz de solucionar, de forma rápida e com eficácia, alguma coisa] (Ex. Não penses que tenho uma varinha ~ para arranjar o dinheiro para comprares um computador novo). **2** Que tem virtudes surpreendentes. **Ex.** Acalma-se [Descansa] com o efeito ~ da música de Bach. **3** Pessoa que faz mágica(s)/Ilusionista. **4** Pessoa que pratica a magia/Bruxo/Feiticeiro. **5** Que é (muito) belo/encantador/maravilhoso. **Ex.** Iam sempre visitar as iluminações do Natal, que conferiam um aspe(c)to ~ [de sonho] ao centro da cidade.
magister dixit *loc lat* Atitude – originariamente atribuída aos pitagóricos – de ter/aceitar como critério da verdade afirmações/ideias atribuídas a mestres ilustres. **Ex.** Ele usa e abusa nos seus discursos do ~, como forma de impedir a discussão das suas ideias.
magistério *s m* (<lat *magistérium*) **1** Profissão ou cargo de professor/Docência. **Ex.** Teve trinta anos de ~. **2** Autoridade intelectual, moral, doutrinária «do Papa» ou política. **Ex.** Nas questões importantes para o país, o Presidente da República pode exercer o seu ~ de influência. **3** *Maiúsc* Estabelecimento de ensino que, em Portugal, formava os professores do antigo ensino primário. **Ex.** Os colegas reuniram-se num jantar comemorativo da entrada, há quarenta anos, para a Escola do ~.
magistrado, a *s* (<lat *magistrátus*) **1** Figura do Estado, detentora de poder político e administrativo. **Ex.** O Presidente da República é o primeiro ~ da nação. **2** Membro do poder judicial/Juiz. **Ex.** Os ~s reuniram-se para decidir sobre a pena a aplicar.
magistral *adj 2 g* (<lat *magistrális*; ⇒ mestre) **1** Que é digno de mestre /Perfeito. **Ex.** A lição que proferiu foi considerada ~ por todos os presentes. **2** *depr* Pedante/Sentencioso. **Ex.** Quando falava em público, exibia um ar ~, que o tornava ridículo. **3** *Eng* Diz-se da linha principal de uma fortificação.
magistralmente *adv* (<magistral + -mente) De modo magistral, com elevada qualidade. **Ex.** A pianista tocou ~, estavam todos maravilhados.
magistratura *s f* (<lat *magistrátus* + -ura) **1** Dignidade/Função de magistrado. **Ex.** O Presidente da República exerce a sua ~ de influência na [sobre a] política do país. **2** Conjunto dos profissionais que administram a justiça. **Ex.** No geral, a ~ opõe-se às alterações ao código penal, apenas alguns profissionais se manifestaram a favor. **3** Exercício/Duração do cargo de magistrado. **Ex.** Foi-lhe reconhecida competência, enquanto exerceu a ~ na cidade.
magma *s m* (<gr *mágma, atos*: resíduo de unguento) **1** *Geol* Massa mineral pastosa, em estado de fusão, situada a grande profundidade da superfície terrestre. ⇒ lava. **2** *fig* Conjunto confuso de elementos. **Ex.** Assaltava-o um ~ de sentimentos, que oscilavam de modo anárquico entre a alegria, a tristeza, a simpatia e a repulsa....
magmático, a *adj* (<magma + -ico) Que é relativo [se assemelha] ao magma.
magnanimidade *s f* (<lat *magnanímitas, átis*) Qualidade de (quem é) magnânimo/Generosidade. **Ex.** Ela cara(c)terizava-se, sobretudo, por uma ~ sem limites, sempre pronta a acorrer aos necessitados e a perdoar aos que a ofendiam.
magnânimo, a *adj* (<lat *magnánimus*) **1** Bondoso/Generoso. **2** Que não guarda ressentimentos/Que perdoa. **Ex.** Ele sempre foi ~ na rea(c)ção às ofensas.
magnata/e *s 2g* (<lat *magnátes,um* <*mágnus*: grande) **1** *Hist* Título dado antigamente na Poló[ô]nia e na Hungria a pessoas da alta nobreza. **2** Pessoa poderosa/influente. **Ex.** A cidade era influenciada por aquele ~; todos seguiam as suas opiniões, quando havia uma eleição. ⇒ cacique. **3** Pessoa muito rica, no mundo da indústria ou das finanças. ⇒ capitalista/milionário.
magnésia *s f Quím* (<top gr *Magnesía*: (pedra de) Magnésia, cidade de uma região rica em pedra-íman) Substância alcalina, usada como laxante e no combate à azia do estômago.
magnésio [Mg 12] *s m Quím* (⇒ magnésia) Elemento da família dos alcalinoterrosos, utilizado em ligas leves para o fabrico de automóveis/aviões/lâmpadas.
magnesite/a *s f Miner* (<magnésio + -ite) Carbonato de magnésio, utilizado como refra(c)tário e para obter magnésio.
magnete/o (Nête/o) *s m* (<gr *mágnes, étos*) Pedaço de ferro ou aço magnetizados, capaz de atrair os mesmos ou outros metais. ⇒ íman.
magnético, a *adj* (<magnete/o) **1** Que é relativo ao magnete ou às suas propriedades. **Comb. Agulha ~a. Atra(c)ção ~a. Campo ~. 2** *fig* Que exerce influência sobre outro. **Ex.** Ele exercia grande fascínio sobre os outros, tinha um olhar ~ que atraía irresistivelmente.
magnetismo *s m* (<magnete + -ismo) **1** *Fís* Propriedade que os magnetes têm de atrair metais. **2** *Fís* Parte da Física que estuda as propriedades magnéticas da matéria. **Ex.** A atra(c)ção dos polos de sinal oposto, positivo e negativo, obedece às leis do ~. **3** *fig* Influência de uma pessoa sobre outra. **Ex.** Designavam por ~ aquela sua habilidade de prender a atenção dos que presenciavam os seus truques ou ouviam as suas palavras.

magnetite/a s f Miner (<magneto + -ite) Minério de ferro, muito magnético/Pedra--íman [Br -ímã].

magnetização s f (<magnetizar + -ção) 1 A(c)ção de conferir propriedades magnéticas a um corpo. 2 fig Atra(c)ção exercida sobre um animal, que provoca a paralisia/Encantamento(+). **Ex.** Gostava de ir até à praça grande observar o poder de ~ dos encantadores de serpentes e o espanto dos turistas. ⇒ hipnotismo. 2 fig Fascínio/Sedução. **Ex.** Era uma autêntica ~ o que o cantor produzia na assistência, encantava-a, seduzia-a.

magnetizador, a adj/s (<magnetizar + -dor) 1 (O) que comunica a um corpo poder de atrair metais. 2 fig (O) que pratica o magnetismo, produzindo fenó[ô]menos extraordinários num indivíduo.

magnetizar v t (<magnete + -izar) 1 Dar a capacidade de atrair o ferro e outros metais. 2 fig Exercer forte atra(c)ção num animal, paralisando-o/Hipnotizar. 3 fig Fascinar/Encantar/Seduzir. **Ex.** É um político extremamente comunicativo, consegue ~ os ouvintes [a assembleia], despertando uma enorme atenção.

magnetizável adj 2g (<magnetizar + -vel) «metal» Que pode ser magnetizado.

magneto ⇒ magnete/o.

magnetofone ⇒ gravador.

magneto(-h)idrodinâmica s f Fís (<magneto + hidrodinâmica) Ciência que estuda as intera(c)ções de um fluido «gás ionizado» com um campo magnético.

magnetologia s f Fís (<magneto + -logia) 1 Estudo das propriedades magnéticas da matéria, nomeadamente dos ímanes e da corrente elé(c)trica. 2 Ciência do ou tratado acerca do magnetismo animal.

magnetometria s f Fís (magneto + -metria) 1 Estudo dos campos magnéticos e das suas linhas de força. 2 Medição das grandezas magnéticas.

magnetómetro [Br **magnetômetro**] s m (<magneto + -metro) Instrumento utilizado para medir o campo magnético.

magneto-ótica [Br **magneto-ó(p)tica** (dg)] f Fis (<magneto + ...) Parte da Física que estuda os efeitos produzidos por campos magnéticos através dos quais uma luz passa por determinadas substâncias localizadas nesses campos.

magnetoquímica s f Quím (<magneto + ...) Parte da Química que estuda as propriedades magnéticas das substâncias.

magnetoscópio s m Fís (<magneto + -scópio) Aparelho que permite o regist(r)o de imagens em fita magnética e a sua reprodução em aparelho de TV.

magnetostática s f Fís (<magneto + estática) Estudo dos fenó[ô]menos magnéticos que não variam com o tempo «os que são produzidos por correntes elé(c)tricas constantes».

magnetostrição s f Fís Variação das dimensões de um corpo por a(c)ção de um campo magnético.

magnetrão [**magnétron**] Ele(c)tri (<magneto + -ão) Válvula termió[ô]nica em que o fluxo de ele(c)trões é controlado por campos magnéticos e gera energia em frequências de microondas.

magnicida adj/2g (<lat mágnus + -cida) Pessoa que comete um atentado contra uma pessoa importante. **Ex.** O ~ que assassinou o Rei [O regicida] teve, por sua vez, morte imediata.

magnífica s f Rel pop (<lat magníficat) Evocação religiosa utilizada quando troveja. **Sin.** Magníficat(+) Virgem Maria!

magnificação s f (<lat magnificátio,ónis) 1 A(c)ção de realçar/exaltar as qualidades de alguém/Engrandecimento/Exaltação/Louvor. **Ex.** As palavras do orador foram de ~ do homenageado. 2 Aumento da dimensão de alguma coisa. ⇒ dilatação.

magnificamente adv (<magnífico + -mente) 1 Com grandiosidade/ostentação/luxo. **Ex.** O Rei, ~, dava início ao grande baile anual da corte. 2 De forma exce(p)cionalmente bela/genial/maravilhosa. **Ex.** Os restaurantes onde se come ~ [divinamente] são frequentados, regra geral, por gente muito rica.

magnificar v t (<lat magnífico,áre,atum <mágnus: grande) 1 Exaltar qualidades/méritos/Engrandecer/Glorificar. **Ex.** Quando o velho mestre se referia aos portugueses era para ~ os seus feitos. 2 Tornar maior/Ampliar. **Ex.** Tinha a tendência de ~ as distâncias, sempre que lhe sugeriam ir a algum sítio: tudo ficava muito longe.

Magníficat s m Rel (<3.ª pessoa do sing do presente do indicativo de magnífico,áre,átum: louvar, exaltar) Canto [Hino] de louvor a Deus pronunciado pela Virgem Maria (e muito us na igreja).

magnificência s f (<lat magnificéntia) 1 Qualidade do que é magnificente «palácio»/Grandiosidade. 2 Generosidade/Tolerância. **Ex.** O Presidente da República mostrou a sua ~, decretando o fim das leis de exce(p)ção. 3 Maiúsc Forma de tratamento do reitor de uma universidade. **Ex.** Vossa ~, Senhor Reitor (+), tenha a bondade de ouvir a nossa petição. ⇒ magnífico 5 **Ex.**

magnificente adj 2g (<lat magníficens,éntis) 1 Que impressiona pela grandiosidade. **Ex.** O Mosteiro dos Jeró[ô]nimos, em Lisboa, é (verdadeiramente) ~. 2 Que causa admiração pelo seu esplendor [brilho]. 3 Que revela generosidade, tolerância. **Ex.** O Presidente teve uma atitude que todos qualificaram de ~, ao decretar a amnistia.

magnífico, a adj (<lat magníficus) 1 Que causa admiração pela grandiosidade/Magnificente. 2 Belo/Maravilhoso. **Ex.** O dia está ~, vamos para o parque da cidade. 3 Possuidor de grandes qualidades. **Ex.** Rembrandt pertence ao grupo de pintores que se podem qualificar de ~s. 4 De grande importância, muito bom. **Ex.** Tem um lugar ~ no serviço: bem remunerado e com boas condições. 5 Maiúsc Tratamento dado aos reitores das universidades. **Ex.** O ~ Reitor da Universidade de Lisboa assina os protocolos mais importantes.

magniloquência s f (⇒ magníloquo) 1 Linguagem/Discurso sublime. 2 Estilo elevado «d' Os Lusíadas, de Camões». ⇒ eloquência.

magníloquo, a adj (<lat mágnus + lóquor: falar) Dotado de grande capacidade de expressão/Eloquente(+).

magnitude s f (<lat magnitúdo,inis) 1 Qualidade do que é grande. ⇒ grandeza/volume. 2 Qualidade do que é importante/grave. **Ex.** É um problema de (uma) tal ~ que requer um tratamento (muito) cuidados. 3 Fís Intensidade de um sismo. **Ex.** A maior ilha do arquipélago foi sacudida por um sismo que atingiu a ~ de 7.2 na escala de Richter.

magno, a adj (<lat mágnus) 1 Que é grande/importante. **Ex.** O serão parecia não mais acabar: foi uma tertúlia ~a, com abundância de intervenções e todas de boa qualidade. **Comb. Aula ~a** [Salão nobre duma universidade onde se realizam a(c)tos solenes]. 2 Qualificativo de personagens relevantes na História. **Ex.** O império de Carlos Magno foi de enorme importância na Europa.

magnólia s f Bot (<antr Robert Magnol, botânico francês) 1 Árvore oriunda do Extremo Oriente e da América do Norte, de flores brancas ou rosadas, muito perfumadas. 2 Flor da ~.

magnoliáceo, a adj Bot (<magnólia + -áceo) Diz-se de plantas dicotiledó[ô]neas que têm por tipo a magnólia.

mago, a adj/s (<lat mágus) 1 Poe Que atrai/fascina/seduz/Encantador. 2 Qualificativo dos três sábios que foram a Belém adorar o Menino Jesus. **Ex.** Quando a mãe fazia o presépio nunca se esquecia de colocar uma estrela e os três reis ~s. 3 Pessoa que pratica a feitiçaria, a magia/Feiticeiro.

mágoa s f (<lat mácula: mancha, malha) 1 Mancha provocada por contusão/Nódoa negra (+). 2 Dor de alma/Tristeza/Desgosto/Amargura. **Ex.** Sentiu uma ~ profunda ao ver que a irmã desprezava aqueles que ele mais amava. **Loc.** Carpir as ~s [Contar tristezas/Lamentar-se] (Ex. Passava o tempo a carpir as suas ~).

magoado, a adj (<magoar) 1 Que se magoou. 2 Que apresenta marcas de contusão. 3 Que ficou ofendido/triste, devido a alguma ofensa ou acontecimento. **Ex.** Notava-se-lhe no rosto que tinha ficado ~ com as palavras desagradáveis do colega. 4 Que sente compaixão pelo sofrimento de alguém. ⇒ pesaroso. **Ex.** As dificuldades a que o amigo estava sujeito deixavam-no ~, cheio de pena por situação tão difícil.

magoar v t (<lat máculo,áre,átum: manchar) 1 Causar/Sentir dor. **Ex.** Costumava ~ os [~-se nos] pés, sempre que caminhava muito tempo sobre a areia da praia. ⇒ machucar. 2 Deixar marcas, provocar dor, devido a contusão. **Ex.** Tinha o rosto magoado por ter batido com força no degrau. 3 Deixar marcas/alterações por pressão/contusão. **Ex.** As maçãs bonitas, postas por cima, escondiam as que se magoaram no transporte. ⇒ Pisar. 4 Ferir a susce(p)tibilidade/Ofender. **Ex.** Infelizmente era perito em ~ as pessoas com palavras desagradáveis.

magote (Gó) s m (< ?) Ajuntamento relativamente grande de pessoas ou coisas. **Ex.** Havia um ~ de gente à saída do tribunal, na esperança de ver o réu. **Comb.** Um ~ [monte/Uma rima] de livros.

magreza (Grê) s f (<magro + -eza) 1 Qualidade do que é magro. **Ex.** O rosto evidenciava a ~ da figura, todo ele arestas e ossos cobertos de pele. 2 Qualidade do que pesa pouco/tem pouca gordura. **Ex.** Sentia-se mais leve com a ~ que sucedeu à passagem pelo nutricionista. 3 Qualidade ou estado do que é pouco produtivo. **Ex.** Há muito que tinham desistido daquela terra, cuja ~ não permitia o sustento da família. 4 Cará(c)ter do que é pouco abundante. **Ex.** A ~ das poupanças deixava muitas coisas por conseguir, mas reforçava o espírito de luta daquela gente laboriosa/trabalhadora.

magric[z]ela(s) adj/s 2g (<magriço + -ela) (O) que é muito magro, fraco. **Ex.** Estava convencido que aquele ~ seria facilmente dominado, mas a aparência enganava, era mesmo muito forte. ⇒ franzino.

magriço, a adj/s (<magro + -iço) 1 (O) que é muito magro. ⇒ magricela. 2 Hist Defensor das damas na sociedade medieval. **Ex.** O nome de um dos "Doze de Inglaterra" (História de cavalaria) era Magriço. 3 depr Homem que se preocupa demasiado com coisas sem importância. ⇒ picuinhas; coca-bichinhos.

magro, a *adj/s f* (<lat *mácer,cra,crum*) **1** Que tem pouca carne ou muito pouco tecido adiposo. **Ex.** Durante muito tempo, os modelos «mulheres» faziam questão em ser ~s. **Idi.** *Tempo das/de vacas ~as* [Época cheia de dificuldades financeiras] (Ex. A épocas de prosperidade na vida dos países sucedem-se, muitas vezes, tempos de vacas ~as). **Ant.** Gordo. **2** Que tem pouca ou nenhuma gordura. **Ex.** O médico recomendou-lhe (que bebesse) leite ~. **3** Que não integra [tem] carne ou qualquer gordura animal. **Ex.** Enganava a fome dos filhos fazendo um caldo ~, que eles comiam antes de ir(em) para a cama. **4** Dia em que, cumprindo preceitos da religião católica, não se pode comer carne. **Ex.** As sextas-feiras da Quaresma são dias ~os. **5** Que é árido [pouco produtivo]. **Ex.** O terreno à volta da casa era tão ~ que não dava para plantar nada [fosse o que fosse]. **6** Que é insignificante em qualidade e quantidade. **Ex.** Os resultados da análise a que chegou não serviram de argumento à tese «doutoral/de licenciatura» que defendia: eram demasiado ~s para sustentar a sua defesa. **7** *Br s f* Naipe de ouros ou paus, num jogo de cartas. **Ex.** Sentia-se com sorte, quando lhe saía um rei ~, de preferência (de) ouros. **8** *Br s f Col* ⇒ morte.

magusto *s m* (< ?) **1** Fogueira onde se assam castanhas «no assador». **2** Porção de castanhas assadas na fogueira. **Ex.** Quando se aproximava o (dia da festa de) S. Martinho, 11 de novembro, as crianças não se esqueciam de pedir aos professores para fazerem um ~, para o qual convidavam os pais.

mah-jong *s m Chin* ⇒ majongue.

maia¹ *s f* (<maio) **1** Festa que se realizava no primeiro dia de maio. **Ex.** As ~s celebravam a primavera. **2** Mulher que usa muitos adornos de mau gosto. **Ex.** Usava as coisas mais extravagantes e de um mau gosto tal que lhe chamavam a ~ do bairro. **3** *Bot* Giesta em flor. **Ex.** As flores amarelas das giestas compunham graciosos ramos, as ~s, com que as crianças se enfeitavam.

maia² *s/adj 2g* (<esp *maya*) Que diz respeito aos Maias, povo indígena do México. **Ex.** A cultura ~ é obje(c)to de investigação e investimentos especiais, sendo os seus monumentos muito visitados.

maiêutica *s f* (gr *maieutiké*: arte de fazer dar [vir] à luz) Método socrático que consiste em, através de perguntas, levar o interlocutor a explicitar conhecimentos que possui. **Ex.** A autoestima do estudante saía reforçada quando, seguindo os procedimentos da ~, o professor o levava a explicitar [clarificar/formular] o seu saber.

mailing *ing s m* Publicidade enviada a pessoas previamente sele(c)cionadas, através de circulares ou folhetos, por via postal ou colocados dire(c)tamente nas caixas do correio. **Ex.** A empresa tornou-se muito mais conhecida na cidade depois de a administração ter optado pelo envio de ~s, divulgando os seus serviços e preços promocionais.

mainá *s f Ornit* (< ?) Ave «asiática» parecida com a pega, da família dos esturnídeos, que imita a voz de outras aves e, em cativeiro, a voz humana; *Eulábes intermédius* [religiósa].

maio *s/adj* (<lat *máius*) **1** Quinto mês do ano. **Ex.** O primeiro [O dia 1] de ~ é o dia internacional do trabalhador. **2** Homem muito garrido ou enfeitado de flores. **Ex.** Feliz com a exuberância da natureza, vinha dos seus passeios pelo campo um autêntico ~, tal a abundância de flores com que se enfeitava. ⇒ maia¹ **2**. **3** Relativo ao mês de maio. **4** «giesta amarela» Que floresce em maio. **Ex.** Os lírios ~s enchiam os campos de cor e alegria.

maiô *s m* (<fr *maillot*) Traje feminino feito de uma peça única a cobrir o tronco e utilizado na natação, no bailado, ...

maionese (Né) *s f* (<fr *mayonnaise*) **1** *Cul* Molho espesso feito com azeite ou óleo, ovos, vinagre, sal e especiarias, batidos até atingirem a consistência desejada. **Ex.** A [O molho de] ~ torna mais saborosas as saladas de peixe. **2** *Cul* Prato à base de molho de maionese. **Ex.** Comemos uma ~ de lagosta, que estava divina [uma delícia]. **3** Mistura/Confusão de coisas variadas. **Ex.** Abriu a boca, não para intervir de forma ordenada e clara, mas para desorientar o público, com uma ~ de palavreado intragável.

maior *adj/s 2g* (<lat *májor*) **1** Comparativo de superioridade do *adj grande*. **Ex.** A casa dos meus pais é ~ do que a minha. **2** Precedido de *art*, é superlativo relativo de superioridade do *adj grande*. **Ex.** Ela era a ~ entre os colegas, quando tocava a [quando se tratava de] saber de cor qualquer poesia. **3** Que é mais aprofundado. **Ex.** Ele fez estudos ~es num seminário da capital. **4** Que tem mais idade. **Ex.** Muitas vezes o professor lhe dizia para não provocar os ~es. **5** Que atingiu a maioridade [a idade estabelecida por lei para gozar de direitos cívicos e ser responsável pelos seus a(c)tos]. **Ex.** Desde que é ~ de idade, tem-se mostrado mais cauteloso nas suas atitudes. **Idi.** *Ser ~ e vacinado* [Ser senhor dos seus a(c)tos] (Ex. Ele é ~ e vacinado, pode fazer o que entender, sujeitando-se às consequências). **6** Que é muito forte, impossível de ignorar ou contrariar. **Loc.** *Não ter importância de ~* [Não ser muito importante] (Ex. Quando fazia algum disparate, a avó vinha a correr em seu auxílio, dizendo que não tinha importância de ~ [dizendo que não era nada (+)]). **Comb.** *Caso/Motivo/Razão de força ~* [Caso/Motivo/Razão impeditivo/a de alguma a(c)ção] (Ex. A doença da mãe retinha-o em casa, era o motivo de força ~ que alegava para não comparecer ao encontro). *Prisão ~* [que além de encarceramento tem penas ou trabalhos acrescentados]. **7** *s m pl* Antepassados. **Ex.** Devemos honrar a memória dos nossos ~res.

maioral *s m* (<maior + -al) **1** Indivíduo que detém a chefia/Capataz/Manda-chuva. **2** *fig* Pessoa que se destaca pela sua importância. **Ex.** Todos o consideravam o ~ da rua e respeitavam as suas opiniões. **3** O maior animal «carneiro ou boi» do rebanho.

maioria *s f* (<maior + -ia) **1** A maior parte de um todo ou o maior número. **Ant.** Minoria. **Ex.** A ~ dos presentes à cerimó[ô]nia aplaudiu as palavras do orador. **2** Número mais elevado de votos ou de votantes, numa votação de um órgão ou numa eleição. **Ex.** A ~ decidiu-se pela continuação no cargo do presidente cessante. **Comb.** *~ absoluta* [Número de votos superior a metade dos votos considerados válidos] (Ex. O partido governante renovou o mandato, tendo conquistado a ~ absoluta nestas eleições). *~ relativa/simples* [Número de votos superior ao de outras propostas ou candidatos] (Ex. O partido democrata venceu com ~ relativa, o que significa que é necessária uma coligação para formar novo governo). **3** Grupo com o maior número de elementos de uma assembleia. **Comb.** *~ parlamentar* [Partido ou coligação que tem a ~ no parlamento e garante apoio ao governo] (Ex. Os dois partidos formaram uma coligação, garantindo uma ~ parlamentar que confere ao governo a necessária estabilidade). **Loc.** *Por ~* [Com o maior número de votos] (Ex. O secretário-geral do partido foi eleito por ~). *Por ~ de razão* [Com mais razão] (Ex. Deve dizer-se que, por ~ de razão, a clareza das suas ideias foi fundamental para que ganhasse o concurso).

maioridade *s f* (<maior +-i-+ -dade) **1** Idade, consignada na lei, a partir da qual os indivíduos gozam dos direitos e ficam sujeitos aos deveres dos cidadãos. **Ex.** Há muitos países em que a ~ é aos 18 anos. ⇒ emancipação. **2** *fig* Estado de completo desenvolvimento de uma sociedade ou comunidade. **Ex.** Pode dizer-se que as novas tecnologias têm contribuído para a ~ das comunidades mais afastadas dos centros de decisão política.

maioritariamente *adv* (<maioritário + -mente) **1** Na maioria. **2** Por mais de metade, em termos absolutos ou relativos. **Ex.** O Presidente da República encarrega de formar governo o partido que vence ~ as eleições. **3** Com a posse de mais de metade. **Ex.** O Estado português detém ~ o capital das empresas de transporte ferroviário.

maioritário, a *adj* (<fr *majoritaire* <lat *major*) **1** Que representa a maior parte/Que existe em maior número. **Ant.** Minoritário. **Ex.** Foi ~a a expressão de descontentamento pelo modo como os gestores defenderam os interesses da empresa. **2** Que tem a maioria. **Ex.** O partido socialista tornou-se, nestas eleições, o partido ~ no parlamento. **3** Que tem a maior parte das a(c)ções ou do capital de uma empresa. **Ex.** O fa(c)to de ser o sócio ~ da empresa dá-lhe uma enorme força nas a(c)tuais negociações.

mais *adv* (<lat *mágis*) **1** Em maior quantidade ou intensidade. **Prov.** *~ vale um pássaro na mão do que dois a voar*. **Loc.** *A ~ não poder* [O mais que é possível] (Ex. Comeram a ~ não poder). *Antes de ~ (nada)* [Em primeiro lugar] (Ex. Antes de ~ nada, deve saudar-se os presentes). *Cada vez ~* [Aumentando progressivamente] (Ex. O barulho era cada vez ~ alto, tornando-se insuportável). *(Pouco) ~ ou menos* [Aproximadamente] (Ex. São ~ ou menos cinquenta quiló[ô]metros até à aldeia dos meus pais). *De ~ a ~* [Além disso] (Ex. De ~ a ~, não disse que não vinha jantar, por isso o esperávamos). *Não ~ do que* [Exprime o limite máximo] (Ex. Podem ser admitidas [Cabem] na sala não ~ do que cem pessoas). *Nem ~ nem menos* [Exa(c)tamente] (Ex. A linha mede, nem ~ nem menos, vinte centímetros). *Por ~ que* [Por muito que] (Ex. Por ~ que os outros façam para o verem bem-disposto, anda sempre de mau humor). *Sem ~ nem menos* [Sem motivo aparente] (Ex. Aproximou-se e, sem ~ nem menos, desatou a insultar os colegas). **2** Exprime cessação ou limite. **Ex.** Não aguentou ~ e deu por finda a sua participação na [e desistiu a meio da(+)] maratona. **3** Acima de. **Ex.** Não sei quantos eram os convidados, certamente ~ que [de(+)] vinte. **4** Com preferência. **Ex.** Gostou ~ dos calções azuis, e comprou-os para juntar a uns verdes que já tinha. **5** *s m* A maior porção/O maior número/O máximo. **Ex.** Com a crise, o ~ [máximo/pior] que lhes pode acontecer é não terem dinheiro para pagar a renda e mudarem

para uma casa mais barata. **6** *Mat* Nome do sinal de adição [+]. **7** *indef* Em maior quantidade/número. **Ex.** Foram precisos ~ tijolos para terminar a parede do quintal. **8** As outras pessoas/Os demais. **Ex.** A família ficou para o serão e os ~ [demais/outros] retiraram-se ainda cedo. **9** *prep* Com. **Ex.** Saiu ~ [com(+)] a filha para o habitual passeio da manhã. **10** *conj fam* Indica ligação ou adição. **Ex.** Mostraram as fotos e (~) outras lembranças da sua viagem aos Açores.

maís *s m* (<taino *mahís*) Milho graúdo.

maisena (Zê) *s f* (<maís + -ena) (Grafado com 'z' como nome comercial: Maizena) **1** Farinha de maís. **2** Papa feita com ~. **Ex.** Chegada a hora da (papa de) ~, as crianças perfilavam-se ansiosas, na cozinha, junto da avó.

mais-que-perfeito *adj/s m Gram* **1** (Diz-se de) tempo verbal que expressa a(c)ção ou estado passados, anteriores a outra a(c)ção ou estado também passados. **Ex.** Ele *falara* (~ simples) [*tinha falado* (~ composto)] tanto da beleza da (sua) namorada que, ao vê-la na festa, logo a reconheci [logo vi que era ela].

mais-querer *v t* Preferir; querer mais. **Ex.** Sair de manhã muito cedo e dar um passeio solitário pela praia era o que mais-queria; tudo o resto era secundário.

mais-que-tudo *s 2g sing e pl* Pessoa muito amada, a quem se dedica uma enorme afeição. **Ex.** A Maria é a sua ~: não há dia (em) que não tenha mostras de grande carinho para com ela.

mais-valia *s f Econ* **1** Aumento do valor de um bem, após a sua avaliação ou aquisição, devido a fa(c)tores econó[ô]micos independentes da transformação desse mesmo bem. **2** Aumento do valor de um bem em virtude da melhoria de que tenha sido obje(c)to. **3** (Na teoria marxista) Lucro, retido pelo capitalista, resultante da diferença entre o que ele paga pela mão de obra e o que cobra pela mercadoria produzida pela força de trabalho [pela fra(c)ção do trabalho não paga]. **4** Diferença ou saldo positivo entre a receita de um imposto e o valor orçamentário para ele. **5** Aumento do custo de um trabalho devido a dificuldades imprevistas. **6** Poupança resultante de diminuição dos custos de produção. **7** Vantagem/Benefício. **Ex.** Uma educação de qualidade é uma ~ social, com reflexos determinantes no desenvolvimento do país.

maiúscula *s f* (<maiúsculo) Letra de [grafada em] tamanho maior e forma diferente da sua correspondente minúscula, que serve para destacar nomes próprios ou outras palavras e marca, normalmente, o início de período, frase ou verso/*fam* Letra grande. **Ex.** Frequentemente escreve-se homem com ~, para significar gé[ê]nero humano: o Homem é o maior responsável pela qualidade do ambiente.

maiúsculo, a *adj* (<lat *maiúsculus,a,um*: um pouco [tanto] maior <*major* <*mágnus*: grande) Diz-se de maiúscula. **Ex.** O nome da disciplina «Português» escreve-se com letra ~a. É um arquite(c)to [professor/doutor] excelente/*idi* com letra ~a.

majestade *s f* (<lat *majéstas,átis*) **1** Grandeza, cará(c)ter do que impõe respeito ou veneração. **Comb.** A ~ divina [de Deus]. **2** Poder real. **Comb.** Um atentado à ~ do rei. **3** *Maiúsc* Título honorífico ou tratamento dado aos reis/soberanos. **Ex.** Sua M~ (Real/Imperial) aproximou-se e teve palavras de conforto para com os afe(c)tados pela intempérie. **4** Qualidade do que é grandioso/nobre/imponente. **Ex.** A catedral, na robustez da sua ~, dominava a cidade, atraindo muitos visitantes.

majestático, a *adj* (<majestade + -ico) **1** Relativo a majestade/poder. **Ex.** Assumia por inteiro o privilégio ~ de tomar decisões sem ouvir ninguém. **Comb.** Plural ~ [Emprego da primeira pessoa do *pl* «Nós» em vez da do *sing* «Eu»]. **2** Que tem grandiosidade, que é digno de admiração. **Ex.** O cão tinha uma pose ~a, por certo aprendida com o rei, que acompanhava para todo o lado.

majestosamente *adv* (<majestoso + -mente) Com grandiosidade/imponência/majestade. **Ex.** Ao cabo de duas horas de intensa busca, erguia-se, depois de uma curva da estrada, o palácio que tanto queríamos conhecer. **Ant.** Humildemente/Sobriamente.

majestoso, a (Ôso, Ósa/os) *adj* (majestade + -oso) **1** «pessoa/figura/andar» Que manifesta grandeza/majestade/nobreza. **Ex.** Todos acorriam com enorme gosto às corridas, atraídos pelo porte ~ dos cavalos lusitanos. **2** «monumento» Que é de uma beleza imponente/sublime.

majongue *s m* (<chin *mah-jong*) **1** Jogo de origem chinesa, com 144 pedras semelhantes às do dominó, combinando figuras e números.

major (Jór) *s 2g Mil* (<lat *májor,óris*: maior; ⇒ grande, menor) **1** Patente/Posto, na hierarquia militar do Exército, abaixo de tenente-coronel e acima de capitão (O posto de ~ corresponde ao de capitão-tenente da Armada e de major-aviador da Força Aérea).

majoração *s f Br* (<majorar + -ção) Aumento(+) «de valor/intensidade/grau/…». **Ex.** A diminuição de impostos constitui, frequentemente, um incentivo à ~ da produtividade.

majorante *s m Mat* (<lat *major* + -ante) Elemento que, relativamente a um conjunto, é igual ou maior do que todos os elementos desse conjunto. **2** *Br adj 2g* (<majorar +-ante) Que majora/aumenta.

majorar *v t Br* (<lat *major* + -ar[1]) Tornar ou ficar maior.

majoritário, a *adj Br* (<fr *majoritaire*) ⇒ maioritário(+).

make-up *s m* ing ⇒ maqui(lh)agem.

mal *s m/adv/conj* (<lat *málum,i*; ⇒ mau) **1** O que é contrário ao bem. **Ex.** As forças do ~ [Os ódios/egoísmos] levam o mundo à guerra. **Loc.** *Fazer por* ~ [Agir com a intenção de prejudicar] (Ex. Não fiz [foi] por ~, foi sem querer). *Ir a* ~ [Resolver com a ameaça de violência] (Ex. Se não vai a bem, vai a ~, mas tem de sair imediatamente [já] deste lugar). *Levar a* ~ [Interpretar como ofensivo] (Ex. Levou a ~ o que eu disse, mas eu não quis ofender). *Levar tudo para o* ~ [Interpretar de forma maliciosa] (Ex. Leva sempre tudo para o ~, a malícia faz parte dele). *Pôr-se de* ~ *com* [Passar a relacionar-se mal com alguém] (Ex. Pôs-se de ~ comigo por uma questão sem importância, um mal-entendido). *Querer* ~ *a* [Não gostar de alguém].

2 O que causa prejuízo. **Ex.** O ~ [erro] foi terem ignorado os avisos da prote(c)ção civil. **Idi.** *Cortar o* ~ *pela raiz* [Destruir completamente aquilo que prejudica] (Ex. O melhor é não estar com hesitações e cortar o ~ pela raiz, para evitar consequências mais graves). **Loc.** *Fazer* ~ [Prejudicar alguém ou alguma coisa] (Ex. O tabaco faz ~ à saúde). *Não ter* ~ [Não prejudicar ninguém, não ter má intenção, não ser obsceno] (Ex. O livro não tem ~, qualquer adolescente o pode ler). **3** Dano/Estrago. **Ex.** O ~ [estrago] que fizeram ao carro foi terrível. **Loc.** *Do* ~ *o menos/*~ *por* ~ [Entre várias hipóteses desfavoráveis, opte-se pela que cause menos prejuízo] (Ex. Do ~ o menos/~ por ~, mais vale dormir numa tenda do que na rua). *Ser um* ~ *menor* [um problema de pouca importância] (Ex. Ganhar pouco é um ~ menor, o pior é estar desempregado). **Idi.** *Não fazer* ~ *a uma mosca* [Ser uma pessoa que não prejudica ninguém; ser uma pessoa calma] (Ex. Com certeza que os incidentes de ontem à noite não tiveram a participação do Manuel, ele é incapaz de fazer ~ a uma mosca).

4 Doença «de pessoa, animal ou vegetal». **Ex.** O médico falou-lhe detalhadamente do ~ que o aflige. **Comb.** *Med* ~ *de S. Lázaro* [Doença que provoca o engrossamento e a rugosidade da pele]. ~ *francês* [Sífilis]. **5** Sofrimento moral. **Ex.** Faz ~ conhecer [Até se fica doente ao ver] tanta desgraça que há no mundo. **6** Catástrofe/Desgraça. **Ex.** A erupção do vulcão foi um ~ [uma tragédia] para aquelas terras e suas gentes. **7** Juízo/Opinião desfavorável. **Ex.** Há pais que dizem ~ dos professores, porque não vão à escola falar com eles. **8** Aspe(c)to negativo de comportamento. **Ex.** O ~ [defeito] do rapaz é não conseguir estar atento nas aulas. **9** Imperfeição de um método/Inconveniente. **Ex.** O ~ das viagens está nos [são os] seus custos. O ~ foi não ter telefonado antes «encontrei o serviço fechado». **10** *adv* De modo imperfeito/inconveniente/insatisfatório. **Ex.** Ele anda ~ agasalhado. **Ant.** Bem.

11 Sem corre(c)ção/propriedade/Erradamente. **Ex.** Não respondeste à minha pergunta, porque interpretaste ~ as minhas palavras. **12** De modo desagradável/inconfortável. **Ex.** Ficámos ~ instalados na cidade. **13** De modo incompleto/insuficiente. **Ex.** Conhecia ~ a situação. **Sin.** Insuficientemente/Pouco. **14** Com dificuldade. **Ex.** Está cheio de sono, ~ pode ter os olhos abertos. **15** Só um pouco [Quase não]. **Ex.** Ela tem andado sempre a trabalhar de um lado para o outro, ~ se sentou hoje. **16** De modo contrário às normas «de comportamento social». **Ex.** Ele portou-se ~ na escola, por isso teve que ser castigado. **17** De forma desagradável/grosseira. **Ex.** Respondeu-me ~, com muita falta de educação. **18** Em posição desfavorável que prejudica o conceito em que se é tido. **Ex.** Ficam-lhe ~ certas palavras, por ser quem é «um pai/professor». **19** Sem saúde. **Ex.** Está ~ [doente] desde que veio da viagem. **20** Por defeito. **Ex.** São 2 metros ~ medidos [São quase 2 m/Não chega bem aos 2 m, mas quase].

21 De modo algum. **Ex.** ~ sabia eu [Nunca pensei] que viria viver para esta cidade. **Loc.** *Br* ~ *a* ~ [Nem muito nem pouco]. *Fam* ~ *e porcamente* [Sem nenhuma perfeição] (Ex. Escreve ~ e porcamente, ninguém entende o que diz «na carta»). *idi Cair* ~ **a)** Causar má impressão (Ex. Caíram ~ no auditório as suas afirmações de índole racista); **b)** Magoar-se na queda (Ex. Desequilibrou-se, caiu ~ e partiu uma perna). *fam Estar* ~ *de* [Ter pouco de alguma coisa] (Ex. Este mês, estamos «família» ~ de dinheiro). *Ficar* ~ **a)** Não favorecer fisicamente (Ex. O chapéu fica ~ «ao rapaz»); **b)** Reprovar num exame (Ex. Ficou ~ a matemática). *Ir de* ~ *a pior* [Estar cada vez pior] (Ex. Com o desemprego dos pais, a situação da família vai de ~ a pior). *Parecer* ~ [Causar má impressão] (Ex. Parece

~ que se abstenham de dar a sua opinião numa questão tão importante). *Quando ~ nunca pior* [Preferência por uma situação em relação a outra pior] (Ex. Temos pouco dinheiro, mas temos paz; quando ~ nunca pior). **22** *conj* Apenas/Assim que/Logo que. Ex. O pai,~ chega a casa, vai logo ver o correio.

mal- *elemento de formação* (<lat *mále*) Indica **a)** privação (ex. mal-afortunado); **b)** quase (ex. mal-assado); **c)** imperfeição (ex. mal-educado); **d)** aumento (ex. malferir).

mala *s f* (<fr *malle*) **1** Caixa ou saco para transporte de roupas, obje(c)tos, em viagem. Ex. Viajo sempre com uma única ~, por comodidade e para não ter que pagar excesso de bagagem. *Loc. Fazer as ~* **a)** Pôr tudo na ~; **b)** *idi* Preparar-se para viajar. ⇒ baú. *Idi. De ~(s) aviada(s)* [Completamente preparado para sair/partir] (Ex. Ainda faltava muito tempo para a partida e já estava sentado, de ~s aviadas, na sala, à espera da família). *Br De ~ e cuia* [Com tudo o que é necessário]. *Comb. ~ diplomática* [Correspondência ou transporte de documentação que não pode ser aberta pelas autoridades alfandegárias, por estar protegida por imunidade] (Ex. Frequentemente, a ~ diplomática é o meio escolhido para transporte dos exames para outros países). **2** Bolsa de couro ou outro material, com ou sem alça, geralmente usada pelas senhoras, para transporte de obje(c)tos pessoais/Bolsinha/Malinha/~ de mão. ⇒ pasta. Ex. A ~ da minha amiga é o sítio mais pequeno que conheço donde saem tantas coisas diferentes. **3** Saco de lona dos correios para levar a correspondência e outros obje(c)tos postais. **4** Parte do automóvel destinada ao transporte da bagagem/Bagageira. **5** *pop* Estômago/Barriga. Ex. Com a ~ vazia, não se pode caminhar muito tempo.

malabarismo *s m* (<Malabar, designação um pouco vaga da costa ocidental da Índia e ao norte do Sri Lanka + -ismo) **1** Execução de movimentos muito difíceis. **2** *fig* Habilidade para lidar com situações adversas/difíceis. Ex. ~s *idi* eram com ele [Ele tinha imensa habilidade]: por mais difícil que o problema fosse, resolvia-o, saindo airosamente da situação.

malabarista *adj 2g/s 2g* (⇒ malabarismo) **1** (O) que dá [se exibe em] espe(c)táculos circenses ou de variedades, com jogos de destreza e agilidade, mantendo obje(c)tos em equilíbrio instável, fazendo-os girar ou lançando-os ao ar. Ex. O rapaz, ~, por fim fazia o seu número mais divertido: atirava ao ar, com a mão direita, uma dúzia de pratos, que apanhava rápida e alternadamente com ambas as mãos. **2** *fig* Pessoa habilidosa que joga com as situações, procurando sair incólume das dificuldades. Ex. Nada o desanima nem o vence: vai com naturalidade e a necessária rapidez buscar forças e habilidades à sua veia de ~.

mal-acabado, a *adj* (<mal- **c)** + acabado) **1** Cujo acabamento é Imperfeito. Sin. Mal-amanhado/Mal-arranjado. **2** Diz-se do indivíduo feio [malfeito de corpo]. Ex. Chamava a atenção, não pelos melhores motivos, mas por ser um ~.

malacologia *s f Zoo* (<gr *malakós*: mole + -logia) Estudo dos moluscos.

mal-acostumado[-habituado], a *adj* (<mal- **c)** + ...) Que ficou preguiçoso/Que foi mimado. Ex. «a alguém que foge ao trabalho ou às dificuldades» Estás ~ ...

mal-afortunado, a *adj* (<mal + afortunado) Que não tem sorte/Desafortunado/Infeliz.

mal-agradecido, a *adj/s* (<mal- **c)** + agradecido) (O) que não mostra gratidão pelo bem que lhe fizeram. Sin. Ingrato.

malaguenha (Guê) *s f Mús* (<esp *malagueño*) **1** Canção/Música/Dança típica da região de Málaga, Sul de Espanha.

malagueta (Guê) *s f* (< ?) **1** *Bot* Planta que produz um fruto oblongo, de cor vermelha, picante e aromático. **2** Fruto dessa planta, usado como condimento. Ex. Há pessoas que gostam da comida picante, por isso não dispensam a ~. **3** *Náut* Cavilha de madeira ou metal que, num navio, serve para dar volta aos cabos de laborar. **4** *Náut* Cada um dos prolongamentos da roda do leme, que servem de pegas. **5** *Teat* Peça de madeira ou de ferro, onde se amarram as cordas que seguram o cenário. **6** *Br* Pau no qual se enrola o fio dos papagaios de papel. **7** *Br* Fruto novo do cacaueiro.

malaiala *adj 2g/s m Ling* (<dravídico *málay*: montanha + *al*: possuir) Língua que faz parte das línguas dravídicas faladas no Malabar (⇒ malabarismo). ⇒ malaio.

malaio, a *adj/s* (<dravídico *máláy*: monte) **1** *Ling* Língua diale(c)tal falada desde a Tailândia até à Indonésia e de que resultou o malaio-português falado em Malaca. **2** ⇒ «habitante da» Malásia.

mal-ajambrado, a *adj* (<mal- **c)** + ajambrado) **1** Que tem aparência desagradável. Sin. Desajeitado/Mal-ajeitado/Malfeito. **2** ⇒ mal-amanhado/mal-acabado(+).

mal-ajeitado, a *adj* ⇒ desajeitado.

mal-amado, a *adj/s* (<mal- **a)** + amado) **1** Que não é amado/Não correspondido no seu amor. Ant. Bem-amado. **2** Desprezado.

mal-amanhado, a *adj* (<mal- **c)** + amanhado) **1** Que está mal vestido. Sin. Mal-arranjado. **2** Que é imperfeito/tosco. Ex. O trabalho ficou ~.

malamba(s) *s f Ang* (<quimb *ma-pref* do *pl* + *lamba*: desventura) **1** Desgraça/Infelicidade/Má sorte. **2** Queixas/Lamentações/Lamúrias.

malandraço, a [malandrão, ona] *s* (<malandro + ...) *Aum* de malandro. Ex. É um grande ~, passa os dias sem fazer (absolutamente) nada de útil.

malandragem *s f* (<malandro + -agem) **1** Grupo de malandros. Ex. Jantava à pressa e juntava-se à ~ da rua, para jogarem até tarde. **2** Vida de malandro/Malandrice(+). **3** A(c)to ou dito de malandro.

malandrar *v int* (<malandro + -ar¹) Levar vida de malandro/Agir desonestamente.

malandrete [malandrote], a *adj/s col* (<malandro + ...) Pequeno [Meio] malandro.

malandrice *s f* (<malandro + -ice) **1** Estilo de vida próprio de malandro/Preguiça. Ex. Para ele, a vida é para ser vivida com o mínimo de esforço e o máximo de ~. **2** A(c)to ou dito de malandro. Ex. Quando acaba de contar as suas histórias vertidas, há sempre alguém que exclama: ~!

malandro, a *adj/s* (< ?) **1** (O) que vive de expedientes. Ex. Apesar de inteligente, não quis estudar e ganha a vida de maneira pouco normal, por isso o consideram um ~. **2** ⇒ Preguiçoso/*fam* Calaceiro. **3** Malicioso. Ex. Ele é um ~, sempre pronto a usar argumentos cheios de malícia. **4** ⇒ espertalhão.

mal-apessoado, a *adj* (<mal- **c)** + ...) «homem» De aspe(c)to desagradável/Feio.

malaquite/a *s f Miner* (<gr *maláche*: malva) Minério de cobre de cor verde, que cristaliza no sistema monoclínico, usado como ornamento, depois de talhado e polido.

malar *adj 2g* (<lat *mala,ae*: maça(s) do rosto) **1** Relativo às maçãs do rosto. **2** *s m* Cada um dos dois ossos da face.

malária *s f Med* (<it *malária* <malo: mau) Doença aguda ou crónica, endé[ê]mica em certas regiões quentes e húmidas, causada pela presença de parasitas nos glóbulos vermelhos do sangue. Ex. Os remédios para combater a ~ são derivados do quinino. Sin. Paludismo.

malárico, a *adj* (<malária + -ico) Relativo à malária.

malas-artes *adj 2g 2n/s 2g 2n* (<esp *malas artes*) **1** (O) que é desajeitado/trapalhão/intriguista. **2** (O) que é infeliz/azarado/mal-aventurado. **3** *s f pl* Habilidades obscuras e, eventualmente, perigosas. ⇒ manigâncias.

Malásia *top* País do Sudeste Asiático com capital em Kuala Lumpur e cuja língua é o malaio, sendo os seus naturais designados por malaios.

mal-assombrado, a *adj/s* (<mal- + assombrado) **1** Que tem mau aspe(c)to [tem aparência desagradável]. **2** Que tem feitiço/assombramento/fantasmas. Ex. Não conseguem alugar a casa, porque se espalhou o boato de que é uma casa ~a. **3** *s m Br* Fantasma.

mal-aventurado, a *adj/s* (<mal- **a)** + aventurado) (O) que é infeliz/que tem pouca sorte/Desventurado/Desgraçado.

mal-avindo, a *adj* (<mal- **c)** + avindo) Que tem desavença com alguém/Desavindo(+).

mal-avisado, a *adj/s* (<mal- **c)** + avisado) **1** «atitude/a(c)to» Imprudente. **2** «iniciativa/decisão» Irrefle(c)tido. Ex. É um ~, faz as coisas sem pensar.

Malawi *top* País situado no sudeste de África com a capital em Lilongwe, tendo como língua oficial o Chichewa e cujos habitantes são os malawianos.

malaxar *v t* (<lat *málaxo, áre*: amolecer) **1** ⇒ amassar «uma substância para a amolecer» (+). **2** ⇒ mexer/bater «com batedeira» (+).

malbarat(e)ar *v t* (<mal- **c)** + barat(e)ar) **1** Vender por preço muito baixo. **2** Gastar inutilmente/desregradamente. Ex. Os parentes acusavam-no de ~ a fortuna dos pais. Sin. Desbaratar/Dissipar/Esbanjar. **3** Usar/Aplicar/Empregar sem que se vejam resultados. Ex. ~ esforços tem sido a sua prática [é o que ele tem feito] nos quarenta e oito anos que tem de vida.

malbarato *s m* (<malbaratar) **1** Venda por preço muito baixo «com prejuízo» ⇒ desbarato. **2** A(c)ção de gastar desregradamente [Desperdício]. Ex. ~ de dinheiro/forças. Ant. Poupança. **3** *fig* Menosprezo de alguém ou de alguma coisa. ⇒ Depreciação. Ant. Apreço/Respeito.

malcasado, a *adj/s* (<mal- **c)** + casado) **1** (O) que vive mal com o respe(c)tivo cônjuge. **2** (O) que é casado com alguém de classe social inferior. **3** *Br Cul* Bolo feito de tapioca e leite de coco, cozido em lume brando numa folha de bananeira.

malcheiroso, a *adj* (<mal- **c)** + cheiroso) Que tem cheiro desagradável.

malcomido, a *adj fam* (<mal- **c)** + comido) Que se alimenta mal e é magro.

malcomportado, a *adj* (mal- **c)** + comportado) Que tem um comportamento que não está de acordo com as regras sociais. Ex. O João é um aluno ~, o que se refle(c)te negativamente nos resultados escolares [, e por isso tem notas baixas]. Ant. Bem-comportado.

malcontente *adj 2g* (<mal- **c)** + contente) **1** Que não está contente/Descontente.

2 Que aparenta descontentamento/insatisfação/Insatisfeito.

malcozido, a *adj* (<mal- **b**) + ...) Pouco [Quase] cozido. **Comb.** Arroz [Batatas] ~o [as].

malcozinhado, a *adj/s m* (<mal- **c**) + cozinhado) **1** Mal confe(c)cionado/Arranjado à pressa. **Ex.** Com as pressas, ficou tudo ~. Que pena! **2** Taberna onde se vende comida mal preparada.

malcriação [malcriadez/malcriadice] *s f* ⇒ má-criação.

malcriado, a *adj/s* (<mal- + criado) **1** (O) que não é bem-educado [que tem maus modos]. ⇒ educação; boas maneiras. **2** Que denota desrespeito/grosseria, que é ofensivo. **Ex.** Um indivíduo ~ não sabe comportar-se com corre(c)ção, chegando mesmo a ser grosseiro em diversas situações.

malcuidado, a *adj* (<mal- **c**) + ...) A que não foi dada muita atenção. **Ex.** A terra da minha horta é boa, mas trago [anda] tudo «árvores/morangos/couves» ~.

maldade *s f* (<lat *málitas*,átis) **1** Qualidade de mau/Tendência para praticar o mal. **Ex.** Dizem que a ~ [ruindade (+)] lhe está na massa do sangue [Dizem que ele é mesmo mau]. **Sin.** Crueldade/Perversidade/Ruindade. **Ant.** Bondade. **2** Malícia. **Ex.** As pessoas pensam [dizem] que ele fez aquilo com ~, mas não (foi). **3** *fam* Travessura «de criança». **Ex.** A professora chamou os pais à escola, para lhes contar as ~s do filho.

maldição *s f* (<lat *maledíctio,ónis*) **1** A(c)ção de maldizer/amaldiçoar. **2** Conjunto de palavras que revelam o desejo de que algo de negativo aconteça a alguém. **Ex.** Com rancor na voz, soltou uma ~ sobre a casa da vizinha. ⇒ praga. **3** Castigo. **4** Desgraça/Infelicidade. **Ex.** Faça o que faça, nada lhe corre bem: parece que uma ~ o persegue. **5** *interj* Expressão que denota raiva ou despeito por acontecimento adverso. **Ex.** Face ao assalto inesperado ao palácio, o rei correu pelos corredores, gritando: ~!

maldisposto, a *adj* (<mal- **c**) + disposto) **1** Que não se sente bem fisicamente. **Ex.** «comi qualquer coisa que não me caiu [fez] bem e» Hoje estou um pouco ~/indisposto. **Ant.** Bem-disposto. **2** Que revela indisposição/Que está zangado/de mau humor. **Ex.** Não se lhe pode fazer uma crítica ou mesmo sugestão, está sempre ~.

maldito, a *adj/s* (<lat *maledíctus,a,um*: maldizente) **1** (Indivíduo) que é condenado/rejeitado pela sociedade. **Comb.** Os poetas [pintores] ~s. ⇒ amaldiçoado. **2** Que nos causa aborrecimento/tormento/nojo. **Ex.** cal ~ as moscas, que não me vejo livre delas! ~ ruído da TV do vizinho! **3** Mau/Perverso. **Ex.** O ~ [maroto (+)] estragou o livro de propósito, não tem emenda. **4** *Br pop* Diabo. **5** *s f* ⇒ impigem [pústula] maligna; erisipela.

Maldivas *top* País insular situado no Oceano Índico, ao sul do continente asiático, com a capital em Malé e cuja língua é o divehi, sendo os seus habitantes os maldivanos/maldívios.

maldizente *adj 2g/s 2g* (<lat *maledícens, éntis*) (O) que diz mal dos outros, que difama. **Sin.** Difamador/Má-língua.

maldizer *v t/int* (<lat *maledíco,cere,díctum*) **1** ⇒ Amaldiçoar/Praguejar. **2** Dizer mal de (+) alguém, difamar. **3** Lamentar. **Ex.** Ele maldisse a sua sorte. **4** *s m* Maledicência. **Ex.** A poesia satírica medieval compreende as cantigas de escárnio e ~.

maldoso, a (Ôso, Ósa, Ósos) *adj/s* (<maldade + -oso) (O) que tem tendência para praticar o mal. **Ant.** Bondoso. **2** Que interpreta com malícia o que os outros dizem. **Ex.** É muito ~: vê sempre segundas intenções nas palavras dos outros. **3** Travesso/Malicioso.

maleabilidade *s f* (<maleável + -(i)dade) **1** Qualidade do que é maleável/flexível. **2** *Fís* Propriedade dos metais e suas ligas de se deformarem, sem quebrarem. **3** *fig* Capacidade de adaptação a novas situações. **Ex.** Pode dizer-se que é dotado de grande ~, ao conseguir representar papéis tão diferentes.

maleabilizar *v t* (<maleável + -izar) **1** Tornar flexível/maleável. **Loc.** ~ um metal. **2** *fig* Tornar-se dócil/tolerante. **Ex.** A partir de certa idade começou a ~ as suas atitudes.

malear *v t* (<lat *málleus,i*: martelo, maço + -ar¹) **1** Laminar um metal ou tornar o metal flexível «batendo com um martelo». **2** *fig* Tornar dócil. ⇒ amolecer/suavizar.

maleável *adj 2g* (<malear + -vel) **1** *Fís* Que se pode laminar. **Sin.** Dúctil. **2** Cuja forma se pode mudar com facilidade. **Ex.** O chumbo é muito ~. **Ant.** Rígido. **3** *fig* «cará(c)ter/pessoa» Que se adapta facilmente às situações. **Ant.** Inflexível.

maledicência *s f* (<lat *maledicéntia*) **1** Qualidade de maldizente. **2** Hábito de dizer mal dos outros. **Ex.** Tem um péssimo defeito: a ~; ninguém escapa à sua língua. **3** ⇒ Difamação/Murmuração.

mal-educado, a *adj/s* (<mal- **c**) + educado) (O) que revela falta de educação. **Sin.** Malcriado.

maleficência *s f* (<lat *maleficéntia*) **1** Qualidade do que é maléfico/maldoso. **2** Tendência para fazer o mal. **Ant.** Beneficência.

malefício *s m* (<lat *maleficíum*) **1** O que tem efeito nocivo/Dano/Mal/Prejuízo. **2** Bruxaria/Feitiço. **Ex.** Inventava ~s, com a intenção de fazer mal à rapariga com quem o filho teimava em casar.

maléfico, a *adj* (<lat *maléficus*) **1** Que pratica o mal. ⇒ maldoso/malévolo. **2** Que denota maldade. **Ex.** Solta, por vezes, umas gargalhadas ~as [demoníacas] que assustam os que estão junto dele. **3** Que provoca danos/Prejudicial(+)/Nocivo(+). **Ex.** O tabaco é um produto ~.

maleiro, a *s* (<mala +-eiro) **1** Fabricante ou vendedor de malas. **2** Compartimento onde se guardam malas «em locais de embarque e desembarque de passageiros». **3** Aquele que transporta malas e bagagens/Bagageiro(+).

maleita(s) *s f* (lat *maledícta*) **1** *pop* Doença geralmente não muito grave. **Ex.** Isto são ~s da idade. **2** *Med* Doença parasitária provocada por um mosquito/Malária(+)/Paludismo.

mal-empregado, a *adj* «dinheiro/talento/trabalho» Que poderia ter (tido) melhor uso/Empregado em vão. **Ex.** «alguém se queixa de algo que custou e não deu resultado; e outrem, por simpatia, ou o próprio exclama:» Mal-empregado!

mal-encarado, a *adj/s* (<mal- **c**) + encarado) **1** (O) que tem aspe(c)to de doente. **2** Mau/Carrancudo. **Ex.** É um ~, com [tem] *idi* cara de poucos amigos. **3** Que tem ar suspeito/tem má cara. **Ex.** Não gostei nada do aspe(c)to dele, inspirava medo, era muito ~. **4** *Br fam* Diabo.

mal-entendido *s m* Interpretação incorre(c)ta/Equívoco. **Ex.** Eu não disse nada disso, desculpem, foi tudo um ~. ⇒ desentendimento.

mal-estar *s m* **1** Indisposição física/Perturbação do organismo. ⇒ maldisposto. **2** Sentimento de desconforto, ansiedade, insatisfação. **Ex.** As informações que foram chegando geraram ~ na comunidade. **Ant.** Bem-estar.

maleta (Lê) *s f* (<mala + -eta) Mala pequena.

malevolência *s f* (<lat *malevoléntia*; ⇒ malévolo) **1** Qualidade de malévolo. **2** Má vontade (contra alguém)/Antipatia/Aversão. **Ex.** O cidadão foi acusado de forma precipitada e obje(c)to de ~ imediata; viria a ser mais tarde ilibado de todas as suspeitas.

malévolo, a *adj* (<lat *malévolus <mále + volo*: querer mal) **1** Que tem ou mostra má vontade contra alguém. **Ant.** Benévolo. **2** Que tem mau cará(c)ter/Mau. **Ex.** É um espírito [uma pessoa] ~[a] e isso nota-se nas suas propostas e a(c)tuações. ⇒ maléfico.

malfadado, a *adj/s* (<mal- **a**) + fadado) **1** (O) que tem má sorte/é perseguido pela adversidade. **Ex.** É pessimista e sente-se ~, é um infeliz. **2** Que causa a desgraça. **Ex.** Naquele ~ 1 de novembro de 1755, Lisboa foi destruída por um terramoto].

malfadar *v t* (<mal- **c**) + fadar) **1** Vaticinar um destino infeliz. **2** Tornar infeliz/Desgraçar(+).

malfazejo, a *adj* (<mal + fazer + -ejo) **1** Que gosta de fazer mal/Malvado/Perverso. **2** Que causa prejuízo/Prejudicial/Nocivo. **Ex.** Afastavam-se da sombra da figueira e da nogueira, que diziam ser ~a.

malfeito, a *adj* (<lat *malefáctus*) **1** Que foi mal executado. **Ex.** O desenho ficou ~. **2** Que tem má configuração/Deselegante. **Ex.** A jovem tem uma cara bonita mas tem o corpo ~. **3** *s m Br* A(c)ção maléfica atribuída a bruxos. **4** *s m Br* ⇒ malefício; prejuízo.

malfeitor, a *adj/s* (<lat *malefáctor*) **1** (O) que comete a(c)tos condenáveis. **Sin.** Criminoso/Inimigo.

malfeitoria *s f* (<malfeitor + -ia) **1** A(c)ção que causa prejuízo a outrem. **Ex.** Aquela criança era suspeita de ser a autora das ~s que assustavam os colegas. **2** A(c)ção que infringe as leis sociais/Crime/Delito. **Ex.** Respondeu em tribunal por uma série de ~s de que foram vítimas os vizinhos e até alguns familiares.

malferido, a *adj* (<mal- **d**) + ferido) Que está grave(mente) ou mortalmente ferido. **Ex.** Foram muitos os soldados ~s. **Ant.** Ileso/Incólume. **2** Sangrento(+). **Ex.** Uma luta ~a opôs, durante horas, os contendores.

malferir *v t* (<mal- **d**) + ferir) **1** Ferir grave(mente) ou mortalmente. **2** Tornar renhido/sangrento «um combate».

malformação *s f Med* (<malformar + -ção) Formação anormal de qualquer parte do corpo, congé[ê]nita ou hereditária. **Ex.** A ~ do feto não foi dete(c)tada na ecografia.

malformar(-se) *v t* (<mal + ...) Ganhar forma anormal. **Comb.** Órgão [Membro «perna»] malformado. ⇒ deformar.

malga *s f* (<lat *mágida*: travessa, prato) Recipiente redondo, mais largo na boca do que na base, us em vez de prato, para comer [sorver] a sopa, etc. **Sin.** Tigela. ⇒ chávena/xícara.

malgaxe (Che) *adj/s 2g* (<?) **1** (Diz-se de) língua, habitante e país da ilha de Madagáscar. **Comb.** República ~.

malgovernado, a *adj* (<mal- **c**) + governado) Que não sabe gerir o seu dinheiro /Que gasta para além das suas posses. **Sin.** Desgovernado(+).

malgrado *s m/prep/conj* (<mau + grato) **1** *s* ⇒ desagrado(+). **2** Apesar de/Não obstante. **Ex.** Fez aquele grande disparate «de contrair uma dívida» ~ os [apesar dos(+)] conselhos que lhe dei.

malha[1] *s f* (<fr *maille*) **1** Cada um dos nós de um fio «de seda, lã, algodão, linho, fibra, …». **2** Tecido tricotado à mão ou à máquina, formado pelo encadeamento das malhas. **3** Nó ou volta de um tecido que se encontra desfeito. **Ex.** Ela usa um pequeno aparelho para apanhar as ~s das meias. **4** Peça de vestuário feita de ~. **Comb.** Loja de ~s. **5** Abertura numa rede de pesca. **Ex.** A polícia marítima fiscaliza as redes de pesca, observando as respe(c)tivas ~s. **6** Entrançado de anéis de fio metálico com que, na Idade Média, se faziam tecidos para armaduras. **Ex.** Os guerreiros medievais protegiam-se com cotas de ~. **7** Qualquer sistema ou rede de elementos interligados, formando um todo. **Ex.** As cooperativas da região optaram por formar uma ~ [rede(+)] organizada, com vista à defesa dos seus interesses. **8** *Náut* Nó corrido ou fixo dado num cabo ⇒ malhete. **9** A(c)ções confusas ou obscuras, que constituem uma história enredada/Trama/Enredo. **Ex.** O livro conta uma história com uma ~ [trama(+)] urdida à volta da luta pela herança de um familiar. **10** *pl* Situações criadas para apanhar ou encontrar alguém em flagrante. **Ex.** O bandido escapou às ~s da polícia.

malha[2] *s f* (<lat *mácula*) Espaço de coloração diferente na pele [plumagem/no pelo] dos animais. **Ex.** A vaca desaparecida é preta com umas ~s brancas. O José tem uma ~ [marca(+)] avermelhada no queixo. ⇒ mancha; pinta.

malha[3] *s f* (<lat *medália*) **1** *Hist* Moeda antiga de pouco valor. **2** Chapa de metal usada nos jogos populares «chinquilho/fito». **3** Jogo popular. **Ex.** A ~ consiste em derrubar com uma chapa vários paus ou bonecos, colocados a certa distância. ⇒ fito; bowling.

malha[4] *s f* (<malhar) **1** A(c)ção de malhar/bater os cereais «trigo/centeio» de modo a separar os grãos da palha e da espiga. ⇒ debulha. **2** *pop* A(c)to de agredir fisicamente [de bater em] alguém/Sova/Surra/Tareia(+).

malhação *s f Br* (<malhar + -ção) **1** *fig fam* Crítica enérgica/mordaz. **2** *fig fam* ⇒ zombaria. **3** (D)esp fam Exercícios vigorosos, praticados com a intenção de emagrecer ou de fortalecer os músculos.

malhada[1] *s f* (<malha[1] 9 + -ada) Conjunto de a(c)ções que constituem uma história enredada. ⇒ trama. **Ex.** Contou uma ~ de tal forma complexa que custa a acreditar na sua veracidade.

malhada[2] *s f* (<malhar + -ada) **1** Cabana onde os pastores descansam. **2** Recinto onde se recolhe o gado. **3** Rebanho(+) de ovelhas. **4** Permanência de rebanhos de ovelhas em terras de cultivo, para as estrumar. **5** *Br* Local arborizado onde o gado se protege do sol. **6** *Br* Local onde se junta o gado.

malhada[3] *s f* (<malha[4] + -ada) **1** Acção de bater com o malho. **2** Local onde se batem os cereais para os debulhar/Eira(+). **3** Malha[4]1.

malhadeiro, a *s/adj* (<malhar + -deiro) **1** Instrumento para malhar cereais/Malho(+). ⇒ mangual; pírtigo. **2** ⇒ eira. **3** ⇒ malhadiço. **4** ⇒ grosseiro; rude. **5** *s f* ⇒ debulhadora.

malhadiço, a *adj* (<malhado[1]2/3 + -iço) Que está habituado a ser agredido/malhado/Que não altera o seu comportamento. **Ex.** Não adianta bater-lhe, o rapaz não se impressiona, não se corrige, está ~.

malhado[1], **a** *adj* (<malhar[1]) **1** «cereal» Que foi batido [debulhado] com malho. **2** Que foi espancado. **3** *fig* Alvo de chacota. **Ex.** Foram horas de gozo sem piedade, o desgraçado foi ~ com piadas sem conta. **4** *Br fam* Diz-se da droga adulterada com misturas. **5** *Br* Que tem o físico ginasticado/musculado.

malhado[2], **a** *adj* (<malha[2] + -ado) Que tem manchas de cor diferente no pelo. **Ex.** O cão é bonito, tem o pelo curto, branco ~ de preto.

malhador, ora *s* (<malhar[1] + -dor) **1** O que malha cereais. **2** *fig* Desordeiro(+). **Ex.** Ele é um ~, leva tudo [, resolve os conflitos] à pancada.

malhadou[oi]ro *s m* (<malhar[1] +…) Lugar onde se malham os cereais/Eira(+).

malhagem *s f* (<malha[1] 5 + -agem) Medida da abertura das malhas da rede de pesca. **Ex.** A fiscalização da ~ das redes contribui para a preservação das espécies piscícolas [evita a pesca selvagem/de arrasto].

malhal *s f* (<malho + -al) **1** Nos lagares de vinho, travessa de madeira sobre a qual pesa a vara do lagar. **2** *Arte* Suporte que sustenta a pedra que o escultor trabalha. **3** Calço para assentar pipas e tonéis. **Sin.** Baixete.

malhão[1] *s m* (<malha[3] 2 + -ão) **1** Lançamento por alto, no jogo da bola. **Loc.** De ~ [Sem rodeios/De supetão] (Ex. Agiu de ~, sem explicações prévias, o que surpreendeu toda a gente). **2** Bola ou malha com que se atira aos paus/bonecos. **3** *Br* Variedade de jogo dos pinhões.

malhão[2] *s m* (<?) *Mús* Canção dançada do folclore português. **Ex.** A letra do ~ começa assim: Ó ~, ~, que vida é a tua…

malhar[1] *v t* (<malho + -ar[1]) **1** Bater repetidamente com malho. **2** Separar da espiga os grãos do cereal, batendo-os/Debulhar. **Loc.** ~ o trigo. **3** *pop* Dar pancada. **4** *pop* Dizer mal, criticar. **Ex.** Passou o tempo a ~ no vizinho, dizendo dele as piores coisas. **5** *pop* Fazer troça. **6** *pop* Dar uma queda. **Ex.** Ia conversando na rua com os amigos e, de repente, tropeçou numa pedra e malhou com o corpo no chão. **Idi.** **~ em ferro frio** [Tentar de forma insistente, sem resultado] (Ex. O professor dizia que repreender o aluno era ~ em ferro frio, não servia de nada/nada resultava/não adiantava). **7** *Br* Alterar drogas com misturas. **8** *Br fam* Fazer exercícios de musculação ou ginástica. **9** *Br fam* Voz de certo tipo de sapos. ⇒ coaxar.

malhar[2] *v t* (<malha[2] + -ar[1]) Fazer áreas de coloração diferente. ⇒ manchar. **Ex.** Quando era criança, divertia-se a ~ folhas de papel branco com círculos vermelhos. Nuvens esparsas malhavam a [desenhavam manchas na] planície.

malharia *s f* (<malha[1] + -aria) **1** Arte de produzir tecidos de malha. **2** *Br* Fábrica de malhas. **3** *Br* Estabelecimento onde se vendem artigos de malha ou roupa para o frio. **4** Artigos de malha, feitos de forma manual ou mecânica.

malheiro, a *s* (<malha[1] 5/6 + -eiro) **1** *Hist* Pessoa que fabricava as malhas metálicas «de saias e cotas» que se usavam em combate na Idade Média. **2** *s m* Instrumento com que se fazem todas iguais as malhas das redes de pesca. **3** *s m* Rede com malha própria para apanha dos peixes.

malhetar *v t* (<malhete + -ar[1]) **1** Fazer encaixes na extremidade de tábuas ou vigas. **2** Encaixar uma peça de metal ou de madeira noutra.

malhete (Lhê) *s m* (<malho + -ete) **1** Encaixe nos bordos de duas tábuas de madeira, vigas ou peças de metal para as ajustar. **2** Pequeno malho ou maço de madeira.

malho *s m* (<lat *málleus*) **1** Espécie de martelo grande de ferro «para bater o ferro em brasa» ou de madeira, sem unhas nem orelhas. **Ex.** É preciso pegar no ~ com ambas as mãos. **2** Maço usado pelos calceteiros. ⇒ maça. **3** ⇒ matraca. **4** *pop* O que é infalível. **Ex.** No tiro, é um ~, acerta sempre. **5** *Mús* ⇒ baqueta.

mal-humorado, a *adj* (<mal- **a)** + humorado) Que manifesta mau humor. **Ex.** As relações com ele são difíceis, porque anda sempre ~. **Ant.** Bem-humorado[-disposto].

Mali (Lí) *s m top* Estado da África ocidental que confina a N com a Argélia, a E com o Níger, a S com o Burquina-Faso (Alto Volta), a Costa do Marfim e a Guiné e a O com o Senegal e a Mauritânia. Capital: Bamako. Nome oficial, République du Mali. **Ex.** Os habitantes do ~ são os malianos.

malícia *s f* (<lat *malítia*) **1** Tendência para interpretar mal ou julgar os outros com maldade ou com má intenção. **Ex.** Disse-se o que disse, transparecia nas suas palavras a tendência para a ~, o segundo sentido com que falava dos outros. **2** Astúcia/Manha. **3** Interpretação em sentido maldoso, satírico ou licencioso. **5** Dito satírico. ⇒ Brejeirice.

maliciosamente *adv* (<malicioso + -mente) **1** Com maldade. **2** Com a intenção de sugerir um segundo sentido «iró[ô]nico ou sexual».

malicioso, a (Ôso, Ósa, Ósos) *adj/s* (<lat *malitiósus, a, um*) **1** «alusão» Em que há malícia. **2** (O) que age com malícia. **Ex.** Você é um ~!...

málico, a *adj Quím* (<lat *málum, i*: maçã + -ico) Diz-se de ácido ($C_4H_6O_5$) encontrado na fruta, sobretudo na maçã, us na fabricação de ésteres e sais do vinho e como aromatizante de alimentos.

maligna *s f* (<maligno) **1** *pop* Doença grave. **2** Febre tifoide/Tifo. **3** *Br* Malária.

malignidade *s f* (<lat *malígnitas, átis*) **1** Qualidade do que é maligno/pernicioso/mau. **2** Maldade(o+)/Intenção perversa/Malvadez (+). **3** Cará(c)ter grave de algumas doenças.

maligno, a *adj* (<lat *malígnus*) **1** Que tem tendência para o mal/Malévolo/Maldoso. ⇒ mal-intencionado. **2** Prejudicial. **3** «ambiente» Que atrai ou prenuncia desgraça. **4** *Med* Que é grave ou tende a levar à morte. **Ex.** Ele tem um tumor ~/canceroso. **5** *s m pop* O diabo [espírito ~].

malina *s f* (< ?) Águas vivas das marés.

má-língua *adj/s 2g* **1** (O) que diz mal de tudo e de todos/Maldizente. **2** *s f* Maledicência.

mal-intencionado, a *adj/s* (O) que tem má intenção/que pretende fazer o mal.

malíssimo, a *adj* ⇒ péssimo.

maljeitoso, a (Ôso, Ósa, Ósos) *adj* (<mal- + jeitoso) **1** Que não consegue fazer bem um trabalho/Desajeitado/~. **Ant.** Habilidoso/Jeitoso. **2** «instrumento/cadeira» Malfeito/Desproporcionado/Disforme. **Ant.** Jeitoso.

malmandado, a *adj* (<mal- + mandado) Que faz com [de] má vontade o que lhe ordenam/pedem. ⇒ desobediente.

malmequer *s m Bot* (<mal + me + quer) Planta da família das compostas, em geral de pétalas brancas na periferia e amarelas no centro, muito vulgar nos campos e jardins. **Ex.** É muito popular, na brincadeira, ir dizendo ao desfolhar um ~: ~, bem-me-quer, muito, pouco, nada.

malnascido, a *adj* (<mal- + nascido) **1** Que nasceu com má sorte/Malfadado(+). **2** Que tem má índole / *pop* Que é de má raça (+).

3 Que é originário de uma classe social baixa.

malnutrição *s f* (<mal + nutrição) Estado resultante de uma alimentação insuficiente ou desequilibrada «carência de proteínas/vitaminas/Sobrealimentação».

maloca (Ló) *s f Br* (< ?) **1** Habitação indígena [dos índios] com cobertura de palmas secas/Choupana. **2** Aldeia de índios. **3** *depr* Grupo de pessoas que não inspira confiança.

malogrado, a *adj* (<malograr) **1** Que sofreu danos. **2** «plano» Fracassado/Frustrado/Malsucedido. **3** Que teve fim prematuro.

malograr *v t* (<mal + lograr) **1** Tornar ou ser malsucedido. **Ex.** A desconfiança mútua malogrou as negociações. **2** ~-se/Ter fim prematuro/Morrer(+).

malogro (Lô) *s m* (<malograr) A(c)ção de malograr. **Sin.** Fracasso/Insucesso.

maloio, a *s* (<mau + saloio) *pop depr* Pessoa rude. ⇒ campó[ô]nio.

malote (Ló) *s m* (<mala + -ote) **1** Mala pequena/Maleta. **2** Saco ou bolsa «de plástico» para envolver ou levar algo. **3** *Br* Serviço de transporte e entrega rápida de correspondência ou de encomendas.

malparado, a *adj* (<mal- + parar) **1** Que está em situação desfavorável ou perigosa. **Ex.** A polícia disparou nos [contra os] manifestantes e eu, ao ver o caso ~, fugi [fui para casa]. **2** Mal encaminhado/A ponto de perder-se. **Ex.** A questão está ~a, porque o tribunal não aceitou o recurso. **Comb.** Dinheiro [Crédito] ~.

malpassado, a *adj Cul* Que está pouco cozido/frito/assado. **Ex.** Quero o bife ~.

malquerença *s f* (<malquerer + -ença) Inimizade/Hostilidade. ⇒ malevolência.

malquerente *adj 2g/s 2g* (<malquerer + -ente) (O) que quer ou deseja mal a outrem.

malquerer *v t* (<mal + querer) **1** Sentir aversão por alguém. **2** *s m* ⇒ malquerença.

malquistar *v t* (<malquisto + -ar¹) Tornar(-se) obje(c)to de antipatia/inimizade. **Ex.** A rivalidade profissional malquistou-os. O mau gé[ê]nio do chefe malquistou-o com todos os funcionários.

malquisto, a *adj* (<mal + *an* quisto: querido) Que não é querido. **Comb.** ~ de [por] todos. **Ant.** Benquisto.

malsão, ã *adj* (<mal + são) **1** Nocivo à saúde. **2** De saúde precária/Mal curado. ⇒ convalescente. **3** Que tem efeitos nocivos. **Comb.** A influência ~sã do ambiente «da droga».

malsim *s/adj 2g* (<hebr *malxin*) **1** Informante/Denunciante pago pelo fisco ou pela polícia para denunciar culpados. **2** ⇒ espião; delator.

malsinar *v t* (<malsim + -ar¹) **1** ⇒ denunciar/delatar/acusar. **2** Atribuir cará(c)ter mau a. **Loc.** ~ as [Atribuir maldade às] intenções de alguém. **3** Augurar mau fim a. **Loc.** Com grande dor ~ a carreira [o futuro] da filha.

malso(n)ante *adj 2g* (<mal + so(n)ante) **1** «palavra/som» Que é desagradável ao ouvido/Dissonante(+). ⇒ desafinado. **Ant.** Harmonioso. **2** *fig* «anedota/palavra» Que escandaliza.

malsofrido, a *adj* (<mal + sofrido) Incapaz de suportar o sofrimento. **Ant.** Sofredor. ⇒ impaciente; revoltado.

malsucedido, a *adj* (⇒ sucesso) Que teve mau resultado. **Ex.** Infelizmente, foi ~ no negócio [, o negócio dele falhou].

Malta *Geog* Estado do Mediterrâneo composto por três ilhas, Malta, Gozo e Comino, e cuja capital é La Valleta. **Ex.** Os naturais de ~, malteses, falam o maltês.

malta *s f* (<Malta) **1** *fam* Grupo de pessoas com algum interesse comum. **Ex.** Já avisei a ~ do clube. **2** Grupo de trabalhadores agrícolas que trabalham fora da sua terra e se deslocam em conjunto. **3** *depr* Grupo de pessoas com mau cará(c)ter. **4** Vida irresponsável. **Idi.** *Andar na* ~ [Andar a monte/Andar fugido da justiça] (Ex. Ele anda na ~, até agora a polícia não o apanhou).

maltado, a *adj* (<maltar) **1** Que recebeu acréscimo de ou (que) contém malte. **2** Diz-se do cereal que se fez germinar para dar o malte.

maltagem *s f* (<maltar + -agem) Transformação da cevada em malte.

maltar *v t* (<malte + -ar¹) **1** Transformar a cevada em malte. **2** Preparar com malte.

máltase *s f Bioq* (<malte + (diást)ase) Enzima dos intestinos que catalisa a hidrólise da maltose em duas moléculas de glicose.

malte *s m* (<ing *malt* <*to malt*: derreter, amolecer) Cevada germinada artificialmente, utilizada no fabrico da cerveja. **Ex.** Para se obter o ~, a cevada é seca e reduzida a farinha.

maltês¹, esa *adj/s* (<malta 2 + -ês) **1** (O) que faz trabalhos agrícolas temporários, fora da sua terra. **2** Vagabundo.

maltês², esa *adj/s* (⇒ Malta) (Diz-se de) gato de pelo cinzento-azulado.

malt(h)usianismo *s m Econ* (<malt(h)usiano + -ismo) **1** Doutrina que propunha a contenção do crescimento da população. **Ex.** Segundo Malthus, enquanto a população cresce de forma geométrica, a produção de alimentos aumenta em progressão aritmética. **2** *fig* Atitude restritiva.

malt(h)usiano, a *adj/s* (<*T. Malthus,* economista inglês (1766-1834) + -iano) Relativo a [(O) que é partidário da doutrina demográfica ou econó[ô]mica de] Malthus.

maltose (Tó) *s f Quím* (<malte + -ose) Açúcar existente no malte, que se obtém por hidrólise do amido.

maltrapilho, a *adj/s* (<esp *maltrapillo*; ⇒ trapo) **1** (O) que usa roupas velhas e tem aspe(c)to descuidado/Esfarrapado. **2** *s fam* Pessoa sem rumo na vida. **Sin.** Pelintra(+)/Vagabundo(+). **Ex.** É um ~, nunca conseguiu ter ou manter um trabalho ou qualquer responsabilidade.

maltratar *v t* (<mal + tratar) **1** Tratar mal «os animais» [com agressividade «os drogados/doentes»]. **2** Causar danos/estragos. **Ex.** Acusaram-nos de vandalismo, por ~ [riscar (+)] os automóveis. **3** Tratar com desrespeito/Ofender.

malucar *v int* (<maluco + -ar¹) Fazer ou dizer maluquices [coisas insensatas]. **Ex.** Anda sempre a ~, é engraçado, mas ninguém o leva a sério. **2** Andar pensativo/Cismar. **Ex.** Desde que viu as análises, damos com ele a ~, a dizer umas coisas que preocupam.

maluco, a *adj/s* (< ?) **1** (O) que sofre de perturbações mentais que afe(c)tam o comportamento/Doido. **Ex.** Ficou ~ [Perdeu o juízo/Enlouqueceu] porque lhe morreu a mulher e dois filhos num desastre de carro. **Idi.** *Dar em* ~ [Ficar perturbado] (Ex. Ia dando em ~ com as notícias que lhe trouxeram). *Ser* ~ *por* [Gostar muito] (Ex. É ~a por (ir ao) cinema). **2** (O) que age como um doente mental sem o ser. **Ex.** Entrou em casa a gritar, parecia [, como um] ~. **3** *gír* Extravagante/Extraordinário. **Ex.** Ele pagou um preço ~ [extraordinário] pela casa! O carro ia a uma velocidade ~a «200 km à hora». Cuidado! Olhe que ele é (meio) ~/excêntrico/atrevido/extravagante! **4** *s f fam* Mulher leviana. **Sin.** Galdéria. **5** *s f fam* Alteração súbita de comportamento. **Ex.** Parecia estar bem mas, de repente, deu-lhe a ~a [a maluqueira(+)/na veneta (+)] e foi-se embora.

maluqueira *s f col/fam* (<maluco + -eira) **1** Estado ou a(c)to de quem perdeu o juízo. **2** Comportamento extravagante [fora do comum]. **Idi.** *Dar a* ~ [Ado(p)tar um comportamento fora do normal] (Ex. Por vezes, dá-lhe a ~ de ir fazer serenatas à meia-noite para junto da igreja da aldeia).

maluquice *s f* ⇒ maluqueira.

malva *s f Bot* (<lat *málva, ae*) **1** Planta da família das malváceas, de flores de cor púrpura, rosadas ou violáceas. **Ex.** A ~ tem propriedades laxativas. **Idi.** *Atirar às* ~s [Deitar fora/Desfazer-se de alguma coisa] (Ex. Quando limpou o escritório, atirou às ~ s muitas coisas). *Ir às* [*para as*] ~s [Ir para o cemitério/Morrer] (Ex. Foi para as ~s, com uma pneumonia, dizia-se com pouca consternação). *Lavar o rabinho com água de* ~s [Ajudar para além do razoável] (Ex. Fiz tudo o que podia para o ajudar, e não se dava por satisfeito, ainda queria que lhe lavasse o rabinho com água de ~ s). **2** A flor dessa planta. **3** *adj 2g/s 2g* (Que tem) cor violácea/violeta. **Ex.** O ~ não combina com o vermelho.

malváceo, a *adj* (<malva + -áceo) Que pertence ou é relativo à malva.

malvadez(a) *s f* (<malvado + ...) **1** Qualidade ou cará(c)ter de malvado. **Sin.** Crueldade. **2** A(c)to ou dito cruel.

malvado, a *adj/s* (<lat *málus + fátum*) **1** (O) que pratica a(c)tos criminosos/cruéis/infames. **Sin.** Perverso; mau.

malvaísco *s m Bot* (<lat *malva hibíscum*) ⇒ malva-rosa.

malva-rosa *s f* Planta herbácea da família das malváceas, muito aromática, cuja raiz tem aplicações medicinais/Alteia.

malvasia *s f* (<top gr Malvasia, cidade do Mediterrâneo) **1** *Bot* Casta de videira, originária da Grécia, que produz uva branca muito doce e aromática. **2** Uva dessa casta. **3** *s m* Vinho branco generoso, feito de uvas dessa casta. **Ex.** O ~ é produzido no Chipre, em Creta, na Madeira e nas Canárias.

malversação *s f* (<malversar + -ção) **1** Falta grave de um funcionário, em especial na gestão de dinheiros. **Ex.** O tribunal culpou-o do crime de ~ de fundos públicos. **2** Desvio fraudulento de dinheiro. **3** Má administração p.

malversador, ora *adj/s m* (<malversar + -dor) (O) que malversa. ⇒ dilapidador.

malversar *v t* (<mal + versar) **1** Desviar ou apropriar-se de fundos no exercício de um cargo. **2** Administrar mal.

malvisto, a *adj* (<mal- + visto) **1** Que tem má fama/Que não é visto com bons olhos. **Ex.** Ficou muito ~, por ter abandonado a casa sem dizer para onde ia. **2** ⇒ malquisto(+).

mama *s f Anat* (<lat *mámma*) **1** Órgão glandular que existe na face ventral dos mamíferos, desenvolvido nas fêmeas e atrofiado nos machos. **2** Leite que as crianças sugam na fase de amamentação. **Ex.** O bebé/ê está na ~ [a mamar]. **Loc.** «bezerro/criança» *De* ~ [Que ainda se alimenta do leite da mãe]. **4** ⇒ mamada. **5** *fig depr* Fonte de rendimentos que não pertence a quem dela usufrui. **Idi.** *Andar à* ~ [Viver à conta dos outros] (Ex. Não procura trabalho, prefere andar à ~). *Querer* ~ [Querer atenção/prote(c)ção] (Ex. É uma pessoa muito pouco autó[ô]noma, quer ~, procura os amigos com frequência).

mamã s f infan/fam (<mãe) Forma afe(c)tuosa pela qual os filhos se dirigem à mãe/ Br Mamãe.

mamada s f (<mama + -ada) **1** A(c)to de mamar. **Ex.** São horas da ~. **2** Quantidade de leite que se mama de uma vez.

mamadeira s f (<mamado + -eira) **1** Instrumento para extrair o leite da mama da mulher. **2** Br ⇒ biberão. **3** depr Benefício obtido à custa de outrem. **4** Br fam Aguardente de cana [Cachaça].

mamãe s f Br ⇒ mamã.

mamalhudo, a adj (<mama + -alhudo) Que tem mamas grandes. **Comb.** Uma mulher ~a/mamuda.

mamalogia s f (<mama + -logia) **1** Med Ramo da Medicina que estuda a glândula mamária/Mastologia. **2** Zool ⇒ mastozoologia.

mamão¹, ona adj/s (<mama + -ão) **1** Que mama muito. **2** Animal que ainda mama. **Comb.** Bezerro ~ [de mama].

mamão² s m Bot (<mama + -ão) ⇒ papaia.

mamar v t (<lat mámmo,áre,átum) **1** Sugar o leite da mãe. **2** pop Comer ou beber. **Ex.** Ao almoço mama um grande bife com três cervejas. **3** pop Consumir. **Ex.** É um carro que mama [consome(+)] muita gasolina. **4** fig Beneficiar de alguma coisa sem esforço. **Ex.** É só ~, habituou-se a ter as coisas sem lutar por elas. **5** Adquirir algum conhecimento ou prática durante a infância. **Ex.** Há coisas que se mamam de pequenino, como certas normas de educação. **6** Br Enganar alguém. **7** ⇒ Embebedar-se.

mamário, a adj (<mama + -ário) Referente à mama. **Comb.** Glândula ~a.

mamarracho s m (<esp mamarracho) **1** Pintor ou escultor cujo trabalho é de má qualidade. **2** A pintura ou escultura desses artistas. **3** Obra mal executada. **4** Edifício de aspe(c)to desagradável/pesado. **Ex.** A maioria das pessoas não está contente com a obra, acha o edifício um ~.

mamba s f Moç (<zulu im-amba) Designação de umas serpentes extremamente venenosas.

mameluco, a s (<ár mamlúk: escravo) **1** Hist Soldado da antiga e poderosa milícia turca do Egi(p)to, normalmente constituída por escravos. **2** Br Mestiço de branco com índio com caboclo.

mamífero, a adj/s Zool (mama- + -fero) **1** (Diz-se de) animal ou classe de animais vertebrados, vivíparos, dotados de glândulas mamárias e com o corpo coberto de pelos. **Ex.** O homem é um ~. **2** fig pop Que vive à custa de outros/Explorador.

mamiforme adj 2g (<mama + -forme) Que tem [Em] forma de mama.

mamilar¹ adj 2g (<mamilo + -ar²) **1** Relativo ao mamilo. **2** Que tem forma de [Semelhante a] mamilo.

mamilar² s m (<lat mamiláre,is) Faixa, espartilho ou lenço us pelas mulheres para encobrir ou apertar os seios. ⇒ sutiã.

mamilo s m Anat (<lat mamílla, dim de mámma) **1** Saliência carnuda, mais escura, na zona central da mama, rodeada por um pequeno círculo menos pigmentado. **Ex.** O ~ é também conhecido por bico do peito. **2** Qualquer pequena protuberância no cachaço [pescoço] dos animais, nas tetas das vacas, etc./Mamila. **3** fig Colina ou morro [outeiro] cujo cume é pontiagudo.

mamoa s f (<lat mámmula) **1** pop Mama grande. **2** Fruto do mamoeiro. ⇒ mamão². **3** Colina de forma arredondada «semelhante a uma mama»/Mamilo **3**. **4** Arqueo Monte de terra e pedras, arredondado, que cobre um monumento megalítico funerário pré-histórico. ⇒ anta.

mamoca (Mó) s f (<mama + -oca) **1** dim de mama. **2** Mama que ainda está em desenvolvimento.

mamoeiro s m (<mamão² + -eiro) **1** Árvore que dá o mamão. ⇒ papaieira. **2** Br fam Indivíduo beberrão.

mamografia s f (<mama + -grafia) Radiografia da mama.

mamologia s f (<mama + -logia) ⇒ mamalogia.

mamona s f Bot (< ?) Semente do fruto do mamoneiro [rícino(+)] com tegumento raiado de preto e com uma pequena carúncula/Carrapato.

mamoneiro s m Bot (<mamona + -eiro) ⇒ rícino.

mamparra s f (< ?) **1** depr Reunião de pândegos ou vadios. **Sin.** Súcia. **2** Br Preguiça. **3** Br Pequeno roubo. **4** Br Atitude traiçoeira/Velhacaria.

mamudo, a adj (<mama + -udo) ⇒ mamalhudo.

mamute s m Pal (<ru mamont) Elefante fóssil, da época quaternária, que viveu na Europa, Ásia e América. **Ex.** Na Sibéria, foram encontrados fósseis de ~s com cerca de doze mil anos.

maná s m (<hebr man hu: "que é isto?") **1** Rel Alimento que, segundo a Bíblia, Deus fez cair do céu para alimentar o povo de Israel durante a travessia do deserto. **2** Suco resinoso e açucarado, extraído de algumas plantas «freixo-do-maná». **Ex.** O ~ é por vezes utilizado em farmácia. **3** fig Alimento delicioso [Ambrosia]. **4** fig Alimento espiritual de origem divina. **Comb.** O ~ da Eucaristia [das palavras de Jesus]. **5** fig Ganho inesperado, sobretudo se (foi) conseguido sem esforço. **Ex.** A herança do tio da América foi para ele um ~ [um presente (caído) do céu(+)].

manada s f (<mão + -ada) **1** Conjunto de animais, em geral mamíferos, de grande porte. **Ex.** Tirou uma foto fantástica de uma ~ de elefantes. ⇒ rebanho «de ovelhas/cabras». **2** fig Grupo numeroso de pessoas que se deixam conduzir de forma passiva/Carneirada(+). **3** Br Grupo de quarenta a cinquenta éguas ou burras que acompanham um garanhão.

management ing s m Econ ⇒ dire(c)ção/gestão/administração/gerência.

manager ing s m **1** ⇒ empresário/gerente. **2** (D)esp ⇒ treinador.

manancial adj 2g/s m (⇒ manar) **1** Que corre [mana] sem cessar. **Comb.** Torrente ~. **Sin.** Manante(+). **2** s m Nascente(+) de água [Fonte(+)]. **3** fig O que é considerado fonte abundante de algo. **Ex.** A família considerava o avô um ~ de sabedoria.

manante adj 2g (⇒ manar) Que mana/corre/brota (da terra). **Comb.** Água ~ [da nascente/da fonte].

manápula s f (<manopla) pop Mão muito grande e malfeita. **Ex.** Tu tens umas ~s «de chimpanzé»!... **2** pop depr Mão [Pata(+)]. **Ex.** Tira as ~s do meu livro!

manar v t/int (<lat mano,áre,átum: correr em gotas) **1** Deitar/Fluir/Brotar (um líquido em abundância). **Ex.** Do lado de Jesus crucificado, ferido pela lança, manou [brotou] sangue e água. Com a prolongada seca as nascentes secaram [deixaram de ~]. **2** Originar/Provir/Produzir.

manata s m (<magnata/e) **1** pop Pessoa vestida de forma demasiado cuidada. **Sin.** Janota/Peralvilho. **2** ⇒ magnata[e]/fam manda-chuva. **3** Velhaco. **4** Larápio.

mancal s m Mec (< ?) **1** Peça «de metal» onde se apoia e gira a ponta do eixo duma máquina/Chumaceira. **2** ⇒ dobradiça.

mancar v t/int (<manco + -ar¹) **1** Tornar [Ficar] coxo/manco/aleijado (dos membros inferiores). **Ex.** O animal «cavalo» mancou-se. **2** Coxear [Ter um andar desequilibrado]. **Ex.** Ele manca [coxeia] da perna direita. **3** Br Tomar consciência de que se é inconveniente/Faltar/Falhar.

mancarra s f Bot CV/G/Br(sul) ⇒ amendoim.

mancebia s f (<mancebo + -ia) **1** Estado de quem mantém uma relação amorosa extraconjugal. **Sin.** Concubinato. **2** Vida desregrada/dissoluta.

mancebo, a (Cê) s (<lat mánceps,cipis: o que toma algo nas mãos para dar ou reivindicar) **1** Indivíduo jovem. **Sin.** Moço/a/Rapaz/Rapariga. **2** Jovem em idade militar. **Ex.** Todos os ~s devem comparecer [ir(+)] à inspe(c)ção (militar).

mancha s f (<lat mácula) **1** Marca de sujidade/Nódoa. **Ex.** A festa deixou-lhe ~s de vinho no vestido. **2** Zona de cor diferente num todo de cor uniforme. **Comb.** ~ tipográfica [Parte impressa de uma página] (Ex. O jornal tem uma ~ gráfica atra(c)tiva). **3** Pequena área que, na pele ou plumagem de alguns animais, apresenta coloração diferente. **Ex.** Era um pássaro muito bonito, todo azul e com uma ~ de um vermelho vivo no pescoço. ⇒ malha². **4** Conjunto de elementos que se diferenciam, negativamente, de um todo. **Ex.** Em muitas zonas dos países ricos, dete(c)tam-se ~s de pobreza. **5** Sítio onde se deita o javali/Cama. **6** Pincelada [Toque de pincel para distribuir a tinta num quadro]. **7** Astr Marca de cor distinta, visível na superfície de certos astros. **Comb.** As ~s solares. **8** Mús ⇒ harmó[ô]nica [Música de pequenos acordes que se reproduz simetricamente]. **9** Fa(c)to que põe em causa o bom nome de alguém. **Ex.** A acusação de suborno foi uma ~ no bom trabalho que vinha fazendo à frente da empresa. **10** Br Concentração de ervas num terreno. **11** Br Doença que afe(c)ta o tabaco. **12** Vet Br Carbúnculo dos bovinos.

manchado, a adj (<manchar) **1** Que tem marcas de sujidade. **Sin.** Enodoado/Sujo. **2** Que tem áreas de cor diferente do conjunto. **Ex.** Apareceu na festa com uma camisa rosa ~a de cinzento. **3** Que tem zonas da pele, da pelagem ou da plumagem de cor distinta do todo. **Ex.** A pele do rosto está ~a, denunciando o passar dos anos. **4** Que está desacreditado aos olhos dos outros. **Ex.** Ninguém acredita nele, por ter uma carreira ~a por uma série de episódios infames.

manchar v t (<mancha + -ar¹) **1** Enodoar/Sujar. **Ex.** Ao beber [comer] manchei a camisa/o casaco. **2** Atingir a honra ou a reputação/Denegrir. **Ex.** Você não tem vergonha de assim ~ o nome da família?

manche fr s f **1** Aeronáutica Alavanca que controla os movimentos das asas da aeronave. **2** Mec Qualquer comando semelhante que controla o movimento de um aparelho ou equipamento. **Ex.** A ~ tem uma pequena haste e desliza em duas ou mais dire(c)ções. **3** (D)esp ⇒ manga¹ **9**.

mancheia s f ⇒ mão-cheia.

manchete (Ché) s f (<fr manchette) **1** Título principal, na primeira página, de um jornal ou revista. **2** Notícia principal da rádio ou da televisão. **Ex.** Há muito (tempo) que o Médio Oriente é ~ nos telejornais [noticiários da TV]. **3** (D)esp Lance do voleibol.

manchil s m (<ár mandjil) **1** Cutelo ou faca com que os talhantes cortam a carne. **2** Arma branca usada antigamente na guerra.

manchinha s f pop (<mancheia + -inha) Pequena porção. **Sin.** Bocadinho. **Ex.** Dá-me uma ~ de amendoins [bombons].

Manchúria s f Geog Grande região do nordeste da China. **Ex.** O manchu foi a língua falada na ~ [pelos manchus] mas hoje é uma língua morta.

-mancia suf (<gr -manteia: adivinhação) Exprime a ideia de adivinhação; ⇒ necromancia.

manco, a adj/s (<lat máncus) **1** (O) que tem falta de parte ou de algum dos membros inferiores. **Loc.** Estar ~ de um pé [de uma perna]. **2** (O) que anda defeituosamente ou com dificuldade/Coxo. ⇒ aleijado «no braço/joelho»; coto. **3** fig Que tem falta de agilidade. **4** fig Que tem falta de alguma coisa/parte necessária. **Ex.** A mesa está ~a, falta-lhe um dos quatro pés em que tem de se apoiar. **Comb.** «negociou-se uma» Paz ~a [pouco segura]. Verso ~ [a que falta uma ou mais sílabas]. **5** fig Que tem pouca inteligência. **Ex.** É um indivíduo um pouco ~ de capacidades intelectuais, não tem um raciocínio muito desenvolvido.

mancomunação s f (<mancomunar + -ção) A(c)ção de pôr-se de comum acordo para atingir determinados fins. **Ex.** Está clara a ~ entre os quatro, com vista à realização de a(c)ções subversivas. **Sin.** Combinação/Conluio(+).

mancomunar v t (<mão + comum + -ar¹) Pôr-se de acordo com outrem para atingir certo fim, em geral ilícito ou desonesto. **Ex.** Mancomunou-se com o amigo para assaltar(em) os vizinhos. A desonestidade mancomunou[irmanou]-os.

manda s f (<mandar) **1** Sinal que remete o leitor para outro ponto de um texto. **Sin.** Chamada(o+); remissão(+). **2** s m Br ⇒ manda-chuva(+).

manda-chuva s f (<mandar + chuva) **1** Pessoa importante/influente/poderosa/Maioral. **2** Br Chefe político, especialmente em regiões e cidades do interior/Coronel.

mandado, a adj/s (<mandar; ⇒ mandato) **1** Que recebeu uma ordem. **Loc.** A ~ de [Por indicação ou ordem de] (Ex. Foi ao dire(c)tor a ~ do funcionário). **2** (O) que foi enviado «pelo correio/para outro país». **3** Que é comandado. **Ex.** No baile ~o, um dos participantes comanda as evoluções (dos outros elementos) do grupo. **4** s m Br Dança sapateada em que os gestos e ruídos de pés obedecem à marcação de um indivíduo. **5** s m Ordem superior de cará(c)ter imperativo. **6** Dir Ordem escrita de uma autoridade judicial. **Ex.** O juiz deu um ~ de captura ao assaltante.

mandador, ora adj/s (<lat mandátor,óris) **1** (O) que manda/Mandante(+). **2** Que gosta de mandar/Autoritário. ⇒ mandão(+).

mandala s m Hinduísmo/Budismo (<sân mandala: círculo) Diagrama composto de formas geométricas «círculos/triângulos» concêntricas que representa o universo e é utilizado como ponto focal para meditação. ⇒ mantra.

mandalete (Lê) s m **1** ⇒ mandarete(+). **2** Br Indivíduo, geralmente criança ou velho, que faz tarefas leves ou dá recados. **3** Br Indivíduo que faz qualquer (tipo de) serviço.

mandamento s m (<mandar + -mento) **1** Ordem «de quem tem autoridade para mandar». **2** Princípio orientador de cará(c)ter convencional. **Sin.** Regra. **3** Ordem de uma autoridade judicial ou administrativa. **4** Rel Cada um dos dez preceitos (Decálogo) ditados por Deus a Moisés, fundamentais para as religiões judaica e cristã. **Ex.** Os ~s (da lei) de Deus resumem-se em dois: amar a Deus e (a)o próximo.

mandante adj/s 2g (<lat mándans,ántis) **1** (O) que manda [tem autoridade para mandar]. **2** Que rege. **Ex.** Chama-se roda ~ do mecanismo à que subordina as outras peças. **3** Pessoa que incita outros a cometer determinados a(c)tos. **Ex.** Quem será [terá sido] o ~ do homicídio? **4** Dir (O) que dá a outro o poder de o representar num a(c)to jurídico. **Ex.** O ~ confere poder através de um mandato. **Ant.** Mandatário.

mandão, ona adj/s (<mandar + -ão) **1** (O) que gosta de mandar. **Ex.** É um [muito] ~, só está bem a dar ordens. **2** Que revela autoritarismo/arrogância. **Ex.** Fica-te mal essa atitude ~dona!

mandar v t (<lat mándo,áre,átum) **1** Dar uma ordem. **Ex.** O professor mandou-o ler o texto. **Idi.** ~ **às urtigas** [Desprezar/Deixar de dar importância a alguém ou a alguma coisa] (Ex. Muitas vezes, temos de ~ às urtigas algumas preocupações sem sentido). ~ **bugiar/passear/à fava/àquela parte** [Despedir alguém com desprezo/indiferença]. ~ **desta** «vida» **para melhor** «vida» [Matar] (Ex. Deu-lhe um tiro idi nos miolos e mandou-o desta para melhor). ~ **embora** [Dar ordem de sair dali/Despedir]. **Como manda o figurino** [Como deve ser] (Ex. Traz sempre o cabelo cuidado, como manda o figurino). **2** Ser responsável. **Ex.** A associação está (n)um caos, não se sabe quem manda. **3** Estabelecer uma determinação. **Ex.** A lei manda afixar em lugar público os nomes dos candidatos às eleições. **4** Fazer chegar a um destinatário. **Ex.** Ela mandou saudades ao primo [mandou a carta pelo correio]. **Sin.** Enviar. **5** Dizer a alguém para ir. **Ex.** O meu médico (de família) mandou-me a um pneumologista. **6** Emitir/Irradiar. **Ex.** O barco mandou sinais de pedido de socorro [mandou um SOS]. **7** Fazer movimentar repentinamente, em geral com força. **Ex.** O avançado mandou a bola com tanta força à baliza, que o guarda-redes [Br goleiro] não pôde fazer nada para a defender. **8** fam Emitir. **Ex.** O rapaz gritou [mandou/deu um grito] para chamar o amigo. **9** fam Dirigir. **Loc.** ~ um insulto [Insultar]. **10** fam Aplicar/Dar. **Ex.** O cão queria morder-me, mas eu mandei [dei]-lhe um pontapé e ele fugiu a ganir. **11** pop/col Ir-se embora/Partir. **Ex.** Farto da cidade, mandou-se para a aldeia, a viver com os pais. **12** Br pop/col Fugir.

mandarete (Rê) s m (<mandar + -ete) **1** Pequeno serviço/Mandalete. **2** Rapaz que faz esse serviço.

mandarim s m (<mal mantari: conselheiro de Estado) **1** Hist Alto funcionário civil ou militar do antigo império chinês. **2** fig Pessoa importante/influente (num certo meio). **3** Língua oficial da China e de Taiwan. ⇒ cantonês.

mandarina s f Bot (<mandarim) ⇒Tangerina(+).

mandarinato s m (<mandarim + -ato) **1** Hist Dignidade/Cargo de mandarim na antiga China. **2** depr Grupo intelectual ou profissional que forma uma casta privilegiada. **Ex.** Há um certo número de intelectuais, um autêntico ~, que pretendem ter o monopólio dos a(c)tos culturais da cidade.

mandatário, a s (<lat mandatárius; ⇒ mandato) **1** Dir Pessoa que recebe mandato ou procuração para agir em nome de outrem/Representante/Procurador. **Ex.** O candidato nomeou um dos advogados mais conhecidos para seu ~ na campanha eleitoral. **Comb.** «todo o deputado ou senador é» ~ do povo/da nação. **Ant.** Mandante. **2** Executor de ordens.

mandato s m (<lat mandátum; ⇒ mandar) **1** ⇒ mandado **5/6**. **2** Dir Poder que uma pessoa [o mandatário] recebe de outra [o mandante], para a(c)tuar em seu nome. **Comb.** ~ judicial [que outorga poder de representação a um profissional do foro] (Ex. Passou um ~ ao chefe de gabinete, para o representar nas negociações sobre um possível acordo de pesca). **3** Dir internacional Soberania temporária da ONU sobre um território, a fim de o preparar para (o exercício d)a autodeterminação. **4** Período de tempo durante o qual um representante eleito exerce o poder. **Ex.** O Presidente exerceu [teve] um segundo ~.

mandíbula s f Anat (<lat mandíbula) **1** Osso que forma o maxilar inferior do ser humano e dos outros vertebrados. **Sin.** Queixada. **2** fam Qualquer dos maxilares [queixos]. **3** Ornit Cada uma das partes córneas que compõem o bico das aves. **4** Mec Qualquer peça articulada com outra e com um funcionamento semelhante ao de um maxilar.

mandibular adj 2g (<mandíbula + -ar²) **1** Relativo a mandíbula.

mandil s m (<lat manté[í]le,is: toalha de mesa ou de mãos) **1** Pano para limpar. **2** Avental «de cozinheiro». **3** Tecido grosseiro, usado para vestuário feminino. **4** adj/s 2g ⇒ mandrião.

mandinga s f (<top Mandinga, Guiné-Bissau) **1** Bruxaria/Feitiçaria. **2** Enguiço que dificulta a realização de qualquer coisa. **3** Língua e etnia espalhada por Guiné-Bissau, Senegal, Níger, ...

mandioca (Ó) s f Bot (<tupi mandi'oka: caule que se tira) **1** Planta euforbiácea arbustiva, com grossas raízes, ricas em amido; Manihot esculenta. **2** Bot Raiz dessa planta constituída por tubérculos, dos quais se extrai a fécula com que se faz a tapioca e a farinha de pau. **3** fam Qualquer coisa.

mando s m (<mandar) **1** Poder de exercer autoridade. ⇒ comando. **2** Ordem. **Loc.** **A/Por ~ de** [Por ordem de] (Ex. O réu afirmou que agiu a ~ do capataz). **Ter alguém a seu ~** [Ter alguém à sua disposição/às suas ordens] (Ex. O chefe tem a seu ~ três funcionários muito competentes).

mandrágora s f Bot (<gr mandragóra) Planta de raiz grossa, corola branca ou violácea, baga avermelhada, e venenosa pelos alcaloides que contém. **Ex.** A ~ é muito usada em rituais de magia.

mândria s f (<gr mandra: rebanho de gado) Qualidade de mandrião/Mandriice(+).

mandrião, ona col adj/s (<mândria + -ão) **1** (O) que revela falta de vontade de trabalhar. **Sin.** Indolente/Preguiçoso(+). **2** (O) que se entrega à ociosidade. **3** s m Roupão ou casaco curto e leve para uso doméstico de mulheres e crianças.

mandriar v int (<mândria + -ar¹) Levar vida de ocioso/mandrião. **Sin.** Preguiçar(+). **Ex.** Levantava-se tarde e passava as manhãs a ~, não fazia nada.

mandriice s f (<mândria + -ice) Qualidade, estado ou comportamento de (quem é) mandrião/Mandriagem.

mandril¹ s m Mec (<fr mandrin) **1** Instrumento cilíndrico para alargar o olhal do projé(c)til, numa arma. **2** Ferramenta usada para re(c)tificar ou calibrar o interior de peças cilíndricas. **3** Med Fio rígido que se introduz em certas sondas para as guiar.

mandril² s m Zool (<ing mandrill) Macaco de cauda curta, cujos machos têm focinho vivamente colorido de vermelho e azul; Mandrillus sphinx.

mandrilar *v t* (<mandril¹ + -ar¹) Passar o mandril no interior de peças cilíndricas para o alisar e aumentar o seu diâmetro.

manducação *s f* (<lat *manducátio,ónis*) A(c)ção de manducar/Mastigação(+).

manducar *v t* (<lat *mandúco, áre, átum*) Mastigar(+)/Comer(o+).

manear¹ *v t* (<mão + -ear) **1** ⇒ manejar(+). **2** *Br* Atar/Amarrar «com maneia, correia(+) ou corda patas de animal ou ave».

manear² *v int* (<esp an *manear*) «ramo de árvore batido pelo vento» Movimentar-se de um lado para outro.

mane(j)ável *adj 2g* (<manear¹ + -vel) Que é fácil de movimentar/mane(j)ar/guiar.

maneio *s m* (<manear¹) **1** A(c)ção de manear [fazer com as mãos]. **Sin.** Manejo. **2** Administração/Dire(c)ção/Gerência de trabalho e capitais. **Comb.** Fundo de ~ [Montante disponível, para despesas imprevistas] (Ex. A administração do condomínio tem um fundo de ~ com que resolve alguns problemas).

maneira *s f* (<mão + -eira) **1** Modo, forma de ser ou de se comportar. **Ex.** A sua ~ de receber as pessoas é muito agradável. **Loc.** *fam* **À ~** [Como convém] (Ex. O polvo está à ~, melhor não podia ser). **À ~ de** [Ao modo de] (Ex. A carne está cozinhada à ~ da minha aldeia). **À ~ que** [Ao mesmo tempo que] (Ex. Os resultados iam melhorando à ~ que estudava mais). **De ~ alguma/nenhuma** [Em circunstância nenhuma] (Ex. Não concordo de ~ alguma/nenhuma com ataques aos mais fracos). **De (uma) ~ geral** [Na maioria dos casos] (Ex. De uma ~ geral, os portugueses gostam de fado). **De ~ que** [De modo que/Por conseguinte] (Ex. Não temos tempo, de ~ que [, portanto] não podemos ir à [ir ouvir a] conferência). **De qualquer ~** [Apesar disso] (Ex. Pode fazer muito frio, (mas) de qualquer ~ vamos sair). **Comb.** **~ de dizer** [Modo peculiar de exprimir um conceito] (Ex. Afirmar que ele sabe tudo é uma ~ de dizer, o que quero sublinhar é que sabe bastante sobre muitas coisas). **~ de ver** [Opinião/Ponto de vista] (Ex. É uma ~ de ver, com certeza respeitável, mas eu tenho uma ideia diferente sobre o assunto). **2** Forma de agir/Método. **Ex.** Diz-se que há mil ~s de cozinhar o bacalhau. **3** Estilo/Marca pessoal. **Ex.** Escreve de uma ~ muito própria, inconfundível. **4** Oportunidade/Possibilidade «de fazer/resolver alguma coisa». **Ex.** Não há ~ de solucionar a questão! **5** *pl* Comportamento educado. **Ex.** Ela tem boas ~s, sinal da educação esmerada que teve. **6** *pl* Modos habituais. **Ex.** Tem ~s um pouco rudes, que não facilitam a comunicação.

maneirinho, a *adj pop col* (<maneiro + -inho) **1** «ferramenta» Que se pode manejar com facilidade. **2** Pequenino. **3** Jeitosinho.

maneirismo *s m* (<maneira + -ismo) **1** Afe(c)tação [Falta de naturalidade] nos modos, no comportamento/Formalismo. **2** *Arte* Estilo artístico que se desenvolveu na Itália, no fim do século XVI e no século XVII, na transição do renascimento para o barroco.

maneirista *adj/s 2g* (<maneira + -ista) **1** (O) que é afectado nos gestos. ⇒ formalista. **2** Que pertence ou é relativo ao maneirismo **2**. **Comb.** Pintor ~. **3** Artista que segue os preceitos do maneirismo.

maneiro, a *adj* (<lat *manuárius*) **1** «carro/serviço» Que se maneja facilmente/Que exige pouco trabalho. **2** «livro/dicionário» Que é pequeno e jeitoso. **3** Que revela habilidade. **4** Que é delicado [de boas maneiras]. **5** Diz-se do animal que vem comer à mão. **6** *Br fam* Palavra que qualifica pessoas com atributos positivos/Bacana(+)/Giro.

maneiroso, a (Ôso, Ósa, Ósos) *adj* (<maneira + -oso) Dotado de boas maneiras/Cortês(+)/Gentil.

manejar *v t* (<mão + -ejar) **1** Movimentar/Utilizar um obje(c)to «leme/arma», com as mãos/Manusear «o dicionário». **2** Usar com destreza. **3** Ter poder sobre algo/Controlar. **Ex.** É um verdadeiro ditador, maneja tudo e todos à sua vontade.

manejável *adj 2g* (<manejar + -vel) **1** «instrumento» Que se maneja facilmente. **2** «empregado» Que pode ser controlado/Cumpridor.

manejo *s m* (<manejar; ⇒ maneio **2**) **1** A(c)ção de manejar [de mover/utilizar um obje(c)to «pincel», com (ajuda d)as mãos]. **2** *Hip* Conjunto de exercícios para domar os cavalos. **3** *Hip* Recinto onde se realizam esses exercícios. ⇒ picadeiro. **4** Trabalho de dirigir/usar/orientar «carro/máquina». **5** *pl* Artimanhas/Manobras. **Ex.** A estratégia que concebeu inclui ~s que não estão nos manuais da especialidade.

manelo (Nê) *s m* (<mão + -elo) **1** Quantidade de coisas que pode caber numa mão/Manhuço. ⇒ mão-cheia; punhado. **2** Pequena porção de estopa depois de espadelada.

manente *adj 2g* (<lat *mánens,éntis*) Que não sofre alterações/Permanente/Estável.

manequim *s m* (<hol *manneken*: homem pequeno) **1** Reprodução da figura humana, usada para estudo em pintura e escultura. **2** Figura que simula o corpo humano para efeito de estudos de medicina. **3** Figura com dimensões de um corpo humano, utilizada na confe(c)ção de vestuário. **4** Reprodução da figura humana, para exposição de vestuário, nas lojas. **Ex.** A loja pod(er)ia ter ~ns mais atra(c)tivos. **5** *fam* Pessoa «muito bem vestida» que se preocupa em seguir a moda. **Ex.** Quando vai a uma festa, parece um autêntico [, é mesmo um] ~. **6** Pessoa «sem vontade própria», que age segundo a vontade dos outros/Boneco(+)/Fantoche(+). **7** *Br* Medida/Tamanho de vestuário. **8** *s 2g* Mulher ou homem que tem por profissão desfilar perante uma plateia, exibindo criações de costureiros e estilistas/Modelo(+). **Ex.** Há ~ns excessivamente magras.

manes *lat s m pl* **1** *Maiúsc* As almas boas dos mortos «pais», consideradas divindades, na religião romana. **2** As almas dos mortos, de modo geral. **3** *fig* Antepassados(+)/Avós(o+)/Ancestrais. ⇒ lar.

maneta (Nê) *adj 2g/s 2g* (<mão + -eta) (O) que não tem um braço ou uma mão. **Idi.** *Ir para o* ~ **a)** Morrer (Ex. Na guerra, houve situações em que esteve quase a ir para o ~); **b)** Ficar inutilizado (Ex. Tentou arranjar [consertar] a máquina, mas tais voltas lhe deu que foi tudo [toda] para o ~!).

manete (Nê) *s f* (<fr *manette*) **1** Barra/Manípulo de comando de um mecanismo. **2** *Ele(c)tr Br* Peça usada em aparelhos de rádio e televisão para controlar volume, sintonia, etc.

manga¹ *s f* (<lat *mánica*; ~ de alpaca) **1** Parte de vestuário por onde se enfia o braço. **Idi.** *Arregaçar as* ~s [Entregar-se inteiramente a um trabalho] (Ex. Quando era preciso fazer alguma coisa não hesitava: arregaçava as ~s e começava a tarefa). *Br fam* *Botar/Pôr as* ~s *de fora* [Tomar atitudes reprováveis/Exceder-se] (Ex. Parecia uma pessoa tão boa e, por fim, pôs as ~s de fora). *Em* ~s *de camisa* [«sair (de casa)» Só com a camisa]. *Não ter nada na* ~ [Não esconder nada/Ser franco] (Ex. Era sincero, notava [via(+)]-se que não tinha nada na ~). *Br Ser* ~ *de colete* [Ser raro acontecer/encontrar]. *Ter alguma coisa na* ~ [Esconder alguma coisa] (Ex. Falava de modo que inspirava pouca confiança, suspeitava [via(+)]-se que tinha alguma coisa na ~). *Ter pano para* ~s [Diz-se de algo que ainda vai dar muito trabalho] (Ex. É um assunto tão complexo que se tem [que ainda temos] pano para ~s). **2** Tudo o que se assemelha a ~. **3** Tubo de gaze «impregnada de sais metálicos» que torna a luz mais brilhante. **Comb.** A ~ incandescente do candeeiro. **4** *Quím* Espécie de tubo em forma de funil para filtrar líquidos. **5** ⇒ mangueira¹. **6** Saco em forma de tubo que indica a dire(c)ção do vento nas autoestradas ou aeroportos/Biruta. **7** Tubo de grandes dimensões para evacuar passageiros de um avião em caso de emergência. **8** *Meteor* ⇒ Tromba-d'água. **9** *(D)esp pop* Cada parte de um jogo ou corrida. **Ex.** Ganhou a primeira ~ do motocrosse. **10** Cada uma das extremidades da rede de arrasto. **11** Pastagem cercada onde se guarda o gado. **12** *Br* Corredor cercado de varas, que se destina a conduzir os bois para o lugar de embarque, num rio ou canal.

manga² *s f Bot* (<mal *manga*) Fruto comestível da mangueira, de forma oblonga e (cuja) polpa (é) muito aromática. **Ex.** Gosto muito de gelado de ~.

mangab(eir)a *s f Bot* (<tupi *ma'ngawa*) Árvore apocinácea de que se extrai látex para borracha rosada e de que também se aproveita o fruto e a madeira.

mangação *s f* (<mangar + -ção) A(c)ção de mangar [brincar]. ⇒ brincadeira.

manga de alpaca *s m col* Funcionário de serviços administrativos ou amanuense conhecido pelo zelo no seu trabalho rotineiro. **Sin.** Burocrata.

mangador, ora *adj/s* (mangar + -dor) (O) que gosta de mangar/troçar/Mangão. **Sin.** Trocista. ⇒ brincalhão.

mangal¹ *s m* (< manga + -al) ⇒ mangueiral.

mangal² *s m* (<mangue + -al) ⇒ mangue.

manganato *s m Quím* (<manganésio + -ato) Designação genérica dos aniões que contêm manganésio.

mangané[ê]s *s m* (<it *manganese*) ⇒ manganésio.

manganésico, a *adj Quím* (<manganésio + -ico) ⇒ mangânico, a.

manganésio [Mn 25] *s m Quím* (<fr *manganèse*) Elemento utilizado na produção de ligas metálicas. **Ex.** O ~ é utilizado no fabrico do aço dos trilhos dos comboios/trens.

mangânico, a *adj* (manganésio + -ico) Que contém ou é relativo a mangané[ê]s.

mangão, gona *s/adj* (<mangar **1**) (O) que gosta de mangar. **Sin.** Mangador.

mangar *v int* (<?) **1** Escarnecer, fingindo seriedade. **Ex.** Não percebia que o outro estava a ~, tal o ar sério que punha na conversa. **2** Enganar. **3** *Br* Mandriar/Preguiçar.

mangote (Gó) *s m* (<manga + -ote) **1** Parte da armadura que cobria os braços. ⇒ manguito. **2** Gancho onde se apoiam os varais em veículos de tra(c)ção animal. **3** Mangueira curta, usada para várias finalidades. **4** *Mar* Mangueira resistente para aspirar água com bomba.

mangra *s f* (<lat *mácula*) Doença que ataca as plantas «gramíneas», causada por excesso de (h)umidade no ar e que produz fungos. ⇒ oídio; míldio.

mangrar *v t/int* (<mangra + -ar¹) **1** Causar mangra ou sofrer os seus efeitos. **Ex.** A (h)umidade e o orvalho podem ~ as gramíneas. **2** Impedir o desenvolvimento «da plantação». **3** *fig* ⇒ malograr-se.

mangual *s m* (<lat *manuális,e*: que se segura na mão) **1** Instrumento composto de duas peças ou paus, mangueira e pírtigo, ligados por uma correia e que serve para malhar cereais na eira. ⇒ malho. **2** Arma antiga do Norte de África, composta por uma haste a que se ligam vários toros. **3** *Mar* Espigão metálico, que encaixa no cachimbo ligado ao mastro. **4** Correia com que se açoitam os animais/Chicote(+).

mangue *s m* (< ?) **1** *Bot* Nome comum a várias espécies tropicais usadas em curtumes. **Ex.** A casca do ~ é rica em tanino. **2** Terreno lodoso onde crescem essas plantas. **3** *Mar* Vegetação densa junto à praia ou foz de um rio.

mangueira¹ *s f* (<manga¹ 1 + -eira) Tubo de material flexível, usado para conduzir ar, água ou outro líquido. **Ex.** No quintal temos uma ~ para regar as plantas.

mangueira² *s f Bot* (<manga² + -eira) Árvore tropical, cujo fruto é a manga.

mangueiral *s m Bot* (<mangueira + -al) Conjunto [Pomar] de mangueiras (que crescem num terreno).

manguito *s m* (<manga + -ito) **1** Manga pequena usada para proteger ou enfeitar os punhos. **2** *Med* Pedaço de pele de um membro amputado para cobrir o coto. **3** Gesto grosseiro de descontentamento ou rejeição. **Idi.** *Fazer um ~* [Dizer que não, através do gesto de dobrar um braço e colocar o punho do outro braço na dobra do primeiro] (Ex. À insistência do interlocutor, respondeu com um inequívoco ~).

mangusto *s m Zool* (<marata *manghûs*) Mamífero carnívoro, viverrídeo, de corpo esguio, que se desloca em fila (uns atrás dos outros), também chamado manguço, rato-do-egi(p)to, icnêumone, …

manha *s f* (<mão) **1** Capacidade de resolver situações difíceis. **Sin.** Destreza(+). **2** Habilidade/Estratégia para enganar. **Ex.** Age com a ~ necessária para conseguir os seus obje(c)tivos. **Sin.** Ardil/Astúcia. **3** Defeito de alguma coisa, que dificulta o seu manejo. **Ex.** Só ele conhece as ~s da velha televisão, para a pôr a funcionar. **4** *pl* Costumes/Hábitos. **5** *Br* Choro de criança.

manhã *s f* (<lat *mane*) **1** Parte do dia que vai do nascer do sol até ao meio-dia. **Loc.** *De ~* [Durante a ~] (Ex. Só trabalho no escritório de ~; de tarde fico em casa). *De ~ ced(inh)o* [No início da ~] (Ex. Por causa do calor, tudo começa de ~ cedo). *De ~ à noite* [Todo o dia] (Ex. Os pássaros cantam de ~ à noite). **2** Primeiras horas do dia/Madrugada/Alvorecer/Manhãzinha/Alvorada. **Ex.** Eram cinco da ~ e ele ainda não tinha chegado a casa. **3** *fig* Princípio. **Ex.** Na ~ dos tempos [No dealbar da História], o homem vivia do que caçava.

manhoso, a (Ôso, Ósa, Ósos) *adj/s* (<manha + -oso) **1** *s* Pessoa que engana para conseguir o que quer. **Ex.** Ele é um ~, faz o que for preciso para ter o que deseja. **2** Que tem manhas/manias. **Ex.** Em geral, os gatos são ~s e é preciso conhecer os seus hábitos, para lidar com eles. **3** Que tem manha/Ardiloso. **4** *fam* Que é de baixa qualidade ou de mau gosto. **Ex.** Comprou uma camisa ~a, que foi motivo de troça. **5** *Br* Que chora sem motivo/Rabugento/Queixoso. **6** Que resolve situações complicadas. **Sin.** Hábil [Habilidoso(+)].

mania *s f* (<gr *maníā*: loucura) **1** *Med* Perturbação mental cujos sintomas mais frequentes são crises de exaltação eufórica, incoerência de ideias e, por vezes, excitação motora. **2** Ideia fixa que ocupa o espírito de maneira obsessiva. **Ex.** Tem a ~, uma verdadeira obsessão, de descobrir pelo menos uma imperfeição em qualquer coisa. **Comb.** ~ da perseguição [Ideia delirante que faz com que uma pessoa veja inimigos em toda a parte] (Ex. Tinha a ~ da perseguição: dissessem o que dissessem, interpretava sempre tudo como um ataque). **Idi.** *Ter a ~* [Achar-se muito importante] (Ex. Ele tem a ~, julga que é superior aos outros). **3** Gosto/Preocupação desmedida por alguma coisa. **Ex.** Desde criança (se notou que) ele tinha a ~ de correr. **4** Comportamento reprovável. **Ex.** A ~ de atirar com a bola contra a casa partiu muitos vidros.

maníaco, a *adj/s* (<lat *maníacus*) **1** (O) que sofre de mania 1. **Ex.** O médico declarou que ele é (um) ~. **2** (O) que tem ideias fixas/Aferrado a uma ideia/Teimoso. **Ex.** É um ~ da(s) limpeza(s).

maníaco-depressivo, a *adj/s Med* (O) que tem acessos alternados de hipera(c)tividade [excitação maníaca] e de depressão melancólica.

mania[e]tar *v t* (mão + -atar) **1** Impossibilitar o movimento, atando as mãos. **Ex.** Conseguiram ~ o ladrão, até à chegada da polícia. **2** Amarrar/Prender/Tolher/Paralisar. **3** Tirar a liberdade. **Ex.** Os pais manietaram-na toda a vida e agora ela não resolve nada sozinha. **Comb.** ~ [Amordaçar(+)] a liberdade de imprensa.

manicómio [*Br* **manicômio**] *s m* (<gr *manías*: louco + *koméin*: tratar) **1** Hospital para doentes mentais. **2** *fig* Lugar onde há muita confusão. **Ex.** A casa está transformada num autêntico ~, onde cada um fala para seu lado e não há entendimento [e ninguém se entende (+)].

manicura *s f* (<fr *manucure*) Mulher que cuida das mãos e das unhas dos clientes. **Ex.** A ~ limou e pintou as unhas da minha irmã. ⇒ pedicuro.

manidestro, a *adj* (<mão + destro) Que usa mais a mão direita (do que a esquerda)/Dex[s]trímano. **Ant.** Esquerdo/*col* Canhoto.

manietar ⇒ maniatar.

manifestação *s f* (<lat *manifestátio,ónis*) **1** A(c)to de manifestar [dar a conhecer/revelar] alguma coisa. **Ex.** Foram a casa dos amigos, em ~ de solidariedade. **2** O que é prova/sinal de alguma coisa «ideia/sentimento». **Ex.** As lágrimas eram uma ~ da sua alegria. **3** Forma de revelação de um fenó[ô]meno natural. **Ex.** A febre era a ~ clara da gravidade da doença. **4** Concentração e desfile de numeroso grupo de pessoas, em apoio ou reivindicação de algo. **Ex.** A ~ reuniu muitos milhares de pessoas que protestaram contra as medidas do governo. **5** Realização de cará(c)ter cole(c)tivo. **Ex.** A exposição de pintura foi a ~ cultural mais visitada. **6** *Br* Incorporação de entidade ou orixá no corpo do médium.

manifestamente *adv* (<manifesto + -mente) Evidentemente/Claramente. **Ex.** Desde o início do jogo, ficou ~ marcada a grande diferença entre as duas equipas.

manifestante *adj/s 2g* (<manifestar + -ante) **1** Que manifesta/mostra/revela. **2** (O) que participa numa manifestação. **Ex.** Os ~s partiram da maior praça da cidade, rumo à [, para a] sede do governo.

manifestar *v t* (<lat *manifésto,áre,átum*) **1** Tornar(-se) perce(p)tível/visível. **Sin.** Mostrar. **2** Declarar/Expressar. **Ex.** O presidente manifestou o seu desagrado pelos incidentes. **3** Expressar publicamente de forma cole(c)tiva uma opinião. **Ex.** Os professores manifestaram as suas preocupações relativamente ao aumento dos casos de indisciplina. **4** ~-se/Dizer alguma coisa/Dar uma opinião. **Ex.** O conferencista estimulou a participação dos presentes, mas ninguém se manifestou [mas não houve perguntas].

manifesto, a *adj/s* (<lat *manifestus*: palpável) **1** Que se percebe/nota/vê claramente. **Ex.** Foi ~a a falta de vontade em resolver o problema. **2** A(c)to de se manifestar. **Idi.** *Dar o corpo ao ~* [Trabalhar muito/Arriscar-se] (Ex. Há quem tem coragem e dá o corpo ao ~). **3** Escrito público com uma carta de intenções/um programa. **Ex.** O partido apresentou o seu ~ eleitoral. **4** Texto em que uma corrente artística divulga o seu ideal estético. **Comb.** O ~ dos surrealistas. **5** Relação ou lista (apresentada em repartição pública) de mercadorias, sujeitas a pagamento de direitos.

manigância *s f* (<fr *manigance* <lat *mánica*: manga) **1** Ilusionismo(+)/ Prestidigitação(+). **2** Manobra com que se engana alguém. **Sin.** Artimanha/Ardil. **Ex.** É exímio em (fazer umas) ~s para se fazer convidar a todas as festas.

manilha¹ *s f* (<lat *manícula*: mão pequena) **1** Argola usada para adornar os pulsos ou, por vezes, os tornozelos. **2** Argola das algemas ou da grilheta. **Ex.** O preso sentia que estava apertada a ~ da grilheta, mas sabia que era inútil protestar. **3** Elo de uma cadeia ou corrente. **4** Tubo de grés, cimento ou outro material usado em canalizações.

manilha² *s f* (<esp *malilla*) Denominação de certas cartas do baralho em determinados jogos. **Ex.** No voltarete, a ~ é o sete de ouros e o de copas, e o dois de paus; na sueca, é o sete dos quatro (Todos) naipes. **2** Jogo de vaza de quatro parceiros, em que o sete de todos os naipes tem o maior valor.

manilúvio *s m* (<mão + lat *lúo,ere*: lavar, banhar) Banho das mãos, geralmente quente, com fins terapêuticos.

maninelo (Né) *adj m/s m* (< ?) **1** *fam* (O) que é efeminado. **Sin.** Maricas(+). **2** (O) que é pouco inteligente. **Sin.** Idiota(+). **3** *s m* Homem que divertia as pessoas na corte. **Sin.** Bobo(+)/Truão.

maninhez *s f* (<maninho + -ez) Estado de maninho/estéril/baldio.

maninho, a *adj/s m* (<ibérico *manna*: estéril) **1** ⇒ «terra» estéril. **2** «terreno» Não cultivado/Inculto. **3** Sem dono/Baldio/Charneca/Descampado. **4** Conjunto de bens de alguém que faleceu sem herdeiros.

maniota (Ó) *s f* (⇒ mania[e]tar) Peia com que se prende a pata da frente e a de trás, do mesmo lado, para que o animal «cavalo» não corra nem salte vedações.

manipanso *s* (<quimbundo *mani*: senhor + *mpánzo*, nome de clã do Congo) *s m* **1** Ídolo [Imagem] africano[a]. **2** *fam* Indivíduo baixo e gordo.

manipresto, a (Prés) *adj* (<mão + presto) Expedito de mãos/Destro(+).

manípula *s f* (<manípulo) Peça que se usa para pegar nalguns obje(c)tos. ⇒ manopla.

manipulação *s f* (<manipular + -ção) **1** A(c)to ou efeito de tocar com as mãos. **Sin.** Manejo/Manuseamento. **2** Intervenção humana, geralmente para transformar processos naturais. **Comb.** ~ *genética* [Processo de transferir para um organismo genes de outra espécie para obter um or-

ganismo diferente/melhorado]. **3** *fig* Manobra para controlar de forma indevida processos e comportamentos alheios. **Ex.** É, com frequência, chocante a ~ informativa na televisão. **4** *Quím* Preparação manual de produtos químicos ou farmacêuticos.

manipulador, ora *adj/s* (<manipular + -dor) **1** (O) que manipula [que faz funcionar algo com as mãos]. **Ex.** Prende muito a atenção, por ser um bom ~ de fantoches. **2** (O) que prepara manualmente produtos químicos ou farmacêuticos. **3** *fig* (O) que controla ou influencia de forma indevida ou ilícita. **Ex.** É um [muito] ~, atrai e engana com facilidade. **4** *Fís* (Aparelho) que permite trabalhar com substâncias radioa(c)tivas sem entrar em conta(c)to com elas. ⇒ robô.

manipular *v t* (<manípulo + -ar¹) **1** Segurar/Fazer funcionar «com as mãos». **2** Confe(c)cionar/Preparar manualmente «misturando ingredientes». **Ex.** Gostava de ver o farmacêutico a ~ substâncias químicas, tal como acontecia quando ia até à cozinha e via o cozinheiro a ~ os alimentos. **3** *fig* Adulterar/Falsear. **Ex.** ~ estatísticas, com o obje(c)tivo de condicionar a opinião pública, é uma prática desonesta. **4** *fig* Controlar de forma ilegítima, de acordo com os seus interesses. **Ex.** Estava habituado, sem qualquer pudor, a ~ os recursos dos outros em seu próprio benefício. **5** Intervir em processos naturais. **Ex.** O homem manipula a genética.

manípulo *s m* (<lat *manípulus,i*: punhado) **1** *Hist* Divisão da legião romana correspondente a duas centúrias. **2** O que uma mão consegue abranger. **Sin.** Mancheia(+)/Punhado(o+). **3** Cabo ou pega de arma branca ou obje(c)to em geral. **4** Comando a(c)cionado manualmente que regula o funcionamento de um mecanismo. **Ex.** Rodou o ~ do interru(p)tor para tornar a luz da sala mais suave.

maniqueísmo *s m* (<*Manes* ou *Maniqueu*: profeta de origem persa + -ismo) **1** *Fil* Doutrina que surgiu na Pérsia, no século III d.C., segundo a qual o Universo é regido pela luta entre os princípios absolutos e irredutíveis do bem «o reino da luz» e do mal «o reino das sombras». **2** Qualquer conce(p)ção baseada na divisão da realidade em duas partes: uma boa e outra má. **Ex.** Muitos políticos são acusados de intransigência, devido ao aparente ~ com que abordam os problemas da sociedade.

maniqueísta [**maniqueu, eia**] *adj/s* (⇒ maniqueísmo) **1** Que é próprio do maniqueísmo. **Ex.** A doutrina ~ é dualista. **2** *s 2g* Partidário do maniqueísmo. **Ex.** O ~ acha que o mundo gira à volta da oposição entre o bem e o mal.

manita¹ *s f Quím* (<maná + -ita) Substância orgânica açucarada que se extrai do maná do freixo e de outras plantas. **Sin.** Manitol(+).

manita² *s f* (<mão + -ita) **1** Mão pequena/Mãozinha/zita(+). **2** ⇒ maneta.

manitol *s m Quím* (<manita + -ol) Poliálcool existente no maná, usado em medicina e na indústria química.

manivela (Vé) *s f* (<fr *manivelle*) **1** Alavanca dobrada em ângulo re(c)to, utilizada para fazer girar uma roda ou um eixo. **Idi.** *Dar à ~* [Fazer rodar à mão uma ~] (Ex. Antigamente, para pôr um automóvel a andar, era preciso dar à ~). **2** *Mec* Peça de máquina que transforma um movimento re(c)tilíneo alterno num movimento circular contínuo.

manja *s f* (<manjar) **1** *fam* Comida. **Ex.** Vamos à ~ que já está na mesa. **2** *Br* ⇒ esconde-esconde(+).

manjar *s m/v t/int* (<fr *manger* <lat *mandúco,áre*: mastigar, comer) **1** Qualquer substância alimentar. **2** Iguaria apetitosa. **Ex.** Receberam-nos muito bem e, ao almoço, serviram-nos um autêntico ~ dos deuses. **3** *fig* Alimento do espírito. **Ex.** A música de Bach é um verdadeiro ~. **4** *Cul* Designação comum a várias espécies de doces. **5** *fam* Alimentar-se/Comer. **6** *Br* Informar-se/Recolher informações/Saber de.

manjar-branco *s m Cul* Doce que se prepara com farinha maisena, leite, açúcar e leite de coco.

manjedoi[ou]ra *s f* (<manjar + -doi[u]ra) Espécie de calha funda e comprida onde se põe a comida para os animais. **Sin.** Comedouro.

manjericão [**manjerico**] *s m Bot* (< ?) **1** Planta herbácea labiada, de aroma intenso, muito cultivada em Portugal. **Ex.** Nas festas dos santos populares, no mês de junho, é tradição os namorados oferecerem às namoradas um vaso com ~. **2** *depr fam* Pessoa sem valor. **Ex.** Estivesse em casa ou não, o ~ era absolutamente inútil.

manjerona *s f Bot* (< ?) Planta herbácea, de folhas longas e muito aromáticas, usadas como tó[ô]nico e como tempero na culinária.

mano, a *s* (<lat *germánus*) **1** *fam* Forma afe(c)tuosa de designar ou chamar o irmão ou a irmã. **2** *fam* Forma de tratamento entre cunhados. **3** Amigo/Camarada/Colega. **Loc.** ~ *a* ~ [Com intimidade/Familiarmente].

-mano *suf* (<gr *mania*: loucura) Indica obsessão ou paixão excessiva. ⇒ biblió[ô]mano.

manobra (Nó) *s f* (<mão + lat *ópus,eris*: trabalho) **1** A(c)to de manobrar, de fazer cionar à mão. **2** Sequência de operações destinadas a fazer funcionar aparelhos ou máquinas. **Ex.** O carro fez uma ~ de inversão de marcha [~ para voltar para trás]. **3** Qualquer a(c)tividade/tarefa/trabalho. **Ex.** Foi necessária uma série de ~s para colocar em casa e montar o móvel que comprámos. **4** Sequência de a(c)tos para atingir um fim, recorrendo, se necessário, a manha ou astúcia. **Ex.** O pedido de desculpas (que fez) não foi mais do que uma ~ para tornar a enganar o chefe. **5** Prestidigitação. **6** *Mil pl* Exercício de treino de movimentação de tropas. **Ex.** O governo decidiu realizar ~s navais e aéreas, face ao agravamento da situação. **Comb.** ~ *de diversão* [~ destinada a enganar o inimigo] (Ex. Houve militares que cercaram um edifício governamental como ~ de diversão, enquanto, algum tempo depois, era atacado o quartel principal da cidade). **7** Governo ou movimentos de um navio.

manobrador, ora *adj/s* (<manobrar + -dor) (O) que dirige/executa manobras. ⇒ manobreiro; manipulador.

manobrar *v t/int* (<manobra + -ar¹) **1** Fazer funcionar um mecanismo. **2** Utilizar um obje(c)to, usando as mãos. **3** Movimentar um veículo. **Ex.** Manobra o barco com extrema destreza. **4** *fig* Controlar/Dirigir habilmente, recorrendo, se necessário, a ardis. **Ex.** «dos sócios/do sindicato» É ele que vai sempre negociar, porque manobra as conversas com facilidade/habilidade. **5** *Náut* Governar um navio.

manobrável *adj 2g* (<manobrar + -vel) **1** Que se pode manobrar. **2** Que pode ser influenciado ou dirigido. **Ex.** Ele é uma pessoa facilmente ~.

manobreiro, a *s* (<manobra + -eiro) **1** Pessoa que faz/dirige manobras. **2** *Mil* Pessoa que dirige manobras militares. **2** *Náut* Pessoa que executa bem as manobras de navegação. **Sin.** Manobrista. **3** *s m* Livro sobre a arte de fazer as manobras de navegação.

manobrista *s 2g* (<manobra + -ista) ⇒ manobreiro **2**.

manometria *s f* (<manómetro + -ia) *Fís* Medição da tensão dos gases ou pressão dos líquidos por meio de manó[ô]metro.

manómetro [*Br* **manômetro**] *s m Fís* (<gr *manós* + *métron*) Instrumento com que se mede a tensão dos gases ou a pressão exercida pelos fluidos.

manopla (Nó) *s f* (⇒ manípulo) **1** Luva de ferro usada pelos gladiadores. **2** Chicote comprido do cocheiro. **3** *fam* Mão grande. ⇒ manápula(+)/manzorra(+).

manoscópio *s m Fís* (<gr *manos*: pouco denso + -scópio) Instrumento usado para medir as variações da pressão atmosférica.

manóstato *s m Fís* (<gr *manos*: pouco denso + -stato) Mecanismo que mantém a pressão constante. **Sin.** Baróstato(+).

manqueira *s f* (<manco + -eira) Cara(c)terística de manco. **Ex.** Não sei donde veio esta ~ «do cavalo/minha».

manquejante *adj 2g* (<manquejar + -ante) Que coxeia/manqueja.

manquejar *v* (<manco + -ejar) **1** Andar manco. **Sin.** Coxear/Claudicar/Mancar. **Ex.** Vai andando com dificuldade, sempre manquejando. **2** Apresentar/Ter falhas ou defeitos. **Ex.** A memória das coisas de infância por vezes manqueja. **3** Mover-se «um barco» com lentidão.

manquitó [**manquitola**] *s 2g pop* (<manco) Pessoa que manca/manqueja/Manco. ⇒ coxo.

mansamente *adv* (<manso + -mente) De forma branda/serena/tranquila. **Ex.** O gato aproximou-se ~ e deitou-se a nossos pés.

mansão *s f* (<lat *mánsio,ónis*) **1** Casa/Morada. **Comb.** ~ *celeste* [de Deus/O Céu]. **2** Casa de habitação grande e luxuosa. **Ex.** A ~ onde vive (que tem nada menos que vinte divisões) herdou-a dos pais, pessoas de grande fortuna.

mansarda *s f* (<fr *mansarde*) **1** *Arquit* Telhado com duas superfícies de inclinação, uma quase vertical e outra quase horizontal. **2** Habitação no último andar de um edifício, aproveitando o desvão desse tipo de telhado [Águas-furtadas(+)]. ⇒ sótão. **3** Habitação de má qualidade.

mansarrão, ona *adj/s* (<manso + -arrão) **1** (O) que é muito manso. **2** (O) que tem muita paciência. **Sin.** Bonacheirão/Pachorrento(+).

mansidão *s f* (<manso +-i-+ -dão) **1** Qualidade de «animal» manso. **2** Brandura de índole ou na maneira de se expressar. **Ex.** As suas palavras eram dotadas de tal ~ que acalmavam as pessoas ao seu redor. **Sin.** Meiguice; suavidade. **3** Qualidade ou estado do «lago» que é calmo/tranquilo. **Ex.** Ali, à sua frente, até à linha do horizonte, estava a ~ do mar. **Ant.** Agitação.

mansinho *adj* (<manso + -inho) Muito manso. **Loc.** *De ~* [Ao de leve/Com muito cuidado/Sem fazer ruído] (Ex. Entrou de forma imperce(p)tível, de ~, sem dar qualquer sinal da sua presença).

manso, a *adj* (<lat *mánsus* <*máneo,ére*, *mansum*: ficar, durar, permanecer) **1** Que tem cará(c)ter bondoso/dócil. **2** Que é ou está tranquilo. **Ex.** O mar está tão ~ que apetece andar de barco. **3** Que está domesticado. **Ex.** O gato agora está ~, mas era selvagem [bravo/arisco] quando veio para nossa casa. **Ant.** Selvagem. **4** Que foi melhorado pelo cultivo/Que não é silvestre. **Ex.** É uma amoreira ~a a que temos no quintal. **5** Diz-se de uma variedade de pinheiro. **Ex.** As sementes [Os pinhões] do pinheiro ~ são comestíveis. **6** *Br s m* Troço de rio em que as águas dão a impressão de estarem paradas. **7** Indivíduo, especialmente seringueiro, adaptado aos costumes da terra.

mansuetude *s f* (<lat *mansuetúdo, inis*) ⇒ mansidão.

manta *s f* (<lat *manta,ae* <*mántus,i*: espécie de capa ou coberta, manto) **1** Peça grossa de tecido, lã ou outro material, «usada na cama». **Comb.** ~ de retalhos **a)** ~ feita com retalhos de cores diferentes; **b)** *idi* Algo que não tem unidade/que é desconexo (Ex. A composição do aluno está [é(+)] uma ~ de retalhos, sem unidade nem coerência). **Idi.** *pop col* **Cobrir-se com a mesma ~** [Ser cúmplice] (Ex. Estão sempre a defender-se um ao outro, é caso para dizer que se cobrem com a mesma ~). **Pintar a ~** *pop col* [Divertir-se muito/Fazer diabruras] (Ex. Os rapazes não param quietos, pintam a ~ todo o dia). ⇒ cobertor. **2** *Icti* Cardume(+). **3** Metade da rês abatida e dividida [cortada] ao comprido. **4** Camada de detritos vegetais no solo das florestas e das matas. **Ex.** Dá-se o nome de ~ morta a essa camada de detritos. **5** Camada de engaços e películas encontrada à superfície na cuba de fermentação do mosto de uvas tintas. **6** *Br* Manobra com o fim de iludir/enganar/burlar.

mant(e)ar *v t/int* (<manta + -ear) **1** Fazer saltar alguém sobre uma manta segura(da) pelas quatro pontas. **2** Chamar o touro com a capa. **3** *fig* ⇒ enganar; molestar, importunar.

manteiga *s f* (<indo-europeu *smetena*: nata ?) **1** Gordura alimentar sólida que se obtém batendo a nata do leite. **Ex.** Gosto de pão com ~ ao pequeno-almoço. **Idi. Ser ~ em focinho de cão** [Ser coisa muito boa, que desaparece rapidamente] (Ex. O dinheiro, para ele, é ~ em focinho de cão, não dura nada). *Br* **Passar ~ em focinho [venta] de gato** [Perder tempo] (Ex. É em vão que falamos com ele para o aconselhar: é passar ~ em focinho de gato). **Comb.** *fam idi* ~ derretida [Pessoa muito susce(p)tível, que se melindra facilmente] (Ex. Há que [É preciso] ter muito cuidado com a forma como lhe dizemos as coisas, é ~ derretida). ⇒ margarina; feijão-~. **2** Pasta alimentar obtida a partir de manteiga misturada com outros produtos. **Ex.** A ~ de alho é muito apreciada. **3** Gordura que se extrai de alguns vegetais. **Comb.** ~ de cacau. *Br* ~ vegetal «de açaí» [Produto semelhante à manteiga, fabricado com óleo de coco babaçu]. **4** *fam fig* O que é muito tenro. **Ex.** Era muito tenra a carne: o bife que me serviram era ~ [desfazia-se na boca]. **5** *fam fig* Lisonja/Adulação. **Idi. Dar ~ a** [Lisonjear, para obter favores] (Ex. Passava o tempo a dar ~ aos professores, coisa que os colegas criticavam). **Sin.** Graxa.

manteigaria *s f* (<manteiga + -aria) Lugar onde se fabrica ou vende manteiga.

manteigueira *s f* (<manteiga + -eira) Recipiente em que a manteiga vem para a mesa.

manteigueiro, a *adj/s* (<manteiga + -eiro) **1** (O) que gosta muito de manteiga. **2** (O) que fabrica ou vende manteiga. **3** *fam* (O) que lisonjeia para obter favores. **Ex.** É um (aluno) ~, tenta agradar à professora, para ter boas notas. **Sin.** Graxista.

mantel (Tél) *s m* (<lat *mantéle,lis*: toalha, guardanapo) Toalha de mesa ou de altar. ⇒ manto, mantéu.

mantença *s f* (<manter + -ença) **1** O que é necessário para o sustento de alguém «alimento/mantimento». **2** (Gasto de) conservação/manutenção.

mante(ne)dor, ora *adj* (<manter + -dor) **1** (O) que sustenta/mantém. **2** *s 2g* Prote(c)tor.

manter *v t* (<mão + lat *téneo,ére*: segurar) **1** Aguentar/Sustentar. **Ex.** Os pilares mantêm o telhado em segurança. **2** Conservar na mesma situação. **Ex.** A economia mantém a tendência para a recessão. **3** Conservar em boas condições [Fazer a manutenção]. **Ex.** Os residentes mantêm limpo o edifício. **4** Observar algo, por dever moral/obrigação. **Ex.** O administrador manteve a sua palavra. **5** Continuar a ter [Não deixar desaparecer]. **Loc.** ~ a paz. **6** Suportar os custos. **Ex.** Os pais mantiveram os filhos até terminarem os seus cursos. **7** (Fazer) sobreviver. **Ex.** São os cuidados médicos que o mantêm vivo. **8** Continuar a afirmar uma opinião/posição. **Ex.** O arguido manteve o mesmo relato dos fa(c)tos.

mantéu *s m* (<mantel) **1** Capa com colarinho, usada por religiosos. ⇒ romeira¹. **2** Colarinho em canudos ou abas largas e caídas sobre o peito.

manteúdo, a *adj/s* (⇒ manter) **1** (O) que é mantido/sustentado por outrem. **Comb.** Mulher teúda e ~a [Concubina «de homem rico»]. **2** *Br* Diz-se do cavalo ou boi que se mantém robusto, mesmo com pouca ração e idade avançada.

mantídeo, a *adj/s Ent* (<gr *mantis*: adivinho, profeta, gafanhoto) (Diz-se de) inse(c)to, do gé[ê]nero *Mantis*, a que pertence o louva-a-deus.

mantido, a *adj* (<manter) Conservado/Guardado. **Ex.** Alguns alimentos «salpicão» ~s em azeite duram mais tempo.

mantilha *s f* (<manto + -ilha) **1** Véu de seda ou renda que se usa alto e preso à cabeça e sobre as costas. **Ex.** A ~ é um traje tradicional das mulheres espanholas. **2** Manto pequeno usado como xaile.

mantimento *s m* (<manter + -mento) **1** A(c)ção de manter/conservar/garantir a sobrevivência. ⇒ manutenção/mantença. **2** Aquilo que sustenta/Alimento(+). **3** *fig* Alimento espiritual/Gozo. **Ex.** (A contemplação de) uma paisagem tão bonita conforta a alma, é um verdadeiro ~. **4** Custos de manutenção. **Ex.** O ~ [sustento(+)] da família é um orçamento difícil de fazer. **5** Conservação/Continuidade de algo. **Ex.** A opinião pública reage mal ao ~ dos [não gosta de/não aceita] privilégios. **6** *pl* Víveres. **Ex.** Prevendo situações de emergência, é necessário ter em casa ~s para vários dias.

mantissa *s f Mat* (<lat *mantís(s)a*: o excedente do peso) A parte decimal dum logaritmo ou dum número.

manto *s m* (<lat *mántum,i*) **1** Espécie de capa, geralmente usada pelas mulheres, que cobre a cabeça e o tronco. **2** Espécie de capa presa aos ombros e caída até aos pés, usada pela antiga nobreza ou dignitários de certas ordens. **Idi. Fazer-se de ~ de seda** [Mostrar-se soberbo]. **Comb.** ~ real. **3** Hábito de certas religiosas. **4** *fig* Revestimento. **Ex.** Um ~ neve cobria os campos naquela época do ano. **5** *fig* Aquilo que encobre/oculta. **Ex.** Um espesso ~ de nevoeiro não deixava ver as casas mais próximas. **7** *fig* Motivo que se alega [dá] para ocultar a verdadeira razão de algo. **Ex.** Sob o ~ de justiça, perseguiu os opositores às suas ideias. **8** *Geol* Massa de material que forma uma camada extensa. **Comb.** ~ de lava. ⇒ manta **4**. **9** *Geol* Camada que se situa entre a crusta e o núcleo terrestre.

mantra *s m* (<sân *mantra*: instrumento [ajuda] do pensamento) Palavra ou fórmula que leva a um estado contemplativo «da divindade».

manual *adj 2g* (<lat *manuális,e*) **1** Relativo a mão. **Ex.** Ele tem uma grande habilidade de ~, umas mãos que operam maravilhas. **2** *s m* Livro pequeno/portátil que contém as noções de uma matéria «disciplina escolar». **Ex.** O ~ é um compêndio [livro de texto] duma matéria «Mat/Fís». **3** Folheto de instruções. **Ex.** As máquinas vêm acompanhadas de ~ais de instruções.

manualmente *adv* (<manual + -mente) À mão/De modo manual. **Ex.** O comando da televisão não funciona «por falta de pilha», é ~ que temos de mudar os programas e o volume.

manuelino, a *adj Arte* (<antr *D. Manuel I* (1469-1521), rei de Portugal + -ino) **1** Relativo à época do rei D. Manuel I (1495--1521). **Comb.** O período ~. **2** Que tem as cara(c)terísticas do estilo artístico que floresceu nesse reinado. **Comb.** A janela ~a do Convento de Cristo, em Tomar. **3** *s m* Estilo artístico português da época compreendida entre o fim do século XV e princípios do XVI. **Ex.** O ~ apresenta, do ponto de vista arquite(c)tó[ô]nico, traços do gótico final.

manufator, ora [*Br* **manufa(c)tor** (*dg*)] *adj/s* [= manufactor] (<mão + lat *fáctor, óris*: fabricante) **1** Que fabrica/produz. **Comb.** Indústria ~ora. ⇒ manufaturado. **2** Pessoa que fabrica/Fabricante(+).

manufatura (Fà) [*Br* **manufa(c)tura** (*dg*)] *s f* [= manufactura] (<mão + lat *factúra*: obra) **1** Trabalho [Produção] manual/Fabrico/Manufaturação. ⇒ artesanato; artefa(c)to. **2** Obra/Produto desse trabalho. **3** Produção em grande escala na época pré-industrial. **Ex.** A ~ ocupa muita mão de obra. **4** Estabelecimento dedicado à ~/Fábrica(+). **Ex.** Há ~s que empregam centenas de trabalhadores.

manufaturado, a (Fà) [*Br* **manufa(c)turado** (*dg*)] *adj* [= manufacturado] (<manufaturar) Feito [Fabricado/Produzido] manualmente ou por outro processo. **Ex.** Há países que quase não exportam produtos ~s, só matérias-primas.

manufaturar (Fà) [*Br* **manufa(c)turar** (*dg*)] *v t* [= manufacturar] (<manufatura + -ar¹) **1** Fazer à mão. **2** Produzir numa manufatura **4**. **Ex.** Era numa grande fábrica, ao lado da nossa casa, que se manufaturava o melhor vestuário do país.

manumissão *s f* (<lat *manumíssio,ónis*) *Hist* Libertação de um escravo/Alforria(+).

manumisso, a *adj/s* (⇒ manumitir) (Diz-se de) escravo liberto. **Sin.** Forro².

manumissor, ora *s/adj* (⇒ manumitir) (Diz-se de) quem deu liberdade a escravo.

manumitir *v t* (<lat *manu-mítto,ere,míssum*) Dar alforria (+).

manuscrever *v t* (<mão + escrever) Escrever à mão (+).

manuscrito, a *adj* (<mão + escrito) **1** Que está escrito à mão. **Comb.** Documento ~. **Ant.** Impresso. **2** *s m* Texto «antigo» escrito à mão. **Ex.** Os arquivos da Torre do Tombo (Lisboa) guardam alguns ~s preciosos.

manuseamento [**manuseio**] *s m* (<manusear) **1** A(c)to de manusear [mexer/pegar com as mãos]. **Ex.** Há que ter cuidado com o ~ de determinadas substâncias. **2** Observação rápida «de um livro, …». **Ex.**

Só com o ~ do livro percebemos a importância do assunto que trata. ⇒ maneio.
manusear *v t* (<mão + -ear) **1** Mexer/Pegar com as mãos. **2** Percorrer [Passar] as páginas de um texto «para leitura rápida».
manuseável *adj* (<manusear + -vel) Que se pode manusear. **Comb.** Ferramenta pouco ~ [Ferramenta difícil de manusear].
manutenção *s f* (<lat *manuténtio,ónis*) **1** A(c)ção de conservar. **Ex.** Os trabalhadores fazem regularmente a ~ da via-férrea. **2** A(c)to de prover o necessário à subsistência/à vida. **3** Despesa para manter alguém ou alguma coisa. **Sin.** Mantimento **4**. **4** Administração/Gerência.
manutérgio *s m* (<lat *manutérgium< manus + térg(e)o,ére,tersum*: enxugar) Pequena toalha com que, na missa, o sacerdote enxuga as mãos.
manzorra *s f* ⇒ mãozorra.
mão *s f* (<lat *mánus,us*: mão, poder, trabalho; ⇒ ~ de obra) **1** *Anat* Extremidade do braço, com cinco dedos, que constitui o órgão do ta(c)to e da preensão. **Ex.** Regra [Em] geral, as pessoas escrevem com a ~ direita. **Loc.** ~*s ao alto/ao ar!* [Expressão *us* para obrigar «alguém» a não oferecer resistência] (Ex. Pare! ~s ao alto!). *À ~* [Manualmente «sem recurso a máquinas»] (Ex. Eu lavo a roupa à ~. A camisola foi feita à ~). *À ~ armada* [Com recurso a arma «de fogo»] (Ex. O assalto foi feito à ~ armada). *idi À ~ de semear* [Ao alcance da mão «perto»] (Ex. O livro está sempre aqui, à ~ de semear). *idi Com ambas as ~s* [Com muita vontade] (Ex. Tentou resolver os problemas com ambas as ~s). *idi Com o coração nas ~s* [Com franqueza] (Ex. Falou com o coração nas ~s, disse o que sentia). *idi De ~ beijada* [Facilmente/De forma gratuita/Sem esforço] (Ex. Conseguiu a promoção na carreira de ~ beijada, não teve de lutar para isso). *idi De ~ na anca* [De forma grosseira/rude] (Ex. Responde de ~ na anca, dizendo que não precisa da ajuda de ninguém). *idi De ~s a abanar/ De ~s vazias* [Sem recursos/Sem obter nada] (Ex. Ficou de ~s a abanar depois do negócio falhado em que se meteu). *idi De ~s atadas* [Impedido de agir] (Ex. Ele ficou de ~s atadas, sem nada poder fazer para ajudar o amigo a sair de situação tão difícil). *Em ~/Por ~ própria* [Dire(c)tamente ao destinatário] (Ex. A carta foi entregue em ~). **Idi.** *Apertar a ~* [Cumprimentar] (Ex. Quando se encontram pela manhã, têm o hábito de apertar a ~ e dar os bons-dias). *Dar a ~* [Ajudar (alguém)] (Ex. Teve muitos problemas, mas também teve sorte, encontrou alguém que lhe deu a ~). *Deitar a mão a alguém* [Ajudá-lo em situação difícil]. *Deitar a mão a alguma coisa* [Apoderar-se dela/Agarrá-la]. *fam Esfregar as ~s de contente* [Mostrar satisfação] (Ex. Quando soube que íamos dar um passeio, esfregou as ~s de contente). *Estar com a(s) ~(s) na massa* [Estar ocupado no mesmo assunto/trabalho] (Ex. Pôs-se a escrever cartas a clientes e, já que estava com a ~ na massa, resolveu escrever à tia). *Estender a ~* [Pedir auxílio] (Ex. Desempregado, sem ajuda de familiares e amigos, nada mais lhe restava (do) que estender a ~ à caridade). *Lançar ~ de* [Servir-se de] (Ex. Sentindo-se atacado, lançou ~ de argumentos fortes para se defender). *Lavar daí as ~s* [Não assumir a responsabilidade/Não se comprometer] (Ex. Toma cuidado, não contes comigo nesse assunto, (que) eu lavo daí as (minhas) ~s). *Pôr a ~ na consciência* [Refle(c)tir sobre o seu comportamento] (Ex. Não agiste como devia ser, pensa bem, põe a ~ na consciência). *Meter ~s à obra* [Começar uma tarefa] (Ex. Temos a ideia e os recursos, só falta meter ~s à obra). *Não ter ~s a medir* [Estar demasiado ocupado] (Ex. Ele trabalha de manhã à noite, não tem ~s a medir a tratar da horta). *Pedir a ~ de* (alguém) [Pedir (alguém) em casamento] (Ex. Ele foi recebido pelo dono da casa, a quem pediu a ~ da filha, num gesto hoje raro). *Pôr a(s) ~(s) no fogo (por ...)* [Confiar completamente em alguém] (Ex. Não sei se eles fizeram as coisas de que são acusados, não ponho as ~s no fogo por essa gente). *Ter a ~ leve* [Bater com facilidade] (Ex. O pai tem a ~ leve, por tudo e por nada se zanga e bate nos filhos). *Ter na ~* [Possuir/Dominar] (Ex. O professor teve problemas com a turma, mas agora tem os alunos na ~). *Ter os trunfos na ~* [Estar em posição vantajosa] (Ex. Ela sente-se forte, sabe que vai ganhar o processo, porque tem os trunfos na ~).
Comb. *fig ~ amiga* [Benfeitor] (Ex. Teve sorte em encontrar ~ amiga que o ajudou).
2 *pop col Zool* Extremidade de cada membro dianteiro «dos quadrúpedes» ou superior «dos primatas(+)/quadrúmanos» de alguns animais. **3** Patas anteriores e posteriores das reses «de talho» depois de cortadas. **Ex.** Na nossa casa, todos apreciamos a ~ de vaca (*Cul*). **4** Garra de algumas aves de rapina.
5 *fig* Poder/Controle/Domínio. **Comb.** ~ de ferro [Poder excessivo/repressivo] (Ex. O presidente governava o país com ~ de ferro e o povo revoltou-se). **Idi.** *pop iron Ser ~ de amigo* [Que não é meigo/Que faz doer/Que magoa] (Ex. É bom enfermeiro, mas cuidado!, é ~ de amigo, às vezes magoa mesmo). *Abrir ~* [Desistir] (Ex. Nunca abriu ~ do filho, sempre o apoiou e conseguiu que tirasse o curso). *Estar/Ficar em boas ~s* [em segurança] (Ex. O aumento das exportações mostra que a empresa está em boas ~s [tem uma boa gerência/tem bons gerentes]). *Untar as ~s a alguém* [Corromper com dinheiro] (Ex. O administrador untou as ~ s do ministro para ganhar o concurso da obra). **6** *fig* Supervisão/Orientação. **Ex.** Vê-se que o texto passou pelas ~s do irmão mais velho, que é muito bom aluno. **7** *fig* Destreza/Mestria. **Ex.** Todos dizem que a avó tem ~ para a cozinha. **Comb.** ~ *de mestre* [Habilidade de quem é bom conhecedor «da arte/do assunto»] (Ex. Nota-se que houve ~ de mestre nos acabamentos da casa). *~s de fada* [As que executam com primor trabalhos delicados] (Ex. Vê-se que a toalha foi bordada por ~s de fada). **8** *fig* Influência de alguém. **Ex.** É evidente a ~ de um profissional no assalto ao banco.
9 «no trânsito» Lado da via em que os veículos devem circular. **Loc.** Ir fora de ~ [do lado errado «da estrada»] (Ex. Ele deu-se como culpado do acidente, porque ia fora de ~). **Comb.** *Br ~ (de dire(c)ção)* [Sentido que um veículo deve seguir] (Ex. Vá por aquela rua à esquerda, que dá ~ para a Avenida Paulista). *Br ~ única/Sentido único(+)* [Trânsito automóvel só num sentido] (Ex. A rua é de ~ única, é preciso estar atento para não dar uma grande volta).
10 Quantidade «de sementes» que cabe numa mão. ⇒ mão-cheia. **11** *fig* Conjunto de cinco unidades iguais. **Ex.** Trouxe uma ~ de livros para as férias. **12** *Tip* Quantidade de papel igual a vinte e cinco folhas [à vigésima quinta parte de uma resma]. **13** Distância equivalente à largura de uma mão. ⇒ mão-travessa. **14** Camada «de pintura/cal/tinta/verniz» numa superfície. **Ex.** A sala já levou duas ~s de tinta. **Sin.** Demão.
15 Parte de um instrumento por onde se pega. **Ex.** Partiu-se a ~ da gaveta da mesa, tenho de comprar outra. **Sin.** Cabo; pega(+). **16** *fig* Instrumento com que se pisa [esmaga] alguma substância. **Ex.** Segurava com jeito e força a ~ do almofariz para pisar os alhos. **17** *Mús* Extremidade livre dos instrumentos de corda onde se regula a sua tensão. **Comb.** ~ da guitarra. **18** Pequena carda «para desenriçar lã». **19** Conjunto de cartas de uma jogada. ⇒ vaza. **20** Jogador que, num jogo de cartas, inicia uma jogada. **Ex.** De quem é a ~? **21** *(D)esp* Numa competição por eliminatórias, cada um dos jogos. **Ex.** A equipa da casa não teve sorte no jogo da primeira ~. **22** *(D)esp* No futebol e no hóquei em patins, falta cometida quando o jogador toca a bola com a mão ou parte do braço. **23** *Náut* Remate em forma de alça feito no chicote de um cabo, para o prender. **24** *Br* Medida para venda de milho não debulhado.
mão-aberta *Br* ⇒ mãos-largas(+).
mão-cheia *s f* **1** Quantidade que cabe na mão de uma só vez/Punhado/Mancheia «de castanhas». **2** Porção, grande ou pequena, conforme as situações. **Ex.** A equipa nacional conseguiu uma ~ de prémios no festival de ginástica. **Loc.** Às mãos-cheias [Em grande quantidade] (Ex. No palácio viam-se esmeraldas ~). **Comb.** De ~ [Excelente] (Ex. O rapaz é um artista de ~).
mão de obra *s f* **1** Trabalho manual dispendido no fabrico de um produto. **2** Custo desse trabalho. **Ex.** Na reparação do carro, a ~ foi mais cara do que as peças novas. **3** Conjunto de pessoas que fazem esse trabalho. **Ex.** Não é fácil encontrar ~ especializada para fazer determinados [alguns] trabalhos.
mão-fechada *adj 2g/s 2g* (O) que é avarento/Sovina/*Br* Pão-duro. **Ex.** Todos dizem que é um ~, que não é capaz de gastar nada com o conforto da família.
maoísmo *s m* (<antr *Mao Tsé-tung* + -ismo) **1** Doutrina do líder da revolução socialista chinesa, Mao Tsé-tung, que se apoiava no campesinato. **2** Movimento político baseado na doutrina e a(c)tuação desse líder. **Ex.** O ~ expandiu-se a nível mundial.
maomet(na)ismo *s m* (<maometano + -ismo) ⇒ islamismo.
maometano, a *adj/s* (<antr *Mohamed*, profeta do islamismo + -ano) **1** Relativo a Maomé/et ou à religião por ele fundada. **2** (O) que pratica essa religião/Muçulmano(+).
mãos-largas *s 2g sing e pl* Pessoa generosa [que dá tudo o que tem]. **Ex.** É um ~: muitas vezes come pouco, porque dá aos que têm fome.
mãos-rotas *s 2g sing e pl* Pessoa que gasta demasiado. **Sin.** Perdulário. **Ex.** É um ~: gasta mais do que ganha, e a família (é que) sofre.
mão-travessa *s f* (Medida equivalente à) largura de uma mão, com os dedos unidos.
mãozada *s f* (<mão +-z-+ -ada) **1** *pop* Aperto de mão (dado com força). ⇒ bacalhoada/bacalhau. **2** Porção de coisas que podem caber numa mão. **Sin.** Mão-cheia(o+)/Punhado(+).
mãozinha *s f* (<mão +-z-+ -inha) **1** Mão pequena. **Idi.** *Dar uma ~* [Ajudar] (Ex. Vou dar uma ~ na preparação da festa). **2** Has-

te [Pauzinho] que termina numa pequena mão e que serve para coçar as costas.

mãozorra *s f* (<mão +-z-+ -orra) **1** Mão grande. **2** Manápula **1**.

mãozudo, a *adj* (<mão +-z-+ -udo) Que tem as mãos grandes (e malfeitas).

mapa *s m* (<lat *máppa, ae*: toalhinha) **1** Representação gráfica da superfície da Terra «total ou parcial» num plano, em escala reduzida. **Ex.** Temos um bom ~ da Europa. **Idi. Desaparecer do ~/Br Sair do ~** [Desaparecer sem deixar rasto] (Ex. Desapareceu do ~, nunca mais se viu [o vimos]). *Não estar no ~* [Ser um lugar desconhecido] (Ex. Ele não gosta de ouvir (dizer) que a aldeia dele não está no ~). *Br fam* **Não vir no ~** [Ser fora do comum]. *Br fam* **Tirar um ~** [Observar atentamente]. **Comb.** *Br pop* ~ da mina [Chave ou segredo para conseguir algo muito desejado/difícil] (Ex. Ele descobriu o ~ da mina). ⇒ carta. **2** Representação de um fenó[ô]meno sobre um mapa geográfico. **Ex.** O mais recente ~ pluviométrico da região evidencia a escassez de precipitação/chuva. **3** Representação gráfica de dados numéricos. **Comb.** ~ de despesas. **Sin.** Figura; quadro; tabela. **4** Representação de estruturas ou organizações/Organograma. **Ex.** Para que o ~ da empresa fique completo, é necessário referir todas as competências atribuídas aos gestores. **5** Representação da relação dos signos do zodíaco com os astros. **Comb.** ~ astrológico.

mapa-múndi/-mundo *s m* (<lat *máppa-múndi*) Representação plana, em escala reduzida, do globo terrestre, dividido em dois hemisférios. ⇒ planisfério.

mapear *v t* (<mapa + -ear) **1** Fazer o mapa «de uma região». **2** *Info* Distribuir e disponibilizar regiões de memória «uma impressora/uma unidade de disco» para que lhes possam aceder várias pessoas/Fazer o mapeamento.

maple ing (Meipol) *s m* (<antr *Maple*: apelido de família do fabricante inglês que introduziu o móvel em Portugal) Assento individual estofado, com encosto inclinado e apoios laterais/Sofá(+)/Poltrona(+).

mapoteca (Té) *s f* (<mapa + -teca) **1** Cole(c)ção de mapas. **2** Lugar onde os mapas estão guardados e classificados. ⇒ biblioteca.

maqueiro, a *s* (<maca + -eiro) Pessoa que transporta, numa maca, doentes ou feridos.

maquetagem *s f* (<maquete + -agem) A(c)to ou efeito de elaborar maquetes.

maquete[a] (Qué) *s f* (<fr *maquette* <it *machietta*: pequena mancha) **1** *Escul* Esboço de uma escultura feito em gesso, barro ou outro material. **2** *Cine* Cenário em miniatura destinado a filmagens em estúdio. **3** *Arquit Eng* Reprodução em três dimensões e escala reduzida de uma obra de arquite(c)tura ou de engenharia. **Comb.** A ~ da nova igreja. **4** Proje(c)to de paginação de uma publicação. **5** Primeira versão gravada de uma peça musical, antes da edição.

maquetista *s* (<maquete + -ista) Pessoa que faz maquetes «para as artes gráficas».

maquia *s f* (<ár *makila*: medida para grãos) **1** Medida antiga de cereais. **2** Porção de azeite ou farinha que fica para o lagareiro ou moleiro, como pagamento do serviço prestado. ⇒ comissão. **3** *fig* Quantidade de dinheiro, valor. **Ex.** Ele recebeu uma boa ~ pela venda do terreno. **4** *fam* Sova(+)/Tareia(+). **Ex.** Ficou ferido com a ~ que levou.

maquiagem *s f* ⇒ maquil(h)agem.

maquiar *v t/int* (<maquia + -ar¹) **1** *Hist* Medir com maquia «cereais». **2** Cobrar a maquia nos lagares e moinhos. **3** *fig* ⇒ Subtrair/Reduzir. **4** ⇒ maquil(h)ar.

maquiavélico, a *adj* (<antr it *Macchiavelli*, estadista e escritor de Florença) **1** Que se baseia na doutrina política de Maquiavel. **Comb.** Princípios ~s. **2** «governante» Que não olha a meios para alcançar os fins. **3** *fig* Que revela perfídia/Cruel/Sem coração.

maquiavelismo *s m* (⇒ maquiavélico) **1** Sistema político baseado nas teorias de Maquiavel. **2** *fig* Comportamento que revela falta de escrúpulos em prejudicar [derrotar/destruir] os outros. **Ex.** Não se importa de fazer o mal desde que isso lhe traga vantagens, é o ~ em pessoa.

maquil(h)age(m) *s f* (<fr *maquillage*) **1** A(c)to de embelezar a aparência facial «através da aplicação de cosméticos». **2** Conjunto dos cosméticos utilizados.

maquil(h)ar *v t* (<fr *maquiller*) **1** Aplicar cosméticos, sobretudo no rosto, para o embelezar. **2** *fig* Disfarçar algo. **Ex.** Manipulou os números para ~ o valor das dívidas. **Sin.** Mascarar/Encobrir.

máquina *s f* (<lat *máchina,ae*) **1** Obje(c)to construído com mecanismos que permitem transformar energia em movimento. **Ex.** Fomos ver o coração do navio: a (sua) casa das ~s. ⇒ motor. **2** *Mec* Aparelho que, funcionando de modo mecânico ou ele(c)tró[ô]nico, desempenha funções úteis do quotidiano «~ da [de lavar] loiça». **Loc.** À ~ [Por processos mecânicos] (Ex. Hoje em dia, quase tudo se faz à ~, pouco se faz à mão). **3** Veículo motorizado. **Ex.** Comprou um carro que é uma boa ~. **4** Veículo locomotor ferroviário [Locomotiva]. **Ex.** O comboio [trem] é puxado por uma ~ a diesel. **5** Emprego generalizado de ~s substituindo a mão de obra. **Ex.** A ~ veio a substituir a mão de obra em quase tudo. **6** *fig* Qualquer corpo ou organismo vivo. **Ex.** O corpo humano é uma ~ fantástica. **7** *fig* Organismo ou estrutura social que funciona regularmente. **Ex.** A ~ do ministério [do Governo] tem uma organização e um funcionamento demasiado complexos. **8** *fam* O que funciona muito bem [sem falhas]. **Ex.** Aquele jogador é uma (autêntica) ~. **9** *Teat* Mecanismo com que se produzem efeitos cénicos numa peça ou espe(c)táculo.

maquinação *s f* (<lat *machinátio,ónis*) **1** A(c)to ou efeito de maquinar. **2** Trama preparada em segredo para prejudicar alguém. **Sin.** Conspiração.

maquinador, ora *adj/s* (<lat *machinátor, óris*) (O) que maquina [conspira] contra alguém.

maquinal *adj* (<lat *machinális, e*) **1** Relativo a máquinas. **2** Inconsciente/Automático. **Ex.** Faço o gesto ~ de carregar com o pé, como se travasse, quando vou ao lado do condutor. **Ant.** Pensado/Consciente.

maquinalmente *adv* (<maquinal + -mente) De modo maquinal [Sem pensar/premeditar]. **Sin.** Automaticamente.

maquinar *v t* (<lat *machínor,áris,ári,átus sum*) **1** Fazer planos «às ocultas» para prejudicar alguém. **Ex.** O grupo tem feito reuniões em lugar secreto, para ~ o fim do regime [do a(c)tual sistema de] governo]. **Sin.** Tramar/Conspirar. **2** Conceber mentalmente/Proje(c)tar/Cogitar(+). **Ex.** Ando [Estou] a ~ uma nova estratégia para os meus negócios.

maquinaria *s f* (<máquina + -aria) **1** A arte de maquinista. **2** Conjunto de máquinas que funcionam de forma coordenada. **Ex.** Na viagem, gostei de ver a ~ do navio.

maquineta (Nê) *s f* (<máquina + -eta) **1** Máquina pequena. **2** Máquina constituída por um mecanismo simples. **3** *Rel* ⇒ custódia/ostensório(+). **4** *Rel* ⇒ oratório(+).

maquinismo *s m* (<máquina + -ismo) **1** Conjunto de peças de uma máquina ou de um aparelho «relógio». **2** Conjunto de máquinas. **Ex.** A fábrica tem um ~ muito complexo. ⇒ maquinaria **2**. **3** Emprego generalizado das máquinas. **Ex.** A introdução do ~ nos processos de [A mecanização da(+)] produção provocou desemprego. **4** Máquina/Aparelho. **Ex.** Sem o livro de instruções, não sei como pôr a funcionar este ~. **5** Qualquer organismo, considerado no seu sistema de funcionamento automático. **Ex.** O corpo humano é um ~ admirável. **6** *Teat* Conjunto das máquinas de um cenário.

maquinista *s 2g* (<máquina + -ista) **1** Pessoa que inventa ou constrói máquinas/Mecânico(+). **2** Profissional que trabalha com máquinas, especialmente com locomotivas. **Ex.** O sindicato dos ~s dos caminhos de ferro é muito forte. **3** *Teat* Técnico que se ocupa dos maquinismos do cenário.

mar *s m* (<lat *máre,ris*) **1** Extensão de água salgada que cobre a maior parte da superfície terrestre. **Ex.** A nossa casa fica junto ao ~. **Loc.** Por ~ [Por via marítima(+)] (Ex. A carga foi enviada por ~, por ser mais barato). **Idi.** *~ de rosas* [O que corre bem/que é tranquilo] (Ex. Diz-se que a vida não é sempre um ~ de rosas). *Deitar a carga ao ~* [Vomitar] (Ex. Coitado, enjoou e fartou-se de deitar a carga ao ~). *Nem tanto ao ~, nem tanto à terra* [Evitando os extremos de duas opiniões]. **Comb.** ~ *alto* [que fica longe da costa] (Ex. A cidade e os montes desapareceram, já estávamos no ~ alto). ~ *chão* [quase sem ondas/manso(+)] (Ex. Tivemos uma viagem muito boa, com o ~ chão). ~ *largo* [afastado da costa]. **Ant.** Terra. **2** *Maiúsc* Parte dessa extensão de água, situada entre massas continentais próximas. **Ex.** O ~ Mediterrâneo situa-se entre a Europa, a África e a Ásia. **3** Lago de grandes dimensões. **Comb.** ~ *Cáspio*. ~ *Morto*. **4** Forte ondulação. **Ex.** A viagem foi má, apanhámos muito ~. **5** Profissão ou a(c)tividade ligada ao mar. **Ex.** Como homem do ~, conhece os melhores sítios onde há peixe. **6** *fig* Grande quantidade de alguma coisa. **Ex.** Havia um ~ de gente na manifestação contra a guerra. **7** *Maiúsc* Superfície plana na Lua. **Comb.** M~ da Tranquilidade.

marabu(to) *s m* (<ár *murabit*: sagrado) **1** Eremita ou asceta muçulmano. **2** Pequena mesquita rural, servida por um desses eremitas. **3** *Zool* Ave pernalta oriunda da África central ou do Sul da Ásia.

maracotão *s m* (<ár *barakutun*: híbrido de pêssego com o marmelo) Fruto comestível do maracoteiro/Pêssego de rilha(r).

maracoteiro *s m Bot* (<maracotão + -eiro) Variedade de pessegueiro cujo fruto é o maracotão.

maracujá *s m Bot* (<tupi *moroku'ya*) **1** Designação comum a diversas plantas do gé[ê]nero *Passiflora*, trepadeiras, também chamadas flor-da-paixão, martírio, passiflora, … **2** Fruto comestível dessas plantas.

marafona (Fô) *s f* (<ár *mara haina*: mulher enganadora) **1** *pop* Boneca de trapos. **2** Meretriz. **3** Mulher desleixada.

marajá¹ *s m* (<sân *maha*: grande + *rajah*: rei) **1** Título, «hoje honorífico», atribuído aos príncipes feudais da Índia. **2** Príncipe

que detém esse título. **3** *fig* Pessoa muito rica e poderosa/Rajá(+). **Idi.** *Levar vida de rajá/~* [Viver luxuosamente] (Ex. Desde que veio do estrangeiro, leva uma vida de ~: grandes festas e banquetes).
marajá² *s m Bot* (<tupi *mara'ga*) *Br* Nome comum a várias palmeiras.
maralha *s f* (<?) **1** *fam* Grande grupo de pessoas. **Sin.** Magote/Malta/Maralhal. **2** *depr* Escumalha/Ralé. **Ex.** Quando a ~ se aproxima, os adultos levam as crianças para casa.
maralhal *s m* ⇒ maralha.
maranha *s f* (< ?) **1** Conjunto de fios ou fibras embaraçados/enredados/emaranhados. **2** Teia «manta» de lã tecida antes de ser batida no [com o] pisão. **3** *fig* Confusão/Mistura. **Ex.** As ideias que apresenta revelam-se uma ~ [são um emaranhado(+)] de difícil entendimento. **4** *fig* Complicação/Teia. **Ex.** Tem uns negócios que são uma ~, uma autêntica salgalhada. **5** Combinação secreta, para prejudicar alguém/Ardil/Intriga. **Ex.** As ~s do ministro, com o fim de destruir os adversários políticos, vieram a público em todos os jornais. **6** *Br pop* Malandragem/Preguiça.
maranhão *s m* (<maranha + -ão) **1** Grande maranha. **2** Mentira engenhosa/Intriga caluniosa. **3** *Br Ornit* ⇒ Flamingo. **4** Estado br, cuja capital é S. Luís, e cujos naturais são os maranhenses.
maranho *s m Cul* (<maranha) **1** Molho preparado com tripas de carneiro. **2** *pl* Iguaria em que entram arroz, pedaços de galinha e miúdos de carneiro. **Ex.** Comi uns ~s deliciosos!
marasca *s f Bot* (<it *marasca*) Variedade de ginjeira e seu fruto, com que se produz o marasquino.
marasmo *s m* (<gr *marasmós, ou*: consumação/esgotamento) **1** *Med* Estado de magreza e debilidade extremas, que se sucede a uma longa enfermidade. **2** Estado de abatimento moral. **Sin.** Prostração(+). **3** Falta de a(c)tividade. **Sin.** Estagnação. **Ex.** A um primeiro grande entusiasmo na realização da obra do novo parque sucedeu o ~, por falta das verbas necessárias.
marasquino *s m* (<it *maraschino* <*marrasca*: ginj(eir)a) Licor branco produzido a partir de cerejas amargas [de ginjas ou marascas] de regiões do Mediterrâneo.
marata/i *s/adj 2g* (top *Maharashtra*) **1** Língua indo-europeia falada no oeste e centro da Índia. **2** «habitante» Do Estado de Maharashtra.
maratona (Tò) *s f* (<top gr *Marathón, ónos*) **1** *(D)esp* Corrida pedestre, em estrada, no percurso de 42,195 km. **Ex.** A ~ masculina encerra os Jogos Olímpicos. **2** *fig* Qualquer competição de longa duração. **Ex.** O par que venceu a ~ de dança não era muito jovem. **3** *fig* A(c)tividade de longa duração, desgastante para os seus participantes. **Ex.** Foi uma verdadeira ~, uma noite quase sem dormir, para ter tudo pronto para a cerimó[ô]nia do dia seguinte.
maratonista *s 2g* (<maratona + -ista) **1** *(D)esp* Atleta «Carlos Lopes/Rosa Mota» que corre a maratona. **2** *fig* Pessoa que participa numa a(c)tividade prolongada «*idi* obra de romanos».
marau *adj m/s m fam* (<fr *maraud*: maroto) **1** *fam* (O) que trabalha pouco/que age de forma censurável. **Sin.** Maroto(+)/Malandro. **2** (O) que tem astúcia/que não se deixa enganar. **Sin.** Espertalhão/Finório.
maravalha(s) *s f pl* (<lat *mála folia*: folhas inúteis) **1** Apara(s)(+) de madeira. **Ex.** Quando aplainava a madeira, o carpinteiro deixava o chão cheio de ~s. **2** Acendalha(s). **Ex.** As ~s são muito boas para acender o lume. **3** *fig* Coisas sem importância. **Ex.** Liga [Dá importância] a coisas insignificantes, a umas ~s que não valem nada. **Sin.** Bagatela/Ninharia/Lixo.
maravilha *s f* (<lat *mirabília, ium*: coisas admiráveis) **1** A(c)to, feito ou obra, que maravilha [causa admiração] «pela beleza ou perfeição». **Comb.** *Hist* As sete ~s do mundo (Túmulo de Mausolo, Pirâmide de Quéope, Farol de Alexandria, Colosso de Rodes, Jardins suspensos da Babilónia, Estátua de Zeus em Olímpia e Templo de Diana em Éfeso). **Idi.** *Dizer/Contar ~s de* [Enaltecer] (Ex. Dizem ~s do novo médico, contam histórias de curas assombrosas). *Às mil ~s* [Muito bem] (Ex. A camisa fica-lhe às mil ~s, combina muito bem com o resto do vestuário). **2** Fenó[ô]meno inexplicável. **Sin.** Milagre. **3** Pessoa que faz coisas admiráveis. **Ex.** Há cantores maravilhosos [que são verdadeiras ~s]. **4** O que é feito com habilidade extraordinária. **Ex.** Os instrumentos musicais que faz «violinos/guitarras» são uma ~! **5** Assombro/Encanto. **Ex.** O espe(c)táculo de luz e som foi uma ~. **6** *Br Bot* Planta herbácea originária do México, com flores de cores variadas e raiz com propriedades purgativas. **7** *Br Cor* entre o magenta forte e o carmim.
maravilhar *v t* (<maravilha + -ar¹) Despertar admiração/encanto. **Ex.** O relato da viagem maravilhou toda a gente [deixou-nos maravilhados]! **Sin.** Arrebatar/Encantar.
maravilhosamente *adv* (<maravilhoso + -mente) De forma maravilhosa/excelente. **Ex.** Conta as coisas ~, prende a atenção de todos os que o ouvem. **Sin.** Divinamente/Lindamente/Magnificamente.
maravilhoso, a (Ôso, Ósa, Ósos) *adj* (<maravilha + -oso) **1** Que causa admiração/deslumbramento. **Sin.** Deslumbrante. **2** (Que é) da melhor qualidade. **Ex.** O restaurante serve uns pratos ~s. **3** Que tem a intervenção de elementos sobrenaturais/mágicos. **Ex.** Há contos cheios de personagens e situações ~s. **4** *s m* O que é fantástico/inexplicável/prodigioso/sobrenatural/milagroso. **Ex.** O ~ está geralmente presente nas lendas e mitos tradicionais.
marca *s f* (<germânico *marka*: limite, fronteira; ⇒ marcação) **1** A(c)to ou efeito de marcar. **Idi.** *Passar (d)as ~s* [Exceder os limites permitidos/Abusar] (Ex. Passou das ~s e acabou por dar mostras de pouca educação). **2** Sinal que permite identificar, distinguir e legitimar alguma coisa. **Ex.** A ~ gravada em obje(c)tos de ouro ou de prata tem o nome de *contraste*. **3** Nome que o fabricante dá a um produto e a imagem que o representa. **Ex.** Ele só usa [compra] roupa de ~. **Idi.** *De ~* [(Que é) da pior espécie] (Ex. É um vigarista de ~, engana qualquer um/pessoa). **Comb.** *~ regist(r)ada* [que foi reconhecida oficialmente e está protegida de falsificações]. **4** Vestígio deixado por alguma coisa. **Ex.** Ficaram na estrada as ~s dos pneus «por travagem brusca». **5** Sinal/Vestígio de doença. **Ex.** Tem ainda na cara as ~s da doença «bexigas» que o afe(c)tou. **6** Cara(c)terística distintiva de alguma coisa. **Ex.** As dificuldades de comunicação entre os seres humanos é uma ~ dos seus filmes. **Sin.** Cunho/Estilo. **7** Impressão que fica no espírito. **Ex.** O afastamento da família deixou-lhe ~s difíceis de esbater/passar. **8** *(D)esp* Sinal de referência utilizado por um atleta, em especial para um salto ou corrida. **Ex.** O atleta tenta ultrapassar a sua última ~. **9** O resultado obtido por esse atleta «em números ou tempos». **10** *pl* Marcações feitas em espaços com regras próprias. **Ex.** As ~s feitas na estrada já se encontram um pouco apagadas. **11** *Náut* Ponto fixo da costa que serve para determinar a posição de um navio. **12** *Teat* ⇒ marcação **8**.
marcação *s f* (<marcar + -ção) **1** A(c)ção ou efeito de marcar. **2** Colocação de um sinal em alguma coisa, para evitar confusão com outra. **Ex.** Numa casa onde há muitas pessoas, é muitas vezes necessário fazer a ~ de algumas peças de vestuário, para saber a quem pertencem. **3** A(c)to de identificar [Identificação de] animais. **Ex.** Os cientistas procederam à ~ das aves, para seguir os seus movimentos durante um mês. **4** Fixação antecipada de datas de realização de a(c)tividades. **Ex.** Fizemos, por fim, a ~ da data do encontro dos antigos alunos do liceu. **5** A(c)to ou efeito de reservar. **Ex.** Antes de entrar na sala de leitura da biblioteca, é preciso fazer a ~ do lugar onde nos vamos sentar. **6** *(D)esp* Execução de uma penalidade ou de um gol(o). **Ex.** O árbitro assinalou a ~ de um livre contra a equipa da casa. **7** *(D)esp* Vigilância persistente de um jogador em relação a um adversário, para o impedir de fazer as suas jogadas. **Ex.** A ~ cerrada limita sempre a liberdade de movimentos. **Idi.** *Br Estar de ~ com alguém* [Perseguir ou vigiar constantemente alguém]. **8** *Teat* Movimentos, posições e atitudes dos a(c)tores ou bailarinos num espe(c)táculo, previamente estabelecidos pelo encenador ou coreógrafo. **Ex.** A capacidade de improvisar do a(c)tor resolveu muito bem o esquecimento de uma ou outra ~. **9** *Náut* A(c)ção de determinar a dire(c)ção de um obje(c)to.
marcadamente *adv* (<marcado + -mente) **1** De forma marcada [Assinalando bem]. **Ex.** Expunha ~ cada traço distintivo do estilo do escritor. **2** Com intensidade. **Ex.** Fez um discurso ~ regionalista.
marcado, a *adj* (<marcar) **1** Que tem uma marca que identifica. **Ex.** As prendas de Natal estão ~as. **2** Que tem traços que denotam cansaço/doença/envelhecimento. **Ex.** O rosto dele não engana (ninguém): está ~ pelo cansaço do trabalho. **3** Que sofreu uma experiência negativa/traumatizante. **Ex.** É uma pessoa muito ~a pelo que sofreu. **4** Que ficou sob suspeita. **Ex.** Os desacatos em que se envolveu tornaram-no um homem ~ pelas autoridades. **5** Que está fixado previamente. **Ex.** A radiografia ficou ~a para o dia 7, pelas 15 horas.
marcador, ora *adj/s* (<marcar + -dor) **1** Que assinala/indica/marca/Que põe uma marca ou um sinal. **2** *s (D)esp* Jogador que marca uma penalidade. **3** Pessoa que regist(r)a a pontuação de um jogo. **4** *Br* Pessoa que marca o gado. **5** *(D)esp* Jogador que marca pontos para a sua equipa. **6** *s m (D)esp* Painel onde se regist(r)am os pontos marcados. **7** Caneta com ponta de feltro. **8** Fita ou tira para assinalar, num livro, páginas de leitura. **9** Prato grande e raso que assinala o lugar de cada pessoa numa mesa. **10** Tudo o que serve para marcar.
marçano *s m* (< ?) Aprendiz de empregado de balcão «especialmente em mercearias». **Ex.** Em pouco tempo o ~ aprendeu o ofício e o patrão aumentou-lhe o salário.
marcante *adj 2g* (<marcar + -ante) **1** Que assinala/distingue/marca. **Ex.** A expressão do movimento é um dos traços ~s da sua obra «pintura». **2** Que deixa marcas/Que influencia. **Ex.** Todos os que foram seus

colegas dizem que ele foi um aluno ~ nos seus anos de universidade.

marca-passo *s m Med* (<marcar 4 + ...) Dispositivo elé(c)trico implantado no tórax para ajudar o coração a manter o ritmo adequado.

marcar *v t/int* (<marca + -ar¹) **1** Pôr marca/distintivo. **Ex.** Quando foi para o colégio, a mãe marcou todas as suas peças de roupa. **Idi.** **~ passo** [Não progrediu] (Ex. Como não estudou, ficou a ~ passo no mesmo [, não passou de] ano). **~ posição** [Deixar bem clara a sua opinião] (Ex. Manifestou-se relativamente ao [Disse o que pensava sobre o] assunto, para ~ a sua posição). **2** Dar coloração/forma/textura diferente em parte de uma superfície. **Ex.** O sol marca a pele, ao fim de algum tempo, sobretudo quando é mais forte. **3** Fazer marca duradoura com ferrete ou outro obje(c)to. **Ex.** Marcou o gado, para evitar confusões. **4** Indicar o tempo ou a ordem de movimentos. **Ex.** Ao mesmo tempo que tocava a música, marcava o compasso com o pé. **5** Anotar/Regist(r)ar. **Ex.** Depois de saudar os alunos, a primeira coisa que o professor fazia era ~ as faltas. **6** Dar/Indicar [Fornecer a indicação]. **Ex.** Quando o relógio marca as oito horas, temos que ir para o trabalho. **7** Estabelecer antecipadamente a realização/a data de algo. **Ex.** Marcámos um encontro para a tarde do dia seguinte. **8** Digitar. **Ex.** Não marcou corre(c)tamente o número de telefone, por isso não conseguiu conta(c)tar o amigo. **9** Ser cara(c)terística notória/preponderante. **Ex.** A utilização de uma adje(c)tivação de tipo sensorial marca de forma especial a sua escrita «de Eça de Queirós». **10** Impressionar de forma duradoura [Ficar na lembrança]. **Ex.** A figura da avó marcou de forma profunda a sua infância. **11** Garantir um lugar para assistir a um evento. **Ex.** Ele marcou lugares para o teatro. **12** *gír* Olhar atentamente. **Ex.** Marcou insistentemente a rapariga durante a festa, não tirou os olhos dela. **13** (*D*)*esp* Seguir a deslocação de um adversário «no futebol». **Ex.** Foi um jogador que marcou sempre o adversário, não lhe dando tranquilidade ao longo do jogo. **14** (*D*)*esp* Concretizar uma jogada de ataque ou um castigo. **Ex.** Coube ao melhor jogador ~ o penálti. **15** (*D*)*esp* Fazer gol(o)/pontos. **Ex.** Bem atacámos mas não chegámos a ~: o jogo ficou 0 a 0.

marcassite/a *s f Miner* (<ár *markasita*: pirite/a) Mineral que é sulfureto de ferro «como a pirite» e que cristaliza no sistema ortorrômbico, usado como gema e no fabrico de ácido sulfúrico.

marcenaria *s f* (<marceneiro + -aria) **1** Arte de trabalhar a madeira para fazer móveis, talha e outros elementos de decoração. **Ex.** Arranjou para a casa belas obras de ~. **2** Oficina de ~. **Ex.** Alugou um amplo armazém para instalar a ~. ⇒ tauxia; carpintaria.

marceneiro *s m* (<lat *mercenárius*: assalariado) Indivíduo que faz móveis e obje(c)tos [trabalhos] decorativos de madeira. ⇒ carpinteiro.

marcescente *adj 2g* (<lat *marcésco,scere*: murchar, debilitar-se) **1** Que murcha/seca. **2** *Bot* «flor/folha» Que murcha sem cair. ⇒ imarcescível.

marcha *s f* (<marchar) **1** A(c)to de marchar. **Idi.** **Pôr-se em ~** [Partir] (Ex. Pôs-se em ~ [Partiu] às cinco em ponto, chegará provavelmente às sete). **2** Modo de locomoção do homem e de alguns animais/Passo(+) «de boi». **3** Deslocação a pé de um grupo de pessoas, como forma de se manifestarem. **Ex.** Os trabalhadores foram em ~ [manifestação] de protesto até ao Ministério do Trabalho. **4** (*D*)*esp* Modalidade de atletismo em que os passos são dados de modo a não interromper o conta(c)to com o solo. **Ex.** As provas de ~ exigem dos atletas determinados movimentos de pernas e ancas. **5** Cerimó[ô]nia/Espe(c)táculo em que grupos de pessoas marcham ao som de música cadenciada. **Ex.** A ~ das corporações de bombeiros do concelho foram presenciadas por milhares de pessoas. **6** Deslocação/Movimento numa determinada dire(c)ção. **Ex.** O polícia [*Br* policial] mandou-o fazer inversão de ~ e estacionar alguns metros mais à frente. **Comb.** «o carro fez» ~ atrás [*Br* à ré]. **7** Movimento de um corpo de homens em armas, com um obje(c)tivo bem definido. **Ex.** A ~ dos alemães sobre a Rússia, na Segunda Guerra Mundial, foi o princípio da sua derrota. **8** Cadência/Ritmo com que um indivíduo ou conjunto de indivíduos caminha. **Ex.** O grupo seguiu em ~ lenta até ao edifício da Câmara Municipal. **9** *Mús* Peça musical com os tempos fortes acentuados, que marca o ritmo do passo. **Ex.** Muita gente aprecia as ~s de Strauss. **Comb.** **~ fúnebre**. **~ militar**. **~ popular** «~s de S. Antó[ô]nio dos bairros de Lisboa». **10** *Br Mús* Gé[ê]nero popular, em compasso binário, que nasceu nos ranchos carnavalescos. **Ex.** A coreografia da ~ consiste num andar ritmado e às voltas. **11** *Br Mec* Cada uma das posições da caixa de velocidades de um veículo automóvel. **Ex.** A primeira ~ é de uso muito limitado. **12** *fig* Desenvolvimento dos fa(c)tos. **Ex.** A ~ dos acontecimentos é motivo de preocupação. **Sin.** Sequência/Sucessão/O andar.

marchante *s m* (<fr *marchand* <lat *mercátus*: comércio <*mércor, ári*: comerciar, negociar) **1** Homem que compra gado e vende a carne aos talhos. **2** Homem que mantém uma ou mais concubinas.

marchar *v int* (<fr *marcher* <germânico *marka*: fronteira) **1** Deslocar-se a pé, sobretudo os militares, mantendo um ritmo regular e cadenciado. **Ex.** Marchavam garbosamente. **2** Caminhar em determinada dire(c)ção, com o fim de reivindicar/protestar. **Ex.** Os ânimos [As pessoas] exaltaram-se e marcharam aos milhares até ao palácio presidencial. **3** Caminhar processionalmente. **Ex.** Atrás da banda filarmó[ô]nica, marcharam com o respeito que a solenidade exigia. **4** *pop* Ir-se embora depressa. **Ex.** De repente, deu por terminada a conversa, desejou boas noites e marchou/abalou. **5** Evoluir. **Ex.** Felizmente, as coisas marcham [evoluem(+)/correm(o+)] (tal) como as programámos. **6** *Mil* Atacar um inimigo/território. **Ex.** Ainda era noite cerrada e já as tropas marchavam sobre o acampamento inimigo. **7** *pop* Desaparecer. **Ex.** Estava ó(p)timo o jantar, sobretudo as sobremesas, que marcharam rapidamente [, *idi* que até voaram]. **8** *pop* Morrer. **Ex.** Resistiu muito, mas a doença acabou por vencer e ele marchou.

marche-marche *s m col* (<marchar) Passo rápido da tropa [dos soldados]. **Loc.** A ~ **a)** A passo acelerado/rápido; **b)** «trabalhar/fazer» Com rapidez/*idi* Sempre a andar.

marchetado, a *adj/sm* (<marchetar) **1** Que tem incrustações/marchetes. **2** *fig* Adornado «com cores diversas». **Comb.** Campo ~ de flores. **3** *s m* Obra de marchetaria.

marchetar *v t* (fr *marqueter*) **1** Fazer incrustações numa superfície, formando figuras. **2** *fig* Tornar mais belo/colorido. **3** *fig* Entremear/Interpor/Intercalar. **Ex.** Marchetou o discurso com apelos à reconciliação e à paz.

marchetaria *s f* (<machetar + -aria) **1** Arte de marchetar. **2** Obra marchetada [com incrustações].

marchete (Chê) *s m* (<marchetar) Peça «de marfim, madrepérola, madeira preciosa, metal» que se incrusta numa obra de marchetaria.

marcial *adj 2g* (<lat *martiális,e*: de Marte, deus (romano) da guerra) **1** Relativo à guerra. **Sin.** Bélico/Guerreiro. **2** Relativo às forças militares. **Ex.** Entrou em vigor a lei ~ [que permite o uso (da força) do exército]. **3** *Mús* Diz-se de uma banda em que tocam apenas clarins e tambores/Militar(+).

marciano, a *adj* (<Marte/Marco/Márcio + -ano) **1** Relativo ao planeta Marte ou a alguns antropónimicos. **2** *s m* Suposto habitante do planeta Marte. **Ex.** Especulou-se durante muito tempo sobre a existência de ~s.

márcido, a *adj Poe* (<lat *márcidus,a,um*: murcho, fraco; ⇒ marcescente) Sem vigor/Frouxo/Murcho.

márcio, a *adj Poe* (<lat *mártius,a,um*) ⇒ marcial.

marco *s m* (<marca) **1** Poste de pedra destinado a marcar distâncias ou a limitar terrenos. **Comb.** ~ quilométrico [que tem indicados os quilómetros na estrada]. **2** Pequena construção, situada em lugar público, com várias funções. **Comb.** ~ do correio/*Br* Caixa de cole(c)ta (postal) [Lugar onde se deposita a correspondência]. **3** *fig* O que é marcante [que marca um período ou uma época]. **Ex.** A colocação em órbita do primeiro satélite artificial [Sputnik, 1957] constitui um ~ do século XX.

março *s m* (<lat *mártius, ii*) Terceiro mês do ano, com trinta e um dias. **Ex.** «no norte de Pt» ~ marçagão, de manhã inverno e de tarde verão – diz(ia)-se.

marcofilia *s f* (<marca + -filia) Estudo dos carimbos ou marcas postais dos envelopes. **Ex.** A ~ é um ramo da filatelia.

maré *s f* (<mar + é?) **1** Movimento diário de subida (Pra[e]ia-mar/Maré alta) e de descida (Baixa-mar/Maré baixa) das águas do mar, devido às atra(c)ções conjuntas do Sol e da Lua. **Comb.** **~ cheia** [enchente/crescente]. **~ decrescente** [vazante (+)]. **~ vazia** [baixa (+)]. **~ negra** [Mancha de petróleo derramado no mar e a flutuar sobre as águas «proveniente de um petroleiro»]. **~ viva** [em que a altura máxima das águas é acompanhada de correntes fortes] (Ex. As ~s vivas ocorrem em regra nos equinócios de março e de setembro). **2** *fig* Avanços e regressões [recuos/retrocessos] dos acontecimentos. **Ex.** A empresa está em ~ de ganhos. **3** *fig* Oportunidade/Ocasião. **Loc.** *A favor da ~* [Com a ajuda da ~]. *Ao sabor da ~* [Ao acaso /À deriva]. **Idi.** *Estar de ~* [Estar rece(p)tivo] (Ex. «hoje o chefe» Está de ~, por isso é um bom momento para lhe falar no assunto). *Remar contra a ~* [A(c)tuar no sentido contrário à tendência dominante] (Ex. Querer convencê-los é remar contra a ~, eles são inteiramente contra). **Comb.** **~ de rosas** [Altura em que tudo corre bem]. **~ de sorte** [Boa oportunidade ou ocasião]. **4** *fig* Grande quantidade/Número que tende a aumentar. **Ex.** Uma ~ [onda] de manifestantes foi enchendo a praça. **5** *Br* Faixa de terreno à beira-mar ou à beira-rio, em que se faz sentir o fluxo e refluxo das águas.

mareação *s f Náut* (<marear + -ção) **1** Conjunto de manobras para navegar/Navegação(+)/A(c)to de marear. **2** Orienta-

ção dada às velas de um navio em função do rumo e da dire(c)ção do vento.

mareado, a *adj* (<marear) **1** *Náut* Governado/Manobrado adequadamente. **2** *Náut* Diz-se do navio que navega com as velas bem orientadas. **3** Que está danificado por exposição à àgua do mar. **4** *fig* Que está desbotado/manchado/oxidado «como se fosse por a(c)ção do mar». **Ex.** As pratas ~as da sala conferiam àquela casa um ar ao mesmo tempo de grandeza e desleixo. **5** Enjoado(+) por viajar «sobretudo de barco».

mareagem *s f* (<marear + -agem) **1** ⇒ mareação. **2** Ângulo que define o rumo do navio.

marear *v t/int* (<mar + -ear) **1** *Náut* Navegar(+) [Governar/Manobrar um barco]. **Comb.** Arte de ~ [Náutica(+)]. **2** *Náut* Orientar adequadamente as velas em relação ao vento. **3** Enjoar(+). **Ex.** O mar estava muito agitado e muitos passageiros marearam. **4** *fig* Tirar o brilho/Manchar/Oxidar. **Ex.** A humidade que se infiltrou na casa acabou por ~ os metais.

marechal *s m Mil* (<fr *maréchal*) **1** Posto mais alto da hierarquia militar, concedido a título honorífico. **2** Oficial do exército ou da força aérea que tem esse posto. **3** Chefe máximo do exército, sobretudo em tempo de guerra.

marechalad[t]o *s m* (<marechal + ...) Dignidade de marechal. **Ex.** Pelos serviços prestados ao país ascendeu com todo o mérito ao ~.

marégrafo *s m* (<maré + -grafo) Instrumento que mede e regist(r)a a maré [o nível das águas do mar].

mareiro, a *adj* (<mar + -eiro) **1** Diz-se do vento que sopra do mar. **2** Diz-se de mar ou vento favorável à navegação (marítima). **3** *s m* Vento que vem do mar. **Ex.** Ao fim da tarde, vinha sempre o ~ refrescar-nos a casa. ⇒ maresia.

marejada *s f* (<marejar + -ada) Leve agitação das ondas do mar. **Sin.** Marulhada/Marulho(+).

marejar *v t/int* (<mar + -ejar) **1** Agitar-se levemente o mar/Marulhar. **2** Vir do mar. **3** Derramar um líquido. **Sin.** Verter. **4** Encher-se «de um líquido». **Ex.** Emocionado, marejaram-se-lhe os olhos de lágrimas.

maremoto *s m* (<mar + lat *mótus*: movimento) Violenta agitação das águas do mar, causada por sismos no solo submarino, que é responsável por ondas «por vezes gigantes» que podem invadir a costa. ⇒ tsunami.

mareógrafo [mareómetro] [*Br* mareômetro] *s m* (<maré +-o-+ -...) ⇒ marégrafo.

maresia *s f* (<maré +-s-+ -ia) **1** Cheiro forte do mar, especialmente durante a maré baixa. **2** Marejada/Marulhada. **3** A(c)ção oxidante da água do mar. **Ex.** Muitas vezes a ~ estragava a chapa dos carros que ficavam estacionados ao ar livre nas ruas próximas do mar. **3** *Br pop* Cheiro a marijuana.

mareta (Rê) *s f* (<it *maretta*: pequena onda) **1** Pequena onda do mar/Ondinha(+). **2** Onda de rio.

marfar *v t* (< ?) **1** Causar fúria/irritação. **Sin.** Enfurecer(+). **2** Causar ou sentir mágoa. **Sin.** Entristecer(+).

marfim *s m* (<ár *malfil*: dente de elefante) **1** Substância óssea coberta de esmalte que constitui a massa dos dentes, tanto do homem como da maior parte dos mamíferos. **2** Essa substância extraída das presas dos elefantes e utilizada na confe(c)ção de obje(c)tos decorativos. **Idi. Deixar correr o ~** [Deixar andar (+)]/*idi* Ver em que param as modas(+)/Ser indiferente aos acontecimentos/Não intervir/Não fazer caso] (Ex. Não adianta fazer seja o que for, é melhor deixar correr o ~). **3** Obra feita de marfim. **Ex.** Ele tem a maior cole(c)ção de ~ns do país, oficialmente reconhecida. **Idi. Meter-se na sua torre de ~** [Refugiar-se na sua importância] (Ex. Isolava-se, metia-se na sua torre de ~). **4** *fig* O que é branco e liso como o marfim. **Ex.** A dama do quadro é de uma beleza rara, acentuada pelos seus ombros de ~.

marga *s f* (<lat *márga,ae*: argila, greda) Rocha sedimentar, constituída por calcário e argila, utilizada no fabrico de cimentos e na olaria. ⇒ margueira.

margárico, a *adj Quím* (⇒ margarina) Diz-se de ácido gordo saturado ($C_{17}H_{14}O_2$) que se obtém por saponificação da margarina e *é us* em sínteses orgânicas.

margarida *s f Bot* (⇒ margarita: pérola) **1** Designação de plantas da família das compostas, algumas conhecidas como bem-me-quer e malmequer. **2** A flor dessas plantas. **Ex.** As jovens divertem-se, desfolhando ~s, para adivinhar os sentimentos dos seus amigos, enquanto dizem: malmequer, bem-me-quer, muito, pouco, nada. **3** *Ornit* Ave aquática palmípede. **4** *Br* Renda cearense com desenhos de ~s que se destacam sobre um fundo de pontos variados.

margarina *s f* (<fr *margarine* <gr *margáros*: (cor de) pérola) **1** *Quím* Éster de glicerina do ácido margárico. **2** Produto da indústria alimentar, obtido a partir de gorduras animais e vegetais. **Ex.** A ~ é parecida com a manteiga.

margarita *s f* (<lat *margaríta,ae*: pérola <gr *margarités,tou*: pedra preciosa, planta do Egi(p)to) **1** Pérola muito fina, de grande valor. **2** *Zool* Molusco que produz o nácar e as pérolas.

margarite/a *s f Miner* (<lat *margaríta,ae*) Mineral composto quimicamente por silicato hidratado de alumínio e cálcio/Mica nacarada/Esmeril. **Ex.** A ~ tem brilho vítreo nacarado.

margear *v t* (<margem + -ear; ⇒ marginar(+)) **1** Seguir ao longo da margem. **2** Estar situado na margem «de um rio». **Ex.** Com a cheia, estiveram em perigo as aldeias à beira-rio(+) [que margeiam o rio]. **3** Fazer margens «nas folhas de papel».

margem *s f* (<lat *márgo,inis*: borda/fronteira/~) **1** Espaço em branco nos dois lados de uma página. **Ex.** Tinha notas preciosas nas ~ns de muitas páginas dos livros que lia. **Idi. À ~ de** [Fora de] (Ex. Vive à ~ das normas da sociedade). *Pôr* [Deixar] *à ~* [Abandonar] (Ex. Os colegas puseram-no à ~, quando souberam que ele tinha sido o autor do vandalismo). **2** Espaço que ladeia um curso de água. **Ex.** Lisboa fica [está situada] na ~ direita do rio Tejo. **3** Terreno junto ao mar. **Sin.** Costa(o+)/Litoral(+). **4** *Bot* Parte mais externa [Bordo(+)] de uma folha. **Ex.** A planta tem as folhas verdes com a ~ recortada. **5** Intervalo de tempo ou espaço. **Ex.** Há uma ~ de segurança de três minutos entre a saída de dois comboios [trens]. **Comb.** ~ de manobra **a)** Espaço para manobrar (Ex. Entre o barco e o cais já não havia ~ de manobra; **b)** *fig* Condições de liberdade para agir (Ex. O professor não lhe deu ~ de manobra para [não o deixou(+)] repetir o exame). **6** *fig* Ocasião/Oportunidade. **Ex.** A ausência do pai deu ~ aos filhos para lhe prepararem uma surpresa. **Idi. Dar ~ a** [Dar ocasião a] (Ex. A sua atitude desagradável deu ~ a críticas). **Sem [Não ter] ~ para dúvidas** [Com toda a certeza] (Ex. Acredite, é como eu lhe digo, sem ~ para dúvidas).

marginado, a *adj* (<marginar) Que apresenta [tem] margem. **Ex.** Vivíamos numa avenida ~a [ladeada(+)] de árvores que davam boa sombra. **Sin.** Ladeado.

marginador, ora *s* (<marginar + -dor) **1** *Tip* Pessoa que coloca o papel na máquina de imprimir. **2** *s m* Aparelho que, na impressão, regula as margens de forma automática.

marginal *adj 2g/s 2g* (<lat *marginális,e*) **1** Relativo a margem. **2** Que fica junto à água [fica ao longo de uma margem]. **Ex.** O restaurante fica na avenida ~ «do mar/rio». **3** Que foi escrito nas margens de um livro. **Ex.** Numa repetida nota ~, o leitor assinala os adje(c)tivos de cor «vermelho/rubro/carmesim» que vai encontrando. **4** Que é acessório/Que não é importante. **Ex.** Chegar à escola às oito é que interessa, a hora de saída de casa às sete horas é perfeitamente ~. **5** Que não respeita o sistema e valores dominantes. **Ex.** O grupo desenvolve a(c)tividades próprias de uma cultura ~. **6** *s 2g* Delinquente. **Ex.** Deixou a família e, sem meios, sobreviveu como um ~.

marginália *s f* (<lat *marginália, pl* de *marginális,e*: marginal) Conjunto de anotações feitas [impressas/manuscritas] nas margens de um livro. ⇒ glosa.

marginalidade *s f* (<marginal4/5/6 +-i-+ -dade) **1** Qualidade do que é marginal a alguma coisa, do que é secundário/alheio. **Ex.** É notória a ~ de algumas questões, quando está em causa a segurança cole(c)tiva. **2** Condição do indivíduo que vive à margem da sociedade. **Ex.** Muitas vezes, a ~ é fruto da exclusão social. **3** Conjunto de indivíduos marginais. **Ex.** É no meio da ~ que o podemos encontrar.

marginalização *s f* (marginalizar + -ção) **1** A(c)ção ou efeito de marginalizar(-se). **Ex.** A falta de acompanhamento especializado contribuiu para a ~ de muitos jovens. **2** Processo que leva um indivíduo a deixar de aceitar as leis e os valores da sociedade. **Ex.** A ~ foi crescendo com ele, até que se fez um adulto que vive alheio às normas sociais.

marginalizado, a *adj* (<marginalizar 5/6) **1** Que se tornou marginal. **2** Que a sociedade marginalizou. **Ex.** Sentiu-se ~ e deixou de participar na vida da comunidade.

marginalizar *v* (<marginal + -izar) **1** Pôr à margem. **Sin.** Discriminar «negativamente»/Rejeitar. **2** Tornar(-se) marginal [Não observar as regras e modelos sociais vigentes]. **Ex.** Tornou-se um delinquente por causa da droga, marginalizou-se.

marginar *v t* (<lat *márgino,áre,átum*) **1** Seguir pela margem. **Ex.** É um passeio que gosta de fazer: ~ o rio até à ponte. **2** Estar ao longo da margem. **Ex.** Uma estrada toda florida margina o rio próximo da aldeia. **3** Fazer anotações na margem de um livro/uma folha/Glosar. **4** *Tip* Colocar o papel nas máquinas de imprimir. ⇒ marginador.

margueira *s f* (<marga + -eira) Lugar onde há marga [Terreno com rocha sedimentar calcária e argilosa].

marialva *s/adj 2g* (<*antr* Marquês de Marialva) **1** Relativo às regras de equitação estabelecidas pelo Marquês de Marialva [de montar à gineta]. **Ex.** O sistema ~ de regras de equitação data do século XVIII. **2** *s m* Indivíduo que monta bem a cavalo. **Ex.** É um ó(p)timo cavaleiro, um perfeito ~. **3** *depr* Indivíduo ocioso que só gosta de cavalos e touradas. **4** *depr* Indivíduo boé[ê]mio da classe alta. ⇒ mariola. **5** Indivíduo conquistador de mulheres.

mariano, a *adj* (<antr *Maria,* mãe de Jesus + -ano) **1** *Rel* Relativo a Maria ou ao seu culto. **Ex.** A basílica de Fátima é um templo ~. **2** *s m* Membro da Congregação dos Marianos, fundada na Polónia em 1673, sob o título de Imaculada Conceição da Bem-aventurada Virgem Maria. ⇒ marista.

maria-rapaz *s f* Criança ou adolescente do sexo feminino que evidencia comportamentos considerados mais próprios do sexo masculino. **Ex.** Chamam-lhe ~ por a verem sempre nas corridas e a brincar com a bola. ⇒ marimacho.

mariato *s m Náut* (<antr *F. Marryat,* almirante inglês) Conjunto de bandeiras do Código Internacional de Sinais para comunicação à distância entre navios e entre navios e a terra.

maria-vai-com-as-outras *s 2g* Pessoa facilmente influenciável. **Ex.** Ele não tem vontade própria, faz o que os outros lhe dizem, é uma ~.

maricão *s m* (<maricas + -ão) **1** *Aum* de maricas. **2** Homem medroso.

maricas *adj/s m* (<antr *Maria*) **1** *depr* (O) que tem atitudes consideradas próprias das mulheres. **Sin.** Efeminado. **2** *s 2g depr* Medroso/Demasiado cauteloso. **Ex.** É um ~ [medricas(+)], tem medo só de pensar que vai apanhar uma inje(c)ção. **3** *s m Br* Espécie de cachimbo «para fumar maconha».

maridança [maridagem] *s f* (<maridar + ...) **1** Vida de casados. **2** *fig* Harmonia/União entre duas ou mais coisas.

maridar *v t/int* (<lat *maríto,áre,átum*) **1** «mulher» Casar(+) **2** *fig* Enlaçar «as videiras». **Ex.** A trepadeira «hera» maridou-se à [ao tronco da] árvore.

marido *s m* (<lat *marítus,i*) **1** Homem unido a uma mulher pelo casamento. **Sin.** Cônjuge/Esposo. **2** *Br pop* Homem que é sustentado pela mulher.

marijuana *s f* (<esp *marijuana* <antr *Maria Juana*) **1** *Bot* Variedade de cânhamo. **2** Droga de efeito entorpecente. **Sin.** Erva/Haxixe/*Br* Maconha.

marimacho *s m* (<antr *Maria* + macho) Mulher de aspe(c)to e comportamento considerados masculinos/Machona. ⇒ maria-rapaz.

marimba *s f Mús* (<quimbundo *ma,* pref de pl + *rimba*: tambor) **1** Instrumento musical constituído por uma série de lâminas de madeira graduadas em escala e percutidas com baquetas. ⇒ xilofone. **2** Espécie de tambor africano. **3** *Br col* Piano de má qualidade. ⇒ berimbau.

marimbar[1] *v int* (<marimba + -ar[1]) Tocar marimba.

marimbar[2] *v int* (<marimbo + -ar[1]) **1** Vencer no jogo do marimbo. **2** *col* Não dar importância. **Ex.** Marimba-se para o trabalho, deixa as coisas por fazer e não se importa com isso. **3** *pop* Fazer cair num engano. **Sin.** Burlar/Enganar. **4** *Br gír* Andar sem rumo certo. **Sin.** Vagabund(e)ar/Vaguear.

marimbeiro, a *s* (<marimba + -eiro) Pessoa que toca marimba.

marimbo *s m* (< ?) Jogo de cartas em que a dama de espadas é o trunfo de maior valor.

marimbondo *s m Ent Br/Ang* (<quimbundo *ma,* pref de pl + *rimbondo*: vespa) Inse(c)to vespídeo maior que a vespa e a abelha, e cuja picada produz muito ardor/Vespão.

marina *s f* (<marinha) Pequeno porto para abrigar e fazer a manutenção de embarcações de recreio ou (d)esportivas. ⇒ marinas.

marinada *s f Cul* (<marinar + -ada) Mistura de vinho ou vinagre, sal, alhos e especiarias, em que se submerge carne ou peixe, durante certo tempo, para amolecer/conservar/temperar, antes da cozedura. **Sin.** Vinha-d'alhos(+).

marinar *v t Cul* (<lat (água) *marína*: salmoura) Pôr em marinada.

marinas *s f pl Bot* (<lat *marínus,a,um*: marinho) Plantas «algas» que constituem a flora marítima.

marinha *s f* (<lat *marína (água)*: água do mar; ⇒ marinho) **1** Tudo o que diz respeito à navegação por mar. **2** Potência naval de um país ou conjunto de navios e pessoal que lhes está afe(c)to. **Comb. ~ mercante** [Conjunto de navios que se ocupam do transporte de passageiros e de mercadorias]. **~ de guerra** [Conjunto das forças militares navais de um país]. **3** Ramo das forças armadas. **Ex.** São três os ramos das forças armadas: exército, ~ e força aérea. **4** Faixa de terra junto ao mar. **Ex.** Construíram esplanadas nos terrenos de ~. **5** Lugar onde se faz a extra(c)ção do sal, por evaporação da água do mar. **Sin.** Salina(+). **6** Poesia trovadoresca medieval que tem por tema o mar ou os rios. **7** Pintura ou desenho que tem por tema o mar ou os rios.

marinhagem *s f* (<marinhar + -agem) **1** Conjunto de marinheiros que formam a tripulação de um navio. **2** Arte de navegar/Conjunto de manobras e técnicas de navegação/Náutica(+).

marinhar *v t/int* (<marinho + -ar[1]) **1** Prover uma embarcação de marinheiros. **Idi.** *fam* **~ pelas paredes** [Ficar furioso] (Ex. Quando diziam mal do seu clube de futebol, marinhava pelas paredes). **2** Executar manobras náuticas. **3** Subir aos mastros ou ao convés do navio. **4** *fam* Subir como os marinheiros «agarrando-se com as pernas e os braços». **Sin.** Trepar.

marinharia *s f* (<marinha + -aria) **1** ⇒ marinhagem1. **2** ⇒ marinhagem 2; náutica(+). **3** Profissão de marinheiro.

marinheiro, a *adj/s* (<marinha + -eiro) **1** Pessoa que trabalha a bordo de um navio. **Sin.** Marítimo/Marujo. **Idi.** *(Ser) um ~ de água doce* [Ser pessoa incapaz de enfrentar dificuldades no seu trabalho] (Ex. Tem-se revelado um ~ de água doce, de tal forma é incapaz de resolver os problemas). **2** Posto da hierarquia da marinha, entre grumete e cabo. **3** Relativo aos marinheiros ou à arte de navegar. **4** Que é próprio para navegar com qualquer tempo. **Ex.** É um barco ~, afronta o mau tempo com segurança. **5** *fig* Que trepa/sobe como um marinheiro. **6** *fig* Diz-se do vinho que rapidamente produz efeitos alcoólicos. **Ex.** O vinho era ~, depressa lhe subiu à cabeça. **7** *Br pop* Pessoa estrangeira, especialmente portuguesa. **8** *s m* Grão de cereal com casca, depois de passar pela máquina de descasque. **9** *Br* Crustáceo semelhante ao camarão, com dez patas.

marinho, a *adj* (<lat *marínus,a,um*) **1** Que é relativo ao mar. **Ex.** A observação dos fundos ~s beneficia da mais avançada tecnologia. **2** Que vive no ou provém do mar. **Ex.** Quando há mau tempo, as aves ~as sobrevoam as casas mais próximas da praia. **3** *s m Ornit* Designação de algumas aves pernaltas.

marino, a *adj* ⇒ marinho.

mariola (Óla) *adj/s 2g* (<it *mariolo*: ladrão) **1** (O) que tem mau cará(c)ter. **Ex.** O rapaz é um ~, só faz patifarias, bons modos nunca teve. **Sin.** Patife/Velhaco. **2** Rapaz que faz recados/Moço de fretes(+). **3** Pessoa que gosta de pregar partidas/fazer malandrices. **Ex.** Era um ~ que andava sempre a pregar partidas. **4** *s f Br* Doce de goiaba ou banana envolto em papel ou folha de bananeira.

mariolagem *s f* (<mariola + -agem) **1** A(c)to ou dito de mariola/Mariolice. **2** Grupo de mariolas.

mariolice *s f* (<mariola + -ice) A(c)to ou dito de mariola/Mariolagem **1**.

mariologia *s f Teol* (<antr Maria + -logia) Parte da teologia que estuda tudo o que se refere à Virgem Maria e ao seu culto (Designado de hiperdulia e não mariolatria).

marioneta[e] (Né) *s f* (<fr *marionnette*) **1** Boneco (Pessoa, obje(c)to ou animal) feito de madeira, pano ou outro material, movido com cordéis por pessoa oculta, num palco miniatura. **Sin.** Títere; bonifrate; fantoche. **Ex.** As crianças adoram o teatro de ~s. **2** *fig* Pessoa sem personalidade [facilmente manipulável]. **Ex.** Ele não tem ideias próprias, deixa-se influenciar com facilidade, é uma ~/um fantoche/um boneco(+).

mariposa (Pó) *s f* (<esp *mariposa*<"Maria posa-te"?) **1** *Ent* Borboleta «no(c)turna» de asas grandes e membranosas com recortes, de cores e padrões vistosos. **2** Joia em forma de borboleta. **3** *(D)esp* Estilo de natação, em que o nadador faz movimentos simultâneos com os dois braços e as duas pernas.

mariquice *s f* (<maricas + -ice) **1** Cara(c)terística de quem é maricas **2**. **Ex.** Vai em frente sem receio, deixa-te de ~s! **Sin.** Pieguice. **2** A(c)to/Dito/Modos de maricas/de efeminado.

mariquinhas *adj/s 2g/2n* **1** *Dim* de maricas **1/2**. **2** *Br pop* Aguardente de cana/Cachaça(+).

mariscada *s f Cul* (<marisco + -ada) **1** Refeição em que se comem diferentes espécies de marisco. **Ex.** Ele faz parte de um grupo de amigos que adoram cerveja e ~. **2** *Br* Caldeirada à base de mariscos.

mariscar *v int* (<marisco + -ar[1]) **1** Apanhar marisco. **2** «ave» Bicar no solo à cata de inse(c)tos, migalhas, ... **3** *fig* Procurar meticulosamente. **4** *Br* Pescar.

marisco *s m* (<mar + -isco) **1** *Zool* Qualquer invertebrado marinho comestível, em especial moluscos e crustáceos. **Ex.** Comemos um arroz de ~ que estava uma delícia: tinha camarão, lagosta, caranguejos e outros ~s, de que não me lembro. **2** *Br* (Trabalhador) marítimo/Marinheiro(+). **3** *Br* Instrumento em forma de garra para tirar a polpa do coco.

marisma *s f* (<esp *marisma*) Terreno alagadiço à beira-mar ou nas margens de um rio. **Sin.** Pântano; sapal. ⇒ mangue.

marisqueira *s f* (⇒ marisqueiro) **1** Mulher que vende mariscos. **2** Estabelecimento onde se vende marisco, em geral cozinhado. **Ex.** Ele passava a tarde na ~ que ficava em frente de casa. **3** *Br Icti* Corvina(+).

marisqueiro, a *adj/s* (<marisco + -eiro) **1** (O) que apanha marisco. **2** (Diz-se de) ave «pica-peixe» ou de animal que se alimenta de marisco. **3** (Pessoa) que gosta de comer marisco. **4** *s m/f* ⇒ marisqueira **1**.

marista *adj /s 2g* (<Maria, mãe de Jesus + -ista) (O) que pertence à congregação religiosa dos Maristas, fundada em 1817 pelo B. Marcelino Champagnat, votada à Virgem Maria e dedicada ao ensino. **Ex.** Eles matricularam o filho no colégio ~ da cidade. Ele é aluno dos ~s. ⇒ mariano **2**.

marital *adj 2g* (<lat *maritális,e*) **1** Relativo a marido. **Ex.** O poder ~ tende a ser partilhado. **2** Relativo à vida conjugal. **Ex.** Os anos

de vida ~ [matrimonial] deram ao casal uma grande solidariedade para enfrentar os problemas pessoais e familiares.

maritalmente *adv* (<marital + -mente) Como marido e mulher. **Ex.** O casal viveu ~ durante alguns anos, até que decidiu contrair matrimónio.

mariticida *adj f/s f* (<marido + -cida) (Diz-se da) mulher que mata o marido.

mariticídio *s m* (<marido+ -cídio) Assassínio do marido pela esposa. ⇒ matri[parri]cídio.

marítimo, a *adj* (<lat *marítimus,a,um*: do mar) **1** Relativo ao mar. **Ex.** A brisa ~a refresca as casas ao fim da tarde. **2** Junto ao mar. **Ex.** A orla ~a [O litoral] necessita de prote(c)ção e limpeza. **3** Que vive no [junto ao] mar. **Ex.** O sítio onde passo férias tem muitas aves ~as «gaivotas». **Sin.** Marinho. **4** Que se desenvolve no mar. **Ex.** O comércio ~ é uma a(c)tividade muito importante na economia mundial. **5** Relativo às a(c)tividades de navegação e exploração do mar. **Comb.** Direito ~. **6** *s* Marinheiro ou pessoa que vive/trabalha a bordo de um barco.

marketing ing *s m Econ* Conjunto de técnicas e métodos de estratégia comercial. **Ex.** A empresa dedica boa parte dos seus lucros a operações de ~, com destaque para estudos de mercado e publicidade. **Sin.** Mercadologia; comercialização; técnica de mercado «interno/político/...».

marmanjão, ona *s* (<marmanjo 3 + -ão) **1** Grande marmanjo (+). ⇒ marmanjola. **2** Patife/Velhaco.

marmanjo, a *s* (< ?) **1** *pop col* Homem adulto. **2** *col* Jovem corpulento/Rapagão. **Ex.** O filho é/está um ~ que só come e dorme, mas tem bom físico para trabalhar. **3** *depr* Indivíduo abrutalhado que inspira pouca confiança. **Ex.** Não é possível ter negócios com um ~ daqueles [com tal ~]! **Sin.** Malandro; mariola 3; patife; tratante; velhaco.

marmanjola (Jó) *s* (<marmanjo + -ola) ⇒ marmanjão.

marmelada *s f* (<marmelo + -ada) **1** *Cul* Doce [Compota] (feito a partir de polpa) de marmelo. **Ex.** Gosto muito de sande de ~ com [e] queijo. **2** *pop* Qualquer coisa útil/vantajosa /Lucro. ⇒ pechincha. **3** *fam* Confusão/Trapalhada. **4** *pop* Contactos eróticos «geralmente prolongados». **5** *Br* Combinação antecipada «do resultado de um jogo» /Batota(+).

marmeleiro *s m Bot* (<marmelo + -eiro) Árvore de pequeno porte, cujo fruto é o marmelo; *Cydónia oblonga*.

marmelo *s m* (<gr *melimónon*: maçã doce) **1** *Bot* Fruto do marmeleiro, de polpa dura e adstringente, usado no fabrico da marmelada e de compotas e geleias. **2** *fam* ⇒ marmanjo. **3** *pop* Seio de mulher.

marmita *s f* (<fr *marmite*) **1** Panela de cobre ou outro metal, provida de tampa. **Ex.** Para gastar menos com o almoço, levava sempre para a fábrica a comida numa ~. **Comb.** *Fís* ~ de Papin [Espécie de caldeira que serve para demonstrar que o aumento de pressão sobre um líquido faz aumentar a sua temperatura de ebulição]. **2** Conjunto de recipientes metálicos, sobrepostos, seguros por um suporte, que servem para transportar comida/Porta-jantares. **3** *Br col* Barriga/Ventre. **4** *Br pop* Meretriz que sustenta um proxeneta.

marmorário, a *adj/s* (<lat *marmorárius*) **1** Que é relativo ao mármore. ⇒ marmóreo. **2** Pessoa que trabalha em mármore. ⇒ marmoreiro/marmorista.

mármore *s m* (<lat *mármor,oris*) **1** *Geol* Rocha metamórfica, constituída sobretudo de calcite, geralmente branca, mas com veios coloridos, usada na construção, na escultura e artes decorativas. **Ex.** Na sala, havia uma mesa com tampo de ~ de Borba (Pt), uma preciosidade. **2** Placas desse material. **Ex.** Os ~s da cozinha eram da melhor qualidade, com veios escuros. **3** *fig* O que tem o aspe(c)to do mármore «branco/duro/frio». **Ex.** Parecia (ser) de ~, tal a frieza e insensibilidade que aparentava.

marmoreado, a *adj* (<marmorear) Que apresenta manchas na superfície, à semelhança do mármore.

marmorear *v t* (<mármore + -ear) **1** Dar a uma superfície a aparência do mármore. **Ex.** Marmoreou todo o chão da sala. **2** Revestir «uma parede» de mármore.

marmoreira *s f* (<mármore + -eira) Lugar [Pedreira] donde se extrai mármore.

marmoreiro, a [marmorista(+)] *s* (<mármore + -eiro) **1** Pessoa que trabalha num estaleiro de extra(c)ção de mármore. **2** Pessoa que faz peças em mármore.

marmóreo, a *adj* (<lat *marmóreus*: de mármore) **1** Relativo ou semelhante ao mármore. **Ex.** Tinha um ar ~, tal a brancura pálida da face. ⇒ marmorário. **2** Feito de mármore. **Ex.** O chão era ~ [de mármore (+)], de um tom rosa escurecido por veios acinzentados, que dava à sala um aspe(c)to frio, mas agradável e limpo. **3** *fig* Que é frio e insensível. **Ex.** Evidenciava grande insensibilidade ao falar do assunto, sublinhada pelo olhar ~ com que nos mirava.

marmorite *s f* (<mármore + -ite) Argamassa de cimento e grânulos de mármore usada para revestimento na construção «de soalhos».

marmorização *s f* (<marmorizar + -ção) **1** A(c)to ou efeito de marmorizar. **2** *Geol* Transformação de calcários em mármore por recristalização. **3** *Med* Estado em que o doente apresenta marcas semelhantes aos veios do mármore.

marmorizar *v t* (<mármore + -izar) **1** Transformar(-se) em mármore. **2** Dar o aspe(c)to de mármore a uma superfície. ⇒ marmorear.

marmota (Mó) *s f* (<fr *marmotte*) **1** *Zool* Mamífero herbívoro e roedor que vive em tocas nas zonas frias e hiberna vários meses. **2** *Ict* Pescada de pequenas dimensões.

marnota (Nó) *s f* (<it *marna*: marga + -ota) **1** Terreno baixo, que pode ser alagado pela água do mar ou de um rio. **2** Parte da salina em que se acumula a água para extra(c)ção do sal.

marnot(eir)o, a *s* (<marnota + -eiro) **1** Indivíduo que trabalha nas salinas. **2** Supervisor dos trabalhadores das salinas.

maroma (Rô) *s f* (<ár *mabruma*: trançado, corda) **1** Corda grossa. **2** Corda sobre a qual andam os funâmbulos. **Idi.** *Andar numa ~* [Estar envolvido em assuntos difíceis]. **3** *Br* Habitação à beira dos rios montada sobre espeques.

maromba *s f* (⇒ maroma) **1** Vara com que os funâmbulos mantêm o equilíbrio quando andam sobre a maroma. **2** *fig* Posição difícil de sustentar [*idi* «estar na» Corda bamba (+)]. **3** *Br* Atitude de quem adia uma definição ou decisão «à espera de ver o curso dos acontecimentos /até *idi* ver onde param as modas». **4** *Br* Cabo de aço ou fibra vegetal suspenso entre as duas margens de um rio, sobre o qual se apoiam os tripulantes dos barcos que fazem a travessia e exercem tra(c)ção manual para os deslocar. **5** *Br* Sardinha com mais de 20 cm de comprimento. **6** Jangada para transporte de gado «nas cheias».

marombar *v t/int Br* (<maromba + -ar[1]) **1** Usar a maromba 4 para fazer a embarcação deslocar-se. **2** ⇒ equilibrar-se em situação difícil/*idi* andar na corda bamba (+). **3** ⇒ disfarçar; tergiversar. **4** ⇒ bambolear-se. **5** ⇒ preguiçar. **6** ⇒ estorvar.

marombista *adj/s 2g Br* (<marombar + -ista) **1** ⇒ adulador (interesseiro). **2** ⇒ oportunista; aproveitador.

maronita *adj 2g* (<antr *S. João Maron*, anacoreta do Próximo Oriente) **1** Relativo aos ~s, católicos orientais, sobretudo da Síria e Líbano. **Comb.** Liturgia/Rito ~.

marosca (Ó) *s f fam* (< ?) Ardil/Engano/Trapaça. **Ex.** "Aqui há ~" – declarou o pai ao ver a cara de comprometido do rapaz.

marotagem *s f* (<maroto + -agem) **1** Grupo de marotos. **2** ⇒ maroteira(+).

maroteira *s f* (<maroto + -eira) **1** Cara(c)terística de quem é maroto/malandro. **Sin.** Esperteza/Malandrice/Vivacidade. **2** A(c)ção de maroto/Marotice/Travessura/Brincadeira.

maroto, a (Rô) *adj/s* (< ?) **1** (O) que se porta mal e é obje(c)to de reprimenda carinhosa. **2** (O) que é esperto/vivo. **3** (O) que revela malícia. **Ex.** Os olhos deixavam entrever que ele era o ~ capaz de ter feito a malandrice na aula «picar o colega com um alfinete».

marquês, esa *s* (<germânico *marka*: limite, fronteira) **1** *Hist* Título nobiliárquico superior a conde e inferior a duque. ⇒ marquesado. **2** Nobre que possui esse título. **Ex.** Portugal deve à orientação do Marquês de Pombal a reconstrução de Lisboa depois do terramoto de 1755.

marquesa[quise] *s f* (<fr *marquise*) **1** Espécie de cama em que, nos consultórios médicos, se deitam os doentes para serem observados. **2** Estrutura metálica envidraçada que separa, do exterior, partes de uma casa. **Ex.** A ~ aumenta a área útil da casa e defende-a dos excessos do clima. A máquina de lavar roupa foi posta na ~, dando um pouco mais de espaço à casa de banho. ⇒ varanda (fechada).

marquesado *s m Hist* (<marquês + -ado) **1** Cargo ou dignidade de marquês. **2** Parcela de território que era o domínio do marquês.

marra *s f* (<lat *márra*: sacho) **1** Martelo grande em [de(+)] ferro, para partir pedra/Marreta. **Idi.** *Br Na ~* [À força/Com esforço/ valentia]. **2** Sacho ou enxada(+) para mondar [limpar o solo de ervas daninhas]. **3** Vala ao longo de uma estrada ou de um caminho. **4** Jogo infantil em que um jogador evita que outro lhe toque, sob pena de perder.

marrã *s f* (<marrão 5) **1** Porca nova que deixou de mamar. **2** Carne fresca «toucinho» de porco. **3** Ovelha de pouca idade/Marrona.

marrada *s f* (<marrar + -ada) A(c)to ou efeito de marrar. **Loc.** «carneiros» Às ~s «um contra o outro». **Sin.** Cornada/Cabeçada.

marrafa *s f* (<antr *Marrafi*, dançarino italiano que usava os cabelos caídos sobre a testa) **1** Madeixa de cabelo caído sobre a testa. **2** Cada uma das partes do cabelo separadas por uma risca. **Ex.** Tens uma bela ~, encaracolada, para a direita! **3** *Br Mús* Dança do fandango «em rodas concêntricas».

marralhar *v int* (<marrar + baralhar) **1** Teimar/Insistir procurando persuadir alguém, com o obje(c)tivo de enganar. **2** Regatear(+) (n)o preço.

marrano, a *adj/s* (<ár *máhram*: coisa proibida) **1** Que é impuro/porco. **2** *Hist depr* Dizia-se do judeu «da Península Ibérica» obrigado a converter-se ao catolicismo. **Ex.** As comunidades ~as continuavam, muitas vezes, a professar de forma clandestina o judaísmo. Muitos ~s emigraram para a Holanda.
marrão, ã/ona *adj/s* (<marrar + -ão) **1** (O) que marra. **2** Animal «selvagem» difícil de domar. **3** *pop* Pessoa que teima numa ideia/Turrão(+)/Teimoso(o+). **Ex.** Depois de fazer uma afirmação [de dizer uma coisa(+)], não muda, é mesmo ~. **4** *depr* O que estuda, decorando tudo, mesmo o que não compreende. **Ex.** «na escola» Tem notas razoáveis, porque decora tudo, é um ~. **5** Porco que deixou de mamar. ⇒ marrã **1**.
marrar *v int* (<marra + -ar¹) **1** Bater «o animal» com os chifres contra qualquer coisa. **Ex.** Na sua fúria, o toiro marrava contra as tábuas da arena. **2** Arremeter com a cabeça [Dar cabeçadas]. **3** Ir contra [Esbarrar]. **Ex.** Levantou-se às escuras e marrou contra a [e deu com a cabeça na (+)] parede. **4** Bater com a marra [marreta]. **5** *gír* Estudar, decorando. **Ex.** Passou dias a ~ para os exames. **6** *fig* Teimar obstinadamente.
marrasquino *s m* (<it *marraschino*) ⇒ marasquino.
marreca (Rré) *s f* (<marreco) **1** Fêmea do marreco **1**. **2** *pop* Corcunda. **Ex.** Tem uma ~ que se acentua com a idade e lhe provoca incomodidade nas costas. ⇒ corcova(do).
marreco (Rré) *s m* (< ?) **1** *Ornit* Ave palmípede, que nidifica junto aos rios. ⇒ pato. **2** *adj* Diz-se do indivíduo com corcunda.
marreta (Rrê) *s f* (<marra **1** + -eta) **1** Martelo de ferro, para partir pedra/Marra. **2** *Br* Cacete de grandes dimensões. **3** *Br* A(c)ção ou procedimento ardiloso. **Idi.** *Br* **Fazer ~** [batota ao jogo]. **4** *s 2g pop* Pessoa desajeitada. **Sin.** Bronco. **Ex.** O homem é mesmo ~: atrapalha-se (todo) e deixa cair tudo ao chão.
marretada *s f* (<marreta + -ada) Pancada com marreta. **Idi.** À ~ [Atabalhoadamente/ *idi* Às três pancadas] (Ex. Foi um trabalho feito à ~ e, claro, não estou satisfeito).
marretar *v* (<marreta + -ar¹) **1** Bater com marreta. **2** *Br* Dar pancada/Bater. **3** *Br* Dizer mal de alguém. **4** *Br pop* Realizar um trabalho de forma apressada.
Marrocos *s m top* Estado situado no extremo noroeste da África que confina a N com o estreito de Gibraltar e o mar Mediterrâneo, a E e a S com a Argélia e a O com o oceano Atlântico. Capital: Rabat. Nome oficial: Reino de ~. **Ex.** Os habitantes de ~ designam-se por marroquinos.
marrom *adj 2g/s m Br* (<fr *marron*: castanha/o) ⇒ castanho(+).
marroquim *s m* (<ár *marroki*: de Marrocos) **1** Pele curtida «de bode ou cabra», destinada a confe(c)ções «sapatos/encadernação de livros». ⇒ carneira. **2** Obje(c)to de ~.
marroquinaria *s f* (<marroquim + -aria) **1** Arte/Ofício/Negócio de quem faz ou negoceia com «obje(c)tos de» marroquim. **2** Fábrica que prepara o marroquim.
marroquino, a *adj/s* ⇒ Marrocos **Ex.**.
marsupial *s m Zool* (<marsúpio + -al) (Diz-se de ordem de) mamíferos cujas fêmeas têm uma bolsa ventral. **Ex.** O canguru pertence à ordem dos ~ais, tal como o coala. **Comb.** Bolsa ~ [Marsúpio].
marsúpio *s m Zool* (<lat *marsúpium*: bolso, pequena bolsa) Bolsa ventral dos marsupiais.

marta *s f Zool* (<fr *marte*) Mamífero trepador e carnívoro, semelhante à doninha, valioso pela pele que fornece.
martagão *s m Bot* (<turco *martagan*: turbante) Espécie de lírio.
Marte *s m* (<lat *Mars,Mártis*) **1** *Astr* O quarto planeta do sistema solar «a contar do Sol». **2** *Mit* O deus da guerra para os romanos. **3** *minúsc fig* Guerra.
martelada *s f* (<martelo + -ada) **1** Pancada de martelo. **2** Mossa feita por pancada de martelo. **Ex.** Na madeira, ficaram umas ~s, sinal do uso desajeitado do martelo. **3** Ruído semelhante ao da pancada do martelo.
martelado, a *adj* (<martelar + -ado) **1** Que foi batido com martelo. **2** Que tem superfície irregular «como batida por martelo». **Ex.** Mandou colocar vidro ~ (⇒ fosco) nalgumas janelas da casa, em parte por estética, em parte para ter mais privacidade. **3** *Mús* Que recorre «no violino» a golpes curtos e rápidos do arco. **4** *fig* Excessivamente repetido. **Ex.** É um assunto ~ sempre que nos vemos, nunca se esquece de falar dos problemas da herança.
martelador, a *adj/s* (<martelado + -or) **1** (O) que martela [bate com o martelo]. **2** *fig* (O) que importuna. **Ex.** Ele está sempre a falar no mesmo assunto [*idi* a bater na mesma tecla(+)], é um ~/aborrecido(+).
martelagem *s f* (<martelar + -agem) **1** A(c)ção ou efeito de martelar. **2** Operação de bater o metal «cobre» para lhe dar uma determinada forma. **3** Marca feita nas árvores «para indicar as que devem ser abatidas». **4** Ruído semelhante ao do bater do martelo. **Ex.** Só ele, quando se punha a escrever, denunciava, pela ~ sonora e ritmada, o uso das teclas do computador.
martelar *v t/int* (<martelo + -ar¹) **1** Bater com um martelo. **Ex.** Era desajeitado ao martelar os pregos, feria os dedos com alguma frequência **2** *fig* Bater repetidamente «como se fosse com o martelo». **Ex.** Quando era criança, gostava de ir para a sala *idi* martelar no [as teclas do] piano, antecipando a sua vocação de pianista. **3** *fig* Insistir [Repetir de forma insistente]. **Idi.** **~/Bater/Malhar(+) em ferro frio** [Insistir inutilmente] (Ex. O pai martelava em ferro frio: falava ao filho na necessidade de pensar antes de agir, mas ele continuava a fazer disparates uns atrás dos outros.
martelo (Té) *s m* (<lat *malléolus*, dim de málleus,*lei*: maço, martelo) **1** Ferramenta formada por um cabo que encaixa numa peça metálica, própria para cravar e arrancar pregos. **Loc.** A ~ [A muito custo/À força] (Ex. Fez a comida a ~ e não ficou saborosa, o que era de esperar). **Comb.** *idi* **Vinho a ~** [de fraca qualidade ou adulterado]. **~ pneumático** [que funciona com ar comprimido e se usa na indústria]. **2** *fig* Pequena peça de madeira semelhante a essa ferramenta, com que os juízes abrem e fecham as audiências nos tribunais. **3** Peça dos relógios de sala que, ao bater, marca as horas. **4** *Mús* Acessório que percute as cordas do piano (⇒ martinete **2/3**). **5** *fig* Pessoa aborrecida. **6** (D)*esp* Prova de atletismo, que consiste no lançamento de um engenho metálico preso a um cabo de aço. **Ex.** O ~ é uma modalidade olímpica. **7** *Anat* Pequeno osso do ouvido médio. **8** *Br Zool* Larva de certos mosquitos que transmite a febre amarela. **9** *Br* Copo pequeno para aguardente.
martim[tinho]-pescador *s m Ict* ⇒ pica-peixe.
martinete (Nê) *s m* (<fr *martinet*) **1** Grande martelo de forja, movido à água ou vapor, que serve para bater aço e ferro a frio.

2 *Mús* Martelo **4** de piano. **3** *Mús* No cravo, mecanismo correspondente ao martelo no piano, que faz a corda vibrar. **3** Ponteiro do relógio de sol. **4** *Ornit* Andorinha de asas compridas. **5** Penacho [Conjunto de penas] «da cabeça do grou/da fronte do mocho». ⇒ poupa.
mártir *s 2g* (<lat *mártyr,yris* <gr *mártys,yros*: testemunha) **1** *Rel* Pessoa que foi morta em defesa da sua fé religiosa «S. João Ba(p)tista». **2** *fig* Pessoa que sacrificou a vida por um ideal/uma causa. **Ex.** Todas as revoluções têm os seus ~es. **3** *fig* Pessoa que sofre muito. **Ex.** Ele tem sido um ~ «com as doenças de que tem padecido/ com a mulher tão má dona de casa»!
martírio *s m* (<lat *martýrium,ii*; ⇒ mártir) **1** *Rel* Tortura ou morte suportadas em defesa da fé. **2** *fig* Grande padecimento físico ou moral. **3** *fam* Dificuldade. **Ex.** É um ~ [uma dificuldade] para aquela criança fazer os trabalhos de casa [Tenho de insistir muito com ela para os fazer]. **4** *Bot* ⇒ maracujá; flor-da-paixão.
martirizar *v* (<mártir + -izar) **1** Fazer sofrer o martírio. **Ex.** Os imperadores romanos martirizaram muitos cristãos. **Sin.** Supliciar/Matar. **2** *fig* Causar grande sofrimento físico ou moral/Atormentar. **Ex.** A dúvida martirizava-a.
martirológio *s m* (<lat *martyrológium,ii*) **1** Lista dos mártires da igreja católica, ordenada pelas datas em que foram martirizados ou são celebrados no calendário litúrgico da Igreja. **2** *fig* Lista dos que morreram por uma causa. **Ex.** É extenso o ~ das grandes revoluções.
maruflagem *s f* (<fr *marouflage*) Processo que serve para colar numa superfície mural a pintura sobre tela ou para colar em tela a pintura sobre papel.
marufle *s m* (<fr *maroufle*) Cola muito forte e consistente, para utilização em qualquer tipo de maruflagem. **Ex.** O ~ é feito a partir de resíduos de tinta deixados pela lavagem dos pincéis.
maruja *s f* (<marujo) **1** *Náut* Conjunto de marinheiros ou marujos que formam a tripulação de um navio. **Sin.** Marinhagem(+). **2** Gente do mar. **Loc.** À ~ [À maneira dos marujos] (Ex. No carnaval, é frequente vestir-se à ~).
marujada *s f* (<marujo + -ada) **1** ⇒ maruja **1**. **2** *Br Etn* Nome dado ao fandango/Marujo **2**.
marujo, a *s/adj* (<mar + -ujo) **1** O que trabalha a bordo de um navio. **Sin.** Marinheiro(+). **2** *Br* ⇒ marujada **2**. **3** *adj* Relativo ao mar.
marulhar *v int* (<marulho + -ar¹) **1** Formar ondas/Agitar-se «o mar». **Ex.** Da [Na] minha casa ouve-se o ~ das ondas. **2** *fig* Imitar o b[m]arulho do mar.
marulho *s m* (<mar + -ulho) **1** Agitação das águas do mar. **Sin.** Marejada. **2** *fig* Balbúrdia/Confusão. **Ex.** Ele fez um ~ de tal ordem [fez tal ~] no escritório, que ninguém se entende.
marxismo *s f* (<antr Karl Marx: filósofo alemão (1818-1883) + -ismo) Conjunto de teorias filosóficas, económicas, sociais e políticas, assentes no materialismo dialé(c)tico e histórico e no desenvolvimento da luta de classes e da relação entre capital e trabalho. **Ex.** O ~ foi o resultado do trabalho conjunto de Marx e Engels (1820--1895). **Comb.** ~-leninismo [Teoria política inspirada em Marx e Engels e aplicada por Lenine (político revolucionário russo, 1870-1924)].
marxista *adj 2g* **1** Relativo ao marxismo. **Ex.** A teoria ~ da luta de classes modificou

profundamente os estudos económicos e a realidade social. **2** *s* Seguidor ou defensor do marxismo. **Ex.** Os ~s valorizam o papel da classe operária na construção de uma sociedade sem classes.

mas *conj* (<lat *mágis*: mais) **1** Indica restrição. **Ex.** Não vi o filme, ~ gostava de o ver. **2** Exprime obje(c)ção ou oposição. **Ex.** Parece que vai chover, ~ ele saiu sem levar guarda-chuva! ⇒ ~ **10 Idi. 3** Introduz a causa que explica uma a(c)ção anterior. **Ex.** A professora repreendeu-o, ~ a verdade é que ele não parava de conversar [cochichar(+)] com os colegas. **4** Estabelece a irrelevância de um fa(c)to ou um contraste. **Ex.** Ela zanga-se muito com os outros, ~ é muito amiga de ajudar toda a gente. **5** Introduz uma corre(c)ção ou precisão. **Ex.** Não é roupa, ~ [, são] sapatos o que ela foi comprar. **Loc.** Não só... ~ também (Ex. Não só cumpriu os obje(c)tivos do proje(c)to ~ [como(+)] também apresentou ideias para novas pesquisas). **6** Exprime ênfase em frases exclamativas. **Ex.** O comboio [trem] está atrasado. ~ que maçada! **7** Declara algo a ter em conta, depois de pedido de desculpa. **Ex.** «ao pagar o que se comprou» Perdoe-me o atrevimento [Desculpe], ~ acho que fez mal as contas... **8** Reforça uma ideia. **Ex.** O hotel em que ficou é de luxo, ~ que luxo! Ele tem uma casa, ~ uma (senhora) casa! **9** Apresenta valor expletivo. **Ex.** – *Faz ~ é o teu trabalho!*, disse-lhe o professor. **10** *s m 2n* Dificuldade/Inconveniente/Obstáculo/Senão. **Ex.** Toda a beleza tem os seus ~s/senões. **Idi.** *Não haver ~, nem meio ~* [Não aceitar obje(c)ções ou argumentos contra] (Ex. Não há ~, nem meio ~, tens de fazer férias com os teus pais!).

mascar *v t* (<lat *mastíco,áre,átum*) **1** Mastigar sem engolir. **Ex.** Ele está sempre a ~ pastilha elástica. **2** *fig* Falar entre dentes [Resmungar]. **Ex.** De forma imperce(p)tível, mascava uns sons, que deviam ser insultos, pela cara de desagrado que fazia.

máscara *s f* (<it ant *màscara*) **1** Obje(c)to feito de diverso material que representa uma cara humana ou um fácies animal, *us* como disfarce. **Comb.** ~ de Carnaval. **2** *Teat* Peça com que os a(c)tores cobrem o rosto para cara(c)terizar a personagem que representam. **3** Molde dos contornos do rosto. **Comb.** ~ mortuária [feita sobre o rosto de um morto «para perpetuar a sua memória»]. **4** Designação de obje(c)tos feitos de materiais diversos, que servem de prote(c)ção e são *us* por profissionais de várias a(c)tividades. **Comb.** *~ de apicultor. ~ de soldador. ~ de mergulho.* **5** Dispositivo que se coloca sobre o rosto para evitar a inalação de gases tóxicos. **Comb.** ~ antigás. **6** *Med* Prote(c)ção colocada à volta do nariz e da boca, para evitar o contágio de agentes infe(c)ciosos. **Ex.** Os médicos usam ~s para protegerem os doentes e a si próprios nas operações cirúrgicas. **7** *fig* Expressão/Fisionomia. **Ex.** Via-se nele a ~ da tristeza que sentia. **8** *fig* Dissimulação. **Ex.** Por detrás daquela ~ de tranquilidade esconde-se um temperamento ansioso. **Idi.** *Deixar cair a ~* [Revelar-se tal qual é] (Ex. Finalmente deixou cair a ~ de pessoa desinteressada e solidária, exibindo todo o seu egoísmo). **9** *s 2g* ⇒ Mascarado **1**.

mascarada *s f* (<mascarado) **1** Grupo de pessoas com máscaras. **Ex.** O Carnaval na aldeia constituía motivo de grande festa: era uma ~ ruidosa aquele grupo de pessoas irreconhecíveis que enchia a praça. ⇒ fantochada.

mascarado, a *adj/s* (<mascarar) **1** (O) que tem o rosto coberto por máscara ou usa traje para se disfarçar. **Ex.** Ela gostava de aparecer ~a nos bailes, em geral com um traje de dama antiga. **2** (O) que finge ou dissimula. **Sin.** Hipócrita(+). **3** *fig* (O) que oculta a sua identidade «para roubar». **Ex.** Os assaltantes entraram no escritório ~s de agentes de segurança. **4** *Br pop* (O) que se tem em alta conta/Convencido.

mascarão *s m Arquit* (<máscara + -ão) ⇒ carranca(+).

mascarar *v t* (<máscara + -ar¹) **1** Cobrir o rosto com máscara ou vestir um traje de fantasia. **Ex.** Foi a Veneza no Carnaval e gostou muito de ver o modo como as pessoas se mascaravam. **2** Ocultar(-se) sob aparência falsa. **Ex.** Mascarou[Disfarçou/Vestiu]-se de enfermeira, para aceder [poder ir] ao quarto da doente. **Sin.** Disfarçar(-se).

mascarilha *s f* (<esp *mascarilla*) Pequena máscara que cobre parte do rosto, em geral os olhos, *us* como disfarce ou prote(c)ção.

mascarra *s f* (<mascarrar) **1** Mancha na pele causada por carvão, tinta, ... **2** Nódoa/Sujidade. **3** *fig* Traço de cará(c)ter negativo. **Ex.** No fundo é boa pessoa, mas tem uma ~, o vício da má-língua. **Sin.** Labéu.

mascarrar *v t* (<esp *mascarar*: tisnar) **1** Sujar(+). **Ex.** Mascarrou a roupa toda, ao limpar a lareira. **2** *fig* Desacreditar. **Ex.** Mascarraram a imagem do político com revelações da sua vida pessoal.

mascate *s m* (<top *Mascate*: capital do sultanato de Omã, donde foram árabes «comerciantes» para o Brasil) **1** ⇒ Mulato/Mestiço/Trigueiro. **2** *Br* Vendedor ambulante de panos, joias, quinquilharias.

mascav(ad)o, a *adj* (<mascavar) **1** Diz-se do açúcar que não foi refinado. **2** *fig* «vinho» Adulterado(+)/Estragado. **3** *fig* Incompreensível/Incorre(c)to. **Ex.** Fala um português ~ que dificilmente se entende.

mascavar *v t* (<an *mascabar* <*menoscabar*: desprezar «por má qualidade») **1** Separar o açúcar de pior qualidade do que é superior. **2** *fig* Adulterar/Estragar/Falsificar. **3** Pronunciar ou escrever incorre(c)tamente uma língua.

mascavo *s m* (<mascavar) A(c)to ou efeito de mascavar. ⇒ mascav(ad)o.

mascotar *v t* (<mascoto + -ar¹) **1** Pisar com mascoto. **2** ⇒ mascar.

mascote (Có) *s f* (<mascoto) (Miniatura de) pessoa, animal ou obje(c)to a que se atribui a possibilidade de dar sorte. **Ex.** A cadelinha branca era a ~ da família. Houve um concurso para escolher a ~ dos Jogos Olímpicos.

mascoto (Cô) *s m* (<provençal *mascoto*: sortilégio) **1** Martelo de grandes dimensões *us* para amassar fragmentos de metal. **2** Maço 1.

masculinidade *s f* (<masculino +-i-+ -dade) Qualidade do que é masculino/másculo. **Sin.** Virilidade(+).

masculinizar *v t* (<masculino + -izar) Tornar masculino [Dar aspe(c)to [cara(c)terísticas] masculino/as].

masculino, a *adj* (<lat *masculínus,a,um*) **1** Relativo ao homem/macho. **Comb.** Sexo ~. **Ant.** Feminino. **2** Que é composto só de homens. **Comb.** População ~a. **3** Que se considera próprio do homem. **Ex.** Há lojas especializadas em moda ~a. **4** *Biol* Diz-se do gâmeta que «na reprodução sexuada» se funde com o gâmeta feminino no processo de fecundação. **5** *Bot* «flor» Que tem apenas estame(s). **6** *Gram* (Diz-se do) gé[ê]nero gramatical oposto ao feminino. **Ex.** Gato é (uma palavra [um substantivo] do gé[ê]nero) ~. O ~ de leoa é leão.

másculo, a *adj* (<lat *másculus,a,um*) **1** Relativo ao homem ou animal macho. **2** *fig* Que evidencia cara(c)terísticas próprias do homem. **Ex.** Na voz e nos gestos, aquele jovem mostrava a força ~a do adulto que viria a ser. **Ant.** Efeminado. **3** *fig* ⇒ enérgico; forte; varonil.

masdeísmo *s m* (<persa *mazda*: sábio, o(m)nisciente + -ismo) Religião do antigo Irão, revelada ao profeta Zoroastro (séc. VIII a.C.), que admite dois princípios: o do bem «da luz, criador» e o do mal «das trevas, da morte». **Ex.** Os templos do ~ são conhecidos como templos do fogo. **Sin.** Zoroastrismo.

maser (meizar) *Fís* (Sigla de *microwave amplification by the stimulated emission of radiation*) Amplificador de micro-ondas, através da emissão estimulada de radiação ele(c)tromagnética (por um sólido).

más-línguas (⇒ má-língua) *s f pl* Pessoas que estão sempre a dizer mal. **Ex.** As ~ raramente são fonte segura de informação acerca de outras pessoas.

masmorra (Mô) *s f* (<ár *matmura*: prisão) **1** Celeiro subterrâneo entre os mouros, que também servia para aí manter os prisioneiros. **2** Prisão subterrânea escura e insalubre/Calabouço/Enxovia. **3** *fig* Aposento/Lugar sombrio e triste. **Ex.** Queixa-se muito de dores, desde que mora naquela ~, húmida e escura.

masoquismo *s m Psic* (<antr *L. Masoch*, escritor austríaco + -ismo) **1** Perversão que consiste em obter prazer sexual a partir do sofrimento «flagelação» ou humilhação a que a própria pessoa se submete. **2** Atitude da pessoa que se compraz no sofrimento.

masoquista *adj/s 2g* **1** Relativo ao masoquismo. **2** (O) que sente prazer em ser maltratado na relação sexual. **3** (O) que se compraz no sofrimento. **Ex.** Há pessoas ~s que parece que gostam de serem maltratadas.

massa *s f* (<lat *mássa,ae*) **1** Quantidade de matéria, de maior ou menor consistência [, sólida ou pastosa], de forma geralmente indefinida. **Idi.** *Estar na ~ do sangue* [Fazer parte da natureza de alguém] (Ex. Não consegue ser simpático, está-lhe na ~ do sangue!). **Comb.** *~ cinzenta* a) *Anat* Substância constituída pelas células nervosas que formam o córtex cerebral e que é a sede das funções intelectuais superiores; b) *idi* Inteligência (Ex. Pensa bem! Põe essa ~ cinzenta [a tua inteligência/o teu cérebro] a trabalhar!). **2** Quantidade considerável de um elemento, sólido ou fluido. **Comb.** Meteor ~ de ar (Ex. O tempo está condicionado pela circulação de uma ~ de ar frio). **3** *Fís* Quantidade de matéria contida num corpo. **Ex.** A matéria atrai a matéria na razão dire(c)ta da sua ~. **Comb.** *~ específica* [Quociente da ~ de um corpo pelo seu volume]. *~ molecular* [Soma das ~s atómicas dos átomos que constituem uma molécula]. **4** Conjunto de elementos que formam um todo «quantidade; volume». **Ex.** E aí estava a cidade à nossa frente: uma enorme ~ de edifícios [prédios(+)] iluminados. **5** *Cul* Pasta que resulta da mistura de farinha com um líquido «água ou leite» e outros ingredientes. **Comb.** ~ tenra [que é tendida de forma a ficar muito fina e é *us* em pastéis «de nata»]. **6** *Cul* Preparado industrial à base de farinha, de [com] diferentes formatos «cotovelos, esparguete, macarrão». **Comb.** ~s

alimentícias. **7** Mistura pastosa para uso culinário. **Comb.** ~ de pimentão. **8** Amálgama pastosa com uso industrial diverso. **Comb.** ~ *de sapateiro*. ~ *de vidraceiro*. **9** *pl* Estrato amplo da sociedade [Povo]. **Ex.** O candidato fez um discurso às ~s no parque da cidade. **Loc.** Em ~ [Em conjunto/Em grande número/Na totalidade] (Ex. O povo acorreu em ~ à chegada do presidente). **Ant.** Elite. **10** *Econ* Conjunto composto por diferentes tipos de moeda (metálica, papel, …). **Comb.** ~ monetária. **11** *pop* Dinheiro. **Ex.** Não vou comprar o carro, não tenho ~ para isso. **Idi.** *Ser apanhado com as mãos na* ~ [Ser visto em situação comprometedora (de roubo)] (Ex. Foi apanhado com as mãos na ~, quando o encontraram a tentar abrir a gaveta).

massacrante *adj 2g* (<massacrar 2/3 + -ante) Martirizante /Dilacerante/ Torturante. **Comb.** Pessoa ~ [aborrecida/pesada/chata].

massacrar *v t* (<macerar) **1** Matar em massa de forma indiscriminada e com crueldade. **Ex.** O inimigo entrou na cidade e massacrou a população, foi uma chacina. **Sin.** Dizimar. **2** *fig* Torturar [Causar grande sofrimento físico ou moral]. **Ex.** O sentimento de culpa persegue-o, não deixa de o ~. **3** *fig* Causar aborrecimento. **Comb.** ~ com perguntas. **4** *fig* Atacar com toda a força *idi* sem dó nem piedade/Arrasar/ Esmagar. **Ex.** Os jogadores massacraram [arrasaram(+)] a equipa adversária.

massacre *s m* (<massacrar) **1** A(c)ção de massacrar. **Sin.** Carnificina/Matança. **2** *fig* A(c)to de destruir/aniquilar. **Ex.** A destruição da floresta foi um verdadeiro ~, estimulado pela ganância dos poderosos. **3** *fig* A(c)to de enfadar/maçar. **Ex.** Cansava toda a gente quando explicava a matéria, aquela aula era um ~/martírio(+)!

massagear *v t* (<massagem + -ear) Fazer [Dar] massagens em alguém ou em si próprio. **Comb.** ~ as costas.

massagem *s f* (<(a)massa(r) + -agem) Manipulação [Compressão] metódica de zonas musculares ou articulações do corpo, feita com as mãos ou instrumentos apropriados, com fins terapêuticos ou estéticos. **Ex.** As ~ens na zona do pescoço aliviavam-lhe as dores de que padecia. Ela submetia-se regularmente a uma ~ especial na face, na esperança de contrariar o avanço das rugas.

massagista *s 2g* (<massagem + -ista) Pessoa que faz [dá] massagens.

massame *s m* (<massa + -ame) **1** Camada de pedras, betume ou argamassa no fundo de poços ou cisternas. **2** Argamassa(+) de cimento *us* no assentamento de ladrilhos. **3** *Náut* Conjunto dos cabos existentes a bordo de um navio. **Sin.** Cordame(+).

massaroco (Rô) *s m* (<massa + -oco) Porção de fermento para levedar o pão.

masseira *s f* (<massa + -eira) **1** Tabuleiro em que se amassa o pão. **2** Calha que recebe a água dos alcatruzes da nora. **3** Barco pequeno em forma de tabuleiro. **4** *Br* Prancha *us* para cobrir a massa de mandioca «espremida no arrocho».

masseirão *s m* (<masseira + -ão) **1** Masseira [Pia «sobre o comprido»] em que se dá comida aguada a animais domésticos «porcos». **2** *pop* Mulher muito gorda.

masseter (Tér) *s m Anat* (<gr *masetér,éros*: que mastiga; *pl* ~es) Cada um dos músculos da mastigação que fazem mover o maxilar inferior.

massificação *s f* (<massificar + -ção) **1** A(c)ção de massificar algo [de o tornar extensível às massas/ao grande público].

Ex. Enquanto uns falam de ~ do ensino (superior/universitário), outros preferem falar da sua democratização. **2** Processo pelo qual algo se generaliza e uniformiza. **Ex.** A sociedade de consumo tem conduzido à ~ de comportamentos e de hábitos.

massificado, a *adj* (<massificar) Que foi adequado à generalidade dos indivíduos. **Ex.** Os cuidados de saúde ~s [generalizados(+)] diminuíram a mortalidade infantil.

massificar *v t* (<massa +-i-+ -ficar) **1** Tornar comum/acessível à generalidade dos indivíduos. **Ex.** A melhoria do poder de compra massifica [aumenta (+)/facilita] o acesso aos bens de consumo. **2** Ado(p)tar de forma generalizada «por efeitos da comunicação de massas» determinados padrões [estilos] de vida. **Ex.** Massificou-se a compra de revistas e jornais sensacionalistas.

massinha *s f Cul* (<massa + -inha) Massa alimentícia muito miúda *us* em sopas.

massudo, a (<massa + -udo) **1** Que tem aspe(c)to [consistência] de massa/Pesado/Volumoso. **2** Que é compacto/espesso. **Ex.** O bolo era saboroso mas muito ~. **3** *fig* Que é corpulento. **Ex.** O homem impunha receio [metia respeito (+)] com aquele corpo ~.

mastaréu *s m Náut* (<fr *mâtereau*) Haste de madeira [Pequeno mastro] que remata o topo dos mastros principais dos barcos «veleiros».

mastectomia *s f Med* (<gr *mastós*: mama + *ektomé*: corte + -ia) Extra(c)ção total ou parcial da mama.

máster *s m Info* (<ing *master* <lat *magíster*: mestre) Diz-se de: **a)** gravação original de sons ou imagens que será usada na reprodução de cópias; **b)** suporte que constitui a matriz usada como base de reprodução.

masterização *s f Info* (<masterizar + -ção) Produção de máster [matriz] de reprodução.

masterizar *v t Info* (<máster + -izar) Produzir máster [matriz] de reprodução.

masticatório ⇒ mastigatório.

mastigação *s f* (<mastigar + -ção) A(c)to ou efeito de mastigar [triturar alimentos com os dentes]. ⇒ mastig[c]atório.

mastigado, a *adj* (<mastigar) **1** Que foi triturado com os dentes. **2** *fig* Que foi bem planeado. **Ex.** Nota-se que o proje(c)to foi bem ~, com abundância e precisão de detalhes. **3** *fig* Pronunciado com pouca clareza. **Ex.** O público teve dificuldade em entendê-lo, porque as palavras lhe saíam ~as. **Sin.** Enrolado. **4** *Br* Facilitado/Quase solucionado.

mastigador, ora *adj/s* (<mastigar + -dor) (O) que mastiga. **Ex.** Os masseteres são músculos ~es.

mastigar *v t/int* (<lat *mástico, áre, átum*) **1** Triturar «alimentos» com os dentes. **2** *fig* Pronunciar com pouca clareza. **Ex.** Ele mastigava as palavras, era muito difícil entender o que dizia. **3** *fig* Pensar muito num assunto/Ruminar. **Ex.** Passa horas e horas a ~ o tratamento a dar a um assunto.

mastig[c]atório, a *adj/s* (<mastigar + -ório) **1** Relativo à mastigação. **2** Remédio que se mastiga para a(c)tivar a salivação ou perfumar o hálito bucal.

mastim *s m* (<fr ant *mastin* <lat *mansúetus*: domesticado) **1** Cão grande para guardar o gado. **2** *fig pop* Pessoa maledicente. **3** *fig depr* Agente da polícia.

mástique *s f* (<lat *mástice, es*: resina de aroeira, almécega) **1** Goma resinosa *us* em vernizes e produtos farmacêuticos. **2** Pasta *us* para tapar fendas e buracos. **Sin.** Massa 8 (+).

mastite *s f Med* (<gr *mastós,oú*: mama + -ite) Inflamação da(s) mama(s).

mastodonte *s m* (<gr *mastós,oú*: mama + *odoús,odóntos*: dente «molar em forma de mamilo») **1** *Pal* Mamífero fóssil de grande tamanho, semelhante ao elefante mas com quatro presas. **2** *fig depr* Indivíduo muito corpulento e desajeitado [Brutamontes(+)]. **3** *fig depr* Obje(c)to «edifício» de dimensões gigantescas. **Ex.** O edifício do Ministério das Finanças (de Lisboa) é um ~.

mastoide (Tói) *adj 2g* (<gr *mastoeidés*: semelhante a mama) Que tem forma de mama ou mamilo. **Comb.** *Apófise* ~ [Saliência da base do crânio formada no osso temporal, por trás da orelha].

mastoidite *s f Med* (<mastoide + -ite) Inflamação da apófise mastoide.

mastologia *s f Med* (<gr *mastós*: mama + -logia) Estudo da anatomia, fisiologia e patologia da mama.

mastozoologia *s f* **1** *Zool* ⇒ mamalogia. **2** ⇒ mastologia.

mastreação *s f Náut* (<mastrear + -ção) **1** A(c)ção de mastrear. **2** Conjunto de mastros e mastaréus e respe(c)tivos acessórios de uma embarcação.

mastrear *v t* (<mastro + -ear) Pôr ou levantar mastros (em embarcação).

mastro *s m* (<frâncico *mast*) **1** *Náut* Haste de madeira ou metal colocada nas embarcações para sustentar as velas e determinados aparelhos de navegação. **Loc.** Forçar os ~s [Aumentar o número de velas da embarcação para intensificar a velocidade]. **2** Haste colocada no solo ou fachada de um edifício, na qual se iça uma bandeira. **3** Peça de madeira erguida na vertical *us* para provas de ginástica. **4** *fig col* Pessoa extremamente alta. **Ex.** Aquele rapaz é um ~! Dava para [Podia ser um bom] jogador de basquete.

masturbação *s f* (<masturbar + -ção) A(c)to ou efeito de (se) masturbar. ⇒ onanismo.

masturbar(-se) *v t* (<lat *masturbo,áre,átum*) Provocar o orgasmo através da excitação dos [do toque nos] órgãos genitais.

mata¹ *s f* (<lat *mátta,ae*: esteira de junco) **1** Terreno onde crescem em abundância árvores e plantas diversas. ⇒ bosque; floresta. **2** Plantação de árvores da mesma espécie. **Comb.** ~ de eucaliptos. ~ de pinheiros [Um pinh(eir)al].

mata² *s f* (<matar) ⇒ matadura.

mata-bicho *s m pop* (<matar + bicho) **1** Bebida alcoólica tomada em jejum. **Ex.** Ele justificava a necessidade do ~ com o frio da manhã e a perspe(c)tiva de horas de trabalho duro no campo. ⇒ dejejum. **2** *pop* Pequeno-almoço(+)/Café da manhã(+). **3** *Br* Aguardente de cana/Cachaça.

mata-borrão *s m* (<matar + borrão) **1** Papel próprio para absorver pequenas quantidades de líquidos, sobretudo tinta. **2** *fig pop* Beberrão; bebedola.

mata-cães *s m sing e pl* (<matar + cães) **1** Preparado venenoso para matar cães. **2** *fig* Indivíduo que trabalha pouco/Preguiçoso/Vadio.

mata-cão[-cachorro] *s m Bot* Planta herbácea que contém aconitina (Alcaloide venenoso de uso farmacêutico)/Acó[ô]nito.

matacão *s m* (<matar + cão) **1** Pedra grande e pesada. **Sin.** Pedregulho. **2** Pedaço grande de qualquer coisa. **Ex.** Serviu-se de um ~ de bolo, tal era a fome que trazia. **3** *fig* Obje(c)to de grande volume e pesado. **4** Pedaço de rocha com diâmetro superior a 25 cm. **5** *fig* Corte de barba em que as suíças se prolongam até ao queixo.

mata [arrebenta]-cavalo s m Bot (<matar + cavalo) Planta, *Solanum ciliatum*, que é nociva para os equídeos. **Idi. A ~(s)** [A toda a pressa] (Ex. Perante o perigo, correu a ~s até chegar a um sítio seguro).

matador, ora adj/s (<matar) **1** (O) que mata. **2** fig (O) que seduz/atrai. **Ex.** Ela fazia um olhar ~, pelo que lhe chamavam a mulher fatal. **3** fig Diz-se do indivíduo maçador. **Ex.** Tornava-se uma pessoa ~ora com aquela mania de interromper os outros que tentavam dar a sua opinião. **4** s m pl O que é necessário para determinado fim. **Loc.** Com todos os ~es [Sem faltar nada] (Ex. Recebeu os convidados com todos os ~es: havia música, boa decoração e muita simpatia).

matadou[oi]ro s m (<matar + douro) **1** Lugar onde se abate, em condições de higiene, o gado cuja carne se destina ao consumo público. **2** fig Situação ou lugar onde pode ocorrer uma carnificina. **Ex.** Os generais tomaram a pior das decisões ao enviarem os soldados para aquele ~!

matadura s f (<matar + -dura) **1** Ferida causada nos animais de carga [de tiro] «cavalos» pela fri(c)ção dos arreios. **2** ⇒ Ferida/ Chaga. **3** fig Defeito moral. **Idi.** *Tocar na ~ ferida*(+) [Fazer alusão a algo que é motivo de vergonha/*idi* Pôr o dedo na ferida (+)].

mata-fome s m (<matar + ...) **1** Bot Arbusto sarmentoso, com tubérculos enormes, de que se faz polvilho para biscoitos, bolos e mingaus; *Mappia cordata*. **Sin.** Batata-ceará[-de-arroba]. **2** Comida ligeira e barata «bolo grande de farinha».

matagal s m (<mata¹ +-g-+ -al) **1** Terreno coberto de vegetação bravia e densa. **Sin.** Mato. **2** Terreno baldio e agreste. **Ex.** Ele está a transformar o ~ num terreno produtivo. **3** fig Emaranhado de coisas enredadas [Um caos/Uma desordem]. **Ex.** No meio do ~ de papéis da secretária não conseguia encontrar o documento que buscava.

matagoso, a adj (<matagal + -oso) Que está cheio de mato [de vegetação bravia].

mata-junta(s) s m/f (<matar + ...) Peça de pequena espessura [se(c)ção] e grande comprimento para tapar a junta de duas superfícies «dois painéis de madeira».

mata-lobos s m Bot (<matar + lobos) ⇒ mata-cão; acó[ô]nito.

matalotagem s f Náut (<matalote + -agem) **1** Conjunto de marinheiros [Marinhagem/ Marujada]. **2** Fornecimento de mantimentos a um navio. **3** fig Amálgama de coisas/ Confusão.

matalotar v t (<matalote + -ar¹) **1** Prover um navio de marinheiros e mantimentos. **2** Custodiar um navio.

matalote (Ló) s m (fr *matelot*: marinheiro) **1** Homem que trabalha num navio. **Sin.** Marinheiro(+)/Marujo(+). **2** Náut Navio mais próximo «de ré/de vante» numa formação em linha. **3** col Rapaz «adolescente» muito desenvolvido. **Sin.** Matulão(+).

mata-moscas s m sing e pl (<matar + ...) **1** Substância tóxica «em barra» para matar moscas, envenenando-as. **2** Obje(c)to em forma de palmatória «de plástico» para matar moscas com uma pancada.

mata-mou[oi]ros s m sing e pl (<matar + ...) Indivíduo fanfarrão [que finge ser muito valente]. **Ex.** Quem o ouve pensar que ele é um ~ [é capaz de derrotar qualquer adversário], mas a verdade é que a força dele é só de palavras. **Sin.** Mata-sete.

matança s f (<matar + -ança) **1** A(c)to de matar, de forma cruel, grande número de pessoas. **Sin.** Carnificina/Chacina. **2** Abate de gado para consumo. **Ex.** Antes, a ~ do porco, no inverno, era mais [sobretudo/ sempre] uma reunião de todos os parentes. **3** Br ⇒ matadouro(+).

mata-piolho(s) s m fam (<matar + piolho) Designação do dedo polegar.

matar¹ v t (<lat *mácto,áre,átum*: imolar uma vítima aos deuses) **1** Tirar a vida intencionalmente. **Ex.** Matou o homem à(s) facada(s). **Loc. ~ a [com um] tiro**. *idi* **Nem que me [o/a] matem** [De modo nenhum] (Ex. Aquelas duas (mulheres) não mudam de ideias, nem que as matem. Hoje não saio de casa, não quero, nem que me matem!). **Idi. ~ as horas** [Passar o tempo] (Ex. Sentado na esplanada, matava as horas vendo passar os transeuntes). *Atirar a ~* [Disparar com arma de fogo expressamente para matar]. *Dar a ~* [Agredir violentamente alguém]. *Entrar a ~* [Agir intempestivamente] (Ex. Nem disse boa tarde, entrou a ~ no assunto, denotando uma fúria incontrolada). *Estar [Vir/Ficar] a ~* [Ser muito bom/conveniente/oportuno] (Ex. «eu estava com fome e sem dinheiro» O convite dum amigo para almoçar com ele veio mesmo a ~). **Sin.** Assassinar. **2** ~-se/Tirar a própria vida. **Sin.** Suicidar-se. **3** fig Causar um forte mal-estar. **Ex.** Este barulho mata-me, não consigo adormecer! **4** Secar. **Ex.** Mataram o bosque com o desvio do ribeiro. **5** fam Fazer um grande esforço. **Ex.** Ele mata-se a trabalhar para poder sustentar a família. **6** Dar satisfação a um desejo [uma necessidade]. **Ex.** Tenho que ~ a sede, vou beber um copo de água. **Loc. ~ saudades da** [Ir visitar a] família. **7** fam Reconhecer. **Ex.** Trazia um bigode e uns óculos escuros «para disfarçar», mas mate[reconheci]-o logo que o vi. **8** Anular uma a(c)ção. **Ex.** Ela descobriu a trama e matou a estratégia do adversário. **9** Br Realizar apressadamente um serviço. **10** Br col Faltar «a uma aula».

matar² v t (<mate¹2 + -ar¹) «em trabalhos de agulha» Fazer de duas malhas uma [Fazer mate].

mata-ratos adj/s m (<matar + ratos) **1** (Veneno) próprio para matar ratos. **2** pop (Diz-se de) vinho ou tabaco de má qualidade.

matarruano, a s (< ?) pop depr Pessoa sem educação. **Ex.** Ele entrou sem dar os bons-dias, é um ~.

mate¹ s m (<ár *mat*: morto) **1** Jogada que determina o final de um jogo de xadrez. **Sin.** Xeque-mate(+). **2** Ponto de costura [meia] em que se apanham, de uma só vez, duas malhas para estreitar ou fechar (⇒ matar²).

mate² s m Bot (<quéchua *mati*: cabaça vazia *us* como vasilha) **1** Planta originária da América do Sul, cujas folhas têm teína e servem para preparar o chá-mate [a congonha]. ⇒ chimarrão. **2** ⇒ fosco [sem brilho].

matemática s f (<lat *mathemática,ae*: astrologia, ~) **1** Ciência que estuda as propriedades dos números, figuras geométricas, funções, ... bem como as relações entre esses elementos. **Comb. ~ aplicada** [que serve na [para a] resolução de problemas concretos, como a estatística]. **~ pura** «álgebra/geometria» [que estuda os números enquanto quantidades abstra(c)tas, bem como a noção de ordem]. **2** *Maiúsc* Disciplina acadé[ê]mica. **Ex.** Ele tem boas notas em ~, melhores do que em Biologia. **Comb.** Compêndio de ~.

matematicamente adv (<matemático + -mente) **1** Conforme as regras da matemática [De acordo com cálculos e operações numéricas]. **2** Por sistema, sem exce(p)ção. **Ex.** Todos os domingos pelas [cerca/à volta das] dez da manhã, ~, ia ao café tomar o pequeno-almoço e ler o jornal. **3** fig Como um resultado inevitável. **Ex.** Sempre que discutia com os amigos, ~, abordava a [~, falava de(+)] política. **Sin.** Automaticamente.

matemático, a adj (<lat *mathemáticus,a, um*) **1** Relativo a matemática. **Comb.** Cálculo ~. **2** Que envolve [é à base de] matemática. **Ex.** Ele tem publicado bons artigos nas revistas especializadas em Física ~a. **3** Preciso/Rigoroso. **Ex.** Fez um orçamento ~ das despesas da [com a] viagem. **4** fig Que acontece sempre/de forma sistemática. **Ex.** Quando chega é ~, vai direito ao frigorífico, vem sempre com fome. **5** Pessoa versada em matemática. **Ex.** O ~ português Pedro Nunes (1502-1578) foi o (genial) inventor do nó[ô]nio. A cidade vai acolher este ano uma importante reunião de ~s.

matéria s f Fís (<lat *matéria,ae*: aquilo de que algo é feito <*máter*: mãe) **1** Qualquer substância, sólida, líquida ou gasosa que ocupa lugar no espaço. **2** Substância que pode ser transformada por a(c)ção de uma força. **Ex.** A argila é uma ~ moldável. **3** Substância física percebida pelos sentidos, em oposição ao espírito. **4** Fil Substância ou princípio indeterminado que a forma organiza na constituição de um corpo. **Ex.** No platonismo e no aristotelismo, a ~ é princípio informe, indefinido e indeterminado, comum a todos os obje(c)tos da natureza. **Comb.** *Lóg* ~ do raciocínio [As proposições que compõem o argumento]. **5** fig Conjunto de temas do programa de uma disciplina escolar. **Ex.** Hoje, na aula de Ciências da Natureza, não houve um tema novo, fizemos a revisão da ~ dada [já/antes explicada]. **Loc.** Entrar na ~ [Ir ao [Falar do] assunto principal]. **6** fig O que constitui assunto de debate ou reflexão. **Ex.** A questão da dívida do país foi a ~ escolhida para um encontro de especialistas em economia. **Loc. Em ~ de** [No que se refere a] (Ex. Em ~ de direitos humanos, é preciso defendê-los sem hipocrisia). **7** Dir O que é obje(c)to de jurisdição. **Comb. ~ de delito** [Aquilo que o constitui independentemente da intenção de quem o praticou]. **8** pop Substância orgânica purulenta. **Sin.** Pus(+).

material adj 2g/s m (<lat *materiális,e*) **1** Relativo a matéria. **2** Que é apreendido pelos sentidos. **Ex.** A desarrumação dos móveis fez parte do conjunto de provas ~ais que incriminaram o indivíduo. **3** Relativo às coisas e condições da subsistência. **Ex.** Eles tiveram muitos problemas de ordem ~; enquanto os filhos eram pequenos, recorreram por vezes aos amigos para garantir a alimentação da família. **4** Que se relaciona com aspe(c)tos práticos da vida humana «dinheiro, bens». **Ex.** Há pessoas que sobrevalorizam a importância dos bens ~ais. **5** Que intervém de modo dire(c)to numa a(c)ção. **Ex.** Ele é acusado de ser o autor ~ do desvio de dinheiro na empresa. **6** fig depr Que não tem valor intelectual. **Ex.** O trabalho que faz é puramente ~ [mecânico], nem poderia ser de outro modo, não se lhe pode pedir muito. **7** s m Substâncias «ingredientes» que constituem a matéria-prima de alguma obra. **Ex.** Na construção dos edifícios entram vários ~ais. **8** Conjunto de obje(c)tos fabricados de que o homem se serve nas suas a(c)tividades. **Comb.** ~ escolar [Tudo o que o aluno deve levar para a escola]. **Sin.** Equipamento. **9** Conjunto de elementos físicos susce(p)-

tíveis de estudo e tratamento. **Comb.** ~ genético [Suporte da informação hereditária nos organismos (ADN)].**10** Qualquer produto da a(c)tividade manual ou intelectual. **Ex.** Ele ainda não sabe se o livro vai ser publicado, porque a editora está a analisar o ~.

materialão, ona *adj/s depr* (O) que é profundamente materialista [que não tem apreço pelo que diz respeito ao espírito].

materialidade *s f* (<material +-i-+ -dade) **1** Cará(c)ter do que é material. **Ant.** I~; espiritualidade. **2** Ausência de sensibilidade [agudeza de espírito]. **Sin.** Brutalidade.

materialismo *s m* (<material + -ismo) **1** *Fil* Doutrina segundo a qual a realidade se reduz à matéria, nela residindo a explicação dos fenómenos naturais, sociais e mentais. **Comb.** ~ *dialé(c)tico* [Doutrina que se opõe ao idealismo, propondo que fa(c)tores materiais como o ambiente, os fenó[ô]menos físicos, os organismos determinam a evolução dos animais e do homem, sendo por sua vez influenciados por estes, numa relação dialé(c)tica entre a matéria e a realidade psicológica e social]. ~ *histórico e dialé(c)tico* [Doutrina «de Marx e Engels» que tenta explicar a evolução da sociedade pela situação econó[ô]mica em que as várias classes sociais se acham, sendo decisivos os fa(c)tos materiais, sobretudo econó[ô]micos e técnicos, que condicionam as relações de produção]. **2** *fig* Estado de espírito e modo de viver de pessoa ou sociedade que sobrevaloriza os bens materiais em detrimento dos espirituais. **Ex.** A sociedade de consumo é responsável pelo ~ que a cara(c)teriza.

materialista *adj 2g/s 2g* (<material + -ista) **1** (O) que se interessa sobretudo pela posse e fruição dos bens materiais. **Ex.** Ele é (um) ~, pensa que o dinheiro é tudo na vida. **Ant.** Espiritualista. **2** *Fil* (O) que é partidário das ideias do materialismo. **3** *adj* Relativo ao materialismo. **Ex.** A filosofia ~ encontra na matéria o seu alfa e ómega. **4** *s Br* Pessoa que negoceia em materiais de construção.

materialização *s f* (<materializar + -ção) **1** A(c)ção de materializar. **2** Processo pelo qual algo se transforma em realidade. **Ex.** Ele teve a sorte de assistir em vida à ~ de muitas das suas ideias. **Sin.** Concretização(+). **3** *Fís* Transformação de energia em matéria [Criação de um par composto por uma partícula e a antipartícula correspondente].

materializar *v t* (<material + -izar) **1** Tornar material/Realizar(+)/ Concretizar(+). **Ex.** Finalmente, ao fim de muitos anos, materializou [realizou(+)] o sonho de escrever um livro. **2** Ganhar forma material ou simbólica. **Ex.** A presença da bandeira do país na reunião materializava [simbolizava(+)] a vontade dos participantes de servir o bem comum. **3** Embrutecer(+). **Ex.** Ele passou a viver sem qualquer preocupação de ordem espiritual, materializou-se [, como um animal(zinho)].

materialmente *adv* (<material + -mente) **1** No que diz respeito a bens materiais «dinheiro». **Ex.** São pessoas que, hoje (em dia), estão ~ [economicamente (+)] bem. **2** Em termos práticos [concretos]. **Ex.** É ~ [fisicamente] possível ter o trabalho pronto daqui a uma semana.

matéria-prima *s f* (<matéria + lat *prima*: primeira) **1** Substância principal da qual se extraem outros produtos ou que se utiliza no fabrico de alguma coisa. **Ex.** O petróleo é uma ~ da qual se tiram vários produtos «plástico». **2** Recursos materiais e humanos em geral. **3** *fig* Base de uma obra artística. **Ex.** A luz foi em grande medida a ~ dos impressionistas.

maternal *adj 2g* (<materno + -al) Relativo a mãe. **Ex.** O amor ~ [de mãe (+)] é único. **2** Que demonstra afe(c)to «como uma mãe». **Ex.** Falava com um tom quase ~ que nos comovia. **3** *Br adj/s* (Diz-se de) escola que acolhe crianças após a idade da creche e antes do jardim de infância.

maternalmente *adv* (<maternal + -mente) De modo maternal. **Ex.** Ela tratava os alunos ~ e eles sentiam que a escola era como um prolongamento da casa.

maternidade *s f* (<materno + -(i)dade) **1** Estado ou condição de mãe. **Ex.** O Governo está empenhado na prote(c)ção da ~ e [bem como] da paternidade. **2** Estabelecimento [Serviço hospitalar] onde se presta assistência às mulheres grávidas, sobretudo na fase final da gravidez e no parto.

materno, a *adj* (<lat *matérnus,a,um*) **1** Relativo à mãe. **Comb.** *Amor ~o. Leite ~o.* **2** Que procede da mãe na linha de parentesco. **Comb.** *Avós ~s.* **3** Diz-se da língua que se aprendeu primeiro e de que se é falante nativo. **Ex.** Além da sua língua ~a «o português», fala várias línguas estrangeiras.

materno-infantil *adj 2g* Relativo às mães e às crianças. **Ex.** A vila ficou valorizada com o novo centro ~.

matilha *s f* (< ?) **1** Grupo de cães de caça. **Ex.** Antes de saírem para a caça, já a ~ estava excitada e ladrava de ansiedade. ⇒ canzoada. **2** *fig* Grupo de vadios ou ladrões. **Sin.** Corja(+)/Súcia(o+).

matina *s f* (<lat *matutínus, a, um*: matinal) Manhã(+). **Ex.** Tem o mau hábito de regressar tardíssimo a casa, nunca chega antes das quatro da ~/madrugada(+).

matinada *s f* (<matina + -ada) **1** A(c)to de madrugar [de se levantar muito cedo/ Madrugada. **2** *fig* Ruído de muitas vozes juntas «festa matinal». **Sin.** Algazarra/Vozearia.

matinal *adj 2g* (<matina + -al) Relativo a manhã. **Ex.** Se não chove, o seu passeio ~ é sempre à beira-mar. **Sin.** Matutino.

matinar *v t/int* (<matina + -ar¹) **1** «galo» (Fazer) acordar muito cedo. **2** *fig* Tentar convencer. **3** *fig* Repetir. **Sin.** Matraquear.

matinas *s f pl Rel* (<lat *hórae matutínae*: horas da manhã) Primeira parte do ofício divino (⇒ Laudes) que se reza de manhã cedo. ⇒ breviário [liturgia das horas].

matiné[ê] *s f* (<fr *matinée*) Espe(c)táculo «cinema, teatro» que se realiza à tarde. **Ex.** Vamos ao cinema, já temos bilhetes para a ~. **Ant.** Soirée.

matiz *s m* (< ?) **1** Combinação de várias cores num único elemento «em pinturas, bordados». **Ex.** É uma pintura admirável, sobretudo pelo ~ do horizonte ao pôr do sol, com destaque para o vermelho, o verde e o lilás. **2** Cada tonalidade da mesma cor. **Ex.** São lindos os bosques com diferentes ~es de verde. **Sin.** Tom. **3** *fig* Aspe(c)to/Faceta. **Ex.** É preciso ter em conta todos os ~es do problema para o solucionar devidamente. **4** *fig* Cor [Tendência] «política/ideológica». **Ex.** Ele era um bom diplomata, sabia reunir em sua casa pessoas de diferentes ~es.

matização *s f* (<matizar + -ção) A(c)to de matizar.

matizar *v t* (< ?) **1** Pintar de vários matizes/Misturar cores. **2** Cobrir(-se) de cores diversas. **Ex.** Na primavera os campos matizam-se de variadas flores. **3** *fig* Diversificar. **Ex.** Quando fazia um discurso, procurava constantemente ~ as suas palavras, o que reforçava a clareza da mensagem e mantinha a atenção dos ouvintes.

mato *s m* (<mata) **1** Terreno não cultivado coberto de plantas silvestres «tojo, urze, carqueja, …»/Brejo. **Id.** *Br fam Cair no ~* [Fugir] (**Ex.** Caiu no ~, a polícia anda à sua procura, até agora sem êxito). *Ser ~* [Existir em abundância] (**Ex.** Eles leem imenso e livros lá em casa é ~). ⇒ floresta. **2** Vegetação que cresce nesse terreno/Brenha/Matagal. **Ex.** O ~ que enchia o terreno e dificultava a nossa marcha. **3** *fig* Lugar afastado das cidades. **Ex.** A sua paixão pela natureza fez com que ele fosse viver para longe da cidade, num lugar ermo, diziam que tinha ido para o ~. **4** *Br* Variedade de cânhamo/Maconha.

matoso, a *adj* (<mato + -oso) «terreno» Que tem muito mato.

matraca *s f* (<ár *matraqa*: pau para produzir ruído) **1** Instrumento de percussão, de madeira e com argolas móveis, que produzem estalos. **2** *fig fam* Pessoa que fala demasiado e tão depressa que incomoda. **Ex.** É uma ~, já não suporto ouvi-la! **3** Demonstração de repúdio expressa por gritos. **Sin.** Vaia; apupo. **4** *fig pop* Boca. **Ex.** Não digas mais nada, fecha essa ~! **5** *Br pop* Arma de fogo, sobretudo metralhadora. **6** *Br* Comentário zombeteiro [Troça].

matracar *v int* ⇒ matraquear.

matraqueado, a *adj* (<matraquear) **1** Que demonstra conhecimento e experiência. **Ex.** Nota-se que ela está ~a no assunto, pelo modo claro como explica as coisas. **2** Que foi obje(c)to de maledicência e troça. **Sin.** Ridicularizado. **3** Que foi repetido muitas vezes/Repisado/Batido(+). **Ex.** Incomoda a sua insistência num tema [assunto] já tão ~. **4** *s m* Som (semelhante ao) da matraca.

matraqueador, ora *adj/s* (<matraquear + -dor) (O) que matraqueia.

matraquear *v t/int* (<matraca + -ear) **1** Tocar matraca. **2** Produzir um som semelhante ao da matraca. **Ex.** Acordo pela manhã por causa de uma máquina que matraqueia tanto [tão alto] que não preciso de despertador... **3** *fig* Falar demasiado. **Ex.** A vizinha matraqueava sem parar, irritando as pessoas que iam ficando. **4** ⇒ Apupar/Vaiar.

matraquilhos *s m pl* (< ?) Simulação de um desafio de futebol com 22 bonecos, suspensos «jogadores» dentro de uma caixa aberta e a(c)cionados por varetas. **Sin.** *Br* Futebol totó.

matraz *s m* (<ár *matara*: vaso) Vaso ou retorta de vidro de boca estreita e fundo largo e chato, com forma có[ô]nica ou esférica *us* em laboratórios «de química». ⇒ proveta.

matreirice *s f* (<matreiro + -ice) **1** Qualidade de matreiro. **Ex.** Era muito habilidosa a sua ~, mas à força de usar as mesmas manhas, acabou por ficar desacreditado. **Sin.** Astúcia. **2** A(c)to ou dito matreiro. **Ex.** Deixa-te de [Acaba com as tuas] ~s, por favor!

matreiro, a *adj/s* (< ?) *adj* **1** Que tenta [Sempre pronto a] enganar os outros. **Ex.** As histórias infantis apresentam a raposa como um animal ~. **Sin.** Astuto/Manhoso. **2** Que revela astúcia/ardil/Maroto. **Ex.** Ele tem um olhar ~, inconfundível, que desperta um sentimento de desconfiança em quem o ouve. **3** *Br* Que é esquivo.

matriarca *s f* (<lat *mater,tris*: mãe + -arca) **1** Mulher que, em certas sociedades tradicionais, governa uma família, clã ou tri-

bo. **Ant.** Patriarca. **2** Mãe de família. **Sin.** Matrona 2.

matriarcado s m (<matriarca + -ado) **1** Regime social em que a mulher possui papel e autoridade dominantes. **2** Forte ascendência da mulher num grupo ou sociedade. **Ex.** Com os homens emigrados por esse mundo fora, a aldeia vivia num autêntico ~.

matriarcal adj 2g (<matriarca + -al) Relativo a matriarca ou matriarcado.

matricária s f Bot (<lat *matricális hérba*: erva do útero) Nome de várias plantas compostas, com flores terminais, em capítulo, brancas, com centro amarelo, que incluem a espécie *Matricaria chamomilla*, us em farmácia. ⇒ artemísia.

matricial adj 2g (<matriz + -al) **1** Relativo a matriz. **2** *Anat* Que tem função geradora. **Comb.** Células ~ais. **3** *Mat* Relativo ao cálculo com matrizes. **Comb.** Álgebra ~.

matricida adj 2g/s 2g (<lat *máter,tris*: mãe + -cida) (O) que matou a própria mãe.

matricídio s m (<lat *matricídium,ii*) Crime de quem mata a própria mãe.

matrícula s f (<lat *matrícula,ae*: regist(r)o público) **1** A(c)to de matricular(-se). **2** Lista de pessoas de um determinado serviço. **Comb.** A ~ do navio. **3** Inscrição para a frequência de um estabelecimento de ensino. **4** Código do regist(r)o dos veículos automóveis e outros. **Comb.** Chapa de ~ [Código de letras e números colocado de forma visível num veículo] (Ex. A polícia tomou nota da ~ do carro).

matriculado, a adj/s (<matricular) **1** Que se matriculou. **2** *fig* (O) que tem experiência.

matricular v t (<matrícula + -ar¹) **1** Inscrever(-se) num estabelecimento de ensino. **Ex.** Vou ~-me hoje na universidade. **2** Regist(r)ar oficialmente «uma viatura».

matrilinear adj 2g (<lat *mater,tris*: mãe + linear) Diz-se do sistema de filiação em que só a ascendência materna é tida em conta na transmissão do nome e dos privilégios. **Ant.** Patrilinear.

matrimonial adj 2g (<lat *matrimoniális,e*) Relativo ao matrimó[ô]nio.

matrimoniar v t/int (<matrimónio + -ar) Unir pelo matrimónio. **Sin.** Casar (+).

matrimónio [*Br* **matrimônio**] s m (<lat *matrimónium,ii*) União legítima, civil ou religiosa, entre um homem e uma mulher. **Sin.** Casamento(+).

mátrio, a adj (<lat *máter,tris*: mãe + -io) Relativo a mãe. **Comb.** ~ poder. ⇒ materno.

matrioska s f Ru Conjunto de bonecas pintadas que encaixam umas nas outras.

matriz s f/adj 2g (<lat *matrix,ícis*: fêmea que está a criar os filhos) **1** *Anat* Órgão das fêmeas dos mamíferos onde o embrião e o feto se desenvolvem. **Sin.** Madre/Útero. **2** Lugar onde alguma coisa se forma. **Comb.** *Anat* ~ ungueal/da unha (+) [Tecido epitelial responsável pelo crescimento da unha]. **3** ⇒ Nascente de água/Fonte/Mãe-d'água/Manancial. **4** Molde [Peça de metal ou gesso] a partir do/a qual se fazem cópias. **Comb.** ~ tipográfica. **5** Regist(r)o sonoro a partir do qual se fazem cópias em disco. **6** *Arte* A placa ou prancha original de uma gravura. **7** Película fotográfica. ⇒ negativo. **8** *Catol* Igreja principal de uma circunscrição religiosa. **Ex.** A missa na (igreja) ~ é às onze (horas). **9** *Geol* A parte numa rocha onde se encontra a impressão de um fóssil. **10** Regist(r)o fiscal de propriedades ou de pessoas sujeitas a determinada contribuição. **Comb.** ~ predial. **11** *Mat* Conjunto de números ordenados e dispostos num quadro com um certo número de linhas e um certo número, não necessariamente igual, de colunas. **Comb.** ~ quadrada [que possui o mesmo número de linhas e de colunas]. **12** Quadro onde se regist(r)am os elementos de estrutura e de conteúdo, a partir do qual se concebe outro documento. **Comb.** ~ *de planificação*. ~ *de prova de exame*. **13** Sede de uma instituição pública ou privada. **Comb.** A ~ da empresa. **Ant.** Sucursal/Filial. **14** adj 2g Que é fonte [origem] de alguma coisa. **Ex.** A ela se deve a ideia ~ do programa da disciplina.

matroca (Tró) s f (<?) Só us na locução À ~ [Ao acaso/De qualquer maneira] (Ex. Os homens andavam para cá e para lá, transportando e dispondo malas, à ~, sem ninguém que lhes desse orientações precisas).

matrona (Trô) s f (<lat *matróna,ae*: mãe de família; senhora) **1** *Hist* Na Roma antiga, mulher legítima de um cidadão nobre. **2** Mãe de família, respeitável pela sua idade. **Sin.** Matriarca 2. **3** *depr* Mulher de meia-idade [, alta e de aspe(c)to pesado].

matula s f (⇒ matalotagem) **1** Grupo de gente ordinária. **Sin.** Súcia(+). **2** Indivíduo que faz parte desse grupo. **Sin.** Vadio. **3** *Br* Alforge/Farnel.

matulagem s f (<matula + -agem) **1** Vida de matula/vadio. **2** Ajuntamento [Súcia] de matulas/vadios.

matulão, ona s (<matula + -ão) **1** Indivíduo estroina/Vagabundo/Matula. **2** Rapaz corpulento e meio abrutalhado.

maturação s f (<lat *maturátio,ónis*) **1** Processo de maturar [que conduz ao pleno desenvolvimento] «um fenómeno, um ser vivo». **2** *Bot* Processo através do qual os frutos atingem o estado maduro. **Sin.** Amadurecimento. **3** *Biol* Conjunto de processos que tornam as células sexuais aptas para a fecundação. **4** *Psic* Conjunto de processos que levam o indivíduo a atingir a idade adulta. **5** *Med* Estado em que um abcesso verte pus. **6** *fig* Desenvolvimento de várias capacidades, nomeadamente intelectuais. **Ex.** Nota-se, ao ler o livro, que o seu autor atingiu uma apreciável ~ intelectual.

maturar v t/int (<lat *matúro,áre,átum*) **1** Tornar(-se) maduro. **Sin.** Amadurecer(+). **2** Fazer a purificação de um metal. **3** *fig* Desenvolver completamente/Aperfeiçoar. **4** *fig* Tornar-se sensato/sério. **Ex.** A maneira como ele se comporta é agora muito diferente: vê-se que maturou [está [ficou) mais maduro (+)] desde que começou a trabalhar.

maturescente adj 2g (<lat *maturéscens, éntis*) Que está a amadurecer [em processo de amadurecimento].

maturidade s f (<lat *matúritas,átis*) **1** Estado de maduro. **Ex.** Quando atinge a ~, o fruto fica amarelo. **2** Desenvolvimento pleno de um ser [órgão, fenó[ô]meno]. **3** Fase da vida do ser humano depois da juventude [Idade adulta/madura]. **Comb.** *Psic* ~ precoce [Cara(c)terística de um indivíduo que atinge um desenvolvimento avançado relativamente ao que é considerado normal na sua idade]. **4** *fig* Sensatez própria da idade madura. **5** *Geol* Segundo dos três estágios num ciclo de erosão.

matusalém s m (<antr *Matusalém*, patriarca bíblico conhecido pela sua longevidade) Homem muito velho. **Sin.** Ancião/Macróbio.

matutar v t/int (<matuto + -ar¹) **1** Pensar demoradamente sobre algo. **Sin.** Meditar/Refle(c)tir. **Ex.** Tenho estado a ~ no problema e ainda não encontrei a solução. **2** Conceber mentalmente. **Ex.** Ele anda muito calado, com certeza está a ~ algum plano. **Sin.** Arquite(c)tar.

matutino, a adj (<lat *matutínus,a,um*) **1** Relativo a manhã. **Ex.** Gostava de passear pelo campo, gozando a brisa ~. **Sin.** Matinal. **2** Que se levanta cedo. **Sin.** Madrugador(+). **3** adj/s m (Diz-se de) jornal que sai pela manhã. **Ex.** Os ~s deram logo a conhecer ao país os resultados definitivos das eleições.

matuto, a adj/s (<mato + -uto) **1** Que vive no mato. **2** Relativo ao mato. **3** Que se embrenha nos seus pensamentos «a matutar». **4** *Br* Que é desconfiado/tímido. **5** (O) que revela astúcia. **Sin.** Matreiro(+). **6** *Br* Pessoa provinciana [rude/que tem comportamentos próprios de quem vive no mato].

mau, má adj (<lat *málus,a,um*) **1** Que é de qualidade inferior/Que não presta. **Ant.** Bom. **2** Que apresenta algum defeito. **Comb.** ~ conta(c)to [Falha de ligação entre duas partes de um circuito elé(c)trico]. **3** Que é nocivo/prejudicial. **4** Que revela comportamento socialmente repreensível. **Comb.** Má consciência [Culpabilidade]. **Idi.** ~ *como a peste* [Inclinado a fazer maldades] (Ex. Ele só pensa em fazer o mal, é ~ como a peste [como as cobras (+)]). **5** De aspe(c)to doentio. **Idi.** *Estar com ~ aspecto* [Parecer doente]. **6** Que produz sensação desagradável. **Ex.** Havia na sala um ~ cheiro, que fez com que as pessoas saíssem. **7** Que é triste/funesto/Que prenuncia infortúnio. **Comb.** Ave de ~ agouro [Pessoa que anuncia [traz/causa] coisas desagradáveis]. **8** Que não traz vantagem material ou outra. **Ex.** Diz-se que ele fez um ~ negócio na compra do terreno. **9** s m Aquilo ou aquele que é mau. **Ex.** Infelizmente, os ~s *idi* ganham muitas vezes a batalha. **10** *interj* Indica reprovação ou descontentamento. **Ex.** ~! Assim [Se continuas a agir mal], não conseguimos entender-nos!

maubere (Bé) adj 2g Etn (<*Mauberes*) **1** Relativo ao povo de Timor-Leste. **2** s 2g Timorense(+).

mau-olhado s m Olhar a que se atribui o poder de causar malefícios. **Ex.** Espalhou-se a ideia na vizinhança de que ela dava ~ e, o que é pior, muitos acreditaram. **Sin.** *Br* Olhado; feitiço.

Maurícia s f (<antr hol Maurício de Nassau) Estado «ilha» do Oceano Índico. Capital: Port Louis. Nome oficial: República da ~. Língua oficial: inglês. **Ex.** Os habitantes da ~ são os mauricianos.

Mauritânia s f top Estado do noroeste da África que confina a NE com a Argélia, a E e SE com o Mali, a SO com o Senegal, a O com o Oceano Atlântico e a NO com Marrocos. Capital: Nouakchott. Nome oficial: República Islâmica da ~. Línguas oficiais: árabe e francês. **Ex.** Os habitantes da ~ são os mauritanos.

mausoléu s m (<lat *mausoléum,i*: túmulo grandioso <túmulo de Mausolo em Halicarnasso, a a(c)tual Bodrum, no sudoeste da Turquia) Túmulo em geral de grandes dimensões que guarda os restos mortais de uma família. ⇒ jazigo.

maus-tratos s m pl *Dir* Delito de quem submete alguém que está sob sua dependência a castigos imoderados ou a privação de alimentos, pondo-lhe em risco a vida ou a saúde.

maviosidade s f (<mavioso +-i-+ -dade) Qualidade de mavioso/suave/terno.

mavioso, a (Ôso, Ósa/os) adj (<amavioso <amavio (Meio de sedução) + -oso) **1** Terno/Enternecedor/Afável. **Ant.** Agressivo/

Rude. **2** Harmonioso/Que é agradável ao ouvido. **Comb.** Voz ~a.

maxi (Kssi) *pref/s 2g col* (<lat *máximus,a,um*; ⇒ máximo) O maior grau/O máximo. ⇒ maximal; maxissaia.

maxila (Kssi) *s f* (<lat *maxílla,ae*) Cada um dos dois ossos nos quais estão implantados os dentes. **Comb.** *A* ~ *inferior* [Mandíbula/Queixada]. *A* ~ [O maxilar (+)] *superior* [onde estão os dentes de cima].

maxilar (Kssi) *s m/adj 2g* (<lat *maxilláris,e*) **1** Relativo a maxila. **Comb.** Nervo ~. **2** Cada um dos dois ossos em que estão implantados os dentes. ⇒ maxila.

máxima (Ssi) *s f* (<lat *máxima sententia*; ⇒ máximo) **1** Princípio ou regra «na ciência, política, arte, ...»/Axioma. **2** Fórmula breve que exprime um pensamento/Aforismo/Ditado/Provérbio. **Ex.** *Nem tudo o que luz é ouro.* **3** Norma de conduta de um indivíduo ou grupo/Lema(+). **Ex.** O grupo ado(p)tou a ~: *não faças aos outros o que não queres que te façam a ti.* **4** *Mús* Figura da antiga notação musical, representada por um re(c)tângulo branco com cauda à direita, com o valor longo de quatro breves ou oito semibreves.

maximal (Kssi) *adj 2g* (<máximo + -al) **1** Que está no nível/valor mais alto. **Ant.** Minimal. **2** *Mat* Diz-se de um elemento de um conjunto definido numa relação de ordem, em que não há nenhum outro elemento que o exceda.

maximalismo (Kssi) *s m* (<maximal **1** + -ismo) Conce(p)ção ou maneira de pensar que alarga ao máximo o seu conteúdo «político/artístico/filosófico». **Ant.** Minimalismo.

maximalista (Kssi) *adj 2g/s* (<maximal + -ista) **1** Relativo ao maximalismo. **2** (Pessoa) que, em política e noutros domínios, defende posições radicais ou abrangentes ao máximo. **Ant.** Minimalista.

máxime (Kssi) *adv* (<lat *máxime*: extremamente; ⇒ máximo) Principalmente(+)/Sobretudo(+).

maximização (Kssi) *s f* (<maximizar + -ção) Elevação ao mais alto grau. **Ex.** Os a(c)cionistas da empresa trabalham para conseguir a ~ dos seus lucros. **Ant.** Minimização.

maximizar (Kssi) *v t* (<máximo + -izar) **1** Fazer atingir o grau mais elevado. **Loc.** ~ índices económicos. **2** Tirar o maior rendimento possível. **3** Exaltar em demasia. **Sin.** Sobrestimar (+). **4** *Mat* Fazer «uma função» assumir um valor máximo.

máximo, a (Ssi) *adj/s* (<lat *máximus,a,um*: sup de *mágnus,a,um*: grande; ⇒ maior) **1** Que atingiu o grau mais elevado [o maior número]. **2** Que tem uma importância superior à de todos os outros. **Ex.** Ela atingiu o expoente ~ na pintura. **3** Que é total. **Ex.** O professor pediu a ~a atenção. **4** *s m* O maior valor de uma quantidade variável. **Ex.** No mês de agosto o ~ da temperatura regist(r)ada foi de 38 graus centígrados. **5** Quantia mais elevada que se pode esperar em dadas circunstâncias. **Ex.** Atendendo à crise económica, o ~ que lhe poderão dar pela casa são quarenta mil euros. **6** *Mat* O maior valor alcançado por uma função num dado intervalo ou valor da função no ponto mais elevado. **Loc.** Ao ~ [No mais alto grau] (Ex. Ela desenvolveu ao ~ as suas capacidades). **Idi.** *Ser o ~* **a)** Ser excelente num assunto (Ex. O rapaz é o ~, é extraordinário o conhecimento que ele tem em matérias ligadas à economia do mar); **b)** Ser muito bem dotado de qualidades (Ex. Ela é o ~ em tudo quanto faz); **c)** *idi* Ter um comportamento reprovável (Ex. O que tu fizeste é o ~!).

maxissaia (Kssi) *s f* (<maxi + saia) Saia muito comprida, pela altura dos tornozelos. **Ex.** A ~ teve grande uso, embora visto como excentricidade, entre as jovens dos anos 60 do século XX. **Ant.** Minissaia.

maxwell (Kssu) **[Mx]** *s m Fís* (<antr J. Maxwell (1831-1879), físico escocês) Unidade de medida do fluxo de indução magnética no sistema CGS (Centímetro, Grama, Segundo).

mazagrã *s m* (<top *Mazagrã*, cidade da Argélia) Café frio «em copo grande», a que se junta água, casca de limão, açúcar e gelo.

mazdeísmo *s m* ⇒ masdeísmo.

mazela (Zé) *s f col* (<lat *macélla* <*mácula,ae*: mancha «na pele») **1** Lesão no corpo de uma pessoa ou animal. **Sin.** Ferida(+). **2** Perturbação patológica do organismo. **Ex.** São [Tenho] as ~s da idade «90 anos»!... **Sin.** Doença. **3** *col fig* Falha moral/Mancha na reputação. **Ex.** Alguém, maldosamente, pôs a circular boatos de ~s na sua vida privada, que o prejudicaram. **Sin.** Estigma(+). **4** *fig* Desgostos/Preocupações. **Ex.** Com o desemprego do casal, a vida da família é feita de constantes ~s.

mazelar *v t* (<mazela + -ar[1]) **1** Causar ferimentos/mazelas. **Sin.** Ferir(+). **2** *fig* Provocar desgosto/inquietação/aflição. **Sin.** Desgostar/Molestar (+). **3** Fazer perder o bom nome/Infamar (+). **Ex.** As coisas más que disseram a seu respeito mazelaram-lhe a imagem [desacreditaram-no(+)].

mazelento, a *adj* (<mazela + -ento) Que tem [está cheio de] mazelas/Achacado(+).

mazurca *s f* (<pol *mazurka* <top *Masúria*, província da Polónia) **1** Dança polaca, fusão da valsa e da polca, em compasso ternário. **2** *Mús* Composição instrumental que marca o ritmo dessa dança.

mazute *s m* (<ru *mazut*) Resíduo petrolífero viscoso, *us* como combustível de baixa qualidade «nos motores a diesel» e como asfalto.

me *pron pes* (<lat *me*) **1** Forma oblíqua átona, que se refere à pessoa que fala, primeira pessoa gramatical do singular [, eu] e desempenha a função de obje(c)to dire(c)to (Ex. Ele não – viu, tenho a certeza) e de obje(c)to indire(c)to (Ex. Ela disse-~ que ia ao cinema). **2** Indica reflexividade da a(c)ção praticada pelo sujeito. **Ex.** Lembro-~ dos verões passados na praia. Feri-~ na mão. **3** Equivale a um possessivo. **Ex.** Ele apertou-~ a mão [apertou a minha mão]. **4** Enfatiza a importância que, o que fala ou escreve, atribui à a(c)ção verbal. **Ex.** Vê se ~ estudas para passares no exame!

mé (<on) Balido [Voz] de ovelha ou cabra.

meã *adj* ⇒ meão.

meação *s f* (<mear + -ção) **1** A(c)to de mear. **2** Parede comum a [que separa] dois prédios. **3** *Dir* Contrato rural, pelo qual o produto é dividido em duas metades, uma para o proprietário da terra e a outra para quem a cultiva. **3** *Dir* Metade de bens e obrigações que, no regime de comunhão de bens, cada um dos cônjuges tem, como sobrevivente ou após divórcio.

mea culpa *loc lat* A(c)to de pedir perdão/Assunção da própria culpa. **Loc.** Dizer [Fazer] o ~ [Pedir perdão (+)]. **Sin.** Por minha culpa; fui [sou] eu o culpado; (peço) perdão.

meada *s f* (meado) **1** Porção de fios, dobada [enovelada] de maneira a não se emaranharem. **Comb.** Uma ~ de lã. **Idi.** *Apanhar* [*Achar*] *o fio à* ~ [Dete(c)tar uma linha de pensamento/raciocínio] (Ex. Com a explicação confusa que ele deu, tornou-se difícil apanhar(-lhe) o fio à ~). *Perder o fio à* ~ [Não acompanhar um raciocínio/Confundir-se] (Ex. Estive muito atento, mas a partir de certa altura, perdi o fio à ~ e deixei de entender o que ele estava a dizer). **2** *fig* Enredo/Intriga. **Ex.** Houve uma reunião de família para desfazer a ~ que ele arranjou com questões de heranças. **Idi.** *Sair de uma* ~ [Resolver um problema/enredo].

meado, a *adj/s m* (<mear) **1** Que está no meio. **Ex.** «em Portugal» ~ [Nos ~s de (+)] maio, começam as preocupações com os exames. A garrafa de vinho não estava cheia, estava ~a. **2** Feito com partes iguais de substâncias diferentes. **Comb.** Pão ~ de trigo [centeio] e milho. **3** *s m pl* Período intermédio de um determinado intervalo de tempo. **Comb.** ~(s) do mês.

mealha *s f* (<lat *medália*: moeda de cobre) **1** Antiga moeda de cobre com o valor de meio dinheiro/denário. **2** Quantidade mínima de qualquer coisa. **Sin.** Insignificância(+). ⇒ migalha «de pão».

mealheiro *s m* (<mealha + -eiro) **1** Conjunto de moedas de pouco valor. **2** Pecúlio/Pequena poupança/Pé de meia (+). **3** Recipiente pequeno e fechado, com uma fenda por onde se introduz o dinheiro poupado. **Ex.** Quando era pequeno, tinha no meu quarto um ~, um porquinho de loiça onde guardava as moedas que ia poupando.

meandro *s m* (<gr *Maíandros,ou*: rio muito sinuoso da Ásia Menor, na a(c)tual Turquia) **1** Parte sinuosa de um curso de água. **Comb.** Os ~s do rio. **2** Sinuosidade de um caminho. **Ex.** A estrada com tantos ~s [tantas voltas(+)/curvas(o+)] era sem dúvida bonita, mas tornava a viagem demorada. **3** *fig* Rodeios/Desvios. **Ex.** Era difícil seguir os ~s dos argumentos dele. **Comb.** Os ~s da política. **4** *Arquit* Friso decorativo constituído por linhas sinuosas.

meão, ã *adj* (<lat *mediánus,a,um*) **1** «peça» Que está no meio «entre outras duas». ⇒ meado **1 Ex.** meio. **2** Que não é grande nem pequeno. **Comb.** Estatura meã. **3** De qualidade mediana/comum/normal. **4** *s m Br* Tambor de tamanho mediano, feito de madeira escavada a fogo.

mear *v t* (<lat *médio,áre*) **1** Dividir em duas partes iguais. **2** *v int* Chegar ao meio. **Ex.** Meava o [Chegava a meados do (+)] mês e já tinha gasto o salário recebido no final do mês anterior.

meato *s m* (<lat *meátus,us*: passagem) **1** Pequeno canal. **2** *Anat* Orifício externo [Abertura] de um canal. **Comb.** ~ *auditivo* [Canal que vai do pavilhão da orelha à membrana do tímpano]. ~ *ureteral* [Abertura do ureter na bexiga]. ~ *urinário* [Orifício externo da uretra]. **3** *Bot* Espaço intercelular menor que as células circundantes.

meca (Mé) *s f* (<top *Meca*, principal cidade santa do islamismo, na Arábia Saudita) Centro de a(c)tividades e ponto de encontro de pessoas ligadas por interesses comuns. **Ex.** (A cidade de) Hollywood foi considerada durante muitos anos a ~ do cinema. **Idi.** *Correr ceca e* ~ (e olivais de Santarém) [Percorrer vários lugares em busca de alguma coisa].

mecânica *s f* (<mecânico) **1** Ciência que estuda o equilíbrio e o movimento dos corpos. **Comb.** ~ *celeste* [Ciência que trata das leis que regem os movimentos dos corpos celestes]. ~ *dos solos* [Aplicação da ~ aos solos, com vista à edificação de fundações]. **2** Teoria específica dessa ciência. **Comb.** ~ *de Newton* [~ clássi-ca]. **3** Técnica que trata da construção e

funcionamento de máquinas «automóvel/relógio». **4** *fig* Modo como decorre um processo. **Ex.** Ele está por dentro do [conhece bem o] assunto e conhece perfeitamente a ~ das decisões.

mecanicamente *adv* (<mecânico + -mente) **1** De modo mecânico/Com base na mecânica. **Ant.** Manualmente. **2** *fig* Sem refle(c)tir/Por hábito. **Ex.** Eles conseguiam, com algum tempo de experiência, fazer as coisas ~, sem recurso a qualquer manual de instruções.

mecanicismo *s m Fil* (<mecânico + -ismo; ⇒ mecanismo) **1** Doutrina que explica os fenómenos do mundo físico pelo movimento dos elementos que constituem a matéria, sem recurso a nenhum princípio vital. **Ant.** Dinamismo. **2** Doutrina que concebe o ser vivo como uma máquina «animal-máquina» cujo funcionamento se explica pelas propriedades físico-químicas da matéria. **Ant.** Vitalismo.

mecanicista *adj 2g Fil* (mecânico + -ista) **1** Relativo ao mecanicismo. **2** *s 2g* Pessoa adepta do mecanicismo.

mecânico, a *adj/s* (<gr *mekhanikós,é,ón*: relativo às artes mecânicas; ⇒ mecânica **3**) **1** Relativo à mecânica. **2** Que produz movimento. **Comb.** Energia ~a. **3** Relativo a máquinas. **Comb.** Engenharia ~a. **4** Que é próprio do funcionamento de uma máquina. **Comb.** Rigor ~. **5** *fig* Que se realiza de forma inconsciente. **Ex.** Vê-se que a(c)tua de forma ~a, sem pensar no modo como faz as coisas. **Sin.** Automático. **6** *s* Pessoa que efe(c)tua trabalhos de ~a /que repara máquinas.

mecanismo *s m* (<mecânica + -ismo; ⇒ mecanicismo) **1** Conjunto de elementos [órgãos] que funcionam em conjunto, como um todo. **Sin.** Engrenagem. ⇒ maquinismo **1**. **2** *fig* Maneira de funcionar semelhante à de uma máquina. **Ex.** Nem todos os representantes do povo [deputados (+)] conhecem os ~s da política, por estranho que pareça. **3** *Psic* Rea(c)ção inconsciente que protege o indivíduo de ideias ou impulsos dolorosos. **Ex.** Quando insinuaram a sua participação nos desacatos, foi imediato o recurso à negação [, negou logo (tal coisa)], como ~ de defesa. **4** Conjunto de meios para conseguir determinado obje(c)tivo. **Ex.** Ela conhece perfeitamente o ~ de atribuição das bolsas de estudo e, por, isso, é muito provável que tenha êxito na candidatura. **5** *Mús* Estudo prático da técnica de utilização de um instrumento.

mecanização *s f* (<mecanizar + -ção) **1** A(c)to de mecanizar. **2** Utilização de algo como substituto do trabalho humano. **Comb.** ~ da lavoura [Uso das máquinas nos trabalhos agrícolas]. **3** Funcionamento idêntico a uma máquina. **Ex.** A ~ dos procedimentos informáticos aumentou a eficiência da execução fiscal.

mecanizado, a *adj* (<mecanizar) **1** Que se mecanizou. **Ex.** A apanha da fruta «azeitona/castanha» está ~a nas propriedades dele. **2** *fig* Que se tornou semelhante a uma máquina. **Ex.** Às vezes nem parece humano, com os seus gestos ~s. ⇒ maquinal **2**.

mecanizar *v t* (<mecânico + -izar) **1** Tornar mecânico/Equipar com [Usar] máquinas. **2** *fig* Tornar(-se) mecânico/automático. **Ex.** Ele mecanizou os movimentos, de modo a desempenhar bem no teatro o papel de um autó[ô]mato.

mecanografia *s f* (<mecânica + grafia) **1** Escrita mecânica. ⇒ da(c)tilografia. **2** Utilização de máquinas em operações lógicas.

mecanográfico, a *adj* (<mecanografia + -ico) Relativo a técnicas ou operações de mecanografia. **Comb.** Equipamento [Indústria/Regist(r)o] ~.

mecanógrafo, a *s m* (<mecânica + -grafo) Pessoa que trabalha [escreve] com equipamento mecanográfico.

meças (Mé) *s f pl* (<medir) A(c)to de confrontar/medir forças/Medição/Avaliação. **Idi.** *Ir a ~ fam* [Fazer a avaliação de alguma coisa] (**Ex.** Já que não conseguimos saber o que valem as propriedades, o melhor é irmos a ~, para ninguém ficar prejudicado). *Pedir ~s fam* [Não temer comparação, por se considerar superior] (**Ex.** Ela era boa fadista e pedia ~ a qualquer um na sua arte).

mecenas (Cê) *s 2g 2n* (<antr *Mecenas*, estadista romano (60 a.C.-8.d.C) prote(c)tor dos artistas) Pessoa que apoia financeiramente as artes e as letras/que promove a cultura.

mecenatismo *s m* (<mecenato + -ismo) Maneira de proceder de [O ser] mecenas.

mecenato *s m* (<mecenas + -ato) Apoio financeiro concedido a a(c)tividades culturais. **Ex.** O ~ da Fundação foi determinante na contratação da orquestra.

mecha (Mé) *s f* (<fr *mèche* <gr *múksa*: pavio de candeia) **1** Cordão entrançado que mergulha no combustível dos candeeiros ou lamparinas para, uma vez impregnado, produzir chama. ⇒ torcida. **2** Pedaço de fio empapado de matéria inflamável *us* para transmitir fogo a peças de artilharia ou artefa(c)tos explosivos. ⇒ rastilho. **3** *Med* Pedaço de gaze que se introduz em feridas para servir de dreno. **4** Tira de pano, embebida em enxofre, que se queima no vasilhame «pipa/tonel» do vinho para o desinfe(c)tar. **5** *fig fam* Pressa/Rapidez. **Loc.** *Na [A toda a] ~* [Muito depressa] (**Ex.** O carro vai na ~, ultrapassando muitíssimo a velocidade permitida pela lei). **6** *Náut* Parte do mastro, de forma quadrangular, que o fixa na carlinga. **7** *Carpintaria* Espigão ou saliência de madeira onde se encaixa outra peça. **8** ⇒ madeixa.

meco (Mé) *s* (< ?) **1** Indivíduo de maus costumes. **Sin.** Devasso/Libertino. **2** Pessoa astuta/atrevida. **Sin.** Finório. **3** *pop* A própria pessoa que fala. **Ex.** Cá o ~ [o filho do meu pai] não se deixa enganar por qualquer pessoa/um (+)! **4** ⇒ fito.

mecónico [*Br* **mecônico**] *adj/s m Quím* (<meco[ô]nio + -ico) (Diz-se de) ácido ($C_7H_4O_7$) derivado do ópio.

mecónio [*Br* **mecônio**] *s m* (<gr *mekónion,ou*: ópio) **1** Seiva obtida por incisão das cápsulas das papoilas dormideiras/Variedade de ópio. **2** *Fisiol* Primeira matéria fecal do recém-nascido, de cor escura ou esverdeada «como a da cápsula da papoila».

mecópode *adj 2g* (<gr *mékos*: comprimento + -pode) Que tem pés compridos/Longípede.

meda (Mê) *s f* (<lat *meta,ae*: cone, pirâmide) **1** Amontoado de feixes de cereais, palha, … dispostos em forma de cone ou pirâmide. **2** *fig* Conjunto de coisas amontoadas. **Ex.** O mais difícil de arrumar foi a grande ~ [rima (+)] de livros que trouxe da casa dos meus avós.

medalha *s f* (<it *medaglia*) **1** *Hist* Moeda grega ou romana de cará(c)ter comemorativo. **2** Chapa «de metal» que tem gravada uma figura, uma inscrição, … **Ex.** O município mandou fazer uma ~ com a data do nascimento do escritor, para assinalar a realização do congresso sobre a sua obra. **Idi.** *O (re)verso da ~* [O lado mau de qualquer coisa] (**Ex.** É preciso ver [contar com] o (re)verso da ~, porque também há desvantagens na compra do edifício). **3** Chapa de metal representativa de uma ordem militar ou de uma confraria. ⇒ condecoração. **4** *Rel* Pequena peça «benzida» com uma imagem gravada, obje(c)to de devoção. **5** Peça de joalharia *us* em fios «pulseiras». **6** Chapa metálica que distingue os participantes vencedores numa competição. **Comb.** ~ de ouro [~ que distingue o primeiro classificado] (**Ex.** Nos jogos olímpicos, são atribuídas três ~s: ouro, prata e bronze, respe(c)tivamente para o primeiro, segundo e terceiro classificado). **7** *Arquit* ⇒ medalhão **3**. **8** *col* Pequena mancha [nódoa] de sujidade no vestuário que cobre o peito. **Ex.** Quando come, é frequente ficar com uma ~ ao peito, fruto da sua falta de cuidado. **9** *(D)esp Br pop* Pancada forte da bola recebida pelo jogador na cara ou no peito. **10** *Arte Br* Conjunto de motivos ovalados [ovais] ou redondos que formam bicos numa renda.

medalhão *s m* (<medalha + -ão) **1** Medalha grande. **2** Medalha redonda ou oval com um retrato ou outro obje(c)to evocativo pessoal. **3** *Arquit* Baixo-relevo, em geral com uma figura importante, colocado em monumentos ou como elemento decorativo de alguns edifícios. **4** *fig* Homem importante ou que se julga importante. **Ex.** Ele fez questão de convidar para a festa um ~ da cidade, nada menos que o presidente do município. **Sin.** Figurão. **5** *Cul* Pedaço de carne «bife» ou peixe «pescada» de forma arredondada e alguma espessura.

medalhar *v t* (<medalha + -ar[1]) **1** Condecorar com medalha. **2** Gravar em [Consagrar por meio de] medalha. **Ex.** O governo mandou ~ os vinte e cinco anos da assistência médica a povos carenciados.

medalhári[lheir]o *s m* (<medalha +...) **1** Cole(c)ção de medalhas. **2** Móvel onde se expõem medalhas. **3** Fabricante de medalhas.

medalhista *adj/s 2g* (<medalha + -ista) **1** (O) que cole(c)ciona medalhas. **2** (O) que é versado em medalhística. **3** (O) que ganhou uma medalha numa competição. ⇒ galardoar.

medalhística *s f* (<medalhista + -ica) Estudo das medalhas.

médão *s m* (<meda + -ão) Monte de areia junto ao mar. **Sin.** Duna(+). ⇒ medo[2].

média[1] *s f* (<médio) **1** Valor que se obtém somando os valores numéricos dos elementos de um conjunto e dividindo a soma pelo número de elementos. **Ex.** A ~ da temperatura na cidade, no inverno, é de 10 graus e, no verão, é de 25. **Comb.** *~ aritmética* [Número que se obtém dividindo a soma de *n* números por *n*] (**Ex.** 4+7+16=27:3=9) *~ geométrica* [Valor da raiz de índice *n* do produto desses números]. **Idi.** *Fazer* [Tirar/Tomar] *a ~* [Calcular um valor constante]. **2** Valor (considerado) médio/normal. **Loc.** *Em ~* [Aproximadamente] (**Ex.** Gasto em ~ 15 litros de gasolina por semana). **3** Nota ou pontuação [Classificação] obtida em exames, concursos, … **Ex.** Ele não conseguiu a ~ de dezoito valores, necessária para entrar na Faculdade de Medicina. **4** *fig* Mistura equilibrada. **Ex.** Relativamente a parecenças com os pais, o rapaz é uma ~: herdou da mãe o sentido de organização e do pai o gosto pela investigação. **5** *Br* Chávena grande de café com leite. ⇒ galão[2].

mé[i]dia[2] (É) *s m pl* (<lat *médius,a,um*: meio; "mídia" é um anglicismo inadmissível)

Meios (⇒ modo/maneira/caminho/recurso) de transmissão e difusão em grande escala de mensagens escritas, sonoras e visuais com recurso a diversas tecnologias. **Ex.** Os ~ incluem a imprensa, a rádio e a televisão, entre outras formas de comunicação de massas.

mediação s f (<lat *mediátio,ónis*) **1** A(c)ção de mediar. **2** Função de quem serve de mediador entre duas partes, em a(c)tividades comerciais ou outras. **Comb.** ~ imobiliária [A(c)tividade de intervenção em contratos de compra e venda de imóveis «casas»]. **3** *Dir* Intervenção com vista a conseguir um acordo entre partes desavindas. **Sin.** Arbitragem. **4** *Astr* Momento em que um astro atinge a sua maior altura. ⇒ culminação.

mediador adj/s (<lat *mediátor,óris*) **1** (Que serve de) intermediário ou medianeiro entre pessoas, grupos ou instituições. **Ex.** Os vizinhos andavam zangados [com guerras], mas o Carlos interveio como ~ e eles fizerem as pazes. **2** (Indivíduo) que medeia/arbitra/Árbitro. **Comb.** ~ de seguros. **3** Aquilo que medeia **a)** *Bioq* ~ químico [Substância «acetilcolina, histamina, …» libertada pela extremidade das fibras nervosas que excita as células vizinhas/Neurotransmissor]. **b)** *Geom* Plano ~ [perpendicular] ao meio de um segmento.

medial adj 2g (<médio + -al) **1** Que fica [está] no meio. **Comb.** Posição ~. **Sin.** Central (+). **2** *Gram* Diz-se de letra no meio da palavra «o *s* de asa». **Comb.** Vogal ~ «o *i* de fiz». **3** *Anat* Que se encontra próximo do plano mediano do corpo ou no meio de alguma das suas partes. **Comb.** Falange ~ [Falanginha] (do dedo). **4** s f Valor ou linha que divide um diagrama de dispersão em duas partes iguais.

mediana s f (<mediano) **1** *Geom* Segmento de re(c)ta que une o vértice de um triângulo re(c)tângulo ao meio do lado oposto. **2** *Geom* Segmento de re(c)ta que une os meios de dois lados opostos num re(c)tângulo ou num quadrado ou os meios dos lados não paralelos dum trapézio. **3** Valor que se situa no meio de uma sucessão crescente de um número finito de valores.

medianamente adv (<mediano + -mente) Em grau mediano/Nem muito bem nem muito mal. **Ex.** O filme satisfaz ~, mas vale a pena ver. Ela canta ~ [regularmente/assim-assim].

medianeiro, a adj/s (<mediano + -eiro) (O) que serve de intermediário/que medeia/Mediador/Intercessor.

mediania s f (<mediano + -ia) **1** Qualidade ou condição de mediano, do que se situa num ponto intermédio entre extremos. **2** Condição entre a pobreza e a riqueza. **Ex.** Embora fosse rico, vivia na ~, sem sinais exteriores do dinheiro que tinha. **3** Qualidade de quem não vai além do nível médio. **Ex.** Enquanto aluno do (ensino) secundário, ele nunca passou da ~, [foi sempre um aluno mediano] o que não impediu que viesse a ser um ó(p)timo médico.

mediano, a adj (<lat *mediánus,a,um*: do meio) **1** Que se situa num ponto ou valor intermédio relativamente aos extremos. **Comb.** *Aluno* ~. *Escritor* ~. **2** Que não é grande nem pequeno. **Ex.** Ele é de estatura ~a, mas força não lhe falta [mas tem muita força]. **3** Que não é rico nem pobre. **Sin.** Remediado(+). **4** *Anat* Diz-se da linha imaginária que divide o corpo humano em duas metades simétricas.

mediante adj 2g prep (<lat *médians,ántis*) **1** Que serve de intermediário/Mediador 1(+). **2** Por meio de/Graças a/A troco de.

Ex. Conseguiu reaver os seus bens, ~ o [, graças ao] empenho de um advogado amigo. **3** s m Tempo decorrido entre dois fa(c)tos ou duas épocas. ⇒ interregno. **4** *Mús* Nota que ocupa o terceiro grau na escala diató[ô]nica.

mediar v t/int (<lat *médio,áre,atum*) **1** Dividir ao meio. **2** Agir como mediador «num negócio». **3** Decorrer «tempo». **Ex.** Entre o fim da primeira guerra mundial e o início da segunda medeiam apenas [só] vinte e um anos.

mediastino s m *Anat* (<lat *mediastínus,i*; ⇒ meio) Região torácica situada entre os pulmões, o esterno, o diafragma e a coluna vertebral.

mediatário, a s (<mediato + -ário) ⇒ mediador/intermédio/intermediário.

mediateca (Té) s f (<média² + -teca) **1** Conjunto diverso de meios de informação e cultura «livros, filmes, …» acessíveis ao público. **2** Instalações onde se guarda e disponibiliza esse conjunto de meios, mediante consulta no local ou empréstimo. **Ex.** A ~ está aberta todos os dias de segunda a sexta, (durante) sete horas por dia.

mediático, a adj (<média² +-t-+ -ico) **1** Relativo aos *média* [meios de comunicação social]. **2** Que é conhecido [divulgado] através dos *média*. **Ex.** Diz-se que uma figura [pessoa] é ~a quando aparece com frequência nos meios de comunicação social.

mediatização s f (<mediatizar + -ção) A(c)ção de mediatizar.

mediatizado, a adj (<mediatizar) «problema» Que é tratado e divulgado nos meios de comunicação social. **Ex.** As questões econó[ô]micas e financeiras estão muito ~as.

mediatizar v t (<mediato + -izar) **1** Servir de intermediário entre duas ou mais partes. ⇒ mediar 2. **2** Difundir através dos meios de comunicação.

mediato, a adj (<lat *mediátus* <*mediáre*: estar no meio de) Que está em relação com outro através de um intermediário. **Comb.** *Auscultação ~a* «dos pulmões» [feita com o estetoscópio e não com o ouvido]. *Causa ~a* [indire(c)ta] «do acidente de trânsito». **Sin.** Indire(c)to. **Ant.** Imediato/Dire(c)to.

mediatriz s f *Geom* (<lat *mediátrix,ícis*: mediadora) **1** Re(c)ta perpendicular a um segmento de re(c)ta que passa pelo seu ponto médio. **2** Lugar geométrico dos pontos equidistantes de dois pontos dados.

médica s f *Bot* (<médico) Espécie de luzerna ou alfafa com aplicação medicinal.

medicação s f (<medicar + -ção) **1** A(c)ção de medicar. **2** Medicamento(s) usado(s) como tratamento. **Ex.** O médico prescreveu [receitou (+)] uma ~ rigorosa para debelar a infe(c)ção.

medicamentação s f (<medicamentar + -ção) ⇒ medicação.

medicamentar v t (<medicamento + -ar¹) ⇒ medicar.

medicamento s m *Med* (<lat *medicaméntum, i*: remédio) Substância *us* no tratamento de uma doença/Remédio. **Comb.** ~ genérico [apresentado apenas com o princípio a(c)tivo que o compõe] (Ex. Os ~s genéricos são mais baratos).

medicamentoso, a (Ôso, Ósa, Ósos) adj (<medicamento + -oso) **1** «substância» Que tem a(c)ção terapêutica/Que serve para curar (+)/«planta» Medicinal(+). **2** Que tem relação com medicamentos. **Comb.** Alergia ~a [a um remédio].

medicando, a adj/s m (<lat *medicándus* <*medicáre*) (O) que vai ser tratado/medicado.

medição s f (<medir + -ção) **1** A(c)to de determinar a medida «volume, duração, …» de alguma coisa. **Comb.** *A ~ da* [O tirar as medidas da] *sala*. *A ~ do tempo* do exame. *A ~ do terreno*. **2** Conjunto de medidas tomadas em construção ou levantamento topográfico «das terras do Estado».

medicar v t (lat *médico,as,áre,atum*: aplicar remédio) **1** Prescrever/Receitar(+) uma medicação/um remédio. **2** Administrar a alguém ou tomar medicamentos. **Ex.** Sempre que se trata de um pobre, medica gratuitamente [sem levar dinheiro]. **3** *int* Exercer a medicina.

medicável adj 2g (<lat *medicábilis,e*) **1** Que pode ser medicado/Curável. **2** Que pode ser usado como medicamento. **Comb.** Substância ~ [Remédio].

medicina s f (<lat *medicína,ae*: arte de curar) **1** Conjunto de conhecimentos e técnicas relativos à manutenção da saúde bem como à prevenção, tratamento e cura das doenças. **Comb.** ~ *interna* [A que considera o organismo como um todo e tenta combater a doença integrando o órgão doente no conjunto] (*Ant.* ~ operatória/Cirurgia). ~ *legal* [A que tem por obje(c)tivo esclarecer as causas de doença e morte, nomeadamente para resolver problemas do foro da justiça]. ~ *operatória* [A que diz respeito às intervenções cirúrgicas/às operações (+)]. ~ *preventiva* [A que visa prevenir o desenvolvimento de doenças]. ~ *tropical* [A que é especializada em doenças exóticas]. ~ *veterinária* ⇒ veterinária. **2** Profissão de médico. **Ex.** Exerce a ~ na mesma cidade há mais de vinte anos. **3** *Maiúsc* Curso superior que forma médicos. **Ex.** Ela decidiu ir para ~, por vocação e também para seguir uma tradição de família. **4** *fig* Aquilo que alivia o sofrimento. **Ex.** Ouvir música clássica (ao) sábado à tarde é um bálsamo, uma verdadeira ~ para combater o cansaço acumulado ao longo da semana.

medicinal adj (<lat *medicinális,e*) **1** Relativo a medicina. **2** Que tem propriedades curativas. **Comb.** Plantas ~ais.

médico, a s (<lat *médicus,i* <*médeor,déri*: cuidar de, dar remédio **a)** **1** Pessoa diplomada em Medicina, habilitada a tratar doentes. **Comb.** ~ assistente **a)** Aquele que trata regularmente do doente; **b)** ~ que assiste outro numa operação/cirurgia. **2** *fig* Aquilo que a(c)tua como um remédio. **Ex.** A solidariedade é um ó(p)timo ~ em momentos difíceis. **3** adj Relativo à medicina ou aos que a exercem. **Comb.** *Receita ~* [Indicação escrita de medicamento(s) a [para] tomar]. *Posto ~* [Local de atendimento de doentes e prestação de cuidados ~s primários].

médico-cirurgião s m ⇒ cirurgião.

médico-legal adj 2g Relativo a medicina legal.

médico[a]-legista s Especialista em medicina legal.

medida s f (<medido) **1** A(c)to de medir [determinar] o valor de uma grandeza. **Comb.** Unidade de ~ (⇒ **3 Comb.**). **2** Resultado «número» dessa a(c)ção. **Ex.** É preciso tirar as ~s da mesa antes de comprar a toalha. **3** Cada uma das unidades de um sistema de medição. **Ex.** A ~ de comprimento é o metro. A ~ de superfície é o m². A ~ de volume é o m³. **4** Recipiente com determinada capacidade *us* para medir a quantidade ou o volume de um líquido ou sólido. **Ex.** Servia-se de uma colher

de sopa como ~. O bolo levava seis ~s de açúcar. **5** *Mat* Função definida numa determinada distribuição. **Comb.** ~s de tendência central [que indicam os pontos em volta dos quais se concentram os valores da variável] (Ex. A mediana e a média são ~s de tendência central). **6** *fig* Limite aconselhado pelo senso comum [Limite que se considera razoável]. **Ex.** O homem não olhava a conveniências, era um exagerado no que dizia, faltava-lhe o sentido da ~. **Loc.** Com conta, peso e ~ [De forma sensata/Da forma mais conveniente] (Ex. Quando usava da palavra, argumentava com conta, peso e ~, o que era causa de admiração e respeito nos ouvintes). **Idi.** ***Ultrapassar as*** [***Passar das***(+)] ***~s*** [Ir além do razoável/Exagerar] (Ex. Às vezes ultrapassava as ~s [passava das marcas(+)/das ~s]). **7** Dimensão de uma peça de vestuário ou calçado. **Ex.** Ela tem por hábito comprar sapatos de ~ [tamanho(+)] superior. **8** *Poe* Número de sílabas de um verso. **9** *fig* Valor (mais ou menos) adequado. **Loc. À** [***Na***] ~ [Na conta certa] (Ex. Não faltou nem restou [sobrou (+)], fez a comida na ~). **À ~ que** [Ao mesmo tempo que/Na proporção em que] (Ex. À ~ que iam chegando os convivas, ouviam-se os acordes de uma bela música). ***Em grande*** [***larga***] **~** [De forma significativa] (Ex. As expe(c)tativas foram satisfeitas em grande ~, afirmou o dire(c)tor da orquestra relativamente ao acolhimento do público). ***Encher*** «-me» ***as ~s*** [Agradar plenamente] (Ex. O passeio à beira-mar encheu-nos as ~s e tirámos ó(p)timas fotos). ***Por ~*** [De acordo com dimensões previamente dadas] (Ex. A costureira fez uma saia por ~). **10** Meio a(c)cionado para atingir um certo efeito. **Ex.** O Governo vai tomar todas as ~s para restabelecer a ordem. **Idi. *Tomar as suas ~s*** [Acautelar-se/Precaver-se] «para não (ficar a) perder».

medido *adj* (<medir) **1** Avaliado/Calculado, tendo como referência uma medida. **Ex.** O balde levava quinze litros bem ~s [leva bem/leva um pouco mais de 15 l]. **2** *fig* Que revela prudência. **Ex.** Os gestos dele eram ~s [moderados/pensados], adequados à solenidade do momento.

medidor, ora *adj/s* (<lat *metítor,óris* <*métior,íri,mensus sum*: medir) **1** (Pessoa) que mede. **2** *s m* Instrumento (que serve) para (efe(c)tuar) medições. **Ex.** Nós temos em casa um ~ de tensão.

medieval *adj 2g* (<medievo + -al) **1** Relativo à [Próprio da] Idade Média. **Ex.** Ela sente fascínio pela história ~. **2** *depr* Diz-se de pensamentos ou atitudes que fazem lembrar a Idade Média. **Ex.** Eles têm uma conce(p)ção ~ [feudal/antiquada] das relações patrão-empregado.

mediev(al)ismo *s m* (<medieval + -ismo) **1** Conjunto de aspe(c)tos «fa(c)tos, ideias, ...» relativos ou pertencentes à Idade Média. **2** Interesse pelo estudo dessa época. **3** Tendência para enaltecer a Idade Média. **Ex.** Os românticos eram de um ~ notável.

mediev(al)ista *adj 2g/s 2g* (<medieval + -ista) (O) que estuda/valoriza a [é entusiasta da] Idade Média.

medievo, a (É) *adj s m* (<lat *médium*: do meio + *áevum*: tempo) **1** ⇒ medieval. **2** *s m* O período medieval [A Idade Média (+)].

médio, a *adj/s m* (<lat *médius,a,um*: que está no meio) **1** Que se encontra entre dois pontos extremos. **2** Que representa o meio-termo. **Comb.** Curso ~ «de um rio». **3** Cujo nível é o da média geral «nem muito, nem pouco; nem grande, nem pequeno; ...». **Sin.** Mediano. **4** Resultante de uma média estatística ou aritmética. **Comb.** Temperatura ~a «nos meses de verão». **5** Que está no meio-termo entre ideias [opiniões] opostas. **6** Diz-se do dedo situado entre o indicador e o anular. **7** *Mús* Diz-se do tom intermédio entre o grave e o agudo. **8** Diz-se do conjunto de países da Ásia ocidental [Irão, Iraque, ...]. **Comb.** M~ Oriente. **9** ⇒ médium. **10** *Futebol* Cada um dos jogadores que a(c)tuam entre a defesa e a linha de ataque. **Comb.** Médio-direito. Médio-esquerdo. Centromédio [Médio--centro]. Médio de ataque.

medíocre *adj 2g/s 2g* (<lat *medíocris,e*: mediano) **1** (O) que tem pouco valor. **Comb. *Nota ~*** «na escola, em matemática» [entre má e suficiente]. ***Salário ~/baixo.*** **2** (Diz-se de) pessoa sem talento/pessoa pouco capaz. **Comb.** Escritor «romancista» ~.

mediocridade *s f* (<lat *mediócritas,átis*: mediania) **1** Qualidade de medíocre. **2** Posição mediana, entre a riqueza e a pobreza. **Ex.** A ~ de recursos da família dificultou a entrada dele na universidade quando era jovem; teve mais tarde que trabalhar para pagar os estudos. **3** *depr* Falta de mérito/Pequenez de espírito. **Ex.** Quando a ~ chega ao poder, as sociedades sofrem e degradam-se.

medir *v t* (<lat *métior,íris,ménsus sum*) **1** Determinar o tamanho/a extensão/o valor de/Tirar as medidas . **Comb.** ~ a altura «da mesa». **2** Ter determinado tamanho. **Ex.** A montanha mede [tem(+)] 2500 metros. **3** Fazer uma avaliação. **Loc.** ~ o esforço. **Idi.** ~ ***forças*** [Entrar em competição para mostrar ser o mais forte] (Ex. Vamos ~ forças [ver quem pode mais]?). ***Não haver*** [***ter***] ***mãos a ~*** [Haver/Ter muito trabalho] (Ex. Durante os meses de verão, não há [temos] mãos a ~, com tanta gente para servir [atender] no restaurante). **4** Moderar/Regular. **Idi.** ***~ as palavras*** [Ser cuidadoso/moderado no falar] (Ex. Ele era boa pessoa, mas por vezes não media (bem) as palavras e ofendia as pessoas mais sensíveis). **5** Olhar atentamente para fazer um juízo ou para provocar. **Idi. *~ de alto a baixo*** [Olhar de forma provocadora] (Ex. Lançou-lhe um olhar desafiante, medindo--o de alto a baixo). **6** *fig* Avaliar a importância/Ponderar. **Comb. ~ *as consequências*** «de um a(c)to». **~ /*Pesar*(+) *os prós e os contras*** [Ter em consideração as vantagens e as desvantagens]. **6** *Poe* Contar as sílabas de um verso.

meditabundo, a *adj* (<lat *meditabúndus,a,um*) **1** Que medita [pensa] em silêncio. **2** *fig* Moralmente abatido/Melancólico/Cabisbaixo/Sorumbático. **Ex.** Ele via que o amigo não devia estar bem, porque andava ~, com ar de abatido.

meditação *s f* (<lat *meditátio,ónis*) **1** A(c)to de meditar/Oração recolhida. **Ex.** Temos algumas vezes ~ em família «lendo o Evangelho». **2** Concentração mental e reflexão profunda sobre um assunto ou obje(c)to. **Comb.** ~ transcendental [Técnica de relaxamento que produz a paz espiritual e o autodomínio]. **3** *pl* Ideias/Pensamentos/Reflexões acerca de um assunto. **Ex.** O escritor tem vindo a publicar numa revista mensal as suas ~ões sobre a responsabilidade do Homem na preservação da natureza e do ambiente.

meditador, ora *adj/s* (<lat *meditátor,óris*) (O) que medita [refle(c)te profundamente] sobre os assuntos. **Sin.** Pensativo(+); meditativo(+).

meditar *v int* (<lat *méditor,ári,átus sum*, <*médeor,déri*: cuidar de, curar) **1** Refle(c)tir profundamente. **Ex.** Ele medita muito sobre o [as coisas] que lhe dizem. **2** Entrar em contemplação religiosa ou filosófica. **Ex.** Ele exige o silêncio de todos e de tudo, sempre que quer [se dispõe a] ~. **3** *v t* Ter intenção de fazer [Antever/Proje(c)tar]. **Ex.** Meditava a evasão [fuga] da cadeia.

meditativo, a *adj* (<lat *meditatívus*) **1** Relativo à meditação. **Comb.** Oração ~a/recolhida/contemplativa. **2** Próprio de quem medita. **Comb. *Ar*** [Aspe(c)to] ***~o. Atitude*** [Posição] ***~a. Sin.** Pensativo.

mediterrâneo, a *adj/s* (<lat *mediterráneus,a,um*: que está no meio das terras) **1** Que se situa entre terras/continentes. **Comb.** *Maiúsc* (Mar) ~ [Mar situado entre a Europa, a África e a Ásia]. **2** Relativo ao mar Mediterrâneo. ⇒ mediterrânico. **3** «clima» Cara(c)terístico dos países que cercam esse mar.

mediterrânico, a *adj* (<top *Mediterrâneo* + *-ico*) Relativo ao (mar) Mediterrâneo. **Comb. *Clima mediterrâne*[ânic]*o. Dieta/Comida ~a*** [Alimentação típica da região ~a] (Ex. O azeite é muito utilizado na dieta ~a).

médium *s m* (<lat *médius,a,um*: intermediário) «nas sessões de espiritismo» Pessoa que, segundo os espíritas, serve de intermediário entre os vivos e (as almas d)os mortos. **Sin.** Médio 9.

mediúnico, a *adj* (<médium + -ico) Relativo a médium ou às suas faculdades.

mediunidade *s f* (<médium + -idade) Qualidade ou dom de médium.

medível *adj 2g* (<medir + -vel) Que se pode medir. **Sin.** Mensurável(+).

medley (Médli) *s m* (<ing *medley*: miscelânea) **1** *Mús* Composição que resulta de uma miscelânea de melodias conhecidas. **Ex.** Comprei um ~ de canções de Natal, para oferecer. **2** *Natação* Competição constituída por quatro provas [estilos] diferentes (mariposa [borboleta], bruços, costas, livre [crawl]).

medo¹ (É) *s m* (<lat *metus,us*) **1** Estado de inquietação que resulta da consciência de um perigo real ou imaginário, muitas vezes acompanhado de rea(c)ções fisiológicas. **Ex.** Ele tremia de ~ só de pensar que «na sua ausência» a casa podia ser assaltada. **2** Falta de coragem. **Ex.** Ele não é capaz de fazer coisas fora do habitual, porque está sempre com ~ de correr riscos. **Loc. A ~** [Com receio] (Ex. A criança pergunta, a [com] ~ [, receosa (+)], se pode ir brincar com os amigos). **Idi. *Meter ~*** [Provocar temor] (Ex. Tinha um aspe(c)to que metia medo só de olhar para ele). ***Morrer de ~*** [Assustar-se muito] (Ex. Morria de ~ cada vez que tinha de percorrer à noite aquela rua escura). **3** Preocupação em relação a algo desagradável. **Ex.** Gostava de ir passear, mas tenho ~ que comece a chover. **4** *pop* O que assusta «fantasma». **Ex.** Já adulto, os ~s infantis continuavam a atormentá-lo no escuro da noite.

medo² (É) *s m* (<médão) Monte de areia junto ao mar. **Sin.** Duna(o+); médão(+).

medonho, a *adj* (<medo¹ + -onho) **1** Que provoca muito medo. **Sin.** Assustador. **2** Que é horrível/muito feio. **Ex.** Ele teve um pesadelo ~. **3** Que é excessivo/muito grande/Enorme. **Ex.** Lembro-me do dia em que fui à cidade: foi no fim de julho e fazia um calor ~/terrível.

medorreia *s f* (<gr *médos,ou*: bexiga; partes genitais masculinas) Corrimento pela uretra. ⇒ gonorreia

medra [medrança(+)**]** (Mé) *s f* (<medrar + -ança; ⇒ engorda, ceva) **1** A(c)ção de medrar/crescer. **2** Estado que indica crescimento. **Ex.** Os peixes estão em ~, não é

medrar conveniente a sua captura. **3** *fig* Progresso [Mudança para melhor]. **Ex.** Aprecia-se alguma ~ [melhoria (+)] na sociedade, patente por exemplo na baixa da taxa de mortalidade infantil.

medrar *v t/int* (<esp *medrar* <*mejorar*: melhorar) **1** (Fazer) crescer/Desenvolver-se «planta/animal». **Ex.** Dava gosto ver o trigo a ~ e os campos a ficarem com uma bonita cor dourada. Era uma família pobre mas *fig* medrou porque todos trabalham. **2** *fig* Aumentar/Progredir. **Ex.** Como consequência da grave crise económica, iam medrando [aumentando(+)] as crispações e a violência na sociedade.

medricas *s/adj 2g 2n col/fam* (<*medo*[1] + -ico) Pessoa que tem medo de tudo/Medroso(+). **Ex.** – És (um) ~! Tens medo de tudo/Qualquer coisa te assusta!

medronheiro *s m Bot* (<medronho + -eiro) Árvore pequena ou arbusto que produz o medronho.

medronho *s m Bot* (<?) Fruto do medronheiro, uma baga redonda e áspera semelhante ao morango na forma e na coloração, comestível, de sabor agridoce *us* no fabrico de licores e aguardentes.

medroso, a (Ôso, Ósa, Ósos) *adj* (<lat vulgar *metorósus,a,um*) **1** (O) que mostra medo face ao perigo. **Ex.** – És muito [um grande] ~, essa é (que é) a verdade! **Ant.** Corajoso/Destemido. **2** Receoso/Tímido. **Ex.** Diante de gente tão importante, o jovem estava um pouco ~.

medula *s f* (<lat *médulla,ae*: medula «dos ossos»; miolo «do pão»; polpa «das plantas») **1** *Anat* Substância mole que preenche o canal medular e a cavidade interna dos ossos. **Idi. Até à ~** [Profundamente] (Ex. Estou cansado das asneiras dele, farto até à ~!). **Comb.** ~ espin(h)al [Tecido do sistema nervoso central que preenche o canal raquidiano e que transmite aos membros as ordens do cérebro]. **2** *Anat* Tecido interno de alguns órgãos. **Comb.** ~ suprarrenal. **3** *Bot* Tecido pouco consistente do interior de raízes e caules de algumas plantas. **4** *fig* A parte mais íntima ou essencial de alguma coisa. **Ex.** É um ecologista até à ~. A ~ da religião é a fé (em Deus).

medular *adj 2g* (<medula + -ar[2]) **1** Relativo à medula. **Comb.** Canal ~ [Cavidade que contém a medula óssea ou a parte central de algumas plantas «caule/raízes»]. **2** *fig* Que tem o aspe(c)to ou a consistência da medula. **Comb.** Substância ~. **3** *fig* Essencial/Fundamental(+). **Ex.** No estudo das línguas, é preciso ter em atenção o cará(c)ter ~ da gramática.

medulina *s f* (<medula + -ina) Substância existente na medula dos vegetais, especialmente do sabugueiro.

medulite *s f* (<medula + -ite) Inflamação da medula óssea. ⇒ osteomielite.

meduloso, a *adj* (<lat *medullósus, a, um*: cheio de medula) **1** *Anat* Que possui cavidade interna que contém medula. **Comb.** Ossos ~s. **2** *Bot* Que tem a parte central cheia de medula. **Comb.** Caule ~ «do sabugueiro». **3** *Arte* Diz-se da arte de representar, na pintura ou escultura, a aparência flexível ou macia de um obje(c)to.

medusa *s f* (<gr *Médousa,és*: Medusa, uma das górgona[e]s, com serpentes no lugar de cabelos) **1** *Maiús Mit Gr* Uma das três Górgonas (As outras são Euríale e Esteno). **2** *fig* Mulher extremamente feia e má/perversa. **Ex.** Quando aquela mulher se sentou na minha frente, com um verdadeiro ar de ~, paguei rapidamente a conta e saí do café. **3** *Zool* Animal marinho de corpo gelatinoso e em forma de campânula, sob a qual se abre a boca rodeada de tentáculos/Alforreca.

meeiro, a *adj/s* (<meio + -eiro) **1** Que pode ou tem de ser dividido ao meio. **Comb.** Bens ~s. **2** Pessoa que possui ou tem direito a metade de algum bem. **3** *Agr* Pessoa que cultiva o terreno de um proprietário com quem divide o produto do seu trabalho. **4** Que está entre [no meio de] duas coisas. **Comb.** Parede ~a [comum a duas casas/que pertence, em partes iguais, a dois donos].

mefistofélico, a *adj* (<antr *Mefistófeles*: pessoa que simboliza o diabo na lenda alemã de *Fausto* + -ico) Que faz lembrar «pelo seu aspe(c)to [pelas suas atitudes]» Mefistófeles. **Sin.** Diabólico/Infernal/Pérfido. **Ex.** Ele é especialista em fazer um sorriso ~, que a todos impressiona, por ser ao mesmo tempo sarcástico e diabólico.

mefítico, a *adj* (<lat *mephíticus,a,um*) Que tem exalações nocivas à saúde/«pântano com um vapor» Fétido/Pestilencial.

mega- *pref* (<gr *mégas*: grande) **1** Exprime a ideia de grande. **Sin.** Megalo-. **2** «antes de uma unidade física» Milhão/10^6. **Ex.** Megagrama (Um milhão de gramas).

megabit ing *s m Info* Múltiplo do *bit*, que vale mil (1024) *quilobits* (Símbolo: *Mb*) / *Br* Megabite. ⇒ bit.

megabyte ing *s m Info* Múltiplo do *byte* que vale mil *quilobytes* ou um milhão (1 048 576) de bytes (Símbolo: *MB*) *Br* Megabaite.

megacefalia *s f* ⇒ macrocefalia.

megaciclo *s* m ⇒ megahertz.

megaconcerto *s m* Concerto de grandes proporções realizado em espaço aberto.

megadine *s m* Unidade de medida de força equivalente a um milhão de dines.

megafone *s m* Aparelho portátil para amplificar o som.

megagrama *s m* Unidade de medida de massa equivalente a um milhão de gramas.

megahertz *s m 2n* Unidade de medida de frequência equivalente a um milhão de hertz.

megajoule *s m* Unidade de medida de trabalho equivalente a um milhão de joules.

megalepatia *s f Med* ⇒ hepatomegalia.

megalítico, a *adj* (<megálito + -ico) **1** Relativo aos megálitos. **2** Que é feito de megálitos. **Comb.** Monumento ~.

megálito *s m Arqueo* (<mega- + gr *lítos,ou*: pedra) Monumento do período neolítico constituído por grandes blocos de pedra «menir».

megalo- *pref* (<gr *mégas, gále*: grande) Exprime a ideia de grande. **Ex.** Megalópole. ⇒ mega.

megalocefalia *s f* (<... + cefalia) ⇒ macrocefalia.

megalocéfalo, a *adj/s Med* (<... + -céfalo) (Pessoa) que tem a cabeça de tamanho superior ao normal. ⇒ macrocéfalo.

megalomania *s f* (<... + mania) **1** *Psic* Sobrevalorização de si mesmo. **Ex.** A ~ é um delírio que se evidencia no desejo excessivo de poder e glória. **2** Gosto do que é colossal/Ambição desmedida. **Ex.** Todo o seu reinado foi marcado pela ~.

megalómano, a [*Br* **megalômano**] *adj/s* (<... + -mano) **1** (Pessoa) que sofre de megalomania [que tem ideias delirantes]. **Ex.** Ultimamente, o ministro tem feito discursos ~s, absolutamente delirantes, completamente afastados da realidade. **2** (Pessoa) que tem ambição desmedida e gosto excessivo de grandezas. **Ex.** É próprio [só/mesmo] de um ~ o palácio que mandou construir.

megalópole *s f* (<... + gr *pólis*: cidade) Grande cidade ou conjunto de cidades contíguas. **Sin.** Megacidade/Megametrópole.

megalossauro *s m Zool* (<... + gr *sáuros,ou*: lagarto) Grande réptil fóssil da ordem dos dinossauros, carnívoro e bípede.

megâmetro *s m* (<mega- + metro) **1** Unidade de medida de comprimento equivalente a um milhão de metros. **2** *Náut* Instrumento que mede as longitudes pelas distâncias angulares entre os astros.

meg(a)ohm *s m* (<mega- + ohm) Unidade de medida de resistência elé(c)trica equivalente a um milhão de ohms.

megaparsec *s m Astr* (<... + parsec) Unidade astronó[ô]mica de distância equivalente a um milhão de parsecs [equivalente a 3 260 000 anos-luz].

megaprodução *s f* (<... + produção) Produção de um filme dotado de grandes meios humanos, técnicos e financeiros.

megaproje(c)to *s m* (<... + proje(c)to) Proje(c)to ambicioso [de grande dimensão].

megassismo *s m* (<... + sismo) Tremor de terra de grande intensidade e amplitude, sentido em grande parte da superfície terrestre.

megatonelada *s f* (<... + tonelada) **1** Unidade de medida de massa equivalente a um milhão de toneladas/*Br* Megaton. **2** Unidade de medida de energia libertada numa explosão nuclear de um milhão de toneladas de trinitrotolueno [TNT].

megawatt (Uót) *s m* (<... + watt) Unidade de medida de energia mecânica ou elé(c)trica equivalente a um milhão de watts.

megera (Gé) *s f Mit* (<gr *Mégaira, as*, uma das Fúrias) **1** Mulher má [cruel]. **2** Mãe desnaturada. **Ex.** Aquela mãe, autêntica ~, trazia um filho pequeno para o frio da rua, para conseguir esmolas com mais facilidade.

meia[1] *s/adj f* (<meio) **1** (Que é) metade. **Ex.** A sala não está cheia, só está ~. Estas terras «campos/quinta/fazenda» não são minhas, cultivo-as de ~s [, o produto é metade para mim e metade para o dono]. **Idi. Não ligar ~** [Não dar importância] (Ex. É inteligente, mas não liga ~ ao que o professor diz e, por isso, tem maus resultados na escola [tem notas baixas]). **Comb.** ~ dúzia. **2** *num Br col* Designação do número 6 «ao dizer o número do telefone».

meia[2] *s f* (<meio) **1** Peça de vestuário que cobre o pé e parte ou a totalidade da perna. **Ex.** Ela gosta de ~s de seda. **Comb.** ~ elástica [de tecido elástico, grosso e apertado, *us* para conter a dilatação das varizes]. **2** Tecido de malha de algodão *us* para fazer meias e outras peças de vestuário. **Ex.** Ela tem preferência pelas camisas de ~.

meia-água *s f* **1** Telhado de um só plano. **2** Construção com esse telhado.

meia-calça ⇒ meias-calças.

meia-cana *s f* **1** Lima «ferramenta» semicircular. **2** Sulco côncavo. **Sin.** Estria/Caneladura. **3** *Arquit* Moldura côncava e arredondada. **4** Barra metálica de se(c)ção circular.

meia-desfeita *s f Cul* Prato de grão-de-bico com bacalhau cozido às lascas e temperado com azeite, vinagre, cebola e salsa picada.

meia-esquadria *s f Geom* **1** Linha que divide um ângulo re(c)to em dois ângulos iguais [de 45° cada]/Bisse(c)triz. **2** Cada parte do ângulo resultante dessa divisão.

meia-estação s f Época de temperatura amena, nem muito quente nem muito fria. **Ex.** A designação ~ aplica-se tanto à primavera como ao outono. **Comb.** Roupa de ~ [que não é nem muito quente nem demasiado leve].

meia-final s f (D)esp Prova eliminatória que precede a final/Br Semifinal. **Ex.** Realiza-se amanhã a ~ dos 100 metros, homens. ⇒ meias-finais.

meia-idade s f Período da vida humana entre a maturidade e a velhice. **Ex.** Parecia um homem de ~, teria aproximadamente [uns (+)] 50 anos.

meia-laranja s f **1** Espaço semicircular. **Sin.** Hemiciclo(+). ⇒ anfiteatro. **2** Náut Armação de arcos metálicos sobre os quais é posta uma lona para proteger da chuva. **3** Náut Meia-volta numa rota marítima. **4** Colina baixa e pouco íngreme, de forma arredondada.

meia-lua s f **1** Aspe(c)to da lua no quarto crescente ou no quarto minguante. **2** Forma semicircular. **Comb.** A ~ das unhas. **3** Símbolo com essa forma que representa a religião islâmica. **Ex.** Bandeiras de diferentes países têm em comum a ~ branca do islamismo. **4** Arquit Espaço «anfiteatro» ou edifício de forma semicircular/Meia--laranja **1**. **Sin.** Hemiciclo(+)/Semicírculo. **5** Náut Embarcação de pesca costeira, de fundo chato e forma arqueada, com a proa e a popa terminadas em bico. **6** Br (D)esp No jogo da capoeira, golpe em que o jogador baixa o tronco e faz rodar uma perna em semicírculo, para atingir o adversário com o calcanhar.

meia-luz s f Luminosidade pouco intensa, própria do entardecer e do nascer do dia ou de interiores. **Sin.** Meia claridade/Penumbra.

meia-nau s f Náut «nos veleiros» Parte situada entre o mastro grande e o traquete [e a vela maior do mastro da proa].

meia-noite s f A vigésima quarta hora do dia/A hora que divide a noite ao meio. **Idi. De ~** [Muito] (Ex. Vaiaram o ministro com assobios de ~/que nunca mais acabavam. Depois da manifestação, houve pancadaria de ~ [houve muita pancadaria]).

meia-pausa s f Mús Silêncio equivalente a metade de uma pausa, representado por um traço na terceira linha da pauta.

meias ⇒ meia¹ **1**.

meias-calças s f Peça de vestuário que cobre o pé, a perna e parte do tronco, sendo um conjunto de meias e calções.

meias-finais s f pl (D)esp Competições entre os vários competidores [as várias equipas] antes da competição ou prova final. ⇒ meia-final; quartos de final.

meias-medidas s f pl Atitude apaziguadora/Dúvida/Hesitação. **Sin.** Rodeios. **Idi. fam Não estar com ~** [Não hesitar/Ir direito ao assunto] (Ex. Ele não esteve com ~ [mais dúvidas], tomou a atitude que se impunha [tomou a devida atitude] e apresentou queixa no tribunal).

meias-palavras s f pl Modo de se expressar de quem não diz tudo claramente, deixando apenas subentender o que se quer de fa(c)to comunicar. **Ex.** Não te ponhas com ~, diz lá tudo o que tens para dizer!

meia-sola s f **1** Remendo que substitui a parte infero-anterior do sapato/Meias--solas(+). **2** fig fam Reparação de qualquer espécie. **Ex.** Acho que os pneus do carro andam a precisar de umas ~s…

meia-tigela s f col Pouco valor/Bagatela. **Ex.** Ele era considerado um a(c)tor de ~, mas acabou por revelar o talento que realmente tinha.

meia-tinta s f **1** Tonalidade «cor» intermédia entre o claro e o escuro. **2** Gravura em que se explora essa tonalidade [em que se usa a gradação de cores]. **3** s 2g 2n fam Pessoa que não toma posições definidas. **Ex.** Os filhos acham que o pai é um ~ [meias-tintas (+)], que nunca tem uma opinião clara sobre assuntos importantes.

meia-volta s f **1** Mudança completa de dire(c)ção «180°». **Idi. Mil ~, volver!** (Ordem de comando que faz com que uma formação militar se coloque ou marche em sentido inverso ao inicial). **2** Náut Nó simples dado em torno de qualquer obje(c)to.

meia-voz s f Tom de voz mais baixo que o normal. **Loc.** Cantar a ~ [forçando pouco ou não usando toda a força da voz].

meigamente adv (<meigo + -mente) Com afe(c)to/carinho/ternura. **Sin.** Afe(c)tuosamente/Carinhosamente/Ternamente.

meigo, a adj (<lat mágicus, a, um: mágico/que encanta) **1** Afável/Dócil/Afe(c)tuoso/Terno. **Ex.** É uma criança tão ~a que todos gostam dela. **2** Que revela meiguice/brandura/carinho/afabilidade. **Ex.** É uma pessoa cativante pelos bons modos e pela voz ~ com que nos fala. **3** fig «aragem/brisa» Suave/Brando/Agradável.

meiguice s f (<meigo + -ice) **1** Qualidade de meigo. **Sin.** Afe(c)to/Carinho. **2** Demonstração «dito/gesto» de **1**. **Ex.** Há quem diga que as ~s dos avós estragam os netos.

meiguiceiro, a adj col fam (<meiguice + -eiro) Que é dado a fazer meiguices. **Ex.** Por vezes a mãe zangava-se, mas ele, ~ que [como] era, conseguia enternecê-la e apaziguá-la.

meijengro, a adj pop (< ?) **1** Que não medrou «fruto». **2** fig Que tem ar triste/Sem entusiasmo. **3** s m Indivíduo insignificante.

meio, a s m/adj/adv (<lat médius,a,um) **1** Ponto a igual distância das extremidades. **Ex.** Dizem [Diz-se – e bem –] que no ~ é que está a virtude. ⇒ metade. **2** Ponto intermédio no espaço e no tempo. **Ex.** Quando chegarmos ao segundo cruzamento, estaremos no [a] ~ do percurso. No [A] ~ do mês, muitas famílias já não têm dinheiro. **3** Lugar central. **Ex.** O coreto, onde toca a filarmónica [música/banda], fica no ~ da praça do mercado. Ela gostava de estar sempre a dançar, no ~ da sala. **4** Zona interior/Centro/Entre/Dentro. **Ex.** No ~ de tanta gente, é muito difícil encontrar alguém conhecido. **5** Espaço físico com suas cara(c)terísticas e condicionalismos geofísicos e biológicos. **Comb.** ~ ambiente. **6** Grupo social em que uma pessoa está inserida. **Ex.** Pela vida «de rico» que faz, parece pertencer a um ~ familiar abastado. **7** Instrumento que permite a realização de algo. **Comb. ~s de transporte. ~s de comunicação social**. **8** Recursos económicos ou financeiros. **Ex.** A avó, como pessoa rica [de ~s] e bondosa, ajudava-o sempre que era necessário. **9** Recurso us para alcançar um obje(c)tivo (⇒ **7**). **Idi. Não olhar a ~s** [Recorrer a qualquer expediente para conseguir o que se quer] (Ex. Ele não olha a ~s para atingir os seus fins «enriquecer»). **10** Maneira de agir. **Ex.** O único ~ de entender os outros é ouvi-los com toda a atenção. **Idi. Não haver ~ de** [Demorar a] (Ex. Não há ~ de parar [Nunca mais para] de tocar o alarme do carro!). **11** Quím Ambiente em que se produzem certos fenó[ó]menos. **Comb.** ~ ácido. **12** Mat Nome dado a b e c na proporção a/b = c/d. **13** adv Um pouco. **Ex.** Não sei o que se passa com ele, anda ~ tristonho/triste. **Loc. A ~as** [A dois] (Ex. Pagámos a conta do almoço a ~as). **A ~o** [No ponto intermédio] (Ex. Cheguei já a ~o da aula). **Ao ~** [Em metade] (Ex. Ele usa o cabelo com uma risca ao ~). **14** adj Que é metade de algo/de um todo. **Comb. ~a dose** [Metade da porção habitual] (Ex. Ele não tinha muito apetite e pediu só ~a dose). **~as palavras** [Forma evasiva de dizer as coisas] (Ex. Usas sempre ~as palavras, nunca dizes o que queres de forma clara!). **~ pão. ~ queijo. ~ termo** [A justa medida] (Ex. Não há ~ termo [Não tenho palavras(+)] para classificar tamanho disparate «não sei como fizeste tal coisa»!). **idi De ~a tigela** [De pouco valor] (Ex. Pelo que conheço dele, atrevo-me a dizer que não passa de um pintor de ~a tigela).

meio-bilhete s m Título de transporte, de entrada num espe(c)táculo ou em outra a(c)tividade, que custa metade do preço normal. **Ex.** Para entrar no circo, as crianças entre os 6 e os 12 anos (só) pagam ~.

meio-busto s m Representação da figura humana, em que se mostra apenas a cabeça e o pescoço. ⇒ busto.

meio-corpo s m Representação da parte superior do corpo humano, da cintura para cima. **Comb.** Busto de ~.

meio-dia s m **1** Décima segunda hora do dia. **2** Período entre a manhã e a tarde. **3** O Sul/As regiões do sul. ⇒ austral.

meio-fio s m **1** Instrumento de carpinteiro. **2** Chanfradura [Entalhe] no batente de portas e caixilhos. **3** Nivelamento da parte superior de uma parede para receber outra fiada de tijolos ou outro material. **4** Náut Estrutura da proa à popa para equilibrar a carga do porão. **5** Br Bordo do passeio (da rua). ⇒ berma.

meio-fundo s m (D)esp Modalidade de corridas de 800 e de 1500 metros.

meio-gordo, a adj Que tem um teor de gordura médio. **Comb.** Leite ~o.

meio-irmão, meia-irmã s Irmão ou irmã só pela parte do pai ou da mãe.

meio-leve s m (D)esp Pugilista que pesa entre 54 e 57 quilos.

meio-médio adj 2g/s m (D)esp Pugilista que pesa 65 kg. **Comb.** ~ ligeiro. ⇒ meio--pesado.

meio-morto, a (Môrto, Mórta, Mórtos) adj **1** Que está entre a vida e a morte. **2** fig Que está muito cansado. **Sin.** Exausto/Arrasado.

meio-pesado s m (D)esp Pugilista que pesa entre 75 e 81 quilos.

meio-relevo (Lê) s m Arte Figura ou ornato que se destaca do fundo cerca de metade da sua espessura real.

meio-sal adj 2g Que tem pouco sal. **Ex.** O meu médico aconselhou-me a comer tudo com ~. **Comb.** Manteiga ~.

meio-sangue adj/s m Zool (O) que tem um só progenitor puro-sangue «cavalo».

meiose (Ó) s f Gené (<gr meiósis,seós: diminuição) «formação de gâmetas» Processo de cariocinese [de divisão celular], através do qual uma célula reduz para metade o número de cromossomas.

meio-soprano s m Mús **1** Timbre de voz entre o soprano e o contralto. **2** Cantor(a) que tem esse timbre de voz. **Sin.** Mezzo soprano.

meio-tempo s m **1** Intervalo de tempo. **Ex.** Estávamos a almoçar; nesse ~ [; entretanto (+)/entrementes] tivemos dois telefonemas. **2** (D)esp Cada uma das metades de um desafio (d)esportivo.

meio-termo s m **1** Posição intermédia/Solução de compromisso. **Ex.** Entre posições tão opostas [diferentes], é necessário que haja um ~, para se resolver a questão com justiça. **2** *fig* Comedimento/Moderação. **Ex.** Ele é uma pessoa que (se) fica sempre pelo [que sabe onde está o] ~. ⇒ meias--palavras.

meiótico *adj* (<gr *meiotikós,é,ón*) Relativo à meiose.

meio-tom *s m* **1** *Mús* Intervalo na escala musical que corresponde a metade de um tom. **2** Tom intermédio entre dois mais fortes da mesma cor. **Sin.** Matiz/Cambiante. ⇒ gradação.

meirinho, a *s/adj* (<lat *majorínus,a,um*: de maior dimensão) **1** *Hist* Antigo funcionário judicial, a quem competia governar um território, prender, e fazer a cobrança de impostos. **2** Diz-se do gado lanígero «carneiros/ovelhas» que pasta nas montanhas no verão e nas planícies no inverno. ⇒ merino. **3** Diz-se da lã desse gado. **Comb.** Lã ~a.

meitnério [Mt 109] *s m Quím* Elemento transuraniano, obtido artificialmente em 1982.

mel *s m* (<lat *mel,méllis*) **1** Substância muito doce, espessa, fabricada pelas abelhas, com o néctar das flores, nos favos das colmeias. **Idi.** *Cair a* [*como* (+)] *sopa no ~* [Ser oportuno/Vir a propósito] (Ex. Andava com falta de dinheiro, por isso o pré[ê]mio «15 000 €» caiu como sopa no ~). *Dar ~ pelos beiços* [Adular alguém para conseguir o seu favor] (Ex. Ela dá constantemente ~ pelos beiços à madrinha para a ter sempre do seu lado). *Doce como (o) ~* [Muito doce/Docinho]. *Perder* [*Ficar sem*] *o ~ e a cabaça* [Não conseguir nenhuma de duas coisas esperadas]. *Por dez réis de ~ coado* [Por baixo preço/Quase de graça] (Ex. Os produtores vendem a fruta por dez réis de ~ coado, quem ganha mais são os intermediários). **2** Qualquer substância doce e espessa, extraída de plantas. **Comb.** ~ de cana/Melaço(+) [Líquido espesso, doce e escuro obtido da cana--de-açúcar]. **3** *fig fam* Extrema doçura e simpatia. **Ex.** Os seus modos são o ~ que ajuda a suportar momentos menos bons. **Idi.** *Ser de ~* [Ser dócil/meigo].

mela (Mé) *s f* (<lat *macélla,ae*: *dim* de *mácula,ae*: mancha) **1** Doença que ataca as plantas, impedindo o seu crescimento e fazendo definhar os frutos. **2** *fig* Envelhecimento/Falta de vigor. **3** ⇒ *Br* Bebedeira. **4** ⇒ *Br* Sova.

mela- *pref* ⇒ melan(o)-.

melaço *s m* (<mel + -aço) **1** Líquido viscoso e doce que fica depois da cristalização do açúcar. **Ex.** O ~ serve para fabricar vários produtos, entre eles a aguardente. **2** *fig* Coisa muito doce.

melado¹, a *adj* (<melar¹) **1** Que foi adoçado com mel «de abelha». **2** Extremamente doce. **3** Que está pegajoso/sujo de qualquer coisa viscosa e doce. **4** *fig* Diz-se de pessoa excessivamente sentimental. **Ex.** Ela tem atitudes tão ~as que deixam os outros um pouco desconfiados da sua sinceridade. **5** *Br adj/s m pop* Diz-se de indivíduo embriagado. **6** *Br* Calda grossa feita com rapadura derretida, servida como sobremesa.

melado², a *adj* (<melar²) **1** Que está com mela. **Sin.** Chocho/Peco. **2** *fig* Que não se desenvolveu. **Sin.** Magro/Raquítico. **3** *fig* De cor desbotada ou som fraco. **Ex.** Tinha predile(c)ção [Preferia (+)] os quadros de cores meladas, que diziam mais [, mais conformes] com a sua maneira de ser discreta e silenciosa. **4** *fig* Que tem falhas de cabelo. **Comb.** Cabeça ~a.

meladura *s f* (<melado¹ + -ura) **1** Porção de caldo «de cana» que uma caldeira comporta. **2** Tempo gasto na moagem da cana.

melancia *s f* (<ár *balansia* + melão) **1** Fruto da melancieira, de forma esférica e de cor esverdeada, polpa sumarenta, avermelhada e doce, e sementes geralmente pretas. **Comb.** Talhada [Porção comprida e estreita] de ~ (Ex. É muito agradável, por ficar fresco, comer no verão umas talhadas de ~). **2** *Br pop* Pessoa que se apresenta como de direita, mas que possui pensamento político identificado com grupos de esquerda.

melancial *s m* (<melancia + -al) Terreno com melancias. ⇒ meloal.

melanci(eir)a *s f* (<melancia + -eira) Planta que produz [dá(+)] melancias.

melancolia *s f Psic* (<gr *melenghkolía,as*: humor negro) **1** Estado psicológico cara(c)terizado por depressão, pessimismo e falta de força anímica. **2** Sentimento vago de tristeza que favorece o devaneio e a meditação. **3** Qualidade do que desperta esse sentimento. **Ex.** Agrada-lhe por vezes a ~ de certas melodias «fado» que, saboreadas, lhe trazem a paz.

melancolicamente *adv* (<melancólico + -mente) Com melancolia. **Sin.** Tristemente.

melancólico, a *adj* (<gr *melangkholikós, é,ón*: de humor sombrio) **1** Que sofre de [é dado à] melancolia. **2** Um pouco triste. **Ex.** As férias foram agradáveis mas depois da partida dos amigos ficou ~. **3** Que provoca melancolia. **Comb.** Um canto [Uma música] ~.

melanemia *s f Med* (<gr *mélas,anos*: negro, preto, sombrio + -emia) Presença de formações negras no sangue causada pela acumulação de melanina em certos órgãos.

Melanésia *s f Geog* (<gr *mélas*: negro + Indonésia) Uma das três grandes regiões da Oceânia. ⇒ Polinésia; Micronésia.

melania *s f* (<gr *melanía,as*: negrume) Qualidade do que é escuro/negro/sombrio/triste.

melanina *s f* (<gr *mélas,anos*: preto + -ina) Pigmento escuro que se encontra nos tecidos orgânicos e lhes dá a cor «cabelos/íris/pele».

melanismo *s m* (<melanina + -ismo) Escurecimento excessivo dos tecidos, devido à quantidade exagerada de melanina nas células.

melanite[a] *s f Miner* (<melan(o)- + -ite) Variedade de andradite [granada] com titânio, de cor preta, existente em rochas eruptivas, *us* como gema.

melan(o)- (<gr *mélas,anos*: preto) Elemento de formação de palavras que exprime a ideia de escuro/preto.

melanócito *s m Biol* (<melano- + -cito) Célula que produz melanina.

melanoma *s m Med* (<melano- + -oma) Tumor maligno da pele ou das mucosas, cujas células contêm grandes quantidades de melanina.

melão *s m Bot* (<lat *mélo,ónis*) **1** Fruto de forma oval, de casca dura verde ou amarelada e polpa doce e sumarenta. **Idi.** *Ficar com um grande ~* [Apanhar uma grande dece(p)ção] (Ex. Quando soube que, afinal, não havia o espe(c)táculo por que tanto esperava, ficou com um grande ~). *Ter aquilo com que se compram os melões* [Ter dinheiro]. **2** ⇒ meloeiro. **3** *fig* Cabeça calva ou rapada.

melar¹ *v t/int* (<mel + -ar¹) **1** Adoçar ou barrar [untar] «a torrada» com mel. **2** Produzir [Ficar com] mel «a colmeia». **3** Dar a cor do mel.

melar² *v t/int* (<mela + -ar¹) **1** Estragar-se antes de se desenvolver/Ficar chocho/Murchar. **Ex.** O granizo melou a fruta. **2** *fig* Criticar [Dizer mal de (+)/Fazer mossa em]. **Ex.** Ela tem por hábito ~ os professores. **3** *Br fig col* Fazer gorar/Falhar.

melasma *s m Med* (<gr *mélasma,atos*: mancha negra) Mancha escura que aparece na pele, em especial no rosto. **Ex.** O ~ aparece muitas vezes nas mulheres grávidas. **Sin.** Melasmo/Melanodermia.

melato *s m Quím* (<mélico + -ato) Sal ou éster do ácido mélico [melítico], ou anião dele derivado.

melena¹ (Lê) *s f* (<esp *melena*: cabeleira que cai sobre os olhos) **1** Cabelo comprido ou desgrenhado/Guedelha. ⇒ cabeleira/madeixa. **2** Parte da crina que cai sobre a testa do cavalo.

melena² (Lê) *s f Med* (<gr *meláina* (*émesis*): vó[ô]mito negro) Presença de sangue nas fezes, de aparência enegrecido, devido a hemorragias no aparelho digestivo.

melga (Mél) *s f Ent* (< ?) **1** Mosquito existente em zonas húmidas, cuja picada é dolorosa e provoca inchaço. **2** *fig* Pessoa muito aborrecida/enfadonha. **Ex.** Ele está sempre a falar no mesmo assunto, já ninguém o pode ouvir, é uma ~.

melharuco *s m* ⇒ abelharuco.

melhor (Ôr) *adj 2g* (<lat *mélior,óris*) **1** Que é superior ao que lhe é comparado. **Ex.** A pesca (d)este ano do atum foi ~ do que a do ano passado. A economia do país já *idi* teve ~es dias [já esteve ~]. *Gram* ~ é o comparativo de superioridade de *bom*. **Idi.** *Faltar o ~* [o dinheiro]. *Fazer o meu/teu/seu... ~* [Esforçar-se ao máximo] (Ex. Ele fez o seu ~ para conseguir os seus obje(c)tivos). *Ir desta para ~* [Morrer] (Ex. Estava mal há [faz] muito tempo e não resistiu, foi desta para ~). *Levar a ~* [Ganhar] (Ex. A nossa equipa levou a ~, apesar da falta de um jogador). *No ~ da festa* [No momento mais interessante] (Ex. Ela deixou o serão no ~ da festa). **Loc.** *À falta de ~* [Não havendo outro de qualidade superior] (Ex. À falta de ~, ficámos com [levamos(+)] esse bolo). *...,* (*ou*) *~,* [, isto é/mais precisamente,] (Ex. Ele teve boas notas nos exames, (ou) ~, teve muita sorte). *Pelo ~* [Da maneira mais conveniente/corre(c)ta/útil] (Ex. Fiz tudo pelo ~, estou em paz com a minha consciência). *Tanto ~* [Preferível] (Ex. Ele diz que não vai à viagem de finalistas do colégio. Tanto ~!). **2** Que satisfaz o maior número de determinados critérios de apreciação. **Ex.** Foi justamente considerado o ~ filme do ano. **3** *adv* Em condições físicas ou psíquicas mais saudáveis. **Ex.** Ele disse-me que está ~, que já não tem febre. **4** Mais acertadamente [De forma mais adequada]. **Ex.** Acho que os livros de consulta frequente ficam ~ na prateleira de baixo. **5** Com mais exa(c)tidão/propriedade/eficácia. **Ex.** É pouco provável que alguém consiga resolver o conflito ~ do que ele. **6** *s 2g* Aquilo ou aquele que é superior. **Ex.** O desejável é que vença o ~, mas nem sempre isso acontece. **7** *s m* O que é mais adequado/sensato. **Ex.** O ~ é não discutirmos mais, que [pois] não resolvemos nada com isso [com tais [mais] discussões].

melhora (Ó) *s f* (<melhorar) **1** A(c)to de melhorar [recuperar de mal físico ou moral]. **2** Estado que é mais vantajoso ou mais satisfatório. **Sin.** Aperfeiçoamento/Melhoramento/Melhoria(+). **3** *pl* (+) Melhoramentos «saúde»/Diminuição da doença. **Ex.** Ela foi visitar a doente e, quando se despediu, disse: – As suas ~s!

melhorado *adj* (<melhorar) **1** Que melhorou [foi aperfeiçoado]. **Comb.** Almoço ~ [melhor do que o habitual] (Ex. Hoje é dia de anos, temos convidados e almoço ~). **2** Que vale mais/Corrigido/Aumentado(+). **Comb.** Salário ~.

melhoramento *s m* (<melhorar + -mento) **1** Mudança para melhor/Melhoria/Progresso. **2** Benfeitoria/Reforma. **Ex.** Com o passar dos anos, foi necessário fazer ~s [reparações] no edifício.

melhorar *v t/int* (<lat *melióro,áre,átum*: beneficiar) **1** Mudar para melhor. **2 Ex.** As condições de trabalho melhoraram na empresa. **Ant.** Piorar. **3** Tornar(-se) mais competente. **Ex.** Ele está muito contente, porque o filho melhorou em Matemática. **4** Apresentar sinais de recuperação da saúde. **Ex.** Vê-se que o doente melhorou com o novo tratamento. **Ant.** Piorar.

melhoria *s f* (<melhor + -ia) Alteração para melhor/Melhora. **Comb.** ~ *das condições* de trabalho na fábrica. ~*s de saúde*. «na escola houve» ~*s em todos os aspe(c)tos* [de toda a ordem]. ⇒ melhoramento.

meliáceo, a *adj /s* (<gr *melía*: freixo + -áceo) (Diz-se de) plantas lenhosas, como o mogno, a mélia e o freixo.

meliante *s 2g* (<esp *maleante*: burlador) Pessoa que comete a(c)tos de transgressão da ordem e dos costumes estabelecidos/Malandro/Gatuno/Ladrão. **Ex.** A polícia prendeu os ~s que se dedicavam a provocar e a roubar as pessoas do bairro.

melícia *s f Cul* (<mel + -ícia) Morcela doce feita com amêndoas, banha de porco, açúcar e canela/Chouriço doce.

mélico[1], a *adj* (<mel + -ico) **1** De [Relativo a] mel. **Comb.** Licor ~o. ⇒ melífico. **2** *fig* Que é doce (como o mel). ⇒ melífluo **2**. **3** *adj/s m Quím* ⇒ melíssico.

mélico[2], a *adj* (<lat *mélicus,a,um*: harmonioso) Que é harmonioso ou musical/Melodioso.

melífero, a *adj* (<lat *mellífer,era,erum*) **1** Que produz mel. **2** Diz-se da planta que tem néctar com o qual as abelhas fazem o mel. **Ex.** O rosmaninho é uma planta ~a.

melificação *s f* (<melificar + -ção) **1** A(c)ção de melificar/adoçar **2** Fabricação de mel pelas abelhas.

melificar *v t/int* (<lat *mellífico,áre,atum*) **1** Fabricar mel «as abelhas». **2** Adoçar com mel. **3** Converter em mel. **Ex.** O calor melifica as [aumenta o açúcar das (+)] uvas.

melífico, a *adj* (<lat *mellíficus,a,um*) **1** Relativo a mel. ⇒ mélico. **2** ⇒ melífero **2**. **3** *fig* Que tem maneiras doces [suaves]. **Ex.** É uma pessoa que causa uma impressão agradável, pelos seus modos ~s, suaves.

melífluo, a *adj* (<lat *mellífluus,a,um*: de onde corre o mel) **1** Que deita mel. **2** *fig* Que é doce/terno/suave. **Ex.** Falava sempre num tom ~, ela era mesmo assim. **3** *depr* Que é doce por interesse [por manha]. **Ex.** Ele aproximava-se do cliente com aqueles seus modos ~s e, passado pouco tempo, já o tinha convencido a comprar.

melindrar *v t* (<melindre + -ar[1]) Causar melindre. **Ex.** Ele melindra-se facilmente [é muito melindroso], tenha cuidado com ele! **Sin.** Magoar/Ofender/Susce(p)tibilizar.

melindre *s m* (<esp *melindre*: doce feito com mel e farinha; delicadeza) **1** Facilidade em se melindrar/magoar/ofender. **Sin.** Susce(p)tibilidade. **2** ⇒ Cautela/Escrúpulo/Delicadeza. **3** *Cul* **a)** Bolo feito com mel. **b)** *Br* Doce de gemas de ovos batidas com açúcar e farinha.

melindroso, a (Ôso, Ósa, Ósos) *adj* (<melindre + -oso) **1** Que tem melindre/se melindra/ofende facilmente. **2** *fig* Que é complicado/difícil de resolver. **Comb.** Situação ~a. **3** Que é arriscado/perigoso. **Ex.** Os médicos dizem que a operação que vai fazer é ~a. **4** Débil/Frágil/Periclitante. **Comb.** Estado de saúde ~o.

melissa *s f* (<gr *méllissa,es*: abelha) ⇒ erva-cidreira.

melíssico, a *adj s m Quím* (<gr *melissa, es*: abelha) (Diz-se do) ácido oleoso ($C_{30}H_{60}O_2$) [encontrado na cera da abelha].

melissografia *s f* (<melissa + -grafia) Estudo da vida das abelhas.

melito *adj 2g/s m Med* (<lat *mellítus,a,um*: adoçado com mel) **1** Que contém mel. **2** *s m farm* Nome genérico de preparados farmacêuticos em que entra mel em vez de açúcar.

melo- (<gr *mélos,eos-ous*: membro «de frase musical») Elemento de formação de palavras que exprimem a ideia de melodia.

meloa (Lô) *s f* (<melão) Variedade de melão, mais pequeno e redondo. **Comb.** Abóbora ~/menina(+).

meloal *s m* (<melão + -al) Terreno semeado de melões.

melodia *s f Mús* (<gr *meloidía,as*: canto «homem/ave») **1** Ligação harmó[ô]nica de vários sons musicais a intervalos diferentes, em que a força vital provém do ritmo. **2** A parte principal numa composição musical/Tema melódico. **3** *fig* Tudo o que é agradável de se ouvir. **Ex.** As ave(zinha)s nas árvores ensaiavam uma ~ que nos extasiava. **4** *fig* Doçura/Suavidade na voz/no estilo/nos modos. **Ex.** Ele tem uma tal ~ quando nos fala que nos sentimos agradados e presos às suas palavras.

melódico, a *adj* (<gr *melodikós,é,ón*) **1** Relativo a melodia. **Comb.** Composição ~a. **2** Que tem musicalidade. **Sin.** «voz/estilo» Harmonioso; melodioso(+). **3** *s f Mús* Espécie de cravo ou clavicórdio, cujo som é produzido pelo atrito provocado por pontas de metal num cilindro de aço.

melodioso, a *adj* (<melodia + -oso) **1** Que tem melodia. **Comb.** Canto [Canção] ~. **2** Que é agradável ao ouvido **Comb.** Voz ~a.

melodista *s 2g Mús* (<melodia + -ista) **1** Pessoa que compõe melodias. **2** Compositor que dá importância à melodia/ao ritmo.

melodrama (Mèlodrã) *s m Teat* (<melo- + drama) **1** *Hist* Antiga obra dramática, combinando texto e música instrumental. **2** Drama popular cara(c)terizado pelo exagero de situações violentas e sentimentos exagerados. **Idi.** *Fazer* (um) ~ [Manifestar sentimentos de uma forma exagerada] (Ex. As coisas não são assim tão difíceis, não faças um ~!). **Sin.** Dramalhão.

melodramático, a (Mè) *adj* (<melo- + dramático) **1** Relativo ao melodrama. **Comb.** Peça ~a. **2** *fig* Que parece um melodrama **2**/Excessivamente dramático ou sentimental/Sentimentalão. **Ex.** Ele foi ~ na rea(c)ção (que teve) às notas do filho; nada justifica aquele exagero, o rapaz há de recuperar, tem bons professores.

meloeiro *s m Bot* (<melão + -eiro) (Planta que dá o) melão.

melógrafo, a *s Mús* (<melo- + -grafo) **1** Pessoa que copia/escreve música. **2** *s m* Mecanismo elé(c)trico que se adapta ao piano ou órgão para reproduzir em papel o que se toca.

melomania *s f* (<melo- + mania) Paixão exagerada pela música.

melómano [melomaníaco], a [*Br* **melômano**] *adj/ s* (<melo- + …) Pessoa que gosta muito de [que se dedica a/idi é doido por] música. **Ex.** Ele é um ~, compra uma assinatura para os concertos e não perde um.

melopeia *s f* (<gr *melopoiía, as*: composição de cantos/melodias) **1** Na Grécia antiga, tratado [princípios/regras] de composição de melodias. **2** Canto/Peça musical que acompanha um texto. **3** Declamação harmoniosa/agradável ao ouvido. **4** *fig* Toada monótona e repetitiva/Cantilena (+). **Ex.** Os alunos repetem, como uma ~, as exce(p)ções à regra.

meloso, a *adj* (<lat *mellósus,a,um*: doce como o mel) **1** Que tem a doçura do mel. ⇒ melífico; melífluo. **2** *pej* Melado[1] **4** (+). **Ex.** Ele parece(-me) hipócrita, desconfio daquelas falinhas ~as…

melro, a (Mél) *s Ornit* (<lat *mérulus,i*) **1** Pássaro de plumagem preta, bico amarelo e canto melodioso, conhecido também por melro-preto. **2** *fig pop* Indivíduo astuto e atrevido. **Comb.** ~ de bico amarelo (Ex. O rapaz é um ~ de bico amarelo, faz as coisas e escapa-se com a maior rapidez, sem ninguém dar por isso).

membrana *s f Biol/Anat* (<lat *membrána,ae*: película, ~) **1** Tecido animal ou vegetal fino e flexível que envolve um órgão ou separa duas áreas ou cavidades. **Ex.** A pleura é a ~ que envolve os pulmões. Ouvimos graças às vibrações da ~ do tímpano. **Comb.** ~ *alar* [que liga os dedos dos morcegos]. ~ *celular* [que envolve cada célula de um tecido]. ~ *interdigital* [que liga os dedos de alguns animais «patos» e lhes permite nadar(em)]. ~ *nuclear* [que delimita o núcleo das células e o separa do citoplasma]. ~ *sinovial* [Camada fina de tecido conjuntivo que envolve as superfícies articulares e produz o líquido sinovial]. ~ *vitelina* [que reveste a gema do ovo (das aves)]. **2** *Fig* Camada muito fina/Lâmina/Folha/Película. **3** *Fís* Lâmina/Placa que transforma oscilações mecânicas em vibrações sonoras e vice-versa. **Ex.** Os microfones têm uma ~ que permite a reprodução de sons.

membraniforme *adj 2g* (<membrana + -forme) Que tem forma de membrana.

membranoso, a *adj* (<membrana + -oso) **1** Provido de membranas. **2** Que tem a natureza de uma membrana. **Ex.** Tecido ~.

membro *s m* (<lat *mémbrum,i*) **1** *Anat* Cada um dos apêndices do corpo dos animais vertebrados que servem para a locomoção ou para a preensão. **Comb.** ~*s superiores* [«no homem» braços]. ~*s inferiores* [«no homem» pernas]. **2** Pé[ê]nis [~ viril]. **3** Pessoa que faz parte de uma comunidade [associação/um grupo/um partido]. **Ex.** Os ~s da associação, reunidos em assembleia-geral, decidiram aprovar o plano anual de a(c)tividades. **3** *Ling* Parte de uma estrutura linguística «frase». **4** *Mat* Cada uma das partes da equação ou da inequação, separadas por um sinal de igualdade ou de desigualdade.

membrudo, a *adj* (<membro + -udo) **1** Que tem membros fortes, bem desenvolvidos. **2** *fig* Que é muito forte/robusto. **Sin.** Atlético.

memento (Mèménto) *s m* (<lat *meménto*: lembra-te <*mémini,meminísse*: lembrar-se) **1** *Rel* Nome de duas preces do cânone da missa, em que são lembrados os vivos ou os mortos. **2** Obje(c)to que recorda alguém/Lembrança(o+)/Recordação(+). **Ex.** Ela tem um anel valioso e bonito que é um ~ da avó. **3** Caderno ou papel *us* para anotar e recordar alguma coisa/fazer um apontamento/tomar notas. **Sin.** Agenda/Memorando. **4** Folheto/Livrinho onde se regist(r)a o essencial de uma matéria/um assunto. ⇒ *váde-mécum*; calendário.

memoração s f (<lat *memorátio,ónis*) A(c)to ou efeito de tornar lembrado/de memorar/Comemoração(+).

memorando, a adj (<lat *memorándus,a,um*: que deve ser lembrado <*memoráre*) **1** Que merece ser recordado. **Sin.** Memorável(+). **2** s m Escrito em que se anotam acontecimentos que [cuja memória] se pretende conservar. **3** Comunicação escrita, formal, em que se regist(r)am ou lembram assuntos importantes. **Ex.** O dire(c)tor levou à administração um ~ com a evolução das exportações dos últimos seis meses. ⇒ memorial 3.

memorar v t (<lat *mémoro,áre,átum*: recordar) **1** Conservar na memória. **2** Assinalar com comemoração/Comemorar(+).

memorativo, a adj (<lat *memoratívus,a,um*) Que faz lembrar/comemorar/Comemorativo (+).

memorável adj 2g (<lat *memorábilis,e*) **1** Que se deve memorar/lembrar(+). **2** Que ficou na [Digno de] memória. **Sin.** Inesquecível. **Ex.** A ópera a que assistimos era muito boa, (podemos dizer que foi) um espe(c)táculo ~.

memória s f (<lat *memória,ae*) **1** Faculdade de conservar experiências e conhecimentos adquiridos, que se manifesta em hábitos e lembranças. **Ex.** Os meus filhos aprendem bem, têm todos boa ~. É um prazer falar com a avó e ouvi-la contar coisas tão interessantes de quando éramos pequenos. Que ~! **Idi.** *Puxar pela ~* [Esforçar-se por se lembrar] (Ex. Tu estavas lá, presenciaste o que aconteceu, puxa pela ~ e conta (lá/-me/-nos) o que viste!). *Ter ~ curta* [Esquecer-se facilmente/Fazer pouco caso/Não se importar muito] (Ex. As pessoas têm ~ curta e esquecem-se das coisas boas que ele fez pela cidade). *Trazer à ~* [Fazer lembrar] (Ex. Esta história traz-me à ~ outra que se passou quando eu estava no estrangeiro). *Varrer(-se) da ~* [Esquecer(-se) completamente] (Ex. Varreu-se-me da ~ tudo quanto [o que] o professor disse, estava mesmo distraído). *Vir à ~* [Ocorrer à lembrança] (Ex. Vieram-me à ~ as críticas que ele fez ao comportamento do vizinho). **Loc.** *De ~* [De cor] (Ex. Quando andava na escola primária, sabíamos de ~ [de cor (+)] os nomes dos rios principais). **Comb.** *~ cole(c)tiva* [Conhecimento misterioso que um povo [grupo de indivíduos] tem de algo e que se supõe ser inerente a esse povo/grupo]. *idi ~ de elefante* [muito boa/que nada esquece]. *idi ~ de grilo/galo* (+) [~ fraca]. *~ descritiva* ⇒ ~ 7. *~ regressiva* [Esquecimento de fa(c)tos recentes, com retenção dos antigos]. *~ visual/fotográfica* [Capacidade de lembrar minuciosamente fa(c)tos vistos/ouvidos/lidos]. **2** *Psic* Conjunto de funções psíquicas através das quais se processa a representação do passado. **3** Faculdade cole(c)tiva de recordar acontecimentos, transformando-os em património comum. **Ex.** As lutas pela soberania [independência] nacional estão na ~ do povo, são seu património. **4** Recordação que alguém deixa de si, após a sua morte. **Ex.** Ele mandou fazer um belo jardim, para que a família e os amigos tenham ~ dele [se lembrem dele (+)], quando se sentarem à sombra das árvores. **Loc.** *De boa ~* [Diz-se do que deixou boa recordação] (Ex. O povo considera D. João I rei de boa ~, por defender energicamente o país). *De má ~* [Diz-se do que deixou recordação triste] (Ex. Os dias que se seguiram ao terramoto são de má ~, ninguém gosta de falar deles). *Em ~ de* [Para lembrar alguém desaparecido] (Ex. Convidou os amigos para um jantar de homenagem em ~ do pai). **5** Monumento erigido para comemorar acontecimentos importantes e homenagear figuras ilustres. **Ex.** É conhecido como a ~ da Independência o obelisco que está na maior praça da cidade. **6** pl Relato de acontecimentos feito por alguém que neles tomou parte. **Ex.** O político apresentou o livro com as suas ~s. **7** Exposição escrita sobre um assunto de natureza científica ou artística. **Comb.** *~ descritiva* [*Arquit* Documento que acompanha os desenhos de um proje(c)to]. **8** *Dir* Documento que a parte apresenta em sua defesa e é anexado aos autos. **9** Nota ou aviso para lembrança. **10** *Info* Parte de um computador destinada ao armazenamento de informação. **Comb.** *~ RAM* [Memória principal, para gravação de dados e programas].

memorial adj 2g (<lat *memoriális,e*: que auxilia a memória) **1** Relativo/Referente a memória. **Comb.** M~ *do Senhor* [Eucaristia/Última Ceia]. **2** Memória particular que serve para esclarecer uma questão. **3** s m Escrito que relata fa(c)tos memoráveis. **Comb.** *~/Memória(+) descritivo/a* ⇒ memória 7 **Comb.** 4 *Arquit* Monumento comemorativo.

memorialismo s m (<memorial + -ismo) **1** *Liter* Gé[ê]nero literário que consiste no relato escrito de memórias. **2** Tendência fora do comum para evocar lembranças.

memorialista adj/s 2g (<memorial + -ista) **1** Relativo a memorialismo. **2** Escritor de memórias. ⇒ memorista.

memoriar v t (<memória + -ar¹) **1** Tomar nota para posterior lembrança. **2** Escrever memórias. **3** Fazer resumo ou dissertação sobre matéria científica ou erudita. **Ex.** O conferencista passou a tarde a ~ a matéria da sua comunicação.

memorista adj/s 2g (<memória + -ista) (O) que escreve memórias ou dissertações acadé(é)micas. ⇒ memorialista.

memorização s f (<memorizar + -ção) **1** A(c)to de memorizar. **2** Conjunto de operações que visam reter dados na memória humana. **2** *Info* Introdução de dados no [na memória do] computador.

memorizar v t (<memória + -izar) **1** Reter na memória. **Ex.** Ela gosta de História e tem uma grande facilidade em ~ as datas dos acontecimentos. **Sin.** Aprender de cor (+)/Decorar (+)/Fixar. **2** *Info* Colocar dados na memória. **Ex.** O meu computador não tem capacidade para ~ tantos dados.

menagem s f (<homenagem) *Dir* Detenção fora do cárcere sob promessa do prisioneiro de não sair do lugar que lhe destinaram. **Comb.** *Torre de ~* [Torre principal de um castelo] «Guimarães, Pt».

menção s f (<lat *méntio,ónis* <*mémini,nísse*: lembrar-se) **1** A(c)ção de mencionar/referir/dizer. **2** Regist(r)o ou destaque especial. **Ex.** O presidente deixou [fez] uma ~ no seu discurso aos trabalhadores que concretizaram a obra. **Comb.** *~ honrosa* [Distinção concedida a pessoa/obra que não obteve um pré[ê]mio mas merece ser distinguida] (Ex. Ele não conseguiu ganhar o pré[ê]mio literário, mas teve uma ~ honrosa [ele considerou-a ~ com o que tratou o tema]. **3** Indicação «atitude/gesto» de que se vai fazer alguma coisa. **Idi.** *Fazer ~ de* (Ex. Com um acenar de mão, fez ~ de se despedir dos presentes).

menchevique s/adj 2g *Hist* (<ru *menchevik*: minoritário) Membro da ala moderada do partido social-democrata russo. ⇒ bolchevista.

mencionar v t (<menção + -ar¹) **1** Fazer referência. **Ex.** Mencionou um autor muito conhecido, para dar mais força aos seus argumentos. **Comb.** *Acima [Abaixo] mencionado* «no livro/discurso». **Sin.** Dizer/Referir/Citar. **2** Dar a conhecer. **Ex.** O aluno mencionou [disse (quais foram)] as razões pelas quais não pôde apresentar o trabalho no prazo exigido.

mendacidade s f (<lat *mendácitas,átis*) Qualidade/Cara(c)terística de mendaz. **Sin.** Falsidade; mentira.

mendáculo s m *Br* (<mendaz + mácula) ⇒ vício (moral); mancha (na reputação); defeito.

mendaz adj 2g (<lat *mendáx,ácis*) **1** Que diz mentiras. **Sin.** Falso/Mentiroso. **2** Desleal/Traiçoeiro/Descarado.

mendelévio [Md 101] s m *Quím* (<antr Dimitri *Mendeleev*, químico russo + -io) Metal radioa(c)tivo, artificial, obtido em 1955.

mendeliano, a adj Relativo a Mendel ou ao mendelismo/Mendelista.

mendelismo s m *Biol* (<antr *G. J. Mendel* + -ismo) Conjunto das leis da hereditariedade estabelecidas pelo monge e naturalista austríaco Mendel (1822-1884), que mostrou a descontinuidade das cara(c)terísticas ao longo das gerações e que suplanta a teoria da herança por mistura.

mendicância s f ⇒ mendicidade.

mendicante adj/s 2g (<mendigar) **1** (O) que mendiga [pede esmola]. **Sin.** Mendigo; pedinte. **2** (Diz-se de) membro ou ordem religiosa, em que se faz(ia) voto de pobreza e vivia de esmolas. **Comb.** *Ordem ~* «franciscana».

mendicidade s f (<lat *mendícitas,átis*) **1** A(c)to de mendigar [pedir esmola]. **Ex.** Veio do desemprego e, sem ter ninguém que o ajudasse, caiu na ~. **2** Conjunto de mendigos. **Ex.** Para não dormir na rua, ele acolheu-se a um albergue [asilo] de ~.

mendigar v t/int (<lat *méndico,áre*) **1** Pedir esmola [Viver da caridade (alheia)]. **2** *fig* Solicitar com insistência e humildade. **Sin.** Implorar.

mendigo, a s m (<lat *mendícus,a,um*: muito pobre, de pedinte) Indivíduo que mendiga [pede esmola] para sobreviver. **Sin.** Pedinte. ⇒ mendicante.

mendinho, a adj/sm ⇒ mindinho.

menear v int (<manear²) **1** Movimentar [partes do] corpo de um lado para o outro. **Ex.** Meneava(-se) «a cabeça» de forma ritmada ao som da música. **2** ⇒ manejar.

meneável adj 2g (<menear + -vel) **1** Que se pode menear. **2** *fig* Que se adapta facilmente às situações/Que é fácil de manejar. **Ex.** Há quem diga que ele é ~, atribuindo tal fa(c)to a uma suposta falta de personalidade.

meneio s m (<menear) **1** A(c)to de menear(-se). **2** Gesto/Movimento do corpo com determinada intenção. **Ex.** Canta com ~s de um verdadeiro intérprete. **3** *fig* Procedimento ardiloso. **Ex.** Ele vinha com uns ~s para nos convencer, mas não conseguiu (obter) nada do que queria. **4** Gestão/Administração «negócio». ⇒ maneio 2 (+).

menestrel s m *Hist* (<fr na *ménestrel*) Músico e cantor ambulante, na Idade Média.

menina do olho s f col Pupila **1** (ocular). ⇒ menina dos olhos (Menino, **Comb.**).

menineiro, a adj (<menino + -eiro) **1** Que tem aspe(c)to e modos de uma criança/Infantil (+). **2** Amigo [Que gosta] de crianças. **Ex.** É uma boa professora, porque, além de ensinar bem, é ~a, gosta muito de crianças e brinca muito com elas.

meninez s f (<menino + -ez) Período de crescimento de um indivíduo, que vai do

nascimento à puberdade. **Sin.** Infância(+)/Meninice(+).

meninge *s f Anat* (<gr *ménigks,iggos*: membrana fina) Cada uma das três membranas sobrepostas que envolvem o encéfalo e a medula espinal.

meníngeo, a *adj* (<meninge + -eo) Relativo às meninges.

meningite *s f Med* (<meninge + -ite) Inflamação das meninges.

meninice *s f* **1** Idade ou qualidade de menino/Infância/Puerícia. **2** *pej* Comportamento próprio de criança. **Sin.** Criancice(+).

menino, a *s* (< ?; ⇒ ~a do olho) **1** Criança. **Comb.** ~ **bem** [Rapaz/Rapariga cuja atitude e modo de falar denotam pertença a uma classe social elevada]. ⇒ ~-bonito. *gír* **~a de cinco ohos** [Palmatória]. **~ de coro a)** Jovem que (faz de acólito e) canta no coro de uma igreja; **b)** *fig* Criança bem comportada. **~ de rua** [Criança que vive na rua, em geral por falta de apoio ou vínculo familiar]. *idi* **~a dos olhos** [Pessoa que é obje(c)to de estima especial] (Ex. Ele era a ~ dos olhos da sua avó). **~ Jesus** [Jesus Cristo em criança]. ⇒ ~ prodígio. **2** *fam* Forma de tratamento íntimo entre adultos. **Ex.** Veja lá, o ~ não se esqueça de comprar o que lhe pedi! **3** ⇒ *s m pop* Homem esperto/manhoso. **4** *s f* Tratamento que se dá a mulher solteira. **5** ⇒ *s f gír* Prostituta. **6** ⇒ *s f gír* Rapaz efeminado. **7** *fig* Inexperiente. **Ex.** Era um ~ quando saiu de casa dos pais, sem experiência nenhuma da vida. **Sin.** Moço/Novo (+).

menino[a]-bonito[a] *s* Pessoa preferida de alguém. **Ex.** Ela tem vários netos, mas nota-se que a neta mais velha é a sua ~a, nada lhe falta.

menino[a]-prodígio *s* Criança que revela capacidades acima da média», para a sua idade «Mozart para a *Mús*.

menir *s m Arqueo* (<fr *menhir* <bretão *men hir*: pedra comprida) Monumento megalítico do período neolítico, constituído por um bloco de pedra grande e comprida, mais ou menos cilíndrica, erguida verticalmente no solo.

menisco *s m* (<gr *menískos,ou*: crescente, pequena lua) **1** *Geom* Figura composta por uma parte côncava e outra convexa. **2** *Fís* Lente convexo-côncava ou côncavo-convexa, cujos bordos têm menos espessura que a parte central. **3** *Anat* Cartilagem intercalar de tecido conjuntivo, em forma de meia-lua, interposta entre determinadas articulações ósseas «joelho», para facilitar o seu deslizamento.

menopausa *s f* (<gr *mén,menos*: mês + *páusis*: cessação) **1** Cessação definitiva dos ciclos menstruais [da menstruação (+)]. **2** Período da vida da mulher em que ocorre esse fenó[o]meno.

menor *adj/s 2g* (<lat *mínor* (<*mínus*),*óris*: mais pequeno) **1** Que é inferior a outro em número, tamanho, extensão, importância, intensidade ou força. **Ex.** O traje(c)to que percorremos hoje foi ~ do que o de ontem, menos cerca de 10 km. **2** *adj* (⇒ **8**) Que não atingiu a maioridade/Que não tem a idade estabelecida por lei para ser responsável «judicialmente» pelos seus a(c)tos e bens. **Ex.** É ~ e, por isso, não vota nas eleições. **3** Que tem idade inferior a. **Ex.** Os jovens ~es de treze anos só podem frequentar a piscina acompanhados por adultos que se responsabilizem por eles. **4** Muito pequeno/Insignificante. **Ex.** Não sei, não faço (a ~) ideia. **5** Que está em grau mais baixo/em segundo plano. **Ex.** Os filmes que faz são às vezes interessantes, mas não chega a realizar uma grande obra, continua a ser considerado um cineasta ~. **6** *Mús* Diz-se de um modo musical e das composições que o utilizam. **Loc.** Em dó ~. **7** Diz-se de roupa que se põe por debaixo de outra «combinação/cuecas». **Comb.** Trajes ~es. **8** *s* (⇒ **2**) Pessoa que não atingiu a maioridade. **Ex.** Por ter ainda [só] 15 anos, o caso do jovem que cometeu o crime vai ser entregue ao tribunal de ~es.

menoridade *s f* (<menor + -idade) **1** Estado/Condição da pessoa que ainda não atingiu a idade que a lei considera suficiente para essa pessoa se reger a si própria e administrar os seus bens «18 anos». **2** Período da vida em que uma pessoa não é totalmente responsável perante a lei. **Ant.** Maioridade.

menorragia *s f* (<mênstruo + -ragia) Fluxo menstrual anormalmente abundante ou prolongado.

menorreia ⇒ menstruação.

menos *adv/prep/pron* (<lat *mínus*: menos) **1** Em menor quantidade, intensidade ou frequência. **Ex.** Vemo-nos ~ (vezes), desde que eles foram viver para outro bairro da cidade. **Loc.** **A/De ~** [Em quantidade inferior ao necessário] (Ex. Vieram caixas a ~, (assim) temos de pedir mais). **Cada vez ~** [Diminuindo progressivamente] (Ex. Desde que esteve doente, ela sai cada vez ~ [, ela está quase sempre em casa]). **Em ~ de** [Em tempo inferior a] (Ex. Fez a viagem em ~ de duas horas). *idi* **Em ~ de um fósforo** [Em muito pouco tempo/Num instante/Num abrir e fechar de olhos (+)] (Ex. Ele arrumou a secretária em ~ de um fósforo). **2** Introduz comparação entre processos ou a(c)ções. **Ex.** De todas as medidas que o patrão tomou, o horário do fecho da loja foi a que ~ me perturbou. **3** Indica exclusão. **Ex.** A liberdade consente tudo, ~ prejudicar os [A liberdade termina onde começa a (liberdade) dos] outros. **Sin.** Exce(p)to. **Loc.** **A ~ que** [A não ser que (+)] (Ex. Vou passear para o parque toda a tarde, a ~ que chova). **4** Indica negação. **Ex.** «em campanha eleitoral» Os governantes mostram a sua preocupação com as classes ~ favorecidas. **5** Indica corre(c)ção, inversão de sentido [De preferência]. **Ex.** O fa(c)to de sair «do café/restaurante» sem pagar é ~ um hábito condenável do que simples esquecimento. **6** *pron indef 2n* Indica quantidade inferior. **Ex.** «no restaurante» Ontem tivemos vinte clientes, hoje vieram ~. Festa da formatura (na universidade) com ~ de mil pessoas não é festa. **7** *prep Mat* Exprime a operação de subtra(c)ção correspondente ao sinal (-). **Ex.** Dez ~ três são [(é) igual a] sete. **8** *adj* Inferior na escala social. **Ex.** É por um injustificado complexo de inferioridade que ela faz questão de afirmar que não é ~ do que os seus colegas. **9** *s m* Aquilo que tem menor importância [O mínimo (+)/A menor coisa]. **Ex.** Se ele reprovar no exame, o ~ que lhe pode acontecer é ficar sem férias. **Loc.** **Ao/Pelo ~** [Quanto mais não seja/No mínimo] (Ex. Ao ~ devias ter dito alguma coisa quando chegaste ao destino!).

menoscabar *v t* (<menos + acabar) **1** Deixar algo imperfeito ou inacabado. **2** Diminuir a importância de alguém. **Loc.** ~ o talento de um poeta. ~ o trabalho dos outros «empregados/sócios». **Sin.** Menosprezar(+). **3** ⇒ *fig* Difamar/Maldizer.

menoscabo *s m* (<menoscabar) A(c)to de menoscabar [de dar pouca importância]/Menosprezo.

menos-mal *adv* Sofrivelmente/Razoavelmente/Assim-assim. **Ex.** Então, como está de [como vai essa] saúde? – Vai ~ [Está assim-assim/Vai andando/Podia estar pior].

menos-mau *adj* Sofrível/Razoável. **Ex.** Então, como acha [, que lhe parece] o meu vinho? – Acho-o ~ [Há-os melhores, mas não é mau/Bebe-se bem].

menosprezador, ora *adj/s* (<menosprezar + -dor) **1** (Pessoa) que menospreza/subestima. **2** (Pessoa) que trata os outros com desdém/que é arrogante. **Sin.** Desprezador.

menosprezar *v t* (<menos + prezar) **1** Dar pouca [Não dar a devida] importância a alguém ou a alguma coisa. **Ex.** O treinador menosprezou a força e qualidade da equipa adversária. **2** Tratar alguém com arrogância. **Sin.** Desprezar.

menosprezável *adj* (<menosprezar + -vel) Que pode ser ignorado/Desprezível. **Ex.** Perante a boa formação dos alunos da turma, é perfeitamente ~ algum incidente sem significado de maior.

menosprezível *adj* (<menosprezar +-i-+ -vel) Que se deve desprezar/Digno de desprezo/Vergonhoso/Vil/Desprezível.

menosprezo (Prê) *s m* (<menosprezar) Falta de estima/consideração. **Ex.** Ele via com grande ~ a bondade dos outros, no que era extremamente injusto. **Sin.** Desdém/Desprezo.

menos-valia *s f Econ* (<menos + valia) Diminuição/Perda do valor de um bem sem que tenha havido qualquer alteração intrínseca desse bem. **Ant.** Mais-valia.

mensageiro, a *adj/s* (<mensage(m) + -eiro) **1** (O) que traz uma mensagem/Portador. **Ex.** Os anjos «Gabriel» são ~os de Deus. **2** (O) que anuncia ou pressagia algo. **Ex.** As nuvens eram ~as da chuva que nos havia de estragar as ideias de almoçar no campo. As andorinhas são ~as da primavera.

mensagem *s f* (<fr *message*; ⇒ missão) **1** Comunicação verbal, oral ou escrita dirigida (expressamente) a alguém. **Ex.** Ele recebeu uma ~, informando-o da próxima chegada do primo. **2** *Ling* Sequência de signos codificados segundo determinado sistema que um emissor transmite a um rece(p)tor. **3** Comunicação formal de cará(c)ter institucional. **Ex.** O Presidente da República vai dirigir uma ~ à Nação [vai fazer uma comunicação ao país]. **4** Significado profundo de uma obra literária ou artística. **Ex.** No seu último romance, o autor transmite sobretudo uma ~ de paz e de solidariedade.

mensal *adj 2g* (<lat *mensuális,e* <*ménsis,is*: mês) **1** Que acontece uma vez por mês. **Ex.** O grupo de amigos resolveu reunir-se num almoço ~. **2** Que dura um mês. **Ex.** Ele teve que fazer um contrato ~, para legalizar a residência. **3** Que se paga ou recebe uma vez por mês. **Ex.** O patrão paga um vencimento [salário] ~ aos seus trabalhadores. **4** Que ocorre uma vez por mês. **Comb.** Publicação ~ «revista».

mensalidade *s f* (<mensal +-i-+ -dade) **1** Qualidade de mensal. **2** Quantia em dinheiro que se recebe por mês. **Sin.** Mesada. **3** Quantia paga todos os meses por aluguer, liquidação de dívida, etc. **Ex.** Comprou o carro para pagar em trinta ~s. **Sin.** Prestação mensal.

mensalmente *adv* (<mensal + -mente) Cada mês/Todos os meses. **Ex.** Eles chegaram a acordo sobre o valor (da importância) a pagar ~.

mensário *s m* (<mês + -ário) Periódico publicado cada [uma vez por] mês. **Ex.** O

novo ~ dedica especial atenção às artes e sai no primeiro sábado de cada mês.

menstruação s f (<menstruar + -ção) **1** Fenó[ô]meno fisiológico da mulher, que começa na puberdade e que consiste na perda mensal de sangue de origem uterina, quando não se dá a fecundação. **Ex.** O fim da ~ é a menopausa. **2** O fluxo de sangue provocado por esse fenó[ô]meno. **Ex.** A ~ dela é, com alguma frequência, abundante. **3** Tempo de duração do corrimento de sangue causado por esse fenó[ô]meno. **Sin.** Período.

menstruada adj f (<lat menstruátus,a,um: manchado de mênstruo) Que está com a menstruação.

menstrual adj 2g (<lat menstruális,e: que sucede todos os meses) Relativo ao mênstruo. **Comb.** *Fluxo ~. Ciclo ~.*

menstruar v int (<mênstruo + -ar[1]) **1** Ter o fluxo menstrual. **2** Ter a menstruação pela primeira vez. **Ex.** Ela menstruou com pouco mais de treze anos.

mênstruo s m (<lat ménstruum,i: sangue da menstruação) **1** ⇒ menstruação. **2** *Quím* Líquido dissolvente us para extrair os princípios a(c)tivos contidos numa substância sólida.

mensurabilidade s f (<mensurável + -dade) Qualidade do que é mensurável.

mensuração s f (<lat mensurátio,ónis: medição de terras) A(c)to de mensurar/medir(+). **Sin.** Medição(+).

mensurar v t (<lat mensúro,áre,átum: medir) Medir(+).

mensurável adj 2g (<lat mensurábilis,e) Que pode ser medido/Medível. ⇒ comensurável.

menta s f Bot (<lat menta <gr minthe: hortelã) **1** Gé[ê]nero de plantas aromáticas, a que pertence a hortelã, com propriedades digestivas. **Comb.** Chá [Infusão] de ~. **2** Essência extraída dessas plantas. **Ex.** Gosto de rebuçados de ~, porque (acho que) são refrescantes.

mental[1] adj 2g (<mente + -al) **1** Relativo à mente. **Sin.** Intelectual. **2** Que diz respeito ao desenvolvimento cognitivo. **Ex.** Foi dete(c)tado um atraso ~ na criança, que a prejudica nos estudos. **3** Que se faz em pensamento [de cabeça(+)], sem expressão escrita ou oral. **Comb.** Cálculo ~.

mental[2] adj 2g Anat (<mento + -al) Relativo ao mento/queixo(+).

mentalidade s f (<mental[1] +-i-+ -dade) **1** Qualidade do que é mental. **2** Capacidade intelectual de alguém. **Ex.** Ele tem uma capacidade intelectual extraordinária, podemos dizer que é uma ~ [um espírito] brilhante, um gé[ê]nio. **3** Modo de pensar e agir de um indivíduo/grupo/época. **Ex.** Tal como a maioria das pessoas da sua família, ele tem uma ~ muito conservadora (, retrógrada).

mentalização s f (<mentalizar + -ção) **1** A(c)to ou efeito de mentalizar(-se) [de tomar consciência de alguma coisa]. **Ex.** A ~ das pessoas para aceitarem medidas difíceis é geralmente um processo demorado. ⇒ consciencialização; conscientização.

mentalizar v t (<mental[1] + -izar) **1** Conceber mentalmente. **Sin.** Fantasiar/Idealizar/Imaginar. **2** Fazer a alguém ou a si próprio tomar consciência de alguma coisa. **Ex.** O professor dedica algum tempo do horário escolar a ~ os alunos para a necessidade de pensar(em) pela própria cabeça. Mentalizou-se de [Meteu-se-lhe na cabeça] que está muito doente, que pode cair, e não quer sair à rua.

mentalmente adv (<mente + -al + -mente) **1** «estarei (presente) na tua festa de aniversário» ~/Em espírito (+). **2** «fazer um cálculo/as contas» ~ [Sem escrever/De cabeça (+)].

mentastro s m Bot (<lat ment(h)ástrum,tri) Planta labiada afim da hortelã.

mente s f (<lat mens,éntis) **1** Sede dos processos intelectuais e da vida psíquica/Cérebro humano. **Ex.** A nossa ~, mesmo durante o sono, está sempre a(c)tiva [a trabalhar]. **2** Conjunto das capacidades mentais. **Ex.** Ele foi uma ~ [um espírito(+)] avançada[o] para a sua época. **3** Pensamento/Consciência/Memória. **Ex.** Há muitos anos que as coisas se passaram e ainda não consegui tirá-las da ~. **Loc.** De boa ~ [De bom grado] (Ex. Aceitou de boa ~ a minha proposta e quer colaborar/ajudar). **4** Intenção/Vontade. **Idi.** *Passar pela ~* [Pensar fazer/Vir à cabeça] (Ex. Nunca me passaria pela ~ [cabeça(+)] fazer mal a um animal). *Ter em ~* [Pensar/Querer] (Ex. Tenho em ~ [Penso/Quero/Desejo/Tenciono] visitar os museus quando for à capital).

-mente suf (<lat mens,tis) Forma advérbios derivados de adje(c)tivos. **Ex.** Geral~; fiel~; portuguesa~.

mentecapto, a adj/s (<lat ménte cáptus: privado do juízo) (Pessoa) que perdeu o juízo/O que *idi* tem um parafuso [uma aduela] a menos. **Sin.** Idiota/Tolo/Parvo/Alienado/Louco.

mentir v int (<lat méntior,mentíri,mentítus sum) **1** Dizer mentiras/Faltar à verdade/Dizer o contrário daquilo que pensa/sabe. **Prov.** *Quem jura, mais mente* [Quem faz muitos juramentos é mentiroso]. **2** Dissimular a verdade/Induzir em erro. **Ex.** Os ladrões falavam português, mas a pronúncia não os deixava ~: eram estrangeiros. **Sin.** Enganar/Iludir. **3** *fig* Não vingar/Malograr(-se). **Ex.** Este ano, as flores da laranjeira mentiram/não frutificaram/não deram laranjas.

mentira s f (<mentir) **1** A(c)to de mentir/faltar à verdade. **Ex.** Ele recorre habitualmente à ~ como estratégia para atingir os seus fins. «era o homem mais rico desta terra e agora é mendigo» Parece ~!/impossível! **2** Afirmação feita com a intenção de enganar/iludir. **Comb.** *idi* ~ *piedosa* [dita com a intenção de evitar um desgosto/uma dece(p)ção] (Ex. Disse aos pais uma ~ piedosa, … que tinha estado com um amigo …, para não dizer que, doente, tinha ido tratar-se ao hospital). **3** Erro dos sentidos. **Ex.** A felicidade é muitas vezes uma ilusão, uma ~ dos olhos e do coração.

mentirola (Ró) s f (<mentira + -ola) Mentira inofensiva/sem importância.

mentiroso, a (Rô) adj/s (<mentira + -oso) **1** (O) que mente. **2** Baseado em mentira. **Ex.** Ele foi obje(c)to de uma acusação ~a, fundamentada em fa(c)tos imaginários. **Sin.** Falso. **3** Que dá uma ideia falsa da realidade/Enganador. **Ex.** Ele contou uma história ~a sobre a sua ida ao estrangeiro.

mento s m Anat (<lat méntum,i: barba/queixo) Queixo [Parte antero-inferior da face/Maxilar inferior].

-mento Sufixo de origem latina que forma substantivos derivados de verbos. **Ex.** Pensa~; anda~; aportuguesa~.

mentol (Tól) s m Quím (<menta + -ol) Substância aromática ($C_{10}H_{20}O$) extraída da hortelã-pimenta us como calmante analgésico sobretudo das mucosas e em perfumaria e licores. **Ex.** Vou comprar umas pastilhas de ~ para ver se me passa a tosse.

mentolado, a adj (<mentol + -ado) Que contém [é preparado com/tem o sabor do] mentol.

mentor, ora (Tôr) s m (<antr gr Méntor, personagem da *Odisseia*, amigo de Ulisses) **1** Pessoa que serve a alguém de conselheiro/guia. **2** Pessoa que está na origem de um plano/proje(c)to e o orienta. **Ex.** A população recebeu com aplausos o ~ da obra de remodelação do centro da cidade e fez dele cidadão honorário.

menu (Nú) s m Cul (<fr menu) **1** Conjunto dos pratos de uma refeição constituída em geral por sopa, prato de peixe ou de carne e sobremesa. **Sin.** Cardápio/Ementa (+)/Lista. **Ex.** «no restaurante» Acho que vou escolher o ~ número três. **Comb.** ~ turístico [Refeição completa de preço módico para esse dia]. **2** *fig* Lista/Rol. **Ex.** Tomámos nota do ~ de asneiras que ele é capaz de fazer e dizer em poucas horas. **3** *Info* «computador» Lista de opções à disposição do utilizador.

mequetrefe (Tré) s m pop (<?) **1** Pessoa insignificante/sem valor. **Sin.** Um fulano qualquer. **2** Pessoa que se mete onde não é chamada. ⇒ bisbilhoteiro. **3** Indivíduo de cará(c)ter duvidoso. **Sin.** Patife/Intrujão.

meramente (Mè) adv (<mero[1] + -mente) Simplesmente/Só(Somente)/Unicamente/Puramente.

merca (Mér) s f (<mercar) ⇒ compra.

mercadejar v t/int (<mercado + -ejar) **1** Fazer negócios/Comerciar. **2** Tirar lucro ou proveito de forma ilícita. **Ex.** Era conhecido por ~ armas e outras coisas ilegais sem que ninguém o denunciasse às autoridades. **Sin.** Traficar(+).

mercado s m Econ (<lat mercátus,us: comércio/negócio/~) **1** Lugar público, fechado ou ao ar livre, onde existem bancas de venda de produtos sobretudo alimentares. **2** Lugar de venda de um determinado produto. **Comb.** *~ de flores*/Florista. *~ [Banca(s)] do peixe.* **3** Reunião de negociantes num lugar público para venda e compra de produtos/Feira. **Ex.** Todas as semanas, à quinta-feira, ele vai à cidade, porque há ~ e não pode perder oportunidades de negócio. **4** Conjunto dos negócios realizados/Compra e venda de produtos. **Ex.** Ultimamente, o ~ tem andado fraco, pouco se vende. **Comb.** *~ negro* [Compra e venda clandestina de produtos a preços elevados] (Ex. Os bilhetes para o futebol atingiram valores exageradamente altos no ~ negro). *~ paralelo* [Compra e venda de produtos à margem dos circuitos e preços legais]. **5** Lugar importante em matéria de negócios. **Ex.** Há várias cidades no mundo «Londres» que se destacam por serem importantes ~s financeiros. **6** Relação existente entre a oferta e a procura. **Comb.** *~ de emprego* [Oferta e procura de trabalhadores]. **7** Lugar teórico onde se processa a oferta e a procura de determinado produto. **Comb.** *O ~ do algodão. O ~ do ouro.* **8** Conjunto de operações comerciais ou financeiras de um certo tipo ou de determinado espaço comercial. **Comb.** *~ de capitais* [Realização de operações com valores de rendimento fixo ou variável]. *~ interno* [O que se refere ao espaço nacional]. *~ externo* [O que ocorre no espaço internacional]. *~ de câmbio* [de oferta e procura de divisas ou moeda estrangeira].

mercador, ora (Dôr) s (<lat mercátor,óris: comerciante) **1** Indivíduo que merca/Negociante(+)/Comerciante(o+). **2** *an* Designação dada aos que não eram nobres e se dedicavam à compra e venda de produtos diversos. **Idi.** *Fazer ouvidos de ~* [Fingir que não ouve] (Ex. Acho que não ouviu o que eu disse ou então fez ouvidos de ~).

mercadoria s f (<mercador + -ia) Qualquer produto susce(p)tível de ser comprado ou vendido. **Comb.** Armazém de ~s.
mercancia s f (<it *mercanzia*) ⇒ mercadoria(+).
mercanciar v (<mercancia + -ar¹) ⇒ mercadejar.
mercante adj/s 2g (<mercar + -ante) (Pessoa) que merca/que compra e vende produtos/Comerciante(+). **Comb.** Marinha ~ [Conjunto de navios destinados ao transporte de passageiros e mercadorias].
mercantil adj 2g (<mercante + -il) **1** Relativo à a(c)tividade comercial. **Comb.** Valor ~/ comercial(+) dum produto. **2** Que se dedica ao comércio. **Comb.** Povo [Sociedade] ~. **3** *fig* Que põe acima de tudo as vantagens materiais. **Comb.** Espírito [Mentalidade] ~/mercantilista. **Sin.** Especulador/ Interesseiro.
mercantilismo s m Econ Hist (<mercantil + -ismo) **1** Doutrina econó[ô]mica dos séculos XVI e XVII, que baseia a riqueza de um país na acumulação de metais preciosos, conseguida através das manufa(c)turas e exportações, bem como do recurso a espaços coloniais para obtenção de matérias-primas. **2** *fig* Tendência para subordinar tudo ao interesse económico e ao lucro/Obsessão pelo dinheiro. **Sin.** Calculismo; avareza.
mercantilista adj/s 2g (<mercantil + -ista) **1** Relativo ao mercantilismo. **2** (Pessoa) que é adepta do mercantilismo. **3** *fig* Que visa o lucro acima de tudo. **Comb.** Comércio ~. Leis ~s.
mercar v t/int (<lat *mércor,ári,átus sum*) **1** ⇒ Comprar(+). **2** Ter como a(c)tividade comprar e vender mercadorias/Negociar(+)/Comerciar(o+). **Ex.** As feiras são sítios bons para ~. **3** *Br* Apregoar para vender.
mercê s f (<lat *mérces,édis*: preço pago por algo; prémio) **1** Paga por algum trabalho/Recompensa. **Loc.** ~ de [Em virtude de(+)/Graças a(+)] (**Ex.** Recebeu um vencimento extra ~ das muitas horas de trabalho a mais que deu à empresa). **2** Benefício(+) [Favor(+)] concedido a alguém. **3** Benignidade/Indulgência. **Ex.** Ela ouviu-os por ~, apenas por isso. **4** Nomeação para cargo oficial. **Ex.** Os favores «voto» nas eleições transformam-se em ~s para os fiéis seguidores. **5** *Hist* Concessão de título honorífico. **Ex.** O título de barão foi uma ~ do rei pelo papel que desempenhara no desenvolvimento da sua região. **6** Remissão de culpa. **Sin.** Perdão(+). **7** Determinação arbitrária. **Loc. À ~ de** [Dependendo da vontade (arbitrária) de alguém] (**Ex.** Nas a(c)tuais circunstâncias depende [está à ~] da decisão que o dire(c)tor de serviço quiser tomar.
mercearia s f (<it *merceria* <lat *merx,mércis*: mercadoria) **1** Estabelecimento onde se vendem gé[ê]neros alimentícios e outros de uso doméstico. **Sin.** Loja de conveniência. **2** Aquilo que é vendido nesse estabelecimento «arroz/farinha/feijão».
merceeiro, a s/adj (<mercearia + -eiro) **1** Proprietário de mercearia. **2** *pop depr* Pessoa grosseira/pouco educada. **Ex.** Ele é (um) ~, com aqueles modos e aquela inclinação exclusiva para o dinheiro.
mercenário, a adj/s (<lat *mercenárius,a,um*) **1** (O) que serve qualquer causa por dinheiro. **Ex.** As tropas ~as entraram no país contratadas pelo governo para ajudar a repelir a agressão ao lado do exército regular. **2** *fig* (O) que tem como único obje(c)tivo o dinheiro. **Ex.** Não é um verdadeiro pintor, é antes um ~ que faz uns quadros.

mercenarismo s m (<mercenário + -ismo) Qualidade/Espírito/Cará(c)ter de mercenário.
mercerização s f (<mercerizar + -ção) Operação industrial que consiste em impregnar de soda cáustica os fios e tecidos de algodão de modo a ficarem macios e brilhantes.
mercerizar v t (<antr *John Mercer* (1791--1866), químico inglês) Tornar os fios e tecidos de algodão macios e brilhantes, através da mercerização.
MERCOSUL Sigla de Mercado Comum do Sul (da América).
mercurial adj 2g/s (⇒ mercúrio) **1** *Quím* Que contém mercúrio. **2** *Med* Medicamento que tem mercúrio na sua composição. **3** *Bot* Planta euforbiácea, de propriedades laxativas, muito comum em Pt.
mercurialismo s m *Med* (<mercurial + -ismo) Intoxicação provocada por medicamentos que contêm mercúrio. **Sin.** Hidrargirismo.
mercurializar v t (<mercurial + -izar) Causar mercurialismo a.
mercúrico, a adj *Quím* (<mercúrio + -ico) Diz-se de composto que contém mercúrio.
mercúrio [Hg 80] s m *Quím* (<lat *mercúrius, ii*: metal <*Mercúrius*, deus mitológico dos viajantes; ⇒ hidrargirismo). **1** Metal líquido prateado, *us* em termó[ô]metros, baró[ô]metros, etc. e muito tóxico. **2** *Maiúsc* Planeta do sistema solar, cuja órbita é a mais próxima do Sol.
mercurocromo s m *Med* (<mercúrio +-cromo) Substância ($C_{20}H_8Br_2HgNa_2O_6$) *us* como antissé(p)tico e ba(c)tericida.
merda (Mér) s f *cal* (<lat *mérda,ae*) **1** Matéria fecal proveniente do intestino e expelida pelo ânus. **Sin.** Fezes/Excremento. **2** *fig* Acumulação de lixo [sujidade] nalgum sítio. **Sin.** Porcaria(+). **3** Coisa sem valor/Ninharias/Preconceitos/Desculpas. **Ex.** É uma pena, não é capaz de escrever a ~ de um postal sem erros. **Idi. Deixar-se de ~s** [Parar de arranjar subterfúgios] (**Ex.** Deixa-te de ~s e faz o trabalho que tens para fazer). **4** s 2g pl Pessoa sem valor. **Ex.** Ele é um ~ qualquer, quem lhe dá importância? **5** *interj* Exclamação que exprime desagrado/repulsa. **Ex.** Ele tem por hábito dizer: – Ninguém tem nada a ver com a minha vida, ~!
merdice s f *cal* (<merda + -ice) **1** ⇒ Imundície/Porcaria. **2** *fig* Coisa desprezível [de pouco valor]. **3** *fig* A(c)to indecente/indigno/vil.
merecedor, ora adj (<merecer + -dor) Que merece [é digno de] «admiração/confiança». **Ex.** A sua a(c)ção em defesa dos interesses da cidade tornou-o ~ da maior estima.
merecer v t/int (<lat *meréscere* <*méreo, ére,itum*: receber como pré[ê]mio) **1** Ter direito a receber determinado tratamento como pré[ê]mio ou castigo. **Ex.** Por ter desenvolvido o seu negócio e dado trabalho a muita gente, mereceu a condecoração com que foi agraciado. O aluno mereceu o castigo que teve por ter faltado ao respeito ao professor. **2** Ser digno de algo. **Ex.** Ele não merece a mulher que tem, é boa de mais [*Br* demais] para ele. **3** Ter condições para ser obje(c)to de uma a(c)ção. **Ex.** O Museu foi remodelado e merece bem uma visita. **4** Fazer jus a/Ter direito a algo. **Ex.** Ele merece o que lhe pagam (e mais…). **Sin.** Valer. ⇒ bem-~ «da Pátria/do seu país».
merecidamente adv (<merecido + -mente) De modo merecido/Sem favor/Com justi-

ça. **Ex.** Prestaram-lhe uma grande homenagem [Levantaram-lhe uma estátua], e ~!
merecido, a adj (<merecer) **1** Que é devido/justo. **Comb. Castigo ~. Pré[ê]mio ~. 2** s m O que é dado de forma justa. **Ex.** Ela trabalhou com esforço e dedicação e teve o ~: foi elogiada e paga por isso.
merecimento s m (<merecer + -mento) **1** Aquilo que torna alguém digno [passível] de receber pré[ê]mio ou castigo. **2** O que há de bom ou admirável em alguém ou algo. **Ex.** O filme tem algum ~, sobretudo pelo desempenho exce(p)cional dos a(c)tores. **Sin.** Mérito.
merencório, a ⇒ melancólico.
merenda s f (<lat *merénda,ae*) **1** Refeição leve, servida em geral durante a tarde. **Sin.** Lanche. **2** Alimentos e bebidas que se levam em viagens, passeios, piqueniques. **Sin.** Farnel. **3** *Br* Refeição substanciosa servida às crianças das escolas públicas.
merendar v int/t (<lat *meréndo,áre,átum*: jantar) Comer a merenda. **Ex.** Nós merendamos [lanchamos(+)] às cinco da tarde. Em geral, merendamos biscoitos e chá.
merendeiro, a adj/s (<merenda + -eiro **1** (Pessoa) que tem o hábito de merendar. **2** Próprio para merenda. **Ex.** Quando era pequeno, eu tinha um cesto ~ que levava para a escola. ⇒ marmita.
merengue s m *Cul* (<esp *merengue*) **1** Pasta de claras de ovo batidas com açúcar *us* como recheio ou cobertura de bolos. **2** Bolo «folhado» que tem essa pasta como recheio. **3** *Br* ⇒ suspiro. **4** Dança latino-americana. **5** Música que acompanha essa dança.
meretrício s m (<lat *meretrícius,a,um*: de meretriz) (Vida de) prostituição.
meretriz s f (<lat *meretrix,ícis*) Mulher que vende o corpo [tem relações sexuais a troco de dinheiro]. **Sin.** Prostituta.
mergulhador, ora (Dôr) adj/s (<mergulhar + -dor) **1** (O) que mergulha. **Ex.** O meu filho é um grande ~, dá gosto vê-lo a saltar para a piscina. **2** s Pessoa que por trabalho ou lazer se movimenta debaixo de água por períodos de tempo mais ou menos longos e a maior ou menor profundidade. **Ex.** Os ~es podem usar fatos especiais e garrafas de oxigé[ê]nio.
mergulhão s m (<lat *mérgu(lu)s,i*: ornit mergulhão) **1** Grande mergulho «saltando da prancha». **2** Haste ou ramo «vide» que se mete na terra de modo a criar raízes. ⇒ mergulhia; propágulo. **3** *Ornit* Nome de várias espécies «pato-~» de aves palmípedes. **Ex.** O ~ tem as pernas mais atrás de modo a facilitar a natação durante o mergulho.
mergulhar v t/int (<mergulhão 3 + -ar¹) **1** Fazer entrar e ficar imerso num líquido. **Loc.** ~ as mãos na água. **2** Praticar a(c)tividades submarinas. **Ex.** Ela aprendeu a ~ e agora vai à pesca submarina com os amigos. **3** Dar/Fazer mergulho. **Ex.** O nadador atirou-se à água da prancha de saltos da piscina e mergulhou muito bem. **4** Meter o mergulhão 2 na terra. **5** *fig* Fazer penetrar profundamente num corpo ou numa superfície. **Ex.** A árvore cresceu e foi mergulhando as raízes no solo. **6** *fig* Concentrar toda atenção em algo. **Ex.** À noite, de modo habitual, punha uma música suave e mergulhava na leitura. Está todo [inteiramente] mergulhado no estudo. **7** *fig* Cair [Descer bruscamente]. **Ex.** O milhafre planava e, ao dete(c)tar o coelho, mergulhou e, num ápice, levou a sua presa.
mergulhia s f (<mergulho + -ia) **1** Técnica de multiplicação das plantas que consiste em cobrir com terra a haste rastejante de

uma planta «vide» sem a cortar, deixando a extremidade de fora, de modo a criar raízes. **2** Haste enterrada nessa operação. **Sin.** Alporque.

mergulho *s m* (<mergulhar) **1** A(c)to de lançar-se à água e ficar totalmente submerso. **Ex.** Sempre que posso, vou até à praia dar um ~. **Loc.** De ~ [De cabeça para baixo] (Subiu até à prancha e atirou-se de ~). **2** A(c)tividade que consiste em mergulhar com equipamento apropriado. **Ex.** Ele tirou um curso de ~, é um profissional. **3** *fig* Voo «de ave/aeronave» a pique (sobre um alvo ou em dire(c)ção ao solo). **4** (*D*)*esp* «futebol» Jogada defensiva do guarda-redes, que consiste num salto quase paralelo ao solo para apanhar a bola. **Ex.** Apesar do espe(c)tacular ~, o guarda-redes não conseguiu evitar o gol(o).

meridiana *s f* (<meridiano) *Astr* **1** Linha que marca a interse(c)ção do plano meridiano com o plano do horizonte num dado lugar. **2** Espécie de relógio de sol. **3** Instrumento que permite determinar a altura dos astros, quando passam no meridiano do lugar. **4** *Br* ⇒ sesta [hora do calor].

meridiano, a *s m adj Astr* (<lat *meridiánus, a, um*: relativo ao meio-dia) **1** Círculo que passa pelos polos da esfera celeste, bem como pelo zénite de um determinado ponto terrestre. **Comb.** ~ de Greenwich [O que passa pelo observatório desta localidade, na Inglaterra, a partir do qual se determina a longitude]. **Comb.** *Altura ~a* [de um astro acima do horizonte na sua passagem pelo meridiano]. *Sombra ~ a* [que um obje(c)to proje(c)ta ao meio-dia]. **2** Plano vertical de norte a sul de um determinado lugar geográfico. **Comb.** ~ *terrestre*. *Linha ~a* ⇒ meridiana **1**. **3** *Geom* Interse(c)ção de uma superfície de revolução com um plano que contenha o respe(c)tivo eixo de revolução. *adj* **4** Relativo ao meio-dia [ao Sul]. **Sin.** Meridional; austral; merídio. **5** Relativo ao plano ~. **6** ⇒ médio/mediano [meio-termo]. **7** *fig* Que é evidente/luminoso/transparente. **Ex.** O aluno expôs o assunto com ~a clareza.

merídio, a *adj* (<lat *merídies,iéi*: meio-dia) **1** Relativo ao meio-dia/Meridiano **4**. **2** Relativo às regiões do Sul/Meridional(+).

meridional *adj /s 2g* (<lat *meridionális,e* <*merídies,ei*: meio-dia/sul) **1** (O) que é natural das [Vive nas] regiões do sul. **2** Situado no [Voltado para o] sul. **Comb.** *Hemisfério ~*/sul(+). *Latitude ~*/sul(+). **3** Que é próprio das regiões do sul. **Sin.** Austral. **Ant.** Setentrional. **4** Relativo ao meridiano de um lugar.

merino, a *adj/s* (<esp *merino*) **1** Diz-se de uma raça de carneiro, que produz uma lã fina, curta e encaracolada. **Ex.** O carneiro ~ é proveniente do Norte de África. **2** Que é extraído desses carneiros. **Comb.** Lã ~a. **3** *s m* Tecido feito de lã dessa raça de carneiros. **Ex.** Comprei uma camisola de um ~ muito bom.

meristema (Tê) *s m Bot* (<fr *méristème* <gr *meristós*: partido, dividido) Tecido vegetal constituído por células vivas, estaminais, que ainda se podem dividir, e se diferenciam nos diversos tecidos vegetais.

meritíssimo *adj* (<lat *meritíssimus,a,um*) **1** De muito mérito. **Sin.** Digníssimo. **2** Tratamento dispensado aos juízes de direito. **Ex.** O advogado de defesa (do réu) dirigiu-se ao juiz e disse: "– Saiba, ~ juiz, que o réu está inocente!"

mérito *s m* (<lat *méritum,i*: ganho, provento, ~) **1** Qualidade de quem ou daquilo que merece aplauso ou reconhecimento. **Loc.** De ~ [De valor] (Ex. Ela tem uma obra «História dos Descobrimentos» de ~). ⇒ merecimento. **2** Qualidade que distingue alguém ou alguma coisa. **Ex.** Ele foi muito elogiado pelos seus ~s como professor e cidadão. **Sin.** Talento.

meritocracia *s f* (<mérito + -cracia) Sistema social ou empresarial que se baseia no mérito das pessoas para serem promovidas a cargos de responsabilidade ou de chefia, em vez de se basear em riqueza, estatuto social ou arranjismo.

meritório, a *adj* (<lat *meritórius,a,um*: que dá ganho) Em que há mérito/Digno de apreço. **Ex.** Ela desenvolve um trabalho muito ~ no apoio à comunidade.

merlão *s m Arquit* (<fr *merlon*) «fortaleza» Saliência [Porção de muralha] entre duas ameias.

merlim[1] (Lím) *s m* (<lat antr *Merlínus*: personagem das lendas célticas) Pessoa astuta/sabida.

merlim[2] (Lím) *s m Náut* (<hol *ma[ee]rlijn*: corda para amarrar) Cordão de três fios finos, com que se revestem os melhores cabos dos navios.

merma (Mér) *s f* (<esp *merma*: diminuição) Quantidade que se perde no peso ou valor de um bem «saca de cereal». **Sin.** Diminuição(+)/Quebra(+).

mero[1]**, a** (Mé) *adj* (<lat *mérus,a,um*: puro) **1** Que é genuíno/puro/simples. **Ex.** Não há truque de magia nenhum, é uma ~a questão de matemática. **2** Que é comum/vulgar. **Ex.** Não sou linguista, sou apenas [só um ~] professor de Português. **3** Que é de cará(c)ter extraordinário. **Ex.** Por ~ acaso, não foi atropelado pelo automóvel, teve muita sorte.

mero[2] *s m Icti* (< ?) Peixe teleósteo, da família dos serranídeos, que se encontra em águas do Atlântico e do Pacífico *us* na alimentação. **Sin.** Garoupa(-preta); mera.

-mero *suf* (<gr *meros*: parte) Exprime a ideia de *parte* ou *porção*. **Ex.** Polí-~.

meroblástico, a *adj Biol* (<mero- + -blasto + -ico) Diz-se de ovo animal que não se divide totalmente na segmentação devido à presença de vitelo.

merogonia *s f Biol* (<mero- + -gono + -ia) Se(c)ção parcial de ovo animal antes da sua primeira divisão.

merostomáceo[mado], a *s/adj Zool* (<mero- + gr *stoma*: boca + ...) (Diz-se de) classe de artrópodes quelicerados, marinhos, de grande porte, que compreende os gigantostráceos «fósseis».

mês *s m* (<lat *ménsis,is*; ~ de Maria) **1** Cada uma das doze partes em que se divide o ano [janeiro, fevereiro, março, ...]. **Loc.** Ao ~ [Mensalmente] (Ex. Ele ganha [é pago] ao ~). **Comb.** ~ *corrente* [em que estamos]. ~ *de Maria*. **2** Período de trinta dias contado a partir de qualquer data. **Loc.** De dois em dois meses. **3** Período compreendido entre uma data e a mesma data do ~ seguinte. **Ex.** De hoje «dia 5» a um ~ vou para férias. **4** Salário mensal de um empregado. **Ex.** Ele é pago ao ~ e recebe em geral no dia 25. **5** Quantia devida por um período mensal. **Ex.** No a(c)to de assinatura de um contrato de arrendamento de uma casa, é habitual o pagamento de mais de um ~. **6** Período calculado pelos movimentos da Terra e da Lua. **Comb.** ~ lunar [Período que decorre entre duas fases iguais e consecutivas da lua]. **7** *pop* ⇒ Menstruação.

mesa (Mê) *s f* (<lat *ménsa,ae*; ~ de cabeceira) **1** Móvel cuja parte essencial é uma prancha horizontal assente num ou mais pés, sobre a qual se servem as refeições, se escreve, se joga, etc. **Idi.** *Pôr as cartas na ~* [Revelar as suas intenções/Ser sincero] (Ex. Ele não esteve com hesitações, foi dire(c)to, pôs as cartas na ~, disse tudo o que sabia). **Comb.** ~ *de jogo* [que é utilizada para jogar «às damas, dominó, xadrez»]. ~ *de bilhar*. *Náut* ~ *de guarnição* [Pranchão no bordo do navio, onde se entalham as chapas a que se ligam as bigotas às quais as enxárcias são amarradas]. ~ *de operações* [que serve para realizar intervenções cirúrgicas nos hospitais]. ~ *de reuniões*. **2** Conjunto de obje(c)tos *us* no serviço de uma refeição. **Ex.** A ~ já está posta (⇒ **Idi.**). **Loc.** À ~ [Durante a refeição] (Ex. A mãe diz-lhe muitas vezes: – Porta-te bem à ~!). **Comb.** *Chefe de ~*. *Toalha de ~*. *Vinho de ~*. **Idi.** *Pôr a ~* [Preparar a ~ para uma refeição, dispondo os obje(c)tos necessários «pratos, copos»]. *Levantar a ~* [Depois da refeição, tirar da ~ os obje(c)tos postos e a comida que sobrou]. *Servir à ~* [Trazer e levar, durante a refeição, a comida, as bebidas e os obje(c)tos necessários]. **3** Alimentação necessária para viver. **Idi.** «ter/pagar» *Cama, ~ e roupa lavada*. *Por baixo da ~* [De forma clandestina] (Ex. Acusam o ministro de ter recebido dinheiro por baixo da ~ para assinar o contrato com a empresa que ganhou o concurso). **Sin.** Sustento. **4** *fig* Sabor(es) da comida. **Comb.** O prazer da ~. **5** Conjunto de pessoas que se sentam na mesma ~. **Ex.** Tive sorte com as pessoas com quem fiquei ao serão, era uma ~ muito animada. **6** *Geol* Terreno plano em certa altitude/Meseta(+). **7** Júri de exames ou concursos. **8** Parte superior de um diamante quando lapidado. **9** Conjunto de indivíduos que dirigem uma instituição. **Comb.** A ~ da assembleia. **10** Em jogos de azar, montante acumulado das apostas em cada rodada. ⇒ bolo. **11** *Br Etn* Cerimó[ô]nia ritual da macumba.

mesada *s f* (<mês + -ada) **1** Quantia de dinheiro que se dá ou recebe todos os meses. ⇒ mensalidade. **2** *fam* Dinheiro de bolso que os pais dão mensalmente aos filhos. **Ex.** Ultimamente ele tem vindo a pedir ao pai que lhe aumente a ~, porque (a de agora) não chega para as despesas.

mes(inh)a de cabeceira *s f* Pequeno móvel, ao lado da cabeceira da cama, onde se colocam obje(c)tos pessoais. **Ex.** Na ~, ponho habitualmente lenços de papel de assoar, um livro, os óculos e o telemóvel/*Br* celular.

mesão [méson] *s m Fís* (<gr *méson,e,on*: o ponto médio) Partícula elementar existente nos raios cósmicos, que pode ser produzida artificialmente em aceleradores ató[ô]micos, cuja massa tem um valor acima do leptão.

mesa-redonda *s f* Reunião de pessoas que, numa posição de igualdade, discutem sobre determinado assunto. **Ex.** A ~ debateu problemas da emigração e teve um moderador especializado na matéria.

mesário *s m* (<lat *mensárius,ii*: cambista) Membro da mesa de uma corporação [confraria/irmandade].

mesatocefalia *s f Anat* (<mesatocéfalo + -ia) ⇒ mesocefalia.

mesatocéfalo, a *adj/s Anat* (<gr *mésatos*: o mais mediano + *kefalé*: cabeça) ⇒ mesocéfalo.

mescal *s m Bot* (<nauatle *mexcalli*) **1** Ca(c)to que tem propriedades estupefacientes *us* como alucinogé[ê]nio em determinados rituais. **2** Bebida feita com essa planta que produz alucinações, por a(c)ção da mescalina.

mescalina *s f Quím* (<mescal + -ina) Alcaloide alucinogé[ê]nio ($C_{11}H_{17}NO_3$) extraído do mescal.

mescla s f (<mesclar) 1 Mistura de elementos diferentes formando um todo mais ou menos homogé[ê]neo. **Ex.** Os foguetes, os risos e a música eram a ~, o todo que fazia a festa. 2 Mistura de pessoas ou coisas diferentes. **Ex.** A cidade, com a afluência de muita e variada gente, tornou-se uma ~ de raças e culturas. **Sin.** Amálgama. 3 *Arte* Mistura de várias cores. 4 Tecido fabricado com fios de cores ou matérias diferentes. **Ex.** O tecido da saia que ela comprou é muito bonito, tem um fio que é uma ~ de lã e seda.

mesclado, a adj (<mesclar) 1 Que resulta de uma mescla. **Ex.** Ele fez um discurso ~ de firmeza e apelos à reconciliação. 2 Que tem mais de uma cor. **Sin.** Matizado. 3 Diz-se de um tecido com [em que se misturam] fios de várias cores e qualidades. **Ex.** O casaco é de uma lã (cor de) cinza ~a de azul e branco.

mesclar v t (<lat *misculáre <mísceo,ére, mixtum*: misturar) 1 Misturar. **Ex.** Na decoração da casa, ele optou por ~ o antigo e o rústico com o moderno. 2 *Arte* Misturar cores e tons diversos. 3 Ligar por miscigenação. **Ex.** A colonização mesclou negros, brancos e índios.

mês de Maria s m Devoções em honra de Nossa Senhora, sobretudo a reza do terço/rosário. **Ex.** No mês de maio vou todos os dias à igreja, ao ~.

mesencefálico, a adj (<mesencéfalo + -ico) Relativo ao mesencéfalo.

mesencefalite s f (<mesencéfalo + -ite) Inflamação do mesencéfalo.

mesencéfalo s m Anat (<mes(o)- + encéfalo) Parte inferior e média do cérebro/cérebro médio.

mesentérico, a adj (<mesentério + -ico) Relativo ao mesentério.

mesentério s m Anat (<gr *mesentérion,ou*) Membrana [Parte do peritoneu] que está ligada à parede posterior do abdómen [*Br* abdômen/abdome] e sustenta o intestino delgado.

mesenterite s f (<mesentério + -ite) Inflamação do mesentério.

meseta (Zê) s f Geog (<esp *meseta*) Planalto muito regular «da Península Ibérica».

mesmerismo s m (<antr *Franz Anton Mesmer* (1734-1815), médico alemão) Uso do magnetismo animal e do hipnotismo no tratamento e cura de doenças.

mesmice s f (<mesmo + -ice) Qualidade do que não sofre alteração. **Sin.** Monotonia(+).

mesmo, a adj/pron dem (<lat *metípsimus,a,um*) 1 Indica coincidência, identidade, igualdade, semelhança. **Ex.** Ele faz as ~as [mesmíssimas] coisas às ~as horas, todos os dias. **Loc.** Ao ~ tempo [Simultaneamente] (Ex. Para fazer deslocar o carro, precisamos de empurrar todos juntos/ao ~ tempo). **Ant.** Outro; diferente; diverso. 2 Exprime identidade com valor enfático. **Ex.** Ela ~a tratou do assunto com o dire(c)tor. **Sin.** Próprio. ⇒ ○ **8.** 3 Indica coisa ou pessoa referida anteriormente. **Ex.** Fui ter com o chefe e falei com o mesmo [com ele (+)] sobre as horas de trabalho extraordinário. 4 s Algo ou alguém idêntico a alguma coisa ou pessoa. **Ex.** Dar-lhe um conselho ou nenhum, para ele é o ~ [, com ele não adianta], não serve para nada. **Loc.** À [**Na**] **~a** [Sem modificar uma situação] (Ex. Tivemos alguns problemas, mas continuamos amigos à [na] ~a). **~ que** [Apesar de] (Ex. Vou ao cinema, ~ que tenha [, apesar de ter] de ir a pé). **Idi. Dar no ~** [Ter resultado igual] (Ex. Que ele concorde ou não, dá no ~, vou fazer o que eu quiser [(muito bem) entender]). **Ser o ~ que nada** [Ser inútil] (Ex. Não vale a pena discutir com ele, é o ~ que nada, ele não muda [não vai alterar os seus planos]). 5 adv No momento ou local exa(c)to. **Ex.** Eles chegaram ~ à hora combinada. **Loc.** ~ agora/ Agora ~] [No momento preciso em que se fala] (Ex. A sua encomenda chegou agora ~, já lha entrego, é só um momento). 6 Com inclusão. **Ex.** Todos os alunos compreenderam o texto, ~ os que poderiam ter mais dificuldade. **Sin.** Até. 7 Na verdade/realidade [Efe(c)tivamente]. **Ex.** É ~ necessário estar bem informado para poder argumentar bem. 8 Em grau muito elevado/intenso. **Ex.** Esta criança é ~ [muito/deveras] inteligente [Que criança tão inteligente!]. **Sin.** Muito.

meso- pref (<gr *mésos,e,on*) Exprime a ideia de médio/meio.

Mesoamérica s f Geog Hist (<meso- + ...) Região ocupada pelas civilizações pré-colombianas e que compreende o México e o norte da América Central.

mesocarpo s m (<meso- + -carpo) 1 *Bot* Camada intermédia do pericarpo dos frutos, que em muitos é comestível, por ser doce e sumarenta. ⇒ polpa. 2 *Anat* Série inferior dos ossos do carpo.

mesocefalia s f Anat (<mesocéfalo + -ia) Qualidade/Estado de mesocéfalo.

mesocéfalo, a s m/adj (<meso- + -cefalo) 1 Saliência do istmo do encéfalo. 2 Situado no meio do encéfalo. 3 (Pessoa) que tem uma capacidade craniana média [um índice cefálico compreendido entre 76° e 80°].

mesóclise s f Ling (<meso- + gr *klísis*: flexão) Interposição de uma forma pronominal átona no interior de uma forma verbal. **Ex.** Dir-*te*-ia uma coisa, se me ouvisses com atenção. ⇒ tmese.

mesoclítico, a adj Ling Diz-se do pronome átono «dar-*lhe*[-*nos*]-ia» que está em mesóclise.

mesoderme/a (Dér) s f (<meso- + derme) 1 *Histologia* Folheto embrionário médio situado entre a exoderme e a endoderme. 2 *Bot* Parte intermédia da casca.

mesolítico, a adj Geol (<meso + lítico[1]) Diz-se do período entre o Paleolítico e o Neolítico, cara(c)terizado pela mudança de clima glacial para pós-glacial.

mesologia s f (<meso- + -logia) Ciência que trata das relações entre os seres vivos e o meio onde vivem. **Sin.** Ecologia(+).

mesológico, a adj (<meso- + -lógico) Relativo a mesologia.

mesomorfismo [**mesomorfia**] s Fís (<mesomorfo) Propriedade de alguns materiais existirem num estádio intermédio; por ex. os cristais líquidos que têm cadeias de moléculas alinhadas mas distribuídas de maneira aleatória.

mesomorfo, a (Mór) adj (<meso- + -morfo) Que é próprio de um estado da matéria intermédio entre dois estados diferentes. ⇒ mesomorfismo.

méson s m Fís ⇒ mesão.

mesopausa s f Geog (<meso- + pausa) Região limítrofe entre a mesosfera e a termosfera, situada entre 80 km e 95 km de altitude.

mesopelágico adj (<meso- + pelágico) Relativo a ou situado em regiões oceânicas entre 200 m e 2000 m de profundidade.

mesoplâncton s m Biol (<meso- + plâncton) Conjunto dos organismos planctó[ô]nicos de tamanho intermédio, variando entre 0,2 mm e 20 mm.

mesopotâmia s f Geog (<meso- + gr *potamós*: rio + -ia) Região situada entre (dois) rios «Tigre e Eufrates».

mesosfera s f Geog (<meso- + esfera) Zona da atmosfera terrestre, acima da estratosfera, entre 55 km e 80 km, na qual a temperatura diminui à medida que a altitude aumenta, à razão de 4° a 5° por quilómetro.

mesotélio s m Anat (<meso- + (epi)télio) 1 Tecido que reveste epitélios «pleura, ...». 2 Epitélio formado a partir da mesoderma, que reveste a cavidade primitiva do embrião dos vertebrados.

mesotermal adj 2g (<meso- + termal) Diz-se de clima com temperaturas moderadas, com médias entre 20° C e 30° C.

mesotórax (Ks) s m Ent (<meso- + tórax) Anel médio do tórax dos inse(c)tos.

mesozoico, a (Zói) adj Geol (<meso + -zoico) 1 Pertencente ou relativo ao Mesozoico. **Comb.** Réptil ~. 2 s m maiúsc Era entre o Paleozoico e o Cenozoico, que abrange cerca de 160 milhões de anos e durante a qual apareceram grandes répteis, aves e mamíferos primitivos. **Ex.** O ~ compreende três períodos: Triásico, Jurássico e Cretáceo.

mesquinhar v t/int (<mesquinho + -ar[1]) 1 Recusar por mesquinhez. 2 Insistir para baixar o preço de alguma coisa. **Sin.** Regatear(+). 3 Mostrar-se mesquinho 4. 4 *Br* Não deixar pôr o freio «o cavalo». 5 *Br fig* Mostrar-se arisco/esquivo, fugindo a qualquer assunto ou coisa «diz-se de pessoa».

mesquinhez s f (<mesquinho + -ez) 1 Qualidade de mesquinho. 2 A(c)to de pessoa sovina. **Sin.** Avareza. 3 Cará(c)ter de quem não tem grandeza de alma. **Sin.** Baixeza. 4 Falta das dimensões ou valor esperado. **Ex.** É, sem dúvida, uma boa casa, mas a ~ [pequenez] dos quartos não satisfaz. 5 Falta de horizontes, de significado. **Ex.** A ~ das suas ideias e dos seus proje(c)tos deixa-o à mercê das circunstâncias. **Sin.** Mediocridade.

mesquinho, a adj (<ár *miskin*: pobre) 1 Demasiado agarrado ao dinheiro. **Sin.** Avaro. 2 Diz-se do que é desprezível/pequeno/pouco. **Ex.** Afinal, todos tiveram uma dece(p)ção: o museu não era mais do que uma sala ~a que albergava *idi* meia dúzia de peças. **Sin.** Insignificante. 3 Escasso de recursos. **Ex.** É uma gente ~a que não tem muitas vezes que dar de comer aos filhos. **Sin.** Pobre(+). 4 Que não tem grandeza de espírito [não tem magnanimidade]. **Ex.** É uma pessoa de sentimentos ~s, não é capaz de ter uma atitude de magnanimidade e compaixão para com o sofrimento dos outros. 5 Que evidencia falta de criatividade. **Sin.** Medíocre. 6 *Br* Pouco sociável. **Sin.** Arisco/Desconfiado/Tímido. 7 s Pessoa excessivamente poupada. **Ex.** Ele é um ~ [poupado], incapaz de comprar alguma coisa para ter mais conforto em casa. 8 s Pessoa sem generosidade. **Sin.** Avarento; sovina; agarrado(+).

mesquita s f (<ár *másdjid*: lugar de adoração) Local de culto da religião muçulmana.

messalina (<antr *Messalina*, mulher do imperador romano Cláudio) 1 Mulher de comportamento libertino. 2 ⇒ Meretriz.

messe[1] (Mé) s f Agr (<lat *méssis,is*: colheita) 1 Seara madura [pronta para a ceifa]. 2 Conjunto de produtos agrícolas colhidos em determinada época/Colheita(+). 3 *fig* Tudo o que se colhe. **Ex.** Ele arriscou muitíssimo, mas conseguiu (obter) uma boa [grande(+)] ~ de benefícios. 4 *fig Rel* Conversão de almas à fé em Cristo.

messe² (Mé) *s f Mil* (<fr *mets*: iguaria) Local onde os oficiais e sargentos se reúnem e tomam as suas refeições.

messiânico, a *adj* (<lat *messiánicus, a, um*) **1** Relativo ao Messias. **2** Relativo à esperança na vinda de um salvador. **Comb.** Crença ~a «do povo do Antigo Testamento». **3** *fig* Relativo à crença na vinda de um chefe que resolva os problemas da sociedade. **Ex.** O povo tem por vezes uma visão ~a da política: acredita no aparecimento de alguém que lhe resolva os problemas. ⇒ sebastianismo[nista].

messianismo *s m Rel* (⇒ messias) **1** Crença na vinda do Messias. **2** *fig* Esperança na vinda de um chefe carismático que conduza o povo ao progresso e à felicidade. ⇒ sebastianismo. **3** *Psic* Perturbação no comportamento do indivíduo que pensa ter um papel essencial a desempenhar em benefício da humanidade.

messias *s m Rel* (<aramaico *Mexíha*: ungido, consagrado) **1** *Maiúsc* Redentor, prometido por Deus e anunciado pelos Profetas no Antigo Testamento, que os cristãos reconhecem em Jesus Cristo. **Ex.** No Natal, os cristãos celebram a vinda do ~. **2** *fig* Indivíduo de quem se espera uma a(c)ção salvadora. **Ex.** No estado de insatisfação em que o povo se encontrava, o novo Presidente foi acolhido como um ~.

mesteiral *s m Hist* (<mester + -al) Pessoa que tinha uma profissão manual/Mestre/Artífice. ⇒ guilda.

mester *s m Hist* (<lat *ministérium,rii*) Arte ou profissão manual. ⇒ mesteiral.

mestiçagem *s f* (<mestiçar + -agem) **1** Cruzamento de pessoas de origens étnicas diferentes. **Sin.** Miscigenação. **2** Cruzamento(+) de animais de raças ou espécies diferentes. **Sin.** Hibridismo(+). **3** *fig* Mistura de elementos diferentes. **Comb.** ~ cultural (⇒ multiculturalismo).

mestiçar *v t/int* (<mestiço + -ar¹) **1** Cruzar uma raça com outra, produzindo mestiços. **2** Fazer o cruzamento de espécies ou subespécies, criando híbridos.

mestiço, a *adj/s* (<lat *mixtícius,a,um* <*mísceo,ére,míxtum*: misturar) **1** (O) que é filho de pais de raças diferentes. ⇒ mulato. **2** (Animal) que resulta de cruzamento genético. **Sin.** Híbrido(+). **3** *adj* Relativo à mestiçagem.

mestrado *s m* (<mestre + -ado) **1** Grau académico superior à licenciatura e inferior ao doutoramento. ⇒ pós-graduação. **2** *Hist* Dignidade ou cargo de mestre de uma ordem militar ou religiosa. ⇒ templário.

mestrança *s f Náut* (<mestre + -ança) **1** Área ou depósito no arsenal de marinha, onde se guardam os cabos e peças do aparelho das embarcações. **2** Grupo dos calafates e carpinteiros dos navios. **3** Grupo das pessoas mais capazes em qualquer (ramo de) a(c)tividade.

mestrando, a *s* (<mestre + -ando) Pessoa que frequenta um curso de mestrado.

mestre, a *s/adj* (<lat *magíster,tri*; ⇒ ~ de cerimó[ô]nias; ~ de obras) **1** Grau acadé[ê]mico de quem concluiu um mestrado. **Ex.** Ele é ~ em Teoria da Literatura. **2** Pessoa que ensina. **Sin.** Professor(+). **3** Pessoa que tem uma grande sabedoria. **Comb.** Divino ~ [Jesus Cristo]. **Sin.** Sábio. **4** Pessoa que conhece ou domina muito bem um ramo do saber, uma arte, uma técnica. **Comb.** Mão de ~ **a)** Perfeição; **b)** Perito (Ex. O trabalho está [foi] feito por mão de ~ [com (toda a) perfeição]). **Sin.** Especialista/Perito. **5** Artista de grande mérito. **Ex.** Ele frequenta as aulas de um grande ~ de guitarra. **6** Iniciador ou representante de uma escola de pintura. **Ex.** Quando vou aos museus, procuro sempre os ~s da pintura flamenga. **7** Pessoa que dirige uma oficina, um ateliê, uma se(c)ção fabril. **Ex.** Ela é ~ de costura. **8** *Mús* **a)** Pessoa que dirige uma banda de música. **b)** *Br* Título dado aos bons tocadores, especialmente de sanfona. **9** *Náut* Comandante de um barco de pesca. **10** Dignidade superior de uma ordem militar ou honorífica. **Ex.** O ~ de Avis «Rei D. João I, *Pt*». **11** Pessoa que se distingue numa a(c)tividade. **Ex.** Ele é *iron* um ~ [um artista (+)] a fazer disparates, nisso não há quem lhe ganhe. **12** Que é mais importante [Principal/Fundamental]. **Comb.** *Chave ~a*/comum a [boa para/que serve em] várias ou todas as portas duma casa. *Parede ~a*/que tem uma função de resistência no edifício. *Trave ~a*/principal. ⇒ abelha-mestra. **13** Que constitui a base/orientação. **Ex.** As linhas ~as do livro. **14** Que fica na memória como exemplo/Grande. **Ex.** Ele apanhou uma descompostura ~.

mestre de cerimónias [*Br* cerimônias] *s m* **1** «protocolo» Indivíduo que regula uma cerimó[ô]nia oficial. **2** Sacerdote que dirige uma cerimó[ô]nia litúrgica. **3** Homem que dirige um baile público. ⇒ mestre-sala.

mestre de obras *s m* Homem que dirige uma obra de construção civil, sob a orientação de um engenheiro ou de um arquite(c)to. **Sin.** Construtor civil/Empreiteiro. ⇒ capataz.

mestre-sala *s m* **1** Mestre de cerimó[ô]nias **3**. **2** *Br* «samba» Figura que forma par com a porta-bandeira.

mestria *s f* (<mestre + -ia) Conhecimento profundo de uma matéria adquirido pelo estudo ou pela experiência. **Sin.** Perícia/Competência/Habilidade/Sabedoria.

mesura *s f* (<lat *mensúra,ae*: medida) **1** Gesto de cumprimento cerimonioso. **Idi.** Fazer ~s [gestos exagerados de reverência] (Ex. Aproximou-se, fazendo ~s que geravam desconfiança). **Sin.** Cortesia/Reverência/Vénia(+). **2** Atitude de modéstia e respeito. **Ex.** Fala com ~, com simplicidade, o que agrada às pessoas com quem trabalha.

mesurado, a *adj* (<mesurar) **1** Que é cauteloso/moderado. **Sin.** Comedido/Prudente. **2** Que se mostra atencioso. **Sin.** Cortês. **3** ⇒ mesureiro.

mesurar *v int* (<lat *mensúro,áre,átum*: medir) **1** Fazer mesuras/Cumprimentar. **2** Comedir. **Ant.** Desmesurar. **3** Portar-se de forma moderada. **Ex.** Face às dificuldades financeiras, ele soube ~-se nos gastos.

mesureiro, a *adj Depr* (<mesura + -eiro) Que se mostra servil [afe(c)tado/bajulador/lisonjeiro] com excesso de mesuras. ⇒ mesurado.

mesurice *s f* (<mesura + -ice) **1** Qualidade de mesureiro. **2** Saudação [Vénia] exagerada. **Sin.** Salamaleque. **3** Atitude interesseira de respeito. **Ex.** Eram tantas as ~ s que se notava que o fazia por interesse. **Sin.** Adulação/Lisonja.

meta (Mé) *s f* (<lat *meta,ae*: marco; termo) **1** (D)*esp* Linha onde termina uma corrida. **Idi.** *Cortar a ~* [Ultrapassar a linha de chegada] (Ex. Ele ganhou, cortou a ~ com uma vantagem de 2 segundos). **Comb.** *~ volante* [«ciclismo» ~ intermédia] (Ex. Ganhou mais pontos do que os adversários na ~ volante, ao km 65). **2** Qualquer limite «valor, espaço». **Ex.** O emprego ultrapassou a ~ dos 94 % (da população a(c)tiva). **3** Desejo/Obje(c)tivo. **Ex.** A ~ de todos os pais é dar uma boa formação aos filhos.

meta- (Mé) *pref* (<gr *meta*: para além [no meio] de) Exprime a ideia de **a)** mudança/transformação; **b)** interposição/mediação; **c)** sucessão no tempo ou espaço; **d)** mudança de lugar ou condição.

metábole *s f Ling* (<gr *metabolé,és*: a(c)ção de transformar) **1** Figura de retórica que consiste na acumulação de palavras ou expressões de significado semelhante, alterando-lhes a ordem. **Ex.** Viver não custa, o que custa é saber viver. **2** *Mús* ⇒ modulação.

metabólico, a *adj* (<gr *metabolikós,é,ón*: que se transforma) **1** *Biol* Relativo a metabolismo. **2** *Ent* Que se desenvolve por metamorfose. **3** *Ling* Relativo a metábole.

metabolismo *s m Fisiol* (<metábole + -ismo) **1** Conjunto de transformações por que passam as substâncias que constituem um organismo. **Comb.** ~ basal/básico [Quantidade mínima de energia necessária para manter as funções vitais «respiração/circulação»]. ⇒ anabolismo; catabolismo. **2** *Quím* Mudança da natureza molecular dos corpos.

metacarpo *s m Anat* (<meta- + carpo) Parte do esqueleto da mão entre o carpo e os dedos, constituído por cinco ossos. ⇒ metatarso.

metacronismo *s m* ⇒ paracronismo.

metade *s f* (<lat *medíetas,átis*) **1** Cada uma das duas partes iguais ou quase iguais em que se pode dividir uma coisa. **Ex.** Comprei o livro por ~ do preço. **2** Ponto a igual distância dos extremos ou momento que fica no meio entre o princípio e o fim. **Ex.** Faltam mais ou menos três km para terminar a caminhada, já andámos ~ do percurso. **Idi.** *Fazer as coisas pela ~* [Não concluir o que se começa] (Ex. Ele faz tudo pela ~). *Não saber da missa a ~* [Estar mal informado/Conhecer apenas parte dos fa(c)tos] (Ex. Ele pensa que sabe tudo o que o filho faz, mas não sabe da missa a ~). **3** Cada um dos cônjuges [membros de um casal] em relação ao outro. ⇒ cara-~. **4** *Br Etn* Organização dual de muitas tribos brasileiras, baseada em exogamia. **Comb.** ~ tribal.

metadona (Dô) *s f Quím* (<ing *methadone*) Substância analgésica sintética semelhante à heroína *us* no tratamento de toxicodependentes.

metáfase *s f Biol* (<meta- + fase) Fase do mecanismo de divisão celular em que os cromossomas se alinham na região mediana da célula.

metafísica *s f Fil* (<gr *metá (tá) physiká (biblia)*: os livros/tratados (depois [para além] da física) **1** Parte da filosofia que se ocupa do ser enquanto ser, isto é dos princípios últimos ou essenciais do ser e do conhecer. **2** Reflexão sistemática que visa a explicação racional da realidade, partindo da experiência, mas ultrapassando-a. **3** *depr* Abuso do pensamento abstra(c)to e da linguagem que o exprime. **Ex.** Estás sempre com ~s [filosofias(+)], não há quem te entenda!

metafísico, a *adj* (<metafísica) **1** Relativo à metafísica. **Comb.** Reflexão ~a. **2** Que transcende a natureza física das coisas. **3** *depr* Que é difícil de entender/Abstruso. **Ex.** Ele tem argumentos muito ~s, é difícil falar com ele. **Sin.** Obscuro/Teórico/Raro. **4** *s* Pessoa conhecedora ou especialista em metafísica.

metafonia *s f Fon* (<meta- + fonia) Alteração do timbre de uma vogal tónica por influência de uma vogal átona posterior.

metáfora *s f Ling* (<gr *metaphorá,ás*: transposição) Figura de estilo em que a signifi-

metafórico, a

cação natural de uma palavra se transporta para outra com base numa relação de semelhança. **Ex.** Dizer 'fogo' para significar 'paixão amorosa' é uma ~.
metafórico, a *adj* (<metáfora + -ico) **1** Relativo a metáfora. **2** Que contém metáforas. **Ex.** A crítica literária realça o cará(c)ter ~ da sua poesia, tal a abundância de metáforas que contém.
metaforismo *s m* (<metáfora + -ismo) Emprego de metáforas.
metaforizar *v t* (<metáfora + -izar) Exprimir por meio de metáforas.
metáfrase *s f* (<lat *metáphrasis, eos*: tradução) ⇒ paráfrase.
metagaláxia *s f Astr* (<meta- + galáxia) Conjunto de todas as galáxias exteriores à Via Lá(c)tea. ⇒ Universo.
metagénese [*Br* **metagênese**] *s f Biol* (<meta- + génese) Ciclo evolutivo de um ser vivo, em que uma fase sexuada alterna com uma assexuada/agâmica. ⇒ heterogenia.
metagoge (Gó) *s f Ling* (<gr *metagogé,és*: transposição) Figura de estilo que consiste em atribuir cara(c)terísticas humanas a obje(c)tos ou seres inanimados. **Sin.** Personificação/Prosopopeia.
metagrama *s f* (<gr *metá*: mudança + *grámma,atos*: letra) **1** Alteração de uma palavra, trocando apenas uma letra/Charada(+). **2** ⇒ metaplasmo.
metal *s m* (<lat *metállum,i*: qualquer produto mineral) **1** *Quím* Designação comum dos elementos químicos «ferro/cobre/ouro» **Comb.** ~ **amarelo** a) Ouro; b) Liga metálica de cor amarela. ~ **branco** [Liga de cobre, zinco e níquel, semelhante à prata; ⇒ alpaca²]. ~ **de transição** [Conjunto de elementos da tabela periódica considerados ~ais típicos pelas propriedades químicas que apresentam, como: alta capacidade de reflexão, brilho metálico e grande condutividade térmica e elé(c)trica «titânio, vanádio, cró[ô]mio». ~ **duro** [Liga de carbonetos de tungsté[ê]nio, titânio, vanádio e cobalto, de grande dureza, *us* no fabrico de pastilhas e peças para ferramentas de corte]. ~ **leve** [Liga metálica com peso específico inferior a 5]. ~ **nobre** [que não se altera em conta(c)to com o ar ou com a humidade e é dificilmente atacado pelos ácidos] (Ex. O ouro é um ~ nobre). ~ **pesado** [Liga metálica com peso específico superior a 5]. **2** *pl Mús* a) Conjunto dos instrumentos musicais de sopro feitos de ~ . **Comb.** Os ~ais da filarmó[ô]nica «trombeta/saxofone». b) Timbre. **Ex.** A voz do cantor era de um belo ~. **3** *fig* Dinheiro, sobretudo moeda. **Comb.** ~ **sonante**. *pej* Vil ~. **4** *pl* Conjunto de utensílios de uma casa feitos de metal. **Ex.** Vou limpar os metais. **5** *pl Br* Nome dado também aos diamantes e carbonatos.
metalepse (Lé) *s f Liter* (<gr *metálepsis,eos*: troca; permuta) Figura de estilo em que se toma o antecedente pelo consequente «ele viveu = ele está morto», e vice-versa, ou o sinal pela coisa significada. **Ex.** Dizer que o que se ganha é *com o suor do seu rosto* em vez de *com o seu esforço* é uma ~.
metálico, a *adj* (<lat *metállicus,a,um*) **1** Feito de ou que contém metal. **Comb.** *Elemento* ~. *Papel* ~. **2** Próprio de metal. **Comb.** *Brilho* ~. *Consistência* ~a. *Cor* ~a. **3** Cuja sonoridade lembra a do metal. **Comb.** *Voz* ~a [Timbre de voz ~o].
metalífero, a *adj* (<lat *metállifer,era,erum*) Que contém metal. **Comb.** *Jazida* ~a.
metalismo *s m Econ* (<metal + -ismo) Sistema monetário em que o valor da moeda é definido como uma quantidade fixa de um determinado metal «ouro».
metalista *s 2g* (<metal + -ista) **1** Especialista em metalurgia. **2** Partidário do metalismo.
metalização *s f* (<metalizar + -ção) A(c)ção de metalizar.
metalizado, a *adj* (<metalizar) Que passou por um processo de metalização. **Ex.** Tenho um carro cinzento ~.
metalizar *v t* (<metal + -izar) **1** Transformar em metal. **2** Revestir de metal (uma superfície). **3** Dar brilho ou aspe(c)to metálico a algo.
metalocromia *s f* (<metal + cromia) Arte de colorir a superfície dos metais.
metalografia *s f* (<metal + -grafia) **1** Estudo e descrição dos [Tratado sobre] metais e ligas metálicas. **2** *Tip* Gravura sobre metal.
metaloide (Lói) *adj/s m Quím* (<metal + -oide) (Diz-se de) elemento químico que se assemelha ao metal mas não tem todas as suas propriedades.
metaloplastia *s f* (<metal + gr *plastós,é,ón*: modelado + -ia) **1** Arte de trabalhar em metais para fins decorativos. **2** *Med* Processo cirúrgico de consolidar fra(c)turas «ossos» pela aplicação de lâminas de um metal inalterável. ⇒ prótese.
metaloterapia *s f* (<metal + terapia) Sistema de tratamento não convencional que consiste na aplicação de metais sobre a pele.
metalurgia *s f* (<gr *metallourgós,ón*: mineiro + -ia) Ciência e técnica de extra(c)ção, transformação e manipulação industrial de metais. **Ex.** A ~ [indústria metalúrgica] é grande criadora de emprego e riqueza nos países industrializados. **Comb.** ~ mecânica [que se ocupa do estudo e fabrico de obje(c)tos metálicos com funções mecânicas]. ⇒ alto-forno.
metalúrgico, a *adj/s* (<metalurgia + -ico) **1** Relativo à metalurgia. **Comb.** Indústria ~a. **2** (O) que trabalha na metalurgia. **Ex.** Os (operários) ~s exigem um aumento de salário. **3** *s f* Oficina de metalurgia. **Ex.** Ele trabalha numa ~ longe de casa.
metalurgista *s 2g* (<metalurgia + -ista) ⇒ metalúrgico 2.
metamatemática *s f* (<meta- + ...) Análise lógica dos conceitos básicos da Matemática, como número, função, etc.
metameria *s f* (<metâmero + -ia) Qualidade de metâmero.
metâmero, a *adj* (<meta- + -mero) **1** *Quím* Que tem moléculas formadas por átomos dos mesmos elementos, em igual número, mas não todos ligados entre si da mesma maneira. **2** *s m Zool* Cada um dos anéis [segmentos] de um verme ou de um artrópode.
metamórfico, a *adj* (<meta- + morfia + -ico) **1** Relativo a metamorfose. **2** *Geol* Relativo a metamorfismo. **Comb.** Rocha ~a/ que resulta da transformação de rochas preexistentes.
metamorfismo *s m* (⇒ metamórfico) **1** Processo natural de transformação [alteração da forma]. ⇒ metamorfose 1. **2** *Geol* Conjunto de processos termodinâmicos que originam a transformação das rochas sedimentares em novas rochas. **3** *Zool* Propriedade que têm certos animais «inse(c)tos» de alterarem profundamente a sua forma exterior e o modo de viver, em certos períodos da sua vida.
metamorfizado *adj* (<metamorfose + -izar) «rocha» Que passou pelo processo de metamorfismo. ⇒ metamorfosear.
metamorfopsia *s f Med* (<meta- + gr *morphé*: forma + *opsis*: vista + -ia) Perturbação da perce(p)ção visual em que os obje(c)tos ou as pessoas parecem deformados e aumentados ou diminuídos.
metamorfose *s f* (<gr *metamórphosis,eos*) **1** Alteração da forma. **Sin.** Transformação. **2** *Zool* Cada uma [Conjunto] das alterações na forma e estrutura que sofrem certos animais desde o nascimento até à idade adulta. **Comb.** ~ **da rã** (⇒ girino). ~ **simples** [Alteração dos inse(c)tos em que as larvas se assemelham aos inse(c)tos adultos, não havendo a fase de crisálida]. **3** *Bot* Modificação em certos órgãos vegetais, como a transformação dos estames em pétalas e vice-versa. **4** *fig* Mudança profunda de uma pessoa. **Ex.** Depois do nascimento do primeiro filho, ela teve [deu-se nela (+)] uma grande ~, nem parecia a mesma pessoa, mudou completamente de hábitos, tornou-se muito mais responsável.
metamorfosear *v t* (<metamorfose + -ear) **1** Transformar(-se). **Ex.** O bicho-da-seda [A lagarta] metamorfoseou-se em borboleta. **2** *fig* Alterar os cara(c)teres físicos ou morais. **Ex.** *col fam* Ele metamorfoseou-se [mudou/é outro homem/já não é o mesmo]! ⇒ disfarçar(-se).
metano (Tâ) *s m Quím* (<fr *méthane*) Gás inflamável (CH_4), incolor e inodoro, que se forma na decomposição de matérias orgânicas vegetais *us* como combustível. **Sin.** Gás dos pântanos. ⇒ grisu.
metanoia (Nói) *s f* (<gr *metánoia, as*) Conversão interior [Mudança de vida ou de sentir e pensar], na busca da perfeição.
metanol *s m Quím* (<metano + -ol) ⇒ álcool metílico.
metaplasma *s m* (<meta- + -plasma) Conjunto de formações intercelulares que podem ser produzidas pelas células dos organismos.
metaplasmo *s m Fon* (gr *metaplasmós, oú*) Nome genérico que se dá a qualquer alteração fonética de uma palavra, por adição, supressão ou mudança de sons.
metaplástico, a *adj* (<gr *metaplastikós*) Relativo a [Que contém] metaplasmo.
metapsicologia *s f Psic* (<meta- + psicologia) **1** Estudo dos fenó[ô]menos psíquicos de aparência sobrenatural. **Sin.** Metapsíquica 2/Parapsicologia(+). **2** Parte da teoria psicanalítica que pretende abranger todo o processo mental.
metapsíquico, a *adj/s f Psic* (<meta- + psíquico) **1** Relativo a qualquer manifestação psíquica que não pode ser explicada pela psicologia ortodoxa. **2** *s f* Estudo e análise das manifestações metapsíquicas.
metassedimento *s m Geol* <meta- + sedimento) Rocha sedimentar que sofreu metamorfismo parcial.
metassomatismo *s m Geol* (<meta- + soma²) Substituição química de um mineral ou rocha por outro trazido em solução ou gases magmáticos. **Sin.** Metassomatose.
metástese *s f* (<gr *metástasis,eos*: mudança de lugar) **1** *Med* «cancro/vírus/bactéria» Foco secundário de uma lesão ou tumor, disseminado a partir de um foco principal por via sanguínea ou linfática. **2** *Ling* Figura de retórica em que o orador atribui a outra pessoa a responsabilidade do que afirma.
metastático, a *adj* (<gr *metastatikós,é,ón*) Relativo a [Que contém] metástase.
metatarso *s m Anat* (<meta- + tarso) Parte do pé entre o tarso e os dedos. ⇒ metacarpo.
metátese *s f* (<gr *metáthesis,eos*: troca de posição) **1** *Fon* Fenó[ô]meno que consiste

na troca de posição de fonemas ou sílabas no interior de um vocábulo. **Ex.** Deu-se uma ~ na evolução da palavra latina *semper* para o português *sempre*. **2** *Fil* Transposição dos termos de um raciocínio. **3** *Med* Operação cirúrgica que consiste em mudar de um lugar para outro a causa de uma doença, onde seja menos nociva.

metatórax (Ks) *s m Ent* (<meta- + tórax) Anel posterior do tórax dos inse(c)tos, onde se inserem as patas posteriores e o segundo par de asas (nos inse(c)tos alados).

metazoário *adj/s m* (<meta- + -zoário) (Animal) que tem mais de uma célula. ⇒ protozoário.

meteco (Té) *s m* (<gr *metóikos,ou*: que mudou de casa) **1** *Hist* Estrangeiro(+) residente na antiga Atenas. **2** ⇒ estrangeiro.

metediço, a *adj/s* (<meter + -iço) (O) que se mete onde não é chamado. **Sin.** Intrometido/Atrevido.

metempsicose *s f* (<gr *metempsykhósis, eos*) Teoria «de Pitágoras» que admite a transmigração das almas de um corpo para outro, tanto de homens como de animais. **Sin.** Reencarnação.

meteórico, a *adj* (<meteoro + -ico) **1** Relativo a meteoro. **2** Causado por meteoro. **Comb.** Cratera ~ a. **3** Dependente do estado atmosférico. **Comb.** Fenó[ô]meno ~. **4** *fig* Fulgurante mas de curta duração. **Ex.** Ele teve uma passagem ~a pelo poder. **Sin.** Efé[ê]mero/Passageiro/Fugaz «como um relâmpago».

meteorismo *s m Med* (<gr *meteorismós,oú*: a(c)ção de se elevar no ar) Tumefa(c)ção do ventre causada pela acumulação de gases.

meteorítico, a *adj* (<meteorito + -ico) Relativo a meteorito. ⇒ meteórico.

meteorito *s m Astr* (<meteoro + -ito) Corpo sólido, mineral, proveniente do espaço cósmico que, ao entrar na atmosfera da Terra, se torna incandescente, desintegrando-se ou colidindo «meteorólito» com a superfície terrestre. **Ex.** Há crateras formadas pelo impacto de ~ s em vários pontos do nosso planeta.

meteorização *s f* (<meteorizar + -ção) **1** A(c)ção de meteorizar. **2** *Geol* Conjunto de processos (químicos, físicos e biológicos) que provocam a desintegração e decomposição das rochas e dos minerais, por a(c)ção dos agentes atmosféricos. **3** *Med* ⇒ meteorismo.

meteorizar *v t* (<meteoro + -izar) **1** *Geol* Provocar a meteorização das rochas. **2** *Med* Dilatar/(-se) o ventre devido à acumulação de gases no aparelho digestivo. ⇒ meteorismo.

meteoro *s m* (<gr *metéoros,os,on*: elevado no ar) **1** Qualquer fenó[ô]meno que ocorre na atmosfera terrestre. **Ex.** A chuva, o vento, os trovões são ~s. **2** Partícula de matéria que, ao entrar na atmosfera, arde a cerca de 100 km de altitude, tornando-se visível por muito pouco tempo. **Sin.** Estrela cadente. **3** *fig* Aparição de alguém ou de alguma coisa, deslumbrante mas de curta duração. **Ex.** Ele fez coisas notáveis, apesar de ter passado como um ~ pela dire(c)ção da empresa.

meteoro- *pref* (⇒ meteoro) Exprime a ideia de *fenó[ô]meno atmosférico/do ar*.

meteorografia *s f Astr* (<meteoro- + grafia) Parte da astronomia que estuda e descreve os meteoros.

meteorólito *s m* (<meteoro- + -lito) Nome dado aos meteoros **2** [meteoritos] que não são completamente queimados ao atravessarem a atmosfera e que atingem a superfície terrestre. **Sin.** Aerólito(+).

meteorologia *s f* (<gr *meteorologia,as*) Estudo dos fenó[ô]menos atmosféricos, cuja análise permite a previsão do tempo. **Ex.** O serviço de ~ prevê [Segundo o boletim meteorológico prevê-se] chuva e vento forte com rajadas até 85 km para as próximas 24 horas no norte do país.

meteorológico, a *adj* (<gr *meteorologikós, é,ón*) Que se refere à meteorologia.

metereologista *s 2g* (<gr *meteorológos* + -ista) Profissional de [Especialista em] meteorologia.

meteoronomia *s f* (<meteoro- + -nomia) Estudo das leis que regulam a existência dos meteoros.

meteoroscópio *s m* (<meteoro- + -scópio) Qualquer instrumento *us* em observações meteorológicas.

meter *v t/int* (<lat *mítto,ere,míssum*: enviar, mover, introduzir) **1** Colocar dentro. **Ex.** Para comprar água na máquina é preciso ~ uma moeda de um euro. **Idi.** ~ *o rabo entre as pernas* [Mostrar medo ou derrota] (Ex. Quando percebeu que não tinha argumentos, meteu o rabo entre as pernas e foi-se embora). **Sin.** Inserir/Introduzir. **2** Pôr(-se) num lugar. **Ex.** Mete os livros na estante! Quando cheguei da praia, meti-me debaixo do chuveiro. **3** Abastecer de alimento ou combustível. **Ex.** Tenho fome, vou ~ alguma coisa na boca. Antes da viagem, tenho de fazer a revisão do carro e ~ gasolina. **4** Permanecer num lugar «café/ biblioteca» durante um período de tempo. **Ex.** Em casa não faz nada, entra, senta-se e mete-se a ver televisão. **5** *fam* Levar/ Pôr em algum lugar. **Ex.** O avião mete-nos [põe-nos (+)] num país qualquer em pouco tempo. **6** Dirigir-se/Encaminhar-se. **Ex.** Meti o carro por uma rua estreita que não conhecia e tive muita dificuldade em passar. **Prov.** *Quem se mete por atalhos, mete-se em trabalhos*. **7** *fam* Pôr(-se) num local desconhecido. **Ex.** Não sei onde se meteu [para onde foi/onde se escondeu] o gato. **8** Deixar entrar. **Ex.** O barco começou a ~ água e, por isso, interromperam a viagem. **9** (Fazer) ingressar numa a(c)tividade. **Ex.** Ele era ainda jovem quando o pai o meteu no negócio. **10** Dirigir insultos/provocações. **Ex.** Ele meteu-se com o colega e ouviu coisas desagradáveis, mas merecidas. **Idi.** ~ *à bulha* [Provocar discórdia/polé[ê]mica] (Ex. O chefe, em vez de resolver o problema, piorou a situação, metendo à bulha os empregados). ~ *os dedos pelos olhos* [Negar o que é evidente] (Ex. Não me metas os dedos pelos olhos, não finjas que não sabes!). **11** ~(-se)/Isolar-se. **Ex.** Quando chega a casa depois das aulas, ele mete-se no quarto. **Idi.** ~*-se na casca/concha* [Não se manifestar] (Ex. Ele ouviu toda a gente e depois não disse nada, meteu-se na concha). **12** Fazer sentir. **Ex.** O cão está tão maltratado que mete dó [faz pena]. **Idi.** ~ *raiva* [Causar indignação] (Ex. Mete raiva o modo como por vezes as autoridades ignoram os direitos dos cidadãos). **13** Envolver(-se) numa situação. **Ex.** Não te metas nos meus assuntos! **Idi.** ~ *a colher/uma colherada* [Imiscuir-se] (Ex. Mesmo quando a questão não é com ele, tem sempre de ~ a sua colherada). ~ *a foice em seara alheia* [Meter-se nos assuntos ou na vida dos outros] (Ex. Ele gosta muito de ~ a foice em seara alheia, falando muitas vezes do que não percebe). ~ *o bedelho/nariz* [Interferir/Intrometer-se] (Ex. É impressionante, tem que ~ o bedelho em tudo, não é capaz de ficar calado). **14** *Depr* Envolver-se numa relação [num hábito] de consequências em geral nefastas. **Ex.** Foi uma pena, meteu-se na bebida [no álcool (+)] e não acabou o curso. **15** *pop* Incluir. **Ex.** O jantar meteu fados. **16** «carro» Fazer funcionar a alavanca das velocidades. **Ex.** Na cidade, raramente ele mete a quinta.

metical *s m* (<ár *mitqal*: balança, peso) Unidade monetária de Moçambique. ⇒ kwanza.

meticulosamente *adv* (<meticuloso + -mente) De modo meticuloso/Com todo o cuidado/pormenor/rigor.

meticulosidade *s f* (<meticuloso+ -(i)dade) Qualidade de meticuloso. **Sin.** Minúcia/ Rigor.

meticuloso, a (Ôso, Ósa, Ósos) *adj* (<lat *meticulósus,a,um*: medroso, ~) **1** Que revela cuidado e receio. **Ex.** Ela é muito ~a ao tratar das contas da casa e a decidir novos gastos; pensa em tudo. **Sin.** Cauteloso/Escrupuloso/Rigoroso. **2** Que dá muita atenção ao método, até ao pormenor. **Ex.** Como organizadora e executora do proje(c)to, ela foi deveras ~a. **Comb.** Análise ~a «do problema/plano».

metido, a *adj* (<meter) **1** Que se mete em assuntos que não lhe dizem respeito [que não são da sua conta (+)]. **Ex.** Ela é muito ~a [é uma mexeriqueira]. **Sin.** Intrometido(+); metediço. **2** Que frequenta muito uma casa/um lugar/um serviço. **Ex.** Ele conhece bem a casa do vizinho, anda sempre lá ~. **3** Pensativo. **Idi.** *Ser muito ~ consigo* [muito introvertido/pouco sociável].

metileno (Lê) *s m Quím* (<metilo + -eno) Designação do grupo CH_2, de cujo átomo de carbono podem partir duas ligações simples ou uma ligação dupla.

metílico *adj Quím* (<metilo + -ico) Diz-se do álcool que contém o radical metilo.

metilo *s m* (<gr *méthy*: bebida fermentada + *hýle*: madeira; matéria) Designação dada ao grupo CH_3, de cujo átomo de carbono pode partir uma ligação simples. **Ex.** O cloreto de ~ pode ser *us* como anestésico.

metodicamente *adv* (<metódico + -mente) De forma metódica/Com método. **Sin.** Ordenadamente/Organizadamente.

metódico, a *adj* (<gr *methodikós,é,ón*: que segue um caminho) **1** Que obedece a um método. **Sin.** Sistemático. **2** Que a(c)tua com método/organização/rigor. **Ex.** Ela é uma pessoa ~a no seu trabalho, muito organizada. **3** Que revela atenção aos pormenores. **Sin.** Meticuloso/Minucioso.

metodismo *s m Rel* (<método + -ismo) Movimento religioso cristão que se processou dentro da igreja anglicana no século XVIII, liderado por John Wesley (1703-1791).

metodista *s/adj 2g* (<método + -ista) (Pessoa) que segue o metodismo.

metodizar *v t* (<método + -izar) ⇒ Ordenar/ Sistematizar.

método *s m* (<gr *méthodos,ou*: pesquisa, busca) ⇒ metódico) **1** Conjunto de modos de pensar e de procedimentos que a inteligência segue para conhecer ou demonstrar uma verdade. **Comb.** ~ *analítico* [que procede por análise] (⇒ dedutivo). ~ *científico* «experimental/matemático». ~ *sintético* [que parte do geral para o particular ou do simples para o complexo/que procede por tese e antítese] (⇒ indutivo). **2** Procedimento, técnica ou meio de fazer alguma coisa, de acordo com um plano. **Ex.** Para tratar de assuntos importantes, ele ado(p)ta sempre o ~ de trabalho mais eficaz. **3** Modo de a(c)tuar adequado, disciplinado e rigoroso. **Ex.** Se tivesse ~ no

trabalho, evitava os disparates que faz. **4** *fig* ⇒ Modo sensato de agir/Ordem/Cautela/Circunspe(c)ção. **5** *Ped* Conjunto de processos didá(c)ticos facilitadores da aprendizagem. **Comb.** ~ a(c)tivo [que valoriza a participação do aluno e a aprendizagem pela descoberta]. **6** Livro (de texto)/Compêndio que reúne os elementos fundamentais de uma ciência ou disciplina «solfejo/piano». **7** *Mat* Conjunto de regras e exercícios para resolver problemas análogos ou semelhantes. **Comb.** ~ de redução [Processo pelo qual se pode passar de um sistema de equações algébricas para outro equivalente, por eliminação de uma ou mais incógnitas]. **8** *Bot/Zool* Processo de classificação das espécies vegetais ou animais de acordo com os cara(c)teres ou as semelhanças que apresentam/Taxi[o]nomia(+). **Comb.** ~ natural.

metodologia *s f* (<método + -logia) **1** Estudo científico dos métodos das diferentes ciências. **2** Conjunto de princípios, processos e meios aplicados na prossecução de obje(c)tivo/domínio científico/a(c)ção/pesquisa. **Ex.** Ela é boa professora: além da facilidade que tem em comunicar com os alunos, adopta as ~ s mais apropriadas.

metodológico, a *adj* (<metodologia + -ico) Relativo a metodologia. **Comb. Abordagem ~a** [feita com método]. **Erro ~** [por falta de método].

metodólogo, a [metodologista] *s* **1** Especialista em metodologia. **2** Professor(a) que orienta estágios [Orientador(a) pedagógico (+)].

metomania *s f* (<gr *méthe*: bebida fermentada + -mania) Desejo mórbido de ingerir bebidas alcoólicas. ⇒ alcoolismo.

metonímia *s f Ling* (<gr *metonýmia,as*: emprego de um nome por outro) Figura de estilo que consiste em designar uma realidade por uma palavra que se refere a uma outra realidade que tem com a primeira uma relação de contiguidade (De causa e efeito; de continente e conteúdo «beber um copo»). **Ex.** Dizer que a exposição (de pintura) tem dois Picassos em vez de dois quadros de Picasso é uma ~ (De obra e autor).

metonímico, a *adj* (<gr *metonymikós,é,ón*) Relativo a [Em que há] metonímia.

metonomásia *s f* (<gr *metonomasía,as*: mudança de nome) Disfarce de um nome próprio pela sua tradução noutra língua «José Carvalho = José *Quercus*». ⇒ antonomásia; pseud[ô]nimo.

métopa *s f Arquit* (<lat *métopa,ae* <gr *metopé,és*) Espaço entre dois tríglifos de um friso dórico.

-metra *suf* (<gr *-metres*: o que mede) Indica a pessoa [o agente] que sabe ou faz algo. **Ex.** Geó[ô]~.

metragem *s f* (<metro + -agem) **1** Medição em metros. **2** *Cine* Duração (da proje(c)ção) de um filme. **Comb. Curta ~. Longa ~.**

metralgia *s f* (<gr *metra*: útero + -algia) Dor do útero. **Sin.** Uteralgia.

metralha *s f* (<fr *mitraille*) **1** Mistura de pedaços de ferro, pregos, etc., *us* em artilharia «granadas/projé(c)teis». **2** Rajada de disparos de arma de fogo «metralhadora»/Metralhada. **3** *fig* Grande quantidade de qualquer coisa [de várias coisas]. **Ex.** Ele trazia sempre na mala de viagem uma ~ [quinquilharia(+)] impressionante! **4** *fig* Conjunto de argumentos numa discussão. **Ex.** Para nos convencer a todos das suas opiniões, ele utilizou uma ~ de argumentos, citações e estatísticas que nos deixou sem resposta. **5** *Br* Fragmentos de tijolos e outros materiais *us* numa construção ou que resultam de uma demolição.

metralhador, ora *adj/s* (<metralhar + -dor) **1** (O) que metralha. **2** *s f* Arma de fogo automática que dispara rapidamente grande quantidade de balas. **Comb. ~a ligeira** [~a portátil e de pequeno calibre]. **~a pesada** [de grande calibre, em geral transportada sobre rodas].

metralhar *v t* (<metralha + -ar¹) **1** Disparar metralha sobre um alvo. **Ex.** Logo que chegaram à cidade, os atacantes metralharam a esquadra da polícia. **2** ⇒ Ferir ou matar com metralha. **3** *fig* Fazer muitas perguntas sem dar tempo de resposta. **Ex.** No interrogatório, o juiz metralhou-o com uma série de perguntas que o deixaram todo [muito] atrapalhado.

-metria *suf* (<gr *métron,ou*: instrumento para medir, medida + -ia) Exprime a ideia de medida. **Ex.** Volu~.

métrica *s f Poe* (<gr *metriké*) **1** Arte de medir versos. **2** Estrutura do verso quanto à medida. **3** Sistema de versificação próprio de um poeta. **Ex.** A ~ de Camões «no poema/no soneto». **4** *Mat* Nome dado à função distância num espaço métrico.

métrico, a *adj* (<gr *metrikós,é,ón*) **1** Relativo ao metro/às medidas. **Comb. Fita ~a/para medir. Sistema ~** [Conjunto de medidas de comprimento referidas ao metro «centí[milí/decí/quiló]metro»]. **2** *Poe* Relativo à medida dos versos (⇒ métrica).

metrificação *s f* (<metrificar + -ção) **1** A(c)ção de metrificar [colocar em verso de acordo com uma métrica]. ⇒ versificação. **2** Estrutura dos versos quanto à medida. ⇒ métrica **2**.

metrificar *v t* (⇒ métrica) Compor com determinado número de sílabas. ⇒ versejar.

metrite *s f Med* (<gr *métra*: útero + -ite) Inflamação do útero.

metro¹ (Mé) *s m* (<gr *métron,ou*: instrumento para medir) **1** Unidade fundamental das medidas de comprimento no sistema métrico decimal. **Ex.** O símbolo do ~ é *m* «3 m». **Comb. ~ cúbico** [Unidade de medida de volume equivalente ao volume dum cubo com aresta de 1 ~. **~ quadrado** [Unidade de medida de superfície igual à área de um quadrado com um ~ de lado] (Ex. O símbolo do ~ quadrado é m^2 «3 m²»). **2** Obje(c)to de madeira ou outro material que representa essa medida. **Comb. ~ padrão** [Barra de 1 ~ de platina iridiada, preservada como protótipo físico, em Sèvres, perto de Paris]. **3** *Poe* Medida que regula a quantidade e disposição das sílabas de um verso.

metro² [*Br* **metrô**] *s m* (<fr *métro(politain)*; ⇒ metrópole) Sistema de transporte urbano, total ou parcialmente subterrâneo, efe(c)tuado por comboios elé(c)tricos, que circulam de forma rápida e contínua. **Sin.** Metropolitano **3**. **Comb.** A rede de ~ [Conjunto de linhas e estações do ~ de uma cidade].

-metro- *pref* (⇒ -metria) Exprime a ideia de medida.

metrografia *s f* (<metro- + grafia) Descrição dos pesos e medidas.

metrologia *s f* (<metro- + logia) Estudo e descrição dos padrões universais de medida e da tecnologia de medição. **Comb. ~ dimensional** [Estudo da metodologia dos sistemas de medição de comprimento].

metromania *s f* (<metro-/gr *metra*: útero + -mania) **1** Mania de versejar. **2** ⇒ ninfomania.

metrónomo [*Br* **metrônomo**] *s m Mús* (<metro-/gr *nomos*: lei, regra) Instrumento *us* para regular os andamentos musicais e marcar o compasso.

metrópole *s f* (<gr *metrópolis,eos*: cidade mãe) **1** Cidade capital(+)/principal de um Estado. **2** *Hist* Nação relativamente às suas coló[ô]nias. **Ex.** A ~ tinha relações privilegiadas com as coló[ô]nias. **3** *Rel* Sede de jurisdição de um arcebispo. ⇒ arquidiocese. **4** Grande cidade, polo de a(c)tividades comerciais e culturais. **Sin.** Empório.

metropolita *s m Rel* (<lat *metropolíta,ae*) Arcebispo que tem certas [algumas] prerrogativas sobre os bispos da sua província eclesiástica.

metropolitano, a *adj/s m* (<lat *metropolitánus, a,um*) **1** Relativo à [Da] metrópole. ⇒ capital. **2** *Rel* Referente à autoridade religiosa duma metrópole **3**. **Comb.** Sé ~a. **3** *s m* Caminho de ferro total ou parcialmente subterrâneo para serviço rápido e contínuo numa cidade. **Sin.** Metro/ô(+).

metrorragia *s f Med* (<gr *metra*: útero + -ragia) Hemorragia uterina em intervalos irregulares, e que ocorre fora da menstruação. **Sin.** Uterorragia.

meu, minha *adj/pron poss* (<lat *meus,a,um*) **1** Indica que pertence à [é próprio da/sentido pela] pessoa que fala. **Ex.** O ~ carro gasta pouca gasolina. Creio que a ~ atitude foi de compreensão, não de agressividade. O ~ problema é não ser capaz de me zangar com ele. **2** Indica relação de parentesco. **Ex.** A ~ tia veio passar uns dias (de férias) con(n)osco. **3** Exprime afe(c)to, carinho, devoção. **Ex.** «em cartas» ~ caro [prezado] amigo! ~ Deus! **4** *fam depr* Indica reprovação. **Ex.** Fizeste tudo mal, ~ [seu] palerma! **5** Serve para interpelar uma pessoa cujo nome se desconhece ou não se quer dizer. **Ex.** Por favor, ~ senhora, pode dizer-me onde fica a Ópera? **6** *Mil* É *us* para o titular de um posto se dirigir a um superior. **Ex.** Às suas ordens, ~ general! **7** *s m pl* Indica os parentes/amigos/aliados da pessoa que fala. **Ex.** Vivo no estrangeiro, mas no Natal estou sempre com os ~s, é a época em que a família se reúne. Conto sempre com os ~s, é esse o grande valor da amizade.

mexedela (Chedé) *s f* (<mexer + -dela) A(c)to de mexer [agitar] um pouco. **Loc.** *fam* Dar uma ~ à [Mexer um pouco] sopa «com a colher para arrefecer».

mexediço, a (Che) *adj* (<mexer + -diço) Que se mexe muito. **Sin.** Irrequieto(+).

mexedura (Che) *s f* (<mexer + -dura) A(c)ção ou efeito de mexer. ⇒ mexedela.

mexelhão, ona (Che) *adj/s* (<mexelh(ar) + -ão/-ona) (O) que mexe em tudo. **Ex.** É uma criança muito ~ona, agarra em tudo o que vê. **Sin.** Traquinas/Travesso.

mexelhar (Che) *v int* (<mexer + -alhar) **1** Ser mexelhão [Tocar em tudo]. ⇒ mexerucar. **2** *Br* ⇒ Remexer.

mexer (Chêr) *v t* (<lat *mísceo,ére,mixtum*: misturar) **1** Movimentar o [partes do] corpo. **Comb. ~ a cabeça. ~ os lábios. Ex.** Ele ficou parado, imóvel, sem se ~ um milímetro. **2** *fam* Andar depressa [Apressar-se]. **Ex.** Todas as manhãs, a mãe lhe dizia a mesma coisa: – Anda, que são horas, mexe-te! **Idi. Pôr-se a ~** [Ir-se embora rapidamente] (Ex. Não te quero aqui, põe-te a ~!). **3** (Fazer) sair de um lugar, de uma posição. **Ex.** A ondulação mexia (com) os barcos no cais. Vamos ~ (um pouco) a mesa para cá. **Sin.** Deslocar. **4** Agitar/Misturar/Revolver. **Ex.** Preciso de uma colher para ~ o açúcar. **5** Fazer referência a determinado assunto. **Ex.** A família, de comum acordo, decidiu, não ~ mais na questão da

herança. **Sin.** Abordar/Aludir. **6** *fam* Trabalhar; ocupar-se de alguma coisa. **Ex.** Todos os dias mexe com dinheiro, sabe bem como resolver os problemas econó[ô]micos da empresa. **7** Causar perturbação. **Ex.** O filme era muito dramático e mexeu com ele [e impressionou-o muito]. **Sin.** Afe(c)tar/Sensibilizar/Impressionar. **8** Desenvolver esforços para conseguir algo. **Idi.** *~ os pauzinhos/cordelinhos* (Ex. Ele conhecia pessoas influentes e mexeu os pauzinhos para conseguir um empréstimo e comprar a casa).

mexericada (Che) *s f* (<mexerico + -ada) **1** ⇒ Salgalhada/Intrigalhada/Mexerico. **2** *Br* Mistura de coisas muito diversas, que deviam estar separadas; confusão; desordem.

mexericar (Che) *v t/int* (<mexer + -icar) Contar em segredo alguma coisa com a intenção de comprometer alguém. **Sin.** Bisbilhotar/Coscuvilhar/Intrigar/*Br col* Fofocar.

mexerico (Che) *s m* (<mexericar) **1** A(c)to de mexericar. **Ex.** Ela não aprecia as visitas das pessoas que lhe levam [Ela não gosta de] ~s. **Sin.** Bisbilhotice/Enredo/Intriga. **2** *Br* ⇒ mexericada 2.

mexeriqueiro, a (Che) *adj/s* (<mexerico + -eiro) (O) que gosta de [é dado a] mexericos. **Ex.** É muito boa pessoa, mas tem o grande defeito de se ocupar da vida alheia, é um ~. **Sin.** Bisbilhoteiro/Coscuvilheiro/Intriguista/Má-língua.

mexeriquice (Che) *s f* (<mexerico + -ice) **1** Cara(c)terística do que é mexeriqueiro. **2** A(c)to de mexericar; mexerico 1.

mexerucar (Che) *v t* (mexer + -ucar) Mexer muito e amiúde em.

México (Chi) *s m top* Estado [República constitucional federal, constituída por 31 estados e um distrito federal] situado na América, cuja capital tem o mesmo nome e cuja língua oficial é o espanhol. **Ex.** Os habitantes do ~ designam-se por mexicanos.

mexido, a (Chi) *adj/s f* (<mexer) **1** Que está revolvido/misturado. **Comb.** Ovo ~/Ovos ~s(+) (Ex. Às vezes como ovos ~s ao pequeno almoço). **2** Que se movimenta muito/Que não está quieto. **Ex.** Esta criança é demasiado ~a, precisa de se acalmar um pouco. **Sin.** Buliçoso/Irrequieto(+). **3** *s f* Agitação(+). **Ex.** Que terá acontecido? Há ~a nas ruas! **4** Alteração. **Ex.** Dizem que vai haver ~a no governo, dão como certa a saída de alguns ministros. **5** *s m Br Cul* Espécie de farofa preparada com arroz, feijão, torresmo e verduras.

mexilhão (Chi) *s m Zool* (<lat *muscéllio,ónis*) Molusco marinho, comestível, de concha bivalve, oblonga e escura que se fixa às rochas. **Prov.** *Quando o mar bate na rocha, quem se lixa é o ~* [Num conflito, é sempre a parte mais fraca que fica prejudicada].

mexoalho (Chu) *s m* (< ?) Carangueijos ou plantas marinhas em putrefa(c)ção *us* para adubo das terras.

mezanino *s m Arquit* (<it *mezzanino*) **1** Andar intermédio entre dois andares, que ocupa uma superfície menor que estes. **2** Janela desse andar ou de sobreloja ou cave. ⇒ postigo. **3** *Teat* Primeiro balcão acima da plateia.

mezena (Zê) *s f Náut* (<it *mezzana*) **1** Mastro mais próximo da ré, nas embarcações de três mastros. **2** Vela latina quadrangular *us* nesse mastro.

mezinha (Mèzí) *s f* (<lat *medicina,ae*: remédio; arte de curar) **1** ⇒ Líquido medicamentoso aplicado com clister. **2** *pop* Remédio caseiro. **Ex.** As pessoas recorrem muitas vezes à sabedoria popular e usam ~s para se tratarem «xaropes, infusões». **3** *fig* Tratamento simples/Solução fácil. **Ex.** A situação em que ele se encontra [Caso/problema dele] é tão difícil que não se resolve com ~s, é necessário recorrer a um bom advogado.

mezinhar *v t/int* (<mezinha + -ar¹) **1** Tratar [Andar] com mezinhas. **2** *pop* ⇒ Medicar.

mezzo soprano *s 2g Mús* ⇒ meio-soprano.

mi *s m Mús* (Da primeira sílaba da palavra latina *mi(ra)*, do hino a [de] S. João Ba(p)tista: Ut (depois dó) queant laxis/**Re**sonare fibris/**Mi**ra gestorum/**Fa**muli tuorum/**Sol**ve polutti/**La**bii reatum/**S**ancte **I**oannes; os nomes das notas foram dados no séc. XI por Guido d'Arezzo) **1** Terceira nota da escala musical natural [de *dó*] entre o *ré* e o *fá*. **2** Sinal representativo dessa nota. **3** Corda ou tecla que reproduz o som dessa nota. **Ex.** No violino o ~ é a primeira corda, no rabecão é a quarta.

miada *s f* (<miar) **1** A(c)to de miar/Miado. **2** O miar de muitos gatos. **Ex.** Muitas vezes, não conseguia adormecer com a ~ dos gatos no telhado.

miadela (Dé) *s f* (<miar + -dela) O som que o gato faz de uma vez/Mio(+).

miado *s m* (<miar) ⇒ miadela.

miador, ora *adj/s m* (<miar + -dor) (O gato) que mia muito.

mialgia *s f* (<gr *mýs, yós*: músculo + algia) Dor nos músculos (provocada por esforço ou doença). **Ex.** Depois da aula de ginástica ficou com uma ~. ⇒ miosalgia.

Mianmar [Birmânia] *s Geog* País do Sudeste asiático cuja capital é Rangoon [Rangum] e cujos habitantes são os mianmarenses ou birmaneses.

miar *v int/s m* (<mio + -ar¹) **1** Soltar a voz «o gato». **2** *fig* Chorar baixinho/Choramingar. **3** *s m* O som dos gatos/Mio. **Ex.** À noite só se ouvia o ~ dos gatos.

miasma *s m* (<gr *míasma, miásmatos*) **1** Emanação pútrida proveniente de substâncias orgânicas em decomposição. **2** *fig* Má influência/Podridão. **Ex.** A comunidade, ao perder valores, ficou vulnerável ao ataque de ~ s sociais.

miasmático, a *adj* (<miasma + -ico) **1** Em que há miasmas/Pestilento. **Comb. Doença ~a.Terreno ~.**

miastenia *s f Med* (<gr *mýs, myós*: músculo + astenia) Fraqueza muscular. **Comb.** ~ grave [Doença cró[ô]nica, de origem autoimune, que se cara(c)teriza por uma perturbação da transmissão neuromuscular, que se manifesta por fadiga e exaustão do sistema muscular].

miau *s m* (< *on*) **1** A voz do gato. **Ex.** O gato faz ~. **2** *infan fam* Gato. **Ex.** Ó Carlinhos, que é aquilo? – É o ~.

mica *s f Miner* (<lat *míca, ae*: grão, pedacinho) **1** Nome comum a vários minerais brilhantes e finos, formados por silicatos de alumínio e outros metais, que fazem parte de rochas vulcânicas e metamórficas. **Comb.** ~ *branca* [⇒ moscovite]. ~ *nacarada* [⇒ margarite]. ~ *preta* [⇒ biotite]. **2** Pequena porção de algo. **Sin.** Migalha(+). ⇒ nica.

micáceo, a *adj* (<mica + -áceo) **1** Que contém mica. **2** Que é semelhante à ou da natureza da mica.

micado jp Título do imperador do Japão, na qualidade de suprema autoridade religiosa/shintoísta.

miçanga ⇒ missanga.

micante *adj 2g* (<lat *mícans,ántis*) Que brilha como mica. **Sin.** Brilhante/Reluzente.

micaxisto *s m Geol* (<mica + xisto) Rocha metamórfica, cujos elementos essenciais são a mica e o quartzo.

micção *s f* (<lat *míctio, ónis*) A(c)ção de [O] urinar.

micela (Cé) *s f Quím* (<lat *micélla*, dim de *míca,ae*: pedacinho) Pequenos grupos de moléculas numa solução coloidal.

micélio *s m Bot* (<mico- + (epit)élio) Parte vegetativa [Talo] dos fungos, composta[o] de filamentos (⇒ hifas) agrupados ou emaranhados.

-micete/o- (Cé) *suf/pref* (<gr *mykés,étos*) Exprime a ideia de cogumelo, fungo. **Sin.** Mico-.

micetemia *s f Med* (<micete- + -emia) Presença de fungos no sangue.

micetófago, a *adj* (<miceto- + *phageín*: comer) Que se alimenta de fungos.

micetografia *s f* (<miceto- + grafia) Descrição de fungos.

micetologia *s f* (<miceto- + -logia) **1** Ciência que estuda os fungos. **2** Tratado sobre os fungos.

micetozoário, a *adj/s Zool* (<miceto- + gr *zoárion*: animalzinho) (Diz-se de) grupo de protozoários que, na fase plasmoidal, se associam em massas gelatinosas (⇒ mixameba), em geral em vegetais em decomposição.

micha *s f* (<lat *míca,ae*: pedaço pequeno) Pão feito com (mistura de) diversas farinhas.

mico *s m Zool* (caraíba *meku/miku*) **1** O mais pequeno dos macacos, mais conhecido por sagui. **2** *fig* Pessoa de aspe(c)to grotesco. **3** ⇒ diabo.

mico- *pref* (<gr *mýkes,étos*) Exprime a ideia de *cogumelo, fungo*. **Sin.** –micete/o-.

micogenia *s f* (<mico- + -genia) Produção de cogumelos.

micologia *s f* (<mico- + -logia) ⇒ micetologia.

micologista *s 2g* (<micologia + -ista) ⇒ micólogo.

micólogo, a *s* (<mico- + -logo) Especialista em micologia.

micose *s f* (<mico- + -ose) Doença provocada por fungos. ⇒ pé de atleta.

micotoxina *s f Quím* (<mico- + toxina) Qualquer substância produzida por fungos, algumas das quais com função terapêutica.

micro *s m* (<gr *mikrós*: pequeno) **1** *Fís* Milésima parte do milímetro/Micró[ô]metro **1** (+). **2** Forma reduzida de microfone. **3** *s f* Forma reduzida de microrradiografia.

micro- *pref* (⇒ micro) **1** Exprime a ideia de *pequenez*. ⇒ macro-; nano-. **2** No SI equivale a um multiplicador 10^{-6}, ou seja, a um milionésimo da unidade indicada logo a seguir. **Ex.** Microssegundo.

micr(o)ampere *s m Ele(c)tri* (<micro **1** + ampere) Um milionésimo de ampere.

microbar *s m Fís* (<micro **1** + bar) Unidade de pressão equivalente a um milionésimo do bar.

microbial [microbiano, a] *adj 2g* (<micróbio + …) **1** Relativo aos micróbios. **2** Que foi provocado por micróbio(s). **Comb.** Infe(c)ção ~.

microbicida *adj/s 2g* (<micróbio + -cida) (Diz-se de) substância «desinfe(c)tante» que mata os micróbios/Germicida(+).

micróbio *s m Biol* (<micro- **1** + -bio) **1** Ser vivo tão pequeno que só pode ser visto com a ajuda do microscópio. **2** *Med* Microrganismo capaz de produzir doenças. **3** *fig* Causa/Origem. **Ex.** O jogo «de azar» era afinal o ~ que o havia de levar à ruína. **4** *fig depr* Pessoa insignificante. **Ex.** Ele tinha um complexo de inferioridade, agra-

vado por suspeitar [pensar] que o consideravam um simples ~ no grupo de que fazia parte.

microbiologia s f (<micróbio + -logia) **1** Estudo dos microrganismos. **2** Ciência que estuda os micróbios.

microbiologista s 2g (<microbiologia + -ista) ⇒ microbiólogo.

microbiólogo, a s (<micróbio + -logo) Especialista em microbiologia.

microcefalia s f Med (<microcéfalo + -ia) Pequenez anormal da cabeça, geralmente associada a deficiência mental. **Ant.** Macrocefalia.

microcefálico, a adj Relativo a microcéfalo ou a microcefalia.

microcéfalo, a adj/s Med (<gr *mikroképhalos*) **1** Que tem a cabeça demasiado pequena ou a massa encefálica muito reduzida. **Ant.** Macrocéfalo. **2** Que é idiota ou pouco inteligente. **3** Bot «planta» Que tem as flores divididas em pequenos grupos.

microchip ing s m Info ⇒ microprocessador.

microcirurgia s f (<micro + cirurgia) Intervenção cirúrgica numa estrutura viva muito pequena, realizada com o auxílio de um microscópio ele(c)tró[ô]nico e de instrumentos cirúrgicos miniaturizados.

microclima s m Meteor (<micro- + clima) Conjunto das condições climáticas duma área muito restrita.

microclina [microclínio] s f [m] Miner (<micro- + gr *klínein*: inclinar) Aluminossilicato de potássio do grupo dos feldspatos, que cristaliza no sistema triclínico, us na indústria cerâmica e de vidros e como gema. ⇒ amazonite/a.

microcomputador s m Info (<micro- + computador) Computador de dimensões reduzidas, cujo núcleo é um microprocessador.

microcósmico, a adj (<microcosmo + -ico) Relativo a microcosmo.

microcosmo(s) s m (<lat *microcósmus,i*: o mundo em miniatura [o homem]) **1** Imagem reduzida do universo [Pequeno mundo]. **2** Fil O homem considerado como imagem reduzida do universo. **Ant.** Macrocosmo. **3** fig Círculo restrito. **Ex.** O ~ intelectual do país mantinha-se à margem das necessidades do povo.

microcosmologia s f (<microcosmo 2 + -logia) Estudo do corpo humano.

microcristalino, a adj Miner (<micro- + cristalino) «rocha» Que é constituído por cristais microscópicos [apenas visíveis ao microscópio].

microdáctilo, a [Br microdá(c)tilo(dg)] adj Zool (<micro- + gr *dáktilos*: dedo) Que tem os dedos muito curtos.

microdissecação s f Biol (<micro- + dissecação) Dissecação de organismos vivos de dimensão reduzida «células» feita com auxílio de microscópio ou outro aparelho especial.

microdonte adj 2g Zool (<micr(o)- + gr *odoús,odóntos*: dente) Que tem dentes muito pequenos.

microeconomia s f (<micro- + economia) Ramo da economia que estuda as características e comportamentos dos indivíduos «produtores e consumidores» a nível econó[ô]mico e os diversos tipos de mercado.

microeletrónica [Br microele(c)trónica (dg)] s f (<micro- + eletrónica) Ramo da eletrónica que se ocupa da construção de circuitos eletrónicos miniaturizados.

microempresa s f Econ (<micro- + ...) Empresa individual cuja receita anual é igual ou inferior a um determinado valor estabelecido pelo governo no início de cada ano fiscal e que, em razão disso, fica isenta de certos impostos.

microfarad s m Ele(c)tri (<micro- + farad) Unidade de capacidade elé(c)trica equivalente a um milionésimo do farad.

microfilmagem s f (<microfilmar + -agem) **1** A(c)to de microfilmar. **2** Processo de reprodução em formato muito reduzido. ⇒ microfilme.

microfilmar v t (<microfilme + -ar[1]) Converter «um documento» em microfilme.

microfilme s m (<micro- + filme) Filme em que estão fotografados em dimensões reduzidas livros ou documentos raros us em arquivos e bibliotecas, de modo a evitar o manuseamento dos originais.

microfilo, a adj Bot (gr *mikrophyllos*: de folhas pequenas) Que tem folhas muito pequenas.

microfísica s f (<micro- + física) Ciência da natureza que trata de fenó[ô]menos ató[ô]micos e nucleares (dos menores constituintes do átomo: ele(c)trões, protões, neutrões, neutrinos) à escala microscópica e cujas partes principais são a física ató[ô]mica e a física nuclear.

micrófito s m Bot (<micro- + -fito) **1** Vegetal microscópico [unicelular]. **2** Bactéria.

microflora s f Bot (<micro- + flora) Flora constituída por vegetação microscópica.

microfone s m Ele(c)tri (<micro- + -fone) Aparelho que converte a energia das ondas do som em energia elé(c)trica, permitindo a amplificação dos sons.

microfotografia s f (<micro- + ...) Fotografia obtida com imagens fornecidas pelo microscópio.

microftalmia s f Med (<micro- + oftalmia) Pequenez anormal congé[ê]nita do globo ocular.

microglossia s f (<microglosso + -ia) Tamanho anormalmente pequeno da língua.

microglosso, a adj/s (<micro- + gr *glóssa*: língua) (O) que tem a língua muito pequena/curta «e não articula bem as palavras».

micrognatismo s m Med (<micrógnato + -ismo) **1** Qualidade de micrógnato. **2** Queixo recolhido [Tamanho reduzido do maxilar inferior].

micrógnato, a adj/s (<micro- + gr *gnátos*: maxila) Que tem maxilas pequenas.

micrografia s f (<micro- + grafia) **1** Descrição dos seres e obje(c)tos que só podem ser observados com o auxílio do microscópio. **2** Emprego do microscópio.

micrograma s m (<micro- + grama) Milionésima parte do grama.

microinformática s f (<micro- + informática) Ramo da informática que se ocupa do fabrico e da utilização dos microcomputadores.

microlite/a s f Miner (<micro- + gr *líthos*: pedra) Mineral das terras raras que cristaliza no sistema cúbico e é minério de tântalo e nióbio, encontrando-se em pegmatitos.

microlítico, a adj Miner (<micrólito + -ico) **1** Relativo a micrólito. **2** «rocha» Que contém micrólitos.

micrólito s m Miner (<micro- + gr *líthos*: pedra) Cada um dos pequenos cristais, alongados ou tubulares, só visíveis ao microscópio, que constituem a pasta de certas rochas magmáticas efusivas.

microlitro s m (<micro- + litro) Medida equivalente à milionésima parte do litro.

micrologia s f (<micro- + -logia) Estudo ou descrição de corpos microscópicos.

micromanipulação s f (<micro- + ...) A(c)to de manipular ou de dissecar «células ou tecidos orgânicos em cultura», com auxílio do microscópio e de outros instrumentos de precisão.

micromanipulador, ora adj/s m (<micro- + ...) **1** (O) que sabe micromanipular. **2** (Diz-se de) dispositivo acoplado a microscópio destinado a manipular instrumentos pequeníssimos e de alta precisão us especialmente em microcirurgias e microdissecações.

micromanipular v t (<micro- + ...) Proceder à [Efe(c)tuar a] micromanipulação de. **Loc.** ~ células de uma microcultura.

micromecânica s f (<micro- + mecânica) Conjunto de técnicas us no fabrico de mecanismos de dimensão muito reduzida.

micromelia s f Teratologia (<gr *mikromeles*: de membros curtos ou delgados + -ia) Deformidade cara(c)terizada pela pequenez excessiva de algum membro.

micrómero, a [Br micrômero] adj (<micro- + -mero) **1** Que possui todos os membros e apêndices delgados. **2** s m Zool Cada um dos pequenos blastó[ô]meros que se formam pela segmentação desigual dum ovo fertilizado.

micrometria s f (<micro- + -metria) Determinação de medições muito reduzidas usando o micró[ô]metro.

micrómetro [Br micrômetro] s m (<micro- + -metro) **1** Fís Unidade de medida de comprimento equivalente à milésima parte do milímetro ou à milionésima parte do metro. **2** Instrumento us para medir obje(c)tos de dimensões muito pequenas.

mícron ⇒ micró[ô]metro **1** (+).

Micronésia s f Geog Conjunto de ilhas do (Oceano) Pacífico «Marianas, Carolinas, Palaus, Marshall, Gilbert». ⇒ Melanésia; Polinésia.

micronutriente s m Bioq (<micro- + nutriente) Cada um dos diversos elementos químicos que um ser vivo necessita absorver em pequena quantidade para sobreviver e desenvolver-se.

micro-ondas s f Fís (<micro- + onda) **1** Radiação ele(c)tromagnética de altíssima frequência, em geral superior a 300 mega-hertz/Onda ultracurta. **2** s m pl 2n Aparelho ele(c)trodoméstico us para cozer ou aquecer alimentos, através de ~s ele(c)tromagnéticas/Forno de ~s. **Ex.** Costumo aquecer o leite no ~s.

micrópila s f (<micro- + gr *pyle*: porta) **1** Bot Pequena abertura do óvulo, por onde penetra o tubo do pólen, para realizar a fecundação/Tubo micropilar/Forâmen. **2** Zool Orifício de certos óvulos de animais por onde entra o espermatozoide para se dar [realizar] a fecundação.

micróporo, a adj (<micro- + poro) Com [Que tem] poros muito diminutos/pequenos.

microprocessador s m Info (<ing *microprocessor*) Circuito integrado complexo que efe(c)tua as operações básicas de um microcumputador.

micropsia s f Med (<micro- + gr *ópsis*: vista + -ia) Alteração da [Defeito de] visão que se cara(c)teriza por os obje(c)tos parecerem muito mais pequenos do que realmente são.

microrganismo [micro-organismo] s m Biol (<micr(o)- + organismo) Ser unicelular apenas visível ao microscópio. ⇒ micróbio.

microrradiografia s f (<micro- + radiografia) **1** Radiografia de obje(c)tos muito pequenos. **2** Radiografia de tamanho reduzido. ⇒ micro **3**.

microscopia s f (<micro- + -scopia) **1** Observação com o microscópio. **2** Conjunto

microscópico, a *adj* (<microscopia + -ico) **1** Relativo à microscopia. **2** Que é apenas visível ao microscópio. **Comb.** Organismo ~. **3** Feito com auxílio do microscópio. **Comb.** Exame ~. **4** Que é muito pequeno. **Comb.** Uma lente de conta(c)to ~a. **Sin.** Minúsculo.

microscópio *s m Fís* (<micro- + gr *skopeín*: ver + -io) Instrumento ó(p)tico *us* para observar obje(c)tos extremamente pequenos. **Comb.** ~ ele(c)tró[ô]nico [em que a luz é substituída por um feixe de ele(c)trões, que aumenta o efeito de ampliação].

microsporângio *s m Bot* (<micro- + esporângio) Esporângio de certas pteridófitas onde se formam os micrósporos.

micrósporo *s m Bot* (<micro- + gr *spóros*: semente) Esporo de reduzidas dimensões de uma planta heterospórica que produz o protalo masculino.

microssegundo *s m* (<micro- 2 + ...) Milionésimo de [do] segundo.

microssismo *s m Geol* (<micro- + sismo) Sismo de pequena intensidade regist(r)ado apenas por instrumentos muito sensíveis (⇒ sismógrafo).

microssomia *s f Teratologia* (<micro- + soma² + -ia) Excessiva pequenez do corpo. ⇒ anão.

micrótomo *s m* (<micro- + -tomo) Aparelho destinado a cortar, em lâminas delgadas, os obje(c)tos de que se pretende fazer o estudo microscópico.

microzoário *s m Zool* (<micro- + -zoário) Organismo animal microscópico. ⇒ protozoário.

micterismo *s m* (<gr *mikterismós, ou*: troça) Manifestação iró[ô]nica ou maliciosa. **Sin.** Caçoada/Troça/Zombaria.

mictório *s m* (<lat *mictórius, a, um*) **1** Local público próprio para urinar/Urinol(+). ⇒ retrete; WC. **2** *adj* Que facilita a micção; diurético(+).

micturição *s f Med* (<lat *mictúrio, íre*: ter vontade de urinar + -ção; ⇒ mijar) Necessidade de urinar com frequência.

micuim *s m Ento* (<tupi *mukui'yi*: espécie de carrapato ou carraça) Designação comum de ácaros parasitas que, em suas fases juvenis, se agarram à pele de homens e animais, causando neles terrível coceira.

midi *s/adj/pref* (<ing mid <lat *médius, a, um*: que está no centro/meio) Significa meio termo; e diz-se sobretudo de traje feminino. **Comb. Uma capa de chuva ~. Uma saia ~** [cujo comprimento fica entre o joelho e o tornozelo]. ⇒ maxi; mini.

mídia ⇒ média².

midríase *s f Med* (<gr *mydríasis*: doença da pupila) **1** Dilatação anormal da pupila ocular, a qual pode ser espontânea, provocada ou patológica. **2** Paralisia da íris.

mielencéfalo *s m Anat* (<miel(o)- + encéfalo) Bolbo raquidiano (+).

mielina *s f Biol* (<miel(o)- + -ina) Membrana de constituição proteica que constituía a bainha de certas fibras nervosas.

mielite *s f* (<miel(o)- + -ite) **1** *Med* Inflamação da medula espinal. **2** *Geol* Variedade de caulino compa(c)to(+).

miel(o)- *pref* (<gr *myelós, ou*) Exprime a ideia de medula, miolo.

mielócito *s m Biol* (<mielo- + -cito) Célula da medula óssea que dá origem ao granulócito.

mieloide (Lói) *adj 2g Anat* (<miel(o)- + -oide) Relativo ou semelhante à medula dos ossos.

mieloma *s m Med* (<miel(o)- + -oma) Tumor maligno formado por células da medula óssea.

mielopatia [mielomalacia] *s f Med* (<mielo- + ...) Qualquer afe(c)ção da medula espin(h)al.

miga *s f* (<lat *mica,ae*: migalha) **1** Pequeno fragmento de pão/Migalha(+). **2** *pl Cul* Acompanhamento à base de pão com o aspe(c)to de uma papa grossa. ⇒ açorda. **3** *pl Cul* Doce feito com pedacinhos de pão. **4** Pequena porção de qualquer coisa. **5** *Zool* Espécie de búzio.

migado, a *adj* (<migar) Feito em migas/Esfarelado/Esmigalhado. **Comb.** Pão ~o.

migalha *s f* (<miga + -alha) **1** Pequeno fragmento que se solta do pão ou de qualquer alimento farináceo «bolo» quando se parte. **2** Pequena porção de qualquer coisa. **Ex.** Ao bebé só demos uma ~/migalhinha/dentadinha/um pedacinho «de queijo». **Loc.** Às ~s [A pouco e pouco/Por várias vezes/Em pequenas porções] (Ex. Ele ia contando a verdade às ~s, com receio de que a mãe se zangasse). ⇒ migalho. **3** *pl* O que resta ou sobra/O que se despreza, por não ter valor/Os restos (+). **Ex.** Eram ~s, coisas sem importância.

migalheiro, a *adj* (<migalha + -eiro) **1** Que se preocupa com bagatelas [coisas sem importância]. ⇒ picuinhas. **2** Que é muito apegado ao dinheiro/Sovina/Avarento(+). **3** *s m pop* Recipiente onde se guarda o dinheiro que se quer economizar. ⇒ mealheiro; idi pé-de-meia.

migalhice *s f* (<migalha 1 + -ice) Bagatela(+)/Ninharia(+).

migalho *s m* (<migalha) Pequeno pedaço de qualquer coisa/Pedacito «de queijo». ⇒ migalha 2.

migar *v t* (<miga + -ar¹) **1** Deitar o pão desfeito em migalhas em «sopa». **Loc.** ~ o caldo verde. **2** Reduzir a pequenos fragmentos. **Ex.** Quase todos os dias, ela miga couves para dar às galinhas.

migmatito *s m* (<gr *mígma,atos*: mistura + -ito) Rocha metamórfica como o gnaisse, produzida pela inje(c)ção do magma granítico entre as lâminas de uma formação xistosa.

migração *s f* (<lat *migrátio,ónis*) **1** A(c)to de migrar. **2** Deslocação de populações de uma região para outra. **3** Viagens periódicas que fazem certas espécies de animais «aves». **4** *Med* Deslocação de células no organismo.

migrador, ora *adj* (<lat *migrátor,óris*) ⇒ migrante; «ave» migratória; emigrante; imigrante.

migrante *adj 2g/s 2g* (<lat *mígrans,ántis*) (O) que muda de região ou país. ⇒ nómada.

migrar *v int* (<lat *migro,áre*) **1** Mudar de região ou país. **2** «animal» Deslocar-se de um lugar para outro, consoante as estações do ano.

migratório, a *adj* (<migrar + -tório) **1** Relativo à migração. **2** Que migra periodicamente. **Comb.** Ave ~a «andorinha». **3** *Med* Que se desloca no organismo. **Comb.** Célula ~a.

mii(o)- *pref* (<gr *myía, as*: mosca) Exprime a ideia de *mosca*.

miíase *s f Vet* (<mii(o)- + -ase) Afe(c)ção parasitária devida à infestação dos tecidos ou cavidades do corpo por larvas de inse(c)tos «mosca varejeira».

miiocéfalo, a *adj* (<miio- + -céfalo) **1** Que tem cabeça de mosca. **2** *s m Med* Pequeno tumor arredondado e escuro que se forma na córnea.

miiode (Ó) *adj 2g* (<mii(o)- + -ode) Da natureza da [Que se assemelha a] mosca.

miiodopsia *s f Med* (<miiode + -opsia) Perturbação visual cara(c)terizada pelo aparecimento de imagens de pontos escuros e móveis que parecem moscas.

miite *s f Med* (<mi(o)-² + -ite) ⇒ miosite.

mija *s f pop* (<mijar) A(c)to de mijar/Micção(+).

mijada *s f pop* (<mijar) **1** ⇒ micção. **2** Quantidade de urina expelida de uma só vez.

mijadeiro ⇒ mijadou[oi]ro.

mijadela *f pop* (<mijar + -dela) **1** Ja(c)to de urina. **2** Mancha produzida por urina.

mijadou[oi]ro *s m pop* (<mijar + ...) Mictório/Urinol.

mijão, ona *adj/s* (<mijar + ão) **1** (O) que se mija. **2** Diz-se de criança que urina na cama. **3** *s m* O que mija muitas vezes.

mijar *v t/int pop* (<lat *meio,meiáre*; ⇒ micção/mictório) **1** Urinar. **2** Molhar(-se) com urina. **Ex.** O cão mijou o sofá. O bebé mijou-se [fez xixi(+)] outra vez. **Idi.** *pop* **Mijar-se a rir** [Rir muito/a bandeiras despregadas] (Ex. Era uma história tão divertida que ela até se mijou a rir). **3** *fig* Encher-se de medo. **Ex.** Eles mijam-se todos quando a polícia aparece e avança para eles.

mijinha *s f col* (<mija + -inha) **1** Pequena porção de urina. **Loc.** *fam* Às ~s [Aos poucos] (Ex. Foi fazendo o trabalho às ~s, parecia que nunca mais acabava). **2** *fig* Coisa de nada [Pouquinho]. **Ex.** Deu-nos uma ~ de licor, só para provarmos.

mijo *s m pop* (<mijar «dos animais») ⇒ urina.

mijoca (Jó) *s f pop* (<mija [mijo] + -oca) **1** Mijo cal. **2** Bebida reles. **Ex.** O vinho que nos serviram ao almoço, de qualidade não tinha nada, era uma ~.

mijona (Jô) *adj f pop* (⇒ mijão) Diz-se de uma variedade de uva de polpa aguada e sabor desagradável. **Idi. Ao preço da uva ~** [Muito barato] (Ex. Comprou umas calças baratíssimas, ao preço da uva ~).

mil [M/1000] *num* (<lat *mílle*) **1** Novecentos mais [Dez vezes] cem/Um milhar. **2** *fig* Muitos. **Ex.** Os concorrentes eram mais de ~! Com ~ [tantas] coisas que tenho para fazer, *idi* férias nem pensar! O mar tem ~ [milhares de (+)] recursos. **3** *s m* O que, numa série, ocupa o milésimo lugar. **Ex.** Ele é o ~ [o milionésimo (+)] na lista dos candidatos.

milagre *s m* (<lat *miráculum,i*: maravilha, prodígio) **1** Fa(c)to inexplicável pelas leis da natureza, atribuído à intervenção divina. **Ex.** Jesus Cristo fez muitos ~s. **Loc. Por ~** [De modo extraordinário] (Ex. Caiu de uma altura considerável [bastante grande] e por ~ não ficou ferido). **Sin.** Prodígio. **2** *pop* Figura de cera ou madeira, em geral duma parte do corpo, que as pessoas oferecem aos santos em cumprimento de uma promessa. **Comb.** Sala dos ~s. **3** *fig* Coisa ou acontecimento fora do comum. **Ex.** «preguiçoso como é» É um ~ que ele tenha conseguido terminar o trabalho em tão pouco tempo. A minha cura foi um ~ da Medicina. **Idi. Fazer ~s** [Fazer coisas quase sem recursos] (Ex. Eles fazem ~s para sustentar os filhos e lhes dar educação com os poucos meios que têm).

milagreiro, a *adj/s pop* (<milagre + -eiro) **1** (O) que faz milagres. **Comb.** «S. Antó[ô]nio» Santo ~. **Sin.** Milagroso(+). **2** (O) que acredita facilmente em milagres. **Ex.** Ele é muito ~.

milagrosamente *adv* (<milagroso + -mente) De modo incrível/Por milagre/Surpreendentemente. **Ex.** Ele caiu de uma altura de oito metros, mas ~ não partiu nada, só teve umas contusões.

milagroso, a *adj* (<milagre + -oso) **1** Que faz milagres. ⇒ miraculoso. **2** Sobrenatural. **Ex.** A cura do doente é inexplicável, é

um caso verdadeiramente ~. **3** *fig col* Que parece milagre/Maravilhoso. **Ex.** Tomou um chá ~ que em pouco tempo lhe fez baixar a febre.

míldio *s m Bot* (<ing *mildew*) Designação comum a diversos fungos da família das Peronosporáceas[porales] e às doenças por eles causadas sobretudo às videiras. ⇒ pulgão.

milefólio *s m Bot* (<lat *millefólium/millefolia*) Planta de raiz medicinal, da família das Compostas, nativa da Europa e cultivada em Portugal; *Achilea millefolium*.

milenar *adj 2g* (<milén(io) + -ar^2) **1** Que contém mil. **Comb.** Tradição ~/antiquíssima. **2** Milenário.

milenário, a *adj* (<lat *millenárius,a,um*) **1** Que tem mil anos. **2** *s m* Milé[ê]nio(+).

milenarismo *s m* (<milenar + -ismo) **1** Crença numa segunda vinda de Cristo no ano 1000 e que reinaria na Terra durante mil anos antes do Juízo Final. **2** Movimento político-religioso que tem o milé[ê]nio como conceito fundamental e a ocorrência de catástrofes como antecedente a um período de justiça, felicidade e paz.

milenarista *adj 2g/s 2g* (<milenar + -ista) **1** Relativo ao milenarismo. **2** Adepto do milenarismo.

milénio [*Br* **milênio**] *s m* (<mil + -énio «biénio») Período de mil anos. **Idi.** *fam* **Há ~s** [Há muito tempo] (Ex. Há ~s que não te via!).

milerite *s f Miner* (<antr *William H. Miller* + -ite) Sulfureto de níquel que cristaliza no sistema hexagonal, de cor amarelada e brilho metálico, com risca negra acinzentada.

milésimo, a *num ord* (<lat *millésimus,a,um*) **1** Que ocupa o último lugar numa série de mil. **2** *s f* Cada uma das mil partes de um todo. **Ex.** A luz foi imperce(p)tível, durou uma ~a (parte) de segundo.

mil-folhas *s m 2n* **1** *Cul* Doce feito com duas camadas de massa folhada recheado com creme à base de claras de ovo e gelatina. **2** *Bot* ⇒ milefólio.

milha^1 *s f* (<lat *míllia, ium*) **1** *Hist* Antiga medida itinerária romana equivalente a mil passos. **2** Medida itinerária usada em vários países com valor variável. **Idi. Estar a ~s a)** *pop* Estar muito longe (Ex. Não sei exa(c)tamente a distância, sei que fica a ~s daqui); **b)** *pop* Não saber nada do que se trata (Ex. Pelas perguntas que ele fazia, via-se que estava a ~s do assunto); **c)** *pop* Estar completamente distraído (Ex. Ele parece estar atento ao que o professor diz, mas a verdade é que está a ~s, não ouve absolutamente nada). **Comb.** ~ *inglesa* [equivalente a 1609 metros]. ~ *marítima*/~ *náutica* [equivalente a 1 852 metros].

milha^2 *adj f* (<milho) «farinha, palha» De milho. ⇒ triga-milha.

milhã *s f Bot* (<milhal) Gramínea frequente em terrenos bem regados no meio de outras culturas. **Comb.** Erva ~.

milhafre *s m Ornit* (<?) **1** Espécie de ave de rapina. **2** *fig pop* Pessoa que rouba. **Sin.** Ratoneiro.

milhagem *s f* (<milha^1 + -agem) **1** Distância calculada em milhas. ⇒ quilometragem. **2** Contagem de milhas percorridas por passageiro de alguma companhia de aviação, com o fim de obter bó[ô]nus dessa empresa. **Ex.** Trinta mil é a ~ exigida para se obter uma passagem grátis entre os países da América do Sul.

milhal *s m* (<milho + -al) Terreno semeado [Plantação] de milho.

milhano *s m Ornit* (<lat *mílio,ónis*) ⇒ milhafre **1**.

milhão [1.000.000] *num* (<it *milione*) **1** Mil vezes mil; a unidade seguida de seis zeros (10^6). **2** *fig* Grande quantidade/Mil **2. Ex.** Ele adora ir aos museus da cidade, já lá foi um ~ de [já lá foi mais de mil] vezes. **3** *fig* Quantia muito elevada de dinheiro. **Ex.** Toda a gente diz que ele é dono de uma fortuna de muitos ~ões [que ele é milionário/que ele tem ~ões] «de euros».

milhar *s m* (<lat *milliárius,a,um*: que contém o número mil) **1** Quantidade correspondente a mil unidades. **Comb.** Um ~ de [Mil] ovelhas «grande rebanho na Austrália». **2** *fig* Grande quantidade. **Ex.** Há ~es de pessoas que gostaram do filme. **Loc.** «turistas que vêm aqui» Aos ~es [Em grande número].

milharal *s m* (<milheiral) ⇒ milhal.

mílhara(s) *s f pl* (<milha^2 + papas) **1** «peixe» Ovário dos peixes [Ovas (+)]. **2** Interior dos figos. **3** *Cul* Papa de farinha de milho (miúdo) preparada com leite.

milheiral *s m* (<milheiro + -al) ⇒ milhal.

milheiro^1 *s m pop* (<lat *milliárius,a,um*) ⇒ milhar **1** (+).

milheiro^2 *s m Bot* (<milho + -eiro) Planta que produz [Pé (+) de] milho.

milhentos, as *adj fam pop* (<milh(ar) + -entos) **1** Que equivale a vários milhares. **Ex.** A universidade dele é grande com ~ alunos. **2** Que é em grande quantidade, em número não especificado. **Ex.** Não te tenho telefonado porque tenho tido ~as coisas para fazer nos últimos tempos.

milhete (Lhê) *s m Bot* (<milho + -ete) Variedade de milho miúdo. ⇒ painço; sorgo; zaburro.

milho *s m Bot* (<lat *mílium,ii*) **1** Planta gramínea, originária da América, que produz uma grossa espiga, a maçaroca; *Zea mays*. **2** O grão dessa planta. **Ex.** As crianças gostam de dar ~ aos pombos. **Comb.** *Cul Milhos* [Prato preparado com ~ pouco moído]. *Farinha de ~. Pão de ~* [Broa (+)]. **3** *pop* Dinheiro. **Ex.** São pessoas com muito ~.

milho-rei *s m pop* Milho de grão vermelho.

mili- *pref* (<lat *millésimus*) Exprime a ideia de milésima parte. **Ex.** ~litro. ⇒ SI.

miliáceo, a *adj* (<milho + -áceo) **1** Relativo ao milho. **2** Semelhante a milho.

miliampere (Pé) *s m Ele(c)tri* (<mili- + ampere) Milésima parte do ampere.

miliar *adj* (<milho + -ar^2) **1** Com forma de grão de milho. **Comb.** *Glândula ~. Febre ~* [com erupções cutâneas e muita transpiração]. *Tuberculose ~*. **2** «animal» Que tem dimensões muito pequenas.

miliare *s m* (<mili- + are) Milésima parte do are.

miliário, a *adj* (<lat *milliárium,ii*: **a)** milha; **b)** marco miliário; **c)** um milhar «de passos/casas») **1** Referente a milha. **2** Que serve para assinalar distâncias itinerárias. **Comb.** *Marco ~*. **3** Que assinala um feito ou uma data memorável.

milibar [mb] *s m Fís* (<mili- + bar) Unidade equivalente à milésima parte do bar *us* na medição da pressão atmosférica.

milícia *s f* (<lat *milítia,ae*: serviço militar) **1** Carreira militar (+). **2** Conjunto de tropas dum país/Forças armadas (+). **3** Força policial de reforço ou substituição do exército regular. **4** Organização armada para defender uma cole(c)tividade ou fa(c)ção. **Comb.** *fig ~ celeste* [(Conjunto dos) Anjos que, protegendo os homens, defendem o nome de Deus]. *~ popular* [Forças de resistência] «contra um invasor/governo injusto».

miliciano, a *adj/s* (<milícia + -ano) **1** Relativo ou pertencente a milícia. **2** *Mil* Diz-se de oficial, sargento ou cabo que não faz parte do quadro permanente [que não é profissional]. **3** *s* Soldado das milícias.

milicurie *s m Fís* (<mili- + curie) Unidade de a(c)tividade radioa(c)tiva equivalente à milésima parte do curie.

miligrado *s m Geom* (<mili- + grado) Unidade de medida de ângulo plano equivalente à milésima parte do grado.

miligrama [mg] *s m* (<mili- + grama) Unidade de medida de massa equivalente à milésima parte do grama.

mililitro *s m* (<mili^1 + litro) Unidade de medida de capacidade equivalente à milésima parte do litro.

milimétrico, a *adj* (<milímetro + -ico) **1** Relativo a milímetro. **2** Que está dividido em milímetros. **Comb.** Papel ~. **3** *fig* Executado com grande precisão.**Ex.** Ele acertou no alvo sem desvios, com uma precisão ~a.

milímetro [mm] *s m* (<mili- + metro) Unidade de medida de comprimento equivalente à milésima parte do metro.

milimícron *s m Fís* ⇒ nanó[ô]metro.

milímodo, a *adj* (<lat *millímodus,a,um*) ⇒ multímodo(+).

milionário, a *adj/s* (<fr *millionnaire*) **1** (O) que é muito rico [que possui milhões]. **Ex.** Ganhou a lotaria e ficou ~. **2** *adj* Que custa milhões. **Ex.** A cidade organizou este ano festas ~as/caríssimas.

milionésimo, a *num* (<it *milionesimo*) **1** (Que é) o último numa série dum milhão. **Ex.** A ilha celebrou a chegada do ~ turista. **2** Cada uma das partes de um todo dividido por um milhão.

militança *s f* (<militar^2 + -ança) **1** Vida militar (+). **2** Conjunto dos militares. ⇒ tropa.

militância *s f* (<militar^2 + -ância) **1** Qualidade de militante. **2** Defesa a(c)tiva de uma causa «partido». **3** Atitude das pessoas que trabalham por uma causa ou organização. **Comb.** ~ *partidária*. ~ *religiosa*.

militante *adj 2g/s 2g* (<lat *mílitans,ántis*) **1** (O) que milita. **2** (O) que toma parte a(c)tiva na defesa de uma causa [um ideal/partido/uma religião]. **3** *s 2g* Membro duma organização política, sindical ou social. **Ex.** Ele é ~ do partido «socialista» há [faz] muitos anos.

militar^1 *adj 2n* (<lat *militáris,e*) **1** Relativo à tropa ou à guerra. **Comb.** Operação «ataque/invasão» ~. **2** Apoiado pelas forças armadas. **Comb.** Golpe ~. **3** *s 2g* Pessoa que faz parte das forças armadas (: exército, marinha ou força aérea). **Ex.** Os ~es têm como missão a defesa da pátria.

militar^2 *v int* (<lat *mílito,áre*) **1** Seguir a carreira das armas.**Ex.** Enquanto jovem, militou na força aérea do seu país. **2** Defender [Lutar por] uma causa/uma ideia. **Ex.** Ela milita pela tolerância, contra o racismo e a xenofobia. **3** Estar filiado num partido «socialista».

militarão *s m* (<militar^1 3 + -ão) *col* Militar rude, autoritário e exigente no cumprimento da disciplina e dos deveres militares. **Ex.** A maioria dos soldados considera o comandante do quartel um ~ e tem medo dele.

militarismo *s m* (<militar^1 + -ismo) **1** Forma de governo baseada no poder militar ou que se apoia nas forças armadas. **2** Política de uso da força militar e da guerra como meio privilegiado de resolução dos conflitos internacionais. **Ant.** Pacifismo. **3** *depr* Ingerência dos militares na vida política e social.

militarista *adj 2g/s 2g* (<militar + -ista) **1** «política» Que se baseia na força das armas para governar. **2** (Pessoa) que é

partidária do militarismo. **Ant.** Antimilitarista/Pacifista.

militarização s f (<militarizar + -ção) A(c)to ou efeito de militarizar [de organizar militarmente]. **Ex.** Há muitas pessoas preocupadas com a ~ do espaço.

militarizar v t (<militar¹ + -izar) **1** Dar cará(c)ter militar a. **Ex.** Os regimes autoritários militarizam organizações por natureza civis. **2** Organizar(-se) militarmente. **Ex.** O povo militarizou-se para lutar contra os ocupantes do país. ⇒ militância 2.

militarmente adv (<militar + -mente) **1** De modo militar. **2** Com disciplina rigorosa. **3** fig Numa atitude própria dos militares. **Sin.** Autoritariamente.

mílite s m Poe (<lat míles,litis) ⇒ soldado/militar 3.

militofobia s f (<lat míles,litis: soldado + fobia) Aversão à vida [ao que é] militar.

millerite/a s f Miner ⇒ milerite/a.

milonga(s) s f pl (<quimbundo pref pl mi-+ longa: palavra) **1** Mús Canto e dança de Buenos Aires dos fins do séc. XIX, inspirados na habanera cubana e depois absorvidos pelo tango (argentino). **2** Br Intrigas/Enredos/Mexericos. **3** Desculpas falsas, sem cabimento.

mim pron pess (<lat mi <míhi: dativo de égo: eu; ⇒ comigo) Refere-se à primeira pessoa do singular e indica quem fala ou escreve, na função de complemento regido de preposições. **Ex.** Ele já não se lembra de ~. A ~, não me parece boa ideia sair de casa a chover. Não sei porque me acusam, não têm nada contra ~. Disse idi cá para ~ [Disse idi com os meus botões]: o meu sócio na empresa quer enganar-me… Deram prémios a todos, quanto a ~ [, mas eu] fiquei esquecido. **Loc.** Por ~ [Na minha opinião] (Ex. Por ~, acho que eles não vêm hoje.

mimado, a adj (<mimar) **1** Tratado com mimo. **Ex.** Foi muito ~ em [quando era] criança. **2** depr Que tem mimo em excesso. **Ex.** Ela chora muito, não por ser infeliz, mas por ser ~a.

mimalhice s f (<mimalho + -ice) **1** Qualidade ou a(c)to de mimado. **Ex.** Ele ofende-se com demasiada facilidade, (porque) tem muita ~ [é muito mimado]. **2** O tratar com demasiado mimo. **Ex.** Não conheço criança mais egoísta, e isso é com certeza devido à ~ [pieguice] com que tem sido tratada.

mimalho, a adj/s (<mimo¹ + -alho) **1** (O) que tem [revela] muito mimo. **Ex.** Ela é ~a. **Sin.** Piegas. **2** depr (O) que tem um comportamento caprichoso e egoísta. **Ex.** Já não gosto de ti, és muito [és uma] ~a.

mimar¹ v t (<mimo¹ + -ar¹) **1** Dar mimo a [Ser carinhoso com]. **Sin.** Acariciar/Acarinhar «o bebé». **2** fig Tratar [Educar] com demasiada indulgência. **Ex.** Dizem que os avós mimam os netos em demasia.

mimar² v t (<mimo² + -ar¹) Representar por mímica [por meio de gestos).

mimeco (Mé) s m fam (<mimo¹ + -eco) Coisa boa, apetitosa. **Sin.** Mimo¹ 4.

mimeografar v t (<mimese + grafar) Tirar cópia usando o mimeógrafo.

mimeógrafo s m (<mimese + -grafo) Aparelho com o qual se reproduzem cópias a partir de um original escrito ou desenhado em estêncil, um papel fino especial com pequenas perfurações. ⇒ reprografia; xerox.

mimese (Mé) s f (<gr mímesis,eós: imitação) **1** Liter Imitação [Recriação] do real na arte literária, segundo a estética aristotélico-plató[ô]nica. **2** Imitação do estilo, do gesto ou da voz de outra pessoa/Mímica(+). **3** Med Simulação de doença ou sintoma.

mimético, a adj (<gr mimetikós,é,ón: que tem talento para imitar) **1** Relativo ao mimetismo. **2** Diz-se de organismo dotado de mimetismo.

mimetismo s m Zool (<gr mimetés,ou: imitador + -ismo) **1** Propriedade que algumas espécies animais «camaleão» e vegetais apresentam de se confundirem com o meio em que se encontram. **Ex.** O ~ «das borboletas» facilita a «sua» prote(c)ção. ⇒ disfarce. **2** fig Imitação inconsciente que consiste em alguém ado(p)tar a linguagem e o comportamento das pessoas com quem vive.

mímica s f (<mímico) **1** Maneira de expressar o pensamento por meio de gestos, movimentos corporais e expressões faciais. **2** Teat A arte de se expressar deste modo/Pantomima. **3** Conjunto desses gestos. **Ex.** Ele fez-se entender «língua estrangeira» recorrendo a uma ~ muito divertida. **Sin.** Gesticulação.

mimicar v t/int (<mímica + -ar¹) Exprimir ou representar por gestos. ⇒ gesticular.

mimice s f (<mimo¹ + -ice) ⇒ mimalhice.

mímico, a adj (<gr mimikós,é,ón; ⇒ mimo²) **1** Relativo a mímica. **2** Que exprime ideias por meio de gestos e movimentos corporais e fisionó(ô)micos. **Comb.** Linguagem ~a. **3** s Artista que se exprime por meio da mímica. **Sin.** Pantomimeiro.

mimo¹ s m (<criação expressiva) **1** Demonstração de afe(c)to. **Ex.** Ele sente-se só, sem os ~s da mãe. **Sin.** Carinho/Meiguice. **2** depr Excesso de indulgência com que se educa uma criança ou um animal. **Ex.** A criança anda caprichosa e egoísta por causa do excesso de ~ com que a tratam. **3** Pessoa ou coisa muito boa. **Ex.** Ela é tão simpática, um ~ de pessoa! O desenho ficou um ~ [primor]! **4** Gesto ou presente delicado, em geral inesperado. **Ex.** A avó veio visitar os netos e trouxe-lhes uns ~s/mimecos «doces».

mimo² s m Teat (<lat mímus,i: pantomim(eir)o; comediante; ⇒ mímica) **1** A(c)tor que representa por meio de gestos e expressões corporais e fisionó[ô]micas, sem recorrer à palavra. ⇒ mímica 1. **2** Gé[ê]nero teatral greco-romano em que o a(c)tor imitava os cara(c)teres e costumes da época. **3** A(c)tor que representava peças desse gé[ê]nero. **4** fig Aquele que imita gestos ou maneiras de falar de outras pessoas/Imitador(+)/Mímico 3 (o+).

mimodrama s m (<mimo² + drama) Cena dramática representada por mímica. **Sin.** Pantomima.

mimografia s f Teat (<mimo² + grafia) Tratado acerca da mímica ou dos mímicos.

mimologia s f Teat (<mimo² + -logia) **1** Imitação do modo de falar de uma pessoa. **2** Linguagem mímica us pelos surdos-mudos.

mimosa (Mó) s f Bot (<lat científico mimosa) **1** (Árvore da espécie da) acácia, de flores amarelas e aroma intenso, de flores dispostas em cacho. **Comb.** ~ sensitiva [pudica] ⇒ sensitiva. **2** A flor dessa árvore.

mimosáceo, a adj/s f Bot (<mimosa + -áceo) (Diz-se de) planta ou família de plantas dicotiledóneas, quase sempre lenhosas, tropicais e subtropicais.

mimosear v t (<mimoso + -ear) **1** ⇒ mimar 1. **2** Dar prendas; brindar com. **Ex.** A organização do congresso mimoseou os congressistas com um vinho [porto] de boas-vindas. **Sin.** Obsequiar/Presentear. **3** iron Insultar/Maltratar/Ofender. **Ex.** Com aquelas notas [Com notas tão más/baixas], o professor mimoseou os alunos com algumas palavras menos simpáticas e mandou-os estudar mais.

mimoso, a (Ôso, Ósa, Ósos) adj (<mimo¹ + -oso) **1** Que revela [está habituado a] mimo. **Sin.** Amimado(+)/Mimado(+). **2** Que é macio e delicado. **Ex.** É um tecido ~. **Comb.** Coração ~/terno(+)/delicado(+). Pele ~a. **Sin.** Suave. **3** Que é belo. **Ex.** Apanhei, para lhe dar, a flor mais ~ do jardim. **Sin.** Encantador/Gracioso. **4** Que é feito com mimo [perfeição]. **Ex.** É um artesão muito bom, são ~as as peças que saem das suas mãos. **Sin.** Perfeito/Primoroso. **5** s Aquele que é favorecido pela sorte. **Sin.** Favorito.

mina s f (<celta mina) **1** Concentração ou veio subterrâneo de substâncias minerais ou fósseis. **Comb.** ~ de cobre. ~ de ouro. **Sin.** Jazida. **2** Escavação subterrânea ou a céu aberto para extrair minerais. **Ex.** As galerias da ~ encontram-se a cem metros de profundidade. **3** Nascente de água subterrânea conduzida por túnel. **Ex.** O terreno tem mais valor por ter uma ~ de água abundante. **4** Cavidade cheia de pólvora que faz explodir o que se encontra no terreno por cima e à volta «pedreira». **5** Mil Engenho explosivo fixo ou móvel com que se destroem certos alvos. **Comb.** ~ antipessoal [Engenho us essencialmente contra pessoas] (Ex. Com a guerra, o campo ficou cheio de ~s antipessoais). ~ submarina [~ us contra navios]. ~ terrestre [Artefa(c)to explosivo destinado a impedir/dificultar o avanço de tropas terrestres]. Dete(c)tor de ~s [Instrumento destinado a encontrar [dete(c)tar (+)] ~s colocadas no solo]. **6** Haste de grafite «lápis». **7** fig Negócio muito lucrativo. **Ex.** Descobriu uma ~ ao dedicar-se à exportação dos seus produtos. **8** Pedra preciosa. **Ex.** Ela ficou muito contente com o anel de ~s que lhe ofereceram. **9** fig Fonte inesgotável de alguma coisa. **Ex.** O professor é uma ~ de sabedoria em várias matérias [é uma verdadeira enciclopédia].

minacíssimo, a adj (⇒ minaz) (<lat minacíssimus, a, um) Muito ameaçador.

minado, a adj (<minar) «terreno» Que se minou/Em que se colocaram minas.

minar v t (<mina + -ar¹) **1** Abrir minas no solo ou subsolo para extrair minérios ou água. **Ex.** Minaram o terreno em busca de ouro. **2** Abrir ou fazer «uma mina de água»/Escavar/Furar. **3** Colocar minas [engenhos explosivos] em sítios estratégicos para os fazer explodir. **Ex.** A tropa minou as pontes para as destruir e assim dificultar a passagem do exército inimigo. **4** fig Causar prejuízo de forma oculta e progressiva. **Ex.** A propaganda foi minando as bases do regime. **5** fig Fazer perder a força. **Ex.** A doença minou-o e deixou-o idi às portas da morte. **Sin.** Corroer/Debilitar. **6** Causar infelicidade. **Sin.** Atormentar. **7** Br Brotar/Fluir/Surgir. **Ex.** A ferida ainda minava [deitava(+)] um pouco de pus.

minarete (Rê) s m (<ár manara: lugar onde há luz; farol + -ete) Torre alta e estreita, erguida ao lado das mesquitas, do alto da qual o muezim ou almuadem chama os muçulmanos à oração.

minaz adj 2g (<lat mináx,ácis) **1** «rosto» Ameaçador. **2** Arrogante.

mindinho adj/s m (<?) col (Relativo ao) dedo mais pequeno da mão.

mineiro, a adj (<mina + -eiro) **1** Referente a mina ou extra(c)ção de minério. **Comb.** A(c)tividade ~a. Indústria ~a. **2** Que tem minas ou jazidas de minério. **Comb.** Região ~ a. **3** s Pessoa proprietária de minas.

4 Operário que trabalha nas minas. **Ex.** O trabalho de ~ é duro e origina problemas de saúde. **5** adj/s Br (Que é) natural ou habitante (do Estado) de Minas Gerais. **6** s m Ornit Ave passeriforme também conhecida por pisco-ferreiro. **7** s f Terreno abundante em minério. **8** Br Ento Espécie de formiga que constrói ninhos subterrâneos.

mineração s f (<minerar + -ção) **1** A(c)ção de minerar/Exploração de minas. **2** Purificação do minério extraído das minas.

mineral adj 2g/s m (<lat medieval *minerális, e*; ⇒ metal) **1** Referente a minerais. **Comb.** Reino ~ [Conjunto que compreende as substâncias inorgânicas]. **2** Que contém minerais em dissolução. **Comb.** Água ~. **3** Que é próprio de mineral. **Comb.** Brilho ~. **4** s m Substância natural, sólida ou líquida, com composição química e estrutura cristalina cara(c)terística. **Ex.** O granito é formado por três minerais: o quartzo, o feldspato e a mica.

mineralização s f (<mineralizar + -ção) **1** A(c)to ou efeito de mineralizar. **2** Transformação de um metal «ferro» em mineral. **3** Transformação de uma substância orgânica em substância inorgânica [em mineral].

mineralizador, ora adj (<mineralizar + -dor) **1** (Diz-se de) substância que mineraliza outra. **2** Que se combina com um metal, transformando-o em mineral ou minério. **Ex.** O enxofre é uma substância ~ra. **3** s m Elemento «gás dissolvido [contido] em magma (vulcânico)» que facilita a formação de minerais.

mineralizar v t (<mineral + -izar) **1** Transformar ou transformar-se em minerais/Causar ou sofrer mineralização. **2** Modificar pela adição de substâncias minerais. **Loc.** ~ a água.

mineralogia s f (<mineral + -o- + -logia) Ramo da Geologia que estuda os minerais na sua estrutura, composição e propriedades.

mineralógico, a adj (<mineralogia + -ico) Relativo ou pertencente à mineralogia. **Comb.** Classificação ~a.

mineralogista s 2g (<mineralogia + -ista) Especialista em mineralogia.

mineralurgia s f (<mineral + -urgia) Arte de aplicar os minérios sobretudo os metais à indústria, tirando deles o maior proveito. ⇒ siderurgia; metalurgia.

minerar v t (<minério [mineiro] + -ar^1) **1** Explorar economicamente uma mina. **2** Extrair minério, pedra ou metal de uma mina. **3** int Trabalhar em minas.

minério s m (<miner(al) + -io) Mineral ou rocha de onde se extraem metais ou outras substâncias economicamente rentáveis. **Ex.** Os ~s são matérias-primas com importância em certas indústrias como a química e a metalúrgica.

minerva s f (<marca de fabrico *Minerva*) **1** Tip Pequena máquina impressora us para trabalhos ligeiros «cartões, fa(c)turas». **2** Med Aparelho ortopédico para imobilizar o pescoço.

minestra s f (<it *minestra*) **1** Cul Sopa de arroz ou massa com legumes e verduras. **2** fig Jeito ou astúcia para se conseguir alguma coisa.

mingacho s m (<?) Cabaço onde o pescador de rio guarda os peixes para os manter vivos.

mingar v int pop ⇒ minguar.

mingau s m Cul (<tupi *minga'u*: comida que gruda) **1** Papa(s) de farinha de trigo ou de mandioca. **2** Qualquer alimento de consistência pastosa, feito geralmente com leite e açúcar, engrossado com farinhas variadas.

míngua s f (<minguar) **1** Falta do que é necessário. **Loc.** À ~ [Na miséria] (**Ex.** Dizem que morreu à ~ sem o amparo de ninguém). **Sin.** Escassez/Penúria. **2** Falta de qualquer coisa. **Ex.** Por vezes, há ~ de peixe à venda. **Loc.** À ~ de [Com falta de] (**Ex.** Morreu à ~ de assistência). **Sin.** Carência.

minguante adj 2 g (<minguar + -ante) **1** Que mingua [diminui]. **2** Diz-se do último quarto da Lua em forma de C, entre a lua cheia e a lua nova. **Comb.** Quarto ~. **Ant.** Crescente «em forma de D». **3** s f Maré baixa. **4** s m Redução ou perda [ruína] de prosperidade. **Ex.** Os negócios estão em ~.

minguar v int (<lat *mínuo, áre* <*mínuo, úere* <*minus*: menos) **1** Diminuir [Tornar-se menor ou menos abundante]. **Ex.** Com a idade, o corpo das pessoas vai minguando. **Sin.** Decrescer/Decair. **Ant.** Aumentar. **2** Escassear. **Ex.** Em épocas de crise econó[ô]mica, o dinheiro mingua para a maioria da população. **3** Passar a Lua de cheia a nova. **Ex.** A Lua está a ~. ⇒ minguante 2.

minha pron pess (⇒ meu) Refere-se à primeira pessoa do *sing* do género feminino e indica posse. **Ex.** A ~ casa fica nos arredores [fica perto] da cidade.

Minho s m Geog Província [Região] do Noroeste de Portugal. **Ex.** O ~ é a terra dos minhotos (Nhô).

minhoca (Nhô) s f Zool (< ?) **1** Verme anelídeo que vive debaixo da terra, de pedras ou em sítios húmidos. **Ex.** Os pescadores usam a ~ como isca. **Idi.** fam *Cada cavadela, sua ~* [Quanto mais se mexe num assunto, mais complicações aparecem]. **2** pl pop Manias/Crendices/Preconceitos. **Ex.** Ele tem uma relação difícil com os outros por causa das ~s que lhe tiram a lucidez. **Idi.** *Ter ~s na cabeça* [Ter ideias más, confusas ou tristes]. **3** Br Menor sequência, no jogo do póquer, em que o ás entra como a última carta decrescente.

minhocão s m (<minhoca + -ão) **1** Minhoca grande. **2** Br Ser fantástico das lagoas e dos açudes, a que os índios atribuem toda a espécie de malefícios. **3** Br pop Construção urbana alongada «viaduto».

minhoquices s f pl pop (<minhoca + -ice) Ideias tolas ou preconcebidas. **Ex.** Para de dizer ~! Argumenta com coisas sérias e lógicas! **Sin.** Tolices.

mini- pref (<lat *mínimus,a,um*) Exprime a ideia de *miniatura/mínimo/pequenez*. **Ex.** Minissaia. ⇒ maxi-; midi-.

miniatura s f (<it *miniatura*: desenho [ilustração de códices] feito a mínio) **1** Versão reduzida de algo maior. **2** Pintura que serve de ilustração a certos manuscritos. ⇒ iluminura. **3** an Letra vermelha [desenhada com iluminuras] com que se iniciavam os capítulos das obras. **4** Resumo(+).

miniatural adj 2g (<miniatura + -al) **1** Relativo a [Próprio de] miniatura. **2** Que representa algo em tamanho reduzido. **3** Muito pequeno.

miniaturar v t (<miniatura + -ar^1) **1** Representar ou reproduzir em miniatura. **2** Descrever minuciosamente. **Sin.** Pormenorizar(+).

miniaturista s 2g (<miniatura + -ista) Pessoa que faz miniaturas.

miniaturizado, a adj (<miniaturizar) **1** Que sofreu miniaturização. **2** Em tamanho muito reduzido.

miniaturizar v t (<miniatura + -izar) **1** ⇒ miniaturar. **2** Ele(c)tron Reduzir «circuitos ele(c)tró[ô]nicos a dimensões mínimas, sem prejuízo das suas funções.

miniautocarro s m (<mini- + autocarro) Veículo de transporte cole(c)tivo rodoviário para poucos [cerca de doze] passageiros. **Ex.** Os ~ circulam melhor nas ruas mais estreitas.

minibar s m (<mini- + bar) Pequeno frigorífico em quarto de hotel com bebidas e aperitivos.

minifundiário, a adj (<minifúndio + -ário) **1** Relativo a minifúndio. **2** Proprietário de minifúndio.

minifúndio s m (<mini- + -fúndio «latifúndio») Propriedade rural de pequena dimensão. **Ant.** Latifúndio.

minigolfe s m (D)esp (<mini- + golfe) A(c)tividade semelhante ao golfe, praticada num campo de pequenas dimensões, num percurso com obstáculos (pequenos túneis ou pontes).

mínima s f (<mínimo) **1** Mús Figura com o valor de metade da duração da semibreve. **2** Meteor O valor mais baixo que se verificou em determinado fenó[ô]meno durante certo período. **Ex.** «temperatura» A ~ regist(r)ada foi de 2° C. **Idi.** fam *Não ligar a ~* [Não dar importância/Ignorar] (**Ex.** Eu disse-lhe que tivesse cuidado com o cão e ele não ligou a ~, por isso foi mordido).

minimalismo s m Arte (<ing *minimalism*; ⇒ mínimo) **1** Tendência ou corrente artística que reduz ao mínimo os elementos constitutivos de uma obra, acentuando a sua estrutura. **2** Técnica ou estilo cara(c)terizado pela extrema concisão e simplicidade. **3** fig Tendência para reduzir ao mínimo os elementos constitutivos ou os recursos disponíveis. **Ex.** O governo apresentou um orçamento cara(c)terizado pelo ~. **4** Mús Sistema de composição que utiliza elementos melódicos decalcados de modelos tradicionais mas desprovidos de representatividade.

minimalista adj 2g/s 2g Arte (<ing *minimalist*; ⇒ mínimo) **1** (Artista) que utiliza na sua obra um número reduzido de elementos. **2** Pessoa que reduz tudo ao mínimo/que procura a maior simplicidade possível. **3** Que tem as cara(c)terísticas do minimalismo.

minimamente adv (<mínimo + -mente) **1** Em medida ou grau insignificante ou praticamente nulo. **Ex.** Falei-lhe no assunto, mas ele não ligou ~ à questão [não me ligou]. **2** Em medida ou grau que não ultrapassa o estritamente necessário [o mínimo]. **Ex.** Ele prepara-se ~ para os exames, não se cansa demasiado, mas tem-lhe dado para ficar aprovado.

minimercado s m (<mini- + mercado) Estabelecimento de pequena dimensão dedicado ao comércio de bens alimentares e outros. **Ant.** Supermercado.

minimização s f (<minimizar + -ção; ⇒ minoração) **1** A(c)to ou efeito de minimizar. **2** fig Depreciação/Desvalorização/Subestimação. **Ex.** A ~ dos conhecimentos em matéria de prote(c)ção civil faz aumentar muitas vezes o número de vítimas das catástrofes naturais. Um preço de mercado é o resultado do esforço de maximização dos ganhos e de ~ das perdas.

minimizar v t (<mínimo + -izar) **1** Reduzir ao mínimo. **2** fig Considerar de reduzida importância. **Ex.** Perante os fracos resultados anuais do banco, a administração minimizou a sua importância. **3** fig Depreciar/Desvalorizar. **Ex.** Não se devem ~ as qualidades do adversário.

mínimo, a adj (<lat *mínimus,a,um*: o menor/muito pequeno) **1** Muito pequeno. **Comb.**

Dedo ~ [mais pequeno da mão]. ***Salário ~*** [mais baixo, fixado por lei]. **2** *s* Menor quantidade de algo. **Ex.** Depois daquela cena de falta de educação, o ~ que ele tem a fazer é pedir desculpa. **3** *s pl* «automóvel» Faróis de menor potência e amplitude.

mínio *s m* Quím (<lat *mínium,ii*) Óxido vermelho de chumbo (Pb_3O_4) *us* em pinturas de porcelana e tintas anticorrosivas; zarcão.

minissaia *s f* (<mini- + saia) Saia muito curta, acima do joelho.

minissérie *s f* (<mini- + série) Série de ficção ou documentário para televisão, apresentada num número reduzido de episódios.

ministerial *adj 2g* (<lat *ministeriális,e*) **1** Relativo ou pertencente a ministro ou ministério. **Comb.** *Função ~.* **2** Relativo ao conjunto de ministérios que formam o governo. **Comb.** *Remodelação ~.* **3** Efe(c)tuado por um ministro. **Comb.** ***Decisão ~. Visita ~.***

ministeriável *adj 2g* (<ministério + -vel) Que tem [reúne] as condições necessárias para ser ministro. **Ex.** Os jornais têm publicado listas de políticos ~veis.

ministério *s m* (<lat *ministérium,ii*: ofício, função de servir) **1** *Maiúsc* Cada um dos departamentos em que se atribui o poder executivo. **Comb.** *~ da Saúde.* **2** Conjunto dos ministros e secretários de Estado que formam o Governo. **Ex.** O novo ~ tomou posse hoje perante o Presidente da República. **3** Equipa ou gabinete ministerial «do ministro da economia». **4** Edifício onde se encontram os serviços administrativos de cada departamento governamental. **Ex.** As pessoas aglomeram-se em frente do ~, à espera de serem recebidas. **5** Cargo ou função que se exerce. **Ex.** Ele tem que estudar muito para desempenhar bem o ~ da advocacia. **Comb.** *Maiúsc ~ Público* [Magistratura judicial à qual compete defender a sociedade e zelar pela aplicação da lei. **6** *Rel* ~ sacerdotal [Sacerdócio].

ministrante *adj 2g/s 2g* (<ministrar + -ante) (Pessoa) que exerce um cargo, uma função ou ministério/que administra alguma coisa. ⇒ administrador.

ministrar *v t* (<lat *ministro,áre*: servir) **1** Fazer alguém receber ou tomar. **Ex.** Como professor, teve o seu trabalho reconhecido pelos ensinamentos que ministrou. O médico ministrou[deu]-lhe uma inje(c)ção que lhe fez muito bem. O pai ministrou[deu(+)]-lhe uns conselhos que lhe foram muito úteis. **Sin.** Aplicar/Dar. ⇒ Administrar. **2** *Rel* Efe(c)tuar «culto ou sacramento». **Ex.** O sacerdote ba(p)tizou [ministrou o ba(p)tismo] aos meus filhos.

ministro, a *s* (<lat *miníster,tri*: servidor) **1** Pessoa que, enquanto membro do Governo, tem a seu cargo um ministério [tem uma pasta ministerial]. **Comb.** *Maiúsc **Conselho de ~s. Presidente do Conselho de ~s*** [Primeiro-Ministro(+)]. **2** Pessoa que está encarregada de um ofício, função ou missão. **Comb.** *~ da Paz.* **Sin.** Executor/Medianeiro. **3** Designação do diplomata que exerce o cargo imediatamente abaixo de Embaixador. **Comb.** *~ plenipotenciário* [Enviado extraordinário]. **4** *Rel* Padre/Sacerdote. **Comb.** *~ da igreja/do Senhor/do evangelho/do altar.* **5** *Br* Juiz de diversos tribunais brasileiros.

minoração *s f* (<lat *minorátio,ónis*; ⇒ minimização) A(c)to ou efeito de minorar. **Sin.** Diminuição/Redução.

minorado, a *adj* (<minorar) Atenuado/Reduzido. **Comb.** *Mat Conjunto ~* [que tem algum minorante].

minorante *s m* Mat (<minorar + -(a)nte) **1** Número real que é igual ou menor que qualquer dos elementos de um conjunto de números reais. **2** *adj 2g* Que minora/diminui. **Sin.** Minorativo.

minorar *v t* (<lat *minoro,* áre; ⇒ minimizar) **1** Tornar menor/Diminuir/Reduzir. **2** *fig* Tornar menos penoso. **Ex.** O carinho com que o tratavam minorava a tristeza que tinha. **Sin.** Aliviar/Suavizar.

minorativo, a *adj/s m* (<minorar + -tivo) **1** Que minora. **2** Que alivia. **Loc.** Ministrar [Dar] um ~o [um laxante suave].

minorca *s f* (<top *Minorca*) **1** *Ornit* Raça de galinhas (muito) poedeiras, originária de Minorca, ilha do arquipélago espanhol das Baleares, no Mediterrâneo. **2** *col* Pessoa de pequena estatura.

minoria *s f* (<lat *mínor,óris* + -ia) **1** Parte menos numerosa num conjunto de pessoas ou coisas. **Loc.** *Em ~* [inferioridade numérica] (Ex. Os a(c)cionistas que queriam a compra da empresa ficaram nitidamente em ~). **2** *Política* **a)** Grupo ou fa(c)ção no interior de uma assembleia «~ parlamentar» ou um partido. **Ex.** O partido consagrou [aprovou] nos estatutos o direito a constituir no seu seio ~s organizadas; **b)** Grupo ou partido que tem o menor número de votos numa eleição. **3** Grupo de uma comunidade que se demarca do conjunto por ter uma etnia, uma cultura e hábitos sociais diferentes. **Comb.** *~ étnica.*

minoritário, a (<minoria + -t- + -ário) **1** Relativo à(s) minoria(s). **Ant.** Maioritário. **2** Que está em minoria [tem menor número de representantes]. **Ex.** Apesar de ~, o partido do Governo recebeu o apoio parlamentar suficiente para governar.

minotauro *s m* Mit (<gr *Minotáuros*) **1** *Maiúsc* «mitologia grega» Monstro com corpo de homem e cabeça de touro. **2** *fig depr* Indivíduo traído pela mulher.

minúcia *s f* (<lat *minútia,ae*) **1** Coisa muito miúda. ⇒ minudência. **2** Detalhe sem importância/Coisa insignificante. **Idi.** *Descer a ~s* [Entrar em pormenores/Deter-se com insignificâncias] (Ex. Muitas vezes, ele desce a ~s que não são necessárias à compreensão do tema. **Sin.** Pormenor. **3** Aplicação atenta aos pormenores. **Loc.** *Com ~* [Minuciosamente/Pormenorizadamente]. **Sin.** Meticulosidade/Minuciosidade.

minuciosamente *adv* (<minucioso + -mente) De modo minucioso/Com todo o detalhe. **Ex.** O médico viu os exames ~ e prescreveu o tratamento mais corre(c)to.

minuciosidade *s f* (<minucioso + -i- + -dade) Qualidade de minucioso/Meticulosidade/Minúcia 3. **Ex.** Descreveu [Explicou] o crime com toda a ~.

minucioso, a (Ôso, Ósa, Ósos) *adj* (<minúcia + -oso) **1** Que se detém em pormenores. **Sin.** Meticuloso. **2** Descrito ou narrado em pormenor. **Ex.** O professor procedeu a [fez] uma abordagem ~a da questão.

minudência *s f* (<esp *menudencia*) **1** Coisa miúda. **Sin.** Detalhe/Pormenor(+)/Minúcia 1(+). **2** *fig* Rigor no que se faz/Observação atenta aos pormenores. **Ex.** Ele analisou a situação com ~/minúcia 3(+).

minudente *adj 2g* (<minud(ência) + -ente) ⇒ minucioso.

minuete/o (Êt) *s m* Mús (<fr *menuet*) **1** *Hist* Dança francesa de salão, com acompanhamento musical, em voga nos séculos XVII e XVIII. **2** Composição musical, com cara(c)terísticas de **1**, que integra suites e sinfonias.

minúsculo, a *adj* (<lat *minúsculus,a,um*) **1** Muito pequeno. **Sin.** Diminuto/Ínfimo. **Ant.** Enorme/Gigantesco. **2** *fig* Que tem pouco valor. **Sin.** Insignificante(+). **3** *s f* Representação [Tamanho] de uma letra do alfabeto que corresponde ao tamanho menor e é a mais *us* no corpo do texto. **Ex.** Os nomes das coisas escrevem-se com ~a. **Ant.** Maiúscula.

minuta *s f* (<lat *minúta* (*scriptúra*): escritos com letra muito pequena) **1** Primeira reda(c)ção de um documento ou qualquer escrito. **Sin.** Debuxo/Esboço/Rascunho. **2** Fórmula [Modelo] para preenchimento de determinados documentos oficiais. **3** *Top* Desenho traçado à vista do terreno, no levantamento de uma planta. **Idi.** *À (la) ~* [No momento] (Comb. *cul Um prato à (la) ~* [feito/preparado à pressa]).

minutar *v t* (<minuta + -ar[1]) Fazer a minuta de um texto ou documento, que será depois passado a limpo. **Sin.** Rascunhar.

minuto *s m* (<lat *minútus,a,um*: pequeno) **1** Unidade de medida de tempo equivalente a 60 segundos. **Ex.** Uma hora tem 60 ~s. **Idi.** *Contar os ~s* [Esperar com impaciência] (Ex. Ele está muito ansioso, conta os ~s para ser recebido pelo ministro). **2** Unidade de medida de arco ou de ângulo equivalente à sexagésima parte do grau. **3** *fig* Período de tempo muito curto. **Ex.** Tenho trabalhado o dia todo sem um ~ de descanso. **Loc.** ***Dentro de ~s*** [de breves instantes/Daqui a pouco] (Ex. O filme começa dentro de ~s). ***Num ~*** [Em muito pouco tempo/Num instante] (Ex. Vou a casa num ~ e já venho). **4** *interj* Um ~! [Exclamação para pedir atenção ou que se espere] (Ex. Um ~! Ouça bem o que lhe digo!).

mio *s m* (<on) Voz do gato. ⇒ miadela; miado; miar.

mio-[1] *pref* (<gr *meíon, ón, ón*: menor, inferior) Exprime a ideia de *menor, inferior.* **Ex.** ~cénico.

mio-[2] *pref* (<gr *mys, myos*: músculo, rato) Exprime a ideia de *músculo.* **Ex.** ~cárdio.

miocárdio *s m* Anat (<mio-[2] + -cárdio) Músculo que constitui a parte contrá(c)til da parede do coração. **Comb.** *Enfarte do ~.*

miocardite *s f* Med (<miocárdio + -ite) Inflamação do miocárdio.

miocénico [*Br* **miocênico**] [**mioceno**] *adj/s m* Geol (<mio-[1] + ...) (Diz-se de) sistema ou período terciário posterior ao Oligocé[ê]nico e anterior ao Pliocé[ê]nico. **Comb.** *Época ~a. Terreno ~o.*

mioclonia *s f* Med (<mio-[2] + *klónos*: agitação + -ia) Contra(c)ção violenta e involuntária de um músculo «nas mãos/nos pés» devido à descarga patológica de um grupo de células nervosas. **Sin.** Breca(+); cãibra(+).

miografia *s f* Anat (<mio-[2] + grafia) Estudo e descrição dos músculos.

miógrafo *s m* (<mio-[2] + -grafo) Aparelho que faz o traçado da contra(c)ção de um músculo.

miograma *s m* (<mio-[2] + -grama) Gráfico que se obtém por meio do miógrafo.

miolada *s f* (<miolo + -ada) **1** Porção de miolos. ⇒ mioleira **1. 2** *Cul* Prato preparado com miolos.

mioleira *s f* (<miolo + -eira) **1** Miolos/Miolada 1(+). **2** *fig col* Bom senso; juízo; tino. **Ex.** (Parece-me que) tu não estás bom da ~...

miolema (Lê) *s m* Anat (<mio-[2] + gr *lémma,atos*: casca, envoltório, invólucro)

Membrana fina que envolve a fibra muscular/Sarcolema(+).

miolo (Ôlo, Ólos) *s m* (<lat *medúllum* <*medúlla,ae*: tutano; medula; polpa) **1** Parte interior e macia do pão coberta pela côdea. **2** *pl col* Massa encefálica. **Idi. fam Ter [Fazer] os ~s em água** [Cansar o cérebro] (Ex.Tenho os ~s em água de pensar tanto nesse assunto). **Sin.** Cérebro. ⇒ mioleira **1**. **3** *fig* Juízo; tino. **Idi. Dar volta ao ~ a alguém** [Fazer uma pessoa perder a sensatez/o juízo] (Ex. Certas ideias mal entendidas deram-lhe volta ao ~). **Puxar pelo(s) ~(s)** [Fazer um esforço de inteligência ou de memória] (Ex. Puxa pelos ~s e vê se te lembras do que eu te disse ontem!). ⇒ mioleira **2**. **4** *Bot* Parte interior do caule de algumas plantas. **Sin.** Medula(+). **5** Parte interior de frutos de casca espessa ou dura. **Comb. ~ de amêndoa. ~ de noz**. **6** Parte interior de alguma coisa. **Ex.** O prédio foi restaurado por fora, mas o ~ tal como era desapareceu.

miologia *s f Anat* (<mio-² + -logia) Parte da anatomia que estuda os músculos.

mioloso, a (Lô) *adj* (<miolo + -oso) ⇒ mioludo.

mioludo, a *adj* (<miolo + -udo) Que tem muito miolo.

mioma (Ô) *s m Med* (<mio-² + -oma) Tumor benigno do tecido muscular. **Comb.** ~ uterino.

miomalacia *s f Med* (<mio-² + gr *malakía*: moleza, fraqueza) Amolecimento patológico dos músculos.

miopatia *s f Med* (<mio-² + -patia) Qualquer afe(c)ção «degenerativa e hereditária» das fibras musculares, com diversas localizações.

míope *adj 2g/s 2g Med* (<gr *mýops,ópos*: que pisca os olhos para ver melhor) **1** (O) que sofre de miopia. **2** *fig* (O) que é pouco perspicaz/que tem [é de] ideias curtas. **Ex.** É muito mau para os cidadãos serem governados por ~s e incompetentes.

miopia *s f Med* (<míope + -ia) **1** Anomalia da visão que não deixa ver com nitidez os obje(c)tos mais afastados. **2** *fig* Falta de inteligência [visão/perspicácia] para entender as coisas. **Ex.** Acusam-no de ~, porque tem sido incapaz de fazer um plano de desenvolvimento da empresa.

mioplasma *s m* (<mio-² + gr *plasma*: modulação) Líquido extraído dos músculos por compressão a 0°C.

mioplastia *s f* (<mio-² + -plastia) **1** Reconstrução cirúrgica de um músculo. **2** Operação em que se utiliza um fragmento de músculo para reparar uma perda de substância ou para corrigir uma deformidade.

miosalgia *s f Med* (<mio-² + algia) ⇒ mialgia.

miose *s f Med* (<gr *myein*: contrair, fechar + -ose) **1** Contra(c)ção «permanente» da pupila. **2** *Biol* ⇒ meiose.

miosina *s f Bioq* (<mio-² + -ina) Proteína contrá(c)til existente nas fibras musculares, e que é, juntamente com a actina, essencial para o processo de contra(c)ção das células musculares.

miosite *s f Med* (<mio-² + -s- + -ite) Inflamação dos músculos.

miosótis *s 2g/2n Bot* (<gr *myosotís, idos*: orelha de rato) **1** Planta herbácea que dá pequenas flores azuis. **Ex.** Tenho no jardim um canteiro de ~. **Sin.** Não-me-esqueças. **2** Flor dessa planta. **Ex.** Vou oferecer-lhe um ram(inh)o de ~.

miótico, a *adj* ⇒ meiótico.

miotomia *s f Med* (<mio-² + -tomia) Dissecação ou corte de músculos.

mique *s m* (<mica **2**) Aquela coisa (pequena) /Aquilo (Só *us* na *loc* "Nem chique nem ~"; *Ex.* Ele não vai conseguir nem ... [nada]).

miquear *v int Br* (<mique + -ar¹) Ficar pobre [*idi* sem cheta/nada].

mira *s f* (<mirar) **1** A(c)to ou efeito de mirar. **2** Peça de metal, junto do cano de algumas armas de fogo, que serve para regular ou dirigir a pontaria. **3** Habilidade em acertar num alvo. **Sin.** Pontaria(+). **4** A(c)ção de colocar a arma na dire(c)ção da linha de ~. **Comb. Linha de ~** [Linha re(c)ta que vai do olho do atirador até ao alvo passando pela mira **2**]. **Ponto de ~** [Alvo/Obje(c)tivo]. **5** Aquilo que se pretende alcançar. **Loc. Estar à ~ de** [Espreitar/Aguardar «uma oportunidade»]. **Na ~ de a)** Com o fim de (Ex. Fui dar um passeio na ~ de me tranquilizar). **b)** Com os olhos em (Ex. Ao contrário do habitual, ele estava muito dialogante, na ~ de conseguir tirar benefícios da situação). **Idi. Ter em ~** [Ter em vista] (Ex. Tenho em ~ montar um negócio, por isso tenho de fazer poupanças e contrair um empréstimo). **Sin.** Obje(c)tivo. **6** *Top* Régua graduada *us* para determinar, indire(c)tamente, distâncias e desníveis.

mirabolante *adj 2g* (<fr *mirabolant*; ⇒ mirar) **1** Que dá muito nas vistas. **Ex.** Ela apareceu com um vestido ~ que deixou todos espantados. **Sin.** Espalhafatoso. **2** Fantástico. **Ex.** A terminar a festa, houve um fogo de artifício ~. **Sin.** Incrível/Prodigioso/Surpreendente.

miraculado, a *adj/s* (<milagre + -ado) (Pessoa) em que se operou um milagre.

miraculosamente *adv* (<miraculoso + -mente) De modo miraculoso/Por milagre. **Ex.** Teve uma doença muito grave e curou-se ~ [por milagre (+)]. **Sin.** Milagrosamente/Espantosamente/Surpreendentemente.

miraculoso, a *adj* (<lat *miraculósus,a,um*) ⇒ milagroso.

mirada *s f* (<mirar) A(c)to de mirar ligeiramente. **Ex.** Não vi o texto com atenção, dei simplesmente uma ~. **Sin.** Olhada/Olhadela.

miradou[oi]ro *s m* (<mirar + ...) Lugar elevado de onde se pode contemplar um amplo horizonte. **Ex.** Aqui perto, há um ~ com uma magnífica vista da montanha. ⇒ mirante.

miragem *s f* (<fr *mirage*; ⇒ mirar) **1** Fenó[ô]meno de ilusão ó(p)tica, nos desertos e bancos de gelo, que consiste em ver obje(c)tos distantes como se estivessem próximos e refle(c)tindo-se numa superfície líquida. **Ex.** Afinal não estavam perto de um oásis, era infelizmente mais uma ~ da sua travessia do deserto. **2** *fig* O que não é real e engana. **Ex.** A riqueza que eles buscaram noutro país não foi mais do que uma ~. **Sin.** Ilusão.

miralmuminim *s m* (<ár *amiral-munimim*) Califa ou chefe dos crentes para os muçulmanos.

mira(-)mar *s m* Mirante para se ver o mar.

miramolim *s m* ⇒ miralmuminim.

mirandês *s m* (top Miranda+ -ês) *Pt* Diale(c)to de base leonesa (*Esp*) falado na região de Miranda do Douro, desde 1998 aprovado como segunda língua oficial.

mirante *s m* (<mirar + -ante) **1** Local «com um caramanchão» de onde se pode desfrutar a paisagem. ⇒ miradouro. **2** Construção envidraçada no alto dum edifício ou outro sítio elevado, de onde se pode ter um amplo panorama.

mirão *s m* (<mirar + -ão) O que olha [está só a ver] «um jogo de cartas»/Espe(c)tador/Observador. ⇒ mirone.

mira-olho *adj/s m* (<mirar) «pêssego» Que tem aspe(c)to agradável/Apetitoso.

mirar *v t* (<lat *miro,áre,átum*: admirar-se, surpreender-se) **1** Olhar(-se) fixamente, com atenção. **Ex.** Mirou pela janela a [para] ver quem era/seria. Quando ela entrou, vi que a miravam de alto a baixo [da cabeça (até) aos pés (+)]. **Loc.** ~ [Olhar para/Contemplar] *o horizonte/panorama*. ~[Ver]*-se ao espelho*. **Sin.** Fitar/Observar. **2** Fazer pontaria a um alvo. **Ex.** O caçador mirou o [fez pontaria ao (+)] animal antes de atirar. **3** Ter como obje(c)tivo. **Ex.** Ele mira ser rico, por isso gasta muito dinheiro em jogar na lotaria. **Loc.** ~ o prémio. **Sin.** Visar.

miri(a)- *pref* (<gr *myriá,ádos*: dez mil) Significa dez mil «nas palavras compostas».

miríade *s f* (⇒ miria-) **1** Dez mil. **2** *fig* Grande quantidade/Em número indeterminado, imenso. **Ex.** As noites no campo eram tranquilas sob um céu iluminado por ~s de estrelas.

miriagrama [Mg] *s m* (<miria- + grama) Unidade de massa equivalente a dez mil gramas. ⇒ miligrama.

mirialitro [Ml] *s m* (<miria- + litro) Unidade de medida de capacidade equivalente a dez mil litros.

miriâmetro [Mm] *s m* (<miria- + metro) Unidade de medida de comprimento equivalente a dez mil metros.

miriápode *adj 2g/s m Zool* (<miria- + -pode) (Diz-se de) animal que tem corpo alongado sem segmentos diferenciados entre o tórax e o abdó[ô]men, cabeça distinta do tronco e provida de um par de antenas. **Ex.** A centopeia é um ~.

miriare [maa] *s m* (<miri(a)- + are) Unidade de medida de superfície equivalente a dez mil ares.

mirica *s f Bot* Nome comum aos arbustos e árvores do gé[ê]nero *Myrica*. ⇒ miricáceo.

miricáceo, a *adj/s Bot* (<gr *muríke*: tamarinho) (Diz-se de) plantas dicotiledó[ô]neas, de frutos drupáceos, algumas aromáticas como a nogueira.

mirificar *v t* (<lat *mirifíco,áre*) Tornar mirífico/maravilhoso.

mirífico, a *adj* (<*miríficus,a,um*) **1** Que se destaca pela riqueza, sumpt[sun]tuosidade. **2** «sorriso/cidade/visão/panorama» Que é extraordinariamente belo, maravilhoso.

mirim *adj 2g/s f Br* (<tupi *mi'ri*: peque(ni)no, reduzido) **1** De tamanho reduzido. **Comb.** Lagoa ~. **2** Ainda criança. **Comb.** Cantor ~. **3** Para [De] crianças. **Comb.** Clube ~. **4** (D)*esp* (Diz-se de) jogador na faixa dos 14 anos. ⇒ júnior [juniores].

miringe *s f Anat* (⇒ meninge) Membrana do tímpano.

miriópode ⇒ miriápode.

mirístico *adj/s m Quím* (<gr *myristikós,é,ón*: perfumado) (Diz-se de) ácido ($C_{14}H_{28}O_2$) que se encontra em gorduras vegetais *us* na fabricação de sabões e cosméticos.

mirmecófago, a *adj Zool* (<gr *mýrmex, ekós*: formiga + -fago) «tamanduá» Que se alimenta de formigas.

mirmecologia *s f Ent* (<gr *mýrmex,ekós*: formiga + -logia) Ramo da entomologia que estuda as formigas.

mirolho, a (Rô) *adj/s fam* (<mirar + olho) (O) que tem estrabismo. **Sin.** Estrábico (+)/*fam* Vesgo. ⇒ zarolho.

mirone (Ó) *s m* (<esp *mirón*; ⇒ mirão) **1** O que gosta de mirar. **2** *pop* Pessoa que observa por curiosidade. **Ex.** Não se vê ninguém, mas por detrás das janelas há ~s. **Sin.** Curioso.

mirra¹ *s f Bot* (<gr *mýrrha,as*: perfume) **1** Arbusto das margens do Mar Vermelho

us desde a antiguidade como incenso e medicinal. **2** Resina dessa planta. **3** Óleo destilado dessa resina *us* em perfumaria.

mirra² *s 2g fam* (<mirrar) **1** Pessoa muito magra. **Sin.** Magricela. **2** Pessoa avarenta/ mesquinha/*Br* Pão-duro. **Sin.** Sovina.

mirrado, a *adj* (<mirrar) **1** «planta» Que perdeu o viço. **Sin.** Murcho/Seco. **2** Que está muito magro. **Sin.** Definhado. **3** Que se tornou improdutivo. **Ex.** O terreno já não produz [dá(+)] nada, está ~. **4** Esgotado/Exausto.

mirrar *v t/int* (<mirra + -ar¹) **1** Embalsamar com mirra¹. **2** Ficar seco. **Ex.** As plantas mirram com a falta de água. **Sin.** Murchar. **3** Ficar muito magro. **Ex.** Com a idade, ele foi mirrando. **3** *fig* (Fazer) diminuir. **Ex.** Com tantas dificuldades, o entusiasmo foi arrefecendo, mirrando.

mirtáceo, a *adj Bot* (<mirto + -áceo) Semelhante ou relativo à murta.

mirtilo *s m Bot* (<lat *myrtíllus*) **1** Planta [Arbusto] que produz bagas comestíveis, de cor azulada ou negra e sabor ligeiramente ácido. **2** Fruto dessa planta *us* para fazer compotas e licores. **Sin.** Uva-dos-bosques.

mirto *s m Bot* ⇒ murta (+).

misandria *s f* (<mis(o)- + -andro + -ia) Aversão a indivíduos do sexo masculino. **Ant.** Misoginia.

misândrico, a *adj* (<misandria + -ico) **1** Relativo a misandria. **2** Diz-se da pessoa que manifesta misandria. **Ant.** Misógino.

misantropia *s f* (<gr *misanthropía,as*) **1** Qualidade de misantropo. **2** Aversão ao convívio com outras pessoas. **3** Gosto pela solidão; tendência para o isolamento. **Ant.** Sociabilidade. **4** *fam* ⇒ Melancolia; tristeza profunda.

misantrópico, a *adj* (<misantropo + -ico) **1** Relativo à misantropia. **2** Que não gosta do convívio social. **3** Desconfiado. **4** Melancólico/Sorumbático.

misantropismo *s m* (<misantropia + -ismo) ⇒ misantropia.

misantropo, a (Trô) *adj/s* (<gr *misánthropos, on*) **1** (O) que tem aversão ao convívio social/que evita conta(c)to com outras pessoas. **Ex.** Ele não sai de casa, isola-se muito, faz vida de ~. **2** (O) que manifesta melancolia profunda. **3** *adj* Insocial; sorumbático.

míscaro *s m Bot* (< ?) Cogumelo cujo estroma amarelo é comestível, que se encontra com frequência em Pt, nos estevais e pinhais, e é também cultivado.

miscar-se *v t col* (<?) Fugir de algo ou de alguém. **Sin.** Pisgar-se, esgueirar-se; sumir(+).

miscelânea *s f* (<lat *miscellánea,órum*: coisas «de comida» misturadas <*mísceo,ére*: misturar) **1** Cole(c)ção de composições literárias de um autor ou de vários, reunidas na mesma obra. **2** Cole(c)ção ou programa em que se juntam gé[ê]neros diferentes. **Comb.** ~ musical. **3** *fig* Mistura de coisas e realidades diversas. **Ex.** O país abriu-se aos outros e a suas cidades são hoje (em dia) uma ~ de povos e culturas. **4** *fig* Confusão/Salgalhada. **Ex.** Não gostei da festa, porque havia algum caos [muita confusão] e uma ~ de gente pouco agradável.

miscibilidade *s f* (<miscível + -(i)dade) Qualidade de miscível/misturável.

miscigenação *s f* (<miscigenar + -ção) Cruzamento entre indivíduos de etnias diferentes. ⇒ mestiçagem.

miscigenar *v t* (<lat *mísceo,ére*: misturar + *génus,eris* : raça + -ar) Cruzar indivíduos de etnias diferentes, originando mestiços. **Ex.** Nas coló[ô]nias «portuguesas» miscigenavam-se os colonizadores e os colonizados, em maior ou menor grau.

miscível *adj 2g* (<fr *miscible*; ⇒ mistura) Diz-se de uma substância que se pode misturar com outra, formando um todo homogé[ê]neo. **Ex.** O leite e a água são ~veis.

mise en scène *fr s f Teat* **1** ⇒ Disposição de cenários no palco/Encenação(+). **2** *fig* ⇒ cena/fingimento(+).

miserabilismo *s m* (<miserável + -ismo) **1** Estado ou condição de pessoa miserável/Miséria(+). **2** Tendência para salientar os [insistir nos (+)] aspe(c)tos mais miseráveis ou abje(c)tos do indivíduo e da sociedade. **Ex.** Dizem que o ~ é o que melhor o cara(c)teriza, enquanto escritor que aborda matérias de ordem social.

miserabilista *adj 2g/s* (<miserável + -ista) **1** Relativo aos aspe(c)tos mais miseráveis da vida e da sociedade. **2** (O) que tem tendência para descrever as situações sociais mais degradadas. **Ex.** As reportagens desse jornalista são, com frequência, bastante ~s.

miseração *s f* (<lat *miserátio,ónis*) ⇒ comiseração.

miserando, a *adj/s* (<lat *miserándus,a,um*) (O) que é digno de comiseração/pena. **Sin.** «situação» Lastimável/«pobre» Miserável.

miserável *adj 2g/s 2g* (<lat *miserábilis,e*) **1** (O) que está na miséria/que é muito pobre. **2** (O) que é digno de pena/que inspira compaixão. **Sin.** Desgraçado. **3** *depr* (O) que merece desprezo. **Ex.** Ele tem tido atitudes infames, próprias de [, é] um ~. **Sin.** Canalha/Patife. **4** *depr* Avarento. **Ex.** Ele é muito rico, mas não dá nada a ninguém, é um ~!

miseravelmente *adv* (<miserável + -mente) **1** De modo miserável. **2** Pobremente. **3** *fig* Com espírito de avareza. **Ex.** Ele vive ~ e tem muito dinheiro no banco.

miserere *lat s m Rel* (<*miserére!*: Tem compaixão! <*miséreor,réri,sértus sum*: ter compaixão) **1** Salmo (do Antigo Testamento) que começa com esta palavra. **2** *Mús* Composição musical sobre este salmo. **3** *fig* Lamentação; apelo à piedade/à compaixão. ⇒ misericórdia.

miséria *s f* (<lat *miséria,ae*: infelicidade) **1** Situação de falta de meios de subsistência. **Idi.** *Chorar ~s* [Queixar-se muito da falta de recursos] (Ex. Apesar das dificuldades por que tem passado, ele é pessoa para chorar ~s). *Tirar a barriga de ~s* **a)** Comer muito bem, depois de passar fome (Ex. Com um almoço tão farto, tirei a barriga de ~s); **b)** Satisfazer-se com alguma coisa de que não se usufruiu durante bastante tempo (Ex. Depois de tanto tempo fora da cidade, tenho ido a muitos espe(c)táculos «teatrais/de cinema» e tirado a barriga de ~s). **Sin.** Indigência/Penúria/Pobreza. **2** Estado que inspira compaixão [dó], que é digno de lástima. **Sin.** Desgraça/Infortúnio. **3** O que corre mal ou é de pouca qualidade. **Ex.** Há uns tempos que o (meu) negócio «venda de carros/livros» está uma ~. **4** Cará(c)ter do que é vil, digno de desprezo. **Sin.** Infâmia. **5** Porção insignificante de qualquer coisa. **Ex.** Ele deu-me uma ~ de pão. **Sin.** Insignificância/Ninharia. **6** Imperfeição própria dos humanos. **Ex.** É preciso entender as pessoas com as suas grandezas e ~s!

misericórdia *s f* (<lat *misericórdia,ae*) **1** Sentimento de compaixão pelo sofrimento alheio. **Ex.** Socorrer os que sofrem é uma obra de ~. **Idi.** *Ser a capa da ~* [Ser uma pessoa bondosa, sempre pronta a ajudar e a compreender os defeitos e desculpar as faltas dos outros] (Ex. A avó era a capa da ~ dos netos, sempre pronta a entendê-los e protegê-los). **Comb.** *idi Golpe de ~* [A(c)to de pôr fim à vida de um moribundo para ele não sofrer/Golpe mortal]. **Sin.** Piedade. **2** Indulgência no a(c)to de julgar os erros dos outros. **Sin.** Clemência/Compreensão. **3** *interj* Exclamação que exprime pedido de compaixão. **Ex.** ~! Ajudem-me!

misericordiosamente *adv* (<misericordioso + -mente) Com um sentimento de compaixão pela miséria ou desgraça alheia/Compassivamente. **Ant.** Impiedosamente.

misericordioso, a (Ôso, Ósa, Ósos) *adj* (<misericórdia + -oso) **1** Que sente misericórdia, que se compadece do sofrimento e da desgraça dos outros. **Ex.** Ele é ~ para com os pobres. **Sin.** Compassivo. **2** Que é capaz de perdoar. **Sin.** Clemente/Indulgente. **3** *s* Pessoa que perdoa o mal ou as ofensas. **Ex.** "Bem-aventurados os ~s porque alcançarão misericórdia" – disse [ensinou] Jesus Cristo.

mísero, a *adj* (<lat *míser, era, erum*) **1** Que é muito pobre, miserável. **Ex.** Tenham dó do ~ homem! **2** Que revela miséria. **Ex.** Não sei como é possível, mas a verdade é que vivem sete pessoas naquele ~ casebre! **3** Que tem muito pouco valor. **Ex.** Ele esforça-se tanto no trabalho, para trazer para casa [, e não traz senão] um ~ salário! **4** Que é desditoso, infeliz. **Sin.** Desgraçado. **5** Que se encontra em mau estado. **Ex.** O temporal deixou o telhado em ~ estado. **6** Que é agarrado ao dinheiro. **Sin.** Avarento/Miserável **4**/Sovina. **7** Que merece desprezo. **Sin.** Infame/Miserável/Vil.

misérrimo, a *adj* (<lat *misérrimus, a, um*) «uma casa!» Muito mísero/Que nem tem para comer/Pobríssimo.

miso- *pref* (<gr *mísos,eos-ous*: aversão, ódio) Exprime a ideia de *ódio, horror, aversão*.

misofobia *s f* (<miso- + fobia) **1** Medo mórbido dos conta(c)tos com pessoas, animais ou coisas. **2** Receio obsessivo da sujidade e dos micróbios.

misófobo, a *adj/s* (<miso- + -fobo) (O) que tem misofobia. **Comb.** Comportamento ~.

misogamia *s f* (<misógamo + -ia) Aversão ao casamento.

misógamo, a *adj/s f* (<miso- + -gamo) (Pessoa) que tem aversão ao casamento.

misoginia *s f* (<gr *misogynía, as*) **1** Ódio ou aversão às mulheres. **Ant.** Filoginia. **2** Aversão patológica do homem ao conta(c)to sexual com mulheres.

misógino, a *adj/s m* (<gr *misogýnes, ou*) (O) que manifesta misoginia. **Ant.** Filógino.

misologia *s f* (<miso- + -logia) Aversão ao raciocínio, às ciências e às palavras.

misólogo, a *s* (<miso- + -logo) Pessoa que tem misologia.

misoneísmo *s m* (<miso- + ne(o)- + -ismo) Aversão ou desconfiança em relação às inovações/a tudo o que é novo.

misoneísta *adj 2g/s 2g* (<miso- + ne(o)- + -ista) (Pessoa) que tem horror ao [que é inimiga do] novo.

misopedia *s f* (<miso- + -pedia) **1** Aversão doentia às crianças, por vezes aos próprios filhos. **2** Horror à instrução.

missa *s f Rel* (<lat *missa,ae*) **1** A(c)to mais importante do culto cristão (católico e ortodoxo) em que o sacerdote realiza a consagração eucarística, celebrando o *memorial* da morte e ressurreição de Cristo. **Comb.** *~ campal* [celebrada ao ar livre]. *~ de corpo presente* [celebrada durante as cerimó[ô]nias fúnebres perante o corpo

do falecido]. **~ do galo** [que se celebra na noite de Natal]. **~ nova** [Primeira ~ celebrada por um neossacerdote]. **Idi. Ajudar à ~** [Apoiar as críticas feitas a alguém] (Ex. A mãe estava a zangar-se com ele e apareceu a tia a ajudar à ~). **Mandar à ~** [Mandar alguém embora/*col* Mandar à fava] (Ex. Farto de (ouvir) asneiras, mandei-o à ~). **Não ir à ~ com** [Não simpatizar com uma pessoa ou não confiar nela] (Por ter sido incorre(c)ta comigo, não vou à missa com ela). **Não saber da ~ a metade** [Não saber a verdade toda sobre um assunto] (Ex. Desconhecemos muitos dos problemas da escola, não sabemos da ~ a metade). **Ouvir sermão e ~ cantada** [Levar uma repreensão] (Ex. Quando chegou a casa, e tendo os pais conhecimento do mal que fizera, ele ouviu sermão e ~ cantada). **Sin.** Eucaristia. **2** *Mús* Sequência de peças musicais, instrumentais, com coros e solistas, para acompanhar os textos litúrgicos desse a(c)to.

missal *s m Rel* (<missa + -al) Livro litúrgico que tem as orações e as leituras da missa. ⇒ ritual.

missanga *s f* (<quimbundo *misanga*: conta de vidro) **1** Pequena conta colorida. **2** Adorno feito com essas contas. **3** *fig* ⇒ bugiganga; miudeza.

missão *s f* (<lat *míssio,ónis*: a(c)ção de enviar) **1** Mandato confiado a alguém para desempenhar determinada tarefa ou função. **Sin.** Encargo/Incumbência. **2** Tarefa especial e temporária com um obje(c)tivo específico. **Comb.** ~ secreta. **3** Grupo de pessoas enviado, em geral ao estrangeiro, com uma incumbência de natureza cultural ou outra. **Comb.** ~ científica. **4** Representação permanente de um país noutro país ou numa organização internacional. **Ex.** A ~ portuguesa na OIT defende posições que ultrapassam o mero interesse nacional. **5** Tarefa assumida como um dever social ou outro. **Ex.** A ~ do professor é contribuir a(c)tivamente para a educação das crianças e jovens. **Sin.** Finalidade/Papel. **6** *Rel* Pregação em que se expõe a doutrina evangélica/Sermão doutrinal. **7** *Rel* Grupo de missionários encarregados da propagação da fé numa determinada região. **8** *Rel* Estabelecimento fundado por religiosos missionários, onde se desenvolve a(c)tividade religiosa e social.

míssil *s m* (<lat *míssile,is*: tudo o que é lançado; toda a arma de arremesso «flecha/dardo») **1** *Mil* Proje(c)til com propulsão própria, lançado para atingir um alvo muito distante, sendo teleguiado em todo ou parte do seu percurso. **Comb.** **~ balístico** [que fica sujeito à lei da gravidade, entre o momento em que termina o efeito da impulsão e o momento do impacto]. **~ intercontinental** [cujo alcance se situa entre 5400 e 18 000 quiló[ô]metros]. **2** Nome dado aos veículos estratosféricos que transportam os satélites artificiais/Foguetão(+).

missionação *s f* (<missionar + -ção) A(c)to ou efeito de missionar. **Sin.** Evangelização.

missionar *v t/int* (<missão + -ar¹) **1** Propagar a fé, através de missões. **Sin.** Catequizar/Evangelizar/Pregar. **2** *fig* Divulgar ideias, doutrinas, costumes.

missionário, a *s* (<missão + -ário) **1** Pessoa que missiona ou evangeliza. **2** Religioso ou leigo encarregado de propagar [que propaga] a fé. **3** *fig* Propagandista de uma ideia qualquer. **Ex.** Eles percorrem o país como ~s de um mundo novo mais justo e solidário.

missioneiro, a *adj Br* (<missão + -eiro) Relativo às antigas missões [*misiones*] jesuítas ou reduções em vários países do sul da América Latina.

missiva *s f* (<fr (*lettre*) *missive*; ⇒ missivo) Mensagem escrita (carta ou bilhete) que se envia a alguém. **Comb.** ~ de negócios.

missivo, a *adj* (<lat *míssus,a,um* <*mítto,ere, míssum*: enviar + -ivo) **1** Que se envia. **2** Que se arremessa. **Comb.** Arma ~a [de arremesso (+)].

mistela (Té) *s f* (<misto + -ela) **1** Bebida feita com água, vinho, açúcar e canela. **2** Vinho de baixa qualidade ou sabor desagradável. **Sin.** Zurrapa. **3** *pop* Comida malfeita com vários ingredientes misturados. **Sin.** Mixórdia. **4** *fig* Mistura desordenada. **Ex.** Talvez por ter vivido muito tempo no estrangeiro e não ter estudado línguas, ele fala uma ~ (linguística) incrível.

mister (Tér) *s m* (<lat *ministérium,ii*: função: ⇒ mester) **1** Ofício(+); profissão(+); cargo; modo de vida. **Ex.** O carpinteiro era o melhor no seu ~. **2** Serviço; missão. **Ex.** Como voluntário, o seu ~ é visitar e confortar os doentes do hospital. **3** Necessidade; precisão; urgência. **Idi. Ser ~** [forçoso e urgente] (Ex. É ~ lutar sem descanso pela paz).

mistério *s m* (<gr *mystérion,ou*: cerimó[ô]nia religiosa secreta) **1** O que é difícil de entender ou que a razão ainda não é capaz de explicar. **Ex.** A origem da vida continua a ser um ~. **Sin.** Enigma/Segredo. **2** Fa(c)to estranho, obscuro, incompreensível. **Ex.** A morte do artista continua envolta em ~. **3** Secretismo nas palavras e nos comportamentos, para ocultar algo. **Ex.** Era muito prudente e punha sempre algum ~ nas coisas que dizia ou fazia. **Idi. Pôr um ar de ~** [Mostrar-se enigmático] (Ex. Era uma cara(c)terística dele pôr um ar de ~ nas suas palavras, comprazia-se nisso). **4** *Teat Gé[ê]nero* teatral da Idade Média inspirado em assuntos religiosos, em geral tirados da Sagrada Escritura ou da vida dos santos. **5** *Rel* Matéria de fé inacessível à razão humana. **6** *Aç* Extensão de terreno coberta de lavas de erupções vulcânicas posteriores à colonização.

misteriosamente *adv* (<misterioso + -mente) De maneira misteriosa/De forma difícil de (se) perceber. **Sin.** Inexplicavelmente.

misterioso, a (Ôso, Ósa, Ósos) *adj* (<mistério + -oso) **1** Que envolve mistério. **2** Que é difícil de explicar logicamente ou cientificamente. **Ex.** Na natureza ocorrem fenó[ô]menos ~s que não se conseguem explicar. **3** Que é enigmático; que esconde alguma coisa. **Ex.** Há dias que o ouço muitas vezes ao telefone com umas conversas ~as. **4** Que envolve segredo. **Sin.** Oculto/Secreto.

mística *s f* (<místico) **1** *Teol* Estudo das coisas divinas ou espirituais. **Ex.** S. João da Cruz e S. Teresa d'Ávila são dois mestres da ~. **2** Vida religiosa e contemplativa. **3** Conjunto de práticas que conduzem ao êxtase. **4** Adesão a ideias e valores. **Ex.** Ele tem a ~ do amor ao próximo, como um dos princípios de vida mais importantes. **5** ⇒ fanatismo.

misticismo *s m* (<místico + -ismo) **1** *Fil* Crença ou prática filosófica ou religiosa que admite a união íntima com o divino, através da contemplação. **Ex.** O ~ pode conduzir ao êxtase. **2** Crença na possibilidade de conseguir essa união. **Ex.** Há quem veja o isolamento como propício ao exercício do ~. **3** Vida contemplativa. **4** Atitude baseada mais no sentimento e na intuição do que na razão. **5** Conjunto de crenças e manifestações místicas. **Ex.** Há povos de cuja cultura o ~ é parte fundamental. **6** Devoção exagerada, com traços de sentimentalismo ou romantismo.

místico, a *adj/s* (<gr *mystikós,é,ón*: relativo aos mistérios, às cerimó[ô]nias religiosas secretas) **1** Relativo à mística. **2** (Pessoa) que subiu à mais alta [íntima] contemplação (do amor) de Deus. **Comb.** Pensador ~. **3** Que é favorável ao misticismo. **Ex.** Naquele sítio à beira-mar, havia um silêncio ~ que convidava à contemplação/meditação. **4** *col* ⇒ «doce/pitéu/vinho» Muito bom/Divino(+)/Saborosíssimo.

mistificação *s f* (<mistificar + -ção) **1** A(c)to ou efeito de mistificar. **Ant.** Desmistificação. **2** Burla mais ou menos engenhosa. **Ex.** Estas promessas do Governo são puras [não passam de] ~ões. **Sin.** Engano(+)/Logro/Erro.

mistificador, ora *adj/s* (<mistificar + -dor) (O) que mistifica.

mistificar *v int* (<místico 4 + -ficar) **1** Enganar alguém, abusando da sua credulidade. **2** Criar uma fantasia, uma mentira. **Ex.** Quando defenderam a tese da descoberta das origens da cidade, estavam a ~, nada pôde ser provado. **Sin.** Fantasiar. **Ant.** Des~.

mistifório *s m col* (<lat *míxti fori*: de foro misto + -io) ⇒ misturada; confusão.

mistilíneo, a *adj Geom* (<misto + linha) «polígono/figura» Formado de linhas curvas e re(c)tas.

misto, a *adj/s m* (<lat *míx[s]tus,a,um* <*mísceo,ére,míxtum*) **1** Constituído por elementos diferentes. **Comb. Salada ~a** «de alface e tomate». **Sande(s) ~a.Tosta ~a. Sin.** Misturado/Heterogéneo. **2** «escola» Constituído por pessoas de ambos os sexos. **Ex.** Eu frequentei uma escola ~a. **3** *Mat* Constituído por uma parte inteira e uma parte fra(c)cionária. **Comb.** Número ~. **4** *Econ* Que é em parte estatal, em parte pertencente a privados. **Comb.** Economia ~a. **5** «comboio/trem» Que transporta passageiros e mercadorias. **6** *(D)esp* «futebol» Diz-se de equipa que é composta por jogadores de várias categorias ou de dois clubes. **7** *s m* União de elementos diferentes e/ou opostos. **Ex.** A forma com que defrontou a adversidade foi um ~ de receio e de coragem. **Sin.** Mistura.

mistral *s m Meteor* (<provençal *mistral*) Vento forte, seco e frio que sopra do norte ou do noroeste na região sul de França e Mediterrâneo.

mistura *s f* (<lat *mixtúra,ae* <*mísceo,ére, míxtum*: misturar) **1** A(c)to ou efeito de misturar. **Ex.** Bebe com moderação, não faças ~ s! **Loc. À [De] ~ (com)** [Juntamente/No meio] (Ex. À ~ de maçãs com muito bom aspe(c)to, vinham algumas estragadas). **2** Produto dessa a(c)ção/Composto dos elementos misturados. **Ex.** Costumo comprar pão de ~ «de trigo e de centeio». **3** *Quím* Associação de substâncias, distribuídas uniformemente, de maneira que deixa inta(c)tas as moléculas, resultando (n)um todo homogé[ê]neo. **Ex.** A água é uma ~ de oxigé[ê]nio e de hidrogé[ê]nio. **4** «acústica» Sobreposição de efeitos de som. ⇒ mixagem.

misturada *s f* (<misturar) Conjunto de coisas díspares, misturadas de forma desordenada e confusa. **Sin.** Mixórdia/Salsada/Embrulhada.

misturador, ora *adj/s* (<misturar + -dor) **1** Que [Em que se faz a] mistura. **Comb.** Torneira ~a (de água quente e fria). **2** *s*

m Mec Aparelho que serve para efe(c)tuar misturas. **3** *s f* «construção» Depósito giratório onde são misturados os elementos que constituem o betão. ⇒ betoneira. **4** «som» Aparelho capaz de combinar correntes de baixa frequência provenientes de diferentes microfones. **Comb.** ~ de som. **5** *s f* Aparelho ele(c)trodoméstico *us* para triturar alimentos. **Ex.** Para moer os ingredientes da sopa, uso uma ~ra, também conhecida por varinha mágica. ⇒ triturador(a).

misturar *v t* (<mistura + -ar¹) **1** Juntar ou juntarem-se diversos elementos num todo. **Ex.** A receita diz que se devem ~ os ovos com a manteiga. **Sin.** Combinar. **2** Pôr noutra ordem ou fora da disposição normal. **Ex.** Ele misturou os livros de consulta diária «dicionários» com os outros. **Sin.** Baralhar. **3** Promover a aproximação, miscigenação ou cruzamento de povos ou grupos diferentes. **4** Tomar uma coisa por outra. **Idi.** *~ alhos com bugalhos* [Confundir as coisas] (Ex. Não confundas as coisas, não mistures alhos com bugalhos!). **5** Fazer a mistura sonora (em rádio, televisão, cinema).

misturável *adj* (<misturar + -vel) Que se pode misturar. **Sin.** Miscível(+). ⇒ solúvel.

mísula *s f Arquit* (<it *mensola*) **1** Ressalto ornamental saliente numa parede que serve de suporte (de vasos, estatuetas, púlpito, cornija). **2** *Náut* Peça curva que se assenta a varanda à popa dos navios à vela.

mitene (Té) *s f* (<fr *mitaine*) Luva que apenas cobre parte da mão, deixando os dedos livres/Meia-luva.

mítico, a *adj* (<lat *mýthicus,a,um*) **1** Relativo ou pertencente a mito. **Comb.** *Herói ~o. Narração ~a. Origem ~a. Personagem ~a.* **2** «acontecimento» Que se assemelha a um mito. **Sin.** Fabuloso/Lendário/Prodigioso/Mitificado.

mitificação *s f* (<mitificar + -ção) A(c)to ou efeito de mitificar.

mitificar *v t* (<mito + -i- + -ficar; ⇒ mítico **2**) **1** Converter em mito. **Ex.** O povo mitifica muitas vezes personagens históricos. **2** *fig* Atribuir indevidamente qualidades exageradas a pessoas ou coisas. **Ex.** Muita gente mitifica as qualidades de alguns artistas de cinema.

mitigação *s f* (<lat *mitigátio,ónis*) A(c)to ou efeito de mitigar. **Sin.** Alívio/Atenuação/Consolo/Suavização.

mitigador, ora *adj/s* (<mitigar + -dor) (O) que mitiga/suaviza.

mitigar *v t* (<lat *mitigo,áre*) Tornar mais suave, menos intenso. **Loc.** *~* [Aliviar] *a dor. ~* [Tirar] *a sede. ~ o sofrimento de* [Consolar] *alguém.* **Sin.** Abrandar/Aliviar. **Ant.** Acentuar/Agravar.

mitigável *adj 2g* (<mitigar + -vel) Susce(p)tível de mitigação/Que pode ser atenuado.

mitilicultura *s f Zool* (<lat *mýtilus,i*: mexilhão + cultura) Criação de mexilhões em viveiro.

mito *s m* (<gr *mýthos,ou*: fábula, relato, palavra; ⇒ ~ **6**) **1** Relato de origem popular, transmitido pela tradição oral, em que as forças da natureza e aspe(c)tos da condição humana aparecem simbolicamente protagonizados por deuses ou figuras heroicas. **Ex.** Os ~ pagãos inspiram muitas obras literárias. **Sin.** Fábula/Lenda. **2** Representação de fa(c)tos ou personagens históricos, deformados pela imaginação popular. **Ex.** Há a(c)tores de cinema e figuras do desporto que se transformaram em ~s. **3** Representação de um estádio da humanidade. **Ex.** O ~ da idade de ouro. **4** O que apenas existe na imaginação. **Ex.** Não passa de um ~ a ideia de que ele é um indivíduo muito rico. **Sin.** Ilusão/Quimera/Utopia. **5** Exposição alegórica de uma ideia ou doutrina. **Ex.** O ~ da caverna de Platão. **6** Representação ideal da humanidade que exprime aspirações ou emoções humanas. **Ex.** Na verdadeira ace(p)ção da palavra, o ~ é o sentido profundo do Universo e da vida humana. **7** Narrativa fantasiosa acerca de pessoas, ideias e fa(c)tos, disseminada com fins difamatórios ou propagandísticos. **Ex.** Os estereótipos são na realidade ~s muitas vezes propalados com a intenção de inferiorizar as outras comunidades ou outros povos.

mitocôndria *s f Biol* (<gr *mýtos,ou*: fi(lament)o + -condr(i/o)- + -ia) Organito citoplasmático, com a forma de grão, existente em todas as células animais e vegetais, e cuja função é gerar energia nas mesmas.

mitografia *s f* (<gr *mythographía,as*) **1** Ciência que estuda os mitos. **2** Descrição dos mitos. ⇒ mitologia.

mitologia *s f* (<gr *mythología,as*) **1** Conjunto das narrativas (lendas e mitos) que procura explicar a origem do homem e do mundo e que permanece na memória dos povos. **Comb.** *~ grega. ~ romana. ~ escandinava.* **2** Ciência ou disciplina que estuda essas narrativas. **3** Conjunto de ideias e crenças fantasiosas que envolvem personagens e acontecimentos reais. **Ex.** As guerras trazem consigo uma certa ~ dos seus heróis e feitos mais marcantes.

mitológico, a *adj* (<mitologia + -ico) **1** Que pertence ou é relativo à mitologia. **Comb.** *Personagem ~a.* **2** Que tem cara(c)terísticas próprias dos mitos ou personagens da mitologia. **Ex.** O mundo do cinema é ~. **3** Que é fabuloso/lendário. **4** *depr* Irrealista(+). **Ex.** A ideia dele para lidar com a situação não resolve nada, é manifestamente ~a.

mitologista [mitólogo, a] *s* (<mitologia + …) Pessoa versada em mitologia/que estuda os mitos.

mitomania *s f* (<mito + mania) Tendência patológica de determinadas pessoas para a mentira ou para inventar histórias fantasiosas em que acreditam.

mitómano, a [*Br* mitômano] *adj/s* (<mito + -mano) (O) que sofre de mitomania.

mitose (Tó) *s f Gené* (<gr *mitos,ou*: fi(lament)o + -ose) Cariocinese [Divisão celular] que origina duas células geneticamente idênticas à célula original].

mitra *s f Rel* (<gr *mitra,as*: faixa para a cabeça, turbante) **1** Insígnia eclesiástica com que os bispos cobrem a cabeça em certas cerim[ô]nias religiosas. **Comb.** *A ~ papal.* **2** Dignidade ou jurisdição exercida pelo bispo. ⇒ diocese. **3** *pop* Qualquer cobertura para a cabeça. **Sin.** Carapuço; capuz(+). **4** *Br* Astúcia; manha; *adj* astuto/manhoso.

mitrado, a *adj* (<mitrar) **1** Diz-se de alto dignitário da Igreja que recebeu a mitra. **2** *fig* Que é profundo conhecedor de um assunto. **3** Que tem esperteza. **Sin.** Finório.

mitral *adj 2g* (<mitra + -al) **1** Que tem a forma de mitra. **2** *Anat* Diz-se da válvula esquerda do coração, que fecha a ligação [o orifício] entre a aurícula e o ventrículo esquerdos, durante a sístole. **Sin.** Bicúspide.

mitridatismo *s m* (<mitridato + -ismo) Processo de imunização contra certos venenos pela ingestão de doses gradualmente crescentes desses mesmos venenos.

mitridatizar *v t* (<mitridato + -izar) Imunizar, praticando o mitriditismo.

mitridato *s m* (<antr *Mitridates*) Contraveneno *us* na farmacopeia antiga que terá sido inventado por Mitrídates, rei do Ponto Euxino (153-63 a.C.).

miuça *s f* (<lat *minútia,ae*: parcela muito pequena) **1** Coisa miúda/Miuçalha(+). **2** *Br* Gado caprino e ovino. **3** *pl Br* Miúdos ou vísceras de animais.

miuçalha *s f* (<miúça + -alha) **1** (Conjunto de) fragmentos de alguma coisa. **2** Conjunto de obje(c)tos pequenos, em geral de pouco valor. **3** *Br* Bando de crianças. **Sin.** Criançada(+)/Miudagem(+).

miudagem *s f* (<miúdo + -agem) **1** *fam* Conjunto de crianças. **Sin.** Garotada/Pequenada. **2** Conjunto de coisas pequenas, em geral de pouco valor ou de pouco préstimo/Miudeza(s) **6**(+). **3** *Br* Gado miúdo. **4** *Br* Resto de mercadoria em liquidação.

miudamente *adv* (<miúdo + -mente) **1** De modo miúdo/Pormenorizado(+). **2** Meticulosamente.

miudeza *s f* (<miúdo + -eza) **1** Qualidade do que é miúdo/pequeno. **2** Cara(c)terística do que é frágil. **Sin.** Delicadeza(+). **3** Rigor de observação. **Sin.** Detalhe(+)/Minúcia(+). **4** Aspe(c)to de menor importância. **Ex.** Ele tem dificuldade em distinguir o essencial do acidental [de ~s sem interesse]. **Sin.** Bagatela/Insignificância. **5** *pl* Vísceras de alguns animais *us* geralmente na alimentação. **Comb.** *~s de frango.* **Sin.** Miúdos(+). **6** *pl depr* Obje(c)tos de pouco valor ou préstimo. **Comb.** *Loja de ~s.* **Sin.** Bugigangas.

miudinho, a *adj* (<miúdo + -inho) **1** Que é de dimensões reduzidas. **2** Que dedica grande atenção aos pormenores. **Sin.** Minucioso(+). **3** Que se prende com coisas insignificantes/Coca-bichinhos. **4** *s* Menino/a pequeno/a.

miúdo, a *adj/s* (<lat *minútus,a,um*: fraco, ~ <mínuo,ere,minutum*: tornar pequeno, diminuir <*minus*: menos) **1** Que é muito pequeno ou de pouco valor. **Ex.** Hoje, no mercado, só havia peixe ~o. **Loc.** *A ~/Amiúde(+)* [Frequentemente] (Ex. Ela vinha a ~ a nossa casa passar o serão). **Comb.** *Dinheiro ~/Moedas de pouco valor.* **2** Que é delicado/Que exige minúcia. **Ex.** As miniaturas são um trabalho ~. **3** Que é atento ao pormenor. **Idi.** *Trocar (lá) por ~s* [Explicar pormenorizadamente] (Ex. Troca lá isso por ~s para ver se consigo entender!). **4** *depr* Que é ridículo, insignificante. **5** Que é mesquinho. **Sin.** Avarento/Sovina. **6** *s col* Criança. **Ex.** Quando ela era uma ~a, gostava muito de jogar à bola. **7** *s m pl* As vísceras de alguns animais/Miudezas **5**. **Comb.** *~s de galinha.*

mixagem (Kssá) *s f* (<mixar + -agem) **1** «acústica» Processo de reunião numa mesma banda sonora de sinais diversos, como músicas, sons, diálogos. ⇒ mistura **4**. **2** *Mús* Em música concreta e ele(c)tró[ô]nica, sobreposição das monofonias e gravação do resultado. **3** *Televisão* Combinação de vários sinais de imagem.

mixameba (Kssamê) *s f Zool* (<gr *muksa*: mucosidade + ameba) Cada um dos elementos ameboides que entram na formação das massas gelatinosas da fase plasmodial dos micotozoários.

mixar (Kssar) (<ing *to mix*; ⇒ mistura) **1** Realizar a mistura de sons ou imagens. ⇒ mixagem. **2** *Br col* Perder intensidade/Acabar/Falhar.

mixedema (Kssedê) *s f Med* (<gr *muksa*: muco + edema) ⇒ hipotir(e)oidismo.

mixoma (Kssô) *s m Med* (<gr *muksa*: muco + -oma) Tumor benigno, de consistência

macia, que se desenvolve sob a [por baixo da] pele nos membros e no pescoço.

mixordeiro, a (Chor) *s* <mixórdia + -eiro) **1** *fam* Pessoa que faz mixórdias. **2** *pop* Pessoa que falsifica bebidas ou gé[ê]neros alimentícios.

mixórdia (Chór) *s f* (<?) **1** *fam* Mistura desordenada de coisas variadas. **Sin.** Baralhada/Confusão/Embrulhada/Misturada. **2** *fam* Situação confusa. **Ex.** O acordo a que chegaram é uma ~, não se [, ninguém] sabe o que aquilo é. **3** Qualquer bebida ou comida mal preparada ou de má qualidade. **Ex.** Isto sabe mal. Que ~ é esta? **4** Produto de qualidade duvidosa.

mixuruca (Chu) *adj 2g Br col* (< ?) Sem valor/De má qualidade/Mixe. **Ex.** Ele escreveu um romance ~.

mixuruquice (Chu) *s f* (<mixuruca + -ice) Qualidade do que é mixuruca. **Sin.** Insignificância(+).

mnemo- *pref* (<gr *mnémon,onos*: que se recorda) Exprime a ideia de *lembrança/ memória/recordação*.

mnemónica [*Br* mnemônica] *s f* (<mnemónico) Técnica para desenvolver a memória e memorizar coisas, como exercícios ou outros artifícios, ligando ideias e fa(c)tos difíceis de reter a outros mais fáceis. **Ex.** EGA/APU é uma ~ para ajudar a relacionar a acentuação com a sílaba tó(ô)nica, fazendo corresponder esdrúxula, grave e aguda, respe(c)tivamente, a antepenúltima, penúltima e última.

mnemónico, a [*Br* mnemônico] *adj* (<gr *mnemonikós,é,ón*) **1** Relativo à mnemónica. **2** Diz-se de processo que serve para desenvolver a memória. **Ex.** Há vários exercícios ~s para decorar um texto ou lembrar um número comprido.

mnemonizar *v t* (<mnemo- + -izar) Tornar mnemó[ô]nico/fácil de lembrar.

mó[1] *s f* (<lat *mola,ae*) **1** Pedra circular dos moinhos que, ao rodar, tritura e mói. **Idi.** *Estar na ~ de baixo* [Estar em dificuldades] (Ex. Quando alguém está na ~ de baixo, devemos ajudar). **2** Pedra de amolar/ afiar «facas». **3** *col* ⇒ (dente) molar[1] **3**.

mó[2] *s f* (<lat *moles,is*: volume, massa) Grande quantidade/Mole(+) «de gente».

mo/a *Gram contr* do pron *me* com o pron *dem o/a*. **Ex.** O que tu dizes já o meu pai *mo* disse algumas vezes. Esta esferográfica é minha, o professor deu-ma. ⇒ lo; no.

moageiro, a *s/adj* (<moagem + -eiro) **1** Proprietário de moagem 3/moinho. **2** Indivíduo que trabalha em moinho/Moleiro. **3** *adj* Relativo a moagem e a moinho. **Comb.** Indústria ~a.

moagem *s f* (<moer + -agem) **1** A(c)to ou efeito de moer. **2** O que se mói de cada vez. **3** Indústria de transformação dos cereais em farinha. **Comb.** Fábrica de ~.

móbil *adj 2g/s m* (<lat *móbilis,e*) **1** Que se move/Móvel(+). **2** *fig* Que varia. **Sin.** Inconstante/Volúvel(+). **3** *s m* O que leva a agir. **Ex.** A polícia anda a investigar o ~ do crime. **Sin.** Motivo.

mobil(i)ar *v t* (<móvel 5 + -ar[1]) «casa» Equipar com móveis/Montar a mobília. **Ex.** Ele está a ~ o escritório.

mobília *s f* (<lat *mobília* <*móbilis,e*: que pode ser movido; móvel) Conjunto de móveis de uma casa ou edifício. **Ex.** Para a casa estar [ficar] completamente mobilada, ainda falta a ~ da sala de jantar.

mobiliário *adj* (<mobília + -ário) **1** Referente à mobília. **2** Relativo aos bens móveis. **Comb.** Valores ~s. **3** *s m* Conjunto de móveis destinados ao uso e decoração de uma casa/Mobília. **Ex.** O ~ da sala é muito modesto, apenas o essencial:

mesa, cadeiras e um sofá. **Comb.** ~ *escolar* [da escola]. *Indústria de ~*. *Loja de ~*/de mobílias. **4** *s m* Conjunto de móveis de um estilo, uma época, um autor. **Comb.** «cadeiras de» ~ Luís XV.

mobilidade *s f* (<lat *mobílitas, átis*) **1** Qualidade do que é móvel/que obedece às leis do movimento. **Ex.** O acidente afe(c)tou-lhe a mobilidade, tem de ser ajudado a andar/caminhar. **2** Possibilidade de ir de um lugar para outro. **Ex.** Há funcionários, como os professores, que estão sujeitos a ~. **3** Mudança de cará(c)ter psicológico. **Sin.** Inconstância/Instabilidade. **4** *Quím* Velocidade de um ião [íon] sob o efeito de um campo elé(c)trico unitário. **Comb.** ~ ió[ô]nica.

mobilização *s f* (<mobilizar + -ção) **1** A(c)to ou efeito de mobilizar. **2** Convocação de forças militares ou corpos civis para uma a(c)ção de defesa do país. **Ex.** Face a ameaças credíveis, o governo decidiu proceder à ~ de reservistas. **3** Envolvimento de forma a(c)tiva numa iniciativa de cará(c)ter cívico ou político. **Ex.** Os organizadores «da manifestação» conseguiram fazer uma boa ~, porque a praça estava cheia de gente.

mobilizador, ora *adj/s* (<mobilizar + -dor) (Pessoa/Aquilo) que mobiliza. **Ex.** Ele é um ~/é um verdadeiro chefe. Ele faz discursos ~es/que arrastam toda a gente.

mobilizar *v t* (<móbil/móvel + -izar) **1** Dar movimento a. **2** Organizar tropas para uma a(c)ção militar. **Ex.** O governo mandou ~ as forças necessárias à defesa do território. O nosso filho foi mobilizado [para a tropa/ guerra]. **3** Convocar pessoas para uma a(c)ção cívica ou política. **Ex.** Os dirigentes divulgaram um comunicado para ~ os vizinhos com vista à solução do problema dos transportes no bairro. **4** *Econ* Pôr em a(c)ção um valor comercial «~ capitais».

mobilizável *adj 2g* (<mobilizar + -vel) Que se pode mobilizar.

moca[1] *s f* (<?) **1** Pau com uma maça na extremidade. **Sin.** Clava. **2** *fig* Cabeça/Crânio. **Ex.** Ele aproximou-se do atacante e deu-lhe uma paulada na ~. **Idi.** *Partir a ~ a rir* [Rir muito/Rir a bom rir/às [a] bandeiras despregadas]. **3** *Br* ⇒ Zombaria. **4** *Br* ⇒ Tolice. **5** Entorpecimento ou euforia causados por drogas ou álcool.

moca[2] *s m* (<top *Moca*, cidade da Arábia) Variedade de café oriunda de Moca.

moça *s f* (<moço) **1** Mulher (ainda) jovem. **Sin.** Rapariga. **2** *Br depr* ⇒ Meretriz.

mocada *s f* (<moca[1] + -ada) Pancada com moca ou obje(c)to semelhante. **Ex.** No meio da confusão, alguém lhe deu uma ~ que o deixou estendido no chão. ⇒ paulada.

Moçambique *Geog* Estado situado no sudeste da África, cuja capital é Maputo e cuja língua oficial é o português. **Ex.** Os habitantes de ~ designam-se por moçambicanos.

mocambo *s m* (<quimbundo *mu'kambu*: a) cumeeira; b) esconderijo) **1** *Hist* Choça [Cabana/Casota] que os escravos construíam no mato para se esconderem quando andavam fugidos no Br/Quilombo. **2** Tosca construção no campo «para pastores ou vigilantes». **3** Moita onde se refugia [abriga] o gado «bovino, no sertão».

moção *s f* (<lat *mótio,ónis*: impulso) **1** A(c)to ou efeito de mover(-se)/Movimento. ⇒ locomoção. **2** Proposta apresentada numa reunião ou numa assembleia. **Ex.** A maioria dos deputados aprovou a ~ sobre o funcionamento dos hospitais públicos. **Comb.** ~ *de confiança* [Proposta do go-

verno ou de um grupo parlamentar destinada a apoiar a a(c)ção governativa]. ~ *de censura* [Proposta pela qual os parlamentares criticam o governo, podendo, caso seja aprovada, levar à queda do mesmo (governo)].

moçárabe *adj 2g/s 2g Hist* (<ár *must'arab*: que se tornou árabe) (O) que descende de cristão hispânico que vivia nas terras ocupadas pelos muçulmanos.

mocassim *s m* (<ing *moccasin*) **1** Calçado de pele *us* pelos índios da América do Norte, sem salto e com a sola revirada dos lados e à frente. **2** Sapato (d)esportivo que se assemelha a esse calçado.

mocetão, tona *s* (<moço + -eto + -ão; ⇒ moçoila) Jovem alto, robusto e bem-parecido. **Sin.** Rapagão; raparigaça.

mocha (Ô) *s f gír* (<mocho[2] 2) ⇒ Cabeça.

mochar *v t/int* (<mocho[2] + -ar[1]) **1** Descornar «um vitelo/boi». **2** *fig* Faltar a um compromisso.

mocheta (Ê) *s f Arquit* (<fr *mouchette*) **1** Filete da coluna canelada. **Sin.** Listel/Estria[1]. **2** Aresta saliente na cornija para evitar que a água escorra pela parede.

mochila *s f* (<esp *mochila*) **1** Saco que se leva às costas preso por correias onde se guardam obje(c)tos de uso pessoal. **Ex.** Ele anda com a ~ pesada, cheia de livros. **2** Qualquer bolsa com o mesmo formato. ⇒ alforge. **3** *fig* ⇒ Corcunda/Marreca.

mocho[1] (Mô) *s m Ornit* (< ?) **1** Nome comum de diversas aves de rapina no(c)turnas, com um círculo de penas à volta dos olhos e um tufo de penas junto aos ouvidos. **Ex.** O ~ alimenta-se de pequenos roedores, algumas aves e inse(c)tos. **Comb.** O pio do ~. **2** *fig* Pessoa sorumbática/taciturna. ⇒ coruja.

mocho[2] (Mô) *s m* (< ?) **1** Banco individual de assento quadrado ou redondo sem encosto. ⇒ tripeça/banquinho. **2** Diz-se do animal sem chifre(s), porque nasceu sem eles [um deles] ou lhe foram cortados.

mociço, a *adj* ⇒ maciço **1**.

mocidade *s f* (<moço + -i- + -dade) **1** Período da vida humana entre a infância e a idade adulta. **Sin.** Juventude. **2** Conjunto das pessoas jovens. **3** *fig* Frescura própria da juventude. **Ex.** Tem uma ~ de espírito (bem/muito) invejável. **Sin.** Energia/Viço/ Vigor. **4** *depr* Imprudência própria de jovem. **Comb.** Erros «desculpáveis» da ~.

moço, a (Mô) *adj/s* (< ?; (moço de) forcado) **1** (Pessoa) que está na idade juvenil. **Ex.** Eles (O casal) têm uma filha ~a, de 15 ou 16 anos. **Sin.** Jovem. **2** *fam* Pessoa que namora outra. **Sin.** Namorado/a. **3** *s* Pessoa jovem que presta serviços a terceiros. **Comb.** ~ *de fretes* [Indivíduo que transporta mercadorias].

mocó[1] *s m Zool/Bot* (<tupi *mo'ko*: roedor) **1** Roedor (quase) anuro, de pelagem cinzenta, semelhante à cobaia e *us* como alimento no Nordeste do Br. **2** Variedade de algodão de fibras longas e sedosas. **3** ⇒ tipui(ana).

mocó[2] *s m pej* (< ?) **1** ⇒ (pessoa) acanhada. **2** ⇒ matuto. **3** (Pretensioso mas) tolo/ Bocó.

mocô (< ?) ⇒ bruxaria; mau-olhado; amuleto.

moçoila, o *s f* (<moço + -oila) Moça/o nova/o.

moda (Mó) *s f* (<fr *mode*) **1** Modo de agir, pensar e sentir, próprio de um meio ou de determinada época. **Loc.** *À ~ de*/Que está de acordo com os usos [Feito de maneira especial] (Ex. Comemos hoje um polvo feito [preparado] à ~ da minha região). «estar» *De ~* [Que mais agrada de

momento à maioria das pessoas] (Ex. Este ano a cor da [que está na] ~ é o (cor de) rosa. Tira esse vestido, que está fora de ~). **Idi. Ver onde [em que(+)] param as ~s** [Esperar prudentemente o desfecho de um processo] (Ex. Não nos precipitemos a tomar uma decisão, é melhor ter calma e ver em que param as ~s). **Comb. Última [Último grito da]** ~ [O que está em uso no momento] (Ex. Ela comprou uns sapatos que são a última [o último grito da (+)] ~). **Sin.** Costume/Uso. **2** Sistema industrial e comercial responsável pela produção em cada estação de novas cole(c)ções de vestuário, calçado e acessórios. **Ex.** Antes do verão, costumo ir a uma loja que está sempre a(c)tualizada com a ~ para a nova estação. **Comb.** Loja de ~s. **3** Peça de vestuário original, criada por um costureiro ou casa de ~s. ⇒ modelo **2. 4** *Mús* Canção popular, em geral, típica de uma região. **Sin.** Cantiga/Modinha «alegre». **5** *Br Mús* Canção rural, a duas vozes, acompanhada à viola.

modal *adj 2g* (<modo + -al) **1** Relativo ao modo de ser ou à modalidade de fazer alguma coisa. **2** *Gram* Diz-se de verbo que expressa noções como: desejo, dever, possibilidade, necessidade, … «querer/dever/poder». **Comb.** Proposição ~ [que enuncia o modo como o verbo convém ao sujeito]. **3** *Mús* Que é relativo aos modos, à ordem por que se sucedem os tons e os meios-tons, na escala diató[ô]nica. **Comb. Música** ~ [em que é primordial a organização em modos, em oposição à tonal]. **Nota** ~ [que distingue o modo maior do modo menor].

modalidade *s f* (<modal + -i- + -dade) **1** Aspe(c)to ou modo de uma coisa se realizar. **Ex.** Eles tiveram uma reunião para chegarem a acordo sobre as ~ do empréstimo. **Comb. Uma** ~ [Um gé[ê]nero] de dança. ~ **de escrita** «gótica». **2** *Mús* Cará(c)ter de um trecho musical consoante [conforme] pertence ao modo maior ou ao modo menor. **3** (*D)esp* Cada uma das a(c)tividades (d)esportivas. **Ex.** O atletismo é uma ~. **Comb.** ~ «natação» ~ olímpica. **4** *Ling/Fil* Atitude do locutor em relação ao conteúdo do que ele diz [seu próprio enunciado], que pode ser problemático, assertório ou apodí(c)tico.

modalização *s f Ling* (<modalizar + -ção) Marca das atitudes que o falante imprime na mensagem que transmite. **Ex.** Os advérbios são, entre outras, marcas de ~ do discurso.

modalizador, ora *adj/s m Ling* (<modalizar + -dor) (Diz-se de) qualquer elemento (palavra/expressão/entoação) que revela as atitudes do locutor em relação à sua própria mensagem. **Ex.** Os advérbios são (elementos) ~es.

modalizar *v t* (<modal + -izar) **1** Dar determinado aspe(c)to ou aspe(c)to diferente a. **Sin. a)** Formular «uma afirmação»; **b)** Variar. **2** *Ling* Introduzir «a pessoa que fala ou escreve» marcas modais no seu discurso. **Ex.** Em vez de dizer simplesmente *Escutem o que digo!*, ele modalizou a frase dizendo *Escutem atentamente o que digo!*

modelação *s f* (<modelar + -ção) **1** A(c)to de modelar ou de trabalhar uma substância maleável «barro» para produzir obje(c)tos artísticos. ⇒ modelagem. **2** Traços ou contornos. **Ex.** O artista conseguiu a ~ perfeita do rosto do modelo.

modelador, ora *adj/s* (Pessoa) que modela. ⇒ oleiro; ceramista; escultor.

modelagem *s f* (<modelar + -agem) ⇒ modelação.

modelar *v t/adj 2g* (<modelo + -ar¹) **1** Fazer por modelo «estátua de terracota» ou molde «busto/estátua de bronze». **2** Fazer uma peça numa substância maleável «gesso» para depois a reproduzir numa matéria dura «mármore». **Ex.** O artista modelou o busto do herói em gesso para depois o fazer em bronze. **3** Trabalhar uma substância maleável, dando-lhe determinada forma. **Ex.** Ele é exímio em ~ o barro. **4** Tornar mais definidos os contornos. **Ex.** A roupa, ajustada, modela-lhe o corpo. **5** Tornar mais perfeito. **Sin.** Aperfeiçoar/Burilar/Limar. **6** *adj 2g* Que pode servir de exemplo. **Ex.** A conduta dele é ~, todos o reconhecem. **Sin.** Exemplar.

modelável *adj 2g* (<modelar + -vel) Passível de [Que pode] ser modelado. ⇒ moldável.

modelismo *s m* (<modelo + -ismo) Construção de modelos reduzidos destinados a a(c)tividades profissionais e lúdicas «carros/aviões».

modelista *s 2g* (<modelo + -ista) Pessoa que se ocupa da criação de modelos destinados a a(c)tividades profissionais e à indústria.

modelo (Dê) *s m* (<it *modello* <lat *módus,i*: medida, modo) **1** Reprodução, em escala reduzida, de um obje(c)to ou obra. **Ex.** A exposição do ~ da nova ponte tem sido muito visitada. **Sin.** Maquete/Miniatura. **2** Peça de vestuário criada por um costureiro ou estilista de moda. **Ex.** Houve muito público para ver a cole(c)ção de ~s da primavera-verão. **3** Molde ou para escultura ou fundição industrial. **4** *Arte* Pessoa que posa para servir de obje(c)to de estudo aos pintores e escultores. **Ex.** O pintor não tem de reproduzir fielmente o ~. **5** *fig* Pessoa ou coisa exemplar [digna de ser imitada]. **Ex.** O professor é muitas vezes um ~ para os alunos. Ele frequenta uma escola ~. **Sin.** Exemplo/Padrão. **6** Protótipo de um obje(c)to destinado ao fabrico em série. **7** Impresso *us* em instituições públicas e privadas, com lacunas destinadas a serem preenchidas pelos interessados, para fazer pedidos ou com outra finalidade. **Ex.** Fui comprar o ~ 333, mas estava esgotado. **Sin.** Formulário. **8** *s 2g* Pessoa cuja profissão consiste em apresentar peças de vestuário e outros acessórios em desfiles de moda. **Ex.** Os ~s dos grandes costureiros são muito bem pagos. **Sin.** Manequim.

modem (Mó) *ing s m Info* Dispositivo que permite a comunicação entre computadores através da linha telefó[ô]nica.

moderação *s f* (<lat *moderátio,ónis*: a(c)ção de governar, ~) **1** A(c)ção de moderar(-se). **Sin.** Comedimento/Parcimó[ô]nia. **2** Qualidade que evita os excessos. **Ex.** É aconselhável beber com ~. **3** Função de moderador, pessoa que tem a seu cargo a condução formal de um debate.

moderadamente *adv* (<moderado + -mente) **1** «beber» Com moderação. **Sin.** Razoavelmente. **Ant.** Excessivamente. **2** «aconselhar» De forma prudente/sensata. **Sin.** Comedidamente.

moderado, a *adj* (<lat *moderátus, a, um*) **1** Que se afasta dos extremos. **Comb.** Velocidade ~a. **2** Que revela prudência. **Ex.** Ele é uma pessoa ~a [equilibrada/refle(c)tida] em tudo o que faz. **3** *Mús* ⇒ moderato. **4** *adj/s* (Pessoa) que rejeita radicalismos. **Ex.** Ele é um político ~. **Comb.** A ala ~a do Partido «socialista».

moderador, ora *adj/s* (<lat *moderátor,óris*: o que governa/maneja) **1** Que modera, diminui ou atenua os excessos. **Ex.** O papel ~ das medidas ado(p)tadas «pelo Governo» fez-se notar nas despesas do último trimestre. **2** *s* Pessoa que dirige uma reunião «debate». **3** *s m Fís* Substância «grafite» *us* para diminuir a velocidade de neutrões rápidos num rea(c)tor nuclear, aumentando a possibilidade de produzir fissão.

moderar *v t* (<lat *móderor,ári,átus sum*) **1** Conter dentro dos devidos limites. **Ex.** É preciso ~ [controlar(+)] os gastos, se se quiser viver sem preocupações de maior. **Sin.** Controlar/Regular. **2** Contrariar ou evitar excessos. **Ex.** É (sempre) aconselhável ~ as palavras para evitar conflitos. **Sin.** Refrear/Reprimir. **3** ~-se/Usar de contenção. **Ex.** Com o tempo, moderou-se na bebida. **Sin.** Controlar-se.

moderativo, a *adj* (<moderar + -tivo) ⇒ moderador.

moderato *it s m Mús* **1** Andamento entre o *andante* e o *alegro*. **2** Composição executada nesse andamento. **3** *adv* Em ritmo moderado.

modernamente *adv* (<moderno + -mente) **1** Nos tempos modernos. **Sin.** A(c)tualmente. **Ant.** Antigamente. **2** De acordo com os costumes a(c)tuais [os padrões modernos]. **Ex.** Os jovens andam ~ vestidos.

modernice *s f depr* (<moderno + -ice) **1** Moda que se ado(p)ta, não pelo seu valor, mas por ser novidade. **2** Gosto exagerado pelo [Preferência por tudo o] que é moderno. **Ex.** Às vezes as coisas são feias, mas «o meu marido», como adora ~s, não hesita em comprar.

modernidade *s f* (<moderno + -i- + -dade) **1** Qualidade de moderno. **Sin.** A(c)tualidade. **2** ⇒ modernismo; novidade.

modernismo *s m* (<moderno + -ismo) **1** Ado(p)ção de ideias, práticas e comportamentos ainda não conhecidos ou aceites pela maioria das pessoas. **Ex.** O ~ é a sua «de pintor» marca pessoal, distintiva, que os outros consideram demasiado ousado. **2** Gosto por inovações e coisas novas em geral. ⇒ modernice. **3** *Arte Liter* Designação genérica de movimentos artísticos e literários «cubismo» do fim do séc. XIX e primeiras décadas do séc. XX. **Ex.** No Brasil, o ~ teve início com a Semana de Arte Moderna realizada em S. Paulo, em 1922. Em Portugal, Fernando Pessoa foi um expoente [alto representante/um(a) grande figura] do ~.

modernista *adj 2g/s 2g* (<moderno + -ista) **1** Relativo ou pertencente ao modernismo. **Comb. Ideias** ~s. **Tendências** ~s. **2** Que tem tendência para ado(p)tar as novidades. **Ant.** Tradicionalista. **3** *adj 2g/s 2g Arte Liter* (Pessoa) que evidencia na sua obra cara(c)terísticas do modernismo.

modernização *s f* (<modernizar + -ção) A(c)to ou efeito de modernizar(-se)/de estar ou se pôr de acordo com os modelos a(c)tuais. **Ex.** A gestão da empresa sofreu um processo de ~.

modernizar *v t* (<moderno + -izar) **1** Tornar moderno. **2** Reorganizar de acordo com tecnologias e métodos avançados. **Ex.** Para a família (poder) tirar mais rendimento da agricultura, tornou-se necessário ~ os processos, com recurso a novas tecnologias. **3** Dar ou adquirir um aspe(c)to renovado. **Ex.** Eles querem ~ [renovar(+)] a decoração da casa.

moderno, a *adj* (<lat *modérnus,a,um*) **1** Que é dos nossos dias ou de época recente. **Sin.** A(c)tual/Contemporâneo. **Ant.** Antigo. **2** Que está de acordo com o saber e descobertas mais recentes. **Ex.** É um hospital muito ~ com o que há de mais

recente na medicina. **3** Que representa as ideias e o gosto a(c)tuais. **Comb.** Música ~a. **4** Que está (agora) na moda (+). **Ex.** Ela usa um penteado ~. **5** *Arte* Relativo ao modernismo. **Comb.** Pintor ~. ⇒ modernista **3**. **6** *s m pl* As pessoas partidárias do modernismo nas artes e na literatura. **Ex.** É próprio dos ~s romper com os cânones (dominantes).

modestamente *adv* (<modesto + -mente) **1** Com modéstia. **Sin.** Humildemente. **2** Sem luxo ou riqueza. **Ex.** Ela veste ~. Ele vive ~ [leva uma vida simples]. **3** Em pequena quantidade ou grandeza. **Ex.** A estátua foi erguida também com a ajuda de muitas pessoas que contribuíram ~.

modéstia *s f* (<lat *modéstia,ae*: sentimento de respeito, ~) **1** Comedimento na apreciação de si próprio. **Ex.** A ~ é uma qualidade intele(c)tual. **Loc.** ~ **à parte** [Expressão para pedir desculpa pelo que pode ser considerado [tomado como] (uma) vaidade] (Ex. ~ à parte, todos costumam gostar da comida que faço). **Comb.** Falsa ~ [Humildade simulada/*idi* de anzol] (Ex. As pessoas ficam dece(p)cionadas, quando descobrem que, afinal, não havia nele humildade nenhuma, era tudo falsa ~). **Sin.** Humildade/Simplicidade/Verdade. **2** Ausência de luxo ou ostentação. **Ex.** Podia comprar um carro caro, tem dinheiro para isso, mas a ~ não o deixa fazer isso. **3** Atitude de reserva pessoal. **Ex.** Por ~ não falou do prémio que ganhara [tinha ganho] no concurso. **Sin.** Pudor/Recato. **4** Escassez/Baixo nível/Pequenez/Fraqueza. **Ex.** A falta de estudo explica a ~ dos resultados nos exames finais.

modesto, a (Dés) *adj* (<lat *modéstus,a,um*) **1** Que tem ou mostra modéstia. **2** Que tem comedimento na apreciação de si próprio. **Sin.** Humilde/Simples. **Ant.** Presumido/Vaidoso. **3** Que é pouco elevado ou ocupa uma posição de menor relevo. **Ex.** O vencimento [salário] mensal dele é ~. **Sin.** Escasso/Reduzido/Pequeno. **4** Que tem pudor «no vestir». **Sin.** Recatado.

modicidade *s f* (<lat *modícitas,átis*) Qualidade do que é módico. **Sin.** Exiguidade.

módico, a *adj* (<lat *módicus,a,um*: que está na medida, ~) **1** Que tem um valor baixo. **Ex.** Eles pagaram uma ~a quantia pelo aluguer da casa de férias. **Sin.** Reduzido/Pequeno. **2** Que não é exagerado. **Ex.** A mãe é bastante ~a nas despesas [nos (próprios) gastos]. **Sin.** Moderado.

modificação *s f* (<lat *modificátio,ónis*: disposição com medida) A(c)to ou efeito de modificar. **Ex.** A ~ que fez na casa tornou-a mais espaçosa. **Sin.** Alteração/Mudança/Transformação.

modificador, ora *adj/s* (<modificar + -dor) **1** (O) que modifica/transforma. **Comb.** Elemento ~. **2** *Ling* Que determina, qualifica ou restringe o elemento «palavra/expressão» a que se refere. **Ex.** Os advérbios são ~es. **3** *s m Gené* Qualquer gene que afe(c)ta a expressão de outro gene.

modificar *v t* (<lat *modifico,áre*: pôr limites a, regular, ~) **1** Fazer alterações no aspe(c)to, forma e cara(c)terísticas. **Ex.** Vou fazer obras para ~ a casa. **Sin.** Alterar/Mudar. **2** ~-se/Sofrer mudança na maneira de ser. **Ex.** Ele modificou-se [mudou] muito por causa da bebida «zanga-se mais». **3** *Ling* Alterar ou precisar o sentido de uma palavra ou expressão.

modificativo, a *adj* ⇒ modificador.

modilhão *s m Arquit* (it *modiglione*) Ornato em forma de S [de dupla voluta] que pode ter, ou não (ter), função de suporte na cornija.

modinha (Mò) *s f Mús* (<moda + -inha) **1** *Hist* Cantiga de salão em voga em Portugal e no Brasil nos séculos XIX e XX «nos serões da corte». **2** Canção ligeira e despretensiosa. **Ex.** Era hábito cantar(em) aquela ~ nas vindimas. **3** *Br* Cantiga popular urbana triste e sentimental, acompanhada ao violão.

modismo *s m* (<modo + -ismo) **1** Modo de falar cara(c)terístico de uma língua, admitido pelo uso, embora possa não respeitar as regras gramaticais. ⇒ idiomatismo. **2** Expressão ou hábito passageiro ou efé[ê]mero.

modista *s f* (<fr *modiste*) **1** Mulher que confe(c)ciona roupa/Costureira. **Ex.** Ela prefere mandar fazer a sua roupa à ~ em vez de a comprar já feita [comprar no pronto-a-vestir]. **2** *s 2g Br* Pessoa que canta modinhas.

modo (Mó) *s m* (<lat *módus,i*: medida (com que se mede alguma coisa), ~) **1** Forma particular de ser, de estar ou de agir; estilo. **Ex.** O ~ como fala do que viu na viagem revela uma memória exce(p)cional. **Comb.** ~ **de dizer.** ~ **de pensar.** ~ **de ser.** ~ **de ver.** **Loc. A** ~ **de** [À semelhança de] (Ex. Usei uma caixa de sapatos a ~ de gaveta para arquivar as fichas de leitura). **A meu/teu/seu** ~ [Conforme o gosto ou a maneira de pensar de cada um] (Ex. Como é normal, fiz as coisas a meu ~ [à minha maneira]). **De (tal)** ~ **que** [No sentido de/De maneira a ter como resultado] (Ex. Ele explica as coisas de tal ~ que todos percebem). **De certo** ~ [De alguma maneira] (Ex. Embora não seja o mais experiente, ele é de certo ~ [de alguma maneira] o conselheiro dos irmãos). **Sin.** Jeito/Maneira. **2** Meio/Modalidade. **Ex.** Nas lojas, uso o cartão de crédito como ~ de pagamento. **3** Prática normal e continuada. **Comb.** ~ de vida [Ocupação] (Ex. É muito habilidoso e faz do artesanato o seu ~ de vida). **Sin.** Sistema. **4** Jeito peculiar/*idi* Um não sei que/Estilo especial. **Ex.** Ele tem um ~ muito pessoal de cantar o fado. **5** Saída/Solução. **Ex.** Ir deitar-se foi o ~ que arranjou de repousar. **6** *Gram* Categoria verbal que corresponde a cada uma das variações que os verbos assumem, traduzindo a atitude do sujeito perante o seu enunciado. **Ex.** O ~ indicativo exprime algo como real, fa(c)tual. **7** *Gram* Referência à forma como se cara(c)teriza a a(c)ção. **Ex.** Advérbio de ~. **8** *Lóg* Cada uma das formas «afirmativa/negativa; universal/particular» que pode assumir o raciocínio silogístico nas diferentes figuras, conforme a quantidade e qualidade das proposições. **9** *Mús* Maneira por que se dispõem os intervalos de tom e meio-tom. **Comb.** ~ [Escala] **maior** [em que os semitons ocorrem entre a terceira e a quarta, e a sétima e oitava notas]. ~ [Escala] **menor** [em que os semitons ocorrem ente a segunda e terceira, e a sétima e oitava notas]. **10** *pl* Moderação/Comedimento/Educação. **Ex.** Ele nunca mais aprende a ter ~s quando estamos com outras pessoas. **Comb. Bons ~s** «de pessoa pacífica/bem-educada». **Maus ~s** «de mal-educado/de colérico».

modorra (Dô) *s f* (<?) **1** Grande vontade de dormir. **2** Falta de vitalidade. **Sin.** Apatia/Indolência/Prostração. **3** *Vet* Doença que ataca o gado ovino [as ovelhas (+)]. **Ex.** A ~ ataca o cérebro e provoca paralisia.

modorrar *v t* (<modorra + -ar¹) **1** Causar modorra/sonolência/Amodorrar(+). **2** Deixar ou ficar em estado de prostração.

modorrento, a *adj* (<modorra + -ento) **1** Que tem ou sente modorra. **Sin.** Sonolento. **2** Que sente falta de energia/Prostrado(+)/Abatido(+). **3** *fig* Preguiçoso. **Ex.** Ele passa o tempo sentado a ouvir música, sem fazer nada, é um ~.

modulação *s f* (<lat *modulátio,ónis*: a(c)ção de medir, ~) **1** A(c)to ou efeito de modular. **2** Variação na inflexão da voz. **Ex.** Ela imprimia à voz uma ~ que denotava [que era mostra de] afe(c)tividade. **3** *Mús* Passagem de um tom a outro/Mudança de tonalidade. **4** *Fís* Processo que consiste em fazer variar a amplitude, frequência ou fase de uma corrente ou onda, na transmissão de um sinal. **Comb.** ~ de frequência [«rádio» A mais melódica e inteligível, que se faz por variação de frequência] (Ex. Quando vou no carro, tenho a rádio ligada sempre em ~ de frequência (FM) [em frequência modulada (+)]).

modulador, ora *adj/s* (<lat *modulátor*) **1** (O) que modula. **2** (O) que muda de tom ou intensidade na emissão de um som. **3** *s m Fís* Aparelho ou conjunto de aparelhos que faz variar as cara(c)terísticas de uma corrente elé(c)trica ou de uma onda. **4** *Fís* Lâmpada que efe(c)tua a mudança de frequência por modulação. **5** *Info* Unidade funcional que converte um sinal num sinal modulado, adequado à [próprio para a] transmissão.

modular¹ *v t* (<lat *módulor,ári,átus sum*: regular, medir, tocar «harpa») **1** Cantar ou tocar, ler ou dizer, de modo harmonioso e mudando de tom. **Ex.** Dá gosto ouvi-la, pelo modo agradável com que modula a voz, ao ler poesia. **2** *Fís* Alterar a amplitude, a frequência, a fase ou a intensidade de uma corrente elé(c)trica ou de uma onda. **3** *Arquit* Edificar usando módulos.

modular² *adj 2g* (<módulo + -ar²) **1** Referente a módulo. **Comb.** Estrutura ~. **2** *Arquit* Diz-se da arquite(c)tura grega ou romana que junta os três estilos: jó[ô]nico, dórico e coríntio.

módulo *s m* (<lat *módulus,i*: medida pequena; ⇒ modo) **1** Grandeza que é tomada como unidade de medida ou padrão. **Ex.** O metro é o ~ dos comprimentos. **2** *Arquit* Medida ado(p)tada para regular as proporções das diversas partes de um edifício. ⇒ modular² **2**. **3** *Ped* Num programa global, cada parte com estrutura autó[ô]noma mas coordenada com as restantes [Cada uma das subdivisões de um curso]. **Ex.** Eles estão a frequentar um curso de formação organizado em três ~s. **4** *Aer* Unidade separável de uma nave ou veículo espacial com uma função específica, capaz de funcionar de forma autó[ô]noma. **Comb.** ~ lunar [que aterrou e funcionou na superfície da Lua «missão Apolo»]. **5** *Mat* Valor absoluto de um número real (O ~ representa-se por |x| e é igual a x se o número for positivo e a -x se o número for negativo).

moeda (É) *s f* (<lat *monéta,ae*) **1** Peça metálica, geralmente redonda, cunhada com autorização legal que serve para realizar transa(c)ções financeiras. **Comb.** ~ sonante [Dinheiro em metal por oposição ao papel-moeda/às notas (+)]. **2** Unidade monetária de um país. **Ex.** Antes do euro, o escudo era a ~ portuguesa. **Comb.** ~ forte [cujo valor nominal é (quase) igual ao seu valor intrínseco]. **3** Aquilo a que, em certas épocas e sociedades, se atribuía valor pecuniário, que servia de meio de troca, em vez do dinheiro. **Idi. Pagar na mesma** ~ [Retribuir uma a(c)ção com outra idêntica] (Ex. Se ele se portar mal, pago-lhe na mesma ~). **Ser [Servir de]** ~ **de troca** [Ser us como meio de troca numa negociação]

(Ex. A entrega dos prisioneiros foi ~ de troca no acordo político alcançado entre os dois países).
moedagem s f (<moeda + -agem) **1** Cunhagem e fabrico de moeda. **2** Aquilo que se paga pelo fabrico da moeda.
moedeira s f (<moer + -deira) **1** Instrumento com que os ourives moem o esmalte. **2** fig Fadiga de corpo ou de espírito. **Sin.** Canseira. **3** pop Dor fraca [surda(+)] mas prolongada. ⇒ moinha **3**.
moedeiro, a s (<moeda + -eiro) Pessoa que fabrica e cunha moedas. **Comb.** ~ falso/ Pessoa que fabrica moeda falsa.
moedor, ora adj/s (<moer + -dor) **1** (O) que mói/tritura. **2** ⇒ triturador «de carne»; misturador **5**. **3** fig ⇒ importuno/maçador.
moedura s f (<moer + -dura) **1** A(c)to ou efeito de moer/Moagem(+). **2** fig Dor prolongada/Moinha **3**(+).
moela (É) s f Anat Zool (<lat molélla, dim de mólae,árum: moinho; ⇒ mó[1]) **1** «aves» Parte musculosa do tubo digestivo que constitui o estômago e serve para triturar a comida. **2** pl Cul Iguaria preparada com ~s de aves. **Ex.** Para mim, as ~s são um bom petisco.
moenda s f (<lat molénda <moléndus,a,um: que deve ser moído; ⇒ moer) **1** Mó de moinho. **2** Operação de moer/Moagem(+). **3** Porção de grão, cana-de-açúcar, bagaço de azeitona, etc, que se mói de cada vez.
moendeiro s f (<moenda + -eiro) Proprietário de moenda. **Sin.** Moleiro.
moente adj 2g/s m (<moer + -ente) **1** Que mói/tritura/Moedor **1**. **Idi.** ~ **e corrente** [Diz-se de algo «moinho/carro» que se encontra em bom estado para ser utilizado a qualquer hora/momento]. **2** Mec Parte do veio de uma máquina que gira nas chumaceiras.
moer v t (<lat mólo,ere,litum) **1** Reduzir a pó. **Sin.** Triturar. **2** Prensar para extrair suco. **Ex.** Ele vai ~ a azeitona no lagar. **Sin.** Esmagar. **3** fig Dar pancada. **Ex.** Coitado, moeram-no à paulada! **Sin.** Espancar/Sovar. **4** fig Causar cansaço ou ficar cansado. **Ex.** A longa espera no aeroporto moeu-me, estou idi todo partido [estou esgotado]. **5** fig Causar ou sentir preocupação. **Ex.** A doença do pai mói [preocupa(+)] a família toda. **Idi.** ~ **o juízo/a paciência**(+) [Aborrecer/Apoquentar] (Ex. Não me moas o juízo!). **Sin.** Afligir(-se)/Apoquentar(-se).
mofa (Ó) s f (<mofar[1]) A(c)to ou efeito de mofar. **Sin.** Troça/Zombaria.
mofador, ora s/adj (<mofar[1]) (O) que mofa/Trocista(+).
mofar[1] v t (<?) Fazer mofa de. **Sin.** Troçar/Zombar.
mofar[2] v t (<mofo + -ar[1]) **1** Encher de ou criar mofo. **2** fig Ficar durante muito tempo na mesma posição profissional ou local, em más condições. **Ex.** Está há anos a ~ [a criar mofo (+)] num posto baixo sem hipótese de subir na carreira.
mofatra s f (<esp <ár mukhatra: venda a juros) **1** Transa(c)ção fraudulenta. **2** ⇒ embuste/trapaça.
mofento, a adj (<mofo + -ento) **1** Que tem ou causa mofo. **Sin.** Bafiento. **2** fig Que traz infelicidade. **Sin.** Funesto.
mofeta (Fê) s f Geol (<it mofetta) Manifestação vulcânica de baixa intensidade que consiste na emissão de gases, especialmente gás carbó[ô]nico. ⇒ fumarola.
mofina s f (<mofino) **1** Circunstância adversa; má sorte. **Sin.** Azar/Desdita(+)/Infortúnio(+). **2** Mulher de mau gé[ê]nio [turbulenta]. **3** Mulher infeliz. **4** Avareza/Mesquinhez. **5** Br Artigo anó[ô]nimo e difamatório publicado em jornal. **6** Br pop Infe(c)ção causada por um parasita do intestino.
mofino, a adj/s (<esp mohino) **1** (Pessoa) que é infeliz, mesquinha, tacanha. **2** (Pessoa) que tem má sorte. **3** (O) que é turbulento/que importuna os outros. **4** s Br Pessoa que adoece com facilidade. **Sin.** Enfermiço(+). **5** s m Br pop O Diabo.
mofo (Mô) s m (<?) **1** Fungo que se desenvolve em matéria orgânica, em sítios húmidos e não arejados. **Sin.** Bolor. **2** Cheiro cara(c)terístico do mesmo. **Idi.** *Cheirar a* ~ [Estar velho e fora de moda] (Ex. Essas tuas ideias cheiram a ~!). **Sin.** Bafio. **3** fig Vantagem que se obtém sem pagar. **Loc.** «coisa» A [De] ~ [Grátis(o+)/De borla(+)].
moganga s f (< ?) **1** Momice/Trejeitos/Caretas. **2** ⇒ Manifestação de afe(c)to. **Sin.** Carinho(+). **3** ⇒ Conversa falaciosa/Lábia(+).
mogigrafia s f (<gr mógos,ou: trabalho árduo + grafia) Espasmo involuntário dos músculos da mão e dos dedos «de quem escreve muito» que dificulta ou impede a escrita.
mogilalia s f (gr mógos,ou: trabalho penoso + -lalia) Dificuldade na articulação das palavras/Mogilalismo. ⇒ gaguez.
mogno s f Bot (<ing mahogany) **1** Designação comum a várias árvores tropicais, do género Swietenia, da família das meliáceas, cuja madeira é muito us em marcenaria. ⇒ caju(eiro). **2** Madeira dessas árvores, de cor avermelhada e que escurece ao ar. **Ex.** Os móveis de ~ não são baratos, mas são de boa qualidade e bonitos.
moído, a adj (<moer) **1** Que está triturado, esmagado. **Ex.** O café já está ~. **2** fig Que tem marcas de pancadas ou maus tratos. **Ex.** A sova que levou deixou-o todo ~, sobretudo a cara ficou bem marcada. **3** fig Que está muito cansado. **Ex.** A espera de ser atendido no hospital foi tão longa que ficou ~ do tempo que esteve sentado. **Sin.** Exausto. **4** fig Que tem uma grande mágoa e preocupação. **Ex.** Ele anda ~ de aflição por ter perdido o emprego. **Sin.** Apoquentado.
moinante adj 2g/s 2g (<moinar + -ante) **1** (O) que vive na pândega/que anda sempre em festas. **2** (O) que é malandro/vadio.
moinar v int (<moina + -ar[1]) **1** Dormir nos bancos dos jardins ou nos degraus das portas. **2** Andar na moina/pedinchice/Explorar os outros/Vadiar.
moinha s f (<moinho) **1** Fragmentos de palha que ficam na eira depois da debulha dos cereais. **2** Pó que resulta da trituração de qualquer substância seca. **3** fig Dor fraca e [surda mas] persistente.
moinho s m (<lat (saxum) molínum,i: mó) **1** Engenho para moer cereais e que é movido a vento, água ou motor. **Idi.** *Levar a água ao seu* ~ [Conseguir realizar o que se deseja/idi Puxar a brasa para a sua sardinha] (Ex. Ele é muito esperto, leva sempre a água ao seu ~). ***Lutar contra ~s de vento*** [Esforçar-se em vão, por coisas impossíveis] (Ex. Tem lutado toda a sua vida, mas sem um rumo bem definido, gastando inutilmente energias, sem nunca entender que luta contra ~s de vento «como D. Quixote»). **2** Instalação onde esse engenho está instalado. **Ex.** Não servindo já para moagem, a família transformou o ~ numa casa muito interessante. **3** Quantidade de azeitona que se mói de uma só vez. **4** Máquina pequena de uso caseiro para moer grão «café». **5** fam Pessoa comilona/que come muito.
moirama s f ⇒ mourama.
moiro, a adj/s ⇒ mouro.
moita s f (< ?; ⇒ tufo) **1** Mata espessa de plantas de pouca altura. **Loc.** Na ~ **a)** «ficar» À espreita; **b)** «fizemos tudo» Às escondidas; **c)** Sem dizer o que sabe/Calado. **Ex.** Sabia quem era o culpado mas ficou na ~. **2** interj pop Expressão designativa de silêncio. **Ex.** E tu, ~ (-carrasco), nem uma palavra [, fica calad(inh)o/não digas nada], faz de conta que não sabes!
moitão s m (<moita + -ão) **1** Lugar onde há moitas/Moitedo (+). **2** Náut Peça de madeira ou metal de aparelho de força (Poleame), que trabalha com uma só roldana.
moitedo (Tê) s m (<moita + -edo) Lugar onde há (muitas) moitas. ⇒ mato; brejo.
mola[1] s f (<it molla) **1** Peça metálica dotada de elasticidade, helicoidal, que reage quando comprimida. **Ex.** As ~s do sofá estão estragadas e podem magoar. **2** Utensílio cuja peça principal é uma dessas peças. **Comb.** As ~ da roupa. **3** Peça para apertar «a blusa/o vestido», geralmente de metal, constituída por duas partes que encaixam uma na outra por pressão. **Ex.** Ela comprou ~s na retrosaria. ⇒ botão. **4** fig O que dá incentivo para agir. **Ex.** O apoio dos pais foi a ~ que o fez ter sucesso no seu empreendimento. **Sin.** Estímulo. **5** fig fam Cabeça/Inteligência. **Idi.** *Ter pancada na* ~ [Não ter o juízo todo] (Ex. Pelos disparates que tem feito, vê-se que ele tem pancada na ~).
mola[2] s f Med (<lat móla (salsa): massa salgada) Degenerescência quística, vesiculosa, que se forma no útero, na membrana que envolve o embrião e que o pode afe(c)tar gravemente.
molambo s m (<quimbundo mulambo: pano atado entre as pernas) **1** ⇒ Roupa velha/Farrapo. **2** fig Indivíduo sem força moral, determinação, firmeza.
molancão [molangueirão], ona adj/s m ⇒ molengão.
molar[1] adj 2g (<lat moláris,e) **1** Relativo a mó[1]. **2** Próprio para moer. **Comb.** Pedras ~es (do moinho). **3** s m Cada um dos dentes da parte posterior do maxilar que têm a função de triturar os alimentos. **Ex.** Ele tem muita dificuldade em mastigar, porque lhe arrancaram [faltam] os (dentes) ~es.
molar[2] adj 2g (<mole **1** + -ar[2]) Que tem a casca pouco dura/Que se pode partir com facilidade. **Comb.** Amêndoa ~.
molar[3] adj 2g (<mola + -ar[2]) **1** Referente a mola[1] **3**. **2** Med Relativo a mola[2]. **Comb.** Gravidez ~.
mola-real s f **1** Peça que dá o primeiro impulso à máquina em que está instalada. **2** fig Incentivo principal. **Ex.** Infelizmente, para algumas pessoas o dinheiro está acima de tudo, é a ~ da vida.
molaridade s f Quím (<mole + -ar + -(i)dade) Quantidade de soluto por unidade de volume de solução a uma dada temperatura/Concentração de uma solução.
moldado, a adj (<moldar) **1** Feito por molde. ⇒ modelado. **2** fig Que se adaptou. **Ex.** Depressa ficou ~ à cultura do país para onde foi viver. **Sin.** Acomodado/Adaptado. **3** s m Trabalho de moldura.
moldador, ora adj/s (<moldar + -dor) **1** (O) que molda. **2** s Fabricante de moldes. **3** s m Instrumento de entalhador para ornar as molduras de madeira.
moldagem s f (<moldar + -agem) **1** Operação de moldar. **2** Técnica de confe(c)ção de um molde. **3** Gé[ê]nero de escultura.
moldar v t (<molde + -ar[1]) **1** Fazer o molde de algo. ⇒ modelar. **2** Trabalhar uma substância para lhe dar determinada forma. **Ex.** As crianças moldam a plasticina para fazer diversas figuras. **3** fig Definir os contornos

de um corpo. **Ex.** A saia, ajustada, moldava-lhe o corpo. **4** *fig* Modificar(-se) em função de outra pessoa, coisa ou circunstância. **Ex.** Com o tempo, foi-se moldando à vontade dos familiares. **Sin.** Adaptar(-se). **5** *fig* Submeter(-se) a um molde. **Ex.** A televisão molda-se pelas audiências. **Sin.** Pautar(-se)/Guiar(-se).

moldável *adj 2g* Que se pode moldar/adaptar.

Moldávia *s f* Estado da Europa oriental, cuja capital é Quichinau [Kishinyov] e cuja língua oficial é o romeno. **Ex.** Os habitantes da ~ designam-se por moldavos.

molde *s m* (<módulo) **1** Peça oca de metal, cerâmica ou outra substância concebida para nela se verter material fundido, que, ao secar, ganha a forma da peça em que se verteu. **Ex.** Para fazer uma escultura «de bronze», recorre-se por vezes a um ~. **Comb.** Fábrica de ~s. **2** Chapa ou folha com determinado formato [recorte], a partir da qual se reproduzem outros. **Ex.** A modista cortou o tecido para a saia pelo ~. **3** *pl* Modos/Maneiras/Regras/Normas. **Ex.** O atendimento ao público faz-se agora em novos ~s. **Loc.** De ~ a [De forma a] (Ex. Ele falou de ~ a [de maneira] que o entendessem perfeitamente). **4** *Geol* Impressão fóssil deixada por um organismo na rocha.

moldura *s f* (<molde + -ura) **1** Caixilho, em geral de madeira, para guarnecer quadros, fotos, espelhos. **2** *Arquit* Ornato de contorno contínuo que remata portas, janelas.

moldurar *v t* (<moldura + -ar¹) **1** Fazer molduras para. **2** Guarnecer de moldura. ⇒ encaixilhar; emoldurar(+).

mole¹ *adj 2g* (<lat *móllis,e*) **1** Que é brando ou cede facilmente à (com)pressão. **Comb.** Pão ~. **Sin.** Macio/Tenro/Fofo. **Ant.** Duro. **2** Que está sem energia. **Ex.** Com o calor, sinto-me [fico] ~. **Ant.** Com genica/Dinâmico/Energético. **3** *adj 2g/s 2g* (O) que tem falta de dinamismo. **Sin.** Frouxo/Indolente. **Ant.** Firme/A(c)tivo. **4** *Br* Que é fácil. **Loc.** «conseguiu o que queria» *No* ~ [Sem muito esforço/empenho/Facilmente].

mole² *s f* (<lat *móles,is*: massa) **1** Massa ou volume de enorme grandeza. **Ex.** A ~ das águas arrastava tudo à sua passagem. **2** Construção de proporções gigantescas. **Ex.** Ao longe, via-se a ~ do palácio presidencial. **3** Multidão numerosa e compacta. **Ex.** A grande praça encheu-se de uma ~ agitada que cantava e aplaudia os oradores. **4** *Quím* Unidade de medida de quantidade de matéria (Símbolo: *mol*). **Ex.** Uma ~ de moléculas de água tem de massa 18g.

molear *v t/int Br* (<mole¹ 3 + -ar) Tornar(-se) mole. **Ex.** As pernas molearam e ele foi ao chão [ele caiu]. **Loc.** ~ o corpo.

moleca *s f Br* ⇒ moleque.

molecada [**molecoreba**/**molecório**] *s Br* (<moleque) **1** Bando de moleques. **2** ⇒ molecagem. **Sin.** Criançada(+).

molecagem *s f Br* (<moleque + -agem) A(c)to/Comportamento (próprio) de moleque/Criancice(+). **Ex.** O contrato foi desfeito por ~ do meu sócio.

molecar *v int Br* (<moleque + -ar¹) Ter atitudes de [Portar-se como] moleque.

molécula *s f Fís Quím* (<lat *molécula*, dim de *moles,is*: massa) **1** Conjunto de átomos que constitui a mais pequena parte de uma substância que se pode isolar mantendo [sem mudar] as propriedades dessa substância. **2** *fig* Parte diminuta de um todo.

molécula-grama [**mol** (+)] ⇒ mole² 4.

molecular *adj 2g Quím* (<molécula + -ar²) Relativo ou pertencente às moléculas. **Comb.** *Massa* ~ [Razão entre a massa da molécula de uma substância e 1/12 da massa do átomo de carbono 12]. *Volume* ~ [ocupado por uma mol(e) de uma substância a uma dada temperatura e a uma dada pressão].

moledo (Lê) *s m* (<mole² + -edo) **1** Pedra grande. **Sin.** Pedregulho(+). **2** Monte de pedras.

moleira *s f Anat* (<mole¹ + -eira) **1** Parte do crânio humano que, nas crianças, corresponde à zona superior, entre as suturas, sendo mole antes de os tecidos ossificarem. ⇒ fontanela. **Sin.** *pop* Moleirinha. **2** Cabeça. **3** *fam* Juízo. **Idi.** *Ser duro da* ~ [Ser pouco inteligente] (Ex. Ele é um pouco duro da ~, tem imensa dificuldade em compreender o que o professor diz). *Ter já a* ~ *dura* [Já ser demasiado velho para aprender].

moleiro, a *s* (<lat *molinárius,a,um*) **1** Dono de um moinho. **2** Pessoa que trabalha num moinho. ⇒ moageiro.

moleja *s f* (<lat *molícula*: dim de *móla,ae*: mola²) **1** Glândula carnosa que se forma na parte inferior do pescoço do gado «bovino/suíno». **2** *pop* O pâncreas das reses.

molejo *s m Br* (<mola¹ + -ejo) **1** Jogo [Conjunto] de molas de um carro. **2** Funcionamento ou estado das molas «da poltrona». **Comb.** Um carro de ~ macio. **3** *fig* A(c)to ou efeito de menear o corpo/de gingar. **Ex.** O sambista, com a idade, perdeu o ~.

molenga *adj 2g/s 2g* (<mole¹ 3 + -enga) ⇒ molengão.

molengão, ona *adj/s* (<molenga + -ão) (Pessoa) que é muito indolente ou preguiçosa, sem energia.

molengar *v int* (<molenga + -ar¹) **1** Estar molengão. **2** Não fazer nada. **Sin.** Preguiçar(+).

moleque, ca (Lé) *s/adj* (<quimbundo *muleke*: filho pequeno, garoto) **1** Garoto(+) de pouca idade «de raça negra/criado na rua/travesso». **2** ⇒ canalha «homem». **3** Que denota jocosidade/Brincalhão. **Comb.** Um comentário ~. ⇒ molecar; molecada; molecagem.

molestador, ora *adj/s* (<molestar + -dor) (Pessoa) que molesta.

molestar *v t* (<lat *molésto,áre*: fazer mal a alguém) **1** Causar ou sofrer dano físico ou psicológico. **Ex.** Fiquei molestado [magoado(+)] com as palavras dele. **Sin.** Incomodar/Magoar. **2** Causar prejuízo a (+). **Ex.** A trovoada molestou as árvores de fruto. **Sin.** Estragar(+). **3** Abusar sexualmente de. **Ex.** Os assaltantes da casa não chegaram a molestar a dona.

moléstia *s f* (<lat *moléstia,ae*) **1** Doença(+) ou mal físico. **Sin.** Enfermidade(+). **2** Mal que ataca animais ou plantas. **Ex.** Este ano, deu-se uma ~ «míldio/pulgão» nas vinhas. **3** Qualquer mal ou preocupação. **Ex.** Era só [Estavam sempre a fazer] barulho no prédio, mas com a saída dos vizinhos do segundo andar acabou-se a ~.

molesto, a *adj* (<lat *moléstus,a,um*) **1** Que molesta [causa] incó[ô]modo. **Comb.** Presença [Pessoa] ~a. **2** Que é prejudicial à saúde. **Ex.** O tabaco é ~ para a [faz mal à (+)] saúde. **Sin.** Nocivo(+). **3** «trabalho» Penoso/Árduo. **4** ⇒ perverso.

moleta (Lê) *s f* (<mó¹ + -eta) **1** Pedra de mármore onde os pintores pisam e moem tintas. **2** Pequena mó em que se mói o milho para papas. **3** (Em heráldica) Figura em forma de estrela, com um orifício circular no centro.

moletão[tom] *s m* (<fr *moleton*) «suéter de» Tecido macio, quente e leve de algodão ou lã.

moleza (Lê) *s f* (<mole¹ + -eza) **1** Qualidade do que é mole¹/brando/macio. **Ex.** Dizem que a ~ dos colchões não é boa para a coluna. **2** Falta de energia. **Ex.** Sinto ~ no corpo e não sei (qual) a causa. **Sin.** Fraqueza. **3** Cara(c)terística de quem é indolente, preguiçoso. **Ex.** É um indivíduo de uma ~ impressionante; primeiro que se decida a fazer alguma coisa... **4** Falta de firmeza/Excesso de tolerância. **Ex.** Atribuem a falta de educação da criança à excessiva ~ dos pais. **Sin.** Brandura/Frouxidão/Laxismo.

molha (Ó) *s f* (<molhar) A(c)to ou efeito de molhar(-se). **Ex.** Como não tinha guarda-chuva, apanhei uma grande ~.

molhada (Ó) *s f* (<molho¹ + -ada) **1** Molho ou feixe grande. **Ex.** Apanhei uma ~ de espinafres. **Sin.** Braçado. **2** Porção de molhos que se levam [carregam «no cami(nh)ão»] de uma só vez. **3** Grande quantidade de pessoas ou coisas juntas. **Loc.** *fam* À ~ [Em grupo e de forma desordenada] (Ex. Vamos todos em frente, à ~ [aos montes]!).

molhadela *s f* (<molhar + -dela) **1** A(c)ção ou efeito de (se) molhar «com borrifos ou respingos de água». **2** Chuva que se apanha (na roupa ou no corpo). ⇒ molha.

molhado, a *adj* (<molhar) **1** Que esteve em conta(c)to com a água ou outro líquido. **Ex.** O chão da sala está ~, porque foi lavado e ainda não secou. **Idi.** *Estar/Ficar* ~ *até aos ossos* [Estar/Ficar todo ~] (Ex. Apanhei com a chuva em cima, não ia prevenido, fiquei ~ até aos ossos). **Sin.** Alagado. **Ant.** Seco. **2** Que é acompanhado de muita chuva. **Ex.** Este ano, o mês de abril foi muito ~. **Sin.** Chuvoso. **3** *Br pop* Embriagado. **4** *s m* A parte humedecida ou coberta de água. **Ex.** Vai para o sol, não te deites no (chão) ~! **Idi.** *Chover no* ~ [Insistir nalguma coisa ou ideia sem proveito] (Ex. Bem podia estar [ficar] calado, porque isso [o que está a dizer] é chover no ~). **5** Gé[ê]neros alimentícios líquidos. **Comb.** Armazém de secos e ~s.

molhagem *s f* (<molhar + -agem) **1** A(c)to de molhar ou pôr de molho (+). **2** Operação de pôr de molho os grãos de cevada para fabrico de cerveja.

molhar *v t* (<lat *molliáre* <*móllio,íre*: amolecer) **1** Meter num líquido. **Ex.** Gosto de ~ os pés na água do mar. Ele tem o hábito de ~ os biscoitos no chá. **Idi.** ~ *a palavra* [Beber vinho ou outra bebida] (Ex. Vamos ~ a palavra! À nossa (saúde)!). **2** Ficar repassado de água ou outro líquido. **Ex.** A chuva molhou-o todo. A cara molhou-se de lágrimas. **Prov.** *Quem anda à chuva molha-se!* [É natural que as pessoas sofram as consequências dos seus a(c)tos]. **3** Deitar pingos ou borrifos em. **Ex.** Ela molha a roupa antes de a engomar. **Sin.** Borrifar(+).

molhe (Mó) *s m* (<catalão *moll*: dique; cais <lat *mólles,is*: massa) Paredão nos portos marítimos destinado a quebrar o ímpeto das ondas e proteger navios, também *us* como cais.

molheira *s f* (<molho + -eira) Recipiente, em geral de louça, próprio para servir molho à mesa. ⇒ galheteiro; saleiro.

molho¹ (Mó) *s m* (<lat *manú(c)ulus,i*) **1** Série de plantas «lenha [ramos secos]/couves» reunidas num só conjunto. **Sin.** Feixe «de palha/erva». ⇒ molhada. **2** Série de coisas agrupadas. **Ex.** Tenho [Ando com] um ~ de chaves. **Loc.** *idi Aos* ~*s* [Em grande abundância] (Ex. Ele tem ideias aos ~s).

molho² (Mô) *s m Cul* (<molhar) **1** Preparado líquido ou cremoso para acompanhar ou cozinhar alimentos. **Loc.** *De* ~ [Imerso em água ou outro líquido] (Ex. Pus a roupa de ~. Pus o bacalhau de ~). **Idi.** *pop Estar de* ~ [Estar de cama, doente] (Ex. Não

fui à festa porque estive de ~). fig **Pôr as barbas de ~** [Acautelar-se/Precaver-se] (Ex. As coisas correram-lhe mal, e nós, é melhor pormos as barbas de ~, para que não nos aconteça o mesmo). **Comb.** ~ *de azeite e vinagre*. ~ *de fricassé* [feito com gemas de ovos, sumo de limão e salsa picada]. ~ *inglês* [de picante à base de vinagre a que se juntam várias especiarias]. **2** Preparado em calda ou cremoso para acompanhar sobremesas. **Comb.** ~ de chocolate. **3** *fam* Chuva. **Ex.** Vamos ter ~! **4** *pop* Pancada. **Ex.** A manifestação vai dar ~!

molibdénio [Mo 42] [*Br* molibdênio] *s m Quím* (<lat *molybdaena,ae*) Elemento semelhante ao ferro nalgumas das suas propriedades, empregado no fabrico de aços especiais e ligas.

molícia/e *s f* (<lat *molítia,ae*) **1** ⇒ moleza; languidez; preguiça. **2** Voluptuosidade/Sensualidade.

moliço *s m* (<mole[1] + -iço) Nome genérico das algas e outras plantas aquáticas *us* no adubo das terras «em Aveiro, Pt». **Sin.** Sargaço.

molificação *s f* (<molificar + -ção) A(c)to ou efeito de molificar.

molificar *v t* (<lat *mollifíco,áre*) **1** Tornar mole. **Sin.** Amolecer(+). **2** *fig* Acalmar/Suavizar.

molinete (Nê) *s m Náut* (<fr *moulinet*: pequeno moinho) **1** Cabrestante colocado na proa dos navios para suspender as âncoras ou para puxar espias e cabos/Bolinete. **2** *Br* Certo golpe de capoeira. **3** *Tauromaquia* Passe de muleta executado pelo toureiro quando se firma nos calcanhares e dá uma volta rápida em frente do touro. **Idi. Fazer um ~** [Dar a uma bengala, espada, etc. um movimento de rotação rápida]. **4** Espécie de cruz dupla formada de barras giratórias que impede a passagem de mais de uma pessoa de cada vez «à entrada do ó[ô]nibus»/Torniquete(+)/*Br* Borboleta(+). **5** *Mec* Aparelho/Peça giratória que serve para medir a velocidade de uma corrente de água ou a dos ventos num anemó[ô]metro. **6** Espécie de bobina da vara de pesca para enrolar a linha.

molinha *s f* (<molinhar) Chuva miúda/Morrinha 3(+).

molinhar *v int* (<mole[1] + -inho + -ar) **1** Cair molinha [uma chuva miúda]. **Sin.** Chuviscar. **2** ⇒ Moer/O moinho girar.

molinhoso, a *adj* (<molinha + -oso) Em que há molinha. **Comb.** Tempo ~.

molinilho *s m* (<esp *molinillo*) **1** Utensílio de madeira, de formato circular e dentado, *us* para bater o chocolate. **2** Moinho pequeno movido à mão *us* para moer «café».

molinismo *s m Teologia* (<antr *Luís de Molina*, teólogo espanhol (1535-1600) + -ismo) Doutrina que tentava conciliar a eficácia da graça (de Deus) com o livre-arbítrio [a nossa liberdade da vontade].

molosso (Lô) *s m* (<gr *molossós,ós,ón*: da Molóssia, região de Epiro, na Grécia) **1** Grande cão de fila. **2** *fig* Pessoa turbulenta [de temperamento violento]. **Sin.** Brigão. **3** *Poe* Pé *us* nos versos latinos e gregos, composto de três sílabas longas.

molto piano it *Mús* Muito suave.

molusco *s m Zool* (<lat *mollúscus,a,um*: molinho; ⇒ mole[1]) Animal invertebrado de corpo mole. **Ex.** O caracol é um ~ terrestre, marinho ou de água doce, geralmente protegido por concha calcária. ⇒ caramujo; ostra; lula.

momentaneamente *adv* (<momentâneo + -mente) De forma momentânea/Durante um tempo muito curto. **Sin.** Por breves momentos.

momentâneo, a *adj* (<lat *momentáneus, a,um*) **1** Que dura apenas um momento. **Comb.** Uma dor ~. **Sin.** Breve/Passageiro. **2** Que não se destina a continuar/Que passa. **Comb.** «tem» Lapsos ~s de memória. **Sin.** Temporário/Transitório.

momento *s m* (<lat *moméntum,i*) **1** Espaço de tempo muito breve, mas indeterminado. **Ex.** (Espere) um ~, por favor! A vida é feita de bons e maus ~s. **Sin.** Instante. **2** Tempo presente. **Loc. A cada [todo/qualquer] ~** [Sem se poder prever] (Ex. Os nossos amigos podem chegar a qualquer ~, temos de estar preparados para os receber). **De ~ a)** Por enquanto/Agora «não sinto dores/fome»; **b)** Que passa depressa (Ex. A zanga dele é uma coisa de ~s, já lhe [, vão ver que] passa). **Do ~** [De que se fala] (Ex. Ela é a cantora do ~, tem sempre imenso público). **Dentro de ~s** [Em breve] (Ex. Dentro de ~s, vai começar a conferência de imprensa do ministro). **De um ~ para o outro** [De repente] (Ex. Ela não costuma avisar; de um ~ para o outro pode bater à porta). **Neste ~** [Agora] (Ex. Neste ~, não sei o que vou fazer). **3** Ocasião em que se faz ou acontece alguma coisa. **Ex.** Ela chegou no ~ em que eu me preparava para sair. **4** Ocasião oportuna. **Ex.** Segundo informações credíveis, este é o ~ para fazer algum investimento. **Sin.** Altura/Hora. **5** *Fis* Em mecânica clássica, produto ve(c)torial entre a força aplicada num ponto e o seu ve(c)tor posição. **Comb. ~ de arranque. ~ de estabilidade. ~ de inércia. ~ magnético. ~ de torção**.

momentoso, a (Ôso, Ósa, Ósos) *adj* (<momento + -oso) Que tem importância. **Comb.** Assunto ~. **Sin.** Importante/Grave.

momice *s f* (<momo + -ice) Trejeito de momo. **Sin.** Careta.

momo (Môm) *s m Teat* (<lat *Mómus*: deus da sátira) **1** *Hist* Antiga farsa satírica «da Península Ibérica» em que se ridicularizavam os costumes da época. **2** A(c)tor que representava nessas farsas. ⇒ bobo «da corte». **3** Representação dramática por meio de gestos e mímica. **4** ⇒ momice; macaquice; trejeito. **5** *fig* ⇒ Zombaria.

mona (Mô) *s f* (< ?) **1** Boneca de trapos. ⇒ mono 2. **2** ⇒ cachimó[ô]nia(+)/cabeça/caco. **3** ⇒ bebedeira/embriaguez. **4** ⇒ amuo.

monacal *adj 2g* (<lat *monachális,e*) Relativo a monge ou à vida monástica «hábito». ⇒ conventual; monástico.

Mónaco [*Br* Mônaco] *s m* Estado situado no sul da França, denominado Principado do ~, cuja capital é Monaco-Ville e cuja língua oficial é o francês. **Ex.** Os habitantes do ~ são designados por monegascos.

mónada/e [*Br* mônada/e] *s f* (<gr *monas,ádos*: único, unidade) **1** *Fil* Termo empregado por alguns filósofos «Pitágoras/Platão/Leibniz/Lalande» para designar os elementos das coisas. **2** ⇒ átomo.

monadelfo, a (Dél) *adj Bot* (<mono- + adelfo) Diz-se dos estames (e do androceu, flor ou planta a que pertencem) que estão unidos pelos filetes num conjunto [feixe] único.

monandro, a *adj Bot* (<gr *mónandros*: que só tem um marido) Diz-se da flor que apresenta um só estame.

monanto, a *adj Bot* (<mono- + gr *ánthos*: flor) Que tem só uma flor.

monaquismo *s m* (<monge + -ismo) **1** Vida monástica ou conventual. **2** Conjunto de monges e monjas ou das instituições monásticas.

monarca *s m* (<gr *monárkhes*: que governa só) **1** Indivíduo que exerce o poder supremo num estado monárquico. **Sin.** Soberano/Rei. **2** *fig* Pessoa muito poderosa. **3** *Br* Gaúcho que monta a cavalo com garbo. **4** *s 2g Br* Pessoa que tem hábitos conservadores. **5** *adj 2g Br pop* Que é do tempo da monarquia. **Sin.** Antigo/Antiquado.

monarquia *s f* (<lat *monarchía,ae*; ⇒ monarca) **1** Forma de governo em que o chefe de Estado tem o título de rei ou rainha ou equivalente. **2** Estado que tem essa forma de governo. **Comb. ~ absoluta** [Forma de governo em que o poder se concentra nas mãos do rei]. **~ constitucional**. [Forma de governo em que o rei tem o poder limitado por uma Constituição].

monárquico, a *adj/s* (<gr *monarkhikós,é, ón*) **1** Relativo ou pertencente ao monarca ou à monarquia. **Ex.** O sistema [regime] ~o vigorou em Portugal até 1910, ano da fundação da República. **2** Que é adepto [Partidário] da monarquia. **Ex.** Ele é um ~ convicto.

monarquismo *s m* (<monarquia + -ismo) Doutrina política que defende a monarquia como a forma legítima de governo de um país.

monasticismo *s m* (<monástico + -ismo) (Sistema de) vida monástica.

monástico, a *adj* (<gr *monastikós,é,ón*: solitário) **1** Relativo aos monges. **2** Relativo à vida no convento. **Comb.** Disciplina ~a. **Sin.** Conventual; monacal.

monatómico, a [*Br* monatômico] ⇒ monoató[ô]mico.

monazite/a *s f Miner* (<gr *monázein*: ser único, raro) Fosfato das terras raras que cristaliza no sistema monoclínico e é minério de cério e de tório.

monção *s f Meteor* (<ár *mausim*: estação própria para fazer algo importante «ceifa/navegação») **1** Vento periódico que, no Sul e Sueste da Ásia, sopra da terra para o mar na época fria (~ terrestre, seca), e do mar para a terra na época quente (~ marítima, húmida e pluviosa). **Ex.** A ~ marítima produz chuvas por vezes devastadoras. **2** Tempo [Época do ano] favorável à navegação. **3** *fig* Ocasião favorável; oportunidade.

moncar *v int* (<monco + -ar[1]) Limpar o nariz/monco/Assoar-se(+).

monco *s m* (<lat *múc(c)us,i* <*múngo, ére, múctum*: assoar) **1** Substância segregada pela mucosa do nariz/Muco nasal. **Sin.** Ranho. **2** Protuberância carnosa que pende sobre o bico [Carúncula na cabeça] do peru. **Idi. Andar/Estar/Ficar de ~ caído** [Mostrar-se triste ou aborrecido] (Ex. Há dias que se vê (que anda) de ~ caído, nem um sorriso). ⇒ ~-de-peru.

monco-de-peru *s m Bot* ⇒ Crista de galo(+).

moncoso, a *adj* (<monco + -oso) Cheio [Sujo] de monco/Ranhoso.

monda *s f Agric* (<mondar) **1** A(c)to de mondar [arrancar as ervas daninhas]. **2** Época em que se faz essa a(c)tividade.

mondadeiro, a *adj/s* (<mondar + -eiro) **1** «sach(inh)o/instrumento» Que serve para mondar. **2** Pessoa que monda.

mondador, ora *adj/s* (<mondar + -dor) ⇒ mondadeiro.

mondadura *s f Agric* (<mondar + -dura) **1** Monda(+). **2** Erva que se mondou.

mondar *v t Agric* (<lat *mundo, áre*: limpar, purificar) **1** Arrancar ervas de junto dos cereais. **2** Desbastar(+) ramos secos e supérfluos de plantas que prejudicam o seu desenvolvimento. **Ex.** Andei a ~ as árvores do jardim. **Sin.** Podar(+).

mondongo, a s (<esp *mondongo*) **1** Tripas de certos animais. **2** Indivíduo sujo e desleixado/Maltrapilho. **3** ⇒ mona **1**.
moneco, a ⇒ monoico.
monegasco, a adj/s ⇒ Mó[ô]naco **Ex.**.
monema (Nê) s m Ling (<fr *monème*) A mais pequena unidade linguística portadora de significado. **Ex.** O ~ pode ser um radical, um afixo, uma desinência.
monera (Né) s f (<gr *monéres*: de estrutura simples) **1** *Náut* Nau com uma só ordem de remos. **2** *Biol* Designação dos seres vivos mais simples, bactérias, constituídos por protoplasma sem núcleo nem cromatina, e que pertencem ao reino *Monera*.
monetário, a adj/s (<lat *monnetárius,a,um*) **1** Relativo a moeda. **Comb.** *Sistema ~o* «da UE». *Unidade ~a. Valor ~o.* **2** s m Cole(c)ção de moedas. ⇒ numismática.
monetarismo s m Econ (<monetário + -ismo) Teoria que defende que o controle do volume da moeda e de outros meios de pagamento no mercado financeiro são suficientes para manter a estabilidade econó[ô]mica.
monge, monja s (<lat *mónachus, i*) **1** Membro de uma ordem monacal, que vive em mosteiro ou convento, isolado ou em comunidade. **2** *fig* Pessoa que vive retirada da vida social. **Ex.** Ele só está bem sozinho, pouco sai de casa, é um autêntico ~. **Sin.** Er(e)mita. **3** *fig* Pessoa que faz uma vida austera. **Ex.** Ele faz vida de ~, recusando tudo o que lhe parece supérfluo.
Mongólia s f País asiático situado ao norte da China e ao sul da Rússia, cuja capital é Ulan Bator e cuja língua oficial é o mongol. **Ex.** Os habitantes da ~ designam-se por mongóis (*sing* mongol).
mongolismo s m (<mongol + -ismo) **1** Religião do povo mongol. **2** *Med* Designação corrente da trissomia, deficiência congé[ê]nita devido a uma alteração na estrutura ou no número de cromossomas. **Ex.** O ~ provoca deficiência mental e malformações físicas. **Sin.** Síndrome de Down; trissomia 21.
mongoloide (Lói) adj 2g/s 2g(<mongol + -oide) **1** Que é relativo ou se assemelha ao tipo cara(c)terístico da raça mongol. **Comb.** *Traços ~s.* **2** *Med* Que sofre de mongolismo.
monha (Mô) s f (<esp *moña*) **1** Manequim [Boneco] de modista, alfaiate ou cabeleireiro. **2** Laço de fitas que adorna o pescoço dos touros nas touradas. ⇒ monho.
monhé (Mó) adj 2g/s 2g Moç (<macua *muenhé*: islamita) (Diz-se de) islamita «comerciante originário da Índia, Paquistão ou Bangladesh».
monho (Mô) s m (<esp *moña*) **1** Topete postiço de senhoras. **2** Fita para prender ou enfeitar o cabelo.
monice s f (<mono + -ice) Macaquice(+)/ Trejeito/Momice(+).
monismo s m Fil (<gr *monás,ádos*: único + -ismo) Qualquer sistema filosófico que admite um só princípio constitutivo «a matéria, o espírito, a ideia» das coisas [de tudo o que existe], sendo os múltiplos seres redutíveis, em última instância, a esse princípio, por oposição ao dualismo e ao pluralismo. ⇒ mó[ô]nada/e; materialismo; panteísmo.
monitor, ora s (<lat *mónitor,óris*: o que guia) **1** Pessoa que dá conselhos, avisa, admoesta. **2** Pessoa que orienta a(c)tividades de formação, treino (d)esportivo. **Comb.** ~ *de educação física.* **Sin.** Instrutor. **3** Pessoa que toma conta de crianças e jovens em a(c)tividades de tempos livres. **Ex.** Ela é ~a num campo de férias.

4 Aluno que, por ser o mais adiantado de uma classe, auxilia o professor. ⇒ bedel. **5** Vigilante que preside ao estudo e orienta os estudantes num colégio. **Sin.** Prefeito. **6** Aparelho rece(p)tor de televisão, rádio ou radar que permite manter um sistema de vigilância. **7** *Info* Aparelho [Ecrã] no qual se visualiza a informação contida num computador. **8** *Med* Aparelho para controlo das funções vitais. **Comb.** ~ *cardíaco*.
monitorar v t ⇒ monitorizar.
monitoria s f (<monitor + -ia) Cargo ou funções de monitor.
monitória s f Dir (<lat *monitórius,a,um*) **1** Aviso judicial que intima alguém a depor sobre o que sabe acerca do fa(c)to citado no aviso. **Sin.** Citação(+); notificação judicial. **2** ⇒ Admoestação/Repreensão.
monitorização s f (<monitorizar + -ção) A(c)to ou efeito de monitorizar. **Sin.** Controle/Supervisão.
monitorizar v t (<monitor + -izar) **1** Fazer acompanhar de um monitor. **Ex.** A dire(c)ção da escola decidiu reforçar o apoio nalgumas disciplinas e ~ a qualidade do ensino e das aprendizagens. **2** Exercer controlo através de um sistema tecnológico. **Ex.** O município adquiriu um moderno aparelho para ~ a qualidade da água. ⇒ alertar; avisar; indicar.
monja s f ⇒ monge.
mono, a (Mô) s (< ?) **1** *Zool* Designação comum aos macacos em geral. **Sin.** Macaco(+). **2** *fig* Boneco[a] de trapos. ⇒ mona **1**. **3** *fig* Pessoa triste e macambúzia (⇒ ~ **7**). **4** *fig* Pessoa considerada feia. **Ex.** Coitado, não arranja quem o queira, não admira, sendo o ~ que é! **5** Obje(c)to sem préstimo. **Ex.** Quando puder [tiver dinheiro para comprar outros], vou mandar para o lixo alguns ~s que tenho em casa «móveis». **6** s f *fig pop* Cabeça. **Ex.** Ele apanhou com um pau na ~a. **Idi.** *Dar na ~a* [Vir à ideia] (Ex. Não sei que lhe deu na ~a, de repente, foi-se embora sem se despedir!). **7** *adj* Bisonho/Macambúzio. **Ex.** Ele está sempre com aquele ar ~, sem dizer palavra. **Sin.** Triste. **8** Que é mole/sem iniciativa. **Ex.** Não sejas ~, levanta-te e põe-te a trabalhar!
mono- (Mó) *pref* (<gr *mónos,e,on*: só, único) Exprime a ideia de *unidade, de um só*. **Ex.** ~*volume*.
monoácido adj/s m Quím (<mono- + ácido) (O sal «Na_2HPO_4») que liberta apenas um só átomo de hidrogé[ê]nio por molécula ou um só protão.
monoatómico, a [Br **monoatômico**] adj Quím (<mono- + atómico) Cuja molécula possui um só átomo.
monobásico, a adj Quím (<mono- + base + -ico) «Na_2HPO_4» Que tem uma única base.
monocarpo, a adj/s m Bot (<mono- + carpo) **1** Fruto resultante de um ovário com um só carpelo. **2** Que dá flor e fruto apenas [só] uma vez/Monocárpico. **Ex.** A cenoura e o trigo são (plantas) ~as/monocárpicas. ⇒ policarpo.
monocarril adj 2g/s m Eng (<mono- + carril) **1** Que tem apenas um [Que circula num] carril. **2** s m Sistema de transporte [Veículo] ferroviário que utiliza apenas uma via de um só carril.
monocelular adj 2g Biol (<mono- + celular) Diz-se do organismo (rudimentar) constituído por uma só célula. **Sin.** Unicelular(+).
monocíclico, a adj (<mono- + cíclico) **1** Relativo a um único ciclo de a(c)tividade. **2** *Biol* Diz-se de espécie (animal) que apresenta apenas um período de reprodução anual. **3** *Bot* Que apresenta um só verticilo.

4 *Quím* Cuja estrutura molecular contém um único anel.
monociclo s m (<mono- + ...) Velocípede de uma só roda «*us* pelos acrobatas». ⇒ triciclo; bicicleta.
monócito s m Biol (<mono- + -cito) Leucócito mononuclear fagocitário, maior que os linfócitos, que se forma na medula óssea.
monoclinal adj 2g/s f Geol (⇒ monoclínico + -al) (Diz-se de dobra cuja estrutura das camadas é inclinada em uma só dire(c)ção.
monoclínico, a adj Miner (<mono- + gr *klíno*: inclinar + -ico) **1** Que é constituído por três eixos de comprimento diferente, sendo dois oblíquos entre si e o terceiro perpendicular ao plano definido pelos outros dois. **Comb.** Sistema de cristalização ~a. **2** *Bot* ⇒ monoclino.
monoclino, a adj Bot (⇒ monoclínico) Que apresenta flores hermafroditas.
monocolor (Lôr) adj 2g (<mono- + cor) Que só tem uma cor/Unicolor. **Comb.** Impressora ~/que produz imagens de uma só cor. ⇒ monocromático.
monocórdico, a adj (<monocórdio + -ico) **1** Relativo a monocórdio. **2** *fig* Que não apresenta variação. **Ex.** Ele tem um discurso ~ que cansa e aborrece. **Sin.** Monótono(+)/Enfadonho.
monocórdio, a s m/adj Mús (<gr *monókhordon*: instrumento musical com uma só corda) **1** Instrumento musical que tem uma só corda, com uma caixa de ressonância e um cavalete deslizante, *us* no estudo acústico dos intervalos musicais. **2** adj ⇒ monocórdico.
monocotiledóneo, a [Br **monocotiledôneo**] adj/s Bot (<mono- + ...) (Diz-se de) planta(s) que só tem uma cotilédone.
monocromador adj/s m (<mono- + cromar + -dor) (Diz-se de) dispositivo *us* para produção ou observação de radiação ele(c)tromagnética com a mesma energia [com o mesmo comprimento de onda].
monocromático, a adj (<mono- + cromático) Que apresenta uma só cor. **Comb.** *Pintura ~.* **Sin.** Monocolor.
monocromatismo s m Ó(p)tica ⇒ acromotopsia.
monocromia s f (<mono- + -cromia) Qualidade daquilo que apresenta uma só cor.
monocromo, a (Cró) adj/s (<mono- + -cromo) **1** Que possui apenas uma cor/Monocolor/Unicolor/Monocromático. **2** Quadro pintado com uma só cor.
monóculo s m (<mono- + óculo) **1** Óculo ou luneta de uma só lente. ⇒ binóculo(s). **2** adj Que tem um só olho.
monocultura s f Agric (<mono- + cultura) Sistema de exploração do solo baseado num só produto «café». **Ant.** Policultura.
monodáctilo, a [Br **monodá(c)tilo** (dg)] adj Zool (gr *monodáktylos*) Que tem um só dedo.
monódia s f (gr *monodía*: solo musical) **1** *Hist* Nas antigas tragédias gregas, monólogo lírico. **2** Canto a uma só voz. **3** Canto monódico [Cantochão] gregoriano sem acompanhamento.
monodrama s m Teat (<mono- + drama) Melodrama escrito para (ser representado por) uma só personagem.
monofásico, a adj Ele(c)tri (<mono- +fase + -ico) **1** Diz-se de uma corrente alternada, independente, sem qualquer associação a outra. **2** Diz-se de aparelho que utiliza essa corrente «gerador ~».
monofilo, a adj Bot (<gr *monóphyllos*: que tem uma só folha) **1** Diz-se da planta que tem uma só folha. **2** Diz-se do cálice ou

de outro órgão vegetal formado de uma só peça foliar. **Sin.** Unifoliado; unifólio.

monofisismo *s m* (<mono- + gr *phýsis*: natureza + -ismo) Doutrina de uma seita herética segundo a qual Cristo só tinha a natureza divina e não tinha a humana.

monofobia *s f* (<mono- + fobia) Medo de ficar [estar] só/Horror à solidão.

monofonia *s f* (<mono- + fonia) **1** *Mús* Composição musical constituída por uma única linha melódica. **Ant.** Polifonia. **2** Produção de sinais sonoros a partir de um canal único. **3** Técnica de gravação sonora que utiliza apenas um canal. ⇒ estereofonia; quadrifonia.

monogamia *s f Zool* (<mono- + -gamia) **1** *Antr* Sistema de organização familiar em que a lei impõe (a um homem ou a uma mulher) ter apenas um cônjuge. **Ant.** Poligamia. **2** Condição de monógamo. **3** *Zool* União de certos animais em que o macho acasala durante determinado período com uma só fêmea. **Ex.** Os pinguins apresentam ~.

monogâmico, a *adj* (<monogamia + -ico) **1** Relativo a monogamia. **2** *Antr* Que tem apenas um cônjuge. **3** *Zool* Que acasala com um só parceiro sexual em determinado período de tempo.

monógamo, a *adj* (<mono- + -gamo) **1** *antr* Que tem um só cônjuge. **2** *Zool* Que tem um só parceiro sexual durante determinado período de tempo.

monogénese [*Br* **monogênese**] *s f Biol* (<mono- + génese) **1** Geração dire(c)ta de organismos, sem fases alternantes ou metamorfoses. **2** Teoria segundo a qual a vida se organizou a partir de uma única célula.

monogenético, a *adj Biol*(<monogénese + -t- + -ico) Relativo a monogénese.

monogenia *s f Biol* (<mono- + -genia) Forma de geração que consiste em separar-se de um corpo organizado uma parte, que se irá transformar num novo indivíduo semelhante ao original/Reprodução assexuada.

monogenismo *s m* (<mono- + gr *monogenés*: gerado só + -ismo) Doutrina segundo a qual todas as raças humanas derivam de um tipo primitivo único. **Ant.** Poligenismo.

monogenista *adj/s 2g* (O) que defende o [que é partidário do] monogenismo.

monógino, a *adj Bot* (<mono- + gr *gyné*: mulher) Cujas flores têm um só carpelo.

monografia *s f* (<mono- + -grafia) Descrição, estudo ou tratado, detalhado e minucioso, sobre um assunto específico de natureza científica, artística ou outro.

monográfico, a *adj* (<monografia + -ico) Que é relativo a ou tem o cará(c)ter de monografia.

monografista [**monógrafo, a**] *s* Autor de [Pessoa que escreve] monografias/livros «sobre vários assuntos». ⇒ articulista.

monograma *s m* (<mono- + -grama) **1** Sigla formada pelo entrelaçamento, mais ou menos artístico, das letras iniciais de um nome. **Ex.** Tinha no bolso um lenço com um ~ muito bonito. **2** Marca ou sinal com que alguns artistas assinam as suas obras.

monoico, a (Nói) *adj* (<mono- + -oico) **1** *Bot* Que possui no mesmo pé flores masculinas e femininas. **2** *Zool* Em que no mesmo indivíduo se formam gâmetas masculinos e femininos.

monoideísmo *s m Psic* (<mono- + ideia + -ismo) Estado psicológico em que prevalece uma única ideia ou associação mental [ou um conjunto de ideias]. ⇒ monomania 2.

monolingue *adj 2g Ling* (<mono- + língua) **1** Que trata de uma só língua. **Comb.** Dicionário ~ «Pt Pt». **2** *adj 2g/s 2g* (O) que é capaz de usar fluentemente uma só língua.

monolinguismo *s m* (<mono- + linguismo) Utilização fluente de uma só língua por um indivíduo ou comunidade. ⇒ bilinguismo; multilinguismo; plurilinguismo.

monolítico, a *adj* (<monólito + -ico) **1** Relativo a monólito. **2** Feito de uma só pedra. **Comb.** Estátua ~a/Obelisco «egípcio» de uma só pedra. **3** *fig* Que forma um todo rígido, homogé[ê]neo. **Ex.** A posição ~a do partido inviabilizou uma saída para a crise política.

monolitismo *s m* (<monólito + -ismo) Cará(c)ter do que é monolítico.

monólito *s m* (<lat mono- + -lito) **1** Pedra de grandes proporções. **2** Monumento ou obra feitos de um só bloco de pedra. ⇒ obelisco.

monologar *v int* (<monólogo + -ar¹) **1** Recitar [Dizer em] monólogos. **2** Falar sozinho. **Ex.** Quando não se apercebe da presença de alguém, começa a ~.

monólogo *s m* (<gr *monólogos*: que fala só) **1** *Teat* Cena representada por um só a(c)tor. ⇒ monodrama. **2** Discurso de alguém que fala sozinho. **Sin.** Solilóquio; diálogo interior. **3** *fig iron* Conversa de pessoa que não deixa os outros falarem. **Ex.** Há pessoas com quem não é possível ter um diálogo, o que existe é apenas ~.

monomania *s f Psiq* (<mono- + mania) **1** Delírio parcial cara(c)terizado por uma preocupação obsessiva. **2** Ideia fixa. ⇒ monoideísmo.

monomaníaco, a *adj/s* (<mono- + maníaco) (Pessoa) que sofre de [que tem] monomania.

monometalismo *s m Econ* (<mono- + metalismo) Sistema no qual o padrão do sistema monetário de um país é representado por metal de uma só espécie «ouro», sendo os outros metais utilizados apenas para a cunhagem de moeda divisória «cêntimos».

monómetro [*Br* **monômetro**] *s m Liter* (<lat *monómeter,tra,trum*: verso de um só pé/metro) Poema «Os Lusíadas» constante de um só tipo de versos «decassílabos».

monómio [*Br* **monômio**] *s m Mat* (<mono- + gr *nomos*: divisão) Expressão algébrica de um único termo, com números e/ou letras ligados pela operação da multiplicação, não envolvendo, portanto, as operações de soma e subtra(c)ção. **Ex.** -5 e x são ~s; -5 + x é um binó[ô]mio.

monomotor *s/adj m* (<mono- + …) (Avião) que tem só um motor. ⇒ bi[quadri]motor.

mononuclear *adj 2g/s m Biol* (<mono- + nuclear) **1** Célula que tem apenas um núcleo «monócito sanguíneo». **2** Que possui apenas um núcleo.

mononucleose *s f Med* (<mono- + núcleo + -ose) Presença no sangue de leucócitos mononucleares em número anormalmente elevado. **Comb.** ~ infe(c)ciosa [Doença viral, benigna, que começa por uma amigdalite e pode provocar aumento de gânglios do fígado e do baço].

monoparental *adj 2g* (<mono- + parental) **1** Relativo a apenas um dos progenitores. **2** Diz-se de família constituída apenas por um dos progenitores e pelos filhos.

monopétalo [**unipétalo**], **a** *adj Bot* «jarro²» Que tem uma só pétala.

monoplano *s m Aer* (<mono- + plano) Avião que tem um só plano de sustentação. ⇒ planador.

monoplástico, a *adj* (<mono- + gr *plastós*: modelado + -ico) **1** Formado de uma só peça. **2** Que tem a forma primitiva.

monoplegia *s f Med* (<mono- + gr *plegé*: pancada + -ia) Paralisia de um só membro ou grupo muscular. ⇒ paraplegia.

monópode *adj 2g* (<mono- + -pode) Que possui apenas um pé.

monopódio *s m/adj* (<gr *monopódios*) Mesa que tem um só pé.

monopólico, a *adj* (<monopólio + -ico) Relativo a [Da natureza do] monopólio.

monopólio *s m Econ* (<lat *monopólium,ii*: mercado onde se vende um único produto) **1** Direito ou privilégio de produção, compra ou venda de mercadorias sem concorrência. **Ex.** A companhia «TAP/LAM/TAG» tem o ~ do transporte aéreo regional. **2** *fig* Domínio ou uso exclusivo de alguma coisa. **Ex.** Ele fala como se tivesse o ~ da verdade.

monopolista *adj 2g/s 2g* (<monopólio + -ista) **1** Referente a monopólio. **2** Que monopoliza [tem] monopólio. **3** *s 2g* Pessoa ou entidade que exerce um monopólio.

monopolização *s f* (<monopolizar + -ção) A(c)to ou efeito de monopolizar.

monopolizador, ora *adj/s* (<monopolizar + -dor) **1** (Pessoa) que detém um monopólio/«empresa» Monopolista(+). **2** *fig* Que gosta de monopolizar/controlar/mandar /Mandão.

monopolizar *v t* (<monopólio + -izar) **1** Fazer monopólio de. **2** Possuir o uso exclusivo. **Sin.** Açambarcar. **Ant.** Partilhar. **3** *fig* Concentar em si. **Ex.** Ele monopolizou o debate, de tal modo que mais ninguém abriu a boca.

monopsónio [*Br* **monopsônio**] *s m Econ* (<mono- + gr *ópson*: alimento + -ico) Estrutura de mercado cara(c)terizada por haver um único comprador para o produto «matéria-prima» de vários vendedores.

monoquini *s m* (<mono- + (bi)quíni) Fato de banho de senhora constituído por uma só peça.

monorrimo, a *adj Liter* (<mono- + rima) Diz-se da composição poética cujos versos têm todos a mesma rima. **Comb.** Estrofe ~a.

monospermo, a *adj Bot* (<mono- + gr *sperma*: semente) Diz-se de fruto ou planta que tem [dá] só uma semente.

monósporo, a *adj/s m Bot* (<mono- + esporo) Que produz um só esporo/Que tem um só esporo reprodutor em cada esporângio.

monossacárido [**monossacarídeo**] *s m Quím* (<mono- + sacárido) Glícido [Açúcar simples] cuja molécula contém seis átomos de carbono.

monossépalo, a *adj Bot* (<mono- + sépala) Diz-se de cálice que tem só uma sépala. **Sin.** Gamossépalo(+).

monossilábico, a *adj* (<monossílabo + -ico) Que tem uma só sílaba. **Comb.** Palavra ~a «Deus/só/eu».

monossilabismo *s m* (<monossílabo + -ismo) Cara(c)terística das línguas cujas raízes são monossilábicas, como, p. ex., o chinês. ⇒ monossílabo **Ex.**.

monossílabo *s m* (<gr *monossýlabos,os,on*) Palavra formada por uma única sílaba. **Ex.** Sim é um ~. **Idi.** *Ele fala por ~s* [Ele é muito calado/é (homem) de poucas palavras/ *idi* Ele não se descose].

monóstico, a *adj* (<gr *monóstikhon*) «epigrama» Composto de um único verso.

monóstrofo, a *adj* (gr *monostrophos*) «poesia» Formado/a de uma só estrofe.

monoteísmo *s m* (<mono- + teísmo) Doutrina religiosa que afirma a existência de um único Deus, distinto do mundo. **Ant.** Politeísmo.

monoteísta *adj 2g* (<mono- + -teísta) 1 Relativo ao ou próprio do monoteísmo. **Comb.** «cristianismo» Religião ~a. 2 *adj 2g/s 2g* (O) que é seguidor do ou defende o monoteísmo.

monotípico, a *adj Zool/Bot* (<mono- + tipo + -ico) Diz-se de categoria sistemática [táxi[o]nómica] que é consituída por um só grupo da categoria imediatamente inferior; e de uma geração de híbridos genotipicamente iguais.

monotipo *s m* (mono- + tipo) 1 Tipo móvel que é fundido letra a letra na máquina. 2 *(D)esp* Embarcação para competição (d)esportiva pertencente a uma série com cara(c)terísticas idênticas relativamente às dimensões e regras de construção.

monótipo *s m Biol* (<mono- + tipo) Espécie de gé[ê]nero monotípico.

monotonamente *adv* (<monótono + -mente) 1 De modo monótono [Sem qualquer variação]. **Sin.** Uniformemente. 2 *fig* De forma repetitiva que causa aborrecimento/Fastidiosamente. **Ex.** Passa o tempo ~ a fazer as mesmas coisas, sem alterar os hábitos por pouco que seja.

monotonia *s f* (<monótono + -ia) 1 Cara(c)terística ou condição do que é monótono. 2 Uniformidade de tom. 3 *fig* Falta de variedade. 4 *fig* Falta de vida. **Sin.** col Pasmaceira.

monótono, a *adj* (<lat *monótonus,a,um*) 1 Que mantém sempre o mesmo tom. ⇒ monocórdico. 2 *fig* Que tem falta de variedade. **Ex.** O espe(c)táculo foi bastante ~, muito aborrecido. **Sin.** Repetitivo.

monotrilho ⇒ monocarril.

monovalência *s f Quím* (<mono- + valência) Qualidade de monovalente. **Ant.** Polivalência.

monovalente *adj 2g* (<mono- + valente) 1 *Quím* Que tem valência um. **Sin.** Univalente. **Comb.** Radical ~. 2 Que tem uma única função. **Ant.** Polivalente.

monovitelino, a *adj* (<mono- + vitelino) ⇒ monozigótico; univitelino.

monovolume *s m/adj 2g* (<mono- + volume) Diz-se de veículo automóvel cujos bancos podem ser removidos ou dispostos de outra forma, de forma a (ob)ter melhor aproveitamento do espaço interior.

monóxido (Kssi) *s m* (<mono- + ...) Óxido cuja molécula contém apenas um átomo de oxigé[ê]nio. **Ex.** Eles foram levados para o hospital devido a uma intoxicação por ~ de carbono.

monóxilo, a (Kssi) *adj/s m* (<gr *monóxylos*) (Diz-se de) embarcação de uma só peça de madeira «tronco escavado». ⇒ piroga; canoa.

monozigótico, a *adj Biol* (<mono- + zigótico) Diz-se dos gé[ê]meos nascidos de um só ovo fertilizado. ⇒ zigoto.

monquilho *s m Vet* (<monco + -ilho) 1 Doença do gado lanígero «ovelhas», com inflamação das mucosas, etc. 2 ⇒ esgana «do cão». 3 Ganho do bolo no jogo do voltarete.

monroísmo *s m Hist* Política enunciada pelo presidente dos EUA, James Monroe (1758-1831), segundo a qual esta potência não devia tolerar influências estranhas no continente americano.

monsenhor *s m* (<it *monsignore*) Título honorífico eclesiástico (Tendente a desaparecer).

monstro *s m* (<lat *monstrum,i*) 1 *Mit* Ser disforme, fantástico, mitológico, geralmente descomunal. **Ex.** O Minotauro era o ~ do labirinto «em Creta». 2 Ser vivo que apresenta deformação ou estrutura anó[ô]mala. **Sin.** Aberração. 3 *fig depr* Pessoa considerada feia, perversa ou desnaturada/Mostrengo. **Ex.** Pela malvadez com que agiu, não é gente, é um ~! 4 Figura, obje(c)to gigantesco. **Sin.** Colosso. 5 *fig* Pessoa que se distingue pelo seu talento, sabedoria, dons. **Ex.** Tive um professor que era um ~ [poço(+)] de sabedoria. **Comb.** ~ sagrado [Pessoa de muito prestígio em qualquer domínio da arte, da ciência, do desporto] (Ex. A imprensa foi unânime em considerá-la um ~ sagrado do cinema).

monstruosidade *s f* (<monstruoso + -i- + -dade) 1 Qualidade de monstruoso. 2 *Med* Anomalia ou malformação congé[ê]nita. **Ex.** A revista tem fotos de uma ovelha com duas cabeças e outras ~s. 3 Qualidade do que é enorme. **Ex.** Fiquei impressionado com a ~ do edifício. **Sin.** Enormidade. 4 A(c)ção cruel, abominável. **Sin.** Atrocidade.

monstruoso, a (Ôso, Ósa, Ósos) *adj* (<lat *monstruósus,a,um*) 1 Que apresenta a configuração de um monstro, ser fantástico, anormal, disforme. 2 Que é excessivamente feio. **Sin.** Horrendo. 3 Que é fora do comum, em grandeza, intensidade, valor. **Ex.** Ele tem um apoio ~. A empresa ficou arruinada com despesas ~as. **Sin.** Colossal/Enorme. 4 Que choca com a razão e a moral, pela crueldade. **Ex.** Toda a gente acha que foi um crime ~.

monta *s f* (<montar) 1 Total(+) (de uma conta). **Sin.** Soma(+). ⇒ montante 2. 2 Lanço que se faz nos leilões. 3 *fig* Importância/Valor. **Ex.** Na sua comunicação, ele expôs argumentos de ~.

monta-cargas *s m* 1 Elevador destinado a mercadorias. 2 Espécie de tra(c)tor com um dispositivo na parte da frente que sobe e desce, recolhendo a carga do chão e levantando-a «para a recolocar».

montada *s f* (<montar) 1 A(c)to de montar «cavalo». 2 Animal de montar. **Ex.** O cavaleiro prepara a ~ antes da corrida. 3 Parte elevada e curva do freio por baixo da qual o animal pode passar facilmente a língua.

montado, a *adj* (<montar) 1 Que está sobre o dorso de um cavalo ou outro animal. **Comb.** Polícia ~a. 2 Que se escarranchou à maneira de um cavaleiro. **Ex.** A criança gosta de brincar ~a numa vassoura. 3 Estruturado/Organizado. **Ex.** O modo como o negócio está ~ facilita a produção e a venda do produto. 4 *Teat* Que está encenado. **Ex.** É uma peça «drama/comédia» ~a com perfeição.

montador, ra *s* (<montar + -dor) 1 Pessoa que monta ou efe(c)tua a montagem. 2 Pessoa que anda a cavalo. **Sin.** Cavaleiro(+). 3 Pessoa que instala, repara e controla os vários elementos de um equipamento. **Ex.** Ele é ~ de linhas telefó[ô]nicas.

montagem *s f* (<montar + -agem) 1 A(c)to ou efeito de montar. 2 *Cine* Conjunto de operações destinadas a reunir os vários planos filmados numa sequência completa. 3 *Teat* Encenação de uma peça. 4 A(c)to ou efeito de organizar. **Ex.** Esta tarde vamos fazer a ~ da exposição. 5 Arranjo ou manipulação de fotografias para efeitos publicitários, decorativos ou outros. **Ex.** Há quem faça ~ de fotografias com intuitos desonestos.

montanha *s f Geog* (<lat *montána* <*montánus, a, um*) 1 Relevo de altitude considerável que ocupa uma grande extensão. **Comb.** ~s concordantes [~s paralelas à linha da costa]. ~s discordantes [~s perpendiculares à costa]. **Cadeia de ~s** [Conjunto de ~s sucessivas/Cordilheira(+) «dos Andes». 2 Região de grande altitude. **Comb.** Clima de ~. 3 *fig fam* Grande quantidade. **Ex.** Ele tem uma ~ [um montão (+)/tem montes] de livros.

montanha-russa *s f* (<fr *montagne russe*) Divertimento de feira que consiste num caminho sinuoso com grandes subidas e descidas, pelo qual deslizam sobre carris, a grande velocidade, veículos semelhantes a vagonetas, proporcionando fortes emoções.

montanheiro, a *adj/s* (<montanha + -eiro) (Pessoa) que vive nas montanhas.

montanhês, esa *adj* (<montanha + -ês) ⇒ montanheiro.

montanhismo *s m (D)esp* (<montanha + -ismo) A(c)tividade praticada em montanha que compreende marcha, escalada e esqui de travessia.

montanhista *adj 2g/s 2g (D)esp* (<montanha + -ista) 1 Relativo a montanhismo. 2 (Pessoa) que pratica montanhismo. **Sin.** Alpinista.

montanhoso, a (Ôso, Ósa, Ósos) *adj* (<montanha + -oso) 1 Que tem montanhas. **Comb.** Região ~a. 2 Que é acidentado. **Ex.** A deslocação não é fácil, pelo fa(c)to de a zona ser ~a.

montante *adj 2g* (<montar + -ante) 1 Que sobe. 2 *s m* Importância; soma. **Ex.** Comprei livros no ~ [total/na importância] de quarenta euros. 3 *s f Geog* Lado da nascente dum rio. **Loc.** A ~ de [Para o lado da nascente de um rio] (Ex. A aldeia fica a ~, relativamente ao sítio onde estamos [está quem fala/se está]). **Ant.** Jusante. 4 Subida da maré. **Sin.** Enchente(+).

montão *s m* (<monte + -ão) 1 Monte grande. 2 Grande quantidade. **Loc.** Aos montões/montes [Em grande quantidade] (Ex. Nas feiras vendem coisas aos montões). ⇒ montanha 3; monte 2.

montar *v t* (<monte + -ar¹) 1 Andar a cavalo ou sobre um veículo. **Ex.** Ele monta um cavalo muito bem treinado. Ao fim da tarde monto na bicicleta e vou dar um passeio/uma volta(+)]. 2 Tomar altura. **Ex.** As fortes chuvadas fizeram ~ [subir(+)] o nível das águas do rio. 3 Dispor peças de modo que funcionem como um todo. **Ex.** Eles montaram o apartamento com as coisas essenciais. Para acampar é preciso ~ bem a tenda. 4 *Cine* Reunir planos filmados dando-lhes determinada sequência. 5 *Teat* Pôr em cena uma peça. **Sin.** Encenar(+). 6 Instalar. **Ex.** Ele montou o negócio, recorrendo a um empréstimo bancário. 7 Ter importância/valor. **Ex.** Os prejuízos das [causados pelas] inundações montam a milhões de euros. **Loc.** *fig* Tanto monta [É a mesma coisa] (Ex. Sair ou não sair, tanto monta, estou muito bem em casa! **Sin.** Importar/Valer.

montaria *s f* (<monte + -aria) 1 Arte de caçar animais de grande porte «javalis». 2 Lugar onde se corre [persegue] esse tipo de caça/Coutada. 3 A(c)ção de correr essa caça com a ajuda de monteiros e cães/Batida. 4 Ofício de monteiro/Monteiria.

monte *s m Geog* (<lat *mons, ntis*) 1 Elevação do terreno, menor do que uma montanha. **Idi.** *fig* Por ~s e vales [Por todo(s) o(s) lado(s)/Por toda a parte] (Ex. Andei à procura do gado, por ~s e vales, e não o encontrei!). **Andar a ~** [Andar fugido à justiça] (Ex. Anda a ~ e agora a polícia anda atrás dele). 2 *fig* Grande número de coisas ou de pessoas. **Ex.** Na sala, havia um ~ de livros. Um ~ de gente acorreu à manifestação. **Loc.** *A ~* [Em pilha e em desordem] (Era visível a desordem daquela loja: tudo a ~!). **Aos ~s/molhos** [Em grande número] (Ex. A criança tem brinquedos aos ~s). ⇒ montão 2. 3 Jogo de azar com cartas.

4 Conjunto das apostas de cada parceiro no jogo.

monteiro, a *adj/s* (<monte + -eiro) **1** Relativo à montaria ou a quem caça nos montes. **Comb.** *Cães ~s. Trajes ~s.* **2** *s* Pessoa que caça nos montes. **3** *s m* Guarda de matas ou coutadas. **4** *s f* Carapuça *us* pelos montanheses.

Montenegro *s m* Estado situado nos Balcãs, no sudeste da Europa, cuja capital é Podgorica e cujas línguas oficiais são o montenegrino e o sérvio. **Ex.** Os habitantes do ~ são designados por montenegrinos.

montepio [monte de piedade] *s m* (<monte + pio) Instituição de socorros mútuos, mantida por associados, que concede empréstimos em condições especiais e oferece uma série de benefícios.

montês *adj 2g* (<monte + -ês) **1** Relativo ou próprio de monte ou montanha. **2** Que cresce ou vive nos montes. **Comb.** Cabra ~ês/selvagem. **Sin.** Bravio/Selvagem. ⇒ «planta» silvestre. **3** Que é rude/rústico.

montesin(h)o, a *adj* (<montês + -inho) ⇒ montês.

montículo *s m Geog* (<lat *montículus, i*) **1** Pequeno monte. **Sin.** Colina(o+)/Outeiro(+)/Cômoro. **2** Pequeno monte de qualquer material/Montinho(+). **Ex.** As crianças divertem-se na praia a fazer ~s de areia.

montra *s f* (<fr *montre*) **1** Lugar, num estabelecimento comercial onde se expõem artigos à venda/Vitrina/Escaparate. **2** *fig fam* Mulher que usa muitas joias ou obje(c)tos de ouro. **Ex.** No meio de tanta gente discreta, ela é uma autêntica ~!

montureiro, a *s* (<monturo + -eiro) **1** Pessoa que revolve o lixo à procura de coisas que possa aproveitar. **Sin.** Trapeiro. **2** *s f* Grande lixeira(+)/Monturo(+).

monturo *s m* (<monte + -uro) **1** Montão de lixo. **2** Local onde se deposita lixo. **Sin.** Lixeira(+). **3** *fig* Amontoado de coisas repugnantes/repulsivas.**Ex.** A carta que ele escreveu é um ~ de indignidades.

monumental *adj 2g* (<monumento + -al) **1** Relativo a monumento. **2** Que tem cara(c)terísticas de monumento. **Comb.** Arco ~. **3** Que tem monumentos. **Comb.** Cidade ~. **4** «casa/estátua» Que tem grandeza/imponência. **Sin.** Grandioso/Imponente/Majestoso. **5** Que é muito grande. **Sin.** Colossal.

monumentalidade *s f* (<monumental + -i- + -dade) **1** Qualidade do que é monumental/grandioso. **Ex.** A cidade impõe-se pela sua ~. **2** Qualidade do que é grandioso/excelente/vasto. **Ex.** É justo realçar a ~ da obra do romancista. **Sin.** Grandiosidade.

monumento *s m* (<lat *monuméntum,i*: o que traz à memória, testemunho <*móneo, ére, itum*) **1** Obra de arquite(c)tura ou escultura construída para perpetuar a memória de algum fa(c)to ou personagem. **Ex.** Em muitos países há ~s aos heróis. Também há ~s que comemoram feitos «militares» notáveis. **2** Qualquer obra, documento ou vestígio com valor artístico [literário, arqueológico, histórico, científico] reconhecido. **Ex.** Os manuscritos são ~s de grande valor a vários níveis. **Comb.** ~ nacional [O que é declarado oficialmente de interesse nacional e, como tal, obje(c)to de prote(c)ção e conservação]. **3** Edifício ou construção majestosa. **4** Elemento ou acidente da natureza de assinalável grandiosidade. **Ex.** As grutas são consideradas ~s naturais. **5** Construção erguida com significado religioso e simbólico. **Comb.** ~s megalíticos.

moquear *v t* (<moquém + -ar¹) **1** Assar, carne ou peixe, no moquém. **2** *fig* Matar.

moqueca (Qué) *s f s f* (quimbundo *um'keka*: caldeirada de peixe) **1** *Ang* Guisado de peixe com fatias de pão torrado. **2** *Br* Guisado de peixe ou marisco muito condimentado/temperado.

moquém *s m* (<tupi *moka'em*) Grelha alta de paus sobre o lume para colocar carne ou peixe para assar ou secar.

moquenca *s f Cul br* (<moqueca?) Guisado de carne de vaca, temperado com vinagre, pimenta, alho e outros condimentos.

moquenqueiro [moquenco/mogangueiro], a *adj/s* (< ?) **1** ⇒ indolente/preguiçoso. **2** ⇒ acanhado/retraído/tímido.

mor¹ (Ô) *s m* (*contr de amor*) Só *us* na *loc*: por ~ [causa] de. **Ex.** Vou à festa por ~ de vós.

mor² (Ó) *adj 2g* (<*contr de maior*) Exprime a noção de primeiro numa hierarquia. **Comb.** Oficial ~ do rei. ⇒ altar-mor.

mora¹ (Ó) *s f* (<lat *mora,ae*) **1** Demora; atraso. **2** Prolongamento de um prazo para se fazer, pagar ou restituir alguma coisa. **3** Atraso no pagamento de uma dívida. **Comb.** Juros de ~ [Valor devido por atraso de pagamento ou levantamento de algo] (Ex. Tive que pagar juros de ~, por ter ultrapassado o prazo de pagamento da ele(c)tricidade).

mora² *s f pop* ⇒ amora.

moráceo, a *s/adj Bot* (<mora² + -áceo) (Diz-se de) família de plantas dicotiledó[ô]neas, arbóreas, como as amoreiras.

morada *s f* (<morar + -ada) **1** Casa ou lugar de residência habitual. **Comb.** *Rel ~ celeste* [O Paraíso]. *Última ~* [O túmulo]. **Sin.** Domicílio/Residência. **2** Endereço postal, com a indicação do local, rua, número da porta, andar onde se reside. **Sin.** Dire(c)ção/Endereço.

moradia *s f* (<morada + -ia) **1** Local onde se habita ou mora. **Sin.** Domicílio/Morada(+). **2** Casa destinada à residência de uma família. **Sin.** Casa/Residência/Vivenda/Lar.

morador, ora *adj/s* (<morar + -dor) (Pessoa) que mora/reside/vive habitualmente num determinado lugar. **Ex.** A população ~a no bairro fez uma reclamação por causa da recolha do lixo. Os ~es reclamaram. **Sin.** Habitante/Residente.

moral *adj 2g/s 2g* (<lat *morális,e* <*mos,oris*: modo de proceder, costume) **1** Relativo aos usos e costumes de uma sociedade e aos princípios e valores que os determinam. **Comb.** *Consciência ~. Dever ~. Leis ~ais. Ordem ~* [Conjunto dos preceitos ~ais que regem a sociedade]. *Responsabilidade ~.* **Sin.** Ético. **2** Relativo à moral, norma da a(c)ção humana, sujeita à procura do bem. **Comb.** *Doutrina ~.* **3** Que é conforme às normas da ética. **Comb.** *Idoneidade ~.* **Ant.** Imoral. **4** Que é relativo ao cará(c)ter, à maneira de ser das pessoas. **Comb.** *Certeza ~*/possível. *Qualidades ~ais.* **Sin.** Espiritual/Psicológico. **5** *s f* Conjunto dos costumes e juízos relativos ao bem e ao mal assumidos pelo indivíduo e pela sociedade. **Ex.** Ele foi levado a tribunal por ofensas à ~ e aos bons costumes. **Sin.** Ética. **6** Teoria ou sistema moral particular. **Comb.** *A ~ cristã. A ~ da tribo.* **7** Conduta baseada na moral. **Ex.** É preciso ter ~ para dar conselhos. **Sin.** Princípios. **8** Conclusão ou lição de ordem doutrinária. **Ex.** As fábulas têm uma ~. **Comb.** *~* [Ensinamento/Lição/Conclusão] *da* [desta] *história.* **9** *s m* Conjunto das faculdades psíquicas/Espírito. **Comb.** *Força ~.* **Ant.** Físico. **10** *s m* Disposição de ânimo para enfrentar dificuldades. **Ex.** Ele está com o ~ elevado, o que é bom para fazer o exame.

moralidade *s f* (<lat *morálitas,átis*) **1** Qualidade do que tem moral, do que é conforme à moral vigente. **Ant.** Imoralidade. **2** Atitude ou conduta de um indivíduo ou de um grupo. **Ex.** Eles têm dado provas de ~ irrepreensível no modo como têm tratado os problemas sociais. **3** Sentido moral, implícito ou explícito de uma fábula, história ou acontecimento. ⇒ moral 8.

moralismo *s m* (<moral + -ismo) **1** Doutrina ou comportamento que elege a moral como valor absoluto, acima da metafísica e de outras ciências. **2** *Depr* Excessiva preocupação com questões de ordem moral, tendendo para a intolerância e os preconceitos em relação aos outros. **Sin.** Puritanismo; rigorismo.

moralista *adj 2g/s 2g* (<moral + -ista) **1** Relativo ao moralismo. **2** Pessoa que escreve ou prega sobre a moral e os seus princípios. **Ex.** S. Afonso Maria de Ligório, fundador «1732» dos Redentoristas, é considerado um grande ~. ⇒ moralizador. **3** Pessoa que defende com rigidez os preceitos morais/Puritano/Rigorista. ⇒ hipócrita; fariseu.

moralização *s f* (<moralizar + -ção) **1** A(c)to ou efeito de moralizar. **2** A(c)ção de corrigir costumes. **Ex.** É permanente o combate pela ~ da sociedade.

moralizador, ora *adj* (<moralizar + -dor) **1** Que moraliza. **Comb.** *Fábula ~ora/moral.* **2** Que preconiza [recomenda/propõe] doutrinas morais. **Ex.** Ele publicou um livro ~. **3** Que dá bons exemplos. **Sin.** Edificante. **4** Que envolve admoestação e mostra intenção de corrigir, apontando regras de conduta. **Ex.** Num tom ~, deu-lhe alguns conselhos para mudar de vida. **5** Que anima, levanta o moral. **Sin.** Encorajador. **Ant.** Desmoralizador. **6** *s* ⇒ Pessoa que ensina moral/Moralista 2(+).

moralizante *adj 2 g* (<moralizar + -ante) ⇒ moralizador.

moralizar *v t* (<moral + -izar) **1** Tornar(-se) conforme à moral. **2** Corrigir vícios ou abusos. **Ex.** É preciso ~ a administração do Estado. **3** Infundir ideias sãs em. **4** Dar ou ganhar ânimo. **Ex.** O treinador moralizou [motivou] os atletas. **Sin.** Animar; encorajar; motivar.

moralmente *adv* (<moral + -mente) **1** «agir» Segundo as regras que definem o bem e o mal. **2** No plano da consciência moral por oposição à realidade material dos fa(c)tos. **Ex.** Acusam-no de ser ~ responsável pelo crime (praticado por outrem). **3** No plano dos sentimentos, do moral. **Ex.** Só um conquistou a medalha de ouro nos jogos olímpicos, mas todos ganhámos ~.

morangal *s m* (<morango + -al) Terreno plantado de morangueiros.

morango *s m Bot* (<lat *mórum,i*: amora + ?) Fruto do morangueiro, carnudo, sumarento e comestível, vermelho quando maduro. **Comb.** *Compota de ~(s). Tarte de ~(s).*

morangueiro *s m Bot* (<morango + -eiro) Planta herbácea, rastejante, da família das Rosáceas, muito cultivada pelos seus frutos.

morar *v int* (<lat *móror,ári,átus sum*: demorar-se, ~ <*mora*: demora) **1** Ter habitação permanente em determinado lugar. **Ex.** Moro em Lisboa. **Sin.** Habitar/Residir/Viver. **2** Ocupar uma casa. **Ex.** Moro num andar/apartamento. **Sin.** Residir/Viver(+). **3** Viver em determinadas condições. **Ex.** Ele mora sozinho. Ele mora com os pais. **4** *fig* Existir/Permanecer. **Ex.** Alguns amigos e parentes já morreram, mas moram

para sempre no nosso coração. **5** *fig* Frequentar um local com assiduidade. **Ex.** Ele mora no [vai muito ao (+)] café em frente da casa. Ela mora [está sempre (a ler)] na biblioteca pública. **6** *Br col* Compreender/Perceber «o que o chefe disse».

moratória *s f Dir* (<lat *moratórius,a,um*; ⇒ morar) **1** Adiamento do pagamento de uma dívida, concedido pelo credor ao devedor. **2** Disposição legal que prevê a suspensão de pagamento a credores internacionais, devido a situações especiais «grande calamidade». **3** Suspensão de a(c)tividade num determinado campo. **Comb.** ~ nuclear.

moratório, a *adj* (⇒ moratória) **1** Que retarda/Dilatório(+). **2** Relativo a moratória/Que concede adiamento para pagamento de uma dívida. **Comb.** *Despacho ~o. Prazo ~o.*

morbidez *s f* (<mórbido + -ez) **1** Qualidade do que é mórbido. **2** Enfraquecimento doentio. **Sin.** Prostração. **3** Gosto doentio pelo que é mórbido, horrível. **Ex.** Num museu, manifesta ~ por gostar de ver retratos de moribundos. **4** *Arte* Delicadeza ou suavidade nas cores e textura de uma pintura ou escultura.

mórbido, a *adj* (<lat *mórbidus,a,um*: doente, ~; ⇒ morbo) **1** Relativo a doença. **Sin.** Patológico. **2** Que é prejudicial à saúde. **Comb.** Clima ~. **Sin.** Doentio(+). **3** Que tem falta de vigor. **Sin.** Lânguido(+). **4** Que revela atra(c)ção pela doença ou pela morte. **Ex.** Ele tem um gosto ~ de ouvir falar de doenças. **5** *Arte* «escultura» Cuja cor ou textura denotam suavidade.

morbo *s m* (<lat *mórbus,i*: doença, desgosto) Estado patológico/Doença(+).

morbosidade *s f* (<morboso + -i- + -dade) Qualidade ou estado do que é morboso/do que causa doença. **Ex.** É inegável a ~ dos sítios húmidos e pouco iluminados.

morboso, a (Ôso, Ósas/os) *adj* (<lat *morbósus,a,um*) **1** Que denota doença. **Sin.** Doentio. ⇒ mórbido. **2** Que causa doença.

morcão, ona *s depr pop* (<esp *morcón*: pessoa suja) Indivíduo indolente ou aparvalhado.

morcego (Cê) *s m Zool* (<lat *mus,múris*: rato + *cáecus,a,um*: cego) **1** Mamífero de corpo pequeno, coberto de pelo, de hábitos no(c)turnos, que hiberna na estação fria, com membros anteriores adaptados ao voo, apresentando membrana alar desenvolvida, que vive em grutas e se orienta por ultrassons. **2** *fig fam* Pessoa que tem o hábito [só gosta] de sair de casa à noite. **3** *Br* Papagaio(+) de papel.

morcela (Cé) *s f Cul* (<esp *morcilla*) **1** Enchido à base de sangue de porco com gordura e condimentos, a que por vezes se juntam outros ingredientes, como arroz, cebola, pão. **Comb.** ~ de arroz. ⇒ alheira. **2** Doce feito com miolo de pão, canela e outros ingredientes, metidos dentro de uma tripa de porco. **Comb.** ~ [Chouriço(+)] doce.

mordaça *s f* (<lat *mordácia* <*mordácius,a,um*: que morde) **1** Tira de pano ou outro material com que se tapa a boca a alguém para que não fale. **2** Peça de couro ou de metal que se põe no focinho dos cães e de outros animais para que não mordam ou comam alimentos vedados. ⇒ açaime. **3** *fig* Repressão da liberdade de falar ou escrever, exprimindo ideias ou opiniões divergentes das que são oficialmente impostas. **Ex.** A censura foi a ~ que o regime «ditatorial» impôs aos meios de comunicação.

mordacidade *s f* (<lat *mordácitas,átis*) **1** Qualidade do que é mordaz. **2** Sabor acre ou picante. **3** *fig* Crítica dura, áspera. **Ex.** Ele escreve artigos contra o sistema [regime/governo], conhecidos pela ~. **4** *fig* Maledicência/Murmuração. **Ex.** Ele tem o mau hábito de falar dos [das pessoas] ausentes com ~. **5** *Quím* Cara(c)terística de substância «ácido» que produz corrosão.

mordaz *adj 2g* (<lat *mórdax, ácis*: que morde) **1** Que morde. **2** Que corrói. **Sin.** Cáustico(+)/Corrosivo(o+). **3** Que é picante, acre. **4** *fig* Excessivamente duro no modo de criticar. **Ex.** Gosto de ler as críticas ~zes que faz no jornal. **5** Maledicente. **Ex.** É sempre de modo ~ que se refere às outras pessoas.

mordedor, ora *adj/s* (<morder) **1** (O) que morde. ⇒ mordaz. **2** *fig* (O) que pede dinheiro emprestado aos amigos e conhecidos.

mordedura *s f* (<morder + -dura) **1** A(c)to ou efeito de morder. **Sin.** Ferradela «de cão»/Mordidela. ⇒ picada «de mosquito/abelha». **2** Contusão ou ferida causada por animal ou pessoa que mordeu/Mordida/Dentada. **3** *fig* Marca deixada por uma ofensa. **Ex.** A tristeza com que ficou foi maior do que a ~ da ofensa que lhe fizeram.

mordente *adj 2g* (<morder) **1** Que morde. **2** Mordaz/Corrosivo(+). **Ex.** O ácido sulfúrico é ~. **3** *fig* Cáustico/Satírico. **Ex.** Ele escreve e diz coisas tão ~s que têm efeitos terríveis na opinião pública. **4** *s m* Espécie de verniz *us* para fixar o ouro em obje(c)tos a dourar. **5** Reagente *us* para fixar as cores em tinturaria ou pintura. **6** Instrumento *us* para fixar ou apertar um obje(c)to num lugar. **7** *Mús* Ornato melódico formado de duas notas rápidas, que se marca com um sinal especial.

morder *v t* (<lat *mórdeo,ére,mórsum*) **1** Cravar os dentes em alguma coisa. **Ex.** O cão mordeu a menina. **Idi.** *fam* **Aí é que elas mordem** [Nesse momento [Nessas circunstâncias] é que a situação se complica] (Ex. Tu não estás bem [satisfeito], mas se perdes o emprego, aí é que elas mordem!). ***Macacos me mordam!*** [Exclamação *us* para manifestar surpresa ou incompreensão] (Ex. Macacos me mordam se eu entendo o que tu estás a dizer/fazer!). **Sin.** Abocanhar/Ferrar. **2** Dar uma dentada em. **Ex.** Ele mordeu o pão. **Idi.** ~ **a isca** [Cair em logro/engano] (Ex. O criminoso mordeu a isca, já não escapa!). ~ **o pó** [Cair vencido ou morto] (Ex. No fragor da batalha foram muitos os que morderam o pó). **3** Apertar com os dentes. **Ex.** Ela mordeu [apertou] os lábios para não gritar. **Idi.** ~ **a língua** [Arrepender-se de ter dito alguma coisa] (Ex. Vais ~ a língua por teres sido injusto com o teu irmão!). **4** Produzir desgaste. **Ex.** A ferrugem está a ~ a chapa do carro. **5** *fig* ⇒ Provocar ou sentir dor/Afligir/Atormentar. **6** Dizer mal de alguém. **Ex.** Não se pode dizer que sejam amigos, porque passam o tempo a ~-se uns [aos] outros. **Idi.** ~ **na pele de alguém** [Dizer mal/*idi* Cortar na casaca(+)] (Ex. Ela gosta de ~ na pele da colega). **Sin.** Censurar/Criticar/Murmurar. **7** *gír* Compreender. **Ex.** Estás a ~ o esquema/plano? **9** *Br* Pedir dinheiro emprestado. ⇒ mordedor **2**.

mordicação *s f* (<mordi(s)car + -ção) **1** A(c)to de mordi(s)car «queijo/pão». **2** Sensação produzida no corpo por um líquido corrosivo/Comichão/Formigueiro.

mordicante *adj 2g* Que produz mordicação **2**.

mordicar *v t* **1** ⇒ mordi(s)car. **2** Produzir mordicação **2**. **3** *fig* ⇒ ferir; pungir.

mordida *s f* (<morder + -ida) A(c)to ou efeito de morder. **Ex.** Esta ferida (que tenho na perna) foi uma ~ de cão/cachorro.

mordidela (Dé) *s f* (<morder + -dela) A(c)to ou efeito de morder. **Ex.** Dei uma ~ na [Mordi a (+)] língua. ⇒ mordedura; picada «de abelha/mosquito».

mordi(s)car *v t* (<morder + -i(s)car) Dar pequenas dentadas «no pão»/Morder levemente. ⇒ mordicar **2/3**.

mordomar *v t/int* (<mordomo + -ar[1]) **1** Administrar «um condomínio» como mordomo. **2** Exercer o cargo de mordomo.

mordomia *s f* (<mordomo + ia) **1** Ofício ou cargo de mordomo de uma casa ou instituição. **2** Benefício ou privilégio que advém do exercício de um cargo. **Ex.** O fa(c)to de ser presidente da instituição dá-lhe algumas [umas quantas] ~s, como carro, cartão de crédito e telefone para uso pessoal. **3** Qualquer regalia de que desfruta sem esforço. **Ex.** A avó continua a mimá-lo e a conceder-lhe, já como adulto, ~s como a nenhum dos filhos.

mordomo (Dô) *s m* (<lat *májor dómus*: administrador da casa) **1** Administrador de casa ou propriedade senhorial. **2** Chefe do pessoal doméstico de uma grande casa. **3** Administrador dos bens de uma irmandade ou confraria. **4** Indivíduo a quem cabe a responsabilidade de organizar algumas festas religiosas.

moreia[1] *s f Icti* (<lat *muréna,ae*) Peixe teleósteo da família dos Murenídeos e com várias espécies, comestível, de corpo cilíndrico e longo, viscoso e sem escamas, castanho-avermelhado com manchas amarelas, de dentes finos muito aguçados.

moreia[2] *s f* (< ?) Conjunto de feixes de trigo ou outro cereal dispostos em montão «de forma có[ô]nica»/Meda.

moreira *s f Bot* ⇒ amoreira.

morena (Ê) *s f Geol* (<fr *moraine*) Depósito de fragmentos de rochas transportados por glaciares.

moreno, a (Ê) *adj/s* (<esp *moreno*) **1** (Pessoa) que, sendo branca, tem pele escura e cabelo preto ou castanho. **Ex.** Lá em casa são loiros, exce(p)to a minha irmã mais nova, que é ~a. Ele namora uma ~a muito divertida. **Sin.** Trigueiro. **2** (Pessoa) que ficou bronzeada por estar exposta ao sol. **Ex.** Fico ~ com dois dias de praia.

morfema *s m Ling* (<morfo- + (fon)ema) Unidade linguística mínima, portadora de significado. **Comb.** «cantava é um» ~ *gramatical*. «mesa é um» ~ *lexical*.

morfina *s f Quím* (<mit *Morfeu*, deus mitológico do sono + -ina) Alcaloide extraído do ópio, de fórmula molecular $C_{17}H_{19}O_3N$, *us* como analgésico e narcótico.

morfinismo *s m Med* (<morfina + -ismo) **1** Intoxicação cró[ô]nica proveniente do abuso da morfina ou dos seus sais. **2** ⇒ morfinomania(+).

morfinizar *v t* (<morfina + -izar) **1** Aplicar morfina «como analgésico» a um enfermo. **2** Contrair o vício da morfinomania/Morfinizar-se.

morfinomania *s f Med* (<morfina + -mania) Vício da morfina, que provoca habituação e dependência, com efeitos nocivos na personalidade e saúde física da pessoa a ele sujeita.

morfinómano, a [*Br* **morfinômano**] *s* (<morfina + -mano) Pessoa dependente da morfina, que está viciada nessa droga.

-morfo- *pref/suf* (<gr *morphé,és*) Exprime a ideia de *forma*. **Ex.** Amorfo; polimorfo.

morfogénese [Br morfogênese] s f Biol (<morfo- + -génese) **1** Desenvolvimento das formas e estruturas cara(c)terísticas de uma espécie a partir do embrião. **2** Geog Origem e desenvolvimento das formas da superfície terrestre.
morfogenia s f Biol ⇒ morfogé[ê]nese.
morfogénico, a [Br morfogênico] adj Biol Relativo a morfogé[ê]nese.
morfologia s f (<morfo- + -logia) **1** Estudo da forma dos seres e dos obje(c)tos. **2** Biol Descrição da forma dos seres orgânicos e da sua evolução. **Comb.** ~ **animal**. ~ **vegetal**. **3** Estudo da forma, dimensão e origem dos acidentes de terreno. **Comb.** ~ urbana [Análise das estruturas construídas numa vila ou cidade]. **4** Gram Parte da gramática que estuda as classes e as formas das palavras, os paradigmas de flexão e os processos de formação de novas palavras.
morfológico, a adj (<morfologia + -ico) Relativo à morfologia.
morfologista s 2g Ling (<morfologia 4 + -ista) Pessoa que se ocupa do estudo da morfologia.
morfose (Fó) s f (<gr morphósis,óseos: a(c)ção de dar uma forma) **1** Processo de adquirir ou dar forma. **2** Biol Processo de formação de órgão ou de parte de organismo. **3** Biol Alteração do padrão de formação dum organismo, devido a alterações ambientais.
morfossintá(c)tico, a adj Ling (<morfo- + sintá(c)tico) Relativo à morfossintaxe.
morfossintaxe (Tásse) s f Ling (<morfo(logia) + sintaxe) Estudo da língua que associa a morfologia à sintaxe na descrição dos fenó[ô]menos linguísticos.
morgadio s/adj m Hist (<morgado + -io) **1** Qualidade de morgado. **2** Bens ou rendimentos de um morgado, que não se podiam dividir nem alienar. **3** Conjunto [A classe] dos morgados. **4** Relativo a morgado.
morgado s m/adj (<lat mai[j]orátus,us: condição mais elevada) **1** Hist Vínculo indivisível e inalienável que se transmitia, numa família, de primogé[ê]nito para primogé[ê]nito, em linha re(c)ta varonil. **2** Conjunto dos bens vinculados que não se podiam dividir nem alienar. **3** O que herdava aqueles bens. **4** fig (O) que apresenta fartura e riqueza ou rende muito. **Ex.** Era uma casa ~a, tinham (de) tudo em abundância. As propriedades dele «plantação de café/soja» são um ~.
morganático, a adj (<lat (matrimónium) morganáticum) **1** Diz-se do casamento de uma pessoa nobre com uma plebeia. **2** Próprio desse tipo de casamento.
morgue s f (<fr morgue) Local onde se conservam cadáveres para autópsia ou identificação. **Sin.** Necrotério.
moribundo, a adj/s (<lat moribúndus,a,um) **1** (Pessoa) que está agonizante, prestes a morrer. **2** fig Que está sem forças. **Sin.** Exânime/«ah! estou» Morto(+) «de cansaço». **3** fig Que se apaga. **Ex.** Ele lia muito, se necessário com uma luz já [quase] ~a.
morigeração s f (<lat morigerátio,ónis) **1** A(c)to ou efeito de morigerar(-se). **2** Aquilo que está conforme à moral e aos bons costumes/Boa educação.
morigerado, a adj (<morigerar) **1** Que se morigerou. **2** Que tem bons costumes. **3** Que revela moderação nos hábitos. **Sin.** Regrado.
morigerar v t (<lat morígeror,ári,atus sum <mós,óris: modo de proceder, costume + géro, ere: criar) **1** Infundir princípios de conduta moral. **Sin.** Educar. **2** Tornar conforme aos princípios da moral e costumes estabelecidos. **Ex.** É preciso ~ as instituições! **3** ~-se/Adquirir bons costumes.
mormacento, a adj (<mormaço + -ento) **1** Em que há mormaço. **Ex.** Hoje, o dia está ~, abafado.
mormaço s m (<?) **1** Neblina quente e húmida. **2** Calor que entorpece [causa sonolência]. **3** Br fam ⇒ (Indivíduo) aborrecido. **4** Br fam ⇒ Namoro.
mormente adv (<mor² + -mente) Em primeiro lugar; acima de tudo; principalmente; sobretudo.
mormo (Môr) s m Vet (<lat mórbus,i: doença) Doença infe(c)ciosa que ataca as raças cavalar e asinina, que se pode transmitir ao homem e é cara(c)terizada por secreção nasal, purulenta ou sanguínea, abundante.
mórmon s/adj 2g (<antr Mormon, suposto profeta judeu do séc IV a.C.; pl mórmon(e)s) Membro de uma seita rara dos EUA, fundada em 1830 por Joseph Smith.
mormoso, a adj Que tem mormo.
morna (Mó) s f (<morno) **1** Canção popular cabo-verdiana, de ritmo dolente, vagaroso, e letra nostálgica. **2** Dança ao som dessa canção.
mornidão s f (<morno + -i- + -dão) **1** Cara(c)terística ou estado do que é [está] morno. **Ex.** A ~ do tempo faz lembrar a primavera. **2** fig Falta de energia. **Sin.** Indolência/Moleza.
morno, a (Ôrno, Órna/os) adj (<?) **1** Que provoca sensação térmica moderada, entre o quente e o frio. **Ex.** Para mim, o café tem de estar bem quente, não gosto dele ~. **Sin.** Tépido. **2** fig Que mostra pouco entusiasmo. **Ex.** O público esteve ~ nos aplausos aos artistas. **Sin.** Frouxo. **3** fig Que causa tédio. **Loc.** Em águas ~as [De uma forma pouco motivadora] (Ex. A relação deles está monótona, insípida, em águas ~as). **Sin.** Monótono.
morosamente adv (<moroso + -mente) Com lentidão/Demorando muito (tempo). **Sin.** Lentamente/Vagarosamente. **Ant.** Depressa/Rapidamente.
morosidade s f (<moroso + -i- + -dade) **1** Qualidade do que é moroso. **Sin.** Lentidão/Vagar. **2** Ritmo lento, demorado/Falta de rapidez, de prontidão. **Ex.** A ~ da burocracia dos serviços (públicos) atrasou a constituição da empresa.
moroso, a (Ôso, Ósa, Ósos) adj (<lat morósus,a,um: impertinente, desagradável) **1** Que a(c)tua com lentidão, sem pressa. **Sin.** Lento/Vagaroso. **Ant.** Apressado/Diligente. **2** Que leva tempo a [é difícil de] fazer. **Ex.** A tarefa que tenho é ~a.
morra (Ô) interj (<morrer) **1** Exclamação que exprime revolta, ódio, desejo de que algo acabe. **Ex.** Morra! Morra [Abaixo! Fora!] a ditadura! **2** s m Grito com que se exprimem esses sentimentos. **Ex.** O povo, revoltado, gritou ~s à corru(p)ção.
morraça s f (<?) **1** Vinho fraco/ordinário/Zurrapa(+). **2** ⇒ morrinha/chuvisco. **3** ⇒ estrume «de folhas secas/de restos».
morrão s m (<?) **1** Bastão com um líquido inflamável para chegar fogo às antigas peças de artilharia. **2** Extremidade carbonizada de mechas ou torcidas. **Ex.** Vou cortar o ~ da vela com uma tesoura. **3** Ponta de cigarro ou charuto em brasa. **Ex.** Ele queimou o casaco com o ~ do cigarro.
morrediço, a adj (<morrer + -iço) **1** ⇒ «luz/lume» mortiço **2**. **2** ⇒ «flor» (quase) murcho. **3** ⇒ moribundo.
morredou[oi]ro, a adj (<morrer + -douro) **1** Que está perto da morte/Moribundo **1**(+). **2** Que tem pouca duração. **Sin.** Efé[ê]mero/Passageiro/Transitório. **Ant.** Eterno/Imorredouro. **3** s m Local insalubre onde há muitas mortes/fig Cemitério(+).
morrer v int (<lat mórior,móri, mórtuus sum) **1** Deixar de viver. **Sin.** Expirar/Falecer(+)/Finar-se. **Idi.** ~ *como um cão* [~ abandonado por todos] (Ex. Recebia toda a gente, dava grandes festas em casa, e no fim morreu como um cão, na miséria e sozinho). ~ *como um passarinho* [serenamente, sem sofrimento] (Ex. Já era muito velho, nunca teve doenças graves e, quando chegou a hora, morreu como um passarinho). **2** Sacrificar a vida. **Ex.** ~ pela Pátria. **3** Perder a força. **Ex.** A árvore está a ~. **Sin.** Definhar/Fenecer/Secar. **4** Chegar ao fim gradualmente. **Ex.** Havia muitas tradições, mas algumas foram morrendo com o passar dos anos. **Sin.** Desaparecer. **5** Perder a força, a luz, a intensidade. **Ex.** O lume está a ~, vou buscar mais achas/lenha. **Sin.** Acabar/Terminar. **6** fig Sentir muito/intensamente. **Idi.** *Morro de sede* [Ai! Que sede (tenho)!]. Estou morto [a ~] de frio. ~ *de riso* [Rir muito] (Ex. Ela morria de riso com as piadas que ele dizia). **7** fig Desejar muito. **Ex.** Ele morre por dançar. **8** fig Ter paixão por alguém. **Idi.** ~ *de amores* [Estar apaixonado/Gostar muito] (Ex. Ela não morre de amores por ele…).
morrião s m Bot (<fr mouron) Nome comum de várias ervas do Br do gé[ê]nero Anagállis e Stellária.
morrinha s f (<?) **1** Vet Doença de pele passageira, semelhante à sarna, que ataca o gado. **Sin.** Gafeira. **2** pop Doença ligeira mas prolongada. **Ex.** Ele anda há tempos [faz tempo] com uma ~ que não o leva à cama, mas que o traz cansado e abatido. **3** Chuva miúda/Chuvisco. ⇒ molinha. **4** Br Mau cheiro exalado por pessoa ou animal. **5** Br ⇒ Melancolia. **6** Br ⇒ Importuno; maçador. **7** Br ⇒ Avarento; sovina. **8** Br ⇒ lento.
morrinhar v int (<morrinha + -ar¹) **1** Ficar adoentado, abatido, prostrado. **2** Cair chuva miúda. **Sin.** Chuviscar(+)/Molinhar **1**/**2**.
morrinhento, a adj (<morrinha + -ento) **1** Vet Atacado de morrinha «carneiro». **2** Que adoece com facilidade. **Sin.** Enfermiço. **3** Em que há morrinha «tempo». **4** Br Que denota tristeza, melancolia. **5** Br Que aborrece; maçador.
morro (Mô) s m (< ?) **1** Monte pouco elevado, em geral de vertentes acentuadas. **Sin.** Cabeço/Outeiro. **2** Br Conjunto de habitações populares, toscas e sem condições. **Sin.** Favela(+).
morsa (Mór) s f Zool (<lapónio morsa) Mamífero pinípede, parecido à foca mas com dois enormes dentes caninos superiores; Odobénus rosmárus.
morse (Mór) s m (<antr ing Samuel F. B. Morse) Forma reduzida de código ~.
morsegão s m (<morsegar + puxão) **1** Bocado (de qualquer coisa) que se arranca com os dentes/Dentada(+) «na maçã/sande». **2** ⇒ beliscão.
morsegar v t (<lat mórsico,áre, frequentativo de mórdeo,ére,mórsum: morder) **1** Puxar ou arrancar com os dentes. **2** Deixar marca de dentada «no braço». **3** ⇒ ferir/macular «o nome»/a fama de alguém». **4** ⇒ mordicar **2**/**3**.
mortadela s f Cul (<it mortadella) Tipo de salpicão grande, cujo ingrediente principal é a carne de porco transformada.
mortal adj 2g (<morte + -al) **1** Que está sujeito à morte. **Ex.** Todo o homem é ~. **Comb.** Restos mortais [Ossadas ou cinzas de cadáver] (Ex. Os restos mortais estão

sepultados no cemitério da aldeia onde nasceu). **Ant.** Imortal. **2** Que está sujeito a desaparecer/Efé[ê]mero). **Ex.** A beleza dura pouco, (também ela) é ~. **3** Que causa ou pode causar a morte. **Ex.** Ele deu-lhe um golpe na cabeça que bem podia ser [ter sido (+)] ~. **Comb.** Salto ~ **Sin.** Fatal/Letal. **4** Que causa grande sofrimento. **Ex.** Ele teve um desgosto ~, quando soube que ia ser despedido da empresa. **5** Que é absoluto, total. **Comb.** Silêncio ~ [de morte]. **6** Que causa enfado. **Ex.** Foi um discurso ~, já não aguentava mais, tive de sair a meio. **Sin.** Cansativo/Fastidioso. **7** *s m col* Ser humano/Pessoa. **Ex.** Qualquer ~ tem direito a uma vida digna. **8** *s m pl* A humanidade. **Ex.** Toda a gente diz que ele é o mais bondoso dos mortais [que não há ninguém tão bondoso como ele].

mortagem *s f* (<esp *mortaja*) Entalhe(+) [Talho/Corte/Rebaixamento] que se faz numa peça de madeira para encaixar o topo [a ponta] de outra peça.

mortalha *s f* (<lat *mortuália* <*mortuális,e*) **1** Pano ou vestimenta com que se cobre o cadáver antes de ser sepultado. ⇒ exéquias; amortalhar. **2** Re(c)tângulo de papel em que se envolve o tabaco picado para fumar. **3** *fig* Hábito de religioso contemplativo que morreu para o mundo (fora do convento).

mortalidade *s f* (<lat *mortálitas,átis*) **1** Natureza ou condição do que está sujeito à morte. **Ant.** Imortalidade. **2** Conjunto de indivíduos que morrem numa região num determinado intervalo de tempo. **Ex.** O estudo da ~ implica conhecimentos de estatística. **Comb.** ~ *infantil*. *Taxa de* ~.

mortalmente *adv* (<mortal + -mente) **1** De modo a causar a morte. **Ex.** Ele ficou ~ ferido no acidente. **2** *fig* Extremamente(+)/Muito(+). **Ex.** Estavam todos ~ ofendidos com as palavras desagradáveis que disse.

mortandade *s f* (⇒ mortalidade) **1** Morte cruel de grande número de indivíduos. **Ex.** A guerra provocou uma ~ tremenda. O atentado causou uma ~. **Sin.** Carnificina/Matança/Morticínio/Hecatombe. **2** Número de mortes elevado devido a epidemias e catástrofes. **Ex.** A peste causou uma ~ na [dizimou/ceifou a] população da cidade.

morte *s f* (<lat *mors,mórtis*) **1** *Biol* Cessação definitiva e irreversível da vida de um organismo. **2** Fim da vida humana. **Ex.** Aproveita a vida, que a ~ é certa! **Loc.** *À* ~ (Ex. O tribunal condenou-o à ~). *De* ~*a)* Mortalmente (Ex. Ele ficou ferido de ~); *b) fig* Muito profundamente (Ex. Aborreci-me de ~ durante o filme). **Idi.** *Desafiar a* ~ [Não ser prudente] (Ex. É desafiar a ~ a velocidade a que conduz o carro). *Estar à* [às portas da] ~ [Estar muito próximo de morrer]. *fam Pensar na* ~ *da bezerra* [Estar alheio ao que se passa] (Ex. Tentávamos em vão conversar com ele, (mas ele) estava a pensar na ~ da bezerra, era como se não estivesse ali). *Poder ser a* ~ *do artista* [Poder ser o fracasso de alguma coisa] (Ex. Faltar ao encontro com o advogado, pode ser a ~ do artista [não conseguir ganhar o litígio]). **Comb.** ~ *macaca* [que ocorre de modo violento]. ~ *natural* [que ocorre na velhice, como fim previsível da vida]. ~ *súbita* **a)** A que acontece de forma inesperada (Ex. De repente, sentiu-se mal e teve ~ súbita); **b)** *(D)esp* «futebol» Sistema de desempate em que ganha a equipa que marcar o primeiro golo depois do período de prolongamento do jogo. *Caso de vida ou (de)* ~ [Situação de emergência] (Ex. Trata-se de um caso de vida ou ~, é preciso chamar os bombeiros!). *Pena de* ~ [Pena capital] (Ex. A pena de ~ já foi abolida em quase todos os países). **3** *fig* Fim da existência de alguma coisa. **Ex.** A derrota da equipa significou a ~ da sua participação no campeonato. **4** *fig* Grande desgosto/Dor profunda. **Ex.** As notícias que recebeu deixaram-no com a ~ na alma.

morte-cor [-luz] *s f Arte* **1** Cor té[ê]nue em pintura. **2** Conjunto das primeiras cores, geralmente esbatidas, que os pintores aplicam nos seus quadros.

morteiro *s m* (<lat *mortárium,ii*: almofariz) **1** Peça de artilharia de cano reduzido, para o lançamento de projé(c)teis em tiro curvo, a curta distância. ⇒ canhão. **2** Disparo de peça explosiva com som semelhante ao de **1**, *us* em pirotecnia, por ocasiões festivas. **3** *Náut* Caixa de metal onde se coloca a agulha de marear.

morticínio *s m* (<lat *morticínus,a,um*: (de animal) morto + -io) ⇒ mortandade.

mortiço, a *adj* (<morto + -iço) **1** Que tem ou revela falta de energia ou vitalidade. **Sin.** Abatido/Murcho. **2** Que tem pouco brilho ou luz fraca. **Ex.** Ele encarava-nos com um olhar ~, quase sem vida, inexpressivo. **3** Que tem pouca animação. **Ex.** Ao fim da tarde, a praça está quase vazia, ~a/morta.

mortífero, a *adj* (<lat *mortíferus,era,erum*) **1** Que provoca a morte. **Ex.** Durante os combates, o inimigo revelou-se ~. **Sin.** Letal/Mortal. **2** *fig* Que é muito perigoso e acutilante. **Ex.** A crítica do jornalista foi absolutamente ~a.

mortificação *s f* (<lat *mortificátio,ónis*: morte, destruição) **1** A(c)to ou efeito de mortificar(-se). **2** Castigo do corpo por meio de penitências em certas religiões (⇒ mortificar **1**). **Comb.** ~ *da carne* [Domínio das más inclinações do instinto sexual]. **3** Renúncia ao prazer e aceitação do sofrimento como expiação. **4** Sentimento de mal-estar, aflição.

mortificado, a *adj* (<mortificar) **1** Exausto. **Ex.** Depois de um dia de trabalho e deslocações intermináveis, tinha o corpo ~. **Sin.** Castigado/Torturado. **2** Que está atormentado, cheio de angústia, de aflição. **Sin.** Amargurado/Consumido. **3** Que tem autodomínio/autodisciplina/Que é capaz de se guiar pela razão, acima do instinto/prazer.

mortificador, ora *s/adj* (<mortificar) (O) que mortifica/Molestador/Aborrecido.

mortificar *v t* (<lat *mortifico,áre,átum*: matar, ~) **1** Castigar o corpo com jejuns e outras penitências «cilício/disciplinas/água gelada/peregrinações a pé [com repetidas prostrações/de joelhos]», para alcançar a perfeição. **2** Reprimir ou dominar sentimentos, instintos, vícios. **3** Causar grande sofrimento físico ou moral. **Sin.** Maltratar. **4** Causar ou sofrer aflição. **Sin.** Molestar/Martirizar.

mortinatalidade *s f Med* (<morto + natalidade) Conjunto dos indivíduos que nascem mortos ou morrem no momento do parto. ⇒ natimorto[talidade].

morto, a (Môrto, Mórta/os) *adj* (<lat *mórtuus, a, um*) **1** Que deixou de ter vida (⇒ ~ **9**). **Ex.** O homem está ~. Vamos limpar as folhas ~as [secas/do chão] do jardim! **Idi.** *Estar* ~ *e enterrado* [Estar completamente esquecido] (Ex. Para mim, essa pessoa não existe, está ~ a enterrada/a). *Fazer-se de* ~ [Fazer de conta que não é nada consigo/Disfarçar] (Ex. Ao perguntar quem tinha partido o vidro da janela, ele fez-se de ~, como se não fosse nada com ele). *Não ter onde cair* ~ [Ser muito pobre] (Ex. O tribunal condenou-o a pagar uma multa, mas ele não pode pagar, não tem onde cair ~). *Nem* ~ [De nenhuma forma] (Ex. Não uso esses sapatos, nem ~!). **2** Que perdeu a sensibilidade/o movimento. **Ex.** Ele está feito um corpo ~, sempre deitado naquela cama, tendo que [de] ser ajudado para tudo. **3** *fig* Muito cansado. **Ex.** Tive um dia muito difícil, estou ~! **Idi.** *Estar mais* ~ (*do*) *que vivo*. **Sin.** Exausto. **4** Que perdeu ou está sem força. **Ex.** O lume está ~. **Sin.** Apagado. **5** *fig* Que está parado/sem movimento. **Ex.** À noite, com as pessoas metidas em casa, a cidade está ~a [, a cidade é uma cidade ~a]. **Idi.** *A horas* ~*as* [Quando já é tarde e não há movimento] (Ex. Volto a casa a horas ~as). *Tempo* ~ [em que não se faz nada] (Ex. Nas aulas não há tempos ~s, os alunos estão sempre ocupados). **6** *fig* Que não está em uso. **Comb.** Arquivo ~. **7** Que está dominado por um desejo forte. **Idi.** *Estar* ~ *de* [Ter muito] (Ex. Estou ~ de sede). *Estar* ~ *por* [Desejar muito] (Ex. Estou ~ [mortinho(+)] por chegar ao fim de semana). **8** *fig* Diz-se do fim de sentimentos. **Ex.** Segundo parece, a paixão está ~a, começou uma nova amizade. **9** *s* Pessoa falecida. **Ex.** Eles foram velar o ~. **Sin.** Defunto. **10** *fig* Pessoa que não se move, apática. **Ex.** É melhor que fique em casa, fica um ~ no meio da festa.

mortório *s m* (<mortuório) **1** Cortejo fúnebre/Funeral(o+)/Enterro(+). **Idi.** *Estar em* ~ [Estar esquecido/Não ficar na memória]. **2** Sítio da seara onde a semente não germinou/nasceu. **Idi.** *Ficar* [*Cair*] *em* ~ **a)** «terra» Ficar inculta/abandonada/sem cultivo; **b)** «casa/carro» Deixar de ser usado/aproveitado. **3** (Terreno) que é estéril.

morto-vivo *s m* **1** Ser sem alma que, por feitiçaria, voltou à vida depois de morto. **2** Pessoa de aparência frágil, debilitada, que está para morrer.

mortuário, a *adj* (<lat *mortuárius,a,um*) Relativo à morte ou aos mortos. **Sin.** Fúnebre/Funerário. **Comb.** *Capela* ~*a*. *Casa* ~*a*. *Máscara* ~*a* [Molde em gesso dos contornos do rosto de um morto, a partir do qual se faz uma peça com [que eternize] as suas feições].

mortuório, a *adj* (<lat *mórtui,tuórum*: os mortos) Referente a defuntos ou serviços fúnebres. **Comb.** Livro de regist(r)os ~os.

mortuoso, a *adj* (<lat *mortuósus,a,um*) De cadáver/Cadavérico(+).

morubixaba *s f* (<tupi *morumbi'xawa*) **1** Chefe indígena «da Amazó[ô]nia». **2** *col* Manda-chuva/Chefe/Guia.

mórula[1] *s f Biol* (<lat *mórula*, dim de *móra,ae*: fruto da amoreira) Fase do embrião que se segue à segmentação do ovo, em que os blastó[ô]meros se dispõem de modo a formarem um corpo semelhante a uma amora.

mórula[2] *s f dim* (<lat *mórula* <*mora,ae*: demora) Pequena demora/Demorazinha.

mos *contr* de me + os *Gram* ⇒ mo, o.

mosaico *s m* (<it *mosaico*) **1** Revestimento decorativo de paredes e pavimentos, constituído por pequenas peças de pedra, cerâmica e vidro, de diversas cores, ligadas por um cimento. **Ex.** A casa tem à entrada um bonito painel de ~. **2** Arte feita com essa técnica. **3** Revestimento *us* na construção civil sem motivos decorativos. **Ex.** A parede está forrada com ~/azulejo(s). **4** *fig* Mistura de diversos elementos. **Ex.** Do miradouro, tem-se noção do ~ de cores em que se transformou a cidade.

mosaísta [mosaicista] *adj/s 2g* (<mosaico + ...) (Pessoa) que trabalha em obra de mosaico.

mosca (Ô) *s f Zool* (<lat *músca,ae*) **1** Designação de várias espécies de inse(c)tos, que existem por todo o mundo, de seis patas, providos de trompa picadora ou sugadora, de olhos salientes e asas transparentes. **Ex.** As ~s aparecem junto do lixo ou imundícies. **Prov.** *Não é com vinagre que se apanham ~s* [Não é com palavras desagradáveis que se cativam as pessoas]. **Idi.** *Às ~s* [Sem ninguém ou com pouca gente] (Ex. À hora a que deveria começar a assembleia, a sala estava às ~s). *Dar a ~ a* [Ficar de mau humor] (Ex. (Sem se perceber o motivo por que se aborreceu), deu-lhe a ~ e foi-se embora). *Estar com a ~* [Estar aborrecido] (Ex. É melhor não dizer nada quando ele está com a ~). *Não fazer mal a uma ~* [Ser bondoso, pacífico, inofensivo] (Ex. É uma criança de bom cará(c)ter, muito tranquila, não faz mal a uma ~). *Não se ouvir uma ~* [Estar em absoluto silêncio] (Ex. Quando os a(c)tores entraram em cena, não se ouvia uma ~ na sala). *Ou entra ~ ou sai asneira* [Diz-se de pessoa que só diz disparates] (Ex. Mais vale que ele esteja calado, porque, quando abre a boca, ou entra ~ ou sai asneira). ⇒ vareja[jeira]. **2** *fig* Pequeno tufo de pelos sob o lábio inferior masculino, isolado do resto da barba. **3** Remate de costura, feito com pontos fortes, especialmente nas casas dos botões para dar mais segurança. **4** *col* Pequeno cálice de aguardente servido nos cafés. **5** *fig* Pessoa importuna, maçadora.

moscadeira *s f Bot* (<(noz-)moscada + -eira) ⇒ noz-moscada.

mosca-morta *s 2g depr* Pessoa sonsa, apagada, indolente. **Ex.** Ele é um ~.

moscardo *s m Zool* (<mosca + -ardo/-arro) **1** Mosca grande que flagela o [dá ferroadas no] gado «bois/cavalos»/Tavão. **2** *col* Tabefe; bofetão. **Ex.** Se não te portas bem, levas um ~!

moscaria *s f* (<mosca + -aria) Grande quantidade de [Muitas] moscas/Mosquedo.

moscar-se *v reflex(iv)o* (<mosca + -ar) Desaparecer da presença de alguém/Pisgar-se/Sumir.

moscatel *adj 2g/s m* (<it *moscatello*) **1** Diz-se de alguns frutos muito doces e aromáticos, com um travo muito cara(c)terístico. **Ex.** Sou apreciador de figos ~. **2** Casta [Variedade] de uva muito saborosa e aromática. **3** *s m* Vinho licoroso, feito dessa casta, de graduação alcoólica entre os dezoito e vinte graus ou superior, conservado em cascos de madeira. **Ex.** Como aperitivo, sugiro um ~.

moscovite/a *s f* (<top *Moscovo* + -ite) **1** *Miner* Mineral incolor do grupo das micas, silicato de alumínio e potássio, *us* sobretudo como isolador elé(c)trico. **2** ~a/ Cidadão ou habitante de Moscovo, capital da Rússia.

mosleme *adj/s 2g* (<ár *muslim*) ⇒ muçulmano.

mosqueado, a *adj* (<mosquear) «cavalo branco» Que tem pintas ou manchas escuras. **Sin.** Sarapintado.

mosquear *v t* (<mosca + -ear) **1** Cobrir ou salpicar de manchas escuras. **Sin.** Sarapintar. **2** *Br* Afugentar «o cavalo» as moscas com a cauda.

mosquedo (Kê) *s m* (<mosca + -edo) Grande quantidade de moscas/Moscaria. **Ex.** No verão, e porque havia perto de casa criação de animais, o ~ era impressionante.

mosqueiro, a *s* (<mosca + -eiro) **1** Local onde há muitas moscas. **2** ⇒ mosquedo. **3** *s f* Espécie de armário, com uma rede fina, onde se resguardam os alimentos do conta(c)to com as moscas. **Ex.** – O pão e o queijo estão na ~a, trá-los cá. **4** Qualquer obje(c)to próprio para matar moscas. ⇒ mata-moscas.

mosquete (Kê) *s m* (<it *moschetto*) **1** *an* Arma de fogo semelhante a uma espingarda *us* sobre um apoio devido ao seu peso. ⇒ bacamarte. **2** *fam* Bofetada dada com as costas da mão. **3** *Br* Cavalo de pequena estatura e boa andadura.

mosquetear *v t* (<mosquete + -ear) **1** Ferir com tiro de mosquete. **2** Disparar mosquetes contra.

mosqueteiro *s m* (<mosquete + -eiro) **1** *an* Soldado de infantaria que, nos séculos XVI e XVII, combatia com mosquete. **2** *fig* Indivíduo que combate por uma causa nobre. **Sin.** Defensor/Paladino(+).

mosquitada *s f* (<mosquito + -ada) Grande quantidade de mosquitos.

mosquiteiro *s m/adj* (<mosquito + -eiro) **1** Cortinado ou rede fina que preserva dos mosquitos. **Ex.** Por causa dos mosquitos, não havia janela ou porta sem rede [um bom ~]. **2** Local onde há muitos mosquitos. **3** *fig Br* Aglomeração de pessoas às portas e janelas para presenciar um acontecimento. **4** *adj* Que serve para resguardar dos mosquitos. **Comb.** Rede ~a «na cama» (Ex. Nesta terra não se pode dormir sem ~o [sem rede]).

mosquito *s m Zool* (<mosca + -ito) **1** Designação comum a vários inse(c)tos de corpo pequeno e frágil, duas asas, patas finas e compridas, providos de trompa com ferrão e que vivem em zonas quentes ou temperadas e húmidas. **Ex.** Há pessoas alérgicas à picada dos ~s. Há ~s portadores de doenças «malária». **Idi.** *Haver ~s por cordas* [Haver barulho, confusão, distúrbios] (Ex. No fim da discussão, em que ninguém se entendeu, houve ~s por cordas, envolveram-se todos em pancadaria). **2** *fam* Pessoa magra e franzina. **3** *fam* Pessoa insignificante. **Ex.** Ele julga-se muito importante, mas, na minha opinião, não passa de um ~! **4** *Br* Diamante pequeno.

mossa (Mó) *s f* (<lat *morsa,ae*: mordedura) **1** Marca de pancada ou pressão forte. **Ex.** O meu carro tem várias ~s. **2** Falha no gume de uma lâmina cortante «faca»/Boca. **3** *fig* Efeito psicológico negativo causado por qualquer acontecimento. **Idi.** *Fazer ~* [Perturbar] (Ex. Fiquei muito dece(p)cionado com a partida dos meus amigos, a verdade é que me fez ~). **Sin.** Abalo/Comoção.

mostarda *s f* (<fr an *mo(u)starde*) **1** *Bot* Semente da mostardeira, pequena, redonda, amarela, acastanhada ou preta, de sabor forte e picante. **2** *Cul* Molho preparado com o pó dessas sementes, vinagre e sal, temperado com especiarias *us* como condimento. **3** Farinha dessas sementes com aplicações terapêuticas. **4** *fig* Estímulo/Incentivo. **5** *pop* Pancadaria. **Ex.** No fim da concentração, houve ~ e foi chamada a polícia. **Idi.** *Chegar* [*Subir*] *a ~ ao nariz* [Irritar-se/Zangar-se] (Ex. Quando ouvi dizer mal da minha família, subiu-me a ~ ao nariz, e disse coisas muito duras).

mostardeira *s f Bot* (<mostarda + -eira) **1** Designação comum a várias plantas herbáceas, cujas sementes são *us* no fabrico da mostarda. **2** Recipiente em que se serve à mesa o molho de mostarda.

mosteiro *s m* (<lat *monastérium,ii*) **1** Edifício habitado por uma comunidade religiosa masculina ou feminina. **Sin.** Convento. **2** Essa comunidade. **Ex.** O ~ reúne-se em oração.

mosto (Môs) *s m* (<lat *mústum,i*) **1** Sumo de uva que não sofreu a fermentação. **2** Sumo de outros frutos, sementes ou tubérculos que contenham açúcar, destinados à fermentação alcoólica. **Comb.** ~ de beterraba. **3** *Br* Enxame de abelhas.

mostra (Mós) *s f* (<mostrar) **1** A(c)to ou efeito de mostrar. **Loc.** À ~ [À vista de todos] (Ex. Não esconde nada, é muito franco, põe tudo [, tudo o que ele tem está] à ~). **2** Aquilo que serve de demonstração ou prova de algo. **Ex.** Ter vindo a ver-nos é mais uma ~ da amizade que ele tem por nós [que ele nos tem]. **Idi.** *Dar ~(s) de* [Dar sinais de] (Ex. O tempo não dá ~s de melhorar, vamos continuar com chuva). **Sin.** Indício. **3** Exposição de obras ou peças de valor artístico, histórico, científico. **Ex.** No domingo, vou ver a ~ [exposição(+)] de pintura que está no museu da cidade. **4** Fragmento ou exemplar representativo de alguma coisa. **Ex.** Esta foto é uma bela ~ [prova] das cara(c)terísticas temáticas e técnicas do fotógrafo.

mostrador *s m* (<mostrar + -dor) **1** Armário, vitrina ou balcão, onde se expõem obje(c)tos diversos. **Ex.** Os obje(c)tos mais valiosos estão num ~ bem fechado. **2** Placa do relógio onde giram os ponteiros que indicam as horas, os minutos e os segundos ou se veem as horas nos relógios digitais. **Ex.** Há relógios em que o ~ é luminoso. **3** *adj* Que mostra/indica.

mostrar *v t* (<lat *mónstro,áre,átum*) **1** Expor perante o olhar de alguém. **Ex.** Hoje recebo amigos que vêm do estrangeiro e vou ~-lhes a cidade. **Idi.** *~ os dentes* **a)** Dar confiança (Ex. Tento ser simpático, mas ele pouco fala, não mostra os dentes); **b)** Assumir uma atitude agressiva (Ex. Ele mostrou os dentes quando critiquei a a(c)ção que praticou). *~ serviço* [Exibir grande quantidade de trabalho] (Ex. Ela ganha bem, mas mostra serviço!). **Sin.** Apresentar/Exibir. **2** Dar a conhecer. **Ex.** Mostre-me o caminho para a estação, por favor! **Sin.** Apontar/Indicar. **3** Fazer com que alguém possa aprender. **Ex.** Vou mostrar-te como se usa este comando da televisão. **Sin.** Demonstrar. **4** Tornar manifesto/Evidente/Provar. **Ex.** Ele mostrou ao professor que tinha aprendido a matéria, fazendo corre(c)tamente os exercícios. Ela mostra ter talento musical. **5** Ter determinado resultado/~-se. **Ex.** O doente melhorou, o tratamento mostrou-se [provou ser] eficaz. **Sin.** Revelar-se.

mostrengo *s m depr* (<monstro + -engo) **1** Ser fantástico, considerado perigoso e assustador, de configuração fora do normal. **2** *fig depr* Pessoa muito feia ou disforme/Monstro. **3** *fig depr* Pessoa desajeitada e inútil. **Ex.** O indivíduo é um ~, só nos incomoda, não faz nada que aproveite. **4** *fig depr* Obje(c)to monstruoso e sem utilidade. **Ex.** Ela pôs na sala aquele ~ de móvel que nos impede de passar com facilidade.

mostruário *s m* (<mostrar + -ário) **1** Móvel expositor de artigos para venda num estabelecimento comercial. ⇒ vitrina; montra; mostrador. **2** Mala, pasta ou álbum com amostras ou cole(c)ções de artigos «tecido» que o cliente pode escolher.

mota[1] (Mó) *s f* (<?) Maciço de terra [Aterro] à beira dos rios para resguardar os terrenos das inundações.

mota[2] (Mó) *s f* (<motocicleta) Veículo de duas rodas, com motor de explosão, de cilindrada superior a 50 cm^3, *us* por uma ou duas pessoas. **Sin.** Moto[2].

motar s 2g (<fr *motard*) **1** Pessoa que conduz uma motocicleta/Motociclista(+). **2** Pessoa que participa em competições de motociclismo, que tem o gosto das motas. **Ex.** Eles gostam de participar em concentrações de ~es.

mote (Mó) s m (<provençal e fr *mot*: palavra) **1** *Liter* Verso ou grupo de versos que exprime um pensamento, um conceito para ser desenvolvido na glosa. **Ex.** O ~ era muito corrente no século XVI. **2** Palavra ou expressão que é um lema para a a(c)ção. **Ex.** O ~ dos patriotas é a defesa da sua pátria. **Sin.** Divisa(+)/Lema(o+). **3** Assunto/Tema desenvolvido ou a desenvolver. **Ex.** O ~ da conversa foi a situação política e econó[ô]mica.

motejador, ora s (<motejar + -dor) Pessoa que gosta de escarnecer. **Sin.** Trocista.

motejar v t/int (<mote + -ejar) **1** Fazer motejos. **Ex.** Ela gosta de ~ toda a gente. **Sin.** Escarnecer/Troçar/Zombar. **2** Dar motes para serem glosados.

motejo s m (<motejar) **1** A(c)to ou efeito de motejar. **Sin.** Troça/Zombaria. **2** Dito malicioso. **Sin.** Gracejo/Piada.

motel (Tél) s m (<ing *motel* <*motorists' hotel*) Hotel situado junto das estradas de grande circulação, com quartos e apartamentos para alojar sobretudo os viajantes de passagem, com estacionamento para as viaturas.

motete (Tête) s m (<fr *motet*) **1** Dito satírico. **Sin.** Gracejo. ⇒ motejo **2**. **2** *Mús* Composição polifó[ô]nica, inicialmente de cará(c)ter religioso, com ou sem acompanhamento musical.

motherboard ing s f *Info* ⇒ placa-mãe.

motilidade s f (<fr *motilité*) ⇒ mobilidade; motricidade; movimento.

motim s m (<fr *mutin*: rebelde, insubmisso, rebelião) Movimento de rebelião (de grupos de revoltosos) contra os poderes estabelecidos. **Ex.** Regist(r)ou-se [Houve] um ~ no principal quartel da cidade. Houve [Deu-se] um ~ dos presos na cadeia. **Sin.** Sublevação/Revolta.

motivação s f (<motivar + -ção) **1** A(c)to ou efeito de motivar, de despertar o interesse por algo. **2** O que leva alguém a fazer alguma coisa ou ter um certo comportamento. **Ex.** A necessidade de sobreviver [A sobrevivência] foi a ~ para continuar os estudos como adulto. **Sin.** Móbil/Motivo. **3** *Psic* Processo que determina uma a(c)tividade consciente. **Ex.** A ~ é muito importante na aprendizagem. **4** *Ling* A relação de semelhança que pode existir entre a forma e o significado do signo linguístico. ⇒ motivado **4**.

motivado, a adj (<motivar) **1** Que tem motivo ou fundamento. **Sin.** Justificado. **2** Que está interessado, predisposto para algo. **Ex.** Depois de ouvir o relato da visita à exposição, fiquei ~ para ir vê-la também. **3** *Psic* Que é determinado por um processo psicológico, por um estímulo ou motivo. **Ex.** O medo do escuro em cada criança é ~ por determinadas causas. **4** *Ling* Diz-se do signo que mantém uma relação de semelhança entre a forma e o significado. **Ex.** A palavra *tilintar* é foneticamente ~a [apresenta uma motivação fonética].

motivador, ora adj (<motivar + -dor) **1** Que motiva [desperta o interesse] por [para fazer] algo. **Sin.** Encorajador/Incentivador. **2** Relativo à motivação. **3** Que constitui motivo de algo. **Ex.** A subida do preço dos combustíveis foi a causa [o fa(c)tor ~] da revolta. **4** s Quem ou o que motiva [que é motivo de] algo. **Ex.** Ele reconheceu ter sido o principal ~ do acidente. **Sin.** Causador.

motivar v t (<motivo + -ar) **1** Fazer acontecer [Ser o motivo/a causa]. **Sin.** Causar/Originar/Provocar. **2** Desencadear atitudes e comportamentos. **Ex.** O seu discurso motivou rea(c)ções muito diferentes nos assistentes. **Sin.** Desencadear/Suscitar. **3** Interessar ou ficar interessado por algo. **Ex.** O professor procurou ~ os alunos para a leitura do romance. **Sin.** Entusiasmar. **4** *Psic* Determinar ou induzir um comportamento.

motivo s m (<lat *motívus,a,um*: relativo ao movimento) **1** O que determina um comportamento ou explica um acontecimento. **Loc** *Por ~* [causa] *de* [Pelo fa(c)to de] (Ex. Faltou ao trabalho por (~ de) doença). *Por ~ de força maior* [Por razão muito forte] (Ex. Se ele disse que pagava o empréstimo e não o fez, foi com certeza por ~ de força maior). **2** *Psic* Razão de natureza intelectual que origina a a(c)ção humana. **Sin.** Intenção. **3** Obje(c)tivo que orienta determinado comportamento. **Ex.** Subir na carreira foi o ~ da sua ida ao concurso. **Sin.** Fim/Intuito. **4** ⇒ Azo/Ocasião/Ensejo. **5** *Arte* Ornamento que serve de tema decorativo. **6** *Mús* Fragmento ou ideia principal que cara(c)teriza o tema de uma composição musical e intevém ao longo do seu desenvolvimento. **7** *Liter* Unidade mínima da intriga de um texto narrativo ou dramático.

moto[1] (Mó) s m (<lat *mótus,us*: movimento) **1** A(c)to ou efeito de mover. **Loc.** *De ~ próprio* [Por iniciativa própria; espontaneamente] (Ex. Ele agiu de ~ próprio [lat *motu proprio*], sem aconselhamento ou pressão de ninguém]. **2** Grande agitação; movimentação. ⇒ terramoto. **3** *Mús* Andamento musical, vivo e animado.

moto[2] (Mó) s f Forma reduzida de motocicleta/Mota[2].

moto[3] (Mó) s m (<mote[2]) **1** *Hist* Palavras que os cavaleiros da Idade Média tinham por divisa nos brasões, bandeiras, etc. **2** Sinal que os artistas colocam em suas obras para os identificarem.

motocicleta (Clé) s f Bicicleta motorizada/Mota[2]/Moto[2]. ⇒ motociclo.

motociclismo s m (<motociclo + -ismo) **1** Transporte em motociclo. **2** (*D*)*esp* A(c)tividade que consiste em corridas de motociclos.

motociclista s 2g (<motociclo + -ista) Pessoa que conduz um motociclo.

motociclo s m (<moto- + ciclo) Veículo automóvel de duas ou mais rodas, com motor de cilindrada superior a 50 cm³. ⇒ motocicleta.

motocrosse (Cró) s m (<ing *motorcross*) (*D*)*esp* Corrida de motociclos realizada num circuito fechado e acidentado.

motocult(ivad)or s m *Agric* (<moto[1] + ...) (Diz-se de) máquina agrícola motorizada *us* para vários tipos de trabalhos «lavra/sementeira».

motomecanizar v t (<moto(r) + mecanizar) ⇒ motorizar.

motonáutica s f (<moto- + náutica) (*D*)*esp* Desporto [Esporte] aquático praticado com barcos a motor.

motoneta s f ⇒ motoreta(+).

motoniveladora s f *Mec* (<moto[1] + nivelar + -ora) Máquina de terraplenagem.

motoqueiro, a s ⇒ motar.

motor, ora, triz adj/s m (<lat *motórius,a,um*) **1** Que move [imprime movimento]. **Comb.** Força motriz. **2** Que está relacionado com o movimento dos membros ou de outras partes do corpo. **Comb.** Nervo ~ [que conduz impulsos motores] (*Ant* Nervo sensitivo). ⇒ motricidade. **3** Que instiga [leva] a agir. **4** s m *Fís* O que produz [imprime] movimento ou impulso. **5** *Mec* Máquina [Aparelho] que converte em movimento ou trabalho outras formas de energia. **Comb.** *~ de arranque* [Dispositivo de um veículo que põe o ~ a funcionar]. *~ de explosão* [O que utiliza combustíveis líquidos ou gasosos e em que uma mistura de combustível é incendiada por uma faísca elé(c)trica]. *~ de inje(c)ção* [Aparelho em que o combustível chega dire(c)tamente aos cilindros, sem ter como intermediário um carburador]. *~ hidráulico* [que transforma a força motriz da água em energia mecânica]. **3** s m O que assegura o funcionamento de um sistema. **Ex.** O coração é o ~ do organismo. **Comb.** *~ de pesquisa* [*Info* Programa que procura na *Internet* a informação de que se necessita]. **4** s m Pessoa ou ideia que move, estimula, motiva. **Ex.** Ela foi o ~ das muitas inovações que introduzimos na nossa casa.

motoreta (Ê) s f (<motor + -eta) Veículo de duas rodas de pequeno diâmetro, movido por um motor, cuja cilindrada não ultrapassa os 50 cm³. **Sin.** Motoneta.

motorista s 2g (<motor + -ista) Pessoa que conduz um veículo motorizado «automóvel». **Sin.** Condutor. ⇒ *chauffeur* [chofer(+)]; taxista.

motorizado, a adj/s f (<motorizar) **1** Relativo aos veículos impulsionados por motor. **2** Que tem motor. **Comb.** Veículo ~. **3** *Mil* Que é transportado em veículos automóveis. **Comb.** Coluna ~a. **4** *Br* Que tem carro ou outro veículo a motor. **5** s f Veículo de duas rodas, de cilindrada não superior a 50 cm³/Motocicleta.

motorizar v t (<motor + -izar) **1** «agricultura» Substituir a tra(c)ção animal pela tra(c)ção mecânica. **Sin.** Mecanizar. **2** Equipar com [Pôr/Instalar um (+)] motor. **Ex.** Ele decidiu ~ o barco, para ir pescar um pouco mais longe.

motosserra s f (<moto[1] + serra) Serra portátil a(c)cionada por um motor *us* especialmente para o corte de madeira.

motricidade s f (<moto[1]/motriz + -(i)dade) **1** Qualidade do que produz movimento. **2** *Fisiol* Conjunto de funções nervosas e musculares que permite os movimentos voluntários ou automáticos do corpo. **Ex.** A criança não tem problemas de ~.

motriz ⇒ motor.

mouchão s m (<?) Terreno arborizado de pouca extensão no meio de algo «rio/lezíria/beira-mar» formado por abaixamento do nível das águas ou por acumulação de aluviões.

mouco, a adj/s *fam* (< ?) (Pessoa) que ouve pouco ou nada. **Idi.** *Fazer orelhas ~as* [Fazer de conta que não se ouve, sobretudo quando não interessa] (Ex. Dei-lhe alguns conselhos, mas ele fez orelhas ~as). **Sin.** Surdo(+).

mouquice s f *fam* (<mouco + -ice) Estado de mouco. **Sin.** Surdez(+).

mourama s f (<mouro + -ama) **1** *Hist* A terra, o país ou região dos mouros. ⇒ Mauritânia/Arábia. **2** *depr* Gente [habitantes] de terra inóspita.

mourão s f (< ?) **1** Vara grossa que se fixa verticalmente na formação de estacadas e à qual se prendem horizontalmente outras mais finas. ⇒ esteio «para videiras»; estaca; poste; escora. **2** *Br Liter* Estrofe de cinco, seis ou sete versos, heptassílabos, dialogada pelos cantadores.

mouraria s f Hist (<mouro + -aria) Bairro nos arredores de uma povoação onde, antigamente, habitavam os mouros. ⇒ judiaria.

mourejar v int (<mouro + -ejar) **1** Trabalhar sem descanso. **2** Esforçar-se; fazer pela vida. **Ex.** Levanta-se todos os dias muito cedo e sai a [para] ~.

mourisco, a adj (<mouro + -isco) **1** Relativo aos mouros. **2** Feito ou inventado pelos mouros. **Comb.** Arte ~a.

mouro, a adj/s (<lat *máurus,a,um*) **1** Hist Relativo aos mouros. **Comb.** Sangue ~. **2** Da Mauritânia. **3** s Berbere de religião e cultura islâmica. **Comb.** ~(-)encantada [Entidade fantástica mas benfazeja, das histórias tradicionais]. **4** pop Pessoa que trabalha muito [em excesso]. **Ex.** Coitado, trabalha como um ~! **Idi.** *Trabalhar como um ~/escravo* [Trabalhar muito]. **5** s m pl Hist Povo formado de berberes, árabes e outras etnias que ocupou o Norte de África e, a partir do século VIII, invadiu e ocupou a Península Ibérica.

mouse s m ing Info ⇒ rato.

mousse s f fr ⇒ musse.

movediço, a adj (<mover + -diço) **1** Que se move com facilidade [Que é pouco firme, instável]. **Comb.** Areias ~as. **2** Susceptível de mudar de posição/Móvel **1**. **Ex.** Essa parte do armário é ~a, podemos pô-la noutro sítio. **3** fig Inconstante(+)/Volúvel(+). **Ex.** É muito boa pessoa, mas não tenho confiança nele, é demasiado ~.

móvel adj 2g (<lat *móbilis,e*; ⇒ ~ **5**) **1** Que pode ser movido/Que não é fixo. ⇒ movediço. **2** Que se pode mover no tempo. **Ex.** A Páscoa é uma festa ~ (entre 22 de março e 25 de abril). **3** Que se desloca com rapidez em missões específicas. **Ex.** A polícia tem uma brigada ~. **4** fig Que muda muito de ideias e sentimentos. **Sin.** Volúvel(+). **5** s m Peça de mobiliário. **Ex.** Os móveis que comprei para a sala são muito bonitos. **6** s m ⇒ móbil(+); motivo.

mover v t (<lat *móveo,ére,ótum*) **1** Deslocar(-se). **Ex.** Não consigo ~ esta pedra, é muito pesada. Não posso ~ a cabeça. **Idi.** ~ *céus e terra* [Fazer tudo o que é possível] (Ex. Ele moveu céus e terra para mudar a data do exame, mas não conseguiu). *Não ~ um dedo/uma palha* [Não fazer nada por] (Ex. Não há dúvida de que é uma pessoa com sorte, não move uma palha [um dedo] e tem o que quer, não lhe falta nada). **Sin.** Mexer. **2** Comunicar ou adquirir movimento. **Ex.** O vento move as folhas das árvores. **Sin.** Bulir. **3** Iniciar uma a(c)ção judicial. **Ex.** As autoridades devem ~ um processo aos responsáveis pelo acidente. **4** Levar alguém a fazer alguma coisa. **Sin.** Não se conhecem as razões que o movem [levam] a agir desta maneira. **Sin.** Induzir. **5** Convencer ou ser convencido. **Ex.** Gostava que, ao menos, pensasse um pouco na opinião que lhe dei, mas ele está muito teimoso, não o consigo ~. **Sin.** Persuadir. **6** Despertar ou sentir pena, simpatia, tristeza. **Ex.** A miséria daquela gente moveu o tribunal. **Sin.** Comover/Sensibilizar.

movido, a adj (<mover) **1** Posto em movimento. **Ex.** Nesta zona, havia muitos moinhos ~s a água. **2** Motivado por alguma coisa. **Ex.** Fui ao espe(c)táculo ~ pela curiosidade. **3** Br «criança/planta» Pouco desenvolvido; raquítico.

movimentação s f (<movimentar + -ção) **1** A(c)to ou efeito de movimentar ou movimentar-se. **Ex.** Ao fim da tarde, as pessoas andam nas ruas em constante ~. Necessito de fazer exercícios para ~ do corpo. **Sin.** Movimento(+). **2** A(c)to de se deslocar de um sítio para outro. **Ex.** A ~ dos funcionários públicos é feita por concurso. **3** Circulação de pessoas ou veículos. **Ex.** É melhor não levar o carro para o centro da cidade porque é a hora de maior ~ de carros e pessoas. **Sin.** Movimento(+). **4** A(c)ção cole(c)tiva com um obje(c)tivo. **Ex.** É desejável uma grande ~ dos cidadãos, para que a Câmara Municipal [a Prefeitura] não aprove essa medida.

movimentado, a adj (<movimento + -ado) **1** Que é cara(c)terizado por constante a(c)tividade. **Ex.** Ela tem uma vida muito ~a, trata de muitas coisas durante o dia, e nem sempre no mesmo sítio. **Sin.** Agitado. **Ant.** Tranquilo/Pacato. **2** Que tem grande circulação de veículos ou de pessoas. **Ex.** Essa zona da cidade é muito ~a.

movimentar v t (<movimento + -ar¹) **1** Deslocar(-se) no espaço/(Fazer) sair do lugar onde se encontra. **Ex.** As inundações movimentaram muitas pessoas que estavam nos [obrigaram-nas a sair dos] sítios mais afe(c)tados. **2** Alterar a posição em que se encontra [Mudar de posição(+)]. **Ex.** É preciso ~ as pernas, não estar sempre na mesma posição! **Sin.** Mexer(+). **3** Fazer agir ou agir com um determinado obje(c)tivo. ⇒ mobilizar. **4** Dar ou ganhar movimento, animação. **Ex.** Já temos um bom espaço «salão multiusos» agora é preciso ~ as pessoas e tentar que venham divertir-se [~ as pessoas para que o usem/disfrutem]. **Sin.** Agitar/Animar.

movimento s m (<mover + -mento) **1** A(c)to ou efeito de mover ou mover-se. **Loc.** Em ~ **a)** «o carro já estava» Em andamento; **b)** Em circulação (Ex. É preciso pôr o dinheiro em ~); **c)** Em desenvolvimento (Ex. A ideia de mudança já está em ~). **2** Fís Mudança de posição de um corpo, no espaço, tendo como referência um ponto e uma unidade de tempo. **Comb.** ~ *acelerado* [em que a acelaração tangencial é positiva]. ~ *contínuo/perpétuo* [O que uma vez iniciado continuaria indefinidamente sem dispêndio de energia]. ~ *de rotação* [O que um corpo realiza em torno de um eixo central] (Ex. O ~ de rotação da Terra). ~ *de translação* [O que um corpo descreve, mantendo todos os seus pontos uma relação constante] (Ex. O ~ de translação da Terra à volta do Sol). **3** Alteração da posição do corpo ou de parte do mesmo. **Ex.** Na natação, é preciso coordenar os ~s dos braços e das pernas. **2** ~ *reflexo* [Rea(c)ção espontânea de um órgão a um estímulo nervoso]. **4** Gesto que expressa uma rea(c)ção. **Ex.** Ele aceitou tudo o que lhe impuseram sem um ~ de protesto. **5** Fluxo intenso e contínuo de veículos e de pessoas. **Ex.** À hora de saída do trabalho, há muito ~ por todo o lado. **6** Deslocação de grande número de pessoas ou de animais. **Comb.** ~ *migratório*. **7** Afluência de clientes ou de público. **Ex.** O restaurante tem muito ~ aos domingos. **8** Animação. **Ex.** A festa teve ~ e alegria. **9** Mil Marcha organizada de forças militares. **Ex.** As últimas notícias dizem que há grande ~ de tropas próximo da(s) fronteira(s) dos dois países. **10** Geol Deslocamento da crosta terrestre. **Comb.** ~*s sísmicos* [Terramotos]. ~*s tectó[ô]nicos* [que produzem alterações «enrugamentos/fra(c)turas» na crusta terrestre]. **11** A(c)ção cole(c)tiva mais ou menos organizada. **Ex.** Os ~s pela Paz. **12** Corrente de pensamento literário, artístico. **Ex.** O ~ surrealista. **13** Econ Relação de entradas e saídas (de dinheiro) resultantes de uma a(c)tividade comercial. **14** Mús Trecho musical a que se imprimiu uma certa velocidade. **Sin.** Andamento.

móvito s m (<?) ⇒ parto prematuro; aborto.

movível adj 2g (<mover + -vel) Que se pode mover. ⇒ móvel **1**.

moxa s m Med (<jp *mogúsa*: folha seca de) artemísia) Mecha para cauterizar a pele/Moxibustão. ⇒ cautério.

moxama (Chã) s f (<ár *muxama'a*) Peixe seco e salgado.

mozárabe ⇒ moçárabe.

mozarela (Ré) s m (<it *mozzarella*) Queijo macio e esbranquiçado apresentado em fatias redondas, que deve ser consumido fresco e em preparações culinárias!

mu, a s Zool ⇒ mulo.

muamba s f (<quimbundo *muhamba/kuambuka*) **1** Cesto para transporte. **2** Negócio ilegal/Contrabando/Fraude. **3** Cul Guisado de carne ou peixe, com óleo de dendém.

muar s/adj 2g (<lat *muláris,e*: de mulo) (Diz-se do) híbrido de burro e égua ou de cavalo e burra. ⇒ mu(lo).

muchão s m Ent (<lat *místio,iónis*: mosquito que nasce no vinho «mosto») Mosquito hematófago também chamado trombeteiro. ⇒ melga.

muche fr ⇒ mosca.

mucilagem s f (<lat *mucilago,inis*) **1** Substância gomosa que se encontra em quase todos os vegetais «cola da cerejeira». **2** Líquido mucoso/gomoso/viscoso.

muco s m (<lat *mucus,i*) **1** Secreção viscosa das mucosas «nasais»/Ranho/Monco/Mucosidade(+). **2** Líquido viscoso e relativamente espesso/Mucilagem **2**.

mucosa (Có) s f Anat (⇒ mucoso) Membrana que reveste cavidades dos órgãos animais «boca/nariz» que estão em comunicação com o exterior. **Comb.** ~ *intestinal*. ~ *nasal* [Pituitária].

mucosidade s f (<mucoso + -(i)dade) Qualidade de mucoso/Viscosidade/Muco **1**.

mucoso, a (Ôso, Ósa, Ósos) adj **1** Que tem muco. **Comb.** (Membrana) ~a. **2** Relativo ou semelhante a muco/Viscoso.

mucrão[mucro] s m (<lat *múcro,ónis*) **1** ⇒ aguilhão; ponta aguçada. **2** Bot Ponta curta e aguçada por que terminam vários tipos de folhas.

mucronado, a adj (<lat *mucronátus,a,um*) «folha» Que apresenta mucrão/Que termina em ponta curta e aguçada/Pontiagudo.

muçulmano, a s/adj (<persa: *musliman*, pl de *muslin*: resignado) Seguidor da religião de Maomé. **Sin.** Maometano; islamita.

muda s f (<mudar) **1** A(c)to ou efeito de mudar/Mudança(+). **2** Deslocação de uma habitação para outra. **Ex.** Quando é a ~ [é que mudamos(+)] de casa? **3** Substituição das montadas ou dos animais de tra(c)ção [tiro] por outra[o]s em jornadas longas. **4** Roupa para mudar. **Ex.** Desta vez, na viagem, vou levar três ~s de roupa (interior) e só um fato. **5** Zool Perda sazonal de pelo «cavalo/burro», penas ou pele «cobra». **6** Bot Planta «arroz/couve/tomate» no início do seu crescimento para ser transplantada. **7** Bot ⇒ mergulhia; «pegar de» estaca; enxerto; bacelo «videira».

mudadiço, a adj (<mudar + -iço) Que muda frequentemente/depressa. ⇒ mut[d]ável.

mudado, a adj (<mudar) Que mudou sofreu mudança/Que está diferente. **Ex.** O vosso filho está tão [muito] ~! Antes era envergonhado, quase não falava; agora, depois de um ano no estrangeiro, parece outro: *idi* fala pelos cotovelos.

mudança s f (<mudar + -ança) **1** A(c)to ou efeito de mudar. **Ant.** Permanência. ⇒ muda. **2** Modificação/Alteração/Transformação. **Comb.** ~ *de comportamento* [de atitude/de ideias]. ~ *de hora* «no último domingo de março/de outubro». ~ *de Go-*

verno. **~ de temperatura** [de tempo]. **~ de voz** «aos quinze anos». **3** Troca/Substituição/Renovação. **Ex.** Está de ~ [Vai mudar (de terra)] para São Paulo. **Comb.** **~ de casa** (Os móveis ou mobília são *as* ~s). **~ do jogador** «no futebol». **4** *Mec* Velocidade engrenada numa parte do sistema de transmissão dum veículo. **Comb. Alavanca de ~s/velocidades** [Peça metálica que permite ao condutor alternar as velocidades]. **Caixa** de ~s [*Br* de câmbio].

mudar *v t/int* (<lat *múto,áre,átum*; ⇒ mudado) **1** Modificar/Alterar/Transformar. **Loc. ~ de conduta [comportamento/atitude]**. **~ de conversa**. **~ para melhor** [Melhorar] (Ex. Este aluno era mal comportado mas mudou para melhor/está a portar-se bem). **~ para pior** [Piorar] (Ex. Era trabalhador mas mudou para pior; está cada vez mais preguiçoso!). **~ o roteiro da viagem** «por causa de uma greve dos transportes». **~ de rumo** «no mar». **Idi. ~ de cor** [Ficar aterrado/Empalidecer]. **~ de estado** [Casar]. **~ de vida** [Perder os hábitos anteriores] (Ex. Fuma, bebe, está a *idi* dar cabo da saúde, mas não muda [não há maneira de ~] de vida!). **2** Levar de um lugar para outro/Deslocar. **Loc. ~ de casa**. **~-se** [Ir (viver)] **para São Paulo**. **3** Dispor de outro modo. **Loc.** ~ os móveis da sala «para ter mais espaço para a festa». **4** Substituir/Trocar/Renovar. **Loc.** ~ **os lençóis** [a roupa da cama]. «cavalo/burro» **~ de pelo**. «cobra» **~ de** [Largar a] **pele**.

mudável *adj 2g* (<mudar + -vel) **1** ⇒ «tempo» mutável(+). **2** ⇒ «pessoa» volúvel(+).

mudéjar *adj/s 2g* (<ár *mudajjam*: autorizado a ficar) **1** Relativo aos árabes que, depois da reconquista cristã, ficaram na Península Ibérica e se conservaram muçulmanos/ Mourisco. **2** Esses árabes. **3** *Arquit* **a)** (O) que foi executado por **2**; **b)** Conjunto das manifestações artísticas que se cara(c)terizou pelo uso de técnicas e figuras decorativas artísticas islâmicas «ornatos de linhas re(c)tas e entrelaçadas» que evoluiu a partir de modelos muçulmanos atingindo o seu apogeu nos séculos XIV e XV. **Comb.** Arte [Estilo] ~.

mudez *s f* (<mudo + -ez) **1** Estado ou condição de mudo. **Ex.** A ~ dele é [Ele é mudo] de nascença. **2** Estado de quem se recusa a falar. **3** *fig* Ausência de vozes/Silêncio(+)/ Calada. **Comb.** A ~ da noite.

mudo, a *adj/s* (<lat *mútus,a,um*) **1** (O) que não pode falar [articular palavras]. **Ex.** Ele é (surdo-)mudo mas sabe ler e comunicamos bem por escrito [pela escrita]. **2** (O) que temporariamente fica sem fala. **Loc.** **Ficar ~ de surpresa**. **Ficar ~ de terror/medo**. **3** (O) que não quer falar. **Ex.** Por mais perguntas que lhe fizeram no tribunal, continuou ~ até (a)o fim «*idi* entrou ~ e saiu calado». **4** Que decorre [se realiza] em silêncio/sem palavras. **Comb.** *Teat* **Cena ~a**. *Cinema* **~o** «dos começos desta arte». **Sin.** Silencioso. **Ant.** Falado; com som.

muezim *s m* (<ár *muadhin*: que chama para a oração) Muçulmano que do alto dos minaretes, cinco vezes por dia, chama à oração.

mufla *s f* (<fr *moufle*) **1** *Arquit* Ornato em forma de focinho. **2** Espécie de crisol ou forno de esmaltar «*us* por dentistas proteicos». ⇒ cadinho. **3** *Quím* Estufa com revestimento refra(c)tário para submeter substâncias à a(c)ção do calor.

muge(m) *s f Icti* Nome vulgar de peixes teleósteos, muito apreciados, também conhecidos por tainha, bicudo, fataça, ...

mugido *s m* (<mugir) Voz «muuu...» dos animais bovídeos/Bramido «do touro». **Ex.** Já ouvi de ~ dos bois [vitelos/das vacas], é preciso ir acomodá-los [levá-los para o pasto/dar-lhes de comer].

mugir *v int* (<lat *múgio,íre,ítum*) **1** «bovídeo» Soltar mugidos/«touro» Bramir. **2** Produzir sons semelhantes ao mugido. **Idi. Não tugir nem ~** [Ficar muito calad(inh)o/*idi* Nem piar ...] (Ex. Eu repreendi-o por ter chegado (ao trabalho) tão tarde e ele não tugiu nem mugiu/e ele nem pio!).

mui *adv an* ⇒ muito.

muira- *pref* (<tupi *mbi'ra*: árvore, madeira) *Us* com imensa variedade de árvores, entre elas muirapiranga (Pau-brasil).

muito, a *pron indef/adv/adj/s* (<lat *múlto/ múltus,a,um*: muito, numeroso) **1** *adj* Em grande número, quantidade ou intensidade. **Comb. ~o calor** [Calor intenso]. **~as coisas**. **~a** [Uma multidão de/Numerosa] **gente**. **~a(s) vez(es)** «chorei». **2** *adv* Bastante/Consideravelmente/Grandemente/ De mais. **Ex.** Gosta de melão? – ~ [– Gosto imenso/muitíssimo]! Gosta de passear? – Não ~ [Pouco]. No restaurante falavam ~ alto! É uma cidade ~ grande. Eu viajo ~/frequentemente [Eu *idi* ando sempre em viagens/sempre de um lado para o outro]. **Loc. ~ bem!** [Exclamação usada para manifestar concordância ou aprovação]. **~ cedo a)** De manhãzinha/Antes do nascer do Sol; **b)** Antes do tempo que se previa [do tempo normal] (Ex. Começou a namorar ~ cedo). «dei-lhe algum dinheiro» **~ embora** «não tivesse [Ainda que não tivesse/Apesar de não ter] obrigação». **De** [Desde] **há ~** [Faz ~ tempo] «que deixei de fumar». **Nem pouco nem ~** [Nada] (Ex. Esse negócio «venda de carros» não me interessa [atrai] nem pouco ...). **Por ~** [mais] **que** «queiras [desejes] ser [ficar] rico, vais ser sempre pobre». «tem» **Quando ~** [No máximo] «60 anos». **3** *pron indef* Bastante(s). **Ex.** Quantos morreram? – ~s! Já fui ao Brasil ~a(s) vez(es). Ontem fez frio? – ~! **Ant.** Pouco(s). **4** *s m* Grande quantidade. **Ex.** Eu sei o ~ que devo aos meus pais. **Prov. O pouco, com Deus é ~, o ~ sem Deus é nada**. **Idi. Ter ~ de seu** [Ser rico].

mula *s f/adj 2g Zool* (<lat *múla,ae*; ⇒ mulo) **1** Híbrida de cruzamento de burro com égua ou de cavalo com burra. **Ex.** As ~s são estéreis, não se reproduzem; e geralmente não são tão mansas como as burras e as éguas. **2** *fig* Pessoa teimosa/manhosa/má. **Ex.** Ele é (um) ~/manhoso! ...

muladar *s m* (<muradal, com metátese) ⇒ esterqueira/monturo.

mulato, a *adj/s* (<mulo [=híbrido] + -ato) **1** Pessoa nascida de pai branco e mãe negra ou vice-versa. ⇒ mestiço. **2** *fig* Homem muito moreno.

muleta (Lê) *s f* (<?) **1** Bordão comprido com uma travessa no cimo (adaptada) para apoiar a axila. **Ex.** Parti uma perna e tenho de andar de [com] ~s umas semanas. ⇒ canadiana. **2** *Tauromaquia* Pano vermelho suspenso de uma vara de cerca de 50 cm ou do estoque, que o toureiro [o espada] empunha para lidar com o touro. **3** *fig*. Apoio/Suporte/Auxílio. **Ex.** O irmão mais velho serviu-lhe de ~ na universidade.

mulher (Ér) *s f* (<lat *múlier,íeris*; ⇒ ~ a dias; ~zinha) **1** Pessoa adulta do sexo feminino. **Ex.** As ~es vivem mais do que os homens. **Prov. ~ doente, ~ para sempre**. **Comb.** ~ a dias. **~ da** [de má] **vida** [Prostituta]. *idi* **~ de armas**/de pulso [~ enérgica, de cará(c)ter forte, capacidade de liderança]. **~ feita** [que atingiu a maioridade/que já pode procriar]. ⇒ ~-homem. **2** Esposa. **Ex.** Vou pedir à minha ~ que faça (o) jantar para mais duas pessoas. **3** Conjunto de **1**. **Ex.** O papel da ~ na sociedade é tão importante como o do homem. ⇒ mulherio.

mulheraça *s f col* (<mulher + -aço) Mulher alta, forte, corpulenta, vistosa.

mulher a dias *s f* Empregada doméstica que é paga por horas ou dias de trabalho. **Sin.** *Br* (Empregada) diarista.

mulherengo *adj/s m* (<mulher + -engo) (O) que é muito dado a [que anda sempre metido com] mulheres/Femeeiro.

mulher-homem *s f* Mulher com aspe(c)to e modos de homem. ⇒ maria-rapaz.

mulherico ⇒ maricas.

mulheril *adj 2g* (<mulher + -il) Que pertence à [Próprio ou cara(c)terístico de] mulher/ Feminil. **Comb.** «coser/costurar» Ocupação [Trabalho/Coisa] ~.

mulherinha ⇒ mulherzinha.

mulherio *s m col* (<mulher + -io) As mulheres (todas/em geral). **Ex.** As risadas do ~ animavam ainda mais o charlatão «da feira». ⇒ mulher **3**.

mulherzinha *s f* (<mulher + z + -inho) **1** Menina com mais ou menos anos mas já com corpo e modos de mulher adulta. **Ex.** A sua filh(inh)a está uma ~! Hoje vais ajudar-me na cozinha porque já és ~ ... **2** Mulher pobre ou ignorante ou desprezível. **Ex.** Passou aqui na rua uma ~ que até metia dó [dava pena] vê-la.

mulo, a *s Zool* (<lat *múlus,i*; ⇒ mula; muar; mu) Híbrido de burro com égua ou de cavalo com burra. **Sin.** Macho **3** (Palavra mais *us* em *Pt* mas não preferível).

mulso *s m* (<lat *múlsus,a,um*: misturado com [doce como o] mel) ⇒ hidromel.

multa *s f* (<lat *múl(c)ta,ae*) **1** Pena ou sanção pecuniária/Coima. **Loc. Apanhar uma ~ de** [Ser multado em] 40 €. **Aplicar uma ~**. **2** Documento comprovativo dessa pena. **Loc.** «o polícia/policial» **Passar uma ~**.

multar *v t* (<lat *múl(c)to,áre,átum*) Aplicar a alguém uma pena pecuniária por infra(c)ção à lei. **Ex.** Fui multado em 40 reais por estacionamento proibido.

multi- *pref* (<lat *múltus,a,um*: numeroso, muito) Exprime a ideia de *muito* ou *muitas vezes*. **Sin.** Pluri-/Poli-.

mult(i)angular *adj 2g Geom* (<multi- + ...) Que tem muitos ângulos «mais de quatro».

multiaxial[axífero] (Cssi) *adj* (<multi- + ...) **1** «caule/talo» Que tem vários eixos. **2** «articulação» Que se movimenta em vários eixos.

multibanco *s m Com* (<multi- + ...) Serviço interbancário que permite levantamento de dinheiro e movimentos de conta mediante um cartão magnético.

multicaule *adj 2g Bot* (<multi- + ...) (Vegetal) de cuja raiz saem muitos caules.

multicelular *adj 2g Biol* (<multi- + ...) Que tem muitas células/Pluri[Poli]celular. ⇒ unicelular.

multico(lo)r (Cô, Lô) *adj 2g* (<lat *multicólor,lóris*: que tem muitas cores) ⇒ polícromo.

multicolorir *v t* (<multi- + ...) **1** Dar [Pintar de] muitas cores. **Comb.** Os quartos multicoloridos das crianças. **2** *fig* Ornamentar «a sala/o salão» com variadas peças. **3** ⇒ matizar.

multiculturalismo *s m* (<multi- + cultura(l) + -ismo) Coexistência de diversas [várias] culturas no mesmo país ou região.

multidão *s f* (<lat *multitúdo,inis*) **1** Grande número de pessoas ou coisas. **Comb.** Uma ~ [quantidade(+)/Um enxame] de mosquitos. **2** Turba/Povo/Massa (de gente). **Ex.** A ~ dispersou pacificamente (e foi cada qual para a sua casa).

multifacetado, a *adj* (<multi- + ...) «cará(c)ter/rubi» Que apresenta vários aspe(c)tos [facetas/qualidades] ou faces.

multifário, a [multiforme] *adj* (<lat *multifarius/multiformis*) Que tem vários aspe(c)tos/formas/Variado. **Comb.** A ~ providência de Deus que tudo nos dá em abundância.

multilateral *adj 2g* (<multi- + lado + -al) Que tem [se realiza com intervenção de] vários lados «países». **Comb.** Conversações ~ais de paz.

multilinguismo *s m* (<multi- + língua + -ismo) Existência de várias línguas num país/Plurilinguismo. ⇒ multiculturalismo.

multimédia *s/adj 2g 2n* (<multi- + média) (Diz-se do) sistema(s) tecnológico(s) ou informático(s) de comunicação que conjugam som e imagem.

multimilionário, a *s/adj* (<multi- + ...) (O) que é muitas vezes milionário/que tem muitos milhões/Muitíssimo rico/Riquíssimo.

multímodo, a *adj* (<lat *multímodus,a,um*) Que é de muitos modos/Multifário/Multiforme. ⇒ multifacetado.

multinacional *adj 2g/s f* (<multi- + ...) **1** Que diz respeito a [Que é de] vários países. **Comb. *Organização* ~. *Tecnologia* ~. *Tratado* ~.** ⇒ internacional. **2** Empresa implantada [que controla outras empresas] em vários países.

multíparo, a *adj* (<multi- + -paro) **1** «cadela, animal» Que de uma vez dá à luz vários filhos ou crias. **2** Fêmea que já pariu mais vezes. ⇒ primípara.

múltiplex (Plécs) *adj 2g/s m 2n* (<lat *múltiplex,típlicis*: que tem muitas dobras/partes) (Diz-se de) sistema de transmissão e rece(p)ção de vários programas simultâneos estereofó[ô]nicos ou do seu equipamento.

multiplexar (Csar) *v t* (<múltiplex + -ar¹) Transmitir ou receber [captar] pelo sistema múltiplex «mensagens/imagens».

multiplicação *s f* (<lat *multiplicátio,iónis*: acrescentamento/aumento, ~) **1** A(c)to ou efeito de multiplicar/aumentar/reproduzir/intensificar. **2** *Mat* Operação aritmética que consiste em repetir um número «4, multiplicando» tantas vezes quantas as unidades de outro número «2, multiplicador». **Ex.** O resultado da ~ denomina [chama/diz]-se *produto* «4x2=8».

multiplicador, ora *adj/s m* (<multiplicar + -dor) **1** Que multiplica/aumenta/reproduz/intensifica. **2** *Mat* ⇒ multiplicação 2 «2, multiplicador».

multiplicando *adj/s m* (<multiplicar + -ando) *Mat* ⇒ multiplicação 2 «4, multiplicando».

multiplicar *v t* (<lat *multíplico,áre,átum*) **1** Aumentar muito/Reproduzir(-se). **Ex.** Com o aumento do desemprego, os problemas multiplicam-se, sobretudo entre os jovens (desempregados). Está cada vez mais rico, o dinheiro multiplica-se-lhe. **2** *Mat* Fazer a multiplicação 2. **Ex.** O meu neto já sabe [aprendeu a] ~!

multiplicativo, a *adj* (<multiplicar + -ivo) **1** Que (se) multiplica. **2** Que indica multiplicação. **Ex.** Duplo, triplo, quádruplo... são numerais ~s. O sinal ~ é x «2x1=2».

multiplicável *adj 2g* (<multiplicar + -vel) Que se pode multiplicar. **Ex.** Todos os números são ~eis. ⇒ divisível.

múltiplice *adj 2g* (⇒ múltiplex) Que é diverso/numeroso/variado/complexo. **Sin.** Múltiplo 1(+).

multiplicidade *s f* (<múltiplice + -(i)dade) Elevado número «de opiniões»/Abundância/Variedade. **Comb.** *Mat* Grau de ~ de um fa(c)tor primo [Expoente que esse fa(c)tor apresenta na decomposição de um número em fa(c)tores primos].

múltiplo, a *adj/s m* (<lat *múltiplus,a,um*) **1** Que não é simples ou único/Que é várias vezes a mesma coisa ou coisas diferentes. **Ex.** Tenho ~as [muitas(+)] preocupações com os meus filhos e com o meu marido doente. **Comb. ~os** [Muitos/Uma série de/Não sei quantos] *problemas*. «solução/proje(c)to com» *~as vantagens*. **2** *Mat* (Diz-se de) número que contém outro um certo número de vezes exa(c)tamente. **Comb. ~ comum** [que é simultaneamente ~ de outros] (Ex. O número 16 é ~ comum de 2, 4, 8). ***O menor ~ comum*** (Ex. O menor ~ comum de 2, 3, 5 e 6 é 30. Importa calcular o menor ~ comum quando se quer somar fra(c)ções com denominadores diferentes, o qual vai ser o denominador das fra(c)ções equivalentes).

multipolar *adj 2g* (<multi- + polo + -ar²) «dínamo» Que tem vários polos ou «célula nervosa» Que tem vários prolongamentos.

multiprocessador *s m Info* (<multi- + ...) Sistema que possui vários processadores, nos quais podem correr ao mesmo tempo um ou mais programas, sendo possível o processamento em paralelo.

multiprocessamento *s m Info* (<multi- + ...) Modo de exploração do [Possibilidade de usar o] processamento em paralelo por diversos processadores dum multiprocessador.

multirracial *adj 2g* (<multi- + raça + -al) **1** «sociedade» Constítuida de muitas raças. **2** «cara(c)terística» Que respeita [Relativo] a várias raças.

multissecular *adj 2g* (<multi- + ...) «civilização/país/costume» Que tem muitos séculos/Muito antigo.

multíssono, a *adj* (<multi- + som) «carrilhão» Que produz muitos ou variados sons.

multitarefa *s f Info* (<multi- + ...) Capacidade que um sistema informático tem de executar mais de uma tarefa em simultâneo.

multitubular *adj 2g* (<multi- + tubo + -ar²) **1** «tubérculo» Que tem vários tubos. **2** *Mec* Diz-se de espécie de caldeira construída com tubos de aço para serem expostos ao calor e pelos quais circula a água, ou água e vapor.

multitudinário, a *adj* (<multidão + -ário) Relativo a multidão.

multiusos *adj 2g* (<multi- + uso) Que pode servir para várias funções/Polivalente. **Comb.** Ferramenta «navalha» ~.

multiusuário, a *adj Info* (<multi- + ...) Diz-se de sistema computacional [operacional] ou de computador que permite a operação simultânea por mais de um utilizador.

múmia *s f* (<ár *mumiya*: betume ou corpo embalsamado) **1** *Hist* Cadáver embalsamado e conservado por um processo conhecido dos antigos Egípcios. **2** *fig* Pessoa muito velha, magra, de cara engelhada. **Ex.** Ele está [parece] uma ~!

mumificar *v t* (<múmia + -ficar) **1** Embalsamar ou tratar um cadáver à maneira das múmias do Egi(p)to, para se manter incorrupto. ⇒ empalhar «um lobo». **2** *fig* ~-se/Emagrecer muito/Ficar mirrado como uma múmia. **3** *fig* Ficar parado no tempo/Não evoluir/Petrificar-se.

mumuca *s 2g* (<quicongo *mumuka*) Monstro imaginário para assustar ou impedir [parar] o choro da criança. **Sin.** Papão(+).

mundanidade [mundanismo] *s* (<mundano) Apego aos bens, aos prazeres, às vaidades, a tudo o que é meramente material ou mundano. **Ant.** Espiritualidade. ⇒ humanidade.

mundano, a *adj/s* (<lat *mundánus,a,um*: do mundo) **1** Relativo ao mundo material/egoísta/profano. **Comb.** Interesses ~s. **2** (O) que é demasiadamente dado aos [dominado pelos] prazeres. **Comb.** Vida ~.

-mundi- *suf/pref* (<lat *múndus,i*: mundo) Exprime a ideia de *mundo*. **Ex.** Mapa--múndi; ~vidência.

mundial *adj 2g/s m* (<lat *mundiális,e*) **1** Relativo ao mundo/Geral/Universal. **Comb. *Campeão* ~** «da maratona». ***Crise*** «econó[ô]mica» *~*. ***Guerra*** ~. ***Paz*** «ainda por conseguir». **2** *(D)esp* Competição ou campeonato abertos a todos os países. **Comb.** O ~ de futebol.

mundialização *s f* (<mundial + -izar + -ção) Inter-relação dos fenó[ô]menos de natureza política, econó[ô]mica e cultural dos diversos países do mundo, independentemente das suas fronteiras/Globalização(+)/Internacionalização(+).

mundialmente *adv* (<mundial + -mente) Em todo o mundo/toda a parte/Universalmente. **Ex.** O vinho do Porto é ~ conhecido/apreciado. É um (d)esportista ~ famoso.

mundícia/e *s f* (<lat *mundítia,iae*) ⇒ limpeza; imundície.

mundificar *v t* (<lat *mundífico,áre,átum*) ⇒ limpar/purificar/desinfe(c)tar «a ferida».

mundividência *s f* (<mundo + ...; ⇒ mundovisão) **1** *Fil* Visão [Conce(p)ção] do mundo e do Homem. **2** Conjunto de ideias, intuições ou vivências que cada pessoa tem. **Ex.** As pessoas que têm uma ~ o(p)timista são as que mais contribuem para a paz (mundial).

mundo *s m* (<lat *mundus,i*) **1** Conjunto de tudo quanto [tudo o que] existe na Terra. **Idi. *Prometer ~s e fundos*** [Prometer muitas riquezas/Prometer muito/tudo] «e depois não dar nada». **Loc. *Correr* ~** [Viajar (muito)] (Ex. Sempre gostei de correr ~). ***Desde que o ~ é ~*** [Desde sempre/Desde há muito]. ***Enquanto o ~ for ~*** [Durante toda a vida/Enquanto eu viver/Para sempre] «não penso sair da minha aldeia». ***Ir (pelo) ~ fora*** [Ir por todo o ~/por toda a parte]. ***Por nada deste ~*** [De maneira nenhuma] (Ex. Não sei porquê mas ela diz que não quer ir aos EUA por nada deste ~!). **idi Ser um ~** [Ser muito grande] (Ex. Fui ontem visitar o novo hipermercado; ui! Aquilo é um ~!). **Comb.** Cidadão do ~ [Cosmopolita] (Ex. Eu sou cidadão do ~, sinto[dou]-me bem em qualquer parte/lado/terra/país). ⇒ Universo. **2** Gé[ê]nero humano/Conjunto dos homens e mulheres/Gente. **Loc.** Vir ao ~ [Nascer]. **Comb. idi *Meio ~*** [Muita gente/Uma multidão] (Ex. Para ouvir o famoso político juntou-se ali meio ~!). ***Todo o ~*** [Toda a gente(+)]. **3** Vida terrestre. **Ex.** Este ~ não é o céu, há de haver sempre problemas. **4** Classe ou categoria social/Meio (ambiente). **Comb. *O ~ da droga. O ~ do futebol. O ~ da música*.** **5** Opinião pública/O público/A gente/As pessoas. **Ex.** «há um problema e ninguém o resolve» O ~ é assim, que lhe vamos fazer? **6** Vida secular em oposição à monástica, à do convento. **Loc.** Renunciar ao [Deixar o] ~ e entregar-se à contemplação (de Deus) e à oração. **7** Tempo ou lugar misterioso depois da morte. **Loc. *Ir para o outro ~*** [Morrer]. ***Mandar alguém para o outro ~*** [Matá-lo/a]. ***Ser do outro ~*** [Ser raro/difícil/bom/...] (Ex. Este trabalho «limpar a casa» não é coisa [nada] do outro ~ [É

uma coisa fácil]. O (meu) novo carro não é nada do outro ~ [não é assim tão bom [raro] como vós pensais]. O pré(ê)mio que me deram pareceu-me uma coisa do outro ~ [uma maravilha]!). **8** Cada um de dois continentes ou duas grandes partes da Terra. **Comb.** *O Novo M~* [As Américas]. *O Velho M~* [A Europa]. *O terceiro ~* [Os países subdesenvolvidos/em vias de desenvolvimento(+)].

mundovisão *s f TV* (<mundo + televisão) Transmissor de imagens para todo o mundo via satélite. ⇒ eurovisão.

mungidura *s f* (<mungir + -ura) **1** A(c)to de mungir/Ordenha(+). **2** Quantidade de leite mungido.

mungir *v t* (<lat *múlgeo,ére,muls[ct]um*) **1** Extrair o leite das tetas «da vaca»/Ordenhar(+) «a cabra/ovelha». **Loc.** ~ as vacas. **2** *fig* ⇒ explorar/chupar «os operários/a mão de obra».

munheca (É) *s f* (<esp *muñeca*) **1** ⇒ Pulso(+). **2** Mão fechada/Punho(+).

munição *s f* (<lat *munítio,iónis*: fortificação; ⇒ munir) **1** *Mil pl* Tudo o que é necessário a um exército sobretudo armas e balas. **Ex.** Acabaram-se as ~ões e o general deu ordem de retirada. **2** ⇒ chumbo(s) «para cartuchos». **3** ⇒ fortificação «construída para defesa». **4** ⇒ provisão (de comida). **5** ⇒ apetrecho/ferramenta «de carpinteiro».

munici(on)amento *s m* (<munici(on)ar) ⇒ aprovisionamento; provisão.

munici(on)ar *v t* (<munição + -ar¹) ⇒ aprovisionar; abastecer.

municipal *adj 2g* (<lat *municipális,e*; ⇒ munícipe) Relativo a município. **Comb.** *Câmara ~* [*Br* Prefeitura]. *Estrada ~*/camarária. *Museu ~*.

municipalidade *s f* (<municipal + -(i)dade) **1** Conjunto dos eleitos para gerir o município/Vereação. **2** Conjunto dos órgãos ou repartições dum município. **3** Sede do município. **Sin.** Câmara municipal (+); *Br* Prefeitura(+). **4** Circunscrição administrativa dum município. **5** Conjunto de todos os munícipes [moradores do município].

municipalismo *s m* (municipal + -ismo) Sistema político que dá a maior autonomia possível aos municípios/Descentralização política para os [em favor dos] municípios.

municipalizar *v t* (<municipal + -izar) Pôr a cargo do município.

munícipe *s 2g* (<lat *múniceps,nícipis* <*múnus, neris*; cargo + *cápio,pere*: tomar) **1** Pessoa que habita na área dum município (⇒ concelho). **2** *adj 2g* ⇒ municipal.

município *s m* (<lat *municípium,ii*) **1** *Hist* Cidade a que os Romanos concediam o direito de se governar pelas próprias leis. ⇒ munícipe. **2** Divisão administrativa também designada concelho. ⇒ municipalidade; *Br* prefeitura.

munido, a *adj* (<munir) **1** Provido de munições/Abastecido. **2** Preparado [Pronto] com. **Ex.** Fui às [à repartição de] Finanças, ~ de [, com/levando] todos os documentos que eram necessários/precisos.

munificência *s f* (<lat *munificéntia,ae*) Qualidade ou a(c)to de quem é generoso ou magnânimo/Generosidade(+)/Liberalidade(+)/Magnanimidade(+).

munificente *adj 2g* ⇒ magnânimo/generoso/liberal.

munir *v t* (<lat *múnio,íre,ítum*) **1** Prover(+) de munições o exército/Abastecer(+). **2** Prover(-se) do necessário para enfrentar uma situação ou resolver um problema. **Loc.** *~-se de papel e lápis* para (fazer) o exame. *~-se de paciência* «para difíceis e delicadas negociações». **3** *Br* ⇒ prevenir(-se)/precaver(-se).

múnus *s m* (<lat *múnus,eris*: (en)cargo, dever, favor, presente) **1** Funções obrigatórias exercidas por um indivíduo/Cargo/Ofício. **Comb.** O ~ pastoral do bispo. **2** ⇒ encargo/responsabilidade/obrigação.

múon *s m Fís* (<ing *muon* <gr *mu*: 12.ª letra grega + *meson*: mesão) Partícula elementar com carga elé(c)trica igual à do ele(c)trão mas com massa 207 vezes maior. **Ex.** O ~ desintegra-se principalmente num elé(c)tron[ão] e dois neutrinos.

muque *s m Br* (<músculo) **1** Músculo desenvolvido [forte] dos braços. **2** Força física/muscular. **Loc.** «não consegui convencê[obrigá]-lo» Nem a ~ [à força(+)].

muradal *s m* (<muro + -al?) Sítio cheio de entulho/Monturo(o+)/Esterqueira/Estrumeira(+).

murado, a *adj* (<murar¹) Cercado de muros. **Comb.** Terreno ~.

murador, ora *adj* (<murar²) Diz-se de gato que caça muitos ratos. **Prov.** *Gato farto não é ~* [A fartura traz a indolência].

mural *adj 2g/s m* (<lat *murális,e*) **1** Relativo a muro/parede. **Comb.** *Jornal ~* [com todas as páginas expostas (para as pessoas lerem)]. *Pintura ~*/feita dire(c)tamente sobre a parede. ⇒ **2**. *Quadro [Tabuleta] (~)* «para avisos, editais». **2** *s m* Obra plástica ou pintura executada ou fixada sobre parede ou muro. **Comb.** Os grandes ~ais do pintor mexicano D. A. Siqueiros. ⇒ (pintura) fresco.

muralha *s f* (<it *muraglia*; ⇒ mural) **1** Muro ou paredão de grande grossura e geralmente bastante alto, à volta de uma fortaleza ou até de uma cidade «Óbidos, Pt». **2** *fig* Tudo o que constitui um obstáculo intransponível. **Ex.** O guarda-redes [goleiro] da nossa equipa/e é uma ~, não deixa entrar um gol(o)!

muralhar *v t* (<muralha + -ar¹) Cercar de muralhas. **Comb.** Cidade muralhada. ⇒ murar¹.

muralismo *s m Arte* (<mural + -ismo) Corrente artística do séc. XX cara(c)terizada pela execução de grandes pinturas murais sobre temas populares, históricos ou de propaganda nacional. ⇒ tapeçaria.

muralista *s/adj 2g Arte* (<mural + -ista) **1** Relativo a muralismo. **2** Artista «pintor mexicano D. A. Siqueiros/português Almada Negreiros» de grandes quadros ou pinturas murais.

muramento *s m* (<murar¹ + -mento) Construção dum muro «à volta do quintal».

murar¹ *v t* (<muro + -ar¹) Guarnecer de [Construir/Fazer] muro(s). **Loc.** ~ *o terreno* «da horta/da quinta/do jardim à volta da casa». ⇒ muralhar.

murar² *v t/int* (<lat *mus,ris*: rato + -ar¹) (Espreitar para) caçar ratos. ⇒ murador.

murça *s f* (<?) **1** Pequena veste que cobre os ombros *us* por alguns clérigos por cima da sobrepeliz. ⇒ romeira. **2** Lima com serrilha ou grãos finos.

murcha(mento) *s f/m Bot* (<murchar) Perda do viço ou da seiva/Definhamento das plantas. ⇒ murchidão.

murchar *v t/int* (<lat *márceo,ére*: estar murcho, seco, fraco) **1** Tornar murcho/(Fazer) perder o viço. **Ex.** O calor murcha as flores. As plantas murcharam por falta de água [por não serem regadas]. ⇒ secar. **2** *fig* (Fazer) perder a força/o vigor/a animação. **Ex.** A notícia murchou-lhe (a alegria d)o rosto. **3** ⇒ fenecer/esmorecer/apagar(-se)/extinguir(-se).

murchidão *s f* (<murcho + -idão) **1** Estado de murcho. ⇒ murcha(mento) **2** *fig* Falta de vivacidade/de alegria. **Ex.** A ~ do jovem era perce(p)tível [lia-se-lhe no rosto]. **Sin.** Desânimo(+).

murcho, a *adj* (<murchar) **1** *Bot* Que perdeu o viço/a seiva. **Comb.** Flores ~as. ⇒ seco. **2** *fig* Que perdeu a frescura/beleza. **Comb.** Cores ~as/apagadas(+). **3** *fig* Desanimado/Caído/Frouxo. **Comb.** «estar de» *Orelha(s) ~a(s)*/caída(s)(+). *Semblante ~o*/carregado(+). *Sorriso ~*/frouxo/débil.

mureira *s f* (<muro + -eira) ⇒ estrumeira.

murenídeo, a *adj/s Icti* (<lat *muréna,ae*: moreia) (Diz-se de) família de peixes teleósteos, a que pertence a moreia.

murete (Rê) *s m* (<muro + -ete) Muro baixo para vedação, suporte ou prote(c)ção. ⇒ platibanda.

múrex ⇒ múrice.

murganho *s m Zool* (<lat *muricáneus <mús,ris*: rato) **1** ⇒ musaranho(+)/*Br* camundongo(+). **2** *fig* ⇒ Criança pouco desenvolvida/Enfezado(+)/Enfezadinho.

muriático, a *adj Quím* (<lat *múria,iae*: salmoura, água salgada) ⇒ clorídrico.

múrice *s m Zool* (<lat *murex,icis*) Molusco gastrópode marinho, de concha muito ornamentada e do qual os antigos extraíam a púrpura.

muricida *adj/s 2g* (<lat *mús,ris*: rato + -cida) ⇒ raticida.

muricídeo, a *adj/s 2g Zool* (<múrice + -ídeo) (Diz-se de) molusco gastrópode do gé[ê]nero *Múrex*, predador de cracas e bivalves. ⇒ múrice.

murídeo, a *adj/s Zool* (<lat *mús,ris*: rato + -ídeo) (Diz-se de) família de mamíferos roedores a que pretence o rato.

murino, a *adj* ⇒ murídeo.

murmulhante *adj 2g Br* (<murmulhar + -ante) **1** ⇒ «árvore com o vento» rumorejante(+)/farfalhante/que ramalha. **2** ⇒ «onda do mar» que marulha.

murmulhar *v int Br* (<murmurar + ramalhar) ⇒ «com o vento as árvores» rumorejar(+)/farfalhar(+).

murmulho *s m Br* (<murmulhar/murmúrio) **1** ⇒ marulho «das ondas» (+). **2** ⇒ O farfalhar «das folhas da árvore com o vento».

múrmur *s m* ⇒ murmúrio **2**.

murmuração *s f* (<lat *murmurátio,iónis*) **1** A(c)to de murmurar ou de falar mal das pessoas/Maledicência/Detra(c)ção/Má-língua. **Ex.** Para evitar [não ouvir] ~ões saiu da reunião. **2** Boato(+)/Murmúrio/Zunzum/Rumor/Falatório/Mexerico. **Ex.** Afinal a ~ sobre aquele caso «divórcio/desfalque» tinha (o seu) fundamento.

murmurador, ora/deira *s/adj* (<lat *murmurátor, óris*) **1** (O) que murmura/que se queixa de/que fala mal de/Maldizente. ⇒ má-língua. **2** ⇒ murmuroso.

murmurante *adj 2g* (<murmurar 3 + -ante) ⇒ rumorejante; sussurrante.

murmurar *v t/int* (<lat *múrmuro,áre,átum*) **1** Falar mal de/Queixar-se. **Ex.** Insatisfeito [Por não estar contente/satisfeito], o povo murmurava contra o Governo. **Loc.** ~ *dos outros* [das vidas alheias]. ⇒ censurar. **2** Dizer em voz baixa/Cochichar/Segredar. **Ex.** Murmurou-lhe um segredo ao ouvido. **3** *fig* Produzir um murmúrio ou som baixo e breve/Rumorejar/Sussurrar. **Ex.** As ondas murmuram na praia. As águas da ribeir(inh)a corriam ligeiras murmurando.

murmurejar *v int* (<murmúrio + -ejar) ⇒ murmurar **3**.

murmurinhar *v int* (<murmurinho + -ar¹) ⇒ murmurar 2/3.

murmurinho *s m* (<murmúrio + -inho) **1** Ruído muito brando de águas ou pessoas. **2** Sussurro de muitas pessoas que falam ao mesmo tempo/Burburinho(+).

murmúrio s m (<lat *murmur,ris*) **1** Rumor surdo de muitas vozes juntas, indistintas. **Comb.** O ~ das orações [de gente a rezar] na igreja. **2** Ruído leve produzido por água em movimento «ondas/regato», por ramos [folhas] das árvores agitadas pelo vento, etc. **Ex.** A voz do doente era apenas [não passava de] um ~. **Comb.** ~ vesicular/respiratório(+) [Ruído suave que se ouve na auscultação torácica do homem quando respira normalmente]. **3** ⇒ murmuração **2**. **4** ⇒ queixa/resmungo/protesto/reclamação. **5** ⇒ maledicência.

murmuroso, a adj (<murmur + -oso) ⇒ rumorejante/sussurrante/murmurante.

muro s m (<lat *múrus,i*: parede, muralha, cerca, defesa, ~) **1** Obra, geralmente de alvenaria [de pedra e cal/e barro], que cerca um terreno [uma casa] ou separa terrenos contíguos/Parede. **Comb.** ~ *das Lamentações/~ Ocidental* [Parte do ~ que cerca o templo de Jerusalém]. ~ *de suporte/de arrimo* «dum socalco». **2** ⇒ muralha «de cidade/castelo». **3** ⇒ sebe/tapume/resguardo/prote(c)ção. **4** fig Aquilo que impede o acesso a algo/Obstáculo. **Comb.** ~ de som.

murraça s f pop (<murro + -aço,a) Um grande [forte] murro. **Ex.** Ele estava a rir-se de mim mas levou [dei-lhe] uma ~.

murro s m (<?) Pancada desferida [dada] com a mão fechada/Soco. **Ex.** Estavam os dois aos ~s e eu fui separá[apartá]-los. **Idi.** *Dar ~ em ponta de faca* [Insistir em algo impossível (de ter resultado)]. *Dar o ~/um duro* [Trabalhar em excesso/idi Matar-se a trabalhar].

murta s f Bot (<lat *múrta* <gr *mýrtos*) Nome comum de várias plantas do gé[ê]nero *Mýrtus*, *Mýrcia* e *Eugenia*, da família das mirtáceas, também conhecidas por mirto, murt(inh)eira.

murt(inh)eira s f Bot ⇒ murta; murtinho/a.

murtinho/a s m/f Bot (<murta) Árvore mirtácea de até 6 m; *Eugénia ovalifólia/aurata*.

mururé s m Bot (<tupi *muru'ri*: planta de folhas largas) Nome comum de várias plantas aquáticas, também conhecidas por aguapé, flor-d'água, …

mururu s m (<tupi *muru'ru*) **1** Bot Planta aquática da família das urticáceas. **2** Br ⇒ achaque/enxaqueca/mal-estar.

murzelo (Zê) adj/s m Zool (<?) (Diz-se de) cavalo preto, cor de amora.

musa¹ s f Mit (<lat *músa* <gr *móusa,és*) **1** Cada uma das nove divindades, filhas de Zeus e de Mnemósine, que presidiam às letras, ciências e artes. **2** fig Gé[ê]nio ou entidade inspiradora de um poeta/Sopro criador/Númen/Inspiração/Estro. **Ex.** Hoje a ~ não me inspira [Hoje não me sinto inspirado]. **3** fig A mulher amada, e por [às] vezes imaginária, fonte de inspiração de um poeta. **Ex.** Quem seria a ~ de Camões neste seu belo soneto? **4** A arte poética/literária/Poesia. **Comb.** A ~ brasileira [portuguesa/japonesa].

musa² s f Bot (<ár *muza*: bananeira) Planta do gé[ê]nero *Musa*, da família das musáceas, nativas da Ásia, conhecidas como bananeiras.

musáceo, a adj/s Bot (<musa² + -áceo) (Diz-se de) família de plantas monocotiledóneas, herbáceas, próprias das regiões tropicais, a que pretence a musa/bananeira.

musaranho s m Zool (<lat *mus araneus*: rato aranha) **1** Mamífero inse(c)tívoro, semelhante ao rato, com menos de 10 cm de comprimento, focinho pontiagudo e com longos bigodes, com glândulas secretoras de almíscar. ⇒ camundongo; murgano. **2** fig Pessoa cujo rosto faz lembrar o focinho do ~ ou que vive escondido como o ~. **Ex.** Raramente vejo aquele ~, está sempre metido em [, nunca sai de] casa!

muscari s m Bot (<?) Planta liliácea, ornamental, de flores azuis em cacho, urceoladas e perfumadas.

muscarina s f Quím (<muscari + -ina) Alcaloide venenoso, sobretudo do cogumelo com pintas vermelhas, *Amaníta muscária*, que provoca forte intoxicação.

muscicapídeo, a adj/s Ornit (<mosca + lat *cápio,pere*: apanhar + -ídeo) (Diz-se de) família de aves do gé[ê]nero *Muscícapa* que incluem o papa-moscas, o chasco e o sabiá. ⇒ muscívoro.

muscídeo, a adj/s Ent (<mosca + -ídeo) (Diz-se de) família de inse(c)tos dípteros do gé[ê]nero *Musca*, a que pretence a mosca.

muscíneo, a adj (<musgo + -ídeo) Relativo ou semelhante a musgo.

muscívoro, a adj Ornit/Ent (<mosca + -voro) Que come [se alimenta de] moscas. ⇒ muscicapídeo.

muscologia s f Bot (<musgo + -logia) Ciência que estuda os musgos.

muscoso, a adj ⇒ musgoso.

muscovita/e s f Miner ⇒ moscovite/a.

musculação s f (<muscular + -ção) **1** Exercício para desenvolvimento das massas musculares. **Loc.** Fazer ~. **2** (D)esp Conjunto de exercícios (d)esportivos destinados a desenvolver e fortalecer os músculos. **3** Conjunto dos músculos/Musculatura **1**.

musculado, a adj (<músculo + -ado) Que tem bons músculos/Forte.

muscular adj 2g (<músculo + -ar²) Relativo aos músculos. **Comb.** «a poliomielite provoca» *Atrofia ~*. *Distensão ~*/do músculo [Extensão forçada de um músculo que provoca dor intensa]. *Força ~*/física.

musculatura s f (<muscular + -ura) **1** Conjunto dos músculos. **Comb.** ~ humana [Sistema muscular]. **2** Força muscular/Músculo **2**. **Ex.** O meu irmão tem uma boa ~, é capaz de levantar um peso de 200 kg!

músculo s m Anat (<lat *músculus,i*) **1** Órgão formado por fibras que têm a capacidade de se contrair e distender [alongar] e que produzem os movimentos nas várias partes do corpo. **Comb.** ~ *cardíaco* [Miocárdio] «é involuntário». ~ *estriado*(+)/esquelético/vermelho [~ que une os ossos e permite a mobilidade, apresentando contra(c)ções voluntárias controladas pelo cérebro]. ~ *liso*(+)/branco [~ da parede de vários órgãos «intestino/brônquios/útero» que apresenta contra(c)ções involuntárias controladas pelo sistema nervoso vegetativo]. **2** fig Força/Energia. **Ex.** «levantou um peso de duzentos quilos» Ele tem ~!

musculoadiposo, a adj Anat (<músculo + adiposo) Formado por músculo e gordura [e tecido adiposo] «nádegas».

musculocartilaginoso, a adj Anat (<músculo + cartilaginoso) Relativo simultaneamente a músculo e cartilagem.

musculosidade s f ⇒ musculatura **2**.

musculoso, a (Ôso, Ósa, Ósos) adj (<músculo + -oso) **1** Que tem músculos desenvolvidos/Com bons músculos. **2** fig «homem» Robusto/Forte.

museologia s f (<museu + -logia) Ciência que trata da construção e do equipamento dos museus, criando as condições que valorizem a exposição do recheio [das peças] e lhe assegurem a conservação em perfeito estado, bem como o arranjo e realce das várias peças.

museológico, a adj (<museologia + -ico) **1** Relativo a museologia. **2** Digno de ficar em museu/Valioso. **Comb.** Peça ~/de museu.

museu s m (<gr *mouseion*: templo das Musas/Academia/~) Estabelecimento onde estão reunidas e expostas cole(c)ções de peças [obje(c)tos] de arte, de ciência, etc. **Comb.** ~ *etnográfico/de etnografia* «em Lisboa». ~ *nacional* «de arte antiga/moderna». **2** fig Cole(c)ção ou grande variedade de obje(c)tos. **Ex.** A casa dele é [parece] um ~!

musgo s m Bot (<lat *múscus,i*) Nome extensivo a todas as plantas muscíneas [briófitas(+)] com protonema bem desenvolvido e arquegó[ô]nio com trunfa.

musgoso, a (Ôso, Ósa/os) adj **1** Coberto de [Com muito] musgo «regato/pedra/jardim/caverna». **2** Semelhante a musgo.

música s f (<lat *música* <gr *mousikós,é,ón*: que diz respeito às Musas) **1** Arte de combinar harmoniosamente vários sons. **Ex.** A ~ é uma das manifestações mais autênticas de uma cultura. **Loc.** Compor [Fazer] ~. **Idi.** *Dançar conforme a ~* [Agir de acordo com as circunstâncias/Ser esperto]. **Comb.** ~ *ao vivo* [~ executada na presença dos ouvintes/do público]. ~ *clássica* [dos grandes compositores «na Europa, séculos XVII e XVIII»] (⇒ jazz; folclore). ~ *de câmara* [para poucos intrumentos e executada em pequenos recintos]. ~ *de fundo* [que serve de apoio a um espe(c)táculo]. ~ *ele(c)tró[ô]nica* [que utiliza sons de origem ele(c)tromagnética através de manipulação das suas gravações]. ~ *folclórica*/Br *caipira* [de autoria desconhecida e tradicionalmente transmitida pelas populações rurais]. ~ *instrumental* [para ser tocada por instrumentos] (⇒ ~ vocal). ~ *ligeira* [que desenvolve temas curtos, é tocada por pequenas orquestras e cuja técnica de composição é simples, sendo facilmente memorizável]. ~ *popular* [simples, comunicativa, de todos conhecida]. ~ *sacra/de capela* [de cará(c)ter religioso, para ser executada nas igrejas]. ~ *vocal* [para vozes/para ser cantada «por coros»] (⇒ ~ instrumental). *Recital de ~* «na escola» (⇒ concerto). **2** Qualquer composição musical. **Ex.** A professora fez uma ~ para a inauguração da escola. **3** fig Sequência de sons agradáveis. **Comb.** A ~ *das ondas* a rolar na praia. *A ~ do vento* na floresta. *A ~ de um verso* «de Virgílio/de Camões». **4** Conjunto de músicos/Banda. **Comb.** *A ~ de um regimento* (militar). *Mestre* [Regente] *da ~*. ⇒ charanga; fanfarra. **5** ⇒ orquestra; filarmó[ô]nica. **6** fig Arte de atrair/seduzir. **Idi.** *Ser outra ~* [Ser um assunto [uma coisa] diferente (Ex. «(par)a alguém que mentira e agora disse a verdade» Ah! Isso agora é outra ~!). **7** depr Lábia/Treta/Conversa. **Ex.** Não idi venhas cá com ~s [tretas(+)], que eu sei que foste tu que me roubaste o dinheiro. **8** depr/iron Conversa que aborrece. **Ex.** Lá está ele com a mesma ~ [É a ~ de sempre!]

musicado, a adj (<musicar) «poesia/texto/encenação» A que se acrescentou [Acompanhado por] música.

musical adj 2g/s m (<música + -al) **1** De música. **Comb.** *Crítico ~* «de revista/jornal». *Instrumento ~* «pífaro». **2** Que soa como música/Melodioso. **3** *Cine/TV* Algo em que a música, o canto ou a dança têm um papel fundamental. **Ex.** São famosos os ~ais do encenador português Filipe la Féria.

musicalidade s f (<musical **2** + -(i)dade) **1** Qualidade de musical. **Comb.** *A ~ das*

óperas de Mozart. A ~ *da voz* da cantora. 2 Cadência harmoniosa/Sonoridade agradável/Ritmo. **Comb.** A ~ *do falar nordestino* (*Br*). A ~ *da língua* «italiana».
musicalização *s f* A(c)to ou efeito de musica(liza)r.
musicalizar *v t* (<musical + -izar) Dar cará(c)ter musical «a um poema».
musicar *v t/int* (<música + -ar¹) 1 Pôr [Colocar] em música «um texto/poema». 2 Compor [Fazer] música(+). 3 ⇒ cantarolar/trautear.
musicata *s f* (<música + -ata) 1 *depr* ⇒ música 4. 2 *depr* ⇒ charanga. 3 *depr* Música de baixa qualidade artística/Musiqueta(+).
music hall ing Lugar [Salão] onde se pode assistir a espe(c)táculos musicais e de variedades/Café-concerto(+).
musicista *s 2g* (<música + -ista) O que compõe/produz/executa a música. ⇒ musicólogo; compositor.
músico, a *s/adj* (<gr *mousikós,é,ón*: relativo às Musas) 1 O que compõe ou toca música. **Ex.** J. S. Bach é um grande ~/compositor(+), talvez o maior de todos. Ele é ~na banda [música] da nossa cidade. **Comb.** *adj Instrumento* ~/musical(+). «rouxinol/melro» *Pássaro* [*Ave*] ~*o*[*a*]/que canta muito (bem).
musicofilia *s f* (<música + -filia) Gosto/Apreço/Paixão pela música. ⇒ musicomania.
musicófilo, a *adj/s* (<música + -filo) (O) que gosta de música. ⇒ musicómano.
musicografia *s f* (<música + ...) 1 Arte de escrever música/Composição(+). 2 Obra musical dum artista/compositor(+).
musicógrafo, a *s* (<música + -grafo) 1 O que escreve [compõe(+)] música/Compositor(+). 2 O que escreve sobre música/Crítico musical/de música(+).
musicologia *s f* (<música + -logia) Ciência que trata de assuntos musicais, que não seja composição e execução, como a acústica, a estética, o ensino, o folclore.
musicólogo, a *s* (<música + -logo) Especialista em [O que se dedica à] música/musicologia.
musicomania *s f* (<música + ...) O viver só para a [Paixão excessiva pela] música.
musicómano, a [*Br* **musicômano**] *s/adj* (<música + -mano) (O) que vive só para a música/Aquele para quem a música é tudo.
musicoterapia *s f Med* (<música + terapia) Tratamento que utiliza a música «melodia/ritmo» para restabelecer o equilíbrio físico, emocional ou social de um indivíduo.
musiqueta (Kê) *s f depr* (<música + -eta) Música fraca [de pouco valor] ou despretensiosa.
musiquim *s m* (<musiquinho) 1 Músico [Cantor(+)] ambulante. ⇒ trovador. 2 Músico de pouco valor/Musicote(+).
musse *s f Cul* (<fr *mousse*) 1 Doce cremoso feito com claras de ovo batidas e um ingrediente aromático «chocolate/limão» que se serve frio. 2 ⇒ creme(+) «para cabelo/barba»/espuma/pomada.
musselina *s f* (<ár *Mossul*, cidade do Iraque + -ina) Tecido leve e transparente de algodão, lã ou seda *us* sobretudo no vestuário feminino. ⇒ cassa.
musseque *s m Ang* (<quimbundo *mu seke*: local arenoso, quinta com areia) Bairro suburbano e pobre «de Luanda». **Sin.** Bairro de lata (*Pt*); favela (*Br*); caniço (*Moç*).

mussitação *s f* (<lat *mussitátio,iónis*) 1 A(c)to ou efeito de mussitar/Movimento automático dos lábios que produz um som como o de quem fala por entre (os) dentes. 2 Dificuldade em articular sons. ⇒ gaguez.
mussitar *v int* (<lat *mússito,áre,átum*) 1 Falar entre dentes [sem mover os lábios]. 2 ⇒ ciciar. 3 ⇒ murmurar.
mussurungo *s m Icti* (<?) Peixe teleósteo, da família dos gobiídeos, também conhecido por amboré, babosa, etc.
mustelídeo, a *adj/s Zool* (<lat *mustéla,ae*: doninha + -ídeo) (Diz-se de) família de mamíferos carnívoros, de corpo longo e patas curtas, a que pertencem a doninha, o furão, a lontra, etc.
mustímetro *s m* (<lat *mústum,i*: mosto) Areó[ô]metro para avaliar a [o grau de] concentração do açúcar no (vinho) mosto.
mutabilidade *s f* (<lat *mutabílitas,átis*) Qualidade do que é mutável/Volubilidade/Versatilidade. ⇒ instabilidade; inconstância.
mutação *s f* (<lat *mutátio,iónis*) 1 A(c)to ou efeito de mudar(-se). **Sin.** Mudança(+). ⇒ muda; troca; movimentação «de pessoal na empresa»; alteração; transformação. 2 *Biol/Gené* Alteração súbita [brusca] no genótipo de um indivíduo, sem relação com os ascendentes mas que pode ser herdada pelos descendentes.
mutagénese [*Br* **mutagênese**] *s f Biol* (<mutação 2 + ...) Processo que origina uma mutação ou altera o código genético de um indivíduo. ⇒ alelo; fenótipo.
mutante *adj/s 2g Biol/Gené* (<mudar + -ante) (Diz-se de) gene e de ser vivo que sofreu uma ou mais mutações.
mutatório, a *adj* (<lat *mutatórius,a,um*) Que muda ou serve para operar mudança.
mutável *adj 2g* (<lat *mutábilis,e*) 1 ⇒ mudável(+). 2 *Biol* Que pode sofrer [ter] uma mutação. 3 Que muda com facilidade/Inconstante/Volúvel/Instável. **Ex.** Aquele tem um cará(c)ter (muito) ~.
mutilação *s f* (<lat *mutilátio,iónis*) 1 A(c)to ou efeito de mutilar/Amputação/Corte. **Comb.** ~ das pernas «pelo rebentamento de uma mina». 2 *fig* Supressão/Corte/Estrago. **Ex.** Não quis publicar o artigo, queixando-se [, por causa] da ~ feita pela censura «pelo dire(c)tor do jornal».
mutilado, a *adj/s* (<mutilar) 1 (O) que foi privado de (parte de) algum membro. **Comb.** Os ~s de guerra. ⇒ estropiado. 2 *fig* «livro/estátua» Que teve parte(s) cortada(s).
mutilador, ora *adj/s* (O) que mutila.
mutilar *v t* (<lat *mútilo,áre,átum*) 1 Privar de (parte de) um membro. **Ex.** Ficou mutilado na guerra! ⇒ estropiar. 2 Causar estrago/destruição/Partir/Truncar. **Ex.** Os vândalos [assaltantes/ladrões] não encontraram dinheiro na casa e mutilaram aquela linda escultura «de Nossa Senhora». 3 ⇒ deturpar «o texto/pensamento do autor».
mutirão *s m Br* (<tupi *motiro*) Mobilização cole(c)tiva de uma comunidade «do campo» para executar uma tarefa ou construir algo. **Ex.** O ~ para limpar [pintar] a igreja acabou com uma grande feijoada.
mutismo *s m* (<mudo + -ismo) 1 *Med* ⇒ mudez(+). 2 Silêncio querido ou forçado. **Ex.** Então não dizes nada? Estou admirado do teu ~! O (governo) tirano reduziu o povo ao ~. 3 *Psic* Atitude de imobilidade e ausência de rea(c)ção, acompanhada de silêncio, que ocorre em certas doenças mentais.
mutuação *s f* (<lat *mutuátio,iónis*) 1 A(c)to ou efeito de mutuar [de dar ou tomar de empréstimo]. **Comb.** ~ de joias. 2 Troca recíproca/Permuta(ção). **Comb.** ~ de favores. 3 Empréstimo a [com] juros.
mutualidade *s f* 1 Qualidade do que é mútuo/Reciprocidade ou troca recíproca/Permuta(ção). **Comb.** ~ das trocas comerciais entre dois países. 2 Cooperação mútua [dada e recebida]. 3 Sociedade de socorros mútuos.
mutualismo *s m* (⇒mutuar) 1 Sistema das instituições de previdência/Socorro e auxílio mútuo(s). 2 *Ecologia* Associação entre dois seres vivos, animais ou plantas, na qual ambos são beneficiados [, que é boa para os dois]. **Ex.** Um ~ bem conhecido é o das aves que comem as carraças que afligem os [que chupam o sangue dos] bovinos «gnu, da África».
mutualista *s/adj 2g* Relativo a mutualidade ou mutualismo. **Comb.** *Previdência* ~. *Seguro* ~. *Sociedade* ~.
mutuamente *adv* (<mútuo + -mente) Um ao outro/Reciprocamente. **Ex.** Marido e mulher ajudam-se ~ [ambos/um ao outro]. Nos estudos as duas irmãs apoiam-se ~ [uma à outra]. Aqui os vizinhos ajudamo-nos todos ~ [uns aos outros].
mutuante *adj/s 2g* (<mutuar + -ante) (O) que mutua/empresta. **Ant.** Mutuário.
mutuar *v t* (<lat *mútuo,uáre,uátum*) 1 Dar ou tomar por [de] empréstimo «uma quantia de dinheiro». 2 Trocar «injúrias/louvores» entre si. ⇒ reciprocar.
mutuário, a *s* (<lat *mutuárius,a,um*) (O) que recebe o empréstimo no contrato (de) mútuo. **Ant.** Mutuante.
mutuca *s f Ent Br* (<tupi *mu'tuka*) Designação popular de inse(c)tos dípteros tabanídeos parecidos com a mosca. **Sin.** Moscardo(+); tavão.
mútulo *s m Arquit* (<lat *mútulus,i*) Ornato quadrado que pende da cornija de ordem dórica.
mutum *s m Ornit* (<tupi *mi'tu*) Designação comum às aves galináceas, de plumagem geralmente negra, topete [crista] com penas encrespadas ou lisas e bico com cores vivas.
mútuo, a *adj s m* (<lat *mútuus,ua,uum*) 1 Que se faz reciprocamente entre duas ou mais pessoas/Recíproco. **Comb.** *Auxílio* ~ [Entreajuda]. 2 Fundado em sentimentos que se correspondem. **Comb.** *Amor* [*Afeição*] ~*o*[*a*]. 3 *s m Dir* Contrato pelo qual uma das partes empresta à outra algo fungível «dinheiro», ficando esta obrigada a restituir outro tanto do mesmo gé[ê]nero e qualidade. **Comb.** ~ *mercantil* [feito a comerciantes para utilizar no mercado]. *Contrato de* ~ *oneroso* [que além da restituição obriga ao pagamento de juros]. ⇒ permuta; empréstimo.
muxiba (Chi) *s f* (<quimbundo *muxiba*: músculo) 1 ⇒ Carne magra (e com nervos «para dar aos cães»)/Pelanca. 2 ⇒ avarento/unhas de fome. 3 ⇒ mulher feia/rabujenta.
muxima (Chi) *s f* (<quimbundo *muxima*: coração puro) 1 Coração como a parte mais íntima da pessoa. **Loc.** De boa ~ [Com sinceridade]. 2 Dogma da Imaculada Conceição. **Comb.** Nossa Senhora da ~.
muxoxo (Chôcho) *s m Ang/Br* (<quimbundo ~ <*ku-xoxa*: escarnecer) 1 Estalo dado [que se dá] com os lábios em sinal de desprezo. 2 *Br* beijo; carícia. 3 *Bot* Nome de árvore africana também chamada sapato-do-diabo.
Myanmar [Birmânia] *Geog* ⇒ Mianmar.

N

n *s m* (Éne/Êni/Nê) **1** Décima quarta letra do alfabeto português. **2** *Abrev* de Norte, Nome, ... **3** Número indeterminado. **Ex.** Fez ~ tentativas mas teve de desistir.

na 1 *Contr* de em + a, *art def* **Ex.** Ele está ~ sala de visitas. **2** *Contr* de em + a, *pron dem*. **Ex.** Como ontem havia duas festas, estive ~ que mais me poderia agradar. **3** Depois de formas nasais dos verbos: -m/-ão/-õe + a. **Ex.** A casa compraram-~ ontem. ⇒ no.

nababesco (Bês) *adj* (<nababo + -esco) **1** De nababo. ⇒ rajá. **2** *fig* Luxuoso.

nababia *s f Hist* (<nababo + -ia) Dignidade de ou região governada por nababo.

nababo *s m Hist* (<ár <hind *nuwab*: governador) **1** Príncipe ou governador de província na Índia muçulmana até ao séc. XIX. **2** *fig* Homem muito rico e faustoso. **Ex.** Ele é [vive como] um ~.

nabal *s m* (<nabo + -al) Campo de nabos. **Prov. Querer sol na eira e chuva no ~** [Querer que tudo corra a seu gosto/Ser impossível]. **Tão ladrão é o que vai ao ~, como o que fica ao portal** [Ser cúmplice/Quem protege um criminoso também comete o crime].

nabiça *s f Bot* (<nabo + -iça) Planta herbácea, brassicácea ou crucífera, de folhas comestíveis «sopa de ~s»; *Raphanus raphanistrum*.

nabo *s m Bot* (<lat *nápus,i*) **1** Planta herbácea, brassicácea, rico alimento de humanos – tubérculo e grelos – e de animais; *Brássica nápus/rapa*. ⇒ rutabaga. **2** Cabeça, raiz ou tubérculo de **1**. **Idi. Comprar ~s em saco** [Comprar sem ver bem o que compra]. **Tirar ~s da púcara** [Fazer perguntas com muito jeito para saber algo «um segredo»]. **3** *Pop* Pessoa desajeitada/Tolo/Estúpido. **Sin.** Cabeça de ~/de abóbora. **4** *Cal* ⇒ pé[ê]nis.

naca(da) ⇒ naco; talhada.

nação *s f* (<lat *nátio,ónis*) **1** País/Pátria. **Ex.** Portugal, por ter as fronteiras que hoje tem desde 1249, é a ~ mais antiga da Europa. **Comb.** A Organização das Nações Unidas [ONU]. ⇒ estado; nacionalidade. **2** Terra (natal)/Naturalidade/Raça/Povo. **Comb.** (São) Paulo, apóstolo das nações [de todos os povos/das gentes/dos gentios].

nácar *s m* (<ár *naqar*: tambor; *pl* nácares) **1** Camada interna, calcária, da concha de vários moluscos, de cor branca ou rosada, brilhante, utilizada para fabricar diversos obje(c)tos «botões/brincos»/Madrepérola(+). **Comb.** Caixa de ~. **2** Cor-de-rosa/Cor de carmim. **Comb.** Lábios [Cara] cor de ~.

nacarado, a *adj* (<nacarar) Que tem o aspe(c)to, brilho ou cor do nácar.

nacarar *v t* (<nácar + -ar¹) **1** Revestir de nácar. **2** Dar aspe(c)to de nácar. **3** *fig* (Fazer) corar. **Sin.** Ruborizar(-se)(+).

nacela (Cé) *s f* (<lat *navicélla*: navio pequeno) **1** *Arquit* Moldura côncava na base de uma coluna. **Sin.** Escócia. **2** *Anat* Fossa navicular da uretra. **3** *Aer* **a)** Espécie de cesta ou barca na base de balão ou dirigível; **b)** Cabine(+) do piloto «do avião».

nacional *adj 2g* (<nação + -al) **1** Da nação. **Comb.** ⇒ ~-socialismo/-socialista. **Hino** [**Bandeira/Museu**] **~. Produto** [**Artigo**] **~. Renda ~. 2** Indivíduo nascido no país. **Comb.** Os ~ais e os estrangeiros. **Sin.** Nativo. **Ant.** Estrangeiro. ⇒ cidadão «português».

nacionalidade *s f* (<nacional + -idade) **1** Qualidade de nacional. **Comb.** Sentimento [Sentido] de ~. **2** Naturalidade. **Ex.** Qual é a sua ~? No congresso [seminário] houve também reuniões por ~s [por países].

nacionalismo *s m* (<nacional + -ismo) **1** Amor da Nação/Patriotismo(+). **2** Patriotismo exacerbado ou arvorado em doutrina.

nacionalista *adj/s 2g* **1** Que diz respeito [Referente] à independência e aos interesses da nação/Patriótico. **Comb.** Partido ~. **2** Pessoa que gosta do [que defende o] seu país. **Ex.** Ele é (um grande) ~. **Sin.** Patriota. ⇒ chauvinista.

nacionalização *s f* (<nacionalizar + -ção) A(c)to ou efeito de (o Estado) nacionalizar. **Comb.** A ~ da energia elé(c)trica. ⇒ naturalização.

nacionalizar *v t* (<nacional + -izar) **1** Tornar nacional. **Loc.** ~ termos [palavras] estrangeiros/as. **Sin.** Vernaculizar(+). **2** Passar para a posse do Estado/Estatizar. **Ex.** O governo nacionalizou a exploração do petróleo. **3** Naturalizar-se(+). **Ex.** Quem quiser ~-se pode (fazê-lo).

nacional-socialismo ⇒ nazismo(+).

nacional-socialista ⇒ nazi(sta)(+).

naco *s m pop* (<lat *naucus*?) Pedaço de alimento sólido cortado de uma peça maior ou inteira. **Comb.** Um ~ de queijo [de pão]. **Sin.** Bocado(+); pedaço(o); naca(da). ⇒ fatia.

nada *s/pron/adv* (<lat *res non nata*: coisa não nascida) **1** *s m* **a)** A não existência; o que não existe. **Ex.** Muito obrigado/a! – De [Por] ~ [Não tem de que]. Ela chegou ao Brasil faz [há] pouco (tempo) [ainda não há ~]. Se você não me quer pagar já, ~ feito [, eu não vendo]! Escapei ao acidente por um ~ [um triz]. Deus criou o mundo do ~. O amigo ajudou-o muito, tirou-o do ~. Eu sou doutor! – Qual (doutor ou qual) ~! Ele zanga-se por tudo e por ~. «na loja» – (Não quer comprar) ~ mais? **b)** Pessoa ou coisa insignificante. **Ex.** Os jogadores do teu clube são uns ~s [uns zeros]! Ele é pequenino, um nad(inh)a de gente! Feriu-se muito? – Não, ú é [, foi] uma coisa de ~ [coisa sem gravidade]. **2** *Pron indef* **a)** Coisa nenhuma (Ex. Ele não sabe ~. Daí não vai sair coisa boa [sair ~ de bom]. Por enquanto, não há ~ de novo); **b)** Alguma coisa (Ex. Não quer comer ~?). **3** *adv* De modo nenhum. **Ex.** As tuas notas não são (muito) boas [não são ~ de mais]! Este vinho não é ~ mau [vinho é bom]. Este vinho não é ~ bom [vinho é fraco/mau]. Daqui à estação é pert(inh)o [não é ~ longe].

nadadeira *s f Br* (<nadar + -eira) Barbatana(+).

nadador, ora *adj/s* (<lat *natátor,óris*) (O) que nada. **Ex.** Ela é uma grande ~ra. **Comb.** ~-salvador/Banheiro/Salva-vidas [Indivíduo encarregue de vigiar a praia]. ⇒ natação.

nadar *v int* (<lat *náto,áre*, frequentativo de *no,áre,átum*: nadar, flutuar) **1** Mover-se sobre a água. **Ex.** O meu filho nada bem. **Idi.** ~ **como um prego** [Não (saber) ~]. **~/Ir contra a corrente/maré** [Lutar por um ideal/por atingir um obje(c)tivo, apesar das dificuldades ou da oposição dos outros]. «ficar a» **Nadar (em seco)** «no exame» **a)** Não poder continuar/Não saber responder/Ficar atrapalhado; **b)** Ficar sem perceber nada. **~ em** [num] **mar de rosas** [Ter tudo/Levar uma vida feliz]. **Filho de peixe sabe ~** [Tal pai tal filho/Aprendiz filho de artista também aprende a arte]. ⇒ natação/nado. **2** Flutuar. **Comb.** As boias flutuando [a ~] no lago. **3** ~ + em; ter muito. **Loc.** ~ em dinheiro/sangue [Ser muito rico/«na guerra» Deitar muito sangue]. **4** Estar imerso. **Ex.** Frite o peixe a ~ em [o peixe com muito] azeite/óleo.

nádega *s f Anat* (<lat *nática* <*nátes,ium*) **1** Cada uma das partes carnudas que formam a parte superior e posterior da anca. **Ex.** Caí e fiquei com uma mancha na ~ direita. **Sin.** *pop* Nalga. ⇒ garupa «do cavalo». **2** *pl* de **1**. **Sin.** Assento; bunda; cu; sim-senhor; rabo; traseiro.

nadegada *s f* ⇒ nalgada(+).

nadegudo, a *adj* (<nádega + -udo) Que tem nádegas grandes/Nalgudo. ⇒ rabudo.

nadegueiro, a *adj Anat* (<nádega + -eiro) (Diz-se de) músculo «grande, médio e pequeno» da nádega. **Sin.** Glúteo.

nadinha *s m* (<nada + -inho) **1** Nada. **Ex.** Não percebeste ~ [nada/idi boia]! **2** Pequena quantidade/Pouco. **Ex.** Dá-me um ~ [pedacinho/uma dentadinha] de queijo. A inje(c)ção doeu-me um ~ [pouquito/pouquinho].

nadir *s m Astr* (<ár *nadir*: oposto) **1** Ponto da abóbada celeste que se acha dire(c)tamente debaixo dos nossos pés, e ao qual chegaria uma re(c)ta que passasse por onde estamos e pelo centro da Terra. **Ant.** Zé[ê]nite. **2** *fig* Ponto mais baixo «da minha carreira/vida».

nado¹ *s m* (<nadar; ⇒ natação) **1** A(c)to de nadar. **Loc.** Atravessar o rio nadando [a ~]. **Comb.** Br ~ **borboleta** ⇒ ~ **mariposa**. **~ de bruços** [de peito]. **~ de cachorrinho. ~ de costas. ~ livre** [em qualquer estilo]. **~ mariposa** [em que os braços são proje(c)tados para fora da água]. **~ sincronizado** [artístico/de dois ou mais nadadores e com acompanhamento musical]. **2** Distância percorrida nadando de uma só vez.

nado², a *adj/s* (<lat *nátus* <*násco(r)*: nascer) (O) que nasceu. **Ex.** Quando acordei, era já sol ~, havia muito (tempo). **Sin.** Nascido(+). ⇒ nato.

nado-morto *adj/s m* ⇒ natimorto.

nafé *s m* (<ár *nafahâ*) **1** ⇒ quiabo(+). **2** ⇒ loto.

náfego, a *Vet* **1** *adj* Diz-se de cavalgadura que tem um lado da anca menor que o outro e por isso manca. **2** *s m* Fra(c)tura do ílio [osso ilíaco] de animal.

nafta *s f Quím* (<ár *naft*: betume, petróleo) Mistura de hidrocarbonetos resultante da destilação do petróleo natural.

naftaleno (Lê) *s m Quím* (<nafta + -eno) Hidrocarboneto aromático de fórmula $C_{10}H_8$, sólido, branco, que pode ser extraído do alcatrão da hulha. **Sin.** Naftalina(+).

naftalina *s f Quím* (<nafta + -ina) **Loc.** Pôr (bolas de) ~ na roupa de lã. **Sin.** Naftaleno.

naftol *s m Quím* (<nafta + -ol) Fenol derivado da nafta e cuja fórmula geral é $C_{10}H_8O$, us na fabricação de corantes, em perfumarias, etc.

náiade *s f* (<gr *naiás,ádos*: ninfa dos cursos de água) **1** *Mit* Divindade feminina inferior que presidia às fontes e aos rios e lagos. **2** *Bot* Planta aquática, naiadácea, cujo fruto é um aqué[ê]nio. **3** *Ent* Designação das larvas aquáticas de alguns inse(c)tos.

naif (Nà-íf) [**naífe**] *adj/s 2g Arte* (<fr *naïf*: ingé[ê]nuo) (Diz-se de) estilo «de pintura» propositadamente simples.

náilon *s m Com* ⇒ nylon.

naipada *s f* (<naipe + -ada) Conjunto de cartas do mesmo naipe.

naipe *s m* (<?) **1** Sinal gráfico de cada um dos quatro grupos «ouros, copas, paus, espadas» dum baralho de cartas. **Ex.** Paus e espadas são ~s pretos; ouros e copas são ~s vermelhos. **2** *Mús* Conjunto dos mesmos instrumentos ou vozes. **3** *fig* Qualidade; categoria. **Ex.** Ele é um jogador de primeiro ~ [de (primeira) categoria (+)].

naja *s f Zool* (<sân *naga*: serpente) Cobra muito venenosa. **Sin.** Cobra-(de)-capelo.

nalga *s f Pop* ⇒ nádega.

nalgada *s f* (<nalga + -ada) **1** O bater nas nalgas. **Ex.** A mãe deu-lhe duas ~s. **2** O bater com as nalgas. **Ex.** Desequilibrei-me e dei uma ~ (no chão).

nalgum *contr* de em + algum. **Ex.** Nalguns casos é difícil (de) decidir.

Namíbia *s f Geog* País do sudoeste da África, cuja capital é Windhoek e cujos habitantes são os namibianos.

namoração ⇒ namoro.

namorado, a *adj/s* (<namorar + -ado) **1** (O) que namora. **Ex.** A minha ~a é japonesa. **2** ⇒ apaixonado/enamorado(+). **3** Meigo/Doce. **Comb.** Recreações ~as.

namorador, ora *s/adj* Que gosta (muito) de namorar. **Sin.** Namoradeiro.

namorar *v t/int* (<en- + amor + -ar¹) **1** Procurar inspirar amor em alguém. **Ex.** A velhota, toda faceira, namorava velhos e novos. **Idi.** **~ as paredes** [em vão]. **Sin.** *col* Arrastar a asa. **2** Ganhar amor a alguém. **Ex.** Namoraram[Encantaram]-me os lindos olhos dela. **3** Ter namoro. **Ex.** Nós namorámos dois anos. Ele namora (com) a [é namorado de] Carla. **4** ~-se; apaixonar-se. **Ex.** Ele (e)namorou-se dela [apaixonou-se por ela]. **5** *fig* Desejar muito; gostar de. **Ex.** Ando a ~ aquele carro há [faz] muito tempo. (E)namorou-se da cidadezinha, e por lá ficou. **Loc.** **~ as vitrinas (das lojas)**. **~ o melhor posto** [cargo].

namori(s)car *v t/int* (<namori(s)co + -ar¹) Namorar por passatempo [(ainda) não a sério].

namorico[rilho] *s m* (<namoro + ...) **1** Namoro passageiro [a brincar/de jovens]. **2** Pessoa que tem ou é obje(c)to desse namoro. **Ex.** Ele tem um [dois] ~/s.

namoro (Mô) *s m* (<namorar) **1** A(c)to de namorar. **Ex.** Ele namora [anda de ~ com] a Luísa. **2** Namorado/a(+). **Ex.** Ela foi ~ do José.

nana *s f Infan* (<it *nanna*) **1** Sono; soneca. **Loc.** Fazer ~ [Embalar a criança para dormir]. **Sin.** Óó. **2** Canção de embalar (+) «Nina, nana, meu menino (por)que a mãezinha logo vem, foi lavar os cueirinhos à fontinha de Belém».

nanar *v int Infan* (<nana + -ar¹) **1** Dormir. **Ex.** O bebé/é está a ~. **2** Embalar(+) [Acalentar] para dormir. **Ex.** ~ uma criança.

nandina *s f Bot* (<jp *nanten* ?) Arbusto berberidáceo, ornamental, de flores brancas.

nandu *s m Ornit* ⇒ ema.

nanico, a *adj* (<nano-1 + -ico) Pequen(it)o. **Comb.** Banana [Empresa] ~a.

nanismo *s m* (<nano-1 + -ismo) Cara(c)terística de «homem» anão, planta anã, ... **Comb.** ~ dentário. **Ant.** Gigantismo. ⇒ raquitismo.

nanja *adv Pop* (<nã(o) + já) ⇒ não; nunca; de maneira nenhuma.

nano- *pref* (<gr *nános*: anão) **1** Significa *pequeno*. ⇔ micro- 1(+). **2** *Fís* Prefixo ado(p)tado no SI e simbolizado por *n*, que equivale a dividir uma quantidade por mil milhões (10^{-9}). **Ex.** Nanó[ô]metro; nanossegundo.

nanocefalia *s f* ⇒ microcefalia.

nanocéfalo, a *adj* ⇒ microcéfalo.

nanocormia *s f Med* (<nanocormo + -ia) Pequenez anormal do tronco humano.

nanocormo, a *adj/s* (<nano-1 + gr *kormós*: tronco) (O) que tem tronco pequeno.

nanomelia *s m Med* (<nanó[ô]melo + -ia) Defeito congé[ê]nito do corpo humano, cara(c)terizado pela pequenez dos membros.

nanómelo, a [*Br* **nanômelo**] *adj/s* (<nano- 1 + gr *mélos*: membro) (O) que tem nanomelia.

nanómetro [*Br* **nanômetro**] *s m Fís* (<nano- 2 + ...) Submúltiplo do metro, igual a 10^{-9} m.

nanoplâncton *s m Biol* (<nano-1 + ...) Plâncton constituído por organismos unicelulares.

nanossegundo *s m* (<nano- 2 + ...) Um milésimo milionésimo de segundo/10^{-9} s.

nanossomia *s f* (<nano-1 + gr *sóma*: corpo) ⇒ nanismo(+).

nanotecnologia *s f Fís* (<nano- 2 + ...) Tecnologia que tem por obje(c)tivo o fabrico de mecanismos de dimensões extremamente reduzidas.

nanquim *s m* (<*top chi* Nanquim) **1** Tinta preta, própria para desenho por se fixar bem no papel, etc., e por ser durável. **Sin.** Tinta da China(+). **2** Tecido amarelado de algodão que veio da cidade de Nanquim e já esteve mais na moda. **Comb.** Uma almofada ~.

não (<lat *non*) **1** *adv* **a)** Negação. **Ex.** O senhor tem carro? – ~ senhor (~ tenho). Terminaste o trabalho? – ~ (ainda ~). O seu pai vai chegar aos 100 anos? – ~ digo que ~ [É possível]. É segredo! ~ diga (nada) a ninguém! A culpa ~ foi minha. A culpa ~ foi dele, pois ~ [, não é verdade]? **b)** Ênfase/Uso enfático. **Ex.** Posso usar o seu telefone? – Pois ~ [Como ~?/Pode sim/Claro que pode/Com certeza]. Roubaram-me a carteira! – ~ (diga) [Olhe que desgraça! Vamos depressa, ~ seja [aconteça] que fechem a loja. Na guerra, a que nível de baixeza (~) desce o homem! Imagino o que ~ [o muito que] faria a mãe pelo filho doente! Venha comigo. Quando ~ [Doutra maneira/Senão], vai-se perder! Fui ao Brasil ~ só por [~ só para fazer] turismo mas também para estudar. Mãe, caí! – Eu ~ te [lhe] disse (que era perigoso)?! Ele é espanhol, ~ (é)? Vieram ontem, ~ (vieram)? ~ (é que) li eu outro dia no jornal que ...? **2** *interj* **Ex.** ~ !! Mil vezes ~ [Não e não]! **Sin.** Basta!! **3** *s m* Recusa. **Loc.** Levar um ~ [Não ser aceite o pedido] (Ex. Pedi um carro ao meu pai mas levei um ~). Pelo sim, pelo ~ [Por segurança/Para ir seguro] (Ex. Irá chover? – Pelo sim, pelo ~, leva/e o guarda-chuva].

não-agressão *s f* Intenção declarada de não atacar outro país. **Ex.** No fim das conversações, os dois países firmaram [assinaram] um pa(c)to de ~.

não-alinhado, a *adj/s m* (Diz-se de) país que não adere à orientação [linha] política de um grupo [bloco(+)] de Estados ou de uma grande potência, mantendo-se neutro.

não-alinhamento *s m* Atitude [Decisão] política de não-alinhado.

não-apoiado *s m* Desaprovação; o ser contra. **Ex.** Ouviram-se vozes [gritos] de ~ [de desaprovação]. ~! [Eu não apoio/não concordo/Eu sou contra].

não-beligerância *s f* Atitude de um país que não toma parte num conflito armado [numa guerra], sem, todavia [sem, no entanto], manifestar a sua neutralidade.

não-beligerante *adj/s 2g* (Diz-se de) país que não toma parte num conflito armado, sem todavia manifestar a sua neutralidade.

não-conformismo *s m* ⇒ inconformismo.

não-conformista *adj/s 2g* ⇒ inconformista.

não-eu *s m Fil* O mundo externo (a nós/ao eu).

não-euclidiano, a *adj/s Geom/Mat* (<*antr* gr Euclides + -ano) (Diz-se de) pessoa ou geometria que não segue os postulados de Euclides «por um ponto dado, paralelo a uma linha dada, só se pode traçar uma única linha paralela a ela».

não-ficção *s f Lit* Conjunto de obras literárias «ensaio/crítica/história» diferentes das obras de ficção «romance/conto/poesia».

não-fumador, ora [**-fumante**] *s/adj* (O) que não fuma.

não-intervenção *s f* Posição, atitude ou política de um Estado não intervir nos assuntos internos de outros países. **Comb.** *Dir* Princípio da ~ [da lei internacional que obriga os países a não intervirem uns nos outros].

não-intervencionista *adj/s 2 g* (O) que defende a não-intervenção.

não-me-deixes *s m Bot* Planta vivaz, anual, asterácea, nativa do sul da África, de lígulas vermelhas e disco amarelo, cultivada como ornamental; *Senecio elegans/vulgaris*.

não-me-esqueças *s m Bot* ⇒ miosótis.

não-me-toques *s m Bot 2n* **1** Planta mimosácea, cujas folhas se retraem quando tocadas. **Sin.** Sensitiva. **2** *fig* Pessoa muito sensível/que se melindra facilmente.

não-sei-quê *s m* Coisa incerta/Algo. **Ex.** Há aqui algo [um ~] da cultura japonesa que eu não entendo. **Comb.** Um ~ e um quase-nada [Coisa misteriosa e sem importância].

não[nem]-sei-que-diga = acho que é melhor eu ficar calado.

não-te-rales *s m 2n* (<não se ralar) Pessoa que não liga às coisas à sua volta nem ao seu comportamento e respe(c)tivas consequências. **Ex.** Aquele casal são dois [leva uma vida de] ~.

não-violência *s f* Atitude moral (e política) de quem só usa meios pacíficos para resistir à agressão. **Ex.** Eu procuro imitar a política [atitude] de ~ de Gand(h)i.

napa *s f* (<*top* Napa, Califórnia, EUA) ⇒ pelica(+).

napáceo, a *adj* ⇒ napiforme.

napalm *s m Quím* (<ing *napalm* <*naphthenate*: ácido nafté[ê]nico + *palmitate*: ácido palmítico) Gasolina gelificada por meio de palmitato de sódio ou alumínio, utilizada no fabrico de bombas incendiárias. **Comb.** Bomba de ~.

napeia *s f Mit* (<gr *napaia*: ninfa dos bosques) **1** Ninfa dos bosques e dos prados. ⇒ náiade 1. **2** *Bot* Nome genérico de plantas malváceas.

napeiro, a *adj* (<ing *nap*: soneca?) **1** ⇒ indolente(+). **2** ⇒ dorminhoco(+).

napelo *s m Bot* ⇒ acó[ô]nito.

naperão *s m* (<fr *napperon*) Pano de renda ou bordado colocado em cima de mesa ou móvel para proteger ou decorar.

napiforme *adj 2g* (<nabo + forma) Que tem a forma de nabo/Napáceo.

napoleónico, a [*Br* **napoleônico**] *adj* (<*antr* Napoleão) Relativo a Napoleão Bonaparte. **Comb.** Guerras ~s.

napolitano, a *adj* (<*top* Nápoles) De Nápoles.

naquele, a (Quêle, Quéla) *Contr* de em + aquele. **Ex.** Confio mais nesta marca de carro do que ~a.

naqueloutro, a *Contr* de em + aqueloutro. **Ex.** Hoje comemos melhor do que ~o dia em que não encontrámos nenhum restaurante ...

naquilo Contr de em + aquilo. **Ex.** Ele pensava sempre ~ que a falecida mãe lhe dissera [tinha dito].

narceína s f Quím (<gr nárke: torpor) Alcaloide extraído do ópio; $C_{23}H_{27}NO_8$.

narceja s f Ornit (<lat una acceia: uma galinhola) Ave pernalta, escolopacídea, migratória, que vive nas terras alagadiças; Gallinago paraguaiae. ⇒ maçarico.

narcisar-se v t (⇒ narciso) Rever-se ou enfeitar-se, encantado de si mesmo. **Comb.** fig Lago em que as flores se narcisam [se refle(c)tem].

narcisismo s m (⇒ narciso) 1 Vaidade/Egolatria. 2 Psic Estado mental em que a libido está voltada para si mesmo/para o próprio. **Comb.** ~ *primário* [Estado precoce do desenvolvimento psicossexual no qual o indivíduo se tem como obje(c)to sexual]. ~ *secundário* [Retorno ao ego [ao eu egoísta] da libido desinvestida dos obje(c)tos de amor]. **Sin.** Autocontemplação.

narcisista adj/s 2g (⇒ narciso) (O) que é muito voltado para si mesmo, que só admira a própria imagem. **Sin.** Vaidoso(+); adamado.

narciso s m (<gr nárkissos) 1 Bot Nome comum a várias ervas amarelidáceas ornamentais; Narcíssus poeticus/odórus/... 2 Mit gr maiúsc Narciso, divindade inferior, que, punido por Afrodite, se enamorou da sua própria imagem refle(c)tida na água, o que o levou ao desespero e à morte, transformando-o na flor que tem o seu [o mesmo] nome.

narcisoide (Sói) adj 2g Bot (<narciso + -oide) Semelhante ao narciso.

narco- pref (<gr nárke: torpor) Exprime a ideia de narcótico, torpor, entorpecimento.

narcoanálise s f Med (<narco- + ...) Processo de exploração do in[sub]consciente por meio de confissão obtida durante um estado de semissonolência, provocado por uma droga hipnótica «barbitúrico».

narcodólar(es) s (<... + dólar) Dinheiro [Lucro] proveniente do tráfico de estupefacientes.

narcoipnose s f Med (<... + hipnose) Estado de sugestibilidade hipnótica provocado por administração de um estupefaciente.

narcolepsia s f Med (<... + gr lépsis: acesso + -ia) Tendência extrema para adormecer em condições ambientais favoráveis, mas com facilidade em [de] interromper o sono/Hipnolepsia.

narcomania s f Med (<narco- + ...) ⇒ toxicomania.

narcoplanta s f (<narco- + ...) Planta que serve para produzir narcóticos.

narcose s f Med (<gr nárkosis: entorpecimento) Diminuição da sensibilidade/Doença de descompressão. ⇒ anestesia.

narcossíntese s f Psic (<narco(análise) + síntese) Psicoterapia que utiliza elementos obtidos [colhidos] por narcoanálise.

narcoterapia s f Med (<narco- + ...) Tratamento de doenças mentais mantendo o paciente em sono artificial prolongado.

narcótico, a adj/s (<gr narkotikós) 1 Que entorpece/Estupefaciente. 2 Qualquer substância amortecedora dos sentidos «maconha, morfina, álcool, tabaco» que se usa como remédio ou que tem um alucinatória/Droga. 3 fig Qualquer coisa que provoque um efeito apaziguador. **Ex.** Para muita gente a TV é um ~. Ficar ali ao fresco, bebendo um uísque, para ele é um ~. 4 depr Pessoa enfadonha/aborrecida/que dá sono.

narcotina s f Quím (<narcótico + -ina) Substância alcaloide que se extrai do ópio; $C_{22}H_{23}NO_7$.

narcotismo s m (<narcótico + -ismo) 1 Conjunto dos efeitos produzidos pelos narcóticos. 2 Vício dos narcóticos/da droga.

narcotização s f (<narcotizar + -ção) A(c)to ou efeito de narcotizar. ⇒ anestesia.

narcotizador[zante] adj (<narcotizar + ...) Que narcotiza.

narcotizar v t (<narcótico + -izar) 1 Aplicar um narcótico. **Ex.** Os ladrões narcotizaram o guarda. 2 Misturar narcótico em. **Ex.** Narcotizaram o café. 3 fig Tornar insensível/Anestesiar. **Loc.** ~ a consciência [Fazer perder o sentido do bem e do mal]. 4 fig Aborrecer. **Ex.** A longa conferência narcotizou [fez cabecear/pôs a cochilar] os ouvintes.

narcotraficante adj/s 2g (<narco- + ...) (O) que negoceia em [faz tráfico de] drogas proibidas.

narcotráfico s m (<narco- + ...) Tráfico de drogas proibidas.

nardino, a adj (<lat nardinus) Do [Semelhante ao] nardo.

nardo s m Bot (<gr nárdos) 1 Planta gramínea aromática de várias espécies; Nárdus stricta. 2 Rizoma aromático «do ~-da-índia»; Nardus grandiflora. 3 Perfume de ~ (obtido do rizoma ou da flor de algumas espécies).

narguilé s m (<persa nargileh <nargil: coco) Cachimbo turco com fornilho, tubo e reservatório de água perfumada que o fumo atravessa antes de chegar à boca.

narícula s f (<lat narícula dim de náris: nariz) ⇒ narina.

narigada s f (⇒ narícula) 1 Pancada no [com o] nariz. **Ex.** Dei uma ~ no vidro! 2 ⇒ Pitada (de tabaco)(+).

nariganga (<narícula + -anga) 1 s f Nariz grande. ⇒ narigão(+). 2 adj/s (O) que tem nariz grande. ⇒ narigudo(+).

narigão, gona s/adj (<narícula + -ão) 1 Nariz muito grande. 2 ⇒ narigudo.

narigudo, a adj/s (<lat narícula + -udo) (O) que tem nariz grande.

narigueta/e s 2g (<narícula + ...) (O que tem) nariz torto ou achatado.

narina s f Anat (<lat naris + -ina) Cada um dos orifícios do nariz/Fossa nasal/Venta.

nariz s m (<lat naris; pl narizes; ⇒ nasi/o-) 1 Órgão do olfa(c)to. **Loc.** Assoar-se [Assoar/Limpar o ~]. *Tapar o* ~ «por causa do mau cheiro». *Ter o* ~ *entupido* «(por causa) do resfriado». **Comb.** ~ *aquilino* [de águia]. ~ *arqueado* [de cavalete]. ~ *chato* [achatado]. ~ *comprido*. **Idi.** *Chegar-lhe a mostarda ao* ~ [Zangar-se] (Ex. Os alunos não estudaram e o professor chegou-lhe a mostarda ao ~ [e o professor zangou-se]). *Dar com o* ~ *na porta* (Ex. Fui a casa do Jorge mas dei com o ~ na porta [mas ele não estava]). *Falar pelo* ~ [Ser fanhoso]. *Ficar de* ~ *comprido* [idi Ficar a ver navios; Não conseguir o que queria ter]. *Ficar de* ~ *torcido* [idi Fazer cara de poucos amigos/Não gostar/Zangar-se]. *Meter o* ~ *em* [Intrometer-se] (Ex. Ela anda sempre a meter o ~ em tudo!). *Meter o* ~ *onde não é chamado* [Ser metediço]. «ser» *Muito [Todo] senhor do seu* ~ [Convencido/Orgulhoso] (Ex. Ela é toda [muito] senhora do seu nariz). *Não ver* [enxergar] *um palmo adiante* [à frente] *do* ~ [Ser ignorante] (Ex. Ele é um ignorante. Não vê um ...). *Torcer o* ~ [Não gostar/aceitar/querer] (Ex. Eu convidei-o para sócio da empresa mas ele torceu o ~). ⇒ focinho; fuças; tromba; ventas. 2 Olfa(c)to/Cheiro. **Ex.** Eu tenho (um) ~ para comida estragada! Sei logo se está boa ou não. 3 Narinas. **Ex.** Menino, tire a mão do ~! É melhor respirar sempre pelo ~. 4 Ponta/Frente. **Idi.** *No* ~ *de* [Mesmo na frente] (Ex. Ele roubou a loja no ~ [nas barbas(+)] da polícia. Eu disse-lhe no ~ dele [de caras(+)]: ladrão!). **Comb.** O ~ [focinho] do avião. 5 fig Protuberância. **Comb.** O ~ do ferrolho.

nariz-de-cera s m fig ⇒ oco (Coisa oca/ Frase feita [postiça]).

narração s f (<lat narrátio,ónis) 1 A(c)to de narrar/Relato minucioso de um acontecimento/Exposição. **Ex.** Ele tem uma ó(p)tima ~ [Ele sabe narrar/Ele expõe muito bem]. 2 Parte narrativa «do filme»; conto; história. **Ex.** Este romance tem pouco diálogo, é quase todo ~.

narrado, a adj (<narrar) 1 adj (Que foi) dito/contado. 2 s m ⇒ narração.

narrador, ora s (<lat narrátor,óris) Quem narra/conta/lê/expõe. ⇒ narrativo.

narrar v t (<lat nárro,áre,átum) Contar/Historiar/Relatar/Descrever/Expor. **Ex.** A carta de Pero Vaz de Caminha narra a chegada dos portugueses ao Brasil.

narrativa s f (<narrativo) 1 Narração/História/Conto. **Ex.** Que ~ tão bonita! 2 Gé[ê]nero literário em que predomina a prosa em vez do diálogo ou da poesia.

narrativo, a adj (<lat narratívus) Relativo à [Próprio da] narração. **Ex.** Ponha este diálogo em estilo ~. **Comb.** *Gé[ê]nero* ~. *Técnica* ~*a*. *Texto* ~.

nartece [nártex(+)] (Téce) s m Arquit (<gr nártheks: (caixa de) férula (para medicamentos) Vestíbulo à entrada das antigas igrejas para os catecúmenos/Pórtico(+).

narval s m Icti (<dinamarquês narhval: baleia com nariz) Mamífero cetáceo dos mares do norte cujo macho tem um dente superior muito comprido; Monodon nonoceros. **Sin.** Unicórnio-do-mar.

nas Gram ⇒ no.

NASA abrev do ing National Aeronautic and Space Administration = Administração Nacional de Aeronáutica e Espaço (dos Estados Unidos).

nasal adj 2g (<lat násus,i: nariz) 1 Do nariz. **Comb.** Fossas ~ais. Ossos nasais. Septo ~. 2 Que é modificado pelo nariz. **Comb.** *Consoante* ~ «n». *Vogal* ~ «ã». ⇒ fanhoso; nasalado.

nasal(iz)ação s f Ling (<nasal(iz)ar + -ção) Transformação de um som oral «á» em nasal «ã».

nasal(iz)ado, a adj (<nasal(iz)ar) «õ/ã» Pronunciado com som nasal.

nasal(iz)ar v t (<nasal + -ar¹) Transformar vogal oral «ó» em nasal «õ».

nasalidade s f (<nasal + -idade) Qualidade de nasal.

nascediço, a adj (<nascer + -diço) Que está a [para] nascer. ⇒ nascituro.

nascedoi[ou]ro s m (<nascer + -douro) 1 Orifício do útero. 2 O apontar da cabeça da criança. 3 Lugar onde se nasce/Terra natal (+).

nascença s f (<lat nascéntia) 1 A(c)to de nascer. **Sin.** Nascimento(+). 2 fig Começo. **Loc.** À ~ [Ao começo/Ao nascer]. «cego» *De* ~ [Já ao nascer]. 3 Pop ⇒ nascida; furúnculo(+).

nascente adj/s 2g (<lat náscens,éntis <náscor,násci,nátus sum: nascer) 1 Que [Lugar onde] nasce/Que começa a aparecer [a formar-se]. **Comb.** ~ *do rio*. O interesse ~ pelas fontes de energia renováveis. 2 Geol (Lugar onde brota) água/ Fonte. **Comb.** ~ *forte* [abundante]. Água de ~ [natural/não tratada]. 3 fig Lugar onde qualquer coisa tem origem/Começo/Prin-

cípio. **4** Que surge no horizonte. **Comb.** País do Sol ~ [O Japão]. Vermelhidão do sol ~. **5** Lado onde nasce o sol/Oriente/(L)este/Levante. **Ant.** Poente.

nascer *v int/s m* (<lat *náscor,násci,nátus sum*) **1** Vir ao mundo/Nascimento. **Ex.** O menino nasceu com quase 4 kg! **Idi.** ~ *em berço de oiro* [~ rico]. *Não ter nascido ontem* [Não ser parvo/ingé[ê]nuo] (Ex. «(olhe que) você a mim não me engana» Eu não nasci ontem...). **2** Germinar/Rebentar/Brotar. **Ex.** Os feijões [As batatas] já nasceram. **3** Ter princípio ou origem/Principiar/Começar. **Ex.** Os dois maiores rios de Portugal, o Douro e o Tejo, nascem em Espanha. O cristianismo nasceu em meio de uma sociedade pagã decadente. **4** Aparecer no horizonte ou no firmamento. **Ex.** Quando acordei já havia [fazia/tinha nascido o] sol. **Comb.** *O ~ do sol*. *Ao ~ do dia*. **5** (Pro)vir/Derivar. **Ex.** De onde nasceram [terão vindo] tais suspeitas? **6** Ter talento nato ou aptidão natural para algo. **Ex.** Ele já nasceu artista. Ela nasceu para a música [para médica/para mandar]. **7** Aparecer/Formar-se/Constituir-se. **Ex.** Nasceram-lhe borbulhas na cara. **8** Acontecer/Suceder. **Ex.** Muitas invenções nasceram por acaso. **9** Abrir-se/ «o interesse/a curiosidade» Despertar(-se).

nascido, a *adj/s* (<nascer) **1** (O) que nasceu/Nado[2]. **Ex.** Sou ~ e criado em Lisboa. **2** *pop* ⇒ abcesso [furúnculo/tumor].

nascimento *s m* (<nascer +-mento) **1** A(c)to de nascer/Nascença. **Ex.** É angolano de ~ [Nasceu em Angola] mas tem nacionalidade portuguesa. **Loc.** *De ~/nascença*(+) [Por natureza]. **3** Origem/Princípio/Começo. **Comb.** «vimos o» ~ de uma nova cidade. **4** *Astr* Aparecimento «de um novo astro».

nascituro, a *adj/s* (<lat *nascitúrus,a,um* <*náscor*: nascer) (O) que deve [vai] nascer. **Comb.** Direitos do ~.

nasi/o- *pref* (<lat *násus,i*: nariz) Exprime a ideia de nariz.

nasicórneo, a *adj/s m Zool* (<nasi- + ...) **1** «rinoceronte» Que tem uma saliência córnea sobre o focinho. **2** Inse(c)to coleóptero «besouro».

nasofaringe *s f Anat* (<naso- + ...) Parte superior da faringe atrás das fossas nasais.

nassa *s f* (<lat *nax[ss]a,ae*) Espécie de cesto de vimes ou canas para apanhar peixes. ⇒ armadilha.

nastro *s m* (it *nastro*) **1** Tira [Fita] estreita e resistente de linho ou de algodão «da calça do pijama». **2** ⇒ faixa; cadarço.

nata *s f* (<lat *n[m]ata*: esteira) **1** Camada gordurosa e consistente que se forma à superfície do leite quando (é) aquecido/Creme. **Ex.** Da ~ batida obtém-se a manteiga. **2** Camada gordurosa formada à superfície de outros líquidos «da canja de galinha». **3** Camada de lama «poeira» fina «do cimento ainda mole» ou fértil, em terrenos alagados. ⇒ nateiro. **4** *Cul* Alimento à base de gordura de leite concentrada. **Comb.** Pastel de ~ «de Belém, em Lisboa». **5** *fig* Parte melhor ou mais valiosa de algo. **Comb.** «via-se/estava ali» A ~ [elite/O escol/A fina flor] da sociedade.

natação *s f* (<nadar; ⇒ nado[1]) **1** A(c)tividade que consiste em mover-se na água através de movimentos coordenados de braços e pernas «pessoas» ou de barbatanas, cauda ou patas «peixes/bichos/inse(c)tos». **2** *(D)esp* Prática dessa a(c)tividade. **Comb.** *~ sincronizada* [com coreografia de grupo e ao som de música]. *Aulas* [Escola/Professor] *de ~*.

natadeira *s f* (<nata + -deira) Vasilha baixa e larga na qual se expõe o leite ao máximo conta(c)to com o ar e assim criar nata mais depressa.

natal *adj 2g* (<lat *natális,e*: do nascimento) Relativo ao nascimento/Natalício. **Ex.** Todos gostam da terra ~ [da sua terra].

Natal *s m Rel* (⇒ natal; Natividade) Festa cristã, a 25 de dezembro, que celebra o nascimento de Jesus Cristo. **Comb.** Árvore de ~. *Canção* [Cântico] *de ~* «Noite Feliz». *Noite* [Véspera] *de ~*. ⇒ presépio.

natalício, a *adj/s m* (<lat *natalícius,a,um*) **1** Relativo ao (dia do) nascimento. **2** *s m* (Aniversário) ~. **Ex.** Os familiares festejavam [celebravam] o seu ~.

natalidade *s f* (⇒ natal) Número de nascimentos ocorridos em determinado período de tempo numa dada região. **Comb.** *Controle* [Limitação] *da ~*. *Taxa de ~* [Relação entre o número de nascimentos durante um ano e o total da população, expressa em permilagem].

natalino, a *adj* (<Natal + -ino) Relativo ao ou próprio do Natal. **Comb.** Época ~a. Festas ~as.

natalista *adj/s 2g* (⇒natal) (O) que defende ou favorece o aumento da natalidade. **Comb.** Política ~ «do país».

natátil *adj 2g* (<lat *natátilis,e*: que pode nadar <*natáre*: nadar) «cortiça» Que flutua/boia/se mantém à tona da água.

natatório, a *adj/s m* (<lat *natatórius,a,um*) **1** Relativo à natação/Próprio para nadar. **Comb.** *Bexiga ~a* (dos peixes). *Membrana ~a* (das patas das aves aquáticas «pato»).

nateirado, a *adj* (<nateiro + -ado) «terreno à beira-rio» Coberto de nateiros.

nateiro *s m* (<nata 3 + -eiro) **1** Camada de lodo formada de poeiras, detritos orgânicos e água de cheias ou enxurradas. **2** Terreno fértil coberto com 1. **3** *Geol* Mistura de argila, areia, limonite, matéria orgânica, ... que constitui uma rocha sedimentar detrítica.

natimorto, a *adj/s* (<lat *natus,a,um* + ...) (Diz-se de) feto viável que nasceu sem vida. ⇒ nonato.

n[N]atividade *s f* (<lat *natívitas,átis*) Dia do nascimento. **Comb.** ~ de Nossa Senhora (celebrada como festa da Igreja a 8 de setembro). ⇒ Natal.

nativismo *s m* (<nativo + -ismo) **1** Teoria filosófico-psicológica segundo a qual a representação do espaço e do tempo é dada imediatamente com as sensações visuais ou tá(c)teis, e não adquirida pela experiência. **2** Valorização excessiva de tudo o que é nacional e, ao mesmo tempo, aversão aos estrangeiros. ⇒ xenofobia; nacionalismo; bairrismo.

nativista *adj/s 2g* (<nativo + -ista) **1** Relativo ao nativismo. **Comb.** Teoria ~. **2** Relativo [Favorável] aos indígenas «do Brasil». **Comb.** Historiador ~. **3** Pessoa que gosta da sua terra e não dos estrangeiros. ⇒ nacionalista; narcisista; isolacionista; ilhéu.

nativo, a *adj/s* (<lat *natívus,a,um*; ⇒ nascer) **1** Que pertence, de origem, ao país onde nasceu/Indígena/Natural/Nacional. **Ex.** A minha língua (~a) é o português. **Comb.** *Carioca* [Lisboeta] *~o*/de nascimento(+). *Criança ~a* [oriunda/vinda] de uma aldeia da província/do interior. *Falante* [Locutor] *~* «consultado para uma tradução». *Guia ~* «do Nepal para subir o Everest». **2** Conferido [Dado] pelo nascimento. **Comb.** *Direitos ~s*. *País* [Terra] *~o* [~ a /natal(+)]. **3** *Miner* Diz-se, sobretudo, de metal encontrado em estado puro. **Comb.** Água ~ [(de) nascente(+)]. *Mínio ~* [Chumbo carbonatado «us pelos mineralogistas»]. *Prata ~*.

nato, a *adj* (<lat *nátus,a,um*; ⇒ nascer) **1** Nascido/Nado[2]. **2** Que nasceu com a pessoa/Natural/Congé[ê]nito/Inato. **Ex.** Era brasileiro ~/de nascimento. Ela tem um talento ~ [natural(+)] para a música. **3** Que está necessariamente ligado à natureza ou às funções do próprio cargo/Inerente. **Ex.** Todo o juiz tem de ser um defensor ~ dos direitos humanos.

natrão *s m Min* (ár *natrun*) Carbonato hidratado de sódio que cristaliza no sistema monoclínico.

natrólito [natrolita] *s Miner* (<lat científico *nátrium*: sódio + ...) Mineral hidratado de sódio e alumínio e que é fusível à chama de uma vela.

natural *adj/s 2g* (<lat *naturális,e* <*natúra* <*náscor*: nascer) **1** Da [Que existe na] natureza. **Comb.** *Belezas ~ais* «mar/florestas/flores». *Ciências ~ais* «Botânica». *Fenó[ô]meno ~* «chuva/terramoto». *História ~* [que trata da descrição e classificação dos seres vivos]. *Luz ~* [do dia/do Sol] (Ant. Luz elé(c)trica/da vela/...). *Morte ~* (Ant. Morte por assassínio/na guerra/...). *Recursos* [Riquezas] *~ais* «minério/água». **2** Que nasce com o indivíduo/Que é [vem] da natureza. **Comb.** *Direitos ~ais* [*humanos*(+)]. *Lei ~* [funda(menta)da na natureza ou na vida humana]. *Talento ~* «para a música». **3** Normal. **Ex.** Se trabalhou tanto, é ~ que esteja cansado. **4** Próprio/Inerente. **Ex.** Muitas vezes o crime é fruto ~ da miséria. **5** Sem intervenção humana/Simples. **Comb.** Água ~/simples/sem qualquer mistura ou aditivo. *Cabelo loiro ~*. *Cor ~* do rosto. *Lã ~/virgem/pura*. *Porto ~* «na foz do rio». *Seda ~/virgem/pura* «do bicho-da-seda». **6** Genuíno/Puro. **Comb.** *Bebida ~* «sumo de laranja (espremida na hora)». *Riso ~/espontâneo/franco*. **7** Originário/Oriundo. **Ex.** A moça era brasileira, ~ de [, nascida em] S. Paulo. **8** Provável/Verosímil/Presumível. **Ex.** Como hoje [a essa hora] está livre é ~ que venha à (nossa) reunião. **9** Maneira de ser/Cará(c)ter. **Loc.** Ter bom ~ [Ser bom por natureza/Ser de boa índole]. **10** Qualidade do que é simples/Simplicidade/Naturalidade. **Ex.** Na fotografia de família ficámos ~ais [(tais) como somos/sem posar/ao ~]. **Loc.** *Ao ~* [Segundo a própria natureza/Sem mistura ou artifício] (Ex. Eu como a [gosto da] fruta ao ~ «não a cozo nem asso»). *Fora do ~/normal*. **Comb.** Linguagem ~/simples/normal/agradável.

naturalidade *s f* (<lat *naturálitas,tátis*) **1** Qualidade do que é natural/do que está de acordo com a natureza. **2** Ausência de artifício/pose/acanhamento/medo/Simplicidade/Espontaneidade. **Ex.** Encarou [Enfrentou] o problema com (toda) a ~. Fala com ~, sem querer mostrar que é importante/rico/nobre. **3** Terra [País] onde se nasceu. **Ex.** Escreva aqui o (seu) nome, a data de nascimento e a (sua) ~. ⇒ nacionalidade 2; naturalização 1.

naturalismo *s m* (<natural + -ismo) **1** *Fil* Sistema daqueles que atribuem tudo à natureza, rejeitando a existência do sobrenatural. ⇒ materialismo; positivismo. **2** *Liter/Arte* Movimento «francês» da segunda metade do séc. XIX que defendia a representação da natureza sem idealizações ou conceitos morais e estéticos. ⇒ realismo. **3** ⇒ naturismo.

naturalista *s/adj 2g* Relativo ao [Seguidor/Partidário/Estudioso do] naturalismo.

naturalização s f (<naturalizar + -ção) **1** A(c)to pelo qual um indivíduo se torna legalmente cidadão de outro país/Mudança de nacionalidade. **Loc.** Obter carta de ~. **2** *Bot/Zool* Aclimatação de planta ou animal num lugar que lhes é estranho. **3** *Ling* Introdução, numa língua, de uma palavra ou locução estrangeira.

naturalizar v t (<natural + -izar) **1** Conceder a um estrangeiro os mesmos direitos e privilégios de que gozam [desfrutam] os naturais de um Estado. **Ex.** Portugal naturalizou [concedeu a nacionalidade/cidadania portuguesa a] cidadãos das ex--colónias que há muitos anos residiam no país. Eu naturalizei-me brasileiro. **2** *Bot/Zool* Aclimatar(+) plantas ou animais a um ambiente [meio] diferente do da sua origem. **Comb.** Planta naturalizada/subespontânea. **3** *Ling* ⇒ ado(p)tar [introduzir] uma palavra ou locução estrangeira.

naturalmente adv (<natural + -mente) **1** Se calhar/Provavelmente. **Ex.** O céu está nublado e o vento vem do Sul; ~ vai chover. **2** Com certeza/Certamente. **Ex.** Levamos um presente ao aniversariante? – ~! **3** De modo natural/Espontaneamente. **Ex.** Essas abóboras [melancias] nasceram aí ~ [sem serem semeadas (por ninguém)]. **4** Por natureza. **Ex.** Será que o homem é ~ bom?

natureza s f (<lat *natúra*: a(c)ção de fazer nascer, natureza, criador + -eza) **1** Conjunto das coisas criadas. **Loc. Contemplar a ~. Viver no meio da ~** «campos/florestas». **Comb. As maravilhas** [A beleza/A força/Os mistérios] **da ~. Os três reinos da ~**: reino animal, reino vegetal e reino material [inorgânico]. **2** Aquilo com que nasce [Aquilo que é próprio de] um ser/Espécie/Qualidade/Essência. **Ex.** Pensar é próprio da ~ humana [do homem]. Ainda não conhecemos a ~ desse fenó[ô]meno. Esse problema é de ~ diferente [é doutra ~/espécie]. **Comb. ~ canina** [própria do cão «defender o dono»]. **~ divina** [de Deus: Pai, Filho e Espírito Santo]. **~ humana** [do homem]. **Obje(c)tos [Produtos] de vária ~. 3** Índole/Cará(c)ter/Temperamento. **Loc. Por ~** [Naturalmente **4**] (**Ex.** O homem é por ~ amigo de saber/conhecer). **A ~ pacífica** de um povo «o português/o brasileiro». **4** Norma [Verdade] inscrita na criação/em todas as coisas criadas/Lei natural (+). **Ex.** Esse comportamento é contra a ~ (⇒ contranatura). **Loc. Forçar a ~** [Querer fazer mais do que se pode] «trabalhar quinze horas e não comer». **idi Pagar o tributo à ~** [Morrer]. **pej Viver à lei da ~** [Viver como os animais, sem se guiar pela razão]. **Comb. A ~ das coisas** [O que se considera ser a lógica do funcionamento de algo] (Ex. A dificuldade em se entenderem a sogra e a nora parece estar na ~ das coisas). **Aberração da ~ a)** Fenó[ô]meno muito anormal «cavalinho nascido sem patas/membros»; **b)** Grande degradação moral «pais matarem um filho à nascença». **Leis da ~** «da física/gravidade». **5** Estado primitivo do homem anterior à civilização. **6** Constituição [Organismo/Órgão especial] dum ser vivo. **Ex.** A sua ~ impelia-o a comer compulsivamente. **7** *Arte* «pintura» Obje(c)to real que se toma por modelo. ⇒ ~-morta.

natureza-morta s f Pintura que representa seres inanimados (animais ou vegetais).

naturismo s m (<natur(ez)a + -ismo) Conjunto de ideias que preconizam [defendem] um retorno à natureza como a melhor maneira de viver ou de se curar: vida ao ar livre, alimentos naturais, nudismo. ⇒ naturalismo.

naturista s/adj 2g (O) que defende ou pratica o naturismo. ⇒ nudista; naturalista.

nau s f *Náut/Hist* (<lat *návis,is* <gr *naús,neós*) Antigo navio à [de] vela, de dois ou mais mastros (principais), armação redonda, grande calado e borda alta, com castelos de proa e popa elevados, usado no transporte de mercadorias e na marinha de guerra. ⇒ galeão; caravela; nave.

náuatle s/adj 2g *Ling Etno* (<*náhuatl*: língua harmoniosa) (Relativo a) povo/língua que, incluindo os astecas, se estendeu do México meridional até à América Central.

naufragado, a adj (<naufragar) Que naufragou. **Comb.** Barco ~. ⇒ náufrago.

naufragar v int (<lat *náufrago,áre* <*návis* + *frángo,ere,fráctum*: quebrar, partir) **1** «navio» Ir ao fundo ou ficar destruído no mar/Sofrer naufrágio. **2** *fig* Ter mau êxito/Fracassar. **Ex.** Com a crise econó[ô]mica, o proje(c)to do novo aeroporto naufragou.

naufrágio s m (<lat *naufrágium,ii*) **1** Perda [Afundamento] de um navio «Titanic» no mar. **2** *fig* Ruína ou fracasso completo. **Ex.** A aventura [tentativa] acabou em ~.

náufrago, a s (<lat *náufragus,i*; ⇒ naufragar) **1** Morto num naufrágio. **2** Pessoa que sobreviveu [que foi salva] do naufrágio. **3** *fig* Pessoa arruinada/que sofreu grande infortúnio. **Ex.** A especulação (financeira) produz sempre ~s.

naufragoso, a adj (<lat *naufrag(i)ósus,a,um*) **1** «recife» Que causa naufrágios. **2** «lugar» Em que ocorrem naufrágios. **3** *fig* «cargo/trabalho» Muito arriscado/perigoso.

Nauru s m *Geog* República de ~. **Ex.** Em ~, pequena ilha entre o Havai e a Austrália, fala-se o nauruano, palavra que designa também os seus habitantes.

nauscópio s m (<nau + -scópio) Instrumento ó(p)tico de longo alcance *us* no mar.

náusea s f (<gr *nausía*: enjoo no mar/na nau) **1** *Med* Sensação desagradável de quem sente [tem] vontade de vomitar. **2** *fig* Repugnância/Asco/Nojo/Aversão. **Ex.** Ao ver tanta injustiça [tão hediondo crime] até senti ~s.

nauseabundo, a adj (<lat *nauseabúndus,a,um*: que sofre de enjoo do mar) **1** Que dá vontade de vomitar/Que produz náusea. **Comb.** Cheiro [Fedor] ~. **2** *fig* ⇒ nojento; repugnante; asqueroso.

nauseado, a adj **1** ⇒ enjoado; **2** ⇒ enojado.

nausear v t/int (<náusea + -ar¹) **1** Causar náusea. **Ex.** O bolo [A bebida] nauseou-o. **2** Ter náuseas/Enjoar(+). **3** *fig* Sentir náuseas(+)/repugnância.

nauseativo, a [nauseante] adj (<nausear) Que produz náusea. ⇒ nauseabundo(+).

nauseento, a adj (<náusea + -ento) «ele é» Atreito [Sujeito] a náuseas.

nauta s 2g (<lat *nauta,ae*) Navegador(+); navegante; marinheiro. ⇒ astronauta.

náutico, a s/adj *Náut* (<lat *náuticus,a,um*: de marinheiro) **1** s f Arte ou ciência de navegar. ⇒ navegação; marinha. **2** Relativo a navegação. **Comb.** Desportos [Esportes] ~s. **3** ⇒ navegador.

náutilo s m *Zool* (<gr *nautilos*) Molusco cefalópode de concha espiralada e com vários compartimentos no último dos quais ele se aloja/instala.

nautografia s f (<nauta + ...) Descrição do aparelho dos navios e respe(c)tivo funcionamento.

naval adj 2g (<lat *navális,e*; ⇒ nave) Relativo a navios ou à navegação. **Comb. Batalha ~** [entre navios de guerra]. **Escola ~** [que prepara oficiais para a marinha (de guerra)]. **Exercícios ~ais** [Treino/Operações da marinha de guerra]. **Força(s) ~/ais** [Marinha de guerra/Armada]. ⇒ fuzileiro.

navalha s f (<lat *novácula*; ⇒ faca) **1** Instrumento cortante com um cabo «de madeira» e uma lâmina que nele encaixa. **Comb. ~ de barba**. ⇒ gilete; máquina (elé(c)trica) de barbear. **~ de ponta e mola** [cuja lâmina pontiaguda tem [comunica com] uma mola que impede que ela se feche sem querer]. **2** *fig* Pessoa que tem má língua/«ele é [tem] uma» Língua viperina (+). **3** *fig* Frio excessivo na cara. **4** *Zool* Molusco lamelibrânquio, solenídeo, de concha alongada que lembra uma ~.

navalhada v t (<navalha + -ada) Corte [Golpe] com navalha. ⇒ facada.

navalhar v t (<navalha + -ar¹) **1** Cortar [Golpear] com navalha (+). **2** *fig* ⇒ Magoar/Torturar(+).

navarro, a adj/s De [Relativo a] Navarra, província espanhola.

nave s f (<lat *návis,is*: navio, embarcação, nau) **1** ⇒ navio(+). **2** Veículo para explorar o [para viajar no] espaço. **Comb. ~ espacial** [para explorar o espaço, podendo também colocar satélites em órbita]. Aeronave [Avião(+)]. **3** *Arquit* Espaço longitudinal entre as colunas dum templo. **Comb. ~ central** [mais alta, do centro]. **~ lateral** [dos lados].

navegabilidade s f (<navegável + -dade) **1** Estado de rio que [onde] se pode navegar/ que é navegável. **2** Estado de barco que pode navegar. **Comb.** Certificado [Licença] de ~.

navegação s f (<lat *navigátio,ónis*; ⇒ náutica) **1** Viagem ou transporte na água ou no ar. **Comb. ~ aérea** [«de avião» na atmosfera terrestre]. **~ costeira [de cabotagem/**ao longo da costa/à vista de terra**]. ~ espacial** [no espaço extraterrestre]. **~ de longo curso** [mercante de alto mar]. **~ fluvial** [nos rios]. **~ interior** [fluvial ou lacustre (Em lago)]. **~ interplanetária** [da Terra até outro planeta «Lua/Marte/...»]. **~ marítima** [nas águas do mar]. **~ submarina** [debaixo da água do mar]. **2** *Info* A(c)to de percorrer a Internet através de uma aplicação adequada «browser».

navegador, ora s/adj (<lat *navigátor,óris*) **1** Pessoa que, conhecedora da ciência náutica, percorre todos os mares/Navegante. **Ex.** Portugal teve audazes e ilustres ~res «Fernão [Fernando] de Magalhães, Bartolomeu Dias, Vasco da Gama, ...». ⇒ piloto. **2** *(D)esp* Tripulante de automóvel em prova de rali que informa o piloto das cara(c)terísticas do traje(c)to. **3** *Info* ⇒ browser.

navegante adj/s 2g (<navegar + -ante) (O) que navega/Navegador **1**(+).

navegar v t/int (<lat *návigo,áre,átum* <*návis*: nave + *ágo,ere,áctum*: conduzir) **1** Viajar na água ou no ar. **Ex.** Os portugueses descobriram [percorreram/atravessaram] "mares nunca (d)antes navegados". **Loc. ~ à vela** [com a força do vento]. **Comb.** Arte [Ciência] de ~ [Náutica]. **2** *Info* Percorrer a Internet através de uma aplicação adequada «browser». **Loc. ~ a rede**.

navegável adj 2g (<lat *navigábilis,e*) «rio» Em que [(Por) onde] se pode navegar.

naveta (Vê) s f (<nave + -eta) **1** Obje(c)to em forma de pequena nave e com pé, usada para o incenso que se queima no turíbulo nas cerimó[ô]nias da igreja. **2** Pequeno instrumento com que se faz uma espécie de renda «frioleira». **3** Lançadeira(+) «de tear». **4** Peça da máquina de costura que conduz a linha inferior.

navícula *s f* (<lat *navícula*: pequena nave) Órgão ou peça em forma de barco/navio.

navicular *adj 2g* (<navícula + -ar²) «osso/algo» Em forma de barco/Naviforme.

navio *s m Náut* (<lat *navígium,gii*; ⇒ navegar) Embarcação, geralmente de grande tonelagem, destinada a viagens de longo curso. **Comb.** **~-aeródromo** [Porta-aviões(+)]. **~-cisterna [-tanque]**. **~ de carga** [Cargueiro]. **~ de guerra** «fragata». **~ em lastro** [~ não carregado]. **~-escola** [~ da marinha de guerra destinado à formação de futuros oficiais]. **~-graneleiro** [~ que leva carga a granel nos porões «líquidos, cereais, minério»]. **~-mãe** [~ que dá apoio a outros que estão longe de um porto de abrigo]. **~ mercante** [us para o comércio marítimo e transporte de passageiros]. **~-oficina[-tênder]** [~ que dispõe de oficinas para reparações/reparos]. **~-petroleiro** [Petroleiro(+)]. **Idi.** *Ficar a ver ~s* (do alto de Santa Catarina) [Não conseguir o que se queria/Sofrer uma dece(p)ção].

navi(o)modelismo *s m* (<navio + ...) Arte de construir «em miniatura» modelos de navios ou de quaisquer embarcações.

nazareno, a *adj/s* (<top Nazaré + -eno) Relativo a [Habitante de] qualquer terra chamada Nazaré. **Ex.** No cimo, a cruz onde Jesus morreu tinha uma placa com esta inscrição: Jesus ~ Rei dos Judeus.

nazi (Ná) *adj/s 2g* (<al *Nationalsozialist*) Nacional-socialismo/Hitlerismo. ⇒ nazismo; nazista.

nazismo *s m* (⇒ nazi) Doutrina e partido do movimento liderado por Adolph Hitler (1889-1945) que mergulhou a Europa na Segunda Grande Guerra Mundial. ⇒ neo~.

nazista *adj/s 2g* (⇒ nazi) Relativo ao [Partidário do] nazismo.

N.B. *abrev* (<lat *Nota Bene*: note bem) Usada para fazer uma observação ou chamar a atenção para um aspe(c)to importante num escrito/texto.

-ndo *Gram* Terminação do gerúndio dos verbos «fal*ando*/beb*endo*/sorr*indo*».

neblina *s f* (<lat *nébula*: nevoeiro, nuvem, trevas + -ina) **1** Névoa densa e rasteira/Bruma/Nevoeiro. **2** *fig* Escuridão/Trevas/Sombra.

nebulizar *v t* (<lat *nébula*: neblina + -izar) **1** Transformar um líquido em vapor/Vaporizar/Atomizar. **2** Pulverizar/Inalar. **Ex.** Foi preciso ~ a criança para poder respirar.

nebulosa (Ósa) *s f Astr* (<lat *nebulósus,a,um*) **1** Massa esbranquiçada e difusa, visível no céu estrelado e que não é senão um agrupamento de estrelas indistintas e de gases. **Ex.** A Via Láctea [A Estrada de Santiago] é uma ~. **2** *fig* Algo pouco claro/Coisa difícil de entender. **Ex.** Para ele, o comportamento dela era uma ~.

nebulosidade *s f Meteor* (<nebuloso + -(i)dade) **1** Estado da atmosfera com nuvens ou neblina. **2** *fig* Falta de clareza/Obscuridade. **Comb.** ~ [Imprecisão] de estilo. **3** *Astr* Espécie de [Algo semelhante a] nuvem que cerca os cometas.

nebuloso, a (Ôso, Ósa, Ósos) *adj* (<lat *nebulósus,a,um*; ⇒ nebulosa) **1** Com nuvens ou névoa/Nevoento/Nublado(+). **Comb.** Céu ~. **2** *fig* Que tem pouca clareza/nitidez/Obscuro/Confuso/Indefinido. **Comb.** *Estilo* ~**s**. *Ideias* [Proje(c)tos] ~**s**. **3** Sombrio/triste. **Ex.** Vejo o meu futuro [a minha vida] um pouco ~o/a/incerto/a. **4** *fig* Enigmático/Problemático/Duvidoso(+). **Ex.** O novo sócio do nosso clube tem um passado muito ~.

neca (Né) *adv/pron indef Br* (<não) **1** Não(+). **Ex.** Recebeu algum aumento? – ~! **2** Nada(+); coisa nenhuma. **Ex.** Veio mas não disse ~.

necedade *s f* (<esp *necedad*) A(c)to ou dito de néscio/Disparate(+)/Estupidez(o+).

necessariamente *adv* (<necessário + -mente) **1** Por ser mesmo preciso/Obrigatoriamente. **Ex.** Para sustentar a família tive ~ de aceitar aquele emprego. **2** Inevitavelmente/Forçosamente/Naturalmente. **Ex.** Como abusava da bebida e do tabaco [cigarro], tinha ~ de ficar doente.

necessário, a *adj/s* (<lat *necessárius,a,um*) **1** De que se tem necessidade/Indispensável/Imprescindível. **Ex.** O ar é ~ à vida. **2** (O) que é básico ou essencial. **Loc.** Dizer somente o (que é) ~. Ter a casa mobilada apenas [só] com o ~. **3** Que não pode ser de outro modo/Forçoso/Irrecusável/Inevitável. **Ex.** Foi ~ mudar(mos) de casa. Acha(s) que é ~ comprar(mos) outro carro? – Necessariíssimo! **Comb.** *Mal* ~o «exércitos/prostituição». **4** Subsistente por si mesmo/Existente por essência. **Comb.** «o único» *Ser* ~ [Deus]. **Ant.** Contingente. ⇒ criado; Criador.

necessidade *s f* (<lat *necéssitas,átis*) **1** Cará(c)ter do que é necessário/indispensável. **Ex.** Comer [Dormir] é uma ~ (absoluta) [é de absoluta ~]. **Loc.** *Estar [Ver-se] na* ~ [Precisar] «de pedir um empréstimo». *Por* ~ [Necessariamente **1**] (Ex. Tenho de ir ao médico por ~). *Sem* ~ [Desnecessariamente **1**] (Ex. Ele foi ao médico sem ~ [ao médico mas não precisava (de) ir]). **Comb.** *Bens de primeira* ~ «água/pão». *Caso de* ~ [Situação em que algo é necessário/Urgência] (Ex. Em caso de ~ telefone-me a qualquer hora). **2** Aperto/Precisão/Apuro. **Ex.** Viu-se obrigado a vender, por ~, algumas obras de arte herdadas dos pais. **Prov.** *A* ~ *é mestra* [faz lei] [Num aperto a inteligência humana fica mais viva/é que manda]. **Loc.** *pop Fazer as* ~**s** [Evacuar/Urinar]. **3** Carência/Falta. **Loc.** *Ter* ~ *de tudo* «depois do incêndio da casa». **4** Miséria/Pobreza/Privação. **Ex.** É na ~ que se conhecem os amigos [que se vê quem é amigo]. Agora estamos bem [temos com que viver] mas já passámos muita ~. **5** O que é forçoso/Inevitabilidade.

necessitado, a *adj/s* (<necessitar) **1** Que tem falta/necessidade/Que precisa/carece de alguma coisa. **Comb.** *Criança* ~**a** [carente(+)] *de afe(c)to/carinho*. **2** Pobre/Indigente. **Ex.** Não se cansava de socorrer os ~s [as famílias mais ~as].

necessitar *v t/int* (<necessidade) Ter necessidade de/Precisar. **Ex.** As vítimas do terramoto necessitam [precisam] de tudo: roupa, comida, casa, ... Necessitamos [Precisamos] de mais tempo para terminar o trabalho. Acha(s) que vai(s) ~ [precisar] de mais alguma coisa para [durante] a viagem?

necro- *pref* (<gr *nekrós*: cadáver) Exprime a ideia de *cadáver/morto*.

necrofagia *s f* (<necro- + -fagia) Alimentação (de inse(c)tos/aves «abutre») (à base) de cadáveres ou de substâncias em decomposição.

necrófago, a *adj* (<necro- + -fago) «abutre/urubu» Que se alimenta de animais mortos ou de substâncias em decomposição. ⇒ escaravelho.

necrofilia *s f Med* (<necro- + -filia) Aberração da sexualidade que leva à profanação de cadáveres.

necrofobia *s f Med* (<necro- + ...) Medo patológico dos mortos/da morte.

necrolatria *s f* (<necro- + ...) Culto patológico [doentio] dos mortos.

necrologia *s f* (<necro- + -logia) **1** Regist(r)o de pessoas falecidas/Obituário. **2** Lugar [Se(c)ção] «de jornal» onde se noticiam os falecimentos. ⇒ necrológio **2**.

necrológico, a *adj* Relativo a necrologia ou necrológio.

necrológio *s m* (<necro- + logo- + -io) **1** Texto biográfico, geralmente elogioso, sobre pessoa recém-falecida/Elogio [Panegírico] fúnebre (+). **2** Livro com nomes de falecidos «e sepultados no convento/no cemitério»/Obituário.

necrologista [necrólogo, a] *s* Autor de [Pessoa que faz o] necrológio.

necromancia *s f* (<gr *nekromanteia*: evocação dos mortos) Suposta [Pretensa] arte de conhecer algo oculto ou futuro evocando pessoas falecidas. ⇒ bruxaria; magia; nigromancia.

necrópole *s f* (<gr *nekrópolis,eos*: cidade dos mortos) **1** Escavação subterrânea onde se sepulta(va)m os mortos. **2** ⇒ cemitério(+). **3** *fig* Terra «cidade» morta/sem vida.

necrosar *v t/int* (<necrose + -ar¹) **1** Produzir a morte de célula ou tecido. **Ex.** A falta de cuidado necrosou o ferimento. **2** Sofrer necrose/Gangrenar(+). **Ex.** O pé [Parte do coração] necrosou/ está necrosado.

necroscopia [necropsia] *s f* ⇒ autópsia.

necrose *s f* (<gr *nekrósis*) **1** *Med* Alteração de um tecido, osso ou órgão devido à morte das suas células. **2** *Bot* Doença das plantas provocada por fungos e cara(c)terizada pelo aparecimento de manchas negras.

necrotério *s m* (<necro- + (cemi)tério) Lugar onde se colocam os cadáveres que vão ser autopsiados. ⇒ morgue.

necrótico, a *adj* (<gr *nekrotikós*) Relativo a necrose. ⇒ necrosar **2 Ex.**.

néctar *s m* (<gr *néktar*) **1** *Bot* Suco aromático e açucarado segregado por um órgão, nectário, que se encontra especialmente nas flores e com que as abelhas fazem o mel. **2** *Mit* Bebida dos deuses do Olimpo que lhes dava a imortalidade. ⇒ ambrosia. **3** *fig* Bebida muito saborosa ou excelente. **Ex.** Este vinho [«porto»] é um ~ [uma bebida] dos deuses. **4** *fig* ⇒ delícia; bálsamo.

nectáreo, a *adj* (<lat *nectáreus,a,um*) Como o [Relativo ao] néctar. ⇒ nectário.

nectarífero, a *adj* (<néctar + -fero) «flor/planta» Que produz néctar.

nectarina *s f Bot* (<néctar + -ina) Variedade de pêssego de casca lisa cujo caroço se separa facilmente da polpa. **Sin.** Pêssego careca.

nectário *s m Bot* (<néctar + -io) Órgão glandular da flor que produz o néctar.

necto [nécton] *pref/s Zool* (<gr *nékton*: nadador, para nadar) Conjunto de animais que nadam livremente e podem realizar migrações em várias águas «tartarugas/medusas/baleias».

nectópode *s/adj 2g Zool* (<necto + -pode) (Diz-se de) peixe/ave/inse(c)to/molusco que tem membro, pata ou apêndice que lhe permite nadar.

nediez *s f* (<nédio + -ez) **1** ⇒ gordura(+). **2** Aspe(c)to lustroso devido a gordura. **Comb.** ~ do cabelo [da cara].

nédio, a *adj* (<lat *nítidus,a,um*: luzidio, nutrido, gordo) **1** Que reluz com a gordura. **Comb.** *Cabelos* ~**s**. *Cara* [Rosto] ~. **2** Gordo/«homem» Anafado/Roliço. **Ex.** O gado «bois/cavalos» andava ~, bem tratado pelo lavrador.

neerlandês, esa *s/adj* (hol *neder*: baixo + *land*: país, terra) ⇒ Holanda/holandês.

nefando, a *adj* (<lat *nefándus,a,um*) Que nem se pode falar/nomear/Abominável/

Odioso/Ímpio/Execrável. **Comb.** Um crime [delito/pecado] ~. ⇒ nefasto.

nefas (Né) *s m* (<lat *néfas*: violação da lei divina) O que é injusto/ilegítimo. Só *us* na *loc* "Por fás e [ou] por ~" [Legítima ou ilegitimamente/*idi* A torto e a direito/Por força] «queria que eu o ajudasse a roubar carros».

nefasto, a *adj* (<lat *nefástus,a,um*: proibido pelos deuses) **1** De mau agouro/«dia» Aziago/De má sorte. **Ex.** A suástica é um símbolo ~. **2** Funesto/Prejudicial/Nocivo. **Ex.** A poluição é um fenó[ô]meno ~ no nosso país. **Comb.** O poder ~ do dinheiro. Uma guerra ~/trágica. ⇒ sinistro; triste.

nefelibata *s/adj 2g* (<gr *nephéle*: nuvem + *bátes*: que anda/vive) **1** Que vive alheado da realidade/ *idi* Que vive nas nuvens/na lua/Lunático. **2** (Diz-se de) escritor que cultiva a forma (de estilo) em demasia. ⇒ decadentista.

nefelin[t]a *s f Miner* (<gr *nephéle*: nuvem + ...) Mineral do grupo dos feldspatos, *us* na fabricação de vidro, cerâmica e para obtenção de alumínio, etc.

nefélio *s m Med* (<gr *nephélion*: pequena nuvem) Ligeira [Pequena] opacidade da córnea (transparente).

nefelometria *s f Fís* (<gr *nephéle*: nuvem + -metria) Método analítico que mede a turvação [turbidez] de um líquido.

nefoscópio *s m Meteor* (<gr *néphos*: nuvem + -scópio) Instrumento *us* para observar a dire(c)ção e velocidade de deslocamento das nuvens ou dos nevoeiros.

nefr(i/o)- *pref* (<gr *nephrós*: rim) Exprime a ideia de *rim*.

nefralgia *s f Med* (<nefr- + algia) Cólica [Dor] de rins.

nefrectomia *s f Med* (<nefr- + (-ec)tomia) Extra(c)ção (cirúrgica) de um rim.

nefrídio *s m Biol* (⇒ nefr-) **1** Órgão secretor de muitos invertebrados que faz (as funções) de rim e que consiste num tubo com cílios internos na extremidade. **2** Tubo embrionário que se transforma em rim.

nefrita *s f Miner* (<nefri- + -ita) Variedade de actinolite, constituinte de muitos jades, translúcida, esverdeada ou azulada.

nefrite *s f Med* (<nefri- + -ite) Inflamação cró[ô]nica ou aguda do rim.

nefrítico, a *adj/s* (<nefrite + -ico) **1** Relativo a nefrite. **Comb.** *Cólica ~. Remédio ~* [para os rins]. **2** (O) que sofre de nefrite [dos rins].

-nefro- ⇒ nefr(i/o)-.

nefrocele *s f Med* (<nefro- + -cele) Hérnia no rim.

nefroide (Frói) *adj 2g* (<nefro- + -oide) Em forma de rim/Reniforme(+).

nefrolitíase *s f Med* (<nefro- + ...) Litíase renal/Formação de cálculos renais [de pedras nos rins (+)].

nefrólito *s m Med* (<nefro- + -lito) Cálculo renal (+)/Pedra no rim (o+).

nefrologia *s f Med* (<nefro- + -logia) Ramo que compreende o estudo dos rins e o tratamento das doenças renais. ⇒ urologia.

néfron [nefrónio] [Br nefrônio] *s m Biol* (⇒ nefr(i/o)-) Unidade [Parte] funcional mais elementar do rim.

nefroparalisia *s f Med* (<nefro- + ...) Paralisação de um ou dos dois rins.

nefropatia *s f Med* (<nefro- + -patia) Qualquer doença dos rins. ⇒ nefrite.

nefrose *s f Med* (<nefro- + -ose) Doença cara(c)terizada por alterações degenerativas nos túbulos renais.

nefrostomia *s f Med* (<nefro- + gr *stóma*: boca) Criação de um canal artificial que vai da pele (até) à pélvis renal, através do qual se introduz uma sonda ou cateter com finalidades terapêuticas, quando há obstrução ao escoamento da urina.

nefróstomo/a *s Biol* (⇒ nefrostomia) Abertura afunilada e ciliada de um nefrídio no celoma [na cavidade geral do organismo].

nefrotomia *s f Med* (<nefro- + -tomia) Incisão nos rins para extrair cálculos.

nefrotoxina *s f Med* (<nefro- + ...) Toxina que produz [tem] efeito destrutivo especificamente em células renais.

nega (Né) *s f col* (<negar) **1** ⇒ negação(+). **2** ⇒ recusa; escusa; evasiva. **3** ⇒ (nota) negativa(+) «na escola». **4** Falta de vocação. **Loc.** Ter ~ para a música. **5** (No bilhar) Jogo [Tacada] que redunda em favor do parceiro contrário. **6** (Numa construção) Limite da penetração de uma estaca de fundação percutida por um bate-estacas «por resistência do solo». **Ex.** Batam [Percutam] essa estaca até à [até dar] ~. **Comb.** ~ falsa. ~ real. **7** Insucesso erótico por falta de vigor sexual.

negaça *s f* (<esp *añagaza*) **1** Gesto, movimento ou comportamento para atrair ou provocar alguém, enganando ou iludindo/ Fosquinha(s). **Loc.** Fazer ~s [Provocar/ Desinquietar]. **2** Coisa utilizada para atrair «ave/animal/peixe»/Isca/Engodo. **Ex.** Nem a ~ daqueles doces o desviou da dieta.

negação *s f* (<lat *negátio,ónis*) **1** A(c)to ou efeito de afirmar que algo não é verdadeiro ou não existe. **Comb.** ~ do crime. **2** O que contradiz [é contrário a] algo. **Ex.** *Maria vem* é a ~ de *Maria não vem* «e vice-versa». **Ant.** Afirmação. **3** Incapacidade/ Inaptidão. **Ex.** Eu sou uma ~ para a música, não tenho ouvido. Ele é a maior ~ de diplomata que já se viu [que eu já vi]. **4** ⇒ recusa; não.

negaceador, ora *adj/s* (<negacear) (O) que negaceia [faz negaças].

negacear *v t/int* (<negaça + -ear) Atrair [Provocar] com ofertas ilusórias ou enganadoras/Fazer negaças (+).

negador, ora *s/adj* (<negar) (O) que nega(+). **Comb.** Os ~res da existência de Deus.

negalho *s m* (<lat *ligáculum*: algo para ligar) **1** Pequena quantidade de qualquer coisa «de cordel para atar/de linha para coser/ de pão ou queijo para comer». **2** *pej* Pessoa baixa/Anão(+).

negar *v t/int* (<lat *négo,áre,átum*) **1** Afirmar [Dizer] que uma coisa não é verdadeira ou não existe. **Ex.** Ele negou ter visto o assassino [ter dito tal coisa]. **2** Não aceitar/Contestar. **Ex.** Os ignorantes negam a existência de Deus. **3** Rejeitar/Recusar. **Loc.** *~ um pedido. ~ uma licença. ~-se a apoiar* aquele [tal] candidato «a Presidente da República». **4** Não confessar. **Ex.** O réu negou tudo até (a)o fim. **5** Proibir. **Loc.** ~ a entrada a quem não tem bilhete. **6** Desmentir. **Idi.** *~ a pés juntos* [com obstinação/com toda a força]. **7** (Em jogo de cartas) Não jogar a carta do naipe requerido. **Ex.** Ele negou-se a paus [espadas/ ouros/copas]!

negativa *s f* (<negativo) **1** Não aceitação/ Recusa(+). **Ex.** Rejeitou [Recusou] o meu pedido com uma ~ enérgica. **2** Nota escolar inferior a metade do valor máximo da escala «0 a 20» e correspondente a prova [exame] que não satisfaz. **Ex.** O meu filho é um ó(p)timo aluno, não tira [, nunca teve] ~s. ⇒ reprovação. **3** *Gram* Palavra «nada/ não»/Frase que indica negação. **Ex.** *Ele não veio* é uma (frase) ~. **Ant.** Afirmativa.

negativamente *adv* (<negativo + -mente) **1** De modo negativo/Dizendo (que) não. **Ex.** O médico acenou ~ [disse que não com a cabeça/com a mão]. **2** De modo desfavorável/negativista/pessimista/destrutivo. **Ex.** Ele encara [vê] o futuro (muito) ~.

negatividade *s f* (<negativo + -(i)dade) Qualidade de negativo.

negativismo *s m* (<negativo + -ismo) **1** Espírito de negação sistemática/Atitude de recusa. **Ex.** É de um ~ assustador; para ele o mundo [a vida] está cada vez pior. ⇒ pessimismo. **2** *Psiq* Comportamento patológico de resistência a estímulos exteriores.

negativista *adj/s 2g* (<negativo + -ista) (O) que revela negativismo/que nega o que é bom e possível. **Ex.** Ele é um ~ [*idi* bota-abaixo/pessimista]. **Comb.** Atitude ~ «perante a vida/as pessoas». ⇒ negativo 6.

negativo, a *adj/s m* (<lat *negatívus,a,um*; ⇒ negar) **1** Que exprime negação ou recusa. **Comb.** *Gesto ~* [a dizer (que) não] «com o dedo/a mão/a cabeça». *Resposta ~a* «ao pedido». **Ant.** Positivo; afirmativo. **2** Que não produz efeito/Nulo/Inócuo. **Ex.** O resultado das conversações entre os dois países foi ~. **Comb.** Medidas [Soluções] ~as/sem resultado. **3** Que produz efeito contrário ao esperado/Mau/Contraproducente/Indesejável. **Ex.** O castigo mal aplicado produz efeitos ~s. **4** Que impede/ coíbe/reprime/Proibitivo. **Comb.** *Preceitos ~s. Voto ~/contra.* **5** Que é nocivo/ prejudicial. **Comb.** Educação «familiar/ escolar» ~a. **6** Que não tem uma atitude construtiva/Negativista/Pessimista. **Ex.** Era uma pessoa ~a, para quem nada estava bem [, que só via defeitos nas pessoas e em tudo]. **Comb.** *Atitude ~a. Crítica ~a* «da administração/dos superiores». **7** Diz-se de negativa **2**. **8** *Gram* Que exprime negação. **Ex.** *Nada/ Nunca* são palavras ~as. **Comb.** Frase ~a (⇒ negativa **3**). **9** *Mat* Diz-se de número menor que [abaixo de] zero «-1/-2/...» **Ex.** Hoje a temperatura baixou, o termó[ô]metro indica -2° [dois graus ~os]. **Comb.** Quantidade [Número] ~. **10** *Med* Que não acusa [indica] anomalias ou alterações patológicas. **Ex.** Fez um exame sanguíneo [ao sangue] e a análise foi ~a [mostrou que está tudo normal/que não tem nada (de mau)]. **11** *Ele(c)tri* Que se desenvolve em corpos resinosos quando friccionados com um pano de lã. **Comb.** *Carga ~. Ele(c)tricidade ~. Polo ~.* **12** *Fís/Quím* Diz-se de partícula ião ou grupo químico que possui um excesso de ele(c)trões. **13** *s m Fotografia* Filme revelado em que os claros e os escuros são o contrário dos do obje(c)to fotografado. **Ex.** Conservei [Guardei/Tenho] os ~s das foto(grafia)s do nosso casamento.

negatório, a *adj* (⇒ negar) Que nega [encerra negação]. **Comb.** A(c)ção ~a.

negatoscópio *s m* (<negativo **13** + -scópio) Alvo luminoso «em consultório médico» para exame de radioscopias.

negatrão [négatron] *s m Fís* ⇒ ele(c)trão.

negável *adj 2g* (<negar + -vel) Que se pode negar/Recusável. **Ant.** Inegável.

négligé fr Roupão(+)/Robe leve de senhora, geralmente de rendas ou folhos.

negligência *s f* (<lat *neglegéntia*) **1** Falta de cuidado ou atenção/Descuido. **Ex.** Por ~ deixou passar o prazo de entrega dos documentos. **2** Preguiça/Indolência. **Ex.** ~ no trabalho leva ao desemprego. Faz tudo com ~ [de má vontade/à força], é um preguiçoso. **3** A(c)ção ou dito de pessoa desleixada/Falta de apuro/Desleixo. **Ex.** Fica-lhe mal essa ~ no vestir, em andar sempre mal arranjado. **4** *Dir* A(c)to de não fazer [Omissão de] algo que causou lesão ou dano. **Ex.** Também foi condenado por ~.

negligenciar *v t* (⇒ negligente) **1** Não dar a devida atenção a. **Loc.** ~ a família. **2** ⇒ omitir; esquecer.

negligente *adj/s 2g* (<lat *néglego,ere,gléctum*: negligencier + -ente) **1** Descuidado(+)/Desleixado. **Ex.** Era uma pessoa muito ~, chegava tarde ao escritório, não tinha horas para nada. A Câmara [Prefeitura] é ~ na limpeza da cidade. **2** ⇒ preguiçoso; frouxo; indolente.

negociação *s f* (<lat *negotiátio,ónis*: negócio, comércio) **1** A(c)to ou efeito de negociar/Negócio(+). **2** Entendimento entre as partes [entre dois grupos] sobre assunto pole[ê]mico/controverso/discutível. **Comb.** ~ cole(c)tiva «com todos os empregados/funcionários/trabalhadores». **3** *pl* Conversações [Encontros] entre Estados/partidos/empresas. **Loc.** «a China» Entabular [Entrar em] ~ões diplomáticas «com o Brasil».

negociado, a *adj* (<negociar) Que se negociou/Combinado(+). **Comb.** Contrato ~.

negociador, ora *s/adj* (<negociar) **1** (O) que negoc(e)ia/que estabelece relações comerciais. **2** (O) que está incumbido de resolver questões através de acordos. **Ex.** Os ~res não eram bons [não estavam à altura] e o Governo vai nomear outra [nova] delegação. **3** *Dir* (O) que intervém oficiosa e voluntariamente em negócio de outrem cujos interesses procura defender/Gestor de negócios/Procurador.

negociante *s 2g* (<negociar) **1** Pessoa que negoc(e)ia/Comerciante(+)/Vendedor. **Comb.** ~ de calçado [animais/carne]. **2** *Depr* Pessoa que procura tirar lucros excessivos daquilo que comercializa/vende. **Ex.** (Tenha) cuidado, que ele é um [é meio] ~!...

negociar *v t/int* (<lat *negótior,ári,átus sum*) **1** Fazer negócio/Comerciar/Traficar. **Ex.** Eu negoc(e)io em cereais [em pedras preciosas]. Há [Faz] muitos anos que negociamos com essa empresa. Portugal e o Brasil negociam com todos os países. **2** Comprar, vender ou trocar. **Ex.** Negociou a sua cole(c)ção de joias por um preço fabuloso! **Loc.** ~ em antiguidades. **3** Ajustar/Agenciar. **Ex.** Estamos a ~ a compra de mais terreno [espaço] para ampliar a fábrica de carros. **4** Favorecer o andamento de um assunto para obter [para chegar a] um acordo. **Loc.** ~ a paz. «O Governo» ~ o acordo cole(c)tivo de trabalho com os sindicatos.

negocião[ciarrão(+)] *s m col* Negócio importante [muito lucrativo]. **Sin.** Grande negócio (+).

negociata *s f Col* (<negócio + -ata) Negócio fraudulento [em que há trapaça]. **Ex.** ~s não é comigo/não são para mim [Eu não gosto de ~s].

negociável *adj 2g* (<negociar + -vel) Que se pode negociar. **Ex.** A honra não é ~ [não se vende/A honra vale mais que o dinheiro]. O preço do apartamento é ~ [pode baixar ou subir em resultado da negociação]. **Comb.** Letra ~ [que pode ser descontada ou endossada].

negócio *s m* (<lat *negótium*) **1** A(c)tividade de comprar, trocar ou vender produtos, bens, serviços, etc., destinada à obtenção de [, para ter] lucro/Transa(c)ção comercial ou financeira. **Ex.** A compra da casa foi um bom ~. **Prov.** *Amigos, amigos, ~s à parte* [A amizade tem de ser posta de lado para fazer um bom negócio]. **Loc.** *Fazer ~* [uma transa(c)ção] (Ex. Falámos mas não fizemos ~). *idi Ter olho para o ~* [Ter habilidade para fazer ~s lucrativos]. **Comb.** *idi ~ bicudo* [complicado/difícil]. *idi ~ da China/de arromba* (+) [muito lucrativo]. *idi ~ furado* [falhado/que não correspondeu às expe(c)tativas (nele postas)]. **2** Empresa «familiar» dedicada ao comércio. **Ex.** Ele está no ~ do café. Ela abriu seu ~ [uma loja] na vizinhança. O meu filho montou um ~ de compra e venda de carros. **3** Qualquer questão ou assunto que exige resolução. **Ex.** Precisamos de resolver este ~. **Comb.** ~ *feito* [Assunto arrumado ou resolvido] (Ex. Se eu estivesse no seu lugar, isso nem se discutia, era ~ feito]. *Encarregado de Negócios* [Diplomata que substitui o Embaixador]. *Ministro dos ~s Estrangeiros* [*Br* das Relações Exteriores]. **4** *Br* (Qualquer) coisa. **Ex.** Por favor, pegue nesse ~ aí e traga para mim [, pegue nisso e traga-mo(+)].

negocioso, a *adj* (<negócio + -oso) **1** «empresário» Ocupado com vários negócios. **2** «local» Onde se realizam muitos negócios.

negocista *adj/s 2g Br* ⇒ negociante **2**.

negra (Nê) *pop s f* (⇒ negro) **1** Mancha escura na pele resultante de traumatismo e acumulação de sangue (subcutâneo)/Equimose. **2** *(D)esp/gír* Partida decisiva.

negregado, a *adj* (<lat *nigricátus*) **1** «homem» Desventurado/Infeliz. **2** «caminho/viagem» Que causa trabalho ou fadiga. **3** Que provoca horror/Odiado.

negreiro, a *adj/s Hist* (<negro + -eiro) **1** (O) que traficava escravos negros [da África]. **2** (Diz-se de) barco que transportava escravos negros.

negrejante *adj 2g* (<negrejar) Que negreja/Negro/Preto. **Comb.** Terra fértil, ~/preta(+).

negrejar *v t/int* (<lat *nígrico,cáre* <*níger*: negro) **1** Ser/Mostrar-se/Parecer negro ou escuro. **Ex.** A tarde negrejava a[pre]nunciando chuva. **2** Causar sombra ou escuridão. **Ex.** As montanhas negrejavam, ali, o estreito vale. **3** *fig* Mostrar-se triste/Infundir tristeza/Entristecer. **Ex.** Pensamentos suicidas negrejavam-lhe a mente.

negridão *s f* ⇒ escuridão(+)/negrura(+).

negrilho *s m* (<esp *negrillo*: jovem negro) **1** *Bot* ⇒ olmo(+). **2** *pl* Vidrilhos pretos.

negrinho, a *s* (<negro + -inho) **1** Rapaz(inho) negro/Pretinho/a(+). **2** *s f Ornit/Bot* Nome comum de algumas aves e plantas. ⇒ estorninho.

negrito *s m* (<negro + -ito) Tipo de impressão mais encorpado [grosso] que o normal. **Sin.** Negro **5**.

negritude *s f* (<lat *nigritúdo/nigrítia*) **1** Qualidade ou condição de negro. **2** Sentimento de orgulho racial e consciencial[enti]zação do valor e riqueza cultural dos negros. **Ex.** O senegalês Leopold Senghor (1906-2001) foi um arauto [defensor] da ~.

negro, a *adj/s* (<lat *níger,gra,grum*; ⇒ ~ de fumo) **1** Que se cara(c)teriza pela ausência de cor, por receber e não difundir luz/Cor escura/Preto. **Comb.** *idi ~ como um corvo* [Preto retinto]. *Mancha/Nódoa ~a* [azulada/roxa] *na pele* [resultante de derrame sanguíneo «por contusão»]. *Maré ~a* [Lençol ou mancha de petróleo derramado no mar]. *Ponto ~* [Acumulação de substâncias sebáceas nos poros (da pele) que escurecem em conta(c)to com o ar ou com impurezas]. *Roupa* [*Vestido*] ~/preta/o(+). **2** Indivíduo de raça ~a/Preto. **Ex.** Os (ascendentes dos) ~s do Brasil foram trazidos de África como escravos. **Idi.** *Trabalhar como* [*que nem*] *um ~* [Trabalhar muito]. **3** *fig Liter* Triste/Cruel/Funesto/Mau. **Ex.** A fome é ~a. **Loc.** Ver tudo ~ [Ser pessimista/Não ter esperança] (Ex. Eu vejo o meu futuro «nesta terra» todo [muito] ~). **Comb.** ~*a* [Cruel/Indigna] *traição*. *História muito ~a* [triste]. **4** *Fís* Diz-se do corpo que absorve todas as radiações. **Comb.** Buraco ~ [Região do espaço que não emite qualquer radiação e no qual ocorreu um colapso gravitacional duma estrela]. **5** *Imprensa* ⇒ negrito(+).

negro de fumo *s m Quím* [= negro-de-fumo] Pó de carbono quase puro, obtido por combustão incompleta do gás natural ou de substâncias ricas em carbono, que se emprega no fabrico de tintas, derivados da borracha, etc.

negrófilo, a *adj/s* (<negro + -filo) (O) que tem simpatia pela raça negra «que lutou pela abolição da escravatura».

negroide (Grói) *adj/s 2g* (<negro + -oide) **1** Relativo a negro. **Comb.** Nariz ~. **2** Indivíduo de uma população negra ou quase «negrito das Filipinas».

negror *s m* (<lat *nígror,gróris*) **1** Cor muito escura/Negrura «da pele». **2** ⇒ negrume(+); escuridão.

(negro) spiritual *ing* Canção religiosa de forte emotividade surgida no séc. XVIII nos EUA.

negrura *s f* (<negro + -ura) **1** Qualidade do que é negro. **Comb.** A ~ do rosto [da pele]. **2** ⇒ escuridão; negror. **3** *fig* Tristeza/Melancolia/Sombra/Névoa. **Ex.** Só a ausência dos filhos punha ~ em sua vida amena. Nesses tempos nada conseguia iluminar a minha ~ de espírito.

nele/a (Nêle, Néla) *Gram* Contra(c)ção de em + ele. **Ex.** Gosto muito dos (meus) filhos, estou sempre a pensar ~s.

nelumbo *s m Bot* (<cingalês *nelumbu*) Planta ninfeácea de flores brancas ou amarelas. ⇒ lótus/lódão.

nem *conj/adv* (<lat *nec*) **1** E (também) não/E sem. **Ex.** Ficou só, sem pai nem [e sem] mãe. Ele não se corrige do vício de fumar, ~ merece [e não vale a pena] que andemos preocupados com isso. Hoje ~ [não] comi, ~ [e não] bebi porque vou fazer análises ao sangue. **2** Nenhum(a)/Nada/~ um ~ outro. **Ex.** Não se deixou comover ~ com as lágrimas ~ com as ameaças [comover com nada]. Viu os meus filhos, o Carlos e o José? – ~ ~ um ~ outro [Não vi nenhum (deles)]. **3** Que/Como/Muito. **Ex.** *idi* É estúpido como [que ~] um burro [É muito estúpido]. Estou cansado, hoje trabalhei como [que ~] um negro (⇒ negro **2 Idi.**). **4** ~ [Mesmo] que. **Ex.** Quero fazer uma casa grande (para a família), ~ que tenha de pedir um empréstimo ao banco. Não saio daqui enquanto não me atenderem, ~ [, ainda/mesmo] que chamem a polícia!

5 ~...~. **Ex.** ~ ele me disse, ~ eu lhe perguntei «o que era/acontecera/tinha acontecido». Para cozer o arroz, ~ sal ~ outro [qualquer] tempero «é a minha maneira/receita». **6** ~ sequer [~ ao menos ~ mesmo]. **Ex.** ~ (sequer) um bocado de pão havia em casa (Saí (de casa) em jejum). **7** ~ mais ~ menos/Exa(c)tamente. **Ex.** – Nesse tempo [Nessa altura] você devia ter uns vinte anos. – (Ora [Sim]) ~ mais ~ menos. **8** ~ por isso/Pouco. **Ex.** – Você deve ter [estar com] fome. – – ~ por isso [Pouca]. – A ferida dói-lhe muito? – – ~ por isso [Pouco «já cicatrizou»]. **9** ~ + verbo. **Ex.** – Quer(es) ir comigo ao Polo Norte? – – ~ pensar [De maneira nenhuma]! **10** (Para ênfase) **Ex.** ~ um profissional pod(er)ia fazer esse conserto do carro!

-nema- *suf/pref* (<gr *néma,atos*: fio, filamento) Exprime a ideia de *filamento*.

nematelminte *s/adj Zool* (<nema + gr *hélmis,míntos*) Classe de vermes metazoários, cilíndricos ou filiformes, geralmente parasitas.

nematoide (Tói) *adj/s* (<nema- + -oide) (Diz-se de) nematelminte/o/Filiforme.

nembo *s m Arquit* (<membro) Troço de parede entre dois vãos seguidos, de portas ou janelas.

nemoral *adj 2g* (<lat *nemorális* <*némus,oris*: bosque) De bosque/floresta.

nemoroso, a *adj* (⇒ nemoral) «monte/sombra» Produzido por [Coberto de] arvoredo. ⇒ arborizado.

nena (Nê) *s f col* (<menina) Representação de figura feminina/Boneca(+).

nené/ê (Nènè) *s 2g* (<on) Criança recém-nascida/Bebé/ê(+).

nenhum, ma *pron indef* (<lat *nec unus,a, um*: nem um) **1** Nem (sequer) um. **Ex.** Convidaram todos os alunos mas ~ veio [mas não veio ~ (+)]. ~ma mãe faria tal coisa ao filho! **2** Qualquer. **Ex.** O João é mais estudioso (do) que ~ [qualquer] dos irmãos. Não lhe deram ~mas [quaisquer] garantias. **3** Nada. **Ex.** Esse livro não tem ~/qualquer interesse [não vale nada]. **4** (Mais) ninguém. **Ex.** ~ outro/a conseguiria ganhar tantos pré[ê]mios. **5** (Exprimindo modéstia) **Ex.** Não sou (~) especialista na [nessa] matéria «Química/política». **6** Algum. **Ex.** Pessoa alguma [~ma pessoa] podia ter mais amor aos pobres do que ela «Madre Teresa de Calcutá». Já disse: não quero ir de modo ~/algum!

nenhures *adv* (<nenhum) Em lugar nenhum(+). ⇒ algures; alhures.

nénia [*Br* **nênia**] *s f* (<gr *nenia*: canto [poema] fúnebre) **1** Canto fúnebre. **2** Canção [Poesia] melancólica/Elegia(+).

nenúfar *s m Bot* (<ár *nainúfar*) Planta aquática, ninfeácea, de folhas largas arredondadas, flores de cor branca, amarela ou rosada e que cresce em águas paradas. ⇒ lótus; ninfeia; vitória-régia.

ne(o)- *pref* (<gr *néos,a,on*: novo) Exprime a ideia de *novo, recente, renascente* «ressuscitado/recuperado/renascido/repetido», *moderno*.

neoclássico, a *adj Arte/Liter/Arquit* (<neo- + ...) Diz-se de estilo, sobretudo arquite(c)tónico, inspirado em modelos da época clássica [áurea] das várias culturas «grega/romana/chinesa/...». ⇒ neogótico.

neocolonialismo *s m Política/Econ* (<neo- + ...) Exploração imoral, disfarçada, dos países mais fracos pelos países modernos e desenvolvidos.

neodímio [**Nd 60**] *s m Quím* (<neo- + gr *dídymos*: dobrado, gé[ê]meo) Elemento metálico, que faz parte das chamadas terras raras, *us* em aparelhos ele(c)tró[ô]nicos, laser, coloração de vidros, etc.

neófito, a *s/adj* (<gr *neophytos*: plantado recentemente) **1** *Rel* Pessoa recém-ba(p)tizada ou convertida ao cristianismo. **2** ⇒ noviço. **3** *fig* ⇒ principiante; novato; inexperiente.

neoformação *s f* (<neo- + ...) Formação recente de rocha, vocábulo, tecido orgânico, etc.

neogénese [*Br* **neogênese**] *s f Geol* (<neo- + ...) Formação de novos minerais por cristalização a partir de elementos simples libertados por hidrólise [diagé[ê]nese] enquanto decorre a alteração da rocha.

neogótico, a *adj/s m Arte/Arquit* (<neo- + ...) (Diz-se de) obra e tendência artística revivalista que imita o estilo gótico «das catedrais medievais».

neolatino, a *adj* (<neo- + ...) Diz-se de língua e civilização de origem latina/romana. **Ex.** As línguas ~as são o português, o castelhano [espanhol], o catalão, o francês, o italiano, o dálmata e o romeno.

neoliberal *adj/s 2g* (<neo- + ...) Relativo ao [Adepto do] neoliberalismo.

neoliberalismo *s m Econ* (<neo- + ...) Forma de liberalismo [liberdade de mercado] que concede [reconhece(+)] ao Estado uma intervenção (muito) reduzida nos assuntos econó[ô]micos.

neolítico, a *adj/s m Arqueo* (<neo- + -lito- + -ico) **1** *maiús* Período mais recente (7000 a 2500 a.C.) da Idade da Pedra Polida, cara(c)terizado pelo desenvolvimento da agricultura, cerâmica e domesticação de animais. ⇒ mesolítico; paleolítico. **2** Relativo a **1**.

neologismo *s m Ling* (<neo- + -logo- + -ismo) Palavra ou expressão recentemente introduzidas numa língua em vez de outras já existentes e que, com o tempo, poderá ou não prevalecer. **Ex.** *Revivalismo* em vez de *revivência, conscientizar-se* em vez de *consciencializar-se*.

néon [*Br* **neônio**][**Ne 10**] *s/adj Quím* (<ne(o)-) **1** Elemento descoberto em 1898, gás nobre, existente em pequena quantidade na atmosfera, sendo *us* na iluminação por se deixar atravessar facilmente por corrente elé(c)trica. **2** *adj* **Comb.** Luz [Tubo] (de) ~.

neonato *s/adj* (<neo- + nascer) ⇒ recém-nascido(+).

neonatologia *s f Med* (<neonato + -logia) Ramo da pediatria que se dedica ao estudo do feto e do recém-nascido até (a)o fim do primeiro mês.

neoplasia *s f Med* (<neo- + -plasia) Neoformação patológica de um tumor.

neoplásico, a *adj Med* (<neoplasia + -ico) Relativo a neoplasia. **Comb.** Tecido ~ «maligno/benigno».

neoplasma *s m Med* (<neo- + -plasma) Crescimento anormal, incontrolável e progressivo de tecido/Tumor. **Comb.** ~ maligno/canceroso.

neoplastia *s f Med* (<neo- + -plastia) Restauração ou modificação de tecidos orgânicos através de (uma operação de cirurgia) plástica.

neoplatonismo *s m Fil* Doutrina resultante da fusão do platonismo com o misticismo do greco-egípcio Plotino (205-270 d.C.), que é o seu principal representante.

neopreno (Prê) *s m Quím* (<neo- + (cloro)preno) Variedade de borracha sintética incombustível *us* em revestimentos elé(c)tricos, adesivos, etc.

neorama *s m* (<neo- + -orama) Espécie de panorama, em pintura, desenho ou fotografia, que retrata o espe(c)tador no interior de um edifício, vendo-o numa superfície côncava e cilíndrica.

neorrealismo *s m Fil/Liter/Arte* Nome abrangente de várias escolas ou movimentos do séc. XX voltados para a realidade existencial do homem e alheios à subje(c)tividade.

neotestamentário, a *adj Bíb* (<neo- + testamento + -ário) Relativo ao [Do] Novo Testamento.

neotomismo *s m Fil/Teol* (<neo- + ...) Movimento de retorno à filosofia tomista da Idade Média, impulsionado por Leão XIII e seguido por teólogos e filósofos, nomeadamente pelo filósofo francês Jacques Maritain (1882-1973).

neozelandês, esa ⇒ Nova Zelândia.

Nepal *s m Geog* Estado asiático entre a Índia e o Tibete. **Ex.** A capital do ~ é Katmandu, a língua é o nepali e os habitantes são os nepaleses.

nepente(s) *s m 2n Bot* (<gr *ne-*: sem + *pénthos*: dor) Planta carnívora do gé[ê]nero *Nepenthes*, da Ásia tropical e de Madagáscar, também cultivada como ornamental.

néper [**Np**] *s m Fís* (<*antr* J. Neper (1550-1617), matemático escocês que inventou o logaritmo) Unidade utilizada na técnica das telecomunicações, que exprime, por meio de logaritmos, a relação de duas intensidades sonoras (1~ = 0,8686 bel).

nepotismo *s m* (<lat *népos,pótis*: sobrinho ou neto) **1** *Hist* Concessão de autoridade e privilégios excessivos por certos papas aos seus familiares. **2** Abuso da sua posição para conceder favores ou cargos aos familiares/amigos. **Sin.** Favoritismo(+).

neptuni(a)no, a [*Br* **ne(p)tuniano** (*dg*)] *adj* (⇒ neptuno) Relativo a neptuno/ao mar. ⇒ marítimo.

neptúnio [**Np 93**] [*Br* **ne(p)túnio** (*dg*)] *s m Quím* (<Neptuno 2) Primeiro elemento transuraniano, radioa(c)tivo, artificial, obtido do urânio em 1940 por meio de bombardeamento de neutrões.

n[N]eptuno [*Br* **n[N]e(p)tuno** (*dg*)] *s m* **1** *Mit* Deus romano do mar (O deus grego do mar era Posídon). **2** *Astr* Planeta a seguir ao Urano e antes do Plutão no sistema solar. **3** ⇒ mar.

nequícia *s f* (<lat *nequítia*) ⇒ maldade(+).

nereida *s f* (<gr *Neréis,réidis*) **1** *Mit gr* Cada uma das ninfas marinhas, filhas do deus Nereu, que nadavam entre golfinhos e cavalos-marinhos personificando as ondas do mar. **2** *Astr* Satélite de Neptuno. **3** *Zool* Anelídeo comprido formado por numerosos anéis e que na cabeça tem dois pares de antenas e quatro olhos, *us* como isca para a pesca no mar.

nervação *s f Bot* (<nervo/vura + -ar + -ção) **1** Conjunto ou disposição das nervuras [veias] nas folhas das plantas. **2** *Ent* Disposição das veias ou riscas nas asas dos inse(c)tos. **3** *fig Anat* Disposição das veias [dos capilares/nervos] semelhante à ramificação das nervuras das plantas.

nervado, a *adj* (⇒ nervação) **1** «folha de árvore/asa de inse(c)to» Que tem nervuras. **2** Feito com tiras «de couro».

nerval [**nérveo/nervino**] *adj* ⇒ neural.

nervo (Nêr) *s m Anat* (<lat *nérvus,i*: nervo, tendão, corda, correia «de couro», força) **1** *Anat* Cada um dos órgãos com a forma de um cordão esbranquiçado, que servem de condutores à sensibilidade e ao movimento. **Idi.** *Andar [Estar/Ficar] com os ~s à flor da pele* [Andar/Estar/Ficar muito enervado/irritado/nervoso]. *Causar [Dar(+)/Meter(+)] ~s* [Irritar] (Ex. Ele é tão teimoso/preguiçoso/aborrecido que até me dá [mete/o] ~s!). *Dar cabo dos ~s* [Fazer perder a paciência/Deixar doente/Enervar] (Ex. A bebedeira do marido dá cabo dos ~s à mulher!). *Estar numa pilha de ~s/Estar com os ~s em franja* [Estar muito enervado/descontrolado/à beira de um ataque de ~s]. *Ser uma pilha de ~s* [Ser muito nervoso] (Ex. O meu cunhado é uma pilha de ~s, pobre [coitada] da minha irmã que tem de o aturar). *Ter ~s de aço* [Ser psicologicamente forte/Não se irritar com nada/Aguentar todas as [as piores] críticas].
Comb. ~ *acústico/auditivo* [~ que capta os sons e os transmite ao cérebro]. ~ *ciático* [que controla as articulações dos quadris com as pernas e os pés]. ~ *craniano* [Cada um dos que formam os doze pares de nervos ligados ao encéfalo]. ~ *misto* [que conduz impulsos «impressões» sensitivos e motores]. ~ *motor* [que conduz impulsos motores]. ~ *ó(p)tico* [que transmite ao cérebro as impressões visuais da retina (do olho)]. ~ *raquidiano* [Cada um

dos que formam os 31 pares de ~s «cervicais, dorsais, lombares, sacros e coccígeos» e que partem da medula, tendo funções sensitivas e motoras]. **~ sensitivo** [que recolhe as impressões sensitivas para o cérebro]. *Carne com muitos ~s/ tendões*. **2** *pl* **a)** Sistema nervoso. **Comb.** Estudo dos ~s/do sistema nervoso [Neurologia(+)]. **b)** *fig* Irritabilidade. **Ex.** Ele tem muitos ~s [Irrita-se facilmente/logo]. **Comb.** *Ataque* [Crise] *de ~s* [Irritação súbita/explosiva/descontrolada]. *Guerra de ~s* [Conjunto de atitudes e de processos ado(p)tados por um país para perturbar ou desestabilizar o país inimigo até este se render]. **3** *fig* Energia/Robustez/Força. **Loc.** Ter ~ [garra(+)/talento] «para chefiar a empresa/para a luta». **4** *Bot* ⇒ nervura **1**. **5** *Arquit* ⇒ nervura **3**.

nervosismo *s m* (<nervoso + -ismo) Excesso de sensibilidade/emotividade/Perturbação do sistema nervoso. **Ex.** No exame oral, se não fosse o ~, eu tinha respondido a tudo. Com o ~, entornei o café e manchei a mesa. ⇒ nervo **2 b)**; neurose.

nervoso, a (Vôso, vósa, vósos) *adj/s* (<lat *nervósus,a,um*) **1** *Anat* Relativo aos nervos. **Comb.** *Sistema ~o* [Conjunto dos nervos]. *Célula ~a. Fibra ~*. **2** (O) que se irrita com facilidade/Irritável. **Ex.** Ele é um ~, não gosto (nada) dele. **3** Inquieto/Excitado/Tenso. **Ex.** No exame [Antes de subir ao palco/de entrar em cena] eu estava (muito) ~. **Comb.** *Riso ~* [de quem está tenso/de quem não está à vontade]. *Temperamento ~*/excitável/irrequieto. *Tosse ~a* [provocada por tensão/vergonha/acanhamento]. **4** *pop/col* Nervosismo(+). **Ex.** Com o ~ [*Br* a nervosa] não soube responder à pergunta do professor.

nervudo, a *adj* (<nervo + -udo) **1** Que tem nervos [tendões] fortes. **2** ⇒ «braço/perna» Robusto/Vigoroso/Musculoso.

nervura *s f* (<nervo + -ura) **1** *Bot* Cada um dos veios das folhas das plantas que conduzem a seiva. **2** *Ent* Espessamento linear que sustenta a membrana das asas dos inse(c)tos. **3** *Arquit* Moldura ou estria saliente no intradorso duma abóbada «gótica» ou numa superfície sólida. **4** Saliência(s) «na lombada de livro encadernado»/Listra ou prega «costurada num tecido como ornamento».

nesciedade ⇒ necedade.

néscio, a *adj/s* (<lat *néscius,a,um* <*ne + scio*: não saber) **1** Ignorante/Estúpido/Parvo/Tolo. **2** Insensato/Irresponsável/Imprudente.

nesga (Nês) *s f* (<ár *nasdj*: (entre)tecido) **1** Pedaço «triangular» de tecido que se acrescenta a uma peça de vestuário para a tornar mais larga. **2** Pequena porção de um todo maior/Pedaço/Retalho. **Ex.** Semeei milho em todo o campo mas deixei uma ~ ao longo do muro para jardim. Entre os dois edifícios via-se uma ~ do céu. **3** ⇒ fenda.

nêspera *s f Bot* (<gr *méspilon*) Fruto (comestível) da nespereira.

nespereira *s f Bot* (⇒ nêspera) Árvore de folha persistente, nativa da China e do Japão; *Eriobotrya japonica*.

nessa, e (Néssa, Nêsse) *Contr* de *em + essa/e*. **Ex.** Eu moro ~ edifício. ⇒ nesta.

nesta, e (Nésta, Nêste) *Contr* de *em + esta/e*. **Ex.** Eu ensino ~ escola. ⇒ nessa.

nestorianismo *s m Teol* (<antr Nestório (381-451) + -ano + -ismo) Doutrina dos nestorianos que nega a divindade de Cristo e que foi condenada pelo Concílio de Éfeso, em 431.

net *Info* ⇒ Internet.

neto, a *s* (⇒ nepotismo) **1** Filho em relação aos pais dos seus pais/Filho de segunda geração. **Ant.** Avô. **2** *fig* ⇒ descendente; vindouro.

netuni(a)no/netúnio/Netuno ⇒ neptuni(a)no/...

neuma *s m Mús* (<gr *pneuma*: sopro) Sinal gráfico «do canto gregoriano» com a mesma função das notas musicais na pauta.

neura *s f/adj 2g pop/col* (⇒ neurótico) **1** Mau humor acompanhado de irritabilidade. **Ex.** Não faça(s) caso, ele hoje está com a ~. **2** Estado depressivo. **3** Mal-humorado e irritado. **Ex.** Ele hoje está (meio) ~.

neural *adj 2g Anat* (<gr *néuron*: nervo + -al) Relativo a nervo.

neuralgia ⇒ nevralgia.

neurálgico, a ⇒ nevrálgico.

neurastenia *s f Med* (<neuro- + astenia) Enfraquecimento da força nervosa, com perturbações psíquicas «tristeza, insónia, indecisão» e funcionais «digestivas, cardiovasculares, sexuais» e dores em diversas partes do corpo. ⇒ neura; depressão.

neurasténico, a [*Br* **neurastênico**] *adj/s Med* (<neurastenia + -ico) **1** (O) que sofre de neurastenia. **2** Relativo a neurastenia.

neurite *s f Med* ⇒ nevrite.

neuro- *pref* (<gr *néuron*: nervo) Exprime a ideia de *nervo*.

neuroanatomia/neurobiologia *s f Med* (<neuro- + ...) Ramo da medicina que estuda as cara(c)terísticas anató[ô]micas, fisiológicas e patológicas do sistema nervoso. ⇒ neurociência; neurologia.

neuroblasto *s m Bio* (<neuro- + -blasto) Célula nervosa embrionária que antecede o [vem antes do] neurónio.

neurociência *s f* (<neuro- + ...) Ciência que se ocupa do sistema nervoso na sua relação com a inteligência e afe(c)tividade humanas. ⇒ neurologia.

neurocientista *s/adj 2g* (<neuro- + ...) «António Damásio» (1944-) Pessoa versada em neurociência. ⇒ neurólogo.

neurocirurgia *s f* (<neuro- + ...) Cirurgia do sistema nervoso.

neurologia *s f Med* (<neuro- + -logia) Especialidade médica dedicada ao diagnóstico e tratamento do sistema nervoso. ⇒ neurociência.

neurólogo [**neurologista**] *s Med* (<neuro- + ...) Pessoa «Egas Moniz» que se dedica ao estudo e tratamento das doenças do sistema nervoso. ⇒ neurocientista.

neuroma *s m Med* (<neuro- + -oma) Tumor formado por células nervosas.

neuromuscular *adj 2g Anat* (<neuro- + ...) Que se refere ao mesmo tempo a nervo e a músculo ou à ligação entre os dois.

neuronal *adj 2g* (<neuro- + n + -al) Relativo a neurónio.

neurónio [*Br* **neurônio**] *s m Anat* (<neuro- + n + -io) Célula independente, alargada e ramificada, especializada na transmissão de impulsos, constituída por um corpo celular e pelos seus prolongamentos (dendrite[o]s e axó[ô]nio) e que é a unidade fundamental do sistema nervoso.

neuropatia *s f Med* (<neuro- + -patia) Doença que se cara(c)teriza por uma alteração das funções de um ou mais órgãos do sistema nervoso.

neurose (Ró) *s f Med* (<neuro- + -ose) Distúrbio psicológico a nível afe(c)tivo e emocional mas que não afe(c)ta a personalidade [a integridade das funções mentais da pessoa].

neurótico, a *adj/s Med* (<neuro- + t + -ico) **1** (O) que tem uma neurose. **2** Relativo a neurose.

neurotomia *s f Med* (<neuro- + -tomia) Corte cirúrgico dos nervos.

neurovegetativo, a *adj Anat* (<neuro- + ...) Relativo a/ou próprio das estruturas nervosas que controlam as principais funções involuntárias da vida vegetativa, como circulação, secreção, etc.

neutral *adj 2g* (<lat *neutrális,e*) Que não se declara [não toma partido] nem por um nem por outro/Neutro. **Ex.** Na Segunda Guerra Mundial Portugal foi [manteve-se] ~. ⇒ indiferente; imparcial; alheio.

neutralidade *s f* (<neutral + -(i)dade) **1** Qualidade ou posição de neutral. **2** *Quím* **a)** Qualidade de um corpo neutro, que não é ácido nem alcalino; **b)** Estado de um corpo neutro, desprovido de uma determinada propriedade «carga elé(c)trica/polaridade».

neutralismo *s m* (<neutral + -ismo) Atitude ou postura de quem defende a neutralidade numa guerra entre dois países.

neutralização *s f* (<neutralizar) **1** A(c)to ou efeito de neutralizar/Anulação/Paragem/Extinção/Eliminação. **2** *Quím* Rea(c)ção entre uma substância ácida e uma substância alcalina em quantidades quimicamente equivalentes. **3** *Mil* Fogo sobre instalações do inimigo para o reduzir à impotência.

neutralizar *v t* (<neutral + -izar) **1** Declarar neutral. **Ex.** Nesta iminência de guerra a melhor opção é ~-se. **2** *Quím* Eliminar a acidez ou a basicidade de uma substância. **3** *Mil* Reduzir um exército inimigo à impotência por qualquer meio «fogo». **4** ⇒ anular; parar; impedir; manter impotente.

neutrão [**nêutron**] *s m Fís* (<neutro + ...) Partícula elementar, ele(c)tricamente neutra, existente nos átomos de todos os elementos à exce(p)ção do hidrogé[ê]nio. **Comb.** Bomba de ~ões [que liberta radiação formada essencialmente por ~ões].

neutrino *s m Fís* (<neutro + -ino) Partícula elementar de massa praticamente nula e sem carga elé(c)trica.

neutro, a *adj/s* (<lat *néuter,tra,trum*: nem um nem outro) **1** *Gram* Diz-se do gé[ê]nero que não é masculino nem feminino. **Ex.** Em português só há masculino «livro pequeno» e feminino «mesa branca» para os nomes e adje(c)tivos, mas em latim há ~ «*bónus, bóna, bónum tempus*». ⇒ isso, isto, aquilo. **2** Que não toma partido/Neutral. **Ex.** Na Segunda Guerra Mundial Portugal foi ~. ⇒ imparcial. **3** Pouco claro/Vago/Indefinido. **Ex.** O cinzento é uma cor ~a. **4** ⇒ indiferente; insensível. **5** *Bio/Bot* Que não tem órgãos sexuados/Que não se reproduz. **Comb.** Abelha [Formiga] ~. **6** *Quím* Que não é ácido nem alcalino. **Comb.** Glicerina ~a. **7** *Fís* Diz-se do corpo que não apresenta carga elé(c)trica nem positiva nem negativa. **8** *Ele(c)tri* Polo de uma tomada de corrente ou fio condutor que, numa instalação trifásica em estrela, está ligado à terra.

neutrófilo, a *adj/s* (<neutro **5** + -filo) **1** Que se torna colorido por corantes neutros. **Comb.** *Granulação ~a*. **2** Glóbulo branco (do sangue) polinucleado, cujas granulações citoplasmáticas são coradas sele(c)tivamente pelos corantes neutros e que participa dos processos defensivos do organismo através de intensa fagocitose.

neutropenia *s f Med* (<neutro + gr *penía*: pobreza) Baixa do número de neutrófilos, que pode ser perigosa, dadas as funções de defesa dessas células contra as infe(c)ções do organismo.

nevado, a *adj/s* (<nevar) **1** Coberto de neve. **Comb.** *Serra ~a*. **2** *fig* Com cor [aspe(c)to]

nevão *s m* (<neve + -ão) Grande queda [quantidade] de neve/Nevada **4.** ⇒ nevasca.

nevasca *s f* (<neve + borrasca) Queda de neve com muito vento [acompanhada de tempestade].

neve *s f Meteor* (<lat *nix,nívis*) **1** Água congelada, que cai da atmosfera em flocos brancos e leves, quando as nuvens arrefecem abaixo de zero. **Ex.** Se o ar está calmo, a ~ cai em flocos cristalinos de seis raios «estrelas», mas, se está agitado, os flocos são cristais de várias formas. **Loc.** *cul* Em ~/castelo(+) [Que se bateu até adquirir a consistência e a cor da ~] (*Comb* Claras (de ovo) em ~). **Comb.** *fig* **~ carbó[ô]nica** [Anidrido carbónico solidificado *us* na extinção de incêndios, no tratamento de certas doenças da pele e na preservação de alimentos]. **~s eternas/perpétuas** [que cobrem os píncaros das montanhas e nunca se derretem]. **Bola de ~ a)** ~ que ganhou [a que se deu] forma de bola; **b)** *idi* Algo de mau que aumentou de maneira descontrolada (Ex. Desde que a minha mulher adoeceu, os gastos com a saúde são [têm aumentado como] uma bola de ~). **Tempestade de ~** ⇒ nevasca. **2** *fig* Extrema brancura/Alvura «do colo/peito». ⇒ níveo. **3** *fig* Cabelo branco/Cãs.

neveira *s f* (<neve + -eira) Lugar onde se guarda neve. ⇒ sorveteira; gelat[d]aria.

neviscar *v int* (<neve + -iscar) Cair uma nevezinha/Nevar aos poucos.

nevo (Né) *s m* (<lat *naevus*) Mancha no corpo, congé[ê]nita ou adquirida.

névoa *s f Meteor* (<lat *nébula*) **1** Vapor aquoso, denso e frio que obscurece o ar [a atmosfera]. **Ex.** Temos de ir devagar na estrada por causa da ~. **Sin.** Neblina(+)/Nevoeiro(o+). **2** O que impede de ver bem. **Loc.** Ter ~s nos olhos **a)** Ver mal/Não ver bem; **b)** *idi* Ser pouco inteligente/Não entender/compreender. **3** *pop* ⇒ catarata; mancha na córnea.

nevoeiro *s m Meteor* (<névoa + -eiro) **1** Nuvem [Vapor] que se forma junto à terra e que impede a visibilidade, geralmente a menos de 1 km. **Ex.** Na estrada apanhámos [tivemos/havia] um tal ~ que não víamos os carros da frente. ⇒ névoa; neblina. **2** *fig* Obscuridade. ⇒ nebulosidade.

nevoento, a *adj* (<névoa + -ento) **1** Com névoa/nevoeiro/Enevoado(+). **2** *fig* Pouco claro/compreensivo/Obscuro.

nevralgia *s f Med* (<nervo + algia) Dor aguda provocada por irritação ou lesão de um nervo sensitivo e que se estende à zona percorrida por ele. **Comb.** *(~) ciática*. **~ facial**.

nevrálgico, a *adj* (<nevralgia + -ico) «dor» Proveniente de [Relativo a] nevralgia. **Comb.** *idi* Ponto ~ [importante ou perigoso] (Ex. Aí é que está [Esse é que é] o ponto ~ do problema).

nevrite *s f Med* (<nervo + -ite) Inflamação de um ou mais nervos.

nevrologia/nevrologista/nevrólogo/ nevroma/nevropatia/nevrose/ne- vrostenia/ne-vrótico/nevrotomia ⇒ neurologia/...

newton [N] *s m Fís* (<antr Isaac Newton (1642-1727), físico e astrónomo inglês) No SI, unidade de força, que é a força que imprime à massa de um quilograma a aceleração de 1m/s².

nexo (Nécso) *s m* (<lat *néxum* <*nécto,ere,néxum*: ligar) **1** Ligação/União/Conexão. **Ex.** Há um claro ~ entre os dois acontecimentos [crimes]. **2** Relação lógica/Sentido. **Ex.** O que ele dizia não tinha qualquer ~ com o assunto que estávamos a tratar. **Loc.** Sem ~ [Que não faz sentido/Incompreensível].

NIB *abrev* de Número de Identificação Bancária. ⇒ IBAN.

nica *s f* (<nicar) **1** Trabalho pequeno mas aborrecido. **2** Coisa insignificante/Bagatela/Niquice 2(+). **Ex.** Ela está a chorar por uma ~ [por uma coisa de nada/coisa sem importância]. **3** Impertinência/Rabugice/Melindre.

nicada *s f* (<nicar + -ada) A(c)to ou efeito de nicar «picadela de ave/ferroada de pião».

nicar *v t* (<bicar) **1** «ave» Picar (com o bico)/Bicar(+). **2** «no jogo do pião» Dar uma ferroada [nica(da)] com um pião noutro. **3** Baterem duas bolas de bilhar uma na outra.

Nicarágua *s f Geog* País [República] da América Central. **Ex.** A capital da ~ é Manágua, a língua é o espanhol [castelhano] e os habitantes são os nicaraguanos.

nicho *s m* (<fr *niche* <lat *nídus,i*: ninho) **1** Cavidade aberta numa parede para colocar a imagem de um santo ou outra coisa. **2** Cavidade de pequenas dimensões. **3** *fig* Casa muito pequena. **Ex.** Eles não têm uma casa, têm um ~. **4** *fig* Local abrigado ou escondido/Abrigo/Cant(inh)o «no jardim, para ler». **5** *col* Emprego [Negócio] rendoso e fácil/Sinecura. **Comb.** ~ de mercado [Segmento restrito de mercado com novas [boas] oportunidades de negócio].

nicles *pron indef col* (<lat *ni(c)hil*: nada) Coisa nenhuma/Nada. **Loc.** ~ de bitocles [Coisíssima nenhuma/Absolutamente nada].

nicol (Cól) *s m Fís* (<antr W. Nicol (1768--1851), físico inglês) Prisma ó(p)tico de calcite para obter luz polarizada e analisar luz planopolarizada.

nicótico [nicotino], a *adj* (⇒ nicotina) Relativo a fumo ou tabaco.

nicotina *s f Quím* (<antr J. Nicot, que, de Lisboa, introduziu o tabaco na França) Alcaloide tóxico extraído do tabaco, sem cor e de cheiro intenso, que escurece ao entrar em conta(c)to com o ar, *us* como vermífugo e inse(c)ticida.

nicotínico, a *adj* (⇒ nicotina) **1** Relativo à nicotina. **2** Diz-se de um ácido orgânico *us* no combate à pelagra.

nicotinismo *s m Med* (⇒ nicotina) Intoxicação por nicotina com perturbações de vária ordem chegando mesmo a provocar paralisia respiratória. ⇒ tabagismo.

nictação *s f* (<lat *nictátio,ónis* <*nícto,áre*: piscar os olhos) «com luz que fere a vista» A(c)to de piscar os olhos [de pestanejar/Pestanejo(+)/Piscadela(o+)].

nictalope (Ló) *s/adj 2g* (<gr *nyktálops*) (O) que sofre de nictalopia.

nictalopia *s f Med* (<gr *nyks,nyktós*: noite + *alaós,ón*: cego) Incapacidade de ver [enxergar] à noite ou na penumbra/Cegueira no(c)turna (+). ⇒ hemeralopia.

nictemeral *adj 2g* (<nictémero + -al) Relativo ao tempo de um dia e uma noite. **Comb.** Ciclo ~ [Ritmo de sucessão das noites e dos dias].

nictémero [*Br* nictêmero] *s m* (<gr *nykthémeron*) Tempo de um dia e uma noite.

nictofobia *s f Med* (<gr *nyks,nyktós*: noite + ...) Medo mórbido da noite ou da escuridão. ⇒ nocti-.

nictúria *s f Med* (<gr *nyks,któs*: noite + -úria) Mais eliminação de urina de noite do que de dia «notável nas afe(c)ções cardiorrenais».

nidação *s f Biol* (<ninho + -ção) Fixação [Implantação] do ovo na mucosa uterina.

nidícola *adj 2g* (<ninho + -cola) Diz-se de ave «pardal/melro» que nasce indefesa, implume e de olhos fechados e que tem de permanecer no ninho durante algum [muito] tempo. **Ant.** «perdigoto» Nidífugo.

nidificação *s f Ornit* (<nidificar) O [Maneira de] fazer o ninho. ⇒ nidação.

nidificar *v int Ornit* (<lat *nidífico,áre*) Fazer o ninho.

nidífugo, a *adj Ornit* (<ninho + -fugo) Diz-se de ave «perdiz/perdigoto» que abandona o ninho pouco depois de sair do ovo. **Ant.** Nidícola.

nidor *s m* (<lat *nídor,óris*: cheiro «de carne assada») Mau hálito por má digestão. ⇒ odor.

nidoroso, a *adj* (<nidor + -oso) **1** Que exala mau hálito. **2** Que cheira mal «a ovos chocos/podres». **3** ⇒ bafiento(+).

nielo ⇒ nigelo.

nife *s m Geol* (<níquel + ferro) Uma das designações do núcleo terrestre que se supõe formado de níquel e ferro.

nigelo, a (Gé) *s* (<lat *nigéllus,a,um*: um pouco negro <*níger,gra,grum*: negro) **1** *s m* Ornato gravado em ouro ou prata, por meio de esmalte negro/preto. **2** *s f Bot* Designação comum às plantas do gé[ê]nero *Nigella*.

Níger *s m Geog* República da África Ocidental e vizinha da Nigéria. **Ex.** A capital do ~ é Niamey, a língua oficial é o francês e os habitantes são os nigerinos.

Nigéria *s f Geog* República da África Ocidental e vizinha do Níger. **Ex.** A capital da ~ é Lagos, a língua oficial é o inglês e os habitantes são os nigerianos.

nigérrimo, a *adj* (<lat *níger*: negro) Muito negro/Negríssimo/Pretíssimo.

nigri/o- *pref* (<lat *níger,gra,grum*: negro) Exprime a ideia de *negro/preto*. ⇒ necro-.

nigrícia *s f* ⇒ negritude.

nigrirrostro, a *adj Zool* (<nigri- + -rostro) Que tem o bico negro/a ponta negra.

nígua *s f Ento* (<taino *nigua*) Pequeno inse(c)to, *Túnga pénetrans*, cuja fêmea põe os ovos na pele de homens ou animais causando ulceração. **Sin.** Bicho-de-pé.

niilismo *s m* (<lat *nihil*: nada + -ismo) Atitude ou opção de quem não acredita em nada [na realidade/verdade]. ⇒ negatividade/negativismo; pessimismo.

niilista *s/adj 2g* Partidário do [Relativo ao] niilismo.

nimbar *v t* (<nimbo 2 + -ar¹) **1** Cercar a cabeça da estátua ou quadro de pessoa santa «S. José» ou divina «Jesus» com nimbo/auréola. **2** ⇒ Exaltar/Enaltecer/Sublimar.

nimbífero, a *adj Poe* (<lat *nímbifer,era,erum* <nimbo + *féro, ferre*: trazer) «nuvem» Carregada/Que traz chuva. ⇒ nimbo 1.

nimbo *s m Meteor* (<lat *nímbus,i*) **1** Nuvem carregada [espessa/escura] de água ou neve. **Comb.** **~-cúmulo/Cúmulo-~** [Nuvem com torreões sobrepostos, de trovoada]. **~-estrato** [Nuvem com várias camadas que traz chuva contínua]. **2** Círculo resplandecente à volta da cabeça de estátua ou pintura de santo ou pessoa divina «celestial «Jesus/Nossa Senhora/anjo»/Resplendor(+)/Halo(+)/Auréola(o+).

nímio, a *adj Liter* (<lat *nímius,a,um*: excessivo, muito grande <*nímis*: demasiadamente) Excessivo(+)/Desmedido/Demasiado(+).

nina *s f* (<it *ninna*: o dormir da criança) **1** *col* ⇒ menina. **2** ⇒ nana «~ nana meu menino». **3** ⇒ arruela.

ninar *v t/int* (<nina + -ar¹) **1** «criança» Adormecer/Nanar(+)/Dormir. **2** Fazer [Pôr a]

adormecer. **Comb.** Canção de ~ [de embalar (+)].

ninfa *s f Mit gr* (<gr *nýmphe*) **1** Cada uma das divindades secundárias femininas que personificavam a natureza. ⇒ nereida. **2** *Ento* ⇒ pupa(+). **3** Mulher jovem e formosa. **4** *Anat* Cada um dos pequenos lábios da vulva.

ninfalídeo, a *s/adj Ent* (<lat *nimphalidae*; ⇒ ninfa **2**) (Diz-se de) inse(c)to lepidóptero com milhares de espécies, ou seja, todas as borboletas.

ninfeáceo, a *adj Bot* (⇒ ninfeia) Diz-se de ervas aquáticas, flutuantes, com rizomas ou tubérculos, flores solitárias grandes e belas «lótus/nenúfar/vitória-régia».

ninfeia *s f Bot* (<lat *Nimphaea*; ⇒ ninfa) ⇒ nenúfar(+)/gólfão.

ninfeu *s/adj* (<gr *nymphaion*) **1** *Hist* Pequeno templo grego ou romano dedicado às ninfas. **2** Relativo ou semelhante às [Lindo como as] ninfas.

ninfomania *s f Psicop* (<ninfa **4** + mania) Desejo sexual compulsivo e considerado excessivo em mulher ou fêmea animal/Furor uterino.

ninfose *s f Ento* (<ninfa **2** + -ose) Passagem ao estado de ninfa/pupa.

ningres-ningres *s m 2n* (<nicles + ninguém) Indivíduo acanhado; joão [zé(+)]--ninguém.

ninguém *pron indef* (<lat *néquis,ua(e),uod*) **1** Nenhuma pessoa. **Ex.** Ainda não chegou [veio] ~? Ele dança como ~ [dança melhor do que qualquer outro/é o que dança melhor]. Gostava de trabalhar sem ~ [sem outros] perto dele. **2** Pessoa sem importância/*idi* Um zero. **Ex.** Ele não é ~/não vale nada. **Comb.** *col* Um joão [zé(+)]-~.

ninhada *s f* (<ninho + -ada) **1** Ovos ou avezinhas no ninho. **2** Filhotes que a fêmea de animal pariu de uma vez. **Ex.** A porca pariu uma grande ~: doze leitões! **3** *pop col* Porção de [Muitos] filhos/Filharada.

ninhar *v int pop* (<ninho + -ar¹) ⇒ nidificar.

ninharia *s f* (<esp *niñeria* <*niño*: menino) **1** Coisa sem importância/Insignificância/Bagatela. **Loc.** Preocupar-se com ~s. **2** Quantia muito pequena/Quase nada. **Ex.** Comprei tudo isto «cinco brinquedos» numa loja chinesa por uma ~ [bagatela/por pouco dinheiro].

ninho *s m* (<lat *nídus,di*) **1** Casinha feita pelas aves para pôr os ovos e criar os filhos. **Comb. ~ de andorinha** por baixo do beiral da casa. **~ de cegonha** no cimo [alto] da árvore/torre. **Idi. Fazer o ~ atrás da orelha** [Ludibriar/Enganar] (Ex. A mim ninguém me faz o ~ atrás da orelha). **Comb.** *idi* **~ de ratos(s)** [Lugar «quarto de dormir» todo revolto/emaranhado/desarrumado]. *idi* **~ de vespas/víboras** [Lugar perigoso/com inimigos furiosos] (Ex. Não se aproxime deles [Não os provoque], aquilo é um ~ ...!). **2** Esconderijo ou cama de animais. **Comb.** *idi* ~ [Covil(+)/Valhacouto(o+)] de ladrões/salteadores. **Sin.** Toca «de coelho»(+); covil «de lobo»(+). **3** *fam* Cama/Leito de pessoas. **Ex.** A família, hoje, ainda está no ~ [na cama/ainda não se levantou]. **4** Casa (paterna/materna). **Ex.** Saiu do ~ e nunca mais voltou «a ver os pais». **5** ⇒ Torrão natal/Terra/Pátria/Berço.

ninja jp *s m* Guerreiro espião, perito em atacar o inimigo às escondidas e em qualquer [todo o] lugar.

nióbio[Nb 41] *s m Quím* (<antr mit *Niobe*) Metal semelhante ao ferro, descoberto em 1801, *us* em ligas metálicas de grande rigidez, em cápsulas espaciais, etc.

nipo- *pref* (<jp *Nippon*: Japão) *Us* em palavras compostas referentes ao Japão.

nipo-brasileiro, a *adj/s* (<nipo- + ...) Do Japão e do Brasil. **Comb.** Moça ~a. Relações ~as. ⇒ luso.

nipónico, a [*Br* **nipônico**] *adj/s* (⇒ nipo-) Relativo ao [Habitante do] Japão. **Sin.** Japonês(+).

níquel [Ni 28] *s m Quím* (<al *nickel*: duende mentiroso «das minas de cobre») **1** Metal esbranquiçado, descoberto por um sueco em 1751, *us* em niquelagem de obje(c)tos, em baterias, catalisadores e materiais magnéticos. **2** Moeda (feita) desse metal.

niquelagem *s f* (<níquel + -agem) Operação de revestir uma peça metálica com níquel. ⇒ cromagem.

niquelar *v t* (<níquel + -ar¹) Cobrir com uma camada de níquel. **Ex.** Niquelava o arame e com ele fazia lindos anéis.

niquento, a *adj* (<nica + -ento) **1** Que se preocupa com bagatelas/ninharias. ⇒ coca-bichinhos. **2** Difícil de contentar/Esquisito/Impertinente.

niquice *s f* (<nica + -ice) **1** Qualidade de niquento/Esquisitice. **Ex.** Deixa-te de ~s [Não sejas niquento]! **2** Coisa insignificante/Nica **2**.

nirvana *s m* (<sân *nirvã'a*: sopro, desaparecimento) **1** No hinduísmo, estado definitivo de conhecimento e de felicidade/Suprema beatitude. **2** No budismo, extinção definitiva do sofrimento, alcançada pela supressão dos desejos.

níscaro *Bot* ⇒ míscaro.

nisso *Contr* da prep *em* + pron dem *isso*. **Ex.** ~ [Nesse ponto/No que agora disse], você tem razão. ⇒ nisto; naquilo.

nistagmo *s m Med* (<gr *nystagmós,ou*: a(c)to de adormecer) Movimento rápido e involuntário do globo ocular em sentido vertical, horizontal ou giratório.

nisto = em + isto. ⇒ nisso; naquilo.

nit *s m* (⇒ nítido) Unidade SI de luminância. ⇒ candela.

nitente¹ *adj 2g* (⇒ nítido) Que brilha/Resplandecente/Nítido- ⇒ alvi-.

nitente² *adj 2g* (<lat *nítor,eris,nís[x]us sum*) Que resiste/se apoia/se esforça/Resistente(+).

nitidamente *adv* (<nítido + -mente) Com nitidez/clareza/Claramente(+). **Ex.** Eu vi ~ que ele era o culpado [que a culpa foi dele].

nitidez *s f* (<nítido + -ez) **1** Qualidade de nítido/Clareza. **Comb.** A ~ da lua cheia no espaço. ⇒ claridade; brilho. **2** Qualidade do que é definido/distinto/bem delimitado/Evidência. **Ex.** Na radiografia via-se nitidamente [com (toda a) ~] a úlcera do estômago. ⇒ exa(c)tidão; precisão «de estilo». **3** Ausência de ambiguidade. ⇒ franqueza.

nítido, a *adj* (<lat *nítidus,a,um* <*níteo,tére*: ser brilhante/luzidio) **1** Bem definido/delimitado/Claro/Distinto. **Ex.** Não havia diferenças ~as entre os dois proje(c)tos. **Comb. Pronúncia ~a**/clara(+) «de cada palavra». **Som ~o** «de violino». «uma caligrafia de» **Traços ~os**/bem vincados. «ele tem uma» **Visão ~a** «da crise que o país atravessa». **Voz ~a** «do locutor de rádio/TV». **2** Que não dá azo a [não deixa] qualquer dúvida/Evidente. **Ex.** Tinha a sensação ~a [clara(+)] de estar a ser enganado. **3** ⇒ brilhante(+). **4** ⇒ franco/aberto(+). **5** ⇒ limpo(+)/asseado.

nitração *s f Quím* (<nitrar) Rea(c)ção de substituição dum átomo ou dum radical pelo radical nitro (NO_2). ⇒ azoto.

nitrado, a *adj Quím* (<nitrar) **1** Que sofreu nitração. **2** Que contém nitro.

nitrar *v t Quím* (<nitro + -ar¹) **1** Converter em nitrato por meio de nitro (NO_2). **2** Tratar «um terreno» com ácido nítrico.

nitratar *v t Quím* (<nitrato + -ar¹) Reagir com/Empregar/Produzir «um medicamento» um nitrato.

nitrato *s m Quím* (<nitro + -ato) **1** Designação dos sais e dos ésteres de ácido nítrico (HNO_3). **Comb. ~ de potássio** (KNO_3) [Substância *us* em fogos de artifício, explosivos, fósforos, fertilizantes, ...]. **~ de prata** ($AgNO_3$) [Substância *us* em fotografia, fabrico de espelhos, como reagente antisséptico, cáustico, etc]. **~ de sódio** ($NaNO_3$) [Substância *us* na fabricação de vidro, em cerâmica, como fertilizante, na conservação de alimentos, etc]. **2** *Miner* Classe de minerais «salitre» que são sais de ácido nítrico [azótico] e contêm na sua fórmula química o radical nitrato (NO_3).

nitreira *s f* (<nitro + -eira) **1** Cisterna onde se recolhem os líquidos provenientes dos estábulos ou dos monturos (de lixo). **2** ⇒ salitreira(+).

nitreto *s m Quím* (<nitro- + -eto) Composto binário entre [de] nitrogé[ê]nio e um metal.

nítrico, a *adj Quím* (<nitro- + -ico) **1** Diz-se do ácido de fórmula HNO_3/Azótico. **2** Relativo a nitro.

nitrido *s m* (<nitrir) ⇒ relincho(o+) «do cavalo»; rincho(+).

nitrificar *v t Quím* (<nitro- + -ficar) **1** Converter amoníaco ou sais amoniacais em nitritos e estes em nitratos. **2** Cobrir(-se) de nitro **1**.

nitrir *v int* (<it *nitrire*) ⇒ «cavalo» r(el)inchar(+).

nitrito *s m Quím* (<nitro- + -ito) Sal ou éster do ácido nitroso (HNO_2) ou anião [ânion] dele derivado.

nitro *s m Quím* (<gr *nítron*, ou: natrão) **1** Nitrato de potássio (+). **2** Radical monovalente NO_2.

nitro- *pref* (⇒ nitro) Exprime a ideia de natrão/nitro.

nitrobactéria *s f Bio* (<nitro- + ...) Bactéria gram-negativa, que é um fermento para nitrificar, fornecendo energia para a formação de amó[ô]nia ou de nitritos e obtendo carbono, para o crescimento, pela fixação de dióxido de carbono.

nitrobenzeno[zina] *s Quím* (<nitro- + ...) Líquido oleoso amarelado, de cheiro intenso a amêndoa amarga, muito usado nas indústrias de perfumes e corantes.

nitrocelulose *s f Quím* (<nitro- + celulose) ⇒ algodão-pólvora(+); *Br* celoidina.

nitrogénio [N 7] [*Br* **nitrogênio**] *s m Quím* (<nitro- + ...) Elemento gasoso, incolor, que constitui a maior parte do ar na troposfera terrestre, *us* em lâmpadas elé(c)tricas, em processos industriais de alta pressão e em criocirurgia. **Sin.** Azoto.

nitroglicerina *s f Quím* (<nitro- + ...) Substância líquida empregada na preparação da dinamite e em farmacologia por sua a(c)ção vasodilatadora e que é um éster do ácido nítrico e da glicerina.

nitrómetro [*Br* **nitrômetro**] *s m* (<nitro- + -metro) Aparelho que mede o teor [a quantidade] de nitrogénio/azoto.

nitrosamina *s f Quím* (<nitroso + amina) Designação de substâncias cancerígenas encontradas na fumaça de cigarro, em carnes (de)fumadas e em conserva por conversão de alimentos.

nitroso, a *adj Quím* (<lat *nitrósus,a,um*: com nitro) **1** Que contém nitro/Salitroso. **2** Diz-se de anidrido (N_2O_3) e de ácido (HNO_2).

nível *s m* (<lat *libélla* <*libra*: balança, nível) **1** Instrumento que serve para verificar se uma superfície está exa(c)tamente horizontal. **Comb. ~ de bolha (de ar)** [composto de um tubo de vidro contendo um líquido e uma bolha de ar, preso a uma régua de madeira que se coloca deitada sobre a superfície em questão, a qual estará nivelada [direita/em ~] se a bolha ficar no meio do tubo]. **2** Grau de elevação [altura/horizontalidade] de um plano horizontal em relação a outro plano que lhe é paralelo. **Loc.** Ao [Em] ~ [À mesma altura/Nivelado]. **Comb.** ~ *da água de uma represa*. ~ *do mar* [que é considerado como zero e a partir do qual são medidas as altitudes (da terra «serras/colinas»)]. ***Passagem de*** ~ [Lugar onde uma linha férrea cruza com uma estrada ao mesmo ~/no mesmo plano]. **3** Valor atingido relativamente a um ponto de referência/numa escala de valores. **Ex.** Uma boa notícia: ontem regist(r)aram-se os níveis mais baixos de poluição de sempre [nunca antes atingidos]. O ~ cultural dos alunos melhorou/subiu. **Comb.** ~ de vida [da situação económica] bom. **4** Posição de alguém ou de algo. **Ex.** São alunos do mesmo ~ «elementar/médio/superior». **Loc.** Ter ~/categoria [Ser competente/Merecer respeito] (Ex. Esse professor tem ~). **Comb.** «conversações/encontro/concurso a» ~ ***(inter)nacional***. ~ *social* [Posição «alta/baixa/média» ocupada na estrutura da sociedade «portuguesa»]. **5** Cada um dos graus [escalões] de um grupo organizado segundo uma ordem hierárquica «militar/acadé[ê]mica».

nivelador, ora *adj/s* (<nivelar) **1** (O) que nivela. **2** *s f* Máquina de terraplenagem *us* para alisar o terreno, abrir valetas, espalhar materiais em camadas «na estrada».

nivelamento[lação] *s* (<nivelar + ...) **1** Medição da altura de um ou mais pontos em relação a um plano horizontal através [por meio] de um nível **1**. **Loc.** Fazer o ~ de uma área. **2** A(c)ção de aplanar «um terreno»/Aplanação. **3** A(c)ção ou resultado de tornar igual ou semelhante, de pôr ao mesmo nível. **Comb.** O ~ dos salários «a trabalho igual salário igual».

nivelar *v t* (<nível + -ar¹) **1** Medir com o nível **1**/Verificar a horizontalidade(+) «da parede em construção/do terreno para construir». **2** Estar [Pôr] ao mesmo nível/Aplanar «o betão da estrada»/Alisar «a tábua». **Ex.** A casa nivela com a rua «não tem cave». **3** Igualar «os salários (por baixo/por cima)/as classes sociais (criando/aumentando a classe média)».

níveo, a *adj* (<lat *níveus,ea,eum* <*nix,vis*: neve) Da cor da [Como a] neve/«colo/rosto» Muito branco. ⇒ neve **2**.

no, a 1 Em + o/a. **Ex.** Feri-me ~o braço. Tenho frio ~as mãos. **2** Depois de formas dos verbos. **Ex.** Esse livro dão-~o [o dão] a todos os alunos. Deram-~os [Nos deram] o primeiro pré[ê]mio; mas deram-~o-lo porque o merecemos. ⇒ na; lo; mo.

nó *s m* (<lat *nódus,i*; ⇒ ~ de Adão) **1** Laço apertado de fio ou corda. **Loc.** *Dar [Fazer] um* ~ «para apertar bem a ligadura no braço». *Desfazer [Desatar] um* ~. **Idi.** *Dar o nó* [Casar]. *Não dar ponto sem* ~ [Ser interesseiro/finório] (Ex. Esse político não dá ponto sem ~ «não faz nada a pensar só nos outros»). **Comb.** ~ *cego* [que, cruzando o fio duas vezes, não se pode desfazer facilmente]. ~ *corredio*/de enguia/Laçada [Que se desata puxando por uma ponta ou que se aperta ou alarga sem ser necessário desfazê-lo] (Loc. Apertar os (cordões dos) sapatos com um ~ e uma laçada). *idi* ~ *górdio* [mais difícil de desatar do que o ~ cego] (Loc. Cortar o ~ górdio [Vencer de forma decisiva uma grande dificuldade] «como Alexandre Magno, que, cortando-o, venceu a Ásia»). *anat* ~ *da garganta* ⇒ maçã de Adão. *idi* ~ *na garganta* [Aperto causado pela emoção e que impede a fala] (Ex. Ia falar [agradecer] mas senti um ~ na garganta e não consegui dizer nada). *fig pop* ~ *na tripa* [Obstrução intestinal ou cólica causada por torção do intestino/Volvo]. **2** *fig* Ligação entre pessoas por parentesco ou afeição/União/Vínculo/Laço. **Comb.** O ~ da amizade/do amor. **3** *fig* Ponto onde se juntam várias vias de comunicação em níveis diferentes e que permite a ligação entre todas/Trevo «à entrada da cidade». **4** *fig* Ponto essencial ou difícil. **Ex.** Agora chegámos ao [Aí é que está o] ~ da questão! **5** *Anat* **a)** Articulação das falanges dos dedos. **Ex.** Bateu à porta do amigo com os ~s dos dedos. **b)** Ponto do bolbo raquidiano do cérebro onde está o centro respiratório. **Comb.** ~ vital. **6** *Bot* Lugar ou zona circular do caule [tronco] das plantas um pouco mais grosso e donde podem sair ramos ou folhas. **Ex.** A cana-de-açúcar tem muitos ~s mas não tem ramos, só tem folhas nos ~s. **7** Área da madeira que é mais dura porque deu origem a ramos. **Ex.** Esta tábua tem muitos ~s! **Sin.** *fig* Olho. **8** *Náut* Unidade de velocidade constante correspondente a uma milha marítima por hora. **9** *Fís* Ponto numa onda de vibrações estacionárias, em que o deslocamento é nulo/Nodo **4**. **10** Ornato em forma de ~. **Comb.** O ~ da gravata.

noa *s f Crist* (<lat *nóna hóra*) Hora do Ofício Divino entre a sexta e as vésperas, correspondente às 15h (do dia).

nobélio [No 102] *s m Quím* (<antr A. B. Nobél, químico sueco, inventor da dinamite e criador do pré[ê]mio Nobél) Elemento transuraniano, obtido em 1957.

nobiliário, a *adj/s m* (<nobre + -ário) **1** Relativo à nobreza/Nobiliárquico(+). **2** *s m* Livro ou regist(r)o das origens e tradições das famílias nobres, brasões, etc.

nobiliarista *s 2g* (<nobiliário 2 + -ista) **1** Indivíduo que faz nobiliários. **2** Pessoa versada em nobiliarquia.

nobiliarquia *s f* (<nobre + -arquia) **1** Tratado das famílias nobres/Nobiliário **2**. **2** Poder (histórico) da nobreza/dos nobres.

nobiliárquico, a *adj* (<nobiliarquia + -ico) Relativo à nobiliarquia. **Comb.** Estudo [Livro/Título] ~.

nobilíssimo, a = muito nobre.

nobilitação *s f* (<nobilitar) **1** Concessão (de privilégios) de nobreza/A(c)to de ficar [se tornar] nobre. **2** Enobrecimento(+)/Exaltação «das qualidades de alguém».

nobilitador, ora [nobilitante] *adj/s* (<nobilitar) (O) que nobilita/Enobrecedor.

nobilitar *v t* (<lat *nobílito,áre*: tornar conhecido/famoso) **1** *Hist* Conceder a nobreza. **2** Engrandecer/Ilustrar/Exaltar/Enobrecer(+). **Ex.** A modéstia [simplicidade/humildade] nobilita as pessoas.

nobre *adj/s 2g* (<lat *nóbilis,e*: conhecido/famoso < *nósco,ere*: conhecer) **1** *Hist* (O) que por nascimento ou decisão régia goza de privilégios em relação a outros grupos sociais. **Comb.** *Casa* ~ [com brasão (de nobreza)]. *Família [Sangue/Ascendência]* ~ [de antepassados da nobreza]. *Título* ~ «conde/barão». ⇒ fidalgo; aristocrata. **2** Elevado/Alto/Sublime. **Loc.** *Defender os ~s ideais* da liberdade e da paz. *Ter a* ~ *missão* «de educar/evangelizar». **Comb.** Cará(c)ter/Coração ~/magnânimo/leal/honesto. ~/Solene/Majestoso/Belo/Distinto. **Comb.** Porte [Andar/Aparência/Ar] ~. **4** De alta qualidade/Principal. **Comb.** *Escada(ria)* ~/principal «da universidade/do palácio». *Gás* ~ [raro na atmosfera] «hélio». *Horário* ~ [que tem mais audiência] «da TV». *Metal* ~ [que não se altera em presença do ar ou da humidade e que é dificilmente atacado pelos ácidos] «platina, ouro e prata».

nobremente *adv* (<nobre + -mente) Com nobreza/Dignamente/Distintamente.

nobreza *s f* (<nobre + -eza) **1** *Hist* Condição ou conjunto dos nobres. ⇒ aristocracia. **2** Qualidade de nobre **2**/**3**/Distinção/Excelência. **Comb.** ~ *de alma* [de espírito/de cará(c)ter]. ~ *de sentimentos* «compaixão». ~ [Gravidade/Majestade] do porte «do Presidente eleito/do a(c)tor ao entrar no palco».

nocada (Nòcá) *s f* (<nó dos dedos [*region* noca] + -ada) Pancada com os nós dos dedos. ⇒ carolo.

noção *s f* (<lat *nótio,iónis* <*nósco,ere,nótum*: conhecer) **1** *Fil* Representação abstracta [mental] dos vários obje(c)tos/das várias realidades/Ideia/Conceito. **Comb.** ~ de verdade [ciência/Deus]. **2** Conhecimento. **Loc.** Não ter consciência [(a mínima) ~] das próprias obrigações. Não ter ~ [consciência/ideia] do perigo. Não ter ~ do bem e do mal [Não saber o que é bom e o que é mau/Ser inconsciente (como um animal)]. Ter uma ~ [ideia/um conhecimento] errada de Deus «cruel/vingador». **3** *pl* Conhecimentos básicos/Rudimentos. **Comb.** ~ões [Compêndio] de Física/Matemática.

nocaute ⇒ knock-out.

nocente *adj 2g* ⇒ nocivo.

nocional *adj 2g Fil* (<noção + -al) Relativo [Que se refere] aos conceitos/Conce(p)tual/Abstracto/Teórico/Especulativo/Racional. **Comb.** Conhecimento ~.

nocividade *s f* Qualidade de nocivo.

nocivo, a *adj* (<lat *nocívus,a,um* <*nóceo, cére*: prejudicar) Que causa dano/Que faz mal «à saúde»/Prejudicial. **Comb.** Inse(c)to ~. **Ant.** Benéfico.

noctambulismo *s m* Estado ou cara(c)terística de noctâmbulo/Sonambulismo(+).

noctâmbulo, a *s/adj* (<noite + lat *ámbulo, áre*: andar) **1** ⇒ sonâmbulo(+). **2** ⇒ noctívago(+).

nocti- *pref* (<lat *nox,ctis*: noite; ⇒ nictofobia) Exprime a ideia de *noite*.

noctifloro, a *adj Bot* (<nocti- + flor) Diz-se de plantas cujas flores abrem ao anoitecer e fecham de manhã.

noctífobo, a *adj* (<nocti- + luz) Nictófobo(+).⇒ nictofobia.

noctilúcio, a *adj* (<nocti- + luz) Diz-se dos corpos que luzem de noite.

no(c)tívago (dg), a *adj/s* (<lat *noctívagus, a,um* <*nox* + *vagus,a,um*: que vai ao acaso, errante) **1** (O) que anda e trabalha de noite. **Comb.** «coruja» *Ave* ~*a*/no(c)turna(+). *Hábitos* ~*s*. **2** (O) que gosta de sair [de se divertir/de trabalhar] [de durante a] noite. **Ex.** Àquela hora só havia [se viam] alguns ~s na praça a beber uns copos [umas cervejas].

noctivisão *s f* (<nocti- + ...) Processo de ver (um obje(c)to) na escuridão, utilizando (lentes com) raios infravermelhos.

nocturno ⇒ noturno.

nodal *adj 2g* (<nó + -al) Relativo a nó ou a nodo.

nó de Adão *s m Anat* ⇒ maçã de Adão.

nodifloro, a *adj Bot* (<nó + flor) Diz-se de planta cujas flores nascem nos nós.

nodo (Nó) *s m* (<lat *nódus,i*: nó, laçada, saliência em forma de nó) **1** *Med* Tumor que se forma em volta das articulações. **2** *Anat* **a)** Parte saliente de alguns ossos; **b)** Pequena massa de tecido, normal ou patológica, que se apresenta como saliência. **3** *Astr* Ponto de interse(c)ção da eclíptica com a órbita de um planeta. **Comb.** Os ~s

(ascendente e descendente) da Lua. Linha dos ~s [Interse(c)ção dos planos da órbita da Lua com o plano da eclíptica]. **4** *Fís* Numa onda estacionária, ponto em que a amplitude do movimento é constantemente nula/Nó **9**.

nódoa *s f* (<lat *nótula,* dim de *nóta*: marca, sinal, mancha) **1** Sinal deixado por uma substância «óleo/vinho» que suja/Mancha. **Ex.** Tens (aí) uma ~ no casaco [na camisa]. **Idi.** *No melhor pano cai a* ~ [Até a pessoa mais honesta ou competente pode falhar/pecar/errar]. **2** Pequena extensão de cor diferente numa superfície de cor uniforme/Marca/Pinta. **Comb.** ~ negra/Equimose/*col* Negra [Marca escura na pele, resultante de derrame sanguíneo, provocado geralmente por contusão]. **3** *fig* Mácula/Desonra/Ignomínia. **Comb.** A ~ do crime «roubo/assassinato».

nodosidade *s f* (<lat *nodósitas,tátis*) **1** Estado do que tem nós. **Ex.** Desagradou-lhe a ~ da madeira [das tábuas «para fazer a mesa»]. **2** Saliência arredondada e dura/Nó. **3** Conjunto ou disposição dos nós «da cana-de-açúcar».

nodoso, a (Ôso, Ósa/os) *adj* (<lat *nodósus, a,um;* ⇒ nó) **1** «planta» Que tem (muitos) nós «no tronco». **2** Saliente. **Comb.** Articulações ~as «dos dedos». **3** ⇒ nodal.

nodular *adj 2g* (<nó(dulo) + -ar²) Relativo a [Constituído por] nódulo(s). **Comb.** Estrutura [Formação] ~.

nódulo *s m* (<lat *nódulus,li*: pequeno nó) **1** Nó pequeno/Nozinho(+). **2** *Anat* Formação anató[ô]mica constituída por um agregado de células. **Comb.** ~ linfático. ⇒ gânglio. **3** *Med* Formação patológica arredondada e dura/*pop* Nascido/Caroço. **4** *Bot* Espessamento num órgão ou tecido vegetal. ⇒ nó **6**. **5** *Geol* Concreção arredondada em rocha/terreno. **Comb.** ~s de manganés.

noduloso, a *adj* (<nódulo + -oso) **1** Relativo a nódulo. **2** Com (muitos) nódulos.

noema (Ê) *s m Fil* (<gr *nóema,atos*) ⇒ pensamento.

noese (É) *s m Fil* (<gr *nóesis,seos*) A(c)to de pensar/conhecer.

noética *s f Fil* (<gr *noetikós,é,ón*) ⇒ gnosi[e]ologia.

nogada *s f* (<lat *nucátus,a,um* <*nux,cis*: noz) **1** *Bot* Flor da nogueira. **2** *Cul* Molho com nozes pisadas/desfeitas. **3** *Cul* Doce de nozes.

nogado *s m Cul* (⇒ nogada) Bolo feito com nozes, amêndoas ou pinhões, misturados com açúcar ou mel.

nogueira *s f Bot* (<lat *nocária* <*nux,cis*: noz) Árvore juglandácea, de boa madeira e folhas aromáticas e cujo fruto é a noz; *Juglans regia*.

nogueiral *s m* (<nogueira + -al) Pomar [Plantação] de nogueiras/Nogal.

noitada *s f* (<noite + -ada) **1** Tempo que dura [Espaço de(+)] uma noite. **2** Noite em que não se dorme e se passa a trabalhar ou a divertir-se/*col* Dire(c)ta. **Loc.** Fazer (uma) ~ [Passar a noite a fazer algo em vez de dormir]. ⇒ pernoita(r).

noite *s f* (<lat *nóx,ctis* <gr *nyks,któs*) **1** Espaço de tempo [Escuridão/Trevas] entre o momento em que o Sol se põe e em que nasce. **Prov.** *De* ~ *todos os gatos são pardos* [De ~ todas as coisas [pessoas] são iguais]. **Loc.** ~ *e dia* [Incessantemente] «o avô doente chama por nós». À «jantamos/vamos ao cinema». *A altas horas da* ~ [Muito tarde/Muito de ~] (Ex. Estive a estudar até altas horas [*idi* até às tantas] da ~). *À boca* [*Ao cair*] *da* ~ [Ao anoitecer/escurecer/À noitinha] (Ex. Cheguei a casa (já) à boca da ~). *Boa* ~*!* **a)** Saudação ao encontrar-me com alguém à [de] ~ ; **b)** Despedida antes de ir para a cama (*Sin.* Até amanhã (se Deus quiser)!). *Da* ~ *para o dia* [De repente] (Ex. Da ~ para o dia surgiu uma nova cidade «perto das minas de ouro»). *De* [Durante a] ~ «durmo, não trabalho». *Fazer-se* ~ [Anoitecer/Escurecer] (Ex. Estava a fazer-se ~ e achei melhor não sair de casa àquela hora). *Passar a* ~ *em claro/branco* [Não adormecer durante toda a noite]. *Pela calada da* ~ [Quando está tudo em silêncio e toda a gente a dormir] «foi roubar os melões». **Comb.** *Altas horas da* ~ ⇒ A altas ... *A* ~ *passada* [Ontem à [Esta] ~] «custou-me a adormecer». *Anteontem à* ~ [Não nesta, na ~ anterior]. *Hoje à* [*Esta*] ~ «vamos ao cinema». *Toda* [*Durante toda*] *a* ~ «o cão não parou de ladrar». *Todas as* ~*s* «rezamos em família». *idi Véu da* ~ [Escuridão/Trevas]. **2** Vida no(c)turna. **Ex.** Nesta cidade a ~ é muito boa/variada/rica/animada. **3** *fig* Tristeza. **Ex.** Com a morte daquele filho querido a vida dos pais tornou-se (uma) ~. **4** *fig* Morte. **Comb.** A ~ do túmulo.

noitibó *s m Ornit* (<noite + voar) **1** Ave no(c)turna que se alimenta de inse(c)tos/Boa-noite/Bacurau. **2** *fig* Pessoa que só sai à noite e é pouco sociável.

noitinha *s f* (<noite + -inha) O começo da noite/O anoitecer/O escurecer. **Ex.** Ontem cheguei a casa à ~, depois do pôr do sol.

noivado *s m* (<noivos + -ado) **1** Promessa de casamento entre os futuros esposos «com troca de alianças»/Dia ou festa dessa promessa. **Ex.** Fui convidado para o ~ do meu primo. **2** Período que decorre entre 1 e a celebração do casamento/da boda. **Comb.** Cinco meses de ~. ⇒ namoro.

noivar *v int* (<noivos + -ar¹) **1** ⇒ namorar. **2** «aves» Preparar(em) a reprodução.

noivo, a *s* (<lat *núptus,a,um*: casado <*núbo,núptum*: casar-se a mulher + *nóvus,a,um*: novo) Pessoa que está para casar ou que casou nesse dia. **Ex.** Os ~s «de Santo Antó[ô]nio (de Lisboa)» saíram da igreja aplaudidos por muita gente.

nojeira *s f* (<nojo + -eira) **1** Coisa suja, repugnante, nojenta. **Sin.** Nojice **2**. **2** Coisa mal executada/feita. **Sin.** Nojice **1**(+).

nojento, a *adj* (<nojo + -ento) **1** Que está muito sujo. **Ex.** É uma vergonha, as retretes públicas [W.C.] estavam ~as! **Sin.** Imundo; porco. **2** Que provoca repulsa pelo aspe(c)to ou em termos morais/Repugnante/Asqueroso/Indecente. **Comb.** Cão vadio, sem pelo, ~. Comportamento ~/indecente. **3** Que sente nojo de tudo/com facilidade. **Ex.** Ela é muito ~a, faz logo cara feia ao ver qualquer sujidade.

nojice *s f* (<nojo + -ice) **1** Coisa mal feita/executada. **Ex.** Este trabalho «pavimentação da rua» está uma ~ [está muito mal feito]! **2** ⇒ nojeira **1**.

nojo (Nô) *s m* (<lat *in* + *ódium,ii*: para (causar) ódio; ⇒ enojar) **1** Repugnância/Asco. **Ex.** Os políticos que não pensam no [não trabalham para o] povo até me causam ~. Sinto ~ dos [Tenho ~ aos] sapos. **2** O que é causa [motivo] de repugnância. **Ex.** Aquele tipo [*Br* cara] é (mesmo) um ~! **3** Coisa mal feita/executada. **Ex.** A obra «construção da casa» está [ficou] um ~. **4** Luto. **Loc.** Tomar [Estar de] ~/luto (+). **Comb.** Licença de ~ [Dispensa do trabalho concedida aos funcionários por falecimento dum parente próximo]. **5** ⇒ desgosto; tristeza; enjoo; fastio.

nojoso, a *adj* (<nojo + -oso) **1** ⇒ nojento(+). **2** ⇒ desgostoso/pesaroso/triste.

nolição *s f* (<lat *nólo,nólle*: não querer + -ção) A(c)to de não querer/Recusa(+). **Ant.** Volição; vontade.

no-lo, a *Gram* **Ex.** O dinheiro? – Ainda não ~ deu (Não o deu a nós). As encomendas para a nossa loja? – Ainda não ~-las enviaram/trouxeram.

noma (Nô) *s f Med* (<gr *nomé*: estrago feito por uma úlcera) ⇒ estomatite (gangrenosa).

nómada/e [*Br* **nômada/e**] *adj/s 2g* (<lat *nomás,ádos* <*nomeuo*: apascentar) **1** (O) que não tem habitação fixa mas se desloca e vive acompanhado dos seus animais «camelos/ovelhas». **Comb.** Tribo ~. Vida de ~. **Ant.** Sedentário. **2** *fig* Que gosta de andar de terra em terra/de viajar. ⇒ vagabundo; cigano; errante.

nomadismo *s m* (<nó[ô]mada + -ismo) **1** Modo de vida dos nó[ô]madas «do deserto». **Ant.** Sedentarismo. **2** *fig* Modo de vida de quem gosta de mudar de residência e de ocupação. ⇒ vadiagem.

nome *s m* (<lat *nómen,minis*) **1** Palavra com que se designa alguma coisa/Designação/Denominação. **Ex.** Fui eu que escolhi o ~ do meu filho «José». Não sei (qual é) o ~ desta planta. **Loc.** *Conhecer* (*só*) *de* ~ [só por ouvir falar «dele/a»]. *Ganhar* ~ [Tornar-se conhecido/famoso] «como grande (médico) cardiologista». *Em* ~ *de* [Em vez de/A representar] alguém. *Ter por* ~ [Chamar-se] (Ex. Ela é [tem por ~/chama-se] Maria). **Idi.** *Chamar* ~*s* [Insultar com palavras injuriosas «mandrião!/vigarista!»]. *Chamar os bois pelos* ~*s/Dar* ~*s aos bois* [Falar claramente, mesmo que alguém não queira ouvir]. *Santo* ~ [*Por amor*] *de Deus!* [Exclamação que exprime espanto, indignação, enfado ou repulsa]. **Comb.** ~ *científico* [dado a uma espécie «de planta/animal» composto por duas palavras – gé[ê]nero e restritivo (específico) – geralmente latinas]. ~ *cristão/de ba(p)tismo* (+) [que se dá a ou se escolhe por quem é ba(p)tizado]. ~ *de família* [de todos os membros da família/Sobrenome/Apelido]. ~ *feio* [Palavra ofensiva/Palavrão «mandrião!»] (⇒ **Idi.** Chamar ~s). ~ *literário* [escolhido por escritor para publicar as suas obras] (Ex. O ~ literário de Adolfo Rocha é Miguel Torga, poeta português). ~ *próprio* [que se aplica só a uma coisa] «Pedro/Lisboa/casa». ~ *vulgar/popular/comum* [*us* em vez do ~ científico]. *Pessoa de* ~/de renome [Pessoa célebre/importante] (Ex. Ele é um artista de ~). **2** Pessoa de valor. **Ex.** Fernando Pessoa e Miguel Torga são dois grandes ~s da poesia portuguesa do séc. XX. Não havia nenhum ~ importante a regist(r)ar «naquele país». **3** Fama/Reputação/Nomeada. **Ex.** Ela fez ~ [deu brado/celebrizou-se] no teatro. **Loc.** Honrar o seu ~ [Ser digno da boa reputação da família/dos seus antepassados]. **4** *Gram* ⇒ substantivo(+).

nomeação *s f* (<lat *nominátio,iónis*) **1** O dar um nome «ao novo produto». **2** Eleição ou escolha de pessoa para (desempenhar) um cargo. **Comb.** A ~ do Dire(c)tor da escola. Documento [Despacho/Provisão] de ~ «do Ministro da Economia». **Ant.** Destituição. **3** Indicação/Indigitação «para receber um pré[ê]mio/se candidatar a um concurso». **Ex.** O desempenho no (papel que fez no) filme valeu-lhe a ~ para um óscar da Academia de Hollywood.

nomeada *s f* (<nome + -ada) Fama/Reputação/Renome(+). **Loc.** De ~ **a)** «um artista/médico» Célebre/Famoso; **b)** *region* De alcunha «Zé dos copos».

nomeadamente *adv* (<nomeado + -mente) Por exemplo/Em particular/Em concreto. **Ex.** Tinha em mente [Queria realizar] vários proje(c)tos, ~ o abastecimento de água a toda a povoação. ⇒ concreta [especifica]mente; principalmente.

nomeado, a *adj/s* (<nomear; ⇒ nomeada) **1** (O) que tem por [que foi designado pelo] nome «Carlos»/«antes»Mencionado. **2** (O) que foi escolhido para um cargo. **Comb.** Órgão judicial composto por magistrados ~s e magistrados eleitos. **3** (O) que foi indicado [sele(c)cionado] para concorrer a um pré[ê]mio. **Ex.** Foram dois os filmes ~s para o grande prémio.

nomeador, ora *adj/s* (<nomear) (Aquele) que nomeia. **Comb.** Entidade «Estado» ~ra.

nomear *v t* (<lat *nómino,áre,átum*) **1** Atribuir [Dar] um nome a. **Ex.** O Presidente da República nomeou[declarou(+)]-o benemérito da cidade. **2** Proferir [Dizer] o nome de. **Ex.** A polícia quer que ele nomeie os mandantes do crime. **3** Escolher [Eleger] para (desempenhar um) cargo. **Ex.** O Governo nomeou-o ministro da Economia/Fazenda/das Finanças. **Loc.** ~ uma comissão [junta] consultiva.

nomenclador, ora *s/adj* (<lat *nomenclátor,óris*: escravo encarregado de chamar pelo nome os outros escravos ou os clientes do seu senhor) **1** O que faz uma nomenclatura. **2** Lista ou livro com nomenclaturas. ⇒ vocabulário.

nomencla(tura)r *v t* (<nomenclatura + -ar¹) ⇒ Fazer a nomenclatura/Classificar(+).

nomenclatura *s f* (<lat *nomenclatúra*) **1** Parte da sistemática em que se estabelecem as regras internacionais para dar nomes aos agrupamentos constituídos pela taxi[o]nomia, a outra parte da sistemática. **Comb.** ~ binária [introduzida por Lineu (1707-1778) nas ciências naturais e pela qual o género e a espécie são designados por dois termos latinos ou latinizados]. **2** Conjunto de termos [palavras] dum ramo da ciência/Terminologia(+)/Vocabulário. **Comb.** ~ *botânica* [química]. ~ *gramatical*. **3** ⇒ catálogo; lista.

nómina [*Br* **nômina**] *s f* (<nome + -ina) **1** (Bolsinha com) amuleto. **2** Prego dourado em arreios de animais ou ornato semelhante.

nominação *s f* (<nomear) Figura de retórica [estilo] que consiste em dar um nome expressivo a qualquer coisa; por exemplo, chamar *cai-cai* a sutiã sem alças.

nominal *adj 2g* (<lat *nominális,e*) **1** Relativo a nome. **Comb.** *Cheque* ~ [com o nome do possuidor ou portador]. *Lista* ~ [com os nomes das pessoas]. *Votação/Sufrágio* ~ [em que é declarado o nome da pessoa no a(c)to de votar]. *Voto* ~ [expresso por pessoa que se identifica]. **2** *Econ* Diz-se do valor inscrito numa moeda ou num título de crédito que pode ser diferente do valor real. **Comb.** *Salário* ~ [expresso em moeda]. *Valor* ~ «de moeda ou título» [que corresponde a um valor teórico, diferente do valor real]. **3** Que é só de nome. **Comb.** *Chefe* ~ dum grupo. *Dire(c)tor* ~ do partido. *Título* ~ «Monsenhor» (⇒ honorário). **4** *Gram* **a)** «verbo» Que tem valor de nome [substantivo]. **Ex.** *O pensar* é próprio do homem; **b)** Relativo a nome. **Comb.** *Emprego* ~ «do verbo *pensar*/do adje(c)tivo *belo*, precedendo-os do artigo *o*». *Flexão* ~ [Variação da forma das palavras] «dos *adj* em género, número e grau/dos *s* [me(s) 4] em número». ⇒ conjugação.

nominalismo *s m Fil* (<nominal + -ismo) Doutrina «de Guilherme de Ockham» segundo a qual os conceitos abstra(c)tos [as ideias gerais/universais] não passam de nomes ou são só palavras e não realidade.

nominativo, a *adj/s* (<lat *nominatívus,a,um*: que serve para nomear) **1** ⇒ «cheque/título/a(c)ção» nominal. **2** *Gram* (Diz-se de) caso que, nas línguas que têm declinação «latim», exprime a função de sujeito ou o seu predicativo. **Ex.** No ex. latino *Rosa est pulchra* (= A rosa é linda), tanto o sujeito *rosa* como o predicado *pulchra* estão no ~. ⇒ caso.

nomografia *s f* (<gr *nómos*: lei, costume + ...) **1** *Dir* Ciência [Tratado] das leis. ⇒ legislação. **2** *Mat* Ramo da matemática aplicada que estuda ou usa processos de cálculo através de ábacos, gráficos ou linhas cujos pontos de interse(c)ção com outras linhas determinam as soluções.

nomograma *s m* Gráfico ou diagrama utilizado em nomografia **2**.

nomologia *s f* **1** ⇒ nomografia **1**. **2** Estudo da natureza [das leis que presidem aos fenó[ô]menos naturais].

nona (Nô) *s f* (<lat *nónus,a,um*: nono; ⇒ nove) **1** *Hist* Hora dos romanos (e da reza do ofício divino ou liturgia das horas) correspondente às 3h da tarde. **2** *Poe* Estrofe composta de nove versos. **3** *Mús* Intervalo de nove graus na escala musical.

nonada *s f* (não + nada) ⇒ ninharia/insignificância/bagatela.

nonagenário, a *adj/s* (<lat *nonagenárius,a,um*) (O) que está na casa dos noventa (anos).

nonagésimo, a *num ord/adj/s* (<lat *nonagésimus,a,um*) **1** (O) que, numa sequência, ocupa a posição do número 90. **2** (O) que corresponde a cada uma das 90 partes iguais em que pode ser dividido um todo.

nonágono *s m Geom* ⇒ enágono.

nonato, a *s/adj* (<lat *non + nátus*) (Diz-se de) criança que não nasceu naturalmente mas por intervenção cirúrgica. **Ant.** Nato; nado²; nascido.

nongentésimo, a *num ord/adj/s* (<lat *nongentésimus,a,um*) (O) que ocupa a posição 900. ⇒ nonagésimo.

nónio [*Br* **nônio**] *s m Mat* (<lat *Nónius*, nome latino *us* por Pedro *Nunes*, matemático português: 1492-1578) Pequena régua que desliza ao longo de outra e permite medir fra(c)ções da menor divisão desta última (Pode ser re(c)tilíneo ou circular).

nono, a (Nô) *num ord/adj/s* (<lat *nónus,a,um*) **1** (O) que numa série tem o número nove. **2** Uma das nove partes em que se divide um todo (**1/9**).

nónuplo, a [*Br* **nônuplo**] *num mult/adj/s* (<nono + lat *plus*: mais) (O) que contém nove vezes a mesma quantidade.

noologia *s f Fil* (<gr *nóos*: inteligência + -logia) ⇒ epistemologia; crítica.

noosfera *s f* (<gr *nóos*: mente, espírito + esfera) Mundo do espírito, figurado, por analogia com a biosfera.

nopal *s m Bot* (<nauatle *nopalli*: cacto) Planta cactácea; *Opúntia fícus índica*.

nora¹ (Nó) *s f* (<lat *núrus,us*) Esposa do filho em relação aos pais dele.

nora² (Nó) *s f* (<ár *nahúra*) Engenho para tirar água de poços fundos, constituído por uma roda que faz andar uma cadeia de alcatruzes que descem vazios e sobem cheios.

noradrenalina *s f Bioq* (<normal + adrenalina) Hormona segregada pela medula das cápsulas suprarrenais, mediadora química na transmissão nervosa simpática pós-ganglionar. ⇒ dopamina.

nordestada (Dèstá) *s f* (<nordeste + -ada) Vento frio (que vem/sopra) do nordeste.

nordeste [**NE**] (Dés) *s m/adj 2g Geog* (<norte + este) **1** Ponto colateral entre o norte e o (l)este. **Comb.** Vento ~ [que sopra do ~]. **2** Região [Parte] de um país que, vista da capital, fica em **1**. **Comb.** ~ de Portugal [Província de Trás-os-Montes e Alto-Douro]. ~ do Brasil [Estados do Maranhão, Piauí, Ceará, Rio Grande do Norte, Paraíba, Pernambuco, Alagoas, Sergipe e Bahia].

nordestino, a *adj/s* (<nordeste + -ino) (O) que é do [Relativo ao] nordeste do *Br*. **Comb.** Comida [Cozinha] ~a. ⇒ nortenho.

nórdico, a *adj/s* (<norte + -ico) (O) que é dos [Relativo aos] países do Norte da Europa. **Comb.** Língua ~a [Sueco/Norueguês/Islandês/Dinamarquês]. ⇒ escandinavo.

norito/e *s Miner* (<Noruega + ...) Variedade da rocha magmática (denominada) gabro.

norma (Nór) *s f* (<lat *nórma,ae*: esquadro, ~) **1** Princípio que serve de regra «de procedimento»/Critério. **Loc.** *Por* ~ [De modo habitual/Normalmente] (Ex. Por ~ não peço empréstimos ao banco, só invisto ou gasto o capital de que disponho). *Seguir as* ~*s*/regras/indicações. **2** Tipo [Modelo] de referência. **Ex.** Este produto não está conforme as ~as. **3** *Dir* Lei. **Comb.** ~ jurídica/legal [Disposição/Preceito legal].

normal (Nòrmál) *adj/s 2g* (<lat *normális*: feito com esquadro, ~) **1** Conforme à norma [regra/ao modelo]. ⇒ normalizado. **2** Regular/Habitual/Comum. **Ex.** Não como muito nem pouco, como o ~ [o que a média das pessoas come]. **Comb.** *Estado* ~ «do doente/do país». *Temperatura* ~ «nesta época (do ano)». *Tráfico* ~/sem engarrafamentos ou congestionamentos. **3** Que não sofre de perturbações físicas ou psíquicas. **Comb.** *Criança* ~. *Pessoa* ~. **Ant.** Anormal/Doente. **4** *Geom* (Que é) perpendicular, no ponto de tangência, à re(c)ta tangente a uma curva, ou ao plano da tangente a uma superfície.

normalidade *s f* (<normal + -(i)dade) Qualidade ou estado de normal.

normalização *s f* (<normalizar) A(c)to ou efeito de normalizar/Regularização. ⇒ regulamentação «de novos produtos ou marcas».

normalizado, a *adj* (<normalizar) Que voltou ao normal/Regulamentar. ⇒ uniformizado.

normalizar *v t* (<normal + -izar) Fazer voltar ao normal/Regularizar. **Ex.** O estado (de saúde) do doente normalizou-se nas últimas horas. ⇒ uniformizar.

normalmente *adv* (<normal **2** + -mente) **1** De modo normal/habitual. **Ex.** Ele chega ao escritório ~ às 9h. **2** Sem problemas/alterações. **Ex.** A viagem (de)correu ~. **3** De modo espontâneo/Naturalmente. **Ex.** Ele reagiu ~ [bem] ao perigo e salvou-se [e saiu ileso].

normando, a *s/adj* (<fr *normand* <germânico *nortman*: homem do norte) **1** *Hist* (Diz-se de) pessoa e povo oriundo da Escandinávia, de grandes navegadores, entre os séculos nono e doze. **Sin.** Viking. **2** (Diz-se de) habitante ou diale(c)to da Normandia, província do Noroeste da França.

normativo, a *adj* (<fr *normatif*) Que tem cará(c)ter ou força de norma. **Comb.** Ciências ~as «Direito/Moral» [que não explicam os fa(c)tos mas impõem regras]. ⇒ regulador.

normógrafo *s m* (<norma + -grafo) Utensílio de desenho constituído por uma placa fina de celuloide ou de plástico transparente, com letras e números recortados

que servem de molde para letreiros e legendas.

normotensão s f Med (<norma + ...) Tensão arterial dentro dos valores considerados normais.

normotenso, a s/adj Med (<norma +...) (O) que tem tensões arteriais normais.

nor-nordeste [NNE] adj 2g/s m Geog (<norte + ...) (Diz-se de) dire(c)ção equidistante do norte e do nordeste. **Comb.** Vento (que sopra do) ~.

nor-noroeste [NNO] adj 2g/s m Geog (<norte + ...) (Diz-se de) dire(c)ção (que está) a igual distância do norte e do noroeste.

noroeste [NO] adj 2g/s m Geog (<norte + ...) (Diz-se de) dire(c)ção ou ponto colateral equidistante do norte e do oeste.

noroestear v int Náut (<noroeste + -ar[1]) Virar «rumo/agulha magnética/vento» para noroeste.

nortada s f (<norte + -ada) Vento forte e frio que sopra do norte.

norte [N] s m/adj 2g Geog (<germânico nort) **1** Ponto cardeal situado na dire(c)ção da Estrela Polar. **Sin.** Setentrião. **Ant.** Sul. **2** Diz-se de tudo o que está do lado do **1**. **Comb.** ~ magnético [Dire(c)ção indicada pela agulha (magnética) da bússola]. *Hemisfério* ~ [Metade do globo [da esfera] terrestre do lado de 1] (⇒ equador). *Latitude* ~. *Polo* ~/ár(c)tico. **3** fig Rumo/Dire(c)ção. **Loc.** *Perder o* ~ [Ficar/Andar desorientado/perdido/idi às aranhas]. *Sem* ~/ orientação [Perdido] «na vida».

norte-americano, a adj/s **1** (O) que é da América do Norte: Canadá, EUA e México. **2** (O) que é dos EUA.

nortear v t (<norte + -ar[1]) **1** Dirigir(-se)/Ir para o norte (+). **2** Orientar/Guiar/Regular. **Ex.** Os bons ensinamentos (morais) e o exemplo dos pais norteiam a sua vida. A ambição profissional norteia tudo o que ele faz.

norteio s m (<nortear) Norte 3 (+)/Orientação(+). **Ex.** Não tem [Vive sem] ~ na vida.

nortenho(Pt)/**nortista**(Br) adj/s **1** Relativo ao norte. **Comb.** Regiões ~as. **2** O que é do norte. ⇒ nordestino.

Noruega s f Geog País do norte da Europa, cuja língua é o norueguês e cuja capital é Oslo.

nos pron pess (<nós; ⇒ no, nosso) **1** A/De/ Para/(Per)ante nós. **Ex.** Ele faz-~ tudo o que lhe pedimos «compras/consertos/ limpeza». Nada ~ exigiram [De nós não exigiram nada]. Os pais compraram-~ presentes a todos [compraram presentes para todos nós/para nós todos]. O filho que estava no Brasil apareceu-~ de repente aqui em casa [De repente [Sem esperar] vemos (per)ante nós o nosso ...]! **2** [Com verbo reflexo/voz passiva/complemento (in)dire(c)to] **Ex.** Às vezes queixamo-~ sem razão. No circo rimo-~ tanto, tanto, com os palhaços! Hoje hospedamo-~ [ficamos hospedados] no Hotel Central. Ontem (nós) deitámo-~ tarde «meia-noite». Quando ~ encontrou, ficou muito contente. Viu-~ aflitos [com pressa] e veio ajudar-~ [e ajudou-~]. **3** [Reciprocidade] **Ex.** Escrevemo-~ sempre no/pelo Natal. Demo-~ as mãos em sinal de paz. Quando é preciso ajudamo(s)-~ sempre (uns aos outros).

nós pron pess pl (<lat nos; ⇒ nosso) **1** Indica um conjunto de duas ou mais pessoas em que se inclui quem fala. **Ex.** ~ jogamos futebol todos os dias. **2** Em vez de eu pode indicar modéstia ou prudência. **Ex.** ~ bem sabemos [A gente bem sabe] como é o chefe «preguiçoso/vingativo»... **3** Hist Plural majestático. **Ex.** ~ «Rei/Juiz/Papa» julgamos este problema encerrado [como já resolvido].

noso- pref Med (<gr nósos: doença) Exprime, como -(n)ose, a ideia de doença.

nosocómio [Br nosocômio] s m (<gr nosokomeion) ⇒ hospital.

nosofobia s f Med (<noso- + fobia) Medo patológico de adoecer.

nosogenia s f Med (<noso- + -genia) Teoria da origem e desenvolvimento das doenças.

nosografia s f Med (<noso- + ...) Classificação e descrição das doenças.

nosologia s f Med (<noso- + -logia) Estudo da nomenclatura e classificação das doenças.

nosomania s f Psiq (<noso- + ...) Mania de quem pensa que é [está] doente (mas tem saúde).

nossa (Nó) interj Br (<Nossa Senhora) Exprime espanto ou admiração. **Sin.** Minha Nossa Senhora!; Meu Deus! (+); Virgem Maria!

nosso, a (Nó) pron poss/adj/s (<lat nóster,tra,trum) **1** Indica o que nos pertence ou tem relação co(n)nosco. **Ex.** As suas ideias são diferentes das ~as. Cuide do (que é) seu, que nós cuidaremos do (que é) ~. **Comb.** *O ~ avião* «parte às 9h». *O ~ carro. A ~ casa. O ~ trabalho* «é de escritório». **2** Indica que é do nosso grupo. **Ex.** Ele é ~ [dos ~s] «mesma equipe/clube/ terra». **Idi.** *Ele é (cá) dos ~s* [Ele é bom/Ele pensa como nós/Ele merece toda a confiança]. **Comb.** *A ~ equipa. A ~ família. A ~ igreja.* **3** Indica afe(c)tividade/simplicidade/familiaridade. **Ex.** Depois o ~ homem [herói/o tal] foi para o Brasil e por lá ficou. ⇒ vosso; dele(s); seu(s).

nostalgia s f (<fr nostalgie <gr nostos: volta ao lar + algia) Sentimento de tristeza por desejar muito regressar à sua terra/ao seu meio. **Sin.** Saudade(+).

nostálgico, a adj/s (<nostalgia + -ico) (O) que sente nostalgia. **Sin.** Saudoso; saudosista.

nota s f (<lat nóta,ae) **1** Apontamento (escrito) de algo «para não (se) esquecer». **Loc.** *Tomar* ~ *de* [Apontar] «data/compromisso». **2** Breve comunicação/Aviso. **Ex.** Vou deixar[escrever]-lhe uma breve ~ sobre o proje(c)to à sua porta «na sua caixa do correio». **Idi.** *Forçar a* ~ [Exagerar/Insistir] «não é bom». **Comb.** ~ *diplomática* [Comunicação escrita e oficial entre os governos de dois países]. **3** Conhecimento/Atenção/ Importância. **Loc.** «trabalho/obra/pessoa» *Ser digno de* ~ [Merecer atenção/Ser importante]. **4** Algo que distingue pessoa ou coisa. **Ex.** A chegada dos amigos foi a ~ feliz do dia. A ~ destoante da reunião foi a zanga [gritaria] do chefe/presidente. **5** Fama/Nome/Reputação. **Comb.** «homem/mulher/político» *De má* ~ [Mau]. **6** Observação ou esclarecimento acrescentado a um documento ou a um texto «de livro». **Loc.** *Pôr (muitas/poucas/ longas)* ~s *num livro de História*. **Comb.** ~ *de rodapé [de pé de página]*. ~ *marginal* [nas margens do texto]. **7** Indicação do valor das lições ou do comportamento dos alunos. **Loc.** *Tirar [Ter] «sempre» boas* ~s «em Química». **8** Econ/Com Espécie de bilhete emitido por banco e que vale como ouro, prata ou cobre. **Loc.** *Emitir* ~s. **Comb.** *Uma ~ de cem euros/100 €*. (~) *promissória* [Promessa escrita de pagamento feita pelo devedor ao credor]. **Sin.** Papel-moeda. **9** Mús «na escala» Sinal representativo da altura e duração de um som. **Comb.** ~ *falsa/desafinada*. ⇒ tecla.

notabilidade s f (⇒ notável) **1** Qualidade de pessoa ilustre/famosa. **2** ⇒ grande figura/ vulto; personalidade(+).

notabilíssimo, a adj Muito notável.

notabilizar v t Tornar(-se) notável/Distinguir(-se)/Ganhar fama. **Ex.** Ela notabilizou-se como [foi uma] grande pediatra.

notação s f (<lat notátio,iónis: a(c)ção de marcar com um sinal, ~) **1** Sistema de representação convencional «por símbolos/ cara(c)teres». **Comb.** ~ *fonética* [Sistema de transcrição gráfica dos sons da língua] «internacional». ~ *musical* «na escala» [Representação gráfica do tom e duração dos sons, e das suspensões e pausas]. ~ [Fórmula(+)] *química* [Representação dos elementos de um composto feita pelas suas iniciais e pelo número de átomos «H_2O» (Fórmula da água)]. **2** Gram Conjunto dos sinais que modificam os sons das letras «acento/til/cedilha». **3** Marca ou sinal que distingue algo. ⇒ nota 4. **4** ⇒ classificação «dos alunos, com nota 7».

notadamente adv (<notado + -mente) ⇒ especialmente/sobretudo(+).

notado, a adj (<lat notátus,a,um) **1** Que é alvo de atenção/Que se nota. **Ex.** Gosta de ser ~/visto. **2** ⇒ anotado «na agenda».

notar v t (<lat nóto,áre,átum: marcar, ~) **1** ⇒ anotar/escrever. **2** ⇒ marcar. **3** Reparar em/Ver/Observar. **Ex.** É fácil ~ os defeitos dos outros [e] difícil ~ os próprios/os nossos. Notei [Pareceu-me/Vi] que ele estava preocupado. **Loc.** *Fazer-se* ~ [Pôr-se em evidência/Atrair as atenções/ Chamar a atenção dos outros] (Ex. Para se fazer ~ [Para ser notado], usava um fato [terno] extravagante. **4** [No imperativo, a reforçar uma afirmação] **Ex.** «você chamou-me ladrão) Note [Lembre-se] que se me/o torna a chamar... «idi eu parto-lhe o focinho»!

notariado s m (<notário + -ado) Cargo ou ofício de notário.

notarial adj 2g (<notário + -al) «assinatura» Do notário.

notário, a s Dir (<lat notárius,rii: secretário) Pessoa formada em Direito a quem compete redigir e arquivar documentos jurídicos e atestar a autenticidade de outros documentos ou de determinados a(c)tos «testamento de herança». ⇒ tabelião; escrivão.

notável adj 2g (<lat notábilis,e; ⇒ notório) **1** «fa(c)to/monumento/feito/obra» Digno de nota/de atenção. **Ex.** Acho que ele não fez nada de ~. **Comb.** Um livro «romance» ~ [extraordinário/muito bom]. **2** «homem» Ilustre/Insigne. **Ex.** A cerimó[ô]nia teve a presença de figuras ~eis (da sociedade). **3** «tamanho/qualidade/diferença/melhoria» Apreciável/Grande/Notório. **Ex.** (Ob)tivemos resultados ~eis com as experiências que fizemos no laboratório.

notavelmente adv De modo notável/«o salário aumentou» Muito/Bastante/Consideravelmente. ⇒ notoriamente.

notícia s f (<lat notítia,ae: notoriedade, conhecimento) **1** Informação sobre algo/ Novidade/Nova. **Loc.** *Dar* ~ [Informar] do acontecimento. *Receber boas* ~s, «da família». *Ter* ~/conhecimento [Ouvir dizer] (Ex. Não tive notícia disso/Não ouvi (dizer) nada). **Idi.** *Ser* ~ a) Ser novidade (Ex. Isso para mim é ~ [Eu não sabia disso]; b) Dar brado/que falar (Ex. Aquilo «divórcio/desavença» foi ~!). **Comb.** ~s *dos jornais [da TV]*. ~ *em primeira mão* [presenciada/ sabida pessoalmente ou dire(c)tamente]. **2** Exposição sucinta de um assunto. **Ex.** Incluiremos no prospe(c)to [guia] da Uni-

versidade uma ~ sobre teses de licenciatura e mestrado. Os inspe(c)tores tomaram ~ das deficiências da instituição «lar de idosos». 3 Memória(+)/Referência/Lembrança. **Ex.** Não há ~ de um inverno assim [como este] «frio/chuvoso»! Não tivemos mais ~ [Nunca mais soubemos (nada)] do nosso filho que foi para a guerra.

noticiador, ora s (<noticiar) ⇒ informante; locutor [jornalista] «da TV»; repórter; noticiarista; arauto.

noticiar v t (<notícia + -ar¹) Dar notícia/Informar acerca de um fa(c)to. **Ex.** Os jornais noticiaram que vai haver [vamos ter] eleições. **Sin.** Comunicar; divulgar.

noticiário s m (<notícia + -ário) 1 Conjunto/Resenha de notícias. **Comb.** ~ *da TV*. ~ *(d)esportivo* «de futebol». 2 Secção mais informativa [com mais notícias] do jornal. ⇒ anúncios; editorial.

noticiarista s 2g (<noticiário + -ista) Pessoa/Jornalista que recolhe e escreve notícias. **Sin.** Jornalista(+).

noticioso, a (Ôso, Ósa/os) adj (<notícia + -oso) 1 Relativo a notícias. **Ex.** O tratamento ~ do empresário «nos jornais e revistas» irritou muita gente. **Comb.** *Agência ~a [de notícias (+)]* «Lusa/Reuter». *Programa ~o* «da TV». 2 Que constitui [é bom] assunto de notícia. **Comb.** Material/Matéria/Conteúdo ~ em abundância.

notificação s f (<notificar + -ção) 1 A(c)to ou efeito de notificar/Participação(+). 2 *Dir* Meio pelo qual o tribunal informa alguém dum fa(c)to realizado ou a [para] realizar em juízo/Citação/Intimação(+). 3 ⇒ aviso «diplomático»; informação.

notificar v t (<lat *notífico,áre,átum*: dar a conhecer) 1 Dar conhecimento de/Participar. **Ex.** A dire(c)ção notificou os funcionários do corte de pessoal. 2 *Dir* Avisar judicialmente/Citar/Intimar(+). 3 Avisar oficialmente.

notificativo[tório], a adj (<notificar) Que contém notícia ou notificação.

noto¹ (Nó) s m (<gr *nótos,ou*) Vento (que sopra do) sul. **Ant.** Bóreas.

noto², a (Nó) adj (<lat *nótus,a,um*) ⇒ conhecido/notório/sabido.

notocórdio [notocorda] s m/f Biol (<gr *nótos,ou*: costas + *khordé*: corda) Cordão dorsal flexível, presente na fase embrionária dos vertebrados mas que é substituído pela coluna vertebral e persistente nos animais cordados «lampreia».

notoriamente adv (<notório + -mente) Manifestamente/Evidentemente. ⇒ notavelmente.

notoriedade s f (<notório + -dade) 1 Qualidade de notório/do que é do conhecimento público. 2 Boa fama/Renome/Reputação. **Ex.** É grande a ~ da [É muito conhecida a] família dele.

notório, a adj (<lat *notórius,a,um*: que notifica; ⇒ notável) 1 «fa(c)to/segredo» Conhecido de todos/Público. 2 Evidente/Claro/Manifesto. **Comb.** Professor de ~ saber.

nótula s f (<lat *nótula*; ⇒ nota) Pequena nota/anotação/Comentário breve.

noturno, a (Nò) adj/s m [= nocturno] (<lat *noctúrnus,a,um* <nox,nóctis: noite) 1 Relativo à [Próprio da/Que se faz de] noite. **Comb.** Trabalho [Serviço] ~ «da polícia/no hospital/na fábrica». 2 Que anda [caça/se alimenta] de noite. **Comb.** Ave [Animal] ~a/o. ⇒ no(c)tívago. 3 *Mús* Composição musical «para piano» de expressão intimista e contemplativa. **Comb.** *Noturnos de Chopin*. 4 *catol an* Cada uma das três partes do ofício divino [da Liturgia das Horas/do Breviário] que se rezavam à noite. ⇒ matinas; invitatório; noa.

noutro, a = em + outro. **Ex.** Vamos conversar sobre isso ~a oportunidade/ocasião.

nova s f (⇒ novo) 1 Notícia(+)/Novidade/Anúncio. **Idi.** *Fazer-se de ~s* [Fazer-se desentendido/Fingir que não sabe]. **Comb.** *Boa ~* [Evangelho (de N.S. J.C.)]. 2 *Astr* Estrela já existente e cujo brilho explode «25 000 vezes mais» e se mantém durante mais ou menos tempo, voltando depois ao brilho natural.

Nova Caledónia [*Br* **Caledônia**] s f *Geog* Ilha do Oceano Pacífico a Este da Austrália, cuja capital é Nouméa e onde se fala o francês.

novação s f (<lat *novátio,iónis*: a(c)ção de renovar) 1 ⇒ i[re]novação; reforma. 2 *Dir* **a)** Renovação de contrato ou de obrigação judicial; **b)** Substituição de uma obrigação «dívida» por uma nova que é criada.

novador, ora adj/s (<lat *novátor,tóris*) ⇒ inovador; renovador.

Nova-Guiné s f *Geog* Grande ilha da Oceânia, ao norte da Austrália, dividida em oriental (Papuásia, país independente) e ocidental (Irião, agora sob o domínio da Indonésia).

nova-iorquino, a adj/s (<*top* Nova Iorque, New York) (O) de Nova Iorque.

novamente adv (<novo + -mente) Outra vez [De novo]. **Ex.** Quem me dera ser criança ~ [Como eu gostaria (hoje) de voltar aos meus tempos de criança]!... Esse aluno faltou ~ às aulas.

novato, a adj/s (<lat *novátus,a,um*: feito há pouco) 1 (O) que ainda é novo/que tem poucos anos. **Comb.** Um moço ~ cheio de energia e de ideal. 2 *fig* Inexperiente/Principiante. **Ex.** Ainda é ~ no ofício mas vê-se [mas já vi] que vai ser mestre/que vai aprender bem. 3 ⇒ caloiro «da universidade».

Nova Zelândia s f *Geog* País da Oceânia, cuja capital é Wellington e cujos habitantes são os neozelandeses.

nove [9/IX] num card/s m (<lat *nóvem*) **Comb.** *Prova dos nove(s)* **a)** Operação matemática para confirmar se outra «multiplicação» está certa. **Ex.** 11, ~s fora [tirando ~] (ficam) 2...; **b)** *fig* Verificação (Ex. Vamos tirar [fazer] a prova dos ~ quando chegarem os pais, para ver se foste tu ou se foram eles quem me tirou o dinheiro).

novecentista adj/s 2g (<novecentos + -ista) Relativo ao século vinte [XX]. **Comb.** *Arte ~*.

novecentos [900/CM] num card (<nove + cento) **Comb.** «o computador custa» ~ euros. *Época de ~* [séc. XX].

novel (Vél) adj 2g (<lat *novéllus,a,um*,dim de *nóvus*) ⇒ novato 1/2.

novela (Vé) s f *Liter* (<it *novella*) 1 Narrativa maior do que o conto e menor que o romance, em que o autor limita o número das personagens e faz pormenorizadas análises das mesmas. **Ex.** Camilo Castelo Branco escreveu excelentes ~s e também deu o título de *Novelas do Minho* a uma das suas obras. **Comb.** *Hist* ~ *de cavalaria* [Narrativa medieval que trata os feitos e ideais dos cavaleiros nobres]. 2 Série [História] de enredo [trama] fácil apresentada em série [vários episódios], na TV ou na rádio «durante meses». 3 *Pej* Caso ou situação complicada e de difícil solução. **Ex.** A ~ das ridículas lutas dos partidos no Parlamento é uma vergonha! 4 História cheia de peripécias. **Ex.** A minha viagem pelo interior da África foi [dava (para escrever)] uma ~!

noveleiro, a adj/s (<novela + -eiro) 1 ⇒ novelista(+). 2 (O) que gosta de dar ou inventar novidades/notícias/Embusteiro(+)/Trapaceiro. 3 *Bot* ⇒ novelo 4.

novelesco, a (Lês) adj (<... + -esco) Próprio de novela 3/4. **Comb.** Caso [História] ~.

novelista s 2g (<novela 1 + -ista) Autor [Escritor] de novelas. ⇒ romancista.

novelística s f *Liter* (<novelista + -ica) Gé[ê]nero literário da novela 1. **Ex.** Escreveu a tese de mestrado sobre a ~ de Camilo Castelo Branco.

novelo (Vê) s m (<lat *globéllus*,dim de *glóbus*: bola) 1 Bola formada de fio enrolado [dobado] sobre si mesmo. **Comb.** ~ de algodão [seda/lã]. 2 Algo parecido a 1. **Comb.** ~ de fumo [de pelos]. 3 *fig* ⇒ enredo; intriga; embrulhada. 4 *Bot* Arbusto de lindas flores brancas ou róseas dobradas/Noveleiro; *Vibúrnum ópulus*. ⇒ hortênsia/hidrângea.

novembro s m (<lat *Novémber,bris*) Décimo primeiro mês do ano, com 30 dias.

novena (Vê) s f (<lat *novénus,a,um*) 1 Conjunto de nove coisas. **Comb.** Uma ~ de maçãs. 2 *Rel* Práticas de devoção «missa/oração» feitas durante nove dias seguidos. **Loc.** *Fazer a ~ de* [antes do] *Natal*.

novenal adj 2g (<novena + -al) Que dura [De] nove dias. ⇒ quinzenal.

novenário s m (<novena 2 + -ário) Livro de [com] novenas. ⇒ le(c)cionário.

noventa [90/XC] num card (<lat *nonaginta*) **Ex.** Na lista eu sou o nonagésimo [o número ~].

noviciado s m (<noviço + -ado) 1 *Rel* Primeiro período «1 ano» de aprendizagem e de provação numa ordem ou congregação religiosa. **Ex.** O meu filho está no ~ [é noviço] da Companhia de Jesus. 2 ⇒ tirocínio; aprendizado[zagem]; treino.

noviciar v int (<noviço + -ar¹) 1 Ser noviço/Fazer o noviciado (+). 2 Ser aprendiz (+).

noviço, a s/adj (<lat *novít[c]ius,a,um*: que é (escravo) novo/que começou há pouco tempo) 1 *Rel* Pessoa que entrou numa instituição religiosa (⇒ noviciado 1) e se prepara para nela fazer os votos «de pobreza, castidade e obediência». 2 ⇒ aprendiz; principiante. 3 *fig* ⇒ inexperiente; inocente; caloiro; novato.

novidade s f (<lat *nóvitas,átis*) 1 Qualidade [Cará(c)ter] do que é novo. **Ex.** A ~ das ideias do novo dire(c)tor da escola «sobre educação» impressionou [surpreendeu] todos os professores. 2 O que provoca estranheza/Inovação(+). **Ex.** Ele é hostil [contrário] às ~s. 3 «produto/artigo» O que acaba de ser lançado/comercializado. **Ex.** Aguardava, ansiosa, as ~s [modas] da próxima estação. Fui às livrarias para ver as [para me inteirar das] ~s literárias. 4 Primeira informação/Notícia. **Ex.** A ~ espalhou-se rapidamente [*idi* passou de boca em boca]. *iron* Que grande ~ [Isso não é ~ nenhuma/Isso já eu sabia]! 5 Acontecimento ou situação imprevista/Problema/Incidente. **Loc.** *Sem ~* [Em paz/Sem problemas] (Ex. Espero que a nossa longa viagem corra sem (qualquer) ~/sem problemas). 6 *pl* Mexericos/Bisbilhotices/Boatos. **Ex.** Lá (me) vens tu com as tuas ~s [Cala-te (mas é) mexeriqueiro]!

novidadeiro, a adj/s (<novidade 6 + -eiro) ⇒ mexeriqueiro; intriguista.

novilhada s f (<novilho + -ada) 1 Manada de novilhos. 2 Corrida de novilhos. ⇒ tourada.

novilho, a s *Zool* (<esp *novillo*) ⇒ vitelo(+)/bezerro(+).

novilúnio s m (<novo + lua + -io) 1 Lua nova (+). 2 Período da Lua nova.

novinho[vito], a adj (<novo + ...) 1 «jovem/criança» Muito novo. 2 «máquina/automóvel» Por usar/Em bom estado.

novíssimo, a adj/s (<lat *novíssimus,a,um*) 1 Muito novo. 2 Último. **Ex.** *catol* Os ~s [As últimas coisas da vida] do homem são quatro: morte, juízo, inferno e paraíso.

novo, a (Nôvo, nóva, nóvos) adj/s (<lat *nóvus,a,um*; ⇒ nova) 1 Que tem pouca idade. **Ex.** Tenho dois irmãos mais ~s (do que eu). Os ~s [A gente nova/jovem] gosta(m) de festas. Meu pai morreu «50 anos». **Loc.** Em ~ **a)** Quando tinha pouca idade «viajei muito/visitei muitas terras»; **b)** Quando ainda não tinha sido muito utilizado «o rádio/piano era bom». 2 Recente/Moderno. **Ex.** O ~ [a(c)tual] chefe ainda está [parece/se sente] (um pouco) inseguro. Ela é ~a [entrou recentemente] na nossa empresa. **Comb.** Processo [Produto/Remédio] ~. 3 Que teve pouco uso/Que foi feito há pouco. **Idi.** «carro» ~ *em folha* [Novinho, novinho!/Não estreado]. **Comb.** Casa ~a [acabada de construir]. 4 ⇒ principiante; inexperiente; novato. 5 Desconhecido. **Ex.** – (Então) que há de ~? – Nada (de ~), está [continua] tudo na mesma. **Loc.** Ser ~ para (alguém) [Não ser conhecido] (Ex. Isso para mim é ~/Eu não sabia disso). 6 Que se acrescenta ao que já há [ao já existente]/Outro. **Ex.** Já saiu outra [uma ~a] edição «do dicionário». Era uma experiência ~ para ela; sentia-se [ficou] deslumbrada/maravilhada! **Comb.** «comprámos» ~ [Outra] casa (⇒ **3 Comb.**). 7 Renovado/Reformado/Renascido. **Ex.** Com a reforma que fizemos, a casa está [ficou] (como/praticamente) ~a.

novo-rico s/adj Pessoa que enriqueceu depressa mas que, por falta de modéstia ou de boas maneiras, não ganha o respeito dos outros.

nóxio, a adj (<lat *nóxius,a,um*) ⇒ nocivo(+).

noz s f Bot (<lat *nux,cis*) 1 Fruto da nogueira. **Prov.** *Dá Deus as ~es a quem não tem dentes* [Aparecerem vantagens a quem nada aproveitam] «dar uma viagem grátis à volta do mundo a quem está de cama e não pode viajar». *São mais as vozes do que as ~es* [São mais as palavras [os protestos] do que o conteúdo/a realidade «do crime»]. 2 Qualquer fruto seco ou indeiscente «da palmeira/moscadeira/do caju(eiro)» que contém uma só semente. ⇒ galha; bugalho.

noz-moscada s f Bot 1 Fruto carnudo da moscadeira, com uma só semente. 2 Semente desse fruto, de cor acastanhada, aromática, usada como condimento e para fins medicinais. 3 Árvore da família das Misticáceas, que produz este fruto; *Myristica fragrans*.

N.S.(J.C.) abrev de Nosso Senhor Jesus Cristo.

N. S.ª abrev de Nossa Senhora «Aparecida/de Fátima/de L(o)urdes».

nu, nua adj/s (<lat *núdus,a,um*) 1 Sem roupa/Que não está vestido. **Ex.** *Vestir os nus* [os pobres] é uma das (sete) obras de misericórdia. **Idi.** «estrela visível» *A olho nu* [Sem instrumento ó(p)tico]. **Sin.** Despido. ⇒ descalço. 2 Arte Pintura ou escultura do corpo humano sem roupa. **Ex.** Pintou um ~. **Comb.** Os ~s de Rubens. ⇒ nudez. 3 *fig* Sem folhas/vegetação. **Ex.** As árvores de folha caduca «cerejeira» ficam ~as no inverno. **Comb.** Montes ~s/escalvados. 4 Desguarnecido/Sem adornos/saliências/reentrâncias. **Comb.** *Sala ~a* [vazia/sem mobília]. *Quatro paredes ~as* [sem quadros, etc.]. 5 Descoberto/Exposto. **Loc.** «o crime/escândalo/a mentira» *Ficar a nu* [Ficar (a) descoberto/patente]. *Pôr a nu* [Revelar] toda a maldade do criminoso. 6 Verdadeiro/Sem disfarce/Sem rodeios. **Comb.** «esta é a» *idi* Verdade nua e crua [Toda a [A pura] verdade] (Ex. Você roubou e matou, esta é (que é) a verdade nua e crua). 7 Que está fora da bainha/Desembainhado. **Comb.** «avançou para [veio contra] mim» De espada nua.

nuance[ça] s f (<fr *nuance*) ⇒ pequena [su(b)til] diferença; gradação(+); cambiante; matiz(+); tom; tonalidade.

nuançar v t ⇒ matizar; diferenciar; graduar.

nubente s/adj 2g (<lat *núbens,béntis*) (O/A) que vai casar/Noivo(+).

nubiforme adj 2g (<nuvem + forma) Como uma [Em forma de] nuvem.

núbil adj 2g (<lat *núbilis,e*) Que está apto/a para casar/Casadoiro/a. **Comb.** Idade ~. Moça ~.

nubilidade s f (<núbil + -(i)dade) Qualidade de núbil/Puberdade(+).

nubiloso [núbio], a adj ⇒ nebuloso; nublado(+).

nubívago, a adj (<lat *nubívagus,a,um*) 1 Que vagueia [voa] pelas nuvens. **Comb.** Ave ~a. 2 ⇒ nefelibata(+). 3 «poema» Elevado/Sublime.

nublado, a adj (<nublar) 1 Coberto de nuvens/Enevoado. **Ex.** Hoje o céu [tempo] está ~. 2 Coberto por uma névoa/Turvo/Toldado. **Ex.** Não sei porquê, tenho a vista um pouco ~a. 3 *fig* Triste/Sombrio. **Ex.** Ele falava de [com o] semblante ~o, via-se [parecia] que sofrera muito.

nublar v t (<lat *núbilo,áre*) 1 Cobrir de nuvens/Enevoar/Anuviar. **Ex.** O céu nublou-se de repente. 2 Escurecer/Turvar. **Ex.** O fumo [vapor] nublou (toda) a cozinha. 3 *fig* Entristecer/Toldar. **Ex.** Ao ouvir a terrível notícia, o rosto [semblante] nublou-se-lhe.

nubloso, a adj ⇒ nublado.

nuca adj Anat (<ár *nu(qr)ha*) Parte posterior e superior do pescoço, sobre a vértebra chamada atlas. ⇒ cerviz; cachaço.

nucal adj 2g (<nuca + -al) Referente à nuca. **Comb.** O colar ~ de uma ave.

nução s f (<lat *nútus,us*: movimento de cabeça a indicar uma ordem ou aprovação) 1 ⇒ consentimento/aprovação(+). 2 ⇒ (livre) vontade; «meu» arbítrio.

nuciforme adj 2g (<noz + forma) Semelhante a [Em forma de] noz.

nucleação s f (<nuclear 6) 1 Organização em núcleos. 2 O adquirir forma nuclear no interior de uma célula.

nucleado, a adj (nuclear 6) 1 Biol Que adquiriu forma nuclear no interior de uma célula. 2 Que tem um ou mais núcleos.

nucleal adj 2g (<núcleo + -al) 1 Relativo ou pertencente ao núcleo/Nucleário/Nuclear 1 (+). 2 Essencial/Central.

nucleão [núcleon] s m Fís (<núcleo) Nome genérico das partículas que constituem os núcleos dos átomos: protões e neutrões.

nuclear adj 2g/s m/v t (<núcleo + -ar[2/1]) 1 Biol Do núcleo da célula/Nucleal/Nucleário. **Comb.** Membrana ~ [Película à volta do núcleo e que o separa do citoplasma]. 2 Essencial/Principal/Central/Mais importante. **Ex.** A questão ~ [central(+)] não foi tratada na reunião. **Comb.** Família ~ [Agregado familiar restrito, constituído só pelos pais e filhos]. 3 Fís Referente ao núcleo ató[ô]mico. **Comb.** *Central ~* [Instalação que utiliza o calor gerado por rea(c)ções de cisão do núcleo ató[ô]mico para produzir energia elé(c)trica]. *Cisão ~* [Desintegração do núcleo de um átomo em dois ou mais, de massas comparáveis, sob a a(c)ção de diferentes causas]. *Emulsão ~* [Qualquer tipo de emulsão fotográfica capaz de regist(r)ar a passagem de partículas carregadas]. *Energia ~* [libertada por cisão ou fusão dos núcleos ató[ô]micos]. *Radiação ~* ⇒ radioa(c)tividade. *Rea(c)ção ~* [Processo de alteração de um ou mais núcleos ató[ô]micos em resultado de colisões ou de excitação ele(c)tromagnética]. *Rea(c)tor ~* [Dispositivo no interior do qual se realizam rea(c)ções em cadeia de cisão ~, de forma controlada, para produção de energia].
4 Que faz uso da energia que se liberta da desintegração ou fusão dos constituintes do núcleo. **Comb.** *Armas ~es* [cujo funcionamento se baseia em rea(c)ções ~es] «bomba ató[ô]mica». *Combustível ~* [Material com núcleos cindíveis, cujo conjunto, durante o processo de cisão, fornece energia a um rea(c)tor ~]. 5 s m Conjunto das indústrias que concorrem para a produção de energia ~. **Ex.** Tem havido grandes manifestações públicas em vários países contra o ~. Há cada vez mais (fontes de energias) alternativas ao ~. 6 v t Dispor ou organizar em núcleos.

nucleário, a adj (<núcleo + -ário) Do núcleo/Nucleal/Nuclear 1(+).

nuclearizar v t (<nuclear + -izar) 1 Substituir as fontes de energia tradicionais por energia nuclear. 2 Prover de equipamento nuclear. 3 Reduzir ao núcleo/ao mais restrito/ao essencial/Restringir.

nucle(i/o)- pref (<lat *núcleus,ei*: caroço <*nux,cis*: noz) Exprime a ideia de *núcleo*.

nucleico, a adj Bioq (<núcleo + -ico) Diz-se dos ácidos orgânicos fosfóricos que são os constituintes essenciais do núcleo da célula.

nucleína s f Bioq (<núcleo + -ina) Substância albuminoide que entra na constituição do núcleo da célula/Cromatina(+).

núcleo s m (⇒ nucle(i/o)) 1 Bot ⇒ caroço(+) «do pêssego». 2 Biol Corpo central da célula «nervosa» que contém os cromossomas e o material genético em forma de ADN, funcionando como centro de controle. 3 Fís Parte central do átomo formada por protões e neutrões e onde está reunida a sua massa. **Comb.** *~ ató[ô]mico/do átomo*. *~s espelhos* [Dois ~s que têm o mesmo número de nucleões, de modo que um tem um número de protões igual ao número de neutrões do outro e vice-versa]. 4 Ele(c)tri Parte central dum ele(c)tróíman [transformador/indutor] sobre a qual se enrola a bobina. 5 Astr Parte central, mais densa, de um corpo celeste «Sol». 6 Parte principal/Ponto central/Centro/Âmago. **Comb.** «estes três políticos são» *O ~ do partido*. «aí é que está» *O ~* [âmago] *do problema/da questão*. 7 *fig* O melhor [mais importante] de um grupo/*idi* A fina flor/*idi* A nata/O escol/A alma.

nucleófilo s/adj Quím (<núcleo + -filo-) (Diz-se de) ião ou átomo que pode ceder ele(c)trões.

nucleoide s m Bioq (<núcleo + -oide) Região no interior de mitocôndria, cloroplasto ou célula procariótica que contém ADN.

nucléolo s m Biol/Bot (<dim de núcleo) Corpúsculo denso que se encontra no interior dos núcleos celulares, fundamental para a síntese das proteínas.

nucleónica [Br nucleônica] s f Fís (<núcleo + -ica) Estudo das aplicações da ciência nuclear às outras ciências/Física nuclear (+).

nucleoplasma s m Biol (<núcleo + -plasma) Fluido rico em moléculas orgânicas que constitui o conteúdo fundamental do núcleo duma célula/Carioplasma.

nuclídeo s m Fís (<núcleo + -ídeo) Átomo enquanto cara(c)terizado pelo número de protões e neutrões que possui. ⇒ radionuclídeo; becquerel.

núcula s f Bot (<lat *núcula*: pequena noz <*nux,cis*: noz) Cada uma das pequenas sementes de um fruto «maçã». ⇒ (pequeno) caroço; pevide; grainha.

nudação s f (<lat *nudátio,iónis*) A(c)to de pôr (a) nu/Desnudação(+).

nudez s f (<nu + -ez) **1** O estar nu. **Ex.** O mendigo, com aqueles andrajos, mal cobria a sua ~. **2** Falta ou ausência de orna(men)tos/mobílias. **Comb.** A ~ da sala [das paredes]. **3** Ausência de folhas/de vegetação. **Comb.** A ~ das árvores (sem folhas) [da montanha «depois do incêndio»]. **4** *fig* Clareza/Simplicidade. **Ex.** A ~ da verdade [A verdade *idi* nua e crua] fez calar o réu e todas as suas testemunhas.

nudibrânquio, a adj/s Zool (<nu + brânquia) (Diz-se de) animal «aquático» que tem as brânquias a descoberto e de molusco gastrópode sem concha e cavidade paleal.

nudicaule adj 2g Bot (<nu + caule) Que não tem folhas no caule.

nudismo s m (<nu + -ismo) Ideia que defende a vida ao ar livre em completa nudez como fa(c)tor de saúde física e mental/Naturismo. **Comb.** Praia de ~.

nudista adj/s 2g (<nu + -ista) **1** Relativo ao nudismo/Naturista. **2** Adepto do nudismo.

nuelo, a (É) adj (<nu + -elo) Diz-se de «passarinho» recém-nascido/Implume(+).

nuga(s) f (<lat *núgae,gárum*) ⇒ ninharia(s); bagatela(s); futilidade(s).

nugação s f (⇒ nuga) Argumento ridículo/Frivolidade/Sofisma(+).

nugacidade s f (<lat *nugácitas,átis*) Afeição a coisas frívolas/Frivolidade/Futilidade/Nuga.

nugativo, a adj (<lat *núgor,ári,átus sum*: dizer frivolidades) ⇒ fútil; ridículo.

nulidade s f (<nulo + -(i)dade) **1** Qualidade do que é nulo/do que não tem valor. **2** Falta de mérito ou talento/Pessoa sem capacidade. **Ex.** Ele «, como educador/político,» é uma (autêntica) ~! O moço é uma ~ [é um zero] em matemática. **3** ⇒ coisa vã; insignificância(+). **4** *Dir* Ineficácia/Invalidade de um a(c)to jurídico por falta de uma ou mais condições para a sua validade. **Comb.** ~ *de um contrato*. ~ [Invalidade] *de um matrimó[ô]nio*. ~ *de uma sentença*.

nulificação s f (<nulificar) ⇒ anulação(+).

nulificante[cativo, a] adj Que nulifica ou anula.

nulificar v t (<lat *nullífico,áre,átum*: aniquilar, destruir; ⇒ nulo) ⇒ anular(+); invalidar.

nulípara adj/s f (<nulo + parir) (Fêmea) que nunca pariu.

nulo, a adj (<lat *núllus,a,um*: nenhum, ~) **1** Que não existe/Sem efeito/valor. **Ex.** A minha confiança nele é ~a [Não tenho nenhuma ...]. **Comb.** Dois votos ~s «em branco». **2** *Dir* Sem valor legal. **Ex.** O matrimó[ô]nio foi declarado [dado por] ~. **Comb.** *Contrato* ~. *Eleição* ~*a*. **3** Que não produz resultados/Ineficaz/Vão. **Comb.** *Esforço* ~/(em) vão. *Trabalho* ~/inútil. **4** Reduzido a nada/Igual a zero. **Comb.** *Resultado* ~. **5** Sem mérito/Ine[a]pto/Incapaz. **Comb.** *Pessoa* ~*a* [Nulidade **2**(+)]. **6** Muito pequeno/Inexistente. **Ex.** Esgotados [Cansados] como estávamos, a vontade de continuar a caminhada [a andar] era ~a. **Comb.** *Diferença* ~. *Distância* ~.

num, a = em um. **Ex.** ~ns jornais a notícia saiu na primeira página, noutros não.

nume [númen] s m (<lat *númen,inis*: movimento da cabeça para concordar, (vontade da) divindade) **1** Divindade (mitológica). **Comb.** Os ~s tutelares/prote(c)tores. ⇒ lar (<. **2** Poder/Vontade dos deuses. **3** Inspiração/Gé[ê]nio. **Comb.** ~ poético.

númeno s m Fil «de Kant» (<gr *nooúmenos*: o que é conhecido «só pela mente») ⇒ substância(+). **Ant.** Fenó[ô]meno.

numeração s f (<lat *numerátio,iónis*: a(c)to de contar dinheiro) A(c)to ou efeito de pôr números/de numerar «a numeração dos alunos internos». **Comb.** ~ *árabe* [por meio de algarismos (1, ... 9)]. ~ *binária* [que usa só os algarismos 0 e 1, de tal modo que a unidade de uma ordem é o dobro da unidade precedente]. ~ *decimal* [que utiliza os números 0,1,2,3,4,5,6,7,8 e 9, de tal modo que, colocando um à esquerda de outro, o novo número é dez vezes maior]. ~ *romana* [que usa as letras maiúsculas I,V,X,L,C,D e M que correspondem aos números árabes 1,5,10,50,100, 500 e 1000 (Ex. Século XXI = séc. 21)]. ⇒ enumeração/contagem.

numerado, a adj (<numerar) **1** Com número. **Comb.** Cadeiras [Lugares/Assentos] ~s. Roupa «dos alunos internos» ~a. **2** Posto por [em] ordem numérica «1,2,3...».

numerador, ora adj/s (<numerar) **1** Aparelho/Máquina que serve para pôr números «automaticamente». **2** Pessoa encarregada de pôr números em algo. **3** *Mat* Termo que, numa fra(c)ção da grandeza unidade, indica o número de partes que são tomadas de entre aquelas em que a unidade foi dividida. **Ex.** Comi ⅔ (dois terços) do bolo (O ~ é o 2, o bolo foi dividido em três partes, e dessas três eu comi duas). **Ant.** Denominador.

numeral adj 2g/s m (<lat *numerális,e*) **1** Referente a [Designativo de] número. **Comb.** Adje(c)tivo ~ «João Paulo II = segundo». **2** Palavra que designa o número, a ordem numa série ou a proporcionalidade numérica. **Comb.** ~ *cardinal* [que só indica o número «um, nove, vinte»]. ~ [*Número*] *fra(c)cionário* [que indica divisão «um meio ½ , um terço ⅓, um quinze avos 1/15»]. ~ *ordinal* [que indica ordem/disposição «segundo 2.º, terceiro 3.º, vigésimo 20.º»]. ~ *proporcional/multiplicativo* [que indica relação [proporção] com outro ou multiplicação «(4 é o) dobro (de 2), triplo, nó[ô]nuplo»].

numerar v t (<lat *número,áre,átum*: pôr no número de, ~) **1** Pôr número em «roupa/páginas». **2** Incluir numa série/num grupo. **Ex.** Numero[Incluo(+)/Conto]-me entre os interessados nesse proje(c)to. ⇒ enumerar.

numerário, a adj/s (<lat *numerárius,rii*: encarregado das contas) **1** Relativo a dinheiro. **2** Dinheiro (efe(c)tivo/à vista/em moedas ou papel). **3** Relativo a posição ou número.

numericamente adv (<numérico + -mente) Em [Por] números. **Ex.** O exército inimigo era ~ (muito) superior ao nosso mas nós vencemo-lo/derrotámo-lo.

numérico, a adj (número + -ico) Relativo a número(s). **Ex.** A superioridade ~a do exército inimigo não nos atemoriza «já contávamos com ela». **Comb.** *Mat Ordem* ~*a* [dos números naturais, a partir de 1].

número s m (<lat *númerus,ri*: parte de um todo, ~) **1** *Mat* Conceito fundamental e expressão de quantidade/grandezas. **Loc.** *Em maior* ~/quantidade [Mais] (Ex. Eles eram em maior ~ [Eles eram mais «do que nós»]). *Em menor* ~ [Menos]. **Idi.** *Em ~s redondos* [Aproximadamente] (Ex. Na reunião estariam, em ~s redondos, (umas) cem pessoas). *Fazer* ~ [Ser só para aumentar/encher] (Ex. No auditório havia gente que não entendia o conferencista, viera [fora convidada] só para fazer ~). *Não ser do ~ dos vivos* [Ter morrido] (Ex. Infelizmente os meus irmãos já não são do [não pertencem ao] ~ dos vivos [já morreram (todos)]. *Um sem* ~ [Muitos/Inúmeros] (Ex. Havia muitos [incontáveis/um sem ~ de)] curiosos no local do acidente). **Comb.** ~ *ató[ô]mico* [que indica a quantidade de ele(c)trões de um elemento «O_a». *idi* ~ *um* [O melhor/O mais importante] (Ex. Em matemática, o meu filho é ~ um [é o melhor] na escola). ⇒ numeral; algarismo; decimal; dígito; par; ímpar; fra(c)ção. **2** Soma/Quantidade. **Ex.** Há muitos [vários/um bom [grande] ~ de] problemas que temos de resolver nesta reunião. **Comb.** Vezes sem ~/conta [Muitas/Inúmeras vezes] (Ex. Tentei vezes sem ~ convencê-lo mas já desisti). **3** Conjunto ou grupo com uma certa [com alguma] unidade/Classe/Categoria/Tipo. **Ex.** Ele não é do ~ dos preguiçosos [Ele é trabalhador/não é preguiçoso]. **4** *Gram* Categoria que indica o singular ou o plural. **Ex.** A palavra *lápis* é dos dois números [2n] porque tem a mesma forma no *sing* e no *pl*. **5** Componente/Parte. **Ex.** O espe(c)táculo tem vários ~s «canções, poesia, monólogos, guitarradas». Gostei muito de todos os ~s do Circo. **6** Exemplar de publicação periódica «revista Visão/Brotéria». **Ex.** Nas revistas mensais o ~ corresponde ao mês «maio = ~ 5». **7** Medida de calçado ou de vestuário. **Ex.** Que ~ calça?

numerosidade s f (<numeroso + -(i)dade) Grande número/Muitos.

numeroso, a (Ôso, ósa, ósos) adj (<lat *numerósus,a,um*) Em grande número/Muitos. **Comb.** *Família* ~*a* [com muitos filhos]. *Multidão* ~*a* [Grande multidão] «enchendo toda a praça».

numerus clausus s m (É lat e p) Número previamente fixado [estipulado] que determina a quantidade de pessoas que podem entrar num grupo «no primeiro ano duma faculdade/universidade».

numinoso, a adj (<númen + -oso) Relativo à divindade. **Comb.** Sentimento [Sensação/Experiência] ~/do divino.

numisma s f (<lat *nu[o]misma*) Qualquer moeda (antiga) cunhada. ⇒ medalha.

numismata adj 2g (<fr *numismate*) **1** Pessoa versada em numismática. **2** Cole(c)cionador de moedas (e medalhas) antigas.

numismática s f (<fr *numismatique*) Ciência que investiga moedas (e medalhas) antigas.

numismático, a adj/s **1** Referente à numismática. **2** ⇒ numismata(+).

numulite s f Pal (<lat *núm(m)us,i*: dinheiro amoedado + -ite) Designação comum de foraminífero fóssil que viveu na era cenozoica e tinha carapaça calcária até 19 cm de comprimento.

Numulítico s m Geol (<numulite + -ico) O período mais antigo do Terciário, do qual as numulites são fósseis cara(c)terísticos. **Sin.** Paleogé[ê]nico/Paleógeno.

nunca adv (<lat *núnquam*) **1** Em tempo algum/nenhum/Jamais. **Ex.** Eu ~ [não] bebo uísque. **Loc.** *N~ jamais* [N~ por ~] (Só dá mais ênfase a ~). ~ *mais* [Daqui em [por] diante/Segunda vez] (Ex. Prometo ~ mais [Não torno a] mentir-lhe). «visitou-me uma vez no Brasil» Ele ~ mais me visitou [Ele não me visitou segunda vez/Não tornou a visitar-me]. «é» *Agora ou* ~ «que lhe vendo a minha fábrica» [Não haverá outra oportunidade/possibilidade de ma comprar].

Antes [Mais vale/É melhor] ***tarde do que ~*** (Ex. (O dono d)a fábrica pagou-nos com dois meses de atraso; mas, ainda bem, antes ...). ***Mais do que ~*** [Em maior grau do que noutro momento] (Ex. Nesta aflição [Neste aperto] preciso de você mais do que ~!). *Quase ~* [Poucas vezes/Raramente] (Ex. Eu quase ~ bebo [Eu é raro beber] uísque). **Idi.** *No dia de São Nunca (à tarde)* [Não/Nunca] (Ex. «é um mentiroso/ladrão» Ele vai pagar-me no dia ...). **2** Em nenhuma circunstância/Em caso nenhum. **Ex.** Eu ~ atraiçoarei os meus amigos [sócios]. O que é moralmente errado ~ poderá ser permitido. **3** Nenhuma vez. **Ex.** Eu ~ [ainda não] fui à Rússia. **4** Em algum tempo/Alguma vez. **Ex.** Quem ~ teve [Quem não teve já] medo de andar de noite?
nunca-acabar *s m* Grande quantidade/Infinitude. **Ex.** Um ~ de problemas «queixas/brigas» dos funcionários estava a deixar esgotado o chefe de repartição.
núncia *s f* (<lat *núntia,ae*: mensageira) ⇒ prenúncio; anúncio «de boas novas».
nunciativo, a *adj* (<lat *núntio,áre,átum*: anunciar + -ivo) **1** Que anuncia/Anunciador(+). **2** *Dir* ⇒ notificativo[tório](+).
nunciatura *s f* (<it *nunziatura*) Residência, cargo ou qualidade de núncio.
núncio *s m* (<lat *núntius,ii*: o que anuncia, mensageiro) **1** Embaixador do papa junto de um governo estrangeiro. **Sin.** ~ apostólico/Embaixador da Santa Sé. **2** ⇒ anunciador; precursor; mensageiro.
nuncupação *s f Dir* (<lat *nuncupátio,iónis* <*núncupo,áre,átum* < *nómen*: nome + *cápio*: tomar) Nomeação de herdeiro(s) feita de viva voz.
nuncupativo, a *adj* (⇒ nuncupação) **1** *Dir* Diz-se de a(c)to jurídico feito oralmente e não por escrito. **Comb.** Testamento ~. **2** ⇒ nominal.
nuncupatório, a *adj* (⇒ nuncupação) **1** «carta» Que contém dedicatória. **2** ⇒ nuncupativo **1**.
nu[o]nes *adj/s 2n* (<lat *non*: não) **1** Ímpar. **2** Número ímpar (+) «1,9,15».
nupcial *adj 2g* (<lat *nuptiális,e*) Do casamento/Das núpcias. **Comb.** *Anel/Aliança*(+) *~*. *Regist(r)o ~* [do casamento (+)].
núpcias *s f pl* (<lat *núptiae,iárum*) Casamento/Matrimó[ô]nio/Esponsais/*pop* Boda(s). **Comb.** *Segundas ~* [Segundo casamento] (Ex. A minha esposa [mulher] morreu e eu casei em segundas ~). *Viagem de ~* ⇒ lua de mel.
nuper- *pref* (<lat *núper*: há pouco, recentemente) ⇒ recém-(+).

nuquear *v t* (<nuca + -ear) Abater gado «vitelo» (no matadouro) por meio de punção bulbar/na nuca.
nutação *s f* (<lat *nutátio,iónis*) **1** Balanceamento [Oscilação] «da cabeça»/Vacilação «do país/império/governo». **2** ⇒ vertigem/tontura. **3** *Astr* Oscilação do eixo (de rotação) de um astro à volta da sua posição média. **Comb.** ~ lunar [solar/terrestre]. **4** *Bot* Movimento «helicoidal» de certos órgãos das plantas quando em crescimento. **Ex.** É pela ~ que a folha, quando sai do gomo, se desvia do caule e tende a tomar uma posição perpendicular em relação a ele.
nutante *adj 2g* (⇒ nutar) **1** Que nuta/Vacilante/Oscilante. **2** *Bot* Diz-se de um órgão «flor» pendente [voltado para baixo] por efeito de nutação.
nutar *v int* (<lat *núto,áre,átum*: fazer sinal com um movimento de cabeça, hesitar, vacilar, pender, dobrar-se) ⇒ oscilar(+)/balancear(+)/vacilar(+).
nuto *s m* (<lat *nútus,us*: sinal [movimento] de cabeça) ⇒ arbítrio(+)/vontade(o+).
nutrição *s f* (⇒ nutrir) Processo pelo qual os organismos vivos obtêm energia, em forma de alimento, para o seu crescimento e manutenção/Alimentação. ⇒ gordura.
nutricional *adj 2g* (<nutrição + -al) **1** Relativo a nutrição. **Comb.** Alterações de ordem [origem] ~. **2** ⇒ nutritivo.
nutricionismo *s m* (<nutrição + -ismo) Estudo [Ciência] das necessidades alimentares dos seres humanos e animais e dos problemas relativos à nutrição.
nutricionista *s/adj 2g* (<nutrição + -ista) **1** Que diz respeito ao nutricionismo ou à nutrição. **2** Especialista em (assuntos de) nutrição. ⇒ dietista.
nutrido, a *adj* (<nutrir) **1** Gordo/Robusto. **Ex.** É por isso que ele está bem ~ [está tão gordo], está sempre a [, não para de] comer! ⇒ anafado; gorducho. **2** Alimentado. **Comb.** *Criança ~a* [alimentada(+)] só a [com] leite materno. *idi Incêndio ~/forte* [mantido e aumentado «por grande rajada de vento»]. *idi Jovem ~a* [criada(+)/educada(+)] com bons ensinamentos dos pais.
nutriente *adj 2g/s m* (⇒ nutrir) **1** Próprio para nutrir/Que nutre/Nutritivo(+)/Alimentício(o+). **2** Substância ou produto que alimenta. **Ex.** O cálcio e o fósforo são ~s essenciais aos [para os] ossos e dentes.
nutrimento *s m* (<lat *nutrimentum,î*) ⇒ alimento(+); nutrição; valor nutritivo.
nutrir *v t* (<lat *nútrio,íre,ítum*) **1** Alimentar(+). **Loc.** ~ [Criar] o bebé/ê só a [com o] leite materno. «planta» ~-se da terra (e do ar/e da água). **2** Produzir alimento para. **Loc.** ~ as plantas com água e adubo/fertilizante/estrume. **3** *fig* Alimentar em si mesmo/Ter/Acalentar. **Ex.** O amor nutre-se das vivências compartilhadas. Nutre [Tem] imenso carinho pelos filhos. **Loc.** *~ desejos de paz*. *~ ressentimentos* «amarga o coração [a pessoa]». **4** Ser nutritivo. **Ex.** O feijão nutre mais [é mais nutritivo] do que a batata.
nutritício, a *adj* (<nutriz/nutrir + -ício) **1** Relativo à mãe ou à ama de leite. **2** ⇒ nutritivo(+).
nutritivo, a *adj* (<nutrir + -ivo) **1** Próprio para nutrir/Alimentício. **Comb.** *Alimento* (muito) *~* [rico em proteínas]. *Valor* [*Poder/Conteúdo*] *~* do feijão. **2** Relativo à nutrição. **Comb.** *Anat Buraco ~* [Orifício dos ossos que dá entrada à artéria que os irriga]. *Adequação* [Conformidade/Correspondência] *~a* das dietas e abastecimentos alimentares.
nutriz *s f/adj* (<lat *nútrix,trícis*) **1** Aquela que amamenta/Ama de leite. **Comb.** Mãe e ~ «de todos os filhos». **2** Que nutre/sustenta.
nuvem *s f Meteor* (<lat *núbe[i]s,bis*) **1** Massa [Aglomerado] visível de finas gotas de água em suspensão na atmosfera. **Ex.** O céu está coberto [carregado] de nuvens negras e baixas, vai chover de [com] certeza. **Idi.** *Andar/Viver nas ~ens/na Lua* [Andar abstraído/alheado]. *Cair das ~ens* [Ficar muito admirado/chocado] (Ex. Quando me disse [mandou dizer] que já não queria casar comigo, eu caí das ~ens [eu nem queria acreditar]!). *Pôr nas ~ens/nos píncaros (da lua)* [Elogiar muito [Tecer os maiores elogios] a alguém] (Ex. O novo professor deve ser muito bom, o meu filho põe-no nas [pelas] ~ens). **2** Algo semelhante a **1**. **Comb.** *~ de fumo*. *~* [Enxame/Chusma/Multidão] *de gente*. *~ de inse(c)tos* «mosquitos/gafanhotos». *~ de pó* [*poeira/areia*]. **3** *fig* Aspe(c)to sombrio/Ar de tristeza. **Ex.** Ao ouvir a notícia [aquelas palavras], uma ~ escureceu-lhe o semblante/rosto. **4** *fig* Obstáculo que estorva a visão. **Ex.** Senti uma ~ diante da vista e desmaiei [e então terei desmaiado (+)]. **5** *fig* Algo que pressagia desgraça.
nuvioso, a *adj* (<nuvem + -oso) ⇒ nublado; nebuloso.
nylon *s m* (Palavra criada em 1938) Material sintético, à base de poliamidas, mecânica e quimicamente muito resistente, *us* para fibras, filamentos, plástico, tecidos, etc. **Sin.** Náilon.

O

o¹ (Ó) *s m* **1** Décima quinta letra e quarta vogal do alfabeto português. **Ex.** Com a introdução das letras *k*, *w* e *y* no alfabeto português, pelo último Acordo Ortográfico, a vogal *o* passou da 14.ª para a 15.ª posição. A vogal ~ pode tomar os sons: ó (Oral aberto, por ex. *pó*); ô (Oral semifechado, por ex. *pôde, moça, tola*); o (U) (Surdo fechado, por ex. *belo, dito*). **2** *adj* Numa série representada pelas letras do alfabeto, indica a posição que se segue à letra n. **Comb.** Fila O «no Teatro». **3** *Geog Maiúsc* Símbolo do ponto cardeal oeste. **Comb.** Latitude «35 °» O. **4** *Quím Maiúsc* Símbolo químico do (elemento) oxigé[ê]nio.

o² (U/Ô), **a** *art def/pron pessoal/pron dem* (<*an* lo, la <lat *ille, illa, illud*) **1** *art def* Precede os substantivos [nomes] indicando o gé[ê]nero e o número. **Ex.** Para férias levaram *o* carro e *as* bicicletas. ⇒ um. **2** Precedido pelas preposições *a, de, em, por*, contrai-se, quase sempre, com elas, dando origem às formas: ao, à, do, da, no, na, pelo, pela e plurais respe(c)tivos. **Comb.** *Aos* sábados. *À* tarde. *Dos* montes. *No* chão. *Pelas* ruas. *O fa(c)to de o aluno chegar atrasado* deveu-se a um acidente rodoviário. **3** Usa-se geralmente com os nomes de localidades quando esses nomes se formaram de nomes comuns. **Comb.** *O* Porto [Rio de Janeiro]. *A* Baía [Guarda]. **4** Emprega-se geralmente antes de nomes próprios de países, continentes, mares, rios, montanhas, ilhas, … **Comb.** *O* Brasil/*A* Ásia/*O* Pacífico/*Os* Alpes/*As* Molucas/*Os* Açores. **5** Usado antes do nome próprio de pessoas denota afe(c)tividade e no plural designa o nome de família. **Ex.** *O* João está doente. *Os* Sousas não vieram à festa. **6** Transforma palavras de outras classes morfológicas (Verbos, pronomes, adje(c)tivos, …) em substantivos. **Ex.** *O* rir faz bem à saúde. É preciso indagar *o* porquê da avaria. "*O* prometido é devido". **7** Emprega-se para formar o superlativo relativo. Ela é *a* mais dotada das irmãs. Os pobres não são *os* menos felizes. **8** *pron pessoal* Substitui os nomes referindo-se à terceira pessoa com função de complemento dire(c)to. **Ex.** Comprei cerejas e dei-*as* aos meus filhos. Não deixes os deveres da escola para amanhã; fá-*los* hoje. Esse livro é meu; deu-*mo* o professor. Pega nas chaves e põe-*nas* [e mete-*as*] no bolso. Não te preocupes com o carro. Ele trá-*lo*-á se lhe convier. **9** *pron dem* Equivale a este/esse/aquele/isto/isso/aquilo. **Ex.** Que livro queres? – *O* da direita. É uma criança que chora sempre [muito]; não sabe *o* que quer. A vizinha de baixo e *a* de cima passam a vida [estão sempre] na conversa. Ela diz que não sabia «do namoro da filha» mas sabia-*o* muito bem.

ó³ *interj* Forma interje(c)tiva usada para chamar por alguém/chamar a atenção/invocar. **Ex.** Ó Maria, vem cá! Tanto barulho, ó meninos, estejam calados! Ó meu Deus, livrai-me desta doença! ⇒ oh.

oaristo *s m* (<gr *oaristús, úos*) **1** Colóquio íntimo entre esposos. **2** Conversa carinhosa e familiar.

oásis *s m 2n* (<gr *oásis*) **1** Lugar num deserto onde existe água e vegetação. **Ex.** A árvore típica dos ~ africanos é a palmeira. **2** *fig* Lugar aprazível no meio de outros que o não são. **Ex.** Na confusão da cidade, aquele convento é um ~ de paz. **3** *fig* Coisa agradável no meio de muitos dissabores. **Ex.** Depois de enviuvar e sofrer tantos desgostos com os filhos, encontrou um ~ no segundo casamento.

ob- *pref* (<lat *ob*) Exprime as noções de: **a)** oposição: *obstáculo, obje(c)ção, oprimir*; **b)** posição frontal: *obstruir, obviar, obje(c)tivo*; **c)** envolvimento, cobertura: *obnubilar, obcecar*; **d)** oclusão: *obturar*.

obcecação *s f* (<lat *obcaecátio, ónis*; ⇒ obcecar) **1** A(c)to ou efeito de obcecar(-se). **2** Obscurecimento da razão/Cegueira de espírito. **Ex.** A ~ por aquele rapaz impede-a de ver que está a cometer um grande erro. **3** Pensamento que se apodera da mente não deixando pensar noutra coisa/Obsessão. **Comb.** A ~ por alcançar o poder.

obcecado, a *adj* (<obcecar+-ado) **1** Que tem uma ideia fixa que lhe perturba o entendimento/Ofuscado. **Comb.** ~ pelo dinheiro [trabalho]. **2** Obstinado/Teimoso. **Ex.** Está ~ pelo seu clube «de futebol»: quando este não ganha, ninguém lhe diga [não aceita que lhe digam] o contrário: a culpa é (sempre) dos árbitros.

obcecante *adj 2g* (<lat *obcáecans, ántis*) Que cega/ofusca/não deixa pensar em mais nada. **Comb.** Ideia ~. Paixão ~. Recordação ~.

obcecar *v t* (<lat *obc[occ]áeco, áre, átum*) **1** Perturbar a visão/Ofuscar/Cegar. **Ex.** O reflexo da luz do sol nas janelas do prédio da frente obcecа-me. **2** Perturbar o entendimento/Induzir em erro/Obnubilar. **Ex.** O pavor de ficar desempregado obcecava-o; nem conseguia dormir. **3** Fazer comportar-se como um louco/Desvairar. **Ex.** O desejo de vingança obcecava-o. Os toxicodependentes ficam obcecados com a falta da droga e podem cometer graves crimes.

obcónico, a [*Br* **obcônico**, **a**] *adj* (<ob- **a)** +…) Em forma de cone invertido.

obcordado, a [**obcordiforme**(+)] *adj Bot* (<ob- **a)** + lat *cor, cordis*: coração) Que tem a forma de um coração invertido. **Comb.** Folha ~a [mais larga na ponta do que na base].

obducto, a *adj Poe* (<lat *obductus* <*obduco*: fechar, cobrir) ⇒ escondido/oculto/(en)coberto.

obdurar *v t* (<lat *obdúro, áre, átum*) **1** Tornar rijo/Endurecer. **2** Tornar rígido/insensível/empedernido «o coração».

obedecer *v int* (<lat *ob(o)edísco, ere* <*ob(o)edio*) **1** Sujeitar-se às ordens de alguém. **Ex.** Disse-lhe para vir para casa antes da meia-noite, mas ele não obedeceu. O cão conhece o dono e obedece-lhe. **Loc.** ~ aos pais [professores]. **Ant.** Desobedecer. **2** Agir de acordo com o que está determinado/Cumprir/Acatar/Respeitar. **Ex.** O acidente deu-se porque o condutor não obedeceu ao [não respeitou o] sinal vermelho. **Loc.** ~ *às leis*. ~ *às normas*/aos regulamentos. **3** Seguir o impulso/Não resistir/Ceder. **Ex.** Os animais obedecem aos seus instintos. Contrariado, acabou por ~ à vontade da namorada. **Loc.** ~ à consciência [ao coração]. **4** Sofrer a a(c)ção de/Deixar-se guiar por/Estar condicionado. **Ex.** Os obje(c)tos lançados no ar obedecem à lei da gravidade. Travei a fundo mas o carro não obedeceu. **5** Estar sob o domínio/comando/autoridade/chefia de alguém. **Ex.** As forças armadas obedecem ao Presidente da República. O pessoal do escritório obedece ao dire(c)tor administrativo.

obediência *s f* (<lat *obediéntia, ae*; ⇒ obedecer) **1** A(c)to de obedecer/Submissão a uma autoridade/Sujeição às ordens de alguém. **Ex.** Os filhos menores devem ~ aos pais. **Comb.** ~ *à lei*. ~ *cega/total* [Sujeição total às ordens de alguém, sem discussão]. *Rel* **Voto de** ~ [Obrigação moral, assumida por promessa [voto], de os religiosos obedecerem aos respe(c)tivos superiores] (Ex. O voto de ~ deve ser entendido como colaboração a(c)tiva e responsável dos religiosos na execução das tarefas confiadas pelo superior). **Ant.** Desobediência; revolta. **2** Sujeição [Submissão] a algo que é imposto exteriormente ou pela própria pessoa. **Comb.** ~ *à moda*. ~ *a um instinto* [impulso]. **3** Dependência [Subordinação] em relação a determinada autoridade. **Loc.** Prestar [Jurar] ~ à constituição [ao rei].

obediente *adj 2g* (<lat *obédiens, éntis*; ⇒ obedecer) **1** Que obedece/Dócil/Submisso. **Comb.** *Criança* ~. *Animal* «cão/cavalo» ~. **2** *fig* Que cede facilmente a uma força/Fácil de trabalhar/Manejável. **Comb.** Material «madeira/metal/couro» ~ [domável(+)].

obelisco *s m Hist* (<gr *obelískos, ou*: pequeno espeto) Monumento monolítico em forma de pilar de se(c)ção quadrangular que vai diminuindo progressivamente de espessura, terminando numa ponta piramidal. **Ex.** Os ~s são cara(c)terísticos do Antigo Egi(p)to.

oberado, a *adj* (<lat *obaeratus, a, um* <*ob* +*aes, aeris*: cobre, dinheiro) Que tem muitas dívidas/Endividado/Empenhado.

obesidade *s f Med* (<lat *obésitas, átis*) Estado patológico cara(c)terizado pelo aumento anormal de peso devido à acumulação excessiva de gordura no organismo. **Ex.** A ~ pode ser devida a várias causas, por ex., perturbações do apetite, alterações endócrinas, sedentarismo, …

obeso, a (Bê) *adj* (<lat *obésus, a, um*) Que sofre de obesidade/Gordo em excesso. **Ex.** As pessoas ~as correm maiores riscos de doenças cardiovasculares.

óbice *s m* (<lat *óbex, icis*) Aquilo que impede ou dificulta/Impedimento/Obstáculo/Estorvo. **Ex.** O fa(c)to de não ter um curso superior não é (um) ~ para que não possa ser um bom gestor. Queria entrar para a polícia mas tem o ~ de ser de baixa estatura.

óbito *s m* (<lat *óbitus, us*) Morte/Falecimento/Passamento. **Comb.** *Certidão* [Atestado] *de* ~. *Livro dos* ~*s*.

obituário, a *adj/s* (<óbito + -ário) **1** Relativo a óbito/Mortuário. **Comb.** Se(c)ção de ~ dum jornal. **2** *s m* (Livro de) regist(r)o de óbitos ocorridos num certo período em determinado lugar/Necrologia. **Ex.** Na pesquisa de dados sobre os antepassados, foi consultar o ~ da terra natal dos avós. **3** Quantidade de mortes ocorridas em determinado período/Mortalidade.

objeção (Jè) [*Br* **obje(c)ção** (dg)] *s f* [= objecção] (<lat *objéctio, ónis*) **1** A(c)to de objetar/Contestação. **Loc.** Levantar [Fazer] uma ~. **Comb.** ~ *de consciência* [Faculdade de alguém se recusar a praticar a(c)tos ordenados ou permitidos pela lei civil mas contrários ao imperativo íntimo da sua consciência] (Ex. Um médico recusar-se, por ~ de consciência, a fazer abortos). **2** Aquilo que alguém apresenta para contrariar uma afirmação/uma proposta/Argumento/Crítica/Reparo. **Ex.** A

sua ~ é pertinente [válida/tem fundamento]. **3** Dificuldade/Óbice/Obstáculo. **Ex.** Ser católico, não era ~ para colaborar com organizações laicas em campanhas de solidariedade.
objecção/objectal/objectante/objectar/objectiva/objectivação/objectivamente/objectivar/objectividade/objectivismo/objectivo/objecto/objector ⇒ objeção/.../objetor.
objetal (Jè) [*Br* **obje(c)tal** (*dg*)] *adj 2g Psiq* [= objectal] (<objeto + -al) Que se refere à forma como o indivíduo se relaciona com os objetos interiorizados e como através dessa relação se comporta com os objetos reais. **Comb.** *Conduta* [Comportamento] *~*. *Relações ~ais*.
objetante (Jè) [*Br* **obje(c)tante** (*dg*)] *adj/s 2g* [= objectante] (<objetar + -ante) (O) que objeta/que se opõe. **Ex.** A proposta teve muitos ~s. **Comb.** *Posição* ~. *Tese* ~.
objetar (Jè) [*Br* **obje(c)tar** (*dg*)] *v t* [= objectar] (<lat *objécto, áre, átum*) Alegar em sentido contrário/Contrapor/Contestar. **Ex.** Apenas foi lida a proposta, logo vários participantes na assembleia objetaram que ela era inaceitável porque lesava os seus direitos. **2** Levantar dificuldades/impedimentos à concretização de alguma coisa. **Ex.** Ninguém objetou contra o adiamento da reunião.
objetiva (Jè) [*Br* **obje(c)tiva** (*dg*)] *s f* [= objectiva] (<objetivo) **1** *Fís* Sistema ó(p)tico que faz parte de vários instrumentos e se destina a dar a imagem de um objeto que virá a ser examinada [fotografada] pelo sistema da ocular. **Comb.** *~ fotográfica* [microscópica/telescópica]. *~ de grande angular*. **2** Máquina fotográfica ou de filmar. **Ex.** Há celebridades que se queixam de serem perseguidas pelas [de estarem constantemente debaixo das] ~s dos fotógrafos.
objetivação (Jè) [*Br* **obje(c)tivação** (*dg*)] *s f* [= objectivação] (<objetivar + -ção) A(c)to de objetivar/Concretização(+). **Comb.** *~ dum plano* [duma proposta].
objetivamente (Jè) [*Br* **obje(c)tivamente** (*dg*)] *adv* [= objectivamente] (<objetivo + -mente) **1** De modo objetivo/Concretamente. **Ex.** O juiz insistiu para que descrevesse ~ aquilo que tinha visto. **2** Com imparcialidade/independência/isenção. **Loc.** Analisar ~ um processo «disciplinar» [uma queixa/acusação].
objetivar (Jè) [*Br* **obje(c)tivar** (*dg*)] *v t* [= objectivar] (<objetivo + -ar¹) **1** Tornar objetivo/concreto/Materializar/Concretizar. **Loc.** ~ *as queixas* [razões de descontentamento]. **2** Ter como finalidade/objetivo/Pretender. **Ex.** O plano de reestruturação objetivava [visava(+)] uma mudança radical para rentabilizar a empresa.
objetividade (Jè) [*Br* **obje(c)tividade** (*dg*)] *s f* [= objectividade] (<objetivo + -i- + -dade) **1** Qualidade do que é objetivo/do que pretende representar fielmente um objeto. **Comb.** *~ dum relatório* [duma descrição/notícia]. **2** Qualidade do que é imparcial/isento/Imparcialidade. **Ex.** O juiz analisou a questão com ~. Árbitro conhecido pela ~ das suas decisões. **3** *Fil* Cará(c)ter daquilo que existe independentemente do pensamento, que constitui uma realidade em si mesmo/Materialidade. **Ant.** Subje(c)tividade.
objetivismo (Jè) [*Br* **obje(c)tivismo** (*dg*)] *s m* [= objectivismo] (<objetivo + -ismo) **1** Atitude que se baseia na referência ou subordinação sistemática aos dados objetivos, verificáveis pelos sentidos, e no desprezo pelos dados subje(c)tivos fornecidos pela sensibilidade/imaginação. **2** *Fil* Doutrina que considera como objetiva, como tendo existência fora do sujeito, determinada realidade/norma/determinado princípio.
objetivo, a (Jè) [*Br* **obje(c)tivo** (*dg*)] *adj/s* [= objectivo] (<lat *objectívus, a, um*) **1** Relativo ao objeto. **2** Que tem existência real fora do conhecimento do sujeito/existe como objeto independente do espírito/Material/Positivo/Concreto. **Ex.** A ciência baseia-se em dados ~s. **3** Que assenta [se baseia] na experiência/observação. **Comb.** *Métodos ~s*. **4** Imparcial/Isento/Neutro. **Comb.** *Análise* [Descrição] *~a dos acontecimentos*. **5** *s Mil* Alvo contra o qual se dirigem operações militares. **Ex.** A destruição da base «de mísseis» era o ~ da operação. **6** *s* Fim a atingir/Finalidade/Meta. **Ex.** O novo líder tinha como ~ levar o partido ao poder. **7** *s f* ⇒ objetiva.
objeto (Jé) [*Br* **obje(c)to** (*dg*)] *s m* [= objecto] (<lat *objéctus, us*) **1** Coisa material, inanimada. **Ex.** Na estante há vários ~s decorativos. Pasta, livros, canetas, ... são ~s escolares. **Comb.** *~s artísticos* [de arte]. *~s litúrgicos* [destinados ao culto]. *~s pessoais* «pente/relógio». **2** Aquilo para que converge o pensamento/desejo/a a(c)ção. **Ex.** A saúde da esposa era ~ da sua constante preocupação. O (~ do) seu maior desejo – ter um carro – tinha-se concretizado. **3** Aquilo de que se trata/Assunto/Matéria/Tema. **Comb.** *~ duma ciência* [dum livro]. *~ duma conferência* [dissertação]. **4** Motivo/Causa. **Ex.** As partilhas são muitas vezes ~ de discórdia entre os herdeiros. **Loc.** Ser ~ [alvo(+)] de chacota. **5** ⇒ Coisa que se pretende fazer [atingir]/Objetivo **6**(+). **6** *Fil* Aquilo que é [pode ser] pensado e que se opõe ao sujeito pensante. **Ex.** ~ é o que não é sujeito. **Comb.** *~ material* [Aquilo que é atingido por determinada faculdade]. *~ formal* [Perspe(c)tiva [Aspe(c)to] sob o qual é encarado por determinada faculdade] (Ex. O Homem é o ~ material comum à História e à Antropologia, mas o ~ formal é diferente em cada uma delas). **7** *Fil* O que é pensado [representado] enquanto distinto do a(c)to pelo qual é pensado. **8** *Dir* Aquilo sobre que incide o a(c)to jurídico «direito/obrigação/contrato/regra de conduta». **9** *Fís* Fonte luminosa [Corpo] cuja imagem se pode formar por meio de um sistema ó(p)tico. **Comb.** *~ real* [virtual]. **10** *Gram* Nome comum com que se designam os complementos exigidos pelo verbo transitivo: ~ dire(c)to e ~ indire(c)to. **Ex.** O ~ [complemento] indire(c)to «ao meu filho» não pode existir sem o ~ [complemento] dire(c)to «Dei um carro». **11** *Psic* Alvo de uma pulsão ou impulso. **Ex.** O ~ de uma pulsão pode ser uma pessoa ou uma coisa «brinquedo» (~ transacional), real ou imaginária. **Comb.** «não se pode tratar as pessoas como se fossem ~s» Homem/Mulher ~.
objetor, ora (Jè) [*Br* **obje(c)tor** (*dg*)] *adj/s* [= objector] (<objetar + -or; ⇒ objurgatório **2**) (O) que objeta/se opõe. **Comb.** *~ de consciência* [O que invoca a objeção de consciência para recusar uma obrigação legal «serviço militar»].
objurgação *s f* (<lat *objurgátio, ónis*; ⇒ objurgatório **2**) Repreensão severa/Censura. **Ex.** A gravidade do a(c)to de indisciplina obrigou o dire(c)tor à ~ da turma inteira.
objurgar *v t* (<lat *objúrgo, áre, átum*) **1** Repreender severamente/Censurar. **2** Lançar em rosto/Acusar.
objurgatório, a *adj/s f* (<lat *objurgatórius, a, um*) **1** Que encerra objurgação/censura. **Comb.** *Palavras ~as*. **2** *s f* Discurso [Frase] com que se censura violentamente/Repreensão/Reprimenda/Objurgação. **Ex.** Da bancada da oposição choveram [foram ditas muitas] ~as à a(c)tuação do governo.
oblação (Là) *s f Rel* (<lat *oblátio, ónis*; ⇒ oblato) **1** A(c)ção de oferecer alguma coisa a Deus/aos santos. **2** Oferta feita a Deus/aos santos/Oblata. **3** A(c)to pelo qual o sacerdote católico oferece a Deus o pão e o vinho antes de os consagrar/Ofertório **1**.
oblata *s f Rel* (<pl neutro de *oblátus, a, um*; ⇒ oblato) **1** O pão e o vinho que, na missa, o sacerdote oferece a Deus para serem consagrados. **Comb.** *Oração sobre as ~s* (Antes do prefácio da missa). **2** Tudo o que se oferece, na igreja, a Deus/aos santos/Oblação.
oblatividade *s f* (<oblativo + -i- + -dade) **1** Atitude espiritual e comportamento em que alguém faz dom da sua pessoa (e não de bens materiais). **Ex.** A ~ dos religiosos na oferta de si mesmos a Deus. **2** ⇒ Renúncia às necessidades pessoais em benefício de outrem/Sacrifício(+).
oblativo, a *adj* (<lat *oblatívus, a, um*) Relativo à oblação ou à oblatividade. **Comb.** *Amor ~*. *Gestos ~s* [de oblatividade(+)].
oblato, a *s* (<lat *oblátus, i* <*óffero, férre, óbtuli, oblátum*; ⇒ oferecer) **1** Leigo que se entregava ao serviço duma comunidade religiosa à qual poderia também oferecer os seus bens. **2** *s m Maiúsc* Membro da congregação religiosa dos Oblatos de Maria Imaculada, fundada em França, em 1816. **Ex.** Os ~s tinham como [por] finalidade recristianizar a gente do meio rural após a crise religiosa provocada pela Revolução Francesa.
obliquamente *adv* (<oblíquo + -mente) **1** De maneira oblíqua/inclinada. **Ex.** Rua oblíqua [que se desenvolve ~] à avenida principal. **Comb.** *Apoio colocado ~*. **2** *fig* De maneira indire(c)ta. **Ex.** Não disse claramente que eu lhe tinha faltado ao respeito, mas ~ [indire(c)tamente(+)] foi isso que deu a entender.
obliquângulo, a *adj* (<oblíquo + ângulo) Que não apresenta nenhum ângulo re(c)to. **Comb.** *Configuração ~a*. *Polígono «triângulo» ~*.
obliquar *v int* (<lat *oblíquo, áre, átum*) **1** Caminhar em dire(c)ção oblíqua/Ir de través/Fazer desvios. **Ex.** O barco ia em dire(c)ção a norte e depois obliquou para nascente. Em vez de seguir dire(c)tamente para casa obliquou para o café. **2** *fig* Proceder com malícia/sem franqueza/Tergiversar.
obliquidade *s f* (<lat *oblíquitas, átis*) **1** Qualidade daquilo que é oblíquo/Inclinação. **Comb.** *A ~ da Torre de Pisa*. **2** Dire(c)ção [Posição] oblíqua. **Comb.** *~ de dois planos* [duas re(c)tas]. *~ da eclíptica* [Ângulo entre o plano do equador e o plano da órbita terrestre, que é em média de 23° 27']. **3** *fig* Cará(c)ter evasivo/Falta de re(c)tidão moral/Ambiguidade. **Loc.** *Falar* [Proceder] *com ~* [Ser ambíguo/indire(c)to(+)].
oblíquo, a *adj/s f* (<lat *oblíquus, a, um*) **1** Que não é perpendicular nem paralelo/Inclinado. **Comb.** *Linhas* [Re(c)tas/Planos] *~as*/os. *Posição ~a «dum poste»*. *Rua ~a «ao caminho de ferro [à ferrovia]»*. **2** *s f Mat* Re(c)ta que forma com outra ou com uma superfície um ângulo agudo e outro obtuso. **Ex.** Os dois catetos dum triângulo re(c)tângulo são ligados por uma ~, a hipotenusa. **Loc.** *Traçar uma ~*. **3** *Mat* Diz-se dos sólidos cujo eixo não é perpendicular à base. **Comb.** *Cone* [Prisma] *~*. **4** Que

não é dire(c)to/claro/Ambíguo/Ardiloso/Dissimulado. **Loc.** Dar uma resposta ~. **5** *Gram* Diz-se dos casos «do latim/alemão» que exprimem uma relação sintá(c)tica não dire(c)ta «atributivo/genitivo» e dos pronomes pessoais «eu/ele/...» quando têm a função de complemento ou adjunto «me/mim/lhe/...».

obliteração *s f* (<lat *obliterátio, ónis*) **1** A(c)to ou efeito de obliterar(-se). **2** Eliminação/Destruição/Extinção. **3** Apagamento progressivo. **4** Inutilização de títulos de transporte, selos do correio, ... para que não possam ser utilizados novamente.

obliterador, ora *adj/s* (<obliterar + -dor) (O) que oblitera. **Comb.** Dispositivo [Máquina] ~or/ora «do título [bilhete] de transporte». Um(a) ~or(ora). ⇒ apagador.

obliterar *v t* (<lat *oblíttero, áre, átum*) **1** Fazer desaparecer pouco a pouco/Apagar. **Ex.** O vento ia obliterando as pegadas na areia. **2** Fazer esquecer/ficar esquecido. **Ex.** Tradições que se vão obliterando. **3** Fazer a obliteração de títulos de transporte/Invalidar/Inutilizar. **Loc.** ~ *bilhetes* «de comboio». ~ *selos* do correio. ~ *um passaporte*.

oblívio *s m* (<lat *oblívium*) ⇒ esquecimento(+); olvido.

oblongo, a *adj* (<ob- + longo) **1** Mais longo do que largo/De forma alongada. **Comb.** *Formato* ~. *Rosto* ~. **2** Que tem a forma oval/Elíptico. **Ex.** O melão é um fruto ~.

obnóxio, a (Csi) *adj* (<lat *obnóxius, a, um*) **1** Que se submete servilmente a castigo. **2** Que não tem vontade própria/Escravo/Servil. **3** Funesto/Prejudicial/Nocivo. **4** Trivial/Vulgar/Corriqueiro. **5** Esquisito/Estranho.

obnubilação *s f* (<lat *obnubilátio, ónis*) **1** *Med* Perturbação da visão e da perce(p)ção da realidade exterior devida a redução da eficiência mental. **Ex.** A ~ pode ser causada por esgotamento físico, comoção cerebral, psicose febril, intoxicação, ... **2** Lentidão de pensamento/Enevoamento/Turvação.

obnubilar *v t* (<lat *obnúbilo, áre, átum*) **1** Causar obnubilação/Enevoar(-se) a vista. **Loc.** Sentir-se obnubilado [Não raciocinar com clareza]. **2** *fig* Disfarçar/Esconder. **Ex.** Versões contraditórias dos fa(c)tos obnubilavam a realidade.

oboé *s m Mús* (<it *oboe*) Instrumento musical de sopro, de madeira, em forma de tubo có[ô]nico, com palheta dupla e chaves.

oboísta *s 2g* (<oboé + -ista) O que toca oboé. **Comb.** Banda com quatro ~s.

óbolo *s m* (< gr *obolós*) **1** Moeda grega antiga, de pouco valor. **2** Donativo de pouco valor/Esmola. **Loc.** Deitar na caixa das esmolas um pequeno ~.

obra *s f* (<lat *ópera, ae*) **1** Resultado duma a(c)ção/dum trabalho/Produto/Efeito. **Ex.** A ponte velha é ~ dos romanos. A reforma fiscal foi ~ do ministro das finanças. A terra do canteiro está toda remexida; deve ter sido ~ do gato da vizinha. Toda esta destruição foi ~ do vendaval. **Loc.** *Compor uma ~ musical*. *Escrever uma ~* «romance/tratado científico». **Idi.** *Pôr mãos à ~* [Começar um trabalho com afinco]. *Ser ~* [Ser difícil/coisa importante/que leva muito tempo/que exige recursos vultuosos]. **Comb.** ~ *asseada* [Trabalho perfeito]. ~ *de arte* [Trabalho artístico]. ~ *de fachada* [de grande aparência e pouco valor]. ~ *de fancaria* [«peça de vestuário» mal acabada/grosseira]. ~ *de fôlego* [importante porque exige grandes conhecimentos ou o emprego de meios materiais avultados]. ~ *de referência* [«trabalho científico/literário» que serve de guia/que é obrigatório consultar]. ~ *de sapateiro*/~ *grossa* [Trabalho mal executado/defeituoso]. ~ *de vulto* [~ notável pela grandiosidade ou da importância]. *Mãos à ~!*/Vamos arregaçar as mangas! [Expressão de incitamento a começar [prosseguir] um trabalho]. **2** Edifício (em construção)/Trabalho de construção civil. **Ex.** Nas grandes cidades «Roma/São Paulo/Tóquio» há ~s monumentais construídas em várias épocas. A ~ do novo hospital está bastante adiantada. **Loc.** *Tomar uma ~ de empreitada* [Adjudicar a construção nas condições estipuladas no contrato, por preço e prazo definidos]. *Trabalhar nas ~s* [Ser operário da construção civil]. **Comb.** ~*s de beneficiação*/manutenção [Trabalhos de restauro/conservação] (Loc. Fechar para ~s). **idi** ~*s de Santa Engrácia* (Panteão Nacional, em Lisboa) [Trabalho que leva muito tempo a ser concluído/que parece não chegar ao fim]. ~*s públicas* [Trabalhos de construção ou grandes reparações de bens imóveis públicos feitos por conta do Estado]. *Empreiteiro de ~s* [Construtor civil]. **3** Conjunto das realizações de um autor «escritor/músico/artista/cientista». **Comb.** ~ *póstuma* [publicada após a morte do autor]. A ~ de Fernando Pessoa/Beethoven/Miguel Ângelo/Einstein. **4** Tarefa executada por alguém de reconhecida competência/Trabalho concluído. **Ex.** Passa pelo [pela oficina do] marceneiro e pergunta se a ~ (encomendada) já está pronta. A costureira foi entregar ~ às clientes. **5** A(c)ção meritória praticada por alguém/~ de caridade. **Ex.** Era uma senhora muito estimada por causa das suas boas ~s. **Comb.** *Rel* ~*s de misericórdia* [Conjunto de catorze recomendações, sete de ordem material «dar de comer a quem tem fome» e sete de ordem espiritual «dar bom conselho», que a Igreja propõe aos fiéis como meio de concretizar a ajuda ao próximo]. **6** Instituição de assistência geralmente a favor de crianças abandonadas ou desprotegidas. **Comb.** ~ *do Ardina*. ~ *do Padre Américo*.

obra-mestra [-prima(+)**]** *s f* **1** *Hist* Trabalho que um artesão, na Idade Média, tinha de executar para ascender à categoria de mestre. **2** O melhor trabalho de um escritor ou artista. **Ex.** O pintor descreveu-nos detalhadamente a sua ~. **3** Obra de exce(p)cional perfeição. **Ex.** A *Pietà*, *David*, *Moisés*, são ~s do grande escultor renascentista Miguel Ângelo.

obrar *v t/int* (<lat *ópero, áre, átum*) **1** Fazer obra/Executar/Fabricar. **Ex.** A fé obra milagres. **Loc.** ~ *maravilhas*. **2** Proceder/Agir/A(c)tuar. **Ex.** Não estorves [empates(+)] o artista «mecânico»: deixa-o [manobrar(+)/trabalhar(o+)]. **3** Expelir as fezes/Defecar/Evacuar(+). **Loc.** Ter dificuldade em ~ [Sofrer de prisão de ventre].

obreiro, a *s* (<lat *operárius, ii*) **1** O que executa um trabalho remunerado por salário/Trabalhador/Operário(+). **Ex.** Contratei dois ~s para irem cavar a vinha. **2** O que se empenha na realização duma obra/na luta por uma causa/na divulgação duma ideia/doutrina/Agente/Cooperador. **Ex.** O P. Manuel da Nóbrega (1517-1570) foi um grande ~ da cristianização e defesa dos índios do Brasil (Baía/São Paulo/Rio de Janeiro). **3** *s f Zool* Inse(c)to «abelha» estéril que executa várias tarefas a favor da comunidade.

ob-repção *s f* (<lat *obréptio, ónis*) **1** A(c)ção de ocultar a verdade/Dissimulação/Astúcia. **2** *Dir* Exposição de motivos falsos para obter algum benefício.

ob-reptício, a *adj* (<lat *obreptícius, a, um*) Obtido por ob-repção/Doloso/Fraudulento.

obriga *s f* (<obrigar) **1** *pop* ⇒ Obrigação/Dever. **2** *Hist* Antigo imposto alfandegário que se pagava pela exportação de pescado.

obrigação *s f* (<lat *obligátio, ónis*; ⇒ obrigar) **1** Imposição da lei ou da moral/Exigência social/moral/religiosa/Dever. **Ex.** O Estado tem ~ de zelar pela segurança dos cidadãos. A defesa da vida é ~ (moral) de todos nós. **2** Aquilo que se sente necessidade de agradecer/Dívida de gratidão/Favor. **Ex.** Devo muitas ~ões a quem me acolheu em sua casa durante largos meses. **Loc.** Ficar na ~ [Ter de retribuir] (Ex. Não aceitou a boleia do colega «para ir todos os dias no carro dele para o emprego» para não ficar na ~). **3** Constrangimento interior para fazer alguma coisa/tomar determinada atitude. **Loc.** Sentir-se na ~ (Ex. Quando vi que se agrediam com tanta violência senti-me na ~ de intervir). **4** Aquilo de que se é incumbido/Tarefa/Encargo/Serviço. **Ex.** Se fez o que lhe competia, não fez mais do que a ~. **Loc.** Cumprir as (suas) ~ões. **5** *Dir* Vínculo jurídico que compele alguém a assumir determinado comportamento positivo ou negativo. **Comb.** Direito das ~ões **a)** Conjunto das normas que regulam as relações jurídicas; **b)** Parte da ciência jurídica que estuda esse sistema de normas. **6** *Econ* Título de crédito negociável, emitido pelo Estado ou por uma sociedade financeira, que se obriga ao pagamento de juros e reeembolso do capital no prazo previsto. **Comb.** ~ões do Tesouro.

obrigacionário, a [obrigacionista(+)**]** *s/adj* (< obrigação+-...) **1** Relativo a obrigação. **Comb.** Empréstimo ~. **2** (O) que possui títulos de crédito representados por obrigações **6**/Debenturista.

obrigado, a *adj/s m* (<obrigar + -ado; ⇒ obrigar) **1** Agradecido/Grato. **Ex.** Se me vieres ajudar, fico-te muito ~o/a. **Comb.** ~*o/a!/Muito* ~*o/a!* [Exclamação que exprime agradecimento] (Ex. Dei um rebuçado à menina e logo ela respondeu: muito ~a!; ⇒ **4**). **2** Imposto por lei ou pelas circunstâncias. **Ex.** Na estrada circulamos pela direita porque somos ~s a isso. Na falta de emprego vi-me [fui] ~ a deitar mão a tudo [a fazer qualquer trabalho] para ganhar a vida. **Prov.** *Quem faz o que pode, a mais não é ~*. **Sin.** Obrigatório. **Ant.** Facultativo. **3** Forçado/Constrangido/Contrariado. **Ex.** Ia à missa ~, só para fazer a vontade aos pais. O parafuso entrou ~ [forçado]. **4** *s m* Agradecimento/Gratidão. **Ex.** Quero deixar [exprimir] o meu sincero ~ pela grande ajuda que me deram.

obrigar *v t* (<lat *oblígo, áre, átum*: ligar, fechar) **1** Impor a alguém uma prescrição legal ou moral. **Ex.** O filho não queria ir à escola mas o pai obrigou-o (a ir). A lei obriga à inspe(c)ção periódica dos veículos automóveis. **2** Forçar/Compelir/Impelir. **Ex.** A consciência obrigou-me a afastar de certas companhias. Não quero ir contigo e tu não me podes ~. **3** Sujeitar(-se) a determinadas condições/Assumir como responsabilidade/obrigação. **Ex.** Para reduzir o peso obriguei-se a uma dieta rigorosa. Como não tinha disponibilidade de dinheiro, obriguei[comprometi(+)]-me a pagar a dívida em prestações. **4** Contrair uma obrigação legal/Comprometer(-se). **Ex.** Queria deixar a [sair da] casa mas o con-

trato obriga-me ao pagamento da renda até ao fim do prazo contratual/combinado/acordado. **5** Dar como caução ou fiança/Empenhar/Hipotecar. **Ex.** Para conseguir algum dinheiro foi ~ [empenhar(+)] as joias numa casa de penhores. **Loc.** ~ os bens «por hipoteca». **6** Ficar ligado por reconhecimento/gratidão/Tornar(-se) grato. **Ex.** O que aquela família fez por mim, obriga-me para toda a vida. **7** Tornar submisso/Dominar/Sujeitar. **Loc.** ~ Dominar(o+)/Vencer(+)] os instintos/as paixões. **8** Fazer andar/Empurrar/Forçar. **Ex.** A multidão era tanta que nos obrigou a seguir (empurrados) na dire(c)ção oposta à que queríamos. Para dobrar o ferro tive que o ~ com uma marreta.

obrigatário, a s (<obrigar + -ário) ⇒ obrigacionista.

obrigatoriamente adv (<obrigatório + -mente) **1** De modo obrigatório/Que não pode ser doutro modo. **Ex.** Em Portugal, as rotundas têm que ser ~ contornadas pela direita. Aos 65 anos, a carta de condução tem ~ de ser revalidada. **2** Forçosamente/Necessariamente/Inevitavelmente. **Ex.** O pedido de dispensa «do trabalho» não quer dizer que ela seja ~ concedida. Se vens daquela rua, passas ~ pela minha casa.

obrigatoriedade s f (<obrigatório + -dade) Qualidade do que é obrigatório. **Ex.** A ~ de usar cadeiras especiais para o transporte de crianças nos automóveis é bastante recente. **Loc.** Assistir às aulas «de música» sem cará(c)ter de ~.

obrigatório, a adj (<lat obligatórius, a, um; ⇒ obrigar) **1** Que tem poder [força], por lei, para obrigar. **Ex.** Em Portugal, é ~ utilizar o cinto de segurança nas viagens de automóvel. O serviço militar deixou de ser ~ em Portugal. **Ant.** Facultativo; voluntário. **2** Que envolve a obrigação de cumprimento. **Ex.** A participação na missa dominical é ~a para os católicos. **Comb.** Cláusula ~a dum contrato. O que não tem cará(c)ter facultativo. **Ex.** Todas as perguntas do teste são de resposta ~a. **4** Forçoso/Inevitável. **Ex.** Telefonaram do Banco para ir lá assinar um documento mas não é ~ que seja hoje.

ob-rogação s f Dir (<lat obrogátio, ónis) Extinção duma lei substituindo-a por outra contrária posterior. **Ex.** A ~ tem que ser expressamente determinada na nova lei.

ob-rogar v t (< lat obrógo, áre, átum) Anular uma lei substituindo-a por outra. ⇒ abrogar.

obscenidade s f (<lat obsc(o)énitas, átis) **1** Qualidade do que é obsceno/Imoralidade/Indecência. **Loc.** Ver [Ouvir/Praticar] ~s. **2** Sensualidade indecorosa/Luxúria/Lascívia. **Ex.** Programa «televisivo» chocante pelas ~s que apresenta. **3** Atitude [Comportamento/A(c)ção] inconveniente e chocante. **Ex.** Nos países onde há muita miséria, a ostentação de luxo é uma ~.

obsceno, a (Bscê) adj (<lat obsc(o)énus, a, um) **1** Que fere o pudor/a decência/Indecoroso/Imoral. **Loc.** Fazer gestos ~s. **Comb.** Escritor ~. Filme [revista] ~o/a. **2** Que provoca vergonha/repulsa/Torpe/«luxo» Repugnante. **Comb.** Crime ~.

obscurante adj 2g (<lat obscúrans, ántis) **1** Que obscurece/tira a luz. **Ex.** Com o edifício ~ que construíram aqui ao lado, a casa, que tinha tanta luz, ficou muito escura. **2** Que tira a clarividência/mantém na ignorância. **Comb.** Educação ~ [fechada].

obscurantismo s m (<obscurante + -ismo) **1** Estado de quem vive na escuridão/sem possibilidade de ver. **Ex.** Cegou quando ainda era criança. Viveu (muitos) anos mergulhado no ~. **2** Falta de instrução/Ignorância. **Ex.** Populações atrasadas que vivem no ~. **3** Doutrina dos que se opõem ao desenvolvimento da instrução e do progresso por os considerarem perigosos para a estabilidade social. **Comb.** Partidários [Defensores] do ~.

obscurantista s/adj 2g (<obscurante + -ista) Relativo ao [Partidário do] obscurantismo **3. Comb. *Doutrina* ~. *Procedimento* ~.**

obscurantizar v t (<obscurante 2 + -izar) Levar ao obscurantismo/Dificultar a instrução/o progresso. **Ex.** Há muitas seitas que obscurantizam os seus seguidores. ⇒ obscurecer.

obscurecer v t/int (<obscuro + -ecer) **1** Tornar(-se) escuro/pouco visível/Privar de luz/Escurecer. **Ex.** O céu obscureceu. As cortinas são bonitas mas obscurecem [escurecem(+)] muito a sala. **Ant.** Aclarar; clarear; desobscurecer. **2** Tornar(-se) obscuro/difícil de compreender/ininteligível. **Ex.** Tantas explicações acabaram por ~ o essencial da mensagem. **3** Toldar o entendimento/a capacidade de raciocínio/a lucidez/Confundir. **Ex.** A paixão obscurecia-lhe a inteligência. **4** Fazer diminuir o valor/Deslustrar/Desonrar. **Ex.** A suspeita de corrupção e abuso do poder obscureceram-lhe a reputação. A fragilidade do adversário obscureceu o valor da vitória. **5** Tornar(-se) sombrio/triste/Anuviar/Ensombrar. **Ex.** Quando lhe deram a triste notícia, o semblante obscureceu-se-lhe e as lágrimas começaram a correr. **Ant.** Alegrar.

obscurecido, a adj (<obscurecer + -ido) **1** Em que não há luz/Escuro. **Comb.** Ambiente ~. **2** Triste/Sombrio/Soturno. **Comb.** Olhar [Semblante] ~. **3** Esquecido/Ignorado. **Ex.** Outrora famoso, é hoje um artista [a(c)tor] ~ [esquecido(+)]. **4** fig Que perdeu o discernimento/a lucidez/Obcecado. **Comb.** Mente ~a «pelo ódio/medo».

obscurecimento s m (<obscurecer + -mento) **1** A(c)to ou efeito de obscurecer/Perda [Falta] de luz/Escuridão. **Ex.** O ~ do céu pressagia tempestade. **2** Diminuição de inteligibilidade/perce(p)tibilidade/clareza. **Ex.** A alteração do texto não o beneficiou. Pelo contrário, contribuiu para o seu ~ [, tornou-o mais obscuro]. **3** Perturbação do entendimento/Obnubilação. **Ex.** A avó tem vindo a perder a razão. À medida que os dias vão passando, o ~ é cada vez maior.

obscuridade s f (<lat obscúritas, átis) **1** Qualidade do que é obscuro/Ausência de luz/Escuridão. **Ex.** Uma avaria na central elé(c)trica mergulhou a cidade na ~ durante várias horas. **2** Falta de clareza/inteligibilidade. **Ex.** O conferencista utilizou uma linguagem enigmática que a todos deixou na ~. **3** Ausência de notoriedade/fama/Anonimato. **Ex.** O português S. Nuno de Santa Maria (1360-1431) preferiu a ~ da vida simples do convento à riqueza e glória mundanas. **4** fig Origem [Condição] social modesta/humilde. **Ex.** Apesar de ser um profissional conceituado [respeitado], nunca foi bem aceite pela família da noiva por causa da ~ do seu nascimento. **5** fig Falta de lucidez/clarividência. **Loc.** Estar [Viver] em estado de ~.

obscuro, a adj (<lat obscúrus, a, um) **1** Que não tem claridade/Pouco iluminado/Escuro. **Comb.** Lugar ~. **2** Triste/Sombrio/Tenebroso. **Ex.** Sentia um enorme pavor quando de noite tinha de caminhar sozinho pela estrada ~a que atravessava a mata. **3** Que é difícil de compreender/Incompreensível/Confuso. **Comb.** Texto [Discurso] ~/confuso/incompreensível. **4** Ignorado/Desconhecido/Humilde. **Comb. *De nascimento*** [origem] **~o**/a/humilde. ***Escritor*** **~** [desconhecido(+)]. **5** Mal conhecido/Oculto. **Ex.** A versão do crime apresentada pelos suspeitos apresenta muitos pontos ~s/duvidosos.

obsecração s f (<lat obsecrátio, ónis) Oração pedindo a ajuda de Deus/Prece fervorosa e humilde.

obsecrar v t (<lat óbsecro, áre, átum) Pedir instantemente com humildade.

obsed(i)ar Br ⇒ obsidiar.

obsequente adj 2g (<lat obséquens, éntis) **1** Que se submete sem oferecer resistência/Dócil/Obediente. **2** Que é agradável/Afável. **3** Que presta favores/Obsequiador.

obsequiador, ora (Bze) s/adj (<obsequiar + -dor) (O) que obsequia/presta favores. **Ex.** O dono da casa, num gesto ~/obsequioso, ajudou a senhora idosa a levantar-se do sofá.

obsequiar (Bze) v t (<obséquio + -ar[1]) **1** Prestar favores ou serviços. **Ex.** Quantas vezes aquela minha amiga me obsequiou com a sua agradável companhia! **2** Presentear/Mimosear. **Ex.** No final do ano, os alunos obsequiaram a professora com um lindo ramo de rosas. **3** Tratar com agrado/Manifestar apreço. **Ex.** No final da reunião, a anfitriã obsequiou os participantes com um agradável beberete.

obséquio (Bzé) s m (<lat obséquium, ii <óbsequor: condescender) **1** Serviço prestado de boa vontade/Favor. **Ex.** Faz-me o ~ de me passar [dar] a jarra da água? **Comb.** Por ~ [Por favor]. **2** Amabilidade/Delicadeza/Fineza. **Ex.** (Os senhores) são muito meus amigos. Festa que haja [Sempre que há festa] lá em casa, fazem sempre o ~ de me convidar [, convidam-me].

obsequiosidade (Bze) s f (<obsequioso + -i- + -dade) **1** Qualidade de obsequioso/Amabilidade/Gentileza. **2** Benevolência/Condescendência.

obsequioso, a (Bze) (Ôso, Ósa, Ósos) adj (<lat obsequiósus, a, um) **1** Que faz obséquios/Obsequiador. **2** Amável/Prestável/Cortês. **Ex.** O chefe de mesa, ~, indagava junto dos clientes se estava tudo bem, se tinham sido bem servidos.

observação s f (<lat observátio, ónis) **1** A(c)to ou efeito de observar/Olhar atento/Exame. **Loc.** Med Manter um doente em ~. **Comb.** ~ do céu «para prever o tempo». Med Sala de ~ões. **2** Cumprimento duma lei ou prescrição/Observância(+). **Ex.** Um aluno que sobressaía pela ~ escrupulosa da prescrições do regulamento. **Comb.** Rel ~ [Observância(+)] quaresmal. **3** Comentário, geralmente à parte do corpo do texto, para esclarecer/Nota de esclarecimento. **Ex.** A (carta) circular tem ~ões esclarecedoras que é necessário ler. **4** Reparo/Advertência/Repreensão. **Ex.** «cale-se, menino Zé!» As suas ~ões despropositadas só servem para distrair a turma. A ~ do professor «por eu estar a brincar» deixou-me envergonhado. **5** Conselho amigável. **Ex.** Os colegas já lhe tinham feito a ~ de que se estava a meter em sarilhos [a arranjar problemas] por causa do grupo com que andava. **6** Fase preliminar da investigação científica destinada ao exame atento dum fenó[ô]meno para recolha de dados. **Comb.** **~** ***dos costumes*** dum povo. **~ *dum vulcão*** em erupção. **~ *meteorológica*.** Psic Método de ~ [Método de investigação [Técnica de exame] psicológica/o numa perspe(c)tiva clínica].

observador, ora adj/s (<observar + -dor) 1 (O) que observa com atenção/Atento. **Ex.** As crianças, geralmente, são boas ~oras, têm espírito ~. 2 (O) que revela agudeza de espírito/rapidez de compreensão/Perspicaz. **Ex.** Como bom ~ que é, está sempre a par de [é, capta] todos os pormenores. 3 (O) que cumpre uma lei/norma/Cumpridor/Respeitador/Observante 2. **Comb.** Atleta ~ [respeitador(+)] das regras da modalidade. 4 (O) que assiste passivamente a um evento sem participação a(c)tiva/Espe(c)tador. **Ex.** Fui à reunião [ao plenário] de trabalhadores mas apenas como ~. 5 (O) que tem por missão presenciar determinado acontecimento a fim de o relatar fielmente e com imparcialidade a quem o enviou. **Ex.** A ONU enviou ~es para avaliarem da validade das eleições. **Loc.** Participar no congresso doutro partido político como ~.

observância s f (<lat observántia, ae) 1 Cumprimento rigoroso duma regra/lei/Acatamento. **Ex.** A ~ rigorosa das regras de trânsito é fundamental para reduzir o número de acidentes rodoviários. 2 Rel Cumprimento rigoroso da disciplina duma ordem religiosa. **Comb.** «Cartuxa» Ordem de rígida ~.

observante adj/s 2g (<lat obsérvans, ántis) 1 (O) que observa/Observador. **Loc.** Permanecer [Manter-se] ~. 2 (O) que cumpre com rigor/Cumpridor «dos seus deveres/das regras «do colégio/convento». 3 Rel ⇒ franciscana.

observar v t (<lat obsérvo, áre, átum) 1 Olhar com atenção/Ver pormenorizadamente/Examinar. **Ex.** Parei na rua a ~ as piruetas incríveis que um grupo de rapazes fazia com as bicicletas. Observa os cachorros a brincar uns com os outros; parece que estão a lutar a sério. **Loc.** ~ as células ao microscópio. 2 Reparar/Espreitar/Notar. **Ex.** Antes de atravessar a rua, observa para ver se vem algum carro. Da janela do primeiro andar, a vizinha observa tudo o que se passa cá em casa. 3 Seguir o desenvolvimento/a evolução/as fases. **Loc.** ~ *a evolução* duma doença. ~ *o desenvolvimento* [crescimento] duma planta. 4 Cumprir [Praticar] o que é prescrito por alguma lei ou princípio moral. **Loc.** Rel ~ os mandamentos da lei de Deus [o preceito dominical/a obrigação de ir à missa aos domingos]. 5 Fazer um comentário/reparo/advertência/Chamar a atenção. **Ex.** Tem cuidado, meu filho – observou-lhe a mãe antes de ele sair. Nem sempre é assim – observou o interlocutor. 6 Assistir a alguma coisa/Ser espe(c)tador. **Ex.** Não fui para a rua mas observei o desfile «de Carnaval» da minha varanda.

observatório s m (<observar + -(t)ório) 1 Instituição/Edifício equipado com instrumentos para observações de cará(c)ter científico. **Comb.** ~ astronó[ô]mico [meteorológico]. 2 Ponto elevado donde se pode observar em redor/Mirante. **Comb.** ~ militar.

observável adj 2j (<observar + -vel) 1 Que pode ser observado/Visível. **Ex.** Os eclipses «do Sol/da Lua» não são ~eis simultaneamente em todos os pontos da Terra. 2 Que é digno de ser observado/estudado/examinado. **Comb.** Matéria ~ em futuras investigações. 3 Fís Diz-se das grandezas que podem ser medidas dire(c)tamente «velocidade/momento angular».

obsessão s f (<lat obséssio, ónis) 1 Preocupação constante/Ideia fixa/Mania/Obcecação. **Loc.** Ter a ~ duma doença [do dinheiro/poder]. 2 Psiq Ideia patológica que invade a consciência contra a vontade do doente e de forma incoercível. **Ex.** As ~ões podem ser de vários tipos «escrúpulos obsessivos/manias mentais» que diferem apenas pelo conteúdo.

obsessivo, a adj (<obsessão + -ivo) 1 Em que há obsessão. **Comb.** Doença neurótica ~a. 2 Que causa obsessão. **Comb.** Preocupação [Medo] ~a/o. 3 Que sofre de obsessão. **Comb.** Doente ~.

obsesso, a (Bssé) adj/s (<lat obséssus, a, um) (O) que é perseguido [atormentado] por uma obsessão.

obsidiana s f Geol (<lat obs(idi)ána, órum: rochas descobertas por Óbsio) Tipo de rochas vulcânicas de aspe(c)to vítreo, geralmente negras, podendo conter fenocristais/Vidro vulcânico. **Ex.** As ~s antigamente eram utilizadas no fabrico de obje(c)tos cortantes «pontas de lança».

obsidiar v t (<lat obsídio, áre, átum) 1 Pôr cerco a/Cercar/Sitiar(+)/Assediar. 2 Espiar a vida dos outros. 3 Importunar/Perseguir. **Ex.** Obsidiava-o a ideia da morte [o desejo do poder].

obsolescência s f (<obsolescente + -ência) 1 Qualidade do que é obsoleto/Processo de que caem em desuso/se tornar antiquado. **Ex.** Tenho muita roupa em estado de ~. 2 Depreciação do equipamento industrial que se torna antiquado [pouco rentável] por haver outro mais recente e com maior rendimento. **Ex.** Muitas fábricas tiveram que fechar por causa da ~ dos seus equipamentos.

obsolescente adj 2g (<lat obsoléscens, éntis) Que está a cair em desuso/a tornar-se antiquado. **Comb.** Equipamento ~.

obsoleto, a (Lê) adj(<lat obsolétus, a, um) 1 «palavra» Que caiu em desuso/Que está fora de moda/Antiquado/Ultrapassado. **Comb.** *Maquinaria* [Equipamento] ~a/o. *Métodos* ~s «de ensino». *Vestuário* ~. 2 Bot Pouco desenvolvido/Atrofiado.

obstaculizar v t (<obstáculo+-izar) Impedir/Dificultar «o proje(c)to»/Obstar a.

obstáculo s m (<lat obstáculum, i) 1 Aquilo que impede o caminho/a passagem/Estorvo/Impecilho. **Ex.** Árvores derrubadas pela tempestade e outros ~s atravessados na estrada impediam a circulação rodoviária. 2 Tudo o que se opõe à concretização dum proje(c)to [plano/ideia]/Dificuldade/Entrave/Oposição. **Ex.** Para tirar um curso superior, teve que vencer [ultrapassar] muitos ~s. Quando foi estudar para o estrangeiro, o desconhecimento da língua foi o primeiro ~ que teve de vencer. 3 (D)esp Barreiras e outros entraves «fossos/muros» que se interpõem num circuito de corrida. **Ex.** O cavaleiro fez o percurso todo sem derrubar nenhum ~ [fez um percurso limpo]. **Comb.** Corrida de ~s.

obstante adj 2g (<lat óbstans, ántis) Que obsta/cria dificuldades/impede. **Comb.** *Não* ~ [Apesar de/Contudo/Sem embargo] (Ex. Não ~ a equipa/e ter sofrido uma derrota, manteve-se no primeiro lugar da classificação. Terminei o trabalho, não ~ o cansaço).

obstar v t/int (<lat óbsto, áre, óbstiti, obstátum [óbstitum]) 1 Criar impedimento/Causar estorvo/Ser obstáculo. **Ex.** Havia uma grande quantidade de entulho e detritos vários que obstavam [obstruíam(+)] a passagem. 2 Servir de impedimento/Impedir. **Ex.** Nada obsta a que os noivos se possam casar. 3 Contrariar/Opor(-se). **Ex.** Ninguém obstou [se opôs] à proposta de compra «de um novo carro».

obstetra (Té) s 2g Med (<lat obstétrix, icis: parteira) Médico especialista em obstetrícia. **Ex.** Só no parto do terceiro filho (é que ela) foi assistida por um/a ~.

obstetrícia s f Med (<lat obstetrícia, orum) Parte da medicina dedicada à gravidez, parto e puerpério. **Comb. Consulta de** ~. *Especialidade de* ~.

obstétrico [obstetrício], a adj (<lat obstetrícius, a, um) Referente à obstetrícia. **Comb.** Disciplina ~a. Instrumentos ~s.

obstinação s f (<lat obstinátio, ónis) 1 Estado de quem se obstina/Persistência no erro/Teimosia/Renitência. **Ex.** Não foi capaz de reconhecer que estava errado. Ninguém o demoveu da sua ~. 2 Perseverança/Firmeza/Tenacidade. **Ex.** Empenhou-se com ~ na defesa da sua proposta.

obstinadamente adv (<obstinado + -mente) 1 Com obstinação/teimosia/Teimosamente. **Ex.** Ainda não lhe passou a birra [zanga]. Mantém-se ~ amuado/a. 2 Per[In]-sistentemente/Firmemente. **Ex.** Na esperança de obter a cura do marido, recorria ~ à oração.

obstinado, a adj (<obstinar + -ado) 1 Que se obstina/Que não cede/Inflexível. **Comb.** Adepto [Defensor] ~ «do islamismo». 2 Pertinaz/Persistente. **Ex.** O dete(c)tive, ~ na descoberta do criminoso, nem dormia!

obstinar v t (<lat óbstino, áre, átum) 1 Tornar(-se) obstinado/teimoso/inflexível. **Loc.** ~-se numa ideia. 2 Agarrar-se com firmeza a um obje(c)tivo/proje(c)to/empreendimento/Persistir. **Ex.** Contrariando a opinião de muita gente, obstinou-se na construção da fábrica e conseguiu (ver o seu sonho realizado).

obstipação s f Med (<lat obstipátio, ónis: imobilização, grande multidão) Prisão de ventre. **Loc.** Sofrer de ~.

obstipar v t (<lat obstípo, áre, átum: ficar imóvel, admirado) Causar obstipação/prisão de ventre.

obstringir v t (<lat obstríngo, ere, inxi, ictum) 1 Apertar muito/Ligar com força. 2 Exercer compressão/Prensar. 3 Constranger/Obrigar.

obstrito, a adj (<lat obstríctus, a, um; ⇒ obstringir) 1 Muito apertado. 2 Constrangido/Obrigado.

obstrução s f (<lat obstrúctio, ónis; ⇒ obstruir) 1 Impedimento de passagem/circulação/Bloqueio/Entupimento. **Loc.** Fazer ~ a alguém [Pôr-se na frente/Impedir que avance]. 2 Oclusão de um canal ou vaso no organismo. **Comb.** ~ *duma artéria*. ~ *intestinal*. 3 Oposição sistemática para impedir o andamento dum processo/trabalho. **Loc.** Fazer ~ à aprovação duma lei. 4 (D)esp Oposição de forma ilegal ao avanço dum jogador da equipa/e adversária. **Ex.** O árbitro assinalou falta por ~.

obstrucionismo s m (<obstrução + -ismo) Obstrução sistemática/repetida/contínua.

obstrucionista adj/s 2g (<obstrução + -ista) 1 Em que há obstrução. **Comb.** Manobras [Medidas/Métodos] ~s. 2 (O) que intencionalmente faz obstrução. **Ex.** Um advogado que, na falta de argumentos, se torna ~ [recorre sistematicamente a expedientes ~s].

obstruinte adj 2g (<obstruir) ⇒ obstrutivo.

obstruir v t (<lat óbstruo, úere, úxi, úctum) 1 Fazer [Sofrer] obstrução/Impedir a passagem/circulação. **Ex.** Os manifestantes obstruíram a estrada com tra(c)tores e camiões. 2 Entupir/Tapar/Bloquear. **Ex.** Um coágulo obstruiu-lhe uma veia. O filtro do ar condicionado está totalmente obstruído com sujidade [poeiras]. 3 Pôr entraves/Dificultar/Embaraçar. **Ex.** Os advogados serviram-se de vários expedientes para ~ o andamento do processo.

obstrutivo, a *adj* (<lat *obstrúctum* + -ivo) Que obstrui/causa obstrução/Obstrutor. **Ex.** De imediato, os bombeiros limitaram-se a remover o que era ~ da normal circulação automóvel.

obstrutor, ora *adj/s* (<lat *obstrúctum* + -or) (O) que obstrui. **Comb.** ~ do funcionamento normal dum serviço. Material [Sujidade] ~or/ora do escoamento da água.

obstupefação (Fà) *s f* [= obstupefacção] (<lat *obstupefáctio, ónis*) Grande admiração/Espanto/Estupefa(c)ção(+)/Pasmo.

obstupefacto, a [*Br* **obstupefa(c)to** (dg)] *adj* (<lat *obstupefáctus, a, um*) Atónito/Estupefa(c)to(+)/Pasmado.

obtemperação *s f* (<lat *obtemperátio, ónis*) 1 A(c)to ou efeito de obtemperar/Ponderação. 2 Obediência/Acatamento.

obtemperar *v t/int* (<lat *obtémpero, áre, átum*) 1 Responder [Argumentar] com humildade. **Ex.** Ao pai que a repreendia muito exaltado, a filha obtemperou: – Não seria melhor esclarecermos isso amanhã com mais calma? 2 Obedecer/Aquiescer/Assentir. **Ex.** Não era pessoa para ~ facilmente quando as instruções [ordens] que recebia lhe pareciam erradas.

obtenção *s f* (<obter + -ção) A(c)to ou efeito de obter/Aquisição/Consecução. **Ex.** É espantoso como conseguiste a (~ da) carta de condução em tão pouco tempo. Para ~ de algum dinheiro que lhe permitisse matar a fome, sujeitava-se a qualquer trabalho. A ~ do diploma exigiu-lhe muitos sacrifícios.

obter *v t* (<lat *obtíneo, ére, tínui, tentum*) 1 Conseguir [Alcançar] o que se deseja. **Ex.** O Pedro obteve [conseguiu(+)] o emprego que desejava. Já obtive autorização dos meus pais para ir passar o fim de semana à serra. Ele não só foi aprovado no exame como (ob)teve uma alta classificação. 2 Extrair/Colher/Tirar. **Ex.** As abelhas obtêm das flores o néctar para fazer o mel. Tomava suplementos vitamínicos e fortificantes para ~ [ter(+)/ganhar] mais energia. 3 Ganhar/Atrair para si/Granjear. **Ex.** O partido vencedor (ob)teve pouco mais do que 30% dos votos. **Loc.** ~ [Conquistar(+)] as boas graças «do chefe/dos patrões».

obtestar *v t* (<lat *obtéstor, ári*) 1 Tomar como testemunha. 2 ⇒ obtemperar. 3 ⇒ provocar.

obtido, a *adj* (<obter + -ido) Que se obteve/Conseguido(+)/Alcançado/Conquistado. **Comb. Dinheiro** ~ na lota[e]ria. **Vitória ~a** com muito esforço. **Maioria ~a** na 1.ª volta das eleições.

obtundente *adj 2g* (<lat *obtúndens, éntis*) 1 Que obtunde. 2 Que corrige [acalma] o mau humor.

obtundir *v t* (<lat *obtúndo, ere, tundi, tusum*) 1 Bater com força/Achatar/Contundir. 2 Tornar obtuso/menos agudo «o ferro na ponta». 3 Acalmar o mau humor/Corrigir o azedume.

obturação *s f* (<lat *obturátio, ónis*) A(c)to ou efeito de obturar/Tapamento duma cavidade/Fechamento [Bloqueio] dum orifício/canal. **Comb.** ~ dum dente.

obturador, ora *adj/s* (<obturar + -dor) 1 (O) que obtura/serve para tapar [fechar] uma abertura. **Comb.** Amálgama ~ora. 2 *Anat* Que fecha, por adaptação, um orifício ou cavidade. **Comb.** Membrana ~ora. Nervo [Artéria/Veia] ~or/ora. 3 *s m Fot* Dispositivo que nas máquinas fotográficas regula o tempo de exposição interce(p)tando ou deixando passar os raios luminosos.

obturar *v t* (<lat *obtúro, áre, átum*) 1 Tapar [Fechar] um orifício ou cavidade. **Loc.** ~ um dente. 2 Entupir/Obstruir. **Loc.** ~ uma veia. 3 Impedir a passagem/Fechar. **Loc.** ~ a (passagem da luz na) máquina fotográfica.

obtusângulo, a *adj Geom* (<obtuso + ângulo) Que tem um ângulo obtuso. **Comb.** Configuração ~a. **Triângulo ~**. **Trapézio ~** [que não tem ângulos re(c)tos].

obtusão *s f* (<lat *obtúsio, ónis*) 1 Qualidade do que é obtuso. 2 Perda [Falta] de delicadeza/sensibilidade. 3 *Psic* Dificuldade de compreensão resultante de atraso mental, enfraquecimento intelectual ou entorpecimento.

obtusidade *s f* (<obtuso + -i- + -dade) 1 Qualidade do que é obtuso. **Ex.** O móvel não encosta bem [perfeitamente] ao canto por causa da ~. 2 Comportamento [Feitio] de quem é insensível/estúpido. 3 Falta de inteligência/perspicácia/agudeza/Estupidez.

obtuso, a *adj* (<lat *obtúsus, a, um*) 1 Que tem forma arredondada/não é agudo/Rombo. **Comb.** Bordos ~s [rombos(+)/arredondados(o+)]. 2 *fig* Que revela falta de inteligência/Estúpido/Bronco. **Comb. Espírito ~. Ideias ~as**. 3 *Geom* Diz-se de ângulo com mais de 90° e menos de 180°.

obumbrar *v t* (<lat *obúmbro, áre, átum*) 1 Tornar(-se) sombrio/escuro/Escurecer(-se)/Toldar(-se)]. **Loc.** O céu ~-se. 2 *fig* Turvar(-se) o entendimento/Tornar(-se) difícil de compreender/Ocultar. **Loc.** ~-se o espírito.

obus (Òbús) *s m* (<checo *houfnice*) 1 Arma de fogo de artilharia tipo canhão, de carregamento pela culatra, com o comprimento do tubo inferior a certo número (22 para uns, 30 para outros) de calibres. 2 Projé(c)til explosivo lançado por essa arma. **Ex.** Uma chuva de ~es caiu sobre a cidade.

obvenção *s f* (<lat *obvéntio, ónis* <*obvénio, íre*: vir em socorro» Lucro [Provento] eventual/casual.

obverso, a (Vér) *adj/s* ⇒ anverso(+) «de moeda/medalha. **Ant.** (Re)verso.

obviamente *adv* (<óbvio + -mente) 1 De modo claro/evidente/óbvio. **Ex.** Por razões de segurança, ~, as pessoas deviam ser evacuadas das suas casas. 2 De acordo com o que é intuitivo/Naturalmente. **Ex.** O aparelho que comprei era defeituoso. Devolvi-o ao fornecedor e ~ deram-me outro. 3 Sem dúvida alguma/Com certeza(+). **Ex.** Posso servir-me de um pouco mais de bolo? – ~, faça favor.

obviar *v t/int* (<lat *óbvio, áre, átum*) 1 Fazer com que alguma coisa não aconteça/Tentar impedir/Prevenir. **Ex.** Cheguei (mesmo) a tempo de ~ a que o fogo se pegasse ao sofá. 2 Responder obje(c)tando/Contrapor. **Ex.** Tenho forçosamente que ir hoje embora. – Está um temporal tão grande, não será melhor ires amanhã? – obviou-lhe a mãe. 3 Fazer resistência/Opor-se/Resistir. **Ex.** A polícia obviou a que os manifestantes mais exaltados invadissem [assaltassem/vandalizassem] as lojas.

obviável *adj 2g* (<obviar + -vel) Que se pode impedir/evitar/Remediável. **Ex.** «eram/foram» Estragos ~eis se tivessem seguido as minhas instruções.

óbvio, a *adj* (<lat *óbvius, a, um*) 1 Que é evidente/claro. **Ex.** «Despediram (da fábrica) o meu filho!» Pois se ele era preguiçoso e não queria trabalhar, era ~ que iria ser despedido. 2 Fácil de compreender/Intuitivo. **Comb.** Conclusão ~a.

obvir *v int* (<lat *obvénio, veníre, véni, ventum*) «bens/legado» Vir a pertencer «ao Estado» por herança ou por qualquer outra forma. **Ex.** A instituição foi extinta e todos os seus bens obvieram para o Estado.

-oça (Ó) *suf* Designa *semelhança* e tem geralmente conotação pejorativa: *bagalhoça, carroça, palhoça*.

oca¹ (Ó) *s f Br* (<tupi *oka*) Construção circular de madeira entrelaçada e coberta com fibras vegetais que serve de habitação a famílias indígenas do Brasil.

oca² (Ó) *s f Miner* (<ocre) ⇒ ocra/e.

oca³ (Ó) *s f* (<esp *oca*) Jogo de dados que se joga deslocando os peões sobre um cartão ilustrado com figuras/Jogo da glória.

oca⁴ (Ó) *s f Bot* (<quéchua *okka*) Nome vulgar de planta herbácea da família das oxalidáceas, *Oxalis tuberosa*, que produz tubérculos utilizados na alimentação.

ocapi (Òcàpí) *s m Zool* (<origem africana) Mamífero ruminante da África centro-ocidental, intermédio entre a girafa (mas com o pescoço mais curto) e o antílope, com pelo listrado na parte posterior e nas patas.

ocar *v t* (<oco + -ar¹) Tornar oco/Escavar. **Loc.** ~ uma cabaça (Fruto da cabaceira).

ocarina *s f Mús* (<it *ocarina*) Instrumento musical de sopro, de forma ovoide e timbre semelhante ao da flauta. **Ex.** A invenção da ~, tipicamente de barro, é atribuída ao italiano José Donati (1880).

ocarinista *s 2g* (<ocarina + -ista) 1 Fabricante [Vendedor] de ocarinas. 2 Tocador de ocarina.

ocasião *s f* (<lat *occásio, ónis*) 1 Ocorrência de circunstâncias propícias à realização de alguma coisa/Ensejo/Oportunidade. **Ex.** Vou ter uns dias de férias. É [Será] uma boa ~ para te fazer uma visita. **Prov. A ~ faz o ladrão** [As circunstâncias influenciam o mau comportamento]. **Loc. Aproveitar** [Não perder] **a ~** [Realizar o que as circunstâncias proporcionam] (Loc. Aproveitar todas as ~ões para ganhar dinheiro. Não perder a ~ de fazer negócio). **Perder** [«*iron* Perdeste»] **uma boa ~ de estar calado** [Falar inoportunamente/a despropósito]. **Comb. De ~** [Casual/Fortuito/Passageiro] (Comb. Amores de ~. Negócio de ~). **Por ~ de** [No tempo de] (Ex. Isso aconteceu por ~ [volta] do Natal). 2 Disponibilidade/Vagar/Tempo. **Ex.** Ainda não tive ~ de reparar o frigorífico. Quando tiver ~, passo por tua casa «para te dar um abraço». 3 Época/Tempo/Momento/Altura. **Ex.** Lembro-me bem do lançamento da primeira bomba ató[ô]mica. Nessa ~ [Então] ainda eu era uma criança.

ocasionador, ora *adj/s* (< ocasionar+-dor) (O) que ocasiona/causa/Causador(+). **Ex.** Da claque do clube visitante (é que) saíram os ~es dos desacatos. Vírus ~ duma doença «gripe A».

ocasional *adj 2g* (<ocasião + -al) 1 Que acontece por acaso/Fortuito/Acidental. **Comb. Negócio ~**/esporádico. **Encontro ~** [casual(+)]. 2 Que não é regular/Não habitual. **Comb.** «autocarro em serviço de» **Transporte ~. Trabalho ~**/irregular.

ocasionalidade *s f* (<ocasional + -i- + -dade) Qualidade do que é ocasional/Casualidade. **Ex.** Porque éramos amigos, ficámos contentes por se ter dado a ~ de viajarmos juntos e com o mesmo destino.

ocasionalismo *s m Fil* (<ocasional + -ismo) Corrente filosófica que atribui a causalidade eficiente unicamente a Deus. **Ex.** O ~ determina toda a causa natural como mera ocasião da a(c)ção divina.

ocasionalmente *adv* (<ocasional + -mente) 1 Por acaso/Acidentalmente. **Ex.** Encontrei ~ na rua um amigo que já não via há anos [há imenso tempo]. 2 De vez em quando/De modo pouco frequente e incer-

to. **Ex.** Não sou frequentador habitual da biblioteca. ~ vou lá procurar algum livro.

ocasionar *v t* (<ocasião + -ar¹) **1** Ser causa de/Provocar/Originar/Motivar. **Ex.** Uma ponta de cigarro lançada para a berma da estrada pode ~ um grande incêndio. O acidente ocasionou [causou] dois feridos graves. **2** Dar oportunidade/Proporcionar/Propiciar. **Ex.** Uma janela aberta ocasionou a entrada fácil dos gatunos que assaltaram a casa. O patrão ocasionou[proporcionou(+)]-lhe um emprego melhor, noutro estabelecimento, mas ele não quis aceitar. **3** ~-se/Dar-se/Acontecer. **Ex.** A discussão ocasionou-se [foi] à porta do café.

ocaso *s m* (< lat *occásus, us*) **1** Desaparecimento do Sol [dum astro] no horizonte. **Ex.** No hemisfério norte, o ~ ocorre muito mais tarde no verão do que no inverno. **2** Lado do horizonte onde o Sol parece esconder-se/Oeste/Ocidente/Poente. **Ex.** Do ~ [poente(+)] soprava forte ventania. **3** *fig* Declínio/Decadência/Fim. **Comb.** O ~ do Império Romano. O ~ da vida.

occipício *s m Anat* (<lat *occipítium, ii*) Parte infero-posterior da cabeça. ⇒ nuca.

occipital *adj 2g Anat* (<lat *occipitális, e*) Diz-se da região posterior do crânio, especialmente do osso que fecha essa região, denominada occipício. **Comb.** Buraco ~. Osso ~. Fossa ~.

occipúcio [occiput] *s m Anat* ⇒ occipício.

OCDE *s f Maiúsc* Sigla de *Organisation de Coopération et Développement Économiques*: Organização para a Cooperação e o Desenvolvimento Económicos. **Ex.** Portugal é membro da ~. **Comb.** Países da ~.

oceanário *s m* (<oceano + -ário) Construção do tipo dum aquário de grandes dimensões que, pelas condições semelhantes às do habitat natural, é apropriada para a vida e reprodução de (grandes) peixes marinhos. **Ex.** O ~ «de Lisboa» permite a observação e o estudo de grande variedade de peixes.

Oceânia *s f Maiúsc Geog* (<oceano + -ia) Uma das cinco partes do Mundo constituída pelo agrupamento de ilhas dispersas pelo Oceano Pacífico. **Ex.** A ~ divide-se habitualmente em quatro regiões: Austrália, Melanésia, Polinésia e Micronésia.

oceanicidade *s f Met* (<oceânico + -i- + -dade) Grau de influência do mar sobre as condições meteorológicas dum local.

oceânico, a *adj* (<oceano + -ico) Relativo ao oceano ou à Oceânia. **Comb.** *Continente ~. Estudo ~. Flora ~. Navio ~.*

Oceânides *s f pl Mit* (<lat *oceânides, ae*) Ninfas do oceano, filhas de Tétis e Oceano. **Ex.** Segundo Hesíodo, as ~ em número de três mil protegem a terra e o mar.

oceanito *s m Miner* (<oceano + -ito) Rocha vulcânica microlítica, do tipo dos basaltos, com fenocristais de olivina e piroxena.

oceano *s m Geog* (<lat *oceanus, i*) **1** Grande massa de água salgada que rodeia os continentes e cobre 71% da superfície da Terra. ⇒ mar «mediterrâneo». **Ex.** O ~ tem uma profundidade média de 3791 m. **2** Cada uma das cinco partes em que essa grande massa se divide. **Ex.** Os cinco ~s são: Pacífico, Atlântico, Índico, Glacial Ár(c)tico e Glacial Antár(c)tico. **3** Imensidão do mar. **4** *fig* Grande quantidade/Vastidão. **Ex.** Estava afogado [envolvido/mergulhado] num ~ [mar(+)] de dívidas. **5** *Maiúsc Mit* Deus do mar, filho de Urano (O Céu) e de Gaia (A Terra) e irmão mais velho dos Titãs.

oceanografia *s f* (<oceano + -grafia) Ciência que estuda os mares e oceanos em todos os seus aspe(c)tos. **Ex.** A ~ aplica aos fenó[ô]menos marinhos os vários ramos das outras ciências.

oceanográfico, a *adj* (<oceanografia + -ico) Relativo à oceanografia. **Comb.** *Estudo ~. Navio ~.*

oceanógrafo, a *s* (<oceano + -grafo) Especialista em oceanografia. **Ex.** O rei de Portugal, D. Carlos I (1863-1908), foi um ilustre ~. ⇒ oceanólogo.

oceanologia *s f* (<oceano + -logia) Estudo da fauna e flora oceânicas.

oceanológico, a *adj* (<oceanologia + -ico) Relativo à oceanologia. **Comb.** Expedição ~a.

oceanólogo, a *s* (<oceano + -logo) Especialista em [Que se dedica à] oceanologia. ⇒ oceanógrafo.

ocelado, a *adj Zool* (<lat *ocellátus, a, um*) **1** Que tem ocelos (Órgãos rudimentares de visão). **2** Que tem pintas ou manchas escuras. **Comb.** Sardão ~. *Min* Textura ~a/glandular [Que tem massas lenticulares dispostas em faixas paralelas «gneiss»].

ocelo (Cé) *s m Zool* (<lat *océllus, i* <óculus: olho) **1** Olho pequeno. **2** Órgão rudimentar de visão de alguns animais. **3** Mancha pigmentar de configuração arredondada que aparece em órgãos de alguns animais «asas das borboletas/penas das aves/pele dos répteis».

ocidental *adj/s 2g* (<ocidente + -al) **1** Do [Relativo ao/Situado no] ocidente. **Comb.** *Ala ~* «dum edifício». *Costa ~* «da África». *Cultura ~.* **Ant.** Oriental. **2** *s 2g* Natural ou habitante do Ocidente. **Ex.** Os ~ais têm costumes diferentes dos africanos e dos orientais.

ocidentalidade *s f* (<ocidental + -i- + -dade) Qualidade do que é ocidental. **Ex.** Apesar da ~ da sua cultura de origem, integrou-se bem no meio chinês.

ocidentalismo *s m* (<ocidental + -ismo) Conjunto de conhecimentos relativos às línguas, costumes, literatura e civilização ocidentais. **Ant.** Orientalismo.

ocidentalista *adj/s 2g* (<ocidental + -ista) **1** Relativo ao ocidentalismo. **2** *s 2g* Partidário do ocidentalismo/O que se dedica ao estudo do ocidentalismo.

ocidentalização *s f* (<ocidentalizar + -ção) A(c)to ou efeito de ocidentalizar(-se). **Ex.** A ~ dos povos indígenas nem sempre foi sinal de progresso. A globalização contribui para a ~ de povos doutros continentes «tribos africanas».

ocidentalizar *v t* (<ocidental + -izar) Dar [Adquirir] cara(c)terísticas próprias dos países ocidentais.

ocidente *s m* (<lat *óccidens, éntis*) **1** Lado do horizonte onde o Sol parece esconder-se/Ocaso/Oeste/Poente. **Loc.** Dirigir-se para ~. **Ant.** Oriente; leste; nascente. **2** *Maiúsc* Zona dum país situada a oeste. **Ex.** O ~ de Angola confina com o Atlântico. **3** *Maiúsc* Conjunto de países da Europa e da América (do Norte). **Ex.** O ~ absorve a maior parte dos recursos naturais do mundo. As guerras no Iraque e no Afeganistão agravaram as relações entre o ~ e o mundo islâmico.

ócio *s m* (<lat *ótius, ii*) **1** Folga do trabalho/Repouso/Descanso. **Ex.** Nos tempos de ~ dedicava-se à jardinagem. **2** Tempo livre/Lazer/Vagar. **Ex.** Nos fins de semana gosto de ocupar algum tempo de ~ a ouvir música. **3** Preguiça/Indolência/Moleza/Ociosidade. **Ex.** Passava dias inteiros no ~, sentada/o à porta sem fazer nada.

ociosidade *s f* (<lat *otiósitas, átis*) **1** Qualidade [Estado] de quem é ocioso/Ina(c)tividade. **2** Indolência/Preguiça/Ócio. **Prov.** *A ~ é a mãe de todos os vícios.* **Loc.** Viver na ~.

ocioso, a (Ôso, Ósa, Ôsos) *adj/s* (<lat *otiósus, a, um*) **1** (O) que está sem trabalhar/Ina(c)tivo/Desocupado. **Ex.** Há muita gente ~a porque não quer [não gosta de] trabalhar. **2** Estéril/Improdutivo/Inútil. **Comb.** Discussões [Conversas/Palavras] ~as. **3** Desnecessário/Supérfluo. **Ex.** Seria ~ acrescentar mais argumentos/justificações/provas «ao que já disse/referi».

oclofobia *s f* (<gr *ókhlos*: multidão +...) Medo patológico das multidões.

oclusão *s f* (<lat *occlúsio, ónis*) **1** A(c)to ou efeito de fechar/Cerramento. **2** *Fís/Miner* Retenção de impurezas no interior dum sólido. **Comb.** Quartzo com ~ões de pirite. Vidro com ~ões de bolhas de ar. **3** *Med* Fechamento patológico dum canal ou orifício do organismo/Obliteração/Obstrução. **Comb.** ~ intestinal. **4** *Med* Conta(c)to dos dentes dos dois maxilares quando fechados ou durante a mastigação. **5** *Fon* Fechamento momentâneo da cavidade bucal durante a articulação de consoantes oclusivas «pata». **6** *Meteor* Fase final [Extinção] dum ciclone.

oclusivo, a *adj/s f* (<ocluso + -ivo) **1** Que produz oclusão. **2** Oculto/Dissimulado. **3** *Fon* Diz-se do som que é produzido por oclusão da cavidade bucal num dado ponto seguido de abertura brusca «pata». **4** *s f Fon* Consoante produzida por oclusão. **Ex.** *p, t* são ~as surdas e *b, d* ~as sonoras.

ocluso, a *adj* (<lat *occlúsus, a, um*) Em que há oclusão/Tapado/Fechado.

oco, a (Ôco/a/os) *adj/s m* (<ocar) **1** Que não tem miolo ou medula. **Ex.** A cana de bambu é ~a por dentro. **Idi.** *Br Cair no* [Entupir o] *~ do mundo* [Fugir]. **Comb.** *~ da mão* [Concha da mão/Cavidade que se forma unindo os dedos e curvando a mão para dentro]. *Br ~ do mundo* [Lugar distante/Terra longínqua]. *Cabeça ~a* [Quem aparenta ser pouco sensato/não ter juízo]. **2** Que não tem nada no interior/Escavado/Vazio. **Ex.** Para a cabaça ficar ~a tem que se lhe tirar o miolo. **Comb.** Tronco de árvore «castanheiro que ficou» ~. **3** *fig* Que não tem sentido/Que é vão. **Comb.** Palavras [Frases] ~as. **4** *fig* Pouco profundo/Fútil/Frívolo. **Comb.** Discurso ~. **5** *s m* Espaço vazio/Cavidade/*gír* Chocho. **Loc.** Peça difícil de fundir por ter muitos ~s. **Comb.** Vidro defeituoso, com ~s [bolhas de ar].

-oco, a (Ôco, Óca, Ôcos, Ócas) *suf* (<lat *-occus*) Tem sentido: **a)** diminutivo «*casinhoto/oco*» [aumentativo «*bicharoco/beijoca*»] **b)** afe(c)tivo: *dorminhoco, feioca, mimalhoco.*

ocorrência *s f* (<ocorrer + -ência) **1** O que ocorre/Acontecimento/Caso. **Ex.** Previa-se uma noite de temporal mas não foi regist(r)ada nenhuma ~. A polícia deslocou-se ao local do acidente para tomar conta da ~. **2** Situação/Circunstância/Ocasião. **Ex.** Tive uma grande inundação provocada por um cano que se rompeu. Na ~ não havia mais ninguém em casa, vi-me aflito! **3** Coincidência/Encontro. **Ex.** Este ano os trabalhadores sentem-se prejudicados com a ~ de vários feriados ao domingo. **4** *Ling* Cada uma das unidades linguísticas que é utilizada [repetida] num discurso. **Ex.** A conferência tornou-se fastidiosa pela ~ de muitos termos técnicos incompreensíveis para a maioria dos ouvintes. **5** *Geol* Aparecimento de rochas ou minerais em determinadas circunstâncias.

Ex. Nas massas rochosas de quartzo é frequente a ~ [presença] de volfrâmio.

ocorrente adj 2g (<lat *occúrrens, éntis*) Que ocorre/sucede/acontece. **Comb.** Regist(r)o dos fenó[ô]menos ~s «durante o dia». **2** Concorrente/Coincidente. **Comb.** Festas «litúrgicas» ~s no mesmo dia.

ocorrer v int (<lat *occúrro, ere, occúrri, occursum*) **1** Acontecer/Suceder/Verificar-se/Dar-se. **Ex.** O acidente «choque de dois comboios» ocorreu à saída da estação. A morte ocorreu pouco depois da meia-noite. **2** Sobrevir/Aparecer. **Ex.** A epidemia «gripe» ocorreu sobretudo nas grandes cidades. **3** Vir à memória/Lembrar/Surgir. **Ex.** Devia ter apresentado vários exemplos concretos mas na altura não me ocorreu nenhum. **4** Coincidência de duas festas litúrgicas. **Ex.** Quando uma festa e uma solenidade ocorrem no mesmo dia, prevalece a celebração da solenidade. **5** *Ling* Aparecer em determinado contexto. **Ex.** A referência «a investigadores portugueses» não ocorre em nenhuma das obras consultadas. **6** Ir [Vir] ao encontro/Encontrar-se/Acorrer(+). **Ex.** Muitos populares ocorreram imediatamente aos gritos de socorro, procurando ajudar. **7** Acudir/Remediar. **Ex.** Equipas/es de voluntários deslocaram-se ao local da catástrofe para ocorrer às primeiras necessidades das vítimas.

ocre[a] (Ó) s m [f] *Miner* (<lat *ochra, ae*) Terra argilosa pulverulenta de cor amarelo-escura, usada como pigmento em pintura. **Ex.** A cor ~ é usada na pintura exterior de casas.

ocre-amarelo [-vermelho] s m *Miner* Substância natural constituída por uma mistura de argila e limonite (Ocre-amarelo) ou hematite (Ocre-vermelho).

octaédrico, a adj (<octaedro + -ico) **1** Referente a [Que tem a forma de] octaedro. **2** Que apresenta oito faces. **Comb.** Cristal ~.

octaedro s m (<gr *oktáedron, ou*) **1** *Geom* Poliedro com oito faces. **Comb.** ~ regular [cujas faces são triângulos equiláteros iguais]. **2** *Miner* Forma cristalográfica do sistema cúbico constituída por oito faces triangulares que cortam os três eixos coordenados a distâncias iguais. **Ex.** O óxido de titânio (TiO_2) cristaliza em ~s.

octana s f *Quím* ⇒ octano.

octangular adj 2g (<octo- + angular) Que tem oito ângulos/Octogonal(+). **Comb.** *Polígono* ~. *Traçado* [Formato] ~.

octano s m *Quím* (<lat *octo* + -ano) Hidrocarboneto saturado da série alifática cuja molécula tem oito átomos de carbono (C_8H_{18})/Octana. **Ex.** O ~ é o componente principal das gasolinas. **Comb.** Índice de ~ [Número que exprime as qualidades antidetonantes duma gasolina e a sua capacidade de suportar a compressão].

octante s m *Geom* (<lat *óctans, ántis*) Cada uma das oito partes do espaço definidas pelos planos coordenados dum referencial cartesiano ortogonal/Oitante.

octateuco s m *Rel* (< gr *oktateukhos, e, on*) Conjunto dos oito primeiros livros da Bíblia. ⇒ pentateuco.

octeto (Tê) s m (<octo- + -eto) **1** *Mús* Composição musical para oito instrumentos ou oito vozes. **2** Conjunto formado por oito executantes. **3** *Quím* Regra do ~ [Formação de iões [íons] estáveis pela perda [ganho] de ele(c)trões [elétrons] de forma a ter oito ele(c)trões [elétrons] no nível de energia mais alta].

octilião [octilhão] num card (<octo- + (b)ilião) **1** Um milhão de septiliões/A unidade seguida de quarenta e oito zeros: 10^{48}.

Comb. ~, de acordo com a regra dos 6N. **2** *Br* Mil septiliões/A unidade seguida de vinte e sete zeros: 10^{27}.

octingentésimo, a num ord/s (<lat *octingentésimus, a, um*) **1** Último numa série de oitocentos. **2** s Cada uma das oitocentas partes iguais em que se divide um todo. **Ex.** Cada um dos quarenta sócios recebeu um ~ do pré[ê]mio da lota[e]ria, pois só tinham comprado um vigésimo do bilhete premiado.

octo- pref (<lat *ócto*) Exprime a noção de *oito*: octogésimo, octogonal.

octogenário, a adj/s (<lat *octogenárius, a, um*) (O) que tem idade situada na casa dos oitenta anos. **Ex.** A(c)tualmente há muitos ~s que mantêm uma vida a(c)tiva saudável.

octogésimo, a num ord/s (<lat *octogésimus, a, um*) **1** Último numa série de oitenta. **2** s Cada uma das oitenta partes em que se divide um todo. **Ex.** Apenas recebeu um ~ da verba disponível para pagamento das dívidas aos credores.

octogonal adj 2g *Geom* (<octógono + -al) **1** Que tem oito ângulos/Que tem a forma de octógono. **Comb.** *Mesa* ~. *Polígono* ~. **2** Sólido cuja base é um octógono. **Comb.** *Pirâmide* [Prisma] ~.

octógono s m (<gr *oktágonos*) **1** *Geom* Polígono com oito ângulos e oito lados. **Comb.** ~ regular [que tem ângulos (e lados) iguais]. **2** Construção [Desenho] com formato octogonal.

octópode adj/s 2g *Zool* (<octo- + -pode) (O) que tem oito membros locomotores ou oito tentáculos. **Ex.** O polvo é (um) ~. **2** s m pl Subordem dos moluscos cefalópodes com oito tentáculos.

octossilábico, a adj (<octo- + silábico) Que tem oito sílabas. **Comb.** *Verso* ~.

octossílabo, a s m/adj (<octo- + sílaba) **1** s m Verso com oito sílabas. **Comb.** Estrofe [Composição] em ~s. **2** adj Que tem oito sílabas. **Comb.** Palavra ~a «desavergonhadamente».

octuplicar v t/int (<óctuplo + -icar) Multiplicar por oito/Tornar(-se) oito vezes maior. **Ex.** A empresa cresceu e em poucos anos os lucros octuplicaram.

óctuplo, a s m/adj (<lat *óctuplus, a, um*) **1** Que contém oito vezes a mesma quantidade/é oito vezes maior. **Ex.** Quarenta é o ~ de cinco (5 x 8 = 40). **Comb.** *Produção* ~a do ano anterior. **2** Que consta de oito partes. **Comb.** *Conjunto* «habitacional» ~. **3** Quantidade [Valor] oito vezes maior. **Ex.** O dire(c)tor recebeu o ~ do (que recebeu o) porteiro da empresa.

oculado, a adj (<lat *oculátus, a, um*) **1** Que tem olhos. **2** Que tem ocelos/Ocelado. **Comb.** *Animal* ~.

ocular s f/adj 2g (<lat *oculáris, e*) **1** Referente aos olhos/à vista. **Comb.** *Globo* ~. *Nervo* ~. **2** Que presencia/assiste/vê. **Comb.** *Testemunha* ~ «do acidente». **3** s f *Fís* Lente [Sistema] convergente que dá uma imagem virtual e amplificada dum obje(c)to. **Comb.** ~ dum microscópio [binóculo/telescópio].

oculista s 2g (<óculo + -ista) **1** O que fabrica [vende] óculos. **Ex.** Ela traz [usa] sempre óculos da última moda porque o marido é ~. **2** Estabelecimento onde se vendem óculos e produtos afins. **Ex.** Sabes onde (é que) poderei comprar uns binóculos? – Talvez no ~. **3** Especialista em doenças dos olhos/Oftalmologista(+). **Ex.** Estou a ver mal ao longe. Tenho que ir ao ~ para me receitar uns óculos.

óculo s m (<lat *óculus, i*) **1** Instrumento ó(p)tico para ver ao longe/Luneta. **Ex.** No miradouro há um ~ para se observar melhor a cidade. **Idi.** *Ver por um ~*/canudo [Não obter o que se deseja ou foi prometido]. **2** Abertura circular ou oval na parede [porta/no te(c)to] dum edifício. **Ex.** A escada de acesso aos andares superiores é iluminada através dum ~. Antes de abrires a porta, espreita pelo ~ para veres quem é. ⇒ olho-de-boi. **3** pl Sistema de duas lentes fixas numa armação que se apoia no nariz e nas orelhas e serve para auxiliar [corrigir/proteger] a vista. **Ex.** Ainda vejo bastante bem; só preciso de ~s para ler. Os soldados devem usar sempre ~s de prote(c)ção. **Comb.** ~s *de sol*/~s escuros [com lentes escuras, geralmente não graduadas, para proteger a vista da luz intensa].

oculoso, a adj (<óculo + -oso) ⇒ ocelado.

ocultação s f (<lat *occultátio, ónis*) **1** A(c)to ou efeito de ocultar(-se)/Encobrimento. **Comb.** ~ *de obje(c)tos roubados*. ~ *de provas* «dum roubo». *Crime de* ~ *de cadáver*. **2** *Astr* Desaparecimento de um corpo celeste pela interposição de outro aparentemente maior. **Comb.** ~ *de estrelas* pela Lua. ~ *dos satélites* de Júpiter/Saturno pelos respe(c)tivos planetas.

ocultador, ora adj/s (<ocultar + -dor) (O) que oculta/esconde/encobre. **Comb.** ~ [Rece(p)tador(+)] de obje(c)tos roubados.

ocultamente adv (<oculto + -mente) **1** Às ocultas/Às escondidas. **Ex.** Dava esmolas ~ porque o marido não gostava. **2** Sem deixar que se perceba/revele/Secretamente. **Ex.** Não queria que a família se apercebesse de que vivia amargurada e só ~ chorava.

ocultar v t (<lat *occúlto, áre, átum*) **1** Esconder(+). **Ex.** Ocultou [Escondeu] o dinheiro no bolso. Ocultou-se atrás do muro. **2** Não revelar/Dissimular. **Loc.** ~ *os sentimentos* [a emoção]. **3** Não revelar o que devia ser revelado/Sonegar. **Loc.** ~ (a verdade d)*os fa(c)tos*. ~ *os seus rendimentos*/lucros.

ocultas (< oculto) Só usada na *loc* Às ~ [Às escondidas/À socapa/Ocultamente].

ocultismo s m (<oculto 4 + -ismo) Estudo ou conjunto das várias artes de espiritismo, astrologia, magia, ...

oculto, a adj/s m (<lat *occúltus, a, um*) **1** Que não está à vista/Escondido/Encoberto. **Comb.** «vulto/homem» ~ pela sebe. «Avião» ~ pelas nuvens. **2** Que não é conhecido/se ignora/Secreto. **Comb.** *Pensamentos* ~s. *Sacrifício* ~. *Vida* contemplativa ~a. **3** Envolvido em mistério/Indecifrável. **Comb.** *Fenó[ô]menos* ~s. *Forças* ~as. **4** s m Aquilo que não é explicável pelas leis naturais/pela ciência/Mistério. **Loc.** *Dedicar-se às ciências do* ~.

ocupação s f (<lat *occupátio, ónis*) **1** A(c)to de se apoderar de alguma coisa/Posse. **Comb.** ~ *de casas* «devolutas». **2** A(c)ção de se apoderar dum território invadindo-o/Invasão. **Comb.** ~ *de Goa* (Índia) pelo exército da União Indiana (1961). ~ *do Iraque* pelas tropas americanas. **3** Período durante o qual um lugar [espaço] se encontra ocupado. **Ex.** Durante a ~ de Timor-Leste pela Indonésia, os timorenses foram muito maltratados. **4** A(c)tividade, remunerada ou não, em que se gasta algum tempo/Tarefa/Serviço/Ofício. **Ex.** A minha ~ preferida é o trabalho da terra [é a agricultura]. É uma pessoa (que anda) sempre atarefada; tem muitas ~ões. **Comb.** ~ [Uso/A(c)tividades] dos tempos livres.

ocupacional adj 2g (<ocupação + -al) Relativo a ocupação 4. **Comb.** *Psic Terapia* [Terapêutica] ~.

ocupado, a adj (<ocupar + -ado) **1** Que se ocupou. **Ex.** Saí por uns momentos «do

cinema» e quando voltei tinha o meu lugar ~. **Ant.** Desocupado; livre; vago; vazio. **2** Que está a trabalhar/está em a(c)tividade. **Ex.** O dire(c)tor agora não pode receber ninguém: está ~. **3** Que tem em que pensar/Preocupado/Atarefado. **Ex.** Enquanto andar ~ com as obras da casa não tenho cabeça [disposição] para me dedicar a escrever. **4** Que não está disponível/vago/Preenchido/Tomado. **Ex.** O lugar [emprego/cargo/vaga] já foi ~o/a. **5** Que foi obje(c)to de conquista/invasão. **Comb.** Território ~. **6** Muito preenchido com a(c)tividades/afazeres/trabalho. **Comb.** Tarde [Semana/Dia] muito ~a/o.

ocupante *s/adj 2g* (<lat *óccupans, ántis*) **1** (O) que ocupa/está em determinado lugar/determinada posição. **Ex.** Ele tem uma casa mas não é o ~ dela [não reside nela]. **Comb.** ~ [Inquilino(+)] *duma casa* alugada. *Seguro de ~s* [passageiros] (dum automóvel). **2** (O) que se apodera [toma posse] de determinado espaço ou lugar/Invasor. **Ex.** Os ~s do palácio «do governador» ainda se encontram lá dentro. Exército ~/de ocupação.

ocupar *v t* (<lat *óccupo, áre, átum*) **1** Estar em [Encher/Preencher] determinado espaço. **Ex.** O texto ocupa duas páginas. Os móveis ocupam toda a sala. **2** Tomar pela força/Invadir/Conquistar. **Ex.** O exército ocupou uma cidade inimiga. Os manifestantes ocuparam o Tribunal. **3** Habitar/Residir. **Ex.** A casa que eu ocupo é grande; tenho [tem] três quartos disponíveis. Podes ~ o que quiseres. **4** Apoderar-se de algo sem autorização. **Ex.** Durante a revolução, os camponeses ocuparam várias herdades. **Loc.** ~ uma casa devoluta/desocupada. **5** Estar a utilizar/Servir-se de/Tomar. **Loc.** ~ uma linha telefó[ô]nica. **6** Levar determinado tempo. **Ex.** A reunião ocupou [durou/levou] a manhã inteira. **7** Preencher o tempo/Estar em a(c)tividade/Entreter-se. **Ex.** Era uma senhora muito caridosa; ocupava algumas tardes por semana a visitar os doentes. **Loc.** ~ o tempo em frivolidades «a ver telenovelas». **8** Dar trabalho/emprego/ocupação. **Ex.** A nova fábrica vai ~ muitos operários. **9** Desempenhar um cargo/Exercer uma função/Trabalhar. **Ex.** Ele ocupa um lugar de topo [de responsabilidade] na empresa. Em que (é que) te ocupas? **10** Tratar [Versar] determinado assunto/tema. **Ex.** A tese ocupa-se da [é sobre a] implantação da República «em Portugal». **11** ~-se/Tomar a seu cargo/Dedicar-se. **Loc.** ~-se de crianças [idosos].

odalisca *s f* (<fr *odalisque* <turco *odalik*: criada de quarto) **1** Mulher de harém. **2** *fig* Mulher bonita. **3** Móvel semelhante a um divã constituído por quatro peças unidas pelas costas que se coloca geralmente no meio duma sala.

ode (Ó) *s f Liter* (<gr *oide, es*) **1** *Hist* Na Grécia antiga designava qualquer forma de canto, alegre ou triste/Composição em verso para qualquer forma lírica. **Comb.** ~s de Píndaro «olímpicas/píticas/ístmicas». **2** Pequena composição lírica que canta os sentimentos do poeta/a alegria/a beleza/as festas. **Ex.** A ~, introduzida em Portugal pelo ilustre escritor renascentista António Ferreira (1528-1569), teve grande relevo na lírica portuguesa e foi cultivada por poetas de várias épocas «Camões/Bocage/Pessoa/Torga».

odeão *s m* (<gr *oideion, ou*; ⇒ ode) **1** Na Grécia e Roma antigas, edifício destinado a espe(c)táculos de música e poesia. **2** Auditório(+) destinado a espe(c)táculos culturais «concertos/peças de teatro/filmes».

odiar *v t* (<ódio + -ar¹) **1** Ter ódio/Detestar intensamente. **Ex.** É triste dizê-lo [triste que seja assim]: são irmãos e odeiam-se. Não venhas cá com essa conversa, sabes que odeio [Cala-te! Detesto] mexericos! **2** Sentir aversão/repulsa. **Ex.** Comer caracóis, é coisa que eu odeio [, é repelente].

odiento, a *adj* (<ódio + -ento) **1** Que guarda ódio/Rancoroso. **Comb.** Pessoa ~a. **2** «atitude» Que revela ódio/Odioso. **Comb.** Palavras ~as.

ódio *s m* (<lat *ódium, ii*) **1** Sentimento violento de hostilidade/Rancor. **Ex.** Não se deve ter ~ por [a] ninguém. Pessoa desumana que só revela ~ e violência. **Comb.** ~ *de morte/~ visceral* [muito profundo]. **Sin.** Aversão; repulsa. **2** Forte repugnância/repulsa/aversão. **Loc.** Ter ~ à violência/às guerras.

odioso, a (Ôso, Ósa, Ósos) *adj* (<lat *odiósus, a, um*) **1** Que inspira ódio. **Loc.** Proferir palavras ~as para insultar alguém. **2** (O) que merece ódio/Detestável. **Ex.** Aproveitar-se da fraqueza ou necessidade para explorar alguém é um comportamento ~. Uns fazerem o mal e outros ficarem com o ~. Toda a comparação é ~a.

odisseia *s f* (<gr *odysseia* <*Odysseús*: Ulisses) **1** *Maiúsc Liter* Célebre poema grego atribuído a Homero que conta o regresso de Ulisses à Ítaca após a guerra de Troia. **2** *Liter* Narrativa de aventuras [viagens/expedições] extraordinárias. **Ex.** Os cronistas das viagens marítimas dos navegadores portugueses dos séc. XV e XVI relatam as ~s por que passaram muitos descobridores. **3** Viagem longa cheia de aventuras e dificuldades. **Ex.** A viagem ao estrangeiro foi uma autêntica ~: avaria do carro, enganos no percurso, carteiras roubadas, ... não sei que mais nos poderia ter acontecido!

-odo- *suf/pref* (<gr *hodós*: caminho) Exprime a ideia de *caminho, guia*; ⇒ (h)odó[ô]metro; método; ânodo.

odómetro [*Br* **odômetro**] ⇒ hodó[ô]metro.

odonad[t]o, a *adj/s Zool* (<gr *odoús, óntos*: dente + *gnathos*: mandíbula) (Diz-se de) inse(c)to [ordem dos inse(c)tos] artrópodes com quatro asas membranosas muito nervuradas e olhos grandes «libélula/libelinha».

odontalgia *s f* (<gr *odontalgia*) Dor de dentes(+). ⇒ odontite.

odontálgico, a *adj* (<odontalgia + -ico) **1** Relativo à odontalgia. **Comb.** Dores ~as/de dentes(+). **2** Próprio para a higiene dos dentes. **Comb.** Desinfe(c)tante ~. ⇒ dentífrico.

odontíase *s f* (<gr *odontíasis*: dentição) Formação e desenvolvimento dos dentes. ⇒ odontogénese.

odontite *s f Med* (<gr *odoús, óntos*: dente + -ite) Inflamação da polpa dentária. ⇒ odontalgia.

odontoblasto *s m Biol* (<gr *odoús, óntos* + *blastos*: rebento) Célula superficial na polpa dentária que a(c)tua na formação do marfim.

odontogénese [*Br* **odontogênese**] [**odontogenia**] *s f* (<*odoús, óntos* + ...) Parte da fisiologia que estuda a formação e o desenvolvimento dos dentes. ⇒ odontíase.

odontografia *s f Med* (<gr *odoús, óntos* + -grafia) **1** Descrição da dentição duma pessoa. **2** Tratado de odontologia.

odontográfico, a *adj* (<odontografia + -ico) Relativo à odontografia.

odontograma *s m Med* (<gr *odoús, óntos* + -grama) Representação gráfica da dentição de alguém.

odontoide (Tói) *adj 2g* (<gr *odoús, óntos* + -oide) Semelhante a um dente. **Comb.** Apófise ~ [Saliência da vértebra áxis que corresponde ao corpo da vértebra atlas com a qual se articula, servindo de eixo].

odontolitíase *s f* (<gr *odoús, óntos* + litíase) Formação de pedra [tártaro] nos dentes.

odontólito *s m* (<gr *odoús, óntos* + -lito) Pedra dos dentes/Tártaro.

odontologia *s f Med* (<gr *odoús, óntos* + -logia) Ciência que compreende o estudo dos dentes e órgãos anexos, suas doenças e tratamentos. **Ex.** A ~ é uma parte da estomatologia. **Comb.** ~ *preventiva*. *~ sanitária* [que procura dete(c)tar e fazer a profilaxia de cáries e doenças gengivais sobretudo nas crianças].

odontológico, a *adj* (<odontologia + -ico) Relativo à odontologia. **Comb.** Especialidade ~a. Tratamento ~.

odontologista [**odontólogo, a**] *s* (<odontologia) Especialista em odontologia/Dentista(+). **Comb.** Consultório de ~.

odontórnitas *s f pl Pal* (<gr *odoús, óntos*: dente + *órnis, ornithos*: ave) Aves fósseis do Cretácico, diferentes das a(c)tuais por possuírem dentes.

odontorragia *s f Med* (<gr *odoús, óntos* + (hemo)rragia) Hemorragia pelo alvéolo dentário, frequente após a extra(c)ção dum dente/Odonto-hemorragia.

odor (Dôr) *s m* (<lat *ódor, óris*) **1** Cheiro/Aroma. **Ex.** O peixe não deve estar bom; já se nota um leve ~ a estragado. Estas flores têm um ~ muito intenso, até é enjoativo. O que não tem ~ é inodoro. **2** Perfume/Fragrância. **Ex.** As tílias em flor exalam um ~ suave muito agradável. **3** *fig* Impressão/Sensação. **Ex.** É tão bom a gente deitar-se nuns lençóis com ~ [um cheir(inh)o] a lavado. **Comb.** «morrer em» ~ de santidade [Como pessoa santa].

odorante *adj 2g* (<lat *ódorans, ántis*) Que exala (bom) cheiro/Cheiroso/Odorífero(+). **Comb.** Erva «alfazema» ~/aromática(+).

odorar *v t/int* (<lat *ódor, áre, átum*) **1** Ter aroma/Exalar cheiro/Cheirar. **Comb.** Flores muito odoradas. **2** Aromatizar. **Loc.** ~ [Odorizar(+)/Aromatizar(o+)] o ambiente «uma sala».

odorífero [**odorífico**]**, a** *adj* (<odor + -...) Que cheira/Aromático(+). **Comb.** Flores [Ervas/Plantas] ~as.

odorizante *adj 2g* (<odorizar + -ante) Que transmite odor agradável/Que perfuma. **Comb.** Detergente ~. Spray ~.

odorizar *v t* (<odor + -izar) Dar [Transmitir] odor agradável/Perfumar. **Loc.** ~ a roupa [uma sala].

odre (Ô) *s m* (<lat *úter, tris*) **1** Espécie de saco feito de pele de animais «ovelha» para transportar líquidos. **Comb.** Um ~ de vinho. **2** *fig* Pessoa que bebe muito/Bêbado. **3** *fig* Pessoa muito gorda. **Ex.** Ele come que nem um alarve! Está a ficar um ~ [pote(+)].

oersted (Ârstd) *s m Ele(c)tri* (<antr Hans Christian Oersted (1777-1851), físico e químico dinamarquês) Unidade de campo magnético do sistema c.g.s. (Símbolo Oe). **Ex.** O ~ define-se como a intensidade do campo magnético que exerce uma força de um dine sobre a massa magnética pontual de uma unidade ele(c)tromagnética.

oés-noroeste *s m Geog* (<oeste + noroeste) **1** Ponto [Rumo/Dire(c)ção] intermédio entre o oeste e o noroeste (Símbolo ONO

ou *WNW*). **2** Desse [Relativo a esse] ponto subcolateral. **Comb.** Vento ~.

oés-sudoeste *s m Geog* (<oeste + sudoeste) **1** Ponto [Rumo/Dire(c)ção] intermédio entre o oeste e o sudoeste (Símbolo *OSO* ou *WSW*). **2** Desse [Relativo a esse] ponto subcolateral. **Comb.** Rumo ~.

oeste *s m Geog* (<ing *west*) **1** Ponto cardeal situado à esquerda do observador que se encontre voltado para o norte (Símbolo *O* ou *W*)/Poente/Ocaso/Ocidente. **Ex.** A estrada segue [vai] na dire(c)ção ~. **Comb.** «casa» Voltado para ~. **2** Vento que sopra desse lado. **Ex.** Quando sopra o ~ geralmente vem chuva. **3** *Maiúsc* Conjunto de países da Europa e da América do Norte. **Ex.** Os países do ~ [Ocidente(+)] têm uma política econó[ô]mica diferente da dos países de leste. **4** *Maiúsc* Região situada a ocidente de determinado ponto tomado como referência. **Ex.** O ~ de Portugal é mais populoso do que o interior. **5** *adj 2g* Desse [Relativo a esse] ponto cardeal. **Comb.** *Fronteira* ~. *Vento* ~. *Zona* ~ «da cidade». ⇒ ocidente.

ofegante *adj 2g* (< ofegar+-ante) **1** Que está a ofegar/sem fôlego/Arfante/Arquejante. **Ex.** Entrou a correr, ~, quase não podia respirar. **2** Exausto/Muito cansado/Fatigado. **Ex.** Logo que chegou a casa, atirou-se ~ [exausto(+)] para cima do sofá. **3** *fig* Ansioso/Anelante. **Loc.** Esperar ~ o resultado do exame.

ofegar *v int* (<lat *óffo, áre, átum* <ob + *fáux, cis:* garganta) **1** Respirar com dificuldade e ruidosamente. **Ex.** Fazia impressão ouvi-lo/a ~; parecia que morria com falta de ar. **2** Respirar com dificuldade devido ao cansaço. **Ex.** No fim da corrida, os atletas ofegavam extenuados.

ofego (Fê) *s m* (<ofegar) **1** Respiração difícil e ruidosa devido a cansaço ou doença. **Ex.** O ~ da bronquite não o largava [deixava/bronquite não (lhe) passava]. **2** Cansaço/Exaustão. **Ex.** Depois do ~ dum dia de trabalho intenso, só lhe apetecia deitar-se.

ofendedor, ora *adj/s* (<ofender + -dor) (O) que ofende/Ofensor. **Comb.** ~ da moral [vida/dos bons costumes].

ofender *v t* (<lat *offéndo, ere, di, sum*) **1** Fazer ofensa a alguém por palavras ou por a(c)tos/Ferir a dignidade/o amor próprio. **Ex.** As palavras que me dirigiu ofenderam-me porque são injustas. «ele» Ofende-se com qualquer coisa «brincadeira/gracejo». **2** Escandalizar/Chocar. **Ex.** Programas «televisivos» que ofendem a nossa sensibilidade. **3** Transgredir regras/leis/princípios. **Ex.** Práticas [Construções] urbanísticas que ofendem [agridem(+)] o ambiente. **4** Desrespeitar/Pecar. **Ex.** A exploração dos mais fracos ofende-os e ofende a Deus [ofende-os a eles e a Deus]. **5** Causar ferimento/Magoar/Ferir. **Ex.** Na queda, ofendeu (gravemente) a coluna; ainda não consegue andar.

ofendículo *s m* (<lat *offendículum*) ⇒ obstáculo/tropeço/estorvo.

ofendido, a *adj* (< ofender+-ido) **1** Que recebeu ofensa/Injuriado/Desconsiderado. **Ex.** Fiquei muito ~ com as tuas palavras. **2** Ferido/Magoado. **Ex.** Dói-me muito o braço; com a queda, o pulso deve ter ficado ~. **3** (O) que é lesado/Queixoso. **Ex.** O ~ apresentou queixa em tribunal.

ofensa *s f* (<lat *offénsa, ae*; ⇒ ofender) **1** A(c)ção de ofender alguém na sua honra ou dignidade/Injúria/Agravo/Ultraje/Afronta. **Ex.** Se te chamou preguiçoso, não podes considerar isso uma ~ porque é verdade (que o és). Apesar das ~s que me fez, nunca deixei de o ajudar. A difamação é uma ~ ao bom-nome. **Comb.** «eu disse aquilo» *Sem* ~ [Não querendo ferir/magoar/Sem intenção de ofender]. **2** A(c)ção de ferir/magoar/causar dano físico. **Comb.** *~ corporal* [Crime de atentado contra a integridade física de alguém causando ferimento, lesão ou doença]. **3** Transgressão de regras/leis/princípios. **Ex.** O esbanjamento é uma ~ à pobreza. **Comb.** ~ à moral/aos bons costumes [A(c)to imoral]. **4** *Rel* Pecado/A(c)ção [Comportamento] que ofende a Deus. **Ex.** Na oração do *Pai-nosso* os cristãos pedem a Deus que lhes perdoe as ~s que cometeram e afirmam-se dispostos a perdoar as ~s que tenham recebido.

ofensivo, a *adj/s f* (<ofensa + -ivo) **1** Que ofende física ou moralmente. **Comb.** Palavras [Gestos] ~as/os. **Ant.** Inofensivo. **2** Que serve para atacar/Agressivo/Lesivo. **Comb.** *Arma* ~*a. Estratégia* ~*a.* **Ant.** Defensivo. **3** *s f Mil* Operação militar de ataque ao inimigo. **Loc.** Preparar a ~a contra grupos terroristas. **4** *s f* Campanha [Movimento] de ataque. **Ex.** Os sindicatos prometem desencadear ~as contra as medidas do governo «para reduzir o défice».

ofensor, ora *adj/s* (<lat *offénsor, óris*) (O) que ofende/ataca/agride. **Sin.** Agressor; atacante; ofendedor. **Ant.** Defensor.

oferecedor, ora *adj/s* (<oferecer + -dor) (O) que oferece/Oferente/Ofertante.

oferecer *v t* (<lat *óffero, óffers, offérre, óbtuli, oblátum;* ⇒ oblato) **1** Dar como oferta/presente. **Ex.** No dia de aniversário, os filhos oferecem sempre flores à mãe. **2** Pôr(-se) à disposição/Propor que seja aceite. **Loc.** ~ *a casa.* ~ *os serviços* [préstimos]. **~-*se para ajudar.* **Ant.** Negar; recusar. **3** Apresentar para ser comido/bebido. **Loc.** ~ um almoço [refresco/uma bebida]. **4** Manifestar determinado sentimento/Dar. **Loc.** ~ amor [carinho/apoio moral]. **5** Expor(-se) sem prote(c)ção. **Loc.** ~ *o corpo ao adversário* «para não o deixar passar». ~ *o peito às balas* [Enfrentar o atirador]. **6** Prometer alguma coisa em contrapartida de outra. **Ex.** Os pais ofereciam umas férias no estrangeiro ao filho, se ele conseguisse entrar na universidade. **Loc.** ~ uma recompensa [alvíssaras] a quem encontrar «o animal de estimação». **7** Propor um valor para uma transa(c)ção «compra/aluguer». **Ex.** Ofereci-lhe «3000 euros» pelo carro, mas ele não aceitou. **8** Ter em si/Apresentar/Conter. **Ex.** Vai ser submetido a uma operação cirúrgica que oferece muitos riscos [(que é) muito arriscada]. O livro oferece muitos exemplos de pequenos negócios com possibilidade de sucesso. **9** Apresentar-se à memória/Ocorrer/Surgir/Lembrar. **Ex.** De momento não se me oferece [não me lembro de] mais nenhuma loja onde possa encontrar o que «a senhora» deseja. **10** Insinuar-se como parceiro sexual. **Ex.** Coitada, anda por aí a ~-se a uns e a outros. **11** *Rel* Apresentar a [Pedir a prote(c)ção de] Deus ou aos/dos Santos, em sinal de louvor/desagravo/súplica. **Loc.** ~ [Consagrar] *a vida a Deus.* ~ *a missa* [orações] em agradecimento [súplica] de alguma graça.

oferecimento *s m* (<oferecer + -mento) **1** A(c)ção de oferecer(-se)/Manifestação verbal da disposição de ajudar/ser útil. **Ex.** Já lhe manifestei o nosso ~ para tudo o que precisasse. **2** O que se oferece/Oferta(+)/Dádiva. **Ex.** No fim da festa, a escola fez o ~ dum [ofereceu um(+)] lanche às famílias.

oferenda *s f* (<lat *offerénda, orum*) **1** Aquilo que se oferece/Dádiva/Oferta. **Ex.** Realizou-se um cortejo de ~s a favor do hospital. **2** *Rel* Oferta feita a Deus/Oblata/Oblação. **Loc.** Levar ao altar as ~s do pão e do vinho que irão ser consagrados.

oferendar *v t* (<oferenda + -ar¹) ⇒ Fazer oferenda/Ofertar(+).

oferente *s/adj 2g* (<lat *ófferens, éntis*) (O) que oferece/Oferecedor. **Ex.** Entregou a prenda e disse umas palavras de circunstância em nome de todos os ~s.

oferta *s f* (<lat *offerta, ae*) **1** A(c)ção ou efeito de ofertar/Oferecimento. **Ex.** As ~s de auxílio às vítimas «do terramoto» chegaram de vários países. **2** Aquilo que se oferece/Dádiva/Presente. **Ex.** Este relógio foi ~ dos meus filhos. **Loc.** Socorrer alguém com ~s «em dinheiro/alimentos». **3** *Econ* Quantidade de bens ou serviços que se encontra à venda no mercado. **Ex.** Os preços «da batata» baixaram porque a ~ é muito abundante. Por vezes a ~ é tanta [tão grande] que se torna difícil escolher. **Comb.** Lei da ~ e da procura [Lei que determina o valor de troca (O preço) na razão dire(c)ta da procura e na inversa da ~]. **4** *Econ* Preço oferecido pelo comprador para adquirir algo/Proposta para o valor duma transa(c)ção. **Ex.** Estavam a pedir pelas laranjas € 1,50 o quilo. Fiz-lhe a ~ de € 1,00 e venderam-mas todas. Pela troca do lote do terreno, fiz-lhe a ~ da casa onde moro e do carro; espero que venha a aceitar.

ofertamento *s m* (<ofertar + -mento) ⇒ Oferta/Oferecimento/Dádiva.

ofertante *adj/s 2g* (<ofertar + -ante) (O) que oferece/faz oferta. **Ex.** Os ~s do busto da professora foram os seus antigos alunos [os antigos alunos dela].

ofertar *v t* (<oferta + -ar¹) Dar como [Fazer] oferta/Oferecer. **Loc.** *Rel* ~ os dons para o sacrifício da missa.

ofertório *s m* (<lat *offertórium, ii*) **1** *Rel* Parte da missa em que o sacerdote oferece a hóstia e o cálice [o pão e o vinho] para serem consagrados. **Ex.** Por vezes designa-se impropriamente como ~ a apresentação dos dons [do pão e do vinho] ou preparação das oblatas. **2** *Rel* Recolha de esmolas na missa destinadas às despesas do culto. **Ex.** As esmolas dos fiéis são o símbolo da sua participação no ~ espiritual integrado no sacrifício do próprio Cristo. **Comb.** Dinheiro do ~.

off *ing adv ing* Palavra utilizada «em cinema/televisão» para significar que se ouve mas sem imagem (de quem [do que] origina o som). **Comb.** Em ~. *Voz* ~. *Off-the-record* [Dito com a indicação de que não deve ser divulgado/Confidencial].

off-line (Ófeláine) *Info* (<ing *off line*) **1** Desligado da [Sem ligação à] rede. **Loc.** Trabalhar com o computador ~. **2** Não ligado à Internet. **Loc.** Conservar «imagem/texto» sem estar ligado à Internet.

off set (Ófséte) *s m* (<ing *offset*) Processo de impressão tipográfica em que os cara(c)teres são gravados numa folha de zinco [alumínio] e depois transferidos para o papel por meio dum cilindro de borracha. **Comb.** Catálogo [Revista] impresso/a em ~. **Sin.** Ofsete(+).

offshore (Òfechór) *s m* (<ing *off shore*) **1** Que se situa ao largo da costa. **Comb.** Plataforma ~. **2** *Geol* Exploração (de petróleo) no fundo dos mares. **Comb.** ~ profundo [em zonas com mais de 200 metros de profundidade]. **3** *Econ* Zona financeira situada em território não sujeito às leis fiscais nacionais. **Comb.** Sucursal financeira ~.

off the record (<ing) ⇒ off.

ofíase s f Med (<gr *ophíasis* <*óphis,eos*: cobra) Queda parcial do cabelo deixando clareiras que lembram as marcas duma serpente rastejando.

oficiador, ora adj/s (<oficiar + -dor) ⇒ (O) que oficia/Oficiante(+).

oficial adj 2g/s m (<lat *officiális, e*; ⇒ ~ às ordens) **1** Emanado do governo ou de uma autoridade reconhecida. **Comb.** *Diploma* «legislativo» ~. *Informação* ~. *Missão* ~. *Representante* ~ «duma empresa». **Ant.** Particular; privado; oficioso. **2** Relativo ao funcionamento do Estado/Que é próprio do governo. **Ex.** O *Diário da República* é uma publicação ~ portuguesa. **Comb.** Residência ~ «do Primeiro-Ministro». **3** Que está conforme com as exigências [formalidades/normas] legais. **Comb.** *Modelo* ~ do fardamento «da polícia». Sinalização feita de acordo com as normas ~ais. **4** Próprio das entidades do Estado/Público. **Ex.** O Presidente da República partiu para o Brasil em visita ~. Após a sessão de encerramento «da visita», as entidades ~ais dirigiram-se para o aeroporto. **5** Formal/Solene. **Comb.** *Abertura* ~ do ano le(c)tivo. *Inauguração* ~ «do novo hospital». **6** Conhecido/Público. **Ex.** O noivado ainda não é ~; deve ser anunciado brevemente. **7** pej Apresentado como verdadeiro mas permitindo supor que o não seja. **Ex.** Essa é a versão ~ dos acontecimentos, mas na realidade não se sabe bem como as coisas se passaram.
8 s m Pessoa que vive do seu ofício/Profissional de categoria entre o aprendiz e o mestre. **Comb.** ~ *de carpintaria*. ~ *mecânico* [sapateiro]. **9** Mil Militar de graduação superior à de sargento, no exército e na força aérea, e à de guarda-marinha, na marinha. **Comb.** ~ *às ordens* [~ que acompanha um superior ou desempenha funções de seu ajudante]. ~ *de dia* [~ que é responsável pelo funcionamento duma unidade militar durante vinte e quatro horas na ausência do comando]. ~ *general* [de patente superior à de coronel, no exército e na força aérea, e, à de capitão de mar e guerra, na marinha]. ~ *miliciano* [~ que, em qualquer ramo das forças armadas, não faz parte do quadro permanente]. ~ *subalterno* [de patente inferior à de capitão, no exército e na força aérea, e à de primeiro-tenente, na marinha]. ~ *superior* [de patente superior à de capitão e inferior à de brigadeiro, no exército e na força aérea, e na marinha, de patente superior à de primeiro-tenente e inferior à de comodoro]. **10** Empregado de secretaria de categoria inferior à de amanuense. **Comb.** ~ *de diligências*/~ *de justiça* [Funcionário judicial encarregado de cumprir as resoluções judiciais «citações/intimações/arrestos»].

oficial às ordens s m Qualquer pessoa que está ao dispor de outra. **Ex.** Ele é mais que secretário do dire(c)tor, é o seu ~.

oficialato s m (<oficial + -ato) **1** Mil Cargo ou patente de oficial. **Ex.** Começou a carreira como soldado mas conseguiu chegar ao ~. **2** Dignidade das ordens honoríficas «Ordem de Avis».

oficialidade s f Mil (<oficial + -i- + -dade) Conjunto dos oficiais de determinada unidade.

oficialismo s m Br (<oficial + -ismo) Conjunto dos funcionários públicos. **Sin.** Funcionalismo(+).

oficialização s f (<oficializar + -ção) **1** A(c)to de tornar público [oficial] determinado acordo/compromisso, conferindo-lhe validade. **Comb.** ~ do acordo «ortográfico». **2** Submissão à autoridade do Estado. **Comb.** ~ do ensino.

oficializar v t (<oficial + -izar) **1** Tornar oficial. **Loc.** ~ *o apoio* a um candidato. ~ *um noivado*. **2** Submeter [Ser submetido] à autoridade [tutela] do Estado. **Loc.** ~ um estabelecimento de ensino. **3** Dar sanção oficial/Obter aprovação. **Ex.** Já foi nomeado para o cargo «de dire(c)tor» mas o diploma a ~ a nomeação ainda não foi publicado. **Comb.** ~ um contrato «de prestação de serviços».

oficialmente adv (<oficial + -mente) **1** Por encargo do Governo ou duma autoridade competente. **Loc.** *Decretar* ~ «luto nacional». *Visitar* ~ um país estrangeiro. **2** Formalmente/Solenemente. **Ex.** O hospital já funciona há vários meses mas só agora vai ser ~ inaugurado.

oficiante s/adj 2g Rel (<oficiar + -ante) (O) que preside ao ofício divino/Celebrante(+). **Ex.** O ~ «das exéquias» foi o vigário geral da diocese, em substituição do bispo «que se encontra doente».

oficiar v t/int (<ofício + -ar¹) **1** Dirigir um ofício/Mandar carta [comunicação] oficial. **Ex.** Do ministério, oficiaram a pedir o relatório «sobre o incidente de indisciplina». **2** Rel Celebrar o ofício divino/a missa. **Ex.** O pároco esteve presente, mas quem oficiou [celebrou(+)] a missa do casamento foi um padre amigo dos noivos.

oficina s f (<lat *officina, ae* <*ópifex*: trabalhador <*ópus*: trabalho) **1** Lugar [Estabelecimento] onde se exerce um ofício/se fabrica/conserta alguma coisa/Atelier. **Comb.** ~ *de carpintaria* [serralharia]. ~ *de sapateiro* [alfaiate/ferreiro]. ~ [Laboratório(+)/Atelier(o+)] *de fotografia*. **2** Parte destinada à manutenção «duma fábrica/dum hospital/quartel». **Comb.** ~s de manutenção ele(c)tromecânica. **3** Local destinado à reparação e manutenção de automóveis. **Ex.** Tenho o tra(c)tor a consertar na ~. Vou levar o carro à ~ para fazer a revisão «dos 50 000 kms».

oficinal adj 2g (<oficina + -al) **1** Referente a oficina. **Comb.** *Despesas* ~ais. *Trabalho* ~. **2** Diz-se de medicamentos que se encontram já preparados para venda nas farmácias. **Comb.** *Preparações* [*Medicamentos*] ~ais. ⇒ «planta» medicinal.

ofício s m (<lat *officium, ii*) **1** A(c)tividade manual ou mecânica que requer aprendizagem e habilidade. **Loc.** *Aprender* [*Ter*] *um* ~. **Idi.** «na festa» *Fazer* ~ *de corpo presente* [Assistir a um a(c)to sem nada contribuir para ele]. **Comb.** ~ *de carpinteiro* [alfaiate/ferreiro/mecânico/sapateiro]. *Homem dos sete* ~*s* [que se dedica a diversas a(c)tividades]. **2** Profissão/Ocupação/Cargo/Emprego. **Ex.** «o meu filho» É médico, tem uma vida muito difícil. – Não se pode queixar, foi o ~ que ele escolheu. **Idi.** *Ossos do* ~ [Dificuldades próprias da profissão/do cargo]. *Segredos do* ~ [Particularidades ou pormenores que só os profissionais conhecem]. **3** Obrigação natural/Tarefa/Incumbência/Dever. **Ex.** Começou a bordar para ocupar o tempo. Agora dedicou-se a este ~ e ensina-o a muitas crianças. **4** Cargo público/Função. **Comb.** ~ *burocrático*. **5** Carta de cará(c)ter oficial, com fórmula convencional, sobre assuntos de interesse público. **Ex.** Do ministério enviaram um ~ a recomendar a observação rigorosa do regulamento das faltas. **6** Rel Oração litúrgica pública da Igreja Católica/~ *divino*. ⇒ *Liturgia das Horas*. **Comb.** ~ *de defuntos*/finados [Oração litúrgica fúnebre]. ~ *eclesiástico* [Desempenho de forma estável duma função eclesiástica segundo as normas canó[ô]nicas «pároco/bispo duma diocese»]. *Maiúsc Hist Santo* ~ ⇒ *Congregação para a Doutrina da Fé*. **7** pl Serviços prestados por alguém/Préstimos. **Loc.** *Fazer os bons* ~*s* [Oferecer-se para solucionar um conflito/para tentar uma conciliação]. *Recorrer aos* (*bons*) ~*s* duma pessoa «influente».

oficiosidade s f (<oficioso + -i- + -dade) **1** Qualidade do que é oficioso. **2** Disponibilidade para prestar serviços/ser útil. **3** Qualidade do que se faz desinteressadamente/Graciosidade.

oficioso, a (Ôso, Ósa, Ósos) adj (<lat *officiósus, a, um*) **1** Que não tem cará(c)ter oficial mas provém de fontes oficiais ou autorizadas. **Ex.** Os resultados das eleições têm apenas cará(c)ter ~. **Comb.** *Nota* ~a. **2** Que não é oficial mas se aproxima ou concorda com o oficial. **Comb.** *Informação* ~a. *Jornal* ~. **3** Dir Diz-se do advogado que assume a defesa dum réu por incumbência do juiz. **Ex.** O advogado ~ nada disse em defesa do réu; limitou-se a pedir que se fizesse justiça.

ofídico, a adj (<ofídio + -ico) Da [Relativo a] serpente/Ofídio.

ofídio, a adj/s m Zool (<gr *ophídion, ou*) **1** Relativo aos ~s. **2** s m Espécime dos ~s. **3** s m pl Subordem dos répteis, geralmente ápodes, com fenda cloacal transversal e uma só série de escamas ventrais. **Ex.** Os ~s englobam as serpentes, as cobras e as víboras.

ofidismo s m Med (<ofídio + -ismo) Envenenamento causado pela mordedura de ofídios venenosos.

ofiolatria s f (<gr *óphis, eos*: serpente, cobra + -latria) Culto de adoração às serpentes.

ofiúro, a adj/s m Zool (<gr *óphis, eos*: serpente + -uro) **1** Relativo aos ~s. **2** s m Espécime dos ~s. **3** s m pl Ordem dos equinodermes, diferentes das estrelas-do-mar por terem braços muito compridos, finos e flexíveis.

ofsete ⇒ *off set*.

oftal(mal)gia s f Med (<gr *ophthalmós* + algia) Dor dos olhos(+).

oftalmia s f Med (< gr *ophthalmía*) Inflamação dos olhos ou dos seus anexos/Conjuntivite.

oftálmico, a adj/s m (<oftalmia + -ico) **1** Referente aos olhos. **Comb.** *Nervo* ~. **2** Referente à oftalmia. **Comb.** *Inflamação* ~a. **3** (O) que a(c)tua contra a oftalmia. **Ex.** O médico receitou-lhe um ~ para atenuar a conjuntivite. **Comb.** *Gotas* ~as. **4** O que sofre de oftalmia.

oftalmologia s f Med (<gr *ophthalmós*: olho + -logia) Ramo da medicina que estuda os órgãos e a função visual e respe(c)tivas doenças. **Ex.** A ~ foi dos primeiros ramos da medicina cirúrgica a efe(c)tuar transplantações.

oftalmológico, a adj (⇒ oftalmologia) Relativo à oftalmologia. **Comb.** *Clínica* ~a. *Exame* ~.

oftalmologista s 2g (⇒ oftalmologia) Médico especialista em doenças dos olhos. **Ex.** Vejo mal «ao longe». Preciso de ir ao ~ para me receitar uns óculos.

oftalmómetro [Br **oftalmômetro**] s m (< gr *ophthalmós* +-metro) Instrumento para medir a curvatura da córnea e fazer outros tipos de medidas nos olhos. **Ex.** Com o ~, verificou que o doente sofria de astigmatismo. ⇒ oftalmoscópio.

oftalmoplastia s f Med (<gr *ophthalmós* + plastia) Cirurgia plástica para substituir um olho perdido por outro artificial.

oftalmoplegia *s f Med* (<gr *ophthalmós* + *plegé*: ferida + -ia) Paralisia dos músculos do olho. **Comb.** ~ interna [externa].

oftalmorragia *s f Med* (<gr *ophthalmós* + (hemo)rragia) Hemorragia ocular.

oftalmoscopia *s f Med* (<gr *ophthalmós* + -scopia) Exame ao globo ocular por meio do oftalmoscópio.

oftalmoscópio *s m Med* (<gr *ophthalmós* + -scópio) Instrumento com iluminação própria que permite observar o fundo do olho.

ofuscação [ofuscamento] *s* (<ofuscar + -...) **1** A(c)to ou efeito de ofuscar. **2** Perda momentânea da visão provocada por excesso de luz/Encandeamento/Deslumbramento. **Ex.** As luzes dos carros que circulam em sentido contrário podem causar ~ [encandeamento(+)]. **3** Perturbação do entendimento/da lucidez/Obcecação/Obscurecimento/Obnubilação. **Ex.** Com a idade, sobreveio-lhe a ~ da mente. **4** A(c)to de impedir de ver ou de ser visto/Ocultação/Encobrimento. **Ex.** Há muita gente interessada na ~ [no encobrimento(+)] de práticas de corrupção.

ofuscante *adj 2g* (<ofuscar + -ante) Que ofusca. **Comb.** Luz [Brilho] ~. Ideia ~ [obcecante(+)]. Inteligência ~.

ofuscar *v t* (<lat *offúsco, áre, átum*) **1** Escurecer/Tornar fusco/Ensombrar. **Ex.** Essa árvore, quando crescer, vai ~ [ensombrar/tirar a luz do sol a] o jardim. **2** (A luz intensa) perturbar a visão. **Ex.** O reflexo do sol nos vidros do carro estacionado na rua ofusca-me. **3** Impor-se pela inteligência/beleza/fama/Deslumbrar/Brilhar/Suplantar. **Ex.** A palestra «do astronauta» ofuscou todas as outras comunicações. **4** Perturbar o entendimento/a lucidez. **Ex.** Teria sido um bom governante se não se tivesse deixado ~ pelo poder.

ogiva *s f* (<fr *ogive*) **1** *Arquit* Figura formada por dois arcos iguais que se cruzam na parte superior formando um ângulo agudo. **Ex.** O arco em ~ é típico do estilo gótico. **2** *Mil* Peça terminal dos foguetões e granadas de artilharia em forma de cone ou cilindro afilado. **Comb.** ~ dum obus.

ogivado, a *adj* (<ogiva + -ado) **1** Em forma de ogiva/Ogival. **Comb.** Arco ~. **2** Que tem ogiva. **Comb.** Proje(c)til ~.

ogival *adj 2g* (<ogiva + -al) **1** Com ogiva(s). **Comb.** Abóbada ~. **2** Em forma de ogiva. **Comb.** Janela ~.

ogre[o] (Ô) *s m* (<fr *ogre*) Gigante feroz dos contos de fadas que come crianças/Papão.

oh (Ó) *interj* (<lat *oh*) Exprime espanto, surpresa, alegria, admiração, tristeza, desgosto. **Ex.** ~, que maçada! Tenho uma nódoa no casaco! Partiste outro prato?! ~, não é possível! ~, quantas lágrimas as mães choram por causa dos filhos! ⇒ ó³.

ohm (Ôme) *s m Ele(c)tri* (<antr G. Ohm (1789-1854), físico alemão) Unidade de resistência elé(c)trica do Sistema Internacional. **Ex.** O ~ define-se como a resistência elé(c)trica dum condutor que é percorrido por uma corrente de um ampere quando a diferença de potencial entre os seus extremos é de um volt.

ohmímetro *s m Ele(c)tri* (<ohm + -i- + -metro) Instrumento para medir resistências elé(c)tricas por leitura dire(c)ta. **Ex.** Os ~s estão muitas vezes integrados em multímetros.

oi *intrj Br* (<vocábulo expressivo) Expressão usada como saudação, (resposta a um) chamamento, e também como indicação de que não se ouviu o que foi dito.

-oico¹ (Ói) *suf Biol* (<gr *oíkos*: que habita nos arredores) Indica espécies em que existem indivíduos [gâmetas] de sexos diferentes: *dioico, monoico, trioico*.

-oico² (Ói) *suf Quím* (<-o-+-ico) Utiliza-se nos adje(c)tivos da nomenclatura dos ácidos orgânicos (Carboxílicos): *benzoico, etanoico, propanoico*.

-oide (Ói) *suf* (<gr *eídos*: aspe(c)to) Exprime a ideia de forma/aparência/semelhança: *albuminoide, asteroide, celuloide, deltoide, elipsoide, mongoloide, ovoide, tifoide*.

oídio *s m Bot* (<lat *oídium, ii*) **1** Designação comum de vários fungos parasitas que atacam várias plantas, sobretudo as videiras. **2** Doença provocada por estes fungos/Oidiomicose. ⇒ míldio.

oidiomicose (Ó-i) *s f Biol* (<oídio + micose) Doença provocada por fungos do gé[ê]nero *Oidium*. **Ex.** As ~s aparecem nas plantas e também nos homens e nos animais.

-oilo, a *suf* (<lat *-ola*) Empregado para formar diminutivos: *moçoilo*.

oira/oirama/oirar/oiriçar/oiriço/oiro ⇒ oura/...

OIT *Maiúsc* Sigla que designa Organização Internacional do Trabalho.

oitante *s m* (<lat *óctans, ántis*) **1** *Geom* Oitava parte dum círculo. **2** Ângulo de 45°. **3** *Astr/Náut* Instrumento ó(p)tico graduado, com a forma de um se(c)tor circular de 45°, que servia para determinar a altura dos astros e as distâncias angulares entre eles «entre o Sol e a Lua». **4** *Astr Maiúsc* Constelação austral que contém a estrela sigma (A estrela polar sul).

oitava *s f* (⇒ oitavo) **1** *Rel* Prolongamento durante oito dias da celebração de uma festa litúrgica, contando como primeiro dia o próprio da festa/O último desses dias de festa. **Ex.** A(c)tualmente as festas litúrgicas (Solenidades) com ~ são apenas duas: Páscoa e Natal. Na ~ do Natal, a Igreja Católica celebra a festa de Santa Maria Mãe de Deus. **Comb.** Domingo da ~ da Páscoa. **2** *Mús* Intervalo entre duas notas do mesmo nome separadas por oito graus. **Loc.** Cantar uma ~ abaixo [acima]. **Comb.** ~ **superior** [inferior]. **3** *Mús* Conjunto de oito notas musicais sucessivas. **Comb.** Teclado com «quatro» ~s. **4** *Liter* Estrofe de oito versos. **Ex.** *Os Lusíadas*, poema épico português de Luís de Camões (1525-1580), estão escritos em ~s de (versos de) dez sílabas, agrupadas em dez cantos. **5** Antiga unidade de peso, oito vezes menor que a onça, equivalente a quatro gramas.

oitavado, a *adj* (<oitavar + -ado) Que tem oito faces ou quinas/Octaédrico/Octogonal. **Comb.** Mesa ~a. Pavilhão de planta ~a [octogonal(+)].

oitavar *v t* (<oitavo + -ar¹) **1** Dar forma oitavada. **Loc.** ~ o tampo duma mesa. **2** Dividir em oito partes. **3** *Mús* Executar na oitava superior.

oitavário *s m Rel* (<oitavo + -ário) Festa [Celebração] que dura oito dias/Oitava **1**. **Comb.** ~ de orações «pela unidade dos cristãos».

oitavino *s m Mús* (<it *ottavino*) Flautim cujos sons estão uma oitava acima dos da flauta.

oitavo, a *num ord/fra(c)cionário/s m* (<lat *octávus, a, um*; ⇒ ~s de final) **1** Que numa série ocupa a posição imediatamente a seguir à sétima/Último numa série de oito. **Ex.** Chegou à meta em ~ lugar. Foi o último; ficou em ~ porque não havia mais nenhum. **2** Que resulta da divisão de um todo por oito. **Ex.** 1/8, 3/8, 5/8 (de polegada) são medidas inglesas muito utilizadas em mecânica. Cinco é um ~ de quarenta. **3** *s m* Cada uma das oito partes iguais em que se divide um todo. **Ex.** Cada um dos (oito) filhos recebeu o ~ da herança que lhe pertencia. Um ~ das receitas da festa foi destinado a fins de beneficência.

oitavos de final *s m pl (D)esp* Fase duma prova disputada por eliminatórias, em que se realizam oito partidas envolvendo dezasseis equipas/es ou jogadores. **Ex.** Ele conseguiu chegar aos ~ do torneio de xadrez. **Comb.** ~ da Taça de Portugal de futebol [da Liga dos Campeões Europeus (*Champions League*)].

oitenta *num card/s m* (<lat *octogínta*) **1** Número cardinal a seguir a 79. **2** *s m* O número 80/Quantidade representada por esse número. **Ex.** Porque vais tão depressa, não viste o ~ no sinal (da estrada)? O avô tem ~ anos. **3** O que numa série ocupa o octogésimo lugar. **Ex.** Sou o ~ da [Estou em ~ na] lista do concurso «de colocação de professores».

oito *num card/s m* (<lat *ócto*) **1** Número cardinal a seguir a 7. **Idi. Ficar (feito) num ~** [Ficar muito estragado/em mau estado/Ficar muito cansado/estafado/extenuado] (Ex. Bateu com a bicicleta; a roda ficou num ~. Hoje foi um dia de trabalho extenuante. Estou feito num ~). **2** *s m* O número 8/Quantidade representada por esse número. **Comb.** Família formada por ~ pessoas. **3** O que numa série ocupa o oitavo lugar. **Ex.** A minha vez está a chegar: já chamaram o seis e eu sou o ~. **4** Carta de jogar com ~ pintas ou sinais. **Comb.** ~ de copas [espadas/paus/ouros].

oitocentista *adj/s* (<oitocentos + -ista) **1** Referente [Pertencente] ao séc. XIX. **Comb. Literatura ~. Monarca** [Político] ~. **2** O que viveu no séc. XIX. **Ex.** Os (escritores) ~s Almeida Garret e Alexandre Herculano são figuras destacadas do Romantismo português.

oitocentos, as *num card/s 2n* (<oito + cento) **1** Oito vezes cem. **2** O número 800/Quantidade representada por esse número. **Ex.** ~ em numeração romana escreve-se DCCC. Colhi mais de ~as laranjas no meu pomar. **3** O que numa série ocupa o octingentésimo lugar. **4** O século XIX. **Ex.** O Romantismo foi introduzido em Portugal em ~ pelo escritor Almeida Garrett.

ojeriza *s f* (<esp *ojeriza*<*ojo*: olho) ⇒ antipatia; aversão (espontânea).

-ol *suf* (<lat *-olus, a, um*: suf dim) Exprime: **a)** **Semelhança** ou **origem**: *espanhol, lençol, linhol*; **b)** *Quím* Designativo da **função álcool**: *butanol, etanol, fenol, glicerol*.

-ola (Ó) *suf dim* (<lat *–olla, -eola*) Usa-se como diminutivo por vezes com sentido pejorativo: *aldeola, asneirola, bandeirola, caranguejola, cobardola, criançola, gabarola, mentirola, rapazola*.

ola (Ó) *s f* (<mal *ola*) Folha de coqueiros e palmeiras que os povos indianos utilizavam para escrever.

olá (Ó) *interj* (<ó³ + lá; ⇒ olé) Usado como saudação ou chamamento. **Ex.** ~! Como tem[ns] passado?

olaia *s f Bot* (< ?) Pequena árvore da família das leguminosas, *Cercis siliquastrum*, originária da região mediterrânica oriental, cultivada como ornamental pelas flores de cor rosada-púrpura.

olaré (Ó) *interj pop* (< ?) Exprime satisfação/admiração/Olé/Olarila/Olarilolé. **Ex.** Conseguiste ganhar o pré[ê]mio? – ~, este já cá canta [já está seguro/já não o perco].

olaria *s f* (<lat *ólla, ae*: panela ou pote (de barro)+-aria) **1** Oficina de oleiro/Fábrica de

peças de barro. **2** Conjunto de peças artesanais de barro.
olarila *interj* ⇒ olaré.
olé (Ó) *interj* (<ár *ualah*: por Deus; ⇒ olá) Exclamação que exprime saudação/chamamento/admiração. **Ex.** ~! Mais uma cadeira feita [um exame passado]! ~, então como vai isso? Como tens passado? **2** Grito de entusiasmo «nas touradas/no futebol» perante um lance, executado com mestria, que desorienta o adversário «touro».
oleáceo, a *adj/s* (<lat *oleáceus, a, um*) **1** Que produz [contém] óleo/Oleaginoso. **2** (Diz-se de) família de dicotiledó[ô]neas «oliveira/jasmim/freixo» geralmente lenhosas e de frutos carnudos.
oleado, a *adj/s m* (<olear + -ado) **1** Que tem óleo/Lubrificado/Untado. **Comb.** Chão «da oficina/cozinha» ~ [gorduroso(+)/cheio de óleo(+)]. Máquina «de costura» ~a [lubrificada]. **2** *s m* Pano impregnado duma substância impermeável/Encerado. **Loc.** Cobrir uma tenda «de feira» com um ~.
oleaginoso, a (Ôso, Ósa, Ósos) *adj/s f Bot* (<lat *oleagína, ae*: oliveira + -oso) **1** Que contém [produz] óleo. **Comb.** Planta ~a. **2** *s f* (Diz-se de) planta que produz óleo «amendoim/gergelim/oliveira». ⇒ lagar (de azeite).
oleandro *s m Bot* ⇒ espirradeira; loendro.
olear *v t* (<óleo + -ar[1]) Untar com [Pôr] óleo/Lubrificar(+). **Loc.** ~ uma bicicleta [máquina «de costura»].
olearia *s f* (<óleo + -aria) Fábrica onde se produzem [tratam/purificam/refinam] óleos. ⇒ lagar (de azeite).
oleato *s m Quím* (<lat *oleátus, a, um*) Sal ou éster do ácido oleico. **Comb.** ~ de sódio.
olecrânio *s m Anat* (<gr *olékranon*) Apófise saliente na extremidade superior do cúbito que forma a articulação do cotovelo.
oleento, a *adj* (<óleo + -ento) ⇒ oleoso.
olefina *s f Quím* (<ing *oil forming*: que produz óleo) Grupo dos hidrocarbonetos alifáticos insaturados que apresentam uma ou mais ligações duplas entre átomos de carbono. **Ex.** As ~s mais simples são o etileno ($CH_2 = CH_2$) e o propileno ($CH_3CH=CH_2$).
oleico *adj m Quím* (<óleo + -ico) Diz-se do ácido gordo insaturado *cis*-9-octadenoico, cuja fórmula é: $CH_3 - (CH_2)_7 - CH = CH - (CH_2)_7 - COOH$. **Ex.** O ácido ~ obtém-se por hidrólise das gorduras naturais e pode ser transformado no seu isó[ô]mero *trans*, o ácido elaídico, por aquecimento a 180 - 200º C.
oleícola *adj 2g* (<óleo + -cola) Que diz respeito à cultura da oliveira ou à produção e comércio do azeite. **Comb. Produção ~. Região ~.**
oleicultor, ora (É-î) *s* (<óleo + cultor) O que se dedica à olivicultura/Olivicultor(+).
oleicultura (É-î) *s f Agr* (<óleo + cultura) **1** Cultivo das oliveiras. **2** A(c)tividades ligadas à produção do azeite.
oleífero, a [oleificante] *adj* (<óleo + -...) Que produz óleo.
oleígeno, a *adj* (<óleo + -geno) Que tem a propriedade de produzir um líquido semelhante ao óleo.
oleína *s f Quím* (<óleo + -ina) Éster da glicerina com o ácido oleico (Trioleína: $C_{57}H_{104}O_6$), existente na maioria das gorduras animais e vegetais.
oleiro, a *s/adj* (<olaria) **1** O que trabalha em (louça de) barro/trabalha em [na] olaria/Ceramista. **2** Relativo à olaria. **Comb.** Artesão ~. Região [Centro] ~a/o.
olência *s f* (<lat *oléntia, ae*) ⇒ Qualidade do que exala um odor agradável/Fragância(o+)/Perfume(+).

olente *adj 2g* (<lat *ólens, éntis*) ⇒ Que tem cheiro/Cheiroso/Oloroso.
óleo *s m* (<lat *óleum, i*: azeite) Nome genérico de substâncias líquidas à temperatura ambiente, gordurosas e inflamáveis de origem animal, vegetal ou mineral. **Comb. ~ alimentar/comestível** [predominantemente de origem vegetal «de amendoim/girassol/milho/soja», usado na alimentação humana]. **~ essencial** [extraído de plantas aromáticas «alfazema/alecrim», usado em perfumaria]. **~ gordo** [extraído de gordura animal «baleia/fígado de bacalhau»]. **~ mineral** [extraído do petróleo, usado como lubrificante e combustível «fuelóleo»]. **~ pesado** [Fra(c)ção obtida na destilação do petróleo acima de 225º C. **~ secativo** [«de linhaça» utilizado em pintura para acelerar a secagem da tinta]. *Rel Santos* ~s [Azeite (de oliveira) benzido pelo bispo em Quinta-Feira Santa, usado em certos ritos sagrados da liturgia cristã «~ dos catecúmenos/do crisma/dos enfermos»]. ⇒ pintura a óleo.
oleoduto *s m* (<óleo + lat *ductus*: condução) Sistema de tubagem [Conduta] de grande diâmetro para conduzir o petróleo a grandes distâncias.
oleografia *s f Arte* (<óleo + grafia) Reprodução em tela de um quadro a óleo.
oleogravura *s f Arte* (<óleo + gravura) Processo de reproduzir um quadro a óleo por meio de gravura.
oleol *s m Farmácia* (<óleo + -ol) Óleo fixo natural.
oleolado *s m Farmácia* (<oleol + -ado) Óleo medicinal obtido por infusão ou decocção.
oleolato *s m Farmácia* (<oleol + -ato) ⇒ óleo essencial.
oleómetro [Br oleômetro] *s m Fís* (<óleo + -metro) Instrumento para medir a densidade dos óleos.
oleosidade *s f* (<oleoso + -i- + -dade) Qualidade do que é oleoso.
oleoso, a (Ôso, Ósa, Ósos) *adj* (<óleo + -oso) **1** Que tem [Relativo a/Semelhante a] óleo. **Comb.** Líquido [Substância] ~o/a. **2** Impregnado de óleo/Gorduroso/Oleento. **Comb. Cabelos ~s. Pele ~a** [gordurosa(+)].
oleráceo, a *adj* (<lat *oleraceus* <*ólus, eris*: hortaliça, legume) Relativo a plantas sobretudo legumes.
olericultura *s f* (<*ólus, eris*: legume+...) Cultivo de legumes/hortaliça.
oleum *s m* Nome comercial do ácido sulfúrico.
olfação (Fà) **[Br olfacção]** *s f* [= olfacção] (⇒ olfato) A(c)to de cheirar.
olfacção/olfactivo/olfacto/olfactometria/olfactómetro ⇒ olfação/olfativo/...
olfativo, a (Fà) **[Br olfa(c)tivo (dg)]** *adj* [= olfactivo] (<olfato + -ivo) Relativo [Pertencente] ao olfato. **Comb. Mucosa ~a. Nervo ~.** Sensibilidade ~a «dos cães».
olfato [Br olfa(c)to (dg)] *s m* [= olfacto] (<lat *olfactus, us*) Sentido que permite apreender e distinguir os odores/cheiros/ (Nos animais) Faro. **Ex.** Constipei-me e perdi o ~. Os cães têm muito ~. **Comb.** ~ apurado [sensível].
olfatometria (Fà) **[Br olfa(c)tometria (dg)]** *s f* [= olfactometria] (<olfato + -metria) (Técnicas de) medição da sensibilidade olfativa.
olfatómetro (Fà) **[Br olfa(c)tômetro (dg)]** *s m* [= olfactómetro] (<olfato + -metro) Instrumento destinado a medir a acuidade do olfato.
olga (Ól) *s f* (< ?) Propriedade agrícola destinada a horticultura/Courela/Leira/Belga.

olha (Ô) *s f Cul* (<lat *ólla*: panela; ⇒ olho **4**) Espécie de cozido à portuguesa com carnes e legumes mas com caldo. ⇒ olhar **16**.
olhada [olhadela] *s f* (<olhar +-...) Olhar rápido/Relance de olhos. **Loc.** Dar uma [a última] ~ na matéria «História» «antes do exame». Dar uma ~ nas crianças (para ver se estão a dormir) «antes de me ir deitar».
olhado, a *adj/s m* (<olhar + -ado) **1** Visto/Observado/Analisado/Considerado. **Ex.** O meu cartaz «para a festa de finalistas» nem sequer chegou a ser ~; puseram-no logo de parte. **2** Que tem olhos «queijo»/orifícios/buracos. **3** *s m* Feitiço/Mau-~. **Loc.** Deitar mau-~ a alguém [Fazer feitiço por meio do olhado].
olhal *s m* (<olho + -al) **1** Vão [Espaço/Abertura] entre os pilares duma ponte ou arcada. **Ex.** As barracas [tendas] de artesanato estão montadas nos ~ais da arcada. **2** Orifício das armas de fogo onde entra a espoleta. **3** Argola (de ferro) para engatar uma corrente [um cabo] ou enfiar uma cavilha para rebocar/içar/articular.
olhalvo, a *adj* (<olho + alvo) Que tem manchas brancas à volta dos olhos/Olhibranco.
olhar *v t/int/s m* (<lat *adóculo, áre, átum*) **1** Fixar os olhos em/Mirar/Fitar. **Ex.** Olhava com ternura o neto que brincava no chão. Olha para o céu: está tão escuro, certamente vai chover. *Idi.* ~ [Ver(+)] *com bons olhos* [Ter uma opinião favorável] (Ex. Os pais olhavam com bons olhos o namoro da filha). *~ para a frente/*para o dia de amanhã [Pensar no futuro]. *~* (para alguma coisa «um quadro de Picasso») *como boi para palácio* [Não ter conhecimentos para apreciar aquilo que se vê]. *~ para a sombra* [Preocupar-se consigo [com a aparência]/Começar «na adolescência, as raparigas [moças]» a envaidecer-se]. *~ para trás* [Pensar no [Ficar agarrado ao] passado]. *~ por cima da burra/do ombro*(+) [~ com desdém/desprezo] (Ex. Desde que foi promovido a chefe, olha para os colegas por cima do ombro, parece que já não os conhece!). **2** Esforçar-se por ver/Espreitar. **Ex.** Olhei pelo buraco da fechadura para ver se tinha deixado a luz acesa. **3** Voltar-se para/Encarar/Fixar. **Ex.** Olha (bem) para mim para que não te esqueças do que te vou dizer. **4** Examinar/Observar/Pesquisar. **Ex.** Passava horas a ~ os pássaros que andavam a fazer ninho na sebe do jardim. Já lhes conhecia todos os movimentos. **5** Contemplar/Observar. **Loc.** ~ a imensidão do mar/a beleza da paisagem. **6** Reparar em/Atentar. **Ex.** Não atravesses agora a rua, olha o carro que vem lá. Olha que as coisas não se passaram como tu estás a dizer, não foi bem assim. **7** Avaliar/Analisar. **Ex.** Se olhares para os [Se pensares nos] malefícios do tabaco, talvez deixes mais facilmente de fumar. **8** Fazer uma leitura rápida/*idi* Dar uma vista de olhos/Ler/Consultar. **Loc.** ~ para o jornal/para a agenda do dia. **9** Considerar/Julgar/Reputar. **Ex.** Sempre o olhei como um amigo. **10** Ter em conta/em consideração. **Loc.** *~ pelos seus* (próprios) *interesses. Não ~ a despesas.* **11** Velar [Zelar] por/Cuidar/Proteger. **Loc.** *~ pelos filhos*/por uma pessoa idosa/doente. *~ pelos negócios* [pela vida]. Pedir a Deus que olhe por nós. **12** ~-se/Mirar-se/Ver-se a si próprio. **Ex.** Olha-se como se fosse o maior [o rei do mundo]. **Loc.** ~-se [Mirar-se(+)] ao espelho. **13** *s m* A(c)to de olhar. **Loc.** *Dirigir o ~* «para a porta». *Troca de olhares.* **14** Aspe(c)to/Aparência/Ar. **Ex.** Estás

doente? Estás com mau ~ [má cara/aparência]! **15** Maneira de ver/Ponto de vista. **Loc. Ter um ~** (muito) *crítico*/pessimista. *Lançar um novo ~ sobre* as medidas «para combater a crise». **16** *interj* Olhe/a! Olhe/a lá! [Usa-se para chamar a atenção ou interpelar alguém por vezes com impaciência] (Ex. Olhe! Diga-me as horas, por favor. Olha! Julgas que perdi o juízo e que i(ri)a gastar tanto dinheiro «numa inutilidade dessas?» Olhe lá que me está a pisar!).
olheiras *s f pl* ⇒ olheiro **4**.
olheirento, a *adj* (<olheiro 4 + -ento) Que tem olheiras.
olheiro, a *s* (<olho + -eiro) **1** O que vigia certos trabalhos/Encarregado. **2** Observador/Informador. **Loc.** Enviar ~s para observar a equipa/e «de futebol», próxima adversária da sua. **3** Sítio onde brota a água no solo/Nascente de água/Olho-d'água. **4** *f pl* Círculos arroxeados que aparecem às vezes à volta dos olhos devido a cansaço, doença ou insó[ó]nia. Ex. Ao vê-lo com as ~as, disse-lhe: não dormiste bem de [esta] noite.
olhento, a *adj* (<olho + -ento) **1** Que tem (muitos) olhos ou buracos. **Comb.** Pão [Queijo] ~. **2** ⇒ Olheirento(+).
olhete (Lhê) *s m* (<olho + -ete) **1** Pequeno olho, buraco ou cavidade. **2** *Ict* Nome de peixe; *Seriola cariolinensis/fasciata*.
olhibranco, a *adj* (<olho + branco) ⇒ olhalvo.
olho (Ôlho, Ólhos) *s m* Anat (<lat *óculus, i*; ⇒ ~ de tigre; vista) **1** Órgão da visão, em forma de globo, situado na órbita e ligado ao cérebro pelo nervo ó(p)tico. **Ex.** O bebé/ê tem uns lindos ~s azuis. Tens um ~ pisado [negro(+)], que te aconteceu? **Idi. Abrir os ~s** (a alguém) [Fazer ver as coisas/Mostrar-lhe a verdade/realidade]. *A ~* [Sem pesar/medir/Por estimativa visual] (Ex. Não medi o comprimento da sala mas, a ~, deve ter uns [cerca de] 4 metros). *A ~ nu* [Sem auxílio de óculos ou qualquer outro instrumento] (Ex. Planeta [Estrela] visível a ~ nu). *A ~s vistos* [Claramente/Intensamente] (Ex. Com este calor e humidade, as plantas crescem a ~s vistos [as plantas é vê-las crescer!]). *Arregalar o ~ a/Comer com os ~s* [Cobiçar]. *Arregalar os ~s a alguém* [Intimidar, mostrando surpresa e reprovação] (Ex. Os meus alunos já sabem que não admito abusos; basta que lhes arregale os ~s para eles ficarem calad(inh)os (*idi* que nem ratos)). *Baixar os ~s* [Sentir-se envergonhado]. *Cerrar/Fechar os ~s* [Morrer].
Chorar por um ~ azeite e por outro vinagre [Lamentar(-se)] [(a desgraça alheia)] sem razão/sem sentir]. *Custar os ~s da cara* [Ser muito caro/Exigir grande esforço] (Ex. Estou tristíssima: perdi um relógio de estimação, que me tinha custado os ~s da cara. Fiz as pazes com ele, mas custou-me os ~s da cara). *Dar uma vista de ~s/Passar os ~s por* [Observar superficialmente/rapidamente/Ver por alto]. *Deitar o rabo do ~* [Espreitar disfarçadamente] (Ex. Não sabia muito, mas fui deitando o rabo do ~ para o teste do vizinho do lado e acho que conseguirei ter (nota) positiva]. *Deitar poeira nos* [para os] *~s* [Procurar enganar] (Ex. Acenam-nos com [Fazem] muitas promessas, mas é tudo para nos deitarem poeira nos ~s). *De encher o ~* [Que agrada/satisfaz plenamente]. *Enquanto o diabo esfrega um ~* [Num instante/Rapidamente]. *Entrar* [Meter-se] *pelos ~s (dentro)* [Ser evidente/fácil de compreender «que ele está a mentir»]. *Estar* [Ter/Trazer] *debaixo de ~* [Andar a ser observado [vigiado] com atenção] (Ex. Trago a empregada debaixo de ~ porque julgo que ela (nos) rouba dinheiro. A professora não gosta de mim. Desconfio que me traz debaixo de ~]. *Fechar os ~s a alguma coisa* [Fingir que não vê/não percebe] (Ex. A vizinha deu uma palmada ao meu neto. Não gostei, mas fechei os ~s para não arranjar problemas). *Irem-se os ~s com* [Cobiçar «o doce»]. *Não fechar/ferrar/pregar ~* [Não dormir]. *Não tirar os ~s de* [Fixar demoradamente/Olhar com interesse especial] (Ex. Parece que vamos ter namoro: o João não tirou os ~s da Sónia durante todo o serão). «fiz o trabalho» Num abrir e fechar de ~s [Num instante]. *Olhar alguém nos ~s* [Fixar intensamente/Fitar]. *Olhar* [Ver] *com bons ~s* [Ser favorável/Ter boa impressão]. *~ por ~, dente por dente* [Desforra correspondente à ofensa]. *~s de carneiro mal morto* a) Olhar mortiço/pouco expressivo; b) Forma de olhar de quem está apaixonado/Olhar lânguido. *Pôr os ~s em* a) Prestar atenção/Tomar como exemplo; b) Cobiçar. *Saltar aos ~s* [Ser evidente/de fácil compreensão]. *Ter lume no ~* [Ser muito esperto]. *Ter mais ~s que barriga* [Querer [Servir-se de] mais do que o que consegue comer] (Ex. Pediste mais comida e agora fica no prato.Tens mais ~s que barriga!).
Ter (bom) ~/Ter ~ vivo [Ser esperto/perspicaz/bom observador]. *Ter ~s de lince* [Ter o sentido da visão muito apurado/grande acuidade visual]. *Ver o argueiro no ~ alheio e não ver a trave no seu* (~) [Ver e criticar os defeitos dos outros e não ver os próprios, mesmo quando são grandes]. *Ver com os próprios ~s* [Certificar-se pessoalmente/Presenciar]. **2** Abertura [Orifício] com a forma semelhante ao ~/Buraco/Furo. **Comb.** *~s do queijo. ~ duma ferramenta* «enxada» [Buraco onde entra o cabo]. **3** Nascente de água. **4** Gota [Bolha] de gordura na superfície dum líquido «sopa com ~s de azeite a (sobre)nadar». **5** *Bot* Gomo vegetal [Rebento] que origina um ramo/Parte central tenra das plantas hortícolas «couve».
olho-d'água *s m* ⇒ olho **3**(+).
olho-de-boi *s m* **1** *Arquit* Abertura circular ou elíptica em te(c)tos ou paredes para dar luz ao interior do edifício/Claraboia/Óculo. **2.** *Icti* Designação comum a sargos (Peixes) que aparecem na costa portuguesa, também conhecidos por choupa, sefia e sargueta. **3** *Icti Br* Peixe teleósteo perciforme da família dos carangídeos, de dorso violáceo e ventre branco que chega a atingir 2 m de comprimento. **4** *Br* Primeiro selo postal brasileiro emitido em 1843. **5** *Bot* Planta da família das compostas com flores em capítulos de lígulas amarelas/Margarida-maior.
olho-de-gato *s m Bot* Planta herbácea da família das boragíneas, *Anchusa sempervirens*, de flores azuis, espontânea em Portugal. **2** *Miner* Designação dada aos minerais «quartzo/crisoberilo» que apresentam, quando talhados em forma redonda, efeito opalescente ondulante.
olho-de-mocho *s m Bot* Planta herbácea da família das compostas com capítulos de flores amarelas e vermelhas/Leituga.
olho-de-perdiz *s m* **1** Calo pequeno e redondo que se forma nos pontos dos pés. **2** Bordado [Lavor de passamanaria] com a forma de pequenos olhos. **3** *Bot* Planta herbácea da família das ranunculáceas. **4** *Bot* Variedade de figo. **5** *Zool* Touro acastanhado com um círculo vermelho a circundar os olhos.
olho-de-sapo *s m* **1** *Geol* Formação porfiroide constituída por rochas detríticas e vulcânicas mais ou menos metamorfizadas, em que se distinguem grossas partículas de feldspato e quartzo azul das rochas primitivas, abundante na Galiza (Espanha). **2** *Bot* Casta de uva branca.
olho de tigre *s m Miner* Variedade de quartzo finamente fibroso de cor amarelo--acastanhado que pode ser talhado em gema semipreciosa.
olho-marinho *s m* ⇒ olho **3**(+).
olhudo, a *adj/s m* (<olho + -udo) **1** Que tem olhos grandes. **2** *Icti* Peixe teleósteo da família dos queilodipterídeos/Besoiro/Peixe-diabo.
oligarca *s 2g* (<gr *oligarches*) Membro duma oligarquia.
oligarquia *s f* (<gr *oligarkhía*) Governo em que o poder está concentrado num pequeno número de pessoas/Predomínio de algumas famílias no poder. **Ex.** Veneza (Itália) foi uma das ~s mais célebres da Idade Média.
oligárquico, a *adj* (<oligarquia + -ico) Relativo à oligarquia. **Comb.** Cidade ~a. *Governo ~*.
oligisto *s m Miner* (<gr *olígistos*: muito pouco) ⇒ hematite.
Oligocénico [oligoceno] *s m Maiúsc Geol* (<gr *olígos*: pouco + *kainós*: recente + -ico) Época do Terciário posterior ao Eocé[ê]nico e anterior ao Miocé[ê]nico.
oligoclase [oligoclásio] *s f/m Miner* (<gr *olígos*: pouco + *klásis*: fra(c)tura) Feldspato da série das plagioclases com 70-90% de albite.
oligoelemento *s m* (<gr *olígos*: pouco + ...) **1** *Miner* Elementos químicos que existem em percentagens muito pequenas nas rochas ou nos minerais/Elementos menores. *Agr* ⇒ micronutriente. **2** *Biol* Qualquer elemento químico que em quantidade muito pequena é essencial para a vida «Ferro/Manganês/Magnésio/Cobalto».
oligofrenia *s f Med* (<gr *olígos*: pouco + *phrén*: mente + -ia) Atraso ou deficiência mental. **Comb.** ~ congé[ê]nita [perinatal].
oligopólio *s m Econ* (<gr *olígos*: pouco + *pólis*: cidade + -io) Situação de mercado em que a oferta é controlada por um número reduzido de produtores/vendedores. ⇒ cartel.
oligospermia *s f Med* (<gr *olígos*: pouco + *spérma*: sémen + -ia) Patologia cara(c)terizada pela quantidade de espermatozoides no líquido seminal ser inferior ao normal. **Ex.** A ~ pode ser uma das causas de infertilidade masculina.
oligúria *s f Med* (<gr *olígos*: pouco + -úria) Excreção de urina inferior ao normal.
olimpíada *s f* (<gr *olympiás, ádos*: celebração dos jogos olímpicos) **1** *Hist* Jogos olímpicos gregos, celebrados de 4 em 4 anos desde 776 a.C. até 384 d.C., na planície de Olímpia, na Élida (Grécia), em honra de Zeus. **2** Contagem/Período de quatro anos (entre duas celebrações consecutivas dos jogos olímpicos). **3** *pl* Competição (d)esportiva internacional que engloba várias modalidades e se realiza de 4 em 4 anos numa cidade previamente escolhida/Jogos olímpicos modernos retomados em 1896 por iniciativa de Pierre Coubertin.
olímpico [olimpiano], a *adj* (<Olimpo + -ico) **1** Relativo ao [às divindades que moravam no] Monte Olimpo ou à planície de Olímpia (Grécia). **2** Relativo às olimpíadas/aos jogos olímpicos. **Comb.** *Atleta* [Campeão] ~. *Comité ~. Modalidade* ((d)esportiva) «lançamento do dardo» ~a. **3** Que obedece às normas/aos regulamentos dos

jogos olímpicos. **Comb.** *Estádio ~*. *Piscina ~a*. **4** *fig* Grandioso/Majestoso. **Comb.** Esforço ~/ciclópico. Feitos ~s.

olimpismo *s m* (<Olimpo + -ismo) **1** Cultivo do espírito olímpico/(D)esportivismo. **2** Movimento em prol dos jogos olímpicos. **Comb.** «dirigente/governante» Impulsionador do ~.

Olimpo *s m Mit* (<gr *Ólimpos, ou*) Monte mais alto da Grécia, morada das divindades mitológicas «Zeus».

olissiponense *adj 2g* (<lat *Olisípo, pónis*: Lisboa + -ense) ⇒ lisboeta (Na entrada Lisboa).

oliva *s f* (<lat *olíva, ae*: oliveira, azeitona) **1** ⇒ Azeitona(+). **2** ⇒ Oliveira(+). **3** *Arquit* Ornato em forma de azeitona ou pérola oblonga, em fileira. **4** Pequena proeminência. **Comb.** ~ bulbar [do bulbo raqui(di)ano]. **5** ⇒ olivácea.

olivácea, a *adj* (< oliva+-áceo) Da cor da azeitona/Verde-escuro.

olival *s m* (< oliva+-al) Terreno plantado de oliveiras/Oliveiral/Olivedo.

oliveira *s f Bot* (<lat *olivárius* <(*arbor*) *olivária*) Árvore da família das oleáceas, *Olea europaea*, de folhas persistentes, pequenas e acinzentadas [prateadas], muito cultivada na região mediterrânica pelos seus frutos comestíveis (Azeitonas) dos quais se extrai o azeite. **Ex.** As ~s podem atingir uma grande longevidade. No Jardim das Oliveiras (Jerusalém) há ~s do tempo de Jesus Cristo.

olivícola *adj 2g* (<oliva + -cola) Relativo à olivicultura.

olivicultor, ora *s* (<oliva + cultor) O que se dedica à olivicultura/Oleicultor.

olivicultura *s f* (<oliva + cultura) Cultura da oliveira/Oleicultura.

olivina *s f Miner* (<oliva + -ina) Grupo de silicatos (Nesossilicatos) de ferro, magnésio e manganês, de cor esverdeada ou castanha que cristalizam no sistema ortorrômbico. **Ex.** A variedade transparente de ~ (Perídoto) é uma gema semipreciosa.

olmedal [olmedo(+)**]** *s m* (<olmo + -...) Terreno plantado de olmos.

olmo [olmeiro] (Ôlmo, Ólmos) *s m Bot* (<lat *ulmus, i*) Árvore de grande porte da família das ulmáceas com folhas caducas, dentadas e ásperas/Ulmeiro.

olor (Lôr) *s m* (<lat *ólor, óris*) Cheiro suave/Aroma(+)/Fragrância(+)/Odor.

olorizar *v t* (<olor + -izar) Tornar oloroso/Perfumar(+)/Aromatizar(+)/Odorizar(+).

oloroso, a (Ôso, Ósa, Ósos) *adj* (<olor + -oso) Que tem olor/Aromático/Cheiroso.

olvidar *v t* (<lat *oblítero, ráre*: apagar, esquecer-se) Não vir à memória/Não (se) lembrar/Esquecer(-se). **Ex.** Tão depressa não olvidaremos os dias maravilhosos que aqui passámos. Vou tomar nota do teu pedido para não me ~ [esquecer(+)] (dele). **Ex.** Desculpe! Olvidei-me completamente.

olvido *s m* (<olvidar) A(c)to ou efeito de olvidar/Esquecimento(+). **Loc.** Cair no ~.

Omã *s m* Sultanato da península da Arábia. **Ex.** A capital de ~ é Mascate e os habitantes são omanis ou omanenses.

-oma (-Ô) *suf* (<gr *ógkoma*: inchação, tumor) Exprime a ideia de *tumor, tumefa(c)ção* e também de *abundância*; ⇒ linfoma.

omaso *s m Biol* (<lat *omásum, i*: tripas de boi) Terceiro ventrículo do estômago dos ruminantes/Folhoso.

ombrear *v int* (<ombro + -ear) **1** Pôr(-se) ombro a ombro/lado a lado. **Ex.** Preciso dum parceiro da minha altura para ~ comigo no [a levar o] andor. **2** Pôr [Levar] ao ombro/*fig* Tomar [Ficar/Arcar com] a responsabilidade. **Ex.** Nas vinhas das encostas íngremes do Douro (Portugal), as uvas têm de ser ombreadas [levadas aos ombros(+)] em cestos até aos tra(c)tores que as transportarão para o lagar. Os membros da comissão «de festas» desapareceram todos [*idi*] puseram-se todos a andar] e deixaram o presidente sozinho que teve que ~ [arcar(+)] com toda a responsabilidade. **3** Pôr-se em paralelo/Equiparar-se/Igualar-se. **Ex.** São dois bons guarda-redes [goleiros]; ombreiam bem [são capazes de ~] um com o outro [; estão um para o outro].

ombreira *s f* (<ombro + -eira) **1** Parte do vestuário «casaco/sobretudo» correspondente ao ombro. **Comb.** Casaco (de senhora) sem chumaços nas ~s. **2** Partes laterais do vão duma porta ou janela que sustentam a verga ou lintel. **Ex.** Conversava com a vizinha, encostada à ~ da porta. **Comb.** ~ de cantaria. **3** Entrada/Limiar/Porta. **Ex.** Convidei-o a entrar mas não passou da ~ da porta.

ombro *s m* (<lat *úmerus, i*: espádua) **1** *Anat* Parte superior do braço que o liga à caixa torácica por meio das articulações do úmero com a omoplata e a clavícula/Espádua. **Ex.** O tronco «de eucalipto» é comprido mas fino; podemos levá-lo ao(s) ~(s). **Idi.** *Cair sobre os ~s* [Ter que assumir a responsabilidade/o encargo]. *Chorar no ~* (de alguém) [Desabafar as mágoas com alguém em quem se confia]. *Encolher os ~s* [Mostrar-se indiferente]. *Ser levado* [Sair] *em ~s* [Ser aplaudido/Triunfar] (Ex. Depois da conquista da taça, levaram o treinador em ~s. O toureiro saiu em ~s). *Meter ~s a* [Encetar um empreendimento/*idi* Pôr mãos à obra]. *Olhar por cima do ~* [Mostrar desprezo/desdém]. *Sair um peso de cima dos ~s* [Ver-se aliviado dum encargo/duma responsabilidade]. *Ter a cabeça em cima dos ~s* [Ter juízo/Ser sensato] (Ex. Agora que vais para a cidade não te deixes arrastar por maus caminhos; vê se tens [manténs] a cabeç(inh)a em cima dos ~s). **Comb.** «caminhar» ~ *a* ~ [A par/Lado a lado]. *Mil ~, arma!* [Ordem de comando para levar a arma ao ~, segurando-a com a mão pela parte inferior da coronha]. «atleta de» ~s largos [Largo de ~s/Espadaúdo]. **2** *fig* Força/Vigor/Robustez. **3** *fig* Esforço/Diligência.

ómega [*Br* ômega] *s m* (<gr *ô mega*: o grande/longo; ⇒ ó[ô]micro(n)) **1** Nome da vigésima quarta e última letra do alfabeto grego (Símbolo ω, Ω). **2** *fig* Termo/Fim. **Ex.** Cristo é o alfa (Princípio) e o ~ (Fim) de todas as coisas.

omelete/a (Lé) *s f Cul* (<fr *omelette*; ⇒ lamela) Ovos batidos fritos em gordura, que se enrolam em forma de travesseiro. **Prov.** *Sem ovos não se fazem ~s* [Não se obtêm resultados sem os meios adequados]. **Comb.** ~ simples [de camarão/queijo].

omento *s m Anat* (<lat *oméntum*: víscera que envolve «os intestinos») Dobra do peritoneu[tônio]. ⇒ epíploo(n).

ómicro(n) [*Br* ômicro(n)] *s m* (<gr *o mikrón*: o pequeno/breve) Décima quinta letra do alfabeto grego (Símbolo o, O). ⇒ ó[ô]mega.

ominar *v t* (<lat *ómino, áre, átum*) **1** ⇒ Agourar/Pressagiar. **2** ⇒ Detestar/Abominar.

ominoso, a *adj* (<lat *ominósus* <*ómen, inis*: augúrio) **1** «sinal/coisa» Que anuncia mau agouro/Agourento/Funesto. **2** ⇒ abominável; detestável.

omissão *s f* (<lat *omíssio, ónis*) **1** A(c)to ou efeito de omitir. **Ex.** A ~ da verdade prejudicou-o. **2** Aquilo que se omite/Falta/Lapso/Lacuna. **Ex.** A ~ de algumas palavras [de uma vírgula] alterou completamente o sentido do texto [da frase]. **3** Aquilo que «moralmente/legalmente» se deveria fazer e não se faz. **Ex.** Não colocar o cinto de segurança «quando se viaja de automóvel» é uma ~. **Loc.** Pecar por ~ [por não fazer (nada)]. **Comb.** Delito de ~.

omisso, a *adj* (<lat *omíssus, a, um*; ⇒ omitir) **1** Em que há omissão/Que ficou por fazer ou por dizer/Não mencionado. **Ex.** O texto tem muitas gralhas [muitos erros]: há acentos, sinais de pontuação e (até) palavras ~as. A tua interpelação foi oportuna mas ~a em aspe(c)tos importantes. **2** Que não foi previsto/considerado «na lei/no regulamento». **Comb.** Caso [Circunstância] ~o/a [não previsto/a] «na lei». **3** Descuidado/Negligente. **Comb.** Aluno [Funcionário] ~.

omissor, ora *adj* (<omisso + -or) Que omite ou envolve omissão.

omitir *v t* (<lat *omítto, ere, mísi, míssum*) **1** Deixar de fazer ou de dizer alguma coisa. **Ex.** Para abreviar «a narrativa» omitiu alguns pormenores importantes. O professor omitiu parte da matéria que considerou com [de] pouco interesse. **2** Não incluir/Esquecer-se. **Ex.** É uma lista muito grande de convidados, temos que ~ alguns. Que cabeça a minha, lembrei-me (de convidar) tanta gente e omiti [e logo havia de omitir] o compadre João! **3** Não fazer referência/Passar em silêncio/Abster-se. **Ex.** O ministro da educação não pode ~-se em matéria tão grave como é a (da) violência nas escolas.

omni- [*Br* o(m)ni- (*dg*)**]** *elem de formação* (<lat *omnis, e*: todo, tudo) Exprime a ideia de *todo, tudo, inteiro, total*.

omnicolor [*Br* o(m)nicolor (*dg*)**]** *adj 2g* (<omni- + color) Matizado de todas as cores.

omnilingue [*Br* o(m)nilingue (*dg*)**]** *adj 2g* (<omni- + -lingue) ⇒ Que conhece todas as línguas/Poliglota(+).

omnímodo, a [*Br* o(m)nímodo (*dg*)**]** *adj* (<omni- + modo) **1** De todos os modos possíveis. **Comb.** ~as [Multíplices] facilidades «para o nosso proje(c)to». **2** Sem restrições. ⇒ pluriforme.

omnipessoal [*Br* o(m)nipessoal (*dg*)**]** *adj 2g Gram* (<omni- + pessoal) (Diz-se de) verbo «cantar» que se conjuga em todas as pessoas. ⇒ defe(c)tivo; unipessoal.

omnipotência [*Br* o(m)nipotência (*dg*)**]** *s f* (<omni- + potência) **1** Qualidade de omnipotente/Poder absoluto e supremo. **2** *Rel* Poder ilimitado de Deus/Domínio absoluto de Deus sobre todas as coisas. **Ex.** Na Bíblia, a ~ divina manifesta-se, no Antigo Testamento, no modo como Deus rege e protege o seu povo e, no Novo Testamento, como poder de renovação e santificação de toda a criação operado por Jesus Cristo.

omnipotente [*Br* o(m)nipotente (*dg*)**]** *adj 2g* (<omni- + potente) Que pode tudo/Todo-poderoso. **Ex.** Só Deus é ~ [Deus é o *Maiúsc* ~].

omnipresença [*Br* o(m)nipresença (*dg*)**]** *s f* (<omni- + presença) **1** Faculdade de estar presente em toda a parte. **Ex.** A ~ é um dos atributos de Deus. **2** Dom de estar ao mesmo tempo em vários lugares/Ubiquidade.

omnipresente [*Br* o(m)nipresente (*dg*)**]** *adj 2g* (<omni- + presente) Que está ao mesmo tempo em toda a parte/Ubíquo. **Ex.** Esta ideia é ~ em toda a obra (escrita) do autor.

omnisciência [*Br* o(m)nisciência (*dg*)**]** *s f* (<omni- + ciência) **1** Ciência total e universal. **2** *Rel* Plena perfeição do conheci-

mento divino: Deus conhece todas as coisas e conhece-as perfeitamente.

omnisciente [*Br* **o(m)nisciente** (*dg*)] *adj 2g* (<omni- + ciente) Que possui omnisciência/conhece todas as coisas. **Ex.** Só Deus é ~.

omnívoro, a [*Br* **o(m)nívoro** (*dg*)] *adj* (<omni- + -voro <lat *voráre*: devorar) (Diz-se de) animal que se alimenta de substâncias animais ou vegetais/Que devora tudo. **Ex.** O homem é ~. ⇒ herbívoro.

omofagia *s f* (<gr *omophagía, as*) Cara(c)terística [A(c)to] de comer carne crua.

omoplata *s f Anat* (<gr *omopláte, es*) Osso chato triangular que forma a parte posterior do ombro/Escápula. **Ex.** A ~ liga-se ao esterno pela clavícula.

OMS *Maiúsc* Sigla de Organização Mundial de Saúde.

-ona (-Ô) *suf* (< -oa fem de -ão) **a)** Tem sentido aumentativo, por vezes pejorativo: *atrevidona, bonitona, chorona, fanfarrona, matulona, respondona*; **b)** Entra na formação dos compostos orgânicos do grupo das cetonas: *propanona, butanona*.

onagra *s f Bot* (<gr *ónagra*) Planta da família das onagráceas. **Sin.** Enotera(+).

onagráceo, a *adj/s Bot* (<onagra + -áceo) (Diz-se de) família de plantas dicotiledó[ô]neas, geralmente herbáceas, com folhas simples e flores hermafroditas, a que pertence a *Oenothera erythrosepala*, na qual H. de Vries se baseou para a sua teoria das mutações.

ó[o]nagro [*Br* **ônagro**] *s m Zool* (<gr *ónagros, ou*) **1** Jumento/Burro selvagem da família dos equídeos, *Equus onager*, que vive nos desertos da Ásia. **2** Antiga máquina de guerra que atirava pedras.

onanismo *s m* (<*antr* Onan, *Bib* + -ismo) **1** Interrupção do coito com finalidade contrace(p)tiva. **2** ⇒ Masturbação.

onça[1] *s f Zool* (<lat *lýncea* <*linx, cis*) Nome vulgar de mamíferos carnívoros da família dos felídeos semelhantes à pantera e ao leopardo, de pelagem acinzentada ou acastanhada com manchas escuras. **Comb.** *idi* **Amigo da ~** [Amigo covarde/falso/ que toma atitude desfavorável, prejudicial ou traiçoeira].

onça[2] *s f* (< lat *úncia, ae*: (na Roma antiga) duodécima parte da libra) **1** *Hist* Antiga medida de peso equivalente à décima sexta parte do arrátel (28,69 g). **2** Medida inglesa de peso equivalente a 28,349 g. **3** *Hist* Antiga moeda de ouro de vários países «Argentina/Brasil/Espanha».

oncologia *s f Med* (<gr *ógkos, ou*: tumor + -logia) Ramo da medicina que estuda os tumores (Neoplasias), especialmente os malignos/Estudo das doenças cancerosas/Cancerologia. **Comb.** Consulta médica em [de] ~. Hospital de ~.

oncologista *s 2g* (<oncologia + -ista) Médico especialista em oncologia.

onda *s f* (<lat *únda, ae*) **1** Elevação e depressão da camada superficial duma massa líquida «mar/lago» com sucessão rítmica/Vaga. **Ex.** O mar estava calmo mas de repente levantaram-se ~s mais fortes que fizeram voltar [virar] o barco. **Idi. Estar na crista da ~** [em posição relevante/de destaque/Dar nas vistas]. **Estar na mesma ~** [em sintonia/Ter os mesmos sentimentos/desejos/ideais]. **Fazer ~s** [Provocar tumultos/Causar agitação]. **Ir na ~** [Deixar-se levar/enganar] (Ex. Ele pediu-te dinheiro emprestado e tu foste na ~! Nunca mais o vês). *Br* **Tirar (uma) ~ a)** Dar-se ares de importante; **b)** Namorar/Comportar-se como se namorasse/Fingir que namora. *Br* **Tirar (uma) ~ de** [Passar por/Fingir-se de/Simular]. **2** *fig* Forma ou figura sinuosa/ondeada. **Comb.** Ás ~s [Ondulado/De forma sinuosa/Às curvas/Em ziguezague] (Loc. Andar [Deslocar-se] às ~s. **Comb.** Estrada às ~s). **3** *fig* Grande quantidade/Afluência. **Ex.** Uma ~ de forasteiros «emigrantes, em Agosto» invadiu a cidade. **4** *fig* Torrente/Agitação/Ímpeto/Exuberância. **Ex.** Levantou-se uma ~ de protestos contra o congelamento de salários. Os adeptos do clube explodiram numa ~ de alegria pela conquista da taça. **5** *fig* Grande porção de líquido derramado ou que flui. **Ex.** Uma ~ de petróleo [crude] poluiu uma extensa zona da costa. **Comb.** ~ [Maré(+)] negra. **6** *fig* Anel [Caracol] do cabelo. **Comb.** Cabelo às ~s. **7** *fig fam* Ataque de fúria. **Ex.** Quando lhe dão aquelas ~s (de fúria), não se lhe pode dizer nada; fica como louco. **8** *Fís* Vibração periódica que se propaga num meio elástico (sólido, líquido ou gasoso) através da qual pode haver transporte de energia. **Ex.** O comprimento, a amplitude e a frequência são os elementos cara(c)terísticos duma ~. **Comb. ~ ele(c)tromagnética** [Perturbação periódica que se propaga sem suporte material e com transporte de energia] (Comb. ~s curtas/médias/longas. ~s hertzianas. ~ modulada (FM)). **~ luminosa ~ sísmica** [Propagação de abalo provocado por um sismo/terra[mare]moto]. **~ sonora. Número de ~** [Número de ondas por unidade de comprimento/Inverso do comprimento de ~]. **Superfície de ~** [Lugar geométrico dos pontos que, numa vibração ondulatória, estão na mesma fase].

onde *adv* (<lat *únde*: de onde) **1** No lugar em que/Em que lugar. **Ex.** Gosto da casa [do lugar] ~ vivo. ~ vives? **Comb. De ~ em ~ a)** A espaços intervalados (Ex. De ~ em ~, há [vê-se] uma casa); **b)** De vez em quando/De tempos a tempos. (De ~ em ~, o meu filho vem visitar-me). **~ quer (que)** [Em qualquer lugar/Seja ~ for] (Ex. Nesta cidade, cafés há-os ~ quer. ~ quer que vá, encontro sempre gente conhecida). **Por ~ a)** No [Pelo] lugar em que «cidades por ~ passei»; **b)** Meios com que «ele não tem por ~ pagar». **2** Lugar de destino/Aonde/Para onde. **Ex.** O café ~ [aonde] vou, tem (uns) pastéis deliciosos. ~ [Aonde/Para onde] vais tu «com tanta pressa»? **3** Em que ponto/situação. **Ex.** Perdi-me na [Perdi o fio à] conversa, já não sei ~ ia [em que ponto estava].

ondeado, a *adj/s m* (<ondear + -ado) (O) que tem a forma de onda [que é às ondas]/Ondulado]. **Comb.** O ~ do cabelo. Cobertura [Telhado] em chapa ~a [ondulada(+)].

ondeamento *s m* (<ondear + -mento) ⇒ ondulação.

ondeante *adj 2g* (<ondear + -ante) Que ondeia/Ondulante(+). **Comb.** Cabelos ~s. Movimento ~ das searas agitadas pela brisa suave.

ondear *v t/int* (<onda + -ear) **1** (Um líquido) mover-se formando ondas/Fazer ondulação. **Ex.** A criança atirava pedras para o tanque para ver a água ~ [fazer ond(inh)as(+)]. **2** Tornar ondeado/ondulado. **Loc.** ~ o cabelo. **3** Deslocar-se em zigue-zague/Serpentear. **Loc.** ~ «de bicicleta» pelo meio das pessoas que passeavam no jardim. **4** Propagar[Transmitir]-se como onda. **Ex.** O estrondo ondeou [ecoou(+)] pela cidade.

ondejante/ondejar ⇒ ondeante/ondear.

ondímetro [*Br* **ondômetro**] *s m Fís* (<onda + -metro) Instrumento para medir o comprimento (de onda) das ondas ele(c)tromagnéticas.

ondina *s f Mit* (<onda + -ina) Ninfa das águas nos antigos povos germânicos e escandinavos.

ondógrafo *s m Ele(c)tri/Eng* (<onda + -grafo) **1** Instrumento que regist(r)a variações da corrente elé(c)trica alternada. **2** Mecanismo que mede a altura e frequência das ondas do mar.

ondômetro *Br* ⇒ ondímetro.

ondulação *s f* (<ondular + -ção) **1** A(c)to de ondular/Movimento do conjunto das ondas «do mar/dum lago». **Ex.** O mar está calmo, com pouca [pequena] ~. **Loc.** Fazer ~ «agitando [fazendo oscilar] um barco, num lago». **2** Movimento semelhante ao das ondas do mar/dum líquido. **Comb.** A ~ das searas com o vento. **3** A(c)to ou efeito de tornar o cabelo ondulado. **Comb.** ~ o cabelo.

ondulado, a *adj* (<ondular + -ado) **1** Que tem ondas/ondulação/Ondeado. **Comb.** Superfície ~a «dum rio/lago». **2** (Cabelo) que tem caracóis/anéis/que não é liso/Frisado. **3** Que tem a superfície com pregas arredondadas. **Comb.** Cartão ~ [canelado(+)]. Chapa ~a.

ondulante *adj 2g* (<ondular + -ante) **1** Que ondula/tem [faz] ondas/Ondeante. **Comb.** Movimento ~. **2** Que se manifesta por uma série alternada de elevações e depressões. **Comb.** Febre ~. ⇒ brucelose.

ondular *v int* (<lat *unduláre* <*úndulla* dim de *únda*: onda) **1** Dar [Tomar] a forma de onda/Tornar ondulado. **Loc.** ~ **o cabelo. ~ uma chapa. 2** Formar ondas/Ondear. **Ex.** O vento forte fazia ~ a água do lago. As searas ondulavam ao sopro da brisa. **3** «um caminho» Ter um percurso sinuoso. **Ex.** Pela encosta acima ondulava [serpenteava(+)] uma estrada estreita e perigosa.

ondulatório, a *adj* (<ondular + -tório) **1** Que ondeia/ondula/Ondulante. **Comb.** Movimentos ~s. **2** *Fís* (Diz-se de) vibração que se propaga por ondas através dum meio elástico. **Ex.** A propagação do som e da luz são fenó[ô]menos ~s. **Comb.** Mecânica ~a [Parte da Mecânica Quântica que estuda as propriedades ~as das partículas].

onerante *adj 2g* (<onerar + -ante) **1** Que onera/torna mais dispendioso. **Comb.** Efeito ~ da supressão de benefícios fiscais. **2** Que sobrecarrega/oprime. **Comb.** Peso ~ da disciplina [do rigor] excessiva/o.

onerar *v t* (<lat *ónero, áre, átum*) **1** Impor um ó[ô]nus/uma obrigação. **Ex.** A implementação das aulas de substituição onerou [sobrecarregou] os professores com trabalho adicional. **2** Aumentar as despesas/Tornar mais caro. **Ex.** A subida dos juros onerou [aumentou(+)] a despesa mensal de muitas famílias. **3** Sujeitar a vexame/opressão/Oprimir/Humilhar. **Ex.** Os casos de escândalo e corrupção oneram [humilham/envergonham] quem os pratica e toda a sociedade.

onerosidade *s f* (<oneroso + -i- + -dade) **1** Qualidade do que é oneroso. **Comb.** A ~ [O peso] dos aumentos sucessivos dos preços «dos combustíveis». **2** Encargo/Agravamento/Gravame. **Ex.** A compra da nova máquina não constituiu ~ [não foi um peso] para a empresa pois possibilitou grandes economias.

oneroso, a (Ôso, Ósa, Ósos) *adj* (<lat *onerósus, a, um*) **1** Que envolve/impõe ó[ô]nus/encargo. **Comb.** Contrato [Cláusula/Medida] ~o/a. **2** Que acarreta despesas/gastos/Dispendioso(+). **Ex.** O carro está a tornar-se muito ~ tanto em manutenção como em combustível. É altura de o trocarmos [de comprarmos um novo]. **3** Ve-

xatório/Humilhante/Molesto. **Ex.** O dire(c)tor foi vaiado pelos operários. Procedimento ~ [humilhante(+)] para quem tanto fez por engrandecer a empresa.

onfalite *s f Med* (<gr *omphalós*: umbigo + -ite) Inflamação do umbigo.

ONG *Maiúsc* Sigla de Organização não Governamental.

-onho, a *suf* Exprime a noção de **qualidade/estado** com valor aumentativo: *enfadonho, medonho, risonho, tristonho*.

oni- ⇒ omni-.

ónibus [*Br* **ônibus**] *s m 2n* (<lat *ómnibus*: para todos) Veículo de grande porte para transporte cole(c)tivo de passageiros/Autocarro. **Comb.** ~ *elé(c)trico*. ~ *urbano* [interurbano/interestadual]. ⇒ camioneta.

onicofagia *s f* (<gr *ónyx, ónykhós*: unha+-fagia) Hábito de roer as unhas.

onicolor ⇒ omnicolor.

onicomicose *s f Med* (<gr *ónyx, onykhós*: unha +micose) Doença das unhas provocada por fungos/Micose das unhas.

onilingue ⇒ omnilingue.

-ónimo [*Br* **-ônimo**] *elem de formação* (<gr *ónoma, atos*) Exprime a ideia de **nome, palavra**: *anó[ô]nimo, heteró[ô]nimo, pseudó[ô]nimo, sinó[ô]nimo*.

onímodo/onipessoal/onipotência/onipotente/onipresença/onipresente ⇒ omnímodo/...

onírico, a *adj* (<gr *óneiros*: sonho + -ico) Referente [Semelhante] ao sonho. **Comb.** *Aventura ~a. Delírio ~. Literatura ~a*.

onirismo *s m Med* (<gr *óneiros*: sonho + -ismo) A(c)tividade mental patológica cara(c)terizada por alucinações visuais que podem ser acompanhadas por rea(c)ções afe(c)tivas e motoras semelhantes às que ocorrem em sonhos.

onirologia [onirocrisia] *s f* (<gr *óneiros*: sonho + -logia) Estudo [Interpretação] dos sonhos.

onisciência/onisciente/onívoro ⇒ omnisciência/...

ónix (Ics) [*Br* **ônix**] *s m 2n Miner* (<lat *ónyx, ychis*) Variedade de ágata com uma série de camadas concêntricas de cores diferentes usada em joalharia. **Comb.** *Vaso de ~*.

on-line (Ónelaíne) *adj 2g Info* (<ing *on line*: em linha) Em rede/Ligado à [Através da] rede. **Loc.** *Comunicar ~ «pela Internet»*. **Ant.** *Off-line*.

onomástica *s f* (<gr *onomastikós, é, ón*: arte de denominar) 1 Lista de nomes próprios. 2 *Ling* Ramo da linguística que abrange o estudo dos nomes de pessoas (Antroponímia) e o estudo dos nomes de lugares (Toponímia) e, por extensão, de outros nomes «de santos/apelidos maternos ou paternos».

onomástico, a *adj* (⇒ onomástica) Relativo a nomes próprios. **Comb.** *Dicionário ~. Índice ~*.

onomático, a *adj* (<gr *onomatikós*) Relativo a nomes.

onomatopai[ei]co, a *adj* (<onomatopeia + -ico) 1 Que se refere à onomatopeia. **Comb.** *Estudos ~s*. 2 Que imita o som daquilo que exprime. **Comb.** *Construção [Frase] ~a. Palavra ~a*.

onomatopeia *s f* (<lat *onomatopoéia, ae*) 1 Formação de uma palavra por imitação do som próprio da coisa que significa. 2 Palavra formada deste modo «trrim-trrim/dlim-dlão/gorgolejar/sussurro».

-onte *suf* (⇒ ontogé[ê]nese) Exprime a ideia de *ser* «na Biologia»: *diplonte, haplonte*.

ontem *adv* (<lat *ad nóctem*: à noite, na noite) 1 No dia anterior àquele em que estamos/Na véspera. **Ex.** ~ foi feriado. Se hoje é domingo, ~ foi sábado. **Comb.** Antes de ~ [Anteontem/Na véspera do dia de ~]. 2 No tempo [Em época] passado/a/Antigamente. **Ex.** As condições de vida a(c)tuais não se comparam com [as a(c)tuais são incomparavelmente melhores que] as de ~. **Idi.** *fam Não nascer ~* [Não ser ingénuo/Saber o suficiente para não se deixar enganar]. *Olhar para ~* [Estar absorto/distraído]. *Parecer que foi ~* [Dar a sensação de ter sido há pouco tempo] (Ex. Já cá estamos há «dez» anos e parece que viemos ~).

ôntico, a *adj* (⇒ ontogé[ê]nese) Relativo à experiência que temos dos entes/existentes/seres. ⇒ ontológico.

ontogénese [*Br* **ontogênese**] [**ontogenia**] *s f Biol* (<gr *ón, ontos*: ser + -...) Conjunto de transformações sofridas pelo ovo fecundado (Zigoto) até ao estado adulto.

ontogénico, a [*Br* **ontogênico**] *adj* (⇒ ontogé[ê]nese) Relativo à ontogé[ê]nese/ontogenia. **Comb.** *Fase ~a. Processo ~*.

ontogonia *s f Biol* (<gr *óntos*: ser + *gónos*: geração + -ia) Estudo histórico da formação dos seres vivos, da sua distribuição taxonó[ô]mica e da sua evolução ontogé[ê]nica.

ontologia *s f Fil* (<gr *ón, óntos*: ser + -logia) 1 Parte da Filosofia que estuda o ser enquanto ser/Tratado do ser. **Ex.** A ~ estuda as propriedades do ente enquanto tal; procura, nos entes, saber o que é ser.

ontológico, a *adj* (⇒ ontologia) Relativo à ontologia/ao estudo da verdade ou essência do(s) ser(es).

ontologismo *s m* (<ontologia + -ismo) Movimento doutrinal da séc. XIX que defende a intuição natural do ser absoluto como primeiro obje(c)to da inteligência, princípio e garantia de todo o conhecimento ulterior. **Ex.** O ~ contrapunha-se às tendências relativistas e agnósticas do criticismo kantiano dominante na época.

ONU *Maiúsc* Sigla de Organização das Nações Unidas/*ing* UN(O).

ónus [*Br* **ônus**] *s m 2n* (<lat *ónus, eris*) 1 Carga/Peso. 2 Aquilo que pesa material ou moralmente sobre alguém/Encargo/Responsabilidade. **Ex.** A viúva teve que suportar sozinha o ~ da educação dos filhos. O ~ dos investimentos megaló[ô]manos a(c)tuais vai recair sobre as gerações vindouras. **Comb.** *«é a você que cabe o» ~ da prova* [Obrigação de apresentar provas daquilo que se afirma].

onze *num card/s m* (<lat *úndecim*) 1 Número a seguir ao dez. **Ex.** ~ é um número primo. 2 O número 11 e a quantidade expressa por esse número. **Ex.** ~, em numeração romana, escreve-se XI. Uma equipa/e [Um time] de futebol tem ~ jogadores. 3 O que numa série ocupa o décimo primeiro lugar. **Ex.** Estou em [Sou o] ~; tenho dez pessoas à minha frente [; há dez pessoas antes de mim] para a consulta «médica».

onzenar *v int* (<onze + -ena + -ar[1]) 1 Emprestar dinheiro com usura [a um juro muito elevado] «onze por cento». 2 *depr* Mexericar/Intrigar.

onzenário, a *adj/s* (⇒ onzenar) (O) que onzena/que tem [cobra] juros muito elevados/Usurário(o+)/Agiota(+). **Loc.** *Cair nas mãos de [Ser explorado por] ~s*. **Comb.** *Empréstimo ~*.

onzeneiro, a *adj/s* (⇒ onzenar) 1 ⇒ onzenário. 2 (O) que é mexeriqueiro/Intriguista/Bisbilhoteiro. **Comb.** *Conversas ~as [de ~o/a]*.

onzenice *s f* (⇒ onzenar) 1 Bisbilhotice(+)/Mexerico(o+). **Ex.** Gente que passa o tempo em ~s, a falar da vida alheia. 2 ⇒ Usura.

oó *s m fam* (< *on*) A(c)ção de dormir das crianças. **Ex.** «Zèzinho» Vamos para a cama; são horas do [de fazer] ~.

ooblasto *s m Biol* (<gr *oón*: ovo + *blastós*: gérmen) Cada uma das células epiteliais, germinativas, do ovário, que, na fase inicial da oogé[ê]nese, proliferam e originam oogó[ô]nia[o]s.

oócito *s m Biol* (<gr *oón*: ovo + *kýtos*: cavidade, invólucro, célula) Cada uma das células (Citos) que na oogénese resultam do crescimento ou da redução cromática dum[a] oogó[ô]nio[a].

oogamia *s f Bot* (<gr *oón*: ovo + *gámos*: união + -ia) Conjugação de dois gâmetas distintos, um, o feminino, maior e imóvel (Oosfera), e, outro, o masculino, menor, móvel e geralmente flagelado (Anterozoide).

oogénese [*Br* **oogênese**] [**oogenia**] *s f Biol* (<gr *oón*: ovo + -génese) Processo de formação e desenvolvimento do óvulo/Ovogénese[genia].

oogónia/o [*Br* **oogônia/o**] *s* (<gr *oón*: ovo + *gónos*: junção + -ia/o) 1 *s f Biol* Cada uma das células que, no início da oogénese, resultam da proliferação a(c)tiva dos ooblastos e vão originar oócitos/Ovogónia. 2 *s m Bot* Órgão (Gametângio) feminino unicelular que, nas talófitas, vai dar origem às oosferas (Gâmetas femininos).

oolítico, a *adj* (<oólito + -ico) 1 Relativo a oólito. 2 *Geol* Formado por oólitos. **Comb.** *Calcário ~*.

oólito *s m Geol* (<gr *oón*: ovo + -lito) Designação de corpos esféricos semelhantes a ovos de peixe, geralmente de origem calcária e ferrítica, que entram na constituição de alguns tipos de rochas sedimentares.

oologia *s f* (<gr *oón*: ovo + -logia) Parte da ornitologia que estuda os ovos das aves.

oosfera (Oósfé*') *s f Bot* (<gr *oón*: ovo + esfera) Gâmeta feminino dos vegetais. **Ex.** As ~s formam-se nos gametângios.

opa[1] *s f* (< ?) Espécie de capa sem mangas mas com aberturas para os braços, usada pelos membros das irmandades e confrarias em a(c)tos religiosos. **Comb.** *~ de seda «vermelha/branca»*.

opa[2] *interj Br* (< ?) 1 Exprime surpresa, admiração ou indignação. **Sin.** Eh pá! 2 Forma de saudação. **Sin.** Olá.

opacidade *s f* (<lat *opácitas, átis*) 1 Qualidade do que é opaco/do que não deixa passar a luz. **Ex.** A ~ é uma cara(c)terística da maior parte dos corpos sólidos. ⇒ transparência. 2 Lugar sombrio/com pouca visibilidade/Sombra espessa. **Ex.** A ~ da poeira [da nuvem de fumo] não deixava ver o caminho. 3 *fig* Cara(c)terística daquilo que é difícil de perceber/Obscuridade. **Ex.** A ~ de muitos conceitos filosóficos torna-os incompreensíveis para um grande número de pessoas.

opacificação *s f Med* (<opacificar + -ção) 1 Introdução de um produto de contraste num canal ou órgão oco para facilitar o exame radiológico. 2 Lesão cicatricial que altera a transparência normal da córnea ou do cristalino.

opacificar *v t* (<opaco + ficar) 1 Tornar(-se) opaco. 2 Tornar(-se) difícil de entender. 3 Fazer a opacificação.

opaco, a *adj* (<lat *opácus, a, um*) 1 Que não se deixa atravessar pela luz/não é transparente. **Comb.** *Corpos ~s. Vidro ~* [que não se vê através dele]. 2 Denso/Cerrado/Compacto. **Comb.** *Floresta ~a* [densa(+)]. *Nevoeiro ~* [denso(+)/cerrado(o+)]. 3 Sem luz/Escuro/Sombrio. **Comb.** *Lugar [Ambiente] ~* [escuro(+)/sombrio(+)]. 4 *fig*

Difícil de compreender/Obscuro/Confuso. **Comb.** Discurso [Texto/Mensagem] ~o/a.

opado, a *adj* (<opar + -ado) Inchado/Intumescido/Balofo. **Ex.** O leite deve estar estragado [fermentado]: o pacote está ~. O rapaz [moço] engordou «na tropa»; (até) parece que está ~.

opal *s m* (<sân *upala*: pedra) Tecido fino de algodão de cor leitosa, quase transparente, usado sobretudo em roupa de senhora. **Comb.** Blusa de ~ suíço.

opala *s f* (⇒ opal) **1** ⇒ opal. **2** *Min* Espécie mineral amorfa constituída por sílica hidratada que apresenta diversas variedades, algumas delas usadas em joalharia (~s nobres).

opalescência *s f* (<fr *opalescence*) Jogo de cores de aparência leitosa e iridescente observável em alguns minerais «opalas/olho-de-gato» (e também em suspensões líquidas), originado por fenó[ô]menos de interferência da luz nas partículas muito finas.

opalescente *adj 2g* (<fr *opalescent*) **1** Que tem opalescência/reflexos irisados. **Comb.** Mineral «pedra da lua» ~. **2** Da cor da opala/Opalino.

opalino, a *adj/s f* (<opala + -ino) **1** Que brilha como a opala. **Comb.** Brilho ~. **2** Que apresenta tom leitoso e azulado e reflexos irisados. **Comb.** Porcelana ~a. **3** *s f* Vidro fosco, translúcido, de aspe(c)to semelhante ao da opala que se usa no fabrico de obje(c)tos decorativos. **Comb.** Jarra de ~a.

opar *v t/int* (< ?) Inchar/Tornar(-se) volumoso/*gír* Engordar. **Loc.** Uma lata «de conserva» ~.

opção *s f* (<lat *óptio, ónis*; ⇒ optar) **1** A(c)to ou efeito de optar [escolher] entre duas ou mais coisas/Escolha. **Ex.** Vamos à praia ou ficamos em casa? – Como queiras, a ~ é tua. **Comb.** De ~ [Que se pode escolher/Opcional] (Comb. Disciplina [Matéria] (escolar) de ~). *Direito de* ~ [Prerrogativa jurídica de antepor a sua escolha à de outrem]. *Por* ~ [Deliberadamente/De livre vontade] (Loc. Ficar solteiro/a por ~). **2** Possibilidade de escolher entre duas ou mais alternativas. **Ex.** Ainda não sei que curso vou escolher. Tenho três ~ões: «arquit/pintura/design». **3** Aquilo que se escolhe. **Ex.** Tomei a ~ [decisão(+)] de [Decidi] ir passear hoje. Não é a chuva que me vai fazer voltar atrás [fazer mudar de planos].

opcional *adj 2g* (<opção + -al) Que pode ser obje(c)to de escolha/Não obrigatório/Facultativo/Optativo. **Comb.** *Disciplina* ~. Teste com (grupos de) *perguntas* ~ais.

-ope ⇒ -opia.

open *s m (D)esp* (<ing *open*: aberto) Competição aberta a [em que podem participar] (d)esportistas profissionais e amadores/Aberto(+). **Comb.** Torneio de té[ê]nis ~ «do Estoril, Portugal».

OPEP [*ing* **OPEC]** Acró[ô]nimo de Organização dos Países Exportadores de Petróleo.

ópera *s f Mús Teat* (<lat *ópus, eris*: obra, trabalho) **1** Obra dramática cantada, acompanhada por orquestra (, poesia e dança), de origem italiana. **Ex.** A ~ associa o teatro e a música e, por vezes, também a dança e a poesia. **Comb.** ~ *bufa* [que, ao contrário da (~) séria, tem assunto jocoso e personagens burlescas]. Ária de ~ «da Cármen de Bizet». *Cantor de* ~. **2** Espe(c)táculo em que se representam essas obras. **Loc.** *Ir à* ~. *Temporada de* ~. **3** Edifício [Teatro] onde se realiza esse gé[ê]nero de espe(c)táculos «A Ópera de Paris (Théâtre de l'Opéra)/São Carlos de Lisboa, Portugal/Scala de Milão, Itália».

operação *s f* (<lat *operátio, ónis*; ⇒ operar/obrar) **1** A(c)to ou efeito de operar/agir/a(c)tuar. **2** Conjunto organizado de a(c)ções que visa a obtenção de determinado resultado. **Ex.** A Câmara [Prefeitura] organizou uma ~ de limpeza das ruas da cidade. Os bombeiros intervieram em várias ~ões de salvamento «de vítimas das inundações». **Comb.** ~ *de charme* [Conjunto de a(c)ções feitas com o propósito de agradar/de embelezar superficialmente, escondendo o que é feio/de obter aquilo que se pretende]. ~ *stop* (Pare/Parar!) [A(c)ção de fiscalização para dete(c)ção de infra(c)ções relativas a trânsito [à condução] automóvel]. *Br* ~ *tartaruga* [Greve feita pela diminuição do ritmo de trabalho/Greve de zelo/de braços caídos]. **3** *Med* Intervenção cirúrgica sobre parte dum corpo vivo/Cirurgia. **Loc.** *Fazer* [Submeter-se a] uma ~ «ao estômago/à vesícula». **Comb.** ~ *plástica* [feita com o obje(c)tivo de modificar [melhorar] a aparência exterior do corpo]. *Mesa* [Sala] *de* ~ões. **4** *Mat* Processo que transforma um ou mais elementos dum conjunto noutro(s) elemento(s) do mesmo conjunto/(Conjunto de) cálculo(s) para obter um resultado. **Ex.** Adição, subtra(c)ção, multiplicação e divisão são as ~ões algébricas fundamentais. **5** *Mil* A(c)ção militar [Conjunto organizado de movimentos militares] que visa determinado obje(c)tivo/o cumprimento de determinada missão «Tempestade do Deserto, na Guerra do Golfo». **Comb.** *Base de* ~ões. *Teatro de* ~ões [Local onde têm lugar as ~ões]. **6** *Econ* Compra ou venda de valores/Transa(c)ção comercial. **Comb.** ~ *bancária.* ~ *bolsista.* ~ *imobiliária*. **7** *Quím/Fís* Conjunto de processos de transformação das substâncias. **Comb.** ~ *de moagem* [trituração] «dum minério». ~ *de neutralização* «dum efluente ácido». ~*ões unitárias* dum processo.

operacional *adj 2g* (<operação + -al) **1** Relativo a operação. **Comb.** Gastos ~ais. **2** Que pode ser utilizado em operações/Que contribui para o êxito duma operação. **Comb.** *Instrumentos* «cirúrgicos» ~*ais.* *Ferramentas pouco* ~*ais* [inadequadas]. **3** Pronto a utilizar/a entrar em a(c)ção. **Ex.** O aspirador está ~/bom; já foi reparado. **Loc.** Manter ~ um corpo de intervenção «piquete de bombeiros». **4** *Mil* Relativo a operações militares. **Comb.** Forças ~ais [envolvidas dire(c)tamente na a(c)ção].

operacionalidade *s f* (<operacional + -i- + -dade) Qualidade do que é [está] operacional. **Loc.** Verificar a ~ «duma máquina/dum sistema informático/duma força policial».

operacionalizar *v t* (<operacional + -izar) Tornar operacional/Preparar para realizar uma operação/tarefa/função. **Loc.** ~ *um corpo de bombeiros* «recrutas». ~ *um sistema informático.*

operado, a *adj/s* (<operar + -ado) **1** *Med* (O) que sofreu intervenção cirúrgica. **Ex.** A(c)tualmente, os ~s ficam pouco tempo internados; fazem a recuperação em casa [em regime ambulatório]. **Comb.** ~ a uma hérnia. **2** Realizado/Efe(c)tuado/Feito. **Ex.** As modificações ~as na linha de produção aumentaram muito o rendimento.

operador, ora *adj/s* (<operar + -dor) **1** *Med* (O) que opera/faz intervenções cirúrgicas. **Ex.** O ~ que me extraiu o tumor, especializou-se nos EUA. **Comb.** Médico ~ [Cirurgião]. **2** (O) que é responsável pelo funcionamento duma máquina/instalação/Órgão duma máquina que efe(c)tua determinada operação. **Ex.** Uma máquina equipada com um operador que faz a rebitagem. **Comb.** *Cine/TV* ~ *de imagem/som.* ~ *de sistema informático.* ~*or/ora de telecomunicações* [Empresa exploradora de rede de telecomunicações]. **3** *Mat* Símbolo matemático que indica a operação/Aplicação/Transformação. **Ex.** O ~ da multiplicação é x. ~ *logarítmico.* **4** *Ling* (Diz-se de) verbo, adje(c)tivo, substantivo que admite como complemento um infinito ou uma completiva. **Ex.** Nas frases, *Ele pensa melhorar* e *Ele pensa que vai melhorar*, pensar, é um verbo ~. **5** *Ling* Elemento linguístico sem valor lexical cuja função é constituir uma estrutura sintagmática. **Ex.** Na frase, *Julgo que chego a tempo*, a conjunção *que* é um ~. **6** ⇒ (empresa/agência/concessionária) «turística».

operante *adj 2g* (<lat *óperans, ántis*) **1** Que opera/trabalha/funciona. **Ex.** A instalação não está a laborar mas está ~ [operacional(+)]. **Loc.** Manter ~ [operacional(+)] uma equipa «de emergência médica». **2** Eficiente/Eficaz/Produtivo. **Comb.** Medida [Reforma] ~. **Ant.** Ineficaz; inoperante.

operar *v t/int* (<lat *ópero, áre, átum* <*ópus, peris*: obra, trabalho) **1** Realizar uma a(c)tividade/a(c)ção/A(c)tuar/Agir. **Ex.** A polícia deteve um bando de assaltantes que operava nas praias do sul. As empresas que operam no ramo da hotelaria tiveram este ano lucros mais reduzidos. **2** Realizar alguma coisa/Produzir efeito. **Ex.** O remédio operou [agiu(+)] de imediato: as dores abrandaram logo que o comecei a tomar. A fé [força de vontade] opera milagres. **3** Ter como consequência/Desencadear/Determinar/Provocar/Causar. **Ex.** As cinzas vulcânicas trazidas da Islândia pelo vento operaram o caos em grande parte dos aeroportos europeus. **4** Realizar operações comerciais/Trabalhar com. **Ex.** Uma empresa que só opera com produtos nacionais. **5** Realizar operações matemáticas/mecânicas/químicas, etc. **Loc.** ~ [Fazer(+)] *cálculos.* ~ *experiências* «laboratoriais». **6** *Med* Fazer uma operação cirúrgica. **Ex.** O médico hoje não atende ninguém no consultório; está a ~ no hospital. **Loc.** ~ aos intestinos/às cataratas. **7** *Mil* Executar uma a(c)ção militar. **Loc.** Tropas «portuguesas» a ~ no Afeganistão.

operariado *s m* (<operário + -ado) Conjunto dos operários. **Comb.** ~ da indústria do calçado. ~ têxtil.

operário, a *s/adj* (<lat *operárius, ii*; ⇒ operar) **1** O que exerce um ofício/Trabalhador/Artífice. **Comb.** ~ metalúrgico [têxtil]. Fábrica com 300 ~s. **2** O que contribui de forma relevante para a concretização dum proje(c)to/duma ideia/obra/Obreiro. **Ex.** O Presidente da Câmara [O Prefeito] foi o grande ~ [obreiro(+)] da renovação da cidade. **3** *s f Zool* (Diz-se de) abelha que tem todo o trabalho da colmeia menos a postura de ovos/Obreira(+). **4** *adj* Relativo aos trabalhadores/ao operariado. **Comb.** *Classe* ~*a. Reivindicações* ~*as*.

operativo, a *adj* (<operar + -tivo) **1** Que opera/trabalha/realiza/produz efeito/Operante. **Comb.** Sistema ~ ««informático». **2** Relativo a a(c)ção/obra/Operatório. **Comb.** A(c)tividade ~a. **3** Pronto para utilização/Operacional.

operatório, a *adj* (<operar + -tório) **1** Relativo a intervenção cirúrgica. **Comb.** *Bloco* ~. *Medicina* ~*a*. **2** Relativo a a(c)ção/Operativo. **Comb.** Modo ~. **3** *Psic* (Diz-se do) estádio de desenvolvimento em que a criança é capaz de processos mentais re-

versíveis. **Ex.** O pensamento ~ sucede ao pensamento intuitivo da 2.ª infância.

operável *adj 2g* (<operar + -vel) Que se pode operar/submeter a intervenção cirúrgica. **Comb.** Doença «tumor/úlcera» ~.

operculado, a *adj* (<opercular + -ado) Que tem opérculo/Opercular.

opercular *adj* (<opérculo+-ar²) **1** Que serve de [funciona como] opérculo. **Comb.** Válvula ~. **2** Que tem opérculo/Operculado. **3** *Icti* (Diz-se do) aparelho que tapa a cavidade que contém as guelras de certos peixes, das peças que o constituem e da região onde se situa.

opérculo *s m* (<lat *opérculum, i*: tampa) **1** Peça móvel que tapa uma abertura/cobre uma cavidade. **Comb.** ~ do turíbulo. **2** *Icti* Parte do aparelho opercular que cobre as guelras de alguns peixes. **3** *Zool* Formação córnea ou calcária que tapa a concha de certos moluscos. **4** *Zool* Membrana que cobre os orifícios respiratórios existentes nas base do bico de algumas aves. **5** *Bot* Espécie de tampa de alguns órgãos vegetais «cápsula dos esporângios». **6** Película membranosa que cobre cada um dos alvéolos dos favos de mel.

opereta (Rê) *s f Mús/Teat* (<ópera + -eta) Ópera ligeira de cará(c)ter popular cara(c)terizada por introduzir diálogos falados alternando com coros e danças. **Ex.** A ~ tem como antecedentes a ópera bufa e a ópera có[ô]mica.

oper(et)ista *s 2g Mús* (<opereta + -ista) O que compõe óperas ou operetas.

operosidade *s f* (<operoso+-i-+-dade) Qualidade do que é operoso/trabalhador/trabalhoso.

operoso, a (Ôso, Ósa, Ósos) *adj* (<lat *operósus, a, um*) **1** Que opera/trabalha. **Comb.** Funcionário ~/trabalhador/eficiente. **2** Que produz efeito/a(c)tua. **Comb.** Remédio [Medicamento] ~. **3** Trabalhoso(o+)/Difícil/Penoso(+). **Comb.** Tarefa [Profissão] ~s «dos mineiros».

-opia/-ope *suf* (<gr *óps, opós*: vista + -ia) Terminação de substantivos referentes à vista; ⇒ miopia; míope; ciclope.

opiáceo, a *adj* (<ópio + -áceo) **1** Relativo ao ópio. **Comb.** Cultura [Planta] ~a. **2** Da natureza do [Semelhante ao] ópio. **Comb.** Droga ~a. **3** Preparado com ópio. **Comb.** Analgésico ~.

opiado, a *adj* (<opiar + -ado) **1** Que tem [Preparado com] ópio/Opiáceo. **Comb.** Medicamento ~. **2** Que está sob o efeito do ópio/Entorpecido. **Comb.** Toxicodependente [Doente] ~.

opiar *v t* (<ópio + -ar¹) Adicionar [Misturar com] ópio. **Loc.** ~ um medicamento. ⇒ drogar.

opilação *s f* (<lat *oppillátio, ónis*) **1** A(c)to ou efeito de opilar(-se). **2** *Med* Obstrução [Oclusão/Entupimento] de um canal, abertura ou cavidade natural. **Comb.** ~ do fígado. **3** Inchaço/Dilatação.

opilante *adj 2g* (<opilar + -ante) ⇒ opilativo.

opilar *v t/int* (<lat *oppílo, áre, átum*: fechar, tapar, obstruir) **1** Causar opilação/Fechar/Obstruir. **2** Aumentar de volume/Ficar inchado/Inchar.

opilativo, a *adj* (<opilar + -tivo) Que causa opilação/obstrui «um canal»/Opilante. **Comb.** Efeito ~ «dum medicamento».

opimo, a *adj* (<lat *opímus, a, um*: gordo, bem nutrido, fértil) Excelente/Abundante/Fecundo/Fértil. **Comb.** Despojos ~os/ abundantes. Terreno ~/fértil.

opinante *s/adj 2g* (<lat *ópinans, ántis*; ⇒ opinar) (O) que opina/manifesta a sua opinião. **Ex.** Perante um mau resultado de uma equipa/e «de futebol» aparecem logo inúmeros ~s a apontar as causas da derrota.

opinar *v int* (<lat *opínor, ári, átus sum*: ter uma opinião, julgar, crer) Dar o seu parecer/Emitir uma opinião/Dizer o que pensa. **Ex.** Muitos participantes «no congresso» opinaram a favor do adiamento das eleições «para escolha do novo presidente do partido». Todos opinaram [foram de opinião] que a sentença era justa. Você está a ~ [a dar uma opinião] sem conhecimento de causa.

opinativo, a *adj* (<opinar + -tivo) Que exprime dúvida/suspeita/Que se baseia numa opinião particular/Discutível/Duvidoso/Incerto. **Comb.** Afirmação meramente ~a.

opinável *adj 2g* (<opinar + -vel) **1** Sujeito à divergência de opiniões/Discutível. **Comb.** Problema [Questão/Matéria] ~. **2** ⇒ provável; possível.

opinião *s f* (<lat *opínio, ónis*) **1** Modo de ver/pensar pessoal/Ponto de vista. **Ex.** Na minha ~ não se deveria legalizar o consumo da droga, inclusive das drogas leves. **Loc.** *Mudar de* ~. *Ter* [Não ter] ~. **2** Parecer emitido sobre um assunto. **Ex.** O meu médico é de ~ que eu seja operado; mas (antes de decidir) quero ouvir a ~ de outros médicos. **3** Juízo de valor emitido sobre alguém ou alguma coisa. **Ex.** Não gosto do novo ministro «da educação», mas há quem tenha muito boa ~ dele. As ~ões dos políticos dos diferentes partidos, sobre a maneira de governar o país, são geralmente discordantes. **Loc.** *Br Carregar uma* ~ [Ser obstinado/caprichoso]. *Fazer* ~ [Conseguir a adesão de muitos a determinada ideia ou conceito]. **Comb.** ~ *pública* [Maneira de pensar dominante sobre os problemas sociais cole(c)tivos]. *Artigo de* ~ [que não é imparcial/que segue as convicções do articulista]. **4** Hipótese [Ideia] não verificada ou sem fundamento/Presunção/Convicção/Crença. **Ex.** Os fa(c)tos mostraram que a tua ~ estava completamente errada, não tinha fundamento. **5** *Fil* Adesão do espírito a uma ideia, defendendo-a em termos racionais, mas admitindo a possibilidade de erro/engano/Meia certeza.

opiniático [opinioso], a *adj* (<opinião + -...) Que defende obstinadamente a sua opinião/Teimoso(+)/Caprichoso(+).

ópio *s m* (<gr *ópion, ou*: suco da papoila) **1** Mistura de alcaloides extraídos da papoila, *Papaver somniferum*, que tem a(c)ção analgésica, hipnótica e narcótica. **2** Droga obtida dessa substância. **Comb.** Fumador [Traficante] de ~. **3** *fig* Aquilo que distrai da realidade/que aliena. **Sin.** Alienação.

opiomania *s f* (<ópio + mania) Hábito de fumar/ingerir ópio/Opiofagia. **Ex.** A ~ é frequente no Oriente «na China».

opiómano [*Br* **opiômano] [opiomaníaco], a** *adj/s* (<ópio +-...) (O) que tem o vício de fumar/ingerir/mascar ópio/Relativo à opiomania/Opiófago. **Comb.** ~ inveterado. Doença ~a.

opíparo, a *adj* (<lat *opíparus, a, um*) **1** Lauto/Requintado/Abundante. **Comb.** Banquete [Jantar] ~. **2** Que revela magnificência/Esplêndido/Faustoso(+)/Sump[Sun]tuoso(+). **Comb.** Festas ~as.

opístio(n) *s m Anat* (<gr *opísthios, os, on*: detrás, posterior) Ponto craniométrico ímpar situado no bordo posterior do buraco occipital.

opistobrânquios *s m pl Zool* (<lat *opisthobranchia*) Grupo de moluscos marinhos gastrópodes cuja brânquia está voltada para trás.

opistocélico, a *adj Anat* (<gr *ópisthen*: atrás + *koilon*: cavidade +-ico) Diz-se de vértebra que só apresenta côncava a face posterior.

opistogástrico, a *adj Anat* (<gr *ópisthen*: atrás + gástrico) Que fica situado atrás do estômago.

opistóglifo *s m Zool* (<gr *ópisthen*: atrás + *glyphein*: gravar) **1** Dente dos ~s. **2** *s m pl* Grupo de ofídios da família dos colubrídeos, com dentes posteriores sulcados, com os quais inoculam uma substância anestésica e venenosa.

opo(n)ente *adj/s 2g* (<lat *oppónens, éntis*; ⇒ opor) (O) que se opõe/Opositor(+)/Adversário(+). **Ex.** Os ~s à nossa proposta impediram que ela fosse aprovada, mas a proposta ~ [contrária(+)] também não o foi. O atleta português «Carlos Lopes» venceu a maratona isolado; não teve ~s [adversários(+)] à sua altura.

oponibilidade *s f* (<oponível + -i- + -dade) Qualidade do que é oponível. **Ex.** O polegar goza de ~ em relação aos outros dedos da mão. **Loc.** Manifestar ~ «a uma ideia/solução».

oponível *adj 2g* (<lat *opponíbilis, e*) **1** Que se pode opor/Que se pode colocar em frente ou do lado contrário. **Comb.** Equipas/es ~veis [que, sendo do mesmo grupo, irão jogar uma contra a outra]. Polegar ~ aos outros dedos da mão. **2** Que pode ser usado contra alguém ou alguma coisa. **Comb.** Argumento ~.

opor *v t* (<lat *oppóno, ere, pósui, pósitum* <*ob* + *póno, ere*: pôr) **1** Colocar diante de/Pôr em frente/defronte. **Ex.** O esterno opõe-se à coluna vertebral. Na praça, a catedral opõe-se [fica frente] ao museu «etnográfico». **2** Impedir a passagem/Obstar. **Ex.** O segurança opôs-se à entrada de menores no cinema. A cadeia montanhosa opõe-se ao avanço das nuvens para o interior do país. **3** Estar em oposição/Contrariar/Desaprovar. **Ex.** Os sindicatos opuseram-se às alterações propostas pelo governo para atribuição do subsídio de desemprego. **4** Pôr em confronto/Contestar/Contrastar. **Ex.** Os filhos costumam passar por uma fase em que se opõem (constantemente) aos pais. Um casal em que os gostos se opõem em muitos aspe(c)tos. **5** Constituir entrave/impedimento. **Ex.** As lutas e rivalidades antigas ainda se opõem à colaboração e bom entendimento entre estados (europeus) vizinhos. **6** *Dir* Impugnar/Apresentar em juízo. **Loc.** ~ [Interpor(+)] recurso a uma sentença.

oportunamente *adv* (<oportuno + -mente) **1** De modo oportuno/A tempo. **Loc.** (Re)agir ~. **2** Na ocasião própria/adequada/No momento certo. **Ex.** ~ comunicarei o dia do meu regresso.

oportunidade *s f* (<lat *opportúnitas, átis*) **1** Qualidade do que é oportuno/Conveniência. **Ex.** Continuo a interrogar-me sobre a [a duvidar da] ~ da minha viagem «ao estrangeiro». **2** Ocasião favorável/Ensejo. **Ex.** Logo que tenha ~ vou mudar-me para uma casa maior. **3** Possibilidade de fazer algo/Perspe(c)tiva de futuro/Caminho. **Ex.** A(c)tualmente os jovens têm poucas ~s de emprego.

oportunismo *s m* (<oportuno + -ismo) Comportamento de quem se adapta às situações para se aproveitar delas, geralmente de forma pouco ética/Calculismo. **Ex.** Mudou de partido político apenas por ~ «porque lhe prometeram um emprego».

oportunista *adj/s 2g* (<oportuno + -ista) **1** Relativo ao oportunismo. **Comb.** *Comportamento* [Decisão] ~. *Promessas* ~s.

oportuno, a

2 (O) que pratica o oportunismo. **Ex.** ~s, há-os em todos os quadrantes [partidos/meios] políticos.

oportuno, a adj (<lat *opportúnus, a, um*) **1** Que vem a propósito/a tempo/no momento certo. **Ex.** A tua chegada não podia ser mais ~a: estamos mesmo a precisar de ajuda. **2** Favorável/Propício/Certo/Conveniente. **Ex.** Vou procurar [ver qual será] o momento ~ para falar com o dire(c)tor.

oposição s f (<lat *opposítio, ónis*) **1** A(c)to ou efeito de opor(-se). **Loc.** *Dir* Deduzir [Interpor] ~ [Um terceiro intervir num litígio entre duas partes, dizendo que a demanda lhe pertence, excluindo assim as outras duas partes: o autor e o réu]. **2** Impedimento/Obstáculo. **Ex.** A ~ «dos ambientalistas» à construção da nova fábrica impediu a concretização do proje(c)to. **3** Resistência/Hostilidade. **Ex.** Aquele casamento teve sempre a ~ da família da noiva. **4** Antagonismo/Conflito/Incompatibilidade. **Ex.** O partido encontra-se dividido pela constante ~ entre duas fa(c)ções. **5** Contestação/Crítica. **Ex.** Os jovens estão muitas vezes em ~ aos pais. **6** Grupo [A(c)ção política] dos que não apoiam o governo. **Ex.** O Presidente «da Assembleia da República» recomendou à (bancada da) ~ mais moderação nos seus comentários. A população manifestou-se na rua em ~ às [rua contra as] medidas anunciadas pelo governo. **7** Posicionamento de quem está frente a frente. **Ex.** O professor dividiu a turma em dois grupos «para um debate» e mandou-os sentar um em ~ ao [em frente do] outro. **8** *Astr* Posição relativa de dois astros cujas longitudes celestes diferem de 180°. **Ex.** A Lua está em ~ com o Sol na fase de lua cheia. **9** *Psic* Fase de desenvolvimento cara(c)terística da 2.ª infância e pré-adolescência, que se manifesta por um comportamento oposicionista em relação ao ambiente, por necessidade de afirmação pessoal. **Ex.** A ~, quando não é ultrapassada, pode tornar-se patológica.

oposicionismo s m (<oposição + -ismo) Oposição sistemática a tudo/O ser (sempre) do contra.

oposicionista s/adj 2g (<oposição + -ista) (O) que faz oposição/é partidário do oposicionismo. **Ex.** Os ~s estão todos do lado esquerdo da sala. **Comb.** Manobra ~.

opositivo, a adj (<lat *oppósitus*: oposto + -ivo) **1** Que envolve/implica oposição. **Comb.** Atitude ~a. **2** Colocado frente a frente/Oposto(+). **Ex.** As imagens dos dois santos «S. Pedro e S. Paulo» estão em altares ~s dum e doutro lado da basílica.

opositor, ora s (<lat *oppósitus*: oposto + -or) **1** O que se opõe/Pertencente à oposição/Adversário. **Comb.** Os ~es do regime [Os que são contra o Governo]. **2** Concorrente/Competidor/Candidato. **Comb.** Debate entre dois ~es [candidatos(+)] «à Presidência da República».

oposto, a (Ôsto, Ósta, Óstos) adj/s m (<lat *oppósitus, a, um*; ⇒ opor) **1** (Colocado) em frente/defronte/Fronteiro. **Ex.** Os meus amigos moram num edifício ~ [em frente] ao meu, do outro lado da rua. **2** Inverso/Contrário. **Loc.** *Caminhar em sentido ~*. *Situar-se em extremos ~s* [Ser [Ter opiniões] inteiramente diferentes]. **3** Diferente/Divergente. **Ex.** Somos amigos mas temos opiniões ~as sobre muitos assuntos «política/religião». **4** Contraditório/Antagó[ô]nico. **Comb.** Afirmações [Depoimentos] ~as. **5** Que faz oposição/Hostil/Adversário. **Comb.** Correntes [Fa(c)ções/Forças] ~as. **6** s m O que é contrário/inverso. **Ex.** Ele é o ~ do irmão. Afirmas agora o ~ do que disseste ontem.

opoterapia s f *Med* (<gr *opós*: suco + terapia) Tratamento à base de órgãos frescos de animais «glândulas endócrinas/hormonas»/Organoterapia.

opressão s f (<lat *oppréssio, ónis*; ⇒ oprimir) **1** A(c)to ou efeito de oprimir. **2** Sensação de peso/de sentir pressão. **Ex.** Não estou bem; sinto uma ~ no peito. **3** A(c)ção de fazer pressão/de carregar/comprimir. **Ex.** Temos que sair daqui depressa; não me posso mexer, não aguento a ~ da multidão. **4** Dominar pela força/Repressão/Despotismo/Tirania. **Comb.** A ~ do povo por um ditador. ~ dos mais fracos pelos mais fortes. **5** Mal-estar psíquico que provoca a sensação de ter um peso sobre si/Aflição/Angústia. **Ex.** O ambiente de casa, sombrio, triste, causava-lhe uma ~ insuportável.

opressivo, a adj (<oprimir + -ivo) **1** Que oprime/Autoritário/Despótico. **Comb.** Leis [Regime] ~as/o. **Sin.** Opressor; repressivo; tirânico. **2** Que causa mal-estar psíquico/Angustiante/Oprimente. **Comb.** *Ambiente ~*. *Silêncio ~*. **3** Que provoca falta de ar/Sufocante. **Comb.** Calor [Clima] ~ [abafado(+)/sufocante(o+)].

opressor, ora adj/s (<lat *opréssor, óris*) (O) que oprime/abusa da autoridade/exerce violência. **Loc.** Morrer às mãos dos ~es. **Comb.** Governo [Regime] ~. **Sin.** Déspota; ditador; tirano.

oprimido, a adj/s (<oprimir + -ido) **1** (O) que sofre opressão/Reprimido. **Loc.** Viver [Sentir-se] ~ «pelo rigor excessivo da autoridade/pela falta de liberdade». **2** (O) que é dominado pela força/Perseguido. **Comb.** «povos» ~s por ditadores. **3** Vítima de condições de opressão/Humilhado. **Loc.** Ajudar os pobres e os ~s.

oprimir v t (<lat *óprimo, ere, préssi, préssum*: apertar, comprimir, fechar) **1** Causar opressão/esmagamento/Apertar/Comprimir. **Loc.** Viajar oprimido/apertado «no Metro, às horas de ponta». **2** Dominar pela força/Reprimir/Tiranizar. **Ex.** A ditadura oprime o povo. **3** Causar aflição/ansiedade/angústia. **Ex.** O exagerado sentido da responsabilidade oprimia-o. **Loc.** Sentir-se oprimido «com o excesso de trabalho». **4** Coagir/Forçar/Pressionar. **Ex.** As circunstâncias «falta de trabalho» oprimiram[obrigaram(+)]-no a emigrar.

opróbrio s m (<lat *opróbrium, ii*) **1** Desonra pública/Ignomínia/Vergonha/Vexame. **Ex.** Exposto ao ~, vivia isolado, afastado de todo o convívio social. **2** Aquilo que revela baixeza/torpeza/degradação moral. **Ex.** A prática da corrupção por pessoas influentes «governantes» é o ~ da sociedade. **3** Estado de degradação humana/Aviltamento que conduz à abje(c)ção. **Loc.** Viver [Acabar os dias] no ~.

opsiometria s f (<gr *ópsis, eos*: a(c)ção de ver, vista, visão + -metria) Determinação dos limites da visão distinta e de outras qualidades da visão. ⇒ optometria.

opsiómetro [*Br* **opsiômetro**] s m *Fís Med* (⇒ opsiometria) Instrumento que serve para determinar algumas qualidades da visão distinta. ⇒ optó[ô]metro.

opsonina s f *Bioq* (<lat *opsónium*: alimento+-ina) Anticorpo que torna bactérias e outras células capazes de fagocitose e lise.

optante adj/s 2g (<optar + -ante) (O) que opta ou tem direito de opção.

optar v t/int (<lat *ópto, áre, átum*) **1** Fazer escolha/Decidir-se por/Preferir. **Ex.** Foram todos passear; eu optei por [decidi] ficar. Optei pelo [escolhi o] telemóvel mais barato. **2** Exercer o direito de opção. **Ex.** Na venda de uma casa arrendada, o inquilino pode ~ pela compra [pode exercer o direito de opção na compra].

optativo, a adj (<optar + -ivo) **1** Relativo a opção/Que envolve escolha/Opcional. **Ex.** Não fui obrigado; a minha decisão foi ~a. **Comb.** Cadeira [Matéria/Disciplina] ~ [de opção(+)]. **2** Que exprime um desejo. **Comb.** Construção gramatical ~a.

óptica ⇒ ótica.

o(p)ticidade (dg) s f [= opticidade] (<óptico + -i- + -dade) Qualidade do que se vê distintamente/que favorece a visão. **Comb.** ~ das cores contrastantes «branco e amarelo, na balizagem de estradas».

óptico/optimamente/optimismo/optimista/optimização/optimizar/óptimo ⇒ ótico/.../ótimo.

optometria s f (<gr *optós*: visível) Determinação da acuidade visual/Opticometria/Opsiometria.

optómetro [*Br* **optômetro**] s m (⇒ optometria) Instrumento que serve para determinar o índice de refra(c)ção ocular/Opsió[ô]metro.

opugnação s f (<lat *oppugnátio, ónis*) **1** A(c)to de opugnar/Investida contra o inimigo/Assalto/Ataque. **2** Oposição/Impugnação(+).

opugnar v t (<lat *oppúgno, áre, átum*) **1** Pugnar para conquistar/Investir/Acometer/Assaltar. **Loc.** ~ uma fortaleza inimiga. **2** Fazer oposição/Combater uma ideia/instituição. **3** Impugnar/Refutar.

opulência s f (<lat *opuléntia, ae*) **1** Grande riqueza/Abundância de bens materiais. **Loc.** Viver na ~. **Ant.** Miséria; pobreza. **2** Grande pompa/Magnificência/Luxo/Fausto. **Ex.** Todos se admiraram com a ~ da rece(p)ção.

opulento, a adj (<lat *opuléntus, a, um* <*óps, ópis*: riqueza) **1** Que possui grande riqueza/Muito rico/Abastado. **Comb.** *Casa [Família] ~a*. *Lavrador ~* [abastado(+)]. **2** Magnífico/Luxuoso/Faustoso. **Comb.** Vida ~a. **3** Que apresenta grande desenvolvimento/Abundante/Copioso. **Comb.** Colheita ~a [abundante(o+)/farta(+)]. Corpo ~.

opúncia s f pl *Bot* ⇒ cacto.

opus s m *Mús* (<lat *ópus, eris*: obra) Palavra latina usada, seguida dum número, na catalogação das obras dum compositor/Abrev *op.*. **Comb.** Sonata ~ 106 de Beethoven.

opúsculo s m (<lat *opúsculum, i*, dim de *ópus*: obra) Pequena composição sobre arte/ciência/literatura/Folheto.

Opus Dei s f *Rel* (<lat *ópus Dei*: obra de Deus) Associação católica internacional cujos membros se empenham em corresponder à vocação universal de santidade e de apostolado comum a todos os cristãos, dentro do estado de vida próprio de cada um. **Ex.** A ~ foi fundada em Madrid (Espanha) por S. Josemaria Escrivá de Balaguer em 1928 e aprovada pela Santa Sé em 1950.

-or, -ora suf (<lat *-or* «opréssor/benefáctor» + -a) Exprime a noção de: **a)** *agente, instrumento*: benfeitor, alimentador, destruidor, opressor; **b)** *profissão*: canalizador, jogador, patinador; **c)** *qualidade*: amargor, conhecedor, merecedor, sabedor.

ora (Ó) adv/conj/interj (<lat *hora*: hora) **1** adv No momento presente/Agora. **Ex.** Ainda ~ [agora(+)] vieste e já queres ir embora. Então, não quer (comprar) mais nada? – Por ~ levo só isto. De ~ em diante [Doravante],

à meia-noite quero-te [quero que estejas] em casa. **2** *conj* Mas/Porém/Portanto. **Ex.** ~ eu que tanto queria ir ao teatro, dei-te o bilhete (a ti) e tu não gostaste! Ele disse que avisava se viesse. ~ se não avisou é porque não vem. **Comb.** ~..., ~... [Ou..., ou...] (Ex. ~ chove, ~ faz sol). **3** *interj* Exclamação que exprime espanto/admiração/impaciência. **Ex.** Ainda estás a dormir? ~ sempre me saíste um preguiçoso! ~ essa! Recebeste ontem a semanada e já me vens pedir dinheiro?! ~, deixa-me; não me maces. **Comb.** ~ bolas [Que maçada]!

oração *s f* (<lat *orátio, ónis*) **1** *Rel* Invocação a Deus/Prece/Reza/Súplica. **Ex.** A mãe nunca deitava os filhos sem fazer com eles a ~ da noite. **Comb.** ~ *comunitária* [pessoal]. ~ *dominical* [Pai-nosso]. *Livro de* ~*ões*. **2** *Rel* Meditação/Contemplação/~ mental. **Ex.** Lia uma passagem do Evangelho e depois ficava longo tempo em ~. **3** Discurso solene. **Comb.** ~ *de sapiência* [Palestra proferida no início do ano le(c)tivo universitário pelo reitor ou por um professor do estabelecimento]. **4** *Gram* Unidade sintá(c)tica (Proposição) constituída por um predicado (Verbo) e um sujeito. **Ex.** A ~ tem geralmente um ou mais complementos. Uma frase pode ter duas ou mais ~ções. **Comb.** ~ *absoluta* [A que constitui um só período/Período simples, formado por uma só frase]. ~ *coordenada*/subordinada [ligada à principal por conjunção coordenativa/subordinativa].

oracional *adj 2g* (<lat *orationális, e*) Que diz respeito ou equivale à oração gramatical. **Comb.** *Estrutura* ~. *Sintagma* ~.

oracular *adj 2g* (<oráculo + -ar²) Relativo a [Próprio de] oráculo/Proferido em forma de oráculo/presságio. **Comb.** *Resposta* ~. *Vaticínio* ~. ⇒ adivinho; profético.

oráculo *s m Rel* (<lat *oráculum, i*) **1** Na antiguidade, resposta dada por uma divindade a quem a consultava/Lugar onde se podia obter essa resposta/A divindade consultada. **Loc.** *Consultar um* ~. **Comb.** ~ *de Delfos*. ~*s ambíguos*, difíceis de entender. **2** *Bíb* Palavra de Deus anunciada pelos profetas/Profecia. **Ex.** Os anúncios dos profetas terminavam muitas vezes com a expressão: *oráculo do Senhor*.

orada *s f pop* (<orar + -ada) Local onde se reza/Ermida(o+)/Cruz/Capela(+) situada fora da povoação.

orador, ora *s* (<lat *orátor, óris*) **1** O que fala em público/Pregador. **Ex.** Antes da conferência, o dire(c)tor «da escola» fez a apresentação do ~. Para o sermão da festa (do Santo Padroeiro) convidaram um ~ [pregador(+)] famoso. **2** O que tem o dom da palavra/fala muito bem. **Ex.** Desde pequeno que dava mostras de [que indiciava] vir a ser um bom ~.

orago *s m* (<lat *oráculum, i*: oráculo) Santo prote(c)tor a quem é dedicada uma igreja ou capela/Padroeiro. **Ex.** Os santos populares (S(anto) Antó(ô)nio, S(ão) João e S(ão) Pedro) são ~s de grande número de freguesias [paróquias] de Portugal/Brasil/...

oral *adj/s 2g* (<lat *orális, e*) **1** Relativo à boca/Bucal. **Loc.** *Fazer a higiene* ~. Tomar um remédio *por via* ~. **Comb.** *Psic* Estádio ~ [Segundo Freud (1856-1939), etapa do desenvolvimento pré-genital que se processa em torno da primeira a(c)tividade infantil, a su(c)ção (em que a criança leva tudo à boca)]. **2** Relativo à fala/Transmitido pela voz/Verbal/Falado. **Ex.** A promessa [O aviso] foi apenas ~ [verbal(+)]. **Comb.** *Prova* ~ (dum exame). *Fon* **Vogal** ~ [que não se pronuncia com nasalação «á/ó/i»]. **3** *s 2g* O que é dito de viva voz/não por escrito/Oralidade. **Loc.** Apontar *diferenças entre o* ~ *e o escrito* (como meios de comunicação). *Ir à* ~. Marcar a *data das* (provas) ~*ais*.

oralidade *s f* (<oral + -i- + -dade) **1** Qualidade do que é oral. **Comb.** ~ de algumas tradições populares. **2** Exposição oral. **Ex.** A ~ serve-se de recursos «gestos/mímica» que a escrita não pode empregar. **3** *Fon* Qualidade do som «pó/paz» produzido exclusivamente pela boca, sem passagem pelas fossas nasais.

oralmente *adv* (<oral + -mente) Por via oral/Sem ser por escrito/De viva voz. **Loc.** Transmitir ~ uma mensagem/comunicação/informação/ordem.

-orama/-orâmico *suf* (<gr *hórama*: o que se vê, espe(c)táculo) Exprime a ideia de *(grande) vista*; ⇒ panorama.

orangotango *s m Zool* (<mal *órang*: homem + *(h)útan*: bosque) Símio antropomórfico da família dos pongídeos, com pernas curtas, braços longos e pelagem avermelhada que vive nas ilhas de Bornéu e Samatra.

orar *v int* (<lat *óro, áre, átum*) **1** Fazer oração/Rezar. **Ex.** Jesus Cristo recomendou: "Quando orares, entra no teu quarto, ora ao Pai (a Deus), em segredo". **Loc.** Ajoelhar [Recolher]-se para ~. **2** Falar em público/Fazer um discurso. **Ex.** Convidaram um grande cientista para ~ [falar(+)] na [ser o orador da(+)] sessão de abertura do congresso.

orate *s m* (<esp *orate*) Demente/Louco/Maluco. **Comb.** Casa de ~s [Hospital de alienados].

oratória *s f* ⇒ oratório **4-6**.

oratoriano, a *adj/s m* (<Oratório + -ano) Membro da Congregação do Oratório, fundada em Roma por S. Filipe de Néri, em 1565. **Ex.** Em Portugal, os ~s foram chamados pelo Marquês de Pombal para substituir, no ensino, os jesuítas por ele expulsos. **2** Relativo aos ~s «Padre Bartolomeu de Quental» ou à Congregação do Oratório. **Comb.** *Clérigo* ~. *Método* ~.

oratório, a *s/adj* (<lat *oratórium, ii*) **1** Pequena capela doméstica/Parte da casa destinada à oração. **Ex.** Um dos aposentos da casa foi destinado a ~. **Loc.** *Br* Estar de ~ [recolhido para preparar algum exame]. *Br* Estar no ~ [ameaçado de agressão ou de morte]. **2** Pequeno nicho em forma de armário de madeira, geralmente com portas de vidro, que contém imagens diante das quais se reza. **Ex.** Todos os meses recebemos em casa durante um dia o ~ da Sagrada Família (Família de Nazaré/Jesus, Maria e José). **3** *Maiúsc* Congregação do ~. ⇒ oratoriano. **4** *s f Lit* Arte de falar em público/Eloquência/Retórica. **Ex.** Os sermões do jesuíta P. Antó(ô)nio Vieira (1608-1697) são uma joia da ~ portuguesa. **5** *s f Mús* Drama lírico de assunto religioso para coro, orquestra e solistas. **Ex.** A ~ teve origem nas reuniões de piedade organizadas por S. Filipe de Néri, animadas com música, no primeiro Oratório, a igreja romana de S. Jeró(ô)nimo da Caridade. **6** *adj* Relativo à oratória. **Comb.** *Arte* ~*a*. *Dotes* ~*s*. *Estilo* ~.

orbe (Ór) *s m* (<lat *órbis, bis*: círculo, roda) **1** Corpo esférico em toda a sua extensão/Globo/Redondeza. **Comb.** ~ *terrestre/terráqueo* [A Terra/O Mundo]. **2** *Astr* Qualquer corpo celeste esférico com a área delimitada pela sua órbita. **3** Zona de influência/Campo/Círculo/Domínio. **Comb.** ~ intele(c)tual. Assunto do ~ «da medicina». O ~ lusófono [da CPLP].

orbicular *adj 2g* (<lat *orbículus*: roda pequena + -ar²) **1** Em forma de orbe/Esférico/Circular. **Comb.** *Geol* Estrutura [Rocha] ~ [que apresenta zonas concêntricas de colorações diferentes]. **2** *Anat* (Diz-se de) alguns músculos que rodeiam certos orifícios do corpo. **Comb.** Músculo ~ dos lábios [do olho].

órbita *s f* (<lat *órbita, ae*: sulco [rasto] deixado por rodas; ⇒ orbe) **1** *Astr* Traje(c)tória descrita por um astro em torno de outro. **Ex.** Os planetas do sistema solar descrevem ~s elípticas em torno do Sol. **Loc.** Colocar [Entrar/Estar] em ~ [Um satélite artificial atingir o movimento regular em torno da Terra ou de outro astro]. **Idi.** *Entrar em* ~ [Alhear-se da realidade/Ficar fora de si]. *Sair de* ~ [Ultrapassar os limites/Exceder-se]. **2** *Anat* Cavidade óssea onde se aloja o globo ocular e alguns dos seus anexos. **Ex.** O espanto foi tão grande que parecia que os olhos lhe saltavam das ~s. **3** *Zool* Zona que contorna os olhos das aves. **4** *Fís/Quím* Segundo o modelo ató(ô)mico de Bohr, traje(c)tória bem definida descrita por um ele(c)trão [elétron] periférico em torno do núcleo do átomo. **5** *fig* Área de influência/Esfera de a(c)ção. **Ex.** É boato que se ouve na ~ partidária. Isso está fora da minha ~.

orbital *adj 2g/s f* (<órbita + -al) **1** Relativo a órbita. **Comb.** *Cavidade* [Osso] ~. *Observatório* ~. *Velocidade média* ~ «do planeta Marte». **2** *s f Fís/Quím* Zona do espaço ató(ô)mico onde é provável encontrar os ele(c)trões [elétrons] no seu movimento em torno do núcleo. **Ex.** As ~ais mais próximas do núcleo são as de menor energia.

orbitar *v int* (<órbita + -ar¹) **1** Descrever [Mover-se segundo] uma órbita. **Ex.** O sistema solar é constituído pelo Sol e tudo o que orbita [gira(+)] à sua volta. A Lua orbita dire(c)tamente em volta da Terra e indire(c)tamente em volta do Sol. **2** *fig* Estar [Mover-se/Gravitar] na zona de influência/na esfera de a(c)ção. **Ex.** Em torno de pessoas famosas «a(c)tores/futebolistas» orbitam geralmente [andam sempre] os interesseiros [os que querem tirar proveito da sua companhia].

orbitário, a *adj* (<órbita + -ário) ⇒ orbital **1**.

orca (Ór) *s f Zool* (<lat *orca, ae*: orca, jarra, tonel) **1** Grande cetáceo marinho da família dos delfinídeos, *Orcinus orca*, carnívoro voraz que persegue as baleias, focas e peixes de grande porte para se alimentar. **2** *Arqueo* Vaso de barro com a forma de pequena ânfora. **3** *Arqueo region* ⇒ anta; dólmen.

orça (Ór) *s f* (<orçar) **1** *Náut* A(c)to ou efeito de orçar (Navegar à bolina). **2** *Náut* Cabo que serve para manobrar as velas. **3** A(c)to o efeito de orçar (Fazer orçamento).

orçador, ora *s/adj* (<orçar + -dor) (O) que orça/faz orçamentos.

orçamental *adj 2g* (<orçamento + -al) Que diz respeito a orçamento. **Comb.** *Corte* ~. *Dotação* ~. *Estimativa* ~.

orçamentar *v t* (<orçamento + -ar¹) **1** Elaborar um orçamento. **Loc.** ~ a despesa familiar mensal. **2** Calcular/Orçar. **Loc.** ~ o custo duma obra.

orçamentista *s 2g* (<orçamento + -ista) Especialista em elaborar orçamentos. **Comb.** ~ municipal. ~ duma empresa «de construção civil».

orçamento *s m Econ* (<orçar **2** + -mento) **1** Previsão de receitas e despesas relativas a um certo período, duma casa, instituição ou do Estado. **Ex.** O ~ do Estado é elaborado anualmente pelo Governo e aprovado pela Assembleia da República. **Comb.** ~

orçar

familiar. 2 Cálculo prévio [Estimativa] das despesas com determinado empreendimento. **Ex.** Antes de mandares reparar a máquina, pergunta qual é o ~. **Loc.** Fazer o ~ duma viagem «ao estrangeiro».

orçar v t/int (<it *orzare*) 1 *Náut* Andar à orça/Navegar à bolina/Bolinar. 2 Calcular por alto/Estimar. **Loc.** ~ «despesa/materiais de» uma obra.

orcina[ol] s *Quím* (<ing *orchil* + -ina/ol) Substância corante ($C_7 H_8 O_2$) extraída de certos líquenes [liquens] «urzela».

ordálio s m *Hist* (<germânico *urteili*: julgamento *divino*) Tortura dum acusado que só seria declarado inocente se não sofresse dano.

ordeiro, a adj (<ordem + -eiro) Amigo da ordem/Pacato/Pacífico. **Comb.** *Gente ~a. Manifestação ~a.* **Ant.** Desordeiro; zaragateiro.

ordem s f (<lat *órdo, inis*) 1 Disposição regular e metódica de pessoas ou coisas segundo o modo ou lugar considerado apropriado. **Ex.** Não vou para a rua sem primeiro pôr a casa em ~ [pôr cada coisa no seu lugar/arrumar a casa]. **Loc.** *Chamar à ~* [Admoestar/Repreender/Obrigar a cumprir]. *Ditar ~ns* [Mandar]. *Estar às ~ns* [ao dispor] *de*. *Estar na ~ do dia* [em voga/Ser a(c)tual]. *Meter/Pôr na ~* [Obrigar a cumprir os deveres/a comportar-se bem] «os filhos». *Receber/Tomar ~ns* [Receber o sacramento da ~/Ordenar-se]. **Comb.** ~ *do dia* [Conjunto de assuntos a tratar numa determinada reunião/assembleia]. *À ~* [Diz-se de dinheiro [valores] depositado(s) num Banco e que pode(m) ser movimentado(s) em qualquer momento «conta/depósito/dinheiro à ~»]. «estou sempre» *Às ~ns* [Ao dispor] «do chefe». *De (outra) ~* [natureza] (Comb. De ~ social/religiosa/material). *Por ~* [Por mando/indicação/autorização] *de*. **Ant.** Barafunda; desarrumação; desordem. 2 Disposição de pessoas ou coisas segundo um critério racional «de hierarquia/funcional»/Ordenação/Sequência. **Comb.** ~ *alfabética* (:a, b, c, ..., z*). ~ crescente* «de idades». *~ de chegada. ~ numérica* (: 1, 2, 3, ...). 3 Princípio que está na base do encadeamento das causas e dos efeitos/Sucessão lógica. **Ex.** Pela ~ natural das coisas, os pais morrem antes dos filhos. **Comb.** A ~ do universo.
4 Imposição emanada de quem tem autoridade/Mandado. **Ex.** O general deu ~ para atacar. **Loc.** *Dar/Receber ~ns* [instruções que devem ser cumpridas]. *Não receber ~ns de ninguém* [Ser independente/orgulhoso/Não gostar de obedecer]. **Comb.** ~ *de despejo* [Mandado judicial para o arrendatário abandonar a casa que ocupa]. *~ de prisão* [Mandado escrito para prender alguém]. *~ de serviço* [Comunicação oficial dentro duma instituição para ser cumprida]. 5 Cumprimento [Respeito] pelas leis e normas de conduta que regulam o comportamento em sociedade. **Ex.** A polícia interveio para manter a ~ «nas bancadas do estádio de futebol». **Loc.** Perturbar a ~ [Levantar confusão/alarido/Fazer zaragata]. **Comb.** ~ [Lei] *moral* [Conjunto de princípios morais que vigoram na vida social]. ~ *pública* [Segurança de pessoas e bens mantida pelas forças policiais]. 6 Categoria que se atribui a alguém/alguma coisa/Classe/Natureza. **Ex.** Por essa ~ de ideias «quem faz mais barulho é quem tem razão». Assuntos [Questões/Preocupações] da mesma ~ [de ~ diferente]. 7 Associação de pessoas que exercem a mesma profissão liberal e se regem por um regulamento próprio/~ profissional. **Comb.** ~ dos advogados/médicos/engenheiros. 8 *Rel* Sacramento que consagra e constitui ministros de Cristo aqueles que o recebem/Ordens Sacras. **Ex.** O sacramento da ~ tem três graus: episcopado, presbiterado e diaconado. 9 *Rel* Sociedade de religiosos, masculinos ou femininos, com votos solenes, que se regem por regras próprias (Constituições) e têm um carisma específico. **Ex.** Até ao séc. XVIII todos os institutos religiosos eram ~ns; a partir de 1784 só foram criados institutos ou congregações religiosas. **Idi.** *iron A ~ é rica e os frades são poucos* [Diz-se quando alguém esbanja [desperdiça] dinheiro como se tivesse uma enorme riqueza]. **Comb.** ~ *mendicante* «dos franciscanos, OFM». ~ *monástica* «dos beneditinos, OSB».
10 *Mil/Rel* Confraria de homens de armas, com estatuto próprio e uma mística comum que assumiam determinadas obrigações religiosas e morais/~ *militar*. **Ex.** As ~ns militares «~ do Santo Sepulcro de Jerusalém/~ dos Templários» eram autó[ô]nomas, mas beneficiavam da prote(c)ção espiritual da Igreja. 11 *Dir* Corporação honorífica constituída por uma autoridade de soberana para galardoar qualidades e serviços relevantes «~ de Avis/~ da Torre e Espada». ⇒ condecoração.12 *Arquit* Conjunto de preceitos estéticos ligados à forma e às proporções dos vários elementos que constituem um edifício. **Ex.** Na Antiguidade Clássica distinguem-se cinco ~ns: dórica, jó[ô]nica e coríntia, na Grécia; compósita e toscana, em Roma. 13 *Biol* Divisão taxonó[ô]mica entre a classe e a família. **Comb.** *~ns dos mamíferos* «primatas/roedores». *~ns das aves* «palmípedes/corredoras». 14 *Mat* Relação que, num conjunto, permite dizer que um elemento precede outro e qual. **Comb.** ~ *de grandeza* [Valor expresso pela potência de dez mais próxima/Valor aproximado]. 15 *Gram* Sequência dos constituintes duma estrutura sintá(c)tica. **Comb.** ~ dire(c)ta (Sujeito, predicado (Verbo), complemento).

ordenação s f (<lat *ordinátio, ónis*) 1 A(c)to ou efeito de ordenar/Ordenamento. 2 Imposição por parte de quem tem autoridade/Ordem/Mandado/Prescrição. **Loc.** Seguir à risca [com todo o rigor] a ~ [prescrição(+)] do médico. 3 Disposição de um conjunto de elementos segundo um dado critério/Arrumação/Ordenamento. **Comb.** ~ *alfabética. ~ numérica. Por ~* «crescente» *das classificações* obtidas. 4 *Rel* A(c)to em que alguém recebe o sacramento da Ordem; ⇒ ordem 8. **Comb.** ~ *de diácono* [presbítero/bispo]. 5 *pl Hist* Compilação de leis emanadas do rei. **Comb.** ~ões afonsinas (De D. Afonso V)/manuelinas (De D. Manuel I).

ordenada s f *Mat* ⇒ ordenado 5.

ordenadamente adv (<ordenado + -mente) 1 Seguindo determinada ordem/Por ordem. **Ex.** As pessoas serão atendidas ~ por ordem «de chegada». 2 De forma ordeira/Com ordem. **Loc.** Entrar ~ na sala de aula, sem barulho, deixando que as crianças mais pequenas entrem primeiro. 3 Sucessivamente. **Loc.** Percorrer ~ um ficheiro «à procura duma ficha extraviada».

ordenado, a adj/s (<ordenar + -ado) 1 Que se ordenou/Mandado. **Loc.** Agir como foi [estava] ~. 2 Que está em ordem/Disposto segundo determinado critério/Arrumado. **Comb.** ~ alfabetica[numerica]mente. ⇒ ordem 2. **Comb.** *Correspondência ~a* «por clientes». *Ficheiro ~. Quarto* (com tudo muito bem) ~ [arrumado(+)]. **Ant.** Desarrumado; desorganizado. 3 (O) que recebeu ordens sacras/o sacramento da Ordem. **Ex.** Durante as celebrações litúrgicas «missa», os ~s têm lugar no presbitério. **Comb.** ~ padre [sacerdote/presbítero]. 4 s m Remuneração pecuniária periódica «mensal» de um empregado/Vencimento/Salário. **Loc.** Receber o ~ pelo Banco [depositado num Banco/por transferência bancária]. **Comb.** ~ *base* [Remuneração ilíquida, sem descontos nem subsídios]. ~ *mínimo* [Remuneração mensal mínima «500 €» estabelecida por lei]. 5 s f *Mat* Uma das coordenadas que, num determinado sistema de eixos, determina a posição de um ponto dum plano. **Ex.** No sistema cartesiano a posição dum ponto dum plano fica definida pelas duas coordenadas: ~ e abcissa.

ordenador, ora adj/s (<ordenar + -dor; ⇒ ordenante) 1 (O) que ordena. **Ex.** Foi ele «o presidente» o ~ [o que ordenou] «que se retirassem as prateleiras». **Comb.** Instrumento [Dispositivo] (legal) ~. 2 *Info* Nome genérico usado para designar o computador(+)/Cérebro ele(c)tró[ô]nico.

ordenamento s m (<ordenar + -mento; ⇒ ordenação 4) A(c)to ou efeito de ordenar/Ordenação/Organização. **Ex.** A primeira medida da nova administração, foi estudar o ~ da empresa (para o melhorar). **Comb.** ~ *do território* [Plano de organização que visa o aproveitamento das potencialidades do país de forma harmoniosa e equilibrada, tendo em conta as necessidades das populações e a defesa do meio ambiente]. ~ *jurídico* [Sistema de normas jurídicas que regulamentam a vida duma sociedade].

ordenança s f (<ordenar + -ança) 1 Disposição ordenada/metódica/Organização/Ordem. **Loc.** Ter tudo em boa ~ [ordem(o+)/tudo bem organizado(+)]. 2 Decisão emanada duma autoridade/Mandado/Prescrição/Lei. **Loc.** Seguir à risca as ~s [ordens(+)/prescrições(o+)] do médico. 3 *Mil* Soldado às ordens de um oficial ou duma repartição. **Comb.** ~ *dum general*. ~ *da secretaria*.

ordenando adj/s m *Rel* (<ordenar 4; ⇒ ordenado 3; ordenação 4) (O) que vai receber o sacramento da ordem. **Ex.** O bispo admoestou os ~s «a presbíteros» sobre a responsabilidade do sacramento que iam receber.

ordenante adj/s m *Rel* (<ordenar 5; ⇒ ordenado) (O) que ordena/administra o sacramento da ordem/as ordens sacras. **Ex.** O (bispo) ~ do novo bispo «auxiliar de Lisboa» foi o Cardeal Patriarca (de Lisboa). «eu sou sacerdote/presbítero» O meu ~ foi o Bispo de S. Paulo, *Br*.

ordenar v t (<lat *órdino, áre, átum*) 1 Dispor de forma organizada/Pôr em [por] ordem/Organizar. **Loc.** ~ *alfabeticamente* um ficheiro. ~ *o material para uma aula* «de química». ~ *papéis* «livros/artigos/correspondência». 2 Dar instruções/Mandar/Determinar. **Ex.** O professor ordenou que permanecessem sentados e em silêncio. Vem para casa já! Foi a mãe que ordenou [mandou]. O dire(c)tor ordenou que se instaurasse um inquérito «para esclarecer o incidente». "O povo é quem mais ordena" – dizia a canção revolucionária portuguesa (de abril de 1974). 3 ~-se/Organizar-se/Pôr-se em ordem. **Ex.** Nunca mais aprendes a ~-te [a ser ordenado(+)]; não sei como consegues entender-te [orientar-te] no meio dessa confusão «de papéis».
4 *Rel* ~-se/Receber ordens sacras/o sa-

cramento da ordem. **Ex.** Ordenou-se agora diácono e será [vai ser(+)] ordenado presbítero [padre] no próximo ano. **5** *Rel* Conferir [Administrar] o sacramento da ordem. **Ex.** O bispo ordenou «três» diáconos e «dois» presbíteros.

ordenável *adj 2g* (<ordenar + -vel) Que se pode ordenar. **Ex.** As matérias do foro íntimo não são ~eis.

ordenha *s f* (<ordenhar) **1** A(c)to de ordenhar/mungir. **Loc.** Recolher as ovelhas para a ~. **Comb.** ~ *manual* [mecânica]. *Hora da* ~. **2** Quantidade de leite ordenhado em cada operação. **Ex.** As ~s deste mês estão todas vendidas. **Comb.** ~ abundante [escassa].

ordenhador, ora *adj/s* (<ordenhar + -dor) (O) que ordenha/Máquina de ordenhar. **Ex.** Um só ~ é pouco para um rebanho tão grande [para tantas vacas].

ordenhar *v t* (< ?) Recolher o leite das fêmeas de animais domésticos «vacas/cabras/ovelhas» espremendo as tetas/Mungir. **Loc.** Estar ocupado a ~. **Comb.** Máquina de ~.

ordinal *adj 2g/s m* (<lat *ordinális, e*; ⇒ ordem) **1** (O) que é relativo à ordem ou à posição numa série numérica. **Ex.** O meu lugar é na primeira carteira da terceira fila (*Primeira* e *terceira*, são (numerais) ~ais). ⇒ cardinal. **2** Designativo do numeral «primeiro/segundo/...» que indica uma série numérica. **Ex.** Já aprendi os ~ais até vinte «em inglês».

ordinariamente *adv* (<ordinário + -mente) **1** De modo geral/De ordinário/Habitualmente/Frequentemente. **Ex.** O médico, ~ [habitualmente(+)], dá consulta todas as tardes; exce(p)cionalmente, hoje não pôde vir. O meu filho vem por cá muitas vezes, ~ [geralmemte(+)] aos domingos. **2** De modo ordinário/grosseiro/Sem educação/Malcriadamente. **Ex.** Não volto mais a casa desta gente para não ser tratado ~ como fui hoje; educação é coisa que não têm.

ordinarice *s f* (<ordinário **5** + -ice) Dito/Comportamento grosseiro.

ordinário, a *adj/s* (<lat *ordinárius, a, um*) **1** Que está de acordo com a ordem natural das coisas/Normal/Natural/Habitual. **Comb. De** ~ [Geralmente/Por via de regra]. *Deveres* ~*s. Percurso* [Caminho] ~. *Rotina* ~*a*. **2** Que se repete com intervalos regulares/Periódico/Regular. **Comb.** *Assembleia geral* ~*a* «de ac(c)ionistas». *Reunião* [Sessão] ~*a* «semanal». **3** Que não é especial/Comum/Vulgar/Normal. **Comb.** «encomenda expedida por» *Correio* ~. «balcão do» *Expediente* ~. **4** De má qualidade/Medíocre/Reles. **Ex.** O carro tem um bom motor mas os acabamentos «estofos/pintura» são ~s. **Comb.** *Detergente* ~. *Fruta* ~*a*. *Tecido* ~. **5** (O) que é mal-educado/grosseiro/malcriado. **Ex.** Que empregado tão ~! Foi grosseiro e mal-educado com uma cliente idosa. Seu [Você é um] ~! **Comb.** *Conversas* ~*as*. *Gente* ~*a*. **6** *Rel* Diz-se do poder de jurisdição eclesiástica de que goza o bispo titular na sua diocese e o superior das ordens religiosas sobre os seus súbditos/O bispo enquanto detentor desse poder. **Comb.** O bispo [O ~] do lugar «Leiria-Fátima». **7** *s Rel* Parte fixa do ritual da missa (que vem no missal «romano»). **8** *s* O que é habitual. **Loc.** Sair do ~ [Quebrar a rotina/Proceder de forma diferente/Fazer extravagâncias].

ordinarismo *s m* (<ordinário **5** + -ismo) ⇒ ordinarice.

Ordovícico [Ordoviciano] *s m Geol* (<antr Ordovices, antigo povo do País de Gales) Sistema da Era Paleozoica que sucede ao Câmbrico e antecede o Silúrico.

orear *v t Br* (<esp *orear*) Expor ao ar «a roupa para secar»/Arejar(+).

orega *s f Icti* (< ?) Espécie de raia que aparece na costa portuguesa/Nevoeira/Teiroga.

orégão [orégano] *s m Bot* (<gr *oríganos, ou*) Planta herbácea vivaz, muito aromática, da família das labiadas, *Origanum vulgare*, muito utilizada como condimento. **Loc.** Temperar «os bifes» com ~.

orelha (Rê) *s f* (<lat *aurícula, ae*, dim de *auris* <gr *oûs, otos*: orelha; ⇒ ouvido) **1** *Anat* Parte externa membranosa do aparelho auditivo dos mamíferos situada dum e doutro lado da cabeça/Pavilhão (auricular). **Ex.** Muitos mamíferos «coelho/cão/burro/elefante» têm ~s móveis. **Prov. Fam** *Quando um burro fala o outro abaixa as* ~*s* [Expressão usada para censurar alguém que interrompe a fala de outro, querendo significar que deve escutar até ao fim sem interromper]. *A palavras loucas,* ~*s moucas* [Não se deve dar importância a palavras insensatas]. **Idi.** *Abanar as* ~*s* [Recusar um pedido/Dizer não/Não] (Ex. Ainda não tinha acabado de dizer o que queria e já a mãe estava a abanar as ~s). *Andar de* ~ *caída/murcha* [Andar triste/desanimado]. *Arrebitar a* ~ [Pôr-se à escuta/Escutar com muita atenção] (Ex. Quando pressentiu que falavam da sua amiga, arrebitou logo a ~, cheia de curiosidade «para saber se diziam mal dela»). *Br Bater* ~*(s)* [Andar emparelhado com outro/Estar em pé de igualdade] (Ex. Em esperteza, batem ~(s) um com o outro). *Corar até às* ~*s* [Ficar muito corado/ruborizado] (Ex. Ele era um moço muito tímido; quando lhe perguntaram pela namorada, corou até às ~s). *Dar nas* ~*s a alguém* [Bater/Criticar/Repreender] (Ex. Tive três negativas; já sei que os meus pais me vão dar nas ~s). *Estar/Ficar com a pulga atrás da* ~ [Estar desconfiado/Suspeitar de alguma coisa e ficar de sobreaviso] (Ex. Disseram-me que a minha empregada não era (muito) séria. Fiquei com a pulga atrás da ~, sempre atento a ver se (me) faltava [desaparecia] alguma coisa). *Fazer* ~*s moucas* [Fingir que não (se) ouve]. *Fazer(-lhe) o ninho atrás da* ~ [Enganar alguém/*idi* Comer as papas na cabeça] (Ex. Ela tinha sete olhos para os empregados [Ela trazia os empregados sempre debaixo de olho/estava sempre vigilante]. A ela não (lhe) faziam o ninho atrás da ~). *Ficar com as* ~*s a arder* [Ficar muito corado/a/envergonhado/a] (Ex. Quando o professor disse que havia reprovações, fiquei logo com as ~s a arder, pois sabia que um dos reprovados era eu). *Levar nas* ~*s* [Ser agredido/Ser censurado/repreendido/criticado]. *Puxar as* ~*s a alguém* [Dar um puxão de ~s/Criticar/Censurar/Repreender]. *Br Puxar pela* ~ *da sota* [Ter o vício do jogo]. *Br Sacar* ~ [Ganhar «uma corrida» com um pequeno avanço]. *Sentir* [Ter] *as* ~*s a arder* [Aperceber-se de que estão a falar de si] (Ex. Estava a adivinhar que falavam de mim; tinha [sentia] as ~s a arder). *Torcer a(s)* ~*(s)* (e não deitar sangue) [Arrepender-se tardiamente, quando o mal já não tem remédio] (Ex. Não quiseste aceitar aquele emprego mas ainda vais torcer a ~). **Comb.** *Até às* ~*s* [Dos pés à cabeça/Completamente] (Ex. Apanhei uma molha, fiquei encharcado até às ~s). *Da ponta* [*De trás*] *da* ~ [Muito bom/Excelente] (Comb. Um almoço [pitéu/banquete] de trás [da ponta] da ~). *Espírito santo de* ~ [Diz-se daquilo que é murmurado [de quem murmura] disfarçadamente para auxiliar outrem «num exame»]. *Sorriso de* ~ *a* ~ [de total satisfação/franco/aberto]. **2** *Anat* Órgão da audição/Ouvido(+). **Loc.** Lavar as ~s. Ter uma infe(c)ção nas ~s [nos ouvidos(+)]. **3** Apêndice de alguns obje(c)tos. **Comb.** *Náut* ~*s da âncora*. *Boné* (de pala) *com* ~*s* [com abas para cobrir as ~s]. *Martelo de* ~*s* [com unhas (Espécie de ganchos)] «para arrancar pregos»]. *Porca de* ~*s* [com duas hastes laterais (para ser enroscada à mão)]. **4** Parte do sapato que cobre o peito do pé e se pode puxar para ajudar a calçar/Língua do sapato. **Ex.** Ao calçar o sapato arrancou-se a ~. **5** *Bot* Apêndice na base de certas folhas de algumas plantas. **6** Cada uma das partes da capa de um livro que estão dobradas para dentro/Badana.

orelhão *s m pop* (<orelha + -ão) **1** *Med* ⇒ parotidite. **2** Parte do tear nas fábricas da seda. **3** *Br* Cabina/e telefó[ô]nica pública em forma de concha.

orelheira *s f* (<orelha + -eira) **1** Orelha de porco. **Ex.** No *cozido à portuguesa* não pode faltar a ~. **2** *Cul* Prato confe(c)cionado com orelha de porco. **Comb.** «prato do dia» ~ com feijão branco.

orelhudo, a *adj* (<orelha + -udo) **1** «burro» Que tem orelhas grandes. **Comb.** Morcego ~. **2** *fig fam* Estúpido/Burro. **3** *fig fam* Teimoso/Casmurro.

oreografia/gráfico ⇒ orografia/gráfico.

orexia (Csi) **[orexomania]** (Csó) *s f Med* (<gr *órexis, eos*: tendência para comer, apetite) Necessidade frequente e imperiosa de comer. **Sin.** Bulimia. ⇒ anorexia.

orfanato *s m* (<órfão + -ato) Estabelecimento de assistência social onde se recolhem e educam órfãos.

orfandade *s f* (<órfão + -dade) **1** Qualidade de quem é órfão. **Ex.** O flagelo da sida [aids] deixa muitas crianças na [atira muitas crianças para a] ~ «em África». **2** Os órfãos. **Ex.** «religiosa missionária que» Dedicou toda a sua vida à [a tratar da] ~ «em Moçambique». **3** *fig* Desamparo/Abandono/Privação. **Ex.** Os pais emigraram e deixaram os filhos na ~ «entregues a si mesmos/aos vizinhos».

órfão, órfã *s* (<lat *órphanus, i*) **1** O que perdeu o pai ou a mãe ou os dois. **Comb.** ~ de mãe [pai/de pai e mãe]. **2** *fig* Desamparado/Abandono/Privado. **Ex.** Desde que as irmãs [religiosas] missionárias partiram «expulsas pelos revolucionários/por causa da guerra», muitas crianças ficaram ~ãs sem terem quem lhes trate da saúde e lhes dê instrução.

orfeão *s m Mús* (<gr *orphéon* <antr mit gr Orfeu, deus da música) **1** Grupo de pessoas que se dedicam ao canto coral sem acompanhamento instrumental. **Comb.** ~ acadé[ê]mico [universitário]. Encontro «nacional» de ~ões. **2** Escola de canto. **Loc.** Ter aulas de canto no ~.

orfeico [orfeónico], a, [*Br* orfeônico] *adj* (<orfeão + -ico) Do [Relativo ao] orfeão/Musical.

orfeonista *s 2g Mús* (<orfeão + -ista) O que faz parte dum orfeão. **Comb.** Jantar de confraternização dos ~s.

organdi *s m* (<fr *organdi*) Tecido leve e transparente com um tratamento especial que lhe dá consistência. **Comb.** Vestido de ~.

organicamente *adv* (<orgânico + -mente) **1** De modo orgânico. **Comb.** Processos «de nutrição/fabrico» ~ ligados. **2** Em relação com o organismo. **Ex.** O desgosto afe(c)tou-o/a ~/fisicamente(+). **3** Sem re-

curso a fertilizantes/pesticidas sintéticos. **Comb.** *Cultivado* [*Criado*] ~.

organicismo *s m Psic/Fil* (<orgânico + -ismo) Conjunto de correntes [teorias] que consideram o homem organizado como um todo em que os processos biológicos e psicológicos, embora tendo estruturas próprias, estão intimamente ligados e reagem globalmente.

organicista *adj/s 2g* (<orgânico + -ista) Relativo ao organicismo/O que é partidário do organicismo.

orgânico, a *adj* (<gr *organikós, é, ón*: instrumental, relativo aos instrumentos) **1** Relativo a órgão/ao organismo de seres vivos. **Comb.** *Lesão ~a. Tecido ~*. **2** Que é referente a seres vivos/à vida dos seres organizados. **Comb.** *Compostos ~s. Funções ~as. Química ~a* [dos compostos de carbono]. *Reino ~*. **3** Que provém de tecidos vivos/se extrai ou é formado por eles. **Comb.** *Líquidos ~s. Matéria ~a.* **Ant.** *Inorgânico; mineral.* **4** Que está relacionado com a lei fundamental de um Estado ou com a organização de uma empresa/serviço. **Comb.** *Estrutura ~a duma empresa. Lei ~a dum ministério.* **5** *s f* Forma de organização de uma empresa/um serviço/Regulamento da estrutura de funcionamento. **Comb.** *A ~a duma empresa.*

organismo *s m* (<órgão + -ismo) **1** *Biol* Ser vivo/Ser organizado. **Ex.** Na natureza há uma infinidade de ~s vivos, muitos deles microscópicos. **2** *Biol* Conjunto dos órgãos que constituem o corpo humano. **Ex.** Fumar [O abuso do álcool] prejudica o ~. **3** Conjunto de partes [elementos] organizados para o desempenho duma função/Organização. **Ex.** O Pedro trabalha num ~ público [privado]. **4** Instituição [Entidade] com funções de ordem social numa determinada área de a(c)tividade. **Ex.** A A(m)nistia Internacional é um ~ que se preocupa com a situação dos presos políticos. **Comb.** *~ de coordenação econó[ô]mica. ~s internacionais* (Ex. A FIA é o ~ que coordena o desporto [esporte] automóvel (Fórmula 1) a nível mundial). ⇒ organização 4.

organista *s 2g Mús* (<órgão + -ista) O que toca órgão. **Comb.** *~ da Sé «de Lisboa».*

organito *s m Biol* (<órgão + -ito) Pequena estrutura intracelular que pode ser separada da célula por fra(c)cionamento celular. **Ex.** Os ~s são a sede de alguns constituintes chave da célula, especialmente enzimas. Os cloroplastos são ~s das células vegetais.

organização *s f* (<organizar + -ção) **1** A(c)to ou efeito de organizar/de pôr a [de fazer] funcionar. **Comb.** *~ duma festa/dum serviço.* ⇒ ~ 6. **2** Modo como uma instituição [um trabalho/serviço] está constituída/o e como funciona/Estrutura. **Ex.** A boa ~ duma empresa é fundamental para o seu sucesso. **Comb.** *~ da justiça. ~ duma escola.* **3** Composição, estrutura e inter-relacionamento das partes que constituem um ser vivo. **Ex.** A ~ dos seres vivos atinge no homem o máximo de complexidade. **4** Conjunto de pessoas que se associam numa entidade estável, para prossecução de fins comuns/Sociedade/Associação/Organismo. **Ex.** As ONG são ~ões não governamentais que a(c)tuam no campo da solidariedade social. **Comb.** *~ões internacionais «FAO/OIT/OMS/ONU/UNESCO».* **5** Disposição [Arranjo/Arrumação] que permite um funcionamento [uso/uma utilização] mais eficiente. **Ex.** Com a nova ~ o estabelecimento [a loja «de móveis»] até parece maior; ficou mais funcional. **6** A(c)ções de preparação de determinado acontecimento/Preparativos/Preparação. **Comb.** *~ duma viagem. ~ dum certame «de jogos tradicionais».* ⇒ ~ **1**.

organizacional *adj 2g* (<organização + -al) Relativo à organização. **Comb.** *Medidas* [*Alterações*] *~ais. Reforma ~*.

organizado, a *adj* (<organizar) **1** Que tem órgãos cujo funcionamento possibilita a vida. **Comb.** *«animais/plantas» Seres ~s.* **2** Que denota organização/Que foi preparado [planeado] para funcionar. **Comb.** *Escola ~a. Escritório ~.* **3** Que pensa e age com método/Que gosta da ordem/Metódico/Ordenado. **Comb.** *Pessoa «empregado/funcionário» ~a.* **Ant.** *Desarrumado; desordenado; desorganizado.* **4** Que se efe(c)tua através de organizações ou grupos com determinados obje(c)tivos. **Comb.** *Campanha difamatória «na imprensa» ~a. Crime ~o.*

organizador, ora *adj/s* (<organizar + -dor) (O) que organiza. **Comb.** *~ duma festa* [*dum convívio/duma excursão*]. **Comb.** *País ~ dum campeonato «de futebol».*

organizar *v t* (<lat *organízo, áre, átum*: tocar órgão <*órganum*: órgão) **1** Constituir órgãos vivos diferenciados. **Ex.** As células dos organismos vivos superiores organizam-se em tecidos e órgãos. **2** Dispor de forma ordenada/Colocar segundo uma ordem regular e funcional as partes dum conjunto. **Loc.** *~ um escritório «móveis/pessoas/máquinas»* de contabilidade. *~ (os livros d)uma biblioteca.* **3** Constituir um organismo «empresa/associação/agremiação». **Loc.** *~ um grupo de teatro* [*orfeão/conjunto musical/clube (d)esportivo*]. **4** Preparar de acordo com um plano prévio/Ordenar/Arranjar. **Ex.** O João seria um bom técnico se organizasse o serviço [se fosse organizado(+)]. **Loc.** *~ uma rece(p)ção «aos membros do governo».* **5** Promover/Lançar/Incentivar. **Ex.** A polícia organizou uma campanha de sensibilização dos alunos mais pequenos para os perigos de atropelamento nas ruas. **6** Planear uma a(c)ção/um empreendimento/a execução dum proje(c)to. **Ex.** Os professores da escola reuniram-se para ~ o ano le(c)tivo. **7** ~-se/Coordenar as próprias a(c)tividades/Arranjar-se/Preparar-se. **Ex.** O trabalho [O tempo(+)] não lhe rende porque não sabe ~ -se. Sem trabalho e sem dinheiro, como irá ele ~-se?

organizativo, a *adj* (<organizar + -tivo) Que organiza/Capaz de organizar/Destinado a organizar. **Comb.** *Entidade* [*Comité*] *~a/o. Método ~. Formalidades ~as.*

organizável *adj 2g* (<organizar + -vel) Que se pode organizar/Susce(p)tível de ser organizado. **Ex.** Portugal dispõe de condições [estádios] que tornam facilmente ~ um campeonato mundial de futebol.

organogénese [*Br* **organogênese**][**organogenia/organogenesia**] *s f Biol* (<órgão + génese) Capítulo da Biologia que se ocupa da formação e desenvolvimento dos órgãos.

organogenéti[si]co, a *adj* (<órgão + genéti[si]co) Relativo à organogénese[genia].

organograma *s m* (<órgão + -grama) Representação gráfica esquemática de uma organização ou sistema, indicando as unidades constitutivas e as relações [os fluxos] entre elas. **Comb.** *~ duma empresa. ~* [*Diagrama*(+)] *de fluxo de matérias-primas.* *Info ~ de operações dum programa.*

organolético, a [*Br* **organolé(p)tico** (dg)] *adj* [= organoléptico] (<órgão + gr *leptikós*: bom de tomar) Diz-se das propriedades que impressionam os sentidos «o paladar». **Comb.** *Cara(c)terísticas ~as dum alimento.*

organologia *s f* (<órgão + -logia) **1** *Biol* Estudo dos órgãos dos seres vivos. **2** *Mús* Disciplina que estuda os instrumentos musicais e a sua classificação.

organometálico, a *adj Quím* (<orgân(ic)o + metálico) Diz-se de compostos orgânicos em que há uma ligação carbono-metal. **Ex.** Os compostos ~s mais frequentes são os de magnésio e os de lítio.

organoterapia *s f Med* (<órgão + ...) Tratamento de uma doença utilizando extra(c)tos de órgãos, tecidos e sobretudo glândulas hormonais/Opoterapia.

organsim *s m* (< top turco *Urgandj*) Primeiro fio de seda que se deita no tear para formar a urdidura.

órgão *s m* (<lat *órganum, i*: instrumento (musical), órgão) **1** *Biol* Parte do corpo de um ser vivo que desempenha uma função determinada. **Ex.** Nos animais, quando os ~s se completam, constituem um aparelho (A boca, o estômago e os intestinos são ~s do aparelho digestivo). A flor é o ~ de reprodução da planta e a raiz o ~ de assimilação dos elementos nutritivos. **2** *Mec* Parte dum aparelho ou máquina que desempenha uma determinada função. **Ex.** A bateria é o ~ que fornece energia elé(c)trica a todos os outros ~s elé(c)tricos dum automóvel. **3** *Mús* Instrumento musical complexo de grandes dimensões, de sopro e teclado, composto por tubos acústicos que recebem o ar dum sistema de foles, a(c)cionado pelo(s) teclado(s). **Ex.** O ~ do Mosteiro de Santa Cruz, em Coimbra (Portugal), tem 3420 tubos. **4** Pessoa ou obje(c)to que serve de instrumento ou intermediário/Meio. **Ex.** As duas irmãs eram o ~ dinamizador [eram a alma] do grupo «de jovens». As escadas e os elevadores são ~s [meios] de ligação entre os pisos dum edifício. **5** O que é representante dum grupo/do povo/duma nação ou detentor do poder. **Ex.** Em Portugal, os ~s de soberania são: o Presidente da República, a Assembleia da República, o Governo e os Tribunais.

orgasmo *s m Fisiol* (<gr *orgasmós*: estar pleno de seiva, ter o humor [sangue] em movimento, ferver de desejo) Fase culminante de excitação relacionada com o a(c)to sexual, acompanhada de prazer corpóreo que no homem coincide normalmente com a ejaculação espermática/Clímax.

orgástico, a *adj* (<orgasmo + -t- + -ico) Relativo ao orgasmo. **Comb.** *Prazer* [*Sensação*] *~o/a.*

orgia *s f* (<gr *orgia, íon*: festas solenes em honra de Baco) **1** Festa em que se come e bebe desregradamente e se cometem excessos, nomeadamente sexuais/Bacanal. **Loc.** *Meter-se* [*Passar a vida*] *em ~s.* **2** *fig* Abundância/Profusão(+)/Excesso. **Comb.** *«festa com» Uma ~ de luzes e de cor.*

orgíaco [**orgiástico**]**, a** *adj* (<gr *orgiakós, é, ón*) Relativo a orgia. **Comb.** *Comezainas* [*Divertimentos*] *~as/os.*

orgulhar *v t* (<orgulho + -ar[1]) **1** Proporcionar orgulho/alegria/vaidade/Envaidecer(-se). **Ex.** O autarca orgulhava-se de ter transformado [embelezado] a cidade. Os pais orgulhavam-se da carreira brilhante do filho médico. **Loc.** *Uma equipa «de futebol» ~-se da vitória alcançada.* **2** Apresentar-se com arrogância/Ensoberbecer-se/Vangloriar-se. **Loc.** *Político ~-se do poder «alcançado pela força e pela tirania».*

orgulho *s m* (<frâncico *urgúli*: excelência) **1** Conceito exagerado de si próprio/Arrogância/Soberba/Presunção. **Ex.** Cheio

de ~ «por ser muito rico» criava conflitos com toda a gente, julgava-se o senhor do mundo. **Ant.** Modéstia; humildade. **2** Sentimento de dignidade pessoal/Brio/Altivez/Pundonor. **Ex.** O general, com ~ pela vitória alcançada, saudou a multidão que o aclamava. **3** Satisfação intensa do amor-próprio por alguma coisa ou pessoa/Vaidade. **Ex.** O capitão da equipa/e erguia com ~ a taça que tinham acabado de conquistar. **4** Aquilo [Aquele] que causa grande satisfação. **Ex.** Um filho que era o ~ dos pais. Obra «romance» que era o ~ do escritor.

orgulhosamente adv (<orgulhoso + -mente) **1** Com orgulho/vaidade. **Ex.** Mostrava ~ o diploma aos familiares. **2** Com altivez/arrogância. **Ex.** O pugilista olhava ~ para o adversário vencido.

orgulhoso, a (Óso, Ósa, Ósos) adj (<orgulho + -oso) **1** Que tem orgulho/Soberbo/Arrogante. **Ex.** Era muito ~, incapaz de reconhecer [admitir] os seus erros. **Ant.** Modesto; humilde. **2** Vaidoso/Brioso/Altivo. **Ex.** Satisfeito com a prova brilhante que tinha realizado, sorria ~.

orientação s f (<orientar + -ção) **1** A(c)to ou efeito de orientar. **2** Determinação dos pontos cardeais a partir do ponto onde o observador se encontra/Localização de algo relativamente aos pontos cardeais. **Loc.** Ter sentido de ~ [Encontrar facilmente o rumo, aquilo «caminho/hotel» que procura]. **Comb.** ~ pela bússola [pelo Sol]. **3** Posição de alguma coisa relativamente aos pontos cardeais. **Ex.** A ponte tem ~ norte-sul. **Comb.** Quartos (da casa) com ~ para [virados a(+)] sul. **4** Dire(c)ção/Rumo/Destino. **Ex.** A empresa, se continuar com esta ~, tem os dias contados [, depressa acabará na falência]. **5** Regra/Norma. **Ex.** Ele é boa pessoa mas não tem ~: gasta o que tem (e o que não tem) em coisas totalmente supérfluas. **6** Acompanhamento [Aconselhamento] de alguém em algum trabalho ou tarefa. **Comb.** ~ de estagiários. ~ da tese de doutoramento. ~ escolar/pedagógica/profissional [Aconselhamento na escolha do tipo de estudos mais adequados com vista à descoberta da vocação e posteriormente à integração profissional]. **7** Inclinação natural/Tendência. **Comb.** ~ para as letras. ~ política «de esquerda».

orientado, a adj (<orientar) **1** Disposto de determinada maneira em relação aos pontos cardeais. **Comb.** Casa bem ~a, com muita luz e sol. **2** Que tem determinada dire(c)ção ou sentido. **Comb.** Cristal euédrico ~ [situado em determinada posição que permite ao observador identificar os eixos cristalográficos e verificar relações de simetria]. (Segmento de) re(c)ta ~o/a. **3** Que é feito de acordo com regras/normas ou sob orientação de alguém. **Comb.** Trabalho [Estudo] ~. **4** fam Equilibrado/Regrado/Ponderado. **Ex.** Ele é pobre mas muito ~/ajuizado «não tem dívidas/traz os filhos sempre limpos».

orientador, ora adj/s (<orientar + -dor) (O) que orienta/Guia/Dire(c)tor. **Comb.** ~ de estágio. ~ vocacional [Dire(c)tor espiritual]. (⇒ psicólogo). **Instrumento** [Sistema] ~ «bússola/GPS».

oriental adj 2g/s pl (<oriente + -al) **1** Do [Relativo a] Oriente. **Comb.** Costumes [Religiões] ~ais. **Ant.** Ocidental. **2** Que está situado a oriente dum ponto de referência. **Comb.** Parte ~ da cidade. **Sin.** Leste. **Ant.** Ocidental; oeste. **3** s pl Os povos asiáticos «indianos/chineses/japoneses». **Ex.** Os ~ais distinguem-se facilmente (dos ocidentais) pelas feições.

orientalidade s f (<oriental + -i- + -dade) **1** Qualidade do que é oriental. **Comb.** ~ dos costumes «num bairro onde predominam habitantes asiáticos». **2** Que está situado a oriente. **Ex.** A pobreza daquela zona da cidade não se pode atribuir à sua ~.

orientalismo s m (<oriental + -ismo) **1** Estudo dos povos e das civilizações oientais. **Ex.** Os descobrimentos portugueses do séc. XVI contribuíram grandemente para o desenvolvimento do ~. **2** Gosto das coisas orientais/do modo exótico de viver oriental. **Comb.** Vida fantástica e deliciosa do ~.

orientalista s 2g (<oriental + -ista) **1** Estudioso das culturas e civilizações orientais. **Ex.** Alguns missionários católicos «os jesuítas PP. Mateus Ricci, Tomás Pereira, Luís Fróis e João Rodrigues foram também ~s célebres. **2** Pessoa que gosta das coisas orientais.

orientalizar v t (<oriental + -izar) Dar [Adquirir] cara(c)terísticas próprias do Oriente. **Ex.** O português S. João de Brito (séc. XVII) orientalizou-se, na Índia, na forma de vestir e de viver para mais facilmente evangelizar os indianos.

orientar v t (<oriente + -ar¹) **1** Determinar a posição dos pontos cardeais/Localizar qualquer ponto em relação aos pontos cardeais. **Ex.** Não há sol mas temos a bússola para nos orientarmos. **Loc.** ~ uma casa para o sul. **2** Indicar o rumo/Encaminhar/Guiar. **Ex.** O turista pediu que o orientassem para o hotel. As plantas orientam-se para a luz. **3** Dar orientação/Aconselhar/Dirigir. **Ex.** O pai orientou-o desde muito cedo para o curso de medicina. **4** Colocar em determinada posição/Voltar para/Expor. **Ex.** Orienta a luz [o foco/candeeiro] para o livro/a mesa de trabalho. Orienta o chapéu de chuva contra o vento. **5** ~-se/Guiar-se numa determinada dire(c)ção «moral/intelectual»/Nortear-se/Regular-se. **Ex.** Ele orientou-se sempre pelos ensinamentos dos seus pais. Andou uns tempos desnorteado [desorientado] mas depois (lá) conseguiu ~-se novamente.

orientável adj 2g (<orientar + -vel) Que se pode orientar. **Ex.** Os espelhos retrovisores dos automóveis são ~eis. Antena fixa [não ~].

oriente s m (<lat óriens, éntis <órior, oríri, órtus sum: nascer) **1** Lado do horizonte onde nasce o Sol/Este/Leste/Nascente/Levante. **Loc.** «avião» Deslocar-se para ~. O vento soprar do ~ [de leste(+)]. **Ant.** Ocidente; oeste; poente. **2** Maiúsc Região (dum país/continente) situada a leste. **Comb.** O ~ [Leste(+)] da Europa. **3** Maiúsc Conjunto de países da Ásia ou do Sudeste da Europa. **Comb.** Extremo ~ [Regiões dos confins da Ásia «China/Japão»]. Médio ~ [Países do sudoeste da Ásia «Turquia/Irão/Iraque»]. Próximo ~ [Países da bacia mediterrânica «Síria/Líbano/Israel/Jordânia»]. Hist Império do ~ [Parte oriental do Império Romano/Império Bizantino]. **4** Loja maçó[ô]nica. **Comb.** Grande ~ [Loja que manda nas outras].

orifício s m (<lat orifícium, ii <ós, óris: boca + fácere: fazer) Abertura estreita/Buraco/Furo. **Ex.** As bolas de futebol têm um ~ por onde são cheias com [por onde entra o] ar. Anat A janela oval e a janela redonda são ~s do ouvido médio. Basta um pequeno ~ [furo(+)] para esvaziar um pneu.

oriforme adj 2g (<lat ós, óris: boca + -forme) Em forma de boca. **Comb.** Abertura [Fenda] ~.

origami s m (<jp origami <ori: dobra + kami: papel) Arte tradicional japonesa de dobrar e recortar papel formando figuras decorativas.

origem s m f (<lat orígo, inis) **1** Ponto de partida/Gé[ê]nese/Início/Começo. **Ex.** Darwin dedicou-se ao estudo da ~ e desenvolvimento das espécies. O incêndio teve ~ na cave. **Comb.** A ~ da vida [do Mundo]. **2** Circunstâncias ou causas de determinado fenó[ô]meno/acontecimento. **Ex.** A inundação teve ~ na rotura duma conduta de abastecimento de água. **Loc.** *Dar ~ a/Estar na ~ de* [Ser causa de/Causar/Ocasionar/Provocar] (Ex. O óleo derramado na estrada deu ~ ao [esteve na ~ do] acidente). *Ter ~ em* [Resultar/Provir] (Ex. A rixa teve ~ numa discussão). **3** Terra [Região/Cidade/País] de procedência pessoal ou familiar. **Comb.** Pessoa de *~ europeia* [americana/asiática]. Emigrante *de ~ brasileira* [portuguesa/moçambicana]. **4** Grupo social [Meio] em que nasceu/Ascendência/Genealogia. **Comb.** «professor/diplomata» *De ~ humilde* [nobre/abastada]. «pintor/poeta» *De ~ árabe* [judaica/japonesa]. **5** Local de produção/expedição/Proveniência. **Comb.** *Certificado de ~* [Documento que atesta a proveniência ou a autenticidade] «marca de vinho». «chamada telefó[ô]nica» *Com ~ no estrangeiro*. «uísque» *De ~ escocesa*. *Peças de ~* [verdadeiras/autênticas/genuínas]. **6** Nascente dum curso de água/dum rio/Fonte. **Ex.** O Ganges e o Ianzequião têm ~ na cordilheira dos Himalaias. **7** Filiação duma palavra/Etimologia. **Comb.** Palavra de ~ árabe «alcaide» [grega «democracia»]. **8** Mat Geog Ponto a partir do qual se medem as coordenadas. **Ex.** O cruzamento [A interse(c)ção] de dois eixos perpendiculares é a ~ das coordenadas cartesianas. **Comb.** Meridiano-~ [de longitude 0°, por convenção o meridiano de Greenwich].

originador, ora adj/s (<originar + -dor) (O) que origina/Causador/Provocador. **Ex.** Tu, com a tua observação despropositada, foste o ~ [causador(+)] da zaragata. A seca prolongada foi fa(c)tor [foi o] ~ de fome e doenças.

original adj/s (<lat originális, e) **1** Relativo a origem/Inicial/Primitivo. **Ex.** O edifício foi restaurado mas manteve a traça ~/primitiva. **Comb.** *Edição ~* «de Os Lusíadas, de Luís de Camões». *Rel Pecado ~* [Situação em que está todo o homem e que, sem a justificação de Cristo, o levaria a recusar Deus]. **2** (O) que não é copiado nem reproduzido/Autêntico/Verdadeiro. **Ex.** Um processo feito em triplicado: um ~ e duas cópias. **Comb.** *Documento* «certidão/fa(c)tura/recibo» ~. *Quadro* ~ «de Picasso». **Ant.** Cópia; reprodução. **3** Que foi feito na origem/Genuíno(+). **Comb.** *Champanhe* ~ «francês». *Peças* (sobresselentes) ~ais. **4** Novo/Inédito. **Comb.** *Obra* [Poema/Romance] ~ [inédito(+)]. *Proje(c)to* [Ideia] ~. **5** Documento [Obra/Texto] lido na língua em que foi escrito. **Loc.** Consultar um texto bíblico no ~ «aramaico/grego». Ler Shakespeare no ~ (inglês). **6** (O) que serve de modelo para ser reproduzido. **Ex.** A cópia [reprodução] está melhor do que o ~. **7** Fora do vulgar/Excêntrico/Extravagante/Raro. **Ex.** Ela anda sempre vestida de forma muito ~ [extravagante(+)].

originalidade s f (<original + -i- + -dade) **1** Qualidade do que é original. **2** Cara(c)terística do que é novo/inovador. **Ex.** Um bom artista «arquite(c)to/escultor/músico» distingue-se pela ~ das suas obras. **Sin.** Novidade; singularidade. **Ant.** Banalidade;

trivialidade; vulgaridade. **3** *depr* Extravagância/Excentricidade. **Loc.** Fazer humor à custa de ~s de mau gosto «troçando dos deficientes».

originar *v t* (<origem + -ar¹) **1** Dar origem a/Iniciar. **Ex.** As chuvas torrenciais originaram uma inundação catastrófica. As doze tribos dos filhos de Jacob originaram o povo de Israel. **2** Causar/Determinar/Provocar. **Ex.** Os vícios e excessos «tabaco/álcool» podem ~ doenças fatais. **3** Ter origem em/Ser proveniente/procedente de. **Ex.** As grandes polé[ê]micas são frequentemente originadas por opiniões divergentes sobre determinado assunto «sobre o acordo ortográfico». **4** Nascer/Resultar. **Ex.** Da falta de perspe(c)tivas futuras «de emprego» originam-se grandes frustrações dos jovens. Dum pequeno incidente originou-se [resultou(+)/nasceu] um enorme tumulto.

originariamente *adv* (<originário + -mente) **1** Na origem/No princípio/Inicialmente. **Ex.** ~, a estalagem [pousada] era um castelo. A palavra *você* ~, era *vossa mercê*. **2** De modo original/inovador/criativo. **Loc.** Resolver um problema ~ [de forma original(+)/de forma diferente da das outras pessoas].

originário, a *adj* (<lat *originárius, a, um*) **1** Que tem origem em/é proveniente de/Oriundo. **Ex.** O chá é ~ da China donde foi trazido pelos portugueses para a Europa no séc. XVI. Comunidade portuguesa «de Fall River, EUA» ~a dos Açores. **2** Primitivo/Inicial/Original. **Ex.** A finalidade ~a do edifício (da escola) não era essa. **3** Que se mantém desde a origem/Conservado. **Ex.** Nunca abandonou a fé ~a, herdada de seus pais.

orilha *s f* (<esp *orilla* <lat *ora, ae*: borda) **1** Bordo [Filete] duma peça de ourivesaria. **2** ⇒ Borda/Margem/Ourela.

-ório, a *suf* (<lat *-órius, a, um*) Entra na formação de palavras relacionadas com: **a)** o *lugar onde se exerce uma a(c)tividade*: *ambulatório, cartório, consultório*; **b)** *a própria a(c)tividade*: *acusatório, censório, circulatório, peditório*; **c)** com sentido *depreciativo hiperbolizante*: *casório, falatório, simplório*.

Órion *s m Astr* (<gr *Órion*, caçador mítico) Constelação equatorial situada a norte da Lebre, entre a Baleia e o Cão Menor; tem quatro estrelas formando um quadrilátero no centro do qual estão outras três, conhecidas pelas Três Marias.

oriundo, a *adj* (<lat *oriúndus, a, um* <*órior, ríri*: nascer) **1** Originário/Proveniente. **Comb.** Café ~ do Brasil. **2** Descendente. **Comb.** «ele é ~ de família estrangeira. **3** *Br* Jogador estrangeiro de futebol que pode ter contrato com a sele(c)ção do seu país de origem.

órix (Riks) *s m Zool* (<lat *óryx*) Antílope africano de pelagem cinzenta ou acastanhada e chifres longos quase verticais.

orixá (Chá) *s m Rel* (<ioruba *orixa*) Divindades das religiões afro-brasileiras «candomblé/macumba» que simbolizam as forças da natureza ou fenó[ô]menos naturais.

orixalá *s m Rel* (<ioruba *orixa + n-la*: grande) O maior dos orixás.

oriziculor, ora *s Agr* (<gr *óryza*: arroz + cultor) O que se dedica à cultura do arroz.

orizicultura *s f Agr* (⇒ oriziculor) Cultura do arroz.

orizívoro, a *adj* (<gr *óryza + -voro*) (Diz-se de) animal que se alimenta de arroz.

orla (Ór) *s f* (<lat *órulus, i* dim de *ora, ae*: borda) **1** Rebordo duma superfície/Borda/o. **Comb.** *A ~ duma cratera. A ~ duma floresta.* **2** Beira/Margem/Borda. **Comb.** *A ~ dum lago. A ~ marítima* [A costa/O litoral]. **3** Rebordo duma peça de roupa/Debrum/Cercadura. **Comb.** Vestido com ~ [debrum(+)] de veludo ou cetim nas mangas e no decote. **4** Cercadura/Guarnição. **Comb.** ~ [Rebordo(+)] *duma moeda.* ~ *duma moldura.*

orlar *v t* (<orla + -ar¹) **1** Guarnecer com orla/Debruar. **Loc.** ~ a bainha duma saia «com fita de veludo». **2** Ficar situado à volta de/Envolver/Cercar. **Ex.** Uma sebe de buxo orlava os canteiros do jardim.

ornado, a *adj* (<ornar) **1** Adornado/Enfeitado/Embelezado. **Ex.** A rainha, ~a de ouro e pedras preciosas, sentou-se no trono para a rece(p)ção. **2** Abrilhantado/Enriquecido/Dotado. **Comb.** Discurso ~ de floreados de retórica. Edição «de luxo» com gravuras. Pessoa ~a de grande(s) virtude(s).

ornamentação *s f* (<ornamentar + -ção) **1** A(c)to ou efeito de ornamentar/Decoração. **Ex.** Ela todos os anos se encarregava da ~ do andor «de Nossa Senhora de Fátima». **2** Adorno/Atavio/Ornamento. **Ex.** A ~ «da sala de conferências» foi feita apenas com cravos, brancos e vermelhos. **3** Arte ou técnica de ornamentar. **Comb.** Especialista em ~.

ornamentador, ora *adj/s* (<ornamentar + -dor) (O) que ornamenta/Decorador. **Ex.** As ~as da igreja «para o casamento» só acabaram o trabalho *idi* tarde da noite [já muito tarde/*idi* pela noite dentro].

ornamental *adj 2g* (<ornamento + -al) **1** Relativo a ornamento. **Comb.** *Arte* [Técnica] ~. *Motivos ~ais.* **2** Próprio para ornamentar/Decorativo. **Comb.** *Plantas* [Flores] *~ais. Pedras ~ais* [Minerais ou rochas que, não sendo gemas «alabastro/jade/quartzo rosado», servem para fabricar obje(c)tos decorativos].

ornamentar *v t* (<ornamento + -ar¹) **1** Fazer a ornamentação/Decorar/Embelezar/Enfeitar. **Loc.** ~ *a casa* com flores. ~ *um salão* para um banquete. ~ *os altares* duma igreja. **2** Tornar mais atraente/Embelezar/Abrilhantar. **Ex.** Nos dias de festa «Natal/Páscoa» ornamentava a mesa com uma toalha de linho bordada à mão, loiça do serviço «Vista Alegre» e copos de cristal.

ornamentista *s 2g* (<ornamentar + -ista) O que ornamenta/Ornamentador(+)/Decorador(o+).

ornamento *s m* (<lat *ornamentum, i*; ⇒ ornato) **1** Tudo o que serve para orna(menta)r/Adorno/Enfeite. **Comb.** *~s de Natal* «estrelas/folhas e bagas de azevinho/luzes de cores». *~s da casa* «quadros/estatuetas/flores». ~ *dum vestido* «laços/rendas/lantejoulas». *~s sagrados* [Paramentos e alfaias litúrgicas]. **2** *fig* Diz-se de floreados «figuras de estilo/metáforas» dum discurso.

ornar *v t* (<lat *órno, áre, átum*) **1** Ornamentar/Enfeitar/Adornar/Ataviar]. **Ex.** Para a sessão comemorativa «do centenário da República Portuguesa (1910-2010)» ornaram [ornamentaram(+)] o palco com faixas verdes e vermelhas e flores das mesmas cores. Para a passagem do Papa, as janelas e sacadas estavam ornadas [ornamentadas(+)/enfeitadas(o+)] com as cores branca e amarela do Vaticano. **2** Abrilhantar/Embelezar. **Loc.** ~ *um discurso* com floreados de efeito agradável ao ouvido.

ornato *s m* (<lat *ornátus, us*; ⇒ ornar) Ornamento/Adorno/Enfeite/Atavio. **Comb.** *Arte ~ estético*/artístico [que é acrescentado como enfeite a uma obra artística] (Ex. Os motivos marítimos como ~s do estilo manuelino). *Mús ~ musical* [Pequenos grupos de notas que se adicionam a uma melodia com finalidade decorativa, sem dela fazerem parte].

orne(j)ar *v int* (<on) Zurrar(+)/Ornejar. **Ex.** Os burros ornei[nej]am [zurram(+)].

ornei[nej]o *s m* (<orne(j)ar) A(c)to de orne(j)ar/Zurro(+).

ornejador, ora *adj/s* (<ornejar + -dor) (Animal) que orneja/zurra.

ornitologia *s f* (<gr *órnis, ithos*: ave + -logia) Parte da Zoologia que estuda as aves. **Comb.** Tratado de ~.

ornitologista [ornitólogo, a(+)**]** *s* (⇒ ornitologia) O que se dedica ao estudo das aves/Especialista em ornitologia.

ornitomancia *s f* (<gr *órnis, ithos*: ave + -mancia) Adivinhação por meio do canto ou do voo das aves.

ornitópodes *s m pl Pal* (<gr *órnis, ithos*: ave + -pode) Répteis fósseis [Dinossauros] avipélvicos, bípedes, herbívoros, sem armadura dérmica, com cauda forte e poderosa.

ornitorrinco *s m Zool* (<gr *órnis, ithos*: ave + *rhygkos*: focinho) Mamífero monotrémato, ovíparo, com bico de pato e um só orifício urogenital (Cloaca). **Ex.** Os ~s vivem na Austrália e na Tasmânia junto aos cursos de água; são uma forma de transição entre os répteis e os mamíferos.

orobancáceo, a *adj/s f pl Bot* (<gr *orobagké, es*) (Diz-se de) família de plantas dicotiledó[ô]neas herbáceas, sem clorofila, parasitas das raízes de muitas plantas superiores, a que pertence a orobanca/que.

órobo *s m Bot* (<gr *órobos, ou*) Planta da família das leguminosas, *Vicia ervilia*, conhecida por ervilha-de-pombo/a.

orofaringe *s f Anat* (<lat *os, óris*: boca + ...) Parte da boca entre o véu do paladar e as amígdalas.

orogénese [*Br* orogênese] [orogenia] *s f Geol* (<gr *óros, óreos*[*ous*]: montanha + -...) **1** Processo de formação das cadeias de montanhas. **2** Conjunto de modificações estruturais que ocorrem em zonas restritas durante um certo tempo e que dão origem a cadeias de montanhas.

orogénico [*Br* orogênico] [orogenético], a *adj* (<orogé[ê]nese[genia] + -ico) Relativo à orogé[ê]nese/orogenia. **Comb.** Ciclo [Fase] ~o/a. Movimentos ~s.

orografia *s f Geol* (⇒ orogé[ê]nese) Estudo descritivo das montanhas.

orográfico, a *adj* (<orografia + -ico) Relativo à orografia. **Comb.** Mapa ~ «de Portugal».

orologia *s f Geol* (⇒ orogé[ê]nese) Estudo dos fenó[ô]menos que determinam a formação das montanhas.

orometria *s f Geol* (<gr *óros, eos*: montanha + -metria) Medição do relevo dos solos.

orómetro [orômetro] *s m* (<orometria) Instrumento que serve para determinar altitudes. ⇒ teodolito.

orosfera *s f Geog* (<gr *óros, eos*: montanha + esfera) Parte montanhosa [sólida] da Terra/Litosfera).

orquestra *s f* (<gr *orkhéstra, as*) **1** Conjunto de músicos instrumentistas que executam uma peça musical. **Ex.** Uma ~ é geralmente dirigida por um maestro. **2** Conjunto de instrumentos que esses músicos tocam. **Comb.** ~ *de câmara* [cordas]. ~ *sinfó[ô]nica* [que compreende instrumentos de percussão, sopro e cordas]. **3** Parte duma sala de espe(c)táculos [teatro], a mais baixa e mais próxima da cena, reservada aos músicos. **Ex.** A ~ situa-se entre o palco e o público [e a plateia].

orquestração s f (<orquestrar + -ção) **1** *Mús* Arte de compor uma peça musical para orquestra/Combinação das diferentes partes instrumentais de modo a obter um conjunto harmonioso. **Ex.** A ~ é uma técnica que exige grandes conhecimentos de composição. **2** *fig* Organização de campanha [manifestação/movimento reivindicativo] para que decorra de modo controlado e provoque grande impacto. **Comb.** ~ duma campanha contra o governo.

orquestrador, ora adj/s (<orquestrar + -dor) **1** s *Mús* Músico [Compositor] que faz uma orquestração. **Ex.** O ~ conjuga e relaciona os sons dos instrumentos dentro do organismo que é a orquestra. **2** (O) que orquestra/coordena/organiza uma orquestração. **Comb.** ~ duma manifestação «contra o pagamento de portagens».

orquestral adj 2g (<orquestra + -al) Relativo à música de orquestra. **Comb.** Obra [Composição/Partitura] ~. **2** Relativo ao conjunto de instrumentos que compõem uma orquestra. **Comb.** Gigantismo ~ «das orquestras do séc. XVIII».

orquestrar v t (<orquestra + -ar¹) **1** *Mús* Compor [Adaptar] uma peça musical para ser executada por uma orquestra. **Loc.** ~ [Compor(+)] uma sinfonia. ~ uma canção popular «um fado». **2** *fig* Coordenar harmoniosamente. **3** *fig* Combinar [Articular] uma trama. **Loc.** ~ [Fazer] uma campanha de difamação.

orquialgia s f *Med* (<gr *orkhis*: testículo + algia) Dor testicular.

orquidáceo, a adj/s f pl *Bot* (<lat *orchidea, ae* + -áceo) (Diz-se de) família de plantas monocotiledó[ô]neas com flores irregulares de grande beleza.

orquídea s f *Bot* (<gr *órkhis*: testículo + -ídea) Nome vulgar de várias plantas [flores] da família das orquidáceas, muito apreciadas pela sua beleza e perfume. **Comb.** Ramo de ~s «Ilha da Madeira, Portugal».

orquiec[quio]tomia s f *Med* (<gr *órkhis*: testículo + -tomia) Ablação de testículo.

orquiocele s f *Med* (<gr *órkhis*: testículo + -cele) Tumor no testículo/Hérnia testicular.

orquite s f *Med* (<gr *órkhis*: testículo + -ite) Inflamação nos testículos.

-orro, a (Ôrro, a) suf Entra na formação de numerosas palavras com sentido aumentativo, muitas vezes depreciativo: *beiçorro, cabeçorra, gatorro, sapatorro*.

ortite/a s f *Miner* (<gr *órthos*: re(c)to + -ite/a) Silicato complexo de alumínio, cálcio, ferro, magnésio, cério e lantânio que cristaliza no sistema monoclínico e faz parte do grupo dos epídotos/Al(l)anite/a(+).

orto (Ôr) s m (<lat *ortus, us*) **1** *Astr* Nascimento dum astro. **2** *fig* ⇒ Princípio de alguma coisa/Origem.

orto- (Órtó) pref (<gr *orthós, é, ón*: re(c)to) Exprime a ideia de *re(c)to*, *direito*, *exa(c)to*: *ortodoxia, ortogonal, ortografia, ortopedia, ortorrômbico*.

ortocentro s m *Geom* (<orto- + centro) Ponto de interse(c)ção das alturas de um triângulo.

ortóclase[clásio/clasita] s f [m] *Miner* (<orto- + gr *klásis*: fra(c)tura) Mineral do grupo dos feldspatos, constituído essencialmente por aluminossilicato de potássio, K[Si,Al]$_4$O$_8$, contendo também habitualmente sódio, que cristaliza no sistema monoclínico, presente em muitas rochas ígneas «granito» e em xistos.

ortocromático, a adj (orto- + cromático) Que goza de ortocromatismo.

ortocromatismo s m *Fot* (<orto- + cromatismo) Propriedade de certas emulsões fotográficas de serem insensíveis à luz vermelha.

ortodáctilo, a [Br ortodá(c)tilo (dg)**]** adj *Zool* (<orto- + gr *dáktylos*: dedo) Que tem os dedos direitos, em linha re(c)ta.

ortodontia s f *Odont* (<orto- + gr *odoús, ónthos*: dente) Parte da odontologia que trata da corre(c)ção da posição dos dentes.

ortodôntico, a adj (<ortodontia + -ico) Relativo à ortodontia. **Comb.** Aparelho ~o.

ortodontista s 2g (⇒ ortodôntico) Dentista especialista em ortodontia.

ortodoxia (Csi) s f (<gr *orthodoxia*) **1** Qualidade do que é ortodoxo/conforme com o que é aceite como verdadeiro/corre(c)to. **Loc.** Respeitar a ~ linguística [protocolar]. **2** *Rel* Conformidade com a doutrina oficial duma Igreja. **Comb.** ~ católica. **Ant.** Heterodoxia.

ortodoxo, a (Cso) adj/s (<ortodoxia) **1** Que está conforme com o que é considerado corre(c)to/verdadeiro. **Loc.** Proceder de forma ~a. **Comb.** Métodos ~s. **2** (O) que segue [age em conformidade com] a ortodoxia. **Ex.** «esse cristão» Manteve-se sempre ~ na sua forma de pensar e agir. **Comb.** Igreja ~a [Cristãos do Oriente que em 1054 se desligaram da obediência ao Papa/Os Ortodoxos]. ⇒ cisma do Oriente [Bizantino]; heterodoxo; herege.

ortodromia s f (<orto- + gr *drómos*: corrida + -ia) **1** Arco de círculo máximo do globo terrestre que liga dois pontos da sua superfície. **2** *Náut/Aer* Distância mais curta entre dois pontos extremos da rota dum navio ou avião e que coincide com o círculo máximo que une dois pontos da superfície da Terra.

ortoépia s f *Gram* (<gr *orthoépeia*) Parte da Gramática que ensina as regras da boa pronúncia/Pronúncia corre(c)ta/padrão. ⇒ ortografia.

ortoépico, a adj (<ortoépia + -ico) Relativo à ortoépia/Que é pronunciado corre(c)tamente.

ortofonia s f (<orto- + -fonia) **1** Pronúncia corre(c)ta dos sons duma língua/Ortoépia(+). **2** Conjunto de métodos e técnicas usados para corrigir defeitos de articulação dos sons/Reeducação da pronúncia. **Loc.** Recorrer a um especialista em ~ para corrigir a gaguez.

ortogénese [Br ortogênese] s f *Biol* (<orto- +...) **1** Evolução dos seres vivos segundo uma determinada orientação, independente do meio. **Ex.** A ~ representa apenas uma tendência dire(c)cional global sujeita a oscilações. **2** Evolução «social» numa dire(c)ção definida.

ortogenético, a adj (<ortogénese + -ico) Relativo à ortogénese. **Comb.** *Linha ~a. Série ~a.*

ortognaisse s m *Miner* (<orto- + gnaisse) Gnaisse derivado duma rocha ígnea/eruptiva. **Ex.** O ~ distingue-se do gnaisse de origem sedimentar pela maior abundância de alguns constituintes «apatite/esfena».

ortogonal adj 2g *Geom* (<ortógono + -al) **1** Que forma um ângulo de 90°/Perpendicular. **Comb.** *Plano* ~ a outro plano. *Re(c)tas ~ais*. **2** Que incide perpendicularmente. **Comb.** *Proje(c)ção ~. Sistema ~* de proje(c)ções.

ortógono, a adj (<gr *orthógonos*) Que forma um ângulo re(c)to/Ortogonal.

ortografar v t (<ortografia+-ar¹) Escrever de acordo com as regras de ortografia. **Loc.** ~ um texto «uma carta» escrita (com erros de ortografia) por uma pessoa semianalfabeta.

ortografia s f (<orto- + grafia) **1** Forma corre(c)ta de escrever as palavras. **Loc.** Consultar o dicionário para não dar erros de ~. Escrever com erros de ~. **2** *Gram* Parte da Gramática que ensina a escrever corre(c)tamente as palavras duma língua. **Ex.** As regras de ~ sofrem alterações ao longo do tempo (Ex. A ~ de *farmácia* já foi *pharmácia*).

ortograficamente adv (<ortográfico + -mente) Em relação à ortografia ou às suas regras/No que respeita ao modo de escrever. **Ex.** As palavras homófonas «acento/assento; coser/cozer» são pronunciadas da mesma maneira mas ~ são diferentes. **Comb.** «palavra» Mal utilizada [empregue] mas ~ corre(c)ta.

ortográfico, a adj (< ortografia+-ico) Relativo [Conforme] à ortografia. **Comb.** *Erro ~. Regra ~a*.

ortografista [ortógrafo, a] s (<ortografia + -ista) Especialista em ortografia duma língua/O que se dedica ao estudo da ortografia/das regras ortográficas.

ortolexia (Csi) s f (<gr *ortholexia*) Maneira corre(c)ta de falar/Di(c)ção corre(c)ta.

ortometamórfico, a adj *Geol* (<orto- + metamórfico) (Diz-se de) rochas que são originadas a partir da rochas ígneas «ortognaisse».

ortometria s f (<orto- + -metria) Arte [Processo] de medir com exa(c)tidão.

ortomorfia s f *Cristalografia* (<orto- + gr *morphé*: forma + -ia) Processo de hemiedria em que se conservam homólogas as faces de se(c)tantes adjacentes dois a dois.

ortónimo [Br ortônimo] s m (<gr *orthónymos*) Nome real/verdadeiro. **Ex.** Muita gente desconhece o ~ de escritores/artistas «Miguel Torga/Pelé». ⇒ Heteró[ô]nimo; pseudó[ô]nimo.

ortopedia s f *Med* (<orto- + gr *paideía*: educação) Especialidade médica que se dedica ao estudo e tratamento dos ossos, músculos e tendões. **Comb.** Consulta [Especialidade] de ~.

ortopédico, a adj (<ortopedia + -ico) Relativo a ortopedia. **Comb.** Aparelho ~. Corre(c)ção [Tratamento] ~a/o.

ortopedista s 2g (<ortopedia + -ista) Especialista em ortopedia. **Comb.** Operado «à anca» por um ~.

ortopneia s f *Med* (<gr *orthópnoia*) Forma grave de dispneia que obriga a não (poder) estar deitado. ⇒ apneia; dispneia.

ortopnoico, a (Pnói) adj/s (<gr *orthopnoikós*) **1** Relativo à ortopneia. **2** s ⇒ Asmático.

ortóptero, a adj/s *Zool* (<gr *orthopteros*: de asas re(c)tas) (Diz-se de) inse(c)tos que apresentam dois pares de asas e armadura bucal trituradora, a que pertencem gafanhotos/baratas/grilos/....

ortóptica s f *Med* (<orto- + ó(p)tica) Ramo da Medicina que se ocupa da avaliação e corre(c)ção de desvios oculares nos casos de visão binocular «estrabismo/heteroforia».

ortóptico, a adj/s m (<ortóptica + -ico) **1** *Geom* Diz-se do ponto onde se encontram duas tangentes perpendiculares. **Comb.** Ângulo ~. **2** *Med* (O) que corrige a obliquidade de um ou dois eixos visuais. **Comb.** Tratamento ~.

ortoptista s 2g (<ortóptica + -ista) Especialista em ortóptica/que se dedica à corre(c)ção de estrabismo e heteroforia.

ortoquartzito s m *Geol* (<orto- + quartzito) Rocha sedimentar formada por quartzo

detrítico [areia quartzosa] ligado/a por um cimento geralmente silicioso.

ortorrômbico, a *adj* Cristalografia (<orto- + rômbico) Diz-se do sistema [das formas] cristalográfico/as que te[ê]m três eixos de simetria binária, desiguais e perpendiculares entre si. **Comb.** Cristal ~.

ortoscópio, a *adj* (<orto- + -scopia/-scópio) **1** Isento de distorção. **2** *Fot* Diz-se de obje(c)tiva construída de forma a evitar qualquer deformação da imagem.

ortose [ostósio] *s f/m Miner* ⇒ ortóclase [ortoclásio].

ortostasia *s f* (<orto- + gr *stásis*: posição) Posição vertical.

ortostático, a *adj* (<ortostasia + -ico) Relativo à ortostasia/à posição vertical. **Comb.** Postura ~a.

ortotropia[tropismo] *s f [m] Biol* (<orto- +...) Propriedade de um organismo (ou parte dele), em resposta a um estímulo, se orientar em linha re(c)ta.

ortótropo [ortotrópico], a *adj Bot* (<ortotropia) **1** (Diz-se de) óvulo que se desenvolve sem se dobrar, com o eixo do núcleo re(c)to e o micrópilo diametralmente oposto ao funículo/Atrópico. **2** (Diz-se de) órgão de estrutura que se desenvolve em linha re(c)ta.

orvalhado, a *adj/s f* (<orvalhar + -ado) **1** Coberto de orvalho. **Comb.** Relva ~a. **2** Molhado/Humedecido. **Ex.** Os lençóis estão ~s [(h)úmidos(+)] porque ficaram estendidos [pendurados no arame/na corda de secar a roupa] durante a noite. **3** *s f* Formação de orvalho/Orvalho da manhã/Orvalheira. **Ex.** Hoje está (cá) uma ~a [caiu uma grande ~a]! **Comb.** As ~as de S(ão) João [que ocorrem no norte de Portugal, em finais de Junho].

orvalhar *v t/int* (<orvalho + -ar¹) **1** Cair [Formar-se/Cobrir de] orvalho. **Ex.** Os campos estão molhados com a (h)umidade que orvalhou durante a [molhados do orvalho desta] noite. A noite arrefeceu muito: já começou a ~. **2** Aspergir [Molhar] com gotículas de água/líquido. **Loc.** ~ as plantas [flores] dos vasos «com o borrifador». **3** *pop* Cair chuva miudinha. **Ex.** Não está propriamente a chover, está a ~.

orvalheira *s f* (<orvalho + -eira) ⇒ orvalhado 3.

orvalhinha *s f Bot* (<orvalho + -inha) Planta inse(c)tívora da família das droseráceas, *Drosera rotundi folia*.

orvalho *s m* (< ?) **1** Formação de pequenas gotas de água à superfície do solo e nos obje(c)tos perto dele, devido à condensação do vapor de água do ar atmosférico. **Ex.** O arrefecimento causado pela radiação terrestre está na origem da formação de ~. **2** *pop* Chuva miudinha/*idi* Chuva molha-tolos. **3** *fig* Pequenas gotas de líquido. **4** *fig* Aquilo que serve de consolação/Refrigério/Bálsamo.

orvalhoso, a (Ôso, Ósa, Ósos) *adj* (<orvalho + -oso) Em que há orvalho/Cheio de orvalho(+). **Loc.** «ter as botas encharcadas por» Atravessar campos ~s.

osazona *s f Quím* (<ose + al (hydra)zon) Série de compostos cristalinos de cor alaranjada obtidos por rea(c)ção dos açúcares com a fenil-hidrazina. **Ex.** As ~s usam-se como método auxiliar na identificação de açúcares.

óscar *s m Cine* (<antr Óscar Pierce, tio de uma secretária da Academia) Pré[ê]mio atribuído anualmente pela Academia das Artes e Cinema de Hollywood, EUA, a pessoas de reconhecido mérito «a(c)tores/realizadores/músicos» da indústria cinematográfica.

oscilação *s f* (<lat *oscillátio, ónis*) **1** A(c)to de oscilar. **Comb.** ~ das árvores «provocada pelo vento». **2** *Fís* Movimento alternativo de um lado para o outro passando pelos mesmos pontos. **Comb.** ~ *dum pêndulo*. ~ *simples* [Percurso (do pêndulo) de uma das posições extremas à outra]. **3** *Fís* Variação duma grandeza que consiste numa mudança periódica de sentido, mantendo-se constante ou decrescendo a amplitude máxima. **Comb.** ~ *elé(c)trica* [magnética]. ~ *livre* [determinada apenas pelas cara(c)terísticas do sistema oscilante]. ~ *forçada* [originada por uma força excitadora exterior]. **4** Variação/Flutuação/Inconstância. **Comb.** ~ões [Mudanças(+)] de humor. **5** Hesitação/Indecisão. **Ex.** Não há maneira de se decidir [*idi* Não ata, nem desata]; mantém-se indefinidamente hesitante [em ~].

oscilador, ora *adj/s m* (<oscilar + -dor) **1** (O) que oscila. **2** *s m Fís* Sistema gerador de oscilações ele(c)tromagnéticas ou mecânicas. **Comb.** ~ *harmó[ô]nico* [que produz oscilações do tipo sinusoidal].

oscilante *adj 2g* (<oscilar + -ante) **1** Que oscila/Oscilatório. **Ex.** A roda «do automóvel» tem um movimento ~ porque o veio está empenado. **Comb.** *Electri* Circuito ~ [que pode dar origem a oscilações elé(c)tricas e manter a amplitude dessas oscilações]. **2** Que não tem firmeza/Titubeante/Tré[ê]mulo. **Comb.** O caminhar ~ duma pessoa idosa. Luz ~ [tré[ê]mula(+)] duma vela. **3** Inconstante/Hesitante/Vacilante. **Comb.** Espírito ~ [inconstante(+)/vacilante(o+)].

oscilar *v int* (<lat *oscíllo, áre, átum*) **1** Mover-se alternadamente em sentidos opostos. **Ex.** O pêndulo do relógio (de parede) oscila constantemente. **2** Balancear/Abanar/Sofrer abalo. **Ex.** Com o tremor de terra, todo o edifício oscilou. As árvores oscilam agitadas pelo vento. **3** Sofrer flutuações/Variar entre dois limites. **Ex.** Os preços «dos combustíveis» não se mantêm; oscilam todas as semanas. Nas 24 horas do dia, a temperatura oscila entre um máximo (de dia) e um mínimo (de noite). **4** Estar indeciso/Hesitar/Vacilar. **Loc.** ~ entre duas alternativas/possibilidades «férias na praia ou viagem ao estrangeiro».

oscilatório, a *adj* (<oscilar + -tório) Que oscila/Oscilante/Que se move alternadamente num e noutro sentido. **Comb.** Movimento ~.

oscilógrafo *s m Fís* (<oscilar + -grafo) Instrumento que mede e regist(r)a a forma de uma oscilação. **Comb.** ~ *elé(c)trico*.

oscilómetro [*Br* oscilômetro] *s m Med* (<oscilar + -metro) Aparelho destinado a medir as variações da tensão arterial.

osciloscópio *s m* (<oscilar + -scópio) Aparelho que permite visualizar a variação de oscilações/Oscilógrafo.

oscitar *v int* (<lat *óscito, áre, átum*) ⇒ bocejar.

osculação *s f* (<lat *osculátio, ónis*) **1** ⇒ ósculo/beijo(+). **2** *Geom* Conta(c)to entre duas linhas (curvas) ou duas superfícies.

osculador, ora *adj/s* (<oscular + -dor) **1** (O) que oscula/beija. ⇒ beijoqueiro. **2** *Geom* Que tem conta(c)to. **Comb.** Curva ~ora. Plano ~.

oscular *v t* (<lat *ósculor, ári, átus sum*) Dar ósculos/beijos(+)/Tocar ao de leve com os lábios/Beijar(+). **Ex.** Os convidados oscularam [beijaram(+)] a noiva, desejando-lhe felicidades.

osculatório, a *adj* (<oscular + -tório) Relativo a ósculo/beijo. **Comb.** *Rel* Rito [Cerimó[ô]nia] ~o/a «na adoração a Cristo Crucificado, em Sexta-feira Santa».

ósculo *s m* (<lat *ósculum, i*) **1** Beijo. **Loc.** *Rel* Dar o ~ da paz «na missa, como sinal de reconciliação e compromisso em prol da paz/união». Saudar alguém com um ~/beijo(+) [Beijar(+)]. **2** *Zool* Abertura da cavidade gastrovascular dos espongiários por onde sai a água inalada pelos poros.

-ose (Ó) *suf* (<gr -*ósis*) Exprime a ideia de: **a)** doença: *dermatose, micose, neurose*; **b)** processo fisiológico: *fagocitose, hematose, meiose, metamosfose*; **c)** *Quím* designação de glícidos: *glicose, frutose, maltose, sacarose*.

ose *s f Quím* (<glicose) Designação genérica dos glícidos simples que não se desdobram por hidrólise.

osfresia *s f* (<gr *ósphresis, eos*) ⇒ olfa(c)to.

osga (Ós) *s f* (< ?) **1** *Zool* Pequeno réptil sáurio, *Platydactylus mauritanicus*, que tem as extremidades dos dedos alongadas e discoides, adaptadas a trepar pelas paredes, vulgar nas regiões quentes. **Ex.** As ~s alimentam-se de inse(c)tos. ⇒ lagartixa. **2** *fig* Aversão/Asco. **Ex.** Tinha uma (tal) ~ ao (antigo) patrão que nem o podia ver [nem queria olhar para ele].

osmanli *s m Ling* (<ár *'utmanli*; ⇒ otomano) Língua oficial da Turquia.

ósmico, a *adj* (<ósmio + -ico) Relativo a ósmio. **Comb.** Compostos ~s.

ósmio [Os 76] *s m Quím* (<gr *osmé, és*: cheiro, odor) Metal raro do grupo da platina com a qual anda geralmente associado. **Ex.** O ~ é notável pela elevada densidade (22,6) e altos pontos de fusão (~ 3000° C) e ebulição (~ 5500° C).

osmirídio *s m* (<ósmio + irídio) Liga de ósmio e irídio/Iridosmina.

osmologia *s f* (<gr *osmé, és*: cheiro + -logia) Tratado sobre aromas.

osmómetro [*Br* osmômetro] *s m Fís/Quím* (⇒ osmose) Aparelho usado para medir a pressão osmótica.

osmose (Mó) *s f Fís/Quím* (<gr *osmos*: impulso + -ose) **1** Difusão recíproca de dois líquidos através de septos porosos ou de membranas semipermeáveis. **Ex.** A diálise baseia-se na ~. **2** *fig* Influência recíproca/Interpenetração. **Comb.** ~ cultural «no Brasil, entre negros africanos, europeus brancos e indígenas».

osmótico, a *adj* (<osmose + -ico) Relativo à osmose. **Comb.** *Leis* ~as. *Pressão* ~a [Acréscimo de pressão num dos líquidos, provocado pela osmose].

osmunda *s f Bot* ⇒ feto².

osmundáceo, a *adj/s f pl Bot* (<osmunda + -áceo) (Diz-se de) família de plantas pteridófitas (Fetos) de caule ere(c)to e não escamoso, folhas grandes penadas, que reune várias espécies, representada em Portugal pelo feto-real, *Osmunda regalis*.

-oso, a (Ôso, Ósa) *suf* (<lat -*ósus, a, um*) Entra na formação de adje(c)tivos, exprimindo: **a)** *qualidade*: *bondoso, cauteloso, formoso, piedoso*; **b)** *quantidade*: *frutuoso, numeroso, rendoso*; **c)** *presença*: *canceroso, chuvoso, ventoso*.

ossada *s f* (<osso + -ada) **1** Grande quantidade de ossos/Ossaria. **Loc.** Transportar as ~s dum matadouro «para uma fábrica [moagem] de rações para animais». **2** Ossos [Esqueleto] dum cadáver. **Loc.** Tresladar as ~s «duma campa para um jazigo». **3** *fam depr* ⇒ Corpo humano/Carcaça(+). **4** *fig* ⇒ Armação dum edifício/Ossatura 2(+). **5** *fig* Destroços/Restos/Ruínas. **Ex.** Depois da catástrofe «das inundações» viam-se as ~s espalhadas pelas ruas.

ossaria s f (<osso + -aria) **1** Grande quantidade [Montão] de ossos. **2** ⇒ Ossário.

ossário s m (<osso + -ário) Lugar onde se guardam ossos humanos de vários mortos/Sepultura. ⇒ necrópole.

ossatura s f (<osso + -ura) **1** Conjunto dos ossos dum animal vertebrado/Esqueleto/Ossada. **2** fig Estrutura de sustentação. **Comb.** ~ dum edifício. **3** fig Resistência psicológica/Estrutura/Constituição. **Loc.** Ter ~ [estrutura(+)] para suportar grandes contratempos.

osseína s f Bioq (<ósseo + -ina) Substância orgânica, principal constituinte dos ossos/Osteína.

ósseo, a adj (<osso + -eo) **1** Relativo a [Constituído por/Da natureza de] osso. **Comb. Dor ~a. Esqueleto ~. Formação ~a. Tecido ~**. **2** fig ⇒ Endurecido/Rijo/Resistente.

ossículo s m (<lat ossicúlum, i) **1** ⇒ Osso pequeno/Ossinho(+). **2** Anat Cada um dos pequenos ossos do ouvido médio: estribo, martelo e bigorna.

ossificação s f (<ossificar + -ção) **1** Formação [Desenvolvimento] dos ossos/Transformação de tecidos membranosos ou cartilagíneos em osso/Osteose. **2** Transformação anormal de um tecido «cerebral/pulmonar» em tecido ósseo.

ossificar v t/int (<osso + -ficar) **1** Transformar em tecido ósseo/Converter(-se) em osso. **Loc.** ~ uma membrana [cartilagem]. **2** Formar osso. **Ex.** Músculos [Pulmões/Cartilagens] que começam a ~ «com a idade». **3** fig Tornar(-se) duro/insensível/Endurecer. **Loc.** ~ com as dece(p)ções da vida.

ossiforme adj 2g (<osso + -forme) Que tem a forma de [Semelhante a] osso.

ossívoro, a adj (<osso + -voro) Que come [corrói/destrói/carcome] ossos «cão». **Comb.** Doença ~a.

osso (Ôsso, Óssos) s m (<lat óssum, i) **1** Anat Cada uma das partes duras e sólidas que formam o esqueleto dos animais vertebrados. **Ex.** O conjunto dos ~s do corpo humano forma o esqueleto. Compra no talho carne sem ~. Os cães roem ~s. **Idi.** Br Andar [Montar] **em** ~ [Montar a cavalo em pelo/sem sela]. **Dar** [Malhar] **com os ~s «na cadeia»** [Ir parar a um lugar que não se deseja]. **Estar pele e ~** [Estar muito magro]. **Moer os ~s/Pôr os ~s num feixe** [Dar uma grande sova «ao malandro que lhes assaltou a casa»] **Ser ~ duro de roer** [Ser coisa difícil de fazer] (Ex. O jogo com o próximo adversário [A cadeira de matemática] é um ~ duro de roer). **Serem sete** [trinta] **cães a um ~** [Haver muitos pretendentes para a mesma coisa «para o lugar de escriturário na Câmara/Prefeitura»]. **Só ter ~s** [Ser muito magro/Estar pele e ~]. **Comb. ~s do ofício** [Dificuldades inerentes à profissão/função «passar horas seguidas no consultório a ouvir o mesmo tipo de queixas dos doentes»]. «vi o Papa» **Em carne e ~** [Em pessoa/Na realidade].

ossudo, a adj (<osso + -udo) Que tem os ossos desenvolvidos e salientes. **Comb.** Mãos [Rosto] ~as/o.

ostaga s f Náut (<escandinavo uptang <upp: para cima + tang: cabo) **1** Cabo que serve para içar ou arrear as vergas ao longo do mastro. **2** Banco transversal onde se prende o mastro nos pequenos veleiros.

ostealgia s f Med (<osteo- + algia) Dor profunda nos ossos/Osteodinia.

osteálgico, a adj (<ostealgia + -ico) Relativo a ostealgia.

osteína s f Bioq (<osteo- + -ina) ⇒ osseína.

osteíte s f Med (<osteo- + -ite) Inflamação do tecido ósseo.

ostensão s f (<lat osténsio, ónis) ⇒ A(c)to ou efeito de mostrar/Exposição(+)/Ostentação(+).

ostensivamente adv (<ostensivo + -mente) **1** De modo ostensivo/De forma a ser notado/a dar nas vistas. **Ex.** Passeou-se, ~, várias vezes pela sala para que todos vissem o vestido riquíssimo que trazia. **2** Propositadamente/Deliberadamente. **Ex.** Ao sair da escola, alguns alunos atravessaram a rua, na passadeira de peões, ~ com toda a lentidão, apesar de haver vários carros parados à espera. **3** Acintosamente. **Ex.** A degradação de costumes é tal que é frequente verem-se cenas do maior despudor praticadas ~ na rua à frente de toda a gente.

ostensível adj 2g (<ostensivo + -vel) Que se pode mostrar/«gravidez» Que já se nota/Patente. **Ex.** A vergonha que sentiu era ~ [visível(+)/bem patente(o+)] no intenso rubor das faces.

ostensivo, a adj (<lat osténdo, ere, ténsum/téntum: mostrar) **1** Que se exibe com luxo ou vaidade. **Comb. Um conjunto de joias ~. Um vestido ~. 2** Provocador. **Comb. Um desprezo ~. Uma indiferença ~a**. ⇒ ostentativo; ostentoso.

ostensor, a adj/s (<lat osténsor, óris; ⇒ ostentar) (O) que ostenta/mostra/torna visível. ⇒ ostentador.

ostensório, a adj/s m (<ostensor + -ório) **1** ⇒ Ostensivo. **2** s m Rel Obje(c)to de culto católico onde se expõe, para adoração, a hóstia consagrada/Custódia(+). ⇒ sacrário.

ostentação s f (<lat ostentátio, ónis; ⇒ ostentar) **1** A(c)to ou efeito de ostentar/Manifestação. **Ex.** A(c)tualmente, nota-se em muitas crianças uma tendência exagerada para a ~ [para se mostrarem/exibirem]. **2** Exibição vaidosa/Jactância/Alarde. **Loc.** Dar esmolas por ~. **3** Exibição excessiva de luxo ou de riqueza/Fausto/Pompa/Magnificência. **Loc.** Levar uma **vida de ~** [vida faustosa]. Ser (muito) rico mas **viver sem ~**.

ostentador, ora adj/s (<ostentar + -dor) **1** (O) que ostenta/mostra/exibe. **Comb.** Sinais ~es de riqueza. **2** (O) que provoca/desafia/ofende. **Comb.** Atitudes ~as [que são sinal] de agressividade/violência.

ostentar v t/int (<lat osténto, áre, átum, frequentativo de osténdere; ⇒ ostensivo) **1** Mostrar com exagero/ostentação/Exibir/Alardear. **Ex.** Em todas as festas aonde ia, gostava de ~ [exibir(+)] os seus dotes de fadista. **2** Exibir de forma excessiva a riqueza ou o luxo. **Ex.** Para muita gente, os locais onde se passam férias, os restaurantes que se frequentam, os carros que se compram, são formas de ~ a riqueza que (se) possui. **3** Apresentar em destaque/de forma bem visível. **Ex.** Na rece(p)ção «de cumprimentos ao Presidente da República» os chefes militares ostentavam as condecorações com que tinham sido agraciados.

ostentativo, a adj (<ostentar + -tivo) Que costuma ostentar/Próprio para ser ostentado. **Comb.** Sinais ~s de riqueza. ⇒ ostensivo.

ostentoso, a (Ôso, Ósa, Ósos) adj (<ostentar + -oso) **1** Que é feito com ostentação/Aparatoso/Pomposo. **Ex.** Os ~s [aparatosos(+)] enfeites que se viam pelas ruas indicavam que a cidade estava em festa. **2** Magnífico/Esplêndido. **Ex.** A cidade enchia-se de forasteiros que vinham assistir ao ~ [magnífico(+)] espe(c)táculo do fogo de artifício.

osteo- pref (<gr osteon, oun: osso) Exprime a ideia de **osso**: osteína, osteoporose.

osteoarticular adj 2g Anat (<osteo- + articular) Referente aos ossos e às articulações.

osteoblasto s m Biol (<osteo- + blasto) Célula conjuntiva responsável pela elaboração da substância intersticial do osso. **Ex.** O ~ dá origem ao osteócito, célula óssea adulta ou definitiva.

osteocele s f Med (<osteo- + -cele) Hérnia cujo saco tem consistência óssea.

osteoclasia s f Med (<osteo- + gr klásis: fra(c)tura) Fra(c)tura intencional de osso realizada para corrigir uma deformidade.

osteoclasto s m Biol (<osteo- + gr klastós: quebrado) Célula da medula óssea de grandes dimensões e muitos núcleos que tem a propriedade fisiológica de destruir a matriz orgânica e calcária da substância intersticial do osso.

osteocondrite s f Med (<osteo- + condrite) Inflamação simultânea do osso e da cartilagem.

osteodermo/e s m/adj (<osteo- + derme) **1** s m Placa óssea presente na pele de alguns peixes e répteis «crocodilo». **2** Que tem a pele muito dura.

osteogénese [Br **osteogênese**] [**osteogenia**] s f Biol (< osteo- + -...) Conjunto de fenó[ô]menos que dão origem à formação do tecido ósseo.

osteografia s f (<osteo- + -grafia) Descrição dos [Tratado sobre os] ossos.

osteólito s m Pal (<osteo- + -lito) Osso fóssil/fossilizado.

osteologia s f Anat (<osteo- + -logia) Parte da Anatomia relativa aos ossos.

osteoma s m Med (<osteo- + -oma) Tumor benigno dos ossos. ⇒ osteossarcoma.

osteomalacia s f Med (<osteo- + gr malakía: moleza) Amolecimento dos ossos provocado por insuficiência de calcário e de fósforo e carência de vitamina D.

osteometria s f Med (<osteo- + -metria) Medição dos ossos.

osteomielite s f Med (<osteo- + mielite) Inflamação da medula óssea.

osteopata s 2g (<osteo- + gr páthos: doença) Especialista no tratamento de doenças dos ossos.

osteopatia s f Med (<osteo- + -patia) Qualquer doença dos ossos.

osteoplastia s f Med (<osteo- + plastia) Operação cirúrgica para reparação de osso destruído.

osteoplasto s m Med (<osteo- + gr plastós: modelado) Pequena cavidade do osso onde se encontra o osteoblasto ou osteócito.

osteoporose (Ró) s f Med (<osteo- + poro + -ose) Descalcificação e rarefa(c)ção do tecido ósseo que origina a sua fragilidade.

osteose s f (<osteo- + -ose) ⇒ ossificação.

osteossarcoma s m Med (<osteo- + sarcoma) Tumor maligno nos ossos. ⇒ osteoma.

osteotomia s f Med (<osteo- + -tomia) Intervenção cirúrgica que consiste no corte parcial dum osso.

osteóstomo s m Med (<osteo- + -tomo) Instrumento cirúrgico (Serra) próprio para cortar ossos.

osteozoário, a adj/s (<osteo- + gr zóon: animal + -ário) ⇒ vertebrado.

ostiário s m Rel (<lat ostiárius, ii <óstium: porta) Clérigo que recebeu a primeira das antigas ordens menores. **Ex.** O antigo ~ tinha por função a guarda da igreja e, mais

ostíolo

tarde, também o toque dos sinos. ⇒ sacristão.

ostíolo s m Biol (<lat *ostíolum, i,* dim de *óstium*: porta) Designação geral atribuída a pequenas aberturas de diversos órgãos «dos estomas/de alguns rece(p)táculos florais».

ostra (Ôs) s f Zool (<lat *óstrea, ae*) Nome vulgar de moluscos lamelibrânquios da família dos ostreídeos, alguns deles comestíveis e de elevado valor nutritivo. **Ex.** As ~s são também criadas em viveiros. **Comb.** ~ perlífera [que produz pérolas].

ostráceo, a adj/s m pl Zool (<ostra + -áceo) 1 Relativo [Semelhante] a ostra. 2 s m pl (Diz-se de) subordem de moluscos lamelibrânquios a que pertencem os ostreídeos.

ostracismo s m (<gr *ostrakhismós, ou*) 1 Hist Condenação ao exílio por crimes políticos, entre os Atenienses, decretada pela Assembleia do Povo e exarada em conchas de ostras ou fragmentos de barro cozido. **Ex.** O condenado ao ~ tinha dez dias para abandonar a cidade. 2 Proscrição/Exclusão/Afastamento. **Loc.** Votar alguém ao ~ «por ter ideias contrárias ao regime».

óstraco s m Arqueo (<gr *óstrakon, ou*: concha, barro cozido) Fragmento de vasilha de barro ou concha em que se escrevia. **Ex.** São famosos os ~s da Samaria, Guézer, Betsamés e outros da Palestina.

ostracologia s f (<gr *ostrakon*: concha + -logia) Estudo das conchas.

ostreícola adj 2g (<ostra + -cola) Que diz respeito à cultura de ostras. **Comb.** Indústria ~.

ostreicultor, a s (<ostra + cultor) O que se dedica à ostreicultura/Ostricultor.

ostreicultura s f (<ostra + cultura) Indústria de criação de ostras/Ostricultura.

ostreídeo, a adj/s pl Zool (<ostra + -ídeo) (Diz-se de) família de moluscos da subordem dos ostráceos, a que pertencem as ostras.

ostreífero, a adj (<ostra + -fero) Que tem [produz] ostras. **Comb. Cultura ~a. Zona** [Região] **~a.**

ostreiforme adj 2g (<ostra + -forme) Que tem a forma de ostra. **Comb.** Uma joia ~.

ostreiro, a adj/s (<ostra + -eiro) 1 Próprio para a pesca das ostras. 2 (O) que vende [cultiva] ostras. 3 s f Viveiro de ostras.

ostricultor/ostricultura/ostrífero ⇒ ostreicultor/...

ostrogodo, a (Gô) adj/s (<lat *ostrógothi, órum*) 1 Relativo [Pertencente] aos ~s (Godos de leste). 2 s m pl Maiúsc Povo bárbaro germânico, denominado "Godos do oriente".

-ota (Ó) suf Tem sentido a) **diminutivo** e também **feminino de** -ote: *atrevidota, casota, fidalgota, grandota, ilhota, pequenota, risota;* b) indicativo de naturalidade ou do local onde habita: *cipriota, patriota.*

otalgia s m Med (<oto- + algia) Dor de ouvidos(+).

otálgico, a adj (<otalgia + -ico) 1 Relativo à otalgia. 2 Aplicável contra otalgias. **Comb.** Gotas ~as.

OTAN Maiúsc Sigla de Organização do Tratado do Atlântico Norte/NATO.

otária s f Zool (<gr *otárion, ou*: orelha ou asa pequena) Mamífero marinho pinípede, da família dos otariídeos, semelhante à foca mas com ouvido externo visível.

otariídeo, a adj/s m pl Zool (<otária + -ídeo) (Diz-se de) família de mamíferos pinípedes que vive nos mares do hemisfério sul, a que pertencem as otárias.

otário, a s pop (<otária) Pessoa tola/fácil de enganar/Lorpa. **Ex.** O charlatão procurava convencer [enganar] alguns ~s que paravam embasbacados a ouvir a descrição do poder curativo da *idi* banha da cobra.

-ote/o suf Tem sentido **diminutivo**, por vezes **depreciativo**: *atrevidote, baixote, camarote, casinhoto, fidalgote, franganote, picoto, rapazote.* ⇒ oto-.

ótica [Br **ó(p)tica** (dg)] s f [= óptica] (<gr *optiké*: arte de ver, ciência da visão; ⇒ ótico) 1 Fís Parte da Física que estuda a luz [os fenó[ô]menos luminosos] e a visão. **Comb.** ~ **física** [que se ocupa da natureza ondulatória da luz]. **Banco de** ~ [Aparelhagem usada em laboratório para o estudo de lentes e espelhos e comparação de intensidades luminosas]. **Leis da** ~ «da reflexão/refra(c)ção». **Tratado de** ~. 2 Da vista/Aspe(c)to dum obje(c)to visto à distância. **Comb.** Ilusão ~ «miragem». 3 Maneira particular de ver/encarar/julgar/ Ponto de vista/Perspe(c)tiva. **Ex.** O que na ~ do governo é solução (para a crise), na ~ da oposição «esquerda radical» é a ruína, o descalabro. 4 Estabelecimento onde se vendem óculos e instrumentos ó(p)ticos. **Ex.** Abriu mais uma ~ na cidade.

ótico[1], a [Br **ó(p)tico** (dg)] adj [= óptico] (<gr *óptikos, é, ón*: relativo à vista) 1 Relativo à ótica/luz. **Comb. Fenó[ô]menos ~s. Fibra ~a. Instrumentos ~s.** 2 Relativo à vista/ao olho/Ocular. **Comb. Canal ~. Nervo ~.**

ótico[2], a adj (<oto- + -ico) 1 Relativo ao [Do] ouvido. **Comb. Aparelho ~. Ossículos ~s.** 2 Diz-se de medicamento contra as dores de ouvidos. **Comb.** Gotas ~as.

otidídeo, a adj/s m pl Ornit (<gr *otis, idos*: abetarda + -ídeo) (Diz-se de) família de aves pernaltas, desprovidas de polegar, a que pertence a abetarda.

otimamente (Ò) [Br **o(p)timamente** (dg)] adv [= optimamente] (<ótimo + -mente) Muit(íssim)o bem/Lindamente. **Ex.** Sinto-me ~. Comeu-se ~.

otimismo (Ò) [Br **o(p)timismo** (dg)] s m [= optimismo] (<ótimo + -ismo) 1 Disposição para ver as coisas sempre pelo lado bom/Atitude de confiança relativamente ao futuro. **Loc.** Encarar a vida [as dificuldades] com ~. **Ant.** Pessimismo. 2 Fil Tendência habitual para encarar as situações e os acontecimentos da vida pelo lado positivo/~ psicológico. 3 Fil Modo de considerar o mundo como essencialmente bom e valioso, apesar do mal e das imperfeições/~ relativo.

otimista (Ò) [Br **o(p)timista** (dg)] s/ adj 2g [= optimista] (<ótimo + -ista) 1 (O) que encara a vida com otimismo. **Ex.** No meio das maiores dificuldades manteve-se sempre ~. **Ant.** Pessimista. 2 (O) que segue a doutrina do otimismo/Relativo ao otimismo. **Ex.** Leibnitz foi um célebre filósofo ~.

otimização (Ò) [Br **o(p)timização** (dg)] s f [= optimização] (<otimizar + -ção) 1 A(c)to ou efeito de otimizar/Modificação para obter melhor resultado/rendimento. **Loc.** ~ dum processo de fabrico «por introdução duma máquina automática». 2 No estudo dum problema, determinação da solução que conduz a melhores resultados. **Comb.** Plano de ~ da distribuição «de mercadorias». Estudo para ~ dum traje(c)to [percurso] «duma carreira/linha urbana de autocarros/ó[ô]nibus. 3 Processo utilizado em estatística para determinar o valor ótimo duma grandeza.

otimizar (Ò) [Br **o(p)timizar** (dg)] v t [= optimizar] (<ótimo + -izar) 1 Tornar ótimo/ Fazer com que se obtenham melhores resultados/Fazer render/Melhorar ao máximo. **Loc.** ~ **os recursos** naturais «evitando desperdícios». ~ **o rendimento** duma instalação/os lucros duma empresa. 2 Econ Resolver um problema com critérios de otimização.

ótimo, a [Br **ó(p)timo** (dg)] adj/s [= óptimo] (<lat *óptimus, a, um*) 1 Muito bom/ Magnífico/Excelente. **Loc.** Obter um ~ resultado «num exame». **Ant.** Muito mau; péssimo. 2 s m O melhor possível/Aquilo que é ~. **Idi. O ~ é inimigo do bom** [A obsessão por alcançar o ~ pode impedir que nem o bom seja atingido].

otite s f Med (<oto- + -ite) Inflamação do ouvido.

oto- pref (<gr *ous, otos*; ⇒ ote/o) Exprime a ideia de **ouvido**: *otite, otólito, otologia.*

otocisto s m Biol (<oto- + gr *kýstis*: bexiga) Formação pluricelular em forma de saco que contém líquido no seio do qual estão os otólitos.

otólito s m (<oto- + -lito) Concreção calcária que se encontra nos otocistos de muitos peixes e que funciona como órgão de audição e de equilíbrio.

otologia s f Med (<oto- + -logia) Ramo da Medicina que estuda o ouvido, a sua patologia e terapêutica. **Comb.** Simpósio de ~. ⇒ otorrinolaringologia.

otomano, a adj/s (<ár *othomani*: relativo a Osmã I (1258-1326), fundador da dinastia otomana) 1 Relativo [Pertencente] aos ~s/ Turco. 2 s m pl Povo originário do Turquestão Ocidental que veio formar o antigo império turco. 3 s f Espécie de sofá com as costas envolvendo o assento. 4 s f Tecido rico de seda e algodão usado em roupas de senhora.

otoplastia s f Med (<oto- + plastia) Restauração da parte externa do ouvido.

otorragia s f Med (<oto- + (hemo)rragia) Hemorragia pelo ouvido.

otorrinolaringologia s f Med (<oto- + rino- + laringe + -logia) Parte da Medicina que se ocupa dos ouvidos, nariz e laringe/ garganta. **Comb. Consulta de ~. Departamento de ~.**

otorrinolaringólogo, a [otorrinolaringologista] s (<otorrinolaringologia) Médico especialista em doenças dos ouvidos, nariz e garganta.

otosclerose s f Med (<oto- + esclerose) Esclerose do ouvido.

otoscopia s f Med (<oto- + -scopia) Exame ao ouvido com otoscópio.

otoscópio s m Med (<oto- + -scópio) Aparelho próprio para examinar o ouvido.

ototerapia s f Med (<oto- + terapia) Tratamento das doenças do ouvido.

ototerápico, a adj (<ototerapia + -ico) Relativo à ototerapia.

ototomia s f Med (<oto- + -tomia) Disseção cirúrgica (Corte para separar) do ouvido.

ou conj (<lat *aut*) Serve para ligar duas ou mais palavras, orações ou frases, com o sentido de: a) alternativa «queres peixe ~ carne/fruta ~ doce; vens ~ ficas?»; b) dúvida, hesitação «não sei se vá [se hei de ir] à praia ~ (se) fique [se hei de ficar] em casa»; c) caso contrário/se assim não fosse «claro que queria que viesses ~ não te teria convidado»; d) equivalência «meio quilo ~ quinhentos gramas; uma nota de vinte ~ duas (notas) de dez»; e) para introduzir uma explicação com o sentido de *isto é, ou seja* «encefalia ~ dor de cabeça; oftalmologista ~ médico dos olhos; tio, ~ seja, irmão da mãe/do pai».

OUA Maiúsc Sigla de Organização de Unidade Africana.

oução *s m* (< ?) ⇒ Ácaro do queijo; *Tyroglyphus siro*.

-ouço, a *suf* Tem sentido **aumentativo depreciativo**: *barcouço, pedrouço*.

ougar *v int pop* (<augar por aguar **7**) Ficar com água na boca/Sentir grande desejo/Aguar **7**/*pop* Augar.

oura *s f* (<lat *aura, ae*: brisa, sopro) Tontura/Vertigem. **Loc.** Sentir (umas) ~as de cabeça [Sentir tonturas (+)/*idi* Sentir a cabeça a andar à roda].

ourama *s f* (<ouro + -ama) Grande quantidade de ouro ou de dinheiro. **Ex.** Os ladrões assaltaram a casa porque sabiam que lá [aí] havia ~.

ourar¹ *v int* (<oura + -ar¹) Sentir tonturas (+). **Ex.** Não consigo ler no automóvel; começo logo a ~ [a ter tonturas(+)].

ourar² *v t* (<ouro + -ar¹) **1** Revestir com ouro/Dar ouro a/Dourar(+). **Loc.** ~ a talha «dum altar». **2** Enfeitar com obje(c)tos de ouro. **Comb.** Uma noiva minhota (Do Minho, Portugal) ourada *idi* a rigor [enfeitada com adornos de ouro à maneira tradicional da região].

ourégão[go] *s m Bot* ⇒ orégão.

ourejar *v int* (<ouro + -ejar) Brilhar como o ouro. **Ex.** Viam-se ao longe as searas a ~/loirejar(+).

ourela (Ré) *s f* (<lat *orélla*, por *órula*, dim de *óra, ae*: margem, beira) **1** Margem/Beira/Orla/Borda. **Comb.** ~ dum rio/duma floresta. **2** Extremidade mais grossa dum tecido que lhe serve de guarnição. **Comb.** Tecido com ~. ⇒ orla **3**.

ourelo *s m* (<ourela) **1** Fita de tecido de pano grosso. **Comb.** Chinelos de ~. **2** ⇒ ourela.

ouriçar *v t* (<ouriço + -ar¹) **1** Tornar(-se) semelhante ao ouriço/Arrepiar(-se)/Eriçar(-se). **Loc.** ~ os cabelos «com medo». **2** *fig* Exaltar-se/Excitar-se. **Ex.** Queria que o tratassem por sr. doutor; se lhe chamavam *Menino Zèzinho*, ouriçava-se todo [ficava muito exaltado].

ouriceira *s f* (<ouriço + -eira) Depósito de ouriços com castanhas para que estas se conservem frescas.

ouriço *s m* (<lat *erícius, ii*) **1** Invólucro espinhoso de alguns frutos, especialmente das castanhas. **Ex.** Gostava de castanhas mas não de as tirar dos ~s porque se picava. **2** Dispositivo de ferro com pontas aguçadas, usado para arranjos florais. **3** *fig* Pessoa empertigada ou de trato difícil.

ouriço(-cacheiro) *s m Zool* Mamífero inse(c)tívoro (Também come ratos, caracóis, …) terrestre, *Erinaceus europaeus*, que tem o corpo coberto de espinhos. **Ex.** Quando pressente o perigo, o ~, para se defender, enrola-se formando uma bola de espinhos. **Sin.** Porco-espinho.

ouriço-do-mar [-marinho] *s m Zool* Nome vulgar dos equinodermes da classe dos equinídeos, que têm o corpo protegido por uma carapaça rija com espinhos.

ourives *s 2g 2n* (<lat *aurífex, fícis*) **1** Fabricante [Vendedor] de obje(c)tos de ouro ou prata/de ourivesaria. **Ex.** Começou a vida como aprendiz de ~ e agora é dos maiores ~ [proprietários de ourivesaria] da cidade. **2** Estabelecimento onde se vendem obje(c)tos de ouro e prata/Ourivesaria(+). **Ex.** Podes comprar a pilha para o relógio no ~ da esquina.

ourivesaria *s f* (<ourives + -aria) **1** Estabelecimento comercial onde se vendem obje(c)tos de ouro, prata ou joias. **Ex.** As ~s situam-se geralmente na zona comercial mais nobre das cidades. **2** Arte [A(c)tividade] de trabalhar o ouro [metais preciosos] no fabrico de joias e obje(c)tos de adorno. **Ex.** A *Custódia de Belém* (1506), feita com ouro trazido por Vasco da Gama de Quíloa em 1503, é a joia mais nobre da ~ portuguesa.

ou[oi]ro [Au 79] *s m* (<lat *aurum, i*) **1** *Miner* Metal nobre amarelo brilhante, muito denso, dúctil e maleável. **Ex.** O ~ dissolve-se numa mistura de ácidos azótico e clorídrico (Água régia) e nos cianetos alcalinos. **2** Obje(c)to [Moeda] fabricado com esse metal. **Loc.** Ter muito ~ [muitos obje(c)tos de ~/muito dinheiro/Ser muito rico]. **Comb.** ~ fino [de/com 24 quilates]. *Fio* [Cordão] *de* ~. *Libra de* ~. **3** *fig* Pessoa ou coisa muito valiosa. **Ex.** O vinho do Porto é o ~ da região portuguesa do Douro. **Prov.** *Nem tudo o que luz* [brilha/reluz] *é* ~ [As coisas nem sempre são o que aparentam]. **Idi.** *Cobrir de* ~ [Dar em abundância e do melhor]. *Pagar a peso de* ~ [muito bem]. *Valer o (seu) peso em* ~ [Ser muito valioso]. **Comb.** ~ *negro* [Petróleo]. *idi* «ser» ~ *sobre azul* [Coisa muito valiosa/Combinação excelente] (**Ex.** Acabar o curso com uma boa nota e arranjar logo emprego, foi ~ sobre azul). **4** Cor amarela dourada/brilhante. **Ex.** Na farda de gala dos militares sobressaía o ~ dos botões. **5** *fig* Símbolo de riqueza/fortuna. **Idi.** *Galinha dos ovos de* ~ [Coisa que dá muito (e fácil) lucro]. «negócio que é» *Uma mina de* ~ [Coisa muito lucrativa]. **6** *pl* Um dos quatro naipes das cartas de jogar. **Comb.** Ás [Rei/Dez] de ~s.

-ou[oi]ro *suf* ⇒ -dou[oi]ro, a.

ouropel (Pél) *s m* (<lat *áurea péllis*: pele de ouro) **1** Lâmina de metal amarelo (Latão) que imita o ouro/Ouro falso. **Ex.** O ~ faz um efeito semelhante ao [imita bem o] ouro. **2** Adorno brilhante que imita o ouro. **Comb.** Arreios das cavalgaduras enfeitados com ~éis. **3** *fig* Falso brilho.

ouro-pigmento *s m Miner* Mineral bastante raro, de cor semelhante à do enxofre, constituído por sulfureto de arsénio (S_3As_2), muito venenoso.

ousadia *s f* (<ousado + -ia) **1** A(c)to audacioso. **Ex.** Foi considerado herói pelas ~s praticadas no socorro às vítimas da catástrofe. **2** Audácia/Arrojo/Temeridade. **Ex.** Deu provas de grande ~ «ao atirar-se à água para salvar uma criança». **3** Atrevimento/Insolência. **Ex.** Foi expulso da aula porque teve a ~ de faltar ao respeito ao professor.

ousado, a *adj* (<ousar + -ado) **1** Que não se amedronta com o perigo/Corajoso/Audaz. **Comb.** *Atitude* ~*a*. *Jovem* «futebolista/militar» ~. **2** Que excede os limites da prudência/Arriscado/Temerário. **Ex.** O toureiro foi colhido (pelo touro) por ser demasiado ~. **3** Atrevido/Insolente. **Comb.** Espe(c)táculo [Filme/Teatro] ~ [imoral/indecente/violento]. **4** Original/Inovador/Arrojado. **Comb.** Proje(c)to «arquite(c)tó[ô]nico» ~.

ousar *v t* (<lat *áuso, áre, átum*, frequentativo de *áudeo, dére, áusus sum*) **1** Ter a coragem/audácia para/Atrever-se. **Loc.** ~ fazer uma longa caminhada «de centenas de quiló[ô]metros». **2** Não temer a dificuldade/Empreender. **Loc.** ~ investir «numa altura de crise econó[ô]mica».

outão *s m* (<lat *altánus, i*) Parte lateral dum edifício.

outeiro *s m* (<lat *altárium, ii*) Pequena elevação de terreno/Colina(+). **Loc.** Subir ao ~ para contemplar a paisagem. ⇒ morro; monte.

ou[oi]tiva *s f* (<lat *auditívus, a, um*) Sentido do ouvido/Faculdade de ouvir/Audição/Ouvido. **Idi.** *Falar de* ~ [pelo que se ouviu, sem averiguar, de cor].

outonal *adj 2g* (<outono + -al) Do [Referente ao] outono. **Comb.** *Chuva* ~. *Frutos* [Colheitas] ~*ais*.

outonar *v t/int* (<outono + -ar¹) **1** Encharcar as terras com as chuvas de outono. **2** Passar o outono. **Loc.** ~ no campo «parte das férias». **3** Brotar no outono. **Comb.** Frutos outonados.

outoniço, a *adj* (<outono + -iço) **1** Que nasce/brota no outono. **Comb.** Culturas ~as. **2** Próprio do outono/Outonal(+). **Comb.** Chuvas [Tempo] ~as/o.

outono *s m* (< lat *autúmnus[m], i*) **1** *Maiúsc/minúsc* Estação do ano que se situa entre o verão e o inverno. **Ex.** No hemisfério sul, o ~ ocorre ao mesmo tempo que a primavera no hemisfério norte. **2** Época das colheitas. **3** *fig* Chegada da velhice/Declínio/Decadência. **Comb.** O ~ da vida.

outorga (Tór) *s f* (<outorgar) **1** A(c)to de outorgar. **2** Concessão/Doação. **Ex.** A quinta veio-lhe às mãos [à posse] por ~ do padrinho. **3** Aprovação/Autorização. **Comb.** ~ judicial [Autorização dada por um juiz/pelo tribunal] para praticar determinado a(c)to.

outorgador, ora *adj/s* (<outorgar + -dor) (O) que outorga/Outorgante(+).

outorgamento *s m* (<outorgar + -mento) ⇒ outorga.

outorgante *adj/s 2g* (<outorgar + -ante) (O) que outorga/Outorgador. **Ex.** Para realização da escritura compareceram os dois ~s. O primeiro ~ declarou:…

outorgar *v t* (<lat *auctoricáre*, frequentativo de *auctóro, áre, átum* ou de *auctóror, ári*; entregar por um contrato) **1** Conceder legalmente/Dar por direito. **Ex.** A Assembleia outorgou-lhe o direito de representar a empresa em juízo. **2** Declarar em escritura pública. **Loc.** ~ numa escritura de compra e venda dum imóvel «como comprador». **3** Aprovar/Anuir/Consentir. **Loc.** ~ uma proposta/decisão.

output *ing* *s m* ⇒ Saída/Produção/Resultado.

outrem *pron indef* (<lat *álter, era, erum*) Outra(s) pessoa(s)/Entidade indefinida/Alguém(+). **Loc.** Trabalhar por conta de ~.

outro, a *pron indef/dem* (<lat *álter, era, erum*) **1** *pron indef* Que não é o mesmo/Pessoa ou coisa diferente. **Ex.** Dá-me ~ copo «(por)que este está partido». Venha ~ ajudar-me, tu já estás cansado. Os jovens têm ~as ideias. **Comb.** ~ *qualquer* [Qualquer pessoa/coisa/Quem quer que seja]. ~ *que tal* [Semelhante/Da mesma laia]. ~ *tanto* [Igual quantidade «de bolo»/A mesma coisa]. *Os* ~*s* [Outrem/Quaisquer pessoas]. **2** Pessoa ou coisa semelhante/igual ou que serve de referência. **Ex.** Este menino é ~ [é muito parecido com o] pai. Jogador habilidoso como ele «Cristiano Ronaldo», não há ~. **3** Mais um que se acrescenta ao(s) que já está(ão)/existe(m). **Ex.** O trabalho é muito; temos que admitir ~ empregado. **4** *pron dem* Designa pessoa ou coisa diferente da(s) restante(s) mencionada(s) no contexto. **Ex.** O livro que eu quero não é esse, é o (~) que está ao lado. A moça que eu conheço não é a ruiva, é a ~ (que vai com ela). O ~ professor «de ginástica» era bem melhor do que qualquer destes (que temos agora).

outrora (Tró) *adv* (<outra + hora) Noutro tempo/Numa época passada/Antigamente. **Ex.** No local onde estão estas ruínas existiu ~ um grandioso convento. ~ a vida era mais simples.

outrossim (Ssím) *adv* (<outro + sim) Bem assim/Do mesmo modo/Também(+)/Igualmente.

outubro *s m* (<lat *octóber, bris*) Décimo mês dos calendários juliano e gregoriano; tem 31 dias. **Prov.** *Em agosto secam os montes, em setembro secam as fontes e em ~ seca tudo.*

ouvido, a *s m/adj* (<ouvir + -ido) **1** *s m Anat* Órgão de captação e transmissão das vibrações sonoras/Aparelho da audição e do equilíbrio. **Ex.** O ~ compõe-se de três partes: ~ externo, ~ médio e ~ interno. **Idi.** *As paredes têm ~s* [Frase de advertência para que se tenha cuidado com o que se diz, porque pode ser escutado por quem não se deseja]. *Atazanar os ~s a alguém* [Contar sempre as mesmas histórias/Repetir as mesmas lamúrias]. *Chegar aos ~s de* [Chegar ao conhecimento/Ser dito] (Ex. Vê lá, meu filho, se tens juízo; chegou-me aos ~s que te andas a portar mal na escola]. *Dar ~s a alguém* [Escutar o que alguém diz (e que não merece ser tido em consideração)] (Ex. Sabes que ela é uma mentirosa e ainda lhe dás ~s!). *Dizer ao ~* [Segredar]. *pop Emprenhar pelos ~s* [Acreditar em tudo o que se ouve/Deixar-se envolver nos mexericos que lhe contam]. *Encher os ~s* [Fazer intrigas/mexericos]. *Entrar por um ~ e sair pelo outro* [Não dar importância àquilo que se ouve] (Ex. Quando me vêm com [vêm contar] intrigas, entra-me por um ~ e sai pelo outro). *Fazer ~s de mercador* [Fingir que não ouve/Fazer-se desentendido]. *Ser todo ~s* [Prestar muita atenção]. *Ter bom ~* [Ouvir muito bem/Ter grande sensibilidade para fixar e reproduzir os sons musicais]. *Ter os ~s cheios* [Ter escutado muitas vezes coisas que não agradam/Ter sido influenciado por aquilo que alguém disse]. *Ter os ~s no ferreiro* [Ouvir mal/Não entender o que se diz]. *Ter ~s de tísico* [Ouvir muito bem]. **Comb.** «aprender a tocar guitarra/a cantar» *De ~* [Sem conhecimentos teóricos/De cor] (Ex. Nunca estudei psicologia; vou sabendo alguma coisa de ~). **2** Sentido da audição. **Ex.** O ~ é um dos cinco sentidos dos seres humanos. **3** Capacidade de fixar e reproduzir sons musicais. **Loc.** *Ter (bom) ~. Ser duro de ~* [incapaz de aprender e reproduzir com fidelidade sons musicais]. **4** *Mús* Orifício do tampo dos instrumentos musicais de corda por onde os sons se transmitem à caixa de ressonância. **5** *adj* Que foi escutado. **Ex.** De tantas vezes ~ «um poema/uma canção» acaba por se fixar.

ouvidor, a *s* (<lat *audítor, óris*) **1** O que ouve/Ouvinte(+). **2** *Dir* Juiz encarregado de exercer certas funções junto de algum ministério ou tribunal.

ouvidoria *s f* (<ouvidor + -ia) Cargo de ouvidor.

ouvinte *s 2g* (<ouvir + -inte) **1** O que escuta o que se diz/Interlocutor. **Ex.** Ele não é muito conversador mas é bom ~. **2** (O que faz parte dum auditório/que assiste a uma conferência/um programa de rádio/... **Ex.** Os ~s [A assistência(+)] aplaudiram[diu] com entusiasmo o conferencista. Um programa de rádio feito com a participação dos ~s. **3** Pessoa que assiste às aulas sem estar matriculada. **Ex.** Frequento as aulas «de matemática» apenas como ~; não posso fazer exame.

ouvir *v t/int* (<lat *áudio, íre, ítum*) **1** Perceber pelo sentido da audição/Escutar. **Ex.** Fala mais alto «ao telemóvel» porque não se ouve [não estou a ~] bem. **2** *fig* Prestar atenção. **Ex.** Estás na aula mas não ouves o [não prestas atenção ao] que o professor diz. **3** *fig* Levar em conta/Tomar em consideração. **Ex.** Já desisti de lhe dar conselhos. Ele não ouve nada do que se lhe diz. **4** Ter o sentido da audição. **Ex.** Os surdos não ouvem. **5** *fam* Levar uma reprimenda/Ser repreendido. **Ex.** Risquei a pintura do carro; já sei que vou ~ do meu pai. Ele vai ~ das boas [Ele vai ouvi-las/Vai ser severamente repreendido «do/pelo chefe»]!

ova (Ó) *s f* (<lat *óva, órum*, pl de *óvum, i*) **1** *Icti* Conjunto dos ovos dum peixe/Ovário. **Ex.** Com ~s (de peixe) fazem[cozinham]-se petiscos muito apreciados. **Idi.** *pop Uma ~!* [Expressão usada por quem não concorda: Espera por essa/Era o que tu querias/Isso é que era bom]. **2** *Vet* Tumor mole entre a pele e o osso dos animais causado por dilatação das bolsas sinoviais.

ovação *s f* (<lato *ovátio, ónis*; ⇒ ovar²) Manifestação ruidosa de aplauso/Aclamação. **Ex.** No fim do espe(c)táculo, os artistas receberam uma grande ~.

ovacionar *v t* (<ovação + -ar¹) Aplaudir com entusiasmo/Aclamar. **Loc.** ~ os vencedores.

ovado, a *adj* (<ovo + -ado) **1** ⇒ oval. **2** *Bot* Diz-se de folha que tem a base do limbo mais larga do que o ápice. **3** *Br* (Peixe) que tem ovas. **4** *Br* (Diz-se de) equino com ovas 2.

oval *adj 2g/s f* (<ovo + -al) **1** Que tem a forma de ovo. **Comb.** *Bola* «de râguebi» *~. Mesa ~. Rosto ~.* **2** *s f Geom* Curva plana fechada, com vários centros, formada por arcos de circunferência sucessivamente concordantes. **Ex.** A ~ tem dois eixos de simetria.

ovalar *v t* (<oval + -ar¹) Dar a forma oval. **Loc.** ~ o tampo duma mesa, inicialmente re(c)tangular «por ter os cantos estragados».

óvalo *s m Arquit* (<esp *óvalo*) Ornato oval que acompanha os capitéis das ordens jó[ô]nica e compósita.

ovante *adj 2g* (<lat *óvans, ántis*; ⇒ ovar²) Triunfante(+)/Vitorioso/Contente(o+).

ovar¹ *v int* (<ovo + -ar¹) Criar [Pôr] ovos ou ovas. ⇒ desovar.

ovar² *v t* (<lat *óvo, áre, átum*) Ovacionar(+)/Aclamar por ovação.

ovárico [ovariano], a *adj* (<ovário + -ico) Relativo ou pertencente ao ovário. **Comb.** *A(c)tividade ~a. Paredes ~as. Quisto ~.*

ovariectomia *s f Med* (<ovário + gr *ektomé*: amputação + -ia) Operação cirúrgica que consiste na ablação do ovário/Ooforectomia.

ovário *s m* (<lat *ovárius, ii*) **1** *Zool* Órgão genital feminino onde se originam os óvulos. **2** *Anat* Cada uma das glândulas genitais femininas situadas dum e doutro lado do útero, que produzem os óvulos. **3** *Bot* Parte do carpelo que encerra os óvulos.

ovariotomia *s f Med* (<ovário+-tomia) ⇒ ovariectomia.

oveiro, a *s* (<ovo + -eiro) **1** Ovário das aves/Oveira. **Comb.** ~ da galinha [pata]. **2** Vendedor de ovos. **3** Local onde se guardam ovos.

ovelha (Vê) *s f Zool* (<lat *ovícula, ae*, dim de *óvis, is*) **1** Fêmea do carneiro/Mamífero ruminante com o corpo coberto de lã. **Ex.** A ~ produz lã e leite que é utilizado quase exclusivamente no fabrico de queijo. **Idi.** *~ negra/ranhosa* [Pessoa que destoa [que é malvista] dentro do grupo]. **2** *fig Rel* Diz-se dos fiéis em relação ao seu pároco ou pastor espiritual.

ovelhada *s f* (<ovelha + -ada) Rebanho de ovelhas(+).

ovelheiro, a *adj/s* (<ovelha + -eiro) Guardador de ovelhas. **Comb.** *Cão ~.*

ovelhum *adj 2g* (<ovelha + -um) Relativo a ovelhas ou a gado ovino. **Comb.** *Gado ~/ovino*(+).

óveo, a *adj* (<ovo + -eo) **1** Que contém ovos. **2** ⇒ oval(+)/ovoide(+).

overdose *s f* (<ing *overdose*) Dose excessiva(+) de droga, superior à que o organismo é capaz de absorver e que pode causar a morte. **Loc.** *Morrer de* [por] ~.

oviário *s m* (<lat *oviárius, a, um*) **1** ⇒ Ovil(+). **2** ⇒ Rebanho(+) de gado ovino.

ovidiano, a *adj* (<antr Ovídio (43 a.C.-18 d.C.), poeta latino) Relativo ao poeta Ovídio ou à sua obra. **Comb.** *Poesia ~a.*

oviduto *s m Zool* (<ovo + du(c)to) Canal do aparelho genital feminino ao longo do qual passam os óvulos ou, no caso de fecundação interna, os ovos.

oviforme *adj 2g* (<ovo + -forme) ⇒ ovoide(+).

ovil *s m* (<lat *ovíle, is*) Curral das ovelhas/Redil(+)/Aprisco. ⇒ bardo².

ovimbundo, a *adj/s m pl* (<umbundo) (Diz-se de) povo africano que habita ao sul do rio Cuanza, principalmente no planalto de Benguela, Angola.

ovino, a *adj* (<lat *ovínus, a, um*) Relativo a ovelha ou carneiro. **Comb.** *Criação de gado ~. Rebanho de ~s.* ⇒ bovino; caprino.

oviparidade *s f Zool* (<ovíparo + -i- + -dade) Reprodução por meio de ovos.

ovíparo, a *adj/s Zool* (<lat *ovíparus, a, um*) (O) que se reproduz por meio de ovos que se desenvolvem fora do corpo materno. **Ex.** O embrião dos ~s alimenta-se das reservas nutritivas contidas no ovo. **Comb.** «aves/peixes» *Animais ~s.* ⇒ vivíparo.

oviscapto *s m Zool* (<ovo + gr *skáptein*: cavar) Órgão alongado que existe na extremidade do abdó[ô]men [abdome] da fêmea de alguns inse(c)tos e que serve para a postura dos ovos.

ovissaco *s m Anat* (<ovo + saco) ⇒ folículo de Graaf.

ovívoro, a *adj* (<ovo + -voro) Que se alimenta de ovos.

óvni *s m* Neologismo formado pelas iniciais de *Obje(c)to Voador Não Identificado*/Engenho desconhecido «suposto de origem extraterrestre» que se move na atmosfera/Disco voador.

ovnilogia *s f* (<óvni + -logia) Estudo/Hipótese dos óvnis.

ovo (Ôvo, Ôvos) *s m Biol* (<lat *óvum, i*) **1** Célula que resulta da fecundação do gâmeta feminino (Óvulo) pelo gâmeta masculino (Espermatozoide) e que dá origem a um novo ser/Zigoto. **Ex.** Os gé[ê]meos verdadeiros provêm do mesmo ~. **2** Corpo arredondado produzido pelas fêmeas ovíparas, fecundado «galado» ou não. **Idi.** *Estar cheio que nem* [cheio como] *um ~* [Completamente cheio/A abarrotar]. *fam* «depressa!» *Parece que vens a» Pisar ~s* [Andar muito devagar]. **Comb.** *~ de galinha* [peixe/tartaruga/abelha/mosquito]. *idi. ~ de Colombo* [Coisa que parece difícil e é [e acaba por ser] fácil de descobrir ou realizar]. *~s estrelados*/fritos. *O~s mexidos* [fritos depois de batidos]. *Clara de ~. Gema de ~.* **3** Qualquer obje(c)to semelhante a um ~. **Ex.** A bola de râguebi é um ~. **Comb.** *~ de madeira* «para coser meias».

ovoblasto/ovócito/ovogénese/ovogenia/ovogónia[o] ⇒ ooblasto/oócito/oogénese/oogenia/oogónio.

ovoide (Vói) *adj 2g/s f* (<ovo + -oide) **1** Que tem a forma de ovo/Ovado/Oval. **Comb.**

Figura ~. **2** *Geom* Curva plana com vários centros, obtida por concordâncias sucessivas de vários arcos de circunferência, com apenas um eixo de simetria.

ovologia ⇒ oologia.

ovo(vi)víparo, a *adj/s* (<ovo + vivíparo) (Diz-se de) animal cujo embrião se desenvolve à custa das reservas do ovo mas no interior do organismo materno. **Ex.** A víbora é um animal ~. ⇒ ovíparo.

ovulação *s f Biol* (<ovular¹ + -ção) Fenó[ô]meno de saída (do ovário) do óvulo que atingiu a maturidade. **Ex.** Na mulher, a ~ ocorre 14 dias antes da menstruação.

ovular¹ *v int* (<óvulo + -ar¹) Produzir óvulos. **Ex.** Uma franga (Galinha nova) começar a ~ [pôr ovos(+)/Começar a postura(o+)].

ovular² *adj 2g* (<óvulo + -ar²) Relativo a óvulo.

óvulo *s m* (<lat *óvulum*, i, dim de *óvum*, i) **1** Pequeno ovo. **2** *Biol* Gâmeta sexual feminino. **Ex.** O ~ liberto na ovulação, se não for fertilizado, entra em degenerescência e morre. **3** *Bot* Gâmeta feminino das plantas de reprodução sexuada. **Ex.** O ~ é sempre maior que o gâmeta masculino e imóvel. **4** *Geom* Curva plana com vários centros que é obtida por concordância sucessiva de vários arcos de circunferência, apenas com um eixo de simetria.

ovulogénese [*Br* **ovulogênese**] *s f Biol* (<óvulo + génese) Processo de divisão e diferenciação celular que dá origem à formação do óvulo.

oxácido (Csá) *s m Quím* (<oxi- + ácido) (Diz-se de) ácido que contém oxigé[ê]nio. **Ex.** Os ácidos nítrico, sulfúrico, fosfórico, são ~s.

oxalá (Cha) *interj* (<ár *wa xa llah*: e queira Deus) Exprime o desejo de que algo aconteça/Deus queira/Prouvera a Deus/Se Deus quiser/Quem dera. **Ex.** Está um calor abrasador. ~ venham uns dias mais frescos! ~ consigas o emprego que tu pretendes!

oxalato (Csa) *adj m Quím* (<oxálico + -ato) Designa o anião [ânion] ou os sais do ácido oxálico. **Comb.** ~ de sódio, $Na_2(COO)_2$.

oxálico (Csá) *adj m* (<gr *oksalís, ídos*: azeda (Planta) + -ico) Diz-se do ácido orgânico etanodioico, COOH – COOH. **Ex.** O ácido ~ é muito venenoso.

oxalidáceo, a (Csa) *adj/s f pl Bot* (⇒ oxálico) (Diz-se de) família de plantas dicotiledó[ô]neas herbáceas, de folhas trifoliadas, a que pertence a azeda.

oxi- (Csi) *pref* (<gr *oksús, eía, ú*: agudo, pontiagudo) Exprime a ideia de: **a)** *oxigé[ê]nio*: oxiácido, oxidação; **b)** *azedo*: oxicrato.

oxiacetilénico, a [*Br* **oxiacetilênico**] (Csi) *adj* (<oxi- + acetileno + -ico) (Diz-se de) processo químico em que intervém o oxigé[ê]nio e o acetileno. **Comb.** Maçarico [Soldadura] ~o/a.

oxiácido *adj m Quím* ⇒ oxácido.

oxicedro (Csi) *s m Bot* (<gr *oksýkedros, ou*) ⇒ zimbro.

oxicrato (Csi) *s m* (<gr *oksýkraton, ou*) Mistura de vinagre e água usada como bebida refrigerante «para certos doentes».

oxidabilidade (Csi) *s f Quím* (<oxidável + -i- + -dade) Qualidade do que é oxidável. **Ex.** O ferro tem ~ elevada.

oxidação (Csi) *s f Quím* (<oxidar + -ção) **1** A(c)to ou efeito de (se) oxidar. **2** Rea(c)ção química em que entra um elemento «ião/molécula» que perde ele(c)trões/elétrons. **Comb.** *Número de* ~ [Numa ligação covalente, é a carga que um elemento teria se os ele(c)trões [elétrons] de valência estivessem anexados ao elemento mais ele(c)tronegativo] (Ex. O número de ~ é zero para os elementos não combinados, igual à carga dos iões [íons] monoató[ô]micos, geralmente igual a -2 para o oxigé[ê]nio combinado). *Geol Zona de* ~ [Zona de terrenos compreendida entre a superfície e o nível hidrostático]. ⇒ redução.

oxidante (Csi) *adj 2g/s m* (<oxidar + -ante) (O) que tem a propriedade de oxidar/(O) que tem tendência para captar ele(c)trões/elétrons. **Comb.** «oxigé[ê]nio/ácido perclórico/peróxidos» ~ *forte*. *Poder* ~.

oxidar (Csi) *v t/int Quím* (<óxido + -ar¹) **1** Perder ele(c)trões/elétrons. **Ex.** Na formação do fluoreto de hidrogé[ê]nio (HF), o hidrogé[ê]nio oxida (Cede um ele(c)trão/elétron ao flúor). **2** Combinar com o oxigé[ê]nio formando óxido. **Ex.** O carvão, ao arder, oxida o carbono formando (mono ou di)óxido de carbono. **3** Criar [Ganhar] ferrugem/Enferrujar. **Ex.** O ferro [A prata] oxida em conta(c)to com o ar (h)úmido.

oxídase (Csí) *s f Biol* (óxido + -ase) Nome genérico de oxidorredu(c)tases (Enzimas) em que o aceitador de ele(c)trões [elétrons] é o oxigé[ê]nio molecular.

oxidável (Csi) *adj 2g* (<oxidar + -vel) Que pode oxidar. **Ex.** O ouro e a platina são metais não ~eis.

oxidimetria (Csi) *s f Quím* (<óxido + -metria) Método de análise química baseado na rea(c)ção de oxidação-redução.

óxido (Csi) *s m Quím* (<oxi- + -ido) Composto binário formado por oxigé[ê]nio e outro elemento. **Comb.** ~ *de cobre* (CuO). (Mono/Di)~ *de carbono* (CO/CO_2). ~ *nitroso* (N_2O).

oxidorredução (Csi) *s f Quím* ⇒ oxirredução.

oxidorredutase (Csi) *s f Bioq* (<óxido + redução + -ase) Grupo de enzimas que se cara(c)terizam pela a(c)ção catalisadora em rea(c)ções de oxidação-redução. **Ex.** As ~ dividem-se em 13 classes conforme o tipo do grupo, no dador de ele(c)trões [elétrons], que vai sofrer oxidação «no grupo – CHOH do dador, a ~ será a glucose oxidase ou desidrogenase alcoólica».

oxídrico, a (Csi) *adj Quím* (<oxi- + hidr(ogé[ê]nio) + -ico) Que resulta da combinação do oxigé[ê]nio com o hidrogé[ê]nio. **Comb.** *Chama* ~*a*. *Maçarico* ~.

oxidrilo[a] (Csi) *s m [f] Quím* (<oxi(gé[ê]nio + hidr(ogé[ê]nio + -ilo) Radical químico formado por um átomo de oxigé[ê]nio e um de hidrogé[ê]nio/Ião [Íon] hidróxido. **Ex.** O ~ é uma base forte cara(c)terística dos hidróxidos alcalinos.

oxiemoglobina (Csi) *s f* (<oxi- + hemoglobina) Composto instável que se forma durante a respiração devido à a(c)ção do oxigé[ê]nio sobre a hemoglobina do sangue.

oxigenação (Csi) *s f* (<oxigenar + -ção) A(c)to ou efeito de oxigenar/Adição de oxigé[ê]nio. **Comb.** ~ *do ar ambiente*. ~ *do sangue* «na respiração».

oxigenante (Csi) *adj 2g* (<oxigenar + -ante) Que oxigena/Capaz de oxigenar. *Poder* ~. «água oxigenada» Substância ~.

oxigenar (Csi) *v t* (<oxigé[ê]nio + -ar¹) **1** *Quím* Combinar com oxigé[ê]nio. **Loc.** ~ *a água dum aquário* «insuflando ar». ~ [Descolorar com água oxigenada] *o cabelo*. **2** *Med* Administrar oxigénio a um doente. **3** Introduzir oxigénio «numa sala, abrindo as janelas para entrar ar puro»/Ventilar(+).

oxigenável (Csi) *adj 2g* (<oxigenar + -vel) Que se pode oxigenar.

oxigé[ê]nio [O 8] (Csi) *s m Quím* (<oxi- + gr *génos*: nascimento + -io) Elemento químico gasoso que constitui cerca de um quinto da atmosfera e entra na composição de grande número de compostos. **Comb.** ~ *do ar*. *idi Balão de* ~ [Auxílio de emergência prestado para tentar salvar algo que se apresenta irremediavelmente perdido] (Loc. Aguentar uma empresa (prestes a falir) com balões de ~).

oxígono, a (Csi) *adj* (<gr *oksygṓnios*) **1** *Geom* Que tem todos os ângulos agudos/Acutângulo(+). **2** *Zool* Que tem saliências aguçadas/angulosas. **Comb.** Concha ~a.

oxima (Csi) *s f Quím* (<ing *oxime*) Substância cristalina resultante da rea(c)ção da hidroxilamina com um aldeído (Aldóxima) ou com uma cetona (Cetóxima).

oximel (Csi) *s m* (<gr *oksymeli, itos*) Bebida composta de água, vinagre e mel.

oximetria (Csi) *s f Med* (<oxi- + -metria) Método de determinação do grau de saturação do sangue em oxigé[ê]nio.

oximoro (Csimó) *s m Gram* (<gr *oxýmoron, ou*) Figura de retórica que consiste em reunir no mesmo conceito palavras de sentido oposto ou contraditório. **Ex.** "Amor... é ferida que dói e não se sente/É um contentamento descontente" (L. de Camões).

oxiopia (Csi) *s f* (<gr *oksyopía*) Visão aguda e penetrante/Capacidade de ver ao longe.

oxirredução (Csi) *s f Quím* (<oxi- + redução) Designação das rea(c)ções em que há transferência de ele(c)trões [elétrons] entre elementos ou compostos, ou seja, rea(c)ções de oxidação (Cedência de ele(c)trões/elétrons) e de redução (Ganho de ele(c)trões/elétrons). **Ex.** O ferro (Fe^{+3}) é reduzido na presença do vanádio (V^{+2}), que é oxidado: $Fe^{+3} + V^{+2} \Rightarrow V^{+3} + Fe^{+2}$.

oxissulfureto (Csi) *s m Quím* (<oxi- + sulfureto) Composto dos aniões [ânions] óxido e sulfureto.

oxitocina (Csi) *s f Bioq* (<ing *oxytocin*) Hormona segregada pela hipófise que provoca as contra(c)ções do útero no parto e estimula a secreção de leite.

oxitonizar (Csi) *v t* (<oxítono + -izar) Tornar uma palavra oxítona.

oxítono, a (Csi) *adj Gram* (<gr *oksýtonos*) Que tem o acento tó[ô]nico na última sílaba/Agudo(+). **Ex.** Funil é uma palavra ~a [aguda(+)]. ⇒ paroxítono; proparoxítono.

oxiuríase (Csi) *s f Med* (<oxiúro + -ase) ⇒ oxiurose.

oxiurídeo, a (Csi) *adj/s m pl Zool* (Diz-se de) família de pequenos nemátodos parasitas a que pertence o oxiúro.

oxiúro/e (Csi) *s m Zool* (<gr *oksýs*: agudo + *ourá*: cauda) Pequeno verme nematoide da família dos oxiurídeos, parasita de alguns animais e do homem.

oxiurose (Csi) *s f Med* (<oxiúro + -ose) Doença parasitária provocada pelos oxiúros. **Comb.** ~ *dos cavalos*.

oxoácido (Csó) *s m Quím* (<oxi- + ácido) ⇒ oxácido.

ozena *s f Med* (<gr *ózaina, es*) Infe(c)ção das fossas nasais cujo sintoma é o mau cheiro.

ozonar/ozonificar ⇒ ozonizar.

ozônio ⇒ ozono.

ozonização *s f* (<ozonizar + -ção) **1** Transformação do oxigé[ê]nio em ozono. **2** Tratamento com ozono. **Comb.** Efeito bactericida da ~ da água.

ozonizador *s m* (<ozonizar + -dor) Aparelho que serve para ozonizar «a água».

ozonizar *v t* (<ozono + -izar) **1** Transformar oxigé[ê]nio em ozono. **2** Tratar/Combinar com ozono.

ozono (Zó) *s m Quím* (<gr *ózon, ontos*: que exala mau cheiro; ⇒ ozônio) Variedade alotrópica do oxigé[ê]nio que corresponde ao

isótopo O$_3$/Gás azulado de cheiro cara(c)-terístico. **Ex.** O ~ obtém-se por a(c)ção de descargas elé(c)tricas sobre o oxigé[ê]nio. **Comb.** Camada de ~ (estratosférica) [Zona da atmosfera com muito ~ que protege a Terra, evitando a passagem das radiações ultravioletas prejudiciais à vida].

ozonómetro [*Br* **ozonômetro**] *s m Quím* (<ozono + -metro) Aparelho que serve para determinar a quantidade de ozono existente numa mistura gasosa.

ozostomia *s f Med* (<gr ózon, *ontos*: que exala mau cheiro +*stóma, atos*: boca) Mau hálito/Halitose.

P

p, P (Pê) *s m/adj* (<lat *p*) **1** Décima sexta letra do alfabeto português. **2** *Abrev* de padre, página, ... **Comb.** P. Antó[ô]nio Vieira. **3** *Maiúsc Fís* Símbolo de peso, potência, momento, protão [próton] e pressão. **4** *adj* **Ex.** A fila ~ «das cadeiras» é lá [mais] para trás.

pá[1] *s f* (<lat *pála*) **1** Utensílio com uma parte larga e achatada e cabo próprio para agarrar com as duas mãos. **Loc.** Remover areia [neve] com (uma) ~. *Idi.* Deitar [*Pôr*] *uma ~ de cal sobre «um assunto»* [Dar por encerrado]. *Pá-(a)-pá-santa-justa* [Com toda a exa(c)tidão/Sem tirar nem pôr/Assim mesmo]. *(Um homem da) pá-virada* [Violento]. «trabalho/pessoa» De ~ e picareta [Difícil/Duro]. **Comb.** *~ do forno. ~ mecânica* [~ de máquina escavadora/deira]. **2** Parte mais larga dos membros dianteiros da rês. **Ex.** Comprei ontem 1 quilo de carne da ~. **3** Parte(s) larga(s) ou achatada(s) dum obje(c)to. **Comb.** *~ de remo. ~s da hélice. ~s da turbina. ~s do ventilador.* **4** ⇒ grande quantidade. **5** *Br* ⇒ malta; ralé.

pá[2] *interj* (<on) Exprime o ruído da queda de um corpo ou do choque entre dois corpos. **Sin.** Pim; pum.

pá[3] *s 2g gír* (<rapaz) **1** Forma vocativa para chamar a atenção (de alguém). **Ex.** Ó ~, podes dizer-me as horas? **2** Forma coloquial *us* como bordão. **Ex.** Entrou no cinema, ~, e não se apercebeu, ~, que se tinha enganado na sala. **3** Expressão com valor de interjeição que serve para manifestar dece(p)ção. **Ex.** Eh, ~! Cheguei tarde de mais!

pã *s m Mit gr* (<gr *pan, panós*) Deus dos pastores e símbolo da natureza. **Comb.** O deus ~.

pabulagem *s f Br* (<pabular + -agem) **1** ⇒ presunção; fanfarr(on)ice. **2** ⇒ embuste; mentira.

pabular *v t/int Br* (<pábulo + -ar*[1]*) **1** ⇒ gabar-se; vangloriar-se; contar grandezas. **2** ⇒ desdenhar de; desprezar.

pábulo *s m* (<lat *pábulum,i*) **1** *erud/poe* Pasto(+)/Alimento(o+)/Sustento/Comida. **Ex.** Sei que um dia o meu corpo será ~ dos vermes. **2** *fig* Assunto/Motivo/Matéria. **Loc.** Ser ~ de maledicência/de escárnio.

paca *s f Zool* (<tupi *paka*: desperta, vigilante, sempre atenta) **1** Mamífero roedor, da família dos Caviídeos. **Ex.** As ~s habitam a América do Sul e a sua carne é muito apreciada. **2** *Br* ⇒ meretriz. **3** *Br* ⇒ ingé[ê]-nuo; tolo. **4** *fam/cal* ⇒ muito(s).

pacaça *s f Zool* (<quimbundo *mpa'kasa*) Mamífero ruminante, bovídeo, parecido ao búfalo; *Synceros manus*. **Ex.** As ~s são frequentes na África Ocidental (Angola) e é uma caça bastante apreciada.

pacalho *s m* (< ?) (Só *us* na *loc* "Virar ~" que significa "Dar em nada [*idi* em águas de bacalhau"]).

pacatamente *adv* (<pacato + -mente) Calmamente (+); sossegadamente (o+); tranquilamente (+). **Ant.** Agitadamente.

pacatez *s f* (<pacato + -ez) Tranquilidade/Calma. **Comb.** A ~ da vida do campo. **Ant.** Agitação.

pacato, a *adj/s* (<lat *pacátus,a,um*: purificado, pacífico, tranquilo) (O/A) que gosta do sossego e da boa ordem. **Ex.** Aquele rapaz é muito ~, nunca se mete em confusões. **Comb.** Terra [Vida] ~a. **Sin.** Calmo; pacífico (o+); sossegado (+); tranquilo. **Ant.** Agitado; barulhento; inquieto; nervoso.

paceiro, a *adj/s* (<paço + -eiro) (Aquele) que frequenta o paço real. ⇒ cortesão; palaciano.

pacemaker ⇒ marca-passo.

pachola (Chó) *adj/s 2g pop* (<pachoucho + patola) **1** Pessoa indolente, molengona, com pouco desembaraço. **Ex.** Aquele miúdo fica o tempo inteiro [*idi* o santo dia] quieto no mesmo lugar, é um verdadeiro [é mesmo um] ~! **Sin.** Não-te-rales (+); bonacheirão. **2** Pessoa bem-disposta, que não se aborrece com nada. **Sin.** Bonachão. **3** ⇒ brincalhão; gracejador, gozador; farsola. **4** *Br* ⇒ pretensioso; pedante.

pacholice *s f* (<pachola + -ice) Coisa (própria) de pachola.

pachorra (Chô) *s f* (<esp *pachorra*: fleuma de gente gorda) **1** Lentidão(+)/Vagar/Fleuma. **Ex.** Com essa [a vossa] ~ nunca mais chegamos ao cimo do monte. **2** Paciência (+). **Ex.** Não tenho ~ para lidar com animais.

pachorrento, a *adj* (<pachorra + -ento) Lento/Vagaroso. **Ex.** O São Bernardo é um cão [cachorro] muito ~. **Ant.** A(c)tivo; despachado; dinâmico.

pachouchada *s f* (<pachoucho + -ada) **1** A(c)to disparatado/Coisa de má qualidade. **Ex.** O espe(c)táculo dos cantores foi uma ~. **2** Dito néscio/Obscenidade.

pachoucho, a *adj/s* (< ?) **1** ⇒ tolo; palerma. **2** ⇒ vulva.

paciência *s f* (<lat *patiéntia,ae* <*pátiens* <*pátior,páti*: aguentar, sofrer) **1** Qualidade do que é paciente/Capacidade de suportar trabalhos ou contrariedades. **Ex.** A ~ tudo alcança [Com ~ tudo se consegue]. Suportou [Aguentou] com ~ todos os tratamentos a que foi submetido. «O João» tem muita ~ com crianças. **Loc.** *Abusar da ~ de* [Explorar] *alguém* [Ser importuno]. *Armar[Encher/Revestir]-se de ~* (Ex. Armou-se de grande ~ para ouvir outra vez a mesma história). *Dar cabo da ~ de* [Irritar] *alguém. Fazer perder* [*Br Torrar*] *a ~ a alguém. Perder a ~* [Zangar-se/Impacientar-se]. *Ter ~* [Aguentar/Esperar] (Ex. Ainda não é a sua vez (de ser atendido). Tenha ~ [Espere]). **Comb.** *~ de santo/anjo/Jó(b)* [Muita ~]. **Sin.** Resignação. **Ant.** Im~; revolta. **2** Constância/Perseverança. **Comb.** «fazer um dicionário é um» Trabalho de ~. **3** *interj* **Ex.** Perdemos o campeonato. Paciência! **4** Um jogo de cartas/Solitário. **5** ⇒ quebra-cabeças. **6** *Bot* Planta poligonácea; *Rumex crispus/patientia*.

paciente *adj/s 2g* (<lat *pátiens,éntis* <*pátior,pati*: aguentar, sofrer) **1** Que suporta [aguenta] trabalhos ou contrariedades. **Ex.** Esperou, ~, durante meses, a (chegada da) resposta. **Comb.** Passageiro [Cliente] ~. **Sin.** Conformado; sofredor; resignado. **Ant.** Im~; revoltado; colérico. **2** Persistente/Perseverante/Constante/Tenaz. **Comb.** *Pesquisador ~. Trabalho [Estudo/Investigação] ~*. **3** *Med* Doente/Enfermo. **Ex.** Os hospitais estão cheios de ~s. ⇒ padecente. **4** *Fil/Gram* Obje(c)to ou fim duma a(c)ção. **Ex.** Na frase "O mundo foi criado por Deus", mundo é ~. **Ant.** Agente; a(c)tuante. **5** *Dir* Ofendido/Vítima.

pacientemente *adv* (<paciente + -mente) **1** Com paciência/Delicadamente. **Ex.** O professor, ~, respondeu a todas as dúvidas colocadas pelos alunos. **Loc.** Esperar ~ para [~ a sua vez de] ser atendido. **2** Com persistência/constância. **Ex.** Montava ~ miniaturas de barcos com dezenas de peças minúsculas.

pacificação *s f* (<lat *pacificátio,ónis*: reconciliação) A(c)to ou efeito de pacificar / Restabelecimento da paz. **Comb.** A ~ da revolta [dos revoltosos]. **Sin.** Apaziguamento(+). **Ant.** Guerra; revolta.

pacificador, ora *adj/s* (<lat *pacificátor,óris*) (O/A) que pacifica/que estabelece a paz. **Ex.** O presidente do sindicato foi o ~ da greve. **Loc.** Fazer um discurso ~. **Sin.** Apaziguador. **Ant.** Agitador; instigador; perturbador.

pacificamente *adv* (<pacífico + -mente) Com tranquilidade/Em paz/De modo pacífico. **Loc.** Dormir [Trabalhar/Ler] ~. **Sin.** Tranquilamente.

pacificar *v t* (<lat *pacífico,áre*) Trazer [Restabelecer] a paz. **Ex.** O novo presidente pacificou o país. **Comb.** *País pacificado*. **Sin.** Acalmar; apaziguar; reconciliar; serenar; tranquilizar.

pacificidade *s f* (<pacífico + -idade) Qualidade de quem aprecia a paz/Qualidade do que é pacífico/Paz (+).

pacífico, a *adj/s* (lat *pacíficus,a,um*) **1** (O) que ama a paz/Manso/Tranquilo. **Ex.** Ele é um rapaz muito ~, nunca [não] se mete em confusões. «Jesus Cristo disse» "Bem-aventurados os ~s [mansos] porque possuirão a terra". **Comb.** *Comício [Manifestação] ~. Oceano Pacífico.* **2** Bem aceite/Bom. **Ex.** A escolha do sucessor foi ~a. **Comb.** Utilização ~a da energia nuclear.

pacifismo *s m* (<pacífico + -ismo) Grande amor à paz/Doutrina política dos que defendem a paz mundial pelo desarmamento das nações e pelo recurso a tribunais internacionais, como solução de conflitos e divergências.

pacifista *s/adj 2g* (<pacífico + -ista) Partidário do pacifismo. **Loc.** Ser um grande ~. **Comb.** Movimento [Doutrina] ~.

paço *s m* (lat *Palátium,ii*: Palatino, uma das sete colinas de Roma onde vivia o imperador) **1** Palácio real. **Sin.** Corte[3]. **2** Conjunto de pessoas que residiam no palácio real. ⇒ corte(sãos). **3** Edifício público sede de uma instituição importante. **Comb.** ~s da Cidade [do Concelho/da Câmara Municipal/da Prefeitura].

pacoba/pacobeira ⇒ banana/bananeira.

pacoca *s f Br* (<?) Correnteza muito forte/Cachoeira.

paçoca *s f Cul Br* (<tupi *pasóka*: esmigalhado no pilão) **1** Vários pratos com ingredientes à mistura, depois de moídos ou esfiados. **2** *fig* ⇒ misturada/trapalhada/confusão.

pacote (Có) *s m* (<paca (Já fora de uso) + -ote) **1** Conjunto de coisas ligadas (e embrulhadas)/Fardo (+). **2** Embrulho/Embalagem. **Ex.** Nas arrumações, fez dois ~s com livros que já não lhe interessavam. **Loc.** Mandar um ~ [embrulho/uma embalagem] pelo correio. **Comb.** *~ de arroz* [açúcar/leite] comprado no supermercado. *~ de dinheiro* [Maço de notas (+)]. *Sopa instantânea [de ~]*. **3** *fig* Conjunto de medidas ou regras. **Comb.** *~ fiscal* [Conjunto das leis que regulam os impostos]. *~ laboral* [Conjunto de leis que regulam os direitos e deveres de trabalhadores e empregadores]. **4** *fig* Conjunto de mercadorias ou outras coisas oferecidas em bloco. **Comb.** *~ turístico* [de férias (+)]. *~ de (programas de) TV*. **5** *Info* Conjunto de dados transmitidos como um todo. **6** *Br* Mentira/Engano. **Loc.** *Ir no ~* [Deixar-se enganar].

pacotilha *s f* (<pacote + -ilha) **1** Porção de mercadorias que os passageiros ou tripulantes de um navio podem levar consigo

na viagem sem pagar. **2** *depr* Mercadoria grosseira. **Comb.** De ~ [qualidade inferior/pouco valor].

pacovice *s f* (<pacóvio + -ice) ⇒ palermice(+); tolice(o+).

pacóvio, a *adj/s* (<?) Indivíduo estúpido, simplório, inculto. **Sin.** Idiota (o+); imbecil; parvo (+); rústico; saloio.

pacto *s m* (<lat *pactum,i*) **1** *Dir* Contrato entre duas ou mais pessoas [entidades] com [que supõe] obrigações e direitos recíprocos. **Loc.** Estabelecer [Fazer] um ~. **Comb.** ~ *de não agressão* entre dois países. ~ [Juramento] *de sangue* [Promessa solene entre pessoas que fazem um pequeno golpe em si mesmas misturando os seus sangues]. ~ [Contrato] *social* [entre o governo e a sociedade/os cidadãos]. **2** Acordo/Ajuste/Convé[ê]nio/Convenção/Entendimento /Promessa.

pactuante *adj/s 2g* (<pactuar + -ante) Pessoa que pactua/Pactuário. **Ex.** Pressupõe-se que o pacto seja respeitado por todos os ~s. **Comb.** Entidades [Países]~s.

pactuar *v int* (<pacto + -ar) **1** Definir [Estabelecer] alguma coisa de comum acordo/Fazer um pacto. **Sin.** Ajustar; combinar; acordar. **Ex.** Tinha pactuado com o criminoso e temia agora pela própria vida. **Loc.** ~ *alianças*. «ser condenado por» ~ *com o (país) inimigo*. **2** Transigir com. **Ex.** Não se deve pactuar com os vícios [com a mentira/com os criminosos/ladrões].

pactuário, a *s/adj* (<pactuar + -ário) (O/A) que pactua. **Sin.** Pactuante.

pada (Pá) *s f* (<lat *panáta* <*pánis*:pão) **1** Pão pequeno feito com farinha ordinária. **2** *fig* ⇒ insignificância.

padaria *s f* (<pada + -aria) Casa onde se fabrica ou vende pão, biscoitos e bolos. **Ex.** Vou à ~ comprar pão. ⇒ pastelaria; panificadora.

padecente *adj/s 2g* (<padecer + -ente) **1** (O) que padece/sofre. **Sin.** Sofredor (+). ⇒ paciente;enfermo;doente. **2** *Dir* Pessoa condenada à pena de morte. **3** *pop* Pessoa apaixonada que não é correspondida.

padecer *v t/int* (< lat *patéscere* <*pátior*: sofrer) **1** Sofrer(+) mal físico ou moral. **Loc.** «cristão» ~ [Sofrer(+)] *o martírio* [Ser mártir]. ~ *de uma doença incurável*. **2** Ter. **Ex.** Argumentos que não padecem [têm] contestação (possível).

padecimento *s m* (<padecer + -i- + -mento) **1** Sofrimento(+) físico ou moral. **2** Doença/Enfermidade. **Ex.** Estava com um ~ grave e pouca esperança havia de recuperar.

padeiro, a *s m* (<pada + -eiro) O/A que fabrica ou vende pão.

padejar *v t/int* (<pá [pada] + -ejar) **1** Revolver com a pá a(os cereais) para limpá-los. **2** Preparar a massa da farinha antes de a meter no forno/Ser padeiro.

padieira *s f* (< ?) Verga superior de porta ou janela. **Ex.** Bati com a cabeça na ~ da porta e feri-me. ⇒ ombreira.

padiola (Ó) *s f* (<lat *paleola*) **1** Espécie de tabuleiro com dois varais paralelos, para transportar «pedra/areia». **2** Cama de lona portátil em que se transportam doentes ou feridos/Maca(+).

padralhada *s f depr* (padre+alhada) Agrupamento de [Classe dos] padres.

padrão¹ *s m* (<lat *patronus, i*; *pl* padrões) **1** Base de comparação que o consenso geral ou um (determinado) órgão oficial consagrou como referência. **Ex.** Os vinhos portugueses satisfazem os [obedecem aos] ~ões mais exigentes (de qualidade). **Comb.** ~ *métrico*. ~ [*Escalão*] *monetário* [Valor legal da unidade monetária «euro» do(s) país(es)]. ~*-ouro*. ~ [*Nível*] *de vida*. **2** Modelo/paradigma. **Ex.** O fabricante de sapatos seguiu o ~ escolhido pela pesquisa. Vendemos ambos os padrões, popular e de luxo. **Comb.** *Frase* ~ «para os alunos aprenderem». «português de Portugal» *Língua* ~. **3** ⇒ bitola; craveira; medida. **4** Desenho decorativo/Estampado/Motivo. **Ex.** Tenho um vestido com ~ vegetalista.

padrão² *s m* (<pedra+-ão) Monumento monolítico destinado a comemorar qualquer acontecimento/Marco. **Ex.** Os navegadores portugueses erguiam ~ões nas terras por eles descobertas.

padrasto *s m* (<lat *patrá(s)ter, tri*; ⇒ madrasta) **1** Segundo marido da mãe, em relação aos filhos por ela tidos num casamento anterior. **2** *fig* Pai pouco atencioso. **Ex.** Ele é (um) ~ para os (próprios) filhos, não tem coração de pai.

padre *s m Rel* (<lat *páter,tris*: pai) Indivíduo que recebeu ordenação sacerdotal/Sacerdote. **Ex.** O ~ celebra [reza] missa todos os dias. **Comb.** ⇒ ~*-cura* [*-mestre/ nosso*]. *Os santos* ~*s/Os* ~*s da Igreja* [Autores eclesiásticos dos primeiros seis séculos do cristianismo] (Ex. S. Agostinho é o maior santo ~ da Igreja). *Santo Padre* ⇒ papa.

padreação *s f* (< padrear + -ção) **1** A(c)to ou efeito de padrear/procriar.

padrear *v int* (<padre + -ar) «cavalo» Emprenhar a fêmea. **Sin.** Ser pai (+).

padreca/o (Dré) *s m depr* (<padre+-eca/o) Padre de pouco mérito ou que não desempenha dignamente as suas funções.

padre-cura *s m Rel* Sacerdote que dirige uma paróquia. **Sin.** Pároco(+).

padre-mestre *s m Rel* **1** Sacerdote que é professor [orientador] dos noviços. **2** *fig* Indivíduo sabichão.

padre-nosso *s m Rel* ⇒ pai-nosso.

padresco (Ê) *adj depr* Próprio de padre. ⇒ fradesco.

padrinho *s m* (<lat *patrínus, i* <*pater*: pai; ⇒ madrinha) **1** Aquele que apresenta alguém ao ba(p)tismo ou crisma/confirmação(+). **2** Apoiante e testemunha de casamento/doutoramento/duelo/... **Ex.** O ~ dos noivos deu-lhes as alianças. **3** Aquele que atribui o nome a alguma coisa ou a alguém. **Comb.** O ~ do navio. **4** *fig* ⇒ Prote(c)tor(+)/Defensor(o+)/Patrono.

padroado *s m Hist* (<lat *patronátus, i*) **1** Direito concedido pela Igreja aos fundadores ou doadores de uma missão, igreja ou mosteiro de conferir benefícios ou de apresentar bispos para os lugares vagos. **2** Lugar ou região onde esse direito era exercido. **Comb.** ~ *português do Oriente* [Direito de jurisdição que a Igreja [o Papa] concedeu a [ao rei de] Portugal em terras do Oriente, tanto portuguesas como estranhas à soberania de Lisboa]. ~ *ultramarino português*.

padroeiro, a *adj/s* (<lat *patrónus, i* + -eiro) **1** *Rel* (O/A) que se escolheu como prote(c)tor e intercessor junto de Deus/Orago. **Ex.** Nossa Senhora Aparecida é a ~ do Brasil. S. Bento é o ~ da Europa. **2** *fig* ⇒ patrono/prote(c)tor.

padronização *s f* (<padronizar + -ção) Uniformização/Estandardização. **Comb.** A ~ da moda. **Ant.** Diversificação.

padronizar *v t* (<padrão + -izar) Estabelecer [Submeter a] um padrão. **Loc.** ~ *as embalagens* «do leite». ~ *a moda*. **Sin.** Uniformizar; estandardizar.

paelha (Ê) *s f Cul* (<esp *paella*) Prato de arroz condimentado com açafrão e cozido com carnes e marisco.

paga *s f* (<pagar) **1** *pop* ⇒ pagamento. **2** Agradecimento/Remuneração/Recompensa. **Ex.** Matei-me a trabalhar para os meus filhos e a ~ que eles me dão é meterem-me neste lar de idosos contra a minha vontade. **3** Castigo. **Ex.** A prisão foi a ~ do crime.

pagador, ora *adj/s* (<pagar) (O/A) que paga. **Ex.** Nas casas de jogo, o ~ lança os dados, baralha e distribui as cartas. **Comb.** Desculpa de mau ~ [Desculpa inaceitável].

pagamento *s m* (<pagar+-mento) A(c)to ou efeito de pagar. **Loc.** Encontrar-se [Estar] a ~ (Ex. Os ordenados deste mês já estão [se encontram] a ~/já se podem receber). **Comb.** ~ *adiantado*. ~ *atrasado*. ~ *à vista*. ~ *dos impostos*. ~ *em prestações* (Em vários ~s). ~ *indébito* [indevido] (Em que não há dúvida ou obrigação de pagar). ~ *integral*. ~ *na entrega* (do artigo). *Balança de* ~*s* [Comparação das transa(c)ções de um país com outros países que indica o estado da economia]. *Folha de* ~ [dos salários]. *Montante* [*Quantia*] *do* ~. *Pronto* ~ ⇒ ~ à vista. ⇒ salário; remuneração; reembolso.

paganismo *s m* (<pagão + -ismo) Estado ou conjunto dos não ba(p)tizados. **Sin.** Gentilismo; gentilidade. ⇒ politeísmo.

paganização *s f* (<paganizar + -ção) Descristianização «da Europa». **Comb.** A ~ das celebrações [festas] religiosas.

paganizar(-se) *v t* (<pagão + -izar) Tornar(-se) pagão.

pagante *s/adj 2g* (<pagar + -ante) **1** (O/A) que paga/Pagador. **2** ⇒ contribuinte.

pagão, gã *s/adj* (<lat *paganus*: aldeão <*pagus*: aldeia) **1** Pessoa não ba(p)tizada. **Ex.** Ele foi ba(p)tizado mas vive como (um) ~. **Comb.** S. Paulo, apóstolo dos pagãos [gentios]. **2** Que é relativo ao paganismo. **Ex.** Amaterasu é uma das divindades pagãs do Japão. Já não há povos inteiramente pagãos.

pagar *v t* (<lat *páco,áre*: pacificar, apaziguar) **1** Dar o que se deve. **Ex.** Um jantar nesse restaurante paga-se bem [é caro]. Ele pagou as dívidas [os impostos]. Quanto (é que) pagou pelos [Quanto lhe custaram os] ovos? **Loc.** ~ *o almoço* aos amigos. ~ *o aluguer*[el] da casa. ~ *bem* [o que é devido/justo] *aos operários*. ~ *o ordenado* [salário]. ~ *por conta* [com crédito]. ~ *em prestações* [aos poucos/com vários pagamentos]. ~ *à vista*. **Idi.** ~ *caro* [Sofrer muito para alcançar] *a vitória*. ~ *caro a ofensa* [Ser bem castigado pelo ofendido] «levando um grande murro». ~ *as favas* [Sofrer sozinho as culpas do grupo]. ~ *com juros* [~ generosamente] «um serviço/favor». ~ *com língua de palmo* [com consequências penosas]. ~ *na mesma moeda* [Vingar-se]. ~ *e não bufar* [e ficar calado/e não refilar]. ~ *o pato* [~ as despesas ou erros de outro(s)]. ⇒ pagamento. **2** ~-se/Receber. **Ex.** O empregado pagou-se [foi pago] do café e deu-me o troco. **Loc.** ~~*-se bem* [Levar (muito) caro/ Cobrar muito dinheiro] (Ex. É um bom carpinteiro mas paga-se bem [mas careiro]). **3** Estar sujeito a. **Ex.** Os produtos estrangeiros pagam direitos (de importação/de alfândega). **4** Retribuir. **Ex.** Deus lhe pague [Obrigado]! «a esmola que me deu/o favor que me fez». Pagou-se dos sacrifícios [dos muitos trabalhos] com a felicidade dos filhos. **Prov.** *Amor com amor se paga*. **Loc.** ~ [Retribuir] *uma visita*. *Fazer-se* ~ [Cobrar muito dinheiro]. *Não haver nada que pague/compense/valha* [Ser a coisa mais preciosa] «a saúde». **5** Sofrer castigo/as consequências. **Ex.** Ele há de ~ pelos crimes praticados «com prisão perpétua».

Ele tem que [há de] mas pagar [Vou vingar-me das ofensas que ele me fez/Vou castigá-lo]!... **Prov. ~ o justo pelo pecador** [Alguém que é inocente sofrer pelas faltas cometidas por outro(s)]. **6** Gostar/Desejar muito; ~ + para. **Ex.** Pagava para [O meu maior desejo é] não vos ver zangados. Pagava só para a/o «pessoa de quem se gosta muito» ver.

pagável *adj 2g* (<pagar + -vel) Que pode ser pago. **Ex.** A multa é ~ no prazo de trinta dias. **Comb.** ~ a prestações [aos poucos].

pagela (Gé) *s f Rel* (<lat *pagella*: página pequena) Folha de papel, de pequeno formato, que contém, geralmente, uma imagem sagrada e uma oração impressas.

pager (Péidja) *s m* (<ing *pager*: paginador) Pequeno aparelho ele(c)tró[ô]nico portátil com mostrador, que, por meio de sinais (luminosos ou sonoros) ou por vibração, informa que alguém deseja entrar em conta(c)to com o seu portador. ⇒ bip(e).

página *s f* (<lat *página* <*pángo, ere:* gravar) **1** Um lado de uma folha de papel. **Ex.** Abram o livro na ~ cem, linha cinco, a contar de baixo. A minha tese tem umas [mais ou menos] trezentas ~s. **Loc.** Marcar a ~. Virar a ~ **a)** Virar a folha; **b)** *idi* Mudar de assunto. **Comb.** «procurar» ~ a ~ [Na íntegra] «e não encontrar o trecho desejado». **~s amarelas** [Lista classificada dos telefones comerciais]. **~ cheia** [toda escrita]. **~ dupla** [Duas ~s à vista] «do jornal/mapa». **~ em branco** [~ não escrita]. **~ de rosto** [de título] «do livro» (Sin. Fachada; rosto). **Alto** [Cimo/Cabeça] **da ~. Fim** [Fundo] **da ~. Meio da ~. Primeira ~** [~ um dos jornais] (Ex. A notícia saiu em primeira ~!). **2** *fig* Trecho/Parte/Passagem. **Comb. Uma bela ~** do padre [P.] Antó[ô]nio Vieira. **Uma das melhores ~s** de Machado de Assis.
3 *fig* Acontecimento/Período/Época. **Ex.** A libertação de Timor-Leste é uma das ~s mais belas da história mundial contemporânea. **Idi. ~ virada** [Coisa para esquecer] (Ex. O ex-marido é uma ~ virada em sua vida). **A ~s tantas** [Em dado momento/A certa altura/Sem saber (bem) como] (Ex. Estávamos todos na conversa e a ~s tantas saiu irritado da sala). **4** *Info* Conjunto de informações a que se pode aceder no computador utilizando um *browser*. **Comb.** ~ pessoal [Sítio(s) duma determinada pessoa].

paginação *s f* (<paginar + -ção) **1** Numeração das páginas «de um livro». **2** Disposição de todos os elementos nas páginas «do jornal».

paginador, ora *adj/s* (<paginar + -dor) (O/A) que reúne e dispõe a composição tipográfica ou ele(c)tró[ô]nica, para formar as páginas de uma publicação.

paginar *v t* (<página + -ar¹) **1** Numerar as páginas. **2** Formar páginas, reunindo os elementos de uma composição tipográfica ou ele(c)tró[ô]nica.

pago, a *adj* (<pagar; ⇒ paga(mento)) **1** Remunerado. **Comb.** Trabalhador [Funcionário] ~. Trabalho [Serviço/Obra] ~. **2** ⇒ liquidado. **3** *fig* ⇒ vingado/desforrado.

pagode (Gó) *s m* (<sân *bhagavati:* deus(a)) **1** Templo das religiões da Ásia. **2** Ídolo adorado nesses templos. **3** *fig pop* Pândega/Divertimento/Paródia. **Ex.** Ele gosta do [leva tudo para o] ~. **4** *Br* ⇒ samba; festa. **5** *Br* ⇒ troça.

pagodear *v int* (<pagode + -ar¹) **1** ⇒ divertir-se(+). **2** *Br* ⇒ troçar; zombar.

pagodeiro, a *adj/s* (<pagode 3 + -eiro,a) (O/A) que gosta do pagode. **Sin.** Pândego(+).

paguro *s m Icti* (<gr *págouros*) Designação comum dos crustáceos decápodes pagurídeos, cujos representantes são vulgarmente conhecidos por ermitão ou casa-alugada.

pai *s m* (< lat *páter,tris*) **1** Homem [Animal macho] que tem um filho. **Ex.** (Ele) é ~ de duas raparigas [moças]. Os meus ~s [O meu pai e a minha mãe] ainda são vivos. O ~ destes cãezinhos é um cão [cachorro] de raça. **Comb. ~ ado(p)tivo** [que ado(p)tou uma criança]. **~ biológico** [verdadeiro]. **~ de família** [Homem com mulher e filhos]. *idi* **~-dos-burros** [Dicionário]. **~-d'égua a)** Cavalo não castrado; **b)** Homem libertino. **~ legal** [perante a lei]. **~ natural** [não casado]. ⇒ **~-nosso. ~ putativo** [só legal]. *pop* **~-de-todos** [Dedo médio da mão]. ⇒ mãe. **2** *fig* Autor/Fundador/Causa/Origem. **Ex.** Foi ele o ~ da ideia. Gil Vicente é o ~ do teatro português. Alberto Santos Dumont é o ~ da aviação. Deus é ~ [criador] de todos nós. As pessoas da Santíssima Trindade são três: Pai, Filho e Espírito Santo. **Comb. ~ da mentira/do mal** [Diabo]. **Deus Pai** [Pai Eterno/Celeste/do Céu]. **3** *fig* Prote(c)tor/Benfeitor. **Ex.** Ele é um ~ para os alunos. Deus é ~, não castiga. **Comb. ~** [Padre(+)] **espiritual. ~ Natal. ~ da Pátria** [Benfeitor do país]. **4** Antepassado. **Comb.** Os nossos primeiros ~s [Adão e Eva].

paina *s f Bot* **1** Fibra das sementes de certas árvores, que se utilizam no enchimento de almofadas, etc. **2** ⇒ paineira.

painço *s m Bot* (< lat *paníçium,i*) **1** Planta anual gramínea; *Setaria italica.* **Sin.** Milho-miúdo. ⇒ sorgo. **2** *pop* ⇒ dinheiro.

paineira *s f Bot* (< paina+-eira) Árvore da família das bombáceas que produz a paina; *Chorisia speciosa.*

painel *s m* (< lat *pánnu[e]lus* <*pánnus:* (pedaço de) pano) **1** Quadro «em tela» geralmente fixo. **Ex.** Os famosos painéis de S. Vicente, que formam um políptico, pertencem ao Museu de Arte Antiga de Lisboa. **Comb. ~ de azulejos** «no claustro do mosteiro/à entrada do museu». **~ escultórico** «de pedra [bronze]/em alto relevo». ⇒ pintura; quadro; retábulo. **2** Grupo [Conjunto] de pessoas. **Comb. O ~ da sessão plenária** do congresso. **O ~ de juízes** [O júri]. **O ~ de professores** [examinadores] **da prova oral. O ~ de pessoas inquiridas para fazer uma estatística. 3** *fig* Vista/Visão/Cena. **Ex.** O campo dos refugiados era um ~ de tristeza [doença/pobreza]. **4** Armação [Tabique] móvel ou fixo. **Comb. ~ para montagem de material de exposição. ~ solar** [que transforma a luz [energia] solar em energia elé(c)trica ou térmica.] ⇒ tabuleta; suporte. **5** Quadro de instrumentos de controle. **Comb. ~ de comando** «da máquina/do aparelho». **ele(c)tró[ô]nico** «de anúncios/informações». **~ de instrumentos** «do navio/avião». **~ luminoso**. **6** Relevo plano em superfície plana. **Comb. ~ da chave** [Chapa externa de fechadura]. **~** [Almofada] **da porta**.

pai-nosso *s m Rel* (*pl* pai-nossos) **1** Oração dominical [do Senhor] que começa por estas duas palavras. **Ex.** O ~ é a oração mais linda que existe e foi o próprio Jesus que a [no-la] ensinou. **Idi. Ensinar o ~ ao vigário** [Pretender ensinar a quem sabe muito ou mais do que quem fala].

paintball (Peitból) *ing (D)esp* A(c)tividade (d)esportiva em que as equipa[e]s participantes devem acertar umas nas outras com bolas de tinta disparadas por uma pistola.

paio *s m Cul* (<esp *payo:* rústico, grosseiro) **1** Carne de porco enchida em tripa de intestino grosso que depois vai ao fumeiro. ⇒ linguiça. **2** *Br* ⇒ (Indivíduo) ingé[ê]nuo.

paiol (Ól) *s m* (<lat *pállium:* cobertura, mortalha) **1** *Náut* Parte de um navio onde se guardam munições e pólvora. **2** *Br* Depósito de provisões alimentares. **Comb. ~ de mantimentos. 3** *Mil* Depósito de pólvora, explosivos e munições. **4** *pop* ⇒ estômago; papo.

pairar *v int* (<lat *pário,iáre:* dar balanço, igualar) **1** A(c)to de estar suspenso, quase sem se mover. **Ex.** O colibri [beija-flor] pairava no ar. **Loc.** «o barco/uma tábua» **~ na água.** *fig* **~ acima das pequenas guerras** [invejas]. **2** Permanecer uma substância no ar. **Ex.** O perfume dela ainda pairava dentro do elevador. **3** *fig* Estar iminente/Ameaçar. **Ex.** O perigo de um ataque [da fome (e da sede)] pairava sobre a cidade. **4** *fig* Estar indeciso/Vacilar(+). **Loc.** ~ entre duas opções. **5** Manifestar-se ligeiramente/Aparecer/Aflorar. **Ex.** Um sorriso pairou-lhe nos lábios.

pairo *s m* (<pairar) A(c)to ou efeito de pairar. **Comb.** O ~ do navio.

país *s m* (<lat *pagénsis:* habitante de aldeia) **1** Espaço geográfico com soberania própria/Nação/Pátria. **Ex.** Portugal é o ~ europeu que mais cedo estabeleceu as suas fronteiras. **Loc.** Viajar por esse ~ fora [por todo esse ~]. **Comb.** «Alice no **~maravilhoso** [**das maravilhas**]. **~ de expressão** [**de língua oficial**] **portuguesa. ~ de opereta** [~ de pouca importância política]. **~ desenvolvido. ~ subdesenvolvido** [atrasado]. **~ do Sol Nascente** [Japão]. **Países asiáticos** [da Ásia]. ⇒ estado; região. **2** (Todos) os habitantes de **1. Ex.** Com tantos mortos no terra[e]moto, o ~ está de luto. Todo o ~ participou nas eleições.

paisagem *s f* (<país + -agem) **1** Extensão que a vista alcança/Panorama/Vista. **Ex.** Que linda ~ se pode desfrutar [ver] daqui! Esta pintura [Este quadro] é uma ~ histórica. **Comb. Arte ~ campestre** [bucólica]. **Belas ~gens do Brasil**.

paisagismo *s m* (<paisagem + -ismo) **1** Representação de paisagem «em pintura». **2** *Arquit* Estudo da harmonia da arquite(c)tura com a paisagem.

paisagista *adj/s 2g* (<paisagem + -ista) **1** De paisagem. **Comb.** Pintura ~/paisagística. **2** Especialista em paisagismo. **Comb.** Arquite(c)to ~. ⇒ jardinista.

paisagístico, a *adj* (<paisagista + -ico) **1** Relativo à paisagem. **Ex.** O planeamento paisagístico [paisagista] protege [salva] o patrimó[ô]nio nacional.

paisana (⇒ paisano; só usada na expressão "À paisana").

paisano, a *adj/s* (⇒ país + -ano) **1** ⇒ conterrâneo(+); compatriota(o+); patrício(+). **2** Não militar/Não polícia/policial. **Loc.** À (maneira) **paisana** [À civil/Sem uniforme] (Ex. A polícia veio à ~a para (mais facilmente) apanhar o ladrão). **3** ⇒ inexperiente.

Países Baixos ⇒ Holanda.

paixão *s f* (<lat *pássio, ónis*) **1** *maiúsc* Todos os grandes sofrimentos de Cristo no último dia da Sua vida. **Ex.** Eu gosto de ler e (de) meditar a Paixão de Cristo. A "Paixão segundo (o evangelho de) S. João" de Bach é uma obra-prima da música barroca. **2** Sentimento profundo/Alteração psíquica. **Ex.** Não se deve julgar com ~ (porque é difícil ser justo/imparcial). A ~ de Romeu e Julieta levou-os à morte. **3** Obje(c)to de **2. Ex.** Nunca conseguiu esquecer a Sofia, foi (ela) a grande ~ da sua vida. A (grande) ~

dele é o futebol. **4** Vida/Ardor/Entusiasmo. **Ex.** A pintura barroca é cheia de ~ [vida/movimento(+)]. Dedicava-se à dança com ~ [gosto/ardor]. **5** ⇒ mágoa; pena; tristeza. **6** ⇒ fanatismo; ódio. **7** *Fil* Efeito/Resultado/Passividade. **Ant.** A(c)ção.

paixoneta (Nê) *s f fam* (<paixão + -eta) Inclinação amorosa passageira/Amorico. **Ex.** Foi sempre muito dado a [Teve muitas] ~s mas nunca se apaixonou a sério.

pajão *s m* (<pá + j + -ão) Utensílio com que os trabalhadores das salinas alisam e comprimem os montes de sal.

pajem *s m* (<fr *page*) **1** *Hist* Jovem de origem nobre que na corte do rei ou de um grande fidalgo prestava serviços, sendo aí educado nas letras e no ofício das armas. **2** *Náut* Marinheiro que, num navio de guerra, tem a seu cargo a limpeza. **3** *Br* Criado que acompanha alguém em viagem a cavalo. **4** *Br* Criança que, num casamento, vai atrás da noiva a segurar-lhe a cauda do vestido. **5** *s f Br* Ama-seca(+).

pala *s f* (<lat *pála*: pá) **1** Parte geralmente rígida do boné que protege os olhos de claridade. **Loc.** *pop col* À ~ de **a)** À custa de (Ex. Faz uma vida desafogada à ~ dos pais); **b)** A pretexto de (Ex. À ~ de que ainda está enfraquecido, recusa ajudar-nos nesta tarefa). *gír militar* **Bater ~** [Fazer continência]. **2** Estrutura suspensa «que cobre um espaço ou as bancadas de um recinto» para resguardar do sol, da chuva. **Ex.** Foi motivo de admiração, na Expo (19)98 de Lisboa, o grande vão da ~ do Pavilhão de Portugal, obra de Siza Vieira. **Comb.** ~ do estádio. **3** Peça re(c)tangular móvel, no interior do veículo, colocada na parte superior do para-brisas para evitar o encandeamento pelos raios solares. **4** Anteparo em lente ou pano colocado em frente de um olho lesado para o resguardar. **5** Peça que, atrás das rodas de um veículo, impede a proje(c)ção de lamas ou de água para quem circule atrás. **6** Pequena peça do calçado que adere ao peito do pé. **7** Tira de tecido que cobre a entrada do bolso «do casaco/paletó». **8** Parte móvel da cartucheira que cobre os cartuchos. **9** Barra vertical que no brasão divide o escudo de alto a baixo. **10** *Catol* Pequeno quadrado «de linho rígido» que cobre o cálice na missa. **11** Parte da blusa abaixo da gola ou do decote, geralmente adornada com pregas ou rendas. **12** Engaste de pedra preciosa numa joia. **13** *pop* Mentira/Patranha. **Loc.** *Fazer ~* [Encobrir um roubo]. *Ferrar a ~* [Mentir].

palacete (Cê) *s m* (<palácio + -ete) **1** Pequeno palácio. **2** Casa ampla e luxuosa.

palacianismo *s m* (<palaciano + -ismo) Forma de vida (própria) de quem vive em palácio ou na corte.

palaciano, a *adj/s* (<palácio + -ano) **1** Relativo a palácio. **2** Próprio de quem vive na corte ou em palácio. **Comb.** Vida ~. **3** Pessoa que frequenta a corte ou vive em palácio/Cortesão.

palácio *s m* (<lat *palátium*) Edifício de grandes dimensões, sump[sun]tuoso, destinado a residência de reis, nobres, altas individualidades «Presidente da República/do Estado Federal». **Ex.** Os turistas manifestaram grande interesse em visitar o ~. **Comb.** ~ *presidencial*. ~ *real*. **2** Prédio de grande dimensão onde um governo, órgãos do poder legislativo, executivo ou judicial têm a sua sede. **Ex.** Em cada comarca há um ~ da Justiça [há um tribunal], onde se realizam os julgamentos. Em Lisboa, a Assembleia da República funciona no ~ de S. Bento. **Comb.** ~ do Governo. **3** Mansão luxuosa onde reside família importante.

paladar *s m* (<palato + -ar) **1** Sentido do gosto, que permite a perce(p)ção dos sabores. **Comb.** ~ apurado. **2** Propriedade que têm algumas substâncias de excitar as papilas gustativas/Sabor. **Comb.** ~ agradável «do ananás». **3** *Anat* Céu da boca (o+)/Palato(+).

paladino, a *s m* (<lat *palatínus*: oficial do palácio) **1** *Hist* Cada um dos doze bravos cavaleiros, pares de Carlos Magno, na tradição das canções de gesta. **2** *Hist* Cavaleiro andante que vagueava na busca de façanhas que comprovassem o seu valor na defesa da honra da sua dama e da justiça. **3** Pessoa que com coragem e tenacidade defende pessoas, ideias ou causas. **Ex.** Foi considerado um ~ da liberdade de imprensa.

paládio *s m* (<gr *Palládion*: (Estátua ou templo) da deusa Palas, em Atenas) **1** *Hist* Qualquer obje(c)to sagrado encarado como garantia da salvaguarda de uma cidade. **2** *Quím* Elemento químico [Pd 46], metal branco, brilhante e dúctil, muito resistente à corrosão. **Ex.** O ~ usa-se na confe(c)ção de cadinhos, em próteses dentárias, em joalharia, como catalisador, …

palafita *s f* (<it *palafitta*: estacaria) **1** Conjunto de estacas que suportam habitações de madeira construídas sobre águas pouco profundas. **2** Uma dessas habitações. **3** Indivíduo que vive nessa habitação. **4** *pl Hist* Restos de povoações lacustres pré-históricas.

palafrém *s m* (<esp *palafrén*: cavalo manso) **1** *Hist* Cavalo de gala em que, na Idade Média, vinham montados soberanos e nobres ao entrar numa cidade. **2** Cavalo elegante e adestrado, especialmente destinado a uma senhora.

palafreneiro *s m* (<palafrém + -eiro) Indivíduo que tratava do palafrém ou o conduzia pela rédea quando o montavam. ⇒ escudeiro.

palagonito *s m Miner* (<top *Palagonia*, na Sicília) Vidro basáltico, de cor castanha ou amarela, que se encontra nos interstícios ou amígdalas das lavas marinhas.

palamalhar [palamalho] *s m* (<it *palla a maglio*) Jogo de bola em terreno plano, em que esta é impelida [batida] por um maço de madeira com cabo comprido.

palamenta *s f* (<it *palamento*) **1** *Náut* Conjunto de obje(c)tos pertencentes ao aparelho de uma pequena embarcação, como remos, mastros, vergas, velas, … **2** Conjunto de obje(c)tos necessários ao uso de um instrumento/aparelho, ao funcionamento de um serviço… **Comb.** ~ da peça de artilharia.

pálamo *s m Zool* (<gr *paláme*: palma da mão) Membrana interdigital [que une os dedos] de algumas aves palmípedes, répteis ou mamíferos.

palanca[1] *s f* (<lat *p(h)alangae*: rolos [troncos] de madeira para deslocar os barcos) **1** *Mil* Fortificação defensiva construída sobre estacas, por vezes cobertas de terra/Palanque. **2** Vedação de madeira. **3** Estaca. **4** Barra fixa num ponto para transmitir uma força/Alavanca(+).

palanca[2] *s f Zool* (< ?) Mamífero africano de grande porte, da família dos bovídeos, semelhante ao antílope, de longos chifres recurvados; *Hippotrágus leucocéphalus*.

palangana *s f* (<esp *palangana*) **1** Recipiente largo de barro ou metal onde eram servidos os assados. **2** Iguaria abundante aí servida. **3** Tigela grande/Malga.

palanque *s m* (<palanca[1]) **1** *Mil* ⇒ palanca[1]. **2** Estrutura temporária de madeira, com degraus, para instalar o público em espe(c)táculo ao ar livre. ⇒ (arqui)bancada. **3** Estrado elevado onde tocam bandas de música/Coreto. **Loc.** Estar de ~ [Assistir a alguma coisa de local elevado].

palanquim *s m* (<hind *palaki*) **1** Liteira/Assento/Leito com cobertura, portátil, preso a um varal, *us* em países do Oriente, em que é transportada uma pessoa importante aos ombros de dois ou mais homens ou ao dorso de elefantes ou camelos. **2** Cada um dos homens que fazem esse transporte.

palap(eir)a *s f Bot* (<mal *palapah*) Palmeira de até 20 m, nativa da Índia, Timor, … de lindas folhas e flores, que fornece um sumo açucarado/Gaboeira/Talipote; *Corýpha Umbraculífera*.

palatal *adj/s f* (<palato + -al) **1** Relativo ao palato. **2** *Fon* Diz-se de som que é pronunciado tocando com a língua no céu da boca. **3** *s f* Consoante «r/l» assim pronunciada.

palatalização *s f Gram* (<palatalizar + -ção) A(c)to ou efeito de palatalizar.

palatalizar *v t* (<palatal + -izar) Passar a pronunciar(-se) um som tocando com o dorso da língua no palato/céu da boca. **Ex.** A consoante *t* palataliza-se na sequência *ti*.

palatina *s f* (<antrop *Palatina*, título *us* pela princesa bávara Carlota Isabel, casada com um irmão do rei francês Luís XIV, a qual introduziu este traje) Peliça *us* pelas senhoras pelos ombros ou ao pescoço.

palatinado *s m Hist* (<palatino + -ado) **1** Cargo ou função de palatino. **2** Território em que tinha jurisdição um nobre/príncipe palatino. **3** Cada uma das províncias em que se dividia a Poló[ô]nia.

palatino[1], **a** *adj/s* (<lat *palatínus*) **1** Relativo a palácio/Palaciano. **2** *Hist* Diz-se de nobre com uma função no palácio de um príncipe ou de um soberano. **3** *s m Hist* Príncipe/Senhor com palácio que administrava a justiça no seu território. **4** *s m Hist* Antigo governador de uma província da Poló[ô]nia.

palatino[2], **a** *adj/s m* (<palato + -ino) **1** Relativo ao palato. **Comb.** *Abóbada ~a* [Céu da boca]. *Véu ~*/Palato mole [Parte móvel do palato com papilas gustativas]. **2** *s m* Cada um dos dois ossos situados atrás do maxilar superior que entram na formação do palato e das fossas nasais.

palatite *s f Med* (<palato + -ite) Inflamação do palato.

palato *s m Anat* (<lat *palátum*) Estrutura óssea e muscular arqueada que constitui o te(c)to da cavidade bucal, separando-a da cavidade nasal/Abóbada palatina/Céu da boca(+).

palavra *s f* (<lat *parábola* <gr *parabolé*: comparação) **1** Unidade linguística formada por um ou mais fonemas, dotada de sentido e pertencente a uma categoria gramatical. **Comb.** ~ *composta* [formada pela junção de elementos da mesma ou de diferente categoria gramatical] (Ex. para-brisas, aguardente, planalto, bolo-rei, vaivém, belas-artes). ~ *derivada* [formada a partir do termo primitivo, com a adição de afixos] (Ex. «de pedra» pedreiro, empedrar). ~ *primitiva* [a partir da qual, com a adição de afixos, se formam ~s derivadas] (Ex. pedra). ~ *onomatopaica* [que imita o som daquilo que significa] (Ex. cuco, ribombar, zumbido). ~ *invariável* [que mantém sempre a mesma forma] (Ex. para, até, ontem, hoje, talvez). ~ *variá-*

vel [sujeita a flexão, na sua relação com outros constituintes da frase] (Ex. livro, livros; tenho, tens, temos). **~ declinável** [cuja terminação varia conforme a sua função sintá(c)tica na frase, como acontece em alemão, latim «rosa, ae, am» ...]. **~ de duplo sentido** [que tem uma outra ace(p)ção relevante]. **~ polissé[ê]mica** [que tem várias ace(p)ções]. **(~) sinó[ô]nima/o** [com o mesmo ou semelhante sentido]. **(~) antó[ô]nima/o** [de sentido contrário]. **~ gramatical** [sem referência externa definida, tendo na frase uma relação lógica, sintá(c)tica ou semântica, como acontece com o artigo, o pronome, a preposição, a conjunção]. **~ lexical/plena** [que tem um referente externo ao discurso]. **~ aguda/oxítona** [com o acento tó[ô]nico na última sílaba «chapéu»]. **~ esdrúxula/proparoxítona** [com o acento tó[ô]nico na antepenúltima sílaba «âmago»]. **~ grave/paroxítona** [com o acento tó[ô]nico na penúltima sílaba «dizemos»]. **2** Forma escrita de um vocábulo entre dois espaços em branco ou entre um espaço e um sinal de pontuação. **Ex.** O texto a apresentar não deve ter mais de duzentas ~s. **3** Forma de exprimir as ideias. **Loc.** Usar/Empregar ~s caras/difíceis. **Comb. ~ feia** [Palavrão]. **~s doces/mansas/meigas** [agradáveis de ouvir]. **~ forte/pesada** [exagerada/excessiva]. **~s duras/azedas/severas** [de forte repreensão/crítica]. **4** Forma de transmitir uma mensagem. **Loc. ~ a/por ~** [Literalmente/À letra]. ***Em ~s*** [termos] ***textuais*** [À letra]. ***Dizer por outras ~s/por ~s suas*** [Expressar a ideia de forma pessoal]. ***Em poucas/duas ~s*** [De forma concisa/sucinta]. ***Nem mais uma ~!*** [Recusa (Proibição) de falar mais sobre o assunto]. «dizer» ***Por meias ~s*** [De forma vaga, indefinida, esquiva]. ***Numa ~*** [Em resumo/síntese]. **Comb. *Jogo de ~s*** [Aproveitamento do duplo sentido ou da semelhança fó[ô]nica das ~s para obter um efeito có[ô]mico ou espirituoso]. **5** A(c)to de falar perante um auditório. **Loc. *Ser de ~ fácil/Ter o dom da ~*** [Discursar de modo fluente e agradável de ouvir]. ***Faltarem as ~s a alguém*** [Sentir dificuldade em exprimir-se] (Ex. Faltam-me [Não tenho] ~s para (lhes) agradecer a homenagem que me prestaram]. ***Arrastar as ~s*** [Falar num ritmo muito lento]. ***Mastigar as ~*** [Pronunciar de forma defeituosa, não articular bem]. ***Medir (bem) as ~s*** [Ser prudente e preciso no que vai dizer]. ***Molhar a ~*** [Beber um pouco de água, fazendo uma breve pausa no discurso]. ***Não há ~s «para expressar algo»*** [Ser difícil descrever com propriedade um caso, uma situação]. ***Ter a ~/Tomar a ~*** [Ir iniciar a sua intervenção na sessão] (Ex. Tem a ~ o [Dou a ~ ao] Dr. Martins). ***Ceder/Dar a ~ a alguém*** [Deixar de falar para que outrem o possa fazer/Anunciar quem vai falar]. ***Cortar/Retirar a ~ a alguém*** [Interromper o discurso de alguém, impedindo-o de falar]. **6** Parte do discurso. **Prov. *Para bom entendedor, meia ~ basta*** [Dispensa-se uma longa explicação quando o interlocutor conhece bem o assunto]. **Idi. *Beber as ~s «do orador»*** [Mostrar grande interesse e agrado no que ouve]. **Loc. *Não escutar uma ~*** [Estar totalmente alheio ao discurso «preocupado com qualquer outra coisa»]. ***Não compreender/entender uma ~*** [nada/Não captar o sentido do que é dito]. **7** Garantia do que se diz ou de cumprimento do que se promete. **Loc. interj *~ (de honra)!*** [Exclamação de garantia da verdade do que se afirma] (Ex. Ele confessou-me esse propósito, ~ (de honra)!). ***Dar a sua ~. Empenhar a sua ~. Faltar à sua ~/Faltar à ~ (dada)*** [Não cumprir o prometido]. ***Honrar a sua ~*** [Cumprir a promessa/o prometido «apesar de poder ser difícil»]. ***Ter a ~ de alguém*** [Confiar que outrem cumprirá]. **Comb. ~ dada** [Compromisso solene] (Ex. A ~ dada era garantia segura num negócio). ***Homem*** [***Pessoa***] ***de ~*** [Pessoa honesta]. **8** Opinião/Parecer. **Loc. *Dizer uma ~ sobre o assunto. Não dar uma ~* «sobre algo»** [Manter-se calado]. ***Ter uma ~ a dizer*** [«pensar» Ser a sua opinião importante para a discussão]. ***Ter a última ~*** [Ser quem decide]. **Idi. *Pôr as ~s na boca de alguém*** [Atribuir a uma pessoa o que ela não disse]. ***Tirar-lhe as ~s da boca*** [Antecipar o que outrem se preparava para dizer]. **9** Conversa/Bate-papo. **Loc. *Dar [Dirigir] uma ~ a alguém*** [Dialogar/Falar com]. **Idi. *~s não eram ditas, …*** [O que acabou de ser dito ter imediata realização/confirmação]. ***~ puxa ~, …*** **a)** Replicar sucessivamente; **b)** «em discussão hostil» A um insulto responder com outro sempre mais grave. **Comb. *Troca de ~s.*** **10** Mensagem de especial relevância prática. **Comb. *Rel ~ de Deus*** [Texto sagrado/Bíblia]. ***~ de rei*** [com cumprimento indiscutível] (Ex. Prov ~ de rei não volta atrás!). **11** Enunciado fixo ou previsível. **Comb. ~ de ordem** [Programa de a(c)ção/Divisa/Lema] (Ex. Na manifestação de rua, gritavam-se ~s de ordem). ***~s da praxe*** [habituais numa situação/de circunstância]. ***~s sacramentais*** **a)** Catol Que constam do rito litúrgico; **b)** col Habituais. **12** Promessas vãs. **Ex.** De ~s estamos nós fartos, a(c)tos é que não se veem!

palavra-chave s f **1** Palavra mais importante «que sintetiza o sentido de um texto». **2** Divisa/Lema. **3** Info Fórmula secreta que permite o acesso à informação reservada. **4** Info Palavra/Locução que desencadeia determinada operação do computador.

palavrão s m (<palavra + -ão) **1** Palavra muito extensa, difícil de pronunciar. **Ex.** Vi-me atrapalhado para [Tive grande dificuldade em] pronunciar aquele ~ «irremediavelmente». **2** Termo rebuscado/empolado ou demasiado técnico. **3** depr Palavra grosseira ou obscena. **Ex.** As senhoras reagiram com indignação a tantos ~ões «Vá para a puta que o pariu!».

palavras-cruzadas s f pl Passatempo que consiste em, com base em informação que é fornecida [dada], preencher com letras todos os espaços livres de um quadriculado de modo a formar palavras que são lidas, umas na vertical, outras na horizontal.

palavreado s m (<palavrear) **1** Linguagem sem conteúdo ou nexo/Verborreia/Paleio. **Ex.** Muita conversa, mas tudo aquilo é ~. **Comb. ~ impróprio/grosseiro/obsceno/ordinário. 2** Conversa hábil para seduzir ou enganar/Lábia. **Ex.** É preciso não ir no [não se deixar levar pelo] ~ dele.

palavrear v int (<palavra + -ear) Falar muito e sem nexo/Palrar/Parolar/Tagarelar.

palavrinha s f (<palavra + -inha) **1** Dim de palavra. **2** Conversa curta/a sós. **Idi. *Dar uma palavrinha «a alguém»*** **a)** Ter uma breve conversa com; **b)** Interceder junto de alguém para obter para outrem uma vantagem ou um favor. **Ex.** Podia dar-lhe uma ~ sobre o meu filho?

palavrório s m (<palavra + -ório) Discurso longo, prolixo e fastidioso/Verborreia/Palavreado.

palavroso, a adj/s (<palavra + -oso) **1** (O) que fala muito. **2** (O) que é loquaz, que tem um discurso fluente, verboso. **3** depr (O) que exagera na abundância de palavras. **Ant.** Conciso.

palco s m (<it palco: estrado) **1** Estrado, fixo ou móvel, destinado à representação teatral. **Ex.** Os a(c)tores representam no ~. **Idi. *Pisar o ~*** [Fazer teatro/Representar]. **Comb. ~ giratório. 2** fig Arte dramática/Teatro/Representação. **Ex.** A a(c)triz está com 50 anos de ~. **3** Plataforma de madeira construída em espaço exterior para um espe(c)táculo recreativo ou cultural. **Ex.** O conjunto musical vencedor foi chamado ao ~ para receber o pré[ê]mio. **4** fig Local de um evento importante. **Ex.** A Europa foi (o) ~ de violentas lutas durante séculos.

pálea s f Bot (<lat pálea: palha) **1** Glumela superior da espigueta das gramíneas. **2** Cada uma das escamas do rece(p)táculo do capítulo das compostas.

paleáceo, a adj (<pálea + -áceo) **1** Bot Provido de páleas. **2** Relativo ou semelhante a palha.

palear¹ v int (<lat pál(am): às claras + -ear) Falar muito/Palrar(+)/Tagarelar. ⇒ paleio.

palear² v t (<lat pálus: pau ou pála: pá + -ear) **1** Bater «em alguém» com um pau/Espancar. **2** Br Revolver a terra com uma pá.

paleio s m (<palear¹) **1** Conversa amena/Cavaqueira/Bate-papo. **2** Conversa hábil para seduzir ou enganar alguém/Lábia. **Ex.** Ele tem muito ~, importa não ir na conversa dele [, é preciso desconfiar, idi estar de pé atrás]. **3** Br A(c)ção de palear² **2**.

palemonídeo, a adj/s (<lat científico Palaemonidae) (Diz-se de) crustáceo ou família de crustáceos de água doce ou marinhos, em que se incluem várias espécies de camarões.

paleo- pref (<gr palaiós: velho, antigo) Significa **antigo** (Ex. ~grafia, ~cé[ê]nico, ~cristão, ~lítico).

paleoantropologia s f (<paleo- + …) Ramo da Antropologia física que estuda os organismos fósseis dos hominídeos.

paleobiologia s f (<paleo- + …) Parte da Paleontologia que estuda os vários aspe(c)tos da Biologia dos organismos do passado geológico, com base na informação dos fósseis de origem animal e vegetal.

paleobotânica s f (<paleo- + …) Parte da Paleontologia que estuda os fósseis vegetais.

paleobotânico, a adj/s (<paleo- + …) **1** Relativo à Paleobotânica. **2** s Especialista nesse ramo científico.

paleoceno, a adj/s m (<paleo- + gr káinos: recente) (Diz-se da) época mais antiga do Terciário, a qual teve início há cerca de 65 milhões de anos, tendo então ocorrido o desenvolvimento dos mamíferos primitivos.

paleoclimatologia s f (<paleo- + …) Ciência que faz o estudo e a reconstituição dos climas de eras passadas.

paleocristão, ã adj (<paleo- + …) Relativo às comunidades cristãs dos primeiros tempos, desde o séc. I até ao séc. IV. **Comb. Arte ~ã.**

paleoecologia s f (<paleo- + …) Parte da Ecologia que estuda os ecossistemas relacionando-os com os modos de vida dos organismos do passado geológico.

paleogénico [Br **paleogênico**] [**paleógeno**], **a** adj/s m (<paleo- + -geno) (Diz-se do) primeiro período do Terciário, subdividindo-se em três épocas: Paleocé[ê]nico, Eocé[ê]nico, Oligocé[ê]nico. **Sin.** Numulítico.

paleogeografia *s f* (<paleo- + …) Ramo da Geologia que estuda a configuração dos continentes ao longo da história da Terra, procurando reconstituí-la hipoteticamente.

paleografia *s f* (<paleo- + grafia) Ciência que estuda formas e sistemas antigos de escrita, materiais e utensílios aí utilizados, procurando a sua datação, decifração e interpretação.

paleógrafo, a *s* (<paleo- + -grafo) **1** Pessoa que se dedica ao estudo, à decifração e interpretação dos documentos e sistemas de escrita antigos/Especialista em paleografia. **2** Livro escolar em que se aprendia a leitura de diversos tipos de cara(c)teres manuscritos.

paleolítico, a *adj/s m* (<paleo- + -lito- + -ico) (Relativo ao [Do]) primeiro período da Pré-História, cara(c)terizado pelo uso da pedra lascada como arma e ferramenta/ Idade da pedra lascada.

paleologia *s f* (<paleo- + -logia) Estudo das línguas antigas.

paleontografia *s f* (<paleo- + gr *ṓn, óntos*: ser + -grafia) Estudo descritivo dos fósseis vegetais e animais.

paleontologia *s f* (<paleo- + gr *ṓn, óntos*: ser + -logia) Ciência que estuda as formas de vida em períodos geológicos muito afastados, a partir dos fósseis animais e vegetais.

paleostráceo, a *adj/s* (<paleo- + gr *óstrakon*: concha + -eo) (Diz-se de) espécimen ou classe de artrópodes quelicéridos marinhos, geralmente de grande porte, que compreende os gigantostráceos (fósseis), que viveram na era paleozoica, e os xifosuros, que respiram por guelras e têm abdó[ô]men [abdome] fino e longo.

paleotério *s m Pal* (<paleo- + -tério) Mamífero ungulado fóssil do grupo dos perissodá(c)tilos que viveu no Cenozoico, de porte semelhante ao do rinoceronte.

paleótipo *s m* (<paleo- + …) **1** Documento escrito do qual a grafia comprova a antiguidade. **2** Impresso dos primeiros tempos da tipografia.

paleozoico, a (Zói) *adj/s m* (<paleo- + -zoico) (Diz-se da) era geológica iniciada há cerca de 570 milhões de anos e com a duração de cerca de 350 milhões de anos, anterior ao Mesozoico, que engloba os períodos: Câmbrico, Ordovícico, Silúrico, Devó[ô]nico, Carbó[ô]nico e Pérmico.

paleozoologia *s f* (<paleo- + …) Parte da Paleontologia que estuda os fósseis animais.

palerma (Lér) *adj/s 2g* (< ?) **1** Parvo/Pateta/Tolo. **Ex.** O rapaz é ~, não se lhe pode confiar nada. **2** (O) que se deixa enganar facilmente/Crédulo/Simplório/Ingé[ê]nuo. **Ex.** Ele gosta de divertir-se a *col* gozar [iludir] os ~s.

palermice *s f* (<palerma + -ice) **1** Qualidade de palerma. **2** Dito ou procedimento que revela falta de senso/Parvoíce/Disparate/Tolice.

Palestina *s f* Designação (antiga) da região asiática do Próximo Oriente limitada a norte pelo Líbano, a sul pelo Mar Morto, a oeste pelo Mar Mediterrâneo e a Leste pelo deserto da Síria, dividida entre Israel, Jordânia e Egipto, situando-se também aí os territórios autó[ô]nomos árabes da Cisjordânia e da faixa de Gaza.

palestiniano [palestino], a *adj/s* (<*top* Palestina) **1** Relativo à Palestina, particularmente aos territórios árabes autó[ô]nomos da Cisjordânia e da faixa de Gaza. **2** Indivíduo natural ou residente nesses territórios autó[ô]nomos árabes.

palestra (Lés) *s f* (<gr *palaístra*: ginásio) **1** *Hist* Na Grécia e Roma antigas, local de prática de exercícios físicos e de convívio. **2** Exposição oral informal sobre um tema cultural ou científico/Conferência. **Ex.** No auditório «da escola» está a decorrer uma série de ~s sobre a arte na arquite(c)tura do nosso concelho. **3** Troca de ideias/Conversação.

palestrar *v int* (<palestra + -ar¹) **1** Fazer uma exposição oral perante um auditório sobre um tema cultural ou científico/Fazer uma palestra (+). **2** Trocar ideias em amena [Estar à] conversa/Cavaquear.

paleta¹ (Lê) *s f Arte* (<it *palleta*: pequena pá) **1** Pequena placa de madeira, geralmente ovalada, com um orifício para introduzir o polegar, usada pelos pintores para misturar as cores. **2** *fig* Conjunto de cores que um pintor ou escola artística habitualmente emprega ou a forma cara(c)terística de as dispor. **Comb.** ~ *dos impressionistas*. ~ *de José Malhoa* (Pintor português). **3** Cada um dos instrumentos usados pelos escultores para modelar o barro ou a cera. **Comb.** ~ de dourar [Pincel usado pelos douradores].

paleta² *s f* (<pala + -eta) **1** Pequena tira de tecido ou de pele a cobrir a abertura de algibeira ou a servir de remate a outras partes do vestuário ou calçado/Pala **7**(+). **2** Lingueta(+) «de pele» que no calçado cobre o peito do pé.

palete/a (Lé) *s f* (<ing *pallet*: plataforma portátil) Estrado de madeira em que se empilham volumes para facilitar a carga ou descarga de navios.

paletó *s m Br* (<fr *paletot*) **1** Casaco(+) «do terno/do pijama». ⇒ sobretudo.

palha *s f* (<lat *pálea*) **1** Haste cortada e já seca de algumas plantas, particularmente de gramíneas «trigo/arroz». **Idi.** *Não mover/mexer uma ~* [Entregar-se à ociosidade/Ser preguiçoso]. **2** *Agri* Conjunto de caules secos de certas gramíneas, sobretudo cereais, cortados e já sem grão, usados ou como forragem, ou em estrumes, em coberturas, … **Ex.** Antes, na aldeia, usava-se ~ para encher colchões. Na debulha, o grão ia para a arca e a ~ (ia) para o palheiro. **Idi.** *Arder em pouca ~* [Irritar-se facilmente]. *Dar ~ a/Meter ~ na albarda* [Enganar com falinhas mansas/doces]. *Qualquer burro come ~, a questão é saber dar-lha* [Usando-se a artimanha adequada, qualquer um pode ser enganado]. **Comb.** ~ *de milho* [Conjunto de folhas e bráctéas secas que envolvem a maçaroca/Folhelho(+). *Cor de ~* [Amarelo claro]. **3** Tira de junco, de vime, … usada para entretecer e revestir certos obje(c)tos. **Ex.** Um garrafão de vidro fica muito mais protegido com ~. **Comb.** Chapéu de ~. **4** Qualquer coisa que lembra ~. **Comb.** *Cul* ~ *de Abrantes* (Portugal) [Doce confe(c)cionado com fios de ovos e calda de açúcar]. **5** Coisa de pouco valor/Bagatela/Ninharia/Banalidade. **Idi.** *Por dá cá aquela ~* «arma um sarilho/fica logo zangado» [Por qualquer motivo fútil]. **6** Aquilo que num texto/discurso é supérfluo, servindo apenas para o tornar mais extenso. **Ex.** No trabalho escrito que apresentou, a maior parte é ~. **7** Pequeno tubo de materiais variados usado para ingerir líquidos/Palhinha(+). **Ex.** Usa sempre a ~ para chupar o leite de chocolate. **8** *Náut* Diâmetro/ Espessura de um mastro, de uma verga ou antena…

palhabote *s m Náut* (<ing *pilot-boat*: barco do piloto) Embarcação à vela semelhante ao iate, com dois mastros e mastaréus e vela latina.

palhaboteiro *s m* (<palhabote + -eiro) O que dirige ou tripula um palhabote.

palhaçada *s f* (<palhaço + -ada) **1** A(c)to ou dito có[ô]mico do palhaço. **Ex.** O circo enche-se com as gargalhadas dos miúdos, quando começam as ~s. **2** A(c)to ou dito de quem procura fazer rir. **Ex.** Ele está sempre a fazer-nos rir com as suas ~s. **Loc.** Fazer ~s. **3** *depr* Episódio có[ô]mico, burlesco ou ridículo. **Ex.** Que ~! **4** *depr* Cena ou atitude que é vista como uma farsa. **Ex.** Aquela choradeira foi fingida [foi uma ~]. **Sin.** Fantochada. **5** *depr* Espe(c)táculo de fraca qualidade ou pouco sério. **Ex.** Não gostei nada daquela peça de teatro, foi uma ~ [um desastre].

palhaçal *adj 2g* (<palhaço + -al) Relativo a ou próprio de palhaço/Có[ô]mico/Ridículo.

palhaço *s/adj m* (<it *pagliaccio*: palha triturada) **1** Personagem có[ô]mica de circo. **Ex.** As crianças riam às gargalhadas com as brincadeiras dos ~s (Homem ~/Mulher ~). **Comb.** ~ *pobre* [O que veste de forma grotesca, com uma cabeleira exuberante, um chapéu, nariz postiço redondo e vermelho e maquil(h)agem exagerada e colorida]. ~ *rico* [O que tem a cara pintada de branco e veste roupa e chapéu có[ô]nico brilhantes]. **Sin.** Arlequim; bobo; saltimbanco. **2** *fig* Pessoa que provoca o riso ou que não pode ser levada a sério. **Ex.** Ele é um ~, está sempre na brincadeira. **3** *depr* Pessoa sem princípios e sem opinião própria, que toma atitudes contraditórias conforme as situações. **Ex.** Esse indivíduo é um ~, diz hoje uma coisa e amanhã outra. **Sin.** Fantoche; intrujão; títere; troca-tintas; vira-casaca. **Idi.** *Fazer de alguém ~* [Enganar alguém] (Ex. Não penses que fazes de mim ~!).

palhada *s f* (<palha + -ada) **1** Mistura de palha e de farelo para alimento do gado bovino. **2** *fig depr* Discurso ou escrito sem conteúdo. **Ex.** O artigo dele no jornal é uma ~ [é só palha(, não tem grão)(+)]. **Sin.** Palavreado(+).

palha-d'aço *s f* (<palha + de + aço) Conjunto emaranhado de muito finas tiras de aço, utilizado como esfregão na limpeza de loiça ou de instrumentos de cozinha.

palhal *s m* (<palha + -al) **1** Cabana coberta de colmo ou ramos de palmeira. **Sin.** Palhoça(+); palhota (o+). **2** Porção de palha.

palheirão *s m* (<palheiro + -ão) **1** Palheiro grande. **2** *fig* Pessoa que fala sem conteúdo. **3** *fig* Livro longo e pouco claro. **Sin.** Calhamaço(+).

palheireiro *s m* (<palheiro + -eiro) **1** Pessoa que tem palheiro e vende palha. **2** Pessoa que põe assentos de palha em cadeiras, etc. **Sin.** Empalhador(+).

palheiro *s m* (<palha + -eiro) Lugar onde se guarda palha, feno ou outras coisas. **Idi.** *Procurar agulha em ~* [Procurar uma coisa muito difícil de encontrar].

palheta (Ê) *s f* (<paleta) **1** Qualquer tabuinha, espátula ou lâmina. **Comb.** *As ~s da impressora. As ~s da veneziana. As ~s do grilo para cantar.* **2** ⇒ paleta¹ **1**(+) «do pintor». **3** *Mús* **a)** Pequena lâmina «de metal, bambu» que, ao ser posta em vibração pelo sopro «no oboé, fagote», produz som. **Sin.** Lingueta; **b)** Pequena peça de materiais e formas diversas, *us* para percutir as cordas «da guitarra, do shamisen». **Sin.** Plectro(+); **c)** Pequena cunha de madeira forrada de feltro na extremidade, usada pelos afinadores de pianos para isolarem certas cordas quando procedem à sua afinação ou ajustamento. **4** *Mec* ⇒ pá(+) «de

hélice/moinho/turbina/ventilador». **5** *(D)esp* ⇒ raqueta/e(+) «de pingue-pongue/de badminton/da pela». **6** *pl pop* Botas/Pernas. **Loc.** *fam* ***Dar às ~s*** [Andar depressa/Apressar o passo] (Ex. Aquilo é que foi dar às ~s, para não chegar atrasado!). ***Dar de ~*** [Trabalhar]. ***Passar as ~s a*** [Afastar-se de/Escapar(-se) de/Fugir de/Ultrapassar] ***alguém***. ***Ter ~*** [conversa/lábia/palavreado] (Ex. Tem muita ~, não se vai atrapalhar com o interrogatório).

palhetada *s f Mús* (<palheta + -ada) A(c)to de palhetar/Som produzido por uma palheta. **Idi. *Com/Em duas ~s*** [Rapidamente e sem dificuldade] (Ex. Redigiu um texto em duas ~s [penadas (+)]). ***De uma ~/penada*** (+) [Num instante].

palhetão *s m* (<palheta + -ão) **1** *aum* Palheta grande. **2** Parte da chave que entra na fechadura e faz girar a lingueta.

palhetar *v t/int* (<palheta + -ar¹) **1** *Mús* Tocar um instrumento de cordas com palheta. **2** ⇒ zombar.

palhetaria *s f Mús* (<palheta + -aria) Conjunto dos regist(r)os de órgão cujos tubos produzem o som por meio de palhetas.

palhete (Ê) *adj/s m* (<palha + -ete) **1** ⇒ palhetão **2**. **2** Diz-se do vinho tinto macio, frutado e pouco taninoso, de cor clara. **Sin.** Clarete.

palhiço, a *s/adj* (<palha + -iço) **1** Palha miúda ou cortada. **2** Feito de palha. **Comb.** Um casebre ~.

palhinha *s f* (<palha + -inha) **1** *dim* Pedaço de palha ou palha pequena. **2** Tira fininha «de vime» com que se tecem [fazem] assentos e encostos de cadeiras. Ex. (Os assentos d)as minhas cadeiras são de ~. **3** *fig* Pequeno tubo de plástico para sorver líquidos. Ex. Pediu ao empregado uma ~ para beber a limonada.

palhoça (Ló) *s f* (<palha + -oça) **1** Cabana coberta «de colmo, palha». **Sin.** Choupana; palhota. **2** Casa pobre. Ex. A minha casa é uma ~.

palhota (Ló) *s f* (<palha + -ota) **1** Cabana coberta «de capim, colmo». **Sin.** Choupana; palhoça. **2** Habitação cara(c)terística de algumas comunidades indígenas africanas. **Sin.** Cubata.

páli *s m /adj 2g* (<sân *pali*: linha, série e "cânon(e) dos livros sagrados") **1** Língua indiana antiga dos textos canó[ô]nicos budistas, us ainda pelos sacerdotes do Sri Lanka, Birmânia [Mianmar] e Tailândia. **2** Relativo a ou escrito nessa língua. Ex. Os primeiros manuscritos ~s datam do séc. V a.C.

paliação *sf* (<paliar + -ição) A(c)to de paliar/Dissimulação(o+)/Fingimento(+)Disfarce(+).

paliar *v t* (< lat *pállio,áre* <*pállium*: capa) **1** Dissimular/Disfarçar/Encobrir. **Loc. *~ a miséria. Não ~ as culpas dos filhos mas corrigi-los***. **2** Usar paliativos/Fazer com que seja menos duro/Minorar/Diminuir. **3** Aliviar/Amenizar. **Loc. *~ as dores***. **4** Adiar/Protelar. Ex. Só quero ~ a minha velhice.

paliativo, a *adj/s* (<paliar + -tivo) **1** (O) que serve para aliviar uma doença/dor. Ex. O médico receitou-lhe um (medicamento) ~ para as dores. ⇒ anódino. **2** O que remedeia temporariamente um problema, embora não o resolva definitivamente. Ex. Perante a crise econó[ô]mica, só foram tomadas medidas ~as e no futuro a situação vai [pode] piorar.

paliçada *s f* (<provençal *palisada*) **1** Tapume feito com estacas fixadas ao chão presas por travessas (e arame farpado). Ex. Com aquela ~ os cães não poderão entrar no galinheiro. O exército levantou [fez] uma forte ~ de defesa. ⇒ estacada; estacaria; barreira. **2** ⇒ arena; liça.

palidamente *adv* (<pálido + -mente) **1** Com pouca cor/Com palidez. **2** Um [Muito] pouco/Tenuamente/Vagamente. Ex. Os meus conhecimentos «de histórias» só (muito) ~ se podem comparar com os do professor. **Ant.** Fortemente; vivamente.

palidez *s f* (<pálido + -ez) Cor pálida (do rosto). Ex. Estava com uma aparência física débil e o (seu) rosto refle(c)tia [tinha/mostrava] uma grande ~, (até) parecia que ia desmaiar. **Sin.** Amarelidão.

pálido, a *adj* (<lat *pállidus,a,um*) **1** Diz-se de quem perdeu a cor normal da pele. Ex. Ela ficou ~a com o susto. **Sin.** Lívido; amarelo; branco como a cera. **2** Pouco intenso. Ex. Uma luz ~a entrava pela janela [varanda]. Comprou um vestido rosa ~o. **3** Sem vida/Vago. Ex. A descrição «da aventura»/viagem» dele [feita por ele] foi muito ~a.

palificar *vt* (<lat *palus*: poste + -ficar) Sustentar [Segurar] com estacas.

palimpsesto *s m* (<gr *palímpsestos* <*palin*: de novo, outra vez + *psáo*: raspar) Papiro ou pergaminho cujo texto foi raspado ou apagado por meios químicos para sobre ele escreverem novamente. Ex. Um dos processos utilizados para decifrar [avivar] a escrita descolorida dos ~s são os raios ultravioletas.

palíndromo *adj/s* (<gr *palíndromos*: movimento retrógrado) Palavra ou frase cuja leitura é a mesma, quer seja feita da esquerda para a direita ou da direita para a esquerda. Ex. "Radar" e "Roma é [me tem] amor" são dois ~s. **Comb.** Verso ~. ⇒ anacíclico; capicua.

palingenesia *s f* (<gr *paliggenesía*) **1** Retorno à vida /Renascimento/Ressurreição. **2** ⇒ transmigração (das almas). **3** ⇒ eterno retorno. **4** ⇒ Ba(p)tismo.

palinódia *s f* (< gr *palinódia*: canto com outra música) **1** Poema em que o autor se retra(c)ta do que dissera noutro. **2** ⇒ retra(c)tação.

palinologia *s f* (<gr *pále*: farinha fina, pó + -logia) Estudo dos esporos e dos grãos de pólen e também dos fósseis em pesquisas arqueológicas e paleontológicas.

palinurídeo, a *s/adj Zool* (<lat *palinurus*+ -ídeo) Espécime dos crustáceos decápodes, macruros, a que pertence a lagosta.

palinuro *s m* (< lat *Palinurus,* piloto de Eneias) Piloto/Guia(+).

pálio *s m* (< lat *pállium*: manto grego, toga) **1** Cobertura portátil, sustentado por varas, para cobrir, nas procissões, o sacerdote (que leva a custódia). **2** *fig* ⇒ luxo; pompa. **3** *Anat* ⇒ córtex (do interior das conchas/do cérebro).

paliopsia *s f Med* (<gr *pálin*: de novo + -ópsia) Patologia em que o doente continua a ver intermitentemente um obje(c)to que desapareceu do seu campo visual.

palitar *v t* (<palito + -ar¹) **1** Limpar os dentes com um palito. Ex. Ele tem o hábito de ~ os dentes em público, o que é pouco elegante. **2** ⇒ troçar.

paliteiro *s m* (<palito + -eiro) Utensílio de mesa onde se guardam os palitos.

palito *s m* (<lat *pálus*: pau + -ito) **1** Pauzinho fino e pontiagudo para limpar os dentes dos restos dos alimentos. Ex. Após as refeições recorria com frequência aos ~s. **2** Qualquer pauzinho. **Comb. *O ~ do caramelo. O ~ do fósforo***. **3** *Cul* Biscoito comprido e fino. **4** *fig* Pessoa muito magra/esguia. Ex. Aquele rapaz é [parece] um ~, mas tem muita força. As pernas [Os braços] dele são uns ~s! **5** *reg* Fósforo de madeira. **6** *pop/cal* Infidelidade sexual. **Loc. *Pôr os ~s*** [Ser infiel] a alguém. **7** *col/depr* Pessoa que é obje(c)to de divertimento dos outros.

palma *s f* (<lat *palma*) **1** *Anat* Lado interno [Concavidade] da mão entre o pulso e os dedos. Ex. Conhecia aquela cidade perfeitamente [*idi* como a ~ da mão]. **Loc.** Beber água da nascente na(s) ~(s) da(s) mão(s). Segurar «pérolas/rebuçados» na ~ da mão. **Idi. *Andar com [Trazer] alguém nas ~s das mãos*** [Tratar com todo o cuidado]. ***Ter alguém na ~ da mão*** [Dominar inteiramente alguém]. **2** *pl* Batida das ~s/Aplausos. **Loc. *Acompanhar o ritmo [a música] com ~s. Bater [Dar] ~s*** [Aplaudir]. «aplaudir o concerto/os cantores *Com ~s e bis (bis!)*. **Comb. *Salva de*** [Muitas/Prolongadas] ***~s***. **3** *Bot* (Folha da) palmeira. Ex. Na Grécia, os heróis e poetas recebiam como pré[ê]mio uma coroa de ~ e louro. **Idi. *Dar a ~ a alguém*** [Considerar alguém vencedor]. ***Levar a ~ a todos*** [Ser o melhor]. **Comb. *A ~*** [Coroa/Glória] ***do martírio/dos mártires. ~ de prata*** [Insígnia de honra em forma de folha estilizada de palmeira]. ***A ~*** [O pré[ê]mio] ***da vitória***. Óleo de ~.

palmáceo, a *Biol* (<palma + -áceo) (Diz-se da) planta ou família de plantas, de origem tropical, com o tronco roliço, sem ramos, terminado por um tufo de grandes folhas, a que pertencem as palmeiras; *Palmaceae*.

palmada *s f* (<palma + -ada) Pancada com a palma da mão, em sinal de castigo ou como gesto de intimidade. Ex. Ameaçou-o com [Disse que lhe dava] uma ~ no rabo se continuasse a abusar. Recebeu o amigo com um grande abraço e uma sonora ~ nas costas.

palmado, a *adj* (<palma + -ado) **1** *Bot* «folha» Que tem uma forma recortada, semelhante à da mão aberta com os dedos separados. **2** *Zool* Que tem os dedos ligados por uma membrana interdigital. Ex. As patas da rã e do pato são ~.

palmar¹ *s m* (<lat *palmáris, e*: de palmeira) Terreno de palmeiras/Palmeiral.

palmar² *v t/adj 2g* (<palma 1+ -ar^{1/2}) **1** Esconder na palma da mão/Furtar habilmente/*col* Abafar/*col* Fanar/*col* Surripiar(+). Ex. Apanhou-me [Viu que eu estava] distraído e palmou-me o porta-moedas. **2** Aplicar golpe [Bater] com a palma da mão. **3** *adj* Relativo à palma da mão. **Comb.** Região ~. **4** Que tem o comprimento de um palmo. **5** *fig* Grande/Bem visível/Evidente. **Comb.** Erro ~ [de palmatória/muito grave].

palmarés *s m* (<fr *palmarès* <lat *palmáris, e*: digno da palma «da vitória») **1** *(D)esp* Lista das vitórias, dos títulos de um (d)esportista ou de uma equipa. Ex. O nosso clube tem um ~ invejável. **2** Lista das distinções ou dos pré[ê]mios atribuídos a uma obra ou a um artista. **3** Lista de premiados em concurso ou competição.

palmatifloro, a *adj Bot* (<lat *palmátus*: como a palma da mão + *flos, óris*: flor) «flor» Que tem a corola em forma de palma ou de mão com os dedos abertos.

palmatifoliado, a *adj Bot* (<lat *palmátus*: como a palma da mão + *fólium*: folha + -ado) Que tem as folhas em forma de palma ou de mão com os dedos separados.

palmatilobado, a *adj Bot* (<lat *palmátus*: como a palma da mão + lobado) Diz-se da folha palminérvea que apresenta recortes que não atingem o meio do limbo.

palmatipartido, a *adj Bot* (<lat *palmátus*: como a palma da mão + partido) Diz-se da folha palminérvea com recortes que atingem mais do que o meio do limbo.

palmatoada s f (<palmatoar) Pancada na palma da mão com palmatória ou régua. **Ex.** Há muitos anos, na escola, as falhas dos alunos tinham habitualmente como castigo umas ~as.

palmatoar v t (<palmat(ória) + -ar¹) Aplicar palmatoadas/Castigar usando a palmatória.

palmatória s f (<lat *palmatória (férula)*: varinha de palmeira) **1** Régua estreita de madeira, de cerca de 60 cm de comprimento, que, numa extremidade um pouco mais larga, tem a forma de um pequeno círculo com cinco orifícios, com que, como castigo, se batia na palma da mão das crianças na escola ou em casa/*fam* Menina de cinco olhos. **Ex.** Felizmente, a ~ e a régua há muito (tempo) desapareceram das [deixaram de ser usadas nas] nossas escolas. **Idi. Dar a mão à** ~ [Reconhecer o próprio erro/Concordar que errou]. col **Erro de** ~ [Decisão/Atitude desastrada, inaceitável, com eventuais consequências graves]. **2** Castiçal(+) baixo, com prato e cabo/asa.

palmear v t (<palma + -ear) **1** Aplaudir com [Bater(+)] palmas. **2** Dar palmada(s). **3** Empurrar com a mão uma embarcação. **4** Percorrer a pé/Palmilhar(+).

palmeira s f (<palma + -eira) Designação vulgar de plantas da família das palmáceas, de caule cilíndrico e esguio, liso, que termina num tufo de folhas largas com uma zona central lenhosa. **Ex.** De cada lado da avenida há uma longa fila de ~s, que fazem lembrar uma zona tropical. ⇒ dendezeiro; coqueiro.

palmeiral s m (<palmeira + -al) ⇒ palmar¹ (+).

palmeirim Br s m Bot (<palmeira + -im) Planta da família das palmáceas, de caule ere(c)to, de cujos frutos se extraem óleos alimentares adocicados.

palmeiro, a adj/s m (<palmo/a + -eiro) **1** Que mede sensivelmente um palmo. **2** s m Peregrino/Romeiro que no regresso trazia na mão um ramo de palmeira.

pálmer s m (<antrop Palmer, seu inventor) Instrumento de precisão com que se medem espessuras muito pequenas, baseando-se no parafuso micrométrico.

palmeta (Ê) s f (<palma + -eta) **1** Palmilha(+) do sapato. **2** Calço que ajuda a firmar a cunha com que se vai fender a pedra. **3** *Mil* Cunha de madeira usada para levantar/baixar a culatra de antigas peças de artilharia. **4** Pequena cunha de madeira usada em carpintaria. **5** Peça delgada com que se aperfeiçoa o furo feito pelo punção do serralheiro. **6** Espátula para esticar emplastros. **7** Espécie de postigo que, nas marinhas «de sal», abre ou fecha a comunicação entre o rio [a ria] e o viveiro. **8** *Icti* Nome vulgar de vários peixes teleósteos da família dos carangídeos. **9** *Arquit* Ornato semelhante a folhas de palmeira a formar um leque. **10** *Agr* Método de poda em que a disposição dos ramos das árvores, mantida com arames e suportes, faz lembrar uma palma.

palmier s m Cul (<fr *palmier*) Bolo de massa folhada de forma achatada, a lembrar uma folha de palmeira. ⇒ jesuíta.

palmífero, a adj (<palma + -fero) «terreno» Que tem muitas palmeiras/Que produz palmeiras.

palmiforme adj 2g (<palma 1 + -forme) Semelhante a palma (da mão).

palmilha s f (<esp *palmilla*) **1** Forro interior da sola do calçado em pele, pano ou noutro material/Palmeta 1. **2** Peça em pele/cortiça/pano/plástico/..., do feitio da sola, que se aplica no interior do calçado onde vai assentar o pé. **Ex.** Para as botas não incomodarem uma zona do pé resolveu usar umas ~s. **3** Parte inferior do pé da meia. **4** ⇒ pegada (È).

palmilhar v t (<palmilha + -ar¹) **1** Aplicar palmilhas no calçado. **2** Percorrer a pé/Palmear 4. **Ex.** Para chegar à escola tinha de ~ dois quiló[ô]metros. **3** Calcar com os pés ao andar.

palminérveo, a adj/s f (<palma + nervo + -eo) (Diz-se da) folha com várias nervuras principais que vão divergindo a partir da base.

palminhas s f pl (<palma + -inha) Dim de palma «da mão». **Ex.** ~, ~ [Vamos bater palmas] «à criança que fez um an(inh)o». **Idi. Andar com [Trazer] alguém nas ~s** [Tratar com o maior cuidado/Ter grandes amabilidades para com/*col* Apaparicar].

palminho s m (<palmo + -inho) Dim de palmo. **Idi.** «não tirava os olhos daquele» ~ **de cara** [Rosto bonito/gracioso «de moça/criança»].

palmípede adj/s 2g Zool (<palma + -pede) (Diz-se da) ave ou ordem de aves que têm os dedos dos pés unidos por uma membrana interdigital. **Ex.** O pato e o ganso são ~s.

palmítico adj/s m Quím (<palmito + -ico) Diz-se de um ácido esteárico «cera das velas» que, combinado com a glicerina, forma uma substância chamada palmitina.

palmito s m (<palma + -ito) **1** Gomo terminal do caule de algumas palmeiras, suculento e o de algumas espécies comestível. **2** Ramo/Folha de palmeira. **3** *Rel* Ramo de palmeira, enfeitado de flores, benzido na procissão do Domingo de Ramos. **4** *Br Bot* Variedade de palmeira de cujos frutos se fabrica uma bebida fermentada muito apreciada; *Euterpe oleracea*. **5** *Br Icti* Peixe teleósteo de água doce, existente no Amazonas e noutros rios sul-americanos, muito apreciado na alimentação; *Auchenipterus nigrifinnis*.

palmo s m (<lat *pálmus*) **1** Antiga medida de comprimento equivalente a 0,22 m ou a oito polegadas. **2** Medida de comprimento correspondente à distância entre as extremidades dos dedos polegar e mínimo, com [, estando] a mão completamente aberta. **Ex.** Travei logo a fundo, mas o carro ficou a uns [a cerca de] três ~ do obstáculo. **Prov. Os homens não se medem aos ~s** [O valor de alguém não se mede pela estatura]. **Loc. Não enxergar/ver um ~ à frente do nariz a)** Não conseguir ver nada devido à escuridão ou ao denso nevoeiro; **b)** *fig* Não perceber o que é óbvio/evidente/Não ser inteligente. **Pagar com língua de ~ a)** Ainda que contrafeito, pagar integralmente; **b)** Receber o castigo que merecia. **Ter língua de ~** [Ser linguareiro/maldizente]. **Idi. ~-a** [Gradualmente/Pouco a pouco/Aos poucos]. ~ [Palminho(+)] **de cara** [Rosto bonito e gracioso (Ex. A moça, com aquele ~ de cara, dá logo nas vistas [, não passa despercebida]). **Gente de ~ e meio** [Criança muito nova]. **Um ~ de terra** [Terreno pequeno] (Ex. Tenho um ~ de terra onde colho as hortaliças de consumo doméstico).

palonço, a s depr (< ?) Pessoa inapta para discernir e tomar decisões/Imbecil/Palerma.

PALOP sigla de Países de Língua Oficial Portuguesa. ⇒ CPLP.

palpação s f Med (<(a)palpar) Exame a uma parte do corpo tacteando com a(s) mão(s).

palpadela s f ⇒ apalpadela.

palpar v t ⇒ apalpar.

palpável adj 2g (<palpar + -vel) **1** Que pode ser tocado/percebido/Tangível. **Ex.** O caroço que tens no pescoço é ~, nota-se bem. **2** *fig* Evidente/Manifesto/Claro/Patente. **Ex.** Os progressos dele na aprendizagem da língua são já ~veis.

pálpebra s f (<lat *pálpebra*) Cada uma das duas membranas móveis, com pestanas, que, fechando-se, cobrem e protegem o globo ocular. **Ex.** O terçolho [terçol] tem a ver com a inflamação da pálpebra.

palpebral adj 2g (<pálpebra + -al) Relativo à [Próprio da] pálpebra.

palpebrite s f Med (<pálpebra + -ite) Inflamação da pálpebra/Blefarite.

palpitação s f (<lat *palpitátio, ónis*: agitação) **1** A(c)to ou efeito de palpitar. **2** Batimento cardíaco de que se toma consciência por ser mais forte e acelerado do que é habitual. **Ex.** Sentia ~ções e atemorizou-se. ⇒ pulsação. **3** Grande emoção/entusiasmo. **Ex.** A esperança de conquistar a vitória decisiva criava nos jovens uma ~ contagiante.

palpitante adj 2g (<palpitar + -(a)nte) **1** Que tem palpitações. **Ex.** A seguir à longa e dura caminhada, o seu coração estava ~. **2** Que sente o coração a pulsar mais fortemente e num ritmo mais rápido do que é habitual. **3** Que desperta grande interesse e entusiasmo/Empolgante. **Ex.** O desafio que lhe era proporcionado era ~; abria-lhe novos horizontes e podia revolucionar [alterar completamente] a sua vida! **4** Movimento fremente/trémulo. **Comb.** A ~ das pálpebras.

palpitar v int (<lat *pálpito, áre, átum*: agitar) **1** Ter/Sentir palpitações. **2** «o coração» Pulsar ou bater de forma mais forte e rápida do que é habitual. **3** Agitar-se/Vibrar/Entusiasmar-se. **Ex.** A juventude da aldeia palpitava com a chegada do apregoado conjunto musical que ia animar o baile. **4** Estar cheio de alegria/Exultar. **Ex.** O grupo coral palpita com o anúncio de ter sido convidado para a(c)tuar nos festejos da cidade. **5** Estremecer/Tremeluzir(+). **Ex.** A chama da vela palpita com a leve aragem. **6** Ganhar movimento/animação. **Ex.** Às 7 (horas) da manhã já a laboriosa cidade palpita no frenesim de quem passa apressado. **7** Pressentir/Antever/Adivinhar/Parecer/Suspeitar. **Ex.** Palpita-me que ainda havemos de ter boas notícias hoje. Palpita-me que ele ainda vai vencer mais este desafio.

palpite s m (<palpitar) **1** Pressentimento/Antevisão/Intuição. **Ex.** Tinha o ~ de que tudo nos ia ser favorável. **2** Prognóstico. **Ex.** O ~ dele é que vamos vencer por 3-1. **3** Escolha de número ou carta em jogo de azar. **4** ⇒ palpitação 2. **5** depr Sugestão/Parecer/Opinião dispensável «de quem é intrometido». **Ex.** *iron* Já cá faltava o teu ~!

palpo s m Zool (<lat *pálpus*: carícia) **1** Apêndice bucal móvel e segmentado de alguns artrópodes e inse(c)tos, em número e forma variáveis. **2** Cada um dos elementos do segundo par de apêndices dos aracnídeos. **Idi. Ver-se em ~s de aranha** [Estar em situação muito difícil e sem solução à vista].

palra s f (<palrar) Troca de palavras/Conversa/Cavaqueira/Palratório(+)/Tagarelice.

palração s f (<palrar + -ção) **1** A(c)to ou efeito de palrar/Conversa prolongada. **Ex.** Ficámos na ~ cerca de uma hora. **2** Toada confusa de vozes de um aglomerado de pessoas que falam alto/Falatório. **3** Emissão de sons semelhantes aos da fala por algumas aves «papagaio». **4** Produção continuada de sons ininteligíveis

pelo bebé/ê antes de saber falar/Balbucio(+).

palrador, ora *adj/s* (<palrar + -dor) **1** (Pessoa) que fala muito/Tagarela. **2** «bebé/ê» Que ensaia os primeiros sons da fala. **3** Diz-se de aves que, no canto, parecem imitar a fala humana.

palrar *v int* (<parlar) **1** Falar muito e de forma animada. **2** «bebé/ê» Produzir sons sem sentido/Articular deficientemente os primeiros sons da fala/Balbuciar(+). **3** Emitir sons que parecem assemelhar-se à voz humana. **Ex.** O papagaio, a pega, o estorninho, a arara são aves que palram.

palraria *s f* (<palrar + -aria) Falatório/Vozearia/Tagarelice.

palratório *s m* (<palrar + -tório) **1** Lugar do convento separado por grades onde as religiosas falam com quem as procura/Locutório(+). **2** Conversa longa e animada/Falatório/Palração.

palude *s m* (<lat *pálus, údis*) ⇒ pântano; paul.

paludial *adj 2g* (<palude + -al) ⇒ Pantanoso.

paludismo *s m Med* (<palude + -ismo) Doença infe(c)ciosa endé[ê]mica de algumas zonas tropicais, transmitida pela picada de um mosquito/Malária.

paludoso, a (Ôso, Ósa, Ósos) (<palude + -oso) **1** Que tem pauis. **Ex.** É uma zona ~a. **2** ⇒ Alagadiço/Pantanoso. **3** Que tem relação com água estagnada de pântanos/Palustre. **Comb.** Doença [Febre] ~a.

palúrdio, a *adj/s* (<esp *palurdo*) ⇒ palerma; palonço; parvo.

palustre *adj 2g* (<lat *palústris, e*; ⇒ paul) **1** Próprio de pântano/Que se cria em terrenos alagadiços. **Comb.** Vegetação ~. **2** «doença» Provocado por mosquitos que se desenvolvem em zonas pantanosas. **Ex.** A malária é uma doença ~. ⇒ paludismo.

pamonha *Br s/adj 2g* (<tupi *pamu'ña*) **1** *depr* Palerma/Estúpido/Indolente/Preguiçoso/*col* Lesma. **2** *s f* Mulher desajeitada. **3** *Cul* Iguaria doce feita com milho verde triturado, açúcar, manteiga, canela, erva-doce, leite de coco, depois cozida e enrolada em folhas desse milho ou de bananeira, atadas nas extremidades.

pampa *s f/adj 2g* (<quéchua *pampa*: planície) **1** Planície extensa com boas pastagens de gramíneas, quase sem árvores ou arbustos, típica das zonas temperadas da América do Sul «Argentina». **Ex.** É muito apreciada a carne do gado bovino criado nas ~s. **2** *Br adj Zool* Diz-se do animal «cavalo/boi» que tem em qualquer parte do corpo uma cor diferente da que predomina/Malhado(+).

pâmpano *s m* (<lat *pámpinus*) **1** *Bot* Ramo tenro de videira. ⇒ sarmento; vide. **2** *Icti* Nome vulgar de peixes teleósteos da família dos estromateídeos/Pampo. **3** *Icti* Peixe teleósteo da família dos carangídeos/Anchova. **4** *Arquit* Ornamento que imita um ramo de videira com parras e, por vezes, com uvas.

pampilho *s m* (< ?) **1** Vara comprida com aguilhão para picar o gado/Aguilhada(+). **2** *Bot* Nome vulgar de várias plantas da família das compostas, em que se inclui o malmequer.

pampo *s m Icti* (< ?) ⇒ pâmpano **2** e **3**.

pampsiquismo *s m Fil* (<pan- + psiquismo) Teoria que atribui a toda a matéria uma natureza psíquica semelhante à do homem. **Ex.** O ~ foi proposto, no séc. XVII, por Leibniz.

pan- *pref* (<gr *pás, pása, pán*: todo) Significa **todo, inteiro** (Ex. pampsiquismo, panaceia, pandemia, pandemó[ô]nio, panegírico). ⇒ pant(o).

panaceia *s f* (<gr *panákeia*<*pan* + *ákos*: remédio) **1** Planta a que os antigos atribuíam o poder mágico de curar todas as doenças. **2** Pretenso remédio para todos os males, físicos ou morais. **Ex.** Para mim, quando estou triste, uns bons copos de vinho [uísque/cerveja] são a melhor ~. **3** Solução para (todo e) qualquer problema.

panaché *s m* (<fr *panaché*) Bebida resultante da mistura de cerveja com limonada. **Ex.** No verão, para matar a sede, na esplanada costumo pedir um ~.

panada *s f* (< ?) **1** Sopapo/Bofetada(o +)/Lapada(+). **2** Pancada forte em colisão. **Ex.** Quando travei, levei uma ~ na traseira do carro, provocada por um veículo que vinha colado a [demasiado próximo de] mim. ⇒ panado.

panado, a *adj/s m Cul* (<panar) (Pedaço de carne ou peixe) passado por uma mistura de ovo e pão ralado antes de ir a fritar. **Comb.** Escalopes ~s.

panal *s f* (<pano + -al) **1** Pano em que se estende [com que se cobre] alguma coisa. **Comb.** ~ de palha **a)** Enxerga; **b)** *fam* Pessoa apalermada/Papalvo. **2** Pano que envolve no tabuleiro, por baixo e por cima, a massa de pão tendida, antes de ir ao forno. **3** Pano que, na mó do moinho, evita que a farinha, ao sair, se espalhe. **4** Pano [Lona(+)] que se estende debaixo da oliveira quando se apanha a azeitona. **5** Vela de moinho. **6** *Náut* Rolo de madeira que os pescadores colocam debaixo da embarcação ao sair da água, para mais facilmente a arrastarem no areal, ao deslizar nele.

Panamá *s m* República da América Central, com a capital na Cidade do Panamá, designando-se os habitantes de panamenses ou panamenhos(+). **Ex.** O Canal do ~, com a extensão de 79,6 km e seis comportas, estabelece a ligação entre os oceanos Atlântico e Pacífico desde 1914.

panamá *s m* (<*top* Panamá) Chapéu de palha fina e flexível feito com tiras de folhas de (um) arbusto «xixá» existente na América Central.

pan-americanismo *s m* (<pan-) **1** Ideia que defende a aliança econó[ô]mica, cultural e militar entre todas as Américas. **2** ⇒ monroísmo.

panar *v t* (<pão + -ar) Passar pedaços de carne ou peixe por uma mistura de ovo e pão ralado antes de os fritar. ⇒ panado **Comb.**.

panarício *s m Med* (<lat *panarícium*) Inflamação dos tecidos dos dedos por a(c)ção de fungos, frequente nas extremidades, podendo gerar-se um abcesso na raiz da unha, o qual vai crescendo debaixo dela/Unheiro/Paroníquia(+).

panasca *s m depr* (< ?) Homossexual masculino/Maricas/*gross* Paneleiro.

panasco *s m Bot* (< ?) Planta herbácea da família das gramíneas, espontânea em lameiros, utilizada como forragem «alimento do gado»; *Dactylis glomerata*.

panasqueiro, a *s/adj* (<panasco + -eiro) **1** Terreno onde abunda o panasco e outras gramíneas, servindo de pastagem do [ao] gado. **2** *depr* (Pessoa) rude, de trato e modo de vestir grosseiros.

panázio *s m* (<pancada **1** + -ázio) **1** Pancada forte/Bofetão. **2** ⇒ balázio.

panca *s f* (<palanca?) **1** Pau grosso usado como alavanca para levantar grandes pesos. **2** ⇒ Maluqueira/Mania/*col* Tara. **3** *Br* Postura artificial/Pose. **Loc. Andar em/Ver-se em ~s** [Estar em situação difícil].

Dar ~s a) Distinguir-se/Salientar-se em alguma coisa; **b)** Dar trabalho/Cansar. ***Estar de ~s*** [Dispor-se a causar desordens].

pança *s f* (<lat *pántex, icis*: abdó[ô]men) **1** Primeiro e mais volumoso compartimento do estômago dos ruminantes/Bandulho. **2** *fam* Barriga volumosa. **Ex.** Tens uma ~!

pancada *s f* (<panca + -ada) **1** Golpe dado com a mão ou com um instrumento/A(c)to de bater. **Ex.** Costumava dar três pancadas na porta com a aldraba para se anunciar. **Idi.** «trabalho» *Feito às três ~s* [Muito imperfeito]. **Comb.** ~ em falso [fora do alvo]. **2** Ruído assim produzido. **Ex.** Ouvimos duas fortes ~s no portão e fui ver o que se passava [o que era]. **Comb.** ~s de Molière [Sequência rápida de ~s, seguida de três mais espaçadas, indicativa do começo do espe(c)táculo teatral]. **3** Som produzido pelo martelo de relógio de pêndulo «ao dar as horas», pelo badalo do sino ou por um instrumento de percussão. **Comb.** ~s no bombo. **4** Batimento cardíaco/Pulsação(+). **5** Choque entre dois corpos/Panada/*pop* Porrada. **Ex.** Neste cruzamento perigoso são frequentes as ~s entre veículos. **Idi.** *Espera(-lhe) pela ~* [Prepara-te para as consequências nefastas, que não tardarão]. **6** Ruído produzido por um corpo ao cair/Baque(+). **Ex.** Ouvi o baque [uma forte ~] e corri à janela a ver os estragos do acidente. **7** Ruído de repentina e forte chuvada. **Comb.** ~ de água [Intensa precipitação, mas passageira]. **8** Castigo corporal/Tareia/*col* Porrada. **Ex.** Antes os miúdos levavam muita ~ na casa paterna. **Loc.** Só ir à ~ [Cumprir apenas por medo do castigo físico]. **Idi.** *~ de criar bicho* [Grande sova/tareia]. **9** Desordem com agressão física mútua/Pancadaria/Bordoada/Paulada. **Ex.** Os jovens das duas aldeias rivais por vezes envolviam-se à ~. **Loc. *Andar/Jogar à ~*** [Brigar]. **Idi.** *Arraial de ~* [Grande pancadaria]. **10** *fam* Inclinação ou vocação natural «para um tipo de a(c)tividade»/Propensão/Queda. **Ex.** A miúda revela ~ para a música. **11** Mau humor/*col* Bolha/*col* Telha. **Ex.** É melhor não levantar problemas, que [porque] ele hoje está com a ~... **12** Falta de senso/juízo/Maluqueira/Manias. **Ex.** Não lhe ligues [lhe dês importância], que ele tem uma ~ [*idi* um parafuso a menos]. **Idi.** *Ter ~ (na mola)* [Não ter o juízo todo/*col* Não regular bem]. **13** Grande quantidade de «coisas para fazer/de filhos/de melões».

pançada *s f* (<pança + -ada) **1** Enfartamento com comida e bebida/Barrigada/Farto-te. **2** Pancada na barriga ou no estômago com bola rematada.

pancadaria *s f* (<pancada + -aria) Tumulto/Desordem com muitas agressões físicas/Grande quantidade de pancadas. **Comb.** Arraial de ~/pancada.

panchão *s m* (<chin *pau-tcheong*: embrulho de pólvora) Foguete chinês composto de um pequeno pacote de pólvora, queimado em festividades importantes. **Ex.** No Ano Novo (lunar) chinês ouviam-se estralejar [estourar (+)] por toda a parte os panchões. ⇒ bicha de rabear; fogo de artifício; bomba.

pancrácio, a *s/adj pop depr* (<antr Pancrácio) Pessoa que não tem inteligência ou juízo. **Sin.** Idiota(o+); parvo(+); tolo.

pâncreas *s m sing* e *pl Anat* (gr *págkreas, atos* <*pan*: todo + *kréas*: carne) Glândula que segrega a insulina e o suco pancreático lançados no tubo digestivo. **Ex.** A insuficiente produção de insulina pelo ~ causa [está na origem da] diabetes.

pancrea(ta)lgia s f Med (<pancre(ato)- + -algia) Dor no pâncreas.

pancreatectomia [pancreatotomia] s f Med (<pancreat(o)- + -tomia) Remoção [Corte] total ou parcial do pâncreas.

pancreático, a adj Anat (<pancre(ato)- + ico) Do pâncreas. **Comb.** Suco ~.

pancreatina s f Med/Quím (<pancre(ato)- + -ina) Substância extraída do pâncreas de alguns animais, como o boi e o porco, us especialmente no tratamento de certas perturbações digestivas, provocadas pela carência de enzimas produzidas por aquela glândula.

pancreatite s f Patol (<pancre(ato)- + -ite) Inflamação aguda ou cró[ô]nica do pâncreas, causada geralmente por alcoolismo ou por migração de cálculos biliares.

pancre(ato)- pref (<gr págkreas,atos: pâncreas) Significa pâncreas.

pancromático, a adj Fot (<gr pan: todo +...) Que é sensível a todas as cores, mesmo ao ultravioleta e infravermelho. **Comb.** Película ~a.

pançudo, a adj/s fam depr (<pança + -udo) 1 Que tem (uma) barriga grande. **Ex.** Esse ~ bem podia fazer um pouco de exercício. **Sin.** Barrigudo. 2 Br Que não trabalha e vive à custa de outro. **Ex.** Que vá trabalhar que eu não sustento [idi não sou pai de] ~s. **Sin.** Parasita/o.

panda[1] s m Zool (<nepali panda) Nome vulgar comum a duas espécie de mamíferos da família dos procionídeos. **Ex.** O João gosta muito de ver os ~s no jardim zoológico. **Comb.** ~ **gigante** (Ex. Os ~s gigantes «da China» alimentam-se de rebentos e folhas de bambu). ~ **vermelho** (Ex. O ~ vermelho é do tamanho de um gato, caça de noite e dorme enrolado num tronco de árvore).

panda[2] s f Bot (<quicongo mpanda: floresta não cultivada) Planta da África tropical ocidental, da família das Pandáceas, cujos frutos são oleosos.

pandáceo, a adj Bot (<panda[2] + -áceo) Que pertence às Pandáceas.

pandanáceo, a adj Bot (<pandano + -áceo) Relativo às Pandanáceas.

pandano s m Bot (<mal pândan) Gé[ê]nero-tipo das pandanáceas que abrange árvores tropicais ornamentais, principalmente da Malásia, de frutos comestíveis e cujas folhas servem para cobertura de casas.

pandarecos (Ré) s m pl (<pantana + -eco) Cacos(+)/Destroços/Estilhaços. **Ex.** Com o acidente o carro ficou em ~. **Loc. Fazer em ~** [Estilhaçar/Escacar]. fig «o trabalho duro» **Deixar** «o João» **em ~ a)** Cansar/Extenuar; **b)** Aniquilar/Destroçar. fig «com noites sem dormir» **Estar em ~** [Estar nervoso/cansado/um frangalho].

pandear v t/int (<pando + -ear) Tornar bojudo/Enfunar/Inchar(+). **Ex.** A vermiose pandeou o ventre das crianças.

pandecta s f Tip Hist (<lat pandectae <gr pandéktes: que tem tudo) Tipo de cara(c)teres ou impressão de corpo 11. **Comb.** As Pandectas [O Digesto (+)] do imperador Justiniano (482-565).

pândega s f pop (<pandegar; ⇒ pândego) 1 Festa animada, onde se come e bebe animadamente. **Sin.** Patuscada. 2 Divertimento/Brincadeira/Farra. **Ex.** Foi com os amigos para a ~ e esqueceu-se do que tinha combinado. Estavam todos na ~ [no pagode] uns com os outros, nem ouviram o que lhes disse.

pandegar v int (<lat Pan: deus dos pastores, que tocava flauta + díco,áre: dedicar a) Andar na pândega (+)/Divertir-se/Folgar. **Ex.** Ele pandegou toda a noite e agora não se quer levantar para ir trabalhar.

pândego, a s/adj (<pandegar) 1 Pessoa que gosta de se divertir, de andar em festas. 2 Pessoa brincalhona, que diverte e faz rir os outros. **Sin.** Brincalhão; có[ô]mico; divertido; patusco.

pandeireta (Rê) s f Mús (<pandeiro + -eta) Pequeno pandeiro. **Ex.** Aquela rapariga toca muito bem ~.

pandeiro s m Mús (<lat pandórius) 1 Instrumento de percussão. **Ex.** O ~ toca-se com as mãos ou percute-se [bate-se com ele] no cotovelo. **Idi. Em boas mãos está o ~** [O assunto está entregue a pessoa competente]. **Falar com o ~** [Dizer o que não é importante]. ⇒ bombo. 2 pop Região das nádegas/Rabo.

pandemia s f Med (<gr pandemía,as: o povo inteiro) Doença que ataca ao mesmo tempo grande número de pessoas, em muitos países. **Sin.** Grande epidemia (+).

pandémico, a [Br **pandêmico]** adj (<pandemia + -ico) Relativo a pandemia.

pandemónio [Br **pandemônio]** s m (<pan- +...) 1 Lugar imaginário dos demó[ô]nios/Palácio de Satã. 2 fig Lugar onde reina grande desordem. **Ex.** A cidade, àquela hora, é um verdadeiro ~. 3 fig Balbúrdia/Confusão/Desordem/Tumulto. **Ex.** Vai para ali um ~ que ninguém se entende!

pandiculação s f (<pandicular + -ção) A(c)to de se espreguiçar, bocejando ou não.

pandicular v int (<lat pandículor,ári,átus sum: espreguiçar-se <pándo,ere: estender) Esticar os membros do corpo (+)/Espreguiçar-se(o+).

pandilha s f (<esp pandilla) 1 Pessoa que entra em conluios para enganar outrem. **Ex.** Ele é um (grande) ~. **Sin.** Canalha; patife(+). 2 Grupo de pessoas que se costumam reunir com fins ilícitos. **Ex.** Esses não são melhores que os outros, fazem todos parte da mesma ~. **Sin.** Bando; quadrilha; súcia(+).

pandilhar v int (<pandilha + -ar[1]) Levar vida de pandilha/Vadiar (+).

pando, a adj (<lat pandus,a,um: afastado, arqueado <pándere: estender, abrir, afastar) 1 Enfunado com o vento, tomando uma forma convexa, abaulada. **Comb.** Asas ~as. Velas ~as. 2 ⇒ bojudo.

pandora[1] (Dó) s f Mús (<gr pandoura,as) Instrumento de cordas parecido ao alaúde.

Pandora[2] (Dó) s f (<gr pandóros,os,on: fecundo, que dá toda a espécie de presentes <pâs, pâsa,pân: todo + dóron,ou: dom, presente, oferenda aos deuses) Personagem mitológica. **Comb.** Boceta/Caixa de ~ [Origem de todos os males].

pandorga[ca] (Dór) s f pop (<esp pandorga: serenata ruidosa e desafinada) 1 Música ruidosa e desafinada. 2 Br ⇒ papagaio (de papel). 3 Mulher gorda/barriguda.

pane s f (<fr panne) 1 Paragem por mau funcionamento de um mecanismo ou motor. **Ex.** Cheguei atrasado às aulas porque tive uma ~ no carro. **Sin.** Avaria(+). 2 fig Esquecimento momentâneo. **Sin.** Branco.

panegírico, a s/adj Liter (<gr panegyrikós: elogio público em festa nacional) Discurso laudatório proferido em cerimó[ô]nia pública/Elogio sobre (e publicado). **Ex.** O ~ tanto pode ser feito em vida como depois da morte do homenageado. **Comb.** Discurso ~o [Oração ~a]. **Sin.** Elogio(+); encó[ô]mio; louvor.

panegirista s/adj 2g (<gr panegyristés) 1 Pessoa que faz um panegírico. 2 Com que se louva ou elogia/Laudatório.

paneiro[1] s m (<lat pánis: pão + -eiro) Espécie de cesto de vime com asas (utilizado) para transportar ou (para) guardar pão. ⇒ pãozeiro.

paneiro[2] s m (<pano + -eiro) 1 Bancada na ré dos barcos pequenos destinada aos passageiros. 2 Tábuas que se usam no fundo das pequenas embarcações para apoio dos pés. 3 Vendedor de panos.

panejamento s m Arte (<panejar + -mento) 1 Conjunto de panos das figuras «pintadas/esculpidas»/Roupagem. 2 Trabalho [Forma] do vestuário em pintura e escultura.

panejar v int Arte (<pano + -ejar) 1 «o escultor/o pintor» Representar [Pôr/Dispor] o vestuário de uma figura. 2 Agitar-se «o pano do navio». **Sin.** Abanar; tremular.

panela (Né) s f (<lat pannela, dim de panna: frigideira) 1 Recipiente geralmente redondo, largo e de altura variável, com pegas, asa ou cabo, para cozinhar (os alimentos). **Idi.** Br col Quebrar a ~ [Usar «vestido» pela primeira vez]. **Comb.** ~ **de pressão** [~ que fecha hermeticamente]. ⇒ tacho; caldeira; panelinha. 2 Conteúdo desse recipiente. **Ex.** Para o almoço vou fazer uma ~ de sopa e outra de arroz. ⇒ ~da. 3 Mec Câmara ligada ao tubo de escape nos veículos motorizados, para [cuja função é] reduzir a energia dos gases libertados pelo motor antes de atingirem a atmosfera, atenuando o ruído produzido na expulsão. **Sin.** Silencioso; ~ **de escape**. 4 Br ⇒ cova [buraco] «do dente/do formigueiro». 5 cal Nádegas/Traseiro/Br Bunda(+).

panelada s f (<panela 2 + -ada) Conteúdo de uma panela cheia. **Loc.** Fazer uma (grande) ~ **de arroz de frango**~.

paneleiro, a s m (<panela1/5 + -eiro) 1 Fabricante ou vendedor de panelas de barro. **Sin.** Oleiro(+). 2 cal Homossexual.

panelinha s f (<panela + -inha) 1 Panela pequena. **Ant.** Panelão. 2 fig Grupo muito fechado/egoísta «de intelectuais». **Ex.** Naquela ~ não entra mais ninguém. 3 fig Conluio, em geral, com fins pouco honestos. **Ex.** Prometei-nos nunca mais fazer ~s! **Sin.** Tramoia.

panema (Nê) adj/s 2g Br (<tupi pa'nema: indivíduo infeliz, tolo, imbecil) 1 Caçador/Pescador sem sorte. 2 Vítima de bruxaria. 3 ⇒ desgraçado; desafortunado; azarado.

panfletário, a [panfletista] s/adj (<panfleto +...) 1 Que tem cará(c)ter satírico e polé[ê]mico. **Ex.** Por [Às] vezes, o estilo de Camilo (Castelo Branco) é ~. 2 Aquele que escreve panfletos.

panfleto (Flê) s m (<ing pamphlet <lat "Pamphilus seu de amore", poema popular amoroso do séc. XII) 1 Folheto escrito em estilo satírico ou violento, especialmente sobre assuntos de ordem política. **Ex.** As Farpas de Ramalho Ortigão e os Gatos de Fialho de Almeida podem ser classificados como ~s. 2 Folheto informativo [publicitário] ou folha avulsa/volante. **Loc.** Distribuir ~s na rua.

pangaio s m (mal pinggang: remo) 1 Náut Embarcação africana e asiática a remos, alterosa e resistente, com dois mastros e velas bastardas. 2 ⇒ preguiçoso/mandrião.

pangolim s m Zool (<mal pang-goling: animal que se enrola) Mamífero da família dos manídeos; Manis pholidotinus. **Ex.** O ~ é desdentado, tem o corpo coberto de escamas como o tatu e língua muito comprida; alimenta-se de formigas e podemos encontrá-lo na África e no Sudoeste Asiático. ⇒ tamanduá [formigueiro].

pan-helenismo s m (<pan- +...) Sistema político nacionalista que visa reunir numa só nação todos os gregos metropolitanos dos Balcãs, das ilhas do mar Egeu e da Ásia Menor.

pânico s m (<gr *panikós*: do deus Pã) Terror súbito (sem fundamento). **Ex.** O José entra [fica] em ~ quando vê uma barata. A falta [O corte] de energia (elé(c)trica) causou ~ nos passageiros do metro[ô]. **Sin.** Alarme; medo.

panícula s f Bot (<lat *panícula*: espiga) Inflorescência «da aveia» cujos pedicelos vão decrescendo da base para o vértice formando um cone.

panicular [paniculado] adj (<panícula + -ar²) Em forma de panícula.

panículo s m Anat (<lat *pannículus*: pedacinho de pano) Camada ou lâmina de tecido. **Comb.** ~ adiposo [de tecido celular subcutâneo «do porco»].

panífero, a adj Poe (<lat *pánis*: pão + -fero) «terra» Boa para «trigo»/Que produz cereais. ⇒ Cerealífero(+).

panificação s f (<panificar + -ção) Fabrico [Fabricação] do pão. ⇒ padaria.

panificador, ora s/adj (<panificar + -dor) (O) que faz pão. **Comb.** Uma (empresa) ~ora. **Sin.** Padeiro(+).

panificar v tr (<lat *pánis*: pão + -ficar) Transformar em pão/Cozer(+). **Ex.** Hoje vou cozer [fazer pão], já acendi o forno.

panificável adj 2g (<panificar + -vel) Susceptível de [Que pode] ser panificado. **Comb.** Massa ~.

paninho s m (<pano + -inho) Pano pequeno ou fino. **Idi.** *Não estar com ~s quentes* [Não idi ter contemplações/ Não transigir] (⇒ pano 2 **Idi.**).

pan-islamismo s m (<pan- +...) Sistema ou defesa da união política de todos os países islâmicos.

panlogismo s m Fil (<pan- + -logo + -ismo) Doutrina «de Hegel» que afirma a possibilidade de racionalização total da realidade.

panmixia (Csi) s f Biol (<pan- + gr *míxis*: mistura + -ia) Acasalamento não sele(c)tivo de uma população que leva à uniformidade genotípica.

pano s m (lat *pánnus,i*) 1 Tecido de lã, linho, algodão ou fibra artificial. **Ex.** A minha mãe comprou (um) ~ [tecido/fazenda] para fazer uma saia. **Idi.** *No melhor ~ cai a nódoa* [Qualquer pessoa está sujeita a cometer erros]. *Dar ~ para mangas* [Dar muito que falar (+)/Ser muito comentado]. *Ter (muito) ~ para mangas* [Dispor de todos os meios para fazer algo]. *Não ter ~ para mangas* [Não ter meios para agir]. **Comb.** ~ *de amostras*. ~ *cru* [~ de algodão ou linho que não foi corado depois da tecedura]. ~ *fino*. ~ *grosso*. (~ *de*) *seda*. 2 Qualquer (pedaço de) ~ para fins domésticos ou outros. **Ex.** Ontem na feira [no mercado] comprei ~s para a cozinha. **Comb.** ~ *do chão* [Esfregão]. ~ *da loiça* [dos pratos]. ~ [Toalhinha] *das* [para limpar as] *mãos*. ~ *de mesa* [~ para adornar a mesa quando não está posta]. ~ *do pó*. **Idi.** *Pan(inh)os quentes* [Meias medidas/Contemporizações/Transigências] (Ex. Este problema não vai [não se resolve] com ~s quentes). ~ *verde* [Mesa de jogo «de azar»]. ⇒ tela. 3 Costura/Náut Peça ou pedaço de ~/(Parte da) vela/(Todo o) velame. **Loc.** *Largar o ~ todo* [a(s) vela(s)]. *Navegar a ~ solto* [a ~s largos/a todo o ~ (+)] [Navegar velozmente]. **Comb.** Bandeira (feita) de dois ~s. Cortina(do) de quatro ~s. Saia em seis ~s.
4 Teat Cortina que tapa o cenário. **Ex.** «neste momento» Abre [Sobe] o ~. Fecha [Cai/Desce] o ~. **Idi.** *Por (de)baixo do ~* [Por trás da cortina/Às escondidas/Dissimuladamente]. **Comb.** ~ *de fundo* a) Tela pintada ao fundo do palco com o principal de todo o cenário; b) fig Conjunto de acontecimentos sobre os quais se desenvolve uma a(c)ção. ~ *do palco* [Cortina de boca]. 5 Arquit Superfície maior ou menor/Face/Lanço. **Ex.** Aquele ~ (de parede) entre pilastras vai ser pintado a azul. **Comb.** ~ *de biombo*. ~ *da chaminé* [Parte interior fronteira e superior à lareira]. ~ *duma divisória* [divisão] *da casa*. ~ *de um muro*.

panóplia s f (<gr *panoplía*: armadura completa de hoplita) 1 Armadura completa us antigamente «pelos cavaleiros da Idade Média». 2 Escudo com [Troféu de] armas. **Ex.** Nas paredes via-se uma ~ de armas autênticas. 3 fig Grande quantidade. **Comb.** Uma impressionante ~ de a(c)tividades [trabalhos/negócios]. Uma ~ de conhecimentos. Uma ~ de meios [colaboradores] para um proje(c)to.

panorama s m (<gr *pan*: todo + *hórama*: espe(c)táculo, vista) 1 Grande quadro circular e contínuo, colocado nas paredes de uma rotunda iluminada, no centro da qual se encontra o espe(c)tador, e que representa a vista de uma paisagem/Local desse quadro ou pintura. 2 Grande extensão de paisagem que se desfruta de um ponto elevado. **Ex.** Do castelo de S. Jorge alcança[avista/vê]-se todo o ~ de Lisboa. 3 fig Situação geral/Aspe(c)to ou vista geral/Condições gerais. **Idi.** *Gozar o ~* [Estar a ver «uma guerra/briga» e não fazer nada]. **Comb.** ~ *da história «da cidade»*. **Sin.** Panorâmica(+).

panorâmica s f (<panorâmico) 1 (Fotografia com) máquina giratória. 2 Vista geral/Panorama. **Ex.** Do Castelo de S. Jorge temos [tem-se/podemos ter] uma boa ~ (da cidade) de Lisboa. 3 Ideia geral/Vista de conjunto. **Comb.** ~ *da obra de Óscar Nimeyer* [da poesia de Camões].

panorâmico, a adj (<panorama+-ico) Relativo a panorama ou a paisagens. **Comb.** *Autocarro* [Ônibus] ~*o* «para ver bem a cidade». *Fotografia* [Máquina fotográfica/Câmera] ~*a*. *Vista* ~ magnífica do alto da serra.

panqueca (Ké) s f Cul (<ing *pancake*) Bolo achatado feito de massa fina, leite e ovos.

pânria pop (< ?) 1 s f A(c)to [Efeito] de panriar. **Sin.** Indolência; mandriice; preguiça(o+); ociosidade(+). 2 s 2g Pessoa que tem este vício.

panriar v int (<pânria + -ar¹) Viver na ociosidade. **Sin.** Mandriar(+); preguiçar(o+).

pansofia s f (<pan + -sofia) Totalidade do saber humano «ministrado na universidade»/Ciência universal. ⇒ enciclopédia.

pantafaçudo, a adj (< ?) Bochechudo/Monstruoso/Grotesco/Ridículo.

pantagruélico, a adj (<antr Pantagruel: personagem criada pelo escritor francês F. Rabelais, 1483-1553 + -ico) Com muitas e variadas iguarias. **Ex.** «o chefe de cozinha» Confe(c)cionou um banquete (verdadeiramente) ~. **Comb.** Refeições ~as dos lutadores de sumô. ⇒ comezaina.

pantal(e)ão s m (<it antr Pantalon: personagem vítima de Arlequim <S. Pantaleão) 1 Liter Bobo da farsa italiana de Veneza. 2 Peralvilho simplório com calças largas.

pantalha s f (<esp *pantalla*) 1 Peça com que se resguarda uma luz para lhe atenuar a intensidade. **Sin.** Quebra-luz(+). 2 Pano branco sobre o qual se faz uma proje(c)ção luminosa. **Sin.** Ecrã (+); tela (o+). ⇒ painel.

pantalonas s f pl (<it antr Pantalon; ⇒ pantal(e)ão) 1 Calças de malha elástica que usam os acrobatas e dançarinos em cena. 2 Calças grandes e desajeitadas ou só para trabalhar.

pantana(s) s f col (<?) Desordem/Ruína/"Águas de bacalhau"/"Pernas para o ar". **Loc.** *Dar em* [Ir de] *~s* [Arruinar-se/Desmoronar-se]. *Dar com alguma coisa em ~s* [Dissipar/Destruir]. 2 Br Lance de capoeirista para dar com o pé no rosto ou peito do adversário.

pantanal s m (<pântano + -al) Grande extensão de terra pantanosa «do Mato Grosso». **Sin.** Atoleiro; lamaçal.

pantanizar v t (<pântano + -izar) Converter em pântano/Tornar paludoso. **Ex.** A cheia do rio Paraguai pantanizou a planície. **Sin.** Apaular.

pântano s m (<lat *Pantanus*: nome de um antigo lago da Apúlia, Itália) 1 Terreno encharcado de água estagnada. **Ex.** O ~ é o habitat natural dos sapos e das rãs. **Sin.** Atoleiro; paul. 2 fig Situação má ou difícil. **Comb.** O ~ da droga [do vício «de fumar»].

pantanoso, a adj (<pântano + -oso) 1 Diz-se do terreno com pântanos. **Sin.** Alagadiço; lamacento; paludoso. 2 fig Cheio de dificuldades ou obstáculos. **Ex.** Pense bem [muito] antes de entrar nesse negócio porque é (um terreno) ~!

panteão s m (<gr *Pántheion*: templo de todos os deuses <pan + *theos*) 1 Conjunto (e templo) de todos os deuses de um povo. **Comb.** O ~ hinduísta [ioruba/romano]. 2 Edifício nacional onde se depositam os restos mortais daqueles que mais engrandeceram a pátria. **Ex.** Os restos mortais de Amália Rodrigues estão depositados no ~ Nacional em Lisboa. **Comb.** O ~ de Paris.

pantear v int (< ?) Dizer chocarrices ou banalidades. **Sin.** Motejar.

panteísmo s m (<pan +...) Doutrina segundo a qual Deus não é um ser pessoal distinto do mundo: Deus e o mundo seriam uma só substância/coisa. ⇒ monoteísmo; deísmo; teísmo.

panteísta adj/s 2g (<pan+...) 1 Referente ao panteísmo. 2 Pessoa se(c)tária do panteísmo.

pantera s f Zool (<lat *panthéra,ae*) 1 Nome vulgar extensivo a uns mamíferos carnívoros da família dos Felídeos. **Comb.** A ~ negra da Amazó[ô]nia [de Java/de Malaca]. ⇒ leopardo; onça(-pintada); tigre. 2 fig Pessoa furiosa. 3 fig Br Mulher bonita e sedutora.

pant(o)~ elem (<gr *pãn, pantós*: todo, tudo, completo) ⇒ pan-.

pantofobia s f Med (<...+fobia) Estado mórbido cara(c)terizado por medo de tudo ou do desconhecido.

pantografia s f (<pantógrafo+-ia) Arte de aplicar o pantógrafo.

pantográfico, a adj (<pantógrafo+-ico) Diz-se de portas articuladas ou janelas que abrem e fecham como um pantógrafo.

pantógrafo s m (<...+ -grafo) 1 Instrumento para copiar qualquer figura nas proporções que se queiram. 2 Dispositivo articulado «no tejadilho da locomotiva do comboio [trem]» que recebe a corrente elé(c)trica da catenária [do fio condutor] e a transmite aos órgãos motores.

pantómetro [Br **pantômetro**] s m (<...+metro) Instrumento de medir ângulos no terreno e traçar perpendiculares.

pantomima s f (<...+gr *mímos,ou*: a(c)tor que representa apenas por meio de gestos, imitador) 1 Arte de representar sem recorrer à palavra. **Ex.** Em Roma e na Grécia, os coros acompanhavam por [às] vezes as ~s. ⇒ mímica; mimo. **2** Peça teatral em que os a(c)tores se exprimem apenas por gestos. **3** *fig* Gesto ou história para enganar. **Ex.** Deixa-te de [Para com essas] ~s ! **Sin.** Embuste(+); intrujice(+); macaquice(o+).

pantomimar *v int* (<pantomima + -ar¹) **1** ⇒ imitar(+). **2** ⇒ enganar.

pantomimeiro, a *s* (<pantomima+-eiro) **1** ⇒ mímico(+). **2** ⇒ intrujão(+). **3** ⇒ brincalhão.

pantomimice *s f* (<pantomima + -ice) A(c)to ou dito de pantomimeiro.

pantomina/nar/neiro/nice ⇒ pantomima/mar/meiro/mice.

pantufo, a *s* (<fr *pantoufle*<?) **1** Chinelo ou bota, forrados a pelo para usar em casa. **Ex.** Comprei umas ~as para o inverno. **2** Pessoa gorda, pançuda ou com muita roupa.

panturra *s f* (<lat *pantex,icis*) **1** Barriga grande/Pança. **2** *fig* Prosápia/Empáfia/Jactância.

panturrilha *s f* (<panturra + -ilha) **1** Barriga da perna (+). **2** Enchimento *us* por baixo das meias para embelezar as pernas.

pão *s m* (<lat *pánis,is*; ⇒ de ló; cereal; trigo; centeio; broa) **1** Alimento feito com farinha amassada, geralmente fermentada e cozida no forno. **Ex.** O ~ é a base da alimentação dos portugueses. Eu gosto de ~ com queijo e marmelada. **Idi.** *~ ~, queijo queijo* [Com franqueza/Sem rodeios] (Ex. Eu gosto de ser franco [Eu (cá) sou assim/Comigo é assim]: ~ ~, queijo queijo). «Ficar/Estar/Viver» *A ~ e laranja(s)* [Quase na miséria]. *Comer o ~ que o diabo amassou* [Passar muitos trabalhos ou necessidades]. «José» *Ser bom como o ~* [Ser muito bom/bondoso/honrado]. *Tirar o ~ (da boca)* [Retirar os meios de subsistência] *a alguém*. **Comb.** *~ ázimo* [sem fermento]. *~ (de) centeio*. *~ de forma*(Ô) [~ como um paralelepípedo «para fazer torradas». ⇒ *de ló*. *~ duro* **a)** ~ que está duro; **b)** *Idi br «homem»* Agarrado/Avaro. ⇒ *Bot ~ e queijo*. *~ integral*. *~ ralado*. *~ torrado* (⇒ torrad(inh)a). *~ (de) trigo*. ⇒ pãozeiro. *Côdea do ~*. *Miolo do ~*. **2** *fig* Alimento principal/importante. **Ex.** O arroz é o ~ de muitos países asiáticos. A pobreza às vezes é tal [tanta] que os pais tiram o ~ da boca para dar aos filhos. Aqui, a mandioca [banana] é o nosso ~. **Comb.** *O ~ eucarístico* [A Eucaristia/da alma/dos Anjos/ A hóstia consagrada/O Corpo de Cristo]. *O ~ da Palavra de Deus* [A Sagrada Escritura]. *O ~ do espírito* [O estudo/As boas leituras]. **Idi.** *O ~ nosso de cada dia* [Algo muito comum/frequente] (Ex. Neste país, as greves são o ~ nosso de cada dia).

pão de ló *s m* (< ?) Variedade de bolo muito fofo, de farinha, ovos e açúcar. **Ex.** O ~ é um doce quase obrigatório na(s mesas de) Páscoa.

pão-e-queijo *s m pop Bot* (Por a flor comestível saber a pão com queijo) ⇒ queijadilho; primavera; prímula.

pãozeiro, a *adj/s* (<pão + -z- + -eiro) **1** (O/A) que gosta muito de pão. **Ex.** Eu sou muito ~; não como sem pão. **2** Entregador de pão ao domicílio. **Sin.** Padeiro(+).

pãozinho *s m* (<pão + -z- + -inho) **1** *Dim* de pão. **Ex.** Comprei cinco pãezinhos, só para hoje. **Sin.** Carcaça; papo-seco; biju. **2** *fig* Indivíduo ridículo/Pessoa presumida e piegas.

Papa *s m* (<gr *páppas*: *infan* de pai; ⇒ pai; padre; papá) Chefe da Igreja Católica/Sumo Pontífice/Santo Padre. **Idi.** «ir ao Rio (de Janeiro) e não subir ao Cristo do Corcovado é como» *Ir a Roma e não ver o ~* [Deixar de ver o que é mais importante/o melhor/o principal].

papa *s f* (<lat *páp(p)a* <*páp(p)o*: papar, comer) **1** Qualquer comida pouco sólida «para bebé/ê»/Paparoca/Papinha. **Ex.** Eu gosto muito de ~s de milho. **Idi.** *Comer as ~s na cabeça a* [Iludir/Suplantar] *alguém*. *Não ter ~s na língua* [Ser franco e corajoso a dizer o que pensa]. **Comb.** ⇒ *~-açorda/capim*. **Idi.** *~ [Papinha(+)] feita* [Trabalho facilitado ou preparado por outros] (Ex. Ele fez muito dinheiro na loja de móveis porque já tinha [encontrou] a ~ feita «pelo pai»). ⇒ *~-figo(s)/fina/formigas/jantares/léguas/mel/moscas/ovo*. **2** Qualquer farinha cozida com água ou leite/Mingau. **3** Qualquer substância amolecida ou transformada em pasta. **4** ⇒ «cobertor de» lã felpuda.

papá *s m infan* (<pai; ⇒ Papa) Pai, em linguagem infantil e familiar. **Sin.** Paizinho; *Br* papai.

papa-açorda *s 2g col* Pessoa molengona e apalermada. **Ex.** Eles são uns papa-açordas que só trabalham [se mexem] quando eu os obrigo!

papa-arroz [-capim] *s m Ornit* [*Sporophila nigricollis*] ⇒ chupim.

papada *s f* (<papo + -ada) **1** Acumulação de gordura por baixo do queixo. ⇒ papeira. **2** *Zool* Prega gordurosa da pele por baixo do pescoço das reses. **Sin.** Barbela(+).

papado *s m* (<Papa + -ado) Cargo ou dignidade de Papa. **Ex.** O ~ de João Paulo II foi um dos mais longos na história da Igreja.

papa-figo(s) *s m Ornit* (<papar + figos) **1** Pássaro da família dos Oriolídeos; *Oriolus oriolus*. **Ex.** O ~ é um pássaro muito comum em Portugal durante a primavera e o verão. **2** *Náut* Velas mais baixas de um navio. **3** *Br* ⇒ papão(+).

papa-fina *s/adj 2g* (< ?) **1** De muito boa qualidade/Saboroso/Excelente. **2** (Diz-se de) pessoa pretensiosa e ridícula.

papa-formigas *s m sing e pl Ornit* (<papar +...) **1** Ave trepadora da família dos Picídeos. **Ex.** O ~, comum em Portugal, é também conhecido por catapereiro, doidinha, formigueiro, gira-pescoço, peto-da-chuva, retorta, torticolo, engatadeira, etc. **2** *Zool* ⇒ urso-formigueiro; tamanduá; pangolim.

papagaiada *s f* (<papagaio + -ada) **1** Loquacidade(+) incoerente/Papagaíce. **Sin.** Fantochada. **2** Exibição ostentatória e grotesca. **3** Falar sem entender o que diz.

papagaio *s m Ornit* (<provençal *papagai*; ⇒ papaguear) **1** Nome vulgar extensivo a várias aves tropicais, do grupo das psitaciformes, em especial da família dos Psitacídeos «*Amazona*», que têm a possibilidade de imitar a voz humana. **2** *Icti* ⇒ bodião. **3** *fig* Brinquedo de papel, de forma poligonal, que as crianças lançam ao vento preso por um fio. **Ex.** No verão, gosto de lançar ~s na praia. **Comb.** Uma exposição de ~s chineses [japoneses/portugueses]. **Sin.** Raia. **4** Faixa ou cinta/Fralda(+)/Cueiro. **5** *Arquit* Divisória entre duas varandas ou janelas de moradores diferentes. **Comb.** Um ~ de ferro forjado. **6** *pl Bot* ⇒ melindre. **7** *fig* Pessoa que memoriza e repete sem compreender. **Ex.** No exame oral, ele foi como o ~: levou tudo decorado mas via-se que não sabia nada. **8** *fig* ⇒ tagarela. **9** ⇒ folha volante; impresso de propaganda. **10** *Br* ⇒ letra de câmbio; promissória. **11** *Br* Licença provisória de condução de automóvel. **12** *Br pop* Exprime grande espanto. **Ex.** ~! – exclamou. Nunca vi um cachorrinho tão pequeno!

papaguear *v t/int* (papagaio + -ear) **1** Falar muito, sem refle(c)tir. **Ex.** As vizinhas papagueavam todo o dia. **Sin.** Tagarelar. **2** Falar ou repetir, sem compreender o que diz. **Loc.** ~ a lição «de latim»/matéria.

papa-hóstias *s 2g sing e pl pop/depr* (<papar + hóstia) Pessoa que vai muito à igreja «mas é má». **Sin.** Beato (falso).

papai *s m Br* (<papá + pai; ⇒ mamãe) **1** Tratamento que os filhos dão ao pai. **Comb.** *pop ~ grande* [Presidente do país]. *~ Noel* [Pai Natal (+)]. **2** *Gír Eu.* **Ex.** (Aqui) o ~ não brinca em serviço [(Cá) eu faço tudo bem-feiro/com perfeição]. **3** *Icti* ⇒ bagre.

papaia *s f Bot* (<caribe *papaya*) Fruto da papaieira. **Ex.** O João gosta muito de (comer) ~ ao pequeno-almoço. **Sin.** Mamão.

papaieira *s f Bot* (<papaia + -eira) Planta tropical da família das Caricáceas que produz papaias. **Sin.** Mamoeiro; papaia.

papaína *s f Quím* (<papaia + -ina) Enzima ou fermento proteolítico contido na papaia, *us* no tratamento de distúrbios gastrointestinais.

papa-jantares *s 2g sing e pl* (<papar + jantar) Pessoa que tem por costume comer em casas alheias ou viver à custa de outrem. **Sin.** Parasita; pendura(+). ⇒ penetra.

papal *adj 2g* (<Papa + -al) Do Papa. **Comb.** Mensagem ~.

papa-léguas *s 2g sing e pl* (<papar + légua) Pessoa que anda muito ou depressa. **Sin.** Andarilho; caminheiro; corredor.

papalvo, a *adj* (<papo + alvo) **1** Indivíduo que se deixa enganar facilmente. **Sin.** Ingé[ê]nuo; lorpa(+); pacóvio; pateta; parolo; simplório. **2** *Zool* ⇒ gato-bravo; papalva; toirão; fueta. **3** *Ornit* ⇒ codorniz; pedreiro.

papa-mel *s m Zool Br* (<papar + mel) ⇒ irara.

papa-moscas *s 2g sing e pl* (<papar + mosca) **1** *Ornit* Aves da família dos Muscicapídeos, também conhecidas por boita, mosqueiro, t(a)ralhão, etc. **Ex.** O ~ é muito vulgar em Portugal no verão e no outono. **2** *Zool Br* Aranha que não faz teia mas salta para apanhar inse(c)tos. **3** *Bot* Nome de várias plantas carnívoras da família das Droseráceas. **4** *fig* Pessoa simplória que se admira com tudo, ficando de boca aberta. **Sin.** Papalvo; basbaque.

papança *s f pop* (<papar + -ança) Refeição abundante/Comezaina(+). ⇒ paparoca.

papão *s m* (<papar/papo + -ão) **1** Ser imaginário com que se mete medo às crianças. **Ex.** Basta dizer às crianças que vem aí o ~ para elas se portarem bem. **Sin.** Bicho-~. **2** ⇒ comilão(+). **3** Coisa medonha/ameaçadora/muito perigosa. **Ex.** Não tenha medo do nosso chefe, ele não é nenhum ~. Liberte-se de papões imaginários [que só existem na sua imaginação]. **4** *Cul* Papo de anjo em tamanho grande. **5** *Br* ⇒ vencedor; conquistador.

papa-ovo *s m Zool Br* (<papar + ovo) Uma cobra; *Drymarchon corais* ⇒ caninana.

papar *v t/int fam/infan* (<lat *pappāre*) **1** Alimentar-se/Comer. **Ex.** O bebé/ê já papou? Eu estava com tanta fome que papei tudo [idi limpei o prato/arrebanhei a travessa]. **Idi.** *Estar a ~ moscas* [Estar de boca aberta/Estar distraído]. **2** *fig* ⇒ conquistar.

paparazzo/i it (<antr liter Paparazzo) Fotógrafo(s) indiscreto(s) de celebridades. ⇒ sensacionalista.

paparicar *v t/int* (<paparico + -ar) **1** Dar paparicos/guloseimas. **2** Tratar com carinho/(A)mimar. **3** Comer pouco ou aos poucos. **Ex.** Levou horas a ~ o doce. ⇒ debicar; petiscar.

paparico s m (<papar + -ico) **1** Iguaria fina/Gulodice/Mimo. **Ex.** O João, quando está doente, só gosta dos ~s da mãe. **2** ⇒ carícia; afago; mimo.
paparoca (Ó) s f pop (<papar + -oca) Alimentação/Comida. **Ex.** Vamos à ~ [comer].
paparrotada s f (<paparrotar + -ada) **1** Comida (própria) para porcos/Lavagem. **2** fig A(c)to ou dito de paparrotão. **Sin.** Fanfarronice(+); aldrabice.
paparrotão, ona s/adj (<papa + arroto + -ão) Impostor/Parlapatão/Bazófia(s)(+).
paparrotar [paparrotear] v t/int (<papa + arrotar) Alardear falsamente/Dizer paparrotadas.
papável[1] adj 2g (<Papa + -vel) **1** «cardeal» Que tem a probabilidade de ser eleito Papa. **2** col/fig Que tem a probabilidade de ser eleito(+) para um cargo.
papável[2] adj 2g (<papar + -vel) **1** ⇒ comestível(+). **2** gír ⇒ desfrutável.
papaveráceo, a adj Bot (⇒ papaverina) Das Papaveráceas, plantas de flores hermafroditas, com duas sépalas e quatro pétalas, a que pertencem a papoi[ou]la e a dormideira.
papaverina s f Quím (<lat papáver,eris: papoi[ou]la+-ina) Um dos alcaloides de ópio, us em medicina como narcótico.
papazana s f (<papar + -z- + -ana) ⇒ comezaina.
papear v int (<papo + -ear) **1** Bater (um) papo/Cavaquear/Conversar. **2** Falar muito/ Tagarelar. **3** ⇒ chilrear; gorjear; pipiar.
papeira s f Med pop (<papo + -eira) **1** ⇒ parotidite. **2** ⇒ actinomicose. **3** ⇒ bócio.
pa[e]péis [papeles] s/adj pl Etn ⇒ papel[2].
papel[1] s m (<gr papyros: papiro) **1** Substância formada de matérias vegetais ou trapos reduzidos a massa, e disposta em folhas, para escrever, embrulhar, etc. **Ex.** Ontem comprei ~ para embrulhar as prendas de Natal. Foi na China que se fabricou a primeira pasta de ~ com fibras de amoreira e de bambu. **Comb.** ~ *acetinado* [lustroso] (Para escrever ou imprimir). ~ *almaço* (Resistente, branco ou azulado, para requerimentos e outros documentos). ~ *bíblia* (Muito fino e resistente, para edições volumosas). ~ *carbono* [químico] (Com tinta de um lado para decalque [cópia] do que se escreve por cima). ~ *celofane* (Transparente e impermeável «para embrulhar ou acondicionar mercadorias»). ~ *contínuo/sem fim* [Rol(inh)o de ~] «para máquina regist(r)adora». ~ *crepe/crepom* (Enrugado e flexível para confe(c)ção «de flores artificiais»). ~ *cuchê* [gessado/estucado] (Revestido de uma substância que o torna brilhante, próprio para impressão de alta qualidade). ~ *da China* [do Japão] (Encorpado, resistente, para edições ou usos luxuosos). ~ *(de) alumínio* (Folha finíssima de alumínio «para embalagem de alimentos»). ~ *de arroz* (Feito de palha de arroz, para cigarros). ~ *de embrulho/embalagem* [Papelão]. ~ *de escrever* «cartas». ~ *de estanho* ⇒ ~ *de prata*. ~ *de filtro* (De textura porosa para filtrar «café»). ~ *de forma* [tina] (De produção manual para edição de luxo).
~ *de imprensa* [impressão/jornal]. (~ *de*) *lixa*. ~ *de lustro* (De textura fina e brilhante). ~ *de luto* (Trajado de negro «para carta de pêsames»). ~ *de música* [com pautas]. ~ *de parede* (Pode ser pintado, gofrado e lavável). ~ *de prata* [estanho] (Para envolver produtos). ~ *de seda* (Para proteger obje(c)tos frágeis). ~ *tornassol* (Tira de filtro para ver se uma solução é ácida). ~ *do Japão* ⇒ ~ *da China*. ~ *encerado* ⇒ ~ *parafinado*. ~ *fotográfico* [(foto)sensível].
~ *glacê* [lustroso] ⇒ ~ *de lustro*. ~ *gofrado* [com relevos]. ~ *higié[ê]nico* [us depois de urinar ou evacuar]. ~ *marmoreado* [marmorizado] (A imitar cores do mármore). (~) *mata-borrão* (Para chupar tinta). ~ *parafinado* (Com uma camada de parafina «para envolver substância gordurosas»). ~ *quadriculado* (Com linhas horizontais e verticais a formar quadrículo[a]s). ~ *químico* ⇒ ~ *carbono*. ~ *reciclado* (refeito/que já foi utilizado). ~ *selado* (Que tem uma marca do Estado e um selo branco para documentos oficiais). ⇒ ~ *almaço*). ~ *timbrado* (Com timbre (e endereço) de quem escreve). ~ *vegetal* (Transparente, para desenho técnico). ~ *velino* (Liso, fino e macio). *Bloco (de ~)* [Folhas coladas numa rima]. *Faca de (cortar) ~*. *Lenço* [Toalheta/Toalhinha] *de ~*. *Tira [Fita] de ~*. ⇒ cartão; cartolina; papelão. **2** Escrito/ Documento/ Apontamento/Folha. **Ex.** Vou deixar-lhe aqui um ~ com todas as explicações. Já tenho todos os papéis necessários para o casamento [passaporte]. **Loc.** *Confiar ao* [Pôr no] ~ [Pôr por escrito/Escrever]. Br «casar» *De ~ passado* [De acordo com as leis/De pleno direito]. *Ficar (só) no ~* [Não chegar a realizar-se/Não passar de proje(c)to]. **3** Econ Qualquer documento negociável. **Ex.** Cresce a demanda por papéis brasileiros no euromercado. **Comb.** ~ *comercial* [Título negociável] ⇒ ~-moeda. **4** fig Função/Trabalho/Desempenho. **Ex.** A segurança é ~ do Estado. Teat Eu fiz o ~ de anjo [vaqueiro] num auto (Peça teatral) de Gil Vicente. Ontem, na reunião de professores fui [fiz ~ de] parvo/tolo/estúpido. **Comb.** Teat ~ *principal* [*secundário*]. ⇒ papelão **2**.
pa[e]pel[2] s/adj 2g Etn (< ?) (Diz-se de) indivíduo e língua de tribo da Guiné-Bissau que vive sobretudo nas ilhas Bissau e Biombo.
papelada s f (<papel + -ada) Grande quantidade de papéis/Papéis em desordem/ Escritos inúteis/Conjunto de documentos necessários para um determinado fim. **Ex.** A minha mesa (de trabalho) está cheia de ~, preciso de fazer uma arrumação. Para mudar de nacionalidade exigem [é preciso] muita ~.
papelão s m (<papel + -ão) **1** Papel grosso «para embrulhos». ⇒ cartão. **2** fig A(c)ção importante/grande. **Loc.** *Fazer um ~* **a)** Desempenhar muito bem o seu papel/ Fazer boa figura (Ex. Ontem, no jogo de futebol, fizeste um ~ [jogaste bem]; parabéns!); **b)** Iron Ser ridículo/Fazer triste [má] figura (Ex. Sim, fizeste um ~; vê-se (mesmo/bem) que não tens vergonha!).
papelaria s f (<papel + -aria) Estabelecimento onde se vende papel e outros artigos de escritório.
papeleira s f (<papel + -eira) Móvel onde se guardam papéis. **Sin.** Secretária(+).
papeleiro, a s/adj (<papel + -eiro) **1** Fabricante ou vendedor de papel(+). **2** Relativo ao fabrico ou comércio de papel. **Comb.** Indústria ~a.
papeleta (Lê) s f (<papel + -eta) **1** Papel avulso/Folha de papel/Papelucho(+). **2** Papel afixado em lugar público para ser lido ou consultado. **Sin.** Anúncio; edital; aviso. **3** Papel ou papéis onde o médico regist(r)a as observações clínicas relativas ao doente em hospitais/Ficha médica(+).
papelismo s m Econ Br (<papel + -ismo) Sistema ou prática que defende a emissão de papel-moeda sem lastro metálico.
papelista s/adj 2g (<papel + -ista) **1** Pessoa que examina e investiga documentos antigos. **Sin.** Arquivista(+). **2** Relativo a ou adepto do papelismo. **3** Br ⇒ ridículo.
papel-moeda s m Dinheiro oficial de um país impresso em papel. **Sin.** Nota(+).
papelocracia s f (<papel + -cracia) Burocracia que exige muita papelada.
papelote (Ló) s m (<papel + -ote) **1** Cada um dos rolos(+) de papel em que se enrola o cabelo para o encaracolar. **2** Gír br Pequeno embrulho com droga. **3** Cul Folha de alumínio para cozer «salmão». **4** ⇒ papelucho; papeleta.
papelucho s m col (<papel + -ucho) **1** Pedaço de papel/Papeleta/Papelzinho. **2** Papel qualquer/mau. **3** depr Periódico ou escrito desprezível.
papiar v t/int crioulo (<piar ?) **1** ⇒ falar; conversar; tagarelar. **2** ⇒ dizer «tolices». ⇒ patoá.
papiforme adj 2g Bot (<lat páppus,i: penacho + -forme) Diz-se de órgão vegetal em forma de penacho.
papila s f (<lat papílla,ae: bico do seio, botão de rosa, borbulha) **1** Anat Pequena protuberância (que existe) nas membranas mucosas, na pele, etc. **Comb.** ~ *gustativa* [lingual]. ~ *mamária* [Bico do seio/ da mama]. ~ *ó(p)tica* [do nervo óptico]. ~ *tá(c)til* (dos dedos). **2** Bot Pequeníssima saliência nas células vegetais «das pétalas da rosa».
papilar adj 2g (<papila + -ar²) Que tem papilas/Em forma de papila. **Comb.** Tumor [Edema] ~.
papilho s m Bot (<papo+-ilho) Apêndice de pelos ou escamas que coroa vários frutos e sementes.
papilionáceo[lionídeo], a adj Bot (<lat papílio,ónis: borboleta +...) **1** Relativo às Papilionáceas, que têm corola com cinco pétalas que lembra uma borboleta. ⇒ fabáceo; faseoláceo; leguminosas. **2** Relativo a borboleta.
papilionídeo, a adj Ent (<lat papílio,ónis: borboleta + -ídeo) Relativo à família de borboletas diurnas, grandes e coloridas.
papiloma (Lô) s m Med (<papil- + -oma) Hipertrofia ou tumor benigno das papilas. ⇒ verrugas; calos; pólipo; condiloma.
papiráceo [papíreo], a adj (<papiro+...) «folha do castanheiro» Semelhante ao papiro ou ao papel.
papirífero, a adj (<papiro + -i- + -fero) Diz-se da planta «amoreira» que serve para o fabrico do papel.
papiro s m Bot (<gr pápyros) **1** Erva aquática da família das Ciperáceas; Cyperus papyrus. **Ex.** Os antigos egípcios serviam-se do ~ para fazer folhas finas para escrever. **2** Rolo de ~ para escrever. **3** Manuscrito em ~. **Ex.** No Egi(p)to foram descobertos muitos ~s antigos.
papista s 2g (<Papa + -ista) **1** Partidário do papismo (Predomínio do Papa). **Idi.** *Ser mais ~ que o Papa* [Defender as ideias ou assuntos de outra pessoa mais que o próprio interessado] (Ex. Não queira [Você está a] ser mais ~ que o Papa!).
papo s m Ornit (<papar; ⇒ ~ *de anjo*) **1** Dilatação existente no esó[ô]fago das aves, onde se armazenam os alimentos antes de passarem ao estômago. **Prov.** *Grão a grão enche a galinha o ~* [Os pequenos contributos são os que contam [servem] para o bom resultado final]. **2** Dilatação no tubo digestivo dos inse(c)tos. **Idi.** *Em ~s* [*palpos*(+)] *de aranha* ⇒ palpo. **3** fig ⇒ inchaço(+) «nas costas». **4** fig Tufo ou refolho num vestido/Peitilho. **Comb.** ~ de renda. **5** fig fam Defeito volumoso do vestuário. **Ex.** O casaco faz um ~ [fole/saco] nas costas. **6** fig Estômago/Barriga. **Loc.**

Encher o ~ [Comer bem] «e depois fazer uma boa sesta». **Estar no ~** [Conseguir/Terminar/Vencer] (Ex. A etapa eliminatória «do campeonato de futebol» (já) está no ~; vamos agora à classificatória). **De ~ para o ar a)** (Deitado) de barriga para cima; **b)** «passar as férias/o dia» Sem trabalhar/A preguiçar/Ocioso. **Idi. Querer um no saco e outro no ~** [Querer «apanhar» tudo para si/Ser interesseiro/ambicioso/ganancioso/arrebanhador]. **7** col Br Conversa(dor)/Cavaqueira/Bate-~. **Loc. Bater (um) ~** [Ter uns dedos de conversa/Conversar/Cavaquear]. **Comb.** Br ~ furado [Conversa fiada (+)/mole/enganadora]. **8** ⇒ bazófia.

papo de anjo s m Cul Pequeno bolo de ovos moles e amêndoa moída e ensopado em calda de açúcar. Ex. O ~ é um doce que faz parte da doçaria tradicional da cidade portuguesa de Amarante.

papoi[ou]la s f Bot (<lat papáver,eris) **1** Nome vulgar extensivo a umas plantas herbáceas da família das Papaveráceas, de suco leitoso; Papaver somniferum/rhoeas. Ex. A ~ tem geralmente as pétalas vermelhas com manchas negras na base; é espontânea em Portugal. **2** Icti ⇒ leitão.

papo-seco (Sê) s m (<papo + -seco) **1** pop Pão pequeno de farinha de trigo fina/Carcaça/ Pãozinho/Biju. **2** ⇒ janota(+); peralta(o+).

paprica s f Cul (<húngaro paprika) Pó vermelho de pimentão-doce, us como tempero. ⇒ pimentão; colorau.

páp(p)us lat ⇒ papilho.

papua s/adj 2g Etn (mal puwa puwa: cabelo crespo) (Diz-se de) habitante ou língua da ilha de Papua-Nova Guiné, ilhas Salomão e Nova Bretanha.

papudo, a adj/s (<papo + -udo) **1** (O/A) que tem ou faz papo. **Comb.** Olhos ~s. **2** fig Br ⇒ fanfarrão; bravateiro; bazófias. **3** Br ⇒ bom conversador.

pápula s f (<lat pápula,ae) **1** Borbulha (+) ou mancha vermelha da pele. ⇒ impigem; espinha. **2** Protuberância nas folhas de certas plantas.

paquerar v t/int col Br (<paca + -ar¹) **1** Tentar namoro/idi Arrastar a asa a/Fazer a corte a. Ex. Carlos é um paquera(dor) que passa horas paquerando garotas na praia. **2** Ver ou espreitar com atenção/idi Namorar «as vitrines das lojas».

paquete (Quê) s m (<ing packet (-boat)) **1** ⇒ barco «transatlântico»/navio (+). **2** fig Mocinho de recados. **3** ⇒ canoa «do rio S. Francisco».

paquiderme (Dér) adj/s 2g Zool (<gr pakhýdermos: de pele espessa) (O) que tem pele muito grossa e rugosa. Ex. O elefante, o rinoceronte e o hipopótamo são ~s.

paquife s m (< ?) **1** Folhagem ornamental que sai do elmo e se espalha pelo escudo; us em heráldica. **2** Arquit Ornato arquite(c)tó[ô]nico de folhagem. **Sin.** Lambrequim. **3** fig ⇒ enfeite vistoso.

paquímetro s m (<gr pakhýs: espesso + -metro) Aparelho de precisão para medir espessuras e pequenas distâncias.

paquinha s f Ento (<paca + -inha) ⇒ ralo [grilo-toupeira].

Paquistão s m Geog Grande país asiático. Ex. A capital do ~ é Islamabad, a língua oficial é o urdu e os habitantes são paquistaneses.

par adj 2g/s m (<lat par,páris: igual, um conjunto de dois) **1** Igual/Semelhante/Parelho/Parceiro. Ex. Vou escolher um bom ~ para dançar. **Loc. Estar a ~ de** [Saber] (Ex. Está a ~ de tudo o que o seu filho fez? – Estou a(o) ~, estou). **Comb.** (~) **a ~** [Ao lado de/Lado a lado/Paralelamente] (Loc. Marchar [Caminhar] (~) a ~. **Comb.** Dois troncos «de cedro» deitados a ~ na estrada). **~ do reino** [Membro da Câmara Alta ou dos Procuradores]. **A ~ e passo** [Ao mesmo tempo/Continuamente/Sempre] (Ex. Acompanhei a realização do proje(c)to a ~ e passo). **Sem ~** [igual] (Ex. Eu tenho uma mãe sem ~). **2** Grupo ou conjunto de dois. Ex. Os pares (Homem e mulher) entraram de braço dado na grande sala [no salão] de dança. **Idi. Um ~ de** [Muitos] (Ex. Telefonei para a empresa um ~ de [muitas] vezes mas ninguém atendeu (o telefone). «a casa custou» Um ~ de [Muitos] euros. **Comb. Aos ~es** [Dois a dois/Em conjuntos [grupos] de dois] (Loc. Entrar na [Fazer] fila aos ~es). **De ~ em ~** [De uma vez/Completamente] (Loc. Abrir as janelas [o coração] de ~ em ~). **Um ~** [casal(+)] **de aves. Um ~ de** [Umas(+)] **calças. Um ~ de** [Duas(+)] **mesas. Um ~ de** [Uns(+)] **óculos. 3** Mat Diz-se do número que é divisível por dois: 4, 6, ... Ex. Nas cidades, os números pares (das casas) são de um lado e os ímpares são do outro. **Ant.** Ím~. **4** Econ Igual. **Comb.** «título de crédito; taxa de câmbio» Ao ~ [Que tem a cotação de mercado igual ao valor oficial].

para prep (< lat per: por + ad: a) **1** Dire(c)ção. Ex. A casa dá [está virada] ~ sul. A minha casa fica ~ lá daquele arranha-céus. Este comboio [trem] vai ~ Lisboa. Ela morava (lá) ~ os lados de Luanda. **2** Destino. Ex. Este presente [Isto] é ~ ti. (~) onde vai(s)? – Eu vou já ~ casa. Ele ontem partiu ~ o Japão. O meu filho foi ~ Lisboa (O uso de ~ em vez da prep a indicia uma permanência longa no local de destino; usando a prep a, pelo contrário, indica-se uma permanência breve: O meu filho foi a Lisboa «em breve está de volta»). Hoje vou telefonar aos [~ os] (meus) pais. **Loc. Andar ~ cá e ~ lá** «todo nervoso». **Ir ~ dentro** «de casa». **3** Fim. Ex. Saiu ~ ir ao médico. Lutou ~ (ser) presidente da empresa e conseguiu(-o). Ele é velho de mais ~ (exercer) cargo tão pesado. ~ que serve este obje(c)to? **Comb.** «papel» **Bom ~ escrever. Remédio bom ~** [contra] **a gripe. 4** Tempo. Ex. Temos batatas (suficientes) ~ todo o ano. A festa fica (adiada) ~ amanhã. ~ a [Na próxima] semana vou a Maputo. Agora são dez (minutos) ~ as nove (horas). **Loc. ~ já a)** Imediatamente (Ex. Quero a sua resposta ~ já !); **b)** Por enquanto [Até ver] (Ex. ~ já não quero ir). **~ sempre** [Indefinidamente/Eternamente] (Ex. «desde aquele dia ficámos» Amigos ~ sempre!). **5** Preço aproximado. Ex. Essa obra vai ~ [vai custar mais ou menos] dois milhões de euros. Na festa gastei ~ cima [gastei mais] de dez mil euros. **6** Perspe(c)tiva/Ideia. Ex. ~ a minha mulher eu sou (um) mau negociante, deixo-me enganar. ~ mim [A meu ver] Portugal vai ganhar o campeonato de futebol. **7** Relação/Proporção. Ex. Esta criança sabe muito ~ a (sua) idade. Dois está ~ quatro como cinco está ~ dez. ~ o trabalho que tive, o lucro foi pouco. **8** Resultado. Ex. ~ alegria de todos, ganhámos [, a vitória foi nossa]. Tanta preocupação ~ nada [e nada de mau aconteceu]. Esforcei-me tanto, ~ nada [, e o resultado viste-o/(foi) zero!]. **9** Que. Ex. Pedi ~ as pessoas não se atrasarem [Pedi que as pessoas não se atrasassem]. **10** Com. Ex. Ela é boa ~[com] toda a gente.

para-¹ pref (<gr pará: junto de) Significa **proximidade ou semelhança** (Ex. ~escolar); e também **oposição, exagero e defeito**.

para-² pref (<parar) Exprime a noção de **prote(c)ção** (Ex. ~-choques).

parábase s f Liter (<gr parábasis: digressão) Parte da antiga comédia grega em que o a(c)tor se dirigia aos espe(c)tadores para lhes expor os seus sentimentos e opiniões «políticas».

parabém s m (<para + bem) Só us no pl; ⇒ parabéns.

parabenizar v t Br (<parabéns + -izar) Expressar felicitações/Dar os parabéns (+). **Loc.** ~ o chefe.

parabéns s m pl (<para + bem) Felicitações/Congratulações/Palm(inh)as. Ex. Pedro, ~ pelo teu [seu] aniversário! **Loc. Cantar os ~** «depois de acender as velas do bolo». **Estar de** [Merecer] ~.

parabiose s f Biol (<para- + -bio- + -ose) União de dois organismos.

parablasto s m Biol (<para¹ + + -blasto) O mesoderma ou a parte do mesoblasto do embrião que dá origem aos vasos sanguíneos.

parábola s f (<gr parabolé: comparação) **1** Liter Narração alegórica que encerra algum preceito de moral ou verdade importante. **Comb. As ~s evangélicas** [do Evangelho/de Jesus]. **A ~ do bom samaritano. A ~ do filho pródigo. 2** Geom Curva plana cujos pontos distam igualmente de um ponto fixo chamado foco e de uma re(c)ta chamada dire(c)triz.

parabólica s f (<parábola 2 + -ica) Antena em forma de parábola que capta programas de televisão via satélite. Ex. Eu tenho uma ~.

parabólico, a adj (<parábola + ico) De parábola. **Comb. Ensino ~** [em/por (meio de) parábolas(+)] «de Jesus». **Antena ~. Curva ~.**

parabolismo s m (<parábola 2 + -ismo) Qualidade de parabólico. **Comb.** O ~ duma traje(c)tória.

parabolizar v int (<parábola + -izar) **1** Expor [Ensinar] em parábolas(+). **2** Dar forma de parábola **2.**

paraboloide (Lói) adj 2g/s Geom (< parábola 2 + -oide) **1** Que tem forma de parábola geométrica. **2** Superfície do segundo grau cujas se(c)ções re(c)tas são parábolas e elipses ou parábolas e hipérboles. **Comb.** ~ de revolução.

para-brisa(s) s m 2n [= pára-brisa(s)] (<para²- + ...) Vidro fixo na parte dianteira «do automóvel». Ex. O ~ protege o condutor do vento. ⇒ para-lamas.

paracentese s f Med (<gr parakentésis: punção no flanco) Punção de uma cavidade para tirar o líquido que lá se encontra acumulado.

para-choque(s) s m 2n [= pára-choques] (< para-+ ...) **1** Qualquer dispositivo para amortecer embates/choques. Ex. No choque em cadeia, o ~ da frente e de trás do meu carro ficaram a precisar de conserto. **Comb.** Os ~ das carruagens do comboio [trem]. **2** gross ⇒ seios; mamas.

paracleto (Clé) s m (<gr parakletos: defensor) **1** ⇒ Paráclito. **2** Fig Aquele que sugere a outrem o que há de responder «no exame». **Sin.** Espírito Santo de orelha (+).

Paráclito s m (<lat paraclitus: que vem em socorro, advogado) Espírito Santo (~)/Terceira Pessoa da Santíssima Trindade.

paracronismo s m (<para¹- + -cronismo) Erro de cronologia que consiste em colocar um acontecimento em data posterior àquela em que ele se realizou. **Sin.** Metacronismo. ⇒ anacronismo.

parada s f (<lat parátus,a,um <páro,áre: preparar) **1** A(c)to ou efeito de parar. Ex. Entre o Porto e Lisboa fizemos uma para-

gem [~] em Coimbra para almoçar. **Comb.** Paragem [~] cardíaca. **2** Lugar onde se toma um transporte/Paragem(o+)/Ponto(+). **Comb.** Paragem do autocarro [~/Ponto do ó[ô]nibus]. ⇒ estação. **3** Mil (Local do quartel para) formatura das tropas. **Ex.** As tropas aguardavam na ~ a ordem de partida. **Comb.** ~ militar. **4** Desfile(+)/Cortejo. **Ex.** Houve uma ~ dos alunos. **5** Coisa ou jogo difícil/Aposta(+). **Ex.** Subir o Everest é uma ~. **Loc.** Topar/Enfrentar a ~ [Aceitar o desafio]. **Comb.** Br ~ federal/indigesta [Coisa muito complicada].

paradei[dou]ro s m (<parada + -eiro) **1** Lugar onde alguma coisa foi parar. **Ex.** Não sei do ~ daquela rapariga, nunca tem ~ certo, ora está num lugar, ora está noutro. **2** Br Movimento no comércio.

paradigma s m (<gr parádeigma: modelo) **1** Modelo/Norma/Padrão. **Ex.** O padre Antó[ô]nio Vieira é um ~ da oratória. Ling O verbo "amar" serve de ~ à [aos verbos da] primeira conjugação. **2** Fil ⇒ arquétipo(+).

paradigmático, a adj (<gr paradeigmatikós: próprio para servir de exemplo) Que serve de paradigma/Típico/Exemplar. **Ex.** O estado de poluição do rio é um caso ~ dos problemas ambientais provocados pela industrialização.

paradiseídeo, a adj/s Ornit (<lat paradísus: paraíso+ –ídeo) (O) que pertence à família de pássaros dentirrostros, da Austrália e Nova Guiné, com lindas penas que formam grandes penachos, como a ave-do--paraíso.

paradisíaco, a adj (<lat paradisíacus: do paraíso) **1** Relativo ao paraíso terrestre, onde, segundo a Bíblia, Deus colocou Adão e Eva. **2** fig Aprazível/ Delicioso/Encantador. **Ex.** As quedas [cataratas(+)] do Iguaçu são um local ~. **Ant.** Infernal.

parado, a adj (<parar + -ado) **1** Sem movimento/Imóvel. **Ex.** O carro avariou [teve uma avaria] e eu fiquei ~ na estrada. **Idi.** Mal ~ [Próximo de não dar certo/Em perigo/A complicar-se] (Ex. Vejo este caso [negócio] mal ~). **Comb.** Carro mal ~ [estacionado]. **2** Sem animação/Inexpressivo/Fixo/Apático/Mortiço. **Comb.** Olhar ~ «das criancinhas com fome». Rosto ~ «do doente». **3** Sem uso/trabalho/ Desempregado. **Comb.** Fábrica ~a. Operário [Trabalhador] ~/desempregado. **4** Interrompido. **Comb.** Obra [Construção] ~a «por falta de dinheiro». **5** Estagnado. **Comb.** Comércio [Economia] ~o/a. **6** Passivo/Ina(c)tivo. **Ex.** Ele é muito ~. **7** Br ⇒ apreciador; apaixonado.

paradoxal (Csál) adj 2g (<paradoxo + -al) **1** Relativo a [Que envolve] paradoxo. **Ex.** "Eu não vim chamar os justos mas os pecadores" é uma palavra ~ de Jesus. **2** Contra a lógica e o senso comum/Ilógico/Contraditório. **Comb.** Indivíduo [Cará(c)ter/Espírito] ~. Comportamento ~ [estranho/surpreendente/incoerente].

paradoxalmente adv (<paradoxal + -mente) **1** Usando um paradoxo. **Ex.** Exprimiu-se [Falou] ~. **2** Ao contrário do que se esperava. **Ex.** ~ [Surpreendentemente], os lesados desistiram da queixa.

paradoxo (Dócso) s m (<gr parádoksos/on: estranho, «vitória» inesperada, extraordinário, contraditório) Afirmação enfática [forte/retórica] com palavras contraditórias. **Ex.** Digo mais quando me calo é um ~. ⇒ contradição; absurdo; contrassenso.

par(a)estatal adj 2g (<para¹- +...) Que não é parte da administração do Estado mas com ele colabora em serviços cole(c)tivos/públicos. **Comb.** Entidade [Empresa] ~.

parafasia s f Patol (<para¹- + -fasia) Distúrbio da linguagem em que se verifica o uso de palavras estranhas ao contexto, de que resulta a falta de sentido. ⇒ afasia.

parafernal adj 2g (<para¹- + gr pherné: dote) Não compreendido no dote da noiva. **Comb.** Bens ~ais.

parafernália s f (<lat paraphernalia <paraphérna,orum: enxoval [bens] que a noiva leva além do dote) **1** Conjunto de obje(c)tos de uso pessoal. **Sin.** Pertences; adornos; enfeites; malas. **2** Equipamento próprio de qualquer profissão ou a(c)tividade humana. **Ex.** Guardou a sua ~ de pesca(ria). **3** col ⇒ Grande variedade de coisas/Quinquilharia(+)/Tralha(+).

parafina s f Quím (<lat parum affinis: pouco afim; 1830) Substância sólida e branca, semelhante à cera, que é uma mistura de hidrocarbonetos saturados e us para fazer velas e tornar o papel impermeável. **Sin.** Alcano(+).

parafinar v t (<parafina + -ar¹) **1** Converter em parafina. **2** Untar [Impermeabilizar] com parafina. **Comb.** Papel parafinado [impregnado em parafina].

paráfise s f (<gr paráphisis, eós: excrescência) Elemento estéril, filamentoso que, em maior ou menor número, acompanha as células reprodutoras das plantas, especialmente os esporos dos fungos. ⇒ himé[ê]nio.

para-fogo s m [= pára-fogo] (<parar+fogo) Peça móvel que se coloca diante dos fogões para resguardar do calor dire(c)to do fogo. **Sin.** Guarda-fogo.

parafonia s f (<gr paraphóné,és: som lateral, repercussão de som) Mudança de voz por excitação ou idade. ⇒ afonia; para-.

paráfrase s f (<gr paráphrasis,eós: interpretação ou tradução livre quanto à forma) Reprodução de uma frase (ou texto) por outra geralmente mais extensa. **Comb.** A ~ de uma palavra de Jesus. A ~ de um salmo. ⇒ comentário; glosa; interpretação; paródia; tradução livre.

parafrasear v t (<paráfrase + -ear) Fazer a paráfrase/Desenvolver falando ou escrevendo.

parafrasta s 2g (gr paraphrastés: tradutor livre) Pessoa que faz paráfrases.

parafrástico, a adj (<gr paraphrastikós,é,ón: de comentário, explicativo) De paráfrase. **Comb.** Tradução ~a [livre(+)/desenvolvida/noutro estilo "poético"].

parafusador, ora adj/s (<parafusar + -dor) **1** Instrumento de parafusar. **Sin.** Chave de parafusos (+). **2** fig (O/A) que indaga ou esquadrinha. **Sin.** Coca-bichinhos; niquento; cismático.

parafusar v t/int (<parafuso + -ar) **1** Apertar/Fixar «uma tábua» por meio de parafuso/Atarraxar/ Aparafusar. **2** fig Cogitar/Matutar «no caso»/Cismar/Meditar.

parafuso s m (<para- + fuso) **1** Peça cilíndrica ou có[ô]nica, roscada, para fixar duas peças. **Idi.** Ter um ~ frouxo/ um ~ a menos a/Faltar um ~ [Ter falta de senso] (Ex. «não se admire/zangue» Ele tem um ~ a menos [É um pouco tolo]). **Comb.** ~ de Arquimedes [Dispositivo dotado de superfície helicoidal us para elevar líquidos/Bomba]. ~ de fenda(s) [que funciona por rotação e pressão]. ~ de [com] porca [que gira noutra peça]. ~ micrométrico [Instrumento de precisão us para medidas de pequenas deslocações lineares, constituído essencialmente por um ~ de passo (Avanço com uma volta) muito pequeno e por um tambor ou limbo graduado]. ~ sem fim [Dispositivo constituído por um ~ e uma roda dentada, engrenados entre si]. Cha-

ve de ~s [Instrumento para aparafusar]. ⇒ rosca; tarraxa; porca. **2** fig Acrobacia de aeronave de descida em espiral. **3** Br ⇒ molinete; frevo.

paragem s f (<parar + -agem) **1** A(c)to de parar/Cessação de movimento. **Ex.** Um problema mecânico provocou a ~ do metro[ô]. **Comb.** ~ cardíaca [do coração]. ⇒ pausa; interrupção; intervalo. **2** Lugar para parar/Estação. **Comb.** ~ de autocarro [Parada/Ponto de ó[ô]nibus]. **3** pl Bandas/Terras. **Ex.** É a primeira vez que anda por estas ~ns?

paragénese [Br **paragênese**] s f Miner (<gr paragénesis,eos: vinda, presença) Associação de minerais originados pelo mesmo processo genético.

paragoge (Gó) s f Gram (<gr paragogé,és: a(c)ção de trazer/acrescentar) Adição de um som ou sílaba não etimológicos no fim de uma palavra/Epítese. ⇒ paragógico.

paragógico, a adj (<paragoge + -ico) Diz--se do som ou sílaba que se juntou no fim de uma palavra. **Ex.** O s de antes e de quites é ~.

paragonar v t (<it paragonare: confrontar) ⇒ comparar; assemelhar; cotejar; combinar.

parágrafo s m (<gr parágraphos,ou: escrito ao lado, sinal «gama maiúsculo» para marcar as diversas partes do coro (Na tragédia) ou da parábase (Na comédia)) Um ou mais períodos com ligação que tratam do mesmo assunto/Pequena divisão de um discurso (Sinal gráfico dessa divisão: §). **Loc.** «ao ditar um texto o professor vai dizendo» Abrir ~ [Nova linha]! **Comb.** ~ único «de um artigo do Tratado/ da Constituição». **Sin.** Alínea. ⇒ item «de exposição/de contrato»; artigo «da Constituição».

Paraguai s m Geog (República d)o ~. **Ex.** A capital do ~ é Assunção e os habitantes, paraguaios, falam o espanhol e o guarani.

paraíso s m (<lat paradísus: quintal junto à casa <gr parádeisos: jardim, parque dos nobres e reis persas <persa paridaeza: recinto circular <hebr pardês: pomar) **1** Lugar/Jardim de delícias onde Deus colocou Adão e Eva. **Sin.** Éden; Paraíso terreal. **2** Morada dos anjos e dos bem-aventurados/Céu(+). **3** fig Lugar delicioso/Situação agradável. **Ex.** A vida nesta casa [aldeia] é o ~ na terra/é um ~! **Comb.** ~ fiscal [Lugar onde não se pagam impostos].

paralalia s f Med (<para¹- + -lalia) Distúrbio da fala. ⇒ gaguez.

para-lama(s) s m pl [= pára-lama(s)] (<parar + lama) Dispositivo que cobre a roda dos veículos para proteger o condutor e o próprio veículo dos salpicos de lama. **Sin.** Guarda-lama(s). ⇒ para-brisa(s).

paralático [Br **paralá(c)tico** (dg)] [**paraláxico**], **a** adj [= paraláctico] (<gr parallaktikós) Diz-se de paralaxe. **Comb.** Ângulo ~.

paralaxe (Lácsse) s f Astr (<gr parállaksis,eós: a(c)ção de alternar, movimento alternativo) Ângulo formado por duas re(c)tas que, partindo do centro de um astro, vão ter, uma ao centro da Terra, outra ao ponto do observador, e por meio do qual se mede a distância entre esse astro e a Terra. **Comb.** Erro de ~ **a)** Deslocamento aparente de um corpo devido à mudança de posição do observador; **b)** Fot Falseamento do obje(c)tivo em curtas distâncias por causa do ângulo formado pelos eixos ó(p)ticos da obje(c)tiva e do visor.

paraldeído s m Quím (<para¹- + aldeído) Polímero de um aldeído, em especial o

trímero do aldeído acético empregado em medicina como hipnótico/sedativo.

paralela (Lé) *s f* (<paralelo) **1** Linha ou superfície que tem todos os seus pontos equidistantes de outra (linha ou superfície). **2** *pl (D)esp* Aparelho de ginástica constituído por duas barras horizontais em suporte vertical. **Sin.** Barras ~s.

paralelamente *adv* (<paralelo + -mente) **1** Ao lado/A par. **Ex.** Ali, o rio corre ~ [paralelo] à estrada. **2** Ao mesmo tempo(+)/Também/Simultaneamente. **Ex.** Estuda e ~ ajuda os pais na administração da empresa.

paralelepípedo *s m* (<gr *parallélepípedon, ou*: corpo formado de seis paralelogramos) **1** *Geom* Hexaedro cujas (seis) faces são paralelogramos. **Comb.** ~ *oblíquo* [que tem faces oblíquas]. ~ *re(c)to* [cujas faces adjacentes são perpendiculares à base]. ~ *re(c)tângulo* [cujas faces são re(c)tângulos]. **2** Bloco de pedra com forma de ~ para calcetar ruas.

paralelinérveo, a *adj Bot* (<paralelo + nérveo) Diz-se da folha que tem as nervuras quase paralelas no limbo e unidas no ápice.

paralelismo *s m* (<paralelo + -ismo) **1** Estado do que é paralelo/Relação mútua/Correspondência. **Comb.** *O ~ dos carris da ferrovia*. *O ~ de* [entre] *duas teorias/opiniões*. *O ~ psicofísico* [entre o desenvolvimento psicológico e físico «da criança»]. ⇒ analogia; semelhança; igualdade. **2** Comparação.

paralelizar *v t/int* (<paralelo + -izar) **1** Tornar paralelo. **Loc.** ~ duas avenidas. **2** *fig* Seguir paralelamente/Conjugar-se em esforço comum. **Loc.** ~ politicamente [em questões políticas] «com outro deputado/congressista».

paralelo, a (Lé) *adj/s* (<gr *parállelos,os,on*: paralelo, ao lado um do outro) **1** *Geom* Diz-se de duas re(c)tas que não se cruzam/cortam. **Loc.** Traçar uma «à base do triângulo». **Comb.** ~as assimétricas. Curvas ~as. **2** *Geog* Círculo imaginário e menor que o equador da esfera terrestre cujo plano é perpendicular ao eixo da Terra. **Comb.** ~*o [Círculo] de latitude. O ~ 38* «que ainda divide as duas Coreias». ⇒ meridiano. **3** Comparação. **Ex.** Fez um ~ [paralelismo] entre os dois discursos [livros/filhos]. **4** Simultâneo. **Comb.** *Mercado ~* [negro/concorrente]. *Trabalho [A(c)tividade] ~o/a*.

paralelogramo *s m Geom* (<gr *parallélográmmon*: espaço [escrito] entre quatro linhas paralelas) Quadrilátero plano que tem os lados opostos paralelos e geometricamente iguais. **Ex.** O re(c)tângulo é um ~ com ângulos re(c)tos.

paralipómenos [*Br* **paralipômenos**] *s m pl Bíb* (<gr *paraleipómena*: acontecimentos omitidos nos livros dos Reis) **1** Suplemento ao Livro dos Reis do Antigo Testamento. **2** Aditamento em qualquer obra literária. ⇒ anexo; suplemento.

paralipse *s f Ling* (<gr *paráleipsis,eós*: preterição, omissão) Figura de retórica pela qual o orador ou o poeta finge não querer falar de uma coisa em que, no entanto, vai falando. **Ex.** *Não vou falar do seu sentido de responsabilidade, mas as suas faltas ao trabalho [serviço] são injustificáveis é uma ~*. **Sin.** Preterição.

paralisação *s f* (<paralisar + -ção) **1** A(c)to ou efeito de ficar paralisado/paralítico. **2** *fig* Paragem/Interrupção. **Comb.** A ~ do trânsito.

paralisar *v t/int* (<paralisia + -ar¹) **1** Tornar paralítico. **Ex.** A trombose paralisou-lhe (todo) o lado esquerdo (do corpo). **2** Deixar sem a(c)ção. **Ex.** O medo paralisou o pobre rapaz. **Comb.** Mãos [Pernas] paralisadas com o frio. **3** Interromper/Parar/Neutralizar. **Ex.** O ataque da aviação paralisou o avanço da infantaria. A greve paralisou o metro[ô]. Por falta de verba(s), as obras pararam [estão paralisadas].

paralisia [parálise] *s f Med* (<gr *parálysis, eos*: relaxamento, fraqueza) **1** Perda da capacidade de movimento voluntário de um músculo. **Comb.** ~ *geral* [Doença mental ligada a lesões do encéfalo provocadas pela sífilis]. ~ *infantil* ⇒ poliomielite. ⇒ diplegia; paraplegia. **2** Impossibilidade total de agir/Impotência. **Ex.** A ~ dos responsáveis levou a empresa à falência. **3** Marasmo/Entorpecimento. **Comb.** A ~ do país depois da guerra.

paralítico, a *adj/s* (<gr *paralytikós,é,ón*) (O/A) que é atacado/a de paralisia. **Comb.** Um ~ em cadeira de rodas. ⇒ paraplégico.

paralogismo *s m* (<gr *paralogismós,oú*: falso raciocínio, argumentação capciosa) Erro de raciocínio (cometido de boa-fé) «dos doentes mentais». ⇒ lógico; silogismo.

paramagnético, a *adj Fís* (<para¹- + magnético) Diz-se de uma substância que é atraída como o ferro mas de uma forma mais fraca.

paramagnetismo *s m Fís* (<para¹- + magnetismo) Propriedade que têm certas [algumas/determinadas] substâncias de serem atraídas como o ferro, mas de forma mais fraca.

paramécia/o *s Zool* (<gr *paramékés*: oblongo) Protozoário ciliado da família dos Paramecídeos, comum nas águas doces estagnadas.

paramédico, a *adj/s* (<para¹- + médico) **1** Indivíduo que exerce a sua profissão no campo da (para)medicina, mas que não é médico. **Ex.** No hospital temos muitos ~s, sobretudo fisioterapeutas e técnicos de radiologia. **2** *adj* Relativo a paramedicina. **Ex.** Funcionários ~s foram contratados para atender áreas rurais. **Comb.** A(c)tividades ~as.

paramentar *v t* (<paramento + -ar¹) **1** Pôr os [Vestir-se com] paramentos/ Revestir(-se). **Ex.** O sacerdote já está paramentado para (celebrar) a eucaristia/missa. **2** ⇒ enfeitar; (ad)ornar.

paramento *s m* (<lat *paraméntum,i*: preparativo, ornato) **1** Veste litúrgica/sacerdotal/sagrada/sacra «do altar». **2** *Arquit* Superfície exterior [à vista] de um elemento construtivo «pedra/madeira/parede». ⇒ ornamento; enfeite; adorno.

paramétrico, a *adj* (<parâmetro+-ico) Relativo a parâmetro/Que serve de padrão. **Comb.** Equação ~a.

paramétrio *s m Anat* (<para¹- + gr *métra*: útero) Tecido que envolve o útero e lhe serve de meio de fixação.

parametrite *s f Med* (<paramétrio + -ite) Inflamação do paramétrio.

parâmetro *s m* (<gr *parametréo*: medir uma coisa por outra) **1** Princípio, padrão, referência ou norma a ter em conta na estruturação [solução] de um problema. **2** *Mat* «letra» Variável que, funcionando como constante arbitrária, faz depender dos seus valores o conjunto das soluções. **Comb.** ~ *de uma parábola*. **3** Elemento/Ponto/Cara(c)terística. **Ex.** A interpretação de uma mensagem depende de vários ~s: o emissor, o rece(p)tor, os meios de expressão, etc.

paramilitar *adj 2g* (<para¹- + ...) Que tem uma organização semelhante à do exército, sobretudo na hierarquia e (na) disciplina.

paramiloidose *s f* (<para¹- + amiloide + -ose) Doença hereditária crónica e progressiva, em que há paralisia e deformação dos membros superiores e inferiores e lesões degenerativas em alguns tecidos e órgãos/*fam* Doença dos pezinhos(É).

paramnésia *s f* (<para¹- + gr *mnésis*: memória + -ia) Distúrbio da memória que consiste na deformação ou invenção de recordações, havendo várias formas de manifestar-se, como a fabulação, os erros na localização no tempo, o falso reconhecimento, ... **Ex.** Reconhecer como vivência sua passada algo que experimenta pela primeira vez é um sinal de ~.

páramo *s m* (<lat *páramus*: planalto deserto) **1** Terreno raso, desabrigado, ermo/Planalto deserto. **2** Campo situado nas altas montanhas da América do Sul «Andes», entre o limite superior da floresta e a zona das neves perpétuas. **3** Abóbada celeste/Céu/Firmamento. **4** Ponto mais alto/Cume.

parança *s f* (<parar + -ança) **1** A(c)to de parar, de deixar de mover-se. **Ex.** O miúdo não tem ~ [sossego(+)], é muito irrequieto. **2** Descanso/Pausa/Folga. **Ex.** Em algumas épocas do ano o agricultor não tem ~. **3** Demora/Delonga.

parangona *s f* (<esp *parangona*) **1** Tipo de cara(c)teres de impressão de corpo grande, muito usado em anúncios e cartazes. **2** Notícia de jornal em cara(c)teres grandes e em lugar de relevo/Manchete. **Ex.** O crime hediondo apareceu em ~s em vários jornais.

paraninfar *v t* (<paraninfo + -ar¹) Servir de padrinho ou madrinha em cerimó[ô]nias, como ba(p)tismo, casamento, doutoramento, duelo, ...

paraninfo, a *s* (<gr *paránymphos* <*pará*: junto de + *nýmphe*: noiva) **1** Pessoa que apadrinha ou serve de testemunha num casamento. **2** Padrinho(+) ou madrinha(+) em ba(p)tizado. **3** Prote(c)tor. **4** *Hist* Entre os antigos gregos, amigo do noivo que ia com ele buscar a noiva.

paranoia (Nói) *s f Psiq* (<gr *paranóia*) **1** Perturbação mental progressiva que se manifesta por delírios de megalomania, perseguição, ciúmes, ... **2** Ideia fixa sem fundamento/Obsessão/Mania. **Loc.** Entrar em ~ [Perder o sentido da realidade/Deixar-se levar por ilusões].

paranoico, a (Nói) *adj/s* (<paranoia + -ico) **1** Relativo a paranoia. **Comb.** Comportamento ~. **2** (Pessoa) que sofre de perturbação mental/que manifesta medos infundados ou desconfiança em relação a outrem/Maníaco. **Ex.** O ~ vive atormentado pelos temores que são produto da sua imaginação.

paranoide (Nói) *adj 2g* (<paranoia + -oide) Relativo à [Que faz lembrar a] paranoia.

paranormal *adj/s 2g* (<para¹- + ...) **1** Diz-se de um fenó[ô]meno para o qual não se tem explicação científica, parecendo estar fora da normalidade. **2** *s m* Conjunto desses fenó[ô]menos. **Ex.** O ~ faz-nos tomar consciência das limitações humanas. **3** (Diz-se de) pessoa que revela qualidades ou capacidades extraordinárias [muito especiais], sobretudo psíquicas, que causam admiração geral. ⇒ sobredotado; gé[ê]nio.

Paraolimpíadas *s f pl (D)esp* (<para¹- + ...) Competição internacional com estrutura semelhante à dos Jogos Olímpicos, que se realiza a seguir a estes na mesma cidade, sendo destinada a atletas portadores de deficiência. **Ex.** Portugal tem conseguido bons resultados nas ~.

paraolímpico, a *adj/s* (<para- + ...) **1** Relativo às Paraolimpíadas. **2** (Diz-se de) atleta deficiente participante nessa competição internacional.

parapeito *s m* (<it *parapetto* <lat medieval *parapectus*) **1** *Mil* Muro ou talude que protege do fogo (do) inimigo os defensores de uma fortificação, sem os impedir de disparar. **Ex.** O ~ da ponte impede que alguém caia daí. **3** Peitoril(+) de janela. **Ex.** Debruçada sobre o ~ da janela, a moça gostava de ver o movimento da rua.

parapente (Pá) *s m* (<fr *parapente*) **1** Aparelho (d)esportivo semelhante a um misto de asa-delta e paraquedas, concebido para ser lançado no ar de um ponto alto e descer planando. **2** *(D)esp* praticado com este aparelho, saltando de um ponto alto e escarpado do solo.

paraplegia *s f* (<gr *paraplegía*: paralisia parcial) Paralisia dos membros inferiores, devido a lesão da espinal-medula [da medula espin(h)al].

paraplégico, a *adj/s* (<gr *paraplegikós*) Relativo a [Vítima de] paraplegia. ⇒ paralítico.

parapsicologia *s f* (<para- + ...) Ramo da Psicologia que estuda fenó[ô]menos paranormais que parecem ser de natureza psíquica, como a telepatia, a transmissão de pensamento, a precognição, a telecinesia... **Ex.** A ~ trata de fenó[ô]menos que parecem transcender as leis da natureza.

parapsicológico, a *adj* (<parapsicologia + -ico) Relativo à parapsicologia.

parapsicólogo, a *s* (<para¹- + ...) Pessoa que pratica parapsicologia.

paraquedas (Pàqué) *s m sing e pl* [= pára-quedas] (<para²- + ...) **1** Aparelho em forma de guarda-chuva, com cabos que suspendem uma pessoa ou uma carga lançados de grande altura a partir de avião ou helicóptero, diminuindo-lhes a velocidade da queda. **Ex.** No festival aéreo aguardávamos com ansiedade a abertura dos ~. **Idi.** *Cair (ali) de ~* **a)** Aparecer de forma inesperada; **b)** Ir para uma a(c)tividade sem a mínima habilitação para tal. **2** *Aer* Equipamento semelhante a **1**, para diminuir a velocidade de aterragem de aviões. **3** Dispositivo do elevador que garante o bloqueio da cabine no caso de o cabo se partir.

paraquedismo (Pà) *s m* [= pára-quedismo] (<para²- + quedas + -ismo) *Aer/(D)esp* Treino continuado do salto de paraquedas de um avião ou helicóptero para fins militares ou (d)esportivos/Técnica de salto em paraquedas.

paraquedista (Pà) *adj/s* [= pára-quedista] (<paraquedas + -ista) **1** *Mil* Militar de unidade especializada em saltos de paraquedas. **2** *(D)esp* Praticante de paraquedismo. **3** *col* (Diz-se de) pessoa que se propôs desenvolver uma a(c)tividade sem a conveniente preparação [habilitação]. ⇒ paraquedas **1 Idi.**. **4** *col* (Diz-se de) pessoa que, sem ser conhecida ou convidada, aparece num [vai a um] evento social.

parar *v t/int* (<lat *páro, áre, átum*: preparar) **1** (Fazer) cessar o movimento, a marcha, a deslocação. **Ex.** A polícia mandou-nos ~ «o carro». O comboio [trem] parou na estação. Fomos dar um passeio e parámos para tomar café. **Comb.** *col* «mulher/moça» De fazer ~ o trânsito [Muito elegante/vistosa/esbelta]. **2** Fazer uma paragem momentânea. **Ex.** O autocarro expresso para em poucas localidades. **3** Terminar/Cessar um processo. **Ex.** Parou agora de chover [Cessou a chuva]. Felizmente a febre parou/passou. **4** (Fazer) deixar de funcionar/*col* trabalhar. **Ex.** Esqueci-me de dar corda ao relógio e ele parou. Parei/Desliguei (a música d)o rádio para me concentrar. **5** Interromper a a(c)tividade de. **Ex.** A greve geral praticamente parou o país. **6** Suster/Deter/Travar. **Ex.** É preciso ~ esta onda de crimes que trazem a população amedrontada. Temos de ~ a indisciplina nas salas de aula. **7** Não deixar concretizar/Impedir de fazer. **Ex.** É preciso ~ a construção das duas enormes torres nesta zona. **8** Aparar/Suster. **Ex.** Com grande destreza conseguiu ~ o golpe inimigo. **9** Deixar de progredir, de avançar no desenvolvimento. **Ex.** Esta é uma terra [localidade] que parou na década de (19)90, está em notória decadência. **10** (Deixar-se) estar em determinado lugar/Permanecer. **Ex.** Ele para muito por aqui. Não sei onde param ao meus óculos. **11** Ir ter a [Ir até] um destino «não desejado». **Ex.** Na última viagem de avião, as nossas malas perderam-se e foram ~ a Roma. **12** Atingir um elevado grau (de gravidade). **Ex.** Onde é que esta crise irá ~?

para-raios (Pà) *s m* [= pára-raios] (<parar + raio) **1** Aparelho formado por uma haste, com a ponta de cobre ou platina e uma ligação à terra, que se instala em lugares altos ou no topo de edifícios para proteger de descargas elé(c)tricas da atmosfera quando há trovoada [quando caem raios]. **2** *fig* Pessoa que, num conflito, se interpõe entre os litigantes para os apaziguar.

parasita *s/adj 2g* (<gr *parásitos*: comensal; ⇒ parasito) **1** *Biol* (Diz-se de) um organismo «animal, planta» que vive noutro de espécie diferente e dele se alimenta, podendo causar-lhe danos. **Ex.** A carraça é um ~ do homem e de outros animais, podendo transmitir doenças. **2** *depr* (Diz-se de) pessoa que, sendo apta para trabalhar, não o quer fazer e vive à custa de outrem. **Ex.** Os ~s são um peso para as famílias e para a sociedade. **3** *s m pl* Diz-se de ruídos que perturbam a rece(p)ção de sinais radioelé(c)tricos «de rádio, televisão».

parasitagem *s f* (<parasita/o + -agem) **1** Conjunto de parasitas. **2** Vida de parasita/Parasitismo.

parasitar *v int/t* (<lat *parasítor, ári*: viver como parasita) **1** Levar [Ter] vida de parasita/Viver do esforço de outrem/Explorar. **2** «um ser vivo» Alimentar-se de outro de diferente espécie, do qual é hóspede. **3** Perturbar a rece(p)ção de sinal radioelé(c)trico.

parasitário, a *adj* (<parasita/o + -ário) **1** Relativo a [Próprio de] parasita. **2** «pessoa» Que, podendo trabalhar, vive à custa de outro. **Ant.** Autó[ô]nomo; independente. **3** Causado por parasita(s). **Comb.** Doença ~a.

parasiticida *adj 2g/s m* (<parasita/o + -cida) (Diz-se de) substância que mata parasitas. ⇒ inse(c)ticida.

parasítico, a *adj* (<parasita/o + -ico) Relativo a [Causado por] parasitas.

parasitismo *s m* (<parasita/o + -ismo) **1** *Biol* Associação de dois seres de espécies diferentes em que um, o parasita, vivendo à superfície ou no interior do outro, o hospedeiro, retira deste o alimento, podendo ainda causar-lhe danos. **Ex.** A proliferação de piolhos na cabeça das crianças é um exemplo raro de ~. **2** *fig* Qualidade/Condição/Hábitos do que, podendo trabalhar, vive à custa de outro/Tendência para ter este modo de vida. **Ex.** O ~ deve ser combatido pela sociedade. **3** *Med* Doença causada por parasitas.

parasito, a *s/adj Br* **1** ⇒ parasita(+). **2** *Ornit* ⇒ chupim.

parasitologia *s f* (<parasita/o + -logia) Ciência que estuda os parasitas e as doenças que podem provocar.

parasitose *s f* (<parasita/o + -ose) Afe(c)ção provocada no hospedeiro por parasitas, podendo tomar [ter] a forma de infe(c)ção ou infestação.

para-sol (Pà) *s m* [= pára-sol] (<parar + sol) **1** ⇒ guarda-sol. **2** Acessório para proteger a obje(c)tiva de máquinas fotográficas ou cinematográficas da luz muito intensa.

parassimpático, a *adj 2g/s m Anat* (<para- + ...) **1** A parte do sistema nervoso vegetativo que, de forma inconsciente, regula o repouso do organismo, retardando o ritmo cardíaco, e estimula o sistema digestivo. **2** Relativo a essa parte do sistema nervoso vegetativo.

parassíntese *s f Gram* (<para¹- + ...) Processo morfológico de formação de palavras em que há recurso simultâneo a prefixo e sufixo. **Ex.** O termo *desmembrar* é um exemplo de ~, resultando da adição do prefixo *des-* e do suf verbal *–ar* ao lexema *membro*.

parassintético, a *adj* (para¹- + ...) Relativo a [«termo/palavra» Que se forma por] parassíntese.

parataxe (Tácse) *s f Gram* (<gr *parátaxis*: linha de batalha) **1** Disposição de orações de um período em que não há uma conjunção a ligá-las. **Ex.** Há ~ no período *Entrei na sala, dirigi-me para o meu lugar, sentei-me*. **2** Formação de palavra composta, unindo dois termos através de hífen (-)/Justaposição. **Ex.** Bolo-rei; guarda-portão [Porteiro].

paratifo *s m Med* (<para¹- + ...) Febre paratifoide [semelhante ao tifo mas mais benigna].

paratir(e)oide (Ói) *adj 2g/s f Anat* (<para¹- + tir(e)oide) (Diz-se de) cada uma das quatro glândulas endócrinas que segregam a hormona que regula o metabolismo do cálcio e do fósforo, situadas junto à tir(e)oide.

parável *adj 2g* (<parar + -vel) Que se pode parar (facilmente).

para-vento (Pà) *s m* [= pára-vento] (<parar + ...) **1** ⇒ guarda-vento. **2** Estrutura desdobrável em forma de biombo, formado por pano ou plástico assente em estacas, para proteger do vento, sobretudo em praias.

parazoário, a *adj/s m* (<para¹- + -zoário) (Diz-se de) animal ou grupo de animais invertebrados pluricelulares desprovidos de cavidade digestiva. **Ex.** As esponjas são ~s.

parca¹ *s f* (<ing *parka*) Casaco de cabedal ou de tecido impermeável, geralmente com capuz, para proteger do frio e da chuva.

parca² *s f maiúsc Mit* (<lat *parca*: destino) **1** Na mitologia clássica, cada uma das três deusas (Cloto, Láquesis e Átropo) que determinavam o destino de cada homem, desde o nascimento até à morte. **2** *fig* Morte.

parcamente *adv* (<parco + -mente) Pouco/Moderadamente.

parceiro, a *adj/s* (<lat *partiárius*: que tem uma parte <*pars, artis*; ⇒ par) **1** Semelhante/Igual/Par. **2** Pessoa ou entidade com que se partilha alguma coisa de interesse comum/Sócio. **Ex.** Eles são habitualmente ~s no jogo das cartas. Ela era a ~ ideal para ele na dança. **Comb.** ~s sociais [Representantes do patronato e dos sindicatos que, com o governo, participam na negociação de acordos. **3** País/Empresa/Organização que com outro(s) tem relações econó[ô]micas ou de outra natureza, com benefício mútuo. **Ex.** Para melhorar a sua produtividade, a companhia de aviação procura um ~ estratégico. **4** Que faz par com/Companheiro. **5** Pessoa com que se tem uma relação sexual. **Ex.** A pluralidade de ~s favorece a propagação de doenças infe(c)ciosas.

parcel (Cél) *s m* (<esp *parcel*) **1** Leito pouco profundo do mar, com pequeno declive, a partir da costa. **Ex.** Com a maré baixa, nessa praia o ~ fica a descoberto numa grande extensão. **2** Escolho/Recife/Baixio(+)/Rochedo.

parcela (Cé) *s f* (<lat pop *particella*, por *partícula*, dim de *pars, pártis*: parte) **1** Parte de alguma coisa/Fra(c)ção de um todo. **Ex.** A ~ que lhe coube nessa herança foram uns terrenos urbanizáveis [para urbanização]. **2** *Agric* Cada parte em que se divide uma terra de cultivo. **Ex.** No quintal, a ~ das hortaliças é a maior. **3** *Mat* Cada um dos números que se adicionam para chegar à soma. **Ex.** Um dos exercícios a fazer é uma soma com três ~s «11+9+7= 27».

parcelamento *s m* (<parcelar² + -mento) **1** Divisão em porções/quantidades menores, em parcelas. **2** Divisão do solo em áreas mais pequenas. **Ex.** O loteamento urbanístico é uma forma de ~. **3** *Agric* Divisão do terreno de cultivo em partes. **Ex.** Tem-se procurado evitar o ~ da propriedade agrícola entre os herdeiros, porque impede a rentabilidade da sua exploração. **Ant.** Emparcelamento.

parcelar¹ *adj 2g* (<parcela + -ar²) **1** Dividido em [Que se faz por] partes/parcelas. **Ex.** O pagamento ~ [em prestações] da dívida era mais fácil para ele. **2** Que respeita [diz respeito] apenas a parte de um todo/Que não considera a totalidade. **Ex.** Essa é apenas uma perspe(c)tiva muito ~ [limitada/restrita] da questão.

parcelar² *v t* (<parcela + -ar¹) Dividir em partes/parcelas. **Ex.** Combinaram ~ o pagamento da dívida em quatro prestações.

parceria *s f* (<parceiro + -ia) **1** União de pessoas/entidades para prossecução de um obje(c)tivo comum. **Ex.** Para reunir [ter] melhores condições de investigação nesse campo, estabeleceu-se uma ~ entre as duas universidades. **2** Associação de pessoas para desenvolver interesses comuns, como a repartição de lucros na proporção que acordem [combinem] entre si. **Loc.** De ~ com [De sociedade com] (Ex. Iniciou o negócio de ~ com o cunhado).

parcha *s f* (< ?) Casulo de bicho-da-seda em que este morreu doente.

parche/o *s m* (<fr *parche* <lat *párthicum*: «couro» usado pelos Partos (Ásia Menor)) Pano ou pedaço de algodão embebido em líquido antisséptico que se aplica sobre uma ferida ou inflamação como penso/Emplastro(+).

parcial *adj 2g* (<lat *partiális, e*) **1** Que é parte de um todo. **Ex.** Na empresa a mãe trabalha a tempo ~. **2** Que afe(c)ta [Que é relativo a] uma parte de alguma coisa. **Ex.** Hoje vai ocorrer um eclipse ~ da Lua. **3** Que se realiza por partes/Parcelar. **Ex.** A dívida pode ser saldada em pagamentos ~ais. **4** Que toma decisões de forma não equitativa/Que favorece uma parte em detrimento de outra(s)/Que toma partido/Fa(c)cioso. **Ex.** Criticaram o árbitro acusando-o de ter sido ~.

parcialidade *s f* (<parcial + -idade) **1** Qualidade do que toma partido por uma das partes, favorecendo-a em prejuízo de outra(s). **2** Falta de isenção/neutralidade no a(c)to de julgar/Injustiça. **Ex.** A aparente ~ do árbitro provocou a revolta da assistência. **Ant.** Imparcialidade.

parcialmente *adv* (<parcial + -mente) Em parte/Não totalmente. **Ex.** O muro ficou ~ destruído.

parcimónia [*Br* **parcimônia**] *s f* (<lat *parcimónia*) **1** Qualidade do que é parco/poupado/econó[ô]mico. **Ex.** Louvou a sua ~ nos gastos relativamente ao que é dispensável. **2** Frugalidade/Moderação/Sobriedade.

parcimonioso, a (Ô, Ósa/os) *adj* (<parcimó[ô]nia + -oso) **1** Que usa de parcimónia/Que procura gastar pouco/Que economiza. **Ant.** Pródigo/Esbanjador. **2** Que é moderado/parco/sóbrio/frugal. **Ex.** Pareceu-me ~ no uso dos recursos de que dispõe.

parco, a *adj* (<lat *párcus*: poupado) **1** Que economiza/Que gasta pouco/Poupado. **2** Que é moderado/comedido nos gastos, na alimentação/Frugal/Sóbrio. **3** Pouco abundante/Escasso/Diminuto/Reduzido/Modesto. **Ex.** O almoço foi ~ mas apetitoso/saboroso. Na aldeia há ~s recursos, mas importa explorá-los e valorizá-los. ⇒ parca 1/2.

parcómetro [*Br* **parcômetro**] *s m* (<parque + -metro) ⇒ parquímetro.

parda *s f* (<pardo) **1** *Bot* ⇒ farroba. **2** *Bot* ⇒ lentilha. ⇒ pardo.

pardacento, a *adj* (<pardo + -aço + -ento) De cor acinzentada, a tender para o pardo.

pardal, pardaleja [**pardaloca/pardoca**] *s m Ornit* (<gr *párdalos*) **1** Nome comum a várias espécies de aves pequenas da família dos passerídeos, de cor parda, muito irrequietas, que fazem os ninhos em buracos de muros ou paredes, em orifícios de telhados, ..., sendo a ave mais comum em Portugal e no mundo inteiro; *Passer domesticus*. **Ex.** Na praia, o miúdo gostava de partilhar as bolachas com os pardais que vinham à sua beira. **Prov.** *O primeiro milho é dos pardais* a) Há que [Deve-se] contar com perdas «num jogo de cartas, de futebol» que não se podem evitar/Não vale a pena lastimar o que não tem remédio; b) Um começo desfavorável não é motivo para desanimar, *col* melhores dias virão! **2** *pop* Indivíduo esperto/vivo/astuto. **Ex.** O meu vizinho é [*col* sempre me saiu] um ~!...

pardalada *s f* (<pardal + -ada) Grande quantidade de pardais. **Ex.** A ~ já ataca o milh(eir)al.

pardaleja [**pardaloca/pardoca**] *s f* ⇒ pardal.

pardela (Dé) *s f Ornit* (<parda + -ela) Nome comum de aves marinhas palmípedes, da família dos pufinídeos, que vêm a terra só para procriarem.

pardieiro *s m* (<lat *pariétinae, árum*: paredes arruinadas) Casa velha, tosca, em ruínas.

pardo, a *adj/s* (<gr *párdos*: leopardo) **1** De cor pouco definida, acinzentada ou acastanhada/De cor fosca. **Prov.** *De noite todos os gatos são pardos*. **Comb.** fig *Eminência ~a* [Conselheiro íntimo de alguém altamente colocado, a quem propõe as decisões a tomar]. **2** «céu» Escuro/Cinzento. **3** (O) que tem pele escura/Mulato. **4** Branco sujo, entre o branco e o preto.

pardoca *s f* ⇒ pardal.

páreas *s f pl* (<lat *pário, ere, partum*: dar à luz, parir) **1** *Med* Nome dado à placenta e membranas que envolvem o feto. **2** *Hist* Tributo que um estado ou um soberano pagava a outro por reconhecimento de vassalagem.

parecença *s f* (<parecer + -ença) **1** Existência ou reconhecimento de traços comuns de ordem física, psicológica ou comportamental entre pessoas/Semelhança. **2** Semelhança entre coisas.

parecer *v/s m* (<lat *parésco, ere* <*páreo, ere, itum*: aparecer) **1** Dar a impressão/ideia de/Aparentar. **Ex.** O funcionário parece competente. Parece estar triste. Parece doente, mas está de boa saúde. A moça tem doze anos mas já parece uma senhora. Parece mais velho do que é. **2** Ser semelhante a outro/Ter parecença com. **Ex.** Ao telefone a tua voz e a do teu pai parecem-se [são muito parecidas/confundem-se]. **3** Afigurar-se provável, razoável, justo. **Ex.** Parece-te que ele nos poderá ajudar? Parece-te justo que bons e maus trabalhadores ganhem o mesmo? **Loc.** *~ bem* [Ser bem aceite/Dar boa impressão] (Ex. Parece bem [É bom] colaborar em campanhas de solidariedade). *~ impossível/mentira* a) Algo ser muito estranho (Ex. Parece impossível como é que o miúdo conseguiu resistir tanto tempo ao frio intenso); b) Causar indignação (Ex. Parece mentira que ela tenha tido o descaramento de insultar quem tanto a ajudou). *~ mal* [Ser criticável] (Ex. Parece mal não ir à festa de aniversário do amigo). **4** Ser provável/previsível. **Ex.** Parece(-me) que vamos ter chuva. **5** Constar/Dizer-se. **Ex.** Parece que ele se vai candidatar de novo [outra vez/novamente] ao cargo. **6** *s m* Aparência(+)/Aspe(c)to(+)/Apresentação. **Ex.** O rapaz tem muito bom ~. **7** *s m* Opinião. **Ex.** No meu ~, devia haver maior rigor no ensino. **8** *Dir* Opinião fundamentada, autorizada [competente], de um especialista em determinado assunto. Ex. Há ~es que custam muitos milhares de euros, *col* uma fortuna!

parecido, a *adj* (<parecer) Que tem traços comuns com/Semelhante a. **Ex.** Aqueles irmãos são muito ~s.

paredão *s m* (<parede + -ão) **1** *Aum* de parede. **2** Muro elevado/espesso/consistente «para suster terras ou água»/Muralha.

parede (Rê) *s f* (<lat *páries, ietis*) **1** Construção vertical em alvenaria/cimento armado/tijolo ou noutro material que delimita exteriormente o espaço de um edifício ou o divide em compartimentos. **Ex.** As ~s da casa estão a precisar de uma pintura. **Idi.** *Deixar alguém a falar para as ~s*/a falar sozinho [Não prestar atenção ao que se lhe pretende dizer]. *Encostar alguém à ~* [Forçar alguém a assumir as suas responsabilidades]. *Estar [Pôr] alguém entre a espada e a parede* [Estar/Colocar alguém em situação com desfecho sempre desagradável para ela]. *Levar alguém à ~* [Vencê-lo]. *Pôr os pés à ~* [Insistir na prossecução de um obje(c)tivo]. **Comb.** *~ meia* [que separa um edifício de outro, sendo comum a dois proprietários]. *~s-meias com* [«viver/estar» Muito perto de/Em estreita vizinhança com]. *~ mestra* [principal/que sustenta o edifício]. **2** O que divide um espaço estabelecendo separação/Divisória/Tabique. **Comb.** Papel de ~. **3** *Anat* Formação que delimita um órgão/uma cavidade. **Ex.** Na colonoscopia o paciente pode observar as ~s do seu intestino grosso. **Comb.** ~s do estômago/intestino. **4** Obstáculo/Barreira(+). **Ex.** Os colegas, fazendo ~, impediram que ele fosse molestado pelo perseguidor.

parelha (Rê) *s f* (<parelho) **1** Conjunto de dois animais, especialmente cavalos ou

muares, que andam a par em determinada a(c)tividade. **Ex.** Para lavrar a terra com o arado ainda utiliza uma possante ~ de mulas. **Loc.** *Fazer* ~ [Emparelhar/Igualar]. **Sin.** Junta «de bois». **2** *col* Grupo de duas pessoas com cara(c)terística física ou psicológica comum/Par. **Ex.** Os dois formam uma ~ muito patusca/original/có[ô]mica. **3** Grupo de duas coisas com alguma semelhança entre si. **Idi.** *Levar (ainda) uma ~ de coices* **a)** Ser atingido por dois coices desferidos simultaneamente com as duas patas traseiras; **b)** *pop* Receber de alguém palavras ofensivas depois de o tentar ajudar/Atitude de notória ingratidão. **Comb.** Sem ~ [Que não há igual/Sem par(+)]. **4** *Mil* Grupo de dois aviões que constitui a unidade elementar de formação de combate (de aviação de caça). **5** *Gram* Estrofe de dois versos/Dístico. **6** ⇒ coice(+).

parelho, a (Rê) *adj* (<lat *parículus <par, páris*: igual; ⇒ parelha) **1** Formado de partes iguais. **2** Muito semelhante/Análogo. **3** «boi/cavalo» Que faz par com outro/Da mesma parelha. **4** Que é todo igual/Uniforme. **Ex.** A pintura da parede ficou ~a.

parélio *s m* (<gr *parélion*) Fenó[ô]meno luminoso em que o Sol aparece com halo muito brilhante devido à reflexão e refra(c)ção da luz nos cristais de gelo presentes em algumas nuvens.

parémia [*Br* **parêmia**] *s f* (<gr *paroimía*: provérbio) Alegoria breve/Parábola/Provérbio.

paremiologia *s f* (<gr *paroimía*: provérbio + -logia) Tratado acerca dos provérbios.

parénese [*Br* **parênese**] *s f* (<gr *paráinesis*: exortação) Exortação(+) moral de incitamento à virtude.

parenético, a *adj/s f* (<gr *parainetikós*) **1** Que respeita à paré[ê]nese/Que exorta à virtude. **2** *s f* Arte de pregar(É)/Eloquência sagrada/religiosa. **3** *s f* Conjunto de sermões de ordem moral.

parênquima *s m* (<gr *parégkyma, atos*) **1** *Anat* Célula específica de glândula ou de órgão contida no tecido conjuntivo. **2** *Bot* Tecido vegetal fundamental, formado por células poliédricas, com paredes não lignificadas.

parenquimatoso, a (Ôso, Ósa/os) *adj* (< parênquima + -oso) **1** Relativo a parênquima. **2** Formado de parênquima.

parental *adj 2g* (<lat *parentális, e*) **1** Relativo aos pais (Ao pai e à mãe). **Comb.** Imagem ~. **2** Relativo aos parentes. **Comb.** Rede ~.

parente *s/adj 2g* (<lat *párens, éntis*: o pai ou a mãe, avô/antepassado) **1** Pessoa unida a outra por laços familiares em virtude de consanguinidade, afinidade ou ado(p)ção. **Ex.** Em algumas aldeias muito isoladas quase todos os habitantes são ~s entre si. **Loc.** Tratar como ~ pobre [Não lhe dar a atenção ou a importância devidas]. **Comb.** ~ *afastado* [«primo» em terceiro ... grau]. ~ *consanguíneo* [que descende do mesmo tronco comum, próximo ou afastado]. ~ *por afinidade* [em que o parentesco resulta de casamento]. ~ *em linha colateral* [Pessoa que com outra descende de tronco comum, mas em que uma não descende da outra]. ~ *em linha recta* [em que uma das pessoas descende da outra]. **2** *pl* Pessoas que pertencem à mesma família, que procedem de um tronco comum. **3** *adj* Que tem semelhanças com/Análogo/Parecido.

parentela (Té) *s f* (<lat *parentéla*) **1** Conjunto dos parentes/familiares/Linhagem. **2** *fig* Conjunto de pessoas com alguma ligação entre si.

parentérico, a *adj Med* (<para- + entérico) «alimentação/terapêutica» Que se faz por via diferente da digestiva.

parentesco (Tês) *s m* (<parente + -esco) **1** Relação entre pessoas por laço de sangue ou por afinidade. **Comb.** Grau de ~. **2** Relação entre coisas que têm origem comum. **Comb.** ~ das línguas românicas. **3** Presença de traços comuns/Afinidade/Semelhança/Analogia. **Ex.** Há quem veja ~ entre as [estas] duas formas de arte.

parêntese [**parêntesis**] *s m* [*sing e pl*] (<gr *parénthesis*) **1** Duplo sinal gráfico que cinge uma frase intercalada ou suprimida, transcrições fonéticas, indicações bibliográficas no interior do texto, indicações cé[ê]nicas em peça de teatro e também pode delimitar a definição de uma palavra, expressão ou frase ou apresentar alternativa à palavra/expressão imediatamente anterior. **Ex.** Usa-se também o ~ para indicar que numa citação se suprimiu uma parte do texto (...). **Loc.** *Abrir* ~ **a)** Regist(r)ar [Escrever] o primeiro desses sinais; **b)** Interromper a sequência discursiva para introduzir informação/aparte intercalar. *Fechar* ~ **a)** Regist(r)ar o segundo sinal; **b)** Terminar a digressão. *Pôr* «o assunto/plano» *entre* ~*s* [Deixar de considerar importante/Pôr de lado/Excluir]. *Entre* ~*s* [Em aparte] (Ex. Entre ~ sempre lhes digo que a tarefa não foi nada fácil). **Comb.** ~ *angular*: < >. ~ *curvo*: ( ). ~ *re(c)to*: [ ]. **2** Frase intercalada/Aparte introduzido no discurso/Digressão. **Ex.** Para aliviar o discurso, em jeito de [, como] ~, contou uma anedota bem divertida. **3** *Mat* Duplo sinal gráfico que delimita operações aritméticas ou algébricas: [( )].

parentético, a *adj* (<gr *paréntethos*: interposto + -ico) **1** Relativo a parêntesis. **2** Indicado/Colocado entre parêntesis/ses «(parte de) frase».

páreo *s m* (<par + -eo) **1** Corrida a cavalo ou a pé em que antigamente os competidores partiam aos pares. **2** Prémio dessas corridas. **3** Competição entre indivíduos ou entre equipas. **4** Disputa de alguma coisa também pretendida por outros/Emulação.

paresia *s f Med* (<gr *páresis*: enfraquecimento + -ia) Paralisia parcial por lesão ligeira dos centros motores ou dos nervos periféricos.

parestatal *Br* ⇒ paraestatal.

parestesia *s f* (<para- + gr *áistesis*: sensação) Sensação anormal desagradável por alteração da sensibilidade ou lesão das vias nervosas, como formigueiros, picadas, dormências, coceira, ...

parga *s f* (< ?) **1** Rima de palha com cereal disposta de modo que o grão fique ao abrigo da chuva. **2** Grande quantidade/Pilha/Rima «de lenha/roupa».

pargo *s m Icti* (<gr *págros*) Peixe teleósteo da família dos esparídeos, de dorso cor-de-rosa com manchas azuladas, muito apreciado na alimentação; *Pagrus pagrus*. **Ex.** Lá em casa gostam muito de ~ assado no forno.

pária *s/adj 2g* (<tâmul *pareiyan*: tocador de bombo) **1** (Pessoa) que na Índia não pertence a qualquer casta, sendo considerado impuro/desprezível e privado de direitos religiosos ou sociais, em razão do nascimento ou de grave infra(c)ção contra preceitos religiosos ou sociais. ⇒ brâmane. **2** *fig* Pessoa marginalizada. **Comb.** ~ *da sociedade* [Pessoa inútil/Parasita]. **3** Pessoa da classe social mais desfavorecida. **Ex.** Uma sociedade preocupada com o bem comum não tem ~s.

parida *s/adj f* (<parir) Mulher que deu à luz/Fêmea que pariu. **Comb.** *cul* Fatia de ~ [A de pão, embebida em leite e ovo batido, indo a fritar e a polvilhar com açúcar e canela]. ⇒ parturiente.

paridade *s f* (<lat *páritas, átis*) **1** Qualidade do que é igual/equivalente. **Ex.** Em ~ [igualdade(+)] de circunstâncias, ele conseguiria melhores resultados que o amigo. **Ant.** Desigualdade; disparidade. **2** Qualidade de semelhante/similar. **3** *Econ* Situação de equivalência das taxas de câmbio das moedas de dois países. **4** *Mat* Propriedade de ser par ou ímpar.

parideira *adj f Biol* (<parir + -deira) **1** Diz-se da fêmea muito fecunda, que frequentemente tem crias. **Comb.** *Coelha* ~. *Vaca* ~. **2** Que está em idade de parir.

parídeo, a *adj/s Ornit* (<lat científico *paridae*) (Diz-se de) ave ou família de aves passeriformes inse(c)tívoras e arborícolas, em que se inclui o chapim.

parietal *adj 2g/s m* (<lat *parietális, e*: de parede) **1** Relativo a parede/Parietário. **Comb.** Pintura ~ da gruta. **2** Próprio para estar na parede. **Ex.** Na Capela Sistina do Vaticano é deslumbrante a pintura ~ do Juizo Final, de Miguel Ângelo. **3** Que se cria nas paredes. **Comb.** *Musgo* ~. *Vegetação* ~. **4** *Anat* Que forma a parede de uma cavidade «estômago». **5** *Anat* (Diz-se de) cada um dos ossos achatados e curvos que constituem as paredes laterais do crânio.

parietária *s f Bot* (<parietário) Planta cujas folhas têm propriedades diuréticas e analgésicas. **Sin.** Alfavaca-de-cobra.

parietário, a *adj* (<lat *parietárius*) ⇒ parietal 1/2/3.

pariforme *adj 2g* (<lat *par, páris*: igual + -forme) Que apresenta forma igual ou semelhante.

pari passu lat *adv* Ao mesmo tempo/ritmo/A par (e passo). **Ex.** Acompanhei *pari passu* o desenvolvimento do proje(c)to.

paripinulado, a *adj Bot* (<lat *par, páris*: igual + ...) Que tem todas as pínulas aos pares.

parir *v t* (<lat *pário, ere, pártum*) Expelir do útero o feto/« a mulher» Dar à luz(+). **Ex.** Uma das vacas pariu (n)esta noite um bezerrinho. *gross* Vá para a puta que o pariu! [Insulto violento que exprime grande irritação/desagrado]. **Idi.** *A montanha pariu um rato* [Expressão de desapontamento por se revelar insignificante o que se alardeara como importante] (*Sin.* Tanto barulho, para nada! (+)).

parisiense *adj/s 2g* (<lat top *Parisii, orum*: Paris + -ense) Relativo à capital francesa, Paris, ou aos seus habitantes.

parissílabo, a *adj/s m Gram* (<lat *par, páris*: igual + sílaba) (Diz-se de) palavra latina que tem igual número de sílabas nos casos nominativo e genitivo *«rosa,ae»*.

paritário, a *adj* (<paridade + -ário) Que é composto por igual número de representantes de cada parte. **Comb.** Comissão ~a dos sindicatos e do patronato.

parkinsoniano [**parquinsónico**]**, a** *adj/s Med* (<antr James Parkinson, 1755-1824, médico inglês) (O) que padece da doença [do mal] de Parkinson.

parkinson(ismo) *s m Med* (⇒ parkinsoniano) Doença nervosa degenerativa cujos sintomas mais claros são tremor, rigidez muscular e lentidão de movimentos. **Ex.** O Santo Padre João Paulo II sofria de ~. **Sin.** Doença [Mal] de Parkinson.

parla *s f* (<parlar) ⇒ conversa(+).

parlamentação s f (<parlamentar² + -ção) A(c)to ou efeito de parlamentar. **Sin.** Negociação(+).

parlamentar¹ adj/s 2g (<parlamento + -ar²) **1** Que é relativo à câmara legislativa, ao parlamento. **Ex.** O debate esteve [foi] muito animado. **Comb.** *Comissão* ~ «da Assembleia da República». *Grupo* ~ «do Partido Liberal». *Imunidade* ~. «o nosso partido conseguiu a» *Maioria* ~ (nas eleições). **2** Membro do parlamento. **Ex.** Os parlamentares apresentam hoje as suas propostas. **3** Que se baseia na separação dos poderes e na responsabilidade do governo perante o parlamento. **Comb.** *Democracia* ~. *Governo* ~. *Monarquia* ~ «da Inglaterra». *Regime [Sistema]* ~. ⇒ parlamentarismo.

parlamentar² v int (<parlamento + -ar¹) Entrar em negociações(+) ou conversações com alguém para chegar a um acordo/ Negociar. **Ex.** Os representantes do sindicato parlamentaram durante horas com os membros do governo.

parlamentário s/adj (<parlamentar² + -ário) **1** ⇒ parlamentar¹(+). **2** Mensageiro enviado por um dos beligerantes à autoridade militar inimiga para apresentar proposta ou transmitir informação de interesse comum.

parlamentarismo s m (<parlamentar¹ + -ismo) Sistema político em que a a(c)ção e a estabilidade do poder político dependem do parlamento. **Ex.** O ~ supõe igualdade entre o poder legislativo e executivo.

parlamentarista s/adj 2g (<parlamentário + -ista) Relativo a ou que é partidário do parlamentarismo.

parlamento s m (<fr *parlement* <*parler*:falar) Assembleia de deputados eleita pelo povo, onde se discutem os assuntos de Estado. **Ex.** O ~ Europeu tem (a sua) sede em Estrasburgo (França). **Loc.** Convocar o ~. **Sin.** Pt Assembleia da República(+); Br Congresso(+).

parlapatão, ona s/adj (<palrar + pateta + -ão) Impostor/Mentiroso/Fanfarrão. **Ex.** Não acredite [faça caso/se preocupe], ele é um ~.

parlapatice s f (<parlapatão + -ice) Dito (próprio) de parlapatão.

parlapatório s m (<parlapatão + -ório) Fala exagerada desprovida de importância/Palavrório(+). **Ex.** O vendedor enfadou [não convenceu(+)] o cliente com seu longo ~.

parlar v int ⇒ parolar.

parlatório s m (<parlar + -tório) **1** ⇒ falatório. **2** ⇒ locutório.

parlenga[da] s f (<parlar + lengalenga) Palavreado sem sentido/oco/longo.

parmesão s/adj (<it *parmigiano*: de Parma) **1** Habitante de Parma. **2** *Cul* Designativo do queijo rijo fabricado com leite desnatado e açafrão, originário desta cidade de Itália. **Ex.** Comi massa gratinada no forno com queijo ~ ralado.

parnão adj pop (<par + não) Que não é par/Ímpar(+). **Ex.** Vamos jogar ao par ou ~ «com rebuçados».

parnasianismo s m Liter (<parnasiano + -ismo) Movimento literário do século XIX, originário de França, que pugna pela delicadeza e perfeição da forma e defende a arte pela arte.

parnasiano s/adj Liter (<Parnaso + -ano) **1** Do Parnaso. **2** Diz-se da poesia e do poeta que procura principalmente a delicadeza e a perfeição da forma, reagindo contra o lirismo (ultra-)romântico. **Ex.** As marcas ~as sobressaem em vários autores dos fins do século XIX, sobretudo no poeta brasileiro e naturalizado português Gonçalves Crespo.

parnaso s m Liter (<gr *top Parnássos*, monte da Grécia central onde habitariam Apolo e as musas) A poesia, os poetas, ou o local onde eles vivem. **Comb.** O ~ *lusitano* [Todos os poetas portugueses].

paro s m (<parar) A(c)to de parar. **Comb.** ~ *dos trabalhadores*. **Sin.** Interrupção(+); paragem(o+). ⇒ greve.

-paro, a suf (<lat *pário, rere*: parir, pôr ovos) Sufixo nominal, de origem latina, que exprime a ideia de *produzir, dar à luz*. ⇒ primípara; viví~.

pároco s m (<lat *parochus* <gr *párokhos*: o que dá de comer <*párego*: prover) Sacerdote que tem a seu cargo a dire(c)ção espiritual de uma paróquia. ⇒ prior; vigário; padre-cura; abade; pastor.

paródia s f (<gr *paroidía* <*pará*: ao lado de + *oide*: ode) **1** Obra literária, teatral, musical, etc. que imita outra, com obje(c)tivo jocoso ou satírico. **Comb.** Uma ~ *da quinta sinfonia de Beethoven*. **2** Imitação ridícula ou cínica de qualquer coisa. **Ex.** «com irritação/zanga» A ~ também tem limites! **3** pop Pândega/ Divertimento/Brincadeira. **Ex.** Ele leva tudo para a ~ [Ele está sempre a brincar].

parodiar v t (<paródia+-ar¹) Fazer paródia de. **Loc.** ~ *Os Lusíadas* (de Camões).

parodista s/adj 2g (<paródia+-ista) (Autor) de paródia.

parol s m Br (<esp *perol*) ⇒ vasilha.

parola (Ró) s f (<it *parola*: palavra) Conversa mole/fiada. **Comb.** Estar à ~ [na conversa (+)]. ⇒ parolo.

parolagem s f (<parolar + -agem) A(c)to de parolar. ⇒ parolice.

parolar v int (<parola + -ar¹) Falar muito/Palrar/Tagarelar(+)/ Conversar(o+).

paroleiro, a adj/s (<parola + -eiro) **1** (O) que gosta de parolar. **2** Mentiroso/Embusteiro. **Ex.** Ele é um ~ , não acredite nele.

parolice¹ s f (<parola + -ice) A(c)ção, conversa ou qualidade de quem é paroleiro.

parolice² s f (<parolo + -ice) Qualidade, a(c)to ou dito de parolo ou simplório. **Ex.** As suas ~s deixam a família envergonhada.

parolo, a (Rô) s/adj depr (<?) Bronco(o+)/ Parvo(+)/Patego/Palerma.

paronímia s f Gram (<gr *paronymía*: semelhança de nome) Semelhança entre palavras, quer devido à etimologia, quer à pronúncia. **Ex.** Emigrante e imigrante apresentam [são exemplos de] ~. ⇒ parónimo.

paronímico, a adj Gram (<paronímia + -ico) Relativo a paronímia/Paró[ô]nimo.

parónimo, a [Br parônimo] adj Gram (<gr *parónymos*: que tem nome parecido) (Diz-se das) palavras que têm pronúncia e grafia parecidas, mas significados diferentes. **Ex.** São exemplos de palavras ~as *iminente* e *eminente*, *dispensa* e *despensa*. ⇒ paronímia.

paroníquia s f Med (<gr *paronychía*) Inflamação que atinge a região próxima da unha. **Sin.** Panarício; unheiro.

paronomásia s f Ling (<gr *paronomasia*: derivação ou aproximação de nomes) **1** Figura que consiste em empregar, na mesma frase, palavras semelhantes no som ou na escrita, mas diferentes no sentido/Agnominação. **Ex.** A minha mulher anda possuída pelo *sonho*, pela *sanha*, de ir ao Japão. **2** Conjunto de palavras de línguas diferentes que possuem origem comum ou de palavras com sentidos diferentes numa mesma língua, também com origem comum/Adnominação. **Ex.** O inglês *push* e o português *puxar* são um exemplo de ~, vêm ambos do latim *pulsare*.

paropsia s f Med (<para- + -opsia) Designação genérica de qualquer distúrbio visual.

paróquia s f (<pároco + -ia) **1** Parte do território de uma diocese confiada a [à dire(c)ção de] um pároco. **2** Conjunto dos paroquianos. **Comb.** Uma ~ muito a(c)tiva [fervorosa]. **3** fig/iron Pequeno grupo «de interesses»/Terra/Bairro. **Ex.** A ~ dele é outra.

paroquial adj 2g (<paróquia + -al) Relativo ou pertencente à paróquia ou ao pároco. **Ex.** No centro ~ [da paróquia] funciona uma creche. **Comb.** *Igreja* ~ [matriz]. *Residência* ~ [do pároco]. *Salão* ~ «para reuniões».

paroquiano, a s/adj (<paróquia + -ano) (O/A) que é habitante de ou está ligado a uma paróquia. **Ex.** O pároco costuma visitar os ~s na Páscoa.

paroquiar v t/int (<paróquia + -ar¹) **1** Administrar [Servir/Atender] uma freguesia como pároco. **2** Ser [Exercer as funções de] pároco.

parosmia s f (<para- + -osmia) Perturbação do sentido do olfa(c)to (em que, geralmente, tudo cheira mal ao doente).

parótida/e s f Anat (<gr *parotís, ídos*) Cada uma das glândulas salivares situadas atrás das orelhas ou nas regiões posterolaterais da cabeça.

parotidite s f Med (<parótida + -ite) Inflamação das parótidas. **Sin.** Papeira; orelhão; trasorelho; Br caxumba.

par-ou-ímpar [par-ou-per[a]não] s m Jogo de adivinhar «com pinhões». ⇒ parnão.

paroxismo (Cssis) s m Med (<gr *paroksysmós*) **1** Momento de maior intensidade de um acesso ou dor. **Ex.** No ~ da febre começou a delirar. **Comb.** *Últimos* ~s/ *estertores* [Agonia antes da morte]. **2** fig Clímax/Auge/Apogeu. **Comb.** ~ *vulcânico* [A intensidade maior da a(c)tividade vulcânica].

paroxítono, a (Cssí) adj/s m Gram (<lat *paroksýtonos*) Que tem o acento tó[ô]nico na penúltima sílaba. **Ex.** A palavra [O termo] *acento* é ~. A maior parte das palavras do português são ~as. **Sin.** Grave(+). ⇒ oxítono [agudo]; pro~ [esdrúxulo].

parque s m (<baixo lat *párricum*: terreno cercado) **1** Recinto arborizado extenso e vedado, destinado ao lazer/Jardim público com árvores. **Comb.** ~ *de campismo* [Área cercada com instalações sanitárias e outros serviços destinados aos campistas que aí instalam tendas ou caravanas. ~ *infantil* [Recinto público ao ar livre, com árvores, equipado com construções para as crianças brincarem]. ~ *de diversões* [Espaço com equipamentos de recreio, com carrosséis, jogos, pista de automóveis, ...]. **2** Área delimitada destinada a um fim específico. **Comb.** ~ *de estacionamento* [Recinto destinado ao estacionamento de automóveis]. ~ *industrial* [Zona dotada de infraestruturas para a instalação de indústrias]. **3** Área demarcada que merece especial atenção pelo seu valor ou especificidade. ~ *nacional* [Área ecológica demarcada protegida pelo Estado]. ~ *natural* [Área muito extensa mantida no domínio público em que o Estado procura preservar a paisagem e as suas cara(c)terísticas de ordem geológica, flora ou fauna]. **4** Conjunto de aparelhos, máquinas, equipamentos, instalações, de que uma comunidade faz uso. **Ex.** O ~ automóvel nacional tem vindo a renovar-se. **Comb.** ~ *escolar* [Conjunto de escolas «da região». ~ *gráfico*. ~ *hospitalar* [Conjunto de hospitais].

parqué/ê [parquete] *s m* (<fr *parquet*) **1** Material para revestimento do chão das casas, constituído por tacos re(c)tangulares de madeira. **2** Soalho feito com esse material.

parqueamento *s m* (<parque + -mento) A(c)to ou efeito de estacionar um veículo num parque 2/Estacionamento(+).

parquímetro *s m* (<parque 2 + -metro) Aparelho para taxar e medir o tempo de estacionamento de viaturas num parque.

parra *s f* (< ?) Folha de videira. **Idi.** *(Ser) muita ~ e pouca uva* [Muito palavreado e pouca substância/eficácia].

parracho, a *adj/s m* (< ?) **1** (Diz-se de) indivíduo baixo e atarracado. **2** Que cresceu pouco/Rasteiro. **3** *Icti* Rodovalho.

parrana *adj/s 2g depr* (< ?) **1** Pessoa simplória/Labrego/Patego/Lorpa/Patarata. **2** Provinciano/Rústico/Campó[ô]nio/Ignorante. **3** Mandrião/Preguiçoso/Molengão. **4** De mau gosto/Vulgar/Ordinário.

parranice *s f* (<parrana + -ice) Qualidade/A(c)to/Dito de parrana.

parreira *s f Bot* (<parra + -eira) Pé de videira cujos ramos se elevam e se espalham na horizontal apoiados em armação sustentada por esteios. **Ex.** É muito agradável almoçar no verão à sombra da ~. ⇒ (videira/vinha de) enforcado; ramada.

parreiral *s m* (<parreira + -al) Aglomerado de parreiras. ⇒ latada.

parricida *s* (<lat *parricída*) O que assassina o pai, a mãe (⇒ matricida) ou qualquer ascendente.

parricídio *s m* (<lat *parricídium, ii*) Crime de matar [Assassinato de] um ascendente.

parrilha *s f* (<parra + -ilha) Casta de videira «sarmentosa».

parse *s/adj 2g Etn* (<persa) (Relativo ao) povo da Pérsia, seguidor do zoroastrismo, espalhado hoje pelo Oriente «Índia».

parsec *s m Astr* (<fr *parsec* <*parallax* + *second*) Unidade astronó[ô]mica de distância que equivale a um segundo de arco da paralaxe anual de uma estrela, correspondente a 3,26 anos-luz (Símbolo: pc).

parte *s f* (<lat *pars, pártis*) **1** Porção/Parcela/Fra(c)ção de um todo. **Ex.** A ~ central do terreno destina-se à construção da casa. O ginásio está na ~ direita do edifício. Passou a maior ~ das férias na praia. Só uma pequena ~ da população vai de férias para o estrangeiro. **Loc.** *À ~* **a)** *adv* Em separado (Ex. Quis falar com ele à ~); **b)** *prep* Exce(p)to/Tirando (Ex. À ~ os primeiros minutos, a sua a(c)tuação esteve a muito bom nível. À ~ algumas pessoas mais pobres, toda a gente ali vive bem). *Em ~* [Não totalmente/Parcialmente/Até certo ponto] (Ex. Ele foi em ~ responsável pelo nosso insucesso). *Deixar/Pôr de ~* **a)** Não atender /Abandonar (Ex. Importa pôr de ~ o que nos separa e valorizarmos o que nos une); **b)** Economizar/Poupar (Ex. É bom pôr de ~ sempre algum dinheiro a pensar no futuro); **c)** Separar/Afastar (Ex. Quando se põe alguém de ~ prejudica-se a coesão do grupo). *Fazer ~ de* [Estar incluído/Integrar] (Ex. Faz ~ da boa educação respeitar os adversários. Ela faz ~ do grupo coral da escola). *Ir por ~s* [Proceder metodicamente, gradualmente, por etapas] (Ex. Para esclarecer bem a questão, vamos por ~s). *Por exclusão de ~s* [*col* À falta de melhor/Eliminando outras hipóteses claramente mais fracas] (Ex. Tendo de escolher um representante, por exclusão de ~s, indicámos o mais velho do grupo). **Comb.** *Ling ~s da frase* «sujeito, predicado, s, adj, prep, ...». *Retórica ~s do discurso* «exórdio, narração, confirmação, peroração». *Anat ~ do corpo.* *~s moles* [Conjunto de tecidos que cobrem os ossos]. *~s (pudendas/íntimas)* [Órgãos sexuais externos] (Ex. Escorregou na árvore e feriu-se nas ~s).
2 Fra(c)ção de um todo que se repartiu/Quinhão. **Ex.** A minha ~ é um pouco maior que as outras. **Loc.** *Ter ~ em* [Participar/Usufruir] (Ex. Sendo sobrinho do defunto, deve ter ~ na herança). **Comb.** *idi ~ de leão* [O melhor bocado]. **3** Tarefa que cabe a alguém desempenhar. **Ex.** Na organização da viagem, coube-me a ~ de conta(c)tar a empresa de camionagem. Se cada um cumprir a sua ~ teremos êxito. **Loc.** *Fazer a sua ~* [Cumprir o que lhe compete]. **4** Cada uma das divisões de uma composição musical, de uma obra literária, da duração de um espe(c)táculo (d)esportivo. **Ex.** O jogo vai [está] ainda só na primeira ~. A sonata tem várias ~s. **5** Entidade singular ou cole(c)tiva que participa num a(c)to jurídico «outorgante» ou que tem qualquer intervenção nas relações com outrem. **Ex.** Na assinatura do acordo estiveram as três ~s (envolvidas). **Loc.** *Da minha/tua/nossa/... ~* [De mim/ti/nós/...] (Ex. Da nossa ~ ele teve sempre a maior colaboração [Nós colaborámos sempre]). *De ~ a ~* [Dos dois lados/Reciprocamente/Mutuamente] (Ex. De ~ a ~ na discussão houve excessos de linguagem, nenhum deles é isento de culpa e de crítica). *Pela ~ que me toca* [Quanto a mim/No que me diz respeito] (Ex. Pela ~ que me toca, eu não me oponho à contratação de mais um funcionário). *Por ~ de* **a)** Por a(c)ção/decisão de (Ex. O que foi conseguido por ~ da dire(c)ção do clube parece-me importante); **b)** Pelo lado de (Ex. Elas ainda são parentes por ~ das mães, que são primas direitas). *Ter ~* [Estar combinado/conluiado] *com alguém.* *Tomar ~ em* [Participar] (Ex. Ele tomou parte na assembleia que decidiu suspender esse contrato. Disseram que ele tomou ~ na zaragata). *Vir da parte de* **a)** Ter como origem/Ser da autoria de (Ex. A ideia de comprar o aparelho foi [veio da ~] do dire(c)tor); **b)** Estar incumbido de representar alguém (Ex. Vem da ~ [em representação] do ministro presidir à cerimó[ô]nia inaugural do curso). **6** *Dir* Entidade interessada num litígio a dirimir em tribunal. **Ex.** Os advogados das ~s tentaram um acordo prévio ao julgamento. **Comb.** *~ principal* [O que demanda «autor» e o que é demandado «réu»]. *~ queixosa* [que se diz lesada e move a a(c)ção]. *~ vencida* [que em juízo obteve decisão desfavorável].
7 Zona que se integra em espaço mais vasto. **Ex.** A ~ alta da cidade tem um panorama deslumbrante. **8** Quantidade variável de substâncias que entram num preparado. **Ex.** O folheto esclarece que ~s dos vários produtos entram na mistura e o momento em que isso deve acontecer. **9** Comunicação/Participação verbal ou escrita. **Ex.** Dei ~ [conhecimento/conta] dos problemas surgidos ao superior hierárquico. **Idi.** *Dar ~ de fraco* **a)** Revelar dificuldade (Ex. Quando o ritmo da caminhada apertou [foi mais rápido], ele começou a dar ~ de fraco); **b)** Reconhecer a sua fragilidade. **10** Lugar. **Ex.** Pareceu-lhe conhecer de alguma ~ [de algum lado] o recém-chegado, mas não conseguiu lembrar-se donde. Precisava de levar o filho ao médico a qualquer ~. **Loc.** *Em/Por toda a ~* [Em todos os lugares] (Ex. Em toda a ~ há gente boa e gente má). *gross Mandar alguém àquela ~* (Expressão de impaciência/irritação) [Mandar *col* dar uma curva/bugiar]. **11** *pl* Habilidades/Momices/Palhaçadas. **Comb.** *~s gagas* [«fazer» Triste figura (+)/Atitudes estranhas/ridículas].

parteira *s f an* (<parto + -eiro) Mulher que «na aldeia» ajudava os bebé[ê]s a nascer. **Sin.** Obstetriz(+).

parteiro, a *s/adj* (<parto + -eiro) **1** (O/A) que assiste [ajuda] aos partos/nascimentos. **Ex.** A ~a [obstetriz/O obstetra] ajudou o menino a nascer. ⇒ obstétrico. **2** *Br Iron* Muito cuidadoso, mas com sinceridade duvidosa.

partej(ament)o *s m* (<partejar +...) A(c)to ou ofício de partejar.

partejar *v t/int* (<parto + -ejar) **1** Ser parteiro. **Ex.** Ela partejou todas as grávidas da aldeia. **2** Dar à luz (+). **3** *fig* Conceber(+)/Criar. **Loc.** *~ proje(c)tos interessantes.* **4** *Br* ⇒ adular; bajular.

partenogénese [*Br* **partogênese]** *s f* (<gr *parthénos*: virgem/donzela +...) Reprodução sem fertilização do óvulo que ocorre em algumas plantas e alguns animais invertebrados.

partição *s f* (<lat *partítio,ónis*: distribuição, divisão) **1** A(c)to ou efeito de partir/dividir. **Sin.** Divisão. **2** *Mat* Família de subconjuntos divididos em dois/Decomposição.

participação *s f* (<lat *participátio,ónis*) **1** A(c)to ou efeito de participar ou tomar parte. **Ex.** A ~ [entrada] de jovens no mercado de trabalho aumentou. **Comb.** *~ num* [Ida a um] *congresso/seminário.* *~* [Colaboração] *no crime. Econ ~ nos lucros.* **2** Aviso/Comunicação. **Comb.** *~ do dia do casamento.* *~ do novo endereço.*

participante [participador] *adj/s* (<lat *partícipans,ántis*) (O) que participa. **Comb.** *~* [Interveniente/Membro/Colaborador] entusiasta dos movimentos pacifistas.

participar *v t* (<lat *partícipo,áre*: fazer [ter/tomar] parte) **1** Fazer saber/Comunicar/Informar. **Loc.** *~ o novo endereço.* **2** Ter ou tomar parte em. **Ex.** O jovem participou no encontro (d)esportivo. **Loc.** *~ na* [Fazer parte da] *comissão.* *~ da* [Ter parte na] *alegria dos noivos.* *~ numa manifestação pela paz.*

participativo, a *adj* (<participar + -tivo) **1** Que se refere a participação. **Ex.** O aluno mais velho da turma é o mais ~. **2** Que se cara(c)teriza pela participação a(c)tiva. **Comb.** *Movimento ~.*

participável *adj 2g* (<participar + -vel) Que se pode participar. **Ex.** A boda era ~ aos jornalistas.

partícipe *s/adj 2g* (<lat *párticeps,tícipis* <*pars,rtis:*parte + *cápio,pere:* tomar) (O) que toma parte. ⇒ participante(+).

participial *adj 2g Gram* (<lat *participiális*) Relativo a ou em que há particípio. **Comb.** *Oração* [Frase] *~.* *Sufixo ~* «-ado, de amado».

particípio *s m Gram* (<lat *participíum,ii*) Forma nominal do verbo, com cara(c)terísticas de nome e de verbo. **Ex.** O ~ passado do verbo *amar* é *amado* e o do verbo *fazer* é *feito.* ⇒ gerúndio.

partícula *s f* (<lat *partícula,ae*) **1** Parte muito pequena da matéria/Corpúsculo. **Comb.** Finas ~ em suspensão num líquido. **2** *Fís* Corpo de dimensão microscópica, constituinte elementar da matéria. **Comb.** *~ alfa* [Núcleo de átomos de hélio, emitidos por substâncias radioa(c)tivas]. *~ elementar* [fundamental] «fotão/fóton». *~ subató[ô]mica* «protão/próton». *Acelerador de ~s* [Aparelho que comunica grandes energias a partículas ele(c)tricamente carregadas]. **3** *Gram* Pequeno vocábulo gramatical. **Comb.** «na frase *Vendem-se escritórios,* o

se é» ~ **apassivante** [apassivadora]. ~ *de realce* «**é** [*foi*] *que*, na frase *Quem é* [*foi*] *que chamou por mim?*». 4 *Catol* Hóstia(+), de tamanho pequeno, que se dá aos que comungam. **Comb.** Sagrada ~.

particular *adj/s* 2g (<lat *particuláris,e*) 1 Próprio ou do uso exclusivo de alguém/ Privado/Privativo. **Loc. Em ~ a)** A sós/ Particularmente (Ex. Pediu para falar em ~); **b)** Sobretudo/Principalmente (Ex. Elogiou em ~ o vinho que serviram ao jantar); **c)** Restritamente (Ex. O professor elogiou os alunos mas mencionou em ~ o meu José). **Comb. Aula** [*Lição*/Explicação] ~. *Audiência* ~ [privada/a sós] «com o ministro». **Caminho** [*Edifício/Carro*] *(de um)* ~. *Empresa* ~. *Hospital* ~. *Quarto* ~. *Secretário/a* ~ «do gerente». *Vida* ~ [privada]. **Ant.** Público. 2 Individual/Pessoal/ Íntimo/Confidencial. **Ex.** Por razões ~res [pessoais/que não pode revelar] decidiu abandonar o trabalho/emprego. **Comb. *Assunto* ~. *Correspondência*** [Correio] ~. 3 Cara(c)terístico/Típico/Peculiar/Específico/Próprio. **Ex.** Estas maçãs [uvas] têm um sabor ~. O rir é ~ [próprio] do homem/ da gente. Ele tem um jeito ~ de resolver os problemas, sem ferir ninguém [as pessoas/os outros]. 4 Grande/Especial/Raro/ Invulgar/Singular/Único/Extraordinário. **Ex.** Aquele problema merecia ~ atenção para se evitarem mais [novos] erros. Nutria [Tinha] por ela ~ simpatia. Em tudo o que faz, ele mostra uma habilidade ~ [fora do comum/rara/extraordinária]. 5 *s* Ponto concreto/Pormenor/Indivíduo. **Ex.** O carro derrapou e atropelou um ~ [uma pessoa]. Nesse ~ entendemo-nos [nós nos entendemos] bem/perfeitamente. Na apresentação [explicação] partiu do geral para o ~. Revelou o segredo com todos os pormenores [~res]. 6 *s m Br* Conversa privada/a sós. **Ex.** Num ~ que tive com ele, desabafei [disse tudo].

particularidade *s f* (<particular + -idade) 1 Cara(c)terística/Peculiaridade. **Ex.** O adolescente tem a ~ de ser rebelde. 2 Pormenores/Detalhes. **Ex.** Reconhecia-lhe as grandes qualidades profissionais e as outras ~s menos boas aceitava-lhas.

particularismo *s m* (<particular + -ismo) Preferência excessiva pelo [do] que é particular. **Ex.** Eu não gosto de ~s [exce(p)ções/favoritismos].

particularizar *v t* (<particular + -izar) 1 ~-se/Distinguir-se(o+)/Singularizar-se(+). 2 Fazer menção especial de/Nomear em particular. **Ex.** O professor não particularizou ninguém no elogio que fez a toda a turma [classe].

particularmente *adv* (<particular + -mente) 1 Em especial/Sobretudo/Em particular. **Ex.** Eu gosto de todas as disciplinas, mas ~ de Português. Estávamos todos com fome, ~ [sobretudo(+)] os mais jovens/novos]. 2 A sós/À parte. **Ex.** Falei ~ [a sós/em particular (+)] com o meu filho. 3 Mais do que é normal. **Ex.** Hoje o negócio correu-me ~ [muito(+)] bem.

partida *s f* (<partido <partir) 1 A(c)to de partir/Saída. **Ex.** A ~ do avião é às oito (horas) da manhã. O agitar da bandeira indicou a ~. **Loc. À ~ a)** No momento [local] da ~ (Ex. À ~ estávamos todos, não faltava ninguém); **b)** De começo/Desde logo/Para já/ Por enquanto (Ex. À ~ [primeira vista] concordo, não tenho nenhuma obje(c)ção). **Dar a** [o sinal de] ~ [Arrancar/Partir/ Largar]. **Estar de ~** [Estar tudo preparado para partir/viajar]. **Idi.** «o Infante D. Pedro, filho de D. João I» **Correr as sete ~s do mundo** [Viajar muito]. 2 Competição (d)esportiva/Jogo. **Comb.** Uma ~ [Um jogo] de futebol. 3 Em certos jogos, conjunto de pontos ou de vezes que é preciso ganhar. **Ex.** Às [No jogo das] cartas, a primeira vez perdemos mas depois derrotámos os adversários quatro vezes e ganhámos a ~. 4 Envio (de uma vez)/Remessa(+)/ Carregamento(o+). **Loc.** Mandar uma ~ de café e outra de uísque. 5 Nota de crédito ou débito num livro de escrituração comercial. **Comb.** Escrituração por ~s dobradas [por ~s simples]. 6 Peça/Brincadeira/Maldade. **Loc.** Pregar [Fazer] uma ~ [Ser engraçado causando surpresa e alguma dor à vítima] (Ex. Os alunos pregaram uma ~ à professora escondendo-lhe os cigarros. Hoje de manhã o (meu) carro pregou-me a ~, não pegou, e cheguei tarde ao emprego). 7 Reunião festiva (o+)/Sarau(+). **Loc.** Organizar uma ~ para receber os amigos no fim de semana. 8 Grupo «de gente armada»/Bando(+)/Quadrilha/Súcia(o+). **Comb.** ~ de contrabandistas.

partidão *s m* (<partido+-ão) 1 Partido numeroso, rico, instalado ou mais favorecido. **Ex.** Ele é líder do ~ do país. 2 Acordo vantajoso. **Ex.** Conseguiu um ~ naquele negócio. **Sin.** Bom arranjo; êxito. 3 Casamento vantajoso/Bom pretendente/Noivo ou noiva rica. **Ex.** Vai casar com um ~.

partidário, a *adj/s* (<partido + -ário) 1 (O) que é membro de algum partido. **Sin.** Correligionário. 2 Que segue uma ideia/ escola. **Ex.** Eu sou inteiramente contra os armamentos, sou ~ da paz. **Sin.** Prosélito; adepto; defensor.

partidarismo *s m* (<partidário + -ismo) Que sente paixão por um partido. **Ex.** Era o um ~ extremo.

partidarista *adj/s* 2g (<partidário + -ista) (O) que defende muito [só] o seu partido. **Ex.** É muito ~, só vê os interesses do partido; podíamos dizer que sofre de *partidarite*.

partidarizar *v t* (<partidário + -izar) Filiar(-se) num partido político. **Ex.** Partidarizou o sindicato.

partido, a *adj/s m* (<lat *partítus,a,um:* que partilhou; ⇒ partir) 1 (O) que (se) partiu/ Quebrado/Fragmentado. **Ex.** O vaso caiu e ficou todo ~ [ficou (todo) em cacos]. **Comb.** Melão ~ [cortado] ao [pelo] meio. Perna ~a num acidente de carro. 2 Dividido/Repartido/Distribuído/Separado. **Ex.** A quinta [fazenda] ~a entre cinco herdeiros desvalorizou-se [ficou (muito/toda) desvalorizada]. 3 Grupo/Fa(c)ção/Associação. **Comb. ~ comunista. ~ político. ~ socialista.** 4 Parte/Lado/Posição. **Ex.** Hesitou sem saber que ~ tomar. Hoje no futebol jogam os casados contra os solteiros, mas eu cem setenta anos sou do ~ [lado] dos solteiros! **Loc. Tomar ~** [Decidir/Escolher]. **Tomar o ~** [Pôr-se do lado] **dos** [Ajudar/ Defender os] **estudantes.** 5 Proveito/Utilidade. **Loc.** Tirar ~ [Aproveitar-se] da situação. 6 (D)*esp* Vantagem «dada ao outro no jogo/golfe». **Loc.** Dar ~. 7 Pessoa casadoura/Pretendente. **Ex.** Ela é um bom ~ [é rica], case com ela. 8 *Br s m* ⇒ grande plantação de cana-de-açucar. *Br* Turfe ⇒ falta; ilegalidade.

partidor *adj/s* (<lat *partítor,óris:* o que faz as partes, distribuidor) 1 (O) que faz partilhas «de herança». 2 *Br* Área da pista de onde os cavalos partem para as corridas.

partilha *s f* (<lat *partícula,ae:* parte pequena) 1 A(c)to ou efeito de partilhar/dividir. **Ex.** Os herdeiros [filhos/irmãos] já fizeram as ~s (da herança que receberam). **Comb.** ~ dos lucros. ⇒ parte; dote; quinhão. 2 Troca/Comunicação. **Comb.** A ~ de conhecimentos dentro da equipa de investigação.

partilhar *v t/int* (<partilha + -ar[1]) 1 ⇒ dividir (+); partir; distribuir. 2 (Fazer) participar/ Tomar parte/Dar/Trocar/Compartir/Compartilhar. **Ex.** A menina partilhou o segredo com a mãe. O meu marido e eu (com)partilhamos o [usamos o mesmo] carro.

partir *v t/int* (<lat *pártio,íre:* dividir, distribuir) 1 Dividir em partes/Quebrar. **Ex.** Partiu todos os pratos ao escorregar na cozinha. A rapariga partiu o bolo/o pão/a melancia. **Idi. ~ *o coração/a alma*** [Doer muito/Sentir pena] (Ex. Até («me/nos») parte o coração vê-lo/a sofrer tanto). **~-se a rir** «com as anedotas dele». 2 Pôr-se a caminho/Viajar/ Ir. **Ex.** Partiu [Emigrou] para (a) França. Parto hoje às 7 (horas) para o Porto e volto às 18. A encomenda (postal) que aí tinha para o Japão já partiu [foi(+)]? **Loc. ~ *para a luta* [*para o trabalho*]. A ~ de** [Desde] (Ex. A ~ de hoje [De hoje em diante] vou deixar de fumar. A ~ desse dia [Desde então] ficámos grandes amigos. A ~ daqui [Daqui em diante/para a frente] a estrada é sempre má). 3 ~ desta vida ou deste mundo/Morrer. **Ex.** Partiu em plena juventude. Temos saudades dos que (já) partiram. 4 Ter origem/Proceder/Vir/Começar. **Ex.** A ideia de ir ao baile partiu dele. O comboio [trem] parte do [começa no] centro da cidade. Todos os nervos partem do cérebro. Os gritos partiram [vinham] da casa vizinha. «neste grande proje(c)to» Partimos do pressuposto de que todos pensamos no bem [futuro] do (nosso) país.

partitivo, a *adj* (<lat *partitívus,a,um;* ⇒ partir) 1) Que divide ou parte. **Ex.** Os números fra(c)cionários ½, ¼, ... são ~s. O *de* da frase "comi do bolo" também é uma palavra ~ a *o* do *do* é um artigo ~o.

partitura *s f Mús* (<it *partitúra*) Notação com todas as partes vocais e instrumentais de uma composição musical para serem lidas simultaneamente.

partível *v t* (<lat *pártio, íre, itum:* partir) Que se pode partir.

parto[1] *s m* (<lat *pártus, us* ⇒ parir) 1 A(c)to de dar à luz um filho «na espécie humana». 2 Processo mecânico e fisiológico de expelir do corpo da mãe o feto (e seus anexos). **Ex.** Nos países desenvolvidos quase todos os ~s se realizam nas maternidades e nos hospitais. **Loc.** *fig* Ser um ~ difícil [«algo, na sua produção» Dar muito trabalho e exigir grande aplicação e esforço]. **Comb. ~ *normal*** [com saída do feto pela vagina]. ⇒ cesariana. **~ *prematuro*** [que ocorre antes do fim da 37.ª semana de gestação [gravidez]]. **~ *sem dor*** [Método que, além da preparação psicológica, inclui uma ginástica orientada para o treino da respiração a fazer, para o fortalecimento de certas zonas do corpo da grávida e para a descontra(c)ção dos músculos, tornando mais fácil a expulsão do feto]. **Trabalho de ~** [Conjunto de fenó[ô]menos que preparam a expulsão do feto e, depois, da placenta e de outros resíduos do corpo da parturiente, iniciando-se com as contra(c)ções do útero e com o *pop* rebentar das águas [ru(p)tura do saco do líquido amniótico]]. 3 *Med* A(c)to de um especialista prestar assistência a uma parturiente no a(c)to de dar à luz. **Ex.** Há dias em que no hospital ele tem vários ~s.

parto[2]**, a** *s/adj Hist* (<lat *partus, a, um*) 1 Relativo à Pártia, antiga região da Ásia entre o Mar Cáspio e a Índia, ou aos seus habitantes, povo nó[ô]mada que aí se fixou no 1.º milé[ê]nio d.C. 2 *s m* Língua desse povo.

part-time ing (Regime de trabalho em) tempo parcial (+)/O fazer horas. **Ex.** A mãe, para contribuir para as despesas do lar, começou a trabalhar em ~.

parturiente s/adj f (<lat *partúrio, íre <pário, ere*: parir) Que está quase a dar à luz ou que acaba de ter o filho/Puérpera. **Ex.** É habitual a ~ passar por um estado de ansiedade.

paru[ú]sia s f Rel (<gr *parousía*) Segunda vinda de Cristo à Terra, então em glória, aguardada pelos primeiros cristãos como próxima.

parva s f (<lat *párvus, a, um*: pequeno ⇒ parvo) **1** Pequena refeição pela manhã ou em jejum. **2** Pequena soma de dinheiro.

parvalhão, ona adj/s depr (<parvo + -alho + -ão) **1** *Aum* de parvo. **2** (Indivíduo) imbecil/palerma/idiota. **Ex.** O ~ abriu a torneira da água, foi-se embora e provocou uma inundação.

parvalheira s f col depr (<parvo + -alho + -eira) **1** (Localidade de) aldeia em que se não vê progresso, em que a população é rude, ingé[ê]nua, apegada a preconceitos fora de moda/Parvó[ô]nia(+). **Ex.** Passei uns dias na ~, na terra dos meus sogros, e pude descansar. **2** ⇒ Pasmaceira.

parvalhice s f (<parvo + -alho + -ice) ⇒ parvoíce.

parvamente adv (<parvo + -mente) Tolamente/Estupidamente.

parvo, a adj/s (<lat *párvus, a, um*: pequeno) **1** (O) que é pouco inteligente. **Ex.** O rapaz é um pouco ~, na escola aprende com alguma dificuldade. **2** (O) que facilmente se deixa enganar/Ingénuo/Pateta. **Ex.** Você julga que eu sou ~? Vá impingir isso a outro! **3** Que tem comportamento desagradável/irritante/insolente. **Ex.** És ~ ou quê? Mais respeitinho!... **4** Que não merece atenção/Que não tem valor/Desajustado/Inadequado. **Ex.** O rapaz tem cada saída [dito/intervenção/comentário] mais ~a/o! Se estivesse calado era bem [muito] melhor! **5** *idi* Muito surpreendido. **Ex.** Eu fiquei ~ quando ela me disse que ia casar!

parvoeira s f (<parvo + -eira) ⇒ parvoíce.

parvoeirar[voejar] v int (<parvo(eira) + -ar¹) Ter comportamento de parvo/Dizer parvoíces.

parvoíce s f (<parvo + -ice) **1** Qualidade ou condição de parvo/Imbecilidade. **2** A(c)to ou dito de quem é parvo/Disparate/Estupidez.

parvónia [*Br* parvônia] s f (<parvo) Localidade na província onde parece não haver progresso, sendo a população rude, ingé[ê]nua, preconceituosa/Parvalheira. **Ex.** O meu amigo está de férias na ~, a gozar bons ares, col valha-nos isso! [, ainda bem].

párvulo, a s (<lat *párvulus, a, um,* dim de *párvus*: pequeno) Criança muito novinha, de muito pouca idade/Pequerrucho(+)/Miúdo(+).

pascácio, a s/adj (<esp *pascasio*: estudante universitário que ia passar as férias da Páscoa fora da cidade) (Pessoa) fácil de enganar/ingé[ê]nua/simplória/pateta. **Ex.** O criado sempre me saiu [veio a revelar-se] um ~, um paspalhão que cai [é enganado] à primeira (patranha)!

pascal¹ adj 2g Rel (<lat *paschális, e*) Relativo à festa da Páscoa. **Comb.** *Círio* ~. fig *Cordeiro* ~ [Cristo]. *Tempo* ~. *Vigília* ~. *Visita* ~ [feita «pelo padre» a todas as famílias nos dias da Páscoa].

pascal² s m (<antr B. Pascal, físico e matemático francês do séc. XVII; pl pascals) **1** Unidade de medida de pressão (Símb. Pa), definida como pressão uniforme que, aplicada à superfície plana de 1 metro quadrado, exerce perpendicularmente a força de 1 newton. **Comb.** *Fís* ~ *-segundo* [Unidade de medida da viscosidade dinâmica (Símb. *Pa.s*)]. **2** *Info* Linguagem de programação de alto nível, usada sobretudo em aplicações científicas e matemáticas.

pascer v t/int (<lat *pásco, ere, pástum*) **1** Pôr a pastar/Apascentar(+). **2** Pastar(+). **3** ⇒ comer. **4** Deliciar/Deleitar/Recrear. **Loc.** ~ o espírito [o olhar] «contemplando as flores».

pascigo s m (<lat *pascículum <pásco, ere*: levar a pastar) **1** A(c)to de pastar/pascer. **2** Terreno de pastagem(+) para o gado/Pasto(+). **3** Vegetação própria para alimentar o gado. **4** fig Alimento/Deleite espiritual.

Páscoa s f (<lat *pascha <hebr pesakh*: passagem) **1** Festa judaica anual que comemora a saída do Egi(p)to do povo judeu, conduzido por Moisés, sendo celebrada no 14.º dia do equinócio da primavera. **2** *Crist* Festa que comemora a Ressurreição de Cristo ao terceiro dia da sua morte, sendo celebrada no domingo a seguir à primeira lua cheia da primavera. **Ex.** A ~ é a festa mais solene do calendário litúrgico. **Comb.** *Férias da* ~. *Folar de* ~. *Ovo de* ~. **3** Dia ou época em que se celebra esta festa. **Ex.** Pela ~ costumo ir até à aldeia em que nasci. **4** *pl minúsc* Presentes «ovos/amêndoas» dados por ocasião desta festa.

Pascoela s f Crist (<Páscoa + -ela) Domingo seguinte ao da Páscoa.

pascoinhas s f Bot (<Páscoa + -inha) Planta arbustiva da família das leguminosas, com flores aromáticas de corola papilionácea amarela, que floresce pela Páscoa; *Coronilla glauca*.

pasmaceira s f col depr (<pasmar + -c- + -eira) **1** A(c)to de observar demoradamente algo que não merece interesse. **2** Admiração imbecil/Contemplação apalermada. **3** Falta de vivacidade/Apatia/Inércia. **Ex.** A ~ do colega metia-nos [causava-nos] nervoso. **4** Falta de ocorrências que despertem interesse/Marasmo/Monotonia. **Ex.** Naquela aldeia, exce(p)to no mês das férias, em que ali vêm citadinos e emigrantes, a vida é uma ~.

pasmado, a adj (<pasmar) **1** Muito admirado/Espantado/Estupefa(c)to/Boquiaberto. **Ex.** Fiquei ~ com a beleza e originalidade das joias expostas naquele museu. **2** Apalermado/Apatetado/Aparvalhado. **Ex.** Ele é (mesmo) um ~. Aquele ar ~ dava-me nervos, apetecia-me abaná-lo, chamá-lo à realidade. **3** Sem vivacidade/Mortiço(+)/Inexpressivo(+). **Ex.** Tinha um olhar ~, não reagia, nada o entusiasmava. **4** fig Que está sem força/elasticidade. **Ex.** A mola está ~a, é para substituir [, é preciso substituí-la].

pasmar v t/int (<pasmo + -ar¹) **1** Admirar-se muito/Ficar estupefa(c)to/Espantar-se/Surpreender-se. **Comb.** *De* ~ [Que causa admiração/Extraordinário] (**Ex.** Essa é uma história de ~). **2** Ficar de olhar fixo/parado/alheado/Embasbacar. **3** Mirar/Fitar demoradamente. **4** Perder os sentidos/Desmaiar/Desfalecer. **Ex.** A visão dos corpos desfigurados das vítimas do terrível acidente fê-lo ~. **5** Perder a força/elasticidade. **Ex.** A mola pasmou, já não funciona.

pasmo s m (<lat vulgar *pásmus<spásmus*: convulsão) **1** Grande admiração/surpresa/Espanto/Estupefa(c)ção. **Ex.** Fiquei pasmado [mudo de ~] perante a beleza daquela paisagem! **2** ⇒ Desmaio/Desfalecimento. **3** Tédio(+)/Marasmo/Monotonia/Pasmaceira. **Ex.** Viver numa aldeia do interior [da província], Deus me livre! Ali morre-se de ~!

pasmoso, a (Ôso, Ósa, Ósos) adj (<pasmo + -oso) Que provoca grande admiração/Assombroso/Espantoso.

paspalhão, ona adj/s depr (<paspalho + -ão) **1** (Pessoa) sem préstimo/lorpa/imbecil/irritante. **Ex.** Estava tudo a correr muito bem quando [mas] apareceu aquele ~ que [e] estragou tudo! **2** Petulante/Vaidoso/Pretensioso, sem razão para tal [isso].

paspalhice s f (<paspalho + -ice) Qualidade, a(c)to ou dito de paspalhão.

paspalho, a adj/s m (< on) ⇒ paspalhão(+).

pasquim s m (<it an *pasquino*, torso de velha estátua mutilada onde os romanos, de noite, afixavam escritos satíricos) **1** Escrito, afixado em lugar público, a criticar o governo, uma instituição ou autoridade. **2** Panfleto difamatório. **3** Jornal de má qualidade/Jornaleco.

pasquinada s f (<pasquim + -ada) Crítica mordaz/Linguagem difamatória.

passa s f (<lat *pássus,a, um <pátior, ti, pássus sum*: sofrer, suportar) **1** Fruta seca ao sol ou em estufa, sobretudo a uva. **Ex.** Na passagem de ano, à meia-noite, ainda se cumpre o ritual de comer doze ~s. **Idi.** *Passar as passas do Algarve* [Passar por grandes contrariedades ou dificuldades para conseguir um obje(c)tivo]. **2** fam Mulher muito magra, de pele enrugada. **3** Pancada/Panada/Encontrão. **Ex.** Deram-lhe uma ~ no carro e agora anda a pé. **4** col Quantidade de fumo de cigarro que se inala de uma vez/Fumada/Fumaça. **Ex.** Para experimentar, a moça pediu ao irmão que lhe deixasse dar uma ~. **5** gír Consumo de drogas estupefacientes. **Ex.** O rapaz anda na ~ há anos, está um farrapo humano. **Comb.** *Malta da* ~.

passa-culpas s/adj 2g sing e pl (<passar + culpa) (Pessoa) que tem tendência a ser indulgente, a perdoar tudo.

passada s f (<passo + -ada) **1** A(c)to de dar passos «ao caminhar»/Movimento de deslocar-se a pé. **Ex.** Tinha dificuldade de aguentar o ritmo da ~ dos colegas. **Idi.** *Seguir as ~s de alguém* [Escolher uma carreira semelhante/Proceder do mesmo modo/Imitá-lo]. **2** Distância entre pontos correspondentes a um passo. **Comb.** ~ *curta* [larga]. **3** Antiga medida de comprimento equivalente a quatro palmos. **4** Vestígios/Pegadas/Rastos de pé ou de calçado (⇒ rast(r)o «de animal»). **5** Ruído feito pelos passos de alguém. **Ex.** No silêncio da noite ouviam-se distintamente as ~s dos tamancos [socos] na calçada. **6** Passagem rápida por um local. **Ex.** Quero dar lá uma ~ para resolver um pequeno problema. **7** Diligências para alcançar um obje(c)tivo. **Ex.** As ~ [voltas] que deu para obter o licenciamento da obra não foram perdidas/em vão. ⇒ passado.

passadeira s f (<passar + -eira) **1** Tapete comprido e estreito que se estende no pavimento ou em escadas para se passar em cima. **Ex.** Os noivos, depois das assinaturas da praxe, vieram pela ~ até à porta da igreja onde foram saudados efusivamente pelos familiares e amigos. **Comb.** ~ *vermelha*. **2** Faixa listrada de um ao outro lado da via destinada ao atravessamento de peões/Zebra/*Br* Faixa de pedestres. **Ex.** O automobilista deve estar muito atento às ~s para não provocar acidentes. **3** Estrado de madeira colocado ao longo da areia na praia para facilitar a deslocação dos veraneantes. **4** Série de pedras colocadas sobre um curso de água para

permitir a passagem sobre elas para a outra margem a pé enxuto. **5** Série de degraus num telhado para alguém andar nele sem partir telhas. **6** Tapete rolante. **7** Presilha. **8** Aro da bainha da espada. **9** *Br* Mulher que engoma/Engomadeira. **10** *Br* Máquina para engomar.

passadiço, a *s m/adj* (<passar + -iço) **1** Passagem estreita que encurta caminho entre lugares. **2** Corredor de comunicação entre edifícios. **3** *Mil* Método de transposição de um curso de água por tropa apeada. **4** *Br Náut* Ponte de comando. **5** *adj* Transitório/Passageiro.

passadio *s m* (<passar + -io) **1** Comida habitual/Alimentação diária. **Ex.** O ~ dos pobres é frugal. **Loc.** Ter bom ~ [Alimentar-se bem/Ter boa comida]. **2** Condições de vida/Forma de assegurar a subsistência. **Ex.** Na aldeia o ~ é muito modesto.

passadismo *s m* (<passado + -ismo) Gosto pelo que é passado/Valorização do que pertence ao [Culto do] passado/Saudosismo.

passadista *adj/s 2g* (<passado + -ista) **1** (O) que sobrevaloriza o passado/Saudosista. **Ex.** Já o irrita aquela lenga-lenga ~a, com que *col* não se vai a lado nenhum [, que não interessa]. **2** (O) que é avesso a inovações. **Comb.** Ideias ~s/retrógradas. **Ant.** Futurista.

passado, a *adj/s m* (<passar + -ado; ⇒ passada) **1** Relativo ao tempo decorrido anteriormente. **Ex.** Os sofrimentos ~s deram-lhe maior força de ânimo. O ~ não volta (mais). **Idi.** Águas ~as não movem moinhos [O ~ já lá vai, não vale a pena recordá-lo, o que importa é o presente e o futuro a construir]. **2** Que viveu ou aconteceu em período anterior. **Ex.** As gerações ~as tiveram uma vida mais calma. Importa esquecer as desavenças ~as, promover a concórdia e a colaboração com todos. **3** Que perdeu interesse/Que está fora de moda/Antiquado. **Ex.** Vive ainda agarrado [apegado] a ideias ~as, custa-lhe adaptar-se ao presente. **4** Que perdeu humidade por a(c)ção do sol ou do tempo. **Comb.** Fruta ~a. **5** Que, ao ser cozinhado, é sujeito à a(c)ção de calor intenso durante mais ou menos tempo. **Ex.** No restaurante peço sempre o bife bem [muito] ~, enquanto outros o preferem mal [pouco] ~ [o preferem em sangue]. **6** Que ficou impressionado/espantado/chocado com qualquer coisa relevante que não imaginava (ser) possível. **Ex.** Quando lhe disseram que o filho andava na droga ficou ~a/o. **7** *gír* Que está sob o efeito de substâncias tóxicas ou estupefacientes. **Ex.** Vi-o várias vezes ~, a rondar lugares esconsos. **8** *Gram* (Diz-se do) tempo verbal de acontecimentos anteriores ao momento em que se fala. **Ex.** Os pretéritos imperfeito, perfeito e mais-que-perfeito exprimem geralmente o ~. **Comb.** Particípio ~ «de *fazer* é *feito*; de *louvar* é *louvado*». **9** *s m* Os acontecimentos de tempos anteriores. **Ex.** O ~ já não conta, a um jovem interessa bem mais a vida que tem pela frente. **10** História de uma pessoa, instituição, nação, ... **Ex.** Orgulhamo-nos do nosso ~ como povo, que foi pioneiro em vários campos. O ~ da família não o envergonha.

passador, ora *adj/s* (<passar + -dor) **1** (O) que passa, faz ou deixa passar. **2** Pessoa que passa alguém ou alguma coisa de um país para outro de forma clandestina, ilegal. **Ex.** Na década de 1960, muitos portugueses que queriam emigrar sem documentos eram conduzidos às fronteiras de Espanha e França por ~es. **3** *Br* Pessoa que, mediante pagamento, transporta outras nos rios em canoa ou barco. **4** Pessoa que troca coisas falsas por verdadeiras. **Ex.** Um ~ de notas falsas arrisca uma pena grave por esse crime. **5** Traficante de droga. **6** Pessoa que desencaminha/corrompe outros. **7** Pessoa que promove intrigas, mexericos. **8** *s m* Instrumento de cozinha, com fundo de rede ou com orifícios, para coar um líquido, para espremer legumes. **9** *s m* Tira estreita presa a uma peça de vestuário para dar passagem a um cinto, a uma fita/Presilha. **10** *s m Br* Pregador de cabelo.

passadou[oi]ro, a *s m/adj* (<passar + -douro) **1** Local de passagem/Ponto de comunicação entre lugares. ⇒ passadiço. **2** *adj* Que passa rapidamente/Passageiro(+)/Transitório(+).

passageiro, a *s/adj* (<passagem + -eiro ⇒ passar) **1** Pessoa que é transportada em veículo público ou privado/Viajante. **Ex.** Os ~s queixam-se da incomodidade de alguns transportes públicos. Na via-férrea circulam comboios [trens] de ~s e de mercadorias. **2** *Br* Pessoa encarregada de transportar pessoas na transposição de um curso de água/Passador **3**. **3** Que dura pouco/Que passa rapidamente/Transitório. **Ex.** Uma tempestade ~a ameaçou o sucesso do evento, mas não passou disso [, felizmente foi só ameaça]. **4** Que tem pouca importância/Ligeiro/Leve. **Ex.** Uma indisposição ~a afe(c)tava-o desde manhã.

passagem *s f* (<passar + -agem) **1** A(c)to ou resultado de passar de um lugar a outro. **Ex.** A ~ dos convidados à sala de jantar foi logo a seguir. **Loc. De ~ a)** Em trânsito para outro lugar (Ex. Estava ali de ~, não podia ir visitar os amigos); **b)** De fugida/Marginalmente (Ex. De ~ aproveitou para tomar um café na pastelaria da esquina. Falou de ~ num livro que precisava de comprar); **c)** De modo breve/Em poucas palavras (Ex. De ~ falou-me num problema que queria resolver, mas não desceu a [não referiu] pormenores). *De ~ por* [Ao passar por] «Lisboa». *Diga-se de ~* [Expressão que precede uma informação acessória] (Ex. Diga-se de ~ que ele não foi o único a dizer-me isso). **2** A(c)to de permanecer por algum tempo fora do local habitual de residência. **Ex.** A ~ pela aldeia não foi longa, reduziu-se a duas escassas semanas. Esteve na minha casa de ~. **3** Desempenho de um cargo ou de uma função durante algum tempo. **Ex.** A sua ~ pelo Ministério foi gratificante e abriu-lhe perspe(c)tivas para o futuro. **4** Lugar que fica no caminho numa deslocação longa. **Ex.** Coimbra (Portugal) era ~ obrigatória quando ia da capital para o Norte. **5** Lugar de atravessamento de um obstáculo. **Ex.** A nova ponte sobre o rio era a ~ que costumava utilizar para ir à praia. **Comb.** *~ de nível* [Cruzamento de via para automóveis e peões com linha ferroviária] (Ex. Em Portugal têm vindo a ser suprimidas muitas ~ns de nível e os acidentes mortais diminuíram muito). *~ inferior/subterrânea* [Galeria destinada a peões, construída debaixo de via-férrea ou de estrada de grande movimento]. *~ superior* [Viaduto sobre via-férrea ou estrada]. **6** Passadeira/Zebra. **Ex.** Na avenida havia ~ns para peões cada 200 metros. **7** Corredor/Galeria de comunicação entre lugares. **Ex.** A pé utilizava aquela ~ estreita para encurtar caminho. **8** Preço a pagar por quem utiliza um meio de transporte. **Ex.** Ali a ~ até nem é cara. **9** Título/Bilhete(+) para aí se deslocar. **Ex.** A ~ de avião deve ser obtida com alguma antecedência. **10** Transição de uma situação a outra/Mudança. **Ex.** A ~ à reforma traz problemas de adaptação a algumas pessoas. A ~ do inverno à primavera é bem visível nas árvores. A ~ à maioridade é ali efusivamente festejada. **Comb.** *~ de ano* **a)** Noite de 31 de dezembro; **b)** Festa de confraternização que tem lugar nessa data, sendo ocasião de mutuamente se desejar(em) felicidades para o novo ano (Ex. Na ~ de ano cumpro o ritual de comer 12 passas); **c)** Para o estudante, aprovação nos exames finais (Ex. A ~ de ano é condição para manter a bolsa de estudo). *Rito de ~* [Cerimó[ô]nia que assinala a transição para outra etapa da vida de alguém na comunidade em que se insere «~ de jovem a adulto»]. **11** Aprovação em exame. **Ex.** A ~ do aluno é certa [não está em causa]. **12** Fases/Episódios. **Ex.** Algumas ~ens da sua longa vida não foram fáceis, mas tudo venceu com persistência e tenacidade. **13** Entrega de alguma coisa a outra pessoa/Comunicação. **Ex.** A ~ do cargo ao sucessor decorreu sem sobressaltos. A ~ da bola ao colega de equipa foi feita no momento oportuno. **Comb.** *~ de testemunho* **a)** Entrega de um pequeno bastão ao companheiro da estafeta que o rende [segue/substitui] na corrida; **b)** Transferência de poderes e de informações a quem lhe vai suceder no cargo. **14** A(c)to de fazer passar por uma superfície um produto ou alguma coisa para a limpar ou renovar. **Ex.** A ~ de um pano humedecido pelos vidros é suficiente. A parede está a precisar de duas ~ens [mãos] de tinta. **15** A(c)to de fazer passar um instrumento sobre uma superfície para a alisar. **Ex.** A ~ a ferro da roupa da casa faz-se duas vezes por semana. A ~ da plaina sobre a tábua deixa-a muito lisa e uniforme. **16** A(c)to de verificar alguma coisa «para a corrigir, se (for) necessário». **Ex.** Dei uma ~ [*col* vista de olhos] pelo trabalho dele e pareceu-me bom. **Comb.** *~ de olhos* [Leitura rápida, *col* por alto]. **17** Exibição em movimento. **Ex.** A ~ do filme está marcada para as 18 h. **Comb.** *~ de modelos* [Desfile de moda]. **18** Ponteado/Cerzido para unir zonas de tecido que se rasgou ou para tapar um buraco. **Ex.** Deu uma ~ no rasgão das calças e ficou bastante disfarçado [e quase não se nota]. **19** Trecho/Fragmento/Excerto/Parte de um texto, de uma composição. **Ex.** Escolheu para comentário uma ~ mais ilustrativa das cara(c)terísticas da corrente literária em estudo [que está a ser estudada]. Algumas ~ens da ópera são empolgantes.

passajar *v t* (<passagem + -ar¹) Pontear/Cerzir a consertar roupa, tapando ou disfarçando rasgão, buraco.

passal *s m Hist* (<passo + -al) **1** Terreno agrícola anexo à igreja ou à residência paroquial para rendimento do pároco. **2** Antiga medida agrária.

passamanar *v t* (<passamane + -ar¹) Adornar com [Pôr] passamanes.

passamanaria *s f* (<passamanar + -aria) **1** Arte, indústria ou comércio de passamanes. **2** Trabalho feito com passamanes/Conjunto de artigos assim confe(c)cionados. **3** Profissão de confe(c)cionar ou comercializar passamanes. **4** Local de fabrico ou comercialização de passamanes.

passamanes *s m pl* (<*fr passements*) Fitas, cordões, franjas, borlas, galões, ... bordados ou forrados com fios entretecidos de ouro, prata ou seda, servindo de adorno ou adereço em peça de vestuário, cortinas, móveis, carruagens, …

passamento s m (<passar + -mento) **1** Falecimento(+)/Morte/Agonia. **2** A(c)to de passar alguma coisa a outrem.

passante adj/s 2g (<passar + -(a)nte) **1** (Pessoa) que está a passar por um local/Transeunte(+). **2** Que passa de/excede/ultrapassa. **Ex.** O seu custo passa [é ~/é mais] de mil euros.

passa-piolho s m gír (<passar + …) Corte de barba que vai de orelha a orelha, passando debaixo do queixo e deixando barbeadas as maçãs do rosto.

passaporte s m (<fr passeport; ⇒ passe) **1** Documento oficial de identificação de um indivíduo para sair ou entrar no país ao viajar no estrangeiro. **Ex.** No espaço europeu Schengen, os cidadãos dos países signatários desse acordo não precisam de apresentar ~ nas suas fronteiras. **2** Salvo-conduto. **3** fig O que permite ultrapassar um obstáculo, facilitar a obtenção de um obje(c)tivo. **Ex.** Uma boa classificação nesse curso é o ~ para facilmente obter emprego.

passar v t/int (<lat vulgar pásso, áre <pándo, ere, di, pássum: abrir caminho, estender, desdobrar) **1** Deslocar-se/Transitar. **Ex.** Está a ~ a procissão. Nunca passei nessa rua. **Idi.** (~) *adiante* [Tratar de outro assunto/Avançar] (Ex. Mas (passemos) adiante!). ~ *à frente* (*de*) **a)** diante de; **b)** Ultrapassar/Superar; **c)** Prosseguir/Avançar. ~ *ao largo* **a)** à distância; **b)** Evitar comprometer-se com (Ex. Caso possa haver problemas, ele prefere ~ ao largo). ~ *despercebido* [Não ser notado/identificado] (Ex. No meio da multidão, não foi difícil o artista ~ despercebido). ~ *por cima de* **a)** Não ter em conta/Não dar importância a/Não considerar (Ex. Há umas normas a respeitar, mas ele já tem passado por cima disso); **b)** Omitir «na leitura»; **c)** Auferir uma vantagem que caberia a outrem (Ex. Não é a primeira vez que ele passa por cima de colegas, sem escrúpulos). ~ *muita água debaixo da ponte* [Acontecer muita coisa entretanto]. *Não* ~ *de* **a)** Ser apenas/Não ser mais do que (Ex. Ele faz-se muito importante, mas não passa de um aldrabão…); **b)** Ficar limitado a/Não ir além de (Ex. Este segredo não passa daqui [fica restrito a nós dois]).
2 Ter o itinerário por determinado local. **Ex.** O autocarro [ó[ô]nibus] passa por Castelo Branco a caminho da Covilhã (Portugal). **3** Ter o curso natural por determinado lugar. **Ex.** O rio Tejo passa em Santarém. **4** «num traje(c)to regular» Um veículo de transporte cole(c)tivo estar em determinado ponto do percurso. **Ex.** O comboio [trem] ainda não chegou, mas deve estar [mas certamente não vai demorar] a ~ «aqui». **5** Cruzar-se com. **Ex.** Na estrada passámos por um cami[nh]ão que transportava troncos de árvores. **6** Ir para além de/Ultrapassar. **Ex.** Na subida foi fácil ~ dois cami[nh]ões que circulavam à nossa frente. **Idi.** ~ *a perna a alguém* **a)** Ser melhor do que outrem; **b)** Enganar/Ludibriar. ~ *para trás* **a)** Ultrapassar; **b)** Ludibriar; **c)** Desconsiderar. **7** Atravessar. **Ex.** O peão deve ~ a via nas passadeiras/zebras. **8** Seguir por. **Ex.** O cinto deve ~ pelas presilhas das calças para cumprir a sua função. **9** Transpor. **Ex.** Os ciclistas do pelotão da frente passaram a meta volante [intermédia e sem paragem] há dois minutos.

10 Viajar por. **Ex.** Nunca passei por/em Coimbra(Portugal). **11** Localizar-se. **Ex.** Na minha aldeia a estrada passa junto à igreja. **12** Ir a um lugar com permanência breve. **Ex.** Passei por tua casa mas tu não estavas. **13** Mudar de lugar/Transferir(-se). **Ex.** Da cozinha passámos à sala. Passámos o móvel da direita para a esquerda da sala. O professor passou o aluno indisciplinado para a fila da frente. **14** Proje(c)tar num écran/Estar a ser exibido. **Ex.** O professor, na aula, vai ~ uma entrevista com um escritor consagrado/célebre. Nesse cinema passa um filme muito interessante. **15** Entregar. **Ex.** Passou a travessa de peixe ao colega do lado. **Idi.** *Não* ~ *cartão a ninguém* [Não dar importância/Não ligar]. **16** Prescrever. **Ex.** O médico passou-lhe uma receita com dois medicamentos. **17** Transmitir. **Ex.** A moça passou a notícia à família. O pobre velho passou-nos as suas preocupações. **Loc.** ~ *palavra* [Divulgar]. **18** Dar a oportunidade [Confiar] a alguém. **Ex.** O presidente da mesa passou [deu] a palavra ao orador da sessão. **19** Difundir-se/Espalhar-se. **Ex.** O boato passou logo em toda a aldeia. A novidade passou idi de boca em boca. **20** Emitir/Difundir. **Ex.** Essa rádio só passa música portuguesa. **21** Ser transmitido/Ir contagiar. **Ex.** Certas doenças dos pais passam para os filhos. **22** Transferir(-se) a posse ou o controlo/e. **Ex.** O velho industrial passou a empresa e todos os negócios para o filho. À morte dela os bens passaram aos herdeiros. **23** Encarregar ou ficar a cargo de alguém. **Ex.** Passou ao irmão a tarefa de lavrar o terreno. **24** Arremessar/Endossar. **Ex.** Esse jogador é muito individualista, tarda a ~ a bola aos companheiros. **Idi.** ~ *a bola a* [Pretender desresponsabilizar-se de uma obrigação ao transferi-la para outrem]. **25** Mover em sequência. **Ex.** Passava as folhas da agenda para encontrar um apontamento importante. Ao rezar passava as contas do terço. **26** Pôr em circulação. **Ex.** Constava que ele passava notas falsas. **27** Traficar. **Ex.** Naquela rua passa-se [passam] droga. Acusaram-no de ~ armas para países africanos.
28 Impingir. **Ex.** Nesse negócio passou-lhes idi gato por lebre. **29** Trocar por. **Ex.** No prego (Casa de penhores) passou o relógio idi a patacos [a dinheiro]. **30** Mudar de tema «de conversa». **Ex.** Passemos a outro assunto. **31** Mudar de estado, de atitude. **Ex.** Passou do amor ao ódio, tão grande foi a desilusão! **Loc.** ~ *a limpo* [Reescrever o texto, aperfeiçoando-o]. idi ~ *a vias de fa(c)to* [Realizar/Concretizar «o que decidira/dissera»]. **32** Mudar de cargo. **Ex.** Vai ~ de capitão a major. **33** Mudar de procedimento. **Ex.** Passou da ponderação à a(c)ção, das palavras aos a(c)tos. **34** Mudar de situação, de condição. **Ex.** Passou à reserva, depois à reforma. Ao ~ à idade adulta tomou juízo [corrigiu-se]. **Idi.** ~ *à história* **a)** Ficar célebre para o futuro; **b)** Estar desa(c)tualizado/antiquado/Não interessar]. ~ *de cavalo para burro* [Descer na escala social/Piorar a sua situação]. iron ~/*Ir desta para melhor* [Morrer]. **35** Mudar de opção, de grupo, … Chamaram-lhe vira-casacas [troca-tintas] por ~ para um clube rival. **36** Entrar através de. **Ex.** O sol passa pelos vidros e desbota (as cores d)o cortinado. O café passou pelo filtro.
37 Fazer atravessar. **Ex.** Passou o cereal moído pela peneira para separar a farinha do farelo. **38** Cul Sujeitar ao calor ao cozinhar/Fritar/Grelhar/Assar. **Ex.** Uns gostam do bife bem passado, outros de (bife) mal passado, quase em sangue. Importa ~ bem a carne de porco. **39** Cul Mergulhar em líquido um alimento ou fazê-lo envolver por substância que o cobre. **Ex.** Vou ~ a carne por ovo e pão ralado antes de a (pôr a) fritar. **40** Trespassar. **Ex.** A bala passou-lhe pelo ombro. **Loc.** ~ *à espada* [Matar]. **41** Fazer espalhar por uma superfície/Aplicar. **Ex.** Tratou de ~ manteiga na torrada. Passou verniz pelo/no soalho. A moça está a ~ creme na cara. **42** Fazer deslizar ao longo de uma superfície. **Ex.** O cão gosta que lhe passem a mão pelo pelo. **Idi.** ~ *a mão pelo pelo a alguém* **a)** Tentar acalmar; **b)** Aliciar. ~ *uma esponja sobre* [Esquecer/Perdoar/Desculpar] «o passado/a ofensa». **Loc.** ~ *em revista* [Examinar com minúcia]. ~ *os olhos/a vista por* [Ver/Ler «o jornal» à pressa, sem grande cuidado]. ~ *o pano em* [Limpar]. **43** Alisar com o ferro de engomar/~ a ferro/Brunir. **Ex.** A mãe está a ~ as camisas. **44** Decorrer. **Ex.** Passaram dois anos desde que chegou à capital. **45** Seguir o seu curso natural. **Ex.** Pareceu-lhe que a noite passou depressa [Dormiu bem, não deu pelo fluir do tempo]. **46** Ocupar o tempo. **Ex.** Passava a tarde a estudar. Passou a noite pop em claro/em branco [sem conseguir dormir]. **Loc.** ~ *a vida a* [Dedicar-se/Entregar-se continuamente a] (Ex. Passou a vida a trabalhar para filhos e netos]. **47** Tornar-se. **Ex.** Passa-se oficialmente a adulto quando se atinge(m) os dezoito anos. **48** Ser maior em quantidade, intensidade, …/Ultrapassar. **Ex.** O custo dos livros já passa os 300 euros. Num troço da linha o comboio [trem] passa os 200 km/h. **Idi.** ~ *da conta/das marcas/da medida/dos limites/das raias* [Exagerar «na asneira»]. **49** Viver para além de. **Ex.** O meu avô já passou os 90 anos. **50** Mudar de montante, de dimensão, … **Ex.** A multa passou de 30 para 50 euros. A colheita de tomate passou de 10 para 15 toneladas. **51** Ser bem sucedido/Ser julgado apto. **Ex.** Passou no exame e vai concorrer à universidade. **52** Ser considerado/julgado de forma errónea. **Ex.** Passou por engenheiro, mas era um simples técnico e pouco sabedor. **53** Ser aprovado. **Ex.** O decreto-lei passou na Assembleia da República. A proposta passou na Assembleia-Geral do clube.
54 Estar durante um certo tempo num lugar. **Ex.** Passámos as férias no Algarve (Portugal). Passei dois dias em casa, sem sair à rua. **55** Experienciar determinado estado. **Ex.** O meu pai esteve doente e passou bastante mal [e a doença teve gravidade]. – O Sr., como tem passado (de saúde)? – Bem, obrigado. E o Sr., como vai? (Formas de cumprimento de pessoas que há algum tempo não conta(c)tam entre si). **Loc.** *Passe bem!* **a)** Forma de cumprimento à despedida; **b)** iron Expressão que denota irritação, desprezo, a seguir a uma conversa desagradável. **56** Enfrentar/Viver uma situação. **Ex.** Não foram poucos [Foram muitos] os problemas por que passei. **57** fam ~-se/Perder o juízo/Descontrolar-se. **Ex.** Não diz pop coisa com coisa [Não se entende o que diz], deve estar a ~-se. **58** ~-se/Ficar azedo/Degradar-se. **Ex.** Com [Por causa d]a trovoada, que agitou as borras do tonel, o vinho passou-se. **59** ~-se/Acontecer. **Ex.** Queria saber como as coisas [os fa(c)tos estranhos] se passaram.
60 Ser submetido a. **Ex.** Só é admitido depois de ~ por muitos testes. **61** Chegar

ao fim/Terminar/Esgotar-se. **Ex.** As férias passaram, agora é o tempo de estudar. Está a ~ o prazo de concorrer. **62** Ser transitório. **Ex.** As modas passam. **63** Ser tolerado. **Ex.** Por hoje col a coisa [infra(c)ção/o erro/falta] passa, mas acabou!... **64** Pôr ou ficar seco, geralmente ao sol. **Ex.** Esse é o processo de ~ as uvas. **65** Sofrer um processo evolutivo. **Ex.** Alguns inse(c)tos passam por metamorfoses. **66** *Dir* Emitir e assinar um documento com valor legal. **Ex.** Passou uma procuração ao irmão para o representar no notário. **67** Aplicar a alguém. **Ex.** O polícia [*Br* policial] passou-me uma multa/multou-me. O chefe passou uma repreensão ao [repreendeu o] empregado. **68** Subsistir. **Ex.** A crise obriga muitos a ~ com uma sopa, umas sanduíches, ... Ele consegue ~ sem [consegue dispensar] muitas coisas a que se habituara. **Loc.** Ter com que ~ [Ter recursos bastantes para viver]. **69** Ter a vivência de/Sentir. **Ex.** Cheguei a ~ fome e frio. **Idi.** *~ as passas do Algarve* [Experimentar grandes dificuldades/Sofrer muito]. **70** Ocupar o tempo. **Ex.** O que importa é ~ o tempo [é entreter-se]. Passou a vida a [Durante anos e anos sempre procurou] trabalhar para esta causa. **71** Aparecer subitamente. **Ex.** Passou-me essa ideia absurda pela cabeça. **Loc.** ~(-me, -lhe, ...) da ideia [Esquecer]. **72** No jogo das cartas, não participar numa jogada. **Ex.** Eu passo. **73** Deixar de fazer alguma coisa. **Ex.** Ele não passa sem vir visitar o pai antes de partir para férias. **74** Como verbo auxiliar, tem valor incoativo. **Ex.** Passei a levantar-me mais cedo a partir daí.

pássara s f pop (<pássaro) ⇒ passarinha 3(+).

passarada s f (<pássaro + -ada; ⇒ passarinho) **1** Bando de pássaros. **Ex.** Ao acordar oiço logo o chilreio da ~. **2** Conjunto dos pássaros. **Ex.** A ~ já anda no pomar a fazer estragos.

passarão s m (<pássaro + -ão) **1** *Aum* de pássaro/Pássaro grande. **2** *pop* Indivíduo vivido/experiente/sabedor. **Ex.** Não é fácil enganá-lo, sabe muito, é ~! **Sin.** Pardal 2; raposa. **3** *pop depr* Pessoa matreira/manhosa. **Ex.** É preciso muito cuidado com ele, que não é de (con)fiar, é ~!

passareira s f (<pássaro + -eira) Gaiola grande para (criar) pássaros. ⇒ aviário.

passarela (Ré) s f (<fr *passerelle*) **1** Pequena ponte de tábuas destinada aos peões enquanto dura a construção de uma obra. **2** Ponte estreita destinada a peões sobre uma estrada ou uma rua/Passagem superior. **3** Estrado longo onde se realiza um desfile de moda ou de concurso de beleza. **Ex.** O público seguiu atentamente o desfile dos manequins que pisaram a ~ com as novidades para a estação primavera/verão. **4** Num teatro, estrado a separar a plateia do poço da orquestra, onde se executam alguns números especialmente de dança.

passarinha s f (<pássaro + -inha) **1** Pequena ave fêmea. **2** Baço de porco ou de outro animal. **3** *pop* Parte externa dos órgãos genitais femininos/Vulva.

passarinhada s f (<passarinho + -ada) **1** ⇒ passarada. **2** *Br* Pinote que a cavalgadura dá quando se assusta.

passarinhar v int (<passarinho + -ar[1]) **1** Andar a caçar pássaros. **2** *fig* Andar de um lado para o outro sem obje(c)tivo definido. **Ex.** Vi-o a ~ na praça, será que ele não tem nada que fazer?

passarinheiro, a s (<passarinho + -eiro) Caçador/Criador/Vendedor de pássaros. ⇒ passarinhada **2** «de cavalo».

passarinho s m (<pássaro + -inho) *Dim* de pássaro/Pássaro pequeno. **Loc.** *Olha o ~!* (Expressão comum usada por quem tira uma fotografia a alguém ou a um grupo, esperando despertar um sorriso). **Idi.** *Ir-se/Morrer como um ~* [Ter uma morte tranquila, sem agonia]. *Ser um ~ a comer* [Alimentar-se muito pouco] (Ex. O meu filho é um ~ a comer, idi é um castigo para engolir alguma coisa à refeição).

pássaro s m (<lat *pásser, eris*: pardal) **1** Qualquer pequena ave. **Ex.** Gostava de apanhar ~s nas armadilhas. **Idi.** *Ter o pássaro na mão e deixá-lo fugir* [Dispor de uma boa oportunidade ou vantagem e desperdiçá-la]. **2** Designação comum de aves de pequeno porte, da ordem dos passeriformes, que têm bico desprovido de cera na base, três dedos orientados para a frente e o polegar para trás. **3** *fig* Indivíduo astuto, capaz de enganar. **Ex.** Esse ~ já não me leva [engana/seduz], sei do que ele é capaz.

passaroco (Rô) s m (<pássaro + -oco) *Dim* de pássaro/Ave pequena.

passarolo/a (Ôlo, Óla) s f (<pássaro + -ola) **1** Pássaro grande. **2** s f *Aer Hist* Nome dado ao aeróstato de ar quente que o português Bartolomeu de Gusmão construiu em 1709, semelhante a uma grande ave.

passatempo s m (<passar + tempo) **1** Ocupação do tempo livre em a(c)tividade despreocupada e agradável. **2** O que distrai/Entretenimento em tempo de lazer. **3** Jogo de decifração com palavras, números ou imagens em se(c)ção específica de jornal ou revista. **Ex.** As palavras-cruzadas eram o seu ~ preferido na praia.

passável adj 2g (<passar + -vel) «vinho» Que tem qualidade razoável, que pode ser admitido/aceite/Satisfatório.

passe s m (<passar) **1** Autorização para transitar num local/Licença de livre trânsito. **Ex.** Como tinha [dispunha de] um ~, eu podia movimentar-me em todo o recinto sem quaisquer entraves. **Comb.** Casa de ~ [Casa de prostituição/Bordel/Lupanar]. **2** Título de transporte passado por empresa de transporte público, válido para deslocações num ou em mais meios de transporte dentro de determinado espaço e durante um determinado período de tempo. **Ex.** Com o meu ~ mensal posso viajar no comboio [trem], no autocarro [ônibus] e no barco que atravessa o rio, fazendo todas as viagens que quiser. **Comb.** *~ combinado* [que permite a utilização de mais que um meio de transporte no mesmo espaço e durante o mesmo período de tempo]. *~ social* [que se destina a qualquer passageiro de empresa subsidiada pelo Estado]. **3** Cartão de identificação do passageiro de transporte público em que se afixa uma senha indicando o tempo de validade ou que tem um *chip* para carga electró[ô]nica. **4** *(D)esp* Passagem da bola a um colega de equipa mais bem colocado para prosseguir a jogada. **Ex.** Ele era exímio a fazer ~s a grande distância. **5** *Dir* Ligação contratual de um atleta a um clube, tendo este direito a uma quantia geralmente avultada em caso de transferência para outro clube na vigência do contrato. **Ex.** O meu clube só tem 50% do ~ desse jogador. **6** *Tauromaquia* Lance em que o toureiro incentiva o touro a investir. **Comb.** ~ de capote. ~ de muleta. **7** Movimento de mãos do hipnotizador diante dos olhos da pessoa a hipnotizar, ou do ilusionista que perante o público mostra a sua arte. **Comb.** ~ de mágica **a)** Gesto rápido do ilusionista para fazer desaparecer ou deslocar obje(c)tos; **b)** A(c)ção que parece inexplicável, resultado de magia. **8** ⇒ Carícia/Meiguice/Afago/Mimo. **9** Expressão interje(c)tiva de transigência/concessão (por parte) do falante. **Ex.** Eu tinha vontade de me opor, mas já estou cansado de lutar em vão contra a maré, e acabei por dizer: ~!

passeador/ora/deira adj/s (O) que passeia muito ou gosta de passear.

passeadou[oi]ro s m (<passear + -douro) **1** Lugar usado para passear. **2** A(c)ção de andar a passear repetidamente de um lado para o outro. **3** A(c)ção frequente [Hábito] de passear.

passeante adj/s 2g (<passear + -(a)nte) **1** (Pessoa) que anda a passear. ⇒ transeunte; passeador. **2** *Br* (Indivíduo) entregue à [que vive na] ociosidade, dado à vadiagem.

passear v int/t (<passo + -ear) **1** Caminhar despreocupadamente, sem pressa(s), para recreação ou (prática de) exercício físico. **Ex.** À tardinha gosta de sair a ~ pela avenida. **Idi.** *Mandar ~* [Mandar embora alguém em sinal de impaciência, irritação ou discordância/idi Mandar bugiar] (Ex. Vai ~!... Tenho mais que fazer do que aturar-te!). **2** Levar à rua, a espairecer. **Ex.** Ao domingo o pai passeia as crianças até ao jardim. A vizinha passeia o cão pelas redondezas da casa. **3** Viajar por simples entretenimento. **Ex.** No inverno, nas tardes de domingo, gosta de sair, de ~ de carro, de dar uma volta. **4** Passar vagarosamente. **Ex.** Com [Tendo] toda a tarde livre, eu passeava os olhos pela longa fila de bugigangas da feira, à espera de encontrar alguma que me avivasse recordações da infância. **5** Mostrar/Exibir/Evidenciar. **Ex.** A miúda, vaidosa, passeava o vestido novo diante das amigas. O habilidoso futebolista, o nosso craque, passeou durante anos a sua classe [arte] pelos relvados do país vizinho «Espanha». **6** *fig (D)esp* Superiorizar-se nitidamente ao adversário. **Ex.** Os nossos [da nossa equipa/e] quase não precisaram de correr, limitaram-se a ~ no relvado e conseguiram uma vitória por 3 bolas a 0.

passeata s f (<passeio + -ata) **1** *pop* Passeio/Excursão/Volta. **2** *Br* Marcha cole(c)tiva de reivindicação/protesto/.../Manifestação(+).

passeio s m (<passear) **1** A(c)to de passear. **2** Caminhada lenta feita com prazer. **Ex.** Um ~ pelo jardim à tarde é sempre agradável. **3** Lugar aprazível para passear. **Ex.** O Passeio Marítimo de Oeiras (Portugal) atrai muita gente, que ao longo de alguns quiló[ô]metros ali se delicia com um panorama soberbo/maravilhoso. **4** Faixa lateral, geralmente desnivelada, de uma rua ou via, sendo destinada ao trânsito de peões. **Ex.** A existência de obstáculos nos ~s provoca a indignação de muita gente. **5** Excursão. **Ex.** O ~ do Clube (n)este ano é às grutas de Mira d'Aire (Portugal), passando por Fátima. **Comb.** Traje de ~ [Roupa informal]. **6** *fig (D)esp* Coisa fácil/Superioridade manifesta de um dos contendores sobre o(s) outro(s) numa competição. **Ex.** Para o vencedor a prova foi um ~.

passeiro, a adj/s f (<passa + -eira) **1** s f Lugar de secagem de frutas ao sol. **2** s f Lugar em que se guardam passas. **3** «cavalo» **a)** Que anda bem a passo; **b)** Vagaroso mas seguro.

passe-partout fr **1** Chave mestra/que serve para abrir várias fechaduras. **2** Espécie de moldura em volta de quadro, fotografia, …

passeriforme adj/s 2g (<pássaro + -forme) **1** Que tem as cara(c)terísticas gerais dos pássaros. **2** pl Ordem de aves de porte pequeno ou médio, com o esterno em quilha, as patas com três dedos orientados para a frente e o polegar para trás.

passe-vite fr s m (⇒ fr passer: passar + vite: rápido) Utensílio de cozinha que serve para esmagar e passar legumes cozidos. **Sin.** Trituradora(+). ⇒ Varinha mágica.

passibilidade s f (<lat passibílitas, átis) **1** Qualidade do que é passível ou passivo. **2** Condição do que está sujeito a experimentar sensações ou emoções. **3** Propensão para sofrer sem reagir. **Ex.** A vida tem sido tão dura para ele que o seu comportamento é já de ~ face ao que lhe acontecer.

passiflora s f Bot (<lat pássio, ónis: paixão de Jesus + flor) Designação comum a um grupo de plantas da família das passifloráceas «maracujá/flor-da-paixão/flor-do-martírio», naturais das zonas tropical e subtropical, sendo algumas cultivadas como ornamentais ou pelos frutos.

passifloráceo, a s/adj (passiflora + -áceo) Planta ou família de plantas originárias de zonas tropical e subtropical, geralmente trepadeiras com gavinhas, bonitas flores e frutos comestíveis. **Ex.** O maracujá é uma ~a.

passim lat Palavra posposta a uma fonte bibliográfica para indicar a existência nela de numerosas referências/Aqui e acolá/Em várias partes.

passional adj/s 2g (<lat passionábilis, e) **1** Referente a paixão, sobretudo amorosa. **Comb.** Estado ~. **2** Movido ou motivado por paixão violenta. **Ex.** O jornal traz o relato de um drama ~. **Comb.** Crime ~. **3** (Pessoa) dominada por uma paixão ou por um sentimento arrebatado. **4** s m Crist ⇒ passionário.

passionário s m Crist (<lat pássio, ónis: sofrimento + -ário) **1** Compilação que relata a vida, os milagres e os sofrimentos de alguns santos mártires/Martirológio(+). **2** Livro que narra a Paixão de Cristo segundo os evangelistas.

passivamente adv (<passivo + -mente) **1** Sem reagir/De forma submissa. **Ex.** Foi multado e aceitou ~ a decisão da autoridade/polícia. **Ant.** A(c)tivamente. **2** De forma indiferente/Sem entusiasmo. **Ex.** Recebeu ~ a notícia de que ia ter um aumento de salário.

passivar v t (<passivo + -ar¹) **1** Gram Dar forma passiva a um verbo ou a uma frase/Apassivar. **2** Tornar apático/inerte/indiferente. **3** Quím Tornar quimicamente ina(c)tivo um elé(c)trodo/Impedir a corrosão ele(c)troquímica de um metal.

passível adj 2g (<lat passíbilis, e; ⇒ passivo) **1** Susce(p)tível/Sujeito a experimentar [sofrer] alterações de estado. **Ex.** Qualquer organismo é ~ de desequilíbrios, de perturbações ocasionais. **2** Que está sujeito a uma sanção/penalização. **Ex.** A infra(c)ção cometida é ~ de multa gravosa/pesada.

passividade s f (<passivo + -idade) **1** Qualidade, natureza ou estado do que é passivo/Atitude de apatia ou de aceitação submissa. **Ex.** A ~ que algumas pessoas revelam é o maior obstáculo à melhoria das suas condições de vida. **2** Falta de iniciativa ou de a(c)tividade/Indiferença. **3** Quím Resistência de alguns metais à oxidação quando estão cobertos de uma camada que a impede.

passivo, a adj/s (<lat passívus, a, um <pátior, pássus sum: sofrer, suportar) **1** Que sofre o efeito de alguma a(c)ção ou impressão. **Ex.** Cabe ao Estado legislar para proteger os fumadores ~s. **Comb.** Sujeito ~ «do imposto» [Contribuinte]. **2** Que não reage, como seria de esperar, a estímulos ou à alteração da situação. **Ex.** Aquela gente, já desiludida da vida, é ~a, tudo aceita sem protestar. **3** «um olhar» Que revela apatia/indiferença. **4** Que revela pouca a(c)tividade ou falta de iniciativa. **Ex.** O professor procura que na aula os alunos não se comportem de forma ~a. **5** s m Conjunto das obrigações e dívidas de uma pessoa jurídica. **Ex.** O ~ da empresa ascende a [atinge] vários milhares de euros. **Ant.** A(c)tivo. **6** Ling Diz-se do vocabulário que o falante reconhece mas não usa. **7** Gram (Diz-se da) categoria da forma verbal ou construção frásica em que o sujeito gramatical funciona como paciente. **Ex.** A frase O livro é lido pelo aluno está na (voz) passiva. A ~a do infinitivo (de) amar é ser amado. **Comb.** ~a pronominal [construída com o pronome indefinido (-)se, estando o verbo na voz a(c)tiva na terceira pessoa sing ou pl] (Ex. Publica-se muito escrito sem interesse. Vendem-se casas a preços módicos. **Frase** ~a. **Verbo** ~. **(Voz)** ~a.

passo¹, a s m (<lat pássus, us <pándo, ere, di, pansum ou passum: estender) **1** A(c)to de fazer avançar um dos pés ao caminhar, alternando com o outro pé. **Ex.** Dei um ~ em frente. **Loc.** ~ a ~ [Em todas as fases/A pouco e pouco/Gradualmente] (Ex. Acompanhei o meu neto nos estudos ~ a ~. Importa avançar ~ a ~, sem pressas. ~ a ~ [Pouco a pouco (+)] fui conseguindo reunir um razoável pecúlio [juntar bastante dinheiro]). **A cada** ~ [A cada momento/Frequentemente] (Ex. A cada ~ ele vem pedir dinheiro). **Acertar o** ~ **a)** Caminhar ao mesmo ritmo «um dois, um dois!» (⇒ Trocar o ~); **b)** idi A(c)tuar em concordância com alguém. idi **A dois** ~s [Muito perto] (Ex. A minha casa fica ali a dois ~s da estação). **Alargar o** ~ [Com o mesmo número de ~s, percorrer uma distância maior do que até aí.] **Ao** ~ **que a)** Ao contrário/Enquanto/Mas (Ex. Ele tem sempre férias, ao ~ que [, mas] eu nem sempre as posso ter); **b)** À medida que (Ex. Ao ~ que ia progredindo no curso, as dificuldades iam diminuindo). **A par e** ~ **a)** Frequentemente (Ex. A par e ~ ele vinha a minha casa); **b)** No mesmo andamento/Ao mesmo tempo (Ex. Tirámos o curso a par e ~). «o cavalo ir» **A** ~ [Devagar]. **A** ~ **de boi** [Vagarosamente]. **A** ~ **de caracol**/lesma [Muito devagar]. **A** ~s **de gigante**/**A** ~s **largos** [Em ritmo acelerado/Rapidamente]. **Ceder o** ~ [Dar prioridade na passagem/Deixar passar primeiro]. **Dar os primeiros** ~s **a)** «a criancinha» Começar a andar; **b)** idi Estar a começar, no início. (D)esp **Dar** ~s [No basquetebol, infra(c)ção de correr com a bola sem a bater no chão]. **Dobrar/Estugar o** ~ [Andar mais depressa]. **Trocar o** ~ **a)** Mil Não avançar o pé, direito ou esquerdo, ao mesmo tempo que os restantes soldados (⇒ Acertar o ~); **b)** Andar com dificuldade por estar embriagado. **Idi. Dar o primeiro** ~ [Tomar a iniciativa]. **Dar um mau** ~ [Tomar uma decisão errada/prejudicial/Fazer um disparate]. **Dar um** ~ **em falso** [Cometer um erro]. **Marcar** ~ **a)** Levantar alternadamente os pés sem sair do mesmo sítio; **b)** Não progredir [Não melhorar a situação]. **Não ceder/recuar um** ~ [Manter-se firme/Não condescender]. **Seguir os** ~s **de a)** Ir atrás de alguém, procurando alcançá-lo; **b)** Imitar alguém ou continuar a sua obra. **Comb.** ~ **de gigante a)** Passada larga; **b)** idi Grande avanço num processo, num proje(c)to, … (Ex. Essa autorização foi um ~ de gigante para a concretização do nosso plano). ~s **Perdidos** [Sala ou corredor de alguns edifícios em que as pessoas passeiam enquanto esperam] (Ex. Os deputados são muitas vezes entrevistados nos ~s Perdidos do Parlamento). **2** Distância/Espaço entre os pontos de apoio do mesmo pé no começo e no fim de cada um desses movimentos. **Ex.** A sala não tinha de largura mais de cinco ~s «dos meus». **3** Vestígios espaçados das marcas de pés ou do calçado. **Ex.** Os ~s ficaram bem marcados na neve.

4 Ruído produzido ao caminhar. **Ex.** De madrugada, na aldeia, ouvem-se nitidamente os ~s de quem vai na rua. **5** Cada um dos movimentos de uma dança. **Ex.** Os ~s da valsa são de [têm] grande elegância. **6** Mil Cada maneira de marchar na tropa. **Comb.** ~ **de ganso** [Marcha em que não se dobra a perna] (Ex. Nos exércitos de Hitler e de Mussolini ado(p)tou-se o ~ de ganso). **7** Marcha de um animal. **8** Andamento mais lento da marcha do cavalo. **Ex.** Quando monto, gosto de ensaiar os três andamentos: a ~, a trote, a galope. **9** Decisão importante na vida de alguém. **Ex.** A escolha de um curso é quase sempre um ~ que condiciona toda (um)a vida. **10** Cada uma das diligências a realizar para conseguir um obje(c)tivo. **Ex.** Os ~s a dar para se obter uma decisão favorável vão obrigar à colaboração de muita gente. **Idi. Dar os** ~s **para** [Fazer o que é preciso para conseguir algo]. **11** Excerto de uma obra literária, de um texto, de um discurso/Passagem. **Ex.** Esse ~ do romance é de um dramatismo comovente. **12** Passagem estreita/Estreito «de Gibraltar». **13** Deslocamento longitudinal de um parafuso por cada volta inteira.

passo² s m maiúsc Catol (<pássus, a, um: que sofreu <pátior, ti, pássus sum: sofrer) Cada uma das catorze estações da Via Sacra, representação pictórica ou escultural que evoca a Paixão de Cristo desde a condenação à morte até à sepultura. **Comb. Procissão dos** ~s. **Senhor dos** ~.

passou-bem s m (<passar + …) (Cumprimento de) aperto de mão. **Ex.** Costuma dar-se um ~ a pessoas com quem não há intimidade e que não se encontram frequentemente. ⇒ mãozada.

password ing s f Info Palavra, fórmula ou sequência de letras e números que só ao utilizador permite o acesso a uma área de trabalho/Palavra-chave.

pasta s f (<gr páste: caldo grosso, massa de farinha) **1** Substância pouco consistente que resulta da mistura de um líquido ou de substância viscosa a outra sólida previamente moída ou triturada/Massa. **Ex.** Tapou as pequenas fendas da parede com uma ~ fina. **Comb.** ~ **de dentes** [~ dentifrícia/dentífrica/Conteúdo de bisnaga com que se escovam os dentes na higiene oral] (Ex. As ~s de dentes contêm flúor para os proteger da cárie). ~ **de fígado** [Patê]. ~ **de papel** [Celulose]. **2** Porção de metal fundido antes de ser trabalhada. **3** Capa de material resistente, cartão, cartolina ou plástico, para guardar documentos/Dossiê. **4** Mala portátil de cabedal ou de outro material, com ou sem pega, para levar livros, papéis, documentos. **5** Info Dire(c)tório de arquivos. **6** Cargo de ministro

num Governo. **Ex.** A ~ das Finanças é das mais difíceis em países com dificuldades. **Comb.** ~ *da Administração Interna*. ~ *da Economia*. ~ *da Educação*. ~ *da Justiça*. ~ *da Saúde*. *Ministro sem* ~.**7** *pop* Dinheiro. **Sin.** *pop* Massa(+); *pop* Papel.

pastagem *s f* (<pastar + -agem) **1** A(c)to de pastar. **2** Terreno coberto de erva ou de vegetação arbustiva, geralmente espontânea/Prado/Lameiro. **Ex.** Ainda criança, levava já as vacas à ~ onde, no verão, elas pernoitavam, regressando ao estábulo de manhã, antes das horas do calor. **3** Essa erva e outra vegetação que serve de alimento ao gado/Pasto. **Ex.** A combinação de chuva com dias de calor a seguir é muito favorável à ~.

pastar *v t/int* (<lat *pásto, áre* <*pásco, ere*: apascentar) **1** Levar o gado ao pasto. **2** Comer o gado a erva e a vegetação geralmente espontânea das pastagens. **3** *fig* Ter prazer em/Deleitar-se.

pastel[1] *s m* (<fr an *pastel* <lat *pastéllum*: massa de farinha) **1** Massa de farinha, de polme ou batata... com recheio de carne, peixe, marisco, fruta ou doce, frita ou assada no forno, que se vende em cafés ou pastelarias. **Comb.** ~ *de bacalhau*. ~ *de carne*. ~ *de massa folhada*. ~ *de nata* [Pequeno bolo circular, feito de massa folhada e creme de natas, gemas, açúcar e alguma farinha]. ~ *de Belém* [~ de nata, a polvilhar com canela, muito apreciado] (Ex. Em Lisboa, a visita de turistas ao Mosteiro dos Jeró[ô]nimos, joia do estilo manuelino, é ritualmente complementada nas redondezas com um cafezinho acompanhado do célebre e delicioso ~ de Belém). **2** *Tip* Mistura de cara(c)teres tipográficos depois de se desfazer uma composição. **3** *fam depr* **a)** Pessoa indolente, preguiçosa, sem iniciativa/Molengão; **b)** Pessoa enfermiça, de pouca saúde.

pastel[2] *s m/adj* (<it *pastello*) **1** Lápis feito com giz a que se adicionam pigmentos de várias cores, com o qual se obtém uma pintura de esbatidos suaves, muito usado em retratos e paisagens. **2** Processo de pintura a seco sobre tela, papel ou pergaminho, de cores inalteráveis e luminosas, obtida com esse lápis. **Comb.** Pintura a ~. **3** Quadro feito com essa técnica de pintura. **4** Diz-se de cores ténues e suaves, como os tons de ~, ou de obje(c)tos que as apresentem [tenham]. **Comb.** Azul ~. Blusa ~.

pastelada *s f* (<pastel[2] + -ada) Manchas/Borrões suaves, de tom pastel[2] 4/Pincelada.

pastelão[1] *s m Cul* (<pastel[1] + -ão) **1** *Aum* de pastel/Pastel grande. **2** Empadão de massa folhada recheada. **3** Prato feito com pedaços de carne, peixe, batatas, ovos, cebola e salsa que vão a fritar.

pastelão[2], **ona** *s/adj depr* (<pastel[1] 3 + -ão) (Pessoa) indolente, muito lenta a fazer alguma coisa. **Ex.** A miúda é (uma) ~ona a comer, tem falta de apetite.

pastelaria *s f* (<pastel[1] + -aria) **1** Arte de confe(c)cionar bolos, pastéis. **Ex.** Nos conventos desenvolveu-se muito a ~, os segredos culinários continuam religiosamente guardados. **2** Conjunto de iguarias doces e salgadas feitas com massa de farinha. **Ex.** Há estabelecimentos que se distinguem pela sua ~. **3** Indústria e comércio de bolos. **4** Estabelecimento comercial onde se vendem bolos, pastéis, bebidas. **Ex.** Costumava tomar o pequeno-almoço na ~ da esquina.

pasteleiro, a *s* (<pastel[1] + -eiro) Pessoa que, por profissão, confe(c)ciona cremes, massas para bolos, pastéis.

pastelista *s 2g* (<pastel[2] + -ista) Pessoa que desenha ou pinta a pastel.

pasteurização *s f* (<pasteurizar + -ção) **1** A(c)to ou efeito de pasteurizar. **2** Exposição de certos alimentos a temperaturas elevadas por um tempo suficiente para se lhes eliminarem microrganismos prejudiciais à saúde, provocando logo o seu arrefecimento brusco, preservando-se o sabor e a qualidade desses produtos. **Ex.** A ~ de produtos lácteos veio eliminar muitos riscos para a saúde pública.

pasteurizado, a *adj* (<pasteurizar) Diz-se de alimento que foi sujeito a pasteurização. **Comb.** Leite ~. Natas ~as.

pasteurizador, ora *s* (<pasteurizar + -dor) **1** Pessoa que comanda o processo de pasteurização de alimentos/Operador de pasteurização. **2** *s m* Aparelho utilizado para eliminar dos alimentos os agentes patogé[ê]nicos no processo de pasteurização.

pasteurizar *v t* (<antr *L. Pasteur*, químico e biólogo francês do séc. XIX + -izar) Esterilizar produtos alimentares pelo método de pasteurização.

pastiche/o *s m* (<fr *pastiche*) **1** Obra literária ou artística que é imitação grosseira de outra. **2** Ópera composta com fragmentos de outras óperas, do mesmo autor ou não. ⇒ miscelânea.

pastilha *s f* (<esp *pastilla*; ⇒ pasta) **1** Pasta açucarada sólida a que se juntam corantes e essências de sabor variado. **Comb.** ~ *elástica* [Guloseima pegajosa e elástica fabricada com goma de algumas árvores e substância açucarada de sabor variado, própria para mascar/Chiclete]. **2** Drageia obtida por compressão de substâncias medicamentosas secas, geralmente açucarada, digerida derretendo-se na boca/Comprimido. **Ex.** Quando no inverno me dói a garganta, tomo umas ~s. **3** Pequeno bloco de detergente com uma forma semelhante a ~/Cápsula. **Ex.** Preciso de comprar ~s para a máquina de lavar a loiça. **4** Pasta que se queima para perfumar o ambiente. **5** Peça do travão de disco, que, exercendo pressão, imobiliza o veículo. **Ex.** Na revisão do carro pediu para lhe verem o estado das ~s. **Loc.** Ir na ~ [Deslocar-se a grande velocidade]. **6** Pequeno azulejo de porcelana polido usado no revestimento exterior de paredes. **7** *Br* Ladrilho usado no revestimento de pisos e paredes. **8** *fig* Contrariedade/Estopada/*col* Chatice. **Idi.** *Engolir/Gramar a* ~ [Aguentar sem reclamar]. **9** Bofetada/Sopapo/Castigo. **Ex.** Vê lá, juízo! Senão levas [apanhas] uma ~ que até andas de lado!... **10** (*D*)*esp* Forte pontapé na bola. **Ex.** O ponta de lança atirou cá uma ~ que deixou as mãos do guarda-redes [*Br* goleiro] a arder!

pastinha *s f* (<pasta + -inha) **1** *Dim* de pasta. **2** Chapéu pequeno. **3** Penteado em que algum cabelo cai sobre a testa ou sobre os lados da cabeça, em forma de onda.

pastio *s m* (<pasto + -io) Lugar onde há pastagem, onde pasta o gado.

pasto *s m* (<lat *pástus, us*) **1** A(c)to ou efeito de pastar/Pascigo. **2** Vegetação rasteira [Erva] que serve de alimento ao gado. **3** Terreno em que o gado pasta/Pastagem. **Ex.** O lavrador leva diariamente os animais ao ~. **4** Alimento/Comida. **Comb.** Casa de ~ [Estabelecimento modesto que serve refeições/Tasca]. ⇒ restaurante. **5** *fig* O que é consumido/destruído. **Ex.** Várias culturas e mato foram ~ das [foram consumidos pelas] chamas, que progrediam assustadoramente devido ao vento forte. **6** *fig* Doutrina que serve de alimento à mente. **7** Assunto de conversa, de murmuração. **Ex.** O escândalo recente era obje(c)to(+) [o ~] da coscuvilhice das comadres. **8** O que proporciona satisfação/deleite. **Ex.** A música era o ~ [prato/regalo(+)] que preferia nas horas de lazer.

pastor, ora (Tô) *s m* (<lat *pástor, óris*) **1** Pessoa que conduz às pastagens e guarda o gado/Pegureiro. **Ex.** O ~ e o cão guardam o rebanho. **2** *Catol* Sacerdote que tem a seu cargo a orientação religiosa de uma comunidade/Guia espiritual. **Ex.** O pároco é o ~ na paróquia, o bispo é o ~ na diocese. **Comb.** ~ *de almas*. *maiúsc Bom* ~ [Título que, segundo o Evangelho de S. João, Cristo atribuiu a si próprio]. **3** *Rel* Ministro do culto entre os protestantes. **4** Designação dada a algumas raças de cães. **Comb.** ~ *alemão* [Cão robusto originário da Alemanha, de pelagem preta, acinzentada ou amarelada, de orelhas pontiagudas e focinho alongado, usado como cão de guarda, guia de cegos, auxiliar da polícia na dete(c)ção de drogas/Cão polícia]. ~ *da Serra da Estrela* (Portugal) [Cão corpulento que guarda os rebanhos nas pastagens da montanha]. **5** *Br adj m* Diz-se de alguns (animais) machos, como o boi, o cavalo ou o carneiro, usados para reprodução.

pastoral *adj 2g/s f* (<lat *pastorális, e*) **1** Relativo ao [Próprio do] pastor/Pastoril(+). **2** Que evoca cenas da vida do campo/Rústico/Idílico. **Comb.** Sinfonia ~. **3** *Catol* Relativo ao guia espiritual de uma comunidade, sobretudo o bispo. **Comb.** *Agente* ~ «ministro da comunhão/catequista». *Carta* ~. *Múnus* ~. *Teologia* ~. *Visita* ~. *Zelo* ~. **4** *s f* Carta circular do Papa ou do bispo dirigida ao clero e aos fiéis. **5** *s f* A(c)tividade de apostolado dos vários agentes de evangelização. **Ex.** Os meus pais participam a(c)tivamente na ~ da paróquia [são agentes ~ais]. **6** *Arte* Composição poética, teatral ou musical que tem por tema a vida pastoril.

pastorear *v t* (<pastor + -ear) **1** Guiar até ao pasto e guardar o gado. **Ex.** É difícil a tarefa de ~ nos dias gelados de inverno. **2** *Rel* Orientar os fiéis visando o seu aperfeiçoamento espiritual. **Ex.** Cabe ao bispo ~ os seus diocesanos.

pastoreio *s m* (<pastorear) **1** A(c)to de pastorear, de conduzir o gado à pastagem e o de guardar. **2** *Rel* A(c)tividade de guiar os fiéis que lhe estão confiados.

pastorela *s f Liter* (<pastor + -ela) Canção medieval em que duas personagens dialogam, uma pastora e um cavaleiro/Écloga.

pastorício, a *adj/s f* (<lat *pastorícius, a,um*) **1** Relativo a pastor ou à pastorícia. **2** *s f* A(c)tividade econó[ô]mica de criação de animais que se levam às pastagens e se apascentam. **Ex.** A agricultura e a ~ permitiram a sedentarização do homem no período neolítico.

pastoril *adj 2g* (<pastor + -il) **1** Relativo a pastor ou ao seu modo de vida. **Ex.** A vida ~ favorece a simplicidade, a calma, a reflexão. **2** Que descreve [tem como tema] a vida de pastores. **Comb.** *Poesia* ~. *Gé[ê]nero* ~. *Romance* ~. **3** Que releva a faceta idílica da vida campestre/Bucólico. **Ex.** O poeta latino Virgílio, n'*As Bucólicas*, canta, num diálogo entre pastores, a tranquilidade e a pureza de sentimentos próprias do universo [mundo/ambiente/meio] ~.

pastorinho, a *s* (<pastor + -inho) **1** *Dim* de pastor. **Ex.** Dois dos três ~s (Jacinta, Francisco e Lúcia) que em Fátima (Portugal), em 1917, testemunharam as Aparições de Nossa Senhora foram beatificados no ano 2000 pelo papa João Paulo II. **2** *s f Ornit* Ave passeriforme da família dos motacilídeos, de cauda longa, com um alto na cabeça, plumagem branca e preta, também designada de alvéola e lavandisca; *Motacilla alba*.

pastosidade *s f* (<pastoso + -idade) **1** Qualidade ou estado de pastoso, do que é ou se apresenta pastoso/mole. **2** Falta de consistência/Moleza. **3** Qualidade ou estado de pegajoso/viscoso.

pastoso, a (Ôso, Ósa, Ósos) *adj* (<pasta + -oso) **1** Que apresenta a forma de pasta/Espesso. **Ex.** Com a fervura prolongada, a calda «de açúcar/tomate» foi ficando ~a. **2** Que tem falta de consistência/Mole. **3** Viscoso/Pegajoso. **4** *fig* Diz-se da voz arrastada, sem fluidez e pouco clara.

pata *s f* (< ?) **1** ⇒ pato. **2** Cada um dos membros pares de um animal, que lhe asseguram o equilíbrio e a locomoção ao apoiar-se no chão. **3** *depr pop* Pé ou mão de alguém. **Ex.** E se tirasses [Não tiras] a ~ daí para eu passar? **Loc. Ir à ~** [Deslocar-se/Ir a pé]. **idi Meter a ~ na poça** [Fazer ou dizer alguma coisa inconveniente/inoportuna]. **4** *pop* Pé muito grande de alguém. **Ex.** O miúdo tem já ~ para calçar o n.º 43! **5** *fig* Domínio opressivo/Jugo/Tirania. **Ex.** A ~ do invasor impedia que o povo *col* levantasse a cabeça. **6** *Mar* Extremidade do braço da âncora.

-pata *suf* (<gr *páthe*: sofrimento) Significa **a)** Doença (Ex. cardio~, neuro~, psico~); **b)** Experienciar (Ex. telepata).

pataca *s f* (<it *patacca* ?; ⇒ pataco) **1** Moeda antiga brasileira, de prata, que valia 320 réis. **2** Moeda de prata que circulou em Macau e Timor. **Idi.** Árvore das ~s **a)** Símbolo de abundância; **b)** Riqueza que se julga poder obter sem trabalho. **3** *pl* Quantia em dinheiro. **Ex.** Preciso de ganhar mais umas ~s. Isso não vale uma [meia] ~ [um tostão/nada]! **4** *Br Ornit* Ave inse(c)tívora da família dos cuculídeos, com cerca de 50 cm de comprimento, também conhecida por alma-de-gato; *Piaya cayana*.

patacão *s m* (<pataca + -ão) **1** *Aum* de pataca. **2** Nome de várias moedas antigas de Portugal, Brasil, Espanha e de outros países sul-americanos. **3** *gír* Relógio de algibeira grande e redondo/Cebola(+). **4** Pessoa tola/pateta.

pata-choca (Chó) *s* **1** *depr* Mulher gorda, lenta e indolente. **2** Veículo pesado. **3** *Br* Soldado da antiga Guarda-Nacional. **4** *Br Ornit* Ave da família dos trogonídeos; *Trogon rufus*.

pataco *s m* (<pataca) **1** Moeda antiga que valia 40 réis. **Loc. Estar/Ficar sem ~**/dinheiro. **Não valer um ~** [Não ter qualquer/nenhum valor]. **Passar a ~s** [Vender, ainda que ao desbarato]. **Comb. A ~** [A baixo preço] (Ex. É já antigo, do tempo do bacalhau a ~). **2** *pl* ⇒ Dinheiro/Riqueza. **3** *depr* ⇒ Pessoa pouco inteligente/Idiota.

patacoada *s f* (<patacão 4 + -ada) **1** Dito de um idiota/Tolice/Disparate. **Ex.** Sai-se com [Diz] cada ~ que é de morrer a rir. **2** Gracejo/Brincadeira. **3** Vaidade ridícula/Fanfarronice/Bazófia. **4** Mentira.

patada *s f* (<pata + -ada) **1** Pancada dada com uma pata por um animal/Coice(+). **Ex.** Convém passar a alguma distância da traseira do animal, não lhe vá ele dar [, para evitar] uma ~. **2** *fam* Pontapé dado por alguém. **Ex.** O miúdo não gostou da gracinha do colega e deu-lhe [atingiu-o com] uma ~. **3** A(c)to ou dito agressivo/Grosseria. **Ex.** Ele já está habituado às ~s dos rivais. **Loc.** Dar ~s. Levar [Sofrer] ~s. **4** *fig* Ingratidão. **Ex.** A gente procura fazer bem e às vezes só recebe ~s.

patagónio, a [*Br* patagônio] *adj/s* (<top Patagó[ô]nia) **1** Relativo à [Da] Patagó[ô]nia, região do sul da Argentina. **2** Natural ou habitante dessa região.

patamar *s m* (< ?) **1** Espaço plano amplo no topo de uma escada ou entre dois dos seus lanços. **Ex.** O velhinho cansava-se já a subir e aproveitava para descansar um pouco em cada ~. **2** Área plana e horizontal num sítio elevado ou entre dois declives de encosta. **3** Grau/Nível elevado numa escala, numa hierarquia. **Ex.** Entre os mestres que atingiram esse ~ ele foi o de maior popularidade. **4** Linha horizontal num gráfico, indicativa de um valor constante.

patanisca *s f* (< ?) **1** *Cul* Pastel feito com lascas de bacalhau seco passadas por um polme de farinha, ovos, cebola, salsa, indo a fritar a seguir. **Ex.** Já tinha saudades de [«gostando»] Já não comia há muito tempo] umas ~s com uma salada mista «de tomate, cebola e alface». **2** Pastel semelhante feito com outros ingredientes. **3** Chispa de faísca elé(c)trica.

pataqueiro, a *adj/s* (<pataco + -eiro) **1** Que se vende por pouco dinheiro, por quantia irrisória. **2** Que é de fraca qualidade/Medíocre/Ordinário. **3** (Diz-se de) jogo em que se pode apostar com pouco dinheiro ou de local onde ele se realiza. **4** *Br* Pessoa rica. **5** *Br* A(c)tor medíocre. **6** *f pop* Prostituta de baixa condição.

patarata *adj/s 2g* (<esp *patarata* ?) **1** (O) que mente/Impostor. **2** ⇒ (O) que é presunçoso/Gabarola. **3** Pessoa fútil/pedante. **Ex.** Ele [O tipo] é um ~! **4** *s f* Embuste/Impostura/Mentira.

patareco [pataroco], a *adj/s* (< ?) (Indivíduo) apalermado/tolo/simplório/ingé[ê]nuo.

pata-roxa *s f Icti* Nome vulgar de uns peixes seláquios da família dos cilídeos, com o dorso de cor cinzenta avermelhada, também conhecidos por bruxa; *Scylliorhinus canícula/stellaris*.

patativa *s f Br* (< ?) **1** *Ornit* Ave passeriforme da família dos fringilídeos, de plumagem cinzenta, preta e branca, apreciada e muito procurada como ave de cativeiro; *Sporophila plúmbea*. **2** *s 2g* Pessoa que tem uma bela voz para o canto.

patau *s 2g* (< ?) Pessoa simplória/parva/estúpida.

patavina *pron indef* (<lat *patavínus* ?, de Padova/Pádua, cidade italiana) Coisa alguma/nenhuma/Nada. **Ex.** O que é que ele percebe disso? – ~, o mesmo que nada. **Loc. Não entender ~** «do que alguém disse». Não ligar ~a a boatos. Não saber ~de ele(c)tró[ô]nica.

patch(o)uli (Patchulí) *ing* **1** *Bot* Planta aromática originária do Oriente de que se obtém um perfume por destilação das folhas e caules; *Pogostemon patchouly*. **2** Perfume extraído dessa planta.

patê *s m* (<fr *paté*, de *pâte*: pasta) Preparado pastoso à base de carne, fígado, peixe, ovos cozidos, legumes, ..., tudo cozido e finamente moído, com temperos e condimentos diversos. **Ex.** O fígado de vários mamíferos e aves é muito utilizado na preparação de ~s. Barrou o pão com ~ de atum.

pateada *s f* (<patear + -ada) **1** A(c)to cole(c)tivo de o público que assiste bater continuadamente com os pés no chão em sinal de desagrado em relação a um espe(c)táculo, a uma a(c)tuação, ou de rejeição de afirmações de um discurso. **Ex.** A ~, o apupo, a vaia, os assobios são manifestações de desagrado ou de protesto. **2** Ruído assim produzido.

patear *v int* (<pata 3 + -ear) **1** Bater com os pés no chão. **Ex.** Os miúdos às vezes resolvem ~ para exigir dos pais alguma coisa ou mostrar irritação, se não são atendidos. O burro pateia e escava a terra em que vai espojar-se. **2** «o público assistente» Manifestar desagrado em relação ao espe(c)táculo oferecido ou protestar contra o conteúdo de um discurso. **Ex.** A [Ao ouvir] estas palavras, infelizes [inadequadas] e até consideradas ofensivas, o público começou a ~.

patego, a (Tê) *adj/s* (<pato + -ego) **1** Simplório/Ingé[ê]nuo/Pacóvio. **Ex.** É fácil enganar os ~s. **2** Indivíduo rude/rústico/Labrego.

pateguice *s f* (<patego + -ice) **1** Qualidade de patego. **2** Dito ou atitude de patego.

pateiro, a *s* (<pato + -eiro) **1** Pessoa que cria ou guarda patos. **2** Local de criação de patos. **3** *s f* Espingarda para caçar patos. **4** *Br s m* Cão de caça treinado para trazer as aves que caírem na água. **5** Jogo de rapazes que usa dois paus, um mais comprido com que se bate nas extremidades aguçadas do outro, fazendo-o saltar para o arremessar para fora e longe do círculo marcado na terra/Bilharda(+)/Chona(+). **6** *s m* Monge leigo que tinha a seu cargo a copa do convento/Refeitoreiro(+).

patela (Té) *s f* (<lat *patella*: prato pequeno usado nos sacrifícios) **1** *Anat* Osso da parte anterior do joelho/Rótula. **2** Jogo popular da malha(+)/Fito(+)/Bonecos. **3** Disco de ferro usado nesse jogo.

patelídeo, a *adj/s* (<patelo + -ídeo) (Diz-se de) molusco ou família de moluscos gastrópodes, que inclui as lapas; *Patellidae*.

patelo (Ê) *s m Icti* (< ?) Raia pequena.

patena (Tê) *s f Catol* (<lat *paténa*) Pequeno prato metálico sobre o qual o sacerdote coloca a hóstia durante a missa.

patente *adj 2g/s f* (<lat *pátens, éntis*, de *páteo, ére*: estar exposto/aberto) **1** Franqueado a todos/Acessível/Aberto. **Ex.** A exposição está desde ontem ~ ao público. **2** «isso é» Manifesto/Óbvio/Claro(+)/Evidente(+)/Visível. **Ant.** Latente. **3** *Bot* Diz-se de ramo, folha, pétala que por forma ângulo muito aberto com o caule ou com o eixo em que se insere. **4** *Mil s f* Posto ou graduação na hierarquia. **Ex.** Os galões indicam a ~ do militar. **Comb.** ~ de coronel. ~ de general. Oficial de alta ~. Militar de baixa ~. **5** *Dir* Título oficial que assegura a um inventor a propriedade e o uso exclusivo da invenção. **Ex.** Já tenho [está regist(r)ada] a ~ desta máquina. **6** Documento oficial que concede um privilégio. **7** Diploma de membro de confraria, irmandade, congregação. **8** Contribuição que pagam os que ingressam numa corporação a favor dos sócios mais antigos. **9** *gír* Despesa que se faz para festejar com outros um acontecimento agradável. **Loc.** Pagar a ~.

patenteação *s f* (<patentear + -ção) A(c)to ou efeito de patentear 2/3.

patentear *v t* (<patente + -ear) **1** Tornar acessível/Franquear/Abrir. **2** Tornar manifesto/evidente/patente/Mostrar. **Ex.** O povo patenteou [mostrou(+)] uma resistência que a todos impressionou. **3** Regist(r)ar com patente **5**.

páter famílias *lat* **1** *Hist* Chefe da família que administrava os bens e tinha autoridade sobre os familiares e os escravos. ⇒ patriarca **1**. **2** Pai de família (+).

paternal *adj 2g* (<lat *paternális, e*) **1** Próprio de um pai/Paterno. **Ex.** Os conselhos ~ais foram um bom guia na escolha do curso académico. **Comb.** Amor ~. ⇒ maternal; filial. **2** Próprio dos pais, pai e mãe. **Ex.** O poder ~ está a ser exercido pela mãe. **3** *fig* Carinhoso/Afe(c)tuoso. **Ex.** O professor tinha sempre para com as crianças um sorriso ~.

paternalismo *s m* (<paternal + -ismo) **1** Modo de proceder excessivamente prote(c)tor, semelhante ao dos pais em relação às crianças. **Ex.** Precisava de mais liberdade, de marcar a sua autonomia, dispensando ~s. **2** Exercício da autoridade de modo a exercer um controlo apertado, a título de querer proteger os subordinados.

paternalista *adj/s 2g* (<paternal + -ista) **1** Que revela uma preocupação de proteger excessivamente o que lhe está subordinado. **Ex.** Uma educação ~ não prepara para a dureza da vida. **2** O que pratica ou é adepto do paternalismo.

paternalmente *adv* (<paternal + -mente) **1** À maneira de um pai. **Ex.** Aconselhou-o ~ e preveniu-o dos perigos que corria. **2** *fig* Com carinho/Afe(c)tuosamente.

paternidade *s f* (<lat *patérnitas, átis*) **1** Qualidade/Condição do homem que teve um ou mais filhos. **Ex.** A ~ envolve grandes responsabilidades. **Comb.** *Investigação da ~* [A(c)ção que visa encontrar o verdadeiro pai de uma criança]. *Reconhecimento da ~* [A(c)to de assumir como filho uma criança nascida fora do casamento]. **2** *fig* Autoria. **Ex.** A ~ da iniciativa foi atribuída ao ilustre professor.

paterno, a (Tér) *adj* (<lat *patérnus*) **1** Que se refere ao pai/Próprio do pai/Paternal. **Ex.** A figura ~a é muito importante para a criança. **Comb.** Amor ~o. ⇒ materno. **2** Que na linha do parentesco se refere ao pai. **Comb.** Avós ~s. **3** Que se refere aos pais, pai e mãe, ou é próprio deles. **Ex.** Regressava agora à casa ~a. A autoridade ~a deve exercer-se com muito amor.

pateta (Té) *adj 2g* (<esp *pateta*) **1** (Pessoa) que revela pouca inteligência/Tolo/Idiota/Palerma/Ingé[ê]nuo. **Ex.** O ~ já antes tinha feito um disparate semelhante. **2** Que revela pouco senso/Disparatado. **Ex.** O seu comportamento ~ envergonhou o grupo.

patetice *s f* (<pateta + -ice) **1** Qualidade/Condição de pateta. **2** A(c)to ou dito de pateta/Tolice/Disparate. **Ex.** Foi uma ~ inscrever-me naquele curso.

patético, a *adj/s m* (<gr *pathetikós*: comovente) **1** Que desperta terror ou sentimentos intensos de pena/piedade/tristeza/Comovente/Chocante. **Ex.** No rescaldo do terramoto, o reencontro com familiares que estavam desaparecidos foi ~o. **2** *depr* Que se torna ridículo por exagerar nas emoções. **Ex.** A cena da despedida foi ~a, parece que o filho ia para o cabo do mundo. **3** *Anat* Diz-se do nervo craniano de função motora que controla o músculo grande oblíquo do olho. **4** *s m* Arte de despertar nos outros emoções, sentimentos de pesar, de piedade, de tristeza, de terror, ... **Ex.** Na representação teatral o ~ pode desempenhar um papel importante. **5** *s m* O que choca/impressiona. **Ex.** O ~ [chocante/impressionante] do caso é que ele foi traído por quem ele julgava o seu maior amigo.

páthos *gr* Sentimento «de (com)paixão, empatia, tristeza, saudade» tido ou causado «por um espe(c)táculo, obra de arte». ⇒ pato-.

-patia *suf* (<gr *páthe*: sofrimento + -ia; ⇒ *páthos*) Significa **a)** Doença (Ex. cardio~, neuro~, osteo~); **b)** Experiência psíquica (Ex. empatia, simpatia, telepatia).

patibular *adj 2g* (<patíbulo + -ar²) **1** Relativo a patíbulo, local de execução dos condenados à pena capital. **Ex.** As execuções pela guilhotina, pela forca ou garrote eram cenas ~es. **2** Que causa horror/Que lembra as execuções no patíbulo. **3** Castigado com o patíbulo. **Comb.** Crime ~. **4** *fig* Que tem ar/aspe(c)to de criminoso/Que lembra o crime. **Comb.** Rosto ~.

patíbulo *s m* (<lat *patíbulum*: forca a que se atavam os escravos a açoitar) **1** Estrado em praça pública com os instrumentos do suplício, onde eram executados os condenados à morte. **2** Forca, sobretudo em local público.

patifaria *s f* (<patife + -aria) **1** A(c)ção ou dito de patife/Velhacaria/Canalhice. **2** Brincadeira de mau gosto/Travessura de quem gosta de molestar os outros.

patife, a *adj/s* (< ?) **1** Pessoa sem vergonha que pratica a(c)tos vis/Desonesto/Canalha/Velhaco. **Ex.** O ~ foi o autor desta infâmia! **2** Que é desavergonhado/velhaco/canalha.

patifório, a *s pop* (<patife + -ório) Pessoa de mau cará(c)ter/Patife hábil/Velhaco. **Ex.** Já não é a primeira artimanha que o ~ engendra [Tem já outras no cadastro, o ~].

patilha *s f* (<esp *patilla*; ⇒ pata) **1** Peça móvel impeditiva do movimento ou de que se ultrapasse determinada posição. **Ex.** Na nora de tirar água do poço uma ~ ligada a uma das rodas dentadas impedia que esta rodasse para trás. **Comb.** ~ *de segurança* [Parte da culatra de arma de fogo que a impede de disparar]. **2** Peça móvel manejável em dispositivo mecânico ou elé(c)trico. **Ex.** Naquele redutor, para abrir o gás da botija, a ~ devia rodar para cima. **3** Peça que, ao ser a(c)cionado o travão da bicicleta, assenta sobre [, aperta] a roda impedindo o movimento. **4** Parte posterior do selim que ampara o cavaleiro. **5** Parte inferior do carril de caminho de ferro. **6** Palheta de ouro ou prata. **7** Barba que se deixa crescer e descer nos lados da cara/Suíça(+).

patim¹ *s m* (<fr *patin*) **1** Lâmina de aço fixada ao calçado para deslizar no gelo. **2** Obje(c)to com quatro rodas que se prende com correias ao calçado para patinar em pavimento plano de cimento, de madeira. **Ex.** Portugal por várias vezes tem sido campeão mundial de hóquei em patins. **Comb.** ~ *em linha* [que tem as rodas numa única linha ao longo da base]. **3** Peça, geralmente de borracha, que, ao ferrar o solípede «cavalo», se coloca entre o casco e a ferradura, para dar ao animal maior estabilidade.

patim² *s m* (<pátio + -im) **1** Pequeno pátio. **2** Pequeno patamar(+) no termo de um lanço de escada.

pátina *s f* (<fr *patine*) **1** Espécie de verdete que se forma sobre o cobre e o bronze por oxidação. **2** Oxidação de tintas e vernizes por a(c)ção do tempo e da luz. **3** Depósito terroso escurecido à superfície de mármores e pedras de edifícios antigos. **4** Colorido artificial que se aplica a uma peça artística para a embelezar ou lhe dar aparência de (ser) antiga. **5** Envelhecimento decorativo como aparência requintada.

patinação *s f Br* ⇒ patinagem.

patinador, ora *adj/s* (<patinar + -dor) (O) que patina deslizando sobre o gelo ou em pavimento duro/que pratica patinagem.

patinagem *s f* (<patinar + -agem) **1** A(c)ção de patinar [*Br* Patinação]. **2** (D)esp Prática de deslizar sobre o gelo ou em pavimento liso, usando patins. **Comb.** ~ *artística* [Modalidade desportiva em que se realizam coreografias sobre patins em superfície gelada, competindo em pares ou a solo]. *Rinque de ~.*

patinar¹ *v int* (<patim¹ + -ar¹) **1** Deslizar sobre patins. **2** Girarem as rodas de um veículo em vão, sem este sair do mesmo lugar/Patinhar **3**. **Ex.** O carro começou a ~ na areia e foi difícil removê-lo dali. **3** Escorregar/Deslizar. **4** *fig* Hesitar/Titubear. **5** *pop* Cair/Morrer. **Ex.** Parecia cheio de saúde e, olha, já patinou.

patinar² *v t/int* (<patine + -ar¹) **1** Dar/Adquirir pátina de forma natural ou artificial. **2** Dar/Adquirir um aspe(c)to oxidado ou envelhecido.

patinete (Nê) *s m* (<patim + -ete) Brinquedo composto por uma tábua com duas rodas, na qual se apoia um dos pés, dando impulso com o outro.

patinha *s f* (<pata + -inha) **1** *Dim* de pata **2**. **2** *Ornit* Nome vulgar de aves pequenas da família dos motacilídeos/Petinha(+).

patinhar *v int* (<patinho + -ar¹) **1** Agitar a água à semelhança dos patos, batendo nela com as mãos ou os pés. **2** Deixar vestígios dos pés ou das patas numa superfície. **3** Girarem as rodas de um veículo sem ele se deslocar/Patinar¹ **2**.

patinho, a *s* (<pato + -inho) **1** *Dim* de pato. **2** *fig* Indivíduo que facilmente se deixa enganar/Ingé[ê]nuo/Simplório/Pateta. **Idi.** *Cair como [que nem] um ~/pato* [Deixar-se levar/Ser ludibriado/enganado]. **3** Jogo popular.

pátio *s m* (<lat *spátium*: espaço livre/aberto) **1** Recinto descoberto, contíguo a [, no interior de] um edifício, cercado de muros ou de outros edifícios. **Ex.** Durante o recreio brincávamos no ~ da escola. **Comb.** ~ *da escola*. ~ *do convento*. **2** Átrio/Vestíbulo. **3** Conjunto de casas modestas à volta de um terreiro. **4** Espaço interior onde outrora se realizavam espe(c)táculos. **Comb.** ~ *das comédias*.

pato *s m* (< on?) **1** Nome comum a várias aves aquáticas, palmípedes, da família dos anatídeos, domésticas ou selvagens, de cores várias, muito apreciadas na alimentação. **Ex.** O ~ faz cuácuá. Ali come-se [servem/fazem] um arroz de ~ que é uma delícia. **Comb.** ⇒ *~-bravo* [*-real*]; *~-do-mar* [*~-negro*]. *Bando de ~s.* ⇒ marreco. **2** *fig* Indivíduo que se deixa enganar facilmente/Simplório/Ingé[ê]nuo/Pateta/Parvo. **Idi.** *Cair como* [que nem] *um ~/patinho* [Ser ludibriado]. *Pagar o ~* [Pagar as despesas de outros/Sofrer as consequências de erros alheios]. ⇒ (ficar) empatados.

pato- *pref* (<gr *páthos, eos*: sofrimento) Significa **enfermidade/sofrimento** (Ex. patogé[ê]nico, patologia, patologista).

patoá *s m* (<fr *patois*: diale(c)to) **1** *Ling* Variante linguística francesa «bretão/normando», usada oralmente numa área reduzida, local ou regional. **2** Diale(c)to de qualquer idioma «português de Macau». **3** Língua especial de um grupo social/Gíria/Jargão. **4** Conversa fiada/Palavreado ardiloso/Lábia. **Ex.** Ele tem cá um [tem tanto] ~ que importa estar de sobreaviso para não ser ludibriado.

pato-bravo *s m Ornit* Nome comum de aves palmípedes da família dos anatídeos, também conhecidas por *adem, pato-real, lavanco, mançoneiro, mancão, pescoço-verde,* sendo caça muito apreciada.

pato-do-mar *s m Ornit* Ave palmípede de arribação da família dos anatídeos, tam-

bém conhecida por negra ou negrita; *Oidemia nigra*.
patofobia *s f* (<pato- + ...) Medo patológico de contrair doenças.
patogénese [*Br* **patogênese**] [**patogenia**] *s f Med* **1** Estudo da origem das doenças/Patologia(+). **2** Processo evolutivo de uma doença.
patogénico, a [*Br* **patogênico**] *adj* (<patogenia + -ico) **1** Relativo a patogenia. **2** Que pode causar doença. **Comb.** Agente ~.
patola (Tó) *s f* (<pata 2 + -ola) **1** *fam* Pé grande/Patorra 1/2. **2** *Zool* Pinça de caranguejo. **3** *Br* Mão. ⇒ manápula; pata **3**. **4** *Náut* Peça de ferro recurvada que retém um dos elos da amarra. **5** Indivíduo estúpido/parvo/palonço.
patologia *s m* (<pato- + -logia) Parte da ciência médica que estuda as doenças, sobretudo a sua natureza, suas causas e as alterações de ordem morfológica ou funcional que provocam no organismo.
patológico, a *adj* (<patologia + -ico) **1** Relativo a patologia. **2** Doentio/Mórbido/Excessivo. **Ex.** Nele o receio de contrair uma (eventual) doença era quase ~.
patologista *s 2g* (<patologia + -ico) Especialista em patologia.
pato-negro *s m Ornit* ⇒ pato-do-mar.
pato-real *s m Ornit* ⇒ adem; pato-bravo.
patorra[1] (Tô) *s f* (<pata 2 + -orra) **1** Pata grande. **2** *fam* Pé muito grande. **3** *Bot* Casta de uva tinta.
patorra[2] (Tô) *s f Ornit* (< ?) Ave passeriforme da família dos alaudídeos, com crista, também conhecida por cotovia(+); *Galerida cristata*. **Ex.** A ~ sobe a grande altura, onde demoradamente ensaia o seu canto cadenciado, descende repentinamente como uma flecha.
patranha *s f* (<esp *patraña*) **1** História inventada. **Ex.** Isso é tudo inventado [é tudo uma ~]. **2** Afirmação ou narrativa falsa, para enganar/Aldrabice/Mentira/Peta. **Ex.** Isso não passa de [Isso é simplesmente/só] ~ para desacreditar o rival.
patranhada *s f* (<patranha + -ada) **1** Narração com um conjunto de peripécias inventadas. **2** Série de aldrabices/mentiras/patranhas.
patranheiro, a *s depr* (<patranha + -eiro) **1** Pessoa que inventa histórias ou deturpa o que aconteceu. **2** ⇒ mentiroso/aldrabão/intrujão.
patrão, oa *s* (<lat *patrónus*: prote(c)tor) **1** Proprietário ou chefe de um estabelecimento privado comercial, industrial, ... em relação aos seus subordinados. **Ex.** Ali há uma boa relação entre ~ e empregados. **2** Qualquer pessoa em relação aos seus subalternos ou àqueles que a servem. **Ex.** É um gosto trabalhar para aquele ~, sempre compreensivo e bem-disposto. **3** *Mar* Arrais/Mestre de embarcação. **4** Dono da casa em relação aos criados. **Ex.** O ~ já determinou [disse(+)] o que é preciso fazer hoje. **5** *s f fam* Nome usado pelo marido referindo-se à esposa, quando ele conversa com estranhos à família. **Ex.** Isso é assunto a ser tratado lá com a ~, ela é que decide nessas coisas. **6** ⇒ Patrono/Padroeiro.
patrão-mor *s m* Funcionário que dirige certos serviços ou oficinas do Estado. ⇒ capataz.
pátria *s f* (<lat *pátria*; ⇒ pátrio) **1** País de que se é cidadão por nascimento ou por ali residir durante anos. **Ex.** O amor à ~ exterioriza-se mais em competições (d)esportivas. **2** Lugar de origem de alguém ou de alguma coisa/Terra natal/Berço. **Ex.** Portugal é a ~ do fado. O Brasil é a ~ do carnaval e do samba. **3** Lugar ou país onde alguém se sente melhor ou em relação ao qual tem um sentimento de pertença. **Ex.** Para refugiados da guerra, Portugal foi a segunda ~. **Comb.** *Rel* ~ celeste [Paraíso/Céu].
patriarca *s m* (<gr *patriárches*) **1** Chefe de família nos povos antigos. ⇒ *páter-famílias*. **2** Nome dado aos chefes político-religiosos que conduziram o povo hebreu durante a sua vida nó[ô]mada. **Ex.** O ~ Abraão é o símbolo perfeito do crente. **Comb.** ~ *Isaac*. ~ *Jacob*. **3** *fig* Figura masculina respeitável de idade avançada e com numerosa descendência. **Ex.** Antes os ~s eram venerados não só pelos familiares como pela sociedade, que lhes reconhecia autoridade. Ele é um ~ cá na nossa terra. **4** *Rel* Chefe da igreja ortodoxa. **Comb.** ~ *de Atenas*. ~ *de Moscovo*. **5** *Catol* Título honorífico atribuído ao bispo residencial de algumas dioceses importantes. **Comb.** ~ *de Lisboa*. **6** *Rel* Fundador de algumas ordens religiosas. **Ex.** S. Bento é o ~ dos beneditinos. **7** Mentor de uma corrente literária, artística ou ideológica.
patriarcado *s m* (<patriarca + -ado) **1** Princípio de organização da sociedade em que a via masculina determina a descendência e a sucessão. **Ant.** Matriarcado. **2** Dignidade ou jurisdição de um patriarca 4/5. **3** Território onde se exerce essa jurisdição/Diocese administrada por um patriarca. **4** *maiúsc* Residência oficial do patriarca. **Ex.** Tenho de ir ao ~ (da Lisboa) para tratar da criação do Centro Social Paroquial.
patriarcal *adj 2g/s f* (<patriarca + -al) **1** Relativo a patriarca. **2** Que é digno de respeito/Venerável. **3** *s f* Sé do patriarcado.
patriciado *s m* (<patrício + -ado) **1** *Hist* Na Roma Antiga, condição de patrício ou conjunto dos patrícios. **Ex.** O ~ exercia o poder político em Roma. **Ant.** Plebe. **2** *fig* ⇒ Classe social privilegiada/Aristocracia/Elite.
patrício[1]**, a** *s/adj* (<lat *patrícius*) **1** Pessoa que na Antiga Roma pertencia à classe de cidadãos privilegiados. **Ex.** A plebe lutou com os ~s reivindicando os seus direitos de plena cidadania. **2** Relativo a essa classe. **Comb.** Privilégios ~s. **3** *fig* Nobre/Elegante/Requintado/Distinto. **4** *gir* Pessoa da mesma localidade ou do mesmo país que outra/Conterrâneo/Amigo. **Ex.** Uma reunião de ~s longe da terra natal costuma ser muito animada.
patrilinear *adj 2g* (<lat *páter, tris*: pai + *línea*: linha + -ar²) **1** Relativo aos parentes pelo lado do pai. **Comb.** Tio ~/paterno(+)/pelo lado do pai(o+). **2** Que tem como fundamento a descendência pela via masculina. **Comb.** Sociedade ~. **Ant.** Matrilinear.
patrimonial *adj 2g* (<patrimó[ô]nio + -al) **1** Relativo ou pertencente ao patrimó[ô]nio. **2** Pertencente à herança paterna. **Ex.** Grande parte da sua fortuna é de origem ~. **3** Relativo a bens materiais ou imateriais que constituem herança cole(c)tiva duma comunidade, transmitidos pelas gerações passadas. **Comb.** Bens ~ais.
património [*Br* **patrimônio**] *s m* (<lat *patrimónium*) **1** Conjunto dos bens de família recebidos por herança. **2** Conjunto de bens próprios herdados ou adquiridos. **Ex.** Esse imposto incide sobre o ~. **3** Conjunto de bens materiais e imateriais de uma comunidade que lhe foram transmitidos pelos antepassados. **Ex.** O ~ arquite(c)tó[ô]nico da cidade é muito valioso e desperta muito interesse aos turistas. O fado foi declarado ~ imaterial da Humanidade. **Comb.** ~ *artístico*. ~ *natural*. ~ *mundial* [*da Humanidade*]. **4** Conjunto de bens, direitos e obrigações com valor econó[ô]mico pertencente, em dado momento, a uma pessoa singular ou cole(c)tiva. **Ex.** O ~ da empresa tem um valor apreciável.
pátrio, a *adj* (<lat *pátrius, a, um*) **1** Relativo à [Próprio da] pátria/Nacional. **Ex.** A bandeira e o hino são símbolos ~s. **Comb.** *História ~a. Solo ~. Território ~.* **2** Relativo ou pertencente aos pais. **Comb.** Poder ~o/paternal(+).
patriota (Ó) *s/adj 2g* (<gr *patriótes*) (Pessoa) que ama a sua pátria, que procura enaltecê-la e está disposto a defendê-la.
patrioteiro, a *adj/s depr* (<patriota + -eiro) (O) que se ufana do seu amor à pátria ou que exagera no recurso a temas referentes à pátria.
patriotice *s f* (<patriota + -ice) **1** Qualidade do que exagera no alarde do seu patriotismo. **2** Atitude/Comportamento de patrioteiro.
patriótico, a *adj* (<patriota + -ico) **1** Relativo à pátria. **Comb.** Amor ~ [à/da pátria (+)]. **2** Que revela amor, dedicação à pátria. **Comb.** *Discurso ~. Feito ~.*
patriotismo *s m* (<patriota + -ismo) **1** Qualidade de patriota. **2** Amor e dedicação à pátria. **3** *fam* Seios grandes.
patrística *s f Crist* (<lat *patrística* <*patres*, pl de *pater, tris*: pai) Doutrina formulada pelos Padres da Igreja «S. Agostinho» dos primeiros cinco séculos da nossa era em defesa da fé e moral cristãs.
patrístico, a *adj Crist* (<patrística) Relativo aos Santos Padres dos inícios do cristianismo ou à sua doutrina, a patrística.
patroa *s f* ⇒ patrão.
patrocinador, ora *s/adj* (<patrocinar + -dor) **1** (O) que patrocina/Apoia. **2** (Entidade) que financia ou apoia tecnicamente ou com serviços a realização de uma a(c)tividade cultural ou (d)esportiva, tendo geralmente a contrapartida da publicidade ou da promoção da sua imagem/Patrocínio **3**. **Ex.** A produção de telenovelas costuma ter empresas ~as. A Câmara Municipal foi um dos ~es da gincana.
patrocinar *v t* (<lat *patrócinor, ári, átus sum*: proteger) **1** Dar apoio/patrocínio/Favorecer/Auxiliar/Proteger. **2** Financiar ou contribuir com meios técnicos ou com serviços para a realização de uma a(c)tividade cultural ou (d)esportiva, geralmente tendo a contrapartida de publicidade ou da promoção da própria imagem. **Ex.** Várias entidades patrocinaram a produção do filme.
patrocínio *s m* (<lat *patrocínium*) **1** A(c)to ou efeito de patrocinar. **2** Auxílio/Prote(c)ção. **3** Contributo financeiro ou com meios técnicos ou serviços para um proje(c)to, geralmente com a contrapartida de publicidade ou da promoção da sua imagem «junto do público». **Ex.** Não foi difícil encontrar ~s para a produção desta telenovela.
patrologia *s f* (<lat eclesiástico *patrologia* <*pater, tris*: pai, padre + -logia; ⇒ patrística) **1** Ciência que estuda a vida e a obra dos Padres da Igreja, nos primeiros cinco séculos do cristianismo. **2** Cole(c)tânea das obras dos Padres da Igreja.
patrona *s f* (<lat *patróna*: defensora; ⇒ patrono) **1** «Santa» Padroeira(+)/Prote(c)tora. **2** *Mil* Bolsa em que os soldados de infantaria levavam os cartuchos/Cartucheira(+). **3** Sacola(+) de couro para viagem.
patronado *s m* (<lat *patronátus*) **1** Condição de patrono/prote(c)tor. **2** Condição de empregador, de patrão. **3** Grupo dos patrões/Patronato **5** (+).

patronal adj 2g (<lat patronális, e) 1 Relativo ao patrono/prote(c)tor. 2 Referente ao [Do] patrão/empregador. Comb. Entidade ~. 3 Constituído por patrões. Comb. Associação ~.

patronato s m (<lat patronátus) 1 Hist Na Antiga Roma, direito do cidadão patrício abastado, o patrono, sobre as pessoas livres de condição inferior que estavam sob a sua prote(c)ção, os clientes. 2 Auxílio de um patrono/Prote(c)ção. 3 Estabelecimento de prote(c)ção a órfãos. Comb. ~ da infância. 4 Exercício da função de patrão/Patronado. 5 Conjunto ou corporação dos patrões.

patronear v t/int (<patrão <lat patrónus + -ear) 1 Dirigir como patrão/Chefiar(+). 2 Patrocinar(+)/Apoiar(+)/Proteger(+). 3 Falar com autoridade/Tomar ares de patrão.

patronímico, a adj/s m (<gr patronymikós) 1 Relativo ao nome do pai ou do ascendente de uma família. 2 Que identifica o nome do pai. Ex. Rodrigues e Gonçalves são (nomes) ~s, formados de Rodrigo e de Gonçalo. 3 Ling Designação genérica de nomes próprios «Afonsino/Antonino» que designam a filiação ou a linhagem de sangue ou de ado(p)ção.

patrono s m (<lat patrónus) 1 Hist Na Roma Antiga, designação de cidadão patrício rico e poderoso de que dependiam pessoas livres mas de condição inferior, os clientes. 2 Prote(c)tor/Defensor. 3 Santo prote(c)tor de uma classe, de um ofício, de um lugar. Ex. S. Cristóvão é o ~ dos automobilistas. O ~ de Lisboa é S. Vicente. A festa anual do ~ reúne na aldeia os filhos da terra dispersos pelas mais distantes paragens. ⇒ padroeiro. 4 Br Personalidade que se distinguiu no campo das letras, das ciências ou das artes, escolhida por uma classe de profissionais, por uma academia ou instituição como tutor de cada uma das suas cadeiras. Ex. Os cientistas brasileiros têm como ~ Oswaldo Cruz. 5 O advogado em relação ao seu constituinte ou ao estagiário que ele dirige. 6 Animal «lobo» escolhido por uma patrulha de escu[o]teiros como seu prote(c)tor, dando o nome ao grupo «Lobitos» e sendo representado na sua bandeira/Totem.

patruça [patrúcia] s f Icti (< ?) Nome vulgar de peixes da família dos pleuronectídeos, de corpo achatado, semelhantes à solha; Pleuronectes flesus.

patrulha s f (<fr patrouille) 1 A(c)to ou efeito de patrulhar/Patrulhamento/Ronda de vigilância e reconhecimento. 2 Mil Pequeno destacamento de militares em operação de vigilância, busca e controlo de uma área. 3 Mil Pequena formação de navios ou aviões para patrulhar uma zona. 4 adj Mil Diz-se de navio de guerra pequeno que cruza zonas marítimas próximas da costa para impedir o avanço de submarinos. Comb. Navio ~. 5 Pequeno grupo de pessoas encarregado da vigilância ou da manutenção da ordem. 6 Subdivisão de uma unidade de escu[o]teiros com organização, nome e distintivo próprios. 7 depr Grupo de marginais/Corja(+)/Súcia(+)/Bando.

patrulhamento s m (<patrulhar + -mento) A(c)to ou efeito de patrulhar/Vigilância feita por patrulha.

patrulhar v t (<patrulha + -ar¹) 1 Guarnecer de patrulhas. 2 Rondar em patrulha/Vigiar para segurança de pessoas e bens. Ex. O guarda no(c)turno patrulha o bairro até de madrugada. 3 Percorrer, sistematicamente, com meios aéreos ou marítimos uma zona para vigilância e dete(c)ção de eventuais a(c)tividades ilícitas. Ex. Importa ~ a zona costeira para punir o contrabando e o tráfico de droga.

patudo, a adj (<pata + -udo) Que tem pés ou patas grandes.

patuleia s f (<patola, aum de pata ?) 1 maiúsc Hist Nome da revolução portuguesa de 1846/47, cara(c)terizada por insurreições populares contra medidas do governo de então, que acabou por ser afastado pela rainha D. Maria II. 2 s 2g Alcunha dos partidários da ala esquerdista do partido popular nessa revolução/Setembrista(+). 3 Plebe/Poviléu. 4 Ajuntamento de pessoas.

patuscada s f pop (<patusco + -ada) 1 Reunião festiva de pessoas para comer e beber/Comezaina/Pândega. Ex. Comeu-se à farta, com grande animação, foi uma valente [grande] ~! 2 Folia animada/barulhenta/Farra/Paródia.

patusco, a adj/s pop (< ?) 1 (O) que gosta de patuscadas/Pândego. 2 (O) que gosta de brincar e de divertir os outros/Brincalhão. Ex. Ele é (um tipo) ~, ao pé dele não há tristezas. 3 Có[ô]mico/Engraçado. Ex. Contou-nos uma história ~a. 4 Não comum/Diferente/Excêntrico/Extravagante/Ridículo. Ex. Trazia [Vestia] um casaco ~. Tem um ar [uma fisionomia] ~o/a.

pau s m (<lat pálus, i; ⇒ ~ a pique; ~ de cabeleira; ~ de fileira) 1 Qualquer pedaço de madeira em bruto, de arbusto ou de árvore. Ex. Andava à procura de ~s [cavacos/achas] para queimar na lareira. Pegou num ~ e deu-lhe «ao cão» uma paulada. ⇒ ~ 4. 2 Madeira(+) como material usado para a produção de um obje(c)to. Ex. Os bancos eram de ~, mas eram có[ô]modos. Idi. Ser ~ para toda a colher/obra [Estar disposto a [Saber] prestar qualquer espécie de serviço]. Cara de ~ [Pessoa carrancuda/trombuda/Rosto frio/inexpressivo]. Comb. Cavalo de ~. Colher de ~. Perna de ~. 3 Qualquer substância que se lhe assemelhe na forma. Comb. ~ de canela. ~ de chocolate. 4 Cacete/Cajado/Vara. Ex. Deu-lhe [Castigou-o com] uma valente [grande] tareia com um ~. Idi. ~ que nasce torto tarde ou nunca se endireita [O que começa mal não augura um final feliz]. ~ de virar tripas [Pessoa muito magra]. A dar com um ~ [Em grande quantidade/abundância] (Ex. Para o concerto veio gente a dar com um ~!). Enquanto o ~ vai e vem folgam as costas [Não vale a pena preocupar-se com o que ainda não aconteceu]. Jogar com um ~ de dois bicos [Agradar às duas partes contrárias]. Br Levar ~ [Reprovar em exame/pop Chumbar]. Pôr-se a ~ [Estar vigilante/prevenido] (Ex. Vê lá, tu põe-te a ~ para não seres levado [enganado]!). Ser um ~ de dois bicos [Ter vantagens e inconvenientes]. Loc. Dar/Levar uma carga de ~ [uma sova/tareia]. Comb. ~ de marmeleiro [comprido e resistente]. Jogo do ~ [Jogo popular em que se ataca e defende com um varapau]. 5 Haste/Mastro/Poste. Ex. A bola rematada com violência embateu no ~ e foi para fora «do terreno de jogo». Idi. Estar a meio ~ [Ter comido pouco]. Comb. ~ de bandeira [Mastro inclinado à popa do navio onde é içada a bandeira nacional]. Bandeira a meio ~/a meia haste (+) «em sinal de luto». 6 Chifre(+) de animal/Corno/Chavelho/Galha. Ex. Os ~s do veado são muito ramificados. 7 Castigo corporal. Ex. Com essa insolência, estás mesmo a precisar de ~! 8 pl Um dos quatro naipes do jogo das cartas. Ex. Agora o trunfo é ~s. Comb. Ás de ~s. 9 pop Determinada unidade monetária. Ex. Pedi cem ~s [escudos] emprestados.

pau a pique s m Parede feita com uma trama de paus ou canas em posição horizontal e vertical, revestida com barro/Taipa.

pau-brasil s m Bot 1 Árvore tropical da família das leguminosas, com madeira de cor vermelha, usada em marcenaria e para produção de tintas. 2 Madeira dessa planta.

pau-d'água s m 1 Bot Árvore da família das voquisiáceas, de flores amarelas em cacho, cujas raízes produzem um líquido que mata a sede aos viajantes do sertão; Vochysia thyrsoidea. 2 gír O que costuma andar embriagado/Ébrio/Bêbedo.

pau-d'alho s m Bot Árvore que chega a atingir 40 metros de altura, natural do Brasil e do Peru, da família das fitolacáceas, de flores esverdeadas, cuja madeira verde e outras partes da planta exalam um forte cheiro a alho/Cipó-de-alho/Tapiá.

pau-de-arara Br s m 1 Suporte de madeira onde os homens do sertão transportam araras, papagaios e outras aves trepadoras para vender. 2 Instrumento de tortura constituído por um pau roliço que, passando pelos joelhos e cotovelos flexionados do torturado, é pendurado em dois suportes, ficando ele de cabeça para baixo. 3 Cami(nh)ão que no Brasil transporta nordestinos para o sul. 4 Alcunha dos nordestinos que aí são transportados. 5 Bot Planta da família das voquisiáceas, de flores brancas ou rosáceas muito aromáticas, cuja madeira é usada em marcenaria; Salvertia convallariaeodora. 6 Bot Árvore que pode ir até 18 metros de altura, nativa do Brasil, da família das leguminosas, de copa ampla, de flores vermelho-escuras, de cujas sementes, por fermentação, se produz álcool; Parkia platycephala.

pau de cabeleira s m 1 Espécie de cabide em forma de cabeça usado para armar e pentear cabeleiras postiças. 2 Intermediário de namoros/Alcoviteiro. 3 Acompanhante de casal de namorados. Loc. Servir de ~ [Acompanhar o casal de namorados para evitar abusos e os proteger da curiosidade e maledicência de outrem].

pau de fileira s Trave colocada horizontalmente no topo do telhado onde se apoiam as extremidades superiores dos caibros/barrotes/Cumeeira(+).

pau-ferro s m Bot 1 Nome vulgar de árvores tropicais da família das casuarináceas, das sapotáceas e das verbenáceas, de madeira escura e muito dura, usada em marcenaria. 2 Madeira dessas plantas.

paul s m (<lat pálus, údis: pântano) Terreno alagadiço/Pântano/Atoleiro/Lodaçal. Ex. Nos ~uis costuma haver muitos mosquitos.

paulada s f (<pau + -l- + -ada) Pancada com um pau/Cajadada/Cacetada/Mocada. Ex. Brigaram à ~ e magoaram-se muito, um deles deitou [ficou com] sangue.

paulatinamente adv (<paulatino + -mente) Pouco a pouco/Aos poucos/Por etapas/Lentamente.

paulatino, a adj (<lat paulatínus <paulátim: pouco a pouco) 1 Que é feito aos poucos, sem pressas. Ex. A assimilação dos alimentos é um processo ~. 2 Que leva tempo/Demorado/Moroso. Ex. A mudança de hábitos e mentalidades acelera-se em momentos de crise.

paulino, a adj (<antr Paulo, apóstolo) Relativo ao [Do] apóstolo São Paulo. Comb. Cartas ~as. ⇒ petrino.

paulista *adj/s 2g* (<*top* S. Paulo + -ista) **1** Relativo ao [Do] Estado de S. Paulo, no Brasil. **2** Natural ou habitante desse estado. **3** Membro da ordem religiosa de S. Paulo. **4** *fam* Teimoso.

paulistano, a *adj/s* (<paulista + -ano) Relativo à cidade de S. Paulo ou aos seus habitantes.

paulitada *s f* (<paulito + -ada) **1** Pancada com um pau pequeno. **2** A(c)to de derrubar o paulito [meco], pequena base de certos jogos populares.

pauliteiro *s m* (<paulito 2 + -eiro) Indivíduo que toma parte na dança dos paulitos, típica da região de Miranda do Douro (Portugal).

paulito *s m* (<pau + - l - + -ito; ⇒ palito) **1** Pedaço de madeira usado como fito [alvo] em alguns jogos «malha/fito» populares/Meco. **2** Cada um dos paus usados na dança dos ~s, típica de Miranda do Douro (Portugal). **Comb.** Dança dos ~s [Dança popular em que os indivíduos seguram em cada mão um pequeno pau com que realizam coreografias muito rápidas ao som do tamborim e da gaita de foles].

pau-mandado *s m* **1** Indivíduo de personalidade fraca que se submete incondicionalmente à vontade de outrem/Subserviente/Joguete. **Ex.** Sempre o vi [considerei] (como) um ~ nas mãos do amigo.

paupérie *s f* (<lat *paupéries, ei*: pobreza) Situação de quem tem falta dos meios básicos de subsistência/Indigência/Miséria.

pauperismo *s m* (<lat *páuper, ris*: pobre + -ismo) **1** Estado de quem se encontra [de quem vive] em extrema pobreza/Miséria/Paupérie. **Ant.** Abastança; riqueza. **2** Situação de permanente indigência em que se encontra uma parte da população.

pauperização *s f* (<pauperizar + -ção) (Processo de contínuo) empobrecimento de uma parte da população.

pauperizar *v t* (<ing *pauperize* <lat *páuper, ris*: pobre) ⇒ empobrecer.

paupérrimo, a *adj* (<lat *paupérrimus, a, um*) Superlativo absoluto simples [sintético] de pobre/Muit(íssim)o pobre.

pau-preto *s m Bot* Designação de algumas plantas tropicais e da sua madeira, que é quase preta, sendo usada em marcenaria.

pau-rosa *s m Bot* **1** Designação de várias árvores tropicais da família das lauráceas, das leguminosas e das litráceas, cuja madeira de cor castanha, amarelada ou vermelha, é muito usada em marcenaria. **2** Madeira dessas plantas.

pau-roxo *s m Bot* Designação comum a diversas plantas tropicais da família das leguminosas, com madeira de qualidade, em que o cerne castanho-escuro passa a roxo depois do corte.

pausa *s f* (<lat *pausa*) **1** Suspensão temporária de uma a(c)ção ou de um movimento/Intervalo/Interrupção/Paragem. **Ex.** Fizeram uma ~ na reunião para (ir tomar) café. Uma ~ na caminhada ajuda a recuperar forças. **2** *Ling* Interrupção momentânea (na produção) do discurso (oral) para facilitar a articulação ou a compreensão da frase. **Ex.** As ~s a fazer na leitura estão facilitadas com os sinais de pontuação. **3** *Mús* Tempo de silêncio em que se deixa de cantar ou tocar, assinalado com determinada figura. **Comb.** ~ *de* (nota) *breve*. ~ *de colcheia*. ~ *de mínima*. **4** Lentidão/Vagar/Morosidade. **Ex.** Achava graça à ~ do falar do avô. **5** *Br* Crivo(+) de regador.

pausadamente *adv* Em ritmo lento/Sem pressa/Vagarosamente.

pausado, a *adj* (<pausar) **1** Feito com pausa/Lento(+)/Vagaroso. **Ex.** A marcha ~a da procissão ajudava ao recolhimento dos fiéis. **2** Calmo/Sereno/Compassado. **Ex.** A voz ~a do avô inspirava-lhe confiança. **3** Que tem/faz pausas. **Ex.** Uma leitura ~a facilita a articulação das sílabas e favorece a compreensão de quem ouve.

pau-santo *s m Bot* **1** Árvore tropical nativa do Brasil, da família das leguminosas, de madeira nobre, também designada mocitaíba e guaiaco; *Zollernia paraensis*. **2** Madeira dessa árvore.

pausar *v t/int* (<lat *páuso, áre, átum*) **1** Fazer pausa/intervalo. **2** Repousar(+)/Descansar. **Ex.** A idade já me obriga a ~ de vez em quando [de tempos a tempos]. **3** Tornar lento/vagaroso/Demorar. **Loc.** ~ a resposta.

pauta *s f* (<lat *pacta, pl* de *pactum, i*: regra <*pángo, ere, páctum*: fixar, gravar) **1** Conjunto de linhas horizontais paralelas impressas em folha de papel. **Ex.** Antes [Há já muitos anos], na primeira classe da escola primária, treinava-se a escrita em cadernos com ~ de espaço muito reduzido. **2** Folha com essas linhas que, colocada sob uma folha translúcida em que se escreve, serve para orientar a mão de quem escreve de modo a fazê-lo horizontalmente. **3** *Mús* Conjunto de cinco linhas paralelas horizontais onde se faz a notação musical/Pentagrama. **4** Relação de pessoas ou coisas. **5** Relação dos nomes dos alunos e das classificações escolares por eles obtidas. **Ex.** Já está afixada a ~ com as classificações de exame. **Loc.** *Afixar a ~*. *Preencher a ~*. **6** Tabela em que se indicam os produtos e a taxa de imposto que se lhes aplica/Tarifa aduaneira. **7** Norma/Regra/Modelo.

pautado, a *adj* (<pautar) Que apresenta linhas paralelas horizontais para facilitar a escrita. **Comb.** Caderno ~ [com linhas]. **2** Que se rege por normas/regras/Disciplinado/Regulado. **Ex.** Uma vida ~a pela dedicação ao estudo e ao trabalho era o seu melhor argumento para obter emprego. **3** Consignado em pauta/Arrolado.

pautar *v t* (<pauta + -ar¹) **1** Traçar ou imprimir linhas paralelas horizontais «em folha de papel». **2** Regist(r)ar/Arrolar/Listar/Catalogar/Inventariar. **Ex.** Tratou de ~ todos os bens da herança. **3** Regular(-se) por normas/parâmetros. **Ex.** Pautou a vida pelo respeito dos princípios em que foi educado.

pauzinho *s m* (<pau + -z- + -inho) **1** *Dim* de pau/Pequeno pau. **Ex.** Gosta de adoçar a boca com um ~ de chocolate. **Idi.** *Mexer os ~s* [Armar intrigas/enredos/Intrigar]. *pop Pôr os ~s a* [Ser infiel ao cônjuge/Cometer adultério].

pavana *s f* (<it *pavana*, por *padovana*: da cidade de Pàdova/Pádua) **1** Dança palaciana renascentista de movimentos lentos e majestosos. **2** Música que acompanhava essa dança. **3** Repreensão/Descompostura. **4** *Br* Palmatória(+). **Loc.** Tocar/Cantar a ~ [Espancar/Sovar].

pavão, voa *s Ornit* (<lat *pávo, ónis*) **1** Ave galiforme da família dos fasianídeos cujo macho tem uma deslumbrante plumagem em tons de verde, azul e violeta com manchas douradas, sobretudo na cabeça e na longa cauda, que se abre em leque vertical para atra(c)ção das fêmeas. **Ex.** No parque um garboso ~ fez gala em exibir-nos a esplendorosa cauda. **2** *fam* Indivíduo vaidoso/presunçoso. **Ex.** Gosta de fazer alarde da sua sabedoria balofa, não passa de [não é senão/é apenas] um ~.

paveia *s f* (< ?) **1** Espiga de cereal. **2** Braçado de cereal ceifado antes de ser reunido e atado em molho/Feixe/Gavela. **3** Pequeno monte de mato roçado/Gabela «de lenha»/Braçada.

pavês *s m* (<it *pavese* <lat *(scutum) pavense*: (escudo) da cidade italiana de Pavia) **1** *Mil* Escudo de grande dimensão, longo e largo, que protegia todo o corpo em combate. **2** *Mar* Armação formada por escudos ou tábuas a cobrir a amurada, para servir de prote(c)ção à guarnição do navio nos combates de abordagem. **3** *Mar* Balaustrada a guarnecer o cesto da gávea. **4** Bandeira/Galhardete.

pávido, a *adj* (<lat *pávidus, a, um*) Cheio de pavor/Tomado de medo/Muito assustado. **Ant.** Impávido; sereno.

pavilhão *s m* (lat *papílio, ónis*: tenda) **1** Edifício de construção provisória, geralmente de madeira. **Ex.** O aumento brusco da população escolar levou a criar escolas que funcionavam só em ~ões. **2** Construção desmontável de madeira e lona instalada para prestação de um serviço quando da realização de feiras ou festas populares de alguma duração. **Ex.** No ~ do nosso clube fazia-se o rastreio da diabetes, da hipertensão e do colesterol. **3** Construção anexa ao corpo principal de um edifício. **Ex.** A escola tem um ~ usado para a aula de educação física em dias de mau tempo. **4** Pequena construção anexa que serve de abrigo a troféus, cole(c)ções, … **Comb.** ~ *de caça*. **5** Recinto de grandes dimensões, coberto, montado sobretudo em feiras ou exposições internacionais. **6** Edifício amplo adaptável a diversos usos, como prática de desportos, realização de festivais de música, grandes reuniões partidárias, comícios, … **Ex.** No ~ dos Desportos de Lisboa, nos primeiros tempos da nossa democracia, realizaram-se vários comícios. **Comb.** ~ *gimnodesportivo*. ~ *multiusos*. **7** Sobrecéu de leito. **8** Estandarte/Bandeira/Pendão(+). **9** *Mar* Bandeira da nacionalidade de um navio. **Ex.** Para pagar menos impostos, alguns navios apresentam [têm] um ~ de conveniência «Panamá». **10** *Catol* Pano que reveste o cibório [a píxide] ou o sacrário. **11** Parte có(ô)nica larga e aberta de instrumentos de sopro e de aparelhos de som/Campânula. **12** *Anat* Parte mais larga de órgãos em forma de tubo. **Comb.** ~ *da trompa de Falópio*. **13** Parte externa do ouvido dos mamíferos. **Comb.** ~ *auricular* [Orelha].

pavimentação *s f* (<pavimentar + -ção) A(c)to ou efeito de pavimentar, de aplicar um pavimento a uma superfície. **Ex.** Na casa ele preferiu a ~ de madeira à de tijoleira [à de ladrilhos]. A ~ da rua com uma nova camada de alcatrão veio dar maior conforto na circulação automóvel.

pavimentar *v t* (<lat *pavimento, áre, átum*: aplanar) Colocar um pavimento numa superfície.

pavimento *s m* (<lat *paviméntum*) **1** Revestimento do solo ou do piso de um edifício. **Ex.** O ~ de corticite, porque é isolante, torna a casa menos fria. **Comb.** ~ *de mármore*. ~ *de mosaico*. ~ *de tacos de madeira*. **2** Qualquer andar/piso de um edifício. **3** Parte da rua, da estrada ou pista (que suporta o tráfego). **Ex.** O ~ regular da via dá conforto a quem aí circula.

pavio *s m* (<lat vulgar *papilum* <*papýrum*: papiro) Fio de algodão no centro da vela, o qual se acende na parte superior para iluminar/Torcida de candeia. **Ex.** Encurtou o ~ da vela para a chama ser menor. **Idi.** *De fio a ~* [Do princípio ao fim/De ponta a ponta] (Ex. Esteve na longa reunião de fio a ~). *Gastar ~* [Ter conversa inútil]. *Ter ~ curto* [Ser irritadiço].

pavoa *s f* ⇒ pavão.

pavonada *s f* (<pavão + -ada) **1** Leque formado pela cauda do pavão quando está aberta. **2** *fam* Bazófia/Jactância/Vaidade.

pavoneamento *s m* (<pavonear + -mento) A(c)to ou efeito de pavonear-se/Ostentação/Exibicionismo/Pavoneio.

pavonear *v t* (<pavão + -ear) **1** Adornar de forma exuberante/esplendorosa/deslumbrante. **2** Exibir com vaidade/ostentação. **3** ~-se/Procurar dar nas vistas/sobressair. **Ex.** A miúda pavoneava-se na frente das colegas, orgulhosa do seu vestido novo. **4** ~-se/Gabar-se/Vangloriar-se.

pavoneio *s m* (<pavonear) ⇒ pavoneamento.

pavor *s m* (<lat *pávor, óris*) **1** Grande medo/temor/susto. **Ex.** Dominava-o o ~ de ver a sua casa de campo atingida pelo fogo florestal. **2** *fig* Pessoa, coisa ou situação extremamente desagradável. **Ex.** Aquela viagem foi um ~, com curvas e contracurvas, parecia interminável. A/O colega é um ~, envenena com as suas intrigas qualquer convívio.

pavorosamente *adv* (<pavoroso + -mente) **1** Com grande medo/Com pavor. **Ex.** Pressentia ~ uma catadupa [série] de contratempos que não poderia evitar. **2** De forma aterradora/Assustadoramente. **Ex.** O incêndio avançava ~, (alimentado e) impelido pelo vento forte. **3** *fam* Muito mal. **Ex.** Veste-se ~, parece um palhaço.

pavoroso, a (Ôso, Ósa, Ósos) *adj/s f* (<pavor + -oso) **1** Que causa grande susto/medo/pavor/terror. **Ex.** Um ~ incêndio ameaçava as casas na extremidade da povoação. **2** *fig* Que tem cara(c)terísticas muito negativas/desagradáveis/Horrível. **Ex.** Está aqui um tempo ~, com chuva e frio, não se pode sair à rua. A sua ~a indumentária desperta o riso dos transeuntes. **3** *s f* Notícia assustadora/Boato de revolta/motim.

paxá *s m* (<turco *pasha*: governador, rei) **1** *Hist* No antigo império otomano, chefe militar ou governador de província. **2** Título honorífico que seria depois ado(p)tado por alguns altos dignitários na Turquia. **3** *fig* Indivíduo influente que vive faustosamente e em ociosidade/Nababo. **4** Indivíduo molengão, preguiçoso, que não quer ser incomodado. **Ex.** Ali está aquele ~, sempre *idi* à espera (de) que chova [~, que *idi* não mexe uma palha do chão]!

paz *s f* (<lat *páx, cis*; ⇒ ~ de alma) **1** Ausência de guerra, de conflito armado entre estados. **Ex.** No tempo de ~ há melhores condições para a economia florescer. A ~ entre os povos é um bem inestimável. ⇒ armistício; tréguas. **2** Restabelecimento da concórdia entre países/Fim da guerra/Armistício/Cessar-fogo. **Ex.** A desejada ~ ainda vinha longe, as hostilidades ainda iam durar muito. **Loc.** Fazer a ~. **Comb.** *Pomba da ~* [Imagem de uma pomba branca trazendo no bico um ramo de oliveira, símbolo do fim do conflito armado]. *Tratado de ~*. **3** Situação de tranquilidade pública/Ausência de agitação social. **Ex.** Ali as pessoas fazem a sua vida em ~, sem problemas. **Comb.** *~ podre* [falsa, em que há indiferença generalizada face à injustiça]. *idi Soldados da ~* [Corporação de bombeiros]. **4** Situação de concórdia entre pessoas/Ausência de litígio entre elas. **Ex.** A ~ na família é condição da felicidade dos seus membros. Ali vivia-se na ~ dos anjos [na mais perfeita ~]. **Loc.** *Fazer as ~es* [Terminar uma desavença/Reconciliar-se]. **Comb.** *Rel Abraço/Beijo da ~* [Saudação que na missa os fiéis trocam entre si antes da Comunhão]. *Gente de ~* [pacífica/boa/afável]. *Juiz de ~* [Magistrado que tenta a conciliação entre as partes para evitar que o litígio chegue a tribunal]. **5** Estado de espírito de quem não é perturbado por inquietações. **Ex.** Dormia *idi* como um anjo, vivia numa ~ de espírito invejável. **Loc.** *Deixar em ~* [Não incomodar] (Ex. Por amor de Deus, não faça barulho, deixe-me em ~). *Ir/Ser mandado em ~* [Ser absolvido em juízo]. **Comb.** *~ interior* [de espírito/Serenidade/Tranquilidade]. **6** Serenidade de quem faz o que a sua consciência moral lhe propõe/ordena. **Loc.** *Catol Vai em ~!* [Expressão dirigida pelo sacerdote ao penitente no fim da confissão]. *~ à sua alma/Descanse em ~* [Voto formulado em relação a um defunto]. **Comb.** *Crist ~ de Deus/~ eterna* [Estado de felicidade eterna de quem faleceu em estado de graça, sem pecados graves]. **7** Ausência de ruído/agitação/Calma/Sossego. **Ex.** Nas férias gostava de ir de manhãzinha pelo campo, de saborear a ~ das coisas.

pazada *s f* (<pá + -z - + -ada) **1** Conteúdo que leva a pá. **Ex.** Deitou umas ~s de terra ali para nivelar o terreno. **Comb.** *Às ~s* [Em grande quantidade]. **2** Pancada com pá/Tareia. **3** Impulso dado à embarcação pelas pás dos remos.

paz de alma *s 2g* Pessoa bonacheirona, pacífica e indolente.

PBX *s m* Sigla da expressão inglesa *Private Branch Exchange*/Aparelho que funciona como central telefó[ô]nica interna, que faz a ligação das extensões de uma rede telefó[ô]nica privada.

PC Sigla da expressão inglesa *Personal Computer*/Computador pessoal.

pé *s m* (<lat *pés, pédis*; ⇒ ~ de alferes/altar/atleta/boi/cabra/chumbo/moleque/pato/vento; ~s de lebre) **1** Extremidade articulada dos membros inferiores do homem que lhe permite a locomoção e a posição vertical. **Ex.** No inverno os ~s muitas vezes arrefecem-me [ficam frios]. **Loc.** *~ ante ~* [Muito devagar/Com a maior discrição] (Ex. Entrou no quarto dele, ~ ante ~, para não o acordar). *A ~* **a)** Fora da cama/Levantado (Ex. Todos os dias está a ~ às 7h da manhã); **b)** «deslocar-se» Sem utilizar veículo de transporte (Ex. Vou sempre a ~ até à escola). *A ~ firme* [Sem sair do lugar «em sinal de resistência obstinada»] (Ex. Aguentámos a ~ firme o embate do inimigo, que teve de recuar). *Fig A ~s juntos* [Com grande energia/determinação] (Ex. Opôs-se a ~s juntos a que lhe alterassem o horário). *Ao ~ da* [À] *letra* **a)** De forma rigorosa/exa(c)ta (Ex. Fez tudo ao ~ da letra como estava combinado); **b)** Palavra a palavra/De forma literal (Ex. A tradução do texto foi feita ao ~ da letra). *Ao ~ de* **a)** Junto de (Ex. Estava ao ~ dele quando isso aconteceu); **b)** Em comparação com (Ex. Ao ~ dele eu sou um simples amador nessa arte). *Aos ~s de* **a)** Diante de (Ex. Aos ~s da Virgem (Maria) pediu a maior ventura para o seu filhinho); **b)** De joelhos, em sinal de submissão (Ex. Aos ~s do senhor implorou o perdão para a sua falta).
Arrastar os ~s [Andar com dificuldade]. *Cair aos ~s de* [Prostrar-se de joelhos implorando]. *idi Calcar aos ~s* [Pisar/Maltratar/Desrespeitar]. *Com o ~ direito* [Para ter (boa) sorte] (Ex. Procura entrar no campo (de jogo) sempre com o ~ direito). *idi Com o ~ esquerdo* [Sem sorte/De forma azarada] (Ex. Entrou no clube com o ~ esquerdo/canhoto e nunca se afirmou como jogador titular). *De ~* **a)** Em posição ere(c)ta (Ex. Ao velhinho já lhe custa estar de ~); **b)** Em atitude firme (Ex. Resistiu de ~ àquele chorrilho de provocações). *idi Dos ~s à cabeça* [Por completo/Totalmente] (Ex. Ficou molhado dos ~s à cabeça). *Em bicos de ~s* **a)** Com apoio nos dedos dos ~s (Ex. A bailarina evolui em bicos de ~s); **b)** *idi* Sem fazer barulho/Sorrateiramente (Ex. Entrou na sala em bicos de ~s); **c)** *idi* Fazendo-se mais importante do que é (Ex. Gosta de pôr-se em bicos de ~s mas expõe-se ao ridículo). *Em ~* [Em posição ere(c)ta/De ~] (Ex. Ficámos em ~ durante toda a cerimó[ô]nia). *Fazer ~ atrás* [Condescender/Recuar]. *Jurar* [*Negar*] *a ~s juntos* [Afirmar [Negar] convictamente]. *Não arredar ~* [Não sair de onde está] (Ex. Apesar da longa espera ninguém arredou ~ até chegar o seu herói). *idi Não pôr os ~s em* **a)** Não entrar em/Não frequentar (Ex. Nunca pôs os ~s num cinema); **b)** Estar impedido/proibido de frequentar um [de entrar num] local (Ex. Daqui em diante [Futuramente] ele não põe aqui os ~s). *Não se ter de ~* [Não conseguir manter-se em posição ere(c)ta]. *Pôr-se a* [*de/em*] *~* [Levantar-se]. *idi Pôr os ~s em terra* [Desembarcar].

Idi. A sete ~s [A grande velocidade/Muito depressa] (Ex. Saiu dali a sete ~s a dar a boa nova aos pais]. *Abalar os ~s a* [Fazer hesitar]. *Br Abrir o ~* [Fugir]. *Atar de ~s e mãos* [Impedir a rea(c)ção de/Contrariar decisivamente]. *Bater o ~* [Impor a sua vontade/Não obedecer/Teimar] (Ex. Como não lhe agradou a proposta, bateu o ~ e tudo ficou na mesma). *Cair de ~* [Ser vencido mas com dignidade] (Ex. O nosso clube foi derrotado, mas caiu de ~). *col Com o ~ adiante e a mão atrás* [Sem recursos] (Ex. Chegou aqui com o ~ adiante e a mão atrás e hoje, com o seu triunfo no mundo da música, tem uma apreciável fortuna). *Com/Em ~s* [*pezinhos*] *de lã* [Sem barulho/De mansinho/Discretamente]. *Dar com os ~s a* **a)** Maltratar. **b)** Recusar (Ex. Ele pediu-lhe namoro e ela deu-lhe com os ~s). *Dar o ~ e alguém tomar a mão* [Abusar da confiança/*idi* Dar a mão e tomar o braço (+)]. *Do ~ para a mão* [De um momento para o outro/Rapidamente] (Ex. Não podia decidir do ~ para a mão, tinha que pensar bem para chegar à melhor solução). *Em ~ de guerra* **a)** Pronto para a luta; **b)** Em grande agitação/revolta (Ex. O povo estava em ~ de guerra a defender os seus direitos). *Em ~ de igualdade* [Em condições semelhantes] (Ex. Importa que os concorrentes partam em ~ de igualdade). *(D)esp Encher o ~* [Chutar a bola de forma violenta]. *Estar com o ~ no ar* [Estar desejoso de fazer alguma coisa] (Ex. Está sempre com o ~no ar para ir ao cinema). *Estar com os ~ para a cova* [Estar no fim da vida]. *Estar* [Manter-se] *de ~* [Continuar válido] (Ex. O nosso plano está de ~ e vamos concretizá-lo). *Estar de ~ atrás* [Estar desconfiado, com reservas].

Ficar de [com os] *cabelos em ~* **a)** Ter muito medo; **b)** Ficar chocado/horrorizado. *Ir num ~ e vir no outro* [Não se demorar num lugar/Ir e vir rapidamente]. *Meter o ~ na argola* [Ter um deslize/Fazer um disparate]. *Meter os ~s pelas mãos* [Ficar confundido/Contradizer-se]. *Meter-se debaixo dos ~s de alguém* [Ter atitude servil/Humilhar-se]. *Não chegar aos ~s* [calcanhares] *de outrem* [Ter muito menos valor ou/e capacidades do que ele/Ser-lhe muito inferior]. *Não ter ~s nem cabeça* [col Não ter ponta por onde se lhe pegue/Carecer de sentido/Ser absurdo] (Ex. Essa tua ideia não tem ~s nem cabeça). *Pôr o ~ em cima [no pescoço] de alguém* [Oprimir/Dominar/Humilhar]. *Ter os ~s bem assentes na terra* [Ser realista]. «um proje(c)to» *Ter ~s de barro* [Ser frágil apesar de aparente poder/força/robustez]. **Comb.** ~ chato [em que a planta do ~ toca o solo, por ausência de arco]. **2** Extremidade dos membros dos animais/Pata. **3** Extremidade dos membros traseiros das reses de talho/*pop* Chispe. **4** Órgão de locomoção ou de fixação de invertebrados. **5** Peça que sustenta certos móveis ou utensílios/Base. **Comb.** *~ do banco. ~ da cadeira. ~ da mesa.* **6** *Bot* Pedúnculo de flor ou de fruto. **7** *Bot* Pecíolo. **Comb.** *~ da folha.* **8** Obje(c)to em que outro se apoia/Pedestal/Peanha. **9** Coluna ou pilar em que se apoia uma estrutura numa construção. **10** Margem do fundo de página. **11** *Tip* Parte inferior de um tipo. **12** Resíduo de alguns líquidos no fundo do recipiente. **Ex.** O vinho já tem uns [alguns] anos e a garrafa está com algum ~, convém não agitar. **Comb.** ~ do azeite. **13** Empilhamento de engaço de uva que, uma vez esmagada e retirado o mosto que esteve a fermentar, é por fim sujeita a forte pressão na prensa do lagar para lhe retirar todo o líquido. ⇒ água-pé. **14** Parte de alguns obje(c)tos pela qual se lhes pega. **Comb.** ~ do cálice. **15** Cada exemplar de uma planta. **Ex.** Acabei de plantar alguns ~s de couve e de cebola. **16** Distância entre o soalho e o te(c)to de um compartimento numa casa. **Ex.** Nas casas antigas o ~ é geralmente mais alto do que nas que agora se constroem. ⇒ pé-direito(+). **17** Peça de frente de um degrau/Espelho(+). **18** Parte da cama oposta à cabeceira. **Ex.** O gato vinha deitar-se aos ~ s da cama. **19** Altura da água do mar, do lago, do rio ou da piscina em relação à estatura de alguém de modo que, firmando-se no fundo e estando ere(c)to, continue com a cabeça de fora da água. **Ex.** Podes avançar que ali ainda deves ter ~. **Loc.** *Perder o ~* **a)** Estando de ~ na água, deixar de poder ter a cabeça emersa; **b)** idi Deixar de poder controlar a [Perder o controle da (+)] situação. **20** Ocasião oportuna/Ensejo/Pretexto. **Ex.** Estava à espera de um ~ para lhe falar da sua pretensão. **21** Situação(+) de um negócio, de um proje(c)to, … **Ex.** Precisava de saber em que ~ estava a venda da fábrica. **22** Antiga unidade de comprimento equivalente a doze polegadas (30,48 cm). **23** Ponto geométrico de intersecção de duas re(c)tas perpendiculares. **24** *Gram* Unidade rítmica e melódica do verso clássico «latino» formada por duas ou mais sílabas. **Ex.** O dá(c)tilo, o espondeu e o troqueu são os ~s usados pelo poeta latino Virgílio na sua obra épica, *A Eneida*. **25** *Mús* Medida de altura do som no regis(t)ro de um órgão. **26** *Mar* Ponta da corda com que se vira a vela. **27** *Mar* Velocidade/Andamento de uma embarcação. **Comb.** Navio de bom ~. ⇒ nó.

peanha *s f* (<lat *pedáneus, a, um*: que tem o comprimento do pé) **1** Pequeno pedestal/Suporte de imagem sagrada, cruz, estatueta, busto, jarrão, …/Plinto. **Ex.** Na parede havia três ~s com imagens de santos. **2** Pedal de tear. **3** Pequeno banco para apoiar os pés.

peão, ã [*Br* ,oa/ona] *s* (<lat *pédo, ónis*) **1** O que circula [Transeunte] a pé. **Ex.** O ~ [pedestre] deve atravessar a rua na passadeira/zebra. O semáforo está aberto para os ~ões. **2** *Hist* Indivíduo que, na Idade Média, pertencia à classe popular e que na guerra combatia a pé. **3** O que assiste a um espe(c)táculo de/em pé. **Ex.** O bilhete de ~ é mais barato. **4** Toureiro subalterno que lida o touro a pé. **Comb.** ~ de brega [que prepara o tou[oi]ro para as sortes ou o distrai para proteger o cavaleiro, o espada ou o bandarilheiro em caso de perigo]. **5** Peça menor do jogo de xadrez, em número de oito. **6** *fig* Pessoa de pouca importância, facilmente manipulável. **Ex.** Apanharam-no nesse negócio ilícito, onde ele apenas foi [funcionou como] um ~. **7** *Náut* Peça de ferro do mastro onde encaixa a vela grande. **8** *Br* Amansador/Condutor de animais. **9** *Br* Trabalhador rural que recebe salário.

pear *v t* (<peia + -ar¹) **1** Prender os pés dos animais com peias para lhes limitar os movimentos. **Ex.** Costumava ~ a cabra na pastagem para ela não saltar o muro. **2** *fig* Estorvar/Embaraçar.

peça *s f* (<celta *pettia*: pedaço) **1** Cada unidade separada do conjunto [do todo] a que pertence. **Ex.** O tesouro do palácio tem ~s valiosíssimas. O empresário paga às bordadeiras à ~ [à unidade «produzida»]. **Comb.** *~ de arte. ~ de caça. ~ de fruta. ~ do serviço de chá. ~ de vestuário.* **2** Acessório de aparelho/motor. **Ex.** Precisaram de mandar vir do estrangeiro a ~ para o carro, que já não é novo [que já é velho]. **3** Obje(c)to manufa(c)turado/Artefa(c)to de valor. **Ex.** A joia que trazia ao peito era uma ~ lindíssima. **Comb.** ~ de museu **a)** Obje(c)to [Exemplar] precioso; **b)** *depr* O que é antiquado, o que há muito (tempo) passou de moda. **4** Porção unitária de alguma coisa. **Ex.** No talho, a ~ de carne donde se cortaram os bifes tinha muito bom aspe(c)to. **5** Porção de pano tecido de uma vez. **Ex.** Para cortar o pano do fato [*Br* terno] a fazer no alfaiate escolheu uma ~ de fazenda de qualidade. **6** *Dir* Documento que vai contribuir para a instrução de um processo. **7** Obra literária. **Ex.** Esse poema de Camões é uma ~ de grande beleza. **8** Texto dramático ou a sua representação. **Ex.** Vai [Está a ser representada] uma ~ no Teatro D. Maria II (Lisboa) que não quero perder [deixar de ver]. **9** Composição musical. **Ex.** A execução da ~ de Debussy foi primorosa. **10** Antiga moeda portuguesa que valia oito mil réis. **11** Pedra(+) de jogo de tabuleiro. **12** *fig depr iron* Pessoa desonesta/Tratante/Aldrabão/Patife. **Ex.** Esse sujeito saiu--me cá uma ~…! **13** Partida/Logro/Brincadeira. **Ex.** Ele era um brincalhão, saía-se com [, armava] cada ~ aos amigos…!

pecadilho *s m* (<pecado + -ilho) **1** *Dim* de pecado. **2** Falta leve/Pequena transgressão.

pecado *s m* (<lat *peccátum*; ⇒ pecar) **1** *Rel* Transgressão de mandamento divino. **Ex.** O crente recorre ao sacramento da confissão/reconciliação para obter o perdão dos seus ~s. **Comb.** *~ mortal/grave/capital* [que priva o homem da graça de Deus] (Ex. Os ~ mortais são de confissão obrigatória no sacramento da reconciliação). ~ *venial/leve* [que não priva o homem da graça]. ~ *original* [que se funda na desobediência de Adão e Eva referida na Bíblia, atingindo o gé[ê]nero humano] (Ex. A Virgem Maria, segundo o dogma católico da Imaculada Conceição, foi concebida isenta do ~ original, em atenção aos méritos [a vir a ser a Mãe] de Cristo). ~ *de omissão* [O não fazer algo que tinha obrigação de fazer] (Ex. A injustiça na sociedade está muito ligada a ~s de omissão). ~ *reservado* [que, pela sua especial gravidade, só pode ser absolvido pelo papa, pelo bispo ou pelo seu delegado]. **2** *fig* Transgressão de uma norma/Erro/Falha. **Ex.** O ~ do médico foi ter condescendido com o pedido do doente. O ~ do árbitro foi não ter punido disciplinarmente algumas jogadas violentas.

pecador, ora *s* (<lat *peccátor, óris*) O que pecou ou está sujeito a pecar. **Ex.** Na reza do terço «do rosário», os crentes, que se reconhecem ~es, pedem repetidamente a intercessão da Virgem Maria a seu favor junto de Deus.

pecaminoso, a (Ôso, Ósa, Ósos) *adj* (<lat *peccámen, minis*: pecado + -oso) Diz-se do que vai contra a lei divina. **Ex.** Os a(c)tos ~s rebaixam o homem, atingindo a sua dignidade.

pecar¹ *v int* (<lat *pécco, áre, átum*: dar um passo em falso, tropeçar) **1** *Rel* Transgredir um mandamento divino/Cometer pecado. **Ex.** ~ é fazer mau uso da liberdade. Importa estar vigilante para não ~. **2** Não respeitar as normas em vigor. **Ex.** ~ contra os bons costumes é motivo de escândalo. **3** Cometer qualquer falta/Faltar ao seu dever/Errar/Falhar. **Ex.** O árbitro pecou por não sancionar devidamente algumas infra(c)ções graves. **4** Não corresponder ao que era de esperar, por defeito ou por excesso/Não estar ao nível desejado/Ter defeito. **Ex.** Este orçamento peca por prever demasiada receita e subestimar a despesa.

pecar² *v int* (<peco + -ar¹) Tornar-se peco/Não se desenvolver/Definhar.

pecha (Pé) *s m* (<esp *pecha*: multa) Falha/Defeito/Imperfeição/Vício. **Ex.** Ele tem a ~ de chegar sempre atrasado às reuniões. **Loc.** *Pôr ~ em* [Pôr defeito a].

pecheblenda *s f Miner* (<al *pechblende*) Importante minério de urânio e rádio/Uraninite.

pechincha *s f* (<quéchua *pisincha*: lucro exagerado ?) **1** Compra por um preço muito baixo. **Ex.** Este belo fato [*Br* terno] por tão pouco dinheiro é uma autêntica [verdadeira/clara] ~. **2** Ganho fácil/Lucro imerecido. **3** *pop* Grande conveniência.

pechisbeque *s m* (<antr C. Pinchbeck (1670-1732), relojoeiro inglês que inventou esta liga) **1** Liga de cobre e zinco que imita o ouro/Ouro falso. **2** Adereço que imita outro de material nobre. **Ex.** O vizinho não tinha dinheiro para comprar um anel de ouro, por isso ele deve ser ~. **3** *fig* Pessoa ou obje(c)to de pouco valor.

peciolado, a *adj* (<pecíolo + -ado) **1** *Bot* Diz-se da folha que tem pecíolo. **2** *Ent* Diz--se dos inse(c)tos que têm o abdó[ô]men [abdome] unido ao tórax por um segmento muito delgado.

pecíolo *s m* (<lat *petíolus*: pé pequeno) **1** *Bot* Parte da folha a unir o limbo à bainha ou ao caule. **Ex.** Há folhas sem ~. **2** *Ent* Segmento delgado entre o tórax e o abdó[ô]men [abdome] existente nos inse(c)tos dípteros e himenópteros.

peco, a (Ê) *adj/s m* (< ?) **1** Que não cresceu/medrou/Que não teve o devido desenvolvimento/Enfezado. **Idi.** *Não ser ~* [Não ter moderação/Não ser comedido] *a pedir*. **2** Que tem reduzido volume. **3** *fig depr* Diz--se de indivíduo estúpido, pouco inteligente. **4** *s m* Doença dos vegetais que os faz definhar/estiolar. **5** *s m* Debilidade física ou psíquica.

peçonha s f (<lat *pótio, ónis*: beberagem envenenada) **1** Secreção venenosa que alguns animais produzem e que inoculam nas vítimas por picada ou mordedura. **Ex.** A ~ da víbora pode ser mortal. **2** Qualquer veneno. **3** Mal contagioso. **4** fig Inclinação para o mal/Malícia/Maldade. **Loc.** Pôr/Deitar ~ em [Interpretar de forma malévola a(c)ções de outrem].

peçonhento, a adj (<peçonha + -ento) **1** Que segrega ou tem um líquido venenoso que inocula nas presas/Que tem peçonha. **Comb. Animal ~. Bicho ~. 2** Venenoso. **3** fig Que envolve [tem] malícia/maldade./Que calunia/desonra/difama. **Ex.** Armou uma intriga ~a.

pécora s f (<lat *pécus, oris*: rebanho) **1** Cabeça de gado/Rês(+). **2** pop Prostituta(+).

pé-coxinho (Chi) s m (<… + coxo + -inho) **1** Andar pulando [Ir aos pulos], usando apenas um dos pés [, só com um pé]. **Loc.** Correr ao ~. **2** Jogo infantil que consiste nesse modo de andar.

péctico, a adj (<gr *pektikós*) **1** Relativo a pectina. **2** Diz-se de qualquer dos ácidos insolúveis na água que resultam da hidrólise da pectina.

pectina s f Biol/Quím (<gr *pektós*: espesso + -ina) Composto químico do grupo dos polissacáridos que se encontra nas paredes celulares dos tecidos vegetais com função aglutinante, muito usado nas indústrias farmacêutica e alimentar. **Ex.** Na preparação de gelatinas usa-se a ~.

pectíneo, a adj/s m (<lat *pécten, inis*: pente + -eo) **1** Que tem a forma de pente. **2** Anat (Diz-se do) músculo adutor da região postero-interna da coxa/Relativo a púbis.

pectinibrânquio, a adj/s m Zool (<lat *pécten, inis*: pente + brânquia) (Diz-se de) molusco ou de ordem de moluscos gastrópodes que têm as brânquias em forma de pente.

pectinicórneo, a adj/s m Ent (<lat *pécten, inis*: pente + córneo) (Diz-se de) inse(c)to ou grupo de inse(c)tos coleópteros que têm cornos/antenas em forma de pente.

pectinídeo, a adj/s m Zool (<lat *pécten, inis*: pente + -ídeo) (Diz-se de) molusco ou família de moluscos lamelibrânquios de concha de valvas quase iguais, do gé[ê]nero *Pécten*.

pecuário, a adj/s (<lat *pecuárius,a,um*) **1** Relativo a gado, à sua criação ou tratamento. **Comb. Exploração ~a. Indústria ~a. 2** s Pessoa que se dedica a essas a(c)tividades. **3** s f A(c)tividade/Indústria de criação e tratamento de gado.

peculato s m Dir (<lat *peculátus*) Crime de apropriação ou desvio em proveito próprio ou de outrem, por abuso de confiança, de dinheiro ou de bens móveis públicos, praticado por quem, em virtude do cargo, está encarregado de os administrar.

peculiar adj 2g (<lat *peculiáris, e*) **1** Próprio de uma pessoa ou coisa/Específico/Exclusivo/Particular. **Ex.** Ela tem um jeito ~ [especial(+)] para convencer as pessoas. Tem um modo de vestir ~ [, só dela,] que encanta. **2** Invulgar/Estranho/Bizarro/Original. **Ex.** Hoje há formas muito ~es de fazer publicidade. **3** Relativo a pecúlio.

peculiaridade s f (<peculiar + -idade) Qualidade ou condição de peculiar/diferente/Especificidade/Singularidade/Particularidade. **Ex.** O povo português sempre teve a ~ de conviver facilmente com outros [todos os] povos. **2** Traço cara(c)terístico de alguém ou de alguma coisa. **Ex.** No país pouco extenso que é Portugal, cada região tem as suas ~s.

pecúlio s m (<lat *pecúlium*) **1** Dinheiro ganho com trabalho, poupado pouco a pouco/Pé de meia. **2** Reserva em dinheiro ou conjunto de bens móveis ou imóveis/Patrimó[ô]nio(+). **3** Acervo de notícias ou apontamentos sobre uma matéria específica ou determinado assunto.

pecuniário, a adj (<lat *pecuniárius,a,um*: de dinheiro) Relativo a [Em] dinheiro/Financeiro. **Comb. Bens ~s. Prémio ~. Reservas ~as de um país.**

pecunioso, a (Ôso, Ósa, Ósos) adj (<lat *pecuniósus,a,um*: rico em gado) Que tem muito dinheiro/Abastado/Rico(o+)/Endinheirado(+)/Argentário.

pedaço s m (<gr *pittákion*: parte) **1** Parte de um todo/Bocado/Fragmento. **Ex.** A casa está a cair aos ~s. Já li um ~ [bocado] do livro. **Loc.** idi **Ser um ~ de asno** [Ser estúpido/parvo]. **Um ~** [Um tanto/Bastante] (Ex. Sofri um ~ «com a cirurgia», mas valeu a pena [mas foi bom]). **2** Período de tempo mais ou menos longo. **Ex.** Cheguei já há um ~ [bocado]. **3** Experiência geralmente penosa/desagradável. **Ex.** Então passei um mau ~ [bocado(+)], mas já está esquecido. **4** Pessoa vistosa/Figura atraente. **Ex.** Está ali [Ela é] um ~ de mulher.

pedágio Br s m (<it *pedaggio*) Taxa a pagar pelo condutor de veículo automóvel pela passagem em certas vias cujo custo de construção ou conservação foi avultado/Portagem(+).

pedagogia s f (<gr *paidagωgía*; ⇒ ped(i)¹) **1** Hist Ciência da educação e do ensino das crianças. ⇒ pedologia¹. **2** Métodos, processos e técnicas que visam maior eficácia no ensino e aprendizagem «das matérias escolares». **Ex.** A ~ procura alicerçar-se em bases científicas. **3** Desenvolvimento de a(c)ções que visam a alteração de hábitos da população para ado(p)ção de práticas mais convenientes. **Ex.** A televisão pode ser o veículo de uma ~ que leve a uma vida mais saudável.

pedagogicamente adv (<pedagógico + -mente) **1** Do ponto de vista da pedagogia. **Ex.** Esse método não é ~ indicado para este tipo de alunos. **2** Por métodos, processos e técnicas propostos pela pedagogia. **Ex.** O ensino orientado ~ deve conduzir a melhores resultados de aprendizagem.

pedagógico, a adj (<gr *paidagωgikós*) **1** Relativo ao ensino ou à pedagogia/Educativo. **Comb. Conselho ~** [Órgão de gestão da escola que define as linhas orientadoras da prática pedagógica]. **Método ~. Princípios ~s. 2** Que visa ensinar/educar segundo os princípios e as regras da pedagogia. **3** Educativo/Formativo. **Ex.** O policiamento das estradas pode ter o efeito pedagógico de evitar abusos, mais do que punir os infra(c)tores.

pedagogo, a (Gôgo) s (<gr *paidagωgós*) **1** Hist Escravo que na Antiguidade levava as crianças à escola. ⇒ pedagogia 1. **2** Pessoa «o poeta português João de Deus/Maria Montessori/Jean Piaget» que, com os seus escritos, contribui para o desenvolvimento da teoria pedagógica. **3** Pessoa que, por dom natural ou por formação, sabe ensinar. **Ex.** Ao longo da nossa vida estudantil há sempre um grupo de professores, ~s autênticos [, bons ~s], que nos marcaram [influenciaram de forma decisiva].

pé-d'água s m Chuva forte mas passageira/Aguaceiro(+).

pedal s m (<lat *pedális, e*: de um pé) **1** Peça de certas máquinas ou aparelhos que é a(c)cionada pelo pé para lhes imprimir movimento ou para os travar. **Comb. ~ de bicicleta. ~ da embraiagem. ~ do travão. 2** Mús Acessório de vários instrumentos musicais com função específica em cada um. **Ex.** No piano o ~ serve para abafar ou sustentar sons.

pedalada s f (<pedal + -ada) **1** Cada um ou conjunto de impulsos dados com o pé no pedal. **Ex.** Com ~ muito forte na subida da serra, o ciclista vencedor deixou para trás todo o pelotão. **2** fig Força de ânimo/Energia/Dinamismo. **Ex.** Apesar da idade tem ainda ~ para se meter em vários proje(c)tos e levá-los a bom termo.

pedalar v int (<pedal + -ar¹) Com movimentos das pernas e dos pés, imprimir impulsos nos pedais de um mecanismo ou veículo. **Ex.** Para coser a bainha da saia, a mãe pedalava na máquina de costura. O miúdo pedalava na bicicleta com grande vigor.

pedaleiro, a adj/s (<pedal + -eiro) **1** Relativo a [De] pedal. **Comb. Roda ~a [traseira] de bicicleta. 2** s m Mecanismo da bicicleta que inclui os pedais, a roda pedaleira e os rolamentos. **3** s f Mús Teclado de órgão a(c)cionado pelos pés. **4** col Bicicleta.

pedante adj/s 2g (<it *pedante*) **1** (Pessoa) que gosta de exibir erudição ou saber maior do que efe(c)tivamente possui/Pretensioso. **Ex.** Com os seus ares superiores de ~, na conversa, a cada momento aludia a novos pormenores que colhera [vira, lera] em livros e folhetos. **2** Vaidoso/Afe(c)tado.

pedantear v int (<pedante + -ear) Comportar-se de forma pedante, afe(c)tada, pretendendo exibir erudição e cultura que não possui.

pedantesco, a (Tês) adj (<it *pedantesco*: muito minucioso e su(b)til) Próprio de pedante/Que alardeia erudição/cultura. **Comb. Discurso ~.**

pedantice s f (<pedante + -ice) **1** Forma de comportar-se, de falar de modo muito afe(c)tado. **2** A(c)to ou dito de pedante.

pedantismo s m (<pedante + -ismo) **1** Qualidade de pedante. **2** Afe(c)tacão exagerada na maneira de falar, de se comportar. **3** Exibição de pretensas erudição e cultura, feita com vaidade.

-pede suf (<lat *pés, pédis*: pé) Significa **pé** (Ex. bípede, palmípede, quadrúpede, velocípede). ⇒ ped(i)².

pé de alferes s m A(c)ção de galantear/cortejar/namorar. **Loc. Fazer ~** [a corte (+)] **a** [Cortejar]. **Ter o coração em ~** [Estar apaixonado].

pé de altar s m Rendimento obtido pelo pároco pelos serviços religiosos prestados aos paroquianos. ⇒ côngrua.

pé de atleta s m Med Micose superficial provocada por fungos dermatófitos, geralmente entre os dedos dos pés, podendo apresentar [ter] prurido, fissuras, bolhas, ...

pé de boi s m **1** Pessoa muito ligada a costumes antigos, avessa ao progresso e a inovações/Conservador/Antiquado/Bota de elástico(+). **2** Br Pessoa muito trabalhadora, cumpridora dos seus deveres.

pé de cabra s m **1** Mit Figura mitológica com patas de cabra/Fauno. **2** Instrumento de ferro com extremidade fendida, semelhante a pé de cabra, que é usado como alavanca/Arranca-pregos. **Ex.** Os ladrões usaram um ~ para arrombar a porta.

pé de chumbo s m **1** Pessoa que anda muito lentamente. **2** depr Pessoa indolente/preguiçosa. **3** Br Indivíduo imbecil/palerma. **4** Br depr Indivíduo que não prospera na vida, apesar de ter as condições

necessárias para isso. **5** *Br* Planta ornamental da família das labiadas, de flores escarlates; *Salvia splendens*.
pé-de-galinha *s m pl* **1** Rugas que se formam junto dos olhos. **2** *Bot* Planta forrageira da família das gramíneas, com propriedades laxativas e diuréticas, de cujo rizoma se extrai álcool; *Cynodon dactylon*.
pé-de-galo *s m/adj* **1** *Bot* ⇒ lúpulo. **2** *Bot* Planta da família das ranunculáceas, cáustica e tóxica, de rizoma bulboso, também conhecida por botão-de-ouro; *Ranunculus bulbosus*. **3** *Náut* Modo de fundear uma segunda âncora, a usar se a primeira falhar. **4** *adj* Diz-se da mesa em que o tampo se apoia numa coluna central cuja base se divide em três pés. **Ex.** Tenho na sala uma mesa circular ~.
pé-de-meia *s m* Dinheiro economizado para uma necessidade futura/Poupanças postas de reserva/Pecúlio.
pé de moleque *s m Br Cul* **1** Doce feito de açúcar e amendoim torrado. **2** Bolo feito com açúcar, farinha de mandioca e coco.
pé de pato *Br* **1** *pop* Diabo. **2** Calçado de borracha com a ponta espalmada, usado por mergulhadores e nadadores para mais facilmente se deslocarem dentro de água.
pederasta *s m* (<gr *paiderastés*) **1** Homem que pratica sexo com rapazes jovens/Pedófilo. **2** Homem que tem relações com outros homens/Homossexual.
pederastia *s f* (<gr *pederastía*) Prática de relações sexuais entre um homem e rapaz jovem ou entre homens/Homossexualidade masculina.
pedernal *s m /adj 2g* (<pedra + -al) **1** Relativo a pedra/Pétreo/Rochoso(+). **2** ⇒ pederneira **1** (+).
pederneira *s f* (<pedra + -eira) **1** *Miner* Pedra muito dura que, ao ser percutida por instrumento de aço, produz faísca/Nome vulgar de sílex. **Ex.** A pedra do isqueiro é de ~. **2** *Ornit* Nome vulgar de aves coraciiformes da família dos cipselídeos, também conhecidas por pedreiro, gaivão, papalvo; *A. apus*.
pé-descalço *s m depr* Pessoa ou gente de poucos recursos. **Comb.** Turismo [Turista] de ~ [que no estrangeiro procura não gastar muito dinheiro].
pedestal *s m* (<it *piedestallo*) Suporte de pedra, metal ou madeira, de alguma altura, que serve de apoio a uma estátua ou a um obje(c)to decorativo. **Ex.** A estátua desse grande rei, no centro da praça, assenta num belo ~. **Idi.** *Cair do ~* [Perder o prestígio, a admiração de que gozava]. *Estar em ~* [Estar em evidência]. *Pôr alguém num ~* [Fazer dele um ídolo/herói].
pedestre *adj/s 2g* (<lat *pedéstris, e*) **1** Que é feito a pé. **Comb.** *Passeio ~. Prova ~*. **2** Destinado a peões/Pedonal. **Comb.** Circuito ~. **3** (Pessoa) que anda ou está a pé/Peão(+).
pedestrianismo *s m* (<ing *pedestrianism*) **1** Exercício de fazer grandes caminhadas a pé. **2** *(D)esp* Competição entre corredores a pé, geralmente em longas marchas. ⇒ maratona.
pedestrianista *adj/s 2g* *(D)esp* (<ing *pedestrian*: pedestre + -ista) Relativo a [Pessoa que pratica] pedestrianismo.
pé de vento *s m* **1** Rajada de vento [Ventania] forte mas de curta duração/Furacão. ⇒ remoinho; tufão; tornado; ciclone; ventania. **2** *fam* Forte zanga/Tumulto/Desordem/Zaragata. **Idi.** *Armar um ~* [Provocar tumulto/desordem].
ped(i)-¹ *pref/suf* (<gr *pais, paidós*: criança; ⇒ ped(o)-) Significa **criança** (Ex. pediatria, pedófilo, logopedia).

ped(i)-² *pref/suf* (<lat *pés, pédis*: pé) Significa **pé** (Ex. pedal, pedialgia, pedestre, pedicuro, pedonal, pedúnculo). ⇒ -pede.
-pedia [-pédia] *suf* (<gr *paideia, as*: educação) Exprime a noção de educação da criança. **Ex.** Enciclopédia; logopedia.
pedialgia *s f Med* (<pedi-² + -algia) Dor nevrálgica intensa na planta do pé.
pediatra *s* (<ped(i)-¹ + -iatra) Médico especialista em pediatria.
pediatria *s f* (<pediatra + -ia) Ramo da medicina que trata de doenças de crianças.
pediátrico, a *adj* (<pediatria + -ico) **1** Relativo a pediatria. **Comb.** *Clínica ~a. Consulta ~a. Hospital ~o*. **2** Adequado à criança. **Comb.** *Dose ~a*.
pedicelado, a *adj* (<pedicelo + -ado) **1** *Bot* Que tem pedicelo. **2** *Ent* Que tem pedicelo a ligar o tórax ao abdó[ô]men [abdome].
pedicelário/a *s Zool* (<pedicelo + -ário) Cada um dos pequenos órgãos em forma de pinça na superfície do corpo de equinodermes «estrela-do-mar», que serve para preensão e defesa.
pedicelo (Cé) *s m* (<lat científico *pedicellus*, dim de *pedículus*: pequeno pé) **1** *Bot* Pequena haste que sustenta a flor e depois o fruto/Pedículo. **2** *Bot* Suporte capilar da cápsula das briófitas. **3** *Ent* Zona estreita do abdó[ô]men [abdome] a ligar o tórax e o gáster nos inse(c)tos himenópteros.
pediculado, a *adj* (<pedículo + -ado) **1** *Bot* Ligado ou preso por um pedículo. **2** *Bot* Que tem um pequeno pé de suporte. **3** *Icti* Diz-se dos peixes com as barbatanas ventrais pediformes.
pedicular *adj 2g* (<pedículo + -ar²) **1** Relativo ao pedículo. **2** ⇒ pediculado. **3** Relativo a piolho.
pediculídeo, a *adj/s Ent* (<pedículo + -ídeo) (Diz-se de) inse(c)to «piolho» ou família de inse(c)tos sugadores do sangue dos mamíferos.
pedículo *s m* (<lat *pedículus*: pequeno pé) **1** *Biol* Haste curta e delgada que sustenta um órgão ou organismo/Pedicelo. **2** *Ent* Nos aracnídeos, parte estreita que une o cefalotórax e o abdó[ô]men [abdome]. **3** *Ent* Gé[ê]nero de inse(c)tos da família dos peliculídeos, a que pertence a espécie do piolho humano; *Pediculus*. **4** *Med* Segmento estreito através do qual se implanta um tumor.
pediculose *s f Med* (<lat *pedículus*: piolho + -ose) Afe(c)ção cutânea provocada por infestação de piolhos.
pedicuro, a *s* (<fr *pédicure*) Pessoa especializada no tratamento de pés. **Sin.** Calista. ⇒ manicura.
pedida *s f* (<pedir; ⇒ pedido) **1** *Hist* Tributo que antigamente os senhores da terra cobravam aos vassalos. **2** Em jogo de azar, carta que o jogador pede para perfazer o número pretendido. **3** *Br* Pedido ou sugestão que se julga conveniente.
pedido, a *adj/s m* (<pedir) **1** Que se pediu. **Ex.** O favor ~o imediatamente foi satisfeito. O esforço suplementar ~ aos alunos teve bom acolhimento [foi logo aceite]. **2** A(c)to ou efeito de pedir/solicitar. **Ex.** O seu ~ não está esquecido «mas espere». **Loc.** *A ~* [Por encomenda/solicitação]. *A ~ de* [Por solicitação de] *alguém*. **Comb.** *~ de casamento. ~ de demissão. ~ de empréstimo. Anel de ~o* [O que o noivo oferece à noiva em sinal do compromisso de futuro casamento]. *~ de mercadoria*. **Ex.** Às vezes é difícil satisfazer todos os ~s dos clientes. **4** Coisa pedida/O que se solicita. **Ex.** Logo que possa, envio-lhe o seu ~. **5** Súplica/Rogo. **Ex.** Foi atendido no seu ~ a Santo Antó[ô]-nio. **6** *Dir* Pretensão formulada inicialmente pelo autor da a(c)ção judicial/Petição.
pedidor, ora *adj/s* (<pedir + -dor) (O) que pede/solicita/requer. ⇒ pedinte.
pediforme *adj 2g* (<ped(i)-² + -forme) Que tem a forma de pé.
pedigree (Pédigrí) *ing* **1** Regist(r)o da genealogia de um animal de raça, sobretudo tratando-se de cão ou cavalo. **2** Certificado que atesta a pureza de linhagem de um animal. **3** Árvore genealógica.
pedilúvio *s m* (<pedi-² + lat *lúo, ere*: lavar) Banho aos pés com fins terapêuticos.
pedincha *s* (<pedinchar) **1** *s f* A(c)to de pedinchar. **2** (O) que está sempre a pedir ou que pede muito. **Ex.** Ele é um ~/pedinchão.
pedinchão, ona *adj/s* (<pedinchar + -ão) (O) que pede de forma insistente/que importuna de tanto pedir.
pedinchar *v t/int* (<pedir ou pedinte) Pedir insistentemente ou em tom lamuriento.
pedinchice *s f* (<pedinchar + -ice) **1** A(c)to ou hábito de pedinchar/Pedincha **1**. **Ex.** Acostumou-se à ~ e agora não quer outra vida [não quer fazer outra coisa, como trabalhar]. **2** Qualidade de pedinchão.
pedinte *adj/s* (<pedir + (i)nte) (O) que pede/mendiga. ⇒ pedidor.
pedipalpo *adj/s m* (<pedi-²+ lat *palpus*: carícia) (Diz-se de) aracnídeo ou ordem de aracnídeos tropicais que têm quelíceras terminadas por unha e o primeiro par de membros em forma de chicote.
pedir *v t/int* (<lat *péto, ere, ívi, ítum*) **1** Transmitir a alguém o desejo de obter alguma coisa. **Ex.** Quando lhe pedem ajuda ele nunca diz que não. **Loc.** *~ boleia/carona* [Na berma da estrada, com um gesto do braço, exprimir o desejo de ter um transporte gratuito]. *~ contas* [Pretender que lhe sejam apresentados os resultados de uma a(c)tividade]. *~ desculpa* [Dizer à pessoa atingida/ofendida que se lamenta o mal ou incó[ô]modo causado]. *~ escusa* [Solicitar dispensa de uma obrigação ou de um compromisso]. *~ o hábito* **4** [Manifestar o desejo de professar em ordem religiosa]. *~ a mão de/~ em casamento* [Solicitar aos pais da noiva autorização para casar com a filha]. **Idi.** *~ batatinhas* [Pretender obter uma justificação/explicação para algo que lhe desagradou]. *fam Estar (mesmo) a pedi-las* «duas bofetadas» [Comportar-se de modo a merecer castigo]. **2** Em seu benefício ou de outrem, solicitar a alguém que faça alguma coisa. **Ex.** Pedi a meu pai que ajudasse um amigo nosso na escolha de um bom restaurante. **Loc.** *~ socorro* [Gritar a implorar ajuda em caso de perigo ou de aflição]. **3** Encarregar alguém de uma tarefa. **Ex.** Pedi-lhe que tratasse ela do jantar, (por)que eu tinha de sair. **4** Rogar/Suplicar. **Ex.** Só peço a Deus que me dê saúde para poder trabalhar. **5** Esmolar/Mendigar. **Ex.** Vê-se gente a ~ nos transportes públicos. **6** Procurar que alguém aceda a uma pretensão. **Ex.** Pediu licença para usar da palavra [para falar em público]. **7** Estabelecer como preço a pagar. **Ex.** Está a ~ pelo apartamento um preço exorbitante. **8** Tornar necessário/Implicar/Exigir/Requerer. **Ex.** Um exigente trabalho intelectual pede um espírito liberto de outras preocupações. **9** Dever ser acompanhado de. **Ex.** O queijo da serra pede um bom vinho tinto.
pé-direito *s m* **1** Distância entre o pavimento e o te(c)to de um compartimento ou andar de um edifício. **Ex.** Antes as casas tinham geralmente um ~ maior [mais alto] do que as de hoje, proporcionando maior

conforto aos moradores. **2** Altura do pilar ou da coluna que suporta uma armação de madeira/um arco/uma abóbada. **3** Altura das ombreiras de uma porta.

peditório s m (<lat *petitórius*) **1** A(c)ção de pedir ao comum das pessoas um contributo para fins religiosos, beneficentes, de solidariedade ou outros. **Ex.** Em outubro faz-se sempre um ~ a favor das missões. **2** Pedido insistente.

ped(o)- *pref* ⇒ ped(i)-[1]; ped(i)-[2].

pedofilia s f (<ped(o)- + -filia) **1** Perversão que leva um adulto à atra(c)ção sexual mórbida por crianças. **2** Prática efe(c)tiva de a(c)tos sexuais de um adulto com crianças. **Ex.** Era acusado de ~, de ter tido práticas eróticas com crianças.

pedófilo, a adj/s (<ped(o)- + -filo) **1** Relativo a pedofilia. **Comb.** Comportamento ~. **2** (Diz-se de) adulto que tem uma atra(c)ção sexual mórbida por crianças ou que pratica a pedofilia.

pedogénese[1] [*Br* **pedogênese[1]**] s f Zool (<ped(o)- + ...) Reprodução, sem fecundação, de certos inse(c)tos e anelídeos durante o estado de larva.

pedogénese[2] [*Br* **pedogênese[2]**] s f Geol (<gr *pédon*: solo + ...) Processo de formação dos solos.

pedologia[1] s f (<ped(o)- + -logia) Estudo da vida e do desenvolvimento das crianças. ⇒ pedagogia.

pedologia[2] s f Geol (<gr *pédon*: solo + -logia) Disciplina/Ciência que trata sobretudo da morfologia, gé[ê]nese e classificação dos solos.

pedólogo[1], a [pedologista[1]] s Pessoa que estuda ou se dedica à pedologia[1]. ⇒ pedagogo.

pedólogo[2], a [pedologista[2]] s Pessoa que estuda ou se dedica à pedologia[2].

pedómetro [*Br* **pedômetro**] s m (<péd(o)- + -metro) Instrumento para contar os passos, calcular a distância percorrida a pé e a velocidade da marcha. **Sin.** Podó[ô]metro.

pedonal adj 2g (<ped(o)- + -al) **1** Que se deve [A/Para] percorrer a pé. **Comb.** Circuito ~. **2** Relativo a peão/Reservado a peões. **Comb.** Rua ~.

pedopsiquiatra s 2g Med (<ped(o)- + ...) Médico de pedopsiquiatria.

pedopsiquiatria s f Med (<ped(o)- + ...) Ramo da medicina que trata das perturbações mentais da criança.

pedra s f (<lat *pétra*; ⇒ ~ da lua; ~ de afiar/amolar; ~ de toque) **1** Substância mineral sólida, dura e compacta, que se encontra no interior ou à superfície da terra. **Ex.** Ali muitas casas são de ~. No Rio de Janeiro é impressionante o tamanho de vários blocos de ~ à superfície «Pão de açúcar». **2** Qualquer variedade desse material usada para um fim determinado. **Ex.** A ~ usada nas casas daquela aldeia é o xisto. **3** Fragmento de rocha de forma e tamanho variável/Calhau. **Ex.** Um muro alto de ~ veda a propriedade. Andámos a tirar as ~s do terreno a cultivar. Atiraram ~s à polícia que responderam com gás lacrimogé[ê]neo. A ~ calcária é mais fácil de modelar (do) que a granítica. O basalto é uma ~ muito dura. **Loc.** ~ *por* **a)** Aos poucos; **b)** De forma sistemática.

Idi. ~ *de escândalo* [Pessoa ou acontecimento que chocou a população, que deu um muito mau exemplo]. **Andar com [Ter] uma ~ no sapato** **a)** Andar desconfiado; **b)** Ter um constante estorvo a incomodar. **Atirar a primeira ~** [Acusar]. **Dormir como uma ~** [Ter um sono profundo, imperturbável]. «casa» **Estar de ~ e cal** [Ter estabilidade/Ser sólido/consistente/duradouro] (Ex. Estou neste posto «da empresa/do Governo» de ~ e cal). **Falar com (duas/três) ~s na mão** [Dirigir-se a alguém de forma agressiva]. **Fazer chorar as ~s da calçada** [Discursar de forma muito comovente/Apelar à emoção]. **Jogar [Atirar] a pedra e esconder a mão** [Prejudicar alguém dissimulando a própria responsabilidade]. **Lançar a primeira ~** [Iniciar um empreendimento]. **Não ficar ~ sobre ~** [Ser totalmente destruído]. **Pôr/Botar uma ~ sobre o assunto** [Resolver esquecer/Encerrar um diferendo]. **Ser uma ~ no sapato** [Estorvar].

Comb. ~ *angular* [do cunhal do edifício, sendo comum a duas paredes]. ~ *de ara* [Pedra benzida no centro do altar por cima da qual o sacerdote coloca a hóstia e o cálice]. ~ *azul* [Lápis-lazuli]. ~ *de armas* [Bloco de ~ lavrada com o brasão da família nobre, colocada na frontaria ou no cunhal do edifício de residência/Brasão/Escudo]. ~ *de cantaria* [aparelhada em forma geométrica para uso na construção]. ~ *filosofal* **a)** Pretensa fórmula para converter qualquer metal em ouro; **b)** Coisa muito rara e valiosa que se procura em vão. ~ *de isqueiro*. *Carvão de* ~ [Designação vulgar de carvão fóssil de grau médio ou superior [antracite], extraído em minas]. *Idade da* ~ *lascada* [Paleolítico]. *Idade da* ~ *polida* [Neolítico]. *Primeira* ~ [A que se coloca solenemente, de forma simbólica, na fundação de uma construção]. *Cul Sopa de* ~ [Prato típico do Ribatejo (Portugal), feito com feijão, batata, carne de porco, enchidos, ... servido com uma pedr(inh)a redonda na terrina/malga]. **4** Restos de uma construção em ruínas. **Ex.** Do que foi a casa dos meus bisavós restam umas ~ s a cair. **5** Lápide de sepultura/Campa. **Ex.** As ~s do cemitério costumam ser de mármore ou granito polidos. **6** Substância mineral a que se atribui grande valor pela raridade, dureza, cor ou brilho/Gema. **Ex.** O anel tem uma ~ de grande beleza. **Comb.** ~ *fina* [semi-preciosa]. ~ *preciosa*. **7 a)** Re(c)tângulo de ardósia com moldura de madeira em que se escreve/Lousa/Ardósia. **Ex.** Quando era criança, muitos trabalhos escolares eram feitos na ~; **b)** Quadro-preto «da escola». **Loc.** *Chamar alguém à* ~ **a)** Chamar o aluno ao quadro. **b)** Exigir justificações/explicações; **c)** Repreender, castigar. **8** Pedaço sólido e duro de uma substância. **Ex.** Pediu duas ~s de gelo para o uísque. **Comb.** ~ [Cubo] *de açúcar*. ~ *de sal*. **9** *Med* Concreção dura que se forma em certos órgãos como rins, bexiga, fígado, .../Cálculo. **Comb.** ~ *renal*. ~ *na vesícula biliar*. **10** Concreção calcária que se forma sobre os dentes/Tártaro. **11** Massa dura que por vezes se forma na polpa de frutos «pera»/Pedrado. **12** Granizo. **Ex.** Durante a trovoada caiu muita ~ que devastou vinhas e pomares. **Comb.** *Chuva de* ~ [Granizada/Saraivada]. **13** Peça de vários jogos de tabuleiro. **14** Pessoa pouco inteligente. **Ex.** Parece uma cabeça de ~, ali dificilmente entra alguma coisa [, tem extrema dificuldade em aprender]. **15** O que é rígido/insensível. **Ex.** Parece de ~, nada o faz emocionar-se. **Comb.** *Coração empedernido* [de ~]. **16** *Gír* Estado de entorpecimento ou de euforia provocado por drogas. **Ex.** Ele hoje está (cá) com uma ~!

pedrada s f (<pedra + -ada) **1** Arremesso de uma pedra. **Ex.** Os rapazes atacavam-se à ~ [com pedras]. **2** Pancada/Golpe com pedra arremessada. **Ex.** Levou [Sofreu] uma ~ que o deixou combalido. **Prov.** *Quem tem telhados de vidro não deve andar à* ~ [Quem tem pontos fracos não deve expor-se atacando outrem]. **Idi.** *Estar com* ~ [Estar perturbado sob os efeitos de drogas]. *Ser uma* ~ *no charco* [Fazer algo que provoca polémica/*idi* Agitar as águas/Fazer sair do comodismo e do marasmo]. **3** Distância entre o ponto desse arremesso e o da queda. **Ex.** Os nossos terrenos ficavam à distância de uma ~. **4** *(D)esp* No futebol, pontapé violento em dire(c)ção à baliza/*col* Bomba. **Ex.** Foi cá uma ~ que deixou as mãos do guarda-redes [goleiro] *col* a arder/ferver. **5** *fig* Ofensa/Injúria.

pedra da lua s f Variedade de feldspato usada como gema, cara(c)terizada pelo brilho de pérola e opalescência.

pedra de afiar/amolar s f Pedaço de rocha natural dura, geralmente quartzito, usado para afiar obje(c)tos por fricção. ⇒ pederneira 1.

pedra de toque s f **1** Mineral com que antigamente se avaliava a pureza de uma liga metálica ou a pureza do ouro ou da prata. **2** *fig* Teste/Critério para determinar a genuinidade, autenticidade ou qualidade de algo.

pedrado, a s m/adj (<pedra + -ado) **1** *Bot* s m Doença provocada por fungos que atacam algumas árvores de fruto, originando necrose na epiderme dos frutos e manchas negras nas folhas. ⇒ pedra 11. **2** adj col Que está sob o efeito de drogas. ⇒ pedra 16.

pedra-íman s f *Miner* Magnetite.

pedra-infernal s f *Quím* Nitrato de prata fundido usado para cauterizar.

pedra-lipes s f *Quím* (<... + *Lipes*, top boliviano) Sulfato de cobre hidratado/Vitríolo azul.

pedra-mármore s f Mármore polido usado em revestimentos, em tampos de móveis.

pedra-pomes s f *Miner* (<... + lat *púmex, micis*: pedra-pomes) Rocha vulcânica porosa muito leve usada como abrasivo para polir e limpar. **Ex.** Esfregou as mãos com ~ para tirar nódoas de tinta.

pedraria s f (<pedra + -aria) **1** Quantidade de pedras de cantaria. **2** Conjunto de pedras preciosas.

pedra-sabão s f *Miner* ⇒ esteatite.

pedra-ume s f Sulfato de alumínio e potássio/Alúmen.

pedregal s m (<pedra + -g- + -al) **1** Local de muitas pedras. **2** Amontoado de pedras.

pedregoso, a (Ôso, Ósa, Ósos) adj Cheio de pedras. **Comb.** Caminho ~.

pedregulhento, a adj Que tem muitas pedras grandes/Que tem pedregulhos.

pedregulho s m (<pedra +-g-+ -ulho) **1** Pedra grande/Penedo. **2** Pedra reduzida a pedaços pequenos usada sobretudo na construção. ⇒ brita.

pedreiro, a s/adj (<pedra + -eiro) **1** Pessoa cuja profissão é trabalhar em construções com materiais como pedra, tijolo, cimento, cal/Trolha. **Ex.** Preciso de contratar um ~ para me mudar a casa de banho [*Br* o banheiro]. **Comb.** Colher de ~. **2** Essa profissão. **Ex.** ~ é uma profissão que muitos escolhem. **3** s m *Hist* Antiga peça de artilharia para lançar projé(c)teis de pedra. **4** s m *Ornit* Nome vulgar de aves coraciiformes, também designadas por ferreiro, gaivão, ... **5** s m *Ornit* Designação vulgar de aves passeriformes da família dos hirundinídeos/Andorinha. **6** s f Rocha ou local onde se extrai pedra. **7** adj Relativo a pedra. **8** adj Que contém pedra. **Comb.** Terra ~a.

pedreiro-livre *s m* Membro da Maçonaria/Mação. **Comb.** Loja de pedreiros-livres.

pedrês *adj 2g* (<pedra + -ês) **1** Pintalgado de branco e preto. **2** Que tem plumagem preta e branca. **Comb.** Galinha ~. **3** Feito de pedras brancas e pretas. **4** *s m* Fecho de porta que entra na pedra. ⇒ ferrolho.

pedrinhas *s f pl* (<pedra + -inho) Jogo popular infantil com cinco pequenas pedras em que se lança uma pedra ao ar e se apanham as restantes a tempo de recolher a que se atirou ao ar.

pedrisco *s m Meteor* (<pedra 12 + -isco) Saraiva miúda.

pedroi[ou]ço *s m* (<pedra + -oi[ou]ço) **1** Amontoado de pedras/Pedregal. **2** *fig* Empecilho/Barreira/Obstáculo.

pedroso, a *adj* (<lat *petrósus*) **1** Que tem muitas pedras/Pedregoso(+). **2** Que é da natureza da pedra/Que tem as cara(c)terísticas da pedra/Pétreo.

pedunculado, a *adj Bot* (<pedúnculo + -ado) Que tem pedúnculo.

peduncular *adj 2g Bot* (<pedúnculo + -ar²) Relativo ao [Do] pedúnculo.

pedúnculo *s m Bot* (<lat *pedúnculus* <*pés, pédis*: pé) **1** Haste de suporte de uma flor ou de um fruto. **2** *Zool* Haste de fixação de alguns animais invertebrados a um substrato. **3** *Zool* Haste de sustentação de um órgão. **4** *Anat* Faixa de várias estruturas cerebrais compostas apenas de substância branca.

pé-frio *Br s m pop* **1** Falta de sorte/Azar. **2** Pessoa sem sorte ou que traz azar a outros. **3** Pessoa cobarde.

pega¹ (É) (<pegar) **1** A(c)to de pegar em. **2** Parte por onde se segura um obje(c)to/Asa/Cabo. **Ex.** A ~ do fervedor é de plástico. **3** Pequeno pano para, na cozinha, tirar panelas e tachos do lume ou do forno. **4** *Tauromaquia* A(c)to de agarrar e dominar o touro. **Comb.** ~ *de caras* [em que o touro é enfrentado pela fila de forcados, agarrando-se o da frente aos chifres do animal]. ~ *de cernelha* [em que o forcado aborda lateralmente o touro e o agarra pelo lombo, enquanto outro forcado lhe agarra a cauda e com movimentos vigorosos sucessivos para os lados [num e noutro sentido] domina o animal]. **5** Discussão acalorada/Disputa/Briga. **Ex.** Como [Porque] são rivais, as ~s entre eles são frequentes/Rivais como são, andam sempre à ~.

pega² (É) *s f* (<lat *píca*) **1** *Ornit* Nome vulgar de aves passeriformes da família dos corvídeos, com cauda comprida, plumagem cinzenta, preta e branca; Pica pica. **Ex.** As ~s costumam andar em pequenos bandos e fazem estragos nos frutos dos pomares. **2** *pop* Mulher que fala muito/Tagarela. **3** *pop depr* Prostituta.

pegada¹ (É) *s f* (<lat *pedicáta* <*pés, pédis*: pé) **1** Marca deixada no solo pelo pé. **2** Sinal deixado pela passagem de pessoa ou animal/Vestígio/Rast(r)o. **Ex.** As ~s na areia mostravam a passagem do animal. **Idi.** *Seguir as ~s [pisadas(+)] de alguém* [Procurar imitá-lo/tê-lo como modelo]. **3** Marca que atesta qualquer a(c)to praticado/Sinal/Pista.

pegada² *Br s f (D)esp* (<pegar) Lance de futebol em que o guarda-redes [goleiro] apanha com as mãos a bola rematada à baliza, impedindo o golo/Defesa. ⇒ pegado.

pegadeira *s f* (<pegar + -deira) **1** Parte por onde se pega e se fazem mover algumas máquinas. **2** Nas máquinas de impressão, peça que toma o papel e o guia durante a passagem pela forma/Pinça.

pegadiço, a *adj* (<pegar + -diço) **1** Que se pega facilmente/Pegajoso(+)/Viscoso. **2** Que se transmite facilmente por contágio, conta(c)to ou influência/Contagioso(+).

pegado, a *adj* (<pegar) **1** Colado/Preso/Ligado/Unido. **2** Contíguo/Vizinho. **Ex.** Ele e eu temos propriedades «terrenos» ~as. **3** Amigo/*col* Chegado. **Ex.** Viveram sempre muito ~s um ao outro. **4** Em litígio, em discussão acalorada. **Ex.** Vi-os ~s já (por) várias vezes. **5** Diz-se da planta que criou raízes, estando bem presa à terra. **Ex.** Os pés de couve que plantei já estão ~s. **6** Diz-se de comida grudada no fundo da panela. **Ex.** Esqueci-me da panela ao lume e o arroz já está ~. **7** Que perdura/Contínuo. **Ex.** Há uma guerra ~a entre [Estão sempre em guerra] os dois miúdos.

pegador, ora *adj/s* (<pegar + -dor) **1** (O) que pega/agarra. **Comb.** Pegador (de touros) [O que, na tourada, ao fazer a pega, domina o touro com as mãos/Forcado]. **2** *Icti* Nome vulgar de peixes da família dos equinídeos que se fixam nos grandes peixes e nos navios/Rémora. **3** *Br* Obstáculo no fundo da água que danifica as redes (de pesca). **4** *Br* Jogo infantil em que uma criança vai à procura de outras/Escondidas(+)/Esconde-esconde(+).

pegajoso [pegajento], a *adj* (<pegar + ...) Que se pega/cola facilmente a alguma coisa/Viscoso/Peganhento. **Ex.** O grude é muito ~. **2** *fig* Diz-se da pessoa «carraça» que não larga os outros, tornando-se companhia maçadora/Importuno.

pegamassa *s f Bot* ⇒ bardana(+).

pegamasso *s m* (<pegar + massa) **1** Massa pegajosa para grudar/colar. **2** Salpico de lama que adere à roupa ao secar. **3** *fig* Pessoa maçadora/*col* chata. **4** *Bot* Aresta de algumas plantas, com extremidade em forma de gancho.

peganhento, a *adj* (<pegar +-nh-+ -ento) **1** Que se cola/pega facilmente causando sensação desagradável. **Ex.** A resina é um produto ~. **2** *fig* Diz-se de pessoa que procura impor a sua presença/Maçador/Pegajoso/Importuno.

pegão¹ *s m* (<pegar + -ão) Emplastro de pez, muito aderente, que se aplica sobre as partes dos animais que sofreram luxação «anca/quadris».

pegão² (É) *s m* (<pé + -g- + ão) **1** Grande pilar de sustentação de uma estrutura. **Comb.** ~ de ponte. **2** Grande ventania/Pé de vento(+).

pega-pega (É) *Br s m* (<pegar) **1** Briga generalizada. **2** Correria pelas ruas motivada por intervenção policial.

pegar *v t/int* (<lat *píco, áre, átum* <*pix, ícis*: pez; *Br* ⇒ ~ 15/26-29) **1** (Fazer) aderir um corpo a outro «papel à parede»/Fixar/Colar. **2** Pôr/Estar contíguo/junto/unido. **Ex.** A minha rua pega com a dele. **3** Prender(-se)/Pregar/Coser. **Ex.** Pegou a renda à cortina. **4** *Cul* Por a(c)ção de calor intenso, parte de um alimento ficar agarrado ao fundo do recipiente em que foi cozinhado. **Ex.** Descuidei-me um pouco e o arroz acabou por ~. **5** Procurar impor a sua presença (maçadora)/Não parar de [Insistir em] acompanhar. **Ex.** Não há meio de nos largar, pega-se à gente [a nós] como uma lapa/carraça! **6** Ter continuidade/Generalizar-se/Difundir-se. **Ex.** Pegou a moda de fazer piqueniques ao domingo. **7** Transmitir por contágio. **Ex.** A gripe pega-se. **8** Transmitir/Comunicar por conta(c)to. **Ex.** Pegou fogo ao mato. **9** *Agric* Uma planta saída do viveiro ou do alfobre, uma vez introduzida na terra, vir a criar raízes e desenvolver-se. **Ex.** As cebolas pegaram todas [Todas as cebolas pegaram]. **Loc.** ~ *de estaca* [«pedaço de um ramo» Criar raízes facilmente]. **10** No coito animal, a fêmea emprenhar. **11** Um processo ganhar consistência, evoluir como se pretende. **Ex.** Na lareira, como a lenha não está bem [totalmente] seca, o fogo custa a ~. **12** «um mecanismo» Começar a funcionar. **Ex.** Com o tempo húmido, o carro, que já é velho, não quer [, tem dificuldade em] ~. **13** Usar/Utilizar. **Ex.** Não sabe ~ em nenhum instrumento agrícola. **14** *fam* Ser eficaz/Resultar. **Ex.** Esse é um argumento falso [que não pega]. **15** Agarrar/Tomar/Segurar/Apanhar. **Ex.** Pegou (n)as chaves e saiu. **Idi.** *Não ter nada por onde se lhe pegue* **a)** Nada nele ser motivo de censura/Ser «um aluno» exemplar; **b)** Não ter nenhum valor/préstimo. **16** Levar/Conduzir. **Ex.** Peguei nos meus pais e fomos dar um grande passeio pela serra. **17** Escolher para comprar, para casar, … **Ex.** Há muitas casas à venda, mas ninguém lhes pega. Vai ficar para tia [Já não casa], com quase quarenta anos já ninguém lhe pega. **Idi.** É ~ ou largar! [Ter que tomar uma decisão rápida sobre uma possível compra, senão depois esta já não será possível]. **18** Desenvolver uma tarefa. **Ex.** Tenho de/que voltar a ~ na tese «de formatura», que o prazo de apresentação já não está longe. **19** Iniciar um trabalho. **Ex.** Na fábrica pegamos às 8 (h) da manhã e despegamos [saímos] às 17. **20** Iniciar um processo, passar a outro estado. **Ex.** Só lá para as 2 (h) da manhã peguei no sono [consegui começar a dormir]. **21** Dedicar-se/Apegar-se/Envolver-se com. **Ex.** Em a(c)ções de voluntariado, peguei-me muito àquela gente. **22** Harmonizar-se/Combinar. **Ex.** A cor da saia não pega com a da blusa. **23** Brigar/Discutir. **Ex.** *col* Volta e meia [A cada passo/Frequentemente] pegam-se por tudo e por nada [por qualquer motivo, mesmo fútil]. **24** Embirrar/Implicar. **Ex.** Já viu que está sempre a ~ comigo? Deixe-me em paz! **25** *Tauromaquia* Agarrar o touro pelos chifres ou pelo cachaço para o dominar. **Ex.** ~ um touro na arena é uma prova de valentia. **26** *Br* Prender/Segurar. **Ex.** O polícia [policial] pegou o ladrão. **27** *Br* Começar/Principiar. **Ex.** De tarde pegou a chover. **28** *Br* Tomar um meio de transporte. **Ex.** O melhor é ~ um táxi para lá. **Loc.** ~ *a estrada* [Pôr-se a caminho]. **29** *Br* Obter/Conseguir. **Ex.** Com muito esforço pegou o pré[ê]mio que ambicionava. Acaba de ~ um bom emprego.

Pégaso *s m* (<gr *Pégasos*) **1** *Mit gr* Cavalo alado de Perseu, que com uma patada fez brotar a fonte de Hipocrene. **2** *Astr* Constelação boreal a norte de Aquário e Peixes e a sul de Andró[ô]meda.

pegmatito/e *s Geol* (<gr *pégma, atos*: conglomerado) Rocha eruptiva de composição granítica, em grão grosseiro, que aparece geralmente em filões.

pego (É) *s m* (<lat *pélagus*: mar alto) **1** Ponto mais fundo do leito do rio, onde já não há pé/Poço. **2** Caverna num rio ou no mar. **3** Abismo/Voragem.

peguilha *s f* (<pega¹ + -ilha) **1** Discussão por motivo fútil. **2** Provocação.

peguilhar *v int pop* (<peguilha/o + -ar¹) Discutir/Brigar por motivos sem importância.

peguilhento, a *adj* (<peguinhar + -ento) Que frequentemente provoca discussões por motivos insignificantes/Provocador. ⇒ quezilento.

peguilho *s m* (<pegar + -ilho) **1** O que cola/prende/pega. **2** Obstáculo/Estorvo. **3** Pretexto para discussão. **4** Altercação/

Discussão por questões sem importância. **Prov. Quem tem filhos tem ~s.**

peguinhar *v t/int* (<pega¹ + -inhar) **1** Espezinhar/Pisar. **2** Contrariar sem razão/Implicar com/Provocar/Peguilhar.

pegulho *s m* (<lat *pecúlium*) Dinheiro que se foi economizando/Pecúlio.

pegureiro, a *s/adj* (<lat *pecorárius*) **1** O que guarda gado/Pastor(+). **2** *Br* Cão que guarda gado. **3** *Br* Cão de caça. **4** *adj* Relativo a pastor/Pastoril(+).

peia *s f* (<lat *pédica*: grilhão para os pés) **1** Corda ou outra coisa usada para prender as patas de animais de modo a dificultar a sua deslocação ou os seus movimentos. **Ex.** Para não sair do lameiro [prado] puseram uma ~ às patas do burro. **2** *fig* Embaraço/Estorvo/Empecilho. **3** Argola com que se prendiam os pés dos escravos. **4** *Náut* Cabo com que se amarram peças de artilharia a bordo, evitando que saiam da sua posição com a [devido à] agitação do mar.

peidar(-se) *v int gross* (<peido + -ar¹) Expelir gases pelo ânus/Dar traques/peidos.

peido *s m gross* (<lat *péditum, i*) Expulsão (com ruído) de gases de mau cheiro pelo ânus/Flatulência/Traque/Ventosidade/*fam* Pum.

peita *s f* (<lat *páctus, a, um* <*pacíscor, ci, pactum*: ajustar) **1** *Hist* Imposto pago pelos que não eram fidalgos. **2** Dádiva ou promessa de favores para subornar/*gír* Luvas. **3** Crime praticado por quem é subornado/Corru(p)ção passiva/Suborno(+).

peitaça *s f* (<peito + -aça) **1** Peito largo/grande/forte. **Ex.** Com aquela ~ qualquer trabalho físico seria fácil para ele. **2** *col* Peitos de mulher volumosos ou salientes. **Ex.** A moça sentia alguma vergonha da sua ~.

peitada *s f* (<peito + -ada) **1** Empurrão dado com o peito. **2** Pancada no peito.

peitar *v t* (<peita + -ar¹) **1** Aliciar com dádiva ou promessa de favor para prática de a(c)to ilícito/Subornar. **2** Presentear. **3** *Br* Contratar alguém para praticar um a(c)to ilícito/proibido/criminoso.

peiteiro, a *s/adj* (<peita 1 + -eiro) **1** *Hist* (O) que pagava o tributo da peita. **2** (O) que suborna/Corruptor.

peitilho *s m* (<peito + -ilho) **1** O que cobre o peito. **2** Parte de peça de vestuário que assenta sobre o peito. **3** *Zool* Parte ventral da couraça dos queló[ô]nios «tartaruga».

peito *s m* (<lat *péctus, oris*) **1** Região anterior do tronco do homem entre o pescoço e o abdó[ô]men [abdome]. **Ex.** A bola bateu-lhe no ~. **2** Nos vertebrados, parte anterior ou ventral do tórax «pulmões». **Ex.** Não aprecio a carne do ~ da galinha. **3** Órgãos internos situados no tórax. **Ex.** Parece que ela sofre do ~. **Comb.** Angina de ~. **4** Cada um dos seios da mulher/Mama. **Ex.** Ela teve carcinoma num dos ~s. **Loc.** Dar o ~ [Amamentar]. **Comb. Criança de ~** [de leite/amamentada]. **Bico do ~** [Mamilo]. **5** Parte do vestuário que cobre a parte da frente do tórax. **Ex.** O ~ do vestido tem um grande decote. **Ant.** Costas. **6** Parte do corpo humano considerada sede da afe(c)tividade. **Ex.** Amigos do ~, sempre foram muito chegados, (como) *col* unha com carne [carne e unha]. **Idi. Abrir o ~** [Confidenciar/Desabafar]. **Bater no ~** [Arrepender-se]. **Sin.** Coração. **7** Parte do corpo humano vista como a fonte da coragem, do ânimo/Alma/Íntimo. **Ex.** Vejo nele um ~ forte, capaz das maiores audácias. **Idi. Levar/Tomar a ~** [Empenhar-se em]. **Pôr-lhe a faca ao ~** [Obrigá-lo a fazer o que não quer]. **Comb.** De ~ feito [De modo ousado/Com coragem] (Ex. Enfrentou o desafio de ~ feito).

peitoral *adj 2g/s m* (<lat *pectorális, e*) **1** Que se refere ao [Do] peito/Que está sobre o peito. **Comb.** Músculos ~ais. **2** (Medicamento) que é bom para o peito, para tratar males das vias respiratórias. **Comb. Rebuçado ~. Xarope ~. 3** *s m* Músculo do peito. **Comb. Grande ~. Pequeno ~.**

peitoril *s m* (<peito + -il) **1** Peça a cobrir a parte inferior de uma janela, que serve de apoio a quem se debruça/Parapeito. **2** Parte superior de uma balaustrada onde uma pessoa se pode debruçar. **3** Pedra à entrada da boca do forno de cozer o pão.

peitudo, a *adj/s* (<peito + -udo) **1** Que é forte de peito. **2** «mulher» Que tem seios/peitos grandes. **3** *Br* Indivíduo corajoso/Valentão. **4** *Br* Pessoa de boa voz para cantar.

peixada *Br s f Cul* (<peixe + -ada) **1** Prato de peixe cozido. **2** Grande quantidade de peixe cozido. ⇒ caldeirada.

peixão *s m* (<peixe + -ão) **1** Peixe grande. **2** Goraz jovem. **3** *pop* Mulher alta e vistosa.

peixaria *s f* (<peixe + -aria) **1** Estabelecimento de venda de peixe. **2** Grande quantidade de peixe. ⇒ cardume.

peixe *s m Icti* (<lat *píscis, is*) **1** Designação comum aos animais vertebrados aquáticos com os membros transformados em barbatanas, respiração por guelras, corpo coberto por escamas, esqueleto ósseo ou cartilagíneo. **Ex.** Na alimentação humana o ~ deve estar presente diariamente. **Loc. Amanhar** [Cortar e limpar] **o ~. Apanhar o ~. Escamar o ~** [Tirar as escamas do] **~. Idi. Estar como ~ na água** [Sentir-se bem/à vontade/Não ter qualquer dificuldade no que faz/Ser competente] (Ex. Era este o trabalho [posto/cargo] que eu queria, estou como ~ na água). **Não ser carne nem ~** [Não satisfazer, porque não é uma coisa nem outra/Fica a meio]. **Pregar aos ~s** [Tentar convencer alguém, mas em vão]. **Vender o seu ~** [Expor com arte as suas ideias/Defender os seus interesses]. **Comb. idi ~ graúdo a)** Pessoa importante, com poder; **b)** *depr* Grande traficante, financiador de negócio ilícito. **idi ~ miúdo** [Pequeno traficante, o que conta(c)ta com o consumidor final de substância proibida] (Ex. A justiça costuma apanhar o ~ miúdo, quase nunca o graúdo). **2** *pl maiúsc Astr* Última constelação do Zodíaco, situada entre Aquário e Carneiro. **3** *Astrologia* Último signo do Zodíaco (de 19 de fevereiro a 21 de março).

peixe-agulha *s m Icti* Nome vulgar de peixes teleósteos das famílias dos xifiídeos e escombrídeos, frequentes na costa portuguesa, também conhecidos por *agulha, marabumbo, tira-vira, ratinho, ...*

peixe-anjo *s m Icti* Peixe teleósteo da ordem dos seláquios, que tem barbatanas peitorais em forma de asas. **Sin.** Guitarra; rabeca; viola.

peixe-aranha *s m Icti* Nome vulgar de peixes da família dos traquinídeos, de corpo alongado e com espinhos venenosos na primeira barbatana dorsal. **Ex.** Na praia temia ser picado pelo ~.

peixe-boi *s m Zool* Nome vulgar de mamíferos siré[ê]nios da família dos triquecídeos, de corpo arredondado, cauda em forma de remo/Manatim.

peixe-elé(c)trico *s m Icti* ⇒ poraquê/é.

peixe-espada *s m Icti* Nome vulgar de peixes teleósteos da família dos lepidopídeos, de corpo muito alongado, de cor prateada e brilhante, sem escamas; *Lepidopus caudatus*.

peixe-espada-preto *s m Icti* Nome vulgar de peixes teleósteos da família dos lepidopídeos, de corpo alongado e pele preta, que habita em águas profundas. **Ex.** Tem-se vindo a generalizar o consumo de ~.

peixe-galo *s m Icti* Nome vulgar de peixes teleósteos da família dos zeídeos, também conhecidos por *alfaqui, alfaqueque, alfaquete, são-pedro...*; *Zeus faber*.

peixe-gato *s m Icti* Peixe seláquio da família dos espinacídeos, semelhante ao cação, também conhecido por peixe-porco e peixe-rato.

peixeirada *s f Gír* (<peixeira 3 + -ada) Discussão acalorada, barulhenta, com gritos e confusão.

peixeiro, a *s* (<peixe + -eiro) **1** Pessoa que vende peixe. **2** ⇒ pescador. **3** *s f depr* Mulher que fala alto e usa linguagem rude. **4** *s f* Poço pouco profundo no centro do tanque de criação de peixes, onde se colocam os peixes quando o tanque é esvaziado para limpeza. **5** *s f* Travessa para servir o peixe.

peixelim *s m* (<peixe + -l- + -im) Peixe miúdo do mar, de pouco valor.

peixe-lua *s m Icti* Peixe teleósteo da família dos molídeos, também conhecido por *lua, mola, pendão, rodim, rolim, ...*

peixe-martelo *s m Icti* Peixe seláquio, com cabeça semelhante a um martelo, também conhecido por *cornudo/a*; *Sphyrna zygaena*.

peixe-sapo *s m Icti* ⇒ tamboril.

peixe-serra *s m Icti* ⇒ espadarte.

peixe-voador *s m Icti* Nome vulgar de um peixe teleósteo, da família dos escombresocídeos, com barbatanas muito desenvolvidas que lhe permitem, ao saltar fora da água, planar à sua superfície durante algum tempo.

peixe-zorro *s m Icti* Peixe seláquio de cauda muito longa, de cor pardo-azulada, também designado por *raposo, arrequim, peixe-alecrim, zorro, ...*

peixinho-de-prata *s m Ent* Pequeno inse(c)to tisanuro de cor cinzento-prateada, que aparece muito entre papéis.

peixote *s m* (<peixe + -ote) Peixe de tamanho médio.

pejado, a *adj* (<pejar) **1** Muito cheio/Repleto. **Ex.** O largo estava ~ [cheio(+)] de gente à espera do herói. **2** Que tem pejo/vergonha. **3** Diz-se da mulher que está grávida ou de fêmea prenhe.

pejar *v t/int* (<peia ?) **1** Encher/Carregar por completo. **Ex.** Pejou a arrecadação [o quarto de arrumações] de tralhas, de velharias. **2** Embaraçar/Estorvar. **3** *pop* Engravidar. **4** ~-se/Ficar hesitante/Recear.

pejo *s m* (<pejar) **1** Vergonha/Acanhamento. **Ex.** Não teve ~ de acusar-me de desleixo. **2** Pudor. **3** Embaraço/Estorvo.

pejorativamente *adv* (<pejorativo + -mente) Em sentido depreciativo/pejorativo.

pejorativo, a *adj* (⇒ pior) Diz-se de palavra ou expressão que tem um significado desfavorável/Depreciativo. **Ex.** Algumas alcunhas têm um sentido claramente ~.

pela (Ê) *contr* ⇒ pelo.

pela¹ (Ê) *s f* [= péla] (<lat *píla*) **1** Bola revestida de pele. **2** Bola pequena «de borracha/pano» para jogar ou para brincar.

pela² (Ê) *s f* [= péla] (<pelar) **1** A(c)ção de pelar. ⇒ tosquia. **2** Cada uma das camadas de cortiça que se tira(m) dos sobreiros.

pelada *s f* (<pelado) **1** *Med* Perda total ou parcial de cabelo ou de pelos numa zona delimitada. ⇒ dermatose. **2** Zona do couro cabeludo que teve queda do cabelo.

3 Zona do corpo de animal que perdeu o pelo. **4** *fig* Clareira(+) no bosque. **5** *Br (D)esp* Jogo de futebol entre amadores ou entre garotos num campo improvisado. **Loc.** Bater uma ~/peladinha. **6** *Br* Partida de futebol mal jogada.

pelado, a *adj* (<pelar) **1** Que não tem pelo ou que o perdeu. **2** (O) que não tem cabelo/Careca/Calvo. **3** Sem casca ou sem pele. **Comb.** Amêndoa [Castanha] ~a/descascada. **4** *fig* Que não tem dinheiro/Sem cheta/Pobre/Liso. **5** *fig* Manhoso/Espertalhão. **6** *Br* Nu.

pelagem *s f* (<pelo + -agem) Conjunto de pelos que revestem o corpo dos mamíferos/Pelame/Pelo «branco».

pelagianismo *s m Rel* (<pelagiano + -ismo) Doutrina segundo a qual o homem era totalmente responsável pela sua santificação e salvação, minimizando o papel de Deus [da graça divina].

pelagiano, a *adj/s* (<antr ing Pelagius (360-420) + -ano) **1** De Pelágio. **2** (O) que seguia o pelagianismo.

pelágico, a *adj* (<gr *pelagikós*) **1** Relativo a pélago. **2** Que habita as maiores profundezas do mar. **3** *Ornit* Diz-se de aves «albatroz» que vivem no alto mar, só vindo a terra para a reprodução.

pélago *s m* (<gr *pélagos*: alto-mar) **1** Zona abissal no oceano/Pego(+)/Profundidade. **2** Mar alto/Oceano. **3** *fig* Situação embaraçosa/problemática.

pelagoscopia *s f* (<pélago + -scopia) Observação do fundo das águas do mar.

pelagoscópio *s m* (<pélago + -scópio) Instrumento para observar o fundo das águas do mar.

pelagra *s f Med* (<it *pellagra* <*pelle*: pele + *agro*: áspero) Doença provocada pela carência alimentar em vitamina PP, que se manifesta por lesões da pele, perturbações digestivas e psíquicas.

pelagroso, a *adj/s* (<pelagra + -oso) **1** Relativo a pelagra. ⇒ nicotínico «anti-~». **2** (O) que sofre de pelagra.

pelame *s m* (<pelo + -ame) **1** ⇒ pelagem(+). **2** Pele de animal com pelo. **3** Porção de peles/Courama. **4** ⇒ curtume. **5** *col depr* Cabelo.

pelanca [pelanga] *s f* (<pele + …) Pele flácida, enrugada.

pelar¹ *v t/int* (<pelo + -ar¹) Tirar ou perder o pelo. **Ex.** Passado o inverno, o cão começa a ~. ⇒ tosquiar; depenar.

pelar² *v t/int* (<pele + -ar¹) **1** Tirar ou perder a pele ou a casca/Descascar. **Ex.** Com os escaldões na praia, as costas começam a ~. **Comb.** ~ a amêndoa [castanha]. **2** ~-se/Despir-se(+)/Desnudar-se. **Ex.** Para tomar banho na ribeira, os garotos não têm pejo em ~-se por completo. **3** *idi* ~-se por/Apreciar muito/Perder-se por alguma coisa/Gostar imenso. **Ex.** No tempo frio pela-se por castanhas assadas.

pelargónio [*Br* pelargônio] *s m Bot* (<gr *pelargós*: cegonha, pela semelhança das suas cápsulas com o bico da cegonha) Nome vulgar de plantas ornamentais da família das geraniáceas, cultivadas devido às suas flores vistosas e odoríferas, de cores variadas; *Pelargonium*. **Sin.** Sardinheira.

pelaria *s f* (<pele + -aria) **1** Porção de peles. **2** Indústria de curtumes [preparação de peles]. **3** Estabelecimento em que se vendem peles/Peleteria.

Pelasgos *s m* (<lat *pelásgus,a,um*: grego) Povo que ocupou a Grécia e a Itália antes do séc. XII a.C.

pele (Pé) *s f* (<lat *péllis, is*) **1** Camada de tecido orgânico que cobre e protege a superfície do corpo do homem, dos outros animais vertebrados e de alguns invertebrados. **Ex.** A ~ é constituída pela epiderme, derme e hipoderme. **Idi.** *Arriscar a própria ~* [Decidir sujeitar-se a perigos]. *Cortar na ~* [casaca(+)] *de alguém* [Maldizer/Criticar]. *Cortar na própria ~* [Diminuir despesas]. *Dar cabo da ~ [dos ossos] de alguém* [Agredir/Matar]. *Defender a ~* **a)** Evitar perigos; **b)** Tratar dos seus interesses. *Não querer estar na ~ de alguém* [Dizer ser sensível às dificuldades por que outrem passa e lamentar a sua situação]. *Pôr-se na ~* [no lugar(+)] *de alguém* [Imaginar-se na situação de alguém]. *Salvar a ~* **a)** Fugir a responsabilidades (Ex. Agiu de modo a salvar a ~); **b)** Evitar castigo/repri- menda (Ex. Tratou de salvar a ~ sem se preocupar com os outros). *Sentir-se bem na sua ~* [Estar satisfeito consigo mesmo/próprio]. *Ser* [*Estar*] ~ *e ossos* [Estar muito magro]. *Ter os nervos à flor da ~* [Ser irritadiço/Exaltar-se facilmente]. **2** Camada mais superficial do rosto/Tez/Cútis. **Ex.** Apesar da idade [de ser idosa] tem ainda uma ~ jovem. **3** *pl* Partes flácidas e pendentes da ~/Pelanca. **Ex.** Estava desolada com as ~s no rosto e no pescoço. **4** Couro retirado do corpo de alguns animais, com ou sem pelo, depois sujeito a tratamento. **5** Couro retirado do corpo de alguns animais de pelos abundantes e sedosos, usado como guarnição de peças de vestuário ou como agasalho. **Ex.** Sentia-se confortável no seu casaco de ~s. **6** Peça de vestuário feita com esse couro. **Ex.** Tenho um casaco de ~ que é muito prático. **7** *Cul pl* Na carne comestível, a parte constituída por tendões e gordura. **Ex.** O miúdo pede sempre ao pai que lhe (re)tire as ~s do bife. **8** Vasilha de couro/Odre(+). **Ex.** Na aldeia, há muitos anos, o almocreve transportava o azeite numa ~ no dorso da cavalgadura. **9** Revestimento de frutas e legumes/Casca. **Ex.** Ela coze as batatas com a ~. Preciso de tirar a ~ ao pêssego. **10** O próprio corpo. **Ex.** Só sofrendo na ~ podemos avaliar a dor de alguns doentes. **11** Película que se forma à superfície de alguns líquidos.

pele[li]canídeo, a *adj/s Ornit* (<pelicano + -ídeo) (Diz-se de) ave ou família de aves de grande porte com um único gé[ê]nero (*Pelecanus*) e apenas oito espécies, entre as quais está o pelicano.

pelego (Lê) *s m* (<esp *pellejo*: pele, odre) **1** Pele de carneiro com lã. **2** Essa pele colocada nos arreios [Xairel] para dar maior conforto ao assento do cavaleiro. **3** Tapete feito com essa pele. **4** *fig Br* Indivíduo servil/Capacho/Patego.

peleiro, a *s* (<pele + -eiro) **1** Pessoa que prepara ou vende peles/Peliqueiro **2**. **2** Pessoa que trabalha com peles em roupas ou adornos.

peleja *s f* (<pelejar) **1** Combate/Luta/Batalha/Refrega. **Ex.** Era incerto o resultado final daquela ~, era difícil saber quem sairia vencedor. **2** Defesa acalorada de uma opinião/Disputa/Discussão. **3** *(D)esp* Disputa/Desafio/Competição.

pelejador, ora *adj/s* (<pelejar + -dor) (O) que luta/peleja/Lutador(+)/Combatente(+).

pelejar *v int* (<pelo "arrepelar-se" + -ejar) **1** Combater/Lutar. **Ex.** Os contendores pelejaram com ardor. **2** Lutar(+) pela defesa de ideias, de uma causa. **Ex.** Importa ~ pela salvaguarda de valores essenciais à vida em sociedade. **3** Insistir(+)/Instar/Teimar(+). **Ex.** Era preciso ~ com os conterrâneos para a construção do Centro Social da aldeia. **4** Esforçar-se para conseguir um obje(c)tivo. **Ex.** Sempre pelejou para melhorar as condições de vida da família. **5** Estar em desacordo com /Discutir.

peleteria *s f* (<fr *pelleterie*) ⇒ pelaria **3**.

pé-leve *s m* **1** Indivíduo insignificante/reles. **2** ⇒ vadio. **3** Indivíduo que é rápido ao caminhar, ao esgueirar-se.

pele(s)-vermelha(s) *adj/s 2g* (Relativo a) indivíduo(s) de tribo(s) aborígene(s) da América do Norte.

pelica *s f* (<lat *pellícula*: pele fina) Pele fina de carneiro ou cabrito, usada para luvas, sapatos, … **Sin.** Napa.

peliça *s f* (<lat *pellícea*: feita de pele) Peça de vestuário ou cobertura feita ou forrada de peles com pelos abundantes e macios.

pelicanídeo, a *adj/s* ⇒ pelecanídeo.

pelicano *s m Ornit* (<lat *pelicánus*) Nome vulgar de aves palmípedes aquáticas de grande tamanho da família dos pele[i]canídeos, que têm bico comprido, uma bolsa dilatável na mandíbula inferior usada para armazenar os peixes de que se alimentam, bem como os filhos, que nela introduzem a cabeça.

película *s f* (<lat *pellícula*; ⇒ pele) **1** Fragmento muito fino e delgado de epiderme. **2** Membrana a envolver certos órgãos animais ou vegetais. **Comb.** ~ de bago de uva. **3** Camada muito fina formada à superfície de certos líquidos/Pele. **Comb.** ~ do leite fervido. **4** Folha muito fina de papel, de celofane, de alumínio, … **5** Fita de material sintético usada como suporte de gravação de imagens e de sons. **6** Fita cinematográfica/Filme. **Ex.** Essa ~ teve um grande êxito entre nós, foi um sucesso de bilheteira.

pelintra *adj/s 2g* (< ?) **1** (O) que não tem dinheiro. **2** (O) que é pobre mas pretende aparentar boa situação social e financeira. **Ex.** Os ~s campeiam por aqui. **3** (O) que anda pobremente vestido/Maltrapilho. **Ex.** Anda sempre vestido à [como um] ~a, mas é por desleixo. **4** Reles/Ordinário. **5** Mesquinho/Avaro/Sovina. **6** Desavergonhado/Descarado. **7** *Br* Peralta.

pelintragem *s f* (<pelintra + -agem) **1** Qualidade/Atitude de pelintra. **2** Grupo de pelintras.

pelintrão, ona *s* (<pelintra + -ão) **1** *Aum* de pelintra. **2** Maltrapilho/Pobretana.

pelintrice *s f* (<pelintra + -ice) **1** Qualidade ou condição de pelintra. **2** Atitude de pelintra. **3** Escassez de dinheiro, de recursos. **4** *depr* Mesquinhez/Sovinice.

peliqueiro, a *s* (<pelica + -eiro) **1** Artífice que trabalha em pelica. **2** Comerciante de pelicas e de peles.

pelo, a (Ê) Contr da prep *por* + art ou pron dem *o, a, os, as*. **Ex.** O trabalho foi feito pelo meu irmão. Pelo [Por aquilo] que vejo, a construção vai adiantada.

pelo (Ê) *s m* [= *pêlo*] (<lat *pílus, i*) **1** Filamento que cresce à superfície da pele do homem e dos mamíferos. **Ex.** A lã é o ~ da ovelha. **Loc.** *Cair o ~. Crescer o ~. Perder o ~.* **Idi.** *Estar em ~/pelota* [Estar despido/nu]. *Chegar a roupa ao ~ a alguém* [Dar uma sova/tareia/Castigar] (Ex. O pai ameaçou-o de que lhe chegava a roupa ao ~ se *col* pisasse o risco [abusasse]). *Ir ao ~ a alguém* [Agredir/Bater a]. *Ter ~ na venta* [Ter temperamento difícil/Ser irritadiço]. *Vir a ~* [Vir a propósito na conversa]. **Comb.** *~s das axilas. ~s das pernas. ~s das sobrancelhas. ~s púbicos.* **2** Todo o revestimento piloso do corpo do mamífero. **Ex.** Esta raça de cães tem o ~ sedoso. O gato e o cão gostam que lhe passem a mão pelo ~. **Loc.** Montar (cavalgadura) em ~ [sem sela/albarda]. **Idi.** *Luzir-lhe o ~* **a)**

Estar (o animal) gordo, bem tratado; **b)** Alguém estar bem na vida, aparentar abundância, riqueza. *Passar a mão pelo ~ a alguém* **a)** Lisonjear alguém por interesse próprio/*col* Dar graxa [Passar manteiga] a; **b)** Acalmar alguém.
3 *fam* Cabelo(+). **Ex.** Esse ~ já está muito comprido, é caso de ires ao baeta [barbeiro/cabeleireiro] aparar a trunfa. **4** *fam* O corpo, a integridade física ou a própria vida de alguém. **Ex.** Perante a ameaça de pancadaria, tratou de salvar o ~ e deixou-se de valentias [agiu pelo seguro/desistiu de ripostar]. **5** Filamento têxtil. **Ex.** A camisola está a largar ~, está a ficar coçada. **Comb.** «a escova do aspirador tem» ~ do tapete. **6** Filamento usado na confe(c)ção de obje(c)tos. **Comb.** ~ *da escova* «de dentes». ~ *do pincel*. **7** *Bot* Filamento que cobre alguns órgãos vegetais «pêssego».

peloiro, peloirinho ⇒ pelouro, pelourinho.

peloso, a *adj* (Ôso, Ósa, Ósos) Que tem muito pelo/Peludo(+).

pelota (Ló) *s f* (<esp *pelota*) **1** *Dim* de pela. **Comb.** ~ basca [Jogo com dois ou quatro jogadores que, à vez, batem a bola contra uma parede chamada frontão]. **2** Pequena bola de ferro ou de chumbo. **3** Bala/Granada. **4** *Br* Bola de futebol. ⇒ esférico. **5** Bola de neve. **6** *Cul* Almôndega. **7** Madeixa do cabelo/Caracol. **8** Almofada de chapeleiro para alisar o pelo dos chapéus já engomados. **9** Instrumento cirúrgico para exercer compressão.

pelotão *s m* (<pelota + -ão) **1** *Mil* Subdivisão de uma companhia, bateria ou esquadrão, geralmente comandada por um subalterno. **2** *Mil* Grupo de soldados a quem foi confiada uma tarefa determinada. **Comb.** ~ *de fuzilamento/execução*. **3** *Mil* Grupo de soldados especializados. **Comb.** ~ *de fuzileiros* «navais». **4** Grande número de pessoas reunidas em grupo. **Ex.** Nesta etapa os ciclistas fugitivos chegaram à meta dois minutos antes do ~. **Loc.** *Descolar do ~*. *Juntar-se/Colar ao ~*. **Comb.** O grosso do ~ [O maior grupo de ciclistas].

pelote (Ló) *s m* (<pele/pelo + -ote) **1** *Hist* **a)** Peça de vestuário masculino de origem medieval, sem mangas, de abas grandes, usada sobre o gibão; **b)** Peça do vestuário feminino de origem medieval, curta, sem mangas, usada sobre a saia. **2** (Estado de) nudez. **Loc.** Estar em ~/pelo/como Adão. **3** Capa forrada de peles/Peliça.

pelourinho *s m* (<fr *pilori* <lat *pilorium*) *Hist* Coluna de pedra erguida em lugar central e público junto do qual eram apresentados e castigados os que cometiam crimes. **Ex.** O ~ era um símbolo da autonomia administrativa e judicial do território que recebera foral. Em várias cidades, vilas e até aldeias de Portugal pode ver-se o antigo ~.

pelouro *s m* (< ?) **1** Cada um dos se(c)tores da administração de uma autarquia. **Comb.** ~ *da cultura*. ~ *da educação*. ~ *do urbanismo*. **2** *fig* Campo de a(c)tuação/Atribuição/Competência. **Ex.** Resolver esse problema não é do meu ~. **3** *an* Bala de pedra ou de ferro que era munição para antigas peças de artilharia. **4** *an* Bola de cera onde se introduzia o voto de cada eleitor.

peluche *s m* (<fr *peluche*; ⇒ pelo) **1** Tecido de lã, seda, algodão ou fibra sintética aveludado e felpudo de um dos lados e liso do outro. **2** Boneco revestido com esse tecido. **Ex.** Comprei um ~ à minha neta, que não o larga.

pelúcia *s f* (<it *peluzzo*) **1** ⇒ peluche 1. **2** Porção de pelos/Pelugem.

peludo, a *adj/s* (<pelo + -udo) **1** (O) que tem muito pelo. **Ex.** Tinha o tronco muito ~. **2** (O) que é coberto de pelo. **3** (O) que é coberto de pelos. **4** *Br* Diz-se de animal que não é de boa raça. **5** *fam* (O) que é tímido/envergonhado/acanhado. **6** *fam* (O) que é irritadiço/susce(p)tível. **7** *Br* (O) que tem muita sorte/Sortudo/Felizardo. **8** *gír* Caloiro/Novato. **9** *Mil* Soldado que está a fazer a recruta. **10** *s f Mil* A(c)to de deixar a tropa, de voltar à vida civil/Vida de paisano. **11** *s m Br pop* Bebedeira.

pelugem *s f* (<pelo + -ugem) Primeira camada de pelos que aparece na face/Penugem. **Ex.** O rapaz teve a primeira ~ pelos treze anos.

pelve *s f* ⇒ pélvis.

pélvico, a *adj* (<pelve + -ico) Relativo à [Da] pélvis. **Comb.** *Cavidade ~a*. *Zona ~a*.

pelviforme *adj* (<pelve + -forme) Que tem a forma de bacia ou de taça.

pélvis *s f Anat* (<lat *pélvis, is*: bacia) Cavidade óssea na parte inferior e posterior do tronco onde se situam o re(c)to e grande parte dos órgãos do aparelho urinário e genital/Bacia(+). ⇒ púbis.

pena¹ (Pê) *s f Ornit* (<lat *pénna*: asa) **1** Cada uma das hastes guarnecidas de barbas que cobrem o corpo da ave, protegendo-a e permitindo a execução e a orientação do voo/Pluma. **Ex.** As ~s de algumas aves são de grande beleza. A galinha tem perdido ~s. **Loc.** Ser leve como uma ~. **Comb.** Colchão de ~s. **2** Tubo de uma dessas hastes com que antigamente se escrevia com tinta. **3** *fig* Arte ou ofício da escrita. **Ex.** Muitos autores «Camilo Castelo Branco» viveram da [ganharam o sustento com a] ~. **4** *fig* Estilo da escrita de um autor. **Ex.** A sua ~ é inconfundível, única. **5** Utensílio com haste e um aparo na ponta usado para escrever com tinta. **Ex.** Na escola primária molhávamos o aparo da ~ no tinteiro e tínhamos ao lado um mata-borrão. **Idi.** *Escrever ao correr da ~* [sem preocupações de estilo, ao sabor da imaginação]. ⇒ caneta; esferográfica. **6** Cada uma das asas do rodízio do moinho. **7** Parte espalmada da bigorna.

pena² (Pê) *s f* (<lat *poena*) **1** Sentimento de quem se compadece com o sofrimento alheio. **Ex.** Tinha muita ~ das crianças a quem faltava o pão ou o carinho/Dó/Compaixão. **2** Sentimento de insatisfação/Desgosto. **Ex.** Tenho ~ de não te poder ajudar como gostaria. É ~ que nem todos queiram participar na nossa luta. É ~ que não possas estar mais tempo co(n)nosco. **3** Sofrimento/Padecimento/Incó[ô]modo. **Ex.** O transplante do rim veio pôr termo a uma ~ que durava há anos. **Loc.** *Valer a ~* [Compensar o esforço pelas vantagens que dele resultam] (Ex. Vale a ~ investir na educação dos jovens pelos frutos a colher no futuro). **4** *Dir* Sanção/Punição/Castigo. **Ex.** A esse crime corresponde uma ~ de prisão que pode ir até oito anos. **Loc.** *Sob ~ de* [Com consequências nefastas «em caso de incumprimento»] (Ex. Devo pagar o imposto nesta semana sob ~ de ter multa e ter de pagar juros de mora). **Comb.** ~ *capital* [Condenação à morte]. ~ *de talião* [Fazer sofrer ao réu o mesmo mal que ele provocou à sua vítima]. *Prescrição da ~* [Não ter de ser cumprida por ter passado [sido excedido] o prazo do seu cumprimento].

pena³ (Pê) *s f* (<lat *pinna*: ameia, rochedo) Elevação de terreno/Cabeço/Penha. **Comb.** Palácio da ~ (Sintra, Portugal).

penação *s f* (<penar + -ção) **1** A(c)to de penar, de cumprir uma pena. **2** Sofrimento(+).

penacho *s m* (<it *pennacchio* <lat *pinnáculum*: cume) **1** Feixe de penas na cabeça de algumas aves/Crista/Poupa. **2** Adereço/Ornato constituído por um conjunto de penas com que se adornam capacetes, chapéus, arreios de cavalos. **3** Florescência «do milho» ou qualquer forma que lembre [se assemelhe a] esse adorno/Panícula. **4** *depr* Exibição ostensiva de poder/superioridade/comando. **Ex.** Para algumas pessoas o importante [que mais interessa] é o ~. **Idi.** *Dar ao ~* [Pavonear-se]. *Gostar do ~* [Procurar posições de destaque]. *Perder o ~* [Deixar de ter uma posição importante]. **5** Símbolo de elegância viril, de brio e coragem, da bravura heroica do guerreiro. **6** Orgulho/Vaidade/Presunção/Jactância. **7** *Mús* Obje(c)to cilíndrico de lã com que se limpam instrumentos de sopro.

penada *s f* (<pena¹ + -ada) **1** Traço feito com pena¹. **Idi.** *Com uma/duas penada(s)* [Muito facilmente]. «fazer algo» *De uma ~* [Logo de uma vez/Com facilidade/Rapidamente]. **2** Quantidade de tinta que traz a pena¹ de cada vez que vai [é levada] ao tinteiro. **3** Texto que se escreve com essa quantidade de tinta. **4** Opinião/Voto. ⇒ penado.

penado¹, a *adj* (<penar) **1** Que sofre/padece. **2** Desgostoso/Aflito. ⇒ pesaroso. **3** Que está a cumprir pena/castigo/Condenado(+). **Comb.** Alma ~a **a)** Espírito de uma pessoa falecida que, na crença popular, erraria pela Terra a expiar as suas culpas; **b)** Pessoa triste/sombria/infeliz.

penado², a *adj* (<pena¹ + -ado) **1** Que tem penas. **Ant.** Depenado. **2** Semelhante a uma pena¹.

penal *adj 2g Dir* (<lat *poenális, e*) Relativo a penas judiciais ou à legislação que as regula. **Comb.** *A(c)ção ~/crime* [Processo em que se pede um castigo sem exigir restituição alguma]. *Código ~* [Conjunto das leis de direito penal]. *Direito ~* [Conjunto das normas que regulam as penas a aplicar contra a(c)tos ofensivos do direito público ou privado]. *Responsabilidade civil e ~*.

penalidade *s f* (<penal + -idade) **1** Sistema de penas judiciais definidas por lei. **2** Pena aplicada a alguém/Sanção/Castigo/Punição. **3** *(D)esp* Castigo aplicado ao jogador que viola uma lei do jogo ou à sua equipa. **Comb.** Grande ~ [Castigo máximo aplicado à equipa do jogador que praticou uma falta grave na sua grande área, em cuja execução um adversário remata à baliza a pequena distância, tendo pela frente apenas o guarda-redes/goleiro].

penalista *s 2g Dir* (<penal + -ista) Jurista que se especializou em direito penal/Criminalista.

penalização *s f* (<penalizar + -ção) **1** A(c)to ou efeito de penalizar. **2** Castigo/Punição. **3** Sobrecarga aplicada a quem transgride uma norma, um regulamento. **Ex.** Por não pagar a quota do condomínio no prazo estabelecido sofreu [teve] uma ~.

penalizante *adj 2g* (<penalizar + -(a)nte) Que causa desgosto/Que penaliza.

penalizar *v t* (<penal + -izar) **1** Fazer sentir pesar/pena/desgosto. **Ex.** A morte prematura do amigo penalizou-o muito. **2** Aplicar pena/Castigar/Punir. **3** Agravar a situação de/Onerar. **Ex.** A crise financeira acaba por ~ sobretudo os mais fracos. **4** Prejudicar. **Ex.** Esta doença, tão perto dos exames, pode penalizá-lo muito.

penálti [*Br* **pênalti**] (Pé) *s m (D)esp* (<ing *penalty*) Castigo máximo aplicado a uma equipa por falta grave cometida na sua

grande área, em cuja execução um adversário remata à baliza tendo como único obstáculo o guarda-redes [goleiro]. **Loc. Converter o ~** [Marcar gol(o)]. **Falhar o ~** [Não conseguir marcar gol(o) na sua execução].

penante s m (<pena¹+ -ante) **1** Chapéu alto. **2** Qualquer chapéu velho e ridículo.

penar v int (<pena² + -ar¹) **1** Sofrer/Padecer. **Ex.** Durante muito tempo penou sem esperança de melhoras na sua doença. **2** Expiar as suas faltas. **3** s m Sofrimento. **Ex.** O seu ~ enchia-me de compaixão.

penates s m pl (<lat Penates, deuses do lar) **1** Mit Deuses do lar e da família na Roma Antiga. ⇒ lar (Etimologia). **2** Casa paterna. **Idi. Recolher/Regressar a ~** [Ir para casa].

penca s f (< ?) **1** Bot Folha grossa e carnuda de algumas plantas, como o aloés. **2** Bot Variedade de couve, de folha grossa, caule curto e talos carnudos. **Sin.** Couve-penca. **3** pop Nariz grande. **Ex.** Tem uma ~ de caricatura. **4** pop Embriaguez/Bebedeira. **5** Br Bot Galho donde pendem flores ou frutos/Cacho. **Comb. ~ de bananas**. idi **Em ~** [Em grande quantidade].

pence s f Costura (<fr pince) Pequena prega costurada do avesso e que se vai estreitando até desaparecer.

pencudo, a adj (<penca 3 + -udo) De [Que tem] nariz grande.

pendão s m (<esp pendón) **1** Hist Bandeira que os exércitos em luta levavam na frente de batalha/Estandarte. **2** Hist Bandeira longa de forma triangular do cavaleiro medieval que comandava um grupo de homens armados. **Comb. ~ e caldeira** [Privilégio de nobres portugueses e castelhanos de armar e sustentar as suas tropas, de que eram símbolos a bandeira e a caldeira] (**Ex.** Senhor de ~ e caldeira). **3** Bandeira de um país, de uma corporação/Emblema de uma instituição ou de uma causa. **Loc.** Levantar o ~ da revolta [Liderar uma insurreição]. **4** Estandarte que vai à frente da procissão/Guião. **5** Bot Inflorescência de alguns cereais/Bandeira(+)/Panícula. **Ex.** O centeio já deitou o ~ [a espiga(+)]. **Comb. ~** [bandeira(+)] do milho. **6** Icti Peixe teleósteo de grande dimensão, da família dos molídeos, de corpo arredondado, também conhecido por bezedor, mola, peixe-lua, roda, rodim, …

pendência s f (<pender + -ência) **1** Qualidade do que está pendente. **2** Conflito de interesses/Desavença/Contenda/Disputa. **3** Dir Período em que uma questão judicial aguarda resolução pelo tribunal. **4** Inclinação(+) afe(c)tuosa/Simpatia. **Ex.** Notei que o meu irmão tinha uma certa ~ pela colega.

pendente adj 2g/s m (⇒ pender) **1** Que pende/Pendurado/Suspenso. **Ex.** O lustre está ~ do te(c)to. **2** Caído/Descaído. **Ex.** Estava de braços ~s [caídos(+)], sem saber (o) que fazer. **3** Que está para ser resolvido/Que aguarda decisão. **Ex.** A venda da casa está ainda ~. **4** Que depende de alguém ou de alguma coisa/Condicionado. **Ex.** A minha ida para férias está ~ da vinda de uma colega para me substituir. **5** Propenso/Inclinado/Predisposto a. **Ex.** Finalmente estava ~ [inclinado(+)] a aceitar a nossa proposta. **6** Prestes a acontecer/Iminente(+). **Ex.** Estava ~ a derrocada do muro. **7** Diz-se do fruto que ainda não foi colhido. **8** Que está em posição inclinada «para a direita/esquerda». **9** Muito interessado/Atento. **Ex.** Vi-o ~ das palavras do orador. **10** s m Brinco comprido, adorno ou adereço que se usam dependurados/Pingente. **11** s m Inclinação(+) de um pavimento/telhado/Declive. **Ex.** O telhado tem um ~ muito acentuado.

pender v int (<lat péndo, ere, pepéndi, pénsum: suspender, pendurar, pesar) **1** Estar suspenso/pendurado. **Ex.** O candeeiro pende da parede. **Idi. ~** [Estar] **por um fio** [Estar em situação muito instável]. **2** Inclinar(-se)/Descair. **Ex.** Com o sono, a cabeça pendia-lhe a espaços [de vez em quando/aos poucos]. **3** Estar predisposto a/Tender a. **Ex.** Face à intervenção do amigo, ele já pendia [se inclinava(+)] a satisfazer o desejo do filho. **4** Ter um gosto especial por/uma propensão/vocação. **Ex.** Ele pende [inclina-se/está (mais) inclinado (+)] para um curso de ciências. **5** Estar pendente (+)/Estar para ser decidido. **Ex.** O processo ainda pende no tribunal. **6** Estar para cair sobre/Estar iminente/Pairar. **Ex.** Pressentia que uma grande desgraça pendia sobre a [estava para acontecer à] sua família.

pendericalho s m ⇒ penduricalho.

pendoado, a adj (<pendoar) Que tem pendão **5**.

pendoar v t Bot (<pendão + -ar¹) «o milho» Deitar pendão **5**/Apendoar.

pendor s m (<pender + -or) **1** Inclinação(+) de um terreno/Declive(+)/Vertente. **Comb. ~ do telhado**. **2** Obliquidade em relação à posição horizontal. **Ex.** Ali o ~ da estrada aconselha a que o motorista trave com o motor. **3** Gosto natural por uma a(c)tividade/Propensão/Tendência. **Ex.** Desde miúdo revelou um ~ [uma inclinação(+)/puxou-lhe (sempre)] para a matemática.

pêndula s f (<pêndulo) **1** Relógio de pêndulo. **2** Pêndulo do relógio. **Comb. ~ horizontal** [Instrumento que permitiu as primeiras observações seguras a respeito dos sismos].

pendular adj 2g (<pêndulo + -ar²) **1** Relativo a [Do] pêndulo. **Comb. Movimento ~** [periódico «do pêndulo»]. **2** Que faz lembrar o movimento do pêndulo. **Comb. Comboio/Trem ~** [com suspensão oscilante como a do pêndulo, o que lhe permite maior estabilidade e velocidade ao descrever [fazer(+)] as curvas].

pêndulo s m (<lat péndulus,a,um: que pende, inclinado) **1** Fís Corpo rígido, suspenso num ponto fixo, que oscila livremente, em movimento de vaivém, em torno de um eixo horizontal por a(c)ção da gravidade, uma vez afastado da posição de equilíbrio. **2** Qualquer corpo que por a(c)ção da gravidade oscile em torno de um eixo horizontal. **Comb. ~ elé(c)trico** [Instrumento formado por uma bola de sabugueiro suspensa de um fio]. **~ balístico** [Instrumento de grande inércia usado na medição da velocidade de um projéctil que o atinja]. **~ sideral** [que marca o tempo sideral, ou seja, do movimento da Terra em relação às estrelas fixas]. **~ simples** [ideal, constituído por uma partícula suspensa de um ponto fixo por um fio sem peso e inextensível]. **3** Disco metálico que, oscilando de modo isócrono, regula o mecanismo do relógio. **Comb. Relógio de ~**.

pendura s m (<pendurar) **1** A(c)to de suspender algo de modo a não dar tocar o chão, de pendurar(-se). **2** Coisa pendurada. **3** Cacho de uva pendurado para se conservar e se poder consumir bastante depois. **4** s pop Pessoa que viaja pendurado no exterior de um veículo de transporte público para fugir a pagar bilhete. **Ex.** Tenho na memória a imagem dos ~s, garotada expedita agarrada à traseira do (carro) elé(c)trico. **5** s Pessoa que, sem convite, costuma agregar-se a outras para colher benefício e não pagar a despesa/Parasita/Br Penetra. **6** Br gír Pessoa que penhora um obje(c)to. **Loc.** Estar na ~ [Estar sem dinheiro/Ficar a depender dos outros]. **7** gír Em certas competições automobilísticas, acompanhante do condutor para o ir auxiliando em informações e instruções quanto à velocidade, ao traje(c)to, …

pendurado, a adj (<pendurar) **1** Que está suspenso/Que está preso por uma fita. **Idi. Ficar ~ ao telefone** [Iniciado o conta(c)to telefó[ô]nico, ficar muito tempo a aguardar a chegada do interlocutor que se deseja ter]. **2** Colocado em lugar alto e alcantilado. **Ex.** O castelo, ~ sobre a [sobranceiro à] planície, era inexpugnável. **3** Que está prestes a desprender-se/Que está para cair. **Ex.** Nas manhãs muito frias, viam-se gotas de água congelada ~s as das caleiras do telhado. **4** Muito atento a/Dependente de. **Ex.** De coração enamorado, vivia ~o dos caprichos da beldade [daquela linda mulher]. **5** Adquirido a crédito/Fiado. **6** Br Que foi hipotecado/penhorado(+). **7** Que está dependente de alguma coisa. **Loc.** Estar/Ficar ~ [Estar numa situação de impasse, sem nada poder fazer, na dependência do que outrem faça] (Ex. Fiquei [Estou] para aqui ~, não sei que fazer).

pendurar v t (<lat pendoráre <pendo,ere: pender) **1** Prender alguma coisa num ponto alto a uma distância do pavimento que a faça ficar suspensa sem tocar o chão. **Ex.** Estive a ~ a roupa no estendal. Pendurou o chapéu no cabide. **Loc. ~-se na janela** [Debruçar-se sobre o peitoril da janela, inclinado para o exterior, e assim permanecer algum tempo «a ver o que passa na rua»]. **2** ~-se/Agarrar-se a um ponto alto para ficar suspenso. **Ex.** A criança pendurou-se ao pescoço do padrinho, toda [muito] feliz. **3** Colocar em sítio alto. **Ex.** Pendurou a merenda na árvore, onde não chegavam os cães. **4** fig Enforcar(+). **Ex.** Penduraram o condenado no pelourinho. **5** ~-se/Agregar-se a outras pessoas com a ideia de participar em consumos sem ter de pagar. **Ex.** Gosta muito de ~-se no grupo e de desaparecer [se esquivar] na hora de pagar. **6** Dar como garantia de um dinheiro que lhe é adiantado/Penhorar(+)/Empenhar. **Ex.** Foi ~ [pôr no prego] o fio de ou[oi]ro que era da avó.

penduricalho s m (<pendurar + -icar + -alho) **1** Obje(c)to pendente a servir de adorno/enfeite/Berloque/Pingente. **2** pop Condecoração. **3** pop Órgão genital masculino/Pénis.

pen(e)- pref (<lat paene: quase) Significa quase (Ex. ~planície, península, penúltimo, penumbra).

penedia s f (<penedo + -ia) **1** Aglomerado de penedos/rochas/Fraguedo. **2** Rochedo/Penhasco.

penedo (Nê) s m (<pena³ + -edo) **1** Grande bloco de pedra/Rochedo/Fraga/Penhasco. **2** pop depr Pessoa muito pouco inteligente. **Ex.** Aquela cabeça é um ~ [É tapado como uma porta], não sei quando há de aprender alguma coisa. **3** fig Pessoa muito teimosa. **Ex.** Não há quem o demova desse propósito, aquela mente é um ~ [, é muito turrão].

peneira s f (<lat panárium: cesto de pão) **1** Utensílio circular com armação de madeira, metal ou plástico, tendo um fino entrançado no fundo, usado para separar substâncias em pó de partículas mais grossas. **Ex.** O cereal moído passa pela ~ para separar a farinha do farelo. **Idi. Tapar o sol com (a/uma) ~** [Negar o que está à

vista, o que é evidente]. **2** O que se usa para limpar de impurezas/Crivo/Joeira. **3** Critério apertado de sele(c)ção ou valorização, de ordem intelectual, cultural, moral, ... **Ex.** As composições concorrentes foram sujeitas à ~ [avaliação (+)] de um júri muito rigoroso. **Idi.** *Passar pela ~* [Examinar minuciosamente]. **4** Instrumento usado na pesca do camarão. **5** *fam* Sensação de fome ou sede. **6** *pop* ⇒ Chuva miúda/Morrinha. **7** *pl fam* Ilusões que alguém cultiva sobre as próprias qualidades/Convicção pretensiosa de superioridade/Vaidade. **Ex.** Ele tem ~s de que é muito competente/capaz/hábil. **Loc.** *Ter ~s nos olhos* [Alimentar ilusões]. *Tirar as ~s a alguém* [Mostrar-lhe quanto se engana sobre as qualidades próprias, que são bem mais modestas do que pensa]. **8** *s pl* Indivíduo presunçoso/vaidoso. **Ex.** Ele é um ~s, temos que lhe fazer baixar a crista [que reduzi-lo à sua condição insignificante]. **9** *fam* ⇒ Pessoa que não tem dinheiro/Pelintra.

peneirado, a *adj/s f* (<peneirar) **1** Que foi passado pela peneira. **2** *s f* A(c)ção de peneirar. **3** *s f* O que se peneira de cada vez. **4** *fig* Que meneia o corpo/Que se bamboleia/saracoteia. **5** Que lembra esses movimentos. **Comb.** Um andar ~.

peneirar *v t/int* (<peneira + -ar¹) **1** Fazer passar pela peneira ou pelo crivo. **Comb.** ~ a areia. ~ a farinha. **2** ⇒ Filtrar/Coar. **3** Escolher/Sele(c)cionar. **Ex.** Na hora de [avaliar(+)] os trabalhos dos candidatos se verá quem merece o pré[é]mio. **4** ⇒ Cair uma chuva miudinha/Chuviscar. **5** ~-se/Menear-se/Bambolear-se/Saracotear-se. **6** «ave de rapina» Bater as asas no ar sem sair do mesmo sítio.

peneireiro, a *s* (<peneira 7 + -eiro) **1** Pessoa que faz, vende ou trabalha com peneiras. **2** *s m Ornit* Ave de rapina diurna, da família dos falconídeos/Milhafre(+). **3** *fig col* Indivíduo que anda na rapina.

peneirento, a *adj/s* (<peneira + -ento) (Indivíduo) que tem peneiras, que é presunçoso, convencido das suas qualidades físicas ou mentais/Vaidoso/Pedante. **Ex.** Com aquele ar ~ [É um ~], julga-se superior, mas ninguém lhe dá importância.

peneirice *s f* (<peneira(s) + -ice) **1** Qualidade do que é peneirento/vaidoso/presunçoso. **2** Atitude pedante.

penela (Né) *s f* (<lat *penna*: ameia + -ela) Pequena elevação do terreno/Outeiro/Pena³.

peneplanície *s f Geog* (<pen(e)- + ...) Região que se tornou quase plana pela erosão natural das suas elevações, por a(c)ção das águas.

penetra (Né) *adj/s* (<penetrar) **1** (O) que é atrevido/insolente. **2** Petulante/Vaidoso. **3** Pendura **5**.

penetrabilidade *s f* (<lat *penetrábilis, e*: penetrável + -dade) Qualidade do que é penetrável.

penetração *s f* (<lat *penetrátio, ónis*) **1** A(c)to ou efeito de penetrar. **2** Entrada de um corpo no interior de outro. **Ex.** A ~ da agulha na veia foi quase indolor. **3** Entrada do pé[é]nis na vagina ou no ânus. **4** Entrada no interior de um território. **Ex.** A ~ dos bandeirantes no sertão à procura do ouro fez aumentar muito a área do território brasileiro. **5** *fig* Facilidade de compreender/Agudeza de espírito/Perspicácia/Sagacidade. **6** Alargamento da influência sobre um público mais vasto, sob o ponto de vista cultural, político, religioso, econó[ô]mico/Grau de aceitação. **Ex.** A ~ do ideário socialista naquela população tem sido difícil. A ~ do calçado português em mercados exigentes tem vindo a aumentar.

penetrante *adj 2g* (<penetrar + (a)nte) **1** Que entra profundamente num corpo/Que penetra. **2** Que perpassa/atravessa. **3** *fig* Que tem grande capacidade de compreender/Arguto/Perspicaz. **Ex.** O seu espírito ~ previu à distância as dificuldades por que o país está a passar. **4** Que é intenso/muito forte/Que impressiona vivamente a sensibilidade. **Ex.** Ela usa um perfume ~. **Comb.** Frio ~.

penetrar *v t/int* (<lat *penétro, áre, átum*) **1** Introduzir-se/Entrar no interior de um corpo. **Ex.** A bala penetrou-lhe na perna. A água penetrou no terraço e o te(c)to «da sala» ficou escurecido. **2** Atravessar um espaço/Entrar em/Invadir. **Ex.** Abriu a janela e o ar fresco da madrugada penetrou no quarto. **3** Entrar clandestinamente ou à força num local. **Ex.** O ladrão conseguiu ~ na casa arrombando uma janela. **4** Entrar em meio que oferece [opõe] alguma resistência. **Ex.** Teve que usar vestuário adequado para ~ no matagal. **5** Atingir/Tocar vivamente o íntimo de. **Ex.** O seu olhar apaixonado, a sua voz melodiosa penetravam nas pessoas, levando à adesão a essa nobre causa. **6** Compreender em profundeza. **Ex.** É difícil ~ em certas matérias, em alguns textos, só com muita concentração é [se torna] possível. **7** Ser aceite, passar a exercer influência numa população. **Ex.** A nova ideologia penetrou facilmente nas camadas jovens. As nossas marcas comerciais têm penetrado bem em novos mercados. **8** Introduzir o pé[é]nis durante a cópula. **9** ⇒ ~-se/Compenetrar-se/Convencer-se/Consciencializar-se/Persuadir-se.

penetrável *adj 2g* (<lat *penetrábilis, e*) **1** Que permite o acesso/Onde se pode entrar/penetrar. **Comb.** Bosque dificilmente ~. **Ant.** Im~. **2** Que pode ser compreendido/entendido.

pênfigo *s m Med* (<gr *pémphys, gos*: bolha, pústula) Doença grave, embora rara, que afe(c)ta a pele e as mucosas, formando vesículas e provocando descamação.

penha *s f* (<lat *pínna*: cimo da muralha; ⇒ pena³) Grande massa de rocha/Penedo/Penhasco/Fraga.

penhascal *s m* (<penhasco + -al) Grupo de grandes rochas escarpadas/Série de penhascos.

penhasco *s m* (<penha + -asco) Grande rochedo escarpado/Penha elevada e pontiaguda.

penhascoso, a (Óso, Ósa, Ósos) *adj* (<penhasco + -oso) Diz-se do local onde abundam rochas escarpadas de grande dimensão/Alcantilado.

penhor *s m* (<lat *pígnus, oris*) **1** *Dir* Entrega ou empenho de um bem móvel ou imóvel como garantia de pagamento de dívida ou empréstimo. **2** Esse bem dado como garantia. **Comb.** *Casa de ~es* [Estabelecimento que empresta dinheiro contra a entrega de obje(c)tos valiosos que são garantia da restituição do empréstimo. *Resgate do* ~]. **3** A(c)to ou palavra que é garantia/testemunho/prova/sinal. **Ex.** Como ~ da consideração que tinha por ele, ofereceu-lhe um dos seus escritos da juventude.

penhora (Ó) *s f* (<penhorar) **1** A(c)to ou efeito de penhorar. **2** *Dir* Apreensão de bens do devedor por decisão do tribunal para pagamento da dívida.

penhorar *v t* (<lat *pígnoro, áre, átum*) **1** Dar como penhor/garantia de pagamento de dívida ou de empréstimo. **2** *Dir* Fazer judicialmente a penhora de dinheiro ou dos bens de alguém para satisfazer as obrigações perante os credores/Arrestar. **3** Garantir/Afiançar. **4** Fazer ficar muito grato. **Ex.** A fidelidade do meu amigo penhorou-me [deixou-me muito penhorado (+)/grato].

penhorável *adj 2g Dir* (<penhorar + -vel) Que pode ser penhorado. **Comb.** Bem ~.

penhorista *adj/s 2g* (<penhorar + -ista) **1** Que é relativo a penhores. **2** O que empresta dinheiro recebendo obje(c)tos penhorados/Dono de casa de penhores.

péni [Br **pêni**] *s m* (<ing *penny*; pl *pennies/pence*) Moeda inglesa equivalente à centésima parte da libra. ⇒ cêntimo.

penicar *v t* ⇒ depenicar.

penicilina *s f Med/Quím* (<lat científico *penicillina*) Designação de um grupo de antibióticos obtidos de espécies de fungos *Penicillium* e *Aspergillus*, de grande a(c)tividade antibacteriana, com larga e eficaz aplicação no tratamento de várias doenças infe(c)ciosas. **Ex.** A descoberta da ~ (em 1928 por A. Fleming) foi um marco histórico na evolução da medicina.

penico *s m pop* (< ?) Obje(c)to redondo com asa, de loiça, esmalte ou plástico, utilizado para recolha de urina e deje(c)tos/Vaso de noite/Bacio(+).

penífero, a *adj* (<lat científico *pennifer, ra, rum*) Que tem penas ou plumas/Penígero.

peniforme *adj 2g* (<lat *penna*: pena + -forme) Que tem a forma de pena ou pluma.

penígero, a *adj* ⇒ penífero.

peninervado [**peninérveo**], **a** *adj Bot* (<lat *penna*: pena¹ + *nervus*: nervo + ...) Diz-se de folha em que a nervura principal se ramifica em nervuras secundárias dispostas de forma semelhante à de pena de ave.

península *s f Geog* (<lat *paenínsula <paene*: quase + *ínsula*: ilha) Terra emersa que é cercada de água por todos os lados, exce(p)to por um que a liga geralmente a uma área mais vasta. **Ex.** Portugal, no território continental, está situado na ~ ibérica. **Comb.** *~ arábica. ~ itálica*.

peninsular *adj/s 2g* (<península + -ar²) **1** Relativo a [De] península. **Ex.** Um território ~ tem geralmente boas condições para o transporte marítimo. **2** Da Península Ibérica. **Comb.** Guerra ~ [Invasões Francesas, decididas por Napoleão Bonaparte (1807-1810)].

pénis [Br **pênis**] *s m* (<lat *pénis*) Orgão copulador masculino. **Comb.** Ere(c)ção do ~.

penisco *s m* (<lat *pínus*: pinheiro + -isco) **1** Semente de pinheiro bravo. **2** Pinhão de pequeno tamanho.

penitência *s f* (<lat *poeniténtia*) **1** *Rel* Arrependimento das faltas cometidas violando os mandamentos divinos/Contrição. **2** *Catol* Um dos sete sacramentos, no qual o cristão manifesta o desgosto e arrependimento das faltas graves ou leves que confessa ao sacerdote e o firme propósito de se emendar, esperando ser absolvido delas/Confissão/Reconciliação. **3** *Catol* Pena proposta pelo confessor ao penitente para expiação das suas faltas. **4** ⇒ Castigo/Punição. **5** *Rel* Privações/Renúncias/Sacrifícios que o crente se impõe para purificação espiritual, particularmente em alguns períodos do ano litúrgico. **Ex.** S. João Ba(p)tista pregava(É) a ~. A Quaresma é tempo de ~. O jejum é uma forma de ~. **6** *fig* Situação maçadora/Incó[ó]modo/Mal-estar. **Ex.** A vizinhança de gente tão reles era ~ que a minha família não merecia.

penitencial *adj 2g* (<lat *poenitentiális, e*) **1** Relativo a penitência. **Comb.** Oração ~ [A(c)to de contrição/arrependimento].

2 Relativo ao sacramento da penitência. **3** ⇒ Triste/Desolado.

penitenciar *v t* (<penitência + -ar¹) **1** Impor uma pena em expiação das faltas. **2** Castigar/Punir. **3** ~-se/Mostrar arrependimento. **Ex.** Perante o grupo penitenciou-se daquela atitude de que agora sentia vergonha.

penitenciaria *s f* (<penitência + -aria) Tribunal da cúria romana competente para tratar os casos do foro íntimo, conceder graças e indulgências, em nome do papa.

penitenciária *s f* (<penitenciário 2) Estabelecimento prisional em que os criminosos cumprem pena de privação da liberdade.

penitenciário, a *adj/s* (<penitência + -ário) **1** Relativo a penitência/Penitencial(+). **2** Relativo a penitenciária, à retenção de reclusos. **Comb.** Regime ~. **3** O que cumpre pena de reclusão em penitenciária.

penitente *adj/s 2g* (<lat *póenitens, éntis* <*póenitet, ére*: arrepender-se) **1** (O) que se arrepende dos seus erros. **2** *Rel* (O) que confessa a Deus, perante o sacerdote, os seus pecados. **3** (O) que cumpre uma pena que lhe foi imposta. **4** O que impõe a si próprio privações, sacrifícios para purificação espiritual. **5** *Hist/Rel s m pl* Membros de algumas confrarias que se entregavam a certas práticas penitenciais e a obras de caridade.

penol *s m Náut* (<esp *penol*) Ponta da verga dos navios/Extremidade do pau da carangueja.

penologia *s f Dir* (<pena + -logia) **1** Estudo das punições e medidas de prevenção de crimes. **2** Ramo da criminologia que trata da administração de penitenciárias, reformatórios e tratamento de criminosos.

peno[a]logista *Br s m* ⇒ penalista.

penosamente *adv* (<penoso + -mente) Com grande sofrimento/sacrifício/dificuldade. **Ex.** Já muito cansado, avançou ~ até casa [até à sua morada].

penoso, a (Ôso, Ósa, Ósos) *adj* (<pena² + -oso) **1** Que dá pena/compaixão/Que incomoda/impressiona. **Comb.** Relato ~. **2** Que provoca incó[ô]modo/desconforto/sofrimento. **Ex.** Foi uma cirurgia muito ~. **3** Árduo/Extenuante. **Ex.** Na a(c)tividade agrícola há ainda agora alguns trabalhos muito ~s. **4** Difícil/Complicado. **Ex.** Nas profissões, há umas mais ~as que outras.

pensador¹, ora *adj/s* (<pensar¹ + -dor) **1** (O) que pensa/medita/refle(c)te. **2** Estudioso das grandes questões de natureza filosófica, social, cultural ou religiosa que dá a conhecer ao grande público os resultados dessa reflexão pessoal profunda. **Ex.** Tem havido ~es com enorme influência na marcha do mundo.

pensador², a *s* (<pensar² + -dor) **1** O que dá a ração [o penso] aos animais. **2** O que dá o alimento, o penso à criança. **3** O que aplica o penso ao ferimento/O que faz o curativo.

pensamento *s m* (<pensar¹ + -mento) **1** A(c)to de pensar, de elaborar conceitos e de os encadear, relacionar/Raciocínio. **Ex.** Pelo ~ o homem procura compreender o mundo que o rodeia e concebe formas de o transformar. **Idi.** *Dar voltas ao ~* **a)** Refle(c)tir para encontrar a solução para problema difícil; **b)** Esforçar-se para conseguir recordar algo. **Comb.** ~ abstra(c)to. **2** Faculdade de pensar/Mente. **3** O que vai na mente de alguém, aquilo de que está a ter consciência. **Ex.** A expressão do seu rosto deixava transparecer um ~ que o preocupava muito. **Loc.** *Rel* Ter maus ~s [Pensar ou predispor-se a a(c)tos imorais/Ser tentado para o mal]. **Comb.** Transmissão de ~ [Telepatia]. **4** Ponto de vista/Opinião/Intenção. **Ex.** O ~ da comunidade é que esse dinheiro seja gasto em apoio (social) aos mais carenciados. **Comb.** Liberdade de ~/opinião(+) [Liberdade de ter (a sua) opinião e de a expressar]. **5** Modo de encadear as ideias/de discorrer. **Ex.** Tem um ~ muito claro, o seu discurso é muito fluente e revela uma lógica convincente. **6** Conjunto coerente de ideias que traduzem uma visão integrada do real própria de um pensador, de uma escola, de um grupo social, de um povo, de uma época. **Comb.** ~ *hegeliano.* ~ *marxista.* ~ *cristão.* ~ *medieval.* ~ *contemporâneo.* **7** Memória/Recordação. **Ex.** Tinha ainda no ~ aquela imagem terrível do temporal! **8** Frase concisa que contém uma sábia reflexão sobre a vida/Aforismo/Máxima/Sentença. **Ex.** Li em Cícero um ~ que anotei: *O amigo certo mostra-se na hora incerta.*

pensante *adj* (<pensar + -(a)nte) **1** Que pensa, que tem a faculdade de pensar. **2** Que refle(c)te profundamente sobre questões que preocupam o homem, a sociedade. **Ex.** Os intelectuais são a classe ~ dum país.

pensão *s f* (<lat *pénsio, ónis*: pagamento) **1** Renda vitalícia ou temporária paga pelo Estado ou por uma instituição, segundo um determinado regulamento jurídico. **Ex.** Por causa da crise houve pensões que foram congeladas [não foram aumentadas «nem para compensar a inflação»]. **Comb.** ~ *de invalidez.* ~ *de reforma.* ~ *de sobrevivência.* **2** Obrigação/Encargo. **Comb.** ~ de alimentos [Quantia paga a alguém, geralmente um ex-cônjuge ou parente, que não pode assegurar o seu sustento]. **3** Pagamento em colégio relativo a despesas de alojamento, de alimentação e ensino do aluno. **4** Pagamento do alojamento em casa de hóspedes. **Comb.** ~ *completa* [Regime de alojamento que inclui fornecimento de três refeições]. *Meia* ~ [Regime de alojamento que fornece pequeno-almoço e uma das duas refeições principais]. **5** Casa de hóspedes/Hospedaria/Estalagem/Residencial(+). **Ex.** Fiquei alojado numa ~ no centro da vila.

pensar¹ *v t/s m* (<lat *penso, áre*: pesar, ponderar) **1** Conceber ideias, relacioná-las logicamente/Raciocinar. **Ex.** O homem tem a faculdade de ~. **Loc.** ~ alto/em voz alta [Dizer aquilo em que pensa]. **2** Refle(c)tir sobre/Ponderar. **Ex.** Fiquei a ~ naquilo que me disseste (durante) toda a tarde. **Loc.** «algo» Dar que ~ [Merecer uma reflexão profunda pela sua gravidade ou importância] (Ex. A crise econó[ô]mica da UE dá que ~ [da UE é preocupante]. **Idi.** ~ *na morte da bezerra* [Estar alheado/distraído]. **3** Atender a/Ter em consideração. **Ex.** Já pensaste nos inconvenientes de tal decisão? **4** Ter uma opinião/Achar/Julgar. **Ex.** Penso que todos devem contribuir igualmente para esta obra. **Loc.** ~ *bem de* [Ajuizar favoravelmente acerca de alguém ou de alguma coisa]. ~ *mal de* [Ser contrário a]. **5** Recordar/Lembrar-se. **Ex.** Pensava nos dias difíceis da crise por que tinha passado. **6** Ter ideia de/Estar convencido de/Prever. **Ex.** Penso que ele já tratou desse assunto. Penso que ele vai amanhã para Lisboa. Penso que ele vem amanhã. **7** Fazer tenção de/Ter intenção de/Pretender. **Ex.** Pensava ir para a aldeia para ter mais sossego ao escrever o romance. **8** Planear/Conceber/Idealizar. **Ex.** Pensou a festa como ocasião para evidenciar a sua abastança. **9** Preocupar-se sobretudo com/Interessar-se por. **Ex.** É preciso ~ naqueles que passam mais privações. **10** Prever as consequências de um a(c)to. **Ex.** Às vezes a gente faz coisas sem ~ (nas consequências). **11** *s m* Modo de encarar uma questão. **Ex.** O ~ de cada um merece respeito. **12** *s m* Processo de raciocinar. **Ex.** O ~ dele parece feito de labirintos que nos confundem.

pensar² *v t* (<penso 2 + -ar¹) **1** Alimentar animais a/com ração. **2** ⇒ Cuidar/Alimentar(+) uma criança. **3** Pôr penso em ferimento.

pensativo, a *adj* (<pensar¹ + -tivo) **1** Que está a pensar, a refle(c)tir. **2** Que parece fixado/concentrado nos seus pensamentos/Alheado do que acontece à sua volta/Absorto/Ausente. **Ex.** Vi-o ~, indiferente à animação do muito povo que enchia o recinto. **3** Preocupado/Ansioso. **Ex.** A notícia inesperada deixou-o ~.

pensável *adj 2g* (<pensar + -vel) Que pode ser pensado/Que se pode conceber/imaginar/admitir/Concebível(+).

pênsil *adj 2g* (<lat *pénsilis, e*) Que está suspenso/pendurado. **Comb.** Ponte ~ [em que o tabuleiro é sustentado por cabos ancorados].

pensionar *v t* (<lat *pénsio, ónis*: pensão + -ar¹) **1** Pagar uma renda a alguém/Dar uma pensão. **2** Impor uma pensão, uma renda mensal ou anual. **3** Sobrecarregar com tarefas, trabalhos.

pensionato *s m* (<lat *pénsio, ónis*: pensão + -ato) **1** Casa que recebe pensionistas. **2** Instituição de assistência que abriga e educa menores/Patronato. **3** Colégio em que os estudantes residem e recebem alimentação.

pensionista *adj/s 2g* (<lat *pénsio, ónis*: pensão + -ista) **1** (O) que recebe uma pensão, sobretudo do Estado/Aposentado/Reformado(+). **2** Aluno interno de colégio que paga pensão ou recebe subsídio/pensão do Estado. **3** Pessoa que paga pensão em casa de hóspedes ou em casa particular.

penso *s m* (<?) **1** ⇒ Tratamento/Alimento de crianças. **2** Tratamento de animais/Ração dada ao gado. **3** *Med* Aplicação sobre ferida, úlcera ou incisão cirúrgica de produtos antissépticos para proteger de agentes infe(c)ciosos. **Loc.** *Mudar o ~. Pôr o ~.* **Comb.** ~ *rápido* [Pequeno adesivo com gaze e produto antisséptico que se aplica sobre um pequeno ferimento]. ~ *higié[ê]nico* [Faixa com fibras absorventes usada para prote(c)ção e higiene feminina no período menstrual].

penta- *pref* (<gr *pénte*: cinco) Significa **cinco** (Ex. pentágono, ~grama, ~tlo).

pentacarpo, a *adj Bot* (<penta- + carpo 2) Que tem cinco carpelos.

pentáculo *s m* (<lat *pentáculum*) Estrela de cinco raios que, para os gnósticos, neoplató[ô]nicos e pitagóricos, simbolizava a perfeição.

pentadáctilo, a [*Br* **pentadá(c)tilo** (*dg*)] *adj* (<penta- + -dáctilo-) **1** *Zool* Que tem cinco dedos. **2** *Bot* Que tem cinco folíolos.

pentadecagonal *adj 2g Geom* (<pentadecágono + -al) Que se refere a ou tem a forma de pentadecágono.

pentadecágono *s m Geom* (<penta- + ...) Polígono de quinze ângulos e 15 lados.

pentaedro *s m Geom* (<penta- + gr *hédra*: face) Poliedro de cinco faces.

pentagonal *adj Geom* (<pentágono + -al) Relativo ao [Que tem a forma de] pentágono.

pentágono s m Geom (<gr *pentágwnos*) Polígono de cinco lados.

pentagrama s m (<penta- + -grama) **1** *Mús* Pauta com cinco linhas. **2** Figura mágica simbólica, formada por cinco letras ou sinais ligados por linha contínua, semelhante a uma estrela de cinco pontas, a que se atribuíam virtudes mágicas.

pentâmero s m (<gr *pentamerés*) **1** Que tem cinco divisões. **2** *Ent* Diz-se de inse(c)to ou do grupo de inse(c)tos coleópteros que têm o tarso constituído por cinco artículos.

pentâmetro adj/s m *Liter* (<gr *pentámetros*) Verso grego ou latino de cinco pés.

pentapétalo, a adj *Bot* (<penta- + pétala) «flor» Que tem cinco pétalas.

pentassépalo, a adj *Bot* (<penta- + sépala) «cálice» Que tem cinco sépalas.

pentassílabo adj/s m (<penta- + sílaba) **1** *Gram* (Palavra) com cinco sílabas. **2** *Liter* Verso de cinco sílabas/Redondilha menor.

Pentateuco s m *Rel* (<gr *Pentáteukhos* <*pénte*: cinco + *téukhos*: volume) Conjunto dos cinco primeiros livros da Bíblia: Gé[ê]nesis, Êxodo, Levítico, Números e Deuteronó[ô]mio.

pentatlo s m (D)esp (<gr *péntatlon*) **1** *Hist* Conjunto das cinco principais provas de atletismo, que na Grécia Antiga abrangiam a corrida, o lançamento do dardo e do disco, salto e luta. **2** Competição de provas de cinco modalidades diferentes em que o atleta é classificado pelo conjunto dos resultados. **Comb.** ~ moderno [Competição que compreende corrida, hipismo, natação, tiro e esgrima].

pentatomídeo, a adj/s *Ent* (<lat científico *Pentatomidae*) (Diz-se de) inse(c)to ou família de inse(c)tos hemípteros, heterópteros, com antenas de cinco artículos e o rostro com quatro segmentos. **Ex.** Muitos ~s são pragas agrícolas.

pentavalente adj 2g *Quím* (<penta- + valente) «átomo» De que podem partir cinco ligações/Que tem valência cinco.

pente s m (<lat *pécten, tinis*) **1** Instrumento formado por uma barra com dentes mais ou menos finos e próximos, com que se limpa, desembaraça ou penteia o cabelo. **Ex.** De manhã, ao lavar-me, componho o cabelo com o ~. **Loc.** Passar um ~ pelo cabelo [Pentear-se à pressa]. **Idi.** *Passar a ~ fino* [Examinar minuciosamente/Fazer inspe(c)ção rigorosa] (Ex. A polícia judiciária esteve lá em casa e passou a ~ fino os documentos do escritório, à procura de elementos comprometedores). **2** Obje(c)to semelhante recurvado, mais curto, mas de dentes mais compridos, usado para prender ou adornar os cabelos femininos/Travessa. **3** Caixilho do tear com fendas paralelas perpendiculares por onde passam os fios da teia. **4** Instrumento de ferro para cardar a lã. **5** Peça com aberturas perpendiculares usada pelos esteireiros para apertar as esteiras. **6** Carregador nas armas automáticas. **7** *Zool* Membrana no olho de répteis e aves que a(c)tua na acomodação. **8** *Zool* Conjunto de cerdas curtas nas patas de inse(c)tos, como abelhas, aranhas, … **9** *pop* Mulher vistosa. **10** *pop* Púbis. **11** Pelos púbicos.

penteação s f (<pentear + -ção) **1** A(c)to ou efeito de pentear-se. **2** Operação para, em algumas matérias têxteis, eliminar impurezas e as fibras que não atinjam o comprimento desejado e tornar as outras o mais possível paralelas. **3** Instalações em que se faz essa operação.

penteadeira s f *Mec* (<pentear + -deira) Máquina que faz a penteação dos fios na fiação e tecelagem/Penteadora.

penteadela s f (<pentear + -dela) A(c)to de pentear-se à pressa, de dar um leve arranjo ao cabelo. **Ex.** Como estava atrasado, deu apenas uma ~ ao cabelo e saiu.

penteado, a adj/s m (<pentear) **1** «cabelo» Que foi ajeitado com um pente. **Ex.** Um cabelo ~ ajuda a compor o semblante. **Ant.** Despenteado. **2** «pessoa» Que tem o cabelo arranjado. **3** *fig* Muito aprumado/Com apresentação esmerada. **4** «fio têxtil» Que foi sujeito a penteação. **5** s m Maneira de cortar ou pentear os cabelos, visando um efeito estético. **Ex.** Gosta de mudar de ~, ao que as colegas de trabalho correspondem [reagem] com efusivos comentários.

penteador, ora adj/s (<pentear + -dor) **1** (O) que penteia o cabelo/Cabeleireiro(+). **2** s m Espécie de roupão ou pano que se coloca sobre os ombros da pessoa que se penteia ou a quem se corta o cabelo. **3** (O) que retira as impurezas de matérias têxteis ou elimina as fibras sem o comprimento adequado. **4** s f Máquina que desempenha essa função na fiação e na tecelagem/Penteadeira.

penteadura s f A(c)to ou efeito de pentear(-se).

pentear v t (<pente + -ear) **1** Passar o pente ou a escova pelos cabelos ou pelos da barba ou bigode para os desenredar ou ajeitar/compor. **Ex.** Antes de sair (de casa), passava muito tempo a ~-se. **Ant.** Despentear. **2** Fazer o penteado a alguém. **Ex.** No cabeleireiro procurava que fosse sempre a mesma moça a penteá-la. **3** Passar o pente ou a escova sobre o pelo de animal. **Ex.** De manhã tinha sempre o cuidado de ~ as crinas e o pelo do cavalo. **Idi.** *(Mandar) ir ~ macacos* [(Em tom irritado) ordenar a alguém que se afaste ou deixe de importunar/incomodar/idi Mandar (ir) à fava] (Ex. Deixe-me em paz, vá ~ macacos!). **4** *fig* Preparar-se para alguma coisa. **5** *Futebol* Passar o rasto da chuteira sobre a bola para a controlar. **Ex.** Numa rece(p)ção primorosa de um passe longo, penteou a bola, fintando/driblando um adversário, e desferiu um potente remate que esbarrou no poste. **6** Com máquina ou instrumento adequado, retirar as impurezas de matérias têxteis e eliminar as fibras que não têm o comprimento apropriado.

pentecostal adj 2g (<Pentecostes + -al) Relativo ao pentecostalismo.

pentecostalismo s m Movimento surgido nos finais do séc. XIX nos EUA que valoriza a rece(p)ção sacramental do Espírito Santo celebrada no Pentecostes (Não o confundir com os movimentos carismáticos a(c)tuais).

Pentecostes s m *Rel* (<gr *pentekosté (heméra)*: quinquagésimo dia) **1** Festa judaica que comemora a entrega das Tábuas da Lei a Moisés no Monte Sinai. **2** Festa cristã celebrada cinquenta dias a seguir à Páscoa a comemorar a vinda do Espírito Santo sobre os Apóstolos.

pent(e)eiro s m (<pente + -eiro) Pessoa que fabrica ou vende pentes.

pentose s f *Quím* (<penta- + -ose) Composto orgânico do grupo dos glícidos, com a fórmula $C_5H_{10}O_5$, que não é susce(p)tível de fermentação alcoólica. ⇒ ribose.

penugem s f (<pena + -ugem) **1** *Ornit* Plumagem constituída por pequenas penas macias que envolvem o corpo de aves jovens e algumas zonas do corpo das adultas. **2** *fam* Conjunto de pequenos pelos finos que aparecem no rosto e noutras partes do corpo humano/Pelugem/Buço. **3** *Bot* Conjunto de pequenos pelos que cobrem a casca de alguns frutos ou outras partes das plantas.

penugento [penujoso], a adj (<penugem) Que tem pelos pequenos e sedosos.

penúltimo, a adj/s (<lat *paenúltimus,a,um*) (O) que precede imediatamente o último. **Ex.** No campeonato o nosso clube ficou no ~ lugar. No concurso para esse cargo público ele está na ~a posição da lista.

penumbra s f (<lat *paene*: quase + *umbra*: sombra) **1** Luz fraca devido à interce(p)ção dos raios luminosos por um corpo opaco/Transição da luz para a sombra/Meia-luz. **Comb.** Zona de ~. **2** *fig* Estado do que tem falta de notoriedade. **Ex.** Esse artista está numa fase de ~, já teve melhores dias. **Loc.** Estar na ~ [um tanto esquecido].

penúria s f (<lat *penúria*) **1** Situação de grande pobreza/Miséria/Indigência. **Ant.** Opulência. **2** Falta do necessário/Escassez/Carência. **Ex.** A ~ de recursos impede o progresso. **Ant.** Abundância.

peonagem s f (<peão + -agem) **1** Conjunto de pessoas que andam a pé/Peões. **2** *Hist* Na Idade Média, grupo social que na guerra combatia a pé. **3** *Mil* Corpo de soldados de infantaria.

peónia [Br peônia] s f *Bot* (<gr *paiwnía*) Nome vulgar de várias plantas da família das ranunculáceas, na sua maioria com rizomas e raízes tuberosas, com grandes flores de cor púrpura, rosadas ou brancas, sendo nativas em zonas temperadas ou cultivadas como ornamentais.

pepinal s m (<pepino + -al) **1** Terreno plantado de pepineiros. **2** Aglomerado/Amontoado de pepinos.

pepineira s f (<pepino + -eira) **1** Terreno cultivado de pepineiros/Pepinal. **2** Amontoado de pepinos/Pepinal **2**. **3** *fig* Fonte de rendimento fácil, de lucros ou compensações sem grande esforço. **4** *fig* O que se compra por preço muito inferior ao que é habitual/Pechincha. **5** *depr* O que é motivo de troça/gracejo. **Ex.** A peça teatral levada à cena era cá uma ~! **6** *fam* Assunto pouco importante, fastidioso. **Ex.** Não vou perder tempo a gramar [aguentar/aturar] essa ~! **7** ⇒ Pândega/Patuscada/Festarola.

pepineiro s m *Bot* (<pepino + -eiro) Planta herbácea, trepadeira, da família das cucurbitáceas, de caule rastejante, cujo fruto, o pepino, é muito apreciado em gastronomia; *Cucumis sativus*. **Sin.** Pepino.

pepino s m *Bot* (<esp *pepino*; ⇒ pequenino **Prov.**) **1** Fruto do pepineiro, cilíndrico e alongado, de cor verde e polpa esbranquiçada e suculenta; *Cucúmis sativus*. **Comb.** *Cul* Salada de ~. **2** Pepineiro.

pepino-de-são-gregório s m *Bot* Planta herbácea perene, prostrada, da família das cucurbitáceas, espontânea em Portugal, de raiz carnosa e purgativa e sementes com propriedades purgativas e anti-inflamatórias, sendo também designada de pepino-do-diabo; *Ecballium elaterium*.

pepita s f (<esp *pepita*) Grão ou fragmento de metal nativo, especialmente de ouro.

pepsia s f (<gr *pépsis*: digestão) ⇒ digestão.

pepsina s f *Bioq* (<gr *pépsis*: digestão + -ina) Enzima presente no suco gástrico que decompõe as proteínas e as transforma em peptonas.

péptico, a adj *Bioq* (<gr *peptikós*) **1** Relativo à [Que favorece a] digestão. **2** Relativo à pepsina. **Comb.** Úlcera ~a [que ocorre em partes do tubo digestivo expostas à a(c)ção conjunta do ácido clorídrico e da

pepsina]. **3** Que se refere ao estômago. ⇒ gástrico.

peptídico, a *adj* Relativo a ou próprio de péptido. ⇒ proteólise.

péptido [peptídio] *s m Bioq* (<gr *peptós*: digerido + -íd(i)o) Nome genérico de complexos de aminoácidos desdobráveis por fermentação.

peptização *s f* (<peptizar + -ção) Dispersão espontânea de uma substância sólida num líquido ao adicionar-se uma pequena quantidade de uma terceira substância, que é o agente peptizante. **Ant.** Floculação.

peptizar *v t* (<pépt(ico) + -izar) Provocar a peptização de.

peptona *s f* (<gr *peptós*: digerido + -ona) Nome genérico de substâncias resultantes da hidrólise das proteínas provocada pela pepsina.

pequena (Quê) *s f* ⇒ pequeno **15**.

pequenada *s f* (<pequeno + -ada) Conjunto de crianças/Miudagem/Criançada/Garotada. **Ex.** Sentia-se feliz a organizar jogos com a ~.

pequename *s m* (<pequena + -ame) Conjunto de moças, de raparigas jovens.

pequenez, pequeneza (<pequeno + -ez[a]) **1** Qualidade de pequeno. **2** Tamanho diminuto/Exiguidade. **Ex.** A ~ da sala impede o desejado conforto. **3** Baixa estatura. **4** Infância/Meninice. **5** *fig* Insignificância/Mesquinhez. **6** *fig* Baixeza/Mediocridade. **Ex.** A sua ~ de espírito era difícil de suportar. **7** *fig* Humildade/Modéstia.

pequenice *s f* (<pequeno + -ice) Coisa insignificante/Ninharia(+).

pequenino, a *adj/s* (*dim* de pequeno) **1** Muito pequeno. **Ex.** A criança era ainda ~a. **2** Criança novinha/Menino/Pequenito. **Prov.** *De ~ (é que) se torce o pepino* [O comportamento corre(c)to deve ser exigido desde tenra idade, desde a infância].

pequenitates *adj 2g sing e pl* (<pequenino) **1** De estatura inferior à média/Baixo/Pequenote(+). **2** Pequenino/Pequerrucho.

pequenito, a *adj/s* (<pequeno + -ito) **1** Muito pequeno/Pequenino. **2** Criança novinha.

pequenitote, a *adj/s* (<pequenito + -ote) **1** *Dim* de pequenito. **2** (O) que tem baixa estatura. **3** Que tem uma dimensão diminuta. **4** Criança de tenra idade.

pequeno, a (Quê) *adj/s* (<Talvez do cruzamento do lat vulgar *pitinus* com o radical *pico*, presente no it *picolo*) **1** Que tem um tamanho diminuto/De reduzida dimensão/extensão. **Ex.** O tipo de letra é tão pequeno que mal [que quase não] consigo ler. **Ex.** Escrevi um ~ texto alusivo ao evento. A distância a percorrer é ~a. **Loc. À boca ~a** [Em voz baixa/Em segredo]. **Idi.** *O mundo é (muito) pequeno!* [Exclamação de surpresa quando se encontra alguém que se conhece de uma zona muito distante]. **2** Que tem uma dimensão inferior ao que era necessário. **Ex.** A camisola é ~a para mim. **3** De pouco valor/Reduzido. **Ex.** Comprei-lhe um ~ presente. **4** Que tem escassos recursos. **Ex.** Ele é apenas um ~ agricultor. **5** Que não é importante/grave. **Ex.** Há um ~ problema a [para/que é preciso] resolver. Fez um ~ ferimento na mão que não inspira cuidados [não preocupa]. **6** De estatura inferior à média/Baixo. **Ex.** É um homem ~ mas entroncado, é *col* um poço de energia. **7** De pouca idade/Miúdo. **Ex.** O filho deles ainda é ~. **Comb.** *De ~* [Desde (quando era) criança] (Ex. De ~ foi habituado a respeitar os mais velhos). **8** Que tem um número reduzido de elementos. **Ex.** Na escola, as turmas ~as facilitam a aprendizagem. **9** Que tem uma duração curta. **Ex.** Fizemos um ~ intervalo na reunião para tomar café. **10** *fig* Que mostra falta de sentimentos nobres, de generosidade/Mesquinho/Tacanho. **Ex.** Por vezes os ricos, na contribuição para obras de interesse comum, revelam ser almas ~as. **11** *s* Criança. **Ex.** O ~ é muito engraçado, a ~a é muito viva. **12** *s m pl* Conjunto dos filhos ainda novos de um casal. **Ex.** Nos dias de greve deixa os ~ na casa dos sogros. **13** *s m pl* Classe social modesta. **Ex.** Os direitos dos ~s devem ser tidos em conta. **14** *s f fam* Rapariga jovem/Moça. **Ex.** As ~as do colégio divertiam-se no pátio. **15** *s f fam* Namorada. **Ex.** Gosta de ir com a sua ~ à discoteca.

pequeno-almoço *s m* **1** Primeira refeição do dia. **Ex.** Em casa, ao ~, toma um copo de sumo [suco] de fruta, leite com café, pão com queijo ou fiambre e, às vezes, torradas com manteiga.

pequeno-burguês, esa *adj/s* **1** Relativo [Que pertence] à pequena burguesia. **2** (O) que está muito apegado aos bens materiais. **3** *depr* (O) que tem uma mentalidade acanhada, mesquinha, preconceituosa. **Ex.** A sua rea(c)ção foi a de ~, ali não há vistas largas…

pequenote, a *adj/s* (<pequeno + -ote) **1** *Dim* de pequeno. **2** (O) que é de pouca idade/Miúdo. **3** *fam* Que tem estatura baixa para a [em relação à] idade.

pequerruchada *s f* (<pequerrucho + -ada) ⇒ pequenada.

pequerrucho, a *adj/s col fam* (<pequeno + -rr- + -ucho) **1** *Dim* de pequeno. **2** Que é de tamanho muito diminuto. **3** (Diz-se de) criança de muito tenra idade. **Ex.** O bebé/ê é ainda ~. O ~ sorria para a mãe.

pequice *s f* (<peco + -ice) **1** A(c)to ou dito de pessoa tola/Parvoíce. **2** Birra/Teima.

pequinês, esa *adj/s* (<top Pequim) **1** De Pequim, capital da China. **2** *Zool* (Diz-se de) raça de pequenos cães, provenientes da China, com pelo longo e liso, focinho achatado e olhos saídos.

per *prep* (<lat *per*: por) Por. **Comb.** *De ~ si* [Individualmente/À parte] (Ex. Cada coisa é para ser [deve ser] considerada de ~ si, não em conjunto com outras).

per- *pref* (<lat *per*) Significa **a) Através de** (Ex. ~correr, ~furar, ~meável); **b) Continuidade** (Ex. perene, ~noitar, ~pétuo, ~durar, ~manecer, ~sistir); **c) Conclusão** (Ex. ~ceber, ~fazer, ~feito, perorar, perpetrar); **d) Desvio** (Ex. perversão, perjúrio); **e) Intensidade** (Ex. perluzir; perturbar); **f)** *Quím* **O mais alto grau** (Ex. peróxido, persulfato, permanganato).

pera (É) *s f Bot* [= pêra] (<lat *pira*) **1** Fruto da pereira. **Ex.** Uma grande parte da produção portuguesa de ~ é exportada. **Idi.** *Ter para ~s* [Ter de suportar grande incó(ô)modo/contrariedade durante muito tempo]. **2** Pequena peça oblonga, geralmente de plástico, semelhante a **1**, usada como interruptor da luz elé(c)trica ou para a(c)cionar uma campainha. **Ex.** No hospital, no leito, o doente pode usar a ~ para chamar o pessoal de enfermagem. **3** Porção da barba que se deixa crescer na parte inferior do queixo. **Ex.** Há algum tempo comecei a deixar [usar] ~. **4** *Med* Peça oval de borracha com que se insufla ar no equipamento de medição da tensão arterial. **5** *col* Murro/Soco/Bofetão/Sopapo. **Ex.** – Toma juízo, vê lá, senão *col* levas uma ~ que até andas de lado!

perada *s f* (<pera + -ada) **1** Doce/Compota de pera. **2** Bebida fermentada feita com peras.

perado *s m Bot* (<pera + -ado) Arbusto ou árvore da família das Aquifoliáceas, de folhas espessas, com uma ou poucas grandes flores; *Ilex perado*.

perafita *s f* (<lat *petra*: pedra + *ficta*, de *fingo, ere, ctum*: esculpir) **1** Pedra muito grande. **2** *Hist* Monumento antigo feito com grandes pedras/Construção megalítica.

peral *adj/s m* (<pera + -al) **1** Relativo [Semelhante] a pera. **2** Terreno plantado de pereiras/Pereiral.

peralta *adj/s* (< ?) **1** (Diz-se de) pessoa afe(c)tada nos gestos, na maneira de falar ou de vestir/Janota/Peralvilho/Casquilho. **2** *Br* Indivíduo dado à ociosidade/Vadio. **3** *Br* (Diz-se de) criança travessa/traquinas.

peralvilho, a *adj/s* (< ?) (Diz-se de) indivíduo afe(c)tado nos modos ou no vestir/Peralta/Casquilho/Janota.

perambular *v int* (<lat *perámbulo, áre*) Deambular/Vaguear sem destino/Passear sem rumo.

perante *prep* (<lat *per*: por + *ante*: diante) **1** Diante de/Ante/Na frente de/Na presença de. **Ex.** O réu compareceu ~ o juiz. **2** Face a dada situação. **Ex.** ~ isto, ele não podia tomar outra decisão. **3** Aos olhos de/No juízo de. **Ex.** Ficou muito bem visto/conceituado ~ aquela gente.

pé-rapado *Br s m depr* Pessoa sem dinheiro ou bens/Pobre. **Ex.** É um ~ que *col* não tem onde cair morto.

perca[1] (Pér) *s f Icti* (<gr *pérke*) Nome vulgar de peixes teleósteos da família dos percídeos, com espécies fluviais muito vorazes, de carne muito saborosa. **Comb.** ~ *do Nilo*.

perca[2] (Pér) *s f pop* (<perder) Perda(+)/Prejuízo.

percal *s m* (<fr *percale* <persa *pargala*) Tecido fino de algodão.

percalço *s m* (<an percalçar) **1** *pop* Contrariedade inesperada/Incó(ô)modo/Transtorno que surge complicando ou impedindo a realização de alguma coisa/Acidente. **Ex.** Na viagem tivemos o ~ do furo do pneu, o que nos atrasou uma hora [cerca de] meia hora. **2** Ganho/Proveito/Lucro fortuito.

percalina *s f* (<fr *percaline*) Tecido de algodão, forte, lustroso, muito usado em encadernação.

per capita lat (*per*: por + *cáput, pitis*: cabeça) Diz-se do valor médio por pessoa, obtido por divisão de uma quantidade global pelo número de pessoas a que diz respeito. **Ex.** O rendimento mensal ~ naquela família de quatro pessoas é de quinhentos euros.

perceba/e [perceve] (Cê) *s Zool* (<lat *pollícies* <*póllex, licis*: polegar + *pes*: pé) Crustáceo da ordem dos cirrípedes que vive agarrado às rochas por um pedúnculo longo comestível; *Lepas anatifera*.

perceber *v t* (<lat *percípio, ere, ceptum*) **1** Captar pelos sentidos/Perce(p)cionar. **Ex.** Percebeu um ruído estranho vindo da sala. Ele falava tão baixo que eu mal percebia o que dizia. **2** Dar-se conta de/Tomar consciência de/Notar. **Ex.** Pela conversa percebeu logo que ele não ia colaborar muito. **3** Compreender/Entender. **Ex.** É uma matéria difícil, mas consegui ~ tudo o que o professor explicou. **Idi.** *Dar a [Deixar] ~* [Tornar (mais) fácil a compreensão de algo que não é claro] (Ex. Pela maneira de falar, ele deu-nos a ~ que não iria apoiar o nosso proje(c)to). *Fazer-se ~* [Exprimir-se de forma clara de modo a ser entendido]. **4** Formar/Ter uma ideia corre(c)ta de alguma coisa. **Ex.** Este filme é difícil de ~.

Já percebi como é que a máquina funciona. **Idi. *Dar para* ~** [Ficar claro] (Ex. Deu para ~ que a decisão ia ser favorável/positiva). ***Tanto quanto percebo*** [Pelo que me parece] (Ex. Tanto quanto percebo, a vida dele não vai ser fácil). **5** Reconhecer as razões de determinado procedimento. **Ex.** Até agora não consegui ~ a tua atitude. **6** Compreender o sentido do que é dito/escrito. **Ex.** Não consegui ~ bem a pergunta dele. **7** Dominar uma língua ou área do conhecimento/Saber. **Ex.** Ele percebe bem o inglês escrito e falado. O rapaz percebe muito de computadores. **8** Receber(+)/Auferir. **Ex.** O meu filho percebe um vencimento/salário que compensa o esforço dispendido.

percebível *adj 2g* (<perceber + -vel) Que se pode perceber/compreender/distinguir/Perce(p)tível(+).

perceção (Cè) [*Br* **percepção**] *s f* [= percepção] (<lat *percéptio, ónis*) **1** A(c)to ou efeito de perceber. **2** Representação mental de obje(c)tos ou situações a partir de uma ou mais sensações. **Ex.** Uma ~ é o resultado de uma construção em que, para além da sensação, intervém o que já se sabe desse obje(c)to ou situação. **3** Ideia/Representação clara de alguma coisa. **Ex.** Ele revela ter a ~ dos perigos que corre [que pode encontrar]. **4** Recebimento/Arrecadação(+). **Comb.** ~ de impostos.

percecionar (Cè) [*Br* **percepcionar**] *v t* [= percepcionar] (<perceção + -ar[1]) **1** Ter a perceção de alguma coisa a partir de dados sensoriais. **Loc.** ~ *um ruído*. ~ *um odor*. ~ *uma luz*. **2** Apreender pelos sentidos ou pela mente.

percecionismo (Cè) [*Br* **percepcionismo**] *s m Fil* [= percepcionismo] (<perceção + -ismo) Teoria segundo a qual a mente, na perceção, tem consciência imediata da realidade exterior.

per[por]centagem *s f* (<ing *percentage*) **1** Proporção de uma quantidade ou grandeza em relação a outra de cem unidades. **Ex.** Vinte e sete aprovações numa turma de trinta alunos corresponde a uma ~ de noventa por cento [90%]. **2** Proporção em relação à centena. **Ex.** Nos saldos a redução dos preços chegou à ~ de 50%. **3** Quantia recebida ou paga na razão de um tanto por (cada) cem. **Ex.** No negócio, ele tem uma comissão nos lucros na ~ de dez por cento [10%].

percentil *s m* (<lat *per centum*: por cem/cento + -il) Centésima parte de um conjunto ordenado de dados estatísticos.

percentual *adj 2g /s m* ⇒ (Relativo a) percentagem.

percepção/percepcionar/percepcionismo/perceptibilidade/perceptível/perceptivo ⇒ perceção/...

percetibilidade (Cè) [*Br* **perceptibilidade**] *s f* [= perceptibilidade] (<percetível + -idade) Qualidade do que pode ser percebido, do que é percetível.

percetível (Cè) [*Br* **perceptível**] *adj 2g* [= perceptível] (<lat *perceptíbilis, e*) **1** Que pode ser conhecido/notado pelos sentidos/Que pode ser percebido. **Ex.** O texto estava tão sumido que quase não era ~ à vista. **2** Que pode ser compreendido/Inteligível. **3** Que se começa a notar/manifestar. **Ex.** É já ~ uma ligeira melhoria no seu estado de saúde, na sua disposição de espírito. **4** Que pode ser recebido/cobrado/arrecadado.

percetivo, a (Cè) [*Br* **perceptivo**] *adj* [= perceptivo] (<lat *percéptum <percípio, ere*: receber + -ivo) **1** Relativo à perce(p)ção. **2** Que tem a faculdade de perceber. **3** Que tem a capacidade de perceber facilmente/Perspicaz.

perceve *s m* ⇒ percebe.

percevejo *s m* (< ?) **1** *Ent* Inse(c)to hemíptero da família dos cimicídeos, de corpo achatado, cor castanha, que suga o sangue dos hospedeiros e exala um cheiro fétido; *Cimex lecturálius*. **Ex.** O ~ é um dos parasitas do homem. **2** *Ent* Nome vulgar de inse(c)tos hemípteros da subordem dos heterópteros que se alimentam de sucos vegetais. **3** *fig* Prego curto de cabeça achatada, usado para fixar papel, tecido, plástico, ...

percha[1] (Pér) *s f* (<fr *perche* <lat *pértica*: vara) **1** *(D)esp* Vara comprida de madeira usada em exercícios de ginástica. **2** Máquina usada para levantamento do pelo na superfície dos tecidos. **3** Rolo comprido, usado na indústria de lanifícios, onde correm os tecidos para se localizar e marcar defeitos. **4** *Mar* Ornato curvo na proa do navio.

percha[2] *s f Bot* ⇒ guta-percha.

percídeo, a [pércida] *adj/s Icti* (<perca + -ídeo/-ida) (Diz-se de) peixe ou família de peixes teleósteos acantopterígeos de água doce, do género *Perca*.

perciforme *adj/s Icti* (<perca + -forme) (Diz-se de) peixe ou ordem de peixes teleósteos acantopterígeos de água tropical e subtropical, marinha ou doce. **Ex.** A perca e o atum são ~s.

percinta [precinta] *s f* (<lat *percíncta* <*percíngo, ere*: cingir) **1** Cinta com que se envolve ou ata alguma coisa. **2** *Náut* Tira de lona com que se reveste os cabos do navio.

percintar *v t* (<percinta + -ar[1]) **1** Envolver/Prender com cinta. **2** *Mar* Enrolar os cabos com tira de lona.

percluso, a *adj* (<lat *perclúsus* <*perclúdo, ere*: obstruir) **1** Impossibilitado de locomover-se parcial ou totalmente/Paralítico. **2** Fixo/Imóvel.

percoide (Cói) *adj Icti* (<perca + -oide) Semelhante à perca.

percolar *v t* (<lat *pércolo, áre*: coar) Fazer passar lentamente um líquido por materiais sólidos «lixívia» para o filtrar ou para deles extrair substâncias.

percorrer *v t* (<lat *percúrro, ere, cursum*) **1** Deslocar-se através de/Atravessar um espaço. **Ex.** Já hoje percorri cinco quiló[ô]metros na ida até ao rio e volta [regresso]. O atleta vencedor percorreu a maratona em pouco mais de duas horas. **2** Mover-se ao longo de. **Ex.** As mãos do pianista percorriam com grande leveza o teclado. O remoinho percorreu o largo levantando cisco e poeira. O nevoeiro percorreu o vale e a seguir dissipou-se. **3** Passar a vista [os olhos] por/Examinar/Explorar. **Ex.** À procura da chave de casa, percorreu demoradamente com o olhar os lugares onde tinha estado. **4** Passar as mãos sobre uma superfície. **Ex.** Na escuridão percorria a parede à procura do interru(p)tor elé(c)trico. O massagista percorria-lhe as costas em movimentos vigorosos. **5** Sentir/Perce(p)cionar ao longo do corpo. **Ex.** Uma dor aguda percorria-lhe o corpo da anca até aos pés. **6** Visitar sucessivamente. **Ex.** Percorreu várias lojas até encontrar o que queria. **7** Passar pelos vários postos de uma escala. **Ex.** Para atingir o topo da carreira teve de ~ os seus vários degraus.

percuciente *adj 2g* (<lat *percútiens, éntis* <*percútio, ere*: bater com força) **1** Que percute/fere. **2** Penetrante/Agudo. **3** Diz-se do raciocínio clarividente/perspicaz.

percurso *s m* (<lat *percúrsus, us*: a(c)to de percorrer) **1** A(c)to ou efeito de percorrer. **2** Distância entre dois pontos/Caminho a percorrer/Traje(c)to. **Ex.** O ~ entre as duas localidades é muito sinuoso. **3** *(D)esp* Itinerário fixado previamente. **Ex.** O ~ da Volta a Portugal em bicicleta deste ano tem duas etapas particularmente difíceis. Na serra há agora ~s pedestres que importa explorar. **4** *Astr* Movimento/Deslocamento de um astro na sua órbita. **5** A(c)tividade desenvolvida ao longo da vida. **Ex.** O seu ~ profissional foi cheio de contratempos que não o impediram de triunfar.

percussão *s f* (<lat *percússio, ónis*) **1** A(c)to ou efeito de percutir. **2** Choque de dois corpos/Pancada/Embate/Golpe. **Comb.** Arma de ~ [em que o fogo é transmitido pelo embate do cão no fulminante]. **3** *Mús* Técnica de percutir um instrumento fazendo-o vibrar para obter sons. **4** *Mús* Grupo de instrumentos musicais em que o som é produzido quando percutidos com as mãos, baquetas, ... **5** *Med* Processo clínico de bater numa parte do corpo com um instrumento próprio ou com os dedos para obter um som indicativo do estado da zona subjacente. **Ex.** A ~ é um dos meios de diagnóstico clínico.

percussionista *s 2g Mús* (<percussão + -ista) Pessoa que toca um ou mais instrumentos musicais de percussão.

percussor, ora *adj/s* (<lat *percússor, óris*: o que bate) **1** (O) que bate/percute. **2** *Mil* Haste metálica pontiaguda que, ao chocar com a cápsula fulminante, provoca a deflagração na arma.

percutir *v t* (<lat *percútio, íre, cússum*: bater) **1** Bater com força em/Fazer chocar com. **2** Produzir som com a batida em instrumento de percussão. **3** Ressoar/Ecoar. **4** *Med* «o médico» Dar pequenas pancadas numa zona do corpo para, através do som produzido, saber do estado de um órgão interior subjacente.

percutível *adj 2g* (<percutir + -vel) Que se pode percutir.

perda (Pêr) *s f* (<perder) **1** A(c)to ou efeito de perder. **Ex.** A ~ da liderança na empresa trouxe[causou]-lhe uma grave perturbação psicológica. A ~ do apetite pode ser sintoma de doença. **2** Privação de algo que se possuía. **Ex.** A ~ da casa em que viviam, por não pagamento da prestação ao banco credor, foi mais um problema a juntar a outros. **Comb.** ~ *dos bens*. ~ *do bom nome*/da reputação. ~ *do emprego*. **3** Privação passageira ou definitiva de uma faculdade ou parte do corpo, de uma capacidade. **Ex.** A ~ da memória é típica da doença de Alzheimer. **Comb.** ~ *de um braço*. ~ *do equilíbrio* [Desequilíbrio]. ~ *da locomoção*. ~ *de audição* [Surdez]. ~ *da vista* [Cegueira] **a)** O ficar cego; **b)** Diminuição da capacidade de ver. **4** Desaparecimento momentâneo ou definitivo de um obje(c)to/Extravio. **Ex.** A ~ das chaves de casa deixou-o muito preocupado. **Comb.** ~ *da carteira*. ~ *dos documentos do carro*. **5** Falecimento de alguém. **Ex.** A ~ do pai ainda na juventude [quando ela era jovem] veio alterar-lhe os planos para o futuro. **6** Privação/Afastamento de alguém com quem se conviveu. **Ex.** A saída dele para o estrangeiro foi uma grande ~ para todos nós no clube.

7 Mau emprego de/Desperdício. **Ex.** As horas que dedicou ao grupo foram pura [somente] ~ de tempo. **Loc. *Sem* ~ *de tempo*/Sem tempo a perder [Já/Imediatamente/No momento] (Ex. Sem ~ de tempo [Sem mais nada/Assim como estava] partiu para socorrer as vítimas do acidente). ***Ser uma ~ de tempo*** [Não valer a pena/Ser inútil] (Ex. Esperar por quem nada pode ajudar é uma ~ de tempo). **8** Não aproveitamento de. **Ex.** A ~ de uma oportunidade, neste tempo de crise e de falta de emprego, pode comprometer decisivamente o futuro da pessoa. **9** Dano/Destruição/Prejuízo. **Ex.** O furacão originou, além de avultados prejuízos em equipamentos, habitações e culturas, a ~ de vidas humanas. **10** Prejuízo para o património de alguém. **Ex.** Acabei de enviar à companhia de seguros o somatório das ~ provocadas pelo tornado [furacão/ciclone] nas minhas instalações. **Comb. *~s e danos*** [Prejuízos materiais e morais sofridos devido a a(c)to ilícito ou a desleixo de alguém, podendo reclamar-se uma inde(m)nização]. ***Ganhos e ~s*** [Saldo apurado pela contabilização de proveitos e prejuízos]. **11** Diminuição/Quebra. **Ex.** A ~ de velocidade do automóvel era indício de grave problema do motor. **12** *Aeronáutica* Situação em que a aeronave não está apta a ter sustentação no ar. **Ex.** A avioneta entrou em ~ e [mas] o piloto conseguiu aterrar no aeródromo em segurança. **13** Desaire/Derrota. **Ex.** A sucessiva ~ de pontos pela equipa/e tornava improvável a sua participação nas competições europeias. **14** Derramamento indevido [Fuga] de um líquido contido num recipiente. **Ex.** Preocupava-o a persistente ~ de óleo do motor do carro. **15** *Mil* Abandono de território, de praças de guerra. **Ex.** *Hist* O elevado custo de manutenção de praças-fortes portuguesas na costa do norte de África devido aos sucessivos ataques levou à sua ~. **16** *Mil* Mortos e feridos em combate/Baixas. **Ex.** Na dura batalha houve ~s significativas de parte a parte [de ambos os lados/dos dois contendores]. **17** *Mil* Quebra em material de combate, em munições. **Ex.** A elevada ~ de aviões e de vasos de guerra [e de navios] prenunciava a derrota. **18** *Rel* Grave prejuízo moral/espiritual/Perdição. **Ex.** A ~ das almas [A ruína moral dos homens] por uma vida de pecado, de abuso da liberdade, era a grande preocupação do zeloso sacerdote.

perdão s m (<perdoar) **1** A(c)to ou efeito de perdoar/desculpar. **2** Remissão de ofensa/pena/culpa/falta/A(c)to de indulgência. **Ex.** Pediu ~ ao pai de [por] lhe ter desobedecido. Na confissão o pecador pode obter o ~ dos seus pecados. **Loc. *Pedir ~. Conceder o ~*** [Perdoar]. ***Obter o ~*** [Ser perdoado]. **3** A(c)to ou efeito de libertar do cumprimento de uma obrigação. **Ex.** O credor concedeu-lhe o ~ de metade da dívida. **Comb. ~ *fiscal*** [Dispensa de pagar uma dívida ao fisco «concedida ao contribuinte»]. **3** *interj* Fórmula de pedir desculpa por algum incó[ô]modo involuntário causado a alguém. **Ex.** ~ [Desculpe], se a magoei!

perdedor, ora adj/s (<perder + -dor) **1** (O) que fica privado do que possuía. **Ex.** Quis confortar o ~, mas não tive a oportunidade «de o fazer». **2** (O) que perde frequentemente ou não tem espírito de vencedor. **3** Que não conseguiu o resultado que desejava/Que foi vencido. **Ex.** A equipa ~a aceitou a derrota com (d)esportivismo. **Comb.** *Mau ~* [Que não aceita de bom ânimo a derrota].

perder v t/int (<lat *pérdo, ere, pérditum*) **1** Ficar sem a posse de/Ter prejuízo material. **Ex.** (Ficando) sem emprego, perdeu a casa e o carro, por falta de pagamento ao banco. **Idi. *Deitar tudo a ~*** [Ser desastrado/Arruinar(-se)]. ***Não ter nada a ~*** [Valer a pena arriscar]. **2** Passar a ter menos do que antes. **Ex.** Com a dieta perdeu peso. **Loc. ~ *cabelo*** [Ficar calvo]. ***~ dinheiro*** [Ficar mais pobre]. ***~ força*** [Ficar fraco]. **3** Deixar de usufruir de vantagens, regalias, direitos. **Ex.** Devido à crise, os trabalhadores perderam dias de férias e outros direitos que tinham conquistado. **4** Deixar de ter qualidades, capacidades, faculdades de forma passageira ou definitiva. **Ex.** Com a idade perdeu a agilidade, a capacidade de trabalho e até a paciência para [com] os netos. **Idi. *~ a mão*** [habilidade]. ***~ os sentidos*** [Desmaiar]. **5** Deixar cair no esquecimento. **Ex.** As amizades da juventude tendem a ~-se com [devido a]os mil e um [os muitos] problemas de ordem familiar e profissional. **6** Piorar em determinado aspe(c)to. **Ex.** A economia portuguesa perdeu competitividade com a entrada na moeda única [no euro]. **7** Ter prejuízo/Arruinar(-se). **Ex.** Nesse negócio até veio a ~ dinheiro. A tempestade fez-lhe ~ as colheitas. **Idi. *~ a vida*** [Morrer] (Ex. O militar arrisca-se a ~ a vida ao serviço da pátria. Cristo quis ~ a [deu a sua] vida pela salvação de todos os homens). ***Não ~ por esperar/pela demora*** [Mais tarde ou mais cedo algo (desfavorável) há-de acontecer-lhe]. **8** Sofrer diminuição de. **Ex.** Devido aos ferimentos sofridos no acidente perdeu muito sangue e precisou de uma transfusão. **9** Deixar outro tomar a posição [o lugar] que antes detinha numa escala. **Ex.** O nosso clube perdeu a liderança a duas jornadas do fim do campeonato. **10** Ser derrotado/vencido/suplantado em qualquer confronto/combate/competição/jogo. **Ex.** Um (d)esportista tem que estar psicologicamente preparado para ganhar e ~. Ninguém gosta de ~, nem sequer no jogo das cartas, *idi* nem a feijões! **Idi. *~ terreno*** [Ser vencido/Fraquejar]. **11** Não ter sucesso/Falhar/Reprovar. **Ex.** Perdeu o ano por falta de estudo. **12** Não tirar proveito/Desbaratar/Desperdiçar. **Ex.** Perdi imenso [muito] tempo na fila até ser atendido. Perdi muitas horas a procurar alguém que aceitasse o cargo. **Idi. *Estar a ~ o seu*** [meu, ...] *latim* [Esforçar-se em vão, sem proveito]. ***Não ~ uma palavra*** [Estar com a máxima atenção ao que alguém diz/Estar muito interessado]. ***~ noites de sono*** [Não dormir]. **13** Deixar escapar uma oportunidade ou a sua vez. **Ex.** Não se pode ~ esta oportunidade, pois pode não haver [pois talvez não haja] outra. Como perdi a (minha) vez, tive de esperar mais meia hora para ser atendido. **14** Deixar de ter a companhia ou de poder contar com alguém por afastamento ou morte. **Ex.** Com a ida dele para o estrangeiro a empresa perdeu um ó(p)timo elemento. O futuro do rapaz ficou comprometido quando perdeu o pai. **15** Abortar. **Ex.** A gravidez era de risco e ela acabou por ~ o filho. **16** Não participar em. **Ex.** Já perdi muitas aulas por doença, agora é mais difícil preparar o exame. **17** Não assistir a um espe(c)táculo/Não estar presente num evento. **Ex.** Há aí agora um grande [belo] filme que não vou ~. Não quero ~ a cerimó[ô]nia da abertura do ano acadé[ê]mico. **18** Deixar de ter uma determinada posição de ordem religiosa/mental. **Ex.** Muita gente está a ~ a fé. Já há [faz] muito tempo que perdi a confiança nos governantes. Já perdi a esperança de ver o país recuperar rapidamente. **19** Deixar de estar perce(p)tível/Desaparecer. **Ex.** O avião perdeu-se na linha do horizonte. O som foi diminuindo até se ~ [até deixar de se ouvir] completamente. **Idi. *Ficar a ~ de vista*** [muito longe/Deixar de se ver «de tanto se afastar»]. **20** Diminuir o valor/a cotação de. **Ex.** Esse artista tem perdido popularidade. A política externa tem perdido importância face aos muitos problemas internos. **21** Diminuir de qualidade/nível. **Ex.** O serviço nesse restaurante perdeu o requinte que o cara(c)terizava. **22** Livrar-se de/Acabar com/Abandonar. **Ex.** Queria ~ o vício de fumar, mas parecia-lhe (ser) tarefa difícil. **23** Esquecer-se momentaneamente do que pretendia dizer/Descontrolar-se no discurso, numa contagem, ... **Ex.** Já me perdi, desculpem... Já não sei onde é que eu ia [o que estava a dizer] ... **Idi. *~ o fio à meada*** [Desorientar-se/Não saber como prosseguir na sua intervenção]. ***~ a conta a*** [Deixar de saber, por confusão momentânea, quanto soma o conjunto de parcelas já considerados]. ***~ o pio*** [Ficar calado «por falta de argumentos»]. **24** ~-se/Não saber onde se encontra. **Ex.** Naquele dédalo de ruas estreitas do bairro gótico [medieval/antigo(+)], sem um mapa, ia ~-se por certo [com certeza/certamente]. **25** ~-se/Entrar em via que não conduz ao destino pretendido. **Ex.** Para não se ~, entrou num café a pedir informações sobre que dire(c)ção devia tomar. **26** Não saber onde se encontra alguém que deveria acompanhar. **Ex.** Na praia a criança perdeu-se da mãe, que agora a procurava aflita. **Idi. *~ o rasto a*** [Não saber como chegar a alguém]. **27** ~-se/Descontrolar-se/Desorientar-se psicologicamente. **Ex.** Com esta catadupa de contratempos era difícil resistir e havia o risco de não aguentar e de ~-se. **Idi. *~ a cabeça/~ as estribeiras*** [Exaltar-se/Reagir de forma violenta]. ***~-se de riso*** [Rir às gargalhadas]. **28** ~-se/Levar uma vida dissoluta/Transviar-se moralmente. **Ex.** As más companhias concorreram muito para que a moça se perdesse. **29** ~-se/Gostar muito de. **Ex.** O miúdo perde-se por chocolates. **Idi. *~-se de amores por*** [Apaixonar-se]. **30** ~-se/Ser reduzido a nada. **Ex.** Na aula de Química, gostávamos de enunciar a lei da conservação da massa, de Lavoisier, usando a fórmula: "Na Natureza nada se cria, nada se perde, tudo se transforma". **31** Não saber o local em que se encontra algo de uso frequente. **Ex.** Perdi as chaves de casa, o que é muito complicado! (Estando) sem a carteira, onde tinha documentos e algum dinheiro, não sabia se a tinha perdido ou se lha tinham tirado [furtado]. **32** Não chegar a tempo de tomar um meio de transporte cole(c)tivo, como pretendia. **Ex.** Perdi o comboio [trem] por um minuto (de atraso).

perdição s f (<lat *perdítio, ónis*) **1** A(c)to ou efeito de perder(-se). **2** Situação de fracasso/desgraça/ruína. **Ex.** O jogo foi a sua ~. **3** Desvario/Devassidão/Imoralidade. **Ex.** Com tais companhias entrou rapidamente no caminho da ~. **4** *Rel* Vida pecaminosa que conduz à condenação perpétua. **Ex.** O pecador está sempre a tempo de abandonar hábitos de ~, arrependendo-se. **5** Estado de grande paixão. **Comb.** *Amor de ~*. **6** Atra(c)tivo irresistível/Encanto/Tentação. **Ex.** Na rua as montras são a sua ~.

perdidamente adv (<perdido + -mente) Muito/Exageradamente/Intensamente/Loucamente. **Ex.** Estava ~ apaixonado pela moça dos seus sonhos.

perdidinho, a adj (<perdido + -inho) **1** Que gosta muito de. **Ex.** Ela é perdid(inh)a [louca] por chocolates. **2** Que está loucamente

apaixonado por. **Ex.** Ele está perdid(inh)o [louco] pela moça loira que conheceu na excursão. **3** Muito desejoso de. **Ex.** Ele está ~ por ir esquiar com os amigos nas férias. **4** Que sente forte necessidade de alguma coisa. **Ex.** Estava ~ [morto(+)/a cair] de sono, a cabeça pendia-lhe a cada momento. **5** ⇒ Mimado/Apaparicado.

perdido, a *adj/s* (<perder + -ido) **1** Que se deixou de ter/possuir/Que já não está ao seu alcance/Que já não se pode fruir. **Ex.** A fortuna ~a ascendia a muitos milhares de euros. **Comb.** *Amizade ~a. Ilusões ~as*. **2** Que não sabe onde está/Desorientado/Desnorteado. **Ex.** Aflito andava ~ pelas ruas. Estava ~, não sabia que dire(c)ção devia tomar. O cão andava ~ do dono. **3** Que se extraviou/desviou do rumo pretendido. **Ex.** Na perseguição policial, o maior perigo podia vir de alguma bala ~a. **4** Cujo paradeiro se desconhece. **Ex.** Revolvia tudo à procura das chaves ~as. **5** *s m* Obje(c)to que se extraviou. **Ex.** Como tinha vindo de autocarro [ó(ô)nibus], procurou as chaves na se(c)ção *Perdidos e Achados*. **6** Que se situa em local isolado de difícil acesso. **Ex.** É uma pequena aldeia ~a na serra. **7** Que deixou de ser praticado, que saiu da memória cole(c)tiva. **Ex.** Muitos jogos populares da nossa infância são hoje um patrimó(ô)nio ~, assim como muitos cantares ligados a trabalhos agrícolas cole(c)tivos «ceifa, malha, desfolhadas». **8** Que se empresta e não é recuperado. **Ex.** Já considero ~ o último empréstimo (que lhe fiz). **Comb.** *A fundo ~* [Sem reembolso]. **9** De que não se tirou o devido proveito/Mal aproveitado. **Ex.** Desanimado por falta de emprego, considerava os anos da universidade um tempo ~. **10** Que não tem solução. **Ex.** Aquele rapaz anda tão desorientado que parece um caso ~. **11** Que se desperdiçou. **Ex.** Em tempos difíceis, uma oportunidade ~a pode ser a última hipótese de encontrar trabalho compatível com as suas habilitações. **Comb.** *Passos ~s* [Sala ou corredor em alguns edifícios em que se passeia enquanto se espera] (Ex. Nos Passos ~s do Parlamento costumam entrevistar os deputados dos vários partidos). **12** *s f (D)esp col* Jogada de gol(o) iminente que fracassou. **Ex.** Tantas ~as dos avançados impediram a vitória da nossa equipa. **13** Que não se consegue ganhar/Que se prevê não vir a ter êxito. **Ex.** Com o resultado em 0-3, o jogo estava ~. A sua luta é uma causa ~a. **14** Que leva uma vida dissoluta/depravada/imoral. **Ex.** Aquele rapaz está ~. **Comb.** *Mulher ~a* (⇒ prostituta). **15** Que gosta muito de/Fascinado por. **Ex.** Ele é ~ por chocolates. Os namorados são ~s um pelo outro. **16** Que tem dificuldade em dominar[conter]-se. **Ex.** Uma boa anedota deixa-o ~ de riso. **17** Que está descontrolado/perturbado. **Ex.** Estava de cabeça ~a, sem saber o que fazer. **18** Vago/Difuso. **Ex.** Ele não parece estar cá, sempre com o olhar ~ no além, entregue às suas cogitações…

perdigão *s m Ornit* (<lat *pérdico, ónis*, aum de *pérdix, ícis*: perdiz) Macho da perdiz.

perdigoto (Gô) *s m Ornit* (<lat *pérdix, ícis*: perdiz + -oto) **1** Perdiz nova, macho ou fêmea. **Ex.** Em julho via-se a perdiz levantar voo com um bando de ~s. **2** *col* Salpico de saliva. **Ex.** Era incó(ô)modo falar com ele, tantos eram os ~ que continuamente largava.

perdível *adj 2g* (<perder + -vel) **1** Que se pode perder. **2** Que é de lucro incerto/falível.

perdiz *s f* (<lat *pérdix, ícis*) **1** *Ornit* Ave galinácea da família das fasianídeas, vulgar em Portugal, que é caça muito apreciada em gastronomia; *Caccabis rufa*. **Ex.** A ~ faz o ninho no chão, geralmente junto a um muro ou vedação, pondo muitos ovos. **2** *Cul* Prato feito com carne dessa ave. **Comb.** ~ *estufada*. **3** *Ornit* Ave galinácea da família das fasianídeas, de cor cinzenta, frequente na Europa e Ásia Menor, rara em Portugal; *Perdix perdix*. **4** *Br Ornit* Ave da família dos tinamídeos, de cor avermelhada, frequente na Argentina, Bolívia e Brasil a sul do rio Amazonas; *Rhychotus rufescens*. **5** *Gír* Espe(c)táculo em que as receitas não cobrem as despesas, dando prejuízo.

perdizada *s f* (<perdiz + -ada) **1** Bando de perdizes. **2** *Cul* Prato preparado com carne de perdiz.

perdoar *v t* (<lat *perdóno, áre, átum*) **1** Dar o perdão a/Desculpar um comportamento que lhe trouxe prejuízo ou desagrado, abstendo-se de aplicar um castigo. **Ex.** Saber ~ é próprio de uma alma nobre. Cristo mandou ~ sempre, sem reservas. **2** Isentar do pagamento de uma dívida. **Ex.** Para cobrar mais facilmente dívidas atrasadas, o Governo perdoou os juros de mora. **3** Tolerar/Aceitar algum traço ou comportamento negativo. **Ex.** A avó perdoava-lhe as traquinices porque no resto era uma criança amorosa. **Idi.** *~-lhe o mal que faz pelo bem que sabe* [Não resistir a consumir algo que prejudica a saúde pelo prazer que proporciona ao paladar] (Ex. Gosto muito deste doce, perdoo-lhe o mal que me faz pelo bem que me sabe). **4** (No imperativo) Fórmula delicada de pedir desculpa por interromper a fala [o discurso] de alguém para o contradizer ou fazer uma pergunta, … **Ex.** Perdoem-me, mas tenho que [de] dizer que as coisas não se passaram [que isso não foi] rigorosamente assim… **5** Ser fatal/Trazer inevitavelmente uma consequência desfavorável para alguém. **Ex.** Uma pneumonia em idade avançada não perdoa [muitas vezes provoca a morte]. O nosso ponta de lança frente ao guarda-redes [goleiro] não costuma ~ [marca mesmo gol(o)]. **6** Deixar passar sem castigo. **Ex.** O árbitro perdoou-lhe o cartão vermelho [a expulsão «do jogo»]. **7** Aceitar algo de boa mente. **Ex.** Os colegas, movidos de inveja, não lhe perdoam só ele ter sido promovido.

perdoável *adj 2g* (<perdoar + -vel) **1** Que pode ser perdoado/tolerado/Desculpável(+). **Ex.** Um grande atraso em dia de greve de transportes é ~. **2** Que merece ser julgado com indulgência/Digno de perdão.

perdulário, a *adj/s* (<esp *perdulário*) **1** (O) que gasta excessivamente/Esbanjador/Dissipador. **Ant.** Poupado. **2** (O) que distribui com prodigalidade/profusão/abundância.

perdurabilidade *s f* (<perdurável + -idade) Qualidade do que é perdurável, do que dura muito.

perduração *s f* (<lat *perdurátio, ónis*) **1** A(c)to ou efeito de perdurar. **2** Longa duração(+).

perdurar *v int* (<lat *perdúro, áre*) Durar muito (tempo)/Continuar a existir ou a acontecer ao longo do tempo/Permanecer/Subsistir. **Ex.** Ele morreu, mas a gratidão pela sua obra perdura no coração do povo. **Ant.** Acabar/Desaparecer/Terminar.

perdurável *adj 2g* (<perdurar + -vel) Que dura muito/Que subsiste/perdura/Duradou[oi]ro(+).

pereba (Ré) *Br s m* (<tupi *pe'rewa*: chaga) **1** Lesão cutânea/Ferida. **2** Sarna. **3** *fig* Profissional medíocre. **4** Indivíduo sem valor.

perecedoi[ou]ro, a [perecedor, ora] *adj* (<perecer + …) Que irá acabar/morrer/perecer. **Ant.** Perpétuo.

perecer *v int* (<lat *perésco, ere* <*péreo, íre*: morrer) **1** Deixar de viver/Perder a vida, sobretudo de forma prematura ou violenta/Morrer(+). **2** Deixar de existir/Desaparecer(+). **Ex.** Muitas tradições tendem a ~ na região.

perecível *adj 2 g* (<perecer + -vel) **1** Que está sujeito a perecer/morrer/extinguir-se. **2** Que está sujeito a deteriorar-se. **Ex.** As empresas de transporte devem ter especial cuidado com os produtos ~veis/deterioráveis.

peregrinação *s f* (<lat *peregrinátio, ónis*: grande viagem) **1** A(c)to de peregrinar. **2** Viagem longa por terras distantes. **Ex.** Fernão Mendes Pinto deu o nome de ~ à narrativa das suas aventuras em terras e mares do Oriente. **3** *Rel* Viagem, geralmente em grupo, a um lugar santo, por devoção ou em cumprimento de promessa. **Ex.** A nossa paróquia está a organizar uma ~ ao Santuário de Fátima, Altar do Mundo. **Comb.** ~ *a Meca*.

peregrinante *adj/s* (<peregrinar + -(a)nte) **1** (O) que peregrina. **2** (O) que anda por terras longínquas, em longa viagem. **3** *Rel* (O) que vai a um lugar santo, geralmente em grupo, por devoção ou promessa/Peregrino(+).

peregrinar *v int* (<lat *peregrínor, ári*) **1** Viajar como peregrino por lugares longínquos. **2** Ir, geralmente em grupo, a um lugar santo, por devoção ou em cumprimento de promessa, para aí rezar.

peregrinismo *s m* (<peregrino + -ismo) **1** *Gram* Emprego de palavra ou expressão de outra língua/Estrangeirismo(+). **2** *Br* Qualidade de raro/excelente/Raridade(+).

peregrino, a *adj/s* (<lat *peregrínus*: que viaja pelo estrangeiro) **1** (O) que viaja por terras estranhas ou muito distantes/(O) que peregrina. **2** *Rel* (O) que, movido pela fé, se desloca a um lugar santo por devoção ou para cumprir uma promessa e aí rezar. **Ex.** Os ~s, vindos de muitos países, acorrem a Fátima sobretudo a 13 de maio e de outubro, datas da primeira e última aparição da Virgem Maria aos três pastorinhos em 1917. **3** Que é estranho/Desajustado do contexto/Impróprio. **Ex.** Ele sai-se com [apresenta] cada ideia (mais) ~a [estranha(+)/rara] que é de rir às gargalhadas. **4** Raro/Excelente/Exce(p)cional/Invulgar. **Ex.** A moça é de uma beleza ~a/rara(+).

pereira *s f Bot* (<pera + -eira) Árvore de fruto da família das rosáceas, de frutos sumarentos, as peras; *Pirus communis*.

pereiral *s m* (<pereira + -al) ⇒ peral.

pereiro *s m Bot* (<pero + -eiro) **1** Pereira que dá peras pequenas. **2** Variedade de macieira que dá maçãs com forma de peros. **3** Planta da família das euforbiáceas; *Pera glabrata*. **4** *Br* Trepadeira da família das apocináceas; *Aspidosperma macrocarpum*.

perempção/perempto/peremptoriamente/peremptório ⇒ perenção/perento/…

perenal ⇒ perene.

perenção [*Br* perempção] *s f Dir* [= perempção] (<lat *perémptio, ónis*) Prescrição de um processo judicial ou administrativo por este não ser interposto ou preparado nos prazos legais.

perene [**perenal**] *adj 2g* (<lat *perennis,e* <*per + annus*: através dos anos) **1** Que per-

manece durante muito tempo/Duradou[oi]ro. **Ex.** As catedrais medievais são um testemunho ~ da fé cristã. **2** Que não tem fim/Que não acaba/Perpétuo. **Comb.** Felicidade ~ no céu. **3** Que não sofre interrupção/Contínuo/Constante. **4** *Bot* Diz-se da planta que vive mais de dois anos ou da folha «pinheiro» que não é caduca.

perenemente *adv* (<perene + -mente) Durante muito tempo/Perpetuamente/Sempre «jovem».

perenidade *s f* (<lat *perénnitas,átis*) **1** Qualidade de perene, do que não acaba. **2** Continuidade/Perpetuidade. **Ex.** A ~ [imortalidade(+)] da alma é admitida pelos crentes.

perenizar *v t* (<perene + -izar) Tornar perene/duradou[oi]ro.

perento, a [*Br* **perempto**] *adj Dir* [= perempto] (<lat *perémptus,a,um*) Diz-se do processo extinto por perenção.

perentoriamente (Tò) [*Br* **peremptoriamente**] *adv* [= peremptoriamente] (<perentório + -mente) De forma decisiva/peremptória/categórica/definitiva. **Ex.** O professor afirmou ~ que não ia adiar mais o teste.

perentório, a [*Br* **peremptório**] *adj* [= peremptório] (<lat *peremptórius,a,um*: definitivo) Que não admite discussão/Que não deixa dúvidas/Categórico/Decisivo/Terminante/Definitivo. **Ex.** O chefe foi ~ a definir as tarefas a executar por cada um [tarefas que cada um deve executar]. De forma ~a ficou estabelecido que o trabalho era apresentado até ao fim da semana.

perereca *Br s f* (<tupi *pere'reg*: ir aos saltos) **1** *Zool* Nome vulgar de batráquios anuros, sobretudo da família dos hilídeos, mais pequenos que a rã, cujos dedos têm ventosas com que sobem às árvores. **2** ⇒ mosquito. **3** Antigo instrumento de tortura. **4** Pistola de carregar pela boca/Garrucha. **5** Pequeno rádio que funciona a [com] pilhas. **6** *pop* Vulva.

perestroika rus Conjunto de mudanças introduzidas na estrutura econó[ô]mica e política da União Soviética no período anterior ao seu desmembramento nos fins do séc. XX. **Ex.** Gorbachev, durante o seu mandato, defendeu e pôs em prática a ~.

per fas et nefas lat Por todos os meios, lícitos ou não.

perfazer *v t* (<lat vulgar *perfácio, ere*, por *perfício, ere*) **1** Levar a cabo/Concluir/Executar/Completar. **Ex.** Com mais uma passagem na meta o atleta perfaz as cinco voltas à pista da prova. **2** Atingir determinado valor/Totalizar/Somar. **Ex.** As despesas da festa perfazem [somam] cerca de quarenta mil euros.

perfecionismo (Fè) [*Br* **perfeccionismo**] *s m* [= perfeccionismo] (<perfeição + -ismo) Exigência excessiva de perfeição relativamente ao trabalho de si próprio ou dos outros/Preocupação exagerada em atingir a máxima perfeição. **Ex.** O ~ pode tornar difíceis as relações de trabalho. O ~ pode ser a causa de contínua insatisfação.

perfecionista (Fè) [*Br* **perfeccionista**] *adj/s* [= perfeccionista] (<perfeição + -ista) (Pessoa) que tem a preocupação de exigir a si próprio e aos outros a máxima (e contínua) perfeição na sua a(c)tividade.

perfeição *s f* (<lat *perféctio, ónis*) **1** O mais alto grau numa escala de valores. **Ex.** A ~ é um ideal humanamente inatingível. **2** O máximo de excelência. **Ex.** Nesta sinfonia o compositor atingiu a ~. **3** Máximo apuro/requinte. **Ex.** O escritor procurou a ~ na sua obra. **4** Grau máximo de bondade ou de virtude. **Ex.** O homem é solicitado pela sua consciência moral a caminhar para a ~. A ~ evangélica é muito exigente. **5** Coisa ou pessoa muito perfeita. **Ex.** Aquela religiosa era um poço de bondade, a ~ em pessoa. **6** Qualidade positiva. **Ex.** Só via ~ções [qualidades(+)] no pai, que adorava.

perfeitamente *adv* (<perfeito + -mente) **1** De modo perfeito/Com toda a qualidade/Muito bem. **Ex.** Ele fala ~ o inglês. **2** Totalmente/Plenamente. **Ex.** O aluno parece ~ integrado na nova turma. **3** Muito. **Ex.** É ~ possível que ele atinja esse obje(c)tivo. **4** Sim. **Ex.** Conhece este meu amigo? – ~, e já há [faz] muito tempo!

perfeito, a *adj/s* (<lat *perféctus,a,um* <*perfício, ere*: acabar) **1** Diz-se do Ser que em grau infinito reúne todas as qualidades/perfeições. **Ex.** Só Deus é ~. **Comb.** Ser ~ [Deus]. **2** Que está concluído/acabado/completo. **3** *Biol* Diz-se do que reúne todas as características distintivas que lhe pertencem. **Ex.** É ~a a folha que apresenta [tem] bainha, pecíolo e limbo. **4** Que cumpre plenamente a sua função. **Ex.** A justiça humana nunca é ~, dadas as nossas limitações. **5** Que não tem defeito. **Ex.** O texto da carta parece-me ~o. **6** Belo/Elegante. **Ex.** A silhueta do seu corpo é ~a. **7** Autêntico/Refinado. **Ex.** Ele é um (~) idiota, não diz nada que se aproveite. **8** Exemplar/Modelar. **Ex.** Eles são o casal ~, cada um tem a preocupação de agradar ao outro. Na relação com os subalternos ele comportava-se como o chefe ~. **9** *Mús* Diz-se do acorde de três notas em intervalo de quinta. **10** *Gram* Tempo verbal «falei/fui» que exprime a a(c)ção ou processo como terminado no passado. **11** *interj* Exclamação que exprime total aprovação/aplauso. **Ex.** Consegui a informação que me tinha pedido. – ~! Parabéns! Assim já temos tudo para poder decidir com segurança. **Sin.** Ó(p)timo; excelente.

perfetibilidade (Fè) [*Br* **perfectibilidade**] *s f* [= perfectibilidade] (<perfetível + -idade) Qualidade de perfetível.

perfetível (Fè) [*Br* **perfectível**] *adj 2g* [= perfectível] (<lat *perfectus*: perfeito + -vel) Que pode ser aperfeiçoado.

perfetivo, a (Fè) [*Br* **perfectivo**] *adj* [= perfectivo] (<lat *perfectívus,a,um*) **1** Que completa/perfaz/preenche/aperfeiçoa. **2** Perfeito/Acabado. **3** *Gram* Diz-se de tempo ou aspe(c)to verbal que dá a a(c)ção ou o processo como concluídos. **Ex.** As formas do indicativo *vi, tinha visto, terei visto* são ~as.

perfídia *s f* (<lat *perfídia*) **1** Qualidade de pérfido/traiçoeiro/desleal. **2** A(c)to ou dito insidioso/hipócrita/falso. **Ex.** Por inveja não hesitou em usar da mais abje(c)ta ~.

pérfido, a *adj* (<lat *pérfidus,a,um*) **1** (O) que falta ao seu juramento/que age de forma insidiosa/Traidor. **2** Que envolve perfídia/traição/Desleal. **Ex.** Dar informações confidenciais ao inimigo foi uma perfídia/traição [procedimento ~] que merece o mais severo castigo.

perfil *s m* (<it *profilo*) **1** Linha de contorno do rosto de uma pessoa visto de lado. **Ex.** Dele, tenho uma fotografia de ~. **Comb.** De ~ [De lado]. **2** Linha de contorno de uma figura ou obje(c)to visto apenas de um lado. **3** *fig* Descrição dos traços mais cara(c)terísticos de alguém ou de uma instituição/Retrato. **4** *fig* Conjunto das cara(c)terísticas que deve ter alguém para o desempenho de uma função. **Ex.** Ela tem o ~ adequado para o cargo, tão rico é o seu currículo. **5** *Arquit* Desenho em corte de um edifício, de um elemento arquite(c)tó[ô]nico. **6** *Geol* Se(c)ção que permite ver a disposição e a natureza das camadas do terreno. **7** *Mil* A(c)to de perfilar tropas.

perfilado, a *adj* (<perfilar + -ado) **1** Que está em posição ere(c)ta e firme. **2** Posicionado em fila/Alinhado. **3** *Mil* Que está direito, em posição de sentido. **Ex.** A tropa, perfilada, começou a desfilar.

perfilar *v t* (<perfil + -ar¹) **1** Desenhar o perfil de. **2** ~-se/Mostrar o seu perfil. **Ex.** Ao longe perfilava-se no horizonte a linha das serranias. **3** Colocar em linha/Alinhar. **4** Pôr/Ficar em posição vertical/ere(c)ta/Endireitar/Aprumar. **Ex.** O soldado perfilou-se diante do comandante e fez a continência.

perfilhação *s f* (<perfilhar + -ção) **1** A(c)to ou efeito de perfilhar. **2** *Dir* A(c)ção de reconhecer legalmente alguém como (seu) filho. **Ex.** Feito o teste de ADN, viu-se obrigado à ~ da criança. **3** *Dir* A(c)to de ado(p)tar alguém como filho. **Ex.** A ~ permite que crianças que vivem em instituições sejam integradas numa família. **4** Ado(p)ção/Defesa de determinada doutrina ou ideologia considerando-a (como) sua.

perfilhado, a *adj/s* (<perfilhar + -ado) **1** *Dir* (O) que é legalmente reconhecido como filho. **2** *Dir* Pessoa que é ado(p)tada como filho. **Ex.** Há a maior conveniência de [em] que o ~ seja de tenra idade.

perfilhamento *s m* (<perfilhar + -mento) ⇒ perfilhação.

perfilhar *v t* (<per+ filhar) **1** *Dir* Reconhecer legalmente como filho. **Ex.** Ele assumiu a paternidade da criança e perfilhou-a. **2** Ado(p)tar uma criança como filho. **Ex.** O casal, sem filhos (biológicos), resolveu perfilhar duas crianças. **3** Ado(p)tar/Defender como sua uma determinada teoria, doutrina ou ideologia. **Ex.** Oriundo de família republicana, perfilhava ideias monárquicas.

perfolhada *s f Bot* (<per- + folhado) Planta anual da família das umbelíferas, nativa em Portugal, de folhas oblongas e ovadas, que produz frutos granulosos; *Bupleurum lancifólium*.

perfoliado, a *adj Bot* (<per- a) + folha) Diz-se de folha séssil com os lobos basais ou aurículas grandes englobando o ramo e dando a impressão de que este atravessa o limbo.

performance ing *s f* **1** Resultado conseguido numa a(c)tividade/Desempenho(+). **Ex.** Um profissional [a(c)tor] é avaliado pela sua ~. **2** Desempenho ó(p)timo/excelente/Feito digno de regist(r)o. **Ex.** O atleta teve nesta prova uma ~ que entusiasmou a assistência. **3** *Ling* Manifestação da competência linguística de um falante.

perfulgência *s f* (<lat *perfulgéntia*) Qualidade de perfulgente/Esplendor/Resplandecência.

perfulgente *adj 2g* (<lat *per-*: muito + *fulgens, éntis* <*fúlgeo, ére*: brilhar) Que brilha muito/Resplandecente.

perfumado, a *adj* (<perfumar + -ado) Que exala perfume/Odorífero/Cheiroso/Aromático. **Comb.** *Cabelo* ~ [com perfume]. *Flor* ~a [que cheira bem (+)]. *Fruto* ~ [que cheira bem (+)].

perfumador, ora *adj/s m* (<perfumar + -dor) **1** Que perfuma/Que enche de odor. **2** *s m* Recipiente para queimar substâncias aromáticas.

perfumante *adj 2g* (<perfumar + (a)nte) Que exala odor/Que perfuma.

perfumar *v t* (<lat *per-*: através de + *fumo, áre*: deitar fumo) **1** Impregnar de cheiro agradável/Aromatizar. **2** Aplicar perfume sobre o corpo ou vestuário. **Ex.** Antes de sair de casa, gostava de ~-se. **3** ⇒ Suavizar.

perfumaria s f (<perfume + -aria) 1 Estabelecimento comercial em que se vendem perfumes. 2 Fábrica de perfumes. 3 A(c)tividade de produção ou de venda de perfumes. 4 Conjunto de perfumes. 5 Perfume intenso. 6 *Br* Coisa supérflua. 7 *Br* Bebida (adocicada) com pouco álcool.

perfume s m (<perfumar) 1 Produto líquido feito com essências aromáticas geralmente à base de álcool, que se usa sobre o corpo ou o vestuário, exalando um cheiro agradável. **Ex.** À partida [Quando partia] para férias nunca se esquecia do frasco de ~. 2 Odor agradável/Aroma/Fragrância. **Ex.** As flores do jardim exalavam um ~ que o inebriava. **Comb.** ~ *discreto*. ~ *intenso*. ~ *suave*. 3 *fig* O que se exala, se faz sentir como ~. **Ex.** No trato com os outros, ele irradiava um ~ de santidade. 4 *fig* Lembrança agradável. **Ex.** Ao descobrir [Quando descobriu] no sótão alguns dos seus brinquedos de (quando era) criança reviveu o ~ doce dos seus primeiros anos.

perfumista s 2g (<perfume + -ista) Pessoa que fabrica ou vende perfumes.

perfumoso, a (Ôso, Ósa, Ósos) adj (<perfume + -oso) 1 Que tem um cheiro agradável/Odorífero/Aromático(+). 2 Suave/Agradável.

perfunctório, a [*Br* perfun(c)tório (dg)] adj (<lat *perfunctórius*) 1 Que se faz unicamente por puro cumprimento de uma obrigação, sem utilidade aparente/Feito por rotina. 2 Ligeiro/Leve/Superficial.

perfuração s f (<perfurar + -ção) 1 A(c)to ou efeito de perfurar. 2 Penetração no interior de alguma coisa fazendo furo. **Ex.** A extra(c)ção de petróleo exige a ~ do solo. 3 Furo/Abertura. **Ex.** A ~ na tábua não exigiu grande esforço. 4 *Med* Ru(p)[Ro]tura de um órgão provocada por agente exterior ou devido a afe(c)ção interna. **Ex.** A ~ do intestino obrigou a uma intervenção cirúrgica imediata.

perfurador, ora/triz adj/s (<perfurar + -dor) 1 (O) que perfura ou serve para fazer furos. 2 (Aquele) que tem como a(c)tividade fazer furos na crosta terrestre ou na rocha para extra(c)ção de minérios. 3 s f Máquina para fazer furos profundos no solo ou na rocha das minas. 4 s f Máquina para fazer pequenos furos em fichas ou cartões.

perfurante adj 2 g (<perfurar + (a)nte) Que perfura/Perfurador 1.

perfurar v t (<per- + furar) 1 Penetrar num corpo fazendo furo nele. **Ex.** Foi necessário ~ a parede para passar o cabo da antena. 2 *fig* ⇒ Desvendar.

perfurativo, a adj (<perfurar + -tivo) Próprio para perfurar/Perfurante/Perfurador 1.

perfusão s f (<lat *perfúsio, ónis*: a(c)ção de banhar) 1 *Med* Introdução lenta de um líquido terapêutico nos tecidos do corpo por inje(c)ção em veia ou artéria. 2 Passagem do sangue ou de um líquido por um órgão. 3 ⇒ Aspersão. ⇒ transfusão.

pergamin(h)áceo, a adj (<pergaminho + -áceo) 1 Semelhante ao pergaminho. 2 Feito de pergaminho.

pergaminho s m (<lat *pergamínum,i* <*top* Pérgamo, antiga cidade da Ásia Menor) 1 Pele curtida de carneiro, cordeiro, vitela ou cabra preparada para receber a escrita [pintura] ou para encadernação. **Ex.** O papiro e depois o ~ foram materiais de escrita na Antiguidade. 2 Documento escrito nesse material. 3 Aquilo que se assemelha a essa pele. **Comb.** ~ *vegetal* [Papel sem cola preparado com ácido sulfúrico para fins industriais]. 4 *pl fig* Títulos de nobreza. **Ex.** Ele é muito cioso dos seus ~s, evita juntar-se com a plebe. 5 *pl* Qualidades ou aptidões consideradas fa(c)tor de superioridade. **Ex.** É uma moça cheia de ~s.

pergamoide (Mói) s m (<pergam(inho) + -oide) Produto industrial que, imitando o couro, se usa para revestir sofás, assentos de cadeiras ou de automóveis, etc.

pérgula s f (<lat *pérgula*: varanda exterior) Espécie de galeria coberta exterior a um edifício, assente em colunas verticais, que serve de suporte a trepadeiras. **Ex.** O palacete tinha em frente da fachada uma linda ~ emoldurada de hera.

pergunta s f (<perguntar) 1 A(c)ção de perguntar/questionar/inquirir. **Ex.** O turista fez-me uma ~ a que eu não soube responder. **Comb.** *idi* ~ *de algibeira* [Questão geralmente sem importância com que se interpela alguém para o confundir/atrapalhar]. 2 Pedido de informação. 3 Questão de um teste «escolar» **Ex.** O teste tinha dez ~s, umas fáceis outras não. 4 Interrogação. **Comb.** ~ *retórica* [formulada sem esperar uma resposta] (**Ex.** Em palestras ou sermões, o orador, para captar a atenção da assistência, recorre muitas vezes à figura da ~ retórica «será que Deus existe?»).

perguntador, ora adj/s (<perguntar + -dor) 1 (O) que pergunta. 2 (O) que gosta de perguntar/indagar/Curioso. **Ex.** É uma criança muito ~a, está agora na fase dos porquês.

perguntar v t (<lat *percóntor, ári*) 1 Interrogar para obter uma resposta. **Ex.** Gostava de ~-lhe qual era o seu cantor/artista preferido na juventude [quando era jovem]. 2 Expressar uma dúvida para obter uma informação ou opinião/Indagar. **Idi.** ~ *por* ~ [Interrogar sem ter interesse na resposta] (Ex. Perguntei por ~, não é que a resposta me interess(ass)e). 3 Manifestar interesse em saber algo relacionado com o interlocutor. **Ex.** Perguntou-me pelos meus pais, pelo seu estado de saúde, pela gente lá da nossa terra. 4 ~-se/Procurar consigo mesmo/próprio encontrar resposta para uma dúvida, refle(c)tindo, analisando. **Ex.** Pergunto-me se eu não deveria exigir mais dos meus alunos.

peri- pref (<gr *peri*: em volta) Significa **a) Em volta de** (Ex. perímetro, pericárdio, periscópio, peristilo); **b) Proximidade** (Ex. periélio, perigeu); **c) Aumento** (Ex. perífrase, perifrástico).

perianto [periântio] s m *Bot* (<peri- **a**) + gr *ánthos*: flor) Conjunto de cálice e corola, prote(c)tores dos órgãos sexuais da flor.

períbolo s m (<gr *períbolos*) 1 *Hist* Espaço com árvores que rodeava na Antiguidade os templos gregos. 2 Recinto fechado com árvores compreendido entre o edifício e o muro que o cerca/Pátio. 3 Adro.

pericárdio s m *Anat* (<gr *perikárdion*) Membrana serosa a envolver o coração.

pericardite s f *Med* (<pericárdio + -ite) Inflamação do pericárdio.

pericarpo [pericárpio] s m *Bot* (<gr *perikárpion*) Parte externa do fruto formada por epicarpo, mesocarpo e endocarpo, proveniente das paredes do ovário, contendo as sementes.

perícia s f (<lat *perítia*) 1 Qualidade de quem é perito/Mestria. 2 Habilidade/Destreza. 3 Saber que é fruto da experiência profissional. **Ex.** Os doze anos de prática deram[proporcionaram]-lhe a ~ que revela. 4 Exame de cará(c)ter técnico/Vistoria/Relatório feito por perito. **Ex.** Amanhã é feita a ~ ao veículo acidentado. 5 Perito ou grupo de peritos que faz esse exame. 6 *Dir* Incidente do processo em que o juiz, para obter prova, confia a especialista(s) a recolha de elementos que fundamentem a sua decisão.

pericial adj 2g (<perícia + -al) 1 Relativo a perícia ou a perito. 2 Feito por perito. **Ex.** O relatório ~ foi conclusivo.

periclitante adj 2g (<periclitar + (a)nte) Que se encontra em perigo/Que corre risco/Que periclita/Que é pouco seguro/Instável. **Ex.** O seu estado de saúde é ~, há que estar vigilante a qualquer sinal de recaída.

periclitar v t/int (<lat *perícliitor, ári*) 1 Ameaçar ruína/Correr [Estar em] perigo/risco/Perigar. 2 Pôr em perigo.

pericondro [pericôndrio] s m *Anat* (<peri- **a**) + gr *khóndros*: cartilagem) Membrana do tecido conjuntivo denso que envolve a cartilagem.

periculosidade s f (<perigoso + -idade) 1 Qualidade de perigoso/Perigosidade(+). 2 *Dir* Probabilidade de um delinquente cometer novo crime. 3 Conjunto de circunstâncias que favorecem a prática de crime.

peridental adj 2g (<peri- **a**) + dente + -al) Que envolve a raiz do dente.

peridoto (Dô) s m (<fr *peridot*) Pedra preciosa de cor esverdeada, formada de silicato de magnésio e de ferro, variedade de olivina(+), usada em joalharia.

perídromo s m *Arquit* (<gr *perídromos*) Galeria ou espaço coberto em volta de um edifício.

perieco (Ié) s m (<gr *períoikos* <*peri*: em volta + *oikéw*: habitar) 1 *Hist* Na Grécia Antiga, em Esparta, designação dada a indivíduos pertencentes à classe intermédia entre a dos cidadãos e a dos escravos. 2 *pl Geog* Habitantes da Terra que vivem em zonas com a mesma latitude mas separadas por uma longitude de 180°, correspondente a uma diferença horária de 12 h.

periélio s m (<peri- **a**) + gr *hélios*: Sol) Ponto mais próximo do Sol na órbita de um planeta ou cometa. **Ant.** Afélio.

periferia s f (<gr *periphéreia* <*peripherw*: andar à volta) 1 Linha que delimita uma superfície/Contorno exterior. 2 Superfície externa de um corpo. 3 Numa grande concentração urbana, zona afastada do centro. **Ex.** Quem vive na ~ da cidade gasta mais tempo em transportes públicos. 4 Grupo de países pouco desenvolvidos face a potências do sistema econó[ô]mico mundial. **Ex.** A ~ tem dificuldade em fazer valer os seus direitos face ao poderio das potências econó[ô]micas.

periférico, a adj/s m (<periferia + -ico) 1 Que está na periferia. 2 Relativo à periferia. 3 Numa grande cidade, diz-se de zonas distantes do centro. **Ex.** Nos bairros ~s costuma haver maior criminalidade. 4 *Anat* Que está afastado do centro do corpo. **Comb.** Sistema nervoso ~. 5 Que não trata do essencial/Secundário/Acessório. **Ex.** No tratamento do problema limitou-se a considerar apenas aspe(c)tos ~s. 6 s m Dispositivo ou conjunto de dispositivos não incluídos na unidade central de processamento «duma impressora».

pe[i]riforme adj 2g (<pera + -forme) Que tem a forma de pera.

perífrase s f *Gram* (<gr *períphrasis*) Emprego de várias palavras para expressar o que podia ser dito de modo mais conciso/Circunlóquio. **Ex.** Dizer *O país do sol nascente* em vez de *Japão* é um exemplo de ~.

perifrástico, a adj *Gram* (<gr *periphrastikós*) Relativo a [Expresso por] perífrase. **Comb.** Conjugação ~a [composta de um verbo auxiliar, que indica o tempo, o modo, ... e de um verbo principal no gerúndio ou no infinitivo] (Ex. Em *Ele está a*

trabalhar [Ele está trabalhando] na oficina há um caso de conjugação ~a.

perigar *v int* (<perigo + -ar¹) Estar em perigo/Correr um risco.

perigeu *s m* (<gr *perígeion*) Ponto mais próximo da Terra na órbita de um astro ou de um satélite que gire à sua volta.

perigo *s m* (<lat *perículum*) **1** Situação em que está ameaçada a existência ou a integridade de uma pessoa, de um animal ou de uma coisa. **Ex.** O incêndio pôs em ~ pessoas, animais, culturas agrícolas, floresta, casas. **Loc.** Estar/Ficar livre de ~ [«em caso de acidente grave» Deixar de correr o risco de morte/Já estar seguro]. **Comb.** ~ *de morte* a) «estar em» Risco iminente de falecer; b) Aviso afixado em postes ou em instalações ele(c)tricas, geralmente com imagem de caveira, prevenindo o risco de uma descarga fatal em caso de incúria «Atenção! ~ de morte!». **2** Situação de que possa resultar dano. **Ex.** O juiz impôs ao arguido a prisão domiciliária, com pulseira ele(c)tró[ô]nica, para evitar o ~ de fuga. As más companhias são um ~ maior para crianças, adolescentes e jovens. **3** *fam* Pessoa sedutora pela sua beleza, pelo poder de convencer, de arrastar. **Ex.** Aquela beldade era um ~, *idi* punha as cabeças dos rapazes à roda. Ele tinha perfil de líder, podia ser um ~ para aquela gente pouco informada.

perigosamente *adv* (<perigoso + -mente) Com risco de provocar ou sofrer dano. **Ex.** Tem o hábito de conduzir ~, em excesso de velocidade. Aproximei-me ~ da fera [do precipício].

perigosidade *s f* (<perigoso + -idade) **1** Qualidade de perigoso. **2** Probabilidade de um delinquente voltar a cometer um crime. **Ex.** A polícia pensa que a ~ dele agora é menor do que foi até há pouco (tempo).

perigoso, a (Óso, Ósa, Ósos) *adj* (<lat *periculósus, a, um*) **1** Que ameaça [põe em perigo] a vida ou a integridade de alguém ou de alguma coisa. **Ex.** Uma condução ~a é um risco para o próprio e para os outros. Uma pneumonia é sempre uma doença ~a, sobretudo em avançada idade. **Comb.** *Curva ~a. Manobra ~a. Ultrapassagem ~a.* **2** Que pode causar dano de qualquer natureza. **Ex.** Ele é uma companhia ~a para qualquer jovem. Uma alimentação rica em gorduras é ~. É ~ entrar em negócios ilícitos. **Comb.** *Animal ~o.* **3** Que pode facilmente fracassar/Arriscado. **Ex.** O negócio em que se meteu é ~, pode conduzir à sua ruína. **4** Que é de temer/recear. **Ex.** O mar, com a agitação, torna-se ~. Com as chuvadas, a corrente do rio apresentava-se [parecia] ~a.

perimetria *s f Geom* (<perímetro + -ia) Avaliação do perímetro.

perimétrico, a *adj Geom* (<perímetro + -ico) Relativo ao perímetro.

perímetro *s m* (<gr *perímetros*: medida do contorno) **1** *Geom* Linha que delimita o contorno de uma figura plana. **Ex.** O ~ é igual à soma dos lados de um polígono. **Comb.** ~ *da circunferência*. **2** Linha que delimita uma área/região. **Comb.** ~ *florestal*. ~ *urbano*. **3** Medida de linha que circunda uma zona do corpo. **Comb.** ~ *torácico*.

perimir *v t* (<lat *périmo, ere*: caducar) **1** Prescrever(+)/Extinguir-se por ter expirado [terminado] o prazo. **2** Fazer perder a validade de bilhete/título/... por ter findado o prazo em que era válido. **3** *Dir* Pôr termo a [Causar a peremp[ren]ção de] a(c)ção judicial.

períneo [perineu] *s m* (<gr *períneos*) **1** *Anat* Região entre o ânus e os órgãos genitais exteriores. **2** Conjunto de partes moles que fecham por dentro a bacia dos mamíferos.

periodicamente *adv* (<periódico + -mente) De quando em quando/De tempos a tempos/Em intervalos de tempo sensivelmente iguais/Regularmente/Ciclicamente. **Ex.** ~ ia até à aldeia matar saudades ou tratar de qualquer assunto. A Dire(c)ção do clube reúne ~.

periodicidade *s f* (<periódico + -idade) **1** Qualidade de periódico. **2** Intervalo de tempo entre duas ocorrências sucessivas. **Ex.** O jornal da aldeia tem uma ~ mensal.

periódico¹, a *adj/s m* (<gr *periodikós*; ⇒ período) **1** Que ocorre com intervalos regulares. **Ex.** A ida ao médico tem cará(c)ter ~. **2** (Diz-se de) publicação que reaparece [sai(+)] em tempos fixados/Jornal «diário». **Ex.** Gosto desse ~ sobretudo pelos artigos de opinião. **3** *Fís* Diz-se de fenó[ô]menos que se repetem com intervalos de tempo constantes. **Ex.** O movimento do pêndulo é ~/regular. **4** *Mat* Diz-se da parte decimal de um quociente que apresenta a repetição constante de um algarismo ou grupo de algarismos. **Ex.** Na divisão de 1 por 3 a dízima do quociente é ~a simples, enquanto na divisão de 1 por 7 a dízima é ~a composta.

periódico² (É) *adj m Quím* (<per- + iodo + -ico) Designação do ácido HIO₄, para o distinguir de outros oxácidos de iodo.

periodista *s 2g* (<periódico) Que escreve regularmente num jornal/Jornalista.

periodizar *v t* (<período + -izar) **1** Tornar periódico. **2** Dividir por períodos.

período *s m* (<gr *períodos*: curso de astro) **1** Intervalo de tempo mais ou menos longo entre datas importantes/Época. **Ex.** O ~ mais glorioso da História Portuguesa foi o dos Descobrimentos. **2** Intervalo de tempo de extensão não definida. **Ex.** Gostava de passar uns ~s de férias na montanha. **3** Espaço de tempo que dura um processo. **Ex.** O ~ de gestação na espécie humana é de cerca de nove meses. O ~ de incubação dessa doença não é longo. **4** Cada uma das divisões do ano le(c)tivo, com a duração aproximada de três meses. **Ex.** Na escola, o primeiro ~ costuma ser o mais longo. **5** Intervalo de tempo que legalmente está estabelecido para o desenvolvimento de determinada a(c)tividade. **Ex.** O ~ eleitoral para a Assembleia da República é de cerca de três semanas. O ~ da caça às espécies mais apreciadas é o último trimestre do ano. **6** Intervalo de tempo em que ocorreram fenó[ô]menos que justificam uma classificação cronológica, quer da evolução da sociedade humana, quer da história da Terra. **Comb.** ~ *Cenozoico*. ~ *Glaciário*. ~ *Paleolítico*. ~ *Mesolítico*. ~ *Neolítico*. ~ *medieval*. ~ *revolucionário*. **7** Unidade de contagem de tempo em telefonema. **8** *Astr* Tempo que um astro leva [gasta] para descrever a sua órbita. **Comb.** ~ *de revolução*. **9** *Fís* Tempo que decorre entre duas situações idênticas consecutivas de um fenó[ô]meno periódico. **10** *Mat* Algarismo ou grupo de algarismos que numa dízima infinita periódica se repete(m) indefinidamente. **11** Ciclo menstrual da mulher. **Ex.** No ~ ela costuma sofrer grande incó[ô]modo. **12** Fluxo menstrual. **13** *Gram* Enunciado por uma ou mais frases [orações] que contêm um sentido completo. Ex. *Este filme é interessante* e *Quando está calor gosto de ir para a praia* são dois exemplos de ~.

periósteo *s m Anat* (<gr *periósteon*) Membrana conjuntiva fibrosa que reveste os ossos.

peripatético, a *adj/s* (<gr *peripatetikós*) **1** Relativo a Aristóteles ou à sua filosofia/Aristotélico(+). **2** Adepto do aristotelismo. **3** Que ensina passeando, à maneira de Aristóteles que deambulava com os discípulos no jardim da sua escola, o Liceu. **4** *depr* ⇒ Extravagante/Ridículo/Exagerado.

peripatetismo *s m* (<peripatét(ico) + -ismo) **1** Filosofia de Aristóteles/Aristotelismo(+). **2** Conjunto de doutrinas dos filósofos que pertenceram à escola de Aristóteles.

peripécia *s f* (<gr *peripéteia*) **1** Mudança brusca e inesperada da situação em narrativa, fábula ou peça de teatro. **Ex.** Na telenovela sucedem-se as ~s, o que adensa a intriga. **2** Acontecimento imprevisto/Incidente/Aventura. **Ex.** Foram várias as ~s por que passámos naquela atribulada viagem.

périplo *s m* (<gr *périplous*) **1** Navegação à volta de um mar ou da costa marítima de um país. **2** Descrição de uma tal viagem. **3** *fig* Viagem turística de longa duração. **Ex.** Fiz um ~ por terras do Oriente, que me encantou. **4** Visita a vários locais de uma região/Volta. **Ex.** Os deputados do nosso círculo eleitoral acabaram de fazer um ~ visitando todos os concelhos do distrito.

peripneumonia *s f Vet* (<peri- + ...) Doença infe(c)ciosa de bovinos, provocada por bactéria que provoca lesões na pleura e no pulmão.

períptero *adj/s m Arquit* (<gr *perípteros*) (Diz-se de) templo ou edifício rodeado exteriormente de colunas isoladas que sustentam o beiral do telhado, formando um peristilo.

periquito *s m Ornit* (<esp *periquito*) Designação comum de aves trepadoras exóticas da família dos psitacídeos, mais pequenas que o papagaio, de plumagem colorida, cauda estreita e comprida.

períscio, a *adj/s* (<gr *perískios*: que dá sombra para todos os lados) **1** Diz-se daquilo que proje(c)ta a sua sombra em todas as dire(c)ções. **2** *pl* Habitantes das zonas polares, cuja sombra ao longo de um só dia é proje(c)tada sucessivamente em todas as dire(c)ções.

periscópico, a *adj* (<periscópio + -ico) **1** Relativo ao periscópio. **2** Diz-se de lente que apresenta uma face plana ou côncava e a outra convexa. **3** Que permite ver em todas as dire(c)ções, aumentando a amplitude do campo visual.

periscópio *s m Fís* (<peri- + -scópio) Aparelho ó(p)tico usado em submarinos, carros de assalto, trincheiras, ..., constituído por um tubo comprido munido de espelhos ou prismas de reflexão total, permitindo ver alvos que a observação dire(c)ta não alcançava devido aos obstáculos. **Ex.** O ~ é um equipamento fundamental para a a(c)tividade dos submarinos.

perissodáctilo, a [Br perissodá(c)tilo] *adj/s Zool* (<gr *perissodáktilos*: com dedos em número ímpar) **1** (Diz-se de) mamífero ungulado que assenta no solo um número ímpar de dedos. **Ex.** O cavalo é um ~. **2** *pl* Ordem de mamíferos com essa cara(c)terística.

perissologia *s f Gram* (<gr *perissología*: excesso de palavras) Repetição da mesma ideia por palavras diferentes/Redundância(+)/Pleonasmo(+).

peristáltico, a *adj Fisiol* (<gr *peristaltikós*: que comprime [aperta] ao contrair-se) Relativo à contra(c)ção normal e progressiva,

em movimentos ascendentes e descendentes, dos órgãos do aparelho digestivo, nomeadamente do esó[ô]fago, estômago e intestinos. **Comb.** Movimentos ~s do estômago.

peristaltismo s m Fisiol (<peristált(ico) + -ismo) Conjunto de contra(c)ções musculares de órgãos ocos, provocando o avanço do que contêm.

perístase s f (<gr perístasis) Assunto completo de um discurso com todos os pormenores.

peristilo s m (<gr perístylon) 1 Arquit Galeria formada por colunata em frente da fachada ou em volta de um templo ou edifício. 2 fig ⇒ O que antecede ou serve de introdução/Preâmbulo(+).

perístoma s m (<peri- + gr stóma: boca) 1 Bot Conjunto de prolongamentos/dentes que rodeiam a abertura da cápsula de algumas briófitas, controlando a saída dos esporos. 2 Zool Região em volta da boca de alguns invertebrados. 3 Zool Depressão que em alguns ciliados conduz os alimentos ao serem digeridos.

peritagem s f (<perito + -agem) Exame técnico feito por perito(s)/Perícia/Vistoria.

perito, a adj/s (<lat perítus: que sabe por experiência) 1 (Diz-se de) pessoa que possui vastos conhecimentos teóricos e práticos sobre um assunto, sobretudo em resultado de grande experiência/Especialista. 2 Profissional de uma (empresa) seguradora que vai verificar os prejuízos causados por acidentes para se determinar as responsabilidades a assumir [que devem ser assumidas] pela seguradora. 3 Profissional da área dos serviços que procede a avaliações, peritagens, vistorias. 4 Dir Técnico nomeado pelo juiz ou pelas partes conflituantes para opinar sobre questões do processo que lhe sejam submetidas. 5 ⇒ hábil/sagaz.

peritoneu [peritónio] [Br **peritônio**] s m Anat (<gr peritónaion) Membrana serosa que reveste as paredes da cavidade abdominal e pélvica e os seus órgãos, exce(p)to os ovários.

peritonite s f Med (<peritoneu + -ite) Inflamação do peritoneu. **Comb.** ~ aguda.

perivascular adj 2g (<peri- + ...) Que se situa à volta dos vasos sanguíneos.

perjurar v t/int (<lat perjúro, áre) 1 Renunciar formalmente a uma doutrina, a uma crença/Abjurar/Renegar. **Loc.** ~ a religião que professava. 2 Faltar a uma promessa. 3 Quebrar um juramento. 4 Dir Prestar falsas declarações sob juramento. 5 Cometer perjúrio/Jurar falso.

perjúrio s m (<lat perjúrium) 1 A(c)to ou efeito de perjurar. 2 Juramento falso. 3 Quebra de juramento. 4 Crime de falso testemunho ou de falsa acusação. 5 Renúncia solene a uma doutrina, a uma crença.

perjuro, a adj/s (<lat perjúrus,a,um) 1 (O) que jura falso/que presta um falso testemunho. 2 (O) que quebra um juramento.

perla pop ⇒ pérola.

perlado, a adj (<perlar) 1 Que tem forma ou aspe(c)to de pérola. 2 Coberto de gotículas que lembram [parecem] pérolas.

perlar v t (<perla, por pérola + -ar¹) 1 Dar a forma ou a cor de pérola. 2 Cobrir(-se) de pérolas ou do que faz lembrar [que se assemelha a] pérolas.

perlenga s f pop ⇒ parlend[g]a.

perlífero, a adj (<perla + -fero) 1 Que produz [contém] pérola/Perolífero. **Comb.** Viveiro ~. 2 Relativo a pérola. **Comb.** Tonalidade ~a.

perlimpimpim (<fr perlimpinpin) Us na loc. **Pós de ~** [Pretenso remédio para todos os males] (Ex. Na feira um charlatão enaltecia as virtudes de uns pós de ~ que vendia).

perliquiteto, a [perliquitete(s)] adj depr (<de formação expressiva) Presumido/Presunçoso/Vaidoso. **Ex.** Todo ~, queria impor ao grupo a sua sábia opinião.

perlocução s f Ling (<per- + ..., do ing perlocution) Resultado/Efeito produzido no interlocutor por um a(c)to ilocutório. **Ex.** Ao a(c)to ilocutório Está aqui (o ar) tão abafado pode corresponder a ~ de outrem ir abrir uma janela.

perlocutório [perlocutivo], a adj Ling (<per- + ...) 1 Diz-se do a(c)to linguístico que exerce um efeito sobre o ouvinte no momento da enunciação. 2 Relativo a perlocução. **Comb.** Valor ~.

perlonga s f (<perlongar) 1 A(c)to ou efeito de perlongar. 2 Demora intencional/Adiamento/Retardamento/Delonga(+).

perlongar v t (<lat perlóngus: muito longo + -ar¹) 1 Ir ou estender-se ao longo de/Mover-se paralelamente a/Costear. 2 Adiar/Retardar/Demorar(+)/Delongar.

perlustrar v t (<lat perlústro, áre: visitar frequentemente) 1 Passar os olhos sobre/Examinar cuidadosamemte/Observar. 2 Conta(c)tar/Visitar com frequência.

perluzir v int (<per- + luzir) Brilhar/Luzir muito.

permanecente adj 2g (<permanecer + (e)nte) Que permanece/Estável/Duradou[oi]ro.

permanecer v int (<lat permanésco, ere <permáneo, ére) 1 Continuar no mesmo lugar/Manter-se/Conservar-se/Ficar. **Ex.** Permaneceu no hotel enquanto esteve a chover. Todos os outros saíram [emigraram] da aldeia, só ele permaneceu para lançar e desenvolver o seu negócio. 2 Continuar mentalmente presente. **Ex.** Faleceu há [faz] vários anos, mas a sua imagem permanece viva na memória daquela gente agradecida. 3 Manter-se no desempenho de um cargo ou função. **Ex.** Ainda permanece à frente da se(c)ção de recursos humanos da empresa. 4 Continuar a existir/Perdurar. **Ex.** Permanece o problema do desemprego apesar das medidas tomadas para o combater. 5 Continuar de um modo determinado. **Ex.** Com o êxodo rural e o despovoamento, as casas da aldeia permanecem fechadas ao longo do ano, exce(p)to nas férias de verão. 6 Continuar a ser/estar. **Ex.** Apesar dos contratempos, permanece fiel ao obje(c)tivo que tinha definido. De manhã permanece sempre em casa. 7 Prosseguir na convivência com. **Ex.** Hoje muitos filhos solteiros de trinta e mais anos permanecem com os [na casa dos] pais, por necessidade ou pelas vantagens próprias de tal situação. 8 Persistir/Continuar. **Ex.** Eu quis convencê-lo da asneira do que se propunha fazer, mas ele permaneceu agarrado ao seu intento.

permanência s f (<lat pérmanens, éntis <permáneo, ére: permanecer + -ia) 1 A(c)to ou efeito de permanecer, de continuar no mesmo lugar, na mesma situação. **Ex.** A ~ do doente na cama, em repouso absoluto, vai apressar a sua cura. A ~ [continuação(+)] de dores musculares impede-o de trabalhar. **Comb.** Em ~ [De forma permanente/constante] (Ex. A presença da empregada doméstica em ~ resolve-me o problema da assistência aos meus filhos quando estão doentes). 2 Continuação no desempenho de cargo ou função. **Ex.** A sua ~ no cargo depende sobretudo do seu desempenho [dos resultados que alcançar]. 3 Persistência(+) de um estado ou situação. **Ex.** A ~ das dores de que se queixava preocupava-o. A ~ da chuva está a prejudicar as culturas agrícolas. 4 Permissão dada a um estrangeiro de viver e trabalhar no país. **Ex.** Alguns países são muito exigentes na concessão de ~ a estrangeiros.

permanente adj 2g/s f (<lat pérmanens, éntis) 1 Contínuo/Ininterrupto. **Ex.** A criança exigia uma atenção ~ da avó. O atendimento na Urgência do Hospital é um serviço ~. 2 Que não para/cessa/Constante. **Ex.** O auxílio ~ aos necessitados é um serviço altamente meritório. **Comb.** Caneta de tinta ~ [em que o aparo vai gastando tinta contida em recipiente existente no seu cabo] (Ex. Quando ainda não havia esferográficas, poucas crianças tinham caneta de tinta ~). 3 Que tem uma composição fixa/estável. **Comb.** Comissão ~. 4 Que tem lugar [se realiza] ao longo da vida. **Comb.** Educação ~. 5 s f Penteado que deixa o cabelo ondulado por um certo tempo. **Ex.** No cabeleireiro, ela gosta de fazer, de tempos a tempos, uma permanente.

permanentemente adv (<permanente + -mente) 1 Sem cessar/Continuamente/Constantemente/Sempre. **Ex.** Ainda não consegui conta(c)tar com o meu amigo, porque tem tido o telefone ~ impedido. É preciso que um adulto esteja ~ em casa quando ali há crianças a cuidar.

permanganato s m Quím (<per- + ...) 1 Sal do ácido permangânico. 2 Designação comum do ~ de potássio.

permangânico adj Quím Diz-se do ácido $HMnO_4$, composto muito instável, a não ser a temperaturas muito baixas, em soluções aquosas diluídas. **Ex.** O ácido ~ é usado como agente oxidante. ⇒ permanganato.

permeabilidade s f (<permeável + -idade) 1 Propriedade de alguns corpos de se deixarem atravessar por um fluido, líquido ou gasoso/Qualidade de permeável. **Comb.** ~ dos solos. ~ da parede à (h)umidade. 2 Biol Propriedade das membranas de apenas deixarem passar certas substâncias. 3 Fís Propriedade de um corpo se deixar atravessar por um fluxo de indução. **Comb.** ~ magnética [Capacidade de uma substância se deixar atravessar por um fluxo magnético, expressa na relação entre a intensidade do campo magnético indutor e a indução produzida nessa substância]. 4 fig Capacidade de se adaptar a novas situações ou propensão para se deixar influenciar por ideias ou comportamentos alheios.

permeabilização s f (<permeabilizar + -ção) A(c)to ou efeito de permeabilizar(-se).

permeabilizar v t (<permeável + -izar) Tornar permeável. **Ant.** Impermeabilizar.

permear v t (<lat pérmeo, áre) 1 (Fazer) passar pelo meio de/Atravessar/Tre[a]spassar/Furar. 2 Pôr-se de permeio/Estar entre/Interpor-se.

permeável adj (<lat permeábilis, e) 1 Diz-se de substâncias que, pelos seus poros, deixam passar um fluido, líquido ou gasoso. **Ex.** A areia é muito ~. A argila não é ~ à água. **Comb.** Solo ~. **Ant.** Impermeável. 2 Que pode ser atravessado por/Que não impede a passagem de. **Ex.** Naquele prédio as paredes dos apartamentos são muito ~veis aos sons e ruídos dos vizinhos. 3 fig Diz-se de quem é facilmente influenciável pelas ideias e comportamentos de outrem. **Ex.** A moça revela pouco espírito crítico, há o perigo de ser muito ~ às ideias que estão na moda.

permeio *adv* (<per + meio) *Us* na loc. *De permeio* **a)** No meio de/Entre (Ex. Vendo os ânimos exaltados dos dois colegas, achou (que era) melhor meter-se de ~ entre [no meio de] ambos); **b)** Entretanto(+) (Ex. Queria visitar uns amigos na capital e de ~ passava pelo Ministério para saber do andamento do seu processo); **c)** Juntamente (Ex. No sótão encontrou uns livros de estudo antigos e de ~ umas fotografias que lhe lembraram bons velhos tempos).

pérmico [permiano] *adj/s m Geol* (<*top* Perm, cidade russa da zona dos montes Urais, formados neste período) **1** *maiúsc* Último período da era paleozoica, posterior ao Carbó[ô]nico, entre 286 e 245 milhões de anos. **2** Relativo ou pertencente ao Pérmico **1**.

permilagem *s f* (<per + mil + -agem) Proporção em relação ao todo representado por mil partes. **Ex.** No Condomínio a ~ do apartamento dele é de 40,60%/₀₀ e o pagamento das despesas comuns por cada condó[ô]mino tem em conta a [faz-se pela] respe(c)tiva ~.

permissão *s f* (<lat *permíssio, ónis*) **1** A(c)to ou efeito de permitir/Autorização/Licença/Consentimento. **Ex.** Pediu ao vizinho para lhe deixar pôr o carro num dos lugares do seu estacionamento. **2** Liberdade de fazer alguma coisa. **Ex.** Há ~ para fazer tudo o que a lei não proíbe. **Ant.** Proibição.

permissível *adj 2g* (<lat *permíssum* <*permítto, ere*: permitir + -vel) Que pode ser permitido/tolerado/Admissível/Lícito. **Ex.** Um pequeno excesso em ambiente festivo é ~, não é de censurar [, aceita-se]. **Ant.** Inadmissível/Proibido.

permissividade *s f* (<permissivo + -idade) **1** Qualidade de permissivo. **2** Propensão para [Hábito de] não ser exigente quanto ao comportamento de outrem «que está sob a sua autoridade»/Tolerância laxista/Indulgência indevida. **Ex.** A continuada ~ dos pais não será [com certeza não é] a melhor forma de educar crianças e jovens. A sociedade ocidental hoje é cara(c)terizada pela ~ moral, consequência do relativismo reinante no campo dos valores.

permissivo, a *adj* (<permissão + -ivo) **1** Que autoriza/permite. **Ex.** Como é muito liberal, ado(p)ta geralmente atitudes ~as. **2** Diz-se de quem tolera facilmente comportamentos que outros consideram reprováveis/Indulgente. **Ex.** É um pai ~ e os filhos tendem a abusar das facilidades que ele lhes proporciona. **Ant.** Austero; exigente; rigoroso. **3** Que desculpa facilmente as falhas. **Ex.** Um chefe ~ pode vir a ter mais problemas do que teria se fosse exigente.

permitir *v t* (<lat *permítto, ere, míssum*) **1** Deixar fazer alguma coisa/Dar licença para/Autorizar. **Ex.** Quis estacionar ali o carro por dez minutos e o polícia [*Br* policial] permitiu. **2** Dar ocasião a/Tornar possível/Proporcionar. **Ex.** A concessão de bolsas (de estudo) permitiu a muitos estudantes pobres tirar [fazer] o seu curso universitário. **3** *Us* como forma cortês de pedir o consentimento para fazer alguma coisa. **Ex.** Permita-me que lhe ofereça uma pequena lembrança da nossa loja. **4** ~-se/Tomar a liberdade de/Atrever-se a/Ousar. **Ex.** Permitiu-se fazer alguns reparos à organização do espe(c)táculo. Permito-me convidar o meu avô para membro do júri do certame.

permuta *s f* (<permutar) **1** A(c)to de permutar. **2** Troca de uma coisa por outra entre os seus proprietários. **Ex.** Adquiri a minha vivenda entregando, em ~, o meu anterior apartamento e assim paguei menos imposto às Finanças, que correspondeu à diferença de valor dos dois imóveis. **3** Troca/Partilha. **Ex.** A ~ de informações é de grande utilidade. **4** Troca de lugares/posições. **Ex.** Neste ano le(c)tivo, pude fazer a ~ da escola onde le(c)cionar com um colega, havendo vantagens mútuas.

permutabilidade *s f* (<permutável + -idade) Qualidade do que é permutável.

permutação *s f* (<lat *permutátio, ónis*) **1** A(c)to de permutar. **2** Troca de uma coisa por outra entre os seus donos. **3** Substituição de uma coisa por outra. **4** *Ling* Troca da ordem dos elementos na linha sintagmática da construção. **Ex.** Há ~ nas sequências *Veio tarde o meu amigo* e *O meu amigo veio tarde*. **5** *Mat* Sucessão de elementos diferente de outra por simples alteração da ordem desses elementos «na multiplicação a ordem dos fa(c)tores é arbitrária».

permutador, ora *adj/s* (O) que permuta/troca.

permutar *v t* (<lat *permúto, áre, átum*) **1** Fazer permuta/Trocar. **Ex.** Os dois funcionários puderam ~ os lugares em que foram colocados, com vantagens mútuas. Com o nascimento dos filhos, pensou propor ao vizinho permutarem os apartamentos, que eram de áreas muito diferentes. **2** Comunicar reciprocamente/Partilhar.

permutável *adj 2g* (<permutar + -vel) Que se pode permutar/trocar.

perna *s f* (<lat *perna*) **1** Cada um dos membros de suporte do corpo ou de locomoção dos diferentes animais: mamíferos, aves, répteis, batráquios, inse(c)tos, etc./Pata. **Ex.** As ~ da girafa são muito altas. A centopeia tem muitas pernas. **2** Cada um dos membros inferiores do corpo humano, desde a anca ao pé. **Ex.** Na praia gosta de pôr as ~s ao sol. **Loc.** *Arrastar a ~* [Coxear]. *Cruzar/Traçar as ~s* [Colocar uma ~ sobre a outra, na posição de sentado]. *Dar à ~* **a)** Dançar; **b)** Andar; **c)** Fugir. *Meter as ~s ao caminho* [Iniciar a caminhada]. *Não poder com as ~s*/Não puder mexer as ~s/Não se ter nas ~s/*pop* canetas [Estar extenuado/muito cansado]. *Ter boas ~s* [Estar apto a caminhar]. *Trocar as ~s* [Ter dificuldade em caminhar por ter bebido demasiado]. **Idi.** «o touro veio a correr para nós, e eu ~s, para...» *~s, para que vos quero!* [Exclamação de quem se prepara para fugir a um perigo]. «fazer algo» *Com uma ~ às costas* [Muito facilmente](Ex. Fez o trabalho com uma ~ às costas). *Cortar/Partir as ~s a alguém* [Impedi-lo de progredir, de ter êxito, de subir na vida]. *Desenferrujar/Desentorpecer/Estender/Esticar as ~s* [Andar]. *Esticar a ~/o pernil* [Morrer]. *Meter o rabo entre as ~s* [Dar-se por vencido/Retrair-se/Acobardar-se]. *Não ter ~s para* [Estar em desvantagem para competir]. *Passar a ~ a alguém* **a)** Enganar/Ludibriar; **b)** Suplantar/Superar. *Ter «alguém» à ~* [Ser perseguido/ameaçado/vigiado]. *Ter ~s para andar* [Ter condições para ter êxito] (Ex. O proje(c)to tem ~s para andar). **Comb.** *~s altas.* *~s bem-feitas.* *~s curtas.* *~s gordas.* *~ magras.* *~s malfeitas.* *~ de pau* [Prótese para locomoção aplicada a membro parcialmente amputado]. *col Boa ~* [~s bonitas/elegantes].
3 Nos membros inferiores do corpo humano, a parte entre o joelho e o tornozelo. **Ex.** Os membros inferiores são formados de anca, coxa, ~ e pé. **Comb.** Barriga da ~ [Parte muscular posterior da ~]. **4** Um ou mais ossos do esqueleto dos membros inferiores. **Ex.** O miúdo partiu uma ~ a jogar futebol. A velhinha caiu e partiu uma ~, (sendo atingido) o fémur. **5** Parte das calças onde se enfiam os membros inferiores. **Ex.** Estas calças são muito apertadas nas ~s. **6** Parte de peça de vestuário ou de armadura militar para prote(c)ção dos membros inferiores. **Ex.** As ~ dos calções vão quase até ao joelho. Antigamente, no tempo frio, as ~s das ceroulas eram atadas junto ao tornozelo. **7** Haste que serve de apoio/suporte a um móvel, a um obje(c)to. **Comb.** *~ da mesa.* *~ da cadeira.* *~ do banco.* *~ do compasso.* **8** Haste que se ramifica. **Ex.** A zorra, em que se arrastavam grandes pedras, era feita de um tronco que se bifurcava em duas compridas ~s. ⇒ pernada **4**.

pernaça *s f* (<perna + -aça) **1** *Aum* de perna. **2** Perna grossa/gorda.

pernada *s f* (<perna + -ada) **1** Passada larga. **2** Pancada dada com a perna. **Ex.** Quando percebeu que o colega podia descair-se com algum pormenor comprometedor [podia fazer algum erro] deu[aplicou]-lhe uma ~ debaixo da mesa. **3** Ao nadar, cada movimento feito com as pernas. **4** *Bot* Ramificação grossa de árvore «castanheiro». **5** *Náut* Peça saliente de madeira numa embarcação. **6** Braço de rio.

perna-de-moça *s f Icti* **1** Nome vulgar de peixes seláquios do grupo dos esqualos, também conhecidos por cação, dentudo, boca-doce, chião, ... **2** Variedade de cavala; *Scomberomorus cavalla*. **3** *Br* Variedade de pescada de pequena dimensão, prateada, com reflexos avermelhados; *Cynoscion leiarchus*.

perna-de-pau *s* **1** *s f* Prótese de madeira em forma de perna, usada para suprir a falta desse membro. **Ex.** Depois da amputação, pôde continuar a deslocar-se com o recurso a uma ~. **Sin.** Perna postiça. **Comb.** Pirata da ~. **2** *depr* Jogador ou profissional de fraca qualidade. **3** Pessoa desajeitada. **4** *Ornit s m* Ave da família dos recurvirrostrídeos; *Himantopus brasiliensis*.

perna-longa *s f Ornit* ⇒ pernilongo **1**.

pernalta *adj 2 g/s 2g* (<perna + alto) **1** Relativo ou pertencente às pernaltas. **2** *col* (Ave) que tem pernas altas. **3** *s f pl Ornit* Antiga ordem, hoje dividida em várias, de aves de tarsos muito compridos, adaptadas a viver junto à água. **Ex.** A cegonha, a garça e o flamingo são ~. **4** (Pessoa) que tem pernas altas/*gír* Canetas.

pernalto, a *adj/s m pl* Que tem pernas altas/«o Zé é» O canetas.

pernambucano, a *adj/s* (<*top* Pernambuco, estado do norte do Brasil + -ano) **1** Relativo ou pertencente ao estado brasileiro de Pernambuco. **2** Natural ou habitante desse estado.

pernão¹ *s m* (<perna + -ão) **1** *Aum* de perna. **2** *col* Perna gorda. **3** *gross* Perna bem-feita de mulher.

pernão² *adj* (<par + não) Não par/Ímpar. **Ex.** Vamos jogar ao par ou ~. **Sin.** Parnão(+).

perna-vermelha *s f Ornit* Nome vulgar de várias pernaltas da família dos Caradriídeos, de bico comprido e rabo curto, também conhecidos por maçarico, borrelho, rola-do-mar, ...

pernear *v int* (<perna + -ear) **1** Agitar muito as pernas/Espernear(+). **2** Saltar/Pular.

perneira *s f* (<perna + -eira) **1** *pl* Polainas(+) de couro ou pano grosso ou o que pode proteger as pernas. **2** *Br pl* Botas usadas por soldados e por sertanejos para andar no mato ou montar a cavalo. **3** *Vet* Doença que provoca lesões nas patas do gado bovino e caprino. **4** *Bot* Doença das vinhas.

perneta (Nê) *adj/s 2g depr* (<perna + -eta) (Diz-se de) pessoa a quem falta uma perna ou que tem uma perna mais curta que a outra/Manco.

pernície *s f* (<lat *pernícies, ei* <*per-* e) + *nex, necis*: ruína, morte) ⇒ Destruição/Ruína/Estrago.

pernicioso, a *adj/s f* (<lat *perniciósus,a,um*) **1** Que faz mal/Prejudicial/Deletério/Que pode causar dano físico ou moral. **Ex.** A companhia dessa moça pode ser ~a para colegas um tanto ingénuas. O tabaco é sempre ~ [mau] para a saúde. **2** *s f* Forma grave de paludismo/Malária/Impaludismo. **Ex.** A ~a muitas vezes é mortal.

pernicurto, a *adj* (<perna + curto) Que tem pernas curtas. ⇒ pernalta **4**.

pernil *s m* (<perna + -il) **1** Parte mais fina da perna do porco e de outros animais. **Idi. Esticar o ~** [Morrer]. **2** *Cul* Prato feito com a carne dessa parte. **3** Perna magra/delgada de alguém/*pop* Canivete. **4** *col* Perna.

pernilongo, a *adj/s m* (<perna + longo) **1** *Ornit* Ave pernalta da família dos caradriídeos, também conhecida por esparela, sovela, pernalta, ...; *Himantopus himantopus.* **2** *Br Ent* Mosquito que tem pernas muito compridas.

perno (Pér) *s m Mec* (<perna) **1** Eixo cilíndrico de algumas máquinas. **2** Parafuso sem cabeça.

pernoca (Ó) *s f col* (<perna + -oca) **1** Perna grossa. **2** Perna bem torneada de mulher/Pernão/Pernaça.

pernoi[ou]ta *s f* (<pernoi[ou]tar) A(c)to de pernoitar/*Br* Pernoite.

pernoi[ou]tar *v int* (<lat *pernócto, áre*) Passar a noite dormindo fora da residência habitual. **Ex.** Quando tenho de ~ quase sempre estranho a cama [durmo mal].

pernoite *Br s m* ⇒ pernoi[ou]ta.

pernóstico, a *adj col* (<prognóstico, com substituição de *pro-* por *per-*) **1** *pop* Afe(c)tado nos gestos ou no vocabulário/Pretensioso/Pedante. **Ex.** – Que sujeito mais [tão] ~, mais ridículo! Tem cada tirada [frase] mais solene! **2** Refilão/Espevitado. **3** Que usa no vocabulário rebuscado, do qual desconhece o verdadeiro sentido. **Ex.** No grupo aparece, por vezes, um indivíduo ~ com ares de arrasar com a sua sabedoria balofa.

pernudo, a *adj* (<perna + -udo) Que tem pernas grandes.

pero *an conj* (<lat *per*: por + *hoc*: isto) ⇒ Mas/Porém.

pero (Pê) *s m Bot* [= pêro] (<lat *pírum*: pera) Variedade de maçã oblonga, doce, de cores vivas ou de pera pequena e redonda. **Ex.** No mercado comprei uns ~s muito saborosos. **Idi. Estar são/rijo como [que nem] um ~** [Ter um ar saudável/Parecer cheio de saúde] (Ex. Com oitenta anos está (ali) rijo que nem um ~!).

peroba (Ró) *Br adj/s 2g* (<tupi *ipé'rob*: casca amarga) **1** *fig* (Pessoa) que enfada/aborrece/incomoda. **2** *fig* Pessoa de elevada estatura. **3** *s f Bot* Designação comum a árvores das famílias das apocináceas e bignoniáceas, que produzem madeira de boa qualidade para construção e marcenaria.

pérola *s f* (<*an* perla <lat vulgar *pérnula* <lat *perna*: ostra) **1** Glóbulo calcário brilhante e duro, em tom de branco, rosa ou cinzento, produzido especialmente pelas ostras perlíferas como defesa contra um parasita ou corpo estranho que entre na concha, sendo envolvido por camadas concêntricas de nácar. **Idi. Deitar ~s a porcos** [Oferecer algo muito valioso a quem não está apto a valorizá-lo]. **Comb. ~ artificial**/falsa (São mais redondas ou regulares do que as verdadeiras; ⇒ barroco[2]). **~ de cultura** [produzida em viveiro, o que acontece num período mais curto]. **~ verdadeira** [que é produzida pela Natureza, sem intervenção humana]. **2** Esse glóbulo, com orifício a atravessá-lo, a servir de conta em obje(c)to de adorno. **Ex.** O marido presenteou-a com um deslumbrante colar de ~s. **3** *s m/adj 2g* (De) cor branca com um brilho pálido. **4** *fig* Pessoa adorável, muito apreciada pela sua bondade e cará(c)ter. **Ex.** Era uma senhora de fino trato, muito simples, de enorme afabilidade, uma ~. **5** Coisa excelente. **6** Pequena cápsula gelatinosa que pode acondicionar um medicamento líquido, essências, ... **7** *fig* Pequena gota(+) de água. **Comb. ~ de orvalho**. **8** Gota espessa de calda de açúcar. **9** *Bot* Variedade de pera ou de uva. **10** *Bot* Variedade de chá. **11** *Bot* ⇒ aljôfar.

perolar *v t* (<pérola + -ar[1]) **1** Ornar com pérolas/Perlar. **2** Aljofarar/Rociar.

perolífero, a *adj* (<pérola + -fero) **1** Que produz ou contém pérolas/Perlífero. **2** Diz-se de zona em que se pescam pérolas. **Comb.** Águas ~s. **3** Diz-se do molusco em que se formam as pérolas. **Comb.** Ostra ~a.

perónio [*Br* **perônio**] *s m Anat* (<gr *perónion*) Osso externo da perna, longo e delgado, situado atrás da tíbia. **Ex.** Com a fra(c)tura do ~, o futebolista vai estar fora dos relvados durante meses.

peronismo *s m* (<*antr* Juan Perón, presidente argentino + -ismo) Sistema político de ditadura do Estado, criado por Juan Perón na Argentina em meados do séc. XX, o qual aliava a nacionalização de algumas grandes empresas com proje(c)tos de justiça social.

peronosporáceo, a [peronosporale(s)] *adj/s f pl* (<gr *peróne*: gancho + *spóros*: semente + ...) (Diz-se de) fungo ou família de fungos a que pertencem o míldio e numerosas espécies parasitas de plantas.

peroração *s f* (<lat *perorátio, ónis*) **1** Última parte [Conclusão] de um discurso/Epílogo. **Ant.** Exórdio. **2** Discurso breve.

perorador, ora *adj/s* (<perorar + -dor) **1** (O) que perora. **2** Orador/Pregador.

perorar *v int* (<lat *peróro, áre*) **1** Chegar ao fim de [Terminar/Concluir] um discurso. **2** Discursar de modo afe(c)tado/pretensioso. **3** Falar a favor de [Defender] um ponto de vista, uma tese.

peroxidar (Cssi) *v t Quím* (<*per-* e) + oxidar) Oxidar no mais alto grau, com o grupo O_2^{-2}.

peróxido (Cssi) *s m Quím* (<*per-* e) + óxido) Qualquer composto que contenha grande número de átomos de oxigé[ê]nio/Composto com a(c)ção oxidante que contenha o grupo O_2^{-2}. **Comb. ~ de azoto**. **~ de hidrogé[ê]nio** [Água oxigenada].

perpassar *v tr/int* (<*per-* a) + passar) **1** (Fazer) passar através de. **Ex.** Acariciando o miúdo, o avô (per)passou-lhe os dedos pelos cabelos. **2** Passar junto ou ao longo de. **Ex.** Em passeio primaveril, perpassavam por [atravessavam(+)] intermináveis campos verdejantes e floridos. **3** Deslocar-se no espaço. **Ex.** As andorinhas perpassam nos ares levando materiais para fazer o ninho. **4** Atravessar/Percorrer. **Ex.** Uma forte dor ciática perpassou-lhe toda a perna direita. **5** Passar momentaneamente/Manifestar-se/Revelar-se por meio de. **Ex.** Pelo seu rosto perpassavam frequentemente evidentes sinais de antipatia pelo vizinho. **6** Correr/Passar. **Ex.** Os seus dias perpassavam [(de)corriam(+)] monótonos, sem qualquer motivo de interesse. **7** Pôr de lado(+)/Desprezar/Preterir. **Ex.** Resolveu ~ o que o preocupava e pôde gozar as férias com que sonhara.

perpendicular *adj 2g/s f Geom* (<lat tardio *perpendiculáris, e*) **1** (Linha) que forma um ângulo re(c)to com outra linha ou plano que interce(p)ta. **Comb.** Rectas ~es. **Sin.** Normal. **2** Que se encontra na vertical do lugar. **Ex.** Na Baixa de Lisboa, várias ruas são ~es entre si. **3** Que incide perpendicularmente. **Ex.** Em cada lugar da zona tropical da Terra, os raios solares são duas vezes ~s ao longo do ano.

perpendicularidade *s f* (<perpendicular + -idade) Qualidade ou estado de perpendicular.

perpendicularmente *adv Geom* (<perpendicular + -mente) De modo perpendicular/A formar ângulo re(c)to. **Ex.** No triângulo re(c)tângulo um cateto incide ~ sobre o outro.

perpendículo *s m* (<lat *perpendículum, i*) ⇒ fio de prumo.

perpetração *s f* (<perpetrar + -ção) A(c)to ou efeito de perpetrar/Execução/Prática de. **Ex.** A ~ do crime indignou a população.

perpetrador, ora *adj/s* (<perpetrar + -dor) (O) que perpetra/pratica um delito, uma a(c)ção condenável.

perpetrar *v t* (<lat *pérpetro, áre, átum*: executar, consumar) Cometer/Praticar um delito. **Ex.** Foi acusado de ~ um assalto à mão armada numa bomba de gasolina.

perpetuação *s f* (<perpetuar + -ção) A(c)to ou efeito de perpetuar(-se). **Ex.** A ~ da ditadura militar causou um espírito [estado(+)] de revolta na população.

perpetuamente *adv* (<perpétuo + -mente) **1** Para sempre(+)/Perenemente(+)/Indefinidamente. **Ex.** Este feito heroico será ~ lembrado pela comunidade piscatória. **2** Continu(ad)amente/Repetidamente. **Ex.** Um movimento pendular realizar-se-ia ~ se fosse possível eliminar qualquer resistência.

perpetuar *v t* (<lat *perpétuo, áre, átum*) **1** Fazer durar para sempre/Tornar perene/Imortalizar. **Ex.** Camões, n'*Os Lusíadas*, perpetuou os feitos gloriosos dos portugueses que deram novos mundos ao Mundo [descobriram terras e mares novos]. **2** Garantir a continuidade de/Manter por tempo indeterminado. **Ex.** A reprodução biológica permite ~ as espécies animais e vegetais. **3** Fazer durar demasiado/Arrastar(-se). **Ex.** Vários fa(c)tores negativos ameaçam ~ a crise econó[ô]mica. **4** Transmitir de forma duradoura às sucessivas gerações. **Ex.** A a(c)ção evangelizadora perpetua a mensagem cristã no mundo. **5** Manter(-se) durante muito tempo no cargo. **Ex.** Com uma alteração da Constituição, o Presidente pretendia perpetuar-se no poder.

perpétua *s f Bot* (<perpétuo) Nome vulgar dado a plantas de flores persistentes, da família das asteráceas, de que existem cerca de quinhentas espécies, como as saudades-perpétuas, as sempre-vivas, ...

perpetuidade *s f* (<perpétuo + -idade) Qualidade de perpétuo/Longa duração/Perenidade(+).

perpétuo, a *adj* (<lat *perpétuus, a, um*) **1** Que dura sempre/Que não se extingue/Perene(+). **Ex.** O cristão crê que a alma humana sobrevive à morte do corpo e terá na outra vida um ~ [eterno] estado de felicidade ou de infelicidade, conforme a sua conduta terrena. **2** Que tem uma duração indeterminada. **Ex.** Àquela altitude as neves das montanhas são ~as. **3** Que deve durar

até ao fim da vida de alguém. **Ex.** A freira acaba de fazer os votos ~s. O criminoso foi condenado a prisão ~a. **4** Continuado/Permanente/Constante. **Ex.** A ~ rivalidade entre os dois clubes explica alguns excessos dos adeptos.

perplexidade (Cssi) *s f* (<perplexo + -idade) **1** Qualidade ou estado de perplexo/Dúvida quanto ao que se deve pensar ou fazer/Indecisão/Indefinição. **Ex.** No seu rosto notava-se uma evidente ~ face ao insólito da situação. **2** Perturbação/Surpresa/Espanto perante algo inesperado.

perplexo, a (Csso) *adj* (<lat *perpléxus, a, um*) **1** Que está confuso/hesitante/indeciso quanto ao que será melhor fazer/Que revela perplexidade. **Ex.** Devendo tomar uma decisão rapidamente, estava ~ quanto ao que seria melhor. **Ant.** Certo/Seguro/Decidido. **2** Ató[ô]nito/Boquiaberto/Espantado/Surpreso perante algo inesperado. **Ex.** Perante uma rea(c)ção tão estranha do colega ficou ~, sem compreender o que se passava [que estaria a acontecer].

perquirição *s f* (<perquirir + -ção) **1** A(c)to de perquirir. **2** Indagação minuciosa/Investigação escrupulosa/Inquirição(+). **Ex.** A gravidade da denúncia [do delito denunciado] exigia uma ~ exemplar.

perquirir *v t* (<lat *perquíro, ere, situm*) ⇒ Investigar/Indagar com o maior rigor/Inquirir.

perrexil(-do-mar) (Ksil) *s m Bot* Planta herbácea da família das umbelíferas, espontânea dos rochedos da costa marítima de Portugal, com folhas carnosas, também conhecida como funcho-do-mar; *Crithmum maritimum*.

perrice *s f* (<perro + -ice) **1** Provocação/Desfeita. **Ex.** Uma tal ~ foi preparada com antecedência, não foi fruto da circunstância. **2** Teimosia/Obstinação/Embirração. **Ex.** Não foi ao jantar do grupo por ~, de vez em quando *col* dá-lhe para ali [*col* tem destas coisas/comporta-se de forma estranha]. **3** Birra/Raiva, quando contrariado. **Ex.** Nesse miúdo as ~s são frequentes.

perro, a (Ê) *adj/s m* (<esp *perro*; ⇒ emperrar) **1** Que não funciona. **Ex.** A maquineta, com a falta de uso, ganhou [tem] ferrugem e está ~a. **2** Diz-se da engrenagem que desliza mal ou não desliza. **Ex.** A fechadura do portão está ~a, precisa de óleo. **3** Que não se move com facilidade/Que oferece [faz] resistência/Emperrado/Lento. **Ex.** O velhinho, com o reumático, queixava-se das pernas ~as. **4** *fig* Que tem dificuldade em raciocinar. **Ex.** A minha cabeça já não é o que era, está um bocado ~a. **5** *fig* ⇒ Teimoso/Obstinado. **6** *fig* ⇒ Arreliado/Zangado. **7** *s m* Cão(+)/Cachorro(+). **8** *s m depr* Patife/Velhaco/Canalha. **Comb.** ~ velho [Homem manhoso/matreiro].

persa (Pér) *adj/s 2g* (<top Pérsia) **1** Relativo à [Da] antiga Pérsia, hoje República Islâmica do Irão [Irã]. **Comb. Arte ~. Civilização ~. Império ~. Tapete ~.** **2** Natural ou habitante da antiga Pérsia. **Ex.** Ciro, rei dos ~s, pôs fim ao exílio dos hebreus em Babiló[ô]nia. **3** *s m* Língua indo-europeia do ramo indo-iraniano, idioma oficial do Irão. **4** *s m Zool* Gato de pelo comprido.

per ómnia sáecula saeculórum lat Para sempre/Pelos séculos dos séculos/Eternamente.

perscrutação *s f* (<lat *perscrutátio, ónis*) **1** A(c)to ou efeito de perscrutar. **2** Averiguação minuciosa/Indagação muito cuidada.

perscrutador, ora *adj/s* (<lat *perscrutátor, óris*) (O) que indaga cuidadosamente, examina minuciosamente, procura conhecer profundamente. **Ex.** O seu espírito ~ aspirava sempre a mais, procurava penetrar bem fundo em tudo aquilo de que se ocupava.

perscrutar *v t* (<lat *perscrútor, ári*) **1** Indagar/Averiguar/Examinar cuidadosamente/Esquadrinhar. **2** Procurar conhecer o que está oculto.

perscrutável *adj 2g* (<lat *perscrutábilis,e*) Que se pode perscrutar/indagar/averiguar/sondar.

persecução *s f* (<lat *persecútio,ónis*) **1** ⇒ Perseguição. **2** A(c)to de acossar/assediar constantemente. **3** Grande empenhamento na obtenção de um obje(c)tivo/Prossecução. **Ex.** Toda a sua vida se orientava para a ~ do que o movia: concluir o seu curso de Medicina.

persecutório, a *adj* (<lat *persecútum* <*perséquor, qui*: perseguir + -ório) Que envolve [Em que há] perseguição. **Comb. Comportamento ~. Espírito ~. Intenção ~a.**

perseguição *s f* (<perseguir + -ção) **1** A(c)to ou efeito de perseguir, de ir no encalço de. **Ex.** A ~ do gatuno pela polícia durou meia hora. **2** A(c)ção sistemática de usar violência contra uma pessoa ou um grupo por motivo político, ideológico, religioso. **Ex.** Durante três séculos, os primeiros cristãos foram obje(c)to de ~ no império romano. Cristo preveniu os seus discípulos de que iam sofrer ~ões por pregarem a sua doutrina. O regime nazi moveu uma grande ~ aos judeus. **3** A(c)ção de seguir insistentemente uma pessoa, importunando-a. **4** Persistência/Empenhamento em conseguir um resultado/Prossecução. **5** *Mil* Operação ofensiva de ir no encalço do inimigo quando este desistiu de resistir e iniciou a fuga.

perseguidor, ora *adj/s* (<perseguir + -dor) **1** (O) que vai no encalço de/Que persegue. **Ex.** O pelotão ~ procura aproximar-se dos três ciclistas fugitivos que vão na frente da corrida. **2** (O) que trata outro(s) de forma violenta injustamente e de forma sistemática. **Ex.** S. Paulo passou de [deixou de ser] ~ dos cristãos a grande apóstolo evangelizador dos gentios depois que Cristo lhe apareceu (quando ia) a caminho de Damasco. **3** (O) que assedia insistentemente alguém, importunando-o.

perseguir *v t* (<lat *perséquor, qui, cútus sum*) **1** Correr/Ir atrás de alguém para o alcançar/Ir no encalço de. **Ex.** O polícia [*Br* policial] perseguiu o ladrão à procura de agarrá-lo. **2** Dar caça a(+). **Ex.** Os caçadores juntaram-se para ~ os javalis que causavam grandes estragos nas culturas. **3** Tratar com violência alguém ou um grupo por motivo político, ideológico ou religioso/Maltratar. **Ex.** No tempo do imperador Constantino, os romanos deixaram de ~ os cristãos. **4** Causar incó[ô]modo/Importunar insistentemente. **Ex.** Acossado pelos credores, persegue o tio a pedir-lhe dinheiro para se livrar de apuros. Um temor infundado persegue-o há [faz] algum tempo, causando-lhe insó[ô]nias. **5** Tentar impedir que alguém desenvolva uma a(c)tividade ilícita. **Ex.** A polícia persegue os traficantes de droga. **6** Procurar alcançar um obje(c)tivo. **Ex.** Faz [Fará] tudo o que for necessário para ~ [realizar] o seu sonho: tirar um curso superior.

persevão *s m* (<esp *pesebrón*) Peça, geralmente de madeira, para apoio dos pés no coche. ⇒ escabelo.

perseveração *s m Psic* (<perseverar) Manifestação de inércia mental que se traduz pela sustentação de uma forma de a(c)tividade quando uma forma diferente devia tê-la substituído.

perseverança *s f* (<lat *perseverántia*) **1** Manutenção firme de um comportamento ou convicção/Persistência/Tenacidade. **Ex.** A ~ na virtude é mais difícil em ambiente permissivo. **2** Qualidade do que se mantém constante/firme, apesar de circunstâncias contrárias ou desfavoráveis. **Ex.** Fazer um dicionário é tarefa que exige ~. **3** *Rel* Constância na (sua) fé.

perseverante *adj/s* (<perseverar + (a)nte) **1** Que se conserva firme/constante/Que persevera/aguenta. **Ex.** Quem é ~ mais cedo ou mais tarde tem o prémio da sua resistência. **2** Que não cede/desiste/Pertinaz.

perseverar *v int* (<lat *persévero, áre, átum*) **1** Manter a determinação para prosseguir num comportamento/Continuar firme nas suas convicções/Persistir. **2** Continuar a empenhar-se em conseguir um obje(c)tivo, sem esmorecer. **3** Não ceder/Continuar(+)/Persistir/Permanecer. **Ex.** Tinha tomado a medicação receitada, mas as dores perseveravam.

Pérsia *s f Hist* ⇒ Irão.

persiana *s f* (<fr *persienne*) **1** Peça móvel ou fixa, feita de lâminas de madeira/metal/plástico, colocada em frente de janela ou porta, impedindo a passagem da luz e o acesso do exterior/Gelosia. **Ex.** Eram quase nove horas e as ~s ainda não tinham sido levantadas. **2** Peça constituída por lâminas paralelas de metal ou plástico, que se enrolam ou desenrolam diante de janela ou porta por comando mecânico ou elé(c)trico, sendo um obstáculo à passagem da luz e ao acesso do exterior/Estore.

persicária *s f Bot* (<lat científico *persicária*) Designação comum a numerosas espécies de plantas da família das poligonáceas, geralmente herbáceas, algumas aquáticas, cultivadas como ornamentais, outras como medicinais ou comestíveis.

pérsico [persiano/pérseo/pérsio], a *adj* ⇒ persa.

persigal *s m* (<presigo + -al) ⇒ Pocilga/Cortelho de porcos.

persignação *s f* (<persignar + -ção) A(c)to de «o cristão» fazer o sinal da cruz/O persignar(+)[benzer]-se.

persignar-se *v t* (<lat *per signum*: pelo sinal + -ar¹) Fazer «o cristão» o sinal da cruz na testa, na boca e no peito, ao mesmo tempo que pronuncia uma fórmula em que se pede a Deus prote(c)ção contra os inimigos da alma; ⇒ benzer-se.

persistência *s f* (<persistente + -ia) **1** A(c)ção de persistir/continuar/permanecer/insistir de forma duradoura/Manutenção. **Ex.** A ~ numa vida ociosa acabou por arruiná-lo. **2** Perseverança/Constância/Tenacidade. **Ex.** A ~ no estudo é uma condição de êxito. **3** Manutenção/Continuidade. **Ex.** A ~ da crise aumenta os sacrifícios das famílias.

persistente *adj 2g* (<lat *persístens, éntis*; ⇒ persistir) **1** Que persiste/continua/Duradouro. **Ex.** Apesar de tomar a medicação, uma febre ~ causa-lhe grande mal-estar. A chuva ~ impede-nos de ir à rua. **2** Que revela firmeza no que se propõe/Tenaz/Perseverante. **Ex.** A sua ~ luta contra o desperdício conseguiu importantes poupanças. **3** *Bot* Diz-se de órgão que dura muito tempo ou que permanece para além do período normal, ainda que atrofiado. **Comb. Folha ~. Cálice ~. Cotilédone ~.**

persistir *v int* (<lat *persísto, ere*) **1** Manter um comportamento ou forma de pensar/Perseverar/Insistir. **Ex.** ~no erro, quando se tomou consciência dele, é atitude incompreensível e deplorável. **2** Revelar fir-

meza na prossecução de um obje(c)tivo/ Não desistir. **3** Continuar/Perdurar/Permanecer. **Ex.** Persistem os sintomas da grave crise que nos atinge.

personado, a *adj* (<lat *personátus, a, um*: mascarado) **1** Que tem a forma de máscara. **2** *Bot* Diz-se da corola bilabiada, apresentando o lábio inferior uma intumescência que fecha a garganta.

personagem *s 2g* (<fr *personnage*) **1** Pessoa que se evidencia pelas suas qualidades, a(c)tividade ou prestígio social/ Personalidade/Individualidade/Figura. **Ex.** No nosso meio político, há várias ~ns que podem aspirar à mais alta magistratura da Nação. **2** *Liter* Figura humana imaginada por autor de obra de ficção, narrativa ou dramática. **Comb.** *~ principal* [em volta da qual gira a narrativa]. *~ secundária* [que na narrativa desempenha um papel acessório]. *~ tipo* [que tem um comportamento típico de uma classe social, de um grupo profissional, ...]. **3** Papel representado por a(c)tor/a(c)triz que personifica essa figura de ficção. **Comb.** Lista das ~ns «do drama/da comédia/do filme».

personalidade *s f* (<lat tardio *personálitas, átis*; ⇒ pessoa) **1** Conjunto de traços psicológicos e de qualidades morais que cara(c)terizam a pessoa/O que diferencia alguém de todos os outros/Identidade. **Ex.** Ele é uma ~ interessante, o seu bom humor semeia a alegria e o o(p)timismo no grupo. **Comb.** Dupla/Múltipla ~ [Patologia em que o indivíduo manifesta dois ou mais tipos de comportamento diferentes e independentes, como se fosse mais que uma pessoa]. **2** Consciência da própria identidade com a assunção de posições próprias, independentes. **Ex.** O teu irmão tem uma ~ muito vincada. Gosto das pessoas que têm ~, ainda que nem sempre concorde com elas. **3** Pessoa que goza de [que tem] prestígio pessoal ou social/Individualidade. **Ex.** Na cerimó[ô]nia estiveram presentes ~s de diferentes quadrantes do meio artístico. **Comb.** Culto da ~ [Estratégia de propaganda política em que se exaltam as qualidades do governante, tanto em ditadura como em democracia] (Ex. Houve culto da ~ em relação a Staline, Mao, Hitler, Juan Perón e sua esposa Ev(it)a, John Kennedy, Charles De Gaulle, Reagan, ...). **4** Condição de ser pessoa. **Ex.** A ~ [(Todo) o indivíduo(+)] é sujeito de direitos. **Comb.** ~ jurídica [Qualidade de entidade cole(c)tiva à qual a lei reconhece ser sujeito de direitos e deveres].

personalismo *s m Fil* (<fr *personnalisme*; ⇒ pessoa) Doutrina que propõe a pessoa humana como valor absoluto ético e social, opondo-se às conce(p)ções cole(c)tivista e individualista.

personalista *adj/s 2g* **1** (O) que é partidário do personalismo. **2** Pessoal/Próprio/Independente. **Ex.** Tem uma visão ~ da História «da Idade Média».

personalíssimo, a *adj* (<lat *personális, e* + -íssimo) *Sup* de pessoal/Extremamente pessoal.

personalização *s f* (<personalizar + -ção) **1** A(c)to ou efeito de personalizar. **2** Conce(p)ção e realização de alguma coisa de modo a satisfazer as necessidades e as preferências de uma pessoa.

personalizado, a *adj* (<personalizar) **1** Concebido e feito para atender ao gosto do cliente. **Ex.** É normal que um fato [terno] ~, de alfaiate, caia melhor [, se adapte melhor ao corpo] do que um comprado em pronto-a-vestir. **2** Em que é indicado o nome da pessoa. **Ex.** A esferográfica que perdi era ~a, por isso talvez a recupere ainda «se alguém conhecido [que me conheça] a encontrar».

personalizar *v t* (<lat *personális, e*: pessoal + -izar) **1** Tornar pessoal. **2** Nomear a pessoa a quem se dirige/Individualizar. **Ex.** Além do elogio cole(c)tivo inicial, quis ~ o contributo de cada um dos elementos para o êxito da operação. **3** Dar ou adquirir um cará(c)ter pessoal. **Ex.** Recusava-se a ~ as questões de que se ocupava, tudo discutia em geral. **4** Adaptar às necessidades ou gostos de alguém. **Ex.** Tem dificuldade em encontrar calçado adaptado ao feitio do pé, por isso compra de encomenda ao sapateiro que lhe personaliza os sapatos e as botas.

persona non grata lat **1** Pessoa malvista. **2** Diplomata ou representante estrangeiro que passou a não ser bem aceite pelo governo do país onde está acreditado [onde exerce funções].

personificação *s f* (<personificar + -ção) **1** A(c)to de personificar, de adquirir cara(c)terísticas humanas. **2** Indivíduo que é a imagem perfeita de alguma coisa. **Ex.** Madre Teresa de Calcutá era a ~ da dedicação extrema aos pobres. **3** *Liter* Figura de estilo em que se faz a atribuição de cara(c)terísticas e comportamentos humanos a animais, a seres inanimados ou a entidades abstra(c)tas.

personificar *v t* (<lat *persóna*: pessoa + *fácio, ere*: fazer + -ar¹) **1** Atribuir qualidades humanas a animais e a seres inanimados. **2** Dar ou adquirir cara(c)terísticas de pessoa. **Ex.** Os antigos personificavam os seus deuses. **3** Representar simbolicamente. **Ex.** Aquela casa em ruínas personificava a confusão em que a sua vida mergulhara. **4** Ser o modelo/símbolo perfeito de. **Ex.** Pela sua disponibilidade, ele personifica a plena dedicação ao próximo.

perspectiva/perspectivação/perspectivar ⇒ perspetiva/...

perspetiva (Pè) [*Br* **perspe(c)tiva** (dg)] *s f* [= perspectiva] (<lat tardio *perspectiva (ars)*) **1** Técnica de representar os obje(c)tos em superfície plana de modo que a representação corresponda à perce(p)ção visual que se tem deles, conforme a sua posição e distância. **Ex.** A ~ dá-nos a ilusão da espessura e profundidade das figuras representadas. **2** Desenho ou pintura feitos usando essa técnica. **3** Aspe(c)to geral do que a vista alcança a partir de um dado lugar «geralmente alto». **Ex.** Do alto do castelo tem-se uma ~ da cidade que nos encanta. **4** Maneira de conceber, de abordar uma questão, um problema/Ponto de vista. **Ex.** Para analisar melhor a presente situação econó[ô]mico-financeira, importa adoptar uma ~ que considere o que tem acontecido nas últimas cinco décadas. **5** O que se afigura provável no futuro «bom ou mau». **Ex.** Há as melhores ~s para as nossas exportações nos próximos anos. ~s sombrias ameaçam o nosso negócio. **Comb.** Em ~ [Para o futuro/Em proje(c)to] (Ex. Há [Temos] vários negócios em ~, não podemos desanimar). **6** Prenúncio/Hipótese. **Ex.** A presença na feira internacional abriu-lhe [trouxe-lhe] ó(p)timas ~s de comercialização dos seus produtos.

perspetivação (Pè) [*Br* **perspe(c)tivação** (dg)] *s f* [= perspectivação] (<perspetivar + -ção) A(c)to ou efeito de perspetivar.

perspetivar (Pè) [*Br* **perspe(c)tivar** (dg)] *v t* [= perspectivar] (<perspetiva + -ar¹) **1** Representar em superfície plana obje(c)tos tridimensionais segundo as regras da perspetiva 1. **2** *fig* Encarar/Abordar uma questão, um problema sob determinado ponto de vista/Equacionar. **Ex.** Ele perspetiva a resolução do problema de forma drástica, (o, coisa) que não me parece razoável. **3** *fig* Prever/Calcular. **Ex.** Perspetiva[Prevê/Calcula]-se que vamos ter mais medidas de austeridade.

perspicácia *s f* (<lat *perspicácia*) **1** Qualidade de perspicaz. **2** Capacidade de se aperceber com su(b)tileza da natureza duma situação e de encontrar rapidamente uma solução/Clarividência/Sagacidade. **Ex.** Devemos à ~ do chefe o ter(em)-se evitado avultados prejuízos para a empresa.

perspicaz *adj 2g* (<lat *pérspicax, ácis*) **1** Que revela agudeza de espírito e su(b)tileza na rápida compreensão das situações/Que revela perspicácia. **Ex.** Um técnico ~ pode ser muito útil para os negócios da empresa. **2** Talentoso/Sagaz/ Inteligente.

perspicuidade *s f* (<lat *perspicúitas, átis*) **1** Qualidade de perspícuo/Clareza/Transparência/Evidência. **2** ⇒ Lucidez/Perspicácia.

perspícuo, a *adj* (<lat *perspícuus*: transparente) **1** Que se pode perceber/ver com nitidez/Claro/Transparente. **2** Que é perspicaz/agudo/penetrante/su(b)til.

perspiração *s f* (<perspirar + -ção) ⇒ A(c)to ou efeito de perspirar/Transpiração.

perspirar *v int* (<lat *perspíro, áre, átum*) **1** Eliminar o suor pelos poros da pele/ Transpirar(+)/Suar. **2** Ter uma perce(p)ção através de indícios/Pressentir(+)/Entrever.

perspiratório, a *adj* (<perspirar + -tório) Que resulta de perspiração/transpiração.

persuadir *v t* (<lat *persuádeo, es, ére, ási, ásum*) Levar ou ser levado a proceder de certo modo/Fazer crer/Convencer/Induzir a. **Ex.** Persuadi-me de que essa carreira não era a melhor para mim. O pai persuadiu-o a escolher outro curso. As dificuldades de emprego são de modo a ~ muitos jovens a escolher cursos de via profissionalizante «mecânico». **Ant.** Dissuadir.

persuadível *adj 2g* (<persuadir + -vel) Que pode ser convencido ou é fácil de convencer/persuadir.

persuasão *s f* (<lat *persuásio, ónis*) **1** A(c)to ou efeito de persuadir ou de se persuadir. **Ex.** O poder de ~ deste orador é real/ extraordinário. **2** Certeza firme/Convicção alicerçada em argumentação segura.

persuasivo, a *adj* (<persuasão + -ivo) **1** Que tem poder de persuadir/Convincente. **Ex.** É uma argumentação ~a, sem dúvida capaz de convencer os mais incrédulos. Hoje a publicidade é muito ~a. **2** Hábil em convencer/persuadir/Eloquente. **Comb.** Orador ~.

persuasor, ora *adj/s* (<lat *persuásor, óris*) (O) que procura convencer.

persuasório, a *adj* (<persuadir + -ório) Que tem habilidade ou força para persuadir/ Convincente/Persuasivo.

pertença *s f* (<pertencer) **1** Condição de ser parte de um todo, de um conjunto. **Ex.** A família, a turma, a comunidade escolar são grupos de ~. **2** Propriedade/Domínio. **Ex.** Naquela aldeia comunitária, o forno e a fonte são ~ de todos. **3** Atribuição/Prerrogativa/Competência. **Ex.** O exercício da justiça é ~ dos tribunais.

pertence *s m* (<pertencer) **1** ⇒ pertença. **2** Aquilo que faz parte de alguma coisa. **Ex.** Deixou-lhe a casa e os seus pertences. **3** *pl* O que é pertença de alguém/Obje(c)tos pessoais/Haveres/Bens. **4** *Dir* Declaração que se fazia em títulos de dívida pública quando se transmitiam a outrem.

pertencente *adj 2g* (<pertencer + -ente) **1** Que faz parte (+) de. **Ex.** A enxada é ~ às alfaias agrícolas. **2** Que integra um grupo. **Ex.** As pessoas ~s ao nosso concelho devem ser atendidas neste hospital. **3** Que é propriedade de [Que pertence a] alguém. **Ex.** As terras ~s ao meu pai estão todas cultivadas. **4** Que é da competência de/Que cabe a/Próprio de. **Ex.** A educação das crianças é obrigação ~ aos pais.

pertencer *v int* (<lat *pertinesco, ere* <*pertíneo, ére*) **1** Ser parte integrante de/Fazer parte de. **Ex.** Ele pertence ao nosso clube. Esse quadro pertence à cole(c)ção do nosso museu. **Loc.** ~ à História/ao passado [Ter perdido a(c)tualidade/Deixar de ter interesse no presente]. **2** Fazer parte de grupo, associação, partido, organização. **Ex.** O meu irmão pertence aos Bombeiros. **3** Ser propriedade de. **Ex.** Todos os terrenos do ribeiro para cá [para cá do ribeiro] pertencem aos meus pais. **Idi.** *O futuro a Deus pertence* [O que vai acontecer não depende da nossa vontade, há que confiar]. **4** Ser competência/atribuição de alguém. **Ex.** Pertence à Câmara Municipal [à Prefeitura] passar a licença de utilização do prédio de habitação. **5** Ser devido a/Dever ser atribuído a. **Ex.** O pré[ê]mio pertence ao aluno com melhor aproveitamento escolar. A vitória pertenceu à equipa que mais fez por merecê-la.

pértiga *s f* (<lat *pértica*) ⇒ vara; varal.

pertinácia *s f* (<lat *pertinácia*) **1** Qualidade do que é teimoso/obstinado/pertinaz. **Ex.** A ~ no erro é condenável. **2** Persistência(+)/Tenacidade(+)/Perseverança(+). **Ex.** Devido à sua ~, consegui tirar [fazer] o curso vencendo todos os obstáculos.

pertinaz (Nás) *adj 2g* (<lat *pértinax, cis*) **1** Que insiste em proceder ou pensar do mesmo modo, ainda que sem razão aceitável/Teimoso/Obstinado. **2** Que não desiste do seu intento apesar dos obstáculos/Perseverante/Persistente/Tenaz. **Ex.** Quando se é ~, não há contrariedades que impeçam de *col* chegar à meta.

pertinência *s f* (<pertinente + -ia) **1** Qualidade de pertinente. **2** Adequação à situação/Oportunidade(+)/Justeza. **Ex.** A ~ daquele comentário era discutível.

pertinente *adj* (<lat *pértinens, éntis* <*pertíneo, ére*: pertencer) **1** Respeitante(+)/Relativo a/Concernente a. **Ex.** O pedido desse documento é ~ à instrução do processo judicial. **2** Que vem a propósito/Adequado/Oportuno. **Ex.** A declaração da testemunha ocular do acidente foi ~ para o pleno esclarecimento do caso. **3** Que tem razão de ser/Válido. **Ex.** A reivindicação de melhores salários parece ~, face ao aumento da inflação.

pertinho *adv* (<perto + -inho) *Dim* intensificador de *perto*/Muito perto. **Ex.** No teatro, fiquei na plateia, mesmo ~ dos a(c)tores.

perto *adv* (<apertar? <lat *appectoráre*: apertar contra o peito) Em lugar ou em tempo próximo. **Ex.** A minha escola não era longe, era ~. A Páscoa estava ~. **Loc.** ~ de **a)** Em lugar próximo de (Ex. ~ da minha casa há uma farmácia); **b)** A pouco tempo de (Ex. ~ do Carnaval tivemos a visita dum velho amigo); **c)** Um pouco menos que/Quase (Ex. Estavam na sala ~ de trinta pessoas. A máquina de lavar a roupa custou-me ~ de trezentos euros. De Lisboa a Coimbra são ~ de duzentos quiló[ô]metros). **Idi.** *Nem de ~ nem de longe* [De modo algum/nenhum] (Ex. O contributo de um e de outro para este êxito nem de ~ nem de longe pode considerar-se semelhante). **Comb.** *Ao ~* [A pequena distância] (Ex. Quem observou o caso ao ~ pode testemunhar melhor o que se passou). *De ~* **a)** A pequena distância (Ex. Seguiu-o «o idoso» de ~ até casa [até à sua residência]; **b)** De modo próximo/Com especial atenção/cuidado/interesse (Ex. Acompanhei de ~ a sua carreira artística [os estudos dele]. *Por ~* [A pequena distância] (Ex. Ter a polícia por ~ ajuda a sentir maior segurança).

perturbabilidade *s f* (<perturbável + -idade) Qualidade do que pode ser perturbado/incomodado.

perturbação *s f* (<lat *perturbátio, ónis*) **1** A(c)to ou efeito de perturbar(-se). **2** A(c)to de provocar agitação, a alteração do estado de coisas habitual. **Ex.** Há grupos que se ocupam de criar a ~ social. A ~ da ordem pública foi exemplarmente [bem/inteiramente] combatida. **3** Estado de quem sofreu um abalo de natureza mental, emocional, física. **Ex.** A perspe(c)tiva do divórcio causava nela uma ~ permanente. **4** Disfunção/Distúrbio de ordem fisiológica ou psicológica. **Ex.** As ~ões respiratórias eram agora mais frequentes. Tem de vez em quando ~ões mentais. **5** Sensação de tontura, de dificuldade de se autocontrolar. **Ex.** A comoção foi tão forte que passou por uma fase de grande ~. **6** Irregularidade no funcionamento de um sistema. **Ex.** As ~ções nos transportes públicos têm sido frequentes. **7** Anomalias na transmissão ou rece(p)ção do sinal de radiodifusão e de televisão. **Ex.** Há muitas queixas relativas a ~ões na rece(p)ção do sinal de televisão digital terrestre. **8** Instabilidade atmosférica por choque de diferentes massas de ar. **Ex.** A a(c)tividade pesqueira é sempre avisada das ~ões atmosféricas.

perturbado, a *adj* (<perturbar) **1** Que se encontra abalado por algo que o afe(c)ta gravemente/Preocupado/Transtornado. **Ex.** A ameaça do desemprego iminente trazia-o [levava-o a estar] ~. **2** Que revela emoção/agitação/perturbação. **Ex.** Pela sua voz embargada percebia-se bem que estava muito ~. **3** Agitado/Alterado. **Ex.** O ambiente ~ da sala de aula impede a aprendizagem. **4** Confuso/Toldado. **Ex.** O seu espírito estava ~, a depressão que o afe(c)tava tinha-se acentuado. **5** Que sofre de qualquer disfunção de ordem [natureza] fisiológica ou psíquica. **Ex.** O ~ funcionamento da função digestiva traz[acarreta]-lhe graves limitações. Era um espírito ~, incapaz de marcar para si um rumo.

perturbador, ora *adj/s* (<perturbar + -dor) **1** (O) que altera a ordem estabelecida, que causa perturbação/tumulto/Agitador/Amotinador. **Ex.** A polícia procurou identificar os ~es da ordem pública. **2** Que afe(c)ta o estado de espírito, o equilíbrio emocional de alguém. **Ex.** Aquela imagem ~a não lhe saía da cabeça.

perturbante *adj 2g* (<perturbar + -(a)nte) **1** Que perturba/incomoda/Perturbador. **Ex.** A a(c)ção ~ de alguns prejudica (a) todos. **2** Que afe(c)ta emocionalmente/excita/preocupa. **Ex.** A presença ~ do ex-namorado causava-lhe grande constrangimento.

perturbar *v t* (<lat *pertúrbo, áre, átum*) **1** Causar ou sofrer agitação/alteração/desequilíbrio/mudança. **Ex.** Há alunos que procuram ~ o andamento da aula. Perturbou-se vivamente quando viu a criança (a) atravessar sozinha a estrada. **2** Causar ou sofrer transtorno/embaraço/estorvo. **Ex.** O vento forte perturba o equilíbrio do ciclista. Perturbou-se visivelmente com a aplicação da multa de trânsito. **3** (Fazer) perder a serenidade, o equilíbrio emocional/Abalar(-se). **Ex.** A infeliz notícia veio ~ a amenidade da sua vida simples, despreocupada. **4** Incomodar/Importunar. Quando está a estudar não suporta que alguém o perturbe. **5** Causar alteração no normal estado de coisas, no funcionamento de um serviço. **Ex.** O veículo acidentado está a ~ [dificultar] o escoamento do trânsito. A greve dos pilotos está a ~ muito a mobilidade dos turistas. **6** Provocar ou sentir embaraço/pudor/vergonha. **Ex.** A vista do ex-namorado ainda a perturba. **7** Causar/Sofrer distúrbios emocionais/mentais/Desorientar(-se). **Ex.** Os muitos problemas que tinha perturbaram o seu espírito, que agora parecia não saber reagir. **8** Causar abatimento/tristeza. **Ex.** A reprovação no exame perturbou-o muito, fez com que [levou a que] se tornasse pessimista.

perturbável *adj 2g* (<perturbar + -vel) Que pode ser perturbado/Que está sujeito a perturbações.

peru, ua *s* (<*top* Peru) **1** *Ornit* Ave galinácea originária da América, da família dos meleagrídeos, de cabeça nua, com excrescências carnosas, com uma grande cauda que o macho abre em leque; *Meleagris gallopavo*. **Ex.** O ~ assado e recheado é um dos pratos típicos da época natalícia. **Comb.** Bife de ~. **2** *Br* Indivíduo vaidoso/presumido/enfatuado. **3** *Br* Namorado ridículo. **4** *s f* Mulher espalhafatosa. **5** *s f pop* Bebedeira/Embriaguez. **Ex.** Apanhou uma ~a tal que teve dificuldade em dar com [em encontrar] a (própria) casa. **6** Barco de transporte de mercadorias com a forma de canoa.

Peru *s m* República da América do Sul, com a capital em Lima, designando-se os habitantes de peruanos. **Ex.** A língua oficial do ~ é o espanhol [castelhano], mas as populações indígenas falam o quéchua.

peruano, a *adj/s* (<*top* Peru + -ano) **1** Relativo ao [Do] Peru. **2** Natural ou habitante do Peru.

peruca *s f* (<fr *perruque*) Cabeleira postiça(+)/Chinó.

pérula *s f Bot* (<lat *pérula*) Conjunto de folhas escamosas que envolvem e protegem as gemas [os rebentos/gomos].

perversão *s f* (<lat *pervérsio, ónis*) **1** A(c)to ou efeito de perverter(-se). **2** Depravação/Corrupção/Devassidão. **Ex.** Na sociedade moderna parece fazer-se por vezes a apologia da ~. **3** Alteração da função normal/Degradação/Desvio. **Comb.** ~ dos costumes. **4** Desvio do que se considera corre(c)to, normal/Modificação negativa de valores estéticos, éticos, ... **Comb.** ~ do [Mau] gosto. **5** Desvio patológico de instintos e tendências naturais. **Ex.** A pedofilia é uma ~ sexual.

perversidade *s f* (<lat *pervérsitas, átis*) **1** Qualidade de perverso/depravado/Malvado. **Ex.** Nas telenovelas põe-se em evidência a ~ dos *col* maus da fita, que geralmente no fim são castigados. **2** A(c)tuação de alguém que intencionalmente prejudica outrem. **Ex.** Quem acusa outrem de crime que ele próprio cometeu pratica uma grave ~. **3** Tendência patológica para praticar a(c)tos imorais ou agressivos, tendo até prazer nisso.

perverso, a (Vér) *adj/s* (<lat *pervérsus, a, um* <*pervérto, ere, sum*) **1** (O) que tem índole depravada/Mau/Devasso. **2** Que se satisfaz a prejudicar outrem, a praticar o mal. **Comb.** Prazer ~. **3** (O) que procura deturpar as palavras ou os a(c)tos de outrem. **4** (O) que tem tendência para praticar a(c)tos cruéis. **5** (O) que tem tendência para praticar perversões, especialmente sexuais.

perversor [pervertedor], ora adj/s (<perverter) (O) que perverte/corrompe.

perverter v t (<lat *pervérto, ere, vérsum*) **1** Alterar em sentido negativo/Piorar/Corromper. **Ex.** O cinema e a televisão têm sido acusados de ~ os costumes. **2** Desviar para o mal/Desencaminhar. **Ex.** As más companhias facilmente pervertem os adolescentes e os jovens. **3** Deturpar(+)/Desvirtuar/Distorcer. **Ex.** É grave ~ os a(c)tos ou as palavras de outrem. **4** (Fazer) perder as cara(c)terísticas originais. **Ex.** Servir-se em vez de servir a sociedade é ~ a política.

pervertido, a adj/s (<perverter) **1** (O) que se corrompeu/que revela perversão. **2** Que se tornou depravado/Devasso. **3** (O) que se tornou capaz de praticar imoralidades e de ter comportamentos sociais e sexuais que vão contra as normas da sociedade.

pervicácia s f (<lat *pervicácia*) ⇒ Obstinação/Teimosia/Pertinácia(+)/Contumácia.

pervicaz adj 2g (<lat *pérvicax, ácis*) ⇒ Obstinado/Contumaz/Rebelde/Pertinaz(+).

pervígil adj/s 2g (<lat *pervígil, lis*) **1** (O) que sofre de insónia, que não dorme. **2** (Pessoa/Animal) que é muito vigilante.

pervinca s f Bot (<lat *pervínca*) Nome vulgar de planta herbácea da família das apocináceas, de flores geralmente azuis e frutos foliculares; *Vinca minor.*

pérvio, a adj (<lat *pérvius, a, um*) **1** Que dá passagem/se pode atravessar. **Ant.** Im~. **2** ⇒ claro/simples.

pesa-ácidos s m sing e pl Fís (<pesar + ...) Areó[ô]metro us para determinar a concentração das soluções ácidas.

pesa-álcool s m (<pesar + ...) ⇒ alcoólmetro.

pesa-cartas s m sing e pl (<pesar + ...) Pequena balança para pesar cartas, para se determinar a franquia que é devida.

pesada s f (<pesado) **1** (Operação) de pesagem(+). **2** Quantidade que se pesa de cada vez na balança. **Comb.** *Br Da* ~ **a)** Que enfrenta qualquer situação de perigo (Ex. O pessoal da ~ fez mais uma das suas façanhas); **b)** Que inspira respeito/temor por ser poderoso ou pertencer a grupo radical (Comb. Malta da ~).

pesadamente adv (<pesado + -mente) **1** Vagarosamente/Lentamente. **Ex.** Caminhava ~ com evidentes sinais de cansaço. **2** Sem vivacidade/De forma monótona. **Ex.** Lia o seu discurso ~, e a assistência bocejava. **3** Com grande esforço/dificuldade. **Ex.** Estava habituado a trabalhar ~ [duramente], col de sol a sol [do nascer ao pôr do sol].

pesadão, ona adj (<pesado + -ão) **1** *Aum* de pesado/Muito pesado. **2** Que se desloca de forma lenta, devido ao peso excessivo. **Ex.** Ele não é o único jogador a estar ~, a ter uns quilos a mais. **3** Que esteticamente não agrada. **Ex.** O estilo daquela igreja é ~, não tem a graça, a leveza das catedrais góticas. **4** Aborrecido/Monótono/Enfadonho. **Ex.** O sermão da festa foi ~, já toda a assembleia suspirava pelo almoço.

pesadelo (Dê) s m (<pesado + -elo) **1** Sonho aflitivo/opressivo/mau. **Ex.** Foi um alívio quando acordei, muito sofri enquanto vivi este ~ no(c)turno. **2** Pessoa, coisa, ideia que provoca grande mal-estar/angústia/preocupação. **Ex.** O ~ para os criadores de gado é esta estiagem [seca] que dura há [faz] quatro meses. **3** Causa de grande sofrimento. **Ex.** Os últimos quiló[ô]metros da etapa, em subida íngreme, foram um ~ para alguns ciclistas. **4** Aflição/Angústia/Medo. **Ex.** Nunca mais esquecerei o ~ por que passámos quando a enxurrada ameaçava arrastar tudo à sua frente. **5** ⇒ Letargo/Marasmo.

pesado, a adj (<lat *pensátus* <penso, áre: pesar) **1** Que pesa muito. **Ex.** A mochila dos livros é demasiado ~a para as crianças. **Comb.** Água ~a [que possui grande percentagem de oxigé[ê]nio e deutério [OD_2], us como moderador nos rea(c)tores nucleares]. **Metal ~** [Designação de metais e ligas cujo peso específico é superior a 5]. Óleo ~ [derivado da destilação do petróleo a temperatura superior a 225° C]. **2** De grande porte/volume/calibre. **Ex.** Nesta estrada passam muitos veículos ~s. O exército fez uso de artilharia ~a. **Comb.** Indústria ~a. **3** Que não se desloca com a facilidade esperada devido ao peso exagerado. **Ex.** O nosso ponta de lança veio das férias um pouco ~, precisa de perder alguns quilos. **4** Denso/Espesso/Compa(c)to/Carregado. **Ex.** Nuvens ~as ameaçavam uma forte chuvada. **5** Que dá uma sensação de peso, de dificuldade de [em] manter-se desperto. **Ex.** Às dez (horas) da noite já a cabeça e as pálpebras da criança descaíam ~as de cansaço, de tanta brincadeira. **6** Que sente o espírito oprimido, constrangido por ter agido mal. **Ex.** O vizinho devia ter a consciência ~a porque, ao avistar-me à distância [ao longe], tratou de evitar-me [de não se encontrar comigo]. **7** Que causa grande despesa a outrem. **Ex.** Eu não queria tornar-me ~ para si, vamos col fazer contas à moda do Porto [dividir a despesa comum]. **8** Diz-se de alimento de digestão difícil. **Ex.** À noite uma feijoada é um prato muito ~. **9** Diz-se de expressão exagerada ou muito severa. **Ex.** Dizer a um filho que é apenas um joguete na mão dos colegas é ~. **10** Diz-se de estilo ou construção em que há superabundância de elementos decorativos. **Ex.** Tanto ornamento torna a igreja ~a para o nosso gosto. **11** Opressivo/Carregado. **Ex.** O ambiente na freguesia era ~ depois do acidente que vitimou dois filhos da terra [localidade]. **Comb.** Ar ~/carregado [Ambiente tenso, resultado de conflitos latentes]. **12** Árduo/Difícil/Duro. **Ex.** O trabalho nas minas é ~. **13** De valor elevado. **Ex.** Agora as multas de trânsito são ~as. **14** Profundo/Imperturbável. **Ex.** Como tenho um sono ~, não dei pela [não me apercebi da] tempestade desta noite. **15** s m Veículo de transporte de mercadorias de peso superior a 3500 kg. **Ex.** Trânsito proibido a ~s! **16** s m Br Indivíduo azarado.

pesador adj/s (<pesar + -dor) **1** (O) que pesa. **2** s m O que serve para calcular o peso de alguma coisa. **3** s f Máquina para pesar/Balança.

pesadote (Dó) adj (<pesado + -ote) **1** Um pouco/tanto pesado/Que custa a transportar. **Ex.** Isso é ~ para ti, que ainda és pequenino. **2** Que está um pouco gordo. **Ex.** Tens uns quil(it)os a mais, estás ~!

pesadume s m (<pesado + -ume) **1** Peso/Carga. **2** fig Má vontade. **3** Sentimento de desgosto/tristeza.

pesa-espíritos s m sing e pl Fís (<pesar + ...) Areó[ô]metro para medir a densidade de líquidos com álcool.

pesagem s f (<pesar + -agem) **1** A(c)to ou efeito de pesar, de calcular o peso de alguma coisa. **2** *Equitação* Local em que são pesados os jóqueis [cavalos] que entram nas corridas.

pesa-leite s m Fís (<pesar + ...) ⇒ galactó[ô]metro.

pesa-licores (Pè-Cô) s m sing e pl Fís (<pesar + ...) Areó[ô]metro que indica a densidade dos licores.

pêsame(s) s m (<pesa-me <pesar) Expressão de pesar pelo falecimento de alguém/Sentimentos/Condolências. **Ex.** Apresentei os ~ aos familiares enlutados.

pesa-mosto s m Fís (<pesar + ...) Espécie de areó[ô]metro us para calcular a quantidade de açúcar no mosto/Gleucó[ô]metro.

pesa-papéis s m sing e pl (<pesar + papel) Objecto pesado que na secretária se põe sobre papéis soltos para que não se extraviem/percam/Pisa-papéis.

pesar v t/int/s m (<lat *pénso, áre, átum*) **1** Usar uma balança para determinar o peso de alguém ou de alguma coisa. **Ex.** Gosto de me ~, até por razões de saúde. **2** Ter um determinado peso indicado pela balança. **Ex.** Estou a ~ 60 quilos, um peso aceitável. **3** Ter muito peso em relação a quem faz o seu transporte. **Ex.** A mochila pesa, os livros deviam ser mais leves. **4** Causar uma sensação de opressão, de peso. **Ex.** Este ar quente carregado de (h)umidade pesa-me sobre o peito, tenho dificuldade de/em respirar. Esta comida pesa-me no estômago, tenho sempre que tomar uns sais de frutos para ajudar a digestão. **5** Incidir/Recair sobre. **Ex.** As medidas de austeridade que pesam sobre a população são cada vez mais gravosas. Pesa sobre a minha família a ameaça da perda da casa devido a ser insolvente [devido a não poder pagar a renda]. **6** Constituir um encargo para alguém/Onerar. **Ex.** O meu irmão, ao conseguir um emprego, deixou de ~ no orçamento familiar. **7** Ponderar/Considerar/Avaliar. **Ex.** Antes de tomar uma decisão importante, convém ~ bem os prós e os contras. **8** Ter influência/Ser importante. **Ex.** Na sua decisão pesou muito o fa(c)to de assim poder ajudar melhor o sobrinho. **Idi.** ~ *na balança* [Ter importância para decidir]. **9** Sentir desgosto/arrependimento de algum mal que fez. **Ex.** Pesa-me de, sem querer, ter contribuído para esse desaire. **10** s m Desgosto/Mágoa/Tristeza/Pêsames. **Ex.** Quero expressar-lhe o meu ~ pela morte do seu pai. **11** s m Arrependimento/Remorso. **Ex.** Perante o confessor, o cristão exprimiu a Deus o seu ~ de O haver ofendido e, contrito, pediu perdão.

pesaroso, a (Ôso, Ósa, Ósos) adj (<pesar + -oso) **1** Triste/Desgostoso. **Ex.** Estava ~ pela infeliz ocorrência. **2** Que está arrependido do mal praticado. **Ex.** Por fim mostrou-se ~ das traquinices que tanto afligiam o velhinho.

pesa-sais s m sing e pl Fís (<pesar + ...) Areó[ô]metro para determinar a densidade das soluções salinas.

pesa-xaropes (Pé-Charó) s m sing e pl (<pesar + ...) Instrumento para medir a densidade de açúcar num xarope.

pesca (Pés) s f (<pescar) **1** A(c)tividade profissional ou amadora de captura de peixe no mar, nos rios ou lagos, com barcos, rede, anzol, ... **Ex.** Para a alimentação humana, a ~ é uma a(c)tividade fundamental. **Idi.** *Andar/Estar à* ~ [Procurar encontrar alguém ou alguma coisa de que tira proveito]. **Comb.** ~ *de abano* [Forma de pesca à linha praticada no Algarve em que o isco é um pano branco]. ~ *de arrasto* [em que se usam redes puxadas por traineiras]. ~ *artesanal.* ~ *do bacalhau* (Ex. Os barcos usados na ~ do bacalhau designam-se de bacalhoeiros). ~ *costeira.* ~ *do*

alto (mar). ~ (d)esportiva. ~ industrial. ~ à linha. ~/Caça submarina [em que se mergulha para apanhar o peixe geralmente com arpão]. Banco de ~ [Local onde se concentram cardumes de peixes]. Barco de ~. Cana de ~. Marinha de ~ [Conjunto de embarcações ocupadas na indústria da ~]. Porto de ~. 2 Produto da pesca/Quantidade de peixe pescado. 3 Grande quantidade de pescado/Pescaria.

pescada s f Icti (<pescar) Peixe teleósteo da família dos gadídeos, muito apreciado em culinária; Merluccius merluccius. **Ex.** Um bom prato para as crianças, geralmente muito apreciado, é uma posta de ~, um ovo e legumes, tudo cozido. **Comb.** ~ do alto (mar) [de melhor qualidade, apanhada longe da costa]. ~ marmota [de pequena dimensão]. Filete de ~. Posta de ~. ⇒ pescado.

pescadinha s f (<pescada + -inho) **1** Icti Dim de pescada. **2** Peça de metal cilíndrica e delgada que os chapeleiros usam para fazer o rebordo dos chapéus.

pescado, a adj/s m (<pescar) **1** (Tudo o) que se pesca. **Ex.** A descarga do ~ na lota faz-se de madrugada. **2** Qualquer peixe. **3** an Imposto que incidia sobre o produto da pesca. **4** an Repartição municipal que calculava o imposto a pagar pelos pescadores sobre o peixe que comercializavam.

pescador, ora adj/s (<lat piscátor, óris) **1** Relativo à pesca/Próprio para pescar/ Piscatório(+). **Comb.** Aparelho ~. Barco ~. Rede ~a. **2** s Pessoa cuja a(c)tividade profissional ou (d)esportiva é a pesca. **Idi.** ~ de águas turvas [O que tira proveito de situações de desordem, de confusão] (Ex. Ele não passa de [Ele é apenas] um ~ de águas turvas, um oportunista). **Comb.** ~ de pérolas [de ostras perlíferas]. Hist **Anel do ~** [com que os papas autenticavam documentos].

pescar v t (<lat píscor, ári) **1** Capturar peixe, tirando-o da água. **Ex.** Quem pesca com anzol precisa de muita paciência. **Idi.** ~ em águas turvas [Aproveitar-se de situações pouco claras]. **2** fig Retirar alguma coisa da água. **Ex.** Os óculos caíram-lhe na água e ele correu a pescá-los. **3** fam Obter/Colher. **Ex.** Tentava, junto de pessoas simples, ~ dados que fossem úteis para a investigação de que se ocupava. **4** fig Captar/Apanhar/Perceber. **Ex.** O ladrão disse qualquer coisa ao colega mas eu, à distância, não consegui ~ nada daquilo. **5** fam Saber/Compreender. **Ex.** O miúdo não pesca nada de matemática, precisa de um bom explicador.

pescaria s f (<pescar + -aria) **1** A(c)to ou efeito de pescar. **2** Arte ou técnica de pesca. **3** Produto da pesca. **4** Grande quantidade de peixe pescado.

pescoção s m (<pescoço + -ão) **1** Aum de pescoço/Pescoço grande. **2** pop Pancada/Golpe/Dor no pescoço/Pescoçada(+). ⇒ pescoçudo.

pescoceira s f pop (<pescoço + -eira) ⇒ Pescoço grande/Cachaço/Pescoção **1**.

pescoço s m (< ?) **1** Parte delgada do corpo que une a cabeça ao tronco. **Ex.** O colarinho da camisa aperta-me um pouco (n)o ~. **Idi.** Estar até ao ~/até à raiz dos cabelos [Estar farto, já cansado de tantas contrariedades/pop chatices] (Ex. Estava já até ao ~ com aquelas graçolas do grupo). Estar com a corda no ~/na garganta [Estar em situação desesperada]. Estar empenhado até ao ~ [Estar cheio de dívidas]. Estar enterrado até ao ~ [Estar em situação muito complicada]. Não deixar pôr os pés no ~ [Não se deixar oprimir/ humilhar]. **2** Lado anterior dessa parte do corpo/Garganta/Colo. **Ex.** No pescoço do homem adolescente e adulto é bem visível a maçã de Adão. As rugas no ~ são sinal de muitos anos já. O miúdo, muito contente, saltou-lhe ao ~e abraçou-o com ternura. **3** Lado posterior da mesma parte do corpo/Cachaço/Nuca. **Ex.** A canga assenta sobre o ~ dos bois, dando mais liberdade à cabeça do animal do que o jugo, que é fixado com correias aos chifres. **4** fig Entrada estreita de vasilha/Gargalo(+). **5** fig Altivez/Bazófia. **Ex.** Toda aquela conversa (enfatuada) é col só ~/garganta(+).

pescoçudo, a adj (<pescoço + -udo) Que tem o pescoço longo ou grosso.

pés-de-galinha s m pl Rugas na face, sobretudo em volta dos olhos, devido a velhice, desgostos, …

pés de lebre s m pl Sistema de carris no cruzamento das linhas férreas, que permitem que o comboio [trem] mude de dire(c)ção.

peseta (Zê) s f (<esp peseta) **1** Unidade monetária de Espanha e de Andorra que precedeu o euro. **2** pop Pessoa de fraca reputação.

pesgar v t (<lat picicáre <pix, icis: pez) Barrar com pez as vasilhas de barro em que a uva vai fermentar.

peso (Pê) s m (<lat pénsum) **1** Força exercida sobre um corpo pela atra(c)ção gravitacional da Terra. **Ex.** Na Lua o ~ de um obje(c)to é menor que na Terra. **Comb.** ~ ató[ô]mico/molecular [Massa ató[ô]mica/ molecular]. ~ específico [Relação entre o ~ e o volume de um corpo homogé[ê]neo]. ~ estatístico [Número de vezes em que um valor ocorre nos dados considerados]. **2** Medida dessa força gravitacional. **Ex.** O aparelho tem dez quilos de ~. **Loc.** Ganhar ~ [Engordar]. Perder ~ [Emagrecer]. **3** Obje(c)to metálico aferido para usar como medida em alguns tipos de balança. **Ex.** Para pesar metais nobres, os ~s a usar são minúsculos. **Idi.** Ter dois ~ e duas medidas [Ser parcial/Não tratar um caso do mesmo modo]. **4** Força que um corpo exerce sobre uma superfície em que está apoiado. **Ex.** A cadeira de plástico não resistiu aos noventa quilos de ~ do meu amigo e ele estatelou-se no soalho. **Idi.** Pagar a ~ de ouro [caríssimo/Comprar por muito dinheiro]. Tirar um ~ de cima de alguém [Libertar de um problema, de uma preocupação]. Ser um ~ morto [Não ter qualquer utilidade] (Ex. Nesta equipa de trabalho, ele é um ~ morto, complica mais do que ajuda. A maquinaria abandonada num canto do armazém é um ~ morto que importa suprimir [tirar dali]). Valer o seu peso em ouro [Ter grande valor/Ser muito competente]. Vir «um grupo» em ~ [Afluir em grande número] (Ex. Para receber o herói da terra, a freguesia veio em ~ e fez uma grande festa). **Comb.** ~ bruto [(Valor da) soma do ~ do conteúdo com o do recipiente ou veículo de transporte] (Ex. Antes, na carroçaria dos camiões, estava indicada a tara e o ~ bruto). ~ líquido [relativo apenas ao conteúdo]. **5** Qualquer obje(c)to pesado. **Ex.** Aquela mochila, com tantos livros, é um ~ exagerado para as crianças. **6** Categoria em que se agrupam praticantes de modalidades (d)esportivas como o boxe, halterofilia e artes marciais, de acordo com o seu ~. **Ex.** No boxe profissional, o ~-pesado é a categoria dos praticantes com mais de 90,7 kg. **7** (D)esp Esfera maciça de ferro que na prova de atletismo do mesmo nome (Peso) é arremessada. **8** (D)esp Peça metálica us em provas de halterofilia e de elevação. **9** Unidade monetária em países como México, República Dominicana, Cuba, Colômbia, Chile, Argentina, Uruguai, Guiné-Bissau, Filipinas. **10** Sensação de mal-estar. **Ex.** Esta comida deixou-me um ~ no estômago. **11** Sentimento de culpa, de remorso. **Ex.** Esse a(c)to infame deixou-lhe um ~ na consciência de que não se vai livrar tão cedo [rapidamente]. **12** Encargo/ Ó[Ô]nus. **Ex.** Procurou um emprego para não continuar a ser um ~ para o orçamento familiar [para a família/os pais]. **13** O que molesta/incomoda/penaliza. **Ex.** Queixava-se do ~ dos anos, ele que fora tão ágil na juventude. **14** Influência/Importância/Preponderância. **Ex.** A profissão dos pais não teve ~ na escolha do curso dele. O apoio da massa associativa «trabalhadores/amigos de profissão» teve muito ~ na sua candidatura ao cargo. **Loc.** Ser uma razão de ~ para alguma coisa [um fa(c)tor importante, a ter em conta]. **15** Br ⇒ Azar/Enguiço.

pespegar v t fam (<pós- + pegar) **1** Aplicar/Pregar/Assentar com força. **Ex.** Irritada, pespegou-lhe uma valente bofetada. **2** Depor/Largar. **Ex.** Trouxe-lhe os livros e pespegou com eles na secretária. **3** col Impingir/Enganar. **Ex.** O logista pespegou-lhe um mono (Mercadoria que não tem venda) que tinha ali há [fazia] anos. **4** col ~-se/Permanecer demasiado tempo num local. **Ex.** Pespega-se-me no [Fica horas intermináveis no meu] café, de manhã e de tarde, e já aborrece.

pespego (Pê) s m (<pespegar) Estorvo/Empecilho(+). **Ex.** Ele também me saiu (cá) um ~, não vejo [sei] como me (hei de) ver livre dele.

pespontado, a adj/s m (<pespontar) **1** Cosido a pesponto. **2** Feito com apuro/Aprimorado. **3** Diz-se de pessoa afe(c)tada/presumida. **4** s m A(c)to ou efeito de pespontar.

pespontar v t/int (<pesponto + -ar¹) **1** Coser a pesponto. **2** Aplicar um pesponto. **3** fig Ter vaidade/Presumir/Timbrar.

pesponto s m (<lat post: depois de + púnctum: ponto) Ponto de costura em que a agulha volta a entrar em lugar do pano um pouco atrás do local por onde saiu. **Ex.** No ~ os pontos aparecem em parte sobrepostos uns aos outros. **2** Acabamento externo de costura com pontos largos, feito à máquina ou à mão, para reforço ou ornamento. **Ex.** A blusa tem um ~ com linha de outra cor que lhe dá muita graça.

pesporrência s f (De formação expressiva) **1** Qualidade ou atitude de arrogância ou autoritarismo. **2** Bazófia/Pedantismo.

pesporrente adj/s 2g pop (⇒ pesporrência) **1** (O) que manifesta arrogância/Autoritário. **2** Presunçoso/Pedante.

pesqueira s f (<pesqueiro) **1** Lugar onde há aparelhos de pesca. **2** Conjunto desses aparelhos. **3** Ornit Espécie de águia que se alimenta sobretudo de peixes, vivendo perto de lagos e pântanos.

pesqueiro, a adj/s m (<lat piscárius: de peixe) **1** Relativo à pesca. **Comb.** Indústria ~a. **2** Próprio para pescar. **Comb.** Frota ~a. Barco ~. **3** Área do mar onde o peixe é abundante. **4** Local onde peixes, crustáceos ou moluscos vivem, se alimentam ou se abrigam. **5** Fio de pesca com uma aselha numa extremidade e um anzol na outra.

pesquisa s f (<esp pesquisa <lat perquisitum, de perquíro, ere, sítum: indagar bem, procurar com cuidado) **1** A(c)to ou efeito

de pesquisar. **2** Procura sistemática de informação, de dados novos que levem ao aprofundamento do conhecimento. **Ex.** Na elaboração da tese, levou a cabo prolongadas ~s em várias bibliotecas. As ~ desenvolvidas para combate a doenças de maior mortalidade têm vindo a ter bons resultados. **3** Averiguação minuciosa para seguro esclarecimento de um fa(c)to, de uma situação. **Ex.** As ~s da (Polícia) Judiciária sobre a a(c)tividade do gangue decorriam há mais de um ano.

pesquisador, ora *adj/s* (<pesquisar + -dor) **1** (O) que pesquisa/investiga. **2** (O) que procura descobrir alguma coisa.

pesquisar *v t* (<pesquisa + -ar[1]) **1** Dedicar-se à descoberta metódica e sistemática de dados novos que levem ao aprofundamento do saber em determinada área/Investigar. **Ex.** Há em Portugal cada vez mais pessoas a ~. **2** Procurar informação sobre um assunto. **Ex.** Os alunos dos vários ciclos de ensino habituaram-se a ~ na Internet. **3** Inquirir/Investigar/Indagar. **Ex.** A polícia continua a investigar os meandros do crime. **4** Procurar descobrir algo que é de grande interesse/Proceder a [Fazer] sondagens. **Ex.** Em Portugal têm-se feito contratos com grandes empresas interessadas em ~ metais nobres e outros de grande valor para a indústria, além de petróleo, gás natural…

pessário *s m* (<lat *pessárium*) **1** Aparelho que se coloca na vagina para corrigir a descida do útero ou para servir de anticonce(p)cional. **2** Supositório vaginal.

pessegada *s f* (<pêssego + -ada) **1** Doce de pêssego. **2** *fam* Realização artística ou cultural de fraco nível. **Ex.** Aquela peça teatral foi uma autêntica ~! Mal empregado tempo e dinheiro! **3** ⇒ *fam* Barafunda/Confusão. **4** ⇒ *fam* Paródia/Pândega/Estúrdia.

pessegal *s m* (<pêssego + -al) Pomar de pessegueiros.

pêssego *s m* (<lat *pérsicus,a,um* [*malum*]: maçã da Pérsia) **1** *Bot* Fruto do pessegueiro, de polpa muito doce e sumarenta, pele aveludada e caroço duro. **Ex.** O ~, quando é de boa qualidade, é uma fruta deliciosa. **Comb.** ~ careca [de pele lisa, sem pelos]. ⇒ nectarina. **2** *col* Rapaz ou moça de aspe(c)to muito atraente para o outro sexo/gé[ê]nero. **Ex.** As moças, entre risos, comentavam: Ele é que um ~!

pessegueiro *s m Bot* (<pêssego + -eiro) Árvore da família das rosáceas, de crescimento rápido, de folhas lanceoladas e flores rosadas, cujo fruto é o pêssego. **Ex.** O ~ é das primeiras árvores a florir, como a ameix(i)eira e a amendoeira.

pessimamente *adv* (<péssimo + -mente) Muito mal/De forma muito desfavorável. **Ex.** O exame correu-me ~ (Não respondi corre(c)tamente a muitas questões), com certeza vou reprovar/*pop* chumbar!

pessimismo *s m* (<péssimo + -ismo) **1** Tendência do espírito para ajuizar de forma negativa/desfavorável as situações ou a sua evolução no futuro. **Ex.** O seu ~ só o prejudica e não ajuda a levantar o ânimo do grupo. **Ant.** O(p)timismo. **2** Perspe(c)tiva negativa sobre alguma coisa. **Ex.** Encaro com ~ o futuro da juventude nos próximos tempos. **3** *Fil* Doutrina que defende que, no mundo, o mal e a dor prevalecem sobre o bem e o prazer.

pessimista *adj/s 2 g* (<pessimismo) **1** (O) que tem tendência para julgar de forma negativa as situações. **Ex.** Os ~s não mobilizam os seus grupos para a melhoria da situação, pelo contrário, até os levam a um maior desânimo. **2** Que exprime pessimismo. **Ex.** Na desgraça, dizer que nada há a fazer é uma posição ~. **3** Relativo ao pessimismo, enquanto [como] teoria filosófica. **Ex.** Schopenhauer foi um filósofo ~.

péssimo, a *adj* (<lat *péssimus*) *Sup* de mau/Muito mau. **Ant.** Ó(p)timo. ⇒ pior.

pessoa *s f* (<lat *persóna*) **1** *Crist* Como Cristo revelou, cada uma das três entidades envolvidas no mistério de Deus Uno e Trino. **Ex.** Os cristãos acreditam que, em Deus, há Três Pessoas – Pai, Filho e Espírito Santo – que constituem [são] a Santíssima Trindade. **2** Ser humano, criança ou adulto. **Ex.** Qualquer ~, enquanto tal [, porque é ~], tem uma dignidade inviolável. **Loc.** Em ~ **a)** Pessoalmente (**Ex.** O Presidente da República quis vir, em ~, apresentar as suas condolências às muitas famílias enlutadas pela tragédia); **b)** Diz-se de qualidade, positiva ou negativa, que alguém manifesta em grau elevado (**Ex.** Aquele médico era a bondade em ~, os pobres não o irão esquecer durante muitos anos. Aquela mulher, com uma língua viperina, é a maldade em ~ [em figura humana (+)], está sempre pronta a semear intrigas). **3** Modo de ser/Índole/Cará(c)ter de alguém. **Ex.** Ele é uma ~ especial, a sua alegria contagia qualquer grupo em que entre. **Comb.** ~ de bem [honesta, cumpridora das suas obrigações]. ~ de confiança **a)** O que sabe guardar um segredo; **b)** O que é sensato; **c)** O que é considerado competente para realizar uma tarefa. **4** Ser humano, consciente de si mesmo, livre, sujeito de direitos e deveres. **Ex.** Educar é ajudar a formar a ~, alguém que pensa e age pela sua cabeça [de forma autó[ô]noma]. **5** *Fil* Ser humano como fim em si (mesmo), como valor absoluto. **Ex.** Segundo o filósofo alemão Kant, a ~, pela voz da sua consciência moral, sente-se obrigada a caminhar para a perfeição, a seguir a lei que lhe surge como dever. O que mais revolta uma ~ é dar-se conta de que foi usada por outrem como simples/puro instrumento dos seus interesses. **6** *Dir* Indivíduo ou entidade que é sujeito de direito. **Comb.** ~ cole(c)tiva [Unidade jurídica constituída por agrupamento humano organizado, independente dos indivíduos que o integram, capaz de exercer direitos e de contrair obrigações]. ~ física [Indivíduo humano que é sujeito de direitos e deveres]. ~ jurídica [Entidade política ou moral com existência jurídica, como Estados ou associações com organização legal]. ~ moral **a)** Grupo de indivíduos ou associações aos quais se reconhecem direitos e deveres; **b)** Entidade a que legalmente é atribuída personalidade jurídica. ~ singular [Indivíduo que é pessoa jurídica]. **7** *Gram* Categoria gramatical própria dos verbos e de alguns pronomes que marca as relações dos participantes no a(c)to da fala. **Ex.** Ao conjugar um tempo verbal, há formas diferentes para a primeira, segunda e terceira pessoa, no sing «*amo, amas, ama*» e no pl «*amamos, amais, amam*».

pessoal *adj 2g/s m* (<lat tardio *personális, e*) **1** Relativo a uma só [Da] pessoa/Exclusivo de alguém. **Ex.** É um assunto ~ que só a ele diz respeito. **Comb. Cédula** ~ [Documento que regist(r)a, relativamente ao recém-nascido, o nome dado pelos pais, a filiação, a data e o lugar do nascimento/Certidão de nascimento]. **Computador** ~. **Fortuna** ~. **Gostos** ~**ais**. **Obje(c)tos** ~**ais**. **Obrigação** ~. **Sin.** Individual; particular. **2** Dirigido/Destinado a alguém em particular. **Ex.** Em política devem discutir-se ideias, os ataques ~ais são de criticar. Tenho um convite ~ para ir à apresentação do livro. **3** Que manifesta cara(c)terísticas, ideias, gostos de uma pessoa/Próprio/Original. **Ex.** Tem uma visão muito ~ da presente crise. **Prov. Gostos** (~ais) *não se discutem*! **4** *Gram* Referente aos pronomes «eu, nós, …» que exprimem as pessoas do discurso ou ao infinitivo flexionado, segundo as pessoas gramaticais «*amar eu, amares tu, amar ele, amarmos nós, amardes vós, amarem eles*». **Comb. Infinitivo** ~ (Ant. Infinitivo im~). **Pronome** ~ «vós, eu, …». **5** *s m* Conjunto de pessoas que trabalham num organismo, empresa, serviço, estabelecimento. **Ex.** O cargo de Dire(c)tor do ~, em algumas empresas, é de difícil desempenho [, custa a desempenhar]. Os vencimentos do ~ estão a ser processados. **6** Conjunto de indivíduos reunidos por qualquer circunstância ou obje(c)tivo. **Ex.** O ~ da excursão foi cumpridor, respeitou sempre os horários que iam sendo estabelecidos. **7** Pessoas em geral/Grupo de amigos. **Ex.** No verão, o ~ [as pessoas gostam] gosta de ir para a praia. **8** A família de alguém. **Ex.** Ele, ao domingo, gosta de levar o seu ~ a almoçar fora [no restaurante].

pessoalizar *v t* (<pessoal + -izar) ⇒ **1** Personalizar. **2** Personificar.

pessoalmente *adv* (<pessoal + -mente) **1** Dire(c)tamente/Em pessoa/Sem recurso a um intermediário. **Ex.** Ela gosta de resolver ~ os casos mais graves. O presidente *col* não mandou recado, foi ~ falar com os interessados para resolver de vez [*col* uma vez por todas/definitivamente] a questão. **Loc. Conhecer** ~. **Escrever** ~ a. **Falar** ~ **com**. **Ir/Vir** ~. **Resolver** ~ «algo». **Tratar** ~ **de**. **2** De um ponto de vista pessoal/No que a si diz respeito. **Ex.** ~, não tenho razões de queixa dessa gente, trataram-me sempre bem. ~, não vejo que haja [, julgo não haver] motivo para a alteração do plano inicial.

pessoano, a *adj* (<*antr* F. Pessoa (1888-1935)) **1** Relativo ao grande poeta português Fernando Pessoa ou à sua obra. **2** Da autoria de F. Pessoa.

pestana *s f* (< ?) **1** *Anat* Cada um dos pelos que guarnecem o bordo das pálpebras/Cílio/Celha. **Idi. Queimar as** ~**s** [Estudar muito]. **2** Tira de tecido, em peça do vestuário, para cobrir molas, botões, costura ou para servir de ornamento/Debrum. **3** Aba com que se fecha o envelope. **4** *Náut* Extremidade dos braços [das unhas] da âncora. **5** *Mús* Nos instrumentos de cordas, filete de reforço junto das cravelhas. **6** ⇒ Resguardo. **7** *Br* Vegetação arbórea à beira de rios e lagos.

pestanejar *v int* (<pestana + -ejar) **1** Mover pálpebras e pestanas ao abrir ou fechar os olhos. **Ex.** Há pessoas que têm o tique de ~ muito. **Idi. Sem** ~ [Sem hesitar] (**Ex.** Vendo a criança em perigo, atirou-se à água para a salvar, sem ~). **2** *fig* Tremeluzir(+)/Cintilar(+). **Ex.** Na noite serena, as estrelas pestanejavam.

pestanejo *s m* (<pestanejar) A(c)to ou efeito de pestanejar, de mover as pestanas ao abrir ou fechar as pálpebras.

pestanudo, a *adj* (<pestana + -udo) Que tem grandes pestanas.

peste *s f* (<lat *péstis, is*: destruição) **1** Qualquer doença grave epid[ê]mica que provoca muitos mortos. **2** *Med* Doença infe(c)ciosa contagiosa causada por uma bactéria bacilar, *Bacillus pestis*, e transmiti-

da pela pulga do rato. **Ex.** A ~ parece ter tido origem em regiões da Ásia. **Comb. ~ bubó[ô]nica** [que se manifesta pelo aparecimento de gânglios linfáticos entumecidos [bubões] nas axilas e virilhas. *Hist* **~ negra** [Grande epidemia de tipo hemorrágico sub-cutâneo, em que apareciam manchas negras de gangrena] (Ex. A ~ negra, nos meados do séc. XIV, dizimou uma terça parte da população europeia). **(~) pneumó[ô]nica** [que se manifesta por forte pneumonia, é muito grave e contagiosa, provoca rapidamente a morte] (Ex. Os pastorinhos videntes de Fátima (Pt), Jacinta e Francisco, foram vitimados pela (~) pneumó[ô]nica, poucos anos depois das aparições da Virgem Maria). **3** *Vet* Designação de várias doenças infe(c)to-contagiosas de elevada mortalidade, causadas por vírus que atacam algumas espécies animais. **Comb. ~ bovina. ~ suína africana.**
4 *fig* O que corrompe física ou moralmente. **Ex.** A droga é uma das ~s do nosso tempo. **5** *fig* Pessoa de má índole, perniciosa. **Ex.** Ele é uma pessoa a evitar, tem-se revelado uma autêntica ~ para a juventude da vila. **6** *fam* Criança traquinas, que é difícil controlar. **Ex.** A vizinha queixa-se de que o neto é uma ~, de que lhe ocupa o tempo todo. **7** ⇒ *fig* Mau cheiro/Pestilência/Fedor. **8** *Meteor pop* Faísca/Raio. **Ex.** Caiu uma ~ nas redondezas, que provocou um trovão ensurdecedor.
pesticida *adj 2g/s m* (<lat *péstis, is*: peste + -cida) (O) que se usa para combater os parasitas de organismos vegetais. **Ex.** Os fungicidas e os herbicidas são alguns dos ~s. ⇒ inse(c)ticidas.
pestífero, a *adj/s* (<lat *péstifer, ra, rum*) **1** Que transmite ou causa a peste. **2** Doente atingido pela peste.
pestilência *s f* (<lat *pestiléntia*) **1** Doença contagiosa que geralmente provoca muitas mortes/Peste(+)/Epidemia(+). **2** ⇒ Contágio. **3** ⇒ Cheiro nauseabundo/Fedor. **4** ⇒ Degradação/Corrupção.
pestilento, a *adj* (<lat *pestiléntus, a, um*) **1** Relativo à [Próprio da] peste. **2** Que causa ou transmite a peste. **3** ⇒ Que exala um cheiro nauseabundo/Fétido/Infe(c)to. **4** *fig* ⇒ Que corrompe/Pernicioso.
pestilo *s m* (<esp *pestillo*) Tranqueta da porta/Aldraba/Fecho.
peta (Pê) *s f* (< ?) **1** *fam* Mentira/Patranha/Aldrabice/Logro. **Ex.** O brincalhão meteu-lhe uma ~ e ele, ingé[ê]nuo, acreditou. **2** ⇒ Anedota. **3** Machadinha na parte de trás do podão. **4** Orelha do sacho ou da picareta. **5** Peça de madeira que impede que o vidro se risque. **6** Sinal em volta dos olhos do cavalo. **7** *Bot* Mancha de podridão na fruta.
pétala *s f Bot* (<gr *pétalon*: folha) Cada um dos elementos da corola da flor. **Ex.** O centro da rua onde passava a procissão do Corpo de Deus estava coberto de ~s de várias espécies de flores. Na primavera, as lindas ~s das árvores de fruto atraem os inse(c)tos que, ao tocarem no pólen, facilitam a fecundação que permite a formação dos frutos. ⇒ sépala.
petaliforme *adj 2 g* (<pétala + -forme) ⇒ petaloide.
petalite/a *s f Min* (<gr *pétalon*: lâmina + -ite) Silicato de alumínio e lítio, em vidros, cerâmica e na extra(c)ção do lítio.
petaloide (Lói) *adj* (<pétala + -oide) Que é semelhante à pétala/Petaliforme.
petard(e)ar *v t* (<petardo + -ar¹) **1** Fazer explodir/saltar com petardo. **2** Explodir/Estalar/Detonar como um petardo.

petardo *s m* (<fr *pétard*) **1** *Mil* Engenho explosivo de forma prismática ou cilíndrica, portátil, *us* para destruir obstáculos. **2** Peça de fogo de artifício portátil, que rebenta com estrondo. **3** ⇒ Bomba. **4** No futebol, forte chuto/pontapé em que a bola é disparada/rematada com violência.
peteca *s f* (<tupi *pe'teka*: bater com a palma da mão) **1** Brinquedo que consiste numa pequena bola ou base sobre a qual se encaixa um punhado de penas e que se lança com uma pancada da mão. **2** ⇒ badminton; gude; berlinde.
peteiro, a *s Col* (<peta 1 + -eiro) ⇒ mentiroso.
petição *s f* (<lat *petítio, ónis*) **1** A(c)ção de pedir (a obtenção de) alguma coisa/Súplica. **Ex.** Ele ficou de analisar a ~ para ver se (ela) pode ser deferida. **Comb.** *Fil* ~ de princípio [Vício do raciocínio/Sofisma em que se dá como certo [provado] aquilo que se pretende provar]. **2** Pedido dirigido por escrito a um tribunal ou a uma autoridade. **Ex.** A ~ que vamos entregar no Parlamento para a defesa da vida tem já duas mil assinaturas.
peticionar *v t* (<petição + -ar¹) Dirigir uma petição a um tribunal ou a uma autoridade.
peticionário, a *s* (<petição + -ário) **1** Pessoa que faz ou assina uma petição dirigida a uma autoridade/Requerente. **2** *Dir* O que move/põe uma a(c)ção em tribunal. **Ex.** O ~ procura defender os seus interesses quando entende que foi prejudicado. **3** O que pede/suplica.
petinga *s f* (< ?) **1** Sardinha miúda/pequena. **2** Peixe pequeno que os pescadores usam como isca.
petinha *s f Ornit* (<peto + -inha) Nome vulgar de ave passeriforme, do tamanho da andorinha, também conhecida por cicia, escrevedeira, patinha, …
petisca *s f* (<petiscar) **1** Jogo de crianças em que se procura acertar com uma pedrinha numa moeda que está no chão, ganhando quem conseguir fazê-lo. **2** *pop* Ponta de cigarro/Beata.
petiscar *v t/int* (<petisco + -ar¹) **1** Comer um pouco de/Provar para saborear. **Ex.** Com muita coisa boa pela [na] frente, gosto de ~ um pouco de tudo. **2** Comer petiscos, comida apetitosa, bem preparada. **3** *fam* Saber pouco de determinado assunto/*pop* Pescar de/*pop* Arranhar. **Ex.** O nosso amigo petiscava um pouco de russo e podia ser uma preciosa ajuda para nós em Moscovo. **4** Ferir com petisco **4** [fuzil] a pederneira para fazer lume por fricção/atrito.
petisco *s m* (< ?) **1** Comida saborosa, preparada com esmero/Piteú/Acepipe. **Ex.** Esse prato de bacalhau é [cá] um ~ [é tão bom] que *idi* nem queiram saber [que não lhes digo nada]. **2** Prato leve que serve de entrada (à refeição). **Ex.** Como ~, para começar o nosso convívio, pedimos amêijoas à Bulhão Pato, que estavam deliciosas! **3** Pequena refeição que se servia a ceifeiros e malhadores. **4** Fuzil com que, por atrito, se produz lume na pederneira. **5** *Iron* Situação difícil, complicada, cuja resolução obriga a [exige] grande esforço/*fam* Estopada. **Ex.** Ter um furo na estrada e ter de mudar a roda do carro, de noite e debaixo de forte temporal, foi cá um ~! **6** *pop* Pessoa pretensiosa que se presta a (ser obje(c)to de) mofa/zombaria/troça.
petisqueira *s f* (<petisco + -eira) **1** Aquilo que se petisca/Piteú/Petisco. **2** *Br* Casa de pasto/Restaurante.
petiz, za *s* (<fr *petit*: pequeno) **1** Criança/Menino/Miúdo/Pequeno. **Ex.** Na festa da aldeia, os ~es iam pela rua à frente da banda (musical), radiantes, orgulhosos de encabeçar o cortejo que se formara. **2** Criança novinha. **Ex.** Era ainda um ~ quando lhe faleceu o avô.
petizada *s f* (<petiz + -ada) Grupo de crianças/As crianças em geral/Criançada/Garotada/*Br* molecada.
peto (Ê) *s m/adj* (< ?) **1** *Ornit* Pica-pau. **2** *Ornit* Designação vulgar de várias espécies de aves trepadoras da família dos picídeos. **3** Parte posterior do sacho, da picareta, do podão/Orelha/Peta 3/4. **4** ⇒ *adj fam* Maçador/Importuno. **5** Brejeiro/Malicioso. **6** ⇒ *pop* Estrábico/Vesgo.
petrarquiano, a *adj/s* (<*antr* Petrarca, poeta italiano do séc. XIV + -ano) Relativo a [De] Petrarca ou à sua obra literária. **Ex.** O soneto ~ começou a ser divulgado em Portugal no séc. XVI, por Sá de Miranda/Petrarquista.
petrarquismo *s m Liter* (<*antr* Petrarca + -ismo) **1** Ideário e estilo da obra de Petrarca, que alia o requinte da forma ao da expressão dos sentimentos. **2** Imitação da poesia de Petrarca.
petrechar *v t* ⇒ apetrechar.
petrechos *s m pl* (<esp *petrechos*) **1** *Mil* Instrumentos e munições de guerra. **2** Obje(c)tos e utensílios necessários para exercer uma arte ou ofício ou realizar qualquer a(c)tividade ou tarefa/Apetrechos/Ferramenta.
pétreo, a *adj* (<lat *pétreus*) **1** Relativo a [De] pedra. **2** Semelhante à pedra/Que tem a natureza, cara(c)terísticas da pedra. **3** *fig* ⇒ «coração» De pedra (+)/Desumano/Insensível/Duro.
petr(i/o)- *pref* Significa pedra (Ex. petrificar; petrologia).
petrícola *adj 2g/s m* (<petri- + -cola) **1** Que vive nas pedras. **2** *Zool* Designação geral de moluscos que habitam no interior dos rochedos.
petrificação *s f* (<petrificar + -ção) **1** *Geol* Processo de transformação da matéria orgânica em matéria mineral/A(c)to ou efeito de petrificar(-se). **Sin.** Fossilização(+). **2** Formação de uma camada de calcário, trazido pela água, sobre os corpos que ela banha. **3** *fig* Falta de evolução/Estagnação(+). **4** *fig* Imobilidade provocada por um grande susto ou surpresa. ⇒ petrificar **4 Ex.**
petrificar *v t* (<petri- + -ficar <lat *fácio, ere*: fazer) **1** *Geol* Transformar(-se) matéria orgânica em mineral. **2** Cobrir(-se) de uma camada de calcário que endurece, depositado pela água em superfície que banha. **Ex.** A água da torneira da nossa zona geográfica petrifica as canalizações. **3** *fig* Tornar insensível/Desumanizar/Endurecer/Empedernir. **4** *fig* Imobilizar(-se) devido a forte emoção. **Ex.** Ao ver o assassínio dum inocente fiquei petrificado!
petrino, a *adj* (<*antr* Pedro, apóstolo de Cristo) Relativo a S. Pedro ou ao papa, seu sucessor. ⇒ paulino.
petro- *pref* Significa **petróleo** (Ex. petrodólar; petroquímica).
petrodólar *s m* (<petro- + …) Dólar vindo de país produtor e exportador de petróleo, colocado nos mercados financeiros internacionais.
petrogenia [petrogénese] [*Br* **petrogênese**] *s f Geol* (<petr(o)- + gr *génos*: origem + -ia) Ramo da petrologia que estuda a origem e formação das rochas.
petrografia *s f Geol* (<petrógrafo + -ia) Ramo da petrologia que faz a descrição e a classificação das rochas.
petrográfico, a *adj* (<petrografia + -ico) Relativo à petrografia.

petrografista s 2g (<petrografia + -ista) Especialista em petrografia.

petrógrafo, a s (<petro- + -grafo) ⇒ petrografista.

petroleiro, a adj/s m (<petróleo + -eiro) **1** Relativo a petróleo e seus (produtos) derivados/Petrolífero. **Comb.** Indústria ~a. **2** (Diz-se de) navio que transporta petróleo. **Ex.** Fechado o Canal de Suez, devido à Guerra dos seis dias (junho de 1967), houve necessidade de construir navios ~s de muito grande capacidade para o transporte do petróleo desde o Golfo Pérsico até à Europa do Norte, fazendo a volta do Cabo (da Boa Esperança). **3** Revolucionário que usa o petróleo como meio de destruição/Incendiário(+)/Extremista/Terrorista.

petróleo s m Geol (<petro- + óleo) Óleo mineral de cor escura, espesso e inflamável, formado essencialmente de hidrocarbonetos, e us como fonte de energia de enorme importância econó[ô]mica. **Ex.** O ~ extrai-se sobretudo de grandes jazidas, algumas a grande profundidade, na terra e no mar. **Comb.** ~ **bruto** [como é retirado do subsolo «antes de passar pela refinaria»]. *Jazida de ~. Poço de ~. Refinaria de ~.*

petrolífero, a adj (<petróleo + -fero) **1** Relativo ao petróleo. **Comb.** Riqueza ~a. **2** Que produz [Em que se extrai] petróleo. **Comb.** *Campo ~. Região ~a.* **3** Que explora e comercializa petróleo. **Comb.** *Companhia ~a. Indústria ~a.* **4** Relativo à exploração e comercialização do petróleo. **Comb.** Choque ~ [Subida brusca e generalizada do preço do petróleo] (Ex. Em 1973 ocorreu o primeiro choque ~). ⇒ OPEP.

petrologia s f Geol (<petro- + -logia) Ramo das ciências geológicas que faz o estudo das rochas quanto à sua formação, evolução e estado a(c)tual, procedendo à sua descrição e classificação e determinando a sua composição física, química e mineralógica. **Ex.** A ~ inclui a petrogenia e o petrografia.

petrologista s 2g (<petrologia + -ista) ⇒ petrólogo.

petrólogo, a s (<petro- + -logo) Especialista em petrologia.

petromax (Pètròmákss) s m (Designação comercial) Variedade de lampião que funciona a querosene, com camisa de seda protegida por cilindro de vidro. **Ex.** Onde não havia ele(c)tricidade, para obter uma luz forte, usávamos um ~.

petroquímico, a adj/s (<petróleo + ...) **1** Relativo à transformação dos produtos químicos derivados do petróleo. **Comb.** *Complexo ~. Indústria ~.* **2** (Pessoa) que é especializada em petroquímica. **Comb.** Engenheiro ~. **3** s f Ramo da química industrial que estuda os derivados do petróleo e as técnicas da sua transformação. **4** s f Indústria ou empresa industrial que processa transformações químicas a partir dos derivados do petróleo.

petulância s f (<lat petulántia) **1** Demasiada confiança nas suas qualidades, capacidades ou méritos/Qualidade de petulante. **Ex.** A sua ~ torna-o ridículo. **Sin.** Presunção; arrogância; vaidade. **2** Atrevimento/Insolência/Descaramento/Desaforo.

petulante adj/s (<lat pétulans, ántis: provocador, insolente) **1** (O) que é imodesto/arrogante/convencido/vaidoso. **Ex.** O ~ desperta sentimentos de antipatia. Na reunião, o seu ar ~ irrita e algumas pessoas reagem mal. **2** (O) que é insolente/atrevido/descarado.

petúnia s f Bot (<lat científico petúnia <fr pétun) Designação comum a plantas do gé[ê]nero Petunia, da família das solanáceas, nativas de regiões tropicais e subtropicais da América do Sul, muito cultivadas como ornamentais, pela beleza das suas cores garridas.

peúga s f (<lat pedúca,ae) Meia curta/Peúgo.

peugada s f (<peúga + -ada) Vestígio deixado no solo pela passagem de pessoa ou animal/Pegada/Rasto(+). **Ex.** O cão, guiado pelo faro, vai na ~ do coelho bravo que ali passara há pouco, até o descobrir. **Idi.** *Ir na ~ de* **a)** Ir atrás de/Seguir os passos de/Perseguir (Ex. Houve um assalto e a polícia vai na ~ [no encalço] dos criminosos); **b)** Seguir o exemplo de/Ter como modelo (Ex. O irmão mais velho foi um ó(p)timo aluno, e agora este vai na sua ~, não quer ficar atrás [quer ser como o outro]).

peva (Pè) s f pop (<patavina) Coisa nenhuma/Nada. **Ex.** Disso ele percebe ~, nada, idi não dá uma para a caixa.

pevide s f (<lat vulgar pipita <pituita: mucosidade) **1** Bot Semente achatada e comestível de vários frutos carnudos da família das cucurbitáceas, como a abóbora, o melão, ... **Ex.** Longe vai o tempo em que, no estádio, no intervalo dos jogos de futebol, se descascavam e comiam umas ~s!... **Idi.** *Não ter ~s na língua* [Falar francamente/idi Não ter papas (+) na língua]. **2** Cul Massa de farinha com a forma de semente de abóbora/pepino us em sopas/Massinha. **3** adv col Nada/Nem um bocadinho. **Idi.** *Não ligar ~* [Não prestar atenção a/Não se interessar minimamente por] (Ex. Vendo-o desinteressado no trabalho, já lhe chamei a atenção, mas ele não tem ligado ~). **4** ⇒ Zool Segmento de té[ê]nia. **5** Vet Película que aparece na língua das aves, sobretudo galináceas, impedindo-as de beber. **6** ⇒ Morrão de torcida ou pavio. **7** Dificuldade ou impossibilidade de pronunciar os rr. **8** ⇒ pop Nádegas/Rabo/Traseiro.

p. ex. = por exemplo.

pexotada (Cho) s f (<pexote + -ada) **1** Grupo de pexotes. **2** Erro que revela inabilidade ou inexperiência. **3** Má jogada.

pexote (Chó) adj 2g/s m (<peixote ? <peixe + -ote) **1** (O) que joga mal/que é inábil/que não tem jeito para uma a(c)tividade/Aselha(+). **2** Novato/Inexperiente/Principiante.

pez (Pês) s m (lat pix, pícis) Substância viscosa, de cor negra a castanha, líquida quando quente, que endurece ao arrefecer, obtida como resíduo da destilação do petróleo, de madeiras resinosas e de alcatrões de hulha, lignite e carvão vegetal/Breu/Piche. **Ex.** O ~ é usado, entre outras utilizações, para isolamentos, impermeabilizações, coberturas, pavimentação de estradas. O ~ de cor branca é usado para calafetar barris de cerveja e fabrica-se a partir da resina de pinheiro.

pezinho (Pé) s m (<pé + -z- + -inho) Dim de pé/Pé pequeno. **Idi.** *Vir com [em] ~s de lã* **a)** Aproximar-se de mansinho, sem se fazer notado (Ex. Avançou sorrateiramente, em ~s de lã, e vendou[tapou]-lhe os olhos); **b)** Falar com bons modos para conseguir o que quer (Ex. Depois de fazer a asneira, veio-me em ~s de lã pedir desculpa). **Comb.** Doença dos ~s [Paramiloidose].

pezorro (Pèzôrro) s m (<pé + -z- + -orro) Aum de pé/Pé grande.

pezudo, a (Pé) adj (<pé + -z- + -udo) Que tem pés grandes.

pezunho s m (<lat pédis úngula: unha do pé) **1** Pé de porco/Chispe. **2** depr Pé grande. **3** Vet Doença contagiosa causada por um bacilo em ovinos e caprinos, que ficam com os pés doridos e podem perder os cascos/Pieira.

pH s m (<al potenz (potência) + H (Símbolo do hidrogé[ê]nio) Índice que mede a acidez ou a alcalinidade de uma solução, com base numa escala. **Ex.** Numa solução neutra o ~ tem o valor de 7; as soluções ácidas têm valores de ~ inferiores a 7, enquanto que as soluções alcalinas/básicas têm valores de ~ superiores a esse número.

photomaton ing s m (Designação comercial) **1** Aparelho que tira fotografias e as revela logo a seguir. **Ex.** Como eu precisava de uma foto(grafia) para o documento, recorri ao ~. **2** Foto(grafia) tirada com esse aparelho.

pi s m **1** (Nome da) letra do alfabeto grego π, que corresponde ao *p* do alfabeto português. **2** Mat Símbolo usado para representar a razão constante entre o perímetro e o diâmetro da circunferência, com o valor de 3,141592...

pia s f (<lat pila: tina) **1** Pedra cavada para receber líquidos. **Comb.** *Rel ~ da água benta* [Recipiente para água benzida, fixado à parede, à entrada das igrejas, onde os cristãos molham a mão com que fazem o sinal da cruz]. *~ ba(p)tismal/do ba(p)tismo* [Na igreja, grande bacia de pedra sobre uma base, que recebe a água que escorre da cabeça do que está a receber o sacramento do Ba(p)tismo]. *Br ~* [Tina] *de cozinha* [Lava-loiças]. *Br ~ de banheiro* [Lavatório/Lavabo]. **2** Recipiente, geralmente de pedra, com rabo, para receber despejos, ligado à canalização de esgotos. **3** Rece(p)táculo sanitário de casa de banho [Br banheiro]/Sanita. **4** Rece(p)táculo de pedra onde se deita comida ou água para animais. **Ex.** A ~ das vacas levava alguns baldes de água. **Comb.** *~ dos porcos* [Masseirão]. *~ das galinhas*. **5** Depósito(+) de água para abastecer o povoado. **6** Carlinga do navio.

piã s f (<tupi pi'ã: tumor) Doença tropical com manifestações cutâneas.

piaba Br s f Icti (<tupi pi'aka) Designação vulgar de vários peixes teleósteos de rio.

piaçá [piaçaba] s m (<tupi pi'a'saba) **1** Bot Planta tropical da família das palmáceas, que produz fibras usadas em vassouras, cordoaria, ... **2** Fibra dessa planta. **3** Vassoura com essa fibra. **4** Vassoura pequena de limpeza da pia [sanita da casa de banho [Br do banheiro].

piada[1] s f (<piar) **1** Voz de crias das aves/Pio(+). **2** Dito engraçado/espirituoso/Chalaça/Laracha/Graça. **Ex.** Ele gosta de meter na conversa, de vez em quando, uma ~, para animar. **3** Qualidade da pessoa ou daquilo que diverte os outros, que dá [cria] boa disposição. **Ex.** O rapaz até tem ~/graça. Ela, na excursão, contou umas anedotas com muita ~. ⇒ piadão. **4** O que desperta interesse, por ser diferente, original. **Ex.** É um livro com interesse, com ~, vale a pena lê-lo. **Loc.** *Tem ~* [Expressão intercalar no discurso, *us* pelo falante para exprimir a estranheza que lhe causou o que vai referir a seguir) (Ex. – E, tem ~, sabes quem é que apareceu lá na festa? O nosso chefe, acompanhado de uma loiraça!). **5** Referência iró[ô]nica, de censura indire(c)ta, que visa alguém presente/Graça (de mau gosto). **Ex.** O colega não gostou da ~, *idi* não engoliu em seco [não se resignou com a crítica velada], e, na primeira ocasião, vai *iron* brindar o engraçadinho com *idi* o troco na mesma moeda [vai retribuir com ~ certeira].

piada² *s f Agric* (<pio + -ada) Quantidade de azeitona que, de cada vez, entra no pio do lagar.

piadão *s m* (<piada¹ + -ão) *Aum* de piada/ Qualidade de quem ou do que tem muita piada [graça], provoca muito boa disposição nos presentes. **Ex.** O moço tem um ~, à sua volta todos riem às gargalhadas com as suas pilhérias.

piadeira *s f Ornit* (<piar + -deira) **1** Ave palmípede migratória da família dos anatídeos, de pescoço e cabeça avermelhados, também conhecida por alfanado. **2** Designação vulgar de algumas aves trepadoras da família dos picídeos, também conhecidas por peto, papa-formigas. **3** O pio continuado de ave/Piadouro «da galinha com fome».

piadético, a *adj* (<piada) Que tem graça/ piada quando conta alguma coisa/Engraçado.

piadinha *s f* (<piada + -inho) *Dim* de piada/ Referência iró[ô]nica velada, indire(c)ta, de censura a alguém presente/Insinuação maldosa/Remoque/*col* Boca. **Comb.** ~ de mau gosto [que incomoda/fere].

piadista *adj/s 2g* (<piada + -ista) **1** (O) que tem o hábito de fazer referências iró[ô]nicas, maldosas, de censura velada a alguém presente. **2** (O) que gosta de proferir ditos engraçados, de fazer rir.

piado *s m* (<piar 6) **1** O piar das aves/Pio(+). **2** *fam* Som produzido pela respiração devido a inflamação nas vias respiratórias/ Pieira(+).

piadou[oi]ro *s m* (<piar + -douro) O piar continuado das aves/Piadeiro/a.

pia-máter *s f Anat* (<lat medieval *pia mater*: mãe piedosa) Membrana que envolve o encéfalo e a espinal-medula/A mais interna das meninges.

piamente *adv* (<pio + -mente) **1** Com fé/ Devotamente. **Ex.** Ajoelhou-se ~ diante do sacrário e rezou. **2** *iron* Sem contestar/*idi* sem fazer ondas/De forma só aparentemente convicta. **Ex.** Segui ~ as instruções do chefe e *col* daí lavo as minhas mãos [O sucesso ou o fracasso da operação [do trabalho] é exclusivamente da responsabilidade do chefe].

pianinho *adv/adj Mús* (<it *piano*: suave(mente) + -inho) **1** De modo muito suave/Em ritmo muito vagaroso. **2** Em tom baixo.

pianíssimo *adv/adj Mús* (<it *pianíssimo*) **1** *Sup* de piano². **2** *Mús* Em tom extremamente suave/Muito baixinho.

pianista *s 2g* (<piano¹ + -ista) **1** Pessoa que, por profissão, toca piano. **Ex.** A execução do trecho musical pelo ~ entusiasmou a assistência. **2** Pessoa que toca ou sabe tocar bem piano, fazendo-o como amador.

piano¹ *s m* (<it *pianoforte*) **1** *Mús* Instrumento de cordas que são percutidas por martelos de madeira forrados com feltro, a(c)cionados por teclas. **Ex.** Naquele restaurante, a refeição é acompanhada por música de ~. **Comb.** ~ **de cauda** [que tem as cordas dispostas horizontalmente e uma tampa que se levanta para aumentar o som]. ~ **vertical** [que tem as cordas dispostas verticalmente]. **2** Técnica ou arte de tocar ~. **Comb. Aula de** ~. **Curso de** ~. **3** *fig* Todo o móvel que serve para trabalhar. **4** *pop* ⇒ Cama. **5** *gír* Guitarra, entre gatunos. **Idi. Tocar** ~ **a)** Lavar a casa; **b)** Roubar.

piano² *adv Mús* (<it *piano*) «cantar/tocar» **1** Com timbre suave/Baixinho. **2** Devagar/ Pausadamente/Lentamente.

piano-bar *s m* Lugar de convívio em que se tomam bebidas e se ouve tocar piano.

pianola (Nó) *s f Mús* (<ing *pianola* (Designação comercial)) Tipo de piano mecânico, a(c)cionado com pedais, que tem no interior um rolo de papel perfurado com a notação da peça a ser executada/Piano automático.

pião *s m* (<lat *pédo, ónis*: que anda de pé; ⇒ ~ **das nicas**) **1** Brinquedo de madeira em forma de pera, com coroa, (com) um bico de metal na outra extremidade, que se faz girar desenrolando rapidamente um cordão (A baraça) que o estava a envolver. **Ex.** O jogo do ~, em que a miudagem da aldeia disputava a mestria, começava pelos fins do inverno, quando o frio já abrandava. Havia quem fosse exímio em fazer rodar o ~ de mansinho, na ponta da unha. **Idi. Apanhar o ~ à unha** [Aproveitar imediatamente uma oportunidade]. **2** Movimento acidental ou provocado do automóvel que gira bruscamente sobre si próprio, ficando voltado para o lado contrário àquele em que seguia, invertendo a marcha. **Ex.** No descampado estava um rapazola que se divertia a fazer ~ões com o carro.

pião das nicas (Nica significa ferroada dada num pião parado com o pião de quem ganhou) *s m fig* Pessoa que aguenta todos os males que os outros lhe querem fazer/Bode expiatório. **Ex.** – Coitado, tem aquele ar (de) infeliz, e os outros miúdos, *col* que não são nada meigos [cruéis como são], fazem dele o ~ …

piar *v int/s m* (<lat *pípilo, áre*) **1** Emitir uma ave a voz da sua espécie/Dar pios. **2** *fam* Dizer alguma coisa/Falar. **Ex.** Aceitou a decisão desfavorável sem ~! **3** Queixar-se. **Ex.** E a gente oprimida nem podia ~, para não agravar a situação. **4** *col* Dar uma informação de modo clandestino. **Ex.** A polícia pressionou o preso para denunciar os cúmplices mas ele não piou. **5** No jogo das cartas, dar veladamente uma indicação ao parceiro sobre o jogo que se tem na mão. **6** *s m* Som emitido pela ave. **Ex.** O ~ do mocho ou da coruja, na noite estrelada e serena, causa algum arrepio.

piara *s f* (< ?) **1** Grande número de animais/ Manada(+)/Rebanho(+). O pastor *fam* governa [alimenta] a ~ das ovelhas nos baldios e nas terras por cultivar [não cultivadas]. **2** *fig* Agrupamento de pessoas *idi* em carneirada. **Ex.** Abertas finalmente [depois de longa espera] as portas do recinto, as pessoas, como ~, entraram em catadupa, acotovelando-se.

PIB Sigla de *Produto Interno Bruto*.

pica *s* (<picar) **1** *fam* Inje(c)ção. **Ex.** O miúdo chorava desalmadamente [*idi* que não sei lá], e ainda não tinha levado a ~. **2** *Icti* Peixe-rei/Camarão-bruxo. **3** ⇒ *Icti* Ligueirão. **4** ⇒ *gír* Cigarro de marijuana/Charro. **5** Entalhe feito na casca do tronco do pinheiro para extra(c)ção da resina. **6** *col* Funcionário que nos transportes públicos inspe(c)ciona e fura os bilhetes/Revisor. **Ex.** No comboio [trem] alguns rapazolas mudavam apressadamente de carruagem para fugir ao ~.

picada *s f* (<picar) **1** Ferimento provocado por obje(c)to pontiagudo. **Ex.** A ~ da agulha no dedo fez (sair) sangue. **Idi.** *fam* **Ser o fim da** ~ [Deixar de ser tolerável/Não ser admissível] (Ex. Quando à última hora me disseram que não podia ir de férias, foi o fim da ~: protestei, barafustei, ainda que em vão [sem proveito]). **2** Ferroada ou mordedura de inse(c)to ou de animal. **Ex.** A ~ da abelha fez-lhe inchar a mão. A ~ do lacrau é muito dolorosa. A ~ da víbora pode ser mortal. **3** Bicada(+). **Ex.** As pegas têm feito grande estrago no pomar, com as ~s na fruta. **4** Furo de inse(c)to ou da sua larva. **Ex.** Havia mais que uma ~ [um buraco] de traça na camisola de lã. **5** Marca deixada na pele por ferimento ou por doença, como no caso da varíola. **Ex.** De manhã podia ver, na pele avermelhada, vestígios das ~s das melgas [dos mosquitos(+)]. **6** Dor aguda e passageira. **Ex.** Sentiu umas ~s nas costas e ficou preocupado. **7** *fig* Desgosto. **Ex.** A reprovação no exame foi uma grande ~. **8 a)** Caminho estreito aberto através do mato com obje(c)to cortante/Carreiro/Atalho; **b)** Trilho aberto pelos próprios carros «jipes». **9** *Agri* Cava superficial na terra cultivada, para extrair ervas daninhas ou impedir que a terra perca frescura por formação de crosta.

picadeiro *s m* (<picado, de picar + -eiro) **1** Local onde se treinam os cavalos e se aprende equitação. **2** Abrigo de animais, sobretudo de cavalos/Cavalariça(+). **3** Local onde as pessoas passeiam regularmente. **Ex.** Na época de exames da Universidade de Coimbra (Pt), um passeio com os amigos, no extenso ~, para lá e para cá, a seguir ao jantar, preparando a noitada de estudo, era um ritual quase obrigatório. **4** Cepo em que os tanoeiros encurvam as aduelas. **5** Peça, na extremidade do banco de carpinteiro, em que se fixa a tábua em que se trabalha. **6** Peça de ferro ou madeira em que se fixa a quilha da embarcação que está a ser construída ou reparada. **7** *Br* Área circular no centro do circo em que os artistas se exibem.

picadela (Dé) *s f fam* (<picar + -dela) Picada ligeira/superficial. **Ex.** Levei [Sofri/Apanhei] uma ~ na mão ao roçar numa silva.

picadinho, a *adj/s* (<picado + -inho) **1** Picado em pedaços pequenos. **2** *fam* Que se melindra facilmente. **3** Rápido/Saltitante. **Comb.** Ritmo ~. **4** *Mús* Indicação dada aos executantes de música folclórica de imprimirem um ritmo mais vivo. **5** *Br col* Guisado de carne em pequenos pedaços ou moída, com ou sem molho. ⇒ picado **7 Comb./14**.

picado, a *adj/s m* (<picar) **1** Que foi ferido por ponta aguçada, por ferroada ou mordedura de inse(c)to ou de outro animal. **Ex.** O miúdo, ~ por uma abelha, veio a chorar para junto da mãe. **2** Que tem marcas, sinais, pintas, picadas, pequenos buracos. **Ex.** A (superfície da) parede não era regular, estava um pouco ~a. A camisola de lã estava ~a [pela] traça. **3** *col* Irritado/ Zangado por ouvir algo de que não gostou. **Ex.** ~ pelo colega, respondeu [ripostou] de forma intempestiva. **4** Desafiado/ Estimulado. **Ex.** ~ pelo rival, aplicou-se no trabalho e melhorou muito os resultados. **5** Diz-se do voo de aeronave ou de algumas aves em que há uma descida vertiginosa, desde as alturas, na vertical [a pique]. **Ex.** No festival aeronáutico, houve vários exercícios de voo ~. O falcão faz um voo ~ sobre as suas presas. A cotovia, que escolhe as alturas para fazer os seus prolongados trinados, em suaves e cadenciadas subidas e descidas, por fim faz um surpreendente voo ~ até ao solo. **6** Diz-se do mar quando está agitado/encapelado. **Ex.** A viagem de barco, com o mar ~, torna-se desagradável. **7** Cortado em pedaços muito pequenos/Triturado. **Comb. Carne** ~**a. Cebola** ~. **8** *Tauromaquia* Diz-se do touro ferido por bandarilha/ farpa/dardo. **9** *col* Um pouco embriagado/ **Ex.** O homem saiu da taberna já levemente ~. **10** *Mús* (Diz-se da) execução em que os sons são tirados de modo seco e rápido, de modo que as notas se destacam.

Comb. Cordas ~as. **11** *s m* Superfície que mostra sinais de ter sido ~a **2. Comb.** O ~ da parede/do muro. **12** *s m* Recorte na extremidade de peça de vestuário. **13** *s m* Parte áspera da lima. **14** *s m Cul* Qualquer prato em que os ingredientes foram cortados em pedaços pequenos.

picador, ora *adj/s* (<picar + -dor) **1** Que pica. **Ex.** O ferrão da vespa é um órgão ~. **2** Que serve para sugar alimento/ferir/perfurar. **Ex.** Alguns inse(c)tos têm órgãos ~s. **3** Que serve para triturar/perfurar/picar. **4** Pessoa que adestra cavalos/Equitador. **5** *Tauromaquia* Toureiro a cavalo que, em certo tipo de touradas, pica o touro com uma vara, para o fazer sangrar e perder força. **6** Pessoa que com uma vara acompanha as carruagens puxadas por cavalos. **7** Pessoa que procura fazer subir os lanços no leilão/Arrematador(+). **8** Profissional que, usando máquinas, trabalha metais. **9** Pessoa que faz piques na casca do tronco do pinheiro para lhe extrair a resina/Resineiro. **10** *s m* Instrumento para picar os bilhetes em transportes públicos. **11** *s m* Instrumento para picotar papel ou outro material. **12** *s m* Utensílio para picar barras de gelo para obter pedaços pequenos, na preparação de bebidas. **13** *s f* Ele(c)trodoméstico para triturar alimentos.

picadura *s f* (<picar + -dura) **1** Picada/Mordedura/Bicada. **2** Alimento cortado miúdo para o gado. **3** Operação de profundar o vidro para fazer o gargalo da garrafa.

pica-flor *s m Ornit* (<picar + ...) ⇒ colibri; beija-flor.

picanço *s m* (<lat *pícus*) **1** *Ornit* Designação vulgar de várias aves passeriformes da família dos laniídeos, de bico curvo. **2** *Ornit* ⇒ pica-pau. **3** Engenho para tirar água dos poços com balde/Cegonha(+)/Picota. **4** *pop* A(c)ção de roubar. **Ex.** O patife anda no ~, qualquer dia vai parar à prisão/cadeia. **5** Pessoa enganada/ludibriada, apesar de se considerar esperta. **Ex.** Qualquer um [pessoa] pode fazer de ~, tal é a "arte" de alguns finórios! **6** *gír* Estudo esforçado de estudante (marrão) que procura decorar a matéria de exame. **7** *gír* Operação de picar o casco do navio que vai receber uma nova pintura.

picanha *s f* (<picar) **1** Carne de vaca tirada do último segmento do lombo da rês. **2** *Cul* Prato confe(c)cionado com essa carne.

picante *adj 2g/s m* (<picar + -ante) **1** Que pica. **Ex.** O ferrão é a parte ~ da aguilhada. **2** (Condimento) que excita o paladar/Que dá uma sensação de ardor na língua. **Ex.** A pimenta e a malagueta são ~s. Ele escolhe sempre a parte ~ do frango de churrasco. A caldeirada tinha um pouco de ~. **3** Que é brejeiro/malicioso/maroto/apimentado. **Ex.** Nas excursões há sempre um atrevido que conta umas anedotas ~s/verdes/atrevidas.

picão *s m* (<picar) **1** Martelo pontiagudo de ambos os lados *us* quando se começa a aparelhar a pedra. **2** Instrumento de ferro com cabo de madeira, próprio para escavar em terrenos pedregosos, arrancar pedras/Picareta. **3** Sacho para a terra semeada de milho. **4** Ferrão(+) de aguilhada para picar os bois. **5** *gír* Estudante que se entrega ao picanço, que se esforça por decorar a matéria de exame. **6** *Br Bot* Erva da família das compostas, usada como forragem e para fazer chá medicinal; *Bidens pilosus*. **7** Ponto mais alto de penhasco. **8** ⇒ col Brigão.

pica-osso *s m Ornit* (<picar + ...) ⇒ abutre.

pica-pau *s m Ornit* (<picar + ...) Designação vulgar de várias aves trepadoras, da família dos picídeos, de bico resistente e alongado, também conhecidas por peto-real, peto-malhado, peto-galego, cavalinho, rinchão, ...; *Picus*. ⇒ Picanço.

pica-peixe *s m* (<picar + ...) **1** *Ornit* Ave passeriforme da família dos alcedinídeos, de bico forte e cauda curta, também conhecida por marisqueiro, marinheiro, passa-rios, guarda-rios, freirinha, rei-pescador. **2** *Náut* Pontalete de madeira que se prolonga para baixo do gurupés.

picar *v t/int* (<bico + -ar) **1** Ferir ou ferir-se com algo pontiagudo. **Ex.** Ao tocar na silva picou-se. O diabético pica o dedo para verificar o valor da glicose no seu sangue. A mãe picou-se na [com a] agulha ao coser a saia. A enfermeira é muito cuidadosa a ~ a veia do doente. **2** Um inse(c)to ou animal morder, espetar o ferrão, o aguilhão. **Ex.** De noite, as melgas [os mosquitos(+)] rondam quem está deitado, prontas a ~ a pele para sugar o sangue. **3** Dar bicadas. **Ex.** A passarada, no pomar, pica [debica(+)] os frutos que começam a amadurecer. **4** Deixar marcas/Fazer pequenos buracos/Perfurar. **Ex.** A varíola picou-lhe a pele em grande parte do corpo. A traça picou[esburacou]-me a camisola de lã. **5** Obliterar/Furar bilhetes em transporte público. **Ex.** O revisor já passou a ~ os bilhetes. **6** «o peixe» Morder a isca do anzol. **Ex.** Quando sentiu que o peixe tinha picado, num vigoroso impulso levantou a cana de pesca e trouxe o peixe para terra. **7** Desbastar a pedra que vai ser aparelhada para uso na construção. **Ex.** Com a ferramenta apropriada, o canteiro pacientemente começou a ~ o bloco de granito. **8** *Agric* Remover superficialmente com o sacho a terra de cultura para destruir [erradicar/tirar/arrancar] as ervas daninhas ou quebrar a crosta para preservar a humidade do terreno. **Ex.** Em maio, quando a seguir a uma grande trovoada vêm dias de sol forte, convém picar a terra logo que se forme a crosta. **9** *gír* «o estudante» Esforçar-se por aprender de cor(Ó) a matéria de estudo/col Marrar. **Ex.** Para preparar o exame, ele passa horas infindáveis [horas a fio/horas e horas] a ~! **10** Provocar sensação de ardor/comichão. **Ex.** A pimenta pica-lhe na língua. O fumo da lareira pica-lhe nos olhos. A aguardente pica-lhe na garganta. **11** Espicaçar/Espevitar/Estimular «animal» com espora, ferrão, aguilhão, farpa, ... **Ex.** Com a aguilhada picava (a)os bois para andarem mais depressa. **12** Acelerar o movimento, o ritmo. **Comb.** ~/Estugar *o passo*. ~ *o andamento* «musical». **13** Estimular/Incentivar/Motivar. **Ex.** Por vezes é preciso ~ os alunos para obterem melhores resultados. **14** Provocar com piadas/remoques/Desafiar. **Ex.** Os rapazes gostam de se ~, de afirmar-se pela luta. **15** Deixar/Ficar zangado/Irritar(-se). **Ex.** Costumava ~ o colega, que nem sempre reagia bem. **16** No leilão, oferecer mais dinheiro que o lanço anterior. **17** *Mús* Destacar/Marcar as notas, tocando-as de modo seco e solto. **18** Descer vertiginosamente na vertical, a prumo. **Ex.** No festival aéreo, o piloto picou o voo, maravilhando a assistência [o público]. O falcão picou o voo sobre a presa e levou-a nas garras. **19** Cortar em pequenos pedaços/Triturar. **Ex.** No talho, costumo escolher a carne antes de a mandar ~ [antes de pedir que a piquem].

picardia *s f* (<esp *picardia*) **1** Qualidade do que é malicioso/velhaco. **2** A(c)to malicioso/provocador. **Ex.** No jogo de futebol, os jogadores por vezes lembram-se de *iron* brindar os adversários com umas ~s, que nem sempre o árbitro sanciona. **3** Comportamento desafiador/afrontoso.

picaresco, a *adj/s m* (<esp *picaresco*) **1** Próprio de pícaro. **2** Que tem exageros que provocam o riso/Burlesco/Có[ô]mico/Ridículo. **3** *Liter* (Diz-se do) gé[ê]nero literário que narra, de forma satírica, as aventuras de um personagem que recorre a contínuos expedientes. **Comb.** *História ~a. Romance ~*.

picareta *s f* (<picar + -eta) **1** Utensílio de ferro, com cabo de madeira, de duas hastes, uma como a de um sacho e outra com ponta aguçada, próprio para escavar em terreno duro, pedregoso/Picão **2**. **2** Estalactite de gelo/Caramelo. **3** *pop* Chapéu de palha de homem. **4** *Br depr* Pessoa oportunista que, para conseguir o que quer, recorre a quaisquer meios.

picaria[1] *s f* (<picar) **1** Arte ou técnica de equitação/Adestramento de cavalos. **2** Picadeiro.

picaria[2] *s f* (pico + -aria) **1** Grande quantidade de picos/piques. **2** *Mil* Tropa armada de picos/piques/lanças.

pícaro, a *adj/s* (<esp *pícaro*) **1** (O) que é velhaco/malicioso. **2** (O) que é manhoso/astuto/finório. **3** Ridículo/Có[ô]mico/Burlesco/Picaresco. **4** *Liter* Relativo à novela picaresca, em que o personagem, nas suas aventuras, vive de artimanhas e espertezas para obter vantagens da parte dos mais abastados.

piçarra *s f* (<esp *pizarra*) **1** Mistura de terra, areia e pedras. **2** *Geol* Designação que envolve rochas xistosas, algumas muito duras, à base de quartzo e micas, outras constituídas por grãos de quartzo e de argila, a que pertence a ardósia e a pedra de amolar/afiar. **Ex.** A mina do poço, quando é feita em ~, é resistente, não oferece perigo de derrocada. **3** Penedia. **4** *Br Geol* Material encontrado logo abaixo do cascalho diamantífero.

piçarral *s m* (<esp *pizarral*) Local onde há piçarra.

piçarroso, a (Ôso, Ósa, Ósos) *adj* **1** Abundante em piçarra. **Comb.** *Terreno ~*. **2** Que tem a natureza da piçarra.

píceo, a *adj* (<lat *píceus*) **1** Semelhante a pez. **2** Que tem a natureza do pez. **3** De cor escura como pez.

picha *s f* (< ?) **1** *Zool* Designação vulgar de camarão pequeno; *Crangon crangon*. **2** ⇒ *Gross* Pé[ê]nis. **3** ⇒ Galheta.

pichar *v t* (<piche + -ar[1]) **1** Revestir/Tapar com piche/pez. **2** *Br* Escrever slogans, palavras de ordem em muros, paredes, fachadas. **3** *Br* Maldizer.

piche *s m* (<ing *pitch*) **1** Espécie de alcatrão muito escuro e viscoso, resultante da destilação da hulha/Pez. **2** Madeira para construção.

pichel *s m* (<fr an *pichier*) Recipiente para tirar vinho de pipas ou tonéis/Picho. **2** Pequeno recipiente de estanho *us* para beber vinho. ⇒ púcaro; caneco/a.

pichelaria *s f* (<pichel + -aria) **1** Oficina de picheleiro. **2** Obra ou ofício de picheleiro.

picheleiro *s m* (<pichel + -eiro) **1** Pessoa que faz ou vende pichéis. **2** Pessoa que faz ou vende obje(c)tos de [em] estanho, folha de Flandres, latão. **3** Canalizador/Soldador. **Ex.** A canalização está estragada, temos de chamar o ~.

pichelim *s m Icti* (< ?) **1** Peixe teleósteo da família dos gadídeos, semelhante ao bacalhau, também conhecido por lacrau-do-mar. **Ex.** Fui para comprar bacalhau, mas penso que fui enganado: tenho a impressão de que me venderam ~, porque, ao cozê-lo, a cor mais amarela e o sabor fizeram-me desconfiar. **2** Carocho preparado em salmoi[ou]ra, depois de seco ao sol.

picho s m (<pichel) **1** ⇒ Pichel. **2** Carrapito [Carrapicho] do cabelo no alto da cabeça.

pichorra (Chô) s f (<picho + -orra) **1** Pichel bicudo. **2** Pequeno cântaro com bico para água.

picídeo, a adj/s Ornit (<lat pícus: picanço + -ídeo) (Diz-se de) ave ou família de aves coraciiformes «pica-pau», geralmente trepadoras, de bico forte e longo, cauda robusta, que as ajuda a subir o tronco das árvores.

piciforme¹ adj 2g (<lat pix, pícis + -forme) Semelhante ao pez.

piciforme² adj 2g/s m Ornit (<lat pícus: picanço + -forme) (Diz-se de) ave ou ordem de aves de pequeno e médio porte, arborícolas, de bico robusto e pés zigodá(c)tilos, como o pica-pau ou o tucano.

pick-up¹ ing ⇒ gira-discos.
pick-up² ing Carrinha de caixa aberta (+).

picles s m pl Cul (<ing pickles) Legumes «cebolinha, couve-flor, pepino, pimento, ...» conservados em salmou[oi]ra ou em vinagre, os quais servem de aperitivo ou acompanhamento. ⇒ escabeche.

pícnico, a adj/s m (<gr pyknós: espesso + -ico) Antropologia (Diz-se do) tipo humano de constituição física ou do indivíduo de baixa ou média estatura, amplas cavidades, membros curtos e grossos. **Ex.** O ~ é um dos quatro tipos constitucionais básicos da classificação da forma estrutural do corpo dos indivíduos humanos.

picnometria s f Fís (<picnó[ô] metro + -ia)) Medida da densidade dos corpos feita com o picnó[ô]metro.

picnómetro [Br **picnômetro**] s m Fís (<gr pyknós: espesso + -metro) Instrumento para avaliar a densidade de sólidos e líquidos.

pico s m (<picar) **1** Cume aguçado de monte ou montanha/Cocuruto. **Ex.** Os alpinistas festejaram a chegada ao ~ da montanha. **2** Ponta aguçada/Bico. **Ex.** Com o ~ da aguilhada espicaçava o animal. **Idi.** *Estar em ~s* [Sentir ansiedade]. **3** Espinho/Acúleo. **Ex.** Colher rosas obriga a ter cuidado com os ~s dos ramos. **4** Instrumento de picar a pedra. **Ex.** O canteiro usa o pico para começar a desbastar o bloco de granito. **5** Instrumento pontiagudo para perfurar/picotar o papel. **6** Ponto mais alto de um gráfico, de um processo/Auge/Clímax/ Máximo. **Ex.** O ~ da febre, no doente, foi ontem pela [de] tarde. O ~ [auge(+)/sumo] da emoção foi quando ele apareceu são e salvo, depois de (vários) dias debaixo dos escombros. O ~ do preço do petróleo foi na semana passada. **Idi.** *col E ~s* [E um pouco mais] (Ex. Para não ter de referir a idade exa(c)ta, preferia dizer que tinha trinta (anos) e ~s. Gastei quatrocentos euros e ~s na compra do ele(c)trodoméstico). **7** Sensação de ardor. **Ex.** Gostava de sentir o ~ da aguardente na garganta. **8** Travo amargo/Acidez. **Ex.** A sopa já me parece um pouco azeda, tem um leve ~. **9** pl Sensação de aspereza provocada na boca pelas sucessivas bolhas do gás libertado por bebidas gaseificadas. **Ex.** A seguir a um lauto almoço gostava de sentir na boca os ~s da água com gás, que lhe facilitava a digestão. **10** fig Graça/Chiste/Espírito/Picante. **Ex.** O ~ das anedotas que contava animava o convívio. **11** Br Grande agitação/tumulto. **12** Br gír Dose de estupefaciente que se inje(c)ta de uma vez.

pico- pref (<it piccolo: pequeno) No SI, e simbolizado por p, designa a milionésima parte de um milionésimo, pelo que, anteposto ao nome de uma unidade, a divide por um bilião, isto é, por 10^{-12}; por ex. picowatt, um bilionésimo de watt. ⇒ nano- **2**.

picola (Có) s f (<pico **4** + -ola) Instrumento de canteiro que serve para alisar a pedra «granito» que se alisou com picão.

picolé Br (<it piccolo: pequeno) Gelado solidificado na extremidade de um pauzinho, que se segura pegando na outra extremidade/Sorvete.

picoso, a (Ôso, Ósa, Ósos) adj (<pico + -oso) **1** Que tem picos. **Ex.** A silva é uma planta ~a. **2** Terminado em pico. **3** Alto/ Elevado.

picota (Có) s f (<fr picot) **1** Engenho para tirar água dos poços com um balde/Cegonha(+)/Picanço. **2** Haste do êmbolo de uma bomba. **3** Náut Alavanca que movimenta o êmbolo da bomba do porão.

picotado, a adj/s m (<picotar) **1** Que tem recortes. **Comb.** Selo ~. **2** Que tem uma série de furos. **Comb.** Papel ~. **3** Conjunto de minúsculas perfurações em folha de papel que facilitam a sua separação em partes, feita à mão. **Ex.** É fácil cortar a folha pelo ~. **4** Ponto de costura em zigueza-gue que evita que a extremidade da peça de vestuário desfie.

picotagem s f (<picotar + -agem) A(c)ção ou efeito de picotar.

picotar v t (<picote¹ + -ar¹) **1** Fazer uma série de pequenos furos alinhados para obter um recorte dentado, como nos selos de correio/Perfurar/Picar. **2** Fazer uma sequência de pequenos furos em volta de um desenho feito numa folha, para a seguir o destacar. **Ex.** As crianças eram incentivadas a ~ os desenhos em papel de lustro. **3** Fazer com o picador uma série de minúsculos furos em blocos de papel, cheques, livros de notas, para facilmente, por eles, se destacar à mão uma parte da folha de papel. **4** Perfurar um título de transporte ou um bilhete de entrada para impedir uma futura utilização.

picote¹ (Có) s m (<fr picot) **1** Ponto de rendaria, em forma de argola de linha, us em rendas finas. **2** Recorte dentado de blocos de papel/selos/talões. **3** Br Picotado.

picote² (Có) s m (<esp picote) Pano grosseiro de lã/Burel(+)/Picote². **Ex.** Os frades usavam muito o ~.

picotilho s m (<esp picotillo) Tecido de lã de melhor qualidade do que o picote².

picoto¹ (Cô) s m (<pico + -oto) **1** Cume elevado e pontiagudo de um monte/Pico. **2** Coluna estreita e pontiaguda usada em lugares elevados como marco geodésico.

picoto² (Cô) s/adj m (Diz-se de) tecido grosseiro, áspero, de lã de ovelha ou cabra/ Burel(+)/Picote².

pícrico adj/s m Quím (<gr pikrós: amargo + -ico) (Diz-se de) ácido $C_6H_3N_3O_7$, explosivo e venenoso, obtido pela a(c)ção do ácido nítrico sobre o fenol, utilizado em cargas de granadas e, em solução, como anestésico e cicatrizante.

picrina s f Bot (<gr pikrós: amargo + -ina) Substância amarga da dedaleira.

pictografia s f (<lat pictus, a, um: pintado + grafia) Sistema primitivo de escrita em que as ideias são representadas por imagens ou símbolos.

pictográfico, a adj (<pictografia + -ico) **1** Relativo a pictografia. **2** Que pretende comunicar usando figuras/símbolos.

pictograma s m (<lat pictus, a, um: pintado + -grama) **1** Símbolo gráfico ou figura que representa uma palavra ou ideia. **2** Inscri-ção ou pintura rupestre, da Antiguidade ou da Pré-História, representativa da forma mais antiga de escrita, documentando o tipo de vida desses povos. **3** Diagrama que representa dados estatísticos através de figuras/símbolos, cujo tamanho corresponde à quantidade [ao número] que representam. **4** Desenho normalizado que serve para dar indicações úteis em locais públicos, como as relacionadas com o trânsito de veículos e peões, localização de casa de banho [Br banheiro], local de proibição de fumar, perigo de morte por substância tóxica ou por descarga elé(c)-trica, ...

pictórico, a adj (<lat píctor, óris: pintor + -ico) **1** Relativo [Pertencente] à pintura. **Comb.** Obra ~a. **2** Próprio/Cara(c)terístico da pintura. **Comb.** Técnicas ~as. **3** Que se presta a ser pintado/Que é gracioso/pitoresco. **Comb.** Motivos ~s.

pictural adj 2g (<lat pictúra: pintura + -al) ⇒ pictórico.

picuinha s f (<pico + -inho) **1** O primeiro piar [pio] das aves. **2** Piada maliciosa/ Remoque. **3** fam Pormenor insignificante/ Ninharia. **Ex.** É muito col chato trabalhar com ele: prende-se pela mais leve ~! **4** Br Atitude ou dito que visa contrariar, irritar, provocar.

picuinhas adj/s 2g sing e pl depr (<pico + -inho) (Diz-se de) pessoa muito meticulosa, que se preocupa excessivamente com pormenores insignificantes/col Coca-bichinhos.

pidgin ing s m/adj Ling (Diz-se de) língua compósita, formada em contexto multilingue, que combina elementos transformados de uma língua de base «português, francês, inglês, ...» com contributos autóctones, tendo uma estrutura gramatical e lexical rudimentar, sendo usada como língua de comunicação para fins limitados. **Ex.** Um ~ não tem falantes nativos. ⇒ crioulo.

pidginização s f Ling (<ing pidgin + -izar + -ção) Processo de formação e desenvolvimento de um pidgin, que com o tempo [que progressivamente] vai adquirindo uma estrutura gramatical e lexical mais complexa.

piedade s f (<lat píetas, átis) **1** Respeito/ Amor/Devoção em relação ao que é religioso/sagrado. **2** Virtude de prestar a Deus o devido culto. **Ex.** Impressionava a ~ do jovem, assíduo aos vários a(c)tos de culto realizados na paróquia. **3** Respeito/Amor em relação a outras pessoas. **Comb.** ~ filial [Amor/Dedicação aos pais]. **4** Sentimento de comiseração perante o sofrimento alheio. **Ex.** Só quem não tem ~ pode ficar indiferente à miséria que ali aflige a maior parte da população. **5** Rel Coração compassivo/Perdão. **Ex.** No início da missa, a comunidade pede a Deus que tenha ~/compaixão em relação aos seus pecados e imperfeições. **Idi.** *Sem dó nem* ~ [De forma cruel/insensível] (Ex. Ali vi castigar a chicote, sem dó nem ~, qualquer servo que se descuidasse no cumprimento das ordens do patrão).

piedoso, a (Ôso, Ósa, Ósos) adj/s (<pie-d(ade) + -oso) **1** (O) que revela respeito/ devoção/piedade em relação a Deus e ao que é sagrado. **Ex.** Um sacerdote ~ mais facilmente pode levar à conversão dos fiéis. **2** (O) que pratica fervorosos a(c)tos de culto a Deus. **Ex.** Conforta ver numa paróquia uma juventude ~a a orientar os a(c)tos do culto. **3** Que favorece a religiosidade, que edifica moralmente. **Comb.** *Imagem ~a. Leitura ~a. Livro ~.* **4** (O) que

manifesta comiseração/compaixão em relação ao sofrimento alheio, procurando mitigá-lo/Compassivo/Caridoso. **Ex.** Os pobres tinham naquela senhora ~a , que lhes proporcionava refeições gratuitas, uma ajuda preciosa nesse tempo de crise. **5** Que pretende evitar um sofrimento a alguém. **Idi. Mentira ~a** [que, sendo inofensiva, evita que alguém tenha um desgosto, uma desilusão].

piegas (É) *adj/s* (< ?) **1** (Diz-se de) pessoa que é ridiculamente sentimental/sensível/lamecha/Niquento. **Ex.** A miúda é mesmo ~, não se lhe pode dizer nada (por)que começa logo a fungar/chorar. **2** Que choraminga por qualquer pequena contrariedade/*idi* por tudo e por nada. **3** Que não é capaz de enfrentar qualquer pequeno problema/*fam* Medricas. **Ex.** Tudo lhe mete medo, sempre me saiu [se revelou] um ~ que até me dá (cá) uns nervos [que até me irrita]!

pieguice (Èguí) *s f* (<piegas + -ice) **1** Qualidade de piegas/Sentimentalismo exagerado. **Ex.** A sua ~ faz com que [leva a que] as colegas não procurem a sua companhia. **2** Comportamento/Atitude de piegas. **Ex.** Nele as ~s são constantes, só dá vontade de o sacudir pelos ombros, a ver se se faz gente/alguém!

pieira *s f* (<piar + -eira) **1** *fam* Ruído produzido, ao respirar, por alguém que tem as vias respiratórias afe(c)tadas/Piado/Farfalheira/Chiadeira. **Ex.** Com os brônquios muito atacados, ele está com [tem] uma ~ que me aflige. ⇒ ronqueira. **2** *Vet* Doença contagiosa que ataca o casco das patas de bovinos, ovinos e caprinos, provocada por bactérias de imundícies.

piela (É) *s f pop* (<cigano *piyelar*: beber) Bebedeira/Embriaguez. **Ex.** Teve dificuldade em chegar a casa, tal era a ~ que apanhou ontem.

pielite *s f* (<gr *pýelos*: bacia + -ite) Inflamação do bacinete renal.

pielonefrite *s f* (<gr *pýelos*: bacia + *nefrós*: rim + -ite) Inflamação do bacinete que também atingiu o parênquima renal.

piemontês, esa *adj/s* (<top Piemonte) **1** Relativo ao [Do] Piemonte, região do Noroeste de Itália. **2** Natural ou habitante dessa região.

piercing ing *s m* ⇒ pírcingue.

pierrô *s m Teatro* (<fr *Pierre* + it *Pedrolino*) **1** Personagem ingé[ê]nuo e sentimental criado pela comédia italiana e transportado para o teatro francês, onde se fixou na pantomima, usando roupa larga e enfeitada, com gola grande e franzida. **2** Fantasia carnavalesca que reproduz essa indumentária.

Pietá *s f* (<it *pietà*: piedade) Escultura ou pintura representando Cristo morto, depois de descido da cruz, sobre os joelhos de Maria, Sua Mãe, que está sentada. **Ex.** Na Basílica de S. Pedro, em Roma, está a ~ de Miguel Ângelo, uma obra-prima da escultura.

pietismo *s m Rel* (<fr *piétisme*) Movimento religioso de renovação da fé que teve lugar na igreja luterana nos fins do séc. XVII, defendendo a primazia do sentimento e do misticismo na experiência religiosa.

pietista *adj/s* (<pietismo) **1** Relativo ao [Do] pietismo. **2** Partidário do pietismo.

piez(o/e)- *pref* Significa **unidade de pressão** [símb. pz].

piez(o)ele(c)tricidade *s f* (<piez(e)- + ...) Propriedade de alguns cristais, como o quartzo ou a turmalina, de produzirem uma diferença de potencial entre pares de faces opostas, quando sujeitas a deformações devido a pressão sobre elas exercida.

piez(o)elé(c)trico, a *adj* (<piez(e)- + ...) Diz-se do cristal que pode desenvolver piezele(c)tricidade.

piezógrafo *s m Fís* (<piez(o)- + -grafo) Aparelho que serve para medir as pressões e regist(r)ar as suas variações.

piezometria *s f Fís* (<piez(o)- + -metria) Parte da Física que estuda a compressibilidade dos líquidos.

piezómetro [*Br* piezômetro] *s m Fís* (<piez(o)- + -metro) Aparelho que serve para calcular a compressibilidade dos líquidos.

pifão *s m fam* (< ?) Bebedeira/Embriaguez/*col* Piela/Pifo. **Ex.** Apanhou um ~ tal que mal se tinha [aguentava] de [em] pé.

pifar *v t/int* (<bifar?) **1** Tirar de forma disfarçada/Roubar/Furtar/Surripiar. **Ex.** Apanhou-o distraído e pifou-lhe a carteira. **2** Ter avaria/Deixar de funcionar. **Ex.** O motor do carro pifou e a nossa viagem terminou ali. **3** Ficar extenuado, muito cansado. **Ex.** O trabalho era tão duro que estive prestes a ~. **4** Não ter o êxito esperado/Fracassar/Falhar. **Ex.** Vivia para aquele proje(c)to, mas as circunstâncias adversas da crise acabaram por fazê-lo ~.

pífaro *s m Mús* (<it *piffero*) **1** Instrumento de sopro, semelhante à flauta, de timbre agudo/Gaita. **2** Tocador de ~.

pífio, a *adj* (<esp *pífia*: tacada em falso no bilhar, erro) **1** De fraca qualidade/De gosto duvidoso/Ordinário/Reles. **Ex.** A decoração ~a do apartamento espelha a personalidade do dono. **2** ⇒ Desprezível/Vil.

pifo *s m pop* (< ?) Bebedeira/Pifão. **Ex.** Apanhou um ~ que mal conseguia andar.

pigarço, a *adj* (<esp *picazo*) «cavalo» Que tem o pelo malhado de branco e preto/De cor grisalha/cinzenta.

pigargo *s m Ornit* (<gr *pigárgos*: que tem cauda branca) Ave de rapina da família dos falconídeos, de grande porte, com garras potentes, bico muito forte, que se alimenta sobretudo de peixes, vivendo junto ao mar ou nas margens de rios e lagos.

pigarr(e)ar *v int* (<pigarro + -(e)ar) Fazer na garganta o ruído cara(c)terístico de se esforçar por expelir o pigarro/Tossir com pigarro.

pigarrento, a *adj* (<pigarro + -ento) Que tem ou pode provocar pigarro.

pigarro *s m* (< ?) Mucosidade que adere à garganta, produzindo incó[ô]modo, e se pretende expelir originando um ruído cavo cara(c)terístico.

pigarroso, osa *adj* ⇒ pigarrento.

pigmentação *s f* (<pigmentar + -ção) **1** A(c)to ou efeito de pigmentar. **2** Formação normal ou anormal de pigmentos em parte de organismo animal ou vegetal. **3** Coloração da pele. **4** Coloração obtida com o uso de pigmentos. **Comb.** ~ escura.

pigmentado, a *adj* (<pigmentar) **1** Que tem pigmentos. **2** Que está colorido por uma ou mais substâncias corantes.

pigmentar *v t/int* (<pigmento + -ar¹) **1** Dar ou ganhar [tomar] uma cor natural. **Ex.** O sol da praia pigmentou-lhe a pele. **2** Dar cor a/Colorir. **Loc.** ~ os curtumes.

pigmento *s m* (<lat *pigméntum*: corante) **1** *Biol* Substância que dá cor aos tecidos e células do organismo. **2** Corante natural ou sintético que, misturado com substâncias sólidas ou líquidas, lhes dá a sua cor. **Ex.** Há corantes de origem orgânica, como o carmim, ou/e origem mineral, como o ocre do óxido de ferro. **3** *Miner* Substância corante que dá a alguns minerais cores variadas.

pigmeu, eia *adj/s* (<lat *pygmáeus,a,um*: anão) **1** Indivíduo pertencente a certas etnias, particularmente da zona equatorial do centro de África, de estatura inferior a 1,5 metros de altura. **2** (Diz-se de) indivíduo de muito baixa estatura. **3** *fig* (Diz-se de) indivíduo sem valor, cultura ou talento.

pignoratício, a *adj* (<lat *pignoratícius,a,um*) Relativo ao contrato de penhor. ⇒ penhor.

pijama *s m* (<ing *pyjama*) Vestuário para dormir, formado por calças e casaco ou camisola, em tecido leve e macio. **Ex.** Em férias por vezes andava em ~ até ao meio-dia. ⇒ roupão; *Br* camisola.

pila *s f/interj* (< ?) **1** *fam* Pé[ê]nis. **2** *fam* Pé[ê]nis infantil/Pilinha. **3** *pop* Dinheiro/Pilim. **4** *interj* Exclamação usada para chamar as galinhas.

pilado, a *adj/s m* (<pilar²) **1** Esmagado com pilão. **2** Diz-se da castanha enrugada, encarquilhada, que foi seca depois de descascada. **3** *s m Zool* Caranguejo *us* como adubo das terras.

pilantra *Br adj/s 2g depr* (< ?) (Diz-se de) indivíduo de mau cará(c)ter/Malandro/Patife.

pilão¹ *s m* (<fr *pilon*) **1** Instrumento para pilar². **2** Nome comum a várias ferramentas que servem para bater, triturar, calcar. **3** *Br Gral* ou almofariz de madeira rija, onde se descasca e tritura café, arroz, milho, etc. **4** Instrumento com que se batem estacas ao espetá-las no solo. **5** Maço de madeira chapeado a ferro. **Comb.** ~ de calceteiro. **6** *Mec* Martelo pneumático. **7** Peso cursor de balança romana. **Ex.** Na balança romana, o peso do obje(c)to suspenso é indicado pela colocação do ~ no braço graduado (O mais comprido), quando se atinge a posição horizontal de equilíbrio entre os dois braços. **8** *pop* Indivíduo pelintra/pobretão.

pilão² *s m* (<gr *pylón*: portão) **1** *Arquit* Porta monumental de templo egípcio, em forma de pirâmide truncada/Pilone. **2** Qualquer construção monumental a ladear uma entrada, como coluna, pilar, ... **3** Construção em forma de torre, geralmente metálica, para prender extremidades de fio elé(c)trico, telegráfico...

pilar¹ *s m* (<lat vulgar *piláre, is* <*píla*: coluna) **1** Suporte vertical sem ornamentos, em pedra/cimento/aço/madeira, que serve de apoio a uma construção ou a uma estrutura/Coluna. **Ex.** Os ~es da ponte sobre o rio atingem [têm] a altura de 70 metros. **2** *fig* O que dá estabilidade/segurança/Suporte. **Ex.** Uma boa formação moral colhida na família é o ~ que pode suportar os jovens neste mundo de tantas solicitações.

pilar² *v t* (<esp *pilar*) **1** Pisar [Moer] no almofariz ou no pilão. **2** Descascar. **Loc.** ~ o arroz. **3** Secar ao fumo «castanhas» (⇒ pilado 2).

pilarete (Rê) *s m* (<pilar + -ete) Pequeno pilar.

pilastra *s f* (<it *pilastro*) Pilar de quatro faces, aderente a uma parede, com função ornamental ou de suporte. **Ex.** A ~ é formada de base, fuste e capitel, como a coluna.

pilates *s m* Modalidade de exercício físico, à base de alongamentos, indicado sobretudo a idosos.

pilatos *s m* (<antr Pilatos, governador romano da Palestina, que acabou por decidir a condenação à morte de Cristo, pedida pela multidão) Indivíduo falso/hipócrita/cob[v]arde. **Ex.** Ele é um ~, alguém em que não se pode confiar. **Idi. Andar de Herodes para Pilatos** [Andar de um lado para o outro, numa azáfama, sem conseguir resolver o que o preocupa]. **Estar como**

Pilatos no Credo [a despropósito/sem razão de ser/indevidamente]. ***Lavar daí as suas/minhas/... mãos como Pilatos*** [Demitir-se de assumir as responsabilidades que efe(c)tivamente lhe cabem] (Ex. Isso é assunto de que eu lavo as minhas mãos (Como Pilatos, que não via razão para condenar Cristo, mas acabou por fazê-lo), não quero ter nada a ver com isso, entendam-se!)

pild(r)ar-se *v pop* (< ?) Fugir/Safar-se.

pilé *adj m* (<fr *pilé*) Diz-se do açúcar cristalizado em fragmentos ou lascas. ⇒ mascav(ad)o.

pileca (Lé) *s f* (< ?) **1** Cavalgadura muito magra, de mau aspe(c)to. **2** *fig depr* Pessoa escanzelada, muito magra.

pileque (Lé) *s m* (< ?) **1** Argola de borracha. **2** *Br pop* Bebedeira/Embriaguez.

pilequinho *Br s m pop* (<pileque + -inho) Leve bebedeira, que torna o indivíduo comunicativo, alegre. **Ex.** Um ~ pode ajudar a fazer negócios.

pilha[1] *s f* (<lat *pila*) **1** Conjunto de coisas sobrepostas «na linha vertical»/Rima/Monte. **Ex.** Vim da biblioteca com uma ~ de livros nos braços. **Comb.** Às ~s [Em grande quantidade] (Ex. Chegavam caixas de fruta às ~s para distribuir pelos pobres). **2** *fig* Grande quantidade. **Ex.** Todos os dias tenho que examinar uma ~ de documentos. **Idi.** *Ter ~s de graça* [Ser muito divertido/có[ô]mico/engraçado] (Ex. O colega tem ~s de graça. Algumas anedotas que eles contavam tinham ~ de graça). **3** Aparelho que transforma uma energia elé(c)trica a que foi gerada em rea(c)ção química. **Ex.** Tenho um rádio a [de/com] ~s e assim posso ouvir o relato do futebol mesmo a trabalhar no campo. **Comb.** *Fís ~ atómica* [Rea(c)tor ató[ô]mico que usa um material cindível «plutó[ô]nio, urânio enriquecido, ...» para produzir uma rea(c)ção em cadeia]. *Fís/Quím ~ galvânica/voltaica* [Aparelho elé(c)trico com chapas de cobre e zinco alternadas, ligadas a um vaso com líquido onde se desenvolve uma corrente elé(c)trica]. *Quím ~ seca* [com ânodo de zinco e cátodo de grafite, usada em equipamentos portáteis]. **4** Lâmpada portátil que funciona a [com] ~s/Lanterna. **Ex.** No carro trago sempre uma ~, não vá [para o caso de] ter um pneu furado de noite, num lugar ermo. **5** Chiste/Graça. **Ex.** O rapaz tem ~s, ao pé dele não há stresse.

pilha[2] *s 2g* (<pilhar) **1** A(c)to de pilhar/roubar/Pilhagem(+). **Loc.** Andar à ~. **2** ⇒ (O) que rouba/Larápio/Gatuno. **3** *gír* Repórter à caça de notícias. **4** *s m* Jogo de cartas.

pilha-galinhas *s* (<pilhar + ...) **1** Ladrão de capoeiras. **2** Ladrão de pequenas coisas. **3** *pop* Gabão [capote] grande e velho (Para esconder o roubo).

pilhagem *s f* (<pilhar + -agem) **1** A(c)to ou efeito de pilhar/furtar/Roubo em grande escala. **2** Furto praticado por tropas vencedoras em tempo de guerra/Saque. **Ex.** Os piratas praticavam a ~ dos navios que traziam riquezas.

pilhar *v t* (<lat *pilo, áre, átum*: roubar) **1** Invadir para roubar/saquear/Fazer pilhagem. **Ex.** A seguir à vitória, a tropa vencedora correu a ~ a cidade. **2** Apanhar/Agarrar/Prender. **Ex.** A polícia pilhou o meliante. **3** *col* Conseguir/Obter/Alcançar. **Ex.** ~ um bom emprego era o obje(c)tivo que o movia há [fazia] muito tempo.

pilheira *s f* (<pilha[1] + -eira) **1** Lugar em que há coisas empilhadas. **2** Local junto à lareira onde se amontoam as cinzas. **3** ⇒ Lixeira/Montureira.

pilhéria *s f* (⇒ pilha[1] **5**) **1** *fam* Qualidade do que é divertido/Graça/Piada. **Ex.** O rapaz tem ~ a contar anedotas, o seu título de glória. **2** Dito espirituoso/Piada(+)/Chiste. **Ex.** De vez em quando o colega sai-se com [solta/diz] uma ~ que ajuda a desanuviar os semblantes [as caras].

pilhérico, a *adj* (<pilhéria + -ico) Que faz rir/Que tem pilhéria/graça/Divertido(+)/Engraçado(o+).

pilho *s m pop* (<pilhar) ⇒ Ladrão/Gatuno/Malandro/Pulha(+).

pilífero, a *adj/s* (<lat *pílus*: pelo + -fero) **1** Que tem pelo/Piloso. **2** Que origina pelos. **3** *Zool an* Mamífero. **4** *Ent* Nos inse(c)tos lepidópteros, proje(c)ção lateral do labro.

piliforme *adj 2g* (<lat *pílus*: pelo + -forme) Que tem a forma de pelo.

pilim *s m gír* (< *on*) ⇒ Dinheiro/Pila **3**.

pilinha *s f* (<pila + -inho) **1** *Dim* de pila **1**. **2** Pé[ê]nis de criança. **3** *pop* Galinha/Franga. **4** *interj* Exclamação *us* para chamar galinhas. **Sin.** Pila **4**(+).

pilípede *adj 2g* (<lat *pílus*: pelo + -pede) Que tem pelos nos pés.

pilo *s m Zool* (<lat *pílus*: pelo) Prolongamento em forma de pelo do citoplasma das bactérias.

pilocarpina *s f Quím* (<gr *pílos*: pelo + *karpós*: fruto + -ina) Alcaloide muito venenoso, $C_{11}H_{18}$, obtido de uma planta brasileira, o jaborandi, com aplicação terapêutica.

pilone/o *s m Arquit* (<gr *pylón, nos*) Pórtico monumental nos antigos templos egípcios/Pilão[2].

pilórico, a *adj Anat* (<piloro + -ico) Relativo ao piloro.

piloro (Ló) *s m Anat* (<gr *pylorós*: porteiro) Orifício de passagem do estômago para o intestino delgado.

pilosidade *s f* (<piloso + -idade) **1** Qualidade do que tem pelos. **2** Conjunto de pelos na pele.

piloso, a (Ôso, Ósa/os) *adj* (<lat *pilósus, a, um*) **1** Coberto de pelos/Peludo. **Comb.** Zona ~a do corpo. ⇒ pubescente, «couro» cabeludo. **2** *Bot* Revestido de pelos finos e curtos. **Comb.** Folha ~a. **3** Relativo a pelo. **Comb.** Quisto ~.

pilota (Ló) *s f* (<pilar[2] + -ota) **1** ⇒ Exaustão/Cansaço provocado por longa caminhada. **2** ⇒ perda; prejuízo. **3** ⇒ revés; derrota «no jogo de cartas». **4** ⇒ censura; repreensão.

pilotagem *s f* (<pilotar + -agem) **1** Arte de pilotar. **2** A(c)tividade de piloto.

pilotar *v t* (<piloto + -ar[1]) **1** Dirigir como piloto um avião, uma aeronave, um navio. **2** Guiar/Conduzir/Dirigir um veículo automóvel. **3** *fig* Governar/Comandar.

piloti (Lóti) *s m Arquit* (<fr *pilot(is)* <lat *pila*: coluna) (Cada um dos pilares de um) conjunto que sustenta uma construção, criando um espaço aberto ao nível térreo [por baixo dela].

piloto (Lô) *s m* (<it *piloto*) **1** Pessoa que tem habilitação para dirigir aeronaves ou que exerce essa a(c)tividade. **Ex.** A perícia do ~ é decisiva em situações de emergência. **Comb.** *~ automático* [Dispositivo que permite manter a rota de avião ou de navio sem intervenção humana]. *Brevê de ~*. **2** Pessoa que dirige navio mercante como imediato do comandante. **3** Pessoa habilitada para dirigir navios na entrada e saída da barra ou que executa essa tarefa. **Comb.** *~ de barra*. **4** Pessoa que conduz/dirige veículo automóvel em provas de corrida. **Ex.** Ele é o ~ de Fórmula 1 com mais títulos de campeão. **5** Sinal luminoso de cor vermelha que indica qualquer anomalia no funcionamento dum mecanismo. **6** Dispositivo em alguns esquentadores e aquecedores a gás que permite a manutenção da chama. **Ex.** A chama do ~ «do esquentador a gás» deve ser de cor azul. **7** Diz-se do que serve de modelo, do que experimenta novos métodos ou processos. **Ex.** Para escola-piloto do lançamento do novo programa da disciplina de Matemática escolheram a do meu bairro. **Comb.** Turma-~. **8** *fig* Pessoa que orienta/dirige. **9** *Bot* Arbusto da família das cistáceas, frequente nos pinhais e nos areais da costa alentejana e estremenha(*Pt*); *Helianthemum lasianthum*. **10** *Br Icti* Peixe da família dos carangídeos, de águas quentes e temperadas, que acompanha por vezes navios e tubarões, também conhecido por romeiro; *Naucrates ductor*.

pilrete (Rê) (<pilriteiro) **1** Homem muito pequeno/Homúnculo. **2** Criança vivaça/esperta. **Ex.** O ~ tem resposta pronta, ninguém o engana!

pilriteiro *s m Bot* (<esp *pirlitero*) Nome vulgar de dois arbustos espinhosos da família das rosáceas, que produzem drupas vermelhas, os pilritos, *us* como diurético e adstringente; *Crataegus mongyna/oxyacantha*.

pilrito *s m* (<pilriteiro) Pequeno fruto vermelho do pilriteiro.

pílula *s f* (<lat *pílula*: pequena bola) **1** Produto farmacêutico sólido que deve ser engolido inteiro/Comprimido. **Ex.** Receitaram-me umas ~s para facilitar a digestão. **2** Contrace(p)tivo oral. **Ex.** A ~ veio facilitar o planeamento familiar. **3** *fig* Coisa difícil de aceitar/suportar/Contrariedade. **Ex.** Com a fra(c)tura da perna, ter de [que] deslocar-se com [de] canadianas durante dois meses foi ~ bem [muito] *idi* difícil de engolir. **Idi.** *Dourar a ~* [Tentar levar alguém a aceitar melhor uma situação penosa, usando palavras reconfortantes ou procurando diminuir-lhe os inconvenientes] (Ex. O meu amigo bem tentou dourar-me a ~, mas eu não me convenci, *col* não fui na conversa). *Engolir a ~* **a)** Ainda que contrafeito, aceitar sem protesto uma situação desagradável; **b)** Fingir aceitar algo que considera não ser verdadeiro (Ex. Um chefe às vezes tem de engolir a ~).

pimba *adj/interj* (< *on*) **1** De mau gosto/Sem qualidade/Vulgar. **Ex.** A música ~ campeia nas festas populares de verão. **Comb.** Decoração ~. **2** *interj* Exclamação que expressa um imprevisto ou desfecho súbito/Pumba. **Ex.** O adversário passa-lhe uma rasteira e ele, ~, responde [reage] com uma canelada. Desequilibrei-me, quis controlar-me, e, ~, *col* malhei (com o costado) no chão.

pimelodídeo, a *adj/s Icti* (<gr *pimelés*: gordo + -ídeo) Diz-se de peixe ou família de peixes teleósteos de água doce, com barbilhos muito compridos.

pimenta *s f Bot* (<lat *pigmenta*, pl de *pigmentum*: corante) **1** Planta de origem oriental da família das piperáceas, cujos frutos são bagas de sabor picante, sendo também conhecida por pimenteira e pimenta-do-reino; *Piper nigrum*. **2** Fruto dessa planta. **3** Pó que resulta da trituração desse fruto, usado como condimento de sabor picante. **Ex.** O acesso dire(c)to ao rico comércio da ~ e de outras especiarias, que tinha origem na Índia, foi o grande obje(c)tivo que, a partir dos fins do séc. XV, moveu o rei e os marinheiros portugueses a empreenderem as longas viagens marítimas ao Oriente em naus e galeões, passando pelo Cabo da Boa Esperança. **Idi.** *Pôr ~ na língua de alguém* [Exigir mode-

ração na linguagem «a quem se excedeu»/ *idi* tento na língua] (Ex. A mãe ameaçava pôr-lhe ~ na língua se fosse desbocado). **Comb.** ~ *branca* [que não utiliza o pericarpo do fruto]. ~ *preta/negra* [que utiliza a baga seca integral]. **4** Cará(c)ter malicioso/brejeiro/*col* picante. **Ex.** Gostava de contar umas anedotas com ~, mas tinha o cuidado de prevenir as mentes mais puritanas.

pimenta-da-jamaica *s f Bot* Planta da família das mirtáceas, com origem na América Central e no México, cujos frutos e sementes são estimulantes, carminativos e aromáticos, sendo uma especiaria muito apreciada; *Pimenta dioica*.

pimenta-do-reino *s f* Pimenta-preta, nativa da Índia e do Sri Lanka e levada por *Pt* para o *Br*.

pimental *s m* (<pimento + -al) Plantação de piment(eir)as.

pimentão *s m Bot* (<pimento + -ão) **1** Nome vulgar de várias plantas da família das solanáceas, arbustivas, cujos frutos são bagas de sabor picante, de cor verde ou vermelha, comestíveis, condimentares, com muitas sementes. **2** Fruto dessa planta, usado para preparar o colorau/Pimento.

pimentão-doce *s m Bot* Nome vulgar de planta herbácea da família das solanáceas, de bagas globosas vermelhas ou amarelas; *Solanum pseudocapsicum*.

pimenteira *s f* (<pimenta + -eira) **1** *Bot* ⇒ pimenta **1**. **2** Recipiente de vidro, loiça ou metal em que se leva a pimenta à mesa/Pimenteiro **3**.

pimenteiro *s m* (<pimento/a + -eiro) **1** *Bot* Planta hortícola solanácea cujo fruto é o pimento/Pimentão **1**. **Ex.** Na horta dedicava-se especial cuidado ao ~ e ao tomateiro. **2** *Br Bot* Árvore da família das labiadas, de flores de cor violeta, azul ou branca, cujos frutos são drupas pequenas; *Vitex agnus castus*. **3** Pequeno recipiente em que se guarda e leva pimenta à mesa/Pimenteira **2**. **4** *gír* Pequeno marco de sinalização luminoso colocado na estrada para temporariamente dividir faixas de rodagem, com o aspe(c)to de ~.

pimento *s m Bot* (<lat *pigmentum, i*: corante) Fruto comestível do pimenteiro, baga de sabor mais ou menos picante, de superfície polida, verde ou vermelha/Pimentão **2**. **Ex.** Com o ~ prepara-se um pó vermelho, o colorau, que serve de condimento.

pimpampum *s m* (< *on*) **1** Divertimento, em feiras e festas, no qual se procura derrubar bonecos em fila com bolas de pano. **Ex.** No ~ quis testar a minha pontaria, que se revelou certeira. **2** Barraca em que se pratica esse divertimento.

pimpão, ona *adj/s* (<fr *pimpant*) **1** (O) que tem bom aspe(c)to ou aparência/Elegante. **Ex.** Tem um filho ~ que eu queria para (ser) meu genro [queria que casasse com a minha filha]... **2** (O) que se mostra altivo/arrogante/fanfarrão/presunçoso/vaidoso. **Ex.** O ~ desafiou os presentes para o jogo do lançamento do disco. **3** (O) que se apresenta aperaltado/garboso/janota/elegante. **Ex.** Todo ~, apareceu no baile vestido a rigor, penteado e perfumado. **4** *Icti s m* Peixe teleósteo da família dos ciprinídeos, originário da China e do Japão, de cores variadas, mais frequentemente de cor vermelha, muitas vezes criado como ornamental em lagos e tanques, conhecido também por peixe-vermelho, peixe-dourado, peixe-da-china; *Carassius auratus*.

pimpar *v int* ⇒ pimpon(e)ar.

pimpinela (Né) *s f Bot* (<lat vulgar *pimpinella*) **1** Planta herbácea da família das rosáceas, levemente aromática, por vezes cultivada, considerada medicinal; *Sanguisorba minor*. **2** Gé[ê]nero de plantas da família das apiáceas, em que se inclui o anis.

pimpolho, a (Pô) *s* (<esp *pimpollo*) **1** *Bot* Rebento da videira/Sarmento/Vergôntea. **2** *Bot* Gomo/Rebento. **3** *fam* Criancinha robusta. **Ex.** O teu filho é um ~ com umas cores (na face) que metem [causam] inveja!

pimpon(e)ar *v int* (<pimpão + -(e)ar) **1** Dar ares de [Parecer] pimpão/Fazer alarde de valentia. **2** Trajar com distinção/elegância. **3** Gozar com/Troçar de.

pimponice *s f* (<pimpão + -ice) **1** Maneira de ser ou atitude de pimpão.

PIN Sigla «para telemóvel/*Br* celular» de *Personal Identification Number* [Número que é código de identificação pessoal].

pina *s f* (<lat *pinna*) Cada uma das peças curvas que formam a roda de um carro de bois/Camba(+).

pináceo, a *adj/s* (<lat *pinus*: pinheiro + -áceo) (Diz-se de) planta ou família de plantas arbustivas ou arbóreas do grupo das coníferas, que produzem resina, a que pertence o pinheiro.

pinacoteca (Té) *s f* (<gr *pinakothéke*: depósito de quadros) **1** *Hist* Na Antiga Grécia, sala junto a um templo que continha uma cole(c)ção de quadros. **2** Cole(c)ção de quadros. **3** Museu de pintura ou a parte dele que a ela está reservada.

pináculo *s m* (<lat *pinnáculum*) **1** Remate de uma torre em forma de cone ou de pirâmide/Cúpula dum edifício. **Ex.** A culminar a cúpula da catedral está um ~ com muitos metros de altura. **2** Ponto mais alto de um monte/Cume/Píncaro. **3** *fig* Grau mais elevado/Auge «da glória».

pinázio *s m* (< ?) **1** Cada uma das peças que nos caixilhos de portas e janelas separam e sustêm os vidros. **2** Pilar de pedra que separa as janelas duplas ou geminadas, apoiando a verga única pelo centro.

pinça *s f* (<fr *pince*) **1** Instrumento metálico com duas hastes ligadas entre si *us* para apertar/prender/segurar. **Ex.** Para retirar do rosto um ou outro pelo ela servia-se da ~. **2** Extremidade dos membros de preensão dos artrópodes e de outros animais, que têm uma forma semelhante a esse instrumento. **3** Prega no vestuário que vai afunilando, de modo a ajustá-lo às formas do corpo. **4** *Zool* Região interna e inferior do casco do cavalo. **5** Parte da ferradura que corresponde a essa zona do casco. **6** Dente incisivo dos herbívoros.

pinçar *v t* (<pinça + -ar¹) **1** Apertar/Segurar/Arrancar/Extrair com pinça. **2** Apertar como uma pinça. **3** *gír* Roubar do bolso de outrem.

píncaro *s m* (< ?) **1** Ponto mais alto de um monte/Cume. **Ex.** Na dura caminhada à serra, fui dos primeiros a chegar ao ~ do monte. **Idi.** *Pôr alguém nos ~s da Lua* [Tecer[Fazer]-lhe grandes elogios/Enaltecer] *Ex.* A punha a sobrinha nos ~s da Lua). **2** Ponto mais elevado de um edifício/Pináculo. **3** Grau mais elevado/Auge. **Ex.** Chegou aos ~s da carreira aos [quando tinha/com] cinquenta anos.

pincel *s m* (<lat *penicillus, i*) **1** Instrumento formado por um tufo de pelos na extremidade de um cabo, geralmente de madeira ou de plástico, servindo para pintar ou para espalhar um líquido sobre uma superfície. **Ex.** Para evitar que o varão de metal sofra oxidação, comprou tinta para lhe aplicar com um ~. **Comb.** ~ *de barba* [com cabo curto a prender um farto tufo de pelos] (Ex. Para se barbear, começou por ensaboar a face e a zona do queixo com o ~). **2** *fig* A arte de pintar. **Ex.** O ~ é seu ganha-pão. **3** Estilo de um pintor. **Ex.** Em Paris, no museu dos impressionistas, admirei sobretudo o ~ de Renoir. **4** Colher pequena de estucador com que aperfeiçoa as molduras das cimalhas. **5** *fig* Tarefa difícil/*col* chata/Maçada/Frete. **Ex.** Limpar a rua e a entrada da casa das porcarias trazidas pela enxurrada foi (cá) um ~!

pincelada *s f* (<pincel + -ada) Traço de pincel/Passagem do pincel com tinta sobre uma superfície. **Ex.** Com duas ~s traçou as linhas do rosto do amigo. **Loc.** Dar a última ~ [Dar o último retoque/Finalizar uma obra]. **Comb.** *A grandes ~s* [Em traços gerais].

pincelagem *s f* (<pincelar + -agem) **1** A(c)to ou efeito de pincelar. **2** Pincelada.

pincelar *v t/int* (<pincel + -ar¹) **1** Aplicar um produto líquido «tinta, verniz, ...» numa superfície com pincel. **Ex.** Pincelei a porta com verniz. **2** Pintar/Trabalhar com pincel.

pinceleiro *s m* (<pincel + -eiro) Pessoa que faz ou vende pincéis.

pincenê [fr *pince-nez*] Armação de óculos sem haste que se apoia no nariz por meio de uma mola.

pinchar *v t/int* (< ?) **1** Passar por cima de, saltando. **Ex.** No jogo do eixo, cada um dos miúdos pinchava sobre os vários colegas curvados que se iam dispondo [colocando] em fila, apoiando as mãos sobre o dorso deles. **2** Pular/Saltar. **Loc.** ~ *da varanda* [da janela] «para o quintal». **3** Fazer saltar/cair/Empurrar. **4** Atirar com força/Arremessar.

pincho *s m* (<pinchar) **1** Pulo para transpor um obstáculo/Salto(+). **Comb.** O~ *da rã*. **Idi.** *Dar o* ~ [Escapar-se/Fugir] (⇒ pinote 3). **2** Impulso. **3** Aparelho de pesca.

pindaíba *Br* (<tupi *pi'da'*: anzol + *íwa*: vara) **1** Corda feita com fibras de coqueiro. **2** *Bot* Árvore da família das anonáceas, de flores aromáticas, cuja madeira é utilizada em carpintaria; *Xylopia emarginata*.

pindárico, a *adj* (<gr *pindarikós*) **1** Relativo a [De] Píndaro, poeta grego do início do séc.V a.C., célebre pelos hinos e odes em que canta os heróis. **2** Que imita a poesia de Píndaro. **Comb.** *Ode* ~*a* [que se cara(c)teriza pela complexidade sintá(c)tica e conce(p)tual]. **3** ⇒ Excelente/Ó(p)timo/Pindérico **1**.

pindérico, a *adj/s* (<pindárico) **1** *iron* Magnífico/Excelente. **2** *depr* Pelintra/Pobretana que pretende aparentar melhor situação econó[ô]mica e social. **Ex.** Ele bem quer fingir desafogo, mas não passa de [mas é] um ~ que *idi* não tem onde cair morto. **3** (O) que se apresenta mal arranjado/desleixado/piroso. **4** Diz-se do que revela mau gosto/Ordinário/Reles. **Ex.** A decoração da sala é mesmo [muito] ~a!

pineal *adj 2g* (<lat *pinealis, e* <*pínea*: pinha) Semelhante a [Em forma de] pinha. **Comb.** *Anat Glândula* ~ [Epífise]. *Olho* ~ [Olho rudimentar existente na abóbada craniana de alguns sáurios].

pinga *s f* (<pingar) **1** Pequena quantidade de chuva/Gota que cai. **Ex.** O tempo ameaçava chuva, mas só caíram umas ~s. **2** Pequena quantidade de líquido. **Ex.** Uma ~ de água chegou para lhe matar a sede. **Idi.** *Ficar sem ~ de sangue* [Ficar pálido por ter ficado muito perturbado ou ter apanhado [tido] um grande susto]. **3** *fig* Vinho ou uma pequena quantidade dele. **Ex.** À porta da adega, gabava-se da sua ~, "um verdadeiro néctar". Convidou os dois amigos para uma ~ [*col* para um copo], e a

conversa prolongou-se, sempre animada. Sem uma ~, nem o *Cul* cozido à portuguesa *col* cairia bem [teria boa digestão]! **Idi.** ***Estar com a* [*Meter-se na/Tomar-se da*] ~** [Embebedar-se/Embriagar-se]. ***Ter uma ~ a mais*** [Estar alegre[o]te/levemente embriagado] (Ex. Ter uma ~ a mais pode ajudar a decidir negócios, torna o espírito mais afoito). **4** *Br* Aguardente de cana(-de--açúcar)/Cachaça(+).

pinga-amor *adj/s 2g gír* (<pingar + ...) (O) que se enamora facilmente/Lamecha. **Ex.** É um ~, quantas namoradas não teve já!

pingadeira *s f* (<pingar + -deira) **1** O pingar demoradamente. **Ex.** Esta interminável ~ da chuva entristece-me, paralisa-me. **2** Sequência de pingas que caem. **Ex.** Com esta ~ da torneira, se não for já reparada, temo (pel)a gorda conta [o elevado custo] da água no fim do mês. **3** *pop* Fluxo menstrual. **4** *pop* Corrimento gonorreico pela uretra. **5** Utensílio de cozinha para onde escorrem as gotas de gordura da carne que se assa no espeto ou no grelhador. **6** *pop* Negócio que vai dando rendimento ainda que reduzido/pouco. **7** *pop* Despesa que não para. **Ex.** É sempre preciso *col* mais isto e mais aquilo, a carteira está sujeita a uma ~ que *col* não há meio de parar!

pingado, a (<pingar) **1** Que recebeu/apanhou pingas ou pingos. **Ex.** O chão está ~, é preciso limpá-lo. **2** Salpicado/Matizado. **3** Diz-se de uma bebida em que se deitou um pouco de leite ou de café. **Ex.** Na pastelaria pede sempre um café ~; eu prefiro um leite ~. **4** Que está embriagado. **Ex.** Veio da taberna já um tanto [um pouco] ~.

pingadou[oi]ro *s m* (<pingar + -douro) **1** ⇒ pingadeira **1/2**. **2** *Arquit* Parte da cornija por onde se escoam as águas da chuva, a conveniente distância da parede.

pingalim *s m* (<bengalim, de bengala) Espécie de chicote delgado e comprido com que se estimulam [tocam(+)] os cavalos.

pingão, ona *adj/s* (<pingar + -ão) **1** (Diz-se de) quem anda habitualmente com a roupa com pingos/nódoas. **2** Desmazelado/Descuidado com o modo de vestir. **3** Diz-se da roupa malfeita, de mau gosto, de mau aspe(c)to. **4** (Diz-se de) quem não tem dinheiro/Pelintra.

pingar *v int/t* (<lat vulgar *pendicáre* <*péndeo, ére*: pender) **1** Cair aos pingos, às gotas. **Ex.** A água pingava já das folhas das árvores. **2** Deixar cair de si um líquido aos pingos. **Ex.** O sangue pingava-lhe do nariz. **3** Salpicar/Manchar com pingos. **Ex.** O babete impedia que a miúda pingasse a linda blusa da festa. **4** Cair uma chuva fraca. **Ex.** Começou a ~ e ele meteu-se em casa. **5** Estar todo [muito] molhado. **Ex.** Ao chegar a casa, o cabelo dele pingava, tal [tão grande] tinha sido a molha! **6** Receber ou dar algum dinheiro regularmente. **Ex.** Ele confia que do negócio vá pingando sempre algum (dinheiro/rendimento) para fazer face às despesas. O meu filho está confiante que da minha carteira pingue sempre uma confortável mesada, mas isso está para acabar. **7** *fig* Cabecear com sono.

pingarelho (Rê) *s m pop* (<pingar) **1** Qualquer coisa que ameaça [está prestes a] cair, pouco segura. **2** Pauzito para preparar armadilha. **3** Indivíduo sem valor/insignificante/pelintra. **Idi.** ***Armar ao ~*** [Querer aparentar o que não é/Tentar dar nas vistas, recorrendo a artifícios para conseguir os seus intentos] (Ex. Dá-se ares de importante, gosta de armar ao ~, de intervir para expor a sua douta opinião, quando afinal não passa de um palerma).

pingente *s m* (<esp *pinjante*) **1** Pequeno obje(c)to que pende em forma de pingo/Pendente. **Ex.** O lustre tem ~s de cristal que, quando iluminados, dão à sala um esplendor maravilhoso. **2** Brinco (da orelha). **3** Pequeno ornamento que se pendura/Berloque. **4** *fam* Miúdo pretensioso, a que não se dá importância. **Ex.** O ~ julga-se alguém, mas eu não lhe dou confiança.

pingo *s m* (<pingar) **1** Gota que cai/Pinga(+). **Ex.** Só caíram uns ~s [pinguitos/pinguichos/umas pinguitas] de chuva. **2** Mancha em forma de pinga. **Ex.** No chão ainda podiam ver-se uns ~s de sangue de quando se feriu com a faca. **3** Mucosidade que cai do nariz. **Ex.** No inverno, quando está constipado, muitas vezes se lhe vê o ~ a assomar nas narinas. **4** Pequena porção de solda para tapar um pequeno buraco numa vasilha. **Ex.** Levei a frigideira ao latoeiro que lhe deitou um ~ no fundo. **5** Café com um pouco de leite servido em chávena de café. **6** Gota de gordura (⇒ pingue **4**). **7** Pequena porção. **Idi.** ***~ de gente*** **a)** Criança miúda; **b)** Pessoa de baixa estatura. ***Pôr os ~s*** [pontos(+)] ***nos is*** [ii] [Esclarecer de vez [definitivamente] uma situação dúbia].

pingolas (Gó) *s 2g sing e pl* (<pinga + -ola) Pessoa que se excede no consumo de bebida alcoólica/que bebe com frequência/que *idi* anda sempre com os copos/Bebedolas(+).

pingoleta (Lê) *s f* (<pinga) **1** Pequena quantidade de vinho que se vai beber/Pinga. **2** Copo de bebida alcoólica.

pingue *adj 2g/s m* (<lat *pínguis, e*: gordo) **1** Que tem gordura. **2** Que é produtivo/rendoso. **Ex.** Aquelas terras são ~s de azeite e vinho. **3** Avultado/Chorudo. **Ex.** Tem um ~ rendimento, que lhe dá [chega] para as extravagâncias. **4** *s m* Gordura de porco derretida/Banha.

pinguela (É) **[pinguelo]** (Ê) *s* (< ?) **1** Pauzinho de armadilha para apanhar pássaros. **2** Gancho com que se armam ratoeiras. **3** Tronco a servir de ponte sobre um rio.

pingue-pongue *s m* (<ing *ping-pong*) Jogo em que cada um dos dois jogadores ou pares, munido(s) de uma pequena raquete, colocados frente a frente de cada lado de uma mesa com uma rede a meio, a servir de obstáculo, impele uma bola de celuloide para o campo do adversário, que deverá devolver-lha sem deixar que ela toque mais de uma vez sobre a sua parte da mesa, isto em sucessivos movimentos de vaivém, perdendo o ponto aquele que deixe quebrar a série desses movimentos/Té[ê]nis de mesa.

pinguim (Gu-im) *s m Ornit* (<hol *pinguyn*) Nome vulgar de aves palmípedes, incapazes de voar por terem asas muito curtas, de plumagem preta com uma barra branca à frente, que habitam nos mares gelados do sul, alimentando-se de peixes.

pinguinhas (Gui) *s 2g 2n* (<pinga/o + -inho) **1** *Pl* de pinguinha, pequena pinga/Pinguitas[tos/chos]. **Comb.** **Às ~** [Em pequenas quantidades sucessivamente/Por partes] (Ex. Em vez de me pagar logo tudo (o que me deve), pediu-me para o fazer às ~). **2** *fig* Pessoa desleixada no vestir/Maltrapilho. **3** Pessoa insignificante/mesquinha/tacanha.

pinha *s f* (<lat *pínea*) **1** Infrutescência do pinheiro e de outras árvores pináceas, em forma de cone, com escamas lenhosas presas num eixo, entre as quais estão as sementes, os pinhões. **Ex.** Para acender a lareira usa muito as ~s. **2** Obje(c)to com a forma dessa infrutescência. **Ex.** O braço horizontal do grande estandarte da procissão tinha nas extremidades ~s trabalhadas, muito belas. **3** Ajuntamento compacto de pessoas ou coisas. **Ex.** O recinto estava à ~ [cheio de gente]. **4** *col* Cabeça/Cuca/Tola(+)/Cachimó[ô]nia. **Ex.** Ele não regula muito bem da ~. **Idi.** ***Não estar bom da ~*** [Não ser sensato/Não pensar corre(c)tamente]. ***Comer a ~ a alguém*** [Enganar/Ludibriar]. **5** *Bot* Árvore da família das anonáceas, cujos frutos são bagas de polpa doce/Anona(+)/Fruta-do--conde/Ata; *Annona squamosa*.

pinhal *s m* (<pinho + -al) Terreno/Conjunto de pinheiros. **Ex.** No ~ carregava a carroça com caruma, que queimava a aquecer as viandas do porco doméstico.

pinhão *s m* (<pinha + -ão) **1** *Bot* Semente branca e comestível do pinheiro «manso», contida na pinha. **Ex.** Em almoço de festa, fazemos por vezes um arroz de passas e ~ões. **2** *pop* Pancada que se dá ou recebe na cabeça/Carolo(+). **3** *pop* Empurrão brusco. **4** *Arquit* Frontão triangular muito esguio a encimar a parte superior das arquivoltas dos portais e janelas, particularmente nas construções góticas. **5** *Br* Cavalo que tem a cor da casca do ~ **1**, castanho-avermelhado. **6** *Mec* **a)** Engrenagem de poucos dentes; **b)** A menor de duas engrenagens acopladas.

pinheiral *s m* (<pinheiro + -al) ⇒ pinhal.

pinheiro *s m* (<pinho + -eiro) Nome vulgar de várias plantas coníferas, da família das pináceas, de folhas persistentes, que fornecem madeira e resina. **Comb.** **~ bravo** [que tem a copa de forma có[ô]nica, sendo muito comum no norte e centro de Pt] (⇒ resina). **~ manso** [que tem a copa arredondada, existindo sobretudo na zona sul de Pt] (⇒ pinhão **1**).

pinho *s m* (<lat *pínus*) **1** Madeira de pinheiro. **2** ⇒ Pinheiro(+).

pinhoada *s f Cul* (<pinhão + -ada) Doce feito com pinhões e mel.

pinicar *Br v t* (<br pinico (Bico) + -ar[1]) **1** Bater ou ferir com o bico/Bicar(+)/Picar. **2** Causar uma sensação de comichão/ardor/Picar(+). **3** Beliscar(+). **4** ⇒ Picar a montada com a espora/Espor(e)ar(+). **5** *fig* Tocar insistentemente com a mão, com o cotovelo ou com um obje(c)to em alguém ou em alguma coisa.

pinicultura *s f* (<lat *pínus*: pinheiro + ...) Cultivo de pinheiros.

piniforme *adj* (<lat *pínus*: pinha **1** + -forme) Que tem a forma de pinha **1**.

pinípede *adj/s 2g Zool* (<lat *pinna*: barbatana + -pede) (Diz-se de) mamífero ou ordem de mamíferos marinhos, com os membros adaptados à locomoção na água, que se alimentam de peixes, à qual pertencem a foca, a morsa e a otária.

pino *s m* (<esp *pino*) **1** Ponto mais alto que o sol atinge/Zénite. **Ex.** O Sol aproxima-se do ~. **Loc.** **A ~** [Na vertical/A prumo]. **2** Grau mais elevado que alguma coisa atinge/Auge. **Ex.** Saí de casa pelo ~ do calor e tive de pôr o boné (na cabeça). **Comb.** **~ do verão** [Período mais quente desta estação]. **3** Posição vertical invertida do corpo, com a cabeça para baixo e as pernas (esticadas) para cima. **Ex.** O miúdo gosta muito de fazer o ~, de mostrar a sua desenvoltura, o seu domínio do corpo. **4** Fito na vertical a que se atira no jogo da malha/Meco. **5** *Ele(c)tri* Peça metálica terminal da ficha que, ao entrar na tomada, estabelece a ligação elé(c)trica/Perne/Borne. **6** Pequena haste em volta da qual se movem os lados da dobradiça. **7** Haste cilíndrica, geralmente metálica, que se

introduz em orifício para unir peças fixas ou articuladas/Cavilha. **8** Prego de pinho que os sapateiros usavam para segurar as solas sobrepostas.

pinoca (Nó) *adj/s 2g* (< ?) Que se apresenta muito bem-posto/se veste com esmero/Aperaltado/Janota. **Ex.** Apareceu na [Veio à] festa todo ~, o que chamou a atenção de todos.

pinocitose *s f Biol* (<gr *pínna*: pinha-marinha + -cito- + -ose) Mecanismo de absorção de fluidos pelas células vivas.

pinoco (Nô) *s m* (<pino + -oco) **1** Ponto mais alto [Pico] do monte. **2** Marco geodésico/Picoto(+). **3** Figura feita com neve pelas crianças em dia de nevão.

pinoia (Nói) *Br s f* (< ?) **1** Pessoa ou coisa sem valor. **2** Mau negócio/Engano. **3** Aborrecimento por contratempo. **Ex.** Que ~, está chovendo! **4** Mulher elegante [ordinária/de vida airosa].

pinote (Nó) *s m* (<pino + -ote) **1** Salto de animal ao dar o coice. **2** *fam* Pulo/Salto/Cabriola. **3** *Br* Fuga/Evasão. **Loc.** Dar o ~/pincho [Fugir da cadeia/Escapar da polícia].

pinotear *v int* (<pinote + -ear) **1** «animal» Dar um salto ao escoicear. **2** Dar pinotes(+)/Fazer piruetas/Cabriolar/Pular. **Ex.** As crianças não se cansavam de ~, qual delas a mais mexida!

pinta *s f* (<pintar) **1** Mancha/Pequeno sinal. **Ex.** Tinha umas ~s vermelhas no corpo a que não deu importância. **2** Salpico/Pingo. **Loc.** Às ~s [«tecido» Decorado com pequenas bolas sobre um fundo liso]. **3** No baralho (do jogo) das cartas, cada sinal que em cada naipe concorre para determinar o valor da carta. **Ex.** O terno tem três ~s, o duque só duas, e a sena (tem) seis. **4** *fig* Aspe(c)to físico de alguém/Aparência. **Ex.** Pela ~, parece boa pessoa. **5** *fig* Maneira de ser/Índole/Cará(c)ter. **Ex.** O funcionário tem boa ~, parece-me atencioso e eficiente. **6** Aptidão/Jeito. **Ex.** Ele tem ~ para este trabalho.

pinta-cega *s f Ornit* ⇒ Noitibó.

pintada *s f Ornit* (<pintado) Ave africana galiforme, da família dos numidídeos, de plumagem escura com pintas brancas, abundando no mato, também conhecida por galinha-da-índia, galinha-de-angola, galinha-da-guiné, picota, estou-fraca; *Numida meleagus*.

pintadela (Dé) *s f* (<pintar + -dela) Pintura ligeira/Demão de tinta. **Ex.** Dei uma ~ na porta e ficou logo com outro [melhor] aspe(c)to.

pintado, a *adj* (<pintar) **1** Coberto de tinta/Que levou tinta. **Ex.** O prédio foi outra vez [tornou a ser] ~. **2** Representado em quadro/pintura. **Idi.** *Não querer ver alguém nem ~* [Não querer nada com/Detestar] (Ex. (A) esse vigarista [ladrão] não o quero [posso] ver nem ~!). **3** Que tem cor. **Comb.** Papel ~/colorido(+). **4** «rosto» Que foi maquilhado/Que recebeu cosmético para embelezar ou fazer sobressair alguma feição. **Ex.** A moça vinha muito ~a. **Comb.** *Lábios ~s. Unhas ~as.* **5** *fig* Descrito/Cara(c)terizado em pormenor, oralmente ou por escrito. **Ex.** A sociedade lisboeta dos fins do séc. XIX foi ~a de forma magistral por [pela pena de] Eça de Queirós. **6** Que tem grande semelhança com. **Ex.** A moça é a cara ~a/estampada da mãe. **7** *fig* Excelente/Conceituado/Distinto/Perfeito. **Ex.** Nem o mais ~ obteria melhor resultado.

pintainho, a *s* (<pinto + -inho) Pinto recém-nascido, muito novo. **Ex.** A galinha protege de qualquer perigo a ninhada de ~s.

pintalgado, a *adj* (<pintalgar) Que tem pintas de várias cores/Sarapintado.

pintalgar *v t* (<pintar) **1** Pintar, sem critério, de várias cores/Sarapintar. **Ex.** Para publicitar a festa, pintalgaram uns cartazes que estão expostos nos corredores da universidade. **2** Dar ou adquirir várias cores/pintas. **Ex.** No outono, as folhas das árvores pintalgam-se de cores variadas em diversos tons [ficam pintalgadas de variegadas cores], numa policromia de grande beleza.

pintalhão *s m Ornit* (<pinto + -alho + -ão) ⇒ tentilhão.

pintar *v t/int* (<lat vulgar *pinctáre* <*píngo, ere, píctum*: pintar) **1** Representar por meio de traços, cores, pinceladas de tinta em papel, tela, madeira, reboco de cal, ... **Ex.** Miguel Ângelo pintou a Capela Sistina, em Roma. José Malhoa foi exímio a ~ cenas aldeãs portuguesas. **2** Dedicar-se à [Dominar a arte da] pintura/Fazer quadros/Ser pintor. **Ex.** Picasso celebrizou-se a ~. **3** Cobrir/Revestir com tinta. **Ex.** Resolvi ~ a casa, (que) já estava a precisar. **4** Aplicar produtos cosméticos sobre uma parte do corpo/Maquilhar. **Ex.** Ela gosta de ~ os lábios, os olhos, as unhas das mãos e até (as) dos pés. **5** Tomar cor/Colorir. **Ex.** Na primavera, os campos pintam-se de muitas cores, em diversas tonalidades, num hino à vida que ressurge. **Idi.** *Vir a ~* [no momento certo/oportuno/mesmo a propósito]. **6** Tingir. **Ex.** Habitualmente pinta o cabelo para esconder umas brancas que teimam em aparecer. **7** Começar a ficar com o cabelo ou a barba branca. **Ex.** Estás velho, esse [o teu] cabelo já começa a ~! **8** Descrever/Cara(c)terizar oralmente ou por escrito, nem sempre de forma rigorosa, podendo exagerar (n)os traços. **Ex.** A vida na cidade não é (tão fácil e agradável) como a pintam. Há quem diga que o diabo não é tão mau como o pintam. **9** Imaginar/Conceber de forma ilusória. **Ex.** Por vezes os jovens pintam a vida como *idi* ouro sobre azul, como *idi* um mar de rosas, mas ela própria *col* se encarrega de os desiludir/desenganar. **10** Cometer excessos/Agir sem controle/o. **Ex.** Na feira *idi* pintou o diabo, armou lá uma zaragata que até meteu [fez intervir] a polícia. **Idi.** *~ a manta/o caneco* **a)** Fazer tropelias/Lançar [Provocar] a confusão/Alvoroçar; **b)** Ser muito brincalhão/Divertir(-se) muito/Fazer malandrices (Ex. Na escola, quando estava mais entusiasmado, muitas vezes pintou a manta).

pintarroxo *s m Ornit* (<esp *pintarrojo*) Pássaro da família dos fringilídeos, de canto agradável, com plumagem de cor parda e avermelhada, também conhecido por tentilhão, milheiro; *Acanthis cannabina*.

pintassilgo *s m Ornit* (<an pinta + ?) Pássaro da família dos fringilídeos, de canto vivo, agudo e agradável, com plumagem de cor variada, como branco, preto, amarelo e vermelho, do gé[ê]nero *Carduelis*. **Ex.** O ~ fazia sempre o ninho na mesma pereira do quintal.

pinto, a *s/adj* (< ?) **1** Filhote da galinha/Pintainho(+)/*pop* Pito. **Idi.** *Ficar como um ~* [Ficar todo molhado]. ⇒ frango. **2** Antiga moeda portuguesa. **3** *adj* Que tem várias cores/Pintalgado/Sarapintado. **Comb.** Galinha ~a (⇒ pintada).

pinto-calçudo *s pop* **1** Pinto que tem as patas revestidas com plumagem. **2** *fig* Pessoa que anda com roupa desajeitada. **3** *fig* Rapazinho que começa a usar calças compridas ou que tem as calças a tocar-lhe nos sapatos. **Ex.** Assim vestido pareces um ~!

pintor *s m* (<lat vulgar *pinctor*, por *píctor, óris*: pintor; ⇒ pintar) **1** Pessoa que domina a arte de pintar e a exerce. **Ex.** Em Paris fomos visitar o museu dos (~es) impressionistas. **2** Pessoa que pinta «casas» por profissão. **Ex.** Preciso de um ~ que me refaça a pintura da casa, pois já apresenta [mostra] umas falhas. **3** *fig* Pessoa que descreve/cara(c)teriza algo, nem sempre com rigor/verdade, podendo exagerar alguns traços. **Ex.** O romancista Eça de Queirós foi um ~ crítico da sociedade lisboeta dos fins do séc. XIX em algumas das suas obras. **4** *fig* Indivíduo fantasista. **Ex.** Isso que dizes é muito bonito, mas não passas de [mas és] um ~.

pintura *s f* (<lat vulgar *pinctúra*, por *pictúra*) **1** Arte ou técnica de expressão estética pela aplicação de tintas sobre uma superfície, representando seres, figuras ou abstra(c)ções. **Ex.** Entre as artes plásticas, a ~ ocupa um lugar de grande relevo. **Comb.** *~ abstra(c)ta* [que não representa qualquer realidade exterior]. *~ figurativa* [que representa uma realidade concreta ou nela se inspira]. *~ a fresco* [executada com pigmentos em suspensão aquosa aplicados sobre reboco de cal antes de secar]. *~ a óleo* [executada sobre tela ou madeira revestidas de um preparo, geralmente com a utilização do óleo de linhaça como aglutinante]. **2** A(c)ção de pintar **1**. **Ex.** Ele dedica muito tempo à ~ dos seus quadros. **3** Curso ou disciplina em que se estudam as técnicas dessa expressão estética. **Ex.** Em Belas-Artes, ela a frequenta o curso de ~. **4** Obra de arte executada por um pintor/Quadro. **Ex.** Decorou a sala de estar com ~s de um mesmo autor. **Comb.** *~ mural* [feita dire(c)tamente numa parede]. *~ rupestre* [executada em grutas ou ao ar livre nos períodos Paleolítico e Neolítico sobre paredes rochosas naturais]. **5** Conjunto de quadros de um mesmo pintor, de uma época, estilo, temática, país, ... **Comb.** *~ de Sousa Cardoso. ~ renascentista. ~ barroca. ~ religiosa. ~ flamenga. ~ portuguesa.* **6** A(c)to de cobrir de tinta uma superfície. **Ex.** Procuro alguém que me faça a ~ do interior da casa, que está a precisar de ser alindado. **Idi.** *Borrar a ~* [Deitar a perder/Destruir a boa imagem que se estava a [que se pretendia] dar, fazendo ou dizendo algo incorre(c)to/irrefle(c)tido]. **7** Camada de tinta aí aplicada. **Ex.** A ~ ficou muito uniforme, não se notam falhas. **8** Aplicação de cosméticos/Maquil(h)agem. **Ex.** Não gosta de sair de casa pela manhã sem umas ~s. **9** Algo belo/perfeito/deslumbrante. **Ex.** Quando deparei com aquela paisagem de sonho, julguei não estar perante a realidade, parecia-me mais uma ~/um lindo quadro! **10** Descrição/Cara(c)terização pormenorizada. **Ex.** Coube-lhe a ele fazer a ~ da situação social da população do bairro, ficando todos nós bem conscientes das dificuldades por que passam muitas famílias.

pinturesco, a ⇒ pitoresco.

pínula *s f* (<lat *pínnula*: pequena asa) **1** *Topografia* Cada uma das pequenas lâminas metálicas colocadas nas extremidades da alidade, com orifício ao meio por onde passam os raios visuais, para fazer alinhamentos. **2** *Bot* Cada um dos folíolos ou divisões das folhas compostas.

pinulado, a *adj Bot* Diz-se da folha composta com pínulas [folíolos] que se inserem no pedúnculo a alturas diferentes. ⇒ paripinulado.

pin-up ing *s f* **1** Moça bonita, sexualmente atraente, que posa para fotografias com pouca roupa/Modelo fotográfico. **2** Esse tipo de foto impressa em poster, calendário, cartaz, …

pio[1] *s m* (<piar) **1** Voz de cria de ave ou som que a imita. **Ex.** O ~ estridente dos filhotes do pardal, no ninho, à chegada dos pais com alimento, irrompia como um hino à vida. **2** Som emitido pelo mocho e pela coruja. **Ex.** No campo, no escuro da noite [na noite escura], o ~ do mocho causava-lhe arrepios. **3** *Br* Instrumento de bambu usado por caçadores para produzir sons que imitam a voz de aves, para as atrair. **4** *fig* A(c)to de fala. **Ex.** Você não diz nada, perdeu o ~ ou quê? **Idi.** *Dar o triste ~* [Chegar ao fim/Morrer]. *Não dar um ~* [Nem piar/Permanecer silencioso]. *Não se ouvir (nem) um ~* [Não se sentir qualquer barulho]. *Nem mais um ~!* [Expressão exclamativa a impor silêncio, a mandar calar/Caluda!]. *Perder o ~* **a)** Continuar calado, depois de interrogado; **b)** Morrer. *Tirar o ~a* **a)** Reduzir o som de aparelho de rádio ou de televisão; **b)** Tirar a vida a/Matar.

pio[2]**, a** *adj* (<lat *pius, a, um*: pi(edos)o) **1** Que revela respeito e fervor em relação ao que é religioso/sagrado. **Ex.** A ~a senhora encarregava-se de velar pela conservação e bom estado das alfaias usadas na liturgia. **2** Devoto/Religioso/Piedoso. **3** Que tem uma finalidade caritativa ou religiosa. **Ex.** Ele lembrava que as obras ~as devem ter o nosso apoio. **Comb.** *Casa Pia de Lisboa* [Instituição fundada no séc. XVIII que continua a proporcionar a educação/formação a crianças órfãs, pobres ou abandonadas]. *Estabelecimento ~* [Edifício ou instituição em que se dá apoio a pessoas necessitadas, como misericórdias, hospícios, …]. *Dir Legado ~* [Parte da herança que o testador destina a encargos espirituais ou à realização de a(c)tos caritativos ou de devoção religiosa]. *Obra ~a* [de cará(c)ter caritativo, de apoio a instituições de assistência social ou relacionado com a celebração de a(c)tos religiosos].

pio[3] *s m* (<pia) Pia grande do lagar de azeite onde é moída a azeitona. **Sin.** Lagar «para esmagar as uvas».

piogénese [piogênese] [piogenia] *s f Med* (<gr *pýon*: pus + …) Formação de pus/Supuração.

piolheira *s f* (<piolho + -eira) **1** Grande quantidade de piolhos. **2** *fig* Extrema pobreza/Estado de miséria. **3** Lugar imundo/Sujeira. **4** *pop* Negócio de reduzido lucro. **5** *pop* Zona de lugares mais baratos em salas de espe(c)táculos/Galinheiro. **Ex.** Por tão pouco dinheiro, algumas vezes vi bons filmes instalado na ~. **6** *pop* Cabeça. **7** *Bot* Arbusto da família das ranunculáceas, de cujas sementes se obtém um pó usado contra parasitas, como os piolhos; *Delphinium staphisagria*.

piolhento, a *adj* (<piolho + -ento) **1** Coberto de piolhos/Piolhoso. **2** Propício a criar piolhos. **3** Sujo/Imundo.

piolhice *s f* (<piolho + -ice) **1** Coisa fútil/mesquinha/Ninharia/Questiúncula. **2** Lugar imundo. **Ex.** Naquele bairro degradado é tudo uma ~.

piolho (Piô) *s m* (<lat tardio *pedúculus*, por *pediculus*, dim de *pedis, is*: piolho) **1** *Ent* Designação comum de inse(c)tos parasitas do homem e de outros mamíferos, sem asas, com armação bucal própria para picar, causadores de lesões cutâneas e agentes patogé[ê]nicos. **Ex.** Porque a minha filha me chegou a casa a coçar muito a cabeça, concluí que apanhara ~s na escola. **Idi.** *Meter-se como ~ por/em costura* [Ter o hábito de aparecer em toda a parte sem ser convidado/Ser importuno]. **2** *Ent* Designação comum de inse(c)tos da família dos afídeos, parasitas de várias plantas, a que extraem o suco/Pulgão(+). **3** Prego pequeno usado pelos sapateiros. **4** *fam* Criança pequena. **Idi.** *Já o ~ tem catarro* [É um palmo de gente e [Apesar de muito pequeno] já quer afirmar-se perante oes adultos]. **5** ⇒ *pop* Posto policial/Prisão/Cárcere.

piolhoso, a *adj* (<piolho + -oso) **1** ⇒ piolhento. **2** Que tem fraca qualidade.

pioneirismo *s m* (<pioneiro + -ismo) Cará(c)ter ou qualidade de pioneiro.

pioneiro, a *s/adj* (<fr *pionnier*) **1** Pessoa que abre caminho ou inicia a exploração de uma região desconhecida. **Ex.** Os portugueses foram ~s na exploração do interior do Brasil e de África (Entre o litoral de Angola e o de Moçambique/Da costa à contra-costa). **2** *fig* (O) que primeiro desenvolve um domínio de a(c)tividade ou inicia a exploração de uma temática/Precursor/Inovador. **Ex.** Um ~ abre o caminho ao progresso.

pionese (Né) *s f* (<fr *punaise, fem* de *punais*: que cheira mal <lat *pute(sc)o*: (começar a) cheirar mal) Prego pequeno de cabeça achatada e muito larga e ponta curta, geralmente usada para fixar papéis em placar(d). **Sin.** Percevejo.

pior *adj 2g/adv* (<lat *pejor, jus*, comparativo de *málus*: mau; ⇒ péssimo) **1** Comparativo de *mau*/De qualidade ou nível inferior ao de outro. **Ex.** O meu neto teve má nota «9» no teste, mas a (nota) do teu filho foi ~ «7». **2** Sup relativo de *mau*. **Ex.** O ~ [O mais fraco] dos alunos teve nota positiva, sinal de que o teste foi muito fácil. **Idi.** *«indivíduo» Da ~ espécie* [Vil/Infame/Desprezível]. **Ant.** O melhor. **3** *adv* Comparativo de *mal*. **Ex.** É certo que ele a(c)tuou mal, mas o colega agiu ainda ~. **Idi.** *Ir de mal a ~* [Evoluir de forma sempre mais negativa]. *O ~ possível* [Pessimamente/Muito mal] (Ex. A viagem correu-me o ~ possível, foi cheia de contratempos). *~ um pouco!/Tanto ~!* [Exclamações de desagrado ou indiferença] (Ex. Reprovou no exame e, veja lá, diz que não quer estudar mais! – Olhe, tanto ~ para ele!).

piora *s f* (<piorar) Agravamento do estado de saúde. **Ant.** Melhora.

piorar *v t/int* (<lat *péjoro, áre, átum*) **1** Evoluir para pior/Deteriorar(-se)/Agravar(-se). **Ex.** A saúde do avô tem vindo a ~. **Ant.** Melhorar. **2** Alterar(-se) de forma desfavorável. **Ex.** Segundo o boletim meteorológico, o tempo vai ~. «exaltou-se dando um murro na mesa» Reagindo assim, ele só vai ~ as coisas [~ a sua situação]!

piorio *s m pop* (<pior + -io) O que há de pior ou de mais reles. **Ex.** Aquela gente é do ~, não é boa companhia para ninguém.

piorno (Ôr) *s m Bot* (<lat *viburnum*: planta semelhante ao vime) Nome vulgar de algumas plantas arbustivas da família das leguminosas, de flores brancas ou amarelas, semelhantes à giesta «piorneira.

piorra (Ó) *s f* (<pião + -orra) **1** *Ornit* Ave passeriforme com uma pequena poupa na cabeça, que faz o ninho no chão/Cotovia/*L. arbórea*. **2** Pião pequeno. **3** *pop* Moça gorda e baixa, mas mexida/vivaça.

piorreia *s f Med* (<gr *pyorrhoia* <*pýon*: pus + *rhéo*: correr) **1** Processo inflamatório da zona gengivo-dentária em que há progressiva destruição dos tecidos que fixam os dentes. **2** Qualquer corrimento de pus.

pipa *s f* (< ?) **1** Recipiente bojudo de madeira, com tampo numa extremidade, próprio para guardar vinho. **Ex.** A vindima, este ano, ocupou alguns dias, vamos encher várias ~ de vinho. **Idi.** *De três em ~* [Em grande quantidade]. *Ser vinho da mesma ~* [Ter os mesmos defeitos de cará(c)ter que outrem (acabado de referir), um semelhante modo de proceder]. *Ter ~s de massa* [muito dinheiro/Ser rico]. **2** Medida de capacidade de 550 litros ou de 20 a 25 almudes. **3** *depr* Pessoa gorda e baixa. **4** Indivíduo que ingere bebidas alcoólicas em excesso/Beberrão. **5** ⇒ Papagaio (de papel).

piparote (Ró) *s m* (< ?) **1** Pancada forte dada com a cabeça do dedo indicador ou médio, que exerce pressão sobre a face do dedo polegar, largando-se de repente a seguir. **Ex.** Se te portas mal, levas [dou-te] um ~ nas orelhas, *col* que é para aprenderes [te corrigires]! **2** *fig* A(c)to de repelir alguém ou alguma coisa/*col* Pontapé. **Ex.** Se ele, que é um esbanjador, se atrever a vir pedir-me ajuda nalgum aperto, leva (cá) um ~ que *col* lhe fica de emenda [nunca mais vai recorrer a mim, estou certo]. **3** *fig* ⇒ Repreensão/Reprimenda.

pipeline ing **1** ⇒ gasoduto. **2** ⇒ oleoduto.

piperáceo, a *adj/s Bot* (<lat *piper*: pimenta + -áceo) **1** (Diz-se de) planta ou família de plantas dicotiledó[ô]neas, geralmente tropicais, produtoras de óleos de sabor picante. **2** Relativo ou semelhante à piment(eir)a.

piperina *s f Quím* (<lat *píper*: pimenta + -ina) Alcaloide ($C_{17}H_{19}NO^3$) usado como inse(c)ticida, em medicina e no fabrico de bebidas alcoólicas, para lhe dar um pique.

pipeta (Ê) *s f* (<fr *pipette*) **1** Tubo de vidro, graduado ou não, aberto nas extremidades, usado em laboratório para medir com precisão ou transferir pequenas quantidades de líquido. ⇒ pipo **3**. **3** Bomba das adegas.

pipi[1] *s m* (< on) **1** *Infan* Qualquer ave, especialmente galinácea. **2** *pl fam Cul* Passarinhos fritos. **3** *pl fam Cul* Miúdos de frango fritos. **4** *Infan* Órgão sexual exterior de criança, masculino ou feminino. **5** *Br Infan* Urina. **Ex.** Fazer ~/chichi(+). **6** *depr* Diz-se de rapaz afe(c)tado, demasiado aperaltado/Dândi/Janota. **Ex.** Ele apresentou-se na festa todo ~! **7** *depr* Rapaz efeminado.

pipi[2] *Br s m Bot* (<tupi *pi'pi*) Planta da família das fitolacáceas, nativa de zonas tropicais e subtropicais, de raiz com cheiro a alho, tóxica e medicinal; *Petiveria alliacea*.

pipiar [pipilar/pipitar] *v int* (<lat *pípilo, áre*) Emitir, a ave, a voz da sua espécie/Piar.

pipi(l)o *s m Ornit* (<pipi(l)ar) ⇒ pio[1].

pipo *s m* (<pipa) **1** Pipa pequena/Barril. **Ex.** Tinha na arrecadação um ~ em que se ia abastecer de vinho. **2** Dispositivo que tapa o orifício por onde se insufla ar num pneu, numa bola, … **3** Tubo que se adapta ao orifício de vasilhas para extrair líquido aí contido. ⇒ pipeta. **4** Espécie de rolha aguda e estreita que se aplica ao suspiro de pipa ou tonel. **5** Tubo de cachimbo por onde se aspira o fumo do tabaco. **6** Ventre proeminente devido a gravidez. **Idi.** *Andar de ~* [Estar grávida]. ⇒ pipa **3**.

pipoca (Pó) *s f* (<tupi *pi'poka*: pele fendida) **1** Variedade de milho de grão pequeno. **2** Grão de milho estalado por exposição ao lume, salgado ou adoçado, pronto a comer. **Ex.** No cinema não gosto (nada) de ouvir o vizinho do lado a mastigar ~s. **3** *Br* Pequena erupção da pele/Borbulha/Verruga. **4** ⇒ Dança.

pipocar *Br v int* (<pipoca + -ar¹) **1** Estalar ou saltar como o grão de milho sob o efeito do calor do fogo, ao formar-se a pipoca. **2** *fig* Borbulhar intensamente um líquido, ao ferver. **3** *fig* Aparecer/Chegar inesperadamente.

pique¹ *s m* (<picar) **1** Sabor acre/picante. **Ex.** Gosto de um ~, ainda que leve, no frango de churrasco. **2** *fig* Ponta de malícia. **Ex.** Há quem entenda que uma boa anedota tem de ter sempre um ~ que anime a audiência. **3** Doença do vinho provocada por bactérias que lhe causam turvação e o tornam um pouco gasoso. **Ex.** Este vinho já tem um ~, ainda que não muito acentuado/forte. **4** Sensação de ter sido picado. **5** *Br* Jogo infantil em que a criança procura tocar outras em fuga, antes de elas chegarem a lugar seguro/Apanhada. **6** *Br* Pequeno golpe feito com obje(c)to cortante. **7** Cartão de cor, usado pelas rendeiras de bilros, com um desenho picado a alfinete. **8** Operação de picar o tabaco nas fábricas de cigarros. **9** *Hist* Arma antiga de guerra, em que a haste terminava em ponta aguçada.

pique² *s m* (<céltico *pic*) **1** A(c)to de picar 18, de mergulhar verticalmente em dire(c)ção ao solo/Posição vertical. **Ex.** O ~ dos aviões em acrobacias impressiona. Quando era criança, ficava maravilhado com o rapidíssimo ~ da cotovia, ao terminar os seus trinados nas alturas. **Idi.** *A ~* [A prumo/Em grande declive/Verticalmente/] (Ex. Ali a encosta rochosa da montanha é quase a ~, presta-se à prática de alpinismo). *Ir a ~* **a)** Afundar-se em naufrágio; **b)** *fig* Falir/Fracassar (Ex. Por este andar [A continuar assim], a empresa vai a ~ em pouco tempo). *Meter a ~* [Provocar o afundamento de/Pôr no fundo]. **2** Ponto mais elevado/Cume(+)/Auge. **3** O que estimula/Grande entusiasmo/Garra. **Loc.** *Estar a ~ de* [Estar prestes a]. *Ter a ~* [Ter a peito/Empenhar-se para]. **4** Dito ou atitude que irrita/Provocação/Acinte. **Loc.** Andar de ~ [Estar zangado]. **5** Grande agitação/movimento. **6** *Icti* Designação vulgar de peixes, também conhecidos por cação; *Mustellus*.

piquenique *s m* (<fr *pique-nique*) Refeição festiva informal ao ar livre, no campo ou no parque, feita entre familiares ou com amigos. **Ex.** A ideia de se fazer um ~, compartilhando os farnéis, no parque das merendas, mereceu aprovação unânime do grupo.

piqueta (Ê) *s f* (<fr *piquet*) **1** Pequena estaca fixada no chão a marcar um ponto do terreno. **Sin.** *Br* Piquete 6. **2** Espécie de pequena picareta usada para escalar encostas nevadas ou geladas.

piquetagem *s f* (<piquetar + -agem) Operação de piquetar, de demarcar um alinhamento com piquetas.

piquetar *v t* (<piqueta + -ar¹) Cravar estacas no terreno para definir previamente o traçado de estrada, de linha de alta ou média tensão (elé(c)trica), …

piquete (Kê) *s m* (<fr *piquet*) **1** *Mil* Conjunto de militares armados que se encontram no quartel prontos para a(c)tuarem em caso de emergência. **2** *Mil* Destacamento designado diariamente nos quartéis para assegurar os serviços internos. **3** Grupo de bombeiros, de polícias [*Br* policiais], funcionários ou operários nomeado para determinado serviço por turnos, que a(c)tua em caso de emergência. **Ex.** Houve uma ru(p)tura [rotura] na canalização da água e chamámos o ~. O ~ já tratou de resolver o problema de falta de energia elé(c)trica na nossa zona. **Loc.** Estar de ~ [Fazer parte do grupo que está de serviço no turno]. **4** Grupo de trabalhadores que em dia de greve procura convencer os colegas a aderirem à paralisação (do trabalho). **Ex.** À entrada da fábrica estava um ~ de grevistas a promover a adesão à greve. **Comb.** ~ de greve. **5** *Br* Pessoa constantemente solicitada para fazer uma diferente função. **6** *Br* ⇒ piqueta 1.

pira¹ *s f* (<gr *pyra* <*pyr*: fogo) **1** Vaso em que, em algumas civilizações, arde o fogo sagrado. **2** *Hist* Empilhamento de toros a que se deitava o fogo em cerimó[ô]nia fúnebre de cremação de cadáveres ou para suplício de pessoas condenadas a ser queimadas vivas. **Ex.** Nos autos de fé da Inquisição havia condenados a arder na ~. **3** Qualquer fogueira ou chama. **4** *fig* Lugar ou circunstância em que alguém ou algo é posto à prova.

pira² *s m* (<pirar(-se)) A(c)ção de pirar-se/fugir/Piro. **Loc.** *col* Pôr-se na [Dar a (+)] ~ [Fugir/*col* Desaparecer/*col* Pôr-se na alheta/Escapar-se].

pirado, a *adj* (<pirar 1) Mentalmente perturbado/Amalucado/Louco/*col* Chalupa. **Ex.** Ficou ~ desde que teve o acidente.

piramidal *adj 2g* (<pirâmide + -al) **1** Relativo a pirâmide. **2** Que tem a forma de pirâmide. **3** «talento» Muito grande/Enorme/Colossal.

pirâmide *s f* (<gr *pyramís, idos*) **1** Poliedro que na base tem um polígono plano e, nas faces laterais, triângulos cujas bases são os lados daquele polígono, e um vértice comum, que é o do poliedro. **Comb.** ~ regular [que tem na base um polígono regular]. **2** Obje(c)to ou representação com a forma desse poliedro. **Comb.** *~ etária* [Representação gráfica de uma população, atendendo ao número de pessoas em cada uma das idades e em cada sexo, sendo a base ocupada pelas idades mais jovens] (Ex. Com a taxa da natalidade em contínuo declínio no país, a base da ~ etária aparece cada vez mais reduzida). *~ humana* [Exercício de ginástica em que os praticantes se colocam aos ombros de outros, a um nível cada vez mais elevado, de modo a formarem uma figura semelhante àquele poliedro] (Ex. No circo, a ~ humana é um dos números de maior tensão/*suspense* para os espe(c)tadores). **3** Monumento com a forma desse poliedro. **Ex.** As Pirâmides do Egi(p)to, junto ao rio Nilo, serviram de túmulo a faraós e, consideradas na Antiguidade uma das Sete Maravilhas do Mundo, ainda hoje são um polo de atra(c)ção para os turistas que visitam o país. No México os astecas construíram templos em forma de ~.

piranga *adj/s 2g* (< ?) **1** (Diz-se de) pessoa insignificante/pobre. **2** *s f* Falta de dinheiro/Pobreza/Miséria. **3** *s f pop* Nariz grande e vermelho. **4** *s f Ornit* Ave canora também conhecida por sabiá-laranjeira.

pirangar *v int* (<piranga + -ar¹) Pedir esmola/Mendigar/Vadiar.

pirangueiro, a *adj/s* (<piranga + -eiro) **1** ⇒ boia-fria. **2** ⇒ pedinchão. **3** ⇒ pelintra.

piranguice *s f* (<piranga + -ice) **1** ⇒ Vida de piranga. **2** Penúria/Miséria/Piranga 2.

piranha *s f Icti* (<tupi *pi'raya*: peixe com dentes) **1** Designação comum a vários peixes teleósteos de água doce, da família dos caracídeos, carnívoros, com dentes cortantes semelhantes a navalhas, muito vorazes. **Ex.** A ~ é atraída pelo sangue «de boi ou vaca ferida». **2** *Ornit* Ave brasileira da família dos tiranídeos, também conhecida por tesoura; *Tirannus savana*. **3** *Br pop* ⇒ Prostituta/Meretriz.

piranómetro [*Br* **piranômetro**] *s m* (<gr *pyr, pyrós*: fogo + *ano*: acima + -metro) Aparelho que serve para medir a intensidade da radiação solar que incide numa superfície.

pirão *Br/Ang/CV s m Cul* (<tupi *pi'ro*: papa grossa) Papa espessa de farinha de mandioca feita com caldo em que se cozeram legumes, carne ou peixe, servindo de acompanhamento a outros alimentos.

pirar *v int/t* (<cigano *pirar*: fugir) **1** Perder o juízo/Ficar mentalmente perturbado/Enlouquecer. **Ex.** A incapacidade de resolver os muitos problemas que o preocupavam fê-lo ~. **2** Fugir apressadamente de um local/*col* Escapulir-se/*pop* Pisgar-se/*pop* Raspar-se. **Ex.** Pirou-se antes da chegada da polícia.

pirarucu (Cú) *Br s m Icti* (<tupi *piraru'ku*: peixe vermelho) Peixe teleósteo de grande porte da bacia amazó[ô]nica, da ordem dos clupídeos, da família dos osteoglossídeos, de carne muito apreciada, podendo pesar cerca de 80 kg.

pirata *s/adj 2g* (<lat *pirata* <gr *peiratés*) **1** *Hist* Indivíduo que andava no mar a roubar embarcações mercantes e povoações costeiras/Corsário. **2** Indivíduo que desvia um avião para fazer qualquer reivindicação. **Comb.** ~ do ar. **3** O que se apodera ilegalmente dos bens de outrem/Ladrão. **4** O que não respeita os direitos de autor, copiando sem autorização uma obra protegida por *copyright*. **Comb.** *Cópia ~*. *Programa informático ~*. *Videocassete ~*. **5** *Info* O que acede ou tenta aceder ilicitamente a sistemas informáticos para obter, alterar ou destruir dados. **6** Que opera clandestinamente, sem autorização. **Comb.** Rádio [TV] ~. **7** ⇒ Pessoa desonesta/Patife/Malandro.

piratagem *s f* (<pirata + -agem) **1** A(c)to de piratear/Vida de pirata/Pirataria(+). **2** Grupo de piratas.

pirataria *s f* (<pirata + -aria) **1** Vida ou a(c)tividade de pirata. **2** Roubo violento praticado no mar sobre navio, seus passageiros ou carga/Corso. **Ex.** Hoje, junto às costas da Somália, de novo a comunidade internacional tratou de combater a ~ sobre a marinha mercante, vigiando a zona com navios de guerra. **3** A(c)to de se apoderar pela força de bens de outrem/Rapina/Extorsão. **4** A(c)to de copiar ou reproduzir, sem autorização, um livro, uma gravação de som ou imagem, um programa informático, uma marca ou patente, desrespeitando os direitos de autor. **Ex.** Nas feiras, a polícia procura combater a ~ da roupa contrafeita. **Comb.** *~ industrial*. *~ informática* [Cópia ou manipulação ilícita de software]. **5** Conjunto dos piratas.

piratear *v t* (<pirata + -ear) Praticar qualquer forma de pirataria.

pírcingue *s m* (<ing *piercing*) Perfuração da pele para uso de argolas ou de outros enfeites.

pireletricidade/pirelétrico ⇒ piroele(c)tricidade/…

pireliómetro [*Br* **pireliômetro**] *s m Fís* (<gr *pyr, rós*: fogo + *hélios*: sol + -metro) Instrumento (próprio) para medir a intensidade das radiações dire(c)tas do Sol recebidas pela Terra.

pirenaico, a *adj* (<lat tardio *pyrenaicus*) Relativo aos Pirenéus, cadeia montanhosa ao longo de toda a fronteira entre França e Espanha.

pireneu, eia *adj* (<lat *pyrenaeus*) ⇒ pirenaico.

pireno (Rê) *s m Quím* (<gr *pyr, pyrós*: fogo + -eno) **1** Composto de carbono e hidrogé[ê]-

nio (C₁₆H₁₀), hidrocarboneto aromático sólido, obtido da fra(c)ção do alcatrão da hulha. **2** Tetracloreto de carbono, empregado na extinção de incêndios.

pires¹ *s m 2n* (<mal *piring*) Pequeno prato em que se coloca a chávena, o copo, … **Ex.** Serve-se o café em chávena sobre o ~.

pires² *adj 2g 2n fam* (<antr Pires) Que revela gosto pouco apurado ou até mau gosto/Piroso/Ridículo/Saloio. **Ex.** Escolheu uma mobília muito ~ para a nova casa.

pirético, a *adj Med* (<gr *pyretós*: febre + -ico) Relativo a [De] febre/Febril(+). **Ant.** Antipirético.

pirex (Récs) *s m* (<De marca comercial) **1** Tipo de vidro muito resistente a variações bruscas de temperatura ou a agentes químicos. **2** Recipiente de cozinha feito com esse material.

pirexia *s f* (<gr *pyrexía*) **1** *Med* Estado febril. **2** *fig* ⇒ Excitação/Exaltação.

pireza *s f* (<pirar **2** + -eza) A(c)to de escapulir-se/pirar-se/esgueirar-se/Fuga.

piri (Rí) *s f Bot* (<tupi *pi'ri*) **1** Junco da família das ciperáceas, que cresce em terrenos alagadiços e de que se fazem esteiras; *Rynchospora cephalotes*. **2** Terreno alagad(iç)o onde cresce essa planta.

pírico, a *adj* (<pira¹ + -ico) Relativo a pira ou ao fogo.

piridina *s f Quím* (<gr *pyrídion*: fogo lento + -ina) Composto azotado (C₅H₅N), líquido, de cheiro desagradável, extraído do alcatrão do carvão e usado no fabrico de solventes e em medicina.

piridoxina *s f Bioq* (<fr *pyridoxine*) Composto orgânico, derivado da piridina, que faz parte da vitamina B₆.

piriforme *adj 2g* (<lat *pirum*: pera + -forme) Que tem a forma de pera/Periforme.

pirilampo *s m Ent* (<gr *pyrilampís*) **1** Designação comum de vários inse(c)tos coleópteros da família dos lampirídeos, que emitem luz fosforescente na escuridão, também conhecidos por luze-luze, luze-cu, abre-cu, vaga-lume. **Ex.** Nos arbustos à beira do caminho, na escuridão da noite, a luz dos ~s era uma atra(c)ção irresistível para as crianças. **2** Fogo de artifício de pequeno efeito usado sobretudo nas festas populares de S. João.

pirimidina *s f Bioq* (<piri(dina) + (a)midina) Base orgânica azotada da qual derivam algumas das bases nitrogenadas presentes nos ácidos nucleicos, como o uracil, a timina ou a citosina.

piripiri *s m* (<tupi *piripi'ri*) **1** *Bot* Malagueta. **2** *Bot* Pimentão vermelho muito picante. **3** *Cul* Molho picante. **4** *Ornit* Periquito da Amazó[ô]nia.

pirisca *s f gír* (< ?) Ponta de cigarro (já) fumado. **Ex.** O pobre(tana) aproveitava as ~s (do chão) para satisfazer o vício.

pirite/a *s f Miner* (<gr *pyrites* (*lithos*)) Mineral de cor de latão constituído por sulfureto de ferro, usado no fabrico de ácido sulfúrico e na obtenção de enxofre. **Comb.** ~ **branca** [Marcassite]. ~ **de cobre** [Calcopirite].

piro *s m col* (<pirar **2**) A(c)to de pirar-se/esgueirar-se/Pira. **Ex.** À chegada da polícia, deu o ~ e ninguém o viu mais.

piro- *pref* (<gr *pyr*, *rós*: fogo) Significa fogo (Ex. ~gravura, piró[ô]mano).

pirobalística *s f Mil* (<piro- + …) Cálculo matemático do alcance e do comportamento dos projé(c)teis das armas de **fogo** no cano e ao longo da sua traje(c)tória.

piroclástico, a *adj Geol* (<piro- + …) Diz-se de rochas formadas pela acumulação de fragmentos expelidos pelos vulcões. ⇒ pozolana.

piroclasto *s m Miner* (<piro- + …) Rocha formada pela acumulação de fragmentos expelidos pelos vulcões.

piroeletricidade (Lè) *s f Fís* [= piroelectricidade] (<piro- + …) Cargas elé(c)tricas que aparecem nas faces opostas de certos cristais, como a turmalina, quando aquecidas.

piroelétrico, a [*Br* **piroelé(c)trico** (*dg*)] *adj* [= piroeléctrico] Relativo a piroeletricidade.

pirófago, a *s* (<piro- + -fago) Ilusionista que faz o truque de engolir fogo.

pirofobia *s f* (<piro- + …) Horror ao fogo.

pirófobo, a *adj/s* (<piro- + -fobo) (O) que tem obsessivo medo do fogo/que sofre de pirofobia.

pirofórico, a *adj* (piróforo + -ico) Que se inflama espontaneamente em conta(c)to com o ar.

piróforo *s m* (<gr *pyrophóros*: projé(c)til de fogo) **1** Qualquer substância que se inflama em presença do ar, se suficientemente dividida. **Ex.** O pó de ferro e de níquel é ~. **2** *Hist Mil* Máquina de guerra que lançava projé(c)teis inflamados.

piroga (Rò) *s f* (<caraíba *pirágua*, pelo fr *pirogue*) Embarcação estreita e comprida, geralmente feita de um tronco de árvore escavado. **Sin.** Canoa.

pirogénico, a (Rò) [*Br* **pirogênico**] (<piro- + -geno- + -ico) Produzido pelo calor ou por a(c)ção do fogo.

pirógrafo *s m* (<piro- + -grafo) Instrumento usado em pirogravura.

pirogravação *s f* (<piro- + …) A(c)ção de pirogravar.

pirogravador, ora *s* (<piro- + …) Pessoa que faz pirogravuras.

pirogravar *v t* (<piro- + …) Desenhar ou gravar com ponta incandescente em madeira ou couro.

pirogravura *s f* (<piro- + …) **1** Processo de decorar madeira ou couro gravando ou desenhando com ponta incandescente. **2** Gravura obtida por este processo.

pirólatra *s 2g* (<piro- + latr(i)a) Pessoa que adora o fogo.

pirolatria *s f* (<piro- + …) Adoração/Culto do fogo.

pirólise *s f Quím* (<piro- + gr *lýsis*: dissolução) **1** Decomposição de uma substância pelo calor a [com] temperatura elevada, sem rea(c)ção com o oxigé[ê]nio. **2** Tratamento do lixo pelo fogo, para obter subprodutos comerciais.

pirolito *s m* (< ?; ⇒ pirulito) **1** Refrigerante gasoso que era muito popular. **2** *pop* Gole de água que, ao nadar, se engole sem querer. **3** Cantiga popular. **4** *pop* Pessoa de muito pequena estatura.

piromancia *s f* (<gr *pyromanteía*; ⇒ piromante) Arte de pretensa adivinhação pelo fogo, observando a combustão de produtos animais e vegetais.

piromania *s f* (<piro- + …) Distúrbio mental daquele que é compelido a atear incêndios, tendo prazer nisso.

piromaníaco, a *adj/s* ⇒ piró[ô]mano.

pirómano, a [*Br* **pirômano**] *adj/s* (<piro- + -…) (Indivíduo) que tem a obsessão de atear incêndios/que sofre de piromania.

piromante *s 2g* (<gr *pirómantis*) Pessoa que pratica a piromancia.

pirometamorfismo *s m Geol* (<piro- + …) Metamorfismo que o calor do magma provoca em zonas de conta(c)to com outras rochas.

pirometria *s f Fís* (<piro- + -…) Medida de altas temperaturas.

pirómetro [*Br* **pirômetro**] *s m Fís* (<piro- + -…) Instrumento que mede temperaturas elevadas, sobretudo em altos-fornos.

piropo¹ (Rò) *s m Miner* (<gr *pyropós*: de cor vermelha) Silicato de alumínio e magnésio, mineral de cor vermelha, do grupo das granadas, usado como pedra preciosa. **2** Liga antiga feita com quatro partes de cobre e uma de ouro.

piropo² (Rò) *s m* (<esp *piropo*) Dito lisonjeiro [Galanteio] dirigido a uma mulher, sobretudo se é bonita e jovem.

piroscópio *s m* (<piro- + -…) Aparelho que assinala que a temperatura ambiente atingiu determinado valor/Dete(c)tor de incêndios.

pirose *s f Med* (<gr *pýrosis*: a(c)ção de queimar) Sensação de calor e ardor no estômago provocada pela regurgitação do suco gástrico para o esó[ô]fago/Azia.

pirosfera *s f Geol* (<piro- + esfera) Designação dada à zona interior da Terra que se julga constituída pelo magma, de consistência pastosa, quase sólida, situada imediatamente abaixo da litosfera ou crusta terrestre.

pirosice *s f* (<piroso + -ice) **1** Qualidade de piroso. **2** Aquilo que revela mau gosto ou gosto pouco apurado. **Ex.** A decoração da sala de estar é uma ~! Aqueles azulejos de cor berrante a revestir a casa são uma ~! O guarda-roupa da miúda é uma ~, não tem nada de jeito, até mete pena!

piroso, a (Ôso, Ósa, Ósos) *adj/s* (<pir(es) + -oso ?) (Diz-se de) pessoa ou coisa reveladoras de um gosto duvidoso, pouco apurado. **Ex.** A maneira como se veste dá-lhe um ar ~! Ele é ridículo, tudo nele é ~!

pirotecnia *s f* (<piro- + -…) **1** Arte de usar o fogo. **2** Arte ou técnica de fabricar fogo de artifício ou explosivos.

pirotécnico, a *adj/s* (<piro- + …) **1** Relativo à pirotecnia. **2** Fabricante ou artífice de fogo de artifício.

pirótico, a *adj* (<gr *pyrotikós*: que queima) ⇒ cáustico.

piroxena [**piroxénio**] [*Br* **piroxênio**] (Kssê) *s f/m Miner* (<piro- + gr *ksénos*, ou: estranho, estrangeiro) Grupo importante de minerais formadores de rocha constituído de metassilicatos ferromagnesianos e cálcicos, podendo cristalizar-se nos sistemas ortorrômbico ou monoclínico.

pirraça *s f* (<perro + -aça ?) **1** A(c)to ou dito que visa molestar alguém/Acinte/Desfeita/Provocação. **Ex.** Só por ~, para o irritar, convidou-o para a festa do clube rival. **2** Atitude que visa contrariar/Birra/Teimosia/Capricho.

pirraceiro, a *adj/s* (<pirraça + -eiro) **1** (O) que gosta de fazer pirraças. **2** (O) que é dado a [que tem por hábito fazer] pirraças/birras.

pirracento, a *adj/s* ⇒ pirraceiro.

pirralho, a *s pop* (< ?) **1** Criança/Menino/Garoto. **2** Pessoa de pequena estatura.

pírrico, a *s f/adj* (<gr *pyrríkhe*) **1** *s f Hist* Antiga dança guerreira de origem dórica, praticada entre os gregos pelos homens, desde cedo, com as armas na mão, como preparação para o combate. **2** *adj* **a)** Relativo a Pirro, rei do Epiro, na Grécia antiga (319-272 a.C.); **b)** *fig* Diz-se de vitória que mais tarde traz uma derrota (como a de Pirro contra os romanos em Heracleia).

pírriquio *s m* (<gr *pyrrhíkhios*) Pé de verso grego ou latino com duas sílabas breves.

pirrónico, a [*Br* **pirrônico**] *adj/s* (<antr Pírron (séc. IV- III a.C.) + -ico) **1** Relativo ao filósofo Pírron ou à sua doutrina, o pirronismo. **2** (O) que segue esta doutrina. **3** Que duvida ou finge duvidar de tudo.

pirronismo *s m* (<*antr* Pírron + -ismo) Doutrina do filósofo grego Pírron (365-275 a.C.) e seus seguidores, que propunha o ce(p)ticismo radical, negando que o homem pudesse ter a certeza de alguma vez alcançar um conhecimento verdadeiro. **Ex.** Segundo o ~, o estado de dúvida é o único que é próprio do homem. **Ant.** Dogmatismo (gnose[i]ológico). **2** *fam* ⇒ Obstinação/Teimosia.

pírtiga *s f* (<lat *pértica*) **1** ⇒ Vara/Varapau. **2** Peça central do leito do carro de bois/Cabeçalho a que se prende o jugo ou a canga dos bois que puxam o carro. **3** *Agric* ⇒ Pulverizador(+) (usado para combater moléstias das plantas).

pírtigo *s m* (<pírtiga) Vara mais curta do mangual com a qual, na debulha, se bate dire(c)tamente nas espigas do cereal ou nas vagens secas das leguminosas. ⇒ maço; malho.

pirueta (Ê) *s f* (<fr *pirouette*) **1** Movimento giratório efe(c)tuado sobre um dos pés ou uma das rodas dum veículo... **Ex.** Ele gostava muito de fazer umas ~, aliás muito aplaudidas. Com a bicicleta estava sempre a ensaiar mais uma ~, nunca parava quieto. **2** Volta que dá o cavalo sobre uma das patas traseiras. **3** *fig* Mudança brusca/inesperada de opinião/*pop* Cambalhota. **Ex.** Os políticos já nos habituaram a umas ~s, conforme os seus interesses.

pírulas *adj 2g 2n* (<lat *pílula*, dim de *pila*: bola) Amalucado/Que não regula bem do juízo ou tem um comportamento estranho/esquisito. **Ex.** Ele sempre foi um pouco ~, não é mal de agora...

pirulito *Br s m* (<pírula + -ito; ⇒ pirolito) **1** Torrão doce, enfiado num palito, que se vai sugando/Chupa-chupa(+). **2** *fam* Pé[ê]nis de criança.

pisa *s f* (<pisar) **1** A(c)ção de pisar/calcar. **Comb.** ⇒ ~-flores; ~-mansinho. **2** Esmagamento tradicional das uvas no lagar com os pés, para se formar o mosto. **3** Quantidade de uvas ou de azeitona para uma lagarada. **4** *fig* ⇒ Sova/Tareia/Tunda. **5** *Br pop* ⇒ A(c)ção de roubar em lojas/armazéns. **6** *Br* ⇒ Calçado.

pisada *s f* (<pisar + ada) **1** A(c)ção de pisar/calcar. **2** Pisa tradicional das uvas com os pés para obter o mosto. **3** Pressão exercida pelo pé de alguém sobre o calçado ou o corpo de outrem. **Ex.** A ~ dos calos dos pés foi muito dolorosa. A aglomeração de gente era tão grande que algumas ~s não eram de estranhar. **4** Vestígio no chão pela passagem de alguém/Pegada(+). **5** *fig* Exemplo/Modelo/Orientação. **Ex.** Se o miúdo, inteligente como é [, que é muito inteligente], seguir as ~ do avô, vai seguramente ser uma figura importante daqui a uns anos...

pisadela *s f* (<pisada + -ela) **1** Pisada **3** leve/Calcadela. **Ex.** Levei [Sofri] uma ~ que me doeu muito. **2** A(c)ção de esmagar/moer/pisar.

pisador, ora *adj/s* (<pisar + -dor) **1** (O) que pisa. **2** *s m* Máquina de pisoar os panos/Pisão.

pisadura *s f* (<pisar + -dura) **1** Nódoa negra no corpo, vestígio de pancada ou contusão/Equimose. **2** ⇒ Calcadela/Pisad(el)a.

pisa-flores *s m 2n* (<pisar + ...) **1** Indivíduo efeminado/Salta-pocinhas. **2** Indivíduo afe(c)tado que põe excessivo cuidado na forma de vestir/Casquilho.

pisa-mansinho *adj/s 2g 2n* (<pisar + ...) **1** *depr* (O) que é dissimulado/sonso/fingido/manhoso/velhaco. **Ex.** É preciso ter muito cuidado com os ~, que eles fazem estragos *col* pela calada... **2** (O) que, parecendo delicado, procura insinuar-se.

pisão *s m* (<pisar + -ão) **1** Máquina/Engenho de pisoar, usada em tecelagem para apertar e bater o tecido «manta/cobertor» e lhe dar maior resistência. **2** Pisada forte/Pisadela dolorosa. **Ex.** Deram-me [Sofri] um ~ que me pôs [deixou] a contorcer-me de dor.

pisa-papéis *s m 2n* (<pisar + ...) Obje(c)to de secretária cuja pressão sobre os papéis úteis impede que se espalhem ou percam.

pisar *v t/int* (<lat *pinso, áre*) **1** Andar por cima de/Pôr os pés sobre/Passar por cima de. **Ex.** Com tão grande multidão no concerto a ~ o terreno e aos pulos, com certeza a relva do estádio vai sofrer muito. O carro passou tão rente a ela que lhe pisou a ponta do sapato. **Idi.** ~ *[Pôr os pés] em ramo verde* [Cometer uma imprudência]. *~ o risco* [Violar uma norma] (Ex. Hoje ~ o risco em matéria fiscal pode trazer graves [sérias] consequências). *~ ovos* [Ir muito devagar/*col* Não sair do sítio] (Ex. O carro da frente ia a ~ ovos, e eu, já irritado, ultrapassei-o quando pude... com uma buzinadela). ***Conhecer o terreno que se pisa*** [Saber adaptar o comportamento às condições do meio, para não ter dissabores]. **2** Calcar inadvertidamente uma parte do corpo de outrem, geralmente no calçado/Dar uma pisadela. **Ex.** – Desculpe, perdão, pisei-o, queira desculpar! – Não tem importância, deixe lá, acontece. Não doeu... **Idi.** *~ os calos a alguém* [Abusar de/Vexar/Rebaixar]. **3** Moer/Esmagar/Triturar. **Ex.** Para extrair todo o sabor dos alhos no refogado, importa pisá-los previamente. Logo a seguir à vindima, na aldeia os rapazes pisavam as uvas no lagar com os pés. **4** Andar/Caminhar/Desfilar. **Ex.** Para triunfar na passarela da moda é fundamental saber ~. **5** Entrar e deslocar-se num lugar. **Ex.** Só no ano passado pisei pela primeira vez o solo brasileiro. **6** Tratar mal alguém/Ofender/Humilhar/Vexar/Espezinhar. **Ex.** O patrão não perde uma ocasião de [está sempre a] ~ os empregados. Foi pisado [humilhado] diante de toda a gente. **7** Reprimir(+)/Recalcar. **Ex.** Por vezes teve de ~ o natural impulso de vingança. **8** Insistir/Repetir/Repisar. **Ex.** Está sempre a ~ na mesma coisa, já cansa de ouvir sempre o mesmo...

pisca¹ *s f* (<esp *pizca*) **1** Coisa muito pequena. **2** Grânulo/Chispa. **3** Pó. **4** Fagulha/Faúlha.

pisca² *s m* ⇒ pisca-pisca.

piscadela *s f* (<piscar + -dela) **1** A(c)to de piscar, de abrir e fechar rapidamente os olhos, de bater as pestanas. **2** Sinal de cumplicidade feito disfarçadamente para alguém, em que, num dos olhos, a pálpebra cobre o olho por mais tempo do que o habitual. **Ex.** Com aquela ~, o colega percebeu tudo o que lhe interessava.

pisca-pisca *s m* (<piscar) **1** Dispositivo de sinalização dum veículo automóvel, feita com luz intermitente, para indicar a sua presença, o início de marcha, a ultrapassagem ou a mudança de dire(c)ção. **2** *fam* Pessoa que por hábito ou tique nervoso está sempre a piscar os olhos.

piscar *v t/int* (< ?) **1** Fechar e abrir rapidamente um ou os dois olhos/Pestanejar. **2** Fazer sinal a outrem com um dos olhos **2**. **Ex.** Ela piscou-lhe o olho e eu percebi tudo. **Loc.** *~ o olho a alguém* [Fazer um sinal, geralmente malicioso, de cumplicidade com aquele a quem é dirigido]. **3** Brilhar/Luzir de forma intermitente. **Ex.** Na noite escura, as estrelas parecem ~.

piscatório, a *adj* (<lat *piscatórius*) Referente à pesca ou aos pescadores. **Ex.** A a(c)tividade ~ ocupa muita gente na região.

pisci- *pref* (<lat *piscis, is*: peixe) Significa **peixe**.

piscícola *adj 2g* (<pisci- + -cola) Relativo à piscicultura.

piscicultor, ora *s* (<pisci- + ...) Pessoa que se dedica à criação de peixes.

piscicultura *s f* (<pisci- + ...) Conjunto de técnicas utilizadas para a criação e reprodução artificial de peixes em viveiros, tanques, ...

pisciforme *adj 2g* (<pisci- + -...) Que tem a forma de peixe. ⇒ ictioide.

piscina *s f* (<lat *piscina*: viveiro de peixes) **1** Tanque (de água utilizada) para nadar ou tomar banho. **Ex.** A vivenda tem jardim com ~. A água da ~ tem de ter um tratamento especial para não oferecer [não ser um] perigo para a saúde dos nadadores. **Comb.** *~ olímpica* [pouco profunda, com 50 metros de comprimento e, pelo menos, 21 de largura]. *~ de saltos* [de grande profundidade, com trampolim]. **2** Reservatório de água para diversos fins. **3** *Rel* ⇒ Pia ba(p)tismal.

piscívoro, a *adj* (<pisci- + -voro) Que se alimenta de peixes. **Ex.** As gaivotas são ~as.

pisco, a *adj/s* (<piscar) **1** *fam* (O) que tem o hábito de estar repetidamente a abrir e a fechar os olhos, com intervalos de tempo menores do que é comum. **2** Que vê mal ao longe/Que tem [sofre de] miopia. **3** (Diz-se de) alguém, sobretudo criança, que come pouco, por falta de apetite ou por ser esquisito na comida. **4** *s m Ornit* Pássaro da família dos turdídeos, com mancha vermelha na garganta e no peito, sedentário em Portugal; *Erithacus*.

piscoso, a (Ôso, Ósa, Ósos) *adj* (<lat *piscósus*) Que tem abundância de peixe. **Ex.** N'*Os Lusíadas*, Camões qualifica de *piscosa* a vila de Sesimbra(Pt).

pisgar-se *v pop col* (< ?) Abandonar rapidamente um local/Safar-se/Raspar-se/Esgueirar-se/Pirar-se/Escapulir-se. **Ex.** Quando viu o caso malparado [Em situação desfavorável e perigosa], tratou de ~ para bem [muito] longe.

pisiforme *adj 2g* (<gr *pisos*: ervilha + -forme) Que tem o tamanho e forma da ervilha. **Comb.** *Osso ~* [mais interno da segunda fila dos ossos do carpo].

piso *s m* (<pisar) **1** Lugar/Pavimento onde se anda/piso/Chão/Solo. **Ex.** Com o [Por causa do] gelo, o ~ está muito escorregadio. A estrada, de terra batida, tem um ~ muito irregular, mais parece *col* um caminho de cabras, com buracos *col* aqui e ali [vários]. **2** Modo de andar, de pisar o solo. **3** Andar de um edifício. **Ex.** O prédio, além do rés do chão, tem só três ~s, por isso não é obrigatório ter elevador.

pisoar *v t* (<pisão + -ar¹) Apertar ou bater o tecido com o pisão para lhe aumentar a resistência.

pisoeiro, a *s* (<pisão + -eiro) Dono de pisão.

pisotear *Br v t* (<esp *pisotear*) **1** Calcar com os pés/Espezinhar(+). **2** *fig* ⇒ Vexar/Humilhar/Rebaixar/Pisar **6**(+).

pispirreta *s f pop* (<esp *pizpireta*) Moça espevitada/tagarela.

pissitar *v int/s* (<lat *pi[ú]sito, áre*) (O) soltar o estorninho a sua voz.

pista *s f* (<lat *(via) pista*, f do particípio passado de *pínso, ere, pístum*: pisar) **1** Pegada/Rasto/Marca/Vestígio que ficou no solo pelo passar de pessoa, animal, veículo, ... **2** *fig* Dado informativo/Indicação que possa conduzir ao conhecimento do que se

procura. **Ex.** Terminada a guerra, a moça não tinha qualquer ~ que lhe permitisse localizar a mãe. **Loc.** Perder a ~ [Ficar sem saber como encontrar quem ou o que se procura]. **3** Sinal/Indício. **Ex.** A polícia está a seguir várias ~s para conseguir identificar os autores do crime. **4** Perseguição/Encalço/Peugada. **Loc.** Ir na ~ dos fugitivos. **5** Recinto onde decorrem espe(c)táculos (d)esportivos, de circo, de dança, … **Ex.** Os artistas de circo a(c)tuam na ~. **6** Espaço adequado à prática de provas de corrida. **Ex.** Antes, em volta do campo de futebol, em alguns estádios havia uma ~ de atletismo. **7** Parte da estrada asfaltada destinada à circulação de veículos automóveis/Faixa (de rodagem). **8** No hipódromo, zona onde correm os cavalos. **9** Faixa de campo de aviação ou de aeroporto onde aterram ou descolam os aviões. **10** Banda de um suporte magnético.

pistácia *s f Bot* (<lat *pistácium*) Árvore resinosa da família das anacardiáceas, da região mediterrânica, cuja semente ou fruto é o pistácio.

pistácio *s m Bot* (<lat *pistácium*) Fruto da pistácia que, uma vez torrado, é um aperitivo apreciado, sendo utilizado também em confeitaria e em preparações farmacêuticas. **Comb.** *Gelado de ~. Licor de ~.*

pistão [**pistom**] *s m* (<fr *piston*) **1** *Mec* Êmbolo do cilindro de motor de explosão. **Ex.** A zona de movimentação do ~ deve estar muito bem lubrificada. **2** *Mús* Dispositivo móvel que, em instrumentos de sopro, como o trompete, regula a passagem do ar e a altura do som. **3** *Mús* Instrumento de sopro com esse dispositivo.

pistilo *s m* (<lat *pistíllum*) Órgão sexual feminino da flor, constituído por ovário, estilete e estigma/Gineceu.

pistola (Ó) *s f* (<fr *pistole* <checo *pixt'ala*) **1** Arma de fogo curta, de pequeno alcance, portátil, disparada geralmente com uma só mão, tendo a função de defesa pessoal. **Ex.** Como tem vários inimigos, anda sempre munido de ~. No duelo, eles iam bater-se à ~. **Loc.** *Apontar a ~ ao ladrão. Estar de ~ em punho* [pronto a disparar]. **Comb.** *~ automática* [que permite vários disparos consecutivos sem ter que se a(c)cionar novamente o gatilho]. **2** Qualquer instrumento ou obje(c)to que tenha a forma dessa arma. **Comb.** *~ de água. ~ de carnaval. Pintura à ~* [feita com instrumento, munido de gatilho, que pulveriza a tinta a aplicar por pressão de ar através de um disparador] (Ex. O meu carro parece novo depois da pintura à ~). *Limpa-vidros de ~*.

pistolão *s m* (<pistola + -ão) **1** Pistola grande. **2** *fig* Recomendação de pessoa importante/influente/*col* Cunha(+). **3** *fig* Pessoa que se empenha em conseguir para outra algo que ela deseja/*col* Padrinho/*col* Cunha(+).

pistoleiro *s m* (<pistola + -eiro) **1** Fabricante ou vendedor de pistolas. **2** Indivíduo que usa pistola para assaltar/roubar/matar/Bandido/Facínora/Salteador. **3** *Br* Assassino profissional. **4** *Br* Indivíduo que exerce violência ao serviço de quem lhe paga/Capanga.

pita¹ *s f* (<quéchua *pita*) **1** Fio ou conjunto de fios extraídos das folhas da piteira, com que se fazem tapetes, cordas, chicotes, … **2** *Bot* ⇒ piteira.

pita² *s f* ⇒ pito¹.

pitada *s m* (<pitar) **1** Pequena quantidade de qualquer substância, que geralmente cabe entre os dedos polegar e indicador. **Ex.** Temperou o tomate com uma ~ de sal.

Idi. *Não perceber ~* [Não perceber nada (do que se diz ou da situação)]. *Não perder ~* [Aproveitar todas as oportunidades de se informar ou de usufruir ao máximo do que está ao seu alcance/Não deixar escapar nada]. **Comb.** *~ de farinha. ~ de fermento. ~ de rapé.* **2** Porção ínfima de qualquer coisa. **3** *pop* ⇒ Mau cheiro/Pivete **2**.

pitadear *v int* (<pitada + -ear) Tomar pitadas de [Cheirar] rapé. **Sin.** Tabaquear.

pitagórico, a *adj/s* (<antr Pitágoras, matemático e filósofo grego do séc. VI a.C. + -ico) **1** Relativo a Pitágoras ou ao pitagorismo. **2** Adepto do pitagorismo.

pitagorismo *s m Fil* (<antr Pitágoras + -ismo) Conjunto de doutrinas de Pitágoras e seus seguidores, que propunham a metempsicose ou transmigração das almas e a composição matemática do universo, explicando-o pela combinação variada de números inteiros, sendo o número a razão de ser de tudo.

pitança *s f* (<esp *pitanza*) **1** Ração diária de comida. **2** *Cul* Iguaria saborosa/Manjar. **3** *Cul* Prato extraordinário dado em comunidade em dia de festa. **4** Pensão/Mesada. **5** ⇒ Dádiva em dinheiro. **6** ⇒ Esmola ou estipêndio(+) da missa.

pitanga *s f Bot* (<tupi *pi'tanga*: avermelhado) **1** Fruto pequeno da pitangueira, vermelho, perfumado quando maduro, comestível. **Idi.** *Chorar ~s* [Fazer (grande) choradeira]. **2** ⇒ pitangueira.

pitangueira *s f Bot* (<pitanga + -eira) Designação comum a arbustos e pequenas árvores da família das mirtáceas, cujo fruto é a pitanga.

pitão¹ [*Br* **pitom**] *s m* (<fr *piton*) Prego ou parafuso que numa extremidade tem a forma de gancho ou de anel. **Ex.** Para pendurar a chávena no armário usei um ~ que fixei a uma prateleira.

pitão² [**píton**] *s m* (<gr *Pýthon*, nome da serpente mitológica que foi morta pelo deus Apolo) Serpente constritora das zonas tropicais, de grande dimensão, não venenosa, que esmaga as presas antes de as engolir.

pitar *v int* (< ?) **1** Chupar. **2** *Br* Fumar cachimbo.

pitecantropo (Té, Trô) *s m Pal* (<gr *píthekos*: macaco + *ánthropos*: homem) Antropoide fóssil, que uns integram na família dos Pitecantropídeos e outros na (família) dos hominídeos, tendo sido encontrado na ilha de Java nos fins do séc. XIX, considerado muito próximo do homem.

piteira *s f* (<pita + -eira) **1** *Bot* Planta monocotiledó[ô]nea da família das amarilidáceas, de folhas carnudas, fibrosas e espinhosas, que fornecem uma fibra têxtil, a pita; *Agave americana*. **2** *Bot* Planta ca(c)tácea que produz pequenos bolbos comestíveis, designados figos de piteira. **3** Aguardente de figos. **4** *pop* Bebedeira. **5** *Br* ⇒ boquilha(+).

piteireiro, a *adj/s* (<piteira 4 + -eiro) (O) que costuma embriagar-se/Beberrão(+).

pitéu *s m* (< ?) Iguaria deliciosa/Prato apetitoso/Petisco. **Ex.** Não vamos esquecer tão cedo o [Vamos lembrar-nos durante muito tempo do] ~ que nos serviram naquele restaurante à beira-mar, pois estava delicioso, divino!

pítia *s f* (<gr *Pythía*) *Hist* Sacerdotisa de Apolo que, na Antiga Grécia, proferia oráculos no templo de Delfos/Pitonisa. **Ex.** Foi a ~ que considerou Sócrates, o filósofo da douta ignorância ("Só sei que nada sei"), como o mais sábio dos homens.

pítico, a *adj* (<gr *pythikós*) **1** Relativo à pítia. **Comb.** Oráculo ~. **2** *pl* Designação dos jogos celebrados em Delfos, de 4 em 4 anos, em honra dos deuses Diana e Apolo. **Comb.** Jogos ~s.

pito¹, a *s pop* (<pinto) **1** Frango ou franga, sobretudo muito novos/Pintainho/Pinto. **Ex.** A galinha que chocou os ovos protege os ~s dos perigos. **2** *f* Galinha. **Ex.** As nossas ~as têm posto [têm produzido] muitos ovos. **3** ⇒ Garoto/Jovem/*col* Puto(+).

pito² *s m pop* (< ?) **1** *Br* Censura/Repreensão/Reprimenda/Descompostura. **2** O interior da fruta que começa a apodrecer. **Ex.** A pera é um fruto que facilmente ganha [apanha/toma] ~.

pito³ *s m* (<pitar) **1** *Br* ⇒ Cachimbo/Cigarro. **2** *Br* ⇒ Tubo de borracha com que se enchem as bolas de futebol. **3** *Br* ⇒ Cavalo muito magro. **4** *gross* ⇒ Órgão genital feminino/Vagina/Vulva. **5** *STP* ⇒ Flauta de bambu.

pitom *s m Br* ⇒ pitão¹.

píton *s m* ⇒ pitão².

pitonisa *s f* (<lat *pytonissa*) **1** ⇒ pítia. **2** *Hist* Mulher que na Antiguidade Clássica se entendia ter o dom da profecia. **3** ⇒ Mulher que supostamente tem o poder de adivinhar o futuro/Adivinha/Vidente/Bruxa.

pitoresco, a *adj/s m* (<it *pittoresco*) **1** Relativo à pintura/Pictórico. **2** ⇒ Digno de ser pintado. **3** Que encanta pela harmonia, graciosidade, originalidade, cará(c)ter genuíno. **Comb.** *Aldeia ~a. Paisagem ~a. Rio ~.* **4** Que descreve/retrata de forma sugestiva, com colorido e vivacidade. **Ex.** O ~ relato daquele convívio divertiu imenso aqueles que nele tinham participado. **5** *s m* O que é cara(c)terístico numa pintura. **6** *s m* Aquilo que delicia pelo que tem de genuíno, de diferente, de gracioso. **7** *s m* O que dá colorido, vivacidade e graça a um texto. **Ex.** O pitoresco da sua prosa prende o leitor que, maravilhado, não vê como [, tem dificuldade em] largar/deixar a leitura.

pitorra (Ô) *s f* (< ?) **1** Pião pequeno/Piorra(+)/Capareta/Rapa. **2** *fig* Pessoa atarracada [baixa e entroncada].

pitosga (Ó) *adj/s 2g pop* (< ?) (O) que vê mal ao longe ou ao perto por sofrer de miopia, presbitia, astigmatismo, cataratas, …/Cegueta(+). **Ex.** Com as cataratas a avançar, ele está cada vez mais ~.

pitosporáceo, a *adj/s Bot* (<gr *pitta*: pez + *spóros*: semente + -áceo) (Diz-se de) planta ou família de plantas dicotiledó[ô]neas originárias de zonas tropicais do sul de África e da Austrália, arbóreas, aromáticas, cujos frutos são bagas ou drupas. **Ex.** O incenso é uma substância produzida por plantas ~as.

pitu *Br s m Zool* (<tupi *pi'tu*: casca escura) Crustáceo da família dos palemonídeos, de grande dimensão, de pinças até meio metro e cor escura, cuja carne é muito apreciada.

pituíta *s f Fisiol* (<lat *pituita*) Humor aquoso, viscoso e esbranquiçado, segregado por vários órgãos, sobretudo nariz, brônquios e estômago/Muco nasal/Vó[ô]mito viscoso.

pituitária *s f Anat* (<pituíta + -ária) **1** Mucosa dos vertebrados que reveste as fossas nasais, tendo funções olfa(c)tivas. **2** ⇒ hipófise.

pituitário, a *adj* Relativo à pituíta ou à pituitária.

piúria *s f* (<gr *pyon*: pus + *oúron*: urina) Presença de pus na urina.

pivete (Vê) *s m* (<esp *pebete*) **1** Substância aromática, em pequeno rolo ou pauzinho,

que se queima para aromatizar um ambiente. **2** *pop* ⇒ Mau cheiro/Cheirete(+). **3** *fam* Criança espevitada/atrevida. **Ex.** – Ó menino, que é isso?! Isso faz-se?! Parece que já o ~ tem catarro!

pivô *s m* (<fr *pivot*) **1** Eixo vertical fixo que serve de suporte a outra peça que pode rodar à sua volta. **2** *fig* Pessoa que funciona como sustentáculo/suporte de tudo o que gira [a(c)tua] à sua volta/Apresentador de programa televisivo ou radiofó[ô]nico que, em programa informativo, faz o conta(c)to com os vários repórteres. **Ex.** Só profissionais de TV com grande experiência são geralmente escolhidos para ~ na apresentação do principal programa informativo em horário nobre. **3** *fig* Em desportos [*Br* esportes] cole(c)tivos, jogador a quem cabe a organização das jogadas de ataque. **Ex.** Na nossa equipa todo o jogo de ataque passa pelo ~, que a(c)tua [se movimenta] entre o meio campo e a grande área do adversário. **4** Agente principal de uma organização/Chefe. **Ex.** O ~ do assalto foi um cadastrado que fugiu da cadeia. – Se quer resolver já o problema, nada melhor do que [, aconselho-o a/deve] conta(c)tar dire(c)tamente o ~ desse serviço na empresa. **5** *Odont* Haste metálica que se crava na raiz de um dente para servir de suporte a um (implante de) dente postiço. **6** Esse dente artificial fixado com haste metálica. **7** *Agr* Alfaia muito comprida com dispositivo de rega, com aspersores que espalham a água em gotículas sobre uma grande área.

pixel (Ksél) *s m* (<ing *pixel* <*pic*ture *el*ement) A mais pequena superfície homogé[ê]nea de uma imagem reproduzida em ecrã ou em fotografia/Ponto.

píxide (Kssi) *s f Crist* (<gr *pixís, idos*: caixa) Vaso, geralmente de metal precioso, em que se guardam as hóstias consagradas na missa, sendo colocado no sacrário da igreja. ⇒ cálice; ostensório.

piza *s f Cul* (<it *pizza*) Prato de origem italiana, com a forma de uma base circular de massa de trigo guarnecida de variados ingredientes, como queijo, fiambre, tomate, cogumelos, azeitonas ou outros vegetais que a seguir é cozida no forno. **Ex.** A gente jovem costuma preferir a ~ a outros pratos, sobretudo entre [na companhia de] amigos.

pizaria *s f* (<piza + -aria) **1** Estabelecimento comercial que confe(c)ciona e vende pizas. **2** Restaurante que serve sobretudo pizas.

PJ Sigla de Polícia Judiciária (Pt).

placa *s f* (<fr *plaque*) **1** Folha/Lâmina de material rígido, como metal, vidro, plástico, pedra, ... mais ou menos espessa. **Ex.** O pavimento da loja é (feito) de ~s de granito polido. As paredes da igreja estão revestidas de ~s de mármore avermelhado. **Comb.** ~ **giratória a)** Tabuleiro metálico circular, móvel em torno de um eixo, em estações de caminho de ferro importantes ou terminais de linha, no qual locomotivas com cabine de comando apenas numa das extremidades podiam mudar o sentido de marcha ou mudar de linha; **b)** Aeroporto internacional de grande movimento onde afluem e donde partem passageiros para os mais diversos destinos, funcionando como elo de ligação do/no transporte aéreo (Ex. Na Europa, alguns aeroportos funcionam como [são uma] ~ giratória, permitindo viajar-se de avião, com transbordo, para destinos menos procurados; **c)** O que serve de elo de ligação ou de distribuição (Ex. Há países que são autênticas ~s giratórias no tráfico de droga). **2** Estrutura de betão armado que, numa construção, separa os andares ou se situa no topo do edifício ou imediatamente abaixo do telhado. **Ex.** A minha casa tem, na zona do sótão, uma ~ a separá-lo do telhado. A existência de ~s entre andares dificulta a propagação de um incêndio num edifício. **3** *Mil* Suporte metálico de morteiro que lhe dá estabilidade e permite exercitar a pontaria em boas condições. **4** Peça de metal, lou[oi]ça, ... que adere à parede ou a uma superfície vertical para servir de suporte a um aparelho de iluminação. **Ex.** As ~s de iluminação da tua sala são muito originais. **5** Tabuleta de pedra ou de metal com inscrição indicativa, informativa ou comemorativa. **Ex.** À saída da vila, no cruzamento de estradas, há uma ~ indicativa dos diversos destinos. No Centro Social há uma ~ comemorativa do lançamento da primeira pedra do edifício. **6** *Br* Chapa de licenciamento [de matrícula] de veículo. **7** Peça de metal gravada ou cunhada a servir de insígnia/condecoração. **8** *Biol* Estrutura ou órgão em forma de chapa, como escama ou lamela. **Ex.** Alguns répteis possuem ~s ósseas que, ao soldar-se, formam carapaça. A caspa é constituída por ~s que se desprendem do couro cabeludo. **Comb.** ~ **madrepórica** [~ calcária pertencente ao aparelho ambulatório dos equinodermes]. **9** Mancha na superfície do corpo. **10** *Odont* Prótese dentária/Dentadura postiça. **Ex.** Já tenho poucos dentes, por isso o melhor será [parece ser] ir ao dentista e encomendar uma ~. **Comb.** ~ **dentária** [Depósito esbranquiçado que se cola aos dentes e gengivas, sendo um fa(c)tor de desenvolvimento de cáries]. **11** *Geol* Cada uma das unidades estruturais da crusta terrestre, semirrígidas, que estão em movimento umas em relação a outras. **Ex.** Os fenó[ô]menos sísmicos e vulcânicos ocorrem em zonas de conta(c)to entre ~s. **Comb.** ~ tectó[ô]nica/terrestre. **12** *Ele(c)tri* Um dos elé(c)trodos das válvulas termió[ô]nicas. **13** *Info* Designação de vários dispositivos. **Comb.** ~ **aceleradora** [que torna mais rápido o processamento de gráficos]. ~ **gráfica/de vídeo** [que permite o aumento do desempenho gráfico do computador]. ~ **de som** [destinada ao processamento do som, com terminais de entrada e saída de sinal áudio]. ~ **de interface de rede** [que assegura a comunicação entre vários sistemas informáticos, permitindo a constituição de redes]. **14** *gír* ⇒ Qualquer moeda de prata.

placagem *s f (D)esp* (<placar² + -agem) A(c)to ou efeito de placar²/de derrubar um adversário, agarrando-o, impedindo a sua progressão para a baliza contrária.

placa-mãe *s f Info* (<placa 13 + ...) Dispositivo central onde estão ligados todos os componentes de um computador, permitindo a comunicação e transferência de informação entre eles.

placar¹ (Plàcár) *s m* (<fr *placard*) **1** Papel colocado em local público para dar uma informação/Anúncio/Edital/Cartaz. **2** Quadro em que se afixam informações para conhecimento geral ou de um grupo/Tabela. **Ex.** Já fui ver o ~, as notas de exame ainda não foram afixadas. **3** *(D)esp* Quadro, em local bem visível do recinto, em que se regist(r)am os pontos ganhos pelas equipas que disputam o jogo. **Comb.** ~ ele(c)tró[ô]nico. **4** *Br* Resultado inscrito nesse quadro. **5** Insígnia/Condecoração/Medalha.

placar² *v t (D)esp* (<fr *plaquer*) Impedir o avanço de um adversário no terreno de jogo em dire(c)ção à sua baliza, agarrando-o, sobretudo no râguebi.

placar³ *v t* ⇒ aplacar.

placard fr ⇒ placar¹.

placebo (Cé) *s m Med* (<lat *placebo*, 1.ª pes. do fut. imperf. do ind. de *pláceo, ére*: agradar) Substância inerte como medicamento, que é ministrada ao doente com o fim de o sugestionar, de a(c)tuar psicologicamente sobre ele, levando-o a sentir melhoras apenas pela fé que ele tem na sua eficácia.

placenta *s f* (<lat *placenta*) **1** *Anat* Órgão esponjoso que se forma no útero durante a gestação da maioria dos mamíferos, servindo para estabelecer as trocas nutritivas entre o embrião e a mãe e a oxigenação do sangue do feto, através do cordão umbilical. ⇒ decídua. **2** *Bot* Parte do carpelo ou do ovário a que se prendem os óvulos.

placentação *s f* (<placenta + -ção) **1** *Biol* Processo de formação e implantação da placenta no útero. **2** *Bot* Modo como os óvulos se ligam às paredes do carpelo.

placentário, a *adj/s* (<placenta + -ário) **1** *Zool* Relativo à [Da] placenta. **2** *Zool* (Diz-se de) mamífero ou subclasse de mamíferos que apresentam placenta durante a gestação. **3** *Bot s m* Parte do fruto formada pela união de várias placentas.

placidamente (Plá) *adv* (<plácido + -mente) «dormir» Sossegadamente/Calmamente/Serenamente/Tranquilamente. **Ant.** Agitadamente.

placidez *s f* (<plácido + -ez) **1** Qualidade do que é calmo/sossegado/sereno. **Ex.** Na ~ daquela tarde de maio pudemos apreciar a beleza dos campos nas suas várias tonalidades de verde, na policromia das flores, ... **2** Sossego/Calma. **Ex.** Gosto da ~ da aldeia, onde há mais liberdade e tempo para tudo. **Ant.** Agitação.

plácido, a *adj* (<lat *plácidus,a,um*) **1** Sereno/Calmo/Bonançoso. **Ex.** No ~ anoitecer nem os pássaros se ouviam. **2** Que denota tranquilidade de espírito/serenidade/paz. **Ex.** O seu ~ semblante convidava a uma cavaqueira despreocupada. **3** ⇒ Suave/Aprazível/Ameno.

plácito *s m* (<lat *plácitum*: desejo) **1** Manifestação de aprovação/consentimento/Beneplácito(+). **2** Promessa/Compromisso de fazer alguma coisa. **3** ⇒ Convenção/Pacto.

plafom (À) *s m* (<fr *plafond*) **1** Limite/Te(c)to de gastos permitido. **2** Limite de crédito autorizado pelo banco ao cliente.

plafond fr ⇒ plafom.

plaga *s f* (<lat *plaga*) **1** Região/País. **Loc.** Andar/Viajar por ~s longínquas/desconhecidas. **2** ⇒ Praia. **3** ⇒ Extensão de terreno.

plagiador, ora *adj/s* (<lat *plagiátor, óris*) (O) que comete plágio/que copia textos de outrem apresentando-os como próprios [como sendo originais, da sua autoria].

plagiar *v t* (<lat *plágio, áre*) **1** Apresentar como sendo da sua autoria parte ou a totalidade de uma obra de outrem/Cometer plágio. **2** Copiar um texto sem referir esse fa(c)to ou sem citar o autor.

plagiário, a *adj/s* ⇒ plagiador.

plagiato *s m* ⇒ plágio.

plágio *s m* (<lat *plágium*) **1** A(c)ção de apresentar como sendo criação sua o que copiou ou imitou servilmente da obra de outrem. **2** Roubo literário, artístico ou cien-

tífico. Ex. Acusaram de ~ o autor da canção que venceu o festival.

plagióclase [plagioclásio] *s f* [*m*] *Miner* (<gr *plágios*: oblíquo + *klásis*: fra(c)tura) Mineral do grupo dos feldspatos triclínicos de cálcio e sódio, com brilho vítreo a nacarado e de clivagem fácil.

plagióstomo, a *adj/s Icti* (<gr *plágios*: oblíquo + *stóma*: boca) (Diz-se de) peixe ou subclasse de peixes seláquios com esqueleto cartilagíneo, boca ventral e guelras em fendas ao lado da faringe. **Ex.** O cação e o tubarão-martelo são ~s.

plaina *s f* (<lat *plana*) Instrumento de carpintaria constituído por uma caixa de madeira em que se aloja, em posição variável, uma lâmina de aço, servindo para desbastar e alisar as tábuas. **Comb.** ~ *manual*. ~ *mecânica*.

plainete (Nê) *s m* (<plaina + -ete) Utensílio para cinzelar metais/Cinzel.

plaino, a *adj/s m* (<lat *planus*) **1** Que é liso/nivelado/raso/plano. **2** *s m* Terreno plano, sem acidentes/ondulações/Planície.

plana *s f* (<plano) **1** Classe/Categoria(+)/Graduação/Reputação. **Ex.** É um futebolista de grande ~. **2** ⇒ Plano 1.

planado, a *adj* (<planar) **1** Diz-se do voo da ave quando paira no ar, com as asas estendidas sem aparentemente as mover. **Ex.** Sobre a aldeia, o milhafre executava frequentemente o seu voo ~. **2** Diz-se do voo do avião/aeroplano que se sustenta no ar com o motor parado. **Ex.** O aeroplano desceu em voo ~.

planador, ora *adj/s m* (<planar + -dor) **1** Que se mantém no ar em voo planado/Que plana. **2** *s m* Aeroplano sem motor que se desloca no ar utilizando as correntes atmosféricas ou é rebocado por um avião.

planáltico, a *adj* (<planalto + -ico) Relativo a [De] planalto. **Ex.** A região ~a do país tem um clima quente no verão e muito frio no inverno.

planalto *s m Geog* (<plano + alto) Grande extensão de terreno situado a altitude considerável que é relativamente plano. **Ex.** O ~ da Guarda (Pt), que se estende até à fronteira espanhola, está a cerca de 800m de altitude.

planar *v int* (<plano + -ar¹) **1** Manter-se uma ave no ar de asas abertas, aparentemente sem as mover, pairando. **Ex.** O milhafre plana nas alturas, a observar a próxima presa. **2** «aeroplano» Fazer voo planado, com o motor parado.

planária *s f Zool* (<lat *planária*) Nome vulgar dado a uns platelmintes aquáticos de pequena dimensão que se deslocam por meio de cílios.

plâncton [plancto] *s m* (<gr *plagktós*: errante) Conjunto de organismos microscópicos animais ou vegetais que flutuam na água doce ou marinha passivamente, sendo arrastados pelas correntes. **Ex.** A baleia alimenta-se de ~.

planeamento *s m* (<planear + -mento) **1** A(c)to de planear/Planificação. **2** Elaboração de um plano para concretização dos obje(c)tivos de um proje(c)to, prevendo os meios e a sua utilização mais eficiente com o menor custo. **3** Processo de programar alguma coisa. **Comb.** ~ *familiar* [Conjunto de medidas de saúde que visam promover uma paternidade responsável, ajudando as famílias a planificar os nascimentos e o número de filhos que pretendem ter, fornecendo informação e consultas médicas].

planejamento *Br s m* ⇒ planeamento.

planear *v t* (<plano + -ear) **1** Fazer o plano de. **2** Prever o que é necessário para realizar um proje(c)to, fixando os obje(c)tivos, os meios e estratégias para os alcançar, definindo a estrutura e o funcionamento da organização que o vai concretizar. **3** Ter o propósito de/Tencionar. **Ex.** Planeia encontrar-se com o amigo que lhe serve de conselheiro antes de tomar a decisão.

planejar *Br v t* ⇒ planear.

planeta (Ê) *s m* (<lat *planeta*) **1** Astro sem luz própria que, em órbita elíptica, gira à volta do Sol, refle(c)tindo a sua luz. **Ex.** Dos oito ~s do sistema solar ⇒ Marte, Júpiter, Saturno, Urano, Ne(p)tuno), Mercúrio e Vénus estão mais perto do Sol do que a Terra. **Comb.** ~ *azul* [A Terra, devido ao aspe(c)to da sua atmosfera à distância]. ~ *vermelho* [Marte, devido à poeira vermelha de óxido de ferro que o cobre]. **2** A Terra. **Ex.** Os ecologistas alertam a população para a necessidade de preservar o ~.

planetário, a *adj/s m* (<planeta + -ário) **1** Relativo a [De] um planeta. **Comb.** O sistema ~o/solar. **2** Relativo a toda a Terra. **Ex.** À escala ~a, o problema da fome merece uma atenção especial. **3** *s m* Edifício em cuja cúpula se representa a abóbada celeste e se reproduzem os movimentos dos astros do sistema solar.

planetarização *s f* (<planeta(rizar)) Alargamento de algo à escala mundial/Globalização.

plangência *s f* (<plangente) **1** Qualidade ou estado de plangente/triste. **2** Tristeza/Lamentação/Queixume.

plangente *adj 2g* (<*plángens, éntis*, de *plángeo, ére*: chorar) **1** Que revela ou inspira tristeza. **Ex.** O tom ~ do sino que dobra [toca] a finados torna o ambiente da aldeia ainda mais pesado. **2** Próprio de quem se lastima. **Ex.** A pobre viúva, com dois filhos para criar, em voz ~ pedia uma ajuda.

planger (Gêr) *v int* (<lat *plángo, ere, plánctum*: chorar) **1** ⇒ Chorar/Lastimar-se. **2** fig «violino» Produzir um som musical triste, arrastado, a lembrar [, semelhante] um gemido. ⇒ pranto.

planície *s f* (<lat *planíties, ei*) Grande extensão de terras planas e de baixa altitude/Planura/Campina. **Ex.** Os terrenos da ~ são propícios para a agricultura. ⇒ estepe «russa»; pampa «argentina».

planificação *s f* (<planificar + -ção) **1** ⇒ planeamento. **2** *Econ* Programação das a(c)tividades de produção e consumo, seu financiamento em determinado período de tempo. **3** Plano pormenorizado de trabalho. **Ex.** A ~ das aulas pelo professor permite um aproveitamento eficaz do tempo e dos recursos disponíveis. **4** *Geom* Aplicação de uma superfície sobre um plano.

planificar *v t* (<plano + -ficar) **1** Determinar a estrutura, a organização e o funcionamento de alguma coisa e fazer a sua representação gráfica num plano/Proje(c)tar/Planear. **2** Programar o desenvolvimento de a(c)tividades em pormenor. **3** *Econ* Estabelecer as dire(c)trizes e programar as a(c)tividades de produção e consumo, prevendo as necessidades e os recursos a aplicar de modo a atingir os obje(c)tivos fixados. **4** Desenhar ou representar num plano/Reduzir a duas dimensões, comprimento e largura/Aplicar uma superfície sobre um plano. **Ex.** ~ um sólido geométrico é representá-lo num plano.

planificável *adj* (<planificar + -vel) **1** Que se pode planificar/De que se pode fazer a planificação. **2** Que se pode representar num plano.

planiforme *adj* (<plano + -forme) Que tem forma plana, achatada.

planimetria *s f* (<plano + -metria) **1** *Geom* Parte da geometria em que se faz o estudo das figuras planas. **2** Representação de um terreno sem ter em conta o relevo. **3** Técnica de representar uma parte da superfície terrestre num plano.

planímetro *s m* (<plano + -metro) **1** Instrumento usado em planimetria para medir superfícies irregulares. **2** Dispositivo mecânico para medir superfícies planas.

planisfério *s m* (<plano + esfera) **1** Representação de uma esfera sobre um plano. **2** Mapa que representa a superfície da esfera terrestre sobre um plano. **Ex.** O ~ é um meio có[ô]modo de representar a superfície da Terra, pela facilidade do seu manuseamento, mas, ao contrário do globo, deforma muito a realidade em zonas distantes do equador. **Sin.** Mapa-múndi [Mapa do mundo].

plano *s m* (<lat *planus*) **1** Superfície plana/Planura/Plaino. **Ex.** A vida humana parece ser mais fácil no ~ do que em zonas acidentadas. **Comb.** ~ *inclinado* **a)** Superfície com maior ou menor declive (Ex. Galileu, para estudar as leis de aceleração na queda dos graves, recorreu ao ~ inclinado, que lhe permitia retardar o movimento); **b)** Máquina utilizada para facilitar a subida de obje(c)tos pesados ou travar a sua descida; **c)** *fig* Evolução de sentido negativo/Caminho para a ruína (Ex. A empresa caminha [vai] em ~ inclinado, provavelmente para a falência). *Caminho* ~. *Terreno* ~. **2** Proje(c)to que visa a obtenção de determinados obje(c)tivos com o menor custo, servindo de orientação geral às a(c)tividades a desenvolver, à sua articulação e sequência, com a conveniente mobilização dos recursos materiais e humanos. **Ex.** Para qualquer empreendimento ou a(c)tividade com alguma complexidade, importa conceber e fixar um ~ orientador. **3** Planificação/Planeamento. **Comb.** ~ *de a(c)ção*. ~ *anual das a(c)tividades escolares*. ~ *de batalha*. ~ *de combate a incêndios*. ~ *dire(c)tor municipal* [que fixa a utilização possível em determinada zona da área do município]. ~ *econó[ô]mico*. ~ *tecnológico*. ~ *de urbanização*. **4** *Liter* Esboço da estrutura de uma obra. **Ex.** O escritor já tem o ~ [enredo] do novo romance. **5** Intenção/Proje(c)to/Desígnio. **Ex.** O meu ~ é preparar-me intensivamente para exame e matricular-me a seguir na Faculdade/Universidade. **6** Representação a duas dimensões de uma construção ou grupo de construções. **7** *Geom* Superfície determinada por três pontos que não pertençam à mesma linha. **8** Nível de importância ou de consideração reconhecidos por uma sociedade. **Ex.** No funeral do artista estiveram figuras [individualidades] de primeiro ~ dos vários se(c)tores da sociedade. **9** Ponto de vista/Perspe(c)tiva/Aspe(c)to. **Ex.** A ele, no ~ material, não faltam recursos, até vive na abundância; o mesmo não se diga [; já não é assim] no ~ cultural, em que (ele) se revela um perfeito [completo/autêntico] idiota. **10** *Cine/Fot* Porções do espaço perpendiculares ao foco de observação, mais ou menos próximas, que foram captadas pela obje(c)tiva. **Ex.** Na foto, eu estou no primeiro ~, com o joelho no chão, à direita.

plano-côncavo, a *adj* (<plano 1 + ...) «lente divergente» Com uma face côncava e outra plana.

plano-convexo, a *adj* (<plano 1 + ...) «lente convergente» Com uma face convexa e outra plana.

planopolarizar *v t/int* Fís (<plano 7 + ...) Fazer com que as oscilações do campo elé(c)trico e do campo magnético de uma onda [radiação] ele(c)tromagnética ocorram apenas em determinados planos.

planta *s f* (<lat *planta*) **1** *Bot* Designação geral de qualquer espécie vegetal. **Ex.** As ~s e seus produtos têm um papel fundamental na [para a] vida do homem. **Comb.** ~ *de estufa* **a)** que só se dá [só cresce] em ambiente abrigado, de cara(c)terísticas específicas; **b)** *fig* Pessoa de saúde frágil. ~ *xerófila* [adaptada a ambientes de grande secura]. **2** *pl* Um dos cinco reinos em que se dividem os seres vivos. **Ex.** Os animais, as ~s, os fungos, a protista e a monera são os cinco reinos de seres vivos. **3** Parte inferior e horizontal do pé. **Ex.** Ele está preocupado com umas bolhas que lhe apareceram na ~ do pé. **4** *pop* Boa presença/apresentação em sociedade. **Ex.** A miúda não tem ~ nenhuma, vai-lhe ser difícil arranjar emprego. **5** *Arquit* Representação gráfica de proje(c)ção horizontal de uma construção. **6** *Geog* Representação gráfica detalhada de um terreno, de um agregado populacional, de uma região, .../Carta topográfica. **Ex.** A ~ [O mapa] da cidade é um ó(p)timo meio de orientação para turistas.

plantação *s f* (<plantar + -ção) **1** A(c)to de enterrar no solo planta(s) nova(s), em boas condições de temperatura ambiente e de humidade para que possa(m) desenvolver-se/A(c)to de plantar. **Ex.** Deitadas à terra do [Semeadas no] alfobre/viveiro muitas sementes de couve, nascem muitas pequenas plantas de que se escolhem as melhores para fazer a sua ~ noutro local da horta, onde vão crescer, desenvolver-se. Na horta há várias culturas, umas iniciadas com a sementeira, como o feijão ou o nabo, outras que tiveram ~, como a couve, o repolho, a beterraba. A ~ de eucaliptos para abastecer as fábricas de celulose tem tido um grande incremento em Pt. **2** Espaço de terreno ocupado por plantas que se plantaram. **Ex.** Na zona há várias ~ções de macieiras e de pereiras. **3** Conjunto dessas plantas. **Ex.** No Br há grandes ~ões de café.

plantador, ora *adj/s* (<plantar + -dor) **1** (O) que cultiva espécies vegetais/que planta. **2** Proprietário rural (+)/Dono de plantação/Fazendeiro. **3** *s m* Máquina que realiza mecanicamente o trabalho de plantação.

plantaginéceo, a *adj/s Bot* (<lat *plantágo, inis*: tanchagem + -áceo) (Diz-se de) planta ou família de plantas dicotiledóneas, de flores em espiga e frutos secos, sendo umas daninhas, outras medicinais, usadas especialmente como laxantes, algumas ricas em alcaloides.

plantão *s m* (<planta 3/4 + -ão) **1** Serviço de inspe(c)ção ou vigia para o qual é nomeado diariamente um soldado, dentro do quartel ou no acampamento. **2** Soldado que realiza esse serviço. **3** Horário por turnos em certos serviços, como hospitais ou esquadras de polícia, em que o profissional deve estar constantemente disponível. **Loc.** Estar/Ficar de ~ [de vigia/de serviço].

plantar *v t* (<lat *plánto, áre*) **1** Introduzir na terra, à profundidade conveniente, uma planta geralmente jovem, com raízes, ou tubérculo de uma espécie vegetal «batata», para que se fixe à terra ou ganhe raízes e se desenvolva. **Ex.** Trouxe do viveiro algumas pequenas árvores de fruto, de várias espécies, e plantou-as no quintal. **Idi.** *Mandar ~ batatas* [Mandar embora para que não aborreça mais/idi Mandar passear/bugiar/à fava]. **2** Cultivar um terreno criando aí espécies vegetais. **3** *fig* Fincar/Cravar verticalmente na terra/Espetar(+). **Ex.** Para a vedação do prado, resolveu ~ uma fiada de estacas que suportam arame farpado. **4** Aplicar com força/determinação. **Ex.** Já irritado com a demora, de cotovelos fincados sobre a mesa, plantou o queixo sobre as mãos entrelaçadas, *col* com cara de poucos amigos. **5** ~-se/Ficar parado muito tempo no mesmo lugar, sem fazer nada. **Ex.** Plantou-se diante da loja, a olhar para a montra.

plantel *s m* (<esp *plantel*) **1** Grupo de animais de boa qualidade, reservados para reprodução. **2** *(D)esp* Grupo de atletas ou de técnicos sele(c)cionados entre os melhores para formar uma equipa. **Ex.** O clube tem vindo a reforçar o ~, espera-se que faça uma boa época, um bom campeonato.

plantígrado, a *adj/s Zool* (<lat *planta + grádior, di*: caminhar) (Diz-se de) animal «urso» ou grupo de animais carnívoros que, ao caminhar, assentam completamente no solo as plantas dos pés.

plantio *s m* (<plantar + -io) ⇒ plantação 1.

planturoso, a *adj* (<fr *plantureux*) **1** ⇒ Que tem grande volume/Crescido/Desenvolvido. **2** ⇒ Que é abundante/farto/copioso. **3** ⇒ Fértil/Fecundo. **4** Prolixo(+). **Comb.** Prosa ~a.

planura *s f* (<plano 1 + -ura) Grande extensão de terra plana/Planície/Planalto. **Ex.** A mim, acostumado a serras, esta ~ a perder de vista [~ muito extensa] causa-me impressão.

plaquê *s m* (<fr *plaqué*) Casquinha geralmente de cor dourada ou prateada, com que se revestem ornatos e obje(c)tos de metal ordinário. ⇒ cromagem.

plaqueta (Kê) *s f* (<fr *plaquette*) **1** Pequena placa. **2** Brochura ou livro de poucas páginas. **3** *Histologia* Elemento constituinte do sangue, de forma circular ou oval, que intervém no processo de coagulação. **Ex.** A doente cancerosa não pode fazer esta sessão de quimioterapia por não ter ~s em número suficiente.

-plasia *suf* ⇒ -plastia.

plasma *s m* (<gr *plasma*: formação) **1** Líquido transparente de alguns tecidos orgânicos, como a linfa, onde estão em suspensão os glóbulos vermelhos, os glóbulos brancos e as plaquetas. **Ex.** O ~ leva às células de todo o corpo os nutrientes, retirando os resíduos e o dióxido de carbono. **2** Protoplasma. **3** *Fís* Fluido composto por moléculas gasosas, iões ou ele(c)trões [Br elétrons] num conjunto ele(c)tricamente neutro. **4** *Min* Variedade verde-escura de calcedó[ô]nia.

-plasma *suf* ⇒ -plastia.

plasmar *v t* (<lat *plásmo, áre*: modelar) **1** Modelar em barro, gesso, ... «uma bela estátua». **2** Dar forma a/Modelar/Organizar. **Loc.** ~ jovens de grande têmpera para as lutas da vida.

plasmático, a *adj* (<gr *plasmatikós*) Relativo ao plasma ou ao protoplasma.

plásmico, a *adj* ⇒ plasmático.

plasmócito *s m Histologia* (<plasma + -cito) Célula que representa o último estado de evolução dos linfócitos B e tem como função sintetizar e segregar anticorpos.

plasmódio *s m Biol* (<lat científico *plasmódium*) Formação protoplasmática com vários núcleos resultantes da divisão do núcleo inicial sem divisão do citoplasma.

plasmólise *s f Biol* (<plasma + -lise) Fenó[ô]meno de saída de água das células, originando a retra(c)ção do citoplasma.

plasta *s f Bot* ⇒ plastídio.

-plastia *suf* (<gr *plastós,é,ón*: modelado + -ia <*plásso*: modelar, afeiçoar, plasmar) Exprime a ideia de *dar feição, modelar, plasmar*.

plástica *s f* (<gr *plastiké*: próprio para modelar; ⇒ plástico) **1** Arte de modelar/plasmar. **2** Operação de cirurgia plástica/Processo de reconstruir uma parte do corpo humano destruída ou considerada inestética. **Ex.** Aquele rosto sem rugas aos oitenta anos é resultado de várias ~s. **3** Forma [Beleza de formas] de um corpo humano. **Ex.** A moça tem uma ~ invejável.

plasticidade *s f* (<plástico 1+ -idade) **1** Propriedade que alguns materiais têm de se deformarem sem ru(p)[ro]tura/Maleabilidade(+). **2** *fig* ⇒ Flexibilidade/Adaptabilidade.

plasticina *s f* (<plástico 4 + -ina) Espécie de massa à base de argila muito plástica e moldável, que se modela com os dedos. **Ex.** Na escola primária aprendemos a modelar com ~.

plasticizar *v t* (<plástico 1 + -izar) Tornar plástico/maleável/flexível. ⇒ plastificar.

plástico, a *adj/s m* (<lat *plásticus, a, um*; ⇒ plástica) **1** Que facilmente muda de forma/Moldável(+)/Modelável(+)/Maleável/Flexível(+). **2** Capaz de causar emoção estética pela beleza de formas ou harmonia de cores. **Comb.** *Artes ~as* [Arquite(c)tura, Desenho, Escultura, Pintura]. **3** Diz-se da cirurgia destinada a reconstituir uma parte do corpo cujo aspe(c)to exterior se procura melhorar. **Ex.** Não falta trabalho aos cirurgiões ~s. **4** *s m* Matéria sintética, maleável, que se pode moldar a quente e sob pressão, muito usada no fabrico de utensílios e obje(c)tos. **Ex.** Comprei um balde de ~ para as limpezas. Como os sacos de ~ não são biodegradáveis, convém reutilizá-los na ida ao supermercado. **5** Obje(c)tos e produtos feitos com essa matéria. **Ex.** Os ~s têm a vantagem de serem leves e de não sofrerem corrosão por agentes químicos «na oxidação do ferro».

plastídio *s m Bot* (<gr *plástis, idos*: modelador + -io) Cada um dos corpúsculos, de forma variável, presentes no citoplasma da célula vegetal, incolores ou pigmentados, que se multiplicam por divisão/Plasta.

plastificação *s f* (<plastificar + -ção) **1** A(c)to ou efeito de plastificar. **2** Operação de revestir algo com matéria plástica para lhe dar maior resistência e o tornar impermeável. **Ex.** Mandei fazer a ~ do cartão de saúde.

plastificante *adj 2g/s m* (<plastificar + -ante) **1** Que plastifica. **2** (Diz-se de) substância que se junta a outra para lhe dar propriedades plásticas.

plastificar *v t* (<plástico + -ficar) **1** Tornar(-se) plástico. **2** Revestir algo com plástico para lhe dar maior resistência ou o tornar impermeável. **Ex.** Costumo mandar ~ todos os cartões oficiais.

-plasto- *suf/pref* ⇒ -plastia.

plastogamia *s f* (<plasto- + -gamia) União de dois organismos unicelulares, com fusão dos seus citoplasmas, persistindo os dois núcleos distintos.

plastómetro [*Br* **plastômetro**] *s m* (<plasto- + -metro) Instrumento que serve para determinar a plasticidade de uma substância.

plastrão *s m* (<fr *plastron*) **1** Colete almofadado com que os esgrimistas protegem o peito dos golpes do florete adversário. **2** Gravata larga que cobre grande parte do peito e cujas pontas se cruzam de forma oblíqua/Peitilho. **3** *Mil* Parte da couraça

que cobre o peito. **4** *Zool* Parte ventral da couraça dos queló[ô]nios.
platabanda *s f* ⇒ platibanda.
plataforma *s f* (<fr *plate-forme*) **1** Estrutura horizontal um tanto elevada. **Ex.** Na aldeia serrana sobranceira ao profundo e largo vale há uma ~ elevada donde se lançam os praticantes de parapente. **Comb.** *Geol* ~ continental [Zona marítima de fundo suavemente inclinado até à profundidade de cerca de 200 m, que é prolongamento do continente]. **2** Espaço plano descoberto no topo de um edifício, substituindo o telhado ou parte dele/Açoteia/Terraço. **3** Nas estações de metro [*Br* metrô] ou de caminho de ferro, patamar à altura da entrada para as carruagens, para facilitar e tornar mais rápido o embarque e desembarque. **4** Estrado em veículos de transporte público para a subida e descida dos passageiros. **Ex.** Os passageiros utilizam a ~ da frente do elé(c)trico [*Br* bonde] para entrar e a da retaguarda para sair. **5** Tipo de vagão raso ou de bordo reduzido, próprio para o transporte de certas mercadorias. **Ex.** Para o transporte de contentores utilizam-se vagões de ~.
6 Em estações ferroviárias, tabuleiro circular que se move em torno de um eixo central, onde se colocam locomotivas e vagões para mudar de via/Placa giratória (+). **7** Construção no alto mar para explorar poços de petróleo submarinos. **Ex.** É dura a vida nas ~s petrolíferas de alto mar. **8** *Mil* Estrutura de terra, de madeira ou de aço sobre a qual assentam as bocas de fogo da artilharia. **9** Rampa destinada ao lançamento de projé(c)teis. **10** *Info* Tecnologia fundamental em que se baseia um sistema de computador. **11** Proposta conciliatória de posições contrárias. **Comb.** ~ de entendimento. **12** Programa político, conjunto de ideias com que um partido ou um candidato se apresenta ao sufrágio dos eleitores. **13** Programa reivindicativo apresentado por sindicato ou frente sindical. **Comb.** ~ reivindicativa [Reivindicações] apresentada(s) ao Governo/ao patronato. **14** *fig* Aparência enganosa/Simulacro.
platanáceo, a *adj/s Bot* (<plátano + -áceo) (Diz-se de) planta ou família de plantas dicotiledó[ô]neas, árvores lenhosas frondosas, de frutos secos, próprias das zonas temperadas do Norte e subtropicais, do gé[ê]nero *Platanus*.
plátano *s m Bot* (<gr *plátanos*) Designação vulgar de várias plantas da família das platanáceas, de grande porte, de folhas largas palmadas e frutos secos; *Platanus*.
plateau fr *s m* ⇒ platô. **2** ⇒ planalto.
plateia *s f* (<it *platea*: se(c)tor baixo e plano do teatro) **1** Num teatro ou cinema, espaço destinado aos espe(c)tadores entre o palco, ou a orquestra, e os camarotes. **2** Público que ocupa esse espaço. **3** Designação extensiva a todos os espe(c)tadores de um espe(c)táculo/Assistência.
platelminte/o *adj/s Zool* (<gr *platús*: plano e largo + *helmins, inthos*: verme intestinal) (Diz-se de) verme ou ramo de vermes, em grande número parasitas, que têm o corpo chato e o tubo digestivo, se existe, sem ânus.
plateresco, a (Rês) *adj/s m Arquit* (<esp *plateresco*) (Diz-se do) estilo arquite(c)tó[ô]nico da primeira Renascença espanhola (séc. XV-XVI), que combinava elementos decorativos do Renascimento italiano com elementos góticos e mudéjares.
platibanda *s f* (<fr *plate-bande*) **1** *Arquit* Moldura chata, mais larga (do) que saliente. **2** Prolongamento vertical da parede de uma casa que assenta sobre a cornija. **3** Resguardo a contornar um terraço, um telhado, … **4** Cercadura de um canteiro de flores.
platina[1] **[Pt 78]** *s f Quím* (<fr *platine*) Metal precioso de cor cinza-claro prateado, muito denso, de elevado ponto de fusão, resistente à a(c)ção de ácidos, utilizado em material cirúrgico e de laboratório, odontologia, joalharia, em certas ligas e como catalisador.
platina[2] *s f* (<fr *platine*) **1** Peça plana de certos mecanismos, de instrumentos de física ou de precisão, que serve de suporte. **Ex.** Para observação ao microscópio, a preparação é colocada na ~. **2** Chapa que suporta as peças do movimento de um relógio. **3** Disco de máquina pneumática. **4** Peça plana de prensa tipográfica que faz pressão sobre a forma.
platinado, a *adj/s m* (<platinar + -ado) **1** Que contém platina. **2** Revestido de fina camada de platina. **Comb.** Anel ~. **3** Que tem o aspe(c)to ou a cor da platina. **4** Diz-se do cabelo que foi branqueado/alourado por processos químicos. **5** *s m* Cor da platina. **6** *s m pl Mec* No motor de veículo a gasolina, dispositivo que faz a interrupção intermitente da corrente que percorre o circuito elé(c)trico.
platinagem *s f* (<platinar + -agem) Operação de platinar, de revestir uma superfície com uma camada de platina por imersão ou por processos ele(c)troquímicos, para lhe dar mais valor ou a preservar da oxidação. ⇒ cromagem.
platinar *v t* (<platina + -ar[1]) **1** Revestir com uma camada de platina. **2** Embranquecer utilizando uma mistura de estanho ou de mercúrio. **3** Branquear da tonalidade da platina. **Ex.** Foi ao cabeleireiro ~ o cabelo.
platinífero, a *adj* (<platina + -fero) Que tem minério de platina. **Comb.** Jazigo ~.
platinotipia *s f* (<platina + gr *týpos*: molde + -ia) Processo de impressão fotográfica pela a(c)ção da luz sobre chapas revestidas de sais de platina.
platirríne[i]o [platirrino], a *Zool* (<gr *platýrrhis, ínos*: de narinas largas) (Diz-se de) macaco ou de grupo de macacos da América, com narinas afastadas e voltadas para o lado (de fora).
platitude *s f* (<gr *platús, éia, ú*: largo e chato) Cara(c)terística/Qualidade de medíocre, trivial, sem interesse. **Ex.** No discurso disse uma série de ~s, sem novidade nenhuma.
platô *s m* (<fr *plateau*) **1** ⇒ Palco/Tablado de um teatro. **2** *Cine/TV* Cada um dos espaços de um estúdio de cinema ou de televisão que serve de cenário para a rodagem de filmes ou realização de programas.
platonicamente *adv* (<plató[ô]nico + -mente) **1** «raciocina/pensa» Segundo a doutrina do filósofo grego Platão. **2** Sem se prender aos aspe(c)tos materiais ou carnais/Puramente/Idealmente. **Loc.** Amar ~ [sem sensualismo].
platónico, a [*Br* platônico] *adj/s* (<gr *platonikós*) **1** Relativo ao [Do] filósofo grego Platão (séc. IV a.C.) e à sua doutrina. **2** Não sensual/Puro/Casto/Ideal. **Ex.** O idílio deles não passou de [foi apenas] um amor ~, elevado, alimentado pela imaginação. **3** *s* Adepto do platonismo.
platonismo *s m Fil* (<lat *Pláto, ónis*: Platão + -ismo) Doutrina ou filosofia de Platão (séc. IV a.C.), que propõe que a autêntica realidade são as ideias, que conhecemos dire(c)tamente numa vida da alma anterior à sua incarnação num corpo (Como castigo), o que lhe provocou o total esquecimento desse mundo ideal; sendo as coisas materiais feitas à imagem dessas ideias, é possível através do sensível recordarmo-nos delas (Teoria da reminiscência), num processo em que a matemática e a música desempenham um papel fundamental, ajudando-nos a libertarmo-nos progressivamente do sensível, que não passa de sombras das ideias (Alegoria da caverna). ⇒ aristotelismo.
plausibilidade *s f* (<plausível + -dade) Qualidade do que é aceitável/razoável/verosímil/plausível.
plausível *adj 2g* (<lat *plausíbilis, e*: digno de louvor) **1** Digno de aprovação/Louvável(+). **2** Aceitável/Razoável/Admissível. **Ex.** É ~ que depois de tão grande esforço goze de um período de férias. **Ant.** Inaceitável; inverosímil.
playback ing *s m* Interpretação mimada em que o cantor sincroniza os seus movimentos com sons de uma canção previamente gravada.
playboy ing *s m* Indivíduo geralmente ainda jovem, rico, elegante, sedutor, com vida social intensa, que leva [faz/tem] uma vida mundana de prazer.
plebe *s f* (<lat *plebs, bis*) **1** *Hist* Classe popular na Antiga Roma, por oposição aos patrícios, que eram a classe privilegiada. **Ex.** A certa altura, na república romana, criaram-se os tribunos de ~, a quem competia defender os direitos da sua classe. **2** Gente sem privilégios/Povo em geral. **Ex.** Nós, gente da ~, se queremos ter alguma coisa, há de ser pelo trabalho [, temos de (nos matar a) trabalhar]. **3** *depr* ⇒ Ralé/Gentalha/Povo[i]léu.
plebeidade *s f* (<plebeu + -dade) Qualidade ou condição de plebeu/Plebeísmo(+).
plebeísmo *s m* (<plebeu + -ismo) **1** Qualidade ou condição da classe popular, do plebeu. **2** *Gram* Expressão, palavra ou modos usados só pela classe popular. **Ex.** A peça de teatro tem alguns ~ que podem ferir alguns ouvidos mais sensíveis, apenas habituados às boas maneiras. ⇒ gíria; calão.
plebeizar *v t* (<plebeu + -izar) **1** Tornar(-se) plebeu. **2** Usar plebeísmos na conversação. **3** ⇒ Rebaixar/Abastardar.
plebeu, eia (Bêu) *adj/s* (<lat *plebeius,a,um*) **1** Relativo à [Da] plebe. **2** *Hist* (Dizia-se de) indivíduo da classe não favorecida da antiga Roma. **Ant.** Patrício. **3** *Hist* (Dizia-se de) indivíduo da classe do povo, por oposição às classes privilegiadas do clero e da nobreza. **4** (Próprio de) indivíduo da classe popular. **Comb.** Hábitos ~s. **5** *depr* Que tem [usa] modos, expressões que revelam rudeza, falta de distinção, de sensibilidade, de sentido das conveniências. **Comb.** *Modos ~s. Trajes ~s.*
plebiscitar *v t* (<plebiscito + -ar[1]) Pôr à aprovação do eleitorado, mediante consulta dire(c)ta em sufrágio universal, uma determinada questão ou lei/Submeter a plebiscito. **Ex.** Alguns entendem [dizem/pensam] que se devia ~ a lei constitucional.
plebiscitário, a *adj* (<plebiscito + -ário) **1** Relativo a plebiscito/Que envolve plebiscito. **Comb.** Votação ~a. **2** Que depende de plebiscito. **Comb.** Soberania ~.
plebiscito *s m* (<lat *plebiscitum*) **1** *Hist* Na Roma antiga, lei estabelecida pela plebe reunida em comício, sob proposta de um tribuno (da plebe). **2** Consulta dire(c)ta em sufrágio universal ao eleitorado de um país, ou a parte dele, sobre determinada questão de grande interesse político ou social colocada pelos governantes/Mani-

festação da vontade popular feita por votação. **Ex.** Num ~, a resposta à pergunta colocada é geralmente *Sim* ou *Não*. Em alguns países é frequente o recurso a ~s/ referendos(+).

plectro *s m* (<gr *pléktron*) **1** *Mús* Haste de marfim ou madeira com que se tangiam as cordas da lira/Palheta. **2** *fig* Gé[ê]nio [Inspiração] poético/a. **3** *fig* Poesia.

plêiade *s f* (<lat *Pléiades*) **1** *Astr* Grupo de sete estrelas da constelação do Touro/ Sete-estrelo/~s. **2** Grupo de sete pessoas ilustres, como poetas, sábios, intelectuais/ Areópago. **3** Grande quantidade de pessoas ou coisas notáveis. **Ex.** Na segunda metade do séc. XIX, Portugal teve uma ~ de literatos de elevado nível.

pleitear *v t/int* (<pleito + -ear) **1** Contestar em tribunal/Demandar em juízo/Litigar. **Loc.** ~ a exclusão do herdeiro. **2** Manifestar-se a favor de/Defender. **Ex.** Os filhos pleiteavam a ideia de comprar outro carro. **3** Disputar/Debater/Discutir. **Loc.** ~ a toda a hora com o vizinho. **4** Competir/Rivalizar. **Loc.** ~ o pré[ê]mio.

pleito *s m* (<lat *plácitum*: sentença; ⇒ pleitear) **1** Questão judicial/Litígio/Demanda. **2** Debate/Discussão/Disputa/Contestação. **Comb.** ~ eleitoral [das eleições]. **3** Escolha, por sufrágio, de alguém para ocupar um cargo/Eleição.

plenamente *adv* (<pleno + -mente) Totalmente/Inteiramente/Completamente. **Ex.** Ficou ~ satisfeito com o êxito alcançado pelo meu colega. Estou ~ satisfeito com o resultado «do proje(c)to».

plenário, a *adj/s m* (<lat *plenárius*) **1** Pleno/Inteiro/Completo/Integral. **Comb.** *Catol* **Indulgência ~a** [que implica a remissão completa das penas temporais devidas pela prática do pecado quando o penitente a recebe nas condições estabelecidas pela Igreja] (Ex. É por ocasião de solenidades muito importantes que o Papa costuma conceder a indulgência ~). **Tribunal ~** [cole(c)tivo, presidido por um juiz desembargador, a cuja sessão devem comparecer todos os seus membros, para tratar de matéria importante]. **2** Conjunto dos membros de um grupo ou cole(c)tividade. **3** Assembleia ou sessão em que participam todos os membros (que têm o direito de deliberar)/Assembleia-Geral. **Comb.** O congresso «de Medicina» terminou com o [um] ~. **4** *Br* Local onde decorre essa assembleia.

plenilúnio *s m Astr* (<lat *plenilúnium*) Lua cheia(+).

plenipotência *s f* (<pleno + ...) Pleno poder dado a alguém para tratar e resolver uma determinada questão.

plenipotenciário, a *adj/s* (<plenipotência + -ário) **1** Que tem plenos poderes. **2** *s* Diplomata com plenos poderes conferidos pelo Chefe de Estado ou Governo de um país para cumprir uma missão especial junto de outro governo soberano.

plenitude *s f* (<lat *plenitúdo, inis*) **1** Estado do que está repleto/cheio/completo. **2** Máximo grau/Totalidade. **Ex.** Nunca conseguimos gozar em ~ todas as coisas boas que estão à nossa disposição.

pleno, a *adj* (<lat *plénus, a, um*) **1** Que está cheio/repleto/completo. **Ex.** Era um jovem ~ de força. Foi um dia ~ de surpresas, de boas experiências. **2** Total/Inteiro/Absoluto. **Ex.** Levantou-se ainda em ~a escuridão para iniciar a longa viagem de cinco horas até à capital. O ladrão fez o assalto à residência em ~o dia e com gente em casa! **Comb.** ~ **emprego** [Situação social em que pode ter trabalho toda a população a(c)tiva]. **Em ~** [Totalmente/Perfeitamente] (Ex. A estratégia que eu segui para conseguir o que queria resultou plenamente [em ~]. Acertou em ~ [em cheio] na chave [em todos os números] desse concurso do euromilhões e ficou milionário). **3** Perfeito. **Ex.** O ~ conhecimento das consequências dum comportamento aumenta a responsabilidade do agente. **4** No auge de/No máximo grau de. **Ex.** Em ~ verão ainda usava camisolas de lã! **Loc.** Cantar *idi* a ~s pulmões [bem alto/com toda a energia]. **5** No meio de. **Ex.** Em ~a sessão lembrou-se de telefonar para um amigo. Era em ~a rua que, por vezes, marido e mulher tinham discussões! **6** *s m* Número da roleta em que se apostou tudo/Conjunto dos números da chave de um jogo de azar com que, acertando, se obtém o primeiro pré[ê]mio. **Ex.** Como nesta semana ninguém fez o ~ no concurso do euromilhões, na próxima semana há *jackpot*.

pleomorfismo *s m Biol/Miner* (<gr *pléos,a,on*: cheio + ...) ⇒ polimorfismo.

pleonasmo *s m Gram* (<gr *pleonasmós*) Emprego de uma ou mais palavras que repetem uma ideia já anteriormente expressa/Redundância. **Ex.** Na expressão *Subir para cima* há um ~.

pleonástico, a *adj Gram* (<gr *pleonastikós*: excessivo) Que usa palavras que repetem a ideia já antes expressa/Em que há pleonasmo/Redundante.

plesiossauro *adj/s Pal* (<gr *plesíos*: próximo + *sáuros*: lagarto) (Diz-se de) réptil ou subordem de répteis marinhos com cabeça pequena, pescoço comprido, com membros em forma de remo, que, durante o Mesozoico, viviam no alto mar, tendo-se extinguido durante o Cretáceo.

pletismógrafo *s m Med* (<gr *plethysmós*: aumento + -grafo) Aparelho que serve para o estudo das alterações de volume dum órgão provocadas pela circulação do sangue.

pletora (Ó) *s f* (<gr *plethóra*: superabundância de sangue) **1** *Med* Abundância excessiva de sangue ou de glóbulos no organismo ou num órgão. **Ant.** Anemia. **2** *Bot* Produção anormal e excessiva de seiva que dificulta a florescência e a frutificação das plantas. **3** Qualquer excesso/profusão de que resulta geralmente prejuízo/Superabundância. **Ant.** Carência; penúria.

pletórico, a *adj* (<gr *plethorikós*) **1** *Med* Relativo à pletora. **Comb.** Estado ~. **2** *Bot* Que tem excesso de seiva. **3** Que revela exuberância [excessiva vitalidade]. **Ex.** O nosso grupo era ~ de entusiasmo, de boa disposição e de farras.

pleura *s f* (<gr *pleura*) **1** *Anat* Membrana serosa que reveste os pulmões. **Comb.** ~ parietal [Porção da membrana que reveste a parede do tórax]. **2** *Ent* Parte lateral do tórax nos artrópodes. **3** *Pal* Cada uma das membranas laterais das trilobites.

pleural *adj 2g* (<pleura + -al) Relativo à [Da] pleura.

pleurisia *s f* (<lat *pleurísis* + -ia) Inflamação aguda ou crónica da pleura, de origem bacteriana. **Comb.** ~ **purulenta**. ~ **seca**/ Pleurite.

pleurítico, a *adj/s Med* (<gr *pleuritikós*) **1** Relativo a pleurisia. **2** Causado por pleurisia. **3** (Diz-se do) indivíduo que sofre de pleurisia.

pleuronectídeo, a [pleuronectida] *adj/s Icti* (Diz-se de) peixe ou família de peixes teleósteos de corpo achatado, com os olhos de um só lado, o direito, e a boca oblíqua sobre um dos lados, que repousam no fundo dos mares. **Ex.** A solha e o linguado são ~s.

pleuropneumonia *s f* ⇒ pneumopleurisia.

plexiforme *adj 2g* (<lat *pléxus*: enlaçado + -forme) Que tem a forma de rede.

pleximetro *s m Mús* (<gr *pleksis*: a(c)ção de bater + -metro) Instrumento que marca o compasso/Tipo de metrónomo.

plexo *s m Anat* (<lat *plexus, a, um*: entrelaçado) **1** Rede de nervos, vasos sanguíneos e linfáticos entrelaçados. **Comb.** ~ lombar [formado pelos ramos ventrais dos quatro primeiros nervos lombares, situados no interior do músculo psoas. **2** Disposição em rede/Encadeamento.

plica *s f* (<lat vulgar *plica*, de *plico, áre*: dobrar) **1** Dobra de pele, de membrana/ Prega(+)/Ruga. **2** *Gram* Sinal gráfico semelhante a acento agudo que convencionalmente se antepõe à sílaba tónica na representação fonética/Apóstrofo(+). **3** Sinal gráfico usado à direita de uma letra para a distinguir de outra igual mas de quantidade diferente, que se lê *linha*. **4** Sinal gráfico que se usa no início e no fim de uma citação/Aspas/Coma. ["..."].

plicar *v t* (<lat *plico, áre*: dobrar) **1** Acentuar com plica, sinal gráfico à direita e ao alto de uma letra, que se lê *linha*. **2** Fazer pregas em/Preguear/Dobrar/Franzir. **Loc.** ~ uma saia.

plicativo, a *adj Bot* (<plicar + -tivo) Diz-se da pétala que se dobra sobre ela própria.

plicatura *s f* (<lat *plicatúra*) **1** Prega/Dobra. **2** *Med* Diminuição de um órgão em operação cirúrgica.

plinto *s m* (<gr *plínthos*) **1** *Arquit* Base chata e quadrangular em que assenta uma coluna. **2** Base em que assenta uma estátua/ Soco². **3** *(D)esp* Aparelho de ginástica que serve de apoio à execução de saltos.

pliocénico [*Br* pliocênico] [plioceno], a *adj/s m Geol* (<gr *pleion*: mais + *káinós*: recente) (Diz-se do) período terminal da era terciária e do que pertence a esse período. **Comb.** Época ~a. **Fauna ~a**.

plissado, a *adj/s m* (<plissar) **1** Diz-se do tecido que apresenta um conjunto de pregas paralelas muito juntas e bem vincadas/ Frisado. **2** *s m* Esse conjunto de pregas.

plissador, ora *adj/s* (<plissar + -dor) **1** (Diz-se de) pessoa que executa pregas miúdas num tecido. **2** *adj/s m* (Diz-se de) máquina que executa a plissagem de tecidos.

plissagem *s f* (<plissar + -agem) Operação de executar pregas paralelas e muito próximas/unidas em tecido/A(c)to ou efeito de plissar.

plissar *v t* (<fr *plisser*) Fazer um plissado num tecido/Plicar **2**.

plistocénico [*Br* plistocênico] [plistoceno], a *adj/s m Geol* (<gr *pléistos*: muitíssimo + *kainós*: recente) (Diz-se do) período mais antigo da era quaternária, em que aparecem os primeiros sinais do homem, em que se inicia a pré-história. **Ex.** O homem de Neanderthal e o homem de Cro-Magnon são do ~.

pluma *s f* (<lat *pluma*) **1** Cada uma das penas(+) que revestem o corpo das aves. **2** Pena de ave que serve de adorno. **Ex.** Ela usa uma ~ no chapéu. **3** ⇒Tufo de penas/Penacho/Poupa/Plumacho «enfeite de cavalo». **4** ~ Pena de escrever. **5** ⇒ Pequena chama/Flâmula. **6** ⇒ *Náut* Nome comum a vários cabos. **7** Anzol guarnecido de penas, usado na pesca a imitar um inse(c)to.

plumagem *s f* (<pluma + -agem) **1** Conjunto de penas que revestem o corpo de ave. **2** Conjunto de penas que serve de adorno.

plúmbeo, a *adj* (<lat *plúmbeus*) **1** Relativo ao [De] chumbo. **2** Da cor do chumbo. **Comb.** *Céu ~. Nuvens ~as/carregadas(+)/ negras.* **3** *fig* Tristonho/Pesado/Sombrio.

plúmbico, a *adj* (<lat *plúmbum*: chumbo + -ico) **1** Relativo ao [Do] chumbo/Plúmbeo. **2** Diz-se de compostos que contêm chumbo.

plumbífero, a *adj* (<lat *plúmbum*: chumbo + -fero) Que tem chumbo. **Comb.** *Jazigo ~.*

plúmeo, a *adj* (<lat *plúmeus,a,um*: de penas) **1** Relativo a plumas ou penas. **2** Que tem plumas.

plumetis fr Bordado feito à mão com ornatos em relevo dos dois lados do tecido ou tecido de algodão lavrado que imita esse bordado.

plumitivo, a *adj/s depr* (<fr *plumitif*) Escritor ou jornalista sem mérito ou principiante na arte de escrever.

plúmula *s f* (<lat *plúmula*) **1** Pequena pluma de ave, macia, de que se forma a penugem. **2** *Bot* Parte do embrião que é o rudimento do caule, oposto à radícula/Gé[ê]mula.

plural *adj 2g/s m* (<lat *plurális, e*) **1** *Gram* Que indica um número superior a um, nos nomes, pronomes e verbos. **2** Diferenciado/Múltiplo. **Ex.** Nem todos os elementos do grupo têm a mesma opinião; um ponto de vista ~ favorece a discussão e a escolha das melhores soluções. **3** *s m* Flexão nominal, pronominal ou verbal referente a mais que uma pessoa, animal ou coisa. **Ex.** O ~ de *ancião* é *anciãos*. *Tivestes* é a forma da 2.ª pes. do ~ do pret. perf. do v *ter*. **Comb.** *~ majestático/de majestade* [Diz-se do emprego do pronome pessoal *nós* em vez de *eu*, que era típico de autoridades, particularmente do rei]. *~ de modéstia* [Diz-se do emprego de *nós* em vez de *eu* quando se procura minimizar a participação que se teve numa realização ou obra].

pluralidade *s f* (<lat *plurálitas, átis*) **1** Grande número/Diversidade/Multiplicidade. **2** Qualidade de ser/haver mais do que um. **Ex.** A ~ de opiniões favorece o progresso.

pluralismo *s m* (<plural + -ismo) **1** Organização de uma sociedade que promove a coexistência de pontos de vista, de tendências ideológicas, filosóficas e religiosas diferentes, que façam valer os seus direitos e participem a(c)tivamente na vida política. **2** Livre participação de grupos organizados no processo econó[ô]mico, na vida cultural da sociedade. **3** *Fil* Doutrina oposta ao monismo, a qual propõe que não há um único princípio constitutivo do universo.

pluralista *adj 2g/s* (<plural + -ista) **1** Relativo ao [Em que há] pluralismo. **Comb.** *Sociedade ~.* **2** Partidário do pluralismo. **Comb.** *Homeopata ~.*

pluralização *s f* (<pluralizar + -ção) A(c)to ou efeito de pluralizar, de empregar no plural uma palavra ou uma frase.

pluralizar *v t* (<plural + -izar) **1** *Gram* Usar a marca flexional de plural/Construir no plural. **2** ⇒ Fazer aumentar(+) em número/ Multiplicar(+).

pluri- *pref* (<lat *plures*) Significa **mais que um, vários**. ⇒ poli¹-; multi-.

plurianual *adj 2g* (<pluri- + ...) **1** Que vigora ou se prolonga por [durante] vários anos. **Comb.** *Contrato ~. Plano econó[ô]mico ~.* **2** ⇒ Que se refere a vários anos, geralmente mais de três. **3** *Bot* Diz-se de planta que pode viver (durante) vários anos/Vivaz.

pluricelular *adj 2g* (<pluri- + ...) **1** *Biol* Constituído por várias células. **2** *Bot* Diz-se de formações, particularmente dos ovários das plantas, que apresentam várias cavidades.

pluridisciplinar *adj 2g* (<pluri- + ...) Relativo a [Que envolve/integra] várias disciplinas. **Comb.** *Currículo ~. Investigação ~. Programa [Curso] ~.*

plurifloro, a *adj Bot* (<pluri- + flor) Que tem várias flores/Multifloro.

pluriforme *adj 2g* (<pluri- + -forme) **1** Que tem várias formas/Multiforme. **Ex.** Os inse(c)tos têm uma evolução ~. **2** *Mat* Diz-se da função que associa mais de um valor a cada elemento do domínio.

plurilingue *adj* (<pluri- + língua) **1** Que é relativo ou pertence a mais que uma língua/ Multilíngue. **2** Que domina várias línguas/ Poliglota.

plurilinguismo *s m Ling* (<plurilingue + -ismo) Situação linguística de um país em que existem duas ou mais línguas. **Ex.** Em alguns países europeus há ~.

pluripartidário, a *adj* (<pluri- + ...) **1** Que admite a coexistência de vários partidos. **Ex.** A democracia exige um sistema político ~. **2** Relativo a mais (do) que um partido/Que integra mais (do) que um partido. **Ex.** As eleições determinaram que houvesse um governo ~ para ter maioria no Parlamento [resultaram num governo ~].

pluripartidarismo *s m* (<pluri- + ...) Sistema político em que coexistem vários partidos na disputa da governação/Regime pluripartidário.

pluripétalo, a *adj Bot* (<pluri- + pétala) Que tem várias pétalas.

plurissecular *adj 2g* (<pluri- + ...) Que existe há vários séculos.

plurivalente *adj 2g* ⇒ polivalente.

plurívoco, a *adj* (<lat *plurívocus,a,um*) Que tem vários sentidos ou muitas ace(p)ções. **Ant.** «termo» Unívoco.

plutão *s m* (<lat *Pluto, ónis*: Plutão, deus dos infernos) **1** *Geol* Rocha magmática consolidada em zonas profundas da crusta terrestre. **2** *Poe* Fogo. **3** *maiúsc Astr* Planeta anão do sistema solar, cujo movimento de translação dura 248 anos, tendo como satélites Caronte, Nix e Hidra.

plutocracia *s f* (<gr *ploutokratía*: governo dos ricos) **1** Regime político e social em que os ricos têm o poder ou exercem grande influência. ⇒ aristocracia. **2** A classe de maior poder econó[ô]mico.

plutocrata *s 2g* (<gr *ploútos*: riqueza + *krátos*: força) **1** Pessoa influente pelo dinheiro que tem. **2** Membro da plutocracia.

plutocrático, a *adj* (<plutocrata + -ico) Relativo à plutocracia ou aos plutocratas.

plutónico, a [Br plutônico] *adj Geol* (<plutão 1 + -ico) Diz-se das rochas formadas a grande profundidade por solidificação do magma.

plutónio [Br plutônio] [Pu 94] *s m Quím* (<gr *ploutónios*: de Plutão) Elemento transuriano obtido artificialmente como produto de certas rea(c)ções nucleares, metal denso, prateado, da família dos actinídeos. **Ex.** O ~ usa-se em armas nucleares.

pluvial *adj 2g/s m* (<lat *pluviális, e*) **1** Relativo à [Da] chuva/Pluvioso **2**. **Comb.** *Águas ~ais.* **2** *s m Catol* Capa litúrgica. **Ex.** Na minha juventude, ao domingo, ainda o sacerdote, revestido do ~, descia a igreja da aldeia recitando o *Asperges me Domine* (Aspergir-me-ás Senhor...).

pluviometria *s f Meteor* (<lat *plúvia*: chuva + -metria) **1** Parte da climatologia que estuda a distribuição das chuvas em determinadas regiões e épocas. **2** Medição da quantidade de chuva que em dado período cai numa região.

pluviómetro [Br pluviômetro] *s m* (<lat *plúvia*: chuva + -metro) Instrumento para avaliar a quantidade de chuva caída em determinada região durante certo período/ Udó[ô]metro.

pluvioscópio *s m Meteor* (<lat *plúvia*: chuva + -scópio) Instrumento que regist(r)a a hora, a quantidade e a duração da chuva caída numa região.

pluviosidade *s f* (<pluvioso + -idade) **1** Qualidade de chuvoso/pluvioso. **2** Quantidade de chuva caída num lugar, ao longo de um período de tempo.

pluvioso, a (Ôso, Ósa, Ósos) *adj* (<lat *pluviósus, a, um*) **1** Que tem abundância ou frequência de chuvas/Chuvoso(+). **Ex.** Foi um ano particularmente ~. **Comb.** *Estação ~a. Tempo ~.* **2** Relativo à [Da] chuva/ Pluvial **1**.

p.m. Abrev de **a)** Preço de mercado; **b)** *post meridiem* (= de tarde/depois do meio-dia). **Ex.** 4h p.m. = 16h. **Ant.** a.m. (=ante meridiem).

PME Sigla de **P**equenas e **M**édias **E**mpresas.

PNB Sigla de **P**roduto **N**acional **B**ruto.

pneu *s m* (<Red de pneumático) **1** Aro de borracha do bordo exterior das rodas de automóveis, bicicletas, tra(c)tores e outros meios de locomoção, cheio de ar sob pressão, com o relevo apropriado às condições de segurança na deslocação/ Pneumático. **Ex.** A pressão do ~ varia com a marca do veículo. Tive um furo na estrada e tive de substituir o ~. **Comb.** *col ~ careca/gasto(+)* [que não apresenta um piso com o relevo suficiente, legalmente fixado, podendo ser causa de acidentes]. *~ sobressa[e]lente/de reserva* [que é transportado no carro para substituir o que tiver furo ou ficar inutilizado]. **2** *pop* Excesso de gordura em volta da cintura, semelhante a um aro. **Ex.** Vem aí o verão, na praia o ~ num corpo feminino é muito inestético, um horror!

pneumático, a *adj/s* (<pneumato- + -ico) **1** Relativo ao ar, a corpos gasosos. **Comb.** *Máquina ~a* [Aparelho que rarefaz um gás dentro de um recipiente]. **2** Diz-se do aparelho que é a(c)cionado por ar comprimido. **Comb.** *Macaco ~. Martelo ~.* **3** Que contém ar acumulado sob pressão. **Comb.** *Barco ~. Colchão ~.* ⇒ balão. **4** Diz-se de ossos ocos, como os das aves, cujo interior tem ar. **5** *s m* Pneu(+). **6** *s f Fís* Ciência que estuda as propriedades físicas dos gases.

pneumato- *pref* (<gr *pnéuma, atos*: sopro) Exprime a ideia de sopro, ar, espírito «Santo». ⇒ pneumo-.

pneumatólise *s f Geol* (<pneumato- + -lise) A(c)ção dos fluidos magmáticos sobre as rochas que os encaixam.

pneumatolítico, a *adj Geol* (<gr *pnéuma, tos*: sopro + -lito- + -ico) **1** Relativo à fase de solidificação do magma, em que se desprendem gases. **2** Diz-se dos gases que então se libertam/formam.

pneumectomia *s f Cir* (<gr *pnéumon*: pulmão + *ektomé*: ablação + -ia) Ablação total ou parcial de um pulmão.

pneumatologia *s f* (<pneumato- + -logia) **1** Tratado dos gases ou do ar. **2** *Teol* Tratado da alma, dos anjos e de Deus «Espírito Santo». ⇒ teologia; teodiceia.

pneumo- *pref* (<gr *pnéumon*: pulmão) Significa **pulmão**. ⇒ pneumato-.

pneumobrânquio, a *adj Icti* (<pneumo- + brânquia) Diz-se do animal que respira por guelras e pulmões.

pneumocele (Cé) *s f Med* (<pneumo- + -cele) Hérnia produzida pela saída de par-

te do pulmão por qualquer espaço intercostal.

pneumococo (Côco) *s m Med* (<pneumo- + gr *kókkos*: pevide) Bactéria um pouco alongada causadora de infe(c)ções, particularmente de pneumonia.

pneumogástrico *adj/s m Anat* (⇒ pneumo- + ...) (Diz-se de) nervo do décimo par de nervos cranianos, com funções sensitivas e motoras de controle da faringe, do sistema cardiovascular e broncopulmonar. **Sin.** Vago[2] **5.** ⇒ vagal.

pneumografia *s f* (<pneumo- + -grafia) **1** *Anat* Descrição dos pulmões. **2** *Fisiol* Estudo dos movimentos respiratórios por meio de gráficos. **3** *Med* Radiografia a um órgão inje(c)tando ar para tornar as suas cavidades e contornos mais visíveis. **4** ⇒ radiografia aos [dos] pulmões(+).

pneumologia *s f Med* (<pneumo- + -logia) Tratado ou estudo dos pulmões.

pneumológico, a *adj* (<pneumologia + -ico) Relativo à pneumologia ou aos pulmões.

pneumonia *s f Med* (<gr *pneumonia*) Inflamação aguda do parênquima pulmonar provocada por bactéria, geralmente o pneumococo. **Comb.** ~ dupla [que afe(c)ta [ataca] os dois pulmões].

pneumónico, a [*Br* **pneumônico]** *adj/s* (<pneumonia + -ico) **1** Relativo a pneumonia. **2** (Diz-se do) que sofre de pneumonia. **3** *s f Hist* Epidemia pulmonar grave muito contagiosa que, a seguir à Primeira Guerra Mundial, fez muitos mortos na Europa. **Ex.** Dois videntes de Fátima (Pt), as crianças Francisco e Jacinta, foram vítimas da ~.

pneumopatia *s f Med* (<pneumo- + -patia) Qualquer doença dos pulmões.

pneumoplegia *s f Med* (<pneumo- + gr *plege*: ferida + -ia) Paralisia do pulmão.

pneumopleurisia *s f Med* (<pneumo- + ...) Pneumonia acompanhada de pleurisia/ Pleuropneumonia.

pneumorragia *s f Med* (<pneumo- + -ragia) Hemorragia pulmonar.

pneumoscópio *s m Med* (pneumo- + -scópio) **1** Instrumento médico que mede o movimento torácico no processo de respiração. **2** Aparelho que transmite e reproduz os ruídos da respiração/Estetoscópio(+).

pneumoterapia *s f Med* (<pneumo- + ...) Processo de tratamento do enfisema pulmonar em que o doente é levado a fazer a inspiração em ar comprimido, enquanto a expiração é feita em ar rarefeito.

pneumotomia *s f Cir* (<pneumo- + -tomia) Incisão no pulmão para fins terapêuticos, como evacuar um foco purulento ou retirar um tumor.

pneumotórax (Racs) *s m Med* (<pneumo- + ...) **1** Presença de ar na cavidade entre a membrana pleural que reveste as paredes do tórax e a que envolve os pulmões, geralmente provocada por uma lesão na pleura. **2** Processo de tratamento da tuberculose pulmonar em que se introduz azoto na pleura para provocar a retra(c)ção do pulmão e assim facilitar a cicatrização das lesões pulmonares.

pó *s m* (<lat *púlvus*<*púlvis, eris*; ⇒ ~ de arroz) **1** Partículas finíssimas de terra seca que andam no ar e se depositam nos obje(c)tos e no solo. **Ex.** Ela limpa o ~ dos móveis. **Loc.** «com a chuva» *Assentar o ~*. *Levantar (muito)* ~ «do caminho, ao andar». *Sacudir o* ~ **a)** Tirar o ~ «do casaco»; **b)** *fig* Espancar [Bater em] alguém (Ex. No meio da discussão sacudiu-lhe o ~ [bateu-lhe/espancou-o]). **2** Qualquer substância desfeita. **Ex.** O talco é um ~ muito fino. **Comb.** *pl* Pós [Medicamento em pó]. ⇒ pó de arroz. ~ *de giz*. *Açúcar em* ~. *Canela em* ~. *Leite em* ~. *Oiro em* ~. **3** Chão/Terra. **Loc.** *Levantar alguém do* ~ [Ajudar um infeliz] (Ex. Ele, com a droga, perdeu tudo, mas o amigo levantou-o do ~). *Morder o* ~ [Cair (morto) por terra/Ser vencido] (Ex. Lutou valorosamente [com toda a força] e fez morder o ~ ao adversário]. **4** *fig* Coisa sem valor. **Ex.** Isso não presta, é ~. **5** Corpo humano tornado pela terra ou reduzido a cinzas. **Ex.** "Lembra-te homem que és ~ e em ~ te hás de tornar".

poáceo, a *adj Bot* (<gr *poa*: erva, feno, prado + -áceo) Relativo às poáceas/gramíneas/ciperáceas.

poalha *s f* (<pó + -alha) Pó muito fino espalhado na atmosfera. **Ex.** No ar formavam-se pequenas nuvens de ~. ⇒ poeira.

pobre *adj/s 2g* (<lat *páuper, eris*) **1** Que tem poucas posses. **Ex.** Ali vive uma família [Aquela casa é] ~. Ser ~ não é [nunca foi] vergonha. Sou ~ mas honrado. **Prov.** *Quem dá aos* ~s, *empresta a Deus* [A esmola é sempre recompensada por Deus]. **Ant.** Rico. ⇒ remediado; miserável. **2** Pessoa sem meios necessários à sobrevivência. **Ex.** O ~ pedia esmola na rua. **Sin.** Mendigo; pedinte; necessitado; miserável. **3** Pouco dotado ou favorecido. **Ex.** O rapaz tinha uma imaginação ~. **Comb.** ~ *de espírito* [de inteligência]. **4** Pessoa ingé(é)nua/simples. **Comb.** *pop col* ~ *de Cristo*/~ *coitado*/~ *diabo*/~ *homem*. **5** De fraca qualidade. **Ex.** O aluno escreveu um texto muito ~. **Sin.** Medíocre. **6** Pouco produtivo/ Fraco. **Comb.** *Economia* ~. *País* [Nação] ~. *Terra* [Solo] ~. **Sin.** Estéril; fraco. **Ant.** Fértil; rico.

pobremente *adv* (<pobre + -mente) **1** Com pobreza. **Ex.** Há muita gente a viver ~ [viver sabe Deus como]. **Ant.** Ricamente. **2** Com pouca qualidade. **Ex.** Alguns alunos escrevem ~ [bastante mal].

pobretana(s)[tão] *adj/s 2g* (<pobre + ...) **1** (Indivíduo) muito pobre. **2** (Indivíduo) que mendiga sem necessidade. **3** Indivíduo que aparenta mais do que tem. **Ex.** Tem fama de rico, mas é um ~.

pobreza *s f* (<pobre + -eza) **1** Estado ou qualidade de pobre/Falta de dinheiro. **Ex.** Havia muita ~ naquela casa. **Comb.** ~ *extrema* [Miséria]. ~ *envergonhada/escondida* [Gente que vive de esmolas, em segredo]. ~ *franciscana* [O não ter nada «como S. Francisco de Assis»]. **Sin.** Carência, escassez, penúria. **Ant.** Abundância, fartura, riqueza. **2** Conjunto [Classe] dos pobres. **Ex.** No meu país ainda há muita ~ [muitos pobres]. **Loc.** Socorrer a ~. **3** Pouca quantidade/Insuficiência. **Comb.** ~ *de inteligência* [O ser pouco inteligente]. ~ *de linguagem* [Linguagem pobre]. «país com» ~ *de recursos naturais (e humanos)*.

pobrezinho, a *adj/s col pop* (<pobre+-zinho) **1** (Diminutivo de) pobre. **2** Pequeno ou reduzido/ Fraco/ Insuficiente. **Ex.** Escreveste um texto muito ~. Hoje o almoço é ~ [pouco]. **3** Mendigo. **Ex.** – Mãe, está um ~ a pedir esmola. **4** (O/A) que merece compaixão/carinho/Infeliz. **Ex.** «Ao ver um cão atropelado [morto] por um carro» ~! ~ [Coitadinho] do menino «que está com fome»!

poça *interj/s f* (<poço) **1** Exclamação que exprime irritação ou espanto. **Ex.** ~ [Vá/ Mau]! Já me estás a irritar. **Sin.** *cal/gross* Porra (Pô). ⇒ Caramba. **2** Cova pouco profunda, geralmente com água. **Ex.** As crianças gostam de chapinhar nas ~s do caminho. **3** Pequena represa «para regar». ⇒ poço **1/2**. **4** Pequena porção de líquido derramado. **Ex.** Da ferida formou-se uma ~ de sangue no chão. **Loc.** Meter o pé na ~/argola [Fazer ou dizer inconveniências].

poçada *s f* (<poço/a + -ada) Porção [Quantidade] de água de um poço ou poça quando cheios. **Ex.** Só com uma ~ não se rega tudo.

poção *s f Farm* (<lat *pótio,ónis*: a(c)ção de beber) **1** Medicamento líquido administrado por via oral. **Ex.** Tome três colheres grandes desta ~ calmante. **Sin.** Remédio. **2** Qualquer líquido que se possa beber.

poceiro *s m* (<poço + eiro) **1** Indivíduo que faz poços «artesianos». **2** Cesto alto «de vime» usado na lavagem da lã ou nas vindimas.

pocilga *s f* (<lat *porcícula*) **1** Curral [Loja] de porcos. **Sin.** Cortelho. **2** Lugar sujo. **Ex.** A casa «do drogado» parecia uma ~. **Sin.** Chiqueiro.

poço *s m* (<lat *púteus*; ⇒ poça) **1** Cavidade maior ou menor para recolher água «de nascente, para regar». **Loc.** Cavar [Fazer/ Abrir] um ~. **Comb.** Teat *(~ da) orquestra*. *fig* ~ *de ignorância* [Pessoa muito ignorante]. *fig.* ~ *de sabedoria/ciência/erudição*. *fig* «as guerras dos políticos são» *Um* ~ *sem fundo* [Coisa que nunca acaba/se resolve]. ⇒ tanque; cisterna. **2** Perfuração vertical no solo para extra(c)ção de água ou petróleo. **Comb.** ~ *artesiano* [Perfuração no solo até atingir (um lençol de) água, que pode sair em repuxo ou à bomba]. ~ [Jazida] *de petróleo*. **Sin.** Furo. **3** Abertura de acesso ou de passagem/Galeria/Gruta/ Furna/Buraco. **Comb.** ~ *de ar* «que faz perder altura aos aviões». ~ *de inspe(c)ção* [visita] «dos esgotos». ~ [Caixa do prédio] *do elevador*. ~ *de ventilação* «da mina». **4** ⇒ abismo; grande depressão ou fundura.

poculiforme *adj 2g* (<lat *póculus*: copo + -forme) Que tem a forma de um copo.

poda *s f* (<podar) **1** A(c)to ou efeito de podar/Corte de ramos às plantas. **Ex.** Está na altura de fazer a ~ às [de podar as] roseiras. **Sin.** Desbaste. **Idi.** *Fazer a* ~ *a* [de] *alguém* [Dizer mal de alguém]. *Entender* [Saber] *da* ~ [Conhecer bem um ofício/assunto] (Ex. Estou vendo [a ver] que você sabe da ~). **Comb.** Tesouras da ~.

podadeira *s f* (<poda + -eira) Um dos instrumentos para podar. **Sin.** Podão; podoa.

podador, ora *adj/s* (<lat *putátor, óris*) **1** (O/A) que (faz a) poda. **Ex.** O ~ trabalha no corte das árvores.

podagra *s f Med* (<lat *podágra*) Gota que ataca os pés.

podágrico, a *adj* (<podagra + -ico) Relativo à podagra.

podal *adj 2g* (<gr *pous, podós*: pé + -al) Relativo ou pertencente ao pé. ⇒ podologia.

podão *s m* (<poda + -ão) ⇒ podoa.

podar *v t* (<lat *púto,áre*: podar, avaliar, pensar) **1** Cortar os ramos das plantas, com vista ao seu desenvolvimento. **Loc.** ~ *a vinha* [as videiras]. **2** *fig/Gír* Cortar. **Ex.** Foste ~ o cabelo? É preciso ~ (um pouco) a tua vaidade.

-pode *suf* (<gr *poús, podós*: pé) Exprime a ideia de **pé**, **pata** e **perna**. **Ex.** Tri~; decá~.

pó de arroz *s m Farm* Produto de beleza feito de grão de arroz reduzido a pó com cheir(inh)o. **Ex.** Abriu a caixinha do ~ e passou a borla [o pompom] pelo rosto.

podengo *s m* (<gótico *pudings*: cão-d'água) **1** Um cão usado na caça «do coelho». **2** *fig* Pessoa servil, bajuladora e humilde.

poder *v t/int/ s* (<lat *póssum, pótes, posse, pótui*) **1** Ter a capacidade [faculdade/possibilidade] de /Ser capaz de. **Ex.** Eu pos-

so com (um peso de) 100 kg às costas/ao ombro. Não posso aceitar tal [o seu] insulto! «pedindo um favor ou dando uma ordem delicadamente» Podia (fazer o favor de me) abrir a janela? Podia esperar (um momento/minuto)? **Prov.** *Querer é ~* [Quando há verdadeira [séria] vontade de realizar algo, isso realiza-se]. **Loc.** Até não ~ mais [Até ao limite (das forças)] (Ex. Aguentei a dor até ~). **Idi.** *Não posso com* [Não aguento/suporto] este calor «40º»! (Ex. Ninguém pode com este [esta criança] traquinas. ⇒ pudera! *interj*. 2 Ter autorização para. **Ex.** Aqui «no hospital» não se pode [não é permitido] fumar! Se quiser, pode usar o meu telemóvel [*Br* celular]. «depois de bater à porta» – Posso entrar? – Faz favor (, entre). 3 Haver/Correr o risco de. **Ex.** Amanhã pode (bem) chover. Cuidado! Olhe que o chão está escorregadio, o senhor pode cair. 4 Ter razões para. **Ex.** «o material para a obra não chegou» Assim não posso começar a trabalhar/o trabalho. Sem educação [instrução] escolar (das crianças) os países não podem progredir.
5 Ter ocasião ou oportunidade de. **Ex.** Hoje não posso [Não tenho tempo de] ir à reunião. Não puderam falar com ele ontem. 6 Ser possível/Acontecer. **Ex.** «eles estão muito atrasados» Podem ter tido algum desastre [acidente]. Podes (estar a) pensar que falei mal de ti, mas estás enganado [, mas não é verdade]. «amanhã vai chover?» – Pode ser [Talvez/É possível/Quem sabe?]. 7 Posse de meios [Capacidade] para realizar algo. **Comb.** *~ curativo* dum remédio. *~ de compra/~ aquisitivo* [Capacidade financeira de um grupo social, de uma pessoa ou de uma moeda para adquirir produtos ou serviços]. **Loc.** «curei-me» A ~ de [À força de/Tomando muitos] remédios. 8 Autoridade/Força/Influência. **Ex.** Ele tem muito ~ «na universidade/nos meios financeiros». **Loc.** Usar o seu ~ «para ajudar alguém». 9 Jurisdição/Soberania/Mando. **Ex.** *Exercer o ~* [Mandar]. *Subir ao ~* [Herdar o governo/«rei» o trono do país]. **Comb.** *~ espiritual* [Autoridade eclesiástica «do papa/dos bispos»]. *~ temporal* [Autoridade civil/governamental].
10 Conjunto dos órgãos que asseguram a administração de um país/Governo. **Comb.** *~ executivo* [Órgão de soberania estatal que governa e faz cumprir as leis]. *~ judicial/judiciário* [Órgão estatal «Procuradoria» para assegurar a aplicação das leis e defender os direitos dos cidadãos]. *~ legislativo* [Órgão de soberania que faz as leis que regem um país]. *~ local* [Governo das autarquias/instituições autárquicas da região «Câmaras municipais/Prefeituras»]. *~es públicos* [Governo]. *Plenos ~es* [Autoridade concedida a alguém «embaixador» para a realização de um a(c)to expressamente indicado]. *idi* *Quarto ~* [Conjunto dos meios de comunicação social/Imprensa]. 11 Cara(c)terística física de uma substância/Potência/Eficácia. **Comb.** *~ adesivo/curativo/dissolvente.*

poderio *s m* (<poder + -io) 1 Cara(c)terística de (quem tem) poder. 2 Grande [Muito] poder. 3 ⇒ jurisdição(+); mando.

poderosamente *adv* (<poderoso + -mente) Em [Com força]. **Loc.** Atacar muito ~.

poderoso, a (Ôso, Ósa, Ósos) *adj/s* (<poder + -oso) 1 (O) que tem muito poder. **Ex.** Eu acredito em Deus [no Todo-Poderoso]. Era um homem muito rico, muito ~. **Comb.** Os ~s da Terra [Os detentores do dinheiro e do mando]. 2 Que tem muita força ou produz muito efeito/Forte. **Comb.** *Exército* [Armada/Esquadra] ~. *Remédio ~* [muito eficaz]. *Veneno ~* [violento «mortal»].

pódice *s m* (<lat *pódex, dicis*) ⇒ ânus; nádegas.

pódio *s m* (<lat *pódium*: bancada «à volta de anfiteatro»<gr *pódeon*: parte inferior, base) 1 *Hist* Muro baixo à volta de anfiteatro romano sobre o qual ficavam os assentos dos dignitários. 2 *(D)esp* Estrado (realçado «com três degraus») onde sobem os primeiros classificados. 3 *Arquit* ⇒ plinto.

-pod(o)- ⇒ -pode.

podoa *s f* ⇒ podão; podadeira.

podologia *s f Med* (<podo- + -logia) Especialidade que se dedica ao exame, tratamento e prevenção das doenças dos pés.

podómetro [*Br* **podômetro]** *s m* (<podo- + -metro) Aparelho portátil que se usa para contar o número de passos de [dados por] uma pessoa durante uma caminhada. **Sin.** hodó[ô]metro.

podre (Ô) *adj 2g/s m* (<lat *pútris*, e; ⇒ pútrido) 1 Que está em decomposição/Putrefa(c)to/Estragado. **Comb.** Carne ~a. Fruta «maçã» ~ (por dentro/por fora). **Idi.** *~ de* [muito] *rico. Paz ~/falsa.* 2 Parte putrefa(c)ta [contaminada] de alguma coisa. **Loc.** Cortar/Tirar o ~ «da maçã e comê-la».

podridão *s f* (podre + -dão) 1 Estado de podre. **Comb.** [Decomposição do] cadáver. ⇒ putrefa(c)ção; carcoma. 2 *fig* Corrupção(+)/Desmoralização/Perversão. **Comb.** *~* [Devassidão(+)] *dos costumes.*

poedeira *adj f* (<an *poer* = pôr + -(d)eira) Diz-se de galinha [perua/avestruz/...] que começa a pôr ou que põe muitos ovos.

poedou[oi]ro *s m* (⇒ poedeira) Lugar onde a galinha põe os ovos. ⇒ ninho.

poeira *s f* (<pó + -eira) 1 Terra reduzida a partículas muito finas. **Loc.** «carro em caminho poeirento» Levantar [Fazer] (muita) ~. **Idi.** *Deitar* [Lançar/Botar] *~ aos* [nos/para os] *olhos a* [de] *alguém* [Pretender enganar alguém «com falsidades»]. *Morder a ~/o pó(+)* [Cair ferido ou morrer em combate]. **Comb.** *~* [Cinza(s)] *ató[ô]mica* [Conjunto de partículas nucleares resultantes da explosão de bomba ató[ô]mica]. *~ cósmica* [Conjunto de corpúsculos que circulam no espaço sideral e caem por vezes sobre a Terra]. *~ vulcânica* [Matéria muito fina expelida pelos vulcões]. ⇒ pó. 2 *fig* Presunção/Jactância/Vaidade. 3 Muito pó. **Ex.** Que ~!

poeirada *s f* (<poeira + -ada) 1 Grande quantidade de poeira. **Ex.** O carro arrancou levantando uma grande ~! 2 ⇒ poeira 2. 3 Rumor [Boato] falso.

poeirento, a *adj* (<poeira + -ento) 1 «caminho» Cheio de poeira/Coberto de [Com muito] pó. **Comb.** Móveis [Mobília] ~os/a. 2 *fig* Antigo/Antiquado.

poejo *s m Bot* (<lat *puléi[j]um, i*) 1 Planta labiada, cultivada pelas suas propriedades culinárias, medicinais e aromáticas; *Mántha pulégium*. **Ex.** ~ substitui o coentro na cozinha alentejana «açorda». 2 Erva rasteira com propriedades medicinais; *Cunícula microcephala*. 3 ⇒ tomilho.

poema *s m Liter* (<gr *poiéma*: o que se faz, obra, criação artística) Obra poética em verso. **Ex.** Os Lusíadas de Luís de Camões são o maior ~ épico [heroico] da literatura portuguesa. ⇒ epopeia; poesia.

poente *adj 2g/s m* (<lat *póno, ere, situm*: pôr, deixar) 1 Que está no ocaso. **Comb.** *Sol ~*. ⇒ pôr do sol. 2 Região do horizonte onde o sol se põe/Ocidente/Oeste.

poesia *s f* (<gr *poíesis*: criação ou a(c)ção de fazer alguma coisa) 1 Arte de compor [de escrever em] versos. **Loc.** Dedicar-se à [a escrever] ~ [(Decidir) ser poeta]. **Comb.** *~bucólica/pastoril* [que canta as coisas do campo «vida campestre/árvores/animais»]. *~ épica/heroica* [que canta os (feitos dos) heróis dum povo]. *~ lírica* [de cará(c)ter subje(c)tivo, em que o poeta expressa as suas emoções, alegrias e tristezas]. *~ trovadoresca* [dos trovadores [poetas] medievais europeus «D. Dinis, rei de Portugal», de temas líricos ou satíricos]. 2 Composição em verso. **Loc.** Recitar [Declamar] uma ~. 3 Determinado conjunto de obras poéticas/Poética. **Comb.** A ~ [obra poética] de Fernando Pessoa/Miguel Torga. A ~ portuguesa. A ~ renascentista «Petrarca/Dante/Camões». A ~ romântica brasileira. 4 Qualidade poética de qualquer obra de arte. **Comb.** Escrita [Prosa] cheia de ~. 5 Cará(c)ter daquilo que é belo e desperta emoção estética. **Comb.** A ~ de um pôr do sol no mar.

poeta, tisa *s* (<gr *poietés, tou*: autor, criador, ~) 1 Escritor(a) cuja forma de expressão literária é o verso/a poesia/O que escreve em verso. **Comb.** O poeta Miguel Torga. A poetisa Florbela Espanca. 2 *fig/iron* O que é dado a devaneios/Idealista/Sonhador/Irrealista. **Ex.** Ele é um ~, vive num outro mundo.

poetaço, a *s depr* (<poeta + -aço) Mau [Fraco] poeta. **Sin.** Poeta de meia tigela (+).

poética *s f* (<gr *poietiké tekhné*: arte, talento poético) 1 Arte de fazer versos/de escrever poesia. 2 Estudo ou tratado sobre a natureza da poesia ou sobre a estética. **Comb.** A ~ de Aristóteles. 3 Conjunto de cara(c)terísticas próprias de um autor, de uma escola ou corrente literária, de uma época. **Comb.** A ~ de Fernando Pessoa. **Sin.** Poesia 3.

poeticamente *adv* (<poético + -mente) De modo poético. **Loc.** Expressar-se [Escrever/Falar] ~.

poético, a *adj* (<gr *poietikós*: que faz, cria ou inventa, ~) 1 Relativo a [Próprio da] poesia. **Comb.** *Estilo ~. Liberdade ~a* [Alteração de palavras ou de regras da gramática, permitida em poesia/aos poetas]. 2 Que tem ou produz emoção estética. **Comb.** *Conto* [*História*] (*muito*) *~. Lugar ~o.*

poetisa *s f* ⇒ poeta.

poetizar *v t/int* (<poético + -izar) 1 Dar ou adquirir a forma de belo/romântico/lírico/poético. **Loc.** ~ a biografia dum santo «S. Francisco de Assis». 2 Fazer poesia/Escrever versos. 3 Celebrar em verso/Cantar.

pogonóforo, a *adj/s* (<gr *pogón,nos*: barba + -foro) 1 Que tem pelos. 2 (Diz-se de invertebrado marinho, vermiforme, com muitos tentáculos e cerdas e de vertebrado superior com pelos no focinho semelhantes a uma barba.

poial *s m* (<pódio + -al) 1 Lugar alto onde se põe algo «na cozinha». 2 Banco fixo de pedra «junto à parede».

pois *conj/adv* (<lat *pótius*: de preferência, mas sim, antes, melhor) 1 Por isso/Por conseguinte/Portanto. **Ex.** Ele está muito doente, não pode, ~, levantar-se [doente e (por isso) não se pode levantar (+)]. «ninguém se riu» O engraçado da anedota passou, ~, despercebido. 2 Visto que/Já que/Porque. **Ex.** Ele deve ser muito emotivo [sensível], ~ chorou durante o filme. 3 Nesse caso/Então/Assim. **Ex.** – Ele bateu-te? ~ bate-lhe tu também. 4 (Exprimindo assentimento/concordância) **Ex.** – Os seus pais vêm à festa? – Pois [– Claro que vêm]! – Sabes que mudei de casa? – Pois

[– Já sabia]. – Ele tem que lhe devolver o dinheiro que você lhe emprestou. – Pois (claro)! «depois de bater à porta do escritório» – Posso entrar? – Pois não [Faz favor/Pode sim]. **5** (Exprimindo discordância) **Ex.** «mataram o criminoso» – Você está contente? Pois [Olhe que] eu não (estou). O senhor pensa que o premiado no concurso foi o seu filho. Pois está enganado, o premiado foi o meu. Tu não vais ao baile, pois não? **6** (Segundo a entoação de voz e o contexto pode exprimir dúvida/desconfiança/ironia) **Ex.** – Chefe, desculpe o atraso (de hoje ao trabalho), o meu despertador não tocou. – Pois [*idi* Boa desculpa]. – Eu subi o Monte Everest no inverno! *iron* – Pois sim [– Não acredito]. «diz o que preside a um grupo de pessoas desavindas/zangadas» Pois (é), assim não resolvemos o assunto [*idi* não vamos a lado nenhum].
poisada/poisar/poisio/poiso ⇒ pousada/...
pojar *v t/int* (<pódio + -ar¹) **1** *Náut* **a)** Aportar/Ancorar(+); **b)** Desembarcar(+). **2** (Fazer) aumentar «de volume».
pôla *s f Bot* (<pôlo) Rebento de árvore que nasce da raiz ou da parte baixa do tronco. **Sin.** Estaca (Da raiz); poldra/ladrão/mamão (Do tronco).
polaca *s f Mús* (⇒ Poló[ô]nia) ⇒ polonesa(+). ⇒ polca.
polaciúria *s f Med* (<gr *pollákis*: muitas vezes) Necessidade anormalmente frequente de urinar. ⇒ micção.
polaco, a *adj/s* (<pol *polak* <*polé*: campo, planície) **1** Habitante da Poló[ô]nia/*Br* Polonês. **2** Língua da Polónia/*Br* Polonês.
polaina(s) *s f* (<fr *poulaine* <Polónia) Peça de vestuário que resguarda a perna e a parte superior do calçado.
polar *adj 2g* (<polo + -ar²) **1** *Geog* Relativo aos polos terrestres e celestes. **Comb.** *Aurora ~* [Fenó[ô]meno luminoso, resultante da excitação dos componentes do ar por partículas ele(c)trizadas do sol e cujo traje(c)to é influenciado pelo campo magnético terrestre] (Pode aparecer no polo norte ou no polo sul). *Círculo ~* «ár(c)tico/antár(c)tico» [Zona dos dois polos até à distância de 23° 27', contados a partir deles]. *Estrela ~* [Visível a olho nu e que, fazendo parte da constelação Ursa Menor, é a que fica mais perto do polo norte e indica o Norte]. *Regiões [Mares] ~es* [dos dois polos]. **2** *Fís* Que possui polaridade. **Comb.** Molécula ~ «da água» [que se comporta como um dipolo elé(c)trico].
polaridade *s f Fís/Ele(c)tri* (<polar + -(i)dade) **1** *Fís* Propriedade que tem a agulha magnética de tomar a dire(c)ção dos polos magnéticos da Terra. **2** *Ele(c)tri* Propriedade de um dispositivo elé(c)trico «re(c)tificador» de só permitir a corrente passar num sentido.
polarímetro *s m Fís* (<polari(dade/zação) + -metro) Instrumento que mede a rotação do plano de polarização da luz por líquidos e sólidos o(p)ticamente a(c)tivos.
polariscópio *s m Fís* (<polari(zação) + -scópio) Instrumento destinado a verificar se um feixe luminoso se encontra polarizado.
polarização *s f* (<polarizar + -ção) **1** *Fís* **a)** Modificação da radiação luminosa [da luz] recorrendo à reflexão ou à (dupla) refra(c)ção, de modo que esta deixe de possuir propriedades semelhantes em todas as dire(c)ções; **b)** Modificação do potencial de um elé(c)trodo [dielé(c)trico] pelo estabelecimento de um gradiente de concentração ao seu redor, em consequência da deposição de substâncias, adsorção de gases, etc. **2** *fig* A(c)ção de concentrar ou de atrair forças, influências ou opiniões para um determinado ponto por oposição a outro. **Ex.** A ~ das opiniões [pessoas] no candidato da(s) esquerda(s) levou à desistência do seu rival/opositor.
polarizado, a *adj* (<polarizar) **1** Que sofreu polarização. **2** *fig* Concentrado num ponto por oposição a outro. **Ant.** Dialogante; em equilíbrio.
polarizador, ora *adj/s m* (<polarizar) **1** Que polariza. **2** Instrumento que serve para polarizar.
polaroide (Rói) *s f* (<polar 2 + -oide) **1** *Fís* Película de nitrato de celulose coberta de cristais ultramicroscópicos que funciona como polarizador da luz e usada em instrumentos ó(p)ticos. **2** Máquina fotográfica que utiliza o processo de polarização da luz para obter uma foto na própria máquina. **3** Foto tirada por **2**.
polca *s f* (<checo *pulka*: meio passo) Dança e música de ritmo vivo a dois tempos.
poldra(s) *s f* (<?) **1** ⇒ pôla. **2** Pedra(s) colocada(s) num lugar com água para pôr os pés e o atravessar.
poldro, a *Zool* ⇒ potro.
-pole *suf* (<gr *polis,leos*: cidade) ⇒ metró~.
polé *s f* (<?) **1** Máquina de puxar pesos, feita de um pau a prumo com um braço munido de roldana ou moitão. **2** Antigo instrumento de suplício. **Idi.** *Dar tratos de ~* [Atormentar]. *Sofrer tratos de ~* [Ser cruelmente atormentado].
poleame *s m Náut* (<polé + -ame) Conjunto das polés, roldanas, moitões, sapatas, etc., que se empregam para passagem dos cabos náuticos. ⇒ cordame.
polegada *s f* (<polegar + -ada) **1** Antiga medida de comprimento que tem mais ou menos a medida da segunda falange do dedo polegar (da mão). **2** Medida inglesa equivalente a 25,4 mm do sistema métrico decimal.
polegar *adj 2g/s m Anat* (<lat *pollicáris,e*: duma polegada <*póllex,icis*: dedo polegar) (Diz-se de) dedo ~, o mais grosso e só com duas falanges, e que se opõe aos restantes. **Sin.** Pólex/Police.
poleiro *s m* (<polo + -eiro) **1** Pau «ramo» ou vara onde as aves (re)poisam. **Ex.** As árvores do jardim são o ~ de muitas aves «pardais». **Idi.** *Cantar* [Falar] *de ~* [Ser arrogante/autoritário/*pop* mandão]. *Estar no ~* [Dispor do poder/Ser quem manda] (Ex. Antes era um pobre(tana), agora está [apanhou-se] no ~ e leva uma vida de rico). **2** Pequena capoeira ou galinheiro. **Ex.** Vou enxotar [meter] as galinhas para o [no] ~. **3** *fig* Posição de autoridade/Poder. ⇒ **1 Idi. 4** *fig* Bancada/Assentos simples na parte de trás do teatro/Galinheiro(+).
polémica [*Br* **polêmica**] *s f* (<gr *polemiké tékhne*: arte da guerra) Acesa [Grande/Forte] discussão sobre qualquer assunto/Controvérsia/Guerra. **Ex.** Nunca gostei de me envolver [meter] em ~s. Isso vai gerar [suscitar/levantar] uma grande ~ «literária».
polemicar ⇒ polemizar.
polémico, a [*Br* **polêmico**] *adj* (<gr *polemikós,é,ón*: (próprio) de guerra; ⇒ polé[ê]mica) Que desperta [Relativo a] discussão/debate/Controverso. **Ex.** O debate televisivo [na TV] foi muito ~/aguerrido. O que você diz é (um pouco) ~/controverso. **Ant.** Consensual. ⇒ discutido; discutível.
polemista *s 2g* (<polémica + -ista) Pessoa que trava polémica. ⇒ argumenta(do)r.
polemizar *v t/int* (<polémica + -izar) Travar polémica. **Ex.** Não quero ~ o caso. Não me quero envolver em polémicas [discussões] por causa disso.
polemologia *s f* (<gr *pólemos,ou*: guerra + -logia) Estudo da génese e evolução das guerras.
pólen *s m Bot* (<lat *póllen,inis*: farinha muito fina) Pó muito fino e agente masculino da fecundação das flores (*Pl* pólenes). **Loc.** Ter alergia [Ser alérgico] ao ~.
polenta *s f Cul* (<it <lat *polénta,ae*: farinha de cevada torrada) Pasta ou massa de fubá [farinha] de milho, com água e sal (e manteiga ou queijo).
pólex *s m* ⇒ polegar.
polho, a ⇒ frango.
poli¹ *pref* (<gr *pollós,é,ón*: muitos) Exprime a ideia de grande número. ⇒ multi-.
poli²- ⇒ -pole.
poliamida *s f Quím* (<poli- + amida) Polímero que entra na produção de fibras sintéticas, usadas em suturas cirúrgicas, na indústria têxtil, etc.
poliandria *s f* (<poli- + gr *anér,andrós*: homem) **1** Tipo de organização familiar em que a mulher tem mais que um marido. ⇒ poligamia; monogamia. **2** *Bot* Qualidade de planta com vinte ou mais estames, todos livres entre si.
poliandro[ândrico], a *adj Bot* (<poliandria) Diz-se de planta ou do seu androceu (da flor) que tem vinte ou mais estames, todos livres entre si.
poliarquia *s f* (<poli- + -arquia) Governo exercido por um grupo de pessoas. ⇒ monarquia; democracia; oligarquia.
poliartrite *s f Med* (<poli- + ...) Artrite [Reumatismo] que atinge várias articulações ao mesmo tempo.
polibã *s m* (<esp *poliban*) Chuveiro resguardado por cortinas ou portas corrediças apoiadas numa base quadrada onde cai e por onde se escoa a água.
policarpo, a *adj/s m Bot* (<poli- + carpo) **1** Que floresce várias vezes ou produz muitos frutos. **2** Fruto indeiscente originado de vários carpelos. ⇒ monocarpo.
pólice ⇒ polegar.
policêntrico, a *adj* (<poli- + centro + -ico) Diz-se da curva ou do arco com mais de um centro, formados pela junção de arcos de mais que uma circunferência/Pluricêntrico.
polichinelo (Né) *s m* (<it *Pulcinello*, personagem da comédia napolitana <*pulcinella*: palhaço, saltimbanco) **1** *Teat* Personagem napolitana, que representa um homem do povo, é preguiçoso, mordaz e astuto e se transformou num dos mais populares fantoches. **Comb.** *Segredo de ~* [público/que é conhecido de muitos].
polícia *s 2g* (<gr *politeia*: administração de uma cidade) **1** Instituição ou entidade incumbida [encarregada] de manter ou defender a segurança e ordem públicas. **Loc.** *Avisar a* [Comunicar à] *~. Chamar a ~* «porque houve um assassinato». *Denunciar* [Acusar] *alguém à ~*. **Comb.** *~ de choque/de intervenção* [Forças especiais treinadas e equipadas para intervir em situações de conflito]. *~ de trânsito/de viação* [que controla o tráfego rodoviário]. *~ secreta* [encarregue da segurança do Estado]. **2** Indivíduo que pertence à ~/Guarda/*Br* Policial. **Ex.** O ~ [agente policial] resolveu rápida e calmamente a situação «briga». O ~ [guarda] veio (vestido) à paisana/civil [não veio fardado/com farda].
policial *adj 2g/Br s* (<polícia + -al) **1** Relativo ou pertencente à polícia. **Comb.** *Força ~* [Polícia 1]. *Inquérito [Busca] ~*. **2** (Diz-se de) filme ou romance cujo tema é um crime ou intriga que são tratados como uma in-

vestigação da polícia. **Sin.** Dete(c)tive. **Ex.** Passou um ~ na televisão. **3** *Br* ⇒ pastor alemão.

policiamento *s m* (<policiar + -mento) A(c)to ou efeito de policiar/Vigilância.

policiar *v t* (<polícia + -ar¹) Velar pela ordem e segurança públicas/Vigiar(+). **Loc.** ~ [Guardar] a casa do Presidente (da República) [ministro]. ⇒ fiscalizar; buscar; indagar.

policitação *s f Dir* (<lat *pollicitátio,iónis* <*pollíceor*: prometer) Promessa feita em juízo por uma das partes mas ainda não aceite pela outra «para fazer um contrato».

policitemia *s f Med* (<poli- + -cito- + -emia) Aumento do número de glóbulos vermelhos no sangue. ⇒ leucemia.

policlínica *s f* (<poli- + ...) **1** Exercício da medicina aplicada à generalidade das doenças. **Ex.** Exerceu a ~ enquanto se especializou em reumatologia. **2** Instituição médica onde se dão consultas de várias especialidades. **Ex.** Foi a uma ~ para uma consulta de ortopedia.

policlínico, a *adj* (<poli- + ...) **1** Relativo à clínica geral [à policlínica 1]. **Comb.** Consultório [Centro] ~. **2** Médico de clínica [de medicina] geral (+).

policopiar ⇒ fotocopiar.

policroísmo *s m* (<poli- + gr *khroma*: cor, tinta) Propriedade de um material ó(p)tico de apresentar cores diferentes, segundo a incidência da luz.

policromar *v t* (<policromo + -ar¹) Tornar policromo.

policromático, a *adj* (<poli- + ...) «radiação ele(c)tromagnética» Que contém vários comprimentos de onda, e por isso, quando na região visível, tem diversas cores.

policromia *s f* (<policromo + -ia) **1** Muitas [Multiplicidade de] cores. **2** Impressão que utiliza mais de três cores. ⇒ tricromia.

policromo, a (Cró) *adj* (<gr *polukrómos*) Que tem muitas cores/Multicolor(+). ⇒ policromático.

policultura *s f Agron* (<poli- + ...) Cultura [Cultivo] de produtos agrícolas diversos numa determinada área de plantio. **Ant.** Monocultura.

polidactilia *s f Med* (<poli- + dá(c)tilo- + -ia) Anomalia de ter mais dedos «seis» do que o normal.

polidamente *adv* (<polido + -mente) Com polidez/fineza/Delicadamente(+).

polidesportivo, a *adj/s m* (<poli + ...) (Diz--se de) recinto que pode ser utilizado para a prática de diversas [várias] modalidades (d)esportivas. ⇒ gimnodesportivo.

polidez *s f* (<polido + -ez) Qualidade de polido/Urbanidade/Delicadeza(+).

polidipsia *s f Med* (<poli- + gr *dipsa*: sede + -ia) Sede excessiva «por causa de diabetes»/Necessidade patológica de beber com frequência.

polido, a *adj* (<lat *polítus,a,um*: adornado, cultivado, ~; ⇒ polir) **1** Desprovido de [Sem] irregularidades/Liso/Alisado. **Comb.** *Madeira* ~*a*. *Pedra* «granito» ~*a*. **2** Reluzente/Lustroso/Brilhante. **Comb.** *Metal* «cobre/prata» ~*o*. **3** Cortês/Delicado/Fino. **Comb.** *Homem* ~*o*. **Ant.** Rude; indelicado; descortês.

polidor, ora *adj/s* (<lat *polítor,óris*) (O) que dá polimento/Que pule. ⇒ envernizador.

poliedro *s/adj m Geom* (<gr *polyedrós*: que tem várias faces ou degraus) Sólido geométrico limitado por faces que são polígonos planos. ⇒ hexaedro.

poliembrionia *s f Biol/Bot* (<poli- + embrião + -ia) Formação de mais de um embrião a partir de um único óvulo «gé[ê]-meos» ou de um zigoto fertilizado e de outros tecidos do óvulo.

poliemia *s f Med* (<poli- + -emia) Excesso de sangue (nos vasos do corpo). **Ant.** Anemia.

poliesportivo ⇒ polidesportivo.

poliéster *s m Quím* (<poli- + éster) Plástico polímero sintético, *us* em tintas e vernizes e como fibra têxtil.

poliestireno *s m Quím* (<poli- + ...) Polímetro de estireno, incolor, *us* em isolantes térmicos ou elé(c)tricos, obje(c)tos plásticos, etc.

polietileno *s m Quím* (<poli- + ...) Plástico obtido por polimerização do etileno, empregado como isolador elé(c)trico e no fabrico de tubos e outros obje(c)tos.

polifacetado ⇒ multifacetado.

polifagia *s f* (<gr *polyphagía*: voracidade) **1** Qualidade de polífago/omnívoro(+). **2** ⇒ bulimia(+).

polifásico, a *adj Ele(c)tri* (<poli- + fase + -ico) Diz-se de dispositivo, corrente e circuito elé(c)tricos que têm mais de uma fase.

polifonia *s f Mús* (<gr *polyphonía*: som de muitas vozes) Combinação simultânea de duas ou mais melodias independentes mas que se desenvolvem dentro da mesma tonalidade.

polifónico, a [*Br* **polifônico**] *adj Mús* Em que há polifonia. **Comb.** Música [Composição] ~*a*.

polifonista *s/adj 2g* (O) que compõe polifonias. ⇒ compositor; músico.

poligamia *s f* (<poli- + -gamia) Regime familiar em que uma pessoa tem vários cônjuges ao mesmo tempo, sobretudo o homem ter várias mulheres. ⇒ poliandria; monogamia.

poligâmico, a *adj* Relativo à poligamia. **Comb.** Regime [Estado/Casal] ~*o*.

polígamo, a *adj/s m* (<poli- + -gamo) **1** Pessoa «homem» que vive em poligamia. **2** *Bot* Diz-se de planta que tem flores hermafroditas e unissexuais em um mesmo ou em indivíduos distintos.

poligenismo *s m* (<poli- + gene + -ismo) Teoria (obsoleta) que defende a existência de origens distintas para as várias raças humanas.

poliglota *adj/s 2g* (<gr *polyglóttos*) (O) que sabe ou fala muitas línguas. **Ex.** O papa João Paulo II era um (grande) ~.

poligonal *adj 2g Geom* (<polígono + -al) **1** Que tem muitos ângulos. **2** «prisma/poliedro» Que tem como base um polígono.

polígono *s m Geom* (<gr *polygónos*: de muitos ângulos) **1** Figura ou superfície plana formada pelo mesmo número de ângulos e de lados, desde o triângulo (a figura de menor número) até uma forma que se aproximaria do círculo (por ter um número infinito de lados). **Comb.** ~ *regular* [que tem todos os ângulos e lados iguais]. **2** *Mil* Figura do terreno para exercício de tiro de artilharia ou duma praça de guerra.

poligrafia *s f* **1** Qualidade de quem é polígrafo. **2** ⇒ enciclopédia; biblioteca.

polígrafo, a *s/adj* (<gr *polygráphos*: que escreve muito/de tudo) **1** (Diz-se de) autor que escreve muitos livros ou sobre vários assuntos. **2** ⇒ fotocopiador(a). **3** *Br* ⇒ apostila.

polilha *s f* (<esp *polilla*: traça) Pó muito fino(+).

polímate/a/o *s* (<gr *polymathés*) Pessoa de muito saber/*fig* Uma enciclopédia.

polimatia *s f* (<gr *polymátheia*) Saber vasto e variado.

polimento *s m* (<polir + -mento) **1** A(c)to ou efeito de polir por fricção/Limar/Alisar. **Comb.** *idi* ~ [*Beleza*] *do estilo*. ~ *da pedra* «granito». **2** O polir esfregando «com pano seco»/O dar lustro/brilho. **Comb.** ~ *da prata* [do cobre] (de uma bandeja). **3** *fig* Polidez/Delicadeza/Fineza/Refinamento(+) «de maneiras». **4** Cabedal lustroso «para fazer calçado/bolsas».

polimerase *s f Bioq* (<polímero + -ase) Enzima que catalisa o crescimento de uma molécula polímera.

polimeria[rismo] *s* (⇒ polímero) **1** *Biol* Produção de um cará(c)ter pela a(c)ção de dois ou mais genes. **2** *Quím* Isomeria em que um dos compostos (Polímero) tem massa molecular múltipla da de outro. ⇒ polímero **1**. **Ex.**.

polimerização *s f Bioq* **1** A(c)ção de polimerizar. **2** Rea(c)ção química que provoca a combinação de duas ou mais moléculas para formar(em) uma macromolécula.

polimerizar *v t* (<polímero + -izar) Tornar [Transformar em] polímero.

polímero, a *adj/s Quím/Biol* (<gr *polymerés*: que se compõe de muitas partes). **1** *Quím* (Diz-se de) composto formado por macromoléculas [grandes moléculas] resultantes da união repetida de duas ou mais moléculas menores (⇒ monó[ô]mero). **Ex.** O benzeno [C_6H_6] é um ~ do acetileno [C_2H_2]. Os plásticos e as fibras sintéticas são ~s. **2** *Biol/Bot* «gineceu formado por vários carpelos» Que apresenta polimeria **1**.

polimorfismo *s m* (<polimorfo + -ismo) **1** *Quím/Miner* Propriedade que uma substância «mineral» tem de apresentar várias formas. **Ex.** O carbono apresenta ~: é a substância [é o elemento] do diamante e da grafite. **Sin.** Alotropia. ⇒ dimorfia[fismo]. **2** *Biol* Propriedade de certas espécies revestirem [possuírem/terem] formas ou aspe(c)tos diferentes. **Ex.** As formigas têm ~: umas são operárias, outras soldados, umas são sexuadas, outras assexuadas. **3** Propriedade do que se apresenta de diversas formas. **Comb.** *Med* ~ *sintomático* [O uma doença apresentar sintomas muito diferentes de indivíduo para indivíduo].

polimorfo, a *adj/s* (<gr *polymórphos*: que tem várias formas) (O) que se apresenta sob [de] diversas formas. **Ex.** O quartzo é um ~ da sílica e apresenta várias cores e brilhos com distintas variedades «ágata/ametista/sílex/...».

Polinésia *s f Geog* (<poli- + gr *nésos*: ilha + -ia) O maior de três grupos de ilhas (⇒ Micronésia; Melanésia) da Oceânia, a oriente e sul da Austrália, que se estende até ao Havai e à Nova Zelândia. **Ex.** Os naturais da ~ são os polinésios.

polineurite *s f Med* (<poli- + neurite) Processo inflamatório [Afe(c)ção degenerativa] que ataca diversos nervos periféricos ao mesmo tempo.

polínico, a *adj Bot* (<pólen + -ico) Relativo a pólen. **Comb.** *Saco* ~ [Parte essencial da antena onde se forma e conserva o pólen]. *Tubo* ~ [Formação que tem origem na intina (Membrana celulósica interna do grão de pólen) e que serve para conduzir os gâmetas masculinos].

polinização *s f Bot* (<polinizar + -ção) Transporte do pólen das estames para o estigma do carpelo da mesma flor (Auto~) ou de outra flor (P~ cruzada).

polinizador, ora *adj/s* (<polinizar + -dor) (O) que poliniza «vento/abelha/água/pessoa».

polinizar *v t* (<pólen + -izar) Levar o pólen da antena dos estames para o estigma do

carpelo/Provocar a fecundação da flor. ⇒ polinização.

polinómio [*Br* **polinômio**] *s m Mat* (<poli- + gr *nómos*: distribuição + -io) Expressão algébrica formada por dois ou mais monó[ô]mios.

polinose *s f Med* (<pólen + -ose) Doença alérgica causada por pólenes/Alergia ao pólen (+).

pólio [poliomielite(+)**]** *s f Med* (<gr *poliós*: cinzento + *myelós*: medula espinal) Doença infe(c)ciosa vírica que ataca a medula espinal e o bolbo raquidiano e leva à paralisia. **Sin.** Paralisia infantil.

pólipo *s m* (<gr *polýpous*: polvo) **1** *Med* Excrescência carnosa que se desenvolve nas mucosas do organismo humano «fossas nasais». **Ex.** Os ~s do intestino grosso são facilmente operáveis. **2** *Zool* Forma que alguns animais «celenterados, como o coral» apresentam, semelhante a um saco com abertura rodeada por uma coroa de tentáculos preensores.

políptico *s m Arte* (<gr *polyptychos*: que tem muitas dobras ou marcas) Retábulo constituído por vários painéis ou tábuas, fixas ou móveis, geralmente em número superior a três. **Ex.** É célebre o "~ de S. Vicente de Fora" (No Museu de Arte Antiga, em Lisboa). ⇒ díptico; tríptico.

polir *v t* (<lat *pólio,íre,ítum*) **1** Dar lustre a. **Loc.** ~ obje(c)tos de cobre [prata]. **2** Alisar bem. **Loc.** ~ o granito [o mármore]. **3** Aperfeiçoar/Aprimorar. **Loc.** ~ o discurso. ~ [Limar] o estilo/a escrita. ~ a frase. ~ o gosto/a sensibilidade «à beleza».

-polis *suf* ⇒ -pole.

polissacarídeo *adj/s m Bioq* (<poli¹- + sacarídeo) Macromolécula de monossacarídeos ligados por covalência.

polissemia *s f Ling* (<gr *polysémos*: que tem muitos sentidos + -ia) Multiplicidade de sentidos duma palavra «prato: para comer, de balança, instrumento musical, iguaria» ou locução. ⇒ homonímia.

polissépalo, a *adj Bot* (<poli- + sépala) Diz-se de cálice da flor, formado de sépalas distintas.

polissílabo, a *adj/s m Gram* (<poli- + sílaba) (Diz-se de) palavra com mais de duas sílabas.

polistélico, a *adj Bot* (<poli- + estela 4) Diz-se da estrutura do caule ou da raiz com várias estelas.

polistilo, a *adj/s m* (<gr *polýstylos*) (Diz-se de) edifício que tem muitas colunas.

politeama *s m Teat* (<poli- + gr *théama, matos*: espe(c)táculos) Grande salão destinado a vários gé[ê]neros de representação.

politécnico, a *adj/s* (<gr *polýtekhnos*: hábil em várias artes/técnicas) **1** Diz-se de instituto ou estabelecimento de ensino superior em que se le(c)cionam várias disciplinas «engenharia/física/...». **2** Esse estabelecimento/ensino.

politeísmo *s m* (<poli- + gr *théos*: deus + -ismo) Doutrina ou religião que admite muitos [uma pluralidade de] deuses. ⇒ monoteísmo.

politeísta *adj/s 2g* (Diz-se de) religião, cultura ou pessoa que aceita muitos deuses.

política *s f* (<gr *politiké(tékhné)*: (arte) de governar a cidade/o estado) **1** Arte ou ciência de governar. **Comb.** Instituto [Academia] de ~. diplomacia. **2** Exercício/A(c)tividade de **1. Ex.** Não gosta de [Recusa] falar de ~. Retirou-se da [Abandonou a] ~ para se dedicar ao ensino «na universidade». **3** Orientação/Linha (Administrativa) dum governo. **Comb.** ~ *de (extrema-)direita*. ~ *demográfica* [Tomada de posição governamental em relação ao número desejável de cidadãos/habitantes]. ~ *econó[ô]mica* [em relação à economia]. ~ *externa* [*Br* exterior]. ~ *fiscal* [Conjunto de medidas para fixar os impostos e controlar os gastos públicos]. **4** *fig* Modo de se haver em qualquer assunto para conseguir o que se pretende/deseja/Estratégia/Tá(c)tica/Linha/Orientação. **Ex.** A ~ do (nosso) hospital é manter a qualidade do atendimento aos doentes. **5** *depr* Maneira astuciosa ou enganadora de agir/Astúcia/Espertéza/Hipocrisia/Falsidade. **Ex.** Ele com (a sua) ~, consegue tudo o que quer [, engana toda a gente]. ⇒ maquiavelismo.

politicagem *s f* (<político + -agem) **1** Conjunto de (maus) políticos. **2** Política pouco escrupulosa que se rege por interesses pessoais/Politiquice(+).

politicamente *adv* (<política + -mente) **1** Do ponto de vista político. **Comb.** ~ *corre(c)to* [Que está de acordo com as convenções dominantes duma comunidade]. **2** *fig* Astutamente/Habilidosamente.

politicão, ona *s* (<político + -ão) **1** Grande político(+). **2** *depr/col* Pessoa de atitudes muito ditadas pela política/Politicório/Politicastro. ⇒ politiqueiro.

político, a *adj/s* (⇒ política) **1** Que pertence [diz respeito] à política ou aos negócios públicos. **Comb.** *Analista* [Comentador] ~*o*. *Asilo* ~ [concedido por um país a um estrangeiro perseguido só por razões ~as]. *Jogo* ~ [Confronto partidário [entre o partido que está no poder e os da oposição] segundo regras estabelecidas]. *Partido* ~. *Regime* ~*o*. *Vontade* ~*a* [Coragem ou desejo de os governantes resolverem um problema]. **2** Pessoa que participa na vida [a(c)ção/a(c)tividade] ~*a*. **Comb.** ~ *por vocação* [Pessoa que *idi* tem a ~*a* no sangue]. ⇒ estadista; governante; deputado. **3** *fig* Que usa ao mesmo tempo vários meios «inteligência/prudência/suborno» para chegar onde [para conseguir o que] quer/Diplomático/Astuto/Finório. ⇒ manipulador.

político-administrativo, a *adj* Que diz respeito [é relativo] à política e à administração. **Comb.** Um problema [assunto/caso] ~.

politicoide (Cói) **[politiqueiro/poliquete]** *s* (<político 2 + ...) Político pretensioso [interesseiro/sem força]. **Ex.** Neste momento não temos grandes [bons] políticos, só temos ~s.

politicomania *s f* (<política1/2 + ...) Mania de tratar [falar] só de política.

politiquice *s f depr* (<política + -ice) **1** A(c)to de politicoide/... **2** Política baixa [vergonhosa/pouco escrupulosa]/Intrujice política. ⇒ politicagem.

politização *s f* A(c)to ou efeito de politizar. **Ex.** A ~ [O jogo político à volta] do proje(c)to impediu a sua realização. A ~ do povo [da juventude] favorece a democracia.

politizar *v t* (<política + -izar) **1** Dar (um) cará(c)ter político a algo. **Ex.** ~ os problemas de segurança e da empresa retarda [impede] a sua solução. **2** Dar [Promover] formação e informação política ao povo.

politrofia *s f Med* (<poli- + -trofia) Alimentação excessiva. ⇒ obesidade.

poliúria *s f Med* (<poli- + -úria) Secreção anormal [excessiva] de urina, num dado período «indicativa de diabetes».

polivalência *s f* (<poli- + valência) Qualidade de polivalente.

polivalente *adj/s 2g* (<poli- + valente) **1** Válido em vários casos/Com múltiplas funções/capacidades/Abrangente. **Comb.** *Espaço* «sala/edifício» ~/multiusos/multifuncional [que pode ser *us* para diversos fins]. *Medicamento* ~ «vacina/soro» [plurivalente/que protege de vários microrganismos patogé[ê]nicos/eficaz em vários casos]. **2** (Diz-se de) pessoa com várias aptidões. **Ex.** O clube «Benfica/Santos» tem dois ~s no seu plantel. **3** *Quím* Diz-se de substância com várias valências [cujo átomo, na combinação com o hidrogé[ê]nio, pode fixar vários átomos desse elemento]. **Ex.** O azoto, o fósforo, o carbono e o silício são (elementos/corpos) ~s.

polo¹ *s m Geog* (<lat *pólus*: polo (do mundo), estrela polar, norte, céu <gr *pólos*: eixo, ~) **1** Ponto e região (Círculo polar) nas duas extremidades do eixo da terra. **Comb.** ~ *norte*. ~ *sul*. ⇒ (ant)ár(c)tico. **2** Ponto que está em oposição a outro. **Ex.** Politicamente estamos em ~s opostos: eu sou republicano e ele é monárquico [: eu sou da esquerda e ele é da (extrema-)direita]. **Comb.** *Fís* ~ *geomagnético* [*magnético terrestre*/Cada um dos dois pontos da Terra para onde aponta a agulha da bússola]. ~*s magnéticos dum íman*. ~ *negativo* «de gerador elé(c)trico/de pilha». ~ *positivo*. **3** *fig* Centro de a(c)tividade ou de interesse. **Ex.** Ele é o ~ de atra(c)ção e de a(c)tividades do nosso clube. **Comb.** Um ~ de crescimento económico (muito importante). **4** *fig* ⇒ se(c)ção; filial. **5** *fig* ⇒ ponta.

polo² *s m (D)esp* (<tibetano *polo*: bola) Espécie de hóquei praticado a cavalo.

pôlo *s m Ornit* (<lat *púllus*: pint(ainh)o) Ave de rapina «falcão», quando jovem. ⇒ pôla.

polo-aquático *s m (D)esp* Jogo disputado por duas equipas numa piscina.

polonês, esa ⇒ polaco.

polonesa *s f Mús* (<Polónia) Música e dança de ritmo sincopado e cará(c)ter pomposo.

Polónia [*Br* **Polônia**] *s f Geog* País europeu cuja capital é Varsóvia e cujos habitantes são os polacos [*Br* poloneses].

polónio [*Br* **polônio**] [**Po 84**] *s m Quím* (<Polónia, terra natal de Marie Curie) Elemento metálico descoberto em 1898 pelo casal Pierre e Marie Curie.

polpa (Pôl) *s f* (<lat *púlpa*: parte carnuda) **1** Parte carnuda do fruto «pêssego/tomate»/da raiz «beterraba/inhame». ⇒ fécula. **2** Carne sem osso e sem gorduras. **3** *Anat* **a)** Ponta carnuda dos dedos [~ digital]; **b)** Parte central e mole dos dentes [~ dentária]. **4** *fig* Valor/Importância. **Comb.** *Homem importante* [*de* ~]. *Lucro grande* [*de* ~]. *Obra de* ~ [de valor].

polpudo, a *adj* (<polpa + -udo) **1** ⇒ carnudo(+) [polposo]. **2** *fig* Que dá muito lucro. **Comb.** *Negócio* ~/chorudo(+). **3** *fig* Grande/Importante. **Comb.** «ganhou uma» ~*a* quantia «na lota[e]ria».

poltrão, rona *adj/s* (<it *poltrone*) Pessoa cobarde/incapaz/sem iniciativa.

poltrona *s f* (<it *poltrona* <*poltro*: preguiçoso) **1** Cadeira [Assento] de braços, muito confortável. **Loc.** Sentar[Refastelar/Afundar]-se na ~. **2** Sela de arções baixos, sendo de trás quase raso.

polução *s f* (<lat *pollútio,íónis*: poluição) Ejaculação espontânea [involuntária] de esperma. **Comb.** ~ *no(c)turna* [durante o sono]. ⇒ poluição.

poluente *adj 2g/s m* (⇒ poluir) (Diz-se de) substância que polui/suja/mancha. **Ex.** Os resíduos das fábricas e os pesticidas são (agentes) ~s do solo. O ruído pode ser [constituir] um ~ de efeitos nocivos para a saúde.

poluição *s f* (<lat *pollútio,íónis*) A(c)to ou efeito de poluir/Contaminação do meio ambiente. **Comb.** ~ *atmosférica* [do ar].

~ da água [dos rios]. **~ sonora** [Produção de ruídos prejudiciais à saúde] (⇒ (deci)bel).
poluído, a *adj* (<poluir) Contaminado/Sujo. **Comb.** Água ~a. Rio ~. Praia ~a.
poluidor, ora ⇒ poluente.
poluir *v t* (<lat *pólluo,lIúere,útum*: molhar de forma a sujar, ~, violar, profanar) Contaminar. **Ex.** Os fumos das fábricas poluem o ar [ambiente].
poluto, a *adj* (⇒ poluir) **1** ⇒ «ar/rio» poluído. **2** Manchado/Indecoroso. **Ant.** «homem» Impoluto.
polvilhar *v t* (<polvilho + -ar[1]) Lançar uma substância fina como pó sobre algo. **Loc. ~ o doce** «creme» com canela. **~ o rosto** com pó de arroz [Pôr pó de arroz no rosto(+)].⇒ salpicar; borrifar.
polvilho *s m* (<esp *polvilho* <*polvo*: pó) **1** Pó fino/Pozinho(+). **2** Pó fino que cobre alguns frutos «pêssego»/Pruína. **3** Farinha muito fina de mandioca. **4** *pl* Qualquer substância em pó utilizada em culinária, medicina, etc.
polvo (Pôl) *s m Zool* (<gr *pólypous*) Molusco cefalópode com oito tentáculos munidos de ventosas. **Comb.** *Cul* Arroz de ~.
pólvora *s f* (<lat *pulvéreus,ea,eum*: de pó <*púlvis,veris*: pó) Mistura explosiva de nitrato de potássio, carvão e enxofre, que deflagra com faísca. **Idi. Brincar com a ~** [Envolver-se em situação perigosa/Arriscar-se]. **Descobrir/Inventar a ~** [Apresentar como novidade coisas já [há muito] sabidas]. **Comb. ~ seca** [Carga «de canhão» sem projé(c)til que apenas faz estrondo]. *idi* **Barril de ~** [Situação tensa que pode explodir a qualquer momento e causar grande dano] (Sin. Ninho de vespas).
polvorada *s f* (<pólvora + -ada) Explosão ou fumo de pólvora.
polvorento, a *adj* (⇒ pólvora) «bolinho» Que se desfaz em pó/em migalhas.
polvorinho *s m* (<pólvora + cadinho) Recipiente onde se leva pólvora para a caça.
polvorosa *s f* (<esp *polvorosa*: poeirenta) Grande azáfama ou agitação. **Idi. Em ~** [Com muita movimentação] (Ex. Como a sala não estava preparada para receber o ministro que ia chegar, andava tudo em ~).
poma *s f* (<pomo) **1** ⇒ bola; esfera. **2** ⇒ mama [seio] (de mulher).
pomada *s f* (<it *pomata*) **1** Preparo farmacêutico de consistência untuosa [mole] para uso externo. **Ex.** Tinha uma ardência [urticária] na perna que desapareceu [curou] com uma ~. **Idi. Dar ~ a** [Lisonjear] **alguém**. **2** Cosmético «brilhantina» para fixar [assentar] o cabelo. **3** ⇒ graxa (para os sapatos). **4** *Br* ⇒ pedantice/vaidade/gabarolice.
pomar *s m* (<lat *pomárium,rii*) Terreno [Plantação] de árvores frutíferas/Vergel. **Comb.** Um ~ de laranjeiras [macieiras/pereiras]. ⇒ amendoal; cafezal; souto
pomba *s f Ornit* (<lat *colúmba*<*palúmbus*: pombo bravo) **1** Fêmea de pombo, de que existem muitas variedades; *Columba civia domestica*. **Loc.** Dar milho miúdo às ~s. **2** *fig* Pessoa bondosa/inocente/pura. **Ex.** Ela é uma [tem um coração de] ~. **Comb.** ~ sem fel [Pessoa ingé[ê]nua] (Ex. Ele é uma ~ sem fel [um ingé[ê]nuo]).
pombal *s m* (<pomba+-al) **1** Construção ou local onde as pombas (domésticas) nidificam e se abrigam. Ex. O meu vizinho construiu um ~ no quintal. **Prov. Se no ~ houver milho, pombas não faltarão** [A comida [O dinheiro] atrai as pessoas].
pombalino, a *adj Hist* (<*antr/top* Marquês de Pombal+-ino) Referente ao Marquês de Pombal ou ao seu tempo de ministro do rei, segunda metade do séc. XVIII. **Ex.** As ruas da (cidade) baixa ~a (Lisboa) são muito movimentadas.
pombe *s m* (< quimbundo: *kimpombo*) **1** *Ang* ⇒ sertão. **2** *Moç* Bebida fermentada de farinha de milho ou arroz/Espécie de cerveja.
pombear [pombeirar] *v int/t br* (< pombo/eiro+...) Exercer a a(c)tividade de [Ser] pombeiro.
pombeiro *s m/adj Br/Hist* (<quimbundo: *pombo*: espião, ladrão) Negociante que atravessava os sertões para comprar escravos, informar a força pública, etc.
pombinho, a *s* (< pomba/o+-inho) **1** Pombo pequeno/Borracho. **2** *s f* Carne em redor da cauda e das nádegas da rês. **3** *fig* Jovem inocente/Borracho. **Ex.** Lá vão [Olhem] os dois ~s [namoradinhos].
pombo, a *s Ornit* (<lat *palúmbus*: pombo bravo; ⇒ pomba) Ave da família das columbinas ou Columbídeos com muitas espécies; *Columba livia*. **Ex.** A ~a (branca) é símbolo da paz. O excremento dos ~s [das ~s] é um problema «em Lisboa». **Comb.** ~ bravo [torcaz]. ~ correio. Cavalo ~o [branco].
pomes *s m 2n* ⇒ pedra-pomes.
pomícola *adj 2g* (<pomo+-cola) Referente à pomicultura. **Comb.** O desenvolvimento ~ [dos pomares] da região.
pomicultor *s m* (<pomo+...) Especialista em pomicultura. **Ex.** Aconselhei-me com o ~ da região. ⇒ hortelão/horticultor; lavrador.
pomicultura *s f* (<pomo+...) Cultura de árvores de fruta. ⇒ horticultura; pomologia.
pomífero, a *adj* (<pomo+-fero) Que dá fruto. **Ex.** As árvores do meu quintal são todas ~as. **Sin.** Frutífero(+).
pomo *s m Bot* (<lat *pómum*: fruto; ~ do Adão) **1** Fruto carnudo. **Ex.** Compra 1 quilo de ~s. **Idi.** «ele»/[a herança] foi o» **~** [Causa/Motivo **de discórdia**. «a tentação/atra(c)ção do» **~** [Fruto] **proibido**. ⇒ **~ de Adão**. **2** *Poe* Seio de mulher.
pomo de Adão *s m* (<pomo + *antr* Adão) Saliência na parte anterior [da frente] do pescoço do homem. **Sin.** Maçã de Adão (+); proeminência laríngea.
pomologia *s f* (<pomo+...) Estudo dos pomos ou árvores pomíferas. **Ex.** Consulta um livro de ~ para esclareceres essas [as tuas] dúvidas. ⇒ pomicultura.
pompa *s f* (<gr *pompé*: cortejo (solene)) **1** Aparato solene/Pomposidade. **Ex.** O casamento «dos príncipes» foi celebrado com grande [toda a] ~. **Comb.** ~s fúnebres [Funeral solene]. **2** Luxo/Ostentação. **Ex.** A ~ com que alguns poderosos ainda [mesmo] hoje vivem é vergonhosa. **3** Ênfase/Solenidade. **Loc.** Falar com ~. **Comb.** Com ~ e circunstância [Com todo o requinte] (Ex. A inauguração (de)correu com ~ e circunstância). **4** *pl* Vaidade(s). **Loc.** Renunciar [Não dar importância] às ~s (do mundo).
pompear *v t/int* (<pompa + -ear) Exibir(+)/Ostentar(o+). **Ex.** Os novos ricos gostam de ~ riqueza. Belas jovens pompeiam agora nas praias.
pompom *s m* (<*on*) **1** Bola, normalmente feita com fios de lã, que serve para enfeitar. **Ex.** Perdi o ~ do meu cachecol. **2** Obje(c)to parecido a **1**, para aplicar pó de arroz no rosto ou pó de talco.
pomposamente *adv* (<pomposo + -mente) Com pompa/Faustosamente. **Loc.** Vestir [Viver] ~.
pomposidade *s f* (< pomposo + -i- + -dade) Qualidade do que é pomposo. **Loc.** Falar [Viver] pomposamente [com ~/pompa]. **Sin.** Pompa.
pomposo, a (Óso, Ósa, Ósos) *adj* (<pompa + -oso) Que tem pompa. **Ex.** Ontem fui a uma festa ~a de casamento. **Comb.** *Estilo ~. Maneira ~a* [grandíloqua/enfática] *de falar/discursar*.
pómulo [Br pômulo] *s m* (<lat *pómulum*, *dim* de *pómum*: fruto «maçã») Saliência das duas faces formada pelo osso malar/Maçã(s) do rosto(+).
poncha *s f Madeira* (<ponche) Refresco de aguardente, açúcar e água.
ponche *s m* (<*hindustani panch*: cinco; por serem cinco os ingredientes) Bebida feita com aguardente [conhaque/rum], a que se acrescenta açúcar, limão «em casca», chá, etc. ⇒ grogue; caipirinha.
poncho *s m* (<qué[í]chua *poncho*) Espécie de capa quadrangular, geralmente de lã grossa, com uma abertura no meio que permite enfiá-la pela cabeça. **Idi. ~ do pobre** [O (calor do) sol].
ponderação *s f* (<lat *ponderátio,iónis*: a(c)ção de pesar) **1** A(c)to ou efeito de ponderar/Avaliação/Consideração. **Ex.** Depois de longa ~ resolveu aceitar o cargo. Esse assunto deve ser tratado com muita ~. ⇒ sensatez; prudência; moderação; circunspe(c)ção. **2** *Mat* Atribuição de um valor ou peso a uma variável, para modificar a sua influência sobre um resultado. **Ex.** A média final do aluno foi calculada, atribuindo maior coeficiente de ~ à (disciplina de) Matemática.
ponderado, a *adj* (<ponderar) **1** Que tem ponderação/Prudente/Sensato. **Comb.** Pessoa ~a. **2** Examinado atentamente/Bem pensado. **Ex.** A compra da casa foi uma decisão muito ~a. **3** *Mat/Econ* Em que houve ponderação **2** das variáveis. **Comb.** Média ~a [que se obtém entre quantidades, somando o produto de cada uma delas por um coeficiente e dividindo a soma pela soma dos coeficientes].
ponderar *v t/int* (<lat *póndero,áre,átum*: examinar, avaliar, pesar, ~) **1** Avaliar atentamente/minuciosamente/Pensar bem. **Loc. ~** os prós e os contras «do proje(c)to». ⇒ refle(c)tir; examinar. **2** Ter em conta/Pesar. **Loc. ~ as consequências** duma a(c)ção. **~ o possível resultado. ~ todas as hipóteses**/possibilidades. ⇒ expor; alegar; prever.
ponderável *adj 2g* (<ponderar + -vel) Digno de [Que pode] ser ponderado. **Ex.** É um argumento [uma hipótese/opinião] ~ [(par)a ter em conta] «vou propor isso na próxima reunião».
ponderoso, a *adj* (<lat *ponderósus,a,um*) **1** «matéria/material» Pesado(+). **2** Importante. **Ex.** Não podia descurar [deixar de ter em conta/ignorar] assunto tão ~. Escreveu uma obra ~ [de peso(+)] sobre sociologia.
pónei [Br pônei] *s 2g Zool* (<ing *pony* <lat *púllus,*o*,um*: muito pequeno) Cavalo fino e ágil, de raça pequena.
ponta *s f* (<lat *púncta,ae*: golpe, estocada, picada) **1** Extremidade/Fim. **Loc.** De ~ a ~ [Do princípio ao fim/Completamente] (Ex. Li o livro todo [de ~ a ~]. Sei a lição de hoje «de Física» de ~ a ~. **Idi. Até à ~ dos cabelos** [Até mais não/Muito] (Ex. Estou farto das tuas mentiras até à ~ dos cabelos [Já não aguento as tuas mentiras]!). **Estar de ~** [Andar desavindo/zangado] com alguém. (⇒ Tomar de ~). **Na ~ da unha** [Bem] (Ex. O meu filho sabe usar o computador na ~ da unha!). **Na ~ dos** [Em ~ de] **pés** [De forma silenciosa/Para não acordar ninguém/Para não ser visto] (Ex. A

mãe entrou no quarto dos filhos na ~ dos pés). *Saber* «a lição» *na ~ da língua*/unha [Saber bem]. **Ter** «o nome de alguém/a palavra» *na ~ da língua* [Estar quase a lembrar-se de]. *Tomar de ~* [Ter raiva de/Embirrar com] (Ex. O chefe «da repartição» tomou de ~ um funcionário e está sempre a queixar-se dele) (⇒ Estar de ~). **Comb.** ~ [Cimo/Alto] *da árvore*. *~ da corda* [régua/vara/do sapato]. *idi Técnica de ~* [de primeira linha/Técnica mais avançada]. ⇒ ~-cabeça; ~ de lança; ~-direita; ~-esquerda. **2** Extremidade aguçada/Bico. **Comb.** *A ~ da agulha* [do alfinete/lápis/prego]. **3** Resto/Um pouco. **Ex.** O enfermo que foi operado ainda tem uma ~ [pontinha 3(+)] de febre. **Comb.** *~ de cigarro* [Prisca/Beata/Guimba]. **4** Período de máximo valor ou intensidade de algo. **Ex.** Quando vou de carro à cidade evito [procuro evitar] as horas de ~.

ponta-cabeça *s f Br* Cabeça no chão e pés para cima. **Loc.** «andar/pôr-se» De ~ [De pernas para o ar(+)].

pontada *s f* (<ponta 2 + -ada) **1** *Med* Dor aguda mas pouco duradoura. **Ex.** Deu-me [Senti] uma ~ no estômago [nas costas]. **2** Toque ou golpe com obje(c)to pontiagudo «pau/vara». ⇒ picada; ferroada.

ponta de lança *s 2g (D)esp* O jogador mais avançado duma equipa/Goleador/Centroatacante.

ponta-direita *s 2g Futebol* Jogador que ocupa o extremo direito da linha de avançados.

ponta-esquerda *s 2g Futebol* Jogador que ocupa o extremo esquerdo da linha de avançados.

pontal *s m* (<ponta + -al) **1** *Náut* Altura do navio, da quilha ao convés. **2** Ponta (de terra que entra pelo mar ou rio).

pontalete (Lê) *s m* (<pontal + -ete) **1** Espécie de escora ou espeque para aguentar o peso de algo «parede». **2** Nas procissões, pau com forquilha para apoiar os varais do andar, nas paragens.

pontão¹ *s m* (<ponte + -ão) Pequena ponte, de um só vão, sem apoios intermédios.

pontão² *s m* (<lat *pónto,ónis*: barca para transporte entre as margens do rio) **1** *Náut* Barcaça [Lancha] sem propulsão [sem motor], em geral fundeada, para várias finalidades ou usos. **2** ⇒ pontalete **1**.

pontapé *s m* (<ponta 1 + pé) **1** Pancada com (a ponta d)o pé/Biqueirada. **Loc.** *Dar um ~ na bola* [Chutar (a bola)]. *Dar um ~ ao cão* «que ia morder a criança». **Idi.** *Aos ~s* **a)** Em abundância (Ex. Na minha terra há disso «erva medicinal» aos ~s); **b)** Com desprezo/violência (Ex. Correu [Expulsou]-o de casa aos ~s). *Dar ~s na gramática* [Falar ou escrever com (muitos) erros]. *Dar um ~ na morte* [Escapar duma doença grave/Sobreviver]. *Dar um ~ no* [Abandonar o/Desistir do] *proje(c)to*. **Comb.** *~ de baliza* [Reposição da bola em jogo pelo guarda-redes]. *(~ de) canto* [~ dado com a bola colocada no ângulo formado pela linha lateral e pela linha de fundo]. *(~ de) grande penalidade* [Remate em frente da baliza e só com o guarda-redes a defender]. *~ de saída* [Começo do jogo (de futebol)]. **2** ⇒ ofensa; bofetada.

pontapear *v t* (<pontapé + -ar¹) Dar pontapés [um pontapé] (+).

pontar *v t/int* (<ponta/o + -ar¹) **1** *Br* ⇒ afiar «um lápis» (+). **2** ⇒ apontar. **3** Fazer de ponto no teatro.

pontaria *s f* (<ponto + -aria) A(c)to de apontar ou de assestar uma arma na dire(c)ção do alvo. **Loc.** *Fazer ~* [Apontar a arma]. *Ter boa ~* [Ser bom atirador «caçador/artilheiro»/Acertar no alvo] (Ex. Teve má [Não teve] ~ e deixou fugir a lebre [o javali]).

ponta-seca (Ssê) *s f* **1** Utensílio *us* pelos gravadores para abrir sulcos finos e delicados sobre chapa de cobre ou desenhar sobre camada de verniz. **2** (Processo de) gravura com **1**.

ponte *s f* (<lat *póns,ntis*) **1** *Arquit* Construção para ligar por cima dois pontos «margens de rio». **Loc.** *Atravessar a* [Passar pela] *~*. *Construir uma ~*. **Comb.** *~ de barcos* [~ flutuante] «para atravessar o rio». *~ levadiça* [de tabuleiro móvel em torno dum eixo horizontal]. *~ pênsil/suspensa* [em que o tabuleiro está suspenso [pendente] dos cabos que o seguram]. **2** *fig* Ligação. **Loc.** Fazer [Servir de [Ser a] ~ entre dois grupos inimigos/rivais. **Comb.** ~ aérea [Ligação com muitos voos [por aviação contínua] «entre Rio de Janeiro e S. Paulo»]. **3** *fig* Dia útil sem trabalho, entre um feriado e um fim de semana. **Loc.** Fazer (a) ~ [Não trabalhar [Folgar/Descansar] em dia de trabalho]. **4** *Náut* Pavimento coberto no [por baixo do] convés do navio/Coberta. **Comb.** ~ de comando/Passadiço [Coberta de onde o navio é dirigido/comandado]. **5** *Med* **a)** Ligação feita entre dois pontos anatómicos do organismo deixando inutilizadas partes intermediárias/Desvio/Circuito (Comb. ~ coronária); **b)** Placa postiça apoiada na coroa de dois dentes naturais.

ponteado, a *adj/s m* (<pontear) **1** Coberto ou marcado com pont(inh)os. **Ex.** A bainha está ~a com linha branca. **2** Trabalho realizado com pont(inh)os. **Ex.** O ~ «do rasgão» das calças está perfeito. ⇒ pesponto. **3** *Mús* ⇒ dedilhar [tocar com os dedos] «o violino».

pontear *v t* (<ponto/a + -ear) **1** Marcar «desenho» com pequenos pontos. **2** Marcar com pontos de costura. ⇒ alinhavar; pontilhar; coser. **3** *Mús* ⇒ dedilhar; ponteado **2**. **4** *Ir* «correr» à [na] frente/ponta.

ponte-cais *s f Náut* Estrutura onde os navios podem atracar. ⇒ cais de embarque.

ponteira *s f* (<ponta + -eira) **1** Peça [Parte] «metálica» que reveste a extremidade inferior das bengalas, guarda-chuvas, canas de pesca, etc. **2** ⇒ boquilha [*Br* piteira].

ponteiro, a *adj/s* (<ponta + -eiro) **1 a)** Espécie de agulha no marcador dos relógios para marcar as horas. **Comb.** *~ grande* [dos minutos]. *~ pequeno* [das horas]. *~ dos segundos*; **b)** Qualquer agulha num mostrador para indicar algo «velocidade do carro». **2** Espécie de var(inh)a para indicar algo. **Ex.** O professor usou um ~ para apontar as cidades e os rios no mapa «de Portugal». **3** Utensílio aguçado dos canteiros para desbastar pedra, batendo-o com um maço. **4** *Náut* Diz-se de vento que vem pela proa e não é favorável à navegação. **5** ⇒ afiado; (ponti)agudo.

pontiagudo, a *adj* (<ponta + agudo) Que termina em ponta aguda/aguçada. **Comb.** *Ferro ~* [aguçado na ponta]. *Nariz ~o*/afilado(+). *Queixo ~*. *Sapato ~*/bicudo(+).

pontificado *s m* (<pontífice + -ado) Cargo de pontífice/Papado. **Ex.** O papa João Paulo II teve um longo ~.

pontifical *adj 2g/s m* (<pontífice + -al) **1** Relativo ao sumo pontífice. **Comb.** Cadeira [Trono] ~. **Sin.** Pontifício(+). **2** Relativo a altas dignidades eclesiásticas «bispo/patriarca». **Comb.** «missa de» Capa ~. Vestes ~ais. **3** Livro litúrgico para a(c)tos religiosos presididos por bispos «sacramento da confirmação/da ordem».

pontificar *v int* (<pontífice + -ar¹) **1** «bispo» Celebrar missa pontifical/Presidir à celebração. **2** *fig* Agir «falar/escrever/presidir» com autoridade ou em tom categórico. **Ex.** Nas reuniões «do clube» é o Carlos que pontifica [«no clube» o Carlos gosta de ~].

pontífice *s m* (<lat *póntifex,tíficis*) **1** *Hist* Membro de um colégio [grupo] de sacerdotes da Antiga Roma. **2** Dignitário eclesiástico/Bispo/Papa. **Comb.** O soberano [Sumo(+)] ~/O Santo Padre. **3** *fig* Pessoa importante e ouvida [respeitada] na sua especialidade.

pontifício, a *adj* (<lat *pontifícius,a,um*) Relativo ao [Que provém do] Papa. **Comb.** *Palácio ~* [Residência do Papa]. *Universidade ~a* [aprovada como católica pelo Papa].

pontilha *s f* (<ponta + -ilha) **1** Ponta muito aguda. **Comb.** Sapatos de ~. **2** Franja estreita e delgada, de prata ou de oiro, para ornar ou guarnecer/Espiguilha(+). **3** Em tauromaquia, arma curta com que se fere o touro depois de estoqueado.

pontilhado, a *adj/s m* (<pontilhar) (Diz-se de) algo com pequenos pontos/Ponteado.

pontilhão *s m* ⇒ pontão.

pontilhar *v t* (<ponto + -ilho + -ar¹) **1** Marcar com pont(inh)os/Granir/Pontear. **2** Desenhar ou pintar utilizando pont(inh)os.

pontilhoso, a *adj* (<pontilhar + -oso) **1** Exigente em pontos de honra. **2** *idi* Que põe os pontos nos ii (Is)/Exa(c)to. **3** ⇒ susce(p)tível/sensível.

pontinha *s f* (<ponta + -inha) **1** Ponta pequena. **2** Pequena porção/Pitad(inh)a «de sal»/Pedacinho. **3** Resto/Vestígio/Um nadinha. **Ex.** Ainda tem uma ~ de febre.

pontinhos *s pl* ⇒ reticências (…).

ponto *s m* (<lat *púnctum,i*: picada, ~) **1** Pequena mancha arredondada. **Ex.** *Gram* O ~ (final) [.] é um sinal de pontuação que indica o fim duma frase. **Idi.** *Pôr os ~s nos ii* (Is) [Falar sem subterfúgios/Ser claro/*idi* Pôr tudo em pratos limpos]. **Comb.** *Gram ~ de admiração* [*de exclamação*/!]. *~ de interrogação* [?]. *~ e vírgula* [;]. *Os ~s* [As pintas] *dos dados* [das pedras do dominó]. **2** Instante/Momento/Altura/Hora. **Loc.** *Em ~* [Exa(c)tamente] (Ex. Cheguei ao trabalho «fábrica» às 9 h(oras) em ~ [mesmo às 9 h/às 9 h exa(c)tas]. **Comb.** *Fís ~ de congelação* [em que algo «a água» gela]. *~ de ebulição* [Temperatura a que um líquido ferve]. *~ de fusão* [Temperatura a que um metal funde]. *~ de liquefa(c)ção* [Temperatura a que algo se liquefaz]. **3** Lugar/Circunstância/Conjuntura/Situação. **Loc.** *A ~ de* [Quase/Prestes a] (Ex. Ficou tão triste com a notícia que esteve a ~ de chorar [que quase chorou]). *Até certo ~* [Em parte/Em certo sentido] (Ex. Até certo ~ você tem razão para estar zangado, mas (olhe que) a zanga não resolve nada). **Idi.** *Fazer o ~* [diagnóstico] *da situação* [Ver como [em que pé/estado] estão as coisas].

Comb. *~s cardeais* [norte, sul, este/oeste]. *~ de apoio* **a)** ~ que sustenta uma alavanca. **b)** Auxílio ou ajuda em que se pode confiar. *~ de interse(c)ção* [encontro «de duas linhas/dois caminhos»]. *~ de partida* [Origem/Início] (Ex. Todos (vocês) sabem qual é o ~ de partida [qual é a base] do proje(c)to que vamos discutir). *~ de referência* [Exemplo a seguir/Elemento que serve de orientação] (Ex. Eça de Queirós é um ~ de referência incontornável na literatura portuguesa, bem como P. António Vieira o é na oratória). *~ de vista* **a)** Aspe(c)to/Perspe(c)tiva/Ângulo (Ex. Você vê isto [este caso] dum ~ de vista diferente); **b)** Opinião (Ex. Temos de ter em conta todos os ~s de vista [todas as opiniões]); **c)** Lugar alto donde se vê [se descortina] amplo

horizonte. *idi* ~ *forte* [Qualidade principal] *de alguém*. ~ *fraco* [Maior defeito]. ~ *nevrálgico* a) ~ onde se sente a nevralgia [a dor]; b) *idi* ~ mais importante ou melindroso «do problema». 4 *Costura* Segmento de linha fixo com agulha. **Ex.** Dei uns ~s na parte descosida [rasgada] da(s) calça(s). **Idi.** *Não dar* ~ *sem nó* [Assegurar os seus interesses [o seu proveito] em tudo o que se faz] (Comb. Um político que não dá ~ sem nó). 5 *Med* Porção de fio (de vários materiais) fixo na ferida cosida pelo cirurgião. 6 Valor atribuído a [Medida de] algo/Nota. **Ex.** No futebol vencemos por dois ~s «3 a 1 / 4 a 2». A impressão do livro vai ser em tipo [em cara(c)teres] de 6 ~s. 7 *Cul* Grau de concentração (de massa), de assadura ou de cozedura. **Loc.** Em ~ de rebuçado/*Br* de bala [Quando a calda de açúcar forma caramelo em apuro extremo]. **Comb.** Bife ao ~ [nem cru nem muito passado/assado].
8 Matéria ou assunto de que se trata. **Ex.** Esse ~ [Isso] é muito importante, vamos tratá-lo já/imediatamente. **Idi.** ~ *por* ~ [Pormenorizadamente] (Ex. Vamos discutir o [falar do] proje(c)to ~ por ~). *Ser* ~ *assente* [Estar decidido] (Ex. Que todos devem participar dos lucros «da empresa», (isso) já é ~ assente). *Aí é que bate o ~!* a) Essa é (que é) a dificuldade! b) Essa é (que é) a questão principal. **Comb.** ~ *de honra* [Algo que afe(c)ta a dignidade pessoal] (Ex. Não admito que na empresa [fábrica] se fale mal da minha família, isso para mim é ~ de honra). 9 Regist(r)o das entradas e saídas de um local de trabalho pelos funcionários. **Loc.** Assinar [Marcar] o ~ «em livro ou máquina». **Comb.** Livro de ~. 10 *Teat* Pessoa que lê a peça em voz baixa para auxiliar a memória dos a(c)tores. 11 *Gír* Pessoa divertida/engraçada. **Ex.** Aquele tipo «o Carlos» é um ~/é castiço.
pontoado, a *adj* (<pontoar) 1 Marcado com [Salpicado de] pequenos pontos. 2 Cosido com pontos largos.
ponto-morto *s m* 1 *Mec* Posição dos elementos de uma máquina «automóvel» em que não pode haver transmissão de a(c)tividade. 2 ⇒ estagnação.
pontuação *s f* (<pontuar + -ção) 1 *Gram* Sistema de sinais gráficos «;!» *us* para indicar as divisões e outras cara(c)terísticas da frase e assim facilitar a compreensão de qualquer escrito/texto. **Comb.** Erro de ~. 2 A(c)ção de atribuir pontos [de dar notas] em exame, jogo, concurso, ... **Ex.** Não (ob)teve a ~ mínima (que era) exigida.
pontuado, a *adj* (<pontuar) *Gram* Com os sinais de pontuação 1. **Comb.** Frase bem [mal] ~a. ⇒ pontuado.
pontual *adj 2g* (<ponto 2 + -al) 1 Que chega ou começa a horas [à hora certa]. **Ex.** O nosso professor é sempre muito ~ [chega sempre a tempo/a horas/à hora (da aula dele)]. Os transportes públicos «metro/ô» devem procurar ser mais ~ais. 2 Que se faz no prazo marcado. **Ex.** O pagamento dos salários [ordenados] deve ser ~. 3 Que é constituído por ou reduzido a um ponto. **Ex.** As imagens da televisão são ~ais.
pontualidade *s f* (<pontual + (i)dade) Qualidade de pontual. **Comb.** «o dire(c)tor da escola exige» ~ *às aulas*. ~ *do pagamento*. ⇒ exa(c)tidão.
pontualizar *v t* (<ponto3 + -al + -izar) 1 ⇒ indicar com exa(c)tidão. 2 ⇒ destacar.
pontualmente *adv* (<pontual + -mente) «pagar/chegar» Com pontualidade. ⇒ exa(c)tamente.
pontuar *v t/int* (<ponto + -ar¹; ⇒ pontoar) Fazer a pontuação 1. **Loc.** ~ a frase.

pontudo, a *adj* (<ponta + -udo) 1 Que termina em ponta. **Comb.** Orelhas ~as «do lince». Unhas ~as «do guitarrista». 2 ⇒ pontiagudo(+). 3 Coberto de [Com muitas] pontas. **Comb.** Cume rochoso e ~ do monte. 4 ⇒ bicudo; afilado; aguçado.
poodle (Púdle) *ing Zool* (<al *Pudelhund*: cachorro salpicado) Pequeno cão de água com pelo longo, denso e eriçado/Caniche.
pool (Pul) *ing* 1 *Econ* a) Associação de várias empresas por participação financeira para realizar um proje(c)to específico/Consórcio(+); b) Associação de Estados para gerir em comum uma parte dos seus recursos «ouro/carvão-aço». ⇒ cartel. 2 Grupo de pessoas «jornalistas» que numa empresa «TV» têm a mesma a(c)tividade/Rede/Equipa. 3 Um jogo de bilhar.
pop (Póp) *adj 2g* (<popular) Relativo ao gosto popular/das massas. **Comb.** Arte [Música] ~.
popa (Pô) *s f Náut* (<lat *puppis*) Parte posterior [de trás] do navio. **Idi.** *Ir de vento em* ~ [Correr tudo muito bem] (Ex. As a(c)tividades do (nosso) clube vão de vento em ~/estão a correr...).
pope (Pó) *s m* (<ru pop <gr *páppas,ou*) Sacerdote ortodoxo «casado», diferente de arquimandrita «não casado/religioso/bispo».
popelina (Pòpelí) *s f* (<Poperinge, vila de Flandres) Tecido fino e lustroso de algodão, *us* para blusas e camisas.
póplite *s m Anat* (<lat *póples,litis*: (parte posterior do) joelho) Parte ínfero-posterior ou curva do joelho/Jarrete(+).
poplíteo, a *adj Anat* (<póplite + -eo) Relativo a póplite ou ao músculo ~.
popó *s m Infan* ⇒ automóvel/carro.
populaça *s f* ⇒ populacho.
população *s f* (<lat *populátio,iónis*: a(c)ção de assolar, pilhagem «dos povos»). 1 Totalidade dos habitantes dum lugar. **Ex.** Portugal tem uma ~ de onze milhões de habitantes, inferior à da cidade de S. Paulo que é de 15 milhões. **Comb.** ~ *a(c)tiva* [Percentagem de pessoas que exercem um trabalho produtivo]. ~ *relativa* [Número de habitantes por quilómetro quadrado] (⇒ populacional **Comb.**). 2 Conjunto de indivíduos na mesma situação. **Comb.** ~ *escolar* [Conjunto de cidadãos que andam na escola em todos os níveis de ensino]. ~ *rural* [que vive ou trabalha no campo]. ~ *urbana* [que reside nas cidades]. 3 *Biol* Conjunto das espécies animais ou vegetais que habitam determinado meio «colmeias».
populacho *s m* (<it *populaccio*) 1 Aglomeração de povo/de populares. 2 *depr* Arraia-miúda/Povoléu/Ralé.
populacional *adj 2g* (<população + -al) Respeitante a população. **Comb.** *Crescimento* ~. *Densidade* ~ (⇒ população 1 relativa).
populacionismo *s m* (<população + -ismo) Defesa do aumento da população de um lugar.
popular *adj 2g* (<lat *populáris,e*) 1 Relativo ao [Próprio do] povo. **Comb.** *Indignação* [*Revolta*] ~. *Sabedoria* ~. 2 Para o [Dirigido ao] povo. **Comb.** Edição ~ «d'*Os Lusíadas*». 3 Saído do [Promovido pelo] povo. **Comb.** *Arte* ~. *Cantor* ~. *Música* ~. 4 Que agrada ao grande número de pessoas. **Comb.** *Canção (muito)* ~. *Cantor* ~/famoso/que junta muita gente. *Jovem* ~ «entre os colegas». *Música* ~/muito ouvida ou cantada. *Santo* ~ [a quem todo o povo recorre/muito querido do povo] «S. Antó[ô]nio». **Ant.** Impopular. 5 Homem do povo. **Ex.** Os ~res manifestaram-se contra as autoridades «ministros» vindas da capital «Lisboa».
popularidade *s f* (<lat *populáritas,átis*: desejo de agradar ao povo) Qualidade ou conjunto de qualidades ou talentos que tornam alguém conhecido e apreciado por muitos/pelo povo. **Loc.** *Perder a* ~ [Deixar de agradar/de ser apreciado]. *Ter* [Gozar de] *muita* [grande] ~.
popularizar *v t* 1 Tornar popular/Divulgar/Difundir «um produto/uma moda». **Ex.** As edições de bolso popularizaram muitas obras-primas de literatura. 2 ~-se/Ganhar popularidade(+).
populismo *s m* (<povo + -ismo) 1 Simpatia pelo [Gosto de agradar ao] povo. 2 Corrente literária ou artística centrada na vida do povo (comum). 3 Em política, movimento muitas vezes protagonizado [chefiado] por um chefe carismático «*Br* Getúlio Vargas» e paternalista que apela à simpatia e ao sentir do povo.
populista *adj/s 2g* (<povo + -ista) 1 «autor/romance» Que se inspira no ou trata a vida do povo. 2 Seguidor ou adepto do populismo político.
populoso, a (Ôso, Ósa/os) *adj* (<povo + -oso) «país/bairro/cidade» Muito povoado/Que tem muita [grande densidade de] população.
poquer *s m* (<ing *poker*) Um jogo de cartas [dados] de origem norte-americana.
por *prep* (<lat *per/pro*; ⇒ pelo) 1 [Indica razão/causa/origem] **Ex.** Ele agiu «estudou» ~ medo ao castigo [com medo de ser castigado]. Diga-me : ~que não veio trabalhar hoje? Não conseguia explicar a razão ~ que o carro se despistara «saindo da estrada». Estou preocupada ~ o meu filho não telefonar «a dizer que está bem». 2 [Indica obje(c)tivo/finalidade] **Ex.** Ele casou com ela ~ dinheiro e não ~ amor. Estamos todos lutando pelo (~+o) progresso da nossa terra «aldeia/cidade». 3 [Indica acordo/concordância/apoio] **Ex.** Eu sou [voto] ~ ele «para presidente». 4 [Indica modo ou meio] **Ex.** A obra «casa» foi feita ~ mim. **Loc.** Avisar os pais ~ (meio de) alguém. Mandar a notícia ~ fax. 5 [Indica substituição/Em vez de] **Ex.** Ele está muito ocupado , eu faço o trabalho ~ ele. 6 [Indica troca/preço] **Ex.** Comprei uma casa ~ cem mil euros. Cambiei [Troquei] euros ~ dólares. **Idi.** *Vender gato* ~ *lebre* [Vender uma coisa falsa]. 7 [Indica qualidade/igualdade/Como] **Ex.** Eu tenho-o ~ [gosto dele como] amigo. 8 [Indica tempo/prazo] **Ex.** Posso emprestar-lhe o meu carro ~ [durante] um mês.
9 [Indica uma data aproximada/indeterminada/mais ou menos certa] **Ex.** Os meus filhos devem vir pelo (~+o) Natal ou pela (~+a) Páscoa. O Pedro e a Ana casaram ~ 1995, *idi* mais ano menos ano. 10 [Indica lugar/dire(c)ção/situação] **Ex.** Venha [Passe] ~ aqui «corredor», se faz favor. A estas horas [Agora] os nossos turistas devem andar ~ S. Paulo ou pelo (~+o) Rio de Janeiro. O pássaro entrou pela (~+a) janela. **Loc.** ~ *cima de* [Sobre] (Loc. Vestir o casaco ~ cima da camisa). ~ *fim* [Finalmente] (Ex. ~ fim chegaram! Bem-vindos!). *idi E* ~ *aí fora* [*e assim* ~ *diante*/Etc.] (Ex. Fomos a Lisboa: visitámos o Mosteiro dos Jerónimos, subimos ao Castelo de S. Jorge, fizemos compras e ~ aí fora). 11 [Indica porção/medida/proporção] **Ex.** O jantar sai [fica] a 15 euros ~ pessoa/*col* cabeça. Eu trabalho 8 horas ~ dia. O meu carro dá [anda a/faz] 120 km ~ [à] hora. 12 [Indica multiplicação] **Ex.** Três ~ [vezes] três (dá/são/(é) igual a) nove. 13 [Substantivo + ~ +

substantivo/De cada vez] **Loc.** «explicar» Palavra ~ palavra [Pormenorizadamente/ Uma palavra de cada vez/Cada palavrinha] «do texto». **Idi.** *Olho ~ olho* (, dente ~ dente) [Pagar na mesma moeda/Vingar-se]. **14** [Estar [Ficar] + ~ + verbo/Indica falta ou defeito] **Ex.** A sala está ~ limpar [ainda não está limpa/É preciso limpar a sala. O trabalho ficou ~ fazer [não se fez/acabou ~ não ser feito]. **15** [~ + muito [mais] que] **Ex.** ~ mais que você diga [insista], eu não vou! ~ muito diligente [trabalhador] que seja, ele não vai terminar a obra num mês.

pôr *v t/int* (<lat *póno,ere,pósitum*; ⇒ ~ *do sol*) **1** Colocar em determinado lugar ou situação. **Ex.** Pus o livro em cima da mesa. Ponha [Traduza] essa frase em inglês. Você diz que eu errei [fiz mal]; mas ponha-se no meu lugar [; mas imagine que era você] e há de ver que eu fiz [terei feito] bem. **Prov.** *~ o carro à frente dos bois* [Agir antes do tempo devido/Querer inverter a ordem das várias a(c)ções a tomar em dado procedimento]. *O homem põe e Deus dispõe* [Os nossos planos podem não ser os de Deus]. **Loc.** ~ [Deitar/Colocar] *açúcar no café*. *~ «a casa» à venda* [Querer vender]. *~ a assinatura num* [Assinar um] *documento*. *~ a vida em risco* [Arriscar-se (perigosamente)]. *~ o caso nos* [Mandá-lo para os] *jornais*. *~ o filho na escola* [Mandar ou deixar estudar o filho «para ser doutor»]. *~ ruge nos lábios*. *~* [Pregar] *um botão «no vestido»*. *~-se em conta(c)to com* [Conta(c)tar] *os pais «por e-mail»*. *~-se em* [Chegar a] *casa* idi num pulo [de repente]. **Idi.** *~ ao corrente* [a par/ao fa(c)to/Informar (alguém)]. *~ fora* [Obrigar a sair] (Ex. O professor pôs o aluno fora da aula). *~-se em dia* [A(c)tualizar-se /Informar-se «lendo os jornais/estudando/falando com quem sabe»]. *Sem tirar nem ~* [Exa(c)tamente] (Ex. Acredite que quem matou o ministro foi o próprio filho: sem tirar nem ~ [: é o que eu lhe digo]!). **2** Vestir/Calçar. **Loc.** *~ (uma) gravata*. *~* [Calçar(+)] *as meias*. *~* [Vestir] *um pulôver*. *~-se de gala* [Vestir o fato [terno] mais elegante]. **3** Fazer/Tornar/Ficar/Atribuir. **Ex.** As galinhas põem ovos. A crise económica pôs muita gente no desemprego. Ele pôs a culpa no [deitou/atribuiu a culpa ao] irmão. **Loc.** *~ a economia* [as finanças] *em ordem* [Resolver a situação financeira]. *~ defeito à obra «da casa»* [Dizer que a obra ficou mal feita]. *~ fim à* [Acabar a] *discussão*. *~ fim à vida* [Matar-se]. *~ uma questão* [Fazer uma pergunta] *«ao chefe/ao professor»*. **4** Dar início a/Fazer funcionar. **Ex.** Vamos ~ (um pouco de) música enquanto vão chegando os convidados. **Loc.** *~ o carro a trabalhar* [Ligar o motor]. *~ o peixe a cozer* [Metê-lo na panela e pô-lo no fogão aceso]. *~-se* [Começar] *a gritar* [aos gritos]. **Idi.** *~-se a andar/ao fresco* [Sair «da sala/reunião»]. **5** Investir/Dar. **Ex.** Eu ponho [dou] cem euros para a nossa festa. **Loc.** *~ o dinheiro a render* [no banco]. *~ toda a atenção no que faz* [Concentrar-se no trabalho/Ser cuidadoso]. **6** Desaparecer. **Ex.** No inverno, o sol põe-se mais cedo. ⇒ ~ *do sol*.

porão *s m* (<lat *plánus,a,um*: plano, chato) **1** *Náut* Parte interior e mais inferior do navio [do avião] onde vai a carga. **2** ⇒ *Br* cave «da casa/do prédio»(+). **3** *Teat* Espaço por baixo do palco. **4** ⇒ *caixa de ar*.

poraquê *s m Icti* (<tupi *pura'ke*: o que faz dormir) Peixe grande de alguns rios da América tropical «Brasil» que produz uma faiscante descarga elé(c)trica. **Sin.** Peixe-elé(c)trico.

porca (Pór) *s f* **1** *Zool* ⇒ porco. **2** Peça «de metal» de pequena altura com uma cavidade redonda e rosca no meio, adaptável a um parafuso/Fêmea de parafuso.

porcada *s f* (<porco + -ada) **1** Vara (Rebanho) de porcos(+). **2** Porcaria(+)/Porcalhada.

porcalhão, ona *adj/s* (<porco + -alho + -ão) (O) que é muito sujo [porco] ou faz coisas feias. **Ex.** Ele é um ~, não o quero ver [, não quero que ande] com os meus filhos.

porcamente *adv* (<porco + -mente) Indecentemente/Mal. **Loc.** *Mal e ~* [De modo muito imperfeito] (Ex. Eu não lhe devia pagar porque você fez o trabalho mal e ~!).

porção *s f* (<lat *pórtio,iónis*) **1** Quantidade limitada/Parte de um todo/Pedaço/Bocado. **Loc.** *Pôr a comida na mesa em ~ões individuais* [em pratos ou bandeja para cada conviva/pessoa]. *Cortar o bolo em dez ~ões*. ⇒ dose; ração; fra(c)ção. **2** Ênfase Grande quantidade. **Ex.** Os noivos receberam muitos [uma ~ de] presentes. Havia muita [uma ~ de] gente à porta do tribunal!

porcaria *s f* (<porco + -aria) **1** Conjunto de coisas estragadas ou más/Lixo/Sujeira. **Loc.** *Limpar* [Varrer] *a ~*. **2** Coisa nojenta «excremento/bicho». **Ex.** Cuidado! Não pise nessa ~! **3** Estado do que está sujo/ Sujidade/Imundície. **Ex.** Esta roupa ficou uma ~ [ficou toda [muito] suja] ao (andar a) pintar a casa. **4** *fam* Coisa de má qualidade. **Ex.** Este vinho é uma ~. **5** Coisa mal feita/Obra mal acabada. **Ex.** A estrada ficou uma ~, já tem buracos! **6** Ninharia/ Pouco. **Ex.** O meu salário é uma ~, não dá [chega] para viver. **7** *Gír/Cal* Caramba!/ Bolas! **Ex.** (Que) ~, está a chover e eu sem [e eu (que) não trouxe] guarda-chuva! A ~ [O bendito] do autocarro [ônibus] nunca mais chega [não há maneira de chegar]! **8** ⇒ palavrão.

porcelana *s f* (<it *porcelana*) **1** Material cerâmico, translúcido quando pouco espesso, composto de caulim, quartzo ou feldspato, *us* para fazer estatuetas, louça, etc. **2** Peça feita desse material. **Comb.** Loja de ~s «chinesas».

porcentagem ⇒ percentagem

porcino, a *adj* (<lat *porcínus,a,um*: de porco) Relativo a porco/Suíno(+).

porcionário, a *adj/s* (<porção + -ário) (O) que recebe uma porção, renda ou pensão. ⇒ beneficiário.

porciúncula *s f* (<lat *portiúncula*) **1** Porção pequena. **2** *Catol* Primeira casa com capela dos franciscanos fundada por S. Francisco perto de Assis e hoje um grande templo e centro de peregrinações (Festa a 2 de agosto).

porco, a (Pôrco, Pórca, Pórcos) *s Zool* **1** Animal doméstico muito útil para a alimentação do homem/Suíno. **Ex.** Um rebanho de ~s é [diz-se] vara. **Prov.** *Aqui é que a porca torce o rabo/é que é o busílis* [Expressão *us* quando aparece uma dificuldade]. *Deitar pérolas a ~s* [Perder tempo dando algo a quem não merece]. **Idi.** *Dormir como um porco* [Dormir muito]. ⇒ varrão; porquinho(-da-índia). **2** *fig* Indivíduo sujo e desleixado. **3** *adj* Imundo/ Sujo. **Ex.** Escorreguei na lama [no barro], fiquei todo ~, tenho de mudar as calças e a camisa. **4** Indivíduo obsceno/grosseiro. **Ex.** Seu [Você é um] ~!

porco-bravo *s Zool* ⇒ javali.

porco-espinho *s m Zool* **1** Mamífero roedor que tem o corpo coberto de espinhos eriçáveis/Ouriço-cacheiro; *Hystrix*. **2** *fig* Pessoa intratável/vingativa/azeda.

porco-montês *s m Zool* ⇒ javali.

pôr do sol *s m* Momento em que o sol desaparece [se põe] no horizonte.

porejar *v t/int* (<poro + -ejar) **1** Sair pelos poros/Suar(+). **2** Ressumar. **Ex.** A bilha [jarra] de barro porejava água [estava a ~].

porém *conj Gram* (<lat *pro-índe*: por isso, e [mas] daí) **1** Mas. **Ex.** Veio à aula [escola], ~ chegou atrasado/tarde. Ficou muito rico, a riqueza ~ foi a sua desgraça, porque o mataram para o roubar. **2** *fig CV/Br* Defeito/Inconveniente/Senão(+). **Loc.** *Ter o(s) seu(s) ~/~éns* (Ex. Ele é boa pessoa mas tem o(s) seu(s) ~/~éns [defeito(s)]).

porfia *s m* (<lat *perfídia*: Má fé/Obstinação) **1** Disputa pela primazia [para ser o melhor/ Vencedor]/Desafio/Competição. **Loc.** *À ~* [À compita/Em competição/Sem descanso] (Ex. As duas equipas «de futebol» jogaram à ~ e foi um desafio maravilhoso! Todos trabalharam à ~ para acabar o trabalho depressa). **2** Discussão/Polémica. **3** Afinco/Perseverança/Teimosia.

porfiado, a *adj* (<porfiar; ⇒ porfioso) **1** Em que houve esforço aturado/persistente/ constante. **Comb.** Luta [Combate] ~. **2** ⇒ perseverante/insistente/teimoso.

porfiador, ora *adj/s* (<porfiar) (O) que porfia.

porfiar *v int* (<porfia + -ar¹) **1** Ter uma disputa ou discussão com alguém/Disputar. **Ex.** Porfiavam por qualquer coisa [por tudo e por nada(+)]. **2** Empenhar-se para conseguir o seu obje(c)tivo/Insistir/Teimar. **Ex.** Toda a vida porfiou na defesa dos seus ideais. **3** Competir/Rivalizar. **Ex.** Os alunos porfiavam em agradar à professora.

porfioso, a *adj* (<porfia + -oso; ⇒ porfiador) Que gosta [Amigo] de porfiar.

porfiria *s f Med* (<gr *porphýra*: concha donde se extrai a) púrpura) Doença metabólica rara, mas grave, causada por porfirina, que provoca defeitos enzimáticos na síntese da hemoglobina.

porfirina *s f Bioq* (⇒ porfiria) Grupo de compostos nitrogenados, que ocorrem no protoplasma e constituem a base dos pigmentos respiratórios de animais e plantas.

porfirizar *v t* (<pórfiro + -izar) Transformar em pó muito fino, geralmente usando o pórfiro. **Loc.** *~* [Pulverizar] *uma rocha*.

pórfiro *s m Miner* (<gr *porphýra*: púrpura) Nome de várias rochas eruptivas [magmáticas] «mármore», de várias cores, com grandes cristais «de feldspato» encastrados numa massa cristalina.

pormenor *s m* (<por + menor) Pequeno elemento ou circunstância particular/Minúcia/Detalhe. **Ex.** Fez a sua exposição sem entrar em ~res (desnecessários) e isso agradou a todos. Repararam no ~ [na maneira pormenorizada] com que ele descreveu a cena? **Loc.** *Em [Ao] ~* [Pormenorizadamente] (Ex. Vou contar tudo em [ao] ~/com todos os ~res. **Comb.** Questão de ~ [Aspe(c)to específico de um pormenor] «mas importante».

pormenorizadamente *adv* (<pormenorizar + -mente) Em pormenor/Com todos os pormenores. **Ex.** Conte[Diga]-nos ~ como foi [~ o que aconteceu] realmente.

pormenorizar *v t* (<pormenor + -izar) Expor os pormenores de/Referir minuciosamente. **Ex.** Falou por alto [em geral], sem ~/sem descer a pormenores.

porno [pornô] *s/adj 2g* (<gr *pórnos*: que se prostitui) Forma breve de pornografia.

pornochanchada *s f Br* (<porno + ...) Filme de baixa qualidade artística, de sexo explícito.

pornografia s f (<porno + ...) **1** Representação de situações obscenas em revista/livro/fotografia/encenação/... com obje(c)tivo de excitar o desejo sexual. **2** Qualquer coisa feita para excitar o desejo sexual. **3** Devassidão/Libertinagem.

pornográfico, a adj **1** Relativo à pornografia/Indecente/Devasso. **2** «filme» Que a[re]presenta sexo explícito ou situações obscenas com o obje(c)tivo de despertar o desejo sexual.

pornografismo s m **1** O gostar de pornografia. **2** Uso de descrições pornográficas.

pornógrafo, a s (<porno + -grafo) Autor de obras [livros] pornográfica[o]s.

poro (Pó) s m (<gr *póros*: canal (de água), passagem) **1** Anat Pequeno orifício na pele para a saída das secreções das glândulas sudoríparas e sebáceas. **Ex.** Cada centímetro quadrado de pele tem cerca de quinhentos ~s. **Idi.** *Suar por todos os ~s* [Suar muito]. **2** Qualquer pequeno orifício. **Comb.** *Os ~s* [interstícios] *da madeira* [do barro]. *~ germinativo* [Parte adelgaçada dos esporos, de grãos de pólen, etc. por onde se faz a germinação].

pororoca (Roró) s f (<tupi *poro'roka*: estrondo) **1** Náut Grande onda que na maré alta ocorre na foz de rios volumosos «Amazonas» e que, vencendo a força da corrente, avança pelo rio acima destruindo tudo na sua passagem. **Sin.** Macaréu(+). **2** Bot Nome de algumas plantas brasileiras.

porosidade s f (<poroso + -(i)dade) Qualidade do que tem poros ou interstícios. **Ex.** A pedra-pomes tem muita ~ e pouca densidade. O vaso de barro é o melhor [o mais indicado] para as plantas, dada a [, por causa da] sua ~.

poroso, a (Ôso, Ósa/os) adj (<poro + -oso) **1** Que tem poros ou interstícios (⇒ porosidade **Ex.**). **2** Que deixa passar fluidos/Permeável/«esponja/material» Absorvente. **Comb.** Tecido ~/permeável(+). **Ant.** Impermeável. **3** fig ⇒ propenso «às doenças» (+).

porquanto conj Gram ⇒ porque [visto que/já que/uma vez que] (+).

porque conj/adv (<por + que) **1** conj (Corresponde ao ing "because" e ao fr "parce que" e é us quase sempre no meio da frase Por causa [razão] de. **Ex.** Estou com fome ~ hoje ainda não comi (nada). Estudo ~ gosto (de estudar). **2** adv (Corresponde ao ing "why" e ao fr "pourquoi") Por que motivo? **Ex.** ~ não falas mais alto? – Não quero/posso.

porquê s m/adv (<por + quê) **1** Causa/Motivo/Razão (de). **Ex.** Podia dizer-nos [Não nos quer dizer] o ~ da sua zanga? **Comb.** A idade dos ~s [Período da infância em que as crianças perguntam a razão de tudo]. **2** adv (Usa-se isoladamente na frase interrogativa) Por que razão/motivo? **Ex.** «o filho para os pais» – Hoje não quero ir à escola. – ~ [– E por que [E qual é a] razão]?

porqueira s f (<porco + -eira) **1** Curral de porcos/Pocilga(+). **2** ⇒ porcaria.

porqueiro, a adj/s (<porco + -eiro) **1** Tratador, guardador ou negociante de porcos. **2** Diz-se de uma variedade de abóbora e de couve, próprias para alimentação dos animais.

porquinho-da-índia s m Zool ⇒ cobaia.

porra (Pô) interj/s f Cal/Gross (<porro) **1** [Expressão de irritação/Alguma coisa que irrita]. **Ex.** Tira daí [Arruma] essa ~! «diz alguém que foi roubado» ~! Aqui só há ladrões. **Sin.** Apre/Arre/Irra! (+). **2** [Exprime admiração]. **Ex.** ~! Que casa bonita tu compraste! **Sin.** Caramba(+). **3** ⇒ pé[ê]nis.

porrada s f (<pt an porra (Moca) + -ada) **1** Pancada com moca/pau. **Sin.** Paulada(+). **2** ⇒ sova/tareia(+). **3** fig/col Grande quantidade. **Comb.** *Uma ~ de* [Muito] *dinheiro. Uma ~ de* [Muita] *gente.* «esperei por ti» *Uma ~ de tempo*.

porreiro, a adj Col/Gír (<porro + -eiro) **1** Simpático/Bom. **Ex.** O Carlos é um tipo [gajo] ~. **2** Excelente/Bom. **Ex.** Compraste uma casa ~a! **Sin.** Br Porreta.

porrete (Rrê) s m (<pt an porra + -ete) **1** Moca ou pau com uma cabeça redonda. **2** col Br ⇒ recurso/meio/remédio eficaz «para a tosse».

porrigem s f Med (<lat *porrigo,inis*) ⇒ tinha(+).

porro (Pô) s m (<lat *porrum,i*) **1** Bot ⇒ alho-porro. **2** Med Espécie de calo que se forma onde houve uma fra(c)tura. **3** ⇒ porrete 1/moca.

porta (Pór) s f (<lat *porta*: passagem, ~) **1** Abertura re(c)tangular «num edifício» para as pessoas entrarem e saírem. **Loc.** *Abrir* [Fechar] *a ~. Bater à ~* [Dar pancadas na ~ com a mão para que quem está dentro a venha abrir]. *~ com a ~* [Fechá-la com violência/estrondo]. **Idi.** *~ a ~* [De ~ em ~/Ao domicílio] (Ex. Para ganhar as eleições, fez propaganda ~ a ~ [, andou de ~ em ~]). *À ~ fechada* [Em segredo]. *Bater a boa ~* [Pedir ajuda a quem pode ajudar]. *Bater a todas as ~s* [Pedir ajuda a muita gente «mas ninguém me ouviu nem quis ajudar»]. *Burro como uma ~* [Muito estúpido/Pessoa que não aprende]. *Dar com* [Fechar] *a ~ na cara a alguém* [Recusar-se a receber outra pessoa]. *Deixar uma ~ aberta* [Agir com precaução para que, mais tarde, alguém venha resolver uma situação difícil]. *Estar às ~s da morte* [Estar prestes [quase/mesmo] a morrer]. *Levar com a ~ na cara* [Não ser recebido ou atendido por alguém]. *Pela ~ do cavalo* [De modo irregular/Por trás/idi Por cunhas] (Ex. Só consigo emprego pela ~ do cavalo). *Por ~s travessas* [Por meios ocultos/indire(c)tos/ilícitos]. *Surdo com uma ~* [Muito surdo]. **Comb.** *~ automática* [que abre por ela/si(mesma)]. *~ corrediça* [que desliza [que se faz correr] para os lados]. *~s do carro. ~ estanque* ⇒ comporta. *~ exterior* [que dá para fora/a rua]. *~ interior* [dentro da casa]. **2** fig Casa. **Ex.** O desastre foi mesmo à minha ~ [em frente da minha casa]. **3** fig Entrada/Acesso. **Ex.** (O porto de) Santos é a grande ~ do comércio exterior do Brasil. **4** fig Admissão. **Loc.** Abrir as ~s a [Admitir] toda a gente. **5** Info Componente ele(c)trónico que permite a ligação de sistemas informáticos a outros aparelhos por meio de cabos.

porta- pref (<lat *pórto,áre,átum*: levar, trazer, transportar) Exprime a ideia de **levar/conter**/...

porta-aviões s m 2n Náut (<porta- + avião) Grande navio de guerra cujo convés superior é parque de aviões e tem uma pista para a sua de(s)colagem e aterr(iss)agem.

porta-bagagens[gem] s m 2n (<porta- + ...) Parte de um meio de transporte «carro» onde o passageiro coloca a bagagem/as malas. **Sin.** Pt Mala/Br Bagageiro/Porta-malas.

porta-bandeira s m (<porta- + ...) **1** Militar que leva a bandeira do regimento durante uma cerimó[ô]nia. **2** Pessoa que leva a bandeira [o estandarte] à frente dum desfile «de carnaval».

portabilidade s f **1** Qualidade de «instrumento» portátil. **2** Info Qualidade de um componente de *software* ou *hardware* que permite utilizá-lo em diferentes tipos de computadores.

porta-cartas s m 2n (<porta- + ...) Bolsa em que o carteiro leva o correio. ⇒ carteira/pasta.

porta-chapéus s m 2n (<porta- + ...) **1** Caixa própria para transportar chapéus. **2** Lugar [Cabide] para deixar o chapéu, etc. **Sin.** Chapeleira; bengaleiro.

porta-chaves s m 2n (<porta- + ...) Estojo ou pequeno obje(c)to com argola para guardar [levar] as chaves. ⇒ chaveiro.

portada s f (<porta + -ada) **1** Porta grande e ornamentada «de igreja barroca/de catedral». ⇒ pórtico; portal; fachada. **2** Peça «de madeira», colocada do lado de fora ou de dentro da janela para não entrar a luz. **3** Página de rosto estampada/Frontispício de livro.

portador, ora adj/s (<lat *portátor,óris*) **1** (O) que leva [traz/transporta] alguma coisa. **Comb.** «você hoje foi» ~ *de* [Quem nos trouxe] boas notícias. **2** Pessoa a quem foi passado um título. **Comb.** Cheque ao ~ [Cheque que não designa pessoa certa, pagando-se a quem o apresentar]. **3** Diz-se de animal «carraça/inse(c)to» que transmite passivamente um agente infe(c)cioso para outros animais ou para o homem/Ve(c)tor/Transmissor. **4** Med Pessoa que se encontra afe(c)tada por germes de doença. **5** Br ⇒ carregador(+).

porta-fólio s m (<porta- + fólio) **1** Cartão duplo [desdobrável] para guardar papéis. **2** Pasta «de couro» para levar qualquer material impresso/desenhos/... **3** fig Cargo/Função «de ministro».

portageiro, a s (<portagem + -eiro) Cobrador de portagem [de pedágio] «de autoestrada».

portagem s f (<porta + -agem) **1** Hist Imposto que se cobrava à entrada de algumas cidades. **2** Taxa cobrada [paga] pela utilização de certas vias de comunicação «autoestradas/túneis/pontes». **Sin.** Br Pedágio. **3** Local [Instalação] onde essa taxa se cobra.

portal s m (<porta + -al) **1** Arquit Porta [Entrada] principal dum edifício «encimada por adornos/escudo de armas/...». ⇒ portada; pórtico. **2** Info Sítio que permite ao utilizador aceder por Internet a vários serviços: notícias, informação meteorológica, compras, ... **3** Qualquer entrada ou abertura em muro, com ou sem cancela. ⇒ portão.

porta-lápis s m 2n (<porta- + ...) **1** ⇒ lapiseira. **2** Estojo para guardar lápis. **3** Peça adaptável a uma das pernas do compasso de desenho para com ele se trabalhar a lápis. **4** Peça que se adapta ao lápis para facilitar a sua utilização ou para o usar até (a)o fim.

portaló s m Náut (<catalão *portaló*; ⇒ porta) Abertura na amurada do navio para passagem de pessoas e entrada de bagagem leve.

porta-luvas s m 2n (<porta- + ...) Pequeno compartimento ao lado do volante de um automóvel, para guardar pequenos obje(c)tos ou documentos.

porta-malas s m 2n (<porta- + ...) ⇒ porta-bagagens.

portamento s m (<it *portamento*: modo de proceder) **1** ⇒ transporte. **2** Mús **a)** Maneira de ligar muito os sons «das teclas/cordas» arrastando-as e fazendo sentir, ao passar duns para os outros, número inapreciável de outros sons intermediários; **b)** Reunião de dois sons afastados numa execução musical, nos instrumentos de arco ou no canto.

porta-moedas s m 2n (<porta- + ...) Pequena bolsa ou carteira para levar dinheiro «no bolso» em moedas.

porta-novas s 2g 2n (<porta- + nova) **1** Quem leva ou traz novidades/notícias. **2** depr ⇒ mexeriqueiro; bisbilhoteiro.

portante adj 2g (<lat *pórto,áre,atum*: transportar, levar) **1** ⇒ portador. **2** Que suporta «um peso». **Comb.** Capacidade ~ de um cabo.

portanto conj Gram (<por + tanto) Por isso/conseguinte/Logo. **Ex.** Hoje está a chover, ~ fico em casa [~ não saio].

portão s m (<porta + -ão) Porta, geralmente de ferro, de vários tamanhos e que fecha uma abertura num muro ou sebe, impedindo o acesso da via pública. ⇒ cancela/o; portelo.

portar v t (<lat *pórto,áre,atum*: transportar, levar) **1** Levar(+)/Transportar(+). **Loc.** *Dir* ~ por fé [Passar atestado/Certificar]. **2** ⇒ transferir. **3** *Náut* ⇒ aportar. **4** ⇒ portar-se.

portaria s f (<porta + -aria) **1** Espaço de rece(p)ção à entrada de um edifício «convento». **Ex.** Foi chamado/a à ~ para atender uma visita. ⇒ porteiro/a. **2** *Dir* Diploma legal regulamentador, publicado por um ou mais ministros, por delegação do Governo.

portar-se v (<lat *portáre*; ⇒ portar) Ter um determinado comportamento/Comportar-se. **Ex.** Os nossos alunos (com)portam-se bem [são bem comportados]. João(zinho)! Porte-se bem à mesa [quando estamos a comer]. An(it)a, porta-te bem na igreja!

porta-seios s m 2g ⇒ sutiã.

portátil adj 2g (⇒ portar 1) **1** Que não está fixo a um determinado lugar. **Comb.** Aquecedor ~. **2** Pequeno e fácil de levar. **Comb.** Computador ~. **3** Que se pode montar e desmontar. **Comb.** Mesa ~ «para piquenique».

porta-voz s 2g (<porta- + ...) **1** Pessoa que transmite as opiniões ou decisões de outrem. **Comb.** O ~ do Governo. O ~ do partido. O ~ da Presidência [do Presidente da República]. **2** Aparelho em forma de cone destinado a ampliar a voz/Megafone(+).

porte s m (<portar) **1** A(c)to de levar ou ter consigo. **Ex.** O ~ de] uniforme é obrigatório no nosso colégio. **Comb.** *Licença de uso e ~ de* [Licença de ter e usar] *arma*. **2** Transporte. **Ex.** O ~ das cartas e encomendas é da competência dos correios. **Comb.** ~ (já/antes) pago. **3** O que se paga pelo envio de alguma coisa/Frete/Preço. **Comb.** ~ [Taxa/Selo/Tarifa/Franquia] postal/do correio. **4** *Náut* Tonelagem de um navio. **Comb.** ~ *bruto* [Peso do barco e da carga]. ~ *líquido* [Peso da carga (paga)]. **5** Modo de proceder/Comportamento/O agir. **Ex.** Sempre admirei o ~ simples, honesto, do meu vizinho. **6** Aspe(c)to físico/Postura/Tamanho. **Ex.** O ~ ere(c)to é cara(c)terístico desta árvore/planta. Aquela senhora tem um ~ senhorial [altivo/de rainha]. **Comb.** *Animal* [Árvore] *de grande ~* [muito grande/alta]. *Homem de belo ~* [Cavalheiro bonito/elegante].

portear v t (<porte 3 + -ar¹) **1** ⇒ selar(+) «a carta/encomenda». **2** Multar por falta de selo/franquia.

porteiro, a s (<lat *portárius,rii*) **1** Pessoa que tem por ofício abrir e fechar a entrada dum edifício, atender quem vem, etc. **Comb.** ~ ele(c)tró[ô]nico [Mecanismo que permite a comunicação com a rua e o controle de quem vem]. **2** s f *Br* Portão baixo e largo «de fazenda»/Cancela/Portelo(+).

portela (Té) s f (<porta + -ela) **1** Ponto em que um caminho ou uma estrada forma um ângulo ou cotovelo. **2** Passagem estreita entre dois montes/Desfiladeiro.

portelo (Té) s m (<porta + -elo) Passagem aberta em muro baixo de terreno vedado «para pasto de animais». ⇒ porteiro **2**.

portento s m (<lat *porténtum,ti*) **1** Acontecimento [Coisa/Sinal] extraordinário/Maravilha. **2** Indivíduo extraordinariamente talentoso/inteligente/capaz. **Ex.** Aquele músico [professor/a(c)tor] é um ~/um prodígio!

portentoso, a (Ôso, Ósa, Ósos) adj (<portento + -oso) **1** Que encerra milagre ou prodígio. **Comb.** Um acontecimento ~ [como nunca se viu]. **2** Inteligente/Culto/Capaz. **Comb.** Aquela ~a cabeça [pessoa] «professor de História». **3** Que é fruto de talento/Genial. **Comb.** Obra [Trabalho] «livro/edifício» ~. **4** Imenso/Enorme/Raro. **Comb.** Dificuldade ~a.

portfólio s m ⇒ porta-fólio.

pórtico s m (<lat *pórticus,us*) **1** Local coberto à entrada de um edifício «igreja». ⇒ portal; portaria; vestíbulo. **2** Estrutura constituída por barras horizontais e verticais «para ginástica».

portinhola (Nhó) s f (<port(inh)a + -ola) **1** Pequena porta que fecha aberturas de diversos tipos, como as de guichés, armários, jaulas, bilheteiras, carruagens, etc. ⇒ postigo. **2** *Náut* ⇒ portaló.

porto (Pôrto, Pórtos) s m (<lat *pórtus,us*) **1** Local à beira de água para os barcos atracarem. **Loc.** Entrar no ~ de [Aportar a] Lisboa. **Idi.** *Chegar*/*Levar a bom ~/a ~ de salvamento* [Concluir um proje(c)to «difícil» com sucesso]. **Comb.** ~ *fluvial* [de rio]. ~ *franco* [em que não se pagam taxas alfandegárias para o comércio internacional]. ~ *marítimo* [exterior/de mar]. ⇒ ancoradouro; cais. **2** Cidade portuária. **Ex.** O Rio de Janeiro é um dos ~s mais importantes do Brasil. **3** Vinho do Porto. **Ex.** Como aperitivo pediu um cálice de ~ seco e no fim da refeição outro (cálice) de ~ doce. **Comb.** ~ branco [tinto]. **4** *fig* Lugar de descanso/Abrigo/Refúgio/Solução. **Ex.** No meio de tantas lutas procurava um ~ para descansar/para se abrigar.

Porto Rico s m *Geog* País ou Estado Livre associado (aos EUA), situado no Mar das Antilhas. **Ex.** A capital de ~ é São João e os habitantes são os porto-riquenhos, que falam o espanhol e também o inglês.

portuário, a adj (<porto + -ário) **1** Relativo a porto. **Comb.** «Rio de Janeiro/Lisboa» *Cidade ~a*. *Serviços ~s*. *Zona ~*. **2** Pessoa [Funcionário] que trabalha nos portos. ⇒ estivador.

portucalense adj (<lat *Portus-Cale* + -ense) Diz-se do Condado que está na origem da formação de Portugal. ⇒ portuense.

portuense adj 2g (<porto + -ense) **1** Relativo à cidade do Porto ("Cidade da Virgem" Maria). **2** Habitante [Natural] do Porto/*Gír* Tripeiro.

Portugal s m *Geog* (<lat *Portus Cale*) País atlântico, no extremo ocidental da Europa – "Onde a terra se acaba e o mar começa", como cantou Luís de Camões – e o primeiro país europeu a fixar as suas fronteiras.

português, esa adj/s (<Portugal + -ês) **1** Relativo a Portugal. **Comb.** Centro de estudos portugueses. **2** Língua românica [latina] falada em oito países de quatro continentes. **Idi.** *Falar ~ claro/em bom ~* [Dizer claramente o que se pensa]. **Comb.** ~ castiço/de lei [~ muito corre(c)to]. **3** s f Hino nacional (português/de Pt). **Loc.** Cantar a ~esa: "Heróis do mar…".

portuguesismo s m (<português + -ismo) **1** *Ling* Palavra ou locução peculiar à língua portuguesa/Lusismo. **2** Modo de ser e de sentir dos portugueses. **3** Amor a Portugal.

portuguesmente adv À (maneira) portuguesa(+). ⇒ português **2 Idi.**

portulacáceo, a adj *Bot* (<lat *portuláca*: beldroega) Diz-se de plantas de folhas suculentas, gé[ê]nero *Portulaca*, a que pertence a beldroega.

portulano s m (<it *portolano*) **1** Mapa dos fins da Idade Média em que eram minuciosamente descritos os pormenores das costas marítimas «do Mediterrâneo». **2** Livro com a descrição dos portos, cabos e outros acidentes costeiros, usando um minucioso sistema de rosas dos ventos e indicando as rotas marítimas que se entrecruzam sobre os vários mapas. ⇒ roteiro.

porventura adv (<por + ventura) Por hipótese/Por acaso. **Ex.** Se ~ [por hipótese/acaso] nos convidarem para o casamento, nós vamos ou não (vamos)? Os dois países chegarão ~ [Será que os dois países vão chegar] a um acordo? ~ [Por acaso/Então] não te disse para estar(es) aqui às 9h?

porvindou[oi]ro, a adj/s pl ⇒ vindou[oi]ro.

porvir s m (<por + vir) Tempo que está para [por] vir/Futuro(+). **Loc.** Sonhar com um belo ~ [um futuro risonho(+)].

pos [pós]- pref (<lat *post*: depois de, atrás de) Junto a outra palavra indica posterioridade: pós-guerra, pós-operatório, posposição.

pós-abdómen [*Br* **pós-abdômen/pós-abdome**] s m *Zool* Região [Parte] posterior, longa e delgada do corpo dos aracnídeos, sobretudo do escorpião.

posar v int (<fr *poser*; ⇒ pôr) **1** Tomar uma determinada posição corporal para ser fotografado/pintado/esculpido. **Ex.** Os formandos estão posando para a foto(grafia) de formatura. **2** Assumir determinada atitude para se exibir/Pretender ser. **Ex.** É uma pessoa bronca [ignorante(+)/grosseira(+)] mas gosta de ~. Ele posa de rico, mas *idi* não tem onde cair morto [não tem nada].

poscénio [*Br* **poscênio**] s m *Teat* (<lat *poscénium* [*postscaénium*]) Parte que fica por (de)trás do palco/Bastidores(+).

pós-data s f Data falsa posta num documento, posterior à data real.

pose (Pô) s f (<fr *pose*) **1** Posição do corpo/Postura(+). **Ex.** Tenho fotos deles «meus amigos/parentes» em várias ~s. **2** A(c)to de posar. **Ex.** A modelo fez 50 ~s para a nossa revista. **3** *fig* Falta de naturalidade/Modos de quem quer dar nas vistas/Posição afe(c)tada/Atitude de orgulho.

pós-escrito [P.S.] adj/s m (<lat *post scriptum*; ⇒ escrever) (Diz-se de) algo que foi escrito [acrescentado] depois do texto do documento ou da carta. ⇒ N.B..

posfácio (Pós) s m (<pós- + (pré)fácio) Esclarecimento que se faz no fim de um livro. **Ant.** Prefácio.

pós-glacial [-glaciário, a] adj *Geol* Diz-se do decurso da história da Terra que se segue à última glaciação do Plistoceno. ⇒ holoceno.

pós-graduação s f (<pós- + ...) Curso de ensino superior [universitário] a seguir à licenciatura e antes do doutoramento/Mestrado. **Comb.** Curso de ~ «em Linguística/Física».

pós-graduado, a s (<pós + ...) Pessoa que terminou a [o curso de] pós-graduação.

pós-graduar v t (<pós + ...) Conferir o grau de pós-graduado. **Ex.** Este ano a nossa universidade pós-graduou [conferiu a pós-graduação/o mestrado(+) a] 95 estudantes.

pós-guerra s m O que se segue a uma guerra. **Ex.** No (período de) ~ «da Segunda Guerra Mundial» passámos muitas dificuldades «fome/frio».

posição s f (<lat *positio,ónis* <*póno,ere, pósitum*: pôr; ⇒ posicionamento) **1** Forma como uma pessoa ou coisa está colocada/Colocação/Disposição/Orientação. **Comb.** *Mil* ~ *de sentido* [em que o soldado se perfila]. ~ *horizontal* «deitado na cama». ~ *vertical* [levantada/ao alto] «da cabeça». **2** Lugar onde uma pessoa ou coisa está colocada. **Loc.** Reconhecer [Ver qual é] a ~ de um navio. **Comb.** A ~ na equipa de futebol «defesa/ponta/meio campo». A ~ dos quadros na parede «mais acima, mais abaixo». **3** Lugar ocupado numa escala de valores, numa hierarquia ou numa competição/Posto/Cargo. **Loc.** Ocupar uma alta ~ «na empresa». **Comb.** ~ [Cargo/Lugar] *de dire(c)tor* «da escola». ~ *de subordinado* «empregado». **4** Conjunto de circunstâncias em que alguém se encontra/Situação. **Ex.** O culpado «criminoso» é meu parente e isso [esse facto] põe-me numa ~ delicada [difícil] para o defender.
5 Situação social/Classe/Condição. **Comb.** Boa ~ na vida. **6** Postura (de parte) do corpo/Atitude/Pose «de desafio». **Ex.** Sentia dores e não encontrava ~ para dormir. **Comb.** ~ *do braço* «no sofá». ~ *do corpo* «inclinado». ~ *de descanso* «de soldados em formatura». **7** Opinião(+) defendida por alguém em relação a algo/Atitude. **Ex.** A minha ~ em relação à guerra é clara/simples: sou contra todas as guerras porque não resolvem nada, só causam destruição e sofrimento. **8** Local ocupado por forças militares. **Loc.** Minar as ~ões inimigas. **Comb.** ~ estratégica/boa/vantajosa.

posicionamento s m (<posicionar + -mento) **1** A(c)to ou efeito de colocar numa determinada posição. **2** Tomada de posição/Atitude/Escolha.

posicionar v t/int (<posição +-ar¹) **1** Colocar numa posição (determinada). **Loc.** ~ uma peça de xadrez. **2** Tomar uma posição/Situar-se/Definir-se. **Ex.** Como [Onde] é que você se posiciona em política: direita/esquerda/socialista/liberal? Posicionou-se [Postou-se] logo na primeira fila!

positivamente adv (positivo + -mente) **1** De modo positivo/Afirmativamente. **Ex.** Respondeu ~ ao nosso pedido. **2** De forma favorável/agradável/grata. **Ex.** Fiquei ~ [bem] impressionado com o ambiente da escola. **3** De forma clara/Certamente. **Ex.** A intervenção da polícia não foi ~ [certamente,/temos que reconhecer,] uma boa ideia.

positivar v t (<positivo + -ar¹) **1** Tornar efe(c)tivo/Realizar/Concretizar(-se)(+). **Loc.** ~ um contrato. **2** Esclarecer/Tornar-se evidente. **Ex.** Positivaram-se as denúncias. **3** *Fot* Copiar(+) um negativo. **4** *Med* Contrair uma doença pela exposição anterior a um vírus. **Ex.** Os bebés podem ~ doenças herdadas da mãe no decurso da gestação.

positividade s f (<positivo + -(i)dade) **1** Qualidade de positivo. **2** ⇒ o(p)timismo. **3** *Ele(c)tri* Estado dos corpos em que se manifestam os fenó[ó]menos da ele(c)tricidade positiva. **4** *Fil* ⇒ positivismo **1**.

positivismo s m (<positivo + -ismo) **1** *Fil* Sistema filosófico desenvolvido por Augusto Comte que defende que só se pode conhecer o que a observação e a experiência podem verificar. ⇒ empiricismo; cienti(fici)smo. **Ant.** Idealismo; intele(c)tualismo. **2** Tendência para encarar a vida unicamente pelo seu lado prático e útil. ⇒ utilitarismo; pragmatismo.

positivista adj/s 2g (<positivo + -ista) Relativo ao [Seguidor/Partidário do] positivismo. ⇒ utilitarista; pragmatista.

positivo, a adj (<lat *positivus,a,um* <*póno,ere,pósitum*: pôr) **1** Que concorda/Afirmativo. **Comb.** Resposta ~a [O dizer sim] «à pergunta: sim ou não?». **2** Certo/Concreto/Seguro. **Ex.** Isto é tudo o que se sabe de ~/de seguro/de certo «sobre o crime». **3** Que manifesta intenção de ser útil/Construtivo. **Comb.** *A(c)ção* ~a. *Atitude* ~a. *Crítica* ~a. *Pensamento* [Espírito] ~. *Sentido* ~ [Bom sentido] «da palavra "amante" é "que tem verdadeiro amor"». **Ant.** Negativo. **4** Superior a [Acima de] um ponto de referência. **Ex.** Na minha escola as notas vão até 20: acima de 10 são ~as, abaixo de 10 são negativas. O termómetro hoje marca 8° (Oito graus) ~os/acima de zero. **5** *Dir* Diz-se de legislação promulgada pelos homens. **Comb.** *Direito* ~. *Lei* ~a [de direito ~]. **Ant.** Natural; divino.
6 *Gram* Que indica algo na sua dimensão normal, sem aumento nem diminuição. **Ex.** *Casa*, em relação a *casinha* ou *casarão* está no grau ~o. ⇒ «frase» afirmativa/o. **7** *Ele(c)tri* Diz-se da ele(c)tricidade que se desenvolve no vidro pela fricção deste com um pano de lã. **8** *Mat* Diz-se do número maior que zero «+ 1». **Ant.** Negativo «- 1…». **9** *Fot* (Diz-se de) cópia fotográfica em que os escuros e claros coincidem com os do obje(c)to fotografado. **Ex.** O ~ [A foto] tira-se por revelação do negativo. **10** Diz-se do ião [íon] que perdeu o ele(c)trão. **Ex.** O cátion [catião(+)] é o íon [ião(+)] ~. **11** *Med* Diz-se do resultado de exame médico que aponta a existência de uma doença. **Ex.** O exame ao [do] tumor deu ~. ⇒ seropositivo.

positrão [pósitron] s m *Fís* (<positivo + ele(c)trão) Partícula elementar do átomo com massa igual à do ele(c)trão mas de sinal contrário/Antipartícula do ele(c)trão [elétron].

positrónio [*Br* **positrônio**] s m *Fís* (⇒ positrão) Átomo artificial e de curta duração, composto de um ele(c)trão e de um positrão e que se aniquila com a emissão de fotões.

pós-laboral adj 2g «curso/estudo» Que ocorre depois do horário de trabalho.

pós-meridiano, a adj (<lat *pos(t)meridiánus,a,um*) Que se realiza depois do meio-dia/p.m..

pós-modernismo s m Designação genérica de movimentos artísticos «arquite(c)tura/artes plásticas/literatura» surgidos na segunda metade do século XX, que pretendiam reagir contra o racionalismo e os esgotamentos dos modelos vanguardistas/Pós-moderno.

pós-nupcial adj 2g Que se realiza ou tem efeito legal após as núpcias. **Comb.** Viagem ~. ⇒ lua de mel.

posologia s f *Med* (<gr *póson*: quanto? + -logia) Indicação das doses [Dosagem] dum medicamento.

pós-operatório, a adj/s (Relativo ao) período posterior a uma cirurgia/operação. **Ex.** O ~ foi normal/tranquilo. **Comb.** *Estado* ~. *Exame* ~. *Mal-estar* ~.

pós-parto adj 2g 2n/s m (Diz-se de) período a seguir ao parto ou até ao retorno da menstruação. **Comb.** Condições [Estado] ~ da parturiente.

pospasto s m (<pos- + ...) ⇒ sobremesa.

pospelo (Pê) s m (<pos- pelo) Contrapelo(+). **Loc.** A ~/contrapelo(+) [Contra o correr do pelo/Ao revés/Ao arrepio/À força] (Só se usa nesta loc.).

pós-perna [posperna] s f *Zool* Nas cavalgaduras, parte superior da perna, que vai do jarrete [curvilhão] ao quadril.

pospontar/posponto ⇒ pespontar/pesponto.

pospor v t (<lat *postpóno,ere*) **1** Pôr depois [em segundo lugar]. **Ex.** Em português, ao contrário do inglês, o adje(c)tivo pospõe-se ao substantivo «uma casa grande». O herói pospôs a vida ao amor da [morreu pela] pátria. **Ant.** Antepor. **2** Adiar(+) «a data da reunião».

posposição s f (<pos- + ...) A(c)to ou efeito de pospor. **2** *Gram* Elemento ou partícula colocada depois de uma palavra com a mesma função que na maioria das línguas «português» é exercida pelas preposições. **Ex.** A ~ existe em várias línguas, entre elas no japonês.

pospositivo, a adj *Gram* (<lat *postpósitus* + -ivo) Diz-se de palavras que não se empregam no começo da frase. **Comb.** Partículas ~as [Sufixos]. ⇒ posposição **2**.

posposto, a adj (Pôsto, Pósta, Póstos) (<lat *postpósitus* <*póno,ere*: pôr) **1** Posto depois. **2** ⇒ «encontro» adiado. **3** ⇒ posto de lado; desprezado; omitido.

pós-prandial adj 2g A seguir a uma refeição. **Comb.** Indisposição ~.

possança s f (<posse + -ança) **1** Poder(+)/Força/Pujança. **2** *Geol* Espessura de uma camada geológica ou de um filão.

possante adj 2g (<lat *póssum,sse,pótui*: ser capaz, poder + -ante) **1** Forte. **Ex.** O elefante é o mais ~ dos animais [é o animal mais ~ que existe]. **Comb.** *Cavalo* [Touro] ~/com muita força. «exército» *Inimigo* ~/poderoso(+)/temível(+). *Motor* ~/potente(+) «de automóvel». **2** Grande/Majestoso. **Comb.** Os ~s aviões a(c)tuais. **3** ⇒ valoroso; esforçado.

posse s f (<possessão) **1** Detenção ou fruição de algo/Estado de quem tem [possui] alguma coisa. **Loc.** *Estar de* [na] ~ *de* [Possuir] uma herança. *Dir Meter de* [Dar legalmente] ~ «do terreno». *Tomar* ~ [Ficar dono] *da casa*. *Tomar* ~ *do* [Ser investido no] *cargo* «de ministro». **Comb.** *Tomada de* ~ [Investidura] «do Presidente da República» (Ex. O meu filho foi escolhido para gerente da firma e eu fui à sua tomada de ~). **2** Propriedade(s)/Haveres/Bens/Meios/Riquezas. **Ex.** Alguns homens consideram a esposa sua ~. **Loc.** *De* ~s [Rico]. «carro/dinheiro» *Em* ~ *de* [Seu/Meu/Nas mãos de]. *Ter (grandes)* ~s [Ser (muito) rico]. **3** *fig* Capacidade/Aptidão/Força. **Ex.** A criança não tem ~ para [não é capaz de fazer] isso.

possear v t (<posse + -ar¹) Tomar posse de [Ocupar] (terra devoluta)(+).

posseiro, a adj/s (<posse + -eiro) **1** ⇒ possuidor; possessor; dono. **2** *Br* (O) que ocupa terra devoluta ou abandonada e passa a cultivá-la.

possessão s f (<lat *posséssio,iónis*) **1** Posse(+). **2** *Hist* Território que um Estado possui por invasão/Domínio/Coló[ô]nia. **Comb.** ~ões ultramarinas. **3** O ficar ou estar possesso [dominado por forças estranhas «demó[ô]nio». **Comb.** Delírio de ~ [no qual a vontade do doente perde o controle].

possessividade s f (<possessivo + (i)dade) **1** Cara(c)terística de quem é possessivo/Sentimento exagerado de posse/Tendência a dominar ou a querer tudo para si/Egoísmo.

possessivo, a adj/s m (<lat *possessívus,a,um*) **1** (Diz-se de) pessoa que quer tudo

para si/Egoísta. **2** Dominador/Ciumento. **Comb. Mãe ~a** [que controla demasiado o desenvolvimento ou o amor dos filhos]. **3** *Gram* **a)** Diz-se de palavra que indica posse «meu, seu, dele, nosso, ...»; **b)** ⇒ (caso) genitivo(+) «do latim».

possesso, a (Ssé) *adj/s* (<lat *posséssus,a, um*) **1** (Diz-se de) indivíduo (que se julga) possuído [dominado] por alguma força estranha/Endemoninhado. **2** *fig* Furioso/Irado.

possessor, ora *adj/s* (<lat *posséssor,óris*) (O) que possui legalmente algo. ⇒ possuidor; dono.

possessório, a *adj* (<possessor + -ório) **1** Relativo a posse. **2** *Dir* Diz-se de juízo ou a(c)ção judicial em que se pretende ficar na posse de alguma coisa.

possibilidade *s f* (<lat *possibílitas,tátis*) **1** Qualidade do que é possível. **Ex.** Não tenho nenhuma [qualquer] ~ de te [Não me é possível/Não te posso] ajudar. **2** Probabilidade. **Ex.** Tem uma ~ em cinco de ser nomeado dire(c)tor. **Loc.** Admitir a ~ «de emigrar». ⇒ eventualidade; alternativa. **3** Oportunidade/Ocasião. **Ex.** Temos dois quartos livres/disponíveis: damos-lhe a ~ de escolha. Se tiver ~ ainda vou fazer essa viagem. **4** *pl* Meios de que se pode dispor/Capacidade. **Ex.** Cada um paga segundo as suas ~s. Não aceito esse cargo de responsabilidade porque tenho consciência das minhas ~s/capacidades(+) «tão limitadas».

possibilitar *v t* (<possibilidade + -ar¹) **1** Tornar possível. **Ex.** A rotunda na praça da cidade possibilitou o escoamento do trânsito e acabou com os engarrafamentos! **2** Dar a oportunidade/Facilitar/Facultar. **Loc.** ~ a educação a todos os cidadãos.

possível *adj 2g/s m* (<lat *possíbilis,e* <*póssum*: poder) **1** (O) que pode ser, acontecer ou fazer-se. **Ex.** É ~ [Pode ser] que ele venha à reunião. Tudo é ~ [Tudo pode acontecer/Quem sabe (o que será?)]. O dire(c)tor faltará [não virá] à reunião? – É ~ [Pode ser que falte/que não venha]! Surgiu uma ~ viagem [Pode ser que se realize/concretize uma viagem ao Brasil; quer ir?]. Será ~!? Riscaram-me o carro novo outra vez! **2** Aquilo que se pode fazer. **Ex.** O médico fez todo o ~ [tudo o que podia] para salvar o doente. Eu fiz o mais que pude pelos meus filhos. Você encomendou-me este trabalho e eu fiz o melhor ~, mas não sei se ficou ao seu gosto [se ficou como você queria].

possivelmente *adv* (<possível + -mente) Se calhar/talvez. **Ex.** O meu irmão não vem? Vem (,vem), ~ [se calhar] atrasou-se [Vem, talvez se tenha atrasado] por causa do trânsito.

possuidor, ora *s* (<possuir + -dor) O que possui [tem]/Dono/Proprietário.

possuir *v t* (<lat *possído,ere,sessum*) **1** Entrar na posse de/Ser dono [proprietário] de. **Ex.** Eles possuem [têm] muitas terras. **2** Ser dotado de/Ter em [dentro de] si/Conter. **Ex.** O filho possui todas as qualidades do pai. O nosso país possui grandes florestas. **3** Dominar. **Ex.** Estava possuído [(inteiramente) dominado] pela paixão de vir a ser um grande médico [cientista]. **4** Ter relações sexuais com. **Loc.** Deixar-se ~.

posta¹ (Pós) *s f* (<lat *pósitus,a,um* <*pono*: pôr) **1** Pedaço (grande) de peixe ou carne. **Loc.** Cortar o pargo em [às] postas. **Idi. Arrotar ~s de pescada** [Gabar-se de uma coisa que não se possui/Ja(c)tar-se/Bazofiar]. **Fazer** [Pôr] **em ~s** [Destruir/Esfrangalhar o adversário/Despedaçar/Esquartejar]. ⇒ talhada «de melão»; fatia «de pão»; naco «de queijo». **2** *fig col* Cargo fácil [bem remunerado]/Tacho. **Ex.** Está à cata de uma boa ~.

posta² (Pós) *s f Hist* (<it *posta* <lat *pósitus,a,um*: posto) Antiga carroça [diligência/coche] que transportava encomendas, cartas e passageiros e fazia a distribuição do correio nos lugares onde pousava. **Sin.** Mala-posta; correio(s) (+).⇒ ~-restante; (caixa) postal.

postal *adj 2g/s m* (⇒ posta²) **1** Relativo ao correio. **Comb. Caixa ~**/Apartado [Cacifo/Rece(p)táculo] privado numa estação de correio(s) onde, quem o aluga, vai buscar a sua correspondência. **Código ~** [Número «no envelope» que indica a estação distribuidora das cartas e permite a sua triagem [distribuição] mecânica] (⇒ posta-restante). **Serviço ~** [do(s) correio(s)]. **2** Cartão [Folhinha] de correspondência. **Comb.** ~ ilustrado [com figura/fotografia]. **Sin.** Bilhete[Cartão]-postal. ⇒ carta; envelope.

postar *v t* (<posto a + -ar¹) **1** Pôr num posto ou lugar/Colocar. **Loc.** ~ uma sentinela «à entrada do palácio/quartel». **2** ~-se/Pôr-se de guarda [a guardar]/Permanecer parado sem dar sinais de se mover. **Ex.** Postou-se diante da casa da amada até ela vir à janela. **3** *Br* Pôr «cartas» no correio(+).

posta-restante *s f* (<posta² + ...) Sistema de envio de correspondência em que esta fica [resta] depositada na estação de correio até ser levantada pelo destinatário. ⇒ postal **1**. **Comb.** Caixa postal [C.P.].

poste (Pós) *s m* (<lat *póstis,is*: ombreira da porta) **1** Coluna de madeira, ferro ou cimento. **Comb.** ~ de ele(c)tricidade [para segurar os fios [cabos] elé(c)tricos]. ⇒ esteio; estaca; pau. **2** *(D)esp* Cada uma das duas hastes duma baliza nas quais assenta a trave «futebol». **Ex.** O jogador rematou, mas a bola bateu no [foi ao] ~. **3** ⇒ pilar «da portada/da ponte».

postejar *v t* (<posta¹ + -ejar) Cortar em postas. **Loc.** ~ o peixe «em filetes/para a moqueca».

postema *s m Med* ⇒ apostema/abcesso(+).

poster ing *s m* ⇒ cartaz «decorativo».

postergação *s f* A(c)to ou efeito de postergar.

postergar *v t* (<lat *post tergum*: para trás das costas + -ar¹) **1** Deixar para trás «os companheiros/amigos»/Preterir(+). **2** Desprezar/Ignorar/Não fazer caso «das leis». **3** ⇒ adiar.

posteridade *s f* (<lat *postéritas,tátis*) **1** Série de indivíduos provenientes da mesma origem. **Ex.** Morreu sem ~ [sem deixar descendentes]. **Comb.** A ~ [descendência(+)] de Abraão. **2** As gerações futuras/O(s) tempo(s) futuro(s)/Os vindouros. **Ex.** A sua obra vai ficar certamente para a ~. **Loc.** Passar à ~ [Ficar na história/Conservar-se na memória dos vindouros]. Trabalhar para a ~ [para proveito dos vindouros]. ⇒ eternidade; sempre; imortalidade.

posterior *adj 2g* (<lat *postérior,ius*: que está atrás <*pósterus,a,um*: que vem depois, futuro) **1** Que está na parte de trás. **Comb. Membros ~res** [Patas traseiras/de trás] «do cavalo». **Região ~ da cabeça** (⇒ nuca). **Ant.** Anterior. **2** Que vem depois/Que se segue/Subsequente/Ulterior. **Ex.** Esse acontecimento é ~ à II [Segunda] Guerra Mundial. **Ant.** Anterior. **3** *col* Nádegas(+)/Traseiro(+)/Rabo(+).

posterioridade *s f* (<posterior + -(i)dade) Qualidade de posterior.

posteriormente *adv* (<posterior + -mente) Depois/Num tempo posterior. **Ex.** Conheci esse senhor numa viagem, ~ vi-o [encontrei-me com ele] várias vezes.

póstero, a *adj* (<lat *pósterus,a,um*: que vem depois, futuro) Que há de vir depois de nós/Vindouro/Futuro. **Ex.** No poema, o autor dirige-se aos ~s.

póstero- *suf* (<posterior1) Exprime a ideia de **atrás** [da parte de trás]. **Comb. ~-anterior** [De trás para a frente] (Comb. Radiografia ~-anterior [PA] da cabeça). **~-inferior** [Situado atrás e na parte inferior]. **Ant.** Ântero-.

postiço, a *adj/s* (<posto + -iço) **1** Que se pode pôr e tirar/(Parte) móvel(+). **2** Acrescentado a [em vez de] outro. **Comb. Cabeleira ~a**/Peruca. **Dente ~o**/artificial. ⇒ dentadura. **Orna(men)to ~o**. **3** Fingido(+)/Falso(+). **Comb. Atitude ~a**. **Sorriso ~o**. **4** *s f Náut* Borda falsa posta acima dos castelos do navio para dificultar a abordagem ou para o tornar majestoso.

postigo *s m* (<lat *postícum,ci*: porta traseira da casa) Pequena abertura «para ver»/Portinha/Janelinha. ⇒ guiché/ê; bilheteira; gateira; espreitadeira.

postila *s f* (lat *post illa verba*) ⇒ apostila.

posto, a (Pôsto, Pósta, Póstos) *adj/s m* (<lat *pósitus* <*póno,pósitum*: pôr, colocar) **1** *adj* Colocado/Disposto/Dito/Feito/«sol» Desaparecido. **Ex.** ~o [Dito/Combinado] isto, [Então] saíram todos para assistir ao desafio de futebol. A mesa está ~a [A comida está na mesa], vamos comer. **Loc. Conj Posto** [Uma vez/ Ainda] **que a)** Porque (Ex. Não fui à reunião ~ que já tinha avisado que não podia ir); **b)** Apesar de/Ainda que/Embora (Ex. Ela fez tudo [todo o possível] para ir à festa, ~ que estivesse [, apesar de estar] muito ocupada). **Comb. Bem ~** [Colocado com exa(c)tidão] (Ex. Não tem a gravata bem ~a. Está (torcida) para o lado. ⇒ bem-posto). **Fogo ~o**. [Incêndio ateado por alguém]. **Mãos ~as** [juntas, para rezar]. **Sol ~o** [Depois do pôr do sol/Desaparecido].
2 *s m* Lugar [Cargo] que uma pessoa ocupa (por algum tempo). **Idi. Estar** «tudo/todos» **a ~os** [Estar pronto/preparado para agir ou para enfrentar qualquer trabalho]. **Morrer no seu ~** [Cumprir a sua missão [obrigação] até morrer/até ser morto]. **3** Local com sentinela, polícia ou tropas/soldados. **Comb. ~ avançado** [que se situa na linha da frente, perto do exército inimigo]. **~ de comando** [onde estão as chefias das forças militares]. «perto daqui há um» **~ de polícia** «pergunte lá». **4** Graduação militar. **Loc.** Subir de ~. **Comb.** Alto ~ «coronel». **5** Instalação para diversos fins. **Comb. ~ de gasolina** «ao lado da estrada». **~ médico** «para primeiros socorros das vítimas do desastre». **~ meteorológico** «na serra».

posto-chave *s m* (<posto 2 + ...) Cargo/Posição/Função muito importante dentro de uma empresa ou instituição.

postónico, a [*Br* **postônico**] *adj Gram* (<pos- + ...) Diz-se da sílaba a seguir à tó[ô]nica. **Ex.** Na palavra *vocábulo*, a sílaba *bu* é ~a.

postremo, a *adj* (<lat *postrémus,a,um*) ⇒ último/derradeiro/extremo.

post scriptum lat O que se acrescenta a um escrito «carta»/P.S./Pós-escrito. ⇒ N.B..

postulação *s f* (<lat *postulátio,iónis*: demanda, pedido, ~) A(c)to de postular.

postulado *s m* (<postular) **1** Proposição admitida como princípio de a(c)ção. **2** *Mat/Fil* Proposição cuja veracidade se aceita sem demonstração/Axioma. **Comb.** ~ das paralelas/de Euclides [Num ponto fora de

uma re(c)ta, ou paralela, só se pode traçar uma única paralela]. **3** *Rel* ⇒ postulantado.

postulador, ora *adj/s* (<postular) **1** (O) que postula. ⇒ postulante. **2** *Rel* Pessoa que trata da beatificação ou canonização de alguém junto da Sagrada Congregação para as Causas dos Santos.

postulantado *s m Rel* (<postulante + -ado) Período anterior à entrada para o noviciado «dos/das carmelitas».

postulante *adj/s 2g* (<postular + -ante) **1** ⇒ postulador **1**. **2** *Rel* Quem cumpre o [está no] postulantado.

postular *v t* (<lat *póstulo,áre,átum*: demandar, pedir <*pósco,ere*: pedir) **1** ⇒ suplicar(+)/(pedir(o+). **2** Defender como evidente ou verdadeiro/Admitir. **Ex.** O materialismo postula ser o homem produto do meio. **3** *Dir* Expor e requerer em juízo. **Ex.** O advogado postulou a libertação incondicional do preso.

postumamente (Pós) *adv* (<póstumo + -mente) Depois da morte. **Ex.** Só ~ foi reconhecido como herói. Foi condecorado ~ [a título póstumo(+)].

póstumo, a *adj* (<lat *póstumus,a,um*) Que acontece depois da morte de alguém. **Comb. Filho ~** [que nasceu depois de o pai ter morrido]. ***Homenagem ~a*** [*a título ~o*] «aos mortos na luta pela independência do seu país». ***Obra ~a*** [publicada depois da morte do autor] «do poeta português Fernando Pessoa».

postura *s f* (<lat *positúra,ae*: (dis)posição, arranjo) **1** Posição «ere(c)ta/inclinada» do corpo. **Comb. ~ da cabeça**/das mãos. **2** Modo de pensar/Posicionamento/Opinião. **Comb. ~ progressista**/de vanguarda. **~ ultrapassada**/anacró[ô]nica «em política». **3** ⇒ atitude/aspe(c)to. **4** O pôr «a galinha» ovos.

pós-venda *s adj 2g 2n* (Diz-se de) período que se segue à compra [venda] de um bem «máquina» ou serviço, durante o qual o fornecedor presta assistência para fidelização do [para segurar o] cliente.

potamologia *s f Geog* (<gr *potamós*: rio + -logia) Estudo [Ciência] dos rios. ⇒ hidrografia.

potamónimo [*Br* **potamônimo**] *s m* (<gr *potamós*: rio + ónoma: nome) Nome de rio. **Ex.** Douro, Tejo, Amazonas e Nilo são ~s. ⇒ topó[ô]nimo; antropó[ô]nimo.

potassa *s f Quím* (<al *pottashe*: cinza de panela) Nome dado comercialmente a todas as variedades de carbonatos de potássio impuros. **Comb. ~ cáustica** [hidróxido de potássio]. **Idi.** *pop* **Ser chato como a ~** [Ser uma pessoa muito maçadora].

potassemia *s f Med* (<potassa + -emia) Presença de potássio no sangue «0,20 g por litro de sangue»/Caliemia.

potássico, a *adj* (<potássio + -ico) Relativo a [Que contém] potássio.

potássio [K 19] *s m Quím* (<potassa + -io) Elemento descoberto em 1807 que é um metal alcalino e cujos sais são utilizados como adubos.

potável *adj 2g* (<lat *potábilis,e*) Próprio para [Que se pode] beber. **Comb.** Água ~. **Sin.** Bebível. **Ant.** Impróprio para beber; imbebível. ⇒ comestível.

pote (Pó) *s m* (<provençal *pot*) **1** Vaso «de barro» de vários tamanhos e formas, com tampa, us para conter líquidos, conserva, etc. **Idi. Chover** [*Chuva*] ***a ~s/a cântaros***(+) [Chover muito].⇒ bidão; talha; recipiente; panela; vasilha. **2** *fig* Indivíduo baixo e gordo. **3** *pop fam* Bacio(+)/Penico.

poteia *s f* (<fr *potée*) Óxido de estanho calcinado e pulverizado que serve para polir espelhos e outros obje(c)tos.

potência *s f* (<lat *poténtia*) **1** Qualidade do que tem poder/Poder(io)(+). **2** País forte. **Ex.** O Brasil é uma grande ~. **3** Pessoa importante e influente. **Ex.** Ele julga-se [pensa que é] uma ~ mas não é bem assim [mas está enganado]. **4** Capacidade para produzir algo/Força. **Ex.** As três ~s da alma são três: memória, entendimento e vontade. **Comb. ~ de altifalante**. ***Lente*** [*Obje(c)tiva*] ***com muita ~***/de longo ou amplo alcance. ***Motor*** «do carro» ***de grande ~***. **5** *Mat* Número de vezes que um número recorre numa potenciação. **Ex.** A segunda e terceira ~ chamam-se respe(c)tivamente quadrado e cubo (4^2 lê-se: quatro ao quadrado; 4^3 lê-se: quatro ao cubo). **Loc.** Elevar um número «3» à quarta ~ = 3^4 = 81. **6** *Fil* No aristotelismo – e na linguagem ou pensamento comum –, possibilidade ou virtualidade «para vir a ser o que ainda não é». **Ex.** O embrião humano é um adulto em ~. **Ant.** A(c)to.

potenciação *s f Mat* (<potência **5** + -ção) Operação de elevar um número ou expressão matemática a uma (dada) potência.

potencial *adj 2g/s m* (<potência + -al) **1** Relativo a potência em geral. **2** Possível (mas ainda não concretizado)/Virtual. **Ex.** É um ~ candidato a presidente da associação. **Comb.** Solução que resolve riscos ~ais/possíveis(+). **3** Conjunto de capacidades, qualidades ou potencialidades. **Ex.** O bom professor é aquele que sabe desenvolver todo o ~ que os seus alunos têm para aprender. **Comb.** «a região tem um grande» ***~ de gerar riqueza***. **~ econó[ô]mico** «do país». **~ humano** [Quantidade de mão de obra de que se pode dispor]. **~ industrial** [Capacidade de produção de uma indústria]. **4** *Fís* Termo us em diversos contextos e que se refere ao trabalho necessário para se mover uma unidade de quantidade física. **Ex.** As diferenças de ~ elé(c)trico medem-se em volts «220V/110V». **Comb.** Energia ~ [Capacidade de um corpo fornecer trabalho; ⇒ joule]. **5** *Med* Diz-se do remédio que só a(c)tua depois de algum [de certo] tempo. **Comb.** Cautério ~. **6** *Fil* Que se encontra em potência **6**. **Ant.** A(c)tual.

potencialidade *s f* (<pontencial + (i)dade) **1** Qualidade de pontencial. **2** Capacidade. **Ex.** O bom colégio procura desenvolver ao máximo as ~s dos alunos.

potencializar *v t* (<potencial + -izar) Promover o desenvolvimento «das qualidades» de alguém ou a eficácia «do trabalho/dum remédio»/Aumentar/Reforçar.

potencialmente *adv* (<potencial + -mente) **1** Em potência **6**. **2** Teoricamente/Em princípio. **Ex.** Estava ~ [, em princípio (+),] disposto a participar na [a ir à] festa.

potenciar *v t* (<potência **5** + -ar¹) **1** *Mat* Elevar um número a uma potência [a um expoente]/Fazer a potenciação. **2** ⇒ potencializar(+).

potenciómetro [*Br* **potenciômetro**] *s m Ele(c)tri* (<potencial **4** + -metro) **1** Aparelho que mede as diferenças de potencial elé(c)trico e as forças ele(c)tromotrizes. **2** Reóstato [Resistor/Reostado] regulador de tensão.

potentado *s m col* (<lat *potentátus,us*: poder político) **1** *Hist* Soberano absoluto de um Estado poderoso. **2** Indivíduo poderoso e influente «duma grande empresa industrial».

potente *adj 2g* (<lat *pótens,téntis*) **1** Que tem (muito) poder. **Comb.** Nação [País] ~/poderosa/o (+). **2** Com força para fazer ou produzir algo/Forte. **Comb. Altifalante** [Alto-falante] ~! **Inse(c)ticida** [Explosivo] ~ «mas perigoso». **Motor** «do carro». **Voz** ~/forte/sonora. **3** ⇒ influente.

potestade *s f* (<lat *potéstas,tátis*) **1** ⇒ poder «divino/legal/político». **2** ⇒ potentado. **3** *pl* Poderes. **Comb. ~s celestes**/Anjos. **~s infernais**/Demó[ô]nios.

potestativo, a *adj* (<lat *potestatívus,a,um*) **1** Que tem poder «político». **2** *Dir* Diz-se de condição contratual cuja execução depende da vontade de uma das partes.

potologia *s f* (<lat *pótus,us*: bebida + -logia) Tratado ou estudo acerca das bebidas.

pot-pourri (Pô-purrí) *fr* **1** *Mús* Miscelânea musical/Medley(+). **2** Mistura de vários ingredientes.

potra (Pô) *s f* (<lat *pútris,e*: podre; ⇒ potro) **1** *Bot* Doença dos vegetais «couve», cara(c)terizada por saliência nodosa no caule ou na raiz. **2** *Med* Hérnia [Quebradura] intestinal. **3** *Br* ⇒ felicidade; boa sorte. **4** *Br* ⇒ arrogância/soberba.

potro, a (Pô) *s Zool* (<lat *pullítrus* <*púllus,i*: filhote de animal) **1** Cavalo nov(inh)o, com menos de quatro anos. **2** *fig Hist* Instrumento de tortura dos condenados.

poucachinho *adv col* ⇒ poucochinho.

pouca-vergonha *s f* **1** Falta de vergonha. **2** A(c)to vergonhoso/Sem-vergonhice. **Ex.** Que ~! **3** ⇒ descaramento; descarado; sem-vergonha; des(a)vergonhado.

pouco, a *pron/adj/s* (<lat *páucus,a,um*) **1** *pron ind* (Em) pequena quantidade de algo. **Ex.** Ele tem ~s amigos. Vieram muitas pessoas à manifestação? – Não, (vieram) ~as «umas [cerca de] vinte». **2** *adv* **a)** Não muito/Insuficientemente. **Loc.** «ele deve ter trinta anos» ***~ mais ou menos*** «Cerca de/Aproximadamente». ***~ ou muito*** «é (este) o leite que temos em casa». «parece que hoje vai» ***Chover ~. Dar-se ~*** 1) Não se importar (Ex. (A mim) dá-se-me pouco [não me importa] que chova ou neve, eu vou dar um passeio); 2) Não serem muito amigos (Ex. Eles dão-se ~ um com o outro/ Eles não se entendem (lá) muito bem). ***Fazer ~ caso de*** [Não dar importância a/Não cuidar de/Não se importar muito com] (Ex. Ele faz ~ caso dos filhos, é um mau pai! O chefe fez ~ caso das opiniões dos outros «funcionários/empregados»). ***Fazer ~ de*** [Rir-se de/Menosprezar] alguém. ***Nem muito nem ~*** [Nada] (Ex. Esse proje(c)to não me interessa nem muito nem ~/Não tenho nenhum [qualquer/o mínimo] interesse por esse proje(c)to). ***Por (um) ~*** [Por um triz/Quase] (Ex. Por ~ caía das escadas «e partia uma perna»); **b)** Igual a um pequeno espaço de tempo/Raramente. **Ex.** Eles vêm ~ [~as vezes] à nossa casa. Ela estuda ~ [idi quase não abre os livros]. **Loc. ~ a ~/Aos ~s** [Gradualmente] «a multidão foi-se dispersando». ***Daqui a ~*** [Dentro de momentos/de algum tempo] «o meu filho deve voltar da escola».

3 *s m* **a)** Pequeno número ou quantidade de alguma coisa/Pedaço/Parte. **Prov.** *O ~ «dinheiro/bens», com Deus, é muito; o muito, sem Deus, é nada*. **Ex.** Aquela família consegue viver com ~ «dinheiro/terras». Eu contento-me com [preciso de] ~ «comida simples». **Idi. Saber a ~** [Querer «comer» mais] (Ex. Gostaste do bolo? – Gostei mas soube-me a ~. Gostaram de ouvir a cantora «Amália Rodrigues»? – Gostámos, mas soube-nos a ~ [mas queríamos ouvir mais]; **b)** Coisa de pequena importância ou valor/Bagatela/Ninharia. **Ex.** Não chore por tão ~ «pequeno ferimento»!

poucochinho *adv/s m col fam* (⇒ pouco) **1** Muito pouco. **Ex.** A inje(c)ção doeu(--lhe)? – Um ~/pouquinho(+). **2** Pequeno número, parte ou quantidade. **Ex.** Dê-me um ~ [pedacinho/uma dentadinha] de pão. Chupei os rebuçados [bombons] da caixa, só lá estão (ainda) uns ~s.

poupa *s f* (<lat *úpupa*: poupa, nome de ave) **1** *Ornit* Ave upupídea, migratória, com uma grande crista de penas; *Upupa epops*. **2** Tufo [Crista] de penas que adorna algumas aves. **3** Penteado erguido na ponta da cabeça/Topete. **4** ⇒ poupança.

poupado, a *adj* (<poupar) **1** Que poupa/Economizador. **Ex.** Ele não ganha muito mas é muito ~ e em casa não falta nada aos filhos. **2** «dinheiro» Que se poupou. **3** *fig* Não atingido por um mal ou desastre. **Ex.** O assassino matou ou feriu todos os que ali estavam, ninguém foi ~o!

poupador, ora ⇒ poupado **1** (+).

poupança *s f* (<poupar + -ança) **1** O poupar. **2** Dinheiro economizado/Economias(+)/Pecúlio. **Comb.** Caderneta de ~ [de depósitos a prazo, no banco]. **3** *depr* ⇒ avareza.

poupar *v t/int* (<lat *pálpo,áre,átum*: tocar levemente [ao de leve] com a mão, acariciar) **1** Despender [Gastar] com moderação/Evitar despesas/Economizar «tempo/dinheiro». **Ex.** Vamos pelo atalho (Caminho mais curto) para ~ tempo. **2** Não [Deixar de] usar/Pôr a salvo. **Ex.** Vamos ~ «depositando no banco» o salário deste mês para a nossa viagem. **Loc.** ~ *energia* [ele(c)tricidade] «apagando a luz». ~ *energias* [as forças] «trabalhando menos/usando máquinas». ~ (a vida a)o inimigo [Não matar o inimigo (derrotado)]. *idi* Não ~ *críticas ao* [Criticar muito o] *Governo*. *Não* ~ *elogios a* [Elogiar muito] *alguém*. *Não* ~ *esforços* [Esforçar-se ao máximo/Fazer todo(s) o(s) esforço(s)] para terminar o trabalho a tempo [a horas/dentro do prazo]. **3** ~-se/Eximir-se/Esquivar-se. **Ex.** Ele gosta de se ~ [esquivar] ao trabalho [Ele não trabalha/Ele é preguiçoso/Ele gosta de boa vida].

pouquidade [pouquidão] *s f* (<pouco) **1** ⇒ escassez. **2** ⇒ pequenez. **3** ⇒ ninharia/bagatela.

pouquinho *adv/s m* (<pouco + -inho) Muito pouco/Poucochinho/Pedacinho.

pouquíssimo *adv/s m* (<pouco + -íssimo) Muito [Muitíssimo] pouco.

pousada *s f* (<pousar + -ada) **1** A(c)to ou efeito de pousar/Pouso «da ave/de pessoa em casa». **2** Paragem numa casa para descansar/Pernoita. **Loc.** Pedir ~/hospedagem(+).⇒ estad(i)a. **3** Casa onde se faz essa paragem/Hospedaria/Estalagem/Albergue. **Comb.** ~ [Albergue] de juventude. **4** Hotel, geralmente de pequena dimensão mas com (muito) bom nível. **Comb.** ~ (da serra) do Marão (Pt). **5** *fig* ⇒ abrigo/acolhimento/agasalho.

pousar *v t/int* (<lat *páuso,áre,átum*) **1** Colocar [Pôr] num lugar. **Loc.** ~ a mão na cabeça da criança. ~ o livro na mesa. **Idi.** ~ *o olhar no* [Olhar para o] *filho*. **2** Descansar/Assentar/Parar. **Ex.** Vamos ~ aqui um pouco, para descansar as pernas. **3** Parar depois de voar. **Ex.** A pomba pousou no telhado da igreja. O avião já pousou [aterr(iss)ou(+)]. **4** ⇒ hospedar-se(+); pernoitar. **5** ⇒ morar(+).

pousio *s m Agric* (<pouso + -io) **1** Período «de um ano» de repouso das terras. **2** Terra que «nesse ano» não foi semeada. ⇒ baldio.

pouso *s m* (<pousar) **1** A(c)to ou lugar de pousar «ave/avião/pessoa». **Loc.** *Náut* «navio» Tomar ~ [Ancorar(+)]. **2** Morada. **Ex.** Em [Quando era] solteiro não tinha ~ certo. **3** ⇒ paragem; estad(i)a; pousada.

povo (Pôvo, Póvos) *s m* (<lat *pópulus,i*) **1** Conjunto de indivíduos que têm a mesma origem, língua e instituições comuns «~ cigano/judeu» e vivem num determinado território/Nação. **Comb.** O ~ português [brasileiro/angolano/moçambicano/guineense/timorense/cabo-verdiano/são--tomense]. **2** Conjunto da maioria dos indivíduos dum país por oposição aos dirigentes «políticos/grandes industriais». **Ex.** O ~ está desiludido com o a(c)tual Governo. **3** População em geral/Público. **Comb.** *Os* ~*s* [As nações]. *O bem-estar do* ~ [O bem público]. *A vontade do* ~ [O que o público deseja]. *A voz do* ~ «é a voz de Deus» [Quando todo o ~ pensa uma coisa é sinal de que essa coisa está certa e por isso agrada a Deus]. **4** Grande ou pequena multidão/Gente/Grupo. **Ex.** Eh! ~ [gente/(meus) amigos], vamos todos apagar o incêndio! Donde veio tanto ~ [esta multidão (de gente)]? **Comb.** *O* ~ *cigano* [Os ciganos]. O(s) ~(s) europeu(s). *O* ~ *judeu* [*hist escolhido*] [Os judeus]. ~*(s) primitivo(s)/pré-histórico(s)* «não tinham escrita». **5** ⇒ povoação **2** [povoado **2**]; aldeia; lugarejo.

povoação *s f* (<povoar + -ção) **1** A(c)to ou efeito de povoar/Povoamento(+). **2** Lugar habitado «aldeia/vila/lugarejo» povoado **2**. **3** Habitantes de **2**. **Ex.** A ~ [O povo] estava revoltada «com o crime».

povoado, a *adj/s m* (<povoar + -ado) **1** Habitado/Criado. **Comb.** «Curitiba, Br» Cidade ~a por imigrantes portugueses e alemães. **2** Lugar que reúne poucas casas (habitadas)/poucas habitações «vilarejo/aldeia»/Povoação.

povoador, ora *adj/s m* (<povoar + -dor) (O) que povoa. **Ex.** Os japoneses foram os ~res de novas terras no Brasil. O rei D. Sancho I foi cognominado o P~ porque fomentou o povoamento das terras conquistadas aos mouros por seu pai D. Afonso Henriques, o Conquistador.

povoamento *s m* (<povoar + -mento) A(c)to ou efeito de povoar. **Comb.** *fig* ~ florestal [Grupo de árvores de espécies diferentes que formam a mata].

povoar *v t* (<povo + -ar[1]) **1** Prover de população/de habitantes. **Loc.** ~ ilhas desabitadas «Madeira/Açores». Desbravar e ~ novas terras «no Brasil/Em Angola». **2** Plantar vegetação. **Loc.** ~ o [a faixa] litoral «de Leiria, Pt» de pinheiros. **3** Disseminar animais «coelhos/javalis» numa região para lá se reproduzirem. **4** *fig* Ocorrer em grande quantidade/Encher(-se). **Ex.** Quantos sonhos (não) povoavam o coração daquele/a jovem! **Loc.** ~ [Dotar/Encher] o país de escolas.

povoléu *s m Depr* (<povo + léu) A ralé/O povo pobre/desprezível. ⇒ zé-povinho.

pozolana *s f* (<it *pozzolana* <top *Pozzuoli*) Rocha piroclástica [vulcânica(+)] que se mistura com cal e se emprega como cimento hidráulico.

pra *prep Col* (<para) **Ex.** Este dinheiro é ~ você. O meu filho foi prà (pra + a) França.

praça *s f* (<lat *plátea,ae*) **1** Lugar público e amplo «da cidade» onde desembocam várias ruas. **Comb.** ~ da República «no Porto, Pt» ⇒ largo; praceta; rossio. **2** Lugar onde há feira e mercado. **Ex.** Vou à ~ comprar peixe. **3** Povoação fortificada/Fortaleza. ⇒ ~-forte. **4** *col* Militar sem patente. **Loc.** (As)sentar ~ [Candidatar-se para a vida militar]. **5** Local público onde estacionam carros de aluguer/el. **Loc.** Ter carro na ~ [Ser taxista]. **Comb.** Carro de ~ [Táxi]. **6** Espaço para várias coisas: exercícios militares «~ de armas», máquinas «~ [casa(+)] das máquinas (do navio)», provisões, carga, ... **7** *fig* Comunidade comercial e financeira de uma cidade. **Loc.** Ter crédito na ~ [Ser um grande banqueiro ou comerciante].

praça-forte *s f* Cidade ou povoação bem fortificada nas fronteiras do país. ⇒ forte.

praceta (Cê) *s f* (<praça + -eta) Praça pequena/Largo.

pracista *s 2g* (<praça + -ista) **1** Empregado de armazém grossista que anda (pelas lojas) a vender aos retalhistas/Caixeiro de praça/Vendedor. **2** *Br* Indivíduo que passou algum tempo na cidade e já não é matuto.

pradaria *s f* (<prado + -aria; ⇒ lameiro) **1** Série [Conjunto] de prados, perto uns dos outros. **2** (Grande) planície de gramíneas. ⇒ pampa; lezíria; cerrado; campina; estepe.

prado *s m* (<lat *prátum,i*) **1** Extensão de erva «para pasto de animais»/Campina/Lameiro. **2** *Br* ⇒ hipódromo.

pra-frente[prafrentex] *adj 2g 2n Br col* **1** Muito avançado/moderno. **2** Extravagante.

praga *s f* (<lat *plága,ae*: pancada, calamidade, golpe) **1** Imprecação/Maldição. **Loc.** Rogar ~s/uma ~ [Dizer palavras feias e desejar que aconteça uma desgraça a alguém/Praguejar]. **2** Conjunto dos inse(c)tos ou das doenças que atacam plantas ou animais. **Comb.** *A* ~ *do míldio. Uma* ~ *de mosquitos* [de gafanhotos]. **3** Conjunto de coisas nocivas ou importunas. **Ex.** Não aguento [tenho paciência com] esta ~ de moscas que não me deixam em paz! Estas urtigas são uma ~, já as arranquei não sei quantas vezes e tornam sempre a nascer. **4** *cal* Pessoa importuna/aborrecida. **Ex.** Este sujeito [tipo/cara] é uma ~, vem cá todos os dias falar mal da mulher, estou farto de o ouvir! **5** ⇒ obscenidade; palavrão.

pragal *s m* (<praga **3** + -al) Terreno árido onde só crescem plantas bravias. ⇒ panasco.

pragana *s f* (<praga **3** + -ana) **1** Prolongamento rígido, filiforme, de alguns órgãos vegetais «espiga de trigo», também denominado arista. **2** Sobras «espiga sem grão» do cereal joeirado/malhado/Moinha(+).

pragmaticamente *adv* (<pragmático + -mente) De modo pragmático/prático/utilitário. **Ex.** Vamos resolver ~ este caso «esta situação embaraçosa».

pragmático, a *adj/s* (<gr *pragmatikós,é,ón*: relativo à a(c)ção, a negócios) **1** «ponto de vista/modo de pensar» Que contém considerações de ordem prática/Realista/Obje(c)tivo/Prático **2**. **2** «indivíduo» Que sacrifica princípios ideológicos para conseguir os seus obje(c)tivos a curto prazo. **3** *s f* Conjunto de regras ou fórmulas que regulam os a(c)tos e cerimó[ô]nias oficiais/Protocolo(+)/Etiqueta/Praxe(+). ⇒ liturgia.

pragmatismo *s m* **1** Qualidade de pessoa pragmática. **Ex.** Eu admiro o ~ do nosso gerente: resolve tudo depressa e para o bem da firma/empresa. **2** *Fil* Teoria «de W. James/J. Dewey» segundo a qual o valor de uma ideia ou verdade reside na sua utilidade prática.

praguejador, ora *adj/s* (<praguejar) (O) que praguejar [roga pragas(+)].

praguejar *v t/int* (<praga + -ejar) **1** Rogar pragas(+). **Ex.** A mulher gritava e praguejava contra a vizinha. **2** ⇒ infestar(-se). **3** Algo mau abundar/Ser uma praga(+).

praia s f (<gr *plágios,a,on*: que está de lado, transversal; ⇒ plaga) Área coberta de areia à beira-mar (ou beira-rio). **~ fluvial** [na margem do rio]. **Casa de ~** [construída perto da ~, para lá passar férias ou os fins de semana]; ⇒ costa litoral.

praia-mar s f (Vocábulo preferível a pre(i)amar e a maré-cheia) Nível mais alto que a maré atinge, cobrindo a praia. **Ant.** Maré baixa; praia-terra.

praiano [praieiro], a adj/s (<praia + ...) (O) que tem alguma relação com praia. ⇒ litorâneo.

prancha s f (⇒ palanca) **1** Peça de madeira, mais ou menos longa e grossa «para andaime». ⇒ tábua. **2** (D)esp **a)** Plataforma donde o nadador salta «para a piscina»/~ de saltos; **b)** Peça «de aglomerado de madeira» revestida de fibra de vidro para a prática de surfe. **3** Folha [Lados] da espada ou do sabre.

pranchada s f (<prancha + -ada) Pancada dada ou apanhada [levada], com prancha.

prancheta (Chê) s f (prancha **1** + -eta) **1** Prancha pequena e fina/delgada. **2** Peça re(c)tangular de qualquer material para sobre ela se desenhar, escrever ou pintar «com prendedor para o papel». **3** Instrumento para levantamento de plantas topográficas.

prandial adj 2g (<prândio + -al) Respeitante às refeições. **Comb.** Indisposição ~ [por (causa de) algo que se comeu]. ⇒ pós-~.

prândio s m (<lat *prándium,dii*: almoço) ⇒ banquete(+); (boa) refeição «jantar/almoço».

prantear v t/int (<pranto + -ear) **1** Chorar a perda de alguém ou de alguma coisa. **Loc.** ~ a perda da casa «num incêndio» [a morte do amigo]. **2** ~-se/Carpir/Lastimar(-se). **Loc.** ~-se dia e noite.

pranto s m (<lat *plánctus,us*; ⇒ planger) (Grande) choro, acompanhado de palavras. **Loc.** Debulhar-se em [Derramar copioso] ~.

praseodímio [Pr 59] s m Quím (<gr *prási(n)os*: verde-claro + *dídymos*: gémeo) Um dos metais das chamadas terras raras, descoberto em 1855, us em materiais fluorescentes para televisão, radar, etc.

prata [Ag 47] s f (<provençal *plata*: lâmina de metal) **1** Quím Miner Metal branco muito maleável e dúctil, ó(p)timo condutor de ele(c)tricidade, us em fotografia, joalharia e ligas de moedas. **Comb.** idi **~ da casa** [Pessoas ou meios que estão ao nosso dispor] (Ex. Temos de fazer a festa com a ~ da casa «não podemos comprar nada»). **~ de lei** [que tem os quilates requeridos [exigidos] no país]. **Baixela de ~** [Conjunto dos utensílios de ~ de um serviço de mesa]. **Moeda de ~**. fig **Papel de ~** [revestido duma finíssima camada de estanho e us para conservar alimentos facilmente deterioráveis]. **2** Br ⇒ dinheiro. **3** pl ~s ⇒ prataria.

pratada s f (<prato + -ada) Prato cheio (de comida). **Ex.** Hoje, ao almoço, comi uma grande ~ de arroz de frango [de batatas com bacalhau]. **Sin.** Pratázio; pratalhão.

prataria s f (<prata + r + -ia) Conjunto de utensílios ou obje(c)tos de prata existentes numa casa/Pratas(+). ⇒ baixela.

pratear v t (<prata + -ear) **1** Revestir com uma camada de prata. **Loc.** ~ uma moldura [um anel/uns brincos]. **Comb.** Metal prateado. **2** Dar o aspe(c)to ou o brilho da prata. **Ex.** A lua [O luar] prateava a água do lago. A lua é [tem uma cor] prateada.

prateleira s f (<an *pratel*: prato + -eira) **1** Cada uma das tábuas horizontais de um guarda-louça, armário ou estante. **Ex.** No meu escritório tenho uma estante de metal com cinco ~s para livros, etc. Os pratos fundos [de sopa] ficam/estão na ~ de baixo (do armário). A cozinha tem uma ~ fixa na parede. **Idi. Estar** [Ficar] **na ~** [Ser posto de lado/de parte/Não ter trabalho ou emprego]. **Pôr alguém na ~** [Não fazer caso dele/a/Não lhe dar emprego/trabalho]. **2** pl pop Seios de mulher quando muito desenvolvidos.

pratense adj 2g (<lat *praténsis,e*) «erva» Que cresce nos prados/Pratícola.

prática s f (<gr *praktiké epistéme*: ciência prática; ⇒ práxis/praxe) **1** A(c)to ou a(c)tividade que visa resultados concretos/Experiência/Exercício. **Loc. Adquirir ~** [Aprender a fazer algo] «de cozinha». **Pôr em prática** [Fazer o que aprendeu] «a instrução/os conselhos que recebeu dos pais». **Ter** [Não ter] **~** «de negócios/de conduzir/guiar automóvel». **Comb. A teoria e a ~** são coisas diferentes. **Na ~** [Na realidade] «não é tão fácil como eu pensava». **2** Forma habitual de agir/Procedimento/Conduta/Costume. **Comb. A ~ de comer com a mão** [com o garfo/com os pauzinhos]. **As ~s parlamentares** [dos deputados]. **3** O seguir uma norma ou regra/Observância. **Comb.** A ~ das obras de misericórdia «dar de comer a quem tem fome/consolar os tristes». **4** Explicação/Sermão/Homilia/Pequeno sermão. **Ex.** O padre hoje fez uma ~ na missa sobre as bem-aventuranças. **Comb.** Uma ~ espiritual [sobre Deus/sobre a virtude]. **5** ⇒ conversa; troca de opiniões. **6** Náut Licença concedida a navegantes para (se) comunicarem com um porto ou uma cidade.

praticabilidade s f Qualidade de praticável/exequível/fa(c)tível/possível.

praticamente adv (<prática + -mente) **1** Na prática. **Ex.** O meu empregado ainda é aprendiz, ~ [de fa(c)to/na realidade] sou eu que faço tudo na fábrica. **2** Pouco mais ou menos/Aproximadamente/Quase. **Ex.** O carro que agora comprei é muito melhor (do) que o que tinha, mas também custou ~ o dobro.

praticante adj/s 2g (<praticar + -ante) **1** (O) que pratica algo «(d)esp». **Comb.** ~ de [Que faz] natação. **2** Rel (O) que vive a [segue as práticas da] sua religião. **Comb.** Católico/a ~. **3** (O) que se está a treinar/Aprendiz(+). **Comb.** ~ de voo.

praticar v t/int (<prática + -ar¹) **1** Pôr em prática/Fazer. **Loc. ~** [Fazer] **o bem** [Ajudar os outros «com esmola/bons conselhos»]. **~ advocacia** [Ser advogado]. **~ um roubo** [Roubar]. **2** Fazer com regularidade/Exercitar/Treinar. **Loc. ~** (conversação de) **português**. **~ natação** [ciclismo/equitação]. **3** Seguir uma norma/um ensinamento/uma religião. **Loc. ~** [Viver] o cristianismo [Ser bom cristão]. **4** ⇒ tratar; conversar (⇒ prática **5**).

praticável adj 2g/s m (<praticar + -vel) **1** ⇒ exequível/realizável/fa(c)tível/viável. **2** s m Teat Conjunto ou parte «estrado» do cenário(+).

prático, a adj/s (<gr *praktikós,é,ón*: capaz de agir, que convém a a(c)ção; ⇒ prática) **1** Que está bem adaptado à sua função/Que procura aplicar a teoria à prática/Que visa resultados concretos. **Ex.** Isto é um trabalho ~, não teórico, o que nos interessa [, o que nós queremos] é o resultado [é que resulte/é que tenha êxito]. **Comb.** Dicionário ~ de português. **2** Que passa logo à a(c)ção, sem perder tempo com teorias/Que tem o sentido da realidade/Pragmático. **Loc.** Ter sentido ~ [Ser realista/pragmático/hábil]. **Comb. Chefe** «da fábrica» **~o**. **3** Que tem experiência ou habilidade num certo [nalgum] domínio/em alguma área. **Ex.** Ele já está ~ nestes trabalhos de computador. **4** s m Náut Piloto que conhece bem certas [determinadas/algumas] rotas ou locais. **Comb.** Um ~ da barra do rio Tejo (Em Lisboa).

pratícola adj 2g (<prado + -cola) **1** ⇒ pratense(+). **2** Relativo à cultura dos prados.

pratilheiro, a s (<prato + -ilho + -eiro) O que toca pratos numa orquestra ou banda.

pratinho s m (<prato + -inho) **1** Prato pequeno «de sobremesa». ⇒ pires. **2** fig Aquilo ou aquele que é obje(c)to de riso, de troça ou de escândalo. **Idi. Ser um ~ a)** Ser có[ô]mico/engraçado (Ex. Ele é um ~!); **b)** Ser obje(c)to de troça/escândalo (Ex. «o polícia caiu (de) bêba[e]do na rua» Aquilo foi um ~ para os transeuntes).

prato s m (<gr *platús*: amplo, chato) **1** Recipiente circular individual em que se come. **Idi. Limpar o ~** [Limpar/Comer tudo (o que estava no ~)]. **Pôr** (tudo) **em ~s limpos** [Dizer/Esclarecer/Apurar toda a verdade do que aconteceu]. **Comb. ~ fundo** «da sopa». **~ raso** «da carne/do arroz». ⇒ travessa para trazer a comida para a mesa. **2** Conteúdo de **1**. **Ex.** Comi um ~ de sopa e um ~ de batatas com bacalhau. **3** Comida ou cada parte de uma refeição. **Ex.** O almoço de hoje é [consta de]: sopa, dois ~s – um de carne e outro de peixe –, salada mista de alface e tomate e, como [para] sobremesa, fruta e pudim. **Comb. ~ caseiro** [cozinhado em qualquer casa]. idi **~ de resistência** [Refeição substancial ou ~ principal]. **~ do dia** [proposto para esse dia pelo restaurante]. **~ feito** [Refeição simples que já vem para a mesa colocada num ~]. **Primeiro ~** [A primeira comida quente (servida a seguir à sopa)]. **Segundo ~** [~ servido depois do primeiro]. **4** Obje(c)to com forma semelhante a **1**. **Ex.** Na orquestra ele toca os ~s. **Comb.** Os dois ~s da balança.

praxe (Che) s f (<gr *práksis*: a(c)ção, maneira de ser ou de agir) Aquilo que se pratica [faz] habitualmente/Uso [Hábito] seguido/Regra/Convenção/Etiqueta. **Loc.** Ser da ~ [Ser regra/costume/hábito «irmos todos dar os parabéns ao chefe no seu aniversário»]. **Comb.** ~ acadé[ê]mica [Conjunto de práticas estudantis usadas na hierarquia académica] ⇒ práxis.

praxia (Kssi) s f Psic (<práxis + -ia) **1** Função que permite a realização de gestos coordenados. **Ex.** As ~s mais típicas da infância foram investigadas por Jean Piaget. **2** Modo de agir de cada indivíduo.

práxis (Kssis) s f (⇒praxe) (A(c)tividade) prática/Modo de agir/A(c)ção. **Comb. ~ aristotélica** [segundo Aristóteles/Tudo o que se relaciona com o agir e não com a especulação ou teoria]. **~ cristã** [evangélica] «amar os outros com obras e não com palavras». **~ marxista** [de Marx/dirigida a conseguir a igualdade econó[ô]mica da sociedade]. **~ revolucionária** [que usa a revolução como meio de agir].

praxista (Chis) s/adj 2g (<praxe + -ista) **1** (O) que conhece ou segue as praxes. **2** Dir (O) que é versado [entendido] nas praxes processuais.

prazentear v t/int (<lat *pláceo,cére*: agradar, a prazer **4**) **1** Mostrar-se [Ser] prazenteiro/Mostrar agrado/Agradar. **Sin.** Aprazer(+). **2** Adular/Lisonjear. **Loc.** ~ os poderosos.

prazenteiro, a adj (<prazentear + -eiro) **1** Que denota [mostra] prazer ou agrado/Jovial/Alegre. **Ex.** O dono da casa recebeu-nos ~o. **Comb.** Rosto ~. **2** Agradável/Simpático. **Comb.** Jovem ~. **3** iron

Insinuante/Com boa cara. **Ex.** Dirigiu-se a nós, a conversar, (todo) ~, e, sem (nós) darmos por isso [*idi* por ela], roubou-nos o telemóvel [*Br* o celular].
prazer *v int/s m* (<lat *pláceo,cére,citum est*: agradar a; ⇒ prazentear) **1** Estado afe(c)tivo agradável/Satisfação/Contentamento/ Alegria. **Ex.** Lia[Via]-se-lhe no semblante [rosto] o puro ~ de viver. **2** Gosto/Agrado. **Ex.** – Chamo-me Carlos. – (Muito) ~ [(Muita) satisfação] em conhecê-lo, sr. Carlos. Para mim é um ~ poder ajudá-lo sempre que precise. Tenho [Terei] muito ~ em recebê-lo em minha casa. **Loc.** «a casa fez-se» ***A ~ de*** [À vontade de] «toda a família». «ele faz tudo» ***A seu bel-~*/belo ~ a)** Como (ele) quer/À sua vontade; **b)** *idi* Como lhe dá na (real) gana/Sem ouvir ninguém. **3** Satisfação de tendências sensíveis ou sensuais/Gozo/Deleite/Volúpia. **Comb.** ***O(s) ~(res) da mesa*** [da comida e da bebida]. ***O ~ da caça***. ***O princípio do ~*** [Tendência para agir buscando a sua satisfação pessoal e ignorando outras exigências ou normas]. **4** *v* Agradar(o+)/ Aprazer(+)/Comprazer(+). (Como *v* só se usa na 3.ª pessoa do sing). **Ex.** Praza a Deus [Deus queira/Oxalá] «que eu vá para o céu». Se a Deus prouver «quero chegar [viver até] aos cem anos».
prazo *s m* (<lat *plácitus dies*: dia que agrada; ⇒ prazer) **1** Tempo determinado [marcado] para fazer algo. **Ex.** O ~ já venceu [passou] há um mês, você tem de pagar uma multa! Foi contratado por um ~ de dois anos. **Loc.** ***A curto ~***. ***A médio ~***. ***A longo ~***. ***Vender a ~*/crédito** [para ser pago no futuro] (Ant. (Com pagamento) à vista; ⇒ a [em] prestações). **Comb.** ***Depósito*** (de dinheiro no banco) ***a ~*** [que é exigível no fim do período decidido] (Ant. Depósito livre/à ordem). **2** Data limite. **Ex.** O ~ para a conclusão da [para terminar a] obra (já) é no dia 15 do próximo mês. **3** *Hist* Prédio com enfiteuse.
pre[é]- *pref* (<lat *prae*: diante de, adiante, à frente) Exprime a ideia de **anterioridade**, **superioridade** e **superlatividade**. **Ex.** Preconcebido; pré-aviso. ⇒ proto-.
pre[prei]amar *s f* ⇒ praia-mar.
preambular *adj 2g/v t* (<preâmbulo + -ar²/¹) **1** Relativo a ou em forma de preâmbulo. **2** Fazer o preâmbulo de/Prefaciar(+).
preâmbulo *s m* (<lat *praeámbulus,a,um*: que caminha na frente) **1** Prefácio que precede algo «um discurso»/Exórdio(+)/ Introdução. **Ex.** Depois de um pequeno ~ entrou no tema propriamente dito. ⇒ *Mús* prelúdio. **2** *pl fig* Rodeio(s)/Cerimó[ô]nia(s)/Delongas. **Ex.** Deixemo-nos de ~s e vamos ao que interessa. **Loc.** Sem mais ~s [De repente/Sem qualquer explicação] «levantou-se da cadeira e saiu da reunião». **3** *Dir* Relatório que precede uma lei ou um decreto.
prear *v t/int* (<lat *praédor,dári,dátus sum*: roubar) **1** ⇒ prender/aprisionar. **2** ⇒ agarrar/Capturar «um animal». **3** ⇒ tomar/roubar/conquistar.
pré-aviso *s m* (<pré- + ...) **1** Aviso prévio [dado com antecedência]. **Comb.** ~ de reunião. **2** Placa de sinalização rodoviária. **3** Documento que deve ser entregue à entidade patronal antes de o sindicato fazer a greve.
prebenda *s f* (<lat *praebenda,ae* <*prae + hábeo*: ter) **1** Nome genérico, dado a qualquer benefício [salário/tributo] eclesiástico. **2** *fig* Emprego rendoso e de pouco trabalho/Sinecura(+). **3** *Br col* Tarefa desagradável/Maçada.

precação *s f* (<lat *praecátio,ónis*: a(c)ção de pedir) ⇒ deprecação(+); súplica(o+).
pré-canceroso, a *adj Med* Diz-se de afe(c)ção em qualquer parte do organismo que está em perigo de ficar cancerosa. **Comb.** Pólipo ~.
precariedade *s f* (<precário + -(i)dade) Cara(c)terística/Qualidade de precário.
precário, a *adj* (<lat *precárius,a,um* <*précor, ári*: pedir) Que não é estável ou seguro/Incerto/Delicado/Frágil/Contingente. **Ex.** Arranjei um emprego, mas muito ~, sem garantia de futuro. **Loc.** Conceder alguma coisa a título de ~ [com direito a reavê-la (mas) sem indemnização]. **Comb.** ***Estado*** [***Situação***] ***~o/a*** «de paz». ***Saúde ~a*/delicada.** ⇒ pobre; «luz» fraca.
preçário *s m* (<preço + -ário) **1** Regulamento oficial de preços. **Ex.** O Estado estipula [decide] o ~ da gasolina. **2** Relação de preços «afixada à entrada da pastelaria/do restaurante...». ⇒ cardápio; ementa; lista.
precarização *s f* A(c)to ou efeito de precarizar «a situação dos trabalhadores».
precarizar *v t* Tornar algo precário/instável/ Pôr em perigo «a saúde».
precatado, a *adj* (<precatar) **1** ⇒ cauteloso(+)/prudente. **2** ⇒ precavido(+).⇒ prevenido.
precatar *v t* (<precaver + catar) Pôr(-se) de precaução/Prevenir(-se)/Acautelar(-se). **Ex.** Ele precatou-se contra os assaltantes e não os deixou entrar em casa.
precatório, a *adj/s* (<lat *precatórius,a,um* <*préco(r), áre[í]*: pedir, invocar) Que [Em que se] pede algo. **Comb.** (Carta) ~a [em que um juiz pede a outro, de uma circunscrição diferente, que faça algumas diligências «citação, inquirição de testemunhas» de que ele precisa].
precaução *s f* (<lat *praecátio,ónis* <*praecáveo,ére,cáutum*: precaver-se) Medida tomada para evitar um mal que se receia [que pode ocorrer]/Cautela. **Loc.** ***Como ~*** [À cautela] «reforçou o sistema de segurança/de alarme». ***Tomar as devidas ~ões*** [Agir por forma a estar preparado para enfrentar a situação/Precaver-se].
precaver *v t* (⇒ precaução) Estar de sobreaviso/Acautelar-se. **Ex.** Vamos precaver-nos bem contra o possível ataque inimigo. ⇒ prevenir; precatar.
precavido, a *adj* (<precaver + -ido) Acautelado/Vigilante. **Ex.** Em caso de perigo de ataque (do) inimigo temos de estar bem ~s! ⇒ prevenido.
prece *s f* (<lat *prex,écis* [*préces,cum*(+)] **1** Invocação a Deus ou aos santos/Oração(+). **Comb.** ~s públicas «para que acabe uma guerra/epidemia». **2** Pedido respeitoso/Rogo/Súplica.
precedência *s f* (<precedente + -ia) **1** Qualidade ou estado do que é precedente. **2** Direito de preceder/Primazia/Preferência. **Ex.** Nas cerimó[ô]nias oficiais costumam guardar-se as ~s.
precedente *adj 2g/s m* (<preceder + -ente) **1** Que está [se encontra] antes no tempo ou numa sequência/Anterior(+). **2** Fa(c)to ou a(c)to que permite entender outro parecido. **Loc.** «é sempre perigoso» ***Abrir/ Criar/Estabelecer um ~*** «, porque vai servir de pretexto ou desculpa para agir dessa [da mesma] forma». «(deve ser) um caso» ***Sem ~*** [Sem outro exemplo/Nunca visto/Único no gé[ê]nero].
preceder *v t/int* (<lat *prae-cédo,ere,céssum*: marchar à frente, ser superior) **1** (V)irá [na] frente(+). **Ex.** Em português, ao contrário do inglês, o substantivo precede o adje(c)tivo «homem alto». **2** Ser anterior (no tempo)/Anteceder(+). **Ex.** O jantar foi prece-

dido de dois breves discursos: de boas-vindas e de saudação.
preceito *s m* (<lat *praecéptum,í*) O que é recomendado como regra ou ensinamento. **Loc.** ***A ~*** [Como deve ser/Com todas as regras/«vestir-se» Bem «para o casamento»] (Loc. Fazer uma feijoada a ~/ uma feijoada bem feita). **Comb.** ***~s da arte*** «da boa cozinha/de bem cozinhar». ***~s da Igreja*** «ir à missa aos domingos». ***~s*** [Regras] ***de higiene***. ***~ moral*** ⇒ mandamento; decálogo; ditame «da razão».
preceituar *v t/int* (<preceito + -ar¹) ⇒ prescrever(+); mandar; recomendar.
prece(p)tivo (*dg*), **a** (Cè) *adj* [= preceptivo] (<lat *praeceptívus,a,um*) Que contém preceito(s). ⇒ obrigatório.
prece(p)tor (*dg*), **ora** (Cè) *s* [= preceptor] (<lat *praecéptor,óris*) ⇒ mestre/professor/ educador.
precessão *s f* (<lat *praecéssio,ónis*) A(c)to ou efeito de preceder. **Comb.** ***Astr ~ dos equinócios*** [Movimento retrógrado dos pontos equinociais (50,2' por ano), derivado do movimento cónico do eixo de rotação da Terra, em sentido retrógrado.]
precetivo/precetor ⇒ preceptivo/...
precingir *v t* (<lat *prae-cíngo,ere,cínctum*) **1** Ligar com cinta ou coisa parecida. **Loc.** ~ (ramos de) palmas aos postes «para a (passagem da) procissão». **2** ⇒ cercar, rodear.
precinta *s f* (⇒precingir) **1** Tira de pano para cingir algo/Cinta/Faixa/Atadura. **2** Tira ou braçadeira de aço ou plástico rijo com que se seguram diversas peças de madeira, pedra, etc., que por ela são abraçadas. **3** *Náut* Tira de lona com que se forram os cabos dos navios.
preciosamente *adv* (<precioso + -mente) Por ter [Como se tivesse] um grande valor. **Ex.** Guardou ~ o broche e o colar de pérolas como lembrança da mãe. **Sin.** Cuidadosamente.
preciosidade *s f* (<precioso + -(i)dade) **1** Obje(c)to ou obra de grande valor. **Ex.** *Os Lusíadas* de Luís de Camões são uma ~ literária. **2** Obra rara/Raridade. **Ex.** A biblioteca da nossa universidade tem alguns manuscritos antigos que são verdadeiras [autênticas] ~s.
preciosismo *s m* (<precioso + -ismo) **1** Afe(c)tação requintada no falar e no escrever. **Ex.** A minha escrita é simples [sóbria]; não gosto de ~s literários. ⇒ gongorismo. **2** Maneira de ser ou de agir demasiado artificial/Exagero(+).
precioso, a (Ôso, Ósa, Ósos) *adj* (<lat *pretiósus,a,um*: caro; ⇒preço) **1** A que se dá grande valor ou por que se tem muito apreço. **Ex.** Não queria (de maneira nenhuma) vender a ~ mobília que herdara dos pais. **2** Que tem grande valor. **Ex.** A amizade é um bem ~o. **Comb.** ***Alfaias ~as*** «do palácio». ***Madeiras ~as*** «de ébano/ jacarandá». ***Metais ~s*** «ouro/prata». ***Pedra ~a*** «diamante/safira/esmeralda». **3** De grande importância/Belo/Magnífico. **Ex.** ~as talhas douradas ornavam a igreja de estilo barroco. **4** Muito útil ou necessário. **Ex.** O atraso do avião fez-nos perder um tempo ~. O carro é ~ para quem não vive na cidade. **Comb.** ***Ajuda ~a*** «dos vizinhos para apagar o incêndio». ***Amigo ~o*/muito bom/raro.**
precipício *s m* (<lat *praecipítium,ii*) **1** Local profundo e escarpado/Abismo/Despenhadeiro. **Ex.** O carro saiu da estrada e caiu num ~! **2** Perigo grave ou iminente/Desgraça/Ruína/Perdição. **Ex.** Sentia-se à beira de um ~. Por esse caminho [Se não

muda de rumo/comportamento] você vai cair no ~ «vai-se arruinar/vai morrer».
precipitação s f (<lat *praecipitátio,ónis*: queda «de cabeça (para baixo)») **1** Demasiada pressa/Atrapalhação. **Ex.** Com a [Por causa da] ~ entornou o copo e a toalha ficou toda manchada. O assunto [A decisão a tomar] é muito importante, portanto nada de ~ões [portanto não tenhamos pressa]! **2** A(c)to impensado/Irreflexão. **Ex.** Foi uma ~, ele mostra-se arrependido do que fez. **3** *Meteor* Queda de água «chuva/neve/granizo/saraiva» da atmosfera para a terra. **Comb.** ~ (atmosférica) total anual/PTA [Total de ~ durante um ano]. **4** *Quím/Fís* **a)** Fenó[ô]meno de uma substância se separar do líquido em que estava dissolvida ou suspensa e se sedimentar no fundo do recipiente; **b)** Formação de uma substância pouco solúvel que se forma numa solução por causa de uma rea(c)ção química; **c)** Disseminação de radioa(c)tividade. **Comb.** ~ *nuclear* [Queda de partículas radioa(c)tivas e de poeiras resultantes duma explosão nuclear/atómica]. ~ *radioa(c)tiva* [Propagação/Disseminação de nuclídeos radioa(c)tivos formados numa explosão (de central) nuclear]. **5** *Geol* Sedimentação. **Comb.** Rocha de ~ [A que se forma no fundo do mar por sedimentação].
precipitadamente adv (<precipitar + -mente) **1** De modo precipitado/Apressadamente. **Ex.** Teve de fugir ~. **2** De maneira imprudente/Impensadamente. **Ex.** Agiu ~ e, quando se arrependeu, já ninguém o quis ouvir.
precipitado, a adj/s m (<precipitar) **1** (O) que procede impensadamente/que é irrefle(c)tido/imprudente. **Ex.** Achou-o jovem de mais [*Br* demais] e, por isso mesmo, ~. **2** Feito apressadamente/sem pensar bem. **Comb.** Decisão ~ [feita/tomada sem pensar nos riscos/nas consequências]. **3** *Quím* s m **a)** Substância pouco solúvel que se forma numa solução em consequência duma rea(c)ção química; **b)** Substância que se separou do líquido em que estava dissolvida e se depositou no fundo do recipiente (⇒ precipitação **4**).
precipitante adj 2g/s m (<precipitar + -ante) **1** Que precipita/a(c)ciona/acelera. **2** *Br* ⇒ impulsivo/brigão. **3** *Quím* Reagente químico que provoca a precipitação da rea(c)ção com que se obtém um precipitado **3**.
precipitar v t/int (<lat *praecípito,áre,átum*) **1** Atirar «alguém» ao precipício/do alto/de cima. **Ex.** Precipitou[Atirou/Lançou]-se do décimo andar (do prédio) e morreu. **2** Provocar/Causar precipitação. **Ex.** Precipitei-me na compra da casa e estou (muito) arrependido (de a ter comprado). Não me precipite [me apresse/me meta pressa] (por)que este trabalho exige muito cuidado! **3** Correr/Lançar-se/Atacar bruscamente. **Ex.** O tigre precipitou-se sobre a presa «gazela». **Loc.** ~-se sobre o inimigo. **4** ~-se/Proceder impensadamente. **Ex.** (Meu) filho, não te precipites, pensa bem (primeiro)! **4** Acelerar/Adiantar. **Ex.** Não seria necessário ~ o nascimento da criança. Com o [Por causa do] triunfo da revolução, os acontecimentos precipitaram-se «cada dia saíam novos decretos e mudanças». **5** *Quím/Fís* Formar-se uma substância sólida numa solução por rea(c)ção química ou só por sedimentação (⇒ precipitação **4**).
precípuo, a adj/s m (<lat *praecípuus,a,um*) **1** ⇒ principal(+)/essencial(+). **2** *Dir* **a)** (Diz-se dos) bens que o herdeiro não é obrigado a trazer à colação; **b)** Vantagem que o testador ou a lei dá a um dos co-herdeiros.
precisado, a adj (<precisar) ⇒ necessitado(+) «de dinheiro/comida».
precisamente adv (<preciso + -mente) **1** Com precisão/exa(c)tidão. **Ex.** Eram ~ vinte e oito pessoas. **2** Expressão que exprime assentimento ou concordância total. **Ex.** Tenho de vir com a minha mulher para podermos assinar? – ~ [Sim/Exa(c)tamente]! **3** *Iron* Em construções negativas serve para reforçar uma crítica. **Ex.** Ele não é ~ [bem] a pessoa mais indicada para resolver este problema.
precisão s f (<lat *precísio,ónis*: a(c)ção de cortar <*praecído,ere,císum*: cortar pela ponta) **1** Qualidade de preciso/exa(c)to/Exa(c)tidão. **Loc.** Medir o [Tirar as medidas do] terreno com ~. **2** ⇒ concisão(+) «de linguagem/de estilo (de Miguel Torga)». **3** ⇒ pontualidade(+) «dos comboios/trens japoneses». **4** *Mec* Alta qualidade em medidas e medições. **Comb.** *Indústrias de* ~ [que fabricam material elé(c)trico, ele(c)trónico, de rádio, de relojoaria, de ó(p)tica, ...]. *Instrumento de* ~ [muito exa(c)to para operações científicas]. **5** ⇒ necessidade(+) «de dinheiro»/carência(+) «de alimentos/remédios».
precisar v t/int (<preciso + -ar¹) **1** Ter de [que] «fazer algo». **Ex.** Eu preciso de comprar um carro. Os filhos precisam de [têm que] fazer o que os pais (lhes) dizem. **2** Ter necessidade [Carecer/Necessitar] de. **Ex.** As crianças precisam [necessitam] do carinho dos pais. Ela precisa que a ajudem, já não pode (fazer) nada sozinha. Todos precisamos uns dos outros. **3** Indicar de modo preciso/claro/explícito/Explicitar/Particularizar. **Ex.** Vamos ~ as datas das próximas reuniões. Vou ~ melhor o que eu penso sobre esse assunto.
preciso, a adj (<lat *praecísus,a,um*: cortado pela ponta; ⇒ precisão) **1** Necessário. **Ex.** É ~ [necessário] estudar para saber. É ~ que você saiba [aprenda a] «ir sozinho para a escola». **2** Que não deixa lugar para dúvidas/Definido/Claro. **Ex.** O seu raciocínio [argumento/pensamento] foi ~/claro. Naquele ~ [Mesmo naquele] momento ele abandonou a [saiu da] sala. **Comb.** *Hora* ~*a*/clara/bem definida «da reunião». *Ordem* ~*a*/clara «do chefe». **3** Conciso(+). **Comb.** *Estilo* ~. *Linguagem* ~*a*. **4** Que mede com muita [com toda a] exa(c)tidão. **Comb.** *Instrumento* ~. **5** Que fez [Feito] com exa(c)tidão. **Ex.** Como trabalhador é lento mas (é) muito ~. **Comb.** *Um corte* ~*o* «do cirurgião». *Um gesto* ~ «do a(c)tor». *Um tiro* ~ «atingiu a ave/o javali/o urso».
pré-citado, a adj (pré + ...) Antes citado. **Ex.** As palavras do Primeiro-Ministro, ~as no começo da minha palestra [conferência], indicam que o Governo aprovou este proje(c)to.
precito, a adj/s (<lat *praescítus,a,um* <*praescío,íre*: saber antes) ⇒ réprobo(+).
preclaro, a adj (<lat *praeclárus,a,um*: belo, muito brilhante) **1** Que se distingue pelo mérito/Notável/Ilustre. **Ex.** Tive ~s mestres na minha escola. **2** Belo/Formoso. **Comb.** Nossa Senhora, ~a Rainha nossa.
preço (Prè) s m (<lat *prétium,ii*) **1** Valor, em dinheiro, de um bem ou serviço/Custo. **Idi.** «comprei esta casa» *A* ~ *de ouro* [Por muito dinheiro/Muito caro]. *Ao* ~ *da chuva*/*Br A* ~ *de banana* [Muito barato]. «quero ser campeão» *A qualquer* [todo o] ~ [Custe o que custar/Sem medir esforços/De qualquer maneira/modo]. *Não ter* ~ [Ser inestimável/muito valioso] (Ex. Uma boa amizade não tem ~). **Comb.** ~ *da fruta* «maçã/laranja/banana». ~ *da passagem/viagem* «de avião». ~ *de capa* [~ final de um livro comprado nas livrarias]. ~ *de custo* [Soma de todas as despesas feitas para produzir algo]. ~ *de fábrica* [cobrado pelo produtor aos revendedores/retalhistas]. ~ *de mercado* [por que algo é negociado]. ~ *fixo/marcado*. **2** O que é necessário dar ou sacrificar para (ob)ter algo/Paga/Pré[ê]mio/Contrapartida. **Loc.** «enriqueceu mas» *A* ~ [À custa] *de* «arruinar a própria saúde». *Receber o* ~ [prémio/a paga] *do crime* «ir para a cadeia». **3** ⇒ apreço/estima/valia.
precoce adj 2g (<lat *praécox,ócis* <*prae + cóquo,cóctum*: cozer, amadurecer) **1** «morango/pêssego/roseira» Que amadurece ou floresce antes da época normal/própria/Temporão(+). **2** Que se manifesta mais cedo (do) que o habitual. **Comb.** Senilidade ~. **3** Que muito cedo manifesta capacidades acima do normal para a sua idade. **Comb.** «Mozart» Músico ~ [Gé[ê]nio musical].
precocidade s f Qualidade de precoce. **Ex.** A ~ da doença «senilidade» surpreendeu toda a família. Mozart foi de [mostrou] uma ~ rara.
precogitar v t (<lat *prae-cógito,áre*) ⇒ premeditar.
precognição s f (<lat *prae-cognósco*) ⇒ presciência.
precógnito, a adj (<lat *prae-cognosco, cógnitum*) Previamente [Já] conhecido(+).
pré-colombiano, a adj Anterior à chegada à América (1492) de Cristóvão Colombo (1436-1506).
pré-comprado, a adj Diz-se de bilhete de transporte público «ó[ô]nibus» que se compra antes de iniciar a viagem. ⇒ passe.
preconceber v t (<pre + ...) Conceber de antemão/Visualizar(+)/Imaginar(o+).
preconcebido, a (<pre + ...) **1** Conhecido antecipadamente/Visualizado/Imaginado. **2** *pej* Sem fundamento/Parcial/Que só existe na cabeça de uma pessoa ignorante/fechada. **Comb.** Ideias ~as «sobre os estrangeiros».
preconceito s m (<pre- + ...) **1** Opinião/Ideia sem fundamento real/sério. **Comb.** ~s raciais. **2** Má opinião/Sentimento hostil/Intolerância. **Loc.** Ter ~s contra alguém. **Comb.** Pessoa cheia de ~s/que só julga [pensa] mal dos outros.
preconceituoso, a adj (<preconceito + -oso) Que tem preconceitos/não é isento/Parcial. ⇒ hostil/intolerante.
precondição (Prè) s f (pre- + ...) ⇒ *sine qua non*.
preconização s f (<preconizar + -ção) **1** ⇒ louvor/aclamação. **2** *Catol* Declaração em consistório pontifício de que um eclesiástico pode ter uma nomeação «para bispo».
preconizador, ora adj/s (<preconizar **2/3**) ⇒ panegirista.
preconizar v t (<lat *praéco,ónis*: arauto, pregoeiro, panegirista + -izar) **1** Recomendar vivamente ideias novas «a limpeza na cidade». **2** *Catol* Fazer a preconização **2** «dum bispo». **3** ⇒ elogiar; louvar; fazer o panegírico. **4** ⇒ prever.
pré-consciente adj/s m **1** Anterior ao estado consciente, mas que pode ser lembrado sem resistência ou repressão internas. **2** s m Sistema do aparelho psíquico que não está no campo do consciente mas a que se pode ter acesso quando necessário/que está entre o inconsciente e a consciência. ⇒ subconsciente.
pré-cordial adj 2g (<precórdio + -al) Que fica à frente [na zona] do coração.

precórdio s m Anat (<lat praecórdium[dia]) Região do tórax sobre o coração.

pré-cozido, a adj Diz-se de alimento que se submeteu a cozedura prévia.

pré-cristão, ã adj Diz-se de algo antes da vinda de Cristo/antes do começo do cristianismo. **Comb.** *A Europa ~tã. Os tempos ~tãos*.

precursor, ora adj/s (<lat *praecúrsor,óris*) (O) que vai à frente. ⇒ dianteiro; batedor; pioneiro. **2** (O) que anuncia algo ou alguém/Anunciador. **Ex.** S. João Ba(p)tista foi o (grande) ~ de Jesus Cristo. **3** Que precede ou faz prever algo. **Comb.** Sinais ~res de doença grave. Sinais ~res [anunciadores] de tempestade.

predador, ora adj/s (<lat *praedátor,óris*) (Diz-se de) ser «animal/homem/planta» que ataca ou usa outros para se alimentar. **Ex.** O tigre e o leão são grandes ~res. O homem primitivo era ~, vivia da caça e da apanha de frutos silvestres. A poluição é ~ra [destruidora] do meio ambiente.

predar v t (<lat *praédo(r),áre* [ári]) ⇒ caçar; pilhar; destruir.

pré-datar v t Datar antes da verdadeira data ou previamente. **Ex.** O cheque pré--datado vence numa data futura.

predatório, a adj (<lat *praedatórius,a,um*: de ladrão) **1** Relativo a predador ou predação. **Comb.** «tigre/leão» Animais de hábitos ~s. **2** Relativo a roubo ou a piratas. **3** ⇒ destruidor «do meio ambiente».

predecessor, ora s (<lat *praedecéssor,óris* <*prae + decédo,céssum*: afastar-se, morrer) Pessoa que precedeu [antecedeu] outra. **Ex.** O novo ministro elogiou o seu ~ (no cargo). Os celtas foram os ~res dos anglo-saxões na Inglaterra. **Sin.** Antecessor. **Ant.** Sucessor.

predefinição s f A(c)to de predefinir.

predefinir v t (<pre- + ...) **1** Definir [Determinar/Decidir] antecipadamente. **Ex.** Temos de ~ as condições para realizar tão ambicioso [grande/importante] proje(c)to. **2** ⇒ predestinar.

predestinação s f (<predestinar + -ção) **1** Determinação antecipada dum destino mais ou menos provável/Predeterminação. **2** *Teol* Doutrina que erradamente defende que o nosso destino eterno, a salvação ou condenação, está antecipadamente decidido por Deus.

predestinado, a adj/s (<predestinar) (O) que está destinado a ter sucesso/a realizar grandes coisas. **Ex.** Ele é um ~! **Ant.** Condenado; falhado.

predestinar v t (<lat *prae-déstino,áre,átum*: reservar antecipadamente) Destinar com antecedência. **Ex.** O pai predestinou o filho mais velho para lhe suceder [para o continuar] no ofício «de carpinteiro». O proje(c)to estava predestinado [votado] ao fracasso. ⇒ predestinação **2**.

predeterminação s f A(c)to de predeterminar.

predeterminante adj 2g Que causa predeterminação. **Ex.** Foi ~ para a derrota a expulsão do melhor jogador da equipa.

predeterminar v t (<lat *prae-detérmino,áre,átum*) **1** Determinar com antecedência. **Ex.** O chefe já havia predeterminado tudo o que iríamos fazer no dia seguinte. **2** ⇒ prever; preparar; antecipar.

predial adj 2g (<prédio + -al) Relativo a prédios «casas/imóveis». **Comb.** *Cadastro/Matriz*(+) ~ [Regist(r)o em que são descritos e avaliados os prédios urbanos e rústicos na repartição de finanças para pagamento de impostos]. *Imposto/Contribuição* ~ [Pagamento ao Estado segundo o valor dos prédios].

prédica s f col (<predicar) **1** ⇒ discurso «moralizante». **2** ⇒ sermão/homilia.

predicação s f (<lat *praedicátio,ónis*) **1** Pregação(+). **2** *Gram* Qualidade/Função/Emprego de predicado. **3** *Fil* Qualificação do [Atribuição ao] sujeito (Ex. Na frase *O homem é um animal racional*, a ~ é *animal racional*).

predicado s m (<predicar) **1** ⇒ qualidade/cara(c)terística/atributo. **2** Qualidade boa/positiva/Virtude/Mérito. **Ex.** É um jovem com muitos ~s. **3** *Gram* Elemento «verbo e adje(c)tivo» que diz algo do sujeito da frase. **Ex.** Na frase *Ele é o maior mentiroso que já existiu*, o ~ é toda a frase menos *ele*; na frase *Morreu o maior mentiroso que já existiu*, o ~ é só *morreu*.

predicamento s m (<lat *praedicaméntum,i*) **1** *Fil* Conteúdo de uma proposição ou afirmação/Categoria(+). **2** Qualidade/Predicado **1**(+).

predicante adj/s 2g (<predicar **1**) ⇒ pregador.

predição s f (<lat *praedíctio,ónis*) **1** A(c)to de predizer. **2** Coisa predita. **Ex.** A ~ cumpriu-se/verificou-se. ⇒ profecia; prognóstico; vaticínio.

predicar v t (<lat *práedico,áre,átum*: dizer publicamente, louvar) **1** ⇒ pregar²(+). **2** Dizer o predicado de/Falar de/Definir. Ao dizer *José é meu filho* eu prediquei a filiação dele.

predicativo, a adj/s m (<predicar **2**) **1** Relativo a predicar **2** ou a predicado. **2** *Gram* (Diz-se de) nome ou pronome que determina o sujeito ou o complemento (in)dire(c)to de uma frase/proposição. **Ex.** Na frase *A criança está bem*, *bem* é o ~ do sujeito *A criança*. Na frase *Encontrou arrombada a casa*, *arrombada* é o ~ do complemento dire(c)to.

predicatório, a adj (<lat *praedicatórius,a,um*) Que elogia/louva/Laudatório/Encomiástico.

predileção (Lè) s f [= predilecção] (<pre- + lat *diléctio,ónis* <*díligo,lígere,diléctum*: amar, escolher) **1** Amizade especial por algo ou alguém/Preferência. **Ex.** Os pais tinham uma clara ~ pelo filh(inh)o mais novo. **2** Obje(c)to de **1**. **Ex.** Os netos eram a ~ do avô. Gosto de todas as disciplinas [matérias] (da esco!a) mas a minha ~ são as línguas.

predilecção/predilecto ⇒ predileção/...

predileto, a (Lé) adj/s [= predilecto] (⇒ predile(c)ção) (Diz-se de) coisa ou pessoa de maior estima. **Comb.** Filho [Filme/Vinho] ~.

prédio s m (<lat *praedium/praedia*: propriedades; bens de raiz) **1** (Porção de) terreno. **Ex.** Tenho um ~ com horta e pomar. ⇒ herdade; campo. **2** Edifício. **Ex.** S. Paulo e Rio de Janeiro têm ~s muito altos. **Comb.** ~ urbanos [destinado a moradia/dentro da urbe ou povoação] (Ant. ~ rústico [destinado à agricultura]).

predisponente adj 2g (<pre- + ...) **1** Que predispõe. **2** *Med* Que cria condições para o aparecimento de sintomas ou doenças. **Comb.** Fa(c)tor ~ da gripe.

predispor v t (<pre- + ...) **1** ⇒ preparar «o salão para a festa». **2** Haver [Criar] condições para que algo possa acontecer/Levar a/Causar. **Ex.** O discurso dele [que fez] não predispôs as pessoas a votar nele. A falta de higiene predispõe para as doenças.

predisposição s f (<pre- + ...) **1** Disposição ou tendência natural/Vocação(+). **2** Vontade. **Ex.** Não tinha ~ para (sa)ir «de passeio» (n)aquele dia. **3** *Med* Propensão/Tendência do organismo para contrair determinada [uma] doença [para engordar].

predisposto, a (Pôsto, Pósta, Póstos) adj (<predispor) Que se predispõe/Que tem predisposição. **Ex.** Não há ninguém ~ a arriscar a própria vida.

predito, a adj (<predizer) Dito [Anunciado] antecipadamente/Profetizado.

predizer v t (<lat *prae-díco,ere,díctum*) Dizer [Anunciar] com antecedência o que irá [virá a] acontecer/Vaticinar/Prognosticar/Profetizar. **Ex.** É difícil ~ o futuro, mas (é) fácil ~ um eclipse do sol.

predominância s f (<predominante) O que predomina/que existe em maior quantidade/Predomínio. **Ex.** No pessoal docente do ensino básico há forte [grande/clara] ~ de mulheres. Nos quadros de Van Gogh há ~ dos tons de amarelo.

predominante adj 2g (<predominar) **1** Que existe em maior quantidade «numeroso»/Preponderante/Dominante. **2** *Gram* Diz-se de acento que assinala a maior intensidade sonora duma vogal ou sílaba da palavra. **Sin.** Tó[ô]nico.

predominantemente adv ⇒ maioritariamente; sobretudo; principalmente.

predominar v int (<pre- + ...) **1** Ser ou aparecer em maior quantidade, tamanho, altura ou intensidade. **Ex.** Na paisagem predomina o verde. **2** ⇒ dominar; estar por cima.

predomínio s m (<pre- + ...) O (fa(c)to de) ser mais forte ou numeroso/Predominância. **Ex.** Então [Nessa época], a Inglaterra predominava [exercia o ~] nos mares. **Loc.** Lutar pelo ~/pela supremacia [Querer ser o mais forte] «na política/economia».

pré-eleitoral adj 2g Que antecede eleições. **Comb.** Campanha [Propaganda] ~.

preeminência s f (<preeminente) Qualidade de quem ou daquilo que é superior/melhor/Supremacia. **Ex.** Todos reconhecemos a ~ dessa família na nossa terra. ⇒ primazia; importância; grandeza.

preeminente adj 2g (<lat *prae-emíneo,ére*: estar elevado acima de, sobressair) Superior/Distinto/Nobre/Eminente. **Comb.** Professor ~/eminente(+). *Situação/Posição* ~ [elevada]. *Virtudes* «fé/caridade/prudência» ~s [em alto grau de perfeição)].

preempção s f (<pre- + lat *émo,ere,émptum*: comprar + -ção) **1** Compra antecipada. **2** Direito de comprar antes de outrem/Precedência de compra.

preencher v t (<pre- + ...) **1** Escrever o que é solicitado [pedido/exigido] nos espaços em branco «do formulário/requerimento». **Ex.** Responda ao teste «de matemática/português» preenchendo (nos respe(c)tivos lugares) os espaços em branco. ⇒ encher. **2** Satisfazer plenamente/Corresponder ao que é exigiddo. **Loc.** ~ as condições do contrato. ⇒ cumprir. **3** Ocupar/Completar. **Ex.** Os novos professores vieram ~ duas vagas [dois lugares] deixados pelos (professores) a exercer.

preenchimento s m (<preenchido + -mente) A(c)to ou efeito de preencher/Ocupação. **Comb.** ~ dum formulário [questionário]. Regras para o ~ deste cargo.

preensão s f (<lat *prehénsio,ónis*; ⇒ prender) A(c)ção ou capacidade de agarrar/segurar. **Ex.** A mão é o principal órgão de ~ do homem. ⇒ preensor/preênsil.

preênsil [**preensor**] adj (⇒ prender) Que agarra/prende. **Comb.** *Mãos preênseis* «do macaco». *Tentáculos preensores* dos celentrados «coral».

pré-escola adj/s m **1** Nível de ensino que antecede o primário. **2** Estabelecimento/

Escola que ministra esse ensino. ⇒ infantário; jardim de infância; jardim-escola.
pré-escolar adj/s m **1** Referente a pré-escola **1**/Pré-primário. **Comb.** Ensino ~. **2** Pré-escola **2**/Pré-primária.
pré-esforçado adj/s m (Diz-se de) aço ou estrutura que foram sujeitos a pré-esforço para melhorar a sua resistência. ⇒ solicitação.
preestabelecer v t (<pre- + ...) Estabelecer/Determinar previamente/com antecedência. **Ex.** O pagamento deve ser feito dentro do prazo (pre)estabelecido.
pré-estreia[-lançamento] s f/m Apresentação de algo, sobretudo filmes, a um público restrito «para apreciação ou propaganda» antes da apresentação ao público geral. **Sin.** Antestreia.
preexcelência s f (<pre- + ...) Qualidade de preexcelente/extraordinário/superior/magnífico/Superioridade marcada que escapa a qualquer hierarquia comum.
preexistência s f (<pre- + ...) Qualidade de preexistente/Fa(c)to de preexistir/Existência anterior.
prefabricar v t (<pre- + ...) Fabricar [Construir] elementos para depois serem montados. **Comb.** Casa prefabricada [montada/feita/construída com partes prefabricadas].
prefação s f (<lat praefátio,ónis: a(c)ção de falar primeiro) **1** Palavras introdutórias(+)/Introdução/Apresentação. **Ex.** Encarregaram-no de fazer a ~ à entrega dos pré[ê]mios. **2** ⇒ prefácio(+)/prólogo(+).
prefaciar v t (<prefácio + -ar[1]) **1** Escrever [Fazer] o prefácio de. **Loc.** ~ um livro «de História». **2** ⇒ anunciar; preparar para.
prefácio s m (⇒ prefação) **1** Texto, geralmente breve, colocado no início duma obra para a apresentar ao leitor/Prólogo. ⇒ preâmbulo; introdução; apresentação. **Ant.** Posfácio. **2** Catol Primeira parte da Oração Eucarística que é o centro da Missa.
prefeito, a s (<lat praefectus,i: o que está à frente dum serviço, chefe, ~) **1** Br Chefe de Prefeitura «de S. Paulo»/Pt Presidente da Camâra (Municipal) «de Lisboa». **2** Presidente ou magistrado de várias instituições «Congregação do Vaticano/Cantão suíço/Departamento francês». ⇒ vigilante [encarregado da disciplina] «dum colégio».
prefeitura s f (<lat praefectura,ae; ⇒ prefeito) **1** Hist Cada uma das grandes divisões «~ das Gálias/~ do Oriente» do Império Romano estabelecidas por Constantino. **2** Br Poder executivo [Sede] dos municípios. **Comb.** ~ do Rio de Janeiro/de Vitória. **Sin.** Pt Câmara Municipal «do Porto/de Bragança». **3** Qualquer instituição presidida por um prefeito. **Comb.** ~ Apostólica [Circunscrição eclesiástica que é o primeiro estádio da organização da hierarquia num território].
preferência s f (⇒ preferir) **1** Manifestação de gosto ou de atenção por algo. **Ex.** De (entre) todas as cores tem ~ pelo [gosta mais do] azul. **Loc.** De ~ [Mais do que tudo/Preferencialmente/Especialmente/Sobretudo] (Ex. Gosto muito de ler, de ~, à noite, antes do [me de] deitar. «cantor» *Gozar da* ~ *do público* [Ser preferido a outros/muito admirado]. ⇒ predile(c)ção. **2** Possibilidade (legal) de passar à frente dos outros. **Ex.** Aqui [Neste serviço] crianças e idosos têm ~. **Loc.** «num cruzamento ou rotunda um condutor» Ter ~ de passagem. **Comb.** Direito de ~/de opção [ser o primeiro a poder comprar, vender, herdar algo]. **Sin.** Prioridade.

preferencial adj 2g (<preferência + -al) Em que há preferência. **Comb.** Tarifa ~.
preferencialmente adv De [Dando] preferência. **Ex.** A empresa atribuía cargos de chefia ~ a pessoas formadas (na universidade).
preferentemente/preferivelmente adv Com preferência/Antes/Melhor/Mais. **Ex.** Dos [De entre os] dois, escolho ~ este «modelo/computador». ⇒ preferível.
preferido, a adj/s (<preferir) De que se gosta mais (do que dos outros)/Favorito/Predile(c)to. **Comb.** *Amigo* ~ [O maior/melhor amigo]. *Vinho* ~ [de que mais se [alguém] gosta].
preferir v t (<lat práe-fero,férre,tuli,látum: levar à frente, ~; ⇒ preferido) Optar, em caso de escolha, por algo [por uma coisa] que melhor (cor)responde ao que se quer «eu quero». **Ex.** Para o emprego, prefiro [gosto mais de] ir a pé. Prefiro o café com açúcar, sem açúcar não gosto [não o consigo beber].
preferível adj 2g (<preferir + -vel) Que se pode ou deve preferir/Melhor. **Ex.** Como a dor não passa com este remédio, é ~ ir(es) ao médico.
preferivelmente adv ⇒ preferentemente.
prefiguração s f Figuração/Representação de uma coisa que está para existir ou acontecer. **Ex.** A transfiguração de Jesus (Mt 17: 1 - 8) foi uma ~ da Sua Ressurreição (e da nossa vida no Céu).
prefigurar v t/int (<lat praefigúro,áre,átum) Figurar/Representar uma coisa futura/Afigurar(+). **Ex.** A serpente de bronze levantada por Moisés no deserto (Nm 21: 8 e 9) prefigurava Jesus Cristo crucificado (Jo 3: 14). ⇒ figurar; imaginar; parecer; supor.
prefixar (Cssar) v t (<pre- + fixar) **1** Fixar/Marcar/Determinar com antecedência. **Loc.** ~ [Marcar(+)] *uma data*. **2** Gram Pôr prefixo em «satisfeito ⇒ insatisfeito».
prefixo (Csso) s m Gram (<prefixar **2**) **1** Partícula [Elemento de formação/Afixo] que se coloca antes do radical de uma palavra para formar nova palavra. **Ex.** A palavra imprevidente tem estes ~s: in e pre. **Ant.** Sufixo. **2** Br Vinheta indicativa de uma emissora de rádio ou TV, de um navio ou avião, ... (⇒ logótipo).
prefloração [preflorescência] s f Bot (<pre- + ...) Disposição das pétalas no botão antes de desabrochar/florir/florescer.
prefoliação s f Bot (<pre- + ...) Disposição das folhas jovens no gomo [rebento] antes de elas se separarem [abrirem] completamente.
preformação s f Biol (<pre- + ...) Teoria embriológica que admitia que os seres se encontravam, já no ovo, constituídos por todos os seus órgãos.
pré-frontal adj 2g/s m Anat **1** s m Osso par, de origem cartilagínea, da parte frontal do crânio. **Sin.** Frontal anterior. **2** adj Relativo a **1**. **Comb.** Lobotomia ~.
prefulgir [prefulgurar] v int ⇒ fulgir [fulgurar] intensamente; brilhar; luzir.
prega s f (<lat plíco,áre,átum: dobrar) **1** Parte dobrada ou franzida «num tecido/papel/...»/Dobra «do intestino». **Comb.** *As ~s da cortina. Uma saia bonita* [engraçada] *com* ~s. **2** ⇒ ruga(+) «na cara». **3** Geol Curvatura/Dobra(+) dos estratos [das camadas] num terreno ou rocha.
pregação (Prè) s f (<pregar[2] + -ção) **1** A(c)to de pregar/Sermão/Homilia. **Ex.** Os fiéis ouviam com atenção a ~ da divina palavra pelo sacerdote. ⇒ pregador[2]. **2** pop ⇒ admoestação; repreensão; ralho.
pregadeira s f (<pregar[1] + -eira) **1** Almofadinha em que se espetam agulhas e alfi-

netes para não se perderem. **2** Alfinete de peito/Broche de senhora(+).
pregado, a adj/s m (<pregar[1]) **1** Fixo com prego. **Comb.** Tábua mal ~a. **2** fig Fixo. **Ex.** A criança tinha os olhos ~s nos brinquedos da loja. **3** fig Imóvel/Colado. **Ex.** Caí e fiquei ~ ao chão, sem conseguir levantar-me. **4** Br ⇒ extenuado; esfalfado. **5** s m Icti ⇒ rodovalho.
pregador[1], ora adj/s (<pregar[1]) **1** (O/Aquilo) que prega [segura com pregos]. **2** ⇒ presilha.
pregador[2], ora (Prè) adj/s (<pregar[2]) **1** (Pessoa) que prega [faz pregações]/«Pe. Antó[ô]nio Vieira, grande» Orador sagrado. **2** Religioso dominicano [da Ordem de S. Domingos]. **Comb.** Ordem dos ~res.
pregadura [pregagem] s f (<pregar[1]) **1** A(c)to de pregar. **2** Conjuntos de pregos [tachas(+)] com que se adornam peças de mobiliário «poltronas», etc.
pregão s m (<lat práeco,ónis: arauto, pregoeiro) **1** A(c)to de apregoar. **2** Anúncio público feito em voz alta/Proclamação. **3** Anúncio entoado de vendedor ambulante/Reclamo. **4** Leilão feito pelos corretores na bolsa de valores. **5** ⇒ proclama(s).
pregar[1] v t (<lat plíco,áre,átum: dobrar, enroscar) **1** Fixar (com pregos). **Loc.** ~ [Pôr/Meter] um prego [gancho] na parede para (de)pendurar um quadro. ~ uma tábua no buraco do soalho. ⇒ espetar. **2** Unir com pontos de costura ou outro meio. **Loc.** ~ *os botões* da camisa. ~ *as mangas* do casaco. ~ [Pegar/Coser] *um remendo* na(s) calça(s). **3** ⇒ preguear(+); franzir. **4** fig/idi Fazer ou executar algo. **Loc.** ~ *alguém no chão* [Fazê-lo cair/estatelar-se] «com um murro/soco/empurrão». ~ *um beijo* [Beijar sem avisar]. ~ *um calote* [Não pagar]. ~ *uma mentira* [Mentir (descaradamente)]. ~ *os olhos no* [Não tirar os olhos do] *chão* «e não querer responder/falar». ~ *os olhos nas joias* «com grande vontade de as comprar/roubar». **5** Br Tornar ou ficar exausto/esfalfado/muito cansado.
pregar[2] (Pré) v t/int (⇒ predicar) **1** Fazer um sermão/uma homilia/uma prédica/uma prática/uma exortação. **Ex.** Hoje, na missa, foi o padre João que(m) pregou. **2** Proclamar a fé [a vida e a mensagem de Jesus] «ao mundo»/Evangelizar «a Europa». **Ex.** S. Francisco Xavier pregou em vários países da Ásia. **Idi.** ~ *aos peixes/no deserto* [~ a quem não quer ouvir] (Ex. Preguei naquela terra mas foi no deserto, ninguém me quis ouvir). **3** iron Ralhar/Clamar. **Ex.** Que estás (para aí) a ~? «era melhor calares-te».
pregaria s f ⇒ pregadura [pregagem].
pré-glacial [-glaciário] adj Geol Do tempo da história da Terra que antecede as glaciações do Plistoceno.
prego (Pré) s m (<pregar[1]) **1** Peça metálica com haste delgada, aguçada numa ponta e com cabeça na outra, que serve para fixar algo. **Idi.** *Bater o* ~/a *bota* [Morrer]. *Br Dar o* ~ [Ficar extenuado/muito cansado] (⇒ ~ **3**). *Dormir como um* ~ [Ter um sono profundo/Dormir profundamente]. *Nadar como um* ~ [Não saber nadar]. *Não bater* [botar/meter] ~ *sem estopa* [Não fazer nada sem pensar no próprio proveito/Não dar ponto sem nó(+)]. **2** fig Casa de penhor(es). **Loc.** Pôr no ~ [Penhorar] «joias». **3** Br ⇒ cansaço extremo; extenuação.
pregoar v t (<pregão) ⇒ apregoar(+).
pregoeiro, a s (<pregoar + -eiro) **1** O que faz propaganda de algo/que apregoa «fruta e verduras, pelas ruas»/Anunciador/

Proclamador «de novas eleições». 2 ⇒ leiloeiro.

pré-gravação s f Gravação em filme ou em disco feita antes do espe(c)táculo «de dança».

pregresso, a adj (<lat *praegréssus,a,um* <*praegrédior,gréssus,sum*: preceder, ir ou vir à frente ou antes) 1 ⇒ anterior/passado(+). 2 *Med* Referente à história patológica da família dum doente.

pregueadeira s f (<preguear + -eira) Máquina ou instrumento de costura para franzir [fazer pregas em] tecido «da saia».

preguear v t (<prega + -ear) Arranjar às pregas/Franzir. **Loc.** ~ a saia. ⇒ enrugar.

preguiça s f (<lat *pigrítia,ae*) 1 Tendência para evitar ou recusar o esforço/Indolência. **Ex.** Costuma dizer-se que a ~ é a mãe de todos os vícios. A ~ é um dos sete pecados capitais «soberba, avareza, luxúria, ira, gula, inveja e ~». **Loc.** Estar com [Ter] ~ «de se levantar da cama». **Comb.** ~ mental [Pouca disposição para aprender/para usar a cabeça]. ⇒ mandriice; moleza; vadiagem. 2 *Zool* Mamífero desdentado que habita nas árvores, devendo o seu nome à extraordinária lentidão dos seus movimentos; *Brádypus*. 3 *Mec* Corda que dirige a carga dos guindastes, de forma a que ela não bata em nenhum obstáculo ou fique presa.

preguiçar v int (<preguiça + -ar¹) Dar-se à preguiça/Não fazer nada/Não trabalhar. **Ex.** Já não está a dormir, está a ~ na cama. Passa os dias a ~ [a mandriar/na vadiagem], não sei o que vai ser deste [, não sei que futuro vai ter este] moço!

preguiceira s f (<preguiça + -eira) 1 Cadeira de assento longo e encosto reclinável com lugar para estender as pernas. **Sin.** Espreguiçadeira/Camilha. 2 *col fam* Preguiça/Moleza. **Ex.** Então, que ~ é essa? Levantem-se, vamos ao trabalho!

preguiceiro, a adj/s (<preguiça + -eiro) 1 *fam* Preguiçoso(+). 2 Banco comprido/longo «na lareira»/Escano(+).

preguiçoso, a (Ôso, Ósa, Ósos) adj/s 1 Que tem preguiça/Indolente/Mandrião. **Ex.** É (um) ~, não faz nada. **Comb.** *fig* Movimentos ~s/lentos «dos membros». *fig* Ondas ~s/baixas/suaves. **Ant.** Diligente/Trabalhador. 2 Que tem funcionamento precário. **Comb.** Intestino ~.

pregustar v t (<lat *prae-gústo,áre,átum*) 1 Provar(+) comida ou bebida. 2 Saborear previamente/Antegozar/Prelibar.

pré-história s f História da humanidade desde a sua origem até ao aparecimento de utensílios de metal/Idade da pedra (lascada). ⇒ proto-história.

pré-histórico, a adj 1 Relativo à [Da] pré-história. **Comb. Achado [*Descoberta*] ~. *Arqueologia ~a*. *Homem ~o*.** 2 *fig* Muito antiquado/Que já não se usa. **Ex.** Ele usa uma indumentária ~a.

preia-mar s f ⇒ praia-mar; maré cheia.

pré-industrial adj 2g (<pré- + indústria + -al) Anterior à Revolução Industrial que ocorreu no séc. XVIII/Que antecede o aparecimento da (grande) indústria.

preitear v t (<preito + -ear) Render preito [Prestar homenagem] a. **Ex.** Preitearam-lhe [Prestaram-lhe(+)] as maiores homenagens.

preito s m (<lat *plácitum,i*: o que agrada; ⇒ prazer) 1 Manifestação de respeito/Homenagem/Veneração. **Ex.** Receba [Rendemos-lhe] o ~ da nossa admiração e gratidão por tudo o que tem feito pela [pelo progresso da] nossa terra. 2 *Hist* ⇒ vassalagem.

prejudicar v t (<lat *prae-júdico,áre,átum*: julgar previamente [em primeira instância], ~) Causar prejuízo a/(Fazer) ficar alguém lesado/prejudicado. **Ex.** Ele prejudicou-se [só perdeu] com aquela atitude fechada «de não querer ceder em nada». Eu fiquei prejudicado nas partilhas da herança dos nossos pais [herdei menos do que aquilo a que tinha direito]. O tabaco prejudica [é mau para] a saúde. ⇒ danificar; estragar.

prejudicial adj 2g (⇒ prejudicar) 1 Que causa prejuízo/Nocivo. **Ex.** O tabaco é ~ [faz mal] à saúde. ⇒ pernicioso. 2 *Dir* **a)** Que deve preceder o julgamento; **b)** Diz-se de a(c)ção que visa defender o estado civil do indivíduo (Ant. Patrimonial).

prejulgar v t/int (<pre- + julgar) 1 Julgar [Formar opinião] antes de ter os elementos necessários para isso. 2 *Dir* «juiz» Revelar o seu parecer sobre algo que ainda deverá julgar/Proferir um prejulgado.

prelação s f (<lat *praelátio,ónis*: escolha, preferência) Preferência. **Comb.** Direito de ~ [que tinham os filhos de suceder, nos cargos, a seus pais].

prelado, a s (<lat *praelatus,a,um*: levado adiante; ⇒ preferir) Título de alguns dignitários eclesiásticos «bispo/abade/abadessa».

pré-lançamento ⇒ pré-estreia.

prelatura [prelazia] s f (⇒prelado) 1 Cargo ou jurisdição de prelado/a. 2 ⇒ diocese.

preleção (Lè) s f [= prelecção] (<lat *praeléctio,ónis*: explicação prévia da lição) Explicação didá(c)tica ou educativa do professor/Aula/Lição. ⇒ conferência; discurso; palestra; arenga.

prelecção/preleccionar ⇒ preleção/...

prelecionar (Lè) v t/int ⇒ lecionar «História, na universidade».

prelibação s f (<lat *praelibátio,ónis*) A(c)to ou efeito de prelibar ou gozar com antecipação/Antegozo/Antegosto.

prelibar v t (<lat *praelíbo,áre*) ⇒ pregustar.

preliminar adj/s 2g (<pre- + lat *límen,inis*: (soleira da) porta + -ar²) 1 Que precede o assunto principal para o esclarecer/Introdutório/Preambular. **Ex.** Após [Depois de] uma explicação ~ procedeu-se [passámos (todos)] ao debate do proje(c)to. 2 Que prepara algo (considerado) mais importante/Prévio/Preparatório. **Comb. *Encontro* ~** «para a reunião a alto nível dos chefes de Estado». ***Medidas ~es*** «de saneamento da zona». ***Relatório* ~** «antes da versão final». 3 *pl* Princípios/Aquilo que dá início a um a(c)to/Começo. **Ex.** Os ~es «bandas de música a tocar marchas pelas ruas» das celebrações «do dia da independência nacional» atraíram uma grande multidão (de gente). 4 *(D)esp* Prova [Jogo/Desafio] que se realiza antes da[o] principal. **Comb.** A ~ da prova (da corrida) dos cem metros. 5 *pl* Regras que servem de base a outras. 6 ⇒ prólogo; preâmbulo.

prélio s m *Liter/Poe* (<lat *próelium,ii*) Peleja/Combate/Batalha/Luta.

prelo (Pré) s m (<lat *prélum,i*: vara do lagar, prensa) 1 Máquina tipográfica manual ou mecânica para imprimir «~ de prova». 2 *fig* Imprensa(+). **Loc.** «livro» ***Estar no* ~** [a imprimir/prestes a ser publicado]. ***Sair do* ~** [Publicar-se] (Ex. A obra já saiu do ~/já foi [está] publicada).

pré-lógico, a adj Diz-se do estágio, no homem primitivo, mas sobretudo no desenvolvimento do pensamento da criança, em que não se verificam as regras da lógica, ou melhor, onde não há o pleno uso da razão/inteligência.

prelúcido, a adj (<lat *praelúcidus,a,um*: muito brilhante) ⇒ brilhante; reluzente.

preludiar v t/int (<lat *prae-lúdo,ére,lúsum*) 1 Preceder de prelúdio/Prefaciar(+) «um livro». 2 Antecipar a vinda ou futura existência de alguma coisa/Ser um prenúncio/Anunciar(+). **Ex.** A chegada das andorinhas preludia a Primavera. 3 ⇒ Fazer a introdução de/Inaugurar/Iniciar. 4 *Mús* Executar como [um] prelúdio. **Ex.** A orquestra preludiou uma valsa.

prelúdio s m (<preludiar) 1 A(c)to ou exercício preliminar/Início/Iniciação. **Ex.** A negociação «da compra da casa» ainda está nos ~s. 2 Aquilo que precede/anuncia/Indício/Prenúncio. **Ex.** O vento frio era o ~ do inverno que se aproximava. 3 ⇒ texto introdutório; introdução; prólogo; prefácio; preâmbulo. 4 *Mús* **a)** Peça musical que precede outra. **Comb.** O ~ de uma fuga; **b)** Peça instrumental autó[ô]noma «*Prelúdios* de Chopin/Debussy».

prematuramente adv 1 De modo prematuro. **Ex.** A bebé/ê nasceu ~. 2 Antes do tempo. **Ex.** Morreu ~ [muito novo].

prematuridade s f Qualidade de «bebé/ê» prematuro. ⇒ precocidade.

prematuro, a adj/s (<lat *prae-matúrus,a,um*) 1 Que acontece antes do tempo normal. **Ex.** O pedido de demissão feito por ele foi ~. **Comb.** (Bebé/ê) ~o/a [Criança nascida entre os cinco e oito meses de gestação]. 2 Que amadurece antes do tempo/Temporão(+). **Comb.** Fruta ~a/temporã. ⇒ lampo. 3 Precoce. **Comb.** «Mozart» **Gé[ê]nio ~**/precoce(+). ***Inteligência ~a***/precoce(+). ***Morte ~a***/inesperada «aos 30 anos».

pré-medicação s f *Med* Administração de medicamentos antes de uma operação ou duma anestesia geral, de modo a reforçar um bom resultado, acalmando as dores.

premeditação s f (<lat *prae-meditátio,ónis*) Propósito feito antes de a(c)tuar. **Ex.** Ele acabou por admitir a ~ do crime.

premeditadamente adv Com premeditação/Com resolução. **Ex.** Ele agiu ~.

premeditado, a adj Planeado/Pensado com antecipação/Que se premeditou. **Comb. *Crime ~o. Fuga ~a*/planeada.**

premeditar v t Decidir com antecedência, depois de mais ou menos longa reflexão/Arquite(c)tar/Planear. **Loc.** ~ uma vingança mortal.

premência s f (<preme[i]r + -ente + -ia) Qualidade de premente/Urgência. ⇒ insistência.

pré-menstrual adj 2g Que ocorre antes da menstruação. **Comb.** Tensão ~.

premente adj 2g (⇒ premer) 1 Que preme ou comprime/Compressor. **Comb.** Bomba ~. 2 Que exige uma solução rápida/Urgente. **Ex.** Tornava-se ~ [Era urgente] atender os credores. **Comb.** «tratar os feridos graves» Uma necessidade ~. 3 ⇒ «situação» angustiante; aflitivo.

premer v t (<lat *prémo,ere,préssum*: apertar, carregar, comprimir) 1 Fazer pressão [Carregar] em. **Ex.** A tampa da caixa foi premida com tanta força que se estragou/que ficou amolgada. Premiu (o botão d)a campainha e esperou que atendessem [viessem abrir]. 2 Apertar/Puxar/Bater. **Loc.** ~ [Dedilhar(+)] as cordas da harpa. ~ as teclas do [Tocar(+)] piano. 3 ⇒ espremer «um limão». 4 ⇒ oprimir.

premiado, a adj/s (<premiar) 1 (O) que alcançou [recebeu] pré[ê]mio. **Ex.** Os ~s ganharam uma viagem ao estrangeiro. **Comb.** Quadro [Pintura] ~. 2 Que ganhou o [A que calhou no] sorteio/Sorteado. **Comb.** Bilhete «de rifa» ~. 3 Recompensa-

do/Pago/Distinguido. **Ex.** Sentia-se ~o/a pelo bom resultado da sua ajuda aos refugiados.

premiador, ora s/adj (<premiar) (O) que prem(e)ia [concede o(s) pré[ê]mio(s)]. **Ex.** Os ~es [O júri ~] tiveram [teve] uma tarefa difícil «porque os candidatos ao prémio eram todos merecedores».

premiar v t (<lat praémio(r),áre/í) **1** Honrar/Galardoar/Laurear/Homenagear. **Loc.** ~ os heróis «com uma condecoração/com uma homenagem pública/oficial». **2** Dar pré[ê]mios/Recompensar/Pagar. **Loc.** ~ «com um bónus» os serviços [o trabalho] «de limpeza da cidade».

première fr ⇒ pré-estreia/antestreia.

prémio [Br prêmio] s m (<lat práemium,ii: despojos (de guerra), ~ <prae + émo: tomar, comprar) **1** Distinção ou recompensa pecuniária ou outra dadas a quem ganhou num concurso ou se distinguiu por seus méritos. **Ex.** No colégio, o meu filho ganhou o primeiro ~ em matemática! **Comb.** ~ *de consolação* [dado a quem se aproximou do exigido mas não o atingiu]. ~ *Nobél* **a)** ~ criado pelo químico sueco A. Nobel; **b)** Pessoa que o recebe (Ex. Os timorenses C. F. Ximenes Belo e J. Ramos Horta são Nobél da Paz). **2** Econ **a)** Ágio [Pagamento] feito a uma seguradora para ter cobertura para um bem seu. **Comb.** O ~ do seguro automóvel. **b)** Diferença entre o valor pago por um título e o seu preço de venda/*Spread*. **c)** Ágio pago acima do preço nominal «de uma a(c)ção». **d)** ⇒ bó[ô]nus.

premir v t ⇒ premer.

premissa s f (<lat praemíssa (senténtia): proposição colocada antes <prae--mítto,ere,míssum: enviar antes) **1** Fil Cada uma das duas proposições [afirmações] (Maior ou menor) que precedem a conclusão dum silogismo/da afirmação final. **Ex.** Se todos os homens são mortais (~ maior) e eu sou homem (~ menor), então eu sou também mortal. **2** Pressuposto/Base/Princípio. **Ex.** Não chegou à conclusão [ao resultado] desejada[o] porque partiu de [estava assente em] ~s erradas.

premoção s f Teol (<pre- + moção) A(c)ção [Moção/Concurso] de Deus prévia ao agir humano. ⇒ criação; graça; inspiração (divina).

pré-molar adj/s m Anat (Diz-se de) cada um dos molares anteriores.

premonição s f (<lat praemonítio,ónis) **1** Sensação de algo que vai acontecer/Pressentimento/Palpite/Intuição/Presságio. **Comb.** ~ da morte [de que vai morrer]. **2** Aviso prévio (+).

premonitório, a adj (<lat praemonitórius, a,um <prae-móneo,mónitum: advertir previamente) **1** Que se sente vir a acontecer. **Comb.** Sonho ~ «de ganhar na lotaria». **2** Que é sinal de algo/Anunciador. **Comb.** Dor de cabeça, ~a de intoxicação alimentar. **3** «aviso» Que serve de advertência/conselho.

premunição s f (<lat praemunítio,ónis) **1** A(c)ção de se premunir/precaver/Precaução/Prevenção/Preparação. **2** Med ⇒ imunidade(+) (a uma doença ou infe(c)ção).

premunir v t (<lat prae-múnio,íre,ítum) **1** ⇒ Munir-se de(+) [Levar] «as provisões necessárias». **2** ⇒ Precaver-se(+) «contra acidentes/para qualquer eventualidade». **3** ⇒ Prevenir/Acautelar/Proteger(+) «a população da [contra a] propagação do vírus».

pré-natal adj 2g Relativo ao período que antecede o nascimento de uma criança. **Comb.** *Diagnóstico [Exame]* ~ [efe(c)tuado durante a gravidez com o obje(c)tivo de dete(c)tar anomalias genéticas ou outras no feto].

prenda s f (<lat pígnora, pl de pígnus,oris: penhor, garantia) **1** Algo que se dá como oferta/Presente. **Ex.** Como ~ de anos, os meus pais deram[compraram]-me uma bicicleta. **Comb.** ~s de Natal. **2** fig Dote/Qualidade/Predicado/Capacidade/Aptidão. **Comb.** Pessoa de grandes ~s [muito prendada/dotada]. **3** iron Pessoa má. **Ex.** Saíste-me cá uma ~ [Tu és mau(zinho)]!

prendado, a adj (<prenda 2 + -ado) Que tem muitos dotes ou qualidades. **Ex.** É um/a jovem muito ~o/a.

prendar v t (<prenda + -ar¹) **1** Dar [Oferecer] prendas a/Presentear. **Ex.** Prendou[Presenteou(+)]-o com o livro que procurava. **2** Dotar/Dar. **Ex.** Foi Deus que a prendou com aquele (bom) coração de mãe. **3** ⇒ premiar.

prendedor, ora adj/s m (<prender) (O) que serve para prender/segurar. **Comb.** ~ *de cabelo*. ⇒ gancho. ~ *de papéis*. ⇒ agrafo; clipe. ~ [Mola] *de roupa*.

prender v t (<lat pre(hé)ndo,ere,prénsum: tomar, agarrar, apanhar) **1** Segurar com a mão/Agarrar. **Ex.** Prendeu-lhe as mãos nas suas, muito afe(c)tuosamente. **2** Atar/Ligar/Fixar. **Ex.** Prendi o cachorro para não incomodar as visitas [os nossos hóspedes]. Prendeu o cavalo a uma árvore no pasto, com uma corda comprida. A camisa prendeu-se num prego e rasgou. Este problema prende-se [está em ligação] com os (problemas) da família. **3** Capturar «e meter na prisão». **Ex.** O criminoso que a polícia prendeu a semana passada foi julgado hoje e já está preso [na cadeia/prisão]. **4** Impedir/Embaraçar/Dificultar. **Ex.** O casaco muito apertado [estreito] prende-me os movimentos dos braços. Prenda [Pare(+)] a respiração ao mergulhar «na piscina». **5** ~-se/Preocupar-se. **Ex.** Ele prende-se com ninharias [coisas sem importância] e esquece o mais importante. **6** fig Atrair/Cativar. **Loc.** ~ *a atenção do auditório* [dos ouvintes/da assistência]. ~ *o coração* «da namorada/dos filhos».

prenhe adj 2g (<lat praégnans,ántis) **1** Em estado de gravidez/Grávida/Pejada/pop Prenha. **Ex.** A vaca [égua] está ~. **2** fig Cheio/Pleno/Repleto. **Comb.** Uma afirmação [palavra] ~ de sentido/muito rica. Uma opinião ~ de verdade/muito acertada. **3** fig ⇒ embebido; repassado.

prenhez s f (<prenhe + -ez) ⇒ gravidez.

prenoção s f (<pre- + ...) Conhecimento ou noção vaga/imperfeita (de algo).

prenome s m (pre- + ...) ⇒ (primeiro) nome(+) «José»; nome de ba(p)tismo.

prenotar v t (<lat práe-noto,áre,átum) Fazer uma prenotação [anotação provisória(+)] «num regist(r)o público ou num título».

prensa s f (<prensar/premer) **1** Aparelho manual ou mecânico que serve para esmagar «uvas», espremer, colar «lombadas de livros ou folhas», imprimir, apertar. **Comb.** ~ *hidráulica* [em que a pressão é produzida pela água]. ~ *de lagar*. ~ *rotativa*. ~ *tipográfica* [Impressora/Prelo/Imprensa]. ⇒ mó «de moinho». **2** Fotografia Caixilho onde se comprime o papel sensível contra o negativo fotográfico, para se expor à luz e tirar cópias positivas.

prensagem s f (<prensar + -agem) A(c)to ou efeito de prensar «o bagaço».

prensar v t (⇒ premer) Apertar na [Comprimir com a] prensa. ⇒ espremer «um limão»; esmagar; achatar; pisar; empurrar contra algo.

prenunciação s f **1** A(c)to ou efeito de prenunciar. **2** ⇒ prenúncio(+).

prenunciador, ora adj/s (O) que prenuncia ou profetiza. ⇒ prenúncio(+).

prenunciar v t (<lat praenúntio,áre,átum: anunciar de antemão) **1** Ser indício de/Anunciar(+). A fuga de tantos soldados prenunciava a derrota. **Ex.** As nuvens negras [carregadas] e baixas prenunciavam sempre chuva. **2** ⇒ predizer; adivinhar; profetizar; prognosticar.

prenúncio s m (<lat praenúntius) Aquilo que precede e anuncia, por indícios, um acontecimento. **Ex.** O céu muito cinzento é ~ de chuva. ⇒ sinal.

pré-nupcial adj 2g ⇒ antenupcial.

preocupação s f **1** A(c)to ou efeito de (se) preocupar. **Ex.** A minha grande [maior] ~ é o futuro dos (meus) filhos! **2** Inquietação/Cuidado/Desassossego. **Loc.** Ter muita [demasiada] ~ com a saúde.

preocupado, a adj Que se preocupa. **Ex.** Ela vive [anda sempre] ~a com os filhos.

preocupante adj 2g Que preocupa/Inquietante. **Ex.** A crise econó[ô]mica do país é ~.

preocupar v t (<lat praeóccupo,áre,átum: ser o primeiro a ocupar, invadir) **1** Causar inquietação [cuidados] a. **Ex.** As mães preocupam-se sempre com os filhos. «esqueceu-se da carteira?» Não se preocupe, hoje sou eu que pago «o almoço». **2** Fazer questão de/Importar-se. **Ex.** Ele preocupa-se com o bom atendimento dos seus hóspedes [das suas visitas].

preopinante adj 2g (O) que preopina.

preopinar v int (<pre- + opinar) Emitir [Dar] a sua opinião [Expor o seu parecer] em primeiro lugar/antes de outrem.

preordenação s f (<preordenar) **1** Disposição/Ordenação antecipada sobre o futuro de algo. **2** ⇒ predestinação **2**.

preordenar v t (<lat praeórdino,áre,átum) Fixar ou regular antecipadamente/Predestinar(+).

pré-pagamento s m Pagamento adiantado «comprando uma senha do prato escolhido no restaurante».

preparação s f (<lat praeparátio,ónis) **1** A(c)ção de preparar algo «exames» de forma a poder ser utilizado ou produzir fruto. **Comb.** Fest(inh)a «de anos» improvisada [sem ~]. **2** Formação/Treino. **Comb.** A ~ *de um ataque* a posições inimigas. A ~ *física* para o jogo «futebol». **3** Fabricação/Composição. **Comb.** ~ *anató[ô]mica* [Peça ou parte anatómica dissecada para exame ou estudo]. ~ *culinária* «de um peixe/de uma torta». ~ *farmacêutica* [dum remédio]. ~ [Tratamento mecânico ou industrial] *de minérios*. ~ [Preparado] *química*/o [Produto que resulta de uma ou várias operações químicas]. ⇒ preparado.

preparado, a adj/s m (<lat praeparátus,a,um) **1** Pronto/Disposto. **Ex.** Em tempo de guerra devemos estar ~s [estar a postos(+)] para tudo (o que possa acontecer)! **2** Diz-se dos alimentos prontos a serem confe(c)cionados/cozinhados. **Ex.** Comprei o peixe já ~/limpo. **3** Apto/Capaz/Habilitado/Instruído/Culto. **Ex.** Na nossa empresa só aceitamos pessoal preparado. Naquele colégio, os docentes [professores] é tudo gente muito ~a. **4** s m **a)** Produto que resulta de uma ou várias operações químicas ou farmacêuticas/Preparação **3**; **b)** [Parte/Pedaço] de um ser vivo (Planta ou animal) devidamente conservado para ser utilizado ou observado «ao microscópio».

preparador, ora adj/s (<lat praeparátor,óris) O/A que prepara «o material para as aulas

práticas de ciências dadas pelo professor/ os originais para a impressão e publicação». **Comb. ~ físico** [O que é formado em educação física e prepara um atleta ou uma equipa para os desafios]. ⇒ treinador.
preparar *v t* (<lat *praéparo,áre,átum*) **1** Arranjar algo de forma a ser utilizado/Fazer algo para ter bom resultado/Compor. **Loc. ~ a lição** [o exame]. **~** [Arranjar/Compor] *a sala* «para a cerimó[ô]nia»/festa. **Idi. ~ o terreno** [Dispor as coisas para determinado fim] «para ser eleito presidente do clube». **2** Dispor algo ou alguém com antecedência/Aprontar. **Loc. ~-se para sair** «de viagem». **~** [Fazer/Aprontar] *o almoço. ~/Fazer café* [*chá*]. **3** Instruir/Ensinar/ Habilitar. **Ex.** O professor preparou bem os alunos para o exame final «de História». **4** Treinar/Exercitar. **Ex.** O treinador preparou a equipa «de futebol» para jogar num país tropical. Os alpinistas preparam-se [fizeram preparação] durante semanas para escalar o (Monte) Everest. **5** Fabricar/ Produzir/Obter. **Ex.** Preparou o medicamento [remédio] no seu laboratório. **6** Maquinar/Tramar/Armar. **Loc. ~** uma cilada.
preparativo, a *adj/s m* **1** *adj* Preparatório(+). **Comb.** Documentos ~s. **2** *s m pl* A(c)ções e coisas relacionadas com [necessárias para] um proje(c)to/Preparação **1**(+)/Preparos/Aprestos. **Ex.** Já estamos a fazer os ~s para a viagem «a Angola».
preparatório, a *adj* Que prepara [serve para preparar]. **Comb. Um esboço ~** [Um primeiro esboço(+)] *do proje(c)to. Treino* **~** «da equipa de futebol».
preparo *s m* (<preparar) **1** A(c)ção/Disposição preliminar para algo/Preparação **1**(+). **2** *pl* ⇒ preparativo **2**(+). **3** Nome genérico das operações a que se submetem certos obje(c)tos «peles/tecidos/...». **4** Forma como alguém está arranjado. **Ex.** Isso é ~ para ir [Queres ir com esse ~ «vestido raro/cabelo pintado»] à festa? **5** *Dir* Quantia que se adianta ao escrivão para pagamento dos custos do processo (judicial). **6** ⇒ arreio(s); apeiro.
preponderância *s f* (⇒ preponderar) **1** Predominância(+) «do verde na paisagem». **2** Predomínio/Superioridade(+) «dum país num determinado aspe(c)to».
preponderante *adj 2g* (⇒ preponderar) **1** Que tem mais peso [importância] (do) que outro(s). **Ex.** Portugal teve um papel ~ nas grandes navegações dos séc. XV e XVI. **Sin.** Dominante/Predominante/Principal/Decisivo/Importante. **2** Mais numeroso. **Comb.** A espécie «de planta/animal» ~ naquele ha[á]bitat. **3** ⇒ «classe (social)» dominante(+).
preponderar *v int* (<lat *praepóndero,áre, átum*: ter mais peso, pender) **1** Ter mais peso [importância](+). **2** Ser mais numeroso/Predominar(+).
prepor *v t* (<lat *praepóno,ere,pósitum*: colocar à frente) **1** ⇒ propor(+). **2** Preferir(+). **Loc. ~** a saúde aos prazeres.
preposição *s f* (<lat *praepositio,ónis*: a(c)ção de pôr à frente, ~) **1** *Gram* Palavra invariável que faz a relação entre outras palavras. **Ex.** As ~ões podem ser simples «a/de/perante» ou compostas «ao lado de/ por cima de». **2** *Dir* Contrato ou mandato verbal ou tácito, inerente à a(c)tividade de quem desempenha um cargo, serviço ou trabalho por ordem e conta de outrem.
preposicional *adj 2g* (preposição 1 + -al) Que tem [Relativo a] preposição. **Comb.** Sintagma ~ (Ex. Na frase *Comeu o bolo com vontade*, a sequência *com vontade* é um sintagma ~).

prepositivo, a *adj Gram* (⇒ prepor) **1** Diz-se de locução «por cima de» em que há uma ou mais preposições, ou de caso das línguas eslavas/do russo. **2** ⇒ preposicional.
prepósito *s m* (⇒ prepor) **1** ⇒ propósito. **2** Superior geral «de ordem religiosa».
preposterar *v t* (<lat *praepóstero,áre,átum*) Inverter a ordem/Desordenar/Subverter. **Loc. ~** os valores de bem e mal.
prepóstero, a *adj* (<lat *prae-pósterus,a,um*) Oposto à boa ordem/Fora de propósito. **Comb.** Uma ideia [opinião] ~.
preposto, a *adj/s* (⇒ prepor) **1** Posto [Colocado] antes (+). **2** *Dir* Pessoa «representante/delegado/administrador» que dirige um negócio ou empresa por delegação (⇒ preposição **2**).
prepotência *s f* (<lat *praepoténtia*) Abuso do poder/Despotismo. **Ex.** O chefe não é respeitado porque usa de ~ com os seus subalternos/subordinados.
prepotente *adj 2g* (<lat *praépotens,éntis*) **1** Muito poderoso [influente] (+). **2** Despótico/Autoritário/Tirânico. **Ex.** Ao expulsar o aluno da sala daquela maneira o professor foi ~. Ninguém aceita [gosta de/respeita chefes ~s].
pré-primário, a *adj/s* **1** (Diz-se de) ensino que precede o primário/Pré-escolar. **2** (Diz-se de) escola que precede a primária/Jardim-escola.
pré-puberdade *s f* (⇒ púbere) Idade que precede imediatamente a puberdade.
pré-publicação *s f* Publicação de excerto antes do lançamento comercial do livro donde [de que] foi retirado.
prepucial *adj 2g* (<prepúcio + -al) Do prepúcio.
prepúcio *s m Ant* (<lat *praepútium,ii*) Prega tegumentar na extremidade do pé[ê]nis, que dobra sobre a glande.
pré-renascentista *adj/s 2g* «pintor/poeta» Anterior ao Renascimento.
pré-requisito [*Br* **pré-requisito/prerrequisito**] *s m* **1** Condição prévia/básica/ primordial/Exigência. **2** Disciplina ou curso exigidos antes de cursar outros. ⇒ propedêutico.
pré-revolucionário, a *adj* Que antecede ou anuncia uma revolução. **Comb.** Ambiente ~o.
pré-romano, a *adj* Anterior à época da hegemonia de Roma, na Antiguidade.
prerrogativa *s f* (<lat *praerogatíva,ae*: a(c)to de votar em primeiro lugar, ~) Privilégio(+)/Direito/Regalia/Apanágio. **Comb.** ~s dos diplomatas «embaixador».
presa (Ê) *s f* (<preso) **1** O que um animal «leão/águia» caça para comer. **Idi. Ficar** [Ser] **~ duma paixão** «ódio» [Deixar-se dominar por ela]. **2** ⇒ apresamento [apreensão](+). **3** ⇒ espólio [despojos](+) «tomado(s) ao exército inimigo». **4** Garra de ave de rapina «águia». **5** Dente saliente de animal «tigre/elefante»/Colmilho «de cobra venenosa». **6** ⇒ dente canino (+) do homem. **7** ⇒ represa; açude. **8** *Br* ⇒ vítima «de alguém». **9** Endurecimento inicial do betão/concreto/cimento.
presar *v t* ⇒ apresar.
presbiopia *s f Med* ⇒ presbitismo.
presbita *adj/s 2g* (O) que tem [está afe(c)tado de] presbitia/presbitismo/Presbíope.
presbiterado *s m* (<lat *presbyterátus,us*) Grau [Ordem/Dignidade] de presbítero.
presbitério *s m* (<lat *presbytérium,ii*) **1** Conjunto dos sacerdotes duma diocese que dão colaboração ao seu bispo. **2** Casa paroquial(+). **3** Igreja(+) da freguesia.
presbítero *s m* (<gr *presbýteros*: ancião, mais velho) ⇒ sacerdote; padre.

presbitia [**presbitismo**] *s Med* (<gr *présbus* [*presbýtes*]: velho, ancião) Distúrbio da visão em que, por perda da elasticidade e do poder de acomodação do cristalino, não se veem com nitidez os obje(c)tos próximos e que tem lugar com o avanço da idade/Vista cansada.
presciência *s f* (<lat *praescientia,ae*) **1** Ciência inata que não carece [precisa] da experiência. **2** ⇒ previsão; pressentimento. **3** *Teol* Conhecimento infalível que (só) Deus possui sobre o futuro da humanidade.
presciente *adj/s 2g* (⇒ presciência) **1** O que sabe com antecipação. **2** (O) que prevê o futuro. **3** ⇒ previdente; acautelado; prudente.
prescindir *vint* (<lat *praescíndo,ere,scíssum*: separar, rasgar) **1** Passar sem/Pôr de parte/Dispensar. **Ex.** Desde criança aprendi a ~ do supérfluo [a levar uma vida simples]. Neste caso, não se pode ~ da ajuda dos outros [a ajuda dos outros é imprescindível/indispensável/inteiramente necessária]. **2** Abstrair de/Não ter em conta/Esquecer/Não considerar. **Ex.** Prescindiu dos bons conselhos dos amigos e a empresa dele foi à falência. Não quero (nem posso) ~ dos meus direitos!
prescindível *adj 2g* De que se pode prescindir.
prescrever *v t/int* (<lat *praecríbo,ere,críptum*: escrever antes, ordenar) **1** Regular de antemão [com antecedência]/Determinar/ Ordenar/Mandar/Fixar. **Ex.** A Constituição prescreve o que fazer [deve ser feito] no caso de empate eleitoral. **2** Receitar/Aconselhar. **Ex.** O médico prescreveu dieta rigorosa e uma semana de repouso absoluto. **3** Ficar sem efeito por ter decorrido [passado] o prazo «do julgamento». **Ex.** A pena (já) prescreveu. **4** Caducar/Passar. **Ex.** Você não pode receber o subsídio, o prazo já prescreveu [passou(+)].
prescrição *s f* (<lat *praescríptio,ónis*) **1** A(c)to ou efeito de prescrever/Ordem formal/ clara/Norma/Regra/Lei/Preceito. **2** Indicação/ Formulário/Receita. **Loc.** Seguir as ~ões do médico. **3** *Dir* Extinção ou aquisição de deveres e direitos estabelecidos por lei. **Comb. ~ aquisitiva** [que dá o direito de adquirir [ficar com] um bem a quem o está usando por certo período de tempo] (Sin. Usucapião). **~ da dívida. ~ da lei. ~ da pena.** ⇒ prescrever **3**.
prescritível *adj 2g* **1** Que se pode prescrever/mandar. **2** Que pode prescrever [perder a força ou o direito/caducar]. **Comb.** Crime não ~.
prescrito, a *adj* (<prescrever) **1** Que foi ordenado/indicado. **Comb.** remédio ~ pelo médico. **2** Que deixou de existir. **Comb. Um direito ~. Uma dívida ~a.**
pré-sele(c)ção *s f* Sele(c)ção prévia/Uma primeira sele(c)ção [triagem] «dos candidatos».
presença *s f* (<lat *praesentia,ae*) **1** Fa(c)to de estar num [de vir a um] lugar. **Ex.** Verificou-se a ~ de [Viu-se que havia] impurezas na água «do depósito». **Loc. Em ~** [vista/ virtude] **de** [Sendo assim/Visto isso] (Ex. Em ~ do que acaba de me dizer, vejo que era eu que estava errado). **Na ~ de** [Diante de/Perante] **testemunhas. Marcar ~ na ~** [a] **reunião. Viver na ~ de Deus** [Viver pensando em [falando com/ouvindo a voz de] Deus]. **Comb. ~ de espírito** [Capacidade de reagir a uma situação «de perigo» de maneira inteligente/com calma]. **2** Pessoa que está presente /Comparência/Participação. **Ex.** A sua «Presidente

da República» ~ conferiu [deu] ainda mais solenidade ao a(c)to «abertura das aulas». **Loc.** Marcar as ~s «chamando os nomes dos alunos/escrevendo o nome no livro de ~s da empresa». **3** Aspe(c)to físico/Aparência/Figura. **Loc.** Ter (boa) ~ [Ser distinto/Ser pessoa de respeito]. **4** *fig* Influência. **Ex.** É significativa [muito grande/Tem muito peso] a ~ [influência (cultural)] greco-romana na Europa.

presencial *adj 2g* (<presença + -al) Referente [Relativo] a pessoa que viu [testemunhou] ou que está presente. **Comb.** *Reconstituição ~ do crime. Testemunhas ~ais.*

presenciar *v t* (<presença + -iar) **1** Estar presente num local e ver o que se passou. **Ex.** Eu presenciei a briga dos [entre os] dois. **2** Observar. **Ex.** As crianças corriam pelo jardim e eu fiquei, encantado, a ~ a cena.

presente *adj 2g/s m* (<lat *praésens,séntis*) **1** Que existe ou sucede no tempo em que se fala/se está/A(c)tual. **Ex.** Na situação ~ não podemos construir o novo aeroporto. «vou fazer a chamada: Pedro?» – Presente! **Idi. Ter ~** [Lembrar-se] (bem) ~ o [Lembre-se do/Não se esqueça do] que eu lhe disse agora!). **2** Existente. **Comb.** *Elementos ~s* num composto químico. *Pessoas ~s* [que estão] na sala. **Ant.** Ausente. **3** Este/Esta. **Ex.** Comunico-lhe pela ~ [por esta] carta que aceito o dinheiro que me oferece pela casa. **4** *Gram* (Diz-se do) tempo verbal que exprime [indica] a a(c)tualidade da a(c)ção. **Ex.** A 1.ª pessoa do *pl* do ~ do indicativo do verbo *amar* é *amamos*. **5** *s m* Tempo a(c)tual. **Ex.** Não é bom pensar só no ~ [no agora] e não se preparar (para) o futuro. **6** *s m* Prenda/Oferta/Pré[ê]mio. **Ex.** Como ~ de anos/de aniversário, os meus pais compraram-me a moto(cicleta) que eu queria. **Loc.** *Dar um ~. Fazer ~ de* [Dar/Oferecer] um computador a todos os filhos.

presentear *v t/int* (<presente 6 + -ear) **1** Dar [Oferecer] presentes. **Ex.** Ele gosta de ~ [de (andar sempre a) dar presentes]. **2** Mimosear/Distinguir/Brindar. **Ex.** O noivo presenteara [tinha presenteado] a namorada com uma linda [magnífica/rica] aliança. Presenteou as visitas [os seus hóspedes] com um lauto jantar.

presentemente *adv* (<presente + -mente) **1** Neste momento/Agora. **Ex.** ~ [Neste momento] não me lembro se deixei a porta fechada à chave. **2** A(c)tualmente. **Ex.** Está ~ a viver na aldeia.

presépio *s m* (<lat *praesépe(s),is*: estábulo, manjedoura) **1** ⇒ estábulo(+). **2** Representação do nascimento de Jesus Cristo num estábulo. **Ex.** Este ano sou eu que vou fazer o ~.

preservação *s f* **1** A(c)to ou efeito de preservar. **2** Série de a(c)ções cujo obje(c)tivo é garantir a integridade e perenidade de algo/Conservação/Defesa/Salvaguarda. **Comb.** ~ [Prote(c)ção/Defesa] *ambiental/do ambiente*. ~ [Conservação/Salvaguarda] *do patrimó[ô]nio cultural*.

preservador, ora *adj/s* (O) que preserva. ⇒ preservativo.

preservar *v t* (<lat *prae + sérvo,áre,átum*: conservar, guardar) **1** Garantir a continuidade de algo/Conservar/Proteger/Defender. **Loc.** ~ «a todo o custo» a harmonia do lar [o bom nome da família]. **2** Evitar que algo ou alguém sofra dano. **Loc.** ~ [Guardar] *os filhos das más companhias*. ~ *os olhos* [Proteger a vista(+)] do(s raios do) sol.

preservativo, a *adj/s m* **1** Que tem a propriedade de preservar de algo. **Comb.** Remédio ~. ⇒ preservador. **2** Substância que se junta [acrescenta] a um produto para impedir a proliferação de microrganismos e assim se conservar em bom estado. ⇒ aditivo. **3** *Med* Dispositivo ou substância para evitar a conce(p)ção ou algum mal. **Comb.** ~ *feminino* [Dispositivo ou material *us* pela mulher na vagina] (⇒ pílula). ~ *masculino* [Invólucro do pé[ê]nis] (Sin. camisa de Vé[ê]nus).

presidência *s f* (⇒ presidir) **1** A(c)to de [O] presidir. **Ex.** A ~ da sessão ficou a cargo do [foi dada ao] Dr. Costa. **2** Cargo de presidente. **Ex.** Ganhou a ~ «da empresa/da República». **3** Tempo de [em que foi] presidente. **Ex.** Tudo isso foi feito durante a ~ dele. **4** Casa [Palácio] ou lugar [escritório] ocupados pelo presidente. **Ex.** Hoje fui à ~ falar com o chefe. **5** Lugar de honra/Mesa «da sessão/cerimó[ô]nia». **Ex.** Ficaram só três na ~.

presidencial *adj 2g* (<presidência 2 + -al) Relativo a presidência ou ao Presidente da República. **Comb.** *Candidato ~. Decreto ~. Eleições ~ais. Regime* [Sistema] ~.

presidencialismo *s m* Sistema político «dos EUA» em que cabe [compete/pertence] ao Presidente (da República) a chefia do Governo.

presidencialista *adj/s 2g* **1** Relativo ao presidencialismo. **Ex.** O regime político português não é ~, é semi-~. **2** Partidário do presidencialismo «francês».

presidenciável *adj 2g col* Que reúne [cumpre] as condições necessárias para ser [se candidatar a] presidente.

presidente, a *adj/s* (⇒ presidir) **1** (Pessoa) que preside «a um júri/a uma câmara municipal/a uma sessão/a um conselho administrativo/a dum tribunal». **2** Título do chefe de Estado de muitos países. **Comb.** *A ~ do Brasil. O ~ português*.

presidiar *v t* (<lat *praesídior,ári*) Pôr presídio ou guarnição a/Defender(+).

presidiário, a *s/adj* (<lat *praesidiárius,a,um*: colocado como guarda nos postos avançados) **1** (O) que pertence a um presídio ou guarnição. **2** Indivíduo condenado a sentença num presídio.

presídio *s m* (<lat *praesídium,ii*: força incumbida de defender) **1** Guarnição de uma praça de guerra. **2** ⇒ prisão; penitenciária. **3** ⇒ defesa; socorro.

presidir *v t/int* (<lat *praesídeo,ére,séssum*: estar sentado à frente) **1** Ter a dire(c)ção, chefia ou responsabilidade de algo/Dirigir/Governar. **Loc.** ~ *aos destinos do país* «como Presidente da República». ~ *à sessão* «de abertura do ano le(c)tivo». **2** Ocupar o lugar de honra. **Ex.** Ninguém queria ~. **3** Reger. **Comb.** *Leis* «gravitação» que regem o [presidem ao] movimento dos astros.

presigo *s m* (< ?) ⇒ conduto «carne de porco para o ~».

presilha *s f* (⇒ prender) Pequena tira «correia/cordão» de material flexível com uma casa na ponta para nela entrar um botão e fixar algo «suspensório». ⇒ alça; fivela; cordão; gancho «do cabelo»; segurador; agrafo «dos papéis»; ganchinho [segurança] «do broche».

preso, a (Prê) *adj/s* (⇒ prender) **1** Atado/Ligado. **Ex.** O cão não foge, deixei-o ~ com o cadeado [com a trela]. **Comb.** *Espelho ~* [pregado] à parede. *fig Língua ~a* [Dificuldade a falar/articular]. *fig Pai muito ~ aos filhos* [que gosta muito deles]. **2** (O) que está na prisão/cadeia/Recluso/Prisioneiro. **Ex.** Os ~s evadiram-se [fugiram] da cadeia, não se sabe como. **Prov.** «isto é o que se diz» ~ *por ter cão e ~ por não ter* [Estar com dificuldade, qualquer que seja a decisão]. **3** Impedido. **Ex.** Houve um corte de ele(c)tricidade e fiquei duas horas ~ no elevador! O meu pai está ~ no escritório, não tem tempo para mais nada. O velhinho já não se aguenta em pé [já não tem pernas], está ~ à cadeira de rodas. **4** *fig* casado.

pressa (Pré) *s f* (<lat *préssus,a,um*: apertado; ⇒ premer) **1** Necessidade premente de chegar a um lugar/Velocidade/Celeridade/Rapidez/Prontidão. **Loc.** *Caminhar com ~* [Andar depressa(+)]. *Ir a toda a ~* [Correr] para a escola. **2** Necessidade urgente de fazer algo/de atingir um obje(c)tivo. **Loc.** *À ~/Br Às ~s* [«trabalho feito» Com grande [muita] rapidez mas mal/mas atabalhoadamente]. *Dar-se ~* [Fazer rapidamente/Apressar-se] (Ex. Vá, dá-te ~ [, apressa-te/despacha-te] senão chegamos tarde ao emprego!). *Estar cheio de ~ para* [Estar impaciente por/Estar com muita vontade de] terminar a universidade. *Sem ~* [Com calma/Devagar(inho)] (Ex. Nós, preocupados em terminar o almoço, e ele, sem ~, a beber o seu café!). *Ter* [*Estar com*] *~* [Não ter tempo «para esperar e ir junto com alguém»]. **Comb.** *Coisa de* [que tem] *~* [Trabalho/Assunto urgente] (Ex. Não se preocupe, o que lhe pedi «para fazer» não é coisa de ~). **3** ⇒ afobação; precipitação; impaciência; embaraço; aperto.

pressagiador, ora *s/adj* (O) que pressagia/que faz predições ou vaticínios.

pressagiar *v t* (<lat *preságio,íre/preságo, áre,átum*) **1** Antecipar mentalmente a ocorrência de um acontecimento/Predizer/Vaticinar/Profetizar. **Ex.** Houve operários que pressagiaram o fech(ament)o da fábrica. **2** Prognosticar com base na realidade/Augurar/Desejar/Prever. **Ex.** O professor pressagiou-lhe um futuro brilhante. **3** Ser indício [sinal] de/Fazer prever. **Ex.** Nuvens negras e vento pressagiavam a tempestade que se levantou e nos apanhou em alto mar.

presságio *s m* (<lat *preságium,ii*) **1** Sinal de [que anuncia] alguma coisa futura/Augúrio/Prenúncio. **Loc.** Ser bom [mau] ~. **2** ⇒ pressentimento(+); intuição.

pressagioso, a *adj* (<presságio 1 + -oso) **1** Que contém presságio. **Comb.** *Palavras ~as. Sonho ~.* **2** ⇒ pressago 2.

pressago, a *adj* (<lat *praesagus,a,um*) **1** ⇒ pressagioso 1. **2** Que prevê/intui/pressente. **Comb.** *Coração* [Mente/Espírito] *~*.

pressão *s f* (<lat *préssio,ónis*) **1** A(c)to ou efeito de preme[i]r/Força exercida sobre algo. **Comb.** ~ *do dedo* (indicador) no botão da campainha elé(c)trica da porta. ~ *dos dedos* nas teclas do piano. **2** Força exercida pelo sangue, pelo ar, pela água, etc. **Comb.** ~ [Tensão(+)] *arterial/sanguínea.* ~ *atmosférica.* **3** *fig* O tentar persuadir ou coagir alguém/Coa(c)ção. **Loc.** *Estar sob ~* [Estar a ser forçado por alguém/sobrecarregado de trabalhos]. *Exercer/Fazer ~ sobre* [Pressionar] *alguém. Sofrer ~* «do marido para não trabalhar fora». **Comb.** ~ *social*/do ambiente [Influência exercida pelos que estão à nossa volta]. *Grupo de ~* [Conjunto de pessoas que, para defender [fazer valer] os seus interesses, procuram influenciar o Governo ou a opinião pública].

pressentido, a *adj* (<pressentir) **1** Que se sente [ouve/percebe] ao longe/à distância. **Comb.** Um barulho [ruído] ~. **2** De que se tem desconfiança. **3** ⇒ acautelado; desconfiado.

pressentimento s m (<pressentir + -mento) **1** A(c)to de sentir, mais pela emoção do que pela razão, o que vai acontecer. **Ex.** Tenho o ~ de que isso não vai dar certo [não vai sair bem/não vai ter êxito]. **Loc.** Ter o ~ de uma desgraça. **2** Impressão. **Ex.** O céu está tão negro, tenho o ~/a impressão de [, parece-me/desconfio] que vai chover.

pressentir v t (<lat *praeséntio,íre,sénsum*) **1** Ter a perce(p)ção [intuição/sensação] do que vai acontecer/Prever/Adivinhar. **Ex.** O general pressentiu que ia(m) perder a batalha. **2** Sentir de longe [à distância] «o perigo/a tempestade».

pressionar v t (<pressão + -ar[1]) **1** Exercer [Fazer] pressão sobre algo/Apertar. **Loc.** ~ o [Carregar no (+)] botão da campainha (elé(c)trica). **2** Exercer pressão sobre alguém/Obrigar/Coagir. **Ex.** Estou a ser pressionado para me candidatar a deputado mas eu não quero (ser).

pressupor v t (<pre- + supor) **1** Chegar a determinadas conclusões através de alguns dados [fa(c)tos] ou por intuição. **Ex.** Pressupôs que havia interesse (da parte) deles na realização do negócio. **2** Ter como condição a existência prévia de algo. **Ex.** Encontro [Celebração/Cerimó[ô]nia] tão importante pressupõe a colaboração de todos nós.

pressuposição s f (<pre- + ...) Conje(c)tura/Pressuposto. **Ex.** O que você está dizendo é (só) uma ~, quer dizer [, ou seja], é uma ~ *idi* no ar [que não está baseada em fa(c)tos].

pressuposto, a adj/s m (<pre- + suposto) **1** adj Que se pressupôs. ⇒ presumido. **2** s m Aquilo que se supõe antecipadamente/Conje(c)tura/Pressuposição. **Ex.** O ministro quer saber quais são os ~s para você pedir o empréstimo do Governo. **3** s m Condição (prévia). **Ex.** Sem esse ~, nada feito [, não podemos fazer nada]! **4** *Dir* Circunstância ou fa(c)to que se considera como antecedente necessário de outro. **5** ⇒ propósito; desígnio; tensão; obje(c)tivo.

pressurização s f A(c)to ou efeito de pressurizar.

pressurizar v t (<lat *pressúra,ae*: pressão, peso + -izar) Submeter um ambiente hermeticamente fechado a uma pressão comparável à pressão exterior normal, como no caso dum avião a grande altitude, dum submarino, etc.

pressurosamente adv Com grande [A toda a] pressa/Apressadamente/Diligentemente/Prestesmente.

pressuroso, a adj (<lat *pressúra*: pressão + -oso) **1** Que gosta de andar ou fazer as coisas depressa/Apressado. **2** Muito dedicado ao trabalho/Diligente. **Ex.** Correu, ~, a levantar o velhinho caído na rua. **3** ⇒ impaciente; ansioso.

prestabilidade s f ⇒ préstimo(+).

prestação s f (<lat *praestátio,ónis*: satisfação, pagamento) **1** A(c)to de fazer [fornecer] algo/Fornecimento/Serventia. **Comb.** ~ *de* [O dar] *contas* «do dinheiro administrado». ~ *de cuidados médicos* [Atendimento médico]. *Empresa de ~ de serviços*. **2** Parte [Parcela] dum pagamento. **Ex.** Vou hoje pagar mais uma ~ «da (compra da) casa». **Loc.** Comprar «um carro» em [a] ~ões [à ~]. **3** ⇒ quota; imposto.

prestadio, a adj ⇒ «pessoa» prestável; «obje(c)to» útil.

prestador, ora adj/s (<prestar) (O) que presta algo. **Comb.** Empresa ~ra de serviços.

prestamente adv ⇒ prestesmente.

prestamista s 2g (<*an* préstamo = empréstimo/imposto) **1** Pessoa que empresta dinheiro a juros. **2** Pessoa que possui [recebe] (juros de) títulos de dívida pública. **3** Proprietário [Dono] de casa de penhores. ⇒ prestação.

prestância s f (<lat *praestántia,ae*) **1** ⇒ préstimo. **2** ⇒ superioridade; excelência.

prestante adj 2g (<lat *praéstans,ántis*) **1** ⇒ excelente; superior. **2** ⇒ útil.

prestar v p/int (<lat *praésto,áre,átum*: estar à frente, valer mais) **1** Ter préstimo/utilidade/Ser útil/Servir para. **Ex.** Este carro velho, já não presta [serve] para andar, vai para a sucata. Este vinho não presta [não é bom/Este vinho é fraco]. Não deite [jogue] fora esses papéis, ainda prestam para alguma coisa «escrever por trás/embrulhar algo». **2** Estar disposto a fazer/Conceder/Dar/Dispensar. **Ex.** Os enfermeiros prestam cuidados aos [atendem os/tratam (d)os] doentes. **Loc.** ~-*se* [Estar disposto] *a* [Estar pronto para] *ajudar* um amigo. ~-*se ao rídiculo* [Proceder de modo a provocar o riso ou a troça da gente/dos outros]. ~ [Dar] *contas* «do dinheiro recebido ou gasto». ~ *culto* [Adorar] *a Deus*. ~ *culto a* [Venerar] *Nossa Senhora/os santos*. ~ *homenagem* [Homenagear]. ~ *informações* [Informar]. ~ *juramento* [Jurar] «no tribunal». ~ *obediência* [(Prometer) obedecer]. ~ *o nome* [Uma pessoa permitir que outra use o seu nome «como fiador»]. ~ *ouvidos* [Ouvir com atenção] (Ex. Eu bem o preveni, mas ele não prestou ouvidos [não fez caso/não me ouviu] e a empresa dele faliu). ~ *socorro* [Socorrer].

prestativo, a adj (<prestar 2 + -ivo) Que gosta ou tem o hábito de ajudar. **Ex.** É uma pessoa muito ~a, está sempre disposta a ajudar [*idi* a dar uma mão a] quem precisa. **Sin.** Prestável.

prestável adj 2g (<prestável 1/2 + -vel) **1** Que serve para alguma coisa/Útil/Que pode ter serventia. **Comb.** Carro velho, mas ~ [, mas que ainda faz jeito(+)]. **2** ⇒ prestativo(+).

prestes (Prés) adj 2g/adv (<provençal *prest*; ⇒ prestar) **1** Que está a ponto de/está quase a/Pronto para. **Ex.** Estava ~ a sair, mas tocou o telefone e era a minha mulher a dizer(-me) que esperasse por ela um pouco. **2** Rápido/Rapidamente. **Ex.** Correu ~ para o lugar do acidente e salvou as vítimas. **3** Disposto/Preparado/Pronto. **Comb.** ~ a aceitar aquela proposta. ~ [Pronto/Decidido] a entrar para o convento. ~ a ir para [a ser] padre. ~ a ser professor.

prestesmente adv (<prestes + -mente) Prontamente/Rapidamente. ⇒ pressurosamente.

presteza (Tê) s f (<prestes + -eza) **1** Rapidez/Pressa/Celeridade. **Ex.** Correu com (toda a) ~ e apagou o fogo. **2** ⇒ agilidade/destreza/habilidade. **3** Obsequiosidade/Simpatia. **Ex.** Atendeu (a)o nosso pedido com a sua habitual ~.

prestidigitação s f (<prestes + digitação) **1** Técnica [Maneira] de iludir o espe(c)tador com truques que dependem sobretudo da agilidade das mãos. **Sin.** Ilusionismo/Mágica. **2** Agilidade de mãos.

prestidigitador, ora s Pessoa que faz prestidigitação 1. **Sin.** Ilusionista/Mágico.

prestigiação s f (<prestigiar) **1** A(c)to ou efeito de prestigiar/honrar/enobrecer/Prestígio(+). **2** ⇒ prestidigitação; bruxaria.

prestigiador, ora adj/s (<prestigiar) **1** (O) que prestigia/Prestigiante/Honroso/Enobrecedor. **2** ⇒ prestidigitador.

prestigiar v t (<prestígio + -ar[1]) Tornar famoso/Honrar/Enobrecer. **Ex.** O mau procedimento [comportamento] do seu filho não prestigia a (sua) família! Prestigiaram a memória [o nome] do herói erguendo-lhe uma estátua. O país prestigiou-se [ganhou prestígio] pelo papel que desempenhou na obtenção da paz.

prestígio s m (<lat *praestígium,ii*: charlatanismo, embuste) **1** Autoridade/Importância/Influência/Peso/Notoriedade de alguém ou duma instituição. **Ex.** Essa fundação «Calouste Gulbenkian» goza de grande [muito] ~. O Presidente da República, embora com limitados poderes, tem [detém(+)] no entanto uma posição de prestígio. **2** ⇒ preferência/fascínio «da TV». **3** ⇒ ilusão; magia.

prestigioso, a adj (<prestígio + -oso) **1** Que tem/dá [De] prestígio/Honroso(+). **Comb.** Um cargo [Uma posição] ~. **2** ⇒ «eloquência» fascinante; prodigioso.

préstimo s (⇒ prestar) **1** Utilidade/Serventia. **Ex.** Aquilo «máquina/antigo anexo da casa» já não tem ~ [já não serve para nada]. **2** *fam/pop* Ajuda. **Ex.** Ofereço-lhe os meus ~s para o que precisar.

prestimoso, a adj (<préstimo + -oso) Que tem [Feito com] préstimo. **Ex.** Fez [Preparou] um grande [rico] jantar com a ~a ajuda da mulher e da filha. ⇒ prestativo.

prestíssimo adj/s/adv (<presto + -íssimo) **1** Muito presto/Rapidíssimo. **2** *Mús* **a)** Em andamento muito vivo/rápido; **b)** Trecho musical com esse andamento.

préstito s m (⇒ prestar) **1** Aglomerado de pessoas em marcha. **Comb.** ~ [Procissão/Cortejo] fúnebre/a caminho do cemitério. **2** ⇒ desfile/corso «carnavalesco».

presto (Prés) adv/adj/s (<it *presto*: já, depressa) **1** Rápido(+). **Comb.** Um andar [caminhar] ~. **2** ⇒ prestes/depressa. **3** *Mús* **a)** Em andamento vivo/apressado; **b)** Trecho musical com esse andamento.

presumido, a adj/s (<presumir) **1** Presunçoso/Vaidoso/Orgulhoso/Afe(c)tado. **Ex.** Ela é uma ~a, julga que sabe mais do que os outros. **2** «intenção de matar» Que se presume/supõe.

presumir v t/int (<lat *praesúmo,ere,sumptum*: tomar antecipadamente, ~) **1** Pensar/Julgar/Entender/Imaginar/Supor com alguma ou muita probabilidade. **Ex.** Como o crime ocorreu na casa dele, presume-se [presumimos] que foi ele o autor. Ao entrar e ver o grupo calar-se de repente, presumiu que tinham estado a falar mal dele. **2** Ter vaidade/presunção. **Loc.** ~-*se de* (ser um indivíduo) inteligente.

presumível adj 2g Que se pode presumir/Provável/Possível. **Ex.** A polícia deteve [prendeu] dois indivíduos como ~veis [prováveis/possíveis] assaltantes do banco.

presunção s f (<lat *praesúmptio,ónis*; ⇒ presumir) **1** ⇒ suposição; conje(c)tura; suspeita. **2** Opinião demasiado boa e lisonjeira de [sobre] si mesmo/Vaidade/Orgulho/Afe(c)tação. **Ex.** Tem a ~ de ser o melhor aluno da escola «e [mas] não é». Não tenha a ~ de querer resolver tudo sozinho. **Prov.** ~ *e água benta, cada qual toma a que quer* [A vaidade e a devoção [e o ir rezar à igreja] estão sempre à mão] (Cita-se isto a respeito de] alguém que se elogia a si mesmo).

presunçoso, a adj/s (O) que tem presunção/Presumido/Vaidoso/Orgulhoso. **Ex.** É um indivíduo com qualidades [valor] mas está cada vez mais ~. ⇒ pedante.

presuntivo, a adj (⇒ presumir) **1** Indicado de antemão, devido à proximidade de parentesco. **Comb.** Herdeiro ~. **2** ⇒ presumível.

presunto s m (<lat *per* + *súctus* <*súgo,ere, súctum*: sugar, secar) **1** Perna da anca ou espádua da perna anterior do porco, depois de salgada, curada [defumada] e seca. **Ex.** Prefere uma sande de ~ e não de fiambre (Presunto cozido). **2** *Gír* Corpo de pessoa assassinada e abandonada «no campo/na mata».

pretendente adj/s 2g (⇒ pretender) **1** Pessoa que se julga com direito a alguma coisa «subsídio do Governo». **Ex.** Historicamente houve guerras (só) porque havia dois ~s ao trono [dois que queriam ser rei]. **2** Pessoa que requer [faz um requerimento] «na Câmara/Prefeitura». **Sin.** Requerente. ⇒ solicitador. **3** Pessoa que aspira a casar com alguém. **Ex.** Aquela moça tem muitos ~s. **4** ⇒ candidato.

pretender v t (<lat *praeténdo,ere,téntum*: estender diante, pôr à frente como pretexto, alegar) **1** Fazer uma afirmação, com base no que se pensa ser verdade/Afirmar/Sustentar/Assegurar. **Ex.** Pretende que o ladrão roubou por necessidade. **2** Fazer uma afirmação falsa/Fingir/Mentir. **Ex.** Pretendeu estar [Disse que estava] doente, só para não ir trabalhar hoje. **Loc.** ~ [Fingir] *ignorância* [Dizer que não sabe]. ~ *que tal fa(c)to não se deu* [que tal coisa não aconteceu]. **3** Ter intenção de fazer alguma coisa/Pensar/Tencionar. **Ex.** Pretendo visitar Moçambique. **4** Aspirar a/Desejar/Querer. **Ex.** Pretendia um lugar de chefia na empresa. **5** Reclamar como um direito/Exigir. **Ex.** Depois do que fizeste «acusaste-nos à polícia», é incrível [, parece impossível] que ainda pretendas [esperes/exijas] de nós alguma coisa.

pretendido, a adj/s (<pretender) **1** Desejado/Procurado/Querido. **Ex.** O lugar [cargo] ~ por você [si] já está ocupado por [já foi dado a] outra pessoa. **2** Pessoa que é alvo (de pretensão) para casar. **Ex.** Já sei que a Judite é a ~a dele.

pretensamente adv (<pretenso + -mente) ⇒ supostamente/alegadamente/«atitude» falsamente «modesta».

pretensão s f (⇒pretender) **1** Suposto direito a alguma coisa/Exigência. **Ex.** Nesta crise a empresa não pode aceitar as [dar resposta às] ~ões do sindicato. **2** Desejo/Aspiração. **Ex.** Ela não tem muitas ~ões na vida, diz que lhe basta o pouco que tem. Ela tem ~ões a (ser) grande escritora. **3** Vaidade/Jactância/Bazófia. **Ex.** Rimo-nos das ~ões dele, diz que vai ser o melhor cantor do país. O meu pai é uma pessoa simples, sem ~ões, apesar de ser rico – como vós sabeis.

pretensiosismo s m A(c)to ou atitude de (quem é) pretensioso/Pedantismo.

pretensioso, a (Ôso, Ósa, Ósos) adj/s (<pretensão + -oso) **1** (O) que demonstra [tem] vaidade/Vaidoso/Orgulhoso/Afe(c)tado. **Ex.** Ele é [foi sempre] um ~. **Comb.** Atitude ~a.

pretenso, a adj (⇒ pretender) **2**) Falso/Fictício/Fingido. **Ex.** Fez-me acreditar na sua ~a doença. É um ~o [falso/mau] moralista.

preterição s f (<lat *praeterítio,ónis*) **1** A(c)to de omitir [deixar de lado/cortar/preterir]/Omissão/Esquecimento. **Ex.** A ~ da minha candidatura ao cargo foi injusta porque o deram a quem não estava qualificado. **2** *Ling* ⇒ paralipse.

preterir v t (<lat *praetéreo,íre,itum*: passar adiante, omitir, ~) **1** Deixar de escolher alguém para favorecer outros. **Ex.** Preteriu o antigo funcionário para promover um amigo. A sobrinha foi preterida [não foi contemplada] no testamento. **2** Prescindir de/Abstrair de/Omitir. **Loc.** ~ pormenores. **3** Não dar importância/Ignorar/Desprezar. **Loc.** Ado(p)tar um estrangeirismo e ~ o vernáculo «português castiço». **4** ⇒ ir além de; ultrapassar.

pretérito, a adj/s m (<lat *praetéritus,a,um*) **1** (O) «ano/verão» que já passou/Passado(+). **2** *Gram* Forma verbal que indica uma a(c)ção passada. **Ex.** O ~ de *cantar* é *eu cantei, tu cantaste, ele cantou*, ... **Comb.** ~ *imperfeito* «cantava». ~ *perfeito simples* «cantei». ~ *perfeito composto* «tenho cantado».

preterível adj 2g Que se pode preterir ou deixar de lado ou ignorar.

preternatural adj 2g (<lat *praéter*: além de/disso + ...) Que está acima do natural [da natureza]/Sobrenatural(+). ⇒ transcendente.

pretextar s m (<lat *praetéxo,ere,téxtum*: tecer pela frente ou na orla) Alegar ou tomar como pretexto/desculpa/escusa. **Loc.** ~ uma doença para não ir às aulas [não ir para a escola]. ⇒ pretender **2**.

pretexto (Teis) s m (<lat *praetéxtum,i*: desculpa, ornamento, ~) Razão aparente que se alega [se dá] para não fazer algo/Desculpa/Escusa. **Ex.** Saiu da reunião com o ~ de que estava [~ de estar] com uma dor de cabeça. **Loc.** A ~ de [À conta de/Com o fim aparente de].

pretidão s f (<preto + -(i)dão) **1** Qualidade do que é preto/Pretura. **2** ⇒ escuridão(+); negrura.

preto, a (Prê) adj/s (<lat *préssus,a,um*) **1** Da [Que tem a] cor do carvão/azeviche. **Ex.** No sentido físico, o ~ é a ausência de todas as cores. **Idi.** A ~ *coisa* [situação/O caso] *está ~a* [complicada/perigosa]. ~ *no branco* **a)** Por escrito (Ex. O contrato ficou ~ no branco); **b)** Muito claramente (Ex. Disse-lhe, ~ no branco, que ele é (um grande) ladrão). *Pôr o ~ no branco* **a)** Regist(r)ar por escrito; **b)** Esclarecer o caso/problema (Ex. Enquanto eu não puser o ~ no branco, não me calo [continuarei a insistir]. **Comb.** «foto(grafia) a/tecido» ~ *e branco*. *Cor* ~*a* [O preto]. *Tinta* ~*a*. *Vestido* ~*o*. **2** Pessoa de raça negra. **Ex.** No Brasil há muitos ~s [negros]; são uma boa percentagem da população.

preto e branco adj/s m/adv **1** Que tem partes pretas e partes brancas. **Comb.** Tecido ~. **2** Que não é colorido [a cores]. **Comb.** Filme a ~. Foto(grafia) a ~. **3** Combinação do preto e do branco. **Ex.** O ~ é a técnica preferida do fotógrafo.

pretónico, a (Prè) [*Br* **pretônico**] adj Diz-se de vogal ou de sílaba antes das tó[ô]nicas.

pretor (Tôr) s m (<lat *praétor,tóris*) **1** *Hist* **a)** Magistrado da antiga Roma que administrava a justiça ou governava uma província. **b)** Alcaide-mor que, na Idade Média, exercia poder absoluto nas terras que lhe eram confiadas. **2** *Br* Magistrado de competência inferior à de juiz de direito.

pretoria s f Cargo ou jurisdição de pretor.

prevale(ce)nte adj 2g (<prevalecer) Que prevalece/Dominante/Preponderante.

prevalecer v int (<lat *praevalésco,ere*) **1** Ter mais [Exceder em] importância/Preponderar/Predominar/Vencer/Ganhar. **Ex.** Houve aceso [grande] debate na reunião e muita mentira mas felizmente [mas graças a Deus] a verdade prevaleceu. **2** ⇒ aproveitar-se [~-se]. **3** ⇒ insurgir-se/opor-se.

prevalência s f (<lat *praevaléntia,ae*) Qualidade do que prevalece/predomina/Superioridade/Supremacia/Predominância. **Comb.** A ~ da doença nos mineiros do carvão. *A ~ do Bem sobre o Mal* [da virtude sobre o pecado].

prevalente ⇒ prevalecente.

prevaricação s f (<lat *praevaricátio,ónis*; ⇒ prevaricar) **1** Crime cometido por magistrado ou funcionário público quando ele, por interesse pessoal ou má-fé [ou sabendo que não está a ser justo], prejudica o Estado ou alguém. **2** ⇒ adultério.

prevaricador, ora adj/s (<lat *praevaricátor, óris*) (O) que cometeu uma prevaricação. **Comb.** Advogado [Juiz/Funcionário] ~.

prevaricar v int (<lat *praeváricor,cári,cátus sum*: não ir a direito) **1** Abusar do exercício das suas funções, cometendo injustiças ou lesando os interesses que devia acautelar/defender/Cometer uma prevaricação. **Ex.** O secretário foi demitido porque prevaricou, lesou os interesses do Estado. **2** Transgredir, conscientemente [com/por má-fé], uma norma ou princípio. **3** ⇒ cometer adultério.

prevenção s f (<prevenir + -ão) **1** Disposição antecipada para impedir que aconteça alguma coisa/A(c)to de (se) prevenir. **Loc.** *De* [Por] ~ [À cautela/Prevenindo(-se)]. *Estar de ~* **a)** «tropa/polícia» Permanecer nos quartéis, pronta a [, preparada para] intervir em caso de necessidade; **b)** Estar preparado para agir/a(c)tuar/Estar vigilante. *Ficar* [Pôr-se] *de ~* [Pôr-se à espreita] «do aparecimento do inimigo». **Comb.** ~ *de acidentes rodoviários*/de trânsito. ~ *de incêndios*. **2** Opinião desfavorável antecipada/Preconceito(+). **Ex.** É mau [péssimo] ter ~ [antipatia/preconceitos(+)] contra os estrangeiros. **3** ⇒ precaução/cautela/cuidado.

prevenido, a adj (<prevenir) **1** Que se previne/Que está preparado para o que vier. **Ex.** Costuma dizer-se que *homem ~ vale por dois*. Não estava [tinha sido] ~ para discursar e preferiu ficar calado. ⇒ precavido; acautelado; prudente. **2** Com preconceitos/Com ideias ~ contra os estrangeiros. **3** ⇒ desconfiado [idi que está de pé atrás].

preveniente adj 2g (<lat *prae*: antes + *véniens,éntis*: que vem) Diz-se da graça divina que nos leva à prática do bem. **Comb.** O amor ~ de Deus (que nos amou primeiro, enviando-nos o seu Filho Jesus).

prevenir v t (<lat *praevénio,íre,véntum*: tomar a dianteira, antecipar) **1** Dispor/Fazer/Preparar antecipadamente o que é necessário para enfrentar algo futuro. **Ex.** Já se preveniu comprando lenha para todo o inverno. **Prov.** *Mais vale ~ (do) que remediar* «é melhor não comer o que me faz mal do que comer e depois tomar remédios para me curar». **Loc.** ~ *acidentes* de trânsito «guardando as leis do trânsito». ~ *doenças*. ~ *incêndios*. ~ (possíveis) *danos à agricultura*. **2** Avisar alguém com tempo/Acautelar. **Ex.** Já preveni o dono da loja de que eu quero sair e arranjar outro emprego. «você queixa-se que os sócios da firma o roubaram» Eu bem o preveni [acautelei], mas você não quis ouvir... **3** ~-se/Acautelar-se/Premunir-se. **Ex.** Vou levar o guarda-chuva (por)que o céu está muito carregado; tenho de me ~. **4** ⇒ proibir. **5** ⇒ prever.

preventivo, a adj (⇒ prevenir) Que tem por fim prevenir, acautelar ou impedir que alguma coisa má aconteça. **Comb.** *Medidas ~as*. *Medicina ~a*/profilá(c)tica. *Prisão ~a* «de um inveterado ladrão/salteador». *Tratamento* [Remédio] ~.

prever v t (<lat *praevídeo,ére,vísum*) **1** Ver com antecipação/Calcular. **Ex.** O ministro (da economia) prevê que a inflação desça dois pontos precentuais [2%]. Eu prevejo

[calculo que vou ter] um bom resultado no exame «de História». **2** Ter como implicação/condição/Pressupor. **Ex.** A admissão no clube prevê o pagamento da quota de [por] cada um dos sócios. **3** Adivinhar/Profetizar. **Ex.** Quem pode ~ o futuro? Ninguém...

pré-verbal *adj 2g* **1** *Gram* «prefixo» Que precede um verbo. **2** Diz-se de fase de desenvolvimento da criança antes de vir a fala.

previamente *adv* (<prévio + -mente) Antecipadamente/Antes. **Ex.** Como não o avisaram ~ da [que havia] reunião ele disse que «hoje» não podia ir. **Ant.** Posteriormente. ⇒ anteriormente.

previdência *s f* (<lat *providéntia,ae*: providência, ~) **1** Qualidade de quem é previdente. **2** ⇒ precaução/cautela. **3** ⇒ previsão «do futuro». **4** Conjunto de medidas de cará(c)ter assistencial em favor dos cidadãos de um país. **Comb.** ~ (*social*). *Instituições*/Organismos «Caixa/Montepio» *de* ~ [para defesa do trabalhador no desemprego, na doença e na invalidez e a garantia de uma pensão de aposentação ou reforma].

previdenciário, a *adj/s* **1** Relativo à previdência. **Comb.** Contribuição ~a. **2** Funcionário de instituição de previdência.

previdente *adj 2g* (⇒prever) Que prevê/Que pensa no que pode acontecer e se previne para que nada de mau lhe aconteça. **Sin.** Prevenido(+)/Precavido/Acautelado/Prudente. **Ant.** Im~.

prévio *adj* (<lat *praévius,a,um*: que vem diante <*prae* + *via*: caminho) Que acontece [que se passa/se faz] antes de outra coisa/Antecede/Anterior. **Ex.** Antes da votação da lei houve debate ~ na Assembleia da República [no Congresso]. Antes da minha conferência na universidade tive um encontro ~ com o Reitor. ⇒ preliminar/introdutório.

previsão *s f* (<lat *provísio,ónis*: a(c)ção de pro[e]ver, ~) A(c)to ou efeito de prever. **Comb.** ~ *das eleições* [dos resultados eleitorais]. ~ *meteorológica do* [*tempo*(+)] (⇒ boletim meteorológico. ⇒ prevenção «de incêndios»; cautela/cuidado/precaução.

previsibilidade *s f* Qualidade de previsível.

previsível *adj 2g* (<pre- + visível) Que se pode prever. **Ex.** A conduzir àquela velocidade «200km/h» era ~ [de temer] o terrível acidente (que teve).

previsto, a *adj* (<pre- + visto) Mencionado/Calculado/Marcado com antecedência. **Ex.** Os gastos ~s [calculados] ficaram aquém da realidade. A reunião ~a [marcada] para hoje foi adiada. **Loc.** De ~ [Previamente/À cautela]. **Comb.** Caso «crime» ~ na lei. ⇒ profetizado/anunciado.

prezado, a (<prezar) **1** Que é estimado/querido/respeitado. **Ex.** «em cartas» ~ [Estimado/Caro/Excelentíssimo] senhor. **2** Apreciado/Cuidado. **Ex.** A saúde é dos bens mais ~s por toda a gente. Ele tem o automóvel bem prezad(inh)o.

prezar *v t* (<lat *prétium,ii*: preço + -ar[1]) **1** Ter em grande apreço ou consideração/Respeitar. **Ex.** Quem [Alguém que] se preza [se respeita/que tem o sentido da honra] não anda [não devia andar] em tais [tão más] companhias «ladrões/drogados»! O professor prezava[orgulhava]-se de nunca ter precisado de castigar os seus alunos. Eu prezo[orgulho]-me de ser timorense «porque respeito o meu país». **2** Estimar muito. **Ex.** Ela prezava muito os seus avós, já velhinhos e sempre amigos dos netos. Eu prezo muito o sossego do meu bairro «em Lisboa». **Loc.** ~ um amigo. ⇒ prezado.

priapismo *s m Med* (<gr *priapismós* <*Príapos*, deus dos jardins e vinhedos, da *Mit gr*) Ere(c)ção forte e continuada do pé[ê]nis, geralmente dolorosa, por motivo patológico «insuficiência de drenagem do sangue no pénis».

primacial *adj 2g* (<lat *prímus* [*primárius*], *a,um*: que está primeiro, de primeira categoria) **1** Principal/Primordial/De grande importância. **Comb.** «a saúde pública é» Questão [Assunto] ~ «para o Governo». **2** Em que há primazia. **Comb.** Interesses ~ais das [para as] famílias numerosas «sustento».

primado *s m* (<lat *primátus,us*: superioridade) **1** Primazia/Prioridade/Supremacia/Superioridade. **Comb.** «reconhecer no homem o» ~ da razão «sobre as várias sensações/impressões». **2** *Rel* Primazia de um (arce)bispo sobre os bispos duma região. **Comb.** O ~ de Pedro **a)** A chefia [O cuidado] da Igreja concedida [confiado] por Jesus Cristo ao apóstolo S. Pedro; **b)** A mesma chefia ou serviço confiados ao sucessor de Pedro, o Papa a(c)tual.

prima-dona *s f Mús* (<it *prima donna*) Cantora encarregada do papel principal duma ópera. ⇒ primeira-dama.

primar *v int* (⇒ prim(eir)o) Ter [Ser hábil ou primoroso em] alguma coisa/Distinguir-se. **Ex.** Ela prima pela teimosia [Ela é muito teimosa]. Ela prima pelo [Ela tem] bom gosto «na escolha dos vestidos». O Brasil prima [reina/é rei] no futebol.

primário, a *adj/s m* (<lat *primárius,a,um*) **1** Que está primeiro/Principal/Fundamental/Básico. **Ex.** A segurança no trabalho é uma questão ~a [básica/importantíssima] em qualquer empresa de construção. **Comb.** O ~/A escola ~a [O primeiro ciclo do ensino básico(+)]. **2** *Econ* Diz-se do se(c)tor [conjunto] de a(c)tividades económicas ligadas à natureza: agricultura, pesca, extra(c)ção de minerais, etc. **3** *fig* Rude/Bruto. **Ex.** É um (indivíduo/tipo/cara) ~o. **4** *Med* Que constitui o primeiro estágio duma doença. **Comb.** Lesão ~a. Tuberculose ~a. **5** *Dir* Que comete crime pela primeira vez/Sem antecedentes criminais. **6** *s m* Tinta de cara(c)terísticas especiais que se aplica antes das demãos finais. **7** *Geol maiúsc* ⇒ paleozoico(+).

primarismo *s m* (<primário 3 + -ismo) Cará(c)ter do que revela rudeza, limitação ou pouca cultura. **Ex.** As opiniões [Os raciocínios] dele são de um ~ confrangedor [que mete dó/de dar dó].

primata *adj/s 2g Zool* (<lat *prímae,árum*: primeira plana [categoria]) (Diz-se de) mamífero plantígrado «macaco/urso» com dentição completa e cinco dedos, cujos polegares são oponíveis aos outros, como no homem.

primatologia *s f* (<primata + -logia) Estudo dos primatas próximos do homem.

primavera *s f* (<lat *prímus,a,um*: primeiro + *ver,véris*: primavera) **1** Estação do ano que sucede ao inverno e precede o verão, em que as temperaturas são suaves e a natureza «plantas» renasce (No hemisfério norte estende-se do equinócio de março (21) ao solstício de junho (20), no hemisfério sul do equinócio de setembro (22) ao solstício de dezembro (20)). **Ex.** Hoje parece ~ [está um dia lindo/um tempo primaveril]. **2** *fig* Época primordial. **Comb.** A ~ da vida [A juventude]. **3** *Poe* An(iversári)o. **Loc.** Contar quinze ~s [Ter 15 anos (de idade)]. **4** *Bot* Nome extensivo a plantas herbáceas, da família das primuláceas; *Primula vulgaris*. **Sin.** Quejadilho; prímula; pão-e-queijo.

primaveral ⇒ primaveril.

primaverar *v int* (<primavera 1 + -ar[1]) Passar [Gozar] a primavera «no campo». ⇒ veranear.

primaz *adj 2g* (<primazia; ⇒ primado) **1** Que ocupa o primeiro lugar/Principal. **2** Prelado católico que ocupa uma posição superior aos bispos e arcebispos. **Ex.** Historicamente os bispos de Toledo (Espanha) e de Braga (Portugal) diziam-se, com mútua exclusão, *Primaz das Espanhas*; mas hoje o título não se usa.

primazia *s f* (⇒ primado) **1** Primado 2(+). **2** Primeiro lugar/Superioridade de categoria. **Loc.** *Dar a ~ a quem é* [Reconhecer como] *melhor*. *Ter a ~* [Ser o melhor/primeiro]. **3** Rivalidade/Competição. **Loc.** *Apostar ~s com* [Rivalizar com/Competir com/Ser comparável a/Igualar-se a]. *Levar a ~ a* [Ganhar a/Ser melhor que] todos os rivais.

primeira-dama *s f* Esposa de um chefe de Estado «Presidente da República».

primeiramente *adv* Em primeiro lugar/Primeiro/Antes (de mais nada). **Ex.** ~ tinha de falar com a mulher e com os filhos; só depois escolheria a marca e a cor do carro.

primeiranista *s 2g* (<primeiro + ano + -ista) Estudante que frequenta o primeiro ano de qualquer curso «em colégio/universidade/instituto». ⇒ caloiro.

primeiro, a *num ord/adv/s/conj* (<lat *primárius,a,um*: principal, de primeira categoria/ordem) **1** Que numa série ocupa a posição inicial/Que é número 1 (um). **Loc.** *À ~a* [Logo/Imediatamente] (Ex. Há [faz] muitos anos que não nos víamos, mas reconhecio-o à ~a/mas vi logo quem era. Tentei acertar no alvo «um círculo» e foi à ~a [e foi com o primeiro disparo/tiro]. *Em ~a mão* [Que não foi usado/Que é novidade] (Comb. Carro novo [em ~a mão]. *Notícia em ~a mão* [dada ou recebida por alguém antes de outros]. *Comb. ~ andar/piso* «da casa/do hotel». *~ de abril* **a)** Dia um do mês de abril; **b)** Dia das mentiras. *~a* [I] *Guerra Mundial* (de 1914 a 1918). *~a impressão* [O que se sente ao ver o que nunca se tinha visto] (Ex. Ao vê-lo, a ~a impressão que tive foi (de) medo, mas afinal ele é muito bondoso. As ~as impressões fo [ao visitar o] Japão foram (muito) boas: segurança, ordem, limpeza). *~o plano* [O que está mais próximo do observador] (Ex. Na foto, em ~o plano, via-se muito sorridente, toda a família e em segundo plano [e, como pano de fundo], as árvores «camélias/japoneiras» do jardim). *~os socorros* [Tratamento elementar prestado em situação de emergência enquanto aguarda [espera] a chegada de pessoal médico]. *Mec ~a* (*velocidade*) [Marcha mais rotativa do carro] (Ex. Para arrancar [Na subida] meteu a ~a). *Gé[ê]neros de ~a necessidade* [Alimentos mais necessários à vida] (Ex. O pão, o arroz, a mandioca, o milho são alguns dos gé[ê]neros de ~a necessidade).

2 *adv* Primeiramente/Antes de mais. **Ex.** ~, ele foi comprar os remédios, depois foi fazer as outras [o resto das] compras. «não te dou licença» ~ [Antes de mais/Para já/Olha/...], tu ainda não tens idade para sair de casa a estas horas [tão tarde] e depois eu sei que o filme [que ias ver] não vale nada. **3** *conj* ~ *que*. **Ex.** ~ que ele «idi o bêbado do meu marido» chegue a casa... [Ele vai chegar muito tarde]. «lavrador triste porque há muito que não chove» Amigo, ~ que chova idi não me doa a mim a cabeça [Não há maneira de vir a chuva]. ~ que tudo [Antes de mais nada] «vamos comer/faça o trabalho que eu lhe pedi». **4** Que revela supremacia em relação a outros/O mais notável/O melhor. **Loc.** *De ~a categoria/qualidade* [Muito bom] (Ex. Este vinho é de (~a) [é uma] categoria/é de ~a qualidade). *De ~a ordem* [Muito grande] (Ex. Ele é um preguiçoso de ~a ordem [Ele é muito preguiçoso]. **Comb.** *O ~* [melhor] *aluno* da escola. *O ~ em altura* [O «filho» mais alto]. *O ~ na preguiça* [O mais preguiçoso (de nós todos)]. **5** Primitivo/Inicial. **Comb.** *~a idade* [Infância] (Do nascimento até aos 3 anos). Os nossos ~s pais [Adão e Eva]. **6** Rudimentar/Mais simples. **Comb.** *~as letras* [O aprender a ler, escrever e contar/O bê-á-bá]. *~as noções* [Elementos ou conhecimentos básicos/ elementares] «de Matemática». *~o modelo* «do carro Ford». *~a versão* «duma máquina de costura».

primeiro/a-ministro/a *s* Ministro principal na hierarquia governamental/Chefe do Governo «português». ⇒ Presidente da República [Chefe de Estado].

primeiro-violino *s m Mús* Tocador de violino com posição de destaque em relação aos outros violinistas da orquestra.

primevo, a *adj* (<lat *primaévus,a,um*: que está na flor da idade; ⇒ (primeira) era) Que diz respeito aos tempos primitivos. **Comb.** História ~a (da cidade) [Primórdios da história] de S. Paulo.

primícias *s f pl* (<lat *primítiae,árum*: primeiros frutos, parte primeira dos despojos oferecidos a uma divindade) **1** Primeiros frutos ou produtos da terra ou do gado. **2** *fig* Primeiras produções do espírito. **Ex.** Ofereceu-me as ~ (do seu talento) de escritor [o seu primeiro livro]. **3** *fig* ⇒ começos; primeiros «efeitos».

primigénio, a [*Br* **primigênio**] *adj* (<lat *primigénius,a,um*: primitivo, originário) Que é o primeiro da sua espécie/Primeiro/Primitivo/Primordial. **Ex.** Podemos dizer que o (amer)índio constitui [é] a camada ~a da população brasileira.

primípara *adj/s f* (<lat *primípara,ae*) (Diz-se da) fêmea «mulher/de animal» que pariu pela primeira vez.

primitivamente *adv* (<primitivo + -mente) Ao princípio/Primeiro/Originariamente. **Ex.** ~ esta igreja era uma capel(inh)a.

primitivismo *s m* (<primitivo + -ismo) **1** Cara(c)terística, estado ou condição do que é primitivo. **2** O pensar [A opinião de] que a fase áurea [melhor] da humanidade foi o seu estado primitivo. **3** *Arte* Tendência artística que busca os seus modelos na ingenuidade da forma e expressão da arte dos povos primitivos.

primitivo, a *adj/s m* (<lat *prim(itiv)us,a,um*) **1** Que é o primeiro a existir/Primeiro/Original. **Loc.** Restaurar as cores ~as dum quadro. **Comb.** Texto ~ [original] dum livro «do séc. XII». **2** Relativo aos primeiros tempos «duma civilização». **Comb.** Igreja ~a [dos primeiros tempos ou séculos do cristianismo]. **3** Que não evoluiu [não progrediu/não se desenvolveu]. **Comb.** Método ~ de lavrar a terra «com arado». **4** Diz-se do estado que se julga(va) ser o dos primeiros homens. **Comb.** *Alma ~a* [Espírito simples]. **(Homens)** *~os*. *Sociedades ~as* «do Pacífico». **5** Que, por estar próximo do estado original, se apresenta de um modo simples, antiquado ou rude. **Ex.** É um misantropo e, quando fala, tem um modo de se exprimir ~/rude/grosseiro. ⇒ primário **3**. **6** *Arte* Que tem a simplicidade e a ingenuidade comuns às [próprias]

das] origens. **Comb.** Pintura ~a. **7** *Gram* **a)** Diz-se de palavra «mãe/livro» que não é derivada de outra existente na mesma língua; **b)** Diz-se de tempo ou forma do verbo que serve para formar os seus derivados. **Ex.** Os tempos ~s são três: o presente do indicativo, o pretérito perfeito simples e o infinitivo. **8** *Geol* Diz-se de formações «terrenos» pós-arcaicas e pré-câmbricas.

primo, a *s* (<lat *prímus,a,um*: primeiro) **1** Indivíduo em relação aos filhos de seus tios. **Comb.** *~s carnais* [(co)irmãos/direitos/ germanos/em primeiro grau]. *~s segundos*/em segundo grau [Filhos nascidos de primos]. **2** Parente [~ mais ou menos afastado]. **Prov.** *~s dos nossos ~s, nossos ~s são*. **3** *Mat* Diz-se de número (inteiro) que só é divisível por si e pela unidade [e por 1] «2, 3, 5, 7, 11, 13». **Comb.** Números entre si [~s que só admitem a unidade como divisor comum «2 e 7; 2 e 13»].

primogénito, a [*Br* **primogênito**] *adj/s* (<lat *primogénitus,a,um* <*gígno,ere,génitum*: gerar) Gerado em primeiro lugar/Primeiro filho. **Comb.** (Filha) ~a.

primogenitor, ora *s f* (⇒ primogénito) **1** Pai do primogénito. **2** *pl* Progenitores(+)/ Avós. **Ex.** Os ~res da humanidade [Os nossos primeiros pais] têm, na Bíblia, os nomes de Adão e Eva.

primogenitura *s f* (<primogénito + -ura) Condição do primogénito. **Comb.** *Hist* Direito de ~ [Prerrogativa que tinha o filho mais velho de receber, como [por] herança dos pais, mais do que os restantes [outros] irmãos].

primor (Môr) *s m* (<lat *primor(ie),e*: (o) que está no primeiro lugar/na frente) **1** Perfeição na execução/Excelência do trabalho. **Ex.** O chefe «mestre de obras» quer tudo feito com ~. **Loc.** *A ~* [Com todo o esmero/Primorosamente] (Ex. Ele escreve a ~. Ela veste(-se) a ~). **2** Obra [Pessoa/Coisa] perfeita/Obra-prima. **Ex.** Esta senhora é um ~ de pessoa: bem-educada, bondosa, sempre a pensar em ser útil a alguém. Este menino é um ~ (de criança)! As *Cantatas* e *Fugas* de Bach são um ~. Este quadro «Anunciação (do anjo a Nossa Senhora)» é um ~ [uma obra-prima(+)] de Fra Angélico.

primordial *adj 2g* (<lat *primordiális,e*) **1** Dos primórdios/Primeiro/Originário. **Ex.** Os cientistas não param de investigar o estado ~ da Terra e o começo do Universo. **2** De primeira [grande] importância/ Fundamental/Capital. **Ex.** O segredo, nos negócios, é ~; até se costuma dizer que "o segredo é a alma do negócio".

primordialidade *s f* **1** Qualidade do que é primordial. **2** ⇒ origem/primórdio.

primórdio *s m* (<lat *primórdium,ii*) **1** O que se organiza primeiro. **2** *pl* Começos/Princípios/Alvor. **Comb.** Nos ~s [No alvor] da civilização. ⇒ exórdio.

primorosamente *adv* (<primoroso + -mente) «feito» Com [A] primor.

primoroso, a (Ôso, Ôsa, Ôsos) *adj* (<primor + -oso) Perfeit(íssim)o/Admirável/Maravilhoso. **Ex.** Deu aos filhos uma educação ~a. O artista «ourives/marceneiro» fez um trabalho ~.

prímula *s f Bot* ⇒ primavera **4**.

prínceps *adj 2g* (<lat *prínceps,cipis*: que ocupa o primeiro lugar) Diz-se da primeira edição de uma obra [dum livro]. **Comb.** Edição ~.

princesa *s f* (<fr *princesse*; ⇒ príncipe) **1** Filha (mais velha) de família reinante/real. ⇒ infanta. **2** Esposa de príncipe. ⇒ primeira-dama. **3** Soberana de um principado **2**. **4** *fig* Pessoa mais distinta da sua condição. **Ex.** Esta ~ é sua filha? *iron* Sua ~!

Levante-se (da cama) e prepare-se para ir para a escola.

principado *s m* (<lat *principátus,us*: primeira categoria; hegemonia) **1** Dignidade de príncipe/princesa. **2** Estado cujo soberano tem o título de príncipe. **Comb.** ~ do Mó[ô]naco. ⇒ ducado «do Luxemburgo».

principal *adj/s 2g* (<lat *principális,e*) **1** Que é primeiro/é o mais importante/Maior/ Essencial/Fundamental. **Ex.** O ~ [A coisa mais importante] é a [é ter] saúde. O Tejo é o ~ [o maior] rio de Portugal. Santos é o porto do Brasil. O motivo [A razão/finalidade] ~ da minha viagem é rever [visitar] os parentes. **Comb.** *A(c)tor ~* do filme. *Alimento ~*/base. *Pessoas ~ais* [Os ~ais] da nossa terra. **2** O que manda/Chefe/Capataz «dos trabalhadores desta construção». **3** *Econ* Capital de uma dívida em relação [contraposição] aos juros. **Loc.** Reembolsar os juros e o ~.

principalidade *s f* (<lat *principálitas,tátis*) Qualidade de principal/Superioridade.

principalmente *adv* Especialmente/Sobretudo. **Ex.** Estou ~ interessado em conseguir trabalho [um emprego] o quanto antes/o mais cedo possível.

príncipe, princesa *s* (<lat *prínceps,cipis*; ⇒«edição» prínceps) **1** Filho (mais velho) de família reinante/real. **Comb.** ~ herdeiro [com direito ao trono do pai]. ⇒ infante; rei; duque. **2** *fig* Pessoa mais importante entre os seus pares [entre os da sua condição/profissão]. **Ex.** Camões é o ~ dos poetas portugueses. ⇒ rei. **3** *fig* Indivíduo que (se) veste bem, tem maneiras distintas e é muito respeitado. **Ex.** Ele é [parece/ veste como] um ~! **4** Título de nobreza, superior a duque. **Comb.** O ~ «Rainier» do Mó[ô]naco.

principescamente *adv* (<principesco + -mente) «viver» Faustosamente/Luxuosamente/De modo principesco.

principesco, a (Pês) *adj* (<príncipe + -esco) Próprio de [Relativo a] príncipe/ Faustoso/Opulento. **Comb.** Jantar ~o [Banquete]. Porte [Figura] ~o/a [de príncipe].

principiador, ora *adj/s* (<principiar) ⇒ fundador/iniciador.

principiante *adj/s 2g* (<principiar + -ante) **1** Que principia/Que está no princípio/Incipiente(+). **2** Pessoa que começa a aprender ou a estudar algo/Aprendiz/Novato/ Noviço. **Comb.** Curso «de português» para ~s.

principiar *v t/int* (<lat *princípio,iáre*: começar a falar, fazer um exórdio) Dar princípio a/Começar(+)/Iniciar(+)/Ter início. **Ex.** Os trabalhadores da construção [abertura] da estrada já principiaram.

princípio *s m* (<lat *princípium,ii*) **1** O primeiro momento de algo/Começo/Início. **Comb.** No [ao] ~ do mês. O ~ [A criação] do mundo. **2** O que serve de base a alguma coisa/Origem «do prazer»/Fonte «de alegria»/Causa «de tristeza». **Comb.** *~ a(c)tivo* [Substância presente num extra(c)to vegetal ou animal ou num medicamento, responsável por um efeito terapêutico]. **3** Preceito moral/Lei/Regra/Norma/Ditame. **Ex.** "Fazer bem, sem olhar a quem" é um bom ~. É uma pessoa sem ~s. Em casa fomos educados sob ~s rígidos mas sãos. **Loc.** *Em ~* [Antes de qualquer consideração/Teoricamente/Normalmente] (Ex. Em ~, o seu plano [proje(c)to] é ó(p)timo [ideal] mas na prática, será realizável?). «as reuniões do clube têm pouco interesse mas eu vou [participo] sempre» *Por (uma questão de) ~*. *Ser fiel aos seus* [*Ser homem de*] *~s*. *Ter ~s* [Guiar-se pela razão/

Não ser volúvel/caprichoso/desonesto/mau]. **4** Hipótese científica considerada como provada e definitiva, superior à (mera) teoria. **Comb.** ~ de Arquimedes (287-212 a.C.): "todo o corpo mergulhado num líquido sofre, da parte deste, uma pressão de baixo para cima igual ao peso do volume de líquido que deslocou [que fez subir]". **5** *Fil* Proposição filosófica que serve de fundamento a uma dedução ou a outras proposições e pensamentos/Axioma. **Comb.** Primeiros ~s [P~s racionais/Verdades fundamentais]. ⇒ causalidade; identidade. **6** *pl* Regras fundamentais e gerais de uma ciência. **Comb.** P~s de Direito [Física/Matemática]. ⇒ rudimentos.

prior, prioresa *s* (<lat *prior,prius*: que precede outro) **1** ⇒ pároco/padre. **2** ⇒ abade «de mosteiro».

prioridade *s f* (<lat *prióritas,átis*) Condição do que é o primeiro, em tempo, ordem, importância ou dignidade. **Ex.** A ~ da nossa escola é dar uma boa formação humana [moral] aos alunos. Neste hospital os idosos têm ~ de atendimento. **Comb.** ~ [Direito] *de passagem* [que garante ao automobilista ou condutor a primazia de passar primeiro nos cruzamentos de ruas ou estradas].

prioritário, a *adj* (⇒ prioridade) Que tem prioridade/Preferencial. **Ex.** As ambulâncias «dos bombeiros» são ~as [têm passagem ~a] em todas as estradas em qualquer [em toda a] parte.

priorizar *v t Br* (<prioridade + -izar) Dar prioridade a(+)/Considerar prioritário.

prisão *s f* (<lat *prehénsio,iónis* <*pre(he)ndo,ere,prénsum*: agarrar, tomar, prender) **1** A(c)to ou efeito de prender ou privar da liberdade/Detenção/Captura. **Ex.** Eu assisti à ~ do assassino. **Comb.** «condenado pelo tribunal a» ~ *perpétua* [para toda a vida]. ~ *preventiva* [que se aplica ao acusado em caso de forte suspeita de que cometeu um delito] (Ex. Aguarda julgamento em ~ preventiva). **2** Local onde estão os presos/Cadeia/Cárcere. **Loc.** Meter na ~ [Encarcerar]. **Comb.** ~ de alta segurança [de onde é impossível evadir-se/fugir]. **3** Aquilo que prende ou dificulta o movimento. **Ex.** Às vezes tenho uma ~ na perna direita, tão forte que não me posso mexer [que não consigo andar]. **Comb.** ~ de ventre [Obstipação intestinal]. **4** *fig* Algo, que sendo bom ou mau [, que para o bem ou para o mal] nos domina, nos tira (parte d)a liberdade. **Ex.** A TV, o computador, o jogo de azar «no casino» podem ser ~ões que nos isolam dos outros [da vida real].

prisca *s f* (<pisca) Ponta de cigarro depois de fumado/Beata/*Br* Guimba.

priscar *v int* (<prisco + -ar¹) **1** ⇒ pular. **2** ⇒ «cavalo» fugir «quando o dono ia montar».

prisco, a *adj* (<lat *prístinus* [*príscus*],*a,um*: primitivo, antigo) ⇒ (muito) antigo(+)/prístino.

prisional *adj 2g* (<prisão + -al) Relativo a prisão. **Comb.** Pena ~ [que deve ser cumprida na prisão].

prisioneiro, a *s* (<prisão + -eiro) Pessoa aprisionada/cativa. **Comb.** ~ de guerra [soldado preso pelos vencedores]. ⇒ preso/a(c)tivo/recluso.

prisma *s m* (<gr *prísma,atos*: a(c)to de serrar) **1** *Geom* Poliedro que tem por base dois polígonos iguais e paralelos e cujas faces laterais são paralelogramos. **Comb.** «paralelepípedo» ~ *quadrangular* [cuja base é um quadrilátero e que portanto tem quatro faces laterais]. **2** *Ó(p)tica* Corpo em forma de ~ «de vidro, cristal ou outra matéria transparente», que tem a propriedade de desviar ou decompor a luz ou as radiações. **Comb.** O ~ duma máquina fotográfica. ⇒ nicol. **3** *fig* Ponto de vista/Aspe(c)to sob o qual se encara ou discute uma coisa/questão. **Ex.** Os [Nós] dois vemos a vida pelo mesmo ~: (o do) o(p)timismo. Ele vê tudo pelo ~ do dinheiro/lucro/interesse.

prismático, a *adj* **1** Com [Em] forma de prisma. **Comb.** Cristal ~o. **2** Que tem prisma **2**. **Comb.** *Binóculos* ~s. *Lentes* ~as. **3** Relativo a prisma. **Comb.** *Cores* ~as [Radiações emitidas à saída de um prisma em que incide uma luz não monocromática].

prismatizar *v t/int* (Fazer) tomar forma de prisma. **Ex.** O sal cristalizou prismatizando. **Loc.** ~ um vidro.

prism(at)oide (Ói) *adj/s 2g* (<prisma + -oide) (O) que tem forma parecida ao prisma. ⇒ prismático.

prístino, a *adj Poe* (<lat *prístinus,a,um*) Antigo/Primitivo. **Comb.** A ~a beleza das catedrais góticas.

privação *s f* (<lat *privátio,iónis*) **1** A(c)to ou efeito de privar de [O não ter/possuir] algo/Carência/Falta. **2** Supressão de algo a que se está habituado. **Ex.** Custou-lhe muito a ~ do álcool [o deixar de beber]. **Comb.** A ~ da [o perder a] vista. **3** *pl* Carência do (que é) necessário à vida/Fome/Nudez. **Ex.** Teve sempre [uma vida de] grandes ~ões mas nunca deixou de lutar e deixou o seu belo exemplo aos filhos.

privacidade *s f* (<ing *privacy* <lat *privatus*; ⇒ privado) Vida privada, particular, íntima. **Ex.** Gosto e quero continuar na política mas o que mais aprecio é a ~ [intimidade] do (meu) lar/(da minha) família.

privada *s f* (<privado) Lugar para urinar ou evacuar/Retrete/WC/«nas casas particulares» quarto de banho(+)/*Br* Banheiro(+). **Comb.** *Br* Descarga de ~ [Autoclismo]. ⇒ latrina; sentina; cloaca; fossa.

privado, a *adj/s* (<lat *privátus,a,um*) **1** Que não é do público nem pertence ao Estado/Particular. **Comb.** *Caminho* ~. *Propriedade* ~a. *Vida* ~a. **2** Individual/Pessoal. **Loc.** «quero falar com você mas» *Em* ~*o* [Pessoalmente/A sós]. **Comb.** Quarto ~ [individual] «em casa/no hotel». **3** «ficar» Sem algo. **Comb.** ~ *de liberdade*. ~ *de tudo*: comida, roupa, ele(c)tricidade [luz], ... «com o incêndio da casa». **4** Se(c)tor que não é do Estado. **5** Pessoa que goza da confiança de alguém importante «rei»/Favorito/Valido/Conselheiro/Confidente.

privança *s f* (<privado **5**) Estado de quem é valido ou favorito/Valimento/Intimidade.

privar *v t/int* (<lat *prívo,áre,átum* a) Pôr à parte, livrar, isentar; b) Tirar, despojar) **1** Tirar a propriedade [posse] de/Desapossar. **Ex.** Ao despedi-lo do emprego privou-o do [tirou-lhe o] seu ganha-pão. **2** Impedir/Frustar/Proibir. **Ex.** A separação «divórcio» privara-o do [roubara-lhe o] afe(c)to dos filhos. **Loc.** ~ uma criança de estudar «é fechar-lhe uma porta para a vida». **3** Viver na companhia ou gozar da intimidade de alguém. **Ex.** Privava com o presidente (da empresa) quando ele ainda era estudante. **4** ~-se [Abster-se/Prescindir] de/Não ter/usar/gastar. **Ex.** Privava-se de quase tudo «viagens/carros de luxo» para economizar para a família.

privativo, a *adj* (<privar[vado] + -ivo) **1** Que indica [leva à/contém] privação. **Comb.** Pena ~a da liberdade. **2** Que não é de [permitido a] todos/Exclusivo/Reservado/Especial. **Comb.** Elevador ~o dos juízes. «estacionamento para» Uso ~ dos funcionários. ⇒ privado. **1. 3** *Gram* Diz-se de prefixo ou afixo que indica privação, negação ou carência. **Ex.** ⇒ a²-; des-; in-.

privatização *s f* (<privatizar + -ção) **1** A(c)to ou efeito de privatizar. **2** *Econ* Transferência do público [do que é do Estado] para o (se(c)tor) privado. **Comb.** A ~ de empresas públicas [estatais]. **Ant.** Nacionalização.

privatizar *v t* (⇒ privado) Transferir (uma empresa pública «correios/transportes») do Estado para os particulares [para o se(c)tor privado]. **Ant.** Nacionalizar.

privilegiado, a *adj* (<privilegiar) **1** Que tem [goza de] um privilégio. **Comb.** Credor ~o [que deve ser pago antes dos outros]. Membros ~s do clube «com direitos que o resto [o comum] dos membros não tem». **2** Que é superior ao comum. **Ex.** Tem um talento ~ [extraordinário/único/singular/especial] para a música. **Comb.** *Ouvido* ~ [muito bom/apurado]. *Visão* ~*a* «vê bem, sem óculos, ao perto e ao longe». **3** (O) que possui riqueza ou é dotado de outros bens/dons. **Ex.** É um ~, por ter nascido numa família rica e culta.

privilegiar *v t* (<privilégio + -ar¹) **1** Conceder privilégios/prerrogativas/favores/vantagens. **Loc.** ~ os banqueiros. ~ os donos de empresas (e não os trabalhadores). **Sin.** Favorecer. **2** Dar mais importância a uma coisa do que a outras. **Loc.** ~ a saúde «não *idi* se matando a trabalhar para ser [ficar] rico».

privilégio *s m* (<lat *privilégium,ii*: lei em favor dum particular, ~) **1** Vantagem exclusiva concedida a alguém. **Ex.** Tenho o ~ de poder estacionar o meu carro à entrada do Ministério «da Saúde» onde trabalho. **Comb.** ~ *creditório* [Faculdade que a lei concede a certos credores de serem pagos]. **Sin.** Direito/Prerrogativa. **2** Apanágio/Condão. **Ex.** A razão é própria [um ~] do homem. **3** *fig* O lado bom/Vantagem especial/Proveito/Conveniência. **Ex.** Com os meus noventa anos passo todo o dia sentado em casa a ver os outros trabalhar – ~s da velhice/da idade ...

prò, prà *contr* (para + o/a) **Ex.** Comprei outro [mais um] carro prà família.

pró *prep/adv s m* (<lat *pro*: a [em] favor de) **1** (O ser) a favor de/O apoiar. **Ex.** «quanto à eleição do Carlos para presidente do clube» Eu sou ~ [Eu apoio-o/Eu voto nele]. **Comb.** As forças [O exército/Os grupos] ~ libertação. **2** A vantagem/O conveniente. **Comb.** Os ~s e os contras [As vantagens e as desvantagens/Os convenientes e os inconvenientes] (Ex. Antes de aceitar o proje(c)to «construção da barragem» temos [precisamos] de ver bem [de pesar] os ~s e os contras).

pro- *pref* (<lat *pro*: (para) diante de) Significa **antecedência, movimento para a frente, em defesa de**, ... Mas, tanto em latim como em português, perde o hífen integrando-se na própria palavra. **Ex.** Prognóstico/Prólogo. ⇒ pró; pre[é].

proa (Prô) *s f* (<lat *próra,ae*) **1** Parte dianteira do barco. **Idi.** *Ter alguém pela* ~ [alguém contra si/alguém que «nos» corta o caminho]. **Comb.** *fig* Personalidade muito importante que se destaca num movimento ou numa organização/Pioneiro. **2** *fig* Vaidade/Presunção/Bazófia. **Loc.** *Abaixar [Abater/Quebrar/Tirar] a* ~ *a alguém* [Ganhar-lhe/Fazê-lo reconhecer a sua [a própria] inferioridade/*idi* Fazer baixar a crista(+)]. *Ter muita* ~ [Ser muito vaidoso].

pró-ativo, a (À) [= pró-activo] *adj* (<pró **1** + ...) Que tende a criar ou controlar uma situação, tomando a iniciativa, e não apenas reagindo a ela. ⇒ positivo; realizador.

probabilidade s f (<lat *probabílitas,átis*) **1** Qualidade do que é provável. **Ex.** Hoje há pouca ~ de chuva [Hoje não deve chover]. **2** Indício de que algo venha a ocorrer/Verosimilhança/Possibilidade. **Loc.** Ter ~s de [Poder] ganhar as eleições. **3** Frequência com que ocorre determinado [algum] acontecimento. **Ex.** A ~ [esperança] de vida naquele país é muito baixa: 45 anos. **Comb.** *Mat* Cálculo de ~s [Conjunto de regras por meio das quais se calcula o número das causas favoráveis ou contrárias à produção de um acontecimento].

probabilismo s m (<provável + -ismo) **1** *Fil/Fís* Doutrina segunda a qual não é possível conhecer verdades absolutas mas apenas opiniões mais ou menos prováveis. **Comb.** ~ científico [Doutrina segundo a qual as leis científicas «da Física» têm apenas, relativamente aos fa(c)tos particulares, uma significação de probabilidade]. **2** *Teol* Doutrina segundo a qual se pode seguir, em moral [ética], uma opinião provável, ainda que haja outra mais provável, porque nenhuma delas é 100% certa/segura.

probabilista adj/s 2g **1** Relativo ao probabilismo. **2** Partidário [Defensor] do probabilismo.

probante [**probatório, a**] adj (⇒ provar) ⇒ comprovativo.

problema s m (<gr *probléma,atos*: obstáculo, ~, saliência <*probállo*: lançar «em rosto», arremeter, propor «uma pergunta») **1** Assunto controverso [discutido/discutível/que ainda não foi resolvido]. **Comb.** O ~ da autoria da Carta aos Hebreus, antes atribuída a S. Paulo. **2** Questão [Pergunta/Exercício «de *Mat*»] que se propõe «aos alunos» para ser resolvida. ⇒ incógnita «*Mat*». **3** Situação difícil/Obstáculo/Contratempo/Dificuldade. **Ex.** Ele tem muitos [Ele vive cheio de] ~s: divórcio, doença, perda de emprego; coitado! Temos de o ajudar. «você precisa de dinheiro e eu, neste momento [, agora] não lho posso emprestar» É um ~ [É um caso sério/Que fazer?]/E agora?]! **Loc.** Causar/Dar/Trazer ~s [Não dar bem/Não resultar] (Ex. «não vá viver sozinho no estrangeiro porque» Isso vai causar [dar/trazer/acarretar] ~s: a si e à sua família!). **4** O que é difícil de entender/resolver/mudar/explicar. **Ex.** Essa mulher «mexeriqueira/má-língua» é um ~!

problemática s f (<problemático) Conjunto de problemas da mesma natureza [levantados ou postos por um domínio do pensamento ou da a(c)ção]. **Comb.** A ~ [O conjunto de problemas] da terceira idade.

problemático, a adj (<gr *problematikós, é,ón*; ⇒ problema) **1** Que tem problemas. **Comb.** *Criança* ~ [com problemas de fala/de movimentos». *Pessoa* ~/complicada/difícil. **2** Difícil de resolver. **Ex.** Vai ser ~o ir para casa com esta chuva. **Comb.** *Assunto* [*Coisa/Questão*] *~o[a]*. *Situação* «familiar/económica» *~a* [cheia de problemas]. **3** Incerto/Duvidoso. **Comb.** Resultado ~.

problematizar v t (<problema + -izar) Fazer problema de/Complicar(+). **Ex.** Não penso [quero] ~ esse assunto, vou resolvê-lo a bem [sem guerras/*col* às boas].

probo, a (Pró) adj (<lat *próbus,a,um*) Honrado/Honesto/Íntegro. **Ex.** É (uma) pessoa ~a, digna de toda a (nossa) confiança.

probóscide s f Anat/Zool (<gr *proboskís, ídos*: tromba de elefante, focinho) **1** Tromba(+) do elefante. **2** Focinho longo e flexível de alguns mamíferos «anta». **3** Qualquer estrutura proeminente, situada próximo à [perto da] região bucal dos inse(c)tos «abelhas».

proboscídeo, a adj/s (<probóscide + -ídeo) (Diz-se de) grande mamífero provido de tromba como o elefante. ⇒ mamute.

procacidade s f (<lat *procácitas,átis*) Qualidade de procaz/Insolência(+)/Impudência(+).

procaz (Cás) adj 2g (<lat *prócax,ácis*) Insolente(+)/Impudente(+)/Descarado [Atrevido](+).

procedência s f (⇒ proceder) **1** Lugar donde se procede [se vem]/Origem/Proveniência. **2** ⇒ linhagem/estirpe/tronco/ascendência. **3** *Dir* Cara(c)terística daquilo que tem base/razão/fundamento. **Comb.** Acusação sem ~.

procedente adj 2g (⇒ proceder) **1** Que procede/vem/deriva/Proveniente/Oriundo. **Comb.** Comboio [Trem] ~ de Lisboa, com destino ao Porto [a Paris]. **2** Concludente/Convincente. **Comb.** Argumentos [Razões] ~s. **3** *Dir* Que tem base/fundamento/razão. **Comb.** Acusação ~. **Ant.** Im~.

proceder v int/s m (<lat *procédo,ere,céssum*: a) ir, avançar; b) provir de) **1** Vir/Provir. **Ex.** Eles procedem [descendem(+)] de família [Eles são de linhagem/estirpe/ascendência] nobre. O comboio [trem] procede de Lisboa e vai até Paris. Na Santíssima Trindade, o Espírito Santo procede do Pai e do Filho. **2** Principiar a fazer. **Ex.** Vamos agora ~ à [fazer a] votação «do presidente do clube». **3** *Dir* Instaurar um processo judicial contra alguém/Processar(+). **Ex.** O deputado não quis ~ contra [não quis processar] o jornal. **4** Agir/Comportar-se. **Ex.** Os ânimos (dos manifestantes) estavam exaltados, mas a polícia procedeu com inteligência e com muita calma, evitando (assim) que houvesse feridos. **Loc.** ~ bem [mal]. **5** s m Procedimento(+)/Comportamento. **Ex.** No meio dos colegas de trabalho, na fábrica, ela tem muito cuidado com o seu ~.

procedimento s m (<proceder + -mento) **1** Maneira de agir/de se comportar/Comportamento/Conduta. **Ex.** Ao salvar todas as vítimas do desastre [todos os feridos] teve um ~ exemplar. **2** Método/Processo. **Comb.** ~ de análise do sangue. **3** *Dir* Forma estabelecida por lei para os trâmites dum processo.

procela (Cé) s f (<lat *procélla,ae*) **1** Forte [Grande] tempestade no mar/Tormenta/Borrasca. **2** *fig* Grande agitação/Tumulto.

procelária s f Ornit (<procela + -ária) Ave palmípede que, quando aparece em bando, sobre as ondas do mar, anuncia tempestade.

proceloso, a adj (<procela + -oso) **1** Tormentoso(+)/Tempestuoso(+). **Comb.** Mar ~o [bravo(+)]. **2** *fig* Tumultuoso(+). **Comb.** Época (história) ~ «de muitas revoltas».

prócer(e) s m (<lat *prócer,ceris*) Indivíduo importante/influente «de partido político» (É mais *us* no *pl*). **Sin.** Corifeu.

pró[o]cero, a adj (<lat *procérus,a,um*) **1** Importante(+). **2** Gigantesco/Alto/Elevado. **Comb.** ~ palmeira. **3** ⇒ alongado/comprido.

processador s m Info (<processar) Circuito integrado que, constituindo o órgão central do computador, tem a capacidade de efe(c)tuar qualquer operação sobre dados. **Comb.** ~ de texto [Programa de computador destinado à reda(c)ção, edição e impressão de textos].

processamento s m (<processar + -mento) **1** A(c)ção de coligir ou reunir papéis e documentos relativos a um processo administrativo ou judicial/Formação de um processo. **2** *Dir* A(c)ção de instaurar um processo contra alguém. **3** *Info* Organização e tratamento de dados num computador. **Comb.** ~ de texto [Introdução, edição e armazenamento de textos «para revista»].

processão s f *Teol* (⇒ proceder **1 Ex.**) Palavra *us* em vez de "procedência" para a emanação do Espírito Santo na Santíssima Trindade (Pai, Filho e Espírito Santo).

processar v t (<processo + -ar[1]) **1** Juntar/Organizar/Usar papéis ou documentos para tratar um assunto «administrativo/judicial/artigo para jornal ou revista». **2** *Dir* Instaurar um processo a/Intentar uma a(c)ção judicial contra. **Loc.** ~ o autor do crime. **3** *Info* Tratar dados através de sistemas informáticos. **4** (De)correr/Executar(-se). **Ex.** O trabalho [A obra/O proje(c)to] processou-se como tínhamos previsto – sem qualquer [nenhum] problema.

processável adj 2g (<processar + -vel) «assalto/roubo» Que pode ser processado criminalmente.

processional adj 2g (<procissão + -al) De procissão. **Comb.** Cruz ~.

processo (Cé) s m (<lat *procéssus,us*: a(c)to de avançar, andamento, progresso, êxito) **1** Modo de fazer uma coisa/Método. **Loc.** Usar um ~ [método/uma maneira] simples de [para] resolver o problema/caso/assunto/negócio. **Comb.** ~ de fabricação «de queijo». **2** (De)curso/Evolução/Seguimento/Marcha/Andamento. **Comb.** *~ de decomposição* «dum cadáver». *~ de evaporação* «do álcool». **3** *Dir* A(c)ção judicial/Demanda. **Loc.** *Instaurar/Levantar/Instruir/Mover um ~* [Demandar judicialmente]. *Meter em ~* [Chamar a juízo/Processar **2**(+)]. **Comb.** ~ *civil* [Sequência de a(c)tos referentes ao litígio de interesses privados, sujeitos a intervenção do tribunal]. ~ *crime* [A(c)ção judicial intentada com a presunção de ter sido cometido um crime]. *Instrução do ~* [Procedimentos necessários para que o julgamento tenha lugar]. **4** Conjunto da documentação ou das informações relativas a um assunto qualquer, que se encaminha [entrega] a um órgão oficial. **Comb.** ~ *administrativo* [~ instaurado para verificação das irregularidades dum funcionário público]. ~ *matrimonial* [~ instruído [feito] para se verificar a inexistência de impedimentos ao casamento/matrimó[ô]nio]. **5** Conjunto de normas que regulam a a(c)ção e garantem os direitos dos indivíduos. **Comb.** Código do ~ civil.

processual adj 2g *Dir* (<processo **3** + -al) Relativo [Que diz respeito] a processo/Judicial. **Comb.** Procedimentos ~ais.

procissão s f (<lat *procéssio,ónis*: a(c)ção de avançar, marcha) **1** Marcha de cará(c)ter religioso, com acompanhamento da Cruz (de Jesus crucificado), imagens (de Jesus, Nossa Senhora e dos Santos) «levados em andor» e bandeiras. **Idi.** *Ainda a ~ vai no adro!* (Frase *us* para dizer que uma desgraça «incêndio florestal» que já começou ainda vai durar/continuar). **Comb.** A ~ de Quinta-Feira Santa «em Lisboa» com o Santíssimo Sacramento (em custódia/ostensório). **2** ⇒ desfile/cortejo/séquito. **3** *col* Fila de pessoas que vão com o mesmo fim «pedir um favor». **Ex.** Os funcionários públicos foram em ~ ao ministro.

proclama(s) s m (<proclamar) **1** Anúncio(s) de casamento lido(s) ou afixado(s) na igreja para que as pessoas que ficam a conhecer os noivos digam se podem ou não casar pela lei/Banho(+). **2** Edital de casamento que o oficial do cartório [do regist(r)o

civil] faz publicar. **Ex.** Já se fez publicação dos ~s.

proclamação s f (<proclamar + -ção) 1 Declaração pública e solene. **Comb.** ~ da República «a 5 de outubro de 1910, em Pt». 2 ⇒ publicação «de uma lei».

proclamar v t (<lat *proclámo,áre,átum*: gritar em voz alta, exclamar, protestar) 1 Anunciar em público, com solenidade e em alta voz. **Loc.** ~ *a(s) paz(es)* com o país vizinho. ~*-se Presidente* «a seguir ao golpe de Estado». ~ *a República*. 2 Reconhecer solenemente/Aclamar/Exaltar. **Loc.** ~ a generosidade de um grande benemérito/benfeitor.

próclise s f (<gr *pro*: para diante + *klýsis*: inclinação) Emprego de proclítica. ⇒ ênclise.

proclítico, a adj/s f (<gr *proklitós* <*proklinein*: pender [inclinar-se] para a frente) (Diz-se de) palavra «artigo/pronome» que, na pronúncia, se apoia [junta] à palavra seguinte que é a única com sílaba tó[ô]-nica. **Ex.** Ele a mim não *me* engana [miengâna] ... (*Me*, aqui é uma proclítica.)

proclive adj 2g (<lat *proclívis,e*) «dente de mamífero» Inclinado para a frente(+).

proclividade s f (<proclive + -(i)dade) Inclinação para a frente.

procônsul s m Hist (<lat *procónsul,lis*) Antigo governador de uma província romana com autoridade de cônsul.

procrastinação s f A(c)to ou efeito de procrastinar/Delonga/Adiamento. ⇒ demora.

procrastinador, ora adj/s (O) que procrastina/atrasa/adia.

procrastinar v t (<lat *procrástino,áre,átum* <*pro* + *cras*: amanhã) 1 Transferir para depois [outro dia/mais tarde]/Protelar(+)/Adiar(o+)/Protrair. **Loc.** ~ *o início das obras* «reparação da estrada». ~ *a resposta* «a uma carta/a um pedido». 2 Usar de delongas/Atrasar(+). **Ex.** O arguido [réu/culpado] fez tudo para [procurou sempre] ~ o julgamento.

procriação s f (<lat *procreátio,iónis*) A(c)to ou efeito de procriar/Reprodução. **Comb.** Animal «touro» para ~. ⇒ parto; germinação «da semente; rebento».

procriar v t/int (<lat *prócreo,áre,átum*) 1 *Zool* Ter condições para [Promover/Ter] nascimentos/Reproduzir/Gerar. **Ex.** As mulas são um híbrido de égua e burro ou de burra e cavalo e por isso não procriam. 2 *Bot* ⇒ «planta/semente» rebentar/germinar.

procronismo s m (<gr *prókhronos*: anterior no tempo) O atribuir a um fa(c)to uma data anterior à verdadeira. **Ant.** Para[Meta]cronismo. ⇒ anacronismo.

proctal adj 2g Med (<proct(o)- + -al) ⇒ re(c)tal(+).

proctalgia s f Med (<proct(o)- + -algia) Dor no ânus/Re(c)talgia.

proctite s f Med (<proct(o)- + -ite) ⇒ re(c)tite(+).

proct(o)- pref (<gr *proktós*: ânus) Exprime a ideia de **ânus, re(c)to**. **Ex.** Proctite.

proctocele s f Med (<proct(o)- + -cele) Prolapso ou hérnia do re(c)to/ânus. **Sin.** Re(c)tocele.

proctologia s f Med (<proct(o)- + -logia) Estudo e tratamento das doenças do re(c)to/ânus.

proctoscopia s f Med (<proct(o)- + -scopia) ⇒ re(c)toscopia.

procumbente adj 2g (⇒ procumbir) ⇒ «planta/caule» rastejante(+); pendente(+).

procumbir v int (<lat *procúmbo,ere,cúbitum*) 1 Cair para a frente(+). 2 Curvar-se até a(o) chão/Prostar[Prosternar]-se «diante do seu senhor».

procura s f (<procurar) 1 A(c)to de procurar/Busca. **Loc.** *Ir à* ~/*busca de* [Procurar/Buscar] uma casa para alugar. *Ir juntar* [*à* ~ *de*] gente para ajudar «na preparação da festa». 2 Indagação/Pesquisa/Busca/Investigação. **Ex.** Ando há [faz] muito tempo à ~ de uma resposta para este problema «e ainda não a tenho/a encontrei»! 3 *Econ* Quantidade de um bem que os consumidores estão dispostos a adquirir segundo [conforme] o preço. **Ex.** O livro esgotou-se depressa porque houve [teve] muita ~ [porque muita gente o queria ler/comprar]. **Comb.** *Lei da oferta e da* ~ [Oscilação do preço de um bem «produto/artigo» posto à disposição do consumidor, determinada [regida] pela relação entre a sua ~ e a quantidade apresentada [posta] no mercado].

procuração s f Dir (<lat *procurátio,iónis*) Poder que alguém confere [dá] a outrem para, em seu nome, concluir [tratar de] de um negócio jurídico/Delegação/Autorização/Mandato. **Loc.** Dar [Passar(+)/Escrever] uma ~ a um amigo «irmão» (Para este agir em nome do que lha passou). **Comb.** ~ *em branco* [em que se deixa um espaço para depois se escrever o nome do procurador]. ~ *forense* [conferida pela parte interessada ao advogado ou solicitador para a representar em juízo].

procurador, ora s Dir (<lat *procurátor,óris*) Quem tem procuração (para tratar dos negócios de outrem)/Mandatário/Representante/Administrador. **Comb.** ~ *da República* [Representante do Ministério Público junto de um tribunal de segunda instância/Advogado do Estado/Br ~ da Justiça]. *Delegado do* ~ *da República* [Representante do Ministério Público nos tribunais de primeira instância].

procurador-geral s Dir Magistrado proposto pelo Governo e nomeado pelo Presidente da República, de importância máxima dentro da hierarquia do Ministério Público.

procuradoria s f (<procurador + -ia) 1 Função [Encargo] de procurador. 2 Local onde um procurador do Estado exerce as suas funções.

procurar v t (<lat *procúro,áre,átum* <*pro* + *curáre*: cuidar) 1 Fazer diligências para [Tratar de] encontrar/Buscar. **Loc.** ~ *o* [Andar à procura do] *filho* (perdido) no meio da multidão. 2 Esforçar-se por fazer [conseguir] algo. **Loc.** ~ *agradar ao marido* [à esposa/mulher]. «depois de fazer um trabalho malfeito» ~ fazer melhor no futuro. 3 Esperar/Indagar/Espreitar/Pesquisar. **Loc.** ~ *ajuda* «para apagar o incêndio». ~ [Ver qual foi/terá sido] a causa do desastre. ~ *uma* (boa) *oportunidade* «de ganhar dinheiro». 4 Ir ao encontro [à procura/busca] de/Perguntar. **Ex.** Esteve aí um senhor procurando [perguntando(+)] por si/você/ti. Para se curar, procure um bom médico [um médico de confiança]. 5 Ser procurador de alguém.

prodigalidade s f (<lat *prodigálitas,tátis*) 1 Cará(c)ter de quem é pródigo/Liberalidade/Generosidade. **Ex.** Todos admiramos a ~ dele «em ajudar os necessitados/pobres». 2 Gasto excessivo/Esbanjamento/Dilapidação. **Ex.** Com a sua irrefle(c)tida [descontrolada] ~ acabou por ficar [~ ficou mesmo] sem nada. 3 Profusão/Abundância(+). **Comb.** A ~ de (toda a espécie de) fruta neste mercado.

prodigalíssimo, a = muito pródigo.

prodigalizar v t (⇒ prodigalidade) 1 Dar muito [em/com profusão]. **Loc.** ~ [Dar muitos] elogios aos colegas «de trabalho». 2 Ser pródigo(+). **Ex.** Aqui, a natureza prodigaliza [é pródiga em] tudo: muita água, belas paisagens, ... 3 ⇒ Gastar muito/Dilapidar(+)/Esbanjar(o+) «a herança».

prodigamente adv (<pródigo 2 + -mente) Com liberalidade.

prodígio adj/s m (<lat *prodígium,ii*) 1 Coisa surpreendente/Extraordinária/Maravilha/Portento. **Ex.** Este quadro é um ~ (de beleza)! 2 Pessoa com qualidades exce(p)cionais. **Ex.** Ela é um ~ [portento] em matemática, faz contas de cabeça [contas, sem escrever] que ninguém mais consegue fazer! **Comb.** «Mozart» Menino/a ~. 3 Algo que parece contradizer as leis da natureza/Milagre. **Ex.** Jesus Cristo fez [realizou] muitos ~s/milagres(+) «multiplicação dos pães».

prodigiosamente adv (<prodigioso + -mente) Assombro[Espanto]samente. **Ex.** Tocava ~.

prodigioso, a adj (<lat *prodigiósus,a,um*) 1 Que tem o cará(c)ter [a qualidade] de prodígio/Extraordinário/Maravilhoso/Espantoso/Portentoso. **Ex.** A aurora boreal [do polo norte] é um fenó[ô]meno ~. **Comb.** *Um acontecimento* ~ [que causou admiração a toda a gente]. «Óscar Nimeyer/Siza Vieira» Um arquite(c)to ~/extraordinário/genial.

pródigo, a adj (<lat *pródigus,a,um*) 1 Que dissipa [esbanja] os seus bens «dinheiro»/Gastador/Perdulário. **Ex.** No Evangelho de S. Lucas (15: 11-32) vem uma história sobre o amor de Deus nosso pai, feita por Jesus, conhecida como "parábola do filho ~". 2 Liberal/Generoso/Magnânimo/Mãos-largas. **Ex.** É ~ com os [Dá muito aos] necessitados/pobres. 3 Que produz em abundância. **Ex.** O Brasil é uma terra ~a.

pródromo s m (<gr *pródromos*: que corre na frente, precursor) 1 pl Med Primeiros sinais ou sintomas duma doença/Propatia. 2 Que antecede algo/Antecedentes/Prenúncio. **Comb.** Os ~s da revolução. 3 ⇒ preâmbulo/prefácio/introdução/proé[ê]mio.

produção s f (<lat *prodúctio,iónis*: prolongamento «do tempo», alongamento «duma sílaba») 1 A(c)to ou efeito de produzir/Fabrico/Formação/Realização. **Ex.** Criticou o filme e disse ter sido uma ~ cara. **Comb.** ~ *gráfica/editorial* [Processo que engloba as várias etapas da impressão duma obra, desde o recebimento dos originais até (a) o seu acabamento]. ~ *literária* [de obras escritas/de livros] «de Fernando Pessoa». Meios de ~ «primitivos/modernos». 2 Coisa produzida/Produto/Trabalho/Obra. **Comb.** ~*ões* [Produtos(+)/Riquezas] *do solo* «arroz/tomate» (⇒ subsolo). *Custo de* ~/de fabrico. 3 Quantidade da coisa produzida. **Ex.** Com a nova [a mudança de] gerência, a ~ da fábrica triplicou! 4 Dir A(c)to de apresentar documentos, testemunhas, etc. num processo judicial.

producente adj 2g (⇒ produzir) 1 ⇒ produtivo(+). 2 ⇒ «argumento/razão» procedente 2(+).

produtibilidade s f Qualidade de produtível. ⇒ produtividade.

produtível adj 2g (⇒ produzir) Que pode ser gerado ou produzido. ⇒ fértil; produtivo.

produtividade s f (<produtivo + (i)dade) 1 Qualidade do que é produtivo/Fertilidade. **Comb.** A ~ das terras fundas. 2 *Econ* Relação entre a quantidade produzida e os fa(c)tores necessários para a sua produção/Rendimento. **Comb.** A ~ de uma empresa. A ~ do trabalho.

produtivo, a *adj* (<produzir + -ivo) **1** Que produz. **Comb.** Terreno (muito) ~/fértil. **2** Que rende/Rendoso/Lucrativo. **Comb.** *Negócio* ~/Lucrativo(+). *Trabalho* ~ [que compensa/rende].

produto *s m* (<produzir) **1** Aquilo que é produzido/Resultado da produção. **Comb.** *~s agrícolas* «milho/arroz/batatas». *~s industriais* «automóvel/computador». *~ interno bruto* (PIB) [Valor do conjunto da produção total de um país e das compras feitas ao exterior durante determinado período]. *~ interno líquido* [O PIB menos os gastos de depreciação]. *~ nacional bruto* (PNB) [Soma do valor de bens e serviços produzidos num ano, por um país]. *~ nacional líquido* [O que resulta da dedução ao ~ nacional bruto das amortizações do capital fixo]. **2** Fruto/Resultado. **Ex.** «trabalhe menos horas (por dia) porque» A sua doença é ~ [fruto(+)/resultado(o+)/acho que veio] de excesso de trabalho. Aplicou o ~ [dinheiro] da venda da casa (para investir) num novo negócio. **3** Mercadoria/Artigo/Bem. **Ex.** Nos super[hiper]mercados encontra-se toda a espécie de ~s. **Comb.** *~ químico* [Substância produzida pela indústria química] (Ex. A agricultura biológica não usa ~s químicos, só fertilizantes [adubos] orgânicos). **4** *Mat* Resultado da multiplicação. **Ex.** 8 é o ~ da multiplicação de 4 por 2 (4x2 = 8). ⇒ soma; resto [resultado].

produtor, ora *s/adj* (⇒ produzir) **1** (O) que produz algo. **Ex.** O maior ~ mundial de café é o Brasil. **Comb.** ~res (agrícolas) de vinho. Classes ~ras. Países ~res de petróleo. **Ant.** Consumidor. **2** Responsável pelo financiamento e organização de um espe(c)táculo, filme ou emissão dum programa. **Ex.** O ~ do filme tem muita experiência. **3** ⇒ autor/criador.

produzir *v t* (<lat *prodúco,ere,dúxi,dúctum*: conduzir/(para diante), alongar «uma sílaba», criar, educar, ~ <*pro + duco*: conduzir) **1** Fazer existir/Gerar/Criar/Originar. **Ex.** Nos séc. XV e XVI Portugal produziu grandes navegadores «Bartolomeu Dias, Vasco da Gama/Fernão de Magalhães». Este terreno é fraco [pouco fundo], não é bom para trigo, produz pouco. A central hidroelé(c)trica produz [gera] energia para toda a região. **2** Ter como consequência/Levar a/Causar. **Ex.** A janela aberta produz [faz(+)] corrente de ar. **3** ⇒ fabricar(+) «carros/aviões». **4** *Arte* Realizar financiando. **Ex.** O filme foi produzido por um produtor brasileiro. **5** *Dir* Apresentar/Trazer. **Ex.** O réu [arguido(+)] produziu muitas testemunhas em sua defesa.

produzível *adj 2g* Que pode ser produzido/Fabricável.

proeiro, a *s Náut* (<proa 1 + -eiro) **1** Marinheiro que vigia a proa do navio. **2** Remador colocado na vante da embarcação.

proejar *v int* (<proa 1 + -ejar) ⇒ aproar.

proeminência *s f* (<pro- + lat *emíneo,ére*: elevar-se acima de, sobressair + -ência) **1** Parte proeminente/Saliência. **Comb.** *~ da testa. ~ laríngea* ⇒ maçã de Adão(+). **2** *fig* Preeminência/Destaque/Relevo/Importância. **Comb.** Senhor(a) de grande ~ «na nossa comunidade/terra/no seu meio (social)». **3** Elevação num terreno/Colina/Lombada.

proeminente *adj 2g* (⇒ proeminência) **1** Saliente(+). **Comb.** Barriga [Maçã(s) do rosto/Nariz/Queixo] ~. **2** *fig* Que sobressai [se destaca(+)] pelas suas qualidades morais ou intelectuais/Eminente/Superior/Notável/Importante. **Comb.** Um cidadão [cientista/médico] ~.

proémio [*Br* **proêmio**] *s m* (<gr *prooímion,ou*: prelúdio de um canto, hino, exórdio) **1** Prefácio(+) «de livro». **2** Exórdio(+) «de discurso». **3** ⇒ início/introdução.

proeza *s f* (<fr *prouesse*) **1** A(c)to que exige coragem/Façanha(+). **2** *iron* A(c)to censurável ou escandaloso. «a alguém que fez uma coisa má» Que grande ~…!

profanação *s f* (<lat *profanátio,iónis*) **1** Desrespeito por ou violação daquilo que é santo/sagrado/Sacrilégio. **Comb.** *~ de uma igreja. ~ de uma imagem* «de Jesus Cristo». **2** *fig* Mau uso de coisa digna de apreço. **Ex.** Aquela estátua é uma ~ da [é uma ofensa à] arte da escultura.

profanador, ora *s/adj* (O) que profana/Sacrilégio.

profanar *v t* (<lat *profáno,áre,átum*) **1** Tratar com irreverência coisas sagradas/Violar a santidade de alguém. **Loc.** ~ *uma igreja*. **2** *fig* Fazer mau uso do que é precioso/Desrespeitar. **Loc.** ~ «com mentiras» a memória [o nome/a fama] de um herói.

profano, a *adj/s* (<lat *pro*: fora [em frente de] + *fánum,i*: templo) **1** Estranho [Que não pertence] ao culto «de Deus»/Secular/Civil/Leigo. **Ex.** O Carnaval é uma festa ~a. **Comb.** *Arte ~a. Comemoração* [Cerimó[ô]nia/Festa] *~a. Música ~a.* **Ant.** Religioso; sagrado; litúrgico. **2** *fig* (O) que é leigo/ignorante [que não é iniciado em/não sabe] alguma coisa. **Ex.** Não posso dar a minha opinião sobre esse compositor porque sou um ~ em música. **Ant.** Conhecedor.

prófase *s f Biol* (<pro- + fase) Primeira fase da divisão celular, quando os cromossoma[o]s se apresentam bem definidos no núcleo. ⇒ cariocinese.

profecia *s f* (<gr *prophetéia*) **1** Predição (por inspiração divina). **Comb.** *As ~s de Isaías* no Antigo Testamento quanto à vinda do Messias «Jesus». ⇒ oráculo; vaticínio. **2** *fig* Prognóstico/Previsão. **Ex.** Não acredito nas [Não dou grande valor às] ~s dos nossos economistas.

proferir *v t* (<lat *prófero,férre,prolátum*: trazer para diante, mostrar, declarar) **1** Pronunciar [Dizer] em voz alta/Declarar. **Ex.** O professor proferirá [fará] uma conferência sobre a história da (nossa) cidade. O juiz já proferiu [pronunciou/declarou] a sentença «: prisão perpétua»! **Loc.** ~ [Fazer] *um discurso.* ~ *insultos* [Insultar com palavras].

professar *v t/int* (<lat *profíteor,téri,professus sum*: declarar abertamente, ensinar, ~ «pro + fáteor,éri,fássus sum»: confessar «um erro») **1** Ado(p)tar e defender alguma coisa. **Loc.** ~ *ideias revolucionárias*. ~ [Abraçar e seguir] *a verdadeira religião* [a religião de Jesus Cristo]. **2** Exercer(+) uma a(c)tividade ou profissão. **Ex.** Há [Faz] mais de trinta anos que ele professa [exerce(+)] medicina [que ele é médico]. **3** Fazer votos (solenes) «de pobreza, castidade e obediência» numa ordem ou congregação religiosa. **Ex.** Ele entrou jovem na Ordem dos Jesuítas [na Companhia de Jesus] mas só agora professou.

professo, a (Fé) *s/adj* (<professar 3) Pessoa que professou [fez votos (solenes)] numa ordem ou congregação religiosa.

professor, ora (Ssôr) *s* (<lat *professor,óris*: o que se dedica a, ~; ⇒ professar) Indivíduo que ensina uma ciência [disciplina/matéria «Física/Matemática»]. **Comb.** *~ catedrático/titular* [O mais alto grau da carreira docente universitária]. *~ particular* [que ensina alguém em particular «fora da escola»]. *~ primário* [da escola primária/do ensino básico/dos primeiros anos da escola]. ⇒ mestre; pedagogo.

professorado *s m* (<professor + -ado) **1** Cargo [Função/Trabalho/Missão] de professores. **Ex.** Escolheu o ~ porque gosta(va) muito de crianças e de ensinar. **2** Classe docente [dos professores]. **3** Conjunto de professores duma escola «universidade»/Corpo docente(+).

professoral *adj 2g* **1** Relativo a professor ou ao professorado. **2** *iron* Próprio de professor/Solene/Autoritário/Convencido(+). **Ex.** O seu ar [modo de falar] (todo) ~ provocava risos [era obje(c)to de mofa] entre os colegas.

profeta, tisa *s* (<gr *prophétes,ou*: intérprete dos deuses) **1** Pessoa que prediz acontecimentos futuros ou sabe ler os desígnios [a vontade] de Deus no presente. **Ex.** Deus falava aos hebreus através dos Seus ~s. Os maiores ~s que aparecem na Bíblia são Elias, Isaías e S. João Ba(p)tista. David é chamado ~-rei; e os muçulmanos também dão a Maomé o título de ~. **Prov.** *Ninguém é ~ na sua terra* [Geralmente é-se menos apreciado na sua pátria do que fora dela]. **Idi.** *~ de desgraças* [idi Ave de mau agouro/Pessoa que só pensa em [só fala de] coisas tristes ou desagradáveis]. *~ de manga* [que faz profecias segundo a vontade de quem o consulta]. ⇒ vidente; adivinho; esfinge; bruxa. **2** *fig* Indivíduo que soube prever algo. **Ex.** Você foi mesmo ~! «disse que este Governo ia cair e caiu mesmo [e na verdade caiu/e assim foi/e assim aconteceu]».

profetismo *s m* (<profeta + -ismo) **1** Ambiente religioso «hebraico» em que predomina a palavra e a a(c)ção dos profetas. **2** *fig* Qualquer movimento político-religioso liderado [influenciado] por alguém que anuncia uma nova era de paz e é reconhecido como profeta. ⇒ sebastianismo «em Pt».

profetizar *v t* (<lat *prophetízo,áre,átum*) **1** Predizer o futuro «vinda do Messias» por inspiração divina/Saber ler [ver], no presente, os desígnios de Deus/os sinais dos tempos. **2** Ser intermediário entre Deus e os homens para transmitir a vontade de Deus. **Ex.** Jonas profetizou, contra a sua vontade mas obedecendo à ordem de Deus, a ruína de Nínive. **3** *fig* Prever de alguma maneira um acontecimento. **Ex.** Eu bem profetizei que vocês (dois) iam casar.

proficiência *s f* (<proficiente + -ia) Consecução de bons resultados/Aproveitamento. **Comb.** Prova [Exame] de ~/aproveitamento em português «composição (escrita)». ⇒ êxito; sucesso; mestria; competência.

proficiente *adj 2g* (<lat *profício,cere,féctum*: ser útil ou eficaz, ter bom êxito, progredir, avançar) **1** Competente e eficiente no que faz/Capaz. **Comb.** Técnico ~. **2** «aluno» Aproveitado «nos estudos».

proficuidade *s f* (<profícuo + -(i)dade) ⇒ utilidade; préstimo.

profícuo, a *adj* (<lat *profícuus,ua,uum* <*profício*) ⇒ «um trabalho/esforço» útil/proveitoso/frutífero.

profilático, a [*Br* **profilá(c)tico** (dg)] *adj Med* [= prolifáctico] (<gr *prophylaktikós,é,ón*: relativo a precaução) Relativo à profilaxia/Preventivo(+). **Comb.** Medidas ~s contra [para impedir/prevenir] uma epidemia.

profilaxia (Kssi) *s f Med* (⇒ profilático) Conjunto de providências e recursos para evitar doenças «medidas de higiene/a(c)tividades físicas/vacinação/cuidados com a alimentação».

profissão *s f* (<lat *proféssio,iónis*; ⇒ professar) **1** A(c)tividade remunerada que exigiu

preparação ou aprendizagem «estudo/especialização». **Ex.** Ele tem a ~ de [Ele é] médico. **Loc. De** ~ [Oficialmente] (Ex. Ele é enfermeiro de ~, tem de ser bem remunerado pelos seus serviços). **2** *Rel* Consagração, pelos votos (solenes), à vida religiosa (⇒ professar 3). **3** O declarar [afirmar/confessar] publicamente algo. **Comb.** *Rel* ~ *de fé* [O dizer publicamente «no ba(p)tismo» que acredita [que crê] nas verdades ensinadas por Jesus Cristo e pela Sua Igreja].

profissional *adj/s* 2g (<profissão **1** + -al) **1** Relativo a profissão. **Comb.** *Doença* ~ [que resulta de determinada a(c)tividade]. *Ensino* ~/*técnico* [que prepara para uma profissão]. *Segredo* [*Sigilo*(+)] ~ [Interdição/Proibição de divulgar informações obtidas no âmbito de uma profissão «médico/advogado»]. **2** Pessoa que tem uma profissão «e a exerce com seriedade». **Comb.** *iron* Ladrão ~ [que vive do roubo/Grande ladrão].

profissionalismo *s m* **1** Cumprimento sério do seu trabalho profissional/Brio profissional. **Ex.** Gosto dessa firma porque eles trabalham com ~. **2** Cará(c)ter profissional. **Comb.** O ~ das provas [modalidade] de alta competição.

profissionalizar *v t* Tornar profissional. **Ex.** Ele gosta de trabalhar com madeira mas agora profissionalizou-se e montou uma carpintaria [e é carpinteiro].

profissionalmente *adv* Do ponto de vista [Como] profissional. **Ex.** Ele é um bêbedo mas ~ é um bom artista «marceneiro».

profligar *v t* (<lat *proflígo,áre*: derrotar, destruir) **1** Deitar por terra/Derrubar. **2** Derrotar/Destruir. **3** Corromper.

pro forma lat Por simples formalidade/Para salvar as aparências. **Ex.** Fez uma pergunta ~ [Perguntou por perguntar (+)] «sem esperar nada da [sem se importar com a] resposta». ⇒ formal.

prófugo, a *adj/s* (<lat *prófugus,a,um* <*profúgio,gere*: fugir, escapar) **1** Fugitivo/Desertor/Fugido(+) ou evadido «da prisão». **2** ⇒ vadio/vagabundo.

profundamente *adv* (<profundo + -mente) Num grau muito elevado/Em profundidade/Extremamente/Muito. **Loc.** *Dormir* ~ [Estar num sono profundo «não acordar com qualquer ruído»]. *Estudar* ~ [a fundo(+)] um assunto. *Indignar-se* [Zangar-se] ~ *com aquela crítica*.

profund(ez)as *s f pl pop* (<profundo) Inferno.

profundidade *s f* (<profundo + -(i)dade) **1** Distância da superfície ou da entrada até ao fundo/Fundura. **Comb.** *A* ~ *da cratera* (do vulcão). «sondar/medir» *A* ~ *do mar* «ali/naquele ponto». **2** Distância de um ponto a outro «no sentido horizontal». **Comb.** *A* ~ *da casa* (Desde a fachada até à(s) traseira(s)). *A* ~ *dos bancos do carro* (Até ao encosto). *Fot* ~ *de campo/de foco* [Distância que separa o ponto mais próximo, e o mais afastado da máquina fotográfica]. *A* ~ *das gavetas* «da mesa/dos armários». **3** *fig* Qualidade daquilo que não se restringe ao aspe(c)to superficial das coisas, mas que vai ao fundo, à essência delas. **Comb.** *A* ~ *de uma análise*. *A* ~ *de um estudo* [de uma investigação]. **4** *fig* Qualidade do que é sólido em toda a boa base. **Comb.** A ~ dos conhecimentos «do professor». **5** Cara(c)terística do que é difícil de entender/Inacessibilidade. **Comb.** A ~ do mistério da Santíssima Trindade «um só [único] Deus em três pessoas distintas: Pai, Filho, Espírito Santo».

profundo, a *adj* (<lat *profúndus,a,um*) **1** Cujo fundo está muito baixo em relação à superfície ou às bordas. **Comb.** *Camada* ~*a de terra*. *Lago* ~. *Mar* ~. *Poço* ~/*fundo*(+). **2** Que penetra muito. **Comb.** *Corte* ~*o* «no tronco da árvore/no braço». *Ferida* ~*a* «na coxa». *Golpe* ~*o* «da espada». **3** Muito intenso, íntimo ou marcado/Grande. **Comb.** *Amor* ~*o* «à esposa e aos filhos». *Ignorância* ~*a*/supina. *Mudanças* ~*as*/radicais. *Ódio* ~*o*/figadal. *Reformas* ~*s* «no ensino superior/nas universidades». *Rugas* ~*as*/cavadas/acentuadas «na face». **4** De grande intensidade e duração. **Comb.** *Sono* ~/pesado. *Suspiro* ~ «de alívio». **5** De grande conhecimento e perspicácia/Que vai ao fundo das coisas. **Comb.** *Um analista* [*crítico*] ~*o*. *Um pensador* ~*o* [Um grande pensador/sábio]. *Um pensamento* [*Uma ideia/Opinião*] ~. **6** Difícil de atingir/compreender. **Comb.** *Mistério* ~ (⇒ profundidade 5 Comb.) **7** *Psic* Relativo à personalidade ou ao inconsciente. **Comb.** *Motivações* ~*as*. *Psicologia* ~*a* ⇒ psicanálise. **8** ⇒ profundas. **9** *adv* ⇒ «calar/penetrar» fundo(+) «no coração»; profundamente(+).

profusamente *adv* De modo profuso/Abundantemente. **Ex.** Depois da corrida suava [transpirava(+)] ~.

profusão *s f* (<lat *profúsio,iónis* <*profúndo, ere,fúsum*: derramar) **1** Grande quantidade ou abundância. **Loc. Com** ~ [À larga/Profusamente] (Ex. Distribuiu [Deu] presentes com ~ às crianças. **Em** ~ [grande quantidade] (Ex. Na loja havia roupa para crianças em ~). **2** ⇒ prodigalidade.

profuso, a *adj* (⇒profusão) **1** ⇒ abundante; grandes «manifestações ou mostras de gratidão [muitas «vénias»]». **2** ⇒ «discurso» prolixo. **3** ⇒ pródigo «a dar».

progénie [*Br* **progênie**] *s f* (<lat *progénies,niéi*; ⇒ gerar) **1** Conjunto dos descendentes/Descendência/Prole. **Ex.** O avô tem uma grande ~: sete filhos e vinte netos e bisnetos. **2** ⇒ progenitura/geração. **3** ⇒ ascendência/origem/linhagem/estirpe.

progénito, a [*Br* **progênito**] *adj* (<lat *progénitus,a,um* <*progígno,ere,génitum*: gerar) Que provém por geração/Descendente. ⇒ primogé[ê]nito.

progenitor, ora *s/adj* (<lat *progenitor,óris*) **1** Quem gera/Pais/Avós. **Ex.** Quem são os seus ~res? **2** ⇒ antepassado; avoengo; ancestral. **3** *fig* Fundador(+)/Iniciador(+)/Promotor(+)/Pai/Mãe «da ideia/do proje(c)to».

progenitura *s f* ⇒ progénie/descendência.

prognatismo *s m* (<prógnato + -ismo) Conformação da face com alongamento acentuado da maxila inferior.

prógnato, a *s/adj* (<pro- + gr *gnáthos*: maxila) (Diz-se de) indivíduo que tem maxilas ou crânio alongados ou proeminentes.

progne *s f Poe* (<antr Mit gr *Progne*) ⇒ **a)** andorinha; **b)** primavera.

prognose *s f Med* (<gr *prognósis,seos*: conhecimento antecipado) ⇒ prognóstico.

prognosticar *v t/int* (<prognóstico + -ar¹) Fazer o prognóstico de/Conje(c)turar. **Ex.** Tanto os pais como os médicos prognosticaram a gravidade do tumor. ⇒ prever; predizer; anunciar.

prognóstico, a *adj/s m* (<gr *prognostikós,é,ón*; indício do que deve acontecer) **1** *Med* Parecer [Predição] do médico sobre o curso ou resultado de uma doença. **Ex.** O estado dele é grave e os médicos não podem fazer nenhum [qualquer] ~. **2** Conje(c)tura sobre o que vai [pode] acontecer/Palpite. **3** *pej* ⇒ doutoral; sentencioso. **4** Sinal/Indício/Presságio. **Ex.** É um bom ~ (o facto de) o doente ter recuperado o apetite.

programa *s m* (<gr *prógramma,atos*: ordem do dia, cartaz) **1** Indicação por escrito das várias partes duma cerimó[ô]nia «festa da escola/doutoramento». **Ex.** À entrada distribuíram [estavam] os ~s do espe(c)táculo. **2** Emissão radiofó[ô]nica [de rádio] ou televisiva [de televisão]. **Comb.** ~ *de notícias* [Noticiário]. ~ *humorístico*. ~ *musical*. **3** Índice das matérias [partes] de um curso «de História». **4** Exposição resumida do que alguém tenciona [vai/promete] fazer. **Ex.** O Partido Socialista publicou hoje o seu ~ [manifesto] de governo para (est)a campanha eleitoral. **5** *Info* Conjunto completo de instruções, em linguagem de código, que indica ao computador, passo a passo, como executar uma tarefa/um trabalho. **6** ⇒ proje(c)to; obje(c)tivo; caminho. **7** ⇒ prospe(c)to.

programação *s f* **1** A(c)to ou efeito de programar «as a(c)tividades duma empresa». **2** Conjunto e organização dos programas. **Comb.** ~ semanal dum canal da TV. **3** *Info* Elaboração de um programa (**5**) para computadores.

programador, ora *s/adj* **1** (O) que programa algo. **2** *Info* Especialista que desenvolve e aperfeiçoa programas (**5**) de computador.

programar *v t* (<programa + -ar¹) **1** Fazer/Organizar um programa. **Loc.** ~ [Planear(+)] *as férias do verão*. ~ *a temporada musical* «da orquestra da cidade». **2** Dar determinadas instruções a um sistema ele(c)trónico. **Ex.** Programou o vídeo para começar a gravar às seis (horas) da manhã. **3** *Info* Elaborar um programa (**5**) para computador/Realizar e testar programas informáticos. **Ex.** Não sabia ~ o computador. **4** Prever/Planear/Organizar. **Ex.** *col* Esta gravidez não estava programada mas vou acolher com amor o/a bebé[ê].

programável *adj* 2g (<programa + -vel) **1** Que se pode programar. **2** *Info* Diz-se de aparelho capaz de receber instruções para realizar uma tarefa, porque os parâmetros do seu funcionamento não estão previamente determinados.

progredir *v int* (<lat *progrédior,deris,di, gréssus sum*: ir para diante, avançar, ~) **1** Fazer progressos/Evoluir/Aumentar. **Ex.** O país progrediu (muito) depois da queda da ditadura. As técnicas de construção progrediram imenso/muito! O meu filho progrediu [fez progressos] nos estudos/na escola. **2** Continuar/Prosseguir. **Ex.** Os trabalhadores [As obras] da construção do túnel progridem/continuam/prosseguem/não param (de andar). **3** ⇒ «a doença» agravar-se/avançar/piorar. **4** ⇒ «o lucro» aumentar.

progressão *s f* (<lat *progréssio,iónis*: progresso, aperfeiçoamento; ⇒ progredir) **1** Aumento gradual/Avanço «da doença»/dos conhecimentos/da técnica/Andamento «das obras do túnel». **Ex.** Desenvolveu [Fez] o seu trabalho numa ~ [série/sucessão] de ideias, cada vez mais claras, e o resultado final é uma verdadeira [autêntica] obra-prima! **Ant.** Regressão. **2** *Mat* Sucessão de números na qual cada termo é deduzido do precedente por uma lei constante. **Comb.** ~ *aritmética* [em que cada termo se obtém somando um número constante – chamado razão da ~ – ao precedente] (Ex. Os números pares constituem uma ~ aritmética de razão dois [2]). ~ *geométrica* [em que cada termo se obtém multiplicando um número constante ao precedente] (Ex. 5, 10, 20, 40, ... é uma ~

geométrica cuja razão é o 2). **3** *Mús* Repetição de uma frase melódica ou uma série de acordes em diferentes graus de escala.

progressismo *s m* (<progresso + -ismo) Tendência para exaltar o progresso «na esfera política ou religiosa».

progressista *adj/s 2g* **1** Relativo ao progressismo. **2** Pessoa que professa [defende] ideias políticas, religiosas ou sociais avançadas.

progressivamente *adv* (<progressivo + -mente) Aos poucos [A pouco e pouco]/ Gradualmente. **Ex.** Reduziu ~ as suas despesas e agora até tem algum dinheiro no banco.

progressividade *s f* Qualidade de progressivo/do que aumenta. **Comb.** A ~ do imposto.

progressivo, a *adj* (<progresso + -ivo) Que progride/avança/aumenta «positiva ou negativamente». **Comb.** *Imposto* ~ [cuja taxa aumenta à medida que aumenta o valor sobre o qual incide, mas ressalvando rendimentos muito baixos]. **Ant.** Regressivo. *Lentes ~as*/multifocais «dos meus óculos». *Paralisia geral ~a* [sem esperança de cura].

progresso *s m* (<lat *progréssus,us*; ⇒progredir) **1** Mudança para melhor/Melhoramento/Aperfeiçoamento/Desenvolvimento «da medicina»/Adiantamento. **Ex.** O lema [ideal] do Brasil, inscrito na sua bandeira, é: *Ordem e Progresso*. **2** Evolução ou aumento gradual. **Ex.** O aluno está a fazer francos [grandes/claros] ~s «na matemática». Houve alguns ~s nas negociações de paz entre os dois países. **3** ⇒ progressão 1/continuação/andamento.

proibição *s f* (<lat *prohibítio,iónis*) A(c)to ou efeito de proibir. **Comb.** A ~ de beber (bebidas alcoólicas) quando [se] se vai guiar/ conduzir. **Sin.** Interdição. **Ant.** Permissão; licença; autorização.

proibicionismo *s m* (<proibição + -ismo) Prática de ado(p)tar medidas legais de restrição ou proibição de determinadas a(c)tividades ou produtos. ⇒ lei seca.

proibicionista *adj/s 2g* **1** Relativo a proibicionismo ou a proibição. **2** (O que é) partidário do proibicionismo.

proibido, a *adj* (<proibir) **1** Que se proibiu. **Ex.** «é» Proibido entrar [Entrada ~a]! ⇒ interdito; vedado. **2** Que não é permitido por lei/Ilegal. **Comb.** Drogas ~as.

proibidor, ora *adj/s* (<proibir) (O) que proíbe. ⇒ proibitivo.

proibir *v t* (<lat *prohíbeo,ére,bitum*: afastar, repelir, ~ <pro + *hábeo,ére*: ter) Impedir que se faça/Ordenar ou mandar que não se faça. **Ex.** O médico proibiu-me o tabaco. Os pais proibiram a filha de fazer [que a filha fizesse/Proibiram à filha] aquela viagem. A ditadura proibia as greves [No tempo da ditadura as greves eram proibidas]. Proíbo-o de entrar [Proíbo que (você) entre] no meu escritório sem (primeiro) bater à porta. **Loc.** ~ *a (venda e uso da) droga*. ~ *um filme* «a menores de 18 anos». **Ant.** Autorizar; permitir.

proibitivo, a *adj* (<proibir + -ivo) Que proíbe ou impede. **Comb.** *Lei ~a*. *Preço* ~ [tão elevado [alto] que torna impossível a compra].

proiz *s m Náut* an ⇒ espia².

projeção (Jè) *s f* [= projecção] (<lat *projéctio,iónis*: a(c)ção de lançar para a frente) **1** A(c)to ou efeito de projetar. **2** Lançamento(+)/Arremesso/Disparo. **Comb.** ~ *de água* «com mangueira dos bombeiros». ~ *vulcânica* [Matérias «cinzas/gases/lava» expelidas por um vulcão]. **3** Fa(c)to de alguém se tornar conhecido e respeitado pelo seu valor. **Ex.** O arquite(c)to «Siza Vieira/Óscar Niemeyer» ganhou ~ internacional. **4** Cálculo antecipado, com base em dados parciais. **Comb.** ~ do resultado das eleições, com 50% dos votos apurados/ contados. **5** A(c)ção de projetar uma imagem «filme/transparência/diapositivo» na tela «parede branca». **6** Essa imagem projetada. **7** *Psic* Mecanismo de defesa que consiste em atribuir a terceiros [outros] os erros ou desejos pessoais. **8** *Geom* Representação da figura de um sólido sobre uma superfície (plana). **Comb.** Sistema de ~ [Par constituído por um plano e por um ponto que lhe é exterior]. **9** *Geog* Representação da esfera terrestre, ou de parte dela «hemisfério», numa superfície.

projecção/projectar/projéctil/projectista/projectivo/projecto/projector/ projectura ⇒ projeção/projetar/...

projetar (Jè) *v t* [= projectar] (<lat *projécto,áre,átum*, frequentativo de *projício, cere,jéctum*: lançar para a frente, atirar) **1** Fazer um projeto de «urbanização num bairro degradado»/Planear. **Loc.** ~ *uma viagem* à volta do mundo. **2** (Fazer) incidir ou cair em/sobre/Lançar/Arremessar/ Disparar. **Ex.** As casas à beira do lago projetavam-se [viam-se (também) projetadas] nas suas águas. **3** Representar [Mostrar] por meio de projeção. **Loc.** ~ o filme "História das Aparições de (Nossa Senhora de) Fátima".

projétil *s m/adj 2g* [= projéctil] (<fr *projectile*; ⇒proje(c)tar) **1** *Mil* Bala ou granada disparada [lançada] por uma boca de fogo «canhão». **Comb.** ~ incendiário [para deitar fogo «a casas»]. ⇒ míssil. **2** *fig* Qualquer obje(c)to que se arremessa «balázio». **3** Que pode ser arremessado.

projetista (Jè) [= projectista] *s/adj 2g* (<projeto + -ista) (O) que faz projetos. **Comb.** Engenheiro ~. ⇒ maquinador; sonhador; projetor.

projetivo, a (Jè) *adj* [= projectivo] (<projeção + -ivo) Relativo a projeção. **Comb.** *Cálculo* ~ [Projeção 4]. *Teste ~o* [que tem por fim levar o indivíduo a manifestar o seu cará(c)ter ou a exteriorizar os seus complexos].

projeto (Jé) *s m* [= projecto] (<lat *projéctus, a,um*: que se lança para a frente; ⇒ projetar) **1** Plano para fazer algo. **Ex.** Os pais gostam de fazer ~s para os [o futuro dos] filhos. **Comb.** ~ *de um estádio* de futebol. ~ *de lei* [Proposta apresentada a uma assembleia legislativa para ser convertida em lei]. ~ *paisagístico* «para o parque de uma cidade». ~ *de pesquisa/investigação*. ⇒ esboço. **2** Algo que foi projetado e aprovado/Empresa/Obra/Cometimento. **Ex.** A barragem de Caborabassa, no rio Zambeze, é o maior ~ até agora realizado em Moçambique. **3** Desígnio/Ideia/(In)tenção. **Ex.** Ele concebe muitos [é fecundo em] ~s.

projetor (Jè) *s m* [= projector] (⇒ projetar **3**) Qualquer aparelho que se destina a projetar [irradiar] luz «holofote», imagens «dum filme», som «alto-falante», ...

projetura (Jè) *s f Arquit* [= projectura] (⇒ projetar) Qualquer saliência «aba ou beiral de telhado» em parede externa de edifício.

prol (Pról) *s m* (<lat *pro*: em favor de, por + *ílle,a,ud*: ele, ela, aquilo) Favor(+)/Proveito/ Vantagem. **Loc.** Em ~ de [A favor de] (Ex. Quer trabalhar para a [em ~ da] comunidade/terra).

prolação *s f* (<lat *prolátio,iónis*: a(c)ção de levar, de proferir) **1** Pronunciação(+)/Articulação/Elocução. **Ex.** Tem uma boa ~, dá gosto ouvi-lo discursar. **2** ⇒ delonga; adiamento.

prolapso *s m Med* (<lat *prolábor,lábi,lápsus sum*: escorregar para a frente, resvalar, cair) Deslocação ou saída de (parte de) um órgão do seu lugar normal. **Comb.** ~ *do re(c)to*. ~ *uterino* [do útero]. **Sin.** Queda «do estômago».

prole (Pró) *s f* (<lat *próles,is*) **1** Conjunto dos [Todos os] filhos dum casal/Família. **Ex.** Os nossos vizinhos têm numerosa ~: oito filhos. **2** ⇒ descendência; progé[ê]nie.

prolegómenos [*Br* **prolegômenos**] *s m pl* (<gr *prolegómenos,é,ón*: dito ou colocado antes, preliminares) **1** Longa introdução no princípio de algo. **Ex.** Deixemo-nos de mais ~ e vamos entrar no assunto [Já chega [basta] de ~, vamos ao nó da questão]! **2** Conjunto de noções preliminares duma ciência. ⇒ prenoção; rudimentos.

prolepse (Lé) *s f* (<gr *prolépsis*) **1** Figura de retórica que consiste em antecipar e responder a obje(c)ções que não foram feitas/ levantadas. **Ex.** *Você vai dizer-me que (eu) estou a fugir à questão, mas vou já provar- -lhe o contrário.* **2** *Liter* Antecipação de fa(c)tos que ainda não ocorreram no plano da história. ⇒ analepse.

proléptico ⇒ prolético.

proletariado *s m* (<proletário + -ado) Classe [Grupo/Conjunto] das pessoas [dos trabalhadores] cujos recursos económicos provêm apenas do seu trabalho manual ou mecânico. ⇒ operariado.

proletário, a *s/adj* (<lat *proletárius,a,um*: «romano» que só conta [é útil (à República)] pela prole que tem) (O) que vive do seu trabalho manual ou mecânico. **Comb.** Classe ~a [Proletariado(+)] (⇒ operário, a).

proletarização *s f Econ* (<proletarizar) Processo de mudança social pelo qual trabalhadores independentes «artesãos/ lavradores» perdem o controle dos meios de produção, passando à condição de assalariados/proletários.

proletarizar(-se) *v t* (<proletário + -izar) Tornar(-se) proletário. **Ex.** A revolução industrial proletarizou muitos artesãos que antes viviam da sua arte.

prolético, a [*Br* **prolé(p)tico** (dg)] *adj* [= proléptico] (<gr *proléptikós,é,ón*: que antecipa) **1** Relativo a prolepse. **2** Diz-se de doença (periódica) que se repete em intervalos cada vez mais curtos.

proliferação *s f* **1** A(c)ção ou efeito de proliferar/Reprodução. **Comb.** ~ [Invasão] *de ervas ruins*. ~ *de micróbios*. ~ *de mosquitos*. **2** Aumento/Propagação/Difusão. **Comb.** ~ de movimentos reivindicativos.

proliferar *v int* (<prolífero + -ar¹) **1** Ter prole/Reproduzir-se/Procriar. **Ex.** Os coelhos proliferam [reproduzem-se] muito/são muito prolífero[fico]s. **2** Multiplicar-se/ Abundar. **Ex.** As ervas daninhas proliferavam no [invadiam o (+)] jardim mal cuidado. A violência prolifera [alastra(+)] nos meios mais desfavorecidos/pobres.

prolífero, a *adj* (<prole + -fero) **1** Que gera prole/Que se reproduz. **2** ⇒ «terra» fértil; fecundo.

prolífico, a *adj* (<prole + -fico) **1** Que tem prole numerosa. **Ex.** Os coelhos são animais ~s . **2** Que produz muito/Produtivo/ Fecundo. **Comb.** *Escritor* ~ [que escreve muitos livros/fecundo]. *Trabalho* ~ [fecundo/que teve grandes resultados].

prolixidade *s f* (<lat *prolíxitas,átis*) Cara(c)terística de prolixo/palavroso. **Ex.** Nos relatórios (que me fazem) evitem a ~, quero- -os claros mas concisos. **Ant.** Laconismo.

prolixo, a *adj* (<lat *prolíxus,a,um*: alongado, longo, ~) **1** Expresso por muitas [demasiadas] palavras/Difuso/Que não sabe sintetizar o (seu) pensamento. **Ex.** Foi muito ~ nos agradecimentos. **Comb. *Discurso* ~. *Escritor* ~** [sem concisão de estilo]. **Ant.** Lacó[ô]nico. **2** ⇒ fastidioso/enfadonho/cansativo.

prólogo *s m* (<gr *prólogos*: o que se diz antes; apresentação em forma de monólogo ou de diálogo, de uma tragédia «Antígona» no teatro grego) **1** Breve texto no começo de um livro para informar o leitor sobre o tema, as razões e a metodologia da obra/Prefácio/Preâmbulo/Proé[ê]mio. **Ant.** Posfácio. **2** *fig* Começo. **Ex.** Aquele ataque aéreo foi apenas o ~ da longa guerra dos [entre os] dois países. **3** ⇒ prelúdio «musical».

prolonga(ção) ⇒ prolongamento.

prolongado, a *adj* (<prolongar) Que tem muita [mais] duração/Duradoiro. **Comb.** «medicamento de» ***A(c)ção ~a*** [que produz efeito durante muito tempo]. ***Chuva ~a*** [durante muitos dias, meses ou semanas]. ***Fim de semana ~o*** [a que se junta um ou mais dias livres e em que não se trabalha].

prolongamento *adv* (<prolongar + -mento) **1** Aumento da duração de algo. **Comb.** ***O ~ da doença*** «deixou-o muito debilitado». ***O ~ do espe(c)táculo***. **2** Adiamento(+)/Dilação(+). **Ex.** O ~ da solução deste problema [caso] não beneficia [não é bom para] ninguém. **3** O que se acrescenta a alguma coisa para a a[pro]longar. **Comb.** ***O ~ da avenida*** «até ao rio». ***O ~ do muro*** «até ao terreno vizinho». ***O ~ da corda*** «atando[juntando/acrescentando]-lhe outra». **4** *(D)esp* Período suplementar [extra] de jogo «futebol», para além do tempo regulamentar, que deve corresponder à soma dos intervalos durante os quais o jogo esteve parado «marcação de faltas, assistência médica a jogadores les(ion)ados» (Há também um ~ no jogo se é forçoso determinar um vencedor, regist(r)ando-se [havendo] um empate ao fim do tempo regulamentar).

prolongar *v t* (<lat *prolóngo,áre,átum*; ⇒ longo) **1** (Fazer) durar (mais tempo)/Demorar. **Loc. ~ *a reunião*. ~ *um prazo*. 2** Tornar-se mais longo/comprido. **Ex.** «o médico» Fez tudo o que pôde para lhe ~ a vida. **Loc.** ~ a avenida [rua] até à beira-mar. **3** Continuar/Estender(-se). **Ex.** A praia de areia branca prolongava-se para sul por vários quiló[ô]metros. **4** ⇒ dilatar; adiar.

prolóquio *s m* (<lat *prolóquor,locútus sum*: falar abertamente, declarar) Dito sentencioso. **Sin.** Máxima(+)/Ditado(+)/Rifão(+). ⇒ provérbio.

prolusão *s f* (<lat *prolúsio,iónis*) ⇒ prelúdio; prefácio; preâmbulo.

promanar *v int* (<pro- + manar) **1** Manar(+)/Fluir/Correr/Brotar «água, da nascente». **2** Ter como agente/Emanar(+)/Provir/Dimanar. **Ex.** Todas as bênçãos [graças] promanam de Deus. O poder (político) promana [emana(+)/provém/vem] do povo «que vota/que o escolhe».

promécio [Pm 61] *s m Quím* (<*Prometeu*, deus do fogo) Elemento radioa(c)tivo que faz parte dos metais das chamadas terras raras, produzido artificialmente em 1947.

promessa (Mé)*s f* (<lat *promítto,ere,míssum*: enviar para diante, prometer) **1** A(c)to ou efeito de prometer/Prometimento/Compromisso. **Ex.** Não faça ~s que depois não poderá cumprir. Ela fez a si mesma a ~ de [Ela comprometeu-se a] nunca mentir. **Comb. ~ *quebrada*** [que não se cumpriu/que não foi cumprida]. ***Contrato* ~** [em que uma ou ambas as partes se obriga(m) a celebrar uma convenção]. **2** Coisa prometida «dinheiro/obje(c)to/presente». **3** Voto feito a Deus ou aos santos. **Ex.** Fez a ~ de ir a Fátima, a pé, e dar uma esmola ao [para o] santuário. **4** Esperança. **Ex.** Há ~ de chuva para a (próxima) semana [*col* A chuva parece que se promete …].

prometedor, ora *adj/s* (<prometer + -dor) (O) que dá esperança/Esperançoso. **Comb. *Negócio* ~** [que deve dar (muito) lucro]. ***Rapaz* ~** [com futuro(+)/que promete (o+)].

prometer *v t/int* (⇒ promessa) **1** Obrigar-se a fazer ou a dar algo. **Loc. ~ *pagar*. ~ *um presente*. Idi. ~ *mundos e fundos*** [Fazer oferecimentos exagerados] (**Ex.** Prometeu-me mundos e fundos se fosse trabalhar na fábrica dele mas, afinal, só me pagou o primeiro salário ao fim de três meses!). **2** Dar esperanças ou sinais de bom, ou mau, futuro. **Ex.** Esse jovem promete [tem futuro(+)], estou certo disso [,sei o que estou a dizer/podem vocês crer/acreditem no que digo]. O dia [tempo] promete chuva [Penso que hoje vai chover]. Ele promete [vai] chegar a médico [Ele tem qualidades «é estudioso/dedicado» para se poder formar em medicina].

prometido, a *adj/s* (<prometer; ⇒promessa) **1** Asseverado com promessa/Aquilo que se prometeu. Deu-lhe o presente ~ [que lhe prometera/tinha prometido]. Há um ditado que diz *O ~ é devido* (Deve-se dar sempre o que se prometeu). **2** Reservado ou destinado a [para] alguém. **Ex.** Esta mercadoria (já) está ~a (a outro cliente), não lha posso vender (a você). **3** Pessoa que já se comprometeu a casar. **Ex.** Eles [Os dois] estão ~s há [faz] vários anos. **Sin.** Noivo/a.

prometimento *s m* (<prometer + -mento) ⇒ promessa(+).

promiscuidade *s f* (<promíscuo + -(i)dade) **1** Reunião de indivíduos muito diferentes «solteiros e casados» e tendo relações sexuais contrárias aos bons costumes. **Ex.** A ~ é um (fa(c)tor de) risco para a sida [*Br* aids]. **Comb. ~ *sexual*** [O ter relações sexuais com inúmeros parceiros]. **2** Cará(c)ter que se considera desagradável, pela grande vizinhança de pessoas, pela falta de higiene [limpeza], etc. **Ex.** A ~ que se vê nalguns bairros degradados é a vergonha da nossa cidade e, em boa [grande] parte, culpa das autoridades (municipais). **3** Mistura confusa e desordenada.

promiscuir-se *v t* Viver em promiscuide(+).⇒ misturar-se «na desordem».

promíscuo, a *adj* (<lat *promíscuus,ua,uum*) **1** Constituído de elementos heterogé[ê]neos [(muito) diferentes]/Resultante de uma amálgama. **Comb.** «o convento de Tomar, em Pt é» Uma mistura (~a) de estilos arquite(c)tó[ô]nicos. **2** Misturado ou compartilhado com elementos [pessoas] de conduta reprovável. **Comb. *Ambiente* [*Meio*] *~o*. *Uso ~ de seringas*** entre drogados. **3** Diz-se de quem tem relações sexuais com inúmeros parceiros. **4** Confuso e desagradável.

promissão *s f* (<lat *promíssio,iónis*) Promessa(+). **Comb. *Terra Prometida/da P~*** [Canaã, prometida por Jeová aos hebreus]. ⇒ Paraíso/Céu; bem-aventurança.

promissivo, a *adj* (<promessa + -ivo) **1** ⇒ prometedor. **2** ⇒ promissório.

promissor, ora *adj/s f* (<lat *promíssor,óris*) **1** Que dá esperança/Prometedor. **Ex.** Ele tem pela frente [Ele escolheu/Ele entrou por] uma carreira ~a. **Comb. *Um futuro ~*. *Um negócio ~*. 2** (O) que promete/Promitente. ⇒ votante.

promissório, a *adj/s f* (<promissor + -ório) **1** Relativo a promessa. **Comb. *Caução ~a*** [que se fundamenta exclusivamente na promessa do devedor]. **2** *Dir* (Nota) *~a* [Título negociável pelo qual um devedor assume o compromisso de pagar a um beneficiário uma certa soma, em data marcada].

promitente *adj/s 2g* ⇒ promissor.

promoção *s f* (⇒ promover) **1** A(c)to ou efeito de promover. **2** Acesso a cargo ou categoria superior. **Ex.** Sonhava havia tempos [há muito tempo] com aquela ~ «a (professor) catedrático». ⇒ nomeação. **3** Conjunto das técnicas publicitárias utilizadas para vender ou anunciar algo/Propaganda. **Loc.** Fazer a ~ de um produto. **Comb. ~ *de um espe(c)táculo* «musical/teatral/(d)esportivo». ~ *de vendas*** [Técnica de publicitar um produto, oferecendo amostras grátis, participando em concursos, aumentando a rede de distribuição, etc.] ⇒ saldos/oferta; liquidação; comercialização. **4** *Dir* Requerimento «do Ministério Público» para que se proceda a certos a(c)tos judiciais.

promocional *adj 2g* Relativo a promoção **3. Comb.** Campanhas ~ais com folhetos e anúncios por todo o país.

promontório *s m Geog* (<lat *promo[u]ntórium,ii*) **1** Cabo elevado. **Ex.** Gibraltar está sobre um ~. **2** *fig Anat* Qualquer saliência óssea.

promotor, ora (Tôr) *adj/s* (⇒ promover) **1** (O) que promove/Impulsionador/Fomentador. **Ex.** Os ~res [As pessoas ~ras] do espe(c)táculo merecem [estão de] parabéns. **2** *Dir* Funcionário do poder judicial que promove o andamento das causas e certos a(c)tos de justiça. **Comb. ~ *público*** [Membro do Ministério Público que representa a sociedade e a(c)tua como acusador contra culpados ou infra(c)tores].

promotoria *s f* (<promotor + -ia) **1** Cargo ou função de promotor. **2** ⇒ Ministério Público.

promover *v t* (<lat *promóveo,vére,mótum*; ⇒ mover) **1** Fazer avançar/Dar o impulso/Propagar/Difundir/Fomentar/Desenvolver. **Loc. ~ *as artes*** «música/pintura». **~ *a escolarização*** de todas as crianças. **2** Elevar a posto «de almirante» ou dignidade superior. **Ex.** Foi promovido a (professor) catedrático. **3** Fazer propaganda. **Loc. ~ *um artista*** «cantor». **~ *um produto*** «carro/vinho». **4** *Dir* Requerer, propondo a execução de certos a(c)tos. **Loc.** ~ um processo contra alguém.

promulgação *s f* A(c)to ou efeito de promulgar/publicar. **Ex.** A ~ de uma lei ou decreto compete ao chefe de Estado «Presidente da República» que os deve assinar, ordenando assim [desse modo/por essa assinatura] a sua execução.

promulgar *v t* (<lat *promúlgo,áre,átum* «o Presidente da República vai assinar e» Ordenar oficialmente a execução de algo. **Ex.** Essa lei já foi promulgada. **Loc.** ~ a «nova» constituição.

prono, a *s Poe* (<lat *prónus,a,um*: inclinado para diante) **1** «cabeça/corpo» Inclinado para a frente. **2** Deitado de barriga para baixo. **Ant.** Supino. **3** ⇒ propenso(+).

pronome (Nó) *s m Gram* (<lat *pronómen, minis*) Palavra que se usa em vez dum substantivo [nome] ou dum enunciado. **Ex.** Na frase "Ontem choveu muito, isso impediu-me de dar o meu costumado passeio", o *isso* usa-se em vez do enunciado *ontem choveu muito*. Há seis espécies

de ~s : pessoais «eu/ele/nós», demonstrativos «aquilo», possessivos «meu/nosso», relativos «que», interrogativos «qual/quem» e indefinidos «um/algum». **Comb.** ~ *pessoal*. ~ *reflex(iv)o* «calou-se».

pronominal *adj 2g Gram* (<pronome + -al) Diz-se de verbo acompanhado de pronome pessoal que lhe serve de complemento [obje(c)to] dire(c)to ou indire(c)to e que representa o [e que se refere ao] mesmo sujeito. **Ex.** Ele *queixa-se* [*se queixa*] de dores no estômago. Ele *dá-se* ares de pessoa importante.

prontamente *adv* (<pronto + -mente) Com prontidão/Sem demora/Logo/Imediatamente. **Ex.** Acordei os filhos para irem para a escola e eles levantaram-se ~.

prontidão *s f* (<pronto + -idão) Qualidade de (quem é) pronto/Rapidez/Presteza/Desembaraço. **Ex.** A ~ da resposta da criança deixou-nos a todos espantados/*idi* de boca aberta. **Comb.** Estado de ~ [de alerta(+) «pronto(s) para agir»].

prontificação *s f* A(c)to ou efeito de prontificar(-se). **Ex.** Admirei a ~ dele em [para(+)] ajudar as vítimas do incêndio.

prontificar *v t* (<pronto + -ficar) **1** Pôr(-se) à disposição/Oferecer(-se). **Ex.** Prontificou[Ofereceu]-se logo para ir buscá[esperá(+)]-lo ao aeroporto. Prontificou [Ofereceu] a sua casa ao amigo enquanto [até que/pelo tempo que(+)] ele quisesse. Ele não é pronto [nunca se prontifica] a pagar as dívidas. **2** ⇒ aprontar(+); preparar.

pronto, a *adj/s/adv/interj* (<lat *prómptus,a,um* <*prómo,ere,prómptum*: tomar [tirar] de <*pró+émo,ere,émptum*: comprar, tomar) **1** Que não se demora/Rápido/Instantâneo/Imediato. **Comb.** Resposta ~a «da criança esperta». **2** Que está disposto a [com vontade de] «ajudar». **Ex.** Ele está sempre ~ para [Ele gosta muito de] viajar. **3** Que está preparado/acabado/apto/terminado. **Ex.** O almoço está ~ [feito], vamos (todos) para a mesa. Estão todos ~s para [Já podemos] ir para a praia? O meu filho está ~ [apto/preparado/tem tudo (+)] para ser um bom médico. **4** *adv* Com prontidão/Logo/Brevemente. **Ex.** «ele/a mercadoria» ~ chegará [vai chegar/vai estar aqui]. **Loc.** *De* [*Num*] ~ [De imediato/Imediatamente] (Ex. Num ~ acudiu ao [foi ajudar o] velhinho e salvou-o de ser atropelado). *Pagar a* ~ [no a(c)to da compra/à vista]. *Vender a* ~ [Ser pago à vista]. **5** *interj* Não há mais (nada) a acrescentar/É isso/Acabou-se/~s/Basta. **Ex.** ~, vamos embora. ~ [Vá], já chega de [, acabaram as] discussões! **6** (O) que é pobre ou, nesse momento, está sem dinheiro. **Sin.** Liso/Teso/Sem cheta. **7** CV ⇒ intrometido.

pronto-a-comer *s m* Restaurante que serve, na hora, comida (quente) anteriormente preparada. ⇒ self-service [auto-serviço].

pronto-a-vestir *s m* **1** Vestuário confe(c)cionado [fabricado] segundo medidas normalizadas [diferentes]. **Ex.** O ~ é sempre mais barato do que a roupa feita por medida. **2** Loja de ~.

pronto-socorro *s m* **1** Viatura [Veículo] com serviços mínimos para atender vítimas e levá-las ao hospital. **Loc.** Chamar o [Telefonar do] ~. ⇒ urgência; ambulância. **2** Viatura para conduzir prontamente bombeiros ou material para acudir a um sinistro.

prontuário *s m* (<lat *promptuárium,ii*) **1** Livro que contém indicações úteis e dispostas de modo a achar-se logo o que se quer. **Comb.** ~ *médico* [com os dados dum doente]. ~ *ortográfico* [com a grafia corre(c)ta (e explicação gramatical) das palavras]. ⇒ sinopse; compêndio; vocabulário. **2** ⇒ despensa; armário; reservatório; prateleira.

prónubo, a [*Br* **prônubo**] *adj Poe* (<lat *prónubus,a,um* <*núbo,ere*: casar) **1** Relativo a noivos ou a núpcias/Nupcial(+). **Comb.** ~ tálamo [Leito nupcial]. **2** ⇒ casamenteiro(+).

pronúncia *s f* (<pronunciar) **1** A(c)to ou modo de pronunciar (as palavras). **Ex.** A ~ do inglês é difícil, ao contrário da do italiano, que é fácil. Qual [Como] é a ~ desta palavra? **Loc.** Ter boa ~ [Pronunciar bem]. **Comb.** A ~ lisboeta «de peito é *paito*». ⇒ prolação/pronunciação. **2** *Dir* Despacho pelo qual o juiz declara que alguém está indiciado como autor ou cúmplice de um crime.

pronunciação *s f* (<lat *pronuntiátio,iónis*: declaração, publicação) ⇒ pronúncia **1**/**2**(+).

pronunciado, a *adj* (<pronunciar) **1** Dito/Proferido/Articulado/Lido/Emitido. **Ex.** Essa palavra foi mal ~a «não é mólho, é môlho (De azeite e vinagre)». **2** Que se nota muito/De grande intensidade. **Comb.** ~ [Grande] *interesse* «do ministro da educação» *pelas artes*. *Maçãs do rosto ~as* [salientes]. *Rugas ~as* [fundas/muito marcadas]. **3** *Dir* Declarado réu ou cúmplice de um crime (⇒ pronúncia).

pronunciamento *s m* (<pronunciar + -mento) **1** A(c)to pelo qual um chefe militar ou um grupo de oficiais se declara contra o governo. **Sin.** Insurreição; revolta; sublevação; sedição. **2** ⇒ pronúncia **1**/pronunciação. **3** ⇒ pronúncia **2**.

pronunciar *v t* (<lat *pronúntio,áre,átum*: anunciar, propor, proclamar) **1** Articular/Dizer palavras. **Ex.** Os beirões «da Beira Alta, Pt» pronunciam o ç «de calças» como s fraco. A criança ainda não conseguia ~ os rr [érres]. **Loc.** *«é preciso» ~ bem as sílabas finais*. ~ [Ler] sílaba por sílaba [Soletrar] *a palavra diferença*. **2** Fazer/Proferir. **Loc.** «Presidente da República» ~ um discurso «na tomada de posse». **3** *Dir* Dar despacho de pronúncia contra alguém. **Loc.** ~ o réu culpado. ⇒ sentenciar [dar/proferir a sentença]; declarar «o réu inocente». **4** Acentuar(-se) determinado traço ou cara(c)terística. **Ex.** O cabelo curto pronunciava[fazia]-lhe o rosto (mais) oval. O egoísmo dele pronunciava-se com a paralisia que o vitimara. **5** Dar [Dizer/Emitir] opinião/«o seu» parecer. **Ex.** Pronunciou-se sobre o acordo de paz entre os dois países. Todos os deputados se pronunciaram contra a pena de morte na constituição. **6** *Mil* ~-se [Insurgir/Revoltar/Levantar]-se contra o Governo (⇒ pronunciamento **1**).

pronúncio *s m* (<pro- + ...) Pessoa provisoriamente incumbida das funções de núncio (papal).

propagação *s f* (<lat *propagátio,iónis*) **1** A(c)to ou efeito de (se) propagar/espalhar/aumentar/Difusão/Disseminação/Multiplicação. **Ex.** A ~ do incêndio foi muito rápida, devido ao [, por causa do] vento forte (que fazia/que se levantara). **Comb.** *Fís* ~ *do calor* [*do som/da luz*]. ~ *duma epidemia*. ~ *de uma planta* [*espécie vegetal*]. **2** A(c)to de fazer chegar a um grande número de pessoas/Divulgação/Anúncio. **Comb.** ~ *da fé* [da pessoa e mensagem de Jesus Cristo] (Sin. Pregação(+)). ~ *de falsas* «novas» *religiões*. ~ *de ideais* que inspirem (para bem) os jovens.

propagador, ora *s/adj* (<propagar) (O) que propaga. **Comb.** ~ [Pregador(+)] *da fé* [da mensagem de Jesus]. *Vento ~ do incêndio*. ⇒ propagandista.

propaganda *s f* (<lat *Congregatio de Propaganda Fide*; ⇒ propagar) Propagação **2** (Mas com sentido negativo)/Divulgação/Reclame/Anúncio/Campanha. **Loc.** Fazer ~ do seu candidato «a deputado». **Comb.** ~ *abusiva* [má(+)/perniciosa/que incita ao mal, à superstição ou à violência]. ~ *enganosa* [falsa/cujo reclame não corresponde à realidade]. ~ *subliminar* [capciosa/que não é captada pelo consciente do público mas que age através do subconsciente das pessoas] «apresentando um tó[ô]nico perfumado para a barba ao lado de uma beldade aspirando esse cheiro».

propagandear *v t* (<propaganda + -ear; ⇒ propagar; ⇒ propagar) **1** Fazer propaganda de. **Loc.** ~ [Apregoar] um (novo) produto. **2** *depr* Fazer proselitismo de algo por que o público não tem apreço. **Ex.** Ele anda (por aí) a ~ as suas ideias «políticas», mas quem lhe liga [quem o quer ouvir/quem lhe presta atenção]?

propagandista *s 2g* (<propaganda + -ista) Pessoa que faz propaganda. **Ex.** Ele é um grande ~ [faz muita propaganda] das belezas turísticas da sua terra. ⇒ propagador.

propagandístico, a *adj depr* Que tem cará(c)ter de propaganda. **Comb.** Mensagem de conteúdo ~o [fraco].

propagar *v t* (<lat *propágo,áre,átum*: reproduzir por mergulhia «de vide/bacelo», prolongar, ~) **1** Multiplicar por (meio de) reprodução. **Ex.** A humanidade [O gé[ê]nero humano/A espécie humana] propagou-se por todos os continentes. **2** Transmitir-se/Espalhar-se. **Ex.** O bom humor dela propagou-se aos demais [a todos os presentes]. O incêndio propagou-se rapidamente. O vírus propagou-se em [a um] ritmo alarmante/incrível/pavoroso. **3** Atravessar o espaço. **Ex.** O som propaga-se pela [atravessa a] parede. **4** Difundir/Espalhar(+). **Loc.** ~ *boatos*. ~ *as suas ideias*. ⇒ propagandear.

propágulo *s m Bot* (<lat *propágulum,i*, dim de *propago,inis*: mergulhão «bacelo») Qualquer parte de um vegetal «folha/prumo» que, separando-se da planta, dá origem a nova planta.

propalar *v t* (<lat *propálo,áre,átum*) Tornar público/Espalhar/Propagar. **Ex.** A notícia propalou-se, rapidamente. **Loc.** ~ *boatos*. ~ *calúnias*.

propano *s m Quím* (<pro- + gr *píon*: gordo + -ano) Alcano constituinte do gás natural e do petróleo, *us* como combustível; C_3H_8.

proparoxítono, a *adj Ling* (<pro- + paroxítono) Diz-se de palavra que tem o acento na antepenúltima sílaba/Esdrúxulo(+).

propatia *s f Med* (<pro- + -patia) Primeiros sinais duma doença/Pródromo(s).

propedêutico, a *adj/s* (<pro- + gr *paideutikós*: próprio para instruir) (O) que serve de introdução/Parte introdutória/Preliminares/Prolegó[ô]menos. **Ex.** A ~a médica e a ~a cirúrgica são cadeiras da Faculdade de Medicina (⇒ semiologia). Agora estou no [faço o] (curso) ~o de Filosofia.

propelir *v t* (<lat *propéllo,ere,púlsum* <*péllere*: impelir) **1** Impelir para diante/Empurrar. **Ex.** A turbina propele o avião para de(s)colar [levantar voo]. **2** Arremessar/Proje(c)tar/Lançar.

propender *v int* (<lat *propéndeo,dére,pénsum*) **1** Pender [Inclinar-se(+)] para a frente ou para um lado. **2** *fig* Ter tendência ou pendor para algo. **Ex.** Ela propende [inclina-se/vai] mais para as artes [humanidades] do que para as ciências (exa(c)tas).

propeno s m Quím (<propano + -eno) Hidrocarboneto etilénico, incolor, obtido nas refinarias de petróleo e us no fabrico de plásticos «polipropileno» e em sínteses orgânicas «detergentes». ⇒ isopreno; acrílico.

propensão s f (<lat propénsio,iónis) A(c)to ou efeito de propender/Inclinação/Tendência/Vocação. **Comb.** ~ [Vocação] *para as artes* «música/pintura». ~ [Tendência] *para roubar* (⇒ cleptomania).

propenso, a adj (⇒ propender) Que tem propensão ou tendência/Inclinado. **Ex.** Este homem é muito ~ [idi só lhe dá] para o mal. **Comb.** ~ *a brigas*. ~ *a* [Que gosta de] *ficar*, sossegad(inh)o, *em casa*.

propiciação s f A(c)to ou efeito de propiciar/Perdoar/Intercessão. **Ex.** Jesus Cristo é ~ pelo(s) pecado(s) de toda a humanidade, é o nosso propiciador. A missa é um sacrifício de ~ e de a(c)ção de graças (⇒ eucaristia).

propiciar v t (<lat propítio,iáre,iátum) **1** Tornar propício/favorável/benevolente/Interceder. **Ex.** Jesus continua a ~ [interceder(+)] por nós no céu, junto do Pai. **2** ⇒ proporcionar(+); favorecer; facilitar.

propiciatório, a adj/s m **1** Que propicia. **2** *Hist* (Cobertura de oiro da) Arca da Aliança.

propício, a adj (<lat propítius,a,um) **1** Bom [Que serve] para/Oportuno/Próprio. **Ex.** Está um tempo ~ a [para a] pesca. **Comb.** Ocasião ~a [Oportunidade] «para resolver o problema». **2** Favorável/Benevolente/Benigno. **Ex.** Os deuses não lhe foram ~s [Não teve sorte(+)/As coisas não lhe correram bem]. **Loc.** Rezar para tornar a Deus ~ [para receber as bênçãos de Deus]

propileno s m Quím ⇒ propeno.

propina s f (<propinar) **1** Quantia que se paga ao Estado para efeitos de matrícula, exame ou outros a(c)tos escolares. **2** Quantia paga, de uma só vez e além da quota mensal, pelos indivíduos admitidos numa associação/Joia. **3** *fig* ⇒ gorjeta(+); gratificação(+).

propinar v t (<lat propíno,áre,átum: dar «um remédio» a beber) Dar a beber/Ministrar. **Loc.** ~ *um bom vinho*. ~ *um veneno*.

propinquidade s f (<lat propínquitas,átis) ⇒ proximidade(o+); vizinhança(+).

propínquo, a adj (<lat propínquus, a, um) **1** Próximo/Vizinho. **Comb.** ~ *ao rio*. **2** s m pl Parentes chegados [mais próximos]. **Ant.** Parentes afastados.

proplástico, a adj/s (<gr proplastós <proplássein: modelar «em barro») **1** Relativo a trabalhos em barro. **2** s m Modelo de barro ou cera para obras de escultura/Proplasma. **3** s f Arte de modelar o barro.

própole s f (<gr própolis) Substância resinosa que as abelhas utilizam para calafetar as colmeias [os cortiços] e para envolver os invasores corpulentos que não puderam arrastar para fora.

proponente s/adj 2g (<propor) (O) que propõe/apresenta. **Ex.** A proposta foi rejeitada, dada a [, por causa da] falta de credibilidade do (seu) ~.

propor (Pôr) v t (<lat propóno,ere,pósitum) **1** Apresentar alguma coisa para (que seja submetida a) apreciação. **Ex.** A mesa [presidência] propôs à assembleia «dos sócios» dois temas importantes para discussão. Propus-lhes que, para bem dos dois [de ambos], fizessem as pazes. Propus[Ofereci]-lhe cem mil reais pela casa que ele pôs à venda em S. Paulo, *Br.* **Loc.** ~ a(s) paz(es) ao inimigo. ~ uma trégua por altura do Natal, aos dois países. **2** Formar [Fazer] o propósito de/Decidir. **Ex.** Ele propôs emendar-se [fez o propósito de se emendar(+)] «e nunca tornar a mentir». **3** Apresentar(-se)/Oferecer(-se). **Ex.** Propusemos (o nome do) Carlos para presidente do (nosso) clube. **Loc.** ~ *casamento a Maria* [Dizer que quer casar com ela]. *~(-se) para* [*como candidato a*] *deputado.* **4** Requerer em juízo/Intentar(+)/Mover(+). **Loc.** ~ *uma a(c)ção* «contra o autor do desvio de dinheiro».

proporção s f (<lat propórtio,iónis) **1** Relação das partes de um todo entre si ou entre uma delas e o todo/Grandeza relativa/Razão. **Loc. À** [Em] ~ [Proporcionalmente]. **À ~ de/Em ~ com** [Em relação/com]. **À ~ que** [À medida que(+)] «subiam a(os) píncaros (da) montanha, o ar tornava-se mais rarefeito». **Comb.** A ~ de oxigé[ê]nio e de hidrogé[ê]nio na água (H_2O). **2** pl Extensão/Intensidade/Tamanho/Grandeza. **Ex.** É um edifício pequeno [de pequenas ~ões]. **Comb.** Um incêndio de grandes ~ões. **3** pl Relação esteticamente equilibrada [harmoniosa/perfeita] entre as várias partes do todo. **Comb.** As ~ões ideais duma estátua grega. **4** *Mat* Igualdade de [entre] duas razões. **Ex.** Na ~ ab = cd, b e c são os meios, a e d os extremos. **Comb.** ~ contínua [cujos meios ou extremos são iguais].

proporcionado, a adj (<proporção + -ado) **1** Que está em proporção. **Comb.** Castigo ~ com o [correspondente/proporcional ao] crime. **2** Que tem as devidas proporções/Bem conformado/Equilibrado/Harmó[ô]nico. **Comb.** Um corpo (bem) ~ [perfeito/elegante/belo].

proporcional adj 2g (<proporção + -al) **1** Diz-se de valores equivalentes ou constantes. **Comb.** Imposto ~ [cuja taxa se mantém constante, fixa para todos, qualquer que seja o (nível de) rendimento]. **2** *Mat* Diz-se da variável cuja relação com outra é uma constante. **3** Que varia na mesma relação que/Correspondente/Relativo. **Comb.** Inteligência [Força/Peso] ~ à idade.

proporcionalidade s f **1** Qualidade de proporcional. **Comb.** ~ do imposto (⇒ proporcional **Comb.**) **2** *Mat* Propriedade que têm duas grandezas de serem proporcionais. **Comb.** Relação ou razão de ~ «dire(c)ta[inversa]» [Aquela que indica que duas variáveis são dire(c)ta ou inversamente proporcionais] «y = kx/xy = k».

proporcionalmente adv Em proporção. **Ex.** Os pré[ê]mios da escola foram atribuídos [dados/entregues] ~ ao desempenho [às notas] dos alunos.

proporcionar v t (<proporção + -ar[1]) **1** Fazer com que haja proporção entre duas ou mais coisas/Tornar proporcional/Harmonizar. **Loc.** ~ *o pedestal à estátua*. **2** Dar/Oferecer. **Ex.** O emprego proporcionou-lhe conta(c)tos úteis. **Loc.** «um ministro» ~ *uma viagem grátis aos seus funcionários*. **3** Vir em ocasião oportuna/P~-se. **Ex.** Proporcionou[Apresentou]-se-lhe a ocasião ideal para fazer um bom investimento.

proposição s f (<lat propositio,iónis) **1** ⇒ proposta. **2** *Gram* **a)** Frase(+); **b)** Oração(+). **3** *Fil* Enunciado ou juízo susce(p)tível de ser (declarado) verdadeiro ou falso/Afirmação «Todo o homem é mortal». **4** *Liter* Primeira parte de um discurso ou de um poema onde se expõe o assunto que se vai tratar/Exórdio(+).

propositadamente adv De propósito/Intencionalmente/Deliberadamente. **Ex.** Armaram-lhe uma cilada ~ «para ele ser julgado [visto como] autor do roubo».

propositado, a adj (<propósito + -ado) Feito de propósito [com (essa) intenção]/Premeditado/Intencional. **Ex.** Foi uma cilada [um insulto/um crime] ~a[o].

propósito, a s m (<lat propósitum,i) Intenção/Fim/Obje(c)tivo/Decisão/Resolução. **Ex.** O meu ~ [obje(c)tivo] não é ficar muito rico, é dar emprego a muita gente na minha fábrica. Ela fez o ~ de [Ela resolveu/decidiu] nunca mais casar. **Loc. A ~ a)** [De maneira sábia/conveniente/Dentro do contexto ou da finalidade] (Ex. Isso «que você diz» agora não vem a ~); **b)** [Em relação com o assunto/Deixe(m)-me dizer/falar] (Ex. «está o grupo falando da Maria e um deles intervém:» A ~: vocês sabem que ela, Maria, vai casar?). **A ~** [respeito] *de* (Ex. O jornal de hoje traz um longo artigo a ~ da crise económica). **De ~** [Propositadamente] (Ex. Ele empurrou-me [deu-me um encontrão/empurrão] (mas) de ~!). **Fora de ~** [Sem vir ao caso/Inoportunamente/Despropositado] (Ex. Ele foi despropositado [falou fora de ~]).

proposta (Pós) s f (⇒ proposto) Algo «ideia/dinheiro» que se propõe, apresenta ou dá para chegar a um acordo ou ser aprovado. **Ex.** Qual foi a ~ que lhe fez [Quanto (dinheiro) lhe ofereceu] pela casa? No concurso para a construção da ponte houve várias ~s [vários concorrentes «com proje(c)to e custos»]. **Comb.** ~ *de lei* [Iniciativa legislativa do Governo] (⇒ proje(c)to **1 Comb.**).

proposto, a adj/s (Pôsto, Pósta, Póstos/as) adj/s (<lat propósitus,a,um) (O) que se propõe ou propôs. **Ex.** A candidata ~a para esse cargo não o quis aceitar. Acho [Penso/Julgo] que o método ~ é bom/aceitável.

propriamente adv (<próprio + -mente) **1** Exa(c)tamente/Precisamente/Bem. **Ex.** Não sabia ~ [bem(+)] por que estava [se sentia] triste. *iron* «você ofendeu-me diante de outras pessoas» Como compreenderá [Você bem vê que] eu não fiquei ~ contente [eu fiquei triste/zangado!]. «o filho tirou dinheiro da carteira [do cofre] dos pais» Não foi um roubo ~ dito [~ falando], mas ele devia pedir [ter pedido (+)] licença primeiro. **2** ⇒ especialmente. **3** ⇒ pessoalmente.

propriedade s f (<lat proprietas,átis) **1** Virtude particular/Cara(c)terística. **Comb.** *~s dos gases*. *Planta com* [que tem] *~s medicinais*. **2** Direito de possuir uma coisa. **Ex.** Esta casa é (~) minha. Ele considera o nosso carro ~ sua [diz que só ele o pode usar/não quer que os outros irmãos o usem]. **Comb.** ~ *industrial* [Direito exclusivo de usar um nome comercial, uma marca, uma patente ou um modelo de fabrico]. ~ *intelectual* [Direito exclusivo de um autor «pintor/escultor/escritor» às suas criações intelectuais «direitos autorais dum livro»]. **3** ⇒ Tudo o que é nosso/Riqueza(+)/Patrimó[ô]nio(+). **4** Prédio rústico ou urbano. **Ex.** Ele herdou muitas ~s, no campo e na cidade. Eu tenho uma ~ [um terreno] onde colho [tenho/produzo] de tudo: fruta, verduras, cereais, ... **5** *Ling* Emprego corre(c)to e adequado das palavras. **Comb.** A ~ de estilo «do Padre Antó[ô]nio Vieira/de Camilo Castelo Branco/de Érico Veríssimo/de Miguel Torga».

proprietário, a s (<propriedade + -ário) Quem tem a propriedade de alguma coisa/Dono. **Ex.** É um grande [abastado] ~: tem muitos prédios rústicos e urbanos.

próprio, a adj/s (<lat próprius,a,um) **1** Que pertence exclusivamente a alguém/Particular/Privado. **Ex.** Mora em [Tem] casa ~a. **Loc.** «quero» Ver com os ~s «meus» olhos «o local do crime». **Comb.** Jeito ~

de agir [de fazer as coisas]. **2** Apropriado/Adequado. **Comb.** Madeira ~a para construção. **3** Cara(c)terístico/Peculiar. **Ex.** O ter um ideal é ~ dos jovens. Cada pessoa tem o seu cará(c)ter ~o. **4** Oportuno/Conveniente/Aconselhável. **Ex.** Não é altura [o lugar] ~a[o] para discussões/guerras/brigas. **5** Mesmo/Em pessoa/Exa(c)to. **Ex.** Quem trouxe a carta? – O ~ (que a escreveu). O ~ professor não conhecia [sabia] aquela palavra. Imaginem, apesar de ter chegado a casa cansado do trabalho, ele ~ fez o jantar para todos! Utilizou as ~s [mesmas] palavras do autor «na citação». Os ~s [Nem os] pais não sabiam (o) que fazer com aquele filho drogado. **Comb.** No sentido ~ [autêntico/verdadeiro/exa(c)to] da palavra (⇒ figurado). **6** *Gram* Diz-se de um substantivo que designa um indivíduo ou um ser específico «José/Lisboa» (Ant. Comum «animal/árvore/mesa»). **7** *pl Dir* Bens imobiliários ou propriedades de uma entidade de direito público. **Comb.** *Os ~s municipais.* *Os ~s nacionais* [O patrimó[ô]nio do Estado(+)].

propugnador, ora *s/adj* (<propugnar) (O) que propugna/Propulsor/Lutador/Defensor(+). **Comb.** Um grande ~ da paz.

propugnar *v t/int* (<lat *propúgno,áre,átum*) Lutar em defesa de/Defender(+). **Loc.** ~ pela [em defesa da] justiça. ~ pelos [pelo respeito dos] direitos humanos.

propulsão *s f* (<propulsar + -ão) A(c)to ou efeito de propulsar/de propelir/Impulso(+). **Comb.** *~ a* [por] *ja(c)to* «de avião» [provocada pela eje(c)ção [pelo lançamento], em alta velocidade, de um fluido através de um local próprio, orientado em sentido contrário ao do movimento do corpo]. *~ mecânica* [que, por meio da rea(c)ção, utiliza órgãos móveis «turbocompressores»].

propulsar *v t* (<lat *propúlso,áre,átum*) **1** Impelir para diante/Propelir(+)/Impulsionar(+). **2** ⇒ repelir «os invasores».

propulsivo, a *adj* (<propelir) Que faz propulsão. **Comb.** «o sangue corre nas veias pela» Força ~ do coração.

propulsor, ora *adj/s* (⇒propelir) **1** (O) que imprime (movimento de) propulsão. **Ex.** A hélice é o ~ dos barcos a vapor. **Comb.** Êmbolo ~. «o coração é o» **Órgão ~ do sangue**. **2** (O) que faz progredir ou avançar/Impulsionador. **Comb.** O ~ do proje(c)to [da obra/dos trabalhos] da abertura [construção] da estrada «foi ele».

prorrogação *s f* (<lat *prorogátio,iónis*) A(c)to ou efeito de prorrogar/Adiamento/Prolongamento. **Comb.** A ~ do prazo «de pagamento/para inscrição dos concorrentes».

prorrogar *v t* (<lat *prórogo,áre,átum*) Fazer durar para além do prazo [da data] marcado[a]. **Loc.** ~ [Prolongar(+)] *o jogo* «mais trinta minutos». *~ o mandato do* Presidente da República. *~ o prazo* para a entrega de trabalhos (escritos). ⇒ protelar.

prorrogável *adj 2g* «data/prazo» Que pode ser prorrogado [se pode prorrogar].

prorromper *v int* (<lat *prorúmpo,ere,rúptum*) Sair [Manifestar-se/Aparecer/Acontecer] subitamente/de repente. **Ex.** Enfurecido [Furioso/Todo zangado], prorrompeu em grandes berros e palavrões. De toda a (imensa) multidão prorromperam (prolongados) aplausos. Prorrompeu num pranto [grande choro] aflitivo, com grandes soluços.

prosa (Pró) *s f* (<lat *prosa,ae* <*pró(r)sus,a,um*: que vai em linha re(c)ta) **1** Expressão natural da linguagem escrita ou falada, diferente da poesia (que tem metrificação ou ritmo). **Ex.** Ele só escreve ~, não é poeta, é um grande prosador/escritor «romancista». **2** *col* Conversa informal. **Ex.** Tive *idi* dois dedos de ~ [Conversei um pouco] com um amigo no supermercado. **3** *pop/col* ⇒ «o que tem» lábia/palavreado. **4** «o que tem» Proa **2**(+)/Vaidade/Bazófia/Prosápia(+).

prosador, ora *s* (<prosa + -dor) Quem escreve (em) prosa. **Sin.** Escritor(+). ⇒ poeta.

prosaicamente *adv* De maneira prosaica/corriqueira/vulgar. **Ex.** Ele veste-(se) ~/*idi* de qualquer maneira.

prosaico, a *adj* (⇒ prosa) Sem poesia/Elevação/Inspiração/Comum/Vulgar/Terra a terra. **Ex.** É um indivíduo ~, sem graça.

prosaísmo *s m* (<prosaico) ⇒ vulgaridade [materialidade] «dos negócios»; ramerrame [ramerrão] «da vida diária [de todos os dias]».

prosápia *s f* (<lat *prosápia,iae*: linhagem, antepassados, nobreza) **1** Elegância ostensiva/Orgulho. **Ex.** A ~ do Carlos Albuquerque é herdada, já lhe vem dos avós. **2** Proa **2**/Jactância/Vaidade/Bazófia. **Ex.** É de [Tem] uma ~ ridícula, toda a gente se ri dele. **3** ⇒ linhagem/ascendência(+).

prosar *v int* (<prosa + -ar[1]) **1** Escrever (em) prosa(+). **2** *Br* ⇒ conversar; prosear.

proscénio [*Br* **proscênio**] *s m* (<pro- + gr *skené,és*: tablado para teatro, palco, cenário) **1** Parte anterior [Boca(+)] do palco, junto à ribalta/ao lugar da orquestra. **2** ⇒ palco(+).

proscrever *v t* (<lat *proscríbo,ere,scríptum*; ⇒ prescrever) **1** Condenar a degredo através de sentença ou escrito/Degredar/Desterrar/Exilar/Banir. **Loc.** ~ [Expulsar(+)] os índios das suas terras. **2** Proibir(+). **Loc.** ~ um medicamento considerado perigoso. ~ o tabaco [o fumar] nos restaurantes. **3** Apagar/Destruir. **Loc.** ~ os vocábulos [termos/as palavras] pejorativos ou discriminatórios.

proscrição *s f* (<lat *proscríptio,iónis*) **1** A(c)to ou efeito de proscrever. **Ex.** O nosso governo efe(c)tuou a ~ [expulsão «do cargo»/o desterro/o degredo] dos principais apoiantes do antigo regime «comunista/monárquico/ditatorial». **2** Abolição/Proibição(+).

proscrito, a *adj* (<lat *proscríptus,a,um*) **1** (O) que foi condenado a sair do seu país/que foi perseguido ou exilado. **2** ⇒ abolido/proibido(+).

proscritor, ora *s/adj* (<lat *proscríptor,óris*) (O) que proscreve/expulsa. ⇒ tirano; ditador.

prosear *v int Br* (<prosa + -ear; ⇒prosar) **1** ⇒ conversar [bater (um) papo]/Cavaquear. **2** ⇒ gabar [vangloriar/jactar]-se. **3** ⇒ namorar/cortejar «uma moça».

proselitismo *s m* (<prosélito + -ismo) **1** *Hist* Zelo dos hebreus [judeus] de converter outros «gregos estrangeiros» à sua religião. **2** *fig* Grande esforço ou propaganda para conseguir adeptos [aderentes] à sua causa ou partido.

prosélito, a *s* (<gr *prosélytos*: a) radicado noutro país; b) recém-convertido ao judaísmo) **1** *Hist* Recém-convertido ao judaísmo: **2** *fig* Adepto/Sectário/Partidário. **Ex.** O candidato «a deputado» chegou acompanhado dos seus ~s.

prosódia *s f Gram* (<gr *prosoidía*; canto a acompanhar a lira, acento tó[ô]nico) Parte da gramática que trata da pronúncia corre(c)ta das palavras/Ortoépia. **Ex.** A ~ é a base da métrica (dos versos/da poesia). ⇒ fonética.

prosopografia *s f* (<gr *prosópon*: pessoa, rosto + grafia) Descrição ou esboço dos traços fisionó[ô]micos [do rosto], do porte, da figura de uma pessoa.

prosopopeia *s f Liter* (<gr *prosopopeiía*: o fazer falar uma personagem numa narrativa, personificação) Figura de estilo que consiste em atribuir cara(c)terísticas humanas a outros seres. **Ex.** *O cavalo ria-se do burro*. O episódio do Adamastor n'*Os Lusíadas* é uma admirável ~.

prospeção (Pè) [*Br* **prospecção**] *s f* [= prospecção] (<prospetar) **1** Sondagem/Pesquisa/Observação/Estudo. **Ex.** Vamos estudar o [fazer uma ~ do] mercado para ajuizar [ter uma ideia] da necessidade do novo detergente que queremos lançar/comercializar. **Comb.** *~ arqueológica* [efe(c)tuada num espaço definido com o obje(c)tivo de prever qual a viabilidade de uma futura escavação]. *~ geotécnica* [efe(c)tuada no local onde se vai construir algo e que visa [se destina a] determinar a natureza do terreno]. **2** *Miner* Técnica *us* para localizar um jazigo mineral e para calcular o seu valor económico.

prospecção/prospectar/prospectivo/prospecto/prospector ⇒ prospeção/prospetar/...

prosperar *v int* (<lat *próspero,áre,átum*: fazer triunfar [ter êxito]) **1** Apresentar sinais de melhoria significativa [notável] das condições de vida ou da situação financeira/Tornar-se próspero/«o país» Desenvolver-se muito. **Ex.** Com a ajuda do meu filho «formado em Economia» o nosso negócio prosperou [expandiu-se/cresceu] imenso [*idi* a olhos vistos]. Este governo fez ~ o país. **2** Enriquecer(+). **Ex.** Emigrou para o Brasil onde prosperou.

prosperidade *s f* (<lat *prospéritas,átis*) Qualidade de próspero/Riqueza/Desenvolvimento. **Ex.** A a(c)tual ~ do país deve-se às [é fruto das] sábias medidas econó[ô]micas ado(p)tadas [implementadas] pelo Governo.

próspero, a *adj* (<lat *prósper[prósperus], ra,rum*: que corresponde ao que se espera ou deseja, ~) **1** Florescente/Rico. **Comb.** País ~. **2** Feliz/Venturoso. **Ex.** Desejo-lhe um ~ [feliz] Ano Novo, a si e a toda a sua família.

prospetar (Pè) [*Br* **prospe(c)tar** (*dg*)] *v t* [= prospectar] (<lat *prospécto,áre,átum*: olhar para a frente, esperar) Fazer sondagens para descobrir ou fazer algo. **Loc.** ~ petróleo. ⇒ prospeção.

prospetivo, a (Pè) [*Br* **prospe(c)tivo** (*dg*)] *adj/s f* [= prospectivo] (<prospetar) **1** Que tenta [faz] ver ao longe ou adiante/Relativo ao futuro. **Ex.** Precisamos de uma política ~a de a(c)ção quanto às energias alternativas. **Comb.** Visão ~a do (que pode vir a ser o) país. **2** *s f* Conjunto de investigações que têm por fim a previsão a longo prazo no domínio das ciências humanas. **Ex.** A ~ foi feita e entregue ao Governo.

prospeto (Pé) [*Br* **prospe(c)to** (*dg*)] *s m* [= prospecto] (<lat *prospício,ere,péctum*: olhar por, prever) **1** Resumo do plano de uma obra/Programa. **Comb.** ~ de urbanização de uma nova zona da cidade. **2** Anúncio [Pequeno impresso] (desdobrável) com explicações «de um (novo) livro/produto»/Folheto/Panfleto. **3** Perspe(c)tiva(+)/Esperança. **Ex.** Aguardava o ~ de ter outro [mais um] filho. **4** Vista que uma coisa apresenta de frente. **Comb.** O ~ [A fachada(+)] de um edifício.

prospetor, ora (Pè) [*Br* **prospe(c)tor** (*dg*)] *s* [= prospector] (<prospetar) Quem faz prospeções. **Comb.** *~ de mercado*. ~

prossecução

de jazigos [filões] ***de ouro***. **~ de** (jazidas de) ***petróleo***.
prossecução [prosseguimento(+)] *s f* [*m*] (<prosseguir) A(c)to ou efeito de prosseguir. **Ex.** A [O] ~ dos trabalhos «de limpeza do rio» fica à [será da] sua responsabilidade. **Sin.** Continuação(+).
prosseguir *v t/int* (<lat *prósequor,secui, secútus sum*) Dar seguimento/Levar por diante/Ter continuidade/seguimento/Continuar. **Ex.** As conversações de [para a] paz prosseguirão brevemente «dentro de duas semanas». Estamos cansados da caminhada, acho que não podemos ~ [que é melhor ficarmos por aqui].
próstata *s f Anat* (<gr *prostátes,ou*: colocado na frente, chefe) Glândula sexual masculina, situada em volta do início da uretra e que (junto) com as vesículas seminais produz o esperma. **Loc.** Ser operado à ~. ⇒ adenoma.
prostático, a *adj* Relativo à próstata.
prostatite *s f Med* (<próstata + -ite) Inflamação [Doença/Problema] da próstata.
prosternação *s f* (<prosternar) A(c)to ou efeito de se prosternar/Reverência/Prostração **1**.
prosternar *v t* (<lat *prostérno,ere,strátum*: deitar para a frente <pro + *stérno,ere, strátum*: estender) **1** ⇒ prostrar(+) [derrutar/derrotar] «o inimigo(+)». **2** ~-se/Curvar[Inclinar]-se em sinal de reverência/respeito/Prostrar-se(+).
prostíbulo *s m* (<lat *prostíbulum,i* a) Prostituta, b) ~) Casa de prostituição/Bordel/Lupanar. ⇒ harém.
prostilo *s m Arquit* (<lat *próstylon*: que tem na frente colunas) Edifício «templo» cuja fachada tem só uma fil(eir)a de quatro a seis colunas. ⇒ pórtico.
prostituição *s f* (<lat *prostitútio,iónis*: ~, profanação) **1** A(c)tividade que consiste em cobrar dinheiro por a(c)tos sexuais. **2** Conjunto dos indivíduos que se prostituem. **3** Estilo de vida de prostitutos. **4** *fig* ⇒ aviltamento/rebaixamento «da sagrada missão de um médico».
prostituir *v t* (<lat *prostítuo,túere,tútum*: colocar diante, ~) **1** Incitar a responder ou responder aos desejos sexuais de alguém, a troco de dinheiro/Vender-se. **2** *fig* Rebaixar [Aviltar/Degradar/Estragar](-se). **Loc.** ~ o seu talento (, usando-o para o mal «adulação/revolta»).
prostituto, a *s* (<lat *prostitútus,a,um*) Pessoa que pratica sexo por dinheiro. ⇒ meretriz; chulo.
prostração *s f* (<lat *prostrátio,iónis*; ⇒ prosternar[nação]) **1** A(c)to ou efeito de se prostrar ou prosternar/Prosternação/Reverência «perante Deus». **2** Estado de abatimento extremo, resultante de [, causado por] doença, cansaço ou comoção. **Ex.** Depois de ouvir a terrível notícia, ficou num estado de [, caiu numa] ~ absoluta. **Comb.** ~ de espírito [Falta de energia mental/Abatimento]. ⇒ apatia; depressão.
prostrado, a *adj* (<lat *prostrátus,a,um* <*prosterno*; ⇒ prosternar) **1** Inclinado em sinal de reverência/De joelhos/Lançado aos pés de alguém. **Ex.** «em oração» Senhor, ~s a vossos pés, nós Vos pedimos perdão «da [pela] nossa falta de amor». **2** *fig* Abatido/Caído/Sem energia. **Ex.** A doença deixou-o ~, vai precisar de remédios especiais para se recuperar. ⇒ exausto; apático; deprimido.
prostrar *v t* (<lat *prostérno*; ⇒ prosternar) **1** Lançar por terra/Deitar ao chão/Derrubar. **Ex.** Com um forte soco [um grande murro] prostrou o adversário [deixou o adversário prostrado/estendido] (no chão).

2 *fig* Deixar prostrado(+)/Tornar muito fraco/Abater. **Ex.** A morte da esposa prostrou-o completamente [deixou-o prostrado/foi fatal para ele]. **3** *fig* Humilhar(-se). ⇒ prostrado **1 Ex.**
protactíneo [Pa 91] *s m Quím* (<proto- + actíneo) Elemento metálico radioa(c)tivo, descoberto em 1917.
protagonismo *s m* (⇒ protagonista) **1** Posição de destaque num processo ou acontecimento/Distinção. **Ex.** É bem claro [evidente] o ~ daquele professor entre os seus [os demais] colegas. **2** ⇒ pioneirismo; iniciativa.
protagonista *s/adj 2g* (<gr *protagonistés, ou*: o que combate na primeira fila ou o a(c)tor que tem o papel principal «no drama/na tragédia») **1** Personagem principal de uma peça de teatro, livro ou filme. **Ex.** Quem é o ~ n'*Os Lusíadas*? – Tanto se pode dizer que é Vasco da Gama como o próprio [como todo o] povo português. **2** *fig* Figura [Pessoa] principal [que se destaca] num processo ou acontecimento/Promotor. **Ex.** Foi ele o ~ das reformas introduzidas [feitas] na «nossa» escola.
protagonizar *v t* (<protagonista + -izar) **1** Fazer o papel de protagonista **1**(+). **2** Desempenhar ou ocupar lugar central ou de destaque em algo. **Ex.** Foi ela «ministra da Educação» que(m) protagonizou a reforma do ensino no país.
protalo *s m Bot* (<gr *pró* + *thallós*: rebento) Planta rudimentar que nas pteridófitas nasce do esporo, tendo vida independente e apresentando os gâmetas feminino e masculino; após a fecundação, origina uma planta normal.
protamina *s f* (<proto- + amina) Proteína simples que serve para gerar aminoácidos.
protão [próton] *s m Fís* (⇒ proto-) Partícula elementar do núcleo do átomo e que tem carga positiva. ⇒ ele(c)trão; neutrão; ião.
prótase *s f* (<gr *prótasis*) **1** *Liter* Primeira parte de uma tragédia clássica «grega». ~ catástase. **2** *Gram* Primeira parte de uma frase em que a ento(n)ação sobe. **Ant.** Apódose.
proteção (Tè) *s f* [= protecção] (<lat *protéctio,iónis*) **1** A(c)to de preservar do mal alguém ou de defender de um perigo/Amparo/Ajuda/Auxílio. **Ex.** Ele gozava de ~ especial na escola «por ser doente/estrangeiro/nobre». **Comb.** ~ ***ambiental/da natureza*** [Conjunto de medidas destinadas a garantir a preservação das cara(c)terísticas do ambiente e a promover a utilização sustentada dos recursos naturais]. ~ ***civil*** [Conjunto das organizações que tomam medidas para defender [proteger] a população em caso de (grandes) calamidades «inundações/guerra/incêndios/epidemias». ~ [Defesa] ***do património artístico***. ~ ***das reservas*** [terras] ***indígenas*** «do Br». **2** Abrigo/Defesa. **Ex.** Buscámos uma gruta como ~ contra a chuva [para não nos molharmos (+)]. Pôs um capacete na cabeça como [para] ~. **3** ⇒ embalagem «para a estátua».
protecção/proteccionismo/proteccionista ⇒ proteção/...
protecionismo (Tè) *s m* [= proteccionismo] (<proteção + -ismo) **1** Sistema político-econó[ô]mico que visa [tem por fim] favorecer a economia nacional contra a concorrência estrangeira. **2** Proteção excessiva(+) «dos pais aos filhos». ⇒ paternalismo.
protecionista (Tè) *adj/s 2g* [= proteccionista] **1** Relativo ao prote(c)cionismo «eco-

nómico». ⇒ livre-câmbio. **2** Partidário do prote(c)cionismo.
protector/protectorado ⇒ protetor/...
proteger *v t* (<lat *prótego,tégere,téctum*: cobrir por diante <*tégo,ere*: cobrir) Defender/Amparar/Preservar/Ajudar/Guardar. **Ex.** Protegemo-nos da chuva numa pequena gruta à beira do caminho. **Loc.** ~ ***as espécies animais*** [vegetais] ameaçadas de extinção. ~ ***os fracos***. ~ ***a indústria nacional*** (⇒ prote(c)cionismo). ~ ***o patrimó[ô]nio público***. ~ ***as plantas*** «da geada/da neve/do vento». ~ ***o trabalhador*** com nova legislação [com melhores leis laborais]. ⇒ apoiar «um candidato a deputado».
protegido, a *adj/s* (<proteger) **1** Que recebeu prote(c)ção. **Comb.** «lince/orangotango» Espécie (animal) ~a. **2** Pessoa que é mais favorecida por alguém. **Ex.** O/A ~o/a do dire(c)tor «da escola».
proteico, a *adj Bioq* (<gr *proteía*: primazia + -ico) Referente a ou constituído de proteína. **Comb.** «a resolução» Valor ~o de um alimento. ⇒ polimorfo.
proteína *s f Bioq* (<gr *proteía*: primeiro lugar + -ina) Nome genérico dos compostos orgânicos de elevadas massas moleculares, constituídos por carbono, oxigénio, hidrogénio, azoto e, por [às] vezes, enxofre e fósforo e que fazem parte essencial da matéria viva/Prótido. ⇒ albuminoide.
protelação *s f* (<protelar) ⇒ procrastinação(+); adiamento.
protelar *v t* (<lat *protélo,áre,átum*: impelir para longe) Adiar(o+)/Procrastinar(+) «a resolução». **Ex.** Já não era possível ~ mais a viagem. ⇒ prorrogar.
protender *v t* (<lat *proténdo,ere,ténsum*: estender para diante, alongar) Submeter [Fazer a protensão de] uma estrutura de cimento [concreto] armado a esforço prévio para melhorar a sua resistência. **Comb.** Cimento protendido.
protensão *s f* (<lat *proténsio, ónis*: estender a mão) A(c)to ou efeito de protender.
proteólise *s f Bioq* (<proteína + -lise) Hidrólise de proteína com ru(p)[ro]tura de ligações peptídicas.
proteolítico, a *adj Bioq* (<proteólise + -ico) **1** Relativo a proteólise. **2** «fermento» Que hidrolisa e desdobra as proteínas.
proterânteo, a *adj Bot* (<gr *próteros*: anterior + *ánthos*: flor + -eo) Diz-se de planta «cerejeira» que floresce [cujas flores se desenvolvem] antes das folhas.
protérvia *s f* (<lat *protérvia,ae*) Insolência(+)/Impudência/Descar(ament)o(o+).
protervo, a *adj* (<lat *protérvus,a,um*) Insolente(+)/Impudente/Descarado(+).
prótese *s f* (<gr *prótheses*: proposição «colocação antes/na frente») **1** *Med* **a)** Substituição de (parte de) um órgão do corpo por uma peça artificial; **b)** Essa peça. **Comb.** ~ ***auditiva*** [Dispositivo que aumenta os sons a quem ouve mal]. ~ ***dentária*** [Estrutura fixa ou móvel que substitui um ou mais dentes] (⇒ dentadura). ~ ***ortopédica*** [Peça que substitui uma articulação «da rótula» ou (parte de) um membro «osso/braço/perna»]. **2** *Gram* Letra ou sílaba no princípio de uma palavra sem lhe mudar [alterar(+)] o significado. **Ex.** O *a* do verbo alevantar. **Ant.** Aférese.
protésico, a *adj/s* (<prótese + -ico) **1** Relativo a prótese. **2** *Med* O que faz próteses dentárias.
protestação *s f* (<lat *protestátio,iónis*) ⇒ protesto(+).
protestador, ora *adj/s* (O) que protesta.
protestante *adj/s 2g* (<protestar + -(a)nte) **1** (O) que protesta/Protestador. **2** Relativo

ao protestantismo. **Comb.** Igreja ~ «sem imagens/estátuas de santos». **3** Membro de alguma das denominações [confissões] cristãs que se separaram da Igreja Católica.

protestantismo s m (<protestante 3 + -ismo) Conjunto dos protestantes ou das confissões cristãs que se separaram do catolicismo. **Comb.** ~ inglês [Anglicanismo]. ⇒ metodismo; calvinismo; luteranismo.

protestar v t/int (<lat *protéstor,tári,tátus sum*) **1** Manifestar-se contra/Insurgir-se/ Reclamar. **Ex.** Sentindo-se [Vendo que tinham sido] defraudados [enganados/ roubados], protestaram veementemente. **Loc.** ~ contra uma injustiça. ~ contra as medidas exageradas de austeridade decretadas pelo Governo. **2** Afirmar pública e terminantemente/claramente. **Ex.** Quero aqui, diante de todos, ~ a minha (completa) inocência «deste crime». **3** Prometer solenemente. **Loc.** ~ [Prometer(+)] obediência «aos seus superiores religiosos». **4** *Econ* Fazer o protesto de um título comercial «letra» por falta de pagamento.

protesto s m (<protestar) **1** Declaração ou a(c)to pelo [através do] qual se demonstra desaprovação ou recusa de algo que se considera injusto. **Ex.** Em sinal de [Como] ~, os manifestantes queimaram a bandeira do país invasor. **2** Resolução ou desígnio inabalável/Promessa firme. **Ex.** Apresento a Vossa Excelência, senhor Presidente (da República), os ~s da minha sincera homenagem. **Loc.** Fazer o ~ de [Prometer a sério] nunca mais beber [fumar]. **3** *Econ* A(c)to pelo qual se faz comprovar e certificar a falta de aceite ou de pagamento de uma letra de câmbio/Reclamação.

protético, a adj/s ⇒ protésico.

protetor, ora (Tè) s/adj [= protector] (<lat *protéctor,óris*) (O) que protege ou defende. **Ex.** Aqui na fábrica, ele foi sempre o meu ~: ensinou-me a trabalhar e a tratar com os empregados mais antigos. Todo (o) cidadão gostaria de ver num polícia [*Br* policial] um ~. **Comb.** ~ **bucal** [da boca] dos boxeadores/pugilistas. ~ [Mecenas] *das artes*. ~ *dos desvalidos/pobres*. ~ *solar* [Produto «creme/loção/óleo» *us* «na praia» para proteger a pele dos efeitos nocivos das radiações ultravioletas]. «S. Antó[ô]nio» *Santo* ~ [padroeiro(+)] «de Lisboa». *Tom* ~ [condescendente(+)/paternalista(+)] de voz «de um político».

protetorado (Tè) s m *Hist* [= protectorado] (<protetor + -ado) **1** Regime político, em que um Estado, o protetor, exerce sobre o outro, o protegido, autoridade em relação à política externa e à segurança. **2** País submetido ao controlo de outro. **Ex.** A Tunísia foi um ~o francês.

prótido s m ⇒ proteína.

protista s/adj 2g *Biol* (<gr *prótistos,e,on*: primeiro de todos + -ista) Designação de organismos unicelulares ou pluricelulares simples, animais «protozoários» ou vegetais «algas» que possuem núcleo diferenciado.

protistologia s f *Biol* (<protista + -logia) Estudo dos organismos unicelulares, especialmente os protistas.

proto- pref (<gr *prótos,e,on*: (o) que está à frente, primeiro, principal) Exprime a ideia de **primeiro, anterior, inicial.** ⇒ pre[é]-.

protocolar adj 2g (<protocolo + -ar²) **1** Relativo a [Conforme ao] protocolo. **Comb.** Visita ~ [de cerimó[ô]nia (diplomática)] «ao Presidente da República». ⇒ formal; cerimonial; protocola(riza)r. **2** Sem espontaneidade/Convencional/Meramente formal. **Ex.** Cumprimentou-o de forma meramente ~.

protocola(riza)r v t (protocolo + -ar¹) **1** Regist(r)ar o protocolo de. **Loc.** ~ **um processo de justiça**. ~ **um proje(c)to de lei**. ~ **um requerimento**. **2** Tornar protocolar/Dar feição de protocolo a. **Loc.** ~ uma cerimó[ô]nia.

protocolo (Có) s m (<gr *protókollon*: primeira colagem ou envelope de cartas que as autenticam) **1** *Hist* **a)** Selo que os romanos punham no regist(r)o dos a(c)tos públicos. **b)** Regist(r)o dos a(c)tos públicos na Idade Média. **2** Formulário que regula as cerimó[ô]nias oficiais ou a(c)tos públicos/ Cerimonial. **Loc.** Quebrar o [Não seguir parte do] ~. ⇒ formalidade(s); etiqueta. **3** Regist(r)o da correspondência expedida por uma repartição pública, uma firma, etc. **Comb.** Livro de ~s. **4** Folha ou livro que contém o regist(r)o das audiências nos tribunais. **5** Versão ou acordo preliminar de uma convenção ou de um tratado «entre dois ou mais países». **Comb.** ~ *de intenções* «anterior ao e de menor importância (do) que o tratado». **6** Acordo entre entidades ou serviços com vista a uma colaboração. **Comb.** ~ *de ajuda financeira* «entre duas instituições/fundações». **7** *Info* Conjunto de regras que torna possível a execução dum programa de modo eficiente e sem erros. **Comb.** ~ de comunicação/ *de transmissão de dados* [Conjunto de regras que regem a transmissão de dados entre computadores].

protocordado, a s/adj *Zool* (<proto- + cordado) (Diz-se de) animal «ascídia» ou grupo de cordados inferiores. ⇒ acrânio; tunicado.

próton s m *Fís* ⇒ protão.

protonema s m *Bot* (<proto- + gr *néma*: fil(ament)o) Filamento pluricelular, esverdeado, resultante da germinação do esporo dos musgos.

protonotário, a s/adj (<proto- + ...) O principal notário dos imperadores romanos. **Comb.** ~ **apostólico** [Dignitário da Cúria Romana, encarregado do regist(r)o e expedição dos a(c)tos pontificais].

protoplasma s m *Biol* (<proto- + gr *plasma*: formação) Conjunto do citoplasma e do núcleo duma célula.

prototípico, a adj (<protótipo + -ico) Que encarna um protótipo. **Comb.** Personagem ~a.

protótipo s m (<gr *prótotypos*: o primeiro tipo, (de criação) primitiva) **1** Modelo original ou anterior/Tipo/Padrão. **Ex.** Os escultores do renascimento «Miguel Ângelo» seguiram os ~s da arte greco-romana. **2** Modelo feito para servir de teste antes do seu fabrico industrial em série. **Comb.** ~ de automóvel. **3** *fig* Modelo humano perfeito. **Ex.** Aquela senhora é o ~ da beleza. Estou admirado contigo, Carlos, (tu) és sinó[ô]nimo de [és o ~ da] paciência!

protóxido s m *Quím* (<proto- + óxido) Óxido menos oxigenado [com menor teor de oxigénio] de um elemento. **Comb.** ~ de azoto [Gás incolor *us* como anestésico, principalmente na cirurgia dentária].

protozoário, a s f *Zool* (<proto- + -zoário) (Diz-se de) ser vivo «amiba» constituído por uma única [só] célula.

protozoologia s f Capítulo [Parte] da zoologia que trata dos protozoários.

protrá(c)til (dg) [**protraível**] adj 2g [=protráctil] (<protrair) Que se pode alongar para a frente/para diante. **Comb.** A língua ~ do camaleão. **Ant.** Retrá(c)til.

protraimento s m (<protrair + -mento) **1** Adiamento(+). **2** Delonga/Procrastinação.

protrair v t (<lat *protraho,ere,tráctum*: puxar para diante, ~, adiar) **1** Tirar para /Puxar para diante. **Loc.** ~ a língua. ~ o ventre [a barriga]. **Ant.** Retrair. **2** Prolongar. **Loc.** ~ o mandato «de Presidente da República». ⇒ prorrogar. **3** Adiar(+)/Protelar.

protrusão s f (⇒ protruso) **1** *Med* Avanço anormal de um órgão por causa patológica. **Comb.** ~ hernial. **2** Deslocamento para a frente. **3** ⇒ protuberância; saliência.

protruso, a adj (<lat *protrúdo,ere,trúsum*: impelir para a frente, empurrar) Protuberante(+)/Saliente(o+). **Comb.** Dentes ~s/ protraídos.

protuberância s f (<pro- + lat *túber,eris*: tumor + -ância) **1** Parte mais elevada numa superfície/Saliência. **Comb.** ~ solar [Ja(c)to de gases «hélio/hidrogénio» e vapores metálicos «cálcio» em torno do disco solar, visível durante os eclipses]. **2** *Anat* Saliência à superfície de um osso ou de uma estrutura anatómica/Bossa. **Comb.** ~ anular [Formação cordiforme transversal de substância branca colocada à frente do bolbo raquidiano, entre os dois hemisférios do cerebelo, também chamada ponte de Varólio].

protuberante adj 2g (⇒ protuberância) Que se destaca de uma superfície mais ou menos plana/Proeminente/Saliente.

protutor, ora (Prótutôr) s m (<pro- + ...) Pessoa nomeada para tutelar [exercer a tutela de] «um menor» juntamente com o tutor e fiscalizar a administração do próprio tutor.

prova (Pró) s f (<lat *próba,ae*: ensaio, ~) **1** Aquilo que mostra ou confirma a verdade de algo/Confirmação/Mostra. **Ex.** Ele deu ~s de grande coragem em [ao] salvar o companheiro que se estava a afogar «no mar». Não há [temos] ~s contra ele «deve ser inocente». **Loc.** *Dar ~s de* [Mostrar que tem] *amizade*. «este julgamento vai» *Pôr à* ~ a honestidade do juiz [Ver/Mostrar se ele é honesto [justo] ou não]. **2** Documento justificativo. **Ex.** Aqui tem [Venho mostrar-lhe] a ~ «recibo» de que já (lhe) paguei. **3** *Mat* Operação pela qual se verifica a exa(c)tidão de um cálculo. **Comb.** ~ dos nove [em que se vão somando os números até somarem nove «7 + 4 = 11, suprimindo um 9 [, noves fora!(+)] ficam 2», continuando a somar e a suprimir os noves em toda a operação, cujo resultado terá de ser igual ao primeiro termo da operação]. **4** Operação pela qual se verifica o valor de algo/Exame/Teste/Experimentação. **Loc.** *idi* Tirar a ~ real do crime [Examinar [Ver] bem quem foi que o praticou]. **Comb.** ~ [Exame/Teste] *escrito/a* [feito/a no papel]. ~ *oral* [feita a falar (respondendo ao examinador)]. **5** *(D)esp* Jogo/Desafio/Partida. **Comb.** ~ *de ciclismo* [Corrida de bicicletas]. ~ *de natação*. **6** Escrito ou folhas impressas provisoriamente para que o autor faça as necessárias corre(c)ções antes da impressão final da obra. **Comb.** Primeiras [Segundas] ~s «do dicionário». **7** Exemplar obtido por reprodução fotográfica. **Comb.** A ~ negativa [O negativo(+)]. **8** A(c)ção de experimentar uma peça de vestuário antes de a terminar para ver se assenta bem [se está à medida]. **Loc.** Tirar a ~ ao casaco e às calças. **9** A(c)to de experimentar uma bebida ou alimento. **Ex.** Vou provar o [fazer a ~ do] arroz de marisco «a [para] ver como sabe/se está bem temperado».

Comb. «hoje no Hotel Imperial vai haver uma» ~ **de vinhos** «portugueses».
10 Provação/Sofrimento que testa o valor de algo ou de alguém. **Ex.** Para ela, a doença dos pais foi uma ~ difícil porque, além de ter de os cuidar, não podia deixar o emprego para ganhar para os filhos pequenos. **Loc. A toda a ~ a)** Que aguenta [resiste a] tudo (Ex. É um carro a toda a ~!); **b)** Perfeito/Absoluto (Ex. É de uma lealdade a toda a ~ [É absolutamente leal «ao chefe/aos seus compromissos»]). «relógio» **À ~ de** [Que não deixa entrar] **água**. **À ~ de fogo** [Que não arde] (Comb. Construção à ~ de fogo/incêndio). **Pôr alguém à ~** [Submeter alguém a uma situação de perigo ou de esforço] (Ex. Vamos pô-lo à ~ para ver até que ponto podemos confiar nele «o novo empregado»). **Comb. ~ de resistência** [Grande dificuldade por que se tem de passar] (Ex. A subida desta alta montanha foi uma ~ de resistência para [a ver se posso] subir outras mais altas.
provação s f (lat probátio,iónis) **1** A(c)to ou efeito de experimentar o ânimo, o valor ou a fé de alguém/Prova 10. **Ex.** Antes de professar [fazer os votos] como religioso/a teve alguns anos de ~. **2** Acontecimento penoso/Situação difícil. **Ex.** Sofreu [Passou por] muitas ~ões mas hoje [agora] é uma pessoa feliz/realizada/estável/amadurecida.
provado, a adj (<lat probátus,a,um) **1** Que deu provas. **Comb.** Pessoa de ~a [reconhecida/incontestável] honestidade. **2** Que sofreu [passou por] provação **2**. **Ex.** Foi muito ~ na juventude porque ficou órfão aos dez anos.
provador, ora s/adj (<provar) (O) que prova bebida ou alimento para avaliar a respe(c)tiva qualidade. **Comb.** ~ de vinhos [Escanção].
provadura ⇒ prova **9**.
provar v t (<lat próbo,áre,átum: julgar bom, aprovar, estimar, ~; ⇒ probante) **1** Demonstrar/Testemunhar/Mostrar/Justificar/Comprovar. **Ex.** Está mais que provado [É mais que evidente]. O advogado provou a inocência do réu. Ela provou a sua coragem [provou ser (muito) corajosa] enfrentando os agressores [os que a atacaram/assaltaram]. **Idi. ~ por A mais[+] B** [com argumentos sólidos/*matematicamente* «que você está errado (que eu (é que) tenho razão»]. **2** Submeter a prova/Experimentar/Ensaiar. **Ex.** Vamos a ~ [experimentar(+)/dar uma volta com] o carro novo. Vamos ~ este caminho a [para] ver se é mais perto (por ele do que pelo outro). **3** Vestir antes de pronto [feito/ terminado] para ver se assenta [se está] bem. **Ex.** Provou o fato [terno] e só mandou encurtar um pouco o casaco [paletó]. **4** Degustar para apreciar [saber qual é] o sabor. **Ex.** Provou o vinho antes de o mandar servir aos comensais. Vou ~ a comida «sopa» para ver como está de sal [para ver se está salgada ou insossa]. **5** Sofrer/Padecer. **Loc.** «Jesus Cristo teve de» ~ o cálice da Paixão [Padecer] (⇒ **2**).
provará s m Dir (<3.ª pessoa do singular do futuro do v provar) Cada um dos artigos de um libelo ou requerimento judicial. ⇒ probante/prov[b]atório.
provável adj 2g (<lat probábilis,e: a) louvável; b) provável, possível) **1** Que pode ser ou acontecer/Possível/Verosímil/Plausível/Admissível. **Ex.** É ~ que chova esta [de/hoje à] tarde. **Comb.** «o que ela está a [acaba de] dizer é» Uma explicação [razão] ~. **2** Que se pode provar/Demonstrável(+)/Defensável(+)/Incontestável(+).

provavelmente adv (<provável + -mente) Talvez/Possivelmente. **Ex.** ~ vai chover [Talvez chova/vá chover] esta tarde. Não sei quando poderei ir; ~ [possivelmente/ talvez] no próximo mês [no mês que vem].
provecto, a adj (<lat próveho,véere,véctum: levar para diante, transportar, promover, elevar) **1** Que tem aproveitado [progredido/feito progresso]. **Comb.** Aluno ~ nos estudos [sabedor/aproveitado/que assimilou bem o que estudou]. **2** Avançado em anos/Velho. **Comb. Um ~ cidadão** [Um cidadão [cavalheiro] muito idoso]. «o meu avô atingiu uma» **Idade ~a**/avançada [Longa idade/Muitos anos «103»].
provedor, ora s (<prover + -dor) O que provê/fornece/dá. **Comb. ~** [Dire(c)tor administrativo] **da Santa Casa da Misericórdia** «de Lisboa». **~ da Justiça** [Pessoa que preside ao órgão do Estado (Provedoria) ao qual os cidadãos se podem dirigir para defender os seus direitos, liberdades, garantias e interesses legítimos]. Info **~ de acesso** [Instituição que possui uma conexão de alta capacidade, com uma grande rede de computadores e que oferece acesso a esta rede a outros usuários, por cabos ou linhas telefónicas, em geral cobrando pelo serviço].
provedoria s f (<provedor + -ia) Cargo, jurisdição ou repartição do provedor. **Comb. ~ da Justiça** [Órgão do Estado de cará(c)ter independente que serve de mediador entre o cidadão e o sistema administrativo, assegurando a defesa e a promoção dos direitos legítimos dos cidadãos]. **Ex.** Hoje vou à ~.
proveito s m (<lat proféctus,us <profício, cere,féctum: avançar, progredir, ser útil) O que aproveita/se ganha/Ganho/Lucro/Benefício/Vantagem. **Ex.** «ao saudar alguém que está a comer» Bom ~! «e quem está comendo responde: – Quando comer!». **Loc. Em ~ de** [Em benefício de/Para] (Loc. Orientar tudo na escola em ~ [Para bem] dos alunos). **Sem ~** [Em vão/Inutilmente] (Ex. Semeámos muito trigo mas sem ~ «por causa do mau tempo o trigo não gradou [não ganhou grão]». **Tirar ~ de a)** Ganhar/Render/Lucrar (Ex. Tirava muito ~ da quinta [fazenda]); **b)** Explorar/Aproveitar-se (Ex. Tirava ~ da ignorância dos [Explorava os] pobres operários [trabalhadores rurais]).
proveitoso, a (Ôso, Ósa, Ósos) adj (<proveito + -oso) Que traz [dá] proveito/Benéfico/Útil/Profícuo/Lucrativo. **Comb. Conversa ~a. Negócio ~. Trabalho ~. Viagem ~a**.
provençal s m Ling Língua da antiga província francesa, Provença (Abrangia o sudeste da França: Arles, Avinhão, Nice, Marselha). **Ex.** Há palavras portuguesas, poucas, que vêm do ~.
proveniência s f (⇒ provir) Lugar donde uma coisa provém/Local de origem/Procedência. **Ex.** Não se sabia a ~ da [donde teria vindo a] droga.
proveniente adj 2g (⇒ provir) Que provém/Vindo/Procedente/Oriundo/Originário. **Comb. Doença ~** de má alimentação. «o Br recebeu» **Imigrantes ~s** [vindos] de vários países.
provento s m (<lat provéntus,us; produção, colheita, abundância, aumento; ⇒ prover) **1** Rendimento/Ganho/Lucro. **Loc.** Tirar ~s de um negócio. **2** Honorários «de advogado/escritor/autor»/Remuneração. **Comb.** ~s [Remuneração/Salário] de funcionário público [do Estado].
prover v t/int (<lat províděo,ére,vísum: ver antecipadamente, fazer provisão de, ~)

1 Fornecer/Abastecer. **Ex.** Provi[Abasteci]-me de tudo [de todo o necessário] para a viagem. **Loc.** ~ [Dotar] a cidade de bons transportes públicos. **2** Tomar providências/Providenciar/Dotar de/Dispor/Remediar/Despachar/Deferir. **Ex.** O nosso advogado disse que proveria [iria ~/providenciaria] tudo o que vai ser preciso [necessário] para o julgamento. **Loc.** ~ às [Remediar as] necessidades dos desalojados pelas cheias. ~ [Deferir/Despachar/Atender] um requerimento/pedido. **3** Preencher [Nomear para] cargo ou ofício. **Ex.** Já proveram o cargo de vice-reitor da universidade.
proverbial adj 2g (<provérbio + -al) **1** Relativo [Que se assemelha] a provérbio. **Comb.** Estilo [Maneira] ~ de falar «do nosso professor». **2** fig Conhecido/Notório/Famoso. **Comb.** O ~ jeitosinho brasileiro. A ~ saudade dos portugueses.
provérbio s m (<lat provérbium,ii <pro + verbum,bi: palavra) **1** Sentença moral ou conselho de sabedoria popular/Adágio/Ditado/Máxima/Rifão/Anexim. **Ex.** Deus ajuda a quem madruga/Põe a tua mão que eu te ajudarei. **2** Teat Pequena comédia que tem por entrecho [argumento/enredo] (o desenvolvimento de) um ~.
proveta (Vê) s f (<fr éprouvette) Vaso de vidro estreito e cilíndrico us em experiências de laboratório. **Sin.** Tubo de ensaio.
provete (Vê) s m (<prova **9** + -ete) Pequena peça, semelhante a proveta, para experimentar um material «a força explosiva da pólvora».
providência s f (<lat providéntia,ae; ⇒ prover) **1** Disposição [Medida] que se toma para pro(mo)ver um bem ou evitar um mal/Prevenção. **Loc.** Tomar ~s/medidas «acertadas» [Fazer o que é preciso para resolver algo]. **Comb. ~ cautelar** [Processo judicial, com o cará(c)ter de urgência, destinado a evitar o dano que pode resultar da demora a que está sujeito o processo principal]. **2** Maiúsc **a)** Deus. **Comb.** A (Divina) P~. **b)** A(c)ção [Sabedoria suprema] com que Deus dirige o mundo [o curso dos acontecimentos], de maneira que as criaturas realizem o seu fim. **Ex.** Os desígnios [pensamentos/decretos] da P~ são insondáveis. **3** Circunstância feliz/providencial. **Ex.** Foi uma ~ [sorte/um milagre] ter escapado ao desastre.
providencial adj 2g (<providência + -al) **1** Emanado da Providência **2**. **Ex.** Com a ajuda ~ de Deus consegui manter unida a (minha) família. **2** Oportuno/Bem-vindo/Conveniente. **Ex.** O encontrarmo-nos [O nosso encontro] aqui na rua foi (mesmo) ~, há tempos [dias] que queria falar consigo.
providenciar v t/int (<providência + -ar[1]) **1** Conseguir/Arranjar/Obter/Prover. **Ex.** Vou ~ [comprar] bilhetes para irmos ao cinema [irmos ver um filme]. É preciso ~ hotel para a excursão a Paris. **2** Tomar providência/medidas. **Loc.** ~ para que tudo corra bem na viagem.
provido, a adj (<prover) **1** Que tem [está munido/apetrechado de] algo. **Ex.** Veio com [~ de] todos os documentos necessários para se candidatar ao cargo. É um jovem ~ de «inteligência, boa educação, bom senso» para poder ter um grande futuro [para triunfar na vida]. **Comb.** «águia, leão» Animal com [~ de/que tem] garras. **2** Que tem em quantidade/Abastecido. **Ex.** Estou ~ de lenha [querosene] para todo o inverno. **3** A quem foi dado um cargo. **Ex.** Foi ~ no lugar de [Foi nomeado] chefe.

provimento *s m* (⇒prover) **1** Abastecimento/Provisão. **Comb.** Supermercado com ~ de tudo. **2** *Dir* Despacho favorável dado a uma petição, um agravo, um requerimento, … **Ex.** O juiz «do Supremo Tribunal» deu ~ ao (pedido de) recurso. **3** Nomeação para [Preenchimento de] um cargo. **Ex.** Mereceu o ~ naquele cargo, dadas as [, por causa das] suas habilitações. **4** ⇒ cuidado/atenção/preocupação.

província *s f* (<lat *província,ae*) **1** Divisão territorial ou administrativa. **Ex.** A Hispânia era uma ~ romana. As duas ~s mais a norte de Pt são a ~ do Minho e a ~ de Trás-os-Montes. O Japão também está dividido em ~s. **2** Qualquer parte de um país por oposição a cidade/Interior/Campo/Sertão. **Ex.** Agora vivo em Lisboa mas sempre gostei mais de viver na ~ e quando me reformar [aposentar] é lá que vou ficar. **3** Área/Região/Zona cara(c)terizada por algo. **Comb.** *Geol* ~ **ígnea/(co)magmática/petrográfica** [Ampla área de rochas formadas no mesmo período de a(c)tividade ígnea/vulcânica]. **4** Conjunto dos membros duma ordem religiosa em determinada área ou país(es). **5** ⇒ esfera(+) «dos meus conhecimentos».

provincial *adj/s 2g* (<lat *provinciális*) **1** Relativo a província. **Comb.** *Assembleia* ~. *Território* ~. ⇒ provinciano. **2** Superior religioso de província **4**. **Comb.** Casa (do) ~ [Cúria ~/da província].

provincianismo *s m* (<província [provinciano] + -ismo) **1** Locução ou sotaque peculiar [cara(c)terístico] de uma província «Alentejo, Pt». **Sin.** Regionalismo(+). **2** *depr* Costume ou mentalidade de provinciano/saloio/caipira/pacóvio.

provinciano, a *adj/s* (<província 2 + -ano) **1** «a gente/as pessoas/habitante» Da província(+)/Do campo. **Ant.** Citadino. **2** *depr* Pacóvio/Saloio/Caipira.

provindo, a *adj* (<provir) Que proveio ou provém/Oriundo/Originário/Procedente. **Ex.** O dinheiro ~ da venda do terreno deu [chegou] para construir uma casa nova. Os imigrantes ~s [provenientes/procedentes/chegados] da Alemanha radicaram-se no sul do Br.

provir *v int* (<lat *provénio,íre,véntum*: vir de [para cá], fluir, acontecer) **1** Ser resultante [Resultar] de/Ter como causa ou origem. **Ex.** Há doenças que provêm da falta de cuidado com a alimentação. **2** Ter como lugar de origem. **Ex.** (A julgar) pelas feições, ele provém (certamente) da Ásia «é chinês». **3** Ser descendente de. **Ex.** Eles provêm de uma antiga família nobre «dos Noronhas».

provisão *s f* (<lat *provísio,iónis*) **1** A(c)to ou efeito de prover/Abastecimento/Fornecimento/Provimento. **Comb.** ~*ões de boca* [Gé[ê]neros alimentícios(+)/Alimentos/Víveres]. *Uma boa* [*grande*] ~ *de gasolina* [pão/papel/vinho]. **2** Documento oficial em que uma autoridade civil ou eclesiástica «bispo» dá instruções ou confere algum cargo a alguém. **3** Ordem, decreto ou disposição outorgada por uma entidade. **Comb.** ~ *concelhia* [da Câmara Municipal]. ~ *judicial* [do tribunal/juiz]. **4** *Econ* Soma [Dinheiro/Verba] depositada no banco pelo emissor de futuros cheques ou letras de câmbio/Cobertura(+). **Comb.** Cheque sem ~.

provisional *adj 2g* (<provisão + -al) **1** Provisório(+). **2** Relativo a provisão.

provisor, ora *s/adj* (<lat *provísor,óris*) **1** (O) encarregado de fazer provisões sobretudo de alimentos «para os marinheiros». **2** Eclesiástico incumbido pelo bispo de exercer jurisdição contenciosa.

provisoriamente *adv* (<provisório + -mente) **1** Por pouco tempo/Temporariamente(+). **2** A título provisório/Interinamente(+).

provisório, a *adj* (<lat *provísus* + *ório*; ⇒ prover) Que se destina ao presente, devendo ser substituído no futuro/Temporário/Interino. **Comb.** *Emprego* ~. *Governo* ~ [Órgão que assume a dire(c)ção do Estado «em situações de crise» enquanto se aguarda a implantação de nova estrutura política «Governo Constitucional»]. *Instalações* [Construções/Casas] ~*as*.

provocação *s f* (<lat *provocátio,iónis*) **1** A(c)to de provocar/Desafio/Repto. **Loc.** Responder à ~ dos soldados do outro lado da fronteira. **2** Atrevimento/Insulto/Afronta/Ofensa. **Ex.** A sua ~ não vai ficar sem resposta! **3** Incitamento/Aliciação/Tentação. **Ex.** A senhor(inh)a não vê que, neste lugar, a sua maneira de vestir é uma ~?

provocador, ora *adj/s* (<lat *provocátor,óris*) (O) que provoca. **Ex.** Ele é um ~, está sempre a brigar com os outros [a causar brigas/guerras].

provocante *adj 2g* (<provocar) Que provoca. **Comb.** *Uma atitude* [*Um gesto*] ~, de desafio. *Uma garota* ~/atrevida/descarada «no vestir/no falar».

provocar *v t* (<lat *próvoco,áre,átum*: chamar para fora, excitar, ~) **1** Causar/Promover/Dar/Fazer. **Ex.** O ópio dá [provoca o] sono. O palhaço provoca o riso a [faz rir(+)] toda a gente. Esta dor de cabeça foi provocada pelo [é do] uísque; eu sei que não posso [devo] beber, mas … **2** Incitar/Desafiar. **Ex.** Ele gosta de ~/brigar [Ele é um provocador/brigão]. O animal «cão», provocado [(se for) acirrado], reage/ataca. **Loc.** ~ [Incitar] alguém à maldade [a fazer coisas más]. **3** Insultar/Ofender/Irritar. **Ex.** Ela provocou-o com insultos [palavras insultuosas/ofensivas/más] mas ele, sempre calmo [senhor de si], não disse nada [, ficou calado]. **4** Seduzir/Tentar/Excitar/Atrair. **Ex.** Ele defendeu[desculpou]-se dizendo que a jovem o provocara.

proxeneta (Chenê) *s 2g* (<gr *proksenétés, ou*: agente, intermediário) Indivíduo que explora, cobrando dinheiro, a prostituição de outrem/Chulo/Cáften.

proximal (Ssi) *adj 2g Anat* (<próximo + -al) Diz-se da parte do órgão (que fica) próxima da base [do ponto de inserção] desse órgão «veia/nervo/dente». **Ant.** Distal.

proximamente *adv* (<próximo + -mente) Dentro de pouco tempo/Brevemente.

proximidade *s f* (<lat *proxímitas,átis*) **1** Cará(c)ter do que está perto no tempo ou no espaço. **Ex.** A ~ da escola permite que os meus filhos possam levantar-se (mais) tarde. Dada a [Por causa da] ~ da partida do avião não pude comprar nada no aeroporto. **2** *pl* Cercanias/Arredores «da cidade»/Vizinhanças/Perto. **Comb.** «casa» Nas ~s [Perto] do supermercado.

próximo, a (SSi) *adj/s m/adv* (<lat *próximus,a,um*: o mais perto <*propior*: mais perto <*prope*: perto) **1** Que está perto [está cerca] no espaço ou no tempo. **Ex.** A minha filha casou e vive numa aldeia ~a (daqui). Penso fazer-lhe uma visita nos ~s [dentro de (alguns) dias. **2** Que se segue imediatamente/Seguinte/Imediato. **Ex.** «médico à enfermeira» Mande entrar [Chame] o ~ doente. A causa ~ [imediata(+)] do desastre de carro foi o sono. **3** Íntimo/Chegado. **Ex.** Somos ~s [íntimos(+)] amigos. O José e eu somos parentes ~os, ou melhor, somos (até) primos direitos. **4** *adv* Perto. **Ex.** O casamento está ~ [perto/para breve/*idi* à porta]. Eles moram ~ [cerca/perto] (daqui). **5** *s* Todas as pessoas [Os outros] em relação a nós. **Ex.** Jesus Cristo fez uma linda parábola «o samaritano» sobre quem é o [sobre o amor do] ~.

prudência *s f* (<lat *prudéntia,ae*) **1** Qualidade de quem age [procede/se porta] com moderação [comedimento] para evitar consequências más/desagradáveis/Ponderação/Sensatez/Circunspe(c)ção. **Ex.** Por ~ [À cautela/Não seja que …] levo o guarda-chuva. A ~ é uma das quatro virtudes cardeais «+ justiça, fortaleza e temperança». **Ant.** Im~. **2** ⇒ «conduzir/dirigir/guiar com» precaução(+)/cuidado(o+).

prudente *adj 2g* (<lat *prúdens,éntis*) Que tem prudência/Avisado «no falar/opinar»/Circunspe(c)to «no trato/no agir»/Cauteloso «a dirigir o carro/em investir dinheiro»/Comedido «no que pode comer ou beber/nas palavras ao repreender alguém»/Sensato. ⇒ previdente. **Ant.** Im~.

prudentemente *adv* (<prudente + -mente) **1** Com (toda a) prudência(+). **Ex.** Ele agiu ~ [Ele foi prudente(+)]. **2** ⇒ cautelosamente.

pruína *s f bot* (<lat *pruína,ae*: geada) Revestimento finíssimo de certos frutos «ameixa/uva» que lhes dá um aspe(c)to alvacento/esbranquiçado/Polvilho/Eflorescência **2**.

prumada *s f* (<prumar + -ada) **1** A(c)to de prumar. **2** ⇒ verticalidade [alinhamento em altura](+). **3** ⇒ profundidade (do mar/rio)(+).

prumar *v int* (<prumo + -ar¹) Alinhar ou sondar com o (fio de) prumo. ⇒ aprumar.

prumo *s m* (<lat *plúmbum,i*: chumbo) **1** Instrumento constituído por um peso [uma peça metálica] com um fio e que serve para alinhar verticalmente algo «parede de blocos/tijolos/pedra». **Loc.** «parede» Estar direita [a ~(+)]. **Sin.** Fio de prumo(+). **2** *fig* Porte elegante/Elegância/Graça/Aprumo(+). **3** ⇒ *fig* Tino(o+)/Juízo(+)/Prudência. **4** Instrumento semelhante a **1** para medir a profundidade da água «do mar» ou de um líquido. **5** *Bot* Pedaço de ramo [Vergôntea] para enxertia/Garfo(+).

prurido *s m* (<lat *prurítus,us*) **1** Sensação que provoca a vontade de se coçar/Comichão/Coceira. **Comb.** ~ *da dentição* [sentido pelos bebés quando lhes começam a nascer os dentinhos]. **2** Grande desejo/Impaciência/Tentação/Sensação. **Ex.** Eram ali os primeiros ~s do seu gosto pela música a convidá-lo para ser cantor. **3** ⇒ pretensão. **4** ⇒ pudor/escrúpulo.

pruriente *adj 2g* (<prurir) **1** Que prure [causa prurido/comichão]. **Ex.** O álcool deitado em ferida viva é ~. **2** *fig* ⇒ excitante/irritante.

prurigem [prurigo] *s f[m]* (<lat *prurígo,inis*) Afe(c)ção cutânea, acompanhada de erupção de pequenas pápulas «impigens» e de intensa comichão.

pruriginoso, a *adj* (<prurigem/go + -oso) ⇒ pruriente.

prurir *v t/int* (<lat *prúrio,íre*) **1** Causar [Fazer] comichão. **Ex.** As picadas dos mosquitos prurem [fazem comichão(+)], as das moscas não. As urtigas pruriram-me as [a pele das] pernas [Fiquei cheio de [com muita] comichão nas pernas com as urtigas]! **2** *fig* Estar ansioso/excitado/Causar [Ter] grande desejo.

prussiato *s m Quím* ⇒ cianeto.

P.S. abrev do latim *post scriptum* (= Depois do escrito), *us* no fim de carta já assinada, para acrescentar algo.

pseud(o)- *pref* (<gr *pséudos,eos/ous*: falsidade/mentira) Exprime a ideia de *falso* e só conserva o hífen quando é seguido da vogal *o* ou de *h*.

pseudoapendicite s f Med Estado patológico em que os sintomas semelham os da apendicite, sem haver infe(c)ção no apêndice.

pseudociência s f (<pseudo- + ...) Ciência falsa «dos charlatões»/enganadora/sem conteúdo.

pseudomorfismo s m Miner (<pseudomorfo + -ismo) Fenó[ô]meno pelo qual um mineral toma a forma de outra espécie mineral devido a qualquer causa «uma incrustação».

pseudomorfo, a adj Miner (<pseudo- + -morfo) Diz-se de mineral que tomou acidentalmente forma externa que não lhe é própria. **Sin.** Alomórfico(+).

pseudónimo, a [Br **pseudônimo**] adj/s (<gr pseudónymos,os,on: que usa um nome falso) **1** Com [Que tem] um nome falso. **Comb.** Autor ~o. **2** Nome que um escritor ado(p)ta para escrever [publicar] os seus livros. **Ex.** Miguel Torga é ~ do grande poeta e prosador Adolfo Rocha. Alceu Amoroso Lima é ~ do escritor Tristão de Ataíde.

pseudópode s m Biol (<pseudo- + -pode) Expansão retrá(c)til digitiforme ou filiforme [Evaginação] temporária de seres unicelulares «amiba» utilizada para a alimentação e locomoção. ⇒ rizópode.

psicadélico, a adj Psic (<psique + gr délos: claro) ⇒ psicodélico/alucinogé[ê]nio.

psicanalisar v t Psic (<psicanálise + -ar¹) **1** Interpretar «sonhos» através da psicanálise. **2** Tratar por processos psicanalíticos.

psicanálise s f Psic/Psiq (<psique + ...) **1** Ciência [Teoria] iniciada por Freud (Fróid), que se baseia na análise da nossa vida psíquica consciente e, sobretudo, inconsciente «ditos espontâneos, automatismos e, sobretudo, sonhos». **Comb. ~ aplicada** [Utilização da ciência psicanalítica na elaboração de hipóteses em vários domínios da a(c)tividade humana]. **2** Método psicoterápico inventado por Freud baseado em **1**.

psicanalista s/adj 2g (<psicanálise + -ista) **1** Especialista em psicanálise. **Comb.** Médico ~. **2** ⇒ «método» psicanalítico.

psicanalítico, a adj Psic (<psique + ...) Relativo a psicanálise. **Comb.** Método ~.

psicastenia s f Med (<psique + astenia) ⇒ neurastenia(+); depressão.

psiché/ê s m (<fr psyché) **1** ⇒ toucador(+). **2** Espelho grande, com pés, cuja inclinação se pode regular.

psic(o)- pref (<gr psykhé,és: sopro, alma, vida) Exprime a ideia de **alma/espírito**.

psicoativo, a adj [= psicoactivo] (<psico- + ativo) «substância química ou doença» Que tem efeitos sobre os nossos comportamentos ou as nossas a(c)tividades mentais/psíquicas.

psicobiologia s f Psic/Biol (<psico- + ...) Ciência que estuda os processos ou aspe(c)tos biológicos, considerados como sendo a base dos fenó[ô]menos psíquicos ou mentais. ⇒ neurociência.

psicodélico, a adj (<psico- + gr délos: claro) **1** «LSD» Que produz efeitos alucinogé[ê]nios. **2** Diz-se de qualquer produção intelectual «romance» que se assemelha ou procura imitar obras criadas [escritas] sob efeito de alucinogénios.

psicodiagnóstico s m Med (<psico- + ...) Método de diagnóstico dos sintomas puramente psíquicos de uma doença mental. ⇒ psicanálise **2**.

psicodisléptico, a adj/s m (<psico- + dis- + gr leptós: débil) (Diz-se de) substância que age sobre o psiquismo, provocando perturbações análogas às das psicoses «alucinações/delírios»/Psicodélico.

psicodrama s m (<psico- + drama) Psicoterapia de grupo em que os pacientes escolhem os papéis que vão desempenhar numa dramatização improvisada, dando assim sinais que ajudam o terapeuta na cura.

psicofármaco s m Med (<psico- + fármaco) Substância de cuja aplicação resultam efeitos no psiquismo humano e que se usa em terapêutica psiquiátrica.

psicofarmacologia s f Med (<psico- + farmacologia) Pesquisa e estudo farmacodinâmico de substâncias que têm efeitos psicológicos e são utilizáveis em terapêutica psiquiátrica.

psicofisiologia s f (<psico- + ...) Estudo das relações entre os fenó[ô]menos psicológicos e fisiológicos.

psicogénese [Br **psicogênese**] [**psicogenia**] s f Psic Parte da psicologia que estuda a origem e desenvolvimento da mente, bem [, assim] como de todos os fenó[ô]menos psíquicos.

psicogénico, a [Br **psicogênico**] adj (<psicogenia + -ico) **1** Relativo a psicogénese. **2** Relativo a fenómenos físicos com origem psíquica.

psicognosia s f Psic (<psico- + gnose + -ia) Conhecimento profundo do psiquismo humano [das faculdades da alma].

psicografia s f (<psico- + grafia) **1** Descrição dos fenó[ô]menos psíquicos/Psicologia descritiva. **2** «no espiritismo» Suposta escrita dos espíritos pela mão de médium. **3** Escrita automática(+).

psicograma s m (<psico- + -grama) Descrição das cara(c)terísticas psicológicas de um indivíduo/Perfil psicológico(+). ⇒ eneagrama.

psicolepsia s f Med (<psico- + gr leptós: débil, fraco + -ia) Queda brusca e de curta duração da tensão psíquica, com suspensão dos processos psicológicos «humor, tensão mental».

psicoléptico, a adj/s m Med (<psicolepsia + -ico) (Diz-se de) substância cuja aplicação diminui [enfraquece] as funções psíquicas ou exerce um efeito sedativo/calmante.

psicolinguística s f Ling (<psico- + ...) Disciplina [Ciência] que estuda a relação entre os comportamentos linguísticos e os processos psicológicos que lhes correspondem, tais como [, por exemplo] o processo de aquisição da língua [linguagem] e a relação entre o uso da linguagem e o trabalho mental do emissor e do rece(p)tor da linguagem.

psicologia s f (<psico- + -logia) **1** Estado de alma ou de consciência de cada pessoa. **Comb. A ~ da criança. A ~ dos jovens. A ~ da multidão. ~ paranormal** [cientificamente inexplicável/fora do normal]. ⇒ parapsicologia. **A ~ do povo português**. **2** Aptidão [Capacidade] para compreender [saber ver ou discernir o que pensam e sentem] os outros. **Ex.** É preciso ter ~ para lidar [tratar] com as pessoas «e isso é o que, infelizmente, lhe falta a você»! **3** Ciência positiva dos fa(c)tos psíquicos, quer estudados subje(c)tivamente «fa(c)tos de consciência» quer obje(c)tivamente «fa(c)tos de comportamento». **Ex.** Ela formou-se em ~ na universidade. **Comb. ~ aplicada** [utilizada na solução de problemas concretos «educativos, terapêuticos, sociais»].

psicologicamente adv Do ponto de vista psicológico. **Ex.** Ele tem uma doença bastante grave mas ~ está bem; teve sempre uma grande força psicológica.

psicológico, a adj (<psicologia + -ico) **1** Relativo à psique ou à psicologia/Psíquico. **2** Que faz uso da psicologia para atingir um fim. **Comb. A(c)ção ~a** [que procura incutir nas pessoas certas ideias sobretudo de cará(c)ter político]. **Guerra ~a** [Hostilidade exercida [lavada a cabo] através de ameaças, pressões, intimidações]. **3** Em que predominam o comportamento ou os lados psicológicos das pessoas. **Comb. Perfil** [**Retrato**] **~o** «de um candidato a professor». **Romance** [**Novela**] **~o**[**a**] [em que aparecem mais os aspe(c)tos psicológicos do comportamento das personagens].

psicólogo, a s (<psico- + -logo) **1** Pessoa com (grande) capacidade para ver o que sentem ou pensam os outros. **Ex.** Ele é um grande ~ [tem muita psicologia **2**(+)]. **2** Pessoa formada em psicologia **3**. **Ex.** Ela é ~a, formou-se na Universidade de Coimbra (Pt).

psicómetra [Br **psicômetra**] s 2g (<psicometria) Psicólogo que faz medições específicas «de testes de aptidão».

psicometria s f (<psico- + -metria) Conjunto dos métodos de medida da intensidade, da duração e da frequência dos fenó[ô]menos psíquicos.

psicomotor, ora/triz adj (<psico- + ...) Que se refere [Referente/Relativo] às relações entre (os a(c)tos d)a vontade e os músculos.

psicomotricidade s f (<psico- + ...) Capacidade de coordenar mentalmente os movimentos corporais.

psiconeurose s f Med (<psico- + ...) Qualquer neurose de origem psicológica «histeria/neurastenia».

psicopata (Pá) s 2g (<psico- + -pata) **1** Pessoa que padece de psicopatia. **2** col Maluco(+)/Doido. **Ex.** Ele é um ~.

psicopatia s f Med (<psico- + pat(i)a) Qualquer doença mental (que se manifesta através de comportamentos antissociais, egocentrismo [egoísmo] extremos, instabilidade e impulsividade).

psicopatologia s f Psiq (<psico- + ...) Estudo basilar da psiquiatria das perturbações mentais, sua descrição, classificação, mecanismo e evolução.

psicopedagogia s f (<psico- + ...) Pedagogia cientificamente baseada na psicologia da criança e do adolescente/Pedagogia da educação.

psicose s f Med (<psico- + -ose) Doença mental grave em que o paciente perde o sentido da realidade e cria uma nova [falsa] realidade, o que leva a pessoa a não se reconhecer como afe(c)tada pela doença. **Comb. ~ maníaco-depressiva** [cara(c)terizada por acessos alternados de excitação [hipera(c)tividade] e de depressão [tristeza]].

psicossociologia s f (<psico- + ...) Parte da psicologia ou da sociologia que estuda a influência que a sociedade exerce nas funções psíquicas das pessoas/do indivíduo.

psicossomático, a adj (<psico- + somático) Que é relativo, simultaneamente, ao corpo e ao espírito. **Comb. Doença «hipertensão» ~a. Medicina ~a** [que tem por obje(c)to as doenças somáticas [fisiológicas/orgânicas] em relação patogé[ê]nica com conflitos mentais, geralmente inconscientes].

psicotécnico, a adj/s (<psico- + ...) **1** s f Disciplina [Ciência] que estuda a aplicação de conhecimento e métodos psicológicos

num domínio [campo] prático «educação, indústria, clínica, justiça, sociedade». **2** Em que se aplica **1**. **Comb.** Teste [Exame] ~o. **3** Perito [Especialista] em **1**.
psicoterapeuta s 2g (<psico- + ...) Médico especializado em psicoterapia. ⇒ psicoterápico.
psicoterapia s f Med (<psico- + ...) Qualquer das várias técnicas de tratamento de doenças ou problemas psíquicos de modo a restabelecer o equilíbrio emocional do indivíduo.
psicoterápico, a adj Med (<psicoterapia + -ico) Que diz respeito ao tratamento dos distúrbios [problemas/males] psicológicos ou mentais.
psicótico, a adj/s (<psicose + -ico) **1** Relativo a psicose. **Comb.** Estado [Doença] ~o[a]. **2** (O) que sofre de [que tem uma] psicose ou que tem ideias fixas.
psicrofobia s f Med (<gr psykhrós,a,on: frio + -metro) Medo exagerado [patológico] do frio.
psicrometria s f Meteor (⇒psicrómetro) Determinação do estado higrométrico do ar. **Sin.** Higrometria(+).
psicrómetro [Br psicrômetro] s m Meteor (<gr psykhrós,a,on: frio + -metro) Instrumento constituído por um termómetro seco e outro molhado, para medir a humidade relativa da atmosfera/Higrómetro(+) de evaporação.
psique s f (<gr psykhé: alma) **1** Psiquismo(+). **2** Alma, espírito ou mente humanos.
psiquiatra s 2g Med (<psique + -iatra) Médico que trata doentes mentais.
psiquiatria s f Med (⇒ psiquiatra) Ramo da medicina que estuda as doenças e perturbações mentais e a respe(c)tiva terapêutica. **Loc.** Exercer ~.
psiquiátrico, a adj Relativo a psiquiatra. **Comb. Hospital ~. Tratamento ~.**
psíquico, a adj (<gr psykhikós: mental, da psique) Relativo à alma, ao espírito ou ao conjunto de processos ou fenómenos mentais conscientes ou inconscientes. **Ex.** O seu mal-estar ~o obrigou-o a sair da reunião. **Comb. Distúrbio [Problema/Perturbação/Mal-estar] ~.** ⇒ psicológico.
psiquismo s m (<psique + -ismo) Conjunto dos fenó[ô]menos psíquicos, conscientes ou inconscientes dum indivíduo. **Comb.** ~ infantil [da criança]. ⇒ psicologia.
psitacídeo, a adj/s Ornit (<gr psittakós: papagaio + -ídeo) (Diz-se de) ave trepadora, gé[ê]nero-tipo Psittacus, tropical, com mais de trezentas espécies «papagaios, periquitos, cacatuas, araras, ...».
psitacismo s m (⇒ psitacídeo) **1** Med Estado patológico, que consiste em falar maquinalmente sem intervenção do raciocínio. **2** Verbalismo oco/Verborreia.
psitacose s f Med (⇒ psitacídeo) Doença infe(c)ciosa endémica que afe(c)ta certas aves, como papagaios, canários, pombos e galináceos e que pode transmitir-se ao homem. **Sin.** Ornitose(+).
psiu interj Usa-se para mandar calar ou pedir silêncio. **Sin.** Xiu!; caluda! ⇒ pst.
psoas s m 2n Anat (<gr psóa,as: músculos lombares) Cada um dos dois pares de músculos que a(c)tuam na flexão da coxa.
psoríase s f Med (<gr psoríasis: erupção sarnenta) Doença da pele, crónica, não contagiosa, cara(c)terizada por descamação epidérmica, localizada sobretudo nos cotovelos, calcanhares e couro cabeludo. ⇒ caspa.
pst interj Usa-se para chamar (a atenção de) alguém. **Ex.** ~! Feche a porta, se faz favor.
Pt abrev de Portugal.

ptármiga s f Ornit (<?) ⇒ lagópode [lagopo] (+).
ptármico, a adj (<gr ptarmikós) ⇒ esternutatório(+).
pterídio s m Bot (⇒pteridófito) Uma espécie de feto, Pterídium aquilínium, de que se extrai tanino e que em alguns países «Japão» é comestível.
pteridófito [pteridáceo], a adj/s Bot (<gr ptéris,idos: feto + -fito) (Diz-se de) plantas que não se reproduzem por sementes, entre elas os fetos/Criptogâmicas vasculares.
pterígio s m Med (<gr pterúgion: asa do nariz) Espessamento [Opacidade parcial] da conjuntiva (do olho), mais ou menos em forma de triângulo, cujo vértice se dirige para a córnea, chegando a cobri-la.
-ptero- suf/pref (<gr pterón: asa) Exprime a ideia de **asa/penas**.
pterópode adj/s 2g (<ptero- + -pode) (Diz-se de) molusco gastrópode, com o pé modificado num par de grandes nadadeiras [barbatanas], também denominado borboleta-do-mar.
pterossauro, a adj/s Zool (<ptero- + gr saúros: lagarto) (Diz-se de) réptil «fóssil do Jurássico» com membros anteriores apropriados ao voo planado.
ptole[o]maico, a adj (<gr ptolemaikós <antr Ptole[o]meu) **a)** Relativo ao geógrafo e astrónomo egípcio Cláudio Ptolomeu (90-168 d.C.). **b)** Relativo aos [à dinastia dos] Ptolomeus (340 - 30 a.C.).
ptomaína s f Bioq (<lat ptóma,atos: cadáver + -ina) Qualquer substância orgânica, venenosa, resultante da putrefa(c)ção das proteínas de origem animal.
ptose s f Med (<gr ptósis: queda) Queda/Descenso ou localização anormalmente baixa de um órgão. **Comb. ~ do estômago** [Estômago caído]. **~ palpebral** [Queda permanente, total ou parcial, da pálpebra superior, de origem adquirida ou congé[ê]nita].
pua s f (⇒ pungir) **1** Ponta aguçada «bico da verruma»/Aguilhão/Ferrão. ⇒ espinho; pico. **2** Ferro «em forma de verruma» que se adapta a um aparelho manual (Arco de ~) que o faz girar para (per)furar madeira ou pedra/Furadeira. ⇒ berbequim; broca; trado. **3** Espigão da espora, a que se prende a roseta.
puberdade s f (<lat pubértas,átis) Período entre a infância e a adolescência, no qual se desenvolvem os cara(c)teres sexuais secundários e ocorrem múltiplas modificações morfológicas e psicológicas/Pubescência.
púbere adj/s 2g (<lat púber,ris) (O) que atingiu a puberdade. **Comb.** Um/a jovem ~.
pubescência s f (<lat pubésco,scere: cobrir-se de pelos) **1** ⇒ puberdade(+). **2** Conjunto de pelos curtos, finos e macios que cobrem certos órgãos animais ou vegetais «pêssego». ⇒ púbis; penugem.
pubescente adj 2g (⇒ pubescência) **1** ⇒ púbere(+). **2** Bot «pêssego/caule/folha» Que tem pelos semelhantes a penugem.
pubescer v int (<lat pubésco,scere,púbui) Atingir [Chegar à] puberdade.
púbico [pubiano], a adj (<púbis + ...) Do púbis. **Comb.** Pelos ~s.
púbis s m 2n Anat (<lat púbes,is) **1** Parte anterior do osso ilíaco na cintura pélvica. **2** Conjunto dos pelos que cobrem o baixo-ventre.
publicação s f (<publicar) **1** A(c)ção ou efeito de publicar «um livro»/Divulgação. **2** Obra publicada. **Ex.** Ele tem muitas ~ões [publicou muitos livros(+)]. **Comb.** «o Diário do Governo é uma» **~ oficial**. **(Jornal)** **diário** [de ~ diária]. **Revista** (de ~) **mensal**. ⇒ impressão; edição. **3** ⇒ promulgação «duma lei».
publicador, ora adj/s (<publicar) ⇒ divulgador(+) «da notícia».
pública-forma s f Dir Cópia autêntica de um documento, feita e reconhecida pelo notário, e que substitui o original.
publicamente adv (<público + -mente) Em público/Diante [À vista] de todos. **Ex.** Ele declarou [disse] ~ que ia mudar de [que queria outro] emprego.
publicano s m (<lat publicánus,i) **1** Hist Cobrador de impostos entre os Romanos. **Ex.** Jesus Cristo fez uma pequena parábola sobre um ~ e um fariseu que foram rezar ao templo (Lucas, capítulo 18). **2** depr ⇒ fiscal.
publicar v t (<lat público,áre,átum) **1** Tornar público/Divulgar/Anunciar. **Loc.** ~ [Espalhar (o+)/Propalar(+)] boatos. ⇒ publicitar. **2** Tornar público através de imprensa. **Loc.** ~ a notícia em [na] primeira página do jornal. **3** Escrever/Editar. **Loc.** ~ **um dicionário**. ~ **uma revista**. **4** ⇒ promulgar «uma lei/um decreto».
publicidade s f (<público + -(i)dade) **1** Qualidade do que é público. **Comb.** ~ dos debates na Assembleia da República [no Congresso/Parlamento]. **Ant.** Privacidade. **2** A(c)to de dar a conhecer um produto, incitando o seu consumo/a sua compra/Mensagem publicitária/Anúncio. **Loc.** Fazer ~ [propaganda] de um novo modelo de automóvel. **Comb. Despesas de ~.** «jornal com duas» **Páginas de ~** [com anúncios]. **3** Divulgação/Difusão. **Ex.** Este livro teve pouca ~/divulgação(+) [não se vendeu muito]. Está-se a dar demasiada ~ ao caso «escândalo/desvio de dinheiro».
publicista s 2g (<público + -ista) Escritor ou jornalista que escreve sobre direito público, política, economia e, em geral, sobre tudo o que ilustra as pessoas. ⇒ publicitário.
publicitar v t (<publicidade 2/3 + -ar[1]) Dar publicidade a/Fazer propaganda a/de. **Ex.** Os funcionários públicos [empregados do Estado] gostam de ~ os seus serviços [o seu bom desempenho]. ⇒ publicar.
publicitário, a adj/s (<publicitar + -ário) **1** Relativo a publicidade **2**. **Comb. Agência [Empresa] ~. Anúncio ~. 2** Pessoa que se encarrega de trabalhos [que trabalha numa agência] de publicidade. ⇒ publicista.
público, a adj/s m (<lat públicus,a,um <pópulus,i: povo) **1** Que é de todos/Cole(c)tivo. **Comb. Jardim ~o. Lugar ~o. Opinião ~/geral. Ordem** [Segurança] **~a. 2** Que é do [relativo ao] Estado. **Comb. Biblioteca ~a** [que é da autarquia (Governo local)] mas aberta ao ~]. **Funcionário ~** [do Estado]. **Poder ~o** [estatal/governamental]. **3** (Uma parte do) povo. **Ex.** O ~ ainda não sabe [não foi informado] dessa nova lei. No fim do discurso, o ~ [auditório/a assistência] aplaudiu em [de] pé o grande orador. **Comb. O ~ consumidor** «de carne» [Conjunto das pessoas que consomem [compram] um produto]. **O ~ leitor** [Conjunto dos que leem «jornal»]. **4** Que se faz diante de [faz para] todos. **Loc. Falar em ~. Sair [Vir] a ~. Trazer a [Tornar/Fazer] ~. Comb. Aviso ao ~** «Ajudem a descobrir o criminoso fugitivo!». **Vida ~a** (Ant. Vida privada). **5** Aberto ou acessível a todos. **Comb. A(c)to ~** «congresso/seminário/encontro/reunião/conferência/espe(c)táculo». **Caminho [Estrada/Via] ~o[a]**.
público-alvo s m Segmento [Parte] de uma sociedade [do povo] com determi-

púcara s f (<púcaro) Pequeno recipiente ou vasilha/Panelinha. **Idi. *Tirar nabos da ~*** [Procurar saber algo do interlocutor desprevenido/Ser astuciosamente indiscreto/ *idi* Puxar pela língua].

púcaro s m (<lat *póculum,i*: copo) Pequeno recipiente, de barro ou de outro material, com asa, para beber «água, leite, café». ⇒ chávena; xícara; copo; caneca/o.

pudendo, a adj (<lat *pudéndus,a,um*: de que se deve ter vergonha) Que se deve recatar [esconder]/Pudico(+). **Comb. *Partes ~as*** [Órgãos genitais externos].

pudente adj 2g (<lat *púdet,dére*: ter vergonha, corar) ⇒ pudico(+); pudibundo(+).

pudera (Dé) interj (<poder) «ele foi reprovado porque não estudou [tinha estudado] nada» ~! [Tinha de ser!; Não se podia esperar outra coisa!; Claro!; Pois (então)!].

pudibundo, a adj (<lat *pudibúndus,a,um*) **1** Que tem [revela] pudor/Recatado. **Comb.** Uma donzela [jovem/moça] ~. **2** Rubicundo/Corado «por ter vergonha».

pudicícia s f (<lat *pudicítia,ae*) Pureza do corpo e da alma/Pudor(+)/Castidade/Recato. ⇒ pejo.

pudico, a (Dí) adj (<lat *pudícus,a,um*) Que tem pudor/Que receia que os outros firam [possam ferir] a sua sensibilidade ou moral. ⇒ envergonhado.

pudim (Dím) s m *Cul* (<ing *pudding*) Nome genérico de várias iguarias, sobretudo doces mas também salgadas, geralmente cozidas no forno em banho-maria, dentro de uma forma. **Comb. *~ de arroz. ~ de ovos. ~ de peixe.* (*Doce de*) ~**.

pudlar v t (<ing *to puddle*) Trabalhar a gusa (Ferro de primeira fundição) por meio de aquecimento com um óxido para obter o aço/Fazer a pudlagem do ferro.

pudor (Dôr) s m (<lat *pudor,óris*; ⇒ pudico) **1** Sentimento de receio ou vergonha, causado por algo que fere a sensibilidade ou a moral de uma pessoa. **2** Mal-estar [Falta de à-vontade] causado pela nudez ou por questões relacionadas com a sexualidade/Constrangimento/Pejo. **Comb. *Atentado ao ~*** [A(c)to/Procedimento inadmissível, de pessoa des(a)vergonhada]. **3** ⇒ modéstia; recato; discrição.

pudoroso, a adj «donzela» Que tem pudor/Pudico(+).

puerícia s f (<lat *puerítia,ae*) Período entre o nascimento e a adolescência/Infância(o+)/Meninice(+).

puericultor, ora s (<lat *púer,eri*: menino + cultor) Especialista em puericultura.

puericultura s f (⇒ puericultor) Conjunto de noções e técnicas voltadas para os cuidados médicos, nutricionais e psicológicos das crianças desde a gestação até aos quatro ou cinco anos de idade. **Comb.** Instituto de ~. Noções de ~.

pueril adj 2g (<lat *puerílis,e*) **1** Infantil. **Comb.** Idade ~/infantil [Infância(+)/Puerícia/Meninice]. **2** *fig* Que revela frivolidade, futilidade ou ingenuidade. **Ex.** Ele «jovem» é muito ~ [muito criança(+)]. **Comb. *Argumento ~*/banal/sem razão. *Comportamento ~*** [de crianç(ol)a/de quem não tem cabeça/juízo].

puerilidade s f (<lat *puerílitas,átis*) **1** Cara(c)terística de pueril. **2** *fig* Cara(c)terística de adulto que age como criança/Imaturidade/Criancice(+)/Infantilidade. **3** *fig* ⇒ Banalidade(+)/Tolice(+)/Frivolidade(+)/Disparate.

puérpera s f (<lat *puérpera,ae* <*púer,eris*: menino + *pário*: dar à luz) ⇒ parturiente.

puerperal adj 2g (<puérpera + -al) Relativo a parto ou puérpera. **Comb.** Febre ~.

puerpério s m (<lat *puerpérium,ii*) Período desde o parto até os órgãos e o estado geral da mulher voltarem às condições anteriores à gestação.

puf interj (<on) Exprime enfado ou cansaço. **Ex.** ~! (Que) disparate. ~! Que caminhada, fiquei [, estou] a transpirar! ⇒ pum(ba).

púgil s (D)*esp* (<lat *púgil,ilis* <*pugno,are*: lutar) ⇒ box(e)ador; pugilista.

pugilato s m (D)*esp* (<lat *pugillátus*) **1** *Hist* Na Grécia e Roma antigas, luta a soco e modalidade dos jogos olímpicos. **2** ⇒ pugilismo(+). **3** *fig* Debate apaixonado/Discussão violenta.

pugilismo s m (<púgil + -ismo) ⇒ boxe(+).

pugilista s 2g (<púgil + -ista) ⇒ boxeador(+).

pugilo s m (<lat *pugíllus*: punhado <*pugnus*: punho) **1** Punhado(+) [Mão-cheia(+)] «de amendoins/castanhas». **2** ⇒ pitada [pequena quantidade].

pugna s f (<lat *pugna,ae*) Combate/Peleja/Luta(+). **Comb.** ~s políticas [entre políticos/de um político para defender ou fazer triunfar a sua política].

pugnacidade s f (<lat *pugnácitas,átis*) Qualidade de pugnaz/Combatividade(+). **Ex.** É um político inteligente e corajoso, sempre admirei a sua ~.

pugnador, ora s/adj (<lat *pugnátor,óris*) ⇒ lutador(+); propugnador.

pugnar v int (<lat *púgno,áre,átum* <*púgnus*: punho) **1** Travar uma batalha(+). **2** Lutar [Fazer/Esforçar-se] por/Defender. **Loc. ~** pelos seus direitos. ~ [Propugnar(+)] pelo seu ideal «de paz». **3** ⇒ brigar «com o vizinho».

pugnaz adj 2g (<lat *púgnax,nácis*) **1** Belicoso/«guerreiro» Denodado/Destemido/Corajoso. **2** Que luta por uma causa. **Comb.** Um líder ~.

puideira s f (<puído + -eira) Pedaço de pano ou de outro material com que se fricciona o obje(c)to que se quer puir/polir(+).

puído, a adj (<puir) **1** «vestuário» Gasto pelo uso. **2** ⇒ polido.

puir v t (<polir) **1** Desgastar «parte de vestuário» por atrito do muito uso. **2** ⇒ polir.

puíta s f *Mús* (<quimbundo *mpwita*) Uma espécie de tambor africano feito de um tronco oco e fechado só de um lado com uma pele.

pujança s f (<esp *pujanza*; ⇒ potência) **1** Vigor da vida/Auge das forças. **Loc. *Estar na ~ da vida*** (⇒ flor da vida). ***Morrer*** «de cancro» ***na ~ da vida***. **2** Desenvolvimento máximo/Viço/Exuberância «da selva amaz[ô]nica». **Comb. *A ~ dos cafezeiros*** [das plantas do café]. ***A ~ do canavial***. **3** Abundância de bens materiais/Estado são. **Ex.** A (nossa) economia atravessa um período de ~ [está pujante]. **4** *Geol* ⇒ possança 2(+).

pujante adj 2g (<esp *pujante*; ⇒potente) **1** Vigoroso/Possante. **Ex.** Na ~ idade dos meus trinta anos eu trabalhava doze horas: no emprego e no campo. **2** Viçoso/Exuberante. **Comb.** Plantação «de café/cana-do-açúcar/batatas». **3** Que produz [rende] muito. **Comb. *Uma agricultura ~. Uma economia ~*/robusta/sã. *Um parque industrial ~*.**

pujar v t/int (<esp *pujar*) **1** ⇒ sobrepujar(+). **2** ⇒ lutar; esforçar-se. **3** ⇒ aumentar.

pular v t/int (<lat *púllo,áre,átum*: brotar, germinar <*pullus,i*: pintainho) **1** Imprimir ao corpo um impulso forte e rápido para se elevar no ar/Dar um pulo/salto/Saltar. **Ex.** Pulei [Dei um pulo] e colhi o pêssego. **Loc. *idi ~ da cama*** [Levantar-se depressa «ao ouvir o despertador/logo ao acordar»]. ***~ de contente/de alegria. ~ do trampolim*** «da piscina». **2** Transpor um obstáculo dando um salto/pulo/Galgar. **Loc. ~** [Saltar(+)] ***o muro. ~ o ribeiro***. **3** Bater/Pulsar o coração com veemência. **Ex.** Senti o coração a ~ [aos pulos(+)]. **4** *fig* Dançar animadamente. **Ex.** Pularam toda a noite na discoteca. **5** *fig* Ler, omitindo [saltando(+)] algumas partes. **Ex.** Pulei [Saltei(+)] vários parágrafos do relatório porque já tinha sido informado do (seu) conteúdo. **6** *fig* Crescer [Aumentar] muito de repente. **Ex.** Como cresceu o seu filho, ele pulou meio metro!

pulcritude s f *Liter* (<lat *pulchritúdo,inis*) Formosura(+)/Beleza(+). **Comb.** A ~ de uma donzela. A ~ de um rosto de criança.

pulcro, a adj *Liter* (<lat *púlcher,chra,chrum*; ⇒ pulquérrimo) Formoso(+)/Belo(+)/Lindo/Feliz.

pulga s f *Ent* (<lat *púlica,ae* <*púlex,licis*: pulga, pulgão das plantas) Inse(c)to díptero, saltador, parasita do homem e de outros animais «gato/cão» (⇒ piolho; carraça). **Idi. *Há muitas maneiras de matar ~s*** [Cada qual [um] resolve os problemas à sua maneira]. ***Estar com a ~ atrás da orelha*** [Desconfiar de alguém/Ter suspeitas de que alguém «me» quer enganar ou fazer mal].

pulgão s m *Ent* (⇒ pulga) Inse(c)to hemíptero, afídeo, parasita de várias plantas «roseira, couve, milho, trigo, feijoeiro, algodão, laranjeira». ⇒ míldio «da videira».

pulha s/adj 2g cal (<?) **1** Pessoa sem cará(c)ter/Patife/Velhaco. **Ex.** Esse tipo [cara] é um ~, tem cuidado com ele! **2** Gracejo que provoca uma pergunta e, depois, escarnece de quem responder. **Comb.** ~ de Entrudo. **3** ⇒ peta/mentira.

pulhice s f (<pulha + -ice) A(c)to ou dito próprio de pulha/A(c)ção vil/Safadeza(+)/Canalhice(+).⇒ pelintrice/miséria.

pulmão s m *Anat* (<lat *púlmo,ónis*) **1** Órgão da respiração, situado na cavidade toráxica. **Comb.** *Med ~ de aço* [Dispositivo metálico onde se introduz um doente com paralisia dos músculos da respiração para o ventilar]. *~ direito* [esquerdo]. **Sin.** *pl pop* Bofes. ⇒ guelra/brânquia. **2** *fig* A voz (considerada) do ponto de vista da sua intensidade. **Loc. *Gritar a plenos ~ões*** [Gritar muito alto/com toda a força]. «cantor(a)» *fig* ***Ter bons ~ões*** [Ter uma voz muito forte]. **3** Zona verde enquanto fornecedora de oxigé[ê]nio. **Ex.** (O parque de) Monsanto é o ~ de Lisboa. A Amaz[ô]nia é o maior ~ do mundo.

pulmonado, a adj/s *Zool* (<pulmão + -ado) (Diz-se de) molusco gastrópode «caracol/lesma/caramujo» que tem brânquias mas tem uma câmara vascularizada semelhante a um pulmão.

pulmonar adj 2g (<pulmão + -ar^2) Relativo aos pulmões. **Comb. *Artéria*** [Veia] **~. *Doença ~*** «tuberculose». ***Radiografia ~*** [aos pulmões(+)].

pulo s m (<pular) **1** A(c)ção de pular/Salto. **Ex.** O canguru desloca-se aos ~s/saltos(+). De [Com] um [Num] ~ saltei três degraus da escada. **Loc.** Dar ~s [Pular] de contente. **Sin.** Salto; *pop* pincho. **2** *fig* Pulsação [Batida] forte do coração. **Ex.** Ao receber a boa [alegre] notícia ficou com o coração aos ~s. **3** *fig* Pequena viagem/ida/digressão. **Loc.** Dar um ~ a [Ir e voltar logo/Ir e vir] (Ex. Vou (só ali) dar um ~ ao quiosque para comprar o jornal e volto logo/já). Num/De um ~ [Num minuto/Depressa] (Ex. Cheguei num ~ ao emprego). **4** *fig* Crescimento rápido. **Ex.** Que ~ o seu

filho deu, ele está quase da [com a] altura do pai!
pulôver *s m* (<ing *pullover*) Camisola (exterior de lã)/Suéter.
púlpito *s m* (<lat *púlpitum,i*: estrado, tribuna) Tribuna «lateral» de uma igreja para pregar. ⇒ ambão.
pulquérrimo, a *adj* (<lat *pulchérrimus,a, um*; ⇒pulcro) Muito pulcro/Pulcríssimo.
pulsação *s f* (<lat *pulsátio,iónis*: a(c)ção de bater) **1** Movimento de contra(c)ção e dilatação das artérias/Latejo do pulso ou do coração/Palpitação. **Loc.** Ver [Tomar] a ~ [Contar as ~ões]. **Comb.** ~ acelerada. **2** *fig* Movimento de vibração que se produz nos fluidos elásticos/Frequência angular. ⇒ onda. **3** *Mús* ⇒ cadência.
pulsão *s f* (<pulsar) **1** ⇒ impulso/impulsão. **2** ⇒ instinto.
pulsar[1] *v t/int* (<lat *púlso,áre,átum* <*péllo, ere,púlsum*: impelir, tocar, expulsar) **1** «o coração» Palpitar(+)/Bater(o+)/Latejar. **2** *s m* Pulsação **1**. **Loc.** Sentir o ~ do coração. **3** Tanger/Dedilhar/Tocar. **Loc.** ~ a(s cordas da) lira/harpa.
pulsar[2] *s m Astr* (<ing *pulsar* <*pulsating star*) Estrela que emite impulsos de ondas de rádio e as envia para a Terra, com intervalos entre milissegundos e 4 segundos.
pulsátil *adj 2g* (⇒ pulsar[1]) Que pulsa/Latejante. ⇒ pulsativo.
pulsatila *s f Bot* Nome genérico de ané[ê]monas medicinais que produzem uma substância que aumenta as pulsações do coração e por isso lhes foi posto esse nome.
pulsativo, a *adj* (<pulsar[1] + -ivo) Que faz pulsar.
pulsear *v int* (<pulso + -ear) **1** Experimentar com outrem a força do pulso. ⇒ braço de ferro [*Br* queda de braço]. **2** Sondar [Tomar o pulso a] alguém. **3** Segurar [Agarrar/Manietar] alguém.
pulseira *s f* (<pulso + -eira) Obje(c)to (de adorno) us no pulso. **Comb.** ~ [Bracelete] **de diamantes. ~ de relógio.**
pulsímetro *s m* (<pulso + -metro) ⇒ esfigm(oman)ó[ô]metro.
pulso *s m Anat* (<lat *púlsus,us*: impulso, ~) **1** Ponto em que o (ante)braço se articula com a mão. **Ex.** Ele traz o relógio no ~ direito. **Loc.** A ~ [Com força d)os braços] (Ex. Ele levantou a ~ um tronco (de árvore) que pesava 200 kg!). **Tomar o ~: a)** Contar as pulsações apertando levemente a artéria radial do ~; **b)** *idi* Sondar as intenções ou qualidades de alguém. **Comb.** ~ **aberto** [Distenção dolorosa dos músculos do ~ «por mau jeito ou demasiado esforço»]. ~ **fraco** [com poucas pulsações]. ⇒ punho(s) «da camisa/do vestido». **2** *fig* Energia/Força/Vigor. **Loc.** «homem» **De** ~ [Com força/Muito capaz/Enérgico]. **Ter ~** [Ser pessoa «chefe/político/empresário» hábil, capaz de dirigir].
pulular *v int* (<lat *púllulo,áre,átum*: «planta» ter rebentos, «animal» ter filhos, produzir-se <*púllulus*: rebentozinho <*púllus,i*: pintainho) **1** Lançar rebentos/Brotar(+). **2** Reproduzir[Multiplicar]-se rapidamente/Abundar. **Ex.** Os arranha-céus pululam em vários cantos [locais/bairros] da cidade. **3** Irromper/Surgir. **Ex.** As revoltas pululavam por todo o país. **4** Agitar-se um líquido/Ferver. **Ex.** O sangue [entusiasmo] pululava[fervia]-lhe nas veias.
pulveráceo, a *adj* (<lat *púlvis,veris*: pó + áceo) Coberto de pó «da farinha». ⇒ poeirento; pulverulento; polvorolento.
pulvéreo, a *adj* (<lat *pulvéreus,a,um*) De [Em] pó. **Comb.** Farinha ~/fin(inh)a.
pulverescência ⇒ pulverulência.

pulverização *s f* (<pulverizar) **1** Redução a pó de uma substância dura. **2** O borrifar com um líquido. ⇒ vaporização [*Med* nebulização].
pulverizador, ora *s/adj* (<pulverizar) (Aparelho/Recipiente) que serve para pulverizar. **Comb.** ~ **de perfume** «para borrifar o cabelo». ~ **de vinha** «para destruir o míldio». ⇒ vaporizador.
pulverizar *v t* (<lat *pulver(iz)o,áre,átum*) **1** Reduzir a pó/Esmigalhar/Desfazer. **2** Cobrir de pó/Polvilhar «com farinha o pão já amassado». **3** Espalhar um líquido em gotículas como vapor/Borrifar. **Loc.** ~ **o cabelo** com laca [perfume]. ~ **o chão** com inse(c)ticida. ~ [Borrifar(+)] **as plantas** da sala. ~ [Borrifar(+)] **a roupa** para [antes de] a passar a ferro. **4** *fig* ⇒ destruir/aniquilar.
pulverulência *s f* Estado do «caule de videira/roseira» que está como «coberto de] pó fino.
pulverulento, a *adj* (<lat *pulveruléntus,a,um*) **1** «quarto/móvel» Poeirento(+). **2** «roseira/videira» Que parece estar coberto de pó. **3** «metal/rocha» Que se esboroa facilmente/Quebradiço.
pum *interj s m* (<*on*; ⇒ pumba) **1** Imita ruído de explosão, pancada, queda, ... **Ex.** O balão estourou [fez] – ~! Ouviram-se toques [pancadas/batidas] impacientes na porta – ~,~,~! **2** Ventosidade, ruidosa ou não, expelida pelo ânus/*cal* Traque/*cal* Peido.
puma *s epiceno Zool* (<qué[í]chua *puma*) Mamífero felídio, afim do leão/*Br* Suçuarana.
pumba *interj* (<*on*) **1** Imita o som de pancada, queda, baque ou choque. **Ex.** O fugitivo agrediu o polícia com um murro e este, ~!, deu-lhe uma bastonada. **2** Indica a(c)ção rápida/Zás(-trás)(+).
púmice *s Miner* ⇒ pedra-pomes.
puna *s f* (<qué[í]chua *puma*) **1** *Bot* Árvore, *Calophyllum inophylum/tomentosum*, de fibras têxteis, gutífera, de boa madeira «para barcos» e sementes oleaginosas. **2** Planalto nas grandes altitudes da cordilheira dos Andes.
punção *s f/m* (<lat *púnctio,iónis*; ⇒ pungir) **1** A(c)to ou efeito de pungir. **2** *Med* Operação que consiste em fazer penetrar um instrumento pontiagudo «bisturi/agulha» numa cavidade patológica para (re)tirar algo ou introduzir uma substância. **3** *s m* Instrumento de metal terminado em ponta «para gravar, para marcar obje(c)tos de ouro ou prata, para bater os cunhos das moedas ou medalhas».
punçar *v t* (<lat *punctiáre* <*púngere*; ⇒ pungir) Fazer uma punção. **Loc.** ~ um furúnculo.
punceta *s f* (<punção **3** + -eta) Ferramenta ou escopro que corta pequenas lâminas de ferro.
punctiforme *adj 2g* (<ponto + -forme) Que tem forma ou aparência de ponto.
pun(c)tura (*dg*) *s f* [= punctura] (<lat *punctúra*) **1** Picada ou golpe com agulha ou bisturi. ⇒ punção **2**; acupun(c)tura. **2** Toque ou pancada com um punção **3**.
pundonor (Nôr) *s m* (<esp catalão *punt d'honor*: ponto de honra «cumprir o prometido») Sentimento da própria dignidade/Brio/Cavalheirismo.
pundonoroso, a *adj* (<pundonor + -oso) Que tem pundonor/Brioso/Cavalheiresco. **Comb.** Cará(c)ter ~o. De maneira ~a.
punga *adj/s 2g Br* (<?) **1** Furto ou seu autor/Carteirista/Punguista. **2** Umbigada «no samba». **3** (O) «cavalo» que fica entre os últimos nas corridas/Ruim.

pungente *adj 2g* (<pungir) Que causa grande dor ou aflição/Aflitivo/Lancinante(+)/Cruciante/Acerbo/Agudo. **Ex.** Senti uma dor ~ [aguda(+)/forte] no estômago. ⇒ comovente.
pungimento *adv* (<pungir + -mento) Sofrimento/Aflição. ⇒ punção **1**.
pungir *v t* (<lat *púngo,ere,púnctum*; ⇒ punção) **1** Causar um grande desgosto ou mágoa/Afligir/Magoar/Atormentar. **Ex.** Aquelas situações [vidas] de miséria no bairro de lata pungia-nos [cortavam(+)] o coração. **2** ⇒ picar. **3** ⇒ «o sol/a planta» despontar [começar a aparecer/nascer].
pungitivo, a *adj* ⇒ pungente.
punguista *adj/s 2g Br* (<punga **1** + -ista) (O) que rouba [pungueia]/Carteirista(+).
punhada *s f* (<punho + -ada) Pancada com a mão fechada ou não/Lambada. **Ex.** Dei-lhe duas ~s na cara e o garoto atrevido fugiu. ⇒ murro/soco.
punhado *s m* (<punho + -ado) **1** Porção que a mão fechada pode conter/Mão-cheia. **Comb.** Um ~ de castanhas [cerejas]. **2** *fig* Pequeno número ou quantidade. **Ex.** Com um ~ de voluntários conseguimos tendas e comida para mais de trezentos desalojados das [pelas] cheias «do rio».
punhal *s m* (<punho + -al) **1** Arma branca de lâmina curta e perfurante. **Idi. Pôr o ~ ao peito** de alguém [Ameaçar com violência/Forçar ao máximo]. **2** *fig* Grande golpe/Punhalada. **Ex.** O que os vizinhos disseram do meu filho foram ~ais que me rasgaram o coração.
punhalada *s f* (<punhal + -ada) **1** Golpe com punhal. **Ex.** Matou-o às [com] ~s. Jazia [Ali estava] morto com três ~s no peito! **2** *fig* Golpe moral/Ofensa grave. **Ex.** A notícia do desastre e morte do filho foi uma ~ para os pais. Cale-se! Pare com essas ~s!
punheta *s f cal* (<punho + -eta) Masturbação masculina.
punhete *m* ⇒ mitene.
punho *s m* (<lat *pugnus,i*) **1** Mão fechada. **Ex.** De [Com o] ~ erguido [no ar] todos gritavam: abaixo [fora com] o Governo! **Idi. Pelo [De] próprio ~** [«carta/livro» Escrito à mão pelo autor] (Ex. Esta carta é de próprio ~/foi escrita e vai assinada por mim). **Verdades como ~s** [Verdades evidentes/que ninguém pode negar]. **2** Parte da manga «da camisa» que cerca os pulsos. **Idi. Usar ~s de renda** [Ter maneiras finas «no trato com os outros»/Ser muito ou quase demasiado delicado]. **3** Cabo de certos [alguns] instrumentos «espada/remo». **4** *Náut* Vértice da vela.
punibilidade *s f* (<punível + -(i)dade) Qualidade ou cará(c)ter de «um crime» poder ser punido.
punição *s f* (<lat *punítio,iónis*) A(c)to ou efeito de punir/Castigo(+). ⇒ pena.
púnico, a *adj Hist* (<lat *púnicus,a,um* <*Poeni,órum*: cartagineses, habitantes de Cartago, cidade rival de Roma, situada na a(c)tual Tunísia) Relativo a Cartago. **Comb. Guerras ~as** [Série de guerras, desde 264 até 146 a.C., entre Cartago e Roma e em que esta [a última] ficou [saiu] vencedora].
punidor, ora *s/adj* (<punir) (O) que pune/castiga/Castigador. **Comb.** ~ **é/sou** Defensor dos fracos e ~ **dos maus**.
punir *v t* (<lat *púnio,íre,ítum*) Castigar. **Loc.** ~ **o culpado**. «o tribunal» ~ **o delinquente** [culpado/réu] «de roubo/furto» com um ano de prisão/cadeia.
punitivo, a *adj* (<punir + -ivo) Que pune (e serve de lição). **Comb.** «foi só [apenas] uma» **A(c)ção** [Batalha] ~**a** «do exército». **Medidas ~s** «tomadas pelo Governo».

punível adj 2g (<punir + -vel) Que merece [pode] ser punido. **Comb.** Crime ~ por lei.

pupa s f Ent (<lat púppa: menina, boneca, ninfa) Estado do desenvolvimento de um inse(c)to «abelha» em repouso aparente. ⇒ crisálida; ninfa.

pupila s f (<lat pupilla,ae) 1 Anat Abertura ocular, ao centro da íris, por onde passam os raios luminosos. **Sin.** Menina do olho. 2 ⇒ órfã que está sob tutela; protegida; educanda [discípula]. ⇒ pupilo.

pupilagem s f (<pupilo/a + -agem) 1 Educação [Encargo] de pupilo/a. 2 Tempo que dura essa educação. ⇒ tutela(gem).

pupilar[1] adj 2g (<pupila + -ar[2]) Relativo a pupila. **Comb.** Orifício ~. Reflexo ~.

pupilar[2] v int (< on) «o pavão» Emitir a sua voz. ⇒ pavonerar(-se).

pupilo, a s col (⇒ pupila 2) Aluno/Menino/Protegido. **Ex.** Vou ver como estão os meus ~s.

pupilómetro [Br **pupilômetro**] s m Med (<pupila 1 + -metro) Instrumento para medir o tamanho e a forma da pupila e a sua posição relativamente à íris.

pupiloscopia s f Med (<pupila 1 + -scopia) Determinação do grau de refra(c)ção do olho através do exame da sombra pupilar.

puramente adv (<puro + -mente) 1 Unicamente/Só/Somente/Apenas. **Ex.** É um problema [caso] ~ teórico, na prática não existe. 2 Completamente(+)/Inteiramente(+). **Ex.** O que você diz [que estás a dizer] é ~ falso/é pura mentira/é pura e simplesmente falso(+).

puré/ê s m Cul (<fr purée) Preparado mais ou menos espesso obtido pela trituração de alimentos cozidos. **Comb.** ~ de batata [feito com batatas cozidas e raladas, a que se adiciona leite, manteiga, sal (, pimenta e noz-moscada)]. ~ de maçã. ~ de tomate.

pureza s f (<lat purítia,ae; ⇒ puridade) 1 Qualidade ou estado de puro, em geral. 2 Que não tem mistura/Genuinidade. **Loc.** (Tentar) manter a ~ do latim clássico. **Comb.** A ~ do ar (não poluído) das montanhas. A ~ de intenção [O só querer fazer bem aos outros ou agradar a Deus]. A ~ de um metal «ouro puro/de lei». 3 Limpidez/Transparência/Nitidez. **Comb.** A ~ da água. 4 Inocência/Candura. **Comb.** A ~ (do olhar) de uma criança. 5 Castidade [~ de costumes/Moralidade [matrimonial»]. ~ virgindade. 6 Sem efeito/Perfeição/Corre(c)ção/Elegância. **Comb.** A ~ de linhas dum edifício «catedral gótica». 7 Gram Vernaculidade/Casticismo. **Comb.** ~ de estilo. ⇒ purismo.

purga s f Med (<purgar) 1 Substância ou medicamento que estimula a evacuação e limpa os intestinos/Purgante/Purgativo/Laxante(+)/Laxativo. ⇒ clister. 2 Bot Nome de várias plantas com propriedades purgativas.

purgação s f (<lat purgátio,iónis) 1 A(c)ção de purgar/limpar/purificar completamente. **Loc.** Fazer a ~ do motor. **Comb.** ~ [Purificação(+)/Expiação(+)] dos pecados «pela reparação de danos/pela penitência». 2 Evacuação produzida por purga/laxante. 3 Eliminação de pus ou de qualquer corrimento do organismo/Supuração(+). ⇒ gonorreia; blenorragia; menstruação; cerume.

purgador, ora adj/s (<lat purgátor,óris) 1 (O) que purga/limpa/purifica. 2 (Diz-se de) torneira que serve para escoar a água ou outro líquido que, por condensação, se acumula nas canalizações ou recipientes «panela de pressão» onde circula vapor.

purgante adj 2g/s m (<purgar) (O) que purga/Laxante. **Ex.** Com esta prisão de ventre creio que devo [tenho de] tomar um ~ ou recorrer a um clister.

purgar v t/int (<lat púrgo,áre,átum) 1 Eliminar as impurezas/Limpar/Purificar. **Comb.** Açúcar purgado/puro. 2 Desembaraçar [Limpar/Irrigar] os intestinos. 3 Administrar [Dar] um purgante. **Ex.** O doente já está [foi] purgado. 4 Apagar por meio de penitência/Expiar/Purificar-se de. **Loc.** ~ os (seus) pecados. 5 Expelir pus. **Ex.** A ferida ainda purga [está a supurar(+)]. 6 ⇒ expurgar(+) «os erros do texto».

purgativo, a adj/s (<purgar + -ivo) (O) que purga/limpa tudo/purifica/Purgante.

purgatório, a adj (<lat purgatórius,a,um) 1 Que purga/purifica. 2 s m Maiúsc Lugar onde as almas, depois da morte, se purificam antes de entrarem no Céu. 3 fig Sofrimento/Tormento constante nesta vida [antes da morte]. **Ex.** O meu marido [pop homem] anda sempre com a bebedeira, é o meu ~ [, já tenho o meu ~ neste mundo].

puridade s f (<lat púritas,átis; ⇒ pureza) Termo us só na **Loc.** À ~ [Em segredo]. **Comb.** Hist Escrivão da ~ (Antigo cargo correspondente ao dos a(c)tuais secretários de Estado).

purificação s f (<lat purificátio,iónis) 1 A(c)to ou efeito de tornar algo puro tirando-lhe as impurezas. **Comb.** ~ da água. ~ de um metal. 2 A(c)to divino-humano de purificar(-se) do pecado. ⇒ ablução «litúrgica». 3 Catol Maiúsc Antiga Festa da P~ (de Nossa Senhora), também chamada Candelária ou Festa das Candeias e agora denominada (Festa da) Apresentação do Senhor (no templo) e celebrada como antes a [no dia] 2 de fevereiro.

purificador, ora adj/s (<purificar + -dor) 1 Que purifica. 2 Rel Pequeno pano branco com que o sacerdote limpa o cálice, depois de comungar/Sanguíneo/Purificatório(+)/Sanguinho. 3 Pequeno recipiente, colocado com água na mesa, para lavar as pontas dos dedos.

purificante adj 2g (<purificar + -ante) ⇒ purificador 1.

purificar v t (<lat purífico,áre,átum <púrus + -fácio) 1 Tornar puro. **Loc.** ~ a água [o ar]. ~ o cobre [ouro] (⇒ acrisolar). 2 Remir o [Limpar (a alma) do] pecado.

purificativo [**purificatório**], a ⇒ purificador.

puriforme adj 2g Med (<lat pus,úris: pus + -forme) Semelhante a pus.

purina s f Bioq (<lat púrum úricum ácidum: ácido úrico puro + -ina) Composto orgânico azotado, solúvel em água, que está na origem dos ácidos nucleicos.

purismo s m (<puro + -ismo) Defesa excessiva da pureza da linguagem [da língua nacional] contra qualquer influência de línguas estrangeiras. ⇒ vernaculidade. **Ant.** Estrangeirismo.

purista s/adj 2g (<puro + -ista) Partidário ou defensor do purismo. ⇒ ultraconservador.

puritanismo s m (<ing puritanism; ⇒ pureza) 1 Movimento protestante, nascido na Inglaterra e que se estendeu aos EUA, que defende a interpretação literal das Escrituras e que tem uma rigorosa disciplina e espírito de trabalho. 2 Moralismo.

puritano, a s/adj (<ing puritan) 1 Relativo ao puritanismo. **Comb.** Educação ~a. Princípios [Normas] ~s. 2 Membro ou defensor do puritanismo. 3 fig Severo moralista.

puro, a adj (<lat púrus,a,um) 1 Sem misturas ou impurezas/Genuíno. **Comb.** Água ~. Ar ~o [não poluído] «da praia/montanha». Lã ~a/100%. Ouro ~o/de lei. «eu bebo o» Uísque ~o [sem lhe adicionar nada]. Vinho ~o [idi não ba(p)tizado]. 2 fig Só/Mero/Simples. **Ex.** O que lhe digo [estou dizendo/a dizer] é a ~a (e simples) verdade. Foi tudo ~a imaginação sua «o seu marido não lhe foi infiel». Era uma paisagem de ~o deslumbramento [paisagem simplesmente deslumbrante]. O que lhe contaram é ~a mentira [é uma grande(ssíssima) mentira/é uma mentira redonda]! 3 Casto/Inocente. **Loc.** Ser ~ de alma e corpo. **Comb.** Coração [Alma] ~o[a]. Pensamentos ~s. 4 Honesto/Sincero/Re(c)to. **Comb.** Intenção pura «de ajudar alguém/de fazer o que Deus quer/só para agradar a Deus». 5 Vernáculo(o+)/Castiço(+). **Comb.** Estilo ~. Linguagem ~a/corre(c)ta. 6 Exclusivamente teórico. **Comb.** Matemáticas ~s «álgebra/geometria» [que estudam as propriedades dos números, das figuras geométricas, etc., sem qualquer aplicação prática em perspe(c)tiva]. 7 Zool Que não é produto de um cruzamento. **Ex.** É um cão de raça (~a)! **Ant.** Arraçado. ⇒ puro--sangue.

puro-sangue s/adj 2g Zool (<puro 7 + ...) (Diz-se de) animal, quase exclusivamente, equídeo de raça sele(c)cionada, sem cruzamento de outra raça. **Ex.** Esta égua é um ~. Os puros-sangues são excelentes cavalos de corrida. **Comb.** ~ árabe.

púrpura s f/adj 2g (<lat púrpura,ae) 1 Substância vermelho-escura extraída de um molusco, o múrice, us para tingir tecidos. 2 Cor dessa substância. 3 Tecido vermelho-escuro, próximo do roxo «para vestuário de rei, cardeais». 4 fig Dignidade [Cargo] de cardeal. 5 Med Doença cara(c)terizada por manchas purpúreas na pele e nas mucosas, devido ao extravasamento subcutâneo de sangue. **Ex.** A rodopsina [A ~ visual] é um pigmento sensível à cor vermelha dos bastonetes externos da retina e essencial para a visão em condições de luminosidade fraca.

purpurado, a adj/s (<lat purpurátus,a,um: «alto dignitário» vestido de púrpura) 1 ⇒ purpúreo(+). 2 ⇒ cardeal(+).

purpurar v t (<lat púrpuro,áre,átum) 1 Tingir «lã/seda» de [com] púrpura. 2 «O Papa» Nomear alguém cardeal(+).

purpurear v t (<púrpura + -ear) 1 Dar cor (de) púrpura/Avermelhar. **Ex.** O sol purpureia o firmamento ao raiar do dia. 2 ⇒ fig Ruborizar-se/Corar.

purpúreo, a adj (<lat purpúreus,a,um) Da cor da púrpura.

purpurina s f (<púrpura 1 + -ina) 1 Quím/Bot Substância extraída da raiz da granza [ruiva(-brava)], us na composição de pigmentos ácidos e cromáticos. 2 Pó metálico us em tipografia para impressões em ouro, prata ou bronze, para dourar ou pratear em pintura, para maquil(h)agem, etc.

purulência s f (<lat puruléntia,ae) 1 Estado purulento/Supuração «da ferida». 2 Pus.

purulento, a adj (<lat puruléntus,a,um) 1 Que tem ou segrega [deita] pus. **Comb.** Ferida ~. 2 Da natureza do pus/Podre.

pus s m (<lat pus,úris) Líquido espesso em que há grande quantidade de leucócitos alterados, proveniente de uma inflamação e no qual se podem encontrar os micróbios que a produziram.

pusilânime adj/s 2g (<lat pusillánimis,e <pusíllus: pequeno, fraco + ánimus: espírito) (Pessoa) que tem ânimo fraco/Cobarde. **Ex.** Ele é um ~! **Ant.** Corajoso/Destemido/Audacioso.

pusilanimidade s f (<lat pusillanímitas,átis) Falta de coragem/Cobardia. **Comb.** ~ [Fraqueza] de espírito. **Ant.** Coragem/Audácia.

pústula *s f Med* (<lat *pústula,ae*) **1** Pequena acumulação de pus, circunscrita, na pele. **Comb.** ~s da varíola. ⇒ antraz; carbúnculo. **2** *fig* Corrupção/Vício. **3** *fig* Pessoa corrupta/infame.

pustulento, a *adj* (<pústula + -ento) Com [Coberto de] pústulas «nas costas».

puta *s f cal* ⇒ prostituta.

putativo, a *adj* (<lat *putatívus,a,um*: imaginário, ~) Que se supõe [pensa] ser mas não é/Imaginário. **Ex.** S. José, esposo de Maria, é pai ~o de Jesus.

puteal *s m* (<lat *puteál,lis*) Bocal [Pequeno muro à volta] de poço ou piscina.

putedo (Tê) *s m Cal* (<puta + -edo) **1** ⇒ prostíbulo. **2** Grupo de prostitutas.

pútega *s f Bot* (<?) Planta herbácea, *Cýtinus hypocístis*, raflesiácea, parasita das raízes de várias plantas, de pequenas folhas sem clorofila e que se encontra no Centro e no Norte de Pt, também conhecida por *coalhadas*.

puto, a *s cal* (<lat *pútus,i* <*púer*: menino) **1** *gír* Garoto/Miúdo. **2** ⇒ *Br* Homossexual. **3** ⇒ Dinheiro miúdo/Tostão/Centavo/Vintém. **4** ⇒ Nada/Nicles.

putredinoso, a *adj* (<lat *putrédo,inis*: podridão + -oso) Em que há putrefa(c)ção. ⇒ podre.

putrefação (Fà) [*Br* **putrefa(c)ção** (*dg*)] *s f* [= putrefacção] (<lat *putrefáctio,iónis*) **1** Processo ou efeito de putrefazer(-se). **Ex.** O cadáver do animal «elefante» encontra-se em ~. ⇒ podridão; apodrecimento. **2** *Bioq* Fermentação cujo substrato de base é azotado, geralmente proteínas, e que é acompanhada da libertação de gases nauseabundos.

putrefaciente *adj 2g* (<lat *putrefácio, cere,fáctum*: apodrecer) Que causa putrefa(c)ção.

putrefacto, a [*Br* **putrefa(c)to** (*dg*)] *adj* (⇒ putrefazer) Que sofreu putrefa(c)ção/«fruto» Apodrecido.

putrefazer(-se) *v t* (<lat *putrefácio,cere, fáctum*) (Fazer) entrar em putrefa(c)ção.

putrescência *s f* (<lat *putrésco,ere*: estragar-se, apodrecer + ência) Estado de putrefa(c)ção.

putrescente *adj 2g* (⇒ putrescência) Que entrou em putrefa(c)ção.

putrescível *adj 2g* (<lat *putrescíbilis,e*) Que pode putrefazer-se/«alimento» Deteriorável(+).

pútrido, a *adj* (<lat *pútridus,a,um*) **1** Podre/Estragado/Insalubre(+). **Ex.** As águas ~s do charco [poço/da poça] eram um viveiro de micróbios e doenças. **2** Que cheira mal/Fétido/Pestilento. **3** *fig* ⇒ corrupto/indecente.

putrificar(-se) ⇒ putrefazer(-se); apodrecer.

puxa *interj Br* (<?) Traduz alegria, assombro, impaciência, aborrecimento. **Sin.** Puxa vida!; Nossa (Senhora)!; Apre!; Caramba! ⇒ puxa-puxa; puxa-saco.

puxada *s f* (<puxar + -ada) **1** A(c)to ou efeito de puxar. ⇒ puxadela; puxão; empurrão. **2** «no jogo das cartas» Carta [Naipe] que um jogador puxa [põe na mesa], ao principiar a mão [uma jogada]. **3** Importância de cada parcela duma fa(c)tura. **4** Caminhada longa e penosa [e cansativa]/Estirão(+).

puxadeira *s f* (<puxar + -eira) As(elh)a/Pega por onde [com que] se puxa algo «a bota para calçar». ⇒ puxador **1**.

puxadela (Dé) *s f* (<puxar + -dela) A(c)to de puxar um pouco «pela (chave da) porta».

puxado, a *adj* (<puxar + -ado) **1** «corda/fio» Esticado/Retesado. **2** Muito caro. **Ex.** O preço da casa é muito [demasiado] ~ [alto] para as minhas posses. **3** Esmerado no vestir, na maneira de falar ou de se apresentar/Puxadinho/Janota/Peralta. **Comb. Idi ~ à substância** [Apurado/Esmerado/Todo corre(c)to]. **4** *Cul* Apurado ou concentrado em demasia. **Ex.** Este molho de carne está um pouco ~. **5** Difícil de mais [*Br* demais]. **Ex.** O exame [teste/A prova] «de *Mat*» foi bastante ~o/a. **6** *(D)esp* Diz-se de bola «no bilhar» batida de tal maneira que, depois de bater noutra, retrocede desviando-se. **Ex.** A bola «do livro, no futebol» ia ~a [com efeito]. **7** Solicitado/Instado/Levado. **Ex.** Não queria ir à festa de família no restaurante, mas, muito ~ pelo irmão, lá foi [, acabou por ir].

puxador *s m* (<puxar + -dor) **1** Pequena peça de madeira ou de outro material, com vários formatos, por onde se puxa para abrir gavetas, portas de armário, etc. ⇒ puxadeira; puxavante. **2** Pessoa que puxa [dirige] um cântico/um protesto/... **Comb.** ~ de terço/rosário [Pessoa que recita a primeira parte das ave-marias, respondendo o grupo com a outra metade]. **3** *Br* Ladrão de automóveis. **4** Qualquer coisa que serve para puxar.

puxanço *s m* ⇒ puxão.

puxante *adj 2g* (<puxar + -ante) **1** Que puxa. ⇒ puxador. **2** *fig* Picante(+)/Salgado. **Ex.** Evite alimentos ~s! **3** O que desperta o apetite ou o desejo de comer ou beber/Aperitivo(+). **Ex.** As azeitonas e o presunto são bons ~s/aperitivos(+).

puxão *s m* (<puxar + -ão) A(c)to ou efeito de puxar com violência/Esticão. **Ex.** O miúdo, zangado, deu um ~ no(s) cabelo(s) à irmã. **Comb.** Um ~ de orelha(s) **a)** Corre(c)tivo que consiste em puxar ou torcer a orelha de alguém; **b)** *fig* Censura/Admoestação/Repreensão (Ex. O ministro levou um ~ de orelhas do Presidente).

puxa-puxa *adj 2g 2n/s m 2n Br* (<puxar) (Diz-se de) guloseima «rebuçado/bala» ou doce de consistência elástica. **Comb.** Balas ~.

puxar *v t/int* (<lat *púlso,áre,átum*: impelir, bater; ⇒ pulsar[1]) **1** Atrair/Trazer para si [para cá]. **Ex.** Puxou (de) uma cadeira para se sentar. Puxou bem o cobertor até aos ombros e adormeceu. Nas portas está "PUXE" ou "EMPURRE": o primeiro significa abri-la para o lado de quem abre e o segundo para o lado contrário. **Idi.** *~ a brasa para a sua sardinha* [Defender os seus interesses/*Primeiro eu*]. **Ant.** Empurrar. **2** Estimular/Suscitar/Provocar/Atrair. **Ex.** A claque [torcida] puxou pela equipa/e conseguiram ganhar «3 a 2». O ar do mar puxa o apetite. **Loc.** *~ conversa* [Começar a falar/Quebrar o silêncio]. *idi ~ pela cabeça/cachimó[ô]nia* [Esforçar-se mentalmente para resolver um problema]. *idi ~ pela língua* [Fazer com que alguém nos revele segredos]. *~ pela voz* [Esforçar-se por falar ou cantar mais alto]. *Palavra puxa palavra* [Expressão *us* para dizer que numa discussão um diz uma coisa e o outro diz outra e tudo acaba mal/e os dois ficam zangados]. **3** Deslocar/Arrastar. **Ex.** Puxei-o pelo braço e salvei-o de ser atropelado (por um carro). Os cavalos puxavam uma grande carroça de areia. **4** Esticar/Retesar «a corda/o fio». **5** Ter vocação [tendência]/Tender/Inclinar-se. **Ex.** Ele puxa (mais) para médico. **6** Parecer-se com. **Ex.** Ela puxa [parece-se] mais ao pai do que à mãe. **7** *Cul* Apurar [Fazer com que «a sopa/o puré» fique mais concentrado/espesso]. **Loc.** ~ o molho estufado. **8** Fazer força para evacuar. **9** Tirar de dentro de algo. **Ex.** Puxou de [da carteira] uma nota de 100 € e pagou o nosso almoço. **Loc.** *~ pela/da(+) espada* «e cortar a cabeça ao inimigo». **10** Esmerar-se no vestir/Ser janota. **Ex.** Este rapaz puxa-se bem. **11** Dirigir/Animar «uma a(c)tividade cole(c)tiva» (⇒ puxador **2 Comb.**). **Loc.** ~ *o protesto* [a vaia] «ao Governo». ~ *o* [a reza do] *terço* «na igreja». **12** Friccionar. **Loc.** ~ *o brilho da salva* [*bandeja*] *de prata*. ~ [Espalhar bem] *a tinta* «para não deixar [não ficarem] bolhas». **13** Virar/Encaminhar. **Ex.** Tentava ~ a conversa para o (assunto) que mais lhe interessava.

puxa-saco *adj/s 2g Br* ⇒ adulador/bajulador/manteigueiro/engraxa(dor).

puxavante *adj 2g/s m* (<puxar + avante) **1** ⇒ puxante. **2** Instrumento de ferrador para aparar o casco dos animais «cavalo». **3** Utensílio de calafate para arrancar a estopa velha das fendas das embarcações.

puxo *s m* (<puxar) **1** Contra(c)ção uterina ou cada esforço do parto. **2** ⇒ tenesmo.

puzzle (Pázel) *ing* ⇒ quebra-cabeça(s).

q (Quê) *s m* (<lat *q, Q*) **1** Décima sétima letra do alfabeto português. **Ex.** O ~ só se emprega associado ao *u*, que pode ler-se «quando (Kuan)» ou não «quente (Ken)». **2** *adj* Décimo sétimo lugar numa série indicada por letras do alfabeto. **Ex.** Só há lugares [cadeiras vagas] na fila Q. **Comb.** Alínea *q)*. **3** *Ele(c)tri Maiúsc* Símbolo de quantidade de ele(c)tricidade «transportada por uma corrente elé(c)trica num determinado intervalo de tempo». **4** *Fís Maiúsc* Símbolo da quantidade de calor «dS = dQ/T». **5** *Mat Maiúsc* Símbolo que representa o conjunto dos números racionais.

Qatar *s m Geog* Pequeno país independente situado a Leste da Arábia Saudita, no Golfo Pérsico, cuja capital é Doha.

q b *Farmácia* Sigla de *quanto basta*.

QI Sigla de *Quociente de Inteligência*.

quadra *s f* (<lat *quádra, ae*: quadrado, forma quadrada) **1** *Liter* Estrofe composta por quatro versos/Quarteto. **Comb.** Concurso de ~s populares. **2** Carta de jogar, peça de dominó ou face de dado que tem quatro pintas. **3** Série de quatro elementos. **Comb.** «na quermesse, saiu-me» Uma ~ de sacos de guardanapo. **4** Compartimento ou recinto quadrado. **Ex.** Esta ~ do recreio é reservada às crianças de menos de quatro anos de idade. **5** (Qualquer período de) tempo(+)/Época/Altura. **Comb.** ~ *das férias*. ~ *das vindimas*. ~ *do Natal*. ~ *dos exames*.

quadradinho *s m* (<quadrado + -inho; ⇒ quadro) Um quadrado pequeno. **Ex.** «para calar a criança» Deu-lhe um ~ de chocolate. **Comb.** História aos ~s/*Br* quadrinhos [contada através de desenhos sequenciais]. ⇒ banda desenhada.

quadrado, a *s m/adj* (<lat *quadrátus, a, um*) **1** *Geom* Polígono com quatro lados iguais e quatro ângulos re(c)tos. **Ex.** A área do ~ obtém-se multiplicando por si mesmo o valor dum lado. **2** Obje(c)to [Superfície] que tem essa forma (⇒ ~ 5). **Ex.** O recreio da escola é um ~. As peças do jogo são ~s com bonecos pintados. **Comb.** Tecido aos ~s. **3** *Mat* Produto de um número por si mesmo/Potência de expoente 2 «$5^2 = 25$». **Ex.** Nove é o ~ de três [Três elevado ao ~ é nove]. **Comb.** ~ perfeito [Número cuja raiz ~a é um (número) inteiro]. **4** Formação militar com os soldados dispostos de forma a combater em quatro frentes. **Ex.** Na batalha de Aljubarrota (em 14/08/1385), Nuno Álvares Pereira dispôs as tropas portuguesas em ~ e assim derrotou o exército castelhano, muito mais numeroso. **5** *adj* Que tem a forma de um polígono de quatro lados iguais e quatro ângulos re(c)tos. **Comb.** *Mesa ~a. Sala ~a. Terreno ~*. **6** *idi* Pouco inteligente/Limitado/Obtuso. **Comb.** Mentalidade [De cabeça] ~a. **7** *fig* (Diz-se de) pessoa baixa e gorda. **8** *Mat* (Diz-se da) raiz de índice dois. **Ex.** Dez não tem raiz ~a exa(c)ta [A raiz ~a de dez não é um número inteiro].

quadragenário, a *adj* (<lat *quadragenárius, a, um*) **1** Que ocupa o último lugar numa série de quarenta/Quadragésimo(+). **2** (O) que está [tem idade] na casa dos 40 (anos)/Quarentão(+). ⇒ quadringentenário.

quadragésimo, a *adj/num ordinal/num fra(c)cionário/s* (<lat *quadragésimus, a, um*; ⇒ quadringentésimo. **1** (O) que numa série ocupa o lugar a seguir ao trigésimo nono/(O) último numa série de quarenta. **Ex.** Cortou a meta na ~a posição [O ~ cortou «neste momento» a meta]. **2** (O) que resulta da divisão de um todo por 40/Cada uma das quarenta partes iguais em que se dividiu um todo. **Ex.** Comprei um ~ dum bilhete de lota[e]ria. Cada um dos (40) apostadores recebeu a ~a parte do pré[ê]mio.

quadrangular *adj 2g* (<quadrângulo + -ar²) **1** Que tem quatro ângulos. **Ex.** O re(c)tângulo e o losango são polígonos ~es. **Comb.** Terreno ~ irregular. **2** Que tem por base um quadrângulo [quadrilátero(+)]. **Comb.** Pirâmide [Prisma] ~.

quadrângulo *s m Geom* (<lat *quadrángulum, i*) Polígono que tem quatro ângulos/Quadrilátero.

quadrante *s m* (<lat *quádrans, ántis*: a quarta parte, um quarto) **1** *Geom* Cada uma das quatro partes dum plano determinadas pelas re(c)tas dum referencial cartesiano. **Ex.** A ordem dos ~s é contada no sentido dire(c)to [contrário aos ponteiros do relógio] a partir do que é definido pelas semirre(c)tas positivas dos eixos coordenados. **2** Quarta parte dum círculo. **3** Se(c)tor circular limitado pelos lados de um ângulo de 90° e pelo respe(c)tivo arco de circunferência. **4** Quarta parte da esfera. **5** Mostrador(+) de relógio e de outros instrumentos. **Ex.** Percorreu com o cursor o ~ do rádio [da telefonia] procurando sintonizar a sua emissora preferida. **Comb.** ~ de um voltímetro [amperímetro]. **5** *Aer/Náut* Instrumento ó(p)tico de reflexão cujo limbo graduado corresponde à quarta parte dum círculo (90°) e que permite medir ângulos, a altura dos astros e as distâncias angulares dos astros.

quadrar *v t/int* (<lat *quádro, áre, átum*) **1** Dar forma quadrada. **Loc.** ~ um lote de terreno. **2** *Mat* Calcular a potência de expoente 2/Elevar ao quadrado/Multiplicar um número por si próprio «$5^2 = 5×5 = 25$». **3** Ser conveniente/Agradar. **Ex.** Um emprego [ofício/lugar] que lhe quadra *idi* a matar [perfeitamente/muito bem]. **4** Adaptar-se/Ser conforme. **Ex.** Uma história [descrição dum fa(c)to] que não quadra com a realidade [Uma história falsa/Uma mentira].

quadrático, a *adj* (<lat *quadrátum + -ico*) **1** Relativo ao quadrado. **Comb.** Forma quadrática. **2** *Mat* (Que é) do 2.° grau(+). **Comb.** Equação ~a.

quadratura¹ *s f* (<lat *quadratúra, ae*) **1** A(c)to ou efeito de quadrar. **2** Redução de uma figura geométrica a um quadrado. **3** *Geom* Operação que determina um quadrado de área equivalente a uma dada figura geométrica. **Idi.** ~ *do círculo* [Redução de um círculo ao quadrado de área equivalente (Problema geometricamente impossível)]. **4** *Astr* Posição ocupada por dois astros quando as suas longitudes diferem de 90°. **Ex.** A Lua encontra-se em ~ (com a Terra) no quarto crescente e no quarto minguante.

quadratura² *s f Arte* (<it *quadratura*) Pintura de ornatos arquite(c)tó[ô]nicos.

quadraturista *s 2g* (<quadratura² + -ista) Pintor de quadraturas.

quadrela (Dré) *s f* (< quadra+-ela) **1** Lado [Face] dum edifício. **2** Lanço de edifícios em construção/Parede/Muro. **3** Lanço de muralha. **4** Pequeno terreno cultivado/Courela/Belga.

quadri- *elem de formação* (<lat *quádri-* <*quattuor*: quatro) Exprime a ideia de *quatro* «quadriângulo/quadrilátero» e também de *quadrado* «quadrícula/quadriculado».

quadriângulo *s m Geom* (<quadri- +...) Figura geométrica que tem quatro ângulos/Quadrilátero(+).

quádrica *s f Mat* (<quadra + -ica) Conjunto de pontos cujas coordenadas cartesianas satisfazem uma equação algébrica inteira do 2.° grau. **Ex.** O elipsoide, os hiperboloides (de uma e duas folhas) e os paraboloides (elíptico e hiperbólico) são as ~s mais importantes.

quadríceps [quadricípite] *s m Anat* (<lat *quadríceps, cípitis*: que tem quatro cabeças) Músculo volumoso da coxa que tem quatro porções distintas.

quadriciclo *s m* (<quadri- +...) Veículo de quatro rodas «a(c)cionado por pedais». ⇒ triciclo.

quadricolor *adj 2g* (<quadri- + lat *color*: cor) Que tem quatro cores diferentes. **Comb.** Bandeira ~.

quadricórneo, a *adj* (<quadri- +...) **1** *Zool* Diz-se do animal que tem dois pares de antenas ou de cornos. **2** *Bot* Diz-se da antera que tem quatro saliências em bico.

quadricromia *s f* (<quadri- + -cromia) **1** Impressão a quatro cores/Tetracromia. **2** Gravura impressa a quatro cores.

quadrícula/o *s* (<quadri- + -cula/o) **1** *s f* Pequena quadra. **2** *s m* Pequeno quadrado. **Loc.** «ao preencher um impresso/formulário» Escrever o nome com uma letra em cada ~.

quadriculado, a *adj/s m* (<quadricular + -ado) **1** Dividido em quadrículas. **Comb.** Papel ~. **2** *s m* Conjunto de quadrículas. **Ex.** O ~ «do impresso» não está todo [completamente] preenchido. **Comb.** Folha de papel «dum bloco de apontamentos» com um ~ largo.

quadricular *v t/adj 2g* (<quadrícula + -ar¹/²) **1** Dividir em quadrículas. **Loc.** ~ uma folha de papel «A_4, de máquina». **2** *adj* Que tem forma de quadrícula/Quadriculado.

quadricúspide *adj 2g* (<quadri- +...) Que termina em quatro pontas aguçadas. ⇒ bicúspide.

quadridentado, a *adj* (<quadri- +...) «folha de árvore» Que tem quatro saliências/dentes/recortes.

quadrienal *adj 2g* (<quadriénio + -al) Que se realiza de quatro em quatro anos. **Ex.** Os Jogos Olímpicos são ~ais.

quadriénio [*Br* quadriênio] *s m* (<lat *quadriennium, ii*) Período de quatro anos. **Ex.** Em Portugal, cada legislatura tem a duração normal de um ~.

quadriflóreo, a *adj Bot* (<quadri- +...) **1** Que tem quatro flores. **2** Que tem as flores dispostas quatro a quatro.

quadrifoliado, a *adj Bot* (<quadri- +...) Que é constituído por quatro folíolos/Quadrifólio.

quadrifólio, a *adj/s m* (<quadri- + lat *fólium, ii*: folha) **1** *Bot* Que tem quatro folhas/Quadrifoliado. **2** *Bot* Que tem as folhas dispostas quatro a quatro. **3** *Arquit* Ornato constituído por quatro círculos tangentes (Não concêntricos), circunscritos por um círculo maior.

quadrifonia *s f* (<quadri- +...) Processo de regist(r)o e reprodução de som que recorre a quatro fontes (Canais) distintas com a finalidade de amplificar a intensidade do som. ⇒ estereofonia.

quadriforme *adj 2g* (<quadri- + -forme) **1** Que possui quatro formas/figuras/imagens. **2** *Miner* Que resulta da combinação de quatro formas cristalinas.

quadriga s f (<lat *quadríga, ae*) Carro de corrida, de duas rodas, puxado por quatro cavalos, na mesma linha [, ao lado uns dos outros]. **Ex.** As corridas de ~s (e de brigas e trigas) eram o espe(c)táculo predile(c)to das grandes festas circenses (No circo romano) realizadas na Grécia e em Roma.

quadrigémeo, a [*Br* **quadrigêmeo**] adj/s (<quadri- +...) **1** (Diz-se de) cada um dos quatro indivíduos nascidos do mesmo parto. **Comb.** Mulher que *deu à luz ~s. Parto ~*. **2** *Anat* (Diz-se das) formações salientes (Dois pares) e arredondadas do encéfalo, situadas por cima do aqueduto de Sílvio.

quadril s m *Anat* (< ?) **1** Proeminência lateral do corpo desde a cintura à coxa/Anca. **Loc.** Pôr as mãos nos ~is «em atitude arrogante ou de expe(c)tativa/espera». **2** Região do corpo dos bovídeos onde termina o fio do lombo/Alcatra.

quadrilateral adj 2g (<quadrilátero + -al) Que tem quatro lados.

quadrilátero, a s m/adj (<lat *quadriláterus, a, um*) **1** *Geom* Polígono de quatro lados. ⇒ quadrângulo. **2** Que tem quatro lados/Quadrilateral.

quadrilha s f (<esp *cuadrilla*) **1** Bando de ladrões ou salteadores. **Ex.** A polícia prendeu dois indivíduos pertencentes a uma ~ que assaltava postos de gasolina [de abastecimento de combustível]. **2** Dança originariamente formada por grupos de quatro pares. **Ex.** A ~ é uma dança popular brasileira, própria dos festejos joaninos (Festas dos santos festejados em junho: S. Antó[ô]nio, S. João Ba(p)tista e S. Pedro e S. Paulo). Na Indonésia e no Sri Lanka ainda dançam uma ~ a que dão o nome de *portuguese quadrilha* (~ portuguesa). **3** *Hist* Grupo de quatro cavaleiros dispostos para o jogo das canas. **4** *Náut* Pequena esquadra de navios de guerra ou de aviões/Esquadrilha/Flotilha. **5** Grupo de soldados que policiavam as ruas durante a noite. **6** Em tauromaquia, conjunto formado por toureiro, (picadores) e bandarilheiros. **7** *pop* Multidão/Chusma/Magote.

quadrilheiro s m (<quadrilha + -eiro) **1** Membro duma quadrilha/Salteador(+). **2** Soldado que fazia a ronda da noite/Rondador.

quadrilobulado, a adj *Bot* (<quadri- +...) «folha» Que tem quatro lóbulos.

quadrilongo, a adj (<quadri- +...) «re(c)tângulo» Que tem quatro lados paralelos dois a dois, sendo dois mais compridos que os outros.

quadrímano, a adj/s (<quadri- + lat *mánus, us*: mão) **1** *Zool* Que tem quatro tarsos alongados como mãos. **2** *Ent* (Diz-se de) grupo de inse(c)tos coleópteros que apresenta quatro tarsos alongados como mãos.

quadrimembre adj 2g (<lat *quadrimémbris, e*) Que tem quatro membros «homem».

quadrimestral adj 2g (<quadrimestre + -al) **1** Relativo a quadrimestre. **Comb.** Avaliação ~ «da execução do orçamento». **2** Que sucede [se realiza] de quatro em quatro meses. **Comb.** Publicação ~.

quadrimestre s m (<lat *quadriméstris, e*) Período de quatro meses. ⇒ trimestre.

quadrimotor, a adj/s m (<quadri- +...) **1** Que tem quatro motores. **2** *Aer* Avião equipado com [movido por] quatro motores.

quadringentenário s m (<lat *quadringentenárius, a, um*) Comemoração «em 1900» de um fa(c)to «descobrimento do Brasil» ocorrido quatrocentos anos antes/Quadricentenário(+). ⇒ quadragenário.

quadringentésimo, a n ord (<lat *quadringentésimus, a, um*; ⇒ quadragésimo) **1** (O) que numa série ocupa a posição número quatrocentos. **2** Cada uma das partes que resulta da divisão de um todo [da unidade] por quatrocentos.

quadrinhos s m *Br* ⇒ quadradinho.

quadrinómio [*Br* **quadrinômio**] s m *Mat* (<quadri- + gr *nomós*: parte + -io) Polinó[ô]mio com quatro termos (Monó[ô]mios).

quadripartido, a adj (<quadri- +...) Dividido em quatro partes. **Ex.** O coração humano é um órgão ~.

quadripolo (Pó) s m *Ele(c)tri* (<quadri- + polo) Distribuição de quatro cargas elé(c)tricas iguais nos vértices dum paralelogramo, sendo alternadamente positivas e negativas.

quadrissecular adj 2g (<quadri- + secular) Que tem quatro séculos. ⇒ bissecular.

quadrissílabo, a adj/s m (<quadri- + sílaba) (O) [Palavra] que é composto/a por quatro sílabas. **Ex.** *Comércio* é um [uma palavra] ~o/a. **Comb.** Verso ~. ⇒ mono[poli]ssílabo.

quadrivalve adj 2g (<quadri- + lat *valve*: batente de porta) **1** *Zool* Que tem quatro valvas. ⇒ bi[uni]valve. **2** *Bot* (Fruto) que abre por quatro fendas.

quadrivalvulado, a [**quadrivalvular**] adj [2g] Que possui quatro válvulas.

quadrívio [**quadrivium**] s m *Hist* (<lat *quadrívium, ii*) **1** *Hist* Na Alta Idade Média, estudo constituído pela Geometria, Aritmética, Astronomia e Música. ⇒ trívio [trivium]. **2** ⇒ encruzilhada; cruzamento.

quadro s m (<lat *quadrum, i*: um quadrado) **1** O que tem a forma de um quadrado/Espaço limitado por quatro lados iguais. **Comb.** Tablete de chocolate formada por [dividida em] pequenos ~s. **2** Caixilho/Moldura(+). **Ex.** Comprei um quadro para (encaixilhar) a fotografia onde estamos todos. **3** Obra (artística) de pintura, desenho, fotografia geralmente cercada por uma moldura. **Comb.** «A Última Ceia, de Leonardo Da Vinci» ~ considerado uma obra-prima da pintura. **4** Peça quadrangular «de ardósia» usada para nela se escrever «em aulas/reuniões». **Comb.** ~ preto [Lousa escolar, geralmente fixa na parede/Pedra] (Loc. Ir ao ~ (preto)/à pedra [Numa aula, ser chamado a resolver problemas/fazer exercícios no ~, na presença da turma]). **5** Expositor, fixo ou móvel, onde são colocados avisos e informações diversas/Placar(d)/Tabela. **Comb.** *~ de honra* [Lista de alunos duma escola que se distinguem pelo seu aproveitamento/comportamento/Lista de pessoal de reconhecido mérito numa instituição]. **6** Painel de controle duma instalação. **Comb.** *~ de comando* «dum posto de bombagem». *~ elé(c)trico* «duma residência doméstica/dum hotel». *~ sinó(p)tico* [que dá indicações sobre o estado a(c)tual de funcionamento «duma instalação industrial»]. **7** Conjunto de dados organizados e apresentados de modo que seja visível a relação entre eles. **Comb.** *~ da evolução* «das exportações». *~ do consumo mensal* «de ele(c)tricidade». **8** Conjunto hierarquizado de lugares permanentes de um determinado serviço. **9** Conjunto de profissionais necessário para assegurar o funcionamento de determinada organização ou serviço/~ de pessoal. **Ex.** O ~ ainda tem vagas por preencher. **Comb.** Pessoal (contratado) além do ~. **10** Pessoal qualificado de uma empresa ou instituição. **Comb.** *~s dirigentes* [superiores]. *Formação de ~s*. **11** *Mil* Conjunto dos oficiais de carreira na organização militar. **12** Estrutura metálica das bicicletas e motociclos. **Comb.** Bicicleta com ~ em alumínio. **13** Descrição animada, de viva voz ou por escrito, de um acontecimento [de uma situação]. **Ex.** O Primeiro Ministro descreveu [*idi* pintou(+)] o ~ da situação econó[ô]mica do país com tintas muito negras [do país como muito má]. **14** *Teat* Subdivisão de um a(c)to que corresponde à mudança de cenário. **Comb.** ~ vivo [Representação de uma cena «popular/bíblica» por pessoas nas atitudes e posições requeridas pelo assunto tratado]. ⇒ cena.

quadrúpede s m/adj 2g *Zool* (<lat *quádrupes, pedis*) (Mamífero) que apoia no solo os quatro membros para a locomoção normal/(O) que tem quatro patas. **Ex.** Os mamíferos terrestres, com exce(p)ção do homem, do macaco e do morcego, são todos ~s. **Comb.** «cavalo» Animal ~.

quadruplicação s f (<quadruplicar + -ção) A(c)to ou efeito de quadruplicar [multiplicar por quatro]. ⇒ multiplicação.

quadruplicar v t/int (<lat *quadrúplico, áre, átum*) Multiplicar(-se) por quatro/Tornar(-se) quatro vezes maior. **Ex.** O número de candidatos à universidade [ao ensino superior] quadruplicou «nos últimos dez anos». A empresa tem por obje(c)tivo para o próximo ano ~ as exportações. ⇒ tri[multi]plicar.

quádruplo, a adj/s m (<lat *quádruplus, a, um*) **1** (O) que é quatro vezes maior. **Ex.** Vinte é o ~ de cinco. A produção de azeite foi ~a [foi o ~] da do ano anterior. **2** Que tem quatro elementos iguais ou muito semelhantes. **Ex.** Para aumentar as vendas, muitos produtos «sabonetes/pacotes de lenços de papel» são apresentados em conjuntos [embalagens] ~os/as. ⇒ tri[múlti]plo.

qual pron/conj (<lat *quális, e*) **1** pron relativo Refere-se a uma palavra (Nome/Pronome) antecedente e é sempre precedido pelo artigo definido. **Ex.** A pessoa de que te falei e com a ~ te vais encontrar «é simpática e acolhedora». Os jogos olímpicos, em que [, nos ~ais] participam atletas de todo o mundo, realizam-se de quatro em quatro anos. **Comb.** *~!/~ quê!* [Expressão de espanto e oposição] (Ex. Ainda te hei de ver com os cabelos pintados assim «de verde». – ~! Não te passe pela cabeça tal coisa!). *Tal (e) ~* [Assim mesmo/Exa(c)tamente] (Ex. Ele disse isso? – Tal (e) ~, foram exa(c)tamente essas (as) palavras que empreguei). **2** pron interr Que/Que pessoa/coisa. **Ex.** Dos escritores portugueses contemporâneos, ~ é o teu preferido? ~ de vocês pode ir à loja comprar um pacote de margarina? Os dois ciclistas correm a par, ~ deles será o vencedor? Ignoro ~ seja a(c)tualmente a população de Portugal. **3** conj Como/Assim como/Que nem. **Ex.** Ele chorava [*idi* desatou num chorar] ~ criança mimada.

qualidade s f (<lat *quálitas, átis*; ⇒ qual) **1** Propriedade [Atributo/Cara(c)terística/Predicado] ou condição natural que distingue uma pessoa/coisa das outras. **Ex.** A (fraca/má) ~ da confe(c)ção não condiz com a (boa/excelente) ~ do tecido «do fato/vestido». Em Portugal há terrenos de excelente ~ para horticultura e fruticultura. **Comb.** *~ de vida* [Condições favoráveis ao bem-estar e à realização pessoal]. *De ~* [Que tem valor/boas cara(c)terísticas/Excelente] (Comb. Restaurante/Hotel de ~). *Na ~ de* [A título de/Com o estatuto de] (Loc. Assinar um documento «contrato/

escritura» na ~ de administrador/representante duma empresa). **2** Excelência de alguma coisa/Superioridade. **Ex.** Prefiro a ~ «da comida» à quantidade. **Loc.** Melhorar a ~ «da produção/do produto». **Comb.** «Toyota/Philips» Marca de ~. **3** Atributo moral ou intelectual/Capacidade/Valor/Mérito. **Ex.** Ele tem as ~s necessárias para o desempenho dessa função. **4** Valor moral/Virtude/Dom. **Ex.** Era muito estimado pelos colegas por causa das suas ~s [das ~s que possuía]. **5** Espécie/Variedade/Casta. **Ex.** Tenho uvas de mesa de várias ~s, todas elas excelentes. **6** *depr* Laia/Condição. **Ex.** Nunca me viram na companhia de vigaristas dessa [de tal] ~. **7** Estatuto [Condição] social/profissional/... **Comb.** ~ de eleitor [militante do partido]. **8** *Fil* Aspe(c)to sensível e essencial de um obje(c)to. **Ex.** A ~ é a diferença pela qual uma substância se distingue essencialmente de outra. **Comb.** ~*s primárias*/primeiras [inseparáveis do sujeito ou do corpo «solidez/extensão/movimento»; são obje(c)tivas]. ~*s secundárias*/segundas [As que os obje(c)tos têm e que produzem em nós, pelas ~s primárias, várias sensações «cor/gosto»; são subje(c)tivas].

qualificação *s f* (<qualificar + -ção) **1** A(c)to ou efeito de qualificar(-se). **2** Aptidão confirmada para desempenhar certas funções «participar em a(c)tividades/concursos». **Comb.** Provas de ~ «para participar nos Jogos Olímpicos». **3** Preparação específica para um cargo/uma profissão. **Ex.** A empresa aposta [está muito empenhada] na ~ do seu pessoal. **4** Posição «social/profissional» reconhecida por quem de direito/Categoria. **Comb.** Ele(c)tricista com a ~ *de 1.º oficial*. Nobre com a ~ *de marquês*. **5** *Ling* Cara(c)terização através de um qualificativo. **Ex.** A ~ dos seres/das ideias é dada pelos adje(c)tivos: homem «alto/baixo/gordo/magro»; ideia «brilhante/disparatada»; tristeza «profunda/mórbida/doentia».

qualificado, a *adj* (<qualificar + -ado) **1** Que obteve [recebeu] qualificação. **Comb.** Ele(c)trodoméstico «frigorífico» ~ com a letra A quanto ao consumo energético. **2** Habilitado/Apto. **Ex.** A empresa só admite profissionais «ele(c)tricistas/serralheiros» ~s. **3** De elevada categoria/competência/Reputado. **Comb.** Pessoa muito ~a «em informática». **4** *Dir* Diz-se de crime cometido por pessoa ou em circunstâncias que agravam a responsabilidade penal. **Comb.** Roubo ~ «praticado com violência sobre pessoas/cometido por um agente da autoridade». **5** *(D)esp* Que satisfaz as condições mínimas requeridas para a participação numa competição/prova (d)esportiva. **Comb.** Atleta ~ para disputar os 5000 e 10 000 metros «no campeonato europeu de atletismo».

qualificador, ora *adj/s* (<qualificar + -dor) (O) que qualifica/serve [é utilizado] para qualificar.

qualificar *v t* (<qual + -ficar) **1** Atribuir uma qualidade/Dar formação/instrução. **Ex.** A empresa está a ~ muitos operários indiferenciados. **2** Indicar qualidade/classe/categoria. **Ex.** O diploma qualifica[prova]-o como [mostra que é] engenheiro. **Loc.** ~ de incapaz [Declará-*lo/a* incapaz]. **3** Fazer a avaliação/Apreciar. **Ex.** Os trabalhos do concurso «literário/científico» serão qualificados por um júri de especialistas. **4** Emitir opinião/Julgar. **Ex.** O ministro não quis ~ [não quis pronunciar-se sobre] as afirmações do líder da oposição. **5** Passar duma fase «duma competição/dum concurso» à fase seguinte/Apurar-se. **Ex.** Nos últimos campeonatos de futebol, tanto europeu como mundial, a equipa nacional portuguesa qualificou-se sempre para a fase final. **6** *Gram* Determinar [Modificar] o significado «dum substantivo/duma frase» restringindo-o ou ampliando-o. **Comb.** Homem bondoso (*Bondoso* qualifica o sujeito a que se refere).

qualificativo, a *adj/s m* (<qualificar + -tivo) (O) que qualifica [exprime a qualidade/indica uma cara(c)terística]. **Ex.** O ~ de "Pai dos pobres" foi justamente atribuído ao P. Américo, fundador da Casa do Gaiato «no Porto, Pt».

qualificável *adj 2g* (<qualificar **5** + -vel) Que se pode qualificar. **Comb.** Atleta ~ «para os Jogos Olímpicos». **Ant.** In~.

qualitativamente *adv* (<qualitativo + -mente) **1** De modo qualitativo. **Comb.** Rochas «mármore e calcário compa(c)to» de composição ~ idêntica. **2** Em relação à qualidade. **Ex.** O número de alunos aumentou, mas ~ o ensino não melhorou. **Ant.** Quantitativamente.

qualitativo, a *adj* (<lat *qualitatívus, a, um*) Relativo à qualidade. **Comb.** Avaliação [Análise] ~a dum trabalho «científico/literário». Composição ~a «dum mineral/dum composto químico».

qualquer *pron indef* (<qual + quer) **1** Um(a)/Algum(a). **Ex.** ~ dia vou [irei] visitar-te. Hoje [A(c)tualmente] ~ rapariga [mulher] pode trabalhar nas minas. **2** Q~ que seja/Não importa qual/Indeterminado. **Ex.** Põe a carne numa travessa ~ «inox/de loiça», grande/pequena». **3** Todo/a. **Ex.** ~ pessoa [Toda a gente/~ um] sabe isso. **4** *pej* Sem importância/Comum/Vulgar. **Ex.** ~ futebolista *idi* podre de [muitíssimo] rico» Não ia comprar [Nunca compraria] um carro ~. Ela não é uma mulher ~ [Ela é uma mulher extraordinária].

quando *adv/conj* (<lat *quando*) **1** Em que tempo/ocasião. **Ex.** ~ vens? ~ (é que) fazes anos? **Comb.** ~ *muito* [Na melhor das hipóteses/Se tanto/No máximo] (Ex. Ele ganha(rá), ~ muito, 1000 euros por mês). ~ *não* [Se assim não for/Caso contrário/Senão] (Ex. Vai estudar, ~ não, ficas de castigo a tarde inteira). *(A)* ~ *de* [Por ocasião de/Na altura de] (Ex. A ~ das festas da cidade, sucedeu uma grande desgraça). *De* ~ *em* ~/*col De* ~ *em vez/De vez em* ~ [Em momentos espaçados/Às vezes] (Ex. De vez em ~/De ~ em ~ vamos ao cinema). *Mesmo* ~ [Ainda que] (Ex. Mesmo ~ chove ou está frio, não deixo de dar o meu passeio a pé). *(Eis) senão* ~ [De um momento para o outro/Inesperadamente] (Ex. Estava muito descansado a ler o jornal, (e eis) senão ~ oiço um enorme estrondo). **2** No tempo [momento] em que. **Ex.** Avisa-me ~ chegares. ~ era estudante, ia muitas vezes ao cinema. **3** Sempre que. **Ex.** ~ estou de [em] férias, não perco um dia de praia. ~ chove, não saio de casa. **4** Ainda que/Apesar de (que). **Ex.** Contou-lhe tudo, ~ eu tanto lhe tinha recomendado que guardasse segredo. **5** Se/Logo que. **Ex.** ~ acabar o curso, vou fazer uma viagem «pela Europa». Compro (um) carro (só) ~ tiver dinheiro. **6** *Fil* Uma das 10 categorias [gé[ê]neros] supremas/os com que Aristóteles classificava os conceitos das entidades reais. **Ex.** O ~ é complementar do *ubi*: lugar onde, e mede, na escala do tempo, o início e a dimensão de qualquer coisa ou acontecimento.

quanta *s m pl Fís* (<lat pl de *quantum*: quanto) De acordo com a teoria introduzida pelo físico alemão Max Planck (1858-1947) – Teoria dos ~ – a emissão ou absorção de energia, para uma dada frequência, faz-se de forma descontínua e por múltiplos inteiros de uma mesma quantidade, o *quantum* de energia. **Ex.** O *quantum* tem o valor $h\upsilon$, sendo h (Constante de Planck) = 6,6256 x 10^{-27} *erg*, e υ a frequência da radiação.

quantia *s f* (<quanto + -ia) Porção de dinheiro/Importância/Quantidade. **Ex.** A ~ (de dinheiro) gasta na recuperação da casa dava [chegava] para fazer uma nova. Alguns (d)esportistas «futebolistas» ganham ~s fabulosas.

quântico, a *adj Fís* (<lat *quantum*: quanto + -ico) Relativo à teoria dos *quanta*. **Comb.** *Estatística* ~*a* [Modo de distribuição das partículas em função da energia]. *Mecânica* ~*a* [Teoria físico-matemática que trata da mecânica dos sistemas ató[ô]micos e dos problemas com ela relacionados] (Ex. A mecânica ~a compreende a mecânica ondulatória de E. Schrodinger e a mecânica das matrizes de W. Eisenberg, que P. Dirac englobou numa só teoria geral). *Números* ~*s* [Conjunto de números usados na mecânica ~a para cara(c)terizar o estado de um ele(c)trão [elétron] num sistema ató[ô]mico]. *Teoria* ~*a* ⇒ quanta.

quantidade *s f* (<lat *quántitas, átis*) **1** Qualidade [Grandeza] do que é expresso em número/do que pode ser medido «volume/peso/número». **Ex.** 30 é uma ~ de alunos suficiente para fazer duas turmas. Comprei batatas em ~ «20 kg» que dá [chega] até irmos de férias. Comprei muitos [uma ~ de] livros! **2** Parte de um todo/Porção/Parcela. **Ex.** Reparti o dinheiro do pré[ê]mio que ganhei na lota[e]ria em ~s iguais pelos filhos. Neste restaurante, a ~ de comida é abundante, mas a qualidade deixa muito a desejar [não é boa]. **3** Grande número de pessoas/Multidão. **Ex.** Nem imaginas a ~ de forasteiros «emigrantes» que se encontram a passear pela cidade. **4** Grande número de coisas. **Ex.** A polícia apreendeu uma ~ de caixas de roupa «camisas/calças» contrafeita [falsificada]. **5** Extensão/Superfície/Área. **Ex.** A ~ de água que se avista da margem do lago faz lembrar o mar. A ~ de terras ao redor do monte pertence toda ao mesmo dono. **6** *Mús* Duração relativa das notas [dos sons] musicais. **7** *Fís* Cara(c)terística de tudo o que se pode medir. **Comb.** ~ *de movimento* [Produto da massa dum corpo pela sua velocidade]. ~ *de ele(c)tricidade* [Produto da intensidade de uma corrente pelo tempo durante o qual percorre um condutor]. *Em* ~ [Com abundância/Em grande número].

quantificação *s f* (<quantificar + -ção) **1** A(c)to ou efeito de quantificar/Determinação da quantidade/valor de alguma coisa. **Loc.** Fazer a ~ das despesas domésticas «por rubricas/itens: alimentação/água/ele(c)tricidade». **2** *Ling* Processo gramatical pelo qual é determinado quantitativamente o conceito significado pelo substantivo, pelo adje(c)tivo ou pelo verbo. **Ex.** A variação do número é uma das formas de ~ dos substantivos contáveis. *Uma gota*, *algum* dinheiro são formas de ~ léxica. A ~ dos adje(c)tivos e dos verbos é expressa por quantificadores: «aluno» *Muito* [*Mais*] estudioso [*do que*]; Comer *muito* [*mais do que*]. **3** *Fís* Termo usado em mecânica quântica para designar o fa(c)to de alguns parâmetros que descrevem o sistema só poderem ter um conjunto discreto de valores permitidos.

quantificador, ora *adj/s m* (<quantificar + -dor) **1** (O) que quantifica. **2** *s m Log* Operador que indica que certa quantidade é comum a todos os elementos do conjunto (~ universal), ou só a alguns deles (~ existencial). **3** *s m Ling* Instrumento gramatical «numeral/pronome indefinido» que faz a quantificação «do substantivo/adje(c)tivo». ⇒ quantificação 2.

quantificar *v t* (<quanto + -ficar) **1** Determinar a quantidade [o valor] de. **Loc.** ~ *os prejuízos* «dum incêndio». ~ *a verba* necessária para realizar uma obra. **2** Especificar por meio de um quantificador, de modo definido ou indefinido, o valor duma grandeza. **Ex.** *Todos/Alguns/Cinco* quantifica os elementos do conjunto «alunos duma turma» a que se refere.

quantificável *adj 2g* (<quantificar + -vel) Que se pode quantificar/Cujo valor ou quantidade podem ser determinados com exa(c)tidão. **Ex.** Os danos morais não são ~eis. **Comb.** Previsão de despesa ~. ⇒ calculável.

quantitativamente *adv* (<quantitativo + -mente) De modo quantitativo. **Loc.** Indicar ~ as verbas atribuídas a cada rubrica/item. **2** Em relação à quantidade. **Loc.** Analisar ~ a composição de um composto químico. **Ant.** Qualitativamente.

quantitativo, a *adj/s m* (<quantidade + -ivo) **1** Que diz respeito à quantidade. **Comb.** Composição ~a dum mineral. **2** Que determina a quantidade. **Comb.** Análise ~a. **3** *s m* Total da quantidade. **Ex.** O seguro pagou integralmente o ~ do [pagou (todo) o] conserto do carro. **4** *s m* Importância/Quantia total. **Ex.** As fa(c)turas devem indicar por extenso o ~ a [o que se deve] pagar.

quanto, a *pron/adv/s m* (<lat *quantum*) **1** *pron relativo* O que/Que/Todo/Tudo. **Ex.** Ele consegue (tudo) ~ quer. ~ [O que] quiseres que os outros te façam, fá-lo tu primeiro a eles. **2** *pron interr* Que número [quantidade] de pessoas/coisas. **Ex.** ~ custa o bilhete? ~s somos à mesa [vamos almoçar]? Não sei ~s metros de pano hei de [devo] comprar «para os cortinados». **3** *adv* Quão/Quão grande. **Ex.** ~a alegria teremos se vivermos em paz com toda a gente. ~ bem pode fazer [~ pode valer/ajudar] uma palavra amiga! **Comb.** ~ *a* [Relativamente a/No que diz respeito a] (Ex. ~ à data da viagem, combinaremos mais tarde). ~ *antes* [O mais cedo [depressa] possível] (Ex. O doente tem de ser operado ~ antes, «senão pode morrer!»). ~ *mais* [Ainda mais/Ainda com maior intensidade] (Ex. ~ mais como, mais me apetece comer!). *Tanto* ~ [Tudo o que/Segundo/Conforme] (Ex. Vou-lhe dando dinheiro tanto ~ ele precisa. Tanto ~ [Pelo que (eu)] sei, o médico esta semana não dá consulta). «lá se vai» *idi* **Tudo ~ Marta fiou** [O lucro total do negócio/Tudo aquilo por que se tinha lutado/Todo o benefício até então conseguido]. **4** Até que ponto/Como. **Ex.** Ela não tem ideia de ~ ele a ama. **Idi.** *Não saber a* [às] *~as anda* [Estar desorientado «na vida»/Desconhecer as condições/a situação em que está envolvido]. *Não sei das ~as* [Expressão usada para designar algo desconhecido] (Ex. Vêm essas pessoas (lá) não sei [se sabe] das ~as «e querem logo dar ordens»). **5** *s m* ⇒ quantum.

quantum *s m Fís* (<lat *quantum*) Quantidade mínima de energia que um corpo pode emitir ou absorver. ⇒ quanta.

quanza *s m* ⇒ kwanza.

quão *adv* (<lat *quam*) Até que ponto/Quanto/Como. **Ex.** Nem imaginas ~ divertido foi o espe(c)táculo! ~ depressa vieste! ~ insensato eu fui «em revelar o segredo»!

quarenta [40] *num card/s m/adj* (<lat *quadraginta*) **1** Trinta mais dez/Quatro vezes dez. **Ex.** Comprei ~ laranjas na praça, todas quantas a vendedeira tinha. Reformou-se por invalidez aos [apenas com] ~ anos. **2** *adj* (O) que numa série ocupa o quadragésimo lugar. **Ex.** Ocupa a posição ~ na classificação geral da Volta a Portugal em bicicleta. **Comb.** *Hist Rel As ~ Horas* [Adoração solene do Santíssimo Sacramento durante ~ horas seguidas, recordando as ~ horas durante as quais Jesus Cristo esteve sepultado].

quarentão, ona *s/adj* (<quarenta + -ão) (Aquele) cuja idade se situa entre os 40 e os 50 anos.

quarentena *s f* (<quarenta + -ena) **1** Período de isolamento imposto a pessoas supostas portadoras de doenças contagiosas. **Ex.** O tempo da ~ é variável e depende do período de incubação da doença em causa. **Loc.** Estar/Ficar/Pôr de ~ «no aeroporto» **a)** Em observação [Isolado] por suspeita de perigo de contágio; **b)** À espera de decisão/ordens/De reserva. **2** Conjunto de quarenta coisas. **3** Período de quarenta dias.

Quaresma *s f Rel* (<lat *quadragésima* «*pars/díes*») Período de quarenta dias de preparação para a festa da Páscoa, desde Quarta-Feira de Cinzas até à missa vespertina (Missa da Ceia do Senhor) de Quinta-Feira Santa.

quaresmal *adj 2g* (<Quaresma + -al) Da [Relativo à] quaresma. **Comb.** *Celebrações ~ais. Jejum* [Penitência] ~. *Período* [Tempo] ~.

quark *s m Fís* (<ing *quark*) Cada uma das três partículas elementares básicas, a partir das quais se podem formar as outras partículas elementares mais pesadas: bariões, mesões e leptões. **Ex.** Para formar um barião são necessários três ~s.

quarta *s f/num* (<lat *quárta (pars)*; ⇒ quarto 1) **1** Cada uma das quatro partes iguais em que se divide a unidade/Quarto. **Loc.** *Comprar uma ~* (250 g) *de feijão/uma ~* (25 cm) *de tecido*. **2** No automóvel, mudança (de velocidade) a seguir à terceira (e antes da quinta). **Ex.** Este carro sobe a ladeira em ~, sem esforço. **3** *Mús* Intervalo musical que passa por quatro graus da escala em sentido ascendente ou descendente. **4** *Geog* Cada uma das 32 subdivisões da rosa dos ventos entre os pontos colaterais e as meias-partidas, a que corresponde um arco de 11° e 15′. **5** Quarta parte do alqueire/do arrátel/da vara. **6** Forma reduzida de *quarta-feira*. **Ex.** O assalto deu-se na noite de ~ para quinta(-feira).

quartã *s f Med* (<lat *quartánus, a, um*) Febre intermitente cujos acessos se repetem de quatro em quatro dias.

quarta-feira *s f* (<lat *quárta (féria)*: quarta/o (dia de) festa) Quarto dia da semana, entre terça e quinta-feira. **Ex.** Nesta localidade, a feira realiza-se todas as quartas-feiras. **Comb.** *Rel ~ de Cinzas* [Dia que marca o início da quaresma, após a terça-feira de carnaval.

quartanista *s 2g* (<quarto 1 + ano + -ista) Estudante que frequenta o quarto ano dum curso superior. **Comb.** Viagem de estudo dos ~s «de engenharia civil».

quartão [quartau] *s m Br* (<quarto + -ão) Cavalo robusto e corpulento, mas de pequena estatura.

quarteado, a *adj* (<quartear + -ado) **1** Dividido em quatro partes/peças. **Comb.** Pão ~. **2** Que tem quatro cores diferentes. **Comb.** Bandeira ~a. **3** Diz-se de cavalo espadaúdo mas bem proporcionado.

quartear *v t* (<quarto + -ear) **1** Dividir em quatro partes. **2** Decorar [Enfeitar] com quatro cores.

quarteio *s m* (<quartear) Em tauromaquia, quarto de volta que o toureiro dá, quando mete as farpas, para não ser colhido pelo touro.

quarteirão *s m* (<quarteiro + -ão) **1** Quarta parte de um cento/Conjunto de vinte e cinco unidades. **Comb.** Um ~ de sardinhas. **2** Quarta parte de um quartilho (Um oitavo de litro). **3** Grupo de casas que dá [com frentes] para quatro ruas. **Ex.** A casa dos meus pais não é [fica] longe, fica no ~ vizinho [a seguir] ao nosso.

quarteiro *s m Hist* (<lat *quartárius, ii*) **1** Quarta parte de um moio, equivalente a quinze alqueires. **2** Antigo imposto correspondente à quarta parte de um moio de cereal. **3** Pensão que se pagava trimestralmente.

quartejar *v t* (<quarto + -ejar) Partir em quartos/Esquartejar(+) «um porco/cabrito».

quartel (Têl) *s m* (<fr *quartier* ?) **1** Quarta parte de um todo/Quarto 2(+). **2** Período de vinte e cinco anos. **Comb.** Último ~ do século XX (1975-2000). **3** *Mil* Conjunto de instalações onde se alojam tropas e se guarda o respe(c)tivo equipamento. **4** *Mil* Tréguas. **Idi.** *Dar luta [Fazer guerra] sem ~/tréguas. Não dar ~* [Não deixar descansar]. *Pedir ~* [prote(c)ção/misericórdia]. **5** *fig* Domicílio/Casa/Abrigo. **Ex.** Nas férias, os amigos dos meus filhos fazem ~ cá em casa.

quartel-general *s m Mil* **1** Órgão central de planeamento e execução na chefia das tropas de uma região militar ou de forças em operação. **2** Instalações do comando de uma região militar.

quartel-mestre *s m Mil* **1** Oficial que exerce funções administrativas numa unidade. **2** Serviço de intendência.

quarteto (Tê) *s m* (<it *quartetto*) **1** *Liter* Estrofe de quatro versos/Quadra(+). **Ex.** O soneto tem dois ~s [duas quadras(+)] e dois tercetos. **2** *Mús* Conjunto de quatro instrumentos ou de quatro vozes. **Comb.** *~ de cordas* «duas violas, viola de arco e violoncelo». *~ vocal*. **3** *Mús* Peça escrita para quatro vozes [instrumentos]. **Comb.** Um ~ de música clássica «de Mozart/Haydn».

quartil *adj 2g* (<quarto + -il) **1** *Astr* Aspe(c)to de dois astros «planetas» afastados um do outro (de) 90°. **2** Em estatística, cada uma das divisões equivalentes a 25% de um conjunto de dados ordenados.

quartilho *s m* (<quarto 2 + -ilho) Quarta parte de uma canada (Antiga medida de dois litros)/Meio litro(+). **Comb.** Uma caneca [garrafa] de ~.

quarto, a *num ord/s m* (<lat *quártus, a, um*; ⇒ ~s de final) **1** (O) que numa sequência ocupa a posição a seguir à terceira. **Ex.** «no campeonato de futebol» O meu clube ficou em ~ [ficou na ~a posição]. **2** (Cada uma das partes) que resulta da divisão de um todo por quatro. **Ex.** Destinou um ~ do pré[ê]mio que ganhou «na lota[e]ria» a [para] obras de beneficência. **Comb.** Garrafas «de cerveja» de um ~ de litro. **3** Intervalo de tempo de quinze minutos/15′. **Ex.** Uma hora tem [divide-se em] quatro ~s. O comboio [trem] parte às onze (horas) e um ~/11:15. **4** *Mil* Período de tempo (Seis horas/A ~a parte de um dia) em que um grupo de militares fica de guarda/sentinela/plantão. **5** *Astr* Cada uma das duas

fases da Lua durante as quais apenas se vê a ~a parte deste planeta. **Comb.** ~ crescente [minguante]. **6** Divisão de habitação onde geralmente se dorme. **Comb.** ~ *de arrumos* [utilizado para guardar coisas diversas]. ~ *de banho* Divisão destinada aos cuidados de higiene pessoal/*Br* Banheiro]. ~ *duplo* [onde «num hotel» se alojam duas pessoas] (Ant ~ individual). **7** *pl Anat* Partes laterais da região superior da coxa/Ancas/Quadris (*Us* mais [sobretudo] para animais).

quartos de final *s m pl (D)esp* Numa prova disputada por eliminatórias, fase em que se realizam quatro partidas, envolvendo oito jogadores/equipas/es. **Ex.** Os vencedores dos ~ disputam, dois a dois, as meias-finais.

quartzífero, a *adj Miner* (< quartzo+-fero) Que contém quartzo em quantidade apreciável. **Comb.** Jazigo [Rocha] ~o/a.

quartzito *s m Miner* (<quartzo + -ito) **1** Rocha sedimentar constituída por arenito muito compa(c)to e duro em que os grãos de quartzo estão ligados por sílica secundária. **2** Rocha metamórfica constituída por quartzo e que resulta da recristalização de um arenito quartzífero ou de outra rocha sedimentar siliciosa.

quartzo *s m Min* (<al *Quarz*) Uma das formas polimorfas da sílica (SiO_2) que cristaliza no sistema trigonal e apresenta muitas variedades «ágata/calcedónia/sílex». **Ex.** O ~ é o sétimo termo da escala de dureza de Mohs. A seguir aos feldspatos, o ~ é o mineral mais abundante na crosta terrestre.

quartzoso, a (Ôso, Ósa, Ósos) *adj* (<quartzo + -oso) Relativo ao [Da natureza do] quartzo. **Comb.** *Formação* [Rocha/Maciço] *~a/o*. *Variedade ~a*.

quasar *s m Astr* (< ing *quasar: quasi-stellar astronomical radiosource*) Corpos celestes semelhantes a estrelas, descobertos em 1961 graças à radioastronomia, dotados de brilho intenso, situados a distâncias muito superiores às das galáxias conhecidas. **Ex.** A origem dos ~es é desconhecida, mas admite-se que eles representem o começo da evolução galáctica.

quase *adv* (< lat *quasi* < *quam [quómodo] si*) **1** Muito próximo/Perto de. **Ex.** A casa fica ~ no extremo da rua. O carro passou ~ a raspar na parede. **Comb.** *~, ~ ~* [Na iminência/Por momentos/Por muito pouco/Praticamente] (Ex. O almoço está ~, ~ pronto [está mesmo a sair]). *~ nunca* [Poucas vezes] (Ex. ~ nunca chego atrasado a qualquer parte aonde tenha de ir). *~ sempre* [Muitas vezes] (Ex. ~ sempre acompanho a minha mulher na ida às compras, é muito raro isso não acontecer). **2** Com pouca diferença/Por pouco. **Ex.** O comboio [trem] está ~ a partir; ~ não chegava a tempo de embarcar nele [de o apanhar]. **3** Mais ou menos/Aproximadamente. **Ex.** Ela deve ter ~ cem anos. O avião caiu ~ a pique.

quase-delito *s m Dir* A(c)to ilícito, só culposo, mas que obriga o culpado a inde(m)nizar a pessoa que sofreu o dano/Dano causado por negligência.

quase-nada *s m* Quantidade muito pequena/Pouca coisa/*idi* Uma pitad(inh)a. **Loc.** «à massa do bolo» Juntar um ~ de essência de baunilha.

quassação *s f* (<lat *quassátio, ónis*) Redução de cascas e raízes de plantas a pequenos fragmentos para facilitar a extra(c)ção de princípios a(c)tivos medicinais.

quássia *s f Bot* (<lat científico *Quassia* <antr *Quassi*, escravo surinamês que descobriu o valor medicinal desta planta) Designação comum de plantas das regiões tropicais, da família das simarubáceas, das quais se extrai um princípio amargo (Quassina) com aplicações terapêuticas.

quassina *s f Med* (<quássia + -ina) Princípio amargo obtido de algumas quássias, que tem aplicações terapêuticas «perturbações intestinais» e entra na composição de alguns inse(c)ticidas.

quaternário, a *adj/s m* (<lat *quaternárius, a, um*) **1** Que é formado por quatro unidades ou elementos. **Comb.** *Arranjo* [Disposição] *~o/a*. *Quím Composto ~* «sulfamida». **2** *Mús* Que tem quatro tempos. **Comb.** Andamento [Compasso] ~. **3** *Geol Maiúsc* (Diz-se de) período geológico a(c)tual/Antropozoico/Antropogeno.

quaternião *s m/adj* (<lat *quatérnio, ónis*) **1** Manuscrito formado por quatro folhas. ⇒ in-fólio. **2** *Med* Bálsamo medicamentoso composto por quatro ingredientes. **3** *adj Mat* Diz-se de número hipercomplexo da forma $a+bi+cj+dk$ em que a, b, c, d são números reais e $i^2 = j^2 = k^2 = -1$ e $ij = k = -ji$; $jk = i = -kj$; $ki = j = -ik$. **Ex.** Os ~ões, criados por Hamilton em 1843, constituem o primeiro sistema de números que não goza da propriedade comutativa da multiplicação.

quaterno, a *adj* (<lat *quatérnus, a, um*) Composto de quatro coisas da mesma natureza. ⇒ quaterno.

quati *s m Zool* (<tupi *akua'ti*: nariz pontiagudo) Mamífero carnívoro de focinho longo e aguçado e cheiro desagradável.

quatorze *num card/s m Br* ⇒ catorze.

quatríduo *s m* (<lat *quatríduum, ui*) Período de quatro dias.

quatrienal/quatriénio [*Br* quatriênio] ⇒ quadrienal/...

quatrili[h]ão *num card/s m* (<fr *quatrillion*) **1** Na Europa, um milhão de triliões, $10^6 \times 10^{18} = 10^{24}$ (Unidade seguida de 24 zeros). **2** No Brasil, mil triliões, $10^3 \times 10^{12} = 10^{15}$ (Unidade seguida de 15 zeros).

quatro *num card/s m* (<lat *quáttuor*) **1** Três mais um/Dois mais dois. **Idi.** *Andar a ~* [de gatas(+)/com as mãos e os joelhos no chão] *Fazer o ~* [Mostrar que está sóbrio, dobrando uma perna na perpendicular da outra e mantendo o equilíbrio]. *Pintar o diabo a ~* [Fazer grandes travessuras/grande trapalhada/confusão/desordem/*idi* Pintar a manta]. **2** Algarismo que representa o número 4 e a quantidade por este representada. **Ex.** A mesa tem ~ pernas. **Comb.** Tabuada dos ~ «4x1, 4 ... 4x10, 40». **3** *adj* (O) que numa série ocupa o quarto lugar. **Comb.** Página ~. **4** Carta de jogar/Peça de dominó/Face de dado com ~ pintas.

quatro-cantinhos *s m pl* Jogo infantil em que quatro crianças ocupam os cantos de um quadrado marcado no chão e uma quinta se esforça por conquistar um dos cantos quando as outras mudam de lugar.

quatrocentista *s/adj 2g* (<quatrocentos + -ista) Do [Relativo ao] século XV (1401--1500). **Comb.** «Fernão Lopes/Gomes Eanes de Zurara» *Cronistas portugueses ~s*. *Época ~* «das grandes descobertas marítimas portuguesas». *Obra ~*.

quatrocentos *num card/s m* (<quatro + cento) **1** Quatro vezes cem/Trezentos mais cem. **2** O número *400* e a quantidade representada por esse número. **Ex.** A fa(c)tura menciona ~as (400) unidades; é necessário conferir. **3** O que numa série ocupa o quadringentésimo lugar. **Ex.** «na lista dos professores concorrentes» Sou o ~, dificilmente serei colocado. **4** O século XV. **Ex.** ~ foi o século da epopeia dos descobrimentos portugueses. (⇒ quatrocentista).

quatro-olhos *s m 2n* **1** *Br Icti* Peixe de água doce, de olhos excessivamente salientes que lhe permitem, estando à superfície, ver simultaneamente o que se passa dentro e fora da água/Tralhoto(+). **2** *col* **a)** Pessoa que usa óculos; **b)** Pessoa que tem os olhos muito grandes.

que *pron/conj/adv* (<lat *quis, quae, quid*; ⇒ porque, quê) **1** *pron relativo* Refere e continua a palavra [oração] antecedente. **Ex.** O homem ~ eu vi era alto. Morreu o cordeirinho a ~ o pastor dava de mamar pelo biberão. **2** *pron interr* Introduz uma pergunta. **Ex.** ~ vais fazer hoje à noite? Não sei o ~ lhe vou [lhe hei de] oferecer. **3** *conj* Introduz uma oração/comparação. **Ex.** Ele disse ~ não demoraria. Todos esperam ~ Portugal seja o vencedor «do jogo de futebol contra a Espanha». Não entra mais ninguém (por)~ a lotação «do autocarro/ó[ô]nibus» está completa. Os alunos riem de contentamento logo ~ toca para a saída. Os dois fazem o mesmo trabalho, mas um ganha mais (do) ~ o outro. Ontem choveu tanto ~ mesmo com guarda-chuva [chapéu de chuva] e gabardine cheguei a casa encharcado [todo molhado]. **4** *adv* Quão/Quanto. **Ex.** ~ grande espe(c)táculo, este jogo de futebol! No acidente, apenas houve feridos ligeiros; ~ sorte!

quê *pron interr/s m* (<lat *quis, quae, quid*; ⇒ q) **1** Usa-se para pedir um esclarecimento em relação ao que se disse anteriormente. **Ex.** Já fizeste o trabalho que te mandei? – O ~, qual [que trabalho]? Ele disse o ~? «não percebi». **2** *s m* Coisa vaga/indefinida. **Ex.** Esta mulher tem um ~ de estranho. **Idi.** *Não tem [há] de ~* [Fórmula de cortesia usada para responder a um agradecimento] (Ex. Obrigado pela tua ajuda. – Não tem [há] de ~). *Sem mais nem ~/Sem ~, nem para ~* [Sem mais nem menos/Sem motivo] (Ex. Não percebo o que se passa com ela: sem ~, nem para ~, desata [começa] a chorar). **3** Situação complicada/Dificuldade. **Ex.** O negócio não é fácil, tem os seus ~s/problemas. **4** Exclamação que exprime surpresa ou descontentamento. **Ex.** Ele reprovou. – ~?! Não me digas! «não posso acreditar». No lugar dele, não farias o mesmo (disparate)? – Qual ~, «se me julgas capaz disso até me sinto ofendido».

quebra (Ké) *s f* (<quebrar) **1** A(c)to ou efeito de quebrar. **2** Separação das partes de um todo/Desunião/Desagregação. **Ex.** A ~ da casca das amêndoas e das nozes não é igual para todas as variedades; nas que têm a casca muito rija, a ~ é mais difícil. **3** Diminuição de intensidade/Abaixamento/Queda. **Ex.** Tive uma ~ [baixa] de tensão, quase desmaiava [quase que desmaiei]. A derrota provocou uma ~ de entusiasmo nos jogadores e nos adeptos. **4** Diminuição de quantidade/Redução. **Ex.** Tem-se verificado uma grande ~ na natalidade em muitos países; em Portugal, o número de óbitos já ultrapassa o dos nascimentos. **5** Interrupção/Rompimento/Falha. **Ex.** Houve várias ~s no fornecimento de ele(c)tricidade «por causa da trovoada». **6** Perda de valor/Prejuízo. **Ex.** As a(c)ções «cotadas na bolsa» tiveram uma grande ~. **7** Situação de insolvência/Falência. **Ex.** A ~ da empresa deixou muitos trabalhadores no desemprego. **8** Transgressão duma lei/norma/Infra(c)ção. **Ex.** A ~ das regras de segurança está na origem de muitos acidentes «de trabalho/rodoviários». **Comb.**

~ de disciplina. **8** Inclinação [Declive] dum terreno/Quebrada.

quebra-cabeças (Ké) *s m 2n* (<quebrar + cabeça) **1** Tudo o que inspira preocupação/inquietação. **Ex.** Ele é uma pessoa complicada, qualquer pequena coisa [dificuldade] é para ele um ~ [um *idi* bicho de sete cabeças]. **2** Problema difícil/Grande dificuldade. **Ex.** O equilíbrio das contas públicas é o maior ~ que o ministro das Finanças terá que resolver. **3** Jogo que requer inteligência/perspicácia/Adivinha. **Ex.** «senhora idosa» Entretinha-se horas a fio a resolver ~ «do mapa-múndi».

quebração *s f* (<quebrar + -ção) **1** ⇒ quebra(+). **2** Falta de resistência física ou moral/Fraqueza. **Ex.** Depois do almoço, dá-me uma ~ que me deixa sem vontade de fazer nada.

quebra-costas *s m 2n pop* (<quebrar + costa) **1** Rua ou caminho muito íngreme. **Comb.** Cidade «Covilhã, Portugal» cheia de ~ (sobretudo no inverno por causa do gelo). **2** Tudo o que pode provocar (risco de) queda «escadote desengonçado». **Comb.** Um ~ traiçoeiro «que não aparenta perigo».

quebradiço, a *adj* (<quebrar + -diço) Que quebra com facilidade/Frágil/Estaladiço. **Comb.** Material «plástico rígido/vidro» ~.

quebrado, a *adj/s* (<quebrar + -ado) **1** Partido/Rachado/Fra(c)turado. **Comb.** Árvores ~as «pela tempestade». *Geom* **Linha ~a** [poligonal, formada por segmentos unidos topo a topo]. *Loiça ~a* [partida/rachada]. «mais um» *Prato ~* «que caiu ao chão». **2** Interrompido/Perturbado. **Comb.** *Abastecimento* de combustíveis ~ «pela greve dos camionistas [caminhoneiros]». *Silêncio ~* «pelo roncar dos aviões ao levantar voo/pelo tiquetaque do relógio». **3** Desrespeitado/Transgredido/Violado. **Comb.** Compromisso [Promessa] ~o/a. **4** Exausto/Cansado/Prostrado/Alquebrado. **Ex.** Depois de um dia de trabalho, chego a casa ~. A saúde não é muita; qualquer pequeno esforço me deixa ~. **5** Desalentado/Desanimado. **Ex.** Sentia-se ~ por não ver resultados do seu esforço. **6** Lasso/Frouxo/Flácido. **Comb.** Pele [Músculos] ~a/os. **7** *s/adj* (O) que tem uma hérnia/Herniado. **8** *Mat* Número fra(c)cionário. **Loc.** Reduzir um ~ a dízima. **Comb.** Operações com ~s. **9** *s f* Inclinação do terreno/Declive/Encosta(+). **Ex.** Ao chegar ao cimo da ~a, só lhe apetecia sentar-se e ficar ali a descansar.

quebradura *s f* (<quebrar + -dura) **1** Quebra/Greta/Fenda. **Comb.** Prato com uma pequena ~ [rachadela(+)/quebradela]. **2** Hérnia. **3** ⇒ quebreira.

quebra-gelo *s m Náut* (<quebrar + gelo) Navio equipado com dispositivo para quebrar o gelo e possibilitar a navegação nos mares gelados.

quebra-luz *s m* (<quebrar + luz) Peça para resguardar a luz dire(c)ta «de um candeeiro»/Abajur.

quebra-mar *s m* (<quebrar + mar) **1** Muro [Muralha] com que se protege um porto [uma povoação] do embate das ondas ou das correntes. **2** *Náut* Dispositivo de forma angular colocado no convés do navio, perto da proa, de uma amurada a outra, para impedir a entrada da água quando o mar está agitado.

quebramento *s m* (<quebrar + -mento) **1** A(c)to ou efeito de quebrar(-se)/Quebra(+)/Quebradura. **2** Transgressão de regras/normas/Infra(c)ção/Violação. **3** *fig* Estado de debilidade física/Prostração/Cansaço.

quebra-nozes *s m 2n* (<quebrar + noz) **1** Utensílio em forma de tenaz que serve para partir nozes/avelãs/amêndoas/... **2** *Ornit* ⇒ cruza-bico.

quebrantado, a *adj* (<quebrantar + -ado) **1** Cansado/Debilitado/Abatido/Alquebrado. **Comb.** Ar ~ «depois de um grande esforço físico». **2** Desalentado/Desanimado. **Comb.** ~ com a perspe(c)tiva de ficar desempregado. **3** *pop* Vítima de quebranto.

quebrantamento *s m* (<quebrantar + -mento) **1** A(c)to de quebrantar/Quebranto(+)/Quebra **3**. **2** Infra(c)ção de norma/regra/Transgressão. **3** Abatimento/Prostração.

quebrantar *v t* (<lat *crepantáre* <*crepáre*: estalar, crepitar) **1** Quebrar(+)/Abater/Arrasar(+). **Ex.** Os bombardeamentos quebrantaram vários edifícios da cidade. **2** Desrespeitar um compromisso/uma norma/Violar/Transgredir. **Ex.** Causa espanto a facilidade com que as gerações mais novas quebrantam [quebram(+)/rompem] compromissos «matrimoniais» livremente assumidos. **3** Afrouxar/Enfraquecer/Debilitar. **Ex.** Quebrantou-se com a doença e os desgostos. **4** (Fazer) perder o ânimo/Desencorajar(-se). **Ex.** Sentia-se quebrantado, incapaz de continuar a lutar «para conseguir pagar as dívidas». **5** Dar alívio a/Tornar mais suave [Mitigar] a dor. **Ex.** A companhia e as palavras de conforto dos amigos ajudavam-no a ~ a dor e a tristeza. **6** Tornar menos impetuoso/Amansar/Apaziguar. **Loc.** ~ o ódio [a raiva].

quebranto *s m* (<quebrantar) **1** Abatimento/Prostração. **Ex.** Depois do frenesi da preparação do evento «casamento da filha» seguiu-se um prolongado ~ «só queria que a deixassem descansar». **2** *pop* Estado de debilidade mórbida atribuído a mau-olhado. **Ex.** Levaram a criança a uma *idi* mulher de virtude [à bruxa] para lhe tirar [talhar] o ~.

quebrar *v t* (<lat *crépo, áre, ui, itum*) **1** Fazer(-se) em pedaços/Partir/Fragmentar. **Ex.** Quebrei o copo, ao lavá-lo. As crianças quebraram o vidro da janela com a bola. **Idi.** *~ a cabeça* [Pensar muito/Matutar]. *~ lanças por* [Lutar em prol [favor] de]. «Fernão de Magalhães, homem de» *Antes ~ que torcer* [Não ceder a pressões, quaisquer que sejam as consequências]. **2** Fra(c)turar/Rachar/Fender. **Ex.** Ao saltar, caiu mal e quebrou [fra(c)turou(+)] a clavícula. Forçou tanto a tampa de plástico para encaixar que a quebrou [rachou(+)/que ela estalou(+)]. **3** Diminuir a intensidade/Enfraquecer/Debilitar. **Ex.** As cortinas quebram um pouco a luz e o calor do sol. O molhe quebra a fúria das ondas. **4** Interromper/Perturbar. **Ex.** A sirene «dos bombeiros» quebrou o silêncio da noite. Ele resolveu ~ o silêncio [dizer/contar/revelar o que sabia]. **5** Cometer infra(c)ção/Transgredir/Violar. **Loc.** *~/Romper um compromisso*. *~ o* [Não seguir as regras do] *protocolo*. **6** Causar desânimo/Diminuir o entusiasmo/Esfriar/Esmorecer. **Ex.** Um gol(o) sofrido nos minutos iniciais do jogo quebrou o ânimo da equipa/e. **7** *pop* Adquirir [Fazer] uma hérnia/quebradura. **Ex.** Fez tanta força «para levantar o peso» que quebrou.

quebreira *s f* (<quebrar + -eira) **1** Estado de abatimento físico/Prostração. **Ex.** «vamos continuar o trabalho porque» Se me sento, dá-me a ~. **2** Lassidão/Moleza. **Ex.** A seguir ao almoço, dá-me uma ~! **Idi.** ~ [Dor(+)] *de cabeça* [Preocupação/Cuidado].

quebro *s m* (<quebrar) **1** A(c)ção de quebrar/Choque/Embate. **Ex.** Ouviu-se ao longe o ~ [embate(o+)/estrondo(+)] do carro contra o muro. **Comb.** O ~ das ondas nos rochedos. **2** Inflexão de voz/Trinado(o+)/Requebro(+). **3** Em tauromaquia, movimento que o toureiro faz com a cintura, sem mexer os pés, para evitar a marrada do touro.

quéchua [quíchua] *adj/s 2g/s m pl Etn* (<quéchua *keshua*: região temperada da serra) **1** (Diz-se de) povo indígena que habitava uma extensa região da América do Sul (Norte da Argentina, Bolívia, Equador, Peru). **2** Língua do antigo império inca «do Peru».

queda (Ké) *s f* (<*an caeda* <*an caer* = cair) **1** A(c)to ou efeito de cair. **Ex.** A ~ do avião provocou centenas de vítimas. Prevê-se «para esta noite» a ~ de neve nas terras altas. **Comb.** ~ livre [apenas por a(c)ção da gravidade]. **2** Tombo/Trambolhão. **Ex.** Deu uma grande ~ que lhe causou várias contusões. **3** Diminuição de intensidade/valor/prestígio. **Ex.** A popularidade do governo está em ~. A bolsa [A cotação das a(c)ções] regist(r)ou uma ~ acentuada. **4** Inclinação natural/Aptidão/Tendência. **Ex.** Ele tem ~ para a música. **5** Abandono forçado/Fim/Cessação. **Comb.** ~ da monarquia [do governo]. **6** *Rel* Transgressão da lei divina/Pecado/Falta. **Comb.** A ~ de Adão e Eva. **7** Diminuição brusca (de intensidade de determinada grandeza). **Comb.** *~ da temperatura*. *~ da tensão arterial*.

quedar *v t/int* (<lat *quiésco, ere, étum*: repousar, descansar, calar-se) **1** Ficar quedo/quieto/Parar. **Ex.** Ali se quedava horas a fio a contemplar a natureza. **2** Deter-se/Demorar-se. **Ex.** Ela já teve tempo de chegar; de certeza que se quedou [se ficou/se demorou] por lá na conversa com as amigas. **3** Conservar/Permanecer. **Ex.** A criança quedou-se a choramingar com a birra até que acabou por adormecer.

quede [cadê] (Kèd) *adv/loc Br* = a) Que é de «ele»?; b) Onde está?

quede(s) *s m Br* (< ?) Calçado de lona usado por (d)esportistas/Sapatilhas/Té[ê]nis.

quedo, a (Kê) *adj* (<lat *quiétus, a, um*) **1** Quieto(+)/Parado/Imóvel. **Ex.** Quando pressentiu gente, o gatuno encostou-se à [*idi* coseu-se com a] sebe e ali permaneceu ~ para não ser notado [encontrado]. **Comb.** Mudo e ~ (como um penedo) [Parado e sem dizer palavra]. **2** Calmo(+)/Sereno(+)/Tranquilo. **Comb.** Águas ~as «dum lago». *Tarde ~a* «de Outono».

quefazer(es) *s m (pl)* (<que + fazer) Faina/Ocupação/Afazeres(+).

quefir (Qué) *s m* (<ru *kefir*) Bebida gasosa de sabor agridoce obtida a partir do leite por fermentação alcoólica, originária do Cáucaso.

queijada *s m Cul* (<queijo + -ada) Pastel feito de massa de trigo, leite, ovos, queijo e açúcar. **Ex.** São famosas as ~s de Sintra (Portugal).

queijadilho *s m Bot* (<queijada + -ilho) Planta herbácea da família das primuláceas, de flores grandes amarelas, também conhecida por pão-de-leite e pão-e-queijo(+)/Rosas-da-páscoa.

queijaria *s f* (<queijo + -aria) **1** Fabrico de queijo. **Ex.** Deixou o emprego «numa fábrica» e dedicou-se à ~. **2** Lugar onde se fabricam/vendem queijos.

queijeiro, a *s* (<queijo + -eiro) **1** Fabricante [Vendedor] de queijo. **2** *s f* Prato em forma de campânula, coberto com tampa, onde se guarda o queijo. **Ex.** Pelos anos, vou oferecer-lhe «à filha» uma ~a de cristal. **3** Armário onde se guarda o queijo.

queijo s m (<lat *cáseus, ei*) Alimento nutritivo obtido pela coagulação do leite de diferentes mamíferos domésticos, seguida de enformação e maturação em câmaras à temperatura adequada. **Ex.** Há ~s de variadíssimos tipos e sabores. «da ilha/da serra/flamengo/parmesão/rabaçal». **Idi. Ter a faca e o ~ na mão** [Ter o poder de decisão/Ter a facilidade de realizar alguma coisa] (Ex. Você pode resolver isso [o problema] depressa, tem a faca ...). ***Pão, pão, ~, ~*** [Com franqueza/Sem subterfúgios] (Ex. Eu (cá) gosto das coisas claras, pão, pão, ~, ~ «digo logo o que tenho a dizer, não ando (cá) com *idi* meias-tintas [rodeios]»). **2** Problema fácil de resolver/Obstáculo [Dificuldade] fácil de ultrapassar. **Ex.** «dez voltas à pista a correr» Isso para mim é ~! **Sin.** Canja(+).

queima s f (<queimar) **1** A(c)to ou efeito de queimar/Destruição pelo fogo/Cremação. **Comb. ~ *das fitas*** [Festa dos estudantes finalistas de cursos superiores, durante a qual são queimadas fitas cujas cores representam os diversos cursos universitários]. **2** Operação que consiste em queimar vegetação «mato/silvas» ou lixo/Queimada. **Ex.** O incêndio florestal teve origem na ~ de restolho. **3** *Agric* Destruição dos vegetais por a(c)ção da geada. **Ex.** O batatal perdeu-se todo com a ~ (da geada). **4** *Quím* Destilação de líquido. **Comb.** Vinho «de fraca qualidade» para ~ (para produção de aguardente/álcool vínico). **5** *Br* Venda desastrosa/Negócio prejudicial. **6** *Br* Venda de mercadoria a baixo preço, para terminar o negócio/renovação de *stocks* [estoques]. ⇒ liquidação; saldos [oferta].

queimada s f (<queimar + -ada) **1** ⇒ Queima **2**. **2** Lugar onde se faz uma queima.

queimadela (Dé) s f (<queimar + -dela) Lesão ligeira na pele, provocada pelo fogo ou excesso de calor «de água a ferver»/Queimadura. **Loc.** Apanhar uma ~ «ao tirar o tacho do lume».

queimado, a adj/s (<queimar + -ado) **1** Que foi destruído pelo fogo/Incendiado. **Ex.** Veem-se por toda a parte terrenos ~s/calcinados. **2** Reduzido a cinzas/Carbonizado. **Comb.** Madeira [Árvores] ~a(s). **3** Muito seco/Ressequido. **Ex.** Com a seca prolongada, os campos «pastos/erva/culturas» estão ~s. **4** Tostado/Esturrado. **Ex.** O bolo ficou ~ por cima. **5** *fig* Ardente/Afogueado. **Ex.** «estava uma tarde de sol abrasador» Chegou a casa ~ pelo calor e pela sede. **6** *Agric* Diz-se das plantas [os rebentos] destruídos pela geada. **Comb.** Vinha [Videiras] ~a/as (pela geada). **7** *fig* Bronzeado pelo sol «da praia». **8** *fig* Desacreditado. **Comb.** Político ~ «dentro e fora do partido». **9** *fig* Falido(+). **Comb.** Comerciante ~. **10** s m Parte carbonizada «de alimento»/«arroz» Esturrado. **Ex.** Não se pode servir o bolo assim, tem que se lhe tirar o ~.

queimador, ora adj/s m (<queimar + -dor) **1** Que queima. **Comb.** Exercício físico «corrida» ~ de gorduras. **2** s m Aparelho [Dispositivo] que faz a queima dum combustível. **Comb. ~ *de incenso*** (⇒ turíbulo). *Fogão com quatro ~es* [bicos] de gás.

queimadura s f (<queimar + -dura) Lesão provocada pelo fogo ou por excesso de calor «de água a ferver»/Queimadela. **Ex.** A gravidade das ~s depende da extensão da superfície atingida [queimada] e da profundidade dos tecidos atingidos. **Comb.** ~ de primeiro grau [Inflamação da pele manifestada por vermelhidão].

queimante adj 2g (<queimar + -ante) **1** Que queima/Escaldante(+). **Comb.** Sol ~ [abrasador(o+)/escaldante(+)]. **2** Picante. **Comb.** Pimento ~ [picante(+)/*pop* queimão].

queimar v t/int (<lat *crémo, áre, átum*) **1** Consumir pelo fogo/Fazer arder/Cremar «o (cadáver do) morto»/Reduzir a cinzas/Incinerar. **Ex.** Ela zangou-se e queimou as cartas do namorado. O incêndio queimou tudo quanto havia em casa; só ficaram as paredes. **Idi. ~ *as pestanas*** [Estudar muito]. **~ *os miolos*** [Fazer um grande esforço intelectual]. **~ *os últimos cartuchos*** [Fazer um último (e decisivo) esforço/Aproveitar a última oportunidade]. **2** Deitar fogo a/Incendiar. **Ex.** Criminosos inqualificáveis aproveitam as condições de tempo seco e temperaturas elevadas para ~ montes e florestas. **3** Fazer arder para obter determinado efeito. **Loc.** ~ incenso [substâncias odoríferas]. **4** Consumir por combustão para aproveitamento da energia calorífica/Gastar. **Ex.** Os carros queimam combustível «gasolina/gasóleo/gás». **5** Torrar/Calcinar/Crestar. **Loc. ~ *a comida*** «o arroz». ~ [Crestar(+)] ***a roupa*** com o ferro de passar. **6** Sofrer queimaduras/Ser atingido pelo fogo/calor. **Ex.** Queimei-me na asa do tacho [com água a ferver]. **7** Produzir calor intenso/Abrasar/Escaldar. **Ex.** Hoje o sol queima, não se consegue suportar! O miúdo [A criança] está com febre, a testa dele/a queima. **8** Ter sabor picante/Provocar sensação de ardor. **Ex.** O piripiri queima na boca. **9** Fazer murchar/secar. **Ex.** O sol [A geada] queimou as plantas. **10** *col* Dar um tom bronzeado. **Ex.** Estendem-se na praia ao sol para se queimarem. **11** *fig* Esbanjar/Dissipar/Malbaratar/Derreter. **Ex.** Queimou a fortuna dos pais «fingindo que estudava». **12** *fig* Perder o prestígio/Ficar desacreditado. **Ex.** O escândalo em que o político se viu envolvido, queimou-o.

queima-roupa elem de formação de loc adv (<queimar + roupa) À ~ [Muito perto/Corpo a corpo/Inesperadamente] (Ex. Foi atingido com um tiro à ~).

queimo s m (<queimar) Sensação produzida na boca pelas substâncias picantes/Ardor/Queimor(+).

queimor s m (< (<queimar + -or) **1** Sabor picante/Ardência/Queimo. **2** Sensação de calor excessivo/febril. **3** Ardor/Excitação/Agitação.

queimoso, a (Ôso, Ósa, Ósos) adj (<queimar + -oso) **1** Que arde/queima/Queimante. **2** Que tem sabor acre/Picante(+). **3** Que é quente/Calmoso.

queiró s f *Bot* (< ?) Planta arbustiva da família das ericáceas, espécie de urze(+) ou torga/Carrasca.

queirosiano, a adj (<antr (Eça de) Queirós (1845-1900) + -iano) Relativo ao escritor português Eça de Queirós ou à sua obra. **Comb. *Estilo ~*. *Novela ~a*** «O Mandarim». ***Personagem ~a*** «Conselheiro Acácio».

queixa (Cha) s f (<queixar) **1** A(c)to ou efeito de se queixar. **Loc.** Apresentar ~ na polícia «por lhe terem roubado a carteira». **2** Choro/Queixume/Lamúria. **Ex.** Sofreu muito com a doença, mas raramente se lhe ouvia uma ~. **3** Motivo de ressentimento/Sentimento de mágoa/Causa de descontentamento. **Ex.** Sempre que a encontro, (lá) vem *idi* o rosário/a ladainha das ~s [, ela faz muitas ~s] do marido. **Idi. *Ter razão*[ões] *de ~ de*** [motivo(s) para se queixar/sentir ofendido] (Ex. Naquele emprego, sempre me trataram bem; não tenho razões de ~ de nada nem de ninguém). **4** Participação a uma autoridade de agravo/dano sofrido para pedir reparação. **Loc. *Apresentar ~ na polícia*** [em tribunal] do roubo «do carro». ***Fazer ~ do colega*** ao professor. **5** Reclamação/Protesto. **6** *col* Achaque/Doença. **Ex.** «pergunta o médico» Quais são as suas ~s [De que se queixa/Então que sente]?

queixa-crime s f *Dir* Participação de uma ocorrência, por iniciativa particular, a uma autoridade policial ou judicial, o que dá origem a um processo criminal.

queixada (Chá) s f (<queixo + -ada) Maxila (especialmente a inferior) do homem e de outros mamíferos/Mandíbula. **Ex.** Segundo a Bíblia, Sansão destroçou os filisteus com a ~ dum jumento.

queixal (Chal) adj 2g/s m (<queixo + -al) **1** Do queixo. **Loc.** Tratar um dente ~. **2** s m Dente molar. **Ex.** Estarem os ~ais a romper [nascer].

queixar-se (Char) v t (<lat *quasiáre <quásso, áre, átum*: sacudir, abalar, abanar, mover, tremer) **1** Manifestar a alguém descontentamento ou preocupação/Lamentar-se/Lastimar-se. **Ex.** Ela queixou-se à mãe «dos maus tratos do marido». O João queixou-se do colega «que lhe bateu», à professora. Tenho pouco dinheiro, mas não me queixo. **2** Fazer queixa/Protestar/Reclamar. **Ex.** Queixou-se ao gerente do hotel, da má qualidade do serviço. O conserto do carro foi caríssimo; bem me queixei [; reclamei muito] mas não tive outro remédio senão pagar. **3** Manifestar mágoa/dor/pesar/Lamuriar-se/Gemer. **Ex.** Ela deve ter muitas dores; *idi* passa a vida [; está constantemente] a ~. **4** Apresentar queixa a alguém «polícia/tribunal» de ofensa ou dano sofrido/Denunciar. **Ex.** Foi ~ [dar queixa] à polícia do barulho que os vizinhos faziam «não o deixavam dormir». **5** Descrever sintomas de doença/lesão/dores. **Loc.** ~ [Dizer] ao médico de [que tem] dores «nas costas».

queixinhas (Chi) adj/s 2g 2n *col* (<queixa + -inhas) (Diz-se de) pessoa que faz muitas queixas, geralmente injustificadas. **Comb.** Criança [Um] ~.

queixo (Cho) s m (<lat *cápseum*: semelhante a uma caixa < *cápsa, ae*: caixa) **1** *Anat* Região inferior da maxila inferior/Parte do rosto mais ou menos saliente, por baixo do lábio inferior. **Idi. ~ *de rabeca*** [comprido e saliente]. ***Bater o ~*** [Tremer de [com] frio]. ***Dar aos ~s*** [Comer/Mastigar]. ***De ~ caído*** [Triste/Cabisbaixo].

queixoso, a (Chôso, Ósa, Ósos) adj/s (<queixa + -oso) **1** (O) que se queixa «com dores/por se sentir ofendido». **Ex.** Ela vinha muito ~a por causa da má vizinhança. Encontrei-o na cama muito ~ com dores. **2** O que apresenta queixa a qualquer autoridade. **Ex.** O ~ apresentou as suas razões ao juiz. Há dois processos (judiciais): um em que ele é ~; outro em que é arguido.

queixudo, a (Chu) adj (<queixo + -udo) Que tem queixo grande/proeminente.

queixume (Chu) s m (<queixa **2** + -ume) Lamúria/Gemido/Queixa. **Ex.** «no dentista, a criança» Não soltou um ~.

quejando, a adj (<lat *quid génitus, us*) Da mesma natureza/laia/Que tal/Semelhante. **Ex.** Os comunistas e ~s partidos de esquerda dizem-se "defensores dos trabalhadores", mas são muito poucos os que votam neles. Aquele café é frequentado por gente duvidosa, drogados e ~s [e outros que tais] vagabundos.

quelação s f *Quím* (<ing *chelation*) Formação de um ou mais anéis heterocíclicos, por estabelecimento de ligações de covalência coordenada, entre átomos dadores

quelante *adj 2g/s m* Quím (<quelar + -ante) Substância que forma quelatos. **Comb.** Agente ~ «EDTA».

quelar *v t* (<ing *to chelate*) Efe(c)tuar a quelação.

quelato *sm* Quím (<ing *chelate*) Composto formado por quelação.

quelha *s f* (<lat *canícula, ae*: cano pequeno) **1** Rua estreita/Viela(+). **Ex.** O acesso ao bairro faz-se por uma ~ muito estreita e esburacada. **2** Calha para escoar águas pluviais. **3** Peça de madeira escavada por onde corre o cereal da tremonha para o olho da mó do moinho.

quelícera *s f* Zool (<gr *khéle*: pinça + *kéras*: chifre) Apêndice articulável, par, da região pré-oral dos aracnídeos e paleostráceos, terminado geralmente por gancho inoculador do veneno e usado também como órgão de preensão e defesa/ataque.

quelicerado, a *adj/s m pl* Zool (<quelícera + -ado) (Diz-se d)os artrópodes «aracnídeos» portadores de quelíceras.

quelilídeo, a *adj/s m pl* Zool (<gr *khélys*: tartaruga + -ídeo) (Diz-se da) família de répteis queló[ô]nios de grande porte, de água doce.

quelidónia/o [*Br* **quelidônia/o**] *s f/m* (<lat científico *Chelidonium*) **1** Bot Planta herbácea venenosa da família das papaveráceas, *Chelidonium majus*, espontânea em Portugal/Celidónia/Ceruda. **2** Miner Pedra preciosa.

quelí[ó]pode *s m* Zool (<gr *khelé*: pinça + -pode) Apêndice terminado em pinça, em especial, cada um dos do primeiro par locomotor dos crustáceos superiores.

queloide (Lói) *s m* Med (<gr *khelé*: pinça + -oide) Formação fibrosa arredondada e consistente [Hiperplasia] que se desenvolve na pele «em cicatrizes/costuras» de indivíduos com apropriada predisposição. **Ex.** O tratamento dos ~s é difícil pela renitência e fácil recidiva.

quelonídeo, a *adj/s m pl* Zool (<quelónio + -ídeo) (Diz-se de) família de répteis queló[ô]nios, de couraça relativamente estreita, com os membros anteriores mais longos, espalmados e desprovidos de dedos, a que pertence a tartaruga marinha.

quelónio, a [*Br* **quelônio, a**] *adj/s m pl* Zool (<lat científico *Chelonia*) (Diz-se de) ordem de répteis de corpo curto e largo, revestido de grandes placas córneas soldadas formando couraça, a que pertencem as tartarugas e os cágados.

quelópode ⇒ quelípode.

quem *pron* (<lat *quem* <*quis, quae, quod*) **1** *pron relativo* Aquele que/A pessoa referida/O(s) qual(ais). **Ex.** ~ estuda, sabe. O rapaz a ~ dei o livro «foi meu aluno». ~ faz o mal merece castigo. **2** *pron indef* Qualquer pessoa/Toda a gente/Alguém. **Ex.** Há sempre ~ [alguém que] o ature. **Comb.** *loc pron Seja ~ for/~ quer que seja/Fosse ~ fosse* [Qualquer pessoa]. **~ dera**! [Oxalá/Como era [seria] bom]! «pensa que o nosso chefe vem à festa?» **~ sabe a)** Não sei/Não há maneira de saber; **b)** É possível (que venha)/Talvez (venha). «ele pergunta a que horas é o jantar; é» *Como* **~** *diz* «estou com fome». **3** *pron interr* Que pessoa(s). **Ex.** ~ irá ganhar o jogo? Com ~ vais jantar? Gostava de saber de ~ estás à espera.

quemose *s f* Med (<lat *chemósis, is*) Inflamação ocular (Conjuntivite) que forma um rebordo saliente na córnea.

Quénia [*Br* **Quênia**] *s m* Geog República da África Oriental cuja capital é Nairobi. As línguas oficiais dos quenianos são o inglês e o suaíli.

quenopodiáceo, a *adj/s f pl* Bot (<quenopódio «beterraba/espinafre» + -áceo) (Diz-se de) família das quenopodiáceas, com cerca de cem espécies, espontâneas em climas temperados e algumas cultivadas como alimento (⇒ quinoa) ou como ornamento e medicinais.

quente *adj 2g/s m* (<lat *cálens, éntis*) **1** Que tem [transmite] calor/Que aquece. **Ex.** Cuidado! A sopa está ~. Para o banho, gosto da água muito ~. **Idi.** *Agir a [de cabeça]* ~ [levado pela emoção/sem pensar/precipitadamente]. *Estar* ~ **a)** Muito próximo/Ser muito recente (Comb. Notícia ainda ~ «dum escândalo»); **b)** Estar no auge/no máximo. *Passar a batata* ~/Br *o abacaxi* [Deixar [Empurrar] para outrem a resolução duma dificuldade/Sacudir a responsabilidade]. *Pôr pan(inh)os* ~ *s* [Tentar remediar [apaziguar/contemporizar] com soluções paliativas intermédias]. *Ter as costas* ~s [Estar bem [Sentir-se] protegido «pelo chefe/dono/por um rico»]. **2** Que tem temperatura elevada em relação a um valor considerado normal. **Ex.** Hoje está um dia muito ~. O pão só se põe a cozer [só se mete no forno] depois de o forno estar ~. **3** Que conserva o calor do corpo. **Comb.** *Ambiente* ~. *Roupa* ~ «de lã». **4** Que tem febre. **Ex.** Acho o menino tão ~, deve ter febre! «é melhor levá-lo ao médico». **5** Que causa calor/estimula/aquece/Que tem muitas calorias. **Ex.** As bebidas alcoólicas «vinho do Porto/licores/conhaque» são bebidas ~s. **6** Que provoca agitação/faz exaltar os ânimos/Acalorado. **Comb.** *Discussão* ~ e apaixonada. *Verão* ~ *de 1975* (em Portugal devido à agitação política e social do pós-revolução). **7** Que revela cordialidade/afe(c)to/Afável/Caloroso(+). **Comb.** Acolhimento [Rece(p)ção] ~. **8** Diz-se da cor com tonalidade intensa onde predomina o amarelo e o vermelho. **Comb.** Cores ~s. **9** *fig* Ardente/Fogoso/Sensual. **Comb.** Voz [Beijo] ~ «apaixonada/o». **10** *s m* Lugar onde há calor e conforto/Cama. **Ex.** Nas manhãs frias de inverno, apetece ficar no quente[tinho] da cama. Deita-se tarde e depois [e por isso, de manhã] não há quem o tire do ~ [não quer sair da cama].

quentura *s f* (<quente + -ura) **1** Estado do que está quente/Calor. **Ex.** Junto à lareira, às vezes sente-se a ~ pela frente e nas costas uma corrente de ar frio. **Comb.** A ~ do alcatrão da estrada, em dias de verão. **2** *fig* Conforto/Agasalho. **Ex.** O bebé/ê está todo consolado [sente-se confortável] na ~ do colo da mãe. **3** *fig col* Febre. **Ex.** Pôs a mão na testa da criança para ver a ~.

quépi [**quepe**] *s m* Mil (<fr *képi* <al *käppi*, dim de *käppe*: gorro, boné) Tipo de boné, originariamente com pala e copa alta, usado por militares e colegiais de vários países.

queque (Kék) *s m* Cul (<ing *cake*) **1** Bolo feito de farinha, ovos, manteiga e açúcar, semelhante ao pão de ló mas mais pequeno e compacto. **Ex.** Nem [Não] tive tempo de almoçar; comi só [apenas] um ~ e um copo de leite. **2** *fam* Pessoa snobe de aparência elegante e pretensiosa. **Ex.** Na escola, os ~s não gostam de se misturar [de acompanhar] com qualquer colega.

quer *elem de loc* (<querer) Usa-se na loc coordenativa disjuntiva ~ ..., ~, ligando: **a)** Dois constituintes duma frase alternativa, com o sentido de *ou ..., ou/ora ..., ora* (Ex. Quando viajo, ~ [ou] de carro, ~ [ou] de avião, sinto muito o cansaço); **b)** Dois constituintes que mutuamente não se excluem, com o sentido de *não só ..., mas também* (Ex. Ele é muito bom aluno ~ a letras, ~ a ciências. Eu vou viajar, ~ chova, ~ não [, quer faça sol]).

queratina *s f* Quím (<gr *kéras, atos*: corno de animal + -ina) Proteína fibrosa que se encontra no cabelo, nas unhas, penas, chifres e cascos dos animais.

queratite/queratona/queratose *s f* Med ⇒ ceratite/...

quercina (Cu-er) *s f* Quím (<lat *quercus, us*: carvalho + -ina) Substância extraída da casca do carvalho.

querela (Eré) *s f* (<lat *querela, ae*: queixa) **1** *Dir* Acusação [Denúncia] apresentada em tribunal/Libelo. **2** Discussão/Desavença/Conflito. **Loc.** Envolver-se em ~s «com os vizinhos». **3** Questão pendente/não resolvida. **Loc.** Reavivar ~s antigas.

querelado, a *s Dir* (<querelar + -ado) Pessoa contra quem se querelou/Arguido.

querelante *adj/s 2g* (<querelar + -ante) (O) que promove querela [apresenta queixa em juízo] contra alguém/Queixoso.

querelar *v int* (<querela + -ar[1]) **1** *Dir* Apresentar queixa [Promover querela] contra alguém, em juízo. **2** Envolver-se em querelas/Discutir/Brigar.

querena *s f* Náut (<it *carena*) **1** Parte do navio abaixo do nível da água/Carena **1**(+). **Loc.** Virar a ~ do navio [Tombar o navio para limpar o costado ou proceder a reparações. **2** *pop* Rumo/Dire(c)ção. **Loc.** Virar de ~ [Escapulir-se].

querença *s f* (⇒ querer) **1** Vontade manifestada por alguém/Desejo. **Ex.** Uma ~ antiga «ir à Terra Santa» que agora se irá concretizar. **2** A(c)to de querer bem/Afe(c)to/Afeição/Amizade/Amor. **3** Inclinação [Aptidão] para alguma coisa «música». **4** Sítio preferido pelos animais. **Ex.** Touro que revela ~ pelas tábuas [pela vedação [trincheira] da praça].

querer *v t/s m* (<lat *quaero, ere, quaesívi [ii], quaesítum [quaestum]*: buscar, procurar (obter/saber), pedir, requerer) **1** Sentir vontade de/Desejar/Pretender. **Ex.** A maioria das crianças quer tudo o que vê. **Idi.** ~ *crer* [Admitir/Julgar/Acreditar] (Ex. Quero crer [Parece-me/Julgo/Acredito] que muita gente anda à volta dos políticos só por interesse). *Antes* ~ [Preferir] (Ex. Não me deites [sirvas] vinho, antes quero água). *Como queira/quiser* [Decida à sua vontade/Escolha] (Ex. Podemos ir hoje «às compras» ou amanhã, como queira). *Deus queira/Queira Deus*! [Tenho grande desejo que seja assim/Oxalá] (Ex. Parece que vai chover. – Deus queira, está tudo tão seco!). *(Não)* ~ *conversa* [Ex. Recusar-se a] falar sobre determinado assunto] (Ex. Sobre isso «quem avariou o computador» não quero mais conversa. Queres conversa, pois sabes muito bem como as coisas se passaram). *Não* ~ *nem* [Excluir por completo] (Ex. Não quero nem vê-lo «sócio que me quis roubar»!). *Quer dizer* [Introduz, re(c)tificando, uma explicação/Isto é/Significa] (Comb. Preto, quer dizer, escuro, cinzento). *Quer queira, quer não/Nem que não queira/Queira ou não queira* [Qualquer que seja(m) a decisão/as circunstâncias/Há de cumprir-se] (Ex. Quer queira quer não, vai ter de me ouvir até ao fim [de ouvir tudo o que quero

dizer]). **Sem ~** [Sem intenção/Involuntariamente] (Ex. Eu magoei-o, mas foi sem ~). **2** Fazer tenção de/Tencionar. **Ex.** Ainda quero [tenciono/espero] visitar os Açores outra vez. **3** Ambicionar/Proje(c)tar/Desejar. **Ex.** «quando fores grande» Que queres ser? – Eu quero ser médico/bombeiro. **4** Ter necessidade de/Precisar. **Ex.** Esta planta quer muita água. O meu estômago não quer coisas [alimentos] ácidas/os. **5** Desejar encontrar/Procurar. **Ex.** «estás aí a vasculhar na gaveta» O que (é que) queres? **6** Ter afe(c)to/dedicação a/Gostar de/Amar. **Ex.** Os pais querem muito aos filhos. Ela deixou-o, já não o quer. **7** Manifestar a opinião/Pretender/Defender. **Ex.** Muitos políticos da a(c)tualidade querem fazer da religião um assunto meramente privado. **8** Exigir/Ordenar. **Ex.** Quero saber se já fizeste os deveres da escola. Não é só [Não basta] dizer que vêm jantar; quero saber quantos são [vêm]. **9** Pedir com delicadeza/Dignar-se. **Ex.** Queiram (fazer o favor de) vir para a mesa. **10** Indicar como preço. **Ex.** Quanto (é que) ele quer pelo carro? Não comprei as maçãs; ela queria uma exorbitância por elas.

querido, a adj/s (<querer 6 + -ido) **1** Amado/Caro/Estimado/Prezado. **Comb. ~ amigo. ~ filho. ~a mãe. 2** s Pessoa muito amada/a quem se quer muito. **Ex.** Aquela neta era a ~a dos avós. **3** pop Namorado.

quermesse (Mé) s f <fr kermesse <flamengo kerke [kerc]: igreja + misse: missa) **1** Venda de prendas e artigos de artesanato, geralmente integrada em festa paroquial, para fins de beneficência. **Loc. Oferecer prendas para a ~. Comprar rifas na ~. 2** Lugar [Barraca/Tenda] onde se realiza essa venda. **Loc.** Dar apoio à «na venda de rifas/entrega de pré[ê]mios».

quernite/a s f Miner (<top Kern, Califórnia, EUA + -ite) Importante minério de boro, tetraborato de sódio hidratado, que cristaliza no sistema monoclínico, cujo principal jazigo se encontra em Kern, na Califórnia.

quero-quero s m Br Ornit Ave pernalta da família dos caradriídeos, também designada por gaivota-preta.

querosene (Zé) s m Quím (<fr kérosène <gr kerós,ou: cera + -ene/o) Mistura de hidrocarbonetos líquidos entre o decano ($C_{10}H_{22}$) e o hexadecano ($C_{16}H_{34}$), resultante da destilação do petróleo natural e utilizada para iluminação (Petróleo de iluminação) e como combustível dos motores de rea(c)ção.

querubim s m Rel (<hebr kerubhim, pl de kerubhi: espírito celeste) **1** Anjo da primeira hierarquia que compreende também os tronos e os serafins. **2** fig Criança formosa.

querubínico, a adj (<querubim + -ico) **1** Relativo a querubim. **2** fig Muito formoso/«rosto» Angélico(+).

quesito (Kezî) s m (<lat quaesítum, i: pergunta, questão; ⇒ querer) **1** Pergunta ou questão sobre a qual se pede resposta ou opinião. **2** Dir Questão de fa(c)to, reduzida a forma expressa e explícita. **3** Dir Pergunta feita por escrito pelas partes ou pelo juiz ao perito.

questão s f (<lat quáestio, ónis; ⇒ querer) **1** Pergunta que se faz para obter um esclarecimento/uma informação. **Ex.** Na entrevista «para sele(c)ção de empregados», puseram-me várias ~ões «sobre gostos pessoais/vida familiar». **Idi. Estar fora de ~** [Não ser obje(c)to de decisão/Não vir a propósito/Ser inaceitável] (Ex. Comprar casa ou trocar de carro nesta altura está fora de ~). **Fazer ~ (de)** [Manifestar grande empenho em alguma coisa] (Ex. Não vai a pé; eu levo-o a casa no meu carro, faço ~ (disso). Ele fez ~ de me pagar o almoço. Há de ir passar uns dias co(n)nosco à praia, faço ~). **Fugir à ~** [Desviar-se do assunto/Falar doutra coisa] (Ex. Está a fugir à ~: a pergunta era sobre a Bélgica e não sobre a Holanda). **Há ~ de** [Há cerca de/Há pouco mais ou menos] (Ex. Ele saiu daqui há ~ de meia hora). **Levantar a ~** [Colocar o problema/Trazer o assunto para a discussão] (Ex. Na reunião com a administração os delegados sindicais levantaram a ~ do aumento do subsídio de refeição). **Pôr em ~** [Pôr em dúvida/Duvidar] (Ex. Essa insinuação põe em ~ a honestidade do ministro). **Ventilar [Trazer [Vir] à baila] a ~** [Abordar um assunto/Falar-se de] (Ex. Ventilou-se a ~ do encerramento da empresa para férias «mas nada foi decidido»). **2** Pergunta que faz parte de uma prova para avaliação de conhecimentos. **Ex.** A prova de matemática tinha cinco ~ões [problemas], mas apenas quatro, à escolha, de resposta obrigatória. **3** Assunto [Tema] que é obje(c)to de discussão ou análise. **Ex.** Eis a ~ «operar ou não operar o doente» [O problema é esse]! A ~ principal da reunião era a eleição dos corpos gerentes. **Comb. ~ de fundo** [Assunto principal/de importância fundamental]. **~ de princípio** [Aquilo que não se discute/é admitido sem se pôr em causa/de que não se abdica]. **~ de vida ou de morte** [Assunto cuja resolução tem consequências gravíssimas] (Ex. Quando se fala do aborto e da eutanásia não se pode esquecer que são ~ões de vida ou de morte]. **4** Contenda/Discussão. **Ex.** Ele anda em ~ com o vizinho «por causa das estremas do terreno». **Comb.** Hist ~ Romana [Nome por que ficou conhecido o conflito entre a Santa Sé e a Itália devido à anexação por esta dos Estados Pontifícios, no séc. XIX].

questionabilidade s f (<questionável + -i- + -dade) Qualidade do que é questionável/discutível.

questionador, ora adj/s (<questionar + -dor) (O) que questiona.

questionamento s m (<questionar + -mento) O pôr em questão/dúvida. ⇒ contestação.

questionar v t (<questão + -ar¹) **1** Pôr em discussão/Sujeitar à crítica. **Ex.** A [Os partidos da] oposição não deixará[rão] de ~ novas medidas de austeridade que o governo pretenda implementar. **2** Fazer perguntas/Interpelar/Interrogar. **Ex.** Os jornalistas questionaram o Primeiro-Ministro sobre a falada remodelação ministerial. **3** Pôr em dúvida/Contestar. **Ex.** Os sócios questionaram o presidente do clube sobre o aparente fracasso dos jogadores contratados para reforçar a equipa/e. **4** ~-se/Pensar sobre um assunto procurando encontrar respostas/Interrogar-se. **Ex.** Ele questionava-se sobre a oportunidade de fazer novos investimentos na empresa.

questionário s m (<lat quaestionárius, ii: verdugo que aplica a tortura) **1** Conjunto de perguntas/questões sobre um assunto. **Loc. Redigir um ~** «para um inquérito». **Responder ao ~** «dum teste escolar». **2** Texto impresso onde estão contidas as perguntas. **Ex.** À entrada, entregaram-me um ~, para devolver à saída depois de preenchido [respondido].

questionável adj 2g (<questionar + -vel) Que se pode questionar/Discutível. **Comb.** Teoria ~. **Ant.** Indiscutível; in~.

questiúncula s f (<lat quaestiúncula, ae, dim de quaestio) Questão fútil/sem importância/Discussão inútil. **Loc.** Perder tempo com ~s «que não têm qualquer interesse».

quetzal s m (<nauatle ketzali: penas da cauda de ave) **1** Ornit Ave trepadora, Pharomachrus mocino, da América Tropical com plumagem colorida de grande beleza e penas da cauda muito longas utilizadas como adorno. **2** Unidade monetária da Guatemala.

quezilar v t/int (<quezília + -ar¹) **1** Entrar em discussão com alguém sem motivo aparente/Embirrar. **Ex.** Que sujeito [indivíduo] aborrecido, passa a vida [, está constantemente] a ~ com toda a gente. **2** Causar aborrecimento/Importunar. **Ex.** A conversa [bazófia] dele quezila-me. **3** Ter quezília/Estar [Ficar] aborrecido. **Ex.** Quezilei horas à espera de ser atendido pelo médico.

quezilento, a adj (<quezília + -ento) **1** Que provoca brigas/desavenças/discussões. **Comb.** Feitio ~. **2** Que é fértil em quezílias. **Ex.** O jogo «de futebol» foi muito ~; houve muitos cartões amarelos e expulsões (com cartão vermelho).

quezília s f (<quimbundo kijila: regra, preceito) **1** Desentendimento/Discussão/Briga. **Loc.** Arranjar [Entrar em] ~s «com a vizinhança». **2** Transtorno/Enfado. **Ex.** Ouvi-la durante horas sempre com as mesmas queixas, é a ~ do costume.

qui s m (<gr khi) Nome da vigésima segunda letra do alfabeto grego (X, χ) da qual derivam o x e o ch.

quiabeiro s m Br Bot (<quiabo + -eiro) Arbusto pequeno da família das malváceas, Hibiscus esculentus, que dá frutos comestíveis e fibras para tecidos grosseiros.

quiabo s m (< ?) Fruto do quiabeiro.

quiasma s m (<gr khiasmós, ou) **1** Anat Cruzamento entre si de fibras nervosas em forma de cruz. **Comb.** ~ ó(p)tico [Cruzamento dos nervos ó(p)ticos formando um X]. **2** Biol Ponto onde se cruzam dois cromatídeos[tides] de cromossoma[o]s homólogos.

quiasmo s m Gram (⇒ quiasma) **1** Figura de estilo que consiste na disposição cruzada de duas frases de modo que formem uma antítese ou um paralelo. **Ex.** A frase: Se com carinho me trata, com carinho o trato eu, é um exemplo de ~.

quiçá adv (<lat quis sapit: quem sabe?...) Talvez/Porventura. **Ex.** O rapaz, se assim continuar, tem futuro; pode vir a ser alguém (importante), ~ chegar a ministro.

quíchua ⇒ quéchua(+).

quicongo adj/s 2g/s m pl Etn (<quicongo kikoongo) **1** Língua falada pelos povos indígenas das províncias do norte de Angola (Cabinda, Zaire e Uíge). ⇒ quimbundo. **2** (Diz-se do) grupo étnico africano que habita os Congos e o noroeste de Angola.

quididade s f Fil (<lat quíditas, átis) Essência ou natureza de alguma coisa. ⇒ substância.

quiescente adj 2g (<lat quiéscens, éntis <quiésco, ere, quiétum: descansar <quíes: repouso, descanso) Que está em paz/repouso/sossego/Repousante(+).

quietação s f (<quietar + -ção) A(c)to ou efeito de quietar(-se). Serenidade/Tranquilidade/Sossego/Repouso. **Comb. A ~ da natureza** «no outono, ao entardecer». **A ~ interior** «de quem vive em paz».

quietar v t (<lat quiéto, áre, átum; ⇒ quiescente) **1** Aquietar/Sossegar/Tranquilizar. **Ex.** Os resultados da análise quietaram-no «não acusavam nada de grave». **2** Ficar quieto/sossegado. **Ex.** Contar(-lhes) uma história interessante, é uma boa maneira de ~ as crianças.

quietismo s m (<quieto + -ismo) **1** Hist Rel Conce(p)ção da vida espiritual marcada por uma atitude de passividade do homem perante Deus como forma de perfeição, pondo em causa ou comprometendo a liberdade e a responsabilidade moral do indivíduo. **Ex.** O ~ como doutrina e prática espiritual foi sistematizado no séc. XVII por Molinos. **2** Tranquilidade dos seres ou das coisas/Calma/Quietação/Sossego(+).

quieto, a adj (<lat quiétus, a, um; ⇒ quiescente) **1** Que não mexe/Parado/Imóvel. **Ex.** Está uma grande calmaria, toda a natureza está ~a/parada. Para não ser notado, encostou-se à sebe e permaneceu ~ até não se encontrar ninguém nas redondezas. **Ant.** Agitado; a mexer. **2** Sossegado/Calmo. **Ex.** João, já te disse para estares ~/sossegadinho. Quem (é que) consegue ter este cão ~/parado? **Ant.** Irre~; sempre a mexer. **3** Dócil/Tranquilo/Pacífico. **Loc.** Levar uma vida ~a/tranquila. Desde criança que ela é assim ~a/dócil.

quietude s f (<lat quietúdo, inis) **1** Qualidade [Estado] do que está quieto. **2** Tranquilidade de espírito/Sossego/Paz. **Comb.** ~ que se sente num convento. **3** Rel Fase de contemplação e união com Deus em grau muito elevado, experimentada e descrita por alguns místicos «São João da Cruz/Santa Teresa de Ávila».

quilatação s f (<quilatar + -ção) **1** A(c)to ou efeito de (a)quilatar. **2** Avaliação do quilate. **Ex.** O ourives está a verificar a ~ [o quilate(+)] das peças de ouro «que pretendo vender-lhe».

quilatar v t (<quilate + -ar¹) **1** Avaliar o quilate de metais preciosos/Aquilatar(+). **2** fig Avaliar(+)/Julgar. **Ex.** Não tenho conhecimentos suficientes para ~ o valor científico desse trabalho.

quilate s m (<ár quirāt: unidade de peso, moeda) **1** Termo, usado em ourivesaria, que exprime a percentagem de ouro existente nas ligas deste metal. **Ex.** O ouro puro corresponde a 24 ~s. O ouro de 18 ~s corresponde a uma liga com um teor de 18/24 (75%) de ouro. O ouro de lei, em Portugal, corresponde a 19,2 ~s (80%). **2** Medida utilizada para pesar pedras preciosas, que tem o valor internacional de 200 mg. **3** fig Excelência/Perfeição. **Comb.** Pessoa de elevado ~ moral. **4** iron Qualidade inferior/Jaez. **Ex.** Ele é (cá) dum ~ [idi Ele é fraca rês]!

quilha s f (<fr quille) **1** Náut Peça principal da estrutura do casco duma embarcação, constituída por uma viga central situada no fundo, que vai da popa à proa. **Ex.** A ~ contribui para a estabilidade do barco e protege o fundo contra choques. **2** Zool Parte anterior média e saliente do esterno das aves onde se inserem os músculos do voo. **3** Anat Deformação torácica própria do raquitismo devida à moleza e à perda de elasticidade dos ossos. **4** Bot Conjunto das duas pétalas inferiores [Carena] da corola papilionácea/Naveta.

quilhar v t/s m (<quilha + -ar¹) **1** Náut Assentar a quilha dum navio na rampa de construção. **2** pop Causar dano/Prejudicar. **3** s m Náut Prego grande usado para fixar as peças do cavername do navio.

quiliare s m (<quilo- + are) Antiga medida agrária de 1000 ares.

quilífero, a adj Anat (<quilo² + -fero) Diz-se dos vasos linfáticos que transportam os produtos da digestão das vilosidades intestinais para o sangue no tronco torácico.

quilificação s f Fisiol (<quilificar + -ção) Transformação dos alimentos, na digestão intestinal, em quilo.

quilificar v t (<quilo² + -ficar) Transformar os alimentos em quilo durante a digestão intestinal.

quilite s f Med (<gr kheilos: lábio + -ite) Inflamação dos lábios com produção de fissuras a partir dos cantos da boca.

quilo¹ [kg] s m (<gr khílios, oi: mil, milhar) **1** Abreviatura de quilograma. **Ex.** Comprei um ~ de açúcar e já se gastou [consumiu] todo. **Sin.** Quilograma. **2** fig col Grande quantidade. **Ex.** Para conseguir beber o chá «era muito amargo» pus[deitei]-lhe ~s [mais dum ~/carradas] de açúcar.

quilo² s m Fisiol (<gr khylós, ou: suco) Substância líquida esbranquiçada resultante da transformação do quimo na digestão dos alimentos a nível intestinal. ⇒ quimo.

quilo- pref (<gr khílioi, ai, a: mil, milhar) Exprime a ideia de mil. **Ex.** O prefixo ~ usa-se no Sistema Internacional de medida com a designação de kilo e o símbolo k.

quilocaloria s m Fís (<quilo- +...) Unidade de quantidade de calor equivalente a mil calorias.

quilociclo [kc] s m Fís/Ele(c)tri (<quilo- + ...) Mil ciclos. ⇒ quilohertz.

quilodieresia s f Med (<gr kheilos: lábio + diairesis: separação + -ia) Deformação do lábio superior que se apresenta fendido/Lábio leporino(+).

quilofagia s f (<gr kheilos: lábio + -fagia) Hábito de morder os lábios.

quilógnato, a adj/s Zool (<gr kheilos: lábio + gnathos: maxila) **1** Lábio leporino(+). **2** ⇒ diplópode(+).

quilograma s m Fís (<quilo- + ...) Unidade de medida de massa, símbolo kg, equivalente a mil gramas. **Sin.** Quilo¹(+).

quilograma-força [-peso] s m Fís Unidade de força [peso] equivalente ao peso da massa de um quilograma/Força resultante da a(c)ção da gravidade sobre a massa de um quilograma, equivalente aproximadamente a 9,8 Newton.

quilogrâmetro s m Fís (<quilogra(ma) + -metro) Trabalho desenvolvido pela força de um quilograma quando o seu ponto de aplicação se desloca um metro na dire(c)ção da força, símbolo kgm. **Ex.** Um ~ (1 kgm = 1 kg (força) x 1 m) é equivalente aproximadamente a 9,8 joule.

quilohertz s m Fís (<quilo- +...) Um quilociclo por segundo, símbolo kHz.

quilojoule s m Fís (<quilo- + ...) Unidade de medida de trabalho equivalente a mil joules, símbolo kJ.

quilolitro s m Fís (<quilo- + ...) Unidade de medida de capacidade equivalente a mil litros, símbolo kl.

quilombo s m (<quimbundo kilombo: cabana, acampamento, povoação) **1** Hist ang Acampamento fortificado dos jagas que invadiram o Congo e Angola. **2** Hist br Povoação fortificada de negros fugidos ao cativeiro «Estado Federal de Alagoas».

quilometragem s f (<quiló[ô]metro + -agem) **1** Medida em quiló[ô]metros. **Loc.** Calcular a ~ duma viagem «a efe(c)tuar pela Europa». **2** Quantidade de quiló[ô]metros já percorridos por um veículo. **Ex.** Apesar de ter uma ~ elevada, o carro ainda está em muito boas condições.

quilometrar v t (<quiló[ô]metro + -ar¹) **1** Medir em quiló[ô]metros. **Ex.** Andámos muito, mas não sei exa(c)tamente quanto porque não quilometrei a viagem. **2** Marcar os [Colocar os marcos dos] quiló[ô]metros. **Loc.** ~ uma estrada «no final da sua construção».

quilométrico, a adj (<quiló[ô]metro + -ico) **1** Relativo a quiló[ô]metro. **Comb.** Marco ~. **2** Medido em quiló[ô]metros. **Comb.** Distância ~a.

quilómetro [Br quilômetro] s m Fís (<quilo- + ...) Medida de comprimento equivalente a mil metros, símbolo km.

quiloplastia s f Med (<gr kheilos: lábio + ...) Operação cirúrgica que consiste na restauração do lábio.

quilópode adj 2g/s m pl Zool (<gr kheilos: lábio + -pode) (Diz-se de grupo de animais miriápodes com um par de patas bem desenvolvidas em cada anel e patas-maxilas fortes. ⇒ diplópode.

quilose s f ⇒ quilificação.

quilowatt (Wót) s m Ele(c)tri (<quilo- + watt) Unidade de potência elé(c)trica equivalente a mil watts, símbolo kw.

quilowatt-hora s m Fís Unidade de medida de energia, equivalente à energia fornecida em uma hora por uma fonte constante com a potência de um quilowatt, símbolo kwh.

quimana s f Cul Br (< ?) Iguaria [Quitute] brasileira feita de gergelim, farinha e sal.

quimbundo s m (<banto kimbundu) Língua angolana da família banta «Luanda/Cuanza/Bié»/Bundo. ⇒ quicongo.

quimera (Mé) s f (<gr khímaira, as: cabra) **1** Mit Monstro lendário com cabeça de leão, corpo de cabra e cauda de dragão, que lançava chamas. **Ex.** A ~, filha de Tífon e Équidna, foi morta por Belerofonte montado no cavalo Pégaso. **2** Fantasia/Ilusão/Utopia. **Ex.** Vivia assustado sentindo-se perseguido por ~s que só existiam na sua imaginação [na imaginação dele]. Muitos portugueses emigraram outrora para o Brasil iludidos com ~s de enriquecimento fácil e imediato. A ~ de que com o novo Governo a vida seria imediatamente muito melhor depressa se desfez. **3** Icti Peixe de corpo alongado, cabeça curta e boca inferior/Papagaio-do-mar/Peixe-rato.

quimérico, a adj (<quimera + -ico) Que não é real/Imaginário/Fantástico. **Comb.** Desejos [Sonhos] ~s/ilusórios.

química s f (<gr khymeia: mistura de vários sucos) **1** Ciência que estuda a composição, as propriedades e as transformações da matéria. **Comb.** ~ **biológica** [⇒ bioquímica]. ~ **inorgânica/mineral** [que estuda todos os elementos e compostos com exce(p)ção dos abrangidos pela ~ orgânica]. ~ **orgânica** [que estuda os compostos que contêm cadeias de carbono «hidrocarbonetos/álcoois/aminas»]. **2** Tratado sobre essa ciência. **Comb.** Compêndio de ~. **3** Disciplina escolar em que é ensinada essa ciência. **Loc.** Ter boa [má] nota a ~.

químico, a adj/s (<ár (al)kimia + -ico) **1** Relativo à química. **Comb.** Análise ~a. Composto ~. Rea(c)ção ~a. **2** s O que é versado em [se dedica ao estudo da] química. **Comb.** Reunião [Congresso] de ~s.

quimiossíntese s f Bioq/Bot (<químico 1 + síntese) Síntese de moléculas orgânicas conseguida à custa de energia calorífica libertada por uma rea(c)ção química provocada por uma bactéria. ⇒ fotossíntese.

quimioterapia s f Med (<gr khymós, ou: suco (natural) + -io + terapia) Tratamento de doenças «cancro» através de substâncias químicas preparadas em laboratório.

quimiotropismo s m Biol (<gr khymós, ou: suco (natural) + -io + ...) Tropismo que tem por estímulo agentes químicos.

quimo s m Fisiol (<gr khymós,ou: suco) Massa ácida semilíquida em que se transformam os alimentos depois da digestão no estômago. ⇒ quilo².

quimono (Mô) *s m* (<jp *kimono*) **1** Túnica comprida que faz parte do vestuário masculino e feminino japonês, com mangas largas feitas da mesma peça que o corpo, apertada com uma faixa simples (No dos homens) ou larga e vistosa (no das senhoras). **Ex.** O ~ curto e simples «branco» também é usado na prática de artes marciais. **2** Roupão semelhante a essa túnica, para usar em casa.

quimosina *s f Biol* (<quimo + -ina) Fermento do suco gástrico que precipita a [provoca a coagulação da] caseína do leite/Caseease/Fermento do coalho.

quina[1] *s f* (<esquina) **1** Esquina(+). **Ex.** Encontrei-me casualmente com ele na ~ desta rua com a avenida principal. **2** Ângulo saliente/Canto/Aresta. **Ex.** Magoei-me na ~ da mesa.

quina[2] *s f* (<lat *quina*, neutro de *quini, ae, a*: cinco cada um [a cinco] <*quinque*: cinco) **1** Conjunto de cinco elementos da mesma natureza. **2** Carta de jogar, peça de dominó ou face de dado com cinco pintas. **3** Cada um dos cinco escudos representados nas armas de Portugal. **Comb.** Bandeira portuguesa [das ~s].

quina[3] *s f Bot* (<qué[í]chua *kinkina(?)*) **1** Árvore de pequeno porte da família das rubiáceas, *Chinchona ledgeriana*, originária do Peru, com propriedades antifebris, e de várias outras árvores e arbustos. **2** Casca amarga dessas plantas donde se extrai uma substância com aplicações terapêuticas. **3** Quinina/o.

quinado, a *adj* (<quina + -ado) **1** Que tem quinas/arestas/cantos. **Comb.** Tampo (de mesa) ~. **2** Disposto em grupos de cinco. **Comb.** Cartão ~ (no jogo do loto). **3** Preparado com quina[3] **3**.

quinar *v t/int* (<quina + -ar[1]) **1** No jogo do loto, fazer a quina. **2** Preparar um medicamento com quina[3] **3**.

quinário, a *adj* (<lat *quinárius, a, um*) **1** Relativo a cinco. **2** Que tem por base o número cinco. **Comb.** Sistema (de numeração) ~o. **3** Diz-se do verso com cinco sílabas. **4** *Mús* Diz-se do compasso que tem cinco tempos.

quinau *s m* (<lat *quin autem*: mas ao [pelo] contrário) **1** A(c)ção de corrigir. **2** Corre(c)ção de erro. **3** Marca da corre(c)ção em texto escrito. **4** Repreensão/Censura/Corre(c)tivo. **Loc.** *Apanhar um* ~ [Levar um corre(c)tivo/uma lição]. *Dar ~ a* [Corrigir com palavras/Mostrar que se errou] (Ex. O aluno deu um ~ ao [corrigiu o] professor).

quincunce *s m* (<lat *quincunx, cuncis* <*quinque*: cinco + *úncia*: onça) Grupo de cinco obje(c)tos dispostos ocupando quatro deles os vértices dum quadrado e o quinto, o centro. **Comb.** Árvores plantadas em ~.

quindecágono (Qu-in) *sm Geom* (<lat *quíndecim*: quinze + gr *gonos*: ângulo) Polígono com 15 ângulos e 15 lados/Pentadecágono(+).

quindénio (Qu-in) [*Br* **quindênio**] *s m* (<lat *quindéni, ae* + -io) **1** Porção [Espaço] de quinze anos. ⇒ quinqué[ê]nio. **2** *Hist* Antigo tributo pago de quinze em quinze anos «à Santa Sé».

quindim *s m* (< ?) **1** Gesto [Movimento] elegante/afe(c)tado. **2** Elegância/Donaire. **3** *Cul Br* Doce feito de gema de ovo, coco e açúcar.

quineira *s f Bot* (<quina[3] + -eira) Árvore da qual se obtém a quina[3]/Quina-verdadeira.

quingentésimo, a (Qu-in) *num/s* (<lat *quingentésimnus, a, um*) **1** (O) que numa série ocupa a posição a seguir à quadringentésima nonagésima nona/O último numa série de quinhentos/500.º. **2** Número fra(c)cionário que resulta da divisão de um todo por quinhentos/1/500.

quinhão *s m* (<lat *quínio, ónis*: reunião de cinco, quina[2]) **1** O que cada um recebe na divisão de um todo/Quota-parte/Parcela/Porção. **Ex.** Não sejas guloso, já recebeste o teu ~ «de chocolate; o resto é para os teus irmãos». **2** Parte duma herança que cabe a cada herdeiro/Partilha. **3** *fig* O que acontece a cada um/Sorte [Infelicidade/Azar]. **Ex.** Não se pode dizer [considerar] que seja só mérito dele «ter chegado a administrador duma grande empresa»; também teve o seu ~ de sorte.

quinhentismo *s m Liter/Arte* (<quinhentos + -ismo) Estilo literário e artístico que prevaleceu em Portugal no séc. XVI e princípios do XVII por influência das obras do Renascimento.

quinhentista *adj/s 2g* (<quinhentos + -ista) **1** Relativo ao séc. XVI (1501-1600). **Comb.** Obra ~. **2** Personalidade notável «escritor/artista» desse século «Camões/Padre Manuel da Nóbrega».

quinhentos *num card/s m* (<lat *quingenti, ae*) **1** Quatrocentos mais cem/Cinco vezes cem. **2** O número *500* e a quantidade representada por esse número. **Ex.** A reparação do carro fica em [vai custar] mais de ~ euros. Em numeração romana, ~ representa-se por *D*. **3** (O) que numa série ocupa o quingentésimo lugar. **Ex.** Dificilmente terei colocação (numa escola); sou o ~ [; estou na posição ~/estou na 500.ª posição] na lista dos professores concorrentes. **4** O século XV. **Comb.** Portugueses ilustres «navegadores/escritores» de ~.

quinhoar *v t* (<quinhão + -ar[1]) **1** Ter parte [quinhão] em. **Ex.** Quinhoei no pré[ê]mio «do euromilhões» com mais cinco amigos. **2** Dividir em quinhões/Aquinhoar. **Loc.** ~ *uma herança*. **3** *fig* Compartilhar/Comparticipar.

quinhoeiro, a *s* (<quinhoar + -eiro) **1** O que recebe um quinhão. **2** O que compartilha/partilha. **Comb.** ~ com os outros sócios nos lucros da empresa.

quini(di)na *s f Quím* (<quina[3] + d + -ina) Alcaloide extraído da casca da quina, isó[ô]mero da quinina, utilizado como regularizador do ritmo cardíaco.

quinina *s f Quím* (<quina[3] + -ina) Principal alcaloide extraído da casca da quina com propriedades antipiréticas e antimaláricas.

quinino *s m Quím* (<quina[3] + -ino) Nome vulgar do sulfato de quinina.

quini(ni)smo *s m Med* (<quina[3] [quinino] + -ismo) Intoxicação provocada pelo uso imoderado dos alcaloides da quina.

quino *s m* (<quina[2]) Jogo de azar que se joga com cartões cujas casas numeradas se vão preenchendo com os números correspondentes tirados à sorte/Jogo do loto ou bingo.

quinoa *s f Bot* (< qué[í]chua *quínua*) Planta da família das quenopodiáceas, originária da América do Sul, com sementes comestíveis.

quinoleína *s f Quím* (<quina + óleo + -ina) Composto heterocíclico aromático, líquido, higroscópico, usado na síntese de corantes e conservantes e como solvente. **Ex.** A ~ é um dos produtos obtidos na destilação do alcatrão da hulha.

quinona *s f Quím* (<quina + -ona) Nome genérico de policetonas cíclicas insaturadas e conjugadas. **Ex.** As ~s mais importantes são as dicetonas.

quinquagenário, a *adj/s* (<lat *quinquagenárius,ii*) (O) que está na casa dos cinquenta (anos de idade).

quinquagésimo, a *num ord/s* (<lat *quinquagésimus,a, um*) **1** (O) que numa série ocupa a posição imediatamente a seguir à quadragésima nona/50.º. **2** (O) que resulta da divisão de um todo [da unidade] por 50/1/50.

quinque- (Qu-in) *elem de formação* (<lat *quinque*: cinco) Exprime a ideia de cinco.

quinqueangular (Qu-in) *adj 2g* (<quinque- + ...) Que tem cinco ângulos/Pentágono(+).

quinquefoliado, a (Qu-in) *adj* (<quinque- + ...) Que tem cinco folhas.

quinquenal (Qu-in) *adj 2g* (<quinquénio + -al) **1** Que dura cinco anos. **Comb.** Plano ~ «de investimentos». **2** Que ocorre [se celebra] de cinco em cinco anos. **Comb.** Comemoração ~. **3** *s f pl Hist* Festas que os Romanos celebravam de cinco em cinco anos/As ~ais.

quinquénio (Qu-in) [*Br* **quinquênio**] *s m* (<lat *quinquénnius, ii*) Período de cinco anos/Lustro[2]. **Ex.** Em Portugal, o mandato do Presidente da República tem a duração de um ~.

quinquevalente (Qu-in) *adj 2g* ⇒ pentavalente.

quinquilharia *s f* (<fr *quincaillerie*) Conjunto de obje(c)tos variados de reduzido valor usados como decoração ou como brinquedos de crianças. **Ex.** Guardava «na garagem» toda a espécie de ~. **Comb.** Loja de ~s.

quinquilheiro, a *s* (<quinquilharia + -eiro) Pessoa que vende [gosta de ter/guardar] quinquilharia.

quinta *s f* (<lat *quintána, ae*: pequeno mercado no acampamento; ⇒ quinto, a) **1** Propriedade rústica constituída por terras de cultivo, geralmente com casa de habitação/Casa de campo/*Br* Sítio. **Ex.** «é um ricaço» Comprou mais uma ~ «no Minho». **Idi.** *Estar nas suas sete ~s* [Estar muito satisfeito/Sentir-se muito contente «por ter alcançado o que desejava»] (Ex. Deixou a política, não tem preocupações, tem uma boa [*idi* choruda] reforma, agora (é que) está nas suas sete ~s). *Br* ⇒ fazenda. **2** ⇒ ~-feira.

quintã *s f Med* (<lat *quintánus, a, um*) Febre intermitente que sobrevém de cinco em cinco dias. ⇒ quartã; terçã.

quinta-coluna *s f* **1** Pessoa que a(c)tua clandestinamente num país em guerra com outro, auxiliando o inimigo/Traidor. **2** Conjunto de agitadores [espiões] que se dedicam a a(c)tividades subversivas.

quinta-essência *s f* **1** Na Física de Aristóteles, o éter (Quinto elemento além da água, terra, ar e fogo) constituinte dos corpos celestes. **2** *fig* O que há de melhor, mais apurado. **3** *fig* O mais alto grau/Requinte. **Ex.** Na feira [exposição] internacional esteve representada a ~ da moda [dos costureiros] portuguesa/ses.

quinta-feira *s f* (<lat *quinta (feria)*: quinta/o (dia de) festa) Quinto dia da semana a seguir à quarta-feira e antes da sexta(-feira). **Ex.** Os cristãos recordam todas as quintas-feiras os fa(c)tos ocorridos em ~ Santa (Instituição da eucaristia e do sacerdócio na Última Ceia de Cristo com os seus Apóstolos).

quintal[1] *s m* (<quinta + -al) **1** Terreno com horta ou jardim junto a uma casa de habitação. **Ex.** Moro numa casa com ~. **2** Pequena quinta. ⇒ quintalejo. **3** Pátio.

quintal[2] *s m* (<ár *quintār*) Antiga medida de peso equivalente a quatro arrobas. **Comb.**

quintalejo

~ *métrico* [Cem quilogramas]. *Um ~ de bacalhau* [Fardo de bacalhau com 60 kg].

quintalejo *s m* (<quintal + -ejo) Pequeno quintal/Quintalzito[zinho].

quintalório *s m depr* (<quintal + -ório) Pequeno quintal mal tratado.

quintanista *s 2g* (<quinto + ano + -ista) Estudante que frequenta o quinto ano de qualquer curso superior.

quintão *s m Mús* (<quinta + -ão) Instrumento musical com cinco cordas, do período barroco.

quintar *v t* (<quinto + -ar¹) **1** Dividir por cinco. **2** Tirar a quinta parte. **3** Tirar um elemento duma série de cinco.

quintarola *s f* (<quinta + -ola) Pequena quinta.

quinteiro, a *s* (<quinta + -eiro) O que trata (e habita n)uma quinta/Feitor/Abegão.

quinteto (Tê) *s m* (<it *quintetto*) **1** *Mús* Conjunto de cinco instrumentos ou de cinco vozes. **Comb.** *~ de cordas. ~ vocal* «feminino». **2** *Mús* Composição musical para ser executada por cinco instrumentos ou vozes. **3** *Liter* Estrofe com cinco versos/Quintilha(+). **4** Conjunto de cinco elementos.

quintilha *s f Liter* (<quinto + -ilha) Estrofe de cinco versos.

quintili[h]ão *num card/s m* (<fr *quintillion*) **1** Na Europa, um milhão de quatrili[h]ões: $10^6 \times 10^{24} = 10^{30}$ (Unidade seguida de trinta zeros). **2** No Brasil, mil quatrili[h]ões: $10^3 \times 10^{15} = 10^{18}$ (Unidade seguida de dezoito zeros).

quintissecular *adj 2g* (<lat *quintus* + secular) Que tem cinco séculos. **Comb.** Fortaleza ~ «de Malaca/Mazagão, construídas pelos portugueses». ⇒ multissecular.

quinto, a *num ord/adj/s* (<lat *quíntus, a, um*) **1** (O) que numa série ocupa a posição imediatamente a seguir à quarta/(O) último duma série de cinco. **Ex.** Classificou-se em [Foi o/a] ~ «numa prova de ciclismo». **Idi.** *cal Ir para os ~s do inferno* [para longe/Desaparecer] (Ex. Gente dessa «vagabundos/malfeitores» que não apareça mais por cá, que vá para os ~s do inferno!). *Meter a ~a* [Engrenar, num veículo automóvel, a mudança (de altas velocidades) acima da quarta]. **2** Cada uma das partes que resultam da divisão de um todo [da unidade] por cinco/A ~a parte duma unidade/1/5. **3** *Mús s f* Intervalo de cinco notas na escala diatónica. **4** *s f* Abreviatura de quinta-feira. **Ex.** Se não puderes vir «ajudar-me» na quarta-feira, vem na ~a. **5** *pl pop* Lugar incerto, longínquo. **Ex.** Ir a pé «para a escola» é muito fácil para quem mora perto, agora [mas] para quem tem que vir (lá) dos ~s, é muito mais complicado. É difícil encontrar a casa dele; fica (lá) nos ~s!

quintuplicação *s f* (<quintuplicar + -ção) Multiplicação por cinco(+).

quintuplicar *v t* (<lat *quintuplico, áre, átum*) Multiplicar(-se) por cinco/Tornar(-se) cinco vezes maior. **Ex.** Em poucos anos, a despesa pública quintuplicou.

quíntuplo, a *num/adj/s* (<lat *quíntuplus, a, um*) (O) que contém cinco vezes a mesma quantidade/(O) que é cinco vezes maior. **Loc.** Calcular «mentalmente» o ~ de um número «com seis algarismos». **Comb.** Conjunto ~ de pétalas duma flor [Corola ~a].

quinze *num card/s m* (<lat *quíndecim*) **1** Dez mais cinco/Catorze mais um. **Ex.** Ele vai fazer [*pop* já faz] ~ anos «no próximo mês». **2** O número *15* e a quantidade representada por esse número. **Ex.** Em numeração romana, ~ escreve-se *XV*. Compra ~ pastéis variados «para o lanche das crianças». **3** (O) que numa série ocupa a décima quinta posição. **Ex.** Chamaram agora «para a consulta» o (número) ~.

quinzena *s f* (<quinze + -ena) **1** Conjunto de quinze elementos. **Loc.** Contratar uma ~ de trabalhadores «para as vindimas». **2** Conjunto de quinze dias/Duas semanas. **Ex.** Em Portugal, as aulas começam obrigatoriamente na primeira ~ de setembro. **3** Salário que se recebe por quinze dias de trabalho. **Loc.** Ganhar [Receber/Ser pago] à ~.

quinzenal *adj 2g* (<quinzena + -al) **1** Referente a quinzena. **Comb.** Retribuição ~. **2** Que ocorre de quinze em quinze dias. **Comb.** Publicação «jornal/revista» ~. ⇒ semanal; mensal; anual.

quinzenário, a *adj/s* (<quinzena + -ário) Publicação quinzenal.**Ex.** Li no ~ da terra [vila] a notícia do casamento do teu filho!

quioco, a *adj/s m pl Etn* (<banto *quioco*) (Diz-se de) povo africano que fala o diale(c)to banto e habita no Sul da República Democrática do Congo, no Nordeste de Angola e no Noroeste da Zâmbia. **Ex.** Os ~s têm tradições de guerreiros e de caçadores.

quiosque (Ós) *s m* (<turco *kioshk*: pavilhão de jardim) Pequena loja situada geralmente em ruas, praças ou largos, onde se vendem jornais, revistas, tabaco, ... **Loc.** Comprar no ~ um rolo fotográfico.

quipo *s m Hist* (<qué[í]chua *quipu*: nó) Cordão de lã formado por diversos nós, de cor, grossura e formato diferentes, usado pelos indígenas do Peru como código de regist(r)o de dados, contas e relatos históricos.

quiproquó *s m* (<lat *quid pro quo*: uma coisa em vez de outra) **1** Confusão de linguagem/Engano/Mal-entendido/Equívoco. **Ex.** «não houve intenção de ofender ninguém» Tratou-se apenas de [Foi (só)] um ~. **2** *Hist* Livro que existia nas farmácias para indicar as substâncias que deveriam substituir as receitadas pelo médico, caso a farmácia as não possuísse.

quiquiriqui *s m* (< *on*) Voz do pint(ainh)o e do frango. ⇒ cocorocó; cacaracá.

quirche *s m* (<al *kirsch(wasser)*) Aguardente de cereja/Kirsch.

Quirguistão *s m Geog* República da Ásia Central,cuja capital é Frunze, cuja língua é o quirguiz e cujos habitantes são os quirguizes.

quírie *s m* ⇒ kírie.

quiro- *elem de formação* (<gr *kheir, kheirós*: mão) Exprime a ideia de **mão**.

quirógrafo *sm* (<quiro- + -grafo) ⇒ manuscrito; autógrafo.

quirologia *s f* (<quiro- + -logia) Linguagem à base de sinais feitos com os dedos/Da(c)tilologia/O alfabeto dos surdos-mudos.

quiromancia *s f* (<quiro- + -mancia) Suposta arte de adivinhação pelo exame das linhas da palma da mão.

quiromante *s 2g* (⇒ quiromancia) Pessoa que pratica a quiromancia.

quiropodia *s f Med* (<quiro- + -pode + -ia) Tratamento das doenças das mãos e dos pés.

quiropodista *s 2g* (<quiropodia + -ista) ⇒ pedicuro; calista; manicura.

quiróptero, a *adj/s m pl Zool* (<lat científico *Chiroptera* <quiro- + gr *pterón*: asa) (Diz-se de) ordem dos mamíferos a que pertencem os morcegos, cujos membros anteriores, providos de membrana alar desenvolvida, estão adaptados ao voo.

quisto *s m Med* (<gr *kýstis, eos*: bexiga, bolsa) Lesão [Tumor] cavitário que contém líquido ou outras substâncias. **Comb.** *~ adventício* [de formação acidental, envolvendo um corpo estranho]. *~ de reprodução* «dos protozoários». *~ de retenção* «de origem traumática». *~ dermatoide* [cuja parede tem constituição semelhante à da pele]. *~ hidático* [Doença parasitária que resulta do desenvolvimento larvar dum parasita num órgão «fígado/pulmão» ou tecido do corpo] (⇒ hidátide). *~ piloso* [que contém pelos]. *~ sinovial* [desenvolvido na vizinhança das articulações «nas mãos/nos dedos»].

quistoso, a (Ôso, Ósa, Ósos) *adj* (<quisto + -oso) Que tem [produz/dá origem a] quistos.

quitação *s f* (<quitar + -ção) **1** *Dir* Desoneração concedida pelo credor ao devedor. **Ex.** A ~ pode resultar da satisfação da dívida ou ser concedida por liberalidade do credor. **2** Recibo que é entregue quando o devedor liquida a sua dívida.

quitanda *s f* (<quimbundo *kitanda*: feira) **1** Pequena loja/Barraca de comércio. **2** *Br* Pequeno estabelecimento comercial onde se vendem frutas, legumes, ovos, ... **3** *Br* Tabuleiro em que o vendedor ambulante transporta as mercadorias.

quitandar *v t* (<quitanda + -ar¹) Exercer a profissão de quitandeiro.

quitandeiro, a *s* (<quitanda + -eiro) **1** Dono de quitanda. **2** *Br* Vendedor ambulante de frutas, hortaliças,...

quitar *v t* (<lat *quitáre* <*quiésco, ere, quiétum*: descansar) **1** Desobrigar duma dívida/Tornar(-se) quite. **Loc.** ~ uma dívida [obrigação]. **2** *~-se/*Livrar-se/Divorciar-se/Desquitar-se(+). **Ex.** Quitou-se do marido «por ele a tratar mal».

quite *adj 2g* (<quitar) **1** Livre de dívida/Desobrigado. **Ex.** Ficou ~ com o banco «ao pagar a última prestação da casa». **2** Que igualou/ficou empatado. **Ex.** Eu ganhei um jogo «de damas/xadrez», tu ganhaste outro, ficámos ~s. **3** Separado/Divorciado/Desquitado. **Ex.** Já há muito que ele está ~ da mulher.

quitina *s f Zool/Bot* (<gr *khitón, ónos*: túnica + -ina) Substância orgânica (Polissacarídeo) de formação cuticular, que reveste a superfície do corpo de muitos invertebrados «artrópodes/nematelmintes» e de alguns vegetais «suporte dos fungos».

quitinoso, a (Ôso, Ósa, Ósos) *adj* (<quitina + -oso) Relativo a [Que tem] quitina. **Comb.** Revestimento ~ «dos inse(c)tos».

quitute *s m Br* (<quimbundo *kituutu*: indigestão) Iguaria delicada/Pitéu(+)/Petisco(o+).

quivi (Kivî) *s m Bot/Ornit* (< maori (neozelandês) *kiwi*) **1** Fruto de origem neozelandesa, de casca acastanhada e pilosa, polpa esverdeada de sabor fresco e acidulado. **2** Árvore que dá esse fruto. **3** Ave não voadora, no(c)turna, muito pequena, da [com a] cor de **1**.

quixotada (Cho) *s f* (<antr (D.) Quixote, da novela de Cervantes, *Don Quixote de la Mancha* +-ada) A(c)to ou dito quixotesco/Fanfarronada/Bazófia.

quixotesco, a (Cho) *adj* (⇒ quixotada) **1** Relativo a D. Quixote. **2** Ridículo/Fanfarrão. **Comb.** Dito [Tirada] ~o/a. **3** Romântico/Sonhador/Impulsivo. **Comb.** Personagem ~a.

quizila[zília]/quizilar ⇒ quezília/quezilar.

quociente *s m* (<lat *quótie(n)s*: quantas vezes) **1** *Mat* Resultado da divisão/Maior número que multiplicado pelo divisor é igual (Divisão exa(c)ta) ou não excede (Divisão inexa(c)ta) o dividendo. **Ex.** Na divisão de *16* por *2* o ~ é *8* e na de *16* por *8* (o ~) é *2*.

Comb. *Psic* ~ *de desenvolvimento* [Relação entre o número de testes psicológicos bem resolvidos por uma criança e a sua idade real (Mede a evolução do desenvolvimento da criança)]. ~ *de inteligência* (Q.I.) [Relação entre a idade mental, traduzida por testes resolvidos, e a idade cronológica].

quodore (Kuodórè) *s m* (<lat *quod ore (súmpsimus, Domine, pura mente capiamus)*: o que tomámos pela boca, Senhor, também o recebamos de coração puro – palavras *lat* ditas pelo padre na missa, depois da comunhão) **1** Pequena porção de alimento [vinho]/Refeição que quebra o jejum/De(s)jejum(+). **2** *Br* Bebida «café» ordinária. **Sin.** Codório.

quórum (Kuó) *s m* (<lat *quórum*: dos quais, genitivo pl de *qui, quae, quod*) Número mínimo de indivíduos presentes para que possa funcionar uma assembleia deliberativa. **Ex.** A assembleia não se realizou por falta de ~.

quota (Kuó) *s f* (<lat *quótus, a, um* : quanto) **1** Porção certa e determinada/Cota². **Comb.** ~ de cada sócio. **2** Parte na divisão de um todo/Quinhão. **Comb.** ~ numa herança. **3** Contribuição periódica para determinado fim. **Comb.** ~ *mensal* «de sócio dum clube de futebol». ~ *anual* «para uma instituição de benemerência». **4** Parte do capital, duma sociedade anó[ô]nima de responsabilidade limitada, que cada sócio detém. **Loc.** Comprar a ~ de [a] outro sócio. **5** Percentagem estabelecida ou verificada. **Comb.** ~ *de audiências*. ~ *de imigração* [Contingente de imigrantes permitido em determinado país «Austrália»]. ~ *disponível* [Parte da herança de que o autor da sucessão pode dispor ou que pode doar].

quota-parte *s f* **1** Parte proporcional com que cada indivíduo tem de contribuir para determinado fim. **Ex.** Cada condómino tem de pagar a sua ~ numa despesa extraordinária «reparação/substituição da porta do prédio». ⇒ cota². **2** O que cada um recebe na repartição de um todo. **Loc.** Receber a ~ do pré[ê]mio dum bilhete de lota[e]ria comprado em sociedade.

quotidianamente *adv* (<quotidiano + -mente) Todos os dias/Diariamente(+). **Ex.** O padeiro distribui [vende] ~ o pão neste bairro.

quotidiano, a (Kuó) *adj* (<lat *quotidianus, a, um* <*quotídie*: todos os dias) **1** De todos os dias/Diário. **Comb.** Labuta [Tarefa/Trabalho] ~a/o «arrumar a casa/fazer de comer». **2** Que sucede habitualmente. **Ex.** Desastres, crimes, guerras, … são, infelizmente, notícias ~as.

quo[co]tização *s f* (<quotizar + -ção) **1** A(c)to de quotizar/Distribuir por quotas. **Ex.** «na impossibilidade de pagar integralmente a todos os credores» Faz-se a ~ dos pagamentos «50% da dívida a cada credor». **2** Contribuição/Tributo. **Ex.** Comprometi-me com uma ~ mensal para o Centro Social.

quo[co]tizar *v t* (<quota + -izar) **1** Distribuir por quotas/Atribuir a cada um a sua quota-parte. **Loc.** ~ os lucros da empresa pelos sócios. **2** Contribuir com um donativo [uma quota-parte/quota] para determinado fim. **Ex.** Os empregados quotizaram-se para pagar a renda da casa a um colega em dificuldades econó[ô]micas.

quo[co]tizável *adj 2g* (< quotizar+-vel) Que se pode quotizar. **Comb.** Despesa ~ «por todos os filhos».

R

r (Érre/Rê) *s m* Décima oitava letra e décima quarta consoante do alfabeto português. **Comb.** Com todos os *ff* e *rr* [Sem qualquer falha/Com toda a perfeição] (Ex.«explicar tudo muito bem/preparar a rece(p)ção» Com todos os *ff* e *rr*). **2** Décimo oitavo lugar numa série representada pelas letras do alfabeto. **Ex.** Na fila *R* há dois lugares. Só não respondi à alínea *r*) do questionário. **3** *Fís Maiúsc* Símbolo de resistência. **Comb.** Resistência *R* dum circuito elé(c)trico. Resistência *R* vencida pela potência *P* num sistema de alavancas ou roldanas. **4** *Fís Maiúsc* Constante universal dos gases perfeitos que intervém na equação $PV=RT$. **5** *Fís Maiúsc* Símbolo de *Roentgen*, unidade de radiação *X* ou γ. **6** *Mat Maiúsc* Conjunto dos números reais. **Comb.** Operações «adição/divisão» válidas em *R*.

rã *s f Zool* (<lat *rana, ae*) Batráquio anuro da família dos ranídeos, com dorso verde manchado de escuro e membros posteriores muito compridos, frequente nos charcos. **Ex.** À noite ouvia-se o coaxar das ~s na ribeira.

rabaça *s f Bot* (<lat *rapácium, ii*) Nome vulgar de planta herbácea da família das umbelíferas, frequente nos poços, charcos e ribeiros.

rabaçal *s m* (<rabaça + -al) **1** Terreno onde crescem rabaças. **2** Variedade de queijo português feito com leite de vaca, ovelha e cabra.

rabaceiro, a *adj pop* (<rabaça + -eiro) **1** Que gosta de toda a fruta. **Ex.** Fruta? É quanta lhe dê [Come quanta lhe deem/Gosta muito de toda], é muito ~! **2** Que come muita hortaliça. **3** *fig* Pândego/Brejeiro(+).

rabada *s f* (<rabo + -ada) **1** Parte terminal de alguns mamíferos, aves e peixes/Rabadela/Rabadilha. **Comb.** *Bife da ~. Posta (de peixe) da ~.* **2** Parte posterior do peixe que compreende a barbatana caudal. **3** Nádegas/Rabo(+).

rabadela (Dé) *s f Zool* (<rabada + -ela) **1** Região terminal de alguns mamíferos «bovinos/ovinos» e peixes onde se insere a cauda ou a barbatana caudal. **2** Região caudal das aves onde estão implantadas as penas re(c)trizes/Uropígio.

rabadilha *s f* (<rabada + -ilha) **1** ⇒ rabadela **2**. **2** *region* Rabo(+)/Nádegas. **Comb.** Mulheres acocoradas com a ~ assente sobre as pernas dobradas.

rabanada[1] *s f* (<rabo + -n- + -ada) **1** Pancada forte com o rabo ou a cauda. **Ex.** A ~ duma baleia pode virar um barco (de caçadores de baleias). **2** Ventania forte e repentina/Rajada(+). **Ex.** Uma ~ de vento atirou ao chão os vasos de flores.

rabanada[2] *s f Cul* (<rábano + -ada) Fatia de pão que, depois de embebida em leite adoçado e passada por ovo, é frita e polvilhada com açúcar e canela. **Ex.** As ~s são doces típicos do Natal. Também há quem as faça embebidas em vinho ou água com açúcar.

rabanete (Nê) *s m Bot* (<rábano + -ete) Planta herbácea da família das crucíferas, *Raphanus sativus*, cuja raiz é um tubérculo comestível. **Comb.** «Prato de carne enfeitado» *Com raminhos de salsa e ~s*.

rábano *s m Bot* (<lat *ráphanus, i*) **1** Planta anual da família das crucíferas, de raiz tuberculosa comestível, de sabor picante e cor geralmente vermelha ou branca. **2** Raiz dessa planta.

rabão[1]**, ona** *adj/s m* (<rabo + -ão) Que tem o rabo curto ou cortado. **Comb.** Macaco [Gato] ~.

rabdomancia *s f* (<gr *rábdos, ou*: varinha +-mancia) Arte de adivinhar «localizar tesouros escondidos» por meio de varinha mágica.

rabdomante *s 2g* (⇒ rabdomancia) O que se dedica à rabdomancia.

rabeador, ora *adj* (<rabear + -dor) **1** Que rabeia/Que dá muito ao rabo. **Comb.** Cavalo ~. **2** *fig* Inquieto/Travesso. **Comb.** Criança ~ora.

rabear *v t/int* (<rabo + -ear) **1** Agitar o rabo ou a cauda. **Ex.** Um cão começar a ~ quando pressente que o dono está a chegar. **2** Abanar(-se) à semelhança do que faz um animal/Dar ao rabo/Serpear. ⇒ bicha de ~. **3** Sentir sensação de incómodo/Estar inquieto/Remexer-se. **Loc.** ~ de fome. Sentir «as formigas» a ~ pelas pernas acima. **4** Dirigir o arado/a charrua segurando a rabiça.

rabeca (Bé) *s f* (<ár *rabāb*) **1** *Mús* Instrumento musical com quatro cordas que se toca com arco/Violino. **Comb.** *Tocador de ~. Queixo de ~* [comprido e curvo]. **2** *Mús* O que toca esse instrumento. **3** *(D)esp* Peça para apoiar o taco de bilhar quando a bola se encontra afastada. **4** *Mec* Peça em arco de aço usada pelos ferreiros e torneiros para fazer girar a broca.

rabecada *s f* (<rabeca + -ada) **1** *Mús* Movimento rápido do arco sobre as cordas da rabeca/Toque de rabeca. **Ex.** Nas manhãs de sábado, quando podia dormir um pouco mais, (é que) o vizinho se entretinha a tocar ~s horas a fio. **2** *col* Repreensão/Descompostura. **Loc.** *Ouvir* [Levar(+)] *uma ~. Passar* [Dar(+)] *uma ~* (a alguém).

rabecão *s m* (<rabeca + -ão) **1** *Mús* Instrumento maior (do) que a rabeca e de som mais grave/Contrabaixo de cordas. **Prov.** *Quem te manda a ti sapateiro tocar ~* [Diz-se de quem pretende fazer o que não é do seu ofício ou da sua competência e o faz mal]. **2** *Br* Carro funerário. **Ex.** Chegou o ~ para transportar o caixão do defunto.

rabeio *s m* (<rabear) A(c)to de rabear/Movimento do rabo ou da cauda. **Ex.** Notava-se pelo ~ que o cão tinha pressentido (que) o dono (estava) a chegar.

rabeiro, a *adj/s* (<rabo + -eiro) **1** Que se cria [forma] junto à cauda. **Comb.** Ferida ~a. **2** *adj f Agric* (Diz-se da) cortiça criada junto ao solo, na parte inferior do tronco do sobreiro. **3** *s* O que, na lavra, segura a rabiça da charrua. **4** *s f* Cauda(+) de vestido. **Comb.** Vestido de noiva com uma grande ~a. **5** *s f* Sujidade na parte inferior dum vestido ou duma saia comprida. **6** *s f* Parte terminal de alguma coisa «veículo»/Cauda/Rabo. **Sin.** Traseira(+).

rabejador, ora *adj/s* (<rabejar + -dor) **1** (O) que rabeja. **2** Em tauromaquia, o forcado que, na pega, segura o touro pelo rabo.

rabejar *v t/int* (<rabo + -ejar) **1** Agarrar o touro pelo rabo durante a pega na tourada. **2** Arrastar a parte inferior dum vestido ou saia pelo chão. **Ex.** A saia estava muito comprida atrás e rabejava [rastejava(+)].

rabelo, a (Bê) *adj* (<rabo + -elo) **1** Que é natural duma [Pertencente a uma] povoação ribeirinha do rio Douro (Portugal). **Comb.** Dança «chula» ~a. **2** *s m* Embarcação típica do rio Douro. **Ex.** Pipas de vinho transportadas em ~s da região do Douro «Régua/Pinhão» para o Porto.

rabequista *s 2g* (<rabeca + -ista) **1** O que toca rabeca/Rabeca **2**. **2** *Br* Diz-se de pessoa que se faz importante ou de jovem que se dá ares de adulto.

rabi *s m Rel* (<hebr *rabbi*: meu senhor/mestre) Mestre espiritual da lei judaica/Doutor da lei/Rabino(+). **Ex.** Quando Jesus pregava, muitas vezes lhe atribuíram o título de ~.

rabiar *v int* (⇒ raiva) Sentir raiva/Irritar-se/Enfurecer-se.

rabicho, a *s/adj* (<rabo + -icho) **1** Trança de cabelo pendente da nuca. **Loc.** «antes, na China» Usar (penteado de/com) ~. **2** Qualquer coisa semelhante a um pequeno rabo «como o do porco». **3** Extremidade da ponta dum cabo ou duma corda. **4** Diz-se de touro cuja cauda não tem pelo na extremidade. **5** *s m cal* Homossexual masculino.

rábico, a *adj Med* (⇒ raiva) Referente à raiva. **Comb.** Infe(c)ção ~a. ⇒ rábido.

rabicurto, a *adj* (<rabo + curto) Que tem cauda curta. **Comb.** Pássaro ~.

rábido, a *adj* (<lat *rábidus, a, um*) **1** Que tem raiva/Raivoso/Furioso/Enraivecido. **Comb.** Um olhar ~. **2** Violento(+). **Comb.** Ondas ~as.

rabigo, a *adj* (<rabo + -igo) **1** Que se mexe muito/Que não para quieto. **Comb.** *Criança ~a. Formiga ~a.* **2** Diligente/A(c)tivo.

rabilongo, a *adj s m* (<rabo + -longo) **1** Que tem a cauda comprida. **2** *s m Ornit* Pássaro da família dos corvídeos, *Cyanopica cyanea cook*, de cabeça negra, garganta branca, dorso cinzento, asas azuis com bordo preto e cauda muito comprida/Pega-azul/Charneco. **3** *s m Ornit* Pássaro da família dos parídeos, *Aegithalus caudatus*, também conhecido como fradinho e mejengra.

rabinice *s f* (<rabino + -ice) **1** Traquinice/Travessura. **Comb.** «mexer em tudo/apanhar fruta verde/cortar flores» ~s próprias de crianças. **2** Rabugice(o+)/Teimosia(+). **3** Perrice/Amuo.

rabínico, a *adj* (<rabino + -ico) Referente a rabino. **Comb.** *Associação ~a. Escola ~a.*

rabino[1] *s m Rel* (<it *rabbino*; ⇒ rabi) Título dos doutores da Lei hebraica que têm como missão ensinar, pregar e decidir em questões religiosas.

rabino[2]**, a** *adj col* (<rabo + -ino) Irrequieto/Travesso/Traquina. **Comb.** Criança ~a [muito viva/mexida].

rabiosca (Ós) *s f col* (<rabo + -i- + -osca) **1** *fam* As nádegas/Rabiosque(+)/Rabiote. **2** *pl* Letra ilegível/Gatafunhos/Garatujas/Rabiscos. **Ex.** Ele não escreveu: fez umas ~s que ninguém consegue decifrar.

rabioso, a (Ôso, Ósa, Ósos) *adj* (⇒ raiva) **1** Que sofre de raiva/Hidrófobo. **2** Furioso(+)/Enfurecido.

rabiosque [rabiote] *s m pop* (<rabo) Nádegas.

rabiscar *v t/int* (<rabisco + -ar[1]) **1** Fazer rabiscos/traços mal feitos/garatujas. **Ex.** As crianças gostam de ~ as paredes. **2** Escrever mal ou de forma ilegível. **Ex.** Não consigo decifrar o que ele rabiscou no bilhete que deixou em cima da mesa. **3** Escrever à pressa e de modo confuso/Escrevinhar. **Ex.** Teve que sair a toda a [sair com muita] pressa mas antes ainda rabiscou umas palavras de despedida e agradecimento.

rabisco/a *s m/f* (<rabo + -isco) **1** Risco mal feito/Gatafunho/Garatuja. **Ex.** Para imitar o desenho da irmã, fazia uns ~s numa folha de papel (e ficava muito contente). **2** *pl*

Palavras escritas de forma difícil de compreender/Apontamentos [Notas] tomados/ as à pressa ou incompletas.

rabisteco [rabistel/rabito] *s m col* (<rabo) Nádegas de criança.

rabo *s m* (<lat *rápum, i*: rábano, nabo) **1** Extremidade posterior mais ou menos prolongada e móvel de alguns animais/Cauda. **Ex.** Nos mamíferos, o ~ é coberto de pelos, nas aves, de penas e nos peixes, de escamas. **Idi.** *Andar de ~ alçado* [Nunca estar parado/Não ficar quieto no mesmo lugar]. *Aqui é que a porca torce o ~* [Aqui é que a dificuldade é maior/Aqui é que está o busílis]. *Dar ao ~* **a)** «o cão» Abanar a cauda; **b)** Balançar as ancas/Saracotear. *Deitar o ~ do olho* [Espreitar dissimuladamente]. *Fugir com o ~ à seringa* [Esquivar-se (a responsabilidades)]. *Levar fogo no ~* [Ir [Fugir] muito apressado/esbaforido]. *Meter o ~ entre as pernas* [Dar-se por vencido/Sair derrotado e humilhado]. *Não poder com uma gata pelo ~* [Ser [Estar] muito fraco]. *O ~ é o pior de esfolar* [A parte final duma tarefa é sempre a mais difícil de executar]. *Ter fome de ~* [Estar esfomeado]. *Ter o ~ pelado/coçado* [Ser muito experiente/manhoso] (Ex. Ele é macaco de ~ coçado/Ele é um raposão «não se deixa enganar»). **Comb.** *Br ~ de saia* [Mulher]. *De cabo a ~* [Do princípio ao fim]. **2** Região superior e posterior das coxas/Nádegas/*fam* Traseiro. **Ex.** Nas regiões de extrema pobreza é frequente verem-se crianças com o ~ ao léu. **Loc.** Levar uma palmada no ~. **3** Ânus/*col* Cu. **Loc.** Limpar o ~. **4** Extremidade [Parte final] de alguma coisa. **Ex.** Deixaste o tacho por lavar. Nunca fazes um trabalho completo; deixas sempre ~s. **5** Cabo(+) por onde se pegam [seguram] alguns obje(c)tos. **Comb.** ~ do tacho [da frigideira].

rabo-de-cavalo *s m* Penteado em que o cabelo comprido é puxado para trás e atado, caindo como a cauda dum cavalo. **2** *Bot* ~ cavalinha.

rabo-de-palha *s m* Possível motivo de censura ou condenação/Defeito. **Idi.** *Ter rabo(s)-de-palha* [Ter má reputação/defeitos condenáveis].

rabona *s f* (<rabo + -ona, f de rabão) Casaco curto com abas/Fraque(+).

raboso, a (Ôso, Ósa, Ósos) *adj* (<rabo + -oso) Que tem o rabo [a cauda] longo/a/Rabilongo(+)/Rabudo.

rabotar *v t* (<rabote + -ar¹) Aplainar com rabote.

rabote *s m* (<fr *rabot*) Plaina grande de carpinteiro.

rabudo, a *adj* (<rabo + -udo) **1** Que tem o rabo grande. **Comb.** *Mulher ~a. Canguru ~.* **2** Diz-se de vestido que tem a cauda comprida. **Ex.** O vestido da noiva era muito elegante mas não era ~.

rabugem [rabuge/rabugeira] *s f* (<lat *rabiginis* por *rubígo, inis*: ferrugem, crosta) **1** Espécie de sarna que ataca os cães e os porcos. **2** Impertinência/Mau humor/Irritação. **3** *Br* Madeira difícil de trabalhar.

rabugento, a *adj* (<rabugem + -ento) **1** Que tem rabugem. **Comb.** *Cão ~* **2** Mal-humorado/Resmungão/Impertinente. **Comb.** *Velho ~.*

rabugice *s f* (<rabugem + -ice) **1** Qualidade de rabugento. **2** Mau humor/Impertinência/Resmunguice. **Ex.** Já não aturo [aguento/posso aturar] a ~ daquela mulher. Para ela nada está bem; passa a vida a resmungar.

rabujado, a *adj* (<rabujar + -ado) Pronunciado por entre dentes e com mau humor. **Ex.** Eu percebi muito bem o insulto ~ por entre dentes, mas para não agravar mais a situação fiz-me desentendido [fingi que não percebi].

rabujar *v int* (<rabugem + -ar¹) **1** (Estar sempre a) resmungar(+). **Ex.** Ele rabuja sempre com a comida «está fria/não presta/não tem sal». **2** «uma criança» Ser impertinente/Choramingar. **Loc.** ~ com sono.

rábula *s m/f* (<lat *rábula, ae*: gritador; ⇒ raiva) **1** Advogado que fala muito para embaraçar as questões. **Comb.** Conversa de ~. **2** Pessoa muito faladora que *idi* não diz nada que se aproveite/Fala-barato. **Ex.** Já não posso ouvir aquele ~; só diz baboseiras. **3** *s f* Papel de pouca importância numa peça teatral. **4** *s f* Pequena cena (Sketch) de cará(c)ter có[ô]mico.

rabular *v int* (<rábula + -ar¹) Falar com artimanhas/Proceder como rábula.

rabulice *s f* (<rábula + -ice) **1** Qualidade de rábula. **2** Palavreado que não leva a lado nenhum. **Ex.** Passou todo o serão a dizer ~s.

rabulista *adj/s 2g* (<rábula + -ista) **1** (O) que usa de rabulices/Chicaneiro. **2** A(c)tor que tem um talento especial para interpretar rábulas **4**.

raça *s f* (<it *razza* <lat *rátio*: razão, espécie, natureza) **1** Conjunto de seres que pertencem a um tronco comum e com cara(c)terísticas semelhantes entre os membros da mesma espécie. **Idi.** *Acabar com a ~* [Matar/Eliminar alguém ou alguma coisa] (Ex. As formigas dentro de casa são tantas que não sei como lhes irei acabar com a ~). *Ser da ~ do diabo/Ser de má ~* [Ser ruim/de má índole/Ter maus instintos]. *Ter ~* **a)** Ter elegância/distinção; **b)** Ter força/determinação; **c)** *Br* Provir de ascendência africana. **2** Designação não científica de grupo humano que apresenta um conjunto de cara(c)teres comuns hereditários «cor da pele/forma do crânio/feições/tipo de cabelo», mas com variações dentro da espécie. **Comb.** ~ *branca* [amarela/negra]. **3** Conjunto de indivíduos de uma espécie zoológica com cara(c)teres comuns hereditários. **Comb.** ~ *de cães* [cavalos/bovinos]. *Apuramento* [Cruzamento] *de ~s.* **4** Conjunto de ascendentes e descendentes de uma família, tribo ou clã com origem num tronco comum/Casta/Cepa/Estirpe. **Comb.** ~ *cigana* . **5** *depr* Conjunto de pessoas com comportamentos semelhantes/Espécie/Laia. **Ex.** O bairro está infestado pela ~ de traficantes de droga. **Comb.** ~ *de víboras* [Pessoas de má índole]. **6** Grande determinação/Vontade firme. **Ex.** No jogo decisivo, os jogadores mostraram a sua ~, bateram-se com denodo e ganharam com todo o mérito.

ração *s f* (<lat *rátio, ónis* <réor, réri, rátus sum*: calcular) **1** Quantidade de alimento calculada para consumo diário ou para cada refeição de uma pessoa/Quinhão. **Comb.** ~ *de combate* [Comida distribuída aos soldados em substituição do alimento normal, para ser consumida no teatro [local] das operações]. **2** Porção de alimento ou de víveres distribuídas a cada pessoa em circunstâncias de carência. **Ex.** Foram distribuídas ~ões de água e alimentos essenciais às populações atingidas pelas cheias. **3** Alimento para animais preparado industrialmente. **Comb.** ~ *para cães*. Frangos alimentados a ~.

racémico, a [*Br* **racêmico**] *adj Quím* (<lat *racémus, i*: cacho «de uvas/flores») Diz-se da mistura equimolecular de dois isó[ô]meros o(p)ticamente a(c)tivos e contrários. **Ex.** Pasteur efe(c)tuou pela primeira vez em 1848 a separação dos dois isó[ô]meros (Tartarato de sódio e amó[ô]nio) da mistura ~a.

racemiforme *adj 2g* (<racemo + -forme) Que tem a forma de cacho.

racemização *s f Quím* (<racemizar + -ção) Processo químico que transforma um composto o(p)ticamente a(c)tivo numa mistura racé[ê]mica.

racemizar *v t Quím* (<racemo + -izar) Fazer a racemização.

racemo (Cê)/**racemoso** ⇒ racimo/racimoso.

racha *s f* (<rachar) **1** Abertura comprida e estreita na superfície dum corpo sólido/Fenda/Fissura/Greta. **Ex.** A porta tem uma grande ~ provocada pelo calor. O prédio é novo mas já tem ~s nas paredes. **2** Abertura no sentido vertical em certas peças de vestuário. **Comb.** Casaco (de homem) com uma ~ atrás. Saia comprida com duas grandes ~s de lado. **3** *col* Corte na pele/Greta/Ferida. **Ex.** O cieiro fez-me ~s [gretas(+)] nos lábios. **4** Pequena porção/Lasca. **Comb.** Uma ~ [lasca(+)] de bacalhau/queijo. **5** *Br* Separação radical/Rompimento entre duas pessoas ou fa(c)ções. **Ex.** Houve uma ~ [cisão(+)] dentro do partido.

rachadela (Dé) *s f* (<racha + -dela) Racha pequena/Estaladela. **Comb.** Prato de loiça com ~s.

rachado, a *adj* (<rachar + -ado) **1** Que tem rachadelas/fissuras. **Loc.** ~ *um sino* » Soar a ~ [Ter som desafinado devido a fissura]. **Comb.** *Prato ~. idi Voz de cana ~a* [desafinada e roufenha/com timbre desagradável]. **2** Que tem gretas/feridas. **Comb.** *Pele ~a* [gretada(+)]. *Fruta ~a*. **3** Que tem aberturas verticais no vestuário. **Comb.** *Casaco ~ atrás*.

rachador, ora *adj/s* (<rachar + -dor) (O) que racha/Lenhador. **Ex.** Vou contratar dois ~es para rachar uma carrada de pinheiros. ⇒ serrador.

rachadura *s f* (<rachar + -dura) **1** A(c)to ou efeito de rachar. **Ex.** Já temos os pinheiros; agora falta fazer a ~ (deles). **2** ⇒ rachadela/racha.

rachão *s m* (<racha + -ão) **1** Racha grande. **2** *region* Acha grande.

rachar *v t/int* (<lat *rádo, ere*: rapar + ássula: acha) **1** Abrir fenda(s)/rachadura(s)/Fender(-se). **Ex.** Os troncos de eucalipto, depois de cortados, geralmente racham ao secar. Está um frio *idi* de ~ [frio muito intenso]. **Idi.** «esta obra/estrada» *Ou vai, ou racha!* [Tem mesmo que ir/É forçoso que se faça/Há de fazer-se, custe o que custar]. **2** Abrir ao meio/Partir(-se). **Ex.** O prato rachou; ao pegar nele, fez-se em dois. **3** Partir em achas/estilhaços/Lascar. **Loc.** ~ *toros/lenha*. **4** *col* Bater com violência/Desancar/Espancar. **Ex.** Se voltas a fazer o mesmo, racho-te com pancada!

racial [**rácico, a**] *adj* (<raça) Que diz respeito à [Que é próprio da] raça. **Ex.** A cor «branca/negra» da pele é uma cara(c)terística ~. **Comb.** *Conflitos ~ais. Integração* [Discriminação/Segregação] ~.

racimo *s m Bot* (<lat *racémus, i*) **1** Cacho(+) de uvas/Racemo(+). **2** Conjunto de flores ou frutos «cerejas» dispostos em cacho.

racimoso, a (Ôso, Ósa, Ósos) *adj* (<racimo + -oso) **1** Com a forma de cacho de uvas. **2** Que possui flores ou frutos dispostos em cacho.

rácio *s m* (<lat *rátio, ónis*: cálculo) Relação entre duas grandezas/Proporção entre dois valores. **Comb.** ~ *alunos/professores* «numa faculdade». *Econ ~ de liquidez* [Relação entre os a(c)tivos de curto prazo e o exigível de curto prazo].

raciocinação s f ⇒ raciocínio.
raciocinador, ora adj/s (<raciocinar + -dor) (O) que raciocina. **Ex.** É uma turma com muitos faladores e poucos ~es [pensadores(+)].
raciocinar v int (<lat rat[c]iocínor, ári, átus sum) **1** Fazer uso da razão para compreender/avaliar/julgar/Pensar/Refle(c)tir. **Ex.** Não respondas logo [à pressa/de ânimo leve], raciocina antes de dares a resposta. **2** Discorrer de forma lógica/Apresentar argumentos/razões/Ponderar. **Ex.** A polícia, raciocinando, acabou por descobrir o criminoso.
raciocínio s m (<lat rat[c]iocínium, ii) **1** A(c)tividade da razão/A(c)to de pensar/discorrer. **Comb.** Aluno com rapidez de ~. **2** Encadeamento lógico de pensamentos com o fim de tirar uma conclusão. **Ex.** O ~ procura descobrir a verdade.
racionabilidade s f (<racionável + -i- + -dade) **1** Qualidade do que é racional/Plausibilidade lógica. **Comb.** ~ duma argumentação. **2** Faculdade de raciocinar/Racionalidade **2**(+).
racional adj 2g/s m (<lat rationális, e) **1** Relativo à razão. **Comb.** Faculdades ~ais. **2** Que é capaz de raciocinar/Que faz uso da razão. **Ex.** O homem é um ser [é animal] ~. **Ant.** Irracional. **3** Que se baseia na razão/na lógica. **Comb.** Conclusão ~. **4** Que é conforme à razão/Que é razoável. **Comb.** Procedimento ~. **5** s m Ser pensante. **6** s m pl Mat Conjunto dos números inteiros e fra(c)cionários. **Ex.** Os ~ais são um subconjunto dos (números) reais.
racionalidade s f (<lat rationálitas, átis; ⇒ razoabilidade) **1** Qualidade do que é racional. **Ex.** As medidas de austeridade que não têm ~ dificilmente são aceites. **2** Faculdade de raciocinar/Razão(+). **Ex.** O homem é um ser dotado de ~. **3** Econ Obtenção do maior rendimento possível com o mínimo de esforço ou de custos. **Ex.** A ~ (em economia) é equivalente à "lei do menor esforço".
racionalismo s m Fil (<racional + -ismo) **1** Doutrina que afirma a primazia da razão em qualquer processo de conhecimento. **Ex.** O ~ revela excesso de confiança na razão, pois exclui tudo o que lhe é superior ou estranho. **2** Doutrina oposta ao empirismo e que considera a razão como fonte de todo o conhecimento, minimizando ou negando o papel da experiência. **3** Doutrina que afirma que a razão é capaz de alcançar a verdade, opondo-se ao ce(p)ticismo. **4** Doutrina segundo a qual só se devem admitir dogmas religiosos baseados na razão, negando qualquer fundamento à fé e à revelação sobrenatural.
racionalista adj/s 2g (<racional + -ista) **1** Que diz respeito ao racionalismo ou às suas doutrinas. **Comb.** Critérios ~s. Tendências ~s. **2** Fil O que é seguidor ou partidário do racionalismo. **Comb.** «Hegel/Kant/» Filósofos ~s. **3** (O) que sobrevaloriza a razão em detrimento das outras faculdades psíquicas/«cará(c)ter» Racionalizante.
racionalização s f (<racionalizar + -ção) **1** A(c)to ou efeito de racionalizar. **Comb.** Mat ~ de denominadores [Transformação duma fra(c)ção de denominador irracional noutra equivalente com denominador racional]. **2** Recurso à razão para resolver um problema prático. **Ex.** Após a ~ do circuito dos materiais, a produtividade aumentou. **3** Econ Organização do trabalho de forma a obter a maximização de resultados num processo produtivo. **Ex.** A ~ conduz à simplificação do trabalho. **4** Psic Justificação consciente de uma conduta dependente de motivações geralmente inconscientes. **Ex.** Na cura psicanalítica, o doente faz a ~ das atitudes, ideias, pensamentos que pretende esclarecer, explicando-os (ao psicólogo).
racionalizar v t (<racional + -izar) **1** Tornar racional/Submeter ao domínio da razão. **Loc.** ~ comportamentos [critérios de avaliação/formas de pensar]. **2** Organizar um trabalho, serviço, ... de forma a torná-lo mais eficaz. **Loc.** ~ uma linha de produção [as tarefas dum escritório]. **3** Mat Transformar uma fra(c)ção com denominador irracional noutra equivalente com denominador racional.
racionalmente adv (<racional + -mente) **1** De modo racional. **Loc.** Organizar [Dispor/Ordenar] ~. **2** Com juízo/Com a razão/cabeça/Sensatamente. **Loc.** Agir [Pensar] ~.
racionamento s m (<racionar + -mento) **1** Distribuição de víveres em rações ou parcelas. **Loc.** Fazer o ~ do pão «para as várias refeições do dia». **2** Limitação da quantidade dum produto que cada pessoa pode comprar ou consumir em situações de carência. **Comb.** ~ do açúcar «dois quilos por cada pessoa». ~ de gasolina a particulares «abastecimento suspenso nos fins de semana».
racionar v t (<ração + -ar¹) **1** Distribuir em rações. **Ex.** Para que não a estragassem, a mãe passou a ~ a fruta aos filhos: uma peça para cada um, em cada refeição. **2** Impor o racionamento/Limitar a aquisição ou o consumo dum produto em situações de carência. **Ex.** O governo decidiu ~ o pão, o leite e o açúcar.
racionável adj 2g (<ração/razão + -vel) **1** Que se pode racionar. **2** ⇒ racional; razoável.
racismo s m (<raça + -ismo) **1** Teoria que defende a superioridade de uma raça em relação às outras. **Ex.** O ~ praticado nos EUA e na África do Sul sob a forma de apartheid teve origem na escravatura dos negros. **2** Atitude discriminatória contra pessoas de determinada raça ou etnia. **Ex.** A marginalização [discriminação] de crianças ciganas «na escola» é uma forma de ~.
racista s/adj 2g (<raça + -ista) **1** (O) que pratica o [é partidário/defensor do] racismo. **Ex.** Há ~s em todas as raças e etnias. **2** Próprio do [Referente ao] racismo. **Comb.** Movimento ~. Política ~.
rada s f (<fr rade) Enseada ou porto abrigado por terras altas.
radão [**rádon**] [*Br* **radônio**] [Rn 86] s m Quím (<fr rádon; ⇒ rádio²) Elemento químico originado pela decomposição radioa(c)tiva do rádio, pertencente à família dos gases nobres, que apresenta vários isótopos. **Ex.** O ~ tem aplicação no tratamento do cancro.
radar (Ràdár) s m (<iniciais de expressão inglesa *radio detection and ranging*: dete(c)ção e localização por rádio) Meio de dete(c)tar e localizar alvos utilizando ondas de rádio de muito alta frequência. **Comb.** ~ meteorológico. Antena de ~. Posto de ~. Velocidade «dos automóveis» controlada por ~.
radiação s f (<lat radiátio, ónis) **1** A(c)ção de radiar/Irradiação. **2** Propagação de energia através do espaço sob a forma de ondas ele(c)tromagnéticas ou de corpúsculos. **Ex.** A ~ solar é a principal fonte de energia da Terra [que atinge o globo terrestre]. **Comb.** ~ cósmica [corpuscular, de origem extraterrestre «do Sol»]. ~ ultravioleta . ~ [Raios(+)] X, γ. ~ visível.
radiado, a adj/s m (<lat radiátus, a, um) **1** Que tem raios. **Comb.** Estrutura ~a. **2** Disposto em raios. **Comb.** Desenho com folhas ~as, formando um círculo. **3** Bot Diz-se de flor cujas pétalas formam coroa. **4** s m pl Zool (Diz-se de) grupo de protozoários cujos pseudópodes se dispõem radialmente.
radiador, ora adj/s m (<radiar¹ + -dor) **1** Que emite radiação/Irradiador. **Comb.** Fonte ~ora de energia. **2** s m Aparelho que serve para aumentar a superfície de irradiação de energia calorífica. **Comb.** ~ de automóvel. ~ «a gás/elé(c)trico» *para aquecimento* do ambiente dentro duma casa.
radial adj 2g (<raio + -al) **1** Que se dispõe como os raios duma circunferência. **Comb.** Estrutura ~. **2** Donde saem raios. **Comb.** Fonte luminosa ~. **3** Geom Relativo ao raio duma circunferência/esfera/dum círculo. **Comb.** Simetria ~. **4** Anat Relativo [Pertencente] ao osso rádio. **Comb.** Fra(c)tura [Contusão] ~.
radialista s 2g Br (<radial + -ista) Profissional «programador/locutor(+)/artista» de rádio ou TV.
radiância s f (<radiar + -ância) **1** Brilho/Luminosidade/Fulguração. **2** Fís Quociente do fluxo energético emitido por uma superfície pela sua área.
radiano s m Mat (<raio 6 + -ano) Unidade de medida de arcos e ângulos definida como a amplitude do arco de círculo cujo comprimento é igual ao raio do mesmo círculo. **Ex.** O ângulo de 180° corresponde a π (3,14159) ~s.
radiante adj 2g (<radiar + -ante) **1** Que brilha muito/Fulgurante. **Ex.** Está um dia de sol ~/maravilhoso. **2** Que emite radiações/se propaga por irradiação. **Comb.** Calor [Energia] ~. **3** Que está cheio de alegria/Alegre/Contente. **Ex.** O meu neto vai ficar ~ com o brinquedo que lhe vou oferecer. **4** Que parte dum ponto como os raios dum círculo. **Comb.** «canteiros circulares enfeitados com flores em» Linhas ~s.
radiar v t/int (<lat rádio, áre, átum: enviar [emitir] raios «de luz», tornar brilhante, raiar; ⇒ radicar) **1** Emitir luz ou calor/Irradiar. **Ex.** O calor que radia [irradia(+)] do fogão é suficiente para aquecer o ambiente da cozinha. **2** Brilhar intensamente/Refulgir/Resplandecer. **Ex.** A luz que radia do holofote situado em frente da janela ofusca-me, deixa-me cego [impede-me de ver].
radicação s f (<radicar + -ção) **1** A(c)to ou efeito de radicar(-se)/criar raízes/arraigar/Enraizamento. **Comb.** ~ abundante *da planta*. ~ *dum sentimento* «de temor [desconfiança] quanto ao futuro». **2** Fixação de residência. **Comb.** ~ «de emigrantes» em terra estrangeira.
radical adj 2g/s m (<lat radicális, e: que tem raízes) **1** Bot Relativo à raiz. **Comb.** Coifa ~. **2** Completo/Decisivo/Profundo. **Comb.** *Cura* ~ «duma doença». *Mudança* ~ «de comportamento». *Reforma* ~ «duma empresa». **3** Extremista/Excessivo. **Comb.** *Desportos* [Esportes] ~ais. *Sindicalista* [Político] ~. **4** s m Gram Elemento comum duma família de palavras que exprime a ideia principal que todas elas encerram. **Ex.** Na família de palavras *amar, amor, amável, amigo*, o ~ *am-* exprime em todas elas a ideia geral de afe(c)to, estima. **5** s m Mat Sinal da forma $\sqrt[n]{a}$ que representa a raiz índice n de a. **6** s m Quím Grupo de átomos ou fragmento de moléculas cuja estrutura permanece inalterada ao longo duma série de rea(c)ções químicas. **Ex.** CH_3- (Metilo), CH_3 CH_2- (Etilo), CH_3 CH_2 CH_2- (Propilo), são ~ais orgânicos da série

dos alquilos. **Comb.** ~ livre [Espécie química paramagnética com número ímpar de ele(c)trões [elétrons] (Com um ele(c)trão [elétron] desemparelhado) geralmente muito instáveis].

radicalismo s m (<radical + -ismo) **1** Modo extremista de pensar ou de agir. **Ex.** Ele era conhecido pelo seu ~ [extremismo] intransigente. **2** Doutrina política inflexível/Se(c)tarismo. **3** Sistema de governo que defende o primado do político para as reformas profundas da sociedade.

radicalista adj/s 2g (<radical + -ista) **1** Movimento [Pessoa] que pretende reformas profundas da organização social. **2** (O) que defende posições extremistas/(O) que é inflexível ou intransigente/Extremista.

radicalização s f (<radicalizar + -ção) **1** A(c)to ou efeito de radicalizar(-se). **2** Endurecimento duma posição/Atitude ou comportamento intransigente. **Ex.** A falta de diálogo e de bom senso contribuiu para a ~ das posições «das duas fa(c)ções partidárias».

radicalizar v t (<radical + -izar) **1** Tornar(-se) radical/Favorecer o radicalismo. **Ex.** A atitude intransigente e arrogante do governo radicalizou os sindicalistas. **2** Fazer agravar uma situação de tensão/Levar ao extremo. **Ex.** O [Este] conflito tende a ~-se.

radicalmente adv (<radical 2 + -mente) De forma completa/radical/Totalmente. **Ex.** O rumo da sua vida [da vida dele] alterou-se ~ «quando ficou desempregado e teve de [que] emigrar». **Comb.** Posições ~ diferentes/opostas [Posições inconciliáveis].

radicando s m Mat (<lat radicándus, a, um) Número [Expressão] abrangido/a pelo radical **5** ($\sqrt{\ }$). **Ex.** Na expressão $\sqrt{A+B}$, $A+B$ é o ~.

radicante adj 2g Bot (<radicar + -ante) Diz-se de órgão vegetal que produz [é capaz de produzir] raízes.

radicar v t/int (<lat rádicor, ári, átus sum: ganhar [deitar] raízes, enraizar <rádix: raiz; ⇒ radiar) **1** Fazer penetrar/ganhar raízes/Enraizar/Arraigar. **Ex.** O ideal de liberdade radicou-se de forma generalizada no mundo ocidental. **2** Fixar-se de forma definitiva num espaço/Instalar-se. **Ex.** Muitos emigrantes portugueses radicaram-se nos países de acolhimento «França/EUA». **3** Basear-se/Assentar/Fundamentar-se. **Ex.** Muitas doenças radicam na [vêm da] falta de higiene.

radiciação s f Mat (<radiciar <lat rádix, ícis: raiz + -ção) Operação que consiste na extra(c)ção de raiz. **Ex.** A ~ é a operação inversa da potenciação.

radi[dici]cola adj 2g (<lat rádix, ícis + -cola) **1** Que se instala nas raízes das plantas. **Comb.** Parasita ~. **2** Diz-se da forma evolutiva da filoxera que vive na raiz da videira.

radicoso, a (Ôso, Ósa, Ósos) adj (<lat radicósus, a, um) Que tem muitas raízes. **Comb.** Planta ~a.

radícula s f Bot (<lat radícula, ae) **1** Parte do embrião que dá origem à raiz da planta. **2** Cada uma das ramificações terminais duma raiz. **3** Pequena raiz.

radiculado, a adj (<radicular[2] + -ado) Que possui raízes ou radículas.

radiculalgia [radiculite] s f (<radícula +-...) Dor surda e contínua, entrecortada de violentos paroxismos, devida à inflamação das raízes dos nervos cranianos ou raquidianos.

radicular adj 2g (<radícula + -ar[2]) **1** Bot Relativo à raiz. **Comb.** Pelos ~es. **2** Anat Referente à raiz dos nervos. **Comb.** Inflamação ~.

rádio[1] s m/f (<lat rádius, ii) **1** s m Aparelho rece(p)tor de sons transmitidos por ondas hertzianas/Telefonia. **Ex.** Em viagem, levo sempre o ~ do carro ligado «para ouvir música/notícias». **2** s f Transmissão de sons por meio de ondas hertzianas. **Ex.** Em campanha, os militares comunicam entre si pela [por] ~. **3** s f Estação emissora de sons «música/notícias/folhetins» por meio de ondas hertzianas/Estação de radiodifusão. **Comb.** ~ **nacional** [local]. ~ **pirata** [que emite sem autorização legal]. *Programa de ~.*

rádio[2] **[Ra 88]** s m Quím (<lat científico rádium) Elemento químico branco prateado, radioa(c)tivo, do grupo dos metais alcalino-terrosos. **Ex.** O ~, descoberto por Marie Curie em 1898, tem aplicações terapêuticas.

rádio[3] s m Anat (<lat rádius, ii) Osso mais curto e externo que o cúbito, formando ambos o antebraço. **Comb.** *Cabeça* [Extremidade superior volumosa e cilíndrica] *do ~. Fra(c)tura do ~.*

radioactividade/radioactivo/radioactor ⇒ radioatividade/...

radioamador, ora s (<rádio[1] + amador) Pessoa que opera, sem fins lucrativos, um posto radiofó[ô]nico particular. **Ex.** Os ~es operam em ondas curtas e frequências destinadas exclusivamente a essa a(c)tividade.

radioastronomia s f (<rádio[1] + astronomia) Ramo da astronomia que estuda o universo pelas ondas ele(c)tromagnéticas emitidas pelos corpos celestes. **Ex.** A ~ serve-se também do envio de sinais de radar e rece(p)ção do eco retransmitido «pela Lua/planetas próximos/meteoritos».

radioatividade (Àti) s f Fís/Quím [= radioactividade] (<rádio[2] + atividade) Propriedade de certos núcleos ató[ô]micos de se desintegrarem espontaneamente com emissão de partículas α ou β ou raios γ. **Ex.** A ~ dum elemento é dete(c)tada e medida por aparelhos denominados contadores «Geiger». Em medicina, a ~ é aplicada no tratamento do cancro.

radioativo, a (Àti) adj Fís/Quím [= radioactivo] (<rádio[2] + ativo) Que tem radioatividade. **Comb.** *Elemento ~. Constante ~a. Período ~.*

radioator, triz (Àtôr) s Br (<rádio[1] + ator) Ator da rádio **3**.

radiobiologia s f (<rádio[2] + biologia) Parte da biologia que estuda o efeito das radiações sobre os seres vivos.

radiocomunicação s f (<rádio[1] + comunicação) Comunicação [Envio de sinais/sons] feita/o por meio de ondas ele(c)tromagnéticas/Radiodifusão.

radiocondutor, ora adj/s m (<rádio[1] + condutor) **1** Que tem a propriedade de se tornar condutor sob a(c)ção de ondas ele(c)tromagnéticas. **Comb.** *Material ~. Partícula ~a.* **2** s m Fís Rece(p)tor de ondas na telegrafia sem fios. **3** s m Fís (Diz-se de) tubo de limalha de ferro usado na telegrafia sem fios.

radiodermite s f Med (<rádio[2] + dermite) Alteração cutânea provocada por radiações ionizantes «raios X/substâncias radioa(c)tivas». **Ex.** A ~ pode aparecer em doentes sujeitos a tratamento com esse tipo de radiações ou no pessoal que trabalha na sua aplicação.

radiodiagnóstico s m Med (<rádio[2] + diagnóstico) Diagnóstico obtido por aplicação de raios X ou de radiações das substâncias radioa(c)tivas.

radiodifundir v t (<rádio[1] + difundir) Fazer a difusão [emissão] de sinais «sons/imagens» através de ondas hertzianas/Radioemitir. **Loc.** ~ notícias [um folhetim/uma telenovela].

radiodifusão s f (<rádio[1] + difusão) Transmissão de sinais «sons/imagens» por meio de ondas hertzianas, destinados a serem recebidos dire(c)tamente pelo público. **Ex.** O serviço de ~ inclui a rádio, a televisão, a telefotografia e outros.

radioelectricidade ⇒ radioeletricidade.

radioelemento s m (<rádio[2] + ...) Elemento radioa(c)tivo, natural ou artificial.

radioeletricidade (Lè) s f Fís [= radioelectricidade] (<rádio[1] + ...) Parte da física que trata do estudo e aplicação das ondas hertzianas.

radioemissão s f (<rádio[1] + ...) ⇒ radiodifusão.

radioemissor, ora s m/f (<rádio[1] + ...) Aparelho [Posto/Estação] que faz transmissões por meio de ondas hertzianas.

radioemitir v t (<rádio[1] + ...) ⇒ radiodifundir.

radioestesia s f (<rádio[2] +...) (Processo de dete(c)ção fundado na) sensibilidade a qualquer espécie de radiação. **Loc.** «um radioestesista» Dete(c)tar a existência de água no solo por meio da ~ «com o pêndulo/a varinha».

radiofarol s m (<rádio[1] + ...) Emissor de sinais por meio de ondas hertzianas para orientação de navios e aeronaves.

radiofone (Fó) s m (<rádio[1] + -fone) Aparelho que transforma energia radiante em energia mecânica sonora.

radiofonia s f (<rádio + -fonia) ⇒ radiodifusão/radioemissão.

radiofónico, a [Br radiofônico] adj (<radiofonia + -ico) Relativo a radiofonia. **Comb.** *Emissão ~a. Programa ~.*

radiofrequência s f Fís (<rádio[1] + ...) Frequência de onda utilizada nas emissões de rádio, abrangendo a gama de 10 quilociclos a 30 megaciclos por segundo.

radiogoniometria s f (<rádio[1] + ...) Processo de determinação da localização de navios, aeronaves ou veículos terrestres pela captação e cruzamento de dire(c)ções de sinais de rádio emitidos por duas ou mais estações terrestres conhecidas.

radiogoniómetro [Br radiogoniômetro] s m (<rádio[1] + ...) Aparelho instalado em veículos aéreos, marítimos ou terrestres para sua orientação utilizando a radiogoniometria.

radiografar v t (<radiografia + -ar[1]) **1** Obter a imagem dum corpo/duma estrutura utilizando raios X. **Loc.** ~ *os pulmões* [a coluna]. ~ *uma soldadura* «metálica/óssea». **2** *fig* Fazer um estudo pormenorizado e aprofundado de alguma coisa/situação/algum assunto. **Loc.** ~ a situação econó[ô]mica «duma empresa».

radiografia s f (<rádio[2] + -grafia) **1** Fís Imagem obtida numa chapa impressionada por raios X. **Loc.** Fazer uma ~ a um braço «para ver se tem algum osso fra(c)turado». **2** Suporte material «chapa» onde essa imagem fica regist(r)ada. **Ex.** As ~s que já não são necessárias podem ser recicladas «para recuperação da prata». **3** *fig* Estudo pormenorizado dum fa(c)to ou situação. **Ex.** O governo mandou efe(c)tuar um estudo para obter a ~ das [para saber (quais são) as] causas dos incêndios florestais.

radiográfico, a adj (<radiografia + -ico) Relativo a radiografia. **Comb.** Exame ~.

radiograma s m (<rádio[1] + -grama) **1** Comunicação feita através da rádio/Radiomensagem. **Loc.** Receber um ~ dando notícias «duma catástrofe». **2** Fís Radiografia **1**(+).

radiogravador s m (<rádio¹ + ...) Aparelho rece(p)tor de rádio que tem incorporado um gravador de sons com capacidade para os reproduzir.

radioisótopo s m Quím (<rádio² + ...) Isótopo radioa(c)tivo. **Ex.** O radão é um ~ do rádio².

radiola s f Mús (<rádio¹ + (grafon)ola) Aparelho constituído por rádio e grafonola ou gramofone.

radiolário, a adj/s Zool (<lat científico radíolus + -ário) (Diz-se de) protozoários marinhos com pseudópodes que irradiam em todas as dire(c)ções.

radiolarito s m Pal (<radiolário + -ito) Rocha sedimentar formada por acumulação de esqueletos de radiolários fossilizados.

radiólise s f Quím (<rádio² + -lise) Utilização de radiação nuclear ionizante para efe(c)tuar rea(c)ções químicas por excitação e ionização.

radiologia s f (<rádio² + -logia) **1** Fís Estudo de determinadas radiações ele(c)tromagnéticas «raios X/ultravioletas». **Comb.** *Aparelho de ~. Tratado de ~.* **2** Med Ramo da medicina que se ocupa da aplicação dessas radiações ao diagnóstico e à terapêutica. **Comb.** «no hospital» *Se(c)tor de ~. Técnico de ~.*

radiológico, a adj (<radiologia + -ico) Relativo à radiologia. **Comb.** *Departamento ~. Exame ~* «aos pulmões».

radiologista s 2g (<radiologia + -ista) Especialista em radiologia. **Comb.** *Médico ~.*

radioluminescência s f Fís (<rádio² +...) Emissão luminosa duma substância sujeita a radiações nucleares.

radiomensagem s f (<rádio¹ + ...) Mensagem transmitida pela rádio/Radiograma **1.**

radiometria s f (<rádio² + -metria) Estudo das fontes de energia radiante e dos efeitos que produzem num rece(p)tor. **Ex.** A ~ pode ser considerada como um capítulo da fotometria.

radiómetro [Br **radiômetro**] s m Fís (<radiometria) Aparelho de dete(c)ção e medida de energia radiante.

radionovela s f (<rádio¹ + ...) Folhetim radiofó[ô]nico. ⇒ telenovela.

radionuclídeo s m Fís (<rádio² + ...) Nuclídeo radioa(c)tivo.

radiopatia s f Med (<rádio² + -patia) Qualquer lesão provocada por radiações.

radioquímica s f Quím (<rádio² + ...) Parte da química que estuda os fenó[ô]menos associados à radioa(c)tividade.

radiorrastreio s m Med (<rádio² + ...) Rastreio de doença por meio de raios X. **Comb.** *~ da tuberculose* «aos alunos duma escola».

radiorrecetor (Cè) [Br **radiorreceptor**] s m [= radiorreceptor] (<rádio³ + ...) Aparelho destinado a captar ondas de rádio.

radioscopia s m Med (<rádio² + -scopia) Exame de um órgão por observação da imagem obtida por raios X, proje(c)tada num alvo. **Comb.** *~ [Endoscopia(+)] ao estômago. ~ a uma peça fundida* «para dete(c)tar se existem defeitos (Chochos)».

radioscópico, a adj (<radioscopia + -ico) Relativo a radioscopia. **Comb.** *Exame [Observação] ~o/a.*

radioso, a (Óso, Ósa, Ósos) adj (<lat radiósus, a, um) **1** Que emite raios de luz/Brilhante/Resplandecente/Fulgurante. **Ex.** Está um (dia de) sol ~. **2** Que revela grande contentamento/Alegre/Jubiloso/Radiante. **Comb.** *Sorriso ~.*

radiossensibilidade s f Biol (<rádio² + ...) Rea(c)ção de tecidos/células/órgãos dos organismos vivos à a(c)ção nociva das radiações.

radiossonda s f Met (<rádio¹ + ...) Aparelho transportado num balão para a parte superior da atmosfera terrestre para transmitir sinais de rádio indicativos das condições meteorológicas.

radiotáxi (Csi) s m (<rádio¹ + ...) Táxi equipado com radiotelefone através do qual recebe ordens [indicações de serviço] transmitidas pela central a que está vinculado.

radiotelefone s m (<rádio¹ + ...) Aparelho para comunicações telefó[ô]nicas via rádio.

radiotelefonia s f (<rádio¹ + ...) Telefonia sem fios/Transmissão de sons através de ondas hertzianas.

radiotelefónico, a [Br **radiotelefônico**] adj (<radiotelefonia + -ico) Relativo à radiotelefonia.

radiotelegrafia s f (<rádio¹ + ...) Transmissão à distância de sinais escritos utilizando ondas hertzianas.

radiotelegrafista s/adj 2g (<radiotelegrafia + -ista) Operador de sistemas radiotelegráficos. **Comb.** *Soldado* [Cabo/Sargento] *~.*

radiotelegrama s m (<rádio¹ + ...) Telegrama enviado/recebido via rádio/Radiograma **1.**

radiotelescópio s m Astr (<rádio² +...) Aparelho rece(p)tor de ondas radioelé(c)tricas emitidas pelos corpos celestes, utilizado em radioastronomia. **Ex.** Ao contrário do telescópio ó(p)tico, o ~ não forma imagem; analisa a radiação recebida para obter informações sobre a fonte.

radiotelevisão s f (<rádio¹ + ...) Sistema de transmissão de imagens e sons por intermédio de ondas hertzianas. **Comb.** *Estação emissora de ~.*

radiotelevisor s m (<rádio¹ + ...) (Aparelho rece(p)tor de) televisão/Televisor(+).

radioterapia s f Med (<rádio² + ...) Tratamento de doenças por meio de radiações «raios X/radioisótopos».

radiotransmissão s f (<rádio¹ + ...) Transmissão sonora pela rádio. **Comb.** *Jogo de futebol com ~ do relato.*

radiotransmissor s m (<rádio¹ + ...) Aparelho que transmite ondas ele(c)tromagnéticas em radiofrequência.

radiouvinte s 2g (<rádio¹ + ...) Ouvinte de emissões radiofó[ô]nicas. **Ex.** Há programas de rádio «concursos/passatempos» em que os ~s podem intervir.

rádon [Br **radônio**] [Rn 86] s m Quím ⇒ radão.

rádula s f Zool (<lat rádula, ae) Órgão bucal de mastigação de alguns moluscos constituído por placa cartilagínea com numerosos dentículos.

raer v t (<lat rádo, ere, rási, rásum: rapar) **1** Varrer (as brasas e a cinza d)o forno para o preparar para a cozedura. **Loc.** *~ o forno (de pão)* «com uma vassoura de giestas [gilbardeiras]». **Sin.** Limpar(+). **2** Puxar o sal com um rodo nas salinas. **Sin.** Juntar(+).

rafado, a adj (<rafar + -ado) **1** Gasto pelo uso/Cotiado/Coçado(+). **Comb.** *Fato ~.* **2** Que tem falta de «medida/peso»/Escasso. **Ex.** O tecido era tão ~ que (já) não chegou para as mangas da blusa. **Comb.** *Peso ~* «do pão (Das carcaças)». **3** Faminto/Esfomeado(+). **Ex.** Os trabalhadores chegam do campo ~s, devoram tudo o que se lhes põe na mesa [na frente(+)].

rafar v t (<rafe + -ar¹) **1** Gastar com o uso. **2** Roubar no peso ou na medida. **Ex.** O empregado da charcutaria idi é useiro e vezeiro em ~ o [roubar no] peso do fiambre.

rafe s m (<gr rhaphé, és: sutura, ligação) **1** Anat Linha de união entre duas estruturas semelhantes e contíguas. **Comb.** *~ faríngeo* [Entrecruzamento de fibras do músculo superior da faringe]. **2** Bot Cordão longitudinal saliente formado pelos feixes vasculares que ligam o hilo à calaza no óvulo vegetal anatrópico.

rafeiro, a adj/s m (<rafe?) **1** (Diz-se de) cão que pertence a raça própria para guardar gado. **Ex.** O ~ segue o pastor para todo o lado. **2** (Cão) que não tem raça definida, sendo resultado do cruzamento de várias raças. **Ex.** Não consegui dormir. Os ~s vadios ladraram toda a noite. **3** pej Que anda sempre atrás de outra pessoa, importunando-a e adulando-a. **Ex.** Sempre que o presidente «da autarquia» se desloca a algum lado, lá andam os ~s habituais à volta dele.

ráfia s f Bot (<malgaxe ráfia) **1** Palmeira africana e americana donde se extrai fibra flexível e resistente. **2** Fibra fornecida por essa palmeira. **Loc.** *Atar «as videiras» com ~.* **3** «tecido» Feito com as fibras dessa palmeira. **Comb.** *Cesto de ~. Tapete de ~.*

ráfide s f Bot (<gr rhaphis, idos: agulha) Cristal acicular de oxalato de cálcio, que se forma no interior de certos tecidos vegetais e se agrupa em feixes densos.

rafigrafia s f (<gr rhaphis, idos: agulha) Processo de gravar letras com um ponteiro para ensino dos cegos.

rafígrafo s m (<rafigrafia) Aparelho com dez teclas terminadas em agulha, que serve para gravar em relevo, para uso dos cegos, as letras do alfabeto usual.

rafting s m (D)esp (<ing rafting <raft: conjunto de troncos amarrados para serem transportados pela corrente dum rio) Desporto [Br Esporte] praticado num barco insuflável e que consiste em descer rios com correntes rápidas e percursos acidentados. ⇒ canoagem.

rágade s f Med (<gr rhagás, ados) Escoriação superficial na pele, estreita e alongada, muito dolorosa.

-ragia suf (<gr -rrhagia <rhégnumi: escoar, jorrar) Exprime a ideia de **derrame**, **efusão**, **derramamento** «de sangue».

raglã adj/s 2g 2n (<antr F. J. H. Somerset, Lord Raglan (1788-1855), comandante do exército inglês na Crimeia) **1** (Diz-se de) manga redonda, formada pelo prolongamento do tecido sobre o ombro. **Comb.** *Blusa com manga ~/redonda(+).* **2** Casaco curto ou comprido com esse tipo de mangas.

ragu (Rágú) s m Cul (<fr ragoût) Guisado feito com carne, batatas e legumes e bastante molho. **Comb.** *~ de vitela.*

râguebi s m (D)esp (<ing rugby) Modalidade (d)esportiva praticada por duas equipas/es de 15 jogadores, que tem por obje(c)tivo colocar a bola oval, movimentada com as mãos ou com os pés, por detrás da linha de baliza adversária. **Ex.** Também se pratica ~ com equipas formadas por menos de 15 jogadores. **Comb.** *Torneio de ~ «das Quatro Nações (Inglaterra, Escócia, País de Gales e França)».*

raia¹ s f (<raio) **1** Risca/Traço/Estria. **Ex.** As passadeiras para os peões atravessarem as ruas são geralmente assinaladas com ~s largas, alternadamente claras e escuras. **2** Linha que marca o limite. **Ex.** As ~s da estrada que delimitam as faixas de rodagem. **Idi.** *Passar as ~s/marcas* [Ir além do que é permitido/aceitável]. **3** Fronteira/Região fronteiriça. **Loc.** *Atravessar a ~* «de Portugal para Espanha». **Comb.** *Gentes*

[Populações] da ~. ⇒ raiano. **4** Sulco da palma da mão. **Comb.** Mão com ~s muito vincadas [profundas].

raia² *s f Icti* (<lat *rai[j]a, ae*) Nome comum de várias espécies de peixes seláceos, com o corpo achatado, boca e fendas branquiais situadas na face ventral e barbatanas peitorais muito desenvolvidas. **Comb.** Posta de ~ assada.

raiado, a *adj* (<raia¹ + -ado) **1** Que tem riscas/raias/listas/Estriado. **Comb.** *Pelo ~ «da zebra». Tecido ~. Vagem (de feijão) ~a.* **2** (Diz-se de) arma de fogo que tem o cano interiormente estriado. **3** Misturado/Mesclado. **Ex.** Comprei o feijão mais barato por ser ~ [ter várias qualidades misturadas],

raiano, a *adj/s* (<raia¹ + -ano) (O) que é da fronteira/Arraiano/Fronteiriço. **Ex.** Os ~s entendem facilmente a língua do país vizinho. **Comb.** *População ~a. Zona* [Região] *~a.*

raiar¹ *v int* (<raio + -ar¹) **1** Emitir raios de luz/Brilhar/Refulgir. **Ex.** Vai ser um dia de grande calor. Logo pela [de] manhã o sol já raia com uma intensidade fortíssima. **2** Começar a surgir no horizonte/Alvorecer/Despontar/Romper. **Ex.** No verão, os trabalhadores rurais levantam-se ao ~ da aurora para trabalhar no campo enquanto está fresco. **3** *fig* Começar a aparecer algo que se deseja ou dá esperança e ânimo. **Ex.** Vários dias após o terramoto, nas equipas de salvamento ainda raiava a esperança de encontrarem sobreviventes.

raiar² *v t* (<raia¹ + -ar¹) **1** Fazer [Desenhar] riscas em/Cobrir de riscas. **Ex.** Para festejar a vitória, os adeptos mais ferrenhos raiaram os muros com as cores do clube. **Comb.** *Olhos raiados de sangue.* **2** Aplicar raios numa roda. **Loc.** ~ (de novo) «uma roda de bicicleta». **3** Atingir os limites/Ultrapassar o que é admissível/Tocar as raias. **Ex.** Religiosidade que raia o fanatismo. **4** Fazer estrias no interior do cano duma arma de fogo.

raid(e) *s m* (<ing *raid*) **1** *Mil* Ataque feito de surpresa e em pouco tempo/Incursão/Assalto(+). **Ex.** Um batalhão do exército inimigo, num ~ inesperado, fez várias baixas nos nossos soldados. **2** A(c)ção policial rápida, feita de surpresa para apreender mercadoria ilegal ou prender alguém. **Ex.** Numa operação de combate ao narcotráfico, a polícia fez vários ~s nos bairros problemáticos habituais. **3** *Econ* Operação bolsista com o fim de fazer baixar os preços das a(c)ções. **4** *(D)esp* Prova de percurso longo, para veículos motorizados, baseada na resistência dos pilotos e dos materiais. **Comb.** ~ todo-o-terreno.

raiídeo, a *adj/s Icti* (<raia² + -ídeos) (Diz-se de) família de peixes seláquios a que pertence a raia.

rail(e) *s m* (<ing *rail*: barra, grade, trilho) Barra horizontal de prote(c)ção ou «nas autoestradas» de separação de vias. **Ex.** As estradas principais têm ~ de prote(c)ção nas bermas com declives muito acentuados e profundos.

rai[ei]neta (Nê) *adj/s f Bot* (<fr *reinette*: pequena rã) **1** *Bot* Variedade de maçã de cor esverdeada e raiada, de sabor acidulado. **2** *Zool* Pequeno batráquio anuro, de cor verde, com a ponta dos dedos em forma de disco/Rela/Perereca.

rainha *s f* (<lat *regina, ae*) **1** Mulher do rei. **Ex.** A ~ Dona Leonor (1458-1525), mulher de D. João II, rei de Portugal, foi a fundadora das "Misericórdias". **2** Soberana que governa um reino. **3** *fig* Pessoa mais importante/Figura que sobressai/dá nas vistas. **Comb.** *~ do baile* [da festa]. **4** *fig* Aquela que domina/exerce influência. **Ex.** A mãe de família é a ~ do lar. **5** Figura do baralho de cartas/Dama. **Comb.** ~ [Dama(+)] de espadas [copas/ouros/paus]. **6** Peça de jogo de xadrez que pode ser movimentada em todas as dire(c)ções. **7** Abelha que num enxame é a única a ser fecundada/Abelha-mestra. **Ex.** As abelhas operárias [obreiras(+)] alimentam as larvas das ~s.

rainha-cláudia *s f Bot* (<fr antr *(prune de la) reine Claude*) Variedade de ameixa pequena e esverdeada/Caranguejeira.

rainúnculo *s m* (<lat *ranúnculus, i*: rã pequena) **1** *Bot* ⇒ ranúnculo. **2** *Icti* Peixe teleósteo da família dos escorpenídeos, frequente nas costas marítimas portuguesas/Requeime/Serrão.

raio *s m* (<lat *rádius, ii*) **1** Traço de luz emitido por uma fonte luminosa. **Ex.** Os ~s de luz que entravam pelas frinchas da janela eram a única luz que iluminava o quarto escuro. **2** Luz emitida por um astro. **Comb.** ~s do Sol. **3** Descarga elé(c)trica entre uma nuvem e o solo ou entre duas nuvens/Relâmpago/Faísca. **Ex.** O ~ que caiu na árvore, rachou-a de alto a baixo. **Loc.** Cair como um ~ [abruptamente/repentinamente] (Ex. O cão caiu como um ~ sobre o coelho). **4** *Fís* Conjunto de elementos constitutivos de qualquer radiação que se propaga a partir dum ponto. **Comb.** *~ laser* [Radiação ele(c)tromagnética muito intensa, obtida por estimulação de átomos, moléculas ou iões [íons] e por amplificação dos fotões [fótons]. *~s X* [Radiações ele(c)tromagnéticas de comprimento de onda muito pequeno e grande poder de penetração com numerosas aplicações terapêuticas, científicas e industriais]. ⇒ **radiação**. **5** Cada uma das hastes que ligam o corpo central duma roda ao seu aro periférico. **Comb.** ~ duma roda «de bicicleta». **6** *Geom* Segmento de re(c)ta que une o centro a qualquer ponto duma circunferência ou duma superfície esférica. **Ex.** O diâmetro tem um comprimento duplo do [é o dobro] do ~. **Comb.** ~ ve(c)tor [Segmento que une qualquer ponto de uma elipse, parábola ou hipérbole a um dos focos]. **7** *Icti* Cada uma das partes cartilaginosas que constituem o esqueleto duma barbatana/nadadeira. **8** Espaço circular que, a partir dum ponto de origem, se estende por todas as dire(c)ções. **Ex.** É proibido fazer campanha eleitoral num ~ de quinhentos metros do local de voto. **Comb.** *~ de a(c)ção* a) Distância que um navio ou avião podem percorrer, voltando ao ponto de origem, sem serem reabastecidos; b) Área onde pode ser exercida determinada a(c)tividade. ⇒ esfera [campo] (de a(c)ção).

raiom *s m* (<ing *rayon*) **1** Nome comum de fibras sintéticas. **Sin.** Ny[Nai]lon(+). **2** Seda [Tecido] artificial.

raiva *s f* (<lat *rábia <rábies, ei*) **1** *Med* Doença infe(c)ciosa que ataca o homem e os animais provocada por um vírus transmitido ao homem geralmente pela mordedura dum cão, cara(c)terizada por acessos furiosos seguidos de paralisia/Hidrofobia. **Ex.** Pasteur descobriu a vacina contra a ~ em 1886. **2** Grande cólera/Fúria/Ira. **Ex.** Teve um acesso de ~«por ter sido castigado injustamente». **3** Sentimento de ódio ou grande aversão. **Ex.** Tenho uma ~ àquele «politico» que nem o posso ver [que não suporto vê-lo]. **4** *Cul* Um biscoito de roer/Raivinha.

raivosamente *adv* (<raivoso + -mente) Com raiva/fúria/rancor/De modo raivoso. **Ex.** Como não se podia vingar, chorava ~; até mordia os lábios!

raivoso, a (Ôso, Ósa, Ósos) *adj* (<raiva + -oso) **1** *Med* Atacado pela raiva. **Comb.** Mordido por cão ~. **2** Cheio de raiva/Furioso/Colérico. **Ex.** ~ por ter perdido o jogo, agrediu o adversário a pontapé. **3** Que sente rancor, ódio ou grande aversão por [a] alguém.

raiz *s f* (<lat *rádix, ícis*) **1** *Bot* Órgão das plantas superiores que as fixa ao solo e pelo qual são absorvidos os líquidos nutritivos. **Ex.** A ~ provém da radícula. **Loc.** *Criar ~es* a) «planta» Enraizar; b) «Pessoa» Fixar-se definitivamente; c) «vício» Inveterar-se; d) «negócio» Prosperar. **Comb.** *~ aprumada* [primária principal]. *~ fasciculada* [Conjunto de ~es adventícias formando raízes, que substituem a ~ primária. *~ tuberculosa* [que armazena substâncias nutritivas de reserva] «do nabo». **2** *Anat* Parte de um órgão implantada num tecido ou noutro órgão. **Comb.** *~ dum dente* [dos cabelos/das unhas]. *idi* «estar farto de alguém» *Até à ~ dos cabelos* [Até não poder mais/Até ao limite]. **3** *Med* Prolongamento profundo de alguns tumores. **Comb.** Tumor maligno com ~es espalhadas por todo o corpo. **4** Parte inferior de qualquer coisa/Base. **Comb.** *~ duma montanha* [dum rochedo]. *Bens de ~* [Prédios rústicos ou urbanos]. **5** Causa ou origem de alguma coisa/Gérmen/Princípio. **Ex.** Estar constantemente a reparar uma peça que se estraga não é solução. É preciso descobrir a ~ do problema. **Idi.** *Cortar o mal pela ~* [Eliminar definitivamente a causa dum problema]. **6** *Gram* Parte invariável e comum às palavras da mesma família/Radical **4.** **Ex.** *Justitia* e *juramento* têm a mesma ~ latina: *jus-*. **7** *Mat* Cada um dos fa(c)tores iguais em que é possível decompor um número. **Ex.** O número de fa(c)tores é o índice da ~ (Ex. 5 é a ~ cúbica de 125 (=5x5x5): 3 é o índice da ~). **Comb.** *~ dum polinó[ô]mio* [Valor da variável para o qual o polinó[ô]mio se anula]. *~ duma equação* [Valor da incógnita que transforma a equação numa identidade].

raizame (Ra-ízâ) *s m* (<raiz + -ame) Conjunto de raízes duma planta/Raizeiro **2**/Raizada.

raizeiro/a (Ra-í) *s m/f* (<raiz + -eiro/a) **1** Parte que fica enterrada depois de cortar uma árvore rente ao solo. **Loc.** Arrancar ~s «de pinheiro» para queimar na [para a] lareira. **2** Conjunto abundante e emaranhado de raízes duma planta/Raizame.

rajá *s m* (<sân *rajá*) Rei ou príncipe de um estado indiano.

rajada *s f* (<rasa + -ada?) **1** Vento forte e repentino. **Ex.** Uma ~ de vento atirou (com) a jarra ao chão. **2** Série contínua de tiros de arma de fogo. **Comb.** ~ de metralhadora. **3** *fig* Sequência ininterrupta e rápida de alguma coisa. **Ex.** As asneiras saem-lhe em ~ pela boca fora. **4** *fig* Ímpeto violento.

rala *s f* (<fr *rale*) Ruído respiratório cara(c)terístico de lesão pulmonar/Pieira. **Ex.** A ~ é frequente em pessoas idosas.

ralação *s f* (<ralar + -ção) **1** Preocupação que origina sofrimento/Apoquentação/Consumição. **Ex.** Os filhos, fora de casa até altas horas da noite, eram uma ~ para aquela mãe. **2** Desgosto [Dor] persistente. **Ex.** Idosos definhando na continuada ~ da doença e da solidão.

ralador, ora *adj/s* (<ralar + -dor) **1** Que rala/tritura/mói. **Comb.** A(c)ção ~ora da mó

dum moinho. **2** (O) que é impertinente/ Arreliador/Maçador. **Ex.** Já disse que não te deixava ir «ao cinema». Não continues a insistir, não sejas ~ [maçador(+)]. **3** *s m* Instrumento próprio para ralar. **Comb.** ~ de cenoura [queijo/legumes].

raladura *s f* (<ralar + -dura) **1** Fragmentos cortados com o ralador. **2** ⇒ Ralação/ Preocupação/Tormento.

ralão *s m* (<ralar + -ão) Farinha grosseira/ Rolão.

ralar *v t* (<ralo + -ar¹) **1** Reduzir a pedaços pequenos com o ralador. **Ex.** Eu gosto de pôr queijo ralado no espa(r)guete. **Loc.** ~ pão [cenoura/queijo]. **2** Esmagar/Triturar/ Moer. **Loc.** ~ uvas para fazer vinho. **3** Apoquentar/Afligir/Consumir. **Ex.** O miúdo [A criança] ralou-me (o juízo). Queria à viva força [teimosamente] a todo o custo] que lhe comprasse um brinquedo. **4** (A rã) coaxar(+).

ralé *s f pej* (< ?) **1** Estrato mais baixo da hierarquia social/Arraia-miúda. **Ex.** Por ser rica, julga-se muito importante e não se dá com a ~. **2** Gente reles/mal formada/ Escumalha. **Ex.** Após a proclamação da República em Portugal (5 de outubro de 1910), muitos conventos e casas de religiosos foram imediatamente assaltados e vandalizados pela ~.

ralear *v t/int* (<ralo + -ear) Tornar(-se) ralo ou raro/Tornar(-se) menos denso ou espesso. **Loc.** Juntar água à sopa para a ~. Começar o cabelo a ~.

raleira/o *s f/m* (<ralo + -eira/o) **1** Parte de sementeira ou plantação que ficou sem plantas. **Ex.** As batatas nasceram mal; há muitas ~s. **2** Espaço vazio/Vão. **Ex.** O estádio não está cheio; há muitas ~s nas bancadas.

ralentar *v t Mús* (<it *rallentare*) Abrandar o andamento musical. **Comb.** Ralentando [Tornando o [Com] andamento mais lento].

ralenti (Tí) *fr s m* **1** «imagem em» Câmara lenta(+). **2** *Mec* Marcha lenta num motor.

ralhar *v int* (< ?) **1** Repreender em voz alta. **Ex.** O pai ralhou aos [com os] filhos por terem chegado tarde a casa. **2** Resmungar/ Barafustar. **Ex.** O patrão está sempre a ~. Ralha por tudo e por nada.

ralhete (Lhê) *s m fam* (<ralho + -ete) Pequena repreensão. **Ex.** Vou ouvir um ~ dos meus pais «porque tive uma negativa».

ralho *s m* (<ralhar + ?) A(c)to de ralhar/Repreensão em voz alta. **Ex.** Na casa do vizinho a toda a hora se ouvem ~s.

rali (Ráli) *s m (D)esp* (<ing *rally*: chamada/ reunião «de tropas») Competição desportiva para veículos motorizados com provas cronometradas num percurso previamente fixado. **Ex.** No ~ é testada a perícia dos pilotos [condutores] e a resistência dos veículos.

ralídeo, a *adj/s Ornit* (<ralo + -ídeo) (Diz-se de) família de aves pernaltas com os dedos finos e compridos e polegar inserido acima dos outros dedos, frequente em Portugal à beira de cursos de água «ralo [frango] d'água».

rallentando adv Mús ⇒ ralentar **Comb.**

ralo¹ *s m* (<lat *rállum, i*: (raspador da terra da) relha do arado) **1** ⇒ ralador **3**. **2** Fundo de crivo ou de peneira. **3** Peça com buracos para coar água ou outros líquidos. **Comb.** ~ *duma bacia de lavatório* [duma caleira de escoamento da água da chuva]. ~ *dum regador* [Peça que se adapta ao cano dum regador e termina com um disco perfurado para regar «as flores» em chuveiro]. **4** Peça com buracos instalada numa porta por onde entra o ar e que serve para ver de dentro para fora. **Loc.** Espreitar ao [pelo] ~ «para ver quem tocou a campainha». **5** *Ent* Inse(c)to ortóptero da família dos grilídeos, *Gryllotalpa gryllotalpa*, robusto, com as patas anteriores adaptadas à escavação, muito nocivo porque ao escavar destrói a parte subterrânea das plantas/Grilo-toupeira. **Comb.** Cebolal [Feijoal] destruído pelos ~s.

ralo², a *adj* (<lat *rárus, a, um*: raro/ralo) **1** Pouco denso/espesso. **Comb.** *Cabelo* ~. *Sementeira (muito) ~a* [mal nascida]. **2** Com intervalos/Espaçado. **Comb.** Dentes ~s. **3** Que existe em pequena quantidade/Que não se encontra facilmente/ Raro. **Ex.** Apesar da idade, ainda tem o cabelo preto; as brancas [os cabelos brancos] são ~as/os.

RAM *s m Info* (<sigla inglesa de *Random Access Memory*: memória de acesso aleatório) Memória de armazenamento temporário de dados.

rama (Rrâ) *s f* (<ramo) **1** Conjunto de ramos e folhas duma planta/Ramagem. **Ex.** Cortaram os pinheiros, levaram os troncos e deixaram a ~ na mata. **Ex.** A da cenoura [do nabo]. *idi* **Pela** ~ [Superficialmente/Sem profundidade] (Loc. Estudar um assunto pela ~). **2** Designação aplicada a vários produtos em bruto. **Comb.** ~ *de açúcar* [petróleo]. *Algodão em* ~.

ramada *s f* (<rama + -ada) **1** Conjunto de ramos e folhagem duma planta/Ramagem. ⇒ copa. **2** Ramo grosso de árvore/Pernada(+). **Ex.** A ventania deixou a rua coberta de folhas e de grossas ~s das árvores. ⇒ galho. **3** Parreira/Latada. **Ex.** A ~ dá boas uvas e, no verão, faz uma rica [boa/ agradável] sombra. **4** Cobertura feita com ramos de plantas entrelaçados para dar sombra. **Comb.** ~ *de glicínias*. **5** Abrigo feito com ramos no campo para recolha do gado.

Ramadão/ã *s m Rel* (<ár *ramadān*) Nono mês do calendário islâmico durante o qual os muçulmanos jejuam desde o nascer ao pôr do sol.

ramado, a *adj* (<rama + -ado) Que tem rama ou ramos/Ramoso.

ramagem *s f* (<ramo + -agem) **1** Conjunto de ramos e folhas duma planta/Rama **1**. **Ex.** As árvores da alameda têm uma ~ tão espessa que não deixa passar o(s raios de) sol. ⇒ copa. **2** Desenho de folhas e flores sobre um tecido ou papel. **Comb.** Vestido às ~ens, muito vistoso. Prenda embrulhada em papel com ~ens.

ramal *s m* (<lat *ramále, is*; ⇒ ramo) **1** Ramificação de via-férrea [de ferrovia] ou de estrada. **Ex.** A fábrica tem ~ (de caminho de ferro) próprio [privativo] para cargas e descargas de mercadorias e matérias-primas. O acesso à aldeia é feito por um ~ de estrada em muito mau estado. **2** Ramificação interna de uma rede «telefó[ô]nica/ de condutas de água»/Derivação. **Loc.** Instalar (mais) um ~ telefó[ô]nico. **3** Ramificação da galeria duma mina. **Ex.** Os ~ais das catacumbas de S. Calisto, em Roma» formam um autêntico labirinto. **4** Conjunto dos ramos de uma árvore/Ramagem(+)/ Ramaria. **5** Conjunto de flores reunidas pelos pés/Ramalhete(+).⇒ grinalda.

ramalhada *s f* (<ramalhar + -ada) **1** Barulho das folhas e dos ramos das árvores agitados pelo vento. **Loc.** Ouvir-se a ~ dos plátanos agitados pela brisa da tarde. **2** Quantidade de ramos cortados. **Ex.** Cortaram os eucaliptos e deixaram a ~ [rama(o+)/ramagem(+)] espalhada pelo chão.

ramalhar *v t/int* (<ramalho + -ar¹) **1** Agitar ramos de árvores. **2** (As folhas e ramos de árvores) fazerem barulho agitados pelo vento. **Ex.** O vento serenou [parou]. As árvores deixaram de ~.

ramalheira *s f* (<ramalho + -eira) ⇒ rama; ramagem.

ramalhete (Lhê) *s m* (<ramalho + -ete) **1** Pequeno ramo [Raminho(+)] de flores reunidas pelo pé. **Ex.** A menina ofereceu à mãe um ~ de flores campestres. **2** *fig* Conjunto de coisas escolhidas de reconhecido valor. **Comb.** ~ *de poemas*. *espiritual* [de orações e sacrifícios «oferecidos à mãe no Dia da(s) Mãe(s)»].

ramalho *s m* (<ramo + -alho) **1** Grande ramo cortado duma árvore. **Comb.** Cobertura [Abrigo] feita/o com ~s. **2** Ramos e folhas duma planta. **Comb.** Planta com muitos ~s novos «que despontaram na última Primavera».

ramalhudo, a *adj* (<ramalho + -udo) **1** Que tem muitos ramos/muita rama/Ramudo(+). **Comb.** Árvore [Copa] ~a. **2** Que ramalha/ se agita com o vento e faz barulho. **Comb.** Tílias [Plátanos] ~as/os. **3** Que tem ramagem desenhada/estampada. **Comb.** Tecido ~. **4** Que tem pelos abundantes/ espessos. **Comb.** Sobrancelhas ~as/espessas(+). **5** *depr* Que tem muitas palavras e poucas ideias. **Comb.** Discurso [Prosa] ~o/a [*idi* com muita parra e pouca uva].

ramaria *s f* (<ramo + -aria) ⇒ rama; ramagem.

ramboia (Bói) *s f* (< ?) Vida airada/Pândega/Boémia/Estroinice. **Ex.** Trabalhar não é com ele [Ele não gosta de [não quer] trabalhar]. Passa a vida na ~.

ramboiada *s f* (<ramboia + -ada) Grande ramboia. **Comb.** Uma noite de ~.

rameira *s f* (<ramo + -eira) Prostituta/Meretriz.

ramela/rameloso ⇒ remela/remeloso.

ramerrame [ramerrão] *s m* (< *on*) **1** Ruído contínuo e monótono. **Ex.** Habituado ao ~ da máquina, já nem [não] o ouve. **2** Repetição monótona e sem incidentes/Rotina. **Ex.** A vida dele/a foi sempre aquele ~: da casa para o trabalho e do trabalho para casa; nunca saiu disto [nunca mudou].

rami *s m Bot* (<mal *ramí*) Arbusto urticáceo da Ásia oriental de cujo caule se obtém a fibra vegetal mais resistente que se conhece e que é usada no fabrico de tecidos, etc.; *Boehmeria tenacíssima*.

ramificação *s f* (<ramificar + -ção) **1** A(c)to ou efeito de ramificar(-se)/formar ramos. **Comb.** ~ *duma artéria*. ~ *duma planta*. **2** *Bot* Modo como os ramos se dispõem numa planta a partir do caule ou dum eixo secundário. **Comb.** ~ *lateral* [que produz só um ramo de cada vez]. ~ *dicotó[ô]-mica* [na qual o eixo vegetativo se bifurca [se divide em dois] sucessivamente]. **3** *Bot* Cada parte [ramo] que sai dum eixo. **Comb.** Caule com várias ~ões. **4** *Anat/Bot* Parte dum órgão (animal ou vegetal) que se divide noutro como um ramo. **Comb.** ~*ões dos vasos sanguíneos*. ~*ões das nervuras* duma folha. **5** Parte duma estrutura que sai dum núcleo «ponto/eixo» principal. **Comb.** ~ *duma estrada*; ⇒ ramal **1**. ~ *dum curso* [duma conduta] *de água*. ⇒ delta. **6** Subdivisão ou prolongamento duma organização noutras dela dependentes. **Comb.** ~ *duma empresa*. ~ *duma ciência* «Medicina». **7** Desenvolvimento/Propagação. **Comb.** ~ *dum tumor* maligno. ~ *duma organização* criminosa.

ramificar *v t* (<ramo + -i- + -ficar) **1** Dividir(-se) em [Dar origem a] ramos, ramais ou partes. **Ex.** As árvores crescem e ramificam. A rua principal desemboca num [vai dar a um] largo donde se ramifica para os

vários pontos da cidade. **2** Dividir-se em partes semelhantes e de menores dimensões a partir dum eixo ou tronco principal. **Loc.** Uma via-férrea [ferrovia] ~-se (em vários ramais). **3** Dividir ou subdividir em várias áreas ou se(c)ções. **Ex.** O Laboratório ramificou-se em três se(c)tores: análises físicas, química clássica (via húmida) e química instrumental.

ramiforme *adj 2g* (<ramo + -forme) Que tem a forma de ramo. **Comb.** Estrutura ~.

ramnáceo, a *adj/s Bot* (<ramno + -áceo) (Diz-se de) família de plantas dicotiledó[ô]neas, árvores ou arbustos, de que se conhecem centenas de espécies especialmente nas regiões temperadas. **Ex.** Algumas ~as são cultivadas para usos medicinais e industriais.

ramno *s m Bot* (<gr *rhamnos*: espinheiro) Nome genérico de um grupo de plantas ramnáceas «amieiro-negro/sanguinho/aderno» de cujos frutos, folhas e casca se extraem substâncias com aplicação na medicina e na indústria.

ramo (Rrâ) *s m* (<lat *rámus, i*) **1** *Bot* Parte da planta que sai do tronco [caule] ou dos seus braços e à qual se prende a folhagem. **Ex.** Os ~s da figueira já passam para o quintal do vizinho; temos que os cortar. Dependurou-se no ~ duma árvore, o ~ partiu e ele caiu e magoou-se. **Prov.** *Numa porta se põe o ~ e noutra se vende o vinho* [Com base nas aparências, por vezes atribui-se a uma pessoa um a(c)to praticado por outra]. **Idi.** *Não deixar pôr o pé em ~ verde* [Não permitir que alguém faça tudo o que quer] (Ex. Com o antigo chefe, a secretária fazia o que queria, mas este não a deixa pôr o pé em ~ verde; não lhe admite veleidades). *Pôr* [Ter] *o ~ à porta* [Pendurar um ~ de loureiro à porta duma casa [taberna] como sinal de que aí se vende vinho]. **Comb.** *Rel Domingo de ~s* [Último domingo da Quaresma em que os fiéis católicos levam para a igreja um pequeno ~ de oliveira ou palmeira para comemorar a entrada triunfal de Jesus Cristo em Jerusalém]. **2** Conjunto de flores cortadas e arranjadas harmoniosamente/Ramalhete. **Ex.** A noiva levava um belo ~ de orquídeas. **Loc.** Oferecer um ~ de flores «à mãe». **3** Se(c)tor de a(c)tividade/Se(c)ção/Divisão. **Ex.** O ~ automóvel está em crise: as vendas caíram a pique. Ele trabalha no ~ da construção civil. **4** Parte de um todo/Divisão/Derivação. **Comb.** *~ de conhecimento* «da Medicina/Física». **5** Cada uma das diferentes famílias descendentes de um tronco comum. **Ex.** Ele pertence ao ~ pobre «dos Mendonças».

ramosidade *s f* (<ramos + -i- + -dade) **1** Qualidade do que é ramoso/que tem muitos ramos. **Comb.** «cedro» Árvore de ~ espessa. **2** Conjunto dos ramos e folhas duma planta/Ramagem(+).

ramoso, a (Ôso, Ósa, Ósos) *adj* (<ramo + -oso) Que tem ramos/Que tem muita rama/Ramalhudo/Ramalhudo(+). **Comb.** Planta ~a/copada.

rampa *s f* (<fr *rampe*) **1** Plano inclinado/Inclinação. **Comb.** *~ de acesso* «a um edifício público» para cadeiras de rodas de deficientes. *~ de lançamento* a) Plano inclinado, fixo ou instalado num veículo, a partir do qual é lançado um projé(c)til «míssil/satélite artificial»; b) Meio «filiação num partido/publicação dum livro» para promover ou valorizar alguém. **2** Ladeira/Declive. **Ex.** O acesso ao castelo faz-se por uma ~ muito íngreme.

rampante *adj 2g* (<fr *rampant*) Figura de quadrúpede erguido nas patas traseiras e com a cabeça voltada para o lado direito do escudo heráldico.

rampear *v t* (<rampa + -ear) Fazer rampa/Cortar um terreno em rampa. **Loc.** ~ a entrada «duma garagem».

ramudo, a *adj* (<ramo + -udo) Que tem muitos ramos/Ramoso. **Comb.** Arbustos ~s.

rançar *v int* (<ranço + -ar¹) Ganhar ranço. **Loc.** O azeite [presunto/A manteiga] ~.

ranchada *s f* (<rancho + -ada) **1** Grande rancho. **Ex.** «para a vindima» Contratou uma ~ de mulheres. **2** *fig* Grande número. **Ex.** Na quinta, tenho uma ~ de animais de toda a espécie: cães, gatos, porcos, galinhas, ovelhas, vacas, …

rancheiro, a *s/adj* (<rancho + -eiro) **1** O «soldado/marinheiro» que trata do rancho. **Ex.** Ele está habituado a cozinhar; na tropa foi ~. **2** Dono de rancho (Grande fazenda americana). **Comb.** ~ do Oeste «do Texas». ⇒ fazendeiro. **3** *adj Br* Que gosta de ficar em casa/Que é muito caseiro(+).

rancho *s m* (<esp *rancho*) **1** Grupo de pessoas deslocando-se a pé. **Ex.** Todos os anos, um ~ de rapazes e raparigas [moços e moças] da aldeia iam a pé às festas da vila. **2** Grupo de pessoas que trabalham em conjunto geralmente em trabalhos agrícolas sazonais. **Comb.** ~ de vindimadores. **3** *Etn* Grupo folclórico. **Comb.** Festival de ~s. **3** *fig* Grande quantidade. **Ex.** O casal de lavradores saía para o campo, de manhã cedo, com um ~ de filhos atrás. **5** Comida feita para (e distribuída a) muita gente «soldados/marinheiros/presos». **Ex.** No quartel, houve ~ melhorado «porque membros do governo estavam de visita àquela unidade militar». **6** Grande propriedade agrícola americana onde se faz criação de gado. ⇒ fazenda; quinta.

ranço *s m* (<lat *ráncidus, a, um*: rançoso) **1** Alteração [Oxidação] das substâncias gordurosas em conta(c)to com o ar, o que lhes dá um sabor acre desagradável e mau cheiro. **Ex.** A manteiga não está boa, cheira a ~. **2** Cheiro de coisa (h)úmida, velha e abafada/Mofo(+)/Bafio. **3** *fig* O que tem cará(c)ter antiquado, obsoleto/Velharia(+). **Ex.** Numa mudança de casa, muito ~ se deita fora!

rancor (Côr) *s m* (<lat *ráncor, óris*) **1** Ódio profundo. **2** Ressentimento que perdura. **Ex.** Não esqueço o mal que me fez, mas não lhe guardo ~.

rancoroso, a (Ôso, Ósa, Ósos) *adj* (<rancor+-oso) Que sente ou guarda rancor. **Comb.** Olhar ~. Palavras ~as.

rançoso, a (Ôso, Ósa, Ósos) *adj* (< ranço + -oso) **1** Que tem ranço. **Comb.** Manteiga [Presunto/Toucinho] ~a/o. **2** Que tem aparência antiquada/Obsoleto/Bafiento(+). **Comb.** Crendices [Costumes/Hábitos] ~as/os.

rand *s m* (<ing *rand*) Unidade monetária da África do Sul.

rangedeira *s f* (<ranger + -deira) **1** Som áspero e penetrante/Rangido. **Ex.** Ao longe, ouvia-se a ~ [o ranger] dos carros de bois carregados de lenha. **2** Peça de sola ou cortiça colocada por baixo da palmilha do sapato para ranger ao andar.

rangedor, a [rangente] *adj* [2g] (<ranger + -dor) Que range.

ranger *v t/int* (<lat *ríngor, eris, ríngi*: (animal) arreganhar os dentes, enraivecer-se, irritar-se) **1** Produzir um som áspero e penetrante/Chiar. **Ex.** Esta porta (, ao abrir e fechar,) range. **2** Fazer ruído roçando uma coisa sobre outra. **Loc.** ~ os dentes «para reprimir a dor/o queixume».

rangido *s m* (<ranger + -ido) Som áspero e penetrante produzido por obje(c)tos que rangem ao roçar uns nos outros. **Comb.** *~ dos sapatos* ao andar. *~ das rodas metálicas* sobre os carris, numa curva apertada.

rangífer(o) *s m Zool* (<lat *rángifer, eri*) Mamífero ruminante domesticável, da família dos cervídeos, cara(c)terístico das regiões frias do Norte/Rena(o+)/Caribu(+).

ranheta (Nhê) *s f pop* (<ranho + -eta) **1** ⇒ Ranho. **2** *Br* Pessoa impertinente/mal-humorada/rabugenta.

ranho *s m* (<ranhoso) **1** Excreção viscosa segregada pelas mucosas nasais/Muco. **Loc.** *col* Assoar [Limpar] o ~[nariz(+)]. **2** Baba(+) de alguns animais «caracóis».

ranhoso, a (Ôsos, Ósa, Ósos) *adj* (<ronhoso) **1** Que tem ranho no nariz. **Loc.** Andar [Estar] ~ «por causa da constipação». **Comb.** «criança com o» Nariz ~ «por não se assoar». **2** *fig pop* De má índole/Reles.

ranhura *s f* (<fr *rainure*) **1** Entalhe feito numa tábua no sentido do comprimento. **Loc.** Abrir uma ~ numa tábua para fazer um encaixe macho-fêmea. **2** Sulco de uma peça onde encaixa e se move outra. **Ex.** As gavetas «da có[ô]moda» deslocam-se sobre suportes metálicos que encaixam em duas ~s laterais. **3** Abertura estreita/Fenda. **Loc.** Meter moedas na ~ da máquina «de vender bilhetes/selos».

ranicultura *s f* (<lat *rana, ae* + cultura) Cultura [Criação(+)] de rãs.

ranídeo, a *adj/s Zool* (<lat *rana, ae* + -ídeo) (Diz-se de) família de batráquios anuros, que têm dentes no maxilar superior, a que pertence a rã.

ranking *s m ing* Palavra inglesa que designa "Tabela classificativa". **Ex.** Foi publicado o ~ das escolas relativo ao ano transa(c)to.

ranunculáceo, a *adj/s Bot* (<ranúnculo + -áceo) (Diz-se de) família de plantas dicotiledó[ô]neas, geralmente herbáceas, com flores vistosas de que existem numerosas espécies.

ranúnculo *s m Bot* (<lat *ranúnculus, i*) Planta herbácea «botão-de-oiro» cultivada nos jardins pelas suas flores vistosas de cores variadas/Flor dessa planta.

ranzinza *adj/s 2g Br* (< on) (O) que é rabugento/mal-humorado/impertinente/teimoso.

rapa *s m* (<rapar) **1** Jogo popular que consiste em fazer rodopiar uma piorra com quatro faces onde estão escritas as iniciais das palavras "rapa, tira, deixa, põe" que indicam o que o jogador deve fazer conforme a letra que ficar voltada para cima. **2** Piorra com que se joga esse jogo. **Ex.** O avô fez um ~ para cada neto. **3** Instrumento próprio para rapar/Rapadoura/Rapador.

rapace *adj/s 2g* (<lat *rápax, ácis* <*rápio, ere, ráptum*: arrebatar) **1** Que rouba/Rapinante. **Loc.** Vagabundos ~s, prontos a deitar a mão a [prontos a roubar] «alguma carteira desacautelada». **2** Que se lança rapidamente sobre a presa/Que ataca com violência e rapidez. **Comb.** Ave [Lobo] ~. **3** *fig* Ávido por lucro/Ganancioso. **Comb.** Agiota ~. **4** *Ornit* (Diz-se de) ave de rapina. **Ex.** A águia é uma ~.

rapacidade *s f* (<lat *rapácitas, átis*) **1** Qualidade do que é rapace. **Comb.** ~ dos animais predadores. **2** Tendência para roubar/rapinar. **Ex.** Casos de ~ são frequentes em muitas escolas. **3** Avidez pelo lucro/dinheiro/Cupidez/Ganância. **Comb.** ~ do avarento.

rapadeira *s f* (<rapar + -deira) Instrumento «pequena pá» próprio para rapar. **Comb.** ~ das masseiras (de amassar o pão).

rapadela (Dé) *s f* (<rapar + -dela) A(c)to de rapar sem grande insistência «a panela do arroz».

rapado, a *adj* (<rapar + -ado) **1** Que se rapou. **Ex.** Comeu-se tudo. O tacho ficou ~. **2** Com o cabelo cortado rente/Bem barbeado. **Comb.** Cabeça [Cara] ~a. **3** Sem vegetação. **Comb.** Montes [Encostas] ~os/as «para evitar incêndios florestais». **4** Gasto pelo uso. **Ex.** O prior [padre] da aldeia usava um sobretudo velho, (já) muito ~ [coçado(+)].

rapador, a *adj/s* (<rapar + -dor) **1** (O) que rapa. **2** Instrumento que serve para rapar/Rapadeira. **3** Operário que nas salinas limpa o lodo das paredes com um rapão.

rapadura *s f* (<rapar + -dura) **1** A(c)to ou efeito de rapar/Rapadela. **Ex.** Basta que dês uma ligeira ~ [rapadela(+)] à panela da marmelada porque vai já voltar a ser utilizada para cozer mais marmelo. **2** O que se rapa. **Loc.** Comer as ~as do tacho «do arroz doce». **3** *Br* Pequenos cubos ou barras de açúcar mascavado solidificado. **Idi.** *Br* **Entregar a ~ a)** Desistir dum proje(c)to/Confessar-se [Dar-se por(+)] vencido/derrotado; **b)** Morrer.

rapagão *s m* (<rapaz + -ão) Rapaz corpulento e robusto. **Ex.** Ela, que tanto queria uma menina, deu à luz um ~.

rapante *adj 2g* (<rapar + -ante) **1** Que rapa/furta. **2** «cão» Que escava a terra com as patas dianteiras.

rapão *s m* (<rapar + -ão) **1** Utensílio utilizado nas salinas para limpar o lodo que se agarra às paredes. **2** O que anda a apanhar lixo para estrume. **3** Detritos vegetais não decompostos que se acumulam no solo e se rapam à [com a] enxada para estrume.

rapapé *s m pop* (<rapar + pé) **1** Cumprimento exagerado que se faz arrastando o pé para trás/Mesura/Salamaleque. **2** Bajulação/Adulação. **Loc.** Fazer ~s.

rapar *v t* (<lat *rápto, áre, átum*, frequentativo de *rápio, ere, ráptum*: arrebatar) **1** Tirar, raspando. **Loc.** ~ a taça «de bater o bolo/o tacho do arroz doce». **Idi.** **~ fome e frio** [Sofrer/Passar fome e frio]. **~ de** [Puxar por] (**Ex.** O ladrão rapou duma pistola e obrigou-o a entregar a carteira). **2** Cortar rente. **Ex.** Ele rapou o bigode, nem parece o mesmo. **Loc.** ~ o cabelo [a barba]. **3** Roçar(+) o chão «dos campos/das matas» com enxada. **Loc.** ~ as ervas da berma da estrada. **4** *pop* Roubar/Extorquir. **Ex.** A criada rapou-lhe todo o ouro que a senhora tinha em casa. **5** Tirar de forma repentina/Roubar de [por] esticão. **Ex.** Em pleno dia, na rua, dois rapazes, numa moto, passaram e raparam-lhe o fio de ouro que trazia ao pescoço.

rapariga *s f* (<rapaz) **1** *fem* de rapaz/Criança do sexo feminino/Menina. **Ex.** Eles têm quatro filhos: duas ~s e dois rapazes. **2** Adolescente ou jovem solteira/Moça. **Ex.** Vai arrumar o teu quarto. Tens que ajudar em casa, já és uma ~, não és (nenhuma) criança. **3** Mulher jovem, na força da vida. **Ex.** A mulher da limpeza é uma ~ nova, cheia de força. **4** *Br pej* Concubina/Mulher que vive da prostituição.

raparigaça *s f* (<rapariga + -aça) Rapariga forte e atraente. **Ex.** Como cresceu, a tua filha! Está [Fez-se] uma ~!

rapaz *s m* (<lat *rápax, ácis*) **1** Criança do sexo masculino/Menino. **Ex.** Ela já tinha uma menina e agora nasceu-lhe um ~. **2** Adolescente ou jovem do sexo masculino/Moço. **Ex.** O ~ com quem ela namora é bastante mais velho do que ela. **3** Homem jovem/novo. **Ex.** Já é casado mas ainda é ~.

rapazão *s m* (<rapaz + -ão) ⇒ rapagão.

rapazelho (Zê) *s m* (<rapaz + -elho) ⇒ rapazola/zote.

rapaziada *s f* (<rapazio + -ada) **1** Bando de rapazes/de gente jovem. **Ex.** A ~ gosta de andar na rua [de se divertir] até de madrugada. **2** Dito ou a(c)to próprio de rapazes/Estroinice/Leviandade. **Ex.** Estamos a tratar de assuntos sérios, não é altura de [ocasião para] vires com (essas) ~s [garotices(+)].

rapazinho *s m* (<rapaz + -inho) *Dim* de rapaz/Rapaz pequeno/Menino.

rapazio *s m* (<rapaz + -io) Bando de rapazes/Garotada(+). **Ex.** O ~ fazia-lhe a vida negra [Via-se perdido com o ~]: saltavam a vedação do quintal, roubavam-lhe a fruta, pisavam-lhe a horta, estragavam-lhe tudo…

rapazola[zote] (Zó) *s m* (<rapaz +-…) Rapaz já crescido/que se dá ares de homem. **Ex.** A casa foi toda construída por ele com a ajuda de dois ~s da aldeia.

rapé *s m* (<fr *rapé*) Mistura de folhas de tabaco torradas e moídas usadas para inalar. **Loc.** «o avô» Cheirar [Tomar] (uma pitada de) ~.

rapeira *s f pop* (<rapar + -eira) **1** Prurido/Comichão(+). **Loc.** Sentir uma ~ «nas costas». **2** Adubo para estrumar a terra constituído por plantas marinhas e mexilhões.

rapel (Pél) *s m* (<fr *rappel*: a(c)ção de trazer alguém de volta) **1** *(D)esp* Técnica de descida em escalada, na vertical ou numa superfície com grande inclinação, por meio duma corda dupla presa no topo. **2** Com Desconto (adicional) feito pelo fornecedor sobre um montante previamente estipulado de compras que o cliente terá que efe(c)tuar no período estabelecido. **Ex.** Se ultrapassar 10 000 € de compras durante o ano, terá direito a um ~ de 2%.

rapidamente *adv* (<rápido + -mente) **1** Com rapidez/Depressa/Velozmente. **Ex.** As legendas passam tão ~ (no ecrã da televisão) que não as consigo ler. **2** Dentro de pouco tempo/De seguida/Imediatamente. **Ex.** O incêndio só não se propagou a todo o edifício porque foi ~ [foi logo] atacado [apagado] «pelo porteiro». **3** Sem demora/Com urgência. **Ex.** Preciso de saber ~ se vens ou não, porque quero planear a minha vida.

rapidez *s f* (<rápido + -ez) **1** Qualidade do que é rápido/Grande velocidade/Celeridade. **Ex.** Os comboios [trens] modernos «TGV» deslocam-se com uma ~ [velocidade(+)] impressionante, extraordinária. **2** Presteza/Desembaraço. **Ex.** Já acabaste o trabalho «de arrumar a cozinha»? Que ~! **Ant.** Demora; lentidão. **3** Curta duração/Brevidade/Transitoriedade. **Ex.** Os anos passam com ~; depressa chegamos a [ficamos/nos sentimos] velhos.

rápido, a *adj/adv s m* (<lat *rápidus, a, um* <*rápio*: arrebatar) **1** Que se move muito depressa/a grande velocidade/Veloz. **Ex.** Os aviões supersó[ô]nicos são muito ~s. **Comb.** Atleta «corredor de fundo» muito ~ «na ponta final». **Ant.** Lento; vagaroso. **2** Desembaraçado/A(c)tivo/Dinâmico. **Ex.** Ele responde sempre em primeiro lugar «no concurso da TV» porque é muito ~ a carregar no botão. **Comb.** Jogador «de futebol» [Pugilista] ~. **Ant.** Lento; parado; vagaroso. **3** Que dura pouco/Breve/Passageiro. **Ex.** Já estou de volta. O encontro [A entrevista] foi ~o/a. **Ant.** Demorado; longo; persistente. **4** *adv* Com rapidez/Depressa/Rapidamente. **Ex.** A polícia a(c)tuou ~ para acabar com a desordem. Não faças nada até eu chegar. ~ estarei aí [Eu chego aí num ~/num instante]. **5** *s m* Comboio [Trem] que se desloca a grande velocidade e com poucas paragens. **Ex.** A que horas parte o ~ «de Lisboa para o Porto»? **6** *s m* Zona de um curso de água em que a corrente é mais forte e turbulenta por causa dum desnível no leito. **Ex.** Rio não navegável por causa dos [por ter muitos] ~s.

rapina *s f* (<lat *rapína, ae*) A(c)to ou efeito de rapinar/Roubo ardiloso ou violento/Pilhagem/Rapinação. **Ex.** A polícia desmantelou uma quadrilha de ladrões que vivia da ~ [rapinagem(+)/ladroeira]. **Comb.** *Ave de ~* [Rapace **4**].

rapinação *s f* (<rapinar + -ção) ⇒ rapina.

rapinador, ora *adj/s* (<rapinar + -dor) (O) que rapina/Rapinante. **Comb.** Gato ~/caçador.

rapinagem [rapinança/o] *s* (<rapinar + -…) **1** Hábito de [Tendência para] rapinar. **Loc.** Dedicar-se à/ao [Viver da/o] ~. **2** Condição do que rapina. **Ex.** País entregue à ~ de governantes sem escrúpulos. **3** Conjunto de roubos/Espólio. **Ex.** O bando «de traficantes de droga» tinha um armazém cheio de ~.

rapinante *adj/s* (<rapinar + -ante) (O) que rapina/Rapinador. **Ex.** Andam por aí uns estranhos com ar de ~s/ladrões(+).

rapinar *v t/int* (<rapina + -ar¹) **1** Roubar ardilosamente/com violência/Tirar à força. **Ex.** No *Metro/ô*, um meliante deu-lhe um encontrão e outro rapinou a carteira da senhora. **2** Entregar-se à rapinagem. **Ex.** Ele não trabalha; anda por aí a ~ [na rapinagem].

rapioca *s f pop* (< ?) Pândega/Vida airada/Diversão.

raposa (Pô) *s f* (<rabo **1** + -osa; ⇒ raposo) **1** *Zool* Mamífero carnívoro da família dos canídeos, muito ágil, esperto e manhoso, de focinho pontiagudo e cauda comprida que se alimenta de pequenas aves e mamíferos que ataca. **Ex.** Há várias espécies de ~s. A mais vulgar na Europa e na Ásia é a ~ comum, *Vulpes vulpes*. **2** Pele desse animal, tratada e usada como agasalho. **Comb.** Casaco [Estola] de ~. **3** *gír* Reprovação num exame/Chumbo. **Ex.** Armava-se em [Fingia ser/Fazia-se passar por] muito sabichão/ona e afinal veio de lá [do exame] com uma ~. **4** *fam* Pessoa astuta/manhosa. **Ex.** É (uma) ~ velha, não se deixa enganar facilmente.

raposeira *s f* (<raposa + -eira) **1** Toca [Covil] de raposa. **2** Sensação de bem-estar de quem está deitado ao sol. **Loc.** Estar numa agradável ~. **3** *col* Bebedeira/Borracheira/Embriaguez. **Loc.** Apanhar uma ~ «*idi* de caixão à cova/de cair ao chão». **4** Sono curto sossegado. **Loc.** Dormir uma ~ «depois do almoço, no sofá».

raposeiro, a *adj/s* (<raposa + -eiro) **1** (O) que é manhoso como uma raposa/Finório/Raposo(+). **2** (Cão) próprio para a caça à raposa.

raposia [raposice] *s f* (<raposa + -…) Manobra [Astúcia/Manha(+)] semelhante à da raposa.

raposinho *s m* (<raposo + -inho) **1** Raposo pequeno. **2** Cheiro nauseabundo cara(c)terístico da raposa. **3** *Astr Maiúsc* Constelação setentrional entre a Águia e o Cisne.

raposo (Pô) *s m* (<raposa) **1** *Zool* Macho da raposa. **Ex.** *fig* Ele é um ~ [finório/manhoso/espertalhão]!... **2** *Icti* Peixe seláquio muito comprido, de cor parda azulada/Arrequim/Peixe-alecrim/Zorro.

rapsódia *s f* (<gr *rhapsoidía, as*) **1** *Mús* Composição instrumental ou vocal constituída por uma sequência de fragmentos de cantos tradicionais populares. **Ex.** De-

pois da procissão, a banda instalou-se no coreto e abriu o concerto com uma ~ de músicas populares portuguesas. **2** *Lit* Na antiga Grécia, recitação de (trechos de) poemas épicos, feita pelo rapsodo.

rapsódico, a *adj* (<rapsódia + -ico) Relativo [Pertencente] a rapsódia. **Comb.** Composição ~a.

rapsodo (Pzô) *s m* (<gr *rhapsoidós, ou*) **1** O que na antiga Grécia recitava rapsódias. **2** *fig* Poeta/Trovador.

raptador, ora *adj/s* (<raptar + -dor) ⇒ raptor.

raptar *v t* (<lat *rápto, áre, áctum*; ⇒ rapar) **1** Capturar alguém à força e mantê-lo aprisionado. **Ex.** Os guerrilheiros raptaram um jornalista «americano». **Loc.** ~ uma criança. **2** Tirar com violência/à força/Arrebatar/Rapinar. **Ex.** Os assaltantes amordaçaram o ourives e raptaram tudo o que lhes pareceu de grande [tudo o que era de] valor.

rapto *s m* (<lat *ráptum, i*) **1** A(c)to de capturar alguém e mantê-lo aprisionado, geralmente exigindo dinheiro para o libertar. **Ex.** Os autores do ~ «da criança» já foram presos. **2** Roubo violento. **Ex.** Houve tiroteio entre os autores do ~ «das obras de arte» e a polícia. **3** *fig* Arroubo/Arrebatamento. **Comb.** ~ de eloquência. ⇒ êxtase.

raptor, ora *adj/s* (< lat *ráptor, óris*) (O) que rapta/Raptador/«lobo» Rapace. **Ex.** Os (guerrilheiros) ~es dos soldados refugiaram-se nas montanhas.

rapúncio [**rapôncio/raponço**] *s m Bot* (<lat *rapúntius, ii*) Planta herbácea da família das campanuláceas, *Campanula rapunculus*, de raiz carnosa com propriedades medicinais, frequente em Portugal.

raquete/a (Qué) *s f (D)esp* (<ár *raha*: palma «da mão» +...) Instrumento de forma oval, plana, com cabo, que serve para bater a bola «no té[ê]nis/badmington/pingue-pongue». **Ex.** As ~s de té[ê]nis são formadas por uma rede forte montada num aro oval.

raquialgia *s f Med* (<ráquis + algia) Dor aguda na coluna vertebral.

raquiano [**raquídeo/raquidiano**(+)]**, a** *adj* (<ráquis) Relativo à coluna vertebral. **Comb. Bolbo ~. Canal ~. Nervos ~s.**

raquiotomia *s f Med* (<ráquis) Corte na coluna vertebral, praticado especialmente em cirurgia obstétrica.

ráquis [**raque**] *s f 2n* (<gr *rhákhis*: coluna vertebral) **1** *Anat* Grande região anató[ô]mica que abrange as regiões da nuca, dorsal e lombar e se estende em profundidade até a coluna vertebral e suas articulações. **2** *Zool* Parte do eixo das penas das aves donde saem as barbas. **3** *Bot* Pecíolo primário das folhas compostas. **4** *Bot* Eixo principal das espigas das gramíneas. **5** *Pal* Parte central do corpo das trilobites, entre as duas pleuras.

raquítico, a *adj/s Med* (<gr *rhakhítes, ou* + -ico ⇒ ráquis) **1** (O) que sofre de raquitismo/Enfezado. **Comb. Criança ~a. Hospital para ~s. 2** Relativo ao raquitismo. **3** Que não atingiu o desenvolvimento normal/Pouco desenvolvido/Débil. **Comb. Planta ~a. Campo de milho ~.**

raquitismo *s m Med* (<raquítico + -ismo) **1** Doença cara(c)terizada pela atrofia geral do organismo e por deformações ósseas. **Ex.** A causa mais frequente do ~ é carência de vitamina D. **2** Desenvolvimento insuficiente duma planta. **3** *fig* Fraqueza/Debilidade. **Ex.** A aparência geral das crianças dos países do terceiro mundo é de ~.

raramente *adv* (<raro + -mente) Poucas vezes/Com pouca frequência. **Ex.** As famílias muito numerosas ~ conseguem reunir todos os seus membros.

rareamento *s m* (<rarear + -mento) **1** A(c)to ou efeito de rarear. **2** Diminuição de densidade. **Ex.** O ~ [A rarefa(c)ção(+)] da atmosfera [do ar] aumenta à medida que se vai subindo. **3** Diminuição de assiduidade. **Comb.** ~ das visitas «aos pais». **4** Falta/Escassez/Carência. **Ex.** A guerra provoca o ~ [a escassez(+)] de muitos bens alimentares essenciais.

rarear *v t/int* (<raro + -ear) **1** Tornar(-se) raro. **Ex.** Há muitas casas para venda e rareiam as casas para arrendar. **2** Tornar(-se) menos [pouco] denso. **Ex.** Ainda é muito novo mas o cabelo já (lhe) rareia. **3** Reduzir a quantidade/Diminuir. **Ex.** As saídas à noite rareiam porque é tempo de estudar [de preparar os exames].

rarefação (Fà) [*Br* **rarefa(c)ção** (dg)] *s f* [= rarefacção] (<rarefazer + -ção) **1** A(c)to ou efeito de rarefazer(-se). **2** Diminuição de densidade. **Comb.** ~ **do ar. 3** Diminuição da quantidade. **Ex.** A vacina BCG permitiu a ~ [diminuição(+)] acentuada da [dos casos de] tuberculose.

rarefaciente *adj 2g* (⇒ rarefazer) Que rarefaz/Que torna menos denso. **Comb.** A(c)ção [Efeito] ~.

rarefa(c)tível (dg) *adj 2g* [= rarefactível] (<rarefa(c)to + -vel) Susce(p)tível de ser rarefeito, **Comb.** Substâncias «gases/líquidos» ~eis.

rarefacto, a [*Br* **rarefa(c)to** (dg)] *adj* ⇒ rarefeito.

rarefazer *v t* (<lat *rare-fácio, ere, áctum*) **1** «o ar»Tornar(-se) menos denso. **Loc.** ~ um gás. **2** Tornar(-se) menos numeroso/menos concentrado/Dispersar. **Ex.** Quando começou a ameaçar chuva, a multidão rarefez-se [dispersou(+)] rapidamente.

rarefeito, a *adj* (⇒ rarefazer) Que se rarefez/diminuiu de densidade. **Ex.** A mãe deu à criança um biberão de papa ~a [rala(+)]. **Comb.** Gases ~s.

raridade *s f* (<lat *ráritas, átis*) **1** Qualidade de raro [do que existe em pequena quantidade]. **Ex.** Os automóveis *Morris Mini, Citroën 2CV, Renault 4L* já gozam do estatuto de ~s. **2** Qualidade do que é raro/pouco denso. **Comb.** ~ (de vegetação) numa mata. **3** Qualidade do que acontece poucas vezes/é pouco frequente. **Comb.** ~ de eclipses totais do sol. **4** Qualidade do que é fora do comum/Singularidade. **Ex.** O aparecimento de baleias nas costas portuguesas é uma ~. **5** Aquilo que é raro/pouco vulgar. **Ex.** Automóveis do séc. XIX e princípios do séc. XX são ~s preciosas.

raro, a *adj s m* (<lat *rárus, a, um*: ralo/raro) **1** Que é pouco abundante/existe em pequena quantidade. **Ex.** Gé[ê]meos, há muitos; trigé[ê]meos, são ~s. **2** Pouco frequente/Que acontece poucas vezes. **Ex.** Eu ~as vezes vou ao cinema. **3** Que é pouco vulgar/fora do comum/Invulgar/Extraordinário. **Ex.** Ele é um talento ~ [é um grande talento/é muito inteligente]. Entrar na universidade com média superior a 19, é ~ [é próprio duma inteligência ~a]. **4** Que é pouco denso/pouco espesso. **Comb.** Vegetação ~a/rala(+). **5** *adv* Raramente. **Ex.** Ele ~ nos visita. **Comb. Não ~** [De vez em quando/Frequentemente] (**Ex.** Não ~ aparecem por aí a pedir dinheiro para os toxicodependentes). **6** *s m* Peça com furos que se adapta ao cano do regador para espalhar a água. ⇒ Ralo[1] **3** (+).

rasa *s f* (<rasar) **1** Antiga medida de capacidade variável (Em Lisboa era de 13,8 litros) para secos, aproximadamente equivalente ao alqueire. ⇒ rasão. **Ex.** Courela que dá [produz] 20 ~s de milho. **Idi. *Medir tudo* «a capacidade das pessoas» *pela mesma* ~** [Não fazer distinção]. **Comb. À ~** [Até ao extremo/Completamente] (**Ex.** O avião, ao descer, passou mesmo à ~ da torre). **2** Pau cilíndrico que serve para ra(s)par o que fica acima dos bordos da medida/Rasoira. **3** Borda(+) de um recipiente para líquidos. **Loc.** Encher «um copo» até à ~. **4** Página manuscrita em processos e autos que contém um certo número de linhas. **5** Preço mais baixo. **Loc.** Pagar pela ~. **6** Descrédito/Desonra. **Idi. *Pôr alguém pela* ~** [Dizer muito mal de alguém].

rasadura *s f* (<rasar + -dura) **1** A(c)to ou efeito de rasar. **2** O que se tira da medida (Rasa) com a rasoira.

rasante *adj 2g/s f* (<rasar + -ante) **1** Que rasa. **Comb. *Voo/Tiro* ~. 3** Que vai junto e paralelo. **Ex.** O automóvel quase que me atropelava: passou (mesmo) ~ a mim. **4** *s f* Linha definida pela interse(c)ção do eixo da estrada com a superfície do pavimento.

rasão *s m* (<rasa + -ão) Rasa grande/Medida (para secos) de cerca de 20 litros.

rasar *v t* (<lat *rasáre*: *rádo, ere, rásum*: ra(s)par) **1** Medir com rasa. **Loc.** ~ o cereal «trigo/milho». **2** Passar a rasoira pela medida (Rasa)/Nivelar «o cereal» com os [pelos] bordos da medida. **3** Aplanar/Nivelar. **Loc.** ~ [Terraplanar(+)] um terreno «para fazer um campo de jogos». **4** Tocar ao de leve/Roçar. **Ex.** A avioneta voava tão baixo que quase rasou a copa dos pinheiros. **5** Encher até à borda/Ficar (cheio) a transbordar. **Ex.** Rasaram-se-lhe os olhos [ficou com os olhos rasados] de lágrimas.

rasca *s f/adj 2g* (<rascada) **1** Rede (de pesca) de arrasto. **Idi. *Estar* [*Ficar/Sentir-se*] *à* ~** [Em dificuldade/apuros/Aflito/Apertado]. **2** *Náut* Antigo barco de pesca de borda alta, de três mastros e quatro velas triangulares. **Comb.** ~ da Figueira da Foz (Portugal). **3** *Br* Bebedeira/Carraspana. **4** *adj 2g col* De má qualidade/Reles/Ordinário. **Comb. *Linguagem* ~. *Tecido* ~. *Restaurante* [*Vinho*] ~.**

rascada *s f* (<rascar + -ada) **1** Rede (de pesca) de arrastar/Rasca **1. 2** *fig fam* Enrascada(+)/Dificuldade.

rascador *s m* (<rascar + -dor) Instrumento «dos ourives/serralheiros/carpinteiros» próprio para rascar. **Loc.** Raspar com ~ a ferrugem/tinta velha.

rascadura *s f* (<rascar + -dura) Ferimento «na pele» feito por um corpo áspero ou cortante/Arranhão/Esfoladela.

rascante *adj 2g* (<rascar + -ante) **1** Que rasca. **2** (Diz-se do) vinho que deixa travo na garganta/Carrascão(+). **3** (Diz-se do) som áspero que fere o ouvido. **Comb. Voz ~.**

rascar *vt/int* (<lat *rasicáre*, frequentativo de *rádo, ere, rásum*) **1** Raspar/Desbastar. **Loc.** ~ um pau «com uma grosa, para tirar os nós». **2** Arranhar/Escoriar. **Ex.** Ao cair, rascou [arranhou(o+)/feriu(+)] os joelhos nas pedras do caminho. **3** Deixar travo amargo ou adstringente na garganta. **Ex.** Fruto «manga/diospiro» que rasca na garganta.

rascunhar *v t/int* (<rascunho + -unho) Fazer o rascunho de/Escrever à pressa e sem grande cuidado. **Ex.** Durante a aula, rascunhei [fui rascunhando] algumas notas que de pouco me serviram.

rascunho *s m* (<rascunhar) Reda(c)ção [Trabalho/Desenho] prévio e provisório, sujeito a emendas, preparatório da versão definitiva/Borrão/Esboço/Esquisso. **Ex.** O ~ do relatório está pronto para passar a

rasgadela (Dé) *s f* (<rasgar + -dela) Pequeno rasgão.

rasgado, a *adj/s m* (<rasgar + -ado) **1** Que tem rasgão/Roto/Esfarrapado. **Comb.** *Calças ~as* [rotas] «no joelho». *Livro com folhas ~as*. **2** Em pedaços/Despedaçado. **Comb.** *Cartazes ~s* «pelo vento». *Lençol ~* «em tiras». *Folha de papel ~a* «aos bocad(inh)os». **3** Golpeado/Ferido. **Comb.** Pele ~a «pelas silvas/pelo arame farpado». **4** *fig* Aflito/Torturado. **Comb.** Coração ~ pela dor «da morte de alguém». **5** *fig* Aberto/Largo/Espaçoso. **Comb.** *Espaço* [Recinto] *~*. *Horizonte ~*. *Letra ~a* [Caligrafia grande e firme]. *Sorriso ~o* [Lago sorriso(+)]. **6** *fig* Generoso/Franco/Veemente. **Ex.** O professor fez-lhe um elogio ~ [teceu-lhe um grande elogio]. **7** Desembaraçado/Desenvolto. **Comb.** Andar [Movimento/Passo] *~*. **8** *s m Mús* Toque de viola que consiste em passar as unhas pelas cordas sem as pontear.

rasgadura [**rasgamento**] *s f* [*m*] (<rasgar + -...) A(c)to ou efeito de rasgar(-se)/Rasgão(+)/Abertura/Fenda.

rasgão *s m* (<rasgar + -ão) **1** Abertura ou fenda produzida numa superfície por a(c)ção violenta de puxar ou por obje(c)to cortante. **Ex.** O cão fez um ~ no vestido da menina. **2** Golpe na pele [carne] feito por obje(c)to cortante/Arranhão/Lanho. **Ex.** A chapa que caiu do cami(nh)ão atingiu-o numa perna e fez-lhe um enorme ~ [lanho(+)].

rasgar *v t* (<lat *rasicáre*; ⇒ rascar) **1** Fazer em pedaços [partes] sem utilizar obje(c)to cortante. **Ex.** Andei a arrumar gavetas e rasguei muita papelada antiga [muitos papéis/apontamentos/documentos] sem interesse. O empregado mediu o tecido (que eu queria) e rasgou-o da peça [e cortou-mo(+)]. **2** Fazer rasgão/Romper. **Ex.** Ao saltar o muro, caí e rasguei as calças. **3** Fazer uma abertura/Abrir. **Idi.** *~* [Fazer] *uma janela na parede*. **4** Golpear/(Di)lacerar. **Ex.** Os espinhos «das roseiras» rasgaram-lhe a carne. **5** *fig* Causar grande desgosto/Ferir. **Ex.** Era muito bondosa. O sofrimento das crianças rasgava-lhe o coração. **6** Abrir sulcos/Cavar/Lavrar. **Ex.** (A relha d)o arado rasga a terra. **7** Construir um acesso/Desobstruir. **Idi.** *~* [Fazer/Abrir] *uma estrada*. **8** Fazer desaparecer/Dissipar. **Ex.** Só ao fim da manhã, o sol começou a ~ o denso nevoeiro. **9** Passar através de/Invadir. **Ex.** Um enorme clarão rasgou a escuridão da noite.

rasgo *s m* (<rasgar) **1** Rasgão/Rasgadela. **Comb.** Peça de tecido com um (grande) ~ [rasgão(+)] a todo o comprimento. *idi De um ~* [Duma só vez]. **2** Abertura/Corte/Incisão. **Loc.** *Abrir um ~ no chão* «para instalar uma conduta de água». *Fazer um ~ na madeira* «para encaixar um vidro». **3** *fig* A(c)to nobre/Manifestação de bons sentimentos. **Ex.** Num ~ de generosidade, decidiu custear as despesas dum aluno pobre. **4** *fig* Assomo/Ímpeto/Arroubo. **Ex.** Quando viu a criança em perigo de se afogar, num ~ de coragem, lançou-se à água para a salvar. **5** *fig pop* Desembaraço/Expediente/Iniciativa. **Comb.** *Pessoa de muito* [*grandes*] *~o/os*.

raso, a *adj/s m* (<lat *rásus, a, um*; ⇒ rasar) **1** Plano/Liso. **Idi.** *Fazer tábua ~a* [Não dar importância ou não levar em conta ideias/informações transmitidas por outros]. *Ir* [*Levar*] *tudo ~* [Agir com violência provocando desacatos] (Ex. Começaram com uma discussão no bar e a seguir foi tudo ~ [e a seguir agrediram-se, partiram copos e garrafas, ...]). Pôr alguém mais ~ do *que a terra* [Dizer muito mal]. **Comb.** *Campo* [Terreno] *~* [Plano(+)]. **2** Pouco elevado/Rasteiro/Rente/Cerce. **Comb.** *Cabelo ~* [cortado curto]. *Campa ~a* [sem pedra tumular]. *Sapato ~* [sem tacão]. *Vegetação ~a* [rasteira(+)]. **3** Cheio até à borda. **Ex.** A panela, ~a, leva dois litros (de água). **Loc.** *Adicionar* «à massa do bolo» *um cálice ~* «de vinho do Porto». *Olhos ~s de lágrimas*/água. **4** Que foi nivelado com a rasoira. **Comb.** Medida [Alqueire] ~a/o. **5** Que não tem ornamentos/lavores. **Comb.** *Parede ~a. Toalha (de mesa) ~a* [lisa(+)]. **6** Que tem pouca profundidade. **Comb.** Prato ~. **7** *Mil* Que não tem graduação. **Comb.** *Soldado ~*. **8** *Geom* Diz-se do ângulo que mede 180°. **9** *s m* Terreno plano/Planície. **Ex.** Na aldeia, não havia campo de futebol, mas qualquer ~ servia para a rapaziada jogar à bola. **10** *Br* Local onde a água é pouco profunda/onde se pode andar em pé. **Ex.** Aprendeu a nadar no ~.

rasoi[ou]ra *s f* (<raso + -oi[ou]ra) **1** Pau roliço usado para tirar o que fica acima das bordas [para tirar o cogulo] duma medida. **Loc.** *Passar a ~ no alqueire*. **2** Medida de madeira para cereais/Rasa 1. **3** Utensílio de marceneiro que serve para tirar as rebarbas da madeira. **4** Instrumento de gravador para polir o granulado das chapas. **5** Tudo o que serve para desbastar/cortar/nivelar/arrasar. **Ex.** A ~ da crise econó[ô]mica deixou muitas famílias na miséria. **Comb.** *~* [As tesouras] *da censura*.

rasoi[ou]rar *v t* (<rasoi[ou]ra + -ar[1]) **1** Tirar o excedente de cereal na medida «alqueire» passando a rasoira. **2** Nivelar/Igualar/Rasar.

raspa *s f* (<raspar) **1** O que se tira, raspando/Apara/Lasca. **Loc.** *Juntar* (à massa do bolo) *~ de limão*. **2** Instrumento que serve para raspar/Raspadeira. **Ex.** Com a ~, apagou a palavra errada. **3** Variedade de adubo para as terras feito com ossos moídos. **4** *pl pop* Nada/Coisa nenhuma. **Ex.** Não percebi ~s [nad(inh)a] do que o professor explicou hoje.

raspadeira *s f* (<raspar + -deira) Instrumento que serve para raspar/Raspador/Raspa 2.

raspadela *s f* (<raspar + -dela) Raspagem ligeira. **Ex.** Antes de aplicar a tinta na porta, dá-lhe uma ~

raspadinha *s f* (<raspado + -inha) Jogo de azar em que se raspa um cartão para descobrir se tem algum prémio. **Ex.** Comprei 10 ~s e não me saiu nada [não tive nenhum pré[ê]mio].

raspador, ora *adj/s* (<raspar + -dor) (O) que raspa/serve para fazer raspagens/Raspadeira. **Loc.** *Tirar as asperezas* «da madeira» *com um ~*. **Comb.** *Máquina ~ora*.

raspadura *s f* (<raspar + -dura) ⇒ Raspagem.

raspagem *s f* (<raspar + -agem) **1** A(c)to ou efeito de raspar. **2** Operação de remover parte da superfície dum corpo sólido com um instrumento adequado. **Comb.** *~ do soalho* «antes de o encerar». **3** *Med* Extra(c)ção de parte dum tecido com instrumento próprio. **Loc.** *Fazer a ~ a um osso* [*ao útero*]. **4** O que se tira, raspando/Raspa/Apara/Lasca.

raspanço/a *s* (<raspar + -anço/a) **1** A(c)to de raspar. **2** Raspanete(+)/Repreensão.

raspanete (Nê) *s m* <raspão + -ete) Descompostura/Desanda/Repreensão/Reprimenda. **Ex.** Tive notas negativas. Já sei que vou ouvir um ~ dos meus pais. O patrão passou um ~ ao empregado, à frente de toda a gente, que o deixou envergonhado.

raspão *s m* (<raspar + -ão) Ferimento que se faz raspando/Arranhadura/Escoriação. **Ex.** Fez um ~ na perna quando caiu da bicicleta. **Comb.** *De ~* [Roçando ao de leve] (Ex. Teve sorte; a bala atingiu-o apenas de ~).

raspar *v t* (<germânico *hraspôn*: arrancar) **1** Desbastar uma superfície com instrumento adequado. **Loc.** *~ a casca dum tronco de árvore*. **2** Tirar a casca dum [Descascar um] fruto [legume] com utensílio próprio. **Loc.** *~ cenouras* «para cozer». **3** Reduzir (a casca d)um fruto «pera/maçã/laranja» a pequenas partículas «para um bebé/ê comer/para juntar à massa dum bolo»/Ralar. **4** Remover o que está agarrado a uma superfície. **Loc.** *~ a ferrugem* [tinta] «dum portão de ferro, antes de o pintar». **5** Tocar de raspão/Passar tocando superficialmente. **Ex.** O carro passou tão perto da berma que ainda me raspou. **6** Apagar/Rasurar. **Loc.** *~ uma palavra errada* (para a emendar). **7** *fig col* Fugir/Escapulir-se. **Ex.** Quando pressentiram gente, os gatunos rasparam-se.

rastear *v t/int* (<rasto + -ear) **1** Seguir o rasto de/Rastrear. **2** ⇒ Rastejar.

rasteiro, a *adj/s f* (<rasto + -eiro) **1** Que se estende ou arrasta pelo chão/Rastejante. **Comb.** *Animal* «cobra» *~* [rastejante(+)]. *Planta* «abóbora» *~a*. **2** Que se ergue pouco acima do solo/Rente ao chão. **Comb.** Voo ~. **3** *fig* Humilde/Modesto. **Ex.** Recusou o emprego porque o considerou demasiado ~ para a sua competência. **4** *fig* De baixo nível/Ordinário. **Comb.** *Linguagem ~a*. **5** Diz-se do calçado sem tacão/Raso 2. **Comb.** *Sapatos ~s* [rasos(+)]. **6** (Diz-se de) cão que tem as pernas curtas e arqueadas. **7** *Náut* (Diz-se de) embarcação de pequeno calado. **Comb.** *Navio ~*. **8** *s f* Movimento rápido e intencional de meter uma perna entre as [à frente das] pernas de outra pessoa para a fazer cair. **Ex.** Caí porque me passaram uma ~. **9** *fig* A(c)to traiçoeiro destinado a prejudicar alguém. **Ex.** A pergunta, aparentemente simples, continha [era(+)] uma ~. **10** Recipiente que os doentes podem utilizar para as deje(c)ções estando deitados/Arrastadeira/Aparadeira(+).

rastejador, ora *adj/s* (<rastejar + -dor) **1** (O) que rasteja. **2** (O) que segue o rasto de algo/alguém/Perseguidor(+).

rastejamento *s m* (<rastejar + -mento) A(c)to ou efeito de rastejar/Rastejo. **Comb.** *Exercício* «militar» *de ~*.

rastejante *adj 2g* (<rastejar + -ante) **1** Que se estende ou arrasta pelo chão «cobra»/Rasteiro. **Comb.** *Animal ~. Plantas* [Caule] *~*. **2** Que se ergue pouco acima do solo/Rasteiro.

rastejar *vt/int* (<rasto + -ejar) **1** Andar de rastos. **Ex.** Aproximaram-se do acampamento inimigo rastejando para não serem vistos. **2** Estender-se pelo chão. **Ex.** A abóbora é uma planta que rasteja. **3** *fig* Humilhar-se/Rebaixar-se. **Ex.** Para conseguir a promoção, não parava de ~ à volta do chefe. **4** Seguir o rasto/a pista. **Ex.** A polícia rastejou [seguiu(+)] várias pistas até descobrir o criminoso.

rastejo *s m* (<rastejar) **1** A(c)to de rastejar/Rastejamento. **2** ⇒ arrastamento. **3** ⇒ busca/investigação.

rastelo (Tê) *s m* (<lat *rastéllus,i* <*ráster*: ancinho) **1** Instrumento formado por uma chapa de ferro com dentes que serve para tirar os tomentos e a estopa do linho/Sedeiro.

2 Grade com dentes para desfazer os torrões e aplanar a terra depois da lavra.

rastilho s m (<rasto + -ilho) **1** Fio com pólvora ou outra substância combustível para comunicar fogo a algo, geralmente a explosivos. **Ex.** Todos se retiraram para longe quando o capataz da pedreira incendiou o rastilho para fazer um rebentamento. **2** fig Causa remota que pode vir a provocar um acontecimento grave. **Ex.** A proibição das comemorações do "Dia do Estudante" foi o ~ que deu origem à grande manifestação de revolta dos universitários.

rasto/tro s m (<lat *rástrum, i*: rast(r)o <*ráster, tri*: ancinho) **1** Marca [Vestígio] que alguém [algum animal/alguma coisa] deixou no solo quando passou. **Ex.** O ~ das pegadas seguia para a mata. No milheiral notava-se o ~ do javali. Os guerrilheiros deixaram atrás de si um ~ de destruição. **Idi.** *Ficar de ~(s)* [em muito má situação] (Ex. A morte do marido deixou-a de ~). *Ir [Levar] de ~(s)* [arrastando(-se) pelo chão]. *Pôr alguém de ~(s)* [Desacreditar/Difamar/Abalar psicologicamente alguém]. **2** fig Indício/Sinal/Pista. **Ex.** Os assaltantes fugiram sem deixar ~. No céu via-se o ~ dum avião.

rastrear v t/int (<rastro + -ear) **1** Seguir o rastro de/Ir na pista de. **2** Procurar/Investigar. **3** *Med* Fazer o rastreio [despiste/a despistagem] «da diabetes».

rastreio s m (<rastrear) **1** A(c)to ou efeito de rastrear. **2** *Med* Realização de testes para dete(c)tar sinais duma doença/Despistagem «da tuberculose». **Ex.** O ~ «do cancro da mama» é uma medida importante para a cura da doença.

rastro s m ⇒ rasto.

rasura s f (<lat *rasúra, ae*; ⇒ rasar) **1** A(c)to ou efeito de rasurar/eliminar letras [palavras] dum texto escrito, raspando[riscando]-as. **Ex.** Os documentos não devem ter ~s. **2** Raspas/Limalha. **3** Fragmentação de substâncias medicinais.

rasurar v t (<rasura + -ar¹) Tirar [Emendar] letras [palavras] dum texto escrito, raspando ou riscando/Fazer rasura. **Ex.** Rasurei, na última linha, a palavra, …

rata s f (<rato) **1** Fêmea do rato/Ratazana. ⇒ toupeira. **2** *Br* A(c)to ou dito inconveniente/Gafe/Fiasco **Loc.** *Dar uma ~* [Cometer uma gafe/Fazer fiasco].

ratã s m *Bot* (<mal *rōtan*) Planta do sudeste asiático e da Índia muito usada para trançar assentos e encostos de cadeira e outros móveis; *Cálamus rotang*. ⇒ palhinha.

ratada s f (<rato + -ada) **1** Porção [Ninhada] de ratos/Rataria(+). **2** Coisa engraçada/extravagante/Peripécia.

ratado, a adj (<ratar + -ado) **1** Que (parece que) foi mordido pelos ratos. **Ex.** O presunto parece que está [foi] ~. **2** Que já foi mordido/encetado com os dentes. **Ex.** Meninos, quem foi à caixa das bolachas? Estão lá algumas ~as…

ratão, ona s/adj (<rato + -ão) **1** Rato grande. **2** *Icti* Peixe selácio, *Holoshinus aquila*, semelhante à raia, com a cauda longa e fina como a do rato. **3** fig Pessoa có[ô]mica/engraçada. **4** fig Pessoa manhosa/espertalhona/Raposa 4.

rataplã[ão] s m (< on) Som imitativo do toque do tambor.

ratar v t (<rato + -ar¹) **1** Roer à maneira dos ratos. **Ex.** Quem ratou este bolo? **2** *region* Murmurar de alguém/*idi* Cortar na casaca. **Ex.** (Há) tanto tempo as duas (comadres) a conversar na rua, por certo estão a ~ em alguém.

rataria s f (<rato + -aria) Grande porção de ratos. **Ex.** Por mais veneno [raticida] que ponha, não me consigo ver livre desta ~!

ratazana (Zã) s f *Zool* (<rato + -az +-ana) **1** Fêmea do rato/Rata. **2** Mamífero roedor, *Rattus norvegicus*, de cor cinzenta e grandes dimensões, da família dos murídeos/Rato grande/Rato-de-esgoto.

ratear v t (<lat *réor, réri, rátus, a, um*: calcular, contar, pensar +-ear) Dividir proporcionalmente por vários. **Ex.** Como a mercadoria «açúcar» não chegava para todos, o armazenista rateou-a de acordo com as encomendas em carteira [encomendas feitas pelos clientes].

rateio s m (<ratear) Distribuição proporcional de uma quantidade [quantia] por vários/Rateamento. **Comb.** *Subscrição* «de a(c)ções» *sujeita a ~.*

rateira s f (<rato + -eira) **1** Montículo de terra formado pelas toupeiras. **2** *Br Náut* Chapa metálica circular colocada perpendicularmente à espia duma embarcação para impedir que os ratos entrem pelo cabo.

rateiro, a adj (<rato + -eiro) (Diz-se de) gato bom caçador de ratos.

ratice s f (<rato + -ice) **1** Quantidade de ratos/Rataria(+). **Ex.** Não consigo acabar com [exterminar] esta ~. Roem tudo! **2** fig Esperteza/Manha(+). **Ex.** Ele, que lhe conhecia a ~, não se deixou enganar.

raticida s/adj 2g (<rato + -cida) (O) que mata ratos. **Ex.** Comprei um novo ~ muito eficaz. **Comb.** *Efeito ~.*

ratificação s f (<ratificar + -ção) **1** A(c)to ou efeito de ratificar/Confirmação do que foi aprovado. **Comb.** *Acordo* [Tratado] *sujeito a ~* «pela Assembleia da República». **2** Autenticação/Validação. **Comb.** *~ da nomeação para um cargo* [~ *dum documento*].

ratificar v t (<lat *ratificáre <réor, réris, réri, rátus sum*: contar, calcular) **1** Fazer a validação [Confirmar] o que foi acordado/Corroborar. **Loc.** *~ uma promessa* [declaração]. **2** Tornar válido/Autenticar. **Loc.** *~ um documento* «com o selo branco». *~ um tratado internacional* «na Assembleia da República». *~ uma nomeação* «para cargo público».

ratificável adj 2g (<ratificar + -vel) Que se pode ratificar.

ratinhar v t/int (<ratinho + -ar¹) **1** Regatear(o+) (o preço)/Marralhar(+). **Ex.** No mercado, quem souber [gostar de] ~ compra mais barato. **2** Poupar exageradamente.

ratinho, a s (<rato + -inho) **1** *Dim* de rato/Rato pequeno. **2** *col* Primeiro dente da criança. **Ex.** O bebé/ê já tem os ~s a romper.

rato¹, a s (< *on*?) **1** *Zool* Nome vulgar de várias espécies de mamíferos roedores, principalmente da família dos murídeos, de focinho pontiaguado, orelhas grandes e cauda comprida e áspera. **Ex.** Os ~s roem tudo: alimentos, papel, plástico, madeira, tecidos, … **Idi.** *Ser (muito) esperto, mas não caçar ~s* [Não ser tão esperto como se quer mostrar/Não conseguir levar a melhor em relação a uma pessoa prevenida]. *Ser muito [como um(+)] ~* [espertalhão/vivaço]. *fam Ter ~ [ratinho] no estômago* [Ter muita fome]. **Comb.** *~ de biblioteca* [O que passa muito tempo nas bibliotecas a consultar livros]. *~ de sacristia* [Pessoa que anda muito pelas igrejas e é muito beata]. **2** fig Ladrão/Larápio. **Ex.** «nas feiras/nos transportes públicos» É preciso cuidado com os ~s: ao mínimo descuido lá vai [levam-nos] a carteira. **3** fig Pessoa esperta/manhosa. **Comb.** *Esperteza de ~* [que é vencida por outros mais espertos]. *Fino como um ~* [«mocinho» Muito astuto/esperto]. **4** *Info* Dispositivo manual que permite efe(c)tuar operações no computador sem recurso ao teclado/*Mause*.

rato², a adj (<lat *rátus, a, um*; ⇒ ratear) Que é confirmado/reconhecido/válido.

rato-almiscareiro s m *Zool* Pequeno mamífero inse(c)tívoro da família dos talpídeos, que tem a zona nasal prolongada em tromba, como a toupeira.

rato-branco s m *Zool* Rato de cor branca usado em experiências biológicas laboratoriais.

rato-cego s m *Zool* ⇒ toupeira.

rato-chino s m *Zool* ⇒ cobaia.

ratoeira s f (<rato + -eira) **1** Armadilha para caçar ratos. **Ex.** O rato caiu na ~. **Loc.** *Pôr isco* «queijo» *na ~.* **2** fig Cilada para apanhar alguém/Ardil/Esparrela. **Ex.** O larápio caiu na ~ [desmascarou-se [ficou apanhado] na cilada que lhe armaram].

ratona (Tô) s f (<rato + -ona) *Fem* de ratão/Ratazana.

raton(e)ar v int (< ratão + -(e)ar) Praticar a(c)ções de ratoneiro/Roubar(+). **Ex.** Hei de descobrir quem (me) anda a ~ [larapiar(+)] as laranjas do quintal.

ratoneiro, a s (<ratão + -eiro) Larápio(+)/Gatuno(+). **Ex.** Os ~s proliferam por toda a parte.

ratonice s f (<ratão + -ice) Furto de pouco valor/Gatunice. **Ex.** Começou por pequenas ~s mas depressa se tornou um assaltante perigoso.

ravina s f (<fr *ravine*) Vala estreita e profunda aberta pela torrente da água que do alto se precipita sobre a vertente/Barranco/Barroca. **Ex.** O carro despistou-se e caiu numa ~.

ravinar v t (<fr *raviner*) Fazer ravinas/Esbarrancar/Sulcar. **Ex.** As fortes chuvadas ravinaram as encostas da montanha.

ravióis [ravióli] s m pl *Cul* (<it *ravioli*) Prato preparado com massa alimentícia às rodelas, recheadas com carne, peixe ou legumes, servido com molho de tomate.

razão s f (<lat *rátio, ónis*) **1** Faculdade de pensar/raciocinar/compreender e de estabelecer relações lógicas/Entendimento/Inteligência. **Ex.** O homem é dotado de ~. **Loc.** *Agir com a ~* (mais do que com o sentimento). **Idi.** *Chamar alguém à ~* [Fazer ver a incorre(c)ção no modo de pensar ou agir]. *Dar ~* [Concordar/Apoiar] (Ex. Ele diz que a culpa foi minha e e dou-lhe (toda a) ~ [e eu concordo/reconheço]). *Encurtar ~ões* [Não se demorar em considerações/Ser breve]. *Estar cheio de [Estar do lado da] ~* [Estar certo]. *Estar no [Ter o] uso da ~* [Ter capacidade para raciocinar/agir racionalmente]. *Ter carradas de ~* [Estar certo/cheio de ~]. *Ter ~ de ser* [Haver justificação/motivo]. *Travar-se de ~ões* [Entrar em conflito aberto com alguém]. **Comb.** *À ~ de* [Ao preço de].
2 Faculdade de julgar/avaliar/Discernimento/Juízo/Bom senso. **Ex.** Não precisou que ninguém lho dissesse: a ~ permitiu-lhe concluir que o negócio não era sério. **3** Causa/Motivo. **Ex.** O engarrafamento provocado por um acidente foi a ~ de chegar atrasado ao emprego. Não acreditam em mim, mas não têm ~ões para isso. **4** Pretexto/Justificação/Alegação. **Ex.** O patrão achou que perder o comboio [trem] não era ~ aceitável para faltar ao trabalho. **5** *Fil* Conjunto de faculdades espirituais que permitem ao homem conhecer a verdade e orientar livremente a sua vida. **Ex.** É pelo uso da ~ que o homem se distingue

dos animais. **6** *Mat* Quociente entre duas grandezas/dois números/duas quantidades. **Comb.** ~ *de semelhança* [Quociente entre comprimentos de lados homólogos de figuras «triângulos» semelhantes]. ~ *dire(c)ta* [Relação entre grandezas tal que, quando uma aumenta [diminui], a outra aumenta [diminui] proporcionalmente]. ~ *inversa* [Contrária à dire(c)ta: quando uma grandeza aumenta, a outra diminui proporcionalmente e vice-versa]. **7** *s m Com* Livro comercial em que é escriturada a conta-corrente (Débitos e créditos) de alguém.

razia *s f* (<ár *rhāya*: ataque, pelo fr *razzia*) **1** Invasão violenta de território inimigo [estrangeiro] com saque e destruição. **Loc.** *Fazer uma ~ no* [Destroçar] «o exército inimigo». **2** Destruição completa/Devastação. **Ex.** O furacão fez uma ~ nas [assolou as] cidades por onde passou. No exame «de matemática», foi uma ~: só houve três (notas) positivas.

razoabilidade *s f* (<razoável + -i- + -dade; ⇒ racionalidade) Qualidade do que é razoável/conveniente/sensato/oportuno. **Comb.** ~ *duma decisão*.

razoado/razoar ⇒ arrazoado/arrazoar.

razoável *adj 2g* (<razoar + -vel) **1** Aceitável pela razão/Plausível/Racional. **Comb.** Exigências ~eis/justas/naturais «dos sindicalistas». **2** Sensato(+)/Justo/Ponderado. **Comb.** *Pessoa* ~. **3** Que é conveniente/Aceitável/Oportuno. **Comb.** *Compra* [Preço] ~. *Intervenção* ~. **4** De qualidade média/Satisfatório/Suficiente. **Loc.** *Ter comportamento* [aproveitamento] ~. **Comb.** *Hotel* ~/*bastante bom*.

razoavelmente *adv* (<razoável + -mente) **1** De modo razoável/sensato/De acordo com a razão. **Loc.** *Agir* [Decidir] ~. **2** Um pouco mais que suficiente/Bastante. **Comb.** *Aluno* ~ *aplicado*. *Preço* ~ *elevado*.

ré[1] *s f Dir* (<lat *réa, ae*, fem de *réus, ei*: réu) Mulher ou entidade acusada/demandada de crime. **Ex.** A ~ foi condenada pelo crime de tráfico de droga. A empresa «BP» é ~ de um crime ecológico.

ré[2] *s f Mús* (<it *re*) **1** Segunda nota da escala musical diató[ô]nica. **Ex.** A designação ~ provém da primeira sílaba de *resonáre* dum hino latino a S. João Ba(p)tista. **2** Sinal representativo dessa nota. **Ex.** Na clave de sol, o ~ ocupa o espaço antes da 1.ª linha e (na oitava superior) a 4.ª linha. **3** Som «de corda/tecla» que corresponde a essa nota.

ré[3] *s f* (<lat *retro*) **1** *Náut* Parte de trás do navio. **2** Parte traseira/Retaguarda(+). **3** *Br* Marcha-atrás. **Loc.** *Fazer marcha à* ~ (no automóvel).

re- *pref* (<lat *re-* «*refício, cere*: refazer») Exprime: **a)** Retrocesso/Recuo/Retorno: *recidir, retroceder, retrógrado;* **b)** Repetição: *refazer, renovar;* **c)** Reforço/Intensidade: *realçar, refulgir;* **d)** Oposição/Rejeição: *reagir, refutar, repelir*.

reabastecer *v t* (<re- +...) **1** Abastecer novamente/Tornar a abastecer. **Ex.** A viagem é longa; ainda vai ser necessário ~ (o automóvel de combustível). **2** Reforçar o abastecimento/Aprovisionar. **Ex.** Na aldeia, reabastecem-se de alimentos, lenha e outros bens essenciais antes que a neve comece a cair, porque podem ficar isolados vários dias.

reabastecimento *s m* (<reabastecer + -mento) **1** A(c)to ou efeito de reabastecer/Reposição de produtos. **Ex.** O avião fez escala no aeroporto «das Lajes, Açores» para ~ (de combustível). **2** Aprovisionamento/Provisão. **Comb.** ~ *duma loja* «com roupa da nova cole(c)ção».

reabertura *s f* (<re- +...) Abertura após um período de encerramento. **Comb.** ~ *das aulas* «depois das férias». ~ *duma repartição* «após o intervalo para almoço».

reabilitação *s f* (<reabilitar + -ção) **1** A(c)to ou efeito de reabilitar(-se)/Regeneração. **Comb.** ~ *de delinquentes*. ~ *dum edifício degradado*. **2** Restauração da confiança/do crédito. **Comb.** ~ *dum comerciante* [político]. **3** *Dir* Recuperação dos direitos cívicos por cancelamento da pena de interdição. **4** *Med* Recuperação total ou parcial da saúde física ou mental. **Comb.** *Clínica de* ~. ⇒ fisioterapia.

reabilitador, ora *adj/s* (<reabilitar + -dor) (O) que reabilita. **Comb.** *Efeito* ~. *Processo* ~.

reabilitar *v t* (<re- + habilitar) **1** (Fazer) voltar as capacidades «físicas/intelectuais» normais/Recuperar. **Ex.** Reabilitou-se com a fisioterapia e já consegue andar sozinho. **2** Restituir direitos ou prerrogativas perdidas. **Ex.** Muito mal compreendido na sua época, reabilitaram-no mais tarde (após a morte). **3** *Dir* Declarar um condenado inocente. **Ex.** Após ter estado três anos preso, o tribunal reabilitou-o e declarou-o inocente. **4** (Fazer) recuperar a consideração e estima pública. **Loc.** ~ *um treinador* «de futebol». **5** Libertar(-se) dum vício/duma dependência nefasta/Regenerar(-se). **Ex.** Esteve internado numa clínica para se ~ «da toxicodependência».

reabitação *s f* (<reabitar + -ção) A(c)to de retomar [de tornar a habitar] a habitação que já tivera.

reabitar *v t* (<re- + habitar) Habitar de novo. **Ex.** O senhorio alugou a casa mas pretende reabitá-la.

reabituar-se *v t* (<re- + habituar-se) Tornar a habituar-se(+)/Recuperar um hábito perdido. **Ex.** «depois das férias» Custou-me muito reabituar-me a levantar cedo.

reabraçar *v t* (<re- +...) Voltar [Tornar] a abraçar(+). **Ex.** Que alegria poder ~-te!

reabrir *v t/int* (<re- +...) Tornar a abrir(-se)(+). **Ex.** A loja reabriu «com novo dono». A porta reabriu-se (outra vez) «com o vento».

reabsorção *s f* (<re- +...) **1** A(c)to ou efeito de reabsorver. **2** *Fisiol* Desaparecimento de determinadas substâncias, normais ou patológicas «sangue/pus», devido à a(c)ção do organismo.

reabsorver *v t* (<re- + ...) **1** Tornar a absorver. **2** *Fisiol* Desaparecer «tumor/inchaço» por a(c)ção do próprio organismo.

reabsorvível *adj 2g* (<reabsorver + -vel) Que se pode reabsorver/«tumor» Que pode ser reabsorvido.

reação (Reà) *s f* [= reacção] (<re- + ...) **1** Qualquer tipo de modificação originada por estímulos exógenos ou endógenos, seja qual for a sua natureza funcional ou orgânica. **Ex.** Teve uma ~ inesperada «ficou muito zangado» a uma simples pergunta que lhe fizeram. **2** A(c)ção oposta a outra e por ela provocada. **Ex.** A Contra-Reforma surgiu como ~ à Reforma (séc. XVI). **3** Resistência a(c)tiva a qualquer esforço. **Ex.** As pessoas, em geral, oferecem [têm] grande ~ à(s) mudança(s). **4** *Fís* Força que um corpo opõe a outra força que se exerce sobre ele. **Comb.** ~ *em cadeia* **a)** ~ nuclear que se mantém depois de começada «explosões nucleares em rea(c)tores nucleares»; **b)** *fig* Sequência de acontecimentos que ocorrem por a(c)ção da mesma causa inicial (Ex. A revolta (da classe) estudantil provocou uma ~ em cadeia que se estendeu a todo o país e fez cair o Governo). ~ *nuclear* [Intera(c)ção entre um núcleo ató[ô]mico e uma partícula «fotão/fóton» bombardeante, com a criação de um novo núcleo e eje(c)ção de uma ou mais partículas] (Ex. As ~ões nucleares são a fonte primária de energia nas estrelas). **5** *Quím* Decomposição duma substância ou intera(c)ção de duas ou mais dando lugar ao aparecimento de outra(s) diferente(s). **Ex.** O carbonato de cálcio (Ca CO_3) sofre uma ~ de decomposição por a(c)ção do calor: Ca $CO_3 \Rightarrow CO_2 + H_2O$. Na ~ dum ácido com uma base forma-se um sal e água (Ex. $HCl + NaOH \Rightarrow NaCl + H_2O$). **6** *Política* Movimento de ideias que se opõe ao progresso político ou social e que procura restabelecer instituições anteriores. **Comb.** *Forças da* ~ [Reacionários]. **7** *Med* Modificação produzida no organismo pelo efeito de um agente patogé[ê]nico ou de uma substância endógena ou exógena «penicilina». **Comb.** ~ *alérgica* «à penicilina». **8** *Psic* Resposta a um estímulo cara(c)terizada por uma modificação da conduta. **Comb.** ~ *de fobia* «aos ratos».

reacção/reaccional/reaccionário/reaccionarismo ⇒ reação/...

reacender *v t* (<re- +...) **1** Tornar a acender/Avivar (o lume/fogo). **Ex.** O fogo [incêndio] reacendeu-se durante a noite. **2** Voltar a ligar um aparelho elé(c)trico «lâmpada/televisão». **3** Dar novo alento/ardor/Estimular. **Ex.** O novo dire(c)tor conseguiu ~ o gosto pelo teatro na associação.

reacional (Reà) *adj 2g* [= reaccional] (<reação + -al) Relativo a reação. **Comb.** *Mecanismo* ~ **a)** *Psic* Relativo à perturbação mental resultante da reação a um choque afe(c)tivo; **b)** *Quím* Descrição pormenorizada do modo como numa reação química se rompem e estabelecem as ligações químicas nos átomos e moléculas.

reacionário, a (Reà) *adj/s* [= reaccionário] (<reação + -ário) (O) que defende um sistema político contrário ao progresso ou à mudança social e que se opõe às forças revolucionárias. **Comb.** *Forças* ~*as*. *Partido* ~.

reacionarismo (Reà) *s m* [= reaccionarismo] (<reacionário + -ismo) Doutrina política contrária ao progresso e às transformações sociais/Conservadorismo.

reactância [*Br* **rea(c)tância** (dg)] *s f* (<ing *reactance*) Parte da impedância de um circuito, percorrido por uma corrente alternada, que não é devida a resistência pura mas sim à indutância e à capacidade.

reacusação *s f* (< reacusar+-ção) Repetição da acusação/Recriminação.

reacusar *v t* (<re-+...) **1** Tornar a acusar. **2** Recriminar.

readaptação *s f* (<readaptar + -ção) **1** A(c)to ou efeito de readaptar(-se). **Comb.** ~ *do andar* «após ter sofrido um AVC». **2** Nova adaptação a condições que já existiram anteriormente. **Ex.** ~ *dum antigo colégio* «o de Campolide, Lisboa», que serviu de quartel militar, a estabelecimento de ensino superior.

readaptar *v t* (<re- +...) Voltar a adaptar(-se) a condições antigas novamente em vigor. **Ex.** Depois de já ser professor, teve que se ~ aos bancos da escola «para fazer o mestrado».

readmissão *s f* (<re- +...) **1** Nova admissão/Reintegração. **Comb.** ~ *num serviço* [numa empresa] (onde já estivera anteriormente). **2** *Mil* Permissão da continuação do serviço militar depois de concluído o período obrigatório.

readmitir v t (<re- +...) Tornar a admitir. **Ex.** Readmitiram-no na empresa (donde tinha saído) mas para um serviço diferente.

readoção (Dò) [Br **reado(p)ção** (dg)] s f [= readopção] (<re- +...) A(c)to ou efeito de readotar.

readotar (Dò) [Br **reado(p)tar** (dg)] v t [= readoptar] (<re- +...) Adotar novamente. **Ex.** Readotaram um horário de trabalho que já tinha vigorado anteriormente.

readquirir v t (<re- +...) Tornar a adquirir. **Ex.** A família readquiriu uma quinta que tinha pertencido aos avós.

reafirmação s f (<reafirmar + -ção) **1** A(c)to ou efeito de reafirmar. **2** Nova afirmação. **3** Confirmação.

reafirmar v t (<re- +...) **1** Afirmar novamente. **Ex.** Digo e reafirmo [e repito/e torno a dizer] que nunca votarei em partidos extremistas. **2** Confirmar. **Ex.** Reafirmou perante o juiz tudo o que tinha ditado para os autos.

reagente adj 2g/s m (⇒ reagir) **1** Que reage. **2** Que provoca rea(c)ção química. **Comb.** Produto ~. **3** s m Quím Substância que entra numa [provoca uma] rea(c)ção química. **Loc.** Preparar os ~s para uma experiência laboratorial. **Comb.** Armário de ~s.

reagir v int (<re- + lat *ágo, ere, égi, áctum*: fazer) **1** Opor a uma a(c)ção outra contrária/Exercer rea(c)ção. **Ex.** Uma mola, quando apertada, reage. **2** Responder a um estímulo exterior. **Loc.** ~ *à luz intensa* «do Sol». ~ *a um medicamento*. **3** Manifestar determinada atitude ou comportamento perante um dado fa(c)to ou acontecimento. **Ex.** Os pais reagiram muito mal ao namoro da filha. **4** Resistir/Opor-se/Lutar. **Ex.** Os sindicatos reagiram imediatamente ao anúncio da alteração das leis laborais. Os dois jogadores envolveram-se em luta. Um deu um murro e o outro reagiu. **5** Quím Participar numa rea(c)ção química como reagente. **Ex.** O ácido sulfúrico reage com o zinco e liberta hidrogé[ê]nio.

reagravar v t (<re- +...) **1** Tornar a agravar. **Ex.** O estado do doente reagravou-se. **2** Exacerbar. **Ex.** Insinuações maldosas reagravaram conflitos latentes entre os dois políticos.

reagrupar v t (<re- +...) **1** Agrupar o que se tinha dispersado. **Ex.** O pastor conseguiu ~ as ovelhas que tinham fugido espavoridas. **2** Tornar a agrupar. **Ex.** Os elementos da antiga banda reagruparam-se e vão editar um novo álbum.

reajustamento s m (<reajustar + -mento) **1** A(c)to ou efeito de reajustar. **2** Pequena readaptação/corre(c)ção/Reajuste. **Comb.** ~ dos salários ao custo de vida.

reajustar v t (< re- +...) **1** Ajustar de novo. **Ex.** Todos os anos as rendas de casa são reajustadas. **2** Modificar as cara(c)terísticas para corrigir ou adaptar. **Ex.** A saia está bem; só é necessário ~ o comprimento.

reajuste s m (<reajustar) A(c)to ou efeito de reajustar «as contas/o orçamento/os salários».

real[1] adj 2g/s m (<lat *reális,e* <*res, rei*: coisa) **1** Que existe/Que não é imaginário/Verdadeiro/Efe(c)tivo. **Comb.** *Fa(c)tos [Histórias] ~ais* [verdadeiros/as]. *Fís Imagem ~* [que pode ser recebida num alvo]. *Mat Números ~ais* [Conjunto dos números racionais e irracionais]. **Ant.** Aparente; fantástico; ilusório; imaginário; irreal. **2** Dir Que se refere aos bens e não às pessoas. **Comb.** *Direitos ~ais «de propriedade»*. **3** Econ Que se refere às coisas e não às palavras. **Comb.** *Valor ~ «duma a(c)ção»*. **Ant.** Nominal.

real[2] adj 2g (<lat *regális, e* <*réx, régis*: rei) **1** Relativo ao rei/à realeza/Régio. **Comb.** *Casa ~. Família ~. Paço [Palácio] ~.* **2** Próprio de rei. **Comb.** *Decreto ~. Ordem ~.* **3** Digno de rei/Magnífico/Sumpt[Sunt]uoso. **Comb.** *Banquete ~.* **4** (Diz-se de) animal cuja espécie é a mais notável pela beleza ou elegância. **Comb.** *Águia ~.*

real[3] s m (<lat *regális, e*: de rei) Antiga unidade monetária de Portugal (até 1911) e do Brasil. **Ex.** No Brasil, o ~ foi substituído pelo cruzeiro em 1942 e voltou a designar a unidade monetária em 1994, até hoje.

realçar v t (<re- +...) **1** Colocar em lugar mais elevado. **Ex.** Realçando [Subindo/)] um pouco o quadro «do meio», o conjunto fica mais harmonioso. **2** Dar realce/Avivar traços/Acentuar. **Ex.** Usava um batom vermelho vivo para ~ a cor dos lábios. **3** Fazer sobressair. **Ex.** O vestido simples que ela usava realçava-lhe a elegância natural. **4** Pôr em destaque/Destacar/Sublinhar. **Ex.** O júri realçou a qualidade científica do trabalho.

realce s m (<realçar) **1** A(c)ção de realçar/fazer sobressair/Destaque/Ênfase/Relevo. **Loc.** *Dar [Pôr em] ~* [Fazer sobressair/Salientar]. **Comb.** *Expressão [Partícula] de ~* [que serve para reforçar uma ideia]. **2** Brilho/Distinção/Honra. **Comb.** «artista com uma a(c)tuação apagada» Sem ~.

realegrar v t (<re- +...) **1** Tornar a alegrar. **Ex.** Passado o susto, todos se realegraram. **2** Alegrar(-se) muito. **Ex.** Todos nos realegrámos com a vinda do nosso filho, há tantos anos no estrangeiro.

realejo s m (<esp *realejo*) **1** Mús Órgão mecânico portátil que funciona por meio duma manivela que faz girar um cilindro com pontas metálicas que a(c)cionam as válvulas dos tubos e os respe(c)tivos foles. **2** Mús Instrumento musical de sopro/Gaita de beiços. **3** fig Pessoa que não se cansa de falar. **Idi.** *Calar o ~* [Deixar de falar/Ficar calado].

realengo, a adj/s m (<real[2] + -engo) **1** Do rei/Régio(+). **2** s m Icti Peixe frequente no mar dos Açores.

realentar v t (<re- +...) Dar [Ganhar] novo alento/Revigorar. **Ex.** Andava muito caído [desanimado] mas realentou-se com a chegada dos netos.

realeza s f (<real[2] + -eza) **1** Dignidade de rei ou de rainha. **Ex.** «Vossa/Sua» Majestade é um título [uma forma de tratamento] da ~. **2** Sistema político monárquico/Monarquia(+). **Ex.** A ~ ainda vigora em vários países europeus «Espanha/Holanda». **3** Série de reis. **Comb.** *A ~ de Portugal «do séc. XIX»*. **4** Família real. **Ex.** Serviu a ~ durante vários anos «como aia de rainhas e princesas». **5** fig Magnificência/Grandeza/Esplendor.

realidade s f (⇒ real[1]) **1** Qualidade do que é real. **Loc.** *Chamar à ~* [Fazer tomar consciência do que está a acontecer]. **Comb.** *Info ~ virtual* [Ambiente criado num computador para [e que pretende] simular uma situação real]. *A ~ da vida quotidiana. Na ~* [Na verdade/Efe(c)tivamente] (Ex. Ele dizia que não conhecia o criminoso mas na ~ conhecia). **Ant.** Aparência; ilusão; sonho. **2** O que existe de fa(c)to/é real. **Ex.** A pobreza e a fome são ~s que ainda se encontram no mundo inteiro. **3** Certeza/Veracidade. **Comb.** *A ~ dos fa(c)tos.*

realimentação s f (<realimentar + -ção) Reabastecimento de um equipamento ou de um sistema com material adequado. **Comb.** ~ *duma arma de fogo automática* «com as respe(c)tivas munições».

realimentar v t (<re- +...) Alimentar de novo/Tornar a alimentar. **Ex.** O sistema de bombagem antigo voltou a ~ a rede de abastecimento de água à cidade.

realismo[1] s m (<real[1] + -ismo) **1** Cará(c)ter do que reproduz o real (tal) como ele é. **2** Capacidade de ver as coisas como elas são e agir em conformidade com isso/Obje(c)tividade. **Ex.** Ele vê a a(c)tual situação da empresa com ~, não se deixa levar por fantasias. **3** Representação da realidade nos seus aspe(c)tos (mais) grosseiros ou violentos. **Ex.** O filme tinha cenas dum ~ impressionante. **4** Arte/Liter Doutrina segundo a qual o real se deve representar de forma exa(c)ta e simples. **Ex.** O ~ «de Eça de Queirós» surge por oposição aos excessos líricos do romantismo «de Almeida Garrett/de A. F. de Castilho». **5** Fil Doutrina que defende que existe uma realidade independentemente do conhecimento ou representação que dela tenhamos. **Ant.** Idealismo. ⇒ surrealismo; existencialismo. **6** Psic Tendência da criança para transportar para o obje(c)to tudo o que foi pensando «pintar um carro com o eixo das rodas que não se vê».

realismo[2] s m (<real[2] + -ismo) **1** Sistema político em que o chefe de Estado é um rei/Monarquia(o+)/Realeza **2**(+). **2** Lealdade aos princípios monárquicos.

realista[1] adj 2g (<real[1] + -ista) **1** Que procede com realismo/obje(c)tividade/Prático/Pragmático. **Loc.** *Tomar decisões [Ter atitudes] ~s*. **Ant.** Idealista; sonhador; utópico. **2** Arte/Lit Adepto [Seguidor] do realismo **4**. **Comb.** *Escola ~. Pintura ~.* ⇒ surrealismo.

realista[2] adj 2g (<real[2] + -ista) Que é partidário do realismo/da monarquia/da realeza/Monárquico(+).

realistar v t (<re- +...) Tornar a alistar/Recrutar.

realístico, a adj (<realista[2] + -ico) Referente ao realismo.

realização s f (<realizar + -ção) **1** A(c)to ou efeito de realizar/Execução/Concretização. **Comb.** ~ *dum proje(c)to [duma tarefa].* **2** O que se realizou/se tornou real/foi concretizado. **Ex.** A agricultura da região transformou-se completamente com a ~ [construção(+)] da barragem. **3** Sensação de satisfação com o sucesso alcançado «na profissão/numa a(c)tividade». **Ex.** Com a mudança de curso conseguiu a ~ pessoal. **4** Cine/Teat Conjunto de técnicas utilizadas para supervisionar e orientar a execução duma obra «filme». **5** Econ Transformação de bens em dinheiro. **Ex.** A liquidez da tesouraria foi conseguida com a ~ de fundos à custa da venda de bens imobiliários.

realizador, ora adj/s (<realizar + -dor) **1** (O) que realiza/Empreendedor. **Ex.** A ideia partiu [foi] do pai mas o ~ do negócio foi o filho. **Comb.** *Espírito ~* [empreendedor(+)]. **2** Cine/Teat/TV Pessoa responsável pela supervisão e orientação das operações de execução de um filme/peça de teatro/programa de TV. **Ex.** Manuel de Oliveira, aos 100 anos, continua a ser o ~ português mais conceituado.

realizar v t (<real[1] + -izar) **1** Tornar real/efe(c)tivo/Dar existência concreta/Concretizar. **Ex.** Construir casa própria, a seu gosto, sonho que nunca conseguiu ~. **2** Pôr em prática/Efe(c)tuar/Fazer. **Ex.** A viagem «aos Açores» não se realizou por causa do mau tempo. A equipa/e nacional «de futebol» realizou um excelente jogo. **3** Cumprir/Conseguir. **Ex.** O atleta realizou o seu obje(c)tivo «ultrapassar os 2 metros

no salto em altura». **4** Converter em dinheiro. **Ex.** A sociedade vendeu a(c)tivos para ~ capital. A comissão de festas conseguiu ~ [juntar/angariar] uma bonita [avultada] soma para a construção do lar de idosos. **5** *Cine/Teat/TV* Dirigir a execução duma obra «filme/peça/programa». **6** ~-se/Efe(c)tuar-se/Ter lugar/Acontecer. **Ex.** O casamento realiza-se no próximo domingo no Santuário de Fátima. A próxima corrida de automóveis «F 1» realiza-se no Estoril, Portugal. **7** ~-se/Concretizar as suas ambições/Sentir-se satisfeito consigo próprio. **Ex.** Deixou a indústria e dedicou-se à investigação; foi aí que se realizou. **8** Tomar consciência/Perceber/Compreender. **Ex.** Quando realizei [caí na conta/vi] que tinha sido burlado, já os vigaristas tinham desaparecido.

realizável *adj 2g* (<realizar + -vel) **1** Que se pode realizar/concretizar/Exequível. **Ex.** A ideia é muito interessante mas não me parece que seja ~. **2** *Econ* Que se pode converter em dinheiro. **Comb.** **A(c)tivo** «bens/títulos» ~.

realojar *v t* (<re- +...) Tornar a alojar/Encontrar alojamento «para as vítimas do terramoto».

realmente *adv* (<real¹ + -mente) **1** Na verdade/Na realidade/De fa(c)to. **Ex.** ~ ele esteve aqui, mas eu não falei com ele. Não me sai da lembrança; ainda o vejo [imagino] como se ~ estivesse aqui ao pé de mim. **2** De modo preciso/autêntico. **Ex.** É preciso averiguar de quem é ~ a culpa. **3** *interj* Exprime surpresa/espanto/reprovação. **Ex.** Esteve sentado ao pé de mim e diz que não me viu. ~! Vê-se [Há] cada mentiroso!

reamanhecer *v int* (<re- + ...) **1** Voltar a amanhecer. **2** ⇒ rejuvenescer(+).

reanimação *s f* (<reanimar + -ção) **1** A(c)to ou efeito de reanimar(-se)/Recuperação do ânimo. **Ex.** A mudança de treinador teve como consequência imediata a ~ dos jogadores: a equipa/e parece outra. **2** *Med* Conjunto de métodos utilizados para trazer à vida os que estavam em morte aparente/Conjunto de medidas terapêuticas que visam restaurar o equilíbrio das funções vitais «respiratória/cardiovascular».

reanimador, ora *adj/s* (<reanimar + -dor) **1** (O) que reanima/dá ânimo/alenta. **Ex.** O novo pároco, jovem e dinâmico, foi o ~ dos jovens. **Comb.** Efeito ~ «duma boa notícia». **2** *Med* Pessoa [Aparelho/Técnica] que ajuda a restabelecer as funções vitais de um doente.

reanimar *v t/int* (<re- +...) **1** Tornar a animar. **Ex.** Os operários reanimaram-se com a entrada em funções da nova dire(c)ção da fábrica. **2** Vivificar/Fortificar. **Ex.** Bastou uma sop(inh)a quente para me ~; sentia-me mesmo fraco, com fome. **3** Fazer recuperar o uso dos sentidos. **Ex.** Com a queda parecia ter desmaiado [parecia que desmaiara], mas, passados momentos, reanimou. **4** *Med* Restabelecer as funções vitais de um doente/Fazer voltar à vida o que se encontrava em morte aparente.

reaparecer *v int* (<re- +...) «a rês tresmalhada» Voltar a aparecer.

reaparecimento [reaparição] *s m* [*f*] (<reaparecer) A(c)to ou efeito de voltar a aparecer. **Comb.** O ~ [A ~/volta] duma epidemia.

reapoderar [reapossar]-se *v t* (<re- + ...) Voltar a apoderar[apossar]-se de algo.

reaprender *v t* (<re- +...) Aprender de novo aquilo que já se soube e que foi esquecido. **Ex.** Para ensinar os meus filhos tive que ~ muitas coisas que já tinha esquecido.

reaprendizagem *s f* (<re- +...) Nova aprendizagem (do que tinha sido esquecido). **Comb.** ~ da condução automóvel.

reaquisição *s f* (<re- + ...) A(c)to de voltar a adquirir/Readquirição. **Comb.** ~ de obje(c)tos perdidos.

rearmamento *s m* (<rearmar + -mento) A(c)to de armar(-se) de novo.

rearmar *v t* (<re- +...) Armar de novo.

reassumir *v t* (<re- +...) **1** Assumir novamente. **Loc.** ~ funções. **2** Recobrar(+)/Recuperar(+)/Readquirir. **Loc.** ~ **a consciência.** ~ **os bens furtados.**

reassunção *s f* (<re- + assunção) A(c)to ou efeito de reassumir.

reataduras *s f pl Náut* (<reatar + -dura) Voltas de corda ou de chapa de ferro com que se ligam as partes fendidas de um mastro.

reatamento *s m* (<reatar + -mento) **1** A(c)to de reatar/voltar a unir. **2** Restabelecimento/Retoma/Continuação. **Comb.** ~ **de conversações.** ~ **duma amizade** [relação]. ~ **duma tarefa** [dum trabalho] interrompida/o. **3** *(D)esp* Reinício de um jogo após o intervalo ou uma interrupção.

reatância *s f* (<ing *reactance*) ⇒ rea(c)tância.

reatar *v t* (<re- +...) **1** Tornar a atar. **Loc.** ~ *os cordões* dos sapatos. ~ *um pacote* [embrulho]. **2** Retomar/Restabelecer. **Loc.** ~ *relações.* ~ *uma amizade* interrompida. *(D)esp* ~ [Reiniciar(+)] *um jogo* após o intervalo/uma interrupção prolongada. **3** Prosseguir/Continuar. **Loc.** ~ *a a(c)tividade* profissional. ~ *os estudos.*

reativar (Reà) *v t* [= reactivar] (<re- + ...) Ativar de novo. **Ex.** O clube reativou a se(c)ção de andebol.

reatividade (Reà) *s f* [= reactividade] (<reativo + -i- + -dade) **1** Qualidade do que é reativo. **Ex.** É uma pessoa insensível, sem ~ à dor. **2** Qualidade do que produz reação. **Ex.** Sempre que a Igreja Católica condena o aborto, a ~ [reação(+)] dos *Media* [média] é geral. **3** *Med* Capacidade de reação a um estímulo. **Comb.** ~ à dor. **4** *Quím* Capacidade de reação duma substância relativamente a outra. **Ex.** O ácido sulfúrico tem uma grande ~ em relação ao zinco. **5** *Fís* Medida da eficácia dum reator nuclear.

reativo, a (Reà) *adj* [= reactivo] (<re- + ...) **1** Que reage. **2** Que faz reagir/provoca reação. **Comb.** ~ à luz «célula foto-eléctrica [fotelétrica]». **3** Relativo a reação. **Comb.** Mecanismo [Movimento] ~. **4** *Med Psic* Que é estimulado com facilidade. **Comb.** Temperamento ~. **5** *Quím* Que tem capacidade de reação. **Ex.** Os ácidos e as bases fortes são substâncias muito ~as.

reator, ora (Reà) *adj/s m* [= reactor] (⇒ reagir) **1** Que reage. **2** Que provoca reação. **3** Que é contrário ao avanço social/Reacionário(+). **4** *s m Aer* Motor dos aviões a ja(c)to «com dois [quatro] ~es» que utiliza a força propulsiva. **5** *s m Fís* Dispositivo onde se processa de forma controlada a reação nuclear em cadeia para produção de energia «em central nuclear»/Pilha ató[ô]mica.

reatualizar *v t* [= reactualizar] (<re- +...) Atualizar novamente/Fazer nova atualização.

reaver *v t* (<re- + haver) Haver de novo/Recuperar/Recobrar. **Ex.** Ainda não consegui ~ os documentos que me roubaram e não sei se algum dia os reaverei [os hei de ~].

reavisar *v t* (<re- + ...) Avisar novamente. **Ex.** Já os avisei e reavisei *idi* não sei quantas [e reavisei muitíssimas] vezes que era muito perigoso fazer fogueiras na mata.

reaviso *s m* (<re- + ...) A(c)to ou efeito de reavisar/Novo [Outro/Segundo] aviso(+).

reavistar(-se) *v t* (<re- +...) Avistar(-se) de novo. **Ex.** Tinha perdido de vista a estrela polar mas já a reavistei. Na conversa que tivemos não chegámos a acordo mas o negócio não está encerrado porque ele quer ~-se comigo.

reavivar *v t* (<re- +...) **1** Voltar a avivar/Tornar mais vivo/nítido. **Loc.** ~ as cores [os traços] «duma pintura/dum desenho». **2** Recuperar a vitalidade/Dar mais força. **Ex.** Desde que começou a comer, o doente reavivou. **3** Dar novo alento/Estimular. **Ex.** Os emigrantes que vêm passar férias reavivam o comércio da sua terra. **4** Tornar mais intenso/vivo. **Loc.** ~ *o lume* «com o fole». **5** Fazer relembrar/A(c)tivar a memória. **Ex.** Já me tinha esquecido disso; a conversa reavivou-me a lembrança de acontecimentos antigos.

rebaixa (Cha) *s f* (<rebaixar) **1** Diminuição da altura/Rebaixamento. **Ex.** Pouco adiantou [se conseguiu com] a ~ do pavimento da rua; quando chove, a água continua a entrar por (de)baixo da porta. **2** Abatimento de preço. **Ex.** Começou a época das ~s [dos saldos(+)].

rebaixado, a (Chá) *adj* (<rebaixar + -ado) **1** Que se rebaixou. **Comb.** Pavimento ~. **2** *fig* Humilhado/Desacreditado/In[Di]famado. **Ex.** Sentia-se ~ por ser pobre e analfabeto. **3** *fig* Desprezível/Corrupto/Vil. **Comb.** Costumes ~s/vergonhosos(+).

rebaixamento (Cha) *s m* (<rebaixar + -mento) **1** A(c)to ou efeito de rebaixar(-se). **2** Diminuição «do valor/preço/da altura». **Comb.** ~ *dum te(c)to.* ~ *da cotação do ouro/do preço do petróleo.* **3** *fig* Humilhação/Vexame. **Ex.** Sujeitar-se ao ~ de trair um amigo a troco de algum dinheiro. **4** *fig* Falta de dignidade/Corrupção/Aviltamento.

rebaixar (Char) *v t* (<re- + ...) **1** Tornar mais baixo. **Loc.** ~ um te(c)to [pavimento]. **2** Fazer diminuir o preço/valor. **Ex.** A concorrência fez ~ o preço das chamadas dos telemóveis. **3** *fig* Humilhar/Apoucar. **Ex.** Sempre que fala no marido é para o ~; para ela, só tem defeitos. **4** *fig* Aviltar(-se)/Cometer baixezas/Infamar(-se). **Ex.** Rebaixou-se a tudo para conseguir o lugar de secretária do patrão.

rebaixe (Che) *s m* (<rebaixar) **1** Encaixe que se abre numa peça para introduzir outra. **2** ⇒ Rebaixamento.

rebaixo (Cho) *s m* (<rebaixar) **1** ⇒ Rebaixamento. **2** Zona mais baixa. **Ex.** Ao lado da vinha, num ~, havia uma pequena horta. **3** Vão de escada. **4** Declive [Sulco] por onde se escoa um líquido. **Ex.** A pedra das prensas dos lagares «de vinho/azeite» têm um ~ por onde escoa o líquido. **5** Quarto sob telhado inclinado. **6** ⇒ Rebaixe.

rebanhada *s f* (<rebanho + -ada) **1** Rebanho grande/numeroso. **2** Conjunto de rebanhos. **3** *fig* Grande multidão. **Ex.** Juntou-se uma ~ [chusma/multidão(+)] de gente para ver o rancho a(c)tuar [cantar e dançar].

rebanhar *v t* (<rebanho + -ar¹) ⇒ arrebanhar.

rebanho *s m* (< ?) **1** Conjunto numeroso de animais domésticos herbívoros (Gado ovino e caprino). **Ex.** Os rebanhos são guardados por pastores. **2** *fig* Grupo numeroso de pessoas. **Ex.** Criaram um ~ de filhos e ainda se conservam cheios de vida e saúde. **3** *fig* Conjunto de fiéis duma religião em relação ao seu pastor «pároco/bispo». **4** *pej* Conjunto de pessoas sem vontade própria que se deixam levar com facilidade por outras/Carneirada(+).

rebarba *s f* (<re- +...) **1** Excrescência [Aspereza] de obra de fundição/serralharia/marcenaria/... **2** Parte do engaste que se dobra sobre a pedra preciosa duma joia para a prender. **3** Em tipografia, espaço entre linhas de texto/Entrelinhamento. **4** *fig* Refego na parte inferior do queixo em pessoas muito gordas/Barbela(+).

rebarbador, ora *s* (<rebarbar + -dor) **1** Operário que tira as rebarbas das peças. **2** Máquina de tirar rebarbas.

rebarbar *v t* (<rebarba + -ar¹) Tirar as rebarbas/Afagar as arestas. **Loc.** ~ *os bordos* duma chapa de ferro. ~ *peças de fundição.* ⇒ rebordar.

rebarbativo, a *adj* (<fr *rébarbatif*) **1** Que parece ter duas barbelas por excesso de gordura. **Comb.** Pessoa ~a. **2** *fig* Que tem mau humor/Carrancudo/Antipático. **Comb.** Ar [Aspe(c)to] ~. **3** *fig* Enfadonho/Maçador.

rebate¹ *s m* (<rebater) A(c)to ou efeito de rebater/Abatimento/Desconto.

rebate² *s m* (<ár *ribat*: prisão, fortificação para guardar fronteiras) **1** Sinal de alarme. **Idi.** *Tocar a ~* [Anunciar (pelo toque dos sinos) um perigo iminente «ataque dos inimigos/incêndio que deflagrou»]. **Comb.** ~ *de consciência* [Remorso/Arrependimento] (Ex. A mãe porque tinha sido demasiado severa, teve um ~ de consciência e perdoou-lhe o castigo). ~ *falso* [Alarme injustificado/Notícia sem fundamento]. **2** Ataque repentino e imprevisto/Assalto(+)/Incursão. **Loc.** Temer um ~ do exército inimigo. **3** Acesso súbito de um sentimento/uma emoção. **Ex.** Quando o médico referiu doença grave, teve logo um ~ de morte iminente.

rebatedor, ora *adj/s* (<rebater + -dor) (O) que rebate/desconta letras/obrigações/Cambista/Agiota.

rebater *v int* (<re- +...) **1** Bater novamente. **Loc.** ~ *o ferro* (depois de aquecido na forja). ~ *o bico dum prego.* **2** Tornar a da(c)tilografar [digitar] um texto. **3** Defender-se de [Aparar] um golpe/Repelir/Rechaçar. **Loc.** ~ *as investidas do adversário.* **4** Fazer ficar mais baixo/Rebaixar/Dobrar. **Loc.** ~ *os assentos traseiros dum automóvel.* **5** Contestar/Refutar. **Loc.** ~ *os argumentos* da parte contrária. ~ *uma teoria.* **6** Combater uma doença/Debelar(+). **Loc.** ~ *a tosse* «com xarope». **7** Reprimir(+) ímpetos violentos/Refrear excessos. **Ex.** Era muito impulsivo; não conseguia ~ os acessos de cólera. **8** Descontar uma letra/um cheque. **Ex.** Como o banco ficava longe, pediu ao merceeiro que lhe rebatesse o vale [cheque] da pensão. **9** Fazer uma costura sobre outra já existente. **10** *Geom* Fazer o rebatimento de um plano sobre o plano de proje(c)ção.

rebatido, a *adj/s* (<rebater + -ido) **1** Muito batido. **Comb.** Chapa [Ferro] ~a/o. **2** Voltado/Dobrado. **Comb.** Costura ~a. **3** Refutado/Contestado. **Comb.** Argumento ~. **4** *s m* Trabalho executado a martelo e cinzel. **5** *s f* Refutação/Contestação.

rebatimento *s m* (<rebater + -mento) **1** *Geom* Rotação de um plano em torno da re(c)ta de interse(c)ção deste com um plano fixo (geralmente o plano horizontal de proje(c)ção), até coincidir com ele. **2** Desconto/Rebate. **3** A(c)to de dobrar/baixar os assentos traseiros dum automóvel.

rebatível *adj 2g* (<rebater + -vel) **1** Que pode ser rebatido. **Comb.** Título de crédito ~. **2** Que pode ser dobrado/baixado. **Comb.** Bancos ~eis.

rebeca *s f* ⇒ rabeca.
rebel *adj/s 2g* ⇒ rebelde/revel.
rebelão, ona *adj* (<rebel + -ão) **1** (Diz-se de) cavalo que não obedece ao freio. **2** *fig* Teimoso/Rebelde.

rebelar *v t* (<lat *rebéllo, áre, átum*) **1** Tornar(-se) rebelde/Revoltar(-se). **Ex.** Os presos rebelaram-se na cadeia reclamando melhores condições de higiene. **2** Incitar à rebelião/Revoltar/Sublevar. **Ex.** Os a(c)tivistas rebelaram a multidão contra o tirano.

rebelde (Bél) *adj/s* (<lat *rebéllis, e*) **1** Que se revolta contra o governo/a autoridade/Insurre(c)to/Revoltoso. **Ex.** Os ~s dominam grande parte do país. Os ~s amotinaram-se contra os guardas da prisão. **2** (O) que é indisciplinado/Desobediente. **Ex.** Jovens ~s que não respeitam a autoridade de ninguém. **3** Que não se deixa dominar/Bravo/Indomável. **Comb.** *Animal* «cavalo» ~. *Cabelo* ~. **4** *fig* (Diz-se de) doença difícil de curar/Renitente. **Comb.** Tosse ~.

rebeldia *s f* (<rebelde + -ia) **1** A(c)to de se revoltar/Rebelião. **Ex.** Saiu[Custou]-lhe caro a ~. **2** Qualidade do que é rebelde. **Comb.** A habitual ~ dos jovens. **3** Oposição aos poderes instituídos/à autoridade/às leis vigentes/Desobediência/Rebelião(+).

rebelião *s f* (<lat *rebéllio, ónis*) **1** Revolta contra os poderes instituídos/Levantamento armado/Insurreição/Sublevação. **Ex.** A queda do regime foi iniciada pela ~ dum grupo de opositores. **2** Recusa de obediência/Atitude de rebeldia/A(c)to de insubordinação. **Ex.** Episódios de ~ de jovens que não encontram sentido para a sua vida, são cada vez mais frequentes.

rebenta-boi *s m Bot* (<rebentar + boi) **1** Planta herbácea da família das aráceas, também conhecida por jarro e arrebenta-boi. **2** Fruto da silva-macha. **3** Baga venenosa da doce-amarga. **4** Beladona.

rebentação *s f* (<rebentar + -ção) **1** A(c)to ou efeito de rebentar. **2** Quebra das ondas. **Loc.** Passar a zona de ~. **3** *Bot* Aparecimento de botões [gomos] nas plantas. **Comb.** Primavera, época da ~.

rebentamento *s m* (<rebentar + -mento) **1** A(c)to ou efeito de rebentar. **Comb.** ~ dum pneu [balão]. **2** Deflagração duma carga explosiva. **Comb.** ~ *duma granada* [bomba]. ~ *numa pedreira,* para desmonte.

rebentão *s m Br* (<rebento + -ão) **1** Broto [Ladrão] que nasce na raiz ou na base do tronco duma planta/Mamão/Pôla. **2** Qualquer arbusto de terreno inculto.

rebentar *v t/int* (<lat *repentáre* (?) <*repente*: de repente) **1** (Fazer) ficar em pedaços [Fragmentar(-se)] de forma violenta e com estrondo/Estourar/Explodir. **Loc.** ~ *um pneu* [balão]. ~ *um rochedo* com explosivos. ~ *uma bomba* [granada] no solo. **Idi.** ~ *a castanha na boca* [*idi* Ir por lã e ficar tosquiado/Alguém sofrer o mal que estava a preparar para outrem]. ~ *de riso* [Não conseguir conter o riso]. *Estar a ~ pelas costuras* [Estar completamente cheio/totalmente degradado]. **2** (Fazer) abrir à força/de forma violenta/Destruir/Partir. **Loc.** ~ *uma porta* «com uma marreta». ~ *o vidro duma montra* «a pontapé/com uma bomba». **3** Nascer/Brotar. **Ex.** As plantas [sementes] já começaram [estão] a ~. **4** Causar o aparecimento de pequenas bolhas ou feridas/Manifestar-se/Aparecer. **Ex.** Rebentaram-lhe os lábios com a febre. **5** Surgir de modo súbito/Irromper. **Ex.** A nascente rebentou a pequena profundidade (quando estavam a escavar o poço). As lágrimas rebentaram-lhe dos olhos. **6** Ter início/Começar. **Ex.** «no Norte de África» Rebentou outra guerra. **7** As ondas quebrarem e desfazerem-se em espuma. **Ex.** A onda rebentou em cima de mim. **8** *fig* Estar impaciente/Não aguentar mais. **Loc.** ~ *de alegria* [contentamento/raiva]. ~ *em aplausos.* **9** Quebrar/Partir/Destruir/Estragar. **Loc.** ~ *a mochila* da escola. ~ *uns sapatos.* Puxar «uma corda» *até* ~. **10** (Fazer) ficar exausto/Levar à exaustão. **Loc.** Correr [Trabalhar] até ~ [até não poder mais].

rebento *s m* (<rebentar) **1** *Bot* Gomo vegetal/Renovo/Gema/Botão. **Ex.** O granizo destruiu os ~s das videiras. **2** *fig* Fruto/Produto/Descoberta. **Comb.** «a penicilina» ~ de muitos anos de investigação. **3** *fig* Filho/Descendente. **Ex.** O jovem casal esperava ansiosamente a chegada [o nascimento] do primeiro ~.

rebimba *s f* (<rebimbar) Preguiça/Indolência. **Comb.** *idi* De ~ o malho [Excelente/À bruta/Com toda a força].

rebimbar *v int* (< *on*) Repercutir/Rep(en)icar. **Ex.** Os sinos rebimbam alegremente. Ouvirem-se os chocalhos a ~.

rebique *s m* ⇒ arrebique.

rebitagem *s f* (<rebitar + -agem) A(c)to de rebitar/Cravação. **Comb.** ~ das chapas «duma cobertura».

rebitar *v t* (<rebite + -ar¹) Colocar rebites em/Cravar. **Loc.** ~ a chapa dum portão.

rebite *s m* (<ár *ar-ribat*) Espécie de cravo que serve para ligar peças metálicas, constituído por uma cabeça e uma espiga que se introduz no furo das peças a ligar e cuja extremidade é martelada para formar cabeça. **Comb.** Estrutura metálica «duma ponte» cravada com ~s.

rebo (Rê) *s m* (<lat *réplum, i*: caixilho, almofada de porta) **1** Pequena pedra/Calhau/Burgau. **Ex.** Esmagou a cabeça duma cobra com um ~. **2** *fig* De cabeça dura/Tapado como uma porta/Estúpido. **Ex.** Não vale a pena explicar-lhe, ele é um ~ que não entende nada.

reboar *v int* (<lat *rebóo, áre, átum* <*re + bóo, áre*: mugir <*bos*: boi) Fazer eco/Retumbar/Ressoar. **Ex.** Não se esqueça de que estamos em guerra: ao longe, ouvem-se os canhões a ~. Os trovões reboavam assustadoramente.

rebobinar *v t* (<re- +...) Tornar a bobinar/Enrolar de novo. **Loc.** ~ *um motor elé(c)trico.* ~ *a bobine* [canela] duma máquina de costura.

rebocador, ora *s m/adj* (<rebocar + -dor) **1** (O) que leva a reboque. **Comb.** Máquina ~ora «dum cami(nh)ão avariado». **2** *s m Náut* Navio de elevada potência destinado a rebocar e auxiliar outros navios, nos portos, nas costas ou no alto mar. **Comb.** ~ *de alto mar.* ~ *fluvial.* **3** (O) que reveste superfícies com reboco. **Comb.** Massa ~ora. Trabalho de ~.

rebocadura *s f* (<rebocar¹ + -dura) A(c)to de rebocar/Reboco.

rebocar¹ *v t* (<re- + boca + -ar¹) Cobrir com reboco. **Loc.** ~ as paredes com massa fina de cimento.

rebocar² *v t* (<lat *remulcáre* <*remulcum, i*: sirga, cabo ou corda de reboque) Puxar «uma embarcação/um veículo» por meio de corda ou corrente, levando-o de arrasto. **Ex.** O cargueiro encalhou; tem que ser rebocado. **Loc.** ~ *um cami(nh)ão* avariado. ~ *um navio* do porto para a saída da barra.

reboco (Bô) *s m* (<rebocar¹) Camada de argamassa que se aplica sobre as paredes

para as tornar mais regulares e lisas. **Loc.** Aplicar o ~ numa parede.

rebolar *v t/int* (<re- + bola + -ar¹) **1** Fazer mover como uma bola/Rolar. **Ex.** O fardo caiu da camioneta e foi a ~ pela ribanceira abaixo. **2** Bambolear(-se)/Saracotear. **3** Mover-se rolando sobre si próprio. **Loc.** ~(-se) na relva [areia]. **Idi. ~-se a rir** [Não se conter de riso/Rir muito].

rebolear *v t* (<re- +...) **1** *Br* Imprimir movimento de rotação ao laço que vai atirar ao animal para o prender. **2** Rebolar(-se)/Saracotear(-se).

reboliço, a *adj* (<rebolar + -iço) Que tem forma arredondada/de rebolo/Que rebola. **Comb.** Pedra ~a.

rebolir *v int Br* (<rebolar) **1** Rebolar(-se)/Bambolear(-se). **2** Andar muito depressa/Fazer as coisas apressadamente.

rebolo (Bô) *s m* (<rebolar) **1** Pequena mó que gira em torno de um eixo e serve para afiar obje(c)tos cortantes. **2** *pop* Cilindro. **Comb.** Aos ~s [Rolando sobre si próprio]. **3** *region* Pedra redonda.

reboludo, a *adj* (<rebolo + -udo) Grosso e arredondado. **Comb.** Pernas ~as.

reboque (Bó) *s m* (<rebocar²) **1** A(c)to de rebocar/Tra(c)ção de um veículo por outro que o puxa. **Idi. Andar a ~** [Seguir servilmente alguém/Ir contra vontade/sem vontade própria]. **Levar alguém a ~** [Levar alguém obrigado/contra vontade]. **2** Cabo que liga um veículo àquele que o reboca. **3** Veículo sem motor que circula atrelado a outro que o puxa. **Ex.** O camionista deixou o ~ estacionado no parque e seguiu para casa no tra(c)tor. **4** Veículo equipado com grua apropriada para rebocar outros veículos «avariados/mal estacionados». **Ex.** O ~ da polícia levou o automóvel que estava estacionado em frente ao portão duma garagem.

rebordagem *s f* (<rebordar + -agem) **1** Prejuízo resultante do abalroamento de navios. **2** Inde(m)nização desse prejuízo. **3** A(c)to de rebordar as arestas dum vidro.

rebordar *v t* (<re- +...) **1** Fazer uma cercadura bordada. **Loc.** ~ uma toalha de mesa. **2** Pôr uma cercadura/Cercar. **Loc.** ~ um terreno «com uma sebe». **3** Alisar as arestas ou os cantos de um vidro/Bolear. **Loc.** Cortar e ~ um vidro «para o tampo duma mesa». ⇒ rebarbar.

rebordo (Bôr) *s m* (<re- +...) **1** Borda voltada para fora ou revirada. **Comb.** O ~ duma vasilha de barro. **2** Tira estreita e saliente ao longo do bordo [da margem] dum obje(c)to/Orla. **Comb.** Gola branca com ~ de fita azul.

rebotalho *s m* (<rebotar + -alho) **1** O que fica depois de escolher o melhor/Refugo. **Ex.** Vendi todas as castanhas que trouxe para o mercado; só ficou o ~. **2** Obje(c)to pequeno e sem valor/Cigalho. **3** *fig* Gente desprezível/Ralé. **Ex.** Aí não entro; é uma tasca [taberna] só frequentada por ~.

rebotar *v t* (<re- + boto + -ar¹) Fazer perder o gume a um instrumento cortante/Embotar.

reboto, a (Ôto, Óta) *adj* (<re- +...) Embotado/Rombo.

rebrilhar *v int* (<re- + ...) Brilhar novamente ou com mais intensidade. **Ex.** Os sapatos, depois de engraxados, ficaram a ~.

rebuçado, a *s m/adj Cul* (<rebuçar + -ado) **1** Guloseima feita de açúcar em ponto adicionado com essências de frutas ou outras substâncias/*Br* Bala. **Comb. ~ de mentol** «para a tosse». **Ponto de ~** [Ponto a que se leva a calda de açúcar de modo que, ao arrefecer, tome um aspe(c)to vítreo/*fig* Apuro extremo a que se leva qualquer coisa]. ⇒ caramelo. **2** *fig* Dito lisonjeiro. **Ex.** Primeiro barafustou dizendo que estava tudo mal feito; agora vem-me com o ~ de que mereço parabéns porque me esforcei muito. **3** *iron* Observação desagradável/Advertência/Admoestação/*col* Sabonete. **4** (O) que está embuçado/encoberto/disfarçado.

rebuçar *v t* (<re- + buço + -ar¹) **1** Encobrir com rebuço. **2** Velar/Esconder/Disfarçar/Dissimular.

rebuço *s m* (<rebuçar) **1** Parte da capa [do capote] com que se oculta o rosto. **Loc.** Aconchegar a cara com o ~. **2** Lapela. **3** *fig* Disfarce/Dissimulação. **Comb.** «conversa/declarar» **Sem ~** [Com toda a sinceridade]. **4** *fig* Vergonha/Escrúpulo.

rebuliço[lício] *s m* (<re- + bulício) Grande desordem/Vozearia/Balbúrdia/Confusão. **Ex.** Gerou-se um grande ~ na feira.

rebusca *s f* (<re- +...) **1** Busca repetida. **2** Recolha/Rebusco.

rebuscado, a *adj* (<rebuscar + -ado) **1** Que foi procurado novamente. **Comb.** Gavetas ~as «à procura do cartão de saúde». **2** Que foi sele(c)cionado em segunda escolha/Repescado. **3** *fig* Apurado com o máximo cuidado/Demasiado elaborado/Empolado/Afe(c)tado. **Comb.** Discurso [Estilo] ~.

rebuscamento *s m* (<rebuscado 3 + -mento) Qualidade do que é rebuscado. **Ex.** Não gosto do ~ de estilo desse autor. ⇒ rebusco.

rebuscar *v t* (<re- +...) **1** Procurar novamente com o máximo cuidado. **Ex.** Rebusquei em todas as gavetas uma receita nova de bacalhau que tinha guardado e não consegui encontrá-la. **2** Recolher os frutos que ficaram na planta ou caídos no chão após a colheita/Respigar. **Loc. ~ uvas** na vinha depois da vindima. **~ espigas** de trigo após a ceifa… **3** *fig* Requintar/Aprimorar. **Loc.** ~ a reda(c)ção dum discurso.

rebusco *s m* (<rebuscar) Recolha dos frutos que ficaram na planta após a colheita/Rebusca. **Loc.** Andar ao ~ «na vinha». ⇒ rebuscamento.

recadar *v t/int* (<lat *recapitáre*: recolher impostos) ⇒ arrecadar.

recado *s m* (<*an* recadar) **1** Mensagem verbal ou escrita enviada por uma pessoa a outra. **Loc.** Mandar [Levar] um ~ a alguém. **Idi. Dar conta do ~** [Sair-se bem de um encargo/Desempenhar bem uma tarefa]. **2** Pequeno serviço «compra» efe(c)tuado a pedido de alguém. **Ex.** Pediu à vizinha que deixasse o filho ir à loja fazer-lhe um ~ «comprar um pacote de arroz». **3** *fig pop* Repreensão/Censura. **Ex.** A avó, quando me vir de minissaia, não passa sem me dar o ~. **4** *pl fam* Cumprimentos/Recomendações. **Ex.** Transmite aos teus pais os nossos ~s/as nossas saudações.

recaída *s f* (<recair + -ida) **1** Reincidência em vício/culpa/inconveniência. **Ex.** Pouco depois de fazer um tratamento de desintoxicação alcoólica teve uma ~. **2** *Med* Reaparecimento dos sintomas duma doença que estava quase curada. **Ex.** Uma ~ é geralmente pior do que a primeira ocorrência (da doença).

recaidiço, a (Ca-í) *adj* (<recair + -diço) Atreito a recaídas/Reincidente.

recair *v int* (<re- + ...) **1** Tornar a cair(+). **Ex.** Começou a levantar-se mas faltaram-lhe as forças e recaiu (desfalecido). **2** Cair muitas vezes. **Ex.** Até que conseguisse dominar os patins [patinar bem], quantas vezes (re)caiu! **3** Voltar a situação anterior/a cair em culpa ou erro/Ser reincidente. **Ex.** Já fez várias tentativas para deixar de fumar mas acaba sempre por ~. **4** *Med* Reaparecerem os sintomas de uma doença que estava quase curada. **Ex.** Tinha a gripe quase curada mas apanhou uma molha [mas molhou-se com a chuva] e recaiu. **5** Ser atribuída a alguém uma obrigação ou a responsabilidade de determinado a(c)to. **Ex.** A obrigação do pagamento de dívidas de alguém entretanto falecido recai sobre os herdeiros. Muitos colegas estiveram envolvidos no desacato, mas o castigo recaiu apenas sobre dois apanhados em flagrante por não terem conseguido fugir. **6** Caber por escolha/sorteio. **Ex.** A votação para chefe de turma recaiu sobre o aluno mais velho. **7** Ocorrer em determinado ponto/Incidir. **Ex.** Nas palavras esdrúxulas, o acento recai sobre a [é na] antepenúltima sílaba.

recalcado, a *adj* (<recalcar + -ado) **1** Muito calcado. **Ex.** No meio da relva notava-se uma zona muito ~a por onde as pessoas fazem caminho [atravessam]. **2** Muito repetido/Repisado. **Comb.** Assunto [Tema] muito ~. **3** Que reprime emoções/sentimentos/desejos. **Comb.** Pessoa ~a. **4** *Psic* Que sofre de recalcamento. **5** *Psic* Reprimido no inconsciente. **Comb.** Aversão ~a «a tudo o que lembrasse religião».

recalcamento *s m* (< recalcar+-mento) **1** A(c)to ou efeito de recalcar. **Loc.** Fazer o ~ dum pavimento/do empedramento duma calçada. **2** *Psic* Processo que relega para fora da consciência e mantém no inconsciente certos pensamentos/desejos/sentimentos cuja realização possa causar desconforto. **Ex.** O ~ pode manifestar-se através de sonhos ou a(c)tos falhados.

recalcar *v t* (<re- + ...) **1** Tornar a calcar/Calcar bem(+) muitas vezes/Repisar. **Loc.** ~ a roupa numa mala para a conseguir fechar). ~ [Repisar(+)] as uvas no lagar. **2** Insistir em/Repisar(+). **Ex.** Um professor ~ a demonstração dum teorema para que fique bem sabida. **3** Impedir a exteriorização duma emoção ou sentimento/Reprimir/Refrear. **Loc.** ~ instintos agressivos.

recalcificador, ora [recalcificante] *adj* [2g/s m] (<recalcificar) (O) que recalcifica. **Loc.** Tomar um ~. **Comb.** Medicamento [Tratamento] ~.

recalcificar *v t* (<re- +...) Restabelecer os níveis normais de cálcio no organismo.

recalcitrante *adj/s 2g* (<recalcitrar + -ante) Que recalcitra/Refilão/Teimoso/Obstinado. **Ex.** A polícia teve que empregar a força para obrigar os ~s a abandonar o local.

recalcitrar *v int* (<lat *recálcitro, áre, átum* <re-+*cálcitro, áre*: escoicear <*calx, cis*: calcanhar, pé) **1** Resistir com obstinação/Teimar/Desobedecer. **Ex.** O professor mandou-o sair da sala mas ele recalcitrou e teimava em ficar. **2** Revoltar-se/Insurgir-se. **Ex.** Os revoltosos recalcitraram contra o exército fiel ao tirano. **3** Responder de modo incorre(c)to/Refilar/Retorquir. **Ex.** Faz o que te mando, e não continues a ~ [, e não refiles(+)].

recalcular *v t/int* (<re- + ...) Calcular de novo/Re(c)tificar o cálculo. **Ex.** Depois de ~ verifiquei que a conta estava certa. **Loc.** ~ a área dum terreno «para corrigir a matriz».

recalque *s m* (<recalcar) **1** A(c)to ou efeito de recalcar. **Comb.** ~ duma camada de terra «por compactação». **2** *Psic* Defesa automática e inconsciente pela qual o eu [a pessoa] rejeita [pelo qual nós rejeitamos] ideias/motivações considerações penosas/Recalcamento/Repressão.

recamado, a *adj* (<recamar + -ado) **1** Bordado a recamo. **Comb.** Toalha de mesa ~a com motivos de Natal. **2** Coberto/Re-

vestido. **Comb.** Sofás ~s de damasco. ⇒ estof(ad)o. **3** Ornamentado/Enfeitado. **Comb.** Brincos ~s de diamantes.

recamadura s f (<recamar + -dura) **1** Recamo(+). **2** Trabalho bordado a recamo.

recamar v t (<it *ricamáre*) **1** Bordar a recamo. **2** Revestir/Cobrir. **Loc.** ~ as janelas com reposteiros de veludo. **3** Ornar/Enfeitar. **Ex.** «para o casamento do príncipe» As senhoras recamaram-se das joias mais preciosas.

recâmara s f (<re- + ...) **1** Câmara interior e reservada. **2** Guarda-roupa. **3** Culatra de arma de fogo.

recambiar v t (<re- +...) **1** Devolver letra de câmbio que não se quer pagar ou aceitar. **Ex.** O Banco recambiou as letras, não as descontou. **2** Trocar uma letra de câmbio por outra/Ressacar. **3** Reenviar aquilo que não se quer aceitar/Devolver. **Ex.** Recambiou o presente para quem lho enviara.

recâmbio s m (<recambiar) **1** A(c)to ou efeito de recambiar/Restituição do que não foi aceite. **Ex.** O contrato de transferência do jogador tinha uma cláusula de ~ se não fosse aprovado nos testes médicos. **2** Devolução duma letra que não foi aceite nem paga. **3** Despesa adicional resultante do retorno de letra de câmbio. **Loc.** Debitar o ~ ao aceitante.

recambó s m Br (< ?) Num jogo de vazas, tempo que leva até se atingir um número convencionado de partidas ou mãos. **2** Mudança de parceiros no fim desse tempo. **3** Vasilha onde se lançam os tentos que marcam o número de mãos.

recamo (Câ) s m (<recamar) **1** Fio de ouro ou prata para bordar em relevo. **2** Bordado feito com esse fio. **3** fig Adorno/Ornato.

recandidatar v t (<re- +...) Candidatar(-se) novamente (o mesmo candidato). **Ex.** Não entrou «em Medicina» num ano e recandidatou-se no ano seguinte.

recantar v t/int (<re- +...) **1** Tornar a cantar. **2** Tornar a dizer/Repetir. **Loc.** ~ a tabuada «até ficar sabida».

recanto s m (<re- +...) **1** Lugar retirado/Esconderijo. **Ex.** Para ler em sossego, sentava-se num ~ do jardim. **2** Compartimento esconso/escaninho. **Comb.** Casa enorme com muitos ~s. **3** Lugar confortável. **Ex.** A aldeia, num ~ da serra, era o lugar ideal para descansar. **4** fig O que há de mais íntimo. **Comb.** O ~ da consciência [memória].

recapitulação s f (<recapitular + -ção) Repetição/Resumo/Sinopse. **Comb.** ~ *da matéria dada.* ~ *das ideias principais* «dum discurso».

recapitular v t (<lat *recapítulo, áre, átum* <*capítulum*: capítulo, cabecinha <*caput*: cabeça) **1** Trazer à lembrança/Recordar. **Loc.** ~ momentos pitorescos «da vida acadé[ê]mica». ~ o que tenho que comprar/os lugares aonde tenho que ir. **2** Rever/Resumir/Sintetizar. **Loc.** ~ a matéria para o teste.

recapturar v t (<re- +...) Capturar novamente.

recarga s f (<re- +...) **1** Repetição de um ataque/duma investida/Nova carga. **Ex.** A polícia dispersou os manifestantes com ~s sucessivas. **2** Dose de produto embalado «tinta/detergente» que é para colocar na embalagem [no aparelho/utensílio] original em substituição do que se gastou. **3** (D)esp Remate na sequência de outro devolvido pela equipa/e adversária. **Ex.** O único gol(o) da partida foi obtido de ~.

recargar v t (<recarga + -ar¹) Pôr carga/Acrescentar nova carga. **2** Voltar à carga/Insistir.

recarregar v t (<re- +...) Carregar novamente. **Loc.** ~ uma bateria «de telemóvel/automóvel».

recarregável adj 2g (<recarregar + -vel) Que se pode recarregar. **Comb.** *Canetas* [Esferográficas] ~*eis. Pilhas* ~*eis.*

recasar v int (<re- +...) Casar novamente/Voltar a casar(+).

recatadamente adv (<recatado + -mente) De modo recatado/Sem dar nas vistas/Com recato. **Loc.** Comportar-se ~ «numa festa». Viver ~.

recatado, a adj (<recatar + -ado) **1** Discreto/Reservado/Recolhido. **Loc.** Levar vida ~a. **2** Prudente/Avisado/Sensato. **Loc.** Ouvir os conselhos de pessoas ~as. **3** Que tem pudor/denota decência/Modesto. **Comb.** Mulher ~a.

recatar v t (<lat *re- + cápto, áre,* frequentativo de *cápio, pere:* apanhar, tomar) **1** Guardar [Viver] com recato/Resguardar(-se). **Ex.** Qualquer rapariga [moça] que não queira *idi* andar nas bocas do mundo [ser alvo de maledicência] deve ~-se. **2** Esconder/Acautelar/Resguardar. **Ex.** A casa tinha uma sebe alta em toda a volta do jardim que a recatava dos olhares indiscretos dos transeuntes.

recato s m (<recatar) **1** Reserva [Cuidado] com alguma coisa/Cautela/Prudência. **Ex.** Devemos conservar algum ~ em relação àquilo que ouvimos; pode não corresponder à verdade. **Comb.** *idi A (bom)* ~ [Em lugar seguro]. *A* ~ *de* [Ao abrigo de]. **2** Preocupação em não dar nas vistas/Discri[e]ção/Recolhimento. **Ex.** Preferia o ~ da vida simples e modesta da aldeia às festas da alta sociedade. **3** Modéstia/Decência/Pudor. **Loc.** Ter ~ no vestir [falar]. **4** Lugar oculto/Espaço secreto/Recanto(+).

recauchutagem s f (<recauchutar + -agem) **1** Reparação de pneus desgastados [col carecas/gastos] aplicando nova camada de borracha. **Loc.** Ir à ~ «trocar pneus/remendar um furo». **2** fig fam Reparação/Recuperação. **Ex.** Ando mal (de saúde); estou a precisar duma ~.

recauchutar v t (<fr *recaoutchouter*) **1** Aplicar nova camada de borracha em pneus desgastados/Rechapar. **2** fig Reconstituir [Restaurar] algo que se desgastou.

recear v t (<re- + lat *célo, áre, átum:* ocultar, esconder; ⇒ receio) **1** Ter receio/medo/Temer. **Ex.** Eu não passo o portão [não entro]; receio que o cão me morda. **2** Sentir preocupação com a situação de alguém. **Ex.** Receio pela saúde e segurança dos meus filhos. **3** Ter dúvidas/Suspeitar. **Ex.** Receava que a comida não chegasse para todos. Receio (bem) que sim «chova» [não «venha»].

recebedor, ora adj/s (<receber + -dor) **1** (O) que recebe/Rece(p)tor. **Ex.** Uns constroem os grandes empreendimentos e outros serão os ~es dos benefícios que eles proporcionam [e outros são os beneficiados]. **2** (O) que faz cobranças/Cobrador. **Comb.** ~ [Cobrador(+)] *da água/ele(c)tricidade.* **3** Funcionário que nas Finanças recebe o dinheiro dos impostos e dívidas ao Estado/Tesoureiro(+).

recebedoria s f (<recebedor + -ia) **1** Repartição pública onde se recebem os impostos/Tesouraria(+). **2** Cargo de recebedor.

receber v t/int (<lat *recípio, cípere, cépi, céptum* <*cápio,ere:* tomar, apanhar) **1** Tomar [Ficar na posse de/Aceitar] o que é dado/enviado. **Ex.** As crianças, no dia dos anos, gostam de ~ muitos presentes. Cada animal (do jardim zoológico) recebe a sua ração própria. Recebi hoje carta dos meus pais. **2** Cobrar o que é devido. **Ex.** O cobrador «do seguro» vem hoje ~. Os empregados ainda não receberam o ordenado. **3** Captar uma transmissão. **Ex.** O radioamador recebeu uma mensagem alertando para o perigo iminente duma grande tempestade. Aqui não se recebe em boas condições o canal de TV meu preferido. **4** Apanhar/Sofrer. **Ex.** O jogador recebeu [apanhou/levou(+)] um pontapé na canela (e não pôde continuar a jogar). Esperava boas notícias mas acabei por ~ [ter(+)] uma dece(p)ção muito grande. O proje(c)to já recebeu [teve/sofreu] várias alterações. **5** Dar hospitalidade/Acolher. **Ex.** A tua família sempre me recebeu muito bem. **Idi.** ~ *de braços abertos* [Acolher calorosamente/com grande satisfação/Dar bom acolhimento]. **6** Dar audiências/rece(p)ções/Atender o público/Ter visitas. **Ex.** O ministro só recebe às quintas-feiras. O doente está muito mal, nem sequer recebe visitas. **7** Recolher/Acolher/Aceitar. **Ex.** O rio recebe a água dos afluentes. Estas pipas vão ~ o vinho da produção deste ano. O contentor do lixo não recebe resíduos para reciclar. **8** Tomar por marido [mulher]/Desposar. **Ex.** Os noivos receberam-se no Santuário de Fátima.

recebimento s m (<receber + -mento) **1** A(c)to ou efeito de receber/Rece(p)ção. **Ex.** Como foi difícil o ~ do dinheiro que lhe tinha emprestado «já o julgava perdido». **2** Aceitação daquilo que foi enviado/dado. **Ex.** É necessário assinar o talão para comprovar o ~ «da encomenda/carta». **Comb.** Dia de ~ [receber o ordenado]. **3** Acolhimento/Rece(p)ção. **Ex.** Com tão caloroso ~ senti-me em casa!

receção (Cè) [*Br* **recepção**] s f [= receção] (<lat *recéptio, ónis;* ⇒ receber) **1** A(c)to ou efeito de receber o que foi enviado. **Comb.** *Aviso de* ~ [Documento que deve ser assinado pelo destinatário e que será devolvido ao remetente para confirmar a entrega «da carta/encomenda»]. **2** Captação de comunicação. **Ex.** As condições de ~ do programa de TV são más. **3** Modo de receber alguém/Acolhimento. **Ex.** À chegada, os jogadores tiveram uma calorosa ~. **Comb.** *Semana de* ~ *aos caloiros* [estudantes que vão frequentar a escola pela primeira vez]. **4** Cerimó[ô]nia em que um novo membro é admitido numa corporação ou empossado num cargo. **Comb.** ~ a um novo membro da Academia «de Letras». **5** Festa de cará(c)ter social em que as pessoas convidadas são recebidas com alguma formalidade e é servido um beberete. **Comb.** ~ *na embaixada de Portugal* «em Madrid». **6** Lugar duma empresa/instituição onde se recebem/atendem/encaminham visitantes/clientes/doentes/... **Comb.** ~ *dum hospital* [hotel]. ~ *duma empresa.* **7** *Ling* Processo de captação e entendimento dum texto/duma mensagem/obra.

rececionar (Cè) [*Br* **recepcionar**] v t/int [= recepcionar] (<receção + -ar¹) **1** Fazer [Promover] uma receção/Receber «em casa/na Embaixada». **2** Aguardar [Receber] com deferência «um visitante no aeroporto».

rececionista (Cè) [*Br* **recepcionista**] s 2g [= recepcionista] (<receção + -ista) Pessoa cuja função é receber/encaminhar visitantes e clientes duma empresa/instituição. **Comb.** ~ de hotel.

receio s m (<recear) **1** Medo perante uma situação de perigo real ou possível/Temor. **Ex.** Com tantos assaltos, agora tenho ~ de sair à rua à noite. Não me considero

medroso/a mas há coisas [animais «cobras/ratos»] de que tenho ~. Não gosto de terraços e varandas de prédios altos; tenho ~ de cair. **2** Estado de incerteza e preocupação/Apreensão. **Ex.** Quando os filhos não chegam à hora habitual, fico logo com ~ de que tenha acontecido alguma desgraça. Com ~ de não acordar a horas, acabo por dormir mal.

receita s f (<lat recépta <recéptum; ⇒ receber) **1** Aquilo que se recebe/Quantia recebida. **Ex.** O espe(c)táculo deu uma boa [avultada] ~. A ~ da festa reverte a favor do lar de idosos. **Ant.** Despesa. **2** Cobrança do que é devido. **Ex.** A ~ das vendas deste mês seria muito maior se todos os clientes já tivessem pago. **3** *Econ* Rendimentos do Estado/duma empresa/família. **Ex.** Os impostos são a grande fonte de ~ do Estado. Eles têm outras ~s para além do ordenado do marido e da mulher. **Ant.** Despesa. **4** *Med* Indicação médica escrita de medicamentos a tomar ou tratamentos a fazer/efe(c)tuar/Prescrição. **Loc.** (O médico) *passar uma ~. Aviar uma ~* na farmácia [Comprar os medicamentos prescritos]. **5** Fórmula para a preparação de certos produtos farmacêuticos ou industriais. **Comb.** ~ dum licor/xarope.
6 *Cul* Composição dos ingredientes e modo de preparação dum (dado) prato. **Ex.** Que sobremesa deliciosa! Hás de me dar a ~. Já fiz essa ~ «de bacalhau» mas não gostei. **7** *fig* Indicações sobre o modo de agir para obter determinado resultado/Conselho/Solução. **Ex.** Não há ~s infalíveis para educar bem os filhos. **8** *col* Castigo. **Ex.** Se não comeres agora (ao almoço), sabes qual é a ~: fica para (para comeres a)o lanche.

receitar v t (<receita + -ar[1]) **1** Escrever [Passar] uma receita/Prescrever medicamento/tratamento. **Ex.** O médico receitou-lhe um antibiótico. **2** Dar conselho/sugestão/Recomendar. **Ex.** Sabes o que eu lhe «marido que trabalha de mais» receitaria? *idi* Sopas e descanso [Uns dias de descanso e boa alimentação].

receituário s m (<lat recéptum + -ário; ⇒ receita) **1** Livro onde constam as fórmulas dos medicamentos e as suas aplicações/Formulário. **Comb.** ~ medieval de Pedro Hispano, baseado em derivados de plantas «alho/verbena/aloés/hortelã». **2** Conjunto de receitas que o médico prescreve a um doente no decurso da sua doença. **Ex.** O ~ das mulheres é, em geral, mais extenso do que o dos homens. **3** Cole(c)ção de receitas para usar em culinária ou na indústria. **Comb.** ~ *de sobremesas* [bacalhau/pratos de carne]. ~ *de xaropes*. **4** Conjunto de conselhos ou preceitos.

recém- *pref* (<lat récens, éntis: que acaba de chegar, fresco, novo) Ocorrido há pouco/Recente. **Comb.** «livro» ~-*editado*. ~-*formado* «na universidade».

recém-casado, a adj/s (<recém- +...) (O) que casou há pouco tempo.

recém-chegado, a adj/s (<recém- +...) (O) que chegou há pouco tempo/Acabado de chegar.

recém-nado [nascido(+)**], a** adj/s (<recém- +...) (O) que nasceu há pouco tempo/(O) que acabou de nascer.

recendência s f (<recender + -ência) Qualidade do que recende [cheira bem]/Rescendência.

recendente adj 2g (<recender + -ente) Que recende [cheira bem]/Fragrante/Rescendente(+).

recender v int (<re- + an encender: acender, fazer arder) **1** Exalar [Ter] cheiro a(c)tivo, forte e agradável/Rescender(+). **Ex.** O perfume dela «da beldade» recendia por toda a sala. **2** *fig* Deitar para fora/Espalhar. **Loc.** ~ *beleza*. ~ *inteligência*. ~ *sabedoria*.

recensão s f (<lat recénsio, ónis: enumeração <re+cénseo, ére, sum: dar a sua opinião, recensear) **1** ⇒ recenseamento. **2** Breve análise crítica de obra literária. **Ex.** A revista «Brotéria» inclui sempre ~ões de livros. **3** Reunião de manuscritos e edições existentes duma obra escrita para fazer a confrontação e fixar o texto definitivo/Cotejo. ⇒ edição crítica.

recenseado, a adj (<recensear + -ado) Que se recenseou/Que está incluído em recenseamento. **Comb.** ~ *como eleitor*. ~ *no censo demográfico*. ~ *para o serviço militar*.

recenseador, ora adj/s (<recensear + -dor) (O) que recenseia/faz recenseamento. **2** (O) que faz um inventário/uma listagem. **Comb.** ~ dos produtores de azeite. **3** (O) que faz a recensão de obras literárias/Crítico.

recenseamento s m (<recensear + -mento; ⇒ recensão) **1** Arrolamento/Inventário/Enumeração. **Comb.** ~ de creches e infantários «dum distrito». **2** Determinação do número de habitantes dum país com regist(r)o dos dados biográficos principais e cara(c)terísticas da habitação/Censo. **Ex.** Em Portugal, o ~ geral da população é feito de 10 em 10 anos. **3** Regist(r)o [Listagem] de pessoas/animais/plantas/... para apuramento da quantidade numérica. **Comb.** ~ *da população escolar*. ~ *das oliveiras*. ~ *eleitoral* [Elaboração das listas de cidadãos que têm direito a participar em eleições]. ~ *militar* [Relação dos indivíduos que se encontram em condições de prestar serviço militar].

recensear v t (<re- + censo + -ar[1]) **1** Determinar o número de habitantes dum país/Fazer o [Incluir no] recenseamento. **Loc.** ~ a população. **2** Fazer um inventário/Arrolar/Listar. **Ex.** Uma equipa e/de jovens estudantes dedicou-se nas férias a ~ *as alminhas* (Nicho religioso para lembrar e rezar pelos defuntos) existentes nas estradas e caminhos do concelho. **3** Fazer a listagem dos indivíduos em condições de prestar serviço militar. **4** Inscrever novos eleitores e a(c)tualizar as listas.

recente adj 2g (⇒ recém-) **1** Que aconteceu há pouco tempo. **Comb.** Fa(c)to [Acontecimento] ~. **2** Que existe há pouco tempo. **Comb.** Construções ~s/novas.

recentemente adv (<recente + -mente) Há pouco tempo. **Ex.** ~ houve uma vaga de [houve muitos] assaltos a caixas multibanco e a gasolineiras.

receosamente adv (<receoso + -mente) **1** Com receio. **Ex.** Entrou ~ em casa do vizinho, procurando não fazer barulho para não ser notado. **2** Timidamente. **Ex.** Sentia-se envergonhado e, ~, não tirava os olhos do chão.

receoso, a (Ôso, Ósa, Ósos) adj (<receio + -oso) **1** Que tem receio/medo/temor. **Ex.** Entrou devagarinho [de mansinho] pelo portão, ~ de ser atacado por algum cão. **2** Tímido/Acanhado. **Ex.** Não queria responder, ~ de que, se errasse, o considerassem ignorante.

recepção/recepcionar/recepcionista/receptação/receptáculo/receptador/receptar/receptível/receptividade/receptivo/receptor ⇒ receção/.../recetor.

recessão s f (<lat recéssio, ónis <recédere: andar para trás) **1** Recuo/Retrocesso/Diminuição. **Ex.** O consumo de bens não essenciais está em ~. **2** *Astr* Afastamento progressivo das galáxias, o que deu origem à hipótese do Universo em expansão. **3** *Econ* Diminuição da a(c)tividade econó[ô]mica e da taxa de crescimento. **Ex.** 2010 foi um ano de ~ em vários países da Europa.

recessivo, a adj (<lat recéssum + -ivo; ⇒ recessão) **1** *Biol* Diz-se de gene [fa(c)tor hereditário] que fica oculto, não se manifestando, em presença de outro que é dominante. **Ex.** O gene «feminino X, masculino Y» ~ só manifesta o cará(c)ter quando presente em cada um dos cromossoma[o]s do par de cromossoma[o]s homólogos. **2** Relativo à recessão/à diminuição da taxa de crescimento. **Comb.** Período ~.

recesso, a (Cê) s m/adj (< lat recéssus, us: a(c)ção de (retro)ceder) **1** Povoação em lugar remoto, afastado dos grandes centros/Lugarejo/Retiro/Recanto. **Ex.** Os telemóveis chegaram a todos os ~s do país. **2** *fig* Lugar íntimo e resguardado. **Ex.** Gostava de passar longas horas isolado no ~ do seu quart(inh)o. **3** *fig* A parte mais íntima/Âmago. **Comb.** ~ de alma [memória]. **4** adj Escondido/Oculto. **Comb.** Amores ~s.

recetação (Cè) [*Br* **receptação**] s f *Dir* [= receptação] (<lat receptátio, ónis; ⇒ recetar) A(c)to de comprar, guardar ou encobrir de forma consciente obje(c)tos roubados por outra pessoa. **Comb.** Crime de ~.

recetáculo (Cè) [*Br* **receptáculo**] s m [= receptáculo] (<lat receptáculum, i; ⇒ recetar) **1** Lugar onde se juntam [guardam] coisas/Recipiente/Recetor. **Ex.** Nas empresas [repartições] há ~s onde podem ser depositadas reclamações e sugestões. **Comb.** ~ [Caixa(+)] postal [Caixa do correio(+)]. **2** Lugar que serve para refúgio/Abrigo/Esconderijo. **Ex.** A se(c)ção concelhia do partido foi-se transformando no ~ de todos os que aspiravam a conseguir um bom emprego à custa da política. **3** Local ou recipiente para onde correm águas de diferentes proveniências. **Ex.** O rio era o ~ de todos os regatos e também de águas residuais industriais que muito o poluíam. **4** *Bot* Parte terminal da flor onde se inserem os órgãos florais «sépalas/pétalas».⇒ cálice. **5** *Zool* Parte do aparelho genital das fêmeas dos inse(c)tos que recebe o esperma do macho durante a cópula.

recetador, ora (Cè) [*Br* **receptador**] adj/s *Dir* [= receptador] (<recetar) (O) que compra [guarda/encobre] obje(c)tos roubados por outra pessoa.

recetar (Cè) [*Br* **receptar**] v t *Dir* [= receptar] (<lat recépto, áre, átum, frequentativo de recípio, pere, céptum: receber) **1** Comprar [Guardar/Encobrir] de forma consciente obje(c)tos «ouro/joias» roubados por outra pessoa. **2** Dar abrigo a fugitivo da justiça. **Loc.** ~ *um criminoso foragido*.

recetível (Cè) [*Br* **receptível**] adj 2g [= receptível] (<lat receptíbilis, e) **1** Que se pode receber. **Ex.** Zona onde as chamadas de telemóvel não são ~eis. **2** Aceitável/Admissível. **Comb.** Nota (Dinheiro) em mau estado mas ~.

recetividade (Cè) [*Br* **receptividade**] s f [= receptividade] (<recetivo + -i- + -dade) **1** Qualidade do que é recetivo. **2** Disponibilidade para receber/aceitar conselhos/sugestões/opiniões diferentes. **Ex.** Já desisti de dar sugestões ao chefe; ele não manifesta a mínima ~ para ouvir ninguém. **3** *Med* Sensibilidade mais ou menos acentuada de um organismo para contrair uma doença ou reagir bem à a(c)ção dum medicamento.

recetivo, a (Cè) [*Br* **receptivo**] *adj* [= receptivo] (<lat *recéptum* + -ivo; ⇒ receber) **1** Que recebe ou pode receber. **2** Que manifesta abertura de espírito a novas ideias/sugestões/críticas/Compreensivo/Aberto. **Ex.** As crianças são mais ~as a ideias novas do que os adultos. **Comb.** Pessoa ~a. **3** *Med* Que é sensível aos efeitos duma doença ou à a(c)ção dum medicamento.

recetor, ora (Cè) [*Br* **receptor**] *adj/s* [= receptor] (<lat *recéptor, óris*) **1** (O) que recebe. **2** *s* Aparelho que recebe sinais acústicos/elé(c)tricos/luminosos/... **Comb.** ~ de rádio [telefone/televisão]. **3** *Fisiol* (Grupo de) célula(s) que recebe os estímulos do exterior e os transmite aos centros nervosos. **Comb.** ~ *auditivo*. *Órgão* [Zona] ~*or*/ora. **4** *Ling* Agente que recebe a mensagem enviada por um emissor. **5** ⇒ recetador.

rechaçar *v t* (<fr *rechasser*) **1** Fazer retroceder opondo resistência/Repelir. **Loc.** ~ *a bola*. ~ *o exército inimigo*. **2** Contrariar os efeitos/Rebater(+)/Contestar. **Ex.** O advogado de defesa rechaçou habilmente os argumentos da acusação. **3** Provocar o afastamento de algo/alguém. **Loc.** ~ [Afastar(+)] o desejo de vingança [a recordação de um acontecimento trágico]. **4** Interromper uma conversa/um diálogo com palavra ou gesto súbito. **Ex.** Sem mais nem menos [*idi* Sem mais nem quê/Sem razão nem motivo aparente] rechaçou a conversa e *idi* pôs-se a andar [e foi-se embora/e desapareceu].

rechaço *s m* (<rechaçar) **1** A(c)to ou efeito de rechaçar/Repulsão. **2** Ricochete. **Ex.** A bola chutada contra um adversário entrou de ~ [ricochete(+)] na própria baliza.

rechapagem/rechapar ⇒ recauchutagem/recauchutar.

recheado, a *adj/s m* (<rechear + -ado) **1** *Cul* Que se encheu com recheio. **Comb.** *Bola de berlim* ~*a* com creme. *Pastel* ~ *com carne*. *Peru* ~. **2** *fig* Repleto/Atulhado. **Comb.** *Carteira bem* [muito] ~*a* (de dinheiro). *Quarto* ~ *de livros*. **3** *s m* ⇒ recheio.

rechear *v t* (< re- + cheio + -ar¹) **1** *Cul* Encher com recheio. **Loc.** ~ empadas [pastéis/rissóis]. **2** Encher completamente/Atulhar. **Ex.** Recheou a casa com mobílias novas, tudo o que há de melhor. **3** *fig* Compor/Valorizar/Enriquecer. **Ex.** O autor recheou a nova edição do compêndio «de Física» com grande quantidade de exemplos práticos. **4** *fig* Enriquecer(-se)/Locupletar-se. **Ex.** Por vezes, dá a impressão que determinados cargos são pretendidos unicamente com o obje(c)tivo de ~ os bolsos [de enriquecer ilicitamente].

rechego (Chê) *s m* (<rechegar) **1** Sítio onde o caçador se esconde à espera da caça. **2** Lugar retirado/escondido.

recheio *s m* (<rechear) **1** A(c)to de rechear. **Ex.** Está tudo pronto; podemos começar o [a operação de] ~. **2** O que se utiliza para encher/rechear. **Ex.** A casa é vendida com todo o ~. ⇒ mobília. **3** *Cul* Preparado culinário utilizado no enchimento de certos pratos «peru/pastéis/empadas/bolos». **Comb.** ~ *de carne* [camarão]. *Bolo sem* ~.

rechinar *v t/int* (< *on*) **1** Produzir um som áspero e agudo como o da gordura quando cai sobre as brasas. **Ex.** A carne no espeto está a ~. **2** Assar «carne» [Queimar] ao fogo vivo. **3** (A cigarra) fretenir [cantar].

rechonchudo, a *adj* (<esp *rechoncho* + -udo) **1** Que tem formas arredondadas. **Comb.** *Bochechas* ~*as*. **2** Gordo/Anafado/Gorducho(+).

recibo *s m* (<receber) **1** Declaração escrita em que se afirma ter recebido alguma coisa. **Ex.** Ao entregar o processo «na repartição de obras da Câmara» é conveniente cobrar [pedir(+)] ~. **2** Documento que o credor entrega ao devedor quando este paga a dívida declarando-a saldada/Quitação. **Loc.** Pedir [Passar] ~. **Comb.** ~ *da renda da casa*. ~ *verde* [Impresso utilizado pelos profissionais liberais como comprovativo do pagamento de um serviço por eles efe(c)tuado].

reciclado, a *adj* (<reciclar + -ado) **1** Diz-se de material que, depois de usado, foi transformado para nova utilização. **Comb.** *Papel* ~. *Plástico* ~. *Vidro* ~. **2** Diz-se de pessoa que teve formação complementar na sua área de a(c)tividade.

reciclagem *s f* (<reciclar + -agem) **1** Processo de transformação de materiais que já foram usados de modo a que possam ter nova utilização. **Comb.** ~ *de metais* [cartão/papel/plástico/vidro]. **2** A(c)tualização pedagógica/cultural/administrativa/científica. **Comb.** Curso de ~. **3** Reconversão.

reciclar *v t* (<re- + ciclo + -ar¹) **1** Fazer a reciclagem de. **Comb.** *Material para* ~. **2** Tratar materiais [resíduos] usados de forma a poderem ser reutilizados ou a evitar a poluição. **Loc.** ~ *plásticos* [papel/vidro/metais]. ~ *resíduos* de lixo «doméstico/industrial». **3** Promover a a(c)tualização de conhecimentos por meio de formação suplementar/Reconverter.

reciclável *adj 2g* (<reciclar + -vel) Que se pode reciclar/Que pode ter nova utilização depois de transformado.

recidiva *s f* (<recidivo) **1** *Med* Reaparecimento duma doença numa pessoa que já tinha sido curada/Recaída(+). **Comb.** ~ de uma pneumonia. **2** *fig* Repetição de a(c)to ou comportamento/Reincidência. **Comb.** ~ *de assalto* «a gasolineira».

recidivar *v int Med* (<recidiva + -ar¹) Uma doença voltar a aparecer/Ter recidiva. **Ex.** Um ano depois de ter sido operado, o tumor recidivou.

recidividade *s f* (<recidivo + -i- + -dade) Qualidade do que é recidivo/Tendência para recidivar.

recidivista *adj/s 2g Dir* (<recidivo 3 + -ista) ⇒ reincidente(+).

recidivo, a *adj/s f* (<lat *recidívus, a, um* <*recído* <re-+cado>: cair) **1** *Med* Que volta a aparecer depois de ter sido curado. **Comb.** *Doença* ~*a*. **2** *s f* ⇒ recidiva. **3** Que se repete/Reincidente. **Comb.** ~ [Reincidente(+)] no mesmo erro. ⇒ recidivista.

recife *s m Geol* (<ár *arrasif*) **1** (Conjunto de) rochedo(s) [Escolho] à tona da água do mar, próximo(s) da costa. **Ex.** Os ~ s constituem perigo para a navegação. **2** Formação calcária de origem biogé[ê]nica constituída por corais. **3** *fig* Obstáculo/Escolho.

recinto *s m* (<lat *recinctus, a, um* <*recíngere*: cingir por trás, tirar o cinto, desatar, despertar) **1** Espaço limitado por muros/barreiras. **Comb.** ~ *(d)esportivo*. ~ *dum jardim*. **2** Área compreendida dentro de certos limites. **Comb.** ~ *dum santuário*. ~ *duma escola*. **3** Espaço interior com paredes e te(c)to. **Ex.** É proibido fumar em ~s fechados.

récipe *s m* (<lat *récipe*, imperativo de *recípere*: retomar, receber) **1** Receita(+) médica. **2** Palavra que os médicos escrevem, geralmente em abreviatura (R, Re, Rpe) no topo das receitas. **3** *fig* Repreensão/Censura/Descompostura.

recipiente *s m/adj 2g* (<lat *recípiens, éntis*; ⇒ receber) **1** Vaso [Vasilha] próprio/a para receber/conter um líquido/gás, ... **Ex.** Os doces [As compotas] devem ser guardados/as em ~s hermeticamente fechados. Guardo a sopa no frigorífico sempre em ~s de vidro. **2** Obje(c)to para receber/conter por pouco tempo alguma coisa/Rece(p)táculo/Vasilha. **Comb.** ~ *para o* [Caixote do] *lixo*. **3** *adj 2g* Que recebe. **Comb.** *Rio* ~ *das águas residuais industriais*.

reciprocamente *adv* (<recíproco + -mente) **1** De modo recíproco/Com reciprocidade/Mutuamente. **Ex.** Atribuíam-se «marido e mulher» ~ as culpas «da zanga». **2** Inversamente/Vice-versa. **Ex.** Ajudamo-nos ~: um dia limpamos as duas a minha casa e no outro a casa dela.

reciprocar *v t/int* (<lat *recíproco, áre*: fazer ir e vir, impelir alternadamente) **1** Trocar [Dar] mutuamente. **Ex.** Deu-me um presente mas [e agora] quero ~. **2** Compensar/Contrabalançar.

reciprocidade *s f* (⇒ recíproco) Qualidade do que é recíproco/Mutualidade. **Ex.** A felicidade dum casal exige que haja ~ de amor entre os esposos.

recíproco, a *adj/s f* (<lat *recíprocus, a, um*: que vai e vem, alternativo) **1** Que se dá [realiza] em troca entre duas pessoas/entidades/Mútuo/Bilateral. **Comb.** *Amor* «conjugal» ~. *Obrigações* «contratuais» ~*as*. *Confiança* ~*a/mútua*(+). **2** Que se dá [faz] em recompensa de coisa equivalente. **Ex.** Os dois presidentes fizeram um ao outro elogios ~s. **3** Que assenta na permuta de termos/Inverso. **Comb.** *Mat* 1/3 (Um terço) é o ~ de 3. **4** *Log* Diz-se de duas afirmativas [asserções] quando uma implica necessariamente a outra. **5** *Gram* Diz-se dos pronomes pessoais *nos, vos, se* porque exprimem reciprocidade «os dois beijaram-*se*/cumprimentámo-*nos* ao passar/vós aleijais-*vos* a lutar um com o outro».

récita *s f Teat* (<recitar) **1** Representação em teatro lírico ou de declamação. **Loc.** *Ir a uma* ~ «ao Teatro de S. Carlos». **2** Espe(c)táculo de teatro feito por amadores, num local improvisado. **Ex.** O ano escolar encerrou com uma ~ organizada pelos finalistas.

recitação *s f* (<lat *recitátio, ónis*) **1** A(c)to ou efeito de recitar/Declamação. **Ex.** Na aula de Português, houve exercício de ~ de poemas «de Fernando Pessoa». **2** Modo de dizer/declamar/ler em voz alta. **Ex.** A Luisinha tem um modo de ler monótono; é uma ~ que dá [faz] sono.

recitador, ora *s/adj* (<recitar + -dor) (O) que recita «uma poesia»/Declamador.

recital *s m* (< *récita*+-al) **1** Sessão em que são recitados textos literários. **Comb.** ~ *de poesia* «de Florbela Espanca». **2** Concerto de música vocal ou instrumental executado por um solista com ou sem acompanhante. **Comb.** ~ *de piano*. **3** Apresentação pública de alunos de um professor de música.

recitante *s/adj 2g* (<lat *récitans, ántis*; ⇒ recitar) **1** (O) que recita/Declamador. **2** *Mús* Voz ou instrumento que executa sozinho um trecho musical.

recitar *v t/int* (<lat *récito, áre, atum* <re--+cíto, áre, átum*: convocar) **1** Ler em voz alta e clara para ser ouvido [entendido/percebido]. **Ex.** Hoje vamos ~ o salmo; só se canta o refrão. **2** Dizer de cor «um poema» em voz alta e pausadamente/Declamar. **Loc.** ~ *um soneto de Camões*. **3** *iron* Contar de modo repetitivo ou sem interesse. **Ex.** Já todos estamos fartos de o ouvir ~ as mesmas aventuras.

recitativo, a *s m/adj* (<recitar + -tivo) **1** *s m Mús* Canto em que se imita o tom natural do discurso falado/Canto declamado. **Comb.** ~ *alongado* [obrigado] [com acompanhamento instrumental ou de orquestra]. ~ *seco* [com intervenção instrumental reduzida ao mínimo «ao cravo» apenas para assegurar a tonalidade]. **2** *s m Teat* Composição poética recitada, geralmente com acompanhamento musical. **3** *s m Teat* Declamação com acompanhamento musical. **4** *adj* Que é próprio para ser lido ou dito de cor em voz alta. **Comb.** Trecho ~.

reclamação *s f* (<lat *reclamátio, ónis*) **1** A(c)to ou efeito de reclamar/Protesto/Queixa. **Loc. Apresentar [Fazer] uma** ~ «num hotel» sobre a qualidade do serviço. **Comb. Livro de ~ões** [Livro existente nas repartições e outros serviços públicos/hotéis/restaurantes/... próprio para nele serem exaradas as queixas [os reparos/protestos] em relação à forma como o serviço é prestado ou sobre a qualidade do produto servido]. **2** Reivindicação/Exigência. **Ex.** A ~ dos empregados, que pretendiam trocar as horas extraordinárias efe(c)tuadas por tempo de descanso extra, não foi atendida. **3** *Dir* Impugnação de decisão junto do órgão que a proferiu. **Ex.** As sanções por transgressão do código da estrada são passíveis de ~.

reclamador, ora *adj/s* (<reclamar + -dor) (O) que reclama/Reclamante.

reclamante *adj/s 2g* (<reclamar + -ante) (O) que reclama/protesta/grita contra/Reclamador. **Ex.** Logo que foi anunciado o pagamento de portagens nas autoestradas até então isentas, surgiram numerosos ~s. Foi dada razão ao ~ «multado indevidamente».

reclamar *v t/int* (<lat *reclámo, áre, átum*) **1** Exigir a devolução do que lhe pertence e foi indevidamente tomado. **Loc.** ~ *o livro* «que lhe levaram [tiraram] de cima da secretária sem autorização». ~ *(na polícia) a carteira* (que lhe tinha sido) roubada. **2** Reivindicar aquilo a que se julga ter direito/Pedir exigindo. **Loc.** ~ aumento do salário. **3** Pedir com insistência/Suplicar. **Ex.** Várias entidades públicas vêm levantando a voz, reclamando mais justiça nas medidas de austeridade. **4** Protestar, oralmente ou por escrito/Queixar-se. **Ex.** Você está sempre a [só sabe] ~! O cliente reclamou a qualidade do bife «duro e muito salgado». **5** Impugnar. **Ex.** O aluno reclamou a nota pedindo a revisão da prova. **Loc.** ~ duma multa de trânsito. **6** Opor-se/Contestar. **Ex.** Os cidadãos reclamam contra o aumento de impostos.

reclamável *adj 2g* (<reclamar + -vel) **1** Que se pode reclamar/exigir/reivindicar. **Comb. Créditos ~eis. Pré[ê]mio** «de sorteio/da lota[e]ria» ~ dentro do prazo estabelecido. **2** Que está sujeito a protesto/contestação/oposição/Passível de reclamação. **Comb.** Multa ~.

reclame/o (Réclâ) *s m* (<fr *réclame*) **1** Qualquer forma de publicidade feita a algo ou alguém/Anúncio/Propaganda. **Loc. Fazer ~ de porta em porta** distribuindo folhetos [amostras] do produto «novo refrigerante». **Fazer ~ do livro de poemas** da autoria do filho «junto dos amigos». **2** O que se divulga ou promove através da propaganda. **Ex.** Ouvi na rádio o ~ dum concerto no Coliseu mas não fixei quando. **3** Letreiro [Cartaz/Tabuleta] que indica aquilo que se quer dar a conhecer/Anúncio. **Comb.** ~ *luminoso* «do Porto Sandeman». **4** Anúncio(+) pago inserido num órgão de comunicação social. **Comb.** ~ *do novo Mercedes* na TV. ~ *dum filme* num jornal diário.

reclamo (Réclâ) *s m* (<reclamar) **1** ⇒ reclame. **2** A(c)to ou efeito de reclamar/Protesto/Reclamação. **Ex.** Quando foi anunciado o encerramento da estação dos correios, choveram [surgiram muitos] ~s [reclamações(+)] da população inteira. **3** Grito com que o caçador imita a ave para a atrair/Chamariz. **4** Ave treinada para atrair as outras. **5** Final da frase dum a(c)tor que serve de sinal para a fala de outro/Deixa(+).

reclinação *s f* (<reclinar + -ção) **1** A(c)to ou efeito de reclinar(-se)/Inclinação. **2** Posição do que está reclinado/encostado.

reclinar *v t* (<lat *reclíno, áre, átum <clíno, áre*: inclinar) Afastar o corpo da vertical apoiando-o em algo que o sustente/Encostar/Recostar/Deitar. **Ex.** Reclinou-se sobre o doente que estava deitado na cama e beijou-o carinhosamente. **Loc.** ~ *a cabeça na almofada.* ~ *a criança no berço.* ~*-se no sofá* «idi para passar pelas brasas [para dormi(ta)r um pouco]».

reclinatório *s m* (<reclinar + -ório) **1** Móvel próprio para alguém se reclinar/Se estender/Cadeira-cama. **2** ⇒ genuflexório.

reclinável *adj 2g* (<reclinar + -vel) Que se pode reclinar. **Comb.** Cama [Poltrona/Cadeira] ~.

reclusão *s f* (<lat *reclúsio, ónis*) **1** Afastamento da convivência com outras pessoas/Isolamento. **Ex.** Estar em ~ por sofrer de doença contagiosa. **2** *Dir* Pena que consiste na privação da liberdade de alguém fechando-o em estabelecimento prisional/Pena de prisão. **3** Cárcere/Prisão. **Comb.** Casa de ~ [Cárcere/Reformatório]. **4** *Mil* Prisão de um militar em local adequado, por ter infringido os regulamentos militares. **5** *Rel* Isolamento voluntário ou imposto/Clausura. **Ex.** Escolheu a vida (religiosa) de ~. O velho padre passava longas horas em oração na ~ do seu quarto.

recluso, a *s/adj* (<lat *reclúsus, a, um <cla(u)do, ere, clausum/clúsum*: fechar) **1** (O) que vive isolado/afastado do convívio social. **Loc.** Levar vida de ~. **2** (O) que cumpre pena de prisão/Preso/Presidiário. **Ex.** Os ~s [presos(+)] amotinaram-se. **Comb.** Militar ~. **3** *Rel* (O) que vive em clausura. **Comb.** Freiras [Monges] ~as/os.

recobramento *s m* (<recobrar + -mento) A(c)to de recobrar/Recuperação/Recobro(+).

recobrar *v t* (<lat *recúpero, áre, átum <recípio*; ⇒ receber) **1** Adquirir novamente/Retomar a posse/Recuperar. **Ex.** Depois de implantada a república em Portugal, em 1910, os monárquicos ainda tentaram ~ o antigo regime, sem sucesso. **2** Recuperar as capacidades «físicas/psicológicas» normais/Restabelecer-se. **Ex.** Ainda não recobrei do susto «dum aparatoso acidente de automóvel». **Loc.** ~ *ânimo.* ~ *os sentidos.*

recobrável *adj 2g* (<recobrar + -vel) Que se pode recobrar/Recuperável(+). **Ant.** Irrecuperável.

recobrir *v t* (<re- +...) **1** Tornar a cobrir. **Loc.** ~ um bolo com nova camada de creme. **2** Cobrir bem. **Loc.** ~ uma árvore «com plástico» para não se queimar com a geada.

recobro (Cô) *s m* (<recobrar) **1** Recobramento/Recuperação. **Comb.** ~ do automóvel roubado. **2** Restabelecimento/Recuperação. **Comb.** ~ da vista [dos sentidos]. **3** Reanimação/Renascimento. **Comb.** ~ da alegria [do ânimo].

recognoscível *adj 2g* (<re- +...) Que se reconhece ou pode reconhecer/Reconhecível. **Ant.** Irrecognoscível [Irreconhecível(+)].

recoleção (Lè) [*Br* **recolecção**] *s f* [= recoleção] (<lat *recolléctio, ónis*; ⇒ recolher) Reunião [Retiro] espiritual de curta duração. **Comb.** Manhã [Dia] de ~.

recolha (Cô) *s f* (<recolher) **1** A(c)to ou efeito de recolher. **Ex.** Na época da ~ dos cereais há sempre muito trabalho. **2** A(c)to de reunir/juntar coisas de diferentes proveniências. **Comb.** ~ *de assinaturas* «para uma petição». ~ *de mobílias usadas.* ~ *de notas* (Dinheiro) que deixaram de circular. ~ *do lixo.* **3** Local de abrigo, mediante pagamento, para automóveis. **Comb. Garagem de ~. Pagamento** «mensal» *da* ~. ⇒ estacionamento (pago). **4** A(c)to de recolher(-se). **Loc.** Fazer a ~ da roupa para não se molhar com a chuva. **Comb.** ~ *das redes pelos pescadores.* **5** Procura de informação para realização dum trabalho/Pesquisa. **Comb.** ~ *bibliográfica.* ~ *de material* [dados].

recolher *v t/int* (<re- +...) **1** Apanhar. **Loc.** «antes que chova» ~ *a roupa* que estava a secar fora ao sol. ~ [Angariar/Pedir] *esmolas/donativos* «para a igreja». «o cami(nh)ão» ~ *o lixo.* **2** Guardar/Resguardar. **Loc.** ~ *o gado* [os animais] na loja. ~ [Meter] *o carro* na garagem. **3** Dar asilo/hospitalidade/Abrigar. **Loc.** ~ os sem-abrigo [as vítimas «da cheia»]. **4** Tirar de circulação. **Ex.** O Governo recolheu as notas antigas «do escudo». **5** ~-se/Ficar só. **Ex.** Ele recolheu-se ao seu quarto/aposento. Ela recolheu-se [ficou recolhida] em oração. **6** Reunir/Juntar/Compilar. **Loc.** ~ *informações.* ~ *material* [dados] «para escrever a tese de doutoramento».

recolhidamente *adv* (<recolhido + -mente) **1** Com recolhimento. **Loc.** Rezar ~ «diante do Santíssimo Sacramento». **2** Concentradamente. **Ex.** Para estudar ~, prefiro a biblioteca a outros lugares mais barulhentos.

recolhido, a *adj/s* (<recolher + -ido) **1** Que se recolheu/reuniu/juntou. **Ex.** As sobremesas ~as no fim do banquete foram oferecidas ao lar de idosos. **2** Abrigado/Albergado. **Ex.** Os peregrinos passaram a noite ~s num alpendre. **Comb.** ~s [Abrigados(+)] da chuva «no vão duma porta». **3** Que vive em recolhimento/afastado do convívio social. **Loc.** Viver ~ na sua casa [num convento]. **4** Calmo/Sereno/Sossegado. **Comb.** Ambiente ~ «ó(p)timo para meditar». **6** Que regressou aos seus aposentos para descansar. **Ex.** Os meus pais já estão ~s; agora não os vou incomodar. **7** Oculto/Escondido/Recuado. **Ex.** A mansão tinha uma entrada ~a que dava acesso à cave, da qual só o mordomo tinha a chave. **8** *s m* Em tipografia, espaço no início dum parágrafo. **9** *s f* Colheita(+)/Apanha. **10** *s f* Mulher que vive em convento, sem votos.

recolhimento *s m* (<recolher + -mento) **1** A(c)to ou efeito de recolher(-se)/Apanha/Colheita. **Comb.** ~ [Recolha(+)] dos produtos da terra. **2** A(c)ção de retirar-se/Retirada. **Ex.** Antigamente, nas aldeias, com o toque das trindades, começava o ~ [, (toda) a gente ia para casa]. **3** Lugar onde se recolhe/guarda alguém ou alguma coisa. **Ex.** As uvas foram tão abundantes que já não tenho vasilhas para ~ do vinho. **4** *Rel* Convento que recebe pessoas sem votos/Casa religiosa. **Ex.** O rei de Portugal D. Sancho II, depois de deposto, acabou os seus dias num ~ em Toledo. **5** Casa de repouso/Asilo/Abrigo. **Ex.** Com o envelhecimento da população, os ~s para idosos são cada vez mais necessários. **6** Vida re-

tirada/recatada/Isolamento. **Ex.** Preferia o ~ da quinta ao bulício da cidade. **7** Recato/Modéstia/Pudor. **Ex.** Senhora que a todos edificava pela sua bondade e ~. **8** Afastamento das solicitações exteriores e das emoções para se entregar à oração.

recolocar v t (<re- +...) Colocar novamente/Repor. **Ex.** Tira todos os livros da estante para limpar o pó e recoloca-os depois exa(c)tamente como estavam.

recombinar v t (<re- +...) **1** Combinar novamente. **Ex.** Houve alteração de planos; temos que convocar uma reunião para ~ tudo. **2** *Quím* Refazer uma combinação. **Ex.** O oxigé[ê]nio e o hidrogé[ê]nio libertados na ele(c)trólise da água recombinam-se (formando novamente água) pela combustão do hidrogé[ê]nio.

recomeçar v t (<re- +...) Começar novamente. **Ex.** As aulas recomeçaram «depois das férias de Natal». Recomeçou [Tornou/Está outra vez(+)] a chover.

recomeço (Mê) s m (<recomeçar) A(c)to de começar novamente/Novo começo/Reinício. **Comb.** ~ [Reinício] *do ano le(c)tivo*. ~ [Retoma(+)] *duma tarefa* interrompida.

recomendação s f (<recomendar + -ção) **1** A(c)to ou efeito de recomendar/Indicação favorável. **Ex.** A ~ do antigo patrão foi muito importante para ser admitido. **Comb.** Carta de ~ [abonatória da [a recomendar a] pessoa a quem se refere]. **2** Aviso/Conselho/Advertência. **Ex.** "Manter fora do alcance das crianças" é uma ~ constante em muitos medicamentos e produtos tóxicos. **3** Qualidade de quem [do que] é recomendável/Garantia. **Ex.** A competência profissional e a re(c)tidão de cará(c)ter são as melhores ~ões que se podem apresentar (de alguém). **4** Resolução de um órgão político, nacional ou internacional, sem cará(c)ter obrigatório. **Comb.** ~ da UE. **5** pl Cumprimentos(o+)/Lembranças(+). **Ex.** Apresenta aos teus pais as nossas ~ões.

recomendado, a adj/s (<recomendar + -ado) **1** Que se recomendou/Aconselhado/Indicado. **Ex.** Se ele tivesse feito o que lhe foi ~ nada disto «multa» aconteceria. **Comb.** *Procedimento* ~. *Produto* ~. **2** s Pessoa que alguém recomendou ou por quem se interessa/Protegido. **Ex.** Os ~s arranjam quase sempre bons empregos.

recomendar v t (<re- + lat *comméndo, áre, átum*: confiar, ~) **1** Indicar como bom/Aconselhar. **Ex.** Recomendo-lhe a leitura deste livro. Qual dos dois «produtos/aparelhos» me recomenda? **2** Dar determinada instrução ou aviso/Fazer recomendação/Avisar/Prescrever. **Ex.** O médico recomendou que não bebesse bebidas alcoólicas enquanto estivesse a tomar o antibiótico. A mãe recomendou insistentemente à criança que fosse sempre pelo passeio e não atravessasse a rua. **3** Tornar digno de crédito/Abonar/Afiançar. **Ex.** Os bons resultados obtidos recomendam que se mantenha a equipa/e sem alteração. É uma empresa que se recomenda pela qualidade dos seus produtos. **4** Indigitar para o desempenho dum cargo ou função. **Ex.** Conhece alguém que me recomende para chefiar o departamento de informática? **5** Indicar [Exigir/Requerer] determinada forma de a(c)tuação. **Ex.** A delicadeza do assunto recomenda que seja tratado com a maior discrição. **6** Pedir a prote(c)ção [o favor]. **Ex.** Há poucas vagas, será mais provável ser admitido se tiver quem o recomende. **7** Entregar ao cuidado [à atenção]/Confiar. **Ex.** Enquanto estiveram ausentes, recomendaram os filhos a um casal amigo. **Loc.** ~[Encomendar(+)]-se a Deus.

recomendatório, a adj (<recomendar + -tório) Que recomenda/serve para recomendar/Abonatório. **Comb.** Conduta irrepreensível, ~a [abonatória(+)] para qualquer emprego.

recomendável adj 2g (<recomendar + -vel) **1** Que merece ser recomendado/Que é digno de estima/admiração. **Comb.** *Companhia*/Empresa/Firma ~. *Trabalhador* ~. **2** Que se considera bom/Aconselhável. **Comb.** *Marca* «de carro» ~. *Restaurante* ~.

recompensa s f (<recompensar) **1** Retribuição [Compensação] por serviço prestado ou por a(c)ção meritória. **Ex.** Ajudou-me muito; não vai ficar [não o/a vou deixar] sem ~. Recebeu uma gratificação (em dinheiro) como ~ pela dedicação à empresa. **2** Benefício/Satisfação [Compensação] moral. **Ex.** Não quis receber qualquer pagamento pelos serviços prestados aos vizinhos inválidos; basta-lhe a ~ de ter sido útil a alguém. **3** Pré[ê]mio/Galardão. **Ex.** Recebeu uma condecoração como ~ dos relevantes serviços prestados à nação. **4** Inde(m)nização [Compensação] por perdas ou danos sofridos. **Ex.** O governo anunciou que estava assegurada a ~ [compensação(o+)/inde(m)nização(+)] dos prejuízos com as inundações. **5** *iron* Castigo. **Ex.** Como ~ das (notas) negativas, ficou em casa a estudar durante o fim de semana.

recompensador, ora adj/s (<recompensar + -dor) (O) que recompensa/(O) que dá retribuição. **Ex.** As boas notas [classificações] obtidas foram ~oras do esforço feito ao longo do ano. **Comb.** Trabalho duro [difícil/penoso] mas ~ [bem pago].

recompensar v t (<lat *recompénso, áre, átum*) **1** Dar recompensa a. **Ex.** Se me ajudares «a limpar a casa» eu depois recompenso-te. **2** Premiar/Galardoar. **Ex.** A autarquia recompensou os melhores alunos com bolsas de estudo. **3** Ter uma contrapartida/Compensar. **Ex.** O lucro obtido não o recompensou do enorme esforço que o trabalho lhe exigiu. **4** Inde(m)nizar. **Ex.** O seguro recompensou apenas uma parte diminuta dos prejuízos «causados pela trovoada».

recompensável adj 2g (<recompensar + -vel) Que merece recompensa. **Comb.** A(c)ção [Esforço/Trabalho] ~/meritória/o.

recompor v t (<lat *recompóno, pónere, pósui, pósitum*) **1** Compor de novo/Restabelecer/Restaurar. **Ex.** Reparado há tão pouco tempo, o esquentador voltou a avariar; o técnico terá que o ~. Lutou [Trabalhou] muito para ~ a vida. **2** Formar de novo/Reorganizar/Reconstituir. **Ex.** Foi admitido um novo dire(c)tor para ~ a empresa. O treinador recompôs a equipa/e com dois novos jogadores. **3** Voltar a dar bom aspe(c)to ao que estava descomposto/Alinhar/Arranjar. **Loc.** ~ *o cabelo*. ~ *o vestido*. **4** Recuperar [Restaurar] a vitalidade/as forças/Restabelecer-se. **Ex.** Estava muito debilitado com a doença; agora vai-se recompondo. **5** Reconciliar/Harmonizar. **Ex.** «os dois irmãos» Andavam zangados mas recompuseram-se [mas fizeram as pazes(+)] na festa de aniversário da mãe. **6** Recuperar o controle emocional. **Ex.** Já se recompôs do abalo sofrido.

recomposição s f (<re- +...) **1** A(c)ção de recompor(-se). **2** Reorganização/Reordenamento/Novo arranjo. **Comb.** ~ *da economia*. **3** Reconstituição substituindo parte(s) de um todo. **Comb.** ~ *da equipa/e* ministerial. **4** Reconciliação. **Ex.** Há muitas pessoas interessadas na ~ [reconciliação(+)] do casal desavindo.

recomprar v t (<re- +...) Voltar a comprar(+). **Loc.** ~ bens que pertenceram à família.

recôncavo s m (<re- +...) **1** Cavidade funda/Concavidade. **Ex.** Ao penetrarem no ~ da gruta ficaram deslumbrados com a beleza natural das formações calcárias «estala(c)tites/estalagmites». **2** Cavidade entre rochedos/Gruta/Antro. **3** Pequena enseada.

reconcentrar v t (<re- +...) **1** Voltar a concentrar/fazer convergir num ponto. **Ex.** Cada um vai fazer as tarefas que lhe estão destinadas e reconcentramo-nos todos aqui no acampamento dentro de duas horas. **2** Chamar a [Recolher em] si «várias funções». **3** *Quím* Tornar a concentrar/Concentrar mais. **Loc.** ~ uma solução antes de adicionar um reagente «para obter um precipitado». **4** Fixar a atenção/Recolher-se. **Loc.**~-se no estudo.

reconciliátio, ónis s f (<lat *reconciliátio, ónis*) **1** A(c)to ou efeito de reconciliar(-se). **2** Restabelecimento de relações entre pessoas desavindas. **Ex.** Ficaram todos felizes com a ~ do casal. **3** Recuperação do ânimo/alento/da confiança em si próprio. **Ex.** A ajuda do psiquiatra foi determinante na ~ consigo mesmo. **4** *Rel* A(c)to pelo qual Jesus Cristo reconciliou os homens com Deus. **5** *Rel* Sacramento que dá o perdão aos penitentes arrependidos, por meio da confissão e da absolvição dada pelo sacerdote. **Sin.** Confissão(+); penitência.

reconciliado, a adj/s (<reconciliar + -ado) **1** Que se reconciliou/Que fez as pazes. **Comb.** *Casal* ~. *Pai e filho* ~s. **2** (O) que recuperou a confiança em si mesmo. **Ex.** Após o tratamento com o psiquiatra tornou-se um homem ~ consigo [seguro de si] mesmo/próprio. **3** *Rel* (O) que se confessou e recebeu a absolvição dos seus pecados. **Ex.** Os ~s [confessados] aguardaram na igreja a conclusão da celebração penitencial.

reconciliador, ora adj/s (<reconciliar + -dor) **1** (O) que reconcilia/promove a reconciliação. **Ex.** O ~ conseguiu que fizessem as pazes. **Comb.** Atitude ~ora. **2** Próprio para reconciliar. **Comb.** A(c)to [Esforço] ~.

reconciliar v t (<lat *reconcílio, áre, átum*) **1** Restabelecer a paz [harmonia/as boas relações] entre pessoas que se tinham zangado. **Loc.** ~ *um casal desavindo*. ~ *vizinhos zangados*. **2** Compatibilizar aquilo que se apresentava como inconciliável/Conciliar(+)/Harmonizar. **Loc.** ~ propostas do governo com as reivindicações dos parceiros sociais. **3** *Rel* Restabelecer a graça de Deus em alguém que recebe a absolvição. **Ex.** Depois de se ~ no sacramento da confissão, recuperou a alegria de viver. **4** Ficar bem consigo próprio/Aceitar-se. **Ex.** Para aceitar os outros é preciso primeiro ~-se consigo próprio.

reconciliatório, a adj (<lat *reconciliátus, a, um* + -ório ⇒ reconciliar) Que proporciona reconciliação. **Comb.** Tentativa ~a.

reconciliável adj 2g (<reconciliar + -vel) Que se pode reconciliar.

recôndito, a adj/s m (<lat *recónditus, a, um*) **1** Escondido/Retirado. **Comb.** Lugar ~. **2** Desconhecido/Ignorado/Indecifrável. **Comb.** Mistérios ~s. **3** Íntimo/Profundo. **Comb.** Aspirações [Pensamentos] ~as/os. **4** s m O que fica escondido/Recanto/Escaninho. **Ex.** Vasculhei todos os ~s [os (re)cantos(+)] da casa à procura das chaves do carro «e ainda não as encontrei». **5** s m A parte mais íntima/Âmago. **Ex.** Ninguém suspeitava o que ia no ~ da sua alma.

recondução s f (<re- +...) **1** A(c)to ou efeito de reconduzir/Reenvio/Retorno. **Comb.** ~ dos bens «herdades/Bancos» nacionalizados aos antigos legítimos proprietários. **2** Prolongamento de um contrato ou manutenção num cargo para além do prazo anteriormente fixado. **Ex.** O professor obteve a ~ para o ano le(c)tivo seguinte.

reconduzir v t (<re- +...) **1** Levar para onde já tinha estado/Conduzir de volta/Remeter. **Ex.** Depois da entrevista, o contínuo reconduziu-me à portaria. **2** Devolver/Retornar. **Ex.** Na ausência do destinatário, o carteiro reconduziu a encomenda à estação. **3** Manter no mesmo cargo ou função. **Ex.** A assembleia-geral reconduziu em bloco a administração [os administradores] por mais um triénio.

reconfortador, ora [reconfortante] adj [2g/s m] (<reconfortar + -...) **1** (O) que reconforta/dá força/vigor/Tó[ô]nico. **Ex.** Com o ~ [fortificante(+)] que tomei, já me sinto muito melhor. **Comb.** Alimento [Medicamento] ~. **2** (O) que dá novo alento/ânimo/entusiasmo/Animador. **Comb.** Palavras ~s.

reconfortar v t (<re- +...) **1** Restituir o vigor/Recuperar a energia. **2** Consolar/Animar.

reconforto (Fôr) s m (<reconfortar) **1** A(c)to ou efeito de reconfortar. **2** Recobro das forças. **3** Consolação.

recongraçar v t (<re- +...) Reconciliar/Harmonizar.

reconhecer v t (<lat *recognósco, óscere, óvi, itum*) **1** Identificar alguém que já se conhecia. **Ex.** Estás tão diferente que nem te reconhecia! Apesar do disfarce, a polícia reconheceu o cadastrado. **2** Admitir a paternidade/Perfilhar. **Ex.** Só o reconheceu como filho depois da análise do ADN. **3** Admitir como verdadeiro/Aceitar/Confessar. **Ex.** Depois de ver as imagens na TV, o árbitro reconheceu que errou. **4** Verificar/Constatar. **Ex.** Todos lhe reconhecem a competência profissional. **5** Conceder formalmente/Admitir como legítimo. **Ex.** A maioria dos países «da Europa» já reconheceu o governo dos rebeldes «da Líbia». **6** Confirmar a veracidade/Certificar. **Loc.** ~ *uma assinatura*. **7** Manifestar o seu agradecimento/Mostrar-se grato/Ser agradecido. **Ex.** Não ~ o bem recebido é sinal de mesquinhez e ingratidão. **Loc.** ~ um favor. **8** Distinguir os traços cara(c)terísticos/Captar/Apanhar. **Loc.** ~ um mentiroso/burlão. **9** Procurar obter informação geográfica/Fazer o reconhecimento/Explorar. **Ex.** Uma patrulha saiu para ~ a zona.

reconhecidamente adv (< reconhecido + -mente) **1** Manifestamente/Declaradamente. **Ex.** Ele é ~ [claramente(+)] um mentiroso. **2** Com reconhecimento/agradecimento. **Ex.** Agradeço ~ a preciosa ajuda que me deste.

reconhecido, a adj (<reconhecer + -ido) **1** Agradecido/Grato/Obrigado. **Ex.** Estou muito ~ a Deus por tudo quanto me tem concedido «vida/saúde/alegria/paz». **2** Que se reconheceu/Identificado. **Ex.** Apesar do disfarce, acabou por ser ~. **3** Que foi autenticado/Verdadeiro. **Comb.** *Assinatura ~a*. **4** Que se legitimou/Perfilhado. **Ex.** Sabe-se que é filho do banqueiro mas nunca foi ~. **5** Tido como verdadeiro/Constatado/Confirmado. **Comb.** «Miguel Torga» *Escritor de ~ mérito*. **6** Que se distingue/diferencia por certas particularidades. **Comb.** «o alho» ~ pelo cheiro.

reconhecimento s m (<reconhecer + -mento) **1** A(c)to ou efeito de reconhecer. **2** Identificação de alguém/algo que já se conhecia. **Ex.** No decorrer da conversa deu-se o ~: tinham sido colegas na tropa. **3** Aceitação como autêntico/verdadeiro. **Comb.** ~ *notarial* «duma assinatura». **4** Aceitação como legítimo/Ratificação. **Comb.** ~ *da independência dum país* [da legitimidade dum governo]. **5** Confissão [Declaração/Admissão] de um fa(c)to/comportamento. **Comb.** ~ *dum erro* [duma falta]. **6** Sentimento de gratidão/Agradecimento. **Ex.** Dirigiu palavras de ~ a todos os que tinham sido seus colaboradores. **7** Recompensa/Retribuição/Pré[ê]mio/Galardão. **Ex.** A condecoração foi-lhe atribuída em ~ dos valorosos serviços prestados à pátria. **8** Observação duma zona geográfica/Inspe(c)ção/Exploração. **Loc.** *Fazer o ~ do terreno* onde iam acampar.

reconhecível adj 2g (<reconhecer + -vel) **1** Que pode ser reconhecido/Passível de ser identificado. **Comb.** «cadáver» Desfigurado mas ~. **Ant.** Irreconhecível. **2** Que pode ser autenticado/aceite/verdadeiro. **Comb.** *Assinatura ~. Documento (não) ~.*

reconquista s f (<reconquistar) A(c)to ou efeito de reconquistar. **Ex.** A ~ definitiva do Algarve aos mouros (com a tomada de Silves e Faro em 1249) foi obra do rei de Portugal, D. Afonso III. **Comb.** *Hist Guerras da ~* [Movimento militar da cristandade ibérica com o obje(c)tivo de recuperar os territórios perdidos nas invasões muçulmanas, no séc. VIII].

reconquistar v t (<re- + ...) **1** Tornar a conquistar. **Ex.** Portugal reconquistou a independência (que perdera em 1580) em 1640. **2** Beneficiar de novo/Recuperar. **Loc.** ~ *o afe(c)to. ~ o prestígio.*

reconsideração s f (<reconsiderar + -ção) **1** A(c)to ou efeito de reconsiderar/Alteração duma decisão já tomada. **Ex.** As condições alteraram-se e aconselham a ~ da oportunidade de avançar com o proje(c)to. **2** Arrependimento/Emenda. **Ex.** A reflexão motivou a ~ da solução anteriormente tida como adequada.

reconsiderar v t/int (<re- +...) **1** Considerar de novo/Retomar a análise/Ponderar. **Ex.** O aparecimento de novos dados aconselhava que se reconsiderasse o assunto. **2** Alterar uma decisão/Desdizer-se. **Ex.** O Governo reconsiderou e suspendeu a entrada em vigor do decreto «de avaliação dos professores». **3** Ado(p)tar uma nova forma de proceder/Arrepender-se. **Ex.** Avisado do perigo que corria «de se viciar na droga», reconsiderou e passou a andar com outras companhias.

reconstituição s f (<reconstituir + -ção) **1** A(c)to ou efeito de reconstituir/Nova constituição (do que se tinha extinguido). **Comb.** ~ duma sociedade [associação]. **2** Recuperação do que estava fraco. **Comb.** ~ dos parâmetros [valores] sanguíneos. **3** Reorganização/Recomposição/Retoma. **Comb.** ~ dum partido político. **4** *Arte* Restauração de obra de arte deteriorada/Restauro(+). **Comb.** ~ *de estátua danificada. ~ duma pintura.* **5** *Dir* Repetição simulada dum acontecimento tal como se supõe ter ocorrido. **Comb.** ~ dum crime.

reconstituinte adj 2g/s m (<reconstituir + -inte) (O) que reconstitui/fortalece/revigora/Tó[ô]nico. **Comb.** *Alimento ~. Adubo «rico em oligoelementos» ~ para o solo.*

reconstituir v t (<re- +...) **1** Tornar a constituir/Recompor/Refazer. **Loc.** ~ *um documento* «rasgado em pequenos fragmentos». ~ *um dente partido*. **2** Restabelecer/Restaurar. **Ex.** Com a ajuda dos medicamentos reconstituiu-se [recuperou a saúde(+)] em pouco tempo. **3** Rever mentalmente [Relembrar] fa(c)tos/acontecimentos que se guardam na memória. **Ex.** Deixa-me [Vou] pensar um pouco para ver se consigo ~ o acidente com todos os pormenores. **4** Recriar de forma simulada um acontecimento tal como se presume que tenha ocorrido. **Loc.** ~ *um crime.*

reconstrução s f (<reconstruir + -ção) **1** A(c)to ou efeito de reconstruir/Reedificação. **Comb.** ~ de um edifício «parcialmente destruído por um terramoto». **2** Aquilo [(Parte de) edifício] que se reconstruiu. **Ex.** Grande parte da muralha não é original, é uma ~. **3** *Med* Reconstituição cirúrgica de uma parte do corpo. **Comb.** Operação de ~ «do maxilar». **4** Junção de elementos separados para se construir um todo. **Ex.** Muitos dos elementos metálicos duma ponte desmontada «substituída por outra de betão» foram utilizados na ~ de outra ponte. **5** Reformulação/Reelaboração. **Comb.** ~ duma teoria. **6** Reorganização/Reforma/Transformação. **Comb.** ~ econó[ô]mica e social.

reconstruir v t (<re- +...) **1** Construir de novo/Reedificar. **Ex.** Depois da catástrofe «do sismo» é (a) hora de ~ a cidade. **2** Reconstituir/Recompor. **Loc.** ~ um texto [discurso]. **3** Reorganizar/Reformar. **Loc.** ~ uma teoria.

reconstrutivo, a adj (<re- +...) **1** Que reconstrói. **Comb.** Técnica ~a. **2** *Med* Que reconstitui uma parte do corpo que está lesionada. **Comb.** Cirurgia ~.

reconstrutor, ora adj/s (<re- +...) **1** (O) que reconstrói/reedifica. **Comb.** Empresa ~ora de edifícios degradados. **2** *Med* Que reconstitui uma parte do corpo que está lesionada/Reconstrutivo. **Comb.** Cirurgia ~ora [reconstrutiva(+)]. **3** (O) que reformula/reajusta. **Comb.** «cientista» ~ duma teoria «por ele inventada». **4** (O) que reorganiza/reforma. **Comb.** *Modelo ~. Processo ~.*

recontagem s f (<recontar + -agem) A(c)to de contar de novo/Nova contagem. **Ex.** Nas eleições há sempre várias ~ns dos votos.

recontar v t (<re- +...) **1** Tornar a contar/Fazer a recontagem de. **Ex.** Ao ~ as peças em *stock* [estoque] confirmou a quebra [falha/diferença] em relação ao que estava regist(r)ado. **2** Contar muitas vezes. **Ex.** Já contei e recontei «o dinheiro» várias vezes e chego sempre a valores diferentes. **3** Narrar de novo. **Ex.** Essa história já eu (t)a recontei vezes sem conta [inúmeras vezes].

recontratar v t (<re- +...) Contratar novamente. **Loc.** ~ os trabalhadores «da campanha anterior».

recontro s m (<re- + (en)contro) **1** Encontro [Embate] de forças combatentes/Combate/Peleja. **Comb.** ~ entre soldados do exército e rebeldes armados. **2** Luta de curta duração/Conflito/Choque. **Comb.** ~ dos manifestantes com a polícia. **3** Discussão(+)/Luta(o+). **Comb.** ~ entre políticos «alimentado pela comunicação social».

reconvenção s f (<re- +...) **1** *Dir* A(c)ção em que o réu demanda o autor pelo mesmo motivo por que é demandado. **2** Resposta agressiva contra uma agressão/Recriminação.

reconversão s f (<re- +...) **1** A(c)to ou efeito de reconverter(-se). **Ex.** Temos duas alternativas: vender a empresa ou apostar na [ou fazer a] ~. **2** Nova conversão. **Ex.** Era filiado num partido de direita; fez-se adepto do socialismo e agora fez a ~ [agora voltou] ao partido inicial. **3** *Econ* Adaptação

reconverter

[Transformação] duma empresa ou a(c)tividade noutra que se afigura com maior viabilidade econó[ô]mica. **Comb.** ~ dum se(c)tor produtivo [duma empresa] «têxtil/calçado». **4** Adaptação dum funcionário a nova função/a(c)tividade. **Comb.** ~ de escriturário em operador de informática.

reconverter *v t* (< re-+...) **1** Proceder à reconversão/Tornar a converter/Converter de novo. **2** *Econ* Fazer a reconversão econó[ô]mica «duma empresa/dum se(c)tor de a(c)tividade». **3** Adaptar funcionários/trabalhadores a uma nova situação laboral.

reconvindo, a *adj/s* (< reconvir) Diz-se de pessoa contra quem se intenta a reconvenção.

reconvir *v t* (<re- +...) **1** *Dir* Intentar a(c)ção judicial contra o autor duma demanda e pelo mesmo motivo/Propor reconvenção. **2** Recriminar o acusador para diminuir a importância da acusação por ele feita. **3** Voltar a estar na posse de algo/Recuperar/Reaver.

recopiar *v t* (<re- +...) Tornar a copiar. **Loc.** ~ o texto dum ditado «em que se deu muitos erros».

recopilação *s f* (<recopilar + -ção) **1** Reunião numa obra de extra(c)tos de obras de diferentes autores/Compilação/Cole(c)tânea. **2** Resumo/Síntese.

recopilar *v t* (<re- + copilar, por compilar) Reunir numa só obra extra(c)tos de outras obras/Compilar/Coligir/Compendiar.

recordação *s f* (<lat *recordátio, ónis*) **1** A(c)to de recordar(-se)/trazer à memória. **Ex.** O (dia) 11 de setembro de 2001 é em cada ano dia de ~ dos terríveis atentados ocorridos nos EUA. **2** O que se conserva na memória/Lembrança. **Ex.** Tenho muito boas ~ões dos tempos de colégio. **3** Obje(c)to que faz lembrar algo «pessoa/lugar». **Ex.** As fotos «dos filhos e netos» são as ~ões que me acompanham sempre. Nas viagens ao estrangeiro trago [compro] sempre algumas ~ões.

recordar *v t* (<lat *recórdo, áre, átum*) **1** Trazer à memória/(Re)lembrar/Rememorar. **Ex.** Recordo com saudade os tempos da infância. **2** Ter analogia/semelhança com. **Ex.** Aquele senhor faz-me ~ [lembrar(+)] um a(c)tor conhecido. **3** Trazer à lembrança/Estudar outra vez. **Ex.** Vou dar mais uma volta ao [Vou ler outra vez o] livro para ~ a matéria estudada.

recordatório, a *adj/s f* (<recordar + -tório) **1** Que faz recordar. **Comb.** Imagens «das torres gé[ê]meas» ~as do 11 de setembro de 2001. **2** *s f* Apontamento [Nota/Aviso/Lembrete(+)] para fazer recordar alguma coisa.**Ex.** Não me vou esquecer «da reunião»; já pus uma ~a em cima da secretária.

recorde (Rècór) *s m/adj* (<ing *record*) **1** O melhor resultado «duma prova (d)esportiva» regist(r)ado oficialmente. **Loc.** *Bater um* ~ [Ultrapassar o máximo atingido anteriormente]. *(De)ter o* ~ [Manter o melhor resultado [a melhor marca] conseguido/a]. *Estabelecer o* ~ [Conseguir um resultado que ainda não tinha sido alcançado]. **Comb.** ~ *nacional* «de salto em comprimento». **2** Resultado que excede tudo o que foi feito anteriormente numa dada a(c)tividade. **Comb.** ~ *de produção* «de automóveis, num dado período, numa dada fábrica».

recordista (Ré) *s 2g* (<recorde + -ista) **1** *(D)esp* Pessoa que consegue o melhor resultado numa prova, superando todos os anteriores. **Comb.** ~ *do triplo salto*. ~ *da maratona*. **2** Pessoa que supera os melhores resultados até então obtidos numa a(c)tividade. **Comb.** Cineasta ~ de [no número de] filmes produzidos.

reco-reco (Réco-ré) *s m Mús* (< *on*) **1** Instrumento musical de percussão de origem afro-brasileira, composto de um tubo de bambu com golpes transversais num dos lados, ao longo dos quais se faz passar uma varinha para produzir som. **2** Brinquedo infantil que imita **1**. **3** *interj* Voz para chamar os porcos.

recorrência *s f* (<recorrer + -ência) **1** A(c)to de recorrer. **2** Cará(c)ter do que é recorrente/que se repete/se volta sobre si mesmo. **Comb.** ~ *da febre* (ao parar com a medicação). ~ *de sismos,* após o primeiro (grande) abalo. **2** Repetição. **Comb.** *Liter ~ de assuntos* [*temas/motivos*]. *Mat Princípio de* ~ [Demonstrada a validade de um teorema para *n*, se também for válido para *n+1*, então, por ~, também o será para todos os valores de *n*].

recorrente *adj/s 2g* (<recorrer + -ente) **1** (O) que recorre/volta a aparecer. **Comb.** *Ensino ~* [destinado a estudantes que, tendo abandonado a escolaridade, pretendem retomá-la]. **2** *Dir* (O) que recorre «duma sentença/dum despacho»/Apelante. **Ex.** O tribunal deu razão aos ~s. **3** *Anat* Que retrocede [parece retroceder] às origens. **Comb.** Artéria [Nervo] ~. **4** *Med* Que se manifesta com acessos febris ~s. **Comb.** Febre ~. **5** *Biol* Que aparece depois de ter desaparecido há muito tempo/Em que se manifesta atavismo.

recorrer *v t/int* (<lat *recúrro, cúrrere, cúrsum*) **1** Tornar a percorrer. **Ex.** Para ir para o emprego recorre [percorre(+)/faz] todos os dias o mesmo traje(c)to/percurso. **2** Examinar com atenção/Esquadrinhar. **Ex.** Recorreu [Analisou(o+)/Examinou(+)/Estudou(+)] cuidadosamente todos os artigos da lei «do arrendamento urbano» para saber todos os seus direitos e obrigações. **3** Recordar/Evocar/Lembrar. **Ex.** A passagem do aniversário de 11 de setembro de 2001 fez ~ [relembrar(+)/recordar(+)] o horror das imagens observadas em dire(c)to anos atrás. **4** Lançar mão/Valer-se de/Pedir auxílio. **Ex.** Em caso de necessidade, a família é a quem primeiro se recorre. Quando vendi o carro, recorri à [socorri-me da] motorizada/bicicleta para ir para o emprego. **Loc.** ~ *à Internet* para tirar dúvidas. **5** *Dir* Interpor recurso/Apelar. **Loc.** ~ *duma sentença.*

recorrido, a *adj/s m Dir* (<recorrer) **1** *s m* Aquele contra quem se interpõe o recurso judicial. **2** Que foi obje(c)to de recurso. **Comb.** Processo ~.

recorrível *adj 2g* (<recorrer + -vel) **1** De que há recurso. **Comb.** *Sentença ~*. **2** De que se pode recorrer.

recortado, a *adj/s m* (<recortar) **1** Que tem recortes. **Comb.** Papel [Desenho] ~. **2** Que tem os bordos arredondados. **Comb.** Toalha de mesa ~a. **3** Que tem curvas pronunciadas [fechadas]/Sinuoso. **Comb.** Estrada ~a [sinuosa(+)]. **4** *Bot* Que tem saliências e reentrâncias nos bordos. **Comb.** Folha ~a. **5** *s m* Obra que apresenta recortes/Recorte. **Comb.** O ~ das cortinas.

recortador, ora *adj/s* (<recortar + -dor) (O) que recorta. **Comb.** (O) ~ da cortiça «para rolhas».

recortar *v t* (<re- +...) **1** Fazer recortes em/Cortar para obter determinada figura/Retirar cortando. **Loc.** ~ *uma figura* «pelo traçado». **2** Fazer sobressair um contorno/Destacar. **Ex.** No fim das tardes de outono, as árvores recortam-se no horizonte com toda a nitidez. **3** Fazer intervalos/Entremear/Intercalar. **Loc.** ~ *uma sessão de trabalho* [Fazer uma pausa(+)] «para tomar um café». ~ [Interromper(+)] *um discurso* com aplausos.

recorte (Recór) *s m* (<recortar) **1** A(c)to ou efeito de recortar. **Comb.** Tesoura para ~. **2** Desenho [Figura] que se obtém recortando uma superfície plana. **Ex.** Vou enfeitar o vestido da menina com ~s de flores e frutos. **3** Saliência ou depressão nos bordos de um obje(c)to. **Comb.** O ~ da toalha [do naperão]. **4** *Bot* Forma dentada dos bordos duma folha vegetal. **5** Fragmentos de notícias [artigos] que se destacam «do jornal/da revista» para guardar. **Comb.** Pasta com ~s de notícias sobre a (sua) família. **6** Perfil de um obje(c)to ou corpo sobre um fundo/Silhueta(+). **7** *Geog* Contorno acidentado das costas marítimas. **Comb.** ~ *do litoral*. **8** *fig* Apuro/Rigor/Precisão. **Comb.** *Texto* [*Discurso*] *de fino ~ literário.*

recortilha *s f* (<recorte + -ilha) Instrumento de recortar/Recortador/Carretilha.

recoser *v t* (<re- +...) Coser de novo/Coser muitas vezes. **Ex.** Já (re)cosi várias vezes a bainha da saia «e está novamente descosida».

recostar *v t* (<re- + costas + -ar¹) Deixar a posição vertical e apoiar (uma parte d)o corpo em alguma coisa/Encostar(-se)/Inclinar(-se)/Reclinar(-se). **Loc.** ~ *a cabeça* na almofada. *~-se no ombro* de alguém. *~-se no sofá.*

recosto (Côs) *s m* (<recostar) **1** Parte do assento destinada a apoiar as costas. **Comb.** Cadeirão com ~ almofadado. **2** Tudo o que serve para alguém se encostar/Encosto/Almofada/Reclinatório. **Ex.** O sono era tanto que só queria encontrar um ~ onde pudesse *idi* passar pelas brasas [dormi(ta)r um pouco]. ⇒ espaldar [costas] «da cadeira».

recovagem *s f* (<recovar + -agem) **1** Transporte feito por recoveiro. **Comb.** Empresa de ~. **2** Preço desse transporte.

recovar *vt/int* (<récova/récua <ár *rakba(t)*: grupo de viajantes montados em bestas + -ar¹) **1** Transportar mercadorias/bagagens de um lugar para outro. **Ex.** O empregado do hotel recovou [levou(+)]-lhe as malas para o carro. **2** Ser recoveiro.

recoveiro, a *s* (<recovar + -eiro) Pessoa que se encarrega do transporte de bagagens e mercadorias mediante pagamento. **Ex.** Antigamente, os ~s utilizavam animais de carga no desempenho da sua função; modernamente, (os ~s) foram substituídos por empresas de recovagem. Os ~s, por vezes, também se encarregavam da aquisição de bens «na cidade» encomendados pelos clientes.

recozer *v t* (<re- +...) **1** Voltar a cozer/Cozer demoradamente. **Ex.** A galinha era velha [dura]; já está há tanto tempo a ~ e ainda não está (bem) cozida. **2** Aquecer de novo um metal ao rubro e deixar arrefecer lentamente. **3** Deixar esfriar [arrefecer] gradualmente peças de cerâmica ou vidro em forno especial, logo após o fabrico. **4** Um alimento cozinhado perder a frescura. **Ex.** O arroz está recozido, não sabe bem. **5** *fig* Cismar em/Ruminar.

recozimento *s m* (<recozer + -mento) A(c)to ou efeito de recozer. **Comb.** ~ *de peças* metálicas para eliminar tensões internas.

recreação *s f* (<lat *recreátio, ónis*) **1** Recreio/Entretenimento. **Idi.** *Por sua alta ~* [Por sua vontade exclusiva/Porque apeteceu/lembrou/Espontaneamente] (**Ex.** A empregada, por sua alta ~, veio dizer aos

clientes que o médico estava com pressa e não os atenderia a todos). **Comb.** Espaços de ~ «ao ar livre». **Sin.** Brincadeira; passatempo. **2** O que dá satisfação espiritual. **Ex.** A leitura era a sua ~ [o seu passatempo(+)] preferida/o.

recrear *v t* (<lat *récreo, áre, átum*: produzir de novo, reanimar; ⇒ criar) **1** Proporcionar recreio/diversão/deleite/Divertir/Entreter. **Ex.** Na festa de anos do filho, os pais planearam jogos e brincadeiras para ~ [entreter/divertir] as crianças convidadas. **Ant.** Aborrecer; maçar. **2** Causar [Sentir] alegria/satisfação. **Ex.** Em longas conversas, as duas amigas recreavam-se recordando os tempos de criança. Recreava-se a ver as crianças a brincar alegremente no jardim.

recreativo, a *adj* (<recrear + -tivo) **1** Que recreia/diverte/entretém/Divertido/Lúdico. **Comb.** *A(c)tividades ~as. Jogos ~s. Momento ~.* **2** Que tem obje(c)tivos lúdicos ou culturais. **Comb.** *Associação [Sociedade/Clube] ~a/o.*

recredencial *s f* (<re- +...) Carta oficial que dá por terminada a missão de um diplomata e que este entrega ao governo junto do qual estava acreditado.

recreio *s m* (<recrear) **1** Divertimento/Diversão/Passatempo/Lazer. **Ex.** As crianças e os jovens não podem estar sempre a trabalhar [estudar]; também precisam de (tempos de) ~. O ~ preferido de muitos adultos é a leitura [televisão]. **2** Tempo de interrupção das aulas para descanso dos alunos. **Ex.** A meio da manhã, os alunos têm um ~ de 20 minutos. **3** Lugar onde as pessoas se distraem/passeiam/brincam. **Ex.** A escola tem grandes campos de ~ mas o ~ coberto é pequeno. **Comb.** Parque [Zona] de ~.

recrementício, a *adj Fisiol* (<recremento + -ício) Diz-se de secreção «saliva» que, depois de intervir em fa(c)tos fisiológicos, é de novo absorvida.

recremento *s m Fisiol* (<lat *recreméntum*: resíduo) Secreção que é absorvida «saliva».

recrescente *adj 2g* (<recrescer + -ente) Que recresce/sobrevém com mais intensidade. **Comb.** *Febre ~. Ondas ~s.*

recrescer *v int* (<lat *recrésco, éscere, crévi, crétum*) **1** Aumentar de intensidade/Recrudescer. **Ex.** A tempestade recrescreu [está a ~]. **2** Crescer novamente/Tornar a crescer. **Ex.** A barba já recresceu; parece que nem a fiz [cortei/rapei] de manhã. **3** Acontecer depois/Sobrevir/Ocorrer. **Ex.** O aparecimento de novas dívidas fez ~ as dificuldades [As dificuldades recresceram com o aparecimento de novas dívidas]. **4** Ser demasiado/Sobejar. **Ex.** Para quem é metódico, recresce[sobra(o+)/sobeja(+)]- -lhe o tempo para muita coisa.

recrescimento *s m* (<recrescer + -mento) **1** A(c)to ou efeito de recrescer. **2** Aumento/Intensificação/Agravamento. **3** Sobejo.

recrestar *v t* (<re- +...) Crestar novamente/Crestar muito/Requeimar. **Ex.** Distraí-me e deixei ~ [queimar(o+)/crestar(+)] o bolo.

recriação *s f* (<recriar) A(c)to ou efeito de recriar/tornar a criar/Nova criação. **Comb.** A ~ «em cinema» dum episódio [período] histórico.

recriar *v t* (<re- +...) **1** Tornar a criar. **Ex.** Em cada dia que amanhece é a vida que se recria. **2** Reconstituir. **Loc.** *~ a cena dum crime. ~ um ambiente* «medieval».

recriminação *s f* (<recriminar + -ção) **1** A(c)to ou efeito de recriminar/Culpabilização. **Ex.** Aconselhando-a a evitar com todo o cuidado a ~, procurei ajudá-la a reconciliar-se com o marido. **2** Censura/Queixa/Exprobação. **Ex.** As ~ões constantes que os professores lhe faziam por ser irrequieto ainda o tornavam mais indisciplinado. **3** Acusação com que se responde a outra. **Ex.** No debate só houve [houve muitas] ~ões de parte a parte [dos/entre os intervenientes].

recriminador, ora *adj/s* (<recriminar + -dor) (O) que recrimina/Acusador. **Comb.** *Espírito ~. Olhar ~.*

recriminar *v t* (<re- +...) **1** Responder a uma acusação com outra. **Ex.** Nas campanhas eleitorais é frequente os adversários políticos recriminarem-se mutuamente [acusarem-se uns aos outros]. **2** Atribuir a culpa/responsabibilidade/Censurar/Culpabilizar. **Ex.** Quando a comida não era boa [não lhe agradava(+)] passava o tempo [a refeição] a ~ a mulher. Hoje recrimina-se por não ter estudado e não ter tirado (nenh)um curso.

recriminatório, a *adj* (<recriminar + -tório) Que contém recriminação/Acusatório. **Comb.** *Afirmações ~as. Juízos [Intenções] ~os/as.*

recristalização *s f Geol* (<recristalizar + -ção) Transformação que origina novos cristais numa rocha, sob influência de condições metamórficas. **Ex.** A ~ ocorre no estado sólido. **Comb.** *~ duma rocha* «calcária sedimentar em calcário cristalino metamórfico».

recristalizar *v t* (<re- +...) Sofrer a recristalização/Tornar a cristalizar.

recristianização *sf* (<recristianizar + -ção) A(c)to ou efeito de recristianizar/Reevangelização. **Loc.** *~ da Europa.*

recristianizar *v t* (<re- +...) Voltar a difundir a fé cristã em regiões que já tinham sido cristãs/Tornar a evangelizar. **Ex.** A Igreja Católica considera urgente e prioritário ~ a Europa.

recru, ua *adj* (<re- +...) Muito cru/(Metal) mal cozido.

recrudescência *s f* (<recrudescer + -ência) **1** Qualidade do que se agrava/se torna mais intenso/Recrudescimento/Aumento/Intensificação. **Ex.** A ~ [O aumento(o+)/O recrudescimento(+)] das falências e do desemprego é consequência da grave crise econó[ô]mica a(c)tual. **2** *Med* Reaparecimento com maior intensidade dos sintomas duma doença. **Comb.** *~ da febre.*

recrudescente *adj 2g* (< recrudescer + -ente) **1** Que recrudesce/se torna mais intenso. **Comb.** *Chuva* [Temporal/Tempestade] *~. Desemprego ~. Violência ~.* **2** *Med* Que reaparece com maior intensidade. **Comb.** *Febre* [Gripe] *~.*

recrudescer *v int* (<lat *recrudésco, éscere, dui* <*crudésco, scere*: sangrar <*crúor*: sangue) Tornar a aparecer [Sobrevir] com maior intensidade/Tornar-se mais forte/Agravar-se. **Ex.** A violência nas ruas recrudesceu. O incêndio recrudesceu durante a noite. Com o medicamento, a infe(c)ção deixou de ~.

recrudescimento *s m* (<recrudescer + -mento) **1** Intensificação/Aumento/Agravamento. **Comb.** *~ da violência* [do terrorismo]. **2** *Med* Reaparecimento dos sintomas duma doença com maior intensidade/Recrudescência.

recruta *s 2g/f Mil* (<recrutar) **1** Soldado durante o período de instrução básica. **Comb.** *Acampamento de ~s. Distribuição de fardamento aos ~s. Soldado ~.* **2** *s f* Instrução básica militar recebida pelos soldados quando assentam praça. **Ex.** Depois da ~ fui colocado na Manutenção Militar. Fiz a ~ em Lamego, Beira Alta, Portugal. **3** *s f* Grupo de soldados recrutados para preencher os quadros militares. **Ex.** Terminada a guerra colonial (de Portugal), a ~ passou a ser muito mais reduzida. **4** *fig* Novato/Aprendiz(+)/Caloiro. **Ex.** Entraram mais dois ~s para a oficina de serralharia.

recrutamento *s m* (<recrutar + -mento) **1** A(c)to ou efeito de recrutar/Processo de sele(c)ção [Contratação] de pessoas para preenchimento de lugares livres/para desempenho de tarefas temporárias. **Ex.** Andou pelas aldeias a fazer ~ de pessoal «para as vindimas». **2** *Mil* Conjunto de operações de sele(c)ção dos indivíduos que vão prestar serviço militar/Alistamento de recrutas. **Comb.** *Listas de ~ militar. Serviço de ~.* **3** Grupo de recrutas/Recruta 3. **4** Angariação de sócios/adeptos. **Comb.** Campanha de ~ de novos sócios «do clube (d)esportivo».

recrutar *v t* (<fr *recruter*) **1** *Mil* Alistar para o serviço militar. **Ex.** As forças armadas portuguesas passaram a ~ jovens de ambos os sexos para o serviço militar. **2** Contratar pessoal para determinada tarefa/função. **Loc.** ~ trabalhadores para a apanha da azeitona/da maçã. **3** Angariar adeptos/sócios/Aliciar. **Loc.** ~ militantes para um partido político.

recta ⇒ reta.

re(c)tal (dg) *adj 2g Anat* [= rectal] (<reto 8 + -al) Referente [Pertencente] ao reto. **Comb.** *Região ~. Temperatura ~.*

rectalgia/rectamente/rectangular/ rectângulo/recti-/recticórneo/rectidão/rectificação/rectificador/ rectificar/rectificativo/rectiforme/ rectilíneo/rectinérveo/rectirrostro/rectite/rectitude/recto/recto-/ rectocele/rectococcígeo/rectocolite/rectoscopia/rectoscópio/rectotomia/recto-uretral/rectovaginal/ rectricial/rectriz/recturetral ⇒ retalgia/.../retângulo/reti-/.../reto/.../retouretral/ .../returetral.

récua *s f* (<ár *ar-rakbâ*: grupo de cavaleiros) **1** Conjunto de animais de carga. **Comb.** Uma ~ de cavalos/burros. **2** Carga que esses animais transportam. **3** *pej* Grupo de pessoas de má índole/Bando(+)/Malta/Súcia(+). **Comb.** Uma ~ de malfeitores.

recuado, a *adj* (< recuar+-ado) **1** Que recuou. **Comb.** Banco (do carro) ~ [chegado para trás]. **2** Que se mantém afastado/isolado/longe. **Ex.** «aluno tímido, pouco sociável» Anda sempre ~ [isolado(+)/sozinho(o+)] pelos cantos do recreio. **3** Afastado [Distante] no tempo. **Comb.** Épocas ~as. **4** Que se localiza mais atrás em relação a algo. **Ex.** A casa, além da garagem, ainda tem um anexo ~, no quintal. **5** *(D)esp* Na parte do campo mais próxima da própria baliza. **Loc.** Jogar ~.

recuar *v t/int* (<re- + cu + -ar¹) **1** (Fazer) andar para trás/Fazer marcha à ré/Chegar- -se atrás/Retroceder. **Ex.** Recuava «para fazer inversão de marcha» e bateu num carro que estava estacionado. Quando o cão avançou para mim, recuei três passos. **2** Colocar aquém da posição que ocupava. **Ex.** A fiscalização obrigou a ~ a vedação do terreno cerca de um metro. **3** Desistir de um obje(c)tivo/compromisso/de uma intenção. **Ex.** Saí do hospital decidido a fazer queixa do médico mas, depois de pensar melhor, recuei. **4** Perder terreno «na luta/no jogo». **Ex.** A pressão do adversário obrigou a equipa/e «de futebol» a ~. Depois duma ofensiva, o inimigo respondeu e obrigou o exército atacante a ~. **5** Voltar, em espírito, a um tempo passado/a uma fase anterior da vida. **Ex.** A conversa fez- -me ~ aos tempos longínquos da infância.

6 Deixar de progredir/Andar para trás/Regredir. **Ex.** Com a crise resultante do endividamento a economia portuguesa recuou para níveis nunca antes imaginados.

recúbito s m (<lat *recúbitus, us*; ⇒ recumbir) **1** A(c)ção de re[en]costar-se/reclinar-se. **2** Posição de quem está recostado.

recultivar v t (<re- +...) Cultivar novamente. **Ex.** É necessário ~ os campos deixados ao abandono durante anos [abandono anos a fio(+)].

recumbente adj 2g (⇒ recumbir) Que recumbe/Recostado(+).

recumbir v int (<lat *recúmbo, úmbere, cúbui, cúbitum*) Estar recostado/Recostar-se(+).

recunhar v t (<re- +...) Cunhar «moeda» novamente.

recuo s m (<recuar) **1** A(c)ção de recuar/Movimento para trás. **Ex.** A rua estreita e sem saída obrigou-me a um ~ de mais de cem metros (porque não podia fazer inversão de marcha). O exército, depois de ter percorrido uma extensa zona, efe(c)tuou um ~ tá(c)tico. **2** Desistência [Abandono] de uma posição num confronto/numa discussão para conseguir determinado obje(c)tivo. **Ex.** Perante tão grande contestação às medidas de austeridade, espera-se um ~ da parte do governo. **3** Alteração duma decisão já tomada. **Ex.** O ~ na prossecução da obra «construção do TGV» vai causar grandes prejuízos. **4** Retrocesso/Atraso. **Ex.** Com a crise econó[ô]mica o país sofreu um enorme ~. **5** Movimento para trás, da arma de fogo, no momento do disparo/Coice. **Comb.** ~ *duma* (espingarda) *caçadeira*. *Canhão sem ~*.

recuperação s f (<lat *recuperátio, ónis*) **1** Reaquisição do que se havia perdido/Recobro. **Comb.** ~ *de dados* «no computador». ~ *de obje(c)tos roubados ou perdidos*. **2** Melhoria em relação à situação anterior. **Ex.** O aluno «que perdeu muitas aulas por doença» fez uma ~ notável; já está a par dos [já igualou os] seus colegas. **3** Melhoria do estado de saúde/Restabelecimento. **Ex.** «após a intervenção cirúrgica» O doente encontra-se numa fase de ~. **4** Restituição da funcionalidade e do aspe(c)to geral/Reabilitação/Restauro. **Comb.** ~ *de edifícios degradados*. *Plano de* ~ «da zona antiga da cidade». **5** Integração social/profissional de alguém marginalizado. **Comb.** ~/*Reinserção de toxicodependentes*. **6** *Econ* Obtenção do rendimento do capital até ao montante investido. **Ex.** Investimento em que se prevê um período de ~ do capital em 10 anos. **7** Reaproveitamento/Reutilização. **Comb.** ~ *de calor* [energia].

recuperador, ora adj/s (< recuperar+-dor) (O) que recupera/contribui para a recuperação. **Comb.** ~ *de calor*. *Esforço* ~.

recuperar v t/int (<lat *recú[í]pero, áre, atum* <re-+cápio, ere: tomar, apanhar) **1** Reaver o perdido/extraviado/roubado. **Ex.** Recuperei a carteira «perdida ou roubada» com todos os documentos mas sem dinheiro. **2** Voltar a apresentar determinadas cara(c)terísticas/Readquirir. **Ex.** Com a lavagem, consegui ~ a carpete que estava cheia de [com muitas] nódoas; até a cor recuperou. **3** Restaurar/Consertar. **Ex.** Recuperei a máquina de lavar «que já estava arrumada para ir para a sucata»; substituí a bomba avariada, pintei-a toda, ficou como nova! **4** Fazer no presente o que deveria ter sido feito anteriormente/(Fazer) melhorar. **Loc.** *Um aluno ~ conhecimentos* que deviam ter sido adquiridos anteriormente. *Um corredor* «ciclista» ~ *o atraso* em relação aos companheiros mais avançados. **5** Voltar ao estado de saúde normal/Restabelecer-se. **Ex.** Ainda não recuperou do desgosto sofrido. Com a fisioterapia, recuperou o andar. Depois da operação o doente recuperou bem. **Loc.** ~ *alcoólicos* [toxicodependentes]. **6** Voltar a utilizar elementos [temas] culturais antigos. **Loc.** ~ *obras clássicas*. ~ *temas da moda de há 50 anos*.

recuperativo, a adj (<recuperar + -tivo) Que recupera/faz a recuperação.

recuperável adj 2g (<recuperar + -vel) Que pode ser recuperado. **Comb.** *Atraso ~*. *Credibilidade ~*. *Despesas* [Perdas/Prejuízos] *~eis*. *Ele(c)trodoméstico* [Móvel] (estragado) *~*. *Saúde ~*.

recursividade s f Ling (<recursivo- + -dade) Propriedade do que pode ser repetido indefinidamente. **Ex.** A ~ é uma propriedade das regras da gramática generativa.

recursivo, a adj Ling (<recurso + -ivo) Que pode repetir-se indefinidamente. **Comb.** *Construção ~a*. *Fenó[ô]meno ~*. ⇒ recorrente.

recurso s m (<lat *recúrsus, us*; ⇒ recorrer) **1** A(c)to ou efeito de recorrer. **Loc.** *Apresentar ~* «duma sentença». **2** Meio utilizado para alcançar um obje(c)tivo. **Ex.** O incêndio foi dominado [extinto] com ~ a meios aéreos. Para dispersar os manifestantes foi necessário o ~ à força. **Comb.** *Em* [Como] *último ~* [Como única [última] solução] (Ex. Em último ~ teremos que emigrar). **3** Apelo a uma entidade superior. **Comb.** ~ *à dire(c)ção* «para definir a competência [obrigação] de cada um». **4** Impugnação duma decisão/sentença. **Loc.** *Apresentar ~ da nota* de classificação dum exame. *Intepor ~ duma sentença judicial*. **5** Meio expressivo duma língua. **Ex.** As metáforas são ~s de estilo. **6** pl Bens materiais/Haveres/Rendimentos. **Comb.** *Pessoa de parcos* [imensos/largos] *~s*. **7** pl Capacidades [Dons/Dotes] naturais pessoais. **Comb.** ~ *artísticos*. *~s de inteligência*. **8** pl Meios humanos, animais ou materiais para determinada função/utilização. **Ex.** A empresa está em má situação por falta de ~s financeiros. **Comb.** «água/minérios/petróleo» *~s naturais* [Conjunto de produtos extraídos da terra e do subsolo necessários à sobrevivência humana]. *Gestor de ~s humanos*.

recurvado, a adj (<recurvar + -ado) **1** Que apresenta curvatura [dobra] acentuada. **Comb.** «papagaio» Ave de bico ~. **2** Muito curvo/Inclinado/Torcido. **Comb.** *Ferros ~s* [retorcidos(+)]. *Velho* [Pessoa idosa] *~o/a*.

recurvar v t (<lat *recúrvo, áre, átum*) **1** Tornar a curvar/Curvar mais de uma vez. **Ex.** ~ a ponta dum arame «até fazer uma argola». **2** Inclinar a cabeça/Vergar-se. **Ex.** Ao passar em frente ao [do] altar, o acólito recurvou [inclinou(+)] a cabeça. **Comb.** (Re)curvado com o peso dos anos [com a idade].

recurvo, a adj (<recurvar) **1** ⇒ recurvado. **2** Curvado para cima e para trás. **Comb.** Órgão «bico de ave» ~. **3** Que tem a forma de garra/Aduncto. **Comb.** Nariz ~ [adunco(+)].

recusa s f (<recusar) **1** A(c)to ou efeito de recusar(-se). **Ex.** O pedido dum recibo de pagamento não pode sofrer [ser obje(c)to de] ~. **2** Resposta negativa. **Ex.** Estava convencido de que «o chefe» acederia ao meu pedido; nunca esperei uma ~. **3** Rejeição de alguém ou de alguma coisa. **Ex.** A ~ do partido vencedor das eleições em se coligar com outras forças políticas [com outros partidos] já era esperada.

recusador, ora adj/s (<recusar + -dor) (O) que recusa.

recusante adj 2g (<recusar + -ante) Que recusa. **Loc.** Manter uma atitude ~/negativa(+) «a qualquer forma de colaboração».

recusar v t (<lat *recúso, áre, átum*) **1** Não aceitar o que é oferecido/Rejeitar. **Ex.** O chefe recusou o presente por ter sido oferecido por um subordinado que, obviamente, em contrapartida esperava obter favores «ser promovido». Apesar das manifestas dificuldades em caminhar, recusava [teimava em ~] a ajuda da bengala. Sentia-se muito arreliado [idi Torcia a orelha] por ter recusado um bom emprego, por ser longe de casa, e agora [depois] ver-se obrigado a aceitar outro pior e ainda mais longe. **2** Não dar o que lhe pedem/Não consentir/autorizar/Negar. **Ex.** No café, recusaram-lhe [não lhe serviram/venderam] uma cerveja por ser menor. O visto [A autorização] de permanência no país foi-lhe recusado/a. **3** Não querer dar o que outros precisam/Privar de. **Ex.** Vivia muito bem mas recusou-se sempre a dar ajuda a familiares que tinham dificuldades econó[ô]micas. **4** Ter grande relutância em/Não querer. **Ex.** Recuso-me terminantemente [inteiramente] a acompanhar [a ter convivência] com tal gente [a frequentar tal café/a ver tal programa de TV «*Big Brother*»]. **5** Não admitir como verdadeiro o que é evidente ou comprovado. **Ex.** Recusou-se sempre a admitir a culpabilidade da filha. **6** Não acatar ordens/determinações/Opor-se/Negar-se. **Ex.** Os manifestantes foram evacuados à força pela polícia porque se recusaram a acatar a [a obedecer à] ordem de abandonar as galerias da Assembleia da República (*Pt*).

recusável adj 2g (<recusar + -vel) Que se pode recusar. **Ant.** Ir~; irrenunciável.

redação (Dà) s f [= redacção] (<lat *redáctio, ónis*; ⇒ redigir) **1** A(c)to ou efeito de redigir/Escrita. **Loc.** Fazer a ~ de [Redigir] um anúncio/aviso. **2** Forma de expressão escrita/Maneira de redigir. **Comb.** ~ *em estilo fluente*. ~ (gramaticalmente) *corre(c)ta* [sem erros]. **3** Texto escrito/redigido. **Ex.** Percebe-se a ideia mas a ~ é ambígua [pouco clara]. **4** Exercício escolar que consiste no desenvolvimento dum tema/Composição literária. **Ex.** O professor mandou fazer uma ~ sobre a defesa do meio ambiente. **5** Local onde se redige uma publicação periódica ou se prepara um noticiário radiofó[ô]nico/televisivo. **Comb.** ~ *do telejornal* «da RTP». ~ *dum jornal* «Expresso/Público» [*duma revista*] «Visão». **6** Conjunto dos redatores. **Comb.** *Conselho de* ~ «duma revista».

redacção/redactor/redactor-chefe/redactorial ⇒ redação/redator/.../redatorial.

redada s f (<rede + -ada) **1** A(c)to de lançar a rede. **Ex.** À primeira ~ apanharam logo uma enorme quantidade de peixes. **2** Quantidade de peixes que se apanha com um só lanço de rede. **Ex.** Esta ~ foi fraca [Que ~ tão fraca!].

redanho ⇒ redenho.

redarguição (Gú-i) s f (<redarguir + -ção) **1** A(c)to de responder, arguindo/Réplica. **2** Recriminação. ⇒ reconvenção.

redarguir (Gú-ir) v t/int (<lat *redárguo, uere, ui, útum*; ⇒ arguir) **1** Dar resposta argumentando/Contrapor ao que foi dito/Replicar/Retrucar. **Ex.** Quando o mandaram buscar as batatas ele redarguiu que não ia porque não podia com o saco. Vestido dessa maneira, o que é que as pessoas hão de dizer! Que me importa a

mim o que as pessoas dizem – redarguiu [replicou/respondeu] ele. **2** Atribuir a responsabilidade de alguma coisa/Acusar/Recriminar.

redator, ora (Dà) *s* [= redactor] (⇒ redigir) **1** Pessoa que redige. **Ex.** O ~ do contrato foi o advogado (de uma das partes). **2** Pessoa que, num órgão de comunicação social periódico, redige artigos noticiosos ou outros. **Comb.** *~ (d)esportivo. ~ principal* [responsável pela redação/~-chefe]. *~ publicitário* [que escreve textos de anúncios]. **3** Pessoa que tem a seu cargo uma se(c)ção num órgão de comunicação social. **Comb.** ~ do suplemento literário dum jornal. **4** Pessoa que redige entradas de dicionário, artigos de enciclopédia ou de obra cole(c)tiva. **Comb.** *Corpo [Equipa/e] de ~es*.

redator-chefe (Dà) *s m* [= redactor-chefe] Chefe de redação de um órgão de comunicação social.

redatorial (Dà) *adj 2g* [= redactorial] (<redator + -i- + -al) Que diz respeito a redação ou a redator. **Ex.** Demitiu-se parte da equipa/e ~. **Comb.** «decreto» Com um erro ~.

rede (Rê) *s f* (<lat *réte/is, is*) **1** Entrelaçado de fios de materiais diversos formando uma malha com espaçamentos regulares, mais ou menos apertada consoante a finalidade a que se destina. **Ex.** No fabrico de ~s usam-se fundamentalmente dois tipos de materiais: fibras têxteis naturais ou artificiais e fios metálicos. **Idi.** *Deitar a ~* [Procurar atrair/captar alguém]. *Formar ~* [Organizar-se de forma intera(c)tiva]. **Comb.** *~ da baliza. ~ de pesca. ~ de ténis. Saco de ~. Vedação de ~* (de arame). **2** Aparelho armado com tecido de malha próprio para pescar ou apanhar outros animais. **Loc.** *Apanhar borboletas com uma ~. Lançar a(s) ~(s)* (ao mar). **Comb.** *~ de arrasto* [usada na pesca costeira, puxada por traineiras]. **3** Artefa(c)to de malha com fios resistentes que se suspende preso pelas pontas a duas árvores [hastes/argolas] para descansar. **Loc.** *Baloiçar-se* [Dormir a sesta] na ~. **4** Malha fina para segurar o cabelo. **5** *fig* Armadilha [Estratagema] com que se pretende atrair alguém para o enganar/Cilada/Logro. **Idi.** *Cair [Ser apanhado] na ~* [Cair na esparrela(+)/Ser apanhado numa cilada]. **6** Conjunto de vias de comunicação e suas ramificações. **Ex.** O país tem uma boa ~ de estradas. **Comb.** *~ ferroviária. ~ fluvial*. **7** Conjunto de infraestruturas disseminadas em determinada área e ligadas umas às outras, destinadas a assegurar o fornecimento de determinados serviços. **Comb.** *~ de abastecimento de água. ~ de esgotos. ~ elé(c)trica*. **8** Conjunto de instituições que asseguram a prestação de determinados serviços essenciais. **Comb.** *~ escolar. ~ hospitalar*. **9** Circuito distribuidor constituído por um conjunto complexo de unidades repartidas por diversos pontos/Cadeia. **Comb.** *~ [Cadeia(+)] de lojas* «supermercados». *~ de frio* [Instalações frigoríficas fixas e móveis]. **10** Organização constituída por pessoas que mantêm ligações entre si e subordinadas a dire(c)trizes comuns. **Comb.** *~ de apoio aos sem-abrigo. ~ de espionagem. ~ de traficantes de droga*. **11** Emaranhado de coisas ou circunstâncias/Complicação. **Comb.** ~ de problemas (intrincados uns nos outros). **12** *Info* Conjunto de sistemas informáticos e computadores ligados entre si e que permitem a comunicação e a transferência de dados entre os mesmos. **Comb.** «facebook/YouTube» *~s sociais*. **13** *Min* Conjunto infinito de pontos definido pela interce(p)ção de dois feixes de re(c)tas paralelas e equidistantes de um plano (~ plana) ou pela interce(p)ção de três feixes de planos paralelos e equidistantes (~ espacial). **Ex.** Os átomos, iões [íons] e moléculas dispõem-se segundo este tipo de ~ para formar os cristais (~ cristalina) **14** *pl (D)esp* Baliza. **Comb.** *Guarda-~s* [Jogador que numa equipa/e tem por missão impedir que a bola entre na baliza que está à sua guarda/*Br* Goleiro].

rédea *s f* (<lat *rétina(culum)* <*retíneo, ére*: reter) Correia que se liga ao freio ou cabresto das cavalgaduras e que serve para as guiar. **Idi.** *(Andar) à ~ solta* [à vontade/livremente]. *Afrouxar a ~* [Dar mais liberdade] «aos empregados». *Dar ~ larga* [Deixar andar em liberdade/sem controle]. *Esticar [Apertar] as ~s* [Reduzir a liberdade/Fiscalizar/Controlar]. *Largar [Soltar] as ~s* [Dar total liberdade]. *Levar à [pela] ~* [Exercer controle total/Retirar totalmente a liberdade]. *Puxar as ~s de* [Meter na ordem/Disciplinar]. *Tomar as ~s de* [Assumir o comando/Dirigir]. **2** *fig* Comando/Governo/Dire(c)ção. **Loc.** *Tomar as ~s do governo* [Assumir as funções de chefe do Governo (Primeiro-Ministro/Presidente)/Governar]. **3** *fig* Domínio/Sujeição. **Ex.** Mulher severa [exigente] que educou os filhos com ~ firme.

redeiro, a *s* (<rede + -eiro) **1** (O) que faz redes. **2** *s m* Rede de um só pano usada para pesca nos rios.

redenção *s f* (<lat *redémptio, ónis* < *rédimo*: resgatar <*re+émo, ere, émi, émptum*: comprar, tomar) **1** A(c)to ou efeito de re(di)mir(-se). **2** Resgate/Libertação. **Comb.** ~ [Remissão(+)] de (escravos) cativos. **3** *Rel* Intervenção libertadora de Deus em socorro de uma pessoa ou de um povo. **Ex.** A ~ [libertação(+)] do povo de Israel da servidão do Egi(p)to foi feita por a(c)ção de Javé (Deus). **4** *Rel* Salvação da humanidade pela morte e ressureição de Jesus Cristo (Mistério da ~).

rede[a]nho *s m* (<rede + -enho) **1** *Anat* Grande prega no peritoneu/Omento/Epíploo. **2** Gordura pegada aos intestinos do porco e de outros animais. **3** Rede em forma de saco para apanhar sargaço. **4** Rede especial para apanhar camarão.

redentor, ora *adj/s* (<lat *redémptor, óris*; ⇒ redenção) **1** (O) que redime/resgata. **Comb.** *~ de cativos. A(c)ção ~ora. Missão ~ora*. **2** (O) que salva duma aflição/Salvador/Libertador. **Ex.** Teria ido para a falência (se) não fosse um ~ amigo que me valeu na hora da aflição. **3** *s m Rel Maiúsc* Jesus Cristo, que liberta a humanidade de todas as escravidões.

redentorista *adj/s 2g* (<redentor + -ista) Membro da Congregação do Santíssimo Redentor (fundada por Santo Afonso Maria de Ligório em 1732). **Comb.** *Os ~s brasileiros/portugueses/... Missões ~s*.

redescobrir *v t* (<re- +...) **1** Tornar a cobrir/Valorizar experiências às quais não se tinha dado importância. **Loc.** ~ como [quanto] é bom passar o serão em família. **2** Ver pela primeira vez o que antes tinha passado despercebido. **Ex.** Só depois de longos anos de ausência redescobri a beleza da terra onde nasci.

redescontar *v t* (<re- +...) Fazer (o) redesconto. **Loc.** ~ uma letra comercial.

redesconto *s m* (<redescontar) Operação comercial que consiste no desconto de um título de crédito já descontado «pelo sacador/portador». **Ex.** A operação de ~ é agravada com juros e eventualmente com outros encargos.

redestilar *v t* (<re- +...) Voltar a destilar. **Loc.** ~ aguardente.

redibição *s f Dir* (< lat *redhibítio, ónis*) Anulação de uma venda por defeitos encobertos no a(c)to da transa(c)ção. **Ex.** Uma fissura no bloco do motor foi a causa da ~ (da compra) do carro.

redibitório, a *adj Dir* (<redibição) Que produz [provoca] a redibição. **Comb.** Defeitos ~s.

redigir *v t/int* (<lat *rédigo, ígere, égi, áctum* <*re+ago, ere, áctum*: fazer, levar, empurrar) **1** Passar a escrito/Escrever. **Loc.** ~ uma carta [nota/um artigo]. **2** Dominar as regras da escrita. **Ex.** Ele tem ideias interessantes mas redige [escreve] mal.

redil *s m* (<rede + -il) **1** Curral para recolha de gado, principalmente lanígero [ovino] e caprino/Aprisco. **Loc.** Recolher o rebanho no ~. **2** *fig* Local de acolhimento/Seio/Gré[ê]mio. **Comb.** O ~ da casa paterna [da Igreja Católica].

redimir *v t* (<lat *rédimo, ímere, émi, émptum*) ⇒ remir.

redimível *adj 2g* (<redimir + -vel) ⇒ remível.

redingote *s m* (<ing *riding-coat*: casaco de montaria) **1** ⇒ Sobrecasaca. **2** Casaco comprido de senhora, trespassado, ajustado à cintura e duplamente abotoado na frente.

redistribuição *s f* (<redistribuir + -ção) **1** Nova distribuição. **Ex.** «IPSS» Organismo que faz a ~ dos bens alimentares recebidos «da Segurança Social». **2** *Econ* Processo econó[ô]mico pelo qual se realiza uma nova afe(c)tação de recursos. **Ex.** A ~ tem por obje(c)tivo atenuar diferenças [injustiças] na disponibilidade de bens/rendimentos entre sujeitos econó[ô]micos «regiões/classes sociais».

redistribuir *v t* (<re- +...) **1** Tornar a distribuir. **Ex.** Foi necessário ~ os cargos pelos membros da dire(c)ção porque o secretário se recusou a aceitar o cargo «porque tinha dificuldade em redigir as a(c)tas». **2** Atribuir a outros se(c)tores [a outras áreas] verbas [fundos] não utilizadas[os] pelos beneficiários iniciais. **Ex.** Os impostos «imposto progressivo sobre o rendimento» e o fornecimento de bens e serviços gratuitos «saúde/educação» são formas utilizadas pela política financeira para ~ os rendimentos. **Loc.** ~ verbas orçamentais não utilizadas (atrribuindo-as a outras rubricas).

rédito *s m* (<lat *réditus, us* <*rédeo, ire, réditum*: voltar <*éo, ire*: ir) **1** A(c)to de voltar/Volta. **2** Rendimento recebido por determinada a(c)tividade/Lucro. **Ex.** Dedico-me a isto mais por gosto [prazer] do que pelos ~s que me proporciona. **3** *Econ* Rendimento do capital investido/Juro/Produto. **Comb.** ~ de a(c)ções [de títulos de aplicações financeiras].

redivivo, a *adj* (<lat *redivívus, a, um*) **1** Que tornou a viver/Ressuscitado. **Ex.** Grande número de judeus estava em Betânia (Palestina), na ceia oferecida a Jesus, para ver Lázaro ~ [ressuscitado(+)/vivo(o+)]. **2** Recuperado/Restabelecido. **Ex.** Tão mal (de saúde) que esteve, [Tão mal esteve que] todos se admiravam de o ver ~. **3** *fig* Rejuvenescido/Renovado. **Ex.** Agora que conseguira um emprego, sentia-se ~, a esperança voltara a surgir/sorrir.

redizer *v t* (<re- +...) Tornar a dizer/Repetir.

redobrado, a *adj* (<redobrar+-ado) **1** Multiplicado por quatro. **Comb.** Aposta ~a. **2** Muito intenso/Intensificado. **Ex.** Para

manter o trabalho em dia, somos obrigados a um esforço ~ «porque a se(c)ção ficou com menos funcionários».

redobramento *s m* (<redobrar + -mento) **1** A(c)to ou efeito de redobrar/Reduplicação. **Ex.** O aumento de capital da sociedade foi efe(c)tuado à custa do ~ da quota de cada sócio. **2** Repetição. **Ex.** Apesar do ~ [da repetição(+)] dos avisos do perigo de conduzir sob efeito do álcool, os acidentes sucedem-se. **3** Aumento considerável/Intensificação. **Ex.** A crise provocou o ~ [aumento(+)] das situações de insolvência de muitas famílias.

redobrar *v t/int* (<re- +...) **1** Dobrar novamente. **Ex.** Dobra a toalha ao meio e depois redobra-a em quatro e guarda-a assim. **2** Duplicar outra vez/Tornar quatro vezes maior/Reduplicar. **Ex.** Em relação ao ano anterior, as vendas da empresa redobraram «passaram de 1 milhão para 4 milhões de euros». **3** Aumentar muito/Intensificar. **Loc.** ~ esforços. **4** Fazer soar os sinos de modo repetido.

redobre (Dó) *s m* (<redobrar) **1** *Mús* Repetição da mesma nota imitando o trinado. **Ex.** O ~ verifica-se particularmente nos instrumentos de sopro. **2** Gorjeio/Canto das aves. **Comb.** *O ~ do rouxinol.* **3** *fig* Velhacaria/Fingimento/Duplicidade. **4** *adj 2g* Redobrado/Que se repete/Intensificado.

redobro (Dô) *s m* (<redobrar) **1** ⇒ Redobramento. **2** Quádruplo. **3** *Gram/Ling* Repetição de letras [sons/sílabas] «ressurreição/popó /bebé/ê /mamã/Lulu». **Sin.** Reduplicação 2.

redolente *adj 2g Poe* (<lat *redólens, éntis* <*redolére*: ter perfume, cheirar) Aromático/Fragrante.

redoma (Dô) *s f* (< ?) Manga [Campânula] de vidro para resguardar obje(c)tos «peças artísticas/alimentos». **Idi.** *Pôr numa ~* [Tratar com excessiva delicadeza/excessivos cuidados]. «jovem» *Viver numa ~ (de vidro)* [afastado, isolado da realidade que o cerca/Isolar-se para não se expor aos perigos]. **Comb.** Relógio com ~.

redondamente *adv* (<redondo + -mente) **1** Totalmente/Completamente/Absolutamente. **Idi.** «dizerem-lhe uma mentira e ele» *Cair ~* [Ser enganado]/*Enganar-se ~*/totalmente. *Cair ~ [redondo, a(+)]/Estatelar-se* (no chão). **2** Sem rodeios/hesitação/Sem qualquer dúvida/Categoricamente. **Ex.** Disse-lhe ~ o que pensava. Negou ~ (tudo de que era acusado). **3** Em forma de círculo/à roda.

redondel *s m* (<redondo + -el) **1** Arena. **Ex.** O toureiro e os forcados deram a volta ao ~ para receberem os aplausos. **Loc.** Lutar no ~. **2** Zona circular com vedação à volta.

redondez(a) (Dê) *s f* (<redondo + -ez(a)) **1** Qualidade do que é redondo/Esfericidade. **Comb.** A ~ da Terra. **2** Corpo (com forma) redondo/a/Esfera. **Comb.** Ruas com ~s metálicas nos passeios para impedirem os carros de estacionar. **3** *pl* Localidades próximas/Cercanias/Subúrbios/Arrabaldes. **Ex.** Nas ~s (do bairro) toda a gente o conhecia. Os transportes urbanos servem [deslocam-se] também as [às] aldeias das ~s.

redondilha *s f Liter* (<esp *redondilla*) Nome do verso de cinco sílabas (~ menor) ou de sete sílabas (~ maior).

redondo, a *adj* (<lat *ro[u]túndus, a, um* <*róta, ae*: roda) **1** Circular/Esférico/Curvo. **Idi.** *Cair ~* (no chão) [desamparado/como morto/Estatelar-se (ao comprido)]. **Comb.** *Bola ~a. Cano* [Conduta] *~o/a. Canto ~* [arredondado]. *Em ~* [Em volta/Com forma curva]. *Letra ~a* [de imprensa]. **2** *fig* Que é gordo/Rechonchudo. **Comb.** *Menino ~ como uma bola* [Rechonchudo]. *Rosto ~.* **3** Que se exprime por unidades completas/Que não tem fra(c)ção/Mais ou menos certo. **Comb.** *Conta ~a. Número ~/*aproximado (Ex. Em números ~s, a porta deve ter dois metros de altura).

redor (Dór) *s m* (<lat *rotátor, óris*: o que faz andar à roda) Volta/Cercanias. **Comb.** *Ao [Em] ~ (de)* **a)** À volta/roda (de). **Ex.** «para ouvir as novidades» Puseram-se todos ao [em] ~ (dele); **b)** Cerca de/aproximadamente. **Ex.** «a reparação da casa» É obra para custar ao ~ de dois mil euros.

redourar *v t* (<re- +...) Dourar de novo. **Loc.** ~ a talha «do altar-mor da igreja».

redox (Dócs) *adj 2g Quím* (<red(ução) + ox(idação)) Diz-se de rea(c)ção química em que ocorre simultaneamente oxidação e redução.

redução *s f* (<lat *redúctio, ónis*) **1** A(c)to ou efeito de reduzir(-se)/Diminuição. **Loc.** Equilibrar o orçamento à custa da ~ de despesas. **Comb.** *Biol ~ cromática* [Diminuição para metade do número de cromossomas/os duma célula] (⇒ meiose). *~ [Abatimento/Desconto] de preço.* **Sin.** Contra(c)ção; restrição. **Ant.** Aumento; expansão. **2** Conversão duma quantidade noutra equivalente. **Comb.** ~ de fra(c)ções ao mesmo denominador. **3** Transformação de unidades em outras equivalentes do mesmo ou de outro sistema. **Comb.** *~ de centímetros* a metros. *~ de kilowatts-hora* a joules. **4** Reprodução em tamanho mais pequeno do que o original. **Comb.** *~ de uma figura* [uma folha de texto] «de A_3 para A_4». **Ant.** Ampliação. **5** Simplificação. **Comb.** *~ à expressão mais simples. ~ de fra(c)ções.* **6** Resumo/Síntese. **Comb.** ~ do capítulo de uma obra «a três páginas de texto». **7** Mudança da caixa de velocidades para uma posição mais lenta (e de maior força de tra(c)ção). **Loc.** Fazer a ~ de 4.ª para 3.ª «à entrada numa curva para diminuir a velocidade e controlar melhor o carro». **8** *Med* Operação que consiste em pôr novamente no lugar ossos desconjuntados ou fra(c)turados. **Comb.** ~ duma articulação. **9** *Quím* Rea(c)ção química em que o oxigé[ê]nio é eliminado dum composto. Obtenção [Preparação] de um metal «ferro/alumínio» por ~ do respe(c)tivo óxido. **10** *Quím* Aumento de valência negativa por captação de ele(c)trões [elétrons].
11 *Gram* Transformação de uma palavra noutra mais pequena. **Ex.** *Metro/ô* é uma ~ de metropolitano. **12** *Hist* Centro populacional [Aldeamento] onde se concentravam índios sul-americanos «do Paraguai/Brasil» para aí receberem educação e instrução, religiosa e profana, e estarem protegidos de serem feitos escravos pelos colonos europeus. **Ex.** Ficaram célebres as ~ões do Paraguai, iniciadas pelos Franciscanos e que atingiram o apogeu com os Jesuítas. **13** *Lóg* Método indire(c)to que serve para explicar uma realidade complexa a partir de outra mais simples que lhe serve de modelo. **Comb.** *Método de ~ ao absurdo* [Demonstração que tem por obje(c)tivo provar que o contrário de uma dada proposição é impossível].

reducionismo *s m* (<redução + -ismo) **1** Redução de uma coisa complexa aos elementos de que é formada. **2** Corrente de opinião segundo a qual um sistema se pode compreender no seu todo se se compreender cada uma das suas partes. **3** Simplificação excessiva.

reducionista *adj 2g* (<redução + -ista) **1** Relativo ao reducionismo. **2** Simplista.

redundância *s f* (<lat *redundántia, ae*: superabundância, demasia) **1** Abundância excessiva. **2** *Ling* Repetição de palavras ou ideias/Prolixidade. **Ex.** A ~ pode reforçar a comunicação ou ser apenas um modo de estilo supérfluo. **3** *Ling* Repetição inútil dos mesmos conceitos por palavras ou expressões de sentido idêntico/Pleonasmo. **Ex.** *Descer para baixo/Ortografia corre(c)ta/Panaceia universal* são exemplos de ~s frequentes.

redundante *adj 2g* (<redundar + -ante) **1** Superabundante/Demasiado/Excessivo. **Comb.** Explicação ~. **2** Supérfluo/Desnecessário. **Comb.** «excelente/fantástico/genial» Qualificativos ~s. **3** Palavroso/Prolixo. **Comb.** Discurso [Orador] ~. **4** Que repete uma ideia [um conceito] já anteriormente expressa/o/Pleonástico. **Comb.** Construção [Frase] ~.

redundar *v int* (<lat *redúndo, áre, átum*: transbordar, espralar-se, ser excessivo, redundar <*undáre* <*únda*: onda) **1** Ser abundante/excessivo/Superabundar. **Ex.** Na boca dela «da mãe» redundavam os elogios ao filho (doutor); parece que não havia no mundo ninguém melhor do que ele. **2** Deitar por fora/Transbordar. **Ex.** O rio redundou para os campos marginais. **3** Dar origem a/Causar/Converter-se em. **Ex.** Tanto alarido [Tanta discussão/confusão] «porque o padre tinha armas em casa» redundou em nada. Tantos ãos (na frase) redundam numa cacofonia que lembra o ladrar dos cães.

reduplicação *s f* (<reduplicar + -ção) **1** A(c)to ou efeito de reduplicar/redobrar/aumentar. **2** *Gram Ling* Processo morfológico/lexicológico que consiste na repetição de uma palavra ou parte dela «sílaba/fonema». **Ex.** *Mamã* (Mãe)/*Papá* (Pai)/*Mimi*/*Zezé/Memé/Popó* são exemplos de ~ões. **Sin.** Redobro 3. **3** *Ling* Repetição de uma palavra [um grupo de palavras] como meio de intensificação duma ideia. **Ex.** O vestido da noiva era *lindo, lindo!*

reduplicar *v t* (<re- +...) **1** Duplicar outra vez/Redobrar/Quadruplicar. **Ex.** A empresa começou com dois cami(nh)ões e agora tem oito, já reduplicou. **2** Aumentar muito. **Ex.** Não sei donde lhe vem o [tanto] dinheiro: em pouco tempo a sua fortuna [a fortuna dele] reduplicou [aumentou muitíssimo].

reduplicativo, a *adj* (<reduplicar + -tivo) **1** Que reduplica. **Comb.** *Lóg* Proposição ~a (Ex. Os políticos, *enquanto* [que são] *políticos*, têm obrigações diferentes das dos outros cidadãos). **2** Que indica repetição.

redutase *s f Biol* (<lat *redúctio, ónis*: redução 9/10 + -ase) Designação geral das enzimas que reduzem [descoram] o azul de metileno e outros corantes do mesmo gé[ê]nero. **Ex.** Pode dizer-se que todos os tecidos vivos possuem ~s.

redutibilidade *s f* (<redutível + -i- + -dade) **1** Qualidade do que é redutível. **Ex.** Muitos óxidos metálicos «de ferro/cobre/alumínio» gozam de [apresentam/têm] ~. **2** Possibilidade de se reduzir. **Ex.** O texto já foi tão resumido que já não tem mais ~.

redutível *adj* (<reduzir + -vel) Que se pode reduzir. **Ant.** Ir~.

redutivo, a *adj* (<redução + -ivo) Que envolve redução/Redutor. **Comb.** *Processo* «operatório» ~. *Agente* «químico» ~.

reduto *s m* (<lat *redúctus*; ⇒ reduzir) **1** *Mil* Fortificação dentro de outra. **Ex.** A torre de menagem do castelo era o último ~ das

cidades cercadas de muralhas. **2** Ponto principal de resistência/Refúgio para defesa/Baluarte. **Ex.** Covadonga (Astúrias, Espanha) foi o ~ dos cristãos donde partiu a reconquista da Península Ibérica aos mouros. **3** Espaço fechado/protegido/Refúgio. **Comb.** ~ de feras. **4** Local onde se reúnem pessoas com afinidades entre si. **Comb.** ~ de intelectuais «artistas/poetas».

redutor, ora *adj/s m* (<lat *redúctor, óris*) **1** (O) que reduz. **Comb.** Mecanismo [Sistema] ~. **2** *pej* Que restringe/limita. **Loc.** *Apresentar* [Ter] *argumentos ~es. Ter uma visão ~ora* da realidade. **3** *s m Mec* Peça, geralmente roscada, de ligação de tubagens de diâmetros diferentes. **Comb.** Um ~ de 25 para 12,5 mm. **4** Mecanismo constituído por um sistema de engrenagens utilizado para reduzir a velocidade de um motor (elé(c)trico). **Comb.** ~ com velocidade (de saída) variável. **5** Peça que liga a botija de gás «butano/propano/oxigé[ê]nio» ao sistema de queima ou de utilização final. **Ex.** O ~ serve para regular a pressão de saída do gás. **6** *Quím* Substância que tem a propriedade de se apoderar do oxigé[ê]nio combinado com outras substâncias/Substância que numa rea(c)ção química cede ele(c)trões [elétrons]. **Ex.** O carbono e o hidrogé[ê]nio são ~es [substâncias ~oras].

reduzido, a *adj* (<reduzir + -ido) **1** Que diminuiu/é pequeno. **Ex.** A meio da manhã já o trânsito de carros na cidade é ~. **2** Que sofreu redução/tem dimensões mais pequenas (do que o original). **Comb.** *Formato* ~ «duma gravura». *Fotocópia ~a* «de A₄ para A₅». **3** Que é escasso/limitado/parco. **Comb.** Família de ~s [poucos(+)] recursos. **4** Transformado/Convertido. **Comb.** *Dólares ~s* a euros. *Fra(c)ção ~* a dízima [a número decimal]. *Litros ~s* a centímetros cúbicos.

reduzir *v t* (<lat *redúco, ere, dúci, dúctum*: tornar atrás, reconduzir, trazer a si, recolher <re+duco: conduzir, comandar) **1** Tornar menor/Diminuir. **Loc.** ~ *a pressão* [força]. ~ *a velocidade.* ~ *despesas.* ~ *o consumo* «de água/ele(c)tricidade». ~ *o número de alunos* «por turma». ~ *o tamanho* «duma fotocópia». ~ *o tempo de trabalho.* **Ant.** Alargar; aumentar. **2** (Fazer) passar de um estado [de uma condição/situação] a outro/a/Transformar. **Loc.** ~ *a escrito* [Pôr por escrito o que tinha sido tratado oralmente]. ~ *o cereal* a farinha. «um acidente» ~ *um automóvel* a um monte de sucata. «o fogo» ~ *uma mata* a cinzas. **3** Levar alguém/algo a uma situação mais desfavorável. **Loc.** ~ *o país* à miséria. ~ *os empregados* a escravos. **Idi.** ~ *alguém à sua insignificância* [Confrontar alguém com a sua ignorância/os seus erros]. ~ *ao silêncio* [Fazer calar/Deixar alguém derrotado/sem resposta]. **4** Reproduzir em menor dimensão. **Loc.** ~ *um desenho* [uma planta/fotocópia/fotografia]. **5** Resumir/Simplificar/Condensar. **Loc.** ~ *à expressão mais simples* «uma expressão algébrica». ~ *um texto* «a algumas linhas». **6** Exprimir noutra unidade/Converter. **Loc.** ~ *ares* a metros quadrados. ~ *yens* a euros.

7 Limitar(-se) a determinado âmbito/Não ultrapassar certos limites. **Ex.** A sabedoria dele reduziu-se a *idi* meia dúzia de [algumas] frases feitas/chavões. Toda a sua riqueza [Toda a riqueza dele] se reduziu a uma casa degradada e a uma magra [parca/pequena] conta bancária. **8** Num veículo automóvel, fazer a mudança para uma posição correspondente a uma velocidade mais baixa. **Loc.** ~ de 3.ª para 2.ª «para segurar [controlar] melhor o carro». **9** *Quím* Retirar oxigé[ê]nio dum composto. **Loc.** ~ minério [óxido] de ferro «no alto-forno». **10** *Med* Colocar no seu lugar um osso deslocado ou fra(c)turado. **11** *Quím* Diminuir a carga positiva de um catião [cátion] ou aumentar a carga negativa de um anião [ânion] ou elemento.

reduzível *adj 2g* (<reduzir + -vel) ⇒ redutível.

reedição *s f* (<re- +...) **1** Nova edição de obra já publicada. **Comb.** ~ da obra [dos romances] «de Camilo Castelo Branco». **2** *fig* Repetição de um acontecimento/uma ocorrência/situação. **Ex.** A feira medieval (deste ano) foi uma ~ da dos anos anteriores. O jogo «de futebol» foi uma ~ do anterior: cometeram-se os mesmos erros.

reedificação *s f* (<re- +...) A(c)to de construir novamente/Reconstrução(+). **Comb.** ~ de edifícios [monumentos] destruídos «por um terramoto».

reedificar *v t* (<re- +...) **1** Tornar a edificar/Reconstruir(+). **Ex.** O Marquês de Pombal reedificou a zona da cidade de Lisboa destruída pelo terramoto de 1 de novembro de 1755. **2** *fig* Instituir novamente/Reformar/Restaurar.

reeditar *v t* (<re- +...) **1** Tornar a editar/Fazer nova edição. **Loc.** ~ o dicionário «de japonês-português impresso no Japão em 1603». **2** *fig* Repetir um a(c)to/acontecimento/uma ocorrência já anteriormente verificado/a. **Ex.** A equipa/e do Porto reeditou a proeza do ano anterior: foi novamente campeã da Liga Portuguesa de Futebol.

reeducação *s f* (<reeducar + -ção) **1** A(c)to ou efeito de reeducar. **2** Reintegração social/Recuperação. **Comb.** ~ de delinquentes. **3** *Med* Processo de recuperação de faculdades «físicas/motoras/intelectuais» perdidas. **Comb.** ~ *da fala.* ~ *motora* [muscular]. ~ *profissional* [Readaptação de deficientes a determinado tipo de trabalho].

reeducar *v t* (<re- +...) **1** Voltar a educar. **Ex.** Depois de passarem algum tempo fora «com os avós», as crianças têm que ser reeducadas [*idi fam* ser metidas novamente na linha]. **2** Completar [Aprimorar] a educação. **Ex.** Quando veio da aldeia para junto de nós [veio viver con(n)osco] reeducámo-la e tornou-se uma jovem exemplar. **3** (Fazer) recuperar capacidades «físicas/psíquicas» perdidas. **Loc.** ~ a fala [o andar]. **4** Reintegrar na sociedade/Reabilitar. **Loc.** ~ jovens delinquentes/marginais.

reelaborar *v t* (<re-+...) Tornar a elaborar/Refazer/Aperfeiçoar. **Comb.** ~ *um relatório.* ~ *uma obra* «um romance».

reeleger *v t* (<re- +...) Tornar a eleger. **Ex.** O povo reelegeu «pela segunda vez» o presidente da Junta.

reelegibilidade *s f* (<reelegível + -i- + -dade) Qualidade do que pode tornar a ser eleito. **Ex.** Depois de um segundo mandato, o Presidente da República Portuguesa perde a ~ na eleição seguinte.

reelegível *adj 2g* (<re- +...) Que se pode reeleger. **Ex.** «de acordo com os estatutos» Não é ~.

reeleição *s f* (< re-+...) A(c)to ou efeito de eleger novamente a mesma pessoa/coisa/Nova eleição. **Ex.** O candidato «a deputado» conseguiu a ~. O Algarve «como destino de férias» obteve a ~ de toda a família.

reeleito, a *adj/s* (<re- +...) (O) que foi novamente escolhido pelo voto/que se reelegeu. **Ex.** «nas últimas eleições autárquicas» Houve muitos candidatos ~s.

reembarcar *v t/int* (<re- +...) Tornar a embarcar. **Ex.** «após a reparação da avaria do metro/ô» Os passageiros reembarcaram.

reembarque *s m* (<reembarcar) Operação [A(c)to] de reembarcar/Novo embarque. **Ex.** O ~ está previsto para dentro de duas horas.

reembolsar *v t* (<re- +...) **1** Meter novamente no bolso. **Loc.** ~ [Meter no bolso(+)] o telemóvel «na aula». **Ant.** Desembolsar; tirar do bolso. **2** Receber/Reaver. **Ex.** No fim da viagem, a empresa reembolsou-o de todas as despesas feitas em serviço. **3** Devolver o dinheiro gasto em algo/Compensar danos/prejuízos/Inde(m)nizar. **Ex.** O senhorio reembolsou-me do dinheiro gasto com a reparação da porta da rua (do prédio onde moro).

reembolsável *adj 2g* (<reembolsar + -vel) Que se pode reembolsar. **Ex.** O dinheiro descontado a mais durante o ano para o IRS é ~ (no ano seguinte).

reembolso (Bôl) *s m* (<reembolsar) **1** A(c)ção de reembolsar. **Comb.** «envio de encomenda» *Contra* ~ [À cobrança/A pagar no a(c)to de entrega]. **2** Restituição [Recuperação] de dinheiro emprestado ou pago a mais. **Loc.** Receber o ~ do IRS. **3** Compensação de despesa efe(c)tuada por conta de outrem. **Ex.** Quando saio em serviço, pago as refeições e a estadia com o meu dinheiro e depois recebo o ~.

reemendar *v t* (<re- +...) Emendar de novo/Emendar muitas vezes. **Ex.** A reda(c)ção ainda não me agrada; já a reemendei [já tornei a emendá-la] e continuo a não gostar [continua a não me soar bem].

reemergir *v int* (<re- +...) Emergir novamente/Reaparecer. **Ex.** As baleias reemergiram um pouco mais à frente. O sol reemergiu/voltou(+).

reemigrar *v int* (<re- +...) **1** Emigrar partindo de um sítio para onde tinha emigrado. **Ex.** Muitos portugueses, em 1974/75, reemigraram de Angola para a África do Sul. **2** Tornar a emigrar para o mesmo país. **Ex.** Regressou há um ano da Suíça, onde estava emigrado, e agora reemigrou para lá.

reempossar *v t* (<re- +...) Tornar a empossar/Dar [Tomar] novamente a posse «de um cargo/um bem».

reempregar *v t* (<re- +...) **1** Tornar a empregar [dar emprego] a alguém que tinha deixado o emprego. **Ex.** Depois de ter sido despedido «por ser muito faltoso», o patrão condoeu-se com a necessidade de [pobreza] dele e reempregou-o. **2** Dar nova [outra] aplicação a algo. **Ex.** No fim do prazo, levantou o dinheiro do Banco e reempregou-o em certificados de aforro. **Loc.** ~ um utensílio antigo «panela de ferro de três pernas» como obje(c)to de adorno.

reencaixar *v t* (<re- +...) **1** Tornar a encaixar «os gonzos [as dobradiças] da porta». **2** *Med* Repor no seu lugar um osso «maxilar/articulação do joelho» deslocado.

reencarcerar *v t* (<re- +...) Encarcerar de novo/Tornar a meter na prisão «um prisioneiro que se tinha evadido».

reencarnação *s f Fil* (<reencarnar + -ção) Doutrina defendida por algumas religiões, sobretudo orientais, e seitas segundo a qual a alma humana, após a separação do corpo pela morte, vai animar outro corpo [volta a encarnar]. ⇒ metempsicose; transmigração.

reencarnar *v int* (<re- +...) Entrar a alma noutro corpo que não era o que anteriormente lhe pertencia. **Ex.** Há quem acredite que depois da morte pode ~ num animal.

reencher *v t* (<re- +...) Tornar a encher.

reenchimento s m (<reencher + -mento) Novo enchimento/Reposição. **Loc.** Fazer o ~ dum extintor de incêndio [dum tanque de água].

reencontrar v t (<re- +...) Encontrar novamente. **Ex.** Colegas de infância, cada um seguindo o seu destino, reencontraram-se ao fim de mais de trinta anos.

reencontro s m (<reencontrar) **1** A(c)to de encontrar(-se) novamente. **Ex.** O ~ com a família depois duma ausência prolongada foi um momento de grande emoção. **2** Restabelecimento de relações/Reconciliação. **Comb.** ~ de pessoas «casal/irmãos» desavindas que se reconciliam. **3** Retoma de princípios, crenças, ideias, ... que se haviam perdido. **Comb.** ~ com a fé [com a Igreja Católica].

reendossar v t (<re- +...) Transferir «um título» por novo endosso.

reengenharia s f (<re- +...) Processo de reorganização [reestruturação] de uma empresa que, por um melhor aproveitamento dos recursos humanos e pela utilização de meios tecnológicos mais avançados, visa a obtenção de melhores resultados.

reentrância s f (<reentrar + -ância) Cara(c)terística do que forma ângulo ou curva para dentro/Concavidade. **Comb.** As ~s da costa marítima. **Ant.** Saliência.

reentrante adj 2g (<reentrar + -ante) Que forma reentrância. **Comb.** Acidentes [Formações] de costa «baías/enseadas» ~s.

reentrar v int (<re- +...) **1** Voltar a entrar. **Ex.** Saí de Portugal por [pela fronteira de] Vilar Formoso e reentrei pelo [pela do] Caia. **2** Regressar a um espaço onde já estivera. **Ex.** O a(c)tor reentrou em cena. O vaivém espacial reentrou na atmosfera. **3** Formar reentrância. **Ex.** O mar reentra nas falésias e forma uma pequena enseada. **4** Voltar a fazer-se sentir. **Ex.** «ter conseguido o emprego» Fez a esperança ~-lhe na alma.

reenviar v t (<re- +...) **1** Enviar novamente/Reexpedir/Reencaminhar. **Loc.** ~ *uma carta*/encomenda «para outra morada». **2** Devolver.

reenvio s m (<reenviar) **1** A(c)to de reenviar/Novo envio. **2** Devolução. **Comb.** ~ duma encomenda postal não entregue ao destinatário «porque estava ausente».

reerguer v t (<re- +...) Tornar a erguer. **Loc.** ~ um poste derrubado.

reescrever v t (<re-+...) **1** Tornar a escrever. **Ex.** A professora chamou-lhe a atenção para alguns erros e mandou-o ~ a reda(c)ção. **2** Escrever por outras palavras/Reformular/Parafrasear. **Ex.** Entregou «à secretária» um texto *idi* mal alinhavado [escrito] e pediu-lhe que o reescrevesse de forma corre(c)ta. **3** *Ling* Indicar através de abreviaturas e símbolos os constituintes duma frase.

reestruturação s f (<reestruturar + -ção) Reorganização/Reforma/Remodelação. **Comb.** ~ *do sistema* de transportes urbanos. ~ *duma empresa* [dum serviço].

reestruturar v t (<re- +...) Dar nova estrutura/Reformular/Reorganizar/Remodelar. **Loc.** ~ um ministério [uma empresa].

reexaminar (Eza) v t (<re- +...) Examinar de novo/Reanalisar. **Ex.** O médico reexaminou o doente. **Loc.** ~ [Reanalisar(+)] um proje(c)to/assunto.

reexpedição (Eis) s f (<reexpedir + -ção) Nova expedição/Reenvio. **Comb.** ~ de mercadoria «defeituosa».

reexpedir (Eis) v t (<re- +...) Expedir novamente aquilo que anteriormente se tinha recebido/Fazer nova expedição. **Loc.** ~ uma encomenda [carta] «para a nova morada do destinatário».

reexportação (Eis) s f (<reexportar + -ção) Exportação de algo que tinha sido importado. **Ex.** A mercadoria está isenta de direitos alfandegários por se destinar a ~. **Comb.** Despacho (da alfândega) de ~.

reexportar (Eis) v t (<re- +...) Exportar aquilo que tinha sido importado. **Ex.** Portugal importa motores de automóvel «Volkswagen» e reexporta-os integrados nos carros.

refals(ad)o, a adj (<re- + falso) «homem» Muito falso/Hipócrita/Velhaco.

refastelar-se v t (<re- + festa + -elar) Sentar[Estender/Esticar(+)]-se confortavelmente num sofá [numa poltrona] «a ver televisão».

refazer v t (<re- +...) **1** Fazer de novo. **Loc.** ~ *uma parede de tijolo* «que foi deitada abaixo porque estava mal feita». ~ *as malas* «para iniciar uma viagem anteriormente adiada à última hora». **2** Reorganizar/Reestruturar. **Ex.** O novo treinador em pouco tempo conseguiu ~ a equipa/e. **3** Introduzir emendas/Dar nova forma/Corrigir. **Loc.** ~ *um texto* «a reda(c)ção duma lei». **4** Restaurar/Recuperar/Revigorar. **Ex.** Estive bastante atacado «com gripe» e ainda não me refiz. **Loc.** ~*-se dum grande susto/desgosto.* **5** Reparar/Consertar. **Loc.** ~ *a ligação dos fios elé(c)tricos* «numa tomada avariada». ~ *fios de rosca* «num perno roscado» *moídos* [gastos]. ~ *uma costura descosida.* **6** Recomeçar de novo/Reconstituir. **Loc.** ~ *a vida* «noutro ramo de a(c)tividade. **7** Tornar a percorrer o mesmo caminho. **Loc.** ~ *o percurso* feito «à procura da carteira que perdeu à ida».

refazimento s m (<refazer + -mento) A(c)to de refazer/Reparação/Restauração.

refece adj 2g (<ár *rakhiç*) **1** De baixo preço/Pobre. **2** Vil/Infame.

refegar v t (<lat *refricáre*: esfregar) Fazer refegos em/Enrugar. **Loc.** ~ as calças «ao passá-las a ferro».

refego (Fê) s m (<refegar) **1** Prega na roupa. **Ex.** A camisa está mal passada (a ferro); tem [está cheia de(+)] ~s no peito. **2** Dobra na pele de pessoas bem nutridas [muito gordas]. **Ex.** O bebé/ê está bem [muito] gord(inh)o, até faz ~s nas pernas.

refeição s f (<lat *reféctio, ónis*: restauração «dum edifício»; ⇒ refeito) **1** A(c)to de tomar alimento a certas horas do dia. **Ex.** O almoço e o jantar são as duas ~ões principais. **Comb.** *Hora das ~ões. Intervalo das ~ões.* **2** O que se come a certas horas do dia [às ~ões]. **Ex.** Uma sopa, um prato de carne ou peixe e sobremesa ou fruta (per)fazem uma ~ equilibrada [saudável]. **Comb.** ~ *fria* [constituída por alimentos crus ou cozidos servidos à temperatura ambiente/servidos frios]. ~ *pobre* [rica].

refeito, a adj (<lat *reféctus, a, um <refício, ere*: refazer < re+fácio, ere: fazer) **1** Que se refez/Recomposto. **Comb.** ~ *do abalo* [choque/susto]. **2** Emendado/Reformulado/Corrigido. **Comb.** *Documento* [Texto] ~. *Minuta* «duma a(c)ta» *~a*/revista/corrigida. **3** Reparado/Consertado. **Ex.** O mecânico entregou o carro ~ [como novo] depois duma grande reparação. **4** Robusto/Forte/Restabelecido. **Ex.** Estou completamente ~ da doença que tive.

refeitoreiro, a s (<refeitório + -eiro) O que trata [Encarregado] do refeitório/Despenseiro(+).

refeitório s m (<refeição + refeito) Lugar de estabelecimento «escola/fábrica» onde se servem refeições em comum/Cantina. **Comb.** ~ *dum convento.* ~ [Cantina] *dum quartel/duma escola.*

refém s 2g (<ár *rihan* <pop de *rahn*: prenda, penhor) **1** Pessoa [Povoação/Praça militar] que fica em poder de alguém «do inimigo» como garantia do cumprimento de um acordo/da satisfação duma exigência. **Ex.** O Infante português D. Fernando (Infante Santo) ficou ~ em Fez (Marrocos), em 1437, como garantia da devolução da cidade de Ceuta aos Mouros. **2** Pessoa detida por assaltantes/raptores até que sejam satisfeitas as condições [exigências] que reivindicam. **Ex.** Assaltantes armados desviaram um avião e mantêm os passageiros ~ns, exigindo avultada quantia em troca da sua libertação [da libertação dos mesmos].

referência s f (⇒ referir) **1** A(c)to de referir/Menção/Alusão. **Ex.** Vários jornais aludiram [fizeram ~] às palavras do Cardeal Patriarca de Lisboa sobre o a(c)tual momento de crise. **2** O que é referido/relatado. **Ex.** O julgamento do autarca foi ~ [notícia] durante vários dias [~ dias a fio] na comunicação social. **3** O que serve de modelo [exemplo/apoio]/Fundamento. **Ex.** A Capela Sistina é uma ~ paradigmática da pintura renascentista. O papa João Paulo II, recentemente canonizado, foi (e continua a ser) ~ para muitos cristãos e não cristãos da a(c)tualidade. **4** Elemento de orientação/localização. **Ex.** No bairro de Montmartre em Paris, para me orientar, tomava como (ponto de) ~ a Basílica do Sacré-Coeur. Os faróis são ~s [sinais] indispensáveis para os pescadores. **Comb.** *Geog Meridiano de ~* [Greenwich]. *Ponto de ~.* *Mat Sistema de ~* [Referencial]. **5** Elementos de identificação pessoal. **Ex.** «alto, magro, ainda jovem, com um carro *sport* azul» Por essas ~s [esses dados] não consigo saber de quem se trata... **6** Indicação inserida na parte superior duma carta comercial [dum documento] para informar a que processo diz respeito. **Ex.** Em toda a correspondência relativa a este assunto deve ser sempre mencionada a ~ do processo. **7** Conjunto de elementos que permitem identificar um livro, texto, artigo, ... **Comb.** «título, autor, editor» ~s bibliográficas. **8** *Ling* Relação que uma palavra [expressão] estabelece com um obje(c)to do mundo real ou imaginário. **Ex.** As palavras *fada, extraterrestres* têm ~ ao mundo imaginário. **9** *pl* Informações que se dão [pedem] acerca de alguém/Abonações. **Ex.** Deram-me muito boas ~s do novo empregado «educado, honesto, competente».

referencial s/adj m (<referência + -al) **1** Série de cara(c)terísticas tomadas como modelo ou ponto de apoio. **Ex.** O sucesso «mediático/o vedetismo» é o ~ que motiva grande parte da juventude a(c)tual. **2** *Mat* Conjunto de elementos que possibilita a definição de um sistema de coordenadas/Sistema de referência. **Comb.** ~ *cartesiano* [constituído por um ponto (Origem) donde partem eixos orientados]. ~ *ortogonal* [em que os eixos são perpendiculares]. **3** *adj* Que serve de [Relativo a] referência. **Ex.** As ruínas [O frontispício] da Igreja de S. Paulo em Macau (China) e a Basílica do Bom Jesus em Goa (Índia) são ~ais da presença portuguesa no Oriente, no séc. XVI. **Comb.** Anotações ~ais.

referenciar v t (<referência + -ar[1]) **1** Fazer referência a/Aludir a. **Ex.** O ministro da economia referenciou alguns investimentos de vulto previstos para o se(c)tor mineiro. **2** Localizar/Dete(c)tar. **Ex.** O causador do acidente, que fugiu, dizem ter sido referenciado [visto/reconhecido] numa praia das redondezas. **3** Determinar a posição

em relação a/*Mat* Indicar as coordenadas. **Loc.** ~ *a estrela polar* (em relação à Ursa Maior e à Ursa Menor). ~ [Localizar] *uma cidade* «pela latitude e longitude». ~ *uma figura geométrica* [um ponto] «num referencial cartesiano».

referenda *s f* (<referendar) **1** A(c)to ou efeito de referendar. **2** *Dir* Aposição da assinatura de um ou mais membros do Governo por baixo da assinatura do Chefe do Estado. **Ex.** A falta da ~ pode invalidar ou tornar ineficaz um diploma [despacho/decreto]. **3** Assinatura de quem aceita a responsabilidade [de quem se torna corresponsável] do que já foi decidido por outrem. **Comb.** Decreto assinado pelo Primeiro-Ministro com ~ do ministro das Finanças.

referendar *v t* (<lat *referéndus, a, um* <*reférre*: relatar, sujeitar, submeter, apresentar a + -ar[1]) **1** Submeter a referendo. **Loc.** ~ a Constituição (dum país). **2** Um ministro assinar por baixo da assinatura do Chefe do Estado num diploma legal, para que este possa ser publicado e tenha validade. ⇒ referenda. **3** Aprovar [Sancionar/Confirmar] uma resolução tomada noutra instância [por outrem]. **Ex.** O Tribunal da Relação referendou a decisão do tribunal de 1.ª instância. A administração não referendou a sanção disciplinar, proposta pelo dire(c)tor comercial, a aplicar a um vendedor.

referendário, a *s* (<referenda(r) + -ário) O que referenda.

referendo [*referendum*] *s m Dir* (<lat *referéndum*, gerúndio de *reférre*: referir; ⇒ referendar) Votação popular por sufrágio dire(c)to dos cidadãos de que resulta uma deliberação política/Plebiscito. **Ex.** O ~ é um instrumento da democracia que serve principalmente para aprovar [ratificar] as leis de maior proje(c)ção política e social e assumir compromissos internacionais. O ~ pode ser apenas consultivo, indicando ao Governo, neste caso, qual é a vontade popular.

referente *adj 2g/Ling s m* (<lat *réferens, éntis*; ⇒ referir) **1** Que se refere/diz respeito/é alusivo/Respeitante. **Ex.** As dire(c)tivas da UE ~s às normas «de identificação/composição/rotulagem» de produtos alimentares expostos para venda ao público devem ser transpostas para a legislação dos países membros. As questões ~s a impostos devem ser tratadas na Repartição de Finanças. **Comb.** Documentos sobre a [~s à] descoberta do Brasil. **2** *s m Ling* Entidade real ou imaginária para a qual remete um signo linguístico. **Ex.** O ~ de *leão* «aplicado ao homem mais valente do bairro (da Mouraria)» remete para o animal selvagem que domina sobre todos os outros.

referido, a *adj* (<referir + -ido) **1** Que se referiu/Mencionado/Citado. **Ex.** O cavalheiro anteriormente ~ [de quem estávamos a falar] acaba de chegar. **Comb.** Escritor «Jorge Amado» ~ pelo orador. **2** Narrado/Contado. **Ex.** A descrição minuciosa da aparência e costumes dos índios do Brasil vem ~a na *Carta de Achamento do Brasil* (pelo português Pedro Álvares Cabral em 22 de abril de 1500), de Pêro Vaz de Caminha.

referimento *s m* (<referir + -mento) A(c)to ou efeito de referir/contar/relatar/comunicar «à polícia». ⇒ referência.

referir *v t* (<lat *réfero, réfers, reférre, rétuli, relátum*: levar ou trazer de novo, retirar, representar, transcrever <*re+féro*: levar ou trazer) **1** Mencionar/Citar. **Ex.** Não conheço de todo [Desconheço totalmente] a pessoa que referes na tua carta. Os exemplos do texto [que o texto refere] não são os mais adequados (ao caso que se pretende explicar). **2** Narrar/Contar. **Ex.** Ele referiu[contou]-me fa(c)tos desagradáveis que muito me fizeram sofrer. **3** Dizer respeito/Estar relacionado. **Ex.** A piada [indire(c)ta] referia-se a alguém presente na sala, não sei a quem. Essa norma refere-se apenas ao ensino secundário. **4** Fazer alusão/Mencionar. **Ex.** Os jornalistas elogiaram muito o jogador [referiram-se ao jogador em termos muito elogiosos].

refermentar *v t* (<re- +...) Fermentar novamente/Fermentar com intensidade. **Ex.** O vinho refermentou [entrou novamente em fermentação].

referver *v t/int* (<lat *reférveo, ére, érvi*) **1** Tornar a ferver. **Loc.** ~ o leite (para ficar esterilizado). **2** Entrar em fermentação/Levedar. **Ex.** O doce de abóbora referveu [fermentou(+)]. **3** Fazer cachão/Borbulhar. **4** *fig* Fremir/Bramir/Rugir/Tumultuar. **5** *fig* Excitar-se/Exaltar-se. **Ex.** Ele não parava quieto a ~ [Ele refervia] de indignação «com as palavras do sindicalista».

refestelar-se *v t* ⇒ refastelar-se.

refilão, ona [refilador, ora] *adj/s* (<refilar) (O) que refila (muito)/Repontão. **Ex.** Não quero esse ~ para meu empregado. **Comb.** *Criança ~ona/ora. Feitio ~.*

refilar *v t/int* (<re- +...) **1** (O cão) tornar a filar [morder]/atacar mordendo [querendo morder]. **2** Responder com atrevimento/Repontar/Recalcitrar. **Ex.** – Ouve, não podes fazer o que te mandam sem refilares?! Que criatura [pessoa/criança] tão insolente: refila com tudo, não está nada bem para ela!

refinação *s f* (<refinar + -ção) **1** A(c)to ou efeito de refinar. **2** *Quím* Processo de separação de impurezas duma substância. **Comb.** ~ *de óleos alimentares*. ~ *de* (ramas de) *açúcar*. **3** Lugar onde se refina/Refinaria(+). **4** *fig* Apuro/Requinte(+)/Su(b)tileza. **Comb.** ~ *das maneiras* [do modo de se comportar].

refinado, a *adj* (<refinar + -ado) **1** Que se refinou. **Comb.** *Açúcar* [Óleo/Sal] ~. **2** Apurado/Requintado. **Comb.** *Gosto ~.* **3** *iron* Que age com requinte/Completo/Acabado. **Comb.** Ladrão ~/acabado [Grande ladrão].

refinador, ora *s/adj* (<refinar + -dor) (O) que refina.

refinamento *s m* (<refinar + -mento) Apuramento/Aperfeiçoamento. **Comb.** ~ *do estilo (dum escritor)*. ⇒ refinação.

refinar *v t/int* (<re- + fino + -ar[1]) **1** Tornar mais fino. **Loc.** «regular a mó do moinho para» ~ *a farinha*. **2** *Quím* Submeter uma substância a uma série de operações para lhe retirar as impurezas. **Comb.** ~ açúcar [sal/óleo]. **3** Aprimorar/Apurar(-se)/Aperfeiçoar(-se)/Requintar(-se). **Loc.** ~ *as maneiras*. ~ *o estilo*. ~ *o gosto*. **4** Intensificar/Acentuar. **Ex.** A idade, infelizmente, refinou-lhe o mau gé[ê]nio [, fê-lo mais rabugento].

refinaria *s f* (<refinar+-aria) Lugar [Complexo industrial] onde se fazem as operações de refinação. **Comb.** ~ *de açúcar*. ~ *de óleos alimentares*. ~ *de petróleo*.

refle(c)tografia (*dg*) (Flè) *s f* [= reflectografia] (⇒ refletir **1** + grafia) Processo de reprodução de documentos em papel especialmente sensível, por conta(c)to com a luz refletida. ⇒ fax; fotografia.

refle(c)tómetro (*dg*) (Flè) [*Br* **refle(c)tômetro** (*dg*)] *s m Fís* [= reflectómetro] (⇒ refletir + -metro) Aparelho que serve para medir a intensidade da luz refletida.

refletido, a (Flè) [*Br* **refle(c)tido** (*dg*)] *adj* [= reflectido] (< refletir+-ido) **1** *Fís* Que sofreu reflexão. **Comb.** *Raio (luminoso)* ~. *Som* ~ [Eco]. **2** Pensado/Ponderado/Meditado. **Comb.** *Decisão ~a. Palavras ~as*. **3** Que age com ponderação/sensatez/Circunspecto. **Comb.** Pessoa ~a [sensata(o+)/ponderada(+)].

refletir (Flè) *v t/int* [= reflectir] (<lat *reflécto, ere, fléxi, fléxum*: voltar para trás, virar <*re-+ flécto, ere*: dobrar) **1** (Uma superfície/Um corpo) fazer retroceder o que nele incide [embate]. **Ex.** A Lua reflete (parte d)a luz que recebe do Sol. A parede refletiu [ricocheteou(+)] a bala. O som reflete-se [(em) bate] nas paredes «da igreja» e faz eco. **2** Uma superfície polida reproduzir uma imagem. **Ex.** Os espelhos curvos refletem imagens deformadas. **3** Repercutir/Ecoar. **Ex.** O miúdo [A criança] gostava de gritar em frente da montanha e ouvir a sua própria voz que ela lhe refletia [voz a fazer eco]. **4** Deixar transparecer um sentimento/uma emoção. **Ex.** A tristeza do rosto refletia a dor que lhe ia na alma. **5** Evidenciar/Exprimir/Revelar. **Ex.** O resultado «a goleada» reflete [mostra (bem)] a superioridade da equipa/e vencedora. **6** Pensar demoradamente/Meditar/Ponderar. **Ex.** Não (lhe) posso dar uma resposta agora; preciso de ~ sobre o assunto [; dê-me tempo para ~].

refletivo, a (Flè) *adj* [= reflectivo] (<refletir + -ivo) **1** Que reflete. ⇒ refletido **1. 2** Ponderado/Sensato/Refletido **2**(+). ⇒ reflexivo.

refletor, ora (Flè) *adj/s m* [= reflector] (<refletir) **1** Que reflete. **Comb.** *Estrada com barreiras ~oras* «nas curvas apertadas». *Os ~es das bicicletas. Superfície* «espelho» *~ora*. **2** *Astr* Aparelho com a obje(c)tiva constituída por um espelho parabólico e que dá no foco uma imagem isenta de aberração cromática/Telescópio ~. **Ex.** Na antiga URSS foi instalado, por volta dos anos 70 do séc. XX, um ~ com 6 metros de diâmetro, na altura [, nesse tempo] o maior do mundo. **3** *Fot* Sistema utilizado nas lâmpadas e proje(c)tores para interce(p)tar a maior parte dos raios de luz que se desviam do obje(c)to a fotografar.

reflexão (Csão, Ssão) *s f* (<lat *refléxio, ónis*) **1** A(c)to ou efeito de refletir(-se). **2** *Fís* Mudança de dire(c)ção (ou apenas de sentido) quando uma onda de energia «luz/calor» incide sobre uma superfície separadora de dois meios. **Ex.** As superfícies polidas provocam uma ~ intensa da luz e do calor. O eco é provocado pela ~ das ondas sonoras quando encontram um obstáculo «parede/montanha». **Comb.** Ângulo de ~. *Leis da ~. Prisma de ~ total.* **3** Desvio de dire(c)ção sofrido por um corpo depois de chocar com outro/Ricochete(+). **4** *Geom* Operação geométrica pela qual um ponto se transforma no seu simétrico em relação a uma linha/um plano. **5** *Fil* A(c)to pelo qual a consciência torna intencionalmente presentes a si mesma os seus estados e operações. **Ex.** A ~ é um regresso da consciência, dispersa por interesses e obje(c)tos imediatos, à intimidade de si mesma. **6** Aplicação criteriosa do entendimento/da razão/Meditação/Ponderação. **Ex.** O assunto merece uma ~ mais aprofundada. **Comb.** *Dia* [Momento] *de ~*. **7** Pequena introdução a um assunto/Breve ensaio. **Comb.** «A Expansão da Economia Chinesa» (Título) Breve ~ (Subtítulo).

reflexibilidade (Csi, Ssi) *s f* (<reflexível + -i- + -dade) **1** Qualidade do que pode ser refletido. **Comb.** ~ *da luz* [do som]. **2** Qualidade do reflexo.

reflexionar (Csi, Ssi) *v t/int* ⇒ refletir; pensar; ponderar.

reflexível (Csi) *adj 2g* (<lat *reflexíbilis, e*) Que pode ser refletido.

reflexividade (Csi) *s f* (<reflexivo + -i- + -dade) **1** Qualidade do que é reflexivo. **Comb.** *A ~ da consciência.* **2** *Gram* Propriedade do verbo ou do pronome que indica que a a(c)ção se exerce sobre o sujeito que a pratica «eu *feri-me* com a mesma faca com que tu *te* cortaste». **3** *Mat* Relação binária de um conjunto em que cada elemento está em relação consigo mesmo.

reflexivo, a (Csi) *adj* (<refletir + -ivo; ⇒ refletiro) **1** Que manifesta ponderação/Que pensa/medita. **Comb.** Espírito [Pessoa] ~o/a. **2** Que exige reflexão/análise atenta/aprofundada. **Comb.** Estudo [Leitura] ~o/a. **3** *Gram* Diz-se do verbo ou do pronome que indica que a a(c)ção se exerce sobre quem a pratica/Reflexo **4.** *Ex.* Prejudiquei-me é uma expressão ~a e *me* um pronome ~. **4** *Mat* Diz-se de relação binária definida num conjunto em que os elementos estão em relação consigo mesmos. **Comb.** *Relação ~a.*

reflexo, a (Elécso) *adj/s m* (<lat *refléxus, a, um*; ⇒ refletir) **1** Que sofreu reflexão/ Refletido. **Comb.** *Assunto ~* [refletido(o+)/ pensado(+)/meditado(+)]. *Luz ~a. Som ~.* **2** *Fisiol* Que se exerce de forma indire(c)ta e se sente em parte do corpo diferente daquela onde teve origem. **Comb.** *Dor ~a.* **3** Que se produz de forma automática e involuntária. **Comb.** *Gesto* [Movimento] *~. Rea(c)ção ~a.* **4** *Gram* Diz-se do verbo ou pronome pessoal que indica que a a(c)ção se exerce sobre quem a pratica/Reflexivo **3** «ele *entalou-se* na porta do carro/eu *gosto de me* arranjar». **5** *s m* Efeito produzido pela luz refletida. **Comb.** Os ~s das luzes nas gotas da água da chuva. **6** Clarão vago/Claridade. **Comb.** Os ~s do amanhecer [do raiar da aurora]. **7** Influência indire(c)ta de um acontecimento/uma atitude/Consequência. *Ex.* O aumento do IVA teve ~s imediatos na diminuição do consumo. **8** Manifestação de um sentimento/estado de espírito/de uma emoção. *Ex.* O rosto feliz e sorridente era o ~ da alegria que lhe ia no [que lhe inundava/enchia o] coração. **9** Imagem vaga/Lembrança(+)/Reminiscência. *Ex.* Da mãe que lhe morrera em criança, conservava apenas vagos ~s. **10** *Fisiol* Resposta involuntária e imediata a um estímulo exterior. **Comb.** *~ condicionado* [Resposta a um estímulo não adequado mas que previamente foi associado ao adequado através de uma aprendizagem por associação (~ condicionado de Pavlov)]. *A(c)to ~* [involuntário resultante da incidência dum estímulo sobre qualquer órgão sensitivo].

reflorescer *v int* (<re- +...) **1** Tornar a florescer/Dar novamente flor(es). *Ex.* As roseiras refloresceram. **2** Voltar a manifestar-se. *Ex.* As ideias nazis estão a ~ em alguns países da Europa. **3** *fig* Rejuvenescer/ Reanimar(-se)/Revigorar(-se). *Ex.* Um líder que fez ~ [que renovou/reanimou] o grupo de jovens.

reflorescimento *s m* (<reflorescer + -mento) **1** A(c)ção de voltar a cobrir-se de flores. **Comb.** O ~ dos jardins [campos] na primavera. **2** *Bot* Floração que ocorre pela segunda vez no mesmo ano. **3** *fig* Revivência/Reanimação. **Comb.** ~ da esperança [do amor]. **4** Recobro de ânimo/vitalidade/ Rejuvenescimento. *Ex.* Aprender a trabalhar com o computador «navegar na *net*» ajudou ao ~ de muitos idosos.

reflorestação *s f* (<reflorestar + -ção) Plantação de novas árvores na floresta em substituição das que morreram ou foram abatidas.

reflorestar *v t* (<re-+...) Tornar a florestar uma zona de floresta destruída «por um incêndio» ou cortada.

reflorir *v int* (<re-+...) ⇒ reflorescer.

refluência *s f* (⇒ refluir) A(c)to ou efeito de refluir/Refluxo/Retrocesso.

refluente *adj 2g* (⇒ refluir) **1** Que reflui/volta ao ponto de origem. **2** Que corre para trás.

refluir *v int* (<lat *réfluo, úere, úxi, úxum* <re--+flúo, úere:* correr, passar) **1** Correr para o lado donde veio/Correr em sentido contrário. *Ex.* A maré reflui duas vezes por dia. O tempo não reflui. **2** Voltar ao ponto de origem [ao ponto donde veio]. *Ex.* Depois da manifestação, a multidão refluiu [regressou(+)] ordeiramente às suas casas. **Loc.** O sangue ~ ao coração. **3** Retroceder/ Retrogradar. *Ex.* Os soldados, acossados pelo exército inimigo, viram-se obrigados a ~ [retroceder(+)]. **4** Ressumar. *Ex.* O sangue refluiu-lhe às faces.

refluxo (Ksso) *s m* (<re- +...) **1** A(c)to de refluir. **2** Movimento das águas do mar na maré vazante/Contracorrente. **Comb.** O fluxo e ~ das ondas. **3** *fig* Corrente [Movimento] contrário a outro. **Comb.** O fluxo e o ~ [Os caprichos] da sorte [As vicissitudes] [Os altos e baixos] da vida].

refocilamento *s m* (<refocilar + -mento) **1** A(c)to ou efeito de refocilar. **2** Distra(c)ção/Recreio.

refocilar *v t* (<lat *refocíllo, áre, átum*) **1** Dar novas forças a/Restaurar/Revigorar. *Ex.* Com descanso e uma alimentação adequada, o doente refocilou-se [restabeleceu-se(+)]/vai-se refocilando [restabelecendo(+)]. **2** Descansar/Recrear(-se)(+)/Distrair(-se)(+). *Ex.* Um dia passado no campo foi o suficiente para ~ o espírito. **3** Descansar confortavelmente/Refastelar-se. *Ex.* Chegou a casa cansado e refocilou[refastelou(+)]-se no sofá.

refogado, a *adj/s m Cul* (<refogar + -ado) **1** Que se refogou. **Comb.** Frango ~ com cebola, azeite e alho. **2** *s m* Preparado [Molho] feito com cebola e gordura «azeite/óleo» e outros temperos «alho/salsa» que se leva ao lume até alourar/Estrugido. **Loc.** Fazer um ~ para (preparar/cozinhar) arroz. **3** Prato feito com esse molho. **Comb.** ~ de frango com batatas e ervilhas.

refogar *v t Cul* (<re- + fogo + -ar¹) **1** Ferver azeite [óleo] com cebola, alho e outros temperos para fazer um molho [uma base] que serve para confe(c)cionar outros pratos. **Loc.** ~ a [Fazer um refogado de] cebola para fazer arroz. **2** Cozinhar um prato com esse molho. *Ex.* Hoje vou ~ um frango para o jantar.

refojo (Fô) *s m* (<re- +...) **1** Concavidade do terreno/Recôncavo. **2** Gruta onde se acoitam feras/Covil(+).

refolhar *v t/int* (<re- + folha/refolho + -ar¹) **1** Envolver em folhas. **2** *fig* Disfarçar/Dissimular. **Comb.** Pessoa muito refolhada/ fechada. **3** Cobrir(-se) de folhas. **4** Fazer refolhos «no vestido».

refolho (Fô) *s m* (<re- +...) **1** Folho sobreposto a outro. **Comb.** Saia «de traje folclórico» com ~s. **2** Dobra/Prega. **Ex.** Gosto de coisas mais simples, nada [não gosto] de saias e vestidos com muitos ~s.

reforçado, a *adj* (<reforçar + -ado) **1** Que tem reforço. **Comb.** Porta ~a com chapa de ferro. **2** Aumentado/Acrescido. **Comb.** Ração [Refeição/Merenda] ~a «com queijo/bolachas/leite chocolatado». **3** Intensificado/Fortalecido. **Comb.** Vigilância ~a.

4 Vigoroso/Robusto/Corpulento. **Comb.** Moço possante, ~/forçudo(+).

reforçador, ora *adj/s m* (<reforçar + -dor) **1** (O) que reforça. **Comb.** Elemento «fechadura de quatro entradas» ~ da segurança da porta. **2** *s m* Explosivo para reforçar a detonação. **3** *Fot* Solução que se destina a acentuar o contraste de luz num negativo.

reforçar *v t* (<re- +...) **1** Tornar mais forte/ Dar mais força a. **Loc.** *~ um muro* «com contrafortes de betão». *~ uma porta* «com uma tranca». **2** Fortalecer/Aumentar «a defesa». **Loc.** *~ a vigilância* «instalando câmaras de vídeo». **3** Dar mais energia/ vigor/Revigorar/Reanimar. *Ex.* Disse-lhe palavras de encorajamento que lhe reforçaram o ânimo. **4** Dotar de mais meios/ recursos. **Loc.** *~ um orçamento.* *~ uma equipa/e* «com novos jogadores». **5** Coser mais que uma vez/Pôr um reforço. **Loc.** *~ os joelhos das calças* «com joelheiras de cabedal». *~ uma costura.* **6** Dar ênfase/ Intensificar. **Loc.** *~ o som* [a voz]. *~ um argumento* [uma opinião].

reforço (Fôr) *s m* (<reforçar) **1** A(c)to ou efeito de reforçar. **2** Aquilo que fortalece «a capacidade defensiva ou de ataque». **Loc.** *(A ONU) enviar ~s* para auxiliar as tropas em serviço no Kosovo. *Contratar ~s* [novos jogadores] para a equipa/e «de futebol». **3** Material utilizado para dar mais resistência ou estabilidade. **Comb.** Cotoveleiras de cabedal *para ~ das mangas* do casaco. *~s dum muro.* «fechadura especial» *~ da segurança* da casa. **4** Aumento da quantidade «de pessoas/dinheiro». **Comb.** *Elemento* [Guarda/Instrumento] *de ~ da vigilância. Pessoal de ~* para trabalho sazonal «vindimas». *Verba de ~* duma rubrica orçamental. **5** *Psic* Repetição de um estímulo que originou o reflexo condicionado para que este se mantenha.

reforma (Fór) *s f* (<reformar) **1** A(c)to ou efeito de reformar. **2** Transformação (radical) com o obje(c)tivo de melhorar/Nova [Mudança de] forma/Renovação. **Comb.** *~ da sociedade. ~ de costumes* [mentalidades]. **3** Nova organização/Remodelação. **Comb.** *~ administrativa. ~ agrária* [Alteração na estrutura agrícola dum país com o obje(c)tivo de conseguir uma distribuição mais equitativa da terra e dos seus rendimentos]. *~ do sistema de ensino. ~ fiscal.* **4** Substituição [Conserto/Reparação] do que está estragado/antiquado. *Ex.* Estes sofás estão a precisar de ~ «já estão muito coçados [gastos]». **5** *Econ* Substituição de um título de dívida (Letra) por outro da mesma natureza e de valor igual ou diferente [inferior]. *Ex.* Na data do vencimento, vou fazer a ~ da letra com uma amortização de 25%. **Comb.** *~ duma letra* por inteiro [sem amortização]. **6** Situação de quem foi dispensado da a(c)tividade normal por ter atingido a idade regularmente fixada ou por incapacidade/Aposentação. **Loc.** *Passar à ~. Ter idade de ~.* ⇒ aposentadoria. **7** Pensão vitalícia de um reformado. **Loc.** *Descontar para a ~. Receber a ~.* **8** *Hist/Rel Maiúsc* Movimento de cariz teológico iniciado por Martinho Lutero no séc. XVI, que se propunha renovar e purificar a Igreja, mas que conduziu à separação dos cristãos em católicos e protestantes. **Ex.** Além dos aspe(c)tos religiosos, a ~ teve consequências políticas profundas. ⇒ Contrarreforma.

reformabilidade *s f* (<reformável + -i- + -dade) Qualidade do que é reformável.

reformado, a *adj/s* (<reformar + -ado) **1** (O) que se reformou. *Ex.* O número de ~s tem tendência a aumentar. **Comb.** Trabalha-

dor «pedreiro/escriturário/engenheiro» ~. **2** Que tem outra forma [disposição]. **Ex.** A cozinha depois de ~a «com a mesa ao canto» até parece maior. **3** Consertado/Restaurado/Corrigido. **Comb. *Automóvel antigo* ~** [restaurado(+)]. ***Versão*** [Texto] **~/*revista*/**o(+). **4** Reorganizado/Reestruturado. **Comb. *Instituição*** «Universidade/Ordem religiosa» **~a. *Programa de estudos* ~/*Sistema fiscal* ~o. 5** *Econ* Diz-se de título de dívida que foi substituído por outro. **Comb.** Letra ~a. **6** *Hist/Rel* Relativo à [Resultante da] Reforma. **Comb.** Igrejas ~as [Designação das Igrejas protestantes calvinistas e presbiterianas]. **7** *Rel* Diz-se de membro duma ordem religiosa que sofreu reforma. **Comb.** «S. João da Cruz» Monge [Religioso] «carmelita» ~.

reformador, ora *s/adj* (<reformar + -dor) **1** Que reforma/introduz mudanças/reformas. **Comb. *A(c)ção* ~ora. *Movimento* ~. Ant.** Conservador. **2** *s* Pessoa que reforma. **Ex.** Os ~es geralmente querem mudar tudo de um dia para o outro [tudo imediatamente]. **3** *Hist/Rel* Mentores e introdutores da Reforma no séc. XVI. **Ex.** Lutero, Calvino, Zuínglio e Melânchton foram os ~es mais influentes. **4** *Rel* O que introduz reformas numa ordem religiosa com o obje(c)tivo de instaurar a disciplina [regra] primitiva. **Ex.** Santa Teresa de Ávila foi a ~ora do Carmelo [das Carmelitas].

reformar *v t* (<lat *refórmo, áre, átum*) **1** Fazer reforma(s)/Introduzir alterações profundas. **Ex.** É urgente ~ as estruturas (d)esportivas. **2** Dar outra forma/Reconstruir/Restaurar. **Loc.** ~ um edifício «um palácio antigo degradado». **3** Reorganizar/Reestruturar. **Loc. ~ *o ensino.* ~ *sistema judicial.* 4** Conceder a [Passar à] reforma/Aposentar(-se). **Ex.** Reformou-se aos 65 anos gozando de boa saúde; outros reformam-se mais novos por doença ou invalidez. **5** *Dir* Modificar uma sentença judicial que foi sujeita a recurso. **6** *Econ* Na data do vencimento, substituir um título de dívida por outro. **Loc.** ~ uma letra «por inteiro». **7** Substituir o que está inutilizado ou obsoleto/Pôr de parte/Retirar de uso. **Loc.** ~ a mobília [o computador].

reformativo, a *adj* (<reformar + -tivo) **1** Que diz respeito à reforma. **Comb.** Intenções [Intuitos] ~as/os. **2** Próprio para reformar.

reformatório, a *adj/s m* (<reformar + -tório) **1**⇒ Reformativo. **2** *s m* Estabelecimento de reeducação [corre(c)ção] para jovens delinquentes. **Comb.** «jovem» Internado num ~.

reformável *adj 2g* (<reformar + -vel) Que pode ser reformado.

reformismo *s m* (<reforma + -ismo) Conce(p)ção de mudança social e política que se processa gradualmente, de preferência por via legislativa. **Ex.** O ~ está ligado à democracia liberal e às diversas formas de liberalismo. **Ant.** Radicalismo. ⇒ regeneração **6**.

reformista *adj/s 2g* (<reforma + -ista) **1** Relativo a [Que segue o] reformismo. **Comb.** Medidas ~s. **2** *s* Partidário do reformismo. **Ex.** Sá da Bandeira e Alves Martins lideravam o grupo de ~s portugueses que no séc. XIX se opunha aos Regeneradores.

reformulação *s f* (<reformular + -ção) **1** A(c)to ou efeito de reformular. **2** Modificação/Transformação. **Comb.** ~ duma lei.

reformular *v t* (<re- +...) **1** Dar nova formulação/Tornar a formular. **Loc.** ~ uma teoria [um texto]. **2** Reestruturar/Reorganizar. **Loc. ~ *o regime alimentar.* ~ *o sistema de ensino.***

refornecer *v t* (<re- +...) Tornar a fornecer.

refornecimento *s m* (<refornecer + -mento) A(c)to ou efeito de refornecer/Reabastecimento. **Ex.** O combustível esgotou; só haverá ~ [reabastecimento(+)] na próxima semana.

refortificar *v t* (<re- +...) Fortificar novamente.

refração (Frà) **[*Br* refra(c)ção** (dg)**]** *s f Fís* [= refracção] (<lat *refráctio, ónis* <*refríngere* <*frángo, ere, frégi, fráctum*: quebrar) Mudança de dire(c)ção que os raios luminosos sofrem ao passar de um meio transparente para outro. **Ex.** A ~ dá-se porque a velocidade de propagação da luz não é a mesma nos dois meios. **Comb.** Índice de ~ [Razão entre a velocidade da luz no vazio [vácuo] e a velocidade no meio considerado «vidro/água»]. ⇒ reflexão; difração.

refracção/refractar/refractário/refractivo/refracto/refractometria/refractómetro/refractor ⇒ refração/refratar/.../refratómetro/refrator.

refrangência *s f Fís* (<refranger + -ência) Propriedade de refratar a luz. **Comb.** ~ da água [do vidro].

refrangente *adj 2g Fís* (<refranger + -ente) Que causa refração.

refranger *v t* (< lat *refríngo, ere, frégi, fráctum*) ⇒ refratar.

refrangibilidade *s f* (<refrangível + -i- + -dade) Qualidade do que é refrangível/Refrangência.

refrangível *adj 2g* (<refranger + -vel) Susce(p)tível de se refranger/refra(c)tar(+).

refrão *s m* (< provençal *refranh*) **1** Sentença de carácter popular com sentido pedagógico/Adágio/Rifão. **Ex.** (Lá) diz o ~ [rifão(+)/ditado(o+)]: *Quem tudo quer, tudo perde*. **2** *Liter* Verso que se repete no final de cada estrofe/Estribilho. **3** *Mús* Frase que se repete regularmente entre estrofes duma composição musical. **Ex.** Apenas conheço [sei cantar] o ~ (da canção/do cântico).

refratar (Frà) **[*Br* refra(c)tar** (dg)**]** *v t* [= fractar] (<lat *refráctum* + -ar[1]; ⇒ refração) **1** Produzir ou sofrer refração/Uma radiação «luminosa/sonora» mudar de dire(c)ção ao passar de um meio para outro em que a velocidade de propagação «da luz/do som» é diferente. **Ex.** O prisma (de vidro) refrata a luz solar e faz aparecer as cores do arco-íris. **2** *fig* Desviar da dire(c)ção [orientação] inicialmente tomada. **Loc.** O amor ~-se em despeito/aversão.

refratário, a (Frà) **[*Br* refra(c)tário** (dg)**]** *adj/s m* [= refractário] (<lat *refractárius, a, um*: rebelde; ⇒ refração) **1** *Fís* Que suporta elevadas temperaturas sem se alterar. **Comb. *Materiais* ~s. *Tijolo* ~. 2** Que se recusa a obedecer/submeter-se às autoridades/Rebelde. **Ex.** «desde jovem» Foi sempre ~ à disciplina. **3** Que rejeita ou se opõe/é hostil. **Comb.** ~ à religião. **4** Que manifesta indiferença/Insensível. **Comb.** ~ a elogios [gestos de carinho]. **5** *s Mil* Que se recusou a cumprir o [que fugiu ao] serviço militar obrigatório. **Ex.** Não compareceu à inspe(c)ção militar e foi dado como ~. **6** *s Med* Imune a determinada doença. **Comb.** ~ à gripe.

refrativo (Frà) **[*Br* refra(c)tivo** (dg)**]** *adj* [= refractivo] (<refra(c)to + -ivo) Que produz refração/Refrangente(+).

refrato, a [*Br* refra(c)to (dg)**]** *adj* [= refracto] (<lat *refractus, a, um*; ⇒ refração) Que se refratou/refrangeu/Refratado. **Comb.** Raio ~/refratado [que mudou de dire(c)ção ao passar de um meio transparente para outro diferente].

refratometria (Frà) *s f* [= refractometria] (<refrato + -metria) Processo de medida dos índices de refração utilizando o refrató[ô]metro.

refratómetro (Frà) **[*Br* refra(c)tômetro** (dg)**]** *s m Fís* [= refractómetro] (<refrato + -metro) Aparelho para medição dos índices de refração.

refrator, ora (Frà) **[*Br* refra(c)tor** (dg)**]** *adj* [= refractor] (<refrato + -or) ⇒ refrativo.

refreador, ora *adj/s* (<refrear + -dor) (O) que refreia. **Comb.** Norma ~ora «de abusos».

refreamento *s m* (<refrear + -mento) **1** A(c)to de refrear/reprimir. **2** Domínio de um animal «cavalo» utilizando o freio. **3** Capacidade de domínio «de palavras/instintos/emoções/paixões».

refrear *v t* (<lat *refréno, áre, átum*: dominar pelo freio, conter, ~) **1** Dominar um animal com o [Puxar pelo] freio. **2** Reprimir(-se)/Conter(-se)/Moderar(-se). **Loc. ~ *a língua*** [Ser moderado nas palavras]. **~** [Dominar] ***instintos/paixões.* ~ *o apetite*** [Comer com moderação]. **3** Subjugar/Dominar/Vencer. **Ex.** A polícia refreou [parou/conteve] os desordeiros.

refreável *adj 2g* (<refrear + -vel) Que se pode refrear. **Comb. *Animais* ~eis** [domináveis(+)/domáveis(o+)]. ***Tendências* ~eis.** ⇒ domesticável.

refrega (Fré) *s f* (<refregar) **1** Confronto físico entre adversários/Briga. **Ex.** Provocou a ~ «com o vizinho» e saíu-se mal «ficou com o nariz esmurrado». **2** Combate armado/Recontro/Peleja. **Ex.** Os dois exércitos encontraram-se e deu-se violenta ~. **3** Debate/Discussão. **Ex.** Alguns adversários políticos, depois das ~s parlamentares, vão almoçar juntos em alegre confraternização. **4** Labuta diária/Azáfama/Lida/Trabalho/Obra.

refregar *v t* (<lat *réfrico, ui, áre, átum*: esfregar outra vez) Travar peleja/Lutar/Brigar.

refreio *s m* (<refrear) Tudo o que serve para refrear/moderar/conter. **Ex.** Todos lhe tinham respeito; a presença dele era um ~ a conversas obscenas. ⇒ freio.

refrém *s m* ⇒ refrão(+).

refrescamento [refrescadela] *s* (<refrescar + -mento) **1** A(c)to ou efeito de refrescar(-se). **2** Arrefecimento gradual/Esfriamento. **Ex.** Ainda está calor mas à noite já se nota o ~ [a baixa(+)] da temperatura. **3** Avivamento da memória por uma última revisão/recapitulação da matéria/dum assunto. **Ex.** A matéria está sabida mas vou fazer uma pequena recapitulação para ~ [mas vou dar-lhe mais uma volta para a ter mais fresca(+)] antes do exame.

refrescante *adj 2g* (<refrescar + -ante) **1** Que refresca. **Comb. *Bebida* ~. *Sombra* ~. 2** Que reanima/dá novo alento. **Ex.** Quando me visitas, fico sempre mais bem-disposto: as tuas palavras ~s dão-me novo ânimo.

refrescar *v t* (<re- + fresco + -ar[1]) **1** Tornar(-se) mais fresco/Refrigerar. **Ex.** Põe as bebidas no frigorífico para refrescarem [para que refresquem] um pouco. Está aqui muito calor; liga o ar condicionado para ~ o ambiente. Vou dar um mergulho para me ~. **2** Dar novas forças/novo alento/Reanimar. **Ex.** Já nos refrescámos com uns momentos de descanso e um bom lanche; agora vamos continuar a caminhada. **3** Avivar as cores de uma pintura. **4** Fazer recordar/Avivar a memória. **Ex.** Ao folhear o álbum do nosso casamento refresquei a memória dos momentos maravilhosos que vivemos nessa altura. **5** Substituir elementos por outros/Renovar. **Loc.** ~ uma equipa/e «de trabalho/de futebol».

refresco (Frês) *s m* (<refrescar) **1** O que refresca. **2** Bebida fresca. **Comb.** ~ de limão [groselha/Uma laranjada]. **3** Sensação de frescura. **Ex.** Estou desejoso de encontrar alguma sombra onde (se) possa sentir algum ~. **4** Alívio no sofrimento/desconforto. **Ex.** A presença da esposa era suficiente para lhe aliviar o sofrimento e proporcionar algum ~ [conforto(+)]. **5** *Mil* Fornecimento de víveres/Provisões. **6** *Mil* Reforço(+) militar.

refrigeração *s f* (<lat *refrigerátio, ónis*) **1** A(c)to ou efeito de refrigerar [tornar mais frio]. **2** Diminuição da temperatura dum corpo de forma que esta não ultrapasse determinado valor. **Comb.** ~ *por água* [ar]. *Sistema de* ~ «dum motor». **3** Processo de arrefecimento de alimentos sem que se atinja o ponto de congelação. **Comb.** Câmara de ~ «para conservação de fruta».

refrigerador, ora *adj/s m* (<refrigerar + -dor) **1** Que refrigera [torna mais fresco/frio]. **Comb.** Efeito ~ «da evaporação». **2** Que diminui artificialmente a temperatura dum corpo de forma a mantê-lo frio/Refrigerante. **Comb.** Aparelho [Câmara] *~or/ora* «do supermercado». *Sistema ~*. **3** *fig* Que acalma/modera os impulsos/instintos/as emoções/Moderador. **4** *s m* Utensílio que serve para refrigerar/Frigorífico(+)/*Br* Geladeira.

refrigerante *adj 2g/s m* (<refrigerar + -ante) **1** (O) que refrigera/faz baixar a temperatura/Refrigerador. **Ex.** A água é o ~ industrial mais utilizado. **Comb.** *Brisa ~. Mistura ~.* **2** (O) que refresca/Refrescante/Refresco. **Comb.** *Agente ~* «ar líquido/neve carbónica». *Bebida ~* [refrescante(+)]. Fábrica de ~s. «bebi/tomei» *Um ~.* **3** *s m* Aparelho [Dispositivo] onde se produz a condensação do vapor numa destilação/Refrigerador(+) «do alambique».

refrigerar *v t* (<lat *refrígero, áre, átum*) **1** Fazer baixar a temperatura/Tornar mais frio/Arrefecer. **Loc.** ~ *bebidas* «no frigorífico/com gelo». ~ *o motor duma máquina* «por circulação de ar/água». **2** Fazer baixar a temperatura num determinado espaço/Tornar mais fresco/Refrescar(+). **Loc.** ~ uma sala «com ventoinha/ar condicionado». **3** Dar a sensação de frescura. **Ex.** «chegou cheio de calor» Refrigerou[Refrescou(+)]-se com um banho e pondo[vestindo]-se à vontade. **4** *fig* Dar alívio/conforto moral/Consolar/Confortar. **Ex.** O doente refrigerou[consolou(+)]-se com a visita e as palavras encorajadoras que os amigos lhe dirigiram.

refrigério *s m* (<lat *refrigérium, ii*: alívio, consolação) **1** Alívio produzido pela sensação de frescura. **Loc.** Procurar ~ num lugar fresco com água e sombra. **2** Consolação/Conforto. **Ex.** Não tinha nada para lhe oferecer mas a visita já era um grande ~ para quem estava doente e mergulhado na solidão. **3** *Rel* Alívio e frescura simbolizados pela sombra e pela água corrente, usados na liturgia cristã como imagem da felicidade eterna do céu.

refringência/refringente ⇒ refrangência/refrangente.

refugado, a *adj* (<refugar + -ado) **1** Posto de lado/Rejeitado. **Comb.** Artigo [Mercadoria/Produção] ~o/a [com defeito/que não se aproveita]. **2** Sem interesse/Desprezado. **Comb.** Opinião [Parecer/Conselho] ~a/o [rejeitada/o(+)].

refugador, ora *adj/s* (<refugar + -dor) (O) que refuga/separa o que não presta/sele(c)ciona. **Comb.** *Critério* [Norma] *~or/ora.* *Operário ~.*

refugar *v t* (<lat *réfugo, áre, átum*: afugentar, expelir, expulsar) **1** Pôr de parte/Rejeitar. **Ex.** O cliente refugou grande parte da mercadoria por ter muitos defeitos. **2** Separar o que não presta/Fazer a escolha. **Ex.** Duas operárias refugam, no tapete de escolha, toda a fruta «maçãs» que tenha algum defeito. **3** *Br* Apartar o gado. **4** *Br* Negar-se, um animal, a obedecer.

refugiado, a *adj/s* (<refugiar + -ado) **1** (O) que teve que abandonar o país para não ser perseguido/condenado/preso. **Loc.** Acolher ~s «políticos». **Comb.** Campo de ~s. **2** (O) que procurou abrigo para evitar o perigo. **Ex.** Encontraram numa gruta «transidos de frio» os ~s da tempestade de neve.

refugiar-se *v t* (<refúgio + -ar¹) **1** Procurar prote(c)ção para evitar o perigo/Buscar amparo/segurança. **Ex.** Para não ser arrastado pela torrente, refugiou-se em cima duma árvore. Em Vós, meu Deus, me refugio, não me abandoneis. **2** Ir viver para um país estrangeiro para fugir à perseguição/guerra/fome. **Ex.** Muitas pessoas, por causa da guerra, são obrigadas a ~ em países estrangeiros. **3** Fugir à realidade concentrando-se em determinada a(c)tividade ou noutra forma de evasão. **Loc.** Fugir aos problemas familiares *refugiando-se na profissão*. ~ *na leitura*. ~ *no álcool* [na droga].

refúgio *s m* (<lat *refúgium, ii*: asilo, guarida, ~) **1** Lugar para onde alguém se retira para evitar um perigo/para procurar segurança/Abrigo. **Ex.** As populações atingidas por catástrofes veem-se obrigadas a procurar ~ em zonas [cidades/aldeias] mais seguras. **2** Amparo/Auxílio/Socorro. **Ex.** Os filhos quando se veem em aflição, têm sempre ~ na casa dos pais. Não tenho nada nem ninguém, só em Deus posso encontrar ~. **3** Lugar onde se pode descansar tranquilamente. **Ex.** A casa da aldeia é o meu ~ para fugir ao *stress* [à tensão] da cidade. **4** Meio de escape à realidade. **Ex.** Dantes era a televisão, agora é o computador o seu ~; não quer saber de mais nada.

refugir *v t/int* (<lat *refúgio, ere, fúgi, fúgitum*: fugir, salvar-se, refugiar-se) **1** Tornar a fugir(+). **Loc.** Um prisioneiro «pela 3.ª vez». **2** Movimentar-se para trás/Retroceder. **Ex.** A maré refoge. **3** Esquivar-se/Eximir-se. **Loc.** ~ [Fugir(+)] *aos deveres.* ~ *às* [Fugir das(+)] *más companhias.*

refugo *s m* (<lat *réfugus, a, um*: que foge; ⇒ refugar) **1** O que foi refugado/posto de parte/rejeitado/desprezado. **Comb.** Mercadoria «fruta/loiça/peças de vestuário» de ~. **2** O que sobrou e [porque] não presta/Resto. **Ex.** Apanharam as maçãs/azeitonas [Vindimaram as uvas] e deixaram o ~ nas árvores. **3** Escória(+)/Ralé. **Comb.** «criminoso/tirano» ~ da sociedade.

refulgência *s f* (<lat *refulgéntia, ae*) Brilho intenso/Resplendor. **Comb.** A ~ do sol do meio-dia, no pino do verão.

refulgente *adj 2g* (<lat *refúlgens, éntis;* ⇒ refulgir) **1** Muito brilhante/Resplandecente/Esplendoroso. **Ex.** Os raios do sol incidiam sobre a superfície ~ do lago. **2** *fig* Que sobressai pelo brilhantismo/Glorioso/Esplêndido. **Comb.** «séc. XVI» Época ~ da História [Idade de oiro] *de Portugal.* «o português P. Antó[ô]nio Vieira» *Orador* [Pregador(+)] *~.*

refúlgido, a *adj* (<re- +...) ⇒ refulgente.

refulgir *v int* (<lat *refúlgeo, ere, fúlsi*) **1** Brilhar intensamente/Resplandecer. **Ex.** As estrelas refulgem no céu. **2** *fig* Sobressair pelos seus feitos/pelas suas qualidades/Distinguir-se. **Ex.** Amália Rodrigues refulgiu longos anos como cantora do fado.

refundar *v t* (<re- + fundo + -ar) Tornar mais fundo/Aprofundar(+). **Loc.** ~ um poço «para dar mais água».

refundição *s f* (<refundir + -ção) **1** A(c)to ou efeito de tornar a fundir. **Comb.** Recolha de moedas «que deixaram de circular» para ~. **2** *fig* Reconfiguração/Reconversão/Transfiguração. **Ex.** «o livro agora editado» Trata-se da ~ duma obra anteriormente publicada.

refundir *v t* (<lat *refúndo, ere, fúdi, fúsum*) **1** Tornar a fundir. **Loc.** ~ uma peça de bronze «sino que saiu defeituoso». **2** Fazer «um líquido» mudar de recipiente/Transvasar. **3** Transformar profundamente/Reformular/Refazer. **Loc.** ~ um texto [uma obra literária]. **4** ~-se/(Uma pessoa) ficar semelhante a outra/Transformar-se. **Ex.** De trabalhador indiferenciado «pedreiro/trolha» refundiu-se em empresário «empreiteiro de construção civil». **5** ~-se/Reunir-se/Concentrar-se. **Ex.** Amabilidade, beleza e simpatia refundiam-se na jovem princesa. **6** ~-se/(Fazer) desaparecer. **Ex.** Não sei onde para [está] o dossier [processo]; refundiu-se!

refustar *v t* (< ?) (O sol) queimar por refuste/o.

refuste/o *s m region* (<refustar) Calor intenso (do sol refle(c)tido) que se concentra e queima «as plantas». **Ex.** Aquele ramo queimou-se com um ~ que (lhe deu) do telhado de zinco da garagem em frente.

refutação *s f* (<lat *refutátio, ónis*) **1** Contestação de uma ideia/opinião. **Ex.** Entretinham-se «os dois amigos» na ~ de tudo o que o outro dizia. **2** Parte do discurso em que o orador responde ao [impugna as obje(c)ções do] adversário. **3** Argumentos alegados para refutar. **Ex.** O advogado muniu-se de [trazia a] ~ bem fundamentada [estudada].

refutar *v t* (<lat *refúto, áre, átum*: repelir, rebater um ataque, relançar) **1** Contradizer com argumentos/Redarguir/Contestar. **Ex.** A oposição refutou as declarações do ministro «apresentando dados concretos». **2** Afirmar o contrário/Negar/Desmentir. **Ex.** A testemunha refutou a versão dos fa(c)tos apresentada pelo réu. **3** Não aprovar/aceitar/Reprovar/Rejeitar. **Loc.** ~ [Recusar(o+)/Rejeitar(+)] uma proposta «de suborno».

refutativo [**refutatório**]**, a** *adj* (<refutar) Que refuta/serve para refutar. **Comb.** Argumentos [Provas] ~os/as.

refutável *adj 2g* (<refutar + -vel) Que pode ser refutado/Discutível. **Comb.** *Acusação ~. Teoria ~.*

rega (Rré) *s f* (<regar) **1** A(c)to ou efeito de regar. **Comb.** ~ *automática.* ~ *gota a gota* [por aspersão]. *Sistema de ~. Tempo das ~s.* **2** *pop* Chuva. **Ex.** Como choveu! Que [Caiu uma] grande ~! **3** *pop* Banho/Molha. **Ex.** Com a ~ que apanhei, cheguei a casa todo molhado, a escorrer, *idi* como um pinto.

regabofe (Ré, Bó) *s m pop* (<regar + bofe) **1** Festa popular com abundantes comes e bebes/Grande divertimento/Pândega/Folia. **Ex.** O comício terminou em festa, com foguetes, música e beberete: um ~ completo! **2** Tempo de lazer sem trabalho nem obrigações/Folga. **Ex.** As férias estão no [chegaram ao] fim; acabou-se o ~.

regaçada/regaçar ⇒ arregaçada/arregaçar.

regaço *s m* (< ?) **1** Concavidade que a roupa faz entre os joelhos e a cintura quando alguém está sentado/Colo. **Ex.** O menino adormeceu no ~ da mãe. **2** Dobra formada pela saia ou pelo avental quando apanhados à frente e as pontas seguras com a mão ou presas à cintura. **Ex.** No *Milagre das rosas*, a Rainha Santa Isabel de Portugal levava no ~ pães para dar aos pobres, os quais se transformaram em rosas quando o rei (D. Dinis) seu marido lhe perguntou o que levava. **3** *fig* Lugar onde se sente conforto, descanso, tranquilidade. **Ex.** Não há ~ como o [a casa] dos pais.

regada *s f* (<regado) Terreno que tem água de rega/Lameiro [Prado] com bastante água.

regadio, a *adj/s m* (<regar + -dio) **1** (Terreno) que tem água de rega ou condições para ser regado. **Comb.** *Horta ~a* [de ~]. *Terreno ~*. **2** Sistema de produção agrícola que implica a necessidade de rega frequente. **Comb.** *Cultura de ~. Milho* [Arroz] *de ~*.

regador, ora *s m/adj* (<regar + -dor) **1** Recipiente de forma cilíndrica com cano lateral em cuja extremidade encaixa uma peça com orifícios (Ralo) por onde sai a água em chuveiro. **Ex.** Antigamente, os ~es eram de chapa zincada ou de folha de Flandres; agora, predominam os de plástico. **2** Que rega/serve para regar.

regalado, a *adj* (<regalar + -ado) **1** Que está bem/é bem tratado/sente conforto/ mimo. **Ex.** Estou aqui ~, sentado no sofá ao quentinho da lareira, não me apetece sair [ir para a rua]. **2** Que está contente/ satisfeito. **Ex.** Os doentes ficam ~s [todos contentes(+)] quando recebem visitas. **3** Que sente prazer/satisfação. **Loc.** Levar vida ~a [Ter tudo o que precisa sem (grande) esforço/Não lhe faltar nada] «à custa [em casa] dos pais». **4** Que sente prazer / deleite. **Ex.** Ele ficou ~ com o almoço delicioso que lhe demos.

regalador, ora *adj/s* (<regalar + -dor) (O) que regala. **Comb.** *Fest(anç)a ~ora. Notícia ~ora*.

regalão, ona *s* (<regalo + -ão) **1** Grande regalo. ⇒ regalona. **2** O que se regala/ Folgazão.

regalar *v t* (<fr *régaler* <*régal*: festim, presente) **1** Proporcionar regalo [conforto/satisfação] a si próprio ou a outrem. **Ex.** Vou-me [Vais-te/Vai-se] ~ com este saboroso petisco «salada de lagosta». **2** Dar [Sentir] prazer. **Ex.** É uma paisagem deslumbrante que regala a vista. Regalei-me com o concerto [a música] «de Mozart». **3** Levar vida despreocupada/Recrear. **Ex.** Durante uma semana regalei-me na praia sem fazer nada «só mergulhos e banhos de sol». **4** Dar presentes/Mimosear com ofertas. **Ex.** No Natal, regalaram os filhos com montes de [com muitos] brinquedos.

regalia *s f* (<esp *regalía*) **1** Direito [Privilégio] próprio do rei. **2** Benefício [Vantagem/Privilégio] inerente a determinada a(c)tividade profissional. **Ex.** Além de o ordenado ser bom, ainda tem muitas ~s «carro/participação nos lucros».

regalismo *s m Hist Rel* (<lat *regális, e*: de rei + -ismo) Nome genérico dado ao sistema político [jurídico-religioso] que preconiza a intervenção dos reis na vida da Igreja. **Ex.** Na Inglaterra o ~ foi levado ao extremo de o monarca, Henrique VIII, se arvorar em chefe da Igreja. ⇒ cesaropapismo; galicanismo.

regalista *s/adj 2g* (⇒ regalismo) **1** Seguidor [Partidário] do regalismo. **Ex.** O Marquês de Pombal pode ser identificado [tido/ considerado] como o maior ~ português. **2** Relativo ao regalismo. **Comb.** *Abusos ~. Medidas ~s. Teorias ~s*.

regalo *s m* (<regalar) **1** Sentimento de prazer/satisfação causado por algo agradável. **Ex.** Para ~ dos convivas, houve sempre iguarias à disposição até a festa acabar, de madrugada. **2** O que proporciona bem-estar/dá tranquilidade/descanso. **Ex.** A música «de Bach» é um ~ para o espírito. **3** Carinho/Afe(c)to/Mimo. **Ex.** Já cresci-d(inh)o/a, ainda gostava do ~ do colo da mãe. **4** Presente/Oferta. **Ex.** O quadro oferecido e pintado pela filha não tinha grande valor artístico mas era um ~ muito apreciado por ele [pelo pai]. **5** Espécie de abafo [agasalho] de forma cilíndrica em que se pode(m) enfiar as mãos para as resguardar do frio.

regalona (Lô) (<regalão) *Us* apenas na **Comb.** *À ~* [Regaladamente/À farta/À grande] (Loc. Comer [Divertir-se] à ~).

regalório, a *s m* (<regalar + -ório) **1** Regalão. **2** Pândega/Patuscada.

reganhar *v t* (<re-+...) Tornar a ganhar/Readquirir/Recuperar. ⇒ arreganhar.

regar *v t* (<lat *rígo, áre, átum*) **1** Fornecer água às plantas [à terra]/Irrigar. **Loc.** *~ a horta* [o jardim]. *~ a relva* [o milho]. *~ gota a gota* [por aspersão]. *~ pelo pé* [com a água a correr pela terra onde estão as plantas]. **2** Um curso de água correr em [passar através de] determinado território/ Banhar(+). **Ex.** O rio Tejo (Portugal) rega uma extensa planície/lezíria. **3** Derramar em abundância um líquido sobre uma superfície/Encharcar/Inundar/Banhar. **Ex.** A forte chuvada (que caiu) regou [deixou(+)] tudo bem regado. O sangue das vítimas do acidente era tanto que regou a estrada a toda a largura. **4** Humedecer/Molhar. **Ex.** O suor regava-lhe o rosto. **5** *Cul* Deitar um líquido «molho/vinho/leite» sobre um alimento. **Loc.** *~ o bacalhau* «assado na brasa» com (muito) azeite. **6** *fig* Acompanhar uma refeição com bebida «vinho». **Ex.** O pão com presunto tem que ser bem regado. **7** *col fig* Contar mentiras/Aldrabar. **Ex.** Não se pode acreditar nele, passa a vida a ~ [rega que se farta/só diz mentiras].

regata *s f (D)esp* (<it *regata*) Competição em velocidade de embarcações à vela, a remos ou a motor. **Comb.** *As famosas ~s a remos disputadas entre as universidades inglesas de Oxford e Cambridge*. ⇒ remo **2**.

regatagem *s f* (<regatar + -agem) **1** Regateio. **2** Venda por miúdo/a retalho.

regatão, oa *s* (<regatar + -ão) **1** O que tem por hábito regatear o preço/Regateiro **1**. **2** O que compra por grosso para vender por miúdo [vender a retalho]. **Ex.** Andou por aí um ~ a comprar batata(s) aos lavradores para vender nas feiras. **3** Pessoa rude/grosseira.

regatar *v t* (<lat *re- + captáre*, frequentativo de *cápere*: tomar, apoderar-se, sofrer, padecer, cativar, iludir, enganar) ⇒ regatear.

regateador, ora *s/adj* (<regatear + -dor) (O) que regateia. **Ex.** Não sou [tenho feitio] ~: se me agrada, compro, se não, deixo ficar.

regatear *v t/int* (<regatar + -ear) **1** Discutir o preço com o vendedor/Procurar comprar por menos dinheiro. **Ex.** Na feira, quem souber ~ compra mais barato. Não gosto de ~, prefiro o [as lojas de] preço fixo. **2** Ser pouco generoso [Ser *idi* unhas de fome] ao dar alguma coisa/Poupar. **Ex.** Regateou o peso até ao último grama; (o vendedor) até trocou uma maçã por outra um bocadinho mais pequena para não ter peso a mais. **3** Subvalorizar/Diminuir/Menosprezar. **Ex.** O patrão tem por hábito ~ o mérito dos empregados; só o que ele faz é que tem valor.

regateio *s m* (<regatear) **1** A(c)to de regatear. **Ex.** Nos negócios com ciganos o ~ é prática corrente. **2** Parcimó[ô]nia no que se dá/atribui. **Loc.** Elogiar sem [com] ~.

regateiro, a *adj/s* (<regatar + -eiro) **1** (O) que discute (muito) o preço/Regatão **1**. **2** Pessoa que vende no mercado ou pelas ruas. **Ex.** Estas cebolas são muito boas; comprei-as a uma ~a na praça. **3** Pessoa que, quando discute, usa expressões desbragadas [indecentes/de malcriado]. **Ex.** Lá estão as duas ~as a discutir em altos berros; é todos os dias o mesmo!

regateirona (Ôna) *s f* (<regateira + -ona) **1** Mulher muito regateira. **2** *depr* Mulher muito malcriada.

regato *s m* (<lat *rigátus, a, um*: regado; ⇒ regar) Curso de água pouco volumoso e não permanente/Ribeiro. **Ex.** As crianças divertem-se a pôr barcos de papel a navegar no ~.

regedor, ora *s m/adj* (<reger + -dor) **1** (O) que rege. **2** Antiga autoridade administrativa duma freguesia. **Ex.** Os ~es também intervinham na resolução de pequenos litígios.

regedoria *s f* (< regedor+-ia) **1** Cargo de regedor **2**. **2** Território sob alçada dum regedor.

regelado, a *adj* (<regelar + -ado) **1** Muito frio/Gelado/Congelado. **Comb.** *Água ~a*. **2** Que apanhou muito frio/Enregelado. **Loc.** Ter [Sentir] os pés ~os. **3** *fig* Paralisado por uma emoção violenta. **Comb.** *~ com medo*.

regelante *adj 2g* (<regelar + -ante) Que regela. **Comb.** *Ar ~*.

regelar *v t* (<re- +...) **1** Gelar novamente. **Ex.** O gelo já tinha derretido mas regelou. **2** Tornar(-se) gelado/Congelar(-se)/Arrefecer muito. **Ex.** Está uma noite tão fria que não se pode andar na rua; a gente regela. **3** *fig* Causar forte impressão «de medo/ desgosto».

regélido, a *adj* (<re- +...) Muitíssimo frio.

regelo (Gê) *s m* (<re- +...) **1** A(c)to ou efeito de regelar. **2** *fig* Frieza de ânimo/Insensibilidade.

regência *s f* (<reger + -ência) **1** A(c)to ou efeito de reger/Governo/Dire(c)ção. **Ex.** A empresa prosperou sob a ~ da nova administração [sob/com a nova gerência(+)]. **2** *Hist* Governo interino durante o impedimento «menoridade/incapacidade» do soberano. **Ex.** O Cardeal D. Henrique foi regente [teve a ~] de Portugal durante a menoridade do rei D. Sebastião (1562--1568). **3** Tempo durante o qual o governo interino desempenha funções. **4** Responsabilidade de programar e manter em funcionamento uma cadeira do ensino superior quando não há professor catedrático ou por delegação deste. **5** *Gram* Relação sintá(c)tica de dependência [de concordância] entre palavras ou orações, em que uma exige a presença da outra. ⇒ reger **5 Ex.**

regencial *adj* (<regência **2** + -al) Que diz respeito à regência. **Comb.** *Período ~* [de regência(+)].

regenerabilidade *s f* (<regenerável + -i- + -dade) Qualidade do que é regenerável. **Comb.** *~ dum tecido orgânico* «epitelial».

regeneração *s f* (<regenerar + -ção) **1** A(c)-to ou efeito de regenerar(-se). **2** *Biol* Reconstituição parcial ou total de um tecido ou órgão destruído. **Comb.** *~ da pele* «queimada». **3** Restabelecimento do que foi destruído ou se encontra debilitado/ Recuperação. **Comb.** *~ da economia dum país*. **4** Reabilitação [Reforma] moral. **Comb.** *~ dos costumes*. **5** *Rel* Novo nascimento [Nova vida] dado/a em gérmen pelo ba(p)tismo. **Ex.** O ba(p)tismo é um banho

de ~ e renovação pelo Espírito Santo (Tit 3, 5). **6** *Hist Maiúsc* Período da história de Portugal, iniciado em 1851, cara(c)terizado pela preocupação de fomentar o progresso material do país. **Ex.** O principal impulsionador da ~ foi o ministro Fontes Pereira de Melo. ⇒ reformismo.

regenerado, a *adj* (<regenerar + -ado) **1** Que se regenerou. **2** Reconstituído. **Comb.** Tecido [Órgão] ~. **3** Reabilitado moralmente. **Comb.** Delinquente [Toxicodependente] ~.

regenerador, ora *adj/s* (<regenerar + -dor) **1** (O) que regenera. **Comb.** Alimento [Banho/Tratamento] ~. **2** *Biol* Que provoca a regeneração/Regenerante. **Comb.** Creme ~ «da pele». **3** Que reabilita moralmente. **Comb.** Educação [Ideal] ~ora/or. **4** Partidário [Defensor] dos ideais da Regeneração **6**/Membro do partido Regenerador. **Ex.** Os ~es alternaram no poder com os Históricos. ⇒ Reformismo.

regenerando, a *adj* (<regenerar + -ando) Que está em processo de regeneração.

regenerante *adj 2g* (<regenerar + -ante) Que regenera/Regenerador. **Comb.** A(c)ção [Efeito] ~.

regenerar *v t* (<lat *regénero, áre, átum*) **1** Gerar [Formar-se] de novo/Reconstituir(-se). **Ex.** As células «do nosso corpo» regeneram-se. **2** Corrigir o que está mal/Reformar/Restaurar. **Ex.** A primeira preocupação do novo líder foi ~ o partido. A Igreja propõe-se ~ a sociedade. **3** Promover a recuperação moral/Reformar. **Ex.** Ajudado pelos amigos, regenerou-se da vida de boé[ê]mio que levava.

regenerativo, a *adj* (<regenerar + -tivo) Que regenera/pode regenerar.

regenerável *adj* (<regenerar + -vel) Capaz de se regenerar. **Comb.** Jovem delinquente ~.

regente *s/adj 2g* (<lat *régens, éntis*) **1** Que rege/dirige. **2** *s 2g Hist* Pessoa que governa durante o impedimento «menoridade/ausência/incapacidade» do monarca. **Ex.** O Brasil foi governado por ~s durante a menoridade de Pedro II (1831-1840). ⇒ regência **2 Ex. 3** *Mús* Pessoa que dirige uma orquestra/Maestro. **4** Professor do ensino superior que, não sendo catedrático, é responsável pelo programa e funcionamento duma cadeira/Assistente. **5** Pessoa que exerce as funções de professor da instrução primária sem ter o curso do magistério/~ escolar.

reger *v t* (<lat *régo, ere, réxi, réctum*) **1** Governar um território/Exercer o poder como autoridade máxima. **Ex.** Os governos regem o país [os destinos das nações]. **2** *Hist* Exercer as funções dum monarca durante o impedimento deste «por incapacidade/menoridade». **Ex.** O Infante D. Pedro regeu (1439-1448) o reino de Portugal durante a menoridade do rei D. Afonso V, seu sobrinho. **3** Exercer as funções de professor responsável pelo programa e funcionamento duma cadeira do ensino superior, sem ser catedrático. **Loc.** ~ uma cadeira de engenharia civil «Resistência de Materiais». **4** Dirigir uma orquestra como maestro. **5** *Gram* Estabelecer uma relação de dependência/Subordinar. **Ex.** Os verbos transitivos regem complemento dire(c)to e alguns também indire(c)to, geralmente com preposição.

regiamente *adv* (<régio + -mente) **1** À maneira dos reis. **Loc.** Viver ~. **2** Com opulência/Magnificentemente. **Comb.** Banquete ~ servido.

região *s f* (<lat *régio, ónis*) **1** Qualquer (grande) área territorial/Zona. **Comb.** *Geog* ~ **abissal** [Parte dos oceanos com profundidade superior a 6000 metros]. ~ **agrícola** «vinícola/cerealífera». ~ **costeira** [interior/montanhosa]. ~ **rica** [pobre]. ~ **turística**. **2** *Econ/Geog* Área territorial delimitada de forma precisa e que apresenta cara(c)terísticas econó[ô]micas, geográficas e sociais bastante específicas. **Comb.** ~ **autó[ô]noma** «dos Açores/da Madeira». ~ **demarcada** [que produz vinhos de determinado tipo com reconhecida qualidade «do Douro/do Dão»]. ~ **Norte** [Centro/Sul]. **3** Território mais ou menos extenso situado nas imediações de um local «cidade/povoação». **Comb.** ~ metropolitana de [da Grande] Lisboa. **4** Cada uma das partes em que a atmosfera se divide/Camada. **5** *Anat* Determinada zona do corpo humano. **Comb.** ~ abdominal [pélvica/temporal]. **6** *Mil* Organização territorial do Exército que tem por finalidade garantir, na sua área, a execução das diversas operações militares. **Ex.** Os outros ramos das Forças Armadas têm organizações semelhantes às das ~ões militares «Comando Naval/Região Aérea». **7** *Geog* Área do globo terrestre limitada por dois planos paralelos perpendiculares ao eixo de rotação/Zona. **Comb.** ~ equatorial [tropical].

regicida *s/adj 2g* (<rei + -cida) (O) que assassina um rei ou uma rainha. **Comb.** Os ~s do rei português D. Carlos.

regicídio *sm* (<regicida + -io) Assassínio de um rei ou de uma rainha. **Ex.** A História regist(r)a muitos casos de ~s.

regime [regímen] *s m* (<lat *régimen, minis*: comando, dire(c)ção) **1** A(c)to ou modo de governar/dirigir/administrar. **Comb.** ~ **brando** [tolerante]. ~ **duro** [de ferro/terror]. **2** Sistema político dum país. **Comb.** ~ **democrático** [totalitário]. ~ **monárquico** [republicano]. **Antigo** ~ [O que vigorava antes da revolução que o derrubou]. **3** Conjunto de normas/regras/disposições legais/Regulamento. **Comb.** ~ **de avaliação** «dos professores». ~ **de faltas**. ~ **jurídico**. ~ **de trabalho** «diurno/por turnos/laboração contínua». **4** Estatuto regulador das relações patrimoniais entre os cônjuges. **Comb.** ~ **de comunhão geral**/comunhão de adquiridos. ~ **de separação de bens**. **5** Conjunto de regras de conduta alimentar/Dieta. **Comb.** ~ **de emagrecimento**. ~ **rico** «em proteínas/fibras». **6** Modo de viver/Procedimento. **Comb.** ~ de austeridade. **7** Variação periódica regular de um fenó[ô]meno natural. **Comb.** ~ **das marés**. ~ **de monções**.

regimental *adj 2g* (< regime(nto)+-al) **1** Que diz respeito ao regime(nto)/Regulamentar. **Comb.** Norma ~ «de funcionamento duma assembleia». **2** *Mil* Relativo a um regimento. **Comb.** Disciplina ~.

regimentar[1] *v t* (<regimento + -ar[1]) Dar regimento/regulamento/Regulamentar(+). **Loc.** ~ uma escala de serviço «piquete de urgência». ⇒ arregimentar.

regimentar[2] *adj 2g* (<regimento + -ar[2]) ⇒ regimental.

regimento *s m* (<lat *regiméntum, i*: governo, mando; ⇒ regime) **1** A(c)to de dirigir/Governo/Dire(c)ção. **2** Conjunto de normas e disposições relativas à organização de uma instituição ou grupo de pessoas/Estatutos/Regulamento. **Comb.** ~ da Assembleia da República [~ do Congresso]. **3** *Mil* Corpo de tropas (Dois ou mais batalhões) comandado por um oficial superior «coronel». **Comb.** ~ de Artilharia [Infantaria/Cavalaria]. **4** *fig* Grande número de pessoas/Ajuntamento/Multidão. **Ex.** A recolha de bens alimentares «para o *Banco Alimentar Contra a Fome*» envolveu um ~ de milhares de voluntários. Três ou quatro pessoas chegam [bastarão] para fazer esse trabalho «preparar o salão para a festa», não é preciso (nenh)um ~.

régio, a *adj* (<lat *régius, a, um* <*rex, régis*: rei) **1** Relativo ao rei ou à rainha. **Comb.** *Carta* ~*a*. *Visita* ~*a*. **2** Próprio de rei/rainha/Real(+). **Comb.** *Aposentos* ~*s*. *Manto* ~. *Trono* ~. **3** Relativo ao reino/à coroa. **Comb.** *Escola* ~. *Imprensa* ~. *Procurador* ~. **4** *fig* Sump[Sun]tuoso/Magnífico. **Comb.** Esplendor ~.

regional *adj 2g* (<região + -al) **1** Relativo a [Típico de] uma região. **Comb.** *Prato* ~ «tripas à moda do Porto/alheira de Mirandela». *Trajo* ~ «minhoto/ribatejano». **2** Relativo à administração duma região/Que não é nacional. **Comb.** *Governo* ~ «da Madeira/dos Açores». *Programa de desenvolvimento* ~ «do Nordeste Transmontano». ⇒ federal.

regionalismo *s m* (<regional + -ismo) **1** Tendência para defender e valorizar excessivamente os interesses de determinada região «da região onde se vive». **Comb.** O ~ dos nortenhos [lisboetas]. **Sin.** Bairrismo. **2** Doutrina política e social que pretende fundamentar o desenvolvimento dum país na valorização das regiões geográficas em oposição ao centralismo «de Lisboa». **3** *Liter* Gé[ê]nero literário «romance/conto» que tem como matéria e cenário determinada região com suas figuras típicas, costumes e tradições. **Comb.** O ~ transmontano de Miguel Torga. **4** *Ling* Vocábulo [Ace(p)ção/Locução] próprio de determinada região. **Ex.** *Reco* (Porco) é um ~ de Trás-os-Montes.

regionalista *adj/s 2g* (<regional + -ista) **1** (O) que defende com paixão os interesses da sua região. **Comb.** «madeirense/nortenho» ~ ferrenho. **2** Partidário [Defensor] do regionalismo político-social. **Comb.** Posição [Medida/Proje(c)to] defendida/o pelos ~s. **3** Relativo ao regionalismo. **Comb.** Mentalidade ~. **4** *Liter* Diz-se de escritor e das obras que versam temas de regionalismo. **Ex.** Camilo Castelo Branco e as *Novelas do Minho* são exemplos de autor e obra ~ minhota. Aquilino Ribeiro é um ~ beirão [da Beira Alta (Província de Pt)].

regionalização *s f* (<regionalizar + -ção) Criação de áreas geográficas dotadas de órgãos políticos e de administração com competência de âmbito regional. **Ex.** Em Portugal, não tem havido consenso dos partidos políticos quanto à ~.

regionalizar *v t* (<regional + -izar) Criar regiões dotadas de autonomia política e administrativa em relação ao poder central/Organizar o país em regiões. **Ex.** A necessidade de ~ Portugal tem sido preconizada por alguns políticos como forma de atenuar as assimetrias de desenvolvimento do país.

registado, a [*Br* **registrado]** *adj* (<regist(r)ar + -ado) **1** Que se regist(r)ou. **Comb.** *Carta* [Encomenda] ~*a* [pela qual os correios assumem a responsabilidade de entrega ao destinatário, mediante pagamento adicional]. *Marca* ~*a* [com patente/inscrita no organismo oficial que garante a exclusividade de uso ao seu titular]. **2** Assinalado por escrito em lugar apropriado. **Comb.** ~ [Inscrito] **na lista de candidatos** «a um emprego». «número de telefone» ~ [escrito/anotado] **na agenda**. **3** Guardado na memória. **Comb.** Imagem «da tragédia» ~a na cabeça [bem presente na memória].

registador, ora [*Br* **registrador**] *s/adj* (<regist(r)ar + -dor) **1** (O) que regista/serve para registar. **Ex.** O ~ toma nota de todos os pedidos para serem atendidos [satisfeitos] em devido [a seu] tempo. **Comb.** *Caderno* [Livro] ~. *Caixa* [Máquina] *~ora* [onde se regista o dinheiro das [realizado nas] vendas]. **2** Aparelho que inscreve num registo. **Comb.** Relógio de ponto ~ de entradas e saídas do pessoal «da fábrica/escola». **3** Aparelho que automaticamente inscreve [traça gráficos de] certos movimentos. **Comb.** Termó[ô]metro ~ das temperaturas «diárias».

registar [*Br* **registrar**] *v t* (<regist(r)o + -ar¹) **1** (Mandar) inscrever em registo [livro] adequado. **Loc.** ~ *na Conservatória de Registo Civil* «o nascimento dum filho». ~ [Patentear] *uma marca*. **2** Tomar nota/Escrever. **Ex.** No bloco de notas ia registando os pontos mais importantes da conferência [referidos pelo orador]. **Loc.** ~ [Escrever/Apontar] um número de telefone [uma morada] «na agenda». **3** Declarar/Mencionar/Manifestar. **Ex.** O relatório do guarda no(c)turno limitava-se ao habitual e lacó[ô]nico "Nada a ~". Os passageiros com mercadoria a ~ «sujeita ao pagamento de direitos de importação» eram encaminhados para a alfândega. **4** Fixar [Guardar] na memória. **Ex.** As crianças registam (na memória/cabeça) tudo o que veem. **5** Enviar pelo correio uma carta [encomenda] com garantia de entrega. **Loc.** ~ uma carta «com aviso de rece(p)ção». **6** Fazer a listagem [o rol/inventário] dos elementos dum conjunto. **Ex.** Confere e regista todas as peças «do museu» que vão sair [ser emprestadas] para a exposição. **7** Verificar-se determinado fenó[ô]meno ou ocorrência fora do normal. **Ex.** Ao largo da costa registou-se um sismo de fraca intensidade. **8** ~-se/Casar civilmente. **Ex.** Os noivos não casaram religiosamente, apenas se registaram.

registável [*Br* **registrável**] *adj 2g* (<regist(r)ar + -vel) **1** Que se pode registar. **2** Digno de ser assinalado. **Comb.** «conquista de medalha de ouro olímpica» Proeza [Fa(c)to] ~.

registo [*Br* **registro**] *s m* (<lat *regístrum, i* <*régero, regérere*: repor, ajuntar, reunir, tornar a levar) **1** A(c)to de registar. **Ex.** Já fizeste o ~ do totoloto? Do armazém não sai nem entra nada sem ~. **2** Livro público [particular] onde se registam a(c)tos/acontecimentos/ocorrências que se desejam conservar em arquivo. **Comb.** ~ *de óbitos* «de 1987». *Livro de* ~ «de horas extraordinárias dos funcionários». **3** Cópia textual e autenticada de um documento, extraída do livro próprio. **Comb.** ~ *criminal.* ~ *de nascimento.* **4** Repartição encarregada de registar a(c)tos e acontecimentos individuais e sociais que obrigatoriamente devam ser conservados em arquivo/Conservatória. **Comb.** (Conservatória de) ~ Civil [Comercial/Predial]. **5** Gráfico da evolução «diária/mensal» de certos fenó[ô]menos «temperatura/pressão» efe(c)tuado por aparelho próprio. **6** Garantia de entrega, assumida pelos correios, de carta/encomenda. **Loc.** Fazer o ~ duma encomenda. **7** *Mús* Dispositivo que regula a distribuição do ar pelos tubos de um órgão musical. **8** *Mús* Timbre da voz ou do som de um instrumento musical. **Comb.** ~ agudo [grave]. **9** *Mús* Extensão total dos sons produzidos pela voz humana ou por um instrumento musical. **10** Peça do relógio que regula o andamento dos ponteiros. **Ex.** O relógio está a atrasar; avança[adianta]-lhe um pouco o ~. **11** *Ling* Variação da linguagem verbal em conformidade com a situação em que ocorre a comunicação/Tonalidade/Tom. **Comb.** ~ agressivo [sóbrio/enfatuado/exuberante]. **12** *Info* Conjunto organizado de dados tratado como uma só unidade. **13** *Info* Elemento de memória dum computador, com capacidade limitada, para armazenamento temporário de dados.

registrado/registrador/registrar/registrável/registro *Br* ⇒ registado/...

rego (Rê) *s m* (<regar) **1** Vala por onde passa a água/Sulco/Valeta. **Ex.** A enxurrada abriu grandes ~s na terra. Para desviar a água da porta, tivemos que abrir [fazer] um ~ fundo. **Idi.** *Chegar-se [Ir] ao* ~ [Entrar na ordem/no bom caminho]. *Sair do* ~ [Comportar-se mal]. **2** *Agr* Sulco feito na terra para conduzir a água que vai regar as plantas/Agueira/Regueiro/a. **Loc.** Abrir [Fazer] ~s para regar «as batatas». **3** *Agr* Sulco feito pelo (ferro do) arado [pela charrua] ao lavrar a terra. **Ex.** Os tra(c)tores abrem vários ~s em cada passagem. **4** Sulco feito na terra pelas rodas dum carro/Rodeira. **5** Ruga [Dobra] na pele/Refego. **6** Risca do cabelo. **Comb.** Penteado [Cabelo] com ~ [risca(+)] ao meio.

regolfo *s m* (<re- + ...) **1** Movimento da água para trás provocado pela propulsão duma embarcação. **2** Elevação do nível da água quando encontra um obstáculo/estrangulamento. **Comb.** O ~ dum rio nos pilares duma ponte. **3** Contracorrente junto à margem dos rios caudalosos.

rególito *s m Geol* (<gr *rhégos[eos], ou*: tapete, cobertor +-lito) Camada do solo que vai da superfície à rocha consolidada.

regorjear *v int* (<re- +...) Dobrar o gorjeio/Trinar. **Ex.** Os rouxinóis [pintassilgos/canários] regorjeiam.

regorjeio *s m* (<regorjear) A(c)to de regorjear/Trinado. **Comb.** O ~ das aves «rouxinol».

regougar *v int* (< on) **1** A raposa emitir os sons próprios. **Ex.** "Regouga a sagaz raposa, bru[bi]tinho muito matreiro...". **2** *fig depr* Falar com voz áspera e gutural/Resmungar(+). **Ex.** Ele não estava nada satisfeito; quando eu saí ficou a ~ sozinho.

regougo *s m* (<regougar) **1** Voz da raposa. **2** *fig* Protesto/Resmungo/Resmoneio.

regozijador, ora *adj* (< regozijar + -dor) Que causa regozijo/Alegre. **Comb.** Acontecimento [Notícia] ~/jubiloso(+).

regozijar *v t* (⇒ regozijo) Proporcionar [Sentir] regozijo/satisfação/contentamento/Alegrar(-se)/Congratular(-se). **Ex.** Todos os militantes se regozijaram com a vitória do seu partido nas eleições. Ninguém se deve ~ com o mal alheio.

regozijo *s m* (<re- + gozo <lat *gáudium*: alegria) **1** Grande alegria/Sentimento de satisfação/contentamento. **Ex.** A notícia de que o réu tinha sido absolvido e declarado inocente causou grande ~ a toda a família. **2** Manifestação de alegria/Folia/Festa. **Ex.** Houve festa com foguetes, música e grande ~ à chegada dos campeões.

regra *s f* (<lat *régula, ae*; ⇒ régua) **1** Norma/Princípio/Preceito. **Ex.** Para se viver em sociedade são necessárias ~s de moral e bons costumes, de boa educação [conduta/cortesia], de higiene, ... **Loc.** *Cumprir as ~s do jogo* [Respeitar as normas ou princípios previamente acordados para o exercício de determinada a(c)tividade] (Ex. Quem aceita ser deputado [militante de um partido] tem que cumprir as ~s do jogo). *Não haver ~ sem exce(p)ção. Reger-se por ~s. Respeitar* [Transgredir] *uma ~. Ser (de)* ~ [Ser costume/prática habitual]. *Ser exce(p)ção à ~.* **Comb.** «agir/comer» *Com* ~ [respeitando as normas/com moderação/parcimó[ô]nia]. *Em* ~ [boa ordem]. *(Em)* ~ *geral/Por via de* ~ [Habitualmente/Geralmente/Quase sempre]. **2** Preceito de cumprimento obrigatório/Norma jurídica/Lei. **Comb.** *~s de segurança. ~s de trânsito* [Código da Estrada]. **3** Conjunto de preceitos fundamentais duma ordem religiosa/Constituição religiosa/Estatutos. **Comb.** ~ *de Santo Agostinho/São Bento.* ~ *franciscana.* **4** Modo como alguma coisa geralmente acontece. **Ex.** Mais uma vez se cumpriu a ~, "Não há duas sem três": já ontem tinha partido duas chávenas e agora parti mais uma. **5** Princípio que traduz cientificamente o desenrolar dum fenó[ô]meno natural/Lei(+). **Ex.** Os planetas giram à volta do Sol seguindo determinadas ~s. **6** *Mat* Método [Processo] de resolver determinados problemas. **Comb.** ~ *de derivação.* ~ *de três* [que numa proporção, conhecidos três elementos, permite calcular o quarto]. **7** *pl* Menstruação. **Loc.** Ter as ~s.

regradamente *adv* (<regrado + -mente) De modo regrado/equilibrado/Com regra/moderação/Sem excessos. **Loc.** Comer [Beber/Gastar] ~.

regrado, a *adj* (<regrar + -ado) **1** Que tem regras/bons princípios/Bem comportado/Disciplinado. **Comb.** Pessoa [Jovem] ~a/o «no comer/vestir/gastar». **2** Que é feito com método e disciplina. **Comb.** *Prática de desporto ~a. Tratamento* «para emagrecer» ~.

regrante *adj 2g* (<regrar + -ante) **1** Que sujeita a regras. **Comb.** A(c)ção [Força] ~ «de uma disposição legal». **2** *Rel* Que segue uma regra monástica. **Comb.** Có[ó]nego ~ «de Santo Agostinho».

regrar *v t* (<lat *régulo, áre, átum*) **1** Sujeitar a regras/Regular/Disciplinar. **Ex.** A dire(c)ção regrou [restringiu(o+)/disciplinou(+)] o acesso à fábrica: só autoriza visitas com finalidade didá(c)tica e antecipadamente pedidas por escrito. **2** Moderar/Comedir. **Ex.** Se não lhes «aos filhos» regrasse o queijo, comiam-no todo em dois dias. **3** Controlar(-se)/Guiar(-se). **Ex.** A crise obrigou muita gente a ~ as despesas «porque o dinheiro não chega para tudo». A conduzir com nevoeiro cerrado, não via nada [*idi* não via um palmo adiante do nariz]; tive que me ~ [guiar(+)] pelas marcações da estrada.

regredir *v int* (<lat *regrédior, eris, édi, gréssus sum*: andar para trás <re-+grádior, ere*: andar) Voltar para trás/Retroceder/Diminuir. **Ex.** A economia regrediu. Na velhice, a força física regride. **Loc.** ~ *no desenvolvimento* «físico/intelectual». ~ *no estudo. Uma doença* ~. **Ant.** Avançar; progredir.

regressão *s f* (<lat *regréssio, ónis*; ⇒ regredir) **1** A(c)to ou efeito de regressar/Regresso/Retorno. **Ex.** A independência das ex-coló[ô]nias de África, originou a Portugal a quase totalidade dos portugueses que nelas viviam. **2** A(c)to ou efeito de regredir/Retrocesso. **Ex.** O doente piorou, entrou em ~. **Ant.** Progresso. **3** *Geog* Recuo gradual do mar [da linha de costa]. **Ex.** O Mar Morto é o (mar) que apresenta maior ~. **4** *Econ* Tendência econó[ô]mica cara(c)terizada por uma quebra do produto nacional bruto/Recessão(+). **5** *Psic* Retorno a uma fase anterior de desenvolvimento afe(c)tivo e mental. **Ex.** A ~ resulta de uma posição de defesa contra certas tensões conflituais/dificuldades/frustrações.

regressar v int (< regresso + -ar¹; ⇒ regredir) **1** Voltar (ao ponto de partida)/Retornar. **Ex.** Terminada a comissão de serviço «no Japão», o diplomata regressou à (sua) pátria. Os atletas regressaram à linha da meta «porque tinha havido falsa partida». **2** Retroceder/Retrogradar. **Ex.** Os sintomas da doença «que quase tinha desaparecido» regressaram. **3** Voltar a uma situação/um estado anterior. **Ex.** «depois da greve geral» A cidade regressou à normalidade.

regressista adj/s 2g Br (<regresso + -ista) (O) que é partidário do regresso a sistemas «políticos» antigos. **Sin.** Retrógrado(+). **Ant.** Progressista.

regressivo, a adj (<regresso + -ivo) **1** Que retorna ao ponto de partida [a um estado anterior]/Que implica retrocesso. **Comb.** Contagem ~a [decrescente(+)]. *Movimento ~*. **Ant.** Crescente; progressivo. **2** Que provoca [apresenta cara(c)teres de] regressão. **Comb.** «medicamento que teve» *Efeito ~. Tendência ~a* «da economia». **3** Gram Processo de formação de palavras [da desinência] por influência de um som que se lhe segue. **Ex.** A derivação de substantivos (a partir) de um verbo «canto <cantar/controle <controlar» é ~a. **Comb.** Assimilação ~a «esse <lat *ipse*» [resultante de um som *i* que foi mudado por outro que vem depois, *pse,* para *e*].

regresso s m (<lat *regréssus, us*) **1** A(c)to de regressar/Volta/Retorno. **Ex.** No (meu) ~ te pagarei tudo o que tiveres gastado «na minha ausência». Adeus, até ao meu ~ [até à volta(+)]! **2** A(c)ção de regredir/Regressão. **Comb.** ~ à normalidade (de antes). **3** A(c)to de recorrer contra alguém/Recurso(+).

regrista s 2g (<regra + -ista) Pessoa de [que observa escrupulosamente as] regras.

régua s f (<lat *régula, ae*; ⇒ regra) Instrumento de forma re(c)tangular, estreito e chato, feito de diversos materiais «madeira/plástico/metal», geralmente graduado, para traçar linhas re(c)tas e fazer medições «no desenho». **Comb.** *Mat ~ de cálculo* [Instrumento destinado à execução mecânica de cálculos, constituído por uma ~ dupla graduada em escala logarítmica, em que as duas partes são separadas por uma fenda onde corre uma terceira ~ móvel, também graduada; sobre as três ~s desloca-se um visor com traços verticais para fazer a leitura dos números alinhados e do resultado]. *Alinhado à ~. Traçado a ~ e esquadro*.

reguada s f (<régua + -ada) Pancada com régua. **Loc.** Ser castigado «pelo professor» com algumas ~s. ⇒ palmatória.

régua-tê s f (<régua + T) Régua em forma de T. **Ex.** A ~ usa-se em desenho (e carpintaria) para traçar com rigor paralelas e perpendiculares.

regueifa s f (<ár *ragif*: pão redondo) **1** Pão em forma de rosca. **Comb.** ~ de Valongo (Portugal). **2** Bolo confe(c)cionado com farinha muito fina/Fogaça.

regueiro, a s (<rego + -eiro) **1** Sulco por onde passa água/Agueira. **2** Pequena corrente de água.

reguengo adj/s m (<lat *regalengus <regalis, e*) **1** Próprio de [Pertencente ao] rei. **Comb.** *Bens ~s. Patrimó[ô]nio ~.* **2** s m Terra do patrimó[ô]nio real arrendada com obrigatoriedade de certos tributos em gé[ê]neros.

reguila s 2g (< ?) Espertalhão/Refilão/Insubmisso/Vivaço.

reguinga s 2g (<reguingar) Refilão/Repontão.

reguingar v int (< ?) Resmungar/Respingar/Recalcitrar.

regulação s f (<regular + -ção) **1** A(c)to ou efeito de regular/estabelecer regras/Regulamentação(+). **Loc.** Fazer a ~ das entradas e saídas «dos alunos duma escola». **2** Conjunto de normas/regras/Regulamento(+). **3** Processo de comando de um mecanismo [sistema] de forma a manter constantes ao longo do tempo os parâmetros comandados. **Comb.** *~ da temperatura ambiente. ~ da velocidade* «dum automóvel». *Sem ~*.

regulado, a adj (<regular + -ado) Que tem regras/Que funciona bem [de acordo com as regras]. **Comb.** *Andamento* [Trabalhar] ~ *do relógio. Velocidade ~a.* **Ant.** Descontrolado; desregulado.

regulador, ora adj/s m (<regular + -dor) **1** Que regula/regulariza. **Comb.** *Organismo* [Comissão] *~or/ora do comércio* «de tabacos». *Mecanismo ~* «da temperatura». **3** s m Dispositivo [Órgão] que faz a regulação. **Ex.** O termóstato é um ~ automático de temperatura. As torneiras são ~es (manuais) do débito de água. **Comb.** ~ tudo ou nada [~ apenas com duas posições «aberto ou fechado»].

regulamentação s f (<regulamentar¹ + -ção) **1** A(c)to ou efeito de regulamentar/Estabelecimento de regras. **Comb.** «súmula/resumo da» ~ das condições de acesso «ao ensino superior». **2** Conjunto de normas/Regulamento. **Ex.** Ainda não foi publicada a ~ do trabalho no(c)turno.

regulamentar¹ v t (<regulamento + -ar¹) **1** Fazer um regulamento/Regular. **Ex.** O acordo cole(c)tivo de trabalho regulamenta a classificação das faltas. **2** Completar uma lei [um decreto] com outro diploma «decreto-regulamentar». **Ex.** Ainda falta publicar o diploma que regulamenta a lei.

regulamentar² adj 2g (<regulamento + -ar²) **1** Que regulamenta. **Comb.** *Diploma* [Decreto] ~. **2** Relativo a [Que tem a força de] regulamento. **Comb.** *Disposição ~*. **3** Que respeita [está sujeito/conforme] a norma. **Comb.** *Distância ~/devida. Farda ~* [da praxe].

regulamento s m (<regular + -mento) **1** A(c)to ou efeito de regular/Regulamentação. **Ex.** «naquela escola» Não há ~, faz-se tudo de qualquer maneira. **2** Conjunto de regras/normas/preceitos. **Comb.** ~ [Regras/Condições] dum concurso. **3** Estatutos que regem o funcionamento duma cole(c)tividade. **Comb.** ~ duma associação de pais [duma sociedade recreativa]. **4** *Dir* Disposição [Diploma] oficial que explica e regula a aplicação duma lei [dum decreto]/Decreto-regulamentar.

regular¹ v t (<lat *régulo, áre, átum*) **1** Estabelecer [Sujeitar] a regras/Regulamentar. **Ex.** Diploma que regula as inspe(c)ções obrigatórias dos veículos automóveis. **Loc.** ~ a concessão de crédito «ao consumo». **2** Fazer funcionar bem/Ajustar as condições de funcionamento. **Loc.** *~ a temperatura ambiente* «duma sala». ~ um relógio. **3** Orientar/Dirigir/Controlar. **Loc.** *o caudal dum rio. ~ o trânsito.* **4** Agir em conformidade com um modelo. **Ex.** Para fazer o plano de a(c)tividades para o próximo ano regulei-me pelo do ano anterior. Ela regula-se muito pelo que faz a amiga. **5** Estabelecer restrições/Conter. **Loc.** *~ as despesas* [os gastos]. *~ a utilização* [as saídas] *dos automóveis de serviço* «da empresa».
6 Ter um valor aproximado/Rondar/Orçar. **Ex.** O preço do azeite na produção regula por «dois euros e meio» o litro. O consumo de gasolina dos carros modernos pequenos regula pelos seis litros aos cem quiló[ô]metros. **7** Servir de [Seguir determinada] orientação. **Ex.** De noite, os pescadores regulam[orientam(+)]-se pelas estrelas e pela luz dos faróis da costa. **Loc.** ~-se pela torre da igreja para encontrar o caminho «de regresso ao hotel». **8** *fam* Ter juízo/saúde mental. **Ex.** Ele aparentemente está bem, mas (o pior é a cabeça que) já não regula. **Idi.** *Não ~ bem* [Ser atoleimado/Ter atitudes [comportamentos] estranhas/os].

regular² adj 2g (<lat *reguláris, e*: canó[ô]nico) **1** Que segue os costumes/cânones/a prática/Normal. **Comb.** *Procedimento ~*. **Ant.** Anormal; irregular. **2** Que está de acordo com as regras/normas/leis/Legal. **Comb.** *Negócio* [Transa(c)ção] ~. **Ant.** Fraudulento; ilegal; irregular. **3** Bem proporcionado/Ordenado/Equilibrado. **Comb.** *Aspe(c)to* [Estatura/Feições] ~/es. **Ant.** Anormal; defeituoso; irregular. **4** Que tem regularidade/Periódico. **Comb.** *Cadência ~ dum movimento* «do pêndulo». *Intervalos ~es. Visita ~* «do médico aos doentes internados». **Ant.** Esporádico; ocasional; pontual. **5** Que não tem variações/Constante/Uniforme. **Comb.** *Peso* [Tensão arterial] ~. *Respiração* [Pulsação] ~.
6 Que tem cará(c)ter permanente/Habitual. **Comb.** *Carreira* [Voo] ~. **Ant.** Esporádico; ocasional; pontual. **7** Que satisfaz/Mediano/Razoável. **Ex.** Ele teve um aproveitamento ~, mas podia ter sido muito melhor «se tivesse estudado um pouco mais». **8** Subordinado às normas oficiais/ao poder central. **Comb.** *Exército ~. Tropas ~es.* **9** Que pertence a uma ordem [congregação/instituto] religiosa/o. **Comb.** *Clero ~/religioso*(+). **Ant.** Secular. **10** Que é conforme aos preceitos morais/Regrado. **Comb.** *Conduta ~. Situação* «matrimonial» ~. **Ant.** Desregrado; dissoluto; irregular. **11** *Geom* Que tem ângulos e lados iguais. **Comb.** «triângulo/prisma» *Figura* [Polígono/Poliedro] ~. **Ant.** Irregular.

regularidade s f (<regular + -i- + -dade) **1** Qualidade do que é regular. **Ex.** O abastecimento «do mercado/da minha loja» é feito com ~. **2** Conformidade com as leis/normas/Legalidade. **Comb.** ~ dum negócio [duma transa(c)ção]. **3** Harmonia/Proporção. **Comb.** ~ das feições [dos traços do rosto]. **4** Cumprimento escrupuloso de um dever/Pontualidade. **Loc.** Pagar com ~ «a renda da casa».

regularização s f (<regularizar + -ção) A(c)to ou efeito de regularizar/pôr conforme à lei/Normalização. **Comb.** *~ da situação* «dum emigrante ilegal». *~ dum curso de água.* ~ [Nivelamento] *dum terreno*.

regularizador, ora adj/s (<regularizar + -dor) (O) que regulariza. **Comb.** ~ [Estabilizador(+)] *da tensão elé(c)trica. ~ do trânsito.* «medicamento com» *A(c)ção ~ora* «da digestão».

regularizar v t (<regular + -izar) **1** Tornar regular/(Fazer) voltar à normalidade/Normalizar. **Ex.** As barragens permitem ~ o caudal dos rios. **Loc.** *~ a posse dum terreno* «recebido em herança». *~ o funcionamento* «dos intestinos». **2** Submeter à lei/a regulamento/Regulamentar. **Ex.** Uma lei que regulariza a entrada de emigrantes no país. **Loc.** ~ a situação familiar «duma criança ado(p)tada».

regularmente adv (<regular + -mente) **1** De forma regular/normal/sem anomalias. **Ex.** O Serviço de Saúde funcionou ~ «não foi afe(c)tado pela greve». **2** Frequentemente/

Geralmente. **Ex.** Vou ~ ao dentista. Nesta cidade, neva ~ no inverno. **3** De acordo com a lei/as normas/regras. **Comb.** Vitória [Gol(o)] obtida/o ~ [sem cometimento de falta] «no último minuto». **4** Com qualidade sofrível/Nem bem, nem mal. **Ex.** Ele não é nenhum artista [não é um grande pintor], mas pinta ~ [menos mal(+)]. **5** Com intervalos regulares. **Ex.** O abastecimento é feito ~ «todas as semanas».

régulo s m (<lat *régulus, i*, dim de *rex, régis*: rei) **1** Pequeno rei(o+)/Reizinho(+). **2** Chefe político local (equiparado a rei), que exercia o poder em territórios de maior ou menor extensão. **Ex.** Os ~s tiveram grande preponderância nas ex-coló[ô]nias portuguesas de Moçambique, Guiné e Timor.

regurgitação s f Med (<regurgitar + -ção) **1** Retorno dos alimentos do estômago à boca sem enjoo nem esforço. **Ex.** A ~ distingue-se do vó[ô]mito pela ausência de náuseas. **2** Refluxo do sangue das artérias para o coração ou de uma cavidade cardíaca para outra. **3** Extravasamento.

regurgitar v t/int (<lat *re-+gúrges, itis*: abismo + -ar[1]) **1** (Fazer) voltar à boca alimento engolido. **Ex.** As aves regurgitam o alimento para o dar aos filhotes. **2** Expelir/Vomitar. **3** fig Extravasar. **Comb.** «político» Aclamado por uma multidão que regurgitava da praça.

rei s m (<lat *rex, régis*) **1** Pessoa que exerce o poder soberano num estado monárquico. **Ex.** D. Afonso Henriques foi o primeiro rei de Portugal. **Idi. Cantar os ~s** [Cantar de porta em porta canções tradicionais festivas para celebrar o dia de ~s [a Epifania (do Senhor)] e receber donativos]. **Ser ~ e senhor** [Ter grande poder/Ser senhor absoluto]. **Ter** [Falar com] **o ~ na barriga** [Ser demasiado arrogante/autoritário]. **Viver como um ~** [Viver à grande/na opulência]. **Comb. ~ morto, ~ posto** (Significa que se um lugar fica vago, é logo preenchido por outra pessoa «Papa» porque «parte do lugar é (que é) importante»). **Desporto** [Esporte] ~ [O futebol]. **Dia de ~s** [Festa dos Reis Magos/Epifania do Senhor]. **idi Palavra de ~** [Palavra que é firme/se mantém/não volta atrás]. **Sem ~ nem roque** [Sem governo/À toa/deriva]. **2** Título dado em certos países ao marido da rainha. **3** fig Homem que tem grande poder ou influência. **Ex.** Ele «o autarca» é um ~ na sua terra. **Comb. ~ da festa** [Indivíduo que esteve em evidência [foi adulado por muitos] numa festa «num baile»]. **~ do ferro-velho** [Grande negociante de sucata]. **4** O que se considera como principal [mais importante] num grupo. **Ex.** O leão é o ~ dos animais. **5** Carta [Figura] dum baralho que no jogo tem valor acima do valete e da dama. **Comb. ~ de copas** [espadas/ouros/paus]. **6** Peça do xadrez cuja captura determina o vencedor do jogo. **Comb.** Xeque ao ~ [Aviso de que, se (o ~) não for mudado de posição, será capturado].

Reich al s m Império(+).
reide ⇒ raid(e).
reificação s f (<reificar + -ção) A(c)to de reificar/Materialização/Concretização.
reificar v t (<lat *res, rei*: coisa + -ficar) «a cultura popular» Transformar conceitos abstra(c)tos «espertaza/matreirice» em realidades concretas «raposa»/Coisificar.
reima s f (<reuma) **1** Líquido que escorre das azeitonas espremidas. **2** Catarro/Reuma. **3** Br Mau gé[ê]nio.
reimoso, a (Ôso, Ósa, Ósos) (<reima + -oso) **1** Que tem reima/catarro. **2** Br Que tem mau génio.

reimplantação s f (<reimplantar + -ção) A(c)to ou efeito de reimplantar.
reimplantar v t (<re- +...) Implantar de novo. **Loc.** ~ um dente «cuja primeira implantação não foi bem sucedida».
reimportação s f (<reimportar + -ção) A(c)to ou efeito de importar novamente.
reimportar v t (<re- +...) Importar de novo. **Loc.** ~ *fruta* «que já tinha deixado de se importar». ~ *um produto* «automóveis usados» que se tinha exportado.
reimpressão s f (<re- +...) Nova impressão/tiragem. **Comb.** ~ «comentada e anotada» dos Autos de Gil Vicente. ⇒ reedição.
reimprimir v t (<re- +...) Imprimir novamente/Fazer nova impressão. **Loc.** ~ um texto «guardado no computador». ⇒ Reeditar.
reinação s f pop (<reinar + -ção) A(c)ção de brincar/reinar/divertir-se/Brincadeira/Pândega.
reinadio, a adj (<reinar + -dio) Amigo da brincadeira/Folgazão(+)/Divertido. **Comb.** Feitio ~.
reinado s m (<reinar + -ado; ⇒ reino) **1** Exercício do poder [Governo] de um rei. **Ex.** O ~ de D. João V (1706-1750) foi marcado pelo brilhantismo e prosperidade da nação portuguesa. **2** Tempo durante o qual um rei governa. **Ex.** No ~ de D. Manuel I (1495-1521) ocorreram os dois mais célebres feitos dos navegadores portugueses: a descoberta do caminho marítimo para a Índia, por Vasco da Gama, em 1498 e a descoberta (O Achamento) do Brasil, por Pedro Álvares Cabral, em 1500. **3** fig Período em que alguém exerce dominação/tem notória supremacia. **Ex.** Com a subida ao trono de Portugal da rainha D. Maria I, acabou-se o ~ do Marquês de Pombal. **4** fig Influência dominante de uma coisa sobre todas as outras. **Ex.** Nas sociedades ocidentais instalou-se o ~ do consumismo.
reinante adj 2g (<reinar + -ante) **1** Que está a reinar. **Comb.** «Filipe VI, em Espanha» Monarca ~. **2** Que predomina/Dominante. **Comb.** «racionalismo materialista/relativismo moral» Ideologia ~. **3** Que está na moda/A(c)tual. **Comb.** «os indignados» Contestação ~ em vários países.
reinar v int (<lat *régno, áre, átum*) Governar como rei ou rainha/Ocupar o trono. **Ex.** D. Manuel II, último rei de Portugal, reinou menos de três anos (1908-1910). **2** Deter o poder/domínio/Dominar/Imperar. **Ex.** O capital sem rosto «grandes grupos financeiros» reina nas sociedades ocidentais. **3** Ter a primazia/grande importância. **Ex.** O Benfica (Clube de futebol, português) é quem reina [é o melhor]! – gritavam os adeptos. **4** Estar generalizado/Ser dominante. **Ex.** «depois da revolução» Reinou a desordem no país durante algum tempo. **5** Estar em uso/vigor/na moda. **Ex.** «minissaia» Moda que ainda reina. **6** fam Fazer travessuras/Brincar(+)/Divertir-se. **Ex.** As crianças do bairro juntavam-se na rua, ao fim da tarde, e entretinham-se a ~ umas com as outras. **7** fam Dizer uma piada/Meter-se com alguém por brincadeira. **Ex.** Não é verdade o que eu disse «que o espe(c)táculo tinha sido cancelado»; estava a ~ [a brincar(+)] contigo.
reincidência s f (<reincidir + -ência) **1** A(c)to ou efeito de reincidir/Recaída/Recidiva. **Ex.** A perda temporária de memória, se não houver ~, geralmente não tem gravidade. **2** Obstinação/Pertinácia. **Comb.** ~ [Faltas] nos mesmos erros «de ortografia». **3** Dir Persistência na infra(c)ção por parte de alguém que já foi condenado pelo mesmo delito. **Ex.** Em muitos casos de assalto «a gasolineiras/caixas multibanco» há ~ dos assaltantes.
reincidente adj 2g (<reincidir + -ente) **1** Que reincide. **Comb.** ~ no atraso às aulas. **2** Que comete novamente o mesmo crime/delito. **Ex.** Merece castigo mais severo porque é ~.
reincidir v int (<re- +...) **1** Repetir um a(c)to. **2** Repetir o mesmo erro. **Ex.** Ele reincide na troca dos vv por bb. **3** Cometer novamente um delito depois de ter sido condenado por outro da mesma natureza. **Loc.** ~ em assaltos à mão armada.
reincorporação s f (<reincorporar + -ção) A(c)to ou efeito de reincorporar/Reintegração.
reincorporar v t (<re- +...) Incorporar de novo/Reintegrar. **Loc. ~ nas Forças Armadas. ~ na Polícia.**
reineta (Nê) s f (<fr *reinette*, dim de *reine*: rainha) **1** Bot Variedade de maçã de sabor ligeiramente ácido e cor acinzentada, cultivada em Portugal. **2** Zool ⇒ raineta; rela[1].
reinfeção (Fè) [Br **reinfe(c)ção** (dg)] s f [= reinfecção] (<re- +...) Nova infeção do mesmo tipo de outra anterior.
reinfundir v t (<re- +...) Tornar a infundir «num aluno, o gosto pela música».
reingressar v int (<re- +...) Ingressar de novo «na corporação de bombeiros».
reingresso s m (<reingressar) A(c)to de reingressar/Novo ingresso. **Comb.** ~ na Faculdade «de Direito» para concluir o curso.
reiniciar v t (<re- +...) Iniciar de novo/Recomeçar. **Ex.** Vou ~ o estudo de informática.
reinício s m (<reiniciar) A(c)to de reiniciar/Recomeço. **Ex.** Após o ~, desistiu outra vez.
reino s m (<lat *régnum, i*) **1** Estado que tem por soberano um rei/Monarquia. **Ex.** Portugal foi um ~ desde 1143 até 1910. **2** Conjunto de súbditos/Nação. **Ex.** As cortes eram convocadas para o rei ouvir o ~. **3** Governo de um rei/Reinado. **4** Biol Cada uma das grandes divisões [dos grupos taxonómicos] em que, segundo as suas cara(c)terísticas, se agrupam os seres vivos. **Ex.** Os seres vivos dividem-se em cinco ~s: monera, protista, fungos, plantas e animais. **5** Esfera de a(c)ção/Âmbito/Domínio. **Comb.** ~ da política [dos negócios/da moda/«esta terra [isto aqui] é o ~» da ladroeira[droagem]]. **6** Rel Relação que une Deus ao Seu povo manifestada através da História. **Ex.** Jesus veio anunciar a Boa Nova do ~. O bom ladrão, no Calvário, pediu a Jesus: "Lembra-te de mim quando estiveres no teu ~". **Comb. ~ de Deus/do(s) céu(s)** [Vida eterna/Céu/Paraíso]. **~ das trevas/dos mortos** [Inferno].
reinol adj/s 2g Hist (<reino + -ol) (Do reino) de Portugal.
reinquirição s f (<reinquirir + -ção) Nova inquirição.
reinquirir v t (<re- +...) Voltar a inquirir. **Loc.** ~ um arguido/suspeito que já tinha sido interrogado sobre a prática dum crime.
reinscrever v t (<re- +...) Inscrever novamente. **Loc.** ~-se num curso «de aperfeiçoamento profissional».
reinscrição s f (<re- +...) A(c)to de reinscrever/Nova inscrição. **Ex.** O regulamento do curso apenas permite uma ~ (de quem tenha desistido).
reinserção s f (<re- +...) Nova inserção. **Comb.** ~ social «de presos que cumpriram a pena/toxicodependentes curados».
reinserir v t (<re- +...) Voltar a inserir/Integrar. **Loc.** ~ no meio escolar crianças «com problemas psicológicos».

reinstalação s f (<reinstalar + -ção) A(c)to ou efeito de reinstalar/Nova instalação. **Ex.** A Segurança Social tomou a seu cargo a ~ duma família cuja casa foi destruída por um incêndio.

reinstalar v t (<re- +...) Voltar a instalar. **Ex.** O técnico reinstalou o computador que não funcionava.

reinstaurar v t (<re- +...) Instaurar de novo/ Fazer voltar o que já vigorou anteriormente. **Loc.** «o exército ~ a ordem nas ruas «após uma revolução».

reintegração s f (<reintegrar + -ção) 1 A(c)to ou efeito de reintegrar. 2 Recondução num cargo/Readmissão. **Ex.** O tribunal ordenou a ~ dum funcionário «despedido sem justa causa».

reintegrar v t (<re- +...) 1 Integrar de novo. **Ex.** Quando voltou da tropa, reintegrou-se na equipa/e de futebol da terra. Os amigos procuraram reintegrá-lo no grupo «para o ajudar a deixar a droga». 2 Restabelecer no mesmo lugar/cargo/Reconduzir. **Ex.** Terminado o inquérito disciplinar que concluiu pela sua inocência, a empresa reintegrou-o nas funções que desempenhava anteriormente.

reinterpretação s f (<reinterpretar + -ção) Nova interpretação. **Ex.** O conhecimento de fa(c)tos novos obrigou à ~ do processo.

reinterpretar v t (<re- +...) 1 Interpretar de novo. 2 Dar nova [diferente] interpretação. **Loc.** ~ uma obra clássica «o bailado O Lago dos Cisnes».

reinventar v t (<re- +...) Tornar a inventar/ Descobrir de novo. **Ex.** A sociedade a(c)tual necessita de ~ novas formas de gerir a economia.

reinvestir v t (<re- +...) 1 Tornar a investir. **Ex.** «apesar de já ter perdido muito dinheiro» Teimava em ~ na bolsa. 2 Dar de novo a posse num cargo/Reconduzir. **Loc.** ~ um professor no cargo de dire(c)tor. 3 Efe(c)tuar novo ataque/Arremeter de novo. **Ex.** O touro reinvestia nas tábuas [contra a trincheira] (da arena).

reinvocar v t (<re- +...) Tornar a invocar. **Ex.** Aflitos, os náufragos não paravam de ~ a ajuda de Deus.

réis s m pl (<pl de real³) ⇒ real³.

reisada s f region (<reis + -ada) Espécie de representação [folguedo] popular alusiva/o à festa dos Reis Magos.

reiteração s f (<reiterar + -ção) Acto de reiterar/repetir/Repetição. **Ex.** A ~ de faltas valeu [causou] ao jogador «de futebol» a punição com cartão amarelo. **Comb.** ~ dum pedido.

reiteradamente adv (<reiterado + -mente) Repetidamente. **Ex.** A introdução de leis mais rigorosas de trânsito foi ~ anunciada «antes de entrarem em vigor».

reiterar v t (<lat reítero, áre, átum) 1 Tornar a apresentar/Repetir. **Loc.** ~ um pedido [Pedir de novo]. 2 Fazer de novo/Renovar. **Ex.** Após reiterados esforços conseguiu o que desejava.

reiterativo, a adj (<reiterar + -tivo) Que reitera/Repetitivo. **Comb.** Discurso ~. Método ~.

reiterável adj 2g (<reiterar + -vel) «pedido/ concurso» Que se pode reiterar/repetir.

reitor, ra s (<lat réctor, óris) 1 O que rege/ dirige. 2 Autoridade máxima de um estabelecimento de ensino superior. **Ex.** O (Magnífico) ~ presidiu à cerimó[ô]nia da abertura do ano le(c)tivo. 3 Rel Pároco(+) em algumas freguesias/Prior.

reitorado s m (<reitor + -ado) 1 Cargo de reitor. 2 Tempo que dura o desempenho do cargo. **Ex.** No ~ de Marcelo Caetano na Universidade de Lisboa (1959-1962), começou o grande movimento contestatário universitário do Dia do Estudante.

reitoral adj 2g (< reitor + -al) Relativo a reitor.

reitoria s f (<reitor + -ia) 1 Cargo [Dignidade] de reitor. **Ex.** Catedrático insigne «Padre Manuel Antunes», nunca aspirou à ~ da sua Universidade. 2 Sede da administração de uma universidade. **Comb.** ~ da Universidade de Lisboa. 3 Rel Residência paroquial(+) [dum (pároco) reitor].

reiúno, a adj Br (<esp reyuno) 1 Fornecido pelo Estado, especialmente pelo exército para uso dos soldados. **Comb.** Botas ~as. 2 De fraca qualidade/baixa condição.

reivindicação s f (<lat rei vindicátio: reclamação (em juízo) de uma coisa) 1 Reclamação daquilo a que se julga ter direito. **Ex.** Os sindicatos fazem ~ões constantes [não param de fazer ~ões]. 2 Dir A(c)ção judicial que possibilita o reconhecimento do direito de propriedade de um bem que está na posse de outra pessoa.

reivindicador, ora adj/s (<reivindicar+--dor) (O) que reivindica.

reivindicar v t (<lat res, rei: coisa+ vindicáre: reclamar) 1 Reclamar [Exigir] aquilo a que se julga ter direito. **Ex.** Os trabalhadores reivindicam melhores salários [condições de trabalho]. 2 Assumir a responsabilidade por determinado a(c)to. **Ex.** A organização terrorista já reivindicou o atentado. 3 Dir Intentar a(c)ção judicial para reaver coisa que lhe pertence e está ilegitimamente na posse de outrem.

reivindicativo, a adj (<reivindicar + -tivo) 1 Que envolve reivindicação/serve para reivindicar. **Loc.** Falar em tom ~. **Comb.** Caderno ~.

reixa s f (<esp reja: grade de ferro) 1 Pequena tábua. 2 Grade de janela/Gelosia.

rejeição s f (<lat rejéctio, ónis) 1 A(c)ção de rejeitar/Não aceitação/Recusa. **Comb.** ~ duma dádiva [dum presente]. ~ duma proposta. 2 Repulsa física. **Comb.** ~ dum alimento pelo estômago. 3 Med Intolerância de um organismo no processo de incorporação de um órgão ou tecido transplantado cirurgicamente. **Ex.** Enfraqueceu [Morreu] por ~ do transplante. 4 Geol Termo genérico que designa o movimento relativo dos lados duma falha.

rejeitar v t (<lat rejécto, áre, átum: repelir, repercutir, fazer eco, lançar fora, vomitar) 1 Não aceitar/Recusar. **Ex.** Vieram agradecer-lhe «ao juiz» com presentes «presunto/ queijo/vinho» mas ele rejeitou tudo. **Loc.** ~ uma oferta «de emprego». 2 Deitar fora/ Não aproveitar. **Ex.** Os pobres aproveitam muita coisa «alimentos/roupa» que os ricos rejeitam. O controle de qualidade rejeita todas as peças defeituosas. 3 Desaprovar/Excluir. **Ex.** A assembleia rejeitou a proposta «de aumento das quotas dos sócios». 4 Sentir aversão/Repelir/Abandonar. **Ex.** A filha (que tinha fugido) quis regressar a casa mas os pais rejeitaram--na. 5 Expelir/Vomitar. **Ex.** Não consentia nada no estômago, rejeitava tudo o que ingeria. 6 Manifestar discordância/Refutar/ Opor-se. **Loc.** ~ as insinuações maldosas «feitas por um adversário político». 7 Med Manifestar incompatibilidade/Não tolerar. **Loc.** O organismo ~ um órgão transplantado. ⇒ rejeição 3.

rejeitável adj 2g (<rejeitar + -vel) Que se pode [deve] rejeitar. **Comb.** Favores «desonestos» ~eis.

rejubilar v int (<re- +...) Ter grande júbilo/ Alegrar(-se)/Regozijar(-se). **Ex.** Os portugueses rejubilaram com a vitória da sele(c)ção nacional de futebol «contra a Inglaterra». Os pais rejubilam com o sucesso dos filhos.

rejúbilo s m (<rejubilar) Grande satisfação/ Intensa alegria.

rejuvenescedor, ora adj (<rejuvenescer + -dor) Que faz rejuvenescer. **Comb.** Férias [Descanso] ~oras/or.

rejuvenescente adj 2g (<rejuvenescer + -ente) Que rejuvenesce. **Ex.** O partido está numa fase ~. **Comb.** Movimento ~.

rejuvenescer v int (<lat re- + juvenéscere) 1 Tornar-se [Ficar com aspe(c)to] mais jovem/Remoçar. **Ex.** O tratamento «cura de repouso» fê-lo ~. 2 Restituir a juventude/ Dar a aparência de mais novo. **Ex.** A cirurgia plástica propõe-se ~ quem a ela se submete. 3 Recuperar a vitalidade/o frescor/Renovar. **Ex.** Na primavera toda a natureza rejuvenesce.

rejuvenescimento s m (<rejuvenescer + -mento) 1 A(c)to ou efeito de rejuvenescer/ Remoçamento. **Ex.** Com o novo governo há sinais de ~ da esperança em melhores dias. 2 Aumento do número de jovens em determinada população. **Ex.** Para que em Portugal (e na Europa) se opere o ~ da população, a par duma mudança profunda das mentalidades, são também necessárias políticas de incentivo à maternidade.

rela¹ (Ré) s f (<lat ranella por ránula, dim de rana: rã) 1 Zool Batráquio anfíbio, anuro, arborícola, Hyla arborea, de cor normalmente verde, com a extremidade de cada dedo em forma de disco/Raineta. 2 Instrumento rústico usado para afugentar pássaros das culturas. 3 Brinquedo cujo som imita o que é produzido pela rã. 4 fig Pessoa impertinente e maçadora.

rela² (Ré) s f (<esparrela) Armadilha para caçar pássaros/Esparrela.

relação s f (<lat relátio, ónis) 1 Conexão entre duas ou mais coisas «pessoas/ obje(c)tos/palavras». **Ex.** A ~ estabelece um vínculo de união entre os elementos nela envolvidos. 2 Ligação afe(c)tiva ou profissional entre pessoas. **Comb.** ~ de amizade. ~ de parentesco [entre pessoas com laços de sangue ou de afinidade]. ~ de serviço. 3 Ligação por analogia/semelhança/conformidade. **Ex.** Parece que há ~ entre os dois assaltos. **Comb.** ~ de contraste. ~ de semelhança «entre duas obras de Gaudí». 4 Descrição/Narração/ Relato. **Ex.** Ao regressar da viagem, deu [fez a] ~ dos conta(c)tos havidos com os clientes e das encomendas conseguidas. 5 Listagem/Rol. **Ex.** Entregou na tesouraria a ~ das despesas e os respe(c)tivos documentos para reembolso. **Comb.** ~ de bens. 6 Dir Tribunal de segunda instância. **Loc.** Recorrer para a ~. **Comb.** Juiz da ~. 7 Mat Comparação entre duas quantidades comensuráveis. **Comb.** ~ [Leque(+)] salarial duma empresa «de 1 para 10». 8 Mat Qualquer dependência de um elemento «grandeza/quantidade» em face de outro. **Ex.** Igualdade, desigualdade, proporção, são ~ões entre quantidades; paralelismo, perpendicularidade, simetria, são ~ões posicionais geométricas. 9 Mat Função proposicional que envolve duas ou mais variáveis e se transforma numa proposição verdadeira ou falsa conforme as constantes que substituem as variáveis. 10 pl Forma de convívio e entendimento entre pessoas ou grupos. **Comb.** ~ões comerciais. ~ões diplomáticas. ~ões sexuais [A(c)to sexual/Cópula].

relacional adj 2g (<relação + -al) 1 Que diz respeito a relação. **Comb.** «intoxicação alimentar simultânea de alunos duma escola» Coincidência ~. 2 Que estabelece

relação. **Ex.** Os laços familiares são vínculos ~ais.
relacionamento *s m* (<relacionar + -mento) **1** A(c)to ou efeito de relacionar(-se). **Ex.** A polícia descobriu o criminoso pelo ~ de vários fa(c)tos. **2** Capacidade [Maneira/Modo] de conviver com os outros/Trato. **Ex.** O marido teve sempre um ~ difícil com a mulher e os filhos. **Comb.** Pessoa de bom [mau] ~. **3** Relação de amizade/intimidade. **Ex.** O nosso ~ «entre mim e o meu sócio» começou casualmente em casa dum amigo comum.
relacionar *v t* (<relação + -ar[1]) **1** Fazer a relação de/Inventariar(+). **Ex.** O senhorio, quando arrendou a casa, relacionou [fez uma lista de(+)] todas as peças «mobília/quadros/ele(c)trodomésticos» que pertenciam ao recheio da mesma. **2** Contar/Referir/Relatar. **Ex.** É norma habitual que se relacionem todos os fa(c)tos importantes ocorridos numa viagem de negócios. **3** Estabelecer ligação/nexo/correlação. **Ex.** Só depois de ter dado pela falta do dinheiro, relacionei o roubo com a saída [fuga] apressada do operário que estivera a reparar uma torneira. **4** Fazer amizade/Conviver. **Ex.** Nas férias relacionei-me com gente muito simpática.
relações-públicas *s f pl/s 2g 2n* (<relação + público) **1** Conjunto de iniciativas e dos métodos e técnicas nelas utilizados numa entidade/instituição para que, no seu interior, se crie um clima de confiança e harmonia entre as pessoas, e, no exterior, uma imagem favorável que facilite o desenvolvimento e consecução dos obje(c)tivos que se propõe alcançar. **Comb.** *Curso de ~. Gabinete de ~.* **2** Pessoa que realiza essas iniciativas.
relambório, a *adj/s m pop* (<re- + lamber + -ório) **1** De má qualidade/Sem valor/Reles. **2** Que não tem graça/Insípido. **Comb.** Piada ~a. **3** Desleixado/Preguiçoso/Molengão. **4** *s m* Descanso/Preguiça. **Loc.** Passar a tarde no ~. **5** Discurso longo e fastidioso. **Ex.** Ele «o político» nunca mais acabava (com) o ~! Esteve mais de uma hora a falar! **6** Barulho de muitas pessoas todas a falarem ao mesmo tempo/Falatório/Palavreado. **Ex.** Na sala de espera do consultório o ~ era de tal ordem que o médico teve que vir mandar calar as pessoas. **7** Pândega/Patuscada. **Loc.** Andar toda a noite no ~.
relâmpado *pop* [**relâmpago**(+)] *s m* (<lat *re-* + *lámpas, adis*: claridade) **1** Clarão intenso e rápido que acompanha a descarga elé(c)trica entre duas nuvens ou entre uma nuvem e o solo/Faísca/Raio. **Ex.** Primeiro via-se o ~ e só passados alguns segundos se ouvia o trovão. **2** *fig* Luz intensa/Clarão repentino e breve. **Ex.** Os ~s dos raios *laser* que faiscavam no céu animavam o arraial. **3** *fig* Aquilo que é rápido e passageiro. **Ex.** Quando se sentiu descoberto, o larápio desapareceu num ~ pelas traseiras (do prédio/da casa). **Sin.** Relance 2.
relampaguear [**relampar/relampear**] *v int* (<relâmpago) ⇒ relampejar(+).
relampejante *adj 2g* (<relampejar + -ante) Que relampeja. **Comb.** *Joias ~s* «no baile do casino». *Tempestade ~.*
relampejar *v int* (<relâmpago + -ejar) **1** Produzirem-se relâmpagos. **Ex.** Vamos ter chuva, já começou a ~. **2** Brilhar intensamente/Faiscar/Cintilar. **Ex.** Ao longe, via-se uma luz a ~. **3** *fig* Manifestar-se de modo repentino e fulgurante. **Ex.** Os olhos relampejavam [faiscavam(+)] de raiva.
relampejo *s m* (<relampejar) **1** Clarão de relâmpago. **Ex.** A tempestade afastou-se; só se viram uns pequenos ~s. **2** Brilho intenso, repentino e breve/Fulgor.

relançamento *s m* (<re- +...) **1** A(c)to ou efeito de relançar. **2** Novo lançamento. **Ex.** Empenhou-se no ~ do futebol no seu bairro e os jovens corresponderam aderindo em massa.
relançar *v t* (<re- +...) **1** Tornar a lançar/Fazer novo lançamento. **Ex.** O árbitro mandou ~ [repetir o lançamento(+)] «de bola fora». **2** Dirigir os olhos de relance. **Loc.** ~ os olhos pelos títulos dos jornais. **3** Pôr de novo em destaque/Voltar a promover. **Loc.** ~ um artista «de teatro» [um cantor]. **4** Colocar de novo no mercado. **Ex.** A administração contratou um gestor para reestruturar a empresa e ~ a marca «Pré-Mamã».
relance *s m* (<relançar) **1** Movimento rápido dos olhos sobre alguma coisa/Visão repentina. **Ex.** Olhou de ~ para a família reunida na sala e logo percebeu que algo de anormal se tinha passado. **Comb.** *De* [Num] ~ [Rapidamente]. **2** Movimento rápido. **Ex.** O meliante [ladrão] cruzou-se com ela na rua e, num ~, deitou-lhe as mãos à carteira e desapareceu rapidamente. **3** (Em tauromaquia) sorte que o toureiro executa sem os espe(c)tadores preverem.
relancear *v t/s m* (<relance + -ear) **1** Dirigir os olhos de relance. **Loc.** ~ [Relançar 2] os olhos pela assistência «procurando descobrir um amigo». **2** *s m* Vista de olhos. **Ex.** «apesar de eu estar mascarado» Num ~ [relance(+)] os amigos descobriram-me logo na fotografia. **3** Movimento rápido. **Ex.** «contra a corrente do jogo» Num ~ [relance(+)] fintou [esquivou-se a] três adversários e marcou gol(o).
relapso, a *adj/s m* (<lat *relápsus, a, um* <*relábor, eris, lábi, lápsus sum*: correr para trás, retroceder) **1** (O) que reincide/Reincidente(+). **Comb.** Criminoso ~. **2** (O) que é impenitente. **Comb.** *~ na heresia.* Pecador ~. **3** (O) que é teimoso/obstinado/Contumaz.
relatador, ora *s* (<relatar + -dor) **1** ⇒ Relator(+)/Narrador. **2** *(D)esp* O que faz o relato de um acontecimento (d)esportivo.
relatar *vt* (<relato + -ar[1]) **1** Fazer o relato/Narrar/Contar. **Ex.** Ao chegar a casa, relatou, emocionado, o aparatoso acidente que tinha presenciado. **2** Descrever (na rádio/TV) um acontecimento desportivo à medida que ele vai decorrendo. **3** Fazer a lista de/Inventariar. **Loc.** ~ [Fazer a relação(+)/Inventariar(+)] os bens «duma herança». **4** Fazer o relatório de. **Ex.** Depois de fazer a experiência [o trabalho laboratorial] é preciso relatá-la [fazer o relatório(+)].
relativamente *adv* (<relativo + -mente) **1** Em termos relativos/De modo relativo/Comparando com outros elementos. **Ex.** Viseu, comparada com a maioria das cidades portuguesas, é (uma cidade) ~ grande. **2** Em grau médio/Mais ou menos. **Ex.** A prova [O exame] correu-me ~ bem. **3** No que se refere a/Em relação a. **Ex.** ~ [Quanto] às férias, ainda é cedo para escolher o local e marcar a data.
relatividade *s f* (<relativo + -i- + -dade) **1** Qualidade do que é relativo/que não é absoluto. **Comb.** A ~ dos bens materiais «casas/dinheiro/joias» para ser feliz «com muitos ou poucos». **2** *Fil* Imperfeição geral do conhecimento humano, tanto em extensão do seu obje(c)to, como no que respeita ao seu valor de verdade. **Ex.** Os conhecimentos de natureza abstra(c)ta e metafísica são os mais expostos a uma larga margem de ~. **Comb.** *Fís* Teorias (restrita e generalizada) da ~ de Einstein.

relativismo *s m* (<relativo + -ismo) **1** Qualidade do que é relativo. **2** *Fil* Designação genérica das doutrinas que negam o cará(c)ter obje(c)tivo do conhecimento e o valor absoluto e universal da verdade. **Comb.** *~ moral* [Doutrina segundo a qual a ideia do bem e do mal varia de acordo com os tempos e as sociedades]. ⇒ subje(c)tivismo. *~ positivista* [que considera as questões metafísicas inacessíveis ao espírito e limita o valor do conhecimento ao campo da investigação experimental]. *~ pragmático/a(c)tivista* [que condiciona o valor do conhecimento ao resultado da a(c)ção nele estruturado]. ⇒ pragmatismo; utilitarismo.
relativista *adj/s 2g* (<relativo + -ista) **1** Que diz respeito à relatividade ou ao relativismo. **Comb.** *Doutrinas ~s. Física ~.* **2** Partidário do relativismo ou da Física relativista. **Ex.** Os primeiros ~s foram os sofistas. Depois de Einstein, pode dizer-se que todos os físicos são ~s.
relativização *s f* (<relativizar + -ção) O saber ver as coisas no seu conjunto. **Comb.** A ~ da a(c)tual crise econó(ô)mica [crise de valores morais].
relativizar *v t* (<relativo + -izar) Tratar alguma coisa tirando-lhe o cará(c)ter absoluto ou independente, considerando-a como de importância ou valor relativos/Tornar relativo. **Loc.** ~ um problema [contratempo] (Ex. Ao partir uma jarra de cristal relativizo o acidente considerando que partir uma perna seria bem pior).
relativo, a *adj* (<lat *relatívus, a, um*) **1** Que exprime relação. **Comb.** *Movimento ~* «da Lua em volta da Terra». *Posição ~a* «duma mesa em relação à porta da sala». **2** Que diz respeito [se refere] a. **Comb.** Gráfico ~ à evolução mensal das vendas. **3** Que não é tomado em sentido absoluto. **Ex.** O problema parecia complicado mas resolvi-o com ~a facilidade. Achas [Julgas] que tenho um bom ordenado? – Isso é ~ «há quem ganhe muito mais/para o trabalho que faço, até ganho pouco». **4** Que se define em relação a outra coisa. **Ex.** *Quente e frio* são conceitos ~s. **Comb.** Densidade [(H)umidade] ~a. **5** *Fil* Tudo o que se refere ou relaciona a outro. **Ex.** Todas as coisas humanas e finitas são ~s [contingentes]; absoluto só Deus. **6** *Gram* Diz-se de pronome que introduz uma oração em que se substitui um nome com o qual se relaciona. **Ex.** Na frase "O homem *que* eu vi era alto" *que* é um pronome ~.
relato *s m* (<lat *relátus, us* <*réfero, férre, relátum*: trazer ou levar de novo) **1** A(c)ção de relatar. **2** Descrição precisa e pormenorizada de um fa(c)to/acontecimento/Narração. **Ex.** Ao chegar a casa fez-nos um ~ circunstanciado da cerimó(ô)nia a que tinha assistido. ⇒ relatório. **3** *(D)esp* Reportagem dire(c)ta, na rádio/TV, de um acontecimento (d)esportivo. **Comb.** *~ de um jogo «de futebol».*
relator, ora *s/adj* (<lat *relátor, óris*) **1** Que relata/narra. **Comb.** Juiz ~ «duma causa pendente, num tribunal cole(c)tivo». **2** Pessoa encarregada de relatar ou redigir «parecer/relatório». **3** *Dir* Juiz encarregado de escrever o acórdão.
relatório *s m* (<relato + -ório) **1** Exposição, geralmente escrita, ordenada e minuciosa de um assunto. **Ex.** O dire(c)tor ordenou que se fizesse um ~ pormenorizado do acidente, das causas que o motivaram e das consequências que acarreta. ⇒ relato 1/2. **2** Exposição das a(c)tividades da administração duma sociedade, elaborada pela gerência. **Ex.** O ~ de a(c)tividades

[gestão] e contas é apresentado à assembleia-geral para discussão e aprovação. 3 Exposição dos motivos que fundamentam a apresentação dum proje(c)to de lei ou decreto. 4 Parecer duma comissão parlamentar.

relaxação (Cha) s f (<relaxar + -ção) 1 ⇒ Relaxamento. 2 *Fís* Fenó[ô]meno de variação da tensão no tempo, sob deformação constante. **Comb.** Tempo de ~ dum fenó[ô]meno «da variação da tensão elé(c)trica aplicada aos bornes de um condensador descarregado até atingir o valor final». 3 *Psic* Meio psicoterapêutico que visa a pacificação de tensões e a conquista da independência face às perturbações interiores e exteriores que envolvem a pessoa humana. **Ex.** As técnicas de ~ têm por obje(c)tivo unificar o corpo e o espírito.

relaxado, a (Chá) adj (<relaxar + -ado) 1 Que não apresenta tensão/Frouxo/Distendido. **Comb. *Mola ~a. Músculos ~s.*** 2 *fig* Que não cumpre os seus deveres/Que revela desmazelo/Desmazelado/Desleixado. **Comb.** Empregado ~ «faz tudo mal feito/de qualquer maneira sem cuidado». 3 *fig* Dissoluto/Devasso/Permissivo. **Comb.** Pessoa de costumes [vida] ~os/a.

relaxador, ora (Cha) adj/s (<relaxar + -dor) (O) que relaxa/Relaxante. **Comb.** Práticas [Técnicas] ~oras «dos músculos».

relaxamento (Cha) s m (<relaxar + -mento) 1 A(c)to ou efeito de relaxar(-se). 2 Diminuição do vigor [tónus] muscular, normalmente acompanhada de um decréscimo da tensão nervosa e mental/Distensão. **Ex.** Medicamento que provoca o ~ dos músculos abdominais. 3 Serenidade/Descontração. **Ex.** O ambiente ameno e tranquilo do campo convida ao ~ do corpo e do espírito. 4 Falta de empenho [zelo] no cumprimento dos deveres/Desmazelo/Desleixo. **Ex.** Não havendo exigência da parte das chefias, o ~ dos empregados torna-se [é] quase inevitável. 5 Desregramento dos costumes e da moral. **Ex.** A liberdade irresponsável leva ao ~ moral.

relaxante (Cha) adj 2g/s m (<relaxar + -ante) 1 Que relaxa/descontrai. **Comb.** Banho [Exercício] ~. 2 s m Medicamento para descontrair/Calmante. **Ex.** Quando se sentia mais inquieta/o tomava um ~ para dormir.

relaxar (Cha) v t/int (<lat *reláxo, áre, átum*) 1 Tornar frouxo/Diminuir a tensão/Afrouxar. **Ex.** As cordas relaxaram e a carga da camioneta deslocou-se toda para um [o] lado. 2 Descontrair/Distender. **Loc. ~ *o corpo*** «com massagens/um banho quente». ~-*se* contemplando a beleza natural «o mar». 3 Perder o zelo [empenho] no cumprimento dos deveres/Descuidar(-se). **Ex.** Não percebo o que se passa com o José; era tão cumpridor e de há uns tempos para cá começou a ~-se. 4 Perdoar(+) erros/faltas a alguém/Absolver(+). **Loc.** ~ um pecador que se arrependeu. 5 Corromper/Perverter. **Ex.** Relaxou-se com as más companhias.

relaxativo, a (Cha) adj (<relaxar + -tivo) Laxativo(+)/Purgante.

relaxe (Che) s m (<relaxar) 1 A(c)ção de relaxar(-se). 2 Distensão depois de um grande esforço físico ou tensão psíquica. **Ex.** «já não posso mais» Preciso duns momentos de ~. 3 Falta de empenho/zelo/Relaxamento 4. **Ex.** O comportamento da polícia, no combate ao crime, é por vezes pautado pelo ~ «porque quando tem de usar a força é duramente criticada». 4 *Dir* Transferência para tribunal da cobrança coerciva de uma contribuição que não foi paga no prazo legal. **Ex.** O ~ só ocorre depois de uma fase preliminar (em que a dívida pode ser paga voluntariamente). 5 *Náut* Escala num porto/Aguada.

relé[1] s f ⇒ ralé.

relé[2] s m *Ele(c)tri* (<fr *relais*: demora) Dispositivo elé(c)trico a(c)tuado por uma corrente de fraca intensidade e que serve para controlar outro órgão elé(c)trico «fazer o arranque/comutar um circuito». **Comb.** ~ dum motor elé(c)trico «de 100 kw».

relegação s f (<lat *relegátio, ónis*: exílio, degredo, proscrição) 1 A(c)to ou efeito de relegar. 2 A(c)ção de banir/Desterro. **Ex.** A ~ dos opositores políticos é frequente nos regimes autoritários. 3 Colocação em segundo plano/Desprezo/Adiamento. **Comb.**~ *de um funcionário* «para um lugar de menor responsabilidade». *~ da resolução dum problema*.

relegar v t (<lat *relégo, áre, átum*) 1 Afastar de um lugar para outro/Expatriar/Desterrar/Banir. **Loc.** «um ditador» ~ adversários políticos para o exílio. 2 Afastar de um cargo/Destituir. **Ex.** O dire(c)tor relegou-a da chefia porque não a achava simpática. 3 Pôr em segundo plano/em lista de espera/Adiar. **Ex.** O proje(c)to foi relegado [deixado(+)] para mais tarde «por falta de verba». Dedicou-se totalmente à profissão e relegou a família para segundo plano. 4 Entregar a responsabilidade/decisão a alguém/Delegar(+). **Ex.** Alguns pais relegam na escola a educação dos filhos.

relegável adj 2g(<relegar + -vel) Que se pode relegar/Susce(p)tível de relegação. **Comb.** Assunto importante, mas ~.

relembrança s f (<re- +...) ⇒ Recordação.

relembrar v t (<re- +...) Lembrar novamente/Trazer de novo à memória. **Ex.** «trigonometria» É matéria que preciso de ~ «porque já a estudei há muito». Gosto de ~ os bons tempos do colégio.

relentar v t/int (<relento + -ar[1]) 1 Tornar lento. **Loc.** ~ [Abrandar(+)] um pouco «a velocidade do carro». 2 Orvalhar/Humedecer. **Ex.** No tempo frio, relenta (sempre) durante a noite.

relento s m (<re- +...) 1 (H)umidade da noite/Orvalho/Cacimba. **Comb. Ao ~** [Ao ar livre/Exposto à (h)umidade da noite/Fora de casa] (Loc. Dormir ao ~). ***Relva molhada do*** [pelo] ***~ da noite***. 2 Moleza [Fraqueza] provocada pela (h)umidade no(c)turna. 3 Cheiro (h)úmido desagradável.

reler v t (<re- +...) Tornar a ler/Ler muitas vezes. **Loc. ~ *uma lição/o texto de uma conferência. Livro a ~*** [que deve ser lido outra vez].

reles adj 2g 2n (<réu?) 1 De baixo nível/Desprezível/Ordinário/Vil. **Comb.** Pessoa ~/má/ordinária. 2 De má qualidade. **Comb.** Produto «detergente/vinho» ~. 3 Sem valor/Insignificante. **Ex.** Podes levar tudo isso; são coisas ~ que já não são necessárias. Coitado! Julga-se mais importante do que o dire(c)tor da escola e não passa de um ~ contínuo.

relevação [relevamento] s (⇒ relevar) 1 A(c)to de relevar. 2 Perdão/Desculpa. **Loc.** Pedir a ~ das faltas «causadas por doença»/duma dívida «por impossibilidade de a pagar». 3 A(c)ção de pôr em relevo/fazer sobressair/tornar saliente. **Ex.** Não se limitou a apresentar o seu protegido ao amigo; insistiu muito na ~ [no elogio] das suas qualidades pessoais e profissionais.

relevância s f (<relevar + -ância) 1 Cara(c)terística do que é relevante/Importância(+)/Pertinência. **Comb. *Assunto da maior ~. Função* [Papel] *de grande ~.*** 2 Saliência/Relevo. **Comb.** A ~ dum monumento «Cristo-Rei/Ponte sobre o Rio Tejo, em Lisboa».

relevante adj 2g (<relevar 1 + -ante) 1 Que interessa/Importante/Pertinente. **Ex.** O conferencista enumerou as consequências mais ~s da a(c)tual crise. 2 Que sobressai/ressalta. **Ex.** Foi condecorado em reconhecimento dos ~s serviços prestados à nação.

relevar v t (<lat *relévo, áre, átum*: levantar, erguer, aliviar dum peso, desagravar) 1 Fazer sobressair/Pôr em relevo/Salientar. **Ex.** No seu discurso, o Presidente relevou a necessidade do diálogo entre o Governo, a oposição e os parceiros sociais (Patronato e sindicatos). 2 Perdoar/Desculpar. **Ex.** Peço que me desculpe [me releve a falta] por só agora lhe vir agradecer o presente que me enviou pelos meus anos (e que muito apreciei). 3 Ser consequência/Derivar/Resultar de. **Ex.** A(c)tos de destruição e vandalismo que relevam [provêm] da falta de civismo e de valores morais. 4 Aliviar o sofrimento/a dor/Consolar. **Ex.** Palavras que agradeço pois relevaram um pouco o meu sofrimento.

relevo (Lê) s m (<relevar) 1 A(c)to ou efeito de relevar/fazer sobressair. **Ex.** Os noticiários «da TV» muitas vezes dão ~ a [põem em ~] banalidades sem qualquer interesse. 2 O que ressalta duma superfície plana/Saliência. **Comb.** Anel de marfim com o brasão em ~. ⇒ alto[baixo]-~. 3 Particularidade de pintura [cinema] em que as imagens parecem ficar salientes. **Comb.** Cinema em ~ [a três dimensões(+)]. 4 *fig* Realce/Destaque/Ênfase. **Loc.** Dar muito ~ «a uma notícia». **Comb. *Figura de muito ~*** [Pessoa muito destacada] no seu tempo. *Papel* [Função] *sem* [com] *grande ~*. 5 *Geog* Formas [Acidentes orográficos] da superfície terrestre ou de outro astro. **Ex.** As montanhas, vales, planícies e planaltos constituem o ~ terrestre. **Comb. ~ *plano*** [acidentado/montanhoso]. ***O ~ da Lua***.

relha (Rê) s f (<lat *régula, ae*: régua) 1 Ferro do arado [da charrua] que abre os sulcos na terra. 2 Tira de ferro que reforça exteriormente as rodas dos carros de bois.

relho (Rê) s m/adj (<relha) Chicote feito de uma tira de couro. **Idi. *Não ter*** [Sem] ***~ nem trambelho*** [Não ter ordem, nem jeito/Sem fundamento/motivo/razão]. **Comb.** *idi Velho e ~* [Muito velho].

relicário s m *Rel* (<relíquia + -ário) 1 Obje(c)to [Recipiente/Caix(inh)a] onde se guardam relíquias dos santos. 2 Lugar onde, nas igrejas, são guardados os obje(c)tos sagrados. ⇒ sacrário.

relicto, a s m/adj (<lat *relíctus, a, um* <*relínquere, relínquere, líqui, líctum*: deixar, abandonar) 1 *Biol* Animal ou planta que se sabe ter existido com a mesma forma em épocas geológicas longínquas. 2 *Geol* Elemento geológico que conserva a sua forma primitiva.

religar v t (<re- +...) Tornar a ligar/Ligar bem.

religião s f (<lat *relígio, ónis*) 1 Crença em divindades [forças/poderes] sobre-humanos perante os quais o homem se sente impotente e dependente. **Comb. ~ *natural*** [que se funda apenas na razão e no sentimento]. ***~ positiva/revelada*** [em que os dados dos sentidos e a inteligência humana são completados e confirmados pela revelação de Deus em Jesus Cristo]. 2 Manifestação da crença [Culto] prestada/o às divindades/forças/poderes sobrenaturais por meio de rituais próprios. **Ex.** Nas ~ões primitivas o homem adorava as forças da natureza «Sol/Lua». 3 Conjun-

to de preceitos [Doutrina] e práticas que põem determinada comunidade de pessoas em relação com o sobrenatural. **Ex.** A ~ cristã liga os homens a Deus pela piedade. As ~ões reveladas apresentam-se como caminho de salvação. A única ~ cem por cento verdadeira é a cristã porque só em Cristo Deus Se revela como é e só nele a divindade se une à humanidade.
4 Respeito pelas coisas sagradas/Observância dos preceitos religiosos. **Ex.** No mundo ocidental há muita gente sem ~. 5 Condição das pessoas que pertencem a uma ordem [congregação/instituto] religiosa/o/Vida religiosa(+). **Ex.** Edith Stein, em ~ [, ao professar na Ordem Carmelita], tomou o nome de Teresa Benedita da Cruz. 6 fig O que é obje(c)to de grande dedicação/devoção/adoração. **Ex.** Para muitos, a sua ~ é o dinheiro, para outros, o trabalho, o divertimento, o poder, o orgulho egoísta do seu país, …

religionário, a s (<religião + -ário) Adepto de uma religião. ⇒ religioso.

religiosamente adv (<religioso + -mente) 1 De acordo com determinada religião [fé/crença]. **Loc.** Alguém ser educado ~. 2 Com amor/cuidado/devoção. **Loc.** Guardar ~ as recordações «obje(c)tos/fotos/cartas» da família. 3 Com constância/Rigorosamente/Zelosamente. **Ex.** Seguia ~ [idi à risca] todas as prescrições e conselhos do médico. Chegava ao trabalho todos os dias ~ cinco minutos antes da hora (do início).

religiosidade s f (<lat religiósitas, átis) 1 Qualidade do que é religioso. **Ex.** Na Capelinha das Aparições, do Santuário de Fátima, o ambiente é sempre de grande ~. 2 Disposição [Tendência] para os sentimentos religiosos. **Ex.** As pessoas do norte de Portugal manifestam, em geral, maior ~ do que as do sul. A magia e a superstição servem-se da ~ [crendice(+)] das pessoas para as explorar. 3 Esmero/Zelo/Escrúpulo. **Loc.** Cumprir com ~ [escrupulosamente(+)] todas as normas e preceitos.

religioso, a (Ôso, Ósa, Ósos) adj/s (<lat religiósus, a, um) 1 Relativo [Pertencente] à religião. **Comb.** Casamento ~. Culto ~. Feriado ~. Festa ~a. Preceito [Doutrina] ~o/a. 2 Que vive convictamente de acordo com a fé que professa/Que tem religião/Piedoso/Devoto. **Comb.** Pessoa (muito) ~a [piedosa(+)]. 3 s/adj (O) que pertence a uma ordem [congregação/instituto] de vida consagrada a Deus. **Comb.** ~o/a carmelita [franciscano/a]. Casa [Convento/Colégio] ~a/o. Comunidade ~a. Hábito [Traje] ~.

relinchar v int (<lat re- + hinnituláre, dim de hinnitáre, frequentativo de hinníre: rinchar) Os cavalos [equídeos] emitirem a sua voz. **Ex.** "Relincha o nobre cavalo/Os elefantes dão urros/A tímida ovelha bale/Zurrar é próprio dos burros".

relincho s m (<relinchar) A(c)to ou efeito de relinchar/Voz do cavalo/Rincho.

relíquia s f (<lat relíquia, ae: resto) 1 Rel (Parte do) corpo dum santo. **Ex.** As ~s [O corpo] do grande missionário jesuíta do Oriente, São Francisco Xavier (séc. XVI), conservam-se na igreja do Bom Jesus, em Goa, Índia. 2 Rel Qualquer obje(c)to que pertenceu a um santo e é guardado como recordação e para sua veneração. **Comb.** ~ do Santo Lenho [da cruz onde foi crucificado Jesus Cristo]. 3 fig Coisa preciosa, rara e antiga «cordão de ouro/relógio "de cuco"» do bisavô. 4 fig O que resta do que deixou de existir. **Comb.** «Cuccíolo» ~ das primeiras bicicletas com motor, da década de 1950.

relógio s m (< lat horologium, ii) 1 Aparelho constituído por um sistema mecânico que faz girar os ponteiros sobre um mostrador indicando as horas (, minutos e segundos). **Comb.** ~ de bolso [pulso]. ~ de parede. ~ de ponto [que regist(r)a a hora de entrada e de saída do local de trabalho]. ⇒ cuco; despertador. 2 Qualquer instrumento utilizado para medir intervalos de tempo/para marcar as horas. **Ex.** O ~ de Sol, o mais antigo de todos os ~s, é constituído por uma haste vertical que proje(c)ta a sua sombra sobre uma escala dividida em horas. **Idi.** Ser como um ~ [Ser muito pontual]. Ter um ~ no estômago [Ter a barriga a dar horas/Sentir fome]. Trabalhar como um ~ [muito bem/com todo o rigor]. **Comb.** ~ de água [Clepsidra]. ~ de areia [Ampulheta]. 3 Instrumento que, marcando as horas num mostrador por meio de ponteiros ou em formato digital, se baseia nas vibrações de cristais de quartzo (~ ele(c)tró[ô]nico) ou nas oscilações induzidas entre estados quânticos de átomos ou moléculas (~ ató[ô]mico).

relojoaria s f (<an relojo + -aria) 1 Arte [Indústria] de construir e consertar relógios. **Ex.** É mundialmente famosa a ~ suíça. 2 Estabelecimento onde se vendem e consertam relógios. **Comb.** Proprietário duma ~.

relojoeiro, a adj (<an relojo + -eiro) O que faz, vende ou conserta relógios.

relumbrar v int (<esp relumbrar) ⇒ Resplandecer/Cintilar/Reluzir/Refulgir.

relutância s f (⇒ relutar) 1 Resistência/Oposição. **Ex.** Foi com grande ~ que aceitou o cargo para o qual não se sentia motivado. 2 Repugnância/Repulsa. **Ex.** O óleo de fígado de bacalhau, ingerido com grande ~, quase o fazia vomitar. 3 Teimosia/Obstinação. **Ex.** Apesar de lhe demonstrarem que estava errado, manteve a posição [manteve-se na sua] apenas por ~ [teimosia(+)].

relutante adj 2g (⇒ relutar) 1 Que tem relutância/Que resiste. **Ex.** Apesar de estar doente, mantém-se ~ em [, não quer] ir ao médico. 2 Obstinado/Teimoso. **Loc.** Manter-se ~ «numa posição manifestamente errada».

relutar v int (<lat relúctor, ári, átus sum) 1 Lutar novamente. 2 Resistir(+)/Opor-se. 3 Ter aversão.

reluzente adj 2g (<reluzir + -ente) 1 Que reluz/Cintilante/Resplandecente. **Comb.** Estrelas ~s no céu. 2 Brilhante. **Comb.** Chão ~. Cristais [Joias] ~s.

reluzir v int (<lat relúceo, ére, lúxi) 1 Brilhar/Cintilar. **Ex.** Ao longe, via-se a luz do farol a ~. 2 Refle(c)tir intensamente a luz/Ter brilho intenso. **Ex.** Na mesa preparada para o banquete reluziam os copos de cristal e os talheres de prata. 3 fig Manifestar-se vivamente/Sobressair. **Ex.** Tem uma inteligência que reluz. Os seus olhos reluziam de contentamento.

relva (Rél) s f (<relvar) 1 Camada de erva rasteira, espontânea nos campos e geralmente cultivada, nos jardins. **Loc.** Cortar [Regar] a ~ do jardim. 2 Terreno coberto com essa camada de erva/Relvado(+).⇒ gramado. **Ex.** Brincar [Jogar a bola] na ~.

relvado, a (Rélvá) s m/adj (<relvar + -ado) 1 (Terreno) coberto com relva. **Loc.** Substituir os canteiros (do jardim) por um ~. **Comb.** Campo [Parque/Terreno] ~. 2 Campo de futebol/Br Gramado. **Ex.** As equipas/es já regressaram ao ~ (após o intervalo).

relvar v t (<lat re-+herbáre: voltar a criar erva) «um terreno» Cobrir(-se) de relva. **Loc.** ~ um jardim [campo de futebol].

remada s f (<remar + -ada) 1 A(c)to ou efeito de remar/Remadura. 2 Impulso que o remo imprime de cada vez ao barco. **Loc.** Impelir o barco com fortes ~s. 3 Pancada com o remo (na água). **Ex.** No silêncio da noite, ouviam-se as ~ do barco que sorrateiramente se aproximava da margem.

remador, ora s/adj (<remar + -dor) (O) que rema. **Ex.** Os ~es treinam intensamente para a regata. **Comb.** Atletas [Jovens] ~es.

remadura s f (<remar + -dura) O [A(c)to ou efeito de] remar.

remagnetizar v t (<re- +...) Voltar a magnetizar. **Ex.** O núcleo do ele(c)troíman remagnetiza cada vez que a bobina é percorrida pela corrente elé(c)trica.

remanência s f (<lat remanéntia, ae <remanére: permanecer) 1 Qualidade do que é remanente/Remanescência. 2 Repouso. 3 Fís Magnetismo residual numa substância ferromagnética após ter cessado o campo externo. 4 Psic Persistência de uma sensação [imagem] após o ter extinguido a excitação que a provocou.

remanente adj 2g (<lat remánens, éntis <remanére: permanecer) Que remanesce/permanece/Remanescente. **Comb.** Imagens ~s na retina. Magnetismo ~.

remanescência s f (<remanescer + -ência) ⇒ remanência.

remanescente adj 2g (<lat remanéscens, éntis <remanére: permanecer, ficar, parar) 1 Que sobra/Restante. **Ex.** O dinheiro ~ [O dinheiro que ficou(+)] da festa, depois de pagar todas as despesas, foi entregue a uma instituição de solidariedade social. 2 Que permanece/se mantém. **Ex.** Apesar de terem feito as pazes ainda se nota uma indiferença [má vontade] ~/que ficou/que não acabou. **Comb.** Fís Magnetismo ~ [remanente/que se mantém numa substância ferromagnética depois de anulado o campo que a magnetizou].

remanescer v int (<lat remanéscere <remanére <re-+máneo, ére: ficar) Continuar a existir/Permanecer/Restar/Sobrar. **Ex.** Nesta feira vendemos quase tudo, pouco remanesceu [ficou(+)] «apenas meia dúzia de [apenas algumas/poucas] peças de roupa». A avó não se lembra do que aconteceu ontem, mas remanescem-lhe as recordações [, mas lembra-se de coisas] da infância.

remansado, a adj (<remanso + -ado) 1 Tranquilo/Descansado(+). **Comb.** Vida ~a. 2 Vagaroso(+)/Pachorrento. **Loc.** Andar [Caminhar] com passo ~.

remanso s m (<lat remansus, a, um <remanére: permanecer, ficar, parar; ⇒ remanescer) 1 Cessação do movimento/Paragem. **Ex.** Desde que se reformou entrou no ~ [descanso(+)], não faz nada «passa os dias no café». 2 Estado do que é sossegado, acolhedor/Tranquilidade/Sossego. **Ex.** Nunca gostou da confusão; prefiria o ~ [sossego/a paz] do lar às rece(p)ções e festas sociais. 3 Lugar calmo, tranquilo/Retiro/Recolhimento. **Ex.** Um fim de semana passado no ~ do convento dava-lhe alento para mais uma temporada de trabalho intenso. 4 Porção de água dum rio ou do mar que permanece quase parada numa reentrância.

remar v int (<remo + -ar[1]) 1 Impelir a embarcação com os remos. **Loc.** Gostar de ~. Saber ~. 2 fig Realizar uma tarefa que exige grande esforço. **Idi.** ~ contra a maré [Esforçar-se/Fazer/Dizer em vão] (Ex. Quantas vezes eu disse [Estou farto

de dizer] que a porta da escola devia estar sempre fechada, mas é ~ contra a maré, ninguém se incomoda, fica sempre aberta).

remarcar *v t* (<re- +...) **1** Pôr nova marca em. **Loc.** ~ *com novos preços* os artigos expostos para venda. ~ *a roupa* «por terem caído [terem saído/se terem despregado] as marcas». **2** Contrastar obje(c)tos de ourivesaria.

rematação *s f* ⇒ arrematação.

rematado, a *adj* (<rematar + -ado) **1** Concluído/Terminado(+)/Completo. **Comb.** Trabalho [Obra] ~o/a. **2** Que termina/Encimado(+). **Comb.** Chaminé ~a com um cata-vento. **3** Adjudicado/Vendido ou comprado. **Comb.** Quadro ~/arrematado/leiloado «num leilão de arte». **4** Total/Absoluto. **Comb.** Um doido ~ [Um grande doido]. **5** Diz-se de trabalho de costura ou malha acabado de forma a não se desfazer. **Ex.** A saia já está ~a, só falta passar [passá-la] a ferro «para a entregar à cliente».

rematador, ora *adj/s* (<rematar + -dor) **1** (O) que remata. **Comb.** «não quero saber mais disso» *Frase ~ora* «da conversa». *Ponto* [Costura] *~or/ora*. **2** *(D)esp* (O) que chuta à baliza. **Ex.** Ele é um ~ nato [Um grande ~]. Ele joga na posição de ~ [de ponta de lança].

rematar *v t/int* (<re- +...) **1** Dar remate a/Acabar/Concluir. **Ex.** A minuta da carta está pronta; só falta ~. O político rematou o discurso com um caloroso "Viva a República". **2** Dar os últimos pontos num trabalho de costura. **3** Concluir resumindo/sintetizando. **Ex.** Profissional honesto, diz você. Vigarista, vigarista é que você é – rematou ele saindo (pela) porta fora. **4** Fechar no alto/Coroar/Encimar. **Ex.** A cúpula «da basílica de S. Pedro, em Roma» remata com um globo e uma cruz. **5** *(D)esp* Chutar para (a baliza para) marcar gol(o). **Ex.** Como querem ganhar (o jogo) se não rematam? [Não rematando, não podem marcar golos].

remate *s m* (<rematar) **1** A(c)ção de rematar/Acabamento/Conclusão/Fim. **Ex.** Acabarem os dois no hospital foi o ~ da desavença/briga. **2** *Arquit* Peça [Enfeite] que encima uma obra de arquite(c)tura. **Ex.** A cruz é o ~ habitual das torres das igrejas. **3** Pontos de acabamento dum trabalho de costura ou malha. **Loc.** Fazer o ~ duma camisola de malha. **4** *Liter* Parte final/Desfecho. **Ex.** Devorava [Lia com todo o interesse] o romance policial, ansioso por saber qual seria o ~ [desfecho(+)]. **5** *(D)esp* Arremesso da bola para a baliza do adversário com o intuito de marcar gol(o) [Chuto à baliza(+)/*Br* Chuto em gol]. **Ex.** Fizeram muitos ~s mas não marcaram golos. Com um potente ~ marcou um gol(o) *idi* de se lhe tirar o chapéu [marcou um grande gol(o)!].

remedar *v t* ⇒ arremedar.

remedeio *s m* (<remediar) **1** A(c)to ou efeito de remediar(-se). **Ex.** As pensões de velhice e sobrevivência, embora pequenas, são muitas vezes o único ~ [recurso] de muitos idosos. **2** Aquilo que atenua uma falta ou um mal/Substituto precário. **Ex.** O pavilhão pré-fabricado foi o ~ para a escola funcionar até à conclusão do novo edifício. **Idi.** *Um triste ~* [Algo utilizado como último recurso] (Ex. A barraca onde se refugiaram após a catástrofe não é solução definitiva, é [não passa de] um triste ~).

remediado, a *adj pop* (<remediar + -ado) **1** Que tem alguns bens. **Ex.** Não é pessoa a quem se vá dar [a quem se dê] uma esmola, (ele/a) é ~. **2** Que não é pobre nem rico/Que tem meios de subsistência/Modesto. **Ex.** Ele pertence a uma família de lavradores ~s.

remediar *v t* (<lat *remédio, áre, átum*: curar, sarar) **1** Dar remédio a/Curar [Atenuar] um mal físico ou moral/Aliviar. **Ex.** Já fiz vários tratamentos mas nenhum me remediou [me tirou(+)] as dores nas articulações. **Prov.** *Mais vale prevenir que ~* [É preferível evitar o mal do que ter que arranjar remédio para ele]. **2** Resolver provisoriamente/Tornar mais suportável/Atenuar. **Ex.** Faltou a luz [ele(c)tricidade] durante várias horas; tivemos que nos ~ à [com a] luz da vela. O esquentador «a gás» avariou; remediámo-nos aquecendo panelas de água (no fogão). **3** Consertar provisoriamente/Compor. **Ex.** A abraçadeira do tubo de escape partiu durante a viagem; remediei-me [remediei o percalço/a avaria] com um arame. **4** Resolver uma dificuldade com o mínimo indispensável. **Ex.** Como não havia camas para todos, alguns tiveram que se ~ dormindo no chão. Com dois pães (que me possas emprestar) já me remedeio para o pequeno-almoço de amanhã. **5** Ser aceitável/o mínimo indispensável/Servir. **Ex.** O tecido para o vestido não é muito [não sobra] mas «*idi* bem aproveitadinho» remedeia [chega/é suficiente]. **6** Corrigir/Reparar. **Loc.** *~ erros* [injustiças]. *~ uma situação anómala*/deficiente.

remediável *adj 2g* (<remediar + -vel) Que se pode remediar/Que tem remédio/solução. **Comb.** *Atraso ~. Doença* [Mal] *~. Situação* «econó[ô]mica» *~.* **Ant.** Ir~.

remédio *s m* (<lat *remédium, ii*) **1** Tudo o que serve para curar [atenuar/aliviar] um mal físico ou moral. **Ex.** Ando a tomar um ~ para as dores «na coluna» que me faz mal ao estômago. Nas tuas palavras de conforto encontrei ~ para a minha angústia. **Prov.** *Para grandes males, grandes ~s* [Para vencer situações difíceis é necessário utilizar soluções drásticas/enérgicas]. *O que não tem ~, remediado está* [Quando não há maneira de se solucionar um problema tem que se viver com ele]. **Idi.** *Não ter outro ~* [Não poder ser doutra forma/Não haver outra solução]. *Rir é o melhor ~* [A boa disposição ajuda a resolver os problemas]. *Saber a ~* [Ter sabor desagradável/esquisito/a medicamento]. *Ser ~ santo* [Resultar/Ser totalmente eficaz] (Ex. A empregada partia tanta loiça que me vi obrigado a fazê-la pagar o que partisse as estragasse; foi ~ santo, pagou uma vez e nunca mais partiu nada). **Comb.** *~ caseiro* [preparado em casa/à base de produtos naturais/Mezinha]. *Que ~!* [Expressão que traduz aceitação daquilo que é inevitável/que não se pode mudar] (Ex. Fizeste isto «arrumaste a lenha» sozinho? – Que ~, não tive ninguém que me ajudasse!). «*um mal» Sem ~* [Que não tem solução/Irremediável]. **2** Medicamento. **Ex.** Os ~s vendem-se na farmácia. A maior parte dos ~s só pode ser vendida com receita médica. **3** Tratamento/Cura. **Ex.** Andar a pé é um bom ~ para o coração. **4** Aquilo que serve para corrigir um erro/combater qualquer mal/Solução/Recurso. **Ex.** O Governo procura encontrar ~ para a crise econó[ô]mica.

remedo (Mê) *s m* ⇒ arremedo.

remela (Mé) *s f* (< ?) Substância amarelada que aparece nos pontos lacrimais e nos bordos dos olhos. **Comb.** Olhos com ~(s).

remelado, a *adj* (<ramelar + -ado) **1** Que tem remela/Remeloso(+)/Remelento(o+). **Comb.** Olhos ~s. **2** *fig* Que não se cuida/Desleixado.

remelar[1] *v int* (<remela + -ar[1]) Criar remela.

remelar[2] *v int* (<re- + mel + -ar[1]) (O açúcar) ficar semelhante ao mel.

remelexo (Lêcho) *s m Br* (<mexer) Bamboleio do corpo/Requebro(+)/Saracoteio(o+).

remelento [remeloso], a *adj* (<remela + -...) Que tem [cria] remela/Remelado. **Comb.** *Gato ~. Olhos ~s.*

rememoração *s f* (<rememorar + -ção) A(c)to ou efeito de trazer à memória/Recordação(+). **Comb.** «*lugar que provoca a*» *~* [Lembrança/Saudade(s)] de acontecimentos felizes.

rememorar *v t* (<lat *remémoro, áre, átum*) **1** Trazer de novo à memória/Relembrar(+). **Loc.** Ler novamente a lição para a ~. **2** Dar a ideia de/Lembrar. **Ex.** Ao ver aquela criança rememorei a [lembrei-me da(+)] avó dela quando tinha a mesma idade.

rememorativo, a *adj* (<rememorar + -tivo) **1** Que rememora. **Comb.** Versos «escritos em cartazes na parede» ~s [evocativos(+)] do poeta. **2** Comemorativo. **Comb.** Sarau ~ [comemorativo(+)] do artista «no centenário do seu nascimento».

rememorável *adj 2g* (<rememorar + -vel) Memorável(+)/Famoso/Célebre. **Comb.** «conquista de medalha de ouro em jogos olímpicos» Feito [Proeza/Acontecimento] ~ «de Rosa Mota/de Carlos Lopes».

remendado, a *adj* (<remendar + -ado) **1** Que tem remendo(s). **Comb.** Calças ~as «nos joelhos». **2** Que usa roupa com remendos. **Loc.** «não é vergonha nenhuma» Andar ~ «mas limpo». **3** Mal consertado. **Ex.** Paguei *idi* um dinheirão [muito dinheiro] ao canalizador e deixou o trabalho (mal) ~ «tudo esburacado, a torneira a pingar». **4** Que tem pintas ou manchas/Malhado(+)/Mosqueado. **5** Diz-se de texto que tem frases [locuções/palavras] impróprias/mal utilizadas.

remendão, ona *adj/s pej* (<remendar + ão) **1** (O) que não é perfeito no trabalho. **Comb.** *Costureira ~ona* [trapalhona(+)]. *Sapateiro ~*. **2** (O) que anda mal vestido/Maltrapilho. **Ex.** Não sei como aquela mulher tem coragem [não tem vergonha] de sair à rua tão ~ona [tão mal trajada(+)]!

remendar *v t* (<re- + emendar) **1** Deitar remendos em. **Loc.** *~ as mangas do casaco* nos cotovelos. *~ uma câmara de ar* de bicicleta. **2** *fig* Corrigir/Emendar(+). **Ex.** É melhor refazer [fazer de novo] o texto; as corre(c)ções são tantas que não dá para [não é possível] ~. **3** *fig* Dizer alguma coisa tentando corrigir [disfarçar] o que tinha dito anteriormente. **Ex.** Insinuou que eu era preguiçoso e depois tentou ~: "só quis dizer que me pareceu cansado".

remendo *s m* (<remendar) **1** Pedaço de pano cosido sobre uma parte rasgada do vestuário. **Loc.** Pôr um ~ num lençol [numas calças]. **2** Peça de madeira/couro/metal/... utilizada para consertar um obje(c)to feito do mesmo material. **Comb.** Caixa de ~s para a câmara de ar das bicicletas. **3** Parte consertada «duma parede/do chão/...». **Ex.** Tem que se pintar a parede toda (e não apenas a parte que está suja) para não ficar com [aos] ~s. Apesar de os ladrilhos serem iguais, nota-se o ~ na parte que foi reparada. **4** Qualquer conserto. **Ex.** Qualquer coisa que se estrague cá em casa, o meu marido arranja sempre maneira de lhe deitar um ~. **5** *fig* Emenda/Re(c)tificação/Paliativo/Remedeio. **Ex.** Isso «reparar um fio elé(c)trico deteriorado com fita isoladora» não resolve o proble-

ma, é um ~ *idi* para desenrascar [é um triste [pobre] remedeio].

remessa (Mé) *s f* (<lat *remíssus, a, um* <*remíttere*: reenviar, remeter) **1** A(c)to ou efeito de remeter/Envio. **Ex.** Na fábrica todos se empenharam para que a ~ fosse enviada dentro do prazo contratual. **2** Obje(c)to [Encomenda/Mercadoria/Valor] que é remetido/a/enviado/a. **Loc.** Receber nova ~ «de camisolas/sapatos». **Comb.** *~s dos emigrantes* [Dinheiro enviado pelos emigrantes para o país de origem]. *Guia de ~* [Documento elaborado pelo expedidor onde consta o destinatário, a mercadoria e as condições de envio]. **3** *col* Grande quantidade/Carrada/Data. **Comb.** *Uma ~ de livros* «para consultar». *Uma ~ de roupa* «para lavar». *Uma ~ de testes* «para corrigir».

remessar/remesso ⇒ arremessar/arremesso.

remetente *adj/s 2g* (⇒ remeter) **1** (O) que remete/envia. **Ex.** O ~ «deste material publicitário» é uma firma desconhecida. **2** Endereço de quem envia «mercadoria/carta/encomenda». **Loc.** Devolver ao ~ uma carta «que chegou multada por falta de franquia/de selo(s)».

remeter *v t* (<lat *remítto, ere, mísi, míssum*: repelir, fazer voltar, reenviar, ~) **1** Enviar/Expedir/Mandar. **Ex.** Remeti agora mesmo «por transferência bancária» o dinheiro que me pediste. **2** Fazer voltar para trás/Expedir para outro destino/Devolver/Reencaminhar. **Ex.** A máquina chegou avariada; já a remeti ao fornecedor. Enquanto estiver fora, peço(-te) que me remetas a correspondência que pareça importante. **3** Dirigir um documento/requerimento/pedido ao serviço/organismo competente. **Ex.** Remeti à Repartição de Finanças o pedido de reavaliação da casa «porque está sobreavaliada». **4** Encaminhar para outro destino «pessoa/instituição/local». **Ex.** O médico de família remeteu-me para o oftalmologista. Da Câmara Municipal [Da Prefeitura] remeteram-me para as Finanças. **5** Confiar(-se) a alguém/Entregar. **Ex.** A tendência a(c)tual dos cidadãos é de remeterem para os poderes públicos a resolução de todos os problemas. **6** Transferir para data posterior/Adiar/Protelar. **Ex.** O dire(c)tor remeteu a resolução desse assunto para depois das férias. **7** ⇒ «touro» Arremeter(+)/Arremessar-se(+).

remetida *s f* ⇒ arremetida.

remetimento *s m* (<remeter + -mento) **1** A(c)to ou efeito de remeter/de enviar alguma coisa/Envio(+). **2** A(c)ção de arremeter/Arremetida(+).

remexer (Chêr) *v t/int* (<re- +...) **1** Tornar a mexer. **Loc.** ~ o borralho [as brasas] «para atear o lume». **2** Mexer muito/Revolver. **Ex.** Os ladrões remexeram as gavetas todas à procura de dinheiro ou coisas de valor. **3** Agitar mexendo. **Ex.** À passagem do cortejo presidencial viam-se muitas bandeir(inh)as a ~ (no ar).

remexido, a (Chi) *adj/s f* (<remexer + -ido) **1** Que se remexeu/Revolvido. **Ex.** Alguém deve ter entrado em casa (na nossa ausência); encontrei tudo ~. **2** Mexido muitas vezes/Muito mexido. **Ex.** A marmelada deve ser continuamente ~a para não pegar ao fundo do tacho. **3** Irrequieto/Traquinas. **Comb.** Criança ~a. **4** *s f* Confusão(+)/Trapalhada/Balbúrdia(+). **Ex.** A feira hoje estava apinhada de gente; não se podia andar no meio daquela ~a.

remição *s f* (<remir + -ção) **1** A(c)to ou efeito de remir(-se). **2** Processo de readquirir alguma coisa/Recuperação. **Ex.** Recebeu do seguro uma inde(m)nização para ~ dos prejuízos causados pela intempérie. **3** Libertação/Resgate. **Comb.** *~ de prisioneiros* [reféns/cativos]. *~ duma dívida* [pena]. **4** *Rel* Perdão de pecados/faltas/ofensas. **Sin.** Remissão 2(+).

rémige [*Br* **rêmige**] *s f* Ornit (<lat *rémex, migis*: remador) Cada uma das penas mais compridas e resistentes das asas que executam o voo das aves.

remígio *s m* (<rémige) **1** Voo das aves. **2** Ré[ê]mige.

remigrar *v int* (<lat *rémigro, áre, átum*) Regressar ao ponto donde se emigrou/Voltar.

reminiscência *s f* (<lat *reminiscéntia, ae*) **1** Recordação que se conserva na memória de forma inconsciente, vaga e imprecisa. **Ex.** As iguarias [Os doces] do Natal despertavam nele ~s dos Natais da sua infância, passados em casa dos avós. **2** Capacidade de guardar e reconstituir conhecimentos adquiridos anteriormente/Memória. **3** *Fil* Conservação passiva das experiências anteriores. **Ex.** A memória é comum ao homem e aos outros animais; a ~ é exclusiva da inteligência humana.

remípede *adj 2g* Zool (<remo + -pede) (Diz-se de) animal que tem (as extremidades d)os membros em forma de remos, adaptad(as)/os à natação.

remir *v t* (<lat *rédimo, ere, émi, ém(p)tum*) **1** Libertar do cativeiro/Resgatar «prisioneiros/cativos» pagando o resgate. **2** *Rel* Dar a salvação/Libertar do pecado. **Ex.** Jesus Cristo remiu-nos com o seu sangue. **3** Compensar uma falta/Inde(m)nizar dum prejuízo/Redimir. **Ex.** Procurou ~-se do mal causado à vítima compensando-a com uma inde(m)nização. **4** Liquidar uma dívida/Satisfazer um compromisso. **Loc.** ~ a casa «penhorada pelo Banco».

remirar *v t* (<re- +...) **1** Mirar(-se) muito/Tornar a mirar. **Ex.** Antes de sair de casa, remirava-se demoradamente ao espelho. **2** Examinar com muito cuidado/interesse. **Ex.** Sempre que passava no *stand* remirava a moto dos seus sonhos «ainda há de ser minha – dizia *idi* com os seus botões [para consigo]».

remissão *s f* (<lat *remíssio, ónis*) **1** A(c)ção de remir/perdoar. **Comb.** *~ da pena de prisão* pagando multa. *Sem ~* [Inexoravelmente/Implacavelmente] (Loc. Aplicar um castigo sem ~). **2** *Rel* Perdão dos pecados. **Ex.** A ~ dos pecados é(-nos) concedida pelos méritos de Jesus Cristo. **3** *Med* Alívio(+) momentâneo dos sintomas duma doença. **Ex.** O doente está muito mal; tem dores intensas alternando com alguns períodos de ~. **4** A(c)to de remeter para outro ponto da obra/outro autor/duma palavra para outra «neste dicionário». **5** *Dir* Acordo bilateral pelo qual se extingue uma obrigação. **Ex.** A ~ pode ser onerosa ou gratuita. ⇒ remição 2.

remissibilidade *s f* (<remissível + -i- + -dade) Qualidade do que é remissível.

remissível *adj 2g* (<remitir + -vel) **1** Que pode ser remetido/enviado. **Comb.** Livro «enviado para apreciação» ~ caso não interesse. **2** Que pode ser remido/Perdoável. **Comb.** Falta ~.

remissivo, a *adj* (<remitir) **1** Que remite/perdoa. **2** Que envia para outro ponto. **Comb.** Índice ~ «de nomes (e matérias) do livro». **3** Que se refere/Que faz alusão.

remisso, a *adj/s* (<lat *remíssus, a, um* <*remíttere*: tornar a enviar, afrouxar, alargar, aplacar, cessar; ⇒ remitir) **1** Negligente/Indolente/Frouxo. **Loc.** Ser (muito) ~ no cumprimento dos seus deveres. **2** Falto de energia/De pouca intensidade. **3** *s f* Quantia reposta pelo parceiro que perde no jogo do voltarete.

remitência *s f* (<lat *remiténtia, ae*) **1** A(c)to ou efeito de remitir/Perdão de culpa. **2** *Med* Diminuição temporária e interpolada dos sintomas duma doença.

remitente *adj 2g* (⇒ remitir) **1** Que remite/perdoa/Remissivo. **2** *Med* Diz-se de doença «febre» cujos sintomas diminuem temporariamente de intensidade.

remitir *v t/int* (<lat *remítto, ere, mísi, míssum*: repelir, fazer voltar, reenviar, largar, diminuir, cessar) **1** Conceder perdão/Indultar. **Loc.** ~ penas. **2** Dar por satisfeito/Dar quitação. **Loc.** ~ [Remir 4] uma dívida. **3** Fazer a entrega de/Ceder. **Loc.** ~ um direito a alguém. **4** Diminuir a intensidade/Afrouxar. **Ex.** A temperatura [O calor] remitiu com a chuva. A febre remitiu.

remível *adj 2g* (<remir + -vel) Que se pode remir/Resgatável/Pagável. **Ex.** Foi condenado a 30 dias de prisão ~eis a 20 euros por dia.

remo (Rê) *s m* (<lat *rémus, i*) **1** Vara comprida de madeira ou material plástico terminando em forma de pá que serve para impelir pequenas embarcações. **Comb.** Barco a ~s. **2** *(D)esp* Modalidade (d)esportiva em que se fazem corridas com barcos a ~s. **Loc.** Praticar ~. **Comb.** Campeão «olímpico» de ~. ⇒ regata.

remoalho *s m* (<remoer + -alho) Bolo alimentar que os ruminantes «boi/ovelha» fazem vir do estômago à boca para o remoerem.

remoçado, a *adj* (<remoçar + -ado) Que remoçou/Rejuvenescido. **Ex.** Recuperou (bem) da doença; tem um ar ~. **Comb.** Ideias ~as [novas(+)].

remoçador, ora *adj* (<remoçar + -dor) Que faz remoçar. **Comb.** Descanso [Tratamento] ~.

remoção *s f* (<lat *remótio, ónis*) **1** A(c)to ou efeito de remover/Mudança de um lugar para outro/Transferência. **Comb.** ~ do entulho «da demolição duma casa» para o aterro. **2** Eliminação/Desaparecimento. **Comb.** *~ da sujidade* «duma nódoa» *da roupa*. *~ dos vestígios* [das marcas] que ficaram «por onde se [algo] passou». **3** *Dir* Destituição/Demissão «de tutor/de administrador de bens de menor/de testamenteiro».

remocar *v t* (<remoque + -ar¹) Censurar com [Fazer] remoques/Remoquear.

remoçar *v t* (<re- + moço + -ar¹) **1** Tornar [Parecer] mais jovem/Rejuvenescer(+). **Ex.** As férias na praia fizeram-me ~, sinto-me outro [novo/cheio de energia/*col* de genica]. **2** Dar [Adquirir] novo frescor/alento/entusiasmo. **Ex.** Tratar dos netos fez a avó ~; parece mais nova dez anos!

remodelação *s f* (<remodelar + -ção) **1** A(c)to ou efeito de remodelar/Modificação/Melhoramento. **Ex.** Conseguiram fazer a ~ completa da loja durante o fim de semana. **2** Reorganização/Reestruturação. **Comb.** *~ do Governo* [~ ministerial].

remodelar *v t* (<re- +...) **1** Dar novo aspe(c)to/nova aparência. **Loc.** *~ a montra. ~ a roupa* [o guarda-roupa(+)]. **2** Transformar/Modificar. **Loc.** ~ a cozinha «substituir armários, fogão, frigorífico, ...». **3** Reorganizar/Reestruturar. **Ex.** Consta que o primeiro-ministro tenciona ~ o Governo.

remoer *v t* (<re- +...) **1** Moer de novo. **Loc.** ~ o café «porque está muito grosso para a máquina». **2** Tornar a mastigar/Ruminar. **Ex.** As vacas [Os ruminantes] passam horas a ~ o alimento «pasto/palha» que ingeriram. **3** *fig* Pensar muito no mesmo assunto/Cismar/Ruminar. **Ex.** Durante todo o dia

remoeu as palavras duras [desagradáveis] que a amiga lhe disse. **4** *fig* Causar [Sentir] grande mágoa/Afligir. **Ex.** O remorso não parava [deixava] de o ~.

remoinhar (Mu-î) *v t/int* (<re- + moinho + -ar¹) Fazer girar em espiral/Fazer remoinho. **Ex.** O vento remoinhou e fez levantar [e varreu] as folhas espalhadas pelo chão.

remoinho (Mu-í) *s m* (<remoinhar) **1** Movimento em espiral do ar ou da água/Movimento em contracorrente/Redemoinho. **Ex.** A água faz ~ numa reentrância a seguir ao açude. **2** Pé de vento. **Ex.** Levantou-se um ~ (de vento) *idi* que levava tudo pelos ares. ⇒ rajada/tufão. **3** Disposição do cabelo em espiral. **Ex.** O meu cabelo tem ~, não assenta.

remolhar *v t* (<re- +...) **1** Molhar de novo. **Ex.** Vai remolhando o churrasco «do espeto» para não queimar. **2** Pôr em água para dessalgar/amolecer/Pôr de molho(+). **Loc.** ~ bacalhau/feijão/grão-de-bico «antes de o pôr a cozer».

remolho (Mô) *s m* (<remolhar) A(c)to ou efeito de remolhar/Estado do que está a remolhar. **Idi.** *Estar de* ~ [Ficar na cama, por doença].

remonta *s f* (<remontar) **1** Aquisição de gado cavalar/muar para unidades militares. **2** Gado adquirido para essas unidades.

remontar *v t/int* (<re- + montar) **1** Elevar(-se) muito. **Ex.** O helicóptero não conseguiu aterrar «por causa do vento forte» e remontou. **2** Montar de novo/Reconstruir. **Ex.** Podem levantar os tacos do chão «para meter a canalização» mas depois remontam-nos [têm que os ~]. **Loc.** ~ um telhado «que foi levantado para limpar as telhas». **3** Tornar a subir para uma montada. **Loc.** ~ uma égua/um burro. **4** *Teat* Tornar a pôr em cena «uma peça já representada anteriormente». **5** Voltar para a origem/Recuar. **Ex.** Seguiram o curso do rio remontando até à nascente. **6** Evocar acontecimentos passados/Situar(-se) [Pertencer] a uma época passada. **Ex.** Remontemos um ano atrás para ver como a situação mudou. A nação portuguesa é das mais antigas da Europa: remonta ao séc. XII; e em 1249 já tinha as fronteiras a(c)tuais.

remoque *s m* (<remocar) **1** Dito que encerra censura ou crítica/Motejo. **Loc.** Dirigir ~s a alguém. **2** Insinuação maliciosa/Zombaria.

remoquear *v t/int* (<remoque + -ear) Dirigir remoques a/Remocar.

remora (Mó) *s f* (<remorar) **1** Demora/Dilação. **2** *fig* Obstáculo/Impedimento.

rémora [*Br* **rêmora**] *s f Icti* (<lat *rémora, ae*) Peixe teleósteo cara(c)terizado por ter um disco cefálico com que se pode fixar aos grandes peixes ou ao casco dos navios/Peixe-piolho/Agarrador/Pegador.

remorar *v int* (<lat *remóror, ári, átus sum*: tardar, demorar-se, parar, retardar, reter) Demorar(o+)/Retardar(+).

remorder *v t/int* (<remórdeo, ére, órsi ou di, órsum*) **1** Tornar a morder/Morder(-se) repetidas vezes. **Ex.** Remordia os lábios, nervoso. **2** Criticar(+)/Censurar. **Ex.** Parece [Faz-se] muito amigo dela e por trás [e na ausência dela] passa o tempo a remordê-la. **3** Atormentar com insistência/Afligir/Roer. **Ex.** O medo [pavor] de ficar sem emprego remordia-o [roía-o(+)] constantemente. **4** Matutar/Cismar. **Ex.** A ideia de emigrar há muito que o remordia. **5** ~-se/Enraivecer-se/Ralar-se. **Ex.** «era um doente do futebol» Quando o seu clube não ganhava, remordia-se todo.

remordimento *s m* (<remorder + -mento) **1** A(c)to ou efeito de remorder(-se). **2** Remorso(+).

remorso (Mór) *s m* (<lat *remórsus, a, um;* ⇒ remorder) Sentimento de culpa que se segue a uma violação (de ordem) moral/Arrependimento e autocensura por ter agido mal/Consciência pesada. **Ex.** O ~, quando é muito profundo, pode originar angústia, medo, desespero, ... Cheio de ~s foi pedir perdão [foi restituir o roubo].

remoto, a (Mó) *adj* (<lat *remotus, a, um;* ⇒ remover) **1** Que sucedeu há muito tempo. **Ex.** O automóvel foi inventado nos ~s tempos dos finais do séc. XIX. **2** Que está muito afastado/Longínquo. **Ex.** Os navegadores portugueses do séc. XVI navegaram até às paragens [terras] mais ~as (de então). **Comb.** Comando [Controlo] ~ [(efe(c)tuado) à distância]. **3** De fraca intensidade/Ténue. **Comb.** Hipótese ~a [com baixa probabilidade de se verificar]. **4** Pouco nítido/Confuso/Vago. **Comb.** Imagem [Ideia] ~a.

remover *v t* (<lat *remóveo, ére, móvi, mótum*) **1** Mover(-se) outra vez. **Loc.** ~[Remexer]-se no sofá [na cama]. **2** (Fazer) deslocar/Levar/Transportar. **Loc.** ~ *um carro sinistrado* «para a berma da estrada». ~ *um armário* «para limpar a parede e o chão». **3** Fazer sair/Tirar/Extrair. **Loc.** ~ *uma bala* «alojada na coxa». ~ *a raiz dum dente*. **4** Remexer/Dar volta a/Revolver. **Ex.** Removi no escritório *idi* de cima a baixo [totalmente] à procura dum documento e não o encontrei. **5** Afastar dum cargo/Demitir/Destituir. **Ex.** O ministro removeu vários dire(c)tores dos respe(c)tivos cargos. **6** Fazer desaparecer [Anular/Ultrapassar/Vencer] dificuldades/Resolver problemas. **Ex.** Para instalar a empresa, quantos entraves «burocráticos» não teve que ~ [teve que ~ muitos entraves «burocráticos»]!

removimento *s m* (<remover + -mento) ⇒ Remoção/Mudança/Transferência.

removível *adj 2g* (<remover + -vel) **1** Que se pode remover. **Ex.** A bala «alojada numa zona vital» não é ~. **2** Que pode ser mudado para outro lado. **Comb.** Divisórias ~eis [amovíveis(+)]. **3** Que pode ser retirado/eliminado. **Comb.** *Sujidade* ~ [fácil de tirar/limpar(+)] «com detergente». *Dificuldade* [Obstáculo] ~ [ultrapassável(+)].

remuneração *s f* (<lat *remunerátio, ónis*) **1** Pagamento por serviço prestado no exercício da a(c)tividade profissional/Salário/Ordenado. **Ex.** O nível das ~ões em Portugal, comparado com o de outros países europeus, é considerado baixo. **2** Recompensa/Pré[ê]mio/Retribuição. **Ex.** Sempre que acompanhava a senhora idosa «ao médico/às compras», ela nunca me deixava sem ~ «pagava-me o almoço ou o lanche/dava-me algum presente». **3** Rendimento do capital/Juro. **Comb.** Produto «certificados de aforro» de boa [elevada] ~.

remunerador, ora *adj/s* (<remunerar + -dor) **1** (O) que remunera/Remunerativo. **Ex.** A empresa é considerada boa ~ora. **Comb.** *A(c)tividade* ~*ora*. *Juro* ~ «do capital investido». **2** (O) que compensa/Compensador. **Ex.** A posição conseguida com a pós-graduação foi altamente ~ora [compensadora(+)] das muitas horas de estudo e sacrifício.

remunerar *v t* (<lat *remúnero, áre, átum*) **1** Dar remuneração/Pagar salário. **Ex.** As empresas [Os empresários/patrões] têm obrigação de ~ com justiça os seus colaboradores. **2** Recompensar/Gratificar. **Ex.** Fiz-lhe «à senhora doente» companhia durante muitas horas mas não espero, nem quero que a família me remunere [recompense(+)] de forma nenhuma.

remunerativo[tório], a *adj* (<remunerar + -...) **1** Que remunera. **Comb.** Evolução das tabelas ~as «dos últimos cinco anos». **2** Relativo a remuneração. **Comb.** Taxa ~a «dos depósitos a prazo».

remunerável *adj 2g* (<remunerar + -vel) **1** Que se pode remunerar. **Ex.** O trabalho de voluntariado é gratuito [não é ~]. **2** Digno de ser remunerado. **Comb.** Dedicação [Esforço] ~ [compensável(+)].

remurmurar [**remurmurejar**] *v int* (<re- +...) Tornar a murmurar/Murmurar constantemente/Produzir repetidos murmúrios.

remurmúrio *s m* (<re- +...) Murmúrio contínuo.

rena (Rê) *s f Zool* (<sueco *ren*, pelo fr *renne*) Mamífero ruminante da família dos cervídeos, semelhante ao veado, com hastes ramificadas e mais desenvolvidas nos machos, que vive nas zonas frias do hemisfério norte/Rangifer.

renal *adj 2g* (⇒ rim) Dos rins. **Comb.** *Cólica* [Doença] ~. *Função* ~. ⇒ nefrítico.

Renamo *s f* (Sigla de *R*esistência *Na*cional *Mo*çambicana) Partido político da República de Moçambique.

renascença *s f/adj* (<re- +...) **1** A(c)to ou efeito de renascer/voltar a nascer/Reaparecimento com novo vigor/Renascimento. **Comb.** Retábulo (de) estilo ~/renascentista. **2** *Hist Arte Maiúsc* ⇒ Renascimento(+).

renascente *adj 2 g* (<renascer + -ente) **1** Que renasce. **Comb.** Dor ~. **2** Que se renova. **Comb.** Vida ~ «flores/plantas» na primavera.

renascentismo *s m* (<renascente + -ismo) Conjunto de cara(c)terísticas artísticas e literárias que qualificam a época do Renascimento.

renascentista *adj 2g* (<renascente + -ista) Do Renascimento. **Comb.** *Arte* ~. *Época* ~. *Escritor* «Camões/Sá de Miranda» ~.

renascer *v int* (<lat *renásco, ceris, ci, nátus sum*) **1** «Jesus disse a Nicodemos: é preciso» Nascer de novo/Ter nova vida. **Ex.** *Mit* A fénix renasceu das próprias cinzas. **2** Adquirir novas forças/novo vigor/Renovar-se/Rejuvenescer. **Ex** Na primavera, toda a natureza renasce. **3** Aparecer novamente/Ressurgir. **Ex.** O Sol (re)nasce todos os dias. **4** *Rel* Readquirir o estado de graça. **Ex.** Pelo ba(p)tismo, o homem renasce para uma vida nova.

renascimento *s m* (<renascer + -mento) **1** A(c)to de renascer/Renascença. **2** Reaparecimento/Reaparição. **Ex.** O ~ [reaparecimento/ressurgimento(+)] da ideologia nazi em alguns países da Europa é motivo de preocupação. **3** Novo vigor/Nova pujança. **Ex.** O novo treinador operou o ~ da [deu nova força/vida à] equipa/e «de futebol»; já não parece a mesma. **4** *Hist Arte Maiúsc* Movimento cultural de renovação científica, literária e artística iniciado na Itália no séc. XIV e que se difundiu por toda a Europa nos dois séculos seguintes, que se cara(c)terizou pelo retorno aos estudos clássicos e, numa 1.ª fase, pelo humanismo e, numa 2.ª fase, por uma filosofia naturalista. **Ex.** Os Descobrimentos Portugueses deram um enorme contributo ao ~ na Europa.

renda¹ *s f* (<provençal *randa*: adorno) **1** Trabalho de agulha ou de bilros formado pelo cruzamento ou entremeado de fios têxteis «algodão/seda/fibra sintética» em que há alternância de espaços abertos e fechados formando desenhos de várias formas. **Loc.** *Fazer* ~. **Comb.** *idi Punhos*

de ~ [Gentileza/Delicadeza]. *Colcha de ~. Entremeio* «de lençol» *de ~. Toalha com ~s.* **2** Tira de tecido de fabrico industrial formando desenhos semelhantes aos da (~) manual, utilizada como ornato. **Loc.** Comprar ~ a metro «para aplicar num lençol». **Comb.** Peça de ~ «estreita/larga».

renda² *s f* (<render) **1** Quantia periodicamente paga pelo locatário [recebida pelo locador] como remuneração do gozo da coisa alugada/Preço do arrendamento. **Loc.** *Pagar* [*Receber*] *a ~.* **Comb.** ~ *atrasada* [que não foi paga no prazo devido]. *Casa* [*Terras*] *de ~* [alugada(s)/arrendada(s)]. **2** Quantia que se recebe como benefício/Pensão. **Comb.** ~ vitalícia [que é paga até ao fim da vida do beneficiário]. **3** Rendimento «de propriedades/investimentos»/Receita/Provento. **Ex.** Ele não tem ordenado [não exerce uma a(c)tividade remunerada], vive das ~s [dos rendimentos(+)].

rendado, a *adj/s m* (<renda¹ + -ado) **1** Guarnecido de [Enfeitado com] renda. **Comb.** *Blusa ~a* «nos punhos». *Cortinados ~s.* **2** Semelhante à renda. **Ex.** O lençol já tem muito uso, está a ficar ~ [puído(+)/muito fino/gasto e com pequenos buracos]. **3** *s m* Conjunto de rendas que guarnece uma peça. **Comb.** Toalha com um ~ muito fino.

rendar¹ *v t* (<renda¹ + -ar¹) Guarnecer com renda.

rendar² *v t* (<renda² + -ar¹) ⇒ arrendar.

rendeiro¹, a *s* (<renda¹ + -eiro) O que fabrica ou vende rendas.

rendeiro², a *s* (<renda² + -eiro) **1** O que toma de arrendamento uma propriedade/Arrendatário. **Ex.** Era um senhor muito rico; tinha muitas terras e vários ~s. **2** O que dá de arrendamento uma propriedade/Senhorio. **Ex.** Ele vive dos rendimentos; é um ~ abastado.

render *v t/int* (<lat *réddo, ere, ditum*: devolver, entregar < *re+ do, áre*: dar) **1** (Obrigar a) capitular/Sujeitar/Dominar. **Ex.** O exército rendeu [venceu(o+)/derrotou(+)] o inimigo que pretendia tomar [invadir] a cidade. **Idi.** ~ [Entregar/Dar] *a alma ao Criador* [Morrer/Falecer]. **2** ~-*se/Dar*(-se) *por vencido/Entregar*(-*se*) **Ex.** Renderam-se «as tropas portuguesas do Estado da Índia (Goa, Damão e Diu)» por não terem qualquer possibilidade de se defenderem. **3** Dedicar/Prestar. **Ex.** O Chefe de Estado rendeu homenagem ao *Soldado Desconhecido* depositando um ramo de flores junto ao monumento e guardando um minuto de silêncio. **4** Substituir alguém na função que estava a desempenhar. **Ex.** O turno (de operários) da noite rende o que esteve a trabalhar durante o dia. Ele rende os colegas nas folgas (destes). **5** Comover/Enternecer. **Ex.** Ela «que não costumava dar esmolas na rua» rendeu-se ao ver aquela criança a chorar com fome ao colo da mãe. **6** Dar lucro/rendimento. **Ex.** Os negócios ilícitos «armas/droga» são muitas vezes os que mais rendem. O peditório da festa rendeu pouco. Tenho algum dinheiro no banco mas não rende quase nada. **7** Ser produtivo/Dar resultado. **Ex.** Foi uma tarde de estudo que rendeu [estudo muito produtiva]. Hoje o trabalho não rendeu [não foi proveitoso/não se vê resultado]. **8** Ultrapassar «em quantidade/dificuldade» aquilo que seria de esperar. **Ex.** «feijoada» Um prato que rende muito [que dá para muitas doses]. Não são muitos quiló[ô]metros mas é um traje(c)to que rende muito [que leva muito tempo a percorrer] «por causa das curvas». **9** Abrir fendas/Estalar/Rachar. **Ex.** A trave [viga de madeira] não vai aguentar (com o peso), já começou a ~/ceder.

rendez-vous (Randêvú) *s m fr* Encontro(+) combinado.

rendibilidade *s f* (<rendível + -i- + -dade) **1** Qualidade do que é rendível. **2** Capacidade de produzir rendimento. **Comb.** Produto [Negócio/Investimento] de elevada ~. **Sin.** Rentabilidade(+).

rendibilizar *v t* (<rendível + -izar) Tornar rendível/lucrativo/Rentabilizar(+). **Loc.** ~ *o dinheiro/capital.* ~ *o tempo (de trabalho).*

rendição *s f* (<render 2 + -ção; ⇒ rendimento) **1** A(c)to ou efeito de render(-se)/Desistência/Submissão. **Ex.** Os náufragos encontraram na fé e na oração a força que evitou a ~ ao desespero. **2** Capitulação/Entrega. **Ex.** A polícia conseguiu a ~ dos assaltantes ao fim de várias horas de negociação [luta psicológica]. **3** *Mil* Aceitação da derrota/Capitulação/Entrega. **Ex.** A falta de mantimentos e munições obrigou à ~ (dos sitiados). **4** *Mil* Substituição de uma unidade de combate por outra. **Ex.** Os soldados portugueses em comissão de serviço «no Kosovo» aguardam a ~ para regressarem ao seu país/às suas casas. **5** *Mil* Substituição de guarda/sentinela depois de acabado o turno de serviço. **Ex.** A ~ da guarda, no palácio real, em Londres, é uma cerimó[ô]nia de grande aparato.

rendido, a *adj* (<render + -ido) **1** Fendido/Rachado. **Comb.** *Parede ~a.* **2** Vencido/Derrotado. **Ex.** Ao sofrer o terceiro gol(o), a equipa/e ficou ~a, incapaz de reagir. **Comb.** *idi* - *à evidência* [Obrigado a reconhecer/aceitar aquilo que, por ser evidente, não pode ser negado/recusado]. **3** Que se entregou/capitulou. **Ex.** Os soldados do batalhão ~ foram feitos prisioneiros. **4** Que foi substituído «no fim do turno/da comissão de serviço». **Comb.** *Militares ~s. Sentinela ~a. Turno (de operários) ~.* **5** Absorto/Extático. **Ex.** Ficou ~ com a beleza da paisagem/a grandiosidade do monumento. **6** Prostrado/Abatido. **Ex.** Depois de um dia de trabalho penoso, ~, só queria deitar-se a descansar. **7** *pop* Herniado.

rendilha *s f* (<*dim* de renda¹) **1** Pequena renda. **2** *Arquit* Ornatos em forma de arabescos que aparentam renda.

rendilhado, a *adj/s m* (<rendilhar + -ado) **1** Que tem rendilha. **Comb.** *Toalha ~a.* **2** *s m* Ornato semelhante a renda. **Comb.** *Os ~s da pedra* «dum monumento manuelino, como o Mosteiro dos Jerónimos em Lisboa». *O ~ de filigrana de ouro* «duma miniatura de caravela portuguesa».

rendilhamento *s m* (<rendilhar + -mento) **1** A(c)to ou efeito de rendilhar.

rendilhar *v t* (rendilha + -ar¹) **1** Ornar com rendilha/renda. **2** Embelezar com ornatos muito trabalhados. **3** *fig* Elaborar um texto [uma frase] com termos rebuscados/Florear(+).

rendimento *s m* (<render 6/7/8; ⇒ rendição) **1** A(c)to ou efeito de render. **2** *Econ* Bens ou serviços produzidos [tornados disponíveis] por uma entidade individual ou cole(c)tiva num determinado período. **Comb.** ~ *agrícola.* ~ *do trabalho.* ~ *intelectual.* ~ *nacional.* **3** Importância que se recebe periodicamente como remuneração duma a(c)tividade profissional. **Loc.** *Não ter outras formas de ~ além do (seu) trabalho. Viver dos ~s* [das rendas/dos juros/Não exercer a(c)tividade remunerada]. **Comb.** ~ *mínimo garantido/ ~ social de inserção* [Subsídio mensal atribuído a famílias carenciadas sem outro meio de subsistência]. **4** Lucro de transa(c)ções comerciais/financeiras ou de investimentos de capital. **Ex.** O ~ do dinheiro depositado a prazo nos Bancos é a(c)tualmente) muito baixo. **5** Relação entre o trabalho desenvolvido e os resultados obtidos. **Ex.** O ~ da turma baixou no 2.º período/semestre. **6** *Fís* Relação entre a energia útil e a energia fornecida em qualquer transformação energética. **Comb.** ~ dum motor elé(c)trico/duma máquina a vapor. **7** Relação entre o trabalho efe(c)tuado por alguém e o tempo gasto na sua execução/Produtividade(+). **Ex.** Uma boa organização «cadeia de produção» contribui para o aumento do ~ [da produtividade]. **8** *pop* Hérnia/Quebradura.

rendível *adj 2g* (<render + -vel) **1** Que rende/produz rendimento satisfatório/Rentável/Lucrativo. **Ex.** A exploração de volfrâmio já foi uma a(c)tividade muito ~; agora só o é [só é ~] com minérios muito ricos. **2** Que pode dar lucro/Susce(p)tível de produzir rendimento. **Ex.** Só estou disposto a investir (nesse negócio) com a garantia de que será ~ [rentável(+)/lucrativo(+)].

rendoso, a (Ôso, Ósa, Ósos) *adj* (<renda² + -oso) Que rende/Lucrativo/Proveitoso. **Comb.** A(c)tividade [Negócio/Trabalho] ~a/o.

renegação *s f* (<renegar + -ção) A(c)to de renegar/Apostasia/Abjuração. **Comb.** ~ da fé/aos valores «cristãos».

renegado, a *s/adj* (<renegar + -ado) **1** (O) que renegou a sua fé/os seus ideais/as suas opiniões. **Ex.** Para os antigos correligionários «comunistas», era um ~ porque tinha abandonado o partido. **2** (O) que muda de religião/Apóstata. **3** *pop depr* Malvado/Perverso.

renegar *v t* (<re- +...) **1** Abandonar uma religião para se converter a outra. **Ex.** Renegou a crença islâmica para se converter ao cristianismo «o que quase lhe custou a vida». **2** Abdicar de princípios/ideais/valores/Renunciar/Abjurar. **Ex.** Renegou o marxismo e abraçou o socialismo democrático. **3** Rejeitar/Repudiar/Repelir. **Ex.** São Paulo nunca renegou o seu passado de perseguidor dos cristãos. **4** Ter ódio a alguma coisa/Execrar/Abominar. **Ex.** Fazer campanhas eleitorais injuriando e difamando os adversários deveria ser renegado por todos os políticos. **5** Não manter um acordo/Trair/Atraiçoar/Quebrar. **Ex.** O contrato foi renegado por uma das partes. **6** Contradizer uma afirmação/Desdizer. **Ex.** Mantenho o que afirmei, não o renego. **7** Não dar importância/Não aceitar/Dispensar/Prescindir. **Ex.** Portugal não tem condições ecónó[ô]micas que lhe permitam ~ a ajuda internacional «da CE, FMI e BCE».

renhido, a *adj* (<renhir + -ido) Disputado com ardor/tenacidade/Encarniçado/Feroz. **Comb.** *Debate* «parlamentar» *~. Jogo* «de futebol» *~. Luta* «de galos» *~a.*

renhir *v t/int* (<lat *rínor, eris, gi, ríctus sum*: arreganhar os dentes, enfurecer-se, irritar-se) **1** Travar uma disputa/Pleitear. **Ex.** Os dois advogados renhiram com veemência procurando (cada um deles) convencer o juiz. **2** Travar combate/Lutar/Pelejar. **Ex.** Os pugilistas renhiram até um deles ficar K.O. [ser vencido/*idi* ir às cordas]. **3** Tornar-se violento/intenso/Agudizar-se. **Ex.** O conflito renhiu-se nas últimas horas.

reniforme *adj 2g* (<rim + -forme) Em forma de rim.

renina *s f Bioq* (<ing *rennet*: membrana que reveste o estômago dos ruminantes) Fermento do suco gástrico que a(c)tiva a coagulação do leite/Quimosina.

rénio [*Br* **rênio**] [**Re 75**] *s m* Quím (<*top* Reno, rio da Alemanha) Elemento metálico de elevada densidade, utilizado em termopares e como catalisador. **Ex.** O ~ encontra-se na natureza sob a forma de sulfuretos, associado aos minérios de molibdé[ê]nio.

renitência *s f* (⇒ renitir) **1** Qualidade do que é renitente/Teimosia/Obstinação/Pertinácia. **Ex.** Era uma pessoa muito difícil de convencer: defendia com ~ as suas posições [ideias/opiniões]. **2** Resistência/Oposição. **Ex.** Os pais mostraram sempre grande ~ àquele casamento da filha [ao casamento da filha com aquele noivo].

renitente *adj 2g* (⇒ renitir) **1** Que resiste/se opõe com firmeza/Relutante. **Comb.** Estudantes ~s [avessos] ao pagamento de propinas. **2** Que não cede/Obstinado/Teimoso/Contumaz. **Ex.** Os parceiros sociais mantiveram-se ~s nas suas posições e não chegaram a acordo. **Comb.** Dor ~ [que não passa/persistente].

renitir *v int* (<lat *renítor, níti, nísus sum*) **1** Resistir com firmeza/Opor-se. **Ex.** O professor renitiu e não vai adiar o teste. **2** Obstinar-se/Persistir. **Ex.** Não vale a pena insistir; ele renitiu naquela ideia e não há quem o faça mudar.

renminbi ⇒ yuan.

renome (Nô) *s m* (<re- +...) **1** Fama/Nomeada. **Comb.** «Amália Rodrigues» Fadista de ~ mundial. **2** Boa reputação/Crédito. **Comb.** Pessoa bem conceituada, de ~ no seu meio.

renomear[1] *v t* (<re- +...) Nomear de novo/Tornar a nomear. **Ex.** O Governo renomeou [reconduziu(+)] muitos gestores de empresas públicas.

renomear[2] *v t* (<renome + -ar[1]) Dar renome/Tornar célebre. **Comb.** Romance que renomeou o escritor.

renova *s f* (<renovar) ⇒ Renovação/Renovo.

renovação *s f* (<renovar + -ção) **1** A(c)to ou efeito de renovar(-se). **Comb.** A ~ da natureza «na primavera». **2** A(c)tualização/Modernização/Reforma. **Comb.** ~ *da sociedade*. ~ *duma empresa* «com novos métodos de gestão/nova dinâmica comercial». **3** Repetição/Reiteração. **Comb.** ~ das promessas «do ba(p)tismo/nupciais». **4** Prorrogação/Revalidação. **Comb.** ~ *da carta de condução*. ~ *dum contrato* «de trabalho».

renovador, ora *adj/s* (<renovar + -dor) **1** (O) que renova. **Comb.** «autarca» ~ *da cidade*. ~ *da pele* [do cabelo]. *Processo* ~. **2** (O) que introduz reformas profundas/Reformador. **Ex.** O Concílio Vaticano II (1962-1965) teve um efeito profundamente ~ na vida da Igreja.

renovamento *s m* (<renovar + -mento) ⇒ renovação.

renovar *v t* (<lat *renóvo, áre, átum* <re--+*nováre*: mudar) **1** Substituir «o que está gasto/estragado» por outra coisa melhor. **Loc.** ~ *a água* «da piscina/do aquário». ~ *a frota de cami(nh)ões* «duma empresa de transportes». ~ *a mobília* [os ele(c)trodomésticos]. **2** Fazer de novo/Repetir. **Loc.** ~ *as promessas* «ba(p)tismais/nupciais». ~ *um contrato* «de arrendamento/trabalho». **3** Pôr novamente em vigor «uma lei/um regulamento». **4** Tornar(-se) novo/Rejuvenescer/Remoçar. **Ex.** Ela depois da operação ao coração renovou «parece que lhe tiraram dez anos de cima [que tem menos dez anos]». **5** Fazer renascer/Regenerar/Revigorar. **Ex.** O organismo tem a capacidade de ~ os tecidos «da pele/do cabelo». Na primavera, toda a natureza se renova. **6** Dar nova aparência/Remodelar. **Loc.** ~ *uma loja*. «A Ferrari/Renault» ~ *um carro de competição*. **7** Prorrogar o prazo/Revalidar. **Loc.** ~ *a assinatura de uma revista*. ~ *a carta de condução*. ~ *o bilhete de identidade* [~ o passaporte]. **8** Relembrar/Recordar. **Ex.** Ao olhar para a fotografia do marido falecido renova-se a tristeza e a saudade. **9** Fazer evoluir/Melhorar. **Ex.** Todos devem contribuir para que a sociedade se renove.

renovável *adj 2g* (<renovar + -vel) **1** Que se pode renovar. **Comb.** *Crédito* ~. *Prazo* «dum contrato» ~. **2** Que se reconstitui. **Comb.** «do sol/vento» *Energia* ~ [obtida duma fonte cuja matéria-prima não é eliminada pelo fa(c)to de ser transformada].

renovo (Nô) *s m* (<renovar) **1** Rebento/Gomo/Vergôntea. **Ex.** A geada queimou o ~ das plantas. **2** Produtos agrícolas na fase de crescimento. **Ex.** Nunca tiveram outra profissão: cultivavam a terra e vendiam o ~ na praça. **3** *fig* Descendência.

renque *s m* (<catalão *renc*) Série de coisas alinhadas/Fila/Fileira. **Comb.** ~ *de árvores*. ~ *de prédios*.

rentabilidade *s f* (<rentável + -i- + -dade) **1** *Econ* Relação entre o produto da venda de bens ou serviços e os respe(c)tivos custos de produção. **2** Capacidade de produzir rendimento/dar lucro. **Ex.** A empresa fechou [acabou] por falta de ~. **Comb.** Negócio [Investimento] de elevada ~.

rentabilização *s f* (<rentabilizar + -ção) A(c)ção de rentabilizar/fazer com que dê lucro. **Ex.** Conseguiu a ~ do restaurante «que estava quase falido» com a cozinha [os pratos] regional[ais].

rentabilizar *v t* (<rentável + -izar) Tornar rentável/lucrativo. **Ex.** Rentabilizou o negócio alargando [aumentando] a gama de produtos comercializados.

rentar *v int* (<rente + -ar[1]) **1** Passar [Cortar] rente. **2** *fig* Dirigir galanteios «a uma moça»/Namorar. **3** *fig* Dirigir provocações/Alardear valentia.

rentável *adj 2g* (⇒ renda[2]) **3** Que tem capacidade para produzir rendimento/Que dá lucro. **Comb.** *Investimento* ~. *Negócio* ~.

rente *adj 2g/adv* (<lat *rádens, éntis* <*rádo, ere, rásum*: raspar) **1** Muito curto/Cérceo. **Loc.** *Cortar as unhas* ~*s* **a)** Cortá-las muito curtas; **b)** *idi* Dar [Fornecer] o estritamente necessário/Ser avaro/*idi* unhas de fome(+). **2** Muito próximo/Contíguo. **Ex.** As videiras que o vizinho plantou estão mesmo ~(s) ao nosso terreno. **Ex.** As andorinhas, quando ameaça chuva, voam mesmo ~ ao [ao rés do] chão. **3** *adv* Ao rés de/Cerce. **Loc.** Cortar [Aparar(+)] uma sebe ~ ao muro. **4** Muito perto/Próximo. **Ex.** A bala passou-lhe ~ à cabeça. O carro ia-me atropelando, passou rente[tinho(+)] a mim [, passou mesmo a raspar].

rentear *v t* (<rente + -ear) **1** Cortar rente. **Loc.** ~ *a lã das ovelhas* [o cabelo]. **2** Passar rente/muito perto. **Ex.** A avioneta renteou os prédios mais altos.

renúncia [**renunciação**] *s f* (<renunciar [lat *renuntiátio, ónis*]) **1** A(c)to ou efeito de renunciar/Desistência de cargo ou dignidade/Resignação. **Ex.** O gestor «alvo de suspeitas» apresentou o pedido de ~ «para não prejudicar a empresa». **2** A(c)to de prescindir voluntariamente da posse ou fruição de algo/Recusa/Rejeição. **Ex.** O voto de pobreza pressupõe a ~ à posse de bens materiais e o de castidade implica a ~ ao matrimó[ô]nio. **Comb.** Espírito de ~ [de mortificação(+) «de maus desejos»]. **3** Atitude fraudulenta, no jogo das cartas, quando não se joga a carta do naipe obrigatório tendo possibilidade de o fazer. **Ex.** Tentou ganhar o jogo fazendo uma ~ mas foi descoberto. **4** *Dir* Desistência ou abandono voluntário de uma causa/um direito. **Ex.** A ~ de um direito transmissível é nula.

renunciador, ora [**renunciante**] *adj/s* [2g] (<renunciar + -...) (O) que renuncia/(O) que apresenta renúncia.

renunciar *v t/int* (<lat *renúntio, áre, átum*: anunciar em resposta <*re-+nuntiáre*: anunciar) **1** Desistir de algo a que se tem direito. **Loc.** Um rei ~ ao trono. **2** Recusar/Rejeitar. **Loc.** ~ às ajudas de custo «optando pelo reembolso das despesas». **3** Prescindir dos direitos ou da posse de algo. **Ex.** Renunciou à parte da herança que lhe cabia «a favor duma instituição de benemerência». **4** Renegar [Abjurar] uma religião/fé/ideologia. **Loc.** ~ à ideologia marxista. **5** Deixar voluntariamente alguma coisa/Pôr de lado/Privar-se. **Ex.** Renunciou ao tabaco e às bebidas alcoólicas «para defesa da saúde». **6** Fazer batota no jogo de cartas, não jogando uma carta do naipe obrigatório.

renunciatório, a *adj/s* (<renunciar + -tório) **1** O que entra na posse daquilo a que outrem renunciou. **Comb.** Entidade «instituição de solidariedade social» ~a duma herança renunciada. **2** Que envolve renúncia. **Comb.** Declaração ~a.

renunciável *adj 2g* (<renunciar + -vel) A que se pode renunciar. **Ex.** O direito às férias não é ~, é irrenunciável. **Comb.** *Bens* ~*eis*. *Cargo* ~.

reocupação *s f* (<reocupar + -ção) A(c)to ou efeito de reocupar/ocupar de novo. **Comb.** ~ *de casas restauradas* [recuperadas]. ~ *de posições* «que o (exército) inimigo havia tomado».

reocupar *v t* (<re- +...) Ocupar novamente. **Ex.** Após a reparação, os serviços reocuparam o edifício parcialmente destruído por um incêndio. As forças fiéis ao Governo reocuparam a cidade que os rebeldes tinham tomado.

reologia *s f* (<gr *rhéos*: corrente + -logia) Ramo da Física que estuda as propriedades mecânicas das substâncias intermédias entre sólidos e líquidos. **Ex.** A ~ situa-se entre a elasticidade e a hidrodinâmica e tem aplicações na indústria «lubrificação/tintas» e na geologia «ascensão de magmas/deformação de sedimentos».

reómetro [*Br* **reômetro**] *s m* Ele(c)tri (<gr *rhéo*: fluir, correr + - metro) Aparelho para medir correntes elé(c)tricas ou resistência de um condutor/Ohmímetro.

reordenação [**reordenamento**] *s f* [*m*] (<reordenar + -...) **1** A(c)to ou efeito de reordenar. **Comb.** ~ *administrativa dum país*. ~ [reordenamento(+)] *do território*. **2** Nova ordenação que anula outra anterior.

reordenar *v t* (<re- +...) **1** Ordenar de novo/Reorganizar. **Loc.** ~ os livros «duma biblioteca». **2** Tornar a pôr em ordem. **Ex.** Não sei quantas vezes já hoje [Já hoje muitas vezes] reordenei [pus em ordem(+)/arrumei(o+)] esta sala! **3** Voltar a dar uma ordem. **Ex.** Reordeno-lhe que saia imediatamente da sala!

reorganização *s f* (<reorganizar + -ção) A(c)to ou efeito de reorganizar/Reforma/Modificação. **Comb.** ~ *das forças armadas*. ~ *dum plano de estudos*. ~ *duma empresa*.

reorganizador, ora *adj/s* (<reorganizar + -dor) (O) que reorganiza/Reformador. **Comb.** ~ *do Exército*. «Otto Glória» ~ *do*

futebol nacional português. ***Plano*** ~ do serviço de transportes públicos «de Lisboa».

reorganizar *v t* (<re- +...) **1** Organizar de novo. **Loc.** ~ o serviço de refeições «na cantina da escola». **2** Reformar/Modificar. **Loc.** ~ *o plano de estudos* «do curso de medicina». ~ *uma empresa.*

reóstato *s m Ele(c)tri* (<gr *rhéos*: corrente + *státos*: constante) Resistência variável que se introduz em série num circuito para poder fazer variar a intensidade da corrente que o percorre. **Ex.** Os ~s para grandes potências são geralmente constituídos por resistências bobinadas com uma zona não isolada onde é estabelecido o conta(c)to por meio dum cursor.

reotropismo *s m Biol* (<gr *rhéos*: corrente +...) Rea(c)ção de orientação ou de deslocamento na dire(c)ção duma corrente de água.

repa (Rê) *s f* (< ?) Fio de cabelo isolado (Mais *us* no *pl*)/Farripa. **Ex.** Ele quase não tem cabelo; só tem umas ~s compridas atrás, a cair sobre o cachaço.

repaginação *s f* (<repaginar + -ção) A(c)to de repaginar.

repaginar *v t* (<re- +...) Paginar novamente/Refazer a paginação. **Ex.** Com as emendas que o texto sofreu, é necessário repaginá-lo.

repago, a *adj* (<re- + pago; ⇒ pagar) **1** Que foi pago novamente. **2** *col* Muito bem pago. **Comb.** «trabalho/serviço» Pago e ~ [Muito bem pago/Pago em excesso].

reparação *s f* (<lat *reparátio, ónis*) **1** A(c)to ou efeito de reparar. **Ex.** O carro está em ~ na oficina. **2** Conserto/Arranjo/Restauro. **Ex.** O móvel «armário/có[ô]moda» está desconjuntado, precisa de ~. O pedreiro vem hoje fazer a ~ do muro. **3** Satisfação dada ao ofendido/Emenda. **Ex.** Não só pediu perdão à mãe como passou a tratá-la com mais carinho para ~ dos desgostos que lhe dera. **4** Compensação/Inde(m)nização/Ressarcimento. **Ex.** Pagou a ~ dos prejuízos no montante fixado pelo tribunal. **5** Recuperação das forças físicas/Restabelecimento. **Ex.** Os peregrinos fizeram uma paragem para descanso e ~ das forças. **6** *Rel* Atitude de quem procura restabelecer a justiça e a amizade, em relação a Deus e ao próximo, por estas terem sido lesadas por si ou por outrem. **Ex.** A ~ de faltas cometidas pelo próprio é geralmente feita por via sacramental [por meio do sacramento da penitência/confissão].

reparador, ora *adj/s* (<reparar + -dor) **1** (O) que repara/conserta. **Comb.** ~ *de ele(c)trodomésticos*. ~ [Restaurador(+)] *de antiguidades* [móveis antigos de estilo]. *Massa* «betume/silicone» *~ora de brechas*. **2** Que restaura as forças/Fortificante/Renovador. **Comb.** *Descanso* [Sono] ~ *das forças. Tó[ô]nico* ~ *do organismo*. **3** Que compensa/inde(m)niza por danos/prejuízos. **Comb.** Subsídio ~ dos estragos «causados pela trovoada». **4** Que dá uma satisfação moral à pessoa ofendida. **Comb.** «pedido de desculpa» Gesto [Atitude] ~or/ora da ofensa feita. **5** (O) que observa com atenção. **Ex.** As crianças são em geral boas [muito] ~oras, notam [dão conta de] todos os pormenores.

reparar *v t/int* (<lat *réparo, áre, átum*: adquirir de novo, ~ <re-+*paráre*: arranjar, preparar) **1** Consertar/Arranjar/Restaurar. **Loc.** ~ *avarias* «das máquinas/dos automóveis». ~ *construções* «casas/pinturas/telhados danificadas». ~ *móveis de estilo* «antiguidades». **2** Remediar/Emendar/Corrigir. **Loc.** ~ *erros.* ~ *ofensas.* **3** Compensar/Inde(m)nizar/Ressarcir. **Loc.** ~ os estragos causados «numa propriedade alheia». **4** Recuperar forças/Revigorar/Restabelecer. **Loc.** ~ [Recuperar] a saúde «com medicação e descanso». **5** Observar com atenção/Fixar a vista. **Ex.** Repara no cuidado com que a cadela pega nos cachorros com os dentes. **6** Dizer como reparo/Criticar. **Ex.** Ela repara em todos os pormenores «para criticar». **7** Tomar atenção/Ver com cuidado/Acautelar-se. **Ex.** Antes de atravessares a rua, repara bem se vem algum carro.

reparatório, a *adj* (<reparar+-tório) **1** Que serve para reparar. **2** Que envolve reparação/inde(m)nização. **Comb.** Quantia [Dinheiro] ~ «paga/o pelo país que começou a guerra».

reparável *adj 2g* (<reparar + -vel) **1** Que se pode reparar/consertar. **Comb.** Avaria [Estrago] ~. **2** Que se pode emendar/corrigir/remediar. **Comb.** Falta [Lapso/Ofensa] ~. **3** Que dá nas vistas(+)/Que se nota. **Comb.** Anúncio «feito em grandes parangonas» ~.

reparo *s m* (<reparar) **1** A(c)to ou efeito de reparar/Observação atenta. **Comb.** Obra digna de ~ [de ser vista/observada]. **2** Leve crítica ou censura/Comentário/Advertência. **Idi.** *Fazer* ~ [Chamar a atenção/Fazer uma observação «crítica»] (Ex. O professor poucos ~s fez ao meu trabalho «relatório de estágio»). **3** Reparação/Restauro/Conserto. **Ex.** A mobília está tão estragada que (já) não merece ~ [que já não tem conserto(+)]. **4** Compensação/Inde(m)nização. **Ex.** Deu-lhe «à mulher que o seu cão mordera» algum dinheiro a título de ~ das despesas com o curativo. **5** *Mil* Suporte fixo ou móvel de uma boca de fogo ou arma automática pesada para dar apoio estável e permitir a execução mecânica da pontaria.

repartição *s f* (<repartir + -ção) **1** A(c)to ou efeito de repartir/Divisão em várias partes. **Comb.** ~ *dum bolo* em fatias. ~ *dum terreno* em lotes. **2** Distribuição/Partilha. **Ex.** Optou por fazer em vida a ~ da herança pelos filhos. **Comb.** ~ de tarefas. **3** Órgão administrativo com poderes executivos/Se(c)ção duma secretaria de Estado. **Comb.** ~ *pública* «de Finanças». *Chefe de* ~. **4** Local onde funciona esse órgão ou se(c)ção. **Ex.** Desloquei-me à ~ para esclarecer o assunto do imposto «cobrado em excesso».

repartidor, ora *adj/s* (< repartir+-dor) (O) que reparte/distribui/Distribuidor. **Ex.** As fatias «do bolo» não são todas iguais; o ~ [; quem [o que] o cortou(+)] não fez o trabalho [a repartição] bem feito/a. **Comb.** ~ *de carga elé(c)trica.* ~ *de caudais.*

repartimento *s m* (<repartir + -mento) **1** A(c)to ou efeito de repartir/Repartição. **2** Distribuição. **Ex.** Eu encarrego-me de repartir os(+) [do ~ dos] rebuçados e chocolates por todas as crianças. **3** Divisão duma casa/Compartimento(+)/Quarto(+). **4** Lugar separado dos outros/Recanto/Escaninho.

repartir *v t* (<re- +...) **1** Tornar a partir. **Ex.** Os convidados são muitos; é melhor ~ as fatias do bolo, senão não chegam para todos. **Prov.** *Quem parte e reparte e não fica com a maior parte ou é tolo ou não tem arte.* **2** Dividir/Distribuir. **Ex.** A mãe repartiu a (pouca) carne pelos filhos. **3** Dividir em porções/Partilhar. **Ex.** Sempre que lhe davam alguma coisa «fruta/hortaliça» repartia com as vizinhas. Repartiu o pré[ê]mio «do Totoloto» com os filhos. **4** Aplicar/Empregar. **Loc.** ~ o tempo por diversas a(c)tividades. **5** Partilhar sentimentos/responsabilidades/Compartilhar. **Ex.** Habituámo-nos, desde o princípio do nosso casamento, a ~ as tarefas domésticas e também os bons e os maus momentos.

repartitivo, a *adj* (<repartir + -tivo) Próprio para repartir.

repartível *adj 2g* (<repartir + -vel) «lucro» Que se pode repartir/Divisível.

repassado, a *adj* (<repassar + -ado) **1** Embebido/Impregnado/Encharcado. **Ex.** Chegou a casa com a roupa ~a de água (da chuva). **2** Cheio(+)/Repleto. **Comb.** Texto ~ de erros. **3** Que passou para o lado oposto. **Comb.** (H)umidade ~a no interior da tenda.

repassar *v t/int* (<re- +...) **1** (Fazer) passar novamente. **Loc.** ~ *o café no moinho* «para o moer mais fino». ~ *um líquido* «no filtro». **2** Tornar a passar. **Ex.** Esse caminho conheço-o como a palma das minhas mãos: passei-o e repassei-o centenas de vezes. **3** Embeber/Impregnar. **Ex.** A chuva repassou(-me) a roupa toda. **4** Deixar passar (um líquido) através duma superfície. **Ex.** A chuva repassa nesta parede/na lona da tenda. **5** Recordar/Relembrar. **Loc.** ~ [Rever] a matéria [uma lição] «antes do teste». **6** Voltar a proje(c)tar/transmitir. **Loc.** ~ um filme [programa] «na televisão».

repasse/o *s m* (<repassar) A(c)to ou efeito de repassar.

repastar *v t* (<re- + pasto + -ar[1]) **1** Levar outra vez ao pasto. **2** Alimentar(-se) abundantemente/Banquetear-se/Encher-se.

repasto *s m* (<re- +...) **1** Abundância de pasto/alimento. **2** *fig* Refeição abundante/Banquete. **Ex.** Serviram-nos um lauto ~. **3** *fig* Qualquer refeição. **Ex.** *col* São horas do ~ «almoço».

repatriação [**repatriamento**] *s f* [*m*] (<repatriar + -...) A(c)to de repatriar(-se). **Comb.** ~ de emigrantes clandestinos.

repatriar *v t* (<re- + pátria + -ar[1]) (Fazer) voltar à pátria. **Ex.** Repatriou-se ao fim de vários anos de exílio voluntário «em França». O Governo do Canadá repatriou uma família completa de emigrantes ilegais açorianos.

repelão *s m* (<repelar + -ão) Sacudidela brusca/Puxão/Empurrão(+). **Ex.** Fomos levados aos ~ões no meio da multidão compacta. **Loc.** Entrar no *metro*[ô] aos ~ões «em horas de ponta». **Comb.** *De* ~ [Violentamente/À bruta] (Ex. Agarrou o filho por um braço e levou-o de ~ para dentro de casa).

repelar *v t* ⇒ arrepelar.

repelência *s f* (<repelir + -ência) Cara(c)terística do que é repelente/Repugnância.

repelente *adj 2g/s m* (<lat *repéllens, éntis*; repelir) **1** Que repele. **Comb.** Produto «*spray*» [Um] ~ de inse(c)tos «mosquito da malária». **2** *fig* Que inspira nojo/Asqueroso/Repugnante. **Comb.** *Bicho* «lagarta dos pinheiros» ~. *Conversa* ~. *Práticas* [A(c)tos] ~*s*.

repelir *v t* (<lat *repéllo, ere, puli, púlsum* <re- -+*péllere*: impelir) **1** Afastar de si/Causar afastamento. **Ex.** Ele repeliu a criança com modos bruscos. O fumo repele as abelhas. **2** Não aceitar/Ter aversão/Recusar/Rejeitar. **Ex.** Há comidas que o estômago repele com vó[ô]mitos. **3** Fazer recuar/Rechaçar. **Ex.** O guarda-redes [goleiro] repeliu a bola com os punhos. **Loc.** ~ [Conter] *as lágrimas.* ~ *os atacantes* [o inimigo]. **4** Rebater(+)/Contradizer. **Loc.** ~ as acusações.

repelo (Pê) *s m* (<repelar) ⇒ Repelão.

repenicado, a *adj* (<repenicar + -ado) Que produz um som breve, agudo e repetido.

Comb. Beijo ~. Toque ~ [Repique/O repenicar] **dos sinos.**

repenicar *v t/int* (<re- + *on* + picar) Produzir sons agudos, breves e repetidos/Repicar **2. Loc.** Os sinos repenicarem/«o sacristão» **~ os sinos. ~ a viola.**

repenique *s m* (<repenicar) A(c)to ou efeito de repenicar/Som agudo e vibrante/Repique(+).

repensar *v t/int* (<re- + ...) **1** Pensar outra vez/Voltar a refle(c)tir. **Ex.** Sendo assim [Nesse caso] vou [terei que] ~ (n)o assunto. **2** Pensar maduramente/Reconsiderar. **Ex.** É uma decisão difícil (de tomar); preciso de mais tempo para ~. **3** Pensar repetidas vezes/Recordar. **Ex.** (Re)pensava no filho que estava (lá) longe várias vezes ao dia.

repente *s m* (<lat *repénte*: de súbito) **1** Movimento súbito, espontâneo, irrefle(c)tido/Ímpeto/Impulso. **Ex.** Era boa pessoa mas tinha ~s de mau gé[ê]nio. **Comb. De ~** [De um momento para o outro/Subitamente] (Ex. Estávamos todos muito bem a conversar e, de ~, entrou ele «na sala» aos gritos). **Num ~** [Num instante/Num *idi* abrir e fechar de olhos] (Ex. Num ~ a criança desapareceu de ao pé de nós).

repentinamente *adv* (<repentino + -mente) De repente/Sem se esperar/Subitamente/Inesperadamente. **Ex.** «estávamos calmamente na praia» Levantou-se ~ uma forte ventania que levava tudo pelos ares.

repentino, a *adj* (<lat *repentínus, a, um*) Que ocorre inesperada e subitamente/Súbito. **Comb. Entrada ~a** «dos assaltantes». **Morte ~a. Mudança ~a** «de estratégia». **Vontade ~a** «de dar uma resposta torta/de *idi* responder à letra».

repentista *adj/s 2g* (<repente + -ista) **1** Que acontece inesperadamente/Feito de improviso. **Comb.** Mudanças [Alterações/Reformas] ~s [improvisadas(+)]. **2** (O) que cria [executa] de improviso, sem preparação. **Comb. Músico ~. Poeta ~.**

repercussão *s f* (<lat *repercússio, ónis*) **1** A(c)to ou efeito de repercutir/Reflexão/Reverberação. **Ex.** O eco é um fenó[ô]meno de ~ do som nos obstáculos «paredes/montanhas» que encontra. **2** Consequência/Efeito. **Ex.** A crise financeira norte-americana teve ~ em toda a Europa. **3** Impacto/Influência. **Comb.** Político «Barack Obama» com ~ internacional. **4** *Econ* Transferência, total ou parcial, do imposto que legalmente é obrigado a entregar ao Estado. **Ex.** O IVA tem ~ no consumidor final.

repercussivo, a *adj* (⇒ repercutir) Que causa repercussão. **Comb.** Efeito ~.

repercutente *adj 2g* (<repercutir + -ente) Que repercute. **Comb.** Montanhas ~s «dos trovões». Sons ~s.

repercutir *v t/int* (<lat *repercútio, ere, ússi, ússum* <re-+*percútere*: bater) **1** Causar [Sofrer] repercussão/Enviar em nova dire(c)ção/Refle(c)tir. **Ex.** As paredes «da igreja» repercutiam as palavras do orador. O eco é o som repercutido. **2** Ter influência/Afe(c)tar. **Ex.** O encarecimento dos combustíveis «gasolina» repercute-se em todo o se(c)tor produtivo. **3** Ter efeito/impacto. **Ex.** As palavras de esperança do Presidente da República repercutiram-se por todo o país.

repertório *s m* (<lat *repertórium, ii*: inventário <*repério, íre, repértum*: encontrar, achar) **1** Índice [Inventário] de matérias metodicamente organizado. **Comb. ~** «alfabético» dos autores citados «num artigo/numa obra». **2** Cole(c)ção de obras «de teatro/música» executadas habitualmente por um grupo/um artista. **Ex.** O ~ deste artista é constituído unicamente por canções portuguesas [músicas cantadas em português]. O grupo (de teatro) tem um ~ variado que inclui *Autos* de Gil Vicente. **3** Programa de concerto/recital. **Ex.** No final do concerto a orquestra brindou a assistência com duas peças que não constavam do [no] ~/programa(+). **4** Conjunto de conhecimentos do mesmo tipo «anedotas/casos/histórias». **Ex.** O rapazola não gostou que lhe chamassem a atenção «para não deitar lixo para o chão» e dirigiu[*idi* soltou]-lhes o ~ completo das asneiras.

repes *s m 2n* (<fr *reps*) Tecido grosso e encorpado de seda, lã ou algodão, utilizado em reposteiros, sanefas, cobertura de móveis, etc.

repesar *v t* (<re- + ...) **1** Tornar a pesar(+)/Verificar uma pesagem anterior. **Ex.** Pareceu-me tão pouca carne que a repesei ao chegar a casa «mas afinal o peso estava certo». **2** Examinar minuciosamente/Ponderar/Repensar(+). **Ex.** «talvez tenhas [és capaz de ter] razão» Vou ~ o assunto.

repescagem *s f* (<repescar **2** + -agem) A(c)to ou efeito de repescar. **Comb.** ~ de candidatos «que tinham sido eliminados».

repescar *v t* (<re- + ...) **1** Pescar de novo. **Ex.** O peixe miúdo [muito pequeno] lançado à água pelos pescadores pode acabar por ser repescado. **2** Recuperar algo que foi excluído/se atrasou. **Loc. ~ alunos** «com nota negativa». **~ atletas** «excluídos numa eliminatória».

repeso, a (Pê) *adj* (<lat *repensus, a, um* <*repensáre*: compensar, retribuir) Que se arrependeu/Arrependido(+)/Contrito. **Ex.** É certo que não podia remediar o mal feito, mas nem sequer se mostrou ~.

repetência *s f* (<lat *repeténtia, ae*: memória, lembrança, reminiscência) Repetição. **Ex.** A ~ (dos alunos) é uma prova do insucesso escolar.

repetente *adj/s 2g* (⇒ repetir) **1** Que repete/Repetidor. **Comb.** Relógio ~ [de repetição(+)/que bate as horas duas vezes]. **2** (Diz-se do) aluno que repete «um ano/uma disciplina» por ter reprovado. **Comb. Aluno ~. Turma de** [com muitos] **~s.**

repetição *s f* (<lat *repetítio, ónis*) **1** A(c)to ou efeito de repetir. **Ex.** A ~ provoca o hábito [a habituação]. **2** A(c)ção de voltar a fazer/dizer o que já foi feito/dito/Iteração. **Idi. Ser relógio de ~** [Repetir o que foi dito] (Ex. Se não ouviu (o que eu disse), a culpa é sua, eu não sou relógio de ~ [, eu não vou repetir]). **Comb. ~ da leitura** dum texto. **~ dum** [Insistência num] **pedido. ~** «involuntária/inconsciente» **dum movimento** [gesto]. **~ duma música** «para que fique bem sabida». **Arma de ~** [que automaticamente dispara tiros uns a seguir aos outros]. **3** *Ling* Figura de estilo que consiste em repetir (várias vezes) uma palavra ou frase para dar mais ênfase ao discurso. **Ex.** O pleonasmo é a ~ duma palavra ou ideia; a anáfora faz sobressair uma palavra/expressão pela sua ~ sucessiva.

repetidamente *adv* (<repetido + -mente) Muitas [Frequentes/Repetidas] vezes/Frequentemente.

repetidor, ora *adj/s* (<repetir + -dor) (O) que repete. **Ex.** Os ~es [explicadores(+)] tornam-se muitas vezes prejudiciais aos alunos por dificultarem a criação de hábitos de trabalho [estudo]. **Comb.** «disco/cassete» **~ sonoro** «de anúncios/avisos». **Relógio com ~ das horas** [Relógio de repetição(+)]. **2** *s m* Dispositivo que capta um sinal «radioelé(c)trico» e o retransmite amplificado. ⇒ amplificador.

repetir *v t* (<lat *répeto, ere, ívi* ou *ii, ítum*: dirigir-se de novo «para a cidade», ~ <re--+*pétere*: dirigir-se para, pedir) **1** Tornar a dizer [fazer] o que já foi dito [feito]. **Ex.** Ele limitou-se a ~ fielmente [*idi* tintim por tintim/*ipsis verbis*] a ordem que recebeu [recebera/tinha recebido] do chefe. O atleta repetiu a proeza «ganhou novamente uma medalha de ouro». As tarefas domésticas repetem-se todos os dias. **Loc. ~ um exame. ~ uma cena** «de um filme». **2** Dizer sempre [muitas vezes] a mesma coisa/Repisar. **Ex.** Já sei [disseste] que fui eu o culpado «do atraso»; não precisas de o ~ constantemente.

3 Frequentar pela segunda vez uma disciplina [um ano escolar] por ter reprovado. **Ex.** Repetiu duas vezes a cadeira de Física, só passou [foi aprovado] à terceira [no terceiro exame que fez]. **4** Tornar a iniciar/Voltar ao princípio. **Ex.** Os atletas repetiram a partida. Enganaste-te a meio do poema [da poesia]; repete «para ver se vai [se o/a dizes] direit(inh)o/a até ao fim». **5** Divulgar/Contar. **Ex.** Isto [O que aqui se ouviu] é segredo, não é para se ~ a ninguém. **6** Tornar a experienciar/Reviver. **Ex.** Angústia «sentida durante um terramoto» que eu por nada desejo que se repita. **7** Comer um pouco mais daquilo que foi servido. **Ex.** O bolo está uma delícia, vou ~. Podem ~ que a comida chega [que há comida em abundância].

repetitivo, a *adj* (<repetir + -ivo) **1** Que (se) repete. **Comb.** Fenó[ô]meno [Acontecimento/Sinal] ~. **2** Em que há repetição. **Comb. Discurso ~. Música ~a.**

repicagem *s f* (<repicar 3/4 + -agem) **1** *Agr* Transplantação de plantas novas. **Comb. ~ do arroz** [das alfaces]. **2** *Biol* Passagem de microorganismos de um meio de cultura para outro. **Comb.** ~ bacteriológica.

repicar *v t/int* (<re- +...) **1** Tornar a picar. **Ex.** A enfermeira teve que ~ várias vezes para encontrar a veia (para dar a inje(c)ção). **Loc.** ~ a cebola. **2** Os sinos tocarem de modo festivo/Repenicar(+). **Ex.** Nas aldeias, é costume os sinos repicarem quando há um ba(p)tizado. **3** *Agr* Transplantar as plantas novas. **4** *Biol* Passar microorganismos de um meio de cultura para outro.

repimpado, a *adj* (<repimpar + -ado) Recostado comodamente/Refestelado. **Loc.** Passar a tarde ~ no sofá «a ver televisão».

repimpar *v t* (<re- +...) **1** Encher a barriga até (se) fartar/Ficar a abarrotar/Encher-se. **Comb.** Um banquete de ~! **2** Recostar-se comodamente/Refestelar-se. **Loc.** ~-se sentado ao sol «a ler o jornal».

repinchar *v t* (<re- +...) **1** Saltar «com dores após uma pisadela». **Ex.** Ao saltar o muro pus o pé numa poça e a água repinchou. **2** Ressaltar. **Loc.** A bola correr pela estrada a ~ [saltitar(+)].

repintar *v t* (<re- +...) **1** Pintar novamente. **Loc.** ~ uma parede «que ficou manchada». **2** Fazer sobressair os traços/Avivar. **Ex.** «uma senhora» **~ as unhas** [os lábios/olhos]. **~ um desenho. 3** Reproduzir-se por conta(c)to numa página o que está escrito/impresso na página contígua. **Ex.** O desenho repintou-se (na outra página).

repique *s m* (<repicar) **1** A(c)to ou efeito de repicar. **2** Toque festivo dos sinos. **Ex.** O ~ dos sinos anuncia um a(c)to [dia] festivo «ba(p)tismo/Ressurreição».

repisa *s f* (<repisar) **1** A(c)ção de pisar de novo/de calcar repetidamente com os pés. **Loc.** Fazer a ~ das uvas no lagar. **2** *Agric* Moenda de bagaço de azeitona já espremido na prensa, para lhe tirar algum óleo (Azeite) que ainda contém.

repisado, a *adj* (<repisar + -ado) **1** Que se repisou. **2** Que foi esmagado/calcado. **Comb.** Fruta ~a. **3** *fig* Muito repetido. **Comb.** Notícia [Assunto] ~a/o «há vários dias em todos os noticiários».

repisar *v t* (<re- +...) **1** Pisar [Calcar aos pés] de novo. **Loc.** ~ as uvas no lagar. **2** *fig* Repetir muitas vezes a mesma coisa. **Ex.** «porque se tivesse ficado em casa não me tinha aleijado» Quantas vezes já disseste isso! Não adianta [remedeia/vale a pena] estares sempre a ~!

replantação *s f* (<replantar + -ção) A(c)to ou efeito de replantar/Replantio. **Ex.** Os velhos olivais foram substituídos por ~ões feitas em novos moldes [feitas de maneira diferente]. ⇒ transplante[tação].

replantar *v t* (<re- +...) Plantar de novo. **Loc.** Arrancar pomares «de macieiras» para ~ floresta.

replantio *s m* ⇒ replantação.

repleto, a (Plé) *adj* (<lat *replétus, a, um*) **1** Que está cheio/A abarrotar. **Comb.** «em dia de feira anual» Vila ~a [apinhada(+)] de gente. **2** Farto de comida/Plenamente satisfeito. **Ex.** Já não quero (comer) mais, estou ~o/a [cheio/a(+)/a abarrotar(+)]. **3** Que tem grande quantidade/muita coisa. **Comb.** Toalha (de mesa) ~a [chei(inh)a(+)] de nódoas.

réplica *s f* (<replicar) **1** A(c)to ou efeito de replicar/Resposta ao que foi dito/escrito. **Ex.** Qualquer afirmação que o Governo faça é logo obje(c)to de ~ por parte da oposição. **2** Contestação/Obje(c)ção. **Ex.** Nos debates parlamentares abundam as acusações «de políticas erradas/falta de medidas» e as ~s que as contestam. **3** *Dir* Resposta do autor da a(c)ção à contestação do réu. **Ex.** Depois de notificado da contestação, o autor tem um prazo de oito dias para apresentar a ~. **4** Exemplar de uma obra de arte «pintura/escultura» que imita fielmente o original/Cópia/Reprodução. **Comb.** Uma ~ da *Pietà* de Miguel Ângelo. **5** *Mús* Sinal de repetição dum trecho musical. **6** *Geol* Repetição de menor intensidade que se segue a um terramoto [abalo sísmico] forte. **Ex.** As ~s, por vezes, fazem-se sentir durante longos períodos.

replicação *s f* (<lat *replicátio, ónis*) **1** A(c)to ou efeito de replicar/Resposta/Contestação/Réplica(+). **2** *Biol* Produção de novas moléculas portadoras de informação genética através da cópia de moléculas já existentes.

replicador, ora *adj/s* (<replicar + -dor) **1** (O) que replica. **2** Refilão.

replicar *v t/int* (<lat *réplico, áre, ui* ou *ávi, itum* ou *átum*: dobrar para trás, encurvar, ~) **1** Responder argumentando/Refutar/Contestar. **Ex.** Faltaste à reunião por comodismo e desinteresse. – (Não vim) porque estava doente – replicou o outro. **2** Responder com arrogância e maus modos/Retorquir. **Ex.** Vai para casa que já é noite e está frio. – Não vou porque não me apetece e ninguém me pode obrigar – replicou o garot(elh)o. **3** *Dir* Usar da faculdade de apresentar réplica. **Ex.** O advogado (do autor da a(c)ção) não replicou, admitindo assim como verdadeiros os fa(c)tos aduzidos pelo réu na contestação.

repoisar/repoiso ⇒ repousar/repouso.

repolhal *s m/adj 2g* (<repolho + -al) **1** Terreno plantado [Plantio] de repolhos. **2** *adj 2g* Referente a [Com a forma de] repolho.

repolhar *v int* (<repolho + -ar¹) **1** Adquirir a forma de repolho/Arredondar-se/Enovelar. **Ex.** As couves ainda não repolharam, ainda são muito novas [jovens]. Gosto muito (da variedade) das alfaces que repolham. **2** *fig* Engordar/Inchar. **Ex.** O miúdo [garoto/a criança], desde que veio para a instituição «orfanato/casa de acolhimento», é vê-lo ~ [vê-se a engordar/engorda de dia para dia].

repolho (Pôlhos) *s m Bot* (<esp *repollo*) Variedade de couve, *Brassica oleracea*, (Couve-~) cujas folhas se enrolam antes da floração, formando novelo. **Loc.** Comprar ~s para a sopa/o cozido «à portuguesa».

repolhudo, a *adj* (<repolho + -udo) **1** Em forma de repolho. **Comb.** Alfaces ~as. **2** *fig* Arredondado/Volumoso. **Comb.** «cravos» Flores ~as. **3** *fig* (Diz-se de) homem baixo e ~ [gorducho(+)/anafado(o+)].

repoltrear-se *v t* (<re- + poltrona + -ear) Refestelar-se numa poltrona/Recostar-se comodamente.

reponta *s f* (<re- + ...) **1** Nova ponta. **2** Segundo golpe com a ponta da espada. **3** *Br* Começo da subida da maré.

repontão, ona *s/adj* (<repontar + -ão) (O) que reponta/recalcitra/Refilão. **Ex.** Para ele nada está bem, refila com tudo, é muito ~.

repontar *v t/int* (<re- + ponta + -ar¹) **1** Começar a aparecer. **Ex.** Ao longe já se viam ~ os ciclistas da frente (da corrida). **2** Começar a aparecer de novo. **Ex.** A febre (que já tinha baixado) repontou. **3** Amanhecer/Raiar. **Ex.** Não era tarde quando me levantei, mas já o dia repontava. **4** Responder asperamente/Recalcitrar/Refilar. **Ex.** É pouco [conveniente/aconselhável] que vás perdendo esse velho hábito de ~ sempre que te mandam fazer alguma coisa.

repor *v t* (<lat *repóno, ere, pósui, pós(i)tum* <re + pónere: pôr) **1** Tornar a pôr/Recolocar. **Loc.** ~ os móveis «que se deslocaram para limpeza do chão» no seu lugar. **2** Devolver/Restituir. **Ex.** Há dias tirei dinheiro do teu mealheiro mas já o repus. **3** Refazer/Reconstituir. **Ex.** Na festa, a garrafeira levou um rombo [, abriram-se muitas garrafas], tenho que ~ o stock [estoque]. **4** Fazer retomar a a(c)tividade. **Loc.** ~ *a bola em jogo*. ~ *uma fábrica a funcionar*. **5** Fazer voltar a experimentar/Renovar. **Loc.** ~ a confiança.

reportação [reportamento] *s f [m]* (<reportar + -...) A(c)to ou efeito de reportar.

reportado, a *adj* (< reportar+-ado) ⇒ Moderado/Comedido/Cauteloso. **2** ⇒ Referido/Citado.

reportagem *s f* (<reportar + -agem) **1** A(c)tividade jornalística que consiste na recolha e análise de informação sobre determinado tema ou acontecimento e em prepará-la para ser transmitida na comunicação social. **Comb.** ~ *da viagem do Papa* «João Paulo II a Fátima». ~ *dum jogo de futebol*. ~ *fotográfica*. *Equipa de* ~. *Trabalho de* ~. **2** Função [Serviço] de repórter.

reportar *v t* (<lat *repórto, áre, átum*: levar para trás, retirar, trazer em resposta, narrar, contar) **1** Fazer voltar para trás no tempo. **Ex.** A visita ao colégio fez-me ~ aos anos da adolescência. **2** Tornar mais comedido/Moderar/Conter. **Ex.** O insucesso reportou[refreou(+)]-lhe o entusiasmo/a arrogância. **3** Atribuir/Ligar. **Ex.** Não se pode ~ a crise econó(ô)mica nacional apenas a causas externas, europeias ou mundiais. **4** Fazer referência/Dizer respeito/Aludir. **Ex.** O articulista, reportando-se aos distúrbios após a manifestação, fez uma dura crítica à polícia. **5** Fazer uma reportagem. **Loc.** Jornalista destacado para ~ a [fazer a reportagem da(+)] viagem presidencial. **6** Manter informado o [Dar conta do exercício da sua função ao] superior hirerárquico imediato. **Ex.** (Na empresa) o dire(c)tor financeiro reporta dire(c)tamente ao presidente do conselho de administração.

repórter *s 2g* (<ing *reporter* <lat *repórto, áre*; ⇒ reportar) Jornalista que recolhe, analisa e prepara informação sobre um dado tema/acontecimento de forma a poder ser transmitida num órgão de comunicação social. **Ex.** À saída da reunião, o Primeiro-Ministro foi rodeado [assaltado(+)] por uma multidão de ~es. **Comb.** ~ *de imagem/~ fotográfico*.

repórtorio *s m* ⇒ repertório.

reposição *s f* (⇒ repor) **1** A(c)to ou efeito de repor/Recolocação. **Ex.** Podem usar a sala «para a festa/o baile» com a condição de fazerem a ~ de tudo conforme [como] está agora. **2** Restituição/Devolução. **Ex.** Alguns deputados tiveram que fazer a ~ do dinheiro recebido por ajudas de custo indevidas. Já fiz a ~ da pasta de dentes que me cedeste há dias. **3** Reabastecimento de mercadorias «retiradas das prateleiras/que se esgotaram no armazém». **Comb.** ~ de *stocks* [estoques]. **4** *Cine/Teat* A(c)to de voltar a pôr em cena um espe(c)táculo/a proje(c)tar de novo um filme. **Ex.** Esse filme é uma ~; já passou [foi proje(c)tado/esteve em cartaz] há alguns anos.

repositório, a *s m/adj* (<lat *repositórium, ii*) **1** Lugar onde se guarda alguma coisa/Depósito. **Ex.** Aquele armazém serve de ~ para tudo o que já não se utiliza [não serve para nada] «secretárias/cadeiras/máquinas de escrever». **2** Lugar onde se acumula alguma coisa. **Ex.** Basta deixar um obje(c)to volumoso e estragado ao pé dum caixote do lixo para imediatamente aquele lugar se transformar num ~ de coisas inutilizadas «móveis/colchões/ele(c)trodomésticos». A floresta amaz(ô)nica é o maior ~ de oxigé(ê)nio do nosso planeta. **3** Compilação/Cole(c)tânea. **Comb.** ~ de canções populares «alentejanas». **4** Acumulação de dados/conhecimentos sobre determinada matéria. **Comb.** ~ cultural «dum povo». **5** *adj* Que serve para guardar. **Comb.** Móvel ~ de todas as minhas preciosidades «poemas que escrevi/joias/cartas/fotos».

reposta *s f* (<lat *repósitus, a, um* <repónere: repor) **1** Quantia que se repõe no jogo do voltarete. **2** Restituição.

repostar *v int* (<reposta + -ar¹) ⇒ ripostar(+)/replicar.

reposteiro *s m* (<repositório; ⇒ repor) Cortinado de tecido grosso utilizado como adorno e resguardo de janelas e portas interiores. **Loc.** Correr [Abrir] os ~s «para entrar a luz». **Comb.** ~ de veludo.

repousante *adj 2g* (<repousar + -ante) **1** Que proporciona repouso. **Comb.** «passeio pelo campo» Exercício ~. **2** Sossegado/Tranquilo. **Comb.** Ambiente [Lugar] ~.

repousar *v t/int* (<lat *repáuso, áre, átum* <re + pausáre: parar) **1** Proporcionar descanso/Fazer ficar em repouso. **Loc.** ~ a cabeça na almofada. **2** Sossegar/Tranquilizar. **Ex.** A enfermeira repousou [sossegou(+)/tranquilizou(+)] o doente com palavras meigas. A música suave repousa-me. **3** Colocar em posição có(ô)moda. **Ex.** Repousa o braço no encosto do sofá e verás que te sentirás mais confortável. **4** Olhar com prazer para alguma coisa/para alguém. **Loc.** ~ os olhos na beleza da paisagem. **5** Descansar/Dormir. **Ex.** Ele está a ~, não vou acordá-lo. Depois do almoço, gosto de ~ um pouco «nem que seja só *idi* passar pelas brasas [dormitar] sentado no sofá». Nunca me deito muito tarde; um pouco antes da meia-noite é a minha hora de ~ [de me deitar/de ir para a cama].

repouso

6 A terra ficar em pousio [ficar por cultivar]. **Loc.** Ano de deixar a terra ~.
7 Manter um líquido sem agitação para que as impurezas se depositem no fundo/Assentar. **Ex.** Deixa algum tempo (a garrafa d)o vinho do Porto a ~, antes de o servires «porque pode ter pé». **8** Ter por base ou apoio. **Ex.** A estátua repousa sobre um pedestal «de mármore». **9** Fundamentar-se/Basear-se. **Ex.** A conclusão repousa em premissas falsas. **10** Estar sepultado/Jazer. **Ex.** D. Afonso Henriques, o primeiro rei de Portugal, repousa na Igreja de Santa Cruz, em Coimbra.

repouso s m (<repousar) **1** A(c)to ou efeito de repousar/Descanso. **Ex.** Hoje não tive um minuto de ~. **Loc.** Fazer ~ [Descansar «após o almoço»]. **Comb.** Período de ~. **2** Sossego/Tranquilidade/Paz. **Ex.** O médico recomendou-me (que tivesse) muito ~. **3** Ausência de movimento/Imobilidade. **Ex.** A anomalia [O defeito] da roda só se nota em movimento; em ~ não se nota nada [não se dá conta dela/e]. **4** Estado do terreno que não é cultivado/Pousio. **Loc.** Ficar «um ano» em ~.

repovoação [repovoamento(+)] s f [m] (<repovoar + -...) A(c)to ou efeito de repovoar. **Ex.** Alguns municípios portugueses do interior têm promovido a ~ [o ~(+)] concedendo benefícios a casais novos que aí queiram fixar residência. **Comb.** ~ *cinegético* [de espécies de caça]. ~ *florestal* [Restabelecimento artificial da floresta/Arborização/Florestação].

repovoar v t (<re- +...) **1** Povoar novamente. **Ex.** Cada vez se torna mais difícil ~ as terras portuguesas do interior. **2** Fazer que se desenvolvam e fixem em quantidade espécies animais «caça/pesca» ou florestais.

repreendedor, ora adj/s (<repreender + -dor) (O) que repreende.

repreender v t (< lat *reprehéndo, ere, di, sum*: agarrar por trás, ~ <*pre(hen)dere*: agarrar, atingir) **1** Dar uma repreensão/Admoestar/Censurar. **Ex.** O professor chamou os dois alunos «que se envolveram em luta» e repreendeu-os severamente. **2** Acusar/Arguir. **Ex.** Estás sempre [repetidamente/constantemente] a ~ [criticar(o+)/censurar(+)/acusar(+)] os outros e nem [não] reparas que fazes o mesmo [que tens os mesmos defeitos].

repreensão s f (<lat *reprehénsio, ónis*: a(c)to de agarrar, ~) **1** A(c)to ou efeito de reprender/Admoestação/Reprimenda/Censura. **Ex.** Os pais repreenderam-no [deram-lhe uma ~] por ter chegado tarde a casa. **Comb.** Atitude que merece ~. **2** Pena formal de cará(c)ter disciplinar, apresentada oralmente ou por escrito. **Comb.** Funcionário punido com uma ~ «regist(r)ada».

repreensivamente adv (<repreensivo + -mente) De modo repreensivo. **Ex.** O professor olhou ~ para os alunos que estavam na conversa «até eles se calarem».

repreensível adj 2g (<lat *reprehensíbilis, e*; ⇒ repreender) Que merece repreensão/Censurável. **Comb.** Atitude [Comportamento] ~. **Ant.** Ir~.

repreensivelmente adv (<repreensível + -mente) De maneira repreensível. **Ex.** Sabiam [Tinham consciência de] que estavam a fazer mal, portanto agiram ~.

repreensivo, a adj (<lat *reprehensus, a, um*; ⇒ repreender) Que envolve repreensão. **Comb.** Palavras [Discurso] ~as/o. Um olhar ~ [de repreensão (+)].

repreensor, ora adj ⇒ repreendedor.

repregar v t (<re- +...) **1** Pregar de novo. **Ex.** A tábua despregou-se, tem que se [, torna-se a] ~. **2** Tornar bem seguro com pregos. **Ex.** O caixote parece que está a desfazer-se, é melhor repregá-lo.

represa (Prê) s f (<represar) **1** Retenção de um curso de água/Construção feita num rio ou ribeiro para deter [acumular] a água/Açude/Barragem. **Loc.** *Abrir uma* ~ «para regar o milho». *Construir uma* ~ [barragem(+)] «para abastecimento de água à povoação». **2** Água acumulada/represada. **Ex.** Uma ~ chega para regar o meu quintal; a próxima é para o quintal do vizinho. ⇒ poçada. **3** A(c)ção de conter ou conteúdo de «lágrimas» sentimentos/emoções/Suspensão/Repressão. **4** *Arquit* Pedestal onde assenta uma estatueta/Mísula/Peanha.

represália s f (⇒ repreender) **1** Dano que se causa a outro (como vingança) por dano ou agravo sofrido/Desforra/Retaliação. **Ex.** Ameaçou correr a tiro [disparar contra] as ovelhas do vizinho como ~ pelos estragos que elas lhe causaram na plantação de oliveiras. **2** Medida de coa(c)ção ou de violência ilícita praticada por um Estado como resposta [retaliação] a a(c)tos ilícitos praticados por outro Estado. **Ex.** A cada ataque «de Israel», sucedem-se as ~s «da Palestina».

represar v t (<lat *reprehénso, áre, átum*: segurar bem, deter; ⇒ repreender) **1** Deter um curso de água. **Loc.** ~ um ribeiro «para acumular água para regas». **2** Conter/Suster. **Loc.** ~ as lágrimas [o riso]. **3** Reprimir/Refrear «os ódios/as paixões»/Sufocar. **Loc.** ~ *o ímpeto de vingança*. ~ [Parar] *os revoltosos*. **4** Deter em prisão/Aprisionar. **Ex.** A polícia conseguiu ~ [prender(o+)/deter(+)] os criminosos que andavam fugidos. **5** Apoderar-se de/Fazer presa de. **Ex.** «governante corrupto» Enriqueceu à custa do dinheiro que represou [roubou(+)] ao Estado.

representação s f (<lat *repraesentátio, ónis*: pagamento com dinheiro à vista, imagem, retrato, ~) **1** A(c)ção de tornar presente algo que está ausente. **Ex.** A escrita faz a ~ gráfica da linguagem. **Comb.** ~ duma cidade num mapa «dum prospe(c)to turístico». **2** Exposição/Mostra. **Comb.** Feira Internacional «de Lisboa/Paris» com ~ de muitos produtos portugueses. **3** *Teat* Exibição de uma peça em cena/Espe(c)táculo de teatro. **Ex.** A peça «tragédia/comédia/O drama» já está em ~ [cena(+)], em Lisboa, há vários meses e terá ~ões noutras cidades do país. **4** *Cine/Teat/TV* Desempenho de a(c)tores/Interpretação/A(c)tuação. **Ex.** A ~ [interpretação/O desempenho] do protagonista é excelente. **5** Imagem [Desenho/Pintura] que reproduz a realidade exterior «fa(c)tos/pessoas/obje(c)tos». **Comb.** «quadro com a» ~ *da Última Ceia* (de Jesus Cristo com os Apóstolos). «gravura com a» ~ *do Castelo de Guimarães* (Portugal). **6** Imagem mental de algo efe(c)tivamente presente/Perce(p)ção. **Comb.** ~ *acústica*. ~ *ó(p)tica* [visual]. **7** Figuração mental de perce(p)ções passadas/Recordação. **8** Substituição de uma (ou mais) pessoa(s) por outra(s) que age(m) em lugar da(s) substituída(s). **Ex.** O pai recebeu o pré[ê]mio em ~ do filho «ausente por doença grave». **9** (Conjunto de) pessoa(s) encarregada(s) de marcar a presença de uma entidade ou país em algum lugar ou a(c)to. **Ex.** Em ~ [nome] do Ministro das Finanças, presidiu à reunião o Secretário de Estado do Tesouro. As embaixadas fazem a ~ do Governo «de Portugal» junto de países estrangeiros. **10** Delegação do poder político dos cidadãos nos seus representantes. **Ex.** A Assembleia da República [O Congresso/O Parlamento] é um órgão de ~ nacional. **11** Poder que alguém confere a outra pessoa para que o substitua e pratique a(c)tos em seu nome/Mandato. **Loc.** Votar numa reunião «de condomínio» [Assinar um contrato] em ~ de alguém «empresa/amigo/vizinho».

representador, ora adj/s (<representar + -dor) ⇒ representante; representativo.

representante s/adj (⇒ representar) **1** (O) que representa. **Ex.** A administração vai receber um grupo de ~s dos trabalhadores. É um dos esboços ~ dos [um dos esboços que mostram os(+)] arranjos urbanísticos possíveis para aquela zona da cidade. **2** Pessoa a quem foi dado poder para a(c)tuar em nome de outra ou de uma entidade. **Comb.** ~ duma empresa «para assinar um contrato». **3** Diplomata «Ministro plenipotenciário» que representa o Governo do seu país num país estrangeiro. ⇒ embaixador; delegado. **4** Membro de assembleia legislativa/Deputado. **Ex.** Os deputados são os ~s dos cidadãos eleitores. **5** Modelo de determinada classe ou categoria/Exemplar. **Comb.** ~ *dum grupo*. ~ *duma espécie*. **6** Empresa comercial que zela pelos interesses de outra empresa comercial ou industrial. **Comb.** ~ *exclusivo* «duma marca de automóveis». *Marca* «de computadores» *com* ~ *em Portugal*.

representar v t/int (<lat *repraesento, áre, átum*: tornar presente <re-+*praesénto*: dar <*praesens* <*práesum, praeéssere, práefui*: estar à frente; ⇒ representação) **1** Reproduzir algo através de imagem/Simbolizar/Retratar. **Ex.** Este quadro representa a crucificação de Jesus Cristo. O monumento aos descobridores portugueses (Na margem do rio Tejo, em Lisboa) representa uma caravela com o Infante D. Henrique na proa. **2** Tornar presente ao espírito/Evocar/Lembrar. **Ex.** Os sinais de trânsito representam realidades «perigos/regras/pontos de interesse» que os condutores nesse momento não veem. As letras representam palavras [sons]. A pomba e o ramo de oliveira representam a paz. **3** Reconstituir através de obra de fi(c)ção «literatura/teatro/cinema» um acontecimento/uma época. **Ex.** O filme representa a situação dramática vivida pelos náufragos «do Titanic». **4** Levar à cena/Exibir/Encenar. **Ex.** O Teatro Nacional D. Maria II (Lisboa) vai ~ obras de Almeida Garrett. **5** Desempenhar [Interpretar] um papel. **Ex.** O a(c)tor representa maravilhosamente a sua personagem. **6** Tomar o lugar de alguém para agir em seu nome/defender os seus interesses. **Ex.** Os advogados representam os seus clientes «em tribunal/negócios». Os embaixadores representam o seu país junto de Estados estrangeiros. **7** Equivaler/Corresponder/Significar. **Ex.** A compra da casa representa para nós, nesta altura, um grande sacrifício. Ser convocado para a sele(c)ção [o time] nacional «de futebol» representa uma grande honra. **8** Aparecer/Mostrar-se. **Ex.** Quando tinha que fazer alguma coisa diferente [coisa que saía da rotina] só se lhe representavam [só via(+)] dificuldades.

representatividade s f (<representativo + -i- + -dade) Qualidade do que é representativo. **Comb.** Um pequeno grupo «de contestatários» sem qualquer [nenhuma] ~.

representativo, a adj (<representar + -ivo; ⇒ representante) **1** Que representa/Cara(c)-

terístico/Típico/Modelar. **Comb.** ***Amostra ~a*** «do todo». ***Traje ~ do folclore*** «minhoto». **2** Que envolve representação. **Ex.** Os sindicatos são entidades ~as dos trabalhadores. **Comb.** Democracia ~a [em que o povo delega nos seus representantes «deputados/governantes» o poder político]. **3** Que é a imagem de. **Comb.** ***Gráfico ~ da evolução*** «do desemprego». ***Quadro ~ de*** [que representa] ***Pilatos*** «lavando as mãos e proclamando a inocência de Jesus Cristo».

representável *adj 2g* (<representar + -vel) Que pode ser representado. **Ex.** A peça não é ~ porque tem custos de montagem muito dispendiosos. **Comb.** Dados ~eis [que cabem] num gráfico «de barras».

represo, a (Prê) *adj* (<lat *reprehénsus, a, um* <*reprehéndere*: agarrar por trás, deter, segurar) **1** Preso de novo/Detido/Retido. **Loc.** Ter sido [Ser] ~ «um prisioneiro que fugira». **2** Represado/Estagnado. **Comb.** Águas ~as «num charco/numa represa/albufeira». **3** Que não se expandiu/Contido/Represado(+). **Comb.** Lágrimas [Choro] ~as/o.

repressão *s f* (<lat *représsio, ónis*; ⇒ reprimir) **1** A(c)ção de reprimir/Proibição/Coibição. **Ex.** Eram educados num regime de ~, nem sequer tinham autorização de sair à rua. **2** A(c)ção de impedir de se manifestar. **Ex.** A censura (do Estado) é uma forma de ~. **3** A(c)to de conter/impedir de forma violenta a(c)ções de natureza política ou social/Castigo/Punição. **Ex.** Para dispersar os manifestantes, a polícia usou os habituais modos de ~ «bastonadas/gases lacrimogéneos».

repressivo, a *adj* (<lat *repressus, a, um* + -ivo; ⇒ reprimir) Que reprime/tem a finalidade de reprimir. **Comb.** ***Educação*** [Sistema político] ***~a/o***. ***Medidas*** [***Práticas/Métodos***] ***~as/os***.

repressor, ora *adj/s* (<lat *représsor, óris*) (O) que reprime/sustém/para o efeito. **Ex.** As vacinas desencadeiam no organismo uma a(c)ção ~ora do desenvolvimento de vírus perniciosos. **Comb.** Tirano [Regime político] ~/opressor(+) do povo.

reprimenda *s f* (<lat *repriméndus, a, um*; ⇒ reprimir) Repreensão/Censura/Admoestação. **Ex.** Levou uma ~ dos [Foi muito repreendido pelos] pais «por ter tido (notas) negativas».

reprimido, a *adj Psic* (<reprimir) Rejeitado pelo indivíduo, como forma de defesa geralmente inconsciente. **Comb.** Emoção [Ideia/Motivação] ~a.

reprimir *v t* (<lat *réprimo, ere, préssi, préssum* <*re-+prémere*: apertar, carregar) **1** Impedir a a(c)ção ou movimento/Conter/Suster/Refrear. **Ex.** Muitos jovens querem gozar de total liberdade, rejeitam tudo o [, não aceitam nada] que os reprima. **Loc.** «a custo [Quase não conseguir]» ~ as lágrimas [um ai]. **2** Proibir de forma autoritária/Coibir. **Ex.** Educava os filhos com rigor excessivo, chegando a reprimi-los com a ameaça de castigos violentos. **3** Castigar/Punir. **Ex.** A aplicação de pesadas multas é uma forma de ~ [castigar/punir] os transgressores «do código da estrada». **4** Oprimir/Tiranizar. **Ex.** A polícia política «CIA» reprimia os presos que se opunham ao regime.

reprimível *adj 2g* (< reprimir+-vel) Que pode ou deve ser reprimido. **Comb.** ***Comportamento ~***. ***Sentimentos (dificilmente) ~eis***.

reprincipiar *v t* (<re- +...) Tornar a principiar/Recomeçar(+). **Loc.** ~ [Tornar(+)] a aprender música «a tocar piano».

reprise fr ⇒ reposição **4**.

repristinação *s f Dir* (<repristinar+-ção) **1** Reposição em vigor de uma lei anteriormente revogada. **2** Restabelecimento/Revalidação.

repristinar *v t Dir* (<re- + pristino + -ar[1]) **1** Repor em vigor uma lei anteriormente revogada. **2** Revalidar/Restabelecer.

reprobatório, a *adj* (<lat *réprobo*: reprovar <*re+probáre*: aprovar + -ório) Que envolve/determina reprovação/Censurável.

réprobo, a *adj/s* (<lat *réprobus, a, um*; ⇒ reprovar) **1** (O) que foi reprovado/condenado. **Comb.** Olhado como [Considerado] ~ «por ser contestatário/revolucionário». **2** Malvado/Detestado/Excluído. **Ex.** Ninguém inveje [queira ter] a sorte dos ~s.

reproche fr ⇒ repreensão.

reprodução *s f* (<re- +...) **1** A(c)to ou efeito de reproduzir(-se). **2** *Biol* Função biológica que permite a conservação das espécies. **Comb.** ***~ assexuada*** [por divisão da célula (nos unicelulares) ou por formação de gomos]. ***~ sexuada*** [por união de células sexuais (Gâmetas) masculina e feminina, formando um ovo, início do novo ser]. **Comb.** «androceu/gineceu» Órgão de ~ das plantas. **3** O que é obtido por imitação ou repetição de um modelo/Cópia. **Comb.** ***~ de um quadro*** [de uma pintura] «de C. Portinari». ***~ do som*** [Transformação dos sinais armazenados em disco/cassete nos sons que os originaram/Operação inversa da gravação]. **4** Processo que dá continuidade a determinado sistema «econó[ô]mico/social».

reprodutibilidade *s f* (<reprodutível + -i- + -dade) Qualidade do que é reprodutível. **Comb.** ~ «em laboratório» de condições experimentais idênticas às naturais.

reprodutível *adj 2g* (<re- +...) Que se pode reproduzir. **Comb.** Negativo (fotográfico) ~. ⇒ reproduzível.

reprodutivo, a *adj* (<re- +...) **1** Que (se) reproduz. **Comb.** Animal [Espécie] ~o/a. **2** Que favorece [Relativo] a reprodução. **Comb.** ***Ciclo ~***. ***Condições ~as***. **3** Que produz benefício ou proveito. **Comb.** Investimento ~/rentável.

reprodutor, ora *adj/s* (<re- +...) **1** Que reproduz. **Comb.** Aparelho ~ do som «leitor de CD». **2** Que serve para reprodução. **Comb.** Órgão [Aparelho] ~. **3** *s* Animal destinado à reprodução. **Loc.** Sele(c)cionar um ~ «touro/uma coelha».

reproduzir *v t* (<re- +...) **1** Produzir novamente/Copiar/Duplicar/Multiplicar. **Loc.** ~ um texto «em fotocópias». **2** Executar [Mostrar] de novo/Repetir/Imitar. **Ex.** Ao chegar a casa, a mãe reproduziu para os filhos as palavras do pregador que mais a tinham impressionado. **3** Dar a ideia/imagem/Representar/Retratar. **Ex.** O filme reproduz os momentos dramáticos que se seguiram à catástrofe do terramoto. O jornal reproduz [mostra] na primeira página o criminoso à saída do tribunal. **4** ~-se/Dar origem a novos seres/Fazer nascer/Gerar/Procriar. **Ex.** Os coelhos reproduzem-se muito. Muitas plantas reproduzem-se por semente, outras por estaca. **5** ~-se/Espalhar-se/Propagar-se/Proliferar. **Ex.** Os bairros de lata reproduzem-se [proliferam(+)] nos arredores da maioria das grandes cidades.

reproduzível *adj 2g* (<reproduzir + -vel) Que se pode reproduzir/Reprodutível. **Comb.** Condições naturais impossíveis [não ~eis] em laboratório.

reprografia *s f* (<repro(dução) + -grafia) **1** Conjunto de técnicas de reprodução de dados e documentos «filmagem/fotocópia/termocópia». **2** Lugar onde se faz essa reprodução. **Comb.** ***Empregado*** [Encarregado] ***da ~*** «da escola». ***Horário da ~***.

reprovação *s f* (<lat *reprobátio, ónis*) **1** A(c)to ou efeito de reprovar/Desaprovação/Censura. **Ex.** O pai manifestou a sua ~ pelo comportamento do filho. O chefe do gabinete técnico «da autarquia» recomendou a ~ do proje(c)to. **2** Não aprovação em exame/*gír* Chumbo. **Ex.** O aluno ficou consternado com a ~ (que não esperava). **3** Rejeição(+)/Exclusão. **Ex.** A oposição advogou com veemência a ~ da proposta «de aumento do IVA».

reprovado, a *adj/s* (<reprovar + -ado) **1** ⇒ reprovável. **2** (O) que não foi julgado habilitado/apto em exame ou concurso. **Ex.** Os (alunos) ~s podem repetir o exame na 2.ª época. **Comb.** Turma de ~s. **3** Excluído/Rejeitado. **Comb.** Proposta [Proje(c)to] ~a/o.

reprovador, ora *adj/s* (<reprovar + -dor) (O) que reprova/desaprova/censura. **Comb.** ***Professor muito ~***. ***Olhar ~***. ***Palavras ~as***.

reprovar *v t/int* (<lat *réprobo, áre, átum* <*re-+probáre*:; aprovar) **1** Não aprovar/Desaprovar/Censurar. **Ex.** Todos os colegas reprovaram a atitude arrogante e ofensiva da aluna. Os técnicos reprovaram o proje(c)to. **2** Votar contra/Rejeitar/Excluir. **Ex.** A maioria parlamentar reprovou a proposta da oposição. **3** Não ser considerado habilitado em exame/concurso/*gír* Chumbar. **Ex.** Reprovou «pela 2.ª vez» em matemática. Ela está com receio de ~ no exame de condução. **4** Condenar/Censurar. **Ex.** Toda a gente [Todos] reprovou [reprovaram] o recurso à violência «para dispersar os manifestantes».

reprovável *adj 2g* (<reprovar + -vel) Que merece reprovação/Censurável/Condenável. **Comb.** ***Comportamento ~***. ***Medidas*** [***Expedientes/Práticas***] ***~eis***.

reptante[1] *adj/s 2g* (⇒ reptar[1]) (O) que rasteja/Réptil. **Ex.** Todos os répteis são ~s. **Comb.** *Bot* Caule ~ [prostrado, alongado (e que produz raízes nos nós) «abóbora/morango»].

reptante[2] *adj/s 2g* (⇒ reptar[2]) (O) que desafia/lança repto.

reptar[1] (Ré) *v int* (<lat *répto, áre, átum*, frequentativo de *répo, ere*) Andar de rastos/Rastejar(+)/Arrastar-se.

reptar[2] *v t* (<lat *répto, áre, átum* <*re+péto, ere*: dirigir-se para, pedir) **1** Manter oposição. **2** Lançar um repto(o+)/desafio(+)/Provocar.

réptil *adj/s 2g* (<lat *réptilis, e*) **1** (O) que rasteja/que anda de rojo/Reptante[1]. **2** *s 2g Zool* (Diz-se de) classe dos vertebrados, de vida terrestre ou aquática, com a pele revestida de escamas, com membros atrofiados «crocodilo» ou ausentes «cobra» e que, em terra, se deslocam rastejando. **Ex.** A classe dos ~eis inclui animais de grande porte «crocodilos», pequenos rastejantes «lagartixas» e também cágados e tartarugas.

reptilário, a *adj* (<réptil + -ário) Relativo a répteis.

repto (Ré) *s m* (<reptar[2]) **1** A(c)ção de reptar. **2** Desafio/Provocação. **Loc.** Lançar um ~/desafio.

república (Rè) *s f* (<lat *res pública*: coisa pública, o Estado, a administração do Estado) **1** Sistema político em que o poder é exercido pelos representantes dos cidadãos, eleitos para [por] um determinado período. **Ex.** A ~ foi implantada em Portugal em 1910. ⇒ monarquia. **2** Estado em que vigora esse sistema político. **Ex.**

A maioria dos Estados europeus são ~s. **Comb.** *depr* **~ das bananas** [Expressão usada para indicar que a ordem, a legalidade ou o bem público não são devidamente salvaguardados nesse país]. **~ popular** [Designação de regime político de feição socialista cole(c)tivista, com uma forte autoridade do aparelho do Estado «República Popular da China»]. **3** *gír* Residência cole(c)tiva de estudantes universitários. **Ex.** Em Portugal, as ~s têm grande tradição em Coimbra. **4** *fig depr* Associação [Cole(c)tividade/Casa] onde reina a desordem por falta de autoridade.

República da África do Sul *s f Geog* Estado federal que ocupa a parte meridional da África, tem como capital administrativa Pretória e (capital) legislativa o Cabo. **Ex.** A população da ~ – os sul-africanos – é multirracial e multicultural.

República Árabe Unida ⇒ Egi(p)to.

República Checa *s f Geog* República da Europa Central, com a capital em Praga, cujo território somado com o da Eslováquia corresponde ao do anterior estado da Checoslováquia. **Ex.** Os naturais e habitantes da República Checa são os checos, que falam uma língua eslava, o checo.

República Dominicana *s f Geog* Estado da América Central que ocupa a parte oriental da ilha Hispaniola, das grandes Antilhas. **Ex.** A capital é São Domingos e a língua oficial o espanhol.

República Federal Alemã (RFA) ⇒ Alemanha.

republicanismo (Rè) *s m* (<republicano + -ismo) **1** Doutrina que defende o sistema político republicano. **2** Forma de governo republicana.

republicano, a (Rè) *adj/s* (<república + -ano) **1** Relativo [Pertencente] a república. **Comb.** *Governo ~. Revolução ~a.* **2** Em que há república. **Comb.** *Estado ~. Regime ~.* **3** *s* Partidário [Defensor] da república como regime político. **Ex.** Os ~s derrubaram a monarquia.

republicar *v t* (<re- +...) Publicar novamente/Reeditar.

república, a (Rè) *adj/s* (<república) **1** Referente ao interesse dos cidadãos [ao interesse público]. **2** *s* O que se interessa pelo bem público. **3** Partidário do regime republicano/Republicano(+).

repudiação *s f* (<repudiar + -ção) ⇒ Repúdio.

repudiar *v t* (<lat *repúdio, áre, átum*) **1** Rejeitar legalmente a esposa. **Ex.** Na lei moisaica era permitido ao marido ~ a esposa por motivos previstos na lei, nomeadamente, em caso de adultério. **2** Votar [Deixar] ao abandono/Desamparar/Rejeitar. **Ex.** Repudiou o filho logo que ele nasceu. **3** Não aceitar/Recusar/Repelir. **Ex.** Assediada pelo patrão, repudiou sempre as propostas desonestas que ele lhe fazia. Repudiava a ideia de que o marido pudesse ser culpado do crime de que era acusado.

repudiável *adj 2g* (<repudiar + -vel) Que se pode repudiar. **Ex.** Há sociedades [culturas] que consideram ~ uma mulher estéril.

repúdio *s m* (<lat *repúdium, ii*) **1** *Dir* Rejeição de uma posição [situação] oferecida/Renúncia voluntária a uma herança. **Ex.** O ~ é um a(c)to oposto à aceitação. **2** Rejeição legal da mulher. **Ex.** Na lei moisaica, em caso de ~, o marido tinha de restituir o dote à esposa repudiada. **3** *fig* Não aceitação/Rejeição(+). **Comb.** ~ duma ideia.

repugnância *s f* (<lat *repugnántia, ae*: luta dos elementos, desacordo, oposição) **1** Cara(c)terística do que é repugnante. **2** Aversão por alguma pessoa ou coisa/Asco/Nojo. **Ex.** Não sou capaz de comer caracóis, metem[causam]-me ~. **3** Forte sentimento de antipatia/Incompatibilidade/Repúdio. **Ex.** As pessoas que maltratam os idosos «que abandonam os pais» causam-me ~. **4** Repulsa/Relutância. **Ex.** Senti uma enorme ~ [relutância(+)] em aceitar um presente de gente tão pobre; foi [aceitei-o] só para não lhes fazer desfeita.

repugnante *adj 2g* (<lat *repúgnans, ántis*; ⇒ repugnar) **1** Que repugna/causa repugnância/Nojento/Asqueroso. **Comb.** Bicho «salamandra» ~. **2** Que causa aversão/antipatia/Detestável. **Comb.** Pessoa «soberba/enfatuada» ~. **3** *fig* Que produz indignação. **Comb.** Comportamento «violento/cruel» ~.

repugnar *v int* (<lat *repúgno, áre, átum*: resistir, defender-se, fazer oposição, ser contrário) **1** Causar repugnância/nojo. **Ex.** Há certos bichos «osgas/salamandras/lesmas» que repugnam. **2** Causar aversão/antipatia. **Ex.** Aquela colega tem um ar muito ordinário; repugna-me acompanhar com ela. **3** Não aceitar/Sentir repulsa/Rejeitar. **Ex.** Não tolero comida gordurosa, repugna-me, causa-me vó[ô]mitos. **4** Suscitar desagrado/revolta. **Ex.** A TV apresenta por vezes imagens obscenas que repugnam. **5** Ser incompatível. **Comb.** Ideias absurdas que repugnam à razão.

repulsa *s f* (<lat *repulsa, ae*; ⇒ repelir) **1** Rejeição/Recusa/Repúdio. **Comb.** Lei «do aborto» que mereceu ~ de grande parte da população. **2** Repugnância/Nojo. **Comb.** Alimentos que causam ~. **3** Aversão/Rejeição/Malquerença. **Ex.** Sentia tão grande ~ por aquele colega que até evitava cruzar-se com ele.

repulsão *s f* (<repulsa + -ão) **1** ⇒ Repulsa/Empurrão [Encontrão] «no futebol». **2** *Fís* Força com que certos corpos se repelem mutuamente. **Ant.** Atra(c)ção.

repulsar *v t* (<repulsa + -ar¹) **1** Repelir(+)/Afastar/Empurrar. **Ex.** A polícia repulsou [repeliu(+)] os manifestantes. **2** Rejeitar/Recusar. **Ex.** Durante muito tempo o Governo repulsou [recusou(+)/rejeitou(o+)] a ideia de que era necessário recorrer à ajuda externa «para resgate da dívida soberana [de empréstimos contraídos pelo Estado]».

repulsivo, a *adj* (<repulsar + -ivo) **1** Que causa repulsa/Repelente/Repugnante. **Comb.** Animal «cobra» com aspe(c)to ~. **2** Que causa aversão/indignação/Detestável. **Comb.** Feitio [Maneira de ser] ~o/a/desagradável/antipático/a.

repulso, a *adj* (<lat *repulsus, a, um*) ⇒ repelido(+) (Em repelir).

repurificar *v t* (<re- +...) Purificar intensamente/Voltar a purificar/Acrisolar.

reputação *s f* (<lat *reputátio, ónis*: cálculo, conta, meditação, consideração) **1** Conceito em que uma pessoa é tida. **Ex.** Fez um comunicado a defender-se para salvar [porque estava em causa] a sua ~. **2** Fama/Renome/Nomeada. **Ex.** A ~ dos grandes futebolistas atravessa fronteiras [chega a todo o lado].

reputar *v t* (<lat *repúto, áre, átum*: computar, contar, meditar, considerar) **1** Ter na conta de/Considerar/Julgar. **Ex.** O Governo tomou as medidas que reputou [julgou/achou] mais adequadas para vencer a crise. **2** Formar conceito/opinião/Avaliar. **Ex.** A imprensa reputa-o [tem-no] como uma das maiores autoridades na matéria. **3** Dar nome/fama/reputação. **Ex.** Os maratonistas portugueses «Carlos Lopes/Rosa Mota» reputaram mundialmente o [deram fama mundial ao(+)] atletismo português.

repuxador, ora *s* (<repuxar + -dor) Oficial de ourivesaria que executa certos trabalhos de relevo.

repuxão *s m* (<repuxar + -ão) Puxão violento/Estição.

repuxar *v t/int* (<re- + ...) **1** Puxar com força o que já se encontra esticado. **Ex.** A força das ondas repuxou as amarras dos barcos ancorados no porto até as partir. A máquina (de costura) não está a coser bem: a linha repuxa o tecido. **2** Estar excessivamente esticado. **Ex.** Ao cicatrizar, a pele repuxou. **3** Puxar para trás. **Loc.** ~ o cabelo «para fazer rabo de cavalo». **4** «a água/um líquido» Fazer repuxo/Sair em ja(c)to. **Ex.** Ao abrir a vala, a água repuxou [repinchou/espirrou] com toda a força dum cano que se furou.

repuxo *s m* (<repuxar) **1** A(c)to ou efeito de repuxar. **2** Ja(c)to contínuo de água que sai com força e se eleva. **Ex.** A água saíu em ~ duma conduta fendida. **3** Dispositivo que faz sair a água em ja(c)to. **Loc.** Montar [Fazer] um ~ «no jardim/no meio do rio». **4** *Náut* Tira de couro com dedal que os marinheiros utilizam para proteger a mão quando cosem lona. **5** ⇒ coice «de arma de fogo ao disparar».

requebrado, a *adj/Br s m* (<requebrar + -ado) **1** Que tem requebros na voz nos gestos/Lânguido/Lascivo. **Comb.** *Movimentos ~os.* **Voz** *~a* [trinada(+)]. **2** *Br s m* Movimento lânguido e lascivo/Bamboleio/Meneio.

requebrar *v t* (<re- + ...) **1** Mover(-se) com requebro/Bambolear(-se). **2** Trinar a voz.

requebro (Ké) *s m* (<requebrar) **1** A(c)to ou efeito de requebrar/Movimento lânguido/lascivo. **Loc.** Dançar com ~s. **2** Inflexão da voz/Trinado.

requeijão *s m* (<re- + queijo + -ão) Produto alimentar preparado a partir do soro do leite com restos de coalhada que se separa no fabrico de queijo e que é constituído por lact(o)albumina.

requeima/e *s m* (<requeimar) **1** A(c)to ou efeito de requeimar. **Sin.** Queimor. **2** *Icti* Peixe teleósteo também conhecido por garoupa(+), cantariz, cantarilho e rainúnculo. **3** Sabor acre de certas especiarias «pimenta/cravo».

requeimar *v t/int* (<re- +...) **1** Queimar excessivamente/Tostar/Crestar. **Ex.** O sol, na praia, e o vento agreste das montanhas requeimam a pele. **2** O fogo causar enegrecimento/Enegrecer/Tisnar. **Ex.** As panelas de ferro aquecidas na fogueira requeimam-se. **3** Produzir sensação de ardor intenso/Ter sabor picante. **Ex.** O caril «do molho do churrasco» requeima (n)a boca.

requentar *v t* (<re- + aquentar) **1** Tornar a aquecer (um alimento). **Ex.** Já deixei o almoço feito, é só (preciso) requentá[aquecê(+)]-lo e está pronto a [para] comer. **Comb.** *Comida requentada* [que arrefeceu e foi novamente aquecida] (Ex. Serviram-me peixe cozido com batatas requentadas, um jantar intragável!). *Notícias* [Histórias] *requentadas* [que já são conhecidas e se apresentam como novas]. **2** Ficar (um alimento) com mau sabor devido à impregnação de fumo. **3** Aquecer durante muito tempo.

requerente *adj/s 2g* (<requerer + -ente) (O) que requer/faz um requerimento. **Loc.** Dar resposta aos ~s. **Comb.** Entidade [Pessoa/Cidadão] ~.

requerer *v t* (<lat *requáerere* <*requíro, írere, quisívi* ou *quisii, quisítum*: buscar, procurar) **1** Fazer um [Pedir por] requerimento.

Loc. ~ *a concessão* do rendimento social de inserção. ~ *licença* «de porte de arma». ~ *o adiamento* «dum processo». **2** Precisar/Exigir/Merecer. **Ex.** As plantas, para se desenvolverem, requerem calor [luz] e (h)umidade. O estado do doente requer cuidados especiais. As lojas de artigos valiosos «ourivesarias» requerem grande vigilância.

requerimento *s m* (<requerer + -mento) **1** Petição escrita segundo certa fórmula, dirigida a uma entidade oficial. **Loc.** Fazer um ~ às Finanças «pedindo a reavaliação dum imóvel». **2** Pedido/Petição. **Ex.** Deram entrada na [Foram apresentados à] mesa (da assembleia) dois ~s.

requesta (Kés) *s f* (<requestar) **1** A(c)to de requestar. **2** Contenda/Briga. **Loc.** Envolver-se em ~.

requestador, ora *adj/s* (<requestar + -dor) **1** (O) que requesta. **2** Galanteador.

requestar *v t* (<lat *requaesitáre* <*requáerere* <*requíro, írere, quisívi* ou *quísii, quisítum*: buscar, procurar) **1** Pedir com insistência/Instar. **Ex.** Os alunos manifestaram-se requestando melhores condições «a reparação do sistema de aquecimento» para a escola. **2** Solicitar a presença de alguém/Dirigir convite. **Ex.** As/Os fãs, em delírio, requestavam a presença do artista no palco. **3** Dirigir galanteios/Fazer a corte «à moça».

requesto *s m* ⇒ requesta.

réquiem (Récuiem) *s m* (<lat *réquies, ei* (No caso acusativo): descanso, repouso) **1** *Rel* Designação corrente da missa de defuntos (Missa de ~) que, em latim, começa com as palavras: *Réquiem aetérnam, dóna eis, Dómine*: Dá [Dai]-lhes, Senhor, o descanso eterno). **2** *Mús* Composição musical destinada a acompanhar a missa de defuntos. **Comb.** O ~ de Mozart.

requife *s m* (< ?) Fita estreita de passamanaria ou cordão para debruar/guarnecer.

requintado, a *adj* (<requintar + -ado) **1** Que chegou ao grau mais elevado de perfeição/Muito apurado. **Comb.** *Artista* «ilusionista» ~. *Restaurante* ~. **2** Delicado/Fino/Apurado. **Comb.** *Elegância* ~*a*. *Gosto* ~. *Manjar* ~. **3** Levado ao extremo. **Comb.** *Maldade* [*Crueldade*] ~*a*.

requintar *v t/int* (<re- + quinto + -ar[1]) **1** Elevar ao mais alto grau/à quinta-essência/Aprimorar. **Loc.** ~ *o estilo*. ~ *os dotes* de cozinheira. **2** Exagerar. **3** ~-*se*/Cuidar-se «vestir-se/pintar-se» com grande esmero. **Ex.** Ela requintou-se [toda se requintou] para (ir a)o baile.

requinte *s m* (<requintar) **1** Grande apuro/Perfeição/Primor. **Ex.** O almoço [banquete] foi servido com (todos os) ~(s). **2** Apuro extremo/Exagero. **Ex.** Tratavam os prisioneiros com ~s de crueldade.

requisição *s f* (<lat *requisítio, ónis*) **1** A(c)to de requisitar/pedir/solicitar. **Ex.** Serão atendidos em primeiro lugar os clientes que previamente fizeram a ~ «da batata de semente». **2** Obrigação imposta legalmente por uma autoridade para cedência duma propriedade ou utilização de bens para interesse público. **Comb.** ~ *civil* [Operação pela qual o Governo obriga determinado grupo de profissionais «médicos/enfermeiros» a prestar serviço considerado de utilidade pública imprescindível]. ~ [Expropriação(+)] *duma faixa de terreno* «para alargar a rua». ~ *de tra(c)tores com cisterna* «para combate a incêndios florestais». **3** Impresso [Documento] utilizado para fazer um pedido de fornecimento «de bens ou serviços». **Ex.** O armazém só entrega material mediante ~.

requisitante *adj/s 2g* (<requisitar + -ante) (O) que requisita. **Ex.** O ~ do serviço «de ambulância» tem que se responsabilizar pelo seu pagamento. Quem foi o ~ «da certidão de idade»?

requisitar *v t* (<lat *requaesitáre*, frequentativo de *requáerere* <*requíro, írere, isívi* ou *ísii, isítum*) **1** Requerer alguma coisa oficialmente para serviço público. **Ex.** O enfermeiro requisitou uma viatura para serviço domiciliário. O juiz requisitou a polícia para manter a ordem nas imediações [à volta/entrada] do tribunal. **2** Fazer um pedido/uma requisição. **Loc.** ~ *papel de máquina* [tinteiros para a impressora]. **3** Solicitar para uso temporário. **Loc.** ~ *livros na biblioteca*. **4** Solicitar a presença/Dirigir convite. **Comb.** *Artista* «acordeonista» muito requisitado para bailes.

requisito *s m* (<lat *requisítus, a, um*; ⇒ requisitar) **1** Condição necessária para se atingir determinado fim. **Ex.** O estádio «do Benfica/Sporting/Porto» tem todos os ~s para que nele se possam disputar jogos do campeonato europeu ou mundial de futebol. **2** Exigência legal. **Ex.** A clínica foi obrigada a fechar por não ter os ~s mínimos exigidos pela lei. **3** Cara(c)terística/Predicado/Dote. **Ex.** Se não for admitido, não é por falta de ~s [qualidades/capacidade] para desempenhar o lugar.

requisitório, a *adj/s m* (<requisito + -ório) **1** Que contém pedido/Precatório(+). **Comb.** *Carta* ~*a* [precatória(+)]. **2** *s m* Exposição dos motivos de acusação contra o réu feita pelo Ministério Público. **3** Discurso de acusação contra alguém. **Ex.** Na manifestação, o dirigente sindical fez um ~ contra o ministro da educação por causa do sistema de avaliação dos professores.

rés *adj 2g 2n/adv* (<fr an *rès, rez*: ao nível de; ⇒ ~ *do chão*) **1** ⇒ Rente. **2** Raso. **3** *adv* Cerce/Rente a. **Comb.** *Ao* ~ *de* [Ao nível de]. ~ *de* [Rente a/A rasar com].

rês *s f* (<ár *rãs*: cabeça) Animal quadrúpede utilizado na alimentação humana. **Ex.** Por altura das festas da cidade, são abatidas dezenas de reses. **2** *fig pej* Pessoa de mau cará(c)ter. **Ex.** Ele é fraca [não é boa] ~ [Ele é pessoa de má índole].

res- *pref* (<lat *re- + ex-*) Exprime a ideia de **repetição** e **retoma** (Ex. ~folegar).

resbordo (Bôr) *s m Náut* (<res- +...) **1** Série de pranchas que formam a parte externa inferior do casco do navio. **2** Abertura na amurada para passagem de pessoas e carga de mercadorias leves.

rescaldar *v t* (re- + escaldar) **1** Tornar a escaldar. **2** Imergir [Mergulhar] em água a ferver/Deitar água a ferver por cima de alguma coisa.

rescaldo *s m* (<rescaldar) **1** Borralho [Cinza com brasas] após um incêndio. **Ex.** O incêndio foi extinto mas ainda há o perigo de o ~ se reacender. **2** Trabalho de prevenção para evitar o reacendimento dum incêndio extinto. **Ex.** Os bombeiros mantêm-se (no local do incêndio) em operações de ~. **3** Cinza ou lava dum vulcão. **4** *fig* Parte final de qualquer acontecimento. **Ex.** No ~ do jogo, houve escaramuças entre as duas claques [torcidas] rivais.

re(s)cendência *s f* (<re(s)cender + -ência) Qualidade do que cheira muito bem/Fragrância.

re(s)cendente *adj 2g* (<re(s)cender + -ente) Que cheira muito bem/Fragrante.

re(s)cender *v int* (<re(s)- + incender) Exalar cheiro a(c)tivo e agradável. **Ex.** As laranjeiras em flor rescendem um olor [aroma] perfumado.

rescindência *s f* (<rescindir + -ência) ⇒ rescisão.

rescindir *v t* (<lat *rescíndo, ere, cidi, císsum*: separar rasgando ou cortando, abrir de novo uma ferida, abater, demolir, anular <*re-+scíndere*: separar, rasgar) **1** Fazer a rescisão de/Anular/Invalidar/Cancelar. **Loc.** ~ *um contrato*. **2** Romper/Quebrar.

rescindível *adj 2g* (<rescindir + -vel) Que se pode rescindir.

rescisão *s f* (<*rescíssio, ónis*) **1** A(c)to ou efeito de rescindir/Anulação/Dissolução. **Ex.** O treinador pediu a ~ do contrato que o ligava ao clube. **2** Rompimento/Corte.

rescisório, a *adj* (<lat *rescissórius, a, um*) Que rescinde/Que implica rescisão. **Comb.** *Cláusula* ~*a dum contrato*.

rescrever *v t* ⇒ reescrever.

rescrição *s f* (<lat *rescríptio, ónis*; ⇒ reescrever) Autorização para pagamento de determinada quantia/Cheque(+).

rescrito *s m* (<lat *rescríptum, i* <*rescríbere*: escrever de novo <*re-+scríbo, ere, scríptum*: escrever) **1** *Rel* Resposta de um superior eclesiástico dada por escrito a uma questão posta por um inferior/*hist* Decretal. **2** *Hist* Resposta dada pelo imperador romano aos pedidos ou consultas dos seus súbditos. **3** *Dir* Resposta escrita [dada por escrito].

rés do chão *s m* (Parte de um) prédio ou habitação (que fica) ao nível da rua. **Ex.** Eu moro no ~ dum prédio com três pisos.

reseda (Zê) *s f Bot* (<lat *reséda, ae*) Planta herbácea da família das resedáceas, com flores aromáticas, amarelas ou verdes, esbranquiçadas, cultivada nos jardins; *Reséda/Lawsónia*.

resedáceo, a *adj/s f pl Bot* (<reseda + -áceo) (Diz-se de) família de plantas dicotiledó[ô]neas de folhas alternas e flores pequenas em cachos ou espigas, a que pertence a reseda.

resenha *s f* (<resenhar) **1** Descrição pormenorizada e minuciosa de alguma coisa. **Comb.** ~ *dos acontecimentos políticos* «da semana». **2** Síntese crítica de uma obra ou artigo/Recensão.

resenhar *v t* (<lat *resígno, áre, átum*: tirar o selo, deslacrar, abrir carta, desvendar, lançar em rol, fazer assunto de <*re-+signáre*: marcar com sinal) Fazer a resenha de/Descrever minuciosamente/Enumerar.

reserpina *s f Bioq* (<lat científico *Rauwolfia serpentina*) Alcaloide com propriedades sedativas ($C_{33}H_{40}N_2O_9$), que se extrai da raiz da planta tropical rauwólfia, utilizado como calmante e hipotensor.

reserva (Zér) *s f* (<reservar) **1** A(c)to ou efeito de reservar/O que se tem de parte para ocorrer a futuras necessidades. **Ex.** Todos os meses ponho algum dinheiro de ~. **2** O que se tem em abundância. **Ex.** Se «o meu marido» passar um dia sem comer não lhe fará muito mal, ele tem muitas ~s. **3** A(c)to de assegurar [marcar/garantir] um lugar de que se usufruir mais tarde. **Loc.** Fazer a ~ *dum bilhete* «de avião/dum espe(c)táculo»/*dum quarto em hotel/duma mesa* «num restaurante». **4** Quantidade de recursos naturais ainda não explorada. **Comb.** ~*as de carvão/volfrâmio/petróleo*. **5** Território delimitado sujeito a regime de prote(c)ção especial, do continente americano, onde vivem tribos autó(c)tones.
6 Território delimitado e regulamentado para prote(c)ção de espécies animais e vegetais que aí têm o seu habitat natural. **Comb.** ~ *botânica*. ~ *de caça* [pesca]. ~ *florestal*. ~ *natural*. **7** Quantidade de um recurso energético ou monetário disponível para utilização imediata. **Ex.** As ~s de

água nas albufeiras estão a 70% do máximo. **Comb.** ~ *monetária* [A(c)tivos «ouro/divisas» de que as autoridades monetárias «dum país» podem incondicionalmente dispor para assegurar a estabilidade da taxa de câmbio e evitar a depreciação [apreciação] da moeda em relação a outras moedas estrangeiras]. **8** *Rel* Disposição canó[ô]nica que limita a determinada entidade eclesiástica «Papa/bispo» o direito de conceder graças ou dispensas «absolvição de pecados/concessão de benefícios». ⇒ reservado **8**. **9** Comportamento de quem não exterioriza os seus sentimentos/Retraimento/Circunspe(c)ção/Recato. **Comb.** ~ *mental* [Restrição ou negação a nível do pensamento do que explicitamente se afirma]. **10** A(c)to de limitar ou restringir/Limitação/Restrição/Condição. **Ex.** Empresto-vos o carro com uma ~/condição(+): quem o conduzir não toca em álcool [não bebe bebidas alcoólicas]. **11** *Dir* Cláusula dum contrato que limita algum dos seus efeitos. **Comb.** Venda com ~ *de propriedade* «até ao pagamento integral». **12** *Econ* Conjunto de valores «provenientes de lucros/reavaliações» que conjuntamente com o capital social constitui o capital próprio duma empresa. **Comb.** *Fundo de* ~ *legal* [Parte dos lucros que em cada exercício as sociedades anónimas são legalmente obrigadas a destinar ao reforço das garantias dos credores sociais, ficando portanto indisponível em termos análogos ao do capital social]. **13** *Mil* Contingente militar que se mantém na retaguarda mas pronto para entrar em combate. **14** *Mil* Militares que já não estão no serviço a(c)tivo mas que podem ser chamados em caso de necessidade. **Loc.** Passar à ~. **Comb.** *Oficial da* ~. *Quadro da* ~. **15** *(D)esp* Classe de desportistas que em caso de necessidade podem ser chamados a a(c)tuar na primeira categoria. **Comb.** Torneio de ~s «dos clubes de futebol da primeira categoria». **16** Designação de vinho de uma boa colheita guardado e envelhecido para posteriormente ser consumido como vinho de superior qualidade. ⇒ vintage.

reservação *s f* (<reserva + -ção) **1** Reserva. **2** *Dir* Cláusula restritiva numa doação.

reservado, a *adj/s m* (<reservar + -ado) **1** Que está [foi posto] de reserva. **Comb.** *Dinheiro* ~ «para uma eventual necessidade». *Produto* ~ «para clientes especiais». **2** Posto à parte/Guardado/Conservado. **Comb.** Vinho ~ «para uma festa «casamento/ba(p)tizado». **3** Marcado/Apalavrado/Garantido. **Comb.** *Mesa* ~*a* «num restaurante». *Viagem* ~*a/marcada.* **4** Destinado a determinada finalidade. **Comb.** *Estacionamento* ~ «a deficientes/à administração». *Filme* ~ «a adultos». **5** Oculto/Íntimo. **Comb.** *Sentimento* [Desejo] ~/ *só meu.* **6** Retraído/Circunspe(c)to/Cauteloso. **Comb.** *Pessoa* ~*a* [fechada/*idi* de poucas falas]. **7** Que não deve ser divulgado/Confidencial. **Comb.** *Conversa com cará(c)ter* ~. **8** Diz-se dos pecados e casos de consciência que só determinadas entidades eclesiásticas podem absolver ou resolver (⇒ reserva 8). **9** *s m* Compartimento em restaurante ou bar destinado a clientes que desejam ficar sós. **10** *Br* Banheiro(+)/Quarto de banho/W.C./Privada/Retrete.

reservar *v t* (<lat *resérvo, áre, átum* <re--+*serváre*: guardar, conservar) **1** Pôr de parte/Guardar. **Ex.** Nunca vendo tudo o que a quinta produz; reservo sempre uma parte para (dar a)os filhos. **2** Pôr de reserva/Armazenar. **Ex.** Reservo sempre lenha para a lareira de uns anos para os outros. Este ano houve pouco azeite mas tenho uma (boa) reserva [mas ainda tenho bastante porque o reservei] do ano passado. **3** Não gastar/Poupar. **Ex.** Todos os meses reservo [guardo] parte do ordenado para fazer face a qualquer imprevisto. **4** Destinar a determinado fim. **Loc.** «no salão/auditório» ~ *os lugares da frente* «para as entidades oficiais». ~ *um leitão* «para o almoço da festa». **5** Marcar antecipadamente/Apalavrar. **Loc.** ~ (um quarto num) *hotel.* ~ *mesa* (num restaurante). **6** Atribuir determinados direitos e deveres/Conferir. **Ex.** A lei reserva aos pais o direito de decidirem sobre a educação dos seus filhos. Reservo-me o direito de discordar «das decisões da maioria». **7** Fazer segredo. **Ex.** Ele nunca fez conversa [nunca falou] do assunto com ninguém, reservou tudo só para si. **8** Guardar(-se) para outra ocasião. **Ex.** Não sei que surpresas me reserva ainda o futuro. Durante a campanha quase não apareceu a apoiar o candidato do (seu) partido; reservou-se para a última semana.

reservatário, a *s Dir* (<reservado + -tário) Detentor do direito de uma reserva legal.

reservativo, a *adj* (<reservar + -tivo) Em que há reserva. **Comb.** *Cláusula* ~*a.*

reservatório *s m* (<reservar + -tório) **1** Lugar onde se guarda alguma coisa/Recipiente. **Ex.** A água de abastecimento à cidade é bombada para um ~ situado num ponto alto. **2** Lugar onde se acumula alguma coisa/Depósito. **Ex.** Aquela rua [Aquele beco] está transformada/o num ~ de lixo.

reservista *s 2g* (<reserva **14/15** + -ista) **1** *Mil* Militar que está na situação de reserva. **2** *(D)esp* (D)esportista [Atleta] que joga nas [pertence à categoria das] reservas.

resfolegadou[oi]ro *s m* (<resfolegar + -dou[oi]ro) **1** Orifício por onde entra o ar/Respiradouro. **2** *Zool* Respiradouro dos cetáceos «baleia»/Espiráculo.

resfolegar *v t/int* (<res- + fôlego + -ar¹) **1** Tomar fôlego. **2** Respirar profundamente com ruído. **Ex.** Os cavalos cansados da longa corrida resfolegavam pelas narinas. **3** *fig* Expelir de modo ruidoso. **Ex.** As antigas máquinas [locomotivas] dos comboios [trens] resfolegavam vapor pelo escape e rolos de fumo pela chaminé da caldeira.

resfôlego *s m* (<resfolegar) **1** Ruído provocado pela respiração. **Ex.** Na sala de espera da estação, àquela hora da noite só se ouvia o ~ do único passageiro que aguardava o último comboio/trem. **2** *fig* Ruído semelhante ao da respiração.

resfriado, a *adj/s m* (<resfriar + -ado) **1** Que resfriou. **Comb.** *Comida* ~*a*. **2** Que está constipado. **Ex.** Estou a sentir-me ~. **3** *fig* Diminuído. **Ex.** Andava um pouco desgostoso com os patrões; o entusiasmo pelo trabalho tinha ~. **4** *s m* Estado gripal/Constipação/Resfriamento. **Loc.** Apanhar um ~. ⇒ gripe.

resfriador, ora *adj/s* (<resfriar + -dor) **1** (O) que resfria. **2** Recipiente onde se coloca alguma coisa para resfriar «garrafa, com gelo».

resfriadou[oi]ro *s m* (<resfriar + -douro) Lugar que produz resfriamento. **Ex.** Aquela sala é um ~, sempre que alguém abre a porta sente-se logo uma corrente de ar enregelante.

resfriamento *s m* (<resfriar + -mento) **1** Resfriado/Constipação. ⇒ gripe. **2** *fig* Diminuição de intensidade dum sentimento. **Ex.** Os problemas com as partilhas provocaram o ~ das relações entre os irmãos. **3** *Vet* Aguamento (nos cavalos e noutros animais).

resfriar *v t* (<re- + esfriar) **1** Tornar a esfriar/Arrefecer muito. **Ex.** O arroz resfriou, é preciso aquecê-lo no micro-ondas. Apenas o sol se põe, o ar [ambiente exterior] resfria rapidamente. **Loc.** ~ *o vinho branco* «num balde com gelo» **2** *fig* Diminuir o entusiasmo. **Ex.** A associação atravessa um mau momento: os velhos (associados) resfriaram, os novos têm outros interesses. **3** ~-se/Apanhar um resfriado/Gripar-se. **Ex.** Andou [Esteve] a trabalhar à chuva e resfriou-se.

resgatador, ora *adj/s* (<resgatar + -dor) (O) que resgata.

resgatar *v t* (<res- + lat *cápto, áre, átum*: procurar obter) **1** Livrar do cativeiro a troco de pagamento. **Loc.** ~ *reféns* [presos políticos]. **2** Pagar uma dívida/Satisfazer um compromisso/Remir. **Loc.** ~ *um obje(c)to* «relógio de ouro» numa casa de penhores. **3** Remir um pecado/uma culpa/Expiar/Pagar. **Ex.** Estava absolutamente convencido de que o sofrimento da doença lhe resgatava muitos erros do passado. **4** Reabilitar alguém de castigo ou situação de inferioridade. **Ex.** Teve um gesto de coragem que o resgatou da má fama em que era tido. **5** Livrar [Retirar] de situação perigosa ou difícil. **Loc.** ~ *os náufragos* «dum barco à deriva no mar». ~ *passageiros* «dum automóvel acidentado».

resgatável *adj 2g* (<resgatar+-vel) Que se pode resgatar/Remível. **Comb.** *Dívida* [Penhor] ~*/recuperável. Náufragos* ~*eis* [que podem ser resgatados/salvos].

resgate *s m* (<resgatar) **1** A(c)to ou efeito de resgatar. **Loc.** Participar em a(c)ção de ~. **2** Preço a pagar [Quantia paga] para a libertação de alguém. **Ex.** Os raptores «do filho do magnata» exigiam um elevado ~. **3** Remissão de bens penhorados ou de dívidas, mediante pagamento/Recuperação. **Comb.** ~ *de hipoteca* [penhora]. **4** *fig* Remissão dos pecados/Redenção. **Ex.** O ~ de toda a humanidade foi efe(c)tuado por Jesus Cristo. **5** Operação de salvamento. **Comb.** ~ *de náufragos.* ~ *de pessoas soterradas* «numa catástrofe».

resguardar *v t* (<res- + ...) **1** Guardar com cuidado/Guardar em sítio seguro. **Ex.** Os valores «joias/dinheiro» devem ~-se, não podem [devem] ficar à mercê [vista] dos gatunos. **2** Defender(-se)/Proteger(-se). **Ex.** O guarda-chuva e a gabardine resguardaram[livraram]-me de (apanhar) uma grande molha. **3** Abrigar/Cobrir. **Ex.** Vou pôr as plantas dentro de casa para as ~ da geada. **4** Proteger a privacidade/Precaver(-se)/Acautelar(-se). **Loc.** ~ *a sua vida íntima.* ~ [Defender] *o bom nome/*~*-se da maledicência.* **5** Conservar/Poupar. **Ex.** Este queijo vou (res)guardá-lo para o lanche das visitas «se fica aí à vista desaparece [comem-no] já».

resguardo *s m* (<resguardar) **1** A(c)to ou efeito de resguardar. **2** Lugar onde se guarda algo cuidadosamente/Abrigo/Esconderijo. **Ex.** Tenho as joias num ~ [esconderijo(+)] onde os ladrões dificilmente as encontrarão. **3** Tudo o que serve para proteger/abrigar. **Loc.** *Colocar um* ~ «contra [para proteger d]o vento». *Usar um* ~ *para a chuva* [o frio]. **4** Barreira/Prote(c)ção/Anteparo. **Ex.** Colocar um ~ na varanda «para evitar que as crianças caiam». **Comb.** *Precipício* «à beira da estrada» *sem nenhum* ~. ⇒ biombo. **5** Pano [Plástico] que se coloca na cama por baixo do lençol para proteger o colchão. **Comb.** ~ *do berço do bebé[ê]*. **6** *fig* Contenção/

Prudência/Cautela. **Loc.** Usar a carteira com ~ «por causa dos gatunos». **7** *fig* Recato/Compostura/Decência. **Loc.** Ter [Comportar-se com] ~ «nas palavras/nos gestos».

residência *s f* (⇒ residir) **1** Lugar onde se mora habitualmente/Domicílio/Morada. **Loc.** Fixar [Mudar de] ~. **Comb.** ~ paroquial [Casa pertencente à paróquia destinada a habitação do pároco]. **2** Casa de habitação. **Ex.** O empreiteiro está a construir um bairro de ~s para venda ou arrendamento. **Comb.** ~ secundária [Casa de férias/de verão/fim de semana].

residencial *adj 2g/s f* (<residência + -al) **1** Relativo a residência/Próprio para habitação. **Comb.** *Bairro* ~. *Zona* ~. **2** Que reside. **Comb.** *Administrador* ~ [residente(+)]. *Bispo* ~ [titular da diocese]. **3** *s f* Pensão [Pequeno hotel] que recebe hóspedes com permanências mais ou menos longas. **Ex.** Prefiro a ~ ao hotel porque tem melhores preços.

residente *adj/s 2g* (⇒ residir) (O) que reside em determinado local. **Ex.** Os ~s na zona onde vai ser construída a ponte vão ser realojados noutro local. **Comb.** Brasileiro ~ no Japão. **Sin.** Morador.

residir *v int* (<lat *resído, ere, édi, éssum*: assentar-se, parar, ficar, deter-se, sentar <*re-+sído/sédeo*: (as)sentar-se, parar) **1** Ter residência/Morar/Habitar. **Ex.** Não sou (natural) de cá mas já aqui resido há mais de vinte anos. **2** Ocupar como residência/Morar/Viver. **Ex.** Agora resido [vivo(+)] numa moradia mas já residi num apartamento. **3** Ter origem/Estar/Existir. **Ex.** A soberania reside na Nação e tem por órgãos o Chefe de Estado, a Assembleia da República, o Governo e os Tribunais. **4** Basear-se/Consistir. **Ex.** Todos o reconhecem como culpado mas a dificuldade em o condenar reside [está] na falta de provas. **5** Estar localizado/Manifestar-se. **Ex.** O mal [A doença] reside [é] no fígado.

residual *adj 2g* (<resíduo + -al) **1** Referente a resíduo/a um resto. **Comb.** Águas ~ais [que já foram usadas na indústria e precisam de ser tratadas para não poluir]. *Porção* [Quantidade] ~/desprezível. *Valor* ~ [em relação ao qual figura no balanço um bem parcialmente amortizado]. **2** Que resta/que é resíduo/Restante. **Comb.** *Aspe(c)to* [Pormenor] ~/insignificante. *Contaminante* [Impureza] ~ [que ainda persiste após um processo de purificação].

residuário, a *adj* (<resíduo + -ário) **1** ⇒ Residual. **2** Próprio para receber [Que contém] resíduos. **Comb.** Contentor ~ «do laboratório de análises químicas».

resíduo *s m* (<lat *resíduum, i*) **1** O que resta/Resto/Sobra. **Ex.** Os ~s (da indústria/do corte) da madeira servem para queimar. Os líquidos gordurosos «azeite/óleo» deixam sempre ~s nas vasilhas. **Comb.** Prato (sujo) com ~s de comida. **2** Matéria que fica depois duma transformação física ou química. **Ex.** As cinzas são os ~s da queima. **Comb.** ~*s industriais* [das fábricas]. ~*s tóxicos* [nocivos ao organismo (humano)]. **3** Impurezas/Sedimentos. **Comb.** Líquido «água/vinho» com ~s. **4** *fig* Vestígios(+)/Restos «duma civilização antiga».

resignação *s f* (<resignar + -ção) **1** A(c)to ou efeito de resignar/Cedência voluntária a um cargo/título/direito/Renúncia/Demissão. **Ex.** O presidente pediu a ~ do cargo. **Comb.** ~ duma herança «a favor dos irmãos». **2** Aceitação com paciência de males/contrariedades da vida/Conformidade. **Loc.** Suportar com ~ o sofrimento/a doença.

resignadamente *adv* (<resignado + -mente) Com resignação/Pacientemente. **Loc.** Aceitar [Sofrer] ~ «as contrariedades da vida».

resignado, a *adj* (<resignar + -ado) **1** Que suporta o mal com resignação/Paciente/Conformado. **Comb.** ~ com a sua (pouca) sorte. **2** Que manifesta resignação. **Comb.** *Olhar* ~ «das vítimas». *Palavras* ~*as* «aceitando a tragédia».

resignante *adj/s 2g* (⇒ resignar) (O) que resignou/abdicou daquilo a que tinha direito. **Ex.** O ministro ~ despediu-se de todos os seus colaboradores.

resignar *v t* (<lat *resígno, áre, átum*: tirar o selo, deslacrar, renunciar, anular) **1** Desistir voluntariamente de um cargo ou benefício/Renunciar a/Abdicar de. **Ex.** Resignou ao cargo por questões de saúde. Os bispos resignam [pedem a resignação(+)] aos 75 anos de idade. **2** Aceitar com paciência as contrariedades da vida. **Ex.** Perante as dificuldades da vida há duas atitudes possíveis: ~-se ou lutar para as ultrapassar.

resignatário, a *adj/s* (<lat *resignátum* <*resignáre* + -ário) (O) que resigna. **Ex.** O ~ foi imediatamente substituído. **Comb.** Bispo ~.

resignável *adj 2g* (<resignar + -vel) Que se pode resignar.

resiliência *s f* Fís (<ing *resilience* <lat *resílio, líre* <*re-+sálio, líre, sáltum*: saltar) **1** Capacidade de resistência de um material ao choque. **2** Energia potencial acumulada por uma substância quando deformada elasticamente.

resina *s f* (< lat *resína, ae*) **1** Substância natural viscosa que se extrai de algumas plantas «pinheiro» com aplicações industriais. **Ex.** A resina (do pinheiro) é insolúvel na água mas solúvel em alguns solventes orgânicos «álcool/éter». ⇒ látex «da seringueira»; visco «do azevinho». **2** Produto artificial [sintético] com cara(c)terísticas semelhantes às da ~ natural. **Comb.** ~ acrílica [fenólica].

resinagem *s f* (<resinar + -agem) Conjunto de operações para extra(c)ção da resina. **Comb.** ~ dos pinheiros.

resinar *v t* (<resina + -ar) **1** Extrair resina de uma árvore. **Loc.** ~ pinheiros. **2** Aplicar resina em alguma coisa. **Loc.** ~ o arco dum violino. **3** Misturar com resina.

resineiro, a *adj/s* (<resina + -eiro) **1** Relativo a resina. **Comb.** Indústria ~a. **2** *s* Operário que faz a extra(c)ção da resina. **Ex.** Os púcaros de barro utilizados pelos ~s para recolher a resina dos pinheiros estão a ser substituídos por plástico. ⇒ seringueiro.

resinento, a *adj* ⇒ Resinoso.

resinífero, a *adj* (<resina + -fero) Que produz resina. **Comb.** Árvores [Plantas] ~as.

resinificar *v t* (< resina+-ficar) Transformar em [Dar o aspe(c)to de] resina.

resinoso, a (Òso, Ósa, Ósos) *adj* (<resina + -oso) **1** Que tem [produz] resina. **Comb.** Árvore [Planta] ~a. **2** Semelhante a resina. **Comb.** Consistência ~a/viscosa.

resistência *s f* (<lat *resisténtia, ae*) **1** Qualidade do que resiste ou é resistente. **Loc.** «alguém» *Oferecer* ~ «a quem o ataca». «um material» *Ter* ~ «para suportar um peso». **2** Força que um corpo opõe a a(c)ção de outro. **Comb.** *Fís Maiúsc* ~ *de Materiais* [Ramo da ciência que se ocupa do comportamento dos materiais nas peças das estruturas quando sujeitas a esforços «de tra(c)ção/flexão/compressão»]. **3** *Ele(c)tri* Grandeza física cujo valor é dado pela razão entre a diferença de potencial nos extremos dum condutor e a intensidade da corrente que o percorre (Símbolo *Ohm*). **4** Designação de um condutor de elevada resistividade elé(c)trica, normalmente sob a forma de fio enrolado em espiral, que liberta calor com a passagem da corrente. **Comb.** ~ duma torradeira [dum ferro de engomar]. **5** Capacidade de uma pessoa para resistir a esforços físicos. **Ex.** Para jogar futebol é preciso ter uma grande ~ física.
6 Oposição/Defesa. **Ex.** É perigoso oferecer ~ a um assaltante. **7** *fig* Ânimo/Força/Coragem. **Loc.** Suportar uma contrariedade «a dor/um desgosto» com grande ~ psíquica. **8** Oposição [Luta] contra a(c)tos [leis] injustos/as. **Comb.** ~ *defensiva* [quando à coa(c)ção se opõe uma força contrária]. ~ *passiva* [quando a lei só é seguida sob coa(c)ção]. **9** Movimento [Organização] que se opõe a uma autoridade ilegítima ou despótica. **Comb.** ~ *do povo* de Timor-Leste à ocupação da Indonésia. «Xanana Gusmão» *Herói da* ~. **10** Capacidade de defesa [rea(c)ção] contra certas doenças. **Ex.** As vacinas provocam a ~ do organismo à propagação de uma doença. **Comb.** ~ das plantas aos agentes patogé[ê]nicos. **11** *Psic* Tudo o que se opõe ao processo de uma cura psicanalítica. **Comb.** ~ à hipnose.

resistente *adj/s 2g* (⇒ resistir) **1** Que resiste. **Comb.** ~ à compressão/corrosão/ao choque/ao desgaste. **2** Duradouro/Forte. **Comb.** *Calçado* ~/*que dura muito (tempo)*. Móvel «armário/mesa» ~ [sólido]. *Tecido* ~. **3** Que tem força/boa saúde/Forte/Vigoroso. **Comb.** Pessoa ~. **4** Que demonstra capacidade de suportar contrariedades. **Ex.** A mulher é em geral mais ~ «ao sofrimento/aos desgostos» do que o homem. **5** O que resiste [se opõe] a alguém/alguma coisa. **Ex.** Alguns ~s ainda continuam a manifestar-se na rua contra o acordo laboral. **6** O que se opõe a um regime totalitário ou luta pelos seus ideais. **Ex.** Muitos ~s acabam por sofrer duras penas «prisão/tortura».

resistir *v int* (<lat *resísto, ere, titi, titum*: deter-se, parar, teimar, ~ <*re-+sístere*: colocar, pôr, construir) **1** Conservar-se firme/Não sucumbir/Subsistir. **Ex.** O exército resistiu ao invasor. Consegui ~ à tentação «de comer mais um bolo». **2** Não ceder a [Não sofrer alteração com] a(c)ção de agentes específicos/Manter-se inalterado. **Ex.** Doença que resiste à a(c)ção dos antibióticos. **Loc.** ~ *ao calor*. ~ *ao tempo* [aos agentes atmosféricos]. **3** Suportar uma situação penosa, de extrema carência ou exigência, física ou psíquica, sem sinais de desequilíbrio. **Loc.** ~ à dor [fome/a um desgosto]. **4** Manter-se vivo/Sobreviver. **Ex.** Esteve muito mal [*idi* Esteve às portas da morte] mas resistiu. O sinistrado não resistiu à gravidade dos ferimentos. **5** Defender-se/Lutar. **Ex.** O dono da ourivesaria resistiu «a tiro» aos assaltantes. **6** Opor resistência/Não aceitar. **Loc.** ~ à ditadura. **7** *fig* Manter-se/Permanecer/Subsistir. **Ex.** Uma marca «*Kodak*» que foi líder do mercado mas que não resistiu ao progresso tecnológico.

resistível *adj 2g* (<resistir + -vel) A que se pode resistir. **Comb.** Desejo [Solicitação] ~. **Ant.** Ir~.

resistividade *s f Ele(c)tri* (⇒ resistir) **2**) Valor cara(c)terístico de cada substância e que corresponde à resistência elé(c)trica de um condutor cilíndrico com uma unidade de comprimento e uma unidade de se(c)ção/Resistência específica. **Ex.** A ~ é representada pelo símbolo ρ. **Ant.** Condutividade.

resma (Rês) *s f* (<ár *rizma*: pacote, embrulho) **1** Conjunto de 500 folhas de papel. **2** Amontoado de coisas. **Comb.** Mesas «de tribunal» atravancadas com ~s de processos. ⇒ rima; pilha; montão.

resmoneador, ora *adj/s* (resmonear + -dor) (O) que resmoneia/Resmungão(+). **Comb.** Feitio ~.

resmonear *v int* (<lat *remussináre*) ⇒ resmungar.

resmoneio *s m* (<resmonear) A(c)to de resmonear/Resmungo(+). **Ex.** Lá está ele/a com os ~s habituais.

resmungão, ona *adj/s* (<resmungar + -ão) (O) que resmunga/Rezingão/Rabugento. **Ex.** «faz o que te mando» Não sejas ~. **Comb.** Feitio ~.

resmungar *v t/int* (<lat *re-+mussitáre* <*músso, áre*: falar por entre dentes calando-se) Dizer por entre dentes, mal-humorado/Rabujar/Rezingar. **Ex.** Passa a vida a ~ [Resmunga por tudo e por nada/Tem sempre que ~].

resmungo *s m* (<resmungar) A(c)to de resmungar/Rabugice/Queixa de resmungão.

resmunguice *s f* (<resmungar + -ice) Hábito de resmungar.

reso (Ré) *s m Zool* (<lat científico *Rhesus*) Espécie de macaco muito utilizado em investigações científicas.

resolubilidade *s f* (<resolúvel + -i- + -dade) Qualidade do que é resolúvel.

resolução *s f* (<lat *resolútio, ónis*) **1** A(c)to ou efeito de resolver. **2** Solução dum problema/duma dificuldade. **Ex.** «na campanha eleitoral» O político prometeu empenhar-se na ~ do problema de abastecimento de água às aldeias. **Comb.** ~ dum problema [exercício] «de matemática». **3** Decisão firme/Deliberação. **Ex.** Não encontrando emprego em Portugal, tomou a ~ de emigrar. **4** Propósito/Intenção/Tenção. **Ex.** Já é a terceira vez que tomo a ~ de deixar de fumar «será desta (vez) que consigo?». **5** Firmeza de ânimo/Decisão/Coragem. **Loc.** Agir com ~ «numa situação de perigo». **6** *Dir* Deliberação legislativa não normativa mas que produz efeitos jurídicos. **7** *Dir* Dissolução de um acordo por falta de cumprimento das condições/Revogação/Denúncia/Rescisão. **Comb.** ~ dum contrato. **8** *Fís* Capacidade de determinados aparelhos «telescópio/microscópio/televisor» reproduzirem fielmente uma imagem mediante o número de pontos que a constituem. **Ex.** O limite de ~ para o olho humano (Limite de acuidade visual) é de dois pontos separados por uma distância angular não inferior a 1′ (Um minuto de grau). O limite de ~ é o inverso do poder resolvente ou separador. **9** *Mús* Passagem de uma dissonância à concordância/ao acorde de repouso. **10** *Med* Desaparecimento progressivo de um tumor sem intervenção cirúrgica.

resolutamente *adv* (<resoluto + -mente) Com determinação/Firmemente. **Ex.** «a contínua da escola» Postou[Colocou]-se ~ à entrada da porta para não deixar entrar ninguém «antes da hora».

resolutivo, a *adj s m* (<resoluto + -ivo) **1** Que resolve/dá origem à resolução. **Comb.** *Dir* **Cláusula** *~a* «dum contrato». *Fís* **Poder** ~ (dum sistema ó(p)tico) [Capacidade de fornecer imagens nítidas dos pormenores observados]. **2** *s m Med* Medicamento que favorece a resolução dum ingurgitamento/duma obstrução.

resoluto, a *adj* (<lat *resolútus, a, um*; ⇒ resolver) **1** Que é firme nas decisões/Decidido(+)/Determinado. **Comb.** Cará(c)ter [Feitio/Maneira de ser] ~o/a. **2** Que tem coragem/Desembaraçado/Enérgico. **Ex.** O bombeiro entrou ~ [corajoso] no prédio em chamas para salvar uma criança.

resolúvel *adj 2g* (<lat *resolúbilis, e*) **1** Que pode resolver-se/Que tem solução. **Comb.** Problema ~/solucionável. **2** Que tem resolução 7. **Comb. Contrato** ~ [que pode ser anulado]. **Propriedade** ~ [que por amortizações sucessivas passa a pertencer a quem a ocupa]. **Ant.** Ir~.

resolvente *adj 2g* (<resolver + -ente) **1** ⇒ Resolutivo. **2** Que resolve/soluciona. **Comb.** *Mat* **Equação** [Fórmula] ~ «das equações de 2.º grau». *Fís* **Poder** ~ [Capacidade de um sistema ó(p)tico produzir imagens distintas de elementos muito próximos].

resolver *v t* (<lat *resólvo, ere, vi, lútum*: desligar, desatar, deslindar, explicar, ~ <*re-+sólvere*: desatar, livrar, pagar) **1** Encontrar solução para um problema/uma dificuldade/Solucionar. **Ex.** O problema do congestionamento do trânsito resolveu-se construindo um túnel [uma passagem desnivelada] no cruzamento. Já consegui ~ a equação [o exercício/o problema]. A administração resolveu as dificuldades financeiras da empresa. O avisar a polícia não resolve [serve para/adianta] nada. **2** Tomar uma resolução/decisão/Decidir. **Ex.** Não vou ao cinema; fico [resolvi ficar] em casa a descansar. Sobre a troca do carro, já resolveste alguma coisa? **3** Decompor-se um corpo nos seus constituintes. **Ex.** A destilação «no alambique» resolve [transforma/muda] o vinho em água e álcool. **4** Fazer desaparecer pouco a pouco. **Ex.** O tumor [inchaço] resolveu-se [desapareceu] sem qualquer medicamento. **5** Tornar nulo um contrato/Fazer a resolução 7. **6** Desimpedir-se o ventre/Conseguir evacuar(+). **7** Fundamentar-se/Basear-se. **Ex.** A nossa felicidade resolve-se em procurar fazer os outros felizes.

resolvido, a *adj* (<resolver + -ido) **1** Que teve solução/Solucionado/Esclarecido. **Comb.** Assunto [Problema/Questão] ~o/a. **2** Que foi combinado/acordado. **Ex.** «ir às compras hoje» Não era isso que tínhamos ~. **3** Que tem capacidade de decisão/Determinado/Resoluto/Afoito. **Comb.** Homem ~ [decidido(o+)/resoluto(+)]. **4** *fig* Disposto a tudo/Temerário(+)/Atrevido(o+). **Ex.** Por ser tão ~ «a enfrentar o touro» foi parar ao hospital.

resorcina [resorcinol(+)**]** *s f* [m] *Quím* (<ing *resorcine* <resina+orcina/nol) Composto derivado do benzeno (*benzodiol (1,3)* ou *m-di-hidro benzeno*) empregado como antisséptico e no curtimento de peles e na preparação de corantes, resinas, …

respaldar *v t/s m* (<espaldar) **1** Aplanar/Alisar. **Loc.** ~ [Aplanar(+)/Terraplanar(o+)] o terreno «para abrir uma estrada». **2** Dar apoio/encosto/Apoiar. **3** *s m* ⇒ Espaldar «da cadeira».

respaldo *s m* (<respaldar) **1** Encosto [Costas] da cadeira/Espaldar. **2** Encosto do banco ou do assento. **3** Declive de montanha ou parede.

respe(c)tivamente/respe(c)tivo ⇒ respetivamente/respetivo.

respeitabilidade *s f* (<respeitável + -i- + -dade) **1** Qualidade do que é respeitável/digno de respeito. **Comb.** Pessoa [Instituição] de reconhecida ~. **2** Direito ao respeito. **Ex.** As funções que exerce conferem-lhe ~ «de veterano».

respeitado, a *adj* (<respeitar + -ado) **1** Que é obje(c)to de respeito/Reverenciado/Considerado. **Comb.** Pessoa ~a por todos. **2** Que é acatado/cumprido/seguido. **Comb.** Norma [Lei/Regra/Conselho] ~a/o. **Ant.** Violado.

respeitador, ora *adj/s* (<respeitar + -dor) (O) que respeita. **Comb.** Aluno «brincalhão mas» ~.

respeitante *adj 2g* (<respeitar + -ante) Que diz respeito/Referente/Concernente. **Ex.** As despesas ~s à reparação «do exterior do prédio» serão suportadas pelo senhorio/dono/proprietário/locador.

respeitar *v t/int* (<lat *respécto, áre, átum*: olhar para trás, prestar atenção, ~ <*re-+spectáre*: olhar) **1** Ter [Guardar/Manifestar] respeito a/Honrar/Prezar. **Ex.** O João sempre respeitou os pais e os superiores. Um chefe que todos respeitam. **2** Ter medo de/Recear. **Ex.** Ali «naquela casa» ninguém entra, todos respeitam o cão, é uma fera! Respeito muito o mar, (sobretudo) quando está bravo. **3** Cumprir leis/regras/preceitos/Acatar/Obedecer. **Ex.** Se todos os condutores respeitassem o código da estrada, não haveria tantos acidentes. **4** Prestar culto/Homenagear/Guardar. **Loc.** ~ *a memória dos antepassados.* ~ [Guardar/Não trabalhar a]*o domingo* [os dias santos]. **5** Levar em conta/Atender/Considerar. **Loc.** ~ *a vontade do povo.* ~ *a opinião dos outros.* **6** Ter cuidado com/Evitar [Não] perturbar. **Loc.** ~ *o sono* [descanso] «de alguém». ~ *o silêncio* «dum lugar de oração». **7** Dizer respeito [Ser relativo] a. **Ex.** Estes dados respeitam ao ano transa(c)to. **Comb. *No que respeita a*** [No que concerne [se refere] a] (Ex. No que respeita [Quanto] a consumo, não há carro mais econó[ô]mico do que este). **8** Não causar dano/Poupar. **Ex.** Os invasores respeitaram o patrimó[ô]nio artístico da cidade.

respeitável *adj 2g* (<respeitar + -vel) **1** Digno de respeito/Merecedor de consideração. **Comb.** Cidadão ~. **2** *fig* Importante/Notável/Considerável. **Ex.** Atingiu a ~ [prove(c)ta(+)] idade de 100 anos. **Loc.** Percorrer a pé uma distância ~ [considerável(+)].

respeito *s m* (<lat *respéctus, us*: a(c)to de olhar para trás, ~) **1** A(c)to ou efeito de respeitar(-se). **Ex.** Cuidado! Comigo não se brinca; exijo respeitinho [muito ~]! **Loc. *Dar-se ao* ~** [Comportar-se de modo a merecer consideração/Fazer-se obedecer]. ***Dizer*** ~ *a* [Referir-se a/Ter relação com]. ***Faltar ao*** ~ [Ser mal-educado/descortês/inconveniente]. ***Manter o*** ~ [Conservar-se distante/Evitar demasiada familiaridade «com o chefe»/Saber comportar-se]. **Comb.** *A* ~ *de/Com* ~ *a* [Relativamente a] (Ex. A ~ do dinheiro, quando precisares dou-to [é só dizer]). ***De*** ~ [Notável/Importante/Grandioso] (Comb. «Igreja da Santíssima Trindade, em Fátima» Uma obra [Um monumento] de ~!). ***Falta de*** ~ [Atitude inconveniente/Desconsideração/Desprezo]. ***Por*** ~ *a* [Em atenção a] (Ex. Por ~ a quem estava presente, não lhe «ao meu filho» dei logo ali um puxão de orelhas). **2** Apreço/Consideração. **Ex.** Tenho muito ~ pelas pessoas mais velhas. **3** Deferência/Veneração. **Ex.** A igreja é um lugar que merece o maior ~. Não barafustei [Não *idi* fiz [armei(+)] ali um grande banzé] por ~ às individualidades presentes. **4** Cumprimento/Obediência/Submissão. **Ex.** O ~ pelas

[das] leis é um dever cívico [de todo o cidadão]. **5** Temor/Receio. **Ex.** O mar agitado impõe [merece/é coisa de] ~. Tenho um cão grande [feroz/que mete ~], não deixa ninguém aproximar-se. **6** *pl* Cumprimentos/Saudações. **Ex.** Apresenta os meus ~s a teus pais.

respeitoso, a (Ôso, Ósa, Ósos) *adj* (<respeito + -oso) **1** Que demonstra respeito. **Ex.** Nas aulas [Na igreja] mantinha sempre uma atitude ~a. **2** Cortês/Atencioso(+)/Educado. **Comb.** Empregado ~ com todos os clientes.

respetivamente (Pè) **[***Br* **respe(c)tivamente** *(dg)***]** *adv* [= respectivamente] (<respetivo + -mente) **1** De maneira recíproca/Cada um a cada um. **Ex.** Devem ajudar-se ~ [reciprocamente(+)] uns aos outros. **2** Na devida ordem. **Ex.** Os doentes serão atendidos por(+) [~ pela] ordem de inscrição. **3** Relativamente(+)/Com respeito a(o+). **Ex.** ~ à compra da nova viatura, acho que o assunto deve ser bem ponderado antes da resolução final.

respetivo, a (Pè) **[***Br* **respe(c)tivo** *(dg)***]** *adj* [= respectivo] (<lat *respéctus, a, um* + -ivo; ⇒ respeitar) **1** Que é relativo a cada um em particular. **Ex.** Cada um vai para o ~ [o seu] quarto. Os professores acompanham os alunos das ~as [das suas] turmas. **2** Que é devido/Próprio/Competente. **Ex.** O cheque só é válido com a assinatura do (~ [do seu]) titular.

réspice *s m* (<lat *réspice*, imperativo de *respício, cere*: olhar para trás [com atenção]) Repreensão. **Ex.** Zangado, o professor deu-me um ~!

respiga *s f* (<respigar) **1** A(c)to ou efeito de respigar (as searas). **2** Entalhe(+) no topo de uma peça de madeira que encaixa noutra.

respigadei[dou]ra *s f Br* (<respigar + -deira) Máquina usada pelos carpinteiros para preparar os encaixes das peças.

respigão *s m* (<respigar + -ão) Espigão(+) das unhas.

respigar *v t/int* (<re- + espigar) **1** Apanhar as espigas que ficam na terra depois da ceifa. **Ex.** "Rogo-te que me deixes ir ~ nos campos de quem me quiser acolher favoravelmente" (Rut 2,2). ⇒ rebusco. **2** Fazer a respiga em peças de madeira. **3** Sele(c)cionar o que mais interessa/Compilar. **Loc.** ~ num texto as ideias fundamentais.

respingão, ona *adj/s* (<respingar¹ + -ão) (O) que respinga/Repontão/Refilão.

respingar¹ *v int* (<esp *respingar*: escoicear) **1** Responder com maus modos/Recalcitrar/Rezingar. **Ex.** Quando lhe mando fazer alguma coisa respinga sempre [coisa tem sempre que ~]. **2** Dar coices/Escoicear. **Ex.** Tem cuidado que o burro respinga!

respingar² *v int* (<res- + pingar) **1** Dar salpicos/borrifos. **Ex.** O carro, ao passar, respingou lama para as minhas calças. **2** Faiscar/Crepitar. **Ex.** Cuidado, a fogueira respinga e pode pegar um incêndio.

respingo¹ *s m* (<respingar¹) **1** Má resposta. **2** Coice(+) dum animal.

respingo² *s m* (<respingar²) **1** Salpico/Borrifo. **2** Faúlha.

respirabilidade *s f* (<respirável + -i- + -dade) Qualidade do que é respirável.

respiração *s f* (<lat *respirátio, ónis*) **1** Fisiol A(c)to de respirar/Absorção do oxigé[ê]nio pelos seres vivos eliminando dióxido de carbono/Função respiratória. **Ex.** O acidentado está em perigo de vida, a ~ é cada vez mais difícil. A ~ dos peixes é feita [Os peixes respiram(+)] pelas guelras. **Comb.** ~ aeróbia [que utiliza o oxigé[ê]nio livre (da água/do ar)]. **2** *fig* Ventilação(+)/Arejamento. **Comb.** Quarto [Compartimento/Local] com pouca ~. **3** Hálito/Fôlego/Bafo. **Loc.** Ficar sem ~ [fôlego]. **4** A(c)to de respirar um fluido. **Ex.** A ~ de vapores é um dos tratamentos termais/das termas.

respirador, ora *adj/s m* (<respirar + -dor) **1** (O) que respira/Respiratório. **Comb.** «pulmão de aço» Aparelho ~ (usado na respiração artificial). **2** Próprio para a respiração.

respiradou[oi]ro *s m* (<respirar + -...) Abertura ou orifício destinados a deixar entrar e sair o ar «na cave/na mina». ⇒ respiro 3.

respirar *v t/int* (<lat *respíro, áre, átum* <*re--+spiráre*: soprar, exalar) **1** Fazer os movimentos de inspiração e expiração necessários para que o ar entre nos pulmões e o oxigé[ê]nio seja absorvido e o dióxido de carbono expelido/Executar a função respiratória. **Ex.** Os feridos estão muito mal mas ainda respiram. **Loc.** ~ pelo nariz [pela boca]. **2** Realizar a função respiratória por outros órgãos. **Ex.** Os peixes respiram pelas guelras e as plantas pelas folhas. **3** Entrar pelas vias respiratórias/Inalar. **Loc. ~ ar puro**. **~ um gás tóxico**. **4** Tomar fôlego/Descansar/Recuperar. **Ex.** O trabalho é tanto que nem tempo tenho para ~. Acabou-se a azáfama, já podemos ~. **Loc.** ~ de alívio [Sentir-se aliviado «por ter passado o perigo/a preocupação»]. **5** *fig* Deixar transparecer/Manifestar/Exprimir. **Ex.** Ele respira [vende] saúde. A equipa/e respira [está cheia de/tem muita] confiança.

respiratório, a *adj* (<respirar + -tório) **1** Relativo à respiração. **Comb.** Movimentos ~s. **2** Próprio para respirar. **Comb. Aparelho ~** (⇒ respirador). **Vias ~as** (Laringe, brônquios e pulmões).

respirável *adj 2g* (<respirar + -vel) Que se pode respirar. **Comb.** Ar ~ [puro/não contaminado]. **Ant.** Ir~.

respiro *s m* (<respirar) **1** A(c)ção de respirar. **2** Abertura dos fornos (de pão) por onde sai o fumo. **3** Orifício por onde entra e sai o ar. ⇒ respiradouro.

respla[e]ndecência *s f* (<respla[e]ndecer + -ência) **1** Qualidade do que respla[e]ndece. **2** Brilho próprio/Fulgor. **Comb.** ~ da Lua (Cheia).

respla[e]ndecente *adj 2g* (<resplandecer + -ente) **1** Que respla[e]ndece/Muito brilhante. **Comb.** Joias ~s. **2** Que emite luz/Luzente. **Comb.** Sol ~.

respla[e]ndecer *v int* (<lat *re- + splendésco, ere* <*splendeo, ére*: brilhar) **1** Brilhar intensamente/Luzir. **Ex.** Já o sol resplandece. **2** Refle(c)tir intensamente a luz/Ter muito brilho. **Ex.** A brancura da neve respla[e]ndece na montanha. **3** *fig* Tornar-se notável/Sobressair. **Ex.** O talento do poeta respla[e]ndecia no meio literário.

resple[a]ndor *s m* (<lat *re-+splêndor, óris*) **1** ⇒ Respla[e]ndecência. **2** Claridade intensa/Brilho. **Ex.** Pelo meio-dia, o ~ da luz do sol torna-se insuportável, cega os olhos. **2** Coroa de raios brilhantes que se coloca na cabeça das imagens dos santos/Auréola/Nimbo. **3** Glória/Fama/Brilho. **Comb.** O ~ da corte portuguesa «de D. João V».

resplendoroso, a (Ôso, Ósa, Óso) *adj* (<resplendor + -oso) Que tem resplendor/Respla[e]ndecente(+). **Comb.** Festas ~as/maravilhosas.

respondão, ona *adj/s* (<responder + -ão) (O) que responde de forma grosseira/Repontão/Refilão(+). **Comb. Criança ~ona. Empregado ~**.

responder *v t/int* (<lat *respóndeo, ére, di, sum*) **1** Dar [Dizer a/Escrever em] resposta. **Ex.** O aluno respondeu a todas as perguntas «do professor/do teste». **Idi** ~ **torto** [Dar uma má resposta/Ser indelicado]. **2** Retorquir/Replicar/Redarguir. **Ex.** Então não disseste que ias comigo ao cinema? – Eu não, respondeu o outro. **3** Reagir a determinada solicitação ou provocação. **Ex.** Se [Quando] um cão ladra, os outros respondem logo. **Loc.** ~ a um insulto «com calma e serenidade». **4** Corresponder/Satisfazer. **Ex.** A construção da autoestrada responde a uma necessidade há muito sentida. **5** Assumir a responsabilidade/Responsabilizar-se por. **Ex.** Cada um deve ~ por si. A gerência (do hotel) não responde pelo desaparecimento de obje(c)tos/valores que não lhe tenham sido confiados. **6** Corresponder a um apelo/Satisfazer um pedido. **Ex.** A população respondeu com generosidade à recolha de alimentos «do Banco Alimentar Contra a Fome». **7** Dar satisfação/Retribuir. **Ex.** O doente está a ~ bem ao tratamento. **8** Servir de garantia/Ser fiador/Responsabilizar-se. **Ex.** Se o devedor não cumprir, o fiador responde por ele [pela dívida]. **9** Dar sinal de retorno/Atender. **Ex.** O telefone toca mas responde o atendedor de chamadas. A Internet não responde.

respondível *adj 2g* (<responder + -vel) A que se pode responder/Que tem resposta.

responsabilidade *s f* (<responsável + -i- + -dade) **1** Qualidade de quem é responsável. **Ex.** Uma decisão que só pode ser tomada por quem tenha ~ «na gestão da empresa». **Idi. Chamar (alguém) à ~** [Exigir que dê conta dos seus a(c)tos]. **Comb. ~ civil** [que se refere à reparação de prejuízos causados a outrem]. **~ limitada** [em que os sócios de certas sociedades só são responsáveis por danos até ao valor da sua quota]. **~ moral** [que resulta do reconhecimento do mérito ou demérito dos próprios a(c)tos perante a sua consciência e perante alguém superior (Deus) a quem tenha de prestar contas (de si)]. **~ penal** [Obrigação de se submeter ao castigo previsto na lei para a infra(c)ção cometida]. **~ política** [Obrigação de assumir as consequências dos a(c)tos resultantes da função política que exerce]. **2** Obrigação de assumir as consequências de a(c)tos próprios ou alheios/de responder por algo [alguém] que lhe tenha sido confiado/Dever/Obrigação. **Ex.** Ter em sua posse dinheiro de outrem, é uma ~. O causador do acidente negou-se a [não quis] assumir a ~. **3** *pl* Encargos/Obrigações. **Ex.** O chefe anda nervoso porque tem muitas ~s.

responsabilização *s f* (<responsabilizar + -ção) **1** A(c)to ou efeito de responsabilizar(-se). **2** Imputação [Assunção] de responsabilidade. **Ex.** Os crimes não podem ficar impunes: tem que haver ~ de quem os pratica.

responsabilizador, ora *adj/s* (<responsabilizar + -dor) (O) que responsabiliza. **Comb. A(c)to ~** «de quem o pratica». **O ~** «duma situação de perigo».

responsabilizar *v t* (<responsável + -izar) **1** Imputar a alguém a responsabilidade/Considerar responsável por. **Ex.** O tribunal responsabilizou-o pelo acidente. Os trabalhadores responsabilizam a administração pela falência da empresa. **2** Dar a alguém determinada função ou tarefa da qual tem que prestar contas. **Ex.** A administração responsabilizou o dire(c)tor do pessoal pela sele(c)ção de novos colaboradores. Cada aluno tem que se ~ pelo material «de laboratório» que utiliza. **3** Assumir como seus os a(c)tos de outrem, respondendo

por eles/Ficar por fiador. **Ex.** Podes emprestar-lhe o carro; eu responsabilizo-me por tudo o que possa acontecer. O fiador dum empréstimo bancário responsabiliza-se pelo seu pagamento (se o devedor não cumprir).
responsabilizável *adj 2g* (<responsabilizar + -vel) Que se pode responsabilizar. **Ex.** As crianças pequenas e os incapazes não são ~eis pelos seus a(c)tos.
responsar *v t* (<responso + -ar¹) Rezar um responso. **Loc.** ~ «um obje(c)to perdido» a Santo Antó[ô]nio.
responsável *adj/s 2g* (⇒ responder + -vel) **1** (O) que tem responsabilidade sobre alguém/algo. **Ex.** O porteiro é o ~ por abrir e fechar a porta. O ~ pela tesouraria «da repartição de Finanças» ainda não chegou. Os pais são os primeiros ~eis pela educação dos filhos. **2** Que se responsabiliza pelos seus a(c)tos/Imputável/Consciente/Sério. **Comb.** Um aluno muito ~/consciente. **Ant.** *idi* Cabeça no ar; inconsciente; ir~. **3** Que é causador de determinado acontecimento ou situação/Culpado. **Comb.** ~ por um acidente de viação.
responso *s m* (<lat *respónsum, i*: resposta, conselho, decisão, solução; ⇒ responder) **1** *Rel* Refrão [Estribilho] com que a assembleia respondia aos versículos cantados pelo solista. **Ex.** O ~ por vezes era uma simples aclamação «aleluia». **2** Oração popular a determinado santo. **Comb.** ~ a Santo Antó[ô]nio [Santa Bárbara]. **3** *fig* Descompostura. **Ex.** «já é muito tarde» Ao chegar a casa vou ouvir um ~.
responsorial *s/adj m Rel* (<responsório + -al) **1** (Diz-se do) canto [salmo] em que a assembleia responde ao cantor [salmista] com um responso «salmo ~ da missa».
responsório *sm Rel* (<lat *responsórium, ii*) Canto salmódico que no ofício divino vem a seguir às leituras. **Comb.** ~ breve «de Laudes».
resposta (Pós) *s f* (<lat *repós(i)tus, a, um* <*repóneo, ere*: repor, recolocar <*re-+póno, ere, pós(i)tum*: pôr, colocar) **1** A(c)to ou efeito de responder. **Idi.** *Dar uma ~ torta* [Responder de forma grosseira/mal-educada/mal-humorada]. *Não ir [ficar] sem ~* [Ter algo a dizer (sobre isso)]. *Ter ~ para tudo/~ pronta* [Ser hábil e rápido a responder em qualquer situação]. **2** O que se diz [escreve] para responder a uma pergunta/um pedido. **Ex.** Convidei-o para o casamento mas ainda não deu ~. Toda a pergunta tem ~. O pedido já foi feito [apresentado]; se terá ~ positiva, não sei. **3** Carta [Fax/Mail] que se escreve para responder a outra/o. **Ex.** Na ~ mencione sempre o assunto e a referência (deste ofício). **4** Refutação/Réplica. **Ex.** A ~ «do advogado» baseou-se em argumentos falaciosos. **5** O que vem na sequência de uma a(c)ção de outrem/Rea(c)ção. **Ex.** Bati à porta mas não tive ~. Em ~ ao gol(o) sofrido, a equipa/e redobrou de esforços para anular a desvantagem. **6** Solução/Explicação/Esclarecimento/Resultado. **Comb.** Questionário «de revisão da matéria» com as respe(c)tivas ~s. **7** Rea(c)ção a um estímulo. **Ex.** O organismo deu boa ~ [reagiu bem(+)] ao antibiótico. **8** Rea(c)ção dum mecanismo à a(c)ção de um comando. **Ex.** O computador é antigo; tem uma ~ muito lenta.
respostada *s f* (<resposta + -ada) Resposta torta/insolente.
respostar *v int* (<resposta + -ar¹) Responder com insolência. ⇒ ripostar.
resquício *s m* (<esp *resquicio*: abertura entre a porta e o gonzo, fenda) **1** O que sobrou/Resto/Resíduo. **Ex.** Os animais comeram tudo, não deixaram qualquer ~ de comida/ração. **2** Fragmento/Vestígio. **Ex.** Depois do abate dos pinheiros, na berma do caminho há muitos ~s de casca. **3** *fig* Sinal ligeiro/Marca. **Ex.** Na voz dela notavam-se ~s de raiva (mal contida) por ter sido preterida pela colega.
ressaber *v t* (<re- + saber) **1** Saber muito bem. **Ex.** Assunto que se deve saber e ~ «tão bem como o *Pai-nosso*». **2** Ter sabor muito pronunciado. **Ex.** Não ponhas muita hortelã na canja para não ~. **3** Saber [Ter sabor] a. **Ex.** O arroz ressabe a alho.
ressabiado, a *adj* (<ressabiar + -ado) **1** Desgostoso/Melindrado/Ressentido. **Comb.** «jogador de futebol» ~ por não ter sido convocado «para a sele(c)ção [o time] nacional». **2** *fig* Desconfiado/Espantadiço. **Ex.** Sentado a um canto, olhava de lado, ~.
ressabiar *v int* (<ressábio + -ar¹) **1** «manteiga/presunto» Tomar ressaibo/ranço. **2** «cavalo» Adquirir manhas. **3** Melindrar-se/Ressentir-se.
ressabido, a *adj* (<ressaber 1 + -ido) **1** Muito bem [Mais que(+)] sabido. **Comb.** Lição «de História» sabida e ~a. **2** Que sabe muito!/Manhoso/Experimentado. **Comb.** Advogado ~ «em expedientes para ganhar tempo».
ressábio *s m* ⇒ ressaibo.
ressaborear *v t* (<re- + saborear) Saborear demoradamente/muito bem.
ressaca *s f* (<ressacar) **1** Movimento violento de recuo de uma onda do mar depois de embater num obstáculo ou de se espraiar numa costa em declive. **Loc.** Ser arrastado pela ~. **2** Fluxo e refluxo. **3** *col* Mal-estar que sobrevém à ingestão de bebidas alcoólicas em excesso. **Ex.** No dia seguinte (à farra) com as dores de cabeça da ~ nem se conseguia levantar.
ressacar *v t/int* (<re- + sacar) **1** Fazer o ressaque de uma letra de câmbio. **2** Formar ressaca/Refluir. **Loc.** As ondas ressacarem na praia. **3** Sofrer de [Estar na] ressaca depois de ter bebido em excesso.
ressaibo *s m* (<ressábio <lat *resápidus, a, um* <*sápere*: ter sabor, saber a) **1** (Mau) sabor que um recipiente transmite à comida. **Comb.** Azeite com um ligeiro [leve] ~ a ranço. **2** Sinal/Indício/Vestígio. **Comb.** Música brasileira com ~s africanos. **3** Ressentimento/Rancor/Despeito. **Ex.** «na conversa» A custo conseguia disfarçar ~s de ofensas passadas.
ressair *v t* (<re- + sair) **1** Tornar a sair(+). **Ex.** Acabou de chegar e já está a ~ [e já se quer ir(+)]. **2** Sobressair/Ressaltar/Distinguir-se. **Ex.** A torre da igreja ressai [sobressai(+)] do aglomerado das casas que a cercam.
ressalgar *v t* (<re- + salgar) Tornar a salgar/Deitar sal novamente. **Loc.** ~ peixe «bacalhau».
ressaltar *v t/int* (<re- + saltar) **1** Saltar de novo/Fazer ressalto. **Ex.** A bola «repelida pelo guarda-redes [goleiro]» ressaltou e entrou na baliza. **2** Tornar saliente/Dar relevo/Fazer ressalto. **Ex.** Tropeçou numa pedra que ressaltava do pavimento e deu uma grande queda. **3** Fazer sobressair/Salientar. **Ex.** A cabeça branca do avô ressaltava no meio da multidão. **4** Dar [Adquirir] relevância/Destacar. **Ex.** Do discurso do presidente ressalta um forte apelo ao entendimento e à paz social.
ressalto/e *s m* (<ressaltar) **1** A(c)to ou efeito de ressaltar/Ricochete. **Ex.** O guarda-redes [goleiro] foi traído por um ~ da bola «no pé dum colega de equipa/e». **2** Saliência/Relevo. **Ex.** O passeio tem um ~ muito perigoso, pode-se tropeçar nele e dar uma queda. **3** Salpico/Respingo. **Loc.** Ficar com as calças sujas com ~s [salpicos(+)] de lama «dos carros».
ressalva *s f* (<ressalvar) **1** Anotação que corrige um erro que foi escrito/publicado/Corrre(c)ção/Emenda. **Ex.** O texto tem uma ~ no final (da página). **2** Documento [Declaração] que garante a segurança de alguém/Salvo-conduto. **Comb.** ~ da isenção do serviço militar. **3** Cláusula restritiva «dum contrato»/Exce(p)ção/Reserva. **Ex.** Podiam servir-se de toda a casa «que lhes emprestei para férias» com ~ da cave e da garagem.
ressalvar *v t* (<re- + salvar) **1** Introduzir uma emenda [ressalva/corre(c)ção] num texto/Emendar/Corrigir. **Ex.** O escrivão [notário] ressalvou o nome «do 2.º outorgante». **2** Dar prote(c)ção/Garantir a segurança/Proteger/Resguardar. **Ex.** O sistema de vídeo-vigilância ressalva [protege(+)] as lojas «hipermercados» de pequenos furtos. **3** Garantir direitos/Assegurar. **Loc.** ~ direitos adquiridos. **4** Fazer restrição/exce(p)ção/Livrar de responsabilidade ou culpa «os doentes mentais»/Excluir. **Ex.** O diploma [A nova lei] ressalva poucos casos. **5** Fazer notar/Destacar/Frisar. **Ex.** O político ressalvou que estava ali a título meramente pessoal e não em representação do partido.
ressangrar *v int* (<re- + sangrar) **1** Sangrar de novo. **Ex.** O ferimento começou a ~ [tornou a sangrar(+)]. **2** Deitar muito sangue. **Ex.** A queda não foi grande, mas (se visse) o que a criança ressangrava «se não lhe acudiam tão depressa, morria»!
ressaque *s m* (<re- + saque) Novo saque de uma letra protestada.
ressarcimento *s m* (<ressarcir + -mento) **1** A(c)to ou efeito de ressarcir(-se). **2** Reparação/Inde(m)nização. **Ex.** O dinheiro que recebeu «do seguro» não foi suficiente para o ~ dos prejuízos que teve.
ressarcir *v t* (<lat *resárcio, íre, sársi, sártum*: remendar, consertar, ~) **1** Reparar o mal feito [os prejuízos causados] a alguém/Inde(m)nizar/Compensar. **Ex.** O senhorio ressarciu o inquilino do dinheiro gasto na reparação do portão. **2** Dar satisfação a/Prover. **Ex.** A nova ponte veio ~ as populações duma via de comunicação extremamente útil e necessária. **3** Melhorar/Refazer/Recuperar. **Ex.** Ainda não se ressarciu do choque sofrido «com a morte do irmão».
ressecar¹ *v t* (<re- + secar) **1** Secar novamente. **2** Secar muito.
ressecar² *v int Med* (<lat *reséco, áre, cui, séctum*: cortar, cercear) Fazer a resse(c)ção.
ressecção (Ssè) [*Br* **resse(c)ção** (dg)] *s f Med* (<lat *reséctio, ónis*) Operação cirúrgica para extrair um órgão ou parte dele.
resseco, a (Ssê) *adj* (<re- + seco) Muito seco/Ressequido(+).
ressegurar *v t* (<re- + segurar) **1** Fazer novo seguro. **Ex.** O mediador [agente] propôs-me que ressegurasse o automóvel contra todos os riscos mas, como é muito caro, vou conservar o seguro que já tinha «contra terceiros». **2** Fazer um resseguro. **Ex.** As seguradoras geralmente resseguram obje(c)tos que envolvem grandes responsabilidades «aviões/navios e respe(c)tivos passageiros e carga».
resseguro, a *s m/adj* (<ressegurar) **1** A(c)to de ressegurar. **Comb.** Carga «dum navio» segura numa companhia (de seguros) e ~a noutra. Contrato de ~. **2** Operação pela qual uma empresa seguradora reparte com outra as responsabilidades que

assumiu num seguro que aceitou. **Ex.** Se não tivesse a possibilidade de fazer o ~, dificilmente uma seguradora assumiria a responsabilidade pelo pagamento de eventuais inde(m)nizações que podem atingir somas elevadíssimas. **3** *adj* Muito [Mais que(+)] seguro/Firme/Seguríssimo.

resselar *v t* (<re- + selar[2]) Tornar a selar/Pôr novo [mais um] selo «numa carta que tinha franquia insuficiente».

ressemear *v t* (<re- + semear) Tornar a semear(+). **Ex.** Não choveu, perdeu-se a sementeira. Temos que [É preciso] ~.

ressentido, a *adj* (<ressentir + -ido) Ofendido/Melindrado. **Ex.** Ficou ~ porque não foi convidado para a festa.

ressentimento *s m* (<ressentir + -mento) **1** A(c)to ou efeito de ressentir(-se). **2** Sentimento de mágoa por ofensa [injustiça] recebida/Melindre. **Ex.** Na altura em que o repreendi ficou muito zangado, mas passou-lhe logo, não guardou ~. **3** *Fil* Sentimento de ódio [rancor] provocado por um desejo de vingança contrariado e adiado.

ressentir *v t* (<re- + sentir) **1** Tornar a sentir. **Ex.** Ressentia dentro de si um desejo enorme de se aproximar da Igreja que tinha abandonado. **2** ~-se/Mostrar-se ressentido/Melindrar-se. **Ex.** Se lhe fazem alguma observação [crítica] ressente-se logo «*idi* é um vidrinho». **3** ~-se/Sentir os efeitos/as consequências. **Ex.** As plantas não gostam de ser mudadas «de lugar/de vaso», ressentem-se logo. Ainda hoje [a(c)tualmente] me ressinto duma queda que dei há anos. A agricultura está a ~-se da seca prolongada.

ressequido, a *adj* (<ressequir + -ido) **1** Muito seco. **Ex.** Há muito que não chove, as terras estão ~as. **2** Sem vitalidade/Mirrado. **Comb.** Ossos ~s.

ressequir *v t* (<re- + seco + -ir) **1** Secar muito. **Ex.** O prote(c)tor solar não deixa ~ a pele. **2** Mirrar(-se)/Definhar. **Ex.** As plantas não aparentam muita saúde, estão a ~ [mirrar(+)/definhar(o+)].

resserenar *v t* (<re- + serenar) Serenar completamente/Acalmar. **Loc.** Dar um calmante a um doente para o ~.

ressoador, ora *adj/s* (<ressoar + -dor) **1** (O) que ressoa. **Comb.** Efeito ~. **2** *s m Fís* Corpo que entra em vibração quando se lhe aproxima outro em estado vibratório. **3** Aparelho destinado à análise dos sons.

ressoante *adj 2g* (<ressoar + -ante) Que ressoa/faz eco/Ressonante.

ressoar *v t/int* (< lat *résono, áre, ui, ítum*) **1** Instrumento musical soar de modo intenso/Tocar. **Ex.** As trombetas ressoavam pelas ruas da aldeia durante a festa. **2** Ouvir-se com estrondo. **Ex.** Ao longe ressoavam os tiros dos canhões. **3** Ecoar/Retumbar. **Ex.** Os gritos das crianças ressoavam por toda a casa.

ressoca (Ssó) *s f Br* (<re- + soca <tupi *soka*: partir, quebrar) Segundo reben[bro]tamento da cana-de-açúcar (depois do primeiro corte).

ressoldar *v t* (<re- + soldar) Soldar novamente/Reforçar a soldadura.

ressonador, ora *adj/s* (<ressonar + -dor) **1** (O) que ressona. **2** Ressoador «da fala/voz».

ressonância *s f* (<lat *resonántia, ae*) **1** Propriedade de aumentar [prolongar] o som por reflexão das ondas sonoras num espaço fechado. **Ex.** Ouvia-se a ~ dos passos de alguém na igreja vazia. **Comb.** *Caixa de* ~ [Caixa de ar de certos instrumentos musicais «guitarra» que serve para reforçar o som produzido pela vibração das cordas]. **2** *Fís* Estado de um sistema vibrante que oscila com a amplitude máxima em resposta a uma força excitadora. **3** *Ele(c)tri* Condição de um circuito elé(c)trico de corrente alternada em que, na representação gráfica das propriedades em função da frequência, se verifica a presença de um máximo. **4** *Quím* Distribuição intermédia de electrões [elétrons] dum composto entre dois estados limites. **Ex.** O benzeno é um dos compostos típicos em que há ~ química [há híbridos de ~]. **Comb.** ~ magnética nuclear [Método de análise espe(c)troscópica que permite obter informações sobre níveis de energia, estrutura e ligações de átomos, iões [íons], moléculas].

ressonante *adj 2g* (<ressonar + -.ante) **1** Que ressoa/tem ressonância/produz eco. **Comb.** Estrondo ~ dos trovões. **2** Que ressona. **Comb.** Respiração ~.

ressonar *v t/int* (<lat *résono, áre, ui, ítum*) **1** ⇒ Ressoar. **2** Respirar com ruído durante o sono. **Ex.** As pessoas que ressonam geralmente respiram com a boca aberta ou dormem de costas.

ressono (Ssô) *s m* (<ressonar) **1** A(c)to ou efeito de ressonar/Ronco. **2** Sono profundo.

ressorção *s f* (<lat *resórptio, ónis* <*resorbére*: tornar a sorver, engolir) Absorção interna de líquidos extravasados nas cavidades naturais do organismo.

ressorver *v t* (<lat *resorbére*) **1** Tornar a sorver. **2** Reabsorver(+).

ressuar *v t/int* (<re- + suar) Suar [Transpirar] muito. **Ex.** «o calor é tanto que» Apenas acabo de me limpar, começo logo a ~.

ressudação *s f* (<ressudar + -ção) Expulsão de líquido através duma substância porosa.

ressudar *v t/int* (<lat *resúdo, áre, átum*) **1** Deixar passar um líquido. **Ex.** A parede ressudava (h)umidade. **2** Suar de novo/Transpirar/Transudar.

ressumar *v t/int* (<re- + sumo + -ar[1]) **1** Gotejar/Verter/Destilar. **Ex.** O vinho da garrafa ressuma pela rolha (de cortiça). **2** Coar/Filtrar. **Ex.** A água ressuma *idi* clar(inh)a [sem impurezas] do filtro. **3** Manifestar(-se)/Revelar(-se). **Ex.** O sorriso dela ressuma felicidade.

ressunção *s f* (<lat *resúmptio, ónis*) A(c)to ou efeito de reassumir/Reassunção(+).

ressupinação/ressupino ⇒ supinação/supino.

ressurgência *s f* (<ressurgir + -ência) **1** ⇒ Ressurgimento. **2** *Geog* Reaparecimento à superfície de um curso de água que desaparecera num percurso subterrâneo.

ressurgente *adj 2g* (<lat *resúrgens, éntis*; ⇒ ressurgir) **1** Que ressurge. **Comb.** «neo-nazi» Movimento ~ em alguns países da Europa. **2** Diz-se de curso de água que reaparece à superfície depois de um percurso subterrâneo.

ressurgido, a *adj* (<ressurgir) Que ressurgiu. **Ex.** Cristo, dos mortos, já não morre, está vivo para sempre. ⇒ ressuscitado.

ressurgimento *s m* (<ressurgir + -mento) **1** A(c)to de ressurgir. **2** Reaparição/Retorno. **Comb.** ~ de rivalidades antigas. **3** Renascimento/Recuperação. **Comb.** ~ de um partido político.

ressurgir *v t/int* (<lat *resúrgo, ere, réxi, réctum*: levantar-se, reanimar, recomeçar) **1** Surgir de novo/Reaparecer. **Ex.** Depois de vários dias de intenso nevoeiro, o sol ressurgiu. **2** Voltar a manifestar-se. **Ex.** Os sintomas da doença «febre/dores no corpo» ressurgiram. **3** Voltar à vida/Reviver/Ressuscitar. **Loc.** ~ de entre os [dos] mortos.

ressurreto, a (Rré) [*Br* **ressurre(c)to** (*dg*)] *adj* [= ressurrecto] (<lat *ressurréctus, a, um*; ⇒ ressurgir) Ressurgido(+)/Ressuscitado(o+).

ressurreição *s f* (<lat *ressurréctio, ónis*) **1** Reanimação de um cadáver/Retorno à vida que antes tinha. **Ex.** Os Evangelhos relatam alguns casos de ~ões efe(c)tuadas por Jesus Cristo «filha de Jairo/Lázaro». **2** *Rel* Entrada numa vida nova eterna, não terrena. **Ex.** A verdadeira ~ vence a morte, implica uma transformação psicossomática profunda sem destruir a identidade da pessoa. **Comb.** ~ *dos mortos* [Dogma da fé católica que afirma que, tal como Cristo ressuscitou e vive para sempre, assim também os justos, depois da morte, viverão para sempre com Cristo Ressuscitado «... os que tiverem feito boas obras, irão para a ~ dos vivos e os que tiverem feito más a(c)ções, para a ~ dos condenados (Jo 5, 29)»]. *Festa* [Domingo] *da* ~ [Festa da Páscoa, em que se comemora e celebra a ~ de Cristo]. **3** *fig* Reaparecimento com novo vigor/Ressurgimento. **Ex.** A primavera é a ~ da natureza. **4** *fig* Cura surpreendente e inesperada.

ressurtir *v t/int* (<re- + surtir) **1** Saltar ao ar com força. **Loc.** ~ uma faúlha da fogueira. **2** Ocorrer inesperadamente/Surgir. **Ex.** Os incidentes ressurtiram de madrugada.

ressuscitação[tamento] *s* (<ressuscitar +...) **1** Retorno da morte (aparente) à vida/Reanimação. **2** *fig* Reaparição/Renovamento. **Ex.** Há várias escolas empenhadas na ~ da renda de bilros.

ressuscitado, a *adj/s* (<ressuscitar + -ado) **1** Que ressuscitou. **Ex.** Muitos desejavam ver Lázaro (irmão de Marta e Maria) ~. **Comb.** *Maiúsc* O ~ [Cristo]. **2** Que se recuperou/Restaurado. **Comb.** *Crendice* [Lenda] ~*a*. *Moda* «antiga, de novo» ~*a*.

ressuscitador, ora *adj/s m* (<ressuscitar + -dor) **1** (O) que faz ressuscitar. **Ex.** Ele considera aquele médico como o seu ~. **2** Renovador/Restaurador(+). **Comb.** Descanso ~ de energias. **3** *s m* Aparelho destinado a reanimar doentes que sofreram paragens respiratórias.

ressuscitar *v t/int* (<lat *resúscito, áre, átum*: reacender, ~) **1** (Fazer) voltar a viver/à vida. **Ex.** Jesus ressuscitou o filho da viúva de Naim e muitos outros mortos. **2** Reanimar/Reviver. **Ex.** Ressuscitou depois de ter estado em coma três meses. **3** *Rel* Entrar na plenitude da vida eterna. **Ex.** Jesus ressuscitou ao terceiro dia. Todos os homens ressuscitarão no "último dia". **4** *fig* Voltar a surgir/Manifestar-se de novo. **Loc.** ~ costumes [práticas/modas] antigos/as.

ressuscitável *adj 2g* (<ressuscitar + -vel) Que pode ressuscitar ou ser ressuscitado.

restabelecer *v t* (<re- + estabelecer) **1** Estabelecer de novo/Reimplantar. **Loc.** ~ o regime democrático (depois dum período de ditadura). **2** Fazer vigorar de novo/Repor. **Ex.** A polícia restabeleceu a ordem nas ruas. **3** Restaurar/Renovar. **Ex.** Após a revolução de 25 de abril de 1974, Portugal restabeleceu relações diplomáticas com a Rússia. **4** ~-se/Recuperar a saúde/Convalescer. **Ex.** Já me restabeleci da operação «ao estômago».

restabelecido, a *adj* (<restabelecer 4) Que recuperou a saúde. **Ex.** Estive mal [bastante doente] mas já estou ~ [já me restabeleci].

restabelecimento *s m* (<restabelecer + -mento) **1** A(c)to ou efeito de restabelecer. **2** Restauração/Renovação/Reatamento.

Comb. ~ *das condições de funcionamento* «interrompidas por avaria». ~ *de relações* «comerciais/de amizade». **3** Recuperação de saúde/Convalescença. **Ex.** Após um período de descanso para ~ voltou ao trabalho.

restante *adj/s 2g* (⇒ restar) (O) que resta/sobeja. **Ex** Não deites fora a comida ~, guarda-a no frigorífico. Três alunos vão comigo preparar o salão para a festa; os ~s [os outros] ficam na sala a estudar. **Comb.** *Posta* ~ [Se(c)ção dos correios para onde pode ser enviada correspondência sem endereço para aí ser procurada pelo destinatário].

restar *v t/int* (<lat *résto, áre, átum*: ficar para trás, ~) **1** Ficar/Sobrar/Sobejar. **Ex.** Da cidade, depois do terramoto, só restam ruínas. Já gastei o ordenado quase todo; resta-me o indispensável para comer [para a alimentação]. **2** Subsistir/Sobreviver. **Ex.** Duma família tão numerosa só restam dois irmãos. **3** Existir como resto. **Ex.** Não faço jantar, come-se o que restou do almoço. **4** Faltar para fazer/completar. **Ex.** «não tenho mais nada a dizer» Resta-me desejar-lhe boa saúde. Para as férias, ainda restam duas semanas de aulas. **5** Ter ainda/Faltar. **Ex.** Não sei os anos de vida que ainda me restam, mas espero aproveitá-los bem.

restauração[1] *s f* (<lat *restaurátio, ónis*) **1** A(c)to ou efeito de restaurar. **2** Reparação/Conserto. **Ex.** Ele dedica-se à ~ de móveis antigos. **3** Restabelecimento da saúde/das forças/Recuperação. **Ex.** Preciso de uns dias de descanso para ~ da capacidade de trabalho. **4** Readquirição de algo que se tinha perdido/Recuperação. **Comb.** ~ de costumes [hábitos] antigos. **5** *Maiúsc Hist* Recuperação da independência nacional de Portugal em 1640. **Ex.** As guerras da ~ só terminaram em 1668.

restauração[2] *s f* (<fr *restauration*) Se(c)tor de a(c)tividade relacionado com a exploração de restaurantes e estabelecimentos afins. **Ex.** A ~ teve grande incremento com o crescimento do turismo. ⇒ hotelaria.

restaurador, ora *adj/s* (<restaurar + -dor) (O) que restaura. **Ex.** Os ~es de 1640 aclamaram D. João IV rei de Portugal (⇒ restauração[1] **5**). **Comb.** ~ *de móveis.* ~ *de pinturas* «quadros a óleo». *Exército* ~.

restaurante *s m* (<fr *restaurant*) Estabelecimento onde se preparam e servem refeições. **Ex.** Aos domingos, nunca almoçamos em casa, vamos sempre ao ~.

restaurante[rativo, a] *adj* (⇒ restaurar) Que restaura/repara/renova.

restaurar *v t* (< lat *restáuro, áre, átum*) **1** Pôr novamente em vigor/Instaurar de novo/Implantar. **Loc.** ~ a legalidade e a ordem democrática. **2** Repor no estado primitivo/Pôr em bom estado/Reparar/Consertar. **Loc.** ~ *móveis antigos.* ~ *um monumento* degradado. ~ *uma pintura* a óleo. **3** Reformar/Renovar/Regenerar. **Loc.** ~ um partido [uma escola]. **4** Recuperar a saúde/Restabelecer-se/Revigorar-se. **Ex.** A vitória sobre um forte adversário estrangeiro ajudou a equipa/e a ~ o ânimo e a confiança nas suas possibilidades.

restaurável *adj 2g* (<restaurar + -vel) «estátua de madeira/móvel» Que se pode restaurar.

restauro *s m* (<restaurar) **1** A(c)to ou efeito de restaurar. **Comb.** Obras de ~. **2** Reparação/Conserto. **Loc.** Dedicar-se ao ~ de obras de arte «estátuas/pinturas».

réstia *s f* (<lat *réstis, is*: corda, rama de alho ou cebola) **1** Cordão feito de caules «de cebola» ou hastes entrelaçados/as. **Loc.** Comprar na feira uma ~ de cebolas. **2** Feixe de luz do Sol. **Ex.** Pela porta entreaberta entrava uma ~ de sol.

restiforme *adj 2g* (<réstia + -forme) Em forma de réstia.

restinga *s f* (< ?) **1** Faixa de areia submersa no mar ou num rio, emergindo frequentemente «na maré vazia». **2** Banco de areia ou de rochedos no alto mar/Recife/Escolho.

restituição (Tu-í) *s f* (<lat *restitútio, ónis*) **1** A(c)to ou efeito de restituir/Reposição. **2** Entrega de algo a quem pertence por direito/Devolução. **Ex.** O juiz ordenou a ~ das terras aos legítimos donos. À saída da loja teve que fazer a ~ do telemóvel que escondera no bolso «para não o pagar». **3** Regresso ao estado anterior/Restauração. **Ex.** Está prevista a ~ do edifício à finalidade para que foi construído. **4** Compensação de perdas/Pagamento de dívida. **Comb.** ~ dum empréstimo.

restituidor, ora (Tu-í) *adj/s* (<restituir + -dor) (O) que restitui.

restituir (Tu-ir) *v t* (<lat *restítuo, ere, i, útum*) **1** Devolver a alguém aquilo que por direito lhe pertence/Repor. **Loc.** ~ *um livro* «ao colega/à biblioteca». ~ *um obje(c)to* «berbequim/fritadeira» *emprestado*. **2** Fazer voltar ao estado anterior. **Loc.** ~ *à fachada* dum edifício *o aspe(c)to original.* ~ *à liberdade* animais cativos. ~ *a ordem* e a paz ao país. **3** Compensar por penas e danos sofridos/Inde(m)nizar. **Loc.** ~ às vítimas «dum temporal» o valor dos prejuízos sofridos. **4** Fazer recuperar. **Ex.** Os netos restituíram-lhe o gosto pela vida. Nenhum tratamento é capaz de ~ a juventude a ninguém.

restituível *adj 2g* (<restituir + -vel) Que se pode [deve] restituir. **Comb.** Sinal «duma promessa de compra» ~ caso o negócio não se concretize.

restitu(i)tório, a *adj* (<lat *restitutórius, a, um*) **1** Relativo a restituição. **2** Que envolve restituição. **Comb.** Processo ~ «de herdades nacionalizadas a seguir à revolução de 25 de abril, em Portugal».

resto *s m* (<restar) **1** O que resta/sobra. **Ex.** «toma 20 euros e» Compra-me o livro e fica com o ~ do dinheiro para ti. Ainda está aí o ~ do bolo, queres provar? **Comb.** De ~ [Além de que/Finalmente/Aliás] (Ex. Ele deu autorização, de ~, era de esperar). **2** Parte restante/Sobra. **Ex.** Gasta as folhas de papel que precisares e devolve-me o ~. O ~ desse queijo tem que dar [durar/chegar] até ao final da semana. **3** *pl* O que fica e é considerado sem [de menor] valor/Sobras. **Ex.** Os pratos devem ir para a máquina sem ~ de comida. Varre esses ~s «de pano/linhas» para o lixo. **Comb.** ~*s mortais* [O cadáver]. **4** *pl* Vestígios/Traços/Ruínas. **Comb.** ~s duma civilização antiga. **5** *Mat* Diferença entre o aditivo e o subtra(c)tivo numa subtra(c)ção «4 menos 3, ~ 1». **6** *Mat* Numa divisão, diferença entre o dividendo e o produto do divisor pelo quociente «6 dividido [a dividir] por 3, ~ 0».

restolhada *s f* (<restolho + -ada) **1** Grande quantidade de palhas [hastes/caules] dos cereais que fica na terra depois da ceifa. **2** *fig* Barulho idêntico ao dos pássaros no restolho. **Ex.** Ao entardecer, ouvia-se a ~ dum bando de pássaros abrigados na copa duma árvore. **Comb.** De ~ [De repente/Em bando]. **3** *fig* Grande barulho/Estrondo. **Ex.** Ouviu-se uma ~, toda a gente veio à janela ver o que tinha acontecido.

restolhal *s m* (<restolho + -al) Terreno onde há restolho. **Ex.** «para encurtar caminho» Avançou pelo (meio do) ~.

restolhar *v int* (<restolho + -ar[1]) **1** ⇒ respigar(+). **2** Fazer barulho semelhante ao de quem anda sobre restolho. **3** Procurar/Apanhar «algo, como no restolho».

restolho (Tô) *s m* (< ?) Parte do caule dos cereais que fica presa ao terreno depois da ceifa. **2** *fig* Ruído/Barulho(+). **Ex.** Com o [Por causa do] ~ da brincadeira das crianças não consigo ouvir nada!

restribar *v t/int* (<re- + estribar) **1** Firmar-se bem nos estribos(+)/~-se. **2** Fazer finca-pé/Lutar «contra tal ideia». **3** ⇒ apoiar-se «no poste».

restrição *s f* (<lat *restríctio, ónis*) **1** A(c)to ou efeito de restringir. **2** Condição que restringe/Limitação/Reserva. **Ex.** Há ~ões no acesso à universidade. «o médico é de opinião que» Posso comer de tudo, sem ~ões. **Comb.** ~ *mental* [A(c)to que consiste em ocultar parte do seu pensamento com o fim de encobrir a verdade/Meia mentira/verdade].

restringência *s f* (<restringir + -ência) Qualidade do que é restringente/Aperto.

restringente *adj 2g/s m* (⇒ restringir) **1** Que restringe. **2** *s m* Medicamento que aperta os tecidos relaxados. ⇒ adstringente.

restringimento *s m* (<restringir + -mento) A(c)ção de restringir/Restrição.

restringir *v t* (<lat *restríngo, ere, ínxi, íctum*: apertar com força, conter, reprimir, ~) **1** Impor restrição a/Limitar. **Ex.** O Governo anunciou que vai ~ a venda de bebidas alcoólicas. Para poupar combustível, muitos condutores começaram a ~ [diminuir(+)] a velocidade dos automóveis nas autoestradas. **2** Tornar mais estreito/apertado/Diminuir a se(c)ção/passagem/via. **Ex.** As obras «do túnel» restringiram a faixa de circulação de veículos. **3** Reduzir/Limitar. **Ex.** Agora a a(c)tividade da empresa restringe-se [ficou reduzida(+)] ao se(c)tor comercial.

restringível *adj 2g* (<restringir + -vel) Que se pode restringir. **Ex.** A isenção de taxas moderadoras no Serviço Nacional de Saúde é ~ [aplicável(+)] às pessoas que comprovem a insuficiência de recursos econó[ô]micos.

restritivo, a *adj* (<lat *restrictus, a, um* + -ivo) Que restringe/limita/impõe restrição. **Comb.** Medidas ~as/controladoras/condicionantes «à concessão de crédito».

restrito, a *adj* (<lat *restríctus, a, um*; ⇒ restringir) De pequenas dimensões/Limitado/Reduzido. **Ex.** Para a reunião foi convidado um número ~ de pessoas. **Comb.** *Conferência* [Tema] *de âmbito* muito ~. *Zona* «da fábrica» ~*a* [reservada(+)] *à administração.* ⇒ «sentido» estrito «duma palavra».

restrugir *v t/int* (<re- + estrugir) **1** Tornar a estrugir. **2** «estrondo/ruído» Retumbar/Vibrar/Atroar.

restruturação/restruturar ⇒ reestruturação/...

resultado *s m* (<resultar + -ado) **1** O que resulta de uma a(c)ção/um acontecimento/Consequência/Efeito. **Ex.** O acidente foi o ~ de [foi por] não respeitar as regras de segurança. Se não estudares, o ~ normal será a reprovação. **Loc.** Dar mau [bom] ~ [Ter más [boas] consequências]. **Comb.** Em ~ de [Devido a/Em consequência de]. **2** *Mat* O que se obtém depois de concluída uma operação matemática. **Ex.** Cheguei ao mesmo ~ (do exercício) por um caminho [método] diferente. **Comb.** Caderno de exercícios com os ~s respe(c)tivos. **3** Finalidade/Fim/Obje(c)tivo. **Ex.** A diminuição do défice é o ~ pretendido com a

aplicação das medidas de austeridade. **4** Efeito/Desfecho. **Ex.** A operação cirúrgica teve um excelente ~, foi um sucesso. **5** Lucro [Prejuízo] duma empresa. **Ex.** A empresa (ob)teve [regist(r)ou] ~s positivos (Lucros) [negativos (Prejuízos)] «pelo terceiro ano consecutivo». **6** Conclusão/Deliberação. **Ex.** Qual foi o ~ da reunião «da comissão de trabalhadores com a administração»? **7** *(D)esp* Situação final duma competição (d)esportiva expressa em números. **Ex.** O ~ final foi de 2-0 favorável à [2–0, ganhando a] equipa/e da casa.

resultante *adj 2g/s f* (⇒ resultar) **1** Que resulta/é proveniente de. **Comb.** Dívida ~ de gastos excessivos e desnecessários. Os elevados preços dos combustíveis são ~s da instabilidade política de países grandes produtores de petróleo. **2** *s f* O que se obtém em consequência de. **Ex.** O bom momento que a equipa/e atravessa é a ~ do trabalho conjunto de muitos intervenientes «treinador/dire(c)ção/preparador físico/psicólogo». **3** *s f Fís* Força que, só por si, produz o mesmo efeito que várias forças a(c)tuando em conjunto/Ve(c)tor que representa essa força. **Ex.** A ~ de forças paralelas e do mesmo sentido tem uma intensidade igual à soma das intensidades de cada uma delas e o mesmo sentido.

resultar *v int* (<lat *resúlto, áre, átum*: saltar para trás, fazer eco, resistir, opor-se a) **1** Ser consequência/efeito. **Ex.** As más colheitas resultaram dum inverno extremamente seco. **2** Dar origem a/Redundar. **Ex.** As conversações resultaram em nada [num fracasso]. O espe(c)táculo resultou num sucesso. **3** Ter origem em/Proceder. **Ex.** O [A cor] verde resulta da mistura de azul com amarelo. Do casamento de D. João I com D. Filipa de Lencastre resultaram os Infantes da Ínclita Geração (D. Duarte, D. Henrique, D. Pedro, D. João, D. Fernando e D. Isabel).

resumidamente *adv* (<resumido + -mente) Em resumo/Concisamente/Sinteticamente. **Ex.** O que aconteceu, ~, foi o seguinte: ele ia a sair de marcha-atrás e raspou com o guarda-lamas na árvore.

resumir *v t* (<lat *resúmo, ére, súmpsi, súmptum*: retomar, recuperar, começar de novo, curar; ⇒ reassumir) **1** Condensar em poucas palavras o que foi dito/escrito. **Ex.** «professor aos alunos» Resuma em poucas palavras a história que acabou de ler. Fez um discurso resumido [breve/curto]. **2** Diminuir a extensão de/Conter em resumo/Sintetizar. **Ex.** Esse livro resume a história da pintura renascentista. **3** Converter no essencial/Fazer a síntese. **Ex.** As causas predominantes da maioria das doenças resumem-se em má nutrição e falta de higiene. **4** Ficar confinado em certos limites/Restringir. **Ex.** A minha vida não se resume na profissão: tenho a família e muitas outras coisas a que me dedicar. **5** Consistir em. **Ex.** Hoje o meu almoço resumiu-se a uma sanduíche de fiambre e um copo de leite, não tive tempo para mais.

resumo *s m* (<resumir) **1** A(c)to ou efeito de resumir. **Ex.** Para fixar as ideias principais, faço um ~ do texto. **Comb.** Em ~ [⇒ Resumidamente **Ex.**] (Sin. Ou seja/Quer dizer/Em poucas palavras). **2** Síntese de uma obra/um artigo/texto/Sumário/Recapitulação. **Ex.** No fim de cada capítulo, o livro apresenta um ~ dos assuntos tratados. **3** Síntese de uma obra científica ou escolar/Compêndio/Epítome/Sinopse. **Loc.** Estudar por ~s. **4** Exposição abreviada/Apanhado. **Ex.** No final do telejornal, o locutor fez um ~ das notícias de maior relevo.

resvaladi(ç)o, a *adj* (<resvalar + -di(ç)o) Por onde se resvala com facilidade/Escorregadio/Inclinado. **Ex.** O chão de mosaicos molhado torna-se muito ~ [escorregadio(+)]. **Comb.** Encosta íngreme e ~a.

resvaladou[oi]ro *s m* (<resvalar + -dou[oi]ro) Sítio [Terreno] por onde se resvala facilmente.

resvaladura [resvalamento] ⇒ resvalo 2.

resvalar *v t/int* (<rés + vala + -ar¹) **1** Escorregar numa superfície inclinada/Deslizar. **Ex.** O carro despistou-se e resvalou pela encosta abaixo. A bicicleta resvalou [derrapou(+)] na areia e dei uma grande queda. **2** Passar rente/Tocar de raspão. **Ex.** A bola passou a ~ [rasar(+)] a trave da baliza. **3** Olhar [Passar os olhos] de maneira rápida sem fixar, à procura de alguém/algo. **Ex.** Resvalou [Passou(+)/Correu(+)] os olhos pela assistência à procura do amigo. **4** *fig* Cometer uma falta/Abandalhar-se. **Ex.** Lidava com muito dinheiro e acabou por ~ e praticar um desfalque.

resvalo *s m* (<resvalar) **1** Declive(+). **2** A(c)to de resvalar/escorregar/Escorregadela/Resvaladura. ⇒ derrapagem «do carro».

resvés (Rés) *adj 2g 2n/adv* (<rés + on) **1** Cerce/Rente. **Ex.** A bola passou-lhe ~ [(mesmo) rente] à cabeça. **2** À justa/Na medida certa. **Ex.** O pano quase não chegava para o vestido, foi (mesmo) ~. O móvel passa na porta ~ «não há nem um centímetro de folga».

reta (Ré) *s f* [= recta] (⇒ reto) **1** *Geom* Figura ideal, sugerida por um conjunto infinito de pontos, ordenados linear(mente) e consecutivamente, sem intervalos. **Ex.** A ~, o ponto e o plano são os três elementos que, pelas suas combinações mútuas, permitem estudar as propriedades das figuras. Considera-se que a ~ tem apenas uma dimensão: o comprimento. **Comb.** ~s **paralelas** [perpendiculares/oblíquas]. ~ **tangente** (a uma curva). **Segmento de** ~ [Parte da ~ compreendida entre dois pontos]. **Semi-**~ [Cada uma das partes em que um ponto determinado divide a ~]. **2** Traço direito/Risco/Linha. **Loc.** Traçar as ~s que delimitam o campo «de futebol». **Comb.** ~ **final** [(D)esp Parte da pista [estrada] onde termina uma prova/Última parte dum trabalho/duma a(c)tividade]. À ~ [Na medida exa(c)ta (**Ex.** O sofá coube [passou] à ~ na porta). O dinheiro foi (mesmo) à ~ para as compras). **3** Lanço retilíneo de estrada. **Comb.** Percurso [Traje(c)to] com grandes [extensas] ~s. **4** *Mat* Num referencial cartesiano ortogonal, imagem geométrica de uma equação de 1º grau em *x* e *y* da forma $ax+by+c=0$, onde *a*, *b* e *c* são números reais quaisquer, não podendo *a* e *b* serem conjuntamente nulos. **Comb.** Coeficiente angular duma ~ [Valor do parâmetro m definido por m=-a/b].

retabular *adj 2g* (<retábulo + -ar²) **1** Relativo a retábulo. **Comb.** Talha «dourada» ~. **2** Que tem a forma de retábulo. **Comb.** Adorno «duma parede» ~.

retábulo *s m Arte* (<lat *retro*: atrás + *tábula*: tábua) Construção na parte posterior do altar, de madeira ou de pedra, geralmente ornamentada com pintura ou aplicações «de pedras preciosas». **Comb.** ~ **em talha** dourada. ~ **pintado** «Cordeiro Místico, de Van Eyck».

retaguarda (Ré) *s f* (<it *retroguardia*) **1** Parte posterior de qualquer coisa ou lugar. **Ex.** O autocarro [ó[ô]nibus], na ~, tem um banco corrido [banco a toda a largura]. Na igreja, ficava sempre na ~ [ao fundo/atrás]. Todas as viaturas devem ter refle(c)tores na ~. **Loc.** Ficar para a ~ «duma procissão» [Deixar passar os outros à frente]. **Comb.** À [Na] ~ [Atrás/Na parte posterior]. **Sin.** Parte de trás; traseira. **Ant.** Dianteira; frente. **2** *Mil* Parte de um corpo de tropas que marcha na posição mais recuada. **Ant.** Frente [Primeira linha].

retalgia (Rè) *s f Med* [= rectalgia] (<reto + algia) ⇒ proctalgia.

retalhado, a *adj/s m* (<retalhar + -ado) **1** Cortado aos pedaços/Com golpes/Dividido. **Comb.** **Legumes** ~s «para a sopa». **Pano** ~ «com uma tesoura». **2** Ferido com obje(c)to cortante/Golpeado. **Ex.** Deu entrada no hospital com o corpo ~ de golpes de arma branca. **3** *s m* Recorte artístico nos trabalhos de olaria.

retalhadura[ção/mento] *s* (<retalhar + -...) Golpe na pele.

retalhar *v t* (<re- +...) **1** Cortar em [aos] retalhos/pedaços/Fazer vários golpes. **Ex.** Este tecido tem de ser vendido inteiro; se o vou ~ fica um pedaço [retalho] que não dá [serve] para nada. A peça de pano está retalhada [tem golpes/cortes] em vários sítios. **2** Dividir em várias partes. **Loc.** ~ um terreno «para o vender em lotes». **3** Ferir com obje(c)to cortante/Dilacerar. **Loc.** ~ a pele «com uma lâmina». **4** *fig* Dar a sensação de corte. **Ex.** O vento frio retalha-me a cara. **5** *fig* Causar sofrimento moral/Provocar grande desgosto. **Ex.** A carta do filho trazia más notícias que lhe retalharam o coração.

retalhista *s/adj 2g* (<retalho + -ista) Pessoa [Comerciante/Loja] que vende [compra] a retalho. **Comb.** **Associação de** ~**s. Comércio** ~. **Ant.** Armazenista; grossista.

retalho *s m* (<retalhar) **1** Pedaço de pano que sobrou duma peça. **Ex.** Este ~ dá para fazer uma saia. Não vou cortar o tecido porque fica um ~ sem aproveitamento. **Comb.** Manta de ~s **a)** Manta feita com pedaços de pano de vários padrões e cores; **b)** *idi* Algo que não tem unidade e é constituído por partes heterogéneas, desconexas. **2** Parte duma coisa que se retalhou/Pedaço/Fra(c)ção. **Ex.** É uma obra que fica cara porque se estraga muita chapa [madeira], ficam muitos ~s sem préstimo. **Loc.** Comprar [Vender] a ~ [em pequenas quantidades/*Br* por miúdo/a varejo].

retaliação *s f* (<retaliar + -ção) A(c)to ou efeito de retaliar/Represália/Vingança. **Ex.** «não se aprende a perdoar» A um ataque «dos palestinianos» segue-se a ~ «dos israelitas».

retaliar *v t* (<lat *retálio, áre, átum*: tratar segundo a lei de talião) **1** Aplicar a pena de Talião/Pagar na mesma moeda/Desforrar(-se)/Vingar(-se). **Ex.** Quando o exército americano ataca, os afegãos [talibãs] retaliam. **2** Exercer represálias procurando desagravar ofensas sofridas. **Ex.** Deixaram de ~ para tentar estabelecer definitivamente a paz.

retaliativo, a *adj* (<retaliar + -tivo) Relativo a retaliação/Retaliatório. **Comb.** Ataque ~.

retaliatório, a *adj* (<retaliar + -tório) Que encerra retaliação. **Comb.** Medidas «atentados suicidas» ~as.

retamente (Rè) *adv* [= rectamente] (<reto + -mente) **1** De modo reto. **Ex.** Marca «a implantação do muro» ~ [em linha reta(+)] de um marco ao outro. **2** Dire(c)tamente. **Ex.** Siga sempre ~, sem desvios, que vai ter à praça. **3** De modo corre(c)to. **Ex.** ~, é isso mesmo; falaste com todo o acerto. **4** Com re(c)tidão/justiça/Imparcialmente. **Loc.** Proceder [Decidir/Governar] ~.

retanchar v t (<re- +...) **1** Cortar cerce uma vergôntea «da videira» para que cresça com mais força. **2** Pôr um bacelo na cova de outro para o substituir/Replantar.

retangular (Rè) [*Br* **re(c)tangular** (*dg*)] *adj 2g Geom* [= rectangular] (<retângulo + -ar²) **1** Que tem a forma de um retângulo. **Comb.** Campo [Terreno] ~. **2** Que tem por base um retângulo. **Comb.** Pirâmide [Prisma] ~.

retângulo (Rè) [*Br* **re(c)tângulo** (*dg*)] *s m/ adj Geom* [= rectângulo] (<lat *rectángulus, a, um* <*rectus* + *ángulus*) **1** Quadrilátero com os quatro ângulos retos e os lados iguais e paralelos dois a dois. **Ex.** O quadrado é um ~ com os lados todos iguais. **2** Obje(c)to com essa forma. **Comb.** ~ *de cartão.* «campo de futebol» *O* ~ *do jogo.* **3** *adj* Que tem pelo menos um ângulo reto. **Comb.** *Trapézio* ~. *Triângulo* ~.

retardado, a *adj/s* (<retardar) **1** Que se retardou/atrasou/demorou. **2** ⇒ adiado «para mais tarde». **3** ⇒ moroso/lento. **4** (O) que tem um desenvolvimento mental inferior ao normal para a [em relação à] sua idade. ⇒ retardo.

retardador, ora *adj/s* (<retardar + -dor) **1** (O) que retarda. **Loc.** Trabalhar [Reagir] ao ~ [lentamente/devagar]. **2** *Cine* Aparelho destinado a aumentar o número de imagens dum filme para permitir fazer a análise dos movimentos quando a proje(c)ção se faz à velocidade normal. **3** Dispositivo destinado a diminuir a cadência de tiro das armas automáticas para evitar o aquecimento excessivo.

retardamento[dação] *s* (<retardar + -mento) **1** Atraso(o+)/Demora/Tardança(+)/Delonga. **Ex.** A falta de dinheiro provocou o ~ da conclusão da obra. **2** *Mil* Atraso na abertura da culatra das armas automáticas, correspondente ao tempo em que o proje(c)til percorre o cano.

retardar *v t/int* (<lat *retárdo, áre, átum*; ⇒ tardar) **1** Fazer diminuir a velocidade. **Ex.** Este medicamento não cura mas retarda o evoluir [a evolução] da doença. **2** Causar atraso/Impedir o avanço/Demorar. **Ex.** As obras na estrada retardaram [atrasaram] a nossa chegada. **3** Fazer iniciar mais tarde/Adiar. **Ex.** O mau tempo retardou as sementeiras. **4** Andar mais devagar/Tornar(-se) mais lento. **Ex.** Retarda um pouco o passo [andamento] para que eu seja capaz de te acompanhar.

retardatário, a *adj/s* (<retardado + -ário) (O) que chega tarde/vem atrasado. **Ex.** As reuniões devem começar à hora marcada, não se deve esperar pelos ~s. Já o barco estava para largar [partir] e ainda havia passageiros ~s a saltar para bordo.

retardativo, a *adj* (<retardar + -tivo) Que retarda/Retardante.

retardo *s m* (<retardar) **1** ⇒ retardamento. **2** *Psic* Estado da pessoa que tem um desenvolvimento mental inferior ao normal para a sua idade. ⇒ retardado **4**. **3** *Mús* Prolongamento de um som de um acorde sobre o acorde seguinte/Suspensão.

retém *s m* (< reter) **1** Reserva/Depósito. **Comb.** Armazém de ~ [Instalações onde se guardam artigos cuja venda pode ser demorada]. **2** ⇒ excedente; sobressalente.

retêmpera [retemperação] *s f* (< retemperar) A(c)to ou efeito de retemperar.

retemperante *adj 2g* (<retemperar + -ante) Que retempera/fortifica. **Comb.** Repasto [Refeição] ~/reconfortante.

retemperar *v t* (<re- +...) **1** Dar nova têmpera. **Loc.** ~ um obje(c)to «uma ferramenta» de aço. **2** Temperar novamente/Voltar a pôr tempero. **Ex.** A carne [O assado] tem pouco gosto, retempera-a/o com mais molho. **3** Dar novo alento/Revigorar/Fortificar. **Loc.** ~ as forças «depois de um trabalho esgotante».

retenção *s f* (<lat *reténtio, ónis*) **1** A(c)to ou efeito de reter. **2** A(c)ção de impedir a saída/o livre curso. **Ex.** A falta de ele(c)tricidade provocou a ~ de muitas pessoas dentro dos elevadores dos prédios. As barragens fazem a ~ da água dos rios (para ser utilizada mais tarde). **3** A(c)to de conservar em sua posse aquilo que pertence a outrem. **Ex.** As entidades patronais fazem a ~ de parte dos ordenados que têm que pagar aos seus empregados, por conta do imposto sobre os rendimentos (IRS) que será calculado no fim de cada ano. A polícia ordenou a ~ da mercadoria até à decisão do tribunal sobre o destino a dar-lhe. **4** Capacidade de conservar na memória impressões e informações recebidas. **5** *Fisiol* Acumulação de substâncias nas cavidades orgânicas donde normalmente são evacuadas. **Comb.** ~ *de fezes.* ~ *de urina.*

retenida *s f* (<esp *retenida*; ⇒ reter) **1** Cabo do aparelho de pesca que franze a rede. **2** *Náut* Cabo fino com uma pinha numa das extremidades que é lançado para passar um cabo mais grosso, preso na outra extremidade, de um navio para outro ou para o cais.

retensão *s f* (<re- +...) Tensão muito grande/intensa.

retentividade *s f* (<retentivo + -i- + -dade) **1** Qualidade do que é retentivo. **2** *Fís* Intensidade de magnetização correspondente à remanência.

retentivo, a *adj/s f* (<lat *retentívus, a, um*; ⇒ reter) **1** Que retém/sustém. **Comb.** Capacidade ~a [de retenção] «do que se estudou». **2** *s f* Faculdade de reter na memória por algum tempo as impressões recebidas/Reminiscência.

retentor, ora *adj/s* (<lat *reténtor, óris*; ⇒ reter) **1** Que retém. **2** *Mec* Dispositivo usado para reter fluidos «água/lubrificantes»/Vedante. **3** *Dir* (O) que exerce [tem] o direito de retenção **3**.

reter *v t* (<lat *retíneo, ére, tínui, téntum* <re- +téneo, ére*: ter, segurar) **1** Conservar em seu poder. **Ex.** Os correios retêm correspondência regist(r)ada que não foi recebida no domicílio, durante cinco dias, para ser levantada pelo destinatário. A polícia reteve as malas para inspe(c)ção. **2** Segurar na mão com firmeza. **Ex.** O cão puxava com tanta força que quase não conseguia retê[segurá]-lo pela trela. À despedida, a mãe abraçou-me muito e reteve-me longamente as mãos agarradas (às dela). **3** Não deixar sair/passar/Deter/Impedir. **Ex.** O larápio tentou fugir mas um transeunte reteve-o. A doença reteve-me na cama durante vários dias. **4** Reprimir/Conter. **Ex.** «perante tamanha desgraça» A muito custo consegui ~ [conter(+)] as lágrimas. **5** Manter em sua posse o que é de outrem contra a vontade do dono. **Ex.** O tesoureiro [caixa] reteve o dinheiro dos ordenados no cofre durante uma semana para além da data de pagamento, sem qualquer justificação. **6** Conservar na memória/Fixar. **Ex.** Já esqueci muitas coisas que estudei, mas ainda retenho a maior parte do que aprendi na escola primária. (Re)tenho [Conservo] dele a imagem de uma criança muito alegre e traquina. **7** Manter em prisão. **Ex.** Ficou retido em prisão preventiva, a aguardar julgamento. **8** Reprimir uma necessidade fisiológica/Conter. **Loc.** ~ [Conter(+)] *a respiração.* ~ *as urinas.* **9** ~-se/Refrear manifestações/Conter-se. **Ex.** Apetecia-me dar-lhe uma resposta *idi* torta [má/forte] (como ele merecia), mas ainda bem que me retive [contive(+)].

retesado, a *adj* (<retesar + -ado) Esticado/Tenso/Rijo/Hirto.

retesamento *s m* (<retesar + -mento) A(c)to ou efeito de retesar.

retesar *v t* (<reteso + -ar¹) **1** Fazer ficar tenso/Esticar. **Loc.** ~ [Esticar(+)] uma corda. **2** Tornar duro/Enrijecer. **Loc.** ~ os músculos. **3** Ficar muito direito/hirto/Entesar-se. **Ex.** Quando tocou a sentido para a passagem da revista, os soldados retesaram-se.

reteso, a (Tê) *adj* (<re- +...) Muito teso/esticado. **Loc.** Manter ~a uma amarra [corda/espia].

reti- (Rè) [*Br* **re(c)ti-** (*dg*)] *elem de formação* [= recti-](<lat *rectus, a, um*) Exprime a noção de: **a)** Reto/Direito: *retificar, retilíneo, reto*; **b)** Justeza/Exa(c)tidão: *retidão, retificação, reto*. ⇒ reto-.

reticência *s f* (<lat *reticéntia, ae*) **1** Omissão voluntária de alguma coisa que se podia ou devia dizer. **Ex.** Sobre isso, *idi* ~s, ainda não é altura de ser anunciado. **Comb.** Sem ~s [reservas] (Ex. Ela prontificou-se a ajudar-me sem ~s). ⇒ caluda! **2** Suspensão voluntária duma frase que não se completa mas que deixa transparecer o que se omitiu. **Ex.** Andar por ali constantemente e deixar de ser visto na altura em que desaparece o dinheiro, não quero acusar ninguém, mas ~s... **3** *pl Gram* Sinal gráfico (...) que serve para exprimir suspensão do sentido ou omissão de palavras.

reticenciar *v t* (<reticência + -ar¹) **1** Pôr reticências. **Ex.** A frase ganha mais ênfase se reticenciares [puseres o sinal de reticências n]o final. **2** Dar a entender sem exprimir claramente. **Ex.** Ele não disse mas reticenciou...

reticencioso, a (Ôso, Ósa, Ósos) *adj* (<reticência + -oso) Em que há reticências/reservas.

reticente *adj 2g* (<lat *réticens, éntis* <*retíceo, ére*: calar-se) **1** Que revela indecisão/Hesitante/Indeciso. **Ex.** Fizeram-lhe uma boa proposta de emprego mas ele está ~, não sabe se aceitará. **2** Que não se manifesta plenamente/Que se cala por prudência/Reservado. **Ex.** Os pais estavam preocupados com o momento difícil que o filho e a nora estavam a atravessar, mas para não agravar mais a situação, mantinham-se ~s.

reticolócito *s m Biol* (<retículo + -cito) Eritrócito jovem [Célula precursora do glóbulo vermelho] de estrutura filamentosa.

reticórneo, a (Rè) [*Br* **re(c)ticórneo** (*dg*)] *adj Zool* [= recticórneo] (<reti- +...) Que tem as hastes [antenas] retas.

reticulação *s f* (<reticular + -ção) **1** Qualidade do que é reticular/reticulado. **2** *Geog* Desenho de uma rede de cartografia. **3** *Bot* Disposição de nervuras e outras cara(c)terísticas das folhas unidas como malhas de uma rede.

reticulado, a *adj/s m* (<reticular + -ado) **1** Que é constituído por linhas cruzadas, em forma de rede/Reticular. **Comb.** Desenho ~. **2** *s m Mat* Conjunto parcialmente ordenado em que todo o subconjunto de dois elementos tem supremo e ínfimo.

reticular *adj 2g* (< retículo+-ar²) **1** Que tem a forma de rede/Retiforme/Reticulado. **Comb.** *Estrutura* ~ [Distribuição das partículas constituintes (Átomos, iões [íons], moléculas) dos cristais segundo a teoria ~]. *Teoria* ~ [estabelecida por M.

L. Frankenheim e A. Bravais e que afirma que as partículas constituintes dos cristais se distribuem ordenadamente de acordo com um dos 14 grupos de translações ou modos de Bravais]. «ruas da cidade com» *Traçado ~*.

retículo *s m* (<lat *retículus*[*m*], *i*) **1** Rede pequena. **2** *Zool* Compartimento gástrico dos ruminantes/Barrete. **Comb.** *Biol* ~ endoplásmico [Estrutura existente no citoplasma, formada por uma rede de duas membranas, que reveste cavidades tubulares, vesiculares ou lamelares]. **3** Instrumento ó(p)tico utilizado em astronomia. **4** Disco de um instrumento de observação, cortado ao centro por dois eixos perpendiculares muito finos, que servem como ponto de referência. **Comb.** ~ de uma arma.

retidão (Rè) [*Br* **re(c)tidão** (*dg*)] *s f* [= rectidão] (<lat *rectitúdo, inis*) **1** Qualidade do que é direito/que não tem curvas ou sinuosidades. **Comb.** A ~ do traçado duma estrada. **2** Qualidade do que é reto/íntegro/Integridade de cará(c)ter. **Comb.** Pessoa admirada pela ~ do seu modo de proceder. **Sin.** Equidade; imparcialidade; justiça.

retido, a *adj* (<reter) **1** Contido/Reprimido/Parado. **Comb.** Lágrimas ~as. **2** ⇒ detido/preso «pela polícia».

retificação (Rè) [*Br* **re(c)tificação** (*dg*)] *s f* [= rectificação] (<retificar + -ção) **1** A(c)to ou efeito de retificar/Tornar reto/direito/Alinhamento. **Comb.** *Geom* ~ *duma curva* [Cálculo do seu comprimento ou da sua grandeza linear]. ~ *duma estrada* [Corre(c)ção para eliminar ou suavizar curvas muito fechadas]. **2** Corre(c)ção/Emenda/Modificação. **Comb.** ~ *duma conta* [dum cálculo]. ~ *dum nome* [duma data]. ~ *duma norma* [lei]. ~ *duma notícia* [dum texto]. **3** *Quím* Purificação de líquidos por destilações sucessivas. **Comb.** ~ do álcool vínico [da aguardente]. **4** *Ele(c)tri* Conversão de corrente alternada em corrente contínua. **5** *Dir* Corre(c)ção de inexa(c)tidões/erros nas sentenças ou nos despachos, devidas/os a lapso ou omissão. **Comb.** ~ duma sentença. **6** *Mec* Operação de acabamento da superfície duma peça mecânica com máquina apropriada.

retificador, ora (Rè) [*Br* **re(c)tificador** (*dg*)] *adj/s* [= rectificador] (< retificar + -dor) **1** (O) que retifica. **Comb.** Aparelho [Dispositivo/Máquina] ~or/ora. **2** *Quím* Aparelho [Instalação] destinado/a a purificar líquidos por redestilação. **Comb.** Coluna ~ora. **3** *Ele(c)tri* Dispositivo que só permite a passagem da corrente elé(c)trica num sentido e assim transforma a corrente alternada em (corrente) contínua. **Comb.** ~ *de corrente. Válvula ~ora*. **4** *Mec* Máquina onde se faz o acabamento da superfície duma peça mecânica de precisão.

retificar (Rè) [*Br* **re(c)tificar** (*dg*)] *v t* [= rectificar] (<lat *rectífico, áre, átum*; ⇒ ratificar) **1** Tornar reto/direito/Alinhar. **Loc.** ~ o traçado duma estrada [o alinhamento dum muro]. **2** Corrigir/Emendar. **Comb.** ~ *um nome* [uma data]. ~ *uma notícia* [afirmação]. **3** Modificar para melhor o modo de proceder. **Loc.** ~ a conduta. **4** Tornar exa(c)to/Corrigir. **Comb.** ~ uma conta. **5** *Geom* Calcular a dimensão linear [o comprimento] duma curva. **Loc.** ~ um arco de circunferência. **6** *Quím* Purificar líquidos por redestilação. **Comb.** ~ aguardente. **7** *Ele(c)tri* Converter corrente alternada em corrente contínua.

retificativo, a (Rè) [*Br* **re(c)tificativo** (*dg*)] *adj* [= rectificativo] (<retificar + -tivo) Que retifica. **Comb.** *Adenda* [Nota] ~*a. Orçamento* ~.

retificável (Rè) [*Br* **re(c)tificável** (*dg*)] *adj 2g* [= rectificável] (<retificar + -vel) **1** Que pode ser retificado. **Comb.** *Documento* [Teoria] ~. *Traçado* «duma estrada» ~. **2** *Geom* Diz-se de curva cujo comprimento se pode determinar por ser finito e calculável.

retiforme[1] (Rè) [*Br* **re(c)tiforme** (*dg*)] *adj 2g* [= rectiforme] (<reti- + -forme) Que tem forma reta/Direito.

retiforme[2] *adj 2g* (<rede + -forme) Em forma de rede/Reticulado.

retilíneo, a (Rè) [*Br* **re(c)tilíneo** (*dg*)] *adj/s m* [= rectilíneo] (<lat *rectus* + *línea*: linha) **1** Que tem a forma duma linha reta/Direito/Reto. **Comb.** «desenho feito apenas com» Traços ~s. **2** Que segue em linha reta [segue a direita]. **Comb.** Movimento [Traje(c)tória] ~o/a. **3** Que tem contornos definidos por linhas retas. **Comb.** «prisma» Formato ~. **4** Que não se afasta dos seus princípios/da sua norma de vida/Coerente/Inflexível. **Comb.** Procedimento [Conduta] ~o/a. **5** Que procede com retidão/Honesto/Reto/Íntegro. **Comb.** Espírito [Pessoa] ~o/a. **5** *Geom s m* Ângulo plano que se obtém interse(c)tando o diedro por um plano perpendicular à sua aresta.

retina *s f Anat* (<lat *retína, ae* <*rete*: rede «de vasos sanguíneos») Membrana interna do globo ocular onde se formam as imagens. **Comb.** Deslocamento da ~.

retináculo *s m* (<lat *retináculum, i*: atilho, corda) **1** *Bot* Formação glandular, viscosa, em que termina a parte inferior das massas polínicas nas flores das orquidáceas. **2** *Bot* Disco adesivo que auxilia a polinização das asclepiadáceas. **3** *Ent* Conjunto de ganchos, escamas ou cerdas que em alguns inse(c)tos asseguram a ligação das duas asas entre si durante o voo.

retinente *adj 2g* (<retinir + -ente) Que retine. **Comb.** Som ~ da sirene «convocando os bombeiros».

retinérveo[1]**, a** *adj* (<rede + nervo + -eo) Que tem nervuras reticulares.

retinérveo[2]**, a** (Rè) [*Br* **re(c)tinérveo** (*dg*)] *adj Bot* [= rectinérveo] (<reti- + nervo + -eo) (Folha) que tem nervuras retas.

retinir *v int* (<lat *retínnio, íre*) Emitir um som agudo, intenso e prolongado. **Ex.** Os copos de cristal retinem «quando os convivas fazem um brinde». A última badalada do sino ficou a ~.

retinite *s f Med* (<retina + -ite) Inflamação da retina.

retinito *s m Geol* (<gr *rhétine, es*: resina) Designação geral de rochas vulcânicas vítreas, compactas, de aspe(c)to semelhante à resina.

retintim *s m* (< on) **1** A(c)to ou efeito de retinir. **2** Som de corpos «de vidro/de metal» que batem entre si. **Comb.** O ~ dos copos de cristal. ⇒ tintim.

retintinir ⇒ retinir.

retinto, a *adj* (<re- +...) **1** Que foi tingido novamente. **2** De cor escura muito carregada. **Comb.** «viúva vestida de/touro de pelo» Preto ~.

retirado, a *adj/s f* (<retirar) **1** Que está isolado/Sem comunicação/Ermo/Solitário. **Ex.** Ele habita num lugar ~ fora da povoação. **2** Que está afastado/Distante. **Ex.** Nunca acompanha com os colegas; mantém-se sempre ~ (deles). **3** Que se reformou/Afastado da a(c)tividade profissional. **Comb.** «empresário» ~ dos negócios. **4** *s f* Debandada/Partida/Saída. **Ex.** Fazia-se muito forte, mas no momento da ~a [despedida] as lágrimas corriam-lhe pelas faces. **5** *s f Mil* Movimento de retrocesso pelo qual um corpo de tropas se afasta do inimigo para evitar o combate. **Idi.** *Bater em ~a* [Fugir diante do inimigo]. *Cobrir a ~a* [Proteger do inimigo as tropas que se retiram].

retiramento *s m* (<retirar + -mento) Vida solitária/Retiro(+)/Isolamento(+). **Loc.** Viver em ~.

retirar *v t* (<re- +...) **1** Tirar algo que foi introduzido em algum sítio. **Ex.** Fechei a porta e esqueci-me, não retirei a chave (da fechadura). **2** Puxar para trás/Recolher/Retrair. **Ex.** Se não retirava a mão tão depressa, ficava entalada na porta do carro. **3** Tirar de dentro/Fazer sair. **Ex.** Os bombeiros estão a ~ do fundo o carro que caiu ao rio. **Loc.** ~ uma rolha de dentro duma garrafa. **4** Tirar [Levantar/Pegar] aquilo que se tinha guardado [depositado/arrumado]. **Loc.** ~ *dinheiro* «da carteira/do Banco». ~ *uma camisa* «da có[ô]moda». ~ *um colar de pérolas* «do cofre». **5** Afastar do lugar onde estava/Desviar. **Ex.** «a rua é estreita» Tive que ~ o carro do estacionamento para o cami(nh)ão poder passar. **6** *Med* Fazer extra(c)ção/ablação cirúrgica/Extrair. **Ex.** Na operação retiraram-lhe um tumor e parte do intestino. Vai ser operado para lhe retirarem uma bala que está alojada no tórax.

7 Desdizer aquilo que acabou de ser afirmado. **Ex.** Tem razão, não estava a ver bem o problema, retiro aquilo que disse. **8** Obter lucro/benefício/Auferir/Lucrar. **Ex.** Apoiei a candidatura do presidente mas não foi na mira [não foi com o obje(c)tivo] de ~ dividendos [de obter favores/benesses]. Ele retirou muito dinheiro daquele [ganhou muito com aquele] investimento. **9** Fazer desaparecer/Apagar. **Ex.** «o criminoso» Retirou cuidadosamente todos os vestígios de sangue. **10** Deixar de conceder/Privar de um direito/uma prerrogativa. **Loc.** ~ o apoio [a confiança] a alguém. **11** ~-se/Ir-se embora/Afastar-se/Sair. **Ex.** Como [Porque] a conversa não lhe agradava, retirou-se. **12** ~-se/Desistir da a(c)tividade/profissão. **Loc.** ~se da vida artística [da política]. **13** ~-se/Ir viver para um lugar isolado/Refugiar-se. **Ex.** Deixou o bulício da cidade e retirou-se para o sossego da quinta. **14** ~-se/Recolher-se/Ir deitar-se. **Ex.** Vou-me ~ porque estou cheio [idi a cair] de sono. **15** *Mil* ~- se/Abandonar o campo de batalha/Bater em retirada.

retiro *s m* (<retirar) **1** Lugar afastado/Sítio ermo. **Ex.** Prefiro o ~ da quinta à vida agitada da cidade. **2** Descanso/Sossego/Tranquilidade. **Ex.** Depois da azáfama da festa preciso de uns dias de ~ para me recompor. **3** Afastamento temporário da vida quotidiana para recolhimento espiritual e oração. **Ex.** «o grupo dos crismandos [dos que vão receber o (sacramento do) crisma]» Esteve em ~ durante o fim de semana, em Fátima.

retirrostro, a (Rè) [*Br* **re(c)tirrostro** (*dg*)] *adj Ornit* [= rectirrostro] (<reti- + -rostro) Que tem o bico direito.

retite (Rè) [*Br* **re(c)tite** (*dg*)] *s f Med* [= rectite] (<reto 8 + -ite) Inflamação do (intestino) reto/Proctite.

retitude (Rè) [*Br* **re(c)titude** (*dg*)] *s f* [= rectitude] (<lat *rectitúdo, inis*) ⇒ retidão.

reto, a (Ré) [*Br* **re(c)to** (*dg*)] *adj/s* [= recto] (<lat *réctus, a, um* <*régo, ere, réctum*: dirigir, marcar) **1** Sem curvatura ou sinuosidade/Direito/Reto. **Comb.** *Linha ~a. Traçado ~*. **Ant.** Curvo; sinuoso; torto. **2** Vertical/Aprumado. **Comb.** *Ângulo* ~ [que tem os lados perpendiculares/que mede 90º]. *Cilindro* [*Prisma*] ~ [em que a geratriz é perpendicular ao plano das bases]. *Cone* ~ [em que a reta definida pelo vértice e pelo centro da base (Altura) é perpendicular ao plano da base]. **Parêntese ~** [Sinal gráfico [ ] constituído por traços verticais com dois pequenos traços horizontais]. *Se(c)ção ~a* [feita num sólido geométrico por um plano perpendicular ao eixo desse sólido]. «pessoa sentada em» *Posição ~a/direita/vertical.* **Ant.** Inclinado; oblíquo; torto. **3** Que não se desvia do alvo/Retilíneo. **Comb.** Traje(c)tória ~a [retilínea(+)]. **4** Sem interrupções/Direto. **Comb.** «filhos» *Descendência ~a* [direta(+)]. «avô/bisneto» *Parente em linha ~a.* **5** Verdadeiro/Sincero/Honesto/Íntegro. **Comb.** Pessoa ~a [incapaz de prejudicar alguém/de *idi* prejudicar seja quem for]. **6** Justo/Imparcial. **Comb.** *Juiz ~. Sentença ~a.* **7** Correto/Exa(c)to. **Loc.** «o furo/o vidro para a janela» Ter a ~ a [justa(+)] medida [Ter a medida exa(c)ta/certa]. **8** *s m Anat* Porção inferior e terminal do intestino grosso. **Ex.** O interior do ~ apresenta pregas tranversais semilunares. **9** *s f* ⇒ reta.

reto- (Ré) [*Br* **re(c)to-** (*dg*)] *elem de formação* [= recto-] (<reto **8**) Exprime noção de **reto** (Intestino): *retoscopia, retovaginal.* ⇒ reti-.

retocador, ora *adj/s* (<retocar + -dor) (O) que retoca «quadros» ou serve para retocar «as rebarbas do ouro».

retocar *v t* (<re- + ...) **1** Tocar novamente. **Ex.** Toquei e retoquei à [a] campainha e ninguém atendeu. **2** Dar retoques/Aperfeiçoar/Corrigir. **Loc.** *~ uma pintura. ~ um texto* [discurso].

retocele (Rè) [*Br* **re(c)tocele** (*dg*)] *s f Med* [= rectocele] (<reto- + gr *kéle*: tumor) Hérnia do reto/Proctocele.

retococcígeo, a (Rè) [*Br* **re(c)tococcígeo** (*dg*)] *adj* [= rectococcígeo] (<reto- + coccígeo) Que diz respeito simultaneamente ao reto e ao cóccix.

retocolite (Rè) [*Br* **re(c)tocolite** (*dg*)] *s f Med* [= rectocolite] (<reto- + colite) Inflamação simultânea do reto e do cólon.

retoiça/retoiçar ⇒ retouça/...

retoma (Tó) *s f* (<retomar) **1** A(c)to de retomar. **Loc.** *~* dum proje(c)to «que tinha sido abandonado». **2** Aceitação de um bem usado quando se compra um novo. **Ex.** Comprei um carro desta marca porque me valorizaram muito a ~ do antigo. **3** *Econ* Recuperação da a(c)tividade econó[ô]mica e financeira após um período de recessão. **Ex.** A ~ da economia europeia só deverá acontecer dentro de um ano.

retomada *s f* (<retomar + -ada) **1** A(c)to de retomar. **2** Reconquista.**Ex.** A ~ de Évora, que, depois de conquistada por D. Afonso Henriques, caiu novamente em poder dos mouros, foi chefiada por Geraldo-Sem-Pavor.

retomar *v t* (<re- + ...) **1** Ocupar de novo/Regressar à posição anterior. **Loc.** *~* cada aluno o seu lugar «para continuar a aula». **2** Pegar novamente. **Ex.** «antes de se despedir» Retomou a viola para acompanhar mais um fado. **3** Tornar a apanhar o mesmo meio de transporte/o mesmo caminho. **Ex.** Depois da conferência que veio fazer a Coimbra, retomou o comboio para regressar a Lisboa. Antes de ~ a estrada [de prosseguir a viagem] ainda vou comprar uma lembrança «para os filhos». **4** Entrar de novo na posse/Reconquistar. **Ex.** Os mouros retomaram algumas cidades alentejanas «Évora/Beja» que D. Afonso Henriques lhes havia [tinha] conquistado. **5** Voltar a abordar/Continuar. **Ex.** Retomou a leitura «do romance» no ponto onde tinha ficado. **6** Voltar a desempenhar «um cargo/uma a(c)tividade». **Loc.** *~ o trabalho* «depois das férias». *~ a presidência* da autarquia «perdida no mandato anterior».

retoque (Tó) *s m* (<retocar) **1** A(c)to ou efeito de retocar/Emenda. **Ex.** Com (mais) alguns ~s fica(rá) um trabalho perfeito. **2** Parte retocada. **Ex.** Notam-se os ~s na pintura do carro. **3** *pl* Acabamentos finais. **Ex.** Para concluir, faltam apenas os últimos ~s.

retorção *s f* (<re- + torção) **1** A(c)to de torcer mais [outra vez/de novo]/Retorcedura. **2** *Dir* Legislação aplicada a estrangeiros como represália de legislação análoga em vigor no país de origem deles. **Ex.** A ~ é um meio compulsivo pelo qual um Estado defende os seus interesses (não protegidos pela Ordem Jurídica Internacional) lesados por outro (Estado).

retorce (Tór) *s m* (<retorcer) **1** ⇒ retorcedura. **2** Nas fábricas de fiação, oficina onde se retorcem as fibras.

retorcedeira *s f* (<retorcer + -deira) Máquina de torcer fios «de algodão».

retorcedura *s f* (<retorcer + -dura) A(c)to ou efeito de retorcer.

retorcer *v t* (<lat *retorcére* <re-+*torquére*: torcer) **1** Torcer de novo/Torcer muito/ várias vezes. **Ex.** Retorceu tanto o arame que (ele) acabou por partir. **Loc.** *~ fios* «de lã, para fazer um cordão». *~ o bigode.* **2** Torcer uma parte do corpo/Fazer contorções/Contorcer-se «com dores». **Ex.** Ao dançar, toda ela se retorcia. **3** *fig* Procurar evasivas/Usar argumentos falaciosos/ Distorcer. **Ex.** Alguns órgãos de comunicação, por vezes, retorcem [distorcem(+)/ deturpam(o+)] tendenciosamente notícias que não são do seu agrado.

retorcido, a *adj* (<retorcer + -ido) **1** Torcido de novo/Muito torcido/Deformado. **Comb.** *Arame* [*Corda*] *~o/a.* «cobertura metálica transformada por um incêndio num montão de» *Ferros ~s.* **2** *fig* Que tem um feitio complicado/difícil. **Ex.** Não se dá com ninguém por causa do feitio ~ que tem. **3** *fig* Rebuscado/Arrevesado. **Comb.** Discurso [Estilo] ~ [pouco claro/difícil de compreender].

retórica (Rè) *s f* (<gr *rhetoriké, es*) **1** *Ling* Arte da eloquência/Arte de argumentar. **Ex.** O primeiro tratado de ~ ("Retorica") deve-se a [é (da autoria) de] Aristóteles. ⇒ oratória. **2** Livro que contém as regras da oratória. **Ex.** Cícero, orador romano, escreveu várias obras de ~. A ~ era uma das três disciplinas (*Trivium*) ensinadas nas universidades da Idade Média. **3** Arte de bem falar. **4** *pop* Discurso pomposo/Palavreado. **Ex.** Daquelas reuniões não se tira qualquer proveito, é só ~!

retórico, a (Rè) *adj/s* (⇒ retórica) **1** Referente à retórica. **Comb.** Estudos ~s [de retórica(+)/de eloquência]. **2** Empolado/ Verboso. **Comb.** Discurso ~. **3** *s* O que usa um estilo empolado. **Ex.** Muitos políticos são ~s ocos, sem ideias construtivas. **4** *s* Especialista em [na arte] retórica. **Comb.** Os ~s romanos «Cícero» [gregos «Demóstenes»/luso-brasileiros «P. A. Vieira»]. ⇒ orador.

retornado, a *adj/s* (<retornar + -ado) **1** (O) que regressa a um lugar donde partiu. **Comb.** Emigrantes ~s ao país de origem. **2** *s Hist* Portugueses que viviam nos territórios ultramarinos de África «Angola/ Guiné/Moçambique» e que, após a independência destes, tiveram que regressar a Portugal. **Ex.** Na década de 1970 Portugal recebeu quase um milhão de ~s das ex-coló[ô]nias de África.

retornar *v t/int* (<re- +...) **1** Voltar ao ponto de partida/Regressar. **Ex.** Depois de levantar voo, o avião retornou ao aeroporto por ter (sido dete(c)tada) uma avaria. **2** Voltar a aparecer. **Ex.** Parecia que já estávamos na primavera, mas o frio retornou/voltou. A alegria retornou àquela casa «depois da reconciliação do casal». **3** Fazer regressar/ Devolver/Restituir. **Ex.** Esperava que ele me retornasse [devolvesse] o dinheiro que lhe emprestei, mas não teve possibilidade de o fazer. **4** Retomar a a(c)tividade. **Ex.** Quando retornas ao trabalho? **5** Voltar a uma condição anterior. **Ex.** Já teve várias profissões mas retornou à primeira: empregado de mesa.

retorno (Tôr) *s m* (<retornar) **1** A(c)to ou efeito de retornar/Volta/Regresso. **Ex.** «a viagem não foi má, mas» Correu melhor a ida do que o ~ [regresso(+)]. **2** Regresso (em espírito) ao passado. **Ex.** O livro «romance» transporta-nos em ~ [O livro faz-nos regressar] à crise «estudantil» de 1968. **3** Repetição de um acontecimento. **Comb.** *Fil* Eterno ~ [Conce(p)ção segundo a qual o tempo das coisas e o tempo dos homens é cíclico: repete-se, vai-se repetindo, passando do mesmo ao mesmo através do diverso]. **4** O que se dá como retribuição do que foi recebido. **Ex.** Se os vou visitar e lhes levo alguma coisa «um bolo-rei/folar», logo em ~ me enchem o carro de tudo quanto a terra dá «batatas/ fruta/vinho». **5** Devolução de mercadoria que ficou por vender. **6** Resultado do que se investe/Lucro. **Ex.** O investimento em a(c)ções da bolsa para muita gente não teve qualquer ~. **7** Rea(c)ção a um estímulo/Resposta a uma comunicação. **Ex.** A entrevista do Primeiro-Ministro teve um bom ~ junto das audiências. **Comb.** Som de ~ [Eco].

retorquir *v t/int* (<lat *retórqueo, ére, órsi, órtum*: dirigir para trás, voltar) **1** Contrapor um argumento com outro/Replicar/Obje(c)tar. **Ex.** «em resposta às críticas da oposição» Não se esqueça, Sr. Deputado – retorquiu o Primeiro-Ministro – que estamos apenas a reparar os erros cometidos pelo anterior governo do seu partido. **2** Retrucar/Responder. **Ex.** Ouviu a insinuação mas preferiu não ~ para não criar problemas.

retorquível *adj 2g* (<retorquir + -vel) Que se pode retorquir/Contestável(+).

retorsão ⇒ retorção.

retorta (Tór) *s f* (<lat *retórtus, a, um*; ⇒ retorcer) **1** Parte curva do báculo pastoral (do Papa/Bispo). **2** *Quím* Utensílio de vidro, bojudo, de gargalo estreito e voltado para baixo, usado nas destilações. **3** Unidade usada nas destilações industriais. **Comb.** Carvão das ~s [Carvão que se deposita nas paredes interiores das ~s usadas na destilação da hulha e que é bom condutor de ele(c)tricidade]. **4** Parte do alambique que liga a caldeira à serpentina.

retoscopia (Rè) [*Br* **re(c)toscopia** (*dg*)] *s f Med* [= rectoscopia] (<reto- + -scopia) Exame médico do reto com retoscópio/ Proctoscopia.

retoscópio (Rè) [*Br* **re(c)toscópio** (*dg*)] *s m Med* [= rectoscópio] (<reto- + -scópio) Aparelho para exame interno do reto/Proctoscópio.

retostar *v t* (<re- + ...) **1** Tornar [Continuar] a tostar. **2** Tostar muito.

retotomia (Rè) [*Br* **re(c)totomia** (*dg*)] *s f Med* [= rectotomia] (<reto + -tomia) Operação cirúrgica de ablação do (ou incisão no) reto/Proctotomia.

retouça *s f* (<retouçar) Corda suspensa «de uma árvore» para servir de baloiço. **Idi.**

Andar na ~ [Brincar muito/Ser muito brincalhão].

retoucar *v t* (<re- +...) **1** Tornar a pôr a touca. **2** Cobrir a parte superior de alguma coisa. **Ex.** As nuvens retoucaram o cume da montanha.

retouçar[1] *v int* (<esp *retozar*) **1** Andar na retouça/Baloiçar-se. **2** Correr brincando. **3** Fazer travessuras/traquinices.

retouçar[2] *vt/ int* (<re- + touça + -ar[1]) Pastar.

retouretral [returetral] (Rètou) [*Br* **re(c)to-uretral** (*dg*)/**re(c)turetral** (*dg*)] *adj 2g* [= recto-uretral/rectureteral] (<reto + uretral) Que diz respeito ao reto e à uretra.

retovaginal (Rè) [*Br* **re(c)tovaginal** (*dg*)] *adj 2g* [= rectovaginal] (<reto- +...) Que diz respeito ao reto e à vagina.

retração (Trà) *s f* [= retracção] (<lat *retráctio, ónis*) **1** A(c)to ou efeito de retrair(-se)/Contra(c)ção. **Comb.** ~ *das unhas* [garras] «dos gatos/das feras». ~ *dos músculos*. **2** Atitude de quem se retrai/Retraimento. **Ex.** Fora do seu meio, fica em ~. **3** *Fís* Contra(c)ção devida à perda de (h)umidade. **4** *Econ* Diminuição do investimento e do consumo. **Ant.** Expansão.

retraçar *v t* (<re- +...) **1** Voltar a traçar. **Loc.** ~ [Refazer] a planta duma casa. **2** Cortar em pedaços pequenos/Retalhar. **Loc.** ~ a palha «para a comerem melhor os animais».

retracção ⇒ retração

retraço *s m* (<retraçar) **1** Palha retraçada pelos dentes de um animal. **2** Restos de palha deixados pelo animal.

retractação/retractar/retractável ⇒ retratação/...

retrá(c)til (*dg*) *adj 2g* [= retráctil] (⇒ retrair) Que tem a capacidade de se retrair/Que se retrai. **Comb.** *Antenas* «do caracol» ~*eis*. *Cinto* de segurança «dos automóveis» ~.

retra(c)tilidade (*dg*) *s f* [= retractilidade] (<retrá(c)til + -i- + -dade) Qualidade do que é retrá(c)til.

retra(c)to (*dg*), a *adj* [= retracto] (<lat *retráctus, a, um*; ⇒ retrair; retrato[1]) **1** ⇒ Retraído(+). **2** ⇒ Contraído(+).

retraduzir *v t* (<re- +...) **1** Traduzir novamente/Retroverter «do *ing* para o *pt* a mesma frase que tinha traduzido do *pt* para o *ing*. **2** Traduzir a partir duma tradução já feita.

retraído, a *adj* (<retrair + -ido) **1** Puxado para trás/Encolhido. **Comb.** *Garras* [Unhas] «da fera» ~*as. Músculos* ~*s*. **2** *fig* Que não é expansivo/Tímido/Acanhado. **Ex.** Não se sentia à vontade «na festa», esteve sempre ~.

retraimento (Tra-í) *s m* (<retrair + -mento) **1** A(c)to ou efeito de retrair(-se). **2** Diminuição de volume/Contra(c)ção. **Ex.** A perda de (h)umidade dos tecidos orgânicos provoca o seu ~. **3** Acanhamento/Reserva/Timidez. **Ex.** «era muito tímido» Na presença de estranhos, o ~ impedia-o de se manifestar. **4** Falta de iniciativa/Passividade. **Ex.** As pessoas mais capazes «instruídos/ricos» preferiam o ~ a envolver-se na defesa do interesse cole(c)tivo.

retrair *v t* (<lat *rétraho, ere, tráxi, tráctum*: puxar para si/trás, retirar, retroceder) **1** Puxar para si/Encolher. **Loc.** «pessoa» ~ [Encolher(+)] as pernas. «o gato» ~ *as unhas*. **2** Contrair(-se)/Encolher(-se). **Loc.** ~ os músculos. **3** Reprimir um impulso/sentimento/Reter. **Loc.** ~ [Reprimir(+)] as lágrimas. **4** Não se manifestar/Ficar inibido/Acanhar(-se). **Ex.** É um brilhante escritor, mas perante o público retrai-se e não é capaz de discursar. **5** Deixar de se expandir/Sofrer retra(c)ção. **Ex.** A crise retraiu os investidores.

retranca *s f* (< ?) **1** Correia que passa por baixo da cauda dos animais e impede que a sela ou o selim escorreguem para a frente. **2** *Náut* Verga inferior para manobra da vela latina. **3** *pop* Retraimento/Reserva. **Idi.** *Estar* [Pôr-se] *na* ~ [Tomar uma atitude defensiva de cautela ou desconfiança].

retrancar *v t* (<re- +...) **1** Tornar a trancar «a porta». **2** Pôr a retranca.

retransmissão *s f* (<re- +...) **1** Nova [Repetição de] transmissão duma ordem/instrução/mensagem. **Ex.** A ~ do apelo para dar sangue tem sido feita em todos os jornais e telejornais. **2** Repetição de um programa de rádio ou televisão. **Ex.** A "RTP (Rádio Televisão Portuguesa) – Memória" é um canal que faz ~ões de programas que no passado [que em anteriores transmissões] tiveram sucesso. **3** Emissão de um programa captado de outro posto (de transmissão). **Comb.** ~ de imagens «do *tsunami*» da cadeia de TV americana CNN.

retransmissor, ora *adj/s* (<re- +...) **1** (O) que retransmite. **Ex.** O estafeta [correio/mensageiro] que trouxe a mensagem entregou-a a outro ~ que a levará até ao destino final. **Comb.** *Agente* ~ «duma doença». *Estação* [Posto] ~*ora*/or «de rádio». **2** Estação de telecomunicações que faz a retransmissão de sinais recebidos «de rádio/telemóveis/TV». **Ex.** Vai ser instalado no alto da serra um ~ que cobre toda a região.

retransmitir *v t* (<re- +...) **1** Transmitir o que se recebeu de outrem «mensagem/comunicação». **Ex.** Geralmente só retransmito mensagens recebidas por *e-mail* se achar que têm muito interesse. **2** Uma emissora de rádio/TV voltar a transmitir um programa que já foi emitido anteriormente. **Loc.** ~ num dia, à tarde, o programa da noite anterior.

retratação[1] *s f* (<retratar + -ção; ⇒ retratação[2]) A(c)ção de retratar [de tirar o retrato].

retratação[2] *s f* [= retractação] (<lat *retractátio, ónis*; ⇒ retratação[1]) **1** A(c)to ou efeito de retratar-se/de redimir comportamentos «atitudes anteriores/afirmações». **Ex.** Useiro e vezeiro em [Sempre com] tais atitudes, não se espera que delas vá fazer ~. **2** Confissão pública de erro cometido/Satisfação pública dada à pessoa ofendida. **Ex.** Não basta que em particular me peça desculpa; uma ofensa pública exige a respe(c)tiva ~.

retratado, a *adj* (<retratar + -ado) **1** Representado por fotografia ou pintura. **Ex.** A Última Ceia é um tema da religião cristã ~ por grande número de pintores, sobretudo da época pós-tridentina (Depois do Concílio (Ecuménico) de Trento). **Comb.** «quadro representando» Fernando Pessoa «~ a óleo, por Almada Negreiros (Português). **2** Refle(c)tido. **Ex.** «ao entrar no quarto» Assustou-se quando viu a sua imagem ~a [refle(c)tida(+)] no espelho do guarda-vestidos. **3** *fig* Descrito com exa(c)tidão. **Ex.** Apareceu ~ num artigo de jornal como político íntegro que não se deixa subornar por ninguém.

retratador, ora *adj/s* (<retratar + -dor) **1** (O) que retrata. **2** Retratista/Fotógrafo(+).

retratar[1] *v t* (<retrato + -ar[1]; *Br Gram* ⇒ retratar[2]) **1** Tirar o retrato/Fotografar(+). **Ex.** Contrataram um (fotógrafo) profissional para ~ as cerimó[ô]nias do [para fotografar o] casamento. **2** Representar por meio de desenho, pintura ou fotografia. **Ex.** O presidente contratou um artista para o ~ num quadro a óleo. Este quadro retrata uma cena de caça ao javali. **3** *fig* Representar por imagens ou palavras/Descrever. **Ex.** O romance [filme] retrata a burguesia do séc. XIX. **4** *fig* Refle(c)tir. **Ex.** A água do lago retratava as ovelhas que pastavam na margem. **5** *fig* Deixar transparecer/Manifestar/Evidenciar. **Ex.** O rosto franzido retratava [era] a angústia que lhe ia na alma.

retratar[2] *v t* [= retractar] (<lat *retrácto, áre, átum*; ⇒ retratar[1]) **1** Dar o dito por não dito/Desdizer-se. **Ex.** «o político» Retratou-se das afirmações proferidas. **2** Emendar [Corrigir] o que foi dito por engano. **3** Pedir publicamente desculpa por ofensa cometida.

retratável[1] *adj 2g* (<retratar[1] + -vel; ⇒ retratável[2]) Que pode ser retratado/representado por retrato/Susce(p)tível de ser fotografado.

retratável[2] *adj 2g* [= retractável] (<retratar[2] + -vel; ⇒ retratável[1]) **1** Que se pode retratar[2]. **2** Revogável.

retratista *s 2g* (<retrato[1] + -ista) O que tira retratos/Fotógrafo(+).

retrato[1] *s m* (<it *ritratto*; ⇒ retrato[2]) **1** Representação duma pessoa por meio de fotografia, desenho ou pintura/Fotografia. **Ex.** Vou tirar o ~ para o passaporte. Na parede da sacristia estavam os ~s dos principais benfeitores do santuário. **Sin.** Foto; fotografia(+). **2** *fig* Pessoa com feições muito semelhantes às de outrem/Cópia. **Idi.** *Ser o ~ de alguém* [Ser muito parecido com] (Ex. O menino é o (mesmo) o ~ [*idi* a car(inh)a] do pai). **3** Imagem/Figura/Efígie. **Ex.** O primeiro selo do correio que circulou em Portugal (1/7/1853) tinha o ~ de D. Maria II, a rainha reinante nessa altura. **4** Descrição exa(c)ta, oral ou escrita, de alguém ou alguma coisa. **Ex.** Na *Carta de Achamento do Brasil*, Pero Vaz de Caminha faz um ~ fiel da terra e das gentes encontradas pela armada de Pedro Álvares Cabral em 22 de abril de 1500. O teatro de Gil Vicente faz o ~ da sua época. **5** *fig* Exemplo/Moda/Protótipo. **Ex.** Os filhos, rotos e sujos a brincar no meio da imundície, eram o ~ acabado daquela mãe [eram a prova (de) que a mãe é uma] desleixada.

retrato[2], a *adj* ⇒ retra(c)to.

retrete (Tré) *s f* (<catalão *retrete*: aposento pequeno e íntimo; ⇒ retrair) Dependência dotada das instalações necessárias à satisfação das necessidades fisiológicas/Latrina/Privada. **Sin.** *Br* Banheiro; quarto [casa] de banho; W.C.

retribuição (Bu-í) *s f* (<lat *retribútio, ónis*) **1** A(c)to ou efeito de retribuir. **Comb.** ~ *dum cumprimento*. ~ *duma visita*. **2** Remuneração de trabalho prestado/Pagamento/Salário/Honorários. **Ex.** Ela veio apenas com o intuito [a intenção] de me ajudar, mas não ia deixá-la sem ~. A ~ do trabalho extraordinário está regulamentada nos acordos cole(c)tivos de trabalho. **3** Recompensa/Compensação. **Ex.** A amizade e a estima são a melhor ~ que um professor pode receber dos alunos. **4** Reconhecimento e agradecimento de favor ou atenção. **Ex.** Como ~ da dedicação durante a doença do filho, os pais (do doente) ofereceram à médica um ramo de flores. **5** Correspondência a um a(c)to de cortesia/simpatia/amizade. **Comb.** ~ dos votos de Boas-Festas de Natal. ⇒ **1 Comb.**

retribuidor, ora (Bu-í) *adj/s* (<retribuir + -dor) (O) que retribui/compensa/(O) que dá algo em troca. **Comb.** «abraços e beijos» Gestos ~*es* do carinho recebido.

retribuir (Bu-ir) *v t/int* (<lat *retríbuo, ere, ui, útum*) **1** Dar retribuição/recompensa. **Ex.** O patrão retribuiu-lhe a dedicação exemplar à empresa com [pagando-lhe] uma viagem ao estrangeiro. **2** Pagar/Remune-

rar. **Ex.** «não tem motivo para se queixar» Retribuí-lhe o trabalho extraordinário [as horas extra(ordinárias)] de acordo com a legislação em vigor. **3** Corresponder/Agradecer. **Ex.** Retribuí o cumprimento da senhora com uma vénia e um sorriso de agradecimento.

retricial (Rè) *adj 2g* [= rectricial] (<retriz + -al) Referente à retriz.

retrincar *v t/int* (<re- + trincar) **1** Tornar a trincar. **2** *fig* Interpretar com malícia/Sussurrar/Murmurar.

retriz (Rè) [*Br* **re(c)triz** *(dg)*] *s f* [= rectriz] (< lat *réctrix, icis*) Cada uma das penas da cauda que dirigem o voo das aves.

retro (Rétrò) *s m/adv* (<lat *retro*: para [por] trás; ⇒ reverso) **1** Lado oposto ao da frente/Anverso. **Comb.** Folha impressa no anverso e no ~/verso. A frente e o ~ [e a parte de trás] «do armário». **2** *adv* Para trás/Atrás. **Comb.** *interj* ~! [Exprime repulsa/ordem de afastamento] (Ex. ~ [*Vade retro*], satanás!).

retro- (Rétrò) (*pref* (<lat *retro*: para [por] trás) Exprime a noção de **mandar para trás/de expulsar**.

retroação (Rètròà) *s f* [= retroacção] (<retro- +...) **1** A(c)to ou efeito de retroagir/de ter efeito retroativo. **Ex.** A empresa aprovou a nova tabela salarial com ~ ao início do ano. **2** *Fís* A(c)ção da saída de um sistema sobre a própria entrada. **Ex.** A ~ é a cara(c)terística básica dos sistemas de comando em cadeia.

retroacção/retroactividade/retroactivo/retroactor ⇒ retroação/retroatividade/...

retroatividade (Rètròà) *s f* [= retroactividade] (<retroativo- + -i- + -dade) Qualidade do que é retroativo. **Comb.** Princípio da não ~ da lei.

retroativo, a (Rètròà) *adj* [= retroactivo] (<retro- +...) Que tem efeitos sobre fa(c)tos passados. **Ex.** A nova tabela do imposto de circulação (IUC) não tem efeitos ~s. Este mês vou receber o ordenado acrescido dos (aumentos) ~s desde janeiro.

retroator, ora (Rètròà) *s* [= retroactor] (<retro- +...) O que faz retroagir.

retroagir (Rètrò) *v int* (<lat *retroágo, ere, égi, áctum*) Produzir efeito retroativo/A(c)tuar sobre o que foi realizado no passado. **Ex.** Os aumentos salariais, geralmente, retroagem [têm efeitos retroativos(+)].

retroar *v int* (<re- +...) **1** Voltar a troar. **Ex.** A trovoada retroou durante toda a noite. **2** Troar demoradamente/Retumbar. **Ex.** «era festa rija» Os tambores retroavam pelas ruas da cidade.

retrocarga (Rètrò) *s f* (<retro- +...) Sistema de carregamento de armas de fogo pela culatra.

retrocedente *adj/s 2g* (<lat *retrocédens, éntis*; ⇒ retroceder) (O) que retrocede/faz retroceder. **Loc.** «uma doença» Entrar numa fase ~.

retroceder *v int* (<lat *retrocédo, ere, éssi, éssum*) **1** Andar para trás/Repelir/Recuar. **Ex.** Já ia a caminho, mas retrocedi [voltei para trás(+)] «por causa da chuva». A polícia obrigou os manifestantes «que queriam invadir o recinto do jogo» a ~. **Ant.** Avançar; ir para diante; progredir. **2** Voltar a uma fase anterior de desenvolvimento. **Ex.** Alguns países africanos depois da independência retrocederam «mais pobreza/lutas tribais». **3** Não avançar num propósito/Desistir. **Ex.** A Inglaterra não dá sinais de ~ n(a luta pel)o controle das Malvinas (Ilhas Falkland). **4** Diminuir de intensidade/Baixar. **Ex.** O nível de vida [O poder de compra] «dos portugueses/espanhóis/gregos» retrocedeu com a crise conó[ô]mica europeia.

retrocedimento *s m* ⇒ retrocesso.

retrocessão *s f* (<lat *retrocéssio, ónis*) **1** ⇒ Retrocesso. **2** *Dir* A(c)to pelo qual o adquirente dum bem transfere de novo a propriedade desse bem para aquele de quem o adquiriu.

retrocessivo, a *adj* (<retrocesso + -ivo) Que produz retrocesso. **Comb.** Cláusula ~a.

retrocesso (Cé) *s m* (<lat *retrocéssus, us*; ⇒ retroceder) **1** A(c)to ou efeito de retroceder/Regresso ao estado anterior/ Recuo. **Ex.** A Europa está numa fase de ~ econó[ô]mico. **Comb.** Tecla de ~ «do teclado do computador». **2** Atraso. **Ex.** A falta de exigência no ensino conduziu ao ~ na aprendizagem por parte dos alunos.

retrodatar (Ré) *v t* (<retro- +...) Pôr data anterior a. **Loc.** ~ um documento «carta/contrato».

retroescavadora (Rètrò) *s f* (<retro- +...) Máquina escavadora com braço articulado e pá invertida, própria para abrir valas e escavar a cotas inferiores à do plano onde se encontra. **Loc.** Contratar uma ~ para preparar o terreno para a construção dum edifício.

retrofletido, a (Rètrò) [*Br* **retrofle(c)tido** *(dg)*] *adj* [= retroflectido] (<retro- +...) Dobrado [Curvado] para trás. **Comb.** «ginasta em» Posição ~a.

retroflexão (Rètròflècsão) *s f* (<retro- +...) A(c)to de infle(c)tir/Inclinação para trás. **Comb.** ~ do útero.

retroflexo, a (Rètròflécso) *adj* (<lat *retroflexus, a, um*; ⇒ retrofle(c)tido) **1** Que se dobra [curva] para trás. **Comb.** Posição ~a «do útero». **2** *Fon* (Diz-se do) som articulado com o movimento da ponta da língua em dire(c)ção ao palato. **Comb.** Consoante ~a «/l/n/r».

retrógnato, a *adj* (<retro- + gr *gnáthos, ou*: maxila, queixo) Diz-se do indivíduo [crânio] que apresenta maxilas recolhidas.

retrogradação (Rètrò) *s f* (<retro- +...) **1** Movimento retrógrado. **2** Retrocesso/Atraso. **3** Degeneração/Decadência.

retrogradar (Rètrò) *v int* (<lat *retrógrado, áre, átum*) **1** Andar para trás/Retroceder/Recuar. **Ex.** Enfiou-se num buraco estreito donde já não pôde ~ [recuar(+)/voltar para trás (o+)]. **Loc.** ~ ao tempo dos nossos avós. **2** Agir em sentido contrário ao progresso. **Ex.** As medidas de austeridade «para equilibrar as finanças públicas» fazem o país ~.

retrógrado, a *adj/s* (<lat *retrógradus, a, um*; ⇒ retrogradar) **1** Que anda para trás. **2** *fig* (O) que se opõe ao progresso/Conservador. **Sin.** Antiquado; bota de elástico; rea(c)cionário. **Ant.** A(c)tual; moderno; progressista; revolucionário. **3** *Astr* Diz-se do movimento dos astros que, no hemisfério norte, parece realizar-se de oriente para ocidente (e vice-versa, no hemisfério sul). **4** *Geog* Diz-se do movimento circular no sentido do movimento dos ponteiros do relógio. **Ant.** Dire(c)to.

retrogredir *v int* (<retro-+ lat *grádior, deris, gréssus sum*: andar) Retroceder(+). **Ant.** Progredir. ⇒ redredir.

retrogressão (Rètrò) *s f* (<lat *retrogréssio, ónis*) ⇒ Retrocesso.

retrogressivo, a (Rètrò) *adj* (<lat *retrogréssus, us*: retrocesso +-ivo) **1** Relativo a retrogressão. **Comb.** Estado ~. **Ant.** Progressivo. **2** Que volta para trás/Degenerativo. **Comb.** Reformas [Alterações/Mudanças] ~as.

retroprojetor (Rètròprojè) *s m* [= retroprojector] (<retro- +...) Aparelho que reproduz num ecrã [numa parede] imagens ampliadas, apresentadas em transparência [acetato]. **Ex.** Os ~es (a(c)tualmente substituídos pela proje(c)ção a partir de computadores) eram muito utilizados em salas de aula.

retropropulsão (Rètrò) *s f* (<retro- +...) Lançamento de gases no sentido oposto ao do movimento de um veículo espacial, para lhe reduzir a velocidade.

retrós, *pl* **retroses** *s m* (⇒ retorcer) Fio de seda ou algodão mercerizado [lustroso] para costura. **Loc.** Casear com (fio/linha) ~.

retrosaria *s f* (<retrós + -aria) Estabelecimento [Loja] que vende artigos de costura «retrós/botões/linhas/dedais/agulhas».

retroseiro, a *s* (<retrós + -eiro) Dono [Empregado] de retrosaria.

retrospeção (Rètròspè) [*Br* **retrospe(c)ção** *(dg)*] [= retrospecção] *s f* (<retro- + lat *spécio, spéctum*: olhar) Revisão [Análise] do que pertence ao passado/Retrospe(c)to(+). **Comb.** ~ dos principais acontecimentos do ano.

retrospecção/retrospectiva/retrospectivo/retrospecto ⇒ retrospeção/.../retrospeto.

retrospetiva (Rètròspè) [*Br* **retrospe(c)tiva** *(dg)*] *s f* [= retrospectiva] (<retrospetivo) **1** Apresentação de obras «livros/filmes/quadros» de um autor [movimento/escola/época] sublinhando a sua evolução. **Comb.** ~ da pintura da portuguesa Helena Vieira da Silva. **2** Apresentação em resumo [Recapitulação] dos acontecimentos decorridos em determinado período. **Ex.** «depois do telejornal» Vai ser apresentada[o] uma ~ [um resumo] dos principais acontecimentos do ano.

retrospetivo, a (Rètròspè) [*Br* **retrospe(c)tivo** *(dg)*] *adj* [= retrospectivo] (<retrospeto + -ivo) Relativo ao [a fa(c)tos] passado(s). **Loc.** Lançar um olhar ~ sobre a sua vida [~ ao seu passado(+)].

retrospeto (Rètròspé) [*Br* **retrospe(c)to** *(dg)*] *s m* [= retrospecto] (<retro- + lat *a(d)spício, ere*: olhar para) Observação [Análise] de tempos [fa(c)tos] passados. **Loc.** Lembrar, em ~, o que (então) aconteceu.

retrotrair (Rètrò) *v t* (<retro- + lat *tráho, ere, tráctum*: arrastar, puxar) **1** ⇒ recuar. **2** *Dir* ⇒ retroagir. **3** «qualidade» decair; baixar.

retrovenda (Rètrò) *s f* (<retro- +...) Venda subordinada a uma cláusula por efeito da qual o vendedor pode voltar a adquirir a propriedade da coisa vendida.

retroversão (Rètrò) *s f* (<retro- +...) **1** Tradução [Versão] para a língua original de um texto (já/antes) traduzido (noutra língua). **Ex.** No estudo de línguas estrangeiras fazem-se exercícios de tradução e de ~. **2** *Anat* Inclinação de um órgão para trás. **Comb.** ~ do útero.

retroverter (Rètrò) *v t* (<retro- +...) **1** (Fazer) voltar para trás. **Ex.** Os caças, após o lançamento das bombas, retrovertiam [regressavam(+)/voltavam(+)] imediatamente à base «ao porta-aviões». **2** Fazer a retroversão dum texto. **Loc.** ~ «para inglês» o texto de um contrato que tinha sido traduzido noutra língua «português».

retroviral (Rètrò) *adj 2g* (<retrovírus + -al) Relativo a retrovírus. **Comb.** Infe(c)ção ~.

retrovírus (Rètrò) *s m 2n Biol/Med* (<retro- +...) Vírus que possui o ácido ribonucleico (ARN/RBN) como material genético e

que se multiplica com o auxílio da enzima transcríptase in[re]versa.

retrovisor, ora (Rètrò) *adj/s m* (<retro- +...) **1** Que permite ver atrás do observador. **Comb.** Espelho ~. **2** *s m* Pequeno espelho colocado nos veículos automóveis que permite ao condutor ver o que se passa atrás sem se voltar. **Loc.** Seguir [Observar/Ver] pelo ~ os movimentos [as manobras] do veículo que circula atrás do seu [de si].

retrucar *v t/int* (<re- + trucar) **1** Responder com maus modos/Retorquir/Replicar/Redarguir/Ripostar. **Ex.** O filho retrocou à mãe que (ela) estava errada. Quando lhe disse que não podia ir ajudá-lo, retrucou imediatamente: – Também não preciso de ti para nada, sou bem capaz de [, posso bem] fazer o trabalho sozinho. **2** No jogo «do truque», contrapor à aposta do adversário (uma) outra mais alta. **Loc.** ~ ao parceiro.

retruque *s m* (<retrucar) **1** A(c)to de retrucar/Réplica(+). **Ex.** «o chefe para um funcionário» Não gosto de ~s! **2** No bilhar, volta de uma bola sobre outra com que antes colidira.

retumbância *s f* (<retumbar + -ância) **1** Cara(c)terística do que é retumbante. **2** Eco estrondoso/Ressonância. **Comb.** A ~ assustadora de uma grande trovoada. **3** *fig* Eco [Repercussão] provocado/a por acontecimento inusitado ou muito significativo/Fama/Alarde. **Ex.** A conquista do título de campeão mundial «de futebol» por um país africano teria grande ~ nos meios (d)esportivos.

retumbante *adj 2g* (<retumbar + -ante) **1** Que retumba/Que faz ecoar com grande estrondo. **Ex.** A claque [torcida] da equipa/e vencedora clamava pela rua fora aos [com] gritos ~s: – Campeões! Campeões! **2** *fig* Que faz sucesso/Espaventoso/Espe(c)tacular. **Ex.** «o Presidente da República» Obteve uma vitória ~ nas últimas eleições.

retumbar *v int* (< on; ⇒ tombo) **1** Ecoar com estrondo/Ribombar/Ressoar. **Ex.** Ouvia-se ao longe o ~ dos canhões [da trovoada]. **2** *fig* Fazer alarde/espavento. **Ex.** O magnata reuniu dezenas de celebridades mundanas «estrelas de cinema/príncipes/políticos influentes» numa festa que retumbou [deu brado(+)] na Europa e na América.

retundir *v t* (<lat *retúndo, ere, túdi, tú(n)sum*: repelir, empurrar, fazer parar, estorvar) Reprimir «as paixões»/Moderar/Temperar.

returetral [= recturetral] ⇒ retouretral.

réu, ré *s* (<lat *réus, rei*) **1** *Dir* Parte [Pessoa/Entidade] contra quem, num processo judicial, é formulada acusação de crime ou delito/Arguido/Acusado. **Ex.** O advogado conseguiu provar a inocência do ~. **Loc.** ***Sentar-se no banco dos ~s*** [Ser julgado em tribunal]. ***Ser ~ de morte*** [Ter praticado um crime que merece a morte]. ***Ter cara de ~*** [Apresentar-se com ar [aspe(c)to] de quem se considera culpado]. **2** *fig* Culpado/Responsável. **Ex.** O governo anterior é ~ da crise que estamos a atravessar.

reuma *s f* (<gr *rhéuma, atos*: fluxo) **1** Fluxo de humores. **2** Catarro proveniente da inflamação dos pulmões. **Sin.** Catarro(+); expe(c)toração(o+). ⇒ escarro.

reumatalgia *s f* (<reuma + algia) Dor reumática.

reumático, a *adj/s m* (<gr *rheumatikós*) **1** Relativo a reumatismo. **Comb.** Dor ~a. **2** Relativo a reuma. **Comb.** Fluxo ~. **3** *s m* Reumatismo(+). **Comb.** Atacado [Acometido] por uma crise de ~. **4** *s* Pessoa que sofre de reumatismo. **Comb. Termas** [Tratamento] próprias/o [adequadas/o] *para ~s. Um (doente) ~*.

reumatismal *adj 2g* (<reumatismo + -al) Referente a reumatismo/Reumático **1**.

reumatismo *s m Med* (< gr *rheumatismós*) Grupo de doenças de origem e natureza diversas, com manifestações dolorosas principalmente nas articulações e nos músculos. **Ex.** O ~ não é uma doença (apenas) dos velhos. **Comb.** ***~ articular agudo*** [Doença reumática que, além das articulações, atinge o coração e o sistema nervoso central]. ***~ infe(c)cioso***.

reumatoide (Tói) *adj 2g Med* (⇒ reumático) Que é semelhante ao reumatismo. **Comb.** Artrite ~ [Poliartrite cró[ô]nica evolutiva/Reumatismo articular cró[ô]nico progressivo].

reumatologia *s f Med* (⇒ reumático) Parte da medicina que estuda as doenças reumáticas e promove o seu tratamento.

reumatologista [reumatólogo, a] *s* (<reumatologia) Especialista em doenças reumáticas.

reunião (Ri-u) *s f* (<re- +...) **1** A(c)to ou efeito de reunir/Junção/Fusão/União. **Ex.** A ~ [recolha] de peças antigas de artesanato, recolhidas nas [provindas das] aldeias mais pobres e isoladas do distrito, permitiu realizar uma exposição de elevado valor etnográfico. Está prevista a ~ [fusão(+)] das duas empresas. **Comb.** *Mat* Conjunto ~ (de dois ou mais conjuntos) [Conjunto de todos os elementos (comuns e não comuns) que pertencem pelo menos a um dos conjuntos]. **2** Encontro [Conjunto/Agrupamento] de pessoas. **Ex.** Aos domingos, no fim da missa, muitas pessoas permanecem em ~ no adro da igreja. **3** Encontro de pessoas para tratar de assuntos específicos/Assembleia. **Ex.** Na ~ semanal «da Conferência de S. Vicente de Paulo» são analisados os casos de famílias carenciadas [pobres] que necessitam de auxílio. **4** Encontro para convívio/Festa. **Comb.** ***~ de antigos alunos***. ***~ de família***.

reunificação (Ri-u) *s f* (<re- +...) A(c)to ou efeito de reunificar/tornar a unir. **Comb.** ~ da(s duas) Alemanha(s).

reunificar (Ri-u) *v t* (<re- +...) Tornar a unificar/Fazer a reunificação. **Comb.** ***~ um país*** «Coreia». ***~ um partido político*** em que houve cisões.

reunir (Ri-u) *v t* (<re- +...) **1** Voltar a unir/Unir de novo. **Ex.** Reuni os pedaços do prato que se partiu, colei-os todos e consegui fazer a (sua) reconstituição. **2** Juntar o que se encontra disperso/Agrupar. **Ex.** Daqui a duas horas reunimo-nos todos neste local «onde se encontra o autocarro» para prosseguirmos (a) viagem. **Loc.** *Mil* Tocar a ~ [Convocar os militares para se juntarem «na parada»]. **3** Promover a reunião de pessoas/Ir ao encontro de alguém/Juntar/Congregar. **Ex.** Os dois passageiros [peregrinos] que faltam reúnem-se ao grupo no aeroporto. Infelizmente, a família só se reúne quando morre algum familiar. Os antigos alunos «do colégio» reúnem-se uma vez por ano para confraternizar. **4** Juntar coisas da mesma espécie/Cole(c)cionar. **Ex.** «Joe Berardo» Reuniu uma cole(c)ção de quadros [pinturas] de enorme valor artístico. Nas férias reuni quase duas dezenas de minerais para a minha cole(c)ção. **5** Angariar/Recolher/Juntar. **Ex.** Na venda «a favor dos pobres» reunimos mais de quinhentos euros. O professor de moral motivou os alunos para reunirem pequenas dádivas em dinheiro a favor da obra de assistência aos leprosos (APARF – Associação Portuguesa dos Amigos de Raoul Follereau). **6** Possuir em simultâneo/Associar/Combinar. **Ex.** «Padre Luís Archer» Cientista que reunia em si a sabedoria, a bondade e a simplicidade e clareza de expressão: tanto se fazia entender pelos sábios da sua categoria como pelas pessoas menos instruídas. **7** Fazer uma reunião/Ter uma sessão. **Ex.** O governo reúne ordinariamente todas as quintas-feiras. A assembleia geral da empresa vai ~(-se) no próximo mês «para aprovar as contas anuais».

reutilização (Ri-u) *s f* (<reutilizar + -ção) **1** Aproveitamento de materiais usados para nova utilização. **Comb.** ~ de embalagens «garrafas/sacos» (para servirem novamente). **2** Reciclagem [Recuperação] de materiais usados «papel/cartão/plástico/vidro» para utilização como matéria-prima após tratamento.

reutilizar (Ri-u) *v t* (<re- +...) **1** Voltar a utilizar. **Loc.** ***~ embalagens*** «sacos de plástico». ***~ folhas de papel*** (escritas só dum lado) «como papel de rascunho». **2** Aproveitar materiais usados para nova utilização após tratamento de reciclagem. **Loc.** ~ óleo «de fritar» como combustível.

reutilizável *adj 2g* (<reutilizar + -vel) Que pode ser reutilizado/Reaproveitável.

revacinação *s f* (<revacinar + -ção) A(c)to de revacinar/Repetição da vacina.

revacinar *v t* (<re- +...) Vacinar de novo/Repetir uma vacina. **Loc.** ~ contra a poliomielite [o tétano].

revalidação *s f* (<revalidar + -ção) **1** A(c)to de revalidar/Confirmação. **Comb.** ~ dum contrato. **2** Atribuição de novo período de validade/Renovação. **Comb.** ~ da carta [carteira] de condução.

revalidar *v t* (<re- +...) **1** Dar nova validade a algo «documento» cujo prazo expirou. **Loc.** ~/Renovar a carta [carteira] de condução [o cartão de cidadão]. **2** Tornar a obter aquilo que se tinha e pode(ria) perder. **Loc.** ~ [Manter/Segurar/Confirmar] o título de campeão «nacional de futebol».

revalorização *s f* (<revalorizar + -ção) **1** A(c)to de revalorizar/de atribuir maior valor. **Comb.** ~ de uma a(c)tividade «agricultura/turismo». **2** *Econ* Aumento de cotação de uma moeda/Alteração da paridade no sentido ascendente. **Comb.** ~ do euro «face ao dólar». **Ant.** Depreciação; desvalorização.

revalorizar *v t* (<re- +...) **1** Tornar a dar valor/importância/Tornar a valorizar. **Loc.** ***~ o papel*** [a a(c)ção] ***da família***. ***~ o trabalho voluntário***. **2** Dar mais valor/Atribuir uma cotação mais elevada. **Ex.** «com a abertura da estrada» O terreno (re)valizou(-se). As a(c)ções «da EDP/Galp» voltaram a ~.

revanchismo *s m* (<fr *revanche*: desforra, vingança +-ismo) **1** Desejo obstinado de vingança. **Comb.** O ~ das organizações terroristas «máfias/Al-Qaeda». **2** Espírito de desforra, em especial no campo político, de quem regressa ao poder após uma derrota.

revanchista *s/adj 2g* **1** Relativo ao revanchismo. **Comb.** Atitude [Comportamento/Medida] ~a. **2** O que pratica o revanchismo.

réveillon (Rêveion) *fr s m* Festa de fim [da passagem] de ano. **Loc.** Comprar bilhetes para o ~ «no Casino do Estoril (Portugal)». **Sin.** Celebração da passagem de ano(+).

revel *adj/2g* (<lat *rebéllis, e*) **1** (O) que é rebelde/Pertinaz/Teimoso. **Comb.** Cavalo ~/rebelão(+)/que não obedece ao freio. **Sin.** Esquivo; insubmisso. **Ant.** Afável; dócil. **2** *Dir* Réu ausente na audiência de julgamento.

revelação s f (<lat *revelátio, ónis*) **1** A(c)to ou efeito de revelar/Divulgação de algo que era secreto/ignorado. **Ex.** Aguarda-se a ~ do vencedor do concurso. **Comb.** A ~ dum segredo «da terceira parte do segredo (das aparições) de Fátima». **2** Divulgação de informações que podem incriminar alguém/Denúncia. **Ex.** As ~ões feitas à polícia pelos vizinhos do criminoso contribuíram para que este rapidamente fosse encontrado e preso. **3** Comunicação secreta/Confidência. **Ex.** Há ~ões que só se fazem [só devem ser feitas] a amigos muito íntimos. **4** Manifestação [Descoberta] de atributos [talentos/vocação] até então ignorados. **Ex.** O torneio de futebol «infantil» contribuiu para a ~ de excelentes jogadores. «no jogo de futebol» O seu filho foi uma (autêntica) ~! (Ninguém pensava que ele fosse tão bom jogador). **5** *Fot* Operação que permite tornar visíveis e estáveis as imagens regist(r)adas numa película fotográfica. **Loc.** Entregar [Deixar] «no fotógrafo» um filme para ~. **6** *Rel* Manifestação de Deus e do Seu desígnio salvador aos homens. **Ex.** A ~ natural de Deus manifesta-se na obra da criação. A ~ sobrenatural começa em Abraão e termina com a morte do último Apóstolo. "A ~ divina é um diálogo interpessoal entre Deus e o homem" (Conc. Vat. II – *Dei Verbum*), constituída por acontecimentos e palavras, e que atinge a sua plenitude em Jesus Cristo. O conteúdo da ~ é o mistério de Cristo.

revelador, ora adj/s (<revelar + -dor) **1** (O) que revela. **Ex.** *Rel* Jesus Cristo é o ~ do [de Deus] Pai. **Comb.** *Atitude que revela/mostra [~ora de] uma grande generosidade. Discurso ~ de uma inteligência brilhante*. **2** *Fot* Solução [Líquido/Banho] que faz aparecer as imagens gravadas nas películas fotográficas.

revelar v t (<lat *revélo, áre, átum*) **1** Dar a conhecer [Mostrar] o que era secreto/ignorado/Divulgar. **Loc.** ~ *o nome* «do futuro dire(c)tor». ~ *um segredo.* **2** Destapar [Descobrir] o que estava coberto/oculto. **Ex.** As mulheres muçulmanas usam a *burca* para não revelarem o rosto. **3** Fazer uma confidência/Contar algo surpreendente. **Ex.** Ele revelou-me que tinha casado «com uma mulher de idade avançada» apenas por dinheiro. **4** Manifestar/Exprimir. **Ex.** O carinho com que [A forma como] trata a esposa inválida revela o grande amor que tem por ela. **5** Deixar transparecer na fisionomia. **Ex.** O rosto sombrio/carregado dele revela uma grande preocupação [um grande sofrimento]. **6** *Rel* Dar(-se) a conhecer/Manifestar(-se). **Ex.** O Universo [As obras da criação] revela(m) a omnipotência de Deus. Deus revelou-se primeiramente ao povo de Israel. Jesus foi revelando progressivamente (aos Apóstolos) a natureza da Sua pessoa: Ele é a Luz, a Verdade, o Juiz; é um só com o (Deus) Pai. **7** *Fot* Fazer aparecer a imagem numa chapa [num filme] fotográfica/o. **Loc.** (Mandar) ~ o rolo [filme/as fotos/os negativos] «das férias».

revelável adj 2g (<revelar + -vel) Que se pode revelar. **Ex.** No contrato não há nada secreto; todas as condições [cláusulas] são ~eis.

revelho, a (Vé) adj (<re- +...) Muito velho/De idade muito avançada/Decrépito. **Ex.** Estou velho e ~ [e mais que velho].

revelia s f (<revel + -ia) **1** A(c)to de revel/Rebeldia. **Loc.** Praticar [Cometer] ~as. **2** *Dir* Ausência de réu na audiência de julgamento. **Comb.** «julgado» À ~ **a)** Na ausência do réu; **b)** À toa/Ao acaso/Ao deus-dará (Loc. Deixar as coisas «o negócio» à ~). À ~ de [Sem conhecimento ou consentimento] (Ex. Ele «o capataz» dá(-nos) ordens disparatadas à ~ dos chefes).

revelim s m (< ?) Prote(c)ção de forma angular «para uma obra de arte/uma ponte».

revenda s f (<revender) Venda do que se comprou/Segunda venda. **Loc.** Comprar produtos «por junto» para ~ «a retalho». **Comb.** Armazém de ~ [que fornece [vende] produtos aos revendedores [retalhistas].

revendedor, dora/deira s (<revender + -dor) (O) que compra para vender. **Sin.** Retalhista. **Ant.** Armazenista; grossista.

revender v t (<re- +...) Vender o que se comprou.

revenerar v t (<re +...) Venerar muito/Reverenciar.

revenido(+) [revenimento] s m/adj (<revenir + -ido) Tratamento térmico de peças metálicas temperadas, especialmente de aço, por aquecimento abaixo da linha de transformação, para estabilização da estrutura interna. **Ex.** O ~ faz aumentar a tenacidade e diminuir a dureza excessiva [diminuir a fragilidade].

revenir v t (<fr *revenir*: reconduzir, levar de volta) Fazer o tratamento de revenido.

rever v t (<re- +...) **1** Tornar a ver. **Ex.** «Açores (Portugal)/Israel» Terra que me encantou e que gostava [gostaria] de ~ [voltar a ver(+)/a visitar]. **2** Fazer a revisão/Examinar minuciosamente. **Ex.** O carro está impecável [idi como novo]; acabou de ser totalmente revisto. **3** Verificar se há erros/Emendar/Corrigir. **Loc.** ~ *provas* tipográficas. ~ *um texto* [discurso] antes de ser publicado/proferido. **4** Trazer à memória/Recordar/Evocar. **Ex.** Revi [Repeti] todos os passos dados no dia anterior para tentar descobrir onde teria deixado a carteira. **5** ~-se/Tornar a ver-se/(Re)mirar(-se). **Ex.** «a jovem» Reviu-se [idi Mirou-se e remirou-se mais de quantas vezes] ao espelho «antes de sair para a festa». **6** ~-se/Comprazer-se/Identificar-se. **Ex.** Sou militante do partido mas não me revejo em [não me identifico com] muitas das medidas preconizadas [defendidas] pelas suas cúpulas. **Loc.** Uma avó ~-se na neta.

reverberação s f (<reverberar) A(c)to ou efeito de reverberar/Reflexão/Revérbero. **Comb.** ~ *da luz* [do calor]. *Fís Tempo de ~* [Tempo necessário para a pressão sonora cair para 1/1000 do seu valor inicial após a cessação do som dire(c)to].

reverberante adj 2g (<reverberar) Que reverbera/causa reverberação. **Comb.** Material «vidro/mármore» ~.

reverberar v t/int (<lat *revérbero, áre, átum*: repelir, lançar para trás, refle(c)tir) **1** Refle(c)tir luz ou calor. **2** Repercutir ondas sonoras/Fazer eco. **3** Emitir luz/Brilhar/Resplandecer.

reverberatório, a adj (<reverberar + -tório) ⇒ reverberante.

revérbero s m (<reverberar) **1** A(c)ção de refle(c)tir a luz ou o calor. **2** Luz ou calor refle(c)tida/o. **Comb.** Forno de ~. **3** Lâmina curva, refle(c)tora. **4** Aparelho destinado à iluminação pública.

reverdecer v t/int (<re- +...) **1** Tornar(-se) verde/verdejante/Cobrir(-se) de verdura. **Ex.** Com as primeiras chuvas da primavera (depois de um inverno muito seco) os campos começam a ~. **2** *fig* Rejuvenescer. **Ex.** Deu-se bem com a reforma [A reforma fez-lhe bem]; até reverdeceu [rejuvenesceu(+)]. **3** *fig* Fortificar(-se)/Revigorar(-se)/Ganhar novo impulso/nova força. **Ex.** Quando a viu, depois de longos anos de ausência, o amor reverdeceu.

reverência s f (<lat *reveréntia, ae*: receio respeitador, respeito, deferência; ⇒ reverente) **1** Respeito e veneração pelo que é [que se considera] sagrado. **Loc.** Ajoelhar com ~ diante do sacrário. **2** Atitude de respeito e veneração por alguém/Deferência/Consideração. **Loc.** Tratar os idosos com carinho e ~. **3** Inclinação do corpo para saudar alguém/Cumprimento/Mesura/Vénia. **Ex.** Com palavras de agradecimento, fez uma ~ e retirou-se da sala. **4** Tratamento honorífico dado aos sacerdotes. **Comb.** Sua ~, o [O reverendo] prior «da Sé disse-me isso». ⇒ excelência.

reverenciador, ora adj/s (<reverenciar + -dor) **1** (O) que reverencia/Venerador. **Comb.** ~ de tudo quanto pertença à [se relacione com a] Igreja. **2** Mesureiro. **Comb.** Feitio ~.

reverencial adj 2g (<reverência + -al) De [Que denota] reverência. **Comb.** Gesto ~.

reverenciar v t (<reverência + -ar¹) **1** Fazer reverência a/Venerar. **Ex.** «no dia 13 de maio» Organizaram uma procissão de velas para ~ [venerar(+)] Nossa Senhora de Fátima. **2** Tratar com reverência/Respeitar. **Loc.** ~ os professores. **3** Saudar respeitosamente, inclinando a cabeça e o corpo [, fazendo reverência]. **Ex.** Reverenciou o juiz «ao cruzar-se com ele na rua». **4** Manifestar acatamento e obediência. **Ex.** Na ordenação, os sacerdotes prometem ~ o [obedecer ao] bispo.

reverencioso, a (Ôso, Ósa, Ósos) adj (<reverência + -oso) **1** Que denota reverência/Cerimonioso. **2** Mesureiro.

reverendíssimo, a adj (reverendo + -íssimo) **1** Tratamento dispensado a dignitários eclesiásticos «bispo/có[ô]nego». **2** Muito respeitável.

reverendo, a adj/s (<lat *reveréndus, a, um*) **1** Digno de reverência/Respeitável. **Comb.** A ~a madre superiora. **2** Tratamento dado aos sacerdotes católicos e aos pastores de outras igrejas cristãs.

reverente adj 2g (<lat *réverens, éntis* <revéreor, réri*: recear, temer) Que reverencia/Venerador/Cerimonioso. **Loc.** Falar «a um juiz» em tom ~. **Sin.** Respeitador. **Ant.** Ir~.

reverificação s f (<reverificar + -ção) Nova verificação. **Comb.** ~ *da validade* ~ «dum documento». ~ *das condições* de funcionamento [da precisão/do erro] «duma balança».

reverificador, ora s/adj (<reverificar + -dor) **1** (O) que reverifica. **2** Funcionário aduaneiro [de alfândega] que verifica as mercadorias já inspe(c)cionadas por outrem.

reverificar v t (<re- +...) Verificar de novo/Comprovar. **Ex.** Apesar de a mulher já ter verificado que as torneiras da água e do gás estavam todas fechadas, ele voltou atrás para ~.

reversão s f (<lat *revérsio, ónis*; ⇒ reverter) **1** A(c)to ou efeito de reverter/Regresso ao estado primitivo/ao ponto de partida. **Ex.** Quanto mais se avança no consumo de droga, mais difícil é [se torna] a ~/cura. **2** Deslocação em sentido contrário/Inversão. **Comb.** Caminho [Movimento] de ~. **3** Desenvolvimento [Evolução] em sentido oposto/Inflexão. **Ex.** O Governo considera que a ~ do défice será atingida [conseguida] brevemente. **4** *Dir* Retorno de um direito [bem] ao sujeito que o constituíra. **Comb.** Cláusula de ~ numa doação [Caso o doador sobreviva ao donatário e a todos os seus descendentes tem lugar a ~ do bem doado]. **5** *Biol* Reaparecimento num

reversar *v t/int* (<lat *revérso, áre, átum*: voltar às avessas, revirar) Expelir pela boca/Vomitar(o+)/Arrevessar(+).

reversibilidade *s f* (<reversível + -i- + -dade) **1** Qualidade do que é reversível. **Comb.** ~ *dum movimento* «pendular». *Fís Princípio da ~ da luz* [A luz segue o mesmo caminho do ponto A para o ponto B que seguiria (em sentido inverso) de B para A]. **2** *Psic* Capacidade de inverter uma operação do espírito ou de estudar um problema segundo dois pontos de vista opostos. **3** *Fís* Capacidade de um gerador elé(c)trico funcionar também como rece(p)tor/motor.

reversível [revertível] *adj 2g* (<lat *revérsus, a, um* + -vel; ⇒ reverter) **1** Que pode voltar ao estado anterior. **Ex.** A vida é uma realidade [sucessão de fa(c)tos] não ~. **Comb.** Caminho [Movimento] ~. **2** Susce(p)tível de se realizar em sentido inverso/Reversivo. **Comb.** *Casaco ~* [que se pode usar dos dois lados]. *Quím Rea(c)ção ~* [que se dá nos dois sentidos: os reagentes funcionam como produtos da rea(c)ção e vice-versa]. *Fís Transformação ~* [em que o sistema pode regressar ao estado inicial] (Ex. A expansão dum gás pela absorção de calor é ~ (Compressão com libertação de calor).

reversivo, a *adj* ⇒ reversível.
revertível ⇒ reversível.

reverso, a (Vér) *adj/s m* (<lat *revérsus, a, um*; ⇒ reverter) **1** Que está situado na parte oposta/posterior àquela que se observa/Oposto/Contrário. **2** Que voltou ao ponto de partida. **3** Que voltou a ser aquilo que era. **Comb.** Um socialista ~. **4** Que faz volta/Virado. **Comb.** Gola ~a. **5** Que não tem as fibras direitas/Que tem muitos nós. **Comb.** Madeira ~a. **6** *Gram* Diz-se da consoante que é proferida com o bordo anterior da ponta da língua apoiado na parte interna das gengivas do maxilar superior «*t, d, l, n*». **7** *s m* Lado oposto ao que se observa. **Comb.** *O ~ da medalha* **a)** Face oposta à que contém a efígie [oposta ao anverso]; **b)** Aspe(c)to mau [desfavorável] de um fa(c)to [uma situação] (Ex. É muito bom ter carro mas é preciso contar com *idi* o ~ da medalha: mesmo parado continua sempre a fazer despesa).

reverter *v int* (<lat *revérto, ere, ti, sum*: voltar, tornar) **1** Voltar ao ponto de partida/Retroceder/Regressar. **Ex.** Para (conseguir) entender o que estava a ler, teve que ~ [voltar(+)] «mais do que uma vez» ao princípio. Reverteu [Regressou(+)] à terra natal depois de muitos anos de ausência. **2** Voltar à posse de alguém «antigo proprietário/legítimo dono». **Ex.** «vendida pelos avós» A quinta reverteu (novamente) à família. **3** Tomar dire(c)ção [rumo] contrária/o à/ao que está a ser seguido. **Loc.** (Fazer) ~ a «de estagnação da economia». **4** Ser destinado a/Redundar. **Ex.** O lucro da festa reverte a favor dos [é para os] pobres.

revés *s m* (<reverso) **1** Lado contrário [oposto ao principal ou ao que se observa]/Avesso/Reverso ?. **Ex.** Este tecido é mais bonito do ~ [avesso(+)] do que do direito. Vestiu a camisola do ~ [avesso(+)] «e não deu por isso». **Idi.** *Olhar de ~* **a)** de soslaio/esguelha; **b)** com má vontade/contrariado. **Comb.** *Ao ~ (de)* [Às avessas/Ao contrário). **2** Desgraça/Fatalidade/Contrariedade/Vicissitude. **Ex.** Além da doença, sofreu mais o ~ da perda do emprego. **Comb.** *Os reveses da fortuna* [Acontecimentos maus inesperados [Contrariedades/Fatalidades] da vida]. *Reveses do mar* [Tempestades/Tormentas imprevisíveis]. **Sin.** Contratempo; desaire; desastre; infortúnio. **3** Substituição duma pessoa por outra/Revezamento(+).

reves(s)ilho *s m* (<revés + -ilho) Variedade de ponto de malha, geralmente usado em meias, punhos, barras e golas, feito alternadamente com malha de liga e malha de meia, para o tornar mais elástico.

revesso, a (Vê) *adj/s f* (<reverso) **1** Retorcido/Revirado. **Comb.** Pelos ~s. **2** Que está do lado oposto/Reverso. **3** Que é custoso de trabalhar/De difícil execução. **Comb.** Tecido ~ (de costurar). **4** *fig* Contrário à natureza/aos bons costumes/Torcido. **Comb.** Feitio ~. **5** *s f* Contracorrente de um rio, geralmente junto às margens. **6** *s f* Interse(c)ção de duas vertentes de telhado que forma ângulo reentrante.

revestimento *s m* (<revestir + -mento) **1** A(c)to ou efeito de revestir. **Ex.** As paredes estão prontas, falta (só) fazer o ~. **2** Aquilo que reveste/serve para revestir/Cobertura/Envoltório. **Ex.** Os ~s «de paredes/superfícies de madeira ou metálicas» têm geralmente a dupla finalidade de proteger e embelezar/decorar.

revestir *v t* (<lat *re-véstio, íre, ívi* [*ii*], *ítum*) **1** Tornar a vestir/Vestir de novo. **Ex.** A menina passava o tempo a despir e a (re)vestir a boneca. **2** Vestir sobre outra veste. **Ex.** Os soldados romanos revestiram Jesus com um manto de púrpura. Os padres revestem-se com os paramentos litúrgicos para celebrarem a missa. **3** Aplicar um revestimento/Cobrir/Tapar. **Loc.** *~ as paredes* «com papel decorativo». ~ *os sofás* com uma manta «para proteger os estofos». **4** *fig* Dar a aparência de/Dar determinado aspe(c)to/Colorir. **Ex.** A cerimó[ô]nia «casamento dos príncipes» revestiu-se de [foi de/teve] grande pompa. São corruptos mas revestem-se de pessoas muito sérias. **5** Predispor-se para enfrentar uma situação/Munir-se. **Loc.** ~ [Encher]-se de coragem para emigrar e começar nova vida num país estrangeiro, desconhecido. **6** *fig* Atribuir determinadas cara(c)terísticas/qualidades. **Ex.** O Congresso «de Cardiologia» revestiu-se de [teve] grande importância [foi muito importante] porque nele participaram os maiores especialistas mundiais da especialidade.

revezadamente *adv* (<revezado + -mente) À vez/Alternadamente. **Ex.** «para fazer a reparação» Os operários entravam ~ no forno por períodos curtos «por causa do calor».

revezador, ora *adj/s* (<revezar) (O) que reveza [substitui] outro.

revezamento *s m* (<revezar + -mento) A(c)to ou efeito de revezar/Substituição/Alternância. **Ex.** O colega faltou e não foi possível o ~ [a substituição(+)] no fim do turno «teve que continuar a trabalhar».

revezar *v t/int* (<re- + vez + -ar¹) **1** Substituir alternadamente/Render. **Ex.** Como o trabalho exigia muito esforço, os operários revezavam-se de quarto em quarto de hora. É normal os partidos revezarem-se no poder. **2** Fazer alternar/Trocar. **Ex.** «nas festas de família» Nunca ponho a mesma toalha na mesa; tenho várias e gosto de as ir revezando. Umas vezes vou de carro para o emprego, outras vezes de moto; vou revezando (o transporte) conforme o (estado do) tempo.

revezes (Vê) (<re- + vezes) *Us na loc* **A ~ a)** Ora um, ora outro/Alternadamente. **Ex.** Costumamos ir às compras a ~: uma vez um, outra vez outro; **b)** Às vezes/De vez em quando. **Ex.** Visitam a família a ~.

revidar *v t* (<re- + (en)vidar) **1** Responder a uma agressão com outra idêntica ou maior/Vingar-se. **Ex.** Revidaram [Vingaram(+)] as mortes causadas pelo carro armadilhado bombardeando a cidade. **Loc.** ~ uma cotovelada. **2** Replicar/Obje(c)tar. **Ex.** Provocaram-no «o membro do governo» mas ele manteve-se impávido e sereno, não revidou [*idi* não deu troco].

revide *s m* (<revidar; ⇒ envidar) A(c)to de revidar/Réplica/Vingança.

revigoramento *s m* (<revigorar) O adquirir novo vigor/Fortalecimento.

revigorante *adj 2g* (<revigorar + -ante) Que revigora/Fortificante/Revitalizante. **Comb.** *Férias* [Descanso] *~s/e. Tó[ô]nico ~*.

revigorar *v t/int* (<re- +...) **1** Dar novo vigor/Robustecer/Fortificar. **Ex.** «leite» Um alimento que revigora. **2** Dar [Adquirir] novo ânimo/nova força/Reanimar. **Ex.** O retiro espiritual revigorou-lhe a fé.

revinda *s f* (<revir) Volta(+)/Regresso(+).

revindicação/revindicar ⇒ reivindicação/...

revindi(c)ta *s f* (<re- +...) Vingança que se comete como réplica a uma ofensa/injúria/Desforra/Desafronta.

revingar *v t* (<re- +...) Tornar a vingar/Vingar(-se) novamente.

revir *v int* (<re- +...) Tornar a vir/Regressar/Voltar/Retornar. **Ex.** O tumulto passou [acabou], reveio [voltou(+)] a calma.

revirado, a *adj* (<revirar + -ado) **1** Que se revirou/Reverso. **2** Voltado do avesso/Posto de baixo para cima. **Ex.** Ele levava [trazia/vestia] a camisola ~a [do avesso(+)]. Deixou a garrafa do azeite ~a para escorrer bem [completamente]. **3** Em que há desordem/Remexido. **Comb.** Casa [Gavetas] ~a(s). **4** Esquadrinhado. **Comb.** Cidade ~a pelo grupo de turistas «não deixaram [não ficou] nada por ver».

reviralho *s m col* (<revirar + -alho) **1** Reviravolta política/Revolução. **Ex.** Com esta crise e na ausência de medidas para a vencer não tarda que o ~ aconteça. **2** Oposição. **Comb.** *Apoiantes do ~. Jornal do ~*.

reviramento *s m* (<revirar + -mento) **1** A(c)to ou efeito de revirar. **2** Mudança de opinião/sentimentos. **Ex.** Quando as testemunhas de Jeová não me largavam a porta [estavam constantemente à porta dele], logo me apercebi de que o ~ iria acontecer «e não me enganei». **3** Transformação profunda/Metamorfose. **Ex.** O ~ da crisálida em borboleta está iminente.

revirar *v t/int* (<re- +...) **1** Tornar a virar/Virar muitas vezes. **Ex.** Revirou os punhos [as mangas] da camisa para não os/as sujar. **2** Virar do avesso. **Ex.** Não viu [se apercebeu] que as meias estavam do avesso e calçou-as sem as ~. **3** Remexer/Revolver. **Ex.** Revirei a casa completamente [*idi* de cima a baixo] à procura das chaves do carro e não as encontrei; não sei onde (é que) as meti [deixei/poisei]. **4** Mover (uma parte d)o corpo em vários sentidos. **Loc.** *~ os olhos* [o pescoço/as mãos]. *~-se na cama* «por não conseguir dormir». **5** Causar má disposição/Agoniar-se. **Ex.** O peixe não devia estar bom, caíu-me mal, revirou-me o estômago. **6** Voltar-se contra

alguém/Provocar revolta. **Ex.** Todos se (re)viraram contra mim «por não concordar com a proposta deles». **7** (Fazer) mudar/Provocar mudanças «políticas». **Ex.** O governo não tardará a cair e a situação a ~. **8** Percorrer duma ponta à outra/Esquadrinhar. **Ex.** Os escuteiros reviraram por completo a vila; não houve rua por onde não tivessem passado.

reviravolta *s f* (<revirar + volta) **1** A(c)to ou efeito de voltar em sentido contrário/oposto. **Ex.** Quando *idi* deu com os olhos em mim [Quando de repente me viu], parece que viu o diabo, deu uma ~ [deu meia volta(+)] e fugiu. **2** Volta rápida sobre si mesmo/Pirueta. **Ex.** «o avançado» Recebeu a bola de costas para a baliza, deu uma ~ e marcou gol(o). **Loc.** Dar ~ s na cama por não conseguir dormir. **3** Mudança radical de atitude ou procedimento. **Ex.** Quando ela me disse "agora vou à missa todos os dias", pensei para comigo [*idi* com os meus botões]: que ~ deu esta mulher!... «antes não ia à missa». **4** Mudança política «por oportunismo»/Reviralho. **Ex.** Quantas ~s ele já deu: foi deputado da direita, pertenceu a um governo centrista e agora milita num [é dum] partido de esquerda!

revisão *s f* (<lat *revísio, ónis*) **1** A(c)to de rever. **Loc.** Fazer a ~ duma conta [da lista das compras]. **2** Retoma «para aprofundamento» de um assunto já estudado/tratado. **Loc.** Fazer a ~ da matéria das últimas aulas «para preparar o teste». **3** Exame minucioso «dum artigo/texto» para estabelecer a versão final/A(c)tualização. **Ex.** Na última ~ do discurso que ia proferir, ainda acrescentou algumas frases importantes. **Comb.** ~ *constitucional*. ~ *de preços*. ~ *salarial*. **4** Corre(c)ção de provas tipográficas. **Ex.** O livro vai sair [ser publicado] brevemente; as provas já estão na [em] ~ [; e já estamos a rever as provas]. **5** Exame minucioso dum aparelho [duma máquina/instalação] para dete(c)tar avarias/anomalias e proceder à sua reparação. **Loc.** Levar o carro à oficina para fazer a ~ «dos 30 000 km». **6** Corpo de revisores dum jornal. **Comb.** Dire(c)tor da [Jornalista que trabalha na] ~.

revisar *v t* (<re- +...) **1** Tornar a visar/Apor novo visto. **Loc.** ~ o passaporte. **2** Fazer a inspe(c)ção/Conferir/Verificar. **Ex.** ~ os bilhetes [títulos de transporte] dos passageiros. **3** ⇒ Rever «as provas/a 1.ª edição do dicionário».

revisibilidade *s f* (<revisível + -i- + -dade) Cara(c)terística do que pode ser sujeito a revisão. **Comb.** Decisão [Sentença] «do Supremo Tribunal de Justiça» sem [que não goza de] ~.

revisionismo *s m* (<revisão + -ismo) **1** Atitude de quem discorda de uma doutrina e a contesta. **2** Corrente política que preconiza a alteração [revisão] das teses revolucionárias do marxismo-leninismo exigida pela evolução política, econó[ô]mica e social. **Ex.** Segundo Lenine, o ~ é a "principal manifestação da influência burguesa sobre o proletariado". A acusação de ~ reaparece periodicamente nas lutas ideológicas que dividem os partidos comunistas.

revisionista *s/adj 2g* (O) que é partidário [defensor] do revisionismo.

revisor, ora *s/adj* (<revisar + -or) **1** (O) que revisa/revê. **Comb.** ~ de provas «tipográficas/de exame». **2** Censor de livros. **Ex.** O ~ [censor(+)] emitiu o parecer: "Pode imprimir-se". **3** Empregado dos transportes públicos que confere a validade (e oblitera) os bilhetes dos passageiros [que vê se um bilhete é válido e o marca para não tornar a ser usado].

revisório, a *adj* (<revisar + -ório) Relativo a revisão.

revista *s f* (<revistar) **1** A(c)to ou efeito de revistar. **Comb.** ~ *da imprensa* «diária» [Recolha e análise de artigos de maior destaque ou sobre determinado tema]. **2** Exame minucioso para dete(c)tar defeitos/irregularidades/fraudes. **Ex.** No aeroporto, na ~ das bagagens, foi encontrada droga na mala dum passageiro. Na ~ à casa do arguido, ordenada pelo tribunal, foram encontrados muitos documentos comprometedores. **3** *Mil* Inspe(c)ção de tropas em formatura/de instalações/de equipamentos. **Ex.** O Chefe de Estado passou ~ à guarda de honra. A ~ às camaratas é feita semanalmente. **4** Publicação periódica, quase sempre ilustrada, com artigos/reportagens/entrevistas/... sobre temas variados de interesse comum. **Comb.** ~ *de cinema*/engenharia/espiritualidade/informática/modas... **5** Exemplar [Número] dessa publicação. **Ex.** Falta-me uma ~ «Brotéria» do ano passado "a do mês de abril". **6** *Teat* Peça có[ô]mica de crítica de costumes/fa(c)tos/personalidades da a(c)tualidade. **Ex.** Há salas de espe(c)táculo que só a[re]presentam [levam à cena(+)] ~s.

revistar *v t* (<re- + vista + -ar¹) **1** Inspe(c)cionar espaços/pessoas na busca de algo concreto «ilegal/comprometedor/criminoso». **Ex.** Antes da entrada para o avião, a polícia revista todos os passageiros. Na alfândega, revistaram as malas dos passageiros vindos [procedentes] da Colômbia «à procura de cocaína». **2** Fazer um exame minucioso/Observar atentamente e com rigor. **Loc.** ~ *os documentos* «contabilísticos» duma empresa. ~ *um processo judicial*. **3** *Mil* Passar revista a. **Loc.** ~ *as tropas* em formatura. ~ *a cozinha* e o refeitório.

revisteca (Té) *s f depr* (<revista + -eca) Revista de pouca importância «Maria/Gente».

revisteiro, a *adj/s* (<revista + -eiro) **1** Próprio de [Relativo a] espe(c)táculo de revista **6**. **Comb.** Teatro [Peça/Comédia] ~o/a. **2** *s* O que escreve peças de teatro de revista.

revitalização *s f* (<revitalizar + -ção) A(c)to ou efeito de revitalizar/Recuperação de vigor/energia/da a(c)tividade. **Comb.** ~ *da agricultura* «duma região». ~ *da pele* (⇒ revitalizar **1** Loc.). ~ *duma empresa*.

revitalizar *v t* (<re- +...) **1** Dar nova vida/vitalidade/Revigorar/Revivificar. **Ex.** A vida calma do campo, com passeios ao ar livre, revitalizou-o. **Loc.** ~ *creme próprio para* ~ peles secas. **2** Dar mais força/Dar novo dinamismo/Dinamizar/Fortalecer. **Ex.** O Governo está a preparar um programa para ~ a economia «as exportações».

revivalismo *s m* (<ing *rivival* + -ismo) Tendência para recordar [fazer ressurgir] coisas «ideias/práticas/literatura» do passado e realizá-las novamente/Revivência/Ressurgimento. **Ex.** O ~ é frequente na moda feminina.

revivalista *s/adj* (O) que segue o revivalismo. **Comb.** *Cineasta* [Cinema] ~. *Moda* [Costureiro] ~.

revivência *s f* (<reviver + -ência) A(c)ção de reviver/Renascimento/Reaparição/Reaparecimento.

revivente *adj 2g* (<reviver + -ente) Que revive/Revivescente(+).

reviver *v int* (<lat *revívo, ere, víxi, víctum*) **1** Tornar a viver/Viver de novo/Sobreviver. **Ex.** Esteve muito mal «como morto», mas reviveu. **2** Readquirir forças/ Renascer. **Ex.** Na primavera, muitas plantas que estiveram mortas durante o inverno revivem. Os netos fizeram-na ~. **3** Trazer à lembrança/Fazer recordar. **Ex.** Folheando o álbum de família, a velha avó revivia tempos passados.

revivescência *s f* (<reviverscer + -ência) **1** A(c)to ou efeito de revivescer/Ressurgimento com novo vigor. **Comb.** A ~ das sociedades secretas «maçonaria». **2** *Biol* Reanimação, em presença da (h)umidade, de certos organismos que tinham sido desidratados natural ou artificialmente.

revivescente *adj 2g* (<revivescer + -ente) «plantação» Que reviveceu.

revivescer *v int* (<lat *revivísco, iscere*) ⇒ reviver.

revivificação *s f* (<revivificar + -ção) **1** A(c)to ou efeito de revivificar. **2** *Quím* Operação de restabelecimento, no seu estado natural, de um metal que se achava misturado ou combinado.

revivificar *v t* (<lat *revivífico, áre, átum*) Vivificar de novo/Dar nova vida/Reanimar/Ressuscitar. **Ex.** Esta refeição quente revivificou-me.

revivo, a *adj* (<re- +...) Bem vivo/Cheio de vida.

revoada *s f* (<revoar + -ada) **1** A(c)to ou efeito de revoar. **2** Bando de aves a voar. **Ex.** «ao anoitecer» Uma ~ de pardais recolheu-se na copa da árvore. «no fim do verão» As andorinhas regressam em ~ a países mais quentes. **3** *fig* Grande quantidade/Profusão. **Ex.** Para as vindimas tenho que contratar uma ~ de gente. **Comb.** Às ~s [Separadamente/Aos bandos/Aos magotes] (Ex. Os peregrinos passavam, às ~s, a caminho de Fátima).

revoar *v int* (<lat *révolo, áre, átum*) **1** Tornar a voar/Voar novamente. **Ex.** Ao romper do dia, (logo) os pássaros começam a ~. **2** Esvoaçar/Voejar/Adejar. **Ex.** As cegonhas revoam à volta do ninho «com minhocas no bico para dar aos filhotes». **3** Voar alto/Pairar. **Ex.** Os milhafres revoam [pairam] muito alto.

revocação *s f* (<lat *revocátio, ónis*) **1** A(c)to ou efeito de revocar/Fazer regressar, chamando. **Ex.** O incidente diplomático motivou a ~ do embaixador. **2** Revogação(+).

revocar *v t* (<lat *revóco, áre, átum*) **1** Chamar novamente/Fazer regressar, chamando. **Loc.** ~ [Tornar a chamar(+)] um artista ao palco. **2** ⇒ Revogar(+).

revocatória *s f* (<revocatório; ⇒ revocar) Documento pelo qual um governo retira o seu representante junto de outro governo. **Ex.** Já foi enviada a ~ ao embaixador para que regresse ao seu país.

revocatório, a *adj* ⇒ revogatório.

revocável *adj 2g* (<revocar + -vel) **1** Que se pode revocar. **2** Revogável.

revogação *s f* (<lat *revocátio, ónis*) A(c)to ou efeito de revogar/Anulação. **Comb.** ~ duma lei.

revogador, ora *adj/s* (<revogar + -dor) (O) que revoga/Derrogador. **Comb.** Documento ~ «dum despacho».

revogante *adj 2g* (<revogar + -ante) Que revoga/Revogador.

revogar *v t* (<lat *re-vóco, áre, átum*: tornar a chamar, anular, fazer vir) Declarar sem efeito. **Loc.** ~ uma lei.

revogatório, a *adj/s f* (<revogar + -tório) **1** Que revoga/Revogatório. **2** *s f* ⇒ revocatória.

revogável *adj 2g* (<revogar + -vel) Que se pode revogar. **Ant.** Ir~.

revolta (Vól) *s f* (<revoltar) **1** Rebelião contra a autoridade estabelecida/Insurreição/Motim. **Comb.** A ~ contra a ditadura.

2 Sentimento [Manifestação] de indignação/protesto. **Ex.** Os castigos injustos provocam a ~ em quem os sofre «nas crianças».

revoltado, a adj/s (<revoltar + -ado) **1** (O) que se revoltou/Insurre(c)to/Sublevado. **Ex.** A população, ~a, saiu à rua, manifestando-se contra o governo. Aos ~s que «em Portugal» se manifestavam contra as touradas juntaram-se os a(c)tivistas do partido *Os Verdes*. **2** Indisciplinado/Rebelde/Insatisfeito. **Ex.** Teve uma infância infeliz e ficou sempre um ~. É um ~; parece-lhe [pensa] que estão sempre todos contra ele.

revoltante adj 2g (<revoltar + -ante) **1** Que revolta/causa indignação. **Comb.** *Atitudes ~s. Injustiça ~.* **2** fig Repugnante/Nojento. **Ex.** Só com muito esforço se conseguia entrar naquele ambiente «barraca» ~; havia porcaria espalhada por todo o lado.

revoltar v t/int (<re- +...) **1** Pôr em revolução/Incitar à revolta/Sublevar/Amotinar. **Ex.** A população revoltou-se «por causa da falta de água» e queria invadir os Paços do Concelho [a Câmara Municipal/a Prefeitura]. Os presos revoltaram-se contra os guardas prisionais. **2** Causar [Sentir] indignação/revolta. **Ex.** Com tanta miséria, revolta-me o desperdício de alimentos e o esbanjamento dos dinheiros públicos.

revoltear v t/int (<re- + volta + -ear) **1** (Fazer) dar muitas voltas. **Ex.** Os dançarinos revolteavam [rodopiavam] na pista «ao som da valsa». A criança chorava por não conseguir pôr o pião a ~ [rodopiar(o+)/girar(+)]. **2** Remexer/Revolver. **Ex.** Os ladrões revoltearam a casa à procura de dinheiro e de obje(c)tos valiosos «joias».

revolto, a (Vôl) adj (<lat *revóltus, a, um*; ⇒ revolver) **1** Que foi remexido/revolvido. **Ex.** Deixaram o escritório totalmente ~, só se viam papéis espalhados pelo chão. **Comb.** Terra ~a [lavrada/cavada/remexida]. **2** Que está em desalinho/Desgrenhado. **Comb.** Cabelo [Barba] ~o/a. **3** Retorcido/Recurvado. **Ex.** As tábuas não são fáceis de despregar; os pregos têm as pontas ~as [viradas(+)]. **4** fig Tempestuoso/Agitado/Revoltado. **Comb.** *Mar ~. Tempos ~s* [agitados/em que não há paz].

revoltoso, a (Ôso, Ósa, Ósos) adj/s (<revolta + -oso) (O) que se revoltou/Amotinado/Sublevado. **Ex.** Os militares ~s puseram em marcha a revolução. Um grupo de ~s tentou entrar à força nas instalações da empresa.

revolução s f (<lat *revolútio, ónis*: o volver [a volta] (do tempo), ~) **1** A(c)to ou efeito de revolucionar/A(c)to de efe(c)tuar mudanças profundas. **Comb.** *~ cultural* [Processo revolucionário de inspiração marxista iniciado na China por Mao Tsé-Tung em 1965 a fim de eliminar "a ideologia burguesa nos campos acadé[ê]mico, educacional e jornalístico, na arte, literatura e cultura em geral"]. ⇒ maoísmo. *~ industrial* [Mudança, iniciada na Inglaterra no séc. XVIII, que desenvolveu a indústria aproveitando as inovações tecnológicas e substituiu a economia agrária e artesanal pela produção industrial, originando profundas alterações sociais]. **2** Mudança nas instituições políticas de um estado efe(c)tuada por um levantamento armado contra a autoridade estabelecida. **Ex.** A ~ portuguesa de 25 de abril de 1974 ficou conhecida como *Revolução dos Cravos* [*das Flores*] (por não ter havido derramamento de sangue). **3** Motim/Rebelião/Insurreição. **Ex.** Um bando de desordeiros fez uma ~ na feira, até houve [foram disparados] tiros. **4** Transformação profunda. **Ex.** A empresa já não parece a mesma; os novos donos fizeram uma grande ~, modificaram tudo de alto a baixo. **5** *Astr* Movimento de translação de um astro em relação a outro. **Comb.** *Período de ~* [Tempo gasto por um astro a percorrer a sua órbita em torno de outro]. **6** Movimento em torno de um eixo. **Comb.** *Movimento de ~* [rotação(+)] da Terra (em torno do seu eixo). *Geom Sólido de ~* [Conjunto de pontos do espaço limitado por uma superfície de ~]. *Geom Superfície de ~* [gerada por uma linha (Geratriz) quando executa um movimento de rotação em torno de uma re(c)ta fixa (Eixo), descrevendo cada ponto uma circunferência de plano perpendicular à re(c)ta e cujo centro é a interse(c)ção desse plano com a re(c)ta].

revolucionamento s m (<revolucionar + -mento) **1** A(c)to ou efeito de revolucionar. **2** Revolução(o+)/Revolta(+).

revolucionar v t (<revolução + -ar¹) **1** Fazer revolução/Causar mudança profunda. **Ex.** O novo presidente revolucionou o clube: substituiu a equipa/e técnica, contratou novos jogadores, equilibrou as contas, ... **2** Insurgir-se contra o poder/Revoltar(+). **Ex.** Com este clima de contestação geral, o Exército não tardará a ~-se e a derrubar o governo com um golpe de estado. **3** Pôr em desordem/Revolver(+)/Remexer(+). **Ex.** A polícia revolucionou o escritório à procura de documentos incriminatórios.

revolucionário, a adj/s (<revolução + -ário) **1** Relativo a revolução. **Comb.** *Ideias ~as. Movimento ~.* **2** s O que promove [participa em] uma revolução. **Ex.** Na implantação da república em Portugal (Em 5 de outubro de 1910), os ~s assaltaram e saquearam colégios e outras casas religiosas da Companhia de Jesus. **3** fig Pessoa que realiza mudanças profundas/Renovador. **Comb.** Artista [Poeta/Pintor] ~.

revolutear v int (<revoluto + -ear) Voar em volta de/Esvoaçar em vários sentidos/Revoar/Agitar-se.

revoluteio s m (<revolutear) A(c)to de revolutear.

revoluto, a adj (<lat *revolútus, a, um*; ⇒ revolver) **1** Revolto(+)/Revolvido(+). **2** Enrolado. **Comb.** Folha [Foliação] ~a.

revolver v t (<lat *revólvo, ere, vi, lútum*) **1** Mover (a terra) de baixo para cima/Remexer. **Ex.** Primeiro revolve-se a terra e só depois (é que) se lançam as sementes «das flores». **2** (Fazer) dar voltas (sobre si próprio)/Revirar. **Loc.** *~-se no chão* «na relva/areia da praia». **3** Mexer desordenadamente/Remexer/Vasculhar. **Ex.** A polícia revolveu a casa à procura de droga. **4** Fazer virar uma parte do corpo/Revirar. **Loc.** *~ [Revirar(+)] os olhos. ~-se [~ o tronco] para trás.* **5** Causar sensação desagradável/Provocar náuseas. **Ex.** Não suportava aquele cheiro e sabor «dos fritos», revolvia-me o estômago. **6** Examinar cuidadosamente/Investigar/Esquadrinhar. **Loc.** *~ a* [Puxar pela] *memória*, tentando lembrar-se de algo.

revólver (Vér) s m (<ing *revolver* <lat *revólvo*) **1** Arma de fogo, de repetição, com carregador cilíndrico rotativo com cinco ou seis câmaras de balas. **Ex.** Defenderam-se dos assaltantes a tiro de ~. **2** Peça dos microscópios que permite trocar rapidamente de obje(c)tiva.

revolvimento s m (<revolver + -mento) **1** A(c)to de revolver. **Comb.** O ~ [A lavra(gem)] da terra «para as sementeiras». **2** fig Balbúrdia(+)/Confusão(+). **Ex.** Quando me apercebi do ~ que ia [estava a acontecer] naquele café, já não entrei, segui o meu caminho.

revulsão s f Med (<lat *revúlsio, ónis*) Irritação local causada por um medicamento usado para combater o estado congestivo ou inflamatório de outra parte do corpo.

revulsar v t Med (<lat *revúlsus, a, um* <*re-véllo, ere, vúlsum*: arrancar à força +-ar¹) Provocar a revulsão.

revulsivo, a adj (⇒ revulsar) Relativo a [Que causa] revulsão.

revulsor s m Med (⇒ revulsar) Instrumento cirúrgico com que se procede a uma irritação da pele com fins terapêuticos.

revulsório, a adj ⇒ revulsivo.

reza (Ré) s f Rel (<rezar) A(c)ção de rezar/Oração/Súplica. **Ex.** Nas aparições de Fátima (Portugal), a Virgem Maria recomendou insistentemente a ~ do terço [rosário]. De manhã [Ao levantar] e à noite [e ao deitar] faço sempre as minhas ~s [orações(+)].

rezadeiro, a adj/s col/depr (<rezar + -deiro) **1** (O) que reza muito/Beato. **2** s f pop Crendeira que faz rezas.

rezar v t/int (<lat *récito, áre, átum*: ler em voz alta, recitar) **1** Dizer orações/Fazer uma oração/Orar. **Loc.** *~* [Louvar/Agradecer] *a Deus. ~ as orações da manhã e da noite. ~* [Dizer/Celebrar(+)] *missa.* **Idi.** *~* [*Ler(+)*] *pela mesma cartilha* [Ter os mesmos hábitos, a mesma maneira de ser, as mesmas opiniões/Ser como ele]. **2** Pedir a ajuda de Deus ou o auxílio [a intercessão] dos Santos. **Ex.** Rezei muito por si, para que a operação «ao estômago» corresse bem. **3** fig depr Falar por entre dentes/Resmungar. **Ex.** Ele deve ter ouvido [apanhado/levado] um raspanete; ia pelo corredor fora a ~ sozinho. **4** Estar escrito/Mencionar/Contar/Narrar. **Ex.** Segundo [Como] reza a História, [É histórico/certo que] os portugueses foram os primeiros europeus a chegar ao Japão.

rezinga s f (<rezingar) A(c)ção de rezingar/Resmunguice(+).

rezingão, ona adj/s (<rezingar + -ão) (O) que rezinga/Resmungão. **Comb.** Feitio ~.

rezingar v int (<on) Resmungar/Rabujar. **Ex.** Aqueles dois «casal de idosos» estão sempre a ~ um com o outro.

rezingueiro, a adj/s ⇒ rezingão.

ria s f Geog (<rio) Vale fluvial penetrado pelo mar. **Ex.** A maior parte das ~s deve ter sido originada por movimentos tectónicos de abaixamento do litoral. **Comb.** *~ de Aveiro* (Portugal).

riacho s m (<rio + -acho) Rio pequeno/Regato/Ribeiro.

rial s m (<ár *riyāl*) Unidade monetária da Arábia Saudita, Camboja, Iémen, Irão, Omã e Qatar. ⇒ real² (do Br).

riamba [liamba] s f Bot (<quimbundo *liamba*) Nome vulgar por que é designada em algumas regiões de África e do Brasil a planta do cânhamo.

riba s f (<lat *rípa, ae*: margem) **1** Margem alta de um rio «Douro»/Arriba. **2** Encosta íngreme/Ribanceira/Escarpa/Falésia. **3** col Cima. **Comb.** Em ~ [cima] do telhado.

ribaldaria s f pop (<ribaldo + -aria) A(c)ção própria de ribaldo/patife/Velhacaria(+)/Patifaria(+).

ribaldo, a adj/s (<fr an *ribalt (Ribaud):* libertino) Patife(+)/Velhaco(+)/Tratante(+).

ribalta s f (<it *ribalta*) Série de luzes à frente do palco, entre o pano de boca e a orquestra.

ribamar s f ⇒ beira-mar.

ribança [ribanceira(+)] s f (<riba + -...) **1** Margem de um rio, alta e em declive. **2** Local elevado, íngreme e escarpado/

Despenhadeiro/Precipício. **Ex.** O carro despistou-se na curva e despenhou-se pela ~ abaixo.

Ribatejo s m Geog (<riba + top (rio) Tejo) Região do centro de Portugal atravessada pelo rio Tejo. **Ex.** O gado bravo, os campinos ribatejanos e o fandango são típicos do ~.

ribeira s f (<ribeiro) **1** ⇒ Ribeiro. **2** Terreno banhado por um [Zona à beira de] rio.

ribeirada s f (<ribeiro + -ada) **1** Corrente impetuosa de um ribeiro/rio causada por uma cheia. **2** Grande porção de um líquido. **Ex.** Ao meter a torneira na pipa, descuidaram-se e correu [derramou-se] uma ~ de vinho pelo chão (da adega).

ribeirão s m (<ribeiro + -ão) **1** Ribeiro grande. **2** Br Terreno próprio para a lavra de minas de diamantes.

ribeirinho, a adj/s (<ribeiro + -inho) **1** Ribeiro pequeno. **2** Que vive nos rios/ribeiros ou que fica nas suas margens. **Comb.** *Pássaro ~. Planta ~a. Zona ~a* «da cidade». **3** Ornit (Diz-se de) ave que pertence à ordem das pernaltas.

ribeiro s m (<lat ripárius, a, um: da riba) Rio pequeno/Regato/Riacho.

riboflavina s f Bioq (<ing riboflavin) Vitamina B_2 ($C_{17} H_{20} N_4 O_6$: 6,7- dimetil -9 - (l'--D-ribitil)-isoaloxazina). **Ex.** A ~ é hidrossolúvel e encontra-se muito espalhada na natureza «na levedura de cerveja/no leite/fígado/ovos».

ribombante adj 2g (<ribombar + -ante) Que ribomba.

ribombar v int (<on) Soar com estrondo/Estrondear/Ressoar. **Comb.** O ~ dos trovões [canhões].

ribombo s m (<ribombar) **1** A(c)to ou efeito de ribombar. **2** Estrondo produzido pelos trovões ou pelo disparo de canhões.

ribose s f Bioq (<al ribose) Glícido do grupo das pentoses (O mais importante). **Ex.** A ~ é constituinte do ácido ribonucleico (ARN) e está muito difundida na natureza, fazendo parte dos tecidos animais e vegetais.

ribossoma s m Biol (<al ribose + -soma) Estrutura celular do citoplasma, visível ao microscópio ele(c)tró[ô]nico sob a forma de grânulos arredondados constituídos por nucleoproteínas e enzimas. **Ex.** Os ~s têm um papel fundamental na síntese das proteínas.

ricaço, a [ricalhaço] adj/s (<rico + -(alh)aço) (O) que é muito rico. **Comb.** «Ferraris/Rolls Royces» Extravagâncias de ~s.

ricamente adv (<rico + -mente) Com riqueza/opulência/Luxuosamente. **Comb.** «noiva» ~ *vestida.* «Salão» ~ *decorado/* enfeitado.

riçar v t (<riço + -ar¹) **1** Tornar riço/Encrespar/Encarapinhar. **Loc.** ~ o cabelo. **2** Fazer arrepiar/Eriçar. **Comb.** Vento frio de ~ os cabelos e arrepiar a pele.

rícino s m Bot (<lat rícinus, i) Planta arbustiva da família das euforbiáceas de cujas sementes se extrai um óleo purgativo (Óleo de ~), também conhecida por bafureira, carrapateiro, mamona e mamoneiro.

rickéttsia [riquétsia(+)] s f Biol/Med (<antr H. T. Ricketts, patologista americano) Designação comum de microorganismos do gé[ê]nero *Ricktesia*, agentes de doenças infe(c)ciosas como o tifo.

rico, a s/adj (<gótico reiks: poderoso) **1** (O) que tem riquezas/Abastado/Opulento. **Ex.** "Os ~s que paguem a crise" – gritavam os manifestantes na rua. **Comb.** À ~a [Que mostra grandeza/opulência/À maneira dos ~s] (Ex. São pobres [idi Não têm onde cair mortos] mas vivem [comem/vestem-se/passeiam] à ~a). *Gente ~a. País ~.* idi

Podre de ~ [Muito ~]. Ling *Rima ~a* [em que a correspondência de sons se dá em palavras de natureza gramatical diferente «mundo/profundo; janela/mantê-la»]. **2** Abundante/Fértil/Produtivo. **Comb.** *Alimento* ~ «em proteínas». *Subsolo* ~ «em minérios». *Terras ~as* [férteis/produtivas]. *Um* ~ [abundante/saboroso] *banquete.* **3** Magnífico/Espléndido. **Comb.** Os ~s saraus «do Casino». **4** Que merece estima/Precioso/Valioso. **Ex.** Ela usava um ~ colar de pérolas. Tens um ~ marido [uma ~a família]. **5** Muito bom/Belo/Agradável. **Ex.** Passámos umas ~as férias. «trabalhar em casa, à vontade, sem ter que prestar contas a ninguém» Que ~ vida! **6** Que é obje(c)to de carinho/Querido/Amado. **Ex.** Meu ~ filho, há quanto tempo te esperava!

riço, a adj/s m (<lat erícius, ii (?): ouriço) **1** Crespo/Áspero. **Comb.** *Cabelo ~. Galinha ~a* [que tem as penas eriçadas]. **2** s m Tecido de lã com pelo encrespado e curto. **3** Onda que forma o cabelo eriçado.

ricochete (Chê) s m (<fr ricochet) **1** Mudança de traje(c)tória de um corpo «bola/pedra/projé(c)til» ao embater noutro/Ressalto. **Ex.** A bala «disparada contra o fugitivo» fez ~ na parede e feriu um transeunte que passava na rua. A bola chutada pelo guarda-redes [goleiro] bateu num colega e entrou de [por] ~ na baliza. **Comb.** *Por [De] ~* [Por tabela/De forma indire(c)ta]. **2** Salto(s) que uma pedra dá quando é atirada (quase) tangencialmente a uma superfície plana [calma] de água. **Ex.** As crianças divertiam-se a atirar pedras rente à superfície do lago para ver quem conseguia fazer mais ~s. **3** fig Retrocesso/Volta. **4** Comentário indire(c)to de censura/crítica/Motejo/Remoque.

ricochetear v int (<ricochete + -ear) Fazer ricochete. **Ex.** A moto ricocheteou nos rail(e)s de prote(c)ção da estrada e foi parar à berma contrária [oposta].

rico-homem s m Hist Membro da nobreza portuguesa do séc. XII que servia o rei à própria custa, também designado por "senhor de pendão e caldeira" porque chefiava hostes com distintivo (Pendão) próprio, às quais provia de alimentação (Caldeira).

ricto s m (<lat rictus, us: contorno da boca) **1** Abertura da boca. **2** Contra(c)ção dos músculos da face e da boca que dá a aparência de riso forçado.

ridente adj 2g (⇒ rir) **1** Que ri/Jovial/Alegre. **Sin.** Risonho(+); sorridente(+). **Ant.** Carrancudo; sisudo. **2** fig Viçoso/Verdejante(+). **Comb.** *Searas ~s* «na primavera».

ridicularia s f (<ridículo + -aria) **1** A(c)to ou dito de ridículo. **2** Coisa insignificante/Ninharia/Bagatela. **Ex.** Nos saldos, às vezes, encontram-se artigos «sapatos/vestidos» bons por uma ~ (de preço). Estas crianças «irmãos» não podem passar uma sem a outra, mas todas as ~s lhes servem para brigar [mas brigam por qualquer coisa/mas estão sempre à briga].

ridicularização s f (<ridicularizar + -ção) A(c)to ou efeito de ridicularizar/Achincalhamento. **Ex.** É triste que se procure fazer humor à custa da ~ de coisas sagradas ou de pessoas deficientes.

ridicularizador, ora adj/s (<ridicularizar + -dor) (O) que ridiculariza/Escarnecedor.

ridicularizante adj 2g (<ridicularizar + -ante) Que torna alvo de escárnio/Que mete a ridículo. **Loc.** Servir-se de ditos/frases ~s para atacar os adversários «políticos».

ridicul(ar)izar v t (<ridículo + -ar + -izar) **1** Meter a ridículo/Escarnecer/Achincalhar. **Ex.** Nas ruas da cidade, viam-se *slogans* pintados nas paredes a ~ o Governo. **2** ~-se/Agir de forma a cair no ridículo. **Ex.** As atitudes que toma «de se querer mostrar muito importante» só o ridicularizam.

ridículo, a adj m (<lat ridículus, a, um: que faz rir, jocoso, extravagante, ~) **1** Que provoca riso ou escárnio/Caricato. **Ex.** A(c)tualmente os jovens usam [vestem] tudo o que há de mais feio e extravagante, nada já se considera ~. **Comb.** *Atitude ~a. Fato* [Vestido] ~. *Penteado ~.* **2** De pouco valor/Irrisório/Insignificante. **Ex.** «os namorados» Zangaram-se por uma questão ~a. Ofereceram-me pelo carro uma importância tão ~a que decidi não o vender. **3** s m O que provoca riso. **Ex.** Quando se apercebeu do ~ «que tinha as calças rotas no rabo» ficou envergonhadíssimo, idi não sabia onde se havia de meter. **Loc.** *Meter a ~* [Fazer troça]. *Prestar-se ao ~* [Proceder de forma que provoca riso ou troça].

rifa s f (<esp rifa) **1** Sorteio feito por meio de bilhetes numerados. **Ex.** Saiu-me um pré[ê]mio «uma bicicleta» na ~. **2** Cada um dos bilhetes numerados dum sorteio. **Ex.** Comprei cinco ~s e não me saiu nada.

rifão s m (<refrão) Dito popular/Provérbio/Ditado. **Ex.** Lá diz o ~: "mais vale um pássaro na mão do que dois a voar" [não se deve deixar [trocar] o certo pelo duvidoso].

rifar v t (<rifa + -ar¹) **1** Fazer rifa/Sortear. **Ex.** Para angariar fundos [dinheiro] para a festa, rifaram um presunto. **2** pop Desfazer-se de/Desligar-se. **Ex.** O carro tem tido tantas avarias, só me dá problemas e despesa, qualquer dia rifo-o [desfaço-me dele]. Olha que essa namorada não te serve, rifa-a enquanto é tempo [antes que seja tarde demais].

rifle s m (<ing rifle) Espingarda de pequeno calibre e cano comprido.

rifte s m Geol (<ing rift) Vale profundo e estreito resultante do abaixamento de placas da crosta terrestre entre falhas paralelas/Fossa/o.

rigidez s f (<rígido + -ez) **1** Estado ou qualidade do que é rígido/Rijeza/Inflexibilidade. **Comb.** *~ cadavérica* [Estado de inflexibilidade dos músculos num cadáver algumas horas após a morte]. *Fís ~ dielé(c)trica* [Campo elé(c)trico máximo que um dielé(c)trico pode suportar sem perder as suas qualidades de isolador]. *A ~ do aço.* **2** fig Severidade/Austeridade/Rigor. **Ex.** Os filhos tornaram-se rebeldes porque foram educados com demasiada ~. **Ant.** Brandura; docilidade; tolerância.

rígido, a adj (<lat rígidus, a, um <rígeo, ére, gui: ser rijo, estar teso) **1** Duro/Teso/Hirto. **Comb.** *Info Disco ~. Músculos ~s. Plástico ~.* **2** Que não tem flexibilidade/maleabilidade. **Comb.** *Metal* «aço/bronze» ~. *Fís Sistema ~* [indeformável/Conjunto de partículas materiais cujas distâncias se mantêm, sejam quais forem as intensidades das forças aplicadas]. **3** fig Rigoroso/Severo/Intransigente. **Comb.** *Disciplina* «militar» *~a. Professor muito ~* [severo(o+)/exigente(+)].

rigor (Gôr) s m (<lat rígor, óris: rigidez, frio) **1** Rijeza material/Ausência de flexibilidade/maleabilidade/Rigidez. **Comb.** O ~ [A dureza(+)/rigidez] da pedra «basalto». **2** Grande severidade de princípios/Inflexibilidade/Intransigência. **Loc.** Educar com grande ~. **3** Exa(c)tidão/Precisão. **Loc.** *Calcular* [Avaliar] «medir/pesar» *com ~. Cumprir com ~* «o regulamento». *Executar* «desenhar/construir/montar» *com ~. Exprimir-se* «falar/escrever» *com ~.* **Comb.** *A ~* [De acordo com as exigências/normas] (Loc. Vestir a ~ «fraque/casaca»).

***De* ~** [Que é indispensável/obrigatório]. ***Em* ~** [Rigorosamente/Estritamente] (Ex. Para ser especialista numa matéria, em ~, não é necessário ter estudos superiores). **4** Intensidade [Auge] do frio ou do calor. **Comb.** No ~ do inverno.

rigorismo s m (<rigor + -ismo) **1** Qualidade do que é rigoroso/Máxima exa(c)tidão. **Ex.** Os comboios [trens] de alta velocidade exigem grande ~ na instalação dos carris. O chefe era dum grande ~ no cumprimento do horário: não era permitido entrar atrasado nem sequer um minuto sem justificação plausível. **2** Inflexibilidade no cumprimento de normas morais/Moralismo.

rigorista adj/s 2g (⇒ rigorismo **2**) (O) que professa ou aplica princípios inflexíveis e severos/Intransigente.

rigorosamente adv (<rigoroso + -mente) **1** Com rigor/severidade. **Loc.** Castigar ~. **2** Com exa(c)tidão/precisão. **Ex.** Gastei ~ todo o dinheiro que levava. **Loc. *Calcular* ~** «o custo duma obra *idi* até ao último cêntimo». ***Medir* ~** «a largura duma janela». **3** Totalmente/Completamente. **Ex.** Não percebi ~ [absolutamente] nada do que ele disse.

rigorosidade s f (<rigoroso + -i- + -dade) Qualidade do que é rigoroso.

rigoroso, a (Ôso, Ósa, Ósos) adj (<rigor + -oso) **1** Que age com rigor e severidade/Exigente/Severo. **Comb. *Disciplina* ~*a*** [férrea]. ***Pais* ~*s*** na aplicação de castigos aos filhos. **2** Que é difícil de suportar/Penoso/Duro. **Comb. *Frio* ~** «do inverno». ***Trabalho* ~** [penoso] «nas minas/na pesca». **3** Que presta atenção aos pormenores/Exa(c)to/Preciso/Minucioso. **Ex.** Ele fez uma descrição ~a do acidente. **Comb.** Desenho ~.

rijão s m Cul (<rijar **2** + -ão) **1** Pedaço de carne de porco frita na própria gordura. **2** Pedaço de toucinho frito e estaladiço/Torresmo. ⇒ rojão; torresmo.

rijar v t (<rijo + -ar¹) **1** Enrijecer(+)/Enrijar(+). **2** Frigir sem adicionar gordura.

rijeza s f (<rijo + -eza) **1** Qualidade do que é rijo/Dureza. **Ex.** A madeira não tem a ~ do ferro. **2** *fig* Austeridade/Aspereza/Rudeza. **Loc.** Usar de ~ «nas relações com os subordinados».

rijo, a adj (<lat *rígidus, a, um*; ⇒ rígido) **1** Que resiste às pressões/Que não cede [quebra] facilmente/Duro/Teso. **Comb. *Material* ~** «como (o) aço». **2** Que tem força/Robusto/Vigoroso. **Ex.** Ele ainda é jovem mas é ~, tem força «trabalha como um adulto». **3** Que não está maduro. **Comb.** Fruta «figo/pêssego» ~a [verde]. **4** *fig* Abundante/Intenso/Forte. **Loc.** *Pop Estar* ~ [Gozar de boa saúde]. **Comb. *De* ~** [Com força/Abundantemente] (Loc. Bater de ~ [com força/*idi* sem dó nem piedade]. Chover muito [de ~]). ***Festa* ~*a*** [valente/Grande festa/Festança].

rilhafoles s m 2n (<top Rilhafoles, hospital para doentes mentais em Lisboa) *fig* Hospital para doentes mentais/Manic(ô)mio. **Ex.** *iron* Parece que não estás muito bom da cabeça; precisas de ir para o ~.

rilhar v t (<lat *ringuláre <ríngor, ríctus sum*: ranger [arreganhar] os dentes) **1** Comer um alimento duro/Roer/Trincar. **Loc. ~ *um osso*. ~ *uma castanha* (crua). ~ *uma maçã*. **2** Ranger os dentes «com raiva».

rim s m Anat (<lat *rénes, (i)um*: rins, costas) **1** Cada um dos dois órgãos excretores com a forma de feijão, cuja função é formar a urina e que se situam um de cada lado da coluna vertebral na região lombar. **Loc.** Fazer o transplante de um ~. **Comb.** ~ artificial [Aparelho usado para purificar o sangue em caso de insuficiência renal]. **2** *pl pop* Parte inferior da região lombar/Cruzes. **Comb. *Dores de* ~*ns*. *idi Golpe de* ~*ns*** [Reviravolta [Mudança] oportunista no comportamento (de alguém)].

rima¹ s f Poe (<gr *rythmós*: ritmo, cadência, movimento regular) **1** Correspondência de sons entre dois ou mais versos. **Ex.** A ~ não é um elemento essencial do verso [da poesia] mas, pela repetição, cria uma impressão agradável ao ouvido. **Comb. ~ *consoante*** [Correspondência de sons finais produzidos por vogais e consoantes «m*orenos*/p*equenos*; m*undo*/f*undo*»]. **~ *rica*** ⇒ rico **1 Comb. ~ *toante*** [Correspondência de sons finais produzidos só pelas vogais «ch*á*/p*az*; honorífic*o*/castíssim*o*»]. **2** *pl* Versos/Poemas. **Ex.** Escreveu algumas ~s, mas era predominantemente [mais/sobretudo] um prosador.

rima² s f (<ár *rizma*: pacote, embrulho) Conjunto de obje(c)tos sobrepostos/Pilha/Resma. **Comb.** ~ de livros/pratos/roupa «lençóis/toalhas».

rima³ s f (<lat *rima, ae*) Pequena abertura estreita e comprida/Fenda/Fístula/Greta.

rimador, ora adj/s (<rimar + -dor) (O) que faz versos/Versejador/Poeta «de quadras populares».

rimance s m (<romance) **1** Espécie de romance popular, em verso, que se cantava ao som da viola. **2** Pequeno canto épico/Romance.

rimar v t/int (<rima¹+-ar¹) **1** Fazer versos rimados. **Ex.** Os cantadores «dos ranchos folclóricos» rimam de improviso quando cantam ao desafio. **2** Fazer corresponder sons. **Ex.** Cau*tela* rima com pan*ela* e pe*rigo* (rima) com t*rigo*. **3** Estar em harmonia/concordância/Condizer. **Ex.** A vida fausto- sa que fazem não rima [diz/condiz] com as lamúrias constantes de [a dizer] que ganham pouco.

rímel s m (<fr *Rimmel*, marca de cosmético) Cosmético para pintar e fazer sobressair (os cílios d)as pestanas.

rimoso, a (Ôso, Ósa, Ósos) adj (<rima³ + -oso) Que possui muitas rimas [fendas]/Gretado.

rímula s f (<lat *rímula, ae*; ⇒ rima³) Pequena fenda/abertura.

rinalgia s f Med (<rin(o)- + algia) Dor no nariz.

rincão s m (<ár *rukún*) **1** Lugar afastado/Recanto. **Ex.** Gostava de passar uns dias isolado no seu ~ da aldeia para retemperar forças. **2** *Br* Lugar cercado naturalmente por matas ou rios. **3** Interse(c)ção de duas águas dum telhado que formam ângulo reentrante por onde escoa a água da chuva. **4** Canto ou ângulo interior formado por duas paredes ou dois planos «no te(c)to».

rinchante adj 2g (<rinchar + -ante) Que rincha.

rinchar v int/s m (<lat *rehinnituláre <hinníre*: relinchar) **1** «cavalo» Soltar rinchos/Relinchar(+)/Nitrir. **2** s m Relincho/O ~. **3** Produzir um som parecido a **1**. **Ex.** O carro de bois rinchava [chiava(+)] com o peso da carga/carrada.

rincho s m (<rinchar) Voz do cavalo/Relincho(+)/Nitrido.

rinencéfalo s m Anat (<rin- + encéfalo) Conjunto de formações nervosas do cérebro onde reside o sentido do olfa(c)to.

ringue s m (D)esp (<ing *ring*) Local plano [Estrado] cercado, em geral por cordas, onde se praticam desportos «boxe/luta livre/jiu-jitsu». ⇒ rinque.

rinha s f *Br* (<esp *riña <reñir*: combater) **1** Luta de galos(+). **2** Local onde se realiza essa luta.

rinite s f Med (<rin- + -ite) Inflamação das mucosas das fossas nasais/Coriza.

rin(o)- elem de formação (<gr *rhis, rhinós*: nariz) Exprime a ideia de **nariz**: rinite, rinologia.

rinoceronte s m Zool (<gr *rhinókeros, otos*) Nome vulgar das espécies dos mamíferos perissodá(c)tilos, de cabeça grande com um ou dois cornos, membros curtos e pele grossa e resistente, das regiões quentes de África e da Ásia.

rinocerotídeo, a adj/s m pl Zool (<rinoceronte + -ídeo) Diz-se de animal pertencente à família dos perissodá(c)tilos ungulados rinocerontes.

rinofaringe s f Anat (<rino- +...) Parte superior da faringe situada atrás das fossas nasais.

rinofaringite s f Med (<rinofaringe + -ite) Inflamação da rinofaringe.

rinolalia s f Med (<rino- + gr *lalein*: falar + -ia) Perturbação da voz produzida por alterações da ressonância nasal/O ter voz fanhosa.

rinologia s f Med (<rino- + -logia) Estudo anat(ô)mico do nariz e das suas doenças.

rinologista s 2g (<rinologia + -ista) Especialista em doenças do nariz. ⇒ otorrinolaringologista.

rinoplastia s f Med (<rino- + -plastia) Operação cirúrgica [Plástica] para corrigir deformações do [ou refazer o] nariz.

rinorragia s f Med (<rino- + -ragia) Hemorragia nasal.

rinoscopia s f Med (<rino- + -scopia) Exame das fossas nasais por meio do rinoscópio.

rinoscópio s m Med (<rino- + -scópio) Instrumento constituído por um pequeno espelho e um ponto de iluminação, usado no exame das fossas nasais.

rinotomia s f Med (<rino- + -tomia) Incisão cirúrgica na face para drenar as fossas nasais.

rinque s m (D)esp (<ing *rink*) Recinto plano resguardado destinado à prática da patinagem. ⇒ ringue.

rio s m (<lat *rívus, i*: regato, pequeno curso de água) **1** Curso de água natural que nasce geralmente nas montanhas e corre para o mar, um lago ou para outro ~. **Ex.** Há ~s de extensão e caudal muito variáveis: grandes ~s «Amazonas/Ganges/Reno» ou pequenos (~s) afluentes «Alviela/Tua (Portugal)». **2** *fig* Aquilo que corre como um ~. **Ex.** Um ~ de lágrimas banhava-lhe as faces. **3** *fig* Grande quantidade. **Ex.** Gastaram-se ~s de dinheiro naquela obra «construção duma autoestrada».

riólito s m Miner (<rio + -lito) Rocha vulcânica com fenocristais, equivalente ao granito.

rio-mar s m *Br* Designação do rio Amazonas.

ripa s f (<gótico *ribjô*: costela) **1** Pedaço de madeira, comprido e estreito/Sarrafo/Fasquia. **Ex.** Pregou uma ~ na porta para fixar as tábuas que estavam a desconjuntar-se. **2** Elemento de construção, geralmente de madeira, da estrutura de um telhado. **Ex.** As telhas assentam sobre ~s. Com quatro paus espetados no chão, ligados por ~s, construíram um abrigo. **3** A(c)to de ripar/Apanha de frutos arrancando-os com a mão. **Comb. *A* ~ *da azeitona. Azeitona de* ~** [apanhada à mão/que não é varejada].

ripada s f (<ripa + -ada) **1** Pancada com ripa/Sarrafada/Bordoada/Paulada/Ripeirada(+). **2** *fig* Repreensão. **Ex.** Ficou envergonhado com a ~ que o chefe lhe passou [deu] «ficou *idi* com as orelhas a arder».

ripadeira s f (<ripar 2/3 + -deira) Aparelho [Instrumento] para ripar «abóbora chila»/Desengaçador «dos cachos de uva». ⇒ ripador.

ripado, a adj/s m (<ripar + -ado) **1** Que foi separado, ripando. **Comb.** Azeitona ~a [de ripa 3]. **2** (O) que é feito com ripas «vedação/gradeamento».

ripador s m (<ripar + -dor) Instrumento para ripar «o linho». ⇒ ripadeira.

ripadura [ripagem] s f (<ripar + -...) A(c)to de ripar.

ripanço s m (<ripar + -anço) **1** Instrumento em forma de pente para ripar o [tirar as sementes ao] linho. **2** Utensílio para raspar a terra e juntar as pedras. **3** fig Sofá/Espreguiçadeira. **Loc.** Estar no [de] ~ [Não fazer nada]. **4** fig Preguiça/Moleza.

ripar v t (<ripa + -ar¹) **1** Construir com ripas/Fazer um ripado **2**/Montar. **Loc.** ~ a estrutura dum telhado. **2** Separar com o ripanço [a ripadeira] a baganha do linho/Esbagoar as uvas. **3** Cortar [Rasgar] em tiras ou pequenos pedaços. **Loc.** ~ a alface/couve. ~ o folhelho do milho. **4** Colher frutos, arrancando-os com a mão. **Loc.** ~ azeitona. **5** Raspar a terra para limpar [tirar] as pedras. **6** Pentear o cabelo passando o pente desde a raiz até à ponta/Riçar. **7** region Surripiar/Furtar/Bifar. **Loc.** ~ a carteira «no metro[ô], a um passageiro descuidado».

ripeira s f (<ripa + -eira) Ripa(+)/Fasquia/Sarrafo.

ripeirada s f (<ripeira + -ada) Pancada com ripeira/Sarrafada/Ripada **1**.

ripostar v int (<fr riposter) **1** Responder prontamente em tom áspero/agressivo/Retrucar/Replicar/Retorquir. **Ex.** Não gosto desta sopa. – Se não gostas – ripostou a mãe – vai ao restaurante. **2** Na esgrima, responder ao ataque adversário. **Loc.** ~ a estocada.

riquétsia s f Biol/Med Forma preferível de ⇒ rickéttsia.

riquexó s m (<jp jinrikisha) Meio de transporte de pessoas, com duas rodas e dois varais, geralmente com capota, puxado por um homem a pé, de bicicleta (ou de motorizada). **Ex.** O ~ era (e ainda é) utilizado em países turísticos do Oriente «Índia/Macau/Japão».

riqueza s f (<rico + -eza) **1** Qualidade [Estado/Cara(c)terística] do que é rico. **2** Abundância de bens materiais/Fortuna. **Comb.** «Bill Gates/Stanley Ho» Homem de grande ~. **3** Bens [Recursos «do (sub)solo brasileiro»] de grande valor econó[ô]mico. **Ex.** A ~ do país «Angola» assenta nos recursos naturais do subsolo «diamantes/petróleo». Legou toda a sua ~ a uma instituição de caridade «Lar para crianças deficientes». **4** Opulência/Ostentação/Magnificência/Luxo. **Comb.** *A ~ da corte* portuguesa de D. João V (1689-1750). *A ~ da decoração* «da Basílica de S. Pedro, no Vaticano». **5** Capacidade produtiva/Fertilidade. **Comb.** A ~ das terras de cultivo «Lezírias do Tejo (Portugal)/Vale do Pó (Itália)». **6** fig Abundância/Profusão/Variedade. **Comb.** *~ alcoólica* [Percentagem de álcool num líquido «vinho/licor»]. *~ de cores*/ideias/imagens/vocabulário.

rir v int (<lat rídeo, ridére, rísi, rísum) **1** Manifestar-se pelo riso/Sorrir. **Ex.** Ele ri por tudo e por nada [Ele está sempre a rir]. É melhor ~ que chorar. **Idi.** *~ a bandeiras despregadas* [ruidosamente/às gargalhadas]. *~ a bom ~* [~ muito/com vontade]. *~ à custa de* [Achar graça [Divertir-se] com os desaires de alguém] (Ex. Todos se riram à minha custa por ter caído na rua e ficar todo sujo de lama). *~ à farta* [muito]. *~ à socapa* [sem querer que os outros se apercebam/disfarçadamente]. *Fazer ~ as pedras* [Ter muita graça/Ser caricato]. *Ficar-se alguém a ~* [Cometer determinada falta e ficar impune] (Ex. Fui eu que atirei com a pedra ao polícia, mas ele prendeu o que estava ao meu lado e eu fiquei-me a ~). **2** Assumir uma expressão alegre/Mostrar-se bem disposto/prazenteiro. **Ex.** Quando nos viu, riu de contentamento. **3** Achar [Ter] graça/piada/Gracejar. **Ex.** Era um filme có[ô]mico; rimos à gargalhada durante toda a sessão. **4** Fazer troça/Escarnecer/idi Fazer pouco de. **Ex.** Os alunos riam-se do professor por ele gaguejar quando se irritava. **5** fig pop Fender(-se)/Rasgar(-se). **Ex.** As calças já estão muito coçadas, já começam a ~-se nos joelhos.

risada s f (<riso + -ada) Manifestação sonora de riso/Gargalhada. **Ex.** O almoço deve ter sido lauto e bem regado [bebido]: cá fora ouviam-se ~s estridentes entrecortando o barulho das conversas.

risão, sona adj (<riso + -ão) Diz-se de pessoa que ri por qualquer coisa. **Ex.** Ele é muito ~.

risbordo s m Náut (<rebordo) Abertura [Portinhola] no costado do navio por onde se mete a carga que não entra pela escotilha.

risca s f (<riscar) **1** A(c)to ou efeito de riscar/Traço/Linha. **Ex.** O vestido era azul e o cinto branco com uma ~ preta. **Loc.** *Fazer ~s «no chão/numa folha de papel». **Comb.** *idi À ~* [Rigorosamente] (Loc. Cumprir à ~ as prescrições do médico). **2** Marca estreita feita numa superfície lisa/Sulco/Risco. **Ex.** O carro novo já tem uma ~ na porta. **3** Linha delimitadora/Raia. **Ex.** Não foi gol(o) porque a bola bateu na ~ [linha(+)] da baliza mas não a ultrapassou. **4** Linha de separação do cabelo em duas partes, feita com um pente. **Comb.** «penteado com» ~ ao meio [lado]. **5** Faixa comprida e estreita que geralmente se distingue pela diferença de cor/List(r)a. **Comb.** *Camisa às ~s. Papel* vermelho *com ~s* amarelas. **6** Miner Cor que o mineral apresenta quando reduzido a pó. **Ex.** A pirite é amarela mas tem ~ preta. **Comb.** *Fís Espe(c)tro de ~s* [Imagem obtida pelo espe(c)tró[ô]metro na análise duma radiação emitida] (Comb. ~s D [D_1 e D_2] do sódio).

riscado, a adj/s m (<riscar + -ado) **1** Que tem riscas/os. **Comb.** *Livro ~. Paredes ~as.* **2** Às riscas/List(r)ado. **Comb.** *Papel ~* [pautado(+)/com linhas]. *Tecido ~.* **3** Sem efeito/Corrigido/Cortado. **Comb.** *Cláusula* [Frase] *~a.* **4** Banido/Excluído/Expulso. **Comb.** *Jogador ~ da equipa/e «por ser indisciplinado».* **5** s m Tecido de algodão com riscas de cor diferente. **Comb.** *Avental de ~. Camisa de ~.*

riscador, ora adj/s (<riscar + -dor) **1** (O) que risca. **2** Instrumento que serve para riscar.

riscadura s f (<riscar + -dura) Risco/Sulco/Risca(dela).

riscar v t (<lat réseco, áre, cui, séctum [secávi, secátum]) **1** Fazer riscos em. **Ex.** As crianças gostam de ~ as paredes/os livros, ... **2** Inutilizar [Anular] com traço/Cortar. **Ex.** Ao reler o que tinha escrito, risquei uma frase que me pareceu menos corre(c)ta. ⇒ apagar. **3** Fazer o esboço/Delinear/Marcar/Traçar. **Loc.** «um arquite(c)to/desenhador» *~ a planta* duma casa. «uma modista» *~ os moldes* duma peça. «um serralheiro» *~ a chapa de ferro* «para fazer uma caixa». **4** Fazer fricção/Raspar. *~ um fósforo* (na lixa da caixa, para o acender). *~ um mineral* numa placa cerâmica para ver a cor da risca. **5** Banir/Expulsar/Excluir. **Ex.** Riscaram-no de sócio «porque não pagava as quotas». **6** Dar ordens categóricas/Ter poder de decisão. **Ex.** Aqui só o chefe (é que) risca, mais ninguém decide nada. É bom que não faças comentários porque tu aqui não riscas [mandas/contas].

risco s m (<riscar) **1** Linha/Traço. **Ex.** O menino quer desenhar mas só faz [sabe fazer] ~s. **Idi.** *Pisar o ~* [Ultrapassar os limites/Exceder-se/Abusar] (Ex. Eu não devia beber, mas hoje é festa, vou pisar o ~: mais um cop(it)o). **2** Marca estreita e comprida/Sulco. **Ex.** O carro raspou no portão e fez um ~ a todo o comprimento. **3** Linha delimitadora/Raia. **Loc.** «no té[ê]nis/volei» A bola bater no ~. **4** ⇒ risca **4**. **5** Probabilidade ou ameaça de perigo. **Ex.** Nos hospitais de doenças infe(c)ciosas, o ~ de contágio é grande. O mar está tempestuoso; os pescadores não vão à pesca porque há ~ de naufrágio. **Idi.** *Correr ~s [o ~ de]* [Ficar exposto a perigo/Ser temerário/Arriscar]. *Estar em ~* [em perigo/sob ameaça] (Ex. Espécie que está em ~ de extinção). **6** Probabilidade de inconveniente ou fatalidade. **Idi.** *Por sua conta e ~* [Por sua iniciativa e responsabilidade]. **Comb.** *Capital de ~* [Dinheiro investido num proje(c)to cujo sucesso não está garantido]. *Negócio de ~* [de sucesso duvidoso/arriscado]. **7** Prejuízo [Dano] cuja compensação está garantida por uma apólice de seguro. **Comb.** *Pré[ê]mio de ~* [contrapartida paga pela cobertura dos ~s]. *Seguro «automóvel» contra todos os ~s.*

risibilidade s f (<risível + -i- + -dade) **1** Qualidade do que é risível. **2** Faculdade [Capacidade] de rir.

risível adj 2g (<lat risíbilis, e) **1** Que desperta [provoca] o riso. **2** Digno de escárnio/Ridículo/Irrisório. **Ex.** Os partidos minoritários extremistas, que nunca chegarão ao poder, fazem promessas ~.

riso s m (<lat rísus, us) **1** A(c)to ou efeito de rir/Sorriso/Gargalhada. **Idi.** *Dar [Ter] um ar de ~* [Mostrar [Ter] um aspe(c)to alegre/risonho/Sorrir]. *Perder-se [Morrer] de ~* [Rir-se muito] (Ex. Que homem [palhaço] mais [tão] engraçado, perdemo-nos de ~ com ele [, nunca ri tanto na minha vida]!). **Prov.** *Muito ~, pouco siso* [Quem ri muito, tem pouco juízo]. **Comb.** *~ alvar* [estúpido]. *~ amarelo* [fingido/forçado/iró[ô]nico]. *~ sardó[ô]nico* [sarcástico/forçado]. *Fartote* [Barrigada] *de ~* [Muito ~]. **2** Alegria/Júbilo/Contentamento/Risada. **3** Zombaria/Escárnio/Galhofa.

risonho, a (Zô) adj (<riso + -onho) **1** Que tem ar de riso/Alegre/Contente. **Comb.** *Cara ~a. Olhos ~s.* **2** Agradável/Afável/Prazenteiro. **Comb.** *Pessoa ~a.* **3** fig Prometedor/Esperançoso. **Comb.** *Futuro ~ «dum estudante inteligente e aplicado».*

risota (Zó) s f (< riso + -ota) **1** Motivo de riso/Riso continuado/Galhofa. **Ex.** Passavam horas na ~, a contar anedotas. **2** Riso de escárnio/Zombaria/Troça. **Ex.** «o professor gaguejava e fazia muitos trejeitos» Quando ele começava a falar, era ~ geral (de toda a turma).

risote (Zó) adj/s 2g (<riso + -ote) (O) que zomba de tudo/Mofador.

risoto (Zô) s m Cul (< it risotto) Prato de arroz cozido com açafrão ao qual por vezes se junta carne e mariscos.

rispidez s f (<ríspido + -ez) Qualidade do que é ríspido/Severidade/Aspereza. **Ex.** É um funcionário mal-humorado; fala para as pessoas com ~ sem nunca esboçar um sorriso, sem ter (Dizer) uma palavra amável. **Ant.** Amabilidade; delicadeza.

ríspido, a adj (<lat *híspidus, a, um*: eriçado, áspero) **1** Intratável/Rude/Severo. **Ex.** Era muito ~ com o filho mais velho, enquanto que com o mais novo *idi* se desfazia em ternuras [, e muito mais terno com o mais novo]. **2** Desagradável ao ta(c)to/Áspero(+)/Grosseiro/Crespo. **Comb.** *Parede ~a. Superfície ~a. Tecido ~.*

rissol(e) (Ssó) s m Cul (<fr *rissole*) Pastel em forma de meia-lua, com recheio de peixe, carne ou marisco e cuja massa é passada por ovo e pão ralado antes de fritar. **Comb.** *~óis de peixe/camarão.*

riste s m (<esp *ristre* <fr an *arrest*) Peça da armadura onde o cavaleiro apoiava o coto da lança quando a levava horizontalmente para investir contra o adversário. **Comb.** *Em ~* [Pronto a investir/Em posição erguida, como se fosse atacar] (Loc. «um jogador de futebol» Entrar com o pé em ~ «comete falta»).

ritidoma s m Bot (<gr *rhytidoma*: rugosidade) Conjunto do súber e dos tecidos que lhe ficam exteriores/Casca seca e que pode esfoliar-se [cair aos poucos]. **Ex.** O ~ desempenha na planta a função de prote(c)ção.

ritidoplastia s f Med (<gr *rhytís, ídos*: ruga + -plastia) Operação cirúrgica para tirar as rugas.

ritmado, a adj (<ritmar + -ado) Que tem ritmo/Cadenciado. **Comb.** *Movimento* [O trabalhar] *«dum relógio». Música ~a* [rítmica]. *Poesia ~a.*

ritmar v t (<ritmo + -ar¹) Dar ritmo/Cadenciar. **Loc.** *~ uma música* [um texto].

rítmico, a adj/s f (<ritmo + -ico) **1** Relativo a ritmo. **2** Que tem ritmo/Cadenciado. **Comb.** *Ginástica ~a* [Movimentos corporais executados sem aparelhos e em correspondência com os sons da música que os acompanha]. *Música ~a. Prosa ~a.* **2** s f Ciência dos ritmos aplicada à música, à prosa ou à poesia.

ritmo s m (<gr *rhythmós, ou*) **1** Som ou movimento que se repete com intervalos regulares/Cadência. **Comb.** *O ~ da marcha* «duma coluna militar». *O ~ do tiquetaque* do relógio. **2** Repetição periódica dum fenó[ô]meno orgânico. **Comb.** *~ cardíaco* [respiratório]. **3** *Mús* Disposição periódica dos tempos ou das suas partes da qual resulta o compasso. **Comb.** *~ da valsa* [do samba]. **4** Sucessão harmoniosa dos elementos expressivos e estéticos dum trabalho artístico ou literário. **Comb.** *~ dum espe(c)táculo* «de variedades». *~ dum filme. ~ dum texto literário.* **5** Sucessão de fenó[ô]menos naturais ou acontecimentos socioculturais que se repetem regularmente. **Comb.** *O ~ das estações* do ano. *O ~ das festas* populares. *O ~ da vida* quotidiana. **6** Velocidade a que decorrem as diferentes etapas dum processo/trabalho. **Ex.** As obras «de construção da casa» estão a andar em [a] bom ~. Para acabar a encomenda dentro do prazo, foi necessário trabalhar em [a] ~ acelerado. **7** *Br* Conjunto de instrumentos de percussão que marcam a cadência da música. **8** *Br* Músicos que numa banda tocam os instrumentos de percussão.

rito s m (<lat *rítus, us*) **1** *Rel* Expressão cerimonial institucionalizada «gestos/palavras/símbolos» que acompanha a celebração dum a(c)to de culto religioso. **Ex.** A cara(c)terística principal do ~ é a sua repetitividade. **Comb.** *~ ocidental*/latino/romano [usado na liturgia da Igreja Católica]. *~s orientais* «arménio/bizantino/copta/siríaco» [Família dos ~s usados na liturgia das Igrejas Orientais]. **2** Conjunto de a(c)tos de cará(c)ter cole(c)tivo com forma estável, que contribuem para o desenvolvimento de laços e costumes comunitários. **Comb.** *~ de iniciação* [que marca a entrada num novo grupo ou classe «dos adultos»]. *~ de passagem* [que assinala a mudança para nova etapa/novo estado «de solteiro a casado»]. **3** Prática cole(c)tiva segundo determinados costumes tradicionais. **Comb.** *~ da matança do porco* «que juntava os parentes».

ritual adj 2g/s m (<lat *rituális, e*) **1** Referente ao rito. **Comb.** *A(c)ção* [A(c)to] *~. Linguagem ~.* **2** *Rel* Forma de celebração dos a(c)tos litúrgicos. **Comb.** *~ do ba(p)tismo.* **3** Conjunto de práticas consagradas pelo uso, e que devem ser observadas em determinadas ocasiões/Cerimonial/Praxe/Etiqueta. **Ex.** A ceia de Natal em casa da avó obedecia sempre ao mesmo ~. **4** s m *Rel* Livro litúrgico da Igreja Católica que contém os ritos da celebração dos sacramentos e sacramentais, pelos presbíteros (e diáconos).

ritualismo s m (<ritual + -ismo) **1** Conjunto de ritos de um culto/Ritual(+). **2** *depr* Apego exagerado ao ritual duma celebração.

ritualista adj/s 2g (<ritual + -ista) **1** Relativo ao ritualismo. **2** *depr* (O) que dá importância exagerada aos ritos. **3** Pessoa que trata dos [estuda/prepara os] ritos/Liturgista(+).

ritualizar v t (<ritual + -izar) **1** Tornar [Converter em] ritual. **Loc.** *~ a comemoração dum acontecimento.* **2** Introduzir o uso de ritos em.

rival adj/s 2g (<lat *riválís, e*) **1** (O) que aspira à posse da mesma coisa que outrem/Competidor/Concorrente. **Comb.** *Clubes* «de futebol» *~ais* «Benfica e Sporting/Barcelona e Real Madrid». «cantor/operário/chefe» *Sem ~* [O melhor/Inigualável]. **2** (O) que tem méritos iguais. **Comb.** *Alunos ~ais. Produtos ~ais.* **3** Pessoa que disputa com outra o amor de [o casar com] uma terceira.

rivalidade s f (<lat *riválitas, átis*) **1** Cara(c)terística do que rivaliza. **Ex.** A ~ entre localidades «cidades/povoações/vilas» vizinhas é bastante frequente «cada uma se julga superior à outra». **2** Concorrência entre pessoas/cole(c)tividades que pretendem a mesma coisa/Competição/Emulação. **Comb.** *A tradicional ~ entre clubes/jogadores.* **3** ⇒ Falta de acordo/Desentendimento/Desavença/Rixa.

rivalizar v int (<rival + -izar) **1** Entrar em competição/Disputar a primazia/Concorrer. **Ex.** As duas universidades «Oxford e Cambridge» sempre rivalizaram uma com a outra. **2** Competir uma pessoa [cole(c)tividade/coisa] com outra em mérito/qualidades, igualando-a ou superando-a. **Ex.** Os vinhos portugueses rivalizam com os melhores vinhos franceses. **3** Ser rival [Ter ciúmes] de outrem.

rixa (Cha) s f (<lat *rixa, ae*) Briga/Luta/Contenda/Desordem. **Ex.** «nos bairros periféricos das grandes cidades» São frequentes as ~s entre bandos rivais.

riz s m Náut (<it *rizza*: raiz) Us principalmente no pl. Espécie de atacadores que se passam pelos ilhós para encurtar as velas. **Loc.** *Botar fora* [Desapertar/Desatar] *os ~es. Largar* [Tirar a vela de] *os ~es.*

rizadura s f Náut **1** Cabo de três cordões. **2** A(c)to de rizar.

rizar v t/int Náut (<riz + -ar¹) Encurtar a vela com os rizes.

rizicultor ⇒ orizicultor.

rizicultura s f Agr (<ár *ruzz* <gr *óryza*: arroz +...) Cultura de arroz/Orizicultura.

rizina s f Bot (<riz- + -ina) Filamento natural, constituído por células alongadas de membrana espessa, que serve para fixar ao solo algumas plantas inferiores «líquenes».

riz(o)- elem de formação (< gr *rhiza*: raiz) Exprime a ideia de raiz.

rizocarpo[cárpio], a adj Bot (<rizo- +...) Diz-se dos vegetais de cuja raiz brotam todos os anos novos caules que produzem frutos junto das **raízes**.

rizóforo, a adj/s m Bot (<rizo- + -foro) **1** Que tem raízes. **2** s m Apêndice cilíndrico que, em certas plantas «selaginela/mangue(ira)», nasce de cima para baixo formando um tufo de raízes adventícias na extremidade.

rizoide (Zói) s m Bot (<riz(o)- + -oide) Órgão em forma de pelo ou filamento que, pelas funções que desempenha, se assemelha à raiz.

rizoma (Zô) s m Bot (<gr *rhizoma, atos*: que é enraizado, arraigamento, raiz) Caule alongado, subterrâneo, com as folhas reduzidas a escamas «do selo-de-salomão/morangueiro».

rizomatoso, a (Ôso, Ósa, Ósos) adj (<rizoma + -oso) Que possui [produz] rizoma.

rizomorfo, a (Mór) adj Bot (<rizo- + -morfo) Que tem a forma de raiz.

rizópode adj 2g/s m pl Zool (<rizo- + -pode) Diz-se de grupo de protozoários que, para locomoção, emitem pseudópodes.

rizóstomo, a adj Zool (<rizo- + gr *stoma*: boca) Diz-se de animal portador de orifícios ou aberturas bucais na extremidade dos prolongamentos, como certas medusas.

rizotomia s f Med (<rizo- + -tomia) Operação cirúrgica que consiste no corte das raízes dos nervos.

rizotónico, a [Br **rizotônico**] adj Gram (<rizo- +...) Diz-se de palavra cuja sílaba tónica cai no [é a do] radical. **Ex.** *Am-o.* **Ant.** Arrizotónico.

ró/ô s m (<gr *rho*) Décima sétima letra do alfabeto grego, símbolo ρ, P, equivalente ao r, R latino.

roaz (Ás) adj 2g/s m Zool (<lat *ródax, ácis*: que rói <*ródere*: roer) **1** Que rói/Roedor. **Comb.** *Os arganazes ~es.* **2** *fig* Que desgasta/Destruidor. **Comb.** *Fumos ~es* «dos fornos de ustulação de pirites». **3** s m Designação de diversos mamíferos aquáticos da ordem dos cetáceos, como o golfinho e a toninha.

robalete (Lê) s m (<robalo + -ete) **1** *Icti* Pequeno robalo/Robalinho. **2** *Náut* Peça de madeira pregada de um e outro lado do navio, na parte mais bojuda, para atenuar o balanço.

robalo s m Icti (<lobarro <lobo) Designação vulgar de peixes teleósteos que têm o dorso cheio de manchas escuras, frequentes nas costas portuguesas, cuja carne é muito apreciada/Robalete/Chaliço/Vaila.

robe (Ró) s m (<fr *robe (de chambre)*) Peça de vestuário que se usa por cima da roupa de dormir/Roupão(+). **Comb.** *~ de seda.*

roberto s m (<antr Roberto) Bonecos movidos com a mão, imitando seres humanos/Fantoches/Marioneta/e. **Comb.** *Teatro de ~s.*

roble (Ró) s m Bot (<lat *róbur, oris*: força, ~) Nome vulgar do carvalho(+) comum ou alvarinho.

robledo (Blê) s m (<roble + -edo) Mata de carvalhos/Carvalhal(+).⇒ carrascal.

robô s m (<checo *robota*: trabalho forçado) Mecanismo automático capaz de fazer movimentos e executar certos trabalhos em substituição do homem. **Loc.** *Utilizar*

um ~ numa linha de montagem «para colocar peças no lugar/apertar parafusos». **2** *fig* Pessoa que cumpre ordens automaticamente/Autómato.

roboração/roborante/roborar/roborativo ⇒ corroboração/...

roboredo *s m* ⇒ robledo.

roborizar *v t* (<lat *róbur, oris*: carvalho + -izar) Tornar forte/Robustecer/Corroborar(+).

robótica *s f* (<robô + -ica) Conjunto de técnicas respeitantes ao desenvolvimento e utilização de mecanismos automatizados (Autó[ô]matos/Robôs) na execução de tarefas em substituição do homem.

robotizar *v t* (<robô + -izar) **1** Utilizar robôs na execução de determinada tarefa/Automatizar(+). **2** *fig* Transformar alguém [o ser humano] num robô.

robustecedor, ora *adj* (<robustecer + -dor) Que torna robusto/Fortificante. **Ex.** A ginástica consta de exercícios ~es dos músculos.

robustecer *v t/int* (<robusto + -ecer) **1** Tornar robusto/Fortalecer. **Ex.** Os exercícios físicos robustecem o organismo. **2** Dar mais ênfase/Confirmar/Corroborar. **Ex.** O aparecimento de novos dados robusteceu a tese da existência de crime. **3** Engrandecer(-se)/Melhorar/Aumentar. **Ex.** A economia do país robusteceu-se com a descoberta e a exploração de jazigos de petróleo.

robustecimento *s m* (<robustecer + -mento) A(c)to ou efeito de robustecer/Fortalecer. **Ex.** A educação contribui para o ~ da democracia.

robustez *s f* (<robusto + -ez) Qualidade do que é robusto/Força/Vigor.

robusto, a *adj* (<lat *robústus, a, um*) **1** Que tem força/Vigoroso/Forte. **Comb.** Homem ~. **2** De boa construção/Sólido/Durável. **Comb.** *Automóveis* «VW Carocha/Renault 4L» ~*s. Móveis* «armários/camas» ~*s* «de madeira de castanho/carvalho». **3** *fig* Pujante/Poderoso/Firme. **Comb.** Empresa ~a. **4** *fig* Cheio de vida. **Comb.** Árvores/Plantas ~s.

roca[1] (Ró) *s f* (<gót *rukka*) **1** Vara [Cana] com um bojo perto de uma das extremidades, onde se enrola a estriga ou a rama da fibra «linho(lã/algodão)» que se quer fiar. **Prov.** «não se admire deste costume» *Cada terra tem [com] seu uso, cada ~ tem [com] seu fuso.* **2** Brinquedo com um cabo e uma esfera na ponta que ao ser agitada faz ruído.

roca[2] (Ró) *s f* (<lat *rocca, ae*) Penhasco no mar/Rocha(+). **Comb.** *Geog* Cabo da Roca (Portugal) [Ponto mais ocidental do continente europeu].

roça (Ró) *s f* (<roçar) **1** A(c)to ou efeito de roçar. **2** Terreno onde se corta mato. **3** Terreno de mato. **4** Sementeira «de feijão» feita em terreno roçado. ⇒ chácara; machamba; horta. **5** *Br* Campo, em oposição à cidade. **6** *São Tomé e Príncipe* Grande propriedade agrícola «de café». **Loc.** Fazer ~ [Cultivar um terreno].

roçada *s f* (<roçar + -ada; ⇒ roçado) **1** *Br* Operação de corte de arbustos e pequenas plantas que embaraçam o manejo do machado. **2** Terreno desbastado e pronto para a sementeira.

roçadeira *s f* (<roçar + -deira) Foice de cabo comprido própria para roçar «mato/silvas»/Roçadoira.

roçado, a *adj* (<roçar + -ado) **1** Que se roçou/cortou rente. **Comb.** Mato ~. **2** Raspado/Desgastado. **Comb.** «numa curva duma rua estreita» Paredes ~as «pelos cami(nh)ões». **3** Levemente tocado.

roçadoi[ou]ra *s f* ⇒ roçadeira.

roçadura [roçadela] ⇒ roçamento.

roçagar *v int* (<esp *rozagar*) **1** Roçar pelo chão. **Ex.** A cauda do vestido da noiva roçagava pelo chão. **2** Fazer ruído semelhante ao de um vestido de seda que se arrasta pelo chão. **Ex.** Ouviam-se as folhas a ~, agitadas pela brisa da tarde.

rocaille (Rocaie) *s m/adj 2g* (<fr *rocaille*: conjunto de pedras, terreno coberto de pedras) (Diz-se do) estilo artístico surgido em França na primeira metade do séc. XVIII, cara(c)terizado por uma decoração caprichosa «concheados/laços/fitas» que teve grande expressão no mobiliário, na cerâmica e na escultura. ⇒ rococó. **Sin.** *Br* Rocalha.

rocambolesco, a *adj* (<antr Rocambole + -esco) **1** *Hist* Relativo a [Que tem semelhança com] as aventuras de Rocambole, personagem dos romances do escritor francês do séc. XIX, P. Ponson du Terrail. **2** Cheio de peripécias [acontecimentos] inveros(s)ímeis. **Comb.** Uma viagem ~a.

roçamento *s m* (<roçar + -mento) **1** A(c)to ou efeito de roçar. **2** Atrito de duas superfícies em conta(c)to. **Ex.** Ouvia-se o barulho do ~ dos ramos duma árvore nas paredes da casa.

roçar *v t/int* (<lat *ruptiáre* <*rúmpo, ere, rúptum*: romper) **1** Limpar [Cortar] com a roçadeira [enxada] mato, arbustos, ervas, silvas, ... num terreno/Cortar rente. **Loc.** ~ [Limpar] a berma [as margens] da estrada. **2** Causar desgaste devido ao atrito/Desgastar. **Ex.** O tubo do circuito de refrigeração rompeu-se porque roçava na correia da ventoinha. **3** Passar rente, encostando(-se)/Esfregar(-se). **Ex.** Os gatos gostam de se ~ nas pernas dos donos. **4** Tocar ao de leve. **Ex.** Para não acordar o bebé/ê, beijava-o com todo o carinho, roçando levemente os lábios na testa dele. **5** *fig* Estar muito perto de/Quase atingir/Rondar. **Ex.** As despesas da boda roçaram os 10 000 euros. Ele toma decisões que roçam a loucura.

rocega (Cé) *s f* (<rocegar) **1** A(c)to de rocegar. **2** Cabo com pesos para recuperar obje(c)tos do fundo do mar ou de poços.

rocegar *v t* (⇒ roçar) Arrastar a rocega [âncora] pelo fundo do mar/de lagos/poços, procurando recuperar obje(c)tos perdidos/Gratear.

rocha (Ró) *s f* (<lat *rocca, ae*) **1** *Miner* Material sólido natural, agregado ou desagregado, de cara(c)terísticas homogé[ê]neas, que ocupa certa extensão à superfície ou no interior da Terra. **Ex.** As rochas agrupam-se em três grandes grupos: ~s ígneas, ~s metamórficas e ~s sedimentares. **Comb.** ~ *magmática* [ígnea] [que resulta da consolidação do magma no interior da Terra (~ plutónica «granito») ou à superfície (~ vulcânica «basalto»). ~ *metamórfica* [que resulta da alteração da estrutura e composição de outras ~s depois de consolidadas «gnaisse/mármore»). ~ *sedimentar* [formada por fragmentos sólidos de outras ~s transportados pelas águas correntes ou pelo vento até à deposição e, na maior parte dos casos, consolidação «areias/argila/calcários»). **2** Penedo/Penhasco/Rochedo. **Ex.** Nas serras do norte e centro de Portugal «Peneda/Estrela» há enormes ~s de granito. **3** *fig* Pessoa [Coisa] sólida/firme/inabalável. **Comb.** «aguenta tudo/não cede» Firme como uma ~! **4** *Bot* Variedade de pera muito cultivada em Portugal.

rochedo (Chê) *s m* (<rocha + -edo) **1** Rocha escarpada e alta/Penhasco. **Ex.** Os dois ~s, unidos no topo, formavam uma gruta natural. **2** Rocha batida pelo mar. **Ex.** A tempestade desfez a embarcação contra os ~s. **3** *Anat* Região do osso temporal onde se aloja o ouvido.

rochoso, a (Ôso, Ósa, Ósos) *adj* (<rocha + -oso) Formado por [Coberto de] rochas. **Comb.** *Litoral* ~o/escarpado. *Montanha* ~a. *Praia* ~a.

rociar *v t/int* (<lat *roscidáre* <*róscidus, a, um*: orvalhado <*rós, ris*: orvalho) **1** Orvalhar. **Ex.** Na noite de São João (23/24 de junho), no norte de Portugal, é habitual ~: são as *orvalhadas de S. João*. **2** Borrifar/Humedecer. **Loc.** ~ as plantas [flores] «para as refrescar».

rocinante [rocim] *s m* (<Rocinante, cavalo de D. Quixote, no romance de Cervantes) Cavalo reles.

rocio *s m* (<rociar) Pequenas gotas de água resultantes da condensação do vapor de água atmosférico sobre as plantas, em noites frias/Orvalho(+).

rock *s m 2n Mús ing* Música de dança surgida nos EUA na década de 1950, cara(c)terizada por um forte batimento e tendo por origem o *jazz* e músicas populares. **Comb.** ~-*and-roll*. *Cantor* [*Concerto*] *de ~*.

rococó *s m/adj Arte* (<fr *gír rococo* <*roc, rocaille*) Estilo originário de França no séc. XVIII (Regência/Luís XV), cara(c)terizada pela profusão de decorações caprichosas e sumpt[sunt]uárias «cabeças de anjo/entrelaçados de fitas/conchas/pedras/flores» com expressão no mobiliário (⇒ *rocaille*)/na cerâmica/escultura/pintura/ourivesaria/... e que se estendeu por toda a Europa. **Ex.** O ~ apareceu como rea(c)ção à imponência e sublimidade do barroco, conotado com a alta nobreza. **2** *adj* Pertencente a esse [Período dessa] estilo. **3** *adj pej* Diz-se de alguma coisa fora de moda, ridícula ou rebuscada.

roda (Ró) *s f* (<lat *rota, ae*) **1** Peça circular que se move em torno dum eixo central. **Ex.** A bicicleta tem duas ~s. O relógio (de corda) tem muitas rodas dentadas. **Idi.** *Andar a* ~ [Proceder-se ao sorteio da lota[e]ria]. «um negócio» *Correr sobre ~s* [Evoluir bem/Ter sucesso/Prosperar]. *Desandar a* ~ [Principiarem os reveses]. *Sentir [Com] a cabeça a andar à* ~ [Sentir-se [Ficar] tonto/com tonturas/Estar enjoado]. *Untar as ~s* «ao fiscal» [Subornar]. **Comb.** *idi* ~ *da fortuna* [Vicissitudes da vida/Sorte e seus reveses]. ~ *dentada* [com recortes periféricos em forma de dente para engrenar noutra]. ~ *do leme* [Dispositivo com que o timoneiro manobra o leme duma embarcação]. ~ *dos alimentos* [Representação em gráfico circular dos diversos grupos de alimentos e das proporções em que devem ser diariamente consumidos]. ~ *livre* [num sistema de transmissão de movimentos, a que é impulsionada só num sentido mas pode girar livremente em sentido contrário]. *À* ~ *de* **a)** Cerca de/Aproximadamente (Ex. Esta escola tem à ~ de mil alunos); **b)** Em redor de (Ex. A Terra gira à ~ [volta/em torno] do Sol). *Cadeira de* ~*s* [para deslocação de deficientes paraplégicos]. *Em* ~/volta [Nas redondezas/Em redor]. **2** Figura circular/Círculo. **Loc.** *Desenhar uma* ~. «as crianças» *Formarem uma* ~. **3** Volta inteira/Giro. **4** Perímetro da parte inferior duma peça de vestuário. **Loc.** Debruar a ~ da saia «com uma fita de cetim». **Comb.** Vestido com muita ~. **5** Grupo de pessoas «amigos/curiosos» que se juntam no mesmo local. **Ex.** «no local do acidente» Juntou-se uma ~ de curiosos. Pertenço a uma ~ de amigos (que são sempre)

fiéis ao jantar mensal de confraternização «ao qual ninguém falta». **6** *Hist* Dispositivo giratório outrora existente nos conventos de clausura, que permitia passar obje(c)tos ou recém-nascidos (Os *expostos*) do exterior para o interior (e vice-versa) sem que se visse quem os recebia ou entregava. **7** Decurso do tempo. **Ex.** Na ~ dos anos vai-se aprendendo que nem tudo são rosas [que há muitas contrariedades/dificuldades a vencer].

rodada *s f* (<roda + -ada; ⇒ rodeiro **2/3**) **1** Movimento completo duma roda. **Ex.** O percurso duma ~ equivale ao perímetro da roda. **2** Vestígio deixado por uma roda em movimento. **Ex.** Pelas ~as, vê-se que o carro andou aos ziguezagues, descontrolado. **3** Volta completa num circuito fechado. **Ex.** O ciclista terminou a primeira ~ à frente de todos os adversários. **4** Distribuição de bebidas por um grupo de pessoas. **Ex.** «quando Portugal marcou o gol(o) da vitória» O dono do café ofereceu uma ~ de cerveja a todos os clientes. **5** *Br* No futebol, série de partidas dum campeonato.

rodado, a *adj/s* (<rodar + -ado) **1** Que tem roda(s). **Comb.** ~ [Roda] *da saia. Estrado* ~ [com rodas(+)]. **2** Que tem sulcos feitos pelas rodas/Rodada **2. 3** *Mec* Que fez a rodagem. **Comb.** Motor [Carro] ~. **4** *fig* Que tem experiência. **Comb.** *Operário muito* ~ na sua profissão. *Político* ~. **5** *Bot* Diz-se de corola simpétala regular cujo tubo é muito curto e o limbo, dividido, é muito aberto e plano e perpendicular ao tubo. **6** *s Mec* Conjunto de duas rodas com o eixo. **Comb.** ~ dianteiro dum carro.

rodagem *s f* (<rodar + -agem) **1** A(c)to ou efeito de rodar. **Comb.** Faixa de ~ [Parte da estrada por onde circulam os veículos]. **2** Conjunto de rodas de um mecanismo. **Ex.** Equipar com pneus novos a ~ dos grandes cami(nh)ões «TIR» custa uma fortuna [fica muito caro]! **3** Período de funcionamento de um motor [uma máquina] em vazio [sem grande esforço] para que todas as peças acamem. **Ex.** A(c)tualmente, os automóveis já saem da fábrica com a ~ feita. **4** *Cine/TV* Obtenção de imagens dum filme/Filmagem. **Comb.** ~ de exteriores «feita numa praia portuguesa». **5** *fig* Período de adaptação a uma nova situação. **Ex.** «esse empregado» É novo na casa, ainda está a fazer a ~.

roda-gigante *s f* Mecanismo existente nas feiras e parques de diversão, composto por cadeiras oscilantes montadas numa grande roda que gira em torno dum eixo horizontal.

rodamina *s f Quím* (<gr *rhódon, ou*: rosa + amina) Substância com a fórmula bruta $C_{28}H_{31}Cl\ N_2O_3$, usada como corante vermelho quando se pretendem obter efeitos fluorescentes. **Ex.** A ~ também é usada como indicador em algumas análises químicas.

rodapé *s m* (<roda + pé) **1** Barra de madeira ou outro material que se aplica ao longo da parte inferior das paredes junto ao chão. **Ex.** O ~ tem funções decorativas [de remate/acabamento] e de prote(c)ção. **2** Espécie de cortinado que pende das beiras da cama até ao pavimento. **Comb.** Coberta (de cama) com ~. **3** Parte inferior de uma página impressa onde por vezes se inserem anotações. **Comb.** Nota de ~. **4** Texto curto que corre na zona inferior de uma sequência de imagens de TV/Legenda(+).

rodar *v t/int* (<lat *róto, áre, átum*) **1** Fazer andar à roda. **Loc.** ~ [Desandar] *a chave* na fechadura. ~ *o torniquete* de entrada «num hotel». **2** Percorrer uma traje(c)tória circular [fechada]/Girar. **Ex.** A Lua roda [gira(+)] em volta da Terra. **3** Fazer a rodagem. **Ex.** Após uma grande reparação do motor, é conveniente rodá-lo [fazer a rodagem(+)]. **4** *Cine/TV* Captar imagens para um filme/Filmar. **Ex.** O realizador «Manuel de Oliveira» começou a ~ um novo filme «no Estoril (Portugal)». **5** Andar de carro. **Ex.** Já rodámos mais de 200 km e ainda estamos a menos de metade do caminho [percurso]. **6** Andar em volta/Contornar/Rodear. **Ex.** Rodando [Contornando(+)/Rodeando(+)] a estátua, siga depois pela avenida larga, à sua direita. **7** Decorrer [Passar] o tempo. **Ex.** Rodam os dias e os meses e vamos ficando mais velhos sem darmos por isso. **8** Trocar posições/Permutar. **Ex.** A administração do condomínio roda por todos os apartamentos [inquilinos]. Os operários de turno rodam o horário todas as semanas. **9** *interj pop* Usado nas expressões: "Roda!/Roda daqui!" para fazer sair alguém do lugar [mandar alguém embora].

roda-viva *s f* Movimento sem descanso/Azáfama/Barafunda/Lufa-lufa. **Loc.** Andar «toda a manhã» numa ~ [numa azáfama/em grande a(c)tividade/num rodopio].

rodear *v t* (<roda + -ear) Andar à roda de/Circundar/Tornear. **Ex.** Ficou assustada porque se apercebeu de que andava alguém a ~ [rondar(+)] a casa. **Loc.** ~ [Ladear] *um obstáculo* (passando ao lado). ~ *uma dificuldade* (evitando-a de alguma maneira). **2** Colocar à volta de/Cercar/Contornar. **Ex.** Rodeou a moradia com uma sebe alta. A muralha rodeia completamente a cidade. **3** Situar-se à volta de/Acompanhar habitualmente/Conviver. **Ex.** O autarca «Presidente da Câmara/Prefeito» é bem intencionado mas mal aconselhado pelos que o rodeiam. Os amigos que o rodeiam [que andam com ele] não são os mais aconselháveis. **4** Colocar-se à volta de alguém. **Ex.** Quando um ministro acaba uma reunião e sai à rua, logo o rodeia uma multidão de jornalistas. **5** Proporcionar a si ou a outrem/Envolver. **Ex.** No hospital, rodearam[cercaram]-me de atenções «não sabiam o que mais me haviam de fazer».

rodeio *s m* (<rodear) **1** A(c)to ou efeito de rodear. **2** Volta em redor de/Giro. **Ex.** As crianças brincavam fazendo ~s à volta do [dando voltas ao] lago. **3** Curva que se faz afastando do caminho mais dire(c)to/Desvio. **Ex.** Não foi dire(c)to para casa; fez um ~ «para não se encontrar com o credor». **4** Discurso [Conversa] longo/a para não tratar [falar] dire(c)tamente (n)o assunto principal/Circunlóquio/Subterfúgio/Perífrase. **Loc.** Falar sem ~s [Abordar um assunto dire(c)tamente de forma aberta/clara]. **5** *Br* Lugar no campo onde se reúne o gado «para o marcar/contar». **6** *(D)esp* Competição tipicamente americana que consiste em montar um touro [cavalo] não domesticado procurando manter-se em cima do animal o máximo tempo.

rodeiro, a *s/adj* (<roda + -eiro) **1** *s m* Conjunto das duas rodas dum carro e respe(c)tivo eixo. **2** *s f* Sulco deixado pelas rodas dum carro. **3** *s f* Caminho próprio para carros agrícolas.

rodela (Dé) *s f* (<lat *rotélla, ae* <*rota, ae*: roda) **1** Pequena roda em forma de disco. **Comb.** ~ de plástico «para tirar os carrinhos dos hipermercados». **2** Fatia de fruta ou outro alimento cortada em forma circular. **Comb.** «laranja/limão/maçã» *Cortada/o às ~s. Uma ~ de chouriço*. **3** *Br* Mentira/Patranha. **Loc.** Contar ~s.

Rodésia ⇒ Zimbabwé.

rodilha *s f* (⇒ rodela) **1** Pano usado «na cozinha» para limpar/Trapo/Esfregão(+). **2** Pano enroscado em forma de coroa para pôr por baixo de obje(c)tos «cestos/cântaros» transportados à cabeça. **3** *fig* Pessoa que se presta a tudo e é vista com desprezo.

rodilhão *s m* (<rodilha + -ão) **1** Rodilha grande. **2** Conjunto de coisas emaranhadas/desordenadas. **Comb.** *Meada de lã* transformada [que ficou(+)] num ~ «impossível de desenvencilhar». *Sanita entupida* com um ~ de papel higiénico.

ródio [Rh 45] *s m Quím* (<gr *rhódon*: rosa + -io) Metal da família da platina mas mais duro e com ponto de fusão mais elevado, descoberto por W. H. Wollaston em 1803.

rodízio *s m* (<roda) **1** Peça do moinho em cuja extremidade está montada a roda constituída por travessas (Penas) onde bate a água que faz mover a mó. **Idi.** *Andar num* ~ [numa roda-viva]. **2** Pequena roda de [com] esferas, adaptada aos pés de certos móveis «cadeiras/mesas/camas» para facilitar a sua deslocação. **3** Rodado/Roda. **Comb.** O chiar dos ~s dos carros de bois. **4** Peça giratória colocada à entrada de recintos fechados «salas de espe(c)táculo/hotéis» para controlar o acesso de pessoas/Torniquete. **5** *Br* Sistema de serviço em restaurantes/churrascarias em que o cliente tem à sua disposição diversas especialidades culinárias «carnes».

rodo (Rô) *s m* (<lat *rútrum, i*: espécie de pá ou enxada) **1** Utensílio, geralmente de madeira, que serve para juntar material granulado e em pó «sal, nas marinhas/cereal, nas eiras». **Comb.** A ~s [Em grande quantidade/À larga] (Loc. Esbanjar dinheiro a ~s). **2** Utensílio para juntar [recolher] o dinheiro nas bancas de jogo, nos casinos.

rodocrosite/a *s f Miner* (<gr *rhódon, ou*: rosa + *chrós, chrotos*: cor + -ite) Mineral, geralmente de cor rosada, constituído por carbonato de manganês, que cristaliza no sistema trigonal.

rododendro *s m Bot* (<gr *rhododendron, ou*: espirradeira, ~) Designação genérica de arbustos da família das ericáceas, de folhagem persistente e flores vistosas, espontâneos e também cultivados com fins ornamentais.

rodofíceo, a *adj/s f pl Bot* (<gr *rhódon, ou*: rosa + *phykos*: alga + -eo) Diz-se de grupo de algas de coloração avermelhada que vivem principalmente na água do mar e são fonte do ágar(-ágar).

rodologia *s f Bot* (<gr *rhódon, ou*: rosa + -logia) Parte da botânica dedicada ao estudo das rosas.

rodonite/a *s f Miner* (<gr *rhódon, ou* + -ite) Mineral constituído por silicato de manganês, semelhante à rodocrosite mas mais duro, que cristaliza no sistema triclínico.

rodopiante *adj 2g* (<rodopiar + -ante) Que rodopia.

rodopiar *v t/int* (<rodopio + -ar¹) **1** Andar num rodopio/Dar muitas voltas/Fazer andar à roda/Girar. **Ex.** O pião rodopia. **Loc.** Fazer o cão ~ «atando-lhe um laço ao rabo».

rodopio *s m* (<lat *retropílus, us*: redemoinho no pelo; ⇒ roda) **1** A(c)to ou efeito de rodopiar/Sequência de voltas dadas rapidamente. **Loc.** Andar num ~ [numa azáfama/roda-viva]. **2** Madeixa circular de cabelos. **3** Redemoinho no pelo dos animais/Rodopelo.

rodopsina *s f* (<gr *rhódon, ou*: rosa + *ópsis*: vista + -ina) Pigmento violáceo presente

nos bastonetes da retina, essencial para a visão em condições de luminosidade fraca.

rodovalho s m Icti (<esp *rodaballo*) Nome vulgar de vários peixes teleósteos afins da solha e do linguado(+), apreciados na alimentação/Clérigo/Parracho/Pregado.

rodovia s f (<rodar + via) Estrada larga destinada ao tráfego de veículos/Autoestrada. ⇒ ferrovia.

rodoviário, a adj (<rodovia + -ário) 1 Relativo a rodovia. **Comb. Normas ~as. Sistema ~ de comunicações.** 2 Que se faz por estrada. **Comb. Circulação ~a. Transporte ~** «de mercadorias». 3 s f (Grande) estação de camionetas de passageiros para viagens interurbanas (e internacionais).

rodriguinho s m (<Rodrigo, nome próprio + -inho) 1 *gír Teat* Efeito fácil e convencional empregado pelo a(c)tor para provocar o riso ou choro no espe(c)tador. 2 *Cul* Bolos feitos com fios de ovos, massa de amêndoa e calda de açúcar.

roedor, a adj/s (<roer + -dor) 1 (O) que rói. **Comb. Bicho ~.** fig **Dor ~a** «no estômago, quando se tem fome». 2 s m Zool (Diz-se de) ordem dos mamíferos sem dentes caninos mas com incisivos longos e de crescimento contínuo, geralmente herbívoros, a que pertence o coelho/a lebre/o rato/a cobaia.

roentgen s m Fís ⇒ röntgen.

roer v t/int (<lat *ródo, ere, rósi, rósum*) 1 Cortar [Triturar] com os dentes. **Ex.** Os ratos roem tudo «milho/madeira/pano/papel». **Loc. ~ as unhas. ~ uma maçã. Idi. ~ a corda** [Faltar ao prometido/Não cumprir o contrato]. **Ser duro de ~** [Ser difícil/custoso de suportar]. 2 Desgastar/Corroer/Carcomer. **Ex.** Uns sapatos com [comprados há] menos de um mês, e «a criança/o miúdo» já lhe roeu as solas! **Comb.** Grade de ferro roída pela ferrugem. 3 Causar pequenos ferimentos/Fazer ferida. **Ex.** Os sapatos roeram[feriram(+)]-me os pés, nos calcanhares. 4 *fig* Causar a destruição/deterioração/Arruinar/Minar. **Ex.** Morreu com um cancro [câncer] que lhe roeu o fígado. A degradação moral vai roendo progressivamente a sociedade. 5 *fig* Causar sofrimento [mal-estar] físico ou psicológico/Consumir. **Loc.** ~-se de desgosto [inveja/raiva/ciúme]. 6 *fig* Pensar muito no mesmo assunto/Remoer/Ruminar. **Ex.** «queria ser muito rico» Roía-se a pensar [Ruminava] constantemente como havia de [poderia] ganhar mais dinheiro.

rogação s f (<lat *rogátio, ónis*) 1 A(c)to de rogar/Petição/Rogo/Súplica. 2 pl *Rel* Preces públicas com recitação da ladainha de Todos-os-Santos, que se faziam para pedir prote(c)ção nas calamidades, obtenção de boas colheitas, chuva para regar os campos, ...

rogado, a adj (<rogar + -ado) Pedido/Instado. **Idi. Fazer-se ~** [Não ceder senão depois de muito instado, para valorizar a sua decisão/Mostrar-se importante/Fazer-se caro].

rogar v t/int (<lat *rogo, áre, átum*) 1 Pedir de modo insistente/Implorar/Suplicar. **Ex.** «sentindo-se doente» Em vão rogou à vizinha que a viesse ajudar. Não se deve(m) ~ pragas. **Loc.** ~ uma praga [Dizer palavras/frases desejando o mal a alguém] (Ex. «o gatuno que me assaltou a casa» Havia de partir [Era bem feito que partisse] uma perna!). 2 *Rel* Pedir a prote(c)ção divina [de Deus]/a intercessão dos santos em nosso favor, junto de Deus/Rezar. **Ex.** Nós Te rogamos, Senhor, ouve a nossa oração. Jesus rezou ao Pai: "Não rogo somente por estes (Os Apóstolos), mas também por aqueles que pela sua palavra hão de crer em Mim" (Jo 17, 20).

rogativo, a adj/s f (<rogar + -tivo) 1 Que envolve rogo/súplica/Que roga. 2 s f Rogo/Súplica/Prece.

rogatório, a adj/s f (<rogar + -tório) 1 Relativo a rogo/Rogativo. 2 s f Rogo/Súplica/Rogativa. 3 s f *Dir* ⇒ deprecada. 4 s f *Dir* Pedido a um tribunal estrangeiro para que realize certos a(c)tos judiciais.

rogo (Rô) s m (<rogar) 1 A(c)to ou efeito de rogar/Súplica/Pedido. **Ex.** Só depois de muitos ~s, (o chefe) nos autorizou a sairmos mais cedo. **Loc.** Assinar a ~ [Assinar por [em vez de] quem não sabe escrever]. 2 Oração/Prece. **Ex.** Aceitai [Ouvi], Senhor, os nossos ~s.

roído, a adj (<roer + -ido) 1 Que se roeu. **Comb. Fruta ~a** «pelo bicho». **Livro ~** «pela traça/pelos ratos». 2 Triturado pelos dentes. **Comb.** Maçã ~a. 3 Corroído/Desgastado. **Comb.** Portão de ferro ~ da [pela] ferrugem. 4 *fig* Enfraquecido/Desanimado/Consumido. **Comb.** Caminhantes «em peregrinação a pé» ~s pelo cansaço. 5 *fig* Atormentado/Inquieto. **Comb.** [Atormentado] *pelo remorso* [desgosto]. ~ [Cheio] *de inveja* [Muito invejoso].

rojão s m Cul ⇒ rijão.

rojar v t (<roçar) 1 Levar de rojo/de rastos/Arrastar(-se). **Loc. ~ as cadeiras** pelo chão. «vestido da noiva com a» *Cauda a ~ pelo chão.* 2 Arrastar-se pelo chão/Rastejar. **Ex.** Os soldados rojavam por entre os arbustos para não serem vistos/descobertos. 3 ~-se/Pedir humildemente. **Ex.** Rojou-se-lhe aos pés pedindo perdão. 4 Arremessar com violência. **Loc.** ~ uma pedra «a um cão enfurecido».

rojo (Rô) s m (<rojar) 1 A(c)to ou efeito de rojar(-se)/Movimento de quem (se) arrasta. **Loc. Andar de ~** [de rastos]. **Levar de ~** [Arrastar] «uma mesa/um saco pesado». 2 Ruído produzido por aquilo que se arrasta ou arremessa. **Ex.** Puseram-se à escuta, pareceu-lhes ouvir o ~ [o rastejar(+)] de alguém junto à sebe.

rol (Ról) s m (< lat *róllus*: pergaminho enrolado <*rótulus, i*: rolo, cilindro <*rota*: roda) 1 Lista/Relação. **Idi. Cair no ~ do esquecimento** [Ser esquecido/Deixar de ser falado/noticiado] (Ex. Quando surge um novo escândalo, o antigo cai no (~ do) esquecimento). **Comb.** ~ [Lista(+)] das compras. 2 Número/Contagem. **Comb.** ~ dos feridos num desastre «: 7». 3 Categoria/Classe. **Ex.** «tiveste más notas» Não queiras passar para o ~ dos cábulas.

rola (Rô) s f Ornit (<on) Nome de diversas espécies de aves columbinas, menores do que a pomba, dentre as quais se destacam: a ~-mansa, doméstica, *Streptopelia decaoto*, e a ~-brava, de imigração, *Streptopelia turtur*.

rola-do-mar s f Ornit ⇒ maçarico.

rolamento s m (<rolar + -mento) 1 A(c)to ou efeito de rolar/Movimento daquilo que rola. **Comb.** Atrito de ~ [entre duas superfícies rolando uma sobre a outra]. 2 *Mec* Dispositivo, geralmente constituído por esferas ou cilindros, que permite o movimento com atrito reduzido. **Comb. ~ de esferas** [agulhas]. **~ blindado** [estanque/que não necessita de lubrificação].

rolante adj 2g (<rolar + -ante) Que rola/se move/Giratório. **Comb. Escadas ~s. Ponte ~. Tapete** [Passadeira] **~.**

rolão s m (<ralão <ralo/ratar) Parte mais grosseira da farinha, que, ao peneirar, fica na peneira. ⇒ rolete 2.

rolar v t/int (<rolo + -ar¹) 1 Fazer girar/Rebolar. **Ex.** Os bons jogadores de futebol fazem a bola ~ de uns para os outros, de preferência junto ao solo/relvado. A pedra rolou pela encosta abaixo até cair no rio. 2 Mover-se sobre si mesmo/Rodopiar/Rodar. **Loc.** Pôr a [Fazer] ~ o pião. 3 Cair escorrendo/Fluir. **Ex.** Duas grossas lágrimas rolavam-lhe pelas faces. 4 Deslocar-se sobre rodas/Circular/Rodar. **Ex.** Os carros «numa prova de F1» rolam a velocidades incríveis «a rondar os 300 km/h». 5 Dar voltas/Virar/Voltear. **Loc.** ~-se na cama durante a noite «com insó[ô]nias». 6 O tempo passar/transcorrer/decorrer. **Ex.** Os anos vão rolando e quase só damos conta quando as forças começam a faltar. 7 O mar formar ondas fortes/Encapelar-se. **Ex.** O mar rola na areia da praia.

roldana s f Mec (⇒ roda/rolar) Disco que se move em torno de um eixo perpendicular ao seu plano, com um sulco periférico (Gola) por onde passa um cabo [uma corda] e que serve para elevar [mover] obje(c)tos, geralmente pesados. **Ex.** Penduravam a roupa (para secar) num cabo de aço que rolava nas ~s montadas nos extremos do vão «das paredes». **Comb. ~ fixa** [presa num suporte por meio da alça, serve para mudar a dire(c)ção da força que faz deslocar o obje(c)to]. **~ móvel** [associada a uma ~ fixa, reduz a metade a força necessária para elevar [deslocar] um obje(c)to].

roldão s m (<on) Baralhada/Confusão. **Comb.** «uma turma de rapazes, entrar na sala» De ~ [Em tropel/Aos encontrões/Confusamente].

roleta (Lê) s f (<fr *roulette*: pequena roda) 1 Jogo de azar executado numa mesa fazendo rodar uma bola num prato giratório até ela parar no número premiado (um dos 36 marcados nas casas numeradas do prato). **Ex.** Nos casinos, gastam-se [perdem-se] fortunas a jogar à ~. 2 O aparelho que serve para esse jogo. **Loc.** Fazer andar a ~.

roleta-russa s f Duelo [Prática] suicida, por bravata, que consiste em meter uma única bala num revólver, fazer girar o tambor e puxar o gatilho com a arma apontada ao contendor [a si próprio].

rolete (Lê) s m (<rolo + -ete) 1 Rolo pequeno. **Comb.** «tronco (fino) de árvore» Cortado aos ~s. 2 Cada um dos rolos sobre os quais se desloca uma carga pesada «barco (em terra)/pipa/bloco grande de pedra». 3 Peça móvel cilíndrica de alguns rolamentos e outros mecanismos «tapetes rolantes».

rolha (Rô) s f (<lat *rótula, ae*, dim de *rota, ae*: roda) Peça geralmente cilíndrica «de cortiça/borracha/plástico» que serve para tapar o gargalo dum recipiente «garrafa/frasco». **Ex.** Um bom vinho deve ser engarrafado [conservado] em garrafas com ~ de cortiça «portuguesa». **Idi. Andar à procura da ~** [Estar [Ver-se] embaraçado/Não conseguir resolver uma situação] (Ex. Na prova [de exame] «de matemática» andei todo o tempo à procura da ~. Jogador que andou todo o jogo à procura da ~, nunca conseguiu travar [vencer] o adversário). ***Meter uma ~ na boca/Tapar a boca com uma ~*** [Não falar/Manter silêncio]. **Comb.** *idi Cascos de ~* [Lugar incerto, longínquo] (Ex. A bola, impelida pelo pontapé dum jogador, foi parar a cascos de ~. Nasceu numa aldeia em cascos de ~, perto da raia de Espanha). ***Lei da ~*** [Imposição de manter silêncio sobre determinadas matérias «de cariz político»/Secretismo imposto aos subordinados]. 2 *fig pop* Pessoa com

má fama/de má índole. **Ex.** «até confiava nele, mas» Saiu-me [Era] uma ~ da pior espécie.

rolhador, ora s (<rolhar + -dor) **1** Pessoa que aplica rolhas «em garrafas». **2** Instrumento próprio para rolhar.

rolhado, a adj (<rolhar + -ado) Tapado com rolha. **Loc.** Manter o frasco «de medicamento» bem ~ «e afastado das crianças».

rolhar v t (<rolha + -ar¹) Tapar com rolha «garrafas/frascos».

rolheiro , a s/adj (<rolha + -eiro) Fabricante de rolhas. **Comb.** Indústria ~a.

roliço, a adj (<rolo + -iço) **1** Gord(uch)o/Anafado. **Comb.** Braços ~s. **2** Em forma de rolo/Cilíndrico.

rolo (Rô) s m (⇒ rol) **1** Peça cilíndrica geralmente com o comprimento maior do que o diâmetro. **Comb.** Cul ~ *da massa* [Cilindro de madeira ou plástico usado para estender a massa]. ~ *de pintar* [Cilindro, geralmente de feltro ou lã, que, seguro por um cabo, roda num eixo e serve para pintar superfícies lisas]. ~ *do cabelo* [Pequeno cilindro oco, de rede, no qual se enrola o cabelo para o ondular]. (⇒ ~ **4**). **2** Folha [Tira/Película] enrolada formando cilindro. **Comb.** ~ *de chapa* [de ferro/alumínio]. ~ *de pano.* ~ *de papel* «higiénico/de embrulho». ~ *de serpentinas.* ~ [Filme] *fotográfico.* **3** Fio [Cabo/Corda] enrolado/a/Bobina. **Comb.** ~ *de corda* «de sisal/plástico». ~ *de fio* elé(c)trico.
4 Tufo de cabelo enrolado/Caracol. **Ex.** «as pinturas» Os anjos são representados muitas vezes com o cabelo aos ~s. **5** O que se apresenta em grande quantidade e remoinho. **Comb.** *~s de fumo* negro «saindo pela chaminé da fábrica». *~s de pó* «levantado pelos cavalos a galope». **6** Cilindro comprido e de pequeno diâmetro, de pano, cheio de areia que se coloca nas frestas de portas e janelas para impedir a entrada do vento. **7** Almofada cilíndrica e comprida que se usa em camas e sofás. **8** Cul Cozinhado feito com carne picada aglomerada [enrolada e com recheio] e que se apresenta com a forma cilíndrica e se serve cortado às fatias.

ROM s f Info (<ing Sigla de *Read Only Memory*: memória apenas para leitura) Memória principal [permanente] em que foram inscritos os programas básicos de funcionamento do computador.

romã s f Bot (<lat (*malum/a*) *romana*: maçã romana) Fruto comestível da romãzeira, de forma arredondada, casca avermelhada, com bagos vermelhos e sumarentos no interior.

romagem s f (<provençal *romeatge*: peregrinação a Roma) **1** Peregrinação a um lugar de devoção religiosa/Romaria. **Loc.** Ir em ~ a Fátima [Jerusalém/Santiago de Compostela]. **2** Visita a um lugar digno de estima/interesse. **Comb.** ~ às campas de antigos combatentes.

romaico, a adj (<gr *rhomaikós*: romano) **1** Diz-se da Grécia e da língua grega moderna. **2** s f Dança da Grécia moderna.

romança s f (<it *romanza*) **1** Canção de assunto histórico. **2** Composição musical sentimental para ser cantada.

romance s m (<lat *románice*: (falar) em românico) **1** Liter Narrativa em prosa, mais extensa que a novela, de uma a(c)ção fictícia, criada pelo escritor como possível e encarnada em tipos humanos. **Ex.** O ~ surge com o Romantismo, em meados do séc. XVIII. **Comb.** ~ *autobiográfico* [em que é possível reconhecer certos elementos respeitantes à vida do autor, sem contudo perder o cará(c)ter de ficção]. ~ *de costumes* [que retrata a maneira de viver «interesses/atitudes/valores/paixões» da sociedade de determinada classe ou meio em certa época]. ~ ***histórico*** [em que a ficção se apoia em fa(c)tos históricos, geralmente épicos ou líricos]. ~ ***psicológico*** [centrado na dimensão emocional das personagens e na análise da sua vida interior]. **2** Ling Qualquer língua românica [latina] no seu período arcaico/Linguagem falada pelo povo dominado pelos Romanos. **Comb.** Línguas ~s. ⇒ romanço. **3** Liter Primitivas composições narrativas «amorosas/épicas/satíricas/líricas, como a *Nau Catrineta*», em verso, cantando as proezas dos cavaleiros andantes. **Comb.** ~ de cavalaria.
4 Designação dada vulgarmente a narrativas mais ou menos curtas de feição romanesca sem grandes complicações de enredo. **Comb.** ~ *cor-de-rosa* [com enredo amoroso/sentimental]. ~ *de capa e espada* [versando a(c)ções de heróis cavalheirescos]. ~ *policial* [que narra a descoberta de crimes misteriosos]. **5** Relacionamento amoroso/Aventura sentimental. **Ex.** Soube-se que ela em tempos [no passado] tivera um ~ com um colega. **6** fig Fantasia/Fábula/Invenção. **Ex.** Muitas coisas que ele contou não passam de ~ [são pura fantasia].

romancear v t/int (<romance + -ear) **1** Escrever (em forma de) romance. **Loc.** ~ um fa(c)to histórico. **2** Tratar de modo imaginativo/Fantasiar/Ficcionar. **Ex.** Serviu-se de um acontecimento banal, romanceou-o, e compôs uma narrativa deliciosa. **3** Inventar histórias/aventuras. **Ex.** Já ninguém o levava a sério [ninguém acreditava no que ele dizia]; todos lhe conheciam o hábito [gosto/prazer] de ~ (o que contava).

romanceiro s m (<romance + -eiro) **1** Cole(c)tânea de romances, em prosa ou em verso, de cariz popular. ⇒ cancioneiro. **2** Na tradição galaico-portuguesa, breve poema épico para ser cantado ou transmitido oralmente.

romancista s 2g (<romance + -ista) Pessoa que escreve romances «Camilo Castelo Branco/Eça de Queirós/Erico Veríssimo».

romanço s m (⇒ romance) **1** Linguagem de uso vulgar que precedeu cada uma das línguas novilatinas. **2** Conjunto das línguas românicas/latinas.

romanesco, a (Nês) adj (<romano + -esco) **1** Que tem cara(c)terísticas de romance. **Comb.** Gé[ê]nero ~. Narrativa ~a. **2** Cheio de aventuras/Fabuloso/Fantástico. **Comb.** Herói ~. Viagem ~a. **3** Romântico(+)/Sentimental/Sonhador. **Comb.** Paixão ~a. Vida ~a.

romani s m Ling (<cigano *romani* <*rom*: marido, cigano) Língua indo-europeia falada pelos ciganos.

românico, a adj/s m (<lat *románicus, a, um*: românico, de Roma) **1** Ling Diz-se das línguas que se formaram a partir do latim «português/francês/italiano». **2** Arte (Diz-se do) estilo artístico medieval que se desenvolveu na Europa nos séc. XI e XII. **Comb.** *Arquite(c)tura ~a. Convento* ~ «Salzedas/Tarouca, Portugal». *Igreja ~a* «Roriz/Cedofeita (No Porto)/S. Pedro de Rates, Portugal».

romanismo s m (<romano + -ismo; ⇒ romanologia) **1** Texto ou qualquer outro elemento do direito romano introduzido no direito de outro país. **2** Parecer [Opinião] de romanista. **3** Designação dada por outras confissões religiosas à doutrina da Igreja Católica Romana.

romanista s 2g (<romano + -ista) Pessoa que se dedica ao estudo das línguas ou da civilização romanas.

romanística, a s f/adj (<romanista + -ico) **1** s f Estudo das línguas, filologia e literatura românicas. **2** adj Relativo à ~a.

romanização s f (<romanizar + -ção) **1** A(c)to ou efeito de romanizar. **2** Processo de transformação cultural e social efe(c)tuada pelos romanos nos territórios por eles conquistados. **Comb.** ~ da Península Ibérica. **3** No Japão, uso do alfabeto latino para escrever o japonês. ⇒ latinização.

romanizar v t (<romano + -izar) **1** Dar [Adquirir] cara(c)terísticas próprias da civilização romana. **Ex.** A Europa romanizou-se sobretudo durante o primeiro séc. da Era Cristã. **2** Adaptar uma língua às cara(c)terísticas das línguas românicas. ⇒ romanização **3**.

romano, a adj/s (<lat *románus, a, um*) **1** Relativo a Roma. **Prov.** *Em Roma sê romano* [O comportamento de alguém deve ser conforme com o meio [a terra/o país] em que vive]. **Comb.** *Calendário ~* [da antiga Roma e variável]. *Direito ~. Império ~. Numeração ~a* [Sistema de numeração que não usa algarismos mas letras maiúsculas (I, V, X, L, C, D e M) para formar os números «MDLIV = 1554»]. **2** Relativo à Igreja Católica (sediada em Roma). **Comb.** *Cúria ~a. Igreja* Católica Apostólica ~a. *Liturgia ~a. Missal ~o.* **3** s Natural [Habitante] de Roma. **Ex.** Os (antigos) ~s deixaram marcas do seu domínio por toda a Europa. Os ~s gostam muito [orgulham-se] da sua cidade.

romanologia s f (<romano + -logia) Estudo das línguas românicas.

romanticismo s m (<romântico 3/4 + -ismo) Qualidade do que é romântico/Tendência para o sentimento/devaneio/a fantasia/Idealismo/Sentimentalismo. **Comb.** Pessoa dada ao ~.

romântico, a adj/s (⇒ romance) **1** Relativo ao romance/Romanesco. **Comb.** Novela ~a. **2** Relativo ao [Partidário do] romantismo. **Comb.** Escritor [Estilo] ~. **3** Apaixonado/Sentimental/Amoroso. **Comb.** «sala à média luz» *Ambiente ~. Temperamento ~.* **4** fig (O) que vive de ilusões/fantasias/Idealista/Sonhador. **Comb.** Pessoa ~a. **Ant.** Realista.

romantismo s m (⇒ romance) Arte/Liter Movimento intelectual e artístico surgido na Europa no início do séc. XIX, que, afastando-se das regras clássicas, opta pela livre expressão da sensibilidade e da imaginação, pelo subje(c)tivismo e pelos temas nacionais e populares. ⇒ romanticismo.

romantizar v t (<romântico + -izar) **1** Tornar romântico. **Loc.** ~ o ambiente duma festa «noivado/casamento» com decoração adequada. **2** Contar em forma de romance. **Loc.** ~ um acontecimento histórico. **3** fig Fantasiar/Idealizar. **Comb.** Versão dos fa(c)tos muito romantizada [fantasiada(+)].

romaria s f (<top Roma + -aria) **1** Peregrinação a um lugar de devoção religiosa/Romagem. **Loc.** Ir em ~ «ao São Bento da Porta Aberta (Gerês, Portugal)». **2** Festa de arraial. **Ex.** Depois dos a(c)tos religiosos «missa/procissão», a ~ dura [continua/prolonga-se] até altas horas da noite. **3** fig col Grande multidão de pessoas que se desloca para [de] determinado sítio. **Ex.** A ~ de pessoas para o estádio de futebol «do Benfica» começou várias horas antes da hora do jogo.

romãzeira s f Bot (<romã + -z- + -eira) Nome vulgar da pequena árvore da família

rômbico, a

das punicáceas, *Púnica granatum*, originária do Oriente, cujo fruto é a romã.
rômbico, a *adj* (<rombo 1 + -ico) **1** Que tem a forma de losango. **2** *Cristalografia* Diz-se do sistema de cristalização que tem como malha cara(c)terística um paralelepípedo re(c)to de base re(c)tangular, com três eixos de simetria binária, perpendiculares entre si e paralelos às arestas das faces. **Ex.** O sistema ~ também é designado por ortorrômbico.
rombo¹, a *s m/adj* (<gr *rhombós,* ou) **1** *Geom* Losango(+) (◊). **2** *adj* Que tem a ponta arredondada/pouco aguçada/Que não faz furos. **Comb.** *Bico* «do lápis/pião» ~. *Agulha* ~*a*. **3** *fig* Sem perspicácia/Pouco su(b)til/Estúpido. **Comb.** Espírito [Inteligência] ~o/a.
rombo² *s m* (<romper) **1** Grande abertura feita por golpe violento. **Ex.** O choque do navio contra o rochedo provocou-lhe um grande ~ no casco. **2** *fig* Prejuízo pecuniário/Desfalque. **Ex.** Com o casamento da filha levei um grande ~ nas finanças. O caixa foi despedido porque fez [deu] um ~ no cofre do Banco onde trabalhava.
romboédrico, a *adj* (<romboedro + -ico) **1** *Cristalografia* Diz-se do sistema de cristalização cuja malha cara(c)terística é um romboedro. **Ex.** O sistema ~ também é designado por trigonal. **2** Relativo ao romboedro.
romboedro *s m Geom* (<rombo¹ + -edro) Poliedro de seis faces iguais com a forma de losangos. **Ex.** O ~ é um paralelepípedo oblíquo.
romboidal *adj 2g* (<romboide + -al) Que tem a forma de romboide.
romboide (Bói) *adj 2g/s m* (<rombo¹ + -oide) **1** *adj* Semelhante ao [Com a forma de] rombo. **2** *s m Geom* Quadrilátero em que são iguais os dois lados consecutivos que passam pelos extremos de uma das diagonais. **Ex.** O losango [rombo] é um caso particular do ~ em que os quatro lados são iguais.
rombudo, a *adj* (<rombo¹2/3 + -udo) **1** Pouco afiado. **Comb.** Bico «do lápis» ~. **2** *fig* Estúpido/Rude.
romeira¹ *s f* (<romeiro) **1** Mulher que vai em peregrinação a um lugar de culto religioso/Peregrina. **2** Espécie de manto curto sobre os ombros, mais curto que a sobrepeliz, usado por alguns eclesiásticos e também pelas senhoras. **Ex.** O Papa usa batina e ~ brancas. A avó tinha uma ~ de lã, feita à mão.
romeira² *s f Bot* ⇒ romãzeira.
romeiro, a *s* (<top Roma + -eiro) O que vai em peregrinação [romaria]/Peregrino. **Ex.** Nos Açores, os ~s percorrem a ilha «S. Miguel», em romaria, durante vários dias seguidos.
Roménia [Br Romênia] *s f Geog* (<*román* + -énia) República da Europa Oriental, banhada pelo mar Negro. **Ex.** A capital da ~ é Bucareste.
romeno, a (Mê) *s m/adj* (<romeno *román*) **1** Língua oficial da Romé[ê]nia, falada como língua materna pela maioria da população ~a. **Ex.** O ~ é uma língua latina. **2** Habitante [Natural] da Romé[ê]nia. **Ex.** A cristianização dos ~s começou no séc. III e completou-se nos seguintes IV-V.
rompante *adj 2g/s m* (<rompente) **1** Arrogante/Altivo/Orgulhoso. **Comb.** Ar [Porte/Postura] ~. **2** Impetuoso/Precipitado. **Comb.** De ~ [Impetuosamente/Repentinamente] (Loc. Entrar de ~ numa sala). **3** *s m* Ímpeto/Exaltação. **Loc.** Ter [Dar-lhe] um ~ «de fúria».

rompente *adj 2g* (<romper + -ente) **1** Diz-se de leão de perfil aprumado, em heráldica/Que rompe/lacera. **2** Arrogante/Ameaçador/Rompante(+).
romper *v t* (<lat *rúmpo, ere, rúpi, rúptum*) **1** Quebrar em pedaços/Despedaçar/Partir. **Ex.** A multidão em fúria rompeu a vedação e invadiu o campo [relvado/recinto do jogo]. **2** Fazer um corte/rasgão/Rasgar. **Ex.** Ao cair, rompi as calças no joelho. A camisa rompeu[rasgou]-se (ao ficar presa) no arame da rede. **3** Cortar a pele/carne/Dilacerar/Esfolar. **Ex.** Caiu num silvado e rompeu as pernas, os braços e a cara – ficou todo a sangrar. **4** Fazer sulcos/Rasgar a terra. **Ex.** As charruas, puxadas por potente tra(c)tor, rompem quatro sulcos em cada passagem. **5** Abrir caminho/Sulcar a água/as ondas do mar/o espaço aéreo. **Ex.** O barco, rompendo as ondas, avançava velozmente para o mar alto. Os aviões [ja(c)tos] rompiam o céu e deixavam atrás de si um rasto branco de ar congelado (e fumo). **6** Desgastar/Corroer/Furar. **Ex.** A panela vaza [verte]; rompeu-se no fundo. **Loc.** ~ as solas dos sapatos. **7** Começar a aparecer/Despontar/Nascer. **Ex.** Os dentes romperam-lhe muito cedo «ainda não tinha cinco meses». Os cachos das videiras já estão a ~ com toda a força. **Comb.** Ao ~ de [Quando está a começar/a nascer/a aparecer] (Comb. Ao ~ do dia/da madrugada).
8 Avançar com violência contra alguém/Investir. **Ex.** O exército rompeu contra as trincheiras do inimigo. **9** Entrar abruptamente/de rompante. **Ex.** A polícia rompeu pela casa dentro «para colher o bando [os narcotraficantes/criminosos] de surpresa». **10** Sair com ímpeto/Jorrar com força/Irromper. **Ex.** Do interior da terra rompeu petróleo a jorros. **11** Faltar a um compromisso/Deixar de respeitar «um acordo». **Ex.** ~ um contrato. **12** Fazer acabar/Terminar uma relação. **Ex.** Eles já não (se) namoram; romperam um com o outro. **13** Começar subitamente/Rebentar. **Ex.** Ao ouvir a triste notícia, as lágrimas romperam dos seus olhos [, romperam-lhe as lágrimas/chorou]. **14** Interromper/Suspender. **Ex.** Um forte estrondo rompeu o silêncio da noite.
rompimento *s m* (<romper + -mento) **1** A(c)to ou efeito de romper. **2** Abertura/Corte/Perfuração. **Comb.** ~ [Construção] *duma estrada.* ~ [Ru(p)tura] *duma veia.* **3** Interrupção/Quebra/Suspensão. **Comb.** ~ [Corte] de relações [duma amizade].
ronca *s f* (<roncar) **1** A(c)to ou efeito de roncar/Roncadura. **Ex.** «nos dias de nevoeiro» Ouvia-se a ~ da sirene indicando o porto aos pescadores. **2** Maquinismo que produz sons fortes para avisar os navios da proximidade de terra/Sereia/Sirene(+). **3** *fig* Fanfarronada/Bravata. **4** *Ornit* Abetoira. **5** *fam* Ressono/ar.
roncador, ora *adj/s* (<roncar + -dor) **1** (O) que ronca. **2** *s m Icti* Peixe teleósteo de cor negra, afim da corvina. **3** *s m Icti* Peixe teleósteo da família dos esparídeos/Dentão/Pargo. **4** *fig* Fanfarrão.
roncadura *s f* (<roncar + -dura) A(c)to ou efeito de roncar/Ronca/Ronco.
roncar *v int* (<ronco + -ar¹) **1** Produzir [Emitir] roncos. **2** O porco ronca. **3** *fam* Respirar ruidosamente durante o sono/Ressonar(+). **Ex.** Ele, quando adormece no sofá, começa logo a ~. **3** Produzir um ruído forte e surdo semelhante a um ronco. **Ex.** Os carros roncavam na grelha de partida, prontos a arrancar. **4** *fig* Dirigir-se a alguém com maus modos. **Loc.** ~ ameaças [injú-

rias/protestos]. **5** *fig col* Dizer bazófias/Vangloriar-se. **Ex.** Que estás para aí a ~?
ronceirice[rismo] *s f [m]* (<ronceiro + -...) **1** Cara(c)terística do que é ronceiro/Lentidão/Indolência. **Comb.** A [O] ~ dos antigos comboios «dos ramais da linha do Douro, Portugal». **2** Aversão às ideias de progresso/Conservadorismo. **Ex.** Apegados como estão à [ao] ~ de sempre, *idi* ninguém lhes fale [, não querem ouvir falar] em mudanças.
ronceiro, a *adj* (<esp *roncero*) **1** Lento/Vagaroso. **Comb.** Comboio [trem] ~. **2** Pachorrento/Indolente/Preguiçoso. **Ex.** Ele é ~ por natureza; não vale a pena [não adianta] dizer-lhe para se apressar, continua impávido e sereno sempre com a [na] mesma ronceirice.
ronco *s m* (<gr *rhogkhós,* ó) **1** Ruído produzido pelos porcos/Grunhido. **2** Som áspero, grave e cavernoso, produzido por certas pessoas ao respirar durante o sono. **3** Ruído forte, contínuo e surdo. **Comb.** O ~ dos motores «dos carros F1» na grelha [nas posições] de partida.
ronda *s f* (<esp *ronda* <ár *rabita*: patrulha de ginetes guerreiros) **1** Inspe(c)ção no(c)turna feita a diferentes postos militares para verificar se está tudo em ordem. **Loc.** Fazer a ~ «ao quartel/acampamento». **2** Força militar [policial] que faz a inspe(c)ção «aos postos militares/à via pública»/Patrulha. **Comb.** ~ composta por um cabo e dois soldados. **3** Inspe(c)ção feita a determinado local «edifício/fábrica» para ver se está tudo em ordem. **Ex.** O guarda no(c)turno faz várias ~s ao prédio durante a noite. O dire(c)tor nunca sai sem antes fazer uma ~ pela fábrica. **4** (D)esp Cada uma das séries de jogos de uma competição [um torneio] em que os derrotados vão sendo sucessivamente eliminados. **Comb.** Tenista eliminado na ~ inaugural. **5** Série de conversações entre duas partes visando a obtenção de um acordo. **Comb.** ~ de negociações «entre o governo e os parceiros sociais (Patrões e sindicatos)».
rondador, ora *adj/s* (<rondar + -dor) (O) que faz a ronda.
rondante *adj 2g* (<rondar + -ante) Que ronda/Rondador.
rondar *v t* (<ronda + -ar¹) **1** Fazer a ronda a/Vigiar/Inspe(c)cionar. **Ex.** A polícia ronda o bairro várias vezes durante a noite. **2** Passear à volta de/Andar a observar. **Ex.** «os suspeitos do roubo» Foram vistos dias antes a ~ a casa. **3** Andar sem destino/Vaguear. **Ex.** Passei a tarde entretido a ~ as lojas do centro comercial. **4** Fazer a corte/Tentar seduzir. **Ex.** Não me surpreende que namore com essa moça, pois já há algum tempo que a andava a ~ [que andava atrás dela]. **5** *fig* Estar perto de/Aproximar-se a. **Ex.** Ele já é de idade, ronda pelos 70 anos. A despesa da festa deve ~ por alguns milhares de euros.
rondó *s m* (<fr *rondeau*) **1** *Liter* Pequena composição poética de treze ou vinte versos em que o(s) primeiro(s) verso(s) se repete(m) no meio ou no fim da peça. **2** *Mús* Trecho musical «de Mozart» em que o estribilho inicia a composição e se repete, sempre com a mesma tonalidade, depois das coplas variáveis «formando a última parte duma sonata».
ronha (Rô) *s f* (<lat *rónea* <*aránea*: herpes, impingem) **1** Espécie de sarna que ataca alguns animais. **Comb.** ~ dos coelhos. **2** *fig* Manha/Malícia/Astúcia. **Ex.** Não o levo a sério, já lhe conheço a ~ «finge-se muito doente para não trabalhar».

ronhoso, a (Ôso, Ósa, Ósos) *adj* (<ronha + -oso) Que tem ronha. **Comb.** *idi* Ovelha ~a [Pessoa indesejável/desmancha-prazeres] (Ex. Ele/a é a ovelha ~a [negra] da família).

ronqueira *s f* (<ronco + -eira) **1** Doença que ataca os pulmões do gado. **2** *col* Ruído produzido por uma respiração difícil/Pieira.

ronquejante *adj 2g* (<ronquejar + -ante) Que ronqueja.

ronquejar *v int* (<ronco + -ejar) **1** Produzir ronco/Roncar(+). **2** Respirar com dificuldade/Arfar/Ofegar. **3** Ter farfalheira.

ronquenho, a *adj* (<ronco + -enho) **1** Que tem ronqueira. **2** Rouco(+).

ronrom *s m* (<on) Ruído produzido pelo gato quando está contente/descansado ou quando (se) lhe fazem festas.

ronronar *v int* (<ronrom + -ar¹) (O gato) fazer ronrom.

röntgen (Rantgân) *s m Fís* (<*antr* W. Röntgen (1845-1923), físico alemão) Unidade de dose de radiação X e γ, símbolo *R*.

rópia *s f region* (<rompante) Arreganho/Petulância/Fanfarronice. **Ex.** Entraram [Começaram] a jogar com grande ~ mas foi *idi* sol de pouca dura [mas a ~ durou pouco].

roque (Ró) *s m* (<fr an *roc*; ⇒ *rock*) Torre (do xadrez). **Loc.** Fazer ~ [Jogar em simultâneo, permutando as posições, o rei e uma das torres]. **Idi. Sem rei nem ~** [À toa/Sem governo/À matroca] (Ex. É uma casa sem rei nem ~ «cada um sai e entra quando quer, não há horas de refeição [para comer], não sabem uns dos outros, …»).

roquefort *s m* Variedade de queijo de ovelha originário da localidade francesa de Roquefort, no departamento de Aveyron.

roqueiro, a *adj* (<roca² + -eiro) Relativo a rocha. **Comb.** Castelo ~ [assente sobre um rochedo/uma rocha].

roque-roque *s m* (<on) Som produzido pelo roer ou trincar. **Ex.** Deve andar algum rato no armário; ouve-se o ~ dele, a roer.

roquete¹ (Quê) *s m* (<provençal *roquet* <*roc*: vestimenta) Espécie de sobrepeliz comprida (até aos joelhos), com mangas e rendas nos punhos e na roda. **Ex.** O ~ é uma insígnia reservada aos altos dignitários eclesiásticos.

roquete² (Quê) *s m* (<fr an *roquet*, a(c)tual *rochet*: ferro de lança com dentes salientes na ponta) Dispositivo que imprime movimento de rotação «para apertar os arames dos fardos/rodar uma broca».

ror (Rôr) *s m pop* (<horror) Grande quantidade. **Ex.** «no Correio» Havia [Estava lá] um ~ de gente, desisti de ser atendido.

rorante [rorejante] *adj 2g* (<lat *róro, áre*: orvalhar) **1** Que goteja/orvalha. **2** Que tem orvalho/*poe* Rorífero.

rorejar *v t/int* (<lat *rós, róris*: orvalho + -ejar) **1** Deitar gota a gota/Gotejar(+)/Borrifar. **2** Orvalhar/Transpirar/Borbulhar.

rorela *s f Bot* (<lat *rós, róris*: orvalho + -ela) ⇒ drósera.

rorqual *s m Zool* (<escandinavo *rorqual*: (baleia) vermelha) Baleia sobretudo dos mares do Norte; *Balaenoptera physalus*.

rosa (Ró) *s f Bot* (<lat *rósa, ae*; ⇒ ~ de oi[ou]ro; ~ dos ventos) **1** Flor da roseira. **Ex.** Há ~s de muitas cores e variados feitios. **Prov. Não há ~s sem espinhos** [Todas as situações têm aspe(c)tos menos bons] (⇒ ~ **6**). **Comb.** Água de ~s [obtida por destilação das pétalas de ~]. *idi* **Mar de ~s** [Tempo em que tudo corre bem] (Ex. Nos primeiros meses «de casados» foi tudo um mar de ~s; depois começaram os problemas). *idi* **Leito de ~s** [Situação agradável] (Ex. A vida para ele foi sempre um leito de ~s). *idi* **Maré de ~s** [Altura/Tempo propícia/o]. **2** Roseira. **3** Figura de simetria radiada que lembra a disposição das pétalas da flor das rosáceas. **4** *fig* Mulher formosa. **5** Uma das formas de lapidação dos diamantes. **Comb.** Diamante talhado em ~. **6** *fig pl* Venturas/Alegrias. **Ex.** Na vida nem tudo são ~s. **7** ⇒ cor-de-~.

rosa-albardeira *s f Bot* Planta herbácea, *Paeonia broteroi*, de grandes flores vermelhas também designada por albardeira ou rosa-de-lobo.

rosácea *s f Arte* (<lat *rosáceus, a, um*: de rosa) Janela circular de grande diâmetro cuja forma sugere a disposição de pétalas irradiando dum centro, usada na arquite(c)tura gótica. **Ex.** A ~ da catedral de Chartres é um dos mais belos exemplares deste ornamento religioso medieval.

rosáceo, a *adj/s* (⇒ rosácea; rosado; róseo) **1** Relativo [Semelhante] a rosa. **2** *Bot* (Diz-se de) corola regular dialipétala, com cinco pétalas quase desprovidas de unha. **3** *s f pl Bot* (Diz-se de) família de plantas herbáceas ou arbustivas, com flores regulares de 4 ou 5 pétalas livres, com milhares de espécies espalhadas por todo o Globo, sobretudo no hemisfério norte. **4** *s f Mat* Linhas [Figura] definidas/a pelas equações: ρ = a sen mθ, ou ρ = a cos mθ.

rosa de oi[ou]ro *s f* Obje(c)to dourado em forma de rosa, que o Papa oferece a pessoas ou entidades «países/santuários» como sinal de particular estima.

rosado, a *adj* (<rosa + -ado; ⇒ rosáceo; róseo) Que tem cor rosa/Cor-de-rosa/Corado/Avermelhado. **Comb. Coloração ~a. Faces ~as. Vestido rosa(do).**

rosa dos ventos *s f* Conjunto dos pontos cardeais, colaterais e subcolaterais, representado sob a forma circular estrelada com 32 raios, no centro do quadrante da bússola, para indicar a dire(c)ção dos ventos.

rosal *s m* ⇒ roseiral.

rosalgar *s m* (<ár *rahdj al-gär*: pó de caverna) **1** Designação popular do sulfureto de arsé[ê]nio ($As_4 S_4$), veneno violento usado para destruição dos ratos. **2** *Miner* Mineral de arsé[ê]nio, vermelho alaranjado, que cristaliza no sistema monoclínico.

rosário *s m* (<lat *rosárius, a, um*: de rosa) **1** *Rel* Oração constituída por cento e cinquenta ave-marias, em séries de dez, cada uma delas iniciada por um *pai-nosso* e durante a qual se faz uma pequena meditação sobre um acontecimento relevante (Mistérios) da vida de Cristo ou de Nossa Senhora. **Ex.** O Papa João Paulo II, em 2002, acrescentou ao ~ tradicional mais cinco séries de um *pai-nosso* e dez *ave-marias*, com meditações sobre fa(c)tos da vida pública de Jesus Cristo (Mistérios da Luz). ⇒ terço. **2** *Rel* Obje(c)to em forma de colar, constituído por contas em séries de dez, separadas por um espaço maior com uma conta ao centro, correspondendo cada conta a uma oração. **Ex.** Habitualmente é designado por ~ o obje(c)to (e a oração) com apenas um terço das contas [orações] do ~ original (Terço do ~). **Loc.** Desfiar o ~/Passar as contas [Rezar o ~ [terço] passando as contas [contando as ave-marias]]. **Idi. Não são contas do meu/teu/…** ~ [Não tenho/tens… nada a ver com isso/Isso não é comigo/contigo/…] (Ex. Que eles façam vida de ricos, isso não são contas do meu/nosso/… ~). **3** Série de coisas [fa(c)tos/ideias] da mesma ordem. **Comb. ~ de asneiras**/disparates. **~ de lamentações** [queixas/lamúrias].

rosbife (Rós) *s m Cul* (<ing *roast beef*) **1** Pedaço de carne de vaca, assada no forno, mas que apresenta o interior com a cor natural (Mal passado/Menos tostado que o exterior) e que é servido em fatias finas. **2** A carne «alcatra» própria para esse tipo de assado.

rosca (Rôs) *s f* (< ?) **1** Ranhura em espiral na parte exterior dos parafusos e no interior das porcas. **Loc.** «macho de» **Abrir ~ em furos** «de uma peça metálica». **Comb.** ~ direita [esquerda] [que aperta [enrosca] no sentido dos [contrário aos] ponteiros do relógio]. «parafuso com a» ~ *moída* [Ranhuras desfeitas/deterioradas]. **Passo da ~** [Distância longitudinal entre duas voltas consecutivas da ranhura]. **2** Espiral dos obje(c)tos que se podem enroscar. **Comb.** ~ duma cobra enrolada. **3** *Cul* Pão ou bolo em forma de argola retorcida/Rosquilha. **4** Larva do escaravelho. **5** Inse(c)to que rói a madeira/Caruncho(+). **6** *fig pop* (Diz-se de) pessoa ou coisa ordinária/de má qualidade. **Ex.** Ele é (marca/um) ~. **Comb.** Relógio ~ [que não regula bem].

roscar *v t* (<rosca + -ar¹) **1** Fazer [Abrir] rosca em. **Comb.** Pernes em bruto para ~ [(neles) abrir rosca/(deles) fazer parafusos]. **2** Enroscar/Aparafusar/Atarraxar. **Loc.** ~ um parafuso «num furo/numa porca». **Comb.** Peça roscada [que fixa [aperta/segura] com rosca].

rosê *adj 2g/s m* (<fr *rosé*; ⇒ rosa) (Diz-se de) vinho de cor rosada, obtido por curta maceração das uvas e fermentação incompleta.

roseira *s f Bot* (<rosa + -eira) Designação dos arbustos da família das rosáceas de que existem numerosas espécies e variedades, espontâneas ou cultivadas pela beleza e aroma das suas flores.

roseiral *s m* (<roseira + -al) Plantação de roseiras.

roselha (Zê) *s f Bot* (<rosa + -elha) Pequeno arbusto da família das cistáceas, *Cistus crispus*, de folhas rugosas e onduladas e flores pequenas purpúreas, espontâneo em Portugal.

róseo, a *adj* (<lat *róseus, a, um*) **1** Relativo a rosa. **Comb.** Perfume ~. **2** Da cor da rosa/Rosado. **Comb.** Tecido com tons ~s.

roséola *s f Med* (<lat *roséola* <*róseus, a, um*) Erupção cutânea «de origem alimentar» que se apresenta sob a forma de manchas arredondadas e cor rosa-pálido. **Ex.** A ~ mais frequente aparece no período recente da sífilis.

roseta (Zê) *s f* (<rosa + -eta) **1** Pequena rosa. **Comb.** *Hist* Pedra da ~ [Inscrição trilingue «hieroglífica, demótica e grega» encontrada na cidade da Roseta, que permitiu o deciframento dos hieróglifos]. **2** Designação de vários obje(c)tos circulares, mais ou menos semelhantes a uma rosa. **Comb. ~ de crochê. Laço** [Nó] **em ~. Toalha às ~s. 3** Faces rosadas/coradas. **Ex.** Vinha afogueado com calor, com as ~s das faces brilhantes e húmidas do suor. **4** Mancha avermelhada em qualquer parte do corpo. **Ex.** Apareceram-lhe umas ~s nas costas, é capaz de ser [, talvez seja] sarampo. **5** *Bot* Conjunto de células que envolvem cada oosfera no saco embrionário germinado das gimnospérmicas.

rosicler (Ròsíclér) *adj 2g/s m* (<fr *rosé clair*) **1** Que tem cor de rosa pálido. **Comb.** O ~ do amanhecer/da aurora. **2** *s m* Colar de pérolas/Colar de ouro com pedrarias.

rosmaninho *s m Bot* (<lat *rosmarínus, i*) Planta arbustiva, *Lavandula stoechas*, da família das labiadas, aromática, com flores violáceas, muito vulgar no norte e centro

de Portugal. **Ex.** A essência de ~ é usada no fabrico de perfumes e sabonetes. ⇒ alecrim.

rosnadela s f (<rosnar + -dela) **1** A(c)to ou efeito de rosnar. **2** fig Murmuração [Resmungo] entre dentes.

rosnador, ora adj/s (<rosnar + -dor) (O) que rosna.

rosnar v t/int (< on) **1** Emitir qualquer animal, especialmente o cão, um ruído surdo e ameaçador. **Ex.** O teu cão não gosta de mim; quando me vê, rosna-me logo [, começa logo a ~]. **2** fig col Dizer em voz baixa/por entre dentes. **Ex.** Se, em vez de ~, falasse(s) claro, talvez eu percebesse o que está(s) a dizer. **3** fig Murmurar/Resmungar por entre dentes. **Ex.** Saiu furioso do gabinete do dire(c)tor «que o repreendeu» a ~ imprecações.

rosquilha/o s f/m (<rosca + -ilha/o) **1** Rosca pequena. **2** Espécie de biscoito retorcido.

rossio s m (<roça?) **1** Terreno largo e espaçoso/Praça pública. **2** Terreno outrora fruído em comum pelos habitantes duma povoação. ⇒ baldio.

rosto (Rôs) s m (<lat rostrum, i: ponta, bico de pássaro, focinho, goela (de animal), esporão de navio) **1** Cara/Face. **Idi.** *Esconder o ~* [Envergonhar-se]. *Lançar em ~* [Acusar verbalmente]. *Com o suor do ~* [À custa de muito sacrifício]. *Maçãs do ~* [Faces]. *Sem ~* [Desconhecido]. **Comb.** Capital sem ~). **2** Traços fisionó[ô]micos/Fisionomia/Semblante. **Comb.** ~ *comprido* [redondo]. (*De ~*) *bem-parecido* [Belo/Bonito]. *De ~ caído* [Cabisbaixo]. **3** Parte dianteira/Frente. **Comb.** ~ dum edifício [monumento]. **4** Lado da medalha oposto ao reverso/Anverso. **5** Página do livro que tem o título e o nome do autor/Frontispício. **Comb.** Folha de ~. **6** Aparência/Presença/Símbolo. **Comb.** «Madre Teresa» *O ~ duma causa* «cuidado dos mais pobres». *O ~ dum anúncio* [duma marca] (⇒ logótipo).

rostral [rostrado, a] adj (<rostro + -al) **1** Relativo ao rostro. **Comb.** Antena ~. **2** Náut Em forma de esporão de navio. **Comb.** Ornato ~. **3** Relativo à parte frontal de um livro ou revista (⇒ rosto 5).

rostriforme adj 2g (<rostro + -forme) Que tem a forma de rostro (Bico de ave).

rostro (Rôs) s m (<lat róstrum, i) **1** Zool Bico de ave. **2** Zool Armadura bucal de inse(c)tos hemípteros «cigarra/abelha», usada para sugar. **3** Náut Extremidade da proa dos navios. **4** Na antiga Roma, tribuna ornada de esporões de navios em que os oradores discursavam no foro.

-rostro/i suf (<lat rostrum, i) Exprime a ideia de *bico de ave*: dentirrostro, lamelirrostro, platirrostro.

rota[1] (Ró) s f (<lat rupta (via): caminho desbravado, ⇒ romper) **1** Caminho/Traje(c)tória. **Idi.** *Ir de ~ batida* [apressadamente/sem paragens]. **Comb.** As ~ dos [seguidas/percorridas pelos] aviões. **2** Dire(c)ção/Rumo.**Idi.** *Entrar em ~ de colisão* [numa traje(c)tória [num modo de proceder] que conduzirá ao choque [conflito] «de uma nave [pessoa/dum feitio] com outra/o»] (Ex. A exoneração do secretário era inevitável: desde há muito que estava em ~ de colisão com o ministro).

rota[2] (Ró) s f (<lat rúptus, a, um <rúmpere: romper, separar) Derrota/Combate/Luta.

Rota[3] (Ró) s f Rel (<lat róta, ae: roda) Tribunal pontifício, *Rota Romana*, para julgar causas de 2.ª e 3.ª instâncias. **Ex.** Modernamente, na ~, quase só são julgadas causas de declaração de nulidade do matrimó[ô]nio.

rotação s f (<lat rotátio, ónis) **1** A(c)to ou efeito de rodar/Movimento de um corpo em torno de um eixo. **Ex.** No movimento de ~ dum corpo a velocidade angular é a mesma para todos os pontos do corpo. **2** Astr Movimento de um corpo celeste sobre si próprio em torno de um eixo perpendicular ao plano da órbita. **Ex.** A ~ da Terra efe(c)tua-se em cerca de 23 h 56 m 4 s, tempo que corresponde ao dia sideral. **3** Volta inteira/Revolução/Giro. **Ex.** No relógio, cada ~ do ponteiro dos minutos corresponde a uma hora. **4** Sucessão alternada de pessoas ou fa(c)tos. **Ex.** A administração do condomínio é feita, em ~, por todos os condóminos. **5** Repetição dos mesmos fa(c)tos no decorrer do tempo. **Comb.** A ~ das estações do ano. **6** Alternância do cultivo de plantas. **Ex.** A ~ de culturas melhora a produtividade do solo.

rotacional s m Fís (<rotação + -al) Quantidade ve(c)torial associada a um campo de ve(c)tores cuja grandeza, em dado ponto, é o valor máximo da linha integral do ve(c)tor por unidade de superfície. **Ex.** O ~ de um ve(c)tor é independente do referencial.

rotacismo s m (<gr rhotakizein: usar muito [mal] o r) **1** Emprego muito repetido do *r*. **Ex.** O trava-línguas: *o rato roeu a rolha da garrafa do rei da Rússia*, é um exemplo de ~. **2** Ling Pronúncia defeituosa do *r*. **3** Ling Troca do *s* por *r*. **Ex.** Em latim verificou-se o ~, a passagem do *s* intervocálico a *r*, como em *flos, floris* (Flor) ou *mos, moris* (Costume).

rotâmetro s m Fís (<lat rota, ae: roda + -metro) Instrumento utilizado para medir o fluxo de fluidos, que consiste num tubo graduado de se(c)ção ligeiramente tronco-có[ô]nica invertida, no qual se encontra um pequeno peso «esfera» que é levado pelo fluido em movimento ascendente até à posição de equilíbrio.

rotador, ora adj (<lat rotátor, óris) Que faz rodar ou girar. **Comb.** O grande e o pequeno (músculo) ~ do olho.

rotar v int (<lat róto, áre, átum) Andar à roda/Rodar(+)/Girar(+).

rotário [rotariano], a s/adj (<ing rotary: rotativo) Membro de [Relativo a] uma das associações de origem anglo-americana designadas por *Rotary Club*.

rotatividade s f (<rotativo + -i- + -dade) Qualidade do que é rotativo/Alternância. **Comb.** ~ *dos partidos* no poder. ~ *dos ponteiros* do relógio.

rotativismo s m Hist (<rotativo + -ismo) Nome que tomou, na monarquia constitucional portuguesa, a alternância de dois partidos (Progressista e Regenerador) no poder. **Ex.** O ~ imitou o parlamentarismo britânico.

rotativo, a adj/s f (<rotar + -tivo) **1** Que tem [produz] movimento de rotação. **Comb.** *Força* [Impulso] *~a/o. Mecanismo* [Sistema] *~*. **2** Relativo a rotação/Giratório. **Comb.** Movimento ~ «da Terra/dos ponteiros do relógio». **3** Que se realiza por alternância. **Comb.** *Cargos ~s. Cultura ~* (dos campos). *Turnos ~s* «na fábrica». **4** s f Máquina de impressão contínua em que o papel, enrolado em bobinas, se desenrola e recebe a impressão.

rotatório, a adj (<rotar + -tório) **1** Relativo a rotação/Giratório/Rotativo. **2** Fís Capaz de fazer girar o plano de polarização da luz. **Comb.** Poder ~.

rotear[1] v t (<roto + -ear) ⇒ arrotear «a terra».

rotear[2] v t Náut (<rota + -ear) Dar rumo a uma embarcação. **Comb.** Livro de ~.

roteirista s 2g (<roteiro + -ista) Pessoa que escreve roteiros. **Ex.** D. João de Castro é um dos grandes ~s portugueses do séc. XVI (1538 Roteiro de Lisboa a Goa; 1539 Roteiro de Goa a Diu; 1540 Roteiro do Mar Roxo).

roteiro s m (<rota + -eiro) **1** Descrição pormenorizada de um percurso a efe(c)tuar/Itinerário. **Comb.** ~ duma viagem de férias «pela Europa». **2** Descrição pormenorizada de viagens efe(c)tuadas «com indicações topográficas/acidentes geográficos/variações climáticas». **Ex.** Os ~s portugueses da época dos Descobrimentos (séc. XV-XVII) tiveram renome europeu e vários foram traduzidos para línguas estrangeiras. **3** Indicação e localização de ruas, praças, ... de uma localidade ou região. **Comb.** ~ turístico «de Lisboa». **4** Descrição precisa e faseada dum processo/Guião(+).

rotina s f (⇒ rota[1]) **1** Caminho trilhado habitualmente. **Ex.** Ele «a caminho do emprego» segue sempre a mesma ~: passa aqui sempre à mesma hora. **2** Hábito de fazer as coisas sempre da mesma maneira/Ramerrão. **Loc.** *Fazer as coisas por ~*. «dar um passeio/passar uns dias fora» *Fugir à ~* «para descobrir algo novo». **Comb.** «consulta/exame/inspe(c)ção» adj De ~ [Habitual/Periódico]. **3** O que se faz por hábito. **Ex.** Ele não pode [Não gosta de] passar sem a ~ da ida ao café, a seguir ao almoço. **4** Procedimento obrigatório na execução de determinada tarefa. **Ex.** A análise respeitou todos os passos da ~ [do costume/da praxe].

rotineiro, a adj/s (<rotina + -eiro) **1** Relativo a rotina. **Comb.** Vida ~a. **2** Que segue a rotina/Habitual. **Comb.** *Operação ~a. Percurso ~. Tarefa ~a.* **3** s O que age por rotina. ⇒ autómato; robô.

roto (Ôto, Ôta, Ôtos) adj/s (<lat rúptus, a, um; ⇒ romper) **1** Que tem rasgões/buracos/Rasgado/Gasto. **Idi.** *Cair em saco ~* [Não surtir efeito/Ser em vão/Ficar esquecido] (Ex. Avisos e recomendações que lhe dei não valeram de nada; caíram em saco ~. *Ter as [Ser] mãos ~as* [Ser muito generoso]. **Comb.** *Calças ~as* «nos joelhos». *Camisa ~a* «no peito». *Solas* dos sapatos *~as.* **2** Que tem furos/braços/Furado/Esburacado. **Comb.** *Cano ~. Panela ~a.* **3** O que anda com roupa rasgada/Maltrapilho. **Ex.** Ele anda todo ~!

rotogravura s f (<rot(ação)- + ...) **1** Processo que permite a impressão de heliogravuras numa (máquina) rotativa. **2** Gravura assim obtida.

rotor s m (<ing rotor; ⇒ rotar) **1** Ele(c)tri/Mec Mecanismo giratório de motores elé(c)tricos e outras máquinas. **2** Aer Grande hélice de eixo vertical dos helicópteros.

rótula s f (<lat rótula, ae, dim de rota: roda) **1** Anat Osso em forma de pequena placa arredondada, situado na face anterior da articulação do joelho. **Comb.** Fra(c)tura da ~. **2** Mec Dispositivo situado entre duas partes duma estrutura destinado a permitir os seus deslocamentos angulares relativos. **3** Grade de ripas utilizada na parte exterior de janelas para resguardar «da luz/do sol»/Gelosia/Persiana.

rotulagem s f (<rotular + -agem) Operação de rotular/pôr rótulos. **Comb.** ~ de frascos «de compota».

rotular[1] v t (<rótulo + -ar[1]) **1** Pôr rótulo em/Etiquetar. **Loc.** ~ garrafas de vinho. **2** fig Atribuir uma classificação imprópria a alguém/alguma coisa. **Ex.** «porque não era conformista» Rotulavam-no de revolucionário.

rotular² *adj 2g* (<rótula + -ar²) Relativo [Pertencente] à rótula. **Comb.** *Cartilagem ~. Saliência ~.*

rótulo *s m* (<lat *rótulus, i*: rolo, cilindro: ⇒ rótula) **1** Pedaço de papel que se coloca em frascos/embalagens para identificar o conteúdo/Etiqueta/Letreiro. **Loc.** Ler as indicações do ~ «antes de tomar o medicamento». **Comb.** Frasco sem ~. **2** *fig* Qualificação geralmente pejorativa, atribuída a alguém/Epíteto. **Ex.** Puseram-lhe o ~ de borracho (Bêbado) por ele dizer que gostava muito de vinho «mas nunca se embriagava».

rotundo, a *adj/s f* (<lat *rotúndus, a, um*: redondo) **1** Redondo/Arredondado/Bojudo. **Comb.** Vasilha ~a. **2** *fig* Obeso/Gordo. **Comb.** Homem «com uma grande barriga» ~o. **3** *s f Arquit* Edifício de forma circular terminado em cúpula redonda. **4** *s f* Praça de forma circular. **Ex.** As ~s nos cruzamentos de estradas facilitam muito a circulação automóvel.

rotura *s f* ⇒ rutura.

roubador, ora *adj/s* (<roubar + -dor) (O) que rouba/Ladrão(+).

roubalheira *s f* (<roubar + -alho + -eira) **1** Série de roubos. **Ex.** A ~ de cobre «cabos elé(c)tricos/telefó[ô]nicos» e bronze «sinos» está a tornar-se muito frequente. **2** Roubo disfarçado. **Ex.** A ~ nos hipermercados causa prejuízos significativos. **3** *pop* Extorsão escandalosa/Preço [Valor] exagerado. **Comb.** A ~ dos impostos/do preço dos combustíveis.

roubar *v t/int* (<germânico *raubon*) **1** Apropriar-se de um bem alheio (usando de violência)/Furtar. **Ex.** Roubaram-me a carteira no comboio. Durante a noite, roubaram vários carros no bairro. **2** Entrar por meios fraudulentos em espaço privado para tirar dinheiro/obje(c)tos de valor/Assaltar/Pilhar. **Ex.** Dois encapuzados entraram de dia numa ourivesaria, ameaçaram o dono com uma pistola e, num instante, roubaram tudo o que puderam apanhar «joias/relógios/pulseiras/colares». **3** Tirar uma criança à família [a uma instituição]/Ter sob sequestro/Raptar. **Ex.** Disfarçada de enfermeira, uma mulher roubou da maternidade um bebé/ê recém-nascido. Há organizações criminosas que roubam crianças para o tráfico de órgãos humanos. **4** Apropriar-se de um trabalho/proje(c)to alheio apresentando-o como seu/Plagiar. **Loc.** ~ um poema/uma música. **5** Aplicar menos do que é devido/Substituir por um produto de inferior qualidade. **Loc.** «numa construção» ~ *no cimento.* «numa loja/no mercado» ~ *no peso* «da carne/fruta». **6** Ocupar indevidamente/Fazer consumir/gastar. **Ex.** Houve uma avaria na fábrica que me roubou horas de sono. «não tem nada que fazer e» Vem para aqui contar histórias e rouba-me um tempo precioso. **7** Impedir alguém de ter felicidade/alegria/paz. **Ex.** O marido trazia-a subjugada, não lhe dava liberdade para nada; roubou-lhe a alegria de viver. **8** Livrar do sofrimento/da morte/Salvar. **Ex.** O cônsul português em Bordéus, Aristides Sousa Mendes, na 2.ª Guerra Mundial, roubou muitos judeus aos tormentos dos nazis. **9** Obter de modo rápido e furtivo. **Ex.** Num momento de distra(c)ção, o gato deu um salto e roubou um pedaço de carne de cima da mesa da cozinha.

roubo *s m* (<roubar) **1** A(c)to e o efeito de roubar/Apropriação ilícita de um bem alheio/Furto. **Ex.** A polícia prendeu o autor do ~ da igreja. **Loc.** Ser vítima de ~ [Ser roubado(+)]. **Comb.** ~ por esticão [em que o ladrão, na via pública, puxa violentamente pelos obje(c)tos «malas/fios de ouro» de um transeunte]. **2** A(c)to fraudulento pelo qual não se dá a outrem o que lhe é devido/Fraude. **Ex.** Fugir aos [Não pagar os] impostos é um ~ contra o Estado [contra a comunidade]. **3** *Dir* Subtra(c)ção de coisa alheia, cometida com violência ou ameaça, contra pessoas. **Ex.** A violência ou ameaça contra pessoas é elemento constitutivo do crime de ~. **4** A coisa roubada. **Ex.** Encontraram o ~ «da ourivesaria» escondido no barracão duma quinta. **5** *fig col* Preço excessivo/Roubalheira 3. **Ex.** Os preços das portagens das novas autoestradas são um ~!

rouco, a *adj* (<lat *ráucus, a, um*) Que tem som áspero ou cavo/Que tem rouquidão. **Ex.** Estou muito ~, não posso cantar [, perdi a [, fiquei sem] voz]. **Comb.** Instrumento com som ~.

roufenho, a *adj* (< *on*) Que parece falar pelo nariz/Fanhoso. **Comb.** Voz ~a.

rouge (Ru) *s m* (<fr *rouge*; ⇒ rúbeo) Cosmético de tom avermelhado usado para avivar as cores do rosto das senhoras. **Ex.** Ela «quer [para] parecer mais nova» abusa do ~, pinta-se que parece uma boneca! ⇒ batom.

roulotte (Ru) *s f fr* ⇒ rulote.

round (Raund) *s m* (<ing *round*) Cada um dos tempos em que se divide um combate de boxe/Assalto. **Ex.** Venceu o adversário «por KO = *knock-out*» ao terceiro ~.

roupa *s f* (<germânico *rauba*: despojos de guerra) **1** Designação genérica de todas as peças de vestuário ou cama. **Ex.** Tenho muita ~ mas não sei o que hei de vestir «porque o tempo está muito incerto, tanto chove como está calor». Alugava quartos «a estudantes» mas sem ~ de cama. **Idi.** *Chegar a ~ ao pelo* [Dar uma sova em alguém/Bater]. *Lavar ~ suja* [Discutir em público problemas pessoais, revelando segredos [fazendo acusações] de pormenores desagradáveis ou escandalosos] (Ex. Na assembleia «do clube» foi só lavar ~ suja «até a vida das mulheres dos dirigentes veio à baila»). *Ter cama, mesa e ~ lavada* [Ter pensão completa: alojamento, comida e tratamento de roupa] (Ex. Ele não larga [deixa/sai de] a casa dos pais; (lá) tem cama, mesa e ~ lavada!). **Prov.** *Deus dá o frio conforme a ~* [Cada um sente o peso das dificuldades da vida conforme a sua capacidade e os meios que tem para as vencer]. **Comb.** ~ *interior/ íntima* [que se veste junto ao corpo, por baixo de outra]. *idi ~ de ver a Deus* [mais cuidada/própria para momentos solenes/ Traje domingueiro(+)]. **2** Fato de vestir/ Trajo. **Ex.** Tenho de [que] comprar ~ (nova) para o casamento do meu filho. Vais ter [a alguma] festa, estás de ~ nova!

roupagem *s f* (<roupa + -agem) **1** Conjunto de roupas/Rouparia/Vestes. **Ex.** Depois das férias preciso de mais de uma semana para pôr toda a ~ em ordem «lavar, passar a ferro, guardar». **2** *fig* O que envolve/Aparência/Exterioridade. **Ex.** O que a publicidade mostra de muitos produtos é apenas ~ para atrair os clientes; a realidade é muito diferente!

roupão *s m* (<roupa + -ão) Peça de vestuário em forma de casaco largo e comprido e com cinto, própria para usar em casa sobre o pijama ou a camisa de dormir/Robe. **Ex.** «apesar de estar doente» Não quero comer na cama; visto o ~ e vou comer à mesa.

rouparia *s f* (<roupa + -aria) **1** Quantidade considerável de roupa/Roupagem 1. **Ex.** Quando (é que) terei toda esta ~ lavada e arrumada?! **2** Local «de internato/asilo/quartel» onde se guarda [trata] a roupa. **Comb.** Moradia com ~ num anexo. ⇒ lavanda[e]ria.

roupa-velha *s f Cul region* Prato feito com sobras «de hortaliça, batatas e bacalhau, refogadas com azeite e alho». **Ex.** A ~ é um prato típico do norte de Portugal feito com as sobras da consoada.

roupeiro, a *s* (<roupa + -eiro) **1** Pessoa que trata da roupa/Encarregado da rouparia. **Comb.** ~ dum clube de futebol [duma comunidade religiosa]. **2** *s m* Armário onde se guarda a roupa/Guarda-vestidos. **Ex.** As casas modernas geralmente já têm ~s imbutidos [incluídos nos quartos na constru(c)ção do edifício]. **3** *s m* Cesto grande para a roupa suja.

roupeta (Pê) *s f* (<roupa + -eta) Vestimenta eclesiástica/Batina(+). ⇒ túnica.

rouqueira *s f col* ⇒ rouquidão(+).

rouquejar *v int* (<rouco + -ejar) **1** Emitir um som rouco/Ter rouquidão. **Ex.** Estou mal da garganta, passo a vida [o tempo] a ~. **2** *fig* Produzir um som forte, áspero e rouco. **Ex.** O mar rouquejava nos rochedos cavernosos da costa.

rouquenho, a (Quê) *adj* (<rouco + -enho) Roufenho/Fanhoso/Rouco.

rouquidão *s f* (<rouco + -idão) Alteração da voz para um tom áspero e cavo, geralmente provocada por inflamação da laringe. **Comb.** *Garganta* [Voz] *afe(c)tada por uma ~ persistente. Pastilhas para a ~.*

rouxinol (Chi, Ssi) *s m Ornit* (<lat *luscinίolus, i*) **1** Nome vulgar de ave migratória passeriforme, *Luscinia megarhyncos*, de plumagem colorida e canto melodioso. **Ex.** Há outras aves a que também se dá o nome de ~ mas acompanhado de um qualificativo «~-bravo/~-preto». **2** *fig* Pessoa que canta muito bem/tem uma voz melodiosa. ⇒ corrupião.

roxo, a (Rôcho) *adj/s m* (<lat *rússeus, a, um*) Que tem cor violeta/Violáceo. **Comb.** *Lírios ~s. Paramentos ~s* «na Quaresma/no Advento». **2** *s m* A cor resultante da mistura de vermelho com azul/Violeta/Púrpura. **Ex.** O ~ é uma cor triste.

-rrão *suf* ⇒ -ão.

-rro, a *suf* É de origem pré-latina e exprime aumento «bocarra» ou outras ideias «sussurro».

rua *s f* (<lat *ruga, ae*: ruga) **1** Via ladeada de casas ou árvores, dentro duma povoação. **Idi.** *Ir para o olho da ~* [Ser despedido/ expulso]. *Pôr no olho da ~* [Fazer sair/ Expulsar/Despedir dum emprego]. **Comb.** *interj ~!* [Expressão que traduz a ordem de expulsar alguém]. ~ *comprida* [estreita/ larga]. ~ *íngreme* [plana]. **2** Casas que orlam essa via. **Ex.** A minha ~ é muito alegre, em todas as varandas há flores. **3** Pessoas que moram nessas casas. **Ex.** Na minha ~ todos se conhecem, confraternizam e entreajudam; é uma ~ muito animada. **4** Espaço exterior à casa por oposição ao interior. **Ex.** O calor dentro de casa era tanto que vim dormir para a ~ «para o pátio/terraço».

Ruanda *s m Geog* Estado da África Central que fazia parte do território Ruanda-Burundi, administrado pela Bélgica. **Ex.** A capital do ~ é Kigali e a língua oficial o francês, mas a maior parte dos ruandeses fala o kynia ruanda.

rubente *adj 2g* (<lat *rúbens, éntis* <*rúbeo, ére*: estar vermelho, corar) ⇒ rúbeo/rubro.

rúbeo, a *adj* (<lat *rúbeus, a, um*; ⇒ ruivo) **1** Avermelhado/Rubro. **Comb.** Lábios ~s. **2** Que está afogueado. **Comb.** Faces ~as.

rubéola s f Med (<lat *rubéolus, i*, dim de *rúbeus*: rúbeo) Doença eruptiva muito contagiosa parecida com o sarampo que pode provocar artrites e nevrites e malformações do feto se contraída nos primeiros meses duma gravidez. **Ex.** A ~ confere imunidade de longa duração.

rubescência s f (<lat *rubescéntia, ae*) Cara(c)terística do que está vermelho/Vermelhidão/Rubor(+).

rubescente adj 2g (<lat *rubéscens, éntis*) Que rubesce/se torna avermelhado. **Comb.** Faces ~s.

rubescer v t ⇒ enrubescer; ruborescer [ruborizar].

rubi s m (<provençal *rubi*; ⇒ rubente) **1** Min Pedra preciosa, variedade transparente de cor vermelha de corindo. **2** Cor vermelha viva.

rubiáceo, a adj/s f pl Bot (<rúbia + -áceo) (Diz-se de) família de plantas dicotiledó[ô]neas herbáceas ou lenhosas «cafezeiro/granza», espalhadas por todo o Globo mas mais frequentes nas regiões tropicais.

rubicão s m fig (<top Rubicão, rio da Itália) Dificuldade/Obstáculo. **Idi. Passar o** ~ [Tomar uma decisão [resolução] grave assumindo o perigo e a responsabilidade].

rubicundo, a adj (<lat *rubicúndus, a, um*) «rosto» Vermelho/Corado.

rubídio [Rb 37] s m Quím (<lat científico *rubidium* <*rúbidus*: vermelho escuro) Elemento químico da família dos metais alcalinos, descoberto em 1861 por Kirknoff e Bunsen. **Ex.** O ~ encontra-se sob a forma de óxido em vários minérios de potássio, principalmente na lepidolite/a.

rúbido, a adj (<lat *rúbidus, a, um*) Vermelho(+)/Afogueado(+).

rubiforme adj 2g (<lat *rúbus, i*: silva, amora silvestre) Que tem a forma de framboesa ou de amora de silva.

rubigem s f (<lat *rubígo, inis*) ⇒ ferrugem.

rubiginoso, a (Ôso, Ósa, Ósos) adj (<rubigem + -oso) Ferrugento(+)/Ferruginoso(+).

rublo s m (<ru *rubl*: bloco de madeira) Unidade monetária da Bielorrússia, Rússia, Tadjiquistão e Usbequistão.

rubo s m (<lat *rúbus, i*: silva, framboesa) **1** Amora de silva(+). **2** Silva[veira](+).

rubor s m (<lat *rúbor, óris*) **1** Cor vermelha muito viva. **Comb.** O ~ do poente. **2** Vermelhidão do rosto causada por vergonha/pudor/febre. **Comb.** ~ das faces.

ruborescer v int (<rubor + -escer) Tornar-se vermelho/Corar/Ruborizar-se.

ruborização s f (<ruborizar + -ção) Vermelhidão das faces causada por vergonha/indignação/Rubor(+).

ruborizar v t/int (<rubor + -izar) **1** Tornar vermelho/Causar rubor a. **Ex.** O clarão do incêndio ruborizava o céu. **2** Corar/Envergonhar-se. **Ex.** É muito tímido: se alguém estranho lhe faz um elogio, ruboriza-se logo [, fica logo vermelho].

rubrica s f (<lat *rubríca, ae*: tinta [giz/terra] vermelha, título das leis <*rubrícus, a, um*: vermelho **1** Rel Norma litúrgica, geralmente impressa a cor vermelha, que dá indicações sobre o modo de celebrar «a missa/o ofício divino». **2** Título dos capítulos dos livros religiosos com o resumo do conteúdo. **3** Artigo [Se(c)ção] duma publicação periódica/Coluna. **Comb.** Jornalista responsável pela ~ de desporto automóvel. **4** Assinatura abreviada. **Ex.** «no documento de despesa» Falta a ~ do chefe «autorizando o reembolso». **5** Indicação dos movimentos e gestos escrita nos papéis dos a(c)tores. **6** Título [Indicação geral] dum assunto ou categoria/Capítulo. **Comb.** Despesa coberta por outra ~ «do Orçamento Geral do Estado».

rubricador, ora adj/s (<rubricar +-dor) **1** (O) que rubrica. **2** Instrumento para estampar uma rubrica/Carimbo(+).

rubricar v t (<rubrica + -ar¹) Pôr a rubrica em/Assinar de forma abreviada. **Loc.** ~ documentos «cartas/fa(c)turas».

rubro, a adj/s m (<lat *rúber, bra, brum*) **1** Vermelho /Que tem cor de sangue. **Ex.** A bandeira portuguesa é verde-~a. **2** Corado/Afogueado. **Comb.** Faces ~as. **3** s m Cor vermelha viva/Cor de sangue. **Loc.** Pôr ao ~ **a)** Aquecer até «o ferro» ficar incandescente/cor de fogo; **b)** fig Tornar inflamado/impetuoso/Atingir o auge da paixão/do entusiasmo (Ex. O discurso inflamado do político pôs a multidão ao ~ [inflamou a multidão]). **Comb.** O ~ da bandeira portuguesa.

ruçar v t (<ruço + -ar¹) **1** Tornar ruço/Descorar. **Ex.** Há tecidos de cores «azul/verde» que ruçam com o sol ou, quando são lavados, tornam-se muito feios. **2** fig Envelhecer/Tornar-se «cabelo/barba» branco. **Ex.** Com a idade, o cabelo (quando não cai) ruça.

ruço, a adj (<lat *róscidus, a, um*: orvalhado <*rós, ris*: orvalho) **1** Que tem o pelo acinzentado/Pardacento. **Comb. Burro** [Cavalo] ~. **idi depr Doutor da mula** ~a [Pessoa que sabe pouco mas que presume saber muito/que se arma em sabichão]. **2** Que tem cabelo e barba grisalhos. **Ex.** É novo mas já está muito ~. **3** Que tem cabelo loiro ou castanho-claro. **Ex.** (O menino) é ~ como o pai quando era criança [era da idade dele]. **4** Desbotado/Descorado. **Ex.** A saia, depois de lavada, ficou ~a.

rúcula s f Bot (<it *rucola*) Planta crucífera, de folhas viçosas, muito apreciada em saladas pelo seu sabor ligeiramente picante semelhante ao da azeda. **Sin.** Eruca.

rude adj 2g (<lat *rúdis, e*) **1** Que não foi cultivado/Agreste(+). **Comb.** Paisagem [Terras] ~e/es. **2** Que não foi trabalhado/Que não é polido/Áspero/Tosco. **Comb. Mãos** ~s «de lavrador». **Bloco de pedra** ~. **3** Que é pouco delicado/Grosseiro/Malcriado. **Comb.** Modos ~s «de rufião». **4** Que tem pouca instrução/Que é pouco inteligente/Bronco/Estúpido. **Ex.** Tanto vale insistir como nada; é muito ~, não aprende nada do que se lhe diz [ensina]. **5** Que age com dureza/agressividade. **Ex.** Era bom professor, mas muito ~ no castigar. **Comb. Homem** ~ no trato. **Palavras** ~s. **6** Difícil de suportar/Agreste/Rigoroso. **Comb.** Clima ~. **7** Que exige muito esforço/Árduo/Custoso/Penoso. **Comb.** Trabalho ~ «na agricultura/nas minas».

rudez [rudeza] s f (<rude + -ez/-eza) **1** Cara(c)terística do que é rude. **2** Qualidade do que é áspero/rugoso/Aspereza(+). **Comb.** A ~ da casca do sobreiro. **3** Rispidez/Agressividade. **Ex.** Não tinha uma palavra de carinho para a mãe; tratava-a com muita ~. **4** Falta de delicadeza/Grosseria. **Ex.** Até fiquei incomodado com a ~ dos insultos que dirigiam um ao outro; nunca vi gente tão grosseira! **5** Ignorância/Estupidez. **Ex.** Tentar ensinar-lhe alguma coisa era exercício de paciência [, não adiantava [não servia para] nada], tamanha era a ~ (; naquela cabeça[cinha] não entrava nada)!

rudimentar adj 2g (<rudimento + -ar²) **1** Referente a rudimento. **2** Pouco desenvolvido. **Comb. Asas** ~s «da avestruz». **Cornos** ~s «das corças». **3** Primitivo/Tosco/Grosseiro. **Ex.** Os pastores fazem instrumentos «flautas/garfos/colheres» e esculturas ~es. **4** Referente às primeiras noções/Elementar/Básico. **Comb.** Conhecimentos ~es «de música/informática».

rudimento s m (<lat *rudiméntum, i*) **1** Estrutura inicial/Começo/Princípio. **Ex.** Uma grande associação de benemerência que teve o seu ~ num pequeno grupo de amigos. **2** Órgão atrofiado/pouco desenvolvido. **Comb.** «cobra/tartaruga com» ~s de patas. **3** pl Noções básicas «de ciência/arte/técnica»/Primeiros princípios. **Ex.** De alemão, apenas aprendi alguns ~s.

ruela (É) s f (<rua + -ela) dim de rua/Rua pequena e estreita/Viela.

rufador, ora adj/s (<rufar + -dor) (O) que rufa/O do tambor/da pandeireta/Tamborileiro(+).

rufar v t/int (<rufo²/¹ + -ar¹) **1** Fazer rufos [pregas]. **2** Fazer soar em batidas sucessivas um instrumento de percussão/Tocar tambor. **Ex.** Há festas em que bombos e tambores rufam a noite inteira (Noite dos bombos). **Loc.** ~ os tambores.

rufia [rufião(+)] s/adj 2g [m] (< ?) (O) que se mete em brigas «por causa de mulheres de má vida»/Brigão. **2** (O) que vive à custa de prostitutas/Chulo(+)/Proxeneta(+).

rufiar v int (<rufia + -ar¹) Levar vida de rufia.

ruflar v t/int (< on) **1** Agitar as asas como para levantar voo. **2** «saia a mexer» Fazer fru(-)fru.

rufo¹ s m (< on) **1** Som produzido no tambor pelas baquetas. **Idi. Num** ~ [instante/Rapidamente]. **2** O tamborilar [toque] dos dedos numa superfície qualquer «de guitarra».

rufo² s m (<ing *ruff*: colarinho antigo, largo e redondo) Enfeite ou guarnição feita de pregas ou franzido. ⇒ folho.

rufo³, a adj (<lat *rúfus, a, um*; ⇒ rubro) Avermelhado/Ruivo(+).

ruga s f (<lat *ruga, ae*) **1** Prega [Vinco/Dobra] na pele «do rosto/pescoço/das mãos» que surge com a idade/Gelha. **Ex.** Ainda não é velho/a mas já tem muitas ~s. **2** Dobra [Prega/Vinco] acidental em qualquer superfície «na roupa»/Gelha. **Ex.** A camisa ficou mal passada (a ferro); tem ~s no peito. **3** Geol Elevação alongada [Empolamento] da crusta terrestre/Elevação alongada com forte declive. **Ex.** Por vezes, o termo ~ também se usa (impropriamente) como sinónimo de dobra geológica.

rugar v t ⇒ enrugar.

rugby s m (D)esp ⇒ râguebi.

ruge ⇒ *rouge*.

ruge-ruge s m (<rugir) **1** Som produzido pelo tecido de seda ao roçar/Fru-fru. **2** Murmúrio/Rumor. **Ex.** Ouve-se um ~ [ruído] no armário «é capaz de ser algum rato!». **3** Guizo de criança. **4** Br Desordem.

rugido s m (<rugir + -ido) **1** Voz própria do leão/Urro. **Ex.** Os ~s do leão ecoavam na selva. **2** Som cavernoso e prolongado/Bramido. **Comb.** O ~ do mar tempestuoso. **3** Barulho do ar nos intestinos. **Comb.** ~s intestinais. ⇒ traque/ventosidade.

rugidor, ora adj/s (<rugir + -dor) (O) que ruge. **Comb.** Barulho ~ «do vento forte».

rugir v int/s m (<lat *rúgio, íre, ívi, ítum*) **1** (O leão) dar urros/Soltar rugidos. **Comb.** O ~ do leão. **2** Produzir sons semelhantes a um rugido. **Ex.** Levantou-se grande tempestade; o vento rugia assustadoramente. **3** Produzir um ligeiro rumor. **Ex.** Ela estava assustada, parecia-lhe ter ouvido qualquer coisa a ~ atrás da sebe. **4** Manifestar-se de forma violenta ou agressiva/Bradar. **Ex.** A multidão enfurecida rugia insultos e ameaças.

rugosidade s f (<rugoso + -i- + -dade) Cara(c)terística do que é rugoso/Aspereza/Irregularidade. **Comb.** ~ **da casca** «do

pinheiro». **~ *das rochas*** «da praia». **~ *dum tecido*.**

rugoso, a (Ôso, Ósa, Ósos) *adj* (<ruga + -oso) **1** Que tem rugas. **Comb.** Pele ~a. **2** Que tem asperezas/Irregular. **Comb.** *Rocha ~a*. *Terreno* ~/irregular/aos altos e baixos.

ruibarbo *s m Bot* (<lat *rheubárbarum, i*) Planta rizomatosa da família das poligonáceas, *Rheum palmatum*, com aplicações medicinais.

ruído *s m* (<lat *rugítus, us*: rugido) **1** Conjunto de sons confusos e indistintos, desagradáveis ao ouvido, produzidos por vibrações irregulares/Barulho/Estrondo/Fragor. **Loc.** Fazer ~ **a)** Produzir um som anómalo/estranho (Ex. O motor do carro faz um ~ anormal); **b)** Fazer barulho, tornando-se notado (Ex. Entraram em casa com muito cuidado para não fazer ~ «para não acordar o bebé/ê»); **c)** Causar sensação/Dar que falar (Ex. A comunicação social por vezes faz muito ~ com coisas de pouca importância). **Comb.** **~ *cósmico*** [Radiação ele(c)tromagnética emitida pelos astros análoga ao que acontece com o Sol, principalmente quando há erupções]. **~ *de algo que cai/dum embate*. ~ *de fundo*** **a)** contínuo e persistente, geralmente incomodativo «dos talheres/das conversas num restaurante/café»; **b)** *Ele(c)tron* Ondas ele(c)tromagnéticas indesejáveis [perturbadoras] em qualquer canal de transmissão «rádio». **~ *de máquinas*** «aspiradores/aviões/motosserras». **2** *Ling* Qualquer distúrbio que origina perda [perturbação] de informação na transmissão duma mensagem. **3** *fig* Rumor em torno de um acontecimento/Alarido. **Ex.** «inauguração dum quartel de bombeiros» Fa(c)to que não merecia tanto ~ [tanta propaganda]. **4** Notícia de veracidade duvidosa/Boato. **Ex.** Ouvem-se por aí uns ~s [umas vozes] «sobre negociatas de políticos».

ruidosamente (Ru-í) *adv* (<ruidoso + -mente) **1** Com bastante barulho/De modo ruidoso. **Ex.** As crianças correm ~ [em grande algazarra] para o recreio. **2** Com alegria/alarido. **Ex.** Todos festejaram ~ o gol(o) da vitória de Portugal.

ruidoso, a (Ru-í) (Ôso, Ósa, Ósos) (<ruído + -oso) *adj* **1** Que faz ruído/Barulhento. **Comb.** *Local* «rua/café» ~. *O trabalhar* ~ «dum aspirador». **2** *fig* Que provoca sensação/falatório/Sensacional. **Comb.** *Vitória* ~a [sensacional(+)] «num concurso televisivo».

ruim (Ru-ím) *adj 2g* (<lat *ruinósus, a, um*: que causa ruína) **1** Que faz mal/Prejudicial/Nocivo/Mau. **Comb.** *De* ~ [Por maldade/vingança] (Ex. Para não dar o brinquedo à irmã, de ~, atirou com ele e estragou-o). *Ervas ~ns* [daninhas(+)]. «fumar» *Vício ~*. **2** Que é de má qualidade/está estragado/tem defeitos. **Comb.** Comida «carne/peixe/azeite/vinho» ~. **3** Que está em mau estado/deteriorado/gasto. **Comb.** Caminhos [Estradas] ~ns «pedregosos/as/com buracos». **4** Perverso/Maldoso/Malvado. **Comb.** Gente ~ «quezilenta/vingativa». **5** Que custa a sarar/Incurável/Maligno. **Comb.** «cancro» *Doença ~* [maligna(+)]. *Mal ~*. **6** *fig* Difícil/Custoso. **Ex.** A vida está ~ para todos. O teste foi muito ~.

ruína *s f* (<lat *ruína, ae*) **1** A(c)to ou efeito de ruir/Destruição/Derrocada. **Loc.** «um edifício/monumento» Entrar em ~ [Começar a desmoronar/Degradar-se]. **2** *pl* Restos de cidade [monumento/edifício] desmoronada/o. ⇒ vestígio. **Comb.** ~s de antiga cidade romana «Conimbriga, Portugal». **3** Estado de degradação/decadência/Destruição. **Ex.** A droga levou-o à ~. **4** Perda da fortuna/do crédito/Falência/Miséria. **Ex.** O governo anterior «com despesas sump[sun]tuosas» deixou o país na ~. Em tempos [Já/Antes] foi uma empresa próspera; hoje está na ~.

ruindade (Ru-ín) *s f* (<ruim + -dade) **1** Cara(c)terística do que é ruim/mau/nocivo. **Ex.** Esta árvore desde há anos que está enfezada, não desenvolve [cresce]; é ~ que não tem cura. A ~ daquela tosse (funda) há de levá-lo à sepultura [(funda) vai [pode] causar-lhe a morte]. **2** Perversidade/Malvadez/Maldade. **Ex.** A ~ [malvadez(+)] dos assaltantes «de estabelecimentos comerciais/residências» vai ao ponto de matar quem se lhes oponha [quem lhes ofereça resistência].

ruinoso, a (Ôso, Ósa, Ósos) *adj* (<ruína + -oso) **1** Que está em ruína/prestes a desmoronar-se. **Ex.** «por falta de manutenção» Deixaram chegar a ponte a um estado ~. **2** Que leva à ruína/perda de bens materiais ou morais. **Comb.** *Negócio ~*. *Vício ~/degradante*. **3** Nocivo/Prejudicial. **Comb.** Condições de trabalho «nas minas» ~as para a saúde.

ruir (Ru-ír) *v int* (<lat *rúo, ere, rúi, rútum*) **1** Cair com estrondo/Desmoronar-se/Desabar. **Ex.** O prédio está muito degradado, ameaça ~/ruína. A ponte ruiu após a passagem do autocarro [ô|ô]nibus]. **2** *fig* Sofrer degradação/Ficar destruído. **Ex.** A economia de alguns países da Europa «Grécia» ameaça ~/levá-los à bancarrota. **3** *fig* Ficar frustrado/Desvanecer-se/Esfumar-se. **Ex.** O sonho de ele conquistar o título de campeão «dos 10 000 metros» ruiu na primeira eliminatória.

ruivo, a *adj/s* (<lat *rúbeus, a, um*: rúbeo) **1** (O) que tem cor entre o vermelho e o amarelo. **Ex.** As gé[ê]meas eram as duas únicas ~as da turma. **Comb.** Cabelo ~. **2** *s m Ict* Designação vulgar de peixes teleósteos da família dos triglídeos, de cor vermelha, comestíveis, frequentes nas costas marítimas portuguesas/Cabaço.

rulote (Ló) *s f* (<fr *roulotte*) Veículo sem motor que é rebocado por um automóvel e está concebido para servir de alojamento em viagens de turismo ou para outros fins/Caravana. **Loc.** Fazer férias em campismo, numa ~. ⇒ atrelado.

rum *s m* (<ing *rum*) Bebida alcoólica que se obtém por destilação de melaço de cana-de-açúcar depois de fermentado.

rumar *v t/int* (<rumo + -ar¹) **1** Pôr (uma embarcação) em rumo/Orientar (uma embarcação) para a dire(c)ção [o rumo] desejada/o. **Loc.** ~ o barco «para terra/para o porto». **2** Tomar rumo/determinada dire(c)ção/Encaminhar-se. **Ex.** Depois de percorrer alguns quiló[ô]metros em dire(c)ção a sul, rumámos a oeste.

rumba *s f Mús* (<esp *rumba*: pândega, festa, folia) Dança de origem americana, cara(c)terística de Cuba. **Loc.** Dançar a ~.

rúmen [rume] *s m* (<lat *rúmen, inis*) Pança, ruminadouro ou bandulho dos ruminantes. ⇒ barrete; folhoso; coalheira.

ruminação *s f* (<ruminar + -ção) **1** A(c)to ou efeito de ruminar. **Ex.** Os bovinos passam horas em ~. **2** *fig* A(c)ção de remoer ideias/pensamentos/Cogitação. **Ex.** (De noite) a ~ das dificuldades da vida do desempregado não o deixava *idi* pregar olho [dormir].

ruminadou[oi]ro *s m* (<ruminar + -dou[oi]-ro) Parte [Primeira câmara] do estômago dos ruminantes onde é armazenado o alimento que será depois ruminado. **Sin.** Bandulho(+); pança(+).

ruminante *adj 2g/s m pl Zool* (<ruminar + -ante) **1** Que rumina. **Comb.** Animal «boi/veado» ~. **2** *s m pl Zool* (Diz-se de) subordem dos mamíferos artiodá(c)tilos «bovinos/girafas» possuidores de dentes de desgaste e cornos persistentes ou caducos, que regurgitam os alimentos para serem ruminados [novamente mastigados].

ruminar *v t/int* (<lat *rúminor, áris, ári, átus sum*) **1** Remoer os alimentos que voltam à boca depois de engolidos. **Ex.** As vacas leiteiras passam horas a ~ a ração de palha. **2** *fig* Pensar muito no mesmo assunto/Cogitar. **Ex.** Pelo caminho [Durante a viagem] ia ruminando no aviso [conselho] que o pai lhe dera.

rumo *s m* (<gr *rhombós, ou*: roda mágica) **1** Qualquer dos sentidos da rosa dos ventos. **Idi.** *Dar (novo) ~ à vida* [Mudar de vida/Começar uma vida melhor]. *Estar no ~ certo* [Ir por bons caminhos/Estar bem orientado]. *Náut Fazer ~* [Pôr a proa do navio na dire(c)ção pretendida]. *Levar ~* [Levar sumiço/Desaparecer/Perder-se]. *Mudar de ~* **a)** Mudar de dire(c)ção (Loc. «um avião» Mudar de ~ «para fugir a uma tempestade»); **b)** Tomar outro modo de vida. *Tomar ~* **a)** Conseguir um emprego; **b)** Começar a proceder de forma mais corre(c)ta. **Comb.** *~ a* [Em dire(c)ção a]. *Sem ~* [Desorientado/Sem governo]. **2** *Náut* Ângulo que faz o sentido da rota do navio [avião] com uma dire(c)ção de referência «norte geográfico/magnético». **3** Sistema de vida/Método/Norma. **Comb.** Uma casa [vida] sem ~. **4** Caminho/Destino. **Ex.** Ele está bem seguro do ~ que quer seguir [dar à sua vida].

rumor *s m* (<lat *rúmor, óris*) **1** Ruído confuso de vozes/Rebuliço/Alvoroço/Agitação. **Ex.** Ao ouvir tamanho ~ toda a gente chegou às janelas «era uma manifestação de estudantes gritando protestos». **2** Sussurro/Murmúrio. **Ex.** De noite, bastava um ligeiro ~ para a deixar assustada. **3** *fig* Notícia que corre de boca em boca/Boato. **Ex.** Correm [Ouvem-se] ~es de que vai haver um golpe de estado.

rumorejante *adj 2g* (<rumorejar + -ante) Que rumoreja/Sussurrante. **Ex.** O som ~ da água que corre no regato.

rumorejar *v int* (<rumor + -ejar) **1** Produzir rumor. **2** Sussurrar/Ciciar. **Ex.** A brisa da tarde rumorejava nas folhas dos plátanos. **3** Contar em segredo/Murmurar. **Ex.** Ela rumorejou ao ouvido da filha não sei o quê «devia estar a falar do decote da vizinha que estava sentada em frente». **4** Fazer circular um boato. **Ex.** Rumoreja-se por aí muita coisa a respeito de negócios escuros «de gente ligada ao poder».

rumorejo *s m* (<rumorejar) **1** A(c)to ou efeito de rumorejar. **2** Murmúrio/Sussurro/Rumor 2. **Comb.** O ~ dos inse(c)tos «grilos» nas noites quentes de verão. **3** Ruído confuso/Clamor/Vozearia. **Ex.** Ouvia-se ao longe o ~ da romaria.

rumoroso, a (Ôso, Ósa, Ósos) *adj* (<rumor + -oso) Que produz rumor/barulho/Ruidoso. **Comb.** Noite ~a «da festa».

runa¹ *s f* (< ?) Seiva do pinheiro/Resina(+).

runa² *s f* (<nórdico *run*: mistério) **1** Cada uma das 24 letras do mais antigo alfabeto germânico. **2** A escrita rúnica.

rúnico, a *adj* (<runa² + -ico) **1** Referente às runas². **2** Escrito com runas². **Comb.** *Escrita ~a*. *Sistema ~o*.

runrum *s m* (< *on*) Zunzum(+)/Zumbido(o+).

rupestre (Pés) *adj 2g* (<lat *rupéstris <rúpes, is*: rochedo) **1** Relativo a rocha/Que cresce [vive] nas rochas/Rupícola. **2** *Arqueo/Arte* Expressão que designa as manifestações

artísticas sobre rocha «pintura/gravura/baixo-relevo». **Ex.** A arte ~ remonta a cerca de 30 000 anos a.C. e aparece nas mais diversas regiões da Terra «vale do rio Côa, Portugal». **3** Que assenta/está construído sobre rocha. **Comb.** Casas ~s «da Aldeia de Monsanto, Portugal».

rupia *s f* (<sân *rūpya*: prata amoedada) Unidade monetária da Índia e de outros países asiáticos «Paquistão/Sri Lanka».

rupícola *adj 2g* (⇒ rupestre) Que vive nos rochedos/Rupestre **1**.

rúptil *adj 2g* (<lat *rúptus* <*rúmpere*: romper + -il) Que abre/fende por si/Quebradiço/Frágil. **Comb.** *Bot* Fruto ~.

ruptura *Br* ⇒ rutura.

rural *adj s 2g* (<lat *rús, rúris*: campo + -al) **1** (O) que é relativo ao campo/à vida agrícola/Rústico/Campesino. **Ex.** Os ~ais [aldeões] geralmente vivem em piores condições «com menos conforto» do que os citadinos, mas têm uma vida mais saudável. **Comb.** *Exploração* ~. *Trabalhador* ~. *Vida* ~ [dos lavradores/camponeses]. **2** Que está situado fora das zonas urbanas «cidades/vilas». **Comb.** *Meio* ~. *Paisagem* ~. *Zona* ~. **Ant.** Citadino; urbano.

ruralidade *s f* (<rural + -i- + -dade) Qualidade do que é rural/Rusticidade. **Ex.** Alguns bairros antigos citadinos «de Lisboa» mantêm cara(c)terísticas de ~.

ruralismo *s m* (<rural + -ismo) **1** Conjunto de coisas rurais. **2** Emprego de cenas da vida rural em obras de arte.

ruralizar *v t* (<rural + -izar) Adaptar à vida rural/Tornar rural.

rusga *s f* (< ?) **1** Diligência policial efe(c)tuada de surpresa para prender pessoas suspeitas de a(c)tos criminosos. **Ex.** A polícia fez uma ~ ao bairro e deteve vários suspeitos de tráfico de droga». **2** Operação militar efe(c)tuada em zonas delimitadas para manutenção da segurança pública. **3** Briga/Desordem. **4** *region* Dança/Pândega. **Ex.** Siga [Segue] a ~!

Rússia *s f Geog* (< ?) País euro-asiático cuja capital é Moscovo. ⇒ Bielorrússia; Sibéria (Território russo).

russo, a *adj/s* (<*top* Rússia) **1** Relativo à [Natural/Habitante da] Rússia. **Comb.** Relações russo-chinesas. **2** *s m Ling* Língua falada na Rússia e também, como segunda língua, nas outras repúblicas que faziam parte da URSS.

rusticar *v t* (<rústico + -ar[1]) **1** Tornar rústico. **2** Fazer vida de camponês/Viver no campo.

rusticidade *s f* (<rústico + -i- + -dade) **1** Qualidade do que é rústico. **Ex.** Aldeia que conserva a ~ de há centenas de anos. **2** *fig* Falta de delicadeza/Rudeza/Incivilidade. **Comb.** Modos que revelam ~.

rústico, a *adj* (<lat *rústicus, a, um*) **1** Do campo/Rural/Campestre. **Comb.** *Beleza* ~*a*. *Paisagem* ~*a*. **2** Diz-se de prédio destinado a fins agrícolas. **Comb.** *Propriedade* ~*a*. **3** Que apresenta simplicidade/Pouco elaborado/Primitivo/Simples. **Comb.** *Casa* ~*a*. *Comida* ~*a*. *Mobiliário* ~. **4** Que é pouco polido/Inculto/Grosseiro. **Comb.** *Linguagem* ~*a* [rude(+)]. *Modos* ~*s* [rudes(+)].

rutabaga *s f Bot* (<escandinavo *rotabagge*: raiz em forma de saco) Planta de cultura, híbrida, da família das crucíferas, resultante do cruzamento do nabo com a couve e que é também conhecida por couve-nabiça e nabo-da-Suécia.

rutáceo, a *adj s Bot* (<lat *rúta*: arruda + -áceo) (Diz-se de) família de plantas dicotiledó[ô]neas odoríferas, árvores ou arbustos, com cerca de 1600 espécies frequentes nas regiões mais quentes de todo o Mundo, principalmente da África do Sul e da Austrália.

ruténio [*Br* **rutênio**] [Ru 44] *s m Quím* (<*top* Ruté[ê]nia, região da Rússia) Elemento químico metálico (Grupo VIII do Quadro Periódico) que acompanha a platina nos aluviões donde se extrai. **Ex.** O ~ é um metal muito duro e com ponto de fusão elevado, usado em catalisadores e em ligas com titânio resistentes à corrosão.

ruteno, a (Tê) *adj/s* (<lat *ruténi, órum*) (Relativo ao) povo eslavo (Pequenos Russos ou Malo-Russos) que habita regiões da Galícia (Polónia), Lituânia e Hungria.

rut(h)erfórdio [Rf 104] *s m Quím* (<*antr* E. Rutherford (1871-1937), físico inglês) Elemento químico transuraniano obtido artificialmente em 1964 por cientistas russos.

rutilação *s f* (<rutilar + -ção) A(c)to de rutilar/Resplendor/Brilho/Rutilância.

rutilância *s f* (<lat *rutilántia, ae*) Qualidade do que é rutilante/Fulgor.

rutilante *adj 2g* (<rutilar) **1** Que brilha/resplandece/Esplendoroso. **Comb.** O sol ~ do meio-dia. **2** Que deslumbra/Fulgurante. **Comb.** Beleza ~.

rutilar *v t/int* (<lat *rútilo, áre, atum*) **1** (Fazer) brilhar vivamente/Resplandecer. **Ex.** As estrelas rutilam no céu. **2** Emitir luz/faísca/Lançar de si. **Ex.** Os olhos dela rutilam alegria.

rutilo [**rutílio**] *s m Min* (<lat *rútilus, a, um*) Mineral, dióxido de titânio (TiO_2), cuja cor vai do amarelo ao vermelho sanguíneo, e que cristaliza no sistema tetragonal.

rútilo, a *adj* (<lat *rútilus, a, um*: de cor vermelha) Que tem cor vermelha/Cintilante.

rutina *s f* (<lat *ruta*: arruda + -ina) Produto extraído da arruda e de várias plantas, empregado no tratamento da fragilidade das paredes dos vasos capilares.

rutura [*Br* **rup[ro]tura**] *s f* [= ruptura] (<lat *ruptúra, ae*) **1** A(c)to ou efeito de romper/Rompimento/Rotura. **Comb.** ~ *da bolsa das águas*. ~ *de ligamentos*. ~ *de uma veia*. ⇒ fra(c)tura. **2** Buraco/Fenda/Fissura. **Comb.** ~ duma conduta «de água». **3** Corte de relações/compromissos. **Comb.** ~ *de negociações*. ~ *dum contrato*. **4** Interrupção/Suspensão. **Comb.** ~ *de abastecimento* «de alimentos/combustíveis». ~ *de stocks*.

S

S/s (Ésse/Ssê) *s m* **1** Décima nona letra do alfabeto português. **2** Símbolo de segundo, sul e enxofre e abreviatura de Santo/a/São e de substantivo. **Loc.** *Andar/Ir aos SS (Ésses)* [em ziguezague «bêbedo»] (Ex. Antes do desastre o carro já ia aos ss).

SA *s f* Sigla de Sociedade Anó[ô]nima.

sa(a)riano, a *adj* Relativo ao deserto do Sa(a)ra, no Norte de África. ⇒ Sara.

sábado *s m* (<hebr *shabbath*) **1** Sétimo dia da semana. **Ex.** Hoje é sexta-feira, amanhã é ~. **2** Dia sagrado e de descanso para os judeus. **Idi.** *Nunca mais é* ~ [Expressão para indicar uma longa espera] (Ex. Estou há muito tempo à espera de um amigo, mas nunca mais é ~). **Comb.** ~ *de Aleluia*/~ *Santo* [Sábado antes do Domingo de Páscoa/Vigília Pascal].

sabão[1] *s m Quim* (<lat *sápo, ónis*) Substância detergente que serve para lavar/desengordurar. **Ex.** Eu gosto de lavar a roupa com pouco ~. **Comb.** ~ *azul* [em pó/líquido/macaco/para a barba]. *Barra de* ~. *Bola de* ~. *Espuma de* ~.

sabão[2]**, ona** *s* (<saber + -ão) *fam* Pessoa que sabe muito/Sabichão(+). **Ex.** Ele é o ~ da turma.

sabático, a *adj* (<gr *sabbatikós*) Relativo ao sábado. **Comb.** *Ano* ~ /*Licença* ~*a* [Suspensão temporária e paga de a(c)tividade profissional ou acadé[ê]mica] (Ex. Ele pediu licença ~a para fazer a tese de doutoramento; ⇒ sábado 2).

sabatino, a *adj/s f* (<lat *sábbatum* + -ino) **1** Relativo a sabatina. **2** *s f* Recapitulação escolar [Exame] da matéria dada, realizada/o ao sábado.

sabedor, ora *adj/s* (<saber + -dor) **1** Que sabe ou foi informado de alguma coisa **Ex.** Os pais muitas vezes não são ~es do que os filhos andam a fazer. **2** Que sabe muito/Entendido/Erudito/Sábio. **Ex.** Ele é muito ~ [entendido(+)] na matéria. **Ant.** Ignorante/Néscio.

sabedoria *s f* (<sabedor + -ia) **1** Qualidade de sábio [de pessoa instruída/de muito saber]. **2** Grande soma de conhecimentos/Ciência/Erudição/Saber. **3** Qualidade do que faz aplicação inteligente dos seus conhecimentos/Re(c)tidão/Senso. **Ex.** Ela usou [pôs em jogo] toda a sua ~. **4** Conhecimento adquirido pela experiência ao longo da vida. **Ex.** Os mais novos têm muito que aprender da ~ dos anciãos. **Comb.** ~ *popular* [Conhecimentos comuns, adquiridos e transmitidos de geração em geração, muitas vezes em forma de provérbios]. *Livro da Sabedoria* [Um dos livros do Antigo Testamento da Bíblia].

saber *v t/int/s m* (<lat *sápio, sápere*: ter sabor) **1** Conhecer/Estar informado de. **Ex.** Sei que ele chega a Lisboa nos próximos dias. **Idi.** ~ *as linhas com que se cose* [Ter consciência dos fa(c)tores que o podem favorecer ou desfavorecer]. ~ *de cor e salteado* [Estar bem memorizado]. ~ *«a lição de história» na ponta da língua* [muito bem]. ~ *o que quer* [Ter ideias precisas]. ~ *(qual é) o seu lugar* [Ter consciência de como se deve comportar]. ~ *da poda* [Saber do seu ofício]. *fam* ~ *vender o peixe* [Ser capaz de convencer alguém de alguma coisa). *Sabe-se lá* [É impossível [pouco importa] saber] «quem (foi que) partiu o vidro da janela». *Não* ~ *às quantas anda* [Estar confuso]. *Não* ~ *aquilo que tem* [Ser muito rico]. *Não* ~ *onde ir parar* [Destino desconhecido]. *Não* ~ *o que fazer* [Estar indeciso]. *Não* ~ *o que diz* [Não estar no seu perfeito juízo]. *Não* ~ *o que dizer* [Ficar sem resposta/Não ter resposta adequada]. *Não* ~ *nada de nada* [Ser completamente [muito/um] ignorante]. *Não querer* ~ *de* (Ex. Ele não queria saber dos pais). *Não querer* ~ *de nada* [Recusar-se a ter conhecimento de alguma coisa] (Ex. Quanto a pagar, ele não quer ~ de nada [, não quer pagar]). **Ant.** Ignorar. **2** Ter instrução, conhecimentos em determinado assunto. **Ex.** O João sabe muito de Filosofia. **3** Compreender [*idi* Estar a par de (+)] um fa(c)to. **Ex.** Sei que tu não estás bem de saúde. **4** Possuir capacidade ou talento para fazer alguma coisa. **Ex.** Ele sabe cozinhar muito bem. **5** Estar consciente de alguma coisa. **Ex.** Ele sabe dos [quais são os (+)] seus direitos e deveres. **6** Ter consciência do estado de alguém ou de si próprio. **Ex.** Não sabia do seu grande [Você tem (mesmo) muito] talento para a música! **7** Ter conhecimento da existência de alguma coisa ou de alguém. **Ex.** Sei de [Conheço] uma pessoa que te pode ajudar. **Loc.** *A* ~ [Enumeração] (Ex. Traz-me várias coisas, a ~: o jornal, um livro e um disco). *Fazer* [Dar a(+)] ~ [Informar] (Ex. O professor fez-nos ~ [informou[disse]-nos] que amanhã não há aulas). *Vir a* ~ [Ser informado] (Ex. Ele veio a saber do acontecido por outra pessoa). **8** Ter a certeza de/Estar convencido de alguma coisa. **Ex.** Sabia [Eu tinha a certeza de] que ele iria embora. **9** ~ [Ter] *de cor*/*Decorar*. **Ex.** Ele sabe o texto todo. **10** Perguntar/Indagar. **Ex.** Desejava ~ a que horas parte o autocarro/ó[ô]nibus. **11** Prever. **Ex.** Ele sabe [prevê] o futuro. **12** Causar uma determinada sensação gustativa/Ter um determinado sabor. **Ex.** A comida sabe a azedo. **Loc.** ~ *bem* [Agradar ao paladar/Ser saboroso/gostoso]. ~ *mal* [Ter (um) sabor desagradável]. **13** *s m* **a)** Conjunto de conhecimentos adquiridos/Ciência/Cultura. **Ex.** É uma pessoa muito culta [de muito ~]. **b)** Experiência de vida/Sabedoria/Sensatez.

saber-fazer *s m sing* e *pl* Capacidade/Competência para a realização de coisas práticas/*Know-how*.

sabe-tudo *s 2g sing* e *pl* Indivíduo que alardeia saber/Sabichão(+).

sabiá *s 2g Ornit* (<tupi *sawiá*) Ave da família dos turdídeos e de canto melodioso.

sabiamente *adv* (<sábio + -mente) **1** Com bom conhecimento/Com muito saber. **Ex.** Ele discursou ~ durante uma hora. **2** Com atitude inteligente e de bom senso/Sensatamente. **Ex.** Como é uma pessoa experiente, age sempre ~.

sabichão, ona *adj/s* (<sáb(io) + - ichão) **1** Que é muito instruído/Pessoa que sabe muito. **Ex.** Ele sabe muito, é um grande ~. **2** *Iron* Pessoa que gosta de mostrar o saber que não possui. **Ex.** Eles têm a mania de que são uns ~ões.

sabido, a *adj* (<saber) **1** Que está aprendido. **Ex.** O texto já está bem ~. **2** Que é do conhecimento público. **Ex.** É ~ que nem todos cumprem as leis. **3** Que tem conhecimentos profundos de qualquer assunto/Conhecedor/Entendido/Sabedor/Sábio/Versado. **Ex.** É pessoa muito ~a na [nessa] matéria. **4** ⇒ Pessoa que pondera o que faz e o que diz/Astuto/Prudente(+). **5** *Iron/Pej* Matreiro/Maroto/Finório. **Ex.** Ui! Ele é muito ~... **Ant.** Ingé[ê]nuo.

sabino, a *adj/s* (<esp *sabino*) Diz-se de cavalo que tem pelo branco, mesclado de vermelho e preto.

sábio, a *adj/s* (<lat *sápidus*) **1** Que tem bons conhecimentos/muito saber/Culto/Erudito/Sabedor. **Ex.** Ele é um grande ~. **Ant.** Ignorante. **2** Pessoa que se distingue pelo saber e experiência. **Ex.** As pessoas idosas na China são consideradas ~as. **3** Que tem conhecimentos numa determinada área/Conhecedor/Perito/Versado. **Ex.** Ele é um ~ em aeronáutica. **4** Prudente. **Ex.** O governo tomou medidas ~as [apropriadas] para resolver a crise econó[ô]mica.

saboaria *s f* (<sabão + -aria) Fábrica/Local onde se faz ou vende sabão.

saboeiro, a *adj/s* (<sabão + -eiro) **1** Relativo ao fabrico e comércio de sabão. **2** Pessoa que fabrica sabão. ⇒ saponário/áceo.

Saboia (Bói) *s f* Região do sudeste de França cujos habitantes são saboianos.

sabonete (Nê) *s m* (<sabão + -ete) **1** Sabão perfumado para a higiene do corpo. **Ex.** É importante lavar as mãos com ~ antes das refeições. **2** *fig/fam* Repreensão que se dá a alguém/Descompostura/Raspanete(+). **Ex.** Ele levou um ~ [apanhou uma (boa/grande) repreensão] do chefe. **Loc.** *Dar/Passar um* ~ [Dar uma repreensão]. *Levar/Apanhar um* ~/*uma repreensão* [Ser repreendido].

saboneteira *s f* (<sabonete + -eira) Utensílio para colocar o sabonete.

sabor (Bôr) *s m* (<lat *sápor, óris*) **1** Sensação que certas substâncias exercem no [sobre o sentido do] paladar. **Ex.** A comida do almoço tinha um ó(p)timo ~. **2** Propriedade que as substâncias têm de afe(c)tar o paladar. **Ex.** Há alimentos que têm mais ~ que outros. **3** Um dos cinco sentidos/Gosto(o+)/Paladar(+). **4** *fig* Sensação agradável provocada por alguma coisa. **Ex.** A minha viagem ao Brasil teve um ~ especial. **5** Traço distintivo/Cará(c)ter. **Ex.** Eles tocam música de ~ africano. **Loc.** ~ *de* [Ao gosto «dos ouvintes»]. **Idi.** *Ao* ~ *da maré* [Sem orientação] (Ex. Ele continua ao ~ da maré, sem saber o que fazer). **Comb.** ~ *amargo* [doce/picante/salgado].

saborear *v t* (<sabor + -ear) **1** Dar sabor(+) a um alimento/Tornar saboroso. ⇒ temperar. **2** Avaliar o sabor de alguma coisa/Degustar. **Ex.** Uma boa cozinheira saboreia [prova(+)] sempre a comida ao prepará-la. **3** Comer lentamente, com gosto. **Ex.** Durante a tarde saboreámos com agrado vários frutos tropicais. **4** *fig* Deliciar-se.

saboroso, a (Ôso, Ósa, Ósos) *adj* (<sabor + -oso) **1** Que tem bom sabor. **Ex.** A comida está muito ~a. **2** *fig* Que é agradável e dá prazer. **Ex.** Na praia passámos momentos ~os [horas agradáveis (+)]. **3** *fig* Que tem graça e provoca o riso. **Ex.** Ele contou anedotas ~as [com muita graça(+)].

sabotador, a *adj/s* (<sabotar + -dor) (O) que faz sabotagem. Não se sabe quem foram os ~es do avião.

sabotagem *s f* (<fr *sabotage*) **1** Danificação voluntária de instalações e equipamentos. **Ex.** Ontem à noite houve a ~ de uma ferrovia [linha de caminho de ferro]. **2** A(c)to de impedir ou dificultar o desenvolvimento de uma a(c)tividade. **Ex.** Numa freguesia do norte de Portugal fizeram ~ às [sabotaram as] eleições.

sabotar *v t* (<fr *saboter*) **1** Danificar alguma coisa de modo voluntário e planeado. **Ex.** Os terroristas sabotaram as estradas principais da região. **2** Impedir ou dificultar o desenvolvimento de uma a(c)tividade. **Ex.**

Enquanto trabalhámos, foram sabotando o nosso trabalho.

sabre *s m* (<fr *sabre*) Arma branca de lâmina delgada, com ponta e um só gume. **Ex.** Os soldados levavam a espingarda com ~. ⇒ baioneta; punhal.

sabrina *s f* (< ?) **1** Sapato fino, raso e confortável. **Ex.** As ~s são sapatos leves. **2** Aparelho não elé(c)trico, com cabo, para limpar alcatifas. **Ex.** Com a ~ a alcatifa ficou bem limpa.

sabugal *s m* (<sabugo 2 + -al) Terreno com sabugueiros.

sabugo *s m* (<lat *sabúcus*) **1** *Bot* Substância esponjosa existente no interior do caule de certas árvores, nomeadamente do sabugueiro. **2** *Bot* Sabugueiro(+). **3** *Zool* Parte interior dos chifres de alguns animais «boi». **4** Parte do dedo em que assenta a unha. **Ex.** Ele roía as unhas até ao ~. **5** Parte da espiga [maçaroca] do milho onde se prendem os grãos.

sabugueiro *s m Bot* (<sabugo + -eiro) Arbusto de flores brancas, aromáticas e com propriedades medicinais. **Ex.** O leite fervido com flor de ~ é muito bom para as constipações [gripes/resfriados]. **Comb.** Chá de flor (seca) de ~.

sabujar *v t* (<sabujo + -ar¹) **1** Lisonjear alguém excessivamente/Adular(+)/Bajular/ *fam* Dar graxa(o+)/Passar manteiga/Engraxar. **Ex.** Ele gosta de ~ o professor.

sabujice *s f* (<sabujo + -ice) **1** Qualidade do que se sujeita a baixezas para conseguir os seus intentos/Bajulação/Servilismo(+). **Ex.** Conseguiu o lugar através da [com muita] ~. **2** A(c)to ou dito de sabujo.

sabujo, a *adj/sm* (<lat *segusius canis*: cão de Susa, Itália) **1** Que lisonjeia servilmente/ Bajulador. **Ex.** As pessoas ~as conseguem o que querem. **2** Grande cão de caça.

saburra *s f* (<lat *saburra*: lastro de navio) **1** Crosta que reveste a parte superior da língua em algumas doenças/Sarro. **2** Matérias supostamente acumuladas no estômago devido a más digestões. **3** *Naut* Areia grossa colocada no porão para lastro dos navios.

saburrar *v t* (<lat *sabúrro, áre, átum*: lastrear) Colocar areia grossa para estabilizar a embarcação.

saburrento, a *adj* (<saburra + -ento) Que tem saburra. **Comb.** Língua ~a.

saca *s f* (<saco) **1** Rece(p)táculo de serapilheira, plástico ou outro material, que se pode apertar e desapertar. **Ex.** Havia muito milho naquele ano, encheram cinquenta ~s. **2** Saco que serve de medida. **Ex.** Para fazer o pão, a padaria gastou cinco ~s de farinha. **Idi.** *fam* **~ de batatas** [Mulher gorda e indolente]. **3** Movimento da onda quando avança para a praia. **Ant.** Ressaca.

sacada *s f* (<sacado) **1** A(c)to de tirar alguma coisa com violência/Puxão(o+)/Esticão(+); ⇒ sacão. **2** Aquilo que uma saca pode conter. **3** *Arquit* Plataforma saliente «da fachada» de uma casa. **Ex.** Tem a ~ cheia de vasos de flores. ⇒ varanda.

sacado, a *adj/s m* (<sacar) **1** Que foi tirado do local onde se encontrava. **2** *Com* Cobrado(+). **Ex.** O cheque já foi ~. **3** Pessoa de quem o sacador cobra um título de crédito.

sacador, ora *adj/s* (<sacar + -dor) **1** (O) que retira alguma coisa para fora do local onde se encontra. **2** *Com* (O) que saca uma letra de câmbio ou equivalente. **Ex.** A empresa ~a é nacional. ⇒ sacado 2/3.

sacana *adj/s 2g gír/cal* (< ?) **1** Que tem mau cará(c)ter e prejudica os outros/Canalha/ Patife. **Ex.** Ele é (um) ~. **2** ⇒ *Br* Libertino.

sacanagem *s f* (<sacana + -agem) **1** A(c)to desonesto que prejudica alguém/Sacanice(+). **Ex.** Ele fez uma grande ~ à namorada. **2** ⇒ *Br* Gozo carnal/Libertinagem.

sacanear *v t* (<sacana + -ear) **1** Proceder como um [Ser] sacana/Enganar. **Ex.** Ele consegue ~ até os mais íntimos. **2** ⇒ Chatear/Irritar.

sacanice *s f* (<sacana + -ice) A(c)to desleal que prejudica outra pessoa/Patifaria/Sacanagem. **Ex.** Ele fez-lhe uma ~.

sacão *s m* (<sacar + -ão) Salto do cavalo para sacudir o cavaleiro/Movimento rápido e brusco/Sacudidela/Safanão(+). **Ex.** O animal deu um ~ e deitou ao chão [atirou com] o cavaleiro.

sacar *v t* (<lat *sácco, áre, átum*) **1** Tirar para fora, à força e bruscamente/Arrancar. **Ex.** O assaltante sacou a bolsa à senhora e fugiu. **2** Puxar de/por. **Ex.** O assaltante sacou da arma e apontou-a às vítimas que tinha como reféns. **3** Conseguir com esforço. **Ex.** Não lhe sacou nem uma moeda. **4** *Com* Fazer um levantamento em dinheiro. **Ex.** Sacou dinheiro [o valor] no banco. **5** Emitir cheque ou letra de câmbio para ser pago por alguém. **Ex.** Sacou [Passou(+)] um cheque para pagamento. **Loc.** ~ uma letra. **6** Entender/Perceber. **Ex.** Ele não saca [percebe(+)] nada do assunto.

sacaria *s f* (<saco + -aria) **1** Grande quantidade de saco[a]s. **2** Indústria [Fábrica] de saco[s].

sacar(i/o)- *pref* (<lat *sáccharum,i*: açúcar, suco doce) Exprime a ideia de *açúcar*. ⇒ glico-.

saçaricar *v t Br* (<sassar + -icar) Dançar, movimentando as ancas/Saracotear(+)/ Foliar. **Ex.** Ela esteve a ~ toda a noite.

sacarídeo, a *adj* (<sacar(i/o)- + -ídeo) Semelhante ao açúcar. ⇒ glícido/glicídio.

sacarífero, a *adj* (<sacar(i/o)- + -fero) Que contém ou produz açúcar.

sacarificação *s f* (<sacarificar + -ção) Conversão indutora do amido em açúcar.

sacarificador, ora *adj/sm* (<sacarificar + -dor) **1** *Quím* (O) que sacarifica/Sacarificante. **2** Aparelho que transforma o amido em glicose.

sacarificar *v t* (<sacar (i/o)- + -ficar) Converter o amido em açúcar.

sacarimetria *s f* ⇒ sacarometria.

sacarímetro *s m* ⇒ sacaró[ô]metro.

sacarina *s f* (<sacar(i/o)- + -ina) Substância adoçante usada como substituto do açúcar. **Ex.** A ~ é usada nas dietas dos diabéticos.

sacarino, a *adj* (<sacar(i/o)- + -ino) **1** Relativo ao açúcar. **2** Que tem a natureza do açúcar.

sacaroide (Rói) *adj 2g* (<sacar(i/o)- + -oide) Que se assemelha ao açúcar.

sacarol *s m* (<sacar(i/o)- + -ol) Açúcar que faz parte de um medicamento para atenuar o sabor.

saca-rolhas *s m sing e pl* (<sacar + rolha) **1** Instrumento, geralmente metálico, em forma de espiral, para tirar a rolha da garrafa ou do garrafão. **Ex.** Ele abriu a garrafa com o ~. **2** *col* Madeixa de cabelo em espiral/Caracol(+). **3** *Bot* Nome comum de várias plantas.

sacarologia *s f* (<sacar(i/o)- + -logia) Estudos e conhecimentos sobre açúcar.

sacarometria *s f Quím* (<sacar(i/o)- + -metria) Medição da quantidade de açúcar num líquido.

sacarómetro [*Br* **sacarômetro**] *s m Quím* (<sacar(i/o)- + -metro) Aparelho para medir [avaliar] a dose de açúcar dum líquido.

sacarose (Ró) *s f Quím* (<sacar(i/o)- + -ose) Substância adoçante extraída da cana-de-açúcar ou da beterraba. **Ex.** A ~ em excesso faz mal à saúde. ⇒ glicose.

sacaroso, a (Ôso, Ósa) *adj* (<sacar(i/o)- + -oso) Que é da natureza do açúcar.

sacerdócio *s m Rel* (<lat *sacerdótium*) **1** Cargo ou função de sacerdote. **Ex.** Desde muito cedo ele mostrou vocação para o [ele aspirou ao] ~. **2** Carreira eclesiástica/sacerdotal. **3** Conjunto dos sacerdotes. **Comb.** O ~ católico/cristão. **4** *Fig* Missão ou a(c)tividade profissional realizada com grande dedicação. **Ex.** Para ele, ser professor [médico] era um ~.

sacerdotal *adj 2g* (<lat *sacerdotális*) Que é relativo ao sacerdote ou ao sacerdócio. **Ex.** A missão ~ exige sacrifícios. **Comb.** Vida ~.

sacerdote *s m Rel* (<lat *sacérdos, dótis*; ⇒ sacerdotisa) **1** Aquele que, nas religiões «judaica/romana» antigas, oferecia as vítimas «carneiro/touro» à divindade. **2** Aquele que recebeu ordens sacras e ministra aos fiéis os sacramentos da Igreja/Padre/Presbítero. **Ex** A(c)tualmente há [são ordenados] poucos ~s. **Comb.** Sumo ~ [Aquele que ocupa o lugar mais elevado numa hierarquia religiosa] (⇒ Papa/Santo Padre/Sumo Pontífice). **3** *fig* Pessoa que exerce uma profissão com a máxima dignidade. **Ex.** Ele cumpre a sua missão como um ~ (⇒ sacerdócio 4).

sacerdotisa *s f* (<lat *sacerdotíssa*) **1** Mulher que nas antigas religiões oferecia vítimas às divindades e cuidava do templo. **2** *fig* Mulher muito dedicada à sua missão (⇒ sacerdócio 4). **Ex.** As ofertas estavam nas mãos da ~.

sacha *s f Agric* (<sachar; ⇒ sacho) **1** A(c)ção ou efeito de sachar/Cava(+). **Ex.** É o tempo da ~ (⇒ lavra). **2** ⇒ enxada.

sachada *s f Agric* (<sacha + -ada) A(c)ção ou efeito de dar (Bater) ou cavar com a sacha.

sachadela (Dé) *s f Agric* (<sacha + -dela) A(c)ção ou efeito de sachar [cavar] ao de leve. **Ex.** A horta precisa de uma ~.

sachador, ora *s* (<sachar + -dor) **1** Pessoa que sacha. **Ex.** Na horta são necessários dois ~es para sachar toda a terra. **2** ⇒ Pequena enxada.

sachão *s m* (<sacho + -ão) **1** *Aum* de sacho. **2** Enxada grande/Enxadão. **Ex.** Para cavar mais profundamente a terra é preciso um ~.

sachar *v t* (<lat *sarculáre*) Cavar ou mondar com um sacho. **Ex.** Ele sacha a terra do milho [das batatas] durante a manhã.

sachê *s m* (<fr *sachet*) Pequeno saco ou almofadinha que contém substância aromática para perfumar a roupa.

sacho *s m* (<lat *sarcúlum*; ⇒ sacha) Pequena enxada para cavar, regar, arrancar as ervas, por vezes com espigão ou dois bicos ou orelhas do lado oposto ao da pá/folha.

sachola (Chó) *s f* (<sacho + -ola) Pequena enxada de pá larga.

sacholada *s f* (<sachola + -ada) Pancada ou ferimento com sacha [sacho(la)].

saci (Cí) *s m* (<tupi *sa`si*: entidade fantástica) **1** *Etn* Negrinho imaginário com uma só perna, que usa barrete vermelho e fuma cachimbo, divertindo-se a espantar, com longos assobios em caminhos solitários, homens e animais; saci-pererê. **2** *Ornit* Nome de ave; *Tapera naevia*.

saciar *v t* (<lat *sátio, áre, átum*) **1** Satisfazer plenamente a fome e a sede. **Ex.** Tinha muita sede mas saciei-me com uma grande garrafa de água. **2** ~-se/Satisfazer-se/

Encher-se/Fartar-se. **Ex.** Saciou-se com pão e queijo. **3** *fig* Satisfazer. **Ex.** Vou ler o livro e ~ a minha curiosidade.

saciado, a *adj* (<saciar) Que se saciou, comendo e/ou bebendo/Satisfeito/Farto. **Ex.** Estava com fome mas comi bem e fiquei ~.

saciável *adj 2g* (<saciar + -vel) Que se pode saciar. **Ex.** Desde que haja comida, toda a fome é ~. **Ant.** Insaciável.

saciedade *s f* (<lat *satíetas, átis*) Estado de satisfação completa no corpo ou no espírito. **Ex.** Ele comeu (até) à ~.

saco *s m* (<lat *sáccus*) **1** Recipiente de pano, papel, plástico, aberto em cima, com um fio ou pontas para o apertar, servindo para guardar e transportar algo. **Ex.** Os ~s de plástico são prejudiciais para o ambiente. ⇒ ~-roto. **2** Conteúdo do ~. **Ex.** ~ de farinha. **Idi.** *Despejar o ~* [Dizer tudo o que acha que deve dizer/Desabafar]. *Encher o ~/Estar/Ficar de ~ cheio* [Perder a paciência]. *Meter a viola no ~* [Não ter resposta/Calar-se]. *Meter/Pôr no mesmo ~* [Tratar de igual forma coisas diferentes]. *Não cair em ~ roto* [Não esquecer]. **Comb.** *~ de água quente* «para aquecer os pés». *~ de* [para fazer] *café. ~ de dormir* (⇒ ~-cama).

saco-cama *s m* Saco para dormir feito de material isolador e acolchoado. **Ex.** Todos devem levar sacos-camas para o acampamento.

sacola (Có) *s f* (<saco + -ola) **1** Saco com alças, fio ou pega para levar obje(c)tos. **Ex.** Trazia a ~ das compras na mão. **2** Bolsa que geralmente se leva a tiracolo. **Ex.** A ~ da escola.

sacolejar *v t* (<sacola + -ejar) **1** Mover para um lado e para o outro, com energia/Abanar/Agitar/Sacudir. **Ex.** Estão a ~ [varejar(+)] a oliveira para cair a azeitona. **2** *fig* Produzir um efeito emocional em alguém/Abalar(+)/Afe(c)tar(+)/Impressionar. **Ex.** A morte inesperada sacolejou[abalou(+)]-os.

sacolejo *s m* (<sacolejar) **1** A(c)ção de agitar repetidas vezes. **Ex.** O ~ fez cair os frutos. **2** A(c)to de se impressionar fortemente/Comoção(+).

saco-roto *s m fam* Pessoa incapaz de guardar um segredo. **Ex.** A mãe pediu-lhes segredo, mas os filhos são uns sacos-rotos e contaram tudo.

sacralização *s f Rel* (<sacralizar + -ção) A(c)to ou efeito de sacralizar. **Ant.** Secularização.

sacralizar *v t* (<sacro + -al + -izar) **1** Tornar sagrado/Santificar.

sacramentado, a *adj Rel* (<sacramentar) **1** Que recebeu os últimos sacramentos. **Ex.** Ele está muito doente, já está [foi] ~. **2** «pão/vinho» Que foi consagrado(+). **Comb.** Jesus ~ [Hóstia consagrada/Jesus eucarístico/na eucaristia].

sacramental *adj 2g* (<sacramento + -al) **1** *Rel* Relativo aos ritos sagrados, instituídos por Cristo. **Comb.** *Graça ~* [própria de cada um dos sete sacramentos]. *Palavras ~tais* «Eu te ba(p)tizo ...». **2** *fig* Que é fundado na prática habitual. **Ex.** O presidente da assembleia pronunciou as palavras ~ais [habituais(+)]: "Está aberta a sessão". **3** *fig* Que tem cará(c)ter obrigatório. **Comb.** Dever ~/sagrado(+).

sacramentar *v t Rel* (<sacramento + -ar¹) Ministrar os sacramentos da Igreja. **Ex.** O padre foi ~ um doente [foi administrar-lhe os sacramentos da penitência [reconciliação], comunhão e unção dos enfermos]. ⇒ sacramentado **1**.

sacramentário *s m an* (<sacramento + -ário) Livro/Ritual para a administração dos sacramentos.

sacramento *s m Rel* (<lat *sacraméntum*) **1** Sinal sensível e eficaz da graça, instituído por Cristo. **Ex.** Os sete ~s são: o ba(p)tismo, a confissão [penitência/reconciliação], a comunhão, o crisma [a confirmação(+)], o matrimó[ô]nio, a ordem e a extrema-unção [a unção dos enfermos(+)/santa unção]. **2** A Eucaristia ou hóstia consagrada. **Ex.** Ele recebeu a comunhão [o santo ~] das mãos do diácono. **Comb.** *O ~ do altar* [A Eucaristia/ O Santíssimo ~]. «o doente já recebeu» *Os últimos ~s* [Confissão/Comunhão/Santa Unção]. ⇒ viático.

sacrário *s m* (<lat *sacrárium*) **1** Pequeno tabernáculo onde se guardam, numa píxide, as hóstias consagradas. **Ex.** Para dar a comunhão, o sacerdote retira do ~ as hóstias consagradas. **2** *fig* Lugar íntimo onde se guardam os sentimentos. **Ex.** Deus quer morar no (~ do) nosso coração.

sacratíssimo, a *adj sup* (<lat *sacratíssimus <sácer, cra, crum*: sagrado) Que é muito sagrado. **Comb.** A hóstia ~a [O Santíssimo Sacramento(+)/Jesus Sacramentado(+)].

sacrificado, a *adj* (<sacrificar) **1** Oferecido como sacrifício a uma divindade. **2** Que se sacrifica por alguém ou alguma coisa. **Ex.** É uma pessoa ~a pelos [muito dedicada aos/que vive para os] filhos. **3** Que se sujeita a [Que experimenta] privações e dificuldades. **Ex.** Tem sido uma pessoa muito ~a [Passou muitos trabalhos] ao longo da vida.

sacrificador, ora *adj/s* (<lat *sacrificátor, óris*) **1** Sacerdote que oferecia vítimas às divindades/Imolador. ⇒ celebrante «da missa».

sacrificar *v t* (<lat *sacrífico, áre, átum*) **1** Oferecer um sacrifício à divindade/Imolar. **2** Dedicar(-se) totalmente a/~-se por. **Ex.** Sacrificou-se sempre pelos outros. **3** Desprezar alguma coisa em favor de outra. **Ex.** ~ os seus interesses ao bem público. **4** Fazer sofrer/Prejudicar. **Ex.** A crise está a ~ (a vida d)as pessoas.

sacrific(i)al *adj 2g* (<lat *sacrificiális*) Relativo aos sacrifícios «de vítimas».

sacrifício *s m* (<lat *sacrifícium*) **1** A(c)ção de sacrificar/Imolação. **2** *Rel* Oferenda a Deus/Oblação. **Ex.** O ~ [A morte] de Jesus na cruz foi [é] o ~ por excelência. **Comb.** *~s humanos* «praticados nas religiões antigas». «oferecer o» *Santo ~* [Missa]. **3** *Rel* O que foi sacrificado/imolado. **4** Privação voluntária/Exigência. **Ex.** A vida dos atletas de alta competição exige ~s. **5** Privação em proveito de alguém ou de alguma coisa. **Ex.** Os pais fazem muitos ~s pelos filhos **Comb.** Espírito de ~. **6** Sofrimento/Cruz. **Ex.** Foi um ~ enorme chegar ao cimo da montanha.

sacrilégio *s m* (<lat *sacrilégium*) **1** Profanação de uma coisa sagrada. **Ex.** Cometeram um ~, (pois) roubaram o sacrário. **2** *fig* Atentado contra o que é digno de respeito/A(c)ção extremamente repreensível. **Ex.** Foi um ~ demolir [deitar abaixo] aquele edifício histórico.

sacrílego, a *adj/s* (<lat *sacrílegus*) **1** Relativo a sacrilégio. **Comb.** Um discurso ~. **2** (O) que cometeu sacrilégio/Profanador. **Ex.** Ele é um ~, está sempre a falar mal das coisas sagradas.

sacripanta *adj/s 2g* (<*antr* it *Sacripante*, personagem do poema *Orlando Furioso*, de L. Ariosto) Pessoa de mau cará(c)ter/Hipócrita/Canalha.

sacristão, ã (Sá) *s* (<lat *sacristánus,a*) **1** Pessoa que ajuda o sacerdote nos a(c)tos de culto e executa diversos serviços na igreja [capela do convento]. **Ex.** Os ~ães [As sacristãs] auxiliam os sacerdotes na missa. **2** ⇒ acólito [ajudante]; *Br* coroinha.

sacristia (Sá) *s f* (<lat *sacristía*) Casa anexa a uma igreja ou dependência dela onde se guardam os paramentos, os obje(c)tos de culto e onde se paramentam [se vestem] os sacerdotes. **Ex.** Quando acaba a missa, o sacerdote dirige-se para a ~. **Idi.** *Rato de ~* [Pessoa que anda sempre na igreja].

sacro, a *adj/s m* (<lat *sácer, cra, crum*) **1** Relativo às coisas divinas/Sagrado/Santo. **Comb.** *Arte ~a. Música ~a. Ordens ~as* [Diaconado/Presbiterado/Episcopado]. *~ Colégio* [Conjunto dos cardeais]. **2** *s m Anat* Osso da coluna vertebral, constituído por cinco vértebras atrofiadas, que, com os ilíacos, formam a bacia pélvica. ⇒ cóccis.

sacrossanto, a *adj* (<lat *sacrossánctus*) **1** Sagrado e santo. **Comb.** O ~ [santíssimo] nome de Deus. **2** Que não pode ser violado/Inviolável. **Ex.** Para a Igreja, o matrimó[ô]nio é uma instituição ~a.

sacudida *s f* (<sacudido) **1** A(c)ção ou efeito de sacudir(-se) «o pó/a toalha da mesa». **2** Movimento brusco e repetido/Sacudidura/Sacudimento.

sacudidela *s f* (<sacudida + -ela) **1** A(c)to ou efeito de sacudir leve e repetidamente/Pequeno abalo. **Ex.** Para o acordar abanou-o [deu-lhe uma ~]. **2** *fam* Sova/Surra(+). **Ex.** O pai deu-lhe uma ~ por não ter feito o trabalho.

sacudido, a *adj* (<sacudir) **1** «tapete» Que se sacudiu. **2** Que revela desembaraço/«jovem/movimento/gesto» Desembaraçado/Expedito/Lesto/Desenvolto/Decidido.

sacudir *v t* (<lat *succútio, útere, ússum*) **1** Fazer mover-se repetidamente/Abanar/Agitar. **Ex.** O cão sacudiu a água do corpo. **2** Fazer mover para um lado e para outro/Abalar. **Ex.** O sismo sacudiu os obje(c)tos que estavam em cima dos móveis. **Loc.** ~ *a cabeça negativamente* [Dizer que não «quer/vai»]. **3** Agitar para limpar. **Ex.** Sacudiu os tapetes do carro para sair [tirar] o pó. **Prov.** ~ *a água do capote* [Fugir às responsabilidades]. **4** Deitar fora ou fazer cair através de movimentos repetidos. **Ex.** Sacudiu [Varejou(+)] a oliveira, bem sacudida [bem varejada (+)]. **5** ⇒ Fazer mover de modo convulsivo/Estremecer. **6** Fazer alguém ou algum animal sair do lugar/Enxotar/Afugentar «as galinhas». **Ex.** Sacudiu o animal de casa. **7** Atirar para fora/Arremessar. **Ex.** Sacudiu [Atirou com o] lixo do balde para dentro do contentor. **8** *fig* Afastar de si. **Ex.** Sacudiu da cabeça todos os problemas. **9** Mexer-se ou mover-se com requebros/Saracotear-se(+). **Ex.** Sacudiu-se ao som da música. **10** *fig* Impressionar/Comover(+). **Ex.** A morte da celebridade «Amália Rodrigues» sacudiu [comoveu] toda a cidade.

sáculo *s m* (<lat *sácculus*, dim de *sáccus*: saco) **1** Pequeno saco ou bolsa. **2** *Bot* Pequeno saco que envolve a radícula de alguns embriões vegetais. **3** *Anat* Pequena cavidade situada no labirinto membranoso do ouvido interno e que contém os otólitos.

sádico, a *adj/s* (<fr *sadique* <*antr* Sade) **1** Referente ao sadismo. **2** Que tem prazer no sofrimento dos outros/O que faz sofrer física ou moralmente o parceiro/Cruel/Pervertido. **Ex.** Ele é um ~! **Ant.** Masoquista.

sadio, a (Sá) *adj* (<lat *sanatívus*: que cura; ⇒ são) **1** Que tem boa saúde/Saudável. **Ex.** Ela é uma pessoa ~. **2** Favorável à

saúde/Que dá saúde. **Ex.** As florestas oferecem um ambiente ~.

sadismo (Sá) *s m* (⇒ sádico) **1** Perversão sexual em que o prazer é obtido com o sofrimento físico do outro. **Ex.** Ele entrega-se com frequência a práticas de ~. **2** *Fig* Prazer com o sofrimento alheio. **Ant.** Masoquismo.

sadomasoquismo *s m* (<sádico + masoquismo) Perversão sexual resultante da combinação do sadismo e do masoquismo.

sadomasoquista *adj/s 2g* (<sádico + masoquista) (O) que é sádico e masoquista.

saduceu, eia *s* (<lat *sadducáeus*) Membro de uma seita judaica contrária aos fariseus que rejeitava a tradição dos antigos, negava a ressurreição (dos corpos) e só reconhecia como regra a lei escrita.

safa *interj* (<safar) Expressão de espanto, admiração ou alívio. **Ex.** ~! Já me livrei disto «trabalho pesado».

safadeza [safadice] *s f* (<safado + ...) **1** Qualidade de safado/Indignidade/Vilania. **Ex.** Ele fez uma grande ~ à mulher. **2** ⇒ Imoralidade. **3** *Br* Travessura/Traquinice.

safado, a *adj/s* (<safar) **1** Gasto(+) pelo uso/Estafado **Ex.** As calças já estão ~as. **2** Apagado «com borracha». **Ex.** O texto está quase ~. **3** Descarado/Desavergonhado. **Ex.** Ele é um ~, não tem vergonha nenhuma. **4** ⇒ Devasso/Imoral. **5** Pessoa sem escrúpulos/Sacana. **Ex.** Ele é um ~, engana toda a gente. **6** *Br* «menino» Traquinas(+)/Travesso(+).

safanão *s m* (<safar + n + -ão) **1** Puxão brusco e com força para tirar alguma coisa. **Ex.** O assaltante deu um ~ na mala da mulher para a roubar. **2** A(c)to de sacudir/Abanão/Estremeção. **Ex.** Deu-lhe um ~ para o acordar. **3** A(c)to de afastar, empurrando com força/Cotovelada/Empurrão. **4** *pop* Bofetada dada com as costas da mão.

safar *v t* (< ?; ⇒ safo; safado) **1** Puxar para fora/Extrair/Tirar. **Ex.** Safou [Tirou(+)] as botas rapidamente e foi descalço. **2** Fazer sair do interior/Libertar/Salvar/Soltar. **Ex.** Os bombeiros safaram algumas pessoas do interior da casa a arder. **3** Livrar ou livrar-se de perigo/ameaça/obrigação. **Ex.** Ele safou-se do serviço militar. Foi esta operação [cirurgia] que me safou da morte. **4** ~-se/Evitar pessoa ou situação desagradável. **Ex.** Safou-se dos problemas que lhe puseram. **5** ⇒ Desencalhar «uma embarcação».

safardana *s m* (<sefardim) Pessoa sem escrúpulos/Canalha/Patife/Pulha/Safado/Salafrário. **Ex.** Ele é um ~, faz tudo [as piores coisas] para conseguir o que quer.

safári *s m* (<suaíli *safari*) **1** Expedição organizada para caçar ou observar animais selvagens. **Ex.** Em África fazem-se muitos ~s. **2** Qualquer expedição ou viagem aventureira. **3** Fato usado para expedições, adaptado à a(c)tividade e às condições climáticas.

sáfaro, a *adj* (<ár *sahar*: árido, selvagem) **1** Agreste/«animal» Bravio. **2** «solo/terreno» Estéril/Improdutivo. **3** «indivíduo» Esquivo/Indócil/Rude. **4** ⇒ alheio; distante.

safeno, a (Fê) *adj/s f* (<ár *safin*) **1** *s f* Veia subcutânea da perna. **2** Relativo a **1**. **Comb.** Nervos ~s.

sáfico, a *adj* (<antr Safo + -ico) **1** Relativo à poetisa grega Safo. **2** Diz-se do amor lésbico. **3** Diz-se do verso português de dez sílabas, com acento na 4.ª, 8.ª e 10.ª sílabas.

safio *s m Icti* (<ár *safith*: néscio, grosseiro) Peixe de corpo alongado e pele lisa, denominado congro, como adulto. **Ex.** Em Portugal a caldeirada leva ~.

safira *s f Miner* (<lat *sapphírus*) **1** Pedra preciosa de cor azul. **Ex.** Ele ofereceu-lhe um anel de ~s. **2** A cor azul dessa pedra.

safismo *s m* (⇒ sáfico) Amor entre duas mulheres/Lesbianismo(+).

safo, a *adj* (<safar) **1** Que se safou/Livre(+) de uma situação perigosa ou difícil. **Ex.** Ele está ~ do serviço militar. **2** Gasto/Apagado. **Ex.** As letras do texto não se leem, já estão ~as.

safões *s m pl* (<ár *as-saifán*: as duas espadas) Calças curtas e largas de pele de carneiro e usadas principalmente pelos pastores. **Ex.** Os ~ protegem do frio.

safra *s f* (< ?) **1** Colheita/Apanha. **Ex.** Chegou a época da ~. ⇒ segada. **2** Produtos agrícolas de um determinado ano ou período/Colheita. **3** Período em que se faz a pesca/Campanha/Faina. **Ex.** A ~ de atum foi fraca, este ano. **4** Grande a(c)tividade/Azáfama.

saga *s f* (<*an* escandinavo *saga*: história) **1** Antigas narrativas e lendas escandinavas. **Ex.** As ~s narram a vida dos antigos guerreiros. ⇒ gesta. **2** Canção baseada nessas narrativas. **3** Narrativa de trabalhos, lutas ou feitos maravilhosos «dos bandeirantes do *Br*/primeiros imigrantes».

sagacidade *s f* (<lat *sagácitas, tátis*) **1** Qualidade de sagaz/Aptidão para compreender por simples indícios. **2** Agudeza de espírito/Argúcia/Astúcia/Perspicácia. **Ex.** Ele entende tudo [atinge as coisas] muito rapidamente, tem grande ~.

sagaz (Gás) *adj 2g* (<lat *ságax, gácis*) **1** Que tem agudeza de espírito/Fino/Su(b)til. **Ex.** Ela tem um espírito muito ~. **2** Que não se deixa enganar e revela astúcia ou manha/Astuto/Esperto/Manhoso. **Ex.** Eles mostraram-se muito ~es, não se deixaram enganar. **Ant.** Imbecil/Obtuso/Pateta.

sagitado, a *adj* (<lat *sagittátus*) Que tem a forma de seta. **Ex.** As folhas [agulhas] do pinheiro são ~as.

sagital *adj 2g* (<lat *sagítta* + -al) **1** Que tem a forma de seta/Sagitado(+). **2** *Anat* Diz-se de sutura «dos ossos parietais».

sagitário, a *adj/s* (<lat *sagittárius*) **1** Constelação zodiacal. **2** *Astrol* Signo do Zodíaco referente aos nascidos entre 23 de novembro e 22 de dezembro. **Ex.** Ele nasceu a [no dia] 2 de dezembro, por isso é do signo ~. **3** Guerreiro armado de arco e flecha. **4** *s f Bot* Planta herbácea com várias espécies, de flores rosadas e folhas em forma de seta; dá-se nos pântanos.

sagração *s f* (<lat *sacrátio, ónis*) **1** A(c)to de sagrar, benzer ou atribuir cará(c)ter sagrado/Consagração. **Ex.** O bispo fez no domingo a ~ da nova igreja. **2** Cerimó[ô]nia religiosa para sagrar alguém. **Ex.** A ~ do bispo foi no dia de Páscoa. **3** Atribuição de um título ou de uma honra a alguém/Consagração(+). **Ex.** A ~ dos atletas. ⇒ Investidura.

sagrado, a *adj/s m* (<lat *sacrátus*) **1** Que é do domínio religioso/Que é dedicado a Deus. **Ant.** Profano. **2** Que se sagrou mediante cerimó[ô]nias religiosas. **Ex.** A igreja é um lugar que, depois de ~ (⇒ sagração **1 Ex.**), tem de se respeitar. **2** Que não se deve infringir/Inviolável. **Ex.** Este nosso [mútuo] compromisso é ~! **3** (O) que é digno de veneração e respeito religioso. **Ex.** Os obje(c)tos ~s «cálice» não podem ser profanados. **4** Estimado/Em que não se deve mexer/Respeitado. **Ex.** Os direitos fundamentais são ~s. **Comb.** A ~a Escritura [A Bíblia]. ~a Família [Imagem representando Nossa Senhora, S. José e o Menino Jesus].

sagrar *v t* (<lat *sácro, áre, sacrátum*) **1** Dedicar-se a Deus. **Ex.** Sagrou [Consagrou(+)] a vida ao amor de Deus. **2** Tornar sagrado/Abençoar/Sacralizar/Santificar. **Ex.** O bispo benzeu e sagrou a nova igreja. **3** ⇒ Transformar o pão e o vinho no Corpo e Sangue de Cristo/Consagrar(+). **4** Investir numa dignidade por meio de uma cerimó[ô]nia religiosa. **Ex.** O bispo sagrou-o sacerdote. **5** Conferir uma honra, um título. ⇒ sagração **3**.

saguão *s m* (<ár *ustuván*: pórtico) **1** Área descoberta, pequena e estreita entre dois edifícios ou no interior de uma casa para ventilação e iluminação. **Ex.** A janela dá para o ~. **2** Área coberta situada à entrada de algumas casas. **3** *Br* Átrio onde se localiza o acesso aos pisos superiores.

sagui, saguim (Gu-í) *s m* (<tupi *saguí*) Designação de pequenos primatas [de macaquinhos] de cauda comprida, pelagem macia, que se alimentam de inse(c)tos e frutos.

saia *s f* (<lat *ságia*) **1** Peça de vestuário feminino, apertada na cintura e de altura variável sobre as pernas. **Ex.** Ela costuma usar ~s compridas. **2** Parte do vestido da cintura para baixo. **Ex.** A ~ do vestido não lhe ficava [caía(+)] bem. **3** *fig* Mulher. **Ex.** Ele anda sempre à espreita de uma ~. **Idi.** *Andar atrás de um rabo de ~* [Andar sempre atrás das mulheres]. «moço ainda» *Estar agarrado às ~s da mãe* [Estar muito dependente]. *Estar debaixo das ~s da mãe* [Estar demasiado protegido pela mãe]. *Não poder ver uma burra de ~s* [Ver uma mulher e tentar logo seduzi-la]. **4** *fig* Suplemento das velas latinas usado para navegar com bom tempo. **5** *fig* Parte inferior de várias coisas/Prote(c)ção «de chaminé». **Comb.** ~ da mesa [Parte da toalha da mesa que cai até ao chão] (**Ex.** A ~ da mesa escondia a braseira].

saia-calça *s f* Calça feminina larga, com a aparência de saia. **Ex.** Algumas mulheres gostam de vestir saias-calças.

saia-casaco/saia-e-casaco *s m s e pl* Fato de mulher com saia e casaco. **Ex.** Ela com ~ fica muito elegante. **Sin.** Casaco e saia.

saibo *s m pop* (<saber) ⇒ sabor; ressaibo.

saibrar *v t* (<saibro + -ar¹) **1** Encher de saibro uma superfície. **Ex.** Andaram todo o dia a ~ a estrada. **2** Escavar fundo a terra para maior fertilidade.

saibreira *s f* (<saibro + -eira) **1** Local de onde se tira o saibro. **Ex.** A ~ está a esgotar. **2** Terreno saibroso [com muito saibro].

saibro *s m* (<lat *sábulum*: areia grossa) Areia argilosa/Mistura de argila, areia e pedra miúda. **Ex.** As paredes são revestidas de ~. ⇒ argamassa.

saibroso, a (Ôso, Ósa, Ósos) *adj* (<saibro + -oso) Que contém saibro. **Ex.** Os terrenos em algumas zonas «de Portugal» são muito ~.

saída *s f* (<sair) **1** A(c)ção ou efeito de sair. **Ex.** As pessoas esperaram pela ~ do Presidente para o cumprimentar(em). **Loc.** Estar de ~ [Estar pronto para viajar] (Ex. Não posso ir à reunião porque estou de ~ para a China). **2** Lugar por onde se sai. **Ex.** Encontrei a Maria à ~ da escola. **Comb.** ~ (para evacuar as pessoas em situação) de emergência. **Ant.** Entrada. **3** Momento [Hora] de sair. **Ex.** Esperei por ela à ~ das aulas. **4** Ida para fora de casa para distra(c)ção. **Ex.** As ~s à noite «do jovem estudante» fizeram com que perdesse o ano.

5 Modo de superar uma dificuldade. **Ex.** É preciso encontrar uma ~ [solução(+)] para este problema. **6** Resposta espirituosa/engraçada. **Ex.** Ele teve uma ~ que fez rir toda a gente. **7** Procura ou venda. **Ex.** Os produtos tiveram uma grande ~ no mercado [venderam-se muito]. **8** Colocação de um produto no mercado. **Ex.** A ~ do jornal não foi muito feliz [O jornal teve pouco sucesso]. **9** Possibilidade de obtenção de emprego. **Ex.** Alguns cursos superiores têm pouca ~.

saído, a *adj* (<sair + -ido) **1** Que saiu. **2** Saliente. **Ex.** Ele tem dois dentes muito ~s. O prego está ~; é perigoso, pode-se ferir lá alguém. **3** Diz-se de animal «cão/cadela» no cio.

saimel (Mél) *s m Arquit* (< ?) Primeira pedra de um arco ogival colocada sobre o capitel.

saimento (Sa-i) *s m* (<sair + -mento) **1** A(c)to de sair/Saída(+). **2** Cortejo fúnebre/Funeral.

sainete (Sainê) *s m* (<esp *sainete* <lat *sagína*: engorda, ceva) **1** Isca que se dá às aves de volataria «falcões» para as domesticar. **2** O que diminui uma impressão desagradável. **3** Qualidade agradável de alguma coisa/Piada. **Ex.** O casaco dela tem muito ~.

saio *s m Hist* (<saia) **1** Antigo vestuário largo e curto usado pelos guerreiros/Saia. **2** Parte das armaduras que protegia o ventre e os quadris.

saiote (Ó) *s m* (<saia + -ote) **1** Pequena saia. **2** Saia interior feminina, usada debaixo de outra saia.

sair *v int* (<lat *sálio, salíre, sáltum*: saltar, pular) **1** Deslocar-se do interior para o exterior ou de uma determinada situação para outra. **Ex.** Saiu de casa cedo. **Loc.** ~ *caro* [Ter elevado preço]. ~ *da cama* [Levantar-se]. *idi* ~ *da casca*/da concha [Libertar-se]. ~ *da mesa* [Levantar-se]. *idi* ~ *dos eixos* [Fazer disparates]. ~ *do sério* [Irritar-se]. ~ *em defesa de* [Defender alguém]. *Sairem os olhos das órbitas* [Irritar-se fortemente]. ~ [Ficar(+)] *fora de si* [Irritar-se]. *idi* ~ *o tiro pela culatra* [Não ter o resultado esperado]. ~~*se bem/mal* [Fazer ou não com sucesso]. ~ *torto* [Sair mal]. *Não* ~ *da cabeça/da memória* [Não esquecer] (Ex. Não me sai da cabeça que o meu filho não morreu de acidente mas que foi assassinado!). **Ant.** Entrar. **2** Deixar um lugar/Ausentar-se. **Ex.** Saiu [Levantou-se] da mesa, no fim da refeição, todo irritado. **3** Deixar o local de trabalho ou de estudo. **Ex.** Saiu do trabalho muito tarde. **4** Ir para fora de casa para se divertir. **Ex.** À sexta-feira à noite saem para a discoteca. **5** Deixar o lar, o país. **Ex.** Os filhos a(c)tualmente saem cada vez mais tarde de casa dos pais. **6** Cessar uma a(c)tividade/Deixar um cargo/Terminar um curso. **Ex.** Saiu da Faculdade [Formou-se na Universidade] e foi logo trabalhar. **7** Deixar um local com determinado destino/Partir. **Ex.** O comboio [trem] saiu a horas. **8** Deixar um transporte/Apear-se. **Ex.** Só se pode ~ do autocarro [Br ônibus] nas paragens. **9** Vir/Provir. **Ex.** A água saía (da torneira) com pouca força. **10** Apresentar-se publicamente/Aparecer. **Ex.** O teatro saiu à rua. **Loc.** ~ *ao caminho* [Surgir subitamente à frente de alguém]. ~ *ao encontro de* [Ir encontrar-se com/Aparecer]. ~ *à praça*/ ~ *a público* [Aparecer em público]. **11** Ir ao encontro/Procurar. **Ex.** Ele saiu [foi], mas não o encontrou. **12** Ir para fora da sua posição normal/Saltar/Galgar. **Ex.** O rio saiu das margens. **13** Surgir do interior para a superfície/Brotar/Fluir/Irromper. **Ex.** A planta não chegou a ~ da terra. **14** Ficar livre/Soltar-se/Escapar. **Ex.** Saiu da prisão ao fim de vinte anos. **15** Separar-se/Soltar-se. **Ex.** O marido saiu de casa. **16** Voltar ao exterior após atravessar algo. **Ex.** A bala saiu-lhe pelas costas. **17** Crescer, começando a ser visível. **Ex.** A planta saiu da terra. **18** Passar de um estado a outro. **Ex.** O doente já saiu do coma. **19** Ultrapassar uma situação difícil. **Ex.** Ele conseguiu ~ daquela trapalhada. **20** Ter as suas origens/Descender. **Ex.** Ele saiu da aristocracia [Ele é aristocrata/nobre/fidalgo]. **21** Desaparecer/Desvanecer-se. **Ex.** A nódoa saiu bem. **22** Estar pronto a servir. **Ex.** O prato já pode ~. **23** Ter saída (+)/procura/venda. **Ex.** O produto saiu bem. **24** Ser publicado ou editado. **Ex.** O livro saiu no sábado. O novo dicionário ainda não saiu. **Idi.** ~ *a lume* [Tornar-se público/Publicar-se]. **25** Manter relacionamento. **Ex.** O João anda a ~ com a Maria. **26** Dizer algo que não se espera. **Ex.** Os miúdos dizem [saem-se com] cada piada! **28** Parecer-se com alguém. **Ex.** Ele sai ao pai. **Loc.** ~ *aos seus* [Ter cara(c)terísticas dos seus ascendentes]. **29** Resultar. **Ex.** O arranjo musical saiu bem.

sal *s m* (<lat *sal, sális*) **1** Substância branca, cristalina, solúvel em água, constituída por cloreto de sódio, usada para temperar ou conservar os alimentos. **Ex.** A comida com muito ~ faz mal à saúde. **Idi.** *Caldo*/Caldinho [*Pão*/Pãozinho] *sem* ~ [«pessoa» Com pouca graça]. **Comb.** ~ *fino* [Sal comum refinado]. ~ *grosso* [Sal comum como o (sal) das salinas]. *Bolacha de água e sal*. **2** *Quím* Substância derivada da rea(c)ção de um ácido com uma base. **3** *fig* A essência de uma ideia, frase ou doutrina. **4** *fig* O que há de picante ou de intencional num dito/Malícia. **Ex.** Foi uma conversa cheia de ~. **5** *fig* Finura de espírito. **6** *fig* Vivacidade. **Ex.** A menina tem pouco ~. **7** *Sais s m pl* Substâncias voláteis que provocam reanimação. **Comb.** ~ *de banho*. ~ *de fruto* . ~ *minerais*.

sala *s f* (<germânico *sal*: edifício só com um compartimento) **1** Divisão da casa destinada a determinadas funções. **Idi.** *Fazer* ~ [Receber visitas e conversar]. **Comb.** ~ *comum/de estar* [de jantar/de visitas]. **2** Compartimento com dimensões amplas, normalmente para funções específicas/Salão. **Ex.** A ~ de reuniões estava cheia. **Comb.** ~ *de armas* [Local onde se expõem e guardam as armas]. ~ *de audiências* [Local para a realização de a(c)tos de justiça]. ~ *de fumo*. ~ *de jogos*. ~ *de leitura*. ~ *de operações* [Local onde se efectuam intervenções cirúrgicas]. **3** Local público próprio para espe(c)táculos. **Ex.** A sala de espe(c)táculos é muito boa. **4** Conjunto de pessoas que assistem a um espe(c)táculo ou cerimó(ô)nia/Assistência/Casa/Público. **Ex.** A ~ levantou-se e aplaudiu de pé.

salacidade *s f* (<lat *salácitas, tátis*) Propensão para uma conduta libertina contrária à moral estabelecida/Lubricidade(+). ⇒ salaz.

salada *s f* (<fr *salade*) **1** Prato frio ou acompanhamento preparado com um ou mais vegetais crus ou cozidos, em pedaços, temperado com azeite, sal e vinagre ou limão ou com molhos vários. **Ex.** Comer peixe grelhado com ~ é bastante saudável. **Comb.** ~ *de agrião* [de alface/de feijão verde/de tomate]. ~ *mista* [em que se misturam várias verduras, normalmente alface e tomate]. **2** Qualquer hortaliça usada na salada, principalmente alface. **3** Prato frio com mistura de vários alimentos. **Comb.** ~ *de frango* com alface e nozes. ~ *de frutas* [Sobremesa feita com uma mistura de frutas diversas, cortadas em pedaços, às vezes com açúcar e vinho doce]. ~ *russa* [Prato frio com uma mistura de cenoura, ervilhas e batatas cozidas temperadas com maionese]. **4** *fig* Mistura de coisas diferentes/Mixórdia/Salgalhada/Salsada. **Ex.** O discurso foi uma autêntica ~, não se percebeu nada.

saladeira *s f* (<salada + -eira) Recipiente em que se prepara e leva a salada à mesa. **Ex.** Na mesa estava uma ~ de porcelana fina.

salafrário *s m col* (< ?) Homem vil e desprezível/Patife(o+)/Tratante(+). **Ex.** Ele é um grande ~.

salamaleque *s m* (<ár *salam alayk*: a paz esteja contigo) **1** Saudação de cortesia, entre os muçulmanos. **Ex.** Batendo no peito e com ~s, os árabes saudavam os que chegavam. **2** *pl* Cumprimento exagerado de polidez. **Ex.** Ele está sempre com ~ perante os superiores, mas eu não sou [não gosto] de ~. **Loc.** Fazer ~s.

salamandra *s f* (<gr *salamandra*) **1** *Zool* Animal anfíbio de pele nua e viscosa, de cor preta e manchas amarelas. **Ex.** A ~ vive em meios húmidos, de água pura. **2** Fogão, estufa ou lareira móvel para aquecimento interior. **Ex.** A ~ colocada no meio da sala aquecia o ambiente. **3** *s m* Operário que entra nas caldeiras para as consertar ou que apaga o fogo nos poços de petróleo.

salame *s m* (<it *salame*) Enchido de origem italiana feito de carne de porco picada, temperado com pimenta em grão e seco ao ar ou no fumeiro/Espécie de paio. **Ex.** Ao lanche eles comeram pão e ~. **Comb.** ~ *de chocolate* [Doce feito de bolacha e chocolate em forma de rolo].

salamurdo, a *adj/s* (<?) (Pessoa) pouco faladora e ingé[ê]nua.

salangana *s f* (<mal *salangang*) Designação de certas andorinhas no Oriente cujo ninho, construído com saliva, é utilizado na confe(c)ção de sopa chinesa.

salão *s m* (<sala + -ão) **1** Sala grande destinada a reuniões, rece(p)ções e bailes. **Ex.** Os palácios geralmente têm ~ões de festas. **Idi.** *Limpar o* ~ [o interior do nariz]. **Comb.** ~ *nobre* [destinado a visitantes ilustres]. **2** Estabelecimento comercial destinado a prestação de serviços ao público. **Ex.** Algumas mulheres vão quase todos os dias ao ~ de cabeleireiro. **Comb.** ~ *de cabeleireiro* [Local para tratar o cabelo]. ~ *de beleza* [Local para tratamento estético]. ~ *de chá* [Lugar em que servem principalmente bolos e chá]. **3** Recinto próprio para exposição de obras de arte ou a(c)tividades afins/Galeria. **Comb.** ~ *automóvel*. ~ *de exposições*. ~ *de antiguidades*. **4** Exposição periódica de obras de arte, de livros ou de novos produtos. **Comb.** ~ *de novos pintores*. **5** Reunião regular de personalidades, artistas, intelectuais, promovida por figuras de cultura. **Comb.** ~ [Grémio] literário.

salariado *adj* (<salário + -ado) **1** Relativo a salário/Salarial(+). **2** Quem trabalha para alguém mediante salário/Assalariado(+). ⇒ operariado.

salarial *adj* (<salário + -al) Relativo ao salário. **Ex.** Este ano não houve aumentos ~ais. **Comb.** *Aumento* ~. *Política* ~. *Tabela* ~ [Relação dos valores dos salários pagos às diferentes categorias]. *Te(c)to* ~ [Valor máximo do salário].

salário s m (<lat *salárium*: quantia dada aos soldados para comprarem sal) **1** Quantidade de dinheiro paga regularmente pela entidade patronal ao que presta um serviço/Ordenado/Vencimento. **Ex.** Os trabalhadores receberam o ~ atrasado. **2** Pagamento de serviços/Remuneração. **Comb.** ~ *mínimo* [abaixo do qual nenhum trabalhador pode ser pago]. ~ *real* [correspondente ao poder de aquisição de bens por parte de um trabalhador].

salaz adj 2g (<lat *sálax, ácis*) Devasso/Lascivo/Libertino. ⇒ salacidade.

salazarismo s m (<antr A. de O. Salazar + -ismo) Ideário político, econó[ô]mico e social implementado por Salazar, cara(c)terizado pelo autoritarismo, nacionalismo, prote(c)cionismo estatal e organização corporativa. **Ex.** O ~ deixou marcas na mentalidade portuguesa.

saldado, a adj (<saldar) Que se saldou/Pago/Liquidado. **Ex.** As contas estão ~as.

saldar v t (<saldo + -ar¹) **1** Anular um saldo/Liquidar/Pagar(+). **Loc.** ~ as dívidas. **2** Anular a diferença entre o débito e o crédito. **Loc.** ~ a conta. **3** Vender a preços reduzidos. **Ex.** A loja está a ~ a roupa de verão. **4.** *fig* Exigir explicações de ofensas recebidas/Desforrar-se/Vingar-se. **Loc.** ~ uma ofensa.

saldo s m (<it *saldo*) **1** Diferença entre o crédito e o débito num balanço ou numa conta. **Ex.** A conta apresenta [tem] um ~ negativo. **Comb.** ~ *credor* [Diferença positiva entre créditos e débitos]. ~ *contabilístico* [Movimentos contabilizados até à consulta realizada]. ~ *da conta*. ~ *devedor* [Diferença negativa entre créditos e débitos]. ~ *disponível* [Valor real de que se dispõe no a(c)to da consulta]. ~ *negativo* [contra]. ~ *positivo* [a favor]. *Consulta de* ~ [Pedido da conta no banco]. *Época de* ~ [Período em que os produtos são vendidos a preços inferiores]. **2** Excedente da receita sobre a despesa prevista. **3** Resto de uma quantia a pagar ou a receber. **Ex.** Ainda tenho um ~ para pagar da casa que comprei. **4** Resto de mercadoria vendida ou comprada a preço inferior ao inicial. **Ex.** Neste momento há muitos produtos em ~ nas lojas. **5** Balanço final entre duas variáveis. **Comb.** ~ *fisiológico* [Diferença entre o número de nascimentos e óbitos]. ~ *migratório* [Diferença entre o número de emigrantes e imigrantes]. **6** *fig* Consequência/Número. **Ex.** A operação de trânsito do fim de semana teve um ~ de cinco acidentes [foram cinco]. **7** *fig* Ajuste de contas. **Ex.** Ele já saldou as ofensas que lhe fizeram.

saleiro, a adj/s m (<sal + -eiro; ⇒ salino) **1** Relativo a sal. **2** Pessoa que produz ou vende sal/Salineiro. **3** s m Pequeno utensílio onde se guarda o sal, geralmente colocado na cozinha/mesa. ⇒ galheteiro.

salema (Lê) s f *Icti* (<ár *halláma*) Nome extensivo a alguns peixes da família dos esparídeos, comuns na costa portuguesa.

salero (Lé) s m (<esp *salero*) Movimento corporal gracioso/Donaire(+)/Requebro/Graça. **Ex.** Algumas danças espanholas têm muito ~.

salesiano, a adj/s (<antr Sales + -ano) **1** Relativo a S. Francisco de Sales. **Comb.** *A mensagem* ~*a*. **2** (O) que pertence à Congregação fundada por S. João Bosco, dedicada à formação de jovens. **Ex.** Os ~s têm contribuído muito para a educação dos jovens.

saleta (Lê) s f (<sala + -eta) *Dim* de sala/Sala de pequenas dimensões, geralmente para pequenos trabalhos domésticos. **Ex.** Ela costuma costurar na ~.

salga/salgação s f (<salgar) **1** Processo de salgar alimentos para os conservar/Salgadura. **Ex.** A ~ do porco era feita após a matança. **2** A(c)to de deitar ou lançar sal para efeitos de bruxaria.

salgadeira s f (<salgado + -eira) **1** Recipiente onde se conservam, em sal, a carne e o peixe. **Ex.** Antigamente a carne de porco era conservada em ~s, para todo o ano. **2** Lugar onde se conservam em sal peles a [para] serem curtidas. **3** *Hist* Tanque de origem romana que tinha a função de salina. **4** *Bot* Arbusto ramoso espontâneo em zonas próximas do mar.

salgadi(ç)o adj/s m (<salgado + -i(ç)o) **1** Que tem cara(c)terísticas salinas pela proximidade do mar. **2** Solo com propriedades salinas.

salgadinho s m (<salgado + -inho) Pequenas iguarias, geralmente salgadas, como camarões, pedacinhos de queijo, amendoim, caju, bolacha salgada, que se servem como aperitivo. **Ex.** Comer muitos ~s não faz bem à saúde.

salgado, a adj/s m (<salgar) **1** Que contém sal. **Ex.** A sardinha é um peixe de água ~a. **Comb.** *Água* ~*a* [do mar] (*Ant* Água doce). **2** Que tem sal em excesso. **Ex.** A comida está ~a. **3** Que está conservado em sal. **4** Que tem sabor a sal. **Idi.** «arroz» ~ *como pilha* [Com demasiado sal].

salgadura s f (<salgado + -ura) ⇒ salga(ção)(+).

salgalhada s f (<salga - -alho + -ada) Mistura de coisas diferentes/Mixórdia/Trapalhada/Confusão.

salgar v t (<lat *sállico, áre, átum*) **1** Temperar com sal. **Ex.** Salga-se o peixe antes de grelhar. **2** Pôr sal em excesso. **Ex.** Salgou a comida. **3** Conservar em sal. **Ex.** Antigamente salgavam a carne «de porco» para a conservar todo o ano (⇒ salgadeira 1 **Ex.**). **4** Espalhar sal num local para feitiçaria. **5** *fig* Tornar divertido/picante. **Ex.** Ele salgava as histórias com muitos ditos picantes.

sal-gema s m *Miner* Sal comum, fóssil, extraído de mina. **Sin.** Halite/a.

salgueiro s m *Bot* (<lat *sálix, cis* + -eiro) Designação de árvores e arbustos que se desenvolvem junto dos cursos de água ou em terrenos húmidos.

salicilato s m *Quím* (<salicílico + -ato) Sal de ácido salicílico.

salicílico, a adj (⇒ salgueiro) *Quím* Ácido orto-hidroxibenzoico usado na indústria dos fármacos «aspirina».

salicina s f *Quím* (⇒ salgueiro) Substância presente em alguns elementos do salgueiro e choupo, usada como analgésico e antirreumático.

salícola adj 2g (<sal + i + -cola) Que produz sal «nas salinas». **Comb.** *Indústria* ~.

salicultura s f (<sal + i + cultura) Produção de sal «em salinas».

saliência s f (<lat *saliéntia*; ⇒ sair) **1** Qualidade do que é saliente. **Ex.** A ~ na parede fica bem. **2** Parte saída [em relevo] numa superfície lisa/Proeminência/Protuberância/Relevo. **Ant.** Depressão/Reentrância. **3** Qualidade do que se evidencia ou distingue/Destaque(+)/Evidência. **Ex.** Foi dada grande ~ aos oradores [conferencistas] presentes.

salientar v t (<saliente + -ar¹) **1** Fazer sobressair/Acentuar/Evidenciar/Destacar/Ressaltar. **Ex.** Os móveis salientam a beleza da sala. **2** Pôr em relevo/Destacar/Evidenciar/Relevar. **3** ~(-se)/(Fazer) ficar conhecido/Destacar(-se)/Distinguir(-se)/Notabilizar(-se) **Ex.** Ele salientou-se entre os elementos [os outros] do grupo pela qualidade do seu trabalho. **4** ~-se/Tornar-se bem visível. **Ex.** Ele é muito alto, salienta-se [sobressai] no meio da multidão.

saliente adj 2g (<lat *sáliens, éntis*) **1** Que sobressai em relação ao plano em que se situa/Proeminente. **Ex.** Ele tem os dentes muito ~s. **2** *Fig* «característica» Que está «mais» em evidência/Notório/Evidente. **3** Que tem importância/Importante/Relevante. **4** *Fig* Que chama a atenção.

salífero, a adj (<sal + -fero) Que contém ou produz sal.

salificação s f (<salificar + -ção) A(c)ção ou efeito de salificar. ⇒ salinação.

salificar v *Quím* (<sal + ficar) Transformar (uma substância) em [num] sal.

salina s f (<lat *salínae, nárum*) **1** Local onde se produz o sal por evaporação da água salgada. **Ex.** Antigamente havia muitas ~s [marinhas] em Portugal. **2** Mina de sal-gema. **3** Monte de sal. **4** *fig* Coisa demasiado salgada.

salinação s f (<salinar + -ção) Processo por que passa a água salgada até que cristalize o sal. ⇒ salificação.

salinar v t (<salino + -ar¹) Provocar a salinação [cristalização do sal].

salineiro, a adj/s (<lat *salinárius*) **1** Relativo a salina. **2** Pessoa que trabalha nas salinas. **3** Pessoa que vende sal/Saleiro **2**.

salinidade s f (<salino + -idade) **1** Qualidade do que tem sal. **2** Quantidade de sal contido num determinado meio (aquático). **Ex.** Algumas zonas do mar têm maior ~ do que outras.

salinização s f (<salinizar + -ção) A(c)ção ou efeito de salinizar.

salinizar v t (<salino + -izar) Tornar salino. **Ex.** A falta de chuva [de irrigação] salinizou os terrenos.

salino, a adj (<lat *salínus*) **1** Que contém sal. **2** *Quím* Que tem a propriedade de um sal. **3** Relativo a sal. ⇒ saleiro **1**.

salinómetro [*Br* **salinômetro**] s m (<salino + -metro) Instrumento para medir a quantidade de sal dissolvido num líquido.

salitrar v t (<salitre + -ar¹) **1** Transformar em salitre. **2** Cobrir-se uma superfície de salitre. **Ex.** O muro está a ~.

salitre s m *Quím* (<sal + nitro) **1** Nitrato de potássio/Substância salina que aparece frequentemente nas paredes. **Ex.** A parede está cheia de ~.

salitreira s f (<salitre + -eira) Depósito natural de salitre ou de nitratos.

salitroso, a adj (<salitre + -oso) Que contém salitre.

saliva s f (<lat *salíva*) **1** Líquido segregado na boca pelas glândulas salivares e que a(c)tua sobre os alimentos/Cuspo. **Ex.** Ele está com a boca seca, com pouca ~. **Idi.** *Gastar* ~ [Falar muito, sem proveito/Falar de coisas que não interessam] (Ex. Estás (para aí) a gastar ~, o melhor é calares-te).

salivação s f (<salivar + -ção) **1** A(c)to ou efeito de salivar. **Ex.** Ele estava com pouca ~. **2** Secreção abundante de saliva.

salivar¹ adj 2g (<saliva + -ar²) Relativo à saliva. **Comb.** *Glândulas* ~*es*.

salivar² v int (<lat *salívo, áre*) **1** Produzir saliva/Fazer água na boca. **2** Expelir saliva/Babar(-se)/Cuspir(+). **Ex.** Ele tem o hábito de ~ [Ele anda sempre a cuspir]. **3** Humedecer com saliva. **Ex.** Ele está a ~ [a lamber] o selo.

salivoso, a (Ôso, Ósa, Ósos) adj (<lat *salivósus*) **1** Que contém [«boca» Com] saliva. **Ex.** Deitou da boca sangue ~/baboso. **2** Semelhante à saliva. **Comb.** *Líquido* ~.

salmão s m Icti (<lat *salmo, ónis*) **1** Peixe teleósteo, de carne rosada que se reproduz na água doce «rios» e se desenvolve no mar, consumido fresco, fumado ou em conserva. **Ex.** O ~ é um peixe saboroso e saudável. **Comb.** ~ *fumado. Pasta de* ~. *Cor* (da carne) *de* ~ [Cor rosada].

salmear v t (<salmo + -ear) ⇒ salmodiar.

sálmico, a adj (<salmo + -ico) **1** Relativo a salmo. **2** Semelhante a salmo.

salmista s 2g (<gr *psalmistés*) Pessoa «O rei David» que compõe ou entoa salmos.

salmo s m Rel (<gr *psalmós*: a(c)ção de tocar um instrumento de cordas) **1** Cada um dos cânticos bíblicos atribuídos ao rei David e contidos no Livro dos Salmos. **Ex.** Na liturgia cristã são muito recitados os ~s. **2** Cântico/Hino de louvor a Deus.

salmodia s f (<gr *psalmodía*) **1** Modo de cantar ou recitar os salmos. **Ex.** A ~ «gregoriana» ecoava pela igreja/catedral. **2** *Depr* Maneira monótona de ler, recitar ou declamar.

salmodiar v t/int (<salmodia + -ar¹) **1** Cantar salmos. **Ex.** Os frades estão a ~ na capela-mor (da igreja conventual). **2** *Depr* Cantar monotonamente.

salmoi[ou]ra s f (<lat *salimúria*) **1** Humidade que escorre da carne e do peixe salgados. **Ex.** A ~ está a sair [escorrer(+)] da carne. **2** Água saturada de sal para conservação dos alimentos. **Ex.** Os alimentos foram conservados em ~ «enfrascados/enlatados». **3** Recipiente com água salgada para conservação de alimentos. **Ex.** As azeitonas estão em ~.

salmoi[ou]rar (<salmoura + -ar¹) Pôr em salmoura(+)/Salgar.

salmonado, a adj (<salmão + -ado) Que tem a carne avermelhada como a do salmão. **Comb.** Truta ~a.

salmonela (Né) s f Med (<lat *salmonella* <antr D. E. Salmon) Bactéria patogé[ê]nica que se desenvolve no organismo do homem e dos animais, causando salmonelose [intoxicação alimentar]. **Ex.** O doce com ovos provocou intoxicação alimentar, pois tinham ~.

salmonelose s f (<salmonela + -ose) Infe(c)ção causada por salmonela, tanto nos homens como nos animais.

salmonete (Nê) s m (<salmão + -ete) Peixe teleósteo, de cor rósea e de carne muito apreciada. **Ex.** Comprei um quilo de ~s na peixaria.

salmonicultura s f (<salmão + cultura) Criação de salmões em viveiro.

salmonídeo, a adj (<salmão + -ídeo) Relativo/Semelhante ao salmão.

salmoura s f ⇒ salmoira.

salobre [salobro, a(+)] (Lô) adj (< ?; ⇒ salubre) **1** Que tem certo sabor a sal. **2** Que sabe mal devido a alguns sais dissolvidos. **Ex.** A água da fonte é muito ~.

saloio, a (Lôi-o) adj/s (<ár *sharoi*: habitante do deserto) **1** Diz-se dos habitantes dos arredores de Lisboa, a norte. **Ex.** Antigamente os ~s vinham vender água à capital. **Comb.** Pão ~ [dos arredores de Lisboa]. **2** Aldeão/Rústico/Provinciano/*Br* Caipira. **Ex.** Ele veste(-se) como um ~. **3** Que procede com astúcia para conseguir os seus obje(c)tivos/Finório.

salol s m Med (<salicílico + fenol) Nome comercial do silicato de fenilo usado como antisséptico intestinal e urinário.

salomónico, a [*Br* salomônico] adj (<antr Salomão + -ico) **1** Relativo a Salomão. **Comb.** Justiça [Sabedoria] ~a. **2** *Arquit* Diz-se da coluna em espiral.

salpa s f (<lat *salpa*) Nome comum de animais protocordados, de corpo cilíndrico e transparente, espalhados em todos os mares.

salpicado, a adj (<salpicar) **1** Que se salpicou. **Comb.** Comida ~a com salsa. **2** Que está manchado de salpicos ou pingos. **Ex.** Tinha a roupa toda ~a de lama. **3** *fig* Que contém elementos dispersos/Entremeado/Pintalgado. **Ex.** O vale estava ~ de pequenas casas. **Comb.** Um discurso [artigo/texto] ~ de citações.

salpicadura s f (<salpicado + -ura) A(c)ção ou efeito de salpicar/Salpico.

salpicão s m (<esp *salpicón*) **1** Enchido confe(c)cionado com lombo de porco e temperado com sal, alho, pimentão e vinho/Salsichão/Paio. **Ex.** Os ~ões estavam pendurados no te(c)to [na lareira] a secar. **2** *Br Cul* Espécie de salada ou prato preparado com galinha desfiada, outras carnes, crustáceos, sendo imbuído num molho com legumes e bastante tempero.

salpicar v t (<sal + picar) **1** Salgar, espalhando (pedras de) sal. **Ex.** É preciso ~ [salgar(+)] o peixe antes de grelhar. **Loc.** ~ *a* [Pôr sal na (+)] *comida/a salada*. **2** Espalhar uma substância sólida, em pequenas partículas, por uma superfície/Polvilhar. **Ex.** O pasteleiro salpicou os bolos com açúcar e canela. **3** Espalhar um líquido em gotas por uma superfície. **Ex.** O orvalho salpicou as folhas das plantas com pequenas gotículas. **4** Fazer manchas com pingos ou salpicos/Manchar. **Ex.** A passagem do carro pela lama salpicou a roupa dos transeuntes. **5** Espalhar ou colocar espaçadamente/Entremear. **Ex.** Salpicou a história de pequenos comentários. **6** *fig* Comprometer a honra/Macular. **Ex.** Ele salpicou, com falsas acusações, a reputação de um homem muito considerado.

salpico s m (<salpicar) **1** Gotas de substância líquida que se espalham numa superfície. **Ex.** Na salada devem pôr-se uns ~s [pingos/fios] de azeite. **2** Pingo de lama ou outra matéria proje(c)tado/a [que se fixa] numa superfície. **Ex.** A parede estava cheia de ~s de tinta. **3** Pedra de sal com que se salga a comida. **Ex.** Para grelhar a carne ou o peixe, é bom pôr uns ~s de sal. **4** Chuva leve/Chuvisco/Umas pinguitas. **Ex.** Choveu, mas apenas uns ~s.

salpídeo/a s/adj Zool (<salpa + -ídeo) (Diz-se de) família de tunicados a que pertence a salpa.

salpimenta adj/s 2g (<sal + pimenta) **1** Mistura de sal e pimenta. **2** Branco-acinzentado/Grisalho.

salpinge s f Anat (<gr *salpígx*: trombeta) ⇒ trompa (de Falópio)(+).

salsa¹ s f Bot (<lat *sálsa*) Planta aromática da família das umbelíferas, utilizada como condimento. **Ex.** Fui à horta cortar um ramo de ~ para pôr na carne. **2** *Cul* Molho para melhorar o sabor dos pratos de carne ou peixe. **3** *Geol* Pequeno vulcão de lama. **Ex.** Em S. Miguel, Açores, há abundância de ~s. **4** s m Homem efeminado/Salsinha **2**.

salsa² s f (<esp *salsa*: mistura de várias substâncias comestíveis, miscelânea) Gé[ê]nero de música e dança afro-cubana bastante ritmada. **Ex.** Eles dançam a ~ primorosamente.

salsada s f (<salsa² + -ada) Mistura de coisas diferentes/Salgalhada(+)/Confusão/Complicação/Embrulhada. **Ex.** Viu-se metido numa tal ~ que não sabia como sair dela.

salsaparrilha s f Bot (<esp *zarzaparrilla*) Nome comum a diversas plantas da família das liliáceas, cujas raízes têm propriedades medicinais «sudorípara/depurativa».

salseira s f (<salsa¹ + -eira) Recipiente em que se servem molhos à mesa. **Ex.** A ~ de loiça fina estava em cima da mesa.

salseiro s m (<salsa² + -eiro) **1** Chuva forte e passageira/Bátega de água/Aguaceiro(+). **2** Rajada de vento forte. **3** *Br* Conflito/Briga.

salsicha s f (<it *salsiccia*) **1** Enchido delgado com carne picada de porco, vaca ou aves, temperada com sal e outros temperos. **Ex.** Prefiro as ~ frescas às enlatadas [às de lata]. **Comb.** Lata de ~s. **2** Rastilho(+) para levar o fogo às minas. **3** *fam* s m Zool Cão de patas curtas, orelhas grandes e pendentes/Baixote.

salsichão s m (<salsicha + -ão) **1** *Aum* de salsicha. **2** Enchido de tripa grossa feito de febras de porco com temperos diversos/Paio/Salpicão. **Ex.** Para os recém-chegados pôs na mesa umas rodelas de ~, pão e vinho.

salsicharia s f (<salsicha + -aria) **1** Indústria de carne, de preparação e conservação de fiambre, presuntos, salsichas, chouriços e outros enchidos. **Ex.** A indústria de ~ está bastante espalhada em Portugal. **2** Estabelecimento onde se fabrica ou vende carne fumada, salsichas e enchidos. **Ex.** Tenho de ir à ~ comprar um pedaço de presunto e um quilo de salsichas. **3** Conjunto destes produtos fabricados. **Ex.** Em toda a zona interior de Portugal, a ~ era parte importante da alimentação.

salsicheiro, a s (<salsicha + -eiro) Fabricante ou vendedor de enchidos e carnes fumadas.

salsifré s f (< ?) Festa ruidosa/Bailarico/Pândega.

salsinha s f (<salsa¹ + -inha) **1** *Dim* de salsa. **2** Homem de modos efeminados.

salso, a adj (<lat *sálsus*: salgado) **1** Que contém sal dissolvido/Salgado(+). **2** Diz-se da água do mar. **Ex.** O pequeno barco ia galgando [cortando/sulcando] as ~as ondas. **Comb.** ~ *reino/argento(+)* [Mar].

salsugem s f (<lat *salsúgo,inis*: água salgada) **1** Qualidade do que é salso ou salgado. **2** Percentagem de sal contida na hidrosfera, principalmente nas águas do mar/Salinidade(+). **3** Detritos que flutuam à superfície da água do mar, nos portos e praias. **4** Lodo que contém substâncias salinas. **5** ⇒ *pop* Afe(c)ção cutânea com pequenas pústulas/Impi(n)gem.

SALT s m Sigla de *Strategic Arms Limitation Treaty* [Tratado para a Limitação das Armas Estratégicas].

saltada s f (<saltado) **1** A(c)ção ou efeito de saltar/Salto(+). **2** Salto bastante elevado. **3** Ataque repentino «ao país vizinho»/Investida. **Ex.** Fizeram uma ~ à casa do vizinho. **4** Invasão/Incursão(+). **5** Entrada, visita ou viagem rápida ou não programada. **Ex.** Demos uma ~ [um salto] à minha terra.

saltado, a adj (<lat *saltátus*) **1** Que está acima da superfície ou do plano/Saído(+)/Saliente(+). **2** Passado em claro/Omitido. **Ex.** Por causa da parte ~a do texto, o comunicado ficou sem sentido.

saltador, ora, triz adj/s (<lat *saltátor, óris*) **1** (O) que salta «canguru». **2** Acrobata que efe(c)tua saltos/Saltimbanco(+). **Ex.** O ~ fez umas piruetas no ar e deixou encantados os transeuntes. **3** (D)esp Atleta perito em provas de salto. **Comb.** ~ em altura [em comprimento].

saltadou[oi]ro s m (<saltado + -ouro) **1** ⇒ Rede para a pesca da tainha. **2** Ponto de vedação ou de muro em que é fácil passar/saltar.

saltante *adj 2g* (<lat *sáltans, ántis*) **1** Que salta/Saltador. **2** Diz-se do animal que no brasão está em posição de saltar.

saltão, ona *adj/s* (<salt(ar) + -ão) **1** Gafanhoto(+). **2** (Diz-se de) larva de inse(c)to «mosquito» que salta para se deslocar. **3** ⇒ *fig* que salta muito; saltarilho **2**.

salta-pocinhas *s 2g 2n* (<saltar + poça + -inho) **1** *fam* Criança irrequieta, sempre a andar de um lado para o outro. **2** *pop* Pessoa afe(c)tada que caminha saltitando/Pisa-flores.

saltar *v t/int* (<lat *sálto,áre,átum*) **1** Elevar o corpo do solo/Dar saltos/Pular. **Ex.** O atleta saltou a fasquia com facilidade. **Loc.** *~ à corda* (A(c)tividade lúdica. Ex. As meninas gostavam muito de ~ à corda). *~ de contente* [Manifestar-se alegremente]. **2** Pular de um ponto para outro com um impulso. **Ex.** Saltou a vala com facilidade. **Loc.** *~ da cama* [Levantar-se rápido]. **3** Transpor um obstáculo ou vencer uma distância, dando um salto/Galgar/Transpor. **Ex.** O atleta, ao ~ a barreira, caiu. **4** Atirar-se de cima para baixo. **Ex.** O paraquedista saltou do avião. **Loc.** *~ de paraquedas* [Dar um salto do avião em paraquedas]. *~ [Cair(+)] do cavalo* [Cair devido aos pinotes do cavalo]. **5** Dar saltos, brincando. **Ex.** Os miúdos corriam e saltavam pela rua. **6** Deslocar-se, batendo em diversos pontos. **Ex.** A bola saltou [foi aos saltos] até ao fundo da encosta. **7** Apear-se. **Ex.** Saltou da camioneta em andamento. **8** Desprender-se. **Ex.** A mola saltou facilmente do cordel. **9** Passar por cima de/Omitir. **Ex.** Saltou da terceira para a quinta linha do texto. Saltei os capítulos [as partes] que não me interessavam. **10** Passar de um assunto a outro/Mudar de dire(c)ção. **Ex.** A conversa saltou de um tema para outro. **11** Palpitar. **Ex.** O coração saltava no peito. **12** Irromper. **Ex.** Dos olhos saltaram-lhe duas grossas lágrimas. **13** Sair com força/Rebentar. **Ex.** A rolha saltou da garrafa de champanhe e foi bater no te(c)to. **Loc.** Fazer ~ *os miolos* [Dar um tiro na cabeça e pôr os miolos à mostra]. **14** Ir para cima de, lançar-se contra. **Ex** Saltou-lhe ao pescoço e abraçou-o. **15** Sobressair. **Ex.** Os olhos saltam-lhe das órbitas [Tem os olhos saídos (+)]. **Loc.** *~ aos olhos/à vista* [Ser mais que evidente/Manifestar-se claramente] (Ex. O fa(c)to de que você mentiu salta à vista de toda a gente!). *~ fora* [Desaparecer]. **16** *pop* Fazer vir. **Ex.** «no restaurante» Salta [Aí vai/Aqui vem] uma cerveja!

saltarelo (Ré) *s m* (<it *saltarello*) **1** ⇒ saltarilho(+).**2** Dança popular italiana saltitante.

saltarilhar[ricar] *v int* (<saltar +...) Dar salt(inh)os.

saltarilho *s m* (<saltarilhar) **1** O que anda sempre aos saltos. **2** *fig* O que anda constantemente a mudar de lugar. **Ex.** É um ~, não está bem em lugar nenhum.

saltatriz *adj/s f* **1** ⇒ saltadora. **2** ⇒ bailarina.

salteado, a *adj/adv* (<saltear) **1** Não sucessivo/seguido/Entremeado. **Ex.** Ele semeia o feijão e o milho ~s, um rego de feijão e um de milho, mais outro de feijão e outro de milho, ... **2** *Cul* Que depois de cozido é passado por azeite. **Ex.** Ao almoço comemos legumes ~s. **3** *adv* Salteadamente. **Idi.** *(Saber) de cor e ~* [Bem memorizado] (Ex. Ele sabe o texto [a lição «de História» de cor e ~). **4** *s f* ⇒ saltada **3**.

salteador, ora *adj/s* (<saltear + -dor) (O) que assalta ou ataca de surpresa para roubar ou matar/Assaltante/Bandido. **Ex.** Há dois ~es famosos, José do Telhado e Lampião, o primeiro português, o segundo brasileiro.

saltear *v t* (<salto + -ear) **1** Atacar de surpresa para roubar ou matar/Assaltar(+). **2** Tomar de assalto um espaço ou território/Invadir. **Ex.** As tropas saltearam [invadiram(+)] o território e ocuparam-no. **3** Acometer(+)/Manifestar-se repentinamente. **Ex.** Era uma pessoa saudável, mas as doenças saltearam-no no repente. **4** Viver de roubos e assaltos/Pilhar/Roubar/Saquear. **5** Percorrer, saltando os espaços/Fazer algo, mas não seguido. **Ex.** À medida que ia lendo, salteava as páginas do livro. ⇒ saltar **9**. **6** *~-se*/Ser assaltado pelo medo/Agitar-se/Assustar-se/Sobressaltar-se. **7** *Cul* Cozinhar os alimentos com gordura, agitando o recipiente persistentemente. **Ex.** Vamos ~ as batatas na frigideira.

salter/saltério(+) *s m* (<gr *psaltérion*: instrumento musical de cordas) **1** *Mús* Instrumento musical de cordas. **Ex.** O ~ é um instrumento musical que aparece no Antigo Testamento. **2** Livro [Conjunto] dos salmos (150) da Bíblia. ⇒ salmo **1 Ex.**

saltimbanco *s m* (<it *saltimbanco*) **1** Indivíduo/Artista popular itinerante que se exibe em feiras, circos, praças públicas. **Ex.** Um grupo de ~s chegou à aldeia para mostrar as suas habilidades. **2** *fig* Pessoa que muda constantemente de opinião. ⇒ saltarilho **2**.

saltinho *s m* (<salto + -inho) Pequeno salto. **Ex.** A andar, parece que vai sempre aos ~s. **Loc.** *Dar um ~ a* [Ir ver [fazer] algo ou visitar alguém rapidamente] (Ex. Vou ali num [dar um] ~/pulinho e já venho).

saltitante *adj 2g* (<lat *sáltitans, ántis*) **1** Que saltita. **2** Que convida a saltitar. **Ex.** O grupo toca ritmos ~s. **3** ⇒ saltarilho.

saltitar *v int* (<lat *sáltito, áre, átum*) **1** Caminhar aos saltos/Dar saltos pequenos e repetidos. **Ex.** A bola saltitou (pelas) escadas abaixo. **2** Mudar constantemente de um lugar para outro. **Ex.** Anda sempre a ~ de um curso universitário para outro. **3** Mudar constantemente de assunto ou de ideias/Divagar. **Ex.** Ele saltita da política para a filosofia, da filosofia para a literatura, ...

salto *s m* (<lat *sáltus*) **1** A(c)ção ou efeito de saltar. **2** A(c)ção de se elevar do solo com impulso (muscular e com esforço). **Ex.** Os cangurus movimentam[deslocam]-se aos ~s. **Idi.** *A ~* [Clandestinamente] (Ex. Foi para França a ~). *Dar um ~ a* [Fazer uma visita rápida]. *Num ~* [Em pouco tempo] (Ex. Cheguei a casa num ~/pulo). **3** Espaço ou altura transposto/a com um pulo. **Ex.** O atleta efe(c)tuou um ~ de dois metros em altura. **4** Nome de várias provas (d)esportivas. **Comb.** *~ à vara. ~ em altura. ~ em comprimento. ~ mortal* [Volta completa do corpo no ar, sem apoiar as mãos no chão, efe(c)tuada por atletas ou acrobatas] (Ex. Os ~s mortais saem mal a alguns acrobatas, são sempre perigosos). *~ para a água* [Mergulho]. *Triplo ~*. **5** A(c)ção de se lançar de um ponto elevado para outro mais baixo «mar/piscina/rua»/Queda. **Ex.** Ele saltou de paraquedas de uma aeronave. **6** Queda de água (+) de um rio/Cascata/Catarata. **7** Mudança brusca de estado ou situação. **Ex.** Os preços dispararam [deram um ~ muito grande em pouco tempo]. **8** A(c)ção de passar rapidamente de um assunto a outro. **9** Omissão involuntária de palavra ou frase num texto. **Ex.** Deu um ~ no texto, passou duas linhas. **10** ⇒ Corte de uma sequência temporal/Intervalo. **11** Parte do calçado na extremidade traseira, para alterar o calcanhar e podendo ser constituída por diversos materiais: sola, madeira, borracha, cortiça/Tacão. **Comb.** *Sapatos de ~(s) alto(s)* de senhora. *Sapato de ~ raso*.

salubérrimo, a *adj sup* (<lat *salubérrimus*) Muito salubre.

salubre *adj 2g* (<lat *salúber, bris, bre*) Que faz bem à saúde/Sadio/Saudável. **Ex.** O ar da montanha é muito ~/saudável. **Ant.** Insalubre.

salubridade *s f* (<lat *salúbritas, átis*) **1** Qualidade ou estado de salubre. **2** Condições favoráveis à saúde. **Ex.** Para uma boa qualidade de vida, é preciso higiene e ~.

salutar *adj 2g* (<lat *salutáris, e*) **1** Que é bom para a saúde/Saudável. **Comb.** *Uma sesta ~*. **2** Que restabelece as forças/Fortificante. **Ex.** Tomou um remédio ~. **3** Que faz bem ao espírito. **Ex.** As boas a(c)ções são ~es.

salva[1] *s f Bot* (<lat *sálvia*) Planta labiada utilizada como condimento e medicamento, devido às suas propriedades estimulantes; *Sálvia officinalis*. **Sin.** Sálvia; salva-das-boticas.

salva[2] *s f* (<salvar) **1** A(c)to ou efeito de salvar/saudar(+). **Comb.** *~ de palmas* [Ovação com [batendo] palmas]. **2** Descarga de armas de fogo, para festa ou em honra de alguém. **Ex.** No fim do funeral do chefe militar houve uma ~ de tiros. **3** Sucessão ininterrupta. **4** Bandeja onde se colocam copos para servir bebidas ou onde se põem obje(c)tos. **Ex** Puseram os donativos numa ~ de prata.

salvação *s f* (<lat *salvátio,ónis*) **1** A(c)to ou efeito de salvar(-se). **Ex.** Está tão mal que não tem ~ [O doente vai morrer]. **2** Pessoa ou coisa que salva ou livra de perigo. **Ex.** O barqueiro foi a ~ do homem, que estava mesmo [quase] a afogar-se. **Comb.** Boia [Colete/Tábua] de ~. **3** *pop* Saudação(+). **Ex.** Passou por mim e não me deu a ~ [e não me saudou(+)]. **4** Felicidade eterna após a morte/Bem-aventurança/Redenção. **Ex.** É preciso fazer o bem, para a ~ da alma. **Ant.** Perdição.

salvado *s m* (<salvar) Tudo o que escapou [ficou] de uma catástrofe/guerra. **Loc.** Leiloar os ~s. ⇒ despojos.

salvador, ora *adj/s* (<salvar + -dor) **1** (O) que salva ou livra de perigo. **Ex.** No meio do (perigo de) naufrágio houve um ~ que o conseguiu tirar da água. **2** (O) que redime/Redentor. **Ex.** (Na religião cristã) Cristo é o Salvador do mundo/dos homens.

Salvador *s m Geog* ⇒ El Salvador.

salvadorenho, a *adj/s* (Habitante) de El Salvador.

salvaguarda *s f* (salvar + guarda) **1** Prote(c)ção concedida por uma autoridade. **Ex.** O Governo concedeu-lhe um documento de ~. **2** Coisa que protege/Defesa(+)/Garantia/Segurança(+). **Ex.** Para ~ dos bens puseram um alarme na casa. **3** ⇒ Licença especial de circulação/Salvo-conduto(+).

salvaguardar *v t* (<salvaguarda + -ar[1]) **1** Pôr ou pôr-se a salvo, fora de perigo/Acautelar(-se)/Defender(-se)/Proteger(-se)/Resguardar(-se). **Ex.** Quando há inundações, é preciso ~ [socorrer(+)/salvar(o+)] em primeiro lugar as pessoas. **Ant.** Expor(-se). **2** Assegurar/Garantir. **Ex.** Nem sempre o advogado consegue ~ os direitos do seu cliente. **3** Retirar um ou mais elementos de um conjunto, como exce(p)ção/Ressalvar. **Ex.** Salvaguardando [Exce(p)to(+)/Fora/Menos] três pessoas, todo o grupo se foi embora.

salvamento *s m* (<salvar + -mento) **1** A(c)ção ou efeito de salvar(-se). **Ex.** A operação de ~ dos mineiros do fundo da mina

foi difícil e morosa. **Loc. Pôr a [em] ~** [Pôr fora de perigo/Pôr em segurança/Pôr a salvo]. **2** A(c)ção de livrar de um perigo/Salvação. **Ex.** O ~ [socorro(+)] dos náufragos demorou muito tempo. **Comb.** Equipa [Exercício/Operação] de ~. **3** ⇒ Lugar seguro e sem risco. **4** Cura(+)/Salvação(o+). **Ex.** Está tão doente [tão mal] que parece não ter ~.

salvante *adj 2g/prep* (<lat *sálvans, vántis*) **1** Que põe a salvo/Salvador **1**. **2** *prep* Exce(p)to(+)/Salvo(+). **Ex.** Retiraram todas as pessoas do hotel a arder [em fogo], ~ três clientes.

salvar *v t* (<lat *sálvo, áre, átum*) **1** Livrar(-se) de perigos ou dificuldades. **Ex.** As pessoas não conseguiram ~ os seus bens das grandes inundações. **Idi. ~ as aparências** [Disfarçar]. **~ a face** [Esconder a culpa aos olhos dos outros/Livrar-se de um juízo negativo]. **2** Libertar/Resgatar. **Ex.** Salvaram[Livraram]-no de prisão perpétua. **3** Escapar/Sobreviver. **Ex.** O carro despistou-se, foi embater numa [foi contra uma] árvore e ninguém se salvou. **4** *Rel* ~-se/Obter a salvação eterna. **Ex.** Cristo veio ao mundo para ~ os homens. Eu quero salvar-me [ir para o céu]. **5** *pop* Dirigir uma saudação a alguém/Cumprimentar/Saudar(+). **Ex.** Os vizinhos salvam-se diariamente quando se encontram: "bom dia!/boa tarde/boa noite". **6** Saudar com tiros de artilharia. **7** Justificar. **Ex.** Tentou ~ o erro. **8** ⇒ Vencer uma distância. **9** ⇒ Manter em bom estado/Conservar/Preservar. **10** Pôr de parte/Fazer exce(p)ção. **Ex.** Venderam tudo, salv(and)o [exce(p)to/menos/fora] a casa da praia.

salvatério *s m* (<lat *salvat(um)* + -*ério*) **1** Salvação providencial que permite evitar um mal ou remediar uma necessidade. **2** ⇒ Expediente para escapar/Desculpa/Escusa/Subterfúgio.

salvável *adj 2g* (<salvar + -vel) **1** (Obje(c)to) que pode ser salvo/pode livrar-se do perigo. **2** Que se pode manter inta(c)to [se pode ainda usar].

salva-vidas *adj/s 2g 2n* (<salvar + vida) **1** (Dispositivo) que se destina ao salvamento de náufragos. **Ex.** O barco ~ retirou as pessoas da água. **Comb. *Barco* ~** [próprio para salvar pessoas de afogamento]. ***Colete* ~**. **2** Pessoa para socorrer os banhistas que correm perigo de vida/Nadador-salvador/Banheiro (Em Portugal, etc., menos no Br). **3** *Br* Pessoa em serviço na praia para socorrer banhistas.

salve (Sálvè) *interj* (<lat *sálve*: Bom dia!; Saúde!; Viva!) **1** Exclamação que expressa saudação. **2** Fórmula de homenagem. **Ex.** Salve, heróis da pátria!

salve-rainha *s f Rel* Oração católica, que se inicia com estas duas palavras, dirigida à Virgem Maria. **Ex.** Rezou a ~ com muita devoção.

sálvia ⇒ salva[1].

salvínia *s f Bot* (<lat s*alvínia* <antr A. M. Salvini) Nome comum de planta, feto, que flutua na água.

salviniáceo, a *adj* (<salvínia + -áceo) (Diz-se de) família de plantas pteridófitas, flutuantes nas águas, de folhas pequenas e raízes finas e longas.

salvo, a *adj/adv* (<lat *sálvus*) **1** Que está livre de perigo, de risco, de doença. **Ex.** Ele estava muito mal [muito doente], mas agora está ~. **Loc. *Estar são e* ~** [Estar bem]. ***Estar a* ~** [em segurança, livre de perigo]. ***Pôr-se a* ~** [em lugar seguro]. **~ *seja*** [Exclamação que exprime o desejo de que não aconteça a mesma coisa má aos presentes]. ***Tirar a* ~** [Esclarecer]. **2** Que foi atingido/Inta(c)to(+). **Ex.** Apesar das acusações que lhe foram feitas, manteve ~a a sua honra. **3** Que alcançou a salvação eterna/Que foi para o céu. **Ant.** Condenado. **4** *adv* Que é obje(c)to de exce(p)ção, indicando exclusão. **Ex.** Já saíram todos da sala de aula, ~ [exce(p)to/menos] o professor. **Loc. ~ *se*** [A não ser que/Exce(p)to se] (Ex. Na próxima semana vamos dar um passeio, ~ se chover [, a não ser que chova]).

salvo-conduto *s m* **1** Licença ou autorização escrita concedida a alguém por uma autoridade e que lhe permite entrar e permanecer em determinado lugar/Salvaguarda **3**. **Ex.** Os jornalistas tinham salvo-condutos/salvos-condutos, por isso não foram incomodados. **2** *Mil* Autorização escrita, concedida por uma autoridade militar que permite a alguém a passagem por [nos] postos militares. **3** ⇒ *fig* Privilégio/Isenção.

samambaia *s f Bot* (<tupi *çama-mbai*: trançado de cordas) Nome comum de plantas «ornamentais» parecidas ao [com o] feto.

sâmara *s f* (<lat *sáme[a]ra*: semente do ulmeiro/olmo) Fruto seco de pericarpo prolongado em asa membranosa e que permite a sua disseminação pelo vento.

samário [Sm 62] *s m Quím* (<lat *samárium*) Metal que faz parte das (chamadas) terras raras.

samaritano, a *adj/s m* (<lat *samaritánus*) **1** Que é da Samaria, região e cidade da Palestina. **2** *fig* (O) que é bom e caridoso. **Ex.** Ele gosta de ajudar os outros, é um bom ~. **Comb.** Parábola do bom ~ (Lc. 16: 25-37).

samarra *s f* (<esp *zamarra*: pele de carneiro) **1** Pele de carneiro ou de ovelha, com lã. **2** *pop* Pele de qualquer animal. **3** Veste rústica feita de pele de carneiro ou ovelha, com lã. **Ex.** O pastor pôs a ~ para se proteger do frio. **4** Casaco de tecido grosso com gola forrada de pele. **Ex.** Vestiu a ~ e saiu de casa. ⇒ capote «por cima da ~».

samba *s m* (<quimbundo *samba*; ⇒ sambar) **1** Dança brasileira de origem africana, de ritmo sincopado. **Ex.** Principalmente no Carnaval, os brasileiros gostam de dançar o ~. **2** *Mús* Música que acompanha essa dança. **Comb.** Escola de ~.

samba-canção *s m Mús* Variedade de samba, melódico, com letras sentimentais.

sambaqui *s m* (<tupi *tambaqui*) Depósito pré-histórico de cascas de ostras e de várias conchas misturadas com outros elementos, efe(c)tuado por tribos indígenas.

sambar *v int* (<samba + -ar[1]) **1** Dançar o samba. **Ex.** Os brasileiros, no Carnaval, vão ~ para a rua. **2** Desfilar ao som do samba. **Ex.** As escolas de samba desceram a avenida, sambando.

sambarca/o *s* (< ?) Faixa larga que proteger o peito das cavalgaduras para que os tirantes as não firam.

sambenito *s m* (<esp *sambenito*) Hábito em forma de saco que os condenados vestiam ao serem levados para os autos de fé, no tempo da Inquisição.

sambista *adj/s 2g* (<sambar + -ista) **1** (O) que dança samba. **Ex.** Os ~s dançaram até de madrugada (⇒ sambódromo **Ex.**). **2** Compositor de música de samba.

sambódromo *s m* (<samba + -dromo) Recinto com arquibancadas e pista onde desfilam as escolas de samba. **Ex.** No Carnaval, no Rio de Janeiro, as escolas de samba desfilam num ~ construído para o efeito [, que é só para isso/para desfilar].

sambrás *s f sing e pl* (< ?) *CV* Festa dada com sobras de comida e bebida da festa do dia anterior.

sãmente *adv* (<são + -mente) De modo são ou saudável.

Samoa *s top* Arquipélago do Centro Sul do Oceano Pacífico cujos habitantes são os samoanos, sendo a sua capital Apia.

samoco/samouco *s m* (< ?) **1** *Bot* ⇒ Faia. **2** Crosta das pedras quando arrancadas da pedreira.

samovar *s m* (<rus *samovár*: que ferve por si mesmo) Utensílio de origem russa, com que se aquece e mantém quente a água para preparar o chá. **Ex.** Ela pegou no ~ e foi aquecer a água para o chá. ⇒ chaleira.

sampana *s f* (<chin *san pan*: três tábuas) Embarcação asiática, com uma cobertura de bambu que transporta pessoas e mercadorias de um junco[2] até terra. **Ex.** A população chinesa, por vezes, vive nas ~s.

sample *s m Mús* (<ing) Som digitalizado usado como fonte sonora em *samplers* e sintetizadores.

sampler *s m Mús* (<ing) Instrumento musical ele(c)tró[ô]nico que possibilita a gravação, alteração e reprodução de sons.

samurai *s m* (<jp *samurái*: guerreiro (leal/destemido)) Membro da classe dos guerreiros, no Japão, ao serviço de um nobre ou de um chefe militar. **Ex.** Os ~s cultivavam a arte [o manejo] do sabre. ⇒ catana.

sanar *v t* (<lat *sáno, áre, átum*) **1** Tornar são/Curar/Sarar(+). **Ex.** O médico tentou tudo para ~ [curar(+)] o doente. **2** Solucionar de um modo razoável/Sanear(+). **Ex.** É preciso ~ as finanças públicas. **3** Encontrar uma solução/Solucionar(+)/Resolver(o+). **Ex.** Há muitos conflitos no mundo por ~.

sanatório *s m* (<lat *sanatórius,a,um*: próprio para sanar) Casa de saúde situada numa região com boas condições climáticas e excelente exposição ao sol, destinada ao tratamento de doenças pulmonares ou ósseas. **Ex.** Em Portugal havia vários ~s nas zonas de montanha «Caramulo».

sanável *adj 2g* (<lat *sanábilis,e*) **1** Que se pode sanar. **2** Que se pode curar ou tornar são/Curável. **Ex.** A doença, apesar de ser grave, ainda é ~ [tem cura (+)]. **Ant.** Incurável. **3** Que se pode remediar/solucionar. **Ex.** Ele cometeu um grave erro que agora já não é ~ [não tem solução (+)]. **Ant.** Insanável.

sanca *s f* (<esp *zanca*: trave de apoio) Parte do telhado que assenta sobre a parede.

sanção *s f* (<lat *sánctio, ónis*) **1** *Dir* Aprovação e confirmação da lei pelas autoridades competentes/Ratificação. **Ex.** O Presidente da República não deu a sua ~ à lei proposta. **2** Autorização. **3** *Dir* Pena estabelecida por lei contra os infra(c)tores. **Ex.** A lei estabelece para grandes crimes grandes ~ões. **Comb. ~ *disciplinar*** [Pena contra servidor/funcionário público]. **~ *econó[ô]mica*** [Interrupção das relações econó[ô]micas num estado/país]. **4** A(c)ção pela qual uma organização internacional reprime as violações dos direitos internacionais. **Ex.** O Conselho de Segurança da ONU impôs ~ões econó[ô]micas ao Irão em 2012.

sancho-pança *s m* (<antr Sancho Pança, personagem de *D. Quixote de la Mancha*, de Cervantes) **1** Pessoa que anda sempre com outra, sujeitando-se servilmente à sua vontade. **Ex.** Anda sempre atrás dele, é um ~. **2** *fig* Pessoa baixa e gorda.

sancionado, a *adj* (<sancionar) **1** Que recebeu sanção/Aprovado/Confirmado. **Ex.** O documento ~ já foi publicado. **2** Que foi

reconhecido pelo uso/«vocábulo» Consagrado(+).

sancionador, ora *adj/s* (<sancionar + -dor) (O) que sanciona.

sancionar *v t* (<sanção + -ar¹) **1** Dar sanção/Aprovar/Legitimar. **Ex.** O Presidente sancionou a lei aprovada pelo Parlamento. **2** Dar aprovação/Aprovar/Autorizar. **Ex.** A dire(c)ção sancionou a saída dos trabalhadores. **3** Aplicar uma sanção ou castigo/Castigar/Punir. **Ex.** O árbitro sancionou [puniu/castigou] o jogador que agrediu o guarda-redes/goleiro «pondo-o fora do jogo».

sancionatório, a *adj Dir* (<sancionar + -tório) Diz-se do direito punitivo ou penal.

sanco *s m Zool* (<sanca) **1** Perna de ave, da garra à coxa. **2** Segmento do membro inferior humano que vai do tornozelo até ao joelho/Parte fina da perna.

sanctus *s m* (<lat *sánctus,a,um*) Hino de louvor a Deus entoado depois do prefácio e antes do cânone da missa/Santo, santo, santo.

sandália *s f* (<gr *sandálion*) **1** Calçado com uma base de sola ou outro material, presa ao pé por meio de tiras. **Ex.** Os antigos romanos usavam ~s. **2** Calçado aberto, próprio para o tempo quente. **Ex.** No verão é melhor usar ~s para os pés respirarem. ⇒ alpergata; chinelo/a.

sândalo *s m* (<gr *sándalon*) **1** *Bot* Nome vulgar de árvores santaláceas asiáticas com madeira aromática usada em perfumaria. **2** Madeira destas árvores. **Comb.** Arca de ~. **3** Perfume preparado a partir da madeira dessas árvores e de outras do mesmo género.

sande *s f* ⇒ sanduíche.

sandeu, sandia *adj/s* (<santo [sem] Deus?) (O) que faz ou diz tolices/Idiota/Parvo/Tolo.

sandice *s f* (<sandio + -ice) **1** Cará(c)ter de quem revela falta de sensatez/Parvoíce(+)/Tolice/Estupidez(o+). **2** A(c)to ou dito que revela falta de senso/Disparate.

sandinismo *s m* (<antr Sandino + -ismo) Ideias nacionalistas e anti-imperialistas defendidas por C. A. Sandino contra o regime de Samoza, na Nicarágua.

sandinista *adj/s 2g* (⇒ sandinismo) Partidário do movimento revolucionário Frente Sandinista de Libertação da Nicarágua.

sandio, a *adj* (<esp *sandio*) Próprio de sandeu/Tolo.

sanduíche *s m ou f* (<antr ing *J. M. Sandwich*) Alimento constituído por duas fatias de pão, colocando-se no meio delas um ou mais dos seguintes elementos: queijo, fiambre, carne assada, carnes frias, ... **Ex.** Queria duas sand(uích)es: uma mista, de queijo e fiambre, e outra só de carne. **Comb.** *fam* «ficar» Em ~ [Apertado entre duas pessoas].

sanduíche-bar *s m* Estabelecimento onde se vendem sanduíches, sumos de fruta e outras bebidas. **Ex.** Fui ao ~ comer qualquer coisa com os meus amigos.

saneado, a *adj* ⇒ sanear **8**.

saneador, ora *adj/s* (<sanear + -dor) **1** (O) que saneia. **2** (O) que torna são, salubre. **3** *Dir* Diz-se do despacho do juiz a meio do processo, para o expurgar de eventuais vícios.

saneamento *s m* (<sanear + -mento) **1** A(c)to ou efeito de tornar um lugar sadio para viver/Asseio/Limpeza. **2** Medidas para garantir a higiene e salubridade de um lugar. **Comb.** ~ básico [Condições para a manutenção da saúde pública «esgotos»]. **3** ⇒ A(c)ção de tornar um terreno mais fértil. **4** ⇒ A(c)ção de estabelecer princípios éticos rigorosos na administração pública. **5** Afastamento de alguém de cargos ou funções, por motivos ideológicos ou políticos. **Ex.** Houve muitos ~s em diversas empresas.

sanear *v t* (<são + -ear) **1** Tornar são, respirável, habitável. **2** Recuperar a saúde/Curar(+)/Sarar(+)/Sanar. **3** ⇒ Tornar apto para a agricultura. **4** Alterar, corrigindo/Remediar/Reparar. **Loc.** ~ as finanças públicas. **5** ⇒ Estabelecer princípios éticos rigorosos. **6** Fazer cessar. **Loc.** ~ a corrupção. **7** Tornar isento de falhas/Corrigir. **Loc.** ~ um processo. **8** Afastar alguém de cargos ou funções, por razões ideológicas ou políticas. **Ex.** Os trabalhadores sanearam alguns dire(c)tores.

saneável *adj 2g* (<sanear + -vel) **1** Que se pode sanear. **2** Que se pode tornar são ou habitável. **Ex.** Os lugares de ambiente tão degradado serão ~veis?

sanefa (Né) *s f* (<ár *sanifa*: borda) **1** Tira de tecido que se coloca transversalmente na parte superior de uma cortina. **Ex.** A ~ é de veludo. **2** *Náut* Cortina de lona para resguardar do vento, da chuva e do sol. **3** Tábua a que se prendem outras perpendicularmente.

sanfona *s f Mús* (<gr *symphonía*) **1** Instrumento musical com cordas de tripa muito tensas. **2** ⇒ Harmó[ô]nica/Acordeão/Concertina. **3** *col* Instrumento mal tocado ou voz desafinada. **4** *fig* Insistência na mesma coisa/Palavreado. **5** Pessoa que implica por tudo e por nada.

sanfonina *s f* (<sanfona + -ina) **1** Pequena sanfona. **2** Cantilena desafinada.

sanfon(in)ar *v t/int* (<sanfon(in)a + -ar¹) **1** Tocar sanfon(in)a. **2** Falar *idi* a torto e a direito/Importunar.

sangradouro *s m* (<sangrar + -douro) **1** Parte entre o braço e o antebraço, onde se efe(c)tua a flebotomia (Corte da veia para sangria). **2** Zona do pescoço dos animais onde se abatem. **Ex.** Do ~ do animal saía muito sangue. **3** Abertura para a saída de um líquido. **Ex.** Ao abrir o ~ correu muita água. **4** Canal para escoamento ou desvio da água «de um rio» para outro lugar «moinho».

sangradura *s f* (<sangrado + -ura) **1** A(c)to ou efeito de sangrar. **2** A(c)ção de abrir uma veia para extrair sangue/Sangria(+). **3** A(c)ção de extrair seiva ou resina de uma árvore «seringueira/pinheiro».

sangrar *v t/int* (<lat *sánguino, áre, átum*) **1** Tirar sangue a alguém. **Ex.** O médico sangrou o doente. **2** Deitar sangue natural. **Ex.** Ele sangra [deita sangue] com frequência do nariz. **3** Matar aproveitando o [com derrame de] sangue. **Ex.** Sangraram a galinha para fazer arroz de cabidela. **4** Extrair líquido que está em excesso. **Ex.** Eles sangraram [esvaziaram(+)] a lagoa que estava com muita água por causa das fortes chuvas. **5** ⇒ Tirar dinheiro ou valores a alguém/Extorquir. **6** *fig* Fazer sofrer/Dilacerar. **Ex.** Com [Ao ver] tanto sofrimento, o meu coração sangra.

sangrento, a *adj* (<sangrar + -ento) **1** Que sangra/Sanguinolento. **2** Que tem derramamento de sangue. **Ex.** Guerras ~as continuam pelo mundo! **3** Coberto [Cheio] de sangue. **4** Cruel/Sanguinário(+)/Assassino. **Ex.** Na História houve muitos ditadores ~s. **5** *Br* (Bife) que está com sangue. **Sin.** Mal passado.

sangria *s f* (<sangrar + -ia) **1** A(c)to ou efeito de sangrar. **Comb.** ~ desatada [Grande ~, em situação que exige cuidados imediatos]. **2** A(c)ção de picar alguém para retirar sangue. **Loc.** Fazer uma ~ [colheita de sangue(+)]. **3** Sangue que escorre dos animais mortos e destinado à alimentação. **Comb.** A ~ do porco «cozida no dia da matança e comida com molho de azeite, vinagre e cebola». **4** Extra(c)ção de resina. ⇒ sangradura **3**. **5** *fig* Perda de valores (dos cofres públicos) ou de elementos da empresa. **6** *Cul* Bebida feita com vinho tinto, sumo, pedaços de frutas e açúcar.

sangue *s m* (<lat *sánguis, guinis*) **1** Líquido vermelho que circula nas artérias e nas veias dos animais vertebrados, bombeado pelo coração. **Idi.** *Correr ~* [Haver luta com derramamento de ~] (Ex. A luta foi feroz, correu muito ~). «a bondade» *Estar(-lhe) na massa do ~* [Ser do seu modo de ser]. *Ferver o ~ a* [Irritar-se/Revoltar-se]. *Ficar sem pinga de ~* [Apanhar um grande susto]. *Gelar o ~ nas veias* [Ficar aterrado/horrorizado/Sentir-se muito perturbado]. *Subir o ~ à cabeça* [Irritar-se]. *Ter ~ de barata* [Não reagir]. *Ter ~ na guelra* [Ter muita energia]. **Comb.** ~ *arterial* [conduzido pelas artérias e que contém oxig[ê]nio e elementos nutritivos]. ~ *venoso* [levado pelas veias e que contém dióxido de carbono]. ~ *de Cristo* [derramado por Cristo para a redenção do homem e simbolizado no vinho da missa]. *Banco de* ~. *Chouriço de* ~. *Animal de* ~ *frio* [de temperatura não constante]. *Animal de* ~ *quente* [com temperatura constante]. *Juramento de* [Compromisso solene firmado com] ~. *Transfusão de* ~. **2** *fig* A perda da vida/Mortandade/Morticínio. **Comb.** *Banho de* ~ [Chacina/Carnificina]. *Mar de* ~ [Muitos mortos]. **3** Relações de parentesco. **Loc.** *Ser do mesmo* ~ [Pertencer à mesma família]. **Comb.** *Irmão de* ~. *Laços de* ~. *Voz do* ~. **4** A origem de alguém. **Idi.** ~ *azul* [Ascendência nobre]. **5** *fig* Líquido que corre no interior das plantas/Seiva(+)/Suco. **6** Vida. **Loc.** Dar o ~. **7** *pop* ⇒ Menstruação.

sangue-frio *s m* Cara(c)terística das pessoas que controlam as emoções. **Loc.** *Matar a* ~ [deliberadamente/sem emoção]. *Perder o* ~ [a calma]. *Ter* ~ [Controlar as emoções/Ser calmo].

sangueira *s f* (<sangue + -eira) **1** Abundância de sangue derramado. **Ex.** O animal ficou muito ferido e deitou uma grande ~. **2** Sangue que sai dos animais abatidos/Sangria **3**(+). **Ex.** Depois de meterem a faca ao porco, a mulher ia mexendo a ~ que saía. **3** Chacina/Morticínio/Sangue **2**.

sanguessuga *s f/m* (<lat *sanguisúga*) **1** Verme anelídeo, de corpo comprido, com uma ventosa em cada extremidade. **Ex.** Antigamente as pessoas usavam ~s para extrair o sangue em partes do corpo [para fazer uma sangria(+)]. **2** *fig* Pessoa que vive à custa de outra/Explorador/Parasita/Chupista. **Ex.** Ele é um [Ela é uma] ~, anda sempre a ver se consegue tirar dinheiro aos outros.

sanguinário, a *adj/s* (<lat *sanguinárius*) **1** (O) que se compraz em ver ou derramar sangue. **Ex.** Na História houve reis ~s. **2** Cruel/Desumano/Feroz/Sangrento **4**. **Ex.** Ele exerceu uma vingança ~a.

sanguíneo, a *adj/s* (<lat *sanguíneus*) **1** Relativo a sangue. **Ex.** A circulação ~a é efe(c)tuada através das artérias e das veias. **2** Que contém sangue. **Comb.** *Grupo* ~ [Tipo de sangue] (Ex. O grupo ~ dele é A). *Vaso* ~ [Artéria ou veia por onde circula o sangue no corpo]. **3** Que tem a cor do sangue. **Ex.** Ele tem uma cara muito ~a. **4** (Diz-se de) pessoa com temperamento irascível. **Comb.** Temperamento/Tipo ~. **5** ⇒ sanguinho **1**.

sanguinho *s m* (<lat *sanguíneus*) **1** Pano com que o sacerdote purifica [limpa/enxuga] o cálice depois da comunhão. **2** *Bot* Nome comum a diversas plantas ramnáceas e cornáceas.

sanguinolência *s f* (<lat *sanguinoléntia*) **1** Qualidade ou condição de sanguinolento. **2** Derramamento de sangue. **3** Qualidade do que é cruel/Crueldade «do tirano».

sanguinolento *adj* (<lat *sanguinoléntus*) **1** Que tem sangue misturado. **Ex.** Ele deitava expe(c)toração ~a. **2** Coberto de sangue/Ensanguentado(+). **Comb.** Corpo ~. **3** «guerra» Que causa grande derramamento de sangue/Sangrento. **Ex.** A batalha foi muito ~a, deixando centenas de mortos no chão. **4** Sedento de sangue/Cruel/Desumano/Feroz. **Comb.** Instintos ~s/sanguinários.

sanha *s f* (<lat *insania*: loucura) **1** Fúria ou desejo de vingança/Ferocidade/Ira/Raiva. **Ex.** A ~ do inimigo não deixou ninguém [um único] vivo. **2** Ardor/Ímpeto/Valentia. **Ex.** Com toda a ~ derrotaram o inimigo. **3** ⇒ Sentimento de aversão «aos drogados».

sanhaço *s m Ornit* (<tupi *saya´su*) Ave de cor azul claro, que se alimenta de frutos dos pomares.

sanhoso [sanhudo], a *adj* (<sanha + -oso) **1** Que tem sanha/"aspecto" Colérico(+)/Furioso/Irado/Raivoso/Embravecido/Mal-encarado/Façanhudo(+)/Carrancudo.

sanidade *s f* (<lat *sánitas, átis*: saúde) **1** Qualidade do que é são. **2** Saúde(+) física e mental. **Ex.** O comportamento dele (era de tal maneira que) não mostrava muita ~ mental. **3** Condições que possibilitam bem-estar e saúde/Higiene/Salubridade(+). **Ex.** Os técnicos verificaram a ~ do lugar.

sânie *s f Med* (<lat *sánies, ei*: pus) Matéria purulenta que sai de ferida [úlcera] mal tratada/Podridão.

sanificar *v t* (<são + -ficar) ⇒ sanear.

sanita *s f* (<lat *sánitas, átis*: saúde) Bacia «de loiça» (apta) para receber os deje(c)tos/Retrete. **Ex.** É preciso cuidado para que a ~ não entupa. A ~ é a peça principal do quarto [da casa] de banho/*Br* do banheiro. **Comb.** Tampa da ~. **Sin.** *Br* Vaso sanitário.

sanitário, a *adj/s* (<lat *sánitas + -ário*) **1** Relativo à saúde e higiene/Higié[ê]nico(+). **Ex.** As condições ~as de grande parte da população ainda *idi* deixam muito a desejar. **Comb.** *idi* **Cordão ~** [Cerco de vigia ou prote(c)ção para parar uma epidemia]. **Inspe(c)ção ~a.** **2** Que salvaguarda a saúde. **Ex.** A construção de aterros ~s tem sido muito polé[ê]mica. **3** *s pl* Instalação pública para higiene/Casa de banho(+)/*Br* Banheiro(+). **Ex.** Onde são os ~s (públicos)?

sanitarista *s 2g* (<sanitário + -ista) **1** (O) «engenheiro» que é especialista em obras da saúde pública. ⇒ higienista. **2** Pessoa que comercializa artigos sanitários.

sânscrito, a *adj/s m* (<sân *samskrtai*: purificado) **1** Relativo ao sânscrito. **Ex.** A língua ~a é usada no culto brâmane. **2** Língua clássica, antiga, da família indo-europeia, língua culta e sagrada da Índia.

sanscritologia *s f Ling* (<sânscrito + -logia) Ciência que se ocupa do estudo da língua clássica da Índia antiga.

sanscritólogo, a *s* (<sânscrito + -logo) Perito em sanscritologia/Sanscritista.

santantoninho *s m* (<antr S(anto) Antó[ô]nio + -inho) **1** Imagem pequena de S. Antó[ô]nio. **Ex.** No dia 13 de junho, nos bairros antigos de Lisboa há muitos altares com ~s. **2** Pessoa que é muito mimada e tratada com os maiores cuidados. **Ex.** Os pais tratam a criança como um ~.

santarrão, ona *s/adj* (<santo + -arrão) (O) que finge santidade/Beato.

santeiro, a *adj/s m* (<santo + -eiro) **1** Pessoa que esculpe ou molda imagens de santos. **2** Pessoa que compra ou vende imagens de santos.

santelmo (Tél) *s m* (<*antr* Santo Elmo/Erasmo) Chama azulada que envolve o topo dos navios causada por cargas elé(c)tricas na atmosfera durante as tempestades. **Comb.** Fogo de ~ (**Ex.** O fogo de ~ é descrito por Camões n'*Os Lusíadas*).

santidade *s f* (<lat *sánctitas, átis*) **1** Qualidade ou estado de santo. **Ex.** Todos somos chamados por Deus à ~. **2** Qualidade do que é sagrado. **Comb.** A ~ de Deus. **3** Virtude/Religiosidade. **Comb.** *Capa de ~* [Hipocrisia]. «morreu em» *Cheiro de ~* [Fama (merecida) de santo]. *Sua/Vossa ~* [Tratamento dado ao Papa, quando a ele se refere, (Sua), ou a ele se dirige, (Vossa)] (Ex. Sua ~ João XXIII foi um Papa muito bondoso).

santificação *s f* (<lat *sanctificátio, ónis*) **1** A(c)ção de se santificar. **Ex.** Devemos fazer tudo, amar, trabalhar, sofrer para a nossa ~ [para sermos parecidos com Jesus]. **2** Celebração com a(c)tos de culto que agradam a Deus. **Comb.** ~ dos domingos. **3** ⇒ canonização (do Beato/da pessoa que já foi beatificada).

santificante *adj/s 2g* (<santificar + -ante) Que santifica. **Comb.** Graça [Dom de Deus] ~.

santificar *v t/int* (<lat *sanctífico, áre, átum*) Tornar(-se) santo. **Ex.** As boas a(c)ções santificam as pessoas. ⇒ sagrar; canonizar.

santimónia [*Br* santimônia] *s f* (<lat *sanctimónia*: santidade) Conjunto de atitudes de quem quer parecer santo/Santidade fingida/Beatice.

santinho, a *s* (<santo+ -inho) **1** *Dim* de santo/Pequena imagem de santo/Estampa. **Ex.** No dia de Páscoa demos ~os de Jesus Ressuscitado aos fiéis. **2** *iron* Pessoa que finge [que quer passar por] ser bondosa ou virtuosa. **Idi.** ~ [*Santo(+)*] *de pau caruncoso* [~ falso/Hipócrita]. **4** Tratamento carinhoso dado a algumas pessoas. **5** *interj* Exclamação dita quando alguém espirra. **Ex.** ~!

santíssimo, a *adj/s* (<santo + -íssimo) **1** Que é muito/sumamente santo. **Comb.** *S~a Trindade* [Pai, Filho e Espírito Santo]. *~a Virgem (Maria)*. **2** *Rel s m maiúsc* Sacramento da Eucaristia; hóstia consagrada. **Ex.** O S~ esteve exposto (no altar) durante três dias. **Comb.** S~ Sacramento [Eucaristia].

santo, a *adj/s* (<lat *sánctus*) **1** Que tem cará(c)ter sagrado. **2** *Rel* Que é relativo à religião, à Igreja ou ao culto religioso. **Ex.** À ~a missa assistiram muitas pessoas. **Comb.** *~a Madre Igreja* [Igreja Católica]. *Santa Sé* [Sé (da diocese) de Roma]. *~ ministério* [Sacerdócio]. *Hist ~ Ofício* [Inquisição]. *~ Sacrifício* [Missa]. *~s óleos* [óleos que se administram nalguns sacramentos]. *iron* **Aquela ~a** [Sogra]. *Campo ~.* [Cemitério]. *Cidade ~a* [Jerusalém/Roma]. *Comunhão dos ~s.* *Espírito ~.* *Guerra ~a.* *Lugar ~* [Templo]. *Lugares ~s* [Lugares por onde Cristo passou]. *Paciência de ~.* *Quinta-feira ~a.* *Sexta-feira ~a.* *Sábado ~.* *Semana ~a.* *Terra ~a* [Palestina]. **3** (O) "S(ão) João/S(anto) Antó[ô]nio" que foi canonizado pela Igreja Católica e é digno de culto (⇒ **8**). **Idi.** *Não haver ~ que valha* [Não ter salvação/solução]. *Pedir por quantos ~s há no céu* [Implorar insistemente]. *~s de casa não fazem milagres* [Valorizar mais o que dizem/fazem os estranhos do que os familiares]. *~ de pau caruncoso* [Beato falso]. **4** Que alcançou a bem-aventurança [foi para o céu], como recompensa pela vida virtuosa/Bem-aventurado(+). **5** (O) que é dotado de bondade e virtude, segundo os princípios da moral e da religião. **Comb.** Vida ~a. **6** Diz-se cada um dos dias consagrados pela Igreja como santificado (São todos os domingos e outros dias com solenidades especiais: Natal, Assunção de Nossa Senhora, …). **7** *col fig* Que revela insistência, eficácia ou utilidade/Benéfico. **Comb.** Remédio ~/eficaz. **8** Representação esculpida ou desenhada de um ~. **Ex.** Os ~s foram tirados dos altares e colocados nos andores para a [para serem levados em] procissão (⇒ ~ **3**). **9** *maiúsc* Palavra posta antes do nome próprio, masculino, iniciado por vogal ou h, e de todos os nomes femininos (Santa), de uma pessoa canonizada. **Ex.** ~ António nasceu em Lisboa. **10** Tratamento dado ao Papa. **Ex.** O ~ Padre vai falar aos fiéis da janela do palácio do Vaticano.

santo-e-senha *s m* **1** Grupo de palavras usadas para se fazer o reconhecimento entre militares. **Ex.** A sentinela não conseguiu dizer o ~. **2** Sinal ou palavras secretas, previamente combinados para reconhecimento mútuo ou para se saber quem é partidário e quem é adversário.

santola (Tó) *s f* (<esp *centola*) Crustáceo marinho, de pernas longas e finas, semelhante a um caranguejo grande/Caranguejo-aranha/Caranguejola.

santoral *s m* (<santo **3** + -al) **1** Livro sobre a vida dos santos/Hagiológio(+)/Martirológio(+). **2** Livro litúrgico que contém os textos lidos na missa das festas dos santos. **3** Lista dos santos que são festejados em cada dia do ano.

santuário *s m Rel* (<lat *sanctuárium*: lugar sagrado, gabinete particular do imperador romano) **1** Templo onde se venera uma imagem e consagrado para as cerimó[ô]nias religiosas. **Ex.** O ~ de Fátima é um dos mais importantes ~s marianos do mundo. **2** *fig* Lugar mais íntimo/Sacrário/*Sáncta sanctórum*. **Ex.** Guardo este segredo no ~ [sacrário] do meu coração. **3** *fig* Área protegida onde é proibida a caça, para preservação de uma ou mais espécies que nela habitam/Reserva(+).

sanzala/senzala *s f* (<quimb *san´zala*: habitação) **1** *Ang* Aldeia tradicional [trabalhadores(+)] de África. **2** *Hist STP/Br* Habitação de empregados na roça.

são¹, sã *adj/s* (<lat *sánus, a, um*) **1** Que está com saúde, sem doença/Saudável. **Ex.** Tem sido até agora uma pessoa sã/rija/saudável(+). **Comb.** *col* ~ e escorreito [Sem o menor defeito/Com boa saúde e juízo]. **Ant.** Doente. **2** Que curou [recuperou o estado de saúde]/Curado. **3** Que não está podre ou deteriorado. **Ex.** As maçãs ainda estão sãs. **Ant.** Estragado/Podre. **4** Que mostra bom uso das capacidades intelectuais e morais. **Ex.** No seu comportamento é uma pessoa sã. **Ant.** Vicioso; perturbado. **5** Saudável/Sadio/Puro. **Comb.** Ar [Ambiente] ~. **6** Seguro/Ileso/Bom/Verdadeiro. **Loc.** Ficar ~ e salvo [Ficar livre de perigo/Ficar ileso]. Pregar a sã [verdadeira] doutrina de Cristo. **7** *s m* A parte sã de um todo «maçã». **Idi.** *Cortar pelo são* [Tomar medidas radicais/Resolver a sério].

São²/Santa/S. adj/s (<santo) Termo usado antes do nome de uma pessoa canonizada e santa, quando o nome se inicia por consoante. **Ex.** A festa de São [S.(+)] João Ba(p)tista, no Porto, a [no dia] 24 de junho, é a maior da cidade.

são-bernardo s m (<antr S(ão) Bernardo) Cão de raça oriundo dos Alpes, felpudo, de faro muito apurado e apto para o serviço de salvamento de pessoas perdidas na neve.

São Salvador s m Geog ⇒ El Salvador.

São Tomé e Príncipe s top País constituído por duas ilhas, situado na zona equatorial de África. **Ex.** A capital de S. Tomé e Príncipe é S. Tomé e os habitantes são designados por santomenses ou são-tomenses.

sapa s f (<fr sape) **1** Pá com que se cavam trincheiras e se executa qualquer obra de sapador. **2** A(c)tividade de cavar trincheiras ou galerias subterrâneas. **3** fig Trabalho oculto para destruir a obra ou a autoridade de alguém. **Comb.** Trabalho de ~.

sapador (Ô) s m (<sapar + -dor) **1** O que executa trabalhos de sapa. **2** Bombeiro que pertence a um grupo de sapadores-bombeiros especialmente preparado para socorrer pessoas, em caso de incêndio, acidente ou catástrofe. **3** Especialidade para a aprendizagem desta a(c)tividade. **Ex.** Ele fez a especialidade de ~ em Lisboa. **4** Mil Militar ligado aos trabalhos de engenharia e de materiais explosivos para assalto a fortificações.

sapador-bombeiro s m **1** Pessoa apta e pronta para socorro da população em caso de incêndio, catástrofe ou acidente. **Ex.** No quartel estavam vários sapadores-bombeiros para irem socorrer as vítimas do incêndio. **2** s pl Unidade com a função de socorrer as pessoas e bens em situação de perigo. **Ex.** Os ~s acorreram imediatamente ao local do sinistro/acidente(+).

sapal s m (<sapo + -al) **1** Terra alagadiça/Atoleiro/Paul/Sapeira. **Ex.** Nos ~ais geralmente habitam [há(+)] muitos sapos. **2** Bot Erva que cresce em terras alagadiças/Sapeira.

sapar v t (<sapa **1**+ -ar¹) **1** Trabalhar com sapa/Escavar(+). **2** Abrir [Cavar] trincheiras.

sapata s f (<sapato) **1** Sapato largo e raso ou espécie de chinelo. **2** Parte do alicerce de uma construção sobre a qual se levantam as paredes ou colunas. **3** Peça que nos veículos funciona como freio. **4** Eng Peça de madeira grossa colocada sobre o pilar para reforçar a trave. **5** Mús Rodela, geralmente de camurça, fixa às chaves de certos instrumentos de sopro/Sapatilha. **6** Elemento que serve para apoiar os pés de certos móveis. **7** Placa de aço das lagartas de um carro de combate. **8** Mil Espaço entre a muralha e o fosso.

sapatada s f (<sapato + -ada) **1** Pancada dada com o sapato calçado. **Ex.** No futebol são frequentes as ~s. ⇒ rasteira. **2** Patada. **Ex.** O cavalo deu uma ~ [patada(o+)/um coice(+)] no dono. **3** Pancada com a mão/Palmada(+).

sapatão s m (<sapato + -ão) **1** Sapato grande. **2** ⇒ Br Lésbica.

sapataria s f (<sapato + -aria) **1** A(c)tividade de fabrico ou venda [loja] de calçado. **Ex.** Nesta ~ há toda a qualidade de sapatos/de calçado(+). **2** Ofício ou oficina de sapateiro.

sapateada s f (<sapateado) **1** A(c)to ou efeito de (sa)patear [bater com os pés no chão] num certo ritmo/Pateada(+). **Ex.** «no teatro» O público manifestou o seu desagrado, com uma grande ~.

sapateado s m (<sapatear) **1** A(c)to ou efeito de bater repetidamente com os pés. **2** Dança em que os bailarinos batem com os sapatos numa superfície adequada para produzir um som forte e ritmado. **Ex.** O ~ é uma tradição forte da dança espanhola do flamenco e do fandango português. **3** Ritmo marcado com os pés.

sapatear v int (<sapato + -ear) **1** Bater com os pés no chão repetidamente. **Ex.** Os vizinhos de cima passam o tempo a ~ [incomodam-nos com o barulho dos pés(+)]. **2** Dançar, batendo com o tacão e a ponta do sapato no chão, de forma ritmada. **Ex.** Ao som da música eles sapatearam toda a noite (⇒ sapateado **2**). **3** Dar sapatadas em alguém. **Ex.** O jogador sapateou o colega sem querer. **4** ⇒ Br Ficar furioso/Enfurecer-se. **Ex.** Ele sapateou de raiva.

sapateira adj/s f (<sapato + -eira) **1** Móvel com várias prateleiras para [destinado a] colocar e guardar sapatos. **Ex.** Ela gosta muito de sapatos, e como tem muitos, tem de ter uma ~ grande em casa. **2** Espécie de saco com divisórias onde se guardam os sapatos. **3** Zool Crustáceo [Caranguejo] semelhante à santola, de carapaça lisa e bastante apreciado na culinária. **Ex.** Os amigos foram à cervejaria, comeram uma ~ e beberam umas cervejas. **4** adj Diz-se de azeitonas que, devido ao mau processo de conserva, ficam moles e um pouco podres. **Ex.** As azeitonas já estão ~s.

sapateiro s m (<sapato + -eiro; ⇒ sapateira) **1** O que fabrica, vende ou conserta calçado. **2** depr Indivíduo, artesão que faz mal as coisas/Br Barbeiro.

sapatilha s f (<sapata **1** + -ilha) **1** Calçado leve de lona. **Ex.** Antigamente usavam-se ~s para a ginástica. **2** Sapato próprio para bailarinos. **3** Mús ⇒ sapata **5**.

sapato s m (<ár Sabatt) **1** Peça de calçado, de sola ou de borracha, que cobre o pé. **Ex.** Gosto de usar ~s leves. **Idi. ~ de defunto** [Promessa ou desejo incerto «duma herança»]. **Andar com a pedra no ~** [Andar desconfiado]. **Não chegar às solas dos ~s/aos calcanhares(+)** [Ser muito inferior a alguém] (Ex. Era uma pessoa sem cará(c)ter, não chegava às solas dos ~s do amigo que traiu). **2** Indivíduo bronco.

sapatorro, a (Tô) s m (<sapato + -orro) Aum de sapato/Sapato grande e malfeito. **Ex.** Usa sempre uns grandes ~s.

sape interj Exclamação usada para enxotar gatos. **Ex.** Sape (gato)!

sapeca (Pé) adj/s 2g (<tupi sapeka: chamuscado) **1** Chamuscamento rápido (das folhas do mate). **2** Irrequieto. **Comb.** Criança [Menina] ~. **3** Leviana/Namoradeira. **4** ⇒ surra/sova.

sápido, a adj (<lat sápidus) Que tem sabor/Saboroso(o +)/Gostoso(+). **Ant.** Insípido.

sapiência s f (<lat sapiéntia) **1** Qualidade de sapiente/Sabedoria(+). **Ex.** As pessoas de muita ~ deviam orientar a sociedade [deveriam ser os nossos políticos]. **Comb.** Oração de ~ [Discurso inaugural do ano le(c)tivo nas Universidades] (Ex. Este ano foi o reitor que(m) proferiu a oração de ~). **2** Sabedoria divina [de Deus]/Providência.

sapiencial adj 2g (<lat sapientiális, e) **1** Relativo a sapiência. **2** Que apresenta sentenças morais. **Ex.** Os livros ~ais do Antigo Testamento (da Bíblia) são: Job, Salmos, Provérbios, Eclesiastes, Cântico dos Cânticos, Sabedoria e Ben Sira [e Eclesiástico].

sapiente adj 2g (<lat sápiens, éntis) **1** Relativo a sapiência. **2** Que possui sabedoria e prudência. **Ex.** Tem fama de ser uma pessoa muito ~. **3** Que é dotado de grandes conhecimentos/Erudito/Sabedor/Sábio.

sapientíssimo, a adj (<lat sapientíssimus) Muito sapiente/sábio. **Comb.** Deus [Mestre/Jesus] ~.

sapindáceo, a s f pl (<lat sapindus + -áceo) (Diz-se de) família de plantas lenhosas tropicais que abrange árvores, arbustos e cipós.

sapinhos s m pl (<sapo + -inho) **1** Med Doença parasitária cara(c)terizada pela inflamação da mucosa bucal, com manchas brancas, frequente nas crianças. **2** Vet Inflamação causada pelo freio na língua dos cavalos.

sapo, a s (< ?) **1** Zool Batráquio anfíbio, sem cauda, com pele rugosa e seca. **Ex.** Os ~s são animais muito úteis na agricultura, pois comem muitos inse(c)tos prejudiciais. **Idi. Engolir ~s (vivos)** [Suportar coisas contrárias às suas ideias, sem manifestar desagrado] (Ex. Para continuar no cargo teve que engolir ~s vivos). **2** Vet Inflamação dos cascos dos cavalos. ⇒ sapinhos **2**.

sapo-concho s m pop Zool ⇒ cágado; girino.

saponáceo, a adj (<sabão + -áceo) **1** Da natureza do sabão. ⇒ saponário **1**. **2** Bot ⇒ sapindáceo.

saponário, a adj/s (<sabão¹ + -ário) **1** Que contém sabão na sua composição. **2** s f Bot Planta herbácea cujo caule contém saponina, que faz que na água faça espuma como o sabão/Saboeira(+).

saponificação s f (<saponificar + -ção) A(c)to ou efeito de saponificar.

saponificar v t Quím (<sabão¹ + -i- + -ficar) Transformar uma gordura «azeite» em sabão.

saponina s f Quím (<sabão¹ + -ina) Substância extraída da saponária e que produz espuma como o sabão.

sapota/i (Pó) s f Bot (<nauatle tzápote) Nome vulgar de umas árvores da família das sapotáceas e das ebenáceas, de fruto muito apreciados/Sapotizeiro.

sapotáceo, a adj (<sapota + -áceo) Relativo ou semelhante à sapota.

saprófito adj/s m (<gr saprós: podre +-fito) Diz-se dos organismos que se alimentam de matéria orgânica em decomposição.

saque¹ s m (<sacar) **1** A(c)to de levantar dinheiro de uma conta. **2** Emissão de um título de pagamento. **3** Título de crédito emitido por um sacador para que seja pago por outra pessoa.

saque² (Sá) s m (<saquear) A(c)to ou efeito de saquear/Pilhagem. **Loc. A ~** [Ao alcance e disposição de qualquer um, inclusive salteadores] (Ex. Com os distúrbios na cidade, ficou tudo [, todas as riquezas ficaram] a ~).

saqué/ê s m (<jp sake) Bebida alcoólica japonesa, fermentada a partir do arroz.

saqueador, ora adj/s (<saquear) (O) que saqueia ou faz saque².

saquear v t (<gótico sakan: pleitear) Assaltar e destruir roubando tudo o que é valioso. **Ex.** Os assaltantes [ladrões/larápios] arrombaram a porta e saquearam a casa.

Sara s m Geog Maior deserto do mundo, partilhado por vários países do Norte da África.

sarabanda s f (<esp zarabanda < ?) **1** Mús Dança antiga, popular, alegre, com meneios do corpo. **2** Agitação constante/Azáfama(+). **3** pop Censura violenta/Descompostura/Repreensão. **Ex.** Como não fez os trabalhos de casa, levou uma grande ~ dos pais.

sarabatana *s f* (<ár *zarbatana*: tubo para matar pássaros, soprando a seta/bala/bucha) **1** Instrumento/Buzina para elevar a voz à distância. **2** ⇒ zarabatana(+).

sarabulhento[lhoso], a *adj* (<sarabulho + ...) **1** Que tem sarabulhos/Áspero. **2** *pop* Que está cheio de borbulhas.

sarabulho *s m* (< ?) Aspereza na superfície da louça.

saraça *s f* (<mal *sarásh*) Pano fino de algodão.

saracotear *v t* (< ?) **1** Mover o corpo «os quadris» com desenvoltura/Bambolear. **Ex.** Dança, saracoteando o corpo. **2** ~-se/ Andar numa roda-viva (+)/Agitar-se.

saracoteio *s m* (<saracotear) A(c)to ou efeito de saracotear.

saraiva *s f Meteor* (< ?) **1** Água das nuvens que, ao atravessar uma zona de ar frio, fica sob a forma de pedras de gelo/(Chuva de) pedra/Granizo. **2** *fig* ⇒ saraivada 2(+).

saraivada *s f* (<saraiva + -ada) **1** *Meteor* Queda abundante de granizo/saraiva/Granizada. **Ex.** Caiu uma ~ rápida que destruiu muitas culturas. **2** *fig* Quantidade de coisas que se sucedem rapidamente e que caem como granizo/Granizada. **Ex.** Uma ~ de tomates foi lançada sobre o orador.

saraivar *v int* (<saraiva + -ar¹) **1** Cair saraiva. **2** ⇒ *fig* Destruir/Flagelar (atirando ou lançando algo).

saramago *s m Bot* (<ár *sarmaq*) Nome vulgar de ervas daninhas comestíveis, da família das brassicáceas/Rábano-silvestre.

sarampo *s m Med* (<?) Doença infe(c)to-contagiosa, provocada por vírus, manifestando-se por febre alta, dores de cabeça, inflamação das mucosas dos olhos e do nariz, pintas avermelhadas na pele, sendo mais frequente em crianças. **Ex.** O ~ mal tratado pode ter consequências graves. ⇒ rubéola.

saranda *adj/s 2g Br* (<?) (O) que não gosta de fazer nada/Vadio(+).

sarão *s m Timor* (<mal *sarong*) Peça de tecido usada pelas mulheres. ⇒ tais; sorongue.

sarapantado, a *adj* (<sarapantar) Atarantado(+)/Assarapantado(+). **Ex.** Acordou todo ~, sem saber onde estava.

sarapantar *v t* (<?) Causar ou sentir espanto, confusão ou perturbação/Assarapantar.

sarapatel (Tél) *s m* (<esp *zarapatel*) **1** *Cul* Guisado de carneiro ou porco, confe(c)cionado com sangue, coração, fígado, rim e bem condimentado. **Ex.** Ao jantar comemos um bom ~. **2** Grande confusão/Balbúrdia/Salgalhada. **Ex.** Quando cheguei a casa, havia um grande ~, estava tudo espalhado pelo chão.

sarapilheira *s f* ⇒ serapilheira.

sarapintadela *s f* (<sarapintar + -dela) A(c)ção de pintar às manchas, de cores variadas.

sarapintado, a *adj* (<sarapintar) **1** Que tem pintas de várias cores/Pintalgado(+)/Salpicado. **Ex.** O vestido dela era ~ de amarelo, verde e vermelho. **2** Que tem manchas ou sardas. **Ex.** Com a varicela, a criança ficou com a cara toda ~a.

sarapintar *v t* (<?) **1** Pintar com pintas de diversas cores/Pintalgar(+). **Ex.** Sarapintou a parede com todas as cores. **2** Sujar com nódoas. **Ex.** O molho da comida saltou e sarapintou-lhe a blusa.

sarar *v t/int* (<lat *sáno, áre, átum*) **1** Recuperar a saúde, ficar são/bom/Curar(+)/Sanar. **Ex.** O médico, com fortes medicamentos, conseguiu ~ o mal [a doença/o doente]. **2** Cicatrizar. **Ex.** A ferida sarou. **3** Corrigir o que está errado/Emendar(+)/Sanar(+). **Ex.** Ele, com persistência, sarou alguns erros cometidos pelo (seu) antecessor. **4** Tornar mais puro/Purificar/Sanear. **5** (Fazer) desaparecer. **Ex.** O tempo sarou os desgostos que tinha.

sarau *s m* (<lat *seránus, a, um*: tardio <*séro*: tarde) **1** Espe(c)táculo musical ou de outras a(c)tividades artísticas em espaço público. **Ex.** O ~ realizado no Coliseu (de Lisboa) foi muito aplaudido. **2** Reunião no(c)turna em casa, em clube ou outro recinto com manifestações ou apresentações artísticas, nomeadamente música, dança.

sarça *s f Bot* (<esp *zarza*) Silva(+). **Comb.** ~ **ardente** [em chamas em que, segundo a Bíblia, Deus se manifestou a Moisés].

sarçal *s m* (<sarça + -al) Terreno com muitas silvas ou sarças/Matagal(+)/Silvado(+).

sarcasmo *s m* (<gr *sarkasmós*: riso amargo) Forma de ironia mordaz que exprime desprezo/Escárnio/Troça/Zombaria. **Ex.** Não suportou mais os ~s do colega e saiu de vez [para sempre] «do clube».

sarcástico, a *adj/s* (<gr *sarkastikós*) **1** (O) que mostra escárnio ou sarcasmo/Mordaz/Escarnecedor. **Ex.** O seu sorriso ~ [escarninho] irrita toda a gente. **2** (O) que critica com escárnio ou sarcasmo. **Ex.** Proferiu um discurso muito ~. Ele é um ~ *idi* de marca maior.

sarcocárpio/sarcocarpo *s m* (<gr *sarcós* + *carpós*: carne + fruto) Camada intermédia do pericarpo, carnuda, entre a epiderme do fruto e a membrana da semente.

sarcófago *s m* (<gr *sarkophágos*: que come a carne, carnívoro) **1** Túmulo/Tumba/Sepultura. **2** Túmulo de pedra onde antigamente colocavam os cadáveres. **Ex.** Nas escavações encontraram diversos ~s. **3** Caixão onde se guardavam as múmias no Egi(p)to.

sarcoide *adj 2g/s m* (<gr *sarkoeidés*: semelhante à carne) **1** Que tem a aparência de carne. **2** *Med* Lesão cutânea que se apresenta sob a forma de nódulos disseminados pelo corpo.

sarcoidose *s f Med* (<sarcoide + -ose) Doença cró[ô]nica que provoca lesões especiais na pele e em vários outros órgãos, pulmão e fígado.

sarcolema (Lê) *s m Anat* (<gr *sarks,sarkós*: carne + *lémna,atos*: invólucro, casca) Camada fina de tecido conjuntivo a envolver a fibra muscular.

sarcologia *s f Anat* (<gr *sarkós*: carne + -logia) Estudo do tecido muscular e das partes moles do corpo.

sarcoma (Cô) *s m Med.* (<gr *sarkóma, átos*: excrescência de carne) Tumor maligno que afe(c)ta o tecido conjuntivo.

sarcomatose *s f Med* (<sarcoma + -ose) Disseminação no organismo, geralmente através do sangue, de um sarcoma.

sarcose (Có) *s f Bot* (<gr *sárkosis*: crescimento de carne) Conjunto de fenó[ô]menos que provocam a formação de tecidos carnosos.

sarda *s f* (<lat *sarda*: sardinha) **1** *Icti* Peixe parecido com a cavala, usado na alimentação. **2** *pop* Bofetada dada com as costas da mão/Solha(+). **3** *Med* Mancha acastanhada na pele/Lentigem. **Ex.** É uma jovem com ~s na cara.

sardanisca *s f Zool* (<sardão + -isca) **1** Lagartixa(+). **2** *fig pop* Mulher atrevida.

sardão *s m Zool* (<?) Nome comum a algumas espécies de lagartos de cor esverdeada, frequentes em lugares pedregosos expostos ao sol. **Ex.** Os ~ões aparecem ao sol com o início da primavera.

Sardenha *s f Geog* Ilha e região autó[ô]noma administrada pela Itália, situada no Mar Mediterrâneo, com a capital em Cagliari, e cujos habitantes são os sardos ou sardenhos.

sardento, a *adj* (<sarda 3 + -ento) Que tem manchas ou sardas na pele. **Ex.** Abri a porta e à espera estava uma mulher toda ~a.

sardinha *s f Ict* (<lat *sardína*) **1** Peixe pequeno, prateado, muito utilizado na alimentação. **Ex.** Em Portugal, nos Santos Populares [Festas de Santo António, S. João e S. Pedro no mês de junho] é costume comer ~s assadas. **Idi. Chegar/Puxar a brasa à sua ~** [Defender os seus interesses] (Ex. Na partilha dos bens cada um puxa a brasa à sua ~). **Estar/Ir como ~ em canastra/lata** [Estar muito apertado] (Ex. No metro/ô, as pessoas por vezes vão como ~ em canastra). **2** Jogo ou brincadeira em que um jogador tenta bater nas costas das mãos do outro. **Loc. Jogar à ~.**

sardinhada *s f* (<sardinha + -ada) Refeição de sardinhas assadas acompanhadas de salada ou pão, frequentemente com o pretexto de convívio. **Ex.** Em junho, pelos Santos Populares, costumo fazer ~s com os meus amigos.

sardinheiro, a *adj/s* (<sardinha + -eiro) **1** Relativo a [à pesca da] sardinha. **Ex.** Os barcos ~s pescam a sardinha com rede ~a. **2** Pessoa que pesca ou vende sardinhas. **3** *Bot s f* Planta ornamental semelhante ao gerânio com pétalas de várias cores. **Ex.** As varandas da vila estão cheias de ~as.

sardónico, a [*Br* **sardônico**] *adj* (<sardão + -ico) **1** Relativo à sardó[ô]nia, planta da família das ranunculáceas, que ingerida, segundo os antigos, podia provocar um riso dissimulador. **2** Diz-se de riso forçado que revela ironia e desprezo. **Ex.** Ele falou com um riso ~. **Comb. Riso ~** [iró[ô]nico]. **3** Que denota sarcasmo ou ironia mordaz/Escarnecedor/Sarcástico.

sargaça *s f Bot* (<?) Arbusto cistáceo, pequeno, com flores amarelas.

sargaceiro, a *s* (<sargaço 2 + -eiro) Pessoa que se dedica à apanha e venda de sargaço ou moliço/Moliceiro. **Ex.** Em algumas zonas da costa portuguesa havia muitos ~s.

sargacinha *s f Bot* (<sargaço + -inha) Planta cistácea, de flores azuis, medicinal.

sargaço *s m Bot* (<?) **1** Planta cistácea, de flor branca ou amarela, utilizada para adubo. **2** Algas marinhas, de cor verde-escura ou acastanhada/Moliço. **Ex.** Em Portugal os sargaceiros apanhavam os ~s, utilizados como fertilizantes.

sargento *s 2g Mil* (<fr *sergent* <lat *sérviens, éntis*: servidor) Militar de graduação imediatamente superior à de cabo. **Ex.** Dentro do posto de ~ há várias categorias. **Comb.** ~ **miliciano** [que não faz parte do quadro permanente].

sargo *s m Icti* (<gr *sargós*) Designação de várias espécies de peixe abundantes no Oceano Atlântico e no Mar Mediterrâneo, de corpo alongado e prateado, comum na alimentação.

sari (Sàrí) *s m* (<hindi *sari*) Traje feminino, típico da mulher indiana, com uma faixa de tecido drapejada à volta do corpo, formando uma saia e com outra parte cobrindo os ombros ou a cabeça. **Ex.** A diversidade e o tom de cores dos ~s tornam-nos muito belos. ⇒ capulana.

sariano, a *adj* ⇒ sa(a)riano.

saricoté *s m* (<?) **1** Estribilho de cantigas populares. **2** Dança animada. **Loc.** Dançar o ~.

sarilhar *v t/int* (<sarilho + -ar¹) **1** ⇒ dobar fio de lã (+). **2** *fig* ⇒ ensarilhar(+); enredar;

complicar; emaranhar. **3** *fig* Traquinar; fazer travessuras/traquinices.
sarilho *s m* (<lat *sera*: tranca de porta) **1** Aparelho onde se enrolam os fios para fazer meadas. **Ex.** As mulheres no inverno com o ~ faziam as meadas de linho. **2** Cilindro rotativo em que se enrola um cabo ou corda e que serve para levantar fardos ou pesos ou tirar água dos poços. **3** Armação rotativa para enrolar e desenrolar cordas, cabos elé(c)tricos, mangueiras. **4** *fig* Movimento constante. **Loc.** *pop* Andar num ~ [Andar sem parar, de um lado para o outro]. **5** *pop* Situação confusa e atrapalhada. **Loc.** *pop* **Armar ~s** [Provocar conflitos]. **Arranjar ~s** [Provocar problemas]. **Meter-se em ~s** [Envolver-se em complicações]. **5** *Mil* Disposição das armas em forma de pirâmides, com as coronhas assentes no chão.
sarin *s m Quím* (<al *sarin*) Substância tóxica, mortífera, usada em guerra química. **Comb.** Gás ~.
sarja[1] *s f* (<lat *séricus, a, um*: de seda) Tecido entrançado e resistente, de lã, seda ou algodão.
sarja[2] *s f Med* (< ?) Incisão leve para extrair sangue ou pus.
sarjeta (Ê) *s f* (<sarja[2] + -eta) **1** Vala para escoamento de águas pluviais/Valeta. **Ex.** Quando chove, as ~s devem estar bem limpas. **2** *fig* Situação de decadência e humilhação/Lama. **Ex.** Ele acabou (por cair) na ~, devido à vida que levava.
SARL *s f* Sigla de *Sociedade Anó[ô]nima de Responsabilidade Limitada*.
sarmento *s m Bot* (<lat *sarméntum*) **1** Rebento [Ramo] de videira e outras plantas/Vide. **2** Haste lenhosa, delgada e flexível de trepadeira. **3** Caule nodoso que lança raízes pelos nós. ⇒ rizoma.
sarmentoso, a (Ôso, Ósa, Ósos) *adj Bot* (<lat *sarmentósus*) **1** Pertencente ou relativo a sarmento. **2** Que possui ramos longos, delgados e flexíveis que precisam de apoio para se elevarem.
sarna *s f Med* (<lat *sárna*) **1** Afe(c)ção cutânea contagiosa, acompanhada por forte comichão, provocada por um ácaro. **Ex.** A ~ aparece com mais frequência quando há pouca higiene. **Idi. Arranjar/Procurar ~ para se coçar** [Provocar incidentes prejudicando-se a si próprio]. **Ser pior que a ~** [Ser insuportável/Mau]. **Ter ~ para se coçar** [Ter um assunto difícil para tratar]. **2** *Vet* Afe(c)ção cutânea que ataca alguns animais/Ronha. **3** *Bot* Doença das plantas provocada por parasitas e cara(c)terizada por tubérculos no caule e ramos. **4** *s 2g fig/fam* Pessoa impertinente.
sarnento, a *adj/s* (<sarna + -ento) **1** (O) que tem sarna. **Comb.** Cão ~o. **2** (O) «peixe/carne» que está rançoso/meio podre. ⇒ combalido/abatido.
sarongue *s m* (<mal *sarung*) **1** Espécie de saia constituída por um pedaço de pano envolvendo a parte inferior do corpo, usado por homens e mulheres. **Ex.** O ~ é usado na Malásia e nas ilhas do Pacífico. ⇒ sarão; tais; sari; tanga.
sarrabisco *s m* (<? + rabisco) Traço ou desenho mal feito/Garatuja(+)/Gatafunho(+)/Rabisco(+).
sarrabulhada *s f* (<sarrabulho + -ada) **1** Grande quantidade de sarrabulho. **2** *Cul* Refeição de carne fresca, sangue e miúdos de porco, por altura da matança. **3** *fig* Desordem.
sarrabulhento, a *adj* (<sarrabulho 3 + -ento) Que provoca desordens/Desordeiro(+).

sa[e]rrabulho *s m* (<?) **1** Sangue de porco coagulado. **2** *Cul* Prato preparado com sangue, miúdos e pedaços de carne de porco bem condimentado. **Ex.** Papas de ~ é um prato típico do Norte de Portugal. **Comb.** Papas de ~. **3** Discussão com briga/Rebuliço. **4** Mistura, confusão de várias coisas.
sarraceno, a (Cê) *adj/s* (<lat *sarracénus*) (O) que pertence ao povo nó[ô]mada, da Arábia, que invadiu a Península Ibérica no século VIII/Árabe/Mouro. ⇒ muçulmano.
sarrafa(ça)r *v t* (<?) **1** Serrar mal [fazendo muito barulho]. **2** Trabalhar grosseiramente. **3** Cortar com instrumento mal afiado.
sarrafada *s f* (< sarrafa(ça)r + -ada) **1** Paulada(+)/Cacetada. **2** *gír* Pontapé dado no adversário num jogo de futebol/Sarrafo. **Ex.** Nos jogos de futebol as ~s são frequentes e são bastante perigosas.
sarrafo *s m* (<sarrafa(ça)r) **1** Pedaço de madeira ou pau comprido e estreito/Ripa. **2** Restos de fasquia de madeira, depois de cortada. **3** ⇒ Cacete.
sarrafusca *s f cal* (<?) **1** Conflito entre várias pessoas/Balbúrdia/Zaragata(+). **2** Rebelião da população/Motim(+)/Sublevação. **3** Agravamento repentino, e por pouco tempo, das condições atmosféricas.
sarrido *s m* (<?) **1** Dificuldade em respirar. **2** *pop* Respiração ruidosa dos moribundos/Estertor. ⇒ cirro[2] **2**.
sarro *s m* (<esp *sarro*) **1** Sedimento ou borra que fica no fundo, do vinho ou outro líquido, aderente às paredes. **2** Crosta que se forma sobre os dentes/Tártaro. **Ex.** Foi ao dentista para limpar os dentes, pois tinha-os cheios de ~. ⇒ cárie. **3** Saburra da língua. **4** Resíduo de tabaco queimado que se deposita, por exemplo, nos cachimbos. **5** Fuligem que a pólvora queimada deixa nas armas.
sassafrás *s m Bot* (<lat *sassá*fras) Árvore laurácea, aromática, de madeira macia e flores amarelas.
Satã *s m Teol* (<lat/hebr *sátan*: inimigo) ⇒ Satanás.
Satanás *s m Teol* (<lat *sátanas, ae*: inimigo) **1** Anjo que, segundo a Bíblia, se rebelou contra Deus e foi expulso do Paraíso, encarnando o mal/Belzebu/Diabo/Lúcifer/Satã. **Ex.** ~ é o chefe dos anjos rebeldes. **2** *fig* Indivíduo maléfico.
satânico, a *adj* (<Satã + -ico) **1** Relativo a Satanás. **2** *fig* Cruel/Diabólico/Perverso. **Ex.** Ele tem um espírito [riso/olhar] ~.
satanismo *s m* (<Satã + -ismo) **1** Qualidade de satânico/diabólico/Maldade/Perversidade. **2** Culto prestado a Satanás/Prática satânica.
satélite *adj 2g/s m Astr* (<lat *satélles, itis*: guarda de um príncipe) **1** Astro com um movimento de translação em torno de um planeta. **Ex.** A Lua é um ~ da Terra. **2** Engenho lançado para o espaço para gravitar em volta da Terra ou de outro planeta. **Comb.** **~ artificial** [que é lançado para o espaço para gravitar em volta da Terra]. **~ de telecomunicações** [usado para retransmitir os sinais radioelé(c)tricos, para assegurar as comunicações a grandes distâncias]. **~ meteorológico** [para fornecer dados acerca das condições atmosféricas] (Ex. Os meteorologistas, com os elementos fornecidos pelos ~s meteorológicos fazem previsões mais rigorosas). **Via ~** [(Comunicação efe(c)tuada) através de satélite] (Ex. O programa de TV foi transmitido via ~). **3** Nação ou instituição ligada a outra por razões políticas, econó[ô]micas, mantendo-se dependente da sua influência. **Ex.** A ex-União Soviética tinha

os seus países ~s. **4** Comunidade suburbana dependente de uma metrópole. **Ex.** À volta das grandes cidades desenvolvem-se outras cidades ~s. **5** Subordinado de uma pessoa importante.
sati *s f Hist* (<hindi *sati*: sábio, sensato) **1** Viúva indiana que se imolava na pira funerária do marido como prova de fidelidade conjugal. **2** Essa imolação.
sátira *s f* (<lat *sáti[u]ra*) **1** Censura mordaz ou jocosa/Ironia/Zombaria. **2** Composição literária em tom iró[ô]nico e mordaz contra os costumes e as instituições ou pessoas. **3** Discurso maldizente ou acérrimo.
satiríase *s f Med* (<gr *satyriásis*; ⇒ sátiro) Estado patológico de sobre-excitação masculina. ⇒ priapismo.
satírico, a *adj/s* (<gr *satyrikós*) **1** Relativo à sátira. **Ex.** Muitos escritores portugueses desenvolveram o estilo ~. **Comb.** Estilo ~. **2** (O) que satiriza/Iró[ô]nico/Mordaz/Sarcástico. **3** (O) que escreve sátiras. **Comb.** Poeta ~ .
satirizar *v t* (<sátira + -izar) **1** Criticar ironicamente/Ridicularizar. **Ex.** O escritor satiriza muitos (dos) costumes sociais. **2** Fazer sátiras.
sátiro *s m Mit* (<gr *sáturos*) **1** Semideus dos bosques, com corpo humano, chifres curtos, pernas e pés de bode, de gé[ê]nio lascivo. **2** Homem libertino ou imoral.
satisfação *s f* (<lat *satisfáctio, ónis*: pagamento de dívida) **1** A(c)to ou efeito de satisfazer(se). **Ex.** O bebé/ê não é autó[ô]nomo em relação à ~ das suas necessidades básicas. **2** Sensação agradável sentida na realização do que se espera ou quando tudo corre bem. **Ex.** Foi com enorme ~ que entreguei o meu trabalho final ao professor. **3** Atendimento/Concretização. **4** A(c)ção de pagar algo que se deve a alguém/Reparação. **Ex.** A ~ [O pagamento] das dívidas é uma obrigação. **Loc.** *Pedir ~/-ões* [contas] *a alguém*. **5** Reparação de faltas ou ofensas perante Deus/Expiação(+). **Ex.** Ele dá esmolas para ~ dos seus pecados. **6** A(c)ção de apresentar razões para justificar os próprios a(c)tos/Desculpa/Explicação(+)/Justificação(+). **Ex.** O meu amigo faltou ao jantar e não deu nenhuma ~. **Loc.** *Dar ~/-ões* [Explicar o motivo de determinado procedimento] *a alguém*. **7** A(c)ção de agradecer benefícios recebidos. **Ex.** Foi com grande ~ [alegria(+)] que recebeu a carta do filho.
satisfatório, a *adj* (<satisfeito + -ório) **1** Que corresponde ao que se deseja. **2** Que causa satisfação. **Ex.** O acordo entre partidos não foi muito ~. **3** Que é considerado suficiente/Aceitável/Escapatório/Razoável. **Ex.** Apesar de a prova não lhe ter corrido bem, o resultado foi ~. **4** Que não inspira cuidados ou preocupações. **Ex.** As consequências do acidente foram graves, mas o estado de saúde do condutor é ~, está livre de perigo.
satisfazer *v t* (<lat *satisfácio, fácere, fáctum*) **1** Saciar. **2** Acalmar uma necessidade própria. **Ex.** Comendo um bife, satisfez a fome que tinha. **3** A(c)tuar de acordo com os desejos ou a vontade de alguém/Agradar/Atender/Contentar. **Ex.** A publicidade promete sempre ~ os consumidores. **4** Cumprir um compromisso/Concretizar/Realizar. **Ex.** Nem sempre se podem ~ os pedidos. **5** Cumprir/Pagar. **Comb.** **~ a dívida/as obrigações**. **6** Causar ou sentir agrado/Agradar/Contentar. **Ex.** Ele não se satisfaz [contenta(+)] com pouco. **7** Esclarecer/Convencer. **Ex.** O advogado não satisfez [convenceu] o juiz com os seus argumentos.

satisfeito *adj* (<lat *satisfáctus*) **1** Farto/Saciado. **Ex.** – É servido de [Posso servir-lhe] mais arroz? – Obrigado, já estou ~. **Loc.** *Dar-se por [Estar]* ~ «com a resposta/sem precisar de sobremesa». **2** Alegre/Contente/Feliz. **Ex.** O espe(c)táculo deixou o público ~. **3** «desejo» Concretizado/Cumprido. **4** «dívida» Pago/a.

sativo *adj* (<lat *satívus*< *séro, ere, sátum*: semear) «planta» Que é gerado por semente/Semeado/Cultivado.

sátrapa *s m* (<persa *xsathrapava*: tutor do reino) **1** Homem rico e poderoso/Sibarita. **2** *fig* Déspota.

saturação *s f* (<lat *saturátio, ónis*: saciedade) **1** A(c)to ou efeito de saturar(-se). **Ex.** O mercado atingiu a ~ de produtos inúteis. **2** Estado do ar com o máximo de vapor de água. **Ex.** O ar está perto da ~. **3** *Quím* Estado de uma solução com o máximo de substância dissolvente. **Comb.** *Ponto de* ~ [Limite máximo do poder dissolvente de um líquido a dada temperatura]. **4** Estado do trabalhador [doente] que chegou aos limites da resistência.

saturado, a *adj* (<lat *saturátus*) **1** Que atingiu a saturação. **2** *Meteor* Diz-se do ar incapaz de receber mais humidade. **Ex.** O ar está tão ~ que a humidade escorre pelas paredes. **3** *Quím* Diz-se de uma solução que já não dissolve [pode receber] mais soluto. **4** Que está nos limites da resistência/Cansado. **Ex.** Tem trabalhado tanto que está ~ do trabalho.

saturador, ora *adj/s* (<lat *saturátor, óris*) **1** (O) que satura/Saturante. **2** (O) que causa saturação/Cansativo. **Ex.** É muito ~ [aborrecido] fazer todos os dias a mesma coisa. **3** *Quím* Aparelho para levar ao estado de saturação líquidos ou gases.

saturar *v t* (<lat *satúro, áre, átum*: encher, saciar) **1** Dissolver num líquido a maior quantidade de uma substância até atingir o ponto de saturação. **2** Fazer com que um corpo sólido, líquido ou gasoso atinja o limite da capacidade de absorção/Encher. **Ex.** Tanta chuva saturou a terra. **3** Atingir a lotação máxima de um espaço /Encher. **4** Provocar em alguém uma sensação de aborrecimento/Fartar. **Ex.** O longo discurso saturou toda a gente. **5** *Quím* Neutralizar um ácido.

saturável *adj 2g Quím* (<lat *saturábilis*; ⇒ saturar **2**) Que é capaz de receber o máximo doutra substância. **Comb.** Solução facil[rapida]mente ~.

saturnal *adj 2g/s f* (<lat *saturnális*) **1** *Hist* Relativo ao deus Saturno ou às festas (Saturnais) em sua honra. **2** *fig* Festa em que predominam a(c)tos contrários à moral/Orgia/Depravação/Desregramento/Devassidão. ⇒ bacanal.

saturnino, a *adj/s* (<Saturno + -ino) **1** Relativo ao deus Saturno ou às festas em sua honra/Saturnal. **2** *Quím* Relativo ao [Da cor do] chumbo. **3** *Astrol* Pessoa que nasce sob influência do planeta Saturno.

saturnismo *s m Med* (<antr Saturno + -ismo) Intoxicação «dos pintores» provocada por excesso de chumbo.

Saturno *s m Mit* (<lat *Satúrnus, ì*) **1** Deus romano das sementeiras/da agricultura. **2** *Astr* O segundo maior planeta do sistema solar, depois de Júpiter, visível à vista desarmada, e que apresenta vários anéis à sua volta. **3** *an* ⇒ chumbo.

saudação *s f* (<lat *salutátio, ónis*) **1** A(c)to ou efeito de cumprimentar por gestos ou palavras. **Ex.** O Presidente dirigiu uma ~ a todos os presentes na cerimó[ô]nia. **2** Cumprimento. **Comb.** «apresento-lhe» As minhas ~ões [felicitações/os meus parabéns]. **3** Demonstração de respeito ou admiração. **Comb.** ~ angélica/do anjo (Gabriel à Virgem Maria) [Ave-Maria(+)] (Oração)].

saudade *s f* (<lat *sólitas, átis*: solidão) **1** Sentimento nostálgico ligado à lembrança de alguém ausente ou a alguma coisa de que se sente privado. **Loc.** *Dar/Enviar* ~*s* [saudações] «à família». *Estar cheio/morto de* ~*s* [Ter muita vontade de ver alguém ou alguma coisa]. *Matar* ~*s* [Ver alguém [algo] que já não se via há bastante tempo e (que) se desejava ver]. *Morrer de* ~*s* [Sentir muito a falta de alguém ou alguma coisa]. *Sentir [Ter]* ~*s* «da sua terra/dos amigos/da escola». **2** ~*s*/Saudações/Lembranças. **Ex.** Envio ~s para todos os amigos. **3** *Bot* Nome de várias plantas herbáceas, também conhecidas por suspiros.

saudar *v t* (<lat *salúto, áre, atum*<*sálus, útis*: saúde) **1** Dirigir a saudação a alguém/Cumprimentar. **Ex.** Devemos ~ todos os dias os nossos vizinhos. **2** Manifestar regozijo/Aclamar/Aplaudir/Ovacionar. **Ant.** Patear/Vaiar. **3** Manifestar respeito ou admiração/Louvar/Venerar. **4** Dar as boas-vindas. **Ex.** A dona de casa estava à entrada para ~ os hóspedes. **5** Alegrar-se com o aparecimento de alguém ou de alguma coisa. **Ex.** Quando as autoridades chegaram à aldeia, os naturais saudaram-nas com foguetes. **6** ~-se/Dirigir saudações recíprocas/Cumprimentar-se. **Ex.** Nas aldeias as pessoas saúdam-se umas às outras quando se encontram/se cruzam.

saudável *adj 2 g* (< saudar + -vel) **1** Que é bom para a saúde/«clima» Sadio. **Ex.** A alimentação ~ é fundamental para o equilíbrio do organismo. **Ant.** Nocivo. **2** Que proporciona bem-estar ao corpo e ao espírito. **Comb.** Uma leitura ~. **3** Que tem ou revela saúde física e psíquica/Sadio. **Ex.** Ele é uma pessoa ~/sadia [tem muita saúde]. ⇒ «pêssego/maçã» são/sã. **4** ⇒ «situação/estado» positivo; benéfico; proveitoso.

saúde *s f* (<lat *sálus, salútis*: salvação, saúde) **1** Estado ou condição do que é ou está são. **Ex.** A ~ é um bem precioso. **Idi.** *Respirar* ~ *(por rodos os poros)* [Ter muita ~]. *Ter uma* ~ *de ferro* [Ser robusto]. *Tratar da* ~ *a* [Agredir ou matar] *alguém*. *Vender* ~ [Ser muito saudável]. **Comb.** *Boletim de* ~ [onde constam os dados relativos à ~ de um indivíduo, nomeadamente as vacinas]. *Cuidados de* ~ [Assistência médica ou de enfermagem]. **2** Estado em que as funções orgânicas, físicas e mentais decorrem regularmente. **3** Ausência de doença. **Ex.** Ele está cheio de ~. **4** Conjunto de estruturas que prestam assistência médica. **Comb.** *Serviços de* ~ *(pública)* [Se(c)tor da assistência médica gerida pelo Estado]. *Casa de* ~ [Casa ou clínica onde se assistem doentes]. ⇒ hospital. **5** Saudação dirigida a alguém. **Ex.** Saúde! Até à próxima. **Loc.** À ~ *de* [Brinde pelo bem-estar de alguém] (Ex. No fim da sessão foi feito um brinde à ~ do homenageado]. *Pela sua* ~*!* [Exclamação para solicitar algo] (Ex. Pela sua ~, ajude-me!). **6** Força/Robustez/Vigor. **Ex.** É uma pessoa robusta [cheia de [*idi* que vende] ~].

saudosamente *adv* (<saudoso + -mente) Com sentimento de tristeza ou de saudade, devido à perda ou ausência de alguém. **Ex.** Despediram-se ~ um do outro.

saudosismo *s m* (<saudoso + -ismo) **1** Apego ao passado, com saudade. **Ex.** É uma pessoa que olha para as coisas com um olhar de ~. **2** *Fil* Doutrina que tem por fundamento a saudade. **3** *Liter* Movimento literário português, do princípio do séc. XX, liderado por Teixeira de Pascoais, baseado no sentimento mais cara(c)terístico da alma portuguesa: a saudade.

saudosista *adj/s 2g* (<saudoso + -ista) **1** (O) que sente saudades/Saudoso. **2** Relativo ao (movimento do) saudosismo **3**. **3** (O) que se revê demasiado no passado. **Ex.** Ele é muito [é um] ~, está sempre a relembrar o passado.

saudoso, a (Ôso, Ósa, Ósos) *adj* (<saudade + -oso) **1** Que sente saudades de quem ou do que está ausente/Saudosista. **2** Que desperta ou inspira saudades. **Comb.** ~*s tempos da mocidade. O* ~ *professor* «José/de literatura». **3** Que encerra saudades. **Comb.** Lágrimas ~as [de saudade].

sauna *s f* (<finl *sauna*: casa de banho) **1** Prática de higiene que consiste numa sequência de banhos de calor seco, vapor e água fria. **Ex.** Os finlandeses têm o hábito da ~. **2** Equipamento ou estabelecimento próprio para esse banho. **Ex.** A(c)tualmente há muitos ginásios com ~. **3** *fig* Lugar quente e abafado. **Ex.** Está tanto calor neste lugar que parece [Isto aqui é] uma ~!

sáurio *adj/s m* (<gr *sáuros*: lagarto) (O) que é da ordem dos sáurios, répteis que têm escamas não ossificadas e que são ovíparos (e carnívoros). **Ex.** A iguana, o camaleão e o sardão são ~s. ⇒ dinossauro.

sauté *adj/s 2g* (<fr *sauté*: o cozer uma iguaria, salteando-a) ⇒ salteado **2**.

savana *s f* (<taino *sabana*) **1** Vegetação própria de clima tropical ou subtropical, com gramíneas intercaladas de algumas árvores/Sertão. **2** Região tropical ou subtropical com esta vegetação, sujeita a períodos de seca.

savart *s m Mús* (<antr F. *Savart*: físico francês) Unidade de medida de intervalo logarítmico de frequência de sons.

saveiro *s m* (<?) **1** Barco comprido e estreito, usado na travessia de rios, na pesca à linha e para levar as redes lançadas junto à praia. **2** Tripulante deste barco.

sável *s m Icti* (<?) Peixe marinho, de tom prateado e bastante apreciado na alimentação, encontrado em alguns períodos «primavera e verão» do ano em rios ou estuários, onde se reproduz.

savelha (Vê) *s m Icti* (<sável + -elha) Peixe semelhante ao sável ou à sardinha, também conhecido por saboga.

saxátil (Ksá) *adj 2g* (lat *saxátilis*: que mora entre pedras) Que se desenvolve e vive entre pedras/Saxícola.

sáxeo [saxoso], a *adj* (<lat *sáxeus*: relativo a rochedos <*sáxum*: pedra) Que é de pedra/Pedregoso(+).

saxícola (Kssí) *adj 2g/s f* (<lat *sáxum,i*: pedra + -cola) **1** ⇒ saxátil. **2** Pessoa que adora pedras. **3** *Ornit* Ave inse(c)tívora da família dos turdídeos.

saxífraga (Kssí) *s f Bot* (<lat *saxífraga*: que quebra pedra) Planta que cresce nos muros e fendas das rochas, em sítios húmidos e sombrios.

saxofone (Ksófó) *s m Mús* (<fr *saxophone* <antr A. J. *Sax*, belga, fabricante de instrumentos de música) + -fone) **1** Instrumento de sopro, constituído por um tubo de ressonância metálico, de forma có[ô]nica. **2** Executante deste instrumento numa orquestra/Saxofonista.

saxofonista (Ksó) *s 2g Mús* Pessoa que toca saxofone. **Ex.** Geralmente os grupos de jazz têm um ~/saxofone.

Saxónia [Br Saxônia] *s f Geog* Estado federado da Alemanha, com capital em

Dresden e cujos habitantes são os saxões ou saxó[ô]nios.

saxorne (Ksó) *s m Mús* (<antr A. J. Sax + al *horn*: chifre) Instrumento metálico de sopro, com tubo alongado e có[ô]nico.

saxotrompa (Ksó) *s f Mús* (<antr A. J. Sax + -o- + trompa; ⇒ saxofone) Instrumento de sopro em metal entre a corneta de chaves e a trompa, usado principalmente nas bandas militares.

sazão *s f* (<lat *sátio, ónis*: sementeira <*séro, ere, sátum*: semear) **1** Estação(+) do ano. **2** Época(+) de maturação e colheita dos frutos/«fruta da» Estação/Tempo/Altura «das cerejas/da castanha». **3** *fig* Ocasião favorável.

sazonado, a *adj* (<sazonar) **1** Que está pronto para ser colhido/Amadurecido/Maduro(+). **2** Que foi pensado com muito cuidado/Ponderado/Refle(c)tido.

sazonal *adj 2g* (<sazão + -al) **1** Que é próprio de uma estação do ano. **2** Que dura o tempo de uma época do ano. **Ex.** Os trabalhadores ~ais passam grande parte do ano sem trabalhar/sem (terem) trabalho. **Comb.** Trabalho/Emprego ~.

sazonamento *s m* (<sazonar + -mento) A(c)ção ou processo de (a fruta) amadurecer/Amadurecimento(+)/Maturação.

sazonar *v t/int* (<sazão + -ar¹) **1** Ficar ou tornar-se maduro/Amadurecer(+). **Ex.** O trigo/arroz sazonou. **2** Pôr condimentos no prato confe(c)cionado para o tornar mais saboroso/Temperar/Condimentar/Preparar(+). **3** *fig* Acrescentar orna(men)tos «no discurso»/Adornar.

scâner/scanner/escâner *s m* (<ing *scanner*) **1** *Info* Dispositivo que permite converter ou digitalizar para o computador imagens e texto. **Ex.** Preciso de um ~ para digitalizar os documentos que recebi. **2** *Med* Aparelho de radiografia que permite obter imagens de um órgão em vários planos.

schelite *s f Miner* (<K. Scheele, químico sueco (1742-1786) + -ite) Mineral que é um tungstato de cálcio e que cristaliza no sistema tetragonal em cristais de cor branca, amarelo-esverdeada ou castanha.

scherzo (Skértzo) *s m* (<it *scherzare*: gracejar) **1** Peça vocal viva e alegre, com movimento rápido. **2** Peça instrumental em estilo ligeiro e brilhante.

-scopia/-scópio *suf* (<gr *skopéo*: olhar atentamente, examinar) Exprime a ideia de observar/examinar «num meio/com um instrumento».

se¹ *pron pes 2g 2n/pron indef* (<lat *se*) **1** Forma oblíqua da terceira pessoa gramatical para indicar a(s) pessoa(s) de quem se fala ou a quem é dirigida a mensagem (no tratamento formal). **2** Indica reflexividade da a(c)ção praticada pelo sujeito, na função de obje(c)to [complemento] dire(c)to ou indire(c)to. **Ex.** Eles esqueceram-se de me trazer o livro que pedi. **3** Com sujeito plural indica reciprocidade da a(c)ção, parafraseável por um/uns ao(s) outro(s). **Ex.** Eles respeitam-~ (um ao outro/mutuamente). **4** Traduz a indeterminação do sujeito, parafraseável por alguém [toda a gente]. **Ex.** Aqui, neste restaurante, come-~ bem. **5** Forma com valor passivo junto de um verbo na 3.ª pessoa, equivalendo semanticamente a uma frase passiva, sem agente da passiva. **Ex.** Vendem-~ casas [São vendidas casas]. **6** Usa-se esvaziado de conteúdo semântico, como partícula expletiva. **Ex.** Lá (~) foram para a praia todo o dia.

se² *conj* (<lat *si*) **1** Elemento de ligação entre frases subordinadas. **Ex.** Vamos jantar fora [no/ao restaurante] ~ (vocês) quiserem. **2** Exprime uma condição considerada como um fa(c)to real. **Ex.** ~ está a chover, (então) levo o guarda-chuva. **3** Exprime uma hipótese, condição ou suposição possível. **Ex.** Amanhã, ~ estiver sol, vou/irei à praia. **4** Exprime uma hipótese, condição ou suposição improvável. **Ex.** Se tivesse dinheiro, fazia/faria uma viagem ao Oriente. **5** Exprime uma função integrante para introduzir frases interrogativas indire(c)tas. **Ex.** Ele pergunta ~ amanhã vais ao cinema.

sé *s f* (<lat *sédes*: cadeira; ⇒ sentar; sede) Igreja principal de uma diocese ou igreja episcopal/Catedral. **Ex.** As ~s geralmente são igrejas monumentais. **Idi.** *Velho como a ~ de Braga* (Portugal) [Muito antigo]. **Comb.** *~ Patriarcal «de Lisboa»* [Igreja dirigida por um Patriarca]. *Santa ~* [Sé Apostólica (da diocese) de Roma].

seabórgio [Sg 106] *s m Quím* (<antr Seaborg + -io) Elemento sintético obtido artificialmente em 1974/*an* Uniléxio.

seara *s f* (<lat *senára*: campo ou terra para semear) **1** Campo de cereais/Messe. **Ex.** A ~ de trigo está pronta para ceifar. **Idi.** *Meter a foice em ~ alheia* [Meter-se naquilo que não lhe diz respeito] (Ex. Ele gosta de meter a foice em ~ alheia). **2** ⇒ Extensão de terra cultivada/Cultura. **3** ⇒ *fig* Conjunto de pessoas que aderem a uma agremiação/Associação/Partido.

seareiro, a *s* (<seara + -eiro) **1** Pessoa que tem searas e faz a sua cultura. **2** Pessoa que paga pelo uso de terras para cultivar. **Sin.** Meeiro(+). ⇒ rendeiro.

sebáceo, a *adj* (<lat *sebáceus* <*sébum,i*: sebo) **1** Relativo a sebo/Seboso. **2** *Biol* Que segrega uma substância gordurosa. **Comb.** *Glândulas ~as* [da pele]. *Quisto ~* [Tumor de matéria gordurosa]. **3** Que está cheio de nódoas/Engordurado/«casaco» Sebento(+).

sebastianismo *s m* (<antr Sebastião + -ismo) **1** *Hist* Crença popular em Portugal, depois do desaparecimento de D. Sebastião em Alcácer Quibir, segundo a qual o rei chegaria numa manhã de nevoeiro para libertar o país de qualquer tipo de opressão. **2** *fig* Esperança cole(c)tiva no aparecimento de um redentor político. **Ex.** Em Portugal, o ~ renasce em tempos de crise.

sebastianista *adj 2g/s 2g* **1** Relativo ao sebastianismo. **2** *fig* (O) que se encontra ligado a ideias do passado/Retrógrado. **3** (O) que espera uma solução política sem fundamento.

sebe (Sé) *s f* (<lat *sépes,is*: sebe) **1** Vedação feita de arbustos entrelaçados para cercar terrenos. **Ex.** A ~ impede que os animais estraguem as culturas. **Comb.** *~ viva* [de plantas enraizadas]. ⇒ caniçada; cerca; rede. **2** Taipal(+).

sebenta *s f* (<sebento) **1** Caderno para apontamentos ou rascunhos. **2** Apontamentos das lições, recolhidos nas aulas (e passados a limpo) ou impressos pelos estudantes/*Br* Apostila. **Ex.** Os estudantes antigamente preparavam os exames pelas ~s.

sebentice *s f* (<sebento + -ice) **1** Qualidade de imundo ou sebento/Sordidez/Porcaria(+). **2** Falta de limpeza nas coisas pessoais. **Ex.** A roupa que veste é uma ~.

sebento, a *adj/s* (<sebo + -ento) **1** (O) que tem muito sebo/Sebáceo. **2** (O) que se apresenta com falta de higiene/Porcalhão/Sebentão/Seboso/Sujo. **Ex.** Ele anda sempre muito ~.

sebo (Sê) *s m* (<lat *sébum*) **1** Substância gordurosa extraída das vísceras de alguns animais «porco». **Idi.** *Limpar o ~ a* [Dar-lhe forte sova/Derrotar]. **2** Camada de sujidade, gordurenta e lustrosa. **Ex.** Tirou a roupa cheia de ~. **3** *Biol/Med* Substância gorda segregada pelas glândulas sebáceas, composta por restos celulares e queratina, que tem a função de proteger a pele/Gordura(+).

seborreia *s f Fisiol* (<lat *seborrhea*) Secreção excessiva das glândulas sebáceas, principalmente na zona do couro cabeludo. ⇒ sebo **3**.

seboso, a (Ôso, Ósa, Ósos) *adj/s* (<lat *sebósus*) **1** Da natureza do sebo/Sebáceo. **2** (O) que está coberto de gordura/Engordurado/Ensebado. **3** (O) que está cheio de nódoas/Sebento. **Ant.** Limpo; asseado.

seca (Sé) *s f* (<secar; ⇒ seco) **1** A(c)to ou efeito de secar/Secagem. **Ex.** A ~ [secagem] dos figos é feita nos terraços. **2** Ausência prolongada de chuva/Estiagem. **Ex.** Os longos períodos de ~ trazem muita fome. **3** *fam* Coisa que aborrece/Aborrecimento/Estopada/Maçada. **Ex.** O discurso do conferencista foi uma ~: a assistência dormiu a maior parte do tempo.

secador, ora *adj/s* (<secar + -dor) **1** Que seca, fazendo evaporar a humidade. **2** Aparelho ou máquina para secar alguma coisa depois da lavagem, por meio de calor ou ventilação. **Comb.** *~ de cabelo.* (máquina) *~ra (de roupa).* **3** Lugar onde se põe alguma coisa a secar/Secadouro. **4** *Br* Enfadonho, importuno.

secadou[oi]ro *s m* (<secado + -ouro/-oiro) **1** Espaço onde se seca qualquer coisa. ⇒ sequeiro. **2** Se(c)tor de uma fábrica onde se colocam produtos para secar.

secagem *s f* (<secar + -agem) **1** A(c)to ou efeito de secar. **2** Tratamento para retirar a humidade «aos grãos da cevada para fazer cerveja»/Desidratação. **Ex.** A ~ de alguns frutos é feita ao sol. **3** Cicatrização.

secamente (Sê) *adv* (<seco + -mente) Sem amabilidade/Duramente. **Ex.** Disse-lhe muito ~: – Cale-se! **Ant.** Amavelmente/Delicadamente/Docemente.

secante *adj 2g/s* (<a) lat *sícco, are*: secar; b) lat *séco, áre*: cortar) **1** Que seca ou serve para secar. **2** *s m* Substância usada para acelerar a secagem de tintas e vernizes. **Ex.** O pintor usa ~ muito rápido. **3** *Geom* Diz-se de uma linha ou de uma superfície que se(c)ciona [corta] outra, dividindo-a em duas partes. **Ex.** O professor mandou traçar uma ~ a um círculo. **4** *Trigon* O recíproco do cosseno.

secar *v t/int* (<*sícco, áre, átum*) **1** Tornar ou ficar seco, sem humidade/Enxugar. **Loc.** *~ a roupa ao sol.* **2** (Fazer) desaparecer um líquido num lugar. **Ex.** A fonte secou com o tempo. **3** Causar ou sofrer desidratação/Desidratar. **Ant.** Hidratar. **4** Tornar ou ficar seco ou duro/Endurecer. **5** Ficar uma planta murcha/Murchar. **Ex.** A planta secou com o calor. **6** Iniciar, uma ferida, o processo de cicatrização. **Ex.** A ferida começou a ~ [está a cicatrizar(+)]. **7** Colocar ao sol a pele de um animal para retirar a humidade/Curtir. **8** *fig* Esperar muito tempo. **Ex.** Ficou duas horas a ~, à espera que o amigo chegasse. **9** Aborrecer-se/Enfadar-se. **Ex.** Secou toda a tarde a ouvir conversas sem interesse.

secção (Sè) **[***Br* **se(c)ção** (dg)**]** *s f* (<lat *séctio, ónis*: corte) **1** A(c)ção de se(c)cionar ou dividir um volume ou superfície/Corte/Divisão. **Comb.** *~ horizontal. ~ longitudinal. ~ perpendicular. ~ transversal.* **2** Parte resultante da divisão de uma totalidade/Fra(c)ção/Porção/Segmento. **Ex.** A professora de desenho pediu aos alunos

para desenharem uma [um troço/pedaço] ~ de um tronco de árvore. **3** *Arquit* Desenho da planta de um edifício representado de perfil por um corte longitudinal. **4** Desenho que, através de um corte de perfil, representa aspe(c)tos da estrutura interna de um aparelho. **5** Divisão dos serviços administrativos de uma instituição ou empresa. **Ex.** A ~ de pessoal abriu concurso para dois lugares na empresa. **6** Divisão de um estudo, tratado ou obra escrita. **Ex.** A ~ [parte] final da obra estava muito fraca. **7** Parte de uma publicação periódica com um tema específico. **Ex.** No jornal, a ~ de desporto [esporte] é quase toda dedicada ao futebol. **8** *Geom* Figura geométrica resultante da interse(c)ção de outras duas. **Comb.** ~ *có[ô]nica*. ~ *plana*. ~ *re(c)ta*. **9** *Mil* Parte de uma unidade de um corpo militar. **Ex.** A ~ dos morteiros ficou instalada atrás. **10** *Mús* Grupo de instrumentos com determinada função numa orquestra. **Ex.** A ~ de metais foi brilhante no concerto.

seccional (Sè) **[***Br* **se(c)cional** (dg)**]** adj 2g (<secção + -al) Que é relativo a divisão ou secção.

seccionamento (Sè) **[***Br* **se(c)cionamento** (dg)**]** s m (<seccionar + -mento) **1** Divisão em elementos. **2** Corte ou abertura de um circuito elé(c)trico.

seccionar (Sè) **[***Br* **se(c)cionar** (dg)**]** v t (<secção + -ar¹) **1** Dividir em secções ou partes/Separar. **Ex.** Acho que o partido se vai ~/dividir. **2** Organizar em secções.

secessão s f (<lat *secéssio, ónis*: afastamento) **1** Separação de uma coisa de outra à qual estava unida. **2** Separação de um território da Nação a que pertence. **Comb.** *Guerra de ~.*

secessionista adj/s 2g (<secessão + -ista) **1** Relativo a secessão. **2** (O) que luta pelo separatismo político. ⇒ separatista.

sécia s f (< ?) **1** *Bot* Nome comum de plantas ovadas, com vistosas inflorescências, brancas ou violáceas; *Calistephus si[chi]nensis*. **2** Mulher que veste de forma vistosa. ⇒ sécio. **3** ⇒ Impulso/Mania. **4** ⇒ Cara(c)terística pessoal /Predicado(+). **5** «última» Moda/Enfeite.

sécio, a adj/s (<?) **1** (O) que é afe(c)tado no modo de vestir/Janota. **2** (O) que se saracoteia.

seco, a (Sè) adj (<lat *síccus*) **1** Que não tem água ou humidade. **Ex.** A terra está ~a por causa do calor e do vento. **Comb.** *Lei ~a* [Proibição de bebidas alcoólicas]. *Limpeza a ~o* [sem água]. **2** Diz-se dos alimentos a que se retirou a humidade para os conservar ou dos frutos por sua natureza ~s. **Ex.** Os frutos ~s «avelãs/nozes/amêndoas» fazem bem à saúde. **Comb.** *Carne ~a*. **Ant.** *Fresco*. ⇒ secos. **3** Que não tem a lubrificação adequada. **Ex.** Há pessoas que têm a pele muito ~a. **4** Sem humidade natural, sem seiva/Murcho. **Ex.** As folhas das plantas já estão um pouco ~s, por falta de água «é preciso regá-las». **5** Com pouca gordura/Magro. **Ex.** Ele é uma pessoa alta e ~a (de carnes). **6** Requeimado pelo calor. **7** Diz-se do tempo sem humidade ou chuva. **Ex.** O verão em Portugal é bastante ~. **Comb.** *Trovoada ~a* [sem chuva]. **Ant.** *Húmido*. **8** Terreno sem vegetação/Árido. **Ex.** Algumas zonas montanhosas são muito ~as. **9** Diz-se do som sem ressonância. **Comb.** *Pólvora ~a. Som ~.* **10** Insensível/Indiferente/Duro/*Br* Secarrão. **Ex.** Não gosto (dos modos) dele, é muito ~/ríspido. **Ant.** *Afável; delicado*. **11** *Cul* Diz-se do bolo sem creme.

secos (Sè) s m pl (<seco) Gé[ê]neros alimentícios sólidos, como o feijão, grão, arroz, nozes, vendidos por medida. **Comb.** *Loja* [*Mercearia*] *de ~*.

secreção s f (<lat *secrétio, ónis*: separação <*secérno, ere, crétum*: pôr de lado, separar) **1** Fenó[ô]meno fisiológico de uma glândula segregar uma substância que pode ser expelida do organismo ou reabsorvida. **2** Substância segregada. **Ex.** As ~ões salivares são fundamentais para a transformação dos alimentos. **Comb.** ~ *externa/exócrina* «das glândulas salivares e sudoríperas» [que é segregada para fora]. ~ *interna/endócrina*/Hormona «da tiroide/das glândulas suprarrenais» [que é segregada no sangue].

secretamente adv (<secreto + -mente) **1** «fazer tudo» Em segredo. **Ant.** *Abertamente*. **2** Interiormente. **Ex.** E, ~, cresceu em mim um desejo de me conhecer melhor.

secretaria s f (<secreto + -aria) **1** Serviço que se ocupa das a(c)tividades e do expediente de cará(c)ter administrativo de uma empresa ou de um organismo. **Comb.** ~ *geral* [principal/da sede]. **2** Departamento onde funciona esse serviço. **Ex.** Dirigi-me à ~ da escola para pedir os documentos de que necessitava.

secretária s f (<secretário) Mesa apropriada para escrever e onde geralmente se guardam documentos. ⇒ secretário, a.

secretariado s m (<secretário + -ado) **1** Função ou cargo de secretário. **2** Corpo ou conjunto de secretários. **Ex.** O ~ de exames funciona apenas periodicamente. **Comb.** ~ *das Nações Unidas*.

secretariar v t (<secretário + -ar¹) Exercer o cargo ou as funções de secretário. **Ex.** Como o secretário não estava presente, tive de ~ a reunião.

secretário, a s (<secreto + -ário; ⇒ secretária) **1** Pessoa cuja função consiste em assessorar outra. **Comb.** ~ *de Estado* [Título que substitui a designação de ministro em vários governos/Entidade governamental abaixo do ministro com uma secretaria de um ministério/Designação dada aos elementos que integram o poder executivo dos EUA/Designação, no Vaticano, do cardeal que exerce as funções principais da governação da Igreja Católica]. **2** Pessoa que dirige uma secretaria. **3** Pessoa que redige a a(c)ta de uma assembleia ou reunião. **Ex.** A a(c)ta da reunião tem de ser assinada pelo presidente e pelo ~. **4** Pessoa que num serviço ou empresa trata dos documentos e da correspondência.

secretário/a-geral s **1** Funcionário com o mais alto cargo de uma organização. **Ex.** O ~ do partido, ao ganhar as eleições, passou a ocupar o cargo de Primeiro-Ministro. **2** Pessoa que num organismo trata dos principais aspe(c)tos administrativos.

secretismo s m (<secreto + -ismo) **1** Cará(c)ter do que é secreto. **2** Recurso sistemático à ocultação de elementos. **3** Sonegação de informações.

secreto, a (Cré) adj (<*secrétus*: separado <*secérno, ere, crétum*: separar) **1** Que não é conhecido/Confidencial/Oculto. **Ex.** Nas eleições legislativas o voto é ~. **Comb.** *Agente ~. Escrutínio ~* [Votação ~a]. *Fundos ~s. Polícia ~a. Serviços ~s. Voto ~*. **2** Que é ou está em segredo/Incógnito. **Comb.** *Negócio ~. Tesouro ~.* **3** Que não se manifesta/Íntimo/Profundo. **Ex.** A psicanálise procura a manifestação dos sentimentos ~s. **4** Diz-se daquilo que está afastado de lugares acessíveis e que não é visto/Escondido. **Comb.** *Local ~*. **5** Que faz parte da intimidade/Íntimo. **Comb.** *Partes ~as/pudendas* [Órgãos genitais].

secretor [secretório], a adj/s m *Fisiol* (⇒ secreção) **1** Que produz secreção. **Ex.** As glândulas são órgãos ~es «da saliva».

sectário, a (Sèc) adj/s (<lat *sectárius*: cortado) **1** Relativo a seita. **Ex.** Ao longo do tempo houve muitas doutrinas ~as. **2** (O) que é membro de seita/Partidário/Sequaz. **3** (O) que evidencia falta de tolerância/Faccioso/Fanático/Intolerante. **Comb.** *Visão* [*Atitude/Opinião*] *~a*/intolerante.

sectarismo (Sèc) s m (<sectário + -ismo) **1** Atitude sectária/Facciosismo/Intolerância/Parcialidade/Partidarismo. **Ex.** As pessoas com forte ~ ideológico dificilmente [não] ouvem as outras. **2** *fig* Espírito limitado.

séctil adj 2g (<lat *séctilis,e*) Que se pode cortar.

se(c)tor (dg) (Sé(c)) s m [= sector] (<lat *séctor, óris*: o que corta) **1** *Geom* Superfície plana limitada por duas semirre(c)tas com uma origem comum. **Comb.** ~ *angular*. ~ *circular*. **2** *Astr* Instrumento ó(p)tico utilizado na observação de estrelas. **3** *Mil* Área ocupada por uma unidade tá(c)tica militar. **Ex.** O ~ avançado começou a disparar quando ouviu um rebentamento. **4** Zona especializada de uma área comercial ou fabril/Secção. **5** Espaço especializado de uma casa de espe(c)táculos. **Ex.** Fomos à tourada e ficámos sentados no ~ B. **6** Subdivisão de uma região ou rede de distribuição de energia, gás, água ou rede telefónica. **Ex.** Alguns ~es da rede elé(c)trica ficaram sem ele(c)tricidade durante toda a noite. **7** Subdivisão correspondente a determinado serviço. **Comb.** ~ *privado* [Conjunto de empresas ou serviços particulares]. ~ *público* [Conjunto de empresas ou serviços do Estado]. **8** *Econ* A(c)tividades económicas agrupadas em função do seu grau de dependência relativamente à sua natureza. **Ex.** A crise tem afe(c)tado os diversos ~es da economia. **Comb.** ~ *primário* [das matérias não transformadas]. ~ *secundário* [de transformação dos produtos da natureza pela indústria]. ~ *terciário* [dos transportes, serviços, administração pública]. **9** Conjunto de empresas que produzem o mesmo tipo de produto. **Comb.** O ~ *têxtil*. **10** Conjunto restrito de um todo. **Ex.** Um ~ largo da população encontra-se endividado. **11** ⇒ Âmbito de a(c)tuação/Competência. **12** Domínio de uma arte ou ciência/Ramo(+). **Ex.** O ~ das ciências exa(c)tas desenvolveu-se muito nos dois últimos séculos.

se(c)torial (dg) (Sè) adj 2g [= sectorial] (<se(c)tor + -i- + -al) Relativo a se(c)tor. **Comb.** *Análise ~.*

sectorização (Sè) **[***Br* **setorização]** s f [= sectorização] (<se(c)tor + ização) Organização por se(c)tores.

secular adj 2g (<lat *saeculáris, e*) **1** Relativo a século. **2** Que atingiu cem anos/Centenário. **Comb.** *Casa tricentenária* [três vezes ~]. **3** Que é muito antigo, tem um ou mais séculos. **Ex.** Algumas tradições ~es ainda se conservam. **5** Que se celebra de cem em cem anos. **Comb.** *Comemorações ~es/centenárias*(+). **4** Relativo à vida laica/Civil/Laico. **Comb.** *Autoridade ~/civil*. **6** Diz-se de padre que não pertence a uma ordem religiosa/Diocesano(+).

secularidade s f (<secular + -i- + -dade) **1** Cará(c)ter do que é laico. **2** Âmbito laico de uma igreja. ⇒ secularização.

secularismo s m (<secular **4** + -ismo) Modo de pensar que não dá importância às verdades da religião/da fé.

secularização s f (<secularizar + -ção) **1** A(c)to ou efeito de secularizar. **2** Dispen-

sa de votos religiosos. **3** Transferência de bens, pessoas, instituições do domínio religioso para o Estado. **Ex.** Em Portugal, com a República (1910) houve a ~ dos bens da Igreja. **4** Redução de padre ao estado laico. **Ex.** Nas últimas décadas houve a ~ de muitos padres.

secularizar v (<secular + -izar) **1** Dispensar ou obter dispensa da vida religiosa. **2** Dar um cará(c)ter laico ou sujeitar às leis civis o que era (do) domínio da Igreja. **Ex.** O governo «republicano» secularizou os bens da Igreja. **3** «padre» Tornar-se leigo/~-se(+).

século s m (<lat s(a)éculum) **1** Espaço de cem anos. **Ex.** Poucas são as pessoas que conseguem festejar um ~ de vida. **2** Período de cem anos numerado a partir de um determinado ponto de referência. **Ex.** O ~ XX foi de 1 de janeiro de 1901 a 31 de dezembro de 2000. **3** *fig* Espaço de tempo muito longo ou indeterminado. **Ex.** Há ~s que não o vejo! **Loc.** «louvor/glória a Deus» *Pelos ~s dos ~s/Por todos os ~s dos ~s* [Para sempre]. **4** Tempo ou época conhecida por algum fa(c)to ou pessoa importante. **Ex.** O ~ de Péricles (~ quinto a.C.) foi um período importante na civilização grega. **Comb.** ~ *das Luzes* (~ XVIII, cara(c)terizado pela racionalidade). ~ *de ouro* [~ de grande desenvolvimento] (Ex. Podemos dizer que o ~ de ouro de Portugal foi a era dos Descobrimentos, de 1430 a 1550). **5** *fig* Vida secular/Mundo.

secundar v t (<lat secúndo, áre, átum: favorecer) **1** Dar apoio no desempenho de uma função/Ajudar/Apoiar/Auxiliar. **2** Manifestar concordância/Apoiar/Reforçar. **Ex.** O partido secundou a proposta do governo. **3** Ter o mesmo comportamento ou agir da mesma forma. **Ex.** A mesa (da assembleia) levantou-se e toda a assembleia a secundou/seguiu (Também se levantou). **4** Dizer ou fazer alguma coisa pela segunda vez/Repetir(+).

secundário, a adj (<lat secundárius, a, um) **1** Que ocupa o segundo lugar numa ordem. **Comb.** Personagem ~a. **Ant.** Primário/Principal. **2** Que é de menor importância/Acessório. **Ex.** Ele afastou-se do tema [assunto principal] e só falou de questões ~as. **3** Que se manifesta mais tarde ou de modo indire(c)to. **Ex.** Muitos medicamentos têm efeitos ~s (Nocivos). **Comb. 4** Diz-se do grau de ensino entre o básico [primário] e o superior ou do estabelecimento onde se ministra esse ensino. **Comb.** *Ensino ~. Escola ~a.* ⇒ médio. **5** Diz-se do se(c)tor econó(ô)mico relativo à a(c)tividade industrial. **Comb.** Se(c)tor ~. **6** Diz-se do que é relativo à era geológica do Mesozoico. **Comb.** Relevos ~s. **7** *Miner* Diz-se da rocha constituída de partículas derivadas da alteração de rochas preexistentes. **8** Diz-se dos cara(c)teres que, além dos órgãos de reprodução, cara(c)terizam os dois sexos. **Ex.** É na puberdade que se desenvolvem os cara(c)teres ~s «aumento dos seios/barba».

secundina s f *Biol* (<lat secúndus + -ina) **1** Membrana orgânica dupla, animal ou vegetal. **Comb.** ~ *cerebral* [Pia-máter]. ~ *ocular* [Camada vascular da membrana do olho]. ~ *uterina* [Membrana externa do feto]. **2** *pl Anat* Placenta e membrana fetais eliminadas após o parto. **3** *Bot* Uma das membranas do segmento do óvulo das angiospérmicas.

secura s f (<seco + -ura) **1** Qualidade de seco. **2** Falta de humidade ou de chuva/Estiagem/Seca(+). **3** *fig* Qualidade do que é árido ou estéril/Aridez/Esterilidade «inte-lectual». **4** Vontade natural de beber/Sede. **Ex.** Preciso de água que estou com muita ~ (na garganta). **5** Falta de afabilidade no trato/Aspereza/Frieza. **Ex.** Fui falar com o chefe, mas tratou-me com muita ~.

seda (Sê) s f (<lat ser, séris: (povo) chinês) **1** Substância filamentosa segregada pelo bicho-da-seda usada como fio têxtil. **Ex.** Na China produz-se muita ~. **2** Tecido fino e lustroso fabricado com esse fio. **Comb.** Papel de ~ [fino e translúcido]. **3** Peças de tecido ou vestuário feito deste material. **Ex.** A (roupa de) ~ é fresca, por isso usa-se no tempo quente. **4** *fig* O que é muito fino e macio. **Ex.** Tem uma pele de ~. **5** (<lat seta: cerda) *pl* Pelos compridos, finos e macios de alguns animais.

sedação s f (<sedátio, ónis: a(c)ção de abrandar) **1** *Med* Aplicação de sedativo para aliviar a sensação dolorosa. **Ex.** Após a ~, o doente ficou mais tranquilo. **2** Diminuição do nervosismo/Moderação de hipera(c)tividade orgânica.

sedar v t *Med* (<lat sédo, áre, átum: acalmar, causativo de sédeo: estar sentado) **1** Acalmar/Tranquilizar. **2** *Med* Ministrar um sedativo. **Ex.** O médico sedou o doente. **3** *Med* Moderar a supera(c)tividade de um órgão. **Loc.** ~ o sistema nervoso.

sedativo, a adj/s m (<lat sedítus + -ivo; ⇒ sedar) **1** Que acalma ou modera a dor. **2** *Med* Medicamento ou substância que acalma. **Ex.** Estava tão [de tal modo] nervoso que o médico teve que lhe dar um ~/tranquilizante.

sede[1] (Sé) s f (<lat sédes: assento; ⇒ sé) **1** Assento/Apoio/Suporte. **2** Local onde funcionam os serviços centrais de um organismo. **Loc.** *Em ~ própria* [No local próprio]. **3** Local onde uma empresa ou instituição tem o seu principal centro de a(c)tividade. **Comb.** ~ *social* [Local onde uma sociedade tem o seu estabelecimento principal/Matriz]. **4** Centro de a(c)ção. **Ex.** O cérebro é a ~ do pensamento. **5** *Rel* Jurisdição episcopal. **Comb.** ~ *[Sé] Apostólica* [Santa Sé]. ~ *vacante* [Diocese que entretanto não tem prelado].

sede[2] (Sê) s f (<lat sítis) **1** Sensação resultante da necessidade de água no organismo. **Ex.** Há pessoas que geralmente não têm ~, por isso bebem pouca água. A comida salgada faz [dá] ~. **Loc.** *Estar com [Ter] ~. Matar/Saciar a ~* [Beber]. *Matar a ~* [Dar de beber] *a alguém.* **Comb.** ~ *de sangue* [Desejo de matar]. *Morto/Cheio de* [Com muita] ~. **2** *fig* Desejo ardente. **Ex.** A ~ de vingança levou-o a cometer aquele crime. **3** *fig* Pressa em atingir algum obje(c)tivo/Ânsia/Impaciência/Sofreguidão. **4** *fig* Excesso de secura. **Ex.** Os terrenos estão cheios de ~, pois já não chove há muito tempo.

sedeiro s m (<seda + -eiro) Utensílio de madeira com dentes metálicos por onde passa o linho para o separar da estopa/Rastelo. **Idi.** *Dar com as ventas* [com o nariz] *no ~* [Sair-se mal de um empreendimento].

sedela (Dé) s f (<seda + -ela) **1** Fio de seda com que se prende o anzol à linha. **2** Pelo rijo e forte «do rabo do cavalo».

sedentariedade s f (<sedentário + -dade) **1** Estado de quem tem pouca a(c)tividade física. **Ex.** A ~ não é boa para a saúde. **2** Hábito ou vida de sedentário.

sedentário, a adj/s (<lat sedentárius: que trabalha sentado) **1** Relativo à sedentariedade. **Comb.** *Hábitos ~s.* **2** (O) que tem habitat fixo ou está sempre no mesmo lugar. **Ant.** Migrante/Nó(ô)mada. **3** «profissão» Que se exerce no mesmo lugar. **4** *fig* (O) que quase não anda nem faz exercício/Ina(c)tivo. **Ex.** A TV tornou-o mais ~. **Comb.** Vida ~a.

sedentarismo s m (<sedentário + -ismo) Modo de vida com pouco movimento ou a(c)tividade. **Ex.** Os hábitos de ~ fazem [A sedentariedade faz] mal à saúde.

sedentarizar(-se) v (<sedentário + -izar) Tornar-se sedentário.

sedentarização s f (<sedentarizar-se + -ção) Passagem de uma vida nó(ô)mada para uma vida sedentária.

sedento, a adj (<sede + -ento) **1** Que tem sede/Sequioso. **Ex.** Estava tão ~ [com tanta sede(+)] que bebeu o copo de água de uma vez [de um trago]. **2** *fig* Que tem grande desejo/Ávido. **Comb.** ~ *de sangue* [«tiranos» Sanguinário].

sedestre adj 2g (<lat sedes: assento + -estre) Que representa alguém sentado. **Comb.** *Estátua ~.* ⇒ estátua equestre.

sediar v t (<sede + -iar) Servir de sede a um evento ou a um organismo. **Ex.** Foi decidido ~ a empresa nos arredores da cidade.

sedição s f (<lat sedítio, ónis: a(c)ção de ir (lat éo, ire, ítum) contra [à parte]) **1** Levantamento cole(c)tivo contra a autoridade/Insurreição/Motim/Rebelião/Revolta. **Ex.** O crime de ~ geralmente é punido em todas as sociedades.

sedicioso, a (Ôso, Ósa, Ósos) adj (<lat seditiósus, a, um: revoltoso) **1** Que provoca ou incita à sedição. **2** Que toma parte numa sedição.

sedimentação s f (<sedimentar + -ção) **1** Processo ou resultado de sedimentar «em camadas rochosas». **2** Formação de depósito de matérias sólidas suspensas ou em dissolução num líquido. **Comb.** Velocidade de ~.

sedimentar adj 2g/v int (<sedimento + -ar[2/1]) **1** Que contém sedimento. **2** Que é constituído por acumulação de sedimentos. **Comb.** *Bacia ~* [Depressão de terreno onde se acumulam detritos trazidos pela água «enxurradas». *Camada ~. Terrenos ~es.* **3** Ficarem assentes [Depositarem-se] partículas de determinadas matérias. **Ex.** Os detritos são arrastados pela água e sedimentam-se. **4** *fig* Tornar firme ou consistente/Consolidar(+).

sedimento s m (<lat sediméntum <lat sédeo: sentar-se, fixar-se; ⇒ sedimentar) **1** Depósito que se forma a partir das substâncias em suspensão num líquido/Borra. **Ex.** O azeite deixa ~s no fundo da vasilha. **2** Depósito de material resultante da erosão da rocha pela água, vento ou outros agentes. **Ex.** A areia é um ~ que se encontra nos rios e nas praias. **3** *Med* Depósito de partículas em suspensão num líquido orgânico. **Ex.** A urina do doente apresenta muitos ~s.

sedoso, a (Ôso, Ósa, Ósos) adj (<seda 1/5 + -oso) **1** Relativo à seda. **2** Que é macio e agradável ao ta(c)to. **Ex.** Ela tem uma pele ~a. **3** Que tem pelos rijos «no rabo/focinho»/Peludo(+)/Piloso.

sedução s f (<lat sedúctio, ónis) **1** A(c)ção de seduzir ou ser seduzido. **2** Sentimento de atra(c)ção que alguém provoca em outrem/Encanto/Fascínio. **Ex.** As mulheres têm muita ~. **3** Capacidade ou dom de atrair alguém/Atra(c)ção/Encantamento. **Ex.** Há cenas de ~ no cinema que se tornaram clássicas. **4** Fa(c)to de uma pessoa seduzir outra por palavras enganadoras. **Ex.** Usando de toda a sua ~, conseguiu enganá-lo.

sédulo, a adj *Poe* (<lat sédulus) Diligente «no estudo»/Cuidadoso «no trabalho»/«escritor» Aprimorado.

sedutor, ora *adj/s* (<lat *sedúctor, óris*) **1** (O) que atrai ou seduz. **2** (O) que atrai pelo seu encanto ou beleza/Atraente/Encantador. **Ex.** As cores são ~as para as crianças. **3** (O) que engana com astúcia.

seduzir *v t* (<lat *sedúco, sedúcere, sedúctum*<*se + dúco*: conduzir) **1** Provocar forte atra(c)ção/Atrair/Cativar/Encantar/Fascinar. **Ex.** Às vezes a inteligência de uma pessoa seduz mais que a beleza. Fiquei seduzido «por Timor/Portugal». **2** Levar alguém a práticas opostas à moral ou aos bons costumes/Enganar/Iludir/Subornar. **Ex.** Muitas vezes as pessoas seduzem os outros para maus fins. **3** Levar alguém a ter relações íntimas, enganando/Desonrar «uma jovem».

sefardi/sefardim/sefardita *adj/s 2g* (<hebr *Sepharad*: Espanha) **1** *Hist* Relativo ao judeu ibérico da Idade Média e às suas tradições. **2** (O) que pertencia às comunidades judaicas da Península Ibérica na Idade Média ou os seus a(c)tuais descendentes noutros países.

sega (Sé) *s f* (<segar) **1** A(c)to ou efeito de segar/Ceifa(+). **2** Tempo da ceifa ou da colheita dos cereais/Segada.

segada *s f* (<segar + -ada) **1** Época do ano em que se efe(c)tuam as ceifas. **2** ⇒ ceifa/sega.

segadeira *s f* (<segado + -eira) **1** Foice grande (Instrumento agrícola, de lâmina curva) para cortar os cereais e gramíneas. ⇒ gadanha. **2** Máquina para ceifar/segar/Ceifeira.

segador, ora *adj/s* (⇒ segar) (O) que sega/Ceifeiro. **Ex.** Os ~es chegavam cedo para começar a ceifar antes de fazer muito calor.

segar *v t* (<lat *séco, áre, séctum*: cortar, ~) **1** Ceifar ou cortar erva ou seara com instrumento apropriado. **2** *fig* Acabar com/Terminar. **Ex.** Segou [Cortou(+)] a relação que mantinha há muito tempo.

sege (Sé) *s f* (<fr *siège*: assento) **1** Carruagem. **2** Pequena carruagem antiga para passeio, com duas rodas, um assento e puxada por dois cavalos.

segmentação *s f* (<segmentar + -ção) **1** A(c)to ou efeito de segmentar/Fra(c)cionamento/Fragmentação. **2** *Biol* Série de divisões mióticas do ovo fecundado que transformam o zigoto unicelular em embrião multicelular. **3** *Ling* Fragmentação de um enunciado em unidades.

segmentar/l *adj 2g/v t* (<segmento + -ar$^{1/2}$) **1** Dividir em segmentos/Separar. **Ant.** Agrupar/Juntar. **2** Que é constituído por segmentos. **Comb.** Divisão ~ dos anelídeos «minhoca».

segmento *s m* (<lat *segméntum*: corte <*séco, áre, séctum*: cortar) **1** Parte ou se(c)ção de um todo. **2** *Geom* Porção de uma re(c)ta ou curva limitada por dois pontos. **Comb. ~ de círculo. ~ esférico. ~ de re(c)ta. 3** *Anat* Parte de um órgão. **Ex.** Cortaram-lhe parte [um ~/pedaço] do intestino. **4** *Mec* Anel utilizado no pistão de motores de explosão. **5** *Ling* Signo que pode isolar-se num enunciado.

segredar *v t* (<segredo + -ar^1) **1** Comunicar ou dizer em segredo/Confidenciar. **Ex.** Ele segredou-lhe ao ouvido o plano que tinha arquite(c)tado. **2** Dizer ou falar em voz baixa.

segredo (Grê) *s m* (<lat *secrétum*: lugar isolado) **1** Informação ou fa(c)to mantido oculto. **Idi.** *Estar no ~ dos deuses* [Ser um ~ muito bem guardado]. *Não ser ~ para ninguém* [Ser conhecido de todos]. *Não ter ~s para alguém* [Dominar muito bem um assunto] (Ex. O computador não tem ~s para ele/Ele sabe usar para tudo o computador/Computadores idi é com ele). **Comb.** *idi ~s de alcova* [Revelações íntimas]. *~ de Estado* [Assunto de interesse público, cuja divulgação pode prejudicar o Estado]. *Dir ~ de justiça* [só sabido pelas partes e juízes]. *~ de polichinelo* [Coisa pretensamente oculta, mas sabida por todos]. *~ militar.* **2** Reserva sobre algo que não se quer que se saiba. **Prov.** *O ~ é a alma do negócio.* **3** Informação restrita a algumas pessoas e que não a pretendem divulgar. **Ex.** Os ~s culinários do restaurante são bem guardados. **4** Informação confidencial/Confidência. **Ex.** Vou-te dizer um ~… **Loc. Em ~** [Confidencialmente]. **5** O que é desconhecido ou inexplicável. **Ex.** A natureza, apesar do desenvolvimento da ciência, mantém [terá sempre] muitos ~s. **6** Silêncio sobre uma coisa confiada a alguém. **Loc.** «é preciso» *Guardar ~* [Não dizer a ninguém]. **7** Sentido oculto/Enigma. **8** Sucessão de movimentos que é necessário dar a um sistema que se encontra na porta dos cofres para que a fechadura funcione. **Ex.** Todos os cofres têm um ~. **9** Meio especial de atingir um fim. **Ex.** Esta máquina não funciona, não sei qual será o ~ para a pôr a funcionar.

segregação *s f* (<lat *segregátio, ónis*: separação) **1** A(c)to ou efeito de segregar. **2** Separação de elementos de um todo. **3** Separação de pessoas ou grupos, segundo a condição social/Discriminação(+)/Marginalização. **Comb. ~ racial** [Isolamento de uma raça ou grupo étnico]. **4** *Gené* Separação, durante a meiose, dos cromossomas de origem materna e paterna.

segregacionismo *s m* (<segregação + -ismo) Política de [que defende a] segregação das minorias numa sociedade.

segregar *v t* (<lat *ségrego, áre, átum*: separar; afastar <*se + gréx, égis*: rebanho, bando, grupo) **1** Afastar(-se) de um grupo/Marginalizar/Separar. **Ex.** Os preconceitos segregam determinados grupos sociais. **Ant.** Inserir(-se). **2** *Fisiol* Produzir e expelir o produto da secreção. **Ex.** As glândulas segregam substâncias que são lançadas no organismo «sangue» ou expelidas para o exterior.

seguidamente *adv* (<seguido + -mente) De modo seguido/ (Imediatamente) depois. **Ex.** Foram ao cinema à tarde e ~ foram jantar.

seguidilha *s f* (<esp *seguidilla*) **1** Dança espanhola, animada e geralmente acompanhada de castanholas. **2** *Mús* Música que acompanha aquela dança. **3** *Liter* Composição poética, jocosa e picante.

seguidinho *adv* (<seguido + -inho) Direitinho/Seguidamente/Sem parar. **Ex.** Leu tudo [o texto] ~, sem parar nem se enganar.

seguidismo *s m* (<seguido + -ismo) Adesão a um movimento ou às ideias de outrem. **2** Adesão a alguém, imitando o seu comportamento.

seguido, a *adj* (<seguir) **1** Que se segue um após outro. **Ex.** O professor saiu da aula [sala], ~ de todos os alunos. **Loc.** *De ~a* [Em ~a/A seguir/(Logo) depois/ Seguidamente] «cantámos o hino da nossa) escola». **Ex.** O Presidente discursou durante horas ~as. **3** Que se põe em prática/Ado(p)tado. **Ex.** Ela não tem gosto próprio, vai pela moda ~a pelos outros. **Comb.** *Um modelo* [exemplo/costume/livro] *~ por todos*.

seguidor, ora *adj/s* (<seguir + -dor) **1** (O) que segue alguém ou alguma ideia ou doutrina/Ade(p)to/Partidário. **Ex.** O novo dire(c)tor e os seus ~es não têm o apoio da maioria dos docentes. **2** (O) que continua o (que foi) iniciado por outros/Continuador (+). **Ex.** Com a morte do pai, o filho foi o ~ da sua a(c)tividade.

seguimento *s m* (<seguir + -mento) **1** A(c)to ou efeito de seguir/Prosseguimento/Continuação. **Ex.** Fui encarregado do ~ da obra «construção da estrada». **2** Acompanhamento. **Comb.** O ~ da [O ir na] procissão. **3** Perseguição/Encalço. **Ex.** A polícia foi no ~ [encalço(+)] do ladrão. **4** Consequência. **Ex.** Decidimos fazer [ir para a] greve no ~ da decisão aprovada em assembleia geral.

seguinte *adj/s 2g* (<seguir + -inte) **1** (O) que se segue ou acontece depois. **Ex.** «na tourada» Saiu o animal ~ e todos ficaram espantados com a sua corpulência. **Ant.** Antecedente/Precedente. **2** (O) que vem imediatamente depois/Subsequente. **Ex.** O aluno ~ comportou-se melhor que o primeiro. **3** (O) que se vai referir depois. **Ex.** Ele disse-me as palavras ~s [Ele disse-me isto/o ~]: "Tem cuidado com os teus inimigos".

seguir *v t* (<lat *séquor, séqui, secútum*: ir atrás de) **1** Ir atrás de alguém ou alguma coisa em movimento. **Ex.** Os patos no seu baloiçar seguiam o tratador. **Loc. ~ o bom caminho** [Agir bem]. **~ o norte** [Orientar a a(c)ção por princípios]. **~ o rasto de** [Procurar os vestígios deixados por alguém ou por algum animal]. **A ~** [Depois]. **A ~ a** [Depois de]. **Ant.** Preceder. ⇒ **~13**. **2** Ir no encalço de/Perseguir. **Ex.** A polícia seguia o carro onde iam os assaltantes. **Loc.** ~ em busca de (alguém) [Ir à procura de]. **3** Acompanhar alguém. **Ex.** Apesar de velho, conseguia ~ os passos [ir ao passo] dos mais novos. **4** Prestar serviço [atenção] sob o comando de alguém. **Loc.** ~ bem a aula [Entender (o que diz) o professor]. **5** Continuar. **Ex.** Ele seguiu em frente [Ele continuou «o discurso/a ler»] sem se atrapalhar. **6** Ter como modelo/Imitar. **Ex.** Devemos ~ os bons exemplos. **Loc. ~ as pisadas de alguém** [Seguir o seu exemplo]. **7** Estar junto/próximo de. **Ex.** Com a carta segue [vai] a fotografia do menino. **8** Acompanhar. **Ex.** Emocionado, seguia o desenrolar dos acontecimentos. **9** Tomar o partido de/Aderir. **Ex.** Ele seguiu durante muitos anos a ideologia marxista. **10** Cumprir. **Ex.** Ele procurou ~ sempre os mandamentos (de Deus). **11** Entrar num determinado curso ou profissão. **Ex.** Ele seguiu o curso que sempre desejou: Direito. **12** Ir em determinada dire(c)ção. **Ex.** Para chegar ao local que pretende, siga pela margem do rio. **13** Vir [Acontecer] depois/~-se. **Ex.** Ao [Depois do] jantar seguiu-se uma agradável reunião. **14** ~-se/concluir-se **Ex.** «você disse que não chov(er)ia, mas choveu» Segue-se que você se enganou.

segunda *s f* (<segundo) **1** Categoria abaixo da primeira ou da melhor. **Loc.** De ~a [De qualidade inferior] (Ex. Ele foi ao talho comprar carne de ~). **Comb.** ~ classe (Ex. Quando vou de comboio/trem, viajo sempre em ~ classe). **2** Intervalo entre dois tons na escala musical. **Ex.** A segunda voz cantava uma ~ abaixo da primeira voz. **3** Marcha de velocidade de um veículo automóvel. **Ex.** Depois de o carro arrancar em primeira, deve meter-se a ~. **4** ⇒ segunda-feira.

segunda-feira *s f* (<lat *secúnda*: segunda + lat *féria*: dia de descanso) O segundo dia da semana começada ao domingo. ⇒ segunda **4**. **Prov.** *Não há sábado sem sol,*

***nem domingo sem missa, nem ~ sem preguiça*. Comb.** ~ *gorda* [de Carnaval].
segundanista *adj/s 2g* (<segundo + ano +-ista) (O) que frequenta o segundo ano de um curso superior. **Ex.** Os ~s gostam de pregar partidas aos caloiros [aos novos/aos que acabam de entrar na universidade].
segundar *v t* ⇒ secundar.
segundeira *s f Agric* (<segunda + -eira) Camada de cortiça retirada do sobreiro após a primeira camada «da cortiça virgem».
segundo, a *adj/num ord/s/conj/prep* (<lat *secúndus*) **1** (O) que se segue imediatamente ao primeiro em relação ao lugar, tempo ou posição. **Ex.** O atleta português chegou em ~ lugar na maratona. **Comb.** *~a Guerra Mundial* [Conflito armado entre 1939-45]. *~a infância* [Período do desenvolvimento da criança dos três aos oito anos]. *~a via* [Cópia de um documento com validade]. *~as núpcias* [Casamento de alguém que já foi casado]. *~ tenor* [Tenor que executa a parte mais baixa]. *Capítulo ~* (do livro). *Mat* **Equação de ~ grau** [em que o grau mais elevado da(s) incógnita(s) é 2]. *Juiz de ~a instância*. *Primos em ~o grau* [próximos]. *Queimadura de ~ grau* [que apresenta uma bolha com líquido]. *Tribunal de ~a instância*. **2** (O) que ocupa o número dois numa ordem. **Comb.** *~a pessoa* [Interlocutor]. **3** Sexagésima parte do minuto, relativamente ao tempo cronológico. **Ex.** O minuto tem sessenta ~s. **4** *Geom* Sexagésima parte de um minuto de medida angular. **Ex.** O ângulo era tão pequeno que só media alguns ~s. **5** Espaço breve de tempo/Instante/Momento. **Ex.** Espera um ~, enquanto acabo este serviço. **Loc.** *~ a ~* [Constantemente(+)] (Ex. ~ a ~, estava a bater-me à porta). **6** Que ocupa uma posição menos importante/Inferior/Secundário. **Loc.** «produto» *De ~a ordem* [De qualidade inferior]. «comprei um carro» *Em ~a mão* [Já usado]. *Em ~ plano* [O que está situado após o primeiro/Menos importante]. **7** Que é uma nova versão/Novo. **Comb.** *~a edição* «do dicionário» [Reedição de uma obra publicada]. **8** Que é indire(c)to ou insinuado. **Comb.** *~a intenção* [Propósito contrário ao que é revelado] (Ex. Ele faz tudo com ~as intenções). **9** *Mús* Que executa a parte mais baixa. **Comb.** *~ violino. ~a voz*. **10** *prep/conj* De/Como/Conforme/De acordo com. **Ex.** ~ a opinião dos ambientalistas, a água potável está a diminuir. ~ dizem, vamos ter um inverno rigoroso [muito frio]. **Comb.** *Evangelho ~* [de] *São Mateus*. *Atendimento ~ a ordem de chegada*.
segurado, a *adj/s* (<segurar) **1** *Dir s m* (O) que celebra um contrato com uma companhia de seguros para ser indemnizado por danos causados ao obje(c)to seguro, mediante o pagamento de um prémio ou valor. **2** (O) que está coberto por um seguro. **Ex.** O ~ tinha apenas um seguro contra terceiros.
segurador, ora *adj/s* (<segurar + -dor) **1** (O) que segura ou agarra. **2** Relativo a seguro. **Ex.** A companhia ~ora mandou fazer uma perícia ao acidente. **3** (O) que, mediante contrato de seguro, se compromete a inde(m)nizar os danos causados e cobertos pelo seguro. **4** *s f* Sociedade ou grupo que celebra contratos de seguros. **Ex.** A ~ora aumentou o valor do pré[ê]mio [dinheiro] a pagar.
seguramente *adv* (<seguro + -mente) **1** Com segurança. **2** Com tranquilidade. **3** Com certeza/Certamente. **Ex.** Hoje vai chover, ~ [, pode ter a certeza].
segurança *s f* (<segurar + -ança) **1** A(c)to de segurar. **2** Cará(c)ter de quem é seguro/Estabilidade/Firmeza/Solidez. **Ex.** Os carros que passam na rua a alta velocidade põem em perigo a ~ das [são um perigo para as] pessoas! **Loc.** *«pôr o dinheiro» Em ~* [A salvo] (Ex. Ele pôs o dinheiro em ~). **Comb.** *~ no trabalho* [Medidas tomadas para tornar livre de perigo o local de trabalho]. *~ internacional* [Medidas tomadas pela comunidade das nações, por meio de tratados, para manter a paz]. *Conselho de S~ das Nações Unidas*. **Ant.** Insegurança. **3** Situação em que não há nada a temer/Tranquilidade. **4** Situação de um grupo social resguardado de qualquer perturbação. **Ex.** As crianças precisam de uma ~ especial nas ruas. **5** Conjunto de condições dos poderes públicos e da sociedade para garantir a saúde, a previdência e a assistência social. **Comb.** *~ pública* [Garantia dada às pessoas pela a(c)ção preventiva das Forças de Segurança «polícia». *~ rodoviária* [Serviços destinados a proteger os utentes da rede viária]. *~ social* [Sistema de prote(c)ção assistencial dos trabalhadores e cidadãos]. **6** Mecanismo destinado a impedir qualquer perigo. **Ex.** Quando saímos de casa, devemos verificar o sistema de ~ dos aparelhos, principalmente do fogão. **Comb.** *Cinto de ~* [usado no automóvel ou avião]. *Cópia de ~* [para qualquer eventualidade]. *Fecho de ~*. *Válvula de ~*. **7** O que tem a função de defender alguém. **8** O que constitui uma prote(c)ção contra qualquer eventualidade/Garantia. **9** Firmeza de princípios ou ideias. **Ex.** Ele tem muita ~ no que diz/afirma. **10** Ausência de hesitação/Convicção. **Ex.** O advogado defendeu a sua tese [o seu cliente] com ~. **11** Força ou firmeza nos movimentos. **Ex.** Apesar da idade, ainda caminha com ~. **12** Confiança em si mesmo(+). **Ex.** Ele é uma pessoa cheia de ~/confiança(+). **13** *s 2g* Pessoa ou encarregado da prote(c)ção de alguém ou de uma empresa, contra riscos de agressão. **Ex.** Os bancos costumam ter ~s à porta. ⇒ guarda-costas. **14** Dispositivo de uma arma de fogo para impedir um disparo acidental. **15** (Alfinete de) ~. **Ex.** Caiu-lhe o botão e prendeu o vestido com uma ~.
segurar *v t* (<seguro + -ar¹) **1** Dar apoio/Amparar. **Ex.** Segure o velhinho nas [ao descer as] escadas. Segure-se a mim para não cair. **2** Manter seguro e estável em determinada posição para não cair. **Ex.** Têm de ~ [amparar(+)] o doente para não cair. **3** Manter em posição estável. **Idi.** *~ as rédeas* [Tomar a dire(c)ção]. **4** Manter ou carregar alguma coisa na mão/Agarrar/Pegar. **Ex.** Segurou o vaso de vidro com toda a força. **5** Dar estabilidade/Assegurar(+). **Loc.** *~ a escada contra a parede*. **6** Dizer ou mostrar que é verdade a alguém. **7** Garantir por meio de contrato o reembolso de prejuízos/Pôr no seguro. **Ex.** Ele esqueceu-se de ~ a casa (⇒ seguro **12**). **8** *fam* Dominar os impulsos/Refrear/Inibir. **Ex.** Ninguém segura os jovens nas suas loucuras pela cidade. **9** Manter uma relação de dependência. **Loc.** *~o seu eleitorado* com boas promessas. **10** Manter-se na posse de alguma coisa. **Ex.** Conseguiu ~-se no emprego. **11** Conter/Controlar/Dominar. **Ex.** Não me contive [consegui ~] e dei uma gargalhada no meio daquele silêncio. **12** Fazer com que se mantenha fiel. **Ex.** Com esta crise e com a falta de dinheiro é difícil ~ os clientes. **13** Impedir de se ir embora. **Ex.** Não conseguiram segurá-lo «cavalo» e ele escapou-se. **14** Impedir o avanço de alguém ou alguma coisa/Deter. **Ex.** A sociedade não tem podido ~ [conseguido parar] a degradação do ambiente. **15** Impedir os movimentos/Agarrar/Prender. **Ex.** A polícia segurou o preso com as algemas.
seguro, a *adj/s m* (<lat *secúrus*: sem inquietações <se + cura: cuidado, diligência) **1** Que está livre de perigo. **Ex.** Apesar de a situação ser de conflito, ele já está ~. **Comb.** *«aqui é um» Lugar ~*. **2** Que oferece segurança contra ataques/Fortificado. **Ex.** Os castelos antigamente eram os lugares mais ~s para a população. **3** Que não tem receio/Sossegado/Tranquilo. **Ex.** Gosto de viajar ~. **4** Que não sente dúvida/Certo/Convicto. **Ex.** Ele estava ~ [convencido] da vitória. **Loc.** *Estar muito ~ de si* [confiante nas próprias capacidades]. **5** ⇒ «sucesso» Garantido(+). **6** Que oferece tranquilidade ou estabilidade. **Ex.** Muitas pessoas neste momento não têm emprego ~/certo. **7** Que merece confiança/Fidedigno. **Ex.** O jornalista obteve a informação de fonte ~a/fidedigna. **8** Que procede com precaução/Cauteloso/Prudente. **Loc.** *«é melhor agir» Pelo ~* [Com toda a cautela]. **9** Que está fixo de modo a não cair/Preso. **Ex.** O quadro não estava bem ~ e caiu. **10** Que não treme. **Ex.** Com mão ~a, apesar da idade, assinou o documento. **11** Diz-se do tempo estável. **Ex.** O tempo não está ~. **12** *s m* Contrato em que, mediante pagamento de pré[ê]mio, a pessoa é indemnizada em caso de acidente ou prejuízo. **Ex.** O ~ automóvel é obrigatório em Portugal. **Loc.** *Pôr no ~* [Segurar, mediante contrato com seguradora]. **Comb.** *~ de acidente de trabalho. ~ automóvel. ~ de saúde. ~ de vida. Companhia de S~os* [Seguradora].
seio *s m* (<lat *sínus*: curva) **1** Dobra sinuosa/Curvatura/Sinuosidade/Volta. **Ex.** O recorte da costa faz um ~. **2** *Anat* Parte anterior do tórax humano. **3** *Anat* Cada uma das mamas da mulher. **Ex.** Os ~s contêm as glândulas mamárias. **Loc.** *Dar o ~* [Dar de mamar] ao bebé/ê. **4** Parte da roupa que cobre a parte anterior do peito. **Ex.** Antigamente as mulheres guardavam o dinheiro numa bolsa sobre o ~. **5** Parte do pescoço e peito da mulher/Colo. **Ex.** O decote do vestido realçava a brancura do seu ~. **6** Parte do corpo da mulher onde traz o filho concebido/Útero/Ventre. **Ex.** Traz um filho no ~ [Está grávida]. **7** Centro/Interior/Entranhas. **Ex.** Do ~ da Terra saíam fumaças e água quente. **Comb.** *(~ da) Igreja*. «já está no» *~ de Deus* [O céu]. **8** Meio de onde alguém provém. **Ex.** Nasceu no ~ de uma sociedade cheia de moralismos. **9** Relação íntima/Familiaridade. **Ex.** Gostava de estar no ~ do grupo dos amigos. **10** *Bot* Reentrância de um recorte entre dois lobos. **11** *Anat* Cavidade aberta no interior de certos ossos do crânio e da face. **Ex.** Ele tem uma pequena deficiência nos ~s nasais. **Comb.** *~s frontais*. **12** *Náut* Parte de um cabo que fica entre os seus chicotes. **13** *Náut* Convexidade da vela de embarcação ou de pano por a(c)ção do vento. **14** *Anat* Cavidade aberta no interior de certos ossos do cre ⟨
seira *s f* (<gótico *sahhrja*<*sahars*: junco) **1** Cesto de esparto ou vime em que se guardam ou transportam frutas. **2** Saco largo de esparto em que se deita a azeitona moída para a esprerer. **Ex.** A ~ do lagar de azeite fica preta depois de exercer a sua função.

seis *num card* (<lat *sex*) **1** Número cardinal [Algarismo] depois do cinco e antes do sete, na ordem numeral. **Ex.** Tenho ~ dias para gozar de férias. Os nossos lugares são na fila ~. Em árabe o número ~ representa-se por 6 e, em romano, por VI.

seiscentésimo, a *num ord/s* (<lat *sexcentésimus, a, um*) **1** (O) que numa ordenação ocupa a posição imediatamente a seguir à quingentésima nonagésima nona/600°/ª. **2** ~a parte de alguma coisa/Um ~.

seiscentismo *s m* (<seiscentos + -ismo) **1** Estilo ou gosto do século XVII, da época de seiscentos/Cultismo/Gongorismo. **2** Conjunto de manifestações artísticas e filosóficas do século XVII.

seiscentista *adj/s 2g* (<seiscentos + -ista) **1** (O) que é relativo à época de seiscentos. **Ex.** No Portugal ~ espalhou-se a crença sebastianista, devido à ocupação espanhola. **2** (O) que se refere à escola artística ou movimentos de ideias do século XVII. **Comb.** *Arte ~. Artista ~. Literatura ~. Movimento ~.*

seiscentos, as *num card* (<lat *sexcenti, ae, a*) **1** Número cardinal logo acima de 599. **Ex.** 600 militares partiram para o Iraque. O ano DC é o último do século VI. ⇒ seiscentismo.

seita *s f* (<lat *sécta*: caminho <*séquor*: seguir) **1** Grupo de pessoas com um ideal comum e que se afasta da opinião geral/Fa(c)ção. **2** *Rel* Conjunto de pessoas que seguem uma doutrina que se afasta da verdadeira. **Ex.** Ao longo da história da Igreja houve várias ~s heréticas. **3** *depr* Ideário religioso, filosófico ou político defendido por um mestre, seguida pelos seus sectários/Fa(c)ção/Partido/Bando/Grupelho. **Ex.** É ele e os da sua ~.

seiva *s f Bot* (<lat *salíva*) **1** Substância com elementos nutritivos, absorvida da terra e que circula pelos órgãos da planta. **Ex.** A ~ é o alimento da planta. **Comb.** *~ ascendente* [que sobe da raiz para as folhas]. *~ bruta* [Substância absorvida pela raiz, com sais minerais dissolvidos]. *~ elaborada* [transformada pelas folhas e enriquecida com substâncias orgânicas]. **2** Fluido orgânico aquoso, como o sangue e a linfa. **3** *fig* Energia moral e física/Alento/Força/Vigor. **Ex.** Apesar da idade, continua em forma [continua bem/forte], parece ter a ~ da juventude.

seixo *s m* (<lat *sáxum*) **1** Fragmento «branco» de rocha de pequenas dimensões, tornada lisa pela força da erosão. **Ex.** O leito do rio está cheio de ~s. ⇒ calhau; cascalho. **2** *pop* Ovo de pássaro.

seja *interj* (<3ª pes do conj do verbo ser) Exclamação que exprime consentimento ou resignação. **Ex.** Então queres ir embora? Seja! **Loc.** *~ ... ~* [Expressão (de coordenação) para ligar palavras, constituintes da frase ou frases, usada antes de duas alternativas possíveis (Ou ... ou), ou antes de dois termos que se complementam (Não só ... mas também)] (**Ex.** ~ cão ou ~ gato [Quer cão quer gato/Tanto cão como gato], gosto de os ter em casa). *~ como for* [De qualquer modo] (**Ex.** ~ como for, amanhã vou à cidade. *~ qual for* [Qualquer um] (**Ex.** Eu derroto ~ qual for). *Ou ~* [Isto é/Ou melhor] (**Ex.** Amanhã, ou ~, amanhã à noite, vamos sair todos juntos).

sela (Sé) *s f* (<lat *sélla*: assento) **1** Espécie de assento de couro que se coloca no dorso do cavalo, para comodidade do cavaleiro. **Ex.** Colocada a ~, o cavalo correu a galope sem o cavaleiro! ⇒ selim.

selado, a *adj/s m* (<selar¹; ⇒ selar²) **1** Que recebeu selo ou marca. **Comb.** *Carta ~a* [com selo no envelope]. *Papel ~* [com timbre oficial/do Estado]. *Valor ~* [com um selo a provar que o imposto se pagou]. **2** Bem fechado/Lacrado. **Ex.** A mala do correio já está ~a. **3** Que se tornou efe(c)tivo/Validado. **Ex.** O contrato da venda foi ~. **4** Que se concluiu. **Ex.** A obra já está ~a. **5** *fig* Que se mantém calado. **Ex.** Ele manteve a boca ~a, durante toda a sessão.

selagem *s f* (<selar¹ + -agem; ⇒ selar²) A(c)to ou efeito de selar (com carimbo ou selo) qualquer documento para o tornar válido. **Ex.** Faltava a ~ no documento.

seláquio, a *adj/s Icti* (<gr *sélakos*: brilhante + -io) (Diz-se de) peixe «tubarão, raia» com esqueleto cartilagíneo e boca ventral.

selar¹ *v t* (<lat *sigíllo, áre, átum*: pôr selo em < *sigíllum*: selo <*signum*: sinal) **1** Pôr selos na correspondência «cartas»/Carimbar/Estampilhar. **Ex.** Vou aos correios ~ esta carta. **2** Marcar um documento com chancela/Chancelar. **3** Deixar marca em alguma coisa. **Ex.** O romancista português Camilo Castelo Branco selou a obra com a morte. **4** Fechar completamente, de modo inviolável, alguma coisa/Vedar. **Ex.** Selou a garrafa o melhor que pôde. **5** Pôr fim/Concluir. **Ex.** Os dois países selaram um pa(c)to, depois de longas conversações. **6** Tornar efe(c)tivo/Confirmar. **Ex.** Eles selaram [fecharam] o negócio com um aperto de mão.

selar² *v t* (<sela + -ar) Pôr a sela numa montada/Aparelhar. **Ex.** Depois de ~ o cavalo, o cavaleiro foi dar uma corrida pelo bosque.

selaria *s f* (<sela + -aria) **1** Arte de fabricar arreios, nomeadamente selas. **2** Estabelecimento onde se fabricam ou vendem arreios. **3** Lugar onde se guardam arreios.

seleção (Lè) *s f* [= selecção] (<lat *seléctio, ónis*< *séligo, léctum*: escolher < *se + légo, ere, léctum*: juntar, recolher) **1** A(c)ção de sele(c)cionar/Sele(c)cionamento. **2** A(c)ção de escolher pessoas ou obje(c)tos de acordo com critérios definidos. **Comb.** *~ natural* [Adaptação ao meio, que faz com que uns seres sobrevivam e outros desapareçam]. *~ das espécies* [Hipótese de Darwin para explicar a evolução das espécies]. **3** Conjunto de coisas escolhidas. **4** Processo de escolha de animais reprodutores para procurar melhorar a espécie. **5** (D)esp Grupo de (d)esportistas de uma modalidade para representar o país em competições internacionais. **Ex.** A ~ portuguesa obteve o segundo lugar no Campeonato da Europa de 2004. **Comb.** *~ canarinha* [brasileira, devido à cor amarela do seu equipamento]. *~ nacional* [de cada país].

selecção/seleccionado/seleccionador/seleccionar/selecta/selectividade/selectivo/selecto/selector ⇒ seleção/.../seletor.

selecionado, a (Lè) *adj* [= seleccionado] (<selecionar) **1** «jogador» Escolhido após prova ou apreciação/Eleito/Escolhido. **2** Preferido pelas suas melhores qualidades. **Comb.** *Produto «vinho/fruta» ~* [de qualidade].

selecionador, ora (Lè) *adj/s* [= seleccionador] (<selecionado + -or) **1** (O) que escolhe segundo critérios definidos. **2** (D)esp Pessoa responsável pela escolha e preparação de um grupo de atletas para representar o país em competições internacionais. **3** *Mec* **a)** Máquina destinada a separar sementes de diferente natureza; **b)** Máquina utilizada na calibragem de minerais.

selecionar (Lè) *v t* [= seleccionar] (⇒ seleção) Escolher alguém ou alguma coisa. **Ex.** Só três jogadores do Benfica (Portugal) foram selecionados para a seleção nacional. **Ant.** Rejeitar.

selénio [*Br* selênio] [Se34] *s m Quím* (<gr *seléne*: Lua + -io) Elemento químico metaloide do grupo do enxofre e do oxigé[ê]nio e usado em semicondutores, câmaras de televisão, ...

selenita[e] *s 2g* (<gr *selenítes*: relativo à Lua) **1** Suposto habitante da Lua. **2** *s f Miner* Variedade de gesso em forma de cristais transparentes. **3** *fig* ⇒ nefelibata; lunático.

selenografia *s f* (< ⇒ selénio + grafia) Parte da astronomia que estuda e descreve a (superfície da) Lua.

selenologia *s f* (⇒ selénio) Ciência ou tratado da Lua e seus fenó[ô]menos.

seleta (Lé) *s f* [= selecta] (<lat *selécta, órum*; ⇒ seleção) Conjunto de textos literários de vários autores reunidos numa obra/Antologia/Cole(c)tânea. **Ex.** Antigamente a literatura era estudada através de ~s. **Comb.** *~ Portuguesa* «do P. Abel Guerra».

seletividade (Lè) *s f* [= selectividade] (<seletivo + -i- + -dade) **1** Qualidade de seletivo. **2** Capacidade que tem um rece(p)tor de rádio de selecionar uma onda de determinada frequência entre outras. **3** *Quím* Cara(c)terística de alguns reagentes que lhes permite reagir só com certas [algumas] substâncias.

seletivo, a (Lè) *adj* [= selectivo] (<seleto + -ivo) **1** Que seleciona. **Ex.** O método ~ foi definido previamente. **2** Que obedece a determinados critérios de seleção. **Ex.** A nossa memória é ~a, só fixa o que nos interessa ou agrada **3** *Ele(c)tron* Que possui a propriedade de responder melhor a uma frequência do que a outras.

seleto, a (Lé) *adj* (<lat *seléctus, a, um*: escolhido e posto à parte) **1** ⇒ escolhido. **2** Que se distingue entre muitos/Distinto. **Ex.** Quem estava no espe(c)táculo, era um público ~. **3** ⇒ excelente.

seletor, ora (Lè) *adj/s* (<lat *seléctor, óris*: o que faz escolha) **1** (O) que seleciona ⇒ selecionador. **2** *s m* Mecanismo ou dispositivo «de rádio/TV» que executa determinada seleção/escolha/ligação.

self *s m* (<ing *self*: de si mesmo) **1** Partícula que na composição de palavras significa "auto". **Ex.** Tenho um *self-service* perto de minha casa. **2** Sentimento difuso da unidade da personalidade. **3** Bobina de elevado coeficiente de autoindução.

self-made man Homem bem sucedido socialmente, com o seu próprio esforço. ⇒ autodidata.

self-service *adj 2g/s m* (<ing *self-service*) Restaurante ou outro estabelecimento comercial no qual os próprios clientes se servem sozinhos/Autosserviço. **Ex.** O ~ serve comidas variadas.

selha (Sê) *s f* (<lat *sítula*: urna) Recipiente ou vasilha de madeira ou outro material, de bordos baixos, usada para vários fins. **Ex.** Antigamente as pessoas tomavam banho nas ~s. ⇒ tina.

selim (Lím) *s m* (<sela + -im) **1** Sela rasa e de pequenas dimensões. **2** Assento triangular de couro ou acolchoado, com molas, para o velocipedista se sentar. **Ex.** O ~ da bicicleta estava velho, era muito incó[ô]modo.

selo (Sê) *s m* (<lat *sigíllum*) **1** Impressão de um sinete ou carimbo em material moldável para autenticar documentos/Chancela. **Ex.** O rei usava o ~ no anel. **2** Marca impressa (pelo selo)/Carimbo/Sinete. **Ex.** Afi-

nal o documento veio sem o ~! **Comb.** ~ **branco** [~ sem tinta, resultante da pressão forte sobre o papel] (Ex. Muitos documentos em Portugal têm que levar obrigatoriamente o ~ branco). **3** Pequeno pedaço de papel impresso num dos lados e com cola no outro, colocado sobre (o envelope das) cartas ou em documentos como prova de pagamento de uma franquia ou taxa/Estampilha/Vinheta. **Ex.** Fui aos correios pôr o ~ nas cartas. **Comb.** ~ *comemorativo* [~ postal [dos correios] para assinalar acontecimento especial]. **4** Marca de autenticidade, garantia ou inviolabilidade de certos produtos ou instituições. **Ex.** Quando fui abrir a garrafa, verifiquei que já não tinha o ~. **Loc.** Tirar o ~ [Usar algo pela primeira vez]. **Comb.** ~ *de origem*/*de qualidade* [Garantia da qualidade original de um produto]. **5** Marca de identificação.

selo-de-salomão *s m Bot* Planta liliácea, rizomatosa, de flores brancas, espontânea em Pt, do Minho ao Alentejo.

selote (Ló) *s m* (<sela + -ote) Sela pequena [Selim] sem arção.

selva (Sél) *s f* (<lat *sílva*: floresta) **1** Espaço povoado de vegetação densa e com árvores de grande porte/Floresta/Bosque/Mata. **Ex.** A ~ amazó[ô]nica é o pulmão da Terra. **2** Lugar arborizado e onde vivem animais selvagens. **Ex.** A ~ africana ainda abriga muitos animais selvagens. **3** Local onde a vegetação cresce sem controlo. **Ex.** A quinta abandonada é [está/ficou] uma ~. **4** *fig* Grande número de coisas confusas e emaranhadas. **Ex.** Tinha a sala cheia de papéis e obje(c)tos diversos, era uma autêntica ~. **Comb.** *Lei da* ~ [Lugar onde domina o mais forte, sem obediência à lei, onde não há lei]. **5** *fig* Lugar ou ambiente onde predominam rivalidades hostis. **Ex.** O meio artístico por vezes é uma ~.

selvagem (Sèlvá) *adj s 2g* (<selva + -agem) **1** Próprio da selva/Bravio. **2** Que habita livremente na selva e não é domesticado. **Ex.** Os animais ~ns vão diminuindo com o avanço da civilização. **Comb.** «teoria de Rousseau, do homem» Bom ~ [Naturalmente bom à nascença]. **Ant.** Doméstico. **2** (O) que nasce, cresce e vive naturalmente, sem cuidados especiais/Natural/Silvestre. **Ex.** As flores ~ns [silvestres(+)] são as mais belas. **Ant.** Cultivado. **3** (O) que não foi transformado pela a(c)ção do homem/Primitivo. **Ex.** Na Terra há cada vez menos zonas ~ns/virgens. **Ant.** Civilizado. **4** (O) que evita o convívio humano. **Ex.** Não se dá com ninguém, é um (homem) ~, é um misantropo. **Ant.** Sociável. **5** (O) que tem um comportamento não civilizado/Grosseiro/Rude. **Ex.** Tem modos e ditos ~ns, está sempre a dizer palavrões. **6** (O) que é cruel, brutal. **7** (O) que não obedece a normas ou regras/Ilegal. **Comb.** *Greve* ~ [que não obedece a regulamentos].

selvageria/selvajaria *s f* (<selvagem + -e[ja]ria) **1** Cara(c)terística do que é selvagem. **2** (O) que manifesta crueldade, própria do que é selvagem/Ferocidade. **Ex.** Nas guerras há casos de grande ~, pois (se) matam barbaramente mulheres e crianças. **3** Comunidade em estado selvagem. **Ex.** Há grupos que se afastam do convívio social, vivendo em condições de ~. **4** A(c)to, dito ou modos reveladores de falta de civilidade. **Ex.** Quando abre a boca, só saem ~s.

selvático, a *adj* (<lat *silváticus*: silvestre) **1** Que é próprio da selva/Selvagem. **2** Que é próprio do viver em estado natural. **3** Que é cara(c)terístico dos povos selvagens ou que não é civilizado. **Ex.** A guerra é uma violência ~a. **4** Que cresce ou habita nas selvas. **5** Que evita o convívio humano. **6** Que tem um comportamento cruel, grosseiro ou rude. **Ex.** É um homem com modos ~s. **7** ⇒ selvagem.

selvícola *adj/s 2g* ⇒ silvícola.

sem *prep* (<lat *sine*) **1** Indica ausência, privação ou exclusão. **Ex.** Há muita gente que vive ~ as condições mínimas. Estou ~ [Não tenho] dinheiro, preciso de ir ao banco. **Loc.** ~ *conto* [Indeterminadamente]. «ele vem hoje» ~ *dúvida* [De certeza/Seguramente]. ~ *fim* [~ cessar] (Ex. Era um discurso ~ fim [que nunca mais acabava] e eu saí da sala). ~ *idi mais aquela*/*mais nada* [~ demora ou hesitação]. ~ *mais nem menos* [~ aviso prévio]. ~ *que* [Indica exclusão] (Ex. Saí da reunião ~ que ninguém me visse [~ ninguém me ver]). «agir» ~ *pensar* [Irrefle(c)tidamente]. «feri-o» ~ *querer* [~ ter intenção]. ~ *mais* [Fórmula usada no fim de uma carta familiar para indicar que não tem mais nada para dizer]. ~ *número* [Inúmero] (Ex. Era inúmera [muita/um ~ número de] gente. **Idi.** ~ *dizer água vai* [~ avisar] (Ex. Foi-se embora ~ dizer água vai). ~ *tirar nem pôr* [Exa(c)tamente/Assim]. **Ant.** Com. **2** Qualidade ou estado, marcando ausência de uma cara(c)terística. **Ex.** É uma pessoa ~ palavra, nunca cumpre o que diz. **Ant.** Com. **3** Exprime a ideia negativa de modo. **Ex.** Trabalhava em cima do telhado ~ (ter o devido) cuidado e quase caiu lá de cima. **4** Ausência ou privação a nível do meio. **5** Privação com a noção de causa ou condição. **Ex.** ~ trabalhar, não ganhava para viver. Não irei ~ [antes de] ele vir. **Loc.** ~ *isso* [Se tal (coisa) não suceder/sucedesse] (Ex. Quero ver se ele me vem ajudar; ~ isso eu não posso fazer sozinho este trabalho).

sema (Sê) *s m Ling* (<gr *séma, atós*: sinal) Unidade mínima de significação/Traço [Componente] semântico.

sem-abrigo *adj/s 2g 2n* (O) que, sem condições econó[ô]micas e sem casa, vive na rua. **Ex.** Há grupos de voluntários que se dedicam a dar assistência aos ~.

semafórico, a *adj/s* (<semáforo + -ico) **1** Relativo a semáforo. **2** Transmitido por semáforo. **Ex.** A comunicação ~a não funcionava. **3** Pessoa encarregue do funcionamento e conservação de um semáforo.

semáforo *s m* (<gr *séma*: sinal + *phóros*: que leva) **1** Aparelho de sinalização luminoso, com as cores verde, amarela e vermelha, para orientar o tráfego nas ruas, estradas ou linhas férreas/*Br* Farol. **Ex.** Muitos condutores não respeitam as indicações dos ~s, provocando mais acidentes. **2** Telégrafo ó(p)tico, existente na costa e nos portos para comunicação com os navios.

semana *s f* (<lat *septimánus,a,um*: relativo ao número sete; ⇒ hebdómada) **1** Período de sete dias a partir de domingo e terminando no sábado. **Ex.** Na primeira ~ de setembro vou aos Açores. **Comb.** ~ *furada* [que tem feriado(s)]. ~ *Santa*/*Maior* [que antecede a Páscoa e em que se comemoram os principais fa(c)tos [mistérios(+)] da paixão e morte de Cristo]. *Na próxima* ~ [Na ~ que vem] «penso viajar». **2** Série de sete dias consecutivos. **Ex.** As férias foram de duas ~s. **3** Espaço de tempo entre um determinado dia da ~ até ao dia correspondente da ~ seguinte. **Ex.** Daqui a uma ~ começam as aulas. **4** Conjunto dos dias úteis em que se trabalha. **Ex.** Vou ter uma ~ de trabalho completamente preenchida. **Comb.** ~ *inglesa* [Horário de trabalho que exclui a tarde de sábado e o domingo]. **5** Salário pago por uma ~ de trabalho/Semanada **1**.

semanada *s f* (<semana + -ada) **1** Remuneração por semana de trabalho. **Ex.** O patrão pagou a ~ aos trabalhadores. **2** Quantia dada pelos pais aos filhos menores para pequenas despesas durante a semana. **Ex.** A(c)tualmente quase todos os filhos têm uma ~, mesmo que seja pequena. ⇒ mesada(+).

semanal *adj 2g* (<semana + -al) **1** Relativo a semana. **Ex.** O horário ~ já está pronto. **2** Que acontece ou surge de semana a semana [Que se faz todas as semanas(+)]. **Ex.** A limpeza das ruas costuma ser ~.

semanalmente *adv* (<semanal + -mente) **1** Todas as semanas. **Ex.** Ele trabalha ~ em diversos lugares. **2** Uma vez por semana. **Ex.** Vou ao cinema ~.

semanário *adj/s m* (<semana + -ário) **1** ⇒ semanal. **2** Periódico [Jornal, …] que se publica semanalmente/Hebdomadário. **Ex.** Em Portugal há vários ~s que geralmente saem nos últimos dias da semana.

semântica *s f Ling* (<gr *semantikós,ón*: que significa [faz conhecer]) **1** Domínio da linguística que estuda o significado das palavras e da interpretação dos enunciados de uma língua natural, abordado sincrónica e diacronicamente. **Ex.** A(c)tualmente há muitos estudos sobre ~. **Comb.** ~ *descritiva* [que estuda a significação a(c)tual das palavras de uma língua]. ~ *estrutural* [Estudo da significação linguística vista como um conjunto de relações]. ~ *formal* [Análise de sistemas lógicos em termos de condições de verdade]. ~ *generativa* [Perspe(c)tiva da componente semântica como base a partir da qual a estrutura sintá(c)tica pode ser derivada]. ~ *lexical* [Descrição das relações entre os elementos constituintes do léxico]. **2** O sentido de uma palavra ou de um enunciado. **Ex.** A ~ de uma expressão depende não só dos elementos que a compõem, mas também da sua relação. **3** *Fil* Parte da semiótica que estuda as relações entre os signos e os seus referentes. **4** Ciência que estuda a evolução do significado das palavras. **Comb.** ~ *histórica*.

semanticista *adj/s 2g* (<semântica + -ista) Especialista em semântica.

semântico, a *adj* (<gr *semantikós*: que significa) Relativo a semântica, ou seja, ao significado das palavras e das unidades linguísticas. **Ex.** O valor ~ das palavras também depende do contexto. **Comb.** *Campo* ~ [Conjunto estrutural de palavras com relação a um determinado assunto] «dos meios de transporte: automóvel, avião, bicicleta, …».

semblante *s m* (⇒ semelhar) **1** Rosto/Cara/Face. **Comb.** Um ~ agradável [sereno]. **2** Expressão do rosto/Aparência/Aspe(c)to/Fisionomia. **Ex.** Ele estava com um ~ carregado.

sem-cerimónia [*Br* sem-cerimônia] *s f* **1** Comportamento com falta de educação e formalidade. **Ex.** Passou pela frente das pessoas com a maior ~. **2** Descontra(c)ção/À-vontade. **Ex.** A sua ~ desinibiu as pessoas e criou bom ambiente.

sêmea *s f* (<lat *símila*: flor da farinha) **1** Pó obtido através da moagem dos cereais. **2** Pão, de cor escura, confe(c)cionado com este pó. **Ex.** Na mesa foi colocada uma ~ para comer, acompanhada de alguns enchidos. ⇒ sêmola.

semeador, ora *adj/s* (<lat *seminátor, óris*) **1** (O) que semeia/que espalha as sementes pela terra ou faz a sementeira. **Ex.** O ~, logo cedo, foi lançar a semente à terra

[, foi semear]. **2** (O) que divulga ideias ou doutrinas. **Ex.** Os pensadores do século XIX foram ~es de muitas ideias. **3** *Agric* Máquina agrícola que distribui regularmente as sementes pela terra. **4** *fig* (O) que dispersa. **Ex.** As aves são grandes ~oras porque transportam as sementes para diversos locais.

semeadura *s f* (<semeado + -ura) **1** A(c)ção de semear. **2** Terreno em que se lançou semente/Sementeira(+). **3** Quantidade de semente necessária para semear um terreno. **Ex.** O terreno é grande, por isso leva muita ~.

semear *v t* (<lat *sémino, áre, átum*) **1** Deitar a semente à terra para germinar. **Ex.** O lavrador só semeou metade da terra. Todos os anos o lavrador semeava cinco alqueires de centeio. **2** *fig* Gerar/Procriar. **Ex.** Foi um homem que correu mundo e semeou filhos por toda a parte. **3** *col* Deixar cair, espalhando, alguma coisa, sem se aperceber. **Ex.** Como o saco estava roto, foi semeando as coisas pelo caminho. **4** Fazer correr/Espalhar/Propagar. **Ex.** Na campanha eleitoral semearam boatos por todo o lado. **5** *fig* Dispor para obter posteriores resultados/Causar/Despertar/Ocasionar. **Ex.** É preciso ~ para colher depois. **Prov.** *Quem semeia ventos, colhe tempestades* [Quem cria conflitos ou problemas, sofre as consequências]. **6** Encher/Juncar. **Ex.** A batalha semeou o campo de mortos. **7** Promover/Fomentar. **Ex.** Os terroristas semearam [espalharam(+)] o medo por toda a zona. **Loc.** ~ discórdias. **8** Dispor desordenadamente em/Entremear. **Ex.** O escritor semeou [encheu] o texto de citações.

semelhança *s f* (<semelhar + -ança) **1** Qualidade de semelhante. **Loc.** À ~ de [À imagem de]. **Ant.** Diferença. **2** Parecença entre seres, coisas ou ideias/Analogia/Identidade. **Ex.** São irmãos com muitas ~s/parecenças. **3** Em arte, conformidade entre representação e obje(c)to representado. **Ex.** O quadro tem uma ~ perfeita com a realidade. **4** Aparência exterior/Igualdade parcial. **Ex.** Deus fez o homem à sua imagem e ~. **5** *Geom* Propriedade de duas ou mais figuras geométricas que diferem apenas pela escala na qual são construídas.

semelhante *adj/s 2g* (<semelhar + -nte) **1** Que apresenta cara(c)terísticas comuns/Análogo/Parecido. **Ex.** As duas irmãs são muito ~s [parecidas (+)]. **Ant.** Diferente. **2** *Geom* Diz-se de uma figura geometricamente igual a outra, que é a sua ampliação ou redução. **3** Pessoa considerada relativamente aos outros da mesma espécie/Próximo. **Ex.** Devemos amar [respeitar sempre] o nosso ~.

semelhar *v t* (<lat *símulo, áre, átum*: parecer-se) **1** Ser parecido com alguém/Assemelhar-se/Parecer-se. **Ex.** Este homem semelha muito o [assemelha-se ao (+)/é muito parecido com o] meu vizinho. **2** Tornar(-se) semelhante. **Ex.** O seu aspe(c)to semelhava-o a um assaltante. **3** ~se/Ter mútua semelhança. **Ex.** Os dois irmãos semelham-se. **4** Comparar.

sémen [*Br* **sêmen**] *s m* (<lat *sémen, séminis*: semente) **1** *Biol* Líquido fecundante, esbranquiçado, que contém espermatozoides e secreções/Esperma(+). **Ex.** A polícia encontrou vestígios de ~ na roupa da rapariga violada. **2** *fig* O que origina ou causa alguma coisa/Germe/Semente.

semental *adj/s 2g* (<semente + -al) **1** Relativo a semente. **2** Próprio para semente. **3** (Diz-se do) animal reprodutor. **Ex.** O touro ~ é muito bem tratado.

semente *s f* (<lat *seméntis*: sementeira <*sémen*) **1** *Bot* Fruto ou parte do fruto que contém o embrião que, colocado na terra, germina e dá origem a uma nova planta/Caroço/Embrião/Grão. **Ex.** Para que a planta germine [nasça], é preciso primeiro lançar a ~ à terra. **Idi.** *Ficar para ~* [Viver muito tempo] (Ex. O avô não quer morrer, parece que quer ficar para ~...). **2** *Bot* Parte da planta coberta com terra, dando origem a uma nova planta. **Ex.** A ~ «o feijão» já está a nascer [a sair da terra]. **3** ⇒ Esperma/Sé[ê]men. **4** O que é origem de alguma coisa/Germe. **Ex.** O espírito do pensador deixou ~ na sua cultura. **5** Sentimento que se implanta e desenvolve no espírito. **Ex.** A ~ da bondade que existia nele fazia com que toda a gente se aproximasse dele.

sementeira *s f* (<semente + -eira) **1** A(c)ção de lançar a semente à terra para germinar. **Ex.** A ~ já está em curso. **2** Terreno semeado. **Ex.** As ~s perderam-se [não se desenvolveram] com o mau tempo. **3** Época do ano em que se lançam as sementes à terra. **Ex.** A ~ é um período muito trabalhoso. **4** Origem de alguma coisa. **Ex.** A escola foi uma ~ [um viveiro(+)] de artistas.

sementeiro, a *adj/s* (<semente + -eiro) ⇒ Semeador.

semestral *adj 2g* (<semestre + -al) **1** Relativo a semestre. **Ex.** As provas [Os exames] ~ais vão começar no fim de junho. **2** Que se realiza ou acontece de seis em seis meses. **Ex.** A Câmara [Prefeitura] publica um boletim ~ para informar as pessoas do concelho de todas as a(c)tividades municipais. **3** Que dura metade do ano le(c)tivo.

semestre (Més) *s m* (<lat *seméstris*) **1** Período de seis meses consecutivos. **Ex.** O primeiro ~ do ano foi muito rigoroso, em termos de tempo. **2** Metade de um ano de a(c)tividade le(c)tiva. **Ex.** Os alunos universitários têm que cumprir dois ~s em cada ano para fazer o curso em que estão inscritos. **Comb.** Primeiro [Segundo] ~. **3** Quantia de dinheiro correspondente ao pagamento de um serviço durante seis meses. **Ex.** O patrão não pagou o ~ vencido, apesar de os trabalhadores terem acabado o trabalho.

sem-fim *adv/s m* **1** Quantidade ou número indeterminado, mas grande. **Ex.** Era muita [um ~ de] gente a chegar para ver o espe(c)táculo. **2** Extensão ilimitada/Imensidão/Vastidão. **Ex.** Era uma península (estreita) [faixa de terra] ~ que se estendia pelo mar. **3** *Mec* Engrenagem constituída por um parafuso e roda dentada que permite obter eixos de rotação perpendiculares mas solidários/articulados.

semi- *pref* (<lat *semi-*: meio) Exprime a noção ou ideia de **meio** ou **metade**.

semiaberto, a *adj* (<semi- + aberto) **1** Que se encontra meio aberto/Entreaberto. **Ex.** Apesar de estar a dormir, mantinha os olhos ~s. **2** Diz-se de regime prisional em que o preso goza de alguma liberdade. **Ex.** Ele continua na prisão em regime ~. **3** *Fon* Diz-se da vogal «e, o» pronunciada com a língua meio levantada na dire(c)ção do palato e a boca meio aberta. **4** *Mat* Diz-se do intervalo de números reais em que um e um só dos extremos não lhe pertence/Semifechado (Se é ~ à esquerda é fechado à direita e vice-versa).

semianalfabeto, a *adj/s* (<semi- +analfabeto) **1** (O) que tem pouca instrução ou está mal alfabetizado. **Ex.** Há pais que, embora sendo ~s, procuram dar aos filhos uma boa educação. **2** (O) que revela fracos conhecimentos sobre qualquer assunto. **Ex.** Ele tem um bom cargo, mas é ~.

semiautomático, a *adj* (<semi- + automático) **1** Que não é completamente automático. **Comb.** Arma ~a [que efe(c)tua as operações automaticamente, mas só permite um tiro de cada vez]. **2** «gesto/rea(c)ção» Que se faz um pouco mecanicamente.

semibreve *s f Mús* (<semi- + breve) Figura ou nota musical com o dobro de duração de uma mínima ou metade de uma breve, correspondendo a quatro tempos. **Ex.** O coro não executou o tempo completo da ~.

semicapro, a *adj/s m Mit* (<lat *semícaper*) (Ser fabuloso/Sátiro) que é metade homem metade bode. **Sin.** Fauno(+).

semicerrado, a *adj* (<semicerrar) Que está meio cerrado/Entreaberto. **Ex.** O doente tem [está na cama com] os olhos ~s.

semicerrar *v* (<semi- + cerrar) Fechar ou cerrar parcialmente. **Ex.** Com a intensidade da luz, semicerrou os olhos. ⇒ piscar.

semicircular *adj 2g* (<semi- + circular) **1** «anfiteatro/salão» Que tem a forma de um semicírculo ou de metade do círculo. **Ex.** A praça principal da cidade é [tem a forma] ~. **2** Quase circular.

semicírculo *s m Geom* (<lat *semicírculus*) **1** Metade de um círculo (dividido pelo diâmetro). **2** Instrumento com essa forma e com o perímetro graduado para medir os ângulos/Transferidor(+). **Ex.** O ~ é muito necessário para o desenho geométrico.

semicircunferência *s f Geom* (<semi- + ...) **1** Arco de circunferência que mede 180 graus. **2** Metade da circunferência dividida pelos extremos de um diâmetro. **Ex.** O edifício tem a forma de uma ~.

semiclausura *s f* (<semi- + clausura) Estado de clausura menos severo em que há uma certa liberdade de sair para o exterior. **Ex.** O estado de ~ deve ser mais fácil de suportar do que a clausura completa.

semicolcheia *s f Mús* (<semi- + colcheia) Figura ou nota musical com o valor de metade da colcheia, correspondendo a um quarto de tempo. **Ex.** Os músicos, na interpretação da peça, não respeitaram o tempo da ~.

semicondutor, ora *adj/s m* (<semi- + condutor) (Elemento «silício/germânio») que possui uma condutibilidade elé(c)trica intermédia entre a dos metais e a dos isolantes, diferindo dos condutores metálicos por aumentar a sua condutividade quando a temperatura aumenta.

semiconsciência *s f* (<semi- + ...) Estado intermédio entre a consciência e a inconsciência.

semiconsciente *adj 2g* (<semi- + consciente) Que não é bem consciente [não tem perfeito conhecimento] dos seus a(c)tos. **Ex.** O doente está ~, não sabe bem o que diz.

semicúpio *s m* (<lat *semicúpa*: meia tina + -io) **1** Banho de imersão da parte inferior do corpo/Banho de assento. **2** Bacia apropriada para esse banho.

semidesértico, a *adj* (<semi- + desértico) Que é quase desértico, parcialmente árido ou despovoado. **Ex.** Há cada vez mais zonas ~as na Terra.

semidestruído, a *adj* (<semi- + destruído) Meio destruído. **Ex.** Os edifícios, com a explosão da bomba, ficaram ~s.

semideus, sa *s Mit* (<semi- + deus) **1** Ente, em parte humano, em parte divino, filho de um deus e de uma mulher. **Ex.** Os faunos e

os sátiros eram considerados ~ses. 2 Ser humano extraordinário pelo génio ou por algum feito notável «Hércules/Aquiles».

semidobrado, a adj (<semi- + dobrado) 1 Que está meio dobrado. 2 Bot Diz-se da flor que tem estames externos convertidos em pétalas e os internos perfeitos.

semieixo s m (<semi- + eixo) 1 Meio eixo. 2 Mec Cada um dos eixos que transmite o movimento do diferencial às rodas motrizes de veículo automóvel.

semiescuro, a adj (<semi- + escuro) Quase escuro ou mal iluminado. Ex. O quarto estava ~, por isso tropeçou na cadeira.

semiesfera s f (<semi- + esfera) Metade de uma esfera/Hemisfério. Ex. O escultor integrou na sua composição várias ~s.

semifechado, a adj (<semi- + fechado) 1 Parcialmente fechado. 2 Fon ⇒ semiaberto 3.

semifinal s f (<semi- + final) Prova que numa competição antecede a final/Meia-final/Meias-finais. Ex. Quatro equipas são apuradas para as ~ais do Campeonato Europeu de Futebol.

semifinalista adj/s 2g (<semi- + finalista) (Pessoa ou equipa) que se classifica para participar na prova semifinal de uma competição, geralmente (d)esportiva. Ex. Quando se trata de competição por equipas, são quatro as ~s.

semifrio, a adj/sm (<semi- + frio) 1 Meio frio. 2 s m Diz-se de doce semelhante ao gelado, mas com temperatura menos baixa. Ex. Para sobremesa, queria um ~, se faz favor.

semifusa s f Mús (<semi- + fusa) Figura ou nota musical com a duração de dezasseis avos de tempo, correspondente a metade da fusa.

semi-internato s m (<semi- + internato) Estabelecimento escolar cujos alunos são semi-internos.

semi-interno, a adj (<semi- + interno) Diz-se do aluno que estuda e faz as refeições num colégio, permanecendo aí quase todo o dia, mas dormindo em casa.

semilunar adj 2g/s m (<semi- + lunar) 1 Em forma de meia-lua ou crescente. 2 Anat (Diz-se de) um dos oito ossos pequenos do carpo com forma de crescente.

semilúnio s m (<semi- + lúnio) Metade do tempo da órbita da Lua, ou seja, metade do mês lunar.

semimetal s m Quím (<semi- + metal) Elemento «antimó[ô]nio, bismuto, arsé[ê]nio» que não é maleável, possuindo propriedades metálicas em grau inferior.

semimorto, a adj (<semi- + morto) 1 Quase morto. Ex. Foi encontrado em casa, sozinho, ~. 2 fig Cansado. Ex. Com tanto trabalho, está ~ [, está morto de cansaço]. 3 fig Apagado/Mortiço(+). Ex. O lume está ~.

seminação s f (<lat seminátio, ónis) 1 Dispersão natural das sementes de uma planta/Disseminação. Ex. A ~ pode ser feita através das aves. 2 ⇒ Difusão/Propagação. 3 Emissão de sé[ê]men. 4 Acasalamento/Coito/Cópula. ⇒ inseminação.

seminal adj (<lat seminális) 1 Relativo a semente ou sé[ê]men. Comb. Folhas ~ais. Líquido ~. 2 Que contém sementes ou sé[ê]men. Comb. Vesículas ~ais [que produzem e contêm o sé[ê]men]. 3 Que estimula novas produções/Produtivo. Ex. Ele é um escritor ~ [que traz novas ideias]. Comb. Inteligência ~ «de S. Agostinho/de Einstein». Obra ~.

seminário s m (<lat seminárium: viveiro de plantas) 1 Canteiro onde se semeiam plantas «couves/arroz» para serem transplantadas/Alfobre/Viveiro(+). 2 Estabelecimento de educação e ensino para a preparação de candidatos à vida eclesiástica [de aspirantes ao sacerdócio]. Ex. A(c)tualmenete os ~s têm poucos jovens. Loc. Andar no [Frequentar o] ~. Comb. ~ maior [Ciclo de estudos de Filosofia e Teologia no ~]. ~ menor [Escola de formação geral dos seminaristas]. 3 Conjunto de educadores e alunos desta escola/deste estabelecimento. Ex. O ~ festejou o dia do seu padroeiro. 4 Período de estudos nesse estabelecimento. Ex. Fez o ~ na Arquidiocese de Évora (Portugal). 5 Grupo de trabalho universitário, dirigido por um professor e em que os alunos pesquisam ou debatem sobre um tema. Ex. Para fazer o mestrado, os alunos têm que assistir a vários ~s obrigatórios. 6 Encontro de especialistas para estudo e análise de diversas questões/Colóquio. Ex. Os participantes no ~ vieram de diversas partes do mundo.

seminarista s m (<seminário + -ista) Aluno que frequenta um seminário para ser padre [seguir a vida eclesiástica]. Ex. Grande parte dos ~s não chegavam a (ser) padres.

seminífero, a adj (<lat sémen, séminis + -fero) 1 Que produz sementes. 2 Que produz sé[ê]men. 3 Diz-se dos canais dos testículos e de todo o aparelho sexual masculino, onde se forma e conduz o esperma.

semínima s f Mús (<se(mi)- + mínima) Figura (♩) ou nota musical, correspondente a um tempo ou metade do valor de uma mínima.

seminómada [Br **seminômada/e**] adj/s 2g (<semi- + …) Relativo a povo ou tribo ccm migrações periódicas, mas com alguma a(c)tividade sedentária.

seminu, nua adj (<semi- + nu) 1 Quase despido. Ex. Assaltaram-lhe a casa e deixaram-no ~. 2 Que está coberto de trapos/Andrajoso/Esfarrapado/Maltrapilho. Ex. O pedinte andava pelas ruas ~, batendo às portas a pedir esmola.

semioficial adj 2 g (<semi- + oficial) Que ainda não está completamente confirmado pela autoridade competente. Ex. A comunicação é ~. Sin. Oficioso.

semiologia s f (<gr semeion: sinal + -logia) 1 Ciência dos sinais e dos signos e arte de usá-los. Ex. A ~ desenvolveu-se na segunda metade do século XX. Sin. Semiótica. 2 Ling Estudo das mudanças que a significação das palavras, como sinais das ideias, sofre no espaço ou no tempo. 3 Med Ramo da medicina que trata dos sintomas das doenças/Sintomatologia.

semiótica s f (<gr semeiotiké: doutrina dos signos) ⇒ semiologia.

semipermeável adj 2 g (<semi- + permeável) 1 Meio permeável. 2 Que, separando duas soluções, deixa passar umas moléculas e outras não. ⇒ impermeável.

semiprecioso, a (Ôso, Ósa, Ósos) adj (<semi- + precioso) Que tem um valor inferior ao das matérias preciosas. Ex. Ela foi à Índia e comprou pedras ~as.

semipresidencial(ista) adj 2 g (<semi- + presidencial) Diz-se do semipresidencialismo, sistema político em que o poder é partilhado entre o presidente e o parlamento/os ministros.

semipútrido, a adj (<semi- + pútrido) Que começou a entrar no estado de putrefa(c)ção ou está meio podre(+). Ex. O peixe [melão] já cheirava um pouco mal, estava ~.

semirreta adj/s Geom [= semi-recta] (<semi- + re(c)ta) Cada uma das partes em que uma re(c)ta é dividida por qualquer dos seus pontos.

semita adj/s 2g (<antr Sem, um dos filhos de Noé + -ita) 1 Relativo a Sem. 2 Grupo étnico e linguístico que engloba Hebreus, Assírios, Aramaicos, Fenícios, Árabes, Judeus e Etíopes. Ex. O hebraico é uma língua ~a. ⇒ camita; camito-semítico.

semítico, a adj (<semita + -ico) Relativo a semita.

semitom s m Mús (<semi- + tom) Meio-tom(+) da escala musical.

semitransparente adj 2g (<semi- + transparente) 1 «vidro» Que não deixa ver com nitidez os obje(c)tos. ⇒ fosco. 2 Meio [Um pouco] transparente.

semivogal adj Fon (<semi- + vogal) Som intermédio entre vogal e consoante. Ex. O i de fui e o u de quadro são ~ais.

sem-lar adj/s 2g 2n (Indivíduo) que não tem lar/casa. Comb. Os ~. ⇒ sem-terra.

sem-número s m Quantidade indeterminada, mas grande/Sem-fim. Ex. Já fui a casa dele inúmeras [muitas/um ~ de] vezes e nunca o encontrei.

sêmola s f (<it semola) 1 Substância alimentar granulada resultante da moagem incompleta de grãos de cereais como o trigo. Ex. A sobremesa hoje leva ~ de trigo. ⇒ sêmea. 2 Fécula «do arroz/da batata».

semolina s f (<it semolino: farinha de arroz) Fécula de (farinha de) arroz.

sem-par adj 2g Que não tem igual/Incomparável/Inigualável. Ex. A paisagem dos Açores é (uma paisagem) ~ [única/lindíssima/não tem igual].

sempiterno, a adj (<lat sempitérnus <sémper: sempre + aetérnus: eterno) 1 Que dura sempre/Eterno/Perene/Perpétuo. Comb. Fama ~a. Paz ~a. 2 «Deus» Que não tem princípio nem fim. 3 fig col Que nunca acaba/morre/Muito velho.

sempre adv (<lat sémper) 1 Em todos os momentos/Em todo o tempo. Loc. ~ que [Todas as vezes que] (Ex. ~ que nos vemos é uma alegria/festa). «adeus» Até ~ [à vista/mais ver]! De ~ [De todos os tempos] (Ex. Foi a melhor festa de ~ [festa que houve até agora]. É ~ a aviar! [Exclamação que exprime acção rápida]. Nem ~ [Às/Por vezes não] (Ex. O melhor [ideal] nem ~ é possível, temos de reconhecer). Para ~ [Eternamente] (Ex. Este aparelho [material] é caro, mas dura para (todo o) ~]. Ant. Nunca. 2 Em todos os momentos e de modo constante/Continuamente. Ex. É preciso trabalhar ~, para podermos viver. 3 A maior parte das vezes/Habitualmente. Ex. À noite ficamos (quase) ~ em casa. Fui comprar os jornais logo de manhã, como ~. Loc. Quase ~ [A maior parte das vezes]. 4 Em qualquer circunstância. Ex. Eu vou ajudar-te ~, custe o que custar. 5 Ao contrário do previsto/Afinal. Ex. Disse que não vinha, mas ~ [afinal] veio [, mas acabou por vir]. 6 De fa(c)to/Efe(c)tivamente/Ainda. Ex. Só ela defendeu no tribunal o filho (que era) culpado; ~ é mãe … A menina ~ levou a sua ideia avante! «parabéns/muito bem». ~ [Ainda] quero ver se ele cumpre [faz] o que prometeu.

sempre-em-pé s m Obje(c)to ou boneco que tem maior peso na base arredondada e por isso fica sempre em pé.

sempre-viva s f Bot Designação comum a várias plantas, com flores que secam sem murchar e que mantém a cor. Sin. Perpétua.

sem-pudor (Dôr) s m Ausência de pudor/Desfaçatez/Despudor.

sem-razão s f 1 A(c)to ou conceito infundado. 2 A(c)ção desprovida de bom senso/disparate. 3 A(c)ção injusta/Iniquidade. 4 Afronta/Injúria/Ultraje.

sem-sal *adj/s 2g 2n col* Diz-se da pessoa com pouca graça. **Ex.** É uma menina ~. **Comb. Pãozinho ~** [Pessoa insignificante/apagada/sem graça]. ⇒ insosso.

sem-terra *adj/s 2g 2n Br* (Trabalhador rural) que não possui terras para cultivar. **Ex.** No Brasil, os ~ têm lutado pelos seus direitos. ⇒ sem-lar.

sem-vergonha *adj/s 2g 2n* (O) que não tem vergonha/Descarado/Desavergonhado. **Ex.** Naquela família são todos uns ~!

sem-vergonhice *s f* (<sem-vergonha + -ice) **1** Falta de vergonha. **2** *Br* Dito ou a(c)to de pessoa sem vergonha.

sena (Sê) *s f* (<lat *séni, ae, a:* de seis em seis <*sex:* seis) **1** Carta de jogar ou pedra de dominó (marcada) com seis sinais ou pintas. **Comb. Doble de ~s** [Pedra de dominó com doze pintas]. **2** Face do dado (marcada) com seis pintas.

senado *s m* (<lat *senátus*) **1** *Hist* Conjunto dos patrícios do conselho supremo da antiga Roma e lugar onde se reuniam. **2** Uma das câmaras legislativas, nos países que têm duas «EUA». ⇒ Assembleia (da República); Congresso; Parlamento. **3** Conselho universitário que integra professores de diversas Faculdades. **Ex.** O ~ reuniu ontem na Universidade.

senador, ora *s* (<senado + -or) Membro do senado **2**. ⇒ vereador "da Câmara/Prefeitura"; edil.

senão *conj/prep s m* (<se + não) **1** De outro modo/Doutra maneira. **Ex.** Fuja, ~ morre/matam-no! Corre, ~ perdes o comboio [trem]. **Loc. Eis ~ quando** [De repente/Inesperadamente] (**Ex.** Estacionei mal o carro; eis ~ quando veio [apareceu] a polícia e multou-me). **2** Exce(p)to. **Ex.** Não veio ninguém ~ eu [ninguém além de mim]. Não compro jornais ~ semanários. **3** *s m* Pequena imperfeição/Falha. **Ex.** Correu tudo bem, houve apenas um pequeno ~, a festa começou tarde. **4** *prep* A não ser [Apenas (Em frase afirmativa)]. **Ex.** Não vieram ~ três pessoas a ajudar a preparar a festa [Vieram apenas [só] três pessoas...]. Não faz outra coisa ~ [Só sabe/Está sempre a] brincar. O que era [significava] aquele gesto ~ uma tentativa de fazer as pazes [de ficar outra vez amigo]?

senatorial *adj 2g* (<senador + -al) Relativo ao senado ou aos seus membros. **Comb. Eleições ~ais. Funções ~ais**/de senador.

senciente *adj 2g* (⇒ sentir) Que tem sensações/Que percebe pelos sentidos/Que reage aos estímulos. **Ex.** Todos os animais são ~s.

senda *s f* (<lat *sémita*) **1** Caminho estreito/Atalho/Vereda. **Ex.** Para chegar mais depressa (ao lugar) caminhou [foi/meteu] por uma ~/por um atalho. **2** Caminho que se segue na pista de alguém/Encalço. **Loc. Ir na ~** [no encalço(+)] de (alguém). **3** *fig* Caminho que se segue ou escolhe na vida/Dire(c)ção/Rumo. **Ex.** Nem sempre caminhamos na ~ do bem.

sendeiro *adj/s m* (<senda + -eiro) **1** (Diz-se de) cavalo de canga, forte. **Ant.** (Cavalo) de corrida/equitação. **2** Diz-se de cavalo ou burro velho e sem forças. **3** *fig* Diz-se de indivíduo desprezível/mesquinho/servil.

senectude *s f* (<lat *senéctus, útis*) Idade avançada/Velhice(+). ⇒ senilidade.

Senegal *top* País da África Ocidental cuja capital é Dacar; a língua oficial é o francês e os seus habitantes são os senegaleses.

senescência *s f* (<lat *senésco, scere:* começar a envelhecer <*senére* <*sénex:* velho) Diminuição da a(c)tividade física e mental, principalmente a partir de uma determinada idade/Decrepitude/Enfraquecimento/Velhice(+).

senha *s f* (<lat *signa* (pl de *signum:* sinal)) **1** Palavra ou sinal combinado entre pessoas para se compreenderem/reconhecerem. **2** Pequeno cartão ou pedaço de papel que confere ao portador o poder ser atendido numa certa ordem (ou ainda para outros fins). **Ex.** No hospital é preciso tirar uma ~ para esperar pelo exame médico. **3** Palavra dada em resposta a outra (⇒ santo-e-~), proferida por alguém «sentinela», em situações de manutenção de segurança, para confirmar se a pessoa é amiga ou inimiga. **4** *Info* Conjunto de cara(c)teres destinado a identificar o usuário ou permitir acesso a dados/Palavra-chave(+).

senhor, ora *s* (lat *sénior, óris:* mais velho <*senex, senis:* velho) **1** Tratamento de cortesia dado a uma pessoa a quem nos dirigimos. **Ex.** O ~ pode ajudar-me? Filho, queres cuidar hoje da tua irmã doente? – Quero, sim ~. (O ~) podia passar-me o sal? Deixe-me ir consigo [com o ~]. **Idi.** *iron* **(Ora) sim ~!** [Expressão de crítica ou desaprovação ao que alguém fez] (**Ex.** «o patrão passou o empregado que por descuido partiu algo» Sim ~, que lindo serviço!...). **2** Forma de cortesia usada antes do nome de alguém. **Ex.** O ~ Martins hoje não veio abrir a loja. O médico [~ doutor] hoje não está [não pode atender]. **3** Pessoa detentora [que domina/possui] algo. **Ex.** Portugal foi durante vários anos o ~ dos mares. Ele é ~ [dono] de todas estas terras. **Loc. Estar ~ da** [Dominar/Controlar a] *situação* «de revolta». *Não ser ~ de* [Não poder] (**Ex.** Os meus cinco filhos dão-me tanto trabalho [tanto que fazer] que eu não sou ~ora de viajar como gostaria). *Ser ~ do seu nariz* [Ser arrogante/Não aceitar opiniões alheias]. **4** *s/adj* Digno de admiração/Importante. **Ex.** Ele é um ~ [é uma pessoa importante/distinta(+)]! Você tem uma ~ora [bela/rica/grande] casa! **5** *Maiúsc* Deus (Pai)/Jesus Cristo/Virgem Maria. **Ex.** Na missa o sacerdote usa várias vezes a saudação O ~ (Deus/Jesus) esteja convosco. Nossa ~ora apareceu a(os) três pastorinhos de Fátima (Portugal). **6** *s f* ⇒ esposa «do presidente»/dona «Ana».

senhoraço, a *s* (<senhor + -aço) **1** Pessoa (que se quer fazer) importante. **2** Pessoa corpulenta e elegante.

senhorear *v* (<senhor + -ear) **1** Exercer domínio sobre determinado território. **2** ~(-se) Tomar ilegitimamente posse de determinado território/Apoderar(-se)/Assenhorear-se(+). **Ex.** Senhoreou-se de tudo o que era da tia, antes de ela morrer. **3** Exercer o domínio/Reinar. **Ex.** As guerras [Os desentendimentos] senhoreiam toda a terra! **4** Exercer controlo sobre paixões e sentimentos/Conter/Controlar/Refrear.

senhoreca (Ré) *s f* (<senhora + -eca) **1** *fam* Senhora sem [de pouca] importância. **2** *dep* Mulher do povo que se quer mostrar elegante e distinta. ⇒ senhorita[rinha].

senhorial *adj 2g* (<senhorio + -al) **1** *Hist* Relativo ao proprietário de um feudo. **Ex.** As terras ~ais estendiam-se por largas zonas. **2** Relativo à nobreza, aristocracia e fidalguia. **Ex.** Em Portugal há muitas casas ~ais por todo o país.

senhoril *adj 2g* (<senhor + -il) **1** Que é próprio de senhor ou pessoa nobre. **2** Que revela distinção/Distinto/Majestoso. **Ex.** Tem uma atitude ~ para com as pessoas.

senhorinha *s f* (senhora + -inha) **1** *Dim* de senhora/Senhorita. **2** *Br* Moça solteira. **3** Poltrona baixa, estofada, de forma arredondada.

senhorio, a *s* (<senhor + -io) **1** Direito do senhor sobre alguma coisa/Domínio/Jurisdição/Autoridade. **Loc. Voltar ao [a ter o] ~ da fazenda/quinta. 2** Proprietário de bens arrendados. **Ex.** O ~ tem que pagar as despesas de condomínio. **3** *pop an s f* Senhor **1**. **Ex.** Vossa Senhoria está bem de saúde?

senhorita *s f* (<senhora + -ita) **1** Senhorinha. **2** Mulher de baixa estatura. **3** *pop* Mulher que se aperalta para dar ares de senhora. **4** *Br* Moça solteira.

senil *adj 2g* (<lat *senílis,e*) **1** Relativo à [Próprio da] velhice. **Comb. Demência ~. Tremor ~. 2** Que apresenta sinais de degenerescência/Decrépito/Velho. **Ex.** Ele está ~, já não sabe o que faz.

senilidade *s f* (<senil + -i- + dade) **1** Qualidade ou estado do que é velho ou senil/Velhice. **Ex.** Já apresenta sinais de ~, apesar de ainda ser novo. **2** Enfraquecimento do estado físico e das faculdades mentais/Decrepitude.

sénior [*Br* **sênior]** *adj/s 2g* (<lat *sénior, óris*) **1** Que tem mais idade. **Ex.** É o ~ [o mais velho(+)] de três irmãos. **2** (D)*esp* (Que é constituído por) praticantes com idade acima dos dezanove anos. **Ex.** O grupo ~ ganhou [conseguiu ganhar o jogo] ao (grupo) júnior. **Comb. Equipa ~.**

seno (Sê) *s m Mat* (<lat *sínus:* curvatura) Razão entre o cateto oposto a um ângulo de um triângulo e a hipotenusa. ⇒ cosseno.

senoidal *adj 2g* (<senoide + -al) Relativo a seno ou a senoide.

senoide (Nói) *s f* (<seno + -oide) Curva representativa das variações do seno em função do ângulo ou do arco.

sensabor (Bôr) *adj/s 2g* (<sem + sabor) **1** Que não tem sabor/Insípido/Insosso. **Ex.** A sopa está ~ [não tem gosto]. **Ant.** Saboroso. **2** (O) que não tem interesse/Sem graça/«conversa/discurso» Enfadonho/Desenxabido/Insípido.

sensaborão, ona *adj/s* (<sensabor + -ão) **1** ⇒ sensabor **1**. **2** (O) que não tem interesse ou graça/Enfadonho. **Ex.** A conversa dele é a coisa mais ~ona que existe [que já se viu].

sensaboria *s f* (<sensabor + -ia) **1** O que é insípido/Insipidez. **2** Comida sem gosto. **3** Qualidade do que não tem interesse ou graça/Enfado. **Ex.** A conferência foi uma ~. **4** Dito ou conversa enfadonhos, sem interesse. **5** *fam* A(c)to desagradável que pode causar desgosto/Aborrecimento(+).

sensação *s f* (<lat *sensátio, ónis*) **1** Faculdade de sentir/Impressão provocada nos órgãos dos sentidos pelo meio exterior. **Ex.** Quando saí de casa tive uma ~ de [senti que fazia] frio. **Comb. ~ auditiva. ~ de calor [de dor/de sede]. ~ gustativa. ~ olfa(c)tiva. ~ tá(c)til. ~ visual. 2** Modificação sentida pelo organismo em consequência da estimulação de um rece(p)tor sensorial. **Ex.** A intensidade da luz provocou uma ~ visual dolorosa. **3** Conhecimento intuitivo do que vai acontecer. **Ex.** Tenho a ~ de que vai chover [que ele não chega amanhã]. **4** Impressão agradável ou desagradável que uma pessoa tem do seu estado físico ou moral. **Comb. ~ de aborrecimento [de cansaço/de mal-estar]. 5** Grande impressão causada por acontecimento especial. **Loc. Causar [Fazer] ~** [Produzir grande impressão/admiração/impacto «em toda a gente/na cidade»].

sensacional *adj 2 g* (<sensação + -al) **1** Relativo a sensação/Sensitivo(+). **2** Que produz agrado/entusiasmo/grande emoção. **Ex.** O concerto da pianista portuguesa Maria João Pires foi ~. **3** Que é muito bom/

Espe(c)tacular/Exce(p)cional/Fantástico/Maravilhoso. **Ex.** O jantar foi ~.

sensacionalismo *s m* (<sensacional + -ismo) **1** Qualidade do que é sensacional. **2** Tendência para [Gosto de] causar sensação. **Ex.** Alguns programas de televisão apenas procuram o ~.

sensacionalista *adj/s 2g* (<sensacional + -ista) (O) «jornalista» que explora fa(c)tos ou acontecimentos para provocar [causar/produzir] sensação **5**. **Ex.** Os títulos de alguns jornais são muito ~s.

sensatez *s f* (<sensato + -ez) **1** Qualidade de quem é sensato ou tem bom senso/Discrição/Juízo/Prudência/Tino. **Ex.** É uma pessoa que age com muita ~ [que pensa sempre bem no que vai fazer]. **Ant.** In~. **2** Ponderação ao tratar de assunto difícil/Prudência/Precaução. **Ex.** Temos de agir sensatamente [com (muita) ~] porque o caso é delicado.

sensato, a *adj* (<lat *sensátus*) **1** Que tem bom senso ou juízo/Ajuizado/Circunspecto/Discreto/Judicioso/Prudente. **Ex.** É uma pessoa ~a, digna de confiança. **Ant.** Insensato. **2** Que é conforme ao bom senso/Acertado. **Ex.** Foi uma decisão ~.

sensibilidade *s f* (<lat *sensibílitas, átis*) **1** Qualidade do que é sensível/Capacidade do organismo de reagir a um estímulo/Excitabilidade. **Comb.** ~ *ao calor*. ~ *da pele*. **2** Faculdade do ser humano e dos animais de captarem impressões do meio exterior ou interior. **Ex.** Há pessoas que têm maior ~ que outras. Os nervos são os órgãos da ~. **3** Grau de agudeza dos sentidos dos artistas. **Ex.** Os pintores têm elevada ~ à cor. **4** Disposição para experimentar estados afe(c)tivos/Afe(c)tividade/Emotividade. **5** Capacidade de sentir e exprimir artisticamente impressões. **Ex.** Os poetas têm grande ~ literária/estética. **6** Disposição para reagir facilmente a ofensas/Melindre(+)/Susce(p)tibilidade(+). **Ex.** Ela é de uma ~ extrema. **7** Capacidade de certos instrumentos de reagir à mínima variação. **Comb.** A ~ de uma balança/Bomba-relógio de alta ~.

sensibilização *s f* (<sensibilizar + -ção) **1** A(c)to ou efeito de sensibilizar(-se). **Ex.** A ~ da sociedade para a prote(c)ção ambiental não é fácil. **2** A(c)ção de impressionar [de tornar alguém consciente de uma situação ignorada até aí]. **Ex.** O governo tem efe(c)tuado campanhas de ~ para os malefícios do tabaco. **3** *Med* Estado de um organismo que adquire, após o primeiro contacto com um antígeno, a capacidade de reagir a ele/Alergização. **4** *Fot* A(c)ção de tornar sensível à a(c)ção da luz uma película fotográfica.

sensibilizado, a *adj* (<sensibilizar) **1** Que está emocionado/Comovido. **Ex.** Ficou deveras [muito] ~ com a atenção que o amigo lhe prestou num momento tão difícil. **2** Que está extremamente impressionado/Abalado/Perturbado. **Ex.** Quando li pela primeira vez o *Crime e Castigo* de Dostoievski fiquei muito ~. **3** Emocionalmente consciente e compreensivo. **Ex.** Está ~ para a causa dos pobres [dos que não possuem absolutamente nada para viver].

sensibilizador, ora *adj/s* (<sensibilizar + -dor) **1** (O) que sensibiliza/Comovedor/Comovente. **2** (O) que impressiona fortemente. **3** (O) que torna sensível à a(c)ção de um agente. **Comb.** ~ *cromático* [Substância que, incorporada ao gelatinobrometo de prata, o torna sensível a diversas radiações do espe(c)tro].

sensibilizar *v t* (<lat *sensíbilis,e* + -izar) **1** Tornar(-se) sensível a (alguma coisa)/Comover(-se) «com a tragédia». **2** Tornar rece(p)tiva. **Loc.** ~ a opinião pública para acolher os refugiados. **3** Tornar-se emocionalmente consciente e compreensivo. **Ex.** Os visitantes sensibilizaram-se com as péssimas condições dos trabalhadores. **4** Tornar sensível à a(c)ção de qualquer agente. **Loc.** ~ uma película.

sensitiva *s f Bot* (<sensitivo) Designação comum a algumas plantas leguminosas chamaecrista e mimoseáceas *Mimosa pudica*, cujas folhas têm a propriedade de se retrair quando se lhes toca.

sensitivo, a *adj/s* (<lat *sensitívus*) **1** Relativo aos sentidos e às sensações. **2** (O) que recebe ou transmite impressões sensoriais. **Comb.** Seres ~s (Animais e alguns vegetais). **3** Que sente muito ou tem forte sensibilidade/«pessoa» Sensível (+). **4** *Fisiol* Que tem só a função de transmitir os impulsos ao centro nervoso. **Comb.** *Nervo* ~.

sensível *adj 2g* (<lat *sensíbilis,e*) **1** Capaz de experimentar sensações. **Ex.** Tem uma pele muito ~/delicada/irritável. A garganta é muito ~ às mudanças de temperatura. **2** Que tem a faculdade de sentir muito ou tem sensibilidade. **Comb.** ~ *aos problemas dos outros. Ouvido* ~ *para a música*. **3** Que impressiona os sentidos. **Comb.** O mundo ~/perce(p)tível. **4** «coração» Que se comove facilmente. **Ex.** Não lhe fale do desastre do filho, porque a mãe (dele) é muito ~. **5** Que se ofende facilmente. **Ex.** É difícil falar com pessoas demasiado ~veis. **6** Que indica as menores variações. **Ex.** Este alarme é tão ~ que até (só) com o vento dispara. **7** De alguma importância/Apreciável. **Ex.** As ~veis melhoras do doente são animadoras, ele vai curar-se. Houve uma mudança ~ na empresa com o novo gerente.

sensivelmente *adv* (<sensível + -mente) **1** De modo sensível/Visivelmente. **Ex.** O desemprego subiu ~ [bastante] em Portugal nos últimos anos. **2** Mais ou menos/Aproximadamente/Cerca de (No tempo e no espaço). **Ex.** Eles estarão prontos para partir ~ ao meio-dia.

senso *s m* (<lat *sénsus*: sentido) **1** Qualidade de sensato/Prudência/Sensatez. **Ex.** Ele é homem de ~. O desastre de carro ocorreu por falta de ~. **2** Capacidade de entender, julgar e decidir/Entendimento/Juízo/Siso. **Ex.** Há pessoas que não têm ~ nenhum [que são mesmo brutas]. **Comb.** ~ *comum* [Conjunto de ideias sobre uma questão geralmente aceite pela maioria das pessoas]. ~ *crítico* [Capacidade de julgar]. ~ *estético* [Capacidade de ver/apreciar/criar o que é belo]. ~ *moral* [Consciência do bem e do mal]. ~ *prático* [Sentido utilitário/Jeito para lidar com problemas concretos]. *Bom* ~ [Critério são/equilibrado]. **3** ⇒ Compreensão.

sensor *s* (<ing *sensor* <lat *séntio, tíre, sensum*: sentir) Dispositivo ele(c)tró[ô]nico que responde a estímulos físicos «presença de algo» e transmite um impulso correspondente. **Ex.** O radar é um ~.

sensorial *adj 2g* (<sensório + -al) **1** *Anat* Relativo a sensório 3. **2** Relativo a sensação ou aos sentidos/Sensitivo. **Ex.** Os nervos ~ais recebem as impressões dos estímulos. A capacidade ~ varia de pessoa para pessoa.

sensório, a *adj/s m* (<lat *sensórius*) **1** Relativo à sensibilidade. **2** Que transmite sensações. **3** *s m* Centro cerebral comum de todas as sensações. **4** *s m* Totalidade do aparelho sensorial nervoso (do corpo). **5** *Med* Perce(p)ção que um paciente tem em relação à sua consciência.

sensoriomotor, ora *adj* (<sensório + motor) Relativo à perce(p)ção de impulsos sensoriais e motores. **Ex.** Os nervos ~es provocam sensações e estímulos motores aos órgãos dos sentidos «olhos».

sensual *adj/s 2g* (<lat *sensuális,e*: relativo aos sentidos) **1** Relativo aos (órgãos dos) sentidos/Sensitivo. **Comb.** Impressão ~/sensorial **2**(+). **2** Que excita os sentidos/Excitante/Erótico. **Ex.** Ela tem um corpo ~ [é uma mulher ~]. **Comb.** Lábios ~ais. **3** Dominado por prazer físico imoral/Lascivo/Voluptuoso. **Ex.** É um (homem) ~, dominado pelo prazer. ⇒ libertino/desregrado.

sensualidade *s f* (<lat *sensuálitas, átis*: faculdade de sentir) **1** Qualidade do que é sensual ou do que excita os sentidos. **2** Inclinação para os prazeres dos sentidos. **3** Propensão exagerada para os prazeres do sexo/Volúpia/Lascívia/Luxúria.

sensualismo *s m* (<sensual + -ismo) **1** Qualidade de sensual. **2** Comportamento desregrado em relação aos prazeres do sexo.

sensualista *adj/s 2g* (<sensual + -ista) **1** Relativo a sensualismo. **2** (O) que apoia o sensualismo.

sensualizar *v* (<sensual + -izar) Tornar(-se) sensual ou incitar os prazeres dos sentidos.

sentar *v t* (<lat *sedénto, áre, átum* <*sédeo, ére, séssum*) **1** Dobrar as pernas e apoiar as nádegas em assento. **Ex.** Ele sentou-se na primeira fila da sala. **Loc.** ~-se à mesa «para comer/para escrever». ⇒ assentar. **2** Pôr num assento/Ajudar a ~(-se). **Ex.** Conseguiu ~ o idoso na cadeira de rodas.

sentença *s f* (<lat *senténtia*: maneira de sentir, ~) **1** Frase concisa que encerra um ensinamento moral/Aforismo/Máxima/Provérbio. **Comb.** ~ [Dito] popular. **2** Decisão tomada por uma autoridade/Opinião. **Prov.** *Cada cabeça, cada* [, *sua*] ~ [Fa(c)to de todos discordarem numa questão a resolver]. ⇒ veredicto. **Loc.** *Dar* ~*s* [Emitir opiniões, mesmo não solicitadas] (Ex. Ele gosta muito de [está sempre a] dar ~s). **3** *Dir* Julgamento proferido por um tribunal em que o acusado é declarado inocente ou culpado. **Ex.** A ~ declarou o réu inocente. **Loc.** *Apelar da* ~ [Recorrer a uma instância superior]. *Pronunciar* [*Proferir*] *a* ~. **Comb.** ~ *absolutória* [em que o órgão jurisdicional declara a improcedência da acusação]. ~ *agravada* [que foi obje(c)to de recurso para um tribunal superior/ de que se interpôs agravo]. ~ *de morte* [Condenação à morte]. *fig* ~ *de Salomão* [Julgamento justo].

sentenciado, a *adj/s* (<sentenciar) (O) que recebe uma sentença condenatória em tribunal.

sentenciar *v* (<sentença + -ar¹) **1** Emitir sentença. **Ex.** "Devagar se vai ao longe" – sentenciou o velho. **2** Dar a sua opinião sobre um assunto. **Ex.** Gosta de ~ sobre todos os assuntos. **3** Condenar por meio de sentença. **Ex.** O juiz sentenciou [condenou(+)] o réu a vinte anos de prisão. **4** Julgar (acerca do mérito). **Ex.** A história sentenciará os seus a(c)tos condenáveis [A história o julgará].

sentencioso, a (Ôso, Ósa, Ósos) *adj* (<lat *sententiósus*) **1** Que tem o cará(c)ter de sentença. **Ex.** Ele está sempre a emitir juízos ~s. **2** Que se exprime por [Que gosta de] sentenças. **Ex.** Ele é um orador ~ [mo-

ralista]. **3** Sério/Bem funda(menta)do. **Ex.** Foi um discurso ~.

sentido, a *adj/s m* (<sentir) **1** Que se sente/ofende. **Ex.** Ficou ~ [ofendido/ferido] com as palavras duras que lhe dirigiram. **2** Triste/Pesaroso. **Ex.** Está muito ~ [triste(+)] com a morte do amigo. **3** Ofendido/Melindrado. **Ex.** Está ~ pelo fa(c)to de os amigos não lhe terem prestado ajuda num momento tão difícil. **4** Que é proferido com sentimento/convicção. **Ex.** Lançou um apelo ~ aos ouvintes para doarem alguma coisa aos que tinham perdido tudo na tragédia. **5** Percebido pelos sentidos. **Ex.** O sismo foi ~ em toda a ilha. **6** Faculdade de perceber sensações, de reagir a um estímulo. **Ex.** São cinco os ~s: ~ da visão; ~ da audição, ~ do olfa(c)to, ~ do paladar, ~ do ta(c)to (⇒ ver; ouvir; cheirar; gostar; apalpar). **Idi.** *Com os cinco ~s* [Com todo o cuidado]. *Não ter os cinco ~s* [Não ter juízo] **Comb.** *idi Sexto ~* [Intuição ou capacidade exce(p)cional]. **7** Faculdade de sentir ou perceber/Senso. **Ex.** Ele tem um grande ~ da responsabilidade. **8** Aquilo que se pretende alcançar/Fim/Obje(c)tivo/Propósito/Significado. **Ex.** O que ele fez não tem ~ nenhum [é um disparate]. **Loc.** *No ~ de* [A fim de/Para] (Ex. Vamos fazer uma reunião no ~ de resolver depressa este problema]. **Comb.** Vida inútil [sem ~ (nenhum)].
9 Modo de ver uma coisa. **Ex.** O que você diz tem [faz] ~ (, sim senhor). Ele tem muito ~ crítico. **Comb.** *~ de humor* [Espírito cómico]. **10** ⇒ Encadeamento coerente/Lógica/Nexo. **11** Consciência das coisas. **Ex.** Ele perdeu os ~s e caiu ao chão. **Loc.** *Perder os [Ficar sem] ~s. Recuperar os ~s.* «ficar» *Sem ~s* [Desmaiado]. **12** Concentração mental. **Ex.** A criança está sempre com o ~ [está sempre a pensar] na brincadeira. **Loc.** *Tirar o ~* [Esquecer/Desistir] (Ex. Eu não quero fazer negócios com você, tire daí o ~). **13** Cuidado/Cautela. **Ex.** Ele não tem [toma] ~ no que faz. **14** Cada uma das dire(c)ções em que algo se pode deslocar/Orientação/Rumo. **Ex.** O carro foi em ~ contrário. **Comb.** *«rua com» ~ proibido* [em que não se pode circular nos dois ~s, só num]. **15** Orientação no espaço. **Ex.** Siga no ~ Porto-Lisboa. **16** *Ling* Cada um dos significados de uma palavra ou locução/Ace(p)ção/Significação. **Comb.** *~ figurado* [Significado por analogia]. *~ estrito/restrito/rigoroso* [~ exa(c)to]. *~ lato* [amplo]. *~ literal* [real de uma frase]. *~ próprio* [Significado primeiro e natural]. **17** *Interj* Voz de comando para pôr «soldados» em posição de respeito. **Ex.** (Em) sentido! (Ant. À vontade).

sentimental *adj/s 2g* (<sentimento + -al) **1** Relativo a sentimento. **Ex.** Ela conserva [guarda] todas as joias da família por razões ~ais. **2** (O) que se comove muito facilmente ou é muito sensível. **Ex.** Ele é um ~/emotivo. ⇒ romântico.

sentimentalão, ona *adj/s* (<sentimental + -ão) (O) que é demasiado sentimental/Lamecha/Piegas.

sentimentalidade *s f* (<sentimental + -i- + -dade) Qualidade de sentimental. ⇒ afe(c)tividade.

sentimentalismo *s m* (<sentimental + -ismo) **1** ⇒ sentimentalidade. **2** Emoção estética superficial. **3** Tendência a pôr os sentimentos acima da razão.

sentimento *s m* (<sentir + -mento) **1** A(c)to ou efeito de sentir(-se). **Loc.** *Não ter ~s* [Não revelar sensibilidade/Ser frio/Não ter coração]. *Brincar com os ~s (de alguém)* [Agir contra a sensibilidade de alguém]. **2** Comoção/Emoção. **3** Consciência. **Comb.** *~ de culpa* [O considerar-se culpado]. *~ de inferioridade* [Depreciação de si mesmo]. *~ de superioridade* [Sobrevalorização de si mesmo/Orgulho]. **4** ⇒ Disposição afe(c)tiva/Afe(c)to/Afeição/Amor. **5** Convicção/Ardor. **Ex.** Ele discursa com muito ~. **6** *pl* Pêsames. **Ex.** Apresento(-lhe) os meus ~s [Dou-lhe os meus pêsames] pela morte do seu familiar.

sentina *s f* (<lat *sentína*) **1** Latrina/Cloaca. ⇒ sanita «do quarto de banho/*Br* banheiro». **2** Parte inferior das galés onde se junta a água. **3** *fig* Lugar imundo.

sentinela *s f* (<it *sentinella*) **1** Soldado que está de guarda «a um acampamento/quartel»/Vigia. **Ex.** A ~ deixou-se dormir (no posto). **Comb.** *~, alerta!* [Voz trocada entre ~s a fim de estarem despertas/de se conservarem em vigília]. **2** O que tem funções de vigia ou vigilância/Guarda. **Loc.** *Fazer* [Estar de] *~ à* [na] *escola. Render* [Substituir/Trocar] *~.* **3** *fig* Qualquer coisa elevada «árvore/castelo» situada em local ermo.

sentir *v t/int* (<lat *séntio, íre, sénsum*) **1** Captar pelos sentidos. **Ex.** Os animais «cavalo» sentem mais rapidamente que o homem as ondas sísmicas. **2** Tomar [Ter] consciência de/Perceber. **Ex.** Fi-la sentir que estava errada. Senti que ele estava mal. Senti que ela gosta muito dele. **Loc.** *Sentir a frieza* [indiferença] *das pessoas. ~* [*Ouvir*] *passos/vozes.* **3** Apresentar-se em determinada condição física ou mental. **Ex.** Ele não está a ~-se bem. **Loc.** *~/Ter febre* [fome/sede]. *~-se renascido* [um novo homem]. **4** Deixar-se impressionar por. **Ex.** Ele sente muito a dor dos outros. **5** Sentir antecipadamente/Pressentir. **Ex.** Senti que aquela relação entre os dois não ia durar muito. **6** Manifestar-se/Aparecer. **Ex.** As consequências da crise começam (agora) a ~-se. **7** Melindrar-se **Ex.** Sentiu-se [Ficou (muito) sentido] com o que ela lhe disse. **8** Experimentar pesar/Lamentar. **Ex.** Sinto muito a tragédia que aconteceu. Sinto muito a morte do seu filho. Sinto [Lamento] muito ter que lhe dizer que você me roubou [que você é um ladrão]!

senzala *s f* (<quimbundo *nsanzala*: povoação) **1** *Ang* Povoação das zonas rurais/Sanzala(+). **2** *Br Hist* Alojamento destinado aos escravos de uma fazenda ou de uma casa senhorial.

sépala *s f Bot* (<lat *sépar, ris*: separado + pétala) Cada uma das peças do cálice de uma flor. **Ex.** As ~s geralmente são verdes.

separação *s f* (<lat *separátio, ónis*) **1** A(c)to ou efeito de separar(-se)/Divisão. **Ex.** Tiveram que tirar a [fazer a ~ da] fruta podre. **Comb.** *~ da Igreja e do Estado* [Regime que, instituindo a liberdade de culto, não oficializa qualquer religião]. *~ de bens* [Regime matrimonial em que os bens ficam em nome de cada cônjuge]. *~ de poderes* [Independência dos diversos poderes do Estado: executivo, legislativo, judicial]. **2** ⇒ Quebra «de uma amizade»/Afastamento. **3** Rotura do casamento/Divórcio. **Ex.** O casal está a pensar na ~. **Comb.** *~ de fa(c)to* [dos cônjuges quando já não existe comunhão de vida entre eles]. *~ judicial* [decidida pelo tribunal]. **4** Aquilo que separa/Divisória. **Ex.** Vivem numa casa pobre em que umas tábuas servem de ~ entre os diversos quartos.

separadamente *adv* (<separado + -mente) **1** À parte/Em separado. **Ex.** As crianças comem ~, numa mes(inh)a mais baixa. **2** À vez/Isoladamente/Com intervalos. **Ex.** Vamos os dois ao médico, mas entramos ~ [um de cada vez]. Vamos colocar as mesas ~/separadas(+).

separado, a *adj* (<separar) **1** Que se encontra à parte/Afastado/Isolado. **Ex.** Os emigrantes, ~s das famílias, têm imensos problemas. **Loc.** *Em ~* [À parte/Separadamente]. **2** ⇒ independente. **3** Que não vive com o cônjuge/Divorciado. **Ex.** Eles estão ~s há [faz] muito tempo.

separador, ora *adj/s* (<separado + -or) **1** (O) que se destina a [que serve para] separar «sementes/líquidos»/fios «de transmissão»/programas de TV/partes da casa/… **Ex.** No dossier pus uma folha ~ra entre as diversas partes. **2** Operário que separa peças. **3** Aparelho ou máquina para separar elementos misturados, sele(c)cionando.

separar *v t* (<lat *séparo, áre, átum*) **1** Desunir o que estava junto/unido/Desligar/Cortar. **2** Pôr à parte/Afastar/Isolar/Tirar. **Ex.** É preciso ~ a fruta estragada da sã para não apodrecer toda. **3** Afastar/Apartar «as crias do gado». **Ex.** Eles envolveram-se numa zaragata tal que tiveram de os ~. **4** Deixar o convívio de alguém. **Ex.** Eu não quero ~-me dos meus amigos. **5** Pôr de lado/Guardar/Reservar «o melhor vinho para a festa». **6** Demarcar/Distinguir. **Ex.** Temos que aprender a *idi ~* o trigo do joio [a distinguir o que é bom do que é mau]. **7** Constituir uma separação no espaço ou no tempo. **Ex.** A fronteira separa os dois países. **8** ~(-se)/Cessar [Deixar(+)] de viver em comum. **Ex.** Depois de muitos problemas o casal acabou por se ~.

separata *s f* (<lat *separáta*: coisas separadas) Edição à parte de artigos já publicados, com a mesma composição gráfica. **Ex.** É frequente os investigadores fazerem ~s dos artigos que escrevem em revistas.

separatismo *s m* (<lat *separátus* + -ismo) **1** Doutrina política ou religiosa que se fundamenta nos conceitos de independência «entre o Estado e a Igreja». **2** Tendência de um território para se separar de um Estado de que faz parte.

separatista *adj/s 2g* (<lat *separátus* + -ista) **1** Relativo ao separatismo. **2** (O) que é partidário do [que tende para o] separatismo. **Comb.** Movimento [Ideias] ~[as].

separativo, a *adj* (<lat *separatívus*) **1** Que separa. **2** Relativo a separação. ⇒ separatório. **Ex.** As técnicas ~s na indústria são cada vez mais aperfeiçoadas.

separatório, a *adj/s m* (<separar + -tório) **1** ⇒ separativo. **2** *s m Quím* Recipiente para separar fluidos.

separável *adj 2g* (<lat *separábilis,e*) Que se pode separar de outras partes ou de um conjunto. **Ant.** In~.

separabilidade *s f* (<lat *separábilis* + -dade) Qualidade do que se pode separar.

sépia *adj 2g/s f* (<gr *sepía*: siba) **1** Produto escuro, segregado por alguns moluscos que lhes permite ocultarem-se dos perseguidores. **Ex.** O choco, lançando ~, conseguiu escapar à perseguição do inimigo. **2** Tinta (de cor) escura produzida a partir de 1. **3** Desenho executado com esta tinta. **4** *Zool* Designação dada aos moluscos cefalópodes do gé[ê]nero *Sepia*.

sepsia *s f* (<gr *sépsis*: putrefa(c)ção + -ia) Presença no organismo «no sangue» de microrganismos que provocam putrefa(c)ção nos tecidos.

septenal (Sè) [*Br* **se(p)tenal** (dg)] *adj 2g* (<lat *septénnis*: de sete anos de idade + -al) Que ocorre de sete em sete anos. **Ex.** As festas ~ais atraem muita gente.

septénio (Sè) [*Br* **septênio**] *s m* (<lat *septénnium*) Período de sete anos. **Ex.** Em al-

guns países o Presidente da República é eleito por um ~.

septeto (Sèptê) *s m Mus* (<lat *septem*: sete + -eto) **1** Composição musical para sete instrumentos ou sete vozes. **Ex.** O compositor criou um ~ para instrumentos de corda. **2** Conjunto instrumental ou vocal constituído por sete executantes. **Ex.** Um ~ instrumental vai interpretar várias peças de compositores clássicos. ⇒ dueto; quarteto.

septicemia (Sè) *s f Med* (<gr *septikós*: pútrido + -emia) Infe(c)ção generalizada provocada pela presença e multiplicação de microrganismos patogénicos no organismo. **Ex.** Morreu com uma ~ extrema.

septicémico, a (Sè) [*Br* **septicêmico**] *adj* (<septicemia + -ico) Relativo a septicemia.

sé(p)tico (dg)**, a** *adj* [= séptico] (<gr *septikós*: que gera putrefa(c)ção) **1** Que causa putrefa(c)ção ou faz apodrecer. **Comb.** *Fossa ~a* [em que a matéria orgânica «excrementos» é transformada em substâncias minerais por a(c)ção da fermentação provocada por microrganismos]. **2** Infe(c)tado por micróbios ou suas toxinas. **Ant.** Asséptico.

septiforme (Sè) [*Br* **se(p)tiforme** (dg)] *adj* (<sete + -forme) Que apresenta sete formas.

septingentésimo, a (Sè) [*Br* **se(p)tingentésimo** (dg)] *adj/num ord* (<lat *septingentésimus*; ⇒ septuagésimo) **1** Diz-se do elemento que, numa série, corresponde à posição do número setecentos. **2** Parte que é setecentas vezes menor que a unidade.

séptil *adj 2g* (lat *septum*: cerca + -il) **1** Relativo a septo. **2** Diz-se das sementes e da placenta, quando esta se liga ao septo.

septilião (Sè) [*Br* **se(p)tilião** (dg)] *s m* (<lat *septem*: sete + (bi)lião) Um milhão de sextiliões ou a unidade seguida de quarenta e dois zeros.

septissílabo, a (Sè) [*Br* **se(p)tissílabo** (dg)] *adj/s m Gram* (<sete + sílaba) **1** (O) «verso/palavra» que tem sete sílabas/Heptassílabo.

septo *s m* (<lat *séptum*) **1** *Anat* Parede ou membrana que separa duas cavidades ou massas de tecido. **Comb.** *~ nasal* [Parede interna que separa as narinas ou fossas nasais]. **2** *Bot* Membrana ou estrutura que separa os lóculos de um fruto ou as lojas de um ovário composto.

septuagenário, a (Sè) [*Br* **se(p)tuagenário** (dg)] *adj/s* (<lat *septuagenárius*) **1** (O) Que está na faixa dos setenta anos. **Ex.** Uma (mulher) ~a foi atropelada por um carro mesmo [logo] ao sair de casa.

septuagésimo, a (Sè) [*Br* **se(p)tuagésimo** (dg)] *adj/num ord/s* (<lat *septuagésimus*; ⇒ septingentésimo) **1** Diz-se do elemento que, numa série «lista de alunos», corresponde à posição (Número) setenta. **2** Parte que é setenta vezes menor que a unidade.

se(p)tuplicar (dg) (Sè) *v t* [= septuplicar] (<séptuplo + -ar) **1** «o rendimento/a produção» Tornar-se sete vezes maior. **2** Multiplicar (um número) por sete.

sé(p)tuplo (dg)**, a** *adj/s* [= séptuplo] (<lat *séptuplus*) **1** Que é sete vezes maior. **2** *s m* Quantidade sete vezes maior do que uma outra ou conjunto de sete elementos. **Ex.** Trinta e cinco é o ~ de cinco.

sepulcral *adj 2g* (<lat *sepulcrális,e*) **1** Relativo a sepulcro/Tumular. **Comb.** Capela [Estátua/Pedra] ~. ⇒ campa. **Ex.** Durante a noite levantaram a pedra ~. **2** Que evoca a morte/Fúnebre/Sombrio/Triste. **Ex.** Reinava um silêncio ~. **3** ⇒ cavernoso; profundo.

sepulcro *s m* (<lat *sepúlcrum*) **1** Cova onde são depositados os restos mortais das pessoas/Sepultura/Túmulo. **Comb.** Santo S~ [~ onde Jesus foi sepultado]. ⇒ jazigo. **Comb.** *fig* ~ caiado [Hipócrita].

sepultar *v t* (⇒ sepulto) **1** Colocar um cadáver na sepultura/Enterrar/Inumar. **Ex.** O rei foi ontem a ~. **Ant.** Desenterrar/Exumar. **2** Fazer desaparecer debaixo da terra ou de outro material/Soterrar. **Ex.** A avalancha (de neve) sepultou os alpinistas. **3** *fig* Pôr em local afastado e isolado/Enclausurar. **Ex.** O marido sepultou a mulher numa casa de doentes mentais.

sepulto, a *adj* (<lat *sepúltus* <*sepélio, líre, púltum*: sepultar) **1** Enterrado/Sepultado(+). **2** *fig* «história/acontecimento» Que está afastado/esquecido/escondido/oculto (para sempre).

sepultura *s f* (<lat *sepultúra*: enterro, ~) **1** Lugar onde se enterra um morto/Sepulcro/Túmulo. **Ex.** No dia 1 de novembro as pessoas vão ao cemitério cuidar das ~s. **Idi.** *Cavar a sua ~* [Ser responsável pela própria morte ou pelo próprio infortúnio]. *Descer [Baixar(+)] à ~* [Ser enterrado]. *Estar à beira da ~/morte*(+) [Estar quase a morrer]. *Levar (alguém) à ~* [Causar a morte]. ⇒ jazigo; campa; coveiro. **2** Morte, fim ou termo/Túmulo. **Ex.** Acompanhou-o [Cuidou dele] até à ~.

sequaz (Kuás) *adj/s 2g* (<lat *séquax, ácis*: que segue sempre; ⇒ seguir) **1** (O) que segue uma causa ou uma doutrina/Partidário/Seguidor. **2** *depr* (O) que segue outro nas suas ideias, obedecendo-lhe cegamente/Sectário/Apaniguado/Favorito. **Ex.** A culpa foi do ministro e dos seus ~zes.

sequeiro, a *adj/s m* (<seco + -eiro) **1** (O) que não é regado. **Ex.** O terreno de ~, este ano, produziu muito pouco porque fez demasiado calor. O centeio é uma cultura de ~. **2** Lugar onde se põe a secar alguma coisa «roupa/lenha».

sequela (Kué) *s f* (<lat *sequéla*: comitiva, consequência) **1** Efeito que permanece após a causa/Consequência/Continuação. **Ex.** O filme é uma ~ de outro. **2** *Med* Efeito secundário de uma doença que persiste após a cura. **Ex.** Teve uma doença grave que lhe deixou ~s. **3** Série de coisas. **Ex.** Proferiu uma ~ de insultos [injúrias] e saiu. **4** Efeito mais ou menos tardio e durável de um acontecimento. **Ex.** As ~s da guerra persistiram por [durante] muito tempo. **5** *Dir* Ligação legal ao que é seu. **Comb.** Direito de ~ [de seguir a coisa (a que tem direito) e tirá-la a quem quer que a detenha].

sequência *s f* (<lat *sequéntia*) **1** A(c)to ou efeito de seguir [dar continuidade ao que foi iniciado]. **Ex.** Todos aguardam a ~ desta história com grande curiosidade. **Loc.** Na ~ de [Em consequência/resultado de] (Ex. O ministro veio à televisão na ~ dos distúrbios de ontem). **Sin.** Seguimento/Continuação. **2** Série/Sucessão. **Ex.** Uma ~ de assaltos no bairro tem deixado as pessoas preocupadas. **3** *Ling* Ordem das palavras numa frase. **4** *Mat* Função cujo domínio é o conjunto (1, 2, 3, ...) dos números naturais ou uma parte desse conjunto. **5** *Cinema/TV* Qualquer parte de um filme, constituída por um conjunto de planos, formando um todo. **6** *Mús* Repetição do mesmo motivo sobre diferentes graus da escala, na harmonia e no contraponto. **7** (Em jogo de cartas) Série de, pelo menos, três cartas do mesmo naipe que se seguem sem interrupção. **Loc.** Fazer uma ~. **8** *Liturgia* Trecho lírico em versos rimados que, em algumas missas solenes «Ressurreição», se canta a seguir à epístola e ao salmo responsorial.

sequencial *adj 2g/s m* (<sequência + -al) **1** Relativo a sequência ou sucessão. **Ex.** Ele respeitou a ordem ~. **2** Relativo à ocorrência de eventos que se seguem no tempo.

sequenciar *v t* (<sequência + -ar¹) **1** Organizar algo em sequência. **2** *Bioq* Determinar a ordem ou a sequência de nucleótidos no ADN ou de aminoácidos numa proteína.

sequente *adj 2g Mat* (<lat *séquens, éntis*) Diz-se de número natural que segue outro/Seguinte.

sequer *adv* (<se + quer) **1** Ao menos/Pelo menos. **Ex.** «foi um mau filho» Nem ~ cuidou [Até não] dos pais na velhice. Tudo se arranjaria [conseguiria] se ambos tivessem ~ um pouco de boa vontade. **2** (Nem) mesmo. **Ex.** O problema de matemática era tão difícil que nem ~ o professor o resolveu.

sequestração *s f* (<lat *sequestrátio, ónis*: separação) **1** A(c)ção ou efeito de sequestrar. **2** *Dir* A(c)to de apreender bens alheios na sequência de decisão judicial. **Ex.** O tribunal decidiu a ~ dos bens em litígio. **3** Retenção violenta e ilegal de alguém/Sequestro(+). ⇒ rapto.

sequestrador, ora *adj/s* (<sequestrar + -dor) (O) que comete um sequestro. **Ex.** Os ~res do avião pediram muito dinheiro para libertar os reféns/passageiros.

sequestrar *v t* (<lat *sequéstro, áre, átum*: pôr em depósito, separar) **1** *Dir* Fazer apreensão de bens/Apreender. **Ex.** O tribunal sequestrou os bens do criminoso. **2** Levar ou prender alguém à força, pedindo um resgate. **Ex.** Os assaltantes do banco sequestraram cinco pessoas. **3** Desviar da rota, mantendo os passageiros como reféns. **Ex.** Dois terroristas sequestraram um avião. **4** ⇒ insular/isolar; livrar de.

sequestro *s m* (<lat *sequéstrum*) **1** A(c)to ou efeito de sequestrar. **2** Retenção ilegal de uma pessoa. **Ex.** Os homens efe(c)tuaram o ~ a mando [por ordem] de um ladrão. **3** *Dir* Apreensão de um bem litigioso e confiado provisoriamente a uma terceira pessoa por decisão judicial/Arresto/Penhora. **4** *Med* Fragmento de osso, necrosado, que se separa do osso vivo.

sequidão *s f* (⇒ seco) **1** ⇒ secura. **2** ⇒ seca «nos campos».

sequioso, a (Ôso, Ósa, Ósos) *adj* (<seco + -i- + -oso) **1** Que tem muita sede/Sedento. **Ex.** Chegou a casa ~ [cheio de sede(+)]. **2** Que está extremamente seco(+). **Ex.** O terreno está ~, pois não chove há muito tempo. **3** Que deseja ardentemente qualquer coisa/Ávido/Sedento/Sôfrego. **Ex.** Está ~ de carinho/amizade. É uma criança ~a de saber [por aprender].

séquito *s m* (⇒ seguir) Conjunto de pessoas que rodeiam alguém, principalmente pessoa distinta, por cortesia ou por dever oficial/Comitiva/Cortejo/Acompanhamento/Companhia. **Ex.** O Presidente da República entrou com o ~ no Auditório [Salão nobre] da Universidade.

sequoia (Kói) *s f Bot* (<antr George *Sequoya*) Árvore conífera, notável pelo seu tamanho e pela sua longevidade.

ser *v/s* (<lat *sum, esse*: ser <*sédeo, sedére, séssum*: estar sentado) **1** Ter existência real/Existir. **Ex.** Esta casa foi construída [feita] há [faz] mais de cem anos. Aqui foi [era/havia] um pinhal, agora é um campo de futebol. Eu sou brasileiro. O meu filho quer ~ médico. – Que horas são? **Loc.** *~ como* [comparável/Equivaler]. *~ dado a*

[Ter inclinação para/Gostar] (Ex. Ele é muito dado à farra [a namoricos]). **~ contra** [Opor-se] (Ex. A minha mulher quer mudar de casa, mas eu sou contra]). **~ do contra** [da oposição/Estar ao lado dos que discordam] (Ex. O meu irmão não quer ir con(n)osco à festa, é sempre do contra!). *idi* **~ maior e vacinado** [~ capaz/autó[ô]nomo/independente] (Ex. Você deixa ir o seu filho sozinho à China? – Então (, qual é o problema)?; é maior e vacinado). *idi* **~ pau para toda a colher/obra** [Fazer todo o tipo de trabalho] (Ex. O meu marido tem jeito para tudo, é pau para toda a colher). *idi* **~ todo ouvidos** [Prestar muita atenção ao que se ouve] (Ex. Pode falar: sou todo ouvidos). **A não ~ que** [Exce(p)to se «chover»] (Ex. Amanhã vamos passear a não ~ que chova] (Se chover, não vamos). **Fosse como fosse** [De qualquer maneira/Bem] (Ex. «você não acredita mas o culpado do desastre foi o seu filho» – Fosse como fosse, você também não devia ter chamado logo a polícia, falava primeiro comigo. ⇒ **seja como for**). **Não ~ nada** [Não ser grave/Não ter importância] (Ex. Caí e feri-me, mas isto não é nada). *idi* **Não ~ para menos** [~ natural/grave/sério] (Ex. Lá longe, morria de saudades da família; também não era para menos: há [ia para] dez anos que não a via. «zangado por lhe terem roubado todo o dinheiro, um tiro ao ladrão» O caso não era para menos). **Pode ~** [Talvez] (Ex. Acha(s) [Pensa(s)] que vai chover? – Pode ~ [É possível/Talvez/Quem sabe?]. **Por quem é!** [Pense na sua dignidade] (Ex. Ó senhor, por quem é, não me roube, (por)que este dinheiro é tudo o que tenho!). **Que é da** [Onde está a] minha roupa? **Seja como for** [De qualquer maneira] (Ex. «dizem que esse país é perigoso, não vá lá» Seja como for vou mesmo [quero ir], há de ~ o que Deus quiser. ⇒ **Fosse como fosse**). **Será que...?** [Pensa que/Que lhe parece?] (Ex. Será que viverei até aos cem (anos)?).
2 Acontecer/Ocorrer/Passar-se. **Ex.** «a criança está a chorar» Que foi? – disse a mãe. Se agora faz tanto frio que será [fará] no inverno... Quando é o seu aniversário?
3 "Era" (Ao contar uma história a crianças) **Ex.** Era uma vez um rei «Herodes» que não gostava de ninguém; e um dia ...
4 ~ + com [Ter relação/Dizer respeito a] (Ex. Este negócio [assunto] não é com você [Você não é para aqui chamado/Você cale-se]! Não te zangues, o que ele disse não era contigo. Isso [Esse caso] é com o chefe, só ele o pode atender).
5 ~ + de. Ex. Eu sou de [nasci em] Lisboa. Esses sapatos são do pai. Esses modos «repreender aos gritos» não são (próprios) de cavalheiro. Ela não é de discussões [não gosta de discutir/nunca discute]. Pagar o devido salário a quem trabalha é de justiça [é uma obrigação].
6 ~ + para/ Ter vocação/aptidão/inclinação. **Ex.** O José não é para o(s) estudo(s), gosta mais de brincar, quer ser futebolista.
7 ~ + por/Apoiar/Defender. **Ex.** O meu partido é pela [apoia a] revisão da Constituição. Você por quem é [torce]? – Eu sou pelo Corinthians (Paulista)/pelo Benfica (Lisboa).
8 ~ + de [para]/que (Dando ênfase/Sublinhando). **Ex.** Vamos fazer o trabalho assim; não é que [; talvez não] seja a melhor maneira de o fazer, mas ... «hoje faz muito calor» Não é de [para] admirar que a praia esteja tão cheia de gente. **9** *s* Ente/Pessoa/Coisa «pedra». **Comb. O ~** [A pessoa] **humano**[a]. **O ~ supremo/absoluto** [Deus]. **Os ~es vivos** [Animais e vegetais]. **Um ~ imaginário** [que só existe na imaginação] «óvni». **10** *s* Existência/O existir. **Loc. Dar o ~ a** [Gerar] numerosa prole/Ter muitos filhos]. **Voltar ao antigo ~** [Tornar a ser como antes] «bondoso/calmo/normal». **Ant.** O nada [não-~].
seráfico, a *adj* (⇒ serafim) ⇒ angélico.
serafim *s m* (<hebr *seraphim*: excelso) **1** Anjo que pertence à primeira hierarquia. ⇒ querubim. **2** *fig* Pessoa de rara beleza e candura. **Ex.** Ele é um ~ [anjo(+)].
serafina *s f* (< ?) **1** Tecido de lã próprio para forros. **2** Baeta encorpada (e com desenhos). **3** *Mús* Órgão pequeno de igreja.
serão *s m* (<lat *séro*: tarde) **1** Trabalho no(c)turno, fora do horário normal. **Ex.** Tenho feito ~ todas as noites para terminar [acabar de ler] o livro. **2** Reunião familiar depois da ceia [do jantar], ocupada em jogos, convívio ou conversa. **Ex.** Antigamente, no inverno, as pessoas faziam largos ~ões. **Loc. Ao ~** [À noite/Após o jantar] (Ex. Ao ~, contavam-se histórias [*Br* estórias] engraçadas). **Fazer ~ a)** Trabalhar até tarde; à noite; **b)** Conviver à noite em casa. **3** Horas que decorrem desde o anoitecer até ao deitar.
serapilheira *s f* (<fr *sarpilliére* < lat *scirpículus*: de junco) **1** Tecido grosseiro utilizado para fazer sacos ou envolver fardos. **Ex.** Deitou as castanhas [as batatas] num saco de ~. **2** Tecido grosso usado na confe(c)ção de vestuário de camponeses. **3** *Br* Folhagem, ramos e raízes de árvores espalhados pelo solo das matas. **4** *Br* Vegetação rala e rasteira.
sereia *s f* (<lat *sirén(a)*) **1** Ser fabuloso, com corpo de mulher e cauda de peixe cujo canto atraía os homens para o fundo do mar. **Idi. Dar ouvidos ao** [Seguir o] **canto da ~** [Deixar-se enganar ou seduzir]. **2** *fig* Mulher sedutora. **3** *fig* Pessoa que domina, por meio da palavra e da voz, os ânimos dos ouvintes. **4** Aparelho com som estridente para dar sinal de alarme/Sirene(+). **5** *Fís* Instrumento acústico que serve para determinar a frequência [o número de vibrações] de um som.
serelepe (Lé) *s/adj 2g Br* (< ?) **1** ⇒ esquilo. **2** (O) que é esperto/vivo/faceiro.
serenar *v t* (<lat *seréno, áre, átum*) **1** (Fazer) ficar mais calmo e tranquilo/Acalmar/Sossegar/Tranquilizar. **Ex.** Ninguém conseguiu ~ [acalmar(+)] os revoltosos. **2** (Fazer) passar de um estado de agitação a um estado mais tranquilo. **Ex.** Com um calmante, o doente serenou. **3** Tranquilizar-se. **Ex.** Serenou ao avistar as luzes na noite escura. **4** Abrandar/Amainar. **Ex.** O vento serenou um pouco ao fim do dia.
serenata *s f Mus* (<it *serenata* <lat *séro*: tarde) **1** Composição musical simples e melodiosa, em vários andamentos, para ser executada à noite e ao ar livre. **Ex.** Os estudantes de Coimbra (Portugal) continuam a fazer as suas ~s. **2** Trecho musical cantado da rua para a janela de uma dama [da sua amada/namorada].
serenidade *s f* (<lat *serénitas, átis*) **1** Estado de sereno/Calma/Tranquilidade. **Ex.** A ~ da aldeia convida ao repouso. **2** Estado de alma que não revela perturbação/Calma/Paz. **Ex.** A ~ dos outros [A ~ de um olhar] tranquiliza-nos/dá-nos paz. **3** Ambiente calmo, sem qualquer barulho ou perturbação atmosférica. **Ex.** A ~ do céu estrelado, nas noites de inverno, é bela. **4** Presença de espírito/Sangue-frio. **Ex.** Revelou muita ~ perante o perigo.
sereníssimo *adj* (<lat *serenissímus*) **1** Muito sereno. **Ex.** É uma pessoa ~a. **2** Título honorífico dos monarcas e infantes portugueses. **Ex.** Sua Alteza ~a D. Maria I foi rainha de Portugal. **3** Antigo título de algumas altas personalidades e de certos estados. **Ex.** A ~a República de Veneza teve grande a(c)tividade comercial na época moderna.
sereno, a *adj* (<lat *serénus, a, um*) **1** Isento de agitação/Calmo/Sossegado/Tranquilo. **Ex.** O rosto dela estava muito ~. **2** Que está calmo e limpo. **Comb.** Dia [Tempo] ~/ameno/limpo. **3** ⇒ guarda-no(c)turno(+). **4** ⇒ «ficar ao» relento(+) (Fora de casa).
seresma (Rês) *adj 2g/s 2g* (< ?) **1** Mulher preguiçosa, indolente, feia. **2** *fig* Coisa repugnante. **3** (O) que é muito tolo/Paspalhão(+).
seriação *s f* (<seriar + -ção) **1** A(c)to ou efeito de seriar ou agrupar/Classificação/Ordenação. **2** Disposição dos obje(c)tos em série ou em ordem. **3** ⇒ sistematização.
seriado, a *adj/s m Br* (<seriar) **1** Que faz parte de ou se dispõe em série. **2** Filme que se apresenta em partes (geralmente na televisão) e em intervalos regulares. ⇒ série **4**. **3** Publicação editada como um número de uma série continuada e numerada consecutivamente.
serial *adj 2g* (<série + -al) **1** Relativo a [Disposto em] série. **2** *Mús* Diz-se da música baseada na série dos 12 tons da escala [gama] cromática, com exclusão de qualquer outro som/Dodecafó[ô]nico.
seriamente (Sè) *adv* (<sério + -mente) **1** «olhar» De modo sério. **2** De modo honesto. **Ex.** Ele ganhou a vida ~. **3** Gravemente(+). **Ex.** No acidente, o condutor ficou ~ ferido. **4** Com empenho e vigor/A sério(+). **Ex.** Ele entregou-se ~ ao trabalho.
seriar *v t* (<série + -ar¹) **1** Dispor em série/Agrupar/Classificar. **2** Apresentar por ordem ou distribuir em classes. **Ex.** O professor pediu aos alunos para seriarem os vocábulos [as palavras] do texto.
seríceo, a *adj* (<lat *séricum*: seda + -io) **1** Relativo a seda. **2** Feito de seda. **3** Macio como a seda/Sedoso/Acetinado(+).
sericícola *adj/s 2g* (<lat *séricum*: seda + -cola) **1** Relativo à cultura do bicho-da-seda. **Ex.** A indústria ~ está muito desenvolvida na China. **2** ⇒ Seri(ci)cultor.
seri(ci)cultor, ora *adj/s* (<lat *séricum*: seda + cultor) **1** (O) que se dedica à criação do bicho-da-seda ou à cultura da seda/Sericícola. ⇒ sirgo. **2** (O) que desenvolve a indústria da seda.
seri(ci)cultura *s f* (<*séricum*: seda + cultura) **1** Criação do bicho-da-seda. **2** Indústria que tem por fim o fabrico da seda.
sérico, a *adj* (<lat *sérum*: soro + -ico) Relativo a soro.
série *s f* (lat *séries, ei*: encadeamento <*séro, ere*: entrelaçar, ligar) **1** Sucessão, espacial ou temporal, ordenada, de coisas ou fa(c)tos da mesma classe/Sequência. **Ex.** Eu tenho toda a ~ de moedas do euro. **Loc. Dar uma ~ de** conferências sobre a abolição da pena de morte. **Em ~** [Em grande escala e de acordo com o mesmo padrão] (Comb. Fabrico [Produção/Montagem] de carros em ~/cadeia). **2** Categoria/Ordem «cronológica». **Idi. Fora de ~** [Extraordinário] (Ex. Ela é uma mulher fora de ~). **3** Grande quantidade/Muitos. **Ex.** Ele disse uma ~ de [disse muitas] mentiras. **4** Programa (seriado) para TV «novela/filme» transmitido uma vez por semana em horário fixo. **5** *Br* Classe. **Ex.** Repetiu a 8.ª ~ duas vezes. ⇒ ano (escolar).
seriedade *s f* (<lat *sincéritas/seriétas, átis*) **1** Qualidade de sério. **Ex.** A ~ das suas palavras convenceu-nos. **2** Austeridade nas maneiras e na apresentação/Gravidade.

3 Integridade de cará(c)ter/Honestidade/Re(c)tidão. **Ex.** É uma pessoa que conduz os negócios com a máxima ~. **4** Importância de um acontecimento ou de um assunto. **Ex.** Devido à ~ do caso, tiveram que chamar um especialista para o analisar.

se[i]rigaita *s f* (<?) *pop* Mulher ou menina buliçosa, despachada e brincalhona. **Ex.** Ela é uma ~, não consegue estar quieta.

se[i]rigaitar *v* (<serigaita + -ar) Andar de um lado para o outro, como uma serigaita.

serigrafia *s f* (<lat *séri(cum)*: seda + grafia) **1** Processo de reprodução de imagens, utilizando um caixilho com tela, pincelada com uma substância isolante, mas deixando ficar zonas a descoberto para permitir a passagem de tinta na impressão. **2** Estampa obtida por este processo. **Ex.** Entre as obras do artista, estavam expostas telas a óleo, aguarelas e ~s.

serigueiro/sirgueiro, a *s* (<lat s*ericárius*) Pessoa que faz ou vende tecidos e obje(c)tos, como cordões ou fitas, feitos de seda.

seringa *s f* (<gr *syrinks, ingos*: tub(inh)o, flauta) **1** Instrumento de corpo cilíndrico, com um êmbolo no interior e em cuja base se aplica uma agulha oca, utilizada para aspirar ou inje(c)tar líquidos «sangue/soro». **Ex.** Para dar inje(c)ções utiliza-se uma ~. **Idi.** *Fugir com o rabo à* ~ [Fugir à responsabilidade] (Ex. Perante aquela situação complicada, ele fugiu com o rabo à ~). **Comb.** ~ *descartável* [que só se usa uma vez]. **2** Instrumento «bisnaga» de forma semelhante a **1** para fins diversos, como: decorar bolos, aspergir plantas ou até para brincadeiras «de carnaval». **Ex.** Com [Por meio de] uma ~ enfeitou o bolo com creme. **3** *Br* Látex(+) de seringueira e de outras plantas.

seringação *s f* (<seringar + -ção) **1** A(c)to ou efeito de seringar. **2** *pop* Aborrecimento/Chateação.

seringador, ora *adj/s* (<seringar + -dor) **1** (O) que seringa. **2** *Col* Importuno/Maçador.

seringal *s m* (<seringa + -al) Plantação de seringueiras.

seringar *v t* (<seringa + -ar¹) **1** Inje(c)tar líquido com seringa. **Ex.** O enfermeiro seringou o [inje(c)tou(+)] paciente. **2** Lançar sobre alguém uma substância com seringa ou bisnaga/Borrifar. **Ex.** No Carnaval é costume ~ os outros. **3** Importunar com conversas ou pedidos desagradáveis, repetidamente/Maçar/Aborrecer. **Ex.** Ele está a ~ os ouvidos das pessoas sempre com o mesmo assunto.

seringueira *s f Bot* (<seringa **3** + -eira) Nome vulgar de diversas árvores do gé[ê]nero *Hévea*. **Sin.** Árvore da borracha.

seringueiro, a *s* (<seringa **3** + -eiro) O que faz incisões para retirar o látex da seringueira e preparar a borracha.

sério, a *adj/s m* (<lat *sincérus/sérius*) **1** Que tem um modo grave e austero. **Ex.** Ele tem uma cara ~a , poucas vezes ri. **2** Que é verdadeiro, sem fingimento. **Ex.** Ele é uma pessoa ~a, nunca mente. **Loc.** *A* ~ [Fora de brincadeira/Deveras/Francamente] (Ex. A ~, você (já) jantou? Está a falar a ~?). *Levar/Tomar a* ~ [Prestar atenção] (Ex. Ela não leva nada a ~ [não faz caso do que se diz]. Ele não levou a ~ o que eu lhe disse). *Pôr-se* ~ [Tomar um ar sisudo/grave]. **Comb.** *Mulher* ~*a* [recatada]. *Um caso* ~ [Uma situação complicada] (Ex. «perdi o emprego» Isto é um caso ~!). **3** Que cumpre o seu dever/Bom. **Ex.** É um aluno ~/estudioso. É um livro ~/bom/profundo/bem escrito. **4** Que merece especial cuidado ou consideração/Grave/Importante. **Ex.** Tem um problema ~ de saúde. **5** *s m* Jogo em que duas pessoas «crianças» se olham até uma se rir. **Ex.** Anda cá, vamos jogar o ~.

sermão *s m* (<lat *sérmo, ónis*: conversa, idioma) **1** *Rel* Discurso religioso em que o padre [pregador] proclama aos fiéis as verdades da fé/Homilia(+)/Pregação. **Ex.** O ~ [A homilia(+)] da missa de hoje agradou aos fiéis. **Loc.** Fazer um ~ [Pregar]. **Idi.** *Haver* ~ *e missa cantada* [Ser repreendido] (Ex. Hoje houve [vai haver] ~ e missa cantada! «pelo pai»). *Ninguém «te/lhe» encomendou o* ~ [Ninguém «te/lhe» pediu a opinião]. **Comb.** ~ *da montanha* [Pregação em que Cristo enuncia as bem-aventuranças e que vem no capítulo 5 do evangelho de S. Mateus]. *Sermões* do *Padre Antó[ô]nio Vieira* (Pregados mas só escritos por ele nos últimos anos de vida). **2** *fig depr* Discurso longo e enfadonho. **Ex.** A conferência foi um ~ [uma prédica] que nunca mais acabava. **3** *col fig* Advertência severa/Raspanete(+)/Repreensão/Reprimenda. **Ex.** O professor passou um ~ aos alunos que se portaram mal.

seroada *s f* (<serão + -ada) Serão prolongado.

seroar *v int* (<serão + -ar) Fazer serão(+)/Trabalhar «ler/estudar» à [até altas horas da] noite.

serôdio, a *adj* (<lat *serótinus*) **1** Que amadurece ou surge no fim da estação própria ou mais tarde. **Comb.** Fruto [Floração/Milho] ~. **Ant.** Temporão; «figo» lampo. **2** Que veio tarde «aos 50 anos». **Comb.** *Amor* ~. **Ant.** Precoce.

serologia *s f Med* (⇒ soro) Estudo do soro sanguíneo e dos seus constituintes, com particular ênfase na dete(c)ção de marcadores que revelem a presença de doença.

seronegatividade *s f Med* (<seronegativo + -i- + -dade) **1** Estado de seronegativo. **2** Ausência de um anticorpo específico «vírus da sida» no soro sanguíneo. **Ant.** Seropositividade.

seronegativo, a (Sé) *adj/s Med* (<lat *sérum*: soro + negativo) (O) que não revela, no sangue, a presença de anticorpos específicos, nomeadamente do vírus da sida. **Ant.** Seropositivo.

seropositividade *s f Med* (<seropositivo + -i- + -dade) **1** Estado de seropositivo. **2** Presença de um anticorpo específico no soro sanguíneo. **Ant.** Seronegatividade

seropositivo, a (Sé) *adj/s Med* (<lat *sérum*: soro + positivo) **1** (O) que revela, no sangue, a presença de anticorpos específicos, nomeadamente do vírus da sida. **Ex.** O tratamento dos ~s melhorou nos últimos anos. **2** (O) que é portador do vírus da sida. **Ant.** Seronegativo.

serosa (Ró) *s f Anat* (<seroso) Membrana de paredes duplas, epiteliais e conjuntivas que forra [reveste] alguns órgãos e cavidades do corpo que contêm líquidos por ela segregados. **Ex.** A pleura é a ~ que envolve os pulmões.

serosidade *s f* (<seroso + -i- + -dade) **1** Qualidade do que é seroso. **2** *Med* Líquido orgânico segregado por serosa. **3** *Med* Líquido não supurado «nas hidropsias» ou que se acumula em vesículas superficiais da pele «nas queimaduras».

seroso, a (Ôso, Ósa, Ósos) *adj* (<lat *sérum*: soro + -oso) **1** Relativo ou semelhante ao soro. **2** Que produz ou contém soro.

seroterapia *s f Med* (<soro + terapia) Uso de soros contendo anticorpos específicos para tratar ou prevenir doenças infec(c)iosas.

serpear *v int* (<serpe(nte) + -ear) **1** Mover-se de rastos, deslizando sinuosamente/Serpentear(+). **2** *fig* Mover-se como a serpente. **Ex.** A estrada serpeava pela serra. Este rio serpeia em grandes voltas pela floresta amazó[ô]nica.

serpentário *s m* (<serpente + -ário) **1** Viveiro de serpentes em que, em alguns casos, se procede à extra(c)ção do seu veneno. **2** Instalação destinada à exposição de serpentes.

serpente *s f Zool* (<lat *sérpens, éntis*) **1** Nome genérico dos répteis da subordem dos ofídios. **2** *fig* Pessoa má e traiçoeira/Víbora(+).

serpe(nte)ante *adj 2 g* (<serpe(nte)ar + -nte) Que serpe(nte)ia.

serpentear *v int* (<serpente + -ear) **1** Mover-se aos ziguezagues rastejando o corpo/Serpear. **Ex.** A cobra serpenteava [rastejava] por entre as ervas. **2** *fig* Mover-se como a cobra. **Ex.** A estrada serpenteava pela (encosta da) serra.

serpentiforme *adj* (<lat *serpentifórmis,e*) Em forma de serpente.

serpentina *s f* (<serpentino) **1** Castiçal de três braços que se acende principalmente no Sábado de Aleluia (Vigília da Páscoa/Ressurreição)/Candelabro(+). **2** Castiçal de braços em espiral. **3** Fita de papel, colorida, enrolada e que, ao arremessá-la «na despedida do barco no cais», se desenrola. **Ex.** No Carnaval as pessoas divertem-se lançando ~s «das janelas». **4** Tubo, em hélice, dentro do alambique.

serpentino, a *adj* (<lat *serpentínus, a, um*) **1** Relativo a [Que tem a forma de] serpente. **2** Diz-se de rocha, sobretudo mármore, que tem listas (rosadas/escuras/…) tortuosas.

serra (Sé) *s f* (<lat *serra*; ⇒ serrote) **1** Ferramenta constituída por uma lâmina dentada de aço para cortar madeira e outros materiais. **Comb.** ~ *de mão* [composta de uma armação com um torniquete de corda] «dos carpinteiros». ~ *elé(c)trica*. ~ *mecânica* [de dentes finos, própria para cortar [serrar] metal]. ⇒ motosserra. **2** Relevo natural constituído por uma cadeia de montanhas. **Ex.** As ~s mais conhecidas em Portugal são a ~ da Estrela e a ~ do Marão. ⇒ serrania.

serrabulho ⇒ sarrabulho.

serração *s f* (<serra + -ção) **1** A(c)to ou efeito de serrar. **2** Oficina onde se serram madeiras/troncos.

serradela (Dé) *s f* (<serra + -dela) **1** Corte feito com serra. **2** *Bot* Planta herbácea, leguminosa, cultivada como forragem/Serrim **2**. **3** *Zool* Anelídeo frequente em certos lodos da beira-mar, usado como isca de pesca/Bicha.

serrador, ora *adj/s* (<serra + -dor) **1** (O) que serra madeira por profissão. **2** Termo *us* para algo que lembra a forma ou movimento da serra.

serradura *s f* (<lat *serrátura*) **1** ⇒ serração**1**(+). **2** Partículas ou pó resultantes da serração da madeira/Serrim(+).

Serra Leoa *top* País da África Ocidental cuja capital é Freetown; os habitantes são os serra-leoneses e as línguas mais faladas são o inglês (língua oficial) e o krio (língua nativa).

serralha *s f Bot* (<lat *serrália*) Nome vulgar de várias plantas da família das compostas, de folhas recortadas e com caules que, quando quebrados, deitam um líquido leitoso [um látex].

serralhar *v t/int* (<lat *serráculum*: fechadura + -ar¹) Limar ou lavrar obje(c)tos de metal.

serralharia s f (<serralhar+-aria) **1** Ofício de serralheiro. **Ex.** Ele tirou um curso profissional de ~ mecânica. **2** Oficina de serralheiro.

serralheiro, a s (⇒ serralhar) O que faz ou trata de obje(c)tos «fechaduras» de ferro.

serralho s m (<it *serraglio* <turco *serai*: edifício) **1** Palácio do sultão. **2** Palácio maometano para habitação das mulheres e concubinas/Harém(+). **Ex.** O *Rapto do Serralho* é uma ópera de Mozart.

serrania s f (<serrano + -ia) **1** Cadeia de serras. ⇒ cordilheira. **2** Terreno montanhoso.

serranídeo, a adj/s (<lat *serranus* + -ídeo) (Diz-se de) família de peixes teleósteos à qual pertencem a garoupa e o badejo.

serrano, a adj/s (<serra + -ano) **1** Relativo a serra. **Comb.** Zona ~a «do país». **2** (O) que nasceu e vive na serra/Camponês.

serrão adj/s m (<serra + -ão) **1** Serra grande usada no corte de madeira mais grossa. **Sin.** Serra braçal [manejada por duas pessoas]. **2** *Icti* Nome vulgar de algumas espécies de peixe. **3** ⇒ serrano.

serrar v (<lat *sérro, áre, átum*) Cortar com serra ou serrote. **Loc.** *~ madeira para* (fazer) *tábuas*. *~* [Abater/Cortar] árvores com motosserra.

serrazina s 2g (<?) Pessoa que importuna ou aborrece. ⇒ cegarrega.

serrazinar v t (<serrazina + -ar¹) Importunar/Aborrecer.

serrear v t (<serra + -ear) Recortar(+) uma superfície «fotografia» em forma de serra.

serrilha s f (<serra + -ilha) **1** Recorte [Lavor] em forma de estria ou pequenos dentes de serra. **2** Obje(c)to com serrilha **1** «barbela de ferro do cabresto/freio».

serrilhado, a adj (<serrilha + -ado) Que tem serrilha ou recortado como uma serra. **Ex.** As moedas são ~as/estriadas.

serrilhar v t (<serrilha + -ar¹) **1** Fazer serrilhas [recortes/estrias] em (diversos materiais)/Recortar(+). **Ex.** Na impressão, serrilham os selos postais. **2** Puxar alternadamente as rédeas do cavalo.

serrim s m (<esp *serrín*) **1** Restos que caem da serração da madeira/Serradura. **2** *Bot* ⇒ serradela **2**(+).

serrote (Rró) s m (<serra + -ote) **1** Pequena serra de lâmina geralmente mais estreita na ponta e usada para pequenos trabalhos de madeira ou para podar árvores «videira». **2** *Br* Monte ou serra pequena.

sertã s f (<lat *sartágo, áginis*) Recipiente redondo e pouco fundo, com uma pega, para fritar alimentos «ovos, peixe, bifes, …»/Frigideira. **Ex.** Estrelei [Fritei] dois ovos (na ~) para o pequeno-almoço.

sertanejo, a adj/s (<sertão + -ejo) **1** Relativo ao sertão. **2** (O) que é originário ou vive no sertão. **Ex.** A população ~a vive de uma agricultura pobre. **3** *fig* Caipira/Provinciano/Rústico/Saloio.

sertanista adj/s 2g (<sertão + -ista) **1** ⇒ sertanejo(+). **2** ⇒ bandeirante (+). **3** Pessoa que conhece bem o sertão ou escreve sobre ele.

sertão s m *Geog* (<deserto) **1** Região agreste, isolada e afastada das povoações e dos terrenos cultivados ou longe do litoral. **Ex.** O ~ geralmente é pouco povoado. **2** Terreno coberto de mato, no interior. **3** *Br* Zona do interior (nordestino) do Brasil, árida e pouco povoada, predominando a criação de gado.

servente adj/s 2g (<lat *sérviens, éntis*: que serve; ⇒ servir) **1** Que serve ou presta serviço/Servidor (+)/Criado. **2** Empregado que executa serviços auxiliares/Serventuário/Serviçal. **Ex.** A ~ [mulher a dias (+)/ empregada] faz todo o serviço de limpeza no escritório. **3** Operário não especializado que trabalha na construção civil como ajudante. **Ex.** O ~ carregava os baldes de massa para o andaime.

serventia s f (<servente + -ia) **1** Qualidade daquilo que pode ser útil ou servir/Utilidade. **Ex.** Muitos materiais que deitamos fora podiam servir [ter ~] para fazer outras coisas. **2** Trabalho ou emprego de servente. **3** Possibilidade de utilização de um espaço ou obje(c)to. **Ex.** Antigamente as pessoas costumavam alugar quartos com ~ de cozinha. **4** Permissão de acesso ou passagem por um lugar ou propriedade. **Ex.** O quintal da casa não tinha ~, não se podia entrar pelo exterior, só por casa. **Loc.** Dar ~ [Servir de passagem].

serventuário s m (<servente + -u- + -ário) Pessoa que exerce funções num emprego em substituição do empregado efe(c)tivo.

server ing s m *Info* ⇒ servidor **3**.

Sérvia s f *top* País europeu, localizado no sudeste da Europa, com a capital em Belgrado e cujos naturais são os sérvios, falantes do sérvio.

serviçal adj/s 2g (<serviço + -al) **1** Relativo a criado/servo/serviço. **2** (O) que presta serviços, nomeadamente domésticos. **Ex.** Como vivem numa quinta [fazenda], têm ~ais para as diferentes tarefas. **3** Que gosta de prestar serviços/Zeloso/Diligente. **Ex.** Ele é muito ~, está sempre disposto a ajudar/*idi* a dar uma mão.

serviço s m (<lat *servítium*: condição de escravo; escravidão) **1** A(c)to ou efeito de servir. **2** Exercício e desempenho de qualquer a(c)tividade. **Ex.** A empresa encomendou o ~ a outra (empresa). **3** Conjunto das tarefas domésticas. **Ex.** Em casa há sempre que [~ por] fazer. **Comb.** *~ doméstico* [Tarefas caseiras/Ocupação ou trabalho de casa]. *Criada para todo o ~* [Empregada(+) que faz [presta(+)] qualquer serviço]. **4** Conjunto de tarefas realizadas em benefício ou por ordem de outrem. **Ex.** Logo pela manhã, o empregado tem que fazer os diversos ~s que lhe são destinados. **Loc.** Ao ~ de [À disposição de] (Ex. A corte tinha muita gente ao ~ do Rei). **5** Conjunto de deveres que um cidadão ou instituição tem em relação à sociedade. **Ex.** As penas, para alguns crimes e em alguns países, consistem na prestação de ~s à comunidade [de ~ cívico]. **Loc.** *«estar» Em ~* [No exercício das suas funções]. *Estar ao ~* [Ainda não estar reformado]. *Estar/Ficar de ~* [Encontrar-se no exercício das suas funções] (Ex. A sentinela ficou de ~ durante horas). **Idi.** *Não brincar em ~* [Ser eficiente em termos profissionais] (Ex. É uma pessoa eficiente, não brinca em ~). *iron* (*Que*) *bonito/lindo ~!* [Expressão que exprime desagrado e reprovação]. **Comb.** *~ cívico* [de natureza social, prestado à comunidade]. *~ de recrutamento* [que sele(c)ciona os mancebos para prestação do ~ militar]. *~ militar* [A(c)tividade realizada que são obrigados os no exército/nas forças armadas]. **6** Exercício das funções ligadas a uma a(c)tividade profissional. **Loc.** *Entrar de* [*para o*] *~* [Começar o trabalho] (Ex. Ele entrou de ~ às nove (horas) da manhã). *Estar fora de ~* [Não funcionar] (Ex. A máquina está fora de ~). **Comb.** *Folha de ~* [Regist(r)o dos dados da a(c)tividade profissional de um funcionário]. *Ordem de ~* [dada a um funcionário para cumprir uma tarefa]. *Tempo de ~*. **7** Trabalho a fazer ou que está a ser executado. **Ex.** Os funcionários têm o ~ atrasado. **8** Local de trabalho/Emprego. **Ex.** As pessoas, durante a manhã, deixam o ~ para ir tomar café. **9** A(c)tividade de utilidade pública. **Ex.** Os ~s dos Correios não abrem no fim de semana. **Comb.** ~ sociais. **10** Organismo público ou repartição que tem a seu cargo tarefas específicas. **Ex.** Os ~s de saúde hoje não funcionam, estão em greve. **Comb.** *~ de informações* [para prestar informações secretas]. *S~ Nacional de Saúde* [de assistência médica, tendencialmente gratuito]. *~s secretos* [Entidade que obtém [reúne] informações sigilosas]. **11** Secção ou divisão de um estabelecimento público ou de uma empresa. **Ex.** O ~ de contabilidade da empresa está fechado. **12** pl A(c)tividade correspondente ao se(c)tor terciário da economia. **Ex.** A principal a(c)tividade em muitas cidades modernas são os ~s. **Comb.** Se(c)tor dos ~s [Se(c)tor terciário]. **13** Celebração de um ofício religioso. **Ex.** O ~ da [A(+)] missa começou às nove horas. **Comb.** ~ fúnebre [Funeral(+)]. **14** Dedicação a uma causa de interesse comum. **Ex.** O espírito de ~ à comunidade é um bem social. **15** Trabalho de mérito e valor reconhecido. **Ex.** Recebeu uma condecoração por ~s distintos. **16** O que serve para ser utilizado regularmente. **Ex.** Só um elevador está ao ~. **Comb.** Área de ~. Elevador de ~. *Escada de ~. Porta de ~*. **17** Atendimento dos clientes em hotéis ou restaurantes. **Ex.** O ~ no restaurante é rápido e bom. **18** Percentagem paga pelo cliente num hotel ou restaurante. **Ex.** A taxa de ~ já está incluída na conta. **19** Lançamento da bola para início de jogo em certas modalidades (d)esportivas «té[ê]nis/voleibol», com o lançamento da bola por cima da rede para o campo adversário. **Ex.** Como o ~ da equipa B geralmente foi mau, acabaram por perder o jogo. **20** Conjunto de peças/ pratos/chávenas/copos/talheres, para servir as refeições. **Ex.** Uma peça do ~ partiu-se. **Comb.** ~ de café/chá/copos/cristal/ jantar/porcelana. **21** *Br* Feitiçaria [Morte] feita por encomenda. **22** *Br* Local de exploração de jazidas de ouro ou diamante. **23** *pop* O defecar/evacuar/Necessidades(+). **Loc.** Fazer o ~.

servidão s f (<lat *servitúdo, túdinis*) **1** Estado ou condição de servo (relativamente ao senhor e seus domínios). **Ex.** No feudalismo, a ~ era o sistema social dominante **2** Estado de quem vive na dependência, física ou moral, ou na submissão forçada à vontade de alguém/Escravidão. **Ex.** Muitas mulheres vivem em situação de ~. **3** Perda de independência política/Dependência/Submissão. **Ex.** Muitos povos continuam a revoltar-se contra a ~ que lhes é imposta. **Ant.** Autonomia.

servido, a adj (<servir) **1** Que serviu. **2** Que se serve ou distribui. **Ex.** A comida foi ~a [foi distribuída] a todos os necessitados. O jantar está pronto, já pode ser ~o. **Idi.** *Estou como Deus é ~/como Deus quer. Se Deus for ~* [Se for da [essa] vontade de Deus]. *Ser ~* [Aceitar] (Ex. Aceita [É ~ de/Posso servir-lhe] mais carne [arroz/ vinho]?). **3** Que tem o necessário. **Ex.** O lavrador já está ~ de forragem para os animais, para todo o inverno.

servidor, ora adj/s (<lat *sérvitor, óris*: servidor dos deuses) **1** Que presta serviço a alguém. **2** (O) que está pronto para prestar serviços/Prestável. **3** s m *Info* Sistema informático que disponibiliza informação e serviços a computadores ligados em rede/ *Server*. **Ex.** O meu ~ está avariado. **4** s m

Info Sistema fornecedor de ligação à Internet.

servil *adj 2g* (<*servílis,e*: relativo a escravo) **1** Relativo à condição de servo ou criado. **Ex.** O trabalho ~ não é dignificante (para o ser humano). **2** «imitação» Que segue fielmente [servilmente] um modelo. **3** Que revela submissão às ideias e imposições dos outros/Subserviente. **Ex.** O seu espírito ~ fazia com que nunca manifestasse vontade própria. **4** Que lisonjeia por interesse/Adulador/Bajulador. **Ex.** As palavras ~is que lhe dirigiu pretendiam conseguir dele qualquer favor. **5** *fig* Que revela cará(c)ter vil ou falta de dignidade/Ignóbil/Indigno. **Comb.** A(c)to [Rebaixamento] ~. **Ant.** Nobre.

servilismo *s m* (<servil + -ismo) **1** Qualidade do que é servil ou subserviente. **2** Submissão incondicional. **Ex.** Tem uma atitude de ~ em relação ao poder [aos poderosos «políticos»/ao chefe]. **3** Qualidade do que lisonjeia por interesse. **Ex.** O seu ~ tinha sempre um obje(c)tivo: agradar ao chefe. **4** Imitação servil.

servir *v t* (<lat *sérvio, íre, ítum*: sujeitar-se; obedecer) **1** Desempenhar tarefas ou prestar serviços. **Ex.** Ao longo da vida serviu [trabalhou em (+)] várias empresas. **Loc.** ~ *de desculpa/de pretexto* [Ser utilizado para justificar determinada atitude/a(c)tuação]. ~ *de lição* [de emenda/corre(c)ção]. ~ *o Estado* [Exercer um cargo público]. **2** Estar ao serviço de alguém. **Ex.** O Centro de Saúde serve todas as pessoas da zona. **3** Prestar serviço militar. **Ex.** Serviu dois anos na Força Aérea. **4** Consagrar(-se) à a(c)tividade religiosa/Cumprir os deveres religiosos. **Ex.** Ela serviu a Deus no convento/Ela foi freira/religiosa. **5** Trabalhar em defesa de uma causa ou de um ideal. **Ex.** Serviu o partido toda a (sua) vida. **6** Apoiar, ajudar ou auxiliar em algo. **Ex.** Devemos ~ os amigos quando eles precisam. **Loc.** ~ *de espelho/exemplo/modelo a* [Ser imitado por outros]. **Idi.** ~ *de galheteiro* [Andar com [acompanhado por] duas mulheres, uma de cada lado]. ~ *de joguete* [Ser usado por alguém]. ~ *de pau de cabeleira* [Acompanhar quem namora]. **7** Executar as ordens e os desejos de [Obedecer a] alguém. **Ex.** Ele serviu fielmente o seu chefe. **8** Prestar serviços ou assistência. **Ex.** Serviu como [Foi(+)] enfermeiro no hospital. **9** Fazer o serviço doméstico em casa de alguém. **Ex.** Ela está a ~ em casa de pessoas ricas. **Comb.** Criada de ~ [Empregada doméstica(+)]. **10** Apresentar ou pôr na mesa uma refeição. **Ex.** Serviram-nos um lauto jantar. **Loc.** ~ à mesa «no restaurante». **11** ~-se/Retirar para si ou para outrem uma porção de comida. **Ex.** Serviu-se de carne e salada, não quis arroz. **12** Consumir um alimento ou uma bebida, segundo determinados preceitos. **Ex.** O vinho branco serve-se fresco. **13** Distribuir as cartas pelos jogadores, no jogo de cartas. **Ex.** Enganou-se a ~ as cartas aos jogadores [a dar cartas (+)]. **14** Pôr a bola em jogo em algumas modalidades (d)esportivas, como o té[ê]nis. **Ex.** A jogadora serviu muito bem a bola. **15** Dar atenção, numa a(c)tividade comercial, aos clientes, apresentando o que desejam. **Ex.** O empregado da loja estava maldisposto, por isso serviu mal as pessoas. **16** ~-se/Abastecer-se(+) do necessário num estabelecimento comercial. **Ex.** Foi ao supermercado e serviu-se de tudo o que precisava. **17** Ser útil. **Ex.** A roupa velha ainda pode ~ para várias coisas. **18** Confe(c)cionar, organizar e distribuir refeições. **Ex.** O restaurante serviu o banquete de casamento. **19** Andar ao uso/Ter uso/Utilizar/Usar. **Ex.** A loiça ainda não serviu, é nova. **20** Ter as cara(c)terísticas indicadas. **Ex.** O emprego que eles propuseram não lhe serve. **21** Adequar-se às dimensões/Caber. **Ex.** Cresceu tanto que a roupa já não lhe serve. **22** Fazer uso de. **Ex.** Ele não sabe ~-se dos materiais [não sabe usar os materiais(+)] de desenho que comprou. **23** Tirar partido de alguém ou de uma situação para atingir os seus interesses/Aproveitar-se. **Ex.** Ele serve-se sempre dos [Ele explora os] outros.

servita *adj/s 2g* (<servo + -ita) Membro de uma congregação (Servos de Maria), fundada em 1223 em Florença (Itália) sob a regra de Santo Agostinho e que continua em Pt, sobretudo no santuário de Fátima, onde presta assistência aos peregrinos que ali acorrem.

servo, a *adj/s* (<lat *sérvus, i*) **1** (O) que «na sociedade medieval» não dispunha de si, nem dos seus bens/Escravo. **Ex.** O ~ estava sujeito ao (poder do) seu senhor. **Comb.** *Hist* ~ da gleba [ligado ao cultivo da terra de outro e obrigado a pagar renda]. **2** (O) que presta serviço/Serviçal. **3** (O) que serve ou obedece a alguém. **Idi.** Sou um humilde ~ «de V. Ex.ª». **Comb.** ~ de Deus [Homem santo/humilde/religioso]. **4** (O) que tem uma dependência de alguma coisa, diminuindo a sua liberdade. **Ex.** Tornou-se um ~ [escravo(+)] da droga.

servocomando *s m* (<servir + comando) Mecanismo auxiliar que assegura automaticamente o funcionamento de uma instalação, por amplificação de uma força.

servo-croata *adj/s 2g* ⇒ Sérvia/Croácia.

servofreio *s m* (<servir + freio) Mecanismo auxiliar de travagem de um veículo que amplia [aumenta] o esforço que o motorista faz sobre o pedal.

servomecanismo *s m* (<servir + mecanismo) Dispositivo de controlo automático, amplificador de potência de um sistema.

servomotor *s m* (<servir + motor) Órgão motor que dirige e regula o movimento de uma máquina.

sésamo *s m Bot* (<gr *sésamon*) Nome vulgar de uma planta oleaginosa da família das pedaliáceas, de cujas sementes se extrai um óleo/Gergelim. **Ex.** As sementes de ~ são usadas na culinária.

sesmaria *s f Hist* (⇒ sexto,a «parte») **1** Antiga medida agrária, correspondente a 6600 metros ou 3000 braças. **2** Terreno inculto que se distribui por novos cultivadores. **Comb.** *Lei das ~s* [Lei do rei português D. Fernando, que obrigava ao cultivo das terras abandonadas ou a distribuí-las por quem as cultivasse]. **3** Processo de divisão e entrega de terras.

sesqui- *pref* (<lat *sésqui*: e mais meio desse número) (E mais) metade. ⇒ ~centenário.

sesquicentenário, a *adj/s* (<sesqui- + ...) **1** (Diz-se de) data de (um fa(c)to ocorrido há) 150 anos/Tricquentenário/Centésimo quinquagésimo aniversário. **2** «edifício» Que tem 150 anos.

sesquióxido *s m Quím* (<sesqui- + ...) Óxido em que dois átomos de um elemento estão combinados com três átomos de oxigé[ê]nio.

sessão *s f* (<*séssio, ónis*: a(c)ção de (as)sentar-se) **1** Reunião para fins específicos por parte de uma assembleia ou congresso. **Ex.** *Está aberta [encerrada] a ~* [Fórmula usada pelo presidente de uma assembleia para abrir/fechar os trabalhos]. **Comb.** ~ *à porta fechada* [não aberta ao público]. ~ *extraordinária* [que não estava prevista nos estatutos, com convocatória especial]. ~ *ordinária* [prevista pelos estatutos]. ~ *plenária* [onde estão presentes todos ou uma parte muito representativa dos membros de um corpo ou assembleia]. ~ *solene* [para comemorar e evocar determinados acontecimentos ou para homenagear alguém]. **2** Período ou tempo durante o qual uma assembleia mantém a(s) reunião(ões). **Ex.** A ~ durou duas horas. **3** Encontro de pessoas para um fim específico. **Ex.** A ~ de trabalho começou tarde. **4** Duração da exibição de certos espe(c)táculos. **Ex.** Fui ao cinema, à ~ da noite. **5** *fig fam* Cena violenta testemunhada por alguém. **Ex.** Antes de chegar a casa, assisti a uma ~ de pancadaria na rua.

sessenta *s m/adj* (<lat *sexagínta*) **1** Número cardinal depois de cinquenta e nove. **Ex.** Em árabe o número ~ representa-se por 60 e em romano por LX. **2** Diz-se do sexagésimo elemento de uma ordem. **Comb.** Fila ~. Nos anos ~ do século passado.

séssil *adj 2g* (<lat *séssilis,e*: que pode servir de base <*sédeo, ére, séssum*: sentar-se) **1** Que está próximo da base/Rente(+). **Comb.** Corte ~. **2** *Bot* Diz-se das folhas e das flores que estão imediatamente presas ao tronco ou aos ramos, sem pé ou suporte.

sessilifloro, a *adj Bot* (<séssil + flor) Que tem flores sésseis.

sessifoliado, a *adj Bot* (<séssil + folha) Que tem folhas sésseis.

sesta (Sés) *s f* (<lat (*hora*) *sexta*: sexta hora do dia (Entre o meio-dia e as três horas da tarde)) **1** Tempo de descanso durante a tarde, à hora de maior calor. **Ex.** Os espanhóis durante o verão ainda mantêm o hábito da ~. **Loc.** Dormir/Fazer a ~ [Dormir depois de almoço]. **2** Hora de calor mais intenso.

sestro, a (Sés) *adj/s* (<lat *siníster, tra, trum*: esquerdo) **1** Que está à esquerda. **2** *s f* (Mão) esquerda(+). **Loc.** À ~a [esquerda(+)]. **3** *s m* Defeito ou hábito difícil de perder/Manha(+)/Mania(+)/Vício. **Ex.** As pessoas continuam com o mau ~ de deitar papéis para o chão. **4** O que é próprio de alguém ou alguma coisa/Atributo/Predicado/Dote. **5** *fig* Força à qual se atribui o curso dos acontecimentos/Fado(+)/Sina(+).

set *ing s m 1* (D)*esp* Conjunto (+) de partidas em certas modalidades (d)esportivas «té[ê]nis, vólei». **2** Local(+) de rodagem ou cenário (+) de um filme ou de realização de uma peça. **3** *Mús* Sequência de músicas executadas por um conjunto musical.

seta (Sé) *s f* (<lat *sagítta*) **1** Arma de arremesso, constituída por uma haste e com uma ponta aguçada, em geral de metal, lançada por meio de um arco/Flecha. **Ex.** Atirou (com) a ~ ao alvo, mas não acertou. **Comb.** ~ de Cupido [Sentimento imediato de atra(c)ção sexual por alguém]. ⇒ bala. **2** Sinal com aquela forma (⇒), que indica determinado sentido ou dire(c)ção. Para chegar ao obje(c)tivo devem seguir o sentido das ~s. **3** Ponteiro de alguns instrumentos como o relógio. **4** *fig* O que atinge [se move com] grande rapidez. **Ex.** Ia a correr como [A correr era] uma ~. **5** *fig* O que tem efeito penetrante. **Ex.** Os seus olhos são muito vivos, são duas ~s. **6** *fig* O que pode ferir a susce(p)tibilidade [sensibilidade] de alguém. **7** *fig* Força ou violência de um a(c)to ou de um sentimento. **8** *Bot* Planta da família das alismatáceas, também designada flecha ou sagitária(+).

setada *s f* (<seta + -ada) Ferimento [Disparo] de seta/Flechada.

setáceo, a *adj* (<lat *s(a)éta*: cerda «do porco» + -áceo) **1** «javali» Que tem cerdas/Cerdoso. **2** Que tem aspe(c)to ou forma de cerda.

sete (Sé) *s m/adj* (<lat *séptem*) **1** Número cardinal depois de seis e antes de oito. **Ex.** Em (representação) árabe, o número ~ representa-se por 7 e em romano por VII. **Idi. ~ cães a um osso** [Muitos pretendentes à mesma coisa]. **Pintar o ~** [Fazer grande algazarra/Divertir-se «a partir coisas/a bater»]. **2** Diz-se do sétimo elemento de uma série. **Comb.** Dia ~ de maio. **3** Carta de jogar com sete pintas ou figuras «no jogo da sueca chama-se *bisca*».

setecentismo *s m* (<setecentos + -ismo) **1** Escola, tendência, estilo literário ou artístico cara(c)terísticos de setecentos [do século XVIII]. **Ex.** O ~ era ainda uma tendência clássica. **2** Conjunto de manifestações culturais do século XVIII.

setecentista *adj/s 2g* (<setecentos + -ista) **1** Relativo à época de setecentos (entre 1701 e 1800). **2** Relativo ao estilo literário e artístico de setecentos. **3** Personalidade artística de setecentos.

setecentos, as *s m pl/adj* (<sete + cento) **1** Número cardinal depois de seiscentos e noventa e nove. **Ex.** Em árabe, o número ~ representa-se por 700 e em romano por DCC. **2** O que, numa série, ocupa o septingentésimo lugar.

Sete-Estrelo *s m pop Astr* (<sete + estrela) Nome vulgar da constelação das Plêiades, próxima da Constelação do Touro, de que se avistam 6, 7, e mesmo 10 estrelas, à vista desarmada.

seteira (Sè) *s f* (<seta + -eira) **1** Abertura estreita das fortificações e das naus por onde se atiravam as setas contra o inimigo. **2** Fresta nas paredes de uma construção para dar luz e ventilação.

seteiro, a *adj/s* (<seta + -eiro) (O) que atira setas ou flechas/Flecheiro/Arqueiro(+).

setembrino, a *adj* (<setembro + -ino) **1** Relativo a setembro. **Ex.** As tardes ~s são já mais frescas que as de agosto «em Portugal». **2** Que ocorre em setembro.

setembro *s m* [= Setembro] (<lat *Septémber, bris*) Nono mês do ano civil, no calendário a(c)tual, composto de trinta dias. **Ex.** O Brasil declarou a independência no dia 7 de ~ de 1822 com "o grito do Ipiranga" do infante D. Pedro: Independência ou morte!

setenal/seté[ê]nio ⇒ septenal/seténio.

setenta *s m* (<lat *septuagínta*) **1** Número cardinal depois de sessenta e nove. **Ex.** Em árabe, o número ~ representa-se por 70 e em romano por LXX. **Comb. Versão dos ~** [Primeira versão grega do texto hebraico do Antigo Testamento, feita por ~ tradutores]. **2** O se(p)tuagésimo lugar numa série.

setentrião *s m* (<lat *septéntrio, ónis*: as sete estrelas da Ursa Menor) **1** Polo norte. **2** Vento que sopra do norte. **Ex.** O ~ sopra forte. **3** Regiões do Norte. **Ex.** Os povos do ~ são geralmente mais claros e altos.

setentrional *adj/s 2g* (<setentrião + -al) **1** Relativo a setentrião. **2** Localizado a [Do lado] norte. **3** (O) que pertence às regiões do Norte, ou a norte de um ponto de referência. **Ant.** Meridional. ⇒ oriental; ocidental.

séter *s m Zool* (<ing *setter*) Raça de cão de caça, de porte médio, orelhas caídas e pelo comprido e ondulado.

sete-sangrias *s f Bot* Designação comum a diversas ervas, arbustos e plantas da família das litráceas, com propriedades medicinais. ⇒ erva-das-sete-sangrias.

sético/setiforme ⇒ séptico/septiforme.

setilhão [setilião] *s m* (<sete + (bi)lhão) ⇒ septilião.

sétimo, a *adj/num ord/s* (<lat *séptimus*) **1** (O) que ocupa, numa ordenação, a posição número sete. **Comb. ~a arte** [Cinema]. **Missa do ~ dia** [Missa rezada no ~ dia após a morte]. **2** Que resulta da divisão de um todo ou da unidade por sete. **Ex.** Ele guarda sempre um ~ [a ~a parte] do vencimento como poupança.

setingentésimo/setissílabo ⇒ septingentésimo/septissílabo.

setor/setorial/setorização/setuagenário/setuagésimo/setuplicar/sétuplo ⇒ sector…

seu, sua *pron poss* (<lat *súus, súa, súum*: seu) **1** Indica posse e que pertence à pessoa de quem falamos «dele(s), dela(s)» ou com quem falamos «você(s), senhor(es), senhora(s)». **Ex.** Os ~s livros estão todos arrumados na ~a biblioteca «fui eu que os pus lá». **Prov.** «ele emprestou-me 10 000 euros, mas já [logo] lhos devolvi» **O ~ a ~ dono** [Cada um deve ter o que lhe pertence]. **Loc. Ter de ~** [Ter posses] (Ex. Ele não tem nada de ~ [Ele é pobre]). **Comb. Os ~s** [Os que pertencem à família da pessoa com quem se fala] (Ex. Como vão [estão de saúde] os ~s?). **2** Que lhe compete ou lhe é devido. **Ex.** O ~ lugar na sala é à frente. **3** Que lhe convém ou lhe serve. **Ex.** O ~ comboio [trem] parte às quatro (horas) da tarde. **4** Cerca de/Aproximadamente. **Ex.** Ele deve ter cerca de [ter os ~s] quarenta anos. **5** Preferido. **Ex.** O ~ livro é a Bíblia. **6** (Expletivo ou enfático) **Ex.** Saia daí ~ palerma! **7** *Br* Senhor (Tratamento respeitoso, antes de nome de pessoa) **Ex.** ~ Joaquim, como está?

seu-vizinho *s m pop* Dedo anular(+), por ser vizinho [estar junto] do mindinho.

seva *s f Br* (<sevar) A(c)to ou a(c)tividade de sevar (mandioca).

sevandija *s 2g* (<esp *sabandija*) **1** Nome comum a todos os inse(c)tos ou vermes, parasitas e animais imundos. **2** *fig* Pessoa que vive à custa de outrem/Parasita(+). **Ex.** Ele não trabalha, é um ~. **3** *fig* Pessoa vil, desprezível, imunda.

sevar *v t Br* (< ?) Reduzir (a mandioca) a farinha. ⇒ moer.

severamente *adv* (<severo + -mente) **1** De modo severo/rude/Asperamente/Rispidamente/Rudemente. **Ex.** O professor repreendeu os alunos ~. **Ant.** Benignamente.

severidade *s f* (<lat *sevéritas, átis*) **1** Qualidade de severo. **Ex.** Antigamente educavam as crianças com muita ~. **2** Cará(c)ter do que revela rigidez ou falta de tolerância/Inflexibilidade. **Ex.** A demasiada ~ dos pais não aproveita aos filhos. **3** Aspe(c)to sóbrio e austero (de um espaço)/Simplicidade(+)/Sobriedade(+). **4** Cara(c)terística do que causa desconforto/Rigor(+). **Ex.** A ~ do inverno [da chuva/do vento] obrigou-os a ficar em casa.

severo, a *adj* (<lat *sevérus, a, um*: de aspe(c)to grave) Que impõe disciplina/Rigoroso. **Ex.** Ele é muito ~ na educação dos filhos. **Comb. Um juiz ~** [que tende para dar sentenças pesadas]. **Um olhar ~** [*idi* de poucos amigos]. **Punição [Castigo] ~a/o. Um rosto ~** [muito sério/de repreensão]. **2** Que revela rigidez ou falta de tolerância/Inflexível(+)/Rigoroso(+). **Ex.** É muito ~ nas suas opiniões. **3** Que causa desconforto. **Ex.** O clima nos países do norte da Europa é muito ~. **4** Que deve ser cumprido com rigor. **Ex.** Ela segue um regime alimentar muito ~/rigoroso(+).

sevícia(s) *s f (pl)* (<lat *saevítia*: violência) **1** Maus tratos ou ofensas físicas. **Ex.** Ela não conseguiu suportar as ~s do marido e saiu de casa. **2** Tortura física ou mental/Crueldade. **Ex.** Certos métodos de ensino, antigamente, eram autênticas ~s.

seviciar *v t* (<sevícia + -ar[1]) Infligir maus tratos físicos ou mentais/Maltratar(+)/Torturar(+). **Ex.** O guarda foi acusado de ~ os presos.

sexagenário, a *adj/s* (<lat *sexagenárius*) (O) que tem entre sessenta e sessenta e nove anos [que está na casa dos sessenta].

sexagesimal *adj* (<sexagésimo + -al) **1** Relativo a sessenta. **2** Diz-se do sistema numérico que tem por base o número sessenta. **Ex.** A hora baseia-se no sistema ~, pois tem 60 minutos, e o minuto tem 60 segundos.

sexagésimo, a (Sèksa) *adj/num ord/s* (<lat *sexagésimus*) **1** Diz-se do elemento que numa série ocupa a posição número sessenta. **Ex.** Ao ~ minuto, ele já tinha cortado a meta. **2** *s m* Cada uma das sessenta partes de um todo. **Ex.** O minuto é um ~ [é a ~a parte] da hora.

sex[seis]centésimo, a *adj/num ord/s* (<lat *sexcentésimus*) **1** Diz-se do elemento que numa série corresponde à posição número seiscentos. **2** (Parte) que é seiscentas vezes menor que a unidade. **3** Cada uma das seiscentas partes em que é dividido um todo.

sexenal (Kse) *adj 2g* (<lat *sexénnis,e*: que tem seis anos + -al) **1** Relativo a sexé[ê]nio. **2** Que ocorre de seis em seis anos. **Ex.** As festas são ~ais. **3** Que dura seis anos.

sexénio [*Br* sexênio] *s m* (<lat *sexénnium*: espaço de seis anos) Período de seis anos consecutivos. **Ex.** Ele vai presidir à instituição por um ~.

sexismo (Ksis) *s m* (<sexo + -ismo) Atitude discriminatória de um sexo em relação ao outro. **Ex.** É mais frequente as mulheres serem vítimas de ~.

sexista (Sèksis) *adj/s 2g* (<sexo + -ista) (O) que revela uma atitude marcada por preconceitos ou por discriminação sexual, principalmente em relação às mulheres. **Ex.** A sua atitude ~ levava-o a lidar mal com as mulheres no trabalho.

sexo (Kso) *s m* (<lat *séxus, us*) **1** Conjunto de cara(c)terísticas que diferenciam cada um dos intervenientes no processo de reprodução das espécies e que contribuem para a classificação em macho e fêmea. **Ex.** Os pais querem saber o ~ dos filhos antes do nascimento. **Idi. Discutir o ~ dos anjos** [Discutir coisas inúteis/algo que não faz sentido]. **2** Conjunto de pessoas que apresentam a mesma morfologia sexual. **Ex.** A(c)tualmente há maior igualdade entre os ~s. **Comb. ~ feminino** [Mulher]. *idi* **~ forte** [Os homens]. *idi* **~ fraco** [As mulheres]. **~ masculino** [Homem]. **O belo ~** [Mulher]. **3** Órgãos genitais externos. **Ex.** Há casos anómalos em que o ~ não está perfeitamente definido. **4** ⇒ Conjunto de cara(c)terísticas físicas e psíquicas próprias do homem ou do mulher. **5** A(c)tividade ou conjunto das manifestações do instinto sexual. **Loc.** Fazer ~ [Ter relações sexuais]. **Idi. Ter o ~ na cabeça** [Pensar só em sexo]. **Comb. ~ seguro** [praticado com o uso de preservativo para evitar o contágio de doenças].

sexologia *s f* (<sexo + -logia) Ciência que tem por obje(c)to o estudo da sexualidade e dos problemas fisiológicos e psicológicos com ela relacionados. **2** Estudo e tratamento das perturbações da sexualidade.

sexólogo [sexologista] *s m* (<sexo + ...) Especialista em problemas referentes à sexualidade.

sexta (Seis) *s f* (<lat *séxta*) **1** *Mús* Intervalo musical de seis graus [notas] na escala musical. **2** *Hist* Espaço temporal do meio-dia às três horas da tarde, entre os romanos. **Comb.** Hora ~. **3** *Rel* Hora canónica do ofício divino [da liturgia das horas(+)] entre a tércia e a noa. **4** Forma reduzida de sexta-feira. **Ex.** Às ~s saio mais tarde do trabalho.

sexta-feira (Seis) *s f* (<lat *séxta*: sexta + *féria*: dia de descanso) **1** Sexto dia da semana, iniciada no domingo. **Ex.** Para alguma gente supersticiosa a ~ é dia de azar. **Comb.** *S~ da Paixão/~ Maior/Santa*(+) [~ da Semana Santa em que se celebra a morte [a Paixão] de Cristo]. **Idi.** *Estar com cara de ~ Santa* [Estar triste/cabisbaixo].

sextanista (Seis) *adj/s 2g* (<sexto + ano + -ista) Diz-se de estudante que frequenta o sexto ano de um curso. **Ex.** Os ~s de Medicina fizeram uma viagem ao estrangeiro.

sextante (Seis) *s m* (<lat *séxtans, ántis*: sexta parte de um todo) **1** Sexta parte de um círculo, medindo 60 graus. **2** *Náut* Instrumento ó(p)tico graduado, que, utilizado na navegação, permite medir ângulos, a altitude dos astros e as distâncias angulares. **Ex.** O ~ foi um instrumento precioso na época dos descobrimentos.

sextavado, a *adj* (<sextavar) Que tem seis faces/Hexagonal(+). **Comb.** Chave [Porca] ~a.

sextavar *v t* (<sexto + (oit)avar) **1** Cortar em forma hexagonal alguma coisa. **2** Dividir em seis partes.

sexteto (Seistê) *s m Mús* (<it *sestetto*) **1** Composição musical destinada a ser executada por seis instrumentos ou seis vozes. **2** Conjunto de seis vocalistas ou seis instrumentistas. **Ex.** A composição foi executada por um ~ de cordas. ⇒ dueto.

sextilha *s f Liter* (<esp *sextilla*) Estrofe ou estância de seis versos. ⇒ redondilha.

sexto, a (Seis) *adj/num ord/s* (<lat *séxtus*) **1** (O) último de uma série de seis. **Ex.** Eu sou o ~ «da lista/fila». Ele mora no ~ andar do prédio. **Comb.** *idi ~ sentido* [Intuição]. **2** A sexta parte de um todo, que resulta da divisão por seis. **Ex.** Como esteve doente, só recebeu um ~ do vencimento/salário. **3** Parte que é seis vezes menor que a unidade [1/6].

sextuplicar *v t* (<sêxtuplo + -icar) Multiplicar por seis ou tornar-se seis vezes maior. **Ex.** O crescimento da economia, em alguns países, sextuplicou. ⇒ multiplicar.

sêxtuplo, a (Seis) *adj/s* (<lat *séxtuplus*) (O) que é seis vezes maior.

sexuado, a (Sècsu) *adj* (<sexo + -ado; sexual) **1** Que possui sexo [órgãos sexuais]. **Ex.** Os seres ~s reproduzem-se através do coito [da a(c)tividade sexual]. **Ant.** Assexuado. **2** Que tem células diferenciadas para a sua reprodução. **3** Que se realiza pela união dos sexos. **Ex.** A reprodução ~a é o processo de multiplicação da espécie de muitos seres vivos.

sexual (Sèksu) *adj 2g* (<lat *sexuális,e*; ⇒ sexuado) **1** Relativo ao sexo ou à sexualidade. **Comb.** Cara(c)teres ~ais secundários [Conjunto das cara(c)terísticas ou atributos «barba/aumento dos seios» que permitem distinguir fisicamente o homem da mulher]. **2** Relativo à distinção entre sexos (diferentes). **Ex.** Apesar das mudanças, ainda há muita discriminação ~. **Comb.** Discriminação ~ [Desigualdade social baseada na diferença de sexo]. **3** Que cara(c)teriza o sexo. **Ex.** As pessoas não têm todas a mesma a(c)tividade ~. **Comb.** *A(c)to ~* [Cópula/Coito]. *Assédio ~* [Abordagem persistente e forçada de alguém para obtenção de favores ~ais]. *Órgãos ~ais* [que pertencem ao aparelho genital ou reprodutor]. *Perversão ~* (Ex. A pedofilia é uma perversão ~). *Relação ~* (Ex. Não tiveram relações ~ais. Durante anos (man)tiveram uma relação ~/um convívio íntimo). *Símbolo ~* [Pessoa que representa o ideal da sensualidade/da atra(c)ção/do erotismo].

sexualidade *s f* (<sexual + -i- + -dade) **1** Conjunto dos cara(c)teres morfológicos, fisiológicos e psicológicos dos seres que se reproduzem sexualmente. **Ex.** A ~ vai-se definindo ao longo do desenvolvimento do ser humano. **2** Expressão do instinto ou a(c)tividade sexual. **Ex.** A excessiva repressão da ~ cria graves problemas psíquicos. ⇒ sensualidade.

sexualismo (Ksu) *s m* (<sexual + -ismo) **1** Estado de um ser que manifesta existência de sexo. **2** Vida/A(c)tividade sexual. **3** Predominância [Busca excessiva/mórbida] da sexualidade (no modo de ser).

sexualizar *v t/int* (<sexual + -izar) **1** Atribuir conteúdo ou conotação sexual [Dar cará(c)ter ou aspe(c)to sexual a]. **Ex.** Freud sexualizou o comportamento da criança. **2** ~-se/Adquirir cará(c)ter ou conotação sexual.

sexy (Sèksi) *ing adj 2g* **1** Que é sexualmente atraente/Sedutor(+). **Ex.** (Ela) é uma mulher ~. **2** Que é sexualmente excitante. **Ex.** Ela apresentou-se com um vestido muito ~.

Seychelles (Chél) *s f pl top* País insular, situado no Oceano Índico (ocidental), constituído por 92 ilhas, com a capital em Port(o) Victoria e cujos habitantes são os seychellenses.

sezão *s f Med* (<lat *accéssio, ónis*: acesso de uma doença) **1** Acesso de calafrios e de febre elevada, provocado pela picada de um mosquito/Paludismo. **Ex.** Nas zonas quentes e (h)úmidas, são frequentes as ~ões.

sezonado, a *adj* (<sezão(on) + -ado) Que tem [sofre de] sezões.

sezonático, a *adj* (<sezão(on) + -t- + -ico) **1** Que produz ou provoca sezões. **Ex.** O mosquito ~ é perigoso. **2** Que é propício ao aparecimento de sezões. **Ex.** O clima tropical é ~. **3** ⇒ sezonado.

sforzando *adv Mús* (<it *sforzando*: fazendo força sobre) Com reforço de tom que aumenta de intensidade, passando gradualmente de piano a forte.

sfumato *s m Arte* (<it *sfumato*) Estilo vaporoso de pintura de tons gradativamente misturados e sem contornos muito definidos.

shakespeariano, a (Sheikespiriano) *adj/s* (<antr *W. Shakespeare* + -ano) **1** Relativo ao dramaturgo inglês Shakespeare, ao seu estilo ou às suas obras. **Ex.** O "Hamlet" ~ é um dos dramas ~s mais célebres. **2** (O) que é admirador ou especialista da obra de Shakespeare.

shintoísmo ⇒ xintoísmo.

si¹ *pron pess* (<lat *sibi*; ⇒ ti) Variação do pronome pessoal *se*, quando precedido de preposição (Exce(p)to a preposição *com*, que o muda em *sigo* «Eu vou consigo»). **Ex.** Eles estão sempre a falar de ~ [de você/do senhor]. Este livro é para ~ [para você/para a senhora]. **Loc.** *Cair em ~* [Reconsiderar/Arrepender-se]. *De per ~* [Isola[Separa]damente/Considerado em ~ mesmo/Por ~ próprio]. *De ~ para ~* [Consigo mesmo/idi Com os seus botões] (Ex. Ele pensou melhor e disse de ~ para ~: vou investir neste proje(c)to). *Em ~* a) ⇒ De per ~; b) Abstra(c)tamente (Ex. A questão, em ~, é simples «mas os interessados complicaram-na muito»). *Fora de ~* [Descontrolado]. *Não poder dispor de ~* [Estar muito ocupado]. *Por ~ (só/mesmo)* [Por sua conta]. *Voltar a ~* [Recuperar os sentidos] «depois do acidente de carro».

si² *s m Mús* (<lat abrev antr *Sancte Ioannes*; ⇒ mi, etimologia) Sétima nota da escala musical entre o lá e o dó. **Ex.** Entre o ~ e o dó vai meio-tom.

SI sigla de **S**istema **I**nternacional de Unidades. ⇒ siemens.

siamês, esa *adj/s* (<top Sião, agora Tailândia + -ês) **1** Diz-se de gé[ê]meos que nascem ligados entre si por um ou mais órgãos (do corpo). **Ex.** A(c)tualmente fazem-se operações de separação de ~eses. **2** *Zool* Diz-se de uma raça de gatos, de focinho alongado, olhos azuis e pelo macio, castanho claro. **3** *Hist* Relativo ao reino de Sião.

siba *s f Icti* (<gr *sepía*) Concha interna do choco, também designada por osso de choco.

sibarita *adj/s 2g* (<gr top *Sýbaris* + -ita) (O) que tem propensão [inclinação] para o luxo e para os prazeres.

sibaritismo *s m* (<sibarita + -ismo) **1** Vida do que vive com luxo e entregue aos prazeres/Sibarismo. **2** Desejo excessivo de luxo e de prazeres.

Sibéria *s f top* Região setentrional da Rússia, com baixas temperaturas durante grande parte do ano, e cujos habitantes são siberianos. **2** *fig* Lugar muito frio.

sibila *s f* (<gr *sibýlla*) **1** *Hist* Mulher a quem era atribuído o dom da profecia, revelando o futuro por meio de oráculos enigmáticos/Profetisa/Vidente. **2** *fig* Bruxa/Feiticeira/Adivinha.

sibilação *s f* (<sibilar + -ção) **1** A(c)to ou efeito de sibilar/Sibilo(+). **2** Som agudo e prolongado/Silvo (+). **3** *Med* Ruído agudo e seco produzido pelos brônquios, na expiração e inspiração (do ar)/Sibilo **5**.

sibilante *adj/s 2g* (<lat *síbilans, ántis*: que assobia) **1** Que sibila. **2** *Fon* (Consoante) que se articula fazendo passar o ar entre a língua e a zona alveolar dos dentes. **Ex.** O s e o z são (consoantes) ~s. A sua fala ~ tornava-se cansativa.

sibilar *v int* (<lat *síbilo, áre, átum*: assobiar) **1** Produzir um som agudo e contínuo semelhante a um assobio/Assobiar(+)/Silvar. **Ex.** O vento sibilava por entre (os ramos d)as árvores. **2** Assobiar como as cobras. **Ex.** De cabeça levantada, a cobra sibilava por entre as ervas. **3** Falar, acentuando as consoantes sibilantes. ⇒ sibilante **2 Ex.**.

sibilino, a *adj* (<lat *sibyllínus*: de sibila) **1** Relativo a sibila/Profético. **2** *fig* Que é pouco claro/difícil de compreender/Enigmático(o+)/Misterioso(+)/Obscuro(+). **Ex.** Ele enviou-nos uma mensagem ~a.

sibilismo *s m* (<sibila + -ismo) **1** Qualidade do «discurso/artigo de jornal» que é obscuro ou enigmático. **2** Conjunto das predições das sibilas ou crença nelas.

sibilo *s m* (<lat *síbilus*: silvo) **1** A(c)ção de sibilar/Sibilação. **2** ⇒ Som agudo produzido pelo homem e alguns animais/Assobio(+)/Silvo(+). **3** Som agudo produzido por meio de um instrumento como o apito/Silvo. **4** Som agudo produzido pela deslocação rápida do ar óu de um corpo no ar. **Ex.** Ouvia-se o ~ das balas «no ataque ao acampamento militar». **5** *Med* Ruído respiratório anormal, seco e agudo, que indica obstrução nos brônquios/Sibilação **3**.

sic *adv* (<lat *sic*: assim/tal e qual) Partícula (geralmente colocada num texto entre parênteses) para informar que uma citação é exa(c)tamente igual ao texto original, mesmo que pareça estranha ou errada.

sicário *adj/s* (<lat *sicárius*: assassino) **1** Assassino pago por outrem/Facínora. ⇒ *Br* capanga. **2** Sedento de sangue/Sanguinário(+).

sicativo, a *adj/s* (<lat *siccatívus*) **1** (O) que seca ou faz secar/Secante. **2** *s m Med* Substância que tem a propriedade de secar ou cicatrizar as feridas. ⇒ talco. **3** Substância, que junta a outra, acelera [torna mais rápida] a secagem.

Sicília *s f top* Região/Ilha ao sul da Itália, cujos habitantes são os sicilianos.

sicofanta *s 2g* (<gr *sykophantés* <*sýkon*: figo) **1** *Hist* Denunciante de quem roubasse figos. **2** ⇒ Delator(+)/Caluniador/Impostor(+). **3** ⇒ Patife(+).

sicómoro [*Br* **sicômoro**] *s m Bot* (<gr *sykómoros*) Espécie de figueira da família das moráceas.

sicónio [*Br* **sicônio**] *s m Bot* (<gr *sýkon*: figo + -io) Fruto com um rece(p)táculo carnudo, no qual nascem os ovários, como no figo.

sicose *s f Med* (<gr *sukósis*) Doença cutânea «frequente na face», com inflamação dos folículos pilosos, causada por bactérias ou fungos.

sicrano, a *s pop* (<*on*, para rimar com *fulano*) A segunda de três pessoas cujo nome se ignora ou não se quer mencionar. **Ex.** – Quem estava na festa? – Estavam fulano, ~ e beltrano. **Sin.** Indivíduo/Tipo/Sujeito/*Br* Cara.

sicupira *Br* ⇒ sucupira.

sida *s f* Acrónimo de **S**índrome de **I**muno**d**eficiência **A**dquirida, doença infe(c)ciosa cara(c)terizada pela destruição do sistema imunitário orgânico e cujo vírus é transmitido por via sexual ou sanguínea/HIV. **Ex.** A ~ tem matado muita gente nas últimas décadas. **Sin.** *Br* Aids.

sideração *s f* (<lat *siderátio, ónis*: posição ou influência dos astros) **1** A(c)to ou efeito de siderar. **2** Influência hipotética de um astro sobre a vida ou saúde de alguém. **3** ⇒ fulminação.

sideral *adj 2g* (<lat *siderális,e* <*sídus, eris*: astro) **1** Relativo aos astros. **Ex.** O espaço ~ é infinito. **Comb. Revolução ~** [Volta de um astro ao mesmo ponto do céu]. ⇒ celeste. **2** Que provém ou é causado pelos astros. **Ex.** Muita gente acredita na influência ~ [dos astros (+)] na vida das pessoas. **3** *fig* «luz» Que tem um brilho semelhante ao dos astros.

siderar *v t* (<lat *síderor, ári, átus sum*: sofrer a influência dos astros) **1** Deixar ou ficar sem a(c)ção, aniquilando as forças vitais /Fulminar/Paralisar(+). **Ex.** A luz intensa siderou-o. **2** Causar grande espanto/Atordoar(+)/Espantar(+). **Ex.** A saída repentina e inesperada do amigo para o estrangeiro siderou-os. Fiquei siderado com a morte do meu maior amigo.

sidérico, a *adj* (<sidero- + -ico) Relativo ao ferro/Férreo(+).

siderite[a] *s f Miner* (<sidero- + -ite) Mineral ferroso de cor castanha e brilho vítreo, encontrado nas rochas sedimentares.

siderito *s m Astr* (<sidero- + -ito) Meteorito constituído por ferro e níquel.

sidero- (<gr *síderos*: ferro) Elemento de formação de palavras que exprime a noção de **ferro**.

siderografia *s f* (<sidero- + grafia) Arte de gravar em ferro ou aço.

siderose *s f* (<sidero- + -ose) **1** *Miner* ⇒ Siderite(+). **2** *Med* Doença pulmonar, provocada por inalação de partículas de ferro. **Ex.** A ~ é mais frequente, como é natural, entre os trabalhadores da siderurgia.

siderurgia *s f* (<sidero- + -urgia) **1** Conjunto de técnicas utilizadas na fundição e preparação do ferro e do aço. **2** Arte de produzir e trabalhar o ferro. **3** Empresa siderúrgica. **Ex.** Ele trabalhou muitos anos numa ~. ⇒ alto-forno.

siderúrgico, a *adj/s* (<siderurgia + -ico) **1** Relativo a siderurgia. **Ex.** A indústria ~a polui bastante o ambiente. **2** Operário de siderurgia/Metalúrgico(+).

sidra *s f* (<lat *sícera*: bebida inebriante «dos hebreus») Bebida alcoólica à base de sumo fermentado de maçã. **Ex.** A ~ tem menos graduação que outras bebidas alcoólicas.

siemens [**S**] *s m 2n Ele(c)tri* (<al antr Werner von *Siemens*) Unidade de medida de condutância elé(c)trica do SI. **Ant.** Ohm.

sienito *s m* (<top *Siene* (A(c)tual Assuã, no Egi(p)to) + -ito) Rocha eruptiva, granular, formada por feldspatos alcalinos.

sievert [**Sv**] *s m Fís* (<antr Rolf *Sievert*, radiologista sueco) Unidade de radiação «causadora de danos biológicos» emitida por um miligrama de rádio.

sifão *s m* (<gr *síphon, ónos*: tubo para aspirar água) **1** Tubo em forma de S, de braços desiguais, que faz passar os líquidos de um recipiente para outro a nível inferior. **2** *Med* Tubo para drenagem de feridas e lavagem nasal e estomacal. **3** Garrafa ou recipiente com dispositivo que faz sair à pressão o líquido nele contido. **4** Tubo com dupla curvatura no sistema de escoamento de lavatórios, pias e sanitas e em cujo interior fica certa quantidade de água para impedir (que suba) o mau cheiro. **Ex.** O ~ da sanita está entupido!

sífilis *s f* (<antr lat *Sýphilis*, personagem de Ovídio) Doença venérea [infe(c)ciosa], produzida por uma bactéria, *Treponéma pállidum*, geralmente transmitida por contacto sexual ou por via sanguínea, cara(c)terizada por lesões da pele ou das mucosas.

sifilítico, a *adj/s* (<sífilis + t + -ico) **1** Relativo a sífilis. **2** (O) que sofre de sífilis. **Ex.** Ele está ~ há algum tempo.

sigilar *v t* (<lat *sigíllo, áre, átum*) Pôr selo em/Carimbar(+)/Franquiar/Selar(o+).

sigilo *s m* (<lat *sigíllum, i*: marca, selo) **1** O que não deve ser divulgado/Segredo(+). **Ex.** Os profissionais de algumas a(c)tividades «médicos» têm de respeitar o ~ profissional. Ele pediu ~ [segredo(+)] à amiga sobre um problema familiar, mas ela não conseguiu guardá-lo. **Comb.** **~ bancário** [sobre as contas bancárias]. **~ sacramental** [dos padres sobre o conteúdo do sacramento da confissão]. **~ fiscal** [sobre a declaração de impostos]. **~ profissional** [no exercício da a(c)tividade profissional]. **2** Selo(+).

sigiloso, a (Ôso, Ósa, Ósos) *adj* (<sigilo + -oso) Que exige/encerra [deve ser mantido em] sigilo/Confidencial(+)/Secreto(o+). **Ex.** A polícia de investigação criminal tem muitos assuntos ~os.

sigla *s f* (<lat *sígla, órum*: sinais de abreviação) Redução de uma palavra ou grupo de palavras às letras iniciais, geralmente pronunciadas uma a uma. **Ex.** EDP é a ~ de **E**le(c)tricidade **d**e **P**ortugal. ONU [UN(O)] é a ~ de **O**rganização das **N**ações **U**nidas.

sigma *s m* (<gr *sígma, sígmatos*) **1** Nome da décima oitava letra do alfabeto grego (Σ,σ), correspondente ao *s* latino e português. **2** *Mat* Letra maiúscula do alfabeto grego, símbolo de somatório.

sigmoide (Gmói) *adj 2g* (<gr *sigmoeidés*: em forma de sigma) Que tem a forma do sigma grego. **Comb.** *Anat* **Ansa ~** [Parte terminal do cólon]. **Válvulas ~s** [das artérias logo à saída do coração].

signa *s f* (<lat pl de *signum*: sinal, marca) ⇒ Estandarte/Bandeira/Insígnia(+).

signatário, a *adj/s* (<fr *signataire*: o que assinou) (O) que assina ou subscreve um texto ou documento. **Ex.** Os ~s da petição eram em número bastante elevado. **Comb.** O ~ [assinante] da carta «ao júri». Os ~s do acordo de paz.

significação *s f* (<lat *significátio, ónis*) **1** A(c)ção ou efeito de significar. **Ex.** O fa(c)to de ele ter faltado ao encontro tem uma ~, pode estar doente. **2** Aquilo que uma palavra [um signo] quer dizer/Ace(p)ção/Sentido(+)/Significado(+). **3** Importância/Valor. ⇒ significado 3.

significado *s m* (<significar) **1** Sentido de uma palavra ou duma frase/Conteúdo semântico de um signo linguístico/Ace(p)ção/Sentido. **Ex.** Qual é o ~ desta palavra? A palavra *canto* tem vários ~s/sentidos. **Loc.** Tirar ~s [Procurar no dicionário o sentido das palavras]. **2** Valor representativo de um sinal qualquer. **Ex.** Ele não sabia o ~ de alguns sinais de trânsito, por isso reprovou no exame de condução. **3** Valor de qualquer coisa/Importância/Reconhecimento. **Ex.** A música não tem o mínimo ~ para eles [não lhes diz nada/Eles não gostam (nada) de música].

significante *adj 2g/s m* (<lat *signíficans, ántis*) **1** (O) que significa/Portador de um sentido/Significativo(+). **2** *s m Ling* Sequência de fonemas ou grafemas que constitui a imagem acústica ou gráfica de um signo linguístico. **Ex.** A imagem da palavra escrita é o ~.

significar *v t* (<lat *signífico, áre, átum*: mostrar por sinais, significar; ⇒ signo) **1** Dar a conhecer algo a alguém por palavras, sinais, gestos/Comunicar(+)/Exprimir(+)/Expressar(+). **Ex.** Com as palavras duras que pronunciou, quis ~ [mostrar(+)] que não estava satisfeito com o trabalho que tinham realizado. **2** Ter determinado sentido/Denotar/Designar. **Ex.** O sinal que está à entrada da rua significa sentido proibido. **3** Ser sinal de alguma coisa/Indicar. **Ex.** A luz acesa em casa significa que ainda não estão a dormir. **4** Ser a representação de/Representar/Simbolizar. **5** Ter como consequência/Traduzir-se em. **Ex.** Uma derrota não significa perder o campeonato «de futebol». **6** Ter determinado valor para alguém. **Ex.** O dinheiro não significa [não é(+)] tudo na vida.

significativamente *adv* (<significativo + -mente) «a economia melhorou» Muito [De modo significativo]/Claramente/Expressivamente.

significativo, a *adj* (<lat *significatívus, a, um*; ⇒ significar) **1** Que significa. **2** Que dá a entender claramente uma coisa/Expressivo. **Ex.** Os gestos eram ~s do [mostravam/indicavam o] grande nervosismo com que estava. **3** Que contém informação relevante/Revelador. **Ex.** Isso que você diz [acaba de dizer] é bem [muito] ~! **4** Que é importante/Grande. **Ex.** A distância entre as duas povoações é pequena [não é ~a].

signo *s m* (<lat *sígnum, i*: sinal, selo, marca) **1** Aquilo que representa uma realidade/Sinal/Símbolo. **Ex.** Você nasceu rico [sob o ~ da riqueza]. **2** *Ling* Unidade linguística constituída por uma imagem acústica, o significante, e o conceito, o significado.

Comb. ~ linguístico [Designação dos sinais próprios da linguagem verbal]. **3** *Astr* Cada uma das doze partes em que se divide o Zodíaco. **4** *Astrol* **a)** Cada uma das doze figuras do Zodíaco. **Ex.** Nasceu sob o ~ do Capricórnio. **b)** Previsão feita pelos astrólogos, acerca da vida das pessoas/ Horóscopo.

sikh *adj/s 2g* (<ing *sikh* <pali *sikkha*: discípulo) ⇒ sique.

sílaba *s f Gram* (<lat *sýllaba* <gr *syllabé*: conjunto de letras, a(c)ção de conceber, obras, ~) **1** Vogal ou grupo de fonemas «consoante ou vogal» de uma palavra que se pronunciam numa só emissão de voz. **Ex.** As palavras com duas ~s são (chamadas) dissílabos. **Idi.** *Não saber uma ~* [Não saber nada] «de música». **Comb.** ~ *átona* [que não tem acento tónico/que não é carregada «a ~ *sa* da palavra *casa*»]. ~ *tónica* [que é pronunciada com mais intensidade «a ~ *ca* de *casa*»]. **2** Som articulado. **Ex.** Ouvi o que o professor disse na primeira aula sem perder uma (única) ~.

silabação *s f* (<silabar + -ção) **1** A(c)ção ou resultado de silabar. **2** Divisão das palavras em sílabas. **3** Modo de ler, separando as sílabas das palavras/Soletração(+).

silabada *s f* (<sílaba + -ada) Erro de pronúncia ou de acentuação de uma palavra, deslocando, por exemplo, o acento da sílaba tónica para outra sílaba. **Ex.** Ao ler, ele cometeu uma ~, dizendo "rúbrica" em vez de "rubrica".

silabar *v t/int* (<sílaba + -ar¹) Pronunciar sílaba a sílaba/Soletrar(+). **Ex.** Para não se enganar, foi silabando o texto muito devagar(inho).

silabário *s m* (<sílaba + -ário) **1** Livro elementar em que se ensina a ler (as crianças, principalmente) por disposição metódica e sistemática das sílabas (decompondo as palavras em sílabas)/Cartilha(+) «do poeta português João de Deus». **2** Conjunto de sinais escritos que representam as sílabas de uma língua.

silábico, a *adj* (<sílaba + -ico) **1** Relativo a sílaba. **Comb.** Verso ~ [que se mede pelo número de sílabas e por isso rima com outro(s)]. **2** Diz-se da escrita ou língua em que cada sílaba ou palavra é representada por um único sinal. **Ex.** A língua chinesa é uma língua ~a. **Comb.** Escrita ~a [em que cada sílaba ou palavra é representada por um único sinal].

silabismo *s m* (<sílaba + -ismo) **1** *Ling* Sistema de escrita «chinesa» onde cada sílaba ou palavra é representada por um sinal «ideográfico» próprio. **2** Medida dos versos através do número de sílabas.

silagem *s f* (<silo + -agem) **1** Conservação dos vegetais «trigo/milho» em silos para posterior utilização/Ensilagem. **2** Forragem daí retirada para dar aos animais.

silano *s m Quím* (⇒ silício) Designação geral dos compostos de silício e hidrogé[ê]nio, alguns dos quais são usados em semicondutores. ⇒ alcano.

silenciador, ora *adj/s* (<silenciar + -dor) **1** Que silencia ou impõe silêncio. **2** «testemunha» Que não revela tudo o que sabe. **3** *s m* Dispositivo que reduz a intensidade do som ou do ruído «do escape do carro». **Ex.** Algumas armas têm ~ no cano.

silenciar *v t/int* (<silêncio + -ar¹) **1** Manter em silêncio ou segredo/Calar. **Ex.** Eles silenciaram o acidente que o filho teve. **Ant.** Revelar. **2** Impor silêncio. **Ex.** Deu um murro na mesa e silenciou toda a sala. **3** Reduzir ou ficar reduzido ao silêncio/ Calar-se(+). **Ex.** O orador, de repente e não se sabendo porquê, silenciou[ficou em silêncio(+)]. **4** Deixar de informar/Omitir. **Ex.** A testemunha silenciou muita coisa que sabia. **5** *fig* Matar. **Ex.** Com um tiro silenciou o [*idi* tirou o pio ao] assaltante.

silêncio *s m* (<lat *siléntium*) **1** Estado de uma pessoa que se abstém de falar ou de produzir qualquer som. **Ex.** ~! (Exclamação para mandar calar). Peço [Vamos guardar] um minuto de ~ pelas vítimas do terramoto. O ~ reinava em toda a sala, *idi* não se ouvia uma mosca. **Loc. Em ~** [Sem fazer barulho/Calad(inh)os]. *Estar em* [*Guardar*] *~* [Não falar]. *Impor ~* [Mandar calar]. *Passar em ~* [Omitir]. *Pôr em ~* [Conseguir que as pessoas se calem]. *Quebrar o ~* [(Começar a) falar]. *Reduzir ao ~* «o arguente/adversário» [Obrigar a calar por meio de argumentos convincentes]. *Remeter-se ao ~* [Calar-se]. **Comb.** ~ *mortal/sepulcral/tumular* [~ profundo]. **2** Estado de alguém que se recusa a falar. **Ex.** Às perguntas que lhe fizeram respondeu com o ~. **3** Abstenção de divulgar uma coisa que deve ser mantida em segredo/ Sigilo. **Ex.** Sobre a conversa que tivera com o médico, ele manteve o mais profundo ~. **4** Interrupção do discurso. **Ex.** No meio do discurso, o orador fez um grande ~. **5** Ausência de referência de alguma coisa/Omissão. **Ex.** O ~ da imprensa sobre o caso foi [pareceu] estranho. **6** Interrupção ou ausência de comunicação. **Ex.** Os familiares, por causa da divisão de bens, mantiveram ~ durante muito tempo. **7** Ausência de ruído/Sossego. **Ex.** É no ~ do campo que ele escreve os seus poemas.

silenciosamente (Ósa) *adv* (<silencioso + -mente) Em silêncio/Sem fazer barulho. **Ex.** Saíram ~ de casa. **Ant.** Ruidosamente.

silencioso, a (Ôso, Ósa, Ósos) *adj* (<lat *silentiósus, a, um*) **1** Que guarda silêncio. **Ex.** Ficou todo o dia ~ [retirado(+)/em silêncio (+)]. **Comb.** Maioria ~a [Conjunto de pessoas em maior número que não se manifestam]. **2** Que fala pouco. **Ex.** É uma pessoa ~a [calada (+)/de poucas palavras]. **3** Diz-se do local onde não há barulho/ Calmo/Sossegado. **Ex.** Era um lugar ~, onde só se ouvia o canto dos pássaros. **4** «doença» Que não se manifesta [não dá sinais]. **5** *s m* Dispositivo que reduz o ruído. **Sin.** Silenciador 3/Panela 3.

silente *adj 2g Poe* (<lat *sílens, éntis*: que se cala) ⇒ «bosque/lugar» silencioso; calmo.

silepse (Lé) *s f* (<gr *sýllepsis*: a(c)to de tomar em conjunto, compreensão) **1** *Ling* Figura de estilo em que a concordância entre os elementos da frase obedece ao sentido e não às regras da sintaxe. **Ex.** "O grupo chegou tarde e faziam muito barulho" é uma ~. **2** *Ret* Emprego de uma palavra em sentido próprio e figurado. **Ex.** Na frase "é uma pessoa de baixa estatura, em todos os sentidos" (Sentido físico e moral), *baixa estatura* é uma ~.

sílex *s m Miner* (<lat *sílex, sílicis*: pedra) Rocha sedimentar, dura e de grão muito fino, composta de quartzo e calcedónia/Sílice.

sílfide *s f* (<fr *sylphide*) **1** Génio feminino do ar, na mitologia europeia. **2** *fig* Mulher delicada e graciosa. **3** Imagem vaporosa.

silfo *s m* (<fr *sylphe*) Génio masculino do ar, na mitologia céltica/europeia.

silha *s f* (<lat *sélla*: assento; ⇒ sela) **1** Pedra em que assenta o cortiço das abelhas/ Pouso. **2** Conjunto de cortiços de abelhas para procriação e fabricação do mel/Silhadouro/Cortiços(+). ⇒ colmeia.

silhueta (Êta) *s f* (<fr antr E. *Silhouette*) **1** Desenho de perfil traçado pelos contornos da sombra proje(c)tada por pessoas ou obje(c)tos. **Ex.** É uma pintora que costuma desenhar ~s. **2** Forma geral de um ser ou de uma coisa cujos contornos se destacam de um fundo. **Ex.** No cimo do monte, viam-se as ~s de três pessoas a caminhar. **3** Aspe(c)to geral de uma pessoa ou coisa, considerado em termos estéticos. **Ex.** Ela tem uma bela ~.

sílica *s f Miner* (<sílex + -ica) Substância composta de dióxido de silício, insolúvel, de cor esbranquiçada e de grande dureza. **Ex.** O vidro é fabricado a partir de ~.

silicato *s m Quím* (<sílica + -ato) Designação genérica dos compostos [sais] de um ácido de silício.

sílice *s m Miner* ⇒ sílex(+).

silícico, a *adj Quím* (<sílice + -ico) Que contém silício.

silício [Si 14] *s m Quím* (<sílex + -io) Elemento metaloide do grupo periódico do carbono, existente na crosta terrestre sob a forma de sílica e silicatos. **Ex.** O ~, pela sua resistência, é usado como semicondutor.

silicone (Có) *s m Quím* (<fr *silicone*) Derivado do silício, sob a forma líquida, viscosa ou sólida, inoxidável, isolante e resistente à água. **Ex.** O ~ é usado em cirurgia plástica e em cosmética.

silicose (Có) *s f Med* (<sílica + -ose) Doença pulmonar causada pela inalação constante de poeiras de sílica.

síliqua *s f Bot* (<lat *síliqua*: casca de legumes secos) **1** Fruto seco descente com dois lóculos separados por um falso septo. **2** ⇒ Vagem(+).

silo *s m* (<celta *silon*: semente de grão) **1** Reservatório onde são armazenados alimentos [forragem] para os animais. **2** Reservatório fechado, de forma cilíndrica e elevada, para armazenagem de cereais «trigo/milho». **3** *Mil* Construção subterrânea para armazenar mísseis prontos para lançamento.

silo-auto *s m* (<silo + automóvel) Parque de estacionamento de carros construído em altura, como um prédio.

silogismo *s m Lóg/Fil* (<gr *syllogismós*: raciocínio) **1** Raciocínio dedutivo que consta de três proposições: duas premissas e uma conclusão, sendo esta obtida por inferência. **Ex.** "Todos os homens são mortais; os gregos são homens; logo, os gregos são mortais", é um exemplo de ~.

silogístico, a *adj* (<lat *syllogísticus* <gr *syllogistikós*) **1** Relativo ao [Que procede por] silogismo. **Comb.** *Dedução ~a. Raciocínio ~.*

silte *s m Geol* (<ing *silt*) Fragmentos ou partículas de rocha que entram na formação do solo ou de uma rocha sedimentar.

silúrico[siluriano], a *adj Geol* (<lat *Silúres*, antigo povo do sudeste de Gales ou Wales) (Diz-se de) período da era primária, cara(c)terizado pela abundância de algas marinhas e pelo aparecimento das primeiras plantas terrestres.

silurídeo, a *adj/s Icti* (<gr *siloúros*: peixe grande) (Diz-se de) peixes teleósteos «bagre», cara(c)terizados por terem barbilhões e pele desprovida de escamas.

silva *s f Bot* (<lat *silva*: floresta) Nome vulgar de várias plantas silvestres da família das rosáceas, de longos caules espinhosos e com um fruto comestível, a amora. **Ex.** As cercas estão cheias de ~s carregad(inh)as de amoras. **Idi.** *Da ~* [Totalmente/Completamente] (Ex. Olha o espertinho da ~. O homem está rico, riquinho da ~).

silva[e]do (Vá, Vê) *adj/s m* (<silva + -ado) Terreno ou área onde crescem silvas/Sarçal/Silveiral.

silvar v t/int (<lat *síbilo, áre, átum* ⇒ silvo) **1** Produzir um som agudo e prolongado. **Ex.** O vento silvava por entre as (folhas das) árvores. **2** Dizer em tom agudo e sibilante/Sibilar. **Ex.** Ele silvava palavras que não se entendiam.

silveira s f (<silva + -eira) **1** *Bot* ⇒ silva(+). **2** *Br* Prato de carne picada ou camarão e peixe, misturados com ovos mexidos.

silvestre adj 2g (<lat *silvéstris,e*: de floresta) **1** Que é próprio da floresta ou da selva/Selvagem/Selvático. **2** Que nasce, se produz ou se desenvolve em terrenos incultos, sem ser cultivado. **Ex.** Os campos enchem-se de flores ~s na primavera. **Comb. Fruto ~. Mel ~. 3** ⇒ bravio; estéril.

silvícola adj/s 2g (<lat *silvícola*: habitante da floresta) **1** ⇒ «indústria» florestal(+). **2** (O) que nasce ou vive na floresta. **Sin.** Habitante dos bosques. ⇒ selvagem.

silvicultor, ora adj/s (<lat *sílva*: floresta + cultor) (O) que se dedica à silvicultura [ao estudo e conservação das florestas].

silvicultura s f (<lat *sílva*: floresta + cultura) **1** Ciência que estuda as espécies vegetais, sua identificação e cara(c)terização para preservação e desenvolvimento das florestas. **2** Cultura de árvores florestais/Florestação.

silviídeo, a adj/s *Ornit* (<lat *silva*: floresta + -ídeo) (Diz-se de) família de pequenos pássaros inse(c)tívoros «toutinegra», de bico grácil pontiagudo e canto cara(c)terístico.

silvo s m (<lat *síbilus*) **1** Som agudo produzido por certos animais/Assobio. **Ex.** O ~ da cobra assustou os camponeses. **2** Som agudo produzido por meio de um instrumento como o apito/Assobio/Sibilo. **3** Som agudo produzido pela deslocação do ar «vento forte/ventania» ou de um corpo no ar. **Ex.** Ouviam-se os ~s das balas naquele fogo cruzado.

sim adv/interj/s m (<lat *sic*: assim) **1** Para responder afirmativamente, expressando anuência, consentimento, aprovação. **Ex.** – Já foste ao Brasil? – ~, já fui. **Loc. Dia ~, dia não** [Alternadamente](Ex. Não vou às compras todos os dias, vou (só) dia ~ dia não [cada dois dias]. **Achar/ Dizer/ Pensar que ~** [Concordar]. **Fazer que ~ com a cabeça** [Acenar com a cabeça em sinal de aprovação]. **Não dizer (nem que) ~ nem (que) não** [Não opinar/Não manifestar opinião]. **Ant.** Não. **2** Para responder afirmativamente a um pedido de informação, autorização, oferta, ... **Ex.** – Aceita um café? – ~, obrigado. **3** Para responder a uma interrogação que tem implícita uma resposta afirmativa. **Ex.** – Ele vem, não vem? – ~, vem. **4** Para contrariar uma afirmação ou opinião anterior (com a conjunção *mas*). **Ex.** Eu não fui à aula, não porque não quis, mas ~ porque não me sentia bem [por estar doente]. **5** Para reforçar uma afirmação. **Ex.** «estou a sentir dores» ~, é melhor ires já ao médico. **6** Para manter o conta(c)to ou a comunicação «ao telefone». **Ex.** ~, ~ sou eu! **7** Para manifestar dúvida ou surpresa. **Ex.** – Ele foi o grande herói do dia. – Ah ~?! **8** *iron* Para expressar ameaça ou desafio. **Ex.** ~?! Vais ver o que te faço se não acabares o trabalho! **9** s m A(c)to de consentir. **Ex.** Ele só deu o ~ depois de muita insistência. **Loc. Dar o ~** [Concordar/Consentir]. **Pelo ~ pelo não** [Por segurança] (Ex. Será que vai chover? Pelo ~ pelo não, levo o guarda-chuva). *idi* **Ou ~ ou sopas** [Para indicar que se espera uma resposta rápida afirmativa ou negativa] (Ex. «ou queres ou não (queres)» – Decide-te, ou ~ ou sopas). **10** *interj* **a)** Para reforçar o sentido de uma afirmação. **Ex.** Pois ~ [Concordo]. ~, ~ «você tem toda a razão». **b)** Para discordar. **Ex.** ~(,~), já entendi [já vejo], não precisa de dizer mais nada «você é um mentiroso».

simbiose s f (<gr *symbíosis*: convivência) **1** *Biol* Associação entre dois organismos de espécies diferentes que vivem juntos e com benefício mútuo «algas e fungos que formam os líquenes». **2** *fig* Ligação estreita. **Ex.** O compositor conseguiu uma ~ perfeita entre a letra e a música.

simbiótico, a adj (<gr *symbiotikós*) Relativo a [Que vive em] simbiose.

simbolicamente adv (<simbólico + -mente) **1** Por meio de símbolos. **2** Em sentido figurado/Alegoricamente.

simbólico, a adj (<gr *symbolikós*: que se explica por meio de signo) **1** Relativo a símbolo. **2** Que se exprime por meio de símbolos/Alegórico/Metafórico. **Ex.** A lógica moderna é uma lógica ~a. **Comb. Linguagem ~a. 3** Que é um símbolo. **Ex.** A pomba é a representação ~a [é símbolo(+)] da paz. **4** Que tem valor pelo que representa. **Ex.** Esta prenda «uma rosa» é meramente ~a.

simbolismo s m (<símbolo + -ismo) **1** Representação por meio de símbolos. **2** Significado simbólico de uma coisa «pomba(⇒ simbólico **3** Ex.)/balança(⇒ simbolizar Ex.)/cruz». **3** *Arte/Liter* Movimento artístico e literário dos fins do século XIX (na Europa), marcado por uma visão simbólica do mundo, através do valor musical e simbólico das palavras. **Ex.** O ~ foi muito rico [frutuoso] no domínio da poesia.

simbolista adj/s 2g (<símbolo + -ista) **1** Relativo ao simbolismo. **2** (O) que é partidário do movimento literário e artístico do simbolismo **3**. **Ex.** Eugénio de Castro (1869-1944) é um poeta ~.

simbolizar v t (<símbolo + -izar) Representar ou exprimir algo através de uma forma ou figura/Ser o símbolo de/Significar. **Ex.** A balança simboliza [significa] a justiça.

símbolo s m (<gr *sýmbolon*: marca distintiva) **1** O que representa ou sugere outra coisa. **Ex.** A bandeira é o ~ do país. **2** Ser, obje(c)to ou fa(c)to concreto que representa uma realidade abstra(c)ta, em que há uma relação ou analogia/Atributo/Representação/Signo. **Ex.** A pomba é o ~ da paz. **3** Ser, obje(c)to ou imagem a que se convencionou atribuir um significado/Emblema/Insígnia. **Ex.** O ~ do Benfica (Equipa de futebol de Portugal) é a águia. **4** Pessoa que personifica alguma coisa de modo exemplar/Modelo. **Ex.** Nelson Mandela é o ~ da luta contra o apartheid. **Comb. ~ sexual** [Pessoa que representa o ideal da sensualidade]. **5** Obje(c)to que representa as qualidades ideais. **Ex.** O círculo é o ~ da perfeição. **6** *Rel* Obje(c)to ou sinal com poder místico e evocador. **Ex.** A cruz é ~ do amor de Cristo, que nos amou até à morte. **7** *Rel* Formulário que contém os dogmas do cristianismo. **Comb.** O ~ dos Apóstolos [O credo]. **8** *Arte/Liter* Referindo-se ao concreto, palavras, formas ou cores que, por analogia, evoquem novo sentido. **9** *Ling* Signo que apresenta relação arbitrária com o obje(c)to ou ideia que representa. **10** Representação de um conceito através de letras, números ou figuras. **Ex.** km é o ~ de quilómetro. **11** *Quím* Letra maiúscula seguida ou não de minúscula que representa um elemento químico. **Ex.** Na é o ~ do sódio. **12** *Log/Mat* Sinal gráfico que representa uma proposição, uma operação ou uma relação. **Ex.** ∞ é o ~ de infinito. **13** Imagem que representa determinada a(c)tividade ou serviço. **Ex.** A colher e o garfo (cruzados) são o ~ de restaurante.

simbologia s f (<símbolo + -logia) **1** Ciência que estuda e interpreta os símbolos. **2** Uso de símbolos como forma de representação.

simetria s f (<gr *symmetría*: justa proporção) **1** Qualidade do que é simétrico. **Ex.** A ~ do desenho está [é] perfeita. **Ant.** Assimetria. **2** Correlação em medida, forma e posição entre as partes dispostas de cada lado de uma linha divisória de um plano médio, um centro ou eixo. **3** Semelhança entre duas metades de uma coisa. **Ex.** O edifício «palácio» tem uma ~ perfeita. **4** Conjunto de combinações e proporções equilibradas de que resulta harmonia. **Ex.** O rosto oval era de uma ~ perfeita. **5** *Geom* Disposição de partes semelhantes dispostas de forma análoga em relação a um plano ou a um ponto. **6** *fig* Correspondência entre duas (ou mais) situações ou fenómenos.

simétrico, a adj/s (<simetria + -ico) **1** Relativo a simetria. **2** Que tem harmonia entre os elementos que o constituem. **3** Que está em simetria com outro. **Comb.** Figuras [Prédios] ~s. **Ant.** Assimétrico. **4** Que é divisível em partes iguais. **5** s m *Mat* Que somado a outro dá resto zero/Inverso. **Comb. Função ~a** [cujo valor não se altera perante permutação] «se *a* está em relação com *b* também *b* está em relação com *a*». **Números ~s** «-5 + 5 = 0».

simiesco, a (Ês) adj (<símio + -esco) **1** Relativo aos símios. **2** Que é semelhante a um macaco. **Ex.** Ele tem um rosto ~.

símil adj 2 g (<lat *símilis,e*: semelhante) **1** Que se assemelha/Semelhante. ⇒ similar; símile.

similar adj 2g /s (<símil + -ar²) **1** (O) que é semelhante a outros ou é da mesma natureza/Análogo/Equivalente/Idêntico. **Ex.** Fui comprar arroz, massa e outros produtos ~es. **Ant.** Diferente.

similaridade s f (<similar + -i- + -dade) Qualidade do que é similar/Semelhança(+).

símile adj2g /s m (<lat *símilis, e*: semelhante) **1** ⇒ Análogo/Semelhante(+). **2** s m Comparação de coisas semelhantes/Analogia/Exemplo(+).

similitude s f (<lat *similitúdo, túdinis*) **1** Qualidade do que apresenta alguma semelhança com outro/Analogia(+). **Ex.** No quadro há uma ~ entre as formas. **Ant.** Diferença. **2** ⇒ semelhança **2**.

símio, a adj/s *Zool* (<lat *símius* <gr *simós*: de nariz chato) **1** Relativo aos símios **3**. **2** Que é parecido com os macacos/Simiesco **2**(+). **3** s m pl Grupo de mamíferos, da ordem dos primatas, de olhos voltados para a frente, peludos, com mãos e pés em que os dedos polegares são oponíveis/Simiídeos. **4** s m Macaco(+).

simiologia s f *Zool* (<símio + -logia) Estudo ou tratado dos símios/macacos.

simonia s f (<lat *simonía* <antr *Simão*, o Mágico, secretário judeu que quis comprar a S. Pedro o dom de fazer milagres) **1** Comércio ilícito de coisas sagradas ou a elas ligadas, como os sacramentos. **Ex.** Em algumas épocas históricas, a ~ foi prática bastante frequente. **2** Obtenção de benefícios espirituais por meio de suborno.

simpatia s f (<gr *sympátheia*: participação na dor de outro, ~) **1** Afinidade de espírito que aproxima duas ou mais pessoas/Amizade. **Ex.** Eles têm grande ~ um pelo outro. **Loc. Conquistar [Ganhar] a ~** «dos colegas». **Ant.** Antipatia/Aversão. **2** Sentimento de atra(c)ção por alguém ou alguma coisa. **Loc. Ter ~ por** [Simpatizar com].

3 Disposição favorável/Inclinação. **Ex.** Tem ~ pela [inclinação para a (+)] música. **4** Pessoa de trato muito agradável. **Ex.** É feio/a mas é uma ~ (de pessoa)!

simpático, a *adj* (<simpatia + -ico) **1** «gesto/atitude» Que revela amabilidade e simpatia/Afável. **Ant.** Antipático. **2** Que agrada/Agradável. **Ex.** O professor é muito ~ nas aulas. **3** *Anat* Relativo ao sistema nervoso vegetativo autónomo. **Comb. Nervos ~s. Sistema ~** [nervoso constituído por dois cordões nervosos ao longo da coluna vertebral, regulando o funcionamento da vida vegetativa]. ⇒ parassimpático.

simpatizante *adj/s 2g* (<simpatizar + -ante) **1** Que simpatiza. **2** Que tem afeição por alguém ou alguma coisa. **3** *s 2g* O que segue os ideais de um grupo ou partido, sem a ele pertencer/Apoiante. **Ex.** Os ~s do partido foram ouvir o discurso do Presidente.

simpatizar *v int* (<simpatia + -izar) **1** Sentir afeição por alguém/Ter simpatia por/Gostar de. **Ex.** Ele simpatiza com [gosta de] toda a gente. **Ant.** Antipatizar/Não gostar. **2** Experimentar uma sensação de agrado/Apreciar. **Ex.** Eu simpatizei muito com a [Eu gostei muito da(+)] cidade de Florença. **3** Aderir a uma ideia/Concordar/Aprovar. **Ex.** Ele aprecia [simpatiza com] as ideias progressistas dos filhos.

simpétalo, a *adj* (<gr *syn*: com + *pétalon*: folha) Que tem as pétalas unidas entre si. ⇒ sinsépalo.

simples *adj/s 2g* (<lat *símplex, plicis*) **1** Que não é composto. **Comb. Fra(c)ção ~. Frase ~** [que tem um único verbo]. **Maioria ~/Relativa** [Número de votos superior ao obtido por outra proposta ou outros candidatos]. *Mat* **Regra de três ~** [A que permite determinar um elemento duma proporção, quando se conhecem os três elementos restantes]. **2** Que não é duplo ou múltiplo. **3** Que não tem mistura/Puro. **Ex.** Ele comeu um iogurte ~. **4** Que é de fácil compreensão. **Ex.** O texto é ~. O escritor tem [usa] um estilo ~/fácil. **5** Que é fácil de resolver. **Ex.** O problema é ~. **6** Que não apresenta artifícios [enfeites desnecessários]. **Ex.** A casa tem um estilo ~. **7** Que apresenta naturalidade/Natural. **Ex.** É uma pessoa ~/singela. **8** Que é (um) só. **Ex.** Não tenho nada de grave, foi uma ~/mera [foi só uma] indisposição de estômago. O barulho de um ~ gato conseguiu assustar toda a gente, durante a noite. **9** Que não tem recursos materiais ou posição social de relevo/Modesto/Humilde/Pobre. **10** (O) que é ingé[ê]nuo e sem malícia/Simplório. **Ex.** É um ~, acredita em toda a gente. **11** *Arquit* ⇒ cimbre; cambota.

simplesmente *adv* (<simples + -mente) **1** «falar» De modo simples/Com simplicidade. **2** Apenas/Mas. **Ex.** Temos de partir, ~ [mas] ele ainda não chegou! ... **3** Total[Inteira]mente. **Ex.** Isso é ~ [completamente] impossível! «a festa» Foi ~ [absolutamente] fantástica!

símplice(s) *s m pl* (⇒ simples) **1** Substâncias que entram na composição dos medicamentos. **2** Ingredientes que entram na composição das tintas. **3** Elementos que constituem um corpo. **4** *Bot* Plantas medicinais utilizadas no seu estado natural.

simplicidade *s f* (<lat *simplícitas, átis*) **1** Qualidade de simples. **Loc.** Falar com ~. **2** Qualidade do que é fácil de entender/Facilidade. **Ex.** A ~ do problema deixou-os *idi* de boca aberta [deixou-os admirados]. **Ant.** Complexidade. **3** Qualidade do que é fácil de realizar. **Ex.** A ~ do teste fez com que todos os alunos tivessem boa nota. **Ant.** Dificuldade. **4** Qualidade do que não tem artifícios/Sobriedade. **Ex.** A ~ do estilo faz com que muita gente goste do escritor. **5** Cará(c)ter do que é natural, sincero, espontâneo/Espontaneidade/Franqueza/Naturalidade. **Ex.** Ficou encantado com a ~ das pessoas da aldeia. **Ant.** Presunção/Pretensão. **6** *fig* Qualidade do que é demasiado ingé[ê]nuo/Ingenuidade. **Ex.** A sua ~ fazia com que os outros o explorassem [abusassem dele].

simplicíssimo, a *adj sup* (<simples + -íssimo) «problema» Muito simples.

simplificação *s f* (<simplificar + -ção) **1** A(c)to ou efeito de simplificar. **2** *Mat* Substituição de uma expressão matemática por outra equivalente.

simplificar *v t* (<lat *simplífico, áre, átum*) **1** Tornar (mais) simples ou menos complexo. **2** Tornar mais claro e fácil de compreender. **Ex.** Como usava palavras muito herméticas [difíceis(+)], os assistentes pediram para ~ a linguagem. **Ant.** Complicar. **3** Tornar mais fácil de realizar. **Ant.** Dificultar. **4** *Mat* Reduzir uma expressão matemática a outra mais simples e equivalente. **Comb. ~ uma fra(c)ção/equação**.

simplificativo, a *adj* (<simplificar + -tivo) Que tem como obje(c)tivo tornar simples.

simplismo *s m* (<simples + -ismo) **1** Simplificação excessiva, ocultando aspe(c)tos fundamentais/Ingenuidade/Infantilidade. **2** Tendência para evitar ou ignorar os aspe(c)tos mais complexos das coisas.

simplista *adj/s 2g* (<simples+ -ista) (O) que encara as coisas pelo lado mais simples, que ignora os aspe(c)tos mais complexos [problemáticos] de determinada questão. **Ex.** Ele tem uma atitude ~ perante os problemas [Ele é um [é muito] ~].

simplório, a *adj/s dep* (<simples + -ório) (O) que se deixa enganar com facilidade/Ingé[ê]nuo/Crédulo/Papalvo(+). **Ex.** Os ~s são enganados com frequência, mesmo pelos amigos. **Ant.** Esperto/Sabido.

simpósio *s m* (<gr *sympósion*: banquete) Reunião científica de especialistas para debater um determinado assunto perante um auditório/Colóquio/Congresso. **Ex.** Ultimamente tem havido muitos ~s de Língua Portuguesa.

sim-senhor *s m pop* Nádegas/Rabo.

simulação *s f* (<lat *simulátio, ónis*) **1** A(c)ção ou efeito de simular. **2** A(c)ção de fazer parecer real o que não é/Fingimento(+)/Disfarce. **Ex.** Há pessoas que fazem a ~ de [que fingem(+)] doenças para faltar ao trabalho. **3** A(c)ção de representar artificialmente as condições reais de um acontecimento ou fenó[ô]meno/Simulacro(+). **Ex.** Os bombeiros periodicamente fazem a ~ de um incêndio para treinar o pessoal e verificar o equipamento. **4** *Dir* Declaração fictícia de uma ou ambas as partes com o intuito de enganar terceiros. **5** Método de análise que consiste em substituir um fenó[ô]meno a [que é preciso] analisar por um modelo simples e análogo.

simulacro *s m* (<lat *simulácrum, i:* aparência) **1** Representação artificial de uma realidade com fins técnicos/Simulação 3. **2** Aparência enganosa de uma coisa. **3** Cópia/Reprodução imperfeita/grosseira. **Ex.** O quadro é apenas um ~ do original. **4** Semelhança/Parecença.

simulado, a *adj* (<simular) **1** Que não é verdadeiro/Falso/Fingido(+). **Ex.** A doença dele foi ~a [fingida(+)], só para não vir à reunião. **2** Que se faz com intenção fraudulenta/Falso. **Ex.** Ele fez um contrato ~. **3** Que se faz à semelhança de coisa verdadeira. **Ex.** Os militares, como exercício, fizeram um ataque ~.

simulador, ora *adj/s* (<lat *simulátor, óris*) **1** (O) que finge ou procura mostrar o que não é. **Ex.** Nunca sabemos o que ele pensa, pois é um ~/fingidor(+). **2** *s m* Aparelho que permite reproduzir artificialmente determinadas condições de um fenó[ô]meno para se conhecer melhor, para teste de equipamento ou treino de pessoal. **Ex.** Os pilotos têm aulas práticas num ~ de voo. **3** ⇒ Hipócrita.

simular *v t* (<lat *símulo, áre, átum*: reproduzir) **1** Fazer uma simulação de uma situação real. **Ex.** Os bombeiros simularam um incêndio para treino do pessoal. **2** Fazer parecer real, o que não é. **Ex.** A cara(c)terização simula a idade do a(c)tor. **3** Aparentar/Fingir(+). **Ex.** Os jogadores de futebol simulam com frequência faltas dos outros, sendo muitas vezes castigados por isso. **4** Não deixar transparecer/Disfarçar(+)/Dissimular. **Ex.** Ele consegue ~ o ódio que tem ao adversário. **5** *Info* Construir um modelo com auxílio de um sistema informático, para estudar um fenómeno, reproduzindo ou representando as suas cara(c)terísticas e evolução.

simulatório, a *adj* (<lat *simulatórius, a, um*: fingido) **1** Que encerra [Com] simulação. **2** Que tem por fim simular.

simultaneamente *adv* (<simultâneo + -mente) Ao mesmo tempo(+)/Conjuntamente/Em simultaneidade. **Ex.** Como os dois falavam ~ [ao mesmo tempo(+)], não se percebia nada do que diziam.

simultaneidade *s f* (<simultâneo + -i- + dade) **1** Qualidade do que é simultâneo. **2** Coincidência no tempo/Concomitância. **Comb.** A ~ dos dois aniversários aumentou o número dos participantes na festa.

simultâneo, a *adj* (<lat *simultáneus, a, um*) Que se realiza ao mesmo tempo que outra coisa. **Loc.** Em ~ [Ao mesmo tempo]. **Comb.** Tradução ~a [feita no momento em que é proferido o discurso].

simum *s m* (<ár *samûm*: veneno) Vento quente e seco que sopra no Sara, de sul para norte, e que, levantando muita areia, causa grande sofrimento.

sina *s f* (<lat *signa*, pl de *signum*: sinal) Destino a que cada um está sujeito/Sorte(+)/Fado. **Loc. Ler a ~** [Prever o futuro através da leitura da palma da mão] (Ex. As ciganas costumam ler a ~ na rua).

sinagoga *s f* (<gr *synagogé*: a(c)ção de reunir) **1** Assembleia de fiéis que seguem a lei mosaica. **2** Templo do culto judaico. **Ex.** Os judeus reúnem-se ao sábado na ~. **3** *Br* Reunião tumultuosa/Casa onde ninguém se entende.

Sinai *s m top* Península montanhosa e desértica do Egi(p)to, entre os golfos de Suez e Akaba, onde, segundo a Bíblia, Deus entregou o Decálogo [os Dez Mandamentos] a Moisés.

sinal *s m* (<lat *signális,e*: que serve de signo) **1** O que representa ou faz lembrar uma coisa, um fa(c)to ou um fenómeno. **Ex.** Para não se esquecer, ele marca um ~ na mão. Gaivotas em terra, ~ de tempestade no mar. **Loc. Fazer o ~ da cruz** [Benzer-se/Persignar-se]. **Não dar ~ de vida** [Parecer morto]. **Em ~ de** [Como manifestação de] (Ex. Guardaram um minuto de silêncio em ~ de luto pela morte do colega). **Por ~** [A propósito] «qual foi o que começou a briga?». **Idi. Dar ~ de si** [Manifestar-se/Aparecer] (Ex. Há dias que o meu amigo não dá ~ de si, não sabemos por onde (ele) anda). **Comb. ~ da cruz** [Gesto com que os cristãos se benzem, tocando a testa, o peito, o ombro esquerdo e direito e dizendo: em nome do Pai, do Filho

e do Espírito Santo]. ~ *de alarme* [Advertência de perigo]. ~ *de repetição* [Indicação de repetição num trecho musical]. ~ *de trânsito* [para regular ou orientar os peões [pedestres] e os veículos]. ~ *horário* [~ sonoro emitido pela rádio ou pela TV a determinadas horas]. ~ *verde* [de passagem livre]. ~ *vermelho* [de ordem para parar].
2 Marca/Vestígio permanente. **Ex.** A ferida sarou, mas (ele) ficou (com) um ~ na mão. **3** Marca no corpo. **Ex.** Ele tem ~ais espalhados pelo corpo todo. **4** Representação gráfica convencional. **Comb.** ~ais de pontuação «?/,/;». **5** Dinheiro que uma parte dá à outra para assegurar o compromisso num [para selar um] contrato. **Ex.** Para comprar a casa, teve que dar um ~ de cinco mil euros ao vendedor. **6** Demonstração exterior do que se pensa ou quer/Aceno/Gesto. **Loc.** *Fazer* ~ [Acenar] (**Ex.** Ele fez-me ~ para eu esperar, mas eu não tinha tempo e fui-me [e não esperei]). **7** Marca que se põe em qualquer coisa/Etiqueta(+)/Rótulo(+). **8** O que anuncia o futuro/Prenúncio/Presságio. **Ex.** As nuvens escuras no céu são ~ de mau tempo. **9** *Med* Sintoma cara(c)terístico de um fenómeno/Indício. **Ex.** O exame médico revelou ~ais de uma lesão interna. **Comb.** ~*ais clínicos* [Sintomas de uma doença]. ~ *de parto* [Sintomas que anunciam o nascimento de uma criança]. **10** Gesto ou outro a(c)to convencionado indicativo de uma ordem ou advertência. **Ex.** Ao ~ de partida todos os concorrentes começaram a prova. **11** Som emitido por aparelho de telecomunicações, indicando o seu funcionamento. **Ex.** O telefone não dá ~. **12** Assinatura que se regist(r)a no cartório notarial. **Loc.** Abrir ~ [Regist(r)ar a assinatura em cartório notarial]. **13** Símbolo de uma operação. **Ex.** O ~ + [mais] indica uma operação de somar.
sinal-da-cruz ⇒ sinal **1 Comb.**
sinalefa (Lé) *s f* (<gr *sunaloiphé*: união) **1** *Gram* Transformação/Reunião de duas sílabas numa só «carga-*d'água*/*dum*/*da*». **2** Sinal gráfico ou ortográfico pouco perce(p)tível. **Ex.** Marcou o texto com ~s. **3** Instrumento de encadernador para dourar os filetes [linha ou traço] da lombada dos livros.
sinaleiro, a *adj/s* (<sinal + -eiro) **1** (O) que, colocado num determinado sítio, emite ou recebe sinais. **2** Polícia que dirige a circulação urbana de viaturas e peões. **Ex.** O (polícia) ~ mandou parar o trânsito para passarem os peões/pedestres. **Comb.** *Polícia* ~ [que regula o trânsito]. ⇒ Semáforo.
sinalética *s f* (<fr *signalétique*) **1** Processo de observar e regist(r)ar sinais ou marcas que possibilitem a identificação das pessoas, nomeadamente criminosos. **2** Conjunto de elementos que compõem um sistema de sinalização. **Ex.** A ~ nas estradas deve ser/estar bem visível. **Sin.** Sinalização 2.
sinalização *s f* (<sinalizar + -ção) **1** A(c)to ou efeito de sinalizar. **2** Conjunto de sinais que regulam e orientam a circulação nas vias de comunicação «estradas, aeroportos». **3** Conjunto de sinais a serem observados. **Comb.** Triângulo de ~ [Aparelho de forma triangular para colocar a uma certa distância de um carro avariado na faixa de rodagem da estrada para prevenir do perigo de colisão].
sinalizar *v t* (<sinal + -izar) **1** Pôr marca, sinal, nota. **Ex.** Ao ler um livro, gosto de ~ o texto. **2** Pôr sinais em locais determinados para dar informações a quem circula. **Ex.** A polícia sinalizou as principais zonas de perigo/Assinalar(+). **3** Anunciar ou comunicar por meio de sinais/Assinalar(+)/Indicar. **Ex.** A bandeirola sinalizou a partida dos corredores. **4** *fig* Indicar/Mostrar. **Ex.** As crises sinalizam mudanças sociais. **5** Pagar o sinal para garantir o compromisso num contrato. **Ex.** Já sinalizou o negócio.
sinapismo *s m* (<gr *synapismós*: mostarda + -ismo) Cataplasma de efeitos revulsivos, à base de mostarda e com farinha e vinagre, aplicada sobre uma parte do corpo para abrandamento da dor.
sinapse *s f Anat* (<gr *sýnapsis*: união) **1** Emparelhamento de cromossoma[o]s homólogos durante a meiose. **2** Local de conta(c)to entre dois neuró[ô]nios [duas células nervosas] onde ocorre a passagem dos impulsos nervosos.
sinartrose *s f Anat* (<gr *synárthrosis*) Articulação sem mobilidade em que as superfícies articulares estão em contacto dire(c)to sem nenhuma cavidade sinovial intermediária.
sincarpado[cárpico], a *adj Bot* (<gr *syn*: com + *karpós*: fruto) Proveniente de vários carpelos unidos.
sincelo (Cé) *s m* (< ?) Pedaços de gelo suspensos das árvores, dos telhados ou de outras superfícies, resultantes da congelação da chuva ou do orvalho. **Sin.** Pingente de gelo; pingaralho.
sinceramente *adv* (<sincero + -mente) **1** De modo sincero/Francamente. **Ex.** Ele reconheceu ~ os seus erros. **2** Sem fingimento. **Ex.** Estava ~ arrependido do mal que tinha feito. **3** De fa(c)to/Efe(c)tivamente. **Ex.** ~, já fiz tudo o que tinha de fazer. **4** Muito/Deveras/Mesmo/Realmente. **Ex.** É uma pessoa ~ [muito] boa. **5** *interj* Exprime desagrado ou reprovação. **Ex.** ~! Estás sempre a fazer [Só fazes/Só sabes fazer (+)] asneiras. ⇒ caramba.
sinceridade *s f* (<lat *sincéritas, átis*: integridade) **1** Qualidade de sincero/honesto. **2** Verdade. **Ex.** A ~ das suas palavras convenceu toda a gente. **Ant.** Fingimento/Mentira. **3** Franqueza/Clareza. **Ex.** Peço desculpa pela ~ [franqueza(+)], mas não concordo (nada) com a sua opinião.
sincero, a (Cé) *adj* (<lat *sincérus, a, um*) **1** Que age ou fala sem qualquer intenção de enganar/Franco. **2** Autêntico/Verdadeiro. **Ex.** Ele é uma pessoa ~a, fala com *idi* o coração nas mãos. **Ant.** Hipócrita/Mentiroso/Falso. **3** Que vem do coração/Afe(c)tuoso/Amigo. **Ex.** Envio os meus ~s cumprimentos. Envio um ~ abraço.
sínclise *s f Gram* (<gr *sýgklisis, eos*: inclinar) Colocação dos pronomes oblíquos (me, te, se, vos, lhe, lhes, o, a, os, as) em torno do verbo, podendo antepor-se, interpor-se ou pospor-se.
sincopado, a *adj* (<sincopar) **1** «palavra» Que perdeu uma ou mais sílabas intermédias. **2** Que não é contínuo, mas com espaços ou intervalos. **3** *Mús* Que se cara(c)teriza pelo uso da síncope/Fortemente acentuado/cadenciado. **Ex.** A música que os instrumentistas tocaram no concerto de jazz era bastante ~a.
sincopal *adj 2g* (<síncope + -al) Relativo a síncope.
sincopar *v tr* (<síncope + -ar¹) **1** *Fon* Fazer uma síncope **2**. **2** Estabelecer intervalos entre os diversos elementos de um conjunto. **3** *Mús* Fazer síncope **3**.
síncope *s f* (<gr *synkopé*: redução, corte) **1** Perda repentina da consciência por suspensão da circulação cerebral/Desmaio. **Ex.** Ele estava numa festa e, quando não se esperava, teve uma ~. **2** *Fon* Processo fonológico de supressão de um som ou de uma sílaba no interior de uma palavra «i(ni)migo». **3** *Mús* Acento de uma nota que começa num tempo fraco mas continua num forte.
sincrético, a *adj* (⇒ sincretismo) **1** Relativo ao sincretismo. **2** Que é resultante da fusão de diferentes teorias ou visões do mundo. **3** Que tem uma perce(p)ção indistinta do mundo exterior e interior. **Ex.** A visão da criança numa fase do seu desenvolvimento é ~a.
sincretismo *s m* (<gr *sygkretismós*: união de cretenses (Da ilha de Creta) contra um adversário comum) **1** Mistura confusa de diferentes doutrinas ou conce(p)ções. **Comb.** O ~ religioso «dos brasileiros/japoneses». **2** Fusão de elementos culturais diferentes. **3** *Psic* Apreensão indistinta [indiferenciada] do mundo real verificada nos primeiros estádios do desenvolvimento da criança.
sincretista *adj/s 2g* (⇒ sincretismo) (O) que faz ou ado(p)ta uma amálgama confusa de ideias ou crenças.
sincronia *s f* (<síncrono + -ia) **1** Ocorrência simultânea de dois ou mais fenó[ô]menos ou fa(c)tos/Simultaneidade. ⇒ Sincronização. **Loc.** «fazer algo» Em ~ [Em simultâneo]. **2** *Ling* Estado de uma língua num determinado tempo, independentemente da sua evolução «português do séc. XIV».
sincrónico, a [*Br* **sincrônico**] *adj* (<síncrono + -ico) **1** Relativo a sincronia/Síncrono(+). **2** Que ocorre ou se realiza ao mesmo tempo/Simultâneo(+). **3** Relativo a conjunto de fenó[ô]menos numa determinada época, sem ter em conta a sua evolução. **Comb.** Linguística ~. ⇒ sincronia **2**.
sincronismo *s m* (< síncrono + -ismo) **1** Coincidência no tempo/Simultaneidade. **2** *Ele(c)tr* Estado de duas ou mais grandezas periódicas que têm a mesma amplitude, a mesma fase e a mesma frequência.
sincronização *s f* (<sincronizar + -ção) **1** A(c)to de sincronizar [acertar «dois relógios/o «meu» relógio pelo sinal horário]. **2** Coincidência no tempo entre duas ou mais coisas. **3** Ajuste entre os elementos visuais e sonoros na produção de um filme. **Ex.** No último filme fiz bem a ~ entre a imagem e o som.
sincronizar *v t* (<síncrono + -izar) **1** Fazer coincidir no tempo/Acertar(+). **Ex.** Sincronizaram os relógios que tinham em casa. **Comb.** Velocidade sincronizada [Combinação de certas mudanças de velocidade que permite evitar um choque de engrenagem]. **2** Estar em sincronia no tempo, ritmo e velocidade. **Ex.** Os bailarinos sincronizaram perfeitamente os passos. **3** Ajustar com rigor o som e a imagem. **Ex.** No filme não sincronizaram bem a voz com o movimento dos lábios dos a(c)tores.
síncrono, a *adj* (<gr *sýgkhronos*: contemporâneo) **1** Sincró[ô]nico. **2** *Ele(c)tri* Diz-se dos motores de corrente alternada cuja velocidade é constante para determinado período da corrente, e que só podem continuar em movimento quando já tiverem atingido a velocidade cara(c)terística.
sindáctilo, a [*Br* **sindá(c)tilo** (dg)] *adj/s* (<gr *sun*: com + *dáktilos*: dedo) (O) que tem dois ou mais dedos total ou parcialmente unidos «pato».
sindérese *s f* (<gr *syndéresis*: observação atenta) **1** Faculdade natural de julgar com re(c)tidão/Sentido [Consciência] moral. **2** ⇒ discri[e]ção; circunspe(c)ção; bom senso.

sindesmose *s f Anat* (<gr *sýndesmos*: ligamento) Articulação fibrosa semimóvel em que os ossos estão unidos por um ligamento.

sindético, a *adj* (<gr *súndetikós*: que serve para ligar + -ico) Diz-se da frase que está ligada por uma conjunção coordenativa. **Ex.** Na frase "Ele está doente e não sai da cama", a segunda frase é uma frase copulativa ~a.

sindicação *s f* (<sindicar + -ção) A(c)to ou efeito de sindicar/Sindicância(+).

sindical *adj 2g* (<síndico + -al) Relativo a sindicato ou a síndico. **Ex.** Em muitos países não há liberdade ~. Os dirigentes ~ais demitiram-se em bloco.**Comb. Central ~. Imposto ~.**

sindicalismo *s m* (<sindical + -ismo) **1** Movimento social que promove a organização dos grupos profissionais em sindicatos para defesa dos interesses dos seus filiados. **2** Conjunto dos sindicatos e dos sindicalistas. **Ex.** Todo o ~ se juntou para defender a liberdade sindical. **3** A(c)tividade exercida dentro de um sindicato.

sindicalista *adj/s 2g* (<sindical + -ista) **1** Relativo a sindicato ou ao sindicalismo. **2** (O) que é partidário do sindicalismo. **3** (O) que se dedica ao serviço de um sindicato. **4** Dirigente sindical.

sindicalização *s f* (<sindicalizar + -ção) **1** A(c)to ou efeito de sindicalizar(-se). **Ex.** A seguir ao 25 de abril (de 1974), em Portugal, houve um grande movimento de ~ por parte dos trabalhadores.

sindicalizado, a *adj/s* (<sindicalizar) (O) que pertence a [que se tornou membro de] um sindicato.

sindicalizar *v t* (<sindical + -izar) **1** Organizar em sindicato. **2** ~-se/Inscrever(-se) como membro de um sindicato. **Ex.** Ele sindicalizou-se logo que começou a trabalhar.

sindicância *s f* (<sindicar + -ância) **1** Conjunto de procedimentos que se destinam a averiguar ou apurar ocorrências anómalas no funcionamento de uma organização/ Averiguação(+). **Ex.** O governo mandou fazer uma ~ a várias empresas por suspeita de irregularidades. **2** Função de síndico.

sindicante *adj/s 2g* (<sindicar + -nte) (O) que faz sindicância.

sindicar *v t/int* (<síndico + -ar¹) **1** Averiguar(+)/Inquirir. **2** Realizar [Proceder a] uma sindicância.

sindicato *s m* (<síndico + -ato) Associação de trabalhadores que exercem a mesma a(c)tividade para defesa dos seus interesses profissionais, perante o patronato. **Ex.** Os ~s fizeram várias reivindicações ao governo e marcaram uma greve.

síndico, a *adj/s* (<gr *sýndikos*: o que dá assistência a alguém na justiça) **1** (O) que faz uma sindicância/Sindicante. **2** Indivíduo eleito entre os membros de uma associação para defender os seus interesses. **3** *Br* Administrador de uma falência.

síndrome[a] *s f* (<gr *syndromé*: reunião tumultuosa) **1** Conjunto bem determinado de sintomas que cara(c)terizam uma doença. **Comb. ~ de Cushing** [Libertação de cortisol pelas glândulas suprarrenais]. **~ de Down** [Mongolismo]. **~ de Menière** [Afe(c)ção do ouvido interno]. **~ de imunodeficiência adquirida** ⇒ sida. **~ de pânico** [cara(c)terizado por súbitos ataques de pânico, acompanhados do medo de novos [de mais] ataques]. **2** *fig* Conjunto de sinais reveladores de determinada situação.

sinecura *s f* (<lat *sine cura*: sem cuidado [trabalho]) Emprego ou cargo rendoso e lucrativo, com pouco trabalho.

sine die *loc* (<lat *sine die*: sem dia) Expressão latina que significa "sem data marcada". **Ex.** A reunião foi adiada ~ «possibilidade de não se realizar».

sinédoque *s f* (<gr *synekdokhé*: compreensão de várias coisas ao mesmo tempo) Figura de estilo que consiste em tomar a parte pelo todo, o singular pelo plural, o continente pelo conteúdo. **Ex.** Precisamos de mais *braços* [pessoas] para fazer este trabalho. É preciso pensar nos problemas da *criança* [de todas as crianças]. Bebeu muitos *copos* [muito vinho].

sinédrio[edrim] *s m Hist* (<gr *sunédrion*: assembleia) Supremo tribunal dos antigos hebreus, constituído pelos sumos sacerdotes, anciãos do povo e escribas ou doutores da lei. **Ex.** Jesus Cristo, depois de preso, foi conduzido ao ~ e interrogado.

sineiro, a *adj/s* (<sino + -eiro) **1** Com [Que tem] sinos. **Ex.** Em Portugal, as igrejas geralmente têm uma torre ~a. **2** Pessoa encarregada de tocar os sinos. **Ex.** O ~ levantou-se cedo para tocar à missa. **3** Fabricante de sinos. **4** *s f* Abertura na torre ocupada pelo sino. **5** *s f* Boia(+) pequena de cortiça nas redes de pesca.

sine qua non *loc* Expressão latina, «sem a qual não», para indicar uma condição necessária ou indispensável para atingir um obje(c)tivo. **Ex.** A licenciatura nessa área «de História» é condição ~ para poder concorrer ao cargo «de professor».

sinergia *s f* (<gr *sunergía*: cooperação) A(c)ção conjunta de diferentes agentes «empresas» para conseguir um resultado que um só deles não conseguiria. **Ex.** Para o desenvolvimento da região, é preciso aproveitar todas as ~s disponíveis.

sinestesia *s f* (<gr *synaisthésis*: perce(p)ção simultânea) **1** Relação espontânea [Cruzamento] entre sensações de cará(c)ter diverso. **Ex.** Na frase "O som luminoso do piano", o "som luminoso" é uma ~. **2** Associação de palavras ou expressões com combinação de sensações diferentes numa só impressão. **Ex.** A música das flores.

sineta (Nê) *s f Dim* (<sino + -eta) Sino pequeno. **Ex.** A capela da aldeia tem uma linda~.

sinete (Nê) *s m* (<fr *signet*) **1** Carimbo para marcar em lacre, papel ou cera uma divisa «nome da escola» ou as suas iniciais. **2** Marca ou sinal produzido por 1/Chancela.

sínfise *s f Anat* (<gr *sýmphisis*: união) Aderência anormal de partes «articulações dos ossos» normalmente separadas. **Comb. ~ cardíaca** [dos dois folhetos do pericárdio causada por inflamação]. **~ púbica** [Junção dos ossos do púbis].

sinfonia *s f* (<gr *symphonía*: reunião de sons) **1** Conjunto harmonioso de sons «canto das avezinhas». **2** *Mús* Composição musical para orquestra, composta geralmente por [de(+)] quatro andamentos. **Ex.** A nona ~ de Beethoven é uma das suas grandes obras musicais. **3** *fig* Combinação harmó[ô]nica de vários elementos. **Ex.** O quadro é uma ~ de cores e traços.

sinfónico, a [*Br* **sinfônico**] *adj Mús* (<sinfonia + -ico) **1** Relativo a sinfonia. **Comb.** Orquestra ~a. **2** *fig* ⇒ harmonioso.

sinfonieta (Ê) *s f Mús* (<sinfonia + -eta) Sinfonia curta para pequena orquestra ou orquestra de câmara.

sinfonista *adj/s 2g Mús* (<sinfonia+-ista) **1** (O) que compõe sinfonias. **Ex.** Beethoven é um dos maiores ~s da história da música. **2** Instrumentista de uma orquestra sinfó[ô]nica.

S[C]ingapura *s f top* República e cidade-estado do Sudeste Asiático, situada na península malaia e cujos habitantes são s[c]ingapurenses.

singeleza *s f* (<singelo + -eza) **1** Qualidade do que é simples/Simplicidade(+). **Ex.** Ele falou com muita ~. **2** Qualidade do «coração» que é honesto e sincero/Sinceridade. **3** Qualidade do «menino» que revela inocência. **4** Ausência de ornamentos/Simplicidade. **Ex.** A sala estava decorada com muita ~ [sem grandes enfeites/ornatos].

singelo, a (Gé) *adj* (<lat *singéllus*, dim de *síngulus*: um só) **1** Que não é composto/ Simples/Só. **Comb.** Flor ~a. **2** Que age com simplicidade e sinceridade/Sincero. **Comb.** Palavras ~s. **3** «pessoa» Que revela inocência, ingenuidade/Inocente. **4** «casa/ quarto» Desprovido de artifícios.

singradura *s f* (<singrar + -ura) **1** A(c)ção ou efeito de singrar. **2** Tempo de viagem de um navio desde a partida até à chegada. **3** Percurso de um navio num período de 24 horas.

singrar *v t/int* (<norueguês *sigla*: velejar) **1** Sulcar (as águas)/Navegar. **Ex.** Os portugueses foram os primeiros europeus que chegaram à Índia, singrando os mares [, por via marítima]. **2** *fig* Abrir caminho na vida/Progredir. **Ex.** Com muito trabalho ele conseguiu ~ na empresa.

singular *adj 2g/s m* (<lat *singuláris,e*) **1** Que é relativo a um só/Individual/Isolado/Único. **Comb.** Combate ~ [Combate (só) entre duas pessoas/Duelo]. **2** Que é fora do comum/Exce(p)cional(+)/Extraordinário(+)/Invulgar. **Ex.** É um homem ~ na sua criação artística. **Comb.** A beleza ~ da paisagem. Uma pedra de formato ~/raro. **3** *Mat* Conjunto formado por um único elemento. **4** *s m Gram* Designação do número que indica apenas uma coisa ou um todo. **Ex.** As palavras "casa" e "cão" estão no ~. **Ant.** Plural.

singularidade *s f* (<lat *singuláritas, átis*) **1** Qualidade do que é singular, que não tem igual/Particularidade. **Comb.** A ~ de uma cultura [Uma cultura original/única]. **2** Cara(c)terística singular/exce(p)cional/ rara. **Comb. ~ de um acontecimento**. **3** Modo extraordinário ou excêntrico de se comportar. **Ex** As ~s da cantora (Cesária Évora) levaram-na a cantar sempre descalça. **4** Qualidade do que é original/Originalidade(+). **Comb.** A ~ do estilo «dum escritor».

singularizar *v* (<singular + -izar) **1** Tornar(-se) singular, diferente dos outros/Distinguir(-se). **Ex.** Ele singularizou-se no seio da família pela sua capacidade para os negócios. **2** Referir um a um, minuciosamente/Especificar/Particularizar. **Ex.** O advogado singularizou todos os casos da prova. **Ant.** Generalizar.

singularmente *adv* (<singular + -mente) **1** De um modo que não é comum. **Ex.** Ela penteava-se todos os dias ~, sempre de maneira diferente. **2** Em grau muito elevado. **Ex.** Era uma mulher ~ [muito] intuitiva.

sinhá *s f Br Hist* (<senhora) Tratamento dado à senhora ou patroa pelos escravos.

sinhô *s m Br Hist* (<senhor) Tratamento dado ao senhor por parte dos escravos. ⇒ senhor 1.

sínico, a *adj* (<lat *Sina*: China + -ico) Relativo à China. ⇒ chinês(+).

sinistrado, a *adj/s* (<sinistrar) (O) que foi vítima de um sinistro/desastre/acidente. **Ex.** Os ~s do acidente foram imediatamente conduzidos para o hospital.

sinistralidade *s f* (<sinistro 6 + -al + -i-dade) **1** Grau de ocorrência de sinis-

tros. **Ex.** Na época de Natal costuma haver mais ~ nas estradas «portuguesas». **2** Tendência espontânea para usar a mão esquerda ou o olho esquerdo.

sinistramente *adv* (<sinistro + -mente) De modo sinistro/Horrorosamente. **Ex.** O prédio é ~ escuro e feio.

sinistrar *v int* (<sinistro + -ar) Sofrer sinistro ou acidente. ⇒ sinistrado.

sinistro, a *adj/s* (<lat *siníster, tra, trum*: do lado) esquerdo, funesto, ~) **1** Que fica do lado esquerdo. **Ex.** Ele usa a mão ~a para escrever [Ele escreve com a (mão) esquerda(+)]. **2** (O) que usa preferencialmente a mão esquerda/Canhoto(+). **3** Com [Que pressagia] desgraças ou acontecimentos funestos. **Ex.** Foi um ano de acontecimentos ~s. **4** Que revela más intenções/Mau/Perverso. **Ex.** Ele é uma pessoa ~a, mete medo a toda a gente. **5** Que é sombrio e assustador. **Ex.** Ele não queria voltar àquele lugar ~. **6** *s m* Acontecimento que provoca danos, perdas ou prejuízos materiais, particularmente de bens segurados. **Ex.** O ~ na estrada foi horrível!

sino *s m* (<lat *sígnum*) **1** Instrumento de bronze em forma de campânula que produz sons com o batimento de uma peça interior, o badalo, ou exterior, o martelo. **Ex.** Ao longo do dia ouvia-se o ~, chamando os fiéis para a oração/missa. Os ~s estão a dobrar [tocar] a finados, quem terá morrido? **2** *Mús* Instrumento de tubos metálicos que produz sons semelhantes aos do ~. **3** Aparelho, em forma de pirâmide truncada, absolutamente estanque, em que o mergulhador desce.

sinodal *adj 2g* (<lat *synodális*) **1** Relativo a sínodo «dos bispos em Roma»/Sinódico.

sinódico, a *adj/s* (<gr *sunodikós*) **1** Relativo a uma assembleia de eclesiásticos/Sinodal(+). **2** *Astr* Tempo que um corpo do sistema solar demora a efe(c)tuar uma revolução completa em relação a uma linha que passa pela Terra e pelo Sol. **Comb.** *Mês ~*.

sínodo *s m* (<gr *sýnodos*: reunião de pessoas) **1** *Rel* Assembleia de eclesiásticos convocada para tratar de assuntos relativos à vida da Igreja. **Ex.** O ~ foi convocado pelo Papa para tratar de assuntos pastorais. **Comb.** *~ diocesano* [Assembleia do clero de uma diocese]. *~ dos bispos* [Assembleia dos bispos convocada pelo Papa]. **2** ⇒ assembleia.

sino-japonês, a *adj* (⇒ sínico) Relativo à China e ao Japão. **Comb.** Relações ~esas. ⇒ luso.

sinologia *s f* (⇒ sínico) Estudo da língua, escrita, cultura, história, instituições e costumes da China.

sinólogo *adj/s* (⇒ sínico) (O) que se dedica à [Especialista em] sinologia.

sinonímia *s f* (<gr *synonymía*: semelhança de sentidos) **1** Relação de proximidade semântica/Qualidade de palavras sinónimas. **2** Emprego de sinó[ô]nimos. **3** ⇒ sinonímico **2**. **4** Lista de sinó[ô]nimos referentes a uma palavra. **Ex.** A ~ da palavra *cachaça* tem cerca de 400 palavras em português.

sinonímico, a *adj/s* (<sinonímia/sinó[ô]nimo + -ico) **1** Relativo à sinonímia. **2** *s f Ling* Estudo dos sinó[ô]nimos.

sinónimo, a [*Br* **sinônimo**] *adj/s* (<gr *synónymon*) **1** Que tem o mesmo sentido ou sentido equivalente de outra palavra. **Ex.** Este dicionário inclui muitos ~s [muitas palavras ~as]. **2** *s m Ling* Palavra ou expressão com o mesmo sentido ou sentido equivalente. **Ex.** Um dos ~s de *sinceridade* é *verdade*. **Ant.** Antó[ô]nimo.

sinopse *s f* (<gr *sýnopsis*: vista de conjunto) **1** Visão geral, dada de forma abreviada, de uma matéria/Epítome/Resumo(+)/Síntese(+)/Sumário(+). **Ex.** Nas revistas científicas os artigos apresentam uma ~ dos mesmos imediatamente a seguir ao título. **2** Tratado, teoria ou doutrina expostos de forma sintética sobre uma determinada matéria. **Ex.** Ele elaborou uma ~ de gramática portuguesa.

sinóptico, a [*Br* **sinó(p)tico**(*dg*)] *adj/s* (<gr *synoptikós*: que permite ver o conjunto ao mesmo tempo) **1** Relativo a sinopse. **2** Que dá uma visão geral de uma matéria/Sintético(+)/Resumido(+)/Breve. **3** (Diz-se) dos três Evangelhos juntos, de S. Mateus, S. Marcos e S. Lucas, que apresentam narrativas semelhantes da vida de Jesus. **Ex.** Eu tenho um Novo Testamento com os ~s em paralelo (na mesma página).

sinóvia *s f Fisiol* (< ?) Líquido transparente e viscoso, segregado pela membrana sinovial, responsável pela lubrificação das articulações móveis.

sinovial *adj 2g* (<sinóvia + -al) Relativo a sinóvia. **Comb.** *Líquido ~* [Sinóvia(+)]. *Membrana ~* [que segrega sinóvia]. *Saco/Cápsula ~* [que contém sinóvia].

sinovite *s f Med* (<sinóvia + -ite) Inflamação das membranas sinoviais,

sínquise *s f* (<gr *sýgkhysis* : confusão) **1** *Ling* Alteração ou inversão da ordem das palavras na frase, tornando-a de difícil compreensão. **Ex.** *Em pesada melancolia caiu o pobre* por *O pobre caiu em pesada melancolia*. **2** *Med* Colapso do humor vítreo do olho. **Comb.** *~ cintilante* [Visão aparente de pontos cintilantes devido aos cristais de colesterol, que flutuam no corpo vítreo líquido].

sinsépalo, a *adj Bot* (<gr *syn*: com + sépala) Que tem as sépalas unidas/Gamossépalo (+).

sintáctico ⇒ sintático.

sintagma *s m* (<gr *sýntagma, atós*: combinação, alinhamento) **1** *Ling* Sequência de palavras que formam um constituinte no interior de uma frase. **Ex.** O professor pediu aos alunos para dividirem a frase em ~s. **Comb.** *~ adje(c)tival* [Constituinte que tem como elemento nuclear o adje(c)tivo]. *~ adverbial* [Constituinte que tem como elemento nuclear o advérbio]. *~ nominal* [Constituinte que tem como elemento nuclear o nome]. *~ preposicional* [Constituinte que tem como elemento nuclear a preposição]. *~ verbal* [Constituinte que tem como elemento nuclear o verbo]. **2** Tratado de qualquer matéria dividida em classes, números, etc.

sintagmático, a *adj Ling* (<sintagma + -ico) Relativo a um sintagma ou ao encadeamento das palavras no plano sequencial. ⇒ paradigmático.

sintático, a [*Br* **sintá(c)tico** (*dg*)] *adj* [= sintáctico] (<gr *syntaktikós*: que põe em ordem) Relativo à sintaxe. **Comb.** *Análise ~a/gramatical* «dum texto».

sintaxe (Tásse) *s f Gram* (<gr *sýntaksis*: ordem, composição) **1** Parte da gramática que estuda a combinação das palavras e das frases (no discurso). **Comb.** *Figuras de ~* [Processos que alteram a ordem das palavras na frase] «anáfora/elipse». **2** Conjunto de aspe(c)tos da ~ de uma época ou de um autor. **Comb.** *A ~ de Eça de Queirós. A ~ quinhentista* [«do português» de 1500-1600].

síntese *s f* (<gr *sýnthesis*: unificação) **1** Operação intele(c)tual que consiste em reconstituir um todo a partir dos elementos. **Loc.** *Em ~* [Sinteticamente/Em resumo/Em suma]. **Comb.** *~ dialé(c)tica* [Proposição que realiza o acordo e a superação da tese e da antítese]. **Ant.** Análise. ⇒ silogismo. **2** Exposição breve e global de um determinado tema com resumo dos tópicos principais/Sinopse. **3** *Quím* Formação de um composto «água» por combinação dos seus elementos «oxigénio e hidrogénio». **4** *Biol* Produção pelas células ou por organismos vivos de substâncias complexas «adrenalina». ⇒ fotossíntese.

sinteticamente *adv* (<sintético + -mente) De modo sintético/Concisamente/Sucintamente.

sintético, a *adj* (<gr *synthetikós*: que reúne) **1** Relativo à síntese. **Ant.** Analítico. **2** Que não se detém em pormenores/Conciso/Sucinto. **Ex.** Ele foi muito ~ na apresentação do seu trabalho. ⇒ resumido. **3** *Quím* Produzido por síntese química/Artificial. **Comb.** *Borracha ~. Fibra ~. Tecido ~.* **Ant.** Natural.

sintetizador, ora *adj/s* (<sintetizar + -dor) **1** (O) que sintetiza ou reúne por meio de síntese. **2** *s m* Instrumento ele(c)trónico capaz de reproduzir sons de diferentes frequência e intensidade, previamente memorizados. **Comb.** *~ de imagens* «TV» [Gerador ele(c)tró[ô]nico de imagens munido de memória e um programa de funcionamento].

sintetizar *v t* (<gr *synthetós*: composto + -izar) **1** Tornar sintético. **2** Fazer a síntese ou dizer em poucas palavras/Condensar/Resumir(+). **Ex.** Como já tinham pouco tempo, o interveniente sintetizou o seu pensamento em poucas palavras. **3** Reunir em. **Ex.** Ele sintetizou uma série de questões apenas em duas. Ela sintetiza [reúne(+)] (em si) todas as qualidades de uma boa mãe. **4** *Quím* Produzir uma substância por síntese química ou biológica. **Ex.** Szent György sintetizou a vitamina C.

sintoma (Tó) *s m Med* (<gr *sýmptoma, atos*: coincidência) **1** Manifestação de alteração orgânica/Sinal de doença. **Ex.** A dor no peito pode ser ~ de problemas cardíacos. **2** *fig* Sinal (indicativo) de que algo vai acontecer. **Comb.** *~s de revolução militar* [nas forças armadas].

sintomático, a *adj* (<sintoma + -ico) **1** Relativo a sintoma. **2** Que é efeito ou sinal de alguma doença. **Ex.** Os vómitos são claros ~s de problemas orgânicos «digestivos». **3** *fig* Revelador/Significativo. **Ex.** A ameaça acentuou-se com gestos (muito) ~s.

sintomatologia *s f Med* (<sintoma + -logia) **1** Estudo e interpretação do conjunto de sinais e sintomas das doenças. **2** Conjunto de sintomas (próprios) de uma doença.

sintonia *s f* (<gr *syntonía*: tensão forte, acorde de sons) **1** *Ele(c)tron* Acordo de frequência entre um emissor e um rece(p)tor. **Ex.** Como os dois aparelhos não estavam em ~, não se conseguia ouvir bem. **2** *fig* Acordo mútuo de sentimentos e ideias/Harmonia. **Ex.** Houve sempre entre nós uma grande [perfeita] ~.

sintonização *s f* (<sintonizar + -ção) **1** A(c)to ou efeito de sintonizar. **Ex.** A ~ da imagem e do som no filme ficou perfeita. **2** *fig* Ajustamento; harmonização.

sintonizador, ora *adj/s* (<sintonizar + -dor) **1** (O) que sintoniza. **2** *s m* Sistema de rece(p)ção de sinais elé(c)tricos, responsável pelo ajuste de frequências de dois ou mais aparelhos.

sintonizar *v t* (<sintonia + -izar) **1** Ajustar um aparelho rece(p)tor «rádio/televisão» ao comprimento de onda do aparelho transmissor. **Ex.** Não conseguia ~ bem o rádio, fazia muito ruído. **2** Estabelecer a

sintonia/Ajustar/Harmonizar. **Ex.** Ele sintonizou a imagem e o som do filme. **3** *fig* Entender-se bem com/Ajustar/Harmonizar. **Ex.** Creio que pode(re)mos ~ os nossos interesses neste proje(c)to.

sinuca *s f Br* (<ing *snooker*) **1** ⇒ snooker. **2** *fig* Situação que provoca embaraço. **Ex.** As perguntas dos alunos deixaram o professor em grande ~.

sinuosidade *s f* (<sinuoso + -i- + -dade) **1** Qualidade de «rio» sinuoso. **2** Extensão ou movimento de algo às curvas. **Ex.** A ~ da estrada exigia o maior cuidado na condução. **3** *fig* ⇒ Argumentação vaga que procura fugir à questão/Rodeio(+)/Evasiva.

sinuoso, osa (Ôso, Ôsa, Ósos) *adj* (<lat *sinuósus, a, um*: curvo; ⇒ seio) **1** «serpente/rio» Que descreve [vai às] curvas. **2** Cheio de curvas/Tortuoso. **Ex.** A estrada (que vai) pela serra é muito ~a [tem muitas curvas]. **3** *fig* Com cará(c)ter tortuoso/retorcido. **Ex.** É uma pessoa ~a [(re)torcida(+)], não tenho confiança nele/a.

sinusite *s f Med* (<seio + -ite) Inflamação cró[ô]nica dos seios paranasais [da face]. **Ex.** Ele está com uma ~ aguda.

sinusoidal *adj 2g Mat* (<sinusoide + -al) ⇒ senoidal.

sinusoide (Zói) *s f Mat* ⇒ senoide.

siô *s m Br col* ⇒ senhor 1; sinhô; sô.

sionismo *s m* (<hebr top *Tsiyon*: Monte de Jerusalém + -ismo) Movimento de cará(c)ter político e religioso que tinha [tem] como obje(c)tivo o estabelecimento de um estado judaico na Palestina.

sique [sikh] *adj/ s 2g* (<sân *sishya*: discípulo) (Diz-se de) membro do siquismo. **Ex.** Os ~s formam um importante grupo étnico do Norte da Índia, no Pundjabe.

siquismo *s m* (<sique + -ismo) Religião de estrito monoteísmo dos siques [sikhs], cujo fundador, Nanak Dev (1469-1539), procurou suprimir as castas e os conflitos religiosos.

sirene (Ré) *s f* (<sereia) Instrumento que produz um som agudo de alarme ou de chamada «em barco/fábrica». **Ex.** Só se ouviam as ~s dos (carros dos) bombeiros que transportavam os feridos do acidente.

sirga *s f Náut* (<sirgo) **1** Cabo para rebocar embarcações. **2** A(c)ção de puxar uma embarcação.

sirgar *v t* (<sirga + -ar¹) **1** Atar com sirgas uma embarcação. **2** Rebocar [Puxar] embarcação por meio de sirgas.

sirgo *s m* (<*séricus*: de seda) **1** Fio de seda produzido com os casulos do bicho-da-seda. **2** Tecido grosseiro urdido de estopa e lã. **3** *Ent* ⇒ bicho-da-seda; sericultor.

sirgueiro ⇒ serigueiro.

siri *s m Zool Br* (<tupi *siri*) Nome comum de várias espécies de crustáceos decápodes da família dos portunídeos, de carne saborosa.

Síria *s f top* País do Médio Oriente, com a capital em Damasco e cujos habitantes são os sírios, falantes do siríaco e agora do árabe.

sirigaita/sirigaitar ⇒ serigaita/serigaitar.

siringomielia *s f Med* (<gr *syrigks, iggos*: cana, fístula, veia + *muelós*: medula) Doença da medula espin(h)al, cara(c)terizada pela formação de cavidades no tecido medular e por distúrbios sensitivos e motores.

Sírio *s m* (<lat *Sírius*) **1** *Astr* Estrela mais brilhante da constelação do Cão Maior, 27 vezes mais brilhante que o Sol e distanciada da Terra 8,8 anos-luz. **2** ⇒ Síria.

siroco (Rô) *s m* (<ár *xarqú*i: vento leste) Vento quente e seco proveniente do deserto do Sara e que atinge alguns países do (mar) Mediterrâneo.

sisa *s f Dir* (<esp *sisa* <fr an *assise*: tributo) Antigo imposto sobre a transmissão, venda ou doação de bens imóveis a título oneroso. **Ex.** A ~ era paga na Repartição de Finanças.

sisal *s m Bot* (<top *Sisal*: porto do México) **1** Planta da família das Amarilidáceas, muito fibrosa e cultivada nas regiões quentes e semidesérticas. **Ex.** Em Angola há vastas plantações de ~. **2** Fibra extraída dessa planta, utilizada na fabricação de cordas, tecidos grosseiros e tapetes.

sismicidade *s f* (<sísmico + -i- + -dade) Grau de frequência, distribuição e intensidade dos movimentos da Terra numa determinada área/A(c)tividade sísmica (+). **Ex.** Os Açores têm bastante ~.

sísmico, a *adj* (<sismo + -ico) **1** Relativo a sismo. **Comb. Abalo ~** [Tremor de terra/Terramoto/Sismo]. **A(c)tividade ~a. 2** Sujeito a [Que tem muitos] sismos. **Ex.** Os Açores são uma zona ~a.

sismo *s m Geol* (<gr *seismós*: abalo, ~) Movimento súbito da crosta terrestre provocado por fra(c)turas, choques tectó[ô]nicos e explosões no interior da Terra, com a libertação de energia/Terramoto(+). **Ex.** Parece que alguns animais «cavalo» sentem os ~s mais rapidamente que os homens.

sismografia *s f* (<sismo + grafia) **1** Descrição dos sismos e das suas variações. ⇒ sismologia. **2** Arte de regist(r)ar os sismos por meio do sismógrafo.

sismógrafo *s m* (<sismo + -grafo) **1** Instrumento de regist(r)o da intensidade, hora e duração dos sismos. **2** Instrumento que regist(r)a a hora, duração e amplitude de vibrações produzidas, artificialmente, por cargas de explosivos.

sismograma *s m* (<sismo + -grama) Regist(r)o gráfico dos movimentos da crosta terrestre, traçado por um sismógrafo.

sismologia *s f Geol* (<sismo + -logia) Estudo dos fenómenos sísmicos e da estrutura da Terra por meio das ondas sísmicas geradas.

sismólogo *s m* (<sismo + -logo) Especialista em sismologia.

siso *s m* (<lat *sénsus*: sentido(+), juízo) Bom senso/Juízo/Tino. **Ex.** Ao enfrentar a situação, revelou falta de ~. **Prov. Muito riso, pouco ~** [Rir(-se) muito é sinal de (ter) pouco juízo]. **Comb. Dentes do ~** [Os últimos molares que nascem no final da adolescência].

sistema *s m* (<gr *systéma, atos*: conjunto) **1** Conjunto de elementos coordenados e em intera(c)ção, formando um todo. **Loc. Por ~** [Por norma/Habitualmente] (Ex. Por ~, o professor nunca falta às aulas). **Comb. ~ copernicano** [heliocêntrico/defendido por Copérnico]. **~ de forças** [Conjunto de forças que a(c)tuam sobre um corpo]. **2** Conjunto de princípios ou ideias que formam um corpo de doutrina ou ciência. **Ex.** Kant construiu um ~ coerente de ideias sobre o conhecimento. **3** Conjunto de leis, regras ou princípios que regulam e explicam certa ordem de fenó[ô]menos. **4** Conjunto de elementos que se definem pelas relações entre si. **Comb. ~ Braille** [de comunicação escrita para cegos]. **~** [Código] **linguístico. ~ de parentesco** [que estrutura as relações familiares]. **5** Modo de organização e disposição das partes de um todo. **6** *Anat/Biol* Conjunto de órgãos constituídos por uma mesma categoria de tecidos, com funções análogas/Aparelho. **Comb. ~ cardiovascular/circulatório** [Conjunto formado pelo coração e vasos sanguíneos que permite a circulação do sangue]. **~** [Aparelho (+)] **digestivo** [Conjunto de órgãos ligados à assimilação dos alimentos]. **~ endócrino** [Conjunto das glândulas endócrinas]. **~ imunitário** [graças ao qual, o organismo se defende contra as infe(c)ções]. **~ linfático** [Conjunto de gânglios e vasos linfáticos]. **~ locomotor** [Conjunto de órgãos que permitem a deslocação/locomoção]. **~ nervoso** [Conjunto dos nervos]. **~ nervoso autónomo** [vegetativo]. **~ nervoso central** [Cérebro e medula]. **~ nervoso periférico** [Conjunto dos nervos e gânglios nervosos]. **~ nervoso simpático** [Parte do ~ nervoso vegetativo]. **~ nervoso vegetativo** [que regula as secreções glandulares, a respiração, a digestão, …]. **~ urinário** [Conjunto de órgãos que elaboram e eliminam a urina]. **~ vascular** [Conjunto de artérias, veias e vasos linfáticos]. **7** Conjunto de instituições políticas e sociais. **Comb. ~ educativo** [Organização da educação em diferentes níveis e áreas de ensino]. **~ económico. ~ mercantil** [que considera o numerário [dinheiro] como a verdadeira representação da riqueza]. **~ monetário. ~ social** [Conjunto de padrões destinados a orientar e regular o comportamento dos membros de uma sociedade]. **~ tributário** [que rege os impostos de um Estado]. **8** Forma de governo e de administração de um estado. **Comb. ~ democrático** [com a participação dos cidadãos]. **~ ditatorial** [de poder absoluto]. **9** Conjunto de meios e métodos ado(p)tados para atingir um fim. **Ex.** Arranjou um ~ para fugir aos impostos. **10** Aparelho ou dispositivo para desempenho de funções. **Ex.** Montou um ~ de alarme em casa. **11** *Mat* Conjunto de elementos com propriedades comuns. **Comb. ~ decimal** [de pesos e medidas que ado(p)ta o metro, o litro e o grama]. **~ de equações** [Conjunto de equações que ligam simultaneamente duas variáveis]. **12** *Info* Conjunto de instruções, técnicas e processos organizados de modo intera(c)tivo, capazes de processar dados e informação, interagindo entre si e organizados num todo. **Comb. ~ binário** [de base 2 que emprega apenas os algarismos 1 e 0]. **~ de computação** [de processamento de dados]. **~ de comunicação** [de transmissão «por telefone, televisão» em que os impulsos elé(c)tricos originados num determinado local são fielmente reproduzidos noutro ponto distante]. **~ de informação** [para processar, armazenar e transmitir informação com diferentes tecnologias]. **~ operacional/operativo** [que controla as operações básicas e gere os recursos do computador «memória, discos»]. **13** *Astr* Grupo de corpos celestes associados e agindo em conjunto. **Comb. ~ solar** [Conjunto formado pelo Sol e pelos corpos celestes que giram [gravitam] em seu redor, que são: nove planetas «Terra», 16 000 asteroides, 32 satélites e vários cometas]. **14** ⇒ SI.

sistemática *s f* (<sistemático) **1** Conjunto de elementos organizados entre si, segundo um critério. **2** *Biol Bot* Ciência classificativa dos seres vivos, comparando as suas cara(c)terísticas de modo a reconstruir o seu historial evolutivo. **Comb. ~ biológica. ~ botânica.** ⇒ taxo[i]nomia; nomenclatura.

sistematicamente *adv* (<sistemático + -mente) **1** De forma sistemática. **2** Todas

as vezes/Sempre/Invariavelmente. **Ex.** Repetia ~ as mesmas palavras, o que denotava alguns problemas psíquicos.

sistemático, a *adj* (<gr *systematikós*) **1** Relativo a um sistema. **Ex.** A organização ~a dos dados permitiu encontrar o responsável pela fraude. **2** Que segue um sistema. **3** *fig* Ordenado/Metódico. **Comb.** *Espírito* ~. *Índice* ~ [por assuntos/matérias]. **4** *fig* Constante/Regular. **Ex.** Foi expulso do clube por faltas ~as às reuniões.

sistematização *s f* (<sistematizar + -ção) A(c)to ou efeito de sistematizar.

sistematizar *v t* (<sistema + -izar) **1** Organizar em sistema. **2** Organizar alguma coisa de acordo com determinados princípios ou critérios/Ordenar. **Ex.** O professor, no fim da aula, sistematizou a matéria.

sistematologia *s f* (<sistema + -logia) Ciência que tem como obje(c)to o estudo e descrição dos sistemas.

sistémico, a [*Br* **sistêmico**] *adj* (<sistema + -ico) **1** Relativo a sistema ou a sistemática/Sistemático. **Comb.** Conce(p)ção ~a da existência do universo e de cada um. **2** *Med* «circulação» Que afe(c)ta todo o organismo/Generalizado.

sístole *s f* (<gr *sustolé*: contra(c)ção) **1** *Fisiol* Contra(c)ção rítmica do músculo cardíaco que provoca a saída do sangue para as artérias. **Ex.** A diástole é o movimento oposto à ~. **2** *Ret* Recurso estilístico que consiste em tornar breve uma sílaba longa ou tornar átona uma sílaba acentuada/tó[ô]nica.

sisudez *s f* (<sisudo + ez) **1** Qualidade de sisudo. **Ex.** Perdeu a ~ e riu-se muito com a graça do garoto/miúdo. **2** ⇒ Gravidade/Seriedade/Sensatez/Prudência.

sisudo, a *adj/s* (<siso + -udo) **1** (O) que fala pouco e não ri/Calado/Sério/Taciturno. **Ex.** Ele é (um/muito) ~! **2** (O) que revela sensatez/Prudente/Sensato.

sitcom *s f* (<ing *sit*(uation) *com*(edy)) Série televisiva cómica que aborda situações da vida comum. **Sin.** Série có[ô]mica(+).

site (Sai) ing *s m Info* ⇒ sítio **4**.

sitiado, a *adj/s* (<sitiar; ⇒ assediar) **1** (O) que está cercado de tropas. **Ex.** Os ~s resistiram durante vários dias ao cerco. **2** *fig* (O) que está ou se sente aprisionado por alguém ou alguma coisa.

sitiador, ora [**sitiante**(+)] *adj/s* (<sitiar) (O) que sitia ou põe cerco a.

sitiar *v t* (<sítio **5** + -ar¹) **1** Cercar com força militar/Pôr sítio [cerco] a. **Ex.** As tropas sitiaram a cidade, ninguém podia sair. **2** *fig* Cercar/Rodear/Bloquear. **Ex.** Os fãs sitiaram o hotel onde se encontrava o cantor. ⇒ assediar.

sítio *s m* (<lat *situs*: posição, disposição, lugar < *síno, ere, sítum*: pôr, colocar, consentir) **1** Parte determinada de um espaço/Local/Lugar. **Ex.** Já tenho um ~ para ficar, quando for velho. **2** Lugar que um obje(c)to pode ocupar/Posição. **Ex.** O telefone nunca está no ~! **Loc.** *Estar fora do ~* [Não estar no lugar habitual]. *Estar no seu ~* [no local próprio]. **3** Povoação/Localidade/Terra. **Ex.** O ~ onde nasci é muito bonito. **4** *Info* Conjunto de páginas com informação diversa disponibilizada na Internet. **Ex.** As empresas têm um ~ para informação. **5** A(c)ção ou efeito de sitiar/Cerco. **Comb.** *Estado de* ~ [Regime de suspensão temporária de alguns direitos, por razões de segurança] (Ex. A cidade «capital» está em estado de ~). **6** *Br* Chácara ou moradia rural perto duma cidade.

sitiofobia *s f Med* (<gr *sítos*: trigo, alimento + fobia) Recusa de ou aversão a qualquer alimento, observada em doentes mentais. ⇒ anorexia.

sitiologia *s f* (<gr *sítios*: trigo, alimentação + -logia) Ciência ou tratado sobre os alimentos.

sito, a *adj* (<lat *sítus, a, um*: situado) Que está num determinado lugar/Situado(+). **Ex.** As casas desta [~as nesta] zona à beira-rio vão ser demolidas.

situação *s f* (<situar + -ção) **1** A(c)to ou efeito de situar. **2** Localização de um corpo/Posição/Local «em que está a casa». **3** Condição ou estado de pessoas ou coisas. **Ex.** Ela encontra-se numa ~ aflitiva, pouco tem para comer. ⇒ **6**. **4** Combinação de circunstâncias num determinado momento/Conjuntura. **Ex.** A ~ política e social degradou-se. **5** Conjunto de forças no poder. **Ex.** O nosso presidente da Câmara [O nosso prefeito] está com a [do lado da] ~/com o Governo. **Ant.** Oposição. **6** Conjunto das condições ou circunstâncias concretas em que algo se encontra. **Comb.** ~ *econó[ô]mica* «boa/má». ~ *familiar* [da família]. ~ *profissional* «dos médicos». **7** *Ling* Conjunto de fa(c)tores extralinguísticos que condicionam um a(c)to de fala. **Ex.** O uso corre(c)to das diversas formas de tratamento «tu/você/o senhor» depende da ~.

situacionismo *s m* (<situação + -ismo) Defesa da situação política existente/dominante.

situacionista *adj/s 2g* (<situação + -ista) **1** Relativo ao situacionismo. **2** (O) que apoia a situação política existente.

situar *v t /int* (<sítio + -ar) **1** Pôr(-se) em determinado sítio/Colocar(-se). **Ex.** A quinta situa-se [é/fica(+)] longe da cidade. **2** Localizar(-se) no tempo. **Ex.** A Revolução Francesa situa-se nos fins do século XVIII. **3** Ter lugar/Estar/~-se. **Ex.** Portugal situa-se [está/fica situado] no extremo ocidental da Europa, "onde a terra se acaba e o mar começa" – como poetizou Camões. **4** Determinar o lugar a/Localizar. **Ex.** Situou a a(c)ção «do filme» no meio rural. **5** Tomar ou assumir uma posição/Colocar-se/Pôr-se/Posicionar-se. **Ex.** Nas mais diversas questões, situava-se sempre do lado do poder. **6** *fig* Perceber o contexto ou situação. **Ex.** Explique isso outra vez para eu me ~.

sizígia[o] *s f /*[*s m*] (<lat *syzygía* <gr *syzygía*: conjunção) Conjunção ou oposição da Lua [cheia e nova] ou de outro planeta com o Sol.

skate (Kei) ing *s m* Pequena prancha de madeira ou plástico assente em 4 rodas, *us* como patim para os dois pés e em que o (d)esportista se equilibra ou desloca.

sketch *s m* (<hol *schets*) Peça teatral ou curta encenação, geralmente humorística, em teatro ou televisão, com uma única cena. **Ex.** *Teat* Os ~es da revista à portuguesa são muito populares. **Sin.** *Br* Esquete (Grafia preferível).

ski *s m (D)esp* ⇒ esqui.

slalom *s m (D)esp* (<nor *slalom*: rampa) **1** Prova de esqui com descida sinuosa. **Ex.** A prova de ~ foi ganha por um norueguês. **2** Qualquer percurso sinuoso [em ziguezague] entre obstáculos.

slide (Lai) ing *s m* ⇒ diapositivo.

slogan *s m* (<gaélico *sluagh-ghairm*: grito de guerra) Frase concisa e apelativa usada em campanhas publicitárias ou propaganda política. ⇒ divisa.

smoking ing *s m* Traje masculino de cerimónia, geralmente de cor preta, com a lapela do casaco revestida de seda. **Ex.** No convite, vinha indicado o uso obrigatório de ~. **Sin.** Fraque(+)/Casaca(+).

snack-bar *s m* (<ing *snack*: refeição ligeira + bar) **1** Estabelecimento que serve refeições ligeiras e rápidas, geralmente ao balcão/Pequeno restaurante/Tasquita. **Ex.** Fui almoçar ao ~. **Sin.** *Br* Lanchonete. ⇒ café.

snobe *adj/s 2g* (<ing *snob*) **1** (O) que apresenta ar de superioridade/Arrogante/Enfatuado/Presumido/Presunçoso. **Ex.** Ele é um ~! **2** O que manifesta admiração excessiva pelo que está em voga. **3** *Br* Esnobe.

snobismo *s m* (<snobe + -ismo) **1** Sentimento exagerado de superioridade, desprezando o relacionamento com gente humilde/Presunção. **2** Atitude de quem imita o estilo e as maneiras das pessoas de alta posição social. **3** *Br* Esnobismo.

snooker ing *s m* Jogo de bilhar em que se utilizam 15 bolas vermelhas, uma branca e 6 de outras cores. ⇒ sinuca.

snowboard (Bórd) ing *s m (D)esp* Modalidade (d)esportiva que consiste em deslizar sobre a neve com uma pequena prancha com suportes para os pés, sem a ajuda de bastões.

só *adj 2g/adv* (<lat *sólus*) **1** Sem companhia/Sozinho. **Ex.** Muitos idosos estão ~s em casa. **Prov.** *Mais vale/Antes ~ que mal acompanhado*. **Loc.** *A ~s* [Isoladamente] (Ex. Eles quiseram conversar a ~s). **Ant.** Acompanhado. **2** Que é apenas um/Único. **Ex.** No cesto havia uma ~ laranja. **3** Em estado de solidão/Solitário. **Ex.** Ele sente-se (muito) ~ em casa. **4** Desabitado/Ermo(+). **Ex.** Vive num lugar ~ e afastado de tudo. **5** *adv* Apenas/Somente. **Ex.** Para a reunião apareceu ~ uma pessoa. **Loc.** ~ *que* [Mas/Porém] (Ex. Queria ir ao cinema, ~ que [,mas] hoje não posso sair de casa). *Não ~ ... mas também* [As duas coisas] (Ex. Ela é linda e [Ela não ~ é linda, mas também é] inteligente).

sô *adj pop* Forma de tratamento, reduzida, de "senhor". **Ex.** – Ó ~ polícia, olhe o ladrão! ⇒ senhor **1**.

soada *s f* (<soado) **1** Som produzido por alguém ou alguma coisa. **2** Toada «plangente/alegre» (do que se canta). **3** ⇒ rumor/fama/brado.

soado, a *adj* (<soar) **1** Que soou. **2** Que se fez ouvir/Divulgado. **3** *fig* Que fez sensação/que teve fama/Afamado/Celebrado. **Ex.** O nome do meu avô foi muito ~.

soagem *s f Bot* (<lat *solágo, inis*: girassol) Nome vulgar de uma planta herbácea, boragínácea, de caule ere(c)to e corolas grandes, azuis ou rosáceas.

soalhar *v t* (<soalho + -ar) **1** Pôr soalho em. **2** ⇒ assoalhar¹/sobradar.

soalheira *s f* (<soalheiro) **1** Lugar exposto ao(s) raios de) sol. **Ex.** No inverno, quando está sol, as pessoas sentam-se à ~. **2** Ardor do sol ou hora de maior calor. **Ex.** Na hora da ~, todos se recolhiam a casa para descansar.

soalheiro, a *adj/s* (<soalhar + -eiro) **1** Lugar exposto ao [onde dá ou bate o] sol. **Ex.** A varanda é muito ~a. **2** Com sol/Quente/Caloroso. **Ex.** O dia estava muito ~. **3** *pop* (Ajuntamento de pessoas ociosas ao sol para) falar da vida alheia/Má-língua/Mexeriquice.

soalho *s m* (<lat *soláculus*, dim de *sólum,i*: solo, pavimento) Pavimento de madeira/Sobrado. **Ex.** O ~ abateu porque já estava velho. ⇒ piso.

soante *adj 2g* (<lat *sónans, ántis*; ⇒ soar) Que soa. **Ex.** A sua voz bonita [bem ~] ecoava pelo templo.

soar *v t/int* (<lat *sóno, áre, átum*) **1** Produzir ou emitir som. **Ex.** O sino da nossa igre-

ja soa bem [tem um som/timbre bonito]. 2 Fazer-se ouvir/Ecoar/Chegar. **Ex.** Soaram as horas no relógio da torre. **Loc.** ~ [Ser] *a hora* [Chegar o momento] (Ex. Soou a hora da partida). *idi* ~ *a hora derradeira* [Chegar o momento de morrer]. ~ *aos ouvidos de* [Chegar ao conhecimento] (Ex. Soou-me aos ouvidos [Ouvi dizer] que ele chega amanhã). «um nome/uma palavra» ~ *bem* [Ter som agradável]. ~ *mal* [Ter som desagradável/Desagradar]. *idi Fazer ~ bem alto* [Exaltar «os feitos dos heróis»]. 3 Ter determinadas cara(c)terísticas sonoras. **Ex.** A sua voz soa muito bem [Você tem uma voz muito linda]. 4 Provocar determinada impressão. **Ex.** O que ele disse soa-me a [parece-me uma] grande aldrabice. Esse negócio não me soa [Não acredito nesse negócio]. 5 Ser conhecido publicamente/Constar. **Ex.** Soavam [Corriam(+)] muitos boatos por toda a povoação. 6 Ser pronunciado ou representar qualquer som. **Ex.** O *x* entre vogais, em alguns casos, soa [pronuncia-se] *z* «exigir».

sob *prep* (<lat *sub*: debaixo de; ⇒ sub-) 1 Debaixo de/Por baixo. **Ex.** Ele escondeu-se ~ a [debaixo da (+)] mesa. **Ant.** Sobre. 2 Durante. **Ex.** ~ [No/Durante o] o reinado (1495-1521) de D. Manuel I, continuaram os grandes descobrimentos (dos) portugueses. 3 Em relação a/Segundo. **Ex.** ~ o [Do(+)] meu ponto de vista [Na minha opinião], acho que deves ficar no Brasil. 4 Abrigo/Prote(c)ção. **Ex.** Vivem ~ o mesmo te(c)to. O doente ainda está ~ vigilância médica. **Comb.** ~ *os auspícios de* [Com o patrocínio/ajuda de] um amigo que é ministro. 5 Efeito ou influência. **Ex.** Esteve ~ anestesia, muito tempo. **Loc.** ~ *pena de* [Incorrendo na pena de] ter de pagar uma multa. «comprometer-se» ~ [Mediante/Com] *juramento*.

sobe-e-desce *s m col* (<subir + e + descer) 1 Movimento de subir e descer. **Ex.** As cotações das a(c)ções estão sempre no ~. 2 Lomba acentuada numa via.

sobejamente *adv* (<sobejo + -mente) 1 Em quantidade superior à devida/Demasiadamente. 2 Em grau superior ao que é necessário. **Ex.** Tudo foi ~ [mais que] explicado, mas eles não compreenderam.

sobejar *v int* (<lat *súpero, áre*: estar acima, ~) 1 Exceder os limites. **Ex.** Sobeja-lhe preguiça [É demasiado preguiçoso]. 2 Ficar por gastar ou consumir/Restar/Sobrar. **Ex.** Nos restaurantes sobeja sempre muita comida que podia ser aproveitada. Nada sobejou do salário do mês. **Ant.** Escassear. 3 Existir uma grande quantidade/Abundar. **Ex.** Ao longo da vida sobejaram-lhe os [teve muitos] desgostos. Sobejavam [Havia montes de] razões para o povo protestar.

sobejo (Bê, Bei) *adj/s* (<sobejar) 1 (O) que fica depois de se comer/Sobras/Restos. **Ex.** Nas zonas rurais deitam os ~s da comida aos porcos. 2 Que sobra/Muito/Abundante. **Ex.** Há contra ele provas ~as do crime. **Loc.** *De* ~ [De sobra(+)].

soberania *s f* (<soberano + -ia) 1 Qualidade ou condição de soberano. **Comb.** ~ [Independência] *nacional*. ~ *popular* [Princípio segundo o qual o poder reside no povo]. 2 Conjunto de poderes de um Estado soberano, nomeadamente a elaboração das leis e a sua imposição. **Ex.** Num estado democrático, a ~ está distribuída por diversos órgãos. **Comb.** Órgãos de ~ «em Portugal: Presidente, Assembleia da República, Governo e Tribunais». 3 Autoridade moral/Domínio/Poder/Superioridade. **Comb.** ~ *do direito*. ~ *da razão*.

soberano, a *adj/s* (<lat *supéranus, a, um*: que está por cima) 1 (O) que exerce o poder supremo. **Ex.** O ~ [rei] decidiu declarar guerra ao país vizinho. 2 (O) que exerce [tem] poder «constitucional» num Estado. **Ex.** O Presidente da República é ~ nos poderes que lhe dá a Constituição. 3 Decisivo. **Ex.** Ele teve uma ocasião ~a [ideal(+)] para resolver a situação. 4 *fig* Que atinge o mais alto grau/Excelente/Magnífico/Grande. **Comb.** *Beleza ~a* «de catedral gótica/de uma mulher». *Desprezo* ~ [Grande desprezo] «de todos os que não pensam como ele». *Olhar* ~ [altivo(+)/nobre(+)]. *Remédio* ~ [infalível(+)/santo(+)].

soberba *s f* (<lat *supérbia*) Qualidade de soberbo/Arrogância. **Ex.** É uma pessoa cheia de ~. **Ant.** Humildade. ⇒ Altivez/Orgulho.

soberbo, a (Bêr) *adj/s* (<lat *supérbus, a, um*) 1 (O) que tem soberba/Arrogante/Orgulhoso. **Ex.** É um ~, nunca dá a razão aos outros. **Ant.** Humilde. 2 *fig* Que impressiona pela sua qualidade/Grandioso/Majestoso/Maravilhoso(+). **Ex.** Ele é ~ a dançar! O filme é ~!

sóbole *s f Bot* (<lat *súboles, is*) 1 Gomo [Rebento] vegetal. 2 Progénie/Descendência.

sobpor *v t* (<sob + pôr) 1 Colocar(-se) debaixo de uma coisa. 2 *fig* Desdenhar/Menosprezar.

sobra (Só) *s f* (<sobrar) 1 Aquilo que sobra/Resto/Sobejo. **Ex.** Com a ~ do pano fez uma bolsinha para levar dinheiro. 2 ~*s s f pl* Restos/Sobejos. **Ex.** Deitam as ~s da comida aos porcos. 3 Abundância/Fartura(+). **Ex.** Em minha casa há sempre comida [provisões] de ~/em abundância.

sobraçar *v t* (<sob + braço + -ar) 1 Levar debaixo do braço. **Ex.** Sai sempre do escritório sobraçando uma pasta [os jornais (do dia)]. 2 *fig* Assumir a responsabilidade/Gerir. **Ex.** Desde cedo que ele sobraçou altos cargos. 3 *fig* Servir de suporte moral/Amparar/Sustentar. 4 Levar em braços «o ferido». 5 «namorados» Dar o braço. 6 ⇒ abraçar.

sobradar *v t* (<sobrado + -ar) Pôr/Fazer o sobrado/soalho/Assoalhar.

sobrado *s m* (<lat *superátus, a, um*: elevado) 1 Pavimento de madeira/Soalho. **Ex.** Os carpinteiros estão a reparar o ~. ⇒ piso. 2 *Br Hist* Casa com (mais de) um andar/Casa-grande «do senhor de engenho de açúcar». ⇒ sa[e]nzala.

sobrançaria *s f* ⇒ sobranceria.

sobrancear *v t/int* (<sobranc[eiro] + -ear) 1 Estar sobranceiro «a rio»/Dominar(+). **Ex.** O castelo sobranceava as terras à (sua) volta. ⇒ sobrepor.

sobranceiro, a *adj* (<sobrar + -eiro) 1 «torre(s) da catedral/igreja» Que está em local mais alto do que o que o rodeia. **Ex.** Do monte ~ ao rio, vê-se uma bela paisagem. 2 Arrogante/Distante/Superior. **Ex.** Ele fala à gente com ar ~/de desprezo/de desdém.

sobrancelha (Cê) *s f* (<lat *supercilia*, pl de *supercílium*: sobrancelha) 1 Saliência arqueada [em forma de arco], coberta de pelos, acima de cada órbita ocular/Sobrolho. 2 Conjunto de pelos que revestem essa saliência. **Ex.** As mulheres vão com frequência à cabeleireira/ao salão de beleza arranjar [fazer] as [cuidar das] ~s. **Loc.** *Franzir as ~s*/ *o sobrolho(+)* [Mostrar descontentamento ou contrariedade] (Ex. O professor franziu as ~s, porque não gostou das palavras do aluno).

sobranceria *s f* (<sobrançeiro + -ia) A(c)tos ou modos sobranceiros/Arrogância/Soberba/Superioridade/Desdém. **Ex.** Ele fala sempre com (grande) ~/arrogância.

sobrante *adj/s 2g* (<sobrar + -ante) 1 (O) que sobeja ou sobra (depois de retirado o necessário)/Restante. 2 ⇒ sobra; excedente; superávit.

sobrar *v int* (<lat *súpero, áre, átum*: elevar-se, superar, ~) 1 Existir em quantidade superior à necessária/Sobejar. **Ex.** Com a crise, o dinheiro «do salário» nunca sobra. Sobravam-lhe razões [motivos] para estar zangado com o chefe. **Loc.** *Chegar/Dar e* ~ [Ser mais do que o suficiente] (Ex. Para os que estão à mesa a comida chega e sobra). **Ant.** Faltar. 2 Ficar por gastar/Restar. **Ex.** O que sobra do almoço fica para o jantar. ⇒ sobra. 3 *fig* Estar a mais. **Ex.** Ninguém falou comigo [idi me ligou] na reunião, parece que eu sobrava [estava ali a mais].

sobre (Sô) *prep* (<lat *súper*: em cima de, por cima de) 1 Localização no espaço superior/Em cima de/Por cima de. **Ex.** Pôs os livros ~ a mesa. Caiu ferido com a mão ~ o peito. **Idi.** *Correr* [Estar a andar] ~ *rodas* [Estar tudo a correr bem]. **Ant.** Sob. 2 Área de extensão/Ao longo de. **Ex.** A destruição provocada pelo ciclone estendia-se ~ [por(+)] vários quiló[ô]metros. 3 Na superfície de/De encontro a. **Ex.** A luz incidia na [~ a] água, provocando cintilações. 4 A respeito de/Acerca de. **Ex.** O professor mandou fazer uma composição ~ o futuro do planeta. **Loc.** Discutir ~ *economia*. 5 Em relação dominante ou de influência. **Ex.** O rei tem o domínio ~ os seus súbditos. 6 Acima de/De preferência a. **Ex.** Amar a Deus ~ todas as coisas. 7 Proximidade (no tempo)/Cerca de(+)/Próximo [Perto] de. **Ex.** ~ o meio-dia veio uma grande trovoada. 8 Medida/Para/Por. **Ex.** A sala mede cinco metros ~ [por(+)] quatro. 9 No interior de/Em. **Ex.** O mau cheiro estendia-se ~ [em/por(+)] toda a casa. 10 Dire(c)ção. **Ex.** A janela abre para [~] a estrada. 11 Conforme/De acordo com/Segundo. **Ex.** Ele fez o trabalho ~ o modelo que o professor lhe deu. 12 Proporção. **Ex.** Ele recebeu uma percentagem ~ os ganhos das vendas dos automóveis. 13 Um tanto/A puxar para(+)/Próximo de. **Comb.** Um jovem (de corpo) ~ o magro. 14 Atrás de/No encalce de. **Loc.** Correr ~ o [atrás do] criminoso. 15 Repetição/A seguir a/Após(+). **Loc.** Escrever carta ~ carta «ao filho que fugiu de casa». 16 Responsabilidade. **Ex.** Ele assumiu [tomou ~ si] aquela tarefa. 17 *s m Náut* ⇒ sobrejoanete.

sobre- *pref* (⇒ sobre) Exprime a ideia de **posição anterior ou superior**, de **intensidade** ou de **excesso**. ⇒ pós-; super-; supra-; re-.

sobreabundância/sobreabundar/sobrealimentação/sobrealimentar/sobreaquecimento ⇒ superabundância(+)/...

sobreaviso *s m* (<sobre- + aviso) 1 Aviso prévio/Prevenção/Precaução. **Loc.** «estar» *De* ~ [Preparado para o que possa acontecer/Prevenido] (Ex. Ele já estava de ~ e apanhou o ladrão). *Pôr de* ~ [Avisar/Prevenir] (Ex. O serviço meteorológico pôs de ~ as populações sobre a vinda do ciclone).

sobrecapa *s f* (<sobre- + capa) 1 Cobertura solta com que se envolve a capa de um livro para protegê-la e na qual se imprime o título, o nome do autor e outros elementos importantes para a divulgação da obra. **Ex.** A ~ do livro ficou muito atra(c)tiva. 2 Capa larga, de material impermeável para proteger da chuva. 3 *Bot* Cobertura externa de alguns frutos e bolbos.

sobrecapitalização *s f Econ* (<sobre- + capitalização) Capitalização excessiva.

sobrecarga *s f* (<sobre- + carga) **1** Carga excessiva. **Ex.** Foi multado porque o cami(nh)ão levava ~ [excesso de carga (+)]. O animal mal [quase não] conseguia andar, porque levava uma ~ de lenha. **2** O que está em excesso [com elementos supérfluos/desnecessários]. **Ex.** A pintura tem uma ~ de elementos. **3** Marca sobre o selo postal para lhe alterar o valor/Taxa adicional. **Ex.** A carta levou uma ~, (pelo que) foi mais cara. ⇒ sobretaxa**2**. **4** *Ele(c)tr* Intensidade da energia acima do normal [Excesso de corrente], podendo provocar acidentes [avarias] em aparelhos elé(c)tricos. **5** Tarefa ou trabalho excessivos. **Ex.** Hoje não veio o meu colega de escritório, estou com (uma) ~ de trabalho. **6** Espécie de cilha grande para apertar toda a carga colocada sobre o animal.

sobrecarregar *v t* (<sobre- + carregar) **1** Pôr excesso de carga «no cami(nh)ão». **Ex.** Sobrecarregou de tal maneira o animal que não conseguia mexer-se. **2** Obrigar a um esforço adicional. **Ex.** Com a doença do meu pai fiquei sobrecarregado de trabalho. **3** *fig* Aumentar os encargos. **Ex.** O governo sobrecarregou os cidadãos com mais impostos, para tentar resolver os problemas da crise. **4** Utilizar um sistema elé(c)trico ou mecânico, obrigando-o a funcionar acima da sua potência. **Ex.** Os fusíveis rebentaram porque sobrecarregaste a instalação elé(c)trica ligando todos os aquecedores da casa.

sobrecarta *s f Br* (<sobre- + carta) **1** Envelope(+)/Sobrescrito(+). **2** Segunda carta (enviada) que confirma ou acrescenta algo à primeira.

sobrecasaca *s f* (<sobre- + casaca) Casaco masculino comprido de cerimó[ô]nia, abotoado até à cintura e que se pode vestir sobre outro. **Sin.** Casaca(+); fraque.

sobrecenho (Cê) *s m* (<sobre- + cenho) **1** Conjunto das sobrancelhas/Sobrolho(+). **2** *fig* Semblante carrancudo/carregado/sombrio. **3** ⇒ sobranceria.

sobrecéu *s m* (<sobre- + céu) **1** Cobertura suspensa sobre um leito/Pavilhão. **Ex.** A cama dos reis geralmente tinha um ~. **2** *Arquit* Cobertura ornamental por cima de um altar/Dossel/Baldaquino.

sobrecomum *adj 2g Gram* (<sobre- + comum) Diz-se de substantivo que possui apenas um gé[ê]nero gramatical para designar ambos os sexos/Comum de dois. **Ex.** As palavras *vítima*, *cônjuge*, *criança* são substantivos ~ns. ⇒ epiceno «cobra».

sobredito, a *adj* (<sobre- + dito) Que foi dito ou mencionado acima ou anteriormente/Supracitado/Supradito. **Ex.** No seu discurso disse que o ~ exemplo [o caso antes referido por ele] devia ser uma lição para todos os ouvintes.

sobredose (Dó) *s f* (<sobre- + dose) **1** Dose excessiva [demasiado forte] de medicamento. **2** *fig* Quantidade excessiva de algo.

sobredotado, a *adj/s* (<sobre- + dotado) ⇒ superdotado.

sobre-eminência *s f* (<sobre- + eminência) **1** Qualidade do que é sobre-eminente em relação aos outros. **Sin.** Pre-eminência(+). **2** Superioridade de cará(c)ter intelectual ou social.

sobre-eminente *adj 2g* (<sobre- + eminente) **1** Que está acima do que o rodeia/Super-eminente. **2** Que se distingue de todos os outros/Excelente(+).

sobre-endividamento *s m* (<sobre- + ...) Endividamento a um nível considerado inaceitável.

sobre-erguer *v t* (<sobre- + erguer) **1** Fazer erguer mais alto que outra coisa. **2** Pôr em situação ou plano superior/Levantar. **Ex.** Sobre-ergueu a cabeça no meio da multidão. ⇒ soerguer.

sobre-exaltar *v t* (<sobre- + exaltar) Louvar muito/excessivamente/Engrandecer(+)/Superexaltar.

sobre-excedente *adj 2g/s m* (<sobre- + excedente) (O) que sobre-excede, supera ou ultrapassa outra coisa. ⇒ sobrante; superávit.

sobre-exceder *v t/int* (<sobre- + exceder) **1** Exceder em quantidade apreciável/Ultrapassar. **Ex.** Esperamos que os fa(c)tos (sobre-)excedam [superem (+)] as expe(c)tativas. **2** Levar vantagem sobre (alguém ou alguma coisa).

sobre-excelência *s f* (<sobre- + excelência) Qualidade ou estado do que é grandioso/Grandiosidade(+).

sobre-excelente *adj 2g* (<sobre- + excelente) **1** Que é mais que excelente/Que se destaca por qualidades superiores/Sublime.

sobre-excitação *s f* (<sobre-excitar + -ção) **1** A(c)to ou efeito de sobre-excitar(-se). **2** Grande excitação «nervosa». **3** Excesso de vitalidade.

sobre-excitar *v t* (<sobre- + excitar) **1** Excitar demasiadamente. **2** Aumentar. **3** Causar grande impressão/Impressionar(+). **4** ~-se/Alvoroçar-se.

sobrefaturamento (Fà) *s m* [= sobrefacturamento] (<sobre- + faturamento) Fraude contra o fisco, cara(c)terizada pela diferença a mais entre o preço da fatura e o preço do mercado.

sobrefaturar (Fà) *v t* [= sobrefacturar] (<sobre- + faturar) Superfaturar(+). **Ant.** Subfaturar.

sobre-humano, a *adj* (<sobre- + humano) Acima das capacidades humanas/Extraordinário. **Ex.** O esforço que é exigido em algumas empresas, para obter maiores lucros, é por vezes ~.

sobreiral *s m* (<sobreiro + -al) Terreno plantado de sobreiros/Sobral.

sobreiro *s m Bot* (<sobro + -eiro) Árvore de folha persistente e de cujo tronco, se extrai, de nove anos, a cortiça /Sobro; *Quercus súber*. **Ex.** No Alentejo, Pt, há extensos sobreirais [extensas matas de ~s].

sobrejacente *adj 2g* (<sobre- + jacente) **1** Que está ou assenta por cima. **Ant.** Subjacente. **2** *Geol* Diz-se de rocha vulcânica «sobre outra granítica».

sobrejoanete (Nê) *s m Náut* (<sobre- + ...) **1** Cada uma das vergas que se cruzam, nos mastaréus de joanete. **Sin.** Sobre **17**. **2** Cada uma das velas correspondentes a essas vergas.

sobrelevar *v t/int* (<sobre- + elevar) **1** Exceder em altura/Ser mais alto que. **Ex.** A Torre Eiffel (Paris) sobreleva todos os edifícios em [à] volta. **2** ~(-se)/Erguer(-se) do chão/Levantar(-se). **3** Sobressair/Destacar-se. **Ex.** Sobreleva(-se) dentre os demais [os outros] colegas. Esse problema sobreleva todos os outros. **4** Aumentar em altura/Tornar mais alto. **Loc.** ~ o muro/a parede. **5** Suplantar/Superar/Ultrapassar. **Loc.** ~ qualquer temor. **6** Aguentar/Suportar. **Ex.** Sobrelevava as agruras da vida sem se queixar. **7** Exceder. **Ex.** Suas qualidades sobrelevam seus defeitos. O amor de (uma) mãe sobreleva qualquer outro amor.

sobreloja *s f* (<sobre- + loja) **1** Pavimento entre o rés do chão e o primeiro andar de um prédio. **2** Loja situada nesse pavimento.

sobrelotação *s f* (<sobre- + lotação) Carga que excede a lotação legal ou conveniente/Sobrecarga **1**. **Ex.** Há frequentemente grandes acidentes de barco, devido à ~ [superlotação] de passageiros.

sobrelotar *v t* (<sobre- + lotar) ⇒ superlotar.

sobremaneira *adv* (<sobre- + maneira) Muitíssimo/Sobremodo. **Ex.** O programa de TV agradou ~ [muito] aos ouvintes.

sobremanhã *s f* (<sobre- + manhã) Alvorecer/Entre o amanhecer e o nascer do sol/Começo do dia. **Ex.** Ele saiu (quando era) ~/de manhazinha(+).

sobremesa *s f* (<sobre- + mesa) **1** Fruta ou doce que se comem depois do prato principal e com que se termina a refeição. **Ex.** Os portugueses gostam muito de comer doce à ~. **2** Momento da refeição em que se come essa iguaria. **Ex.** À ~ cantaram os parabéns ao aniversariante. **3** *fig* Término/Complemento «de um dia trabalhoso».

sobremodo *adv* (<sobre- + modo) Sobremaneira(+).

sobrenadar *v int* (<sobre- + nadar) **1** Nadar à superfície da água. **Ex.** Sem esforço, ele conseguiu ~ até (chegar) à outra margem do rio. **Ant.** Submergir. **2** «troncos de árvore a» Flutuar/Boiar.

sobrenatural *adj/s 2g* (<sobre- + natural) **1** (O) que é superior às forças ou às leis da natureza. **Ex.** Eu acredito no ~ [no céu/num mundo espiritual]. Só Deus tem poderes ~ais. **2** (O) que transcende a [está acima da] natureza humana. **Ex.** A vista é um dom natural, a fé [, o acreditar ou confiar em Deus] é um dom ~. **3** (O) que não é conhecido senão pela fé. **Ex.** Os Evangelhos são uma revelação ~ [de Deus em Jesus]. **4** *fig* Sobre-humano(+)/Extraordinário/Miraculoso. **Ex.** Para construir as grandes catedrais na Idade Média foi necessário um esforço ~.

sobrenaturalidade *s f* (<sobrenatural + -i- + -dade) Qualidade de sobrenatural/Cara(c)terística daquilo «vida de Jesus/dom ou graça da fé» que não se pode explicar pelas forças da natureza.

sobrenome *s m* (<sobre- + nome) **1** Nome de família que se segue ao nome de ba(p)tismo/Apelido (No *Br* significa alcunha). **Ex.** Eu, de nome sou Maria, de ~ sou Costa Silva; Costa é ~ da minha mãe e Silva é ~ do meu pai. **2** Epíteto/Cognome. **Ex.** D. Manuel I, rei português, tem o ~ [cognome (+)] de *Venturoso*. ⇒ alcunha.

sobreolhar *v t* (<sobre- + olhar) Olhar alguém com um certo desprezo ou desdém. **Ex.** Ao passar, sobreolhava as pessoas de baixa condição social.

sobrepaga *s f* (<sobre- + paga) **1** O que se paga além do que está estipulado. **2** Gratificação(+) ou gorjeta(+) que se acrescenta ao pagamento combinado.

sobrepeliz *s f Rel* (<lat *superpellícia*: vestimenta para sobrepor) Veste branca e fina, caindo dos ombros até à cintura, usada pelos clérigos sobre a batina em certos a(c)tos de culto. ⇒ romeira[1] **2**; roquete.

sobrepor *v t* (<sobre- + pôr) **1** Pôr em cima ou por cima de (algo ou alguém). **Ex.** O fumo do incêndio sobrepunha-se às casas e não deixava ver nada. **2** Acrescentar outras coisas/Adicionar/Juntar. **Loc.** ~ os sacos [Pô[Colocá]-los uns sobre os outros]. **3** Elevar-se acima de/Ter uma atitude superior/Mostrar-se mais importante/Dar mais importância. **Ex.** Ele gosta de se ~ sempre aos outros. Ela não é uma boa autarca [governante local], sobrepõe os seus

interesses aos (interesses) da comunidade. **4** Vir depois [Seguir-se], no tempo. **Ex.** As horas sobrepunham-se [passavam(+)/decorriam(+)] sem que nada acontecesse.

sobreposição *s f* (<sobre- + posição) **1** A(c)to ou efeito de sobrepor(-se). **2** Colocação de uma coisa «mercadoria» sobre outras «pode estragar as de baixo». **3** Justaposição(+) ou junção de vários elementos.

sobreposse (Pó) *s f/adv* (<sobre- + posse) Trabalho excessivo/demasiado. **Ex.** Acabei (de comer) o bolo, mas já foi (mesmo) à ~ [à força/sem apetite].

sobreposto, a (Pôsto, Pôsta, Pôstos) *adj/s* (<sobrepor) **1** Que se encontra colocado por cima de outro. **Ex.** Os livros estavam na mesa ~s [uns em cima dos outros]. **2** *s m pl* Adornos «galões/passamanes» que se põem nas peças de vestuário.

sobrepovoar *v t* (<sobre- + povoar) Aumentar excessivamente o índice populacional de uma região/Superpovoar(+). **Ex.** O êxodo [A saída] rural [das aldeias] sobrepovoa hoje as nossas cidades.

sobrepujamento[jança] *s f* (<sobrepujar) **1** A(c)to ou efeito de sobrepujar. **2** Superioridade.

sobrepujante *adj 2g* (<sobrepujar + -ante) **1** Que sobrepuja os outros/Que se destaca dos outros (pela força, pelo vigor). **2** ⇒ superabundante. **3** ⇒ Grande abundância/Excesso.

sobrepujar *v t* (<sobre- + pujar) **1** Exceder em altura/Sobrelevar. **Ex.** As torres das igrejas sobrepujam todas as casas em [à] volta. **2** Passar por cima de/Ultrapassar/Vencer «um obstáculo». **Ex.** O barco conseguiu ~ ondas altíssimas! Ele sobrepujou muitas situações perigosas. **3** Ser mais forte do que/Ir além de. **Ex.** Em conhecimentos ele sobrepuja todos os colegas. O êxito do proje(c)to sobrepujou [superou(+)] as nossas expe(c)tativas.

sobrequilha *s f Náut* (<sobre- + quilha) Peça ou conjunto de peças de madeira ou de ferro que vão da proa à popa da embarcação e que servem para fortalecer [reforçar(+)] as cavernas.

sobrescrever *v t* (<sobre- + escrever) **1** Escrever sobre [por cima]. **2** Colocar o endereço num envelope/Sobrescritar(+).

sobrescritar *v t* (<sobrescrito + -ar¹) Escrever os elementos de identificação do destinatário (Nome e morada) de uma mensagem. **Ex.** Sobrescritei a carta à empresa.

sobrescrito *s m/adj* (<sobre- + escrito) **1** Invólucro de carta, geralmente de forma re(c)tangular, em que se escreve o nome e o endereço do destinatário e do remetente/Envelope. **Ex.** No ~, o nome do destinatário deve colocar-se a meio do lado direito, e o nome do remetente em cima do lado esquerdo ou por trás. **2** Diz-se de letra, número ou símbolo, escrito acima do alinhamento de outro cará(c)ter, usado em abreviaturas «n.º/1.ª/Sr.ª» ou expoentes «3²».

sobressair *v int* (<sobre- + sair) **1** Estar ou ficar saliente/Destacar-se/Ressaltar/Salientar. **Ex.** Rodeado pelos alunos, sobressaía a cabeça do professor, um gigante com um metro e noventa de altura. Aquele ornato sobressai muito [de mais/*Br* demais]. **2** Atrair a atenção/Destacar-se/Distinguir-se/Salientar-se. **Ex.** Ela sobressaía entre as outras mulheres pela sua grande beleza. **3** Ser superior/notável. **Ex.** O seu grau de inteligência sobressai acima de todos os colegas.

sobressa[e]lente *adj/s 2g* (<sobre- + saliente) (O) que está de reserva/que substitui o que está avariado ou gasto. **Ex.** Deve manter-se sempre em boas condições o pneu ~. Tenho sempre outros óculos, de ~.

sobressaltar *v t* (<sobre- + saltar) **1** Saltar sobre ou tomar de assalto(+)/Surpreender. **Ex.** Sobre[A]ssaltaram o inimigo às quatro da manhã. **2** ⇒ Passar além de/Transpor «obstáculos». **3** Assustar/Atemorizar. **Ex.** A notícia sobressaltou toda a cidade. O ruído dos aviões sobressaltava-a durante a noite. **4** ~-se/Inquietar-se/Assustar-se. **Ex.** Ela sobressaltou-se com a notícia do incêndio na rua onde mora o filho.

sobressalto *s m* (<sobressaltar) **1** A(c)ção de sobressaltar. **2** Movimento repentino provocado por uma sensação brusca/Susto. **Loc.** «atacar o inimigo» **De ~** [De surpresa/De imprevisto]. «viver» **Em ~** [Preocupado/Sobressaltado/Assustado/Em cuidados] «a pensar no filho que foi para a guerra» (**Ex.** De noite acordou em ~ ao ouvir um grande estrondo). **3** Acontecimento imprevisto. **Ex.** O ~ surpreendeu-nos (a todos).

sobressano *s m Náut* (< ?) Prancha de madeira pregada na parte inferior da quilha do navio para a proteger/Falsa-quilha.

sobressaturação *s f* (<sobressaturar + -ção) **1** A(c)to ou efeito de sobressaturar/Supersaturação. **2** *Quím* Estado de uma solução que contém uma substância dissolvida que excede a que é normalmente necessária para a saturação do líquido. **Comb.** Estado de ~. **3** *fig* Quantidade superior à normal/Excesso.

sobressaturar *v t* (<sobre- + saturar) **1** *Quím* Fazer ficar um líquido num estado de sobressaturação/Supersaturar. **2** ~(-se)/Saturar-se em demasia.

sobresselente ⇒ sobressalente.

sobrestar *v* (<sobre- + estar) **1** Interromper temporariamente uma a(c)ção. **2** Provocar descontinuidade em alguma coisa/Sustar(+). **Loc.** ~ o interrogatório [processo/trabalho]. **3** Estar iminente um acontecimento ou fa(c)to.

sobre(e)stimar *v t* (<sobre- + estimar) Atribuir importância superior à real/Sobrevalorizar. **Ex.** Sobrestimou as qualidades do atleta e ele não correspondeu ao que se esperava.

sobretaxa *s f* (<sobre- + taxa) **1** Quantia que excede a legalmente estabelecida. **2** Taxa adicional sobre algo já tributado. ⇒ sobrecarga 3.

sobretaxar *v t* (<sobre- + taxa + -ar) Colocar sobretaxa em. **Ex.** O governo sobretaxou alguns produtos alimentares.

sobretónica [*Br* **sobretônica**] *s f Mús* (<sobre- + tó[ô]nica) A nota que ocupa o segundo grau, na escala diatónica/Um tom acima da tónica.

sobretudo *adv/s m* (<sobre- + tudo) **1** *s m* Casaco de agasalho, comprido, usado sobre outras peças de vestuário. **Ex.** Ele usa sempre um ~ preto no inverno. **2** *adv* Acima de tudo/ Em especial/Principalmente. **Ex.** Gosto muito de fruta, ~ de maçãs.

sobrevalorização *s f* (<sobrevalorizar + -ção) **1** A(c)ção de dar demasiado valor a alguém ou alguma coisa. **2** Atribuição de um valor excessivamente elevado ao considerado corre(c)to.

sobrevalorizar *v t* (<sobre- + valorizar) **1** Atribuir importância acima do real a alguém ou a alguma coisa. **Ex.** Ele sobrevaloriza [sobrestima] a competência do filho mais velho. **Ant.** Subestimar. **2** Atribuir valor ou preço acima do aceitável. **Ant.** Desvalorizar.

sobrevindo, a *adj/s* (<sobrevir) **1** (O) que sobreveio. **2** (O) que ocorreu imediatamente após outro acontecimento. **3** (O) «visitante» que chegou de forma inesperada.

sobrevir *v int* (<lat *supervénio, íre, véntum*: vir depois [por cima]) **1** Vir depois de uma ocorrência/Ocorrer/Suceder. **Ex.** Depois de grande seca, sobreveio muita chuva. A pneumonia sobreveio ao resfriado que apanhara. **2** Acontecer de modo imprevisto. **Ex.** Quando não se esperava, sobreveio uma tempestade que alagou a cidade.

sobrevivência *s f* (<sobreviver + -ência) **1** A(c)to ou efeito de sobreviver, de continuar a viver ou a existir. **Ex.** A seguir à [Depois da] guerra que arrasara o país, a vida era uma luta pela ~. A agricultura portuguesa foi sempre uma agricultura de ~. **2** Manutenção [Sustento] da vida de alguém após a morte de outrem ou depois de uma situação de perigo. **Comb.** Pensão de ~ [~ atribuída a alguém por (um sócio d)uma instituição de previdência].

sobrevivente *adj/s 2g* (<sobreviver + -(e)nte) **1** (O) que escapou à morte/que se salvou. **Ex.** No [Do] grande naufrágio houve apenas cinco ~ s. **2** (O) que sobrevive (a outro). **Ex.** O cônjuge ~ herdou tudo aquilo a que tinha direito. A ~ é herdeira universal do marido. **3** (O) que resiste, perdurando no tempo. **Ex.** Os latinistas [que estudam latim a fundo/a sério] que ainda existem [chá] são uma raça de ~s.

sobreviver *v* (<lat *supervívo, ere, ctum*) **1** Permanecer vivo depois de um desastre/Escapar/Resistir. **Ex.** No acidente, dos quatro ocupantes do carro, só sobreviveu uma pessoa. **2** Continuar a viver depois da morte de outrem. **Ex.** O marido sobreviveu à mulher/esposa. **3** Continuar a existir depois de uma situação crítica/Resistir. **Ex.** Alguns edifícios não sobreviveram [resistiram(+)] ao abalo sísmico. **4** Ter apenas as condições mínimas de sobrevivência/Manter-se. **Ex.** O idoso sobrevive com uma pensão de duzentos euros.

sobrevoar (<sobre- + voar) Voar por cima de. **Ex.** Ao sobrevoar a Indonésia, a caminho de Timor-Leste, viam-se vários vulcões em erupção.

sobrevoo *s m* (<sobrevoar) **1** A(c)to ou efeito de sobrevoar. ⇒ voo.

sobriedade *s f* (<lat *sobríetas, átis*: temperança) **1** Qualidade ou estado de quem é ou está sóbrio/Temperança. **Ant.** Desregramento. **2** Moderação no comer e/ou no beber/Frugalidade. **Ex.** Na festa, ele bebeu com (muita) ~, ao contrário do costume. **Ant.** Gula. **2** Moderação nas palavras, nas a(c)ções e no comportamento/Discri[e]ção. **Ex.** Ele falou com ~, dizendo tudo o que tinha a dizer em pouco tempo e em [e com] poucas palavras. **3** Simplicidade. **Ex.** Decoraram as salas do banquete com muita ~. **4** *fig* Naturalidade no uso de recursos literários ou artísticos/Concisão.

sobrinho, a *s* (<lat *sobrínus*: primo direito, filho de pais irmãos) **1** Filho de irmão ou de irmã, ou de cunhado ou cunhada. **Ex.** Como ele e a mulher são filhos únicos [não têm irmãos], também não têm ~s. **Comb.** ~ em segundo grau [Filho de um sobrinho]. **2** *s m Náut* Qualquer das últimas velas de um navio/Sobrejoanetinho (⇒ sobrejoanete).

sobrinho(a)-neto(a) *s* Filho ou filha de um sobrinho ou de uma sobrinha, ou neto do irmão ou da irmã. **Ex.** Ele tem três sobrinhos-netos.

sóbrio, a *adj* (<lat *sóbrius*) **1** Moderado na comida e na bebida/Frugal. **Ex.** Ele come pouco (a cada refeição), é uma pessoa ~a. **Ant.** Desregrado/Glutão/Comilão. **2** Que não se encontra sob o efeito de bebida

alcoólica. **Ex.** À noite, quando o encontrámos, ele ainda estava ~. **Ant.** Ébrio. **3** ⇒ «estilo/gosto/comportamento» Comedido/Moderado. **4** fig Discreto/Simples. **Ex.** O restaurante tem uma decoração ~a, sem grandes floreados/enfeites/ornatos.

sobro (Sô) s m Bot (<lat súber, ris) **1** ⇒ sobreiro(+). **2** Madeira ou lenha de sobreiro. ⇒ cortiça.

sobrolho (Brô) s m (<sobre- + olho) Conjunto de pelos em forma de arco, por cima dos olhos/Sobrancelhas. **Idi.** Carregar/Franzir o ~ [Manifestar contrariedade/Olhar com severidade].

soca[1] (Só) s f (<soco[1]) Calçado feminino artesanal, de abertura larga, geralmente de couro grosseiro e base de madeira.

soca[2] (Só) s f pop (< ?) Pouco dinheiro/Penúria. **Loc.** Não ter ~/cheta(+) [Não ter dinheiro nenhum].

soca[3] (Só) s f (<tupi soka: rebento) **1** Bot Rizoma ou caule subterrâneo. **2** Br Segunda produção ou colheita da cana-de-açúcar ou do tabaco.

socador, ora adj/s Br (<socar 3) **1** (O) que soca/que serve para socar. **2** ⇒ almofariz; pilão.

socairo s m (< ?) **1** O que serve de abrigo(+). **2** Sopé de um monte. **3** Náut Parte do cabo que sobra depois de preso ao cabeço de amarração.

socalcar v t (<sob + calcar) **1** Comprimir ou fazer pressão sobre alguma coisa/Calcar muito/Pisar. **2** Fazer socalcos numa encosta para cultivo «da vinha/do arroz».

socalco s m (<socalcar 2) Porção de terreno suportada por um muro, numa encosta disposta em degraus, para impedir a erosão. **Ex.** As vinhas do Douro (região no norte de Portugal) são [estão plantadas] em ~s.

socapa s f (<sob + capa) A(c)ção de [Qualquer coisa para] enganar maliciosamente/Manha/Disfarce. **Loc.** À(+)/De ~ [De maneira furtiva/Disfarçadamente] (Ex. À ~, foram roubando vários obje(c)tos da loja).

socar v t (<soco + -ar[1]) **1** Dar socos ou murros em (alguém ou alguma coisa)/Esmurrar/Sovar. **Ex.** Ele socou todos os adversários, eliminando-os. **2** Trabalhar uma substância mole «a massa do pão» com os punhos cerrados para ficar consistente/Amassar/Sovar. **3** Moer «dentes de alho» no almofariz/Esmagar/Pisar. **4** Calcar ou apertar algo «para lhe dar consistência».

socarrão, ona adj/s (<esp socarrón: burlão astuto) ⇒ Intrujão(+)/Impostor(+)/Velhaco/Burlão.

socavar v t/int (<sob + cavar) **1** Fazer escavações/Escavar. **2** (Es)cavar por baixo/Minar. **Loc.** ~ [Abrir(+)] um túnel.

sociabilidade s f (<sociável + -dade) **1** Qualidade de sociável. **2** Aptidão para viver em sociedade. **Ex.** Nem todas as pessoas são sociáveis [têm ~]. **3** Modo próprio de quem vive em sociedade, com exercício das regras de boa convivência/Civilidade/Urbanidade.

sociabilização s f (<sociabilizar + -ção) A(c)to ou efeito de sociabilizar [de tornar-se sociável].

sociabilizar v t/int (<sociável + -izar) Tornar ou ficar alguém [um ser] sociável/Socializar(+). **Ex.** Não é fácil ~ os jovens com [que trazem] graves problemas de infância. ⇒ «um leãozinho».

social adj 2g/s m (<lat sociális,e: ⇒ sócio) **1** Relativo à sociedade. **Comb.** Ciências ~ais «Sociologia/Antropologia». Classe ~ «baixa/média/alta». Coluna [Secção] ~ «do jornal». Comunicação ~ «jornais, rádio, TV». Concertação ~ [Reunião entre o Governo e os parceiros sociais para fazer acordos sobre rendimentos e preços]. Contrato ~ [Convenção «tácita» que deve regular os direitos e deveres dos cidadãos entre si e os seus governantes]. Convenções (~ais) [Normas aceites em [pela] sociedade e que podem ser mais ou menos boas]. Mobilidade ~ [Deslocação ou mudança das pessoas de uma camada ou classe ~ para outra]. Parceiros ~ais (Patronato e sindicatos dos trabalhadores). Psicologia ~. Relação ~. Segurança ~ [Sistema de assistência aos cidadãos] (⇒ **3 Comb.**). **2** Que vive em sociedade/Gregário. **Ex.** O homem é um ser ~ (⇒ sociável). **Comb.** Convívio [Trato] ~ «diário/agradável». **Ant.** Antissocial. **3** Que visa a organização da sociedade e a satisfação dos interesses cole(c)tivos. **Ex.** Com a crise econó[ô]mica agravam-se os problemas ~ais. **Comb.** Assistência ~ [Conjunto de organismos que zelam, de acordo com a legislação em vigor, pelo bem-estar dos cidadãos]. Assistente ~ [Pessoa com formação específica [especial], que colabora na resolução de problemas «de saúde» de outras pessoas]. Exclusão ~ [Rejeição de pessoas que não entram nos padrões sociais estabelecidos/Discriminação/Marginalização]. Habitação ~ [Casa de renda barata, construída pelo Estado ou por uma instituição, destinada a famílias de fracos recursos econó[ô]micos]. Justiça ~ [Satisfação das necessidades essenciais de todos os cidadãos]. Passe ~ [Senha ou título de transporte para qualquer cidadão, passado por uma empresa com intervenção estatal]. Serviços ~ais [Organismo de apoio à família e à infância, sobretudo em caso de doença]. **4** Relativo a uma sociedade comercial ou industrial. **Ex.** O capital ~ da empresa é bastante elevado. **Comb.** Sede ~ [onde estão os órgãos administrativos duma sociedade/empresa]. **5** s m O que pertence a todos/Público. **Ex.** O ~ deve ser a principal preocupação do Governo.

social-democracia s f Doutrina e sistema político que concilia democracia e socialismo, de tendência reformista, que visa realizar as reformas sociais num processo de transição pacífica e gradual do capitalismo para o socialismo.

social-democrata adj/s 2g **1** Relativo à social-democracia. **2** (O) que é partidário da social-democracia ou membro de um partido social-democrático.

socialismo s m (<social + -ismo) Sistema político-econó[ô]mico que defende a dire(c)ção e domínio do Estado nos bens de produção e uma nova distribuição das riquezas.

socialista adj/s 2g (<social + -ista) **1** Relativo ao socialismo. **2** (O) que é partidário do socialismo ou de um partido que defende as ideias do socialismo. **Ex.** Tornou-se ~ porque se preocupava com o bem dos outros.

socialização s f (<socializar + -ção) **1** A(c)to ou efeito de socializar. **2** Passagem para o domínio social ou público daquilo que pertencia ao domínio pessoal, familiar ou privado/Cole(c)tivização. **Ex.** O socialismo defende a ~ dos bens de produção. **3** Processo de integração social da criança no decurso do seu desenvolvimento. **Ex.** O convívio com os outros é fundamental para a ~ de qualquer criança.

socializante adj 2g (<socializar + -nte) **1** Que socializa ou serve para socializar. **Ex.** Para a socialização da criança são importantes muitas a(c)tividades ~s. **2** (Que é) de tendência socialista. **Ex.** O governo tomou algumas medidas ~s.

socializar v t (<social + -izar) **1** Tornar alguém [um ser] social. **Ex.** A família é a instituição que inicialmente socializa a criança. **2** ~-se/Ficar sociável. **3** Converter ao regime político socialista. **4** Passar da posse privada para o o cole(c)tivo. **Ex.** Os trabalhadores socializaram várias herdades no Alentejo (Portugal). **Ant.** Privatizar. **5** ~-se/Reunir-se/Organizar-se em sociedade.

socialmente adv (<social + mente) **1** Do ponto de vista social. **Comb.** Medidas governamentais ~ justas. Profissões ~ desvalorizadas. **2** Pelo que respeita à sociedade. **Ex.** Eles encontravam-se ~, mas não eram amigos.

sociável adj 2g (<lat sociábilis,e: que pode ser unido) **1** Que vive normalmente em sociedade/Gregário. **Ex.** O homem é um ser ~. **2** Que gosta de conviver ou relacionar-se com os outros/Comunicativo/Extrovertido/Aberto. **Ex.** Era uma pessoa pouco ~, passava o tempo fechado em casa, sozinho. **3** Que é de trato fácil/Civilizado/Polido.

sociedade s f (<lat sociétas, átis: associação) **1** Conjunto de seres (Homens ou animais «abelhas/gorilas») que (con)vivem em comum. **Sin.** Corpo social/Grei. ⇒ bando (de aves); rebanho (de animais); enxame (de abelhas); cardume (de peixes). **2** Conjunto de pessoas que vivem em determinada época e lugar, com valores e hábitos comuns. **Ex.** Na ~ medieval havia um profundo sentimento religioso. **Comb.** ~ civil [Conjunto de cidadãos unidos pela consciência dos seus direitos e deveres cívicos inscritos no Código Civil] (É a ~ em geral, sem a classe militar ou policial). ~ de consumo [em que a economia promove o aumento de consumo, criando necessidades supérfluas]. ~ primitiva. **3** ⇒Trato ou relação entre as pessoas/Convivência/Comunidade. **4** Conjunto de pessoas que, por nascimento ou posição, têm um determinado estatuto social. **Comb.** Alta ~/Nata da ~ [Elite social]. **5** Grupo de pessoas unidas por uma a(c)tividade de natureza socioprofissional/Agremiação/Cooperativa. **Ex.** A ~ Portuguesa de Autores [SPA] defende os direitos dos (escritores) criativos/originais. **6** Grupo de pessoas organizadas com fins diversos: comerciais, culturais, recreativos e de assistência. **Comb.** ~ anó[ô]nima [Empresa cujo capital é dividido em a(c)ções]. ~ bíblica [que se dedica a publicar e distribuir a Bíblia]. ~ comercial. ~ industrial/fabril. ~ de informação [Organização econó[ô]mica e social «Expresso/Visão» que privilegia as a(c)tividades de produção e os serviços de distribuição de informação]. ~ por a(c)ções. ~ por quotas [Empresa na qual o capital social se encontra dividido pelos sócios, mediante quotas, que estabelecem os limites da responsabilidade de cada sócio]. ~ recreativa. ~ secreta [~ a que tem acesso um número reduzido, sele(c)cionado e secreto de pessoas] (⇒ maçonaria). **7** Sede/Local/Centro onde se reúnem os membros de uma associação/Clube «gimnodesportivo». **Ex.** Aos fins de semana as pessoas vão para a ~ recreativa da freguesia divertir-se. **8** Parceria. **Ex.** Montou uma fábrica em ~ com os irmãos.

sócio, a s (<lat sócius: companheiro) **1** Pessoa que se associa a outra(s) para participar numa empresa com os seus bens e a(c)tividades. **Ex.** Ele é um dos ~s fundadores da empresa. **2** Membro de uma

associação, organização ou clube/Associado/Filiado. **Comb. ~ efe(c)tivo** [que cumpre todas as normas estatutárias]. **~ honorário** [a quem é dado o título de ~ devido aos seus méritos]. **3** Companheiro/Parceiro. **4** *depr* Cúmplice «no roubo».

socio- *pref* Exprime a noção de **sócio**, **sociedade** ou **associação**.

sociobiologia *s f* (<socio- + ...) Estudo da base biológica dos comportamentos dos animais e dos seres humanos, com base nas teorias evolucionistas modernas e na genética.

sociocultural *adj 2g* (<socio- + cultural) Relativo às condições ou aspe(c)tos sociais e culturais de um grupo social. **Ex.** As condições ~ais de muitos jovens não lhes permitem aceder a cursos superiores «universitários».

socioeconómico, a [Br **socioeconômico**] *adj* (<socio- + económico) Relativo a fa(c)tores económicos e sociais. **Ex.** As condições ~as nos países europeus têm piorado nos últimos tempos. **Comb.** Fa(c)tores ~os da criminalidade.

sociograma *s m* Psic (<socio- + -grama) Diagrama ou representação gráfica da estrutura de relações existentes entre os diferentes membros de um grupo, em sociometria e em sociologia descritiva.

socioleto (Lé) [*Br* **sociole(c)to** (*dg*)] *s m* Ling [= sociolecto] (<socio- + diale(c)to) **1** Conjunto de usos de uma língua próprios de um grupo social, profissional ou etário. **Ex.** O ~ de grupos marginais é muito fechado [desconhecido pela maior parte das pessoas]. **Sin.** Gíria(+). **2** Palavra ou expressão que pertence a essa variante.

sociolinguista *s 2g* (<socio- + ...) Linguista especializado em sociolinguística.

sociolinguística *s f* Ling (<socio- + linguística) Ramo da linguística que estuda a relação entre a linguagem e os fa(c)tores sociais e culturais, nomeadamente as variações linguísticas que se verificam no interior de vários grupos.

sociolinguístico, a *adj* (<socio- + linguístico) **1** Relativo à sociolinguística. **2** Relativo a aspe(c)tos da linguagem que são condicionados por fa(c)tores sociais. **Ex.** O professor está a fazer o levantamento ~ de um grupo profissional «médicos».

sociologia *s f* (<socio- + -logia) **1** Ciência que estuda e analisa os fenó[ô]menos sociais. **Ex.** A ~ é uma ciência mais recente que as ciências exa(c)tas. **2** Domínio de estudo das relações entre uma determinada área do saber e a sociedade. **Comb. ~ da arte. ~ da educação. ~ do direito.**

sociologicamente *adv* (<sociológico + -mente) Do ponto de vista das relações nas sociedades humanas. **Ex.** ~, é um país «Japão» ainda muito fechado.

sociológico, a *adj* (<sociologia + -ico) **1** Relativo à sociologia. **Ex.** O professor (de sociologia) está a elaborar um estudo ~ sobre os hábitos dos jovens nos tempos livres. **2** ~conceito e método» Próprio da sociologia. **Comb. Análise ~a. Enfoque ~. Métodos ~s.**

sociólogo, a *s* (<socio- + -logo) Especialista em sociologia. **Ex.** Os ~s fazem previsões sobre o (futuro) evoluir da sociedade baseados em análises do passado histórico dela.

sociometria *s f* (<socio- + -metria) Levantamento e medida das relações interpessoais entre os membros de um grupo ou comunidade. ⇒ sociograma.

sociopolítico, a *adj* (<socio- + político) Relativo às relações entre os fenómenos sociais e políticos de um grupo ou de uma sociedade. **Ex.** A realidade ~a do país melhorou muito [é outra] depois das últimas eleições.

soco¹ (Sô) *s m* (<socar) **1** Pancada (forte) dada com a mão fechada/Murro. **Ex.** Deu-lhe um tal ~ [um ~ com tanta força] que o deitou ao chão. **2** Pancada dada na bola com a mão fechada pelo guarda-redes [goleiro]. **Ex.** O guarda-redes com um ~ desviou a bola da baliza. **3** *Náut* Lugar do mastaréu imediatamente superior à pega.

soco² (Só) *s m* (<lat *sóccus, i:* calçado de repouso) **1** Calçado grosseiro, com sola de madeira/Tamanco. **Ex.** No inverno, calçava os ~s que se ouviam bater na calçada. ⇒ soca¹. **2** *Arquit* Base ou pedestal «das colunas»/Peanha «do busto/para colocar uma jarra». ⇒ supedâneo; plinto.

soçobrar *v t/int* (<lat *súbsum*: debaixo + *súpero, áre, átum:* estar acima) **1** Revirar. **Ex.** O tufão soçobrou [revirou(+)] os barcos que estavam no porto. **2** Mover-se repentinamente para baixo/Cair/Tombar. **Ex.** O prédio, que já estava em mau estado, soçobrou. **3** Fazer ir ao fundo/Afundar/Naufragar. **Ex.** Com aquela [a enorme] tempestade há o perigo de o navio ~. **4** Deixar de oferecer resistência/Tombar. **Ex.** O inimigo soçobrou perante [com] tanto tiroteio. **5** Sofrer destruição/Arruinar/Aniquilar-se. **Ex.** O país está à beira de ~. **6** Perder a força ou a coragem/Desanimar. **Ex.** Não podemos ~ perante as adversidades.

soçobro (Çô) *s m* (<soçobrar) **1** A(c)to ou efeito de soçobrar. **2** A(c)to ou efeito de submergir [ir ao fundo]/Afundamento/Naufrágio(+). **Ex.** No ~ do navio morreram muitas pessoas. **3** *fig* Estado (de alguém) sem forças para reagir/Desânimo/Desalento. **4** ⇒ desastre/sinistro/tragédia.

socorrer *v t* (<lat *succúrro, rere, sum:* prestar socorro; ⇒ correr) **1** Prestar auxílio ou assistência a alguém que está [se encontra] numa situação difícil/Acudir/Ajudar/Auxiliar/Salvar. **Ex.** A equipa médica socorreu as vítimas do acidente. **2** Apoiar alguém numa situação complicada. **Ex.** Estava sem dinheiro e o meu vizinho socorreu-me. **3** Ajudar os desfavorecidos. **Ex.** Os voluntários socorrem os sem-abrigo nos dias mais frios. **4** ~-se/Valer-se de (alguém ou alguma coisa)/Recorrer a/Lançar mão de. **Ex.** Quando está aflita, socorre-se [tem a ajuda aos] vizinhos. Socorria-se de [Recorria a/Lançava mão de] todos os meios para atingir os seus fins.

socorrismo *s m* (<socorro + -ismo) **1** Conjunto de meios utilizados para prestar os primeiros cuidados a feridos e doentes. **Ex.** Para situações de emergência é útil ter conhecimentos de ~. **2** Conhecimentos de primeiros socorros. **Ex.** Ele frequentou um curso de ~.

socorrista *adj/s 2g* (<socorro + -ista) **1** (O) que está habilitado (profissionalmente) para prestar os primeiros socorros, em casos de emergência, a vítimas de acidentes ou de doenças repentinas. **2** (O) que é membro de instituição, associação ou clube de socorrismo.

socorro (Cô, *pl* Có) *s m* (<socorrer) **1** A(c)to ou efeito de socorrer. **2** Auxílio prestado em situação difícil (de perigo, de doença). **Ex.** Como estavam feridos, pediram ~, mas ninguém os atendeu. **Loc.** Em ~ de [Em auxílio de]. **Comb. ~s mútuos** [Instituição de previdência para auxílio mútuo [recíproco] dos sócios]. **Posto de ~** [Lugar com meios humanos e materiais para prestar ~]. **Primeiros ~s** [Auxílio médico de emergência]. **3** *Mil* Reforço de uma posição, através de forças militares, com munições ou outros meios militares. **4** *interj* Exclamação para pedir auxílio. **Ex.** ~! Ajudem-me!

socrático, a *adj/s* (<gr *sokratikós*) **1** Relativo a Sócrates. **2** (O) que é partidário do pensamento de Sócrates e do seu método de [fazer] perguntas para a descoberta da verdade. **Comb. Fil Ironia ~** [Primeira parte do método ~ em que o filósofo conduz(ia) o diálogo para levar o interlocutor a descobrir a sua (própria) ignorância/a ver que está errado(+)].

soda¹ (Só) *s f* Quím/Bot (<it *soda*) **1** Designação vulgar de carbonato neutro de sódio. **Comb. ~ cáustica** [Hidróxido de sódio]. **2** *Bot* ⇒ barrilha; barrilheira.

soda² (Só) *s f* (<ing *soda water*) Refresco preparado com água, açúcar, bicarbonato de sódio e ácido tartárico.

sodalício *s m* (<lat *sodalícium, cii*) Grupo de pessoas que se reúnem ou vivem em comum/Irmandade/Confraria.

sodalite/a *s f* Miner (<soda¹ + alumínio + -ite) Mineral do grupo dos feldspatos, de várias cores e brilho vítreo, que ocorre em rochas ígneas ricas em sódio.

sódio [Na 11] *s m* Quím (<soda¹ + -io) Elemento químico metálico, alcalino, oxidável, de forte poder redutor. **Ex.** O ~ é usado em ligas, lâmpadas, motores de avião, ... **Comb. Bicarbonato de ~** [Sal industrial]. **Borato de ~.**

sodomia *s f* (< top *Sodoma*: cidade antiga da Palestina + -ia) Relação sexual com penetração anal/Sexo anal.

sodomita *adj/s 2g* (<sodomia + -ita) O que pratica sodomia/Pederasta(+).

sodomítico, a *adj* (<lat *sodomíticus*) Relativo à sodomia ou a sodomita.

sodomizar *v t* (<sodomia + -izar) Praticar a sodomia (com alguém). **Ex.** Os assaltantes sodomizaram a vítima.

soer *v int an* (<lat *sóleo, ére, sólitus sum:* ter por costume) ⇒ costumar.

soerguer *v t* (<sob + erguer) **1** Erguer(-se) um pouco. **Ex.** A doente, apesar de estar bastante mal, soergueu levemente a cabeça. **2** Tornar a erguer(-se)/Reerguer(-se).

soez (Ês) *adj 2g* (<esp *soez*: vil) **1** De mau cará(c)ter/Vil/Ordinário. **2** Sem educação/Grosseiro/Indecente/Torpe.

sofá *s m* (<ár *suffá:* esteira) «mobiliário» Móvel estofado com respaldo [encosto] e braços. **Ex.** Ele passa o tempo refastelado no ~ a ver televisão. ⇒ canapé; cadeirão.

sofá-cama *s m* Sofá comprido (como um banco) e dobrável, que se pode usar também como cama.

-sofia *suf* (<gr *sophía:* sabedoria) Exprime a ideia de **saber**, de **ciência** ou **habilidade** (Ex. Teo~).

sofisma *s m* Fil (<gr *sóphisma, atos:* habilidade, su(b)tileza) **1** Raciocínio em que se empregam argumentos falsos com aparência de verdadeiros com a intenção de induzir em erro ou ganhar ao adversário/Falácia. **2** A(c)to de má fé usado para enganar alguém/Dolo.

sofismar *v* (<sofisma + -ar¹) **1** Usar sofismas/Dar aparência de verdade a uma asserção [afirmação/proposição] falsa. **2** ⇒ enganar/iludir/lograr.

sofista *adj/s 2g* (<gr *sophistés:* filósofo, sábio) **1** (O) que argumenta com sofismas. **2** Mestre na arte de argumentar. **Ex.** Os ~s na antiga Grécia desempenharam um papel pedagógico importante. ⇒ retórica. **3** *adj* Relativo a sofisma. **Comb.** Argumento [Raciocínio] ~/*ad hominem*.

sofística *s f* (<gr *sophistiké:* arte dos sofistas) **1** *Hist* Movimento que na Grécia

propunha a retórica como base da educação e do pensamento filosófico. **2** Arte dos sofistas/da argumentação/da retórica. **3** *depr* Filosofia que se desenvolve como puro verbalismo/Falsa filosofia.

sofisticação *s f* (<sofisticar + -ção) **1** A(c)to ou efeito de sofisticar. **2** Extremo requinte/Finura/Bom gosto. **3** Estado do que está muito avançado ou desenvolvido. **Ex.** A ~ das modernas técnicas operatórias usadas naquele hospital salvou o acidentado grave.

sofisticado, a *adj* (<sofisticar) **1** Artificial/Afe(c)tado. **Comb.** Linguagem ~a. **2** Requintado. **Ex.** Ela apresentou-se na festa com um vestido muito ~. **3** Que é elaborado ou de grande complexidade tecnológica. **Comb.** Método ~ «de descobrir os infra(c)tores». **4** Muito culto/cosmopolita. **Ex.** É um senhor «político» muito ~, é o orgulho da família.

sofisticar *v* (<sofística + -ar¹; ⇒ sofismar) **1** ⇒ enganar/falsificar. **2** Tornar requintado. **Ex.** Com a convivência dos seus sofisticados parentes também ele se sofisticou [ele ficou mais requintado]. **3** Tornar mais complexo e elaborado. **Ex.** Os novos aparelhos sofisticaram a técnica do diagnóstico de múltiplas doenças.

sofístico, a *adj* (<gr *sophistikós*: próprio dos sofistas) **1** Relativo a sofisma/Sofista 3(+). **2** ⇒ enganoso.

sofrear *v t* (<sob + frear) **1** Reduzir ou modificar o andamento de um animal «cavalo», puxando as rédeas/o freio(+). **2** Conter/Reprimir. **Ex.** Foi preciso ~ os impulsos da multidão. **Loc.** ~ as paixões «impaciência/ódio».

sofredor, ora *adj/s* (<sofrer + -dor) **1** (O) «povo» que sofre. ⇒ vítima. **2** (O) que aguenta a dor com resignação/Paciente/Resignado. **Ex.** Ele é muito ~, apesar das [de ter (muitas)] dores não se lhe ouve uma queixa!

sofregamente *adv* (<sôfrego + -mente) **1** De modo sôfrego/Avidamente. **Ex.** As pessoas, esfomeadas como estavam [, com a fome que tinham], comiam ~ tudo o que lhes davam. **2** Apressadamente/Impacientemente. **Ex.** Trabalhava ~, para poder sair mais cedo do trabalho. **Ant.** Calmamente/Pacientemente.

sôfrego, a *adj* (<lat *súfflo, áre*: soprar) **1** Que come ou bebe com avidez/pressa/Ávido/Voraz. **Ex.** Fica com olhar ~ quando vê a comida. **2** Que revela ambição ou impaciência para conseguir alguma coisa/Ambicioso/Ansioso.

sofreguidão *s f* (<sôfrego + -idão) **1** Cara(c)terística de sôfrego/Avidez. **Ex.** Ele come com muita ~. **2** Desejo imoderado/Ambição. **Ex.** Na [Com a] ~ [ânsia] de enriquecer depressa, deixou de dar (a devida) atenção à família.

sofrer *v t* (<lat *súffero, érre*: suportar, ~) **1** Padecer de uma doença. **Ex.** Ele tem [sofre] de reumatismo. **Idi.** *pop* **Sofrer da bola** [Ser mentalmente desequilibrado]. **2** Sentir dor física ou moral. **Ex.** Ela sofreu um grande desgosto, com a morte repentina do marido. **3** Suportar os efeitos de algo/Pagar. **Ex.** Ele está sofrendo [a ~] as consequências do excesso de [do abuso do (+)] álcool. **4** Ser alvo de/Receber. **Ex.** Ele sofreu [levou/apanhou] uma forte pancada no braço. **5** Ter. **Ex.** Com o mau tempo os lavradores sofreram [tiveram] grandes perdas. Em criança [Durante a guerra] eu sofri [passei(+)] muita fome. O preço da gasolina sofreu um grande aumento [subiu/aumentou muito]. A nossa Constituição sofreu [teve] várias alterações/reformas. **6** ⇒ aguentar; tolerar; suportar.

sofrido, a *adj* (<sofrer) **1** De que (se) foi alvo/Que foi sentido. **Ex.** Já se esqueceu das dores ~as na altura do [das dores que teve no] parto. Tinha (um) ar de homem ~o [que sofrera muito]. **Comb. Agressão ~a** [de que foi alvo/vítima]. **Danos ~os**/tidos/incorridos. **Desgostos ~s**/passados. **Dores ~as**/tidas/«por que passei». **2** Que suporta a dor com paciência/Sofredor(+). **3** Que resulta de muito esforço ou sofrimento/Árduo/Trabalhoso. **Ex.** Eu entrei para a universidade com 35 anos, a minha formatura foi sofrida.

sofrimento *s m* (<sofrer + -i- + -mento) **1** A(c)to ou efeito de sofrer. **2** Dor física causada por ferimento ou doença. **Ex.** O médico deu-lhe um remédio para diminuir o ~ [para lhe aliviar/tirar as dores]. **3** Dor moral/Amargura/Ansiedade/Angústia. **4** Vida miserável/Penúria/Dificuldades. **Ex.** Muita gente enriquece à custa do ~ alheio [de outros].

sofrível *adj 2g/s* (<sofrer + -i- + -vel) **1** «dor» Que se pode sofrer/Suportável(+). **2** *fig* Que não é nem bom nem mau/Tolerável. **Ex.** Tem uma preparação [capacidade] ~/aceitável para (poder fazer) este trabalho. **3** (Diz-se de) avaliação escolar entre o suficiente e o medíocre. **Comb.** Nota ~/passável.

soft *ing adj 2g/s m 2n* **1** Brando/Suave/Pouco profundo ou exigente(+). **2** *s m* ⇒ *software*.

software *ing s m Info* Conjunto de componentes lógicos, sistema de processamento de dados, programas gravados ou instruções que controlam o funcionamento de um computador. **Ant.** *Hardware*.

soga (Só) *s f* (<lat *soca*: corda) Tira de couro para prender os bois ao jugo/Corda grossa «de esparto».

sogro, a (Sô, *fem/pl* Só) *s* (<lat *sócer/sócrus*) Pai/Mãe da pessoa com quem se está casado. ⇒ genro; nora.

soirée *fr s f* Espe(c)táculo no(c)turno «de cinema». **Ant.** Matiné[ê]. ⇒ sarau; serão.

soja (Só) *s f Bot* (<jp *shoyu* <chin *chiang-yu*: óleo de soja) **1** Planta leguminosa cujas sementes fornecem óleo e proteínas de grande valor nutritivo/Feijão-~. **Ex.** Os vegetarianos consomem muitos produtos «leite» feitos à base de ~. **2** Semente dessa planta. **Comb.** Óleo de ~.

s/Sol¹ *s m* (<lat *sol, sólis*) **1** *Astr maiúsc* Estrela que faz parte da galáxia Via Láctea e à volta da qual giram os planetas do sistema solar, incluindo [, (sendo) um deles] a Terra. **Ex.** Antigamente pensavam que era o ~ que girava em [à] volta da Terra. **Idi. Tapar o ~ com uma peneira** [Querer ocultar o que não se pode esconder]. **Ver o ~ aos quadradinhos** [Estar (preso) na cadeia]. **Comb. Eclipse parcial ou total do ~** [Desaparecimento do ~ por interposição da Lua entre a Terra e o ~]. **País do ~ Nascente** [Japão]. **2** Luz natural desse astro que chega à Terra. **Ex.** Ainda não há ~, é muito cedo. **Loc. Ao ~** [Em local iluminado e aquecido pelo ~]. **Apanhar/Tomar ~** [Expor-se/Ficar ao ~/Bronzear-se]. **De a ~** [Desde o nascer ao pôr do sol] (Ex. Os trabalhadores rurais trabalham de ~a ~). **Entre dois sóis** [Entre o nascer e o pôr do ~]. **Fazer ~** [Estar um dia claro]. *idi* **Para lá do ~ posto** [Num lugar distante]. *idi* **Quer chova, quer faça ~** [Em todas as situações]. **Comb. ~ da meia-noite** [das zonas ár(c)tica e antár(c)tica]. **~ de inverno** [que aquece pouco]. *idi* **~ de pouca dura** [Coisa [Sucesso/Alegria] de curta duração]. **Banho de ~**. *idi* **Lugar ao ~** [Posição vantajosa na vida]. **Relógio de ~**. **3** *fig* Causa de felicidade ou de satisfação/Alegria. **Ex.** O neto é o seu ~. **4** *fig* (Intervalo de tempo correspondente a um) dia. **Ex.** Passaram-se dez sóis sem que ele aparecesse. **5** Pessoa notável/Gé[ê]nio. **Ex.** Leonardo da Vinci foi um ~ do Renascimento.

sol² *s m Mús* (<lat *solve*, do hino de S. João Ba(p)tista; ⇒ mi <) Quinta nota da escala musical do dó entre o fá e o lá. **Comb.** Clave de ~.

sol³ *s m Quím* (<lat *sol*) Suspensão coloidal. **Comb.** ~ aquoso [no qual a fase dispersante é a água e a dispersa é um sólido].

sola (Só) *s f* (<lat *sólea*: sandália <*sólum*: parte inferior, solo) **1** Couro preparado para fazer calçado/Cabedal. **2** Parte inferior do calçado correspondente à planta do pé, mais dura e resistente. **Ex.** As ~s dos teus sapatos já estão rotas. **Idi. Dar à ~** [Ir-se embora/Fugir]. **Não chegar às ~s dos sapatos de** [Ser muito inferior a alguém]. **Romper ~s** [Andar muito]. **Comb. ~ de cortiça** «de sapatos altos». **~ de madeira** «dos tamancos». **~** [Planta(+)] **do pé** [Parte inferior do pé que assenta no chão]. **Meias ~s** [~s metade novas].

solado¹, a *adj* (<solar³) **1** Feito de sola. **2** Que tem solas novas. **Ex.** Os sapatos estão ~s. **3** *fig* Duro como a sola. **Ex.** O bolo não cresceu (no forno), ficou ~.

solado², a *adj/s* (<solo + -ado) **1** Rente ao solo/«coelho» Alapado(+). **2** *s m* Quantidade de bolotas maduras, caídas das árvores.

solanáceo, a *adj/s* (<lat *solánum*: erva-moura + -áceo) (Diz-se de) família de plantas dicoteledó[ô]neas, cujo fruto é uma baga ou cápsula «tomateiro, batateira» e usadas na alimentação «(tubérculo da) batata».

solapa *s f* (<sob + lapa) **1** Escavação tapada para não se ver. **2** *pop* Ardil/Disfarce/Manha. **Loc.** À ~/socapa(+)[Às escondidas]. **3** Cada uma das duas extremidades da sobrecapa ou capa de um livro, dobradas para dentro/Badana(+). ⇒ Orelha.

solapado, a *adj* (<solapar) **1** Que se solapou. **2** Minado/Escavado. **3** Arruinado/Destruído. **4** Encoberto/Escondido.

solapar *v t* (<solapa + -ar¹) **1** Fazer cova em/Escavar. **2** Abalar os fundamentos de/Minar. **Ex.** As cheias [grandes chuvadas] solaparam as paredes de vários prédios. **3** Atacar ou destruir as bases de/Abalar/Demolir. **4** *fig* Encobrir/Ocultar.

solar¹ *s m* (<solo + -ar²) **1** Palácio ou moradia de nobres/Casa apalaçada/Palacete. **Ex.** No Norte de Portugal «Minho» há muitos ~res. **2** Região que é o lar ou a origem de um grupo étnico, uma estirpe, uma raça animal ou onde se desenvolve uma determinada cultura vegetal. **Ex.** O Minho é o ~ do vinho verde (Vinho com menor grau [com maior teor(+)] de álcool).

solar² *adj 2g* (<lat *soláris*) **1** Relativo ao sol. **Ex.** A luz ~ é fundamental para a vida dos seres vivos. **Comb. Ano ~**/trópico [Intervalo de tempo entre duas passagens consecutivas do Sol pelo ponto vernal (21 de março)]. **Energia ~. Sistema ~** [Conjunto formado pelo Sol e pelos corpos celestes «planetas, etc.» que gravitam à volta dele]. **2** Que utiliza a energia ~. **Comb.** Painel ~. **3** Que protege do sol. **Ex.** Quando vamos para a praia, devemos pôr creme [prote(c)tor(+)] ~.

solar³ *v t* (<sola + ar¹) **1** Pôr meias-solas(+) no calçado. **Ex.** Foi ao sapateiro para ~ os sapatos. **2** *fig* «bolo» Tornar-se duro/Não crescer(+).

solarengo, a *adj* (<solar¹1 + -engo) (Que tem aspe(c)to) de solar. **Ex.** Ele vive numa casa ~a, um belo solar!

solário *s m* (<lat *solárium*) **1** *Hist* Relógio de sol us pelos romanos. **2** Estabelecimento para tratar certas doenças pela exposição aos raios solares. **Ex.** O médico aconselhou-lhe tratamento no ~. ⇒ helioterapia. **3** Lugar abrigado onde se tomam banhos de sol.

solavanco *s m* (< ?) **1** Balanço de um veículo em movimento. **Ex.** O carro ia aos ~s, (pela) estrada fora. **2** Sacudidela brusca/Abanão/Safanão. ⇒ abalo; salto.

solda (Sól) *s f* (<soldar) **1** Liga metálica fusível «de bismuto, chumbo, ou prata» que serve para soldar peças também metálicas. **Comb.** ~/Soldadura *autógena* [que usa o próprio metal das peças a serem unidas]. ~/Soldadura *elé(c)trica* [feita com arco elé(c)trico]. **2** Lugar em que se fez a solda/Soldadura. **3** Designação (antiga) do pagamento de militares e trabalhadores rurais/Soldada.

soldadesco, a (Dês) *s f/adj* (<soldado + -esca) **1** Próprio de soldados. **2** *depr* Conjunto de soldados sem disciplina nem ordem. **Ex.** A ~a entrou pelas portas do palácio presidencial sem respeitar ninguém.

soldado *s m* (<soldo + -ado) **1** Aquele que serve a soldo. **2** *Mil* Militar não graduado que ocupa o lugar mais baixo da hierarquia militar. **Comb. Soldadinho de chumbo** [Figura que serve de brinquedo ou para cole(c)ção]. ~ *desconhecido* [Militar anó[ô]nimo morto em combate na I Grande Guerra Mundial, símbolo de todos os militares mortos nessa guerra]. ~ *raso* [sem graduação]. (~) *recruta* [que está no período de instrução]. **3** *fig* Pessoa que luta por uma causa. **Comb.** ~ *da democracia.* ~ *da paz* (Ex. Os bombeiros também são apelidados ~s da paz).

soldador, ora *adj/s* (<soldar + -dor) **1** (O) que solda. **2** *Metal* Instrumento para soldar. **Comb.** Máquina ~a.

soldadura *s f* (<soldado + -ura) **1** A(c)to ou efeito de soldar/Solda. **2** Lugar da ~/Parte soldada. ⇒ solda **1 Comb.**.

soldagem *s f* (<soldar + -agem) A(c)ção ou efeito de soldar/Solda/Soldadura.

soldar *v t* (<lat *sólido, áre, átum*: consolidar; ⇒ sólido) **1** Unir por meio de solda. **Loc.** ~ dois fios. ~ uma peça de metal. **Comb.** Ferro de ~ [Utensílio para soldaduras, mediante a adição de chumbo (derreter)]. **2** *fig* Ligar duas ou mais coisas «partes de osso». ⇒ saldar «erros/dívidas».

soldo (Sôl) *s m* (<lat *sólidus*: sólido, compacto) **1** *Hist* Moeda de ouro na antiga Roma. **2** Vencimento de militares de qualquer posto ou graduação. **3** Pagamento ou paga de qualquer natureza. **Loc.** *A ~ (de)* [Às ordens de/Ao serviço de/Mediante pagamento]. *Trazer alguém a ~* [Ter um empregado/operário/criado (que é) pago].

solecismo *s m* (<gr *soloikismós, ou*: erro contra as regras da linguagem) Intromissão na norma culta de uma língua, de construções sintá(c)ticas incorre(c)tas «erros de concordância, de regência»/Erro(+)/Falta/Incorre(c)ção.

soledade *s f* (<lat *sólitas, átis*) **1** Estado de tristeza de quem se encontra só. **2** ⇒ solidão.

sol-e-dó *s m col/pop* **1** Música e dança simples. **Ex.** "Juntaram-se os dois à esquina a tocar a concertina e a dançar o ~". **2** Conjunto de amadores que toca peças fáceis/Filarmó[ô]nica da aldeia.

soleira *s f* (<solo + -eira) **1** Laje de pedra ou peça de madeira em que assentam os umbrais de uma porta «da entrada». **Ex.** Nas aldeias, ao fim da tarde, as pessoas costumam sentar-se na ~ da porta para descansar ao fresco e para ver quem passa. **2** Construção de alvenaria, ferro ou madeira em que assentam os pilares de pontes ou outras obras/Parte de baixo/Base(+)/Assento. **3** Parte do estribo onde assenta o pé do cavaleiro.

solene (Lé) *adj 2g* (<lat *solémnis,e*: solene, consagrado) **1** Que se celebra [faz] com pompa e em cerimó[ô]nia pública. **Ex.** A cerimónia da investidura do Presidente (da República) foi muito ~. **Comb.** *Comunhão ~* [Primeira Comunhão (+)]. *Missa ~*. *Sessão ~* «de formatura/doutoramento». **2** Acompanhado de cerimó[ô]nias oficiais. **Ex.** O Presidente da República fez uma visita ~ [oficial(+)] a algumas regiões do país. **3** De aparência nobre/Majestoso. **4** Que denota importância, seriedade. **Ex.** Ele fez o discurso em tom ~. **5** Acompanhado de formalidades exigidas pela lei ou pela tradição. **Ex.** Os militares, no fim da instrução, tiveram que fazer o juramento ~. **Comb.** Contrato ~ «de paz entre países». **6** *depr* Presunçoso. **Ex.** Fez um discurso ~ de quem *idi* tinha o rei na barriga [, só a falar dele].

solenidade *s f* (<lat *sollémnitas, átis*: festa solene) **1** Qualidade do que é solene. **2** Cerimó[ô]nia ou a(c)to solene/Festa «do Natal/da Páscoa/da Assunção (de Nossa Senhora)». **Ex.** As ~s «missas» do Natal foram presididas pelo bispo da diocese. **3** Conjunto de formalidades ou requisitos que tornam um a(c)to válido. **Comb.** A ~ do juramento [contrato]. **4** *depr* ⇒ arrogância/presunção.

solenizar *v t* (<solene + -izar) **1** Dar solenidade/Tornar solene/Comemorar ou celebrar algo publicamente, com cerimó[ô]nia. **Ex.** Que vamos fazer para ~ mais a festa? **2** Dar um cará(c)ter sério/solene. **Ex.** Ele gosta de ~ tudo o que diz.

solenoide (Nói) *s m Ele(c)tri/Fís* (<gr *solenoiedés*: em forma de canal) Fio condutor «indutor» enrolado em hélice, em torno de um eixo e que se comporta como um íman/imã.

solércia *s f* (<lat *sollértia*: engenho, habilidade) **1** Cara(c)terística do que é solerte/Esperteza(+). **2** *Iron* Velhacaria/Manha/Astúcia.

solerte (Lér) *adj 2g* (<lat *sóllers, értis*: hábil) **1** Que procede com desembaraço/Esperto/Despachado/Vivo. **2** *Iron* Hábil em usar meios desonestos para conseguir o que quer/Ardiloso/Manhoso.

soletração *s f* (<soletrar + -ção) **1** Método de ensino e aprendizagem da leitura, letra por letra, para depois, sucessivamente, passar à sílaba, à palavra e à frase. **2** Leitura lenta de quem tem dificuldade em [de quem não sabe] ler.

soletrar *v t/int* (<só + letra + -ar¹) **1** Ler letra por letra. **Ex.** «a criança» Começou a ~: guê á gá, tê á tá, gata. **2** Articular sílaba a sílaba/Silabar. **Ex.** Não consegue ler sem ~. Tinha um nome difícil, só depois de ele o ~ é que eu o entendi. **3** Ler mal [de forma vagarosa e hesitante]. **4** ⇒ *fig* Decifrar.

solev(ant)ar *v t* (<lat *sub-lévo, áre, átum*) Levantar um pouco/Erguer. **Ex.** O doente solev(ant)ou[soergueu(+)]-se por um instante da cama para tomar o remédio.

solfa (Sól) *s f Mús* (<it *solfa* <sol + fá) **1** Arte de solfejar/Solfejo(+). **2** *pop* Música. **Ex.** Aprendeu uma nova ~ que agradou a toda a gente. Cantaram-se antigas ~s na festa. **3** ⇒ *gír* Barulheira/Gritaria «das crianças». **4** ⇒ *gír* Lábia.

solfejar *v t/int Mús* (<it *solfeggiare*; ⇒ solfejo) **1** Ler música, vocalizando ou pronunciando somente o nome das notas. **Ex.** Solfejou a música antes de a tocar. **2** Cantarolar/Trautear.

solfejo *s m* (<it *solfeggio*: série de notas musicais; ⇒ solfa) **1** A(c)to ou efeito de solfejar. **2** Estudo dos princípios elementares da música. **Ex.** Ela tem lições de ~ todos os dias.

solha (Sô) *s f* (<lat *sólea*: sandália, ~, linguado) **1** *Icti* Nome vulgar de um peixe teleósteo, de corpo achatado. **2** *fig pop* Bofetada(+). **Ex.** Deu-lhe uma ~.

solho (Sô) *s m* (<lat *sólum, li*: chão) ⇒ Pavimento de madeira/Soalho(+)/Sobrado.

solicitação *s f* (<solicitar + -ção) **1** A(c)to ou efeito de solicitar. **Ex.** Por ~ de muitos telespe(c)tadores, o programa de TV foi repetido/retransmitido. **2** ⇒ Pedido insistente/Rogo/Súplica. **3** Apelo atraente/sedutor/Tentação. **Ex.** As ~ões [Os atra(c)tivos] da vida boé[ê]mia destruíram-no. **4** *Fís* Causa exterior capaz de alterar o estado de tensão ou de formação de um corpo.

solicitador, ora *adj/s* (<solicitar + -dor) **1** (O) que solicita. **2** *Dir* Profissional que pratica a(c)tos de procuradoria «regist(r)os, preparação de escritura» por conta e no interesse de clientes, podendo mesmo exercer mandato judicial.

solicitar *v t* (<lat *sollícito, áre, atum*) **1** Dirigir pedidos, solicitações ou convites a alguém/Pedir/Rogar. **Ex.** Solicito-lhe que faça o [este] trabalho o mais rapidamente possível. **Loc.** ~ [Pedir] apoios para uma causa. **2** Pedir com cortesia ou de acordo com fórmulas estabelecidas/Requerer. **Ex.** Solicito a V. Ex.ª que me seja concedido o visto de residência permanente «no Brasil». **3** *Dir* Requerer como [na qualidade de] solicitador. **Ex.** Solicitou ao juiz a revisão do caso.

solícito, a *adj* (<lat *sollícitus*: agitado) **1** Que está pronto a atender os outros/Atencioso(+)/Prestável(+). **Ex.** É uma pessoa muito ~a, sempre pronta a ajudar os outros. **2** «empregado» Cuidadoso/Diligente/Zeloso. **Ex.** Veio aqui, todo solícito, a perguntar pelo amigo que chegara do Brasil.

solicitude *s f* (<lat *sollicitúdo, inis*) **1** Qualidade de quem é solícito. **Ex.** Ela cuida dos doentes [avós] com toda a ~ [todo o carinho]. **2** Disponibilidade para ser útil aos outros/Prontidão. **Ex.** Ele conta sempre com a ~ materna nos momentos difíceis.

solidão *s f* (<lat *solitúdo, inis*: retiro) **1** Estado de quem está ou se sente só/Isolamento. **Ex.** Muitas pessoas, especialmente os idosos, vivem sós em casa, numa grande ~. **2** Aspe(c)to dos locais solitários. **Ex.** Sentiu-se perdido na ~ do deserto. **3** Sensação de quem não se sente integrado num grupo/Desamparo. **Ex.** No meio da alegria geral da festa, sentia uma grande ~.

solidariedade *s f* (<solidário + -e- + -dade) **1** Qualidade de quem é solidário. **2** Apoio desinteressado a uma causa/Ajuda/Colaboração. **Ex.** As campanhas de ~ têm ajudado os mais necessitados. **Comb.** Instituição de ~ *social.* **3** Cooperação/Coesão/União. **Ex.** A ~ dos médicos ajudou-o a curar-se da grave doença. **Comb.** ~ *institucional* [entre dois ou mais organismos públicos]. ~ *profissional* [entre pessoas da mesma profissão] «taxistas/advogados/médicos». **4** Sentimento de partilha de ideias/Identidade ou comunhão de sentimentos.

solidário, a *adj* (<sólido + -ário) **1** Diz-se das partes ou elementos de um todo [gru-

po/conjunto] que são interdependentes. **2** Que partilha com outros direitos ou obrigações contratuais. **Ex.** O casal abriu uma conta ~a no banco. **3** Que se sente ligado a outrem por interesses ou ideias comuns. **Ex.** Os membros do nosso partido estão ~s com o governo. **4** Que aderiu a uma causa. **Ex.** Eu estou ~ [Eu solidarizo-me] com os grevistas. **5** Que presta auxílio a [Que partilha o sofrimento de] alguém. **Ex.** Nas horas difíceis estava sempre ~ com o [sempre ao lado do] amigo.

solidarização s f (<solidarizar + -ção) A(c)to ou efeito de solidarizar(-se). ⇒ solidariedade.

solidarizar v t (<solidário + -izar) **1** Tornar solidário. **Ex.** O sofrimento por que passaram ambos [os dois] solidarizou-os. **2** ~-se/Tornar-se solidário. **Ex.** Ele solidarizou-se com [Ele apoiou] os grevistas. **3** Manifestar apoio/amizade/compaixão/solidariedade. **Ex.** Solidarizou-se com as [Esteve sempre ao lado das] vítimas do sismo.

solidéu s m (<lat soli Deo: só a Deus) **1** Barrete liso, em forma de calota, que cobre a parte póstero-superior da cabeça, usado pelos judeus e pelo papa, cardeais, bispos e outros dignitários eclesiásticos. **2** Barrete pequeno usado especialmente por pessoas calvas.

solidez s f (<sólido + -ez) **1** Qualidade ou estado do que é sólido. **Ex.** O edifício tem grande ~, por isso resistiu à [não caiu com a] explosão. **2** ⇒ fig Certeza/Garantia. **3** fig Qualidade do que tem fundamento ou consistência/Base. **Ex.** A ~ [O bom conteúdo] dos seus argumentos fez com que «o advogado» ganhasse a causa. **4** Fís Estado ou cará(c)ter de um (corpo) sólido (⇒ líquido/gasoso).

solidificação s f (<solidificar + -ção) **1** A(c)to ou efeito de solidificar(-se). **2** Passagem de um líquido ou gás ao estado sólido. ⇒ liquefação; gas(e)ificação; vaporização.

solidificar v t (<sólido + -i- + -ficar) **1** Passar do estado líquido ao estado sólido/(Con)gelar. **Ex.** O frio solidificou a água do tanque [O tanque gelou(+)]. **2** Tornar-se robusto/resistente/firme. **Ex.** A leitura da Bíblia solidificou [robusteceu] a minha fé. Esta reunião deixou a família mais solidificada/unida(+)/robusta(+).

sólido, a adj/s (<lat sólidus: maciço, sólido) **1** Que tem consistência (maciça, dura). **Ex.** A boa alimentação tem de conter alimentos ~s. **2** Que tem consistência suficiente para resistir a forças externas. **Ex.** O prédio é ~ [tem uma construção ~a]. **3** Que tem fundamento real/Seguro/Incontestável/Firme/Inabalável. **Ex.** Esta reunião da família deixou-a mais ~/unida. **Comb.** *Amizade ~a*/firme/segura/para sempre. *Argumentos ~s*/bem fundados/com bom conteúdo. *Razões ~as*/fortes. *Saúde ~a*/robusta/boa. **4** ⇒ «cor» Que se mantém inalterável por longo tempo. **5** Geom Figura geométrica em três dimensões. **Ex.** A pirâmide é um ~. **Comb.** *~ de revolução* [que se obtém pela rotação de um polígono [de uma figura plana] em torno de um eixo, como o cilindro e o cone]. *~ regular* [Qualquer dos cinco poliedros regulares possíveis, a saber: o tetraedro, o cubo, o octaedro, o dodecaedro e o icosaedro]. **6** Fís Corpo que apresenta forma e volume definidos/estáveis. **Ex.** Os sólidos «pedra/ferro» dilatam-se menos que os líquidos e os gases.

solilóquio s m (<lat solilóquium: monólogo) **1** A(c)to de alguém conversar consigo próprio/Monólogo interior «a sós com Deus». **2** Recurso literário que consiste em verbalizar na primeira pessoa aquilo que se passa na consciência de uma personagem.

solimão s m pop (<esp sublimado) **1** Sublimado(+) corrosivo, cristalino e incolor, muito tóxico. **2** Qualquer veneno.

sólio s m (<lat sólium: assento elevado) **1** Assento régio/Trono(+). **2** ⇒ fig Poder real. **3** Cadeira pontifícia [de S. Pedro]. **4** ⇒ fig Poder papal.

solípede adj 2g/s m (<lat sólus: só + lat pes, pédis: pé) **1** (Animal) que possui um só dedo nos membros locomotores, protegido por um casco. **Ex.** O cavalo é um (animal) ~. **2** s m pl Zool Grupo da ordem dos perissodá(c)tilos (Equídeos). ⇒ ungulado.

solipsismo s m (<lat sólus + ípse: mesmo + - ismo) **1** Vida ou costumes de pessoa solitária. **2** Fil Doutrina ou teoria, em rigor sem partidários, segundo a qual não haveria, para o sujeito pensante, outra realidade para além do eu e das suas sensações. **3** ⇒ Egoísmo(+).

solipsista adj/s 2g (⇒ solipsismo) **1** Relativo ao solipsismo. **2** (O) que é partidário do solipsismo. ⇒ egoísta; misantropo.

solipso s m/adj (⇒ solipsismo) **1** (O) que vive só para si/Egoísta(+). **2** O que se masturba. **3** ⇒ Solteirão(+)/Celibatário(+).

solista adj/s 2g Mús (<solo² + -ista) **1** (O) que executa um solo vocal ou instrumental. **Ex.** O ~ de violino executou a peça maravilhosamente. **2** Pessoa que é perita na execução de solos musicais. **Ex.** Os dois [Ela e ele] são os ~s do nosso grupo coral.

solitária s f (<solitário) **1** Zool Nome vulgar por que também são designadas algumas té[ê]nias (parasitas). **2** Colar [Gargantilha] cujos anéis são semelhantes aos anéis da té[ê]nia. **3** Cela prisional em que se detém um recluso considerado perigoso.

solitário, a adj/s (<lat solitárius; ⇒ solitária) **1** (O) que vive [está] só, sem companhia. **Ex.** O navegador ~ desapareceu no alto mar. **Comb.** *Animal ~*. *Árvore ~a*. *Castelo ~*. *Flor ~a*. **2** (O) que gosta de estar só/Eremita/Eremítico. **Comb.** *Poeta* [Sábio] *~o*. **3** ⇒ Que evita a convivência com os outros/Misantropo. **4** Que está situado em lugar remoto/Deserto/Ermo. **Comb.** *Povoação ~a* «aldeia/lugarejo». **5** Que decorre na ausência de outros. **Ex.** Ele leva uma vida ~a/isolada/de eremita. **6** s m Vaso esreito, de vidro ou porcelana, para flores. **7** s m Anel ou joia com pedra preciosa engastada.

sólito, a adj (<lat sólitus: habituado) ⇒ Costumado(+)/Habitual(+).

solitude s f (<lat solitúdo, inis: solidão) ⇒ solidão.

sol-nado s m Tempo depois do nascer do sol. **Ex.** Quando acordei, já era ~. ⇒ sol-posto.

solo¹ (Só) s m (<lat sólum,i: base, ~) **1** Superfície sólida da crosta terrestre. **Ex.** O paraquedista estatelou-se no ~ [chão] com o paraquedas e ficou ferido. **Comb.** *fig ~ pátrio* [País natal]. **2** Agron Camada superficial da terra onde se desenvolvem as plantas. **Comb.** *~ fértil* [rico]. *~ orgânico* [formado pela decomposição de organismos vegetais]. **3** Geol Conjunto de camadas horizontais compostas por matérias orgânicas e minerais.

solo² (Só) s m Mús (<lat sólus, a, um: só, único) Peça ou parte de uma peça musical (para ser) executada por um cantor ou um instrumentista. **Ex.** O concerto tinha um ~ de piano bastante prolongado. **Loc.** *A ~* [Individualmente] (Ex. Depois de estar anos num conjunto, o cantor iniciou uma carreira a ~).

sol-posto s m Tempo depois do pôr do Sol. **Ex.** Quando cheguei a casa, já era ~. ⇒ sol-nado.

solsticial adj 2g (<lat sol(i)stitiális) Relativo ao solstício. **Comb.** *Pontos ~ais*.

solstício s m Astr (<lat sol(i)stítium) Cada uma das datas do ano em que o Sol atinge o maior grau de afastamento angular do Equador e que são 21 ou 23 de junho (~ de inverno no hemisfério sul e ~ de verão no hemisfério norte) e 21 ou 23 de dezembro (~de verão no hemisfério sul e de inverno no hemisfério norte). **Comb.** *~ de inverno* [Dia do ano em que o Sol atinge ao meio-dia o seu ponto mais baixo no céu, com o dia mais curto do ano e a noite mais longa]. *~ de verão* [Dia em que o Sol, ao meio-dia, atinge o seu ponto mais alto no céu, com o dia mais longo e a noite mais curta do ano].

solta (Sôl) s f (<soltar) **1** A(c)to ou efeito de soltar(-se). **Ex.** Na cidade é proibido (por lei), deixar (andar) cães à ~, é preciso trazê-los com [à] trela. **Loc.** *À ~* [Em liberdade]. *Andar à ~* a) «animal doméstico» Andar a pastar [comer] sem estar preso «com corda»; b) idi «criança/pessoa» Não ser controlado por ninguém [Vadiar]. **Comb.** *~ de sangue* [Hemorragia]. **2** Peia(+) [Maniota] com que se prendem os pés das bestas «cavalo» para não poderem sair do (local do) pasto saltando vedações. **3** Largada «de gado/de pombos-correio».

soltar v t/int (<solto + -ar¹) **1** Pôr em liberdade/Libertar. **Ex.** As autoridades soltaram muitos prisioneiros, após a revolução que derrubou o ditador. **Loc.** *~o cão* [Desprendê-lo da trela/Deixá-lo sair de casa]. *~ o cavalo* [Desprendê-lo/Tirar-lhe o freio/a cabeçada/a corda (que o prendia)]. **2** Desatar. **Ex.** O cão soltou-se da corrente [trela] que o prendia. **Loc.** *~* [Desatar/Desapertar] *a corda*. *~ o nó* [Desfazê-lo]. **Ant.** Atar/Amarrar. **3** Proferir/Emitir. **Loc.** *~ uma gargalhada*. *~ um grito* [Gritar]. *~ o último suspiro* [Morrer]. **4** Deixar de segurar [Largar]. **Ex.** Ele soltou [largou(+)] a mão da criança e ela caiu. **Loc.** *idi ~ a língua* [Dizer o que sabe/Ser indiscreto]. *~-se o sangue* [Ter uma hemorragia nasal]. **5** Expor ao vento/Desfraldar. **Ex.** Os marinheiros soltaram as velas (do barco). **6** «flor» Exalar/«perfume/cheiro». **7** Dar largas a/Expandir. **Loc.** *~ a* [Dar largas à(+)] *imaginação/Devanear*.

solteirão, ona adj/s (<solteiro + -ão) (Diz-se de) pessoa que, passada a idade habitual de casar, continua [se mantém] solteiro/Celibatário. ⇒ célibe.

solteiro, a adj/s (<lat solitárius: que está só) (Diz-se de) pessoa que ainda não casou. **Ex.** Ele ainda tem duas filhas ~as. **Prov.** *Mais vale ~ andar que mal casar*. **Comb.** *Despedida de ~* [Festa feita «ao/pelo noivo» no(s) último(s) dia(s) antes de casar].

solto, a (Sôl) adj (<lat solútus, a, um <sólvo, ere, solútum: desatar) **1** Que se soltou. **Ex.** Cuidado, (por)que o cão está [anda/ficou] ~! **Idi.** *À rédea ~a* a) A toda a brida/Com velocidade (Loc. Correr a cavalo à rédea ~a/sem puxar o freio); b) Livremente/À sua vontade (Loc. Deixar andar os filhos à rédea ~a «não é (próprio) de bons pais»). *Dormir a sono ~* [profundamente]. **2** Desatado/Desprendido. **Ex.** O fio da tomada (de ele(c)tricidade) está ~o [não está ligado]. **3** Folgado/Largo. **Comb.** *Blusa ~a*/larga/folgada. *Vestido ~*/folgad(inh)o. **4** Que está separado do conjunto a que pertencia/Desagregado/Espalhado. **Ex.** Os papéis estavam ~s [espalhados] pelo chão. **Comb.** *Arroz ~* [que foi cozido de modo

a não ficar pegado/viscoso]. ***Cabelos ~s*** [sem fazer tranças nem os fixar de outra maneira]. ***Frases ~as*** [isoladas/fora de um (con)texto]. **5** *Liter* Diz-se de verso [poesia] sem rima. **Sin.** Livre(+). **6** Licencioso. **Ex.** Era homem [mulher] de vida ~a. **7** Desobrigado. **Comb.** ~ de [Sem] dívidas.

soltura *s f* (<solto + -ura) **1** A(c)ção ou efeito de soltar(-se)/Libertação(+). **Ex.** O juiz ordenou a ~ do preso. **2** Desembaraço/Destreza. **Ex.** No exame (oral) respondeu a tudo com ~ e segurança. **3** *pop* ⇒ Diarreia(+).

solubilidade *s f Quím* (<solúvel + -dade) Propriedade de uma substância «sal/açúcar» se dissolver num líquido/num solvente «água».

solubilizar *v t* (<lat *solúbilis*: solúvel + -izar) Tornar solúvel uma substância «leite em pó». **Loc.** ~ *a resina* em álcool. ~ *cristais* em benzina.

soluçante *adj 2g* (<soluçar + -ante) Que soluça. **Ex.** Perguntou, ~ [soluçando/a soluçar/aos soluços], por que era tratado tão mal!

solução *s f* (<lat *solútio, ónis*) **1** A(c)ção ou efeito de solver ou resolver. **Ex.** Como os remédios não adiantavam [curavam], a ~ foi a cirurgia. **Comb.** ~ *de compromisso* [que satisfaz as partes, com cedência(s) de ambas/das duas]. **2** *Mat* Resolução de um problema ou dificuldade. **Ex.** Depois de muito tentar encontrou a ~ para a equação matemática. Esse problema [exercício] tem várias ~ões. **3** Desfecho ou conclusão de um assunto. **Ex.** Discutimos muito, mas encontrámos [chegámos a] uma ~/resposta. **4** *Quím/Fís* Mistura homogé[ê]nea que contém duas ou mais substâncias. **Comb.** ~ *insaturada* [cuja concentração do soluto é menor do que a sua solubilidade]. ~ *saturada* [que está em equilíbrio apesar do excesso de soluto]. **5** Intervalo/Corte. **Comb.** ~ *de continuidade* [Interrupção(+)] «do proje(c)to». **6** *Econ* ⇒ liquidação «da dívida».

soluçar *v int* (<soluço + -ar¹) **1** Estar com [Ter] soluços(+). **Ex.** O bebé[ê] soluçou depois de beber o leite. **2** Chorar com soluços. **Ex.** Todos soluçavam de tristeza pela morte do amigo. **3** *fig* Emitir um som tré[ê]mulo. **Ex.** Iniciado o concerto, as guitarras começaram a ~. **4** *fig* Parar e tornar a andar, intermitentemente, [Andar e parar, andar e parar] «por razões de mau funcionamento». **Ex.** O carro de repente começou a ~ [aos soluços (+)] e a deitar fumo.

solucionar *v t* (<solução + -ar¹) **1** Dar ou encontrar solução «para um problema»/Remediar/Resolver. **2** Encontrar a explicação/Decifrar/Deslindar. **Ex.** O mecânico solucionou [resolveu(+)] a avaria do carro com facilidade. A polícia depressa solucionou [deslindou(+)/descobriu(o+)] o crime.

soluço *s m* (<lat vulgar *sugglutium* <*singúltus, us*) **1** Ruído produzido pela passagem do ar na glote devido a contra(c)ção do diafragma. **Ex.** Pregaram-lhe um susto para ver se lhe passavam os ~s. A mãe estava preocupada com os ~s do bebé/ê. **Loc.** Aos ~s [Com intermitência] (Ex. A criança chorava aos ~s porque outra lhe bateu). **2** Suspiro acompanhado de forte emoção ou de choro. **3** *fig* Qualquer ruído intermitente que lembra «o bramir do vento/das ondas na praia».

solutivo, a *adj* (<soluto + -ivo) **1** Que tem a propriedade de (dis)solver/Solvente **1**(+) «água». **2** *Med* Que faz purgar ou soltar/Laxativo(+)/Laxante.

soluto, a *adj/s* (<lat *solútus*: dissolvido) **1** Dissolvido(+). **2** *s m Quím* Substância «sal» dissolvida noutra mais abundante «água» chamada solvente/Solução **4**(+).

solúvel *adj 2g* (<lat *solúbilis*; ⇒ solver) **1** Que se pode dissolver. **Ex.** O sal é ~ na água. **2** Que se pode resolver ou decifrar. **Ex.** O problema é ~. **Ant.** Insolúvel.

solvência *s f* (<solver + -ência) **1** Qualidade de solvente. **Ex.** A ~ da empresa não está garantida. **2** Liquidação(+) [Pagamento] do que se deve. **Ex.** Ele continua em falta com a ~ da [Ele ainda não pagou a (+)] dívida.

solvente *adj 2g/s m* (⇒ solver) **1** Que dissolve. **2** ⇒ Que soluciona/resolve «o caso». **3** «devedor» Que pode pagar aquilo que deve. **Ant.** Insolvente. **4** *s m Quím* Substância que tem a propriedade de dissolver outras substâncias. **Ex.** A acetona é um ~ e a água também. **Ant.** Soluto**2**.

solver *v t* (<lat *sólvo, ere, solútum*) **1** ⇒ Soltar(+). **2** Dissolver(+). **3** Resolver(+) «um enigma/problema». **4** Pagar(+) «dívida»/Saldar(+).

solvibilidade *s f* (<solúvel + -dade) **1** Qualidade de solúvel/solvível. **2** Condição do que pode ser pago. **3** Capacidade de pagar o que deve.

solvível *adj 2g* (<solver + -vel) **1** Que se pode solver. ⇒ dissolúvel «na água»(+). **2** «dívida» Que se pode pagar.

som *s m* (<lat *sónus*) **1** *Fís* Vibração que se propaga no ar e que impressiona o ouvido. **Idi.** ***Sem tom nem ~*** [Sem ordem nem harmonia/*idi* Sem pés nem cabeça] (Ex. Ele fala sem tom nem ~/O que diz não tem pés nem cabeça). ***Alto e bom ~*** [Abertamente]. (**Loc.** ***Dizer alto e bom ~*** [Falar de forma clara e sem receio das consequências). **Comb.** ~ *do avião* [vento]. ***Barreira do ~*** [Fenó[ô]meno aerodinâmico, quando um móbil se desloca no ar a uma velocidade próxima da do ~ (340 metros por segundo) e que ultrapassa esta velocidade]. **2** Timbre cara(c)terístico de uma determinada fonte sonora. **Ex.** O ~ do amolador de tesouras e facas fazia sair as pessoas à rua. **3** *Mús* Sonoridade ou toque musical. **Loc.** Ao ~ de [Ao toque de/Acompanhado de] (Ex. Eles dançavam ao ~ do acordeão). ⇒ tom; timbre. **4** *Gram* Emissão de voz. **Comb.** ~ *aberto* «pó». ~ *nasal* «ontem». **5** *fig* Moda/Maneira. **Ex.** Há nas suas palavras um ~ falso que não me agrada.

soma¹ (Sô) *s f* (<lat *súmma*) **1** *Mat* Operação de adição de números ou grandezas. **Comb.** ~ *algébrica* [Adição de números algébricos, ligados pelos sinais + e -]. ~ *aritmética* [Adição de números positivos]. **2** Resultado de uma adição. **Ex.** O total da ~ de quinze com [mais] quinze é trinta. ⇒ subtra(c)ção. **3** Quantia de dinheiro. **Ex.** Ele ganhou uma ~ incalculável nos negócios. **4** Quantidade (de coisas que se juntam)/Somatório/Totalidade. **Ex.** Os pescadores trouxeram grande ~ de peixe. Ele tem uma ~ de conhecimentos que todos admiram(ôs).

soma² *s m Biol* (<gr *sóma, atos*: corpo) **1** Conjunto das células de um organismo com exce(p)ção das células reprodutoras ou germe. **2** O corpo considerado fisicamente como um todo.

Somália *s f top* República da ~, localizada no corno (Parte do leste) de África, com capital em Mogadíscio e cujos naturais são somalis, falantes do somali e do árabe.

somar *v t* (<soma¹ + -ar¹) **1** Fazer uma soma/adição/Adicionar. **Ex.** Somando as parcelas [os números da conta] obte(re)mos o total. O meu filho de cinco anos já sabe ~, subtrair, dividir e multiplicar. Ele somou mal (as parcelas), a soma estava errada. **2** Atingir (uma soma). **Ex.** O número de mortos somou vários milhares. As despesas somam [são de/chegam aos/atingem] 300 €. **3** Juntar/Acrescentar/Acumular. **Ex.** Na família, à riqueza somava-se a sorte. Somou, às suas despesas, as das compras da mulher. **Idi.** ***Soma e segue*** [Continuar/Ganhar] (Ex. Ela é assim: soma e segue [*idi* Ela não dá ponto sem nó].

somático, a *adj* (<gr *somatikós*: do corpo; ⇒ soma²) Relativo ao corpo no seu funcionamento orgânico.

somatizar *v int* (<gr *sóma, atos*: corpo + -izar) Manifestar-se [Aparecer] uma doença orgânica ou física por problemas psíquicos ou emocionais «nervosismo/depressão». **Comb.** Tendência a ~.

somatologia *s f Med* (<soma² + -logia) Tratado ou estudo do (organismo do) corpo humano «ossos/músculos/…». ⇒ biologia; fisiologia.

somatório, a *s m/adj* (<somado + -ório) **1** Que indica soma. **Comb.** Sinal ~ [Σ]. **2** Soma total/Totalidade. **Ex.** O ~ de dez com doze é vinte e dois. **3** Conjunto [Resultado] de vários elementos. **Ex.** Esta tragédia «explosão de central nuclear» é o ~ de sucessivas políticas erradas.

sombra *s f* (<lat *sulúmbra* <*sub illa úmbra*: sob aquela sombra) **1** Espaço privado de luz pela interposição de um corpo opaco entre ele e o obje(c)to luminoso. **Ex.** O eclipse da Lua é a proje(c)ção da ~ da Terra. Em algumas zonas do Alentejo (Portugal), por haver poucas árvores, é difícil encontrar uma ~. **2** Parte de um corpo ou superfície que não recebe luz/Ausência de luz/Obscuridade/Penumbra. **Prov.** *Quem a boa árvore se chega boa ~ o cobre* [Quem tem um bom amigo está seguro]. **Loc.** *fig* À ~ de [Sob a prote(c)ção de] (Ex. Muitos filhos adultos vivem à ~ do pai por ser uma pessoa importante na sociedade). ***Conspirar na ~*** [sem ninguém saber]. ***Estar à ~ a)*** Descansar num lugar com ~ «debaixo de uma árvore»; **b)** *gír* Estar na cadeia/prisão. *idi* ***Estar/Ficar na ~*** [Viver ignorado] (Ex. Desde que se reformou ficou completamente na ~). *idi* ***Fazer ~ a*** [Impedir que alguém tenha êxito]. *idi* ***Nem por ~s*** [De modo nenhum] (Ex. Nem por ~s o pai admite que a filha case com um estrangeiro). *idi* ***Olhar para a ~*** [Ser vaidoso] (Ex. Ele começou muito cedo a olhar para a (sua) ~). ***Sem ~ de dúvida*** [Sem qualquer/nenhuma dúvida]. ***Ter medo da própria ~*** [Ter muito medo]. **Idi.** ***Dormir à ~ da bananeira*** [Não fazer nada]. **Comb.** ***~s chinesas*** [Proje(c)ção sobre um ecrã, de silhuetas de figuras] (⇒ sombrinha **2**). ***Árvore de ~*** [que dá muita ~/de abundante folhagem]. **Ant.** Brilho/Luz/Clarão. **3** Forma de alguém ou de alguma coisa de que apenas se vislumbram [veem] os contornos. **Ex.** Ao longe apenas se avistavam duas ~s. **4** Cosmético usado «pelas mulheres, por a(c)tores» para escurecer certas partes do rosto, principalmente as pálpebras. **Ex.** As ~ realçam-lhe os olhos. **5** Fantasma/Espírito. **Ex.** As pessoas acreditam que em algumas casas abandonadas pairam [andam] ~s (por lá). **6** *fig* Pessoa que segue outra constantemente. **Ex.** Para onde vai, a mulher segue-o como uma ~. **7** Zona do desenho mais escurecida (para representar as partes menos iluminadas). **Ex.** O professor achou que as ~s do desenho estavam demasiado carregadas [escuras]. **8** Zona mais escurecida na imagem de um exame radiológico/Mancha. **Ex.** O médico via uma pequena ~ na radiografia aos pulmões. **9** *fig* O que perdeu qualidades «beleza, brilho, poder, importância». **Ex.** Hoje a grande a(c)triz é uma ~ do que foi (no passado). **10** Vida discreta/Isolamento. **Ex.** Ela vive na ~, recolhida em sua casa. **11** Mancha/Nódoa. **Ex.** Eram grandes amigos, mas agora existem ~s na relação entre eles. **12** O que não se conhece claramente/Mistério. **Ex.** A vida de algumas figuras públicas está cheia de ~s. **13** Estado de ignorância. **Ex.** O Homem ainda vive na ~ sobre o que se passa nas galáxias.

sombreado, a adj/s (<sombrear) **1** Que tem [está à] sombra. **Ex.** A maior parte do meu quintal está ~ pelas casas (que estão) à volta. **Comb.** Local «parque» ~ [com (muita) sombra(+)/sombrio **1**(+)]. **2** fig Sombrio/Triste. **Ex.** Ele está com o coração ~ pela amargura da [está muito triste com a (+)] morte do pai. **3** s m Arte Representação das sombras numa pintura ou num desenho, com a gradação claro e escuro. **Ex.** Depois de acabarem o desenho, o professor pediu para os alunos fazerem o ~.

sombrear v t/int (<sombra + -ear) **1** Fazer sombra a. **Ex.** As árvores sombreiam o [dão (boa) sombra ao (+)] jardim. **2** Aplicar sombra **4** a/Dar sombreado a. **Ex.** Ela sombreou os olhos, antes de ir para a festa. **3** Tornar mais escuro/Escurecer/Obscurecer. **Ant.** Aclarar. **4** fig Tornar menos claro/Manchar. **Ex.** A traição sombreou [esfriou(+)] a amizade entre os dois amigos. **5** Ficar escuro/Escurecer. **Ex.** O céu sombreou [escureceu(+)], ficou carregado de nuvens. **6** Tornar/Ficar sombrio ou triste/Entristecer. **Ex.** Os graves problemas que tem tido sombreiam-lhe o [refle(c)tem-se-lhe no (+)] rosto.

sombreiro s m/f (<sombra + -eiro) **1** Chapéu de aba larga (+). **2 a)** Guarda-sol; **b)** Guarda-chuva/Chapéu de chuva. **3** Bot dim Sombreirinho-dos-telhados/Conchelo(+). **4** s f ⇒ quebra-luz(+).

sombrinha s f (<sombra + -inha) **1** Pequeno guarda-sol ou guarda-chuva de senhora. **2** pl Silhuetas (Figuras) feitas com várias posições dos dedos das mãos e proje(c)tadas num alvo «parede». ⇒ sombras chinesas (Sombra **2 Comb.**).

sombrio, a adj (<sombra + -io) **1** Que tem ou faz sombra. **Comb.** Lugar ~ [com boa/muita sombra] «e agradável». **2** Que não está exposto ao sol. **Ex.** A casa do meu amigo é muito ~a, pois é uma casa baixa no meio de prédios altos. **Ant.** Iluminado. **3** Que tem pouca luz. **Ex.** A minha casa, como tem poucas janelas, é muito ~a. **4** fig ⇒ «chefe» Carrancudo/Severo. **5** fig ⇒ «história/filme/ar» Melancólico/Triste. **Ant.** Alegre. **6** Escuro/Carregado. **Comb.** Céu ~.

sombroso, a ⇒ sombrio.

somenos (Sômê) adj 2g 2n (<só + menos) **1** Inferior em qualidade. **2** De pouco valor. **Ex.** Ele deitou fora tudo o que tinha em casa de ~ valor. **Loc.** *De ~ importância* [pouco valor] (**Ex.** Ele considerou [pensou(+)] que o problema era de ~ importância).

somente (Sômén) adv (<só + -mente) **1** Apenas/Só/Não mais (do) que. **Ex.** O casal tem ~ [só(+)] um filho. Ele faz ~/só(+) [não faz mais que] meia hora de ginástica por dia. **Ant.** Também. **2** Exclusivamente/Unicamente. **Ex.** No Brasil, ela quer visitar ~ [só quer visitar (+)] o Rio de Janeiro.

somítico, a adj/s (<?) Avarento [Agarrado ao dinheiro]/Forreta/Mesquinho/Sovina. **Ex.** Ele nunca dá nada aos outros, é muito ~. **Ant.** Generoso.

sommelier, ère fr Br ⇒ escanção(+).

sonambulismo s m (<sonâmbulo + -ismo) Automatismo inconsciente «falar, levantar-se, andar», durante o sono, de que não há lembrança ao acordar. **Ex.** As pessoas que sofrem de ~ [Os sonâmbulos(+)] podem abrir a porta e sair de casa sem ter(em) consciência do que fazem. ⇒ hipnose.

sonâmbulo, a adj/s (< sono + lat *ámbulo, áre, átum:* andar) **1** (O) que padece/sofre de sonambulismo. **Ex.** Durante algum tempo o jovem teve manifestações ~as, mas depois passaram. **Comb.** Rapaz ~. **2** fig (O) que age mecanicamente, sem consciência, parecendo um autómato. **Ex.** No trabalho ele parece um ~, trabalha sem energia. **3** «doente» Que está em quietude/em estado ~/Dormente.

sonância s f (⇒ soar) **1** Qualidade do que soa [é sonante/emite sons]. **2** ⇒ Som. **3** ⇒ Consonância/Harmonia/Melodia/Música.

sonante adj 2g (<soar) **1** Que produz som/Sonoro. **Idi. Metal ~** [Dinheiro]. **2** Famoso. **Ex.** Para a festa só convidou nomes ~s. **3** Ling ⇒ «vogal» soante.

sonar s m/adj 2g (<ing *so*und *na*vigation *r*anging (Acrónimo)) Dispositivo com ultrassons para dete(c)ção, escuta e comunicação submarina, bem como localização de obje(c)tos e medição de distância no fundo do mar.

sonata s f Mús (<it *sonata*) **1** Composição/Peça musical para um ou dois instrumentos musicais «piano, violino», composta de vários andamentos. **Ex.** Beethoven compôs trinta e duas ~s para piano. **2** Conjunto de sons agradáveis ao ouvido «canto das aves».

sonatina s f Mús (<sonata + -ina) Pequena sonata, leve e de fácil execução. **Ex.** Grandes compositores cultivaram a ~, mas menos que a sonata.

sonda s f (<germânico *sund*: canal do mar) **1** ⇒ sondagem. **2** Aparelho de perfuração de terrenos para estudo das camadas profundas. **Ex.** Através da ~, verificou-se que a maior parte das camadas deste terreno é de calcário. **3** Broca de perfuração do solo para prospe(c)ção de água, minérios, petróleo. **Ex.** A tempestade quase destruiu a plataforma marítima com ~s para exploração petrolífera. **4** Vara metálica para picar terreno e localizar minas enterradas, geralmente em zonas de conflito. **Ex.** Os soldados com uma ~ conseguiram dete(c)tar várias minas na picada [no caminho]. **5** Med Tubo «flexível» que se introduz no organismo para observação do seu estado e introdução ou extra(c)ção de substâncias. **Ex.** Através de uma ~, o médico extraiu mucosas do estômago para análise. **Comb.** ~ *gástrica* [do estômago]. *~ uretral* [da uretra]. ⇒ estilete; cateter. **6** Aparelho lançado para a atmosfera para exploração do espaço. **Comb.** *~ espacial* [Aparelho lançado para o espaço, equipado com instrumentos para recolha de dados com interesse científico]. *~ lunar* [para recolha de dados sobre a Lua]. **7** Náut Instrumento que serve para medir a profundidade da água e a natureza dos fundos marítimos. **Comb.** *~ de eco* [Sonar]. *~ marítima*.

sondagem s f (<sondar + -agem) **1** A(c)to ou efeito de sondar. **2** Pesquisa, por amostragem, de recolha de dados que permitam um resultado representativo sobre um determinado assunto ou a tendência de um determinado fenómeno. **Ex.** Quando há eleições, os órgãos de comunicação efe(c)tuam ~ns para ver qual a tendência de voto. **Comb.** ~ de opinião/mercado [Método de estudo da opinião ou do mercado que recolhe informação de uma amostra representativa de uma dada população, mediante questionário ou entrevista]. **3** Med Introdução de uma sonda no organismo para extrair ou introduzir substâncias com finalidade diagnóstica [para identificação de doença] ou terapêutica [de cura]. **4** Geol Perfuração do solo para conhecer a sua natureza. **5** Náut Análise feita com a sonda para conhecer a profundidade e a natureza da água do mar. **Ex.** Um grupo de cientistas marinhos continua a fazer ~ns para encontrar um barco que naufragou.

sondar v t (<sonda + -ar[1]) **1** Explorar ou observar com sonda «as camadas do solo, o fundo do mar». **2** Investigar/Indagar. **Ex.** Freud sondou o inconsciente da mente. **3** Fazer um inquérito a um público alargado/Inquirir. **Ex.** O jornalista sondou a população portuguesa sobre as novas medidas governamentais. **4** fig Procurar conhecer, com mais ou menos cautela, a opinião de alguém, através de perguntas/Averiguar/Consultar/Inquirir/Perscrutar. **Ex.** Ele procurou ~ o chefe sobre a sua possível promoção. **Comb.** ~ o terreno [Informar-se cautelosamente sobre uma determinada situação ou a disposição de alguém]. **5** Observar às ocultas. **Ex.** Sem ser visto, ele está a ~ o que o grupo de assaltantes anda a fazer. **6** Aplicar uma sonda sobre uma parte do organismo para verificar o seu estado.

soneca (Né) s f (<sono + -eca) **1** Dim de sono. **2** Sono ligeiro e, geralmente, de curta duração/Br Cochilo. **Ex.** Durante a tarde dormi uma boa ~ no sofá «mais de uma hora».

sonega (Né) s f (<sonegar) A(c)to ou efeito de sonegar/Sonegação(+)/Ocultação. **Loc.** À/Pela ~ [Ocultamente/Subrepticiamente/Às ocultas(+)/À socapa(+)].

sonegação s f (<sonegar + -ção) **1** A(c)to ou efeito de sonegar/ocultar «de modo fraudulento». **Comb.** ~ de dados. **2** Apropriação indevida de bens. **3** Fuga ao pagamento de dívidas ou obrigações «fiscais: impostos».

sonegador, ora adj/s (<sonegar + -dor) (O) que sonega [rouba] um obje(c)to/que não cumpre uma obrigação «pagamento de impostos».

sonegar v t (<lat *subnégo, áre, átum:* negar de algum modo) **1** Deixar de mencionar [Não dar informação sobre] o que é obrigatório dizer, por lei. **2** Deixar de pagar «dívidas». **Comb.** ~ impostos. **3** Ocultar/Esconder de forma fraudulenta. **Ex.** Sonegou dados importantes ao juiz. **Comb.** ~ informações. **4** Subtrair aos direitos. **Ex.** O patrão sonegou os pagamentos ao trabalhador. **5** Apropriar-se indevidamente de/Desviar. **Ex.** Sonegou os bens dos sócios. Os obje(c)tos sonegados no inventário da herança eram tantos que teve de se fazer outro. **6** ~-se/Esquivar-se ao cumprimento de uma ordem. **Ex.** Sonegou-se a fazer o que o superior lhe ordenou.

soneira s f pop (<sono + -eira) Desejo intenso de dormir/Sonolência(+)/*idi* Grande carga de sono. **Ex.** À noite, depois de um dia de trabalho, estava com uma grande ~.

sonetilho s m Liter (<soneto + -ilho) Soneto formado com versos de medida inferior ao decassílabo e que não obedece às normas de versificação.

sonetista s 2g Liter (<soneto + -ista) O que escreve sonetos. **Ex.** Antero de Quental (escritor português do século XIX) é um bom ~.

soneto (Nê) s m Liter (<it *soneto* <provençal *sonet*: canção) Composição poética

constituída por catorze versos, em duas quadras e dois tercetos, encerrando o último verso a ideia principal. **Ex.** Os ~s de Camões (escritor português do século XVI) «Alma minha gentil que te partiste» são muito belos. **Idi.** *Ser pior a emenda que o ~* [Diz-se quando alguém, pretendendo corrigir alguma coisa, cai num [, comete um] erro maior].

songamonga *s 2g* (<esp *songa*: burla + on *monga*) Pessoa fingida/dissimulada/sonsa.

sonhador, ora *adj/s* (<sonhar + -dor) **1** (O) que sonha. **Ex.** Ele sonha pouco (De noite), não é muito ~. **2** (O) que está alheado/desligado da realidade/Fantasioso. **Ex.** É um ~, idi não tem os pés assentes na terra [, está/vive fora da realidade]. **3** (O) que idealiza proje(c)tos de difícil execução/Idealista/Utópico.

sonhar *v* (<lat *sómnio, áre, átum*) **1** Ter sonhos durante o sono. **Ex.** Sonho muitas vezes que vou cair de um lugar alto. **Loc.** *~ em voz alta* [~ falando durante o sono] (⇒ soníloquo). **Idi.** *~ alto* [Pensar coisas ambiciosas/impossíveis]. **2** Alhear-se/Desligar-se da realidade. **Ex.** Ele passa a vida a ~ [Ele não tem os pés assentes na terra]. **Idi.** *~ acordado* [Fantasiar/Iludir-se]. **3** Imaginar alguma coisa/Enganar-se. **Ex.** «você diz que o seu filho ficou rico no Br» Você sonhou [está enganado]! **4** Ter o sonho de/Desejar intensamente. **Ex.** Ele sonha poder um dia ser astronauta.

sonho *s m* (<lat *sómnium, ii*) **1** A(c)tividade psíquica «imagens» durante o sono. **Ex.** Há pessoas que orientam a vida pela interpretação dos ~s. **Idi.** *Nem por ~s* [Nunca/De modo nenhum]. *~ cor-de-rosa* [feliz]. **2** *fig* Conjunto de ideias imaginadas acordado [em estado de vigília]. **Ex.** Podemos dizer que a vida é um ~. **3** Desejo intenso. **Ex.** O seu (maior) ~ é fazer uma viagem à volta do mundo. **4** Proje(c)to impossível/Utopia. **Ex.** O homem continua a alimentar o ~ da eterna juventude. **5** Pessoa ou coisa muito bela. **Ex.** Ela usou um vestido maravilhoso [de ~] na festa. **6** *Cul* Bolinho redondo, feito de farinha e ovos, polvilhado com açúcar e canela. **Ex.** Pelo Natal, a mesa ficava cheia de ~s e rabanadas.

sónico, a [*Br* **sônico**] *adj/s* (<som + -ico) **1** Relativo ao som. **2** ⇒ fonético.

sonido *s m* (<lat *sonítus, us*) **1** Qualquer som. **Comb.** Um ~ metálico. **2** Estrondo/Ruído. **Comb.** O ~ [ribombar] do trovão.

sonífero, a *adj/s* (<lat *somnífer, ra, rum*) (O) que provoca o sono/Soporífero(+). **Ex.** O médico receitou-lhe um ~.

soníloquo, a *adj/s* (<sono + lat *lóquor*: falar) (O) que fala durante o sono/que sonha em voz alta. ⇒ sonhar **1**.

sono (Sô) *s m* (<lat *sómnus, ni*) **1** Estado de repouso do cérebro com diminuição da consciência e da a(c)tividade sensorial e motora. **Ex.** Para andar [me sentir] bem durante o dia, preciso de oito horas de ~. **Loc.** «dormir» *A ~ solto* [Profundamente]. *Cair de ~* [Ter muita vontade de dormir]. *Estar com* [Ter] ~ [Ter vontade de dormir]. *Estar ferrado no ~* [Dormir profundamente/idi como uma pedra]. *Estar podre [a morrer] de ~* [com muito ~]. *Não conciliar o ~* [Não conseguir dormir]. *Pegar no ~* [Adormecer] (Ex. Esta noite [A noite passada] não consegui pegar no ~/não idi preguei olho]. *Perder o ~* [Ficar sem ~]. *Ter [Estar] com ~*. **Idi.** *Ter a doença do ~* [Dormir muito/Ser dorminhoco]. *Tirar o ~ a alguém* [Deixar preocupado] (Ex. Os graves problemas dos meus filhos tiram-me o ~]. **Comb.** *~ dos justos* [~ tranquilo]. *~ eterno* [Morte]. *~ leve* [de quem desperta/acorda facilmente]. *~ pesado/de chumbo/de pedra* [de quem não acorda facilmente, nem com ruídos]. *Doença do ~* [provocada pela picada da mosca tsé-tsé]. **2** Período durante o qual se dorme. **3** A(c)ção de entrar em repouso e com diminuição da a(c)tividade cerebral. **4** Vontade de dormir/Sonolência/Soneira. **Ex.** Quando chegam as dez horas, está sempre cheia de ~ [, tem de ir para a cama].

sonolência *s f* (<lat *somnuléntia*) **1** Estado entre o sono e a vigília. **Ex.** Com o calor ficava com uma [tal] ~ que não conseguia fazer nada. **2** Vontade de dormir. **Ex.** O discurso monótono do professor na aula provocava ~ [dava sono]. **3** Estado de moleza provocado pela sensação de sono/Modorra(+). **Ex.** O calor provoca ~.

sonolento, a *adj* (<lat *somnuléntus*) **1** Que está meio acordado meio a dormir. **2** Com vontade de dormir. **Ex.** Durante a aula estive um pouco ~. **3** Que faz [dá(+)] sono/Enfadonho/Monótono. **Ex.** A voz do professor é ~a. **4** *fig* Parado/Indolente/Lento/Mole. **Comb.** *fig Paisagem ~a* do campo. *fig Peixinho* ~ no aquário.

sonometria *s f Fís* (<som **1**/3 + -metria) **1** Medição das vibrações sonoras em diversos corpos. **2** *Mús* Medição dos sons e intervalos harmó[ô]nicos. **3** Medição da acuidade auditiva.

sonómetro [sonômetro] *s m Fís* (<som + -metro) Instrumento para medir e comparar os sons.

sonoplasta *s 2g* (⇒ sonoplastia) Técnico de sonoplastia.

sonoplastia *s f* (<som + -plastia) **1** A(c)tividade técnica e artística de produção de efeitos acústicos [sonoros] em teatro, cinema, televisão. **2** Conjunto dos efeitos acústicos.

sonoridade *s f* (⇒ sonoro) **1** Qualidade particular de um som. **Ex.** Gosto muito da ~ do piano. **2** Qualidade do que tem um som harmonioso/Musicalidade. **3** Propriedade que têm certos espaços ou corpos de reforçar os sons/Acústica(+). **Ex.** A sala «aula/teatro» tem uma excelente ~. **4** Propriedade que têm certos corpos de produzir ou conduzir sons. **5** *Fonét* Ressonância produzida pela vibração das cordas vocais, durante a articulação dos fonemas.

sonorização *s f* (<sonorizar + -ção) **1** A(c)to ou efeito de sonorizar. **Ex.** A ~ do estádio para o espe(c)táculo foi difícil, ficou cara. **2** A(c)to de adicionar o som a uma imagem regist(r)ada em suporte fotográfico ou magnético. **Ex.** Depois de concluído, têm que fazer a ~ do filme.

sonorizar *v t* (<sonoro + -izar) **1** Tornar sonoro. **2** Transformar em som. **3** Regist(r)ar a parte sonora de «filme, espe(c)táculo». **4** Instalar aparelhagem de som num ambiente.

sonoro, a (Nó) *adj/s* (<lat *sonórus, a, um*) **1** Que produz som. **2** Que propaga o som. **3** Que tem som intenso. **4** Que tem um som agradável/Melodioso(+). **Ex.** Ouvia-se o canto ~ das aves pela madrugada. **5** Que tem a gravação de sons. **Comb.** *Banda ~a* [Parte musical ou ~a de um filme]. **6** *Fís* Relativo ao som. **Comb.** *Cinema ~. Filme ~* (Ant. Filme mudo). *Ondas ~as* [Vibrações de som]. **7** *Fon* Que é produzido com as cordas vocais.

sonoroso, a (Ôso, Ósa, Ósos) *adj* (<sonoro + -oso) **1** Muito sonoro/Que produz bom ou alto som. **2** Que tem um som agradável/Melodioso(+).

sonsice *s f* (<sonso + -ice) Qualidade de sonso/Dissimulação. ⇒ parvoíce.

sonso, a *adj/s* (<esp *zonzo*) **1** (O) que finge ingenuidade para esconder malícia/Hipócrita/Manhoso. **2** (O) que faz as coisas pela calada/Dissimulado. **3** Parvo(+).

sopa (Sô) *s f* (<germânico *suppa*: pedaço de pão empapado em líquido) **1** *Cul* Alimento mais ou menos líquido, constituído por um caldo onde se cozeram alimentos sólidos, cortados em bocados (geralmente legumes ou vegetais) e que se come geralmente no princípio da refeição. **Ex.** Muitos jovens não gostam de (comer) ~. **Prov.** *Da mão à boca se perde a ~* [Num breve momento se perde o negócio]. **Idi.** *Cair a [como] ~ no mel* [Acontecer como se desejava]. *Estar às ~s de* [Viver à custa de] *alguém. Levar ~(s)* [Sofrer uma recusa]. *Molhar a ~* [Tomar parte em alguma coisa]. *Ou sim ou ~s* [Ou sim ou não/«você tem de/que» Decidir] (Ex. É como [o que] eu lhe digo: ou sim ou ~s «se você der um milhão de euros pela casa eu vendo-lha, senão [, doutra maneira] não»!). **Comb.** *~ de pacote* [sintética]. *~ de pedra* [Prato do Ribatejo, Pt, com feijão, batatas, carne de porco, enchido e uma pedrinha redonda mas real]. *~ de cozido* [Caldo aproveitado da cozedura dos ingredientes do cozido à portuguesa]. *~ dos pobres* [Refeição servida aos necessitados pelas instituições de assistência]. *~ juliana* [de hortaliça cortada muito fina]. *~s de cavalo cansado* [Fatias muito finas de pão embebidas em vinho (e com açúcar)]. **2** *pl Cul* Fatias mais ou menos finas de pão embebidas em caldo. **Ex.** Em Portugal são tradicionais as ~s de pão «com tomatada». **3** *col* Qualquer coisa muito aguada. **Ex.** O arroz estava uma ~. **4** ⇒ Cascalho consolidado que se decompõe em massa arenosa e seixos.

sopapo *s m* (<sob + papo) Pancada com a mão, especialmente debaixo do queixo. **Ex.** Deu-lhe um ~ com toda a força, atirando-o ao chão.

sopé *s m* (<sob + pé) **1** Base da montanha/serra/do monte/Falda. **Ex.** As casas espalhavam-se pelo ~ da serra. **2** Parte mais próxima de uma superfície. **Comb.** *~ do muro. ~ (do tronco) da árvore.* ⇒ rés do chão.

sopear *v t* (<sob + pé + -ar) **1** Pôr debaixo dos pés/Espezinhar(+). **2** Impedir o movimento de alguma coisa/Estorvar. **Ex.** Sopeou-lhe o andamento, impedindo-o de passar à frente. **3** *fig* Evitar que alguém faça algo/Dominar/Refrear/Reprimir/Subjugar. ⇒ sabotar.

sopeira *s f* (<sopa + -eira; ⇒ sopeiro) **1** Peça de loiça em que se leva a sopa à mesa/Terrina. **2** *pop* Empregada doméstica «cozinheira».

sopeiro, a *adj/s* (<sopa + -eiro) **1** Relativo [Para] a sopa. **Comb.** *Condimento ~*. **2** «prato fundo» Próprio para comer a sopa. **3** (O) que gosta muito de sopa. **Ex.** É muito ~, come sopa a todas as refeições. **4** *fig* (O) que vive à custa de outrem (⇒ sopa **1** Idi.).

sopesar *v* (<sob + pesar) **1** Tomar com a mão o peso de algo «da laranja, para ver se tem suc[m]o». **2** Aguentar/Sustentar o peso «do te(c)to». **3** Formular uma opinião acerca de/Avaliar/Julgar. **Loc.** *~ os prós e os contras. ~ uma proposta* «de negócio». **4** Distribuir comedidamente «o subsídio às vítimas do terramoto». **5** Equilibrar. **Loc.** *~ os pratos da balança*.

sopitar *v t* (<lat *sopitáre*, frequentativo de *sópio, íre, ítum*: adormecer) **1** Fazer adormecer/Soporizar. **Ex.** O cansaço sopitou-o muito cedo. **2** Abrandar/Acalmar. **3** Experimentar uma sensação de torpor/Entorpe-

cer. **4** Conter/Reprimir. **Ex.** Ele sopitou os seus desejos/impulsos.

sopor *s m* (<lat *sópor, óris*) **1** ⇒ torpor(+)/modorra(+)/sonolência(o+). **2** ⇒ soneira. **3** Estado comatoso.

soporífero, a *adj/s* (<lat *soporífer, era, erum*: narcótico) **1** «substância/medicamento» Que faz dormir/Narcótico/Sonífero. **Ex.** Tomava todos os dias um ~ para (conseguir) dormir. **2** *fig* (O) que é cansativo e maçador. **Ex.** O livro é um autêntico ~, lê-o antes de ir para a cama…

soporizar *v t* (<sopor + -izar) **1** Fazer cair em sono profundo/Adormecer/Sopitar. **Ex.** O medicamento soporizou o enfermo. **2** Causar torpor em/Entorpecer. **Ex.** O álcool soporizou-o de tal maneira que nem reagia quando o chamavam.

soporoso, a (Ôso, Ósa, Ósos) *adj* (sopor + -oso) **1** Relativo a sonolência. **2** Sem a(c)tividade e energia/Sonolento/Prostrado. **Ex.** O doente está (em estado) ~. **3** *fig* Que dá sono ou fastio/Fastidioso. **Ex.** O filme que vimos ontem é ~/dá sono (+).

soprador, ora *adj/s* (<soprar + -dor) **1** (O) que sopra. **2** Operário que, na fábrica, sopra o vidro incandescente. **3** *s m* Aparelho para insuflar ar [com que se sopra] na bola de vidro fundido.

sopranino *s m Mús* (<soprano + -ino) **1** Instrumento mais agudo em família de instrumentos como o saxofone, o oboé. **Comb.** Flauta de bisel ~. **2** Voz infantil e aguda. **Ex.** Ele cantou, quando era criança, como ~ no coro da igreja.

soprano *s m Mús* (<it *soprano*) **1** Voz aguda feminina ou de rapaz muito novo «antes de mudar de voz». **Ex.** Ele tem uma bela voz de ~. **2** Cantor(a) que tem essa [esse tipo de] voz. **Ex.** Maria Callas foi um ~ famoso. ⇒ sopranino **1**.

soprar *v t/int* (<lat *súfflo, áre, átum*) **1** Deitar ar pela boca (ou pelo nariz). **Ex.** Soprou (para arrefecer) a comida que estava muito quente. **2** Deslocar(-se) uma massa de ar. **Ex.** O vento soprava com força [Fazia muito vento]. **3** Expelir com a respiração. **Ex.** Soprou o fumo do cigarro. **4** Apagar ou avivar por meio de sopro. **Ex.** Soprou a vela [Apagou-a com um sopro]. Soprou o lume que estava muito fraco. ⇒ fole. **5** Tocar «instrumento de sopro». **Ex.** Soprou [Tocou(+)] a flauta, ouvindo-se um lindo som pastoril. **6** *fig* Comunicar em voz baixa, sussurrando/Segredar/Cochichar/Sugerir. **Ex.** O colega soprou-lhe o resultado da prova. **7** Encher de ar um obje(c)to. **Ex.** A polícia obrigou-o «o motorista» a soprar no balão para ver a taxa de alcoolemia. **8** Favorecer/Bafejar. **Ex.** A sorte soprou-lhe na vida [Foi bafejado pela sorte(+)].

sopro (Sô) *s m* (<soprar) **1** Vento produzido, expelindo o ar com a boca. **Ex.** Com um ~ apagou a vela. **Comb.** Instrumento de ~ «flauta, oboé». **2** Expulsão do ar durante a respiração/Bafo/Hálito. ⇒ bufo[1]. **3** Movimento ou agitação do ar/Aragem/Brisa. **Ex.** O suave ~ da brisa refrescava um pouco aquela tarde quente. **4** *fig* Período muito curto de tempo/Instante. **Ex.** A sua vida foi-se n)um ~, morreu muito novo. **5** *Med* Som anormal ouvido na auscultação do coração ou dos pulmões. **Ex.** O médico, depois de o examinar, disse-lhe que tinha um ~ no coração. **Comb.** Último ~ de vida [Último suspiro].

soquear *v t* (<soco + -ear) Dar socos em/Socar. **Ex.** Soqueou o adversário na face.

soquete[1] (Kê) *s m* (<soco + -ete) **1** Soco dado com pouca força. **2** *Mil* Instrumento para ajudar a carregar as peças de artilharia. **3** *Br* Comida malfeita/ruim. **4** *Br* Espécie de sopa temperada com muitos ossos e pouca carne.

soquete[2] (Sòké) *s m* (<fr *socquette* <ing *sock*: meia) Meia curta de mulher que cobre só o pé, até ao tornozelo/Peúga. **Ex.** As meninas antigamente usavam ~s brancos.

soquete[3] (Sokê) *s m* (<ing *socket*) **1** Suporte roscado para lâmpada elé(c)trica/Porta-lâmpada (+). **2** *Ele(c)tri* ⇒ tomada. **3** Qualquer tipo de encaixe com rosca. ⇒ casquilho «base roscada da lâmpada elé(c)trica».

sorar *v t/int* (<soro + -ar[1]) **1** Transformar uma substância em soro/Dessorar(+). **Ex.** O queijo sorou muito, por isso ficou pequeno. **2** Deixar sair o soro ou outro líquido. **Ex.** A ferida está a ~ bastante.

sordidez *s f* (<sórdido + -ez) **1** Estado do que está muito sujo/Imundície/Sujidade. **Ex.** As ruas da cidade estavam uma ~ [estavam sujas, sujas, sujas]! **2** *fig* Comportamento indigno/Baixeza. **Ex.** A ~ do chefe fez com que muita gente se afastasse dele.

sórdido, a *adj* (<lat *sórdidus, a, um*: sujo) **1** Muito sujo/Imundo/Nojento/Porco. **Ex.** «vivia só» Como já não se podia mexer, a casa estava ~a [toda suja (+)]. **2** «comportamento/homem» Que provoca asco/Asqueroso/Repugnante. **3** Obsceno/Ignóbil. **Ex.** O filme, pelo seu conteúdo, era ~. **4** «procedimento» Desonesto/Baixo/Vil. **5** Que revela avareza excessiva. **Comb.** Agiota ~.

sorgo (Sôr) *s m Bot* (<lat *súricum granum*: grão da Síria) Nome vulgar de várias plantas gramíneas utilizadas para [como] forragem, fabrico de farinha ou preparação de bebidas alcoólicas. ⇒ (milho) painço.

sorites *s m 2n Log* (<gr *soreités*: que acumula) Argumentação silogística constituída por várias proposições, em que o predicado da primeira é o sujeito da segunda e assim sucessivamente, até à conclusão que toma o sujeito da primeira e o predicado da última.

sorna (Sór) *adj 2g/s* (<esp *sorna*) **1** (O) que é preguiçoso/indolente. **2** (O) que dissimula/Fingido/Hipócrita. **3** (O) que faz muito pouco, intencionalmente ou por manha. **Ex.** Ele queixa-se que o empregado é muito ~, que o trabalho está sempre por fazer. **4** *s f pop* Sono curto. **Loc.** Bater [Dormir] uma ~/soneca(+). **5** *s f* Qualidade de preguiçoso/Indolência/Preguiça. **Ex.** Ele está sempre na ~, não faz nada. **Loc.** *Estar com ~* [com preguiça]. *Estar na ~* [Não fazer nada].

sornar *v int* (<sorna + -ar[1]) Fazer as coisas de forma indolente. **Ex.** Vai para o trabalho e sorna o dia inteiro.

soro[1] (Sô) *s m* (<lat *sérum*: parte aquosa de uma substância) **1** Líquido que fica do leite coagulado [coalhado], ao fazer o queijo. **Ex.** O ~ é bom para fazer requeijão e pode também ser aproveitado para os animais «porcos». **2** Líquido que se separa do sangue depois de este ter coagulado. **Comb.** ~ [Plasma] sanguíneo. **3** *Med* Solução para hidratar ou alimentar o organismo. **Ex.** Estava tão fraco que o médico teve que o pôr a ~. **Loc.** Pôr a ~ [Alimentar com ~]. **Comb.** ~ fisiológico [Solução de cloreto de sódio e água destilada].

soro[2] *s m Bot* <gr *sorós*: montão) **1** Grupo de esporângios nas pteridófitas. **2** Grupo de esporângios ou gametângios das algas.

sorologia *s f Med* (<soro + -logia) Estudo dos soros/Serologia(+).

sóror *s f* (<lat *sóror, óris*: irmã) Forma de tratamento usado para as freiras. **Sin.** Irmã(+).

sorrateiramente *adv* (<sorrateiro + -mente) De modo sorrateiro/À sorrelfa/Às ocultas/escondidas/Sem ninguém ver. **Ex.** Saiu de casa ~, sem ninguém se aperceber [ninguém dar por isso/idi por ela].

sorrateiro, a *adj* (<lat *subrépto, ere, ptum*: deslizar sob, esgueirar-se + -eiro) **1** Que faz as coisas às ocultas/Dissimulado. **Ex.** Fugiu ~ por entre a multidão. **2** Manhoso/Matreiro. **Ex.** Com as suas manobras ~as, engana qualquer um [engana toda a gente].

sorrelfa (Rrél) *adj/s 2g* (< ?) **1** (O) que faz as coisas pela calada. **2** Disfarce para enganar/Dissimulação. **Loc.** À ~ [De modo sorrateiro/Disfarçadamente/Sorrateiramente] (Ex. Entraram à ~, e levaram-lhe as joias).

sorridente *adj 2g* (⇒ sorrir) **1** Que sorri/Risonho. **Comb.** Rosto ~. **2** Que revela boa disposição. **Ex.** Tinha um ar ~. **3** Que promete algo de bom/Promissor. **Ex.** Como não quer estudar, não tem um futuro ~/risonho(+).

sorrir *v int* (<lat *subrídeo, ére, risum*) **1** Rir levemente, com ligeira contra(c)ção dos lábios e dos músculos da face. **Ex.** Ela sorriu da ingenuidade do rapaz [Ela achou [pensou] que o rapaz era (um) ingé[ê]nuo]. **2** Dirigir um sorriso (a alguém). **Ex.** É uma criança encantadora, está sempre a ~ para toda a gente. **3** Mostrar uma expressão agradável. **Ex.** Quando vê alguma coisa boa até os olhos lhe sorriem. **4** Ter um aspe(c)to alegre/agradável. **Ex.** Os campos estavam cheios de flores, era a natureza a ~ [que sorria]. **5** Provocar um desejo. **Ex.** A montra cheia de bolos apetecíveis sorria-lhe. A(quela) ideia sorriu-lhe [pareceu-lhe boa/atraiu-o/agradou-lhe]. **6** Ser favorável. **Ex.** A sorte não lhe sorri [Tem pouca sorte].

sorriso *s m* (<lat *subrísio, ónis*) **1** A(c)to de sorrir. **2** Expressão de simpatia, agrado, contentamento ou de ironia. **Ex.** Ela acolheu-me em casa com um ~ espontâneo. Com um ~, o ministro recusou-se a dar-lhe audiência. **Loc.** De ~ nos lábios [Sorridente]. **Idi.** *~ de orelha a orelha* [~ franco]. *~ amarelo* [forçado].

sorte (Sór) *s f* (<lat *sórs, sórtis*) **1** Força vaga que condiciona o rumo da vida/Destino/Fado. **Ex.** Não podemos ficar à espera da ~, é preciso lutar para a ter. **Loc.** *À ~* [Ao acaso] (Ex. Tirou um número à ~ e saiu-lhe o pré[ê]mio!). *Boa ~!* [Expressão para se desejar bom êxito] (Ex. Vai(s) trabalhar para o estrangeiro «África do Sul»? Boa ~!). *Dar ~ (a)* [Contribuir para alcançar bom êxito] (Ex. As pessoas «ao jogar na lotaria» querem que o número que compraram lhes dê ~). *De [Com] ~* [Que tem muita ~] (Ex. «já ganhou sete vezes na lota[e]ria» É uma pessoa de ~). *Deitar ~s* [Repartir «a herança»]. *Desta ~* [Deste modo(+)]. «chovia muito» *De ~ que* [modo/maneira que] decidimos não sair de viagem. *Tentar a ~* [Arriscar (algo) para ver se se ganha (mais) «comprando bilhetes de lota[e]ria». **2** Situação económica. **Ex.** Os emigrantes vão para o estrangeiro à procura de melhor ~. **3** Acaso favorável/Fortuna. **Ex.** Ia tendo [Quase teve] um acidente de carro, escapou por ~. **Loc.** *Andar/Estar com ~* [Ser repetidamente favorecido pela ~]. *Que ~!* [Exclamação que exprime agrado por um acontecimento favorável]. *Por ~* [Felizmente] (Ex. «ia de carro, em contramão» Por ~ não teve um acidente). *Ter ~* [Ser favorecido pela ~]. *Ser bafejado pela*

~ [Ser alguém com muita ~]. **Comb.** *Golpe de* ~ [Acaso feliz]. *Maré de* ~ [Sequência de acontecimentos felizes/Boa altura]. **Ant.** Azar. **4** Modo como termina alguém ou algo/Destino/Fim. **Ex.** Desta vez ele teve melhor ~, ganhou o jogo. **5** Coincidência feliz. **Ex.** A ~ dele quando se feriu é que havia um enfermeiro perto. **6** Desgraça. **Comb.** Má ~ [idi ~ madrasta]. **7** Forma arbitrária de determinar ou solucionar alguma coisa/Sorteio. **Ex.** Como ninguém queria ser o primeiro a fazer o trabalho, deitaram à ~. **Loc.** Tirar à ~ [Sortear] «o pré[ê]mio/os presentes». **8** O que se ganha em sorteio. **Ex.** Ele tem pouca ~ ao jogo. **9** Prémio de lotaria ou sorteio. **Ex.** Saiu-lhe a ~ grande, ganhou o primeiro prémio [, a Taluda]! **Comb.** ~ grande [O prémio maior da lotaria]. **10** *Taur* Manobra que o toureiro executa para lidar e enganar o touro. **Ex.** O toureiro não foi feliz na sua ~ e acabou por ser colhido [apanhado] pelo touro. **11** Tipo/Espécie. **Ex.** Na loja vendia toda a ~ de artigos/mercadorias. **12** *pl Gír* Inspe(c)ção médica com o obje(c)tivo de apurar os mancebos para o serviço militar. **Loc.** Ir às ~s [Ir à inspe(c)ção] (Ex. Antigamente os rapazes quando iam às ~s faziam uma grande festa). **13** *Br* Rês que cabe ao vaqueiro em pagamento do seu trabalho.

sorteado, a *adj/s* (<sortear) **1** (O) que foi escolhido por sorteio/Tirado à sorte. **2** Que foi contemplado com um prémio em sorteio. **Ex.** O número [bilhete] ~ saiu-me a mim! **3** Variado «ao nível da cor/quantidade»/Sortido **2. 4** ⇒ «soldado» apurado(+).

sorteamento *s m* ⇒ sorteio.

sortear *v t* (<sorte + -ear) **1** Tirar/Escolher à sorte. **Ex.** O júri sorteou as equipas de futebol para os jogos do campeonato. **2** Fazer o sorteio, tirando os números/Rifar. **Ex.** No fim da festa, os bombeiros, para conseguirem algum dinheiro, sortearam várias coisas.

sorteio *s m* (<sortear) **1** A(c)to ou efeito de tirar à sorte. **Ex.** O ~ do euromilhões é às terças e sextas. **2** Distribuição de prémios por aqueles que têm os números dos bilhetes ou cupões sorteados. **Ex.** No ~, ele ganhou uma televisão. **3** Disposição de coisas segundo uma determinada ordem.

sortido, a *adj/s* (<sortir) **1** Abastecido/«supermercado bem» Provido. **Ex.** O estabelecimento comercial, neste momento, está ~ de todos os produtos. **2** (O) que é variado e diverso/Sortimento. **Ex.** Ela comprou bolos ~s para pôr na mesa durante a festa. Comprou ~ fino para o dia de anos. **3** *s m* Grande quantidade de coisas diversas. **Ex.** Perante todo aquele ~, as pessoas nem sabiam o que haviam de comprar.

sortilégio *s m* (<lat *sortilégium*: escolha de sortes, adivinhação) **1** Malefício de feiticeiro/Bruxaria/Feitiço. **2** Dom especial de atrair ou seduzir/Fascínio. **Ex.** O ~ da a(c)tuação do a(c)tor deixou toda a gente encantada.

sortílego, a *adj/s* (<lat *sortílegus, a, um*: adivinho) ⇒ feiticeiro; bruxa/o.

sortimento *s m* (<sortir + -mento) **1** A(c)to ou efeito de sortir. **2** Provisão/Abastecimento. **Ex.** Ao porto chegou um grande ~ de mercadorias. **3** Mistura variada/Sortido. **Comb.** Bom [Grande] ~ de anedotas.

sortir *v t* (<lat *sórtior, íri, ítus sum*: tirar à sorte; distribuir) **1** Prover(-se) de mercadorias/produtos/artigos/Abastecer(-se). **Ex.** Sortiu a loja de tudo quanto podia vender. **2** Fazer uma mistura com elementos variados/Mesclar/Misturar. **Ex.** Comprou vários tipos de bolos e sortiu-os.

sortudo, a *adj/s col* (<sorte + -udo) (O) que tem muita sorte. **Ex.** É um ~, já ganhou duas vezes a [na] lotaria.

sorumbático, a *adj* (<sombra + -ico) ⇒ sombrio/carrancudo/macambúzio/taciturno.

sorva (Sôr) *s f Bot* (<lat *sórbum, i*) Fruto da sorveira.

sorvar *v t* (<sorva + -ar¹) **1** Ficar mole/Começar a apodrecer. **Ex.** O forte calor sorvou a fruta. **2** Ficar combalido/Enfraquecer. **Ex.** Ele sorvou(-se) com [de] tanto trabalho.

sorvedou[oi]ro *s m* (<sorver + ...) **1** O que sorve. **2** Remoinho de água no mar ou no rio, arrastando coisas para o fundo/Turbilhão. **Ex.** Um ~ puxou-o para o fundo e quase se afogou! **3** *fig* O que causa desperdício ou ruína. **Ex.** Fez uma casa monumental que foi um ~ de dinheiro.

sorveira *s f Bot* (<sorva + -eira) **1** Árvore da família das rosáceas cujo fruto é a sorva; *Sórbus/Pirus domestica*. **2** *Br* Nome genérico das árvores da família das apocináceas, de frutos comestíveis, fornecedoras de látex e de madeira; *Couma guianensis*.

sorver *v t* (<lat *sórbeo, ére, sórptum*: engolir) **1** Beber um líquido, aspirando-o com ruído. **Ex.** Sorvia a sopa, deixando as pessoas incomodadas «por, em Pt, ser falta de educação». **2** Beber chupando/Sugar. **Ex.** A criança sorveu [bebeu] o leite com uma palhinha. **3** Puxar por efeito do vácuo. **Ex.** A bomba sorvia a água do fundo do poço. **4** Inspirar/Inalar. **Ex.** É bom e saudável ir para a serra ~ o ar e o cheiro dos pinheiros. **5** Embeber-se de/Absorver. **Ex.** Com a esponja sorveu o vinho derramado em cima da mesa. **6** *fig* Escutar com grande atenção. **Ex.** Ele sorvia as palavras do orador. **7** *fig* Destruir/Aniquilar. **Ex.** As guerras sorvem milhares de vidas humanas.

sorvete (Vê) *s m* (<fr *sorbet*: bebida à base de limão, açúcar e água; ⇒ sorver) **1** Creme gelado preparado à base de leite ou natas, açúcar, e outras substâncias/Gelado. **Ex.** Ontem à noite fomos à gelad[t]aria comer um ~. **2** Bebida gelada de frutas a que se pode acrescentar champanhe ou rum. **Ex.** Em refeições ou banquetes de cerimó[ô]nia, servem ~ entre dois pratos (peixe e carne).

sorveteira *s f* (<sorvete + -eira) Utensílio ou máquina de fazer sorvetes/gelados.

sorveteiro, a *adj/s* (<sorvete + -eiro) (O) que fabrica ou vende sorvetes.

sorveteria *s f* (<sorvete+ -ria) Local onde se fabricam e vendem gelados/sorvetes.

sorvo (Sôr) *s m* (<sorver) **1** A(c)to ou efeito de sorver «ar/líquido». **2** Porção de líquido que se bebe de uma só vez/Gole(+)/Trago. **Ex.** Ele bebeu um copo de vinho dum ~.

SOS (Ésse, Ó, Ésse) *s m* (<ing *Save Our Souls*: "salvem as nossas almas") Sigla internacional que expressa um pedido de socorro. **Ex.** Estando o barco com problemas, os pescadores enviaram um ~, via rádio.

sós elem da *loc adv* (<só) A ~ [Isoladamente/Sem companhia] (Ex. Eles conversaram a ~, para resolver algumas questões entre os dois). ⇒ só.

sósia *s 2g* (<lat antr *Sósia*, personagem da comédia *Anfitrião* de Plauto) Pessoa muito parecida com outra. **Ex.** Para algumas cenas mais difíceis de executar no filme, substituíram o a(c)tor por um ~.

soslaio *s m* (<esp *soslayo*: oblíquo) Esguelha/Obliquidade. **Ex.** Olhava para as pessoas de ~. **Loc.** *De* ~ [De lado/esguelha] (Ant. De frente).

sossega (Ssé) *s f* (<sossegar) **1** A(c)to ou efeito de sossegar/acalmar. **Ex.** À noite bebe um copo de leite para a ~. **2** Repouso ou sono. **Loc.** Ir para a ~ [Ir deitar-se/dormir].

sossegadamente *adv* (<sossegado + -mente) Sem pressa/agitação/Calmamente/Tranquilamente.

sossegado, a *adj* (<sossegar) **1** Que tem sossego/Calmo/Tranquilo. **Ex.** A rua onde moro é bastante ~a. **2** Que não está preocupado ou inquieto/Sereno. **Ex.** Fique ~o/a [Não se preocupe]: vai correr tudo bem. Deixem-me ~/em paz [Não me incomodem]! Quando o filho parte [sai/vai] de viagem, ela nunca fica ~a. **Ant.** Desassossegado. **3** Que está em descanso/Calmo. **Ex.** O doente está ~.

sossegar *v t/int* (<lat *séssico, áre, atum* <*séssus, us*: a(c)ção de se sentar) **1** Ficar calmo depois de uma situação agitada/Acalmar/Serenar/Tranquilizar. **Ex.** Depois do grave acontecimento, a música sossegou-o. **Ant.** Agitar. **2** Tirar a preocupação. **Ex.** Quando os filhos saem à noite, a mãe só sossega quando chegam a casa. **3** Descansar/Adormecer. **Ex.** Ele não sossegou toda a noite. **4** Deixar de experimentar uma insatisfação física. **Loc.** ~ o estômago [Comer (para saciar a fome)].

sossego (Ssê) *s m* (<sossegar) **1** Ausência de agitação ou ruído/Calma/Serenidade/Tranquilidade. **Comb.** O ~ do campo [da vida campestre]. **2** Ausência de movimento ou de agitação. **Ex.** Ele não tem ~ [Ele é muito irrequieto], anda sempre de um lado para o outro. **Loc.** Sem ~ [Sem descanso]. **3** Ausência de preocupações. **Ex.** Ele só quer paz e ~. **4** Descanso/Sono. **Ex.** As crianças, com as suas brincadeiras, interrompiam o ~ do avô.

sota (Só) *s m* (<esp *sota*) Dama(+) do jogo de cartas. **Idi.** *Dar ~ e ás* [Ser mais forte que [Ganhar a] outro].

sotaina *s f* (<it *sottana*) Peça de vestuário, geralmente de cor preta, que desce até aos pés, usada pelos eclesiásticos/Batina(+). ⇒ túnica.

sótão *s m* (<lat *súbtus*: debaixo de) Compartimento situado entre o te(c)to e o último andar de uma casa/Águas-furtadas. **Ex.** No ~ guardam-se materiais velhos, móveis inutilizados e coisas em desuso. **Idi.** *Ter macaquinhos no* ~ [Ter manias ou ideias esquisitas]. ⇒ cave; «canto para» arrumações.

sotaque *s m* (<?) Pronúncia/Entoação cara(c)terística de determinada região «Alentejo, Pt». **Ex.** Ele fala português, mas com ~ inglês.

sotaventear *v t Náut* (<sotavento + -ear) **1** Voltar o navio para sotavento. **2** Seguir de barlavento para sotavento.

sotavento *s m Náut* (<catalão *sotavent*) Lado do navio oposto àquele de onde sopra o vento. **Ant.** Barlavento.

soteriologia *s f Teol* (<gr *sotér, téros*: salvador + -logia) Parte da Teologia que trata da salvação (da humanidade por Jesus Cristo).

soterrado, a *adj* (<soterrar) Coberto de terra ou de escombros/Enterrado. **Ex.** As casas desabaram e as pessoas ficaram ~as.

soterramento *s m* (<soterrar + -mento) A(c)to ou efeito de soterrar [de cobrir de terra]. ⇒ soterrado.

soterrar *v t* (<sob + terra + -ar¹) **1** Cobrir(-se) de terra ou de escombros/Enterrar(-se). **Ex.** O prédio desabou e soterrou os moradores. **2** *fig* Destruir/Esmagar. **Ex.** A falta de dinheiro soterrou todos os nossos proje(c)tos.

sotopor v t (<sob + pôr) **1** Pôr por baixo de(+)/Subpor. **2** Colocar em plano inferior/secundário (algo ou alguém)/Pospor(+).

sot(t)ovoce adv Mús (<it sottovoce) Música ou parte de música que deve ser executada baixinho [a meia voz].

soturnidade s f (<soturno + -i- + dade) **1** Qualidade do que é soturno. **2** Qualidade do que tem pouca luz. **Ex.** A ~ de algumas ruas mais antigas e menos iluminadas da cidade amedronta as pessoas, à noite.

soturno, a adj (<astró[ô]nimo Saturno) **1** Tristonho/Taciturno. **Ex.** Ele tem um rosto ~. **Ant.** Alegre/Vivo. **2** Que tem pouco convívio social. **3** «tempo/dia/céu/nuvens» Escuro/Sombrio. **Ex.** A casa onde vive, sem janelas, é muito ~a. **4** Que causa ou infunde medo/Assustador/Lúgubre. **Ex.** Ouviu-se um ruído ~ na caverna e, com medo, não entrámos.

sou(be) ⇒ ser (na 1.ª pessoa do indicativo) e saber (na 1.ª pessoa do pretérito).

soufflé s m Cul ⇒ suflê.

soul s m Mús (<ing soul (music): alma) Estilo de música popular criado pelos negros norte-americanos, de improvisação e expressão intensa dos sentimentos e que incorpora cara(c)terísticas dos *blues* e do *gospel*. **Ex.** O [A música] ~ tem raízes africanas. Aretha Franklin é uma das grandes cantoras de (música) ~.

soutien s m ⇒ sutiã.

souto s m (<lat *sáltus*: floresta, prado) **1** Plantação ou conjunto de castanheiros (mansos ou bravos). **Ex.** Na minha terra há muitos ~s de castanheiros. **2** ⇒ bosque «para passeios».

souvenir s m (<fr souvenir: a(c)to de lembrar) Obje(c)to cara(c)terístico de um lugar/Lembrança(+)/Recordação(+). **Ex.** Quando vou ao estrangeiro, gosto sempre de trazer um ~ para a família.

sova (Só) s f (<sovar) **1** A(c)to de espancar [bater em] alguém/Surra/Tareia. **Loc.** *Dar uma ~ a* [Bater a] alguém. *Apanhar/Levar uma ~* [Ser espancado/sovado]. **2** fig Derrota expressiva e humilhante. **Ex.** A equipa de futebol perdeu por 6-0, (levou uma) grande ~! **3** fig Tareia/Descompostura. **Ex.** Levou uma forte ~ dos críticos pelo livro que publicou.

sovaco s m (< ?) **1** Anat Parte que fica por baixo da articulação do braço com o ombro/Axila. **Ex.** É necessária muita higiene nos ~s para não cheirarem mal. **2** Parte da peça de roupa, correspondente a essa cavidade. **Ex.** Tinha os ~s da camisa encharcados [cheios] de suor.

sovado, a adj (<sovar) **1** Que levou sova/Espancado. **Ex.** O homem, ~ por uns marginais, apresentava várias feridas. **2** Muito cansado/Fatigado. **Ex.** Chegou «aqui/a casa» ~. **3** ⇒ Que foi humilhado. **4** Cul Que é batido com força até ficar duro. **Comb.** Pão de massa ~a. **5** fig Muito gasto pelo uso/Puído(+)/Surrado(+). **Ex.** O casaco, de tanto uso, estava muito [todo] ~.

sovaquinho s m (<sovaco + -inho) **1** Cheiro desagradável (vindo) dos sovacos suados.

sovar v t (<?) **1** Dar uma sova a/Bater/Espancar/Surrar. **Ex.** Ele sovou o (homem) que o tentou roubar. **2** Bater bem a massa do pão/Amassar. **3** Esmagar/Pisar(+) «as uvas». **4** Br Tornar macio «couro ou corda». **5** Usar muito/Surrar. **Ex.** O uso constante, quase diário, sovou as botas.

sovela (Vé) s f (<lat *súbula*: agulha de sapateiro) **1** Instrumento de cabo de madeira com agulha grossa, usado pelos sapateiros e correeiros para furar o cabedal a fim de fazer passar os fios. **2** Ornit Ave pernalta da família dos Caradriídeos, também conhecida por alfaiate e fusela. **3** Ent ⇒ mosquito.

soviete (Vié) s m Hist (<rus sov'et: conselho) Cada um dos conselhos, constituído por delegados dos operários, soldados e camponeses do regime político da antiga URSS, funcionando como órgão deliberativo. **Comb.** ~ supremo [Supremo órgão deliberativo da ex-União Soviética].

soviético, a adj/s Hist (<soviete + -ico) Relativo à ex-União Soviética e aos seus habitantes. ⇒ russo; Rússia.

sovina adj/s 2g (< ?) **1** (O) que só pensa em juntar e guardar dinheiro/Avarento/Mesquinho/Somítico/Forreta. **Ex.** É um ~, não dá nada a ninguém. **Ant.** Mãos-largas/Generoso/Perdulário/Gastador. **2** s f Torno de marceneiro. **3** s f Instrumento perfurante, semelhante a uma lima.

sovinice s f (<sovina + -ice) **1** Qualidade do que é sovina/Avareza/Mesquinhez. **2** A(c)ção própria de sovina.

sozinho, a (Sòzí) adj (<só + -z- + -inho) **1** Que está só, sem companhia. **Ex.** Vive ~a desde que morreu o marido. **Ant.** Acompanhado. **2** Que não tem auxílio moral ou material de ninguém/Abandonado/Desamparado. **Ex.** Com a perda [morte] dos pais ficou ~a no mundo. **3** Por si mesmo, sem intervenção de ninguém. **Ex.** Ele ia no meio da rua e caiu ~. Os alunos fizeram ~s os trabalhos. **4** Consigo mesmo. **Ex.** Frequentemente via-se [víamo-lo] a falar ~.

spa s m (<top *Spa* [Estância hidromineral perto de Liège, Bélgica]) Local que oferece tratamento de saúde e/ou beleza com a(c)tividades físicas «ginástica», massagens, sauna e dietas alimentares. **Ex.** A(c)tualmente estão na moda os ~s.

spin ing s m Fís Momento cinético intrínseco, próprio do ele(c)trão e de certas partículas elementares «protão/neutrão», devido à rotação sobre si mesmo.

spleen ing s m Hipocondria/Mau humor/Melancolia/Tédio.

spot ing s m **1** Mensagem televisiva, breve, com obje(c)tivo publicitário, de propaganda ou divulgação. **Ex.** Os ~s da televisão são muito atraentes para as crianças, pela imagem, cor, ritmo e som. **2** Teat Foco ou proje(c)tor de iluminação de um cenário ou outros ambientes.

spray (Sprei) ing s m **1** Recipiente metálico provido de um dispositivo «vaporizador com bomba de pressão» que emite um ja(c)to líquido-gasoso. **Ex.** Muitos edifícios são pintados com tinta de ~. **2** Ja(c)to de líquido «perfume, inse(c)ticida, tinta» pulverizado e que se espalha como névoa. **Ex.** Ele espalhou [deitou] ~ para matar os inse(c)tos «baratas». ⇒ aerossol.

spread (Préd) ing s m Econ **1** Diferença entre o menor dos preços de oferta e o maior dos preços de procura de um bem, no mercado. **2** Diferença entre o preço mais alto e o mais baixo de um produto. **3** Taxa que incide sobre um empréstimo de que é variável. **Ex.** Quando os ~s sobem, as mensalidades do pagamento de um empréstimo para a compra de casa também aumentam, criando dificuldades financeiras às pessoas.

sprint ing s m (D)esp **1** Arranque(+) final de uma corrida «atletismo, ciclismo» com a velocidade máxima possível de um atleta. **Ex.** O ~ final do atleta deu-lhe a vitória nos cinco mil metros. **2** Corrida de velocidade numa distância curta.

sprinter ing s 2g (D)esp Atleta que consegue bons resultados nas provas de velocidade.

sputnik s m (<ru *sputnik*) Satélite artificial colocado em órbita através de um foguete pela Rússia com o obje(c)tivo de exploração do espaço. **Ex.** Algumas das missões do ~ levaram animais a bordo.

squash ing s m (D)esp Modalidade (d)esportiva, em recinto fechado, que opõe dois ou dois grupos de dois jogadores, consistindo no lançamento da bola com a raquete contra a parede.

sr., sr.ª Abrev de senhor, senhora.

Sri Lanka s m top País insular do sul da Ásia (antigo Ceilão), no Oceano Índico, cujos habitantes são os srilanquenses, cuja capital é Colombo e onde se fala o cingalês, o tâmil e o inglês.

staccato adv/s m Mús (<it *staccato*: destacado, interrompido) **1** Destaque nítido de cada nota. **2** Modo como o trecho deve ser executado, destacando nitidamente cada nota.

staff ing s m **1** (Conjunto de) pessoal(+) que compõe os quadros superiores ou de dire(c)ção num serviço ou empresa. **2** Grupo de assessores que apoia um dirigente «político». **Ex.** O Primeiro-Ministro faz-se acompanhar do seu ~ [dos seus assessores (+)] nas visitas ao estrangeiro. ⇒ estafe 2; grupo; corpo; quadro.

stand ing s m **1** Espaço(+) reservado a cada participante numa exposição ou feira. **Ex.** A Feira do Livro de Frankfurt, cidade alemã, tem normalmente dezenas de ~s. ⇒ estande. **2** Espaço de exposição de produtos «automóveis» para venda ao público. **Ex.** O meu amigo comprou um carro novo e foi hoje buscá-lo ao ~. ⇒ barraca.

standard ing s m/adj 2g 2n **1** Padrão/Norma(+). **2** Normal(+). **Ex.** Os técnicos exigiram o formato [tamanho] ~ para os *stands* [vários espaços (+)] da feira.

stand-by (Bai) ing s m Lista de [À] espera(+) «de passagem em avião».

-stato suf (<gr *statés*/lat *status* «a(c)ção de» pôr de pé) Corresponde a aparelhos e engenhos «do século XIX» que criam ou medem algo. **Ex.** Aeróstato.

status s m (<lat *status*: estado <stó, áre, átum: estar de pé, parar, manter-se) **1** Posição que alguém ocupa aos olhos do grupo ou da comunidade. **2** Conjunto de direitos e deveres de uma pessoa na sociedade/Estatuto. **Ex.** As pessoas nos dias de hoje podem mudar de ~ mais facilmente do que antes. **3** Posição favorável na sociedade/Prestígio. **Comb.** Ter ~ [Ser muito respeitado].

status quo loc (<lat *status quo*: estado em que «se [algo] está») Situação existente num determinado momento.

stereo ⇒ estereofó[ô]nico.

stress ing s m Tensão(+) causada pela agressão e violência do modo de vida moderno. **Ex.** Muita gente sofre de doenças devidas ao [causadas pelo] ~. ⇒ estresse.

stricto sensu lat Em sentido (r)estrito [limitado] da palavra «pós-graduação».

striptease (Ti) ing s m A(c)to de uma pessoa que gradualmente se vai despindo, com movimentos eróticos e provocadores ao som de música e com dança.

sua pron ⇒ seu.

suã s f (<lat *suínus, a, um*: de porco) Carne das vértebras, sobretudo da parte inferior do lombo de porco.

suadela (Dé) s f (<suar + -ela) Efeito de suar depois dum esforço cansativo. **Ex.** Carregados com a mochila, a subida da montanha foi uma boa [grande] ~! **Sin.** Estafa.

suado, a adj (<suar) **1** Com suor. **Ex.** Estou todo [muito] ~ [Estou a transpirar(+)], vou tomar um duche [(banho de) chuveiro(+)]

frio. **Comb.** Roupa ~a. **2** *fig* Feito ou obtido com muito esforço/custo. **Ex.** Foi uma obra [um trabalho] muito ~a[o] «compilação de dicionário»!

suadou[oi]ro *s m* (<suado + ...) **1** ⇒ suadela(+). **2** ⇒ sudorífero(+). **3** Lugar muito quente, que faz suar/Sauna(+). **4** Parte do lombo do animal «cavalo» que corresponde à sela/albarda.

suaíli *adj/s 2g* (<ár *sawahil*, *pl* de *sahil*: costa) **1** Língua banta com forte matriz árabe, *us* como língua franca em vários países da África centro-oriental e ilhas. **2** Grupo etnolinguístico banto que fala o ~.

suão *s m/adj* (<anglo-saxão *sud*: sul + -ão) Vento quente e seco que sopra do sul ou do sudeste. **Ex.** Quando sopra o (vento) ~, fica a terra seca. **2** ⇒ sulista(+).

suar *v t/int* (<lat *súdo, áre, átum*) **1** Libertar/Verter suor (através dos poros da pele)/Transpirar(+). **Ex.** Devido ao calor e ao grande esforço, os jogadores suavam *idi* por todos os poros [suavam muito]. **Idi.** ~ **em bica** [Escorrer muito suor]. **2** Manchar/Molhar com o próprio suor. **Ex.** Com a longa corrida suei a roupa toda. **3** Verter humidade [Escorrer(+)] por efeito da condensação de vapor. **Ex.** Devido à grande percentagem de humidade, as paredes suavam água que escorria até ao chão. **4** *fig* Desenvolver um grande esforço/Esforçar-se/Trabalhar muito. **Ex.** Para conseguir terminar o curso, tive que ~ [estudar] muito. **Idi.** ~ **as estopinhas** [Fazer um grande esforço] (Ex. Para chegar ao cimo da serra, teve que ~ as estopinhas). ~ *sangue* [Matar-se com trabalho]. **Dar que [Fazer]** ~ [Obrigar a grande esforço]. **5** *fig* Experimentar sensação de mal-estar, causado por algo desagradável ou emoção forte. **Ex.** Começou a sentir-se mal e a ~.

suarda *s f* (< ?) **1** Substância gordurosa de lã «de ovelha». **2** Nódoa(+) de sujidade.

suarento, a *adj* (<suor + -ento) **1** Coberto de suor/Suado. **2** Húmido de suor. **Comb.** Camisa ~a.

suasório, a *adj* (<lat *suasórius*) Que serve para persuadir (alguém)/Persuasivo(+). **Ex.** Para o [Na opinião do] juiz, os argumentos não eram ~s.

suástica *s f* (<sân *suastika*: boa sorte) Símbolo religioso de várias civilizações antigas «Índia», e também ado(p)tado pelo nazismo de Hitler, em forma de cruz gamada [卐]. **Ex.** A ~ foi o símbolo [a bandeira] do III (Terceiro) Reich.

suave *adj 2g* (<lat *suávis,e*) **1** Que expressa bondade. **Ex.** É uma pessoa bondosa/afável(+)/de modos ~s. **2** Agradável/Delicado/Harmonioso. **Ex.** Ela tem uma voz ~. **Comb.** *Acordes* ~s/harmoniosos. *Cor* ~/delicada/agradável. *Pele* ~/macia(+)/delicada/lis(inh)a. **3** Que tem pouca intensidade/Leve/«clima» Ameno. **Ex.** Esteve um dia de muito calor, mas a tarde trouxe uma brisa ~. **Comb.** *Brilho* ~ [que não fere a vista]. *Dor* ~/leve/ligeira/suportável. **Ant.** Forte. **4** Que se faz com movimentos serenos. **Ex.** Ele conduz muito bem, de forma segura, com travagens ~s. **Ant.** Brusco. **5** Que se faz sem dificuldade/Fácil. **Ex.** Apesar de o caminho ter bastantes subidas, elas são ~s. **6** Que não é excessivo/«trabalho/castigo/repreensão»Moderado. **Ex.** Eles estão a pagar o carro novo que compraram em prestações ~s.

suavemente *adv* (<suave + -mente) **1** Com suavidade/Delicadamente/Docemente/Tranquilamente.

suavidade *s f* (<lat *suávitas, átis*: sabor agradável) **1** Qualidade do que é suave/Doçura/Maciez «dos cabelos». **Ex.** A ~ [amenidade] do clima atraía muitos turistas no inverno. **2** Afabilidade. **Ex.** A ~ [simplicidade(+)] dos seus modos encantava-nos. **3** Finura/Graça/Su(b)tileza. **Ex.** O seu modo de ser adquiriu ~ com os anos. **4** Delicadeza de formas. **Ex.** A ~ das linhas do rosto contrastava com a roupa gross(eir)a que vestia.

suavizar *v t* (<suave + -izar) **1** Tornar(-se) suave. **Ex.** Com a idade suavizou os gestos e as palavras. **2** Tornar-se menos intenso/Mitigar «a dor»/Abrandar/Aliviar/Amenizar/Atenuar. **Ex.** A chuva que caiu de repente [O aguaceiro] suavizou o calor. **3** Tornar menos severo. **Ex.** Depois de insultar toda a gente, acalmou e suavizou a linguagem. **4** Esbater. **Ex.** Ele carregava demasiado os traços do desenho e o professor mandou suavizá-los.

Suazilândia *s f top* País do sul de África, vizinho de Moçambique, cuja capital é Mbabane e onde se fala o suazi e o inglês. **Ex.** Os habitantes da ~ são os suazis/suazilandeses.

sub- *pref* (⇒ sob) Exprime a ideia de *sob*, *debaixo de*, *dependência*.

subafluente *s m* (<sub- + ...) Rio «Juruena» que é afluente de outro afluente «Tapajós» «do rio Amazonas».

subalimentação *s f* (<sub- + ...) Alimentação deficiente/Desnutrição/Subnutrição.

subalterno, a *adj/s* (<lat *sub* + *altérnus*: um depois do outro, recíproco <*alter*: outro) (O) que é inferior ou subordinado a outro em autoridade ou graduação. **Ex.** O chefe é muito exigente com os seus ~s. **Comb.** *Mil* Oficial ~ [de patente inferior a capitão]. ⇒ súbdito.

subalugar *v t* (<sub- + ...) « inquilino» Alugar casa ou parte de casa (alugada) a um terceiro, (A(c)to ilegal) sem conhecimento do proprietário/Subarrendar/Sublocar. **Ex.** Muitos estudantes, principalmente universitários, subalugam quartos em casas arrendadas, porque lhes fica mais barato.

subaluguer[l] *s m* (<sub- + aluguer) A(c)to de subalugar/Subarrendamento/Sublocação.

subaproveitar *v t* (<sub- + ...) Aproveitar mal ou não utilizar todo o potencial [rendimento] de alguém ou de alguma coisa. **Ex.** Muitos autarcas subaproveitam os recursos da região, nomeadamente os recursos turísticos.

subaquático, a *adj* (<sub- + aquático) Que vive ou se encontra debaixo de água. **Ex.** No meio [mundo] ~ vive grande quantidade de seres vivos, animais e plantas. **Comb.** Espécie ~a «peixe/planta».

subarbusto *s m Bot* (<sub- + arbusto) Pequena planta subarbustiva, de ordinário inferior a um metro, só lenhosa na base e cujos ramos mais altos morrem após cada período de crescimento. «alfazema»

subarrendamento *s m* (<sub- + arrendamento) A(c)to ou efeito de subarrendar/Subaluguer/Sublocação.

subarrendar *v t* (<sub- + arrendar) ⇒ subalugar/sublocar.

subarrendatário, a *adj/s* (<sub- + arrendatário) (Inquilino) que toma de arrendamento o que já é arrendado. **Ex.** Com a crise, o número de ~s que não pagam o arrendamento tem aumentado.

subastação *s f Dir* (<subastar + -ção) Venda em hasta pública dos bens de um devedor, por ordem judicial.

subastar *v t* (<lat *subbásto, áre, átum*: vender em hasta pública) Vender ou arrematar (algo) em almoeda [hasta pública].

subatómico, a [*Br* subatômico] *adj Fís* (<sub- + atómico) **1** Relativo a sistemas cujas dimensões são inferiores à dimensão do átomo. **2** Relativo a partículas elementares ou a cada um dos constituintes do átomo (ele(c)trões, neutrões, protões). **3** Relativo aos fenó[ô]menos processados no interior de um átomo.

subavaliar *v t* (<sub- + avaliar) Atribuir a algo «casa» um valor inferior ao real. **Ant.** Sobrevalorizar.

subchefe *s 2g* (<sub- + chefe) Pessoa com categoria imediatamente inferior à do chefe. **Ex.** Quando o chefe da polícia está ausente, quem o substitui é o ~.

subclasse *s f* (<sub- + classe) **1** Subdivisão de uma classe. **2** *Biol/Bot* Divisão inferior à classe e acima da ordem. ⇒ taxonomia.

subcolateral *adj 2g* (<sub- + colateral) Diz-se do ponto geográfico entre o ponto cardeal e o ponto colateral. **Ex.** Su-sudoeste é um ponto ~.

subcomissão *s f* (<sub- + comissão) Cada uma das comissões em que uma comissão se divide (para tratar de assuntos específicos). **Ex.** O assunto das avaliações «dos professores» foi levado à ~ de educação.

subcomissário, a *s* (<sub- + comissário) Pessoa «polícia» com categoria imediatamente inferior à de comissário. **Ex.** Como o comissário está de férias, a ~a substitui-o nas suas funções.

subconjunto *s m* (<sub- + conjunto) **1** Parte de um conjunto com cara(c)terísticas próprias. **2** *Mat* Cada um dos conjuntos menores em que um conjunto se divide (e que nele estão contidos).

subconsciência *s f* (<sub- + consciência) Estado entre a consciência e a inconsciência/Semiconsciência/Subconsciente 2(+).

subconsciente *adj 2g/s m* (<sub- + consciente) **1** Que não é consciente, mas pode ser trazido à [ao nível da] consciência. ⇒ inconsciente. **2** *s m Psic* Domínio [Esfera/Campo] dos processos mentais que escapam ao campo do conhecimento, mas que já foram antes conhecidos e continuam a ter influencia na vida mental da pessoa. **Ex.** O ~ contém muitos comportamentos recalcados [impedidos de se realizarem].

subcontratar *v t Econ* (<sub- + contratar) «empresa contratada» Realizar um subcontrato com uma terceira empresa para efe(c)tuar uma parte do trabalho ou serviço já contratado. **Ex.** A empresa de construção subcontratou outra para fazer os trabalhos de canalização do prédio.

subcontrato *s m Econ* (<sub- + contrato) Contrato entre uma das partes de um contrato anterior e uma terceira sobre o fornecimento parcial ou integral do contrato original.

subcortical *adj 2g* (<sub- + cortical) Que está situado sob o córtex (cerebral ou supra-renal).

subcultura *s f* (<sub- + cultura) **1** Cultura com suficientes cara(c)terísticas que a distinguem da cultura dominante. **2** Cultura de um grupo minoritário. **3** Variedade cultural considerada inferior ou de baixa qualidade. **4** *Biol* Cultura de bactérias a partir de outra cultura.

subcutâneo, a *adj Anat* (<sub- + cutâneo) **1** Situado sob a pele/Hipodérmico. **Comb.** Tecido ~ [conjuntivo, laxo, que se encontra debaixo da derme]. **2** Que é aplicado sob a pele. **Comb.** *Inje(c)ção* ~a.

subdelegação *s f* (<subdelegar + -ção) **1** A(c)to ou efeito de subdelegar. **2** Delegação subalterna de certos estabelecimentos públicos. **Comb.** ~ de saúde. **3** Cargo ou função de subdelegado/Subdelegacia(+).

subdelegacia *s f* (<sub- + ...) Repartição que depende de uma delegacia.

subdelegado, a *s* (<sub- + ...) Pessoa situada abaixo do delegado ou que o substitui. **Ex.** Na cerimónia de boas-vindas ao ministro, o delegado fez-se representar pelo ~.

subdelegar *v t* (<sub- + delegar) Delegar em terceiro(s) algo já delegado (a alguém). **Ex.** O delegado subdelegou o seu poder na pessoa mais antiga do serviço.

subdesenvolvido, a *adj/s* (<sub- + desenvolvido) Diz-se do país ou região em estado de subdesenvolvimento/Atrasado. **Ex.** É no continente africano que existem mais países ~s. **Comb.** *País ~* [em vias de desenvolvimento(+)]. *Região ~a*. **2** (O) que é ignorante, sem educação.

subdesenvolvimento *s m* (<sub- + desenvolvimento) Estado de um país ou região com pouco desenvolvimento econó[ô]mico e sociocultural/Atraso.

subdiretor, ora (Rè) *s* [= subdirector] (<sub- + diretor) Pessoa com categoria imediatamente inferior à de diretor e que o substitui quando necessário.

súbdito [*Br* **sú(b)dito** (dg)] *adj/s* (<lat *súbditus*: a(c)ção de pôr debaixo <sub + *dó, dáre*: dar) **1** (O) que está dependente das ordens ou autoridade de outrem. **2** *Hist* Pessoa dependente de um monarca ou de um nobre/Vassalo(+). **Ex.** Os ~s «Afonso de Albuquerque/Vasco da Gama» do [de sua Majestade o] rei de Portugal gloriavam-se de ser ~s fiéis. **3** (O) que está protegido pelos representantes diplomáticos do seu país quando residente no estrangeiro. **Ex.** A embaixada é responsável pelos ~s [cidadãos(+)] do seu país.

subdividir *v t/int* (<lat *subdívido, ere, ísum*) Dividir novamente uma coisa ou número já dividido. **Ex.** Depois de partir o bolo em quatro (partes), ainda o subdividiu para dar [chegar] para todos.

subdivisão *s f* (<*subdivísio, ónis*; ⇒ subdividir) **1** A(c)to ou efeito de subdividir/O tornar a dividir. **2** Cada uma das partes resultantes dessa nova divisão.

subemprego *s m* (<sub- + emprego) **1** Emprego não qualificado, precário [sem garantia] e mal remunerado. **2** Situação em que a mão de obra qualificada só consegue trabalho temporário ou abaixo das suas qualificações. **Ex.** Com a crise económica, muitos trabalhadores só conseguem trabalho em regime de ~. **3** Emprego de um número de trabalhadores inferior ao número de trabalhadores disponíveis. **Ex.** Em situações de crise económica, o ~ é uma constante.

subempreitada *s f* (<sub- + empreitada) **1** Trabalho ajustado em segunda mão. **2** Cedência que o empreiteiro faz a outrem, da sua empreitada ou de parte dela. **Ex.** Por vezes as ~s são ilegais.

subentender *v t* (<sub- + entender) **1** *Gram* Pressupor ou restaurar palavras ou partes da frase omitidas. ⇒ subentendido **2 Ex..** **Ex.** Quando o sujeito «eu» não está presente subentende-se «Gosto de você». **2** Perceber (de determinada forma) alguma coisa que não foi expressamente dita/Inferir. **Ex.** Embora não o dissesse, subentendi que não gostou do trabalho que efe(c)tuámos. **3** Deixar entender de forma dissimulada [não clara]/Pressupor. **Ex.** As palavras pouco dire(c)tas do Primeiro-Ministro subentendiam [davam a entender] que a situação ia piorar.

subentendido, a *s m/adj* (<subentender) **1** (O) que não é dito claramente, mas se percebe pelo contexto ou pela situação/Implícito/Oculto. **Ex.** Pelo ~, percebemos que ele não queria que nós o acompanhássemos na cerimónia. **2** *Gram* Diz-se de elementos sintá(c)ticos da frase que não estão formalmente expressos, mas que podem ser recuperados através de outros elementos da frase ou de uma frase contígua. **Ex.** Na frase "Não o vi", o sujeito "eu" está ~.

subequatorial *adj 2g* (<sub- + equatorial) **1** «país/região/zona» Próximo [Situado a menos de mil km] do Equador. **2** Diz-se do que apresenta cara(c)terísticas próximas das zonas equatoriais. **Ex.** O clima ~ é quente e húmido. ⇒ subtropical.

súber *s m Bot* (<lat *súber, eris*: sobreiro) Tecido gerado pelo felogéneo e formado por células mortas na maturidade, que constitui a casca das árvores. ⇒ córtex; cortiça.

subericultura *s f* (<lat *súber, eris*: sobreiro + cultura) Conjunto de processos utilizados no cultivo, exploração e prote(c)ção dos sobreiros. ⇒ sobreiral.

suberina *s f Bot* (<súber + -ina) Principal constituinte da cortiça e do córtex de outros vegetais lenhosos que reveste as paredes das suas células, tornando-as impermeáveis, elásticas e imputrescíveis.

suberização *s f Bot* (<suberizar + -ção) **1** Formação da cortiça no sobreiro. **2** Modificação sofrida pelas células de tecidos vegetais lenhosos que as torna imputrescíveis devido a uma impregnação de suberina.

suberizar *v Bot* (<súber + -izar) **1** Formar-se a cortiça/o córtex. **2** Sofrer suberização 2.

suberoso, a (Ôso, Ósa, Ósos) *adj Bot* (<súber + -oso) **1** Relativo ao súber. **2** Que tem o aspe(c)to e consistência da cortiça.

subespécie *s f* (<sub- + espécie) Categoria taxonómica inferior à espécie e que, de forma geral, equivale às raças e variedades. ⇒ subfamília.

subespontâneo, a *adj Bot* (<sub- + espontâneo) Diz-se da planta que, introduzida pelo homem noutro local, aí se propaga sem a sua intervenção. **Comb.** *Espécie ~a*.

subestimar *v t* (<sub- + estimar) **1** Estimar pouco/Desprezar/Desconsiderar. **Ex.** Como é muito orgulhoso, subestima os outros. **Ant.** Sobrestimar. **2** Não dar o devido valor às coisas «estudo/artes/convivência»/Desvalorizar. **Ant.** Valorizar.

subfacturar ⇒ subfaturar.

subfamília *s f Bot/Zool* (<sub- + família) Grupo taxonómico de categoria inferior à da família e superior à do género. ⇒ espécie; tribo.

subfaturar (Fà) *v t* [= subfacturar] (<sub- + faturar) Emitir fatura com preço menor que o valor cobrado na venda «com o obje(c)tivo de burlar o fisco». **Ant.** Sobrefaturar.

subgénero [*Br* **subgênero**] *s m Bot/Zool* (<sub- + género) Grupo taxonómico de categoria inferior à de género e superior à de espécie.

subgerente *s 2g* (<sub- + gerente) Pessoa com categoria imediatamente inferior à de gerente. **Ex.** Na ausência do gerente, o ~ pode ser o seu substituto em muitas das funções que ele exerce.

subgrupo *s m* (<sub- + grupo) **1** Cada um dos grupos em que se divide outro maior. **2** *Mat* Subconjunto não vazio de um grupo.

sub-humano, a *adj* (<sub- + humano) ⇒ infra-humano.

subida *s f* (<subido) **1** A(c)to de mover-se de baixo para cima «o mercúrio do termó[ô]metro». **2** Elevação ou inclinação de terreno no sentido ascendente/Aclive. **Ex.** Como já tem bastante idade, evita os caminhos com muitas ~s. **Comb.** *~ íngreme* [com muita inclinação/a pique]. **Ant.** Descida. ⇒ ladeira; encosta. **3** Traje(c)tória de algo «balão» que se eleva. **Ex.** A ~ do avião foi rápida. **4** A(c)to ou processo de aumentar «preços». **Ex.** Com a crise continua a ~ dos preços e da inflação. **Ant.** Queda/Descida.

subido, a *adj* (<subir) **1** Alto/Elevado **Ex.** É bondoso e em ~ [alto(+)] grau [É muito (, muito) bondoso]. **2** Grande. **Ex.** Tenho a ~a [grande] honra de receber o Sr. Presidente (da República) na nossa terra.

subinspetor, ora (Pè) *s* [= subinspector] (<sub- + inspetor) Funcionário imediatamente inferior a inspetor e que o pode substituir em determinadas funções. **Ex.** O ~ da polícia dirigiu a rusga para que um grupo policial fez às casas, à procura de armas roubadas.

subir *v t/int* (<lat *súbeo, íre* <*sub + éo, íre*: ir) **1** Passar de um ponto mais baixo para outro mais alto. **Ex.** Subiu as escadas muito rapidamente/depressa(+). Por causa das cheias, muitas pessoas tiveram que ~ para os telhados. **Loc.** *~ ao palco* «para falar/cantar». *~ ao poder* [Alcançar cargo de governação ou de dire(c)ção]. *~ ao trono* [Ser coroado (como) rei]. *~ ao último andar do prédio*. *~ de posto* [Progredir na carreira]. *~ na consideração de* [Passar a ser mais admirado]. **Idi.** *~ a mostarda ao nariz* [Irritar-se]. *~em as lágrimas aos olhos* [Chorar]. **Ant.** Descer. **2** Elevar-se no ar. **Ex.** O balão subiu no [ao] ar, até desaparecer. **3** Aumentar/Crescer. **Ex.** A dívida externa portuguesa continua a ~. **4** Atingir preço mais elevado/Encarecer. **Ex.** A gasolina continua a ~. **5** Passar para uma situação (social ou profissional) superior. **Ex.** Conseguiu ~ de posto em pouco tempo. **6** Deslocar para cima/Levantar. **Ex.** O guindaste subiu a carga para o navio. Apesar de não haver máquinas, antigamente conseguiam ~ enormes pedras para construir casas altas. **7** Percorrer contra a corrente. **Ex.** As trutas sobem o rio na dire(c)ção da nascente. **8** Passar a ocupar um lugar mais alto. **Ex.** O atleta, ao longo da prova, conseguiu ~ do terceiro para o primeiro lugar. **9** Passar do tom grave ao agudo. **Ex.** O cantor subiu meio tom na execução da peça. **10** Aumentar em volume ou crescer em altura. **Ex.** Como ouve mal, sobe sempre muito o som da TV. **11** Começar a despontar. **Ex.** O sol subia já no horizonte quando ele partiu. **12** Seguir as diversas etapas até chegar a uma entidade superior. **Ex.** O requerimento subiu ao Conselho de Estado. **13** Afluir a um ponto mais elevado. **Ex.** O sangue subiu-lhe à cabeça.

subitamente *adv* (<súbito + -mente) **1** De modo súbito/inesperado. **Ex.** ~, veio [caiu] uma trovoada tal que fez fugir toda a gente da praça onde decorria a festa. **2** De repente/Repentinamente. **Ex.** ~, levantou-se da mesa e foi-se embora.

subitâneo, a *adj* (<lat *subitáneus, a, um*) ⇒ súbito 1.

súbito, a *adj/adv/sm* (<lat *súbitus, a, um*: repentino) **1** Que ocorre sem ser previsto/Imprevisto/Inesperado. **Ex.** A ~a subida das águas do rio deixou várias casas isoladas. **Loc.** Às *~as*/*De ~* [De repente/Subitamente] (Ex. De ~ aconteceu um acidente na estrada que parou o trânsito mais de duas horas). **Comb.** *Acesso ~ de tosse*. *Morte ~a*/*repentina*. **Ant.** Esperado/Previsível. **2** Feito com rapidez/Rápido/Repentino. **Ex.** Com a comunicação ~a à polícia, conseguiu recuperar o carro que lhe rouba-

ram. **3** *adv* De repente. **Ex.** ~, aconteceu algo que chamou a atenção da multidão! **4** *s m* Impulso/Ímpeto/Repente. **Ex.** Ergueu-se, num ~, e atacou o inimigo.

subjacente *adj 2g* (<lat *subjácens, éntis*: que está por baixo) **1** Que está colocado por baixo. **Ex.** A camada de terra ~ apresentava-se [era] muito (h)úmida. **2** *fig* Que não se manifesta claramente/Implícito/Subentendido. **Ex.** Os propósitos ~s ao proje(c)to por ele apresentado eram reprováveis ou mesmo criminosos.

subjazer *v* (<sub- + jazer) **1** Estar (colocado) por baixo. **Ex.** Debaixo da terra subjazem [O subsolo «de Angola» tem] muitos minerais. **2** *fig* Estar implícito. **Ex.** Em todo o seu comportamento subjaz uma vontade férrea [muito forte].

subjectivamente/subjectividade/subjectivismo/subjectivista/subjectivo ⇒ subjetivamente/...

subjetivamente (Jè) *adv* [= subjectivamente] (<subjetivo + -mente) De modo subjetivo/Sem ter na devida conta outras opiniões. **Ex.** Todos ficaram com a sensação de que o juiz julgou muito ~. **Ant.** Obje(c)tivamente. ⇒ com parcialidade.

subjetividade (Jè) *s f* [= subjectividade] (<subjetivo + -i- + -dade) **1** Cará(c)ter do que é subjetivo. **Ex.** Foi pena que a ~ das suas opiniões tenha prevalecido sobre todas as outras, algumas delas talvez melhores. **Ant.** Obje(c)tividade. **2** Campo ou domínio do subje(c)tivo «emoções/paixões».

subjetivismo (Jè) *s m* [= subjectivismo] (<subjetivo + -ismo) **1** Tendência para afirmar a prioridade do subjetivo sobre o obje(c)tivo. **Ex.** Ele revela [parece ter] um ~ tal [tão notório/grande] que eu o classificaria de solipsismo ou autismo. **2** *Fil* Doutrina, ou melhor, atitude filosófica que faz depender o valor do conhecimento das condições ou cará(c)ter do indivíduo/sujeito.

subjetivista (Jè) *adj/s 2g* [= subjectivista] **1** Relativo a subjetivismo. **Ex.** A sua ideia [opinião] parece-me muito ~/subjetiva. **2** Partidário do subjetivismo.

subjetivo, a (Jè) *adj* [= subjectivo] (<lat *subjectívus*) **1** Relativo [Que pertence] ao sujeito enquanto ser consciente/Que é do domínio da consciência ou do psiquismo. **2** Relativo a sentimentos e opiniões pessoais/Individual/Pessoal. **Ex.** Gostos não se discutem porque são ~s. O ponto de vista da Maria sobre os problemas sociais é muito ~. **Ant.** Obje(c)tivo. **3** Que não tem existência real fora do sujeito/Aparente/Ilusório. **Ex.** A doença dele é apenas ~a, ele não tem mal nenhum. **4** Que não tem obje(c)tividade ou imparcialidade/Parcial. **Ex.** A apreciação [do professor] sobre a prova foi muito ~a, talvez por ele gostar muito do aluno.

subjugação *s f* (<subjugar + -ção) A(c)to ou efeito de subjugar/dominar «os revoltosos»/Domínio pela força. **Ex.** A História está cheia de casos de ~ de pequenos povos por países mais fortes.

subjugar *v t* (<lat *subjúgo, áre, átum* <*sub* + *jugum*: jugo) **1** Submeter pela força/Dominar/Sujeitar. **Ex.** Durante a II Guerra Mundial, a Alemanha tentou ~ a Europa. **Ant.** Libertar. **2** ⇒ Controlar/Dominar «alguém/os nervos/as emoções/os instintos»/Conter/Refrear/Reprimir. **3** Domesticar «uma fera». **4** ⇒ jungir «os bois».

subjuntivo, a *s m/adj* (<lat *subjuntívus, a, um*; ⇒ juntar) **1** ⇒ dependente/subordinado. **2** *Gram* (Diz-se de) um dos cinco modos da conjugação dos verbos, que exprime a a(c)ção, o estado ou o processo como uma possibilidade, uma expe(c)tativa ou uma dúvida. **Comb.** (Modo) ~. **Sin.** Conjuntivo(+).

sublevação *s f* (<lat *sublevátio, ónis*: a(c)ção de levantar, consolação) **1** A(c)to ou efeito de sublevar(-se). **2** Revolta contra o poder instituído/Insurreição(+)/Levantamento/Motim. **Ex.** A ~ das tropas foi o início da revolução. **3** ⇒ revolta/indignação.

sublevar *v t* (<lat *sublévo, áre, atum*: erguer, ajudar) **1** Mover de baixo para cima/Elevar/Erguer/Levantar. **Ant.** Baixar. **2** *fig* ~(-se)/Revoltar(-se)/Amotinar(-se)/Protestar. **Ex.** A população sublevou-se [revoltou-se/protestou(+) contra a subida constante dos preços. **3** *fig* Incitar à revolta. **Ex.** Alguns presos conseguiram ~ toda a prisão [todos os outros/a todos] contra as más condições em que estavam.

sublimação *s f* (<lat *sublimátio, ónis*) **1** A(c)to ou efeito de sublimar. **2** ⇒ enaltecimento/exaltação. **3** *Psic* Orientação dos instintos, nomeadamente sexuais (socialmente reprováveis ou não) para fins aceites e valorizados pela sociedade. **4** *s f Quím* Passagem dire(c)ta do estado sólido ao gasoso. **Comb.** ~ da cânfora. ~ da naftalina. ⇒ liquefação; solidificação.

sublimado, a *s m/adj* (<lat *sublimátus*) **1** Elevado/Exaltado/Enaltecido «pelos seus méritos». **2** *Psic* «instinto sexual» Que foi orientado para fins superiores e socialmente valorizados. **3** *s m Quím* Substância obtida por sublimação. **Comb.** ~ corrosivo [Nome vulgar do cloreto de mercúrio (Hg Cl2), *us* em medicina, etc.].

sublimar *v t* (<lat *sublímo, áre, átum*: elevar, glorificar) **1** Tornar sublime/Enaltecer/Engrandecer/Exaltar. **Ex.** N'*Os Lusíadas*, Camões, o grande poeta português, sublima [canta(+)] os grandes feitos dos portugueses. **2** Substituir o que é negativo pelo que é positivo. **Ex.** Sublimou os desgostos dos acidentes da vida dedicando-se a ajudar os outros. **3** *Psic* Orientar os impulsos e tendências primárias para fins superiores/mais alto. **Ex.** Muitos (d)esportistas sublimam as suas tendências agressivas dedicando-se ao desporto/esporte. **4** *Quím* Passar dire(c)tamente do estado sólido ao gasoso. **Ex.** A cânfora e a naftalina sublimam-se.

sublime *s m/adj 2g* (<lat *sublímis, e*: que se eleva no ar, ~) **1** De inexcedível perfeição. **Ex.** A ópera a que assistimos é [foi] ~. **2** Grandioso/Maravilhoso/Extraordinário. **Ex.** A igreja da Sagrada Família (em Barcelona) é ~. **3** Diz-se do estilo ou obra fora do vulgar. **Ex.** O poema *Os Lusíadas* do maior poeta português, Luís de Camões, é uma obra ~. **4** Esplêndido/Magnífico. **Ex.** A manhã rompeu ~/radiante(+). **5** O mais alto grau de perfeição. **Ex.** A Madre Teresa de Calcutá atingiu o ~ da caridade.

sublimidade *s f* (<lat *sublímitas, átis*: elevação, ~) Qualidade do que é sublime. **Comb.** A ~ da música de Bach. **A ~ da poesia** camoniana [de Camões].

subliminar *adj 2g* (<sub- + limi(n)ar + -ar²) **1** *Psic* Diz-se de processo ou estímulo que não atinge o limiar da consciência, mas pode chegar ao subconsciente. **Ex.** A propaganda vende produtos de uma forma ~. **2** Subentendido/Implícito. **Ex.** De forma ~, o discurso do Presidente continha [enviava] vários recados ao Governo.

sublinear *adj 2g* (<sub- + linear) Escrito [Que se escreve] por baixo das linhas ou entre elas. ⇒ interlinear; sublinhado.

sublingual *adj* (<sub- + língua + -al) **1** *Anat* Situado por baixo da língua. **Comb.** Glândula ~ [salivar, de pequena dimensão, situada por baixo da língua na parte anterior]. ⇒ salivar¹. **2** Que deve ser dissolvido ou dado debaixo da língua. **Ex.** Os médicos receitam comprimidos ~ais, nomeadamente a pessoas com problemas cardíacos. **Comb.** *Comprimido* ~. *Vacina* ~.

sublinhado, a *s m/adj* (<sublinhar) **1** Que se sublinhou/se marcou. **2** Que tem um traço ou linha por baixo. **Ex.** O texto ~ é para decorar – disse o professor. **3** *s m* Linha ou traço que se faz por baixo de uma palavra, de uma frase ou de outros elementos/Destaque. **Ex.** Os professores destacam [marcam] os erros com um ~ a vermelho.

sublinhar *v t* (<sub- + linha + -ar¹) **1** Traçar uma linha por baixo de «palavra, frase», para destacar. **Ex.** Quando leio um livro, gosto de ~ as partes mais importantes. **2** Acentuar/Dizer com entoação [com diferente tom de voz], com gestos ou de outra forma. **Ex.** O orador, no seu discurso, sublinhou a parte referente à economia. **3** *fig* Fazer sobressair/Destacar/Realçar/Salientar. **Ex.** O corte de cabelo sublinhava-lhe a beleza do rosto.

sublocação *s f* (<sublocar + -ção) A(c)to ou efeito de sublocar/subalugar a outrem o que já está tomado por arrendamento / Subaluguer. **Ex.** A ~ de quartos a estudantes é uma forma de muita gente sobreviver nas cidades.

sublocador, ora *adj/s* (<sublocar + -dor) (O) que subloca ou aluga a outrem o que já está tomado por arrendamento/Subarrendatário **1**.

sublocar *v t* (<sub- + locar) Dar de aluguer a outrem o que se tem alugado/Subalugar/Subarrendar. **Ex.** Ela costuma ~ quartos, principalmente a estudantes.

sublocatário, a *s* (<sub- + locatário) (O) que toma ou recebe «prédio, parte de casa» por sublocação/Subarrendatário. **Ex.** O ~ não pagava a renda, baseando-se no fa(c)to de ser ilegal (o sublocar).

sublunar *adj* (<sub- + lunar) Diz-se do espaço entre a Terra e a Lua.

subluxação *s f* (<sub- + luxação) Deslocação incompleta de uma articulação/Entorse. **Ex.** Ele sofreu uma ~ do osso no braço direito.

submarino, a *s m/adj* (<sub- + ...) **1** Que está ou anda debaixo das águas do mar. **Ex.** A vegetação ~a é fundamental para a alimentação dos peixes. **Comb.** *Cabo* ~. *Pesca* ~*a*. *Túnel* ~ «entre a França e a Inglaterra». **2** *s m* Navio de guerra ou de investigação oceanográfica para navegar submerso nas águas do mar. **Comb.** ~ atómico/nuclear [movido a energia nuclear].

submaxilar *s m/adj 2g* (<sub- + maxilar) Que fica por baixo da maxila «inferior e superior». **Comb.** Glândulas ~res [salivares situadas debaixo do bordo interno das maxilas]. ⇒ sublingual.

submergir *v t/int* (<lat *submérgo, ere, mérsum*: submergir, engolir) **1** Cobrir de água/Inundar. **Ex.** A forte chuvada submergiu [inundou(+)] a parte baixa da cidade. **2** Mergulhar(+). **Ex.** Os mergulhadores submergiram várias vezes no rio à procura da pessoa desaparecida. **3** Fazer ficar debaixo de água/Afundar(+). **Ex.** A força da tempestade submergiu [meteu no [ao] fundo/afundou/engoliu] várias embarcações. **4** Envolver por completo/Inundar. **Ex.** O fumo dos incêndios submergiu [escondeu] a povoação. **5** Arrastar/Fazer perder. **Ex.** A lava do vulcão submergiu uma pequena povoação. **6** *fig* Absorver-se completa-

mente «numa a(c)tividade» ou embrenhar-se «no bosque». ⇒ imergir «roupa branca em água quente». **Ex.** A realização do filme submergiu-o num trabalho sem fim. **7** Dominar o espírito e o pensamento. **Ex.** Os problemas submergem [absorvem(+)] constantemente a sua atenção. **8** Esconder-se atrás de/Desaparecer. **Ex.** O sol submergiu [desapareceu(+)/escondeu-se(o +)] atrás das nuvens.
submergível ⇒ submersível.
submersão s f (<lat *submérsio, ónis*) **1** A(c)to ou efeito de submergir(-se)/Imersão. **2** Estado do que está submerso [coberto de água]. **Ex.** A ~ [O ir ao fundo/O afundamento] da embarcação foi devido a [foi causado por] uma forte tempestade. **3** ⇒ inundação. **4** ⇒ aluimento.
submersível adj 2g/s m (<submerso + ível) **1** Que (se) pode submergir. **2** Bot Diz-se de planta que se submerge após a florescência. **3** Diz-se do aparelho próprio para funcionar submerso. **4** ⇒ submarino 2(+).
submerso, a adj (<lat *submérsus, a, um*) **1** Que está debaixo de «água»/Imerso. **Ex.** As margens do rio ficaram ~as [inundadas(+)] com as cheias. **2** fig Desaparecido/Perdido. **Ex.** A carta estava ~a [perdida] no meio de tantos papéis. **3** fig Oculto/Envolto. **Ex.** A casa estava ~a [envolvida] na mais completa escuridão por causa do fumo dos incêndios. **4** fig Absorto/Muito ocupado. **Ex.** Ela vive ~a [absorta] nas tarefas diárias.
submeter v t (<lat *submítto, ere, míssum*) **1** Dominar/Sujeitar/Subjugar. **Loc.** ~ o [Ganhar ao/Dominar o] **adversário.** ~ o país vizinho. **Ant.** Libertar. **2** Obrigar a ficar sob o poder de alguém/Subordinar. **Ex.** O marido obriga [queria obrigar (+)] a mulher a ~-se aos seus caprichos. **3** Sujeitar(-se) a um processo/Expor(-se). **Loc.** ~-se a [Fazer] uma operação (cirúrgica). ~ o aluno a um castigo humilhante. ~ o culpado a um interrogatório. ~ um produto a análise química. **4** Levar à consideração ou apreciação de alguém/Sujeitar. **Ex.** O presidente submeteu a proposta à votação da assembleia. **5** ~-se/Render-se/Entregar-se/Obedecer. **Loc.** ~-se [Obedecer(+)] aos pais. ~-se à [Render-se à(+)/Reconhecer a(+)] verdade.
subministrar v t (<lat *subminístro, áre, átum*) Prover (de/com)/Fornecer/Ministrar/Dar «uma informação». **Ex.** Subministraram[Deram]-lhe (os) meios de subsistência (para poder viver). **Ant.** Retirar.
submissamente adv (<submisso + -mente) Sem qualquer protesto/Humildemente(+)/Obedientemente(+). **Ex.** Aceitou ~ [, submisso,(+)] o que lhe foi imposto. **Ant.** Teimosamente; sem aceitação; com repúdio/revolta.
submissão s f (<lat *submíssio, ónis*: abaixamento «da voz», inferioridade, simplicidade) **1** A(c)to ou efeito de submeter(-se)/Docilidade. **Ant.** Arrogância/Desobediência/Resistência/Revolta. **2** Obediência/Sujeição. **Ex.** A ~ [obediência(+)] à [O cumprimento da] lei é um dever de todo o cidadão. **3** Aceitação voluntária de um estado de dependência. **Comb.** ~ à vontade divina [de Deus]. **4** Obediência servil/Subserviência/Humilhação. **Ex.** Toda a gente comenta a excessiva ~ do colega de trabalho em relação aos superiores.
submisso, a adj (<lat *submíssus, a, um*: abaixado, curvado, humilde) **1** Obediente. **Ant.** Desobediente/Insubmisso. **2** Que não reclama nem protesta. **Ex.** É um trabalhador ~, cumpridor, fiel. **3** Dócil(+). **Ex.** É uma criança ~a. **Ant.** Rebelde. **4** Respeitador/Respeitoso/Humilde/Resignado. **Comb.** Atitude ~a /respeitadora/humilde/dócil.
submúltiplo, a s m/adj Mat (<sub- + múltiplo) **1** Diz-se de uma quantidade que está contida noutra certo número de vezes. **2** s m Número inteiro que é divisor exa(c)to de outro inteiro. **Ex.** O número 5 é (um) ~ de 10, 15, 20, 25...
submundo s m (<sub- + mundo) Grupo social, geralmente sem ocupação, ligado a a(c)tividades ilícitas ou marginais «delinquência, crime, vício»/Marginalidade. **Comb.** O ~ das agências secretas «CIA». O ~ da droga. O ~ do banditismo. O ~ do contrabando. O ~ do narcotráfico.
subnormal s f/adj (<sub- + normal) **1** Próximo do normal, porém abaixo dele. **2** Geom Medida algébrica da proje(c)ção sobre o eixo dos x do ve(c)tor normal a uma curva cuja origem e extremidade são, respe(c)tivamente, a interse(c)ção da normal com a curva e com aquele eixo.
subnutrição s f (<sub- + nutrição) Estado de nutrição insuficiente (em qualidade e quantidade) que pode pôr em perigo a saúde/Subalimentação. **Ex.** Ainda morre muita gente, principalmente crianças, por ~. **Ant.** Superalimentação.
subordem s f Bot/Zool (<sub- + ordem) Grupo taxonómico inferior à ordem e superior à família.
subordinação s f (⇒ subordinar) **1** (Estado de) dependência em relação à autoridade de alguém/Submissão/Sujeição. **Comb.** A rigorosa ~ [disciplina(+)] militar **2** Dependência de uma coisa em relação a outra. **Comb.** A ~ dos interesses privados «lucro/riqueza» ao bem geral/público. ~ do material «dinheiro» ao espiritual «amor de Deus e das pessoas». **3** Ling Dependência (sintá(c)tica) de uma oração (subordinada) em relação a outra (subordinante/principal).
subordinado, a adj/s (<subordinar) **1** (O) que está sob a dependência de outrem/Subalterno. **Ex.** Todos os militares estão ~s ao [são ~s do] seu superior hierárquico. **2** Secundário/Dependente. **Ex.** O corpo deve ser ~ ao espírito/à razão. O interesse privado está ~ ao interesse [bem] público. **3** Gram Diz-se do constituinte sintá(c)tico «verbo» ligado a outro constituinte «sujeito» por subordinação. **Ex.** Na frase "Quando fores ao Japão, traz-me uma recordação", a primeira oração é ~a temporal. ⇒ subordinação 3.
subordinante adj/s 2g ⇒ subordinação 3.
subordinar v t/int (<sub- + lat *órdino, áre, átum*: ordenar) **1** Considerar ou tratar como menos importante. **Ex.** Subordina tudo (e todos) ao seu bem [interesse] pessoal. O bem individual deve ~-se ao bem cole(c)tivo. **2** ~-se/Sujeitar-se/Obedecer. **Ex.** Não se subordina a [Não quer ser escravo de] convenções sociais. **3** ⇒ cingir-se/limitar-se «ao tema proposto». **4** Gram ⇒ subordinação 3.
subordinativo, a adj (<subordinado + -ivo) **1** Relativo a subordinação. **2** Diz-se da conjunção ou locução conjuntiva que introduz uma frase, subordinando-a a outra. **Ex.** Na frase "Se amanhã chover, não saio de casa", se é uma conjunção ~a.
subornador, ora adj/s (<lat *subornátor, óris*) (O) que suborna outro.
subornar v t (<lat *subórno, áre, átum*: vestir, corromper) **1** Levar alguém a cometer ou a colaborar em a(c)tos ilícitos, através de ofertas de dinheiro, de bens ou de outras formas/Corromper. **Ex.** Dizem que alguns clubes de futebol tentam ~ os árbitros. **2** Atrair alguém com falsas promessas para a(c)tos ilícitos/Aliciar. **Ex.** A mulher tentou ~ o polícia para não lhe aplicar a multa [para não a multar].
subornável adj 2g (<subornar + -vel) Que é susce(p)tível de ser subornado. **Ex.** Antes de aliciar o funcionário, procurou saber se ele era ~. **Ant.** Incorruptível.
suborno (Bôr) s m (<subornar) **1** A(c)to ou efeito de subornar/Aliciamento. **2** A(c)ção de seduzir alguém a praticar a(c)tos ilícitos por meio de dinheiro ou de outros bens/Corrupção. **Ex.** Os crimes de ~, em que as pessoas recebem quantias elevadas, são frequentes na sociedade a(c)tual.
subpolar adj 2g Geog (<sub- + polar) Que se situa logo abaixo do(s) polo(s) ou do(s) círculo(s) polar(es). **Ex.** As regiões ~es são frias. **Comb.** Zona ~.
subpor v t (<sub- + pôr) **1** ⇒ sotopor. **2** ⇒ pospor.
subpovoado, a adj (<sub- + ...) Que tem poucos habitantes/Pouco povoado.
subpovoamento s m (<sub- + ...) População reduzida numa vasta zona com capacidade para receber população em maior número. **Ex.** O ~ das regiões rurais (de Portugal) está ligado à emigração para os centros urbanos [as cidades] e para o estrangeiro.
subprefeito s m (<sub- + prefeito) Funcionário com categoria imediatamente inferior à de prefeito, podendo ser seu substituto.
subprefeitura s f (<sub- + prefeitura) **1** Cargo ou mandato de subprefeito. **2** Local ou repartição onde essas funções são exercidas.
subprodução s f (<sub- + produção) Produção insuficiente. **Ant.** Superprodução.
subproduto s m (<sub- + produto) **1** Produto que se obtém durante a fabricação de uma outra substância ou extraído como resíduo. **Ex.** A gasolina é um dos ~s do petróleo. **2** Produto de má [inferior] qualidade. **3** fig O que resulta secundariamente de outra coisa/Resultado/Consequência. **Ex.** O aumento da criminalidade é um ~ da crise e do agravamento das condições econó[ô]micas.
sub-região s f Geog (<sub- + região) Subdivisão de uma região, devido a uma cara(c)terística particular.
sub-repção s f (<lat *subréptio, ónis*; ⇒ surripiar) **1** A(c)to de conseguir um benefício «emprego/subsídio» por meios ilícitos «mentira, suborno, ameaças». **2** ⇒ furto/roubo; desfalque.
sub-repticiamente adv (<sub-reptício + -mente) **1** Por meios sub-reptícios, para que ninguém veja ou perceba/Dissimuladamente. **Ex.** O aluno passou ~ o seu [as respostas do] teste ao colega. **Ant.** Abertamente. **2** Fraudulentamente. **3** De forma indire(c)ta.
sub-reptício, a adj (<lat *subreptícius, a, um*: subtraído, furtado) **1** Que é feito de modo oculto/Clandestino/Furtivo. **Ex.** O ladrão conseguiu tirar-lhe a carteira de forma ~a. **Ant.** Público. **2** Obtido por meios ilícitos/Desonesto(+)/Fraudulento(+). **Ex.** Usou meios ~s para enganar as pessoas. **Ant.** Honesto.
sub-rogação s f (<lat *subrogátio, ónis*) **1** A(c)to ou efeito de sub-rogar. **2** Dir Substituição judicial de uma pessoa ou coisa por outra. **3** Dir Transferência dos direitos do credor para um terceiro que solveu a obrigação.
sub-rogado, a adj (<sub- + rogado) **1** Dir Investido nos direitos de outro. **2** Transmitido por herança ou sucessão.
sub-rogar v t (<lat *súbrogo, áre, átum*) **1** Colocar alguém no lugar de outra pes-

soa para agir em seu nome/Substituir(+)/ Trocar. **2** Assumir o lugar de outrem. **Ex.** Ele sub-rogou [substituiu(+)] o funcionário que estava doente. **3** Transferir os direitos ou encargos de alguém para outrem. **Ex.** O secretário sub-rogou as suas funções no subsecretário.

subsariano, a *adj* (<sub- + sariano) **1** Relativo ao sul do Sara, em África. **2** Que se situa em região limítrofe do sul do deserto do Sara.

subscrever *v t/int* (<lat *subscríbo, ere, críptum*: escrever por baixo) **1** Pôr assinatura ou identificar-se como autor de um texto/ Assinar(+). **Ex.** Ele subscreveu a carta que enviou ao chefe. **2** Assinar por baixo de um documento, manifestando o seu apoio ou concordância. **Ex.** O Dire(c)tor subscreveu o pedido (formulado/feito). **3** Manifestar apoio/Aprovar. **Ex.** O presidente subscreveu o ponto de vista dos membros da dire(c)ção. **4** Fazer ou tomar parte numa subscrição, comprometendo-se a contribuir com determinada quantia. **Ex.** Ele subscreveu a construção de um lar para idosos. **5** Adquirir obra em publicação, mediante preço estabelecido, através de acordo com editora. **Ex.** Ele subscreveu a [fez uma assinatura da (+)] nova revista de negócios (⇒ subscrição 3). **6** Adquirir por subscrição parte de algo «quota, a(c)ções». **Ex.** No lançamento, ele subscreveu [comprou(+)] várias a(c)ções. **7** ~-se/Ter o nome/Apelidar/Assinar. **Ex.** "Atenciosamente subscrevo-me", escreve-se antes de assinar [do nome], no fim de cartas em que se faz um pedido.

subscrição *s f* (<lat *subscríptio, ónis*) **1** A(c)to ou efeito de subscrever. **2** Assinatura em documento para aprovação do mesmo. **3** Assinatura de uma publicação periódica. **Ex.** Ela fez a ~ de uma revista «Visão/Brotéria» durante um ano. **4** Compromisso em contribuir financeiramente para uma obra de beneficência ou negócio. **Ex.** O empresário participou na ~ com um contributo financeiro bastante elevado. **5** Lista de assinaturas para angariar recursos para um determinado fim. **Loc.** Abrir/Fazer uma ~. **5** *Dir* Contribuição em dinheiro ou bens para formação ou aumento do capital de uma sociedade a(c)cionista. **6** Soma oferecida por um ou mais subscritores. **Ex.** A ~ que ele fez são é [de] dez mil euros.

subscrito, a *adj* (<lat *subscríptus, a, um*: assinado) **1** Que foi assinado. **Ex.** O acordo foi ~ por todos. **2** Que se obteve por meio de subscrição. **Comb.** Capital ~/recolhido.

subscritor, ora *adj/s* (<lat *subscríptor, óris*: o que assina só ou com outro(s)) **1** (O) que subscreve. **2** (O) que assina um texto ou documento para mostrar o seu acordo com o que aí está. **Ex.** Foram muitos os ~res da petição. **3** (O) que paga antecipadamente a assinatura de uma determinada publicação ou de um conjunto de espe(c)táculos, para poder receber a publicação ou assistir aos espe(c)táculos/Assinante. **Ex.** Ele é ~ de todas as óperas apresentadas esta temporada. **4** (O) que se compromete (por escrito) a dar algum dinheiro para um determinado fim. **Ex.** A contribuição dos ~es para a construção da sala de espe(c)táculos atingiu a soma de vinte mil euros.

subsecção [Br subse(c)ção (*dg*)] *s f* (<sub- + se(c)ção) **1** Subdivisão de uma secção. **2** Grupo taxonómico inferior à secção.

subsecretariado *s m* (<sub- + secretariado) **1** Cargo ou função de subsecretário. **2** Departamento onde o subsecretário exerce as funções. **3** Subdivisão de um secretariado.

subsecretariar *v t* (<sub- + secretariar) Desempenhar funções de subsecretário junto de alguém.

subsecretário, a *s* (<sub- + secretário) Alto funcionário do Estado com categoria imediatamente inferior à de secretário «num ministério», podendo exercer funções delegadas pelo secretário. **Comb.** ~ de Estado [Membro do governo, adjunto do Secretário de Estado].

subsequência *s f* (<sub- + sequência) Aquilo que vem imediatamente a seguir/ Continuação/Seguimento/Sequência. **Ex.** O ministro veio à televisão depois [na (sub)sequência] dos distúrbios de ontem.

subsequente *adj 2g* (<lat *subséquens, éntis*) Que vem imediatamente depois, a seguir a outro (no tempo ou no espaço)/ Imediato/Seguinte(+). **Ex.** Os minutos ~s ao terramoto foram de verdadeiro pânico. **Ant.** Anterior.

subserviência *s f* (<subservir + -ência) **1** Cara(c)terística ou condição de subserviente. **2** Submissão servil à vontade de alguém/Servilismo. **Ex.** Ele cumpre com ~ tudo o que o chefe manda. **3** ⇒ Bajulação.

subserviente *adj 2g* (<lat *subsérviens, éntis*) **1** Que se sujeita servilmente às ordens ou à vontade de outrem/Servil. **Ex.** O empregado, ~, segue o patrão para todo o lado. **Ant.** Insubordinado/Orgulhoso. ⇒ cumpridor. **2** Condescendente de forma excessiva. **3** Que lisonjeia com fins interesseiros/Bajulador. **Ex.** As palavras ~s perante o dire(c)tor é [são] para conseguir subir mais facilmente de categoria.

subsidência *s f* (<lat *subsidéntia*: sedimento) **1** *Meteor* Movimento de uma massa de ar que baixa na atmosfera. **2** Sedimento(+) que as águas deixam quando transbordam. **3** Afundamento da superfície da terra. **4** Separação «depósito/fundo de borra na garrafa de um bom vinho» de um sólido num líquido em repouso.

subsidiado, a *adj* (<subsidiar) **1** (O) que recebe um apoio financeiro ou subsídio. **2** Que se realizou por meio de subsídio. **Ex.** Os proje(c)tos ~s estão em pleno funcionamento.

subsidiar *v t* (<subsídio + -ar¹) **1** Dar um subsídio ou pagar a totalidade dos custos/Financiar. **Ex.** O governo subsidiou [concedeu um subsídio especial a] os casais com mais de dois filhos. O governo subsidia os atletas de alta competição. **2** Contribuir com subsídio para/Auxiliar/ Ajudar. **Ex.** Muitas empresas subsidiaram a campanha de angariação de fundos para os desalojados do sismo.

subsidiariedade *s f* (<subsidiário + -dade) **1** Qualidade do que complementa algo. **2** Cara(c)terística do que reforça uma obra. **3** Cara(c)terística do que participa numa iniciativa. **Comb.** O princípio da ~ [que delega nos subalternos parte da autoridade].

subsidiário, a *adj* (<lat *subsidiárius, a, um*: «exército» que é de reforço ou reserva) **1** Relativo a subsídio «de verba». **2** Que subsidia ou ajuda. **3** Que reforça ou aumenta/Complementar. **Ex.** Ele trouxe elementos ~s para a investigação «tese». **4** De importância menor/Secundário(+). **Ex.** O orador deixou os pontos ~s para o fim. **5** «empresa» Que é controlado por outro «empresa» que detém a maioria das a(c)ções. **6** Que depende de outro hierarquicamente superior.

subsídio *s m* (<lat *subsídium, ii*: reserva, reforço) **1** Recurso financeiro para ajudar pessoas, empresas ou instituições em dificuldade. **Ex.** O governo criou um ~ para as famílias mais carenciadas [pobres/necessitadas]. **Comb.** ~ de desemprego [Pagamento concedido pelo Estado aos trabalhadores desempregados]. **2** Recurso financeiro do Estado para obras de interesse público/Subvenção. **Ex.** O governo concede ~s a várias a(c)tividades artísticas «cinema, teatro, …» e de beneficência. **Comb.** ~ a fundo perdido [que não é devolvido ao Estado] (Ex. O governo concedeu ~s a fundo perdido aos agricultores que perderam as suas culturas nas cheias). **3** Recursos financeiros, concedidos pelo governo, para manter os preços dos produtos acessíveis. **Ex.** O governo atribuiu ~s a alguns produtos agrícolas, para que o preço ao consumidor não aumente. **4** *pl* Dados ou informações que contribuem para o aprofundamento do conhecimento/Achega/Contribuição. **Ex.** O historiador publicou a obra "S~s para a história das ordens religiosas em Portugal".

subsistema *s m* (<sub- + sistema) **1** Sistema subordinado a outro/Subconjunto. **2** Divisão de sistema nas classificações geográficas e geológicas.

subsistência *s f* (<subsistir + -ência) **1** Estado ou cara(c)terística do que é subsistente. **2** Estado das pessoas ou coisas que se mantêm/Permanência. **Ex.** Perante a ~ [continuação(+)] das dores no abdó[ô]men, resolveu ir ao médico. **3** Conjunto de meios essenciais à manutenção ou sustento da vida. **Ex.** O pobre está na miséria, sem qualquer meio de ~. **Comb.** *Agricultura de* ~ [que se destina ao sustento das pessoas que nela trabalham, sem fins comerciais] (Ex. Em Portugal, nas regiões do interior houve sempre uma agricultura de ~). *Meio(s) de* ~ [O que permite a uma pessoa continuar a viver] (Ex. Com a morte do marido ficou sem meios de ~).

subsistente *adj 2g* (<lat *subsístens, éntis*) **1** Que subsiste ou continua a viver/Sobrevivente. **Ex.** Apesar do grande incêndio na floresta, há espécies ~s. **2** Que permanece/Que continua a existir.

subsistir *v int* (<lat *subsísto, ere, stítum*: reter) **1** Conservar a sua força/Perdurar/ Persistir. **Ex.** As razões da queixa que apresentou no tribunal subsistem [mantêm-se(+)]. **2** Manter-se vivo/Sobreviver. **Ex.** O animal, demasiado fraco, sem um tratamento adequado, não subsiste [não resiste(+)]. **Ant.** Morrer. **3** Não ser abolido ou suprimido. **Ex.** Há algumas leis, desadaptadas aos tempos a(c)tuais, que ainda subsistem. **4** Existir em sua individualidade. **Ex.** Algumas línguas crioulas subsistem, apesar do domínio das línguas impostas em determinadas regiões. **5** Prover às próprias necessidades/Sustentar-se. **Ex.** Com a morte do marido, a mulher subsiste [vive(+)] com uma pequena pensão. **6** Resistir(+)/Sobreviver. **Ex.** Apesar do mau tempo, a embarcação subsistiu a todos os perigos.

subsolo *s m* (<sub- + solo) **1** *Geol* Camada mais profunda do solo, abaixo da camada visível e arável (que se pode cultivar). **Ex.** O ~ de Angola é rico em minerais. **2** Parte da construção de um prédio que fica abaixo do rés do chão/Cave. **Ex.** A arrecadação fica no ~. **3** *fig* O que não se vê, não é explícito.

subsónico, a [Br subsônico] *adj Fís* (<sub- + sónico) Inferior à velocidade do som. **Ex.** Os pequenos aviões [As avionetas] voam a uma velocidade ~a. **Ant.** Supersónico.

substabelecer v t (<sub- + estabelecer) **1** Passar para outrem responsabilidades, funções ou encargos recebidos/Sub-rogar. **2** Nomear alguém como substituto.

substabelecimento s m (<substabelecer + -i- + mento) A(c)to ou efeito de substabelecer.

substância s f (<lat *substántia*: substância, ser, essência) **1** O que está por baixo e constitui a base de algo/Essência. **2** Qualquer espécie de matéria. **Ex.** A ~ gasosa espalhou-se por todo o prédio. **3** A matéria constituinte de um corpo. **Ex.** O medicamento continha uma ~ tóxica. **Comb.** ~ **branca** [Parte do cérebro e da medula composta de células nervosas]. ~ **cinzenta** [Tecido celular do sistema nervoso, de cor acinzentada] (⇒ massa cinzenta). **4** *Fil* O que subsiste por si mesmo e constitui o suporte de qualidades susce(p)tíveis de mudança. **Ant.** Acidente(s). **5** O que é essencial para a vida. **Ex.** A seiva é a ~ das plantas. **6** Parte mais nutritiva dos alimentos. **Ex.** A [Esta] sopa tem pouca ~, está muito líquida. **7** *fig* O que há de essencial e mais importante nas ideias ou nos a(c)tos. **Ex.** O discurso do dire(c)tor foi muito longo, mas tinha pouca ~ [longo e com pouco conteúdo(+)]. **Comb.** Em ~ [Em resumo(+)]. **8** *fig* Cará(c)ter do que é sólido/firme. **Ex.** A ~ [O peso(+)] dos argumentos convenceu os ouvintes.

substancial adj 2g/s m (<lat *substantiális,e*) **1** Relativo a substância. **2** Que constitui a essência de uma coisa. **Ex.** O ~ do roubo foram as joias. **3** Que é considerado grande/avultado. **Ex.** O aumento ~ dos impostos torna a vida cada vez mais difícil. **Ant.** Insignificante/Pequeno. **4** Que tem muito conteúdo/Essencial/Fundamental. **Ex.** A parte ~ do texto é só na parte final [vem no fim]. **5** (O) que é nutritivo ou tem substância/Alimentício/Nutritivo(+). **Ex.** O doente tem comido alimentos ~ais. **6** (O) que é mais importante ou fundamental. **Ex.** Já li o ~ [a parte ~] do livro. **Ant.** Acessório/Secundário/Acidental.

substancialidade s f (<lat *substantiálitas, átis*) Natureza/Atributo/Condição do que é substancial.

substancializar v t (<substancial + -izar) **1** Considerar como substância o que é mero acidente ou pura representação. **2** Dar substância a/Concretizar(+)/Materializar. **Ex.** Ele pediu para ~ [explicar(+)] melhor a ideia, pois não estava a perceber muito bem.

substancialmente adv (<substancial + -mente) **1** Relativamente a substância ou essência. **Ex.** O professor deu uma aula ~ rica e entusiasmante. **2** De modo considerável, em grau ou valor elevado/Consideravelmente. **Ex.** A inflação subiu ~ nos últimos meses.

substanciar v t (<substância + -ar¹) **1** Fornecer alimento substancial a/Nutrir. **Ex.** É preciso ~ [alimentar(+)] mais o doente, pois está subnutrido. **2** Expor sumariamente um assunto (nos aspe(c)tos essenciais)/Resumir/Sintetizar. **Ex.** O conferencista substanciou o conteúdo para que o público se mantivesse atento. **3** Dar forma e conteúdo a determinada ideia. **Ex.** Substanciou a ideia de infinito numa linha sem fim. **4** *fig* Tornar mais eficaz/Fortalecer/Reforçar(+)/Robustecer. **Ex.** Os fortes argumentos apresentados pela defesa substanciaram a sua posição.

substancioso, a (Óso, Ósa, Ósos) adj (<substância + -oso) **1** Que contém muita substância ou conteúdo. **Ex.** A comunicação que apresentou no congresso foi muito rica/~a. **2** Que tem grande valor nutritivo/Alimentício. **Ex.** Ao almoço serviram uma comida ~a/muito boa.

substantivação s f Gram (<substantivar + -ção) **1** Emprego de substantivos/A(c)to ou efeito de substantivar/Nominalização. **2** Usar como substantivo uma palavra de outra classe gramatical. **Ex.** Na frase "O fumar faz mal à saúde", "fumar" sofreu uma ~.

substantivado, a adj (<substantivar) Que se substantivou/Usado como substantivo. **Ex.** O particípio passado dos verbos é frequentemente ~ «feito/achado».

substantivar v t Gram (<substantivo + -ar¹) **1** Empregar uma unidade pertencente a outra classe gramatical como substantivo/Nominalizar. **Ex.** Na frase "O empregado começa a trabalhar cedo", a língua substantivou a palavra "empregado". **2** Tornar-se substantivo. **Ex.** Há um programa na televisão portuguesa chamado "Os prós e os contras", em cujo título se substantivam duas preposições: pro e contra.

substantivo, a s m/adj (<lat *substantívus, a, um*: substancial; ⇒ ~ 5) **1** Que designa um ser real. **2** Que põe em evidência a natureza e o valor de alguma coisa/Verdadeiro. **Ex.** O professor apresentou na aula matéria ~a [deu uma aula com (sólido) conteúdo]. **3** Que tem a função de um substantivo. **Ex.** Em "Ele disse que vinha amanhã", a segunda oração – que vinha amanhã – é ~a. **Comb.** Oração ~a. **4** *Dir* Diz-se do direito que constitui a parte essencial da legislação. **5** *Ling Gram* s m Palavra ou nome que designa entidades concretas «pessoas, animais, obje(c)tos, ...» ou entidades abstra(c)tas «a(c)ção, estado, qualidade, ...». **Comb.** ~ **abstra(c)to** [que designa a(c)ção, qualidade ou estado] (Ex. A beleza). ~ **animado** [que designa pessoas ou animais]. ~ **cole(c)tivo** [~ singular que indica pluralidade de indivíduos da mesma espécie] (Ex. O rebanho). ~ **composto** [que é formado por mais de um vocábulo] (Ex. O para-raios). ~ **comum** «ave». ~ **concreto** «Maria/Brasil/mesa».

substituição s f (<lat *substitútio, ónis*: a(c)ção de substituir) **1** A(c)to ou efeito de substituir(-se)/Permuta/Troca. **Ex.** Devido a um assalto, o vizinho fez a ~ das fechaduras da casa. **Loc.** Em ~ de [Em vez de]. **2** *Dir* Disposição testamentária em que se indica o herdeiro dire(c)to e o(s) que lhe sucede(m). **3** *Quím* Rea(c)ção química na qual se troca um elemento de uma molécula por outro, sem modificação. **4** *Mat* Método de resolução de sistema de equações. **5** Troca de um jogador por outro «no futebol, basquetebol,...». **Ex.** O treinador fez duas ~ões no início da segunda parte do jogo.

substituinte adj/s 2g (<substituir) (O) que substitui outro/Substituto(+).

substituir v t (<lat *substítuo, ere, útum*: pôr em lugar de) **1** Colocar alguém ou alguma coisa em lugar de ou em vez de/Trocar. **Ex.** Teve que [de] ~ os pneus do carro que já estavam muito gastos. **2** Exercer as funções ou o serviço de outrem/Representar. **Ex.** Sempre que o dire(c)tor se ausenta, ele substitui-o nas suas funções. **3** Tirar algo ou alguém para pôr outra coisa ou outra pessoa. **Ex.** Ele vai ~ a alcatifa da casa por soalho de madeira que não acumula (tanto) pó. **4** Tomar o lugar de. **Ex.** Cada vez mais a televisão substitui o convívio entre as pessoas. **5** Trocar um obje(c)to avariado por outro em bom estado. **Ex.** Tenho de ~ a lâmpada que fundiu. **6** Fazer as vezes de/Equivaler. **Ex.** O peixe substitui a carne na alimentação, com muita vantagem.

substituível adj 2g (<substituir + -vel) Que pode ser substituído (por outra coisa). **Ex.** A maior parte das peças do carro são ~eis.

substitutivo, a s m/adj (<lat *substitutívus, a, um*: condicional, subordinado) **1** Que substitui ou toma o lugar de. **2** (Diz-se de) medicamento que, alterando o modo de uma inflamação, a torna mais facilmente curável. **3** s m «parlamento» Novo proje(c)to de lei, com o fim de modificar outro sobre a mesma matéria, já apresentado anteriormente.

substituto, a adj/s (<lat *substitútus, a, um*: substituído) **1** (O) que substitui ou está em vez de outro. **Ex.** Como a professora de Filosofia está grávida, a escola teve que arranjar um ~. **2** (O) que exerce as funções de outrem na sua ausência. **Ex.** Como o Dire(c)tor vai estar bastante tempo fora do país, a empresa indicou um ~. **3** s m Qualquer substância ou produto que substitui outro. **Ex.** O produto esgotou no mercado, tive que arranjar [comprar] um ~.

substrato s m (<lat *substrátus, a, um <substérno, ere, strátum*: estender por baixo, no chão) **1** Estrato que está por baixo ou camada inferior. **2** *Geol* Camada de terra abaixo da que é visível. **Ex.** Fui comprar ~ de terra para (pôr n)o jardim. **3** O que serve de base a algo. **Ex.** O ~ da tese «de doutoramento» era muito fraco. **4** A essência, a natureza íntima do ser/Substância. **5** O que resta após uma transformação/Resíduo(+)/Resto. **6** *Ling* Língua que num determinado espaço foi substituída por outra (A língua invasora), mas deixa nesta várias influências. **Comb.** O ~ celta no francês. O ~ ibérico no espanhol e no português. **7** *Bioq* Molécula sobre a qual uma enzima a(c)tua.

substrutura s f (<sub- + estrutura) Estrutura situada abaixo de outra «construção». **Ant.** Super(e)strutura.

subsumir v t (<sub- + sumir) **1** Colocar alguma coisa em algo mais vasto de que faz parte ou a que pertence «género, espécie». **2** Ver num caso particular a aplicação de uma lei.

subtangente s f *Geom* (<sub- + tangente) Proje(c)ção, sobre o eixo das abcissas, da porção da tangente a uma curva compreendida entre esse eixo e o ponto de tangência.

subtendente (<subtender) **1** adj 2g Que subtende/Subtenso(+). **2** s f *Geom* Segmento de re(c)ta que vai de uma a outra extremidade de um arco.

subtender v (<lat *subténdo, ere, téntum/ténsum*: estender por baixo) **1** Estender algo por debaixo de. **2** *Geom* Unir as extremidades de um arco pela corda correspondente. ⇒ subtenso.

subtenente s 2g *Mil* (<sub- + tenente) «marinha» Graduação imediatamente inferior à de tenente.

subtenso, a s f/adj *Mat Geom* (<lat *subténsus*: que está por baixo) (Diz-se de) corda [linha] que une as extremidades de um arco. ⇒ subtender 2.

subterfúgio s m (<lat *subterfúgium, ii*) **1** Pretexto a que se recorre para evitar dificuldades. **Ex.** Quando não quer trabalhar, arranja o [a desculpa] de uma doença [, diz que está doente(+)]. **2** Ardil para se conseguir qualquer coisa/Estratagema. **Ex.** Deixem-se de ~s e respondam à (minha) pergunta.

subterrâneo, a s m/adj (<lat *subterráneus, a, um*: que está debaixo da terra) **1** (O) que está debaixo da terra. **Ex.** Os militares,

para se protegerem dos ataques, tinham construído abrigos ~s. **2** Abertura natural ou construída debaixo da terra. **Ex.** Na montanha existem vários ~s naturais onde os animais se recolhem/abrigam. **3** «passagem» Que se faz debaixo da terra. **Ex.** Na autoestrada fizeram algumas passagens ~as para a circulação de homens e animais, evitando, assim, que sejam mortos pelas viaturas. **4** Que existe ou se faz às escondidas/Clandestino/Secreto. **Ex.** Ele fez um jogo ~ [Ele agiu secretamente(+)] para conseguir os seus obje(c)tivos. **5** Que não é legal/Ilegal. **Ex.** Nos tempos de crise tende a aumentar a economia ~a/paralela(+).

subterrar *v t* (<sub- + terra + -ar¹) ⇒ soterrar.

subtérreo, a *adj* (<sub- + térreo) ⇒ subterrâneo.

subtil [*Br* su(b)til (*dg*)] *adj 2g* (<lat *subtílis,e*: fino, delgado) **1** Quase imperce(p)tível, devido ao volume e tamanho/Fino/Delgado/Té[ê]nue. **Ex.** O tecido é feito de ~is [fin(íssim)os(+)] fios de seda. **2** Pouco espesso e leve/Té[ê]nue(+). **Ex.** A ~ [pequena(+)] neblina espalhou-se ao longo do rio. **3** *fig* Que tem ou revela fina sensibilidade e agudeza sobre as coisas/Perspicaz. **Ex.** O seu espírito ~ cativa o público. **4** «trabalho» Feito com delicadeza. **Ex.** Ela fez um trabalho de renda muito ~ [apurad(inh)o]. **5** Que tem delicadeza/Doce/Suave. **Ex.** A voz da cantora tem nuances muito ~is.

subtileza [*Br* su(b)tileza (*dg*)] *s f* (<subtil + -eza) **1** Qualidade do que é subtil. **2** Extrema delicadeza. **Ex.** Repare só [bem] na ~ daquele trabalho de renda! **Comb.** ~ do fio de seda. **3** Agudeza de espírito. **Ex.** Ele tem grande ~ de raciocínio [espírito]. **4** Afirmação ou argumento de difícil entendimento. **Ex.** Ninguém entendia aquelas ~s de linguagem. **5** Maneira suave de ser/Delicadeza. **Ex.** A ~ do olhar cativava toda a gente. **6** Pormenor quase imperce(p)tível/Minúcia/Finura. **Ex.** A ~ da sua «Eça de Queirós» escrita fazia dele um escritor único. **7** O que se faz discretamente/Discri[e]ção. **Ex.** A ~ dos seus gestos torna a sua presença discreta. **8** ⇒ O que apenas se insinua/Mistério/Enigma.

subtilidade [*Br* su(b)tilidade (*dg*)] *s f* (<subtil + -i- + -dade) ⇒ subtileza.

subtilização [*Br* su(b)tilização (*dg*)] *s f* (<subtililizar + -ção) A(c)to ou efeito de subtilizar/de tornar fino/té[ê]nue.

subtilizar [*Br* su(b)tilizar (*dg*)] *v t* (<subtil + -izar) **1** Evaporar(-se). **2** Tornar-se mais fino ou mais leve. **3** Tornar-se imaterial. **4** Tornar-se mais apurado/Requintar-se/Refinar-se. **5** Raciocinar com finura ou argúcia.

subtilmente [*Br* su(b)tilmente (*dg*)] *adv* (<subtil + -mente) **1** De modo subtil. **2** Habilmente. **Ex.** Ela conseguia tornear os problemas muito ~.

subtipo *s m Biol/Bot* (<sub- + tipo) **1** (Em taxinomia) Grupo inferior ao tipo e superior à classe. **2** Cada um dos grupos menores em que se divide um tipo, devido a alguma cara(c)terística específica. **Ex.** Dentro do tipo de clima mediterrânico, há vários ~s.

subtítulo *s m* (<sub- + título) Título secundário. **Ex.** O livro apresenta um título e um ~.

subtónico, a [*Br* subtônico] *adj/s* (<sub- + tó[ô]nico) **1** Que recebe acento secundário. **2** *s f* Vogal ou sílaba onde recai o acento secundário numa palavra polissílaba. **Ex.** Na palavra "subtilmente" a sílaba "men" é a tónica e a "sub" é a ~a. **3** *Mús* Relativo a (nota) subtónica. **Comb.** Grau ~o. **4** *s f Mús* Sétimo grau da escala diatónica que dista um tom da tónica.

subtotal *adj2g/s m* (<sub- + total) **1** Que constitui parte do total. **2** Resultado parcial.

subtração (Trà) *s f* [= subtracção] (<lat *subtráctio, ónis*: a(c)ção de retirar) **1** A(c)ção de subtrair/(re)tirar. **2** *Arit* Operação que consiste em encontrar a diferença entre dois números/Diminuição. **Ex.** A ~ de dois em cinco é três (5-2=3). **Ant.** Adição/Soma. **3** A(c)to ou efeito de se apoderar do alheio/Apropriação/Desvio. **Ex.** Foi detido pela polícia por ~ [furto(+)] de obje(c)tos [artigos(+)] diversos numa loja.

subtracção/subtractivo/subtractor ⇒ subtração/subtrativo/subtrator.

subtraendo *s m Arit* (<lat *subtrahéndus, a, um*: que deve ser subtraído) Número de que se subtrai outro na operação de subtração/Diminuendo/Aditivo(+). **Ex.** Na operação em que de dez se subtrai cinco, dez é o ~ e cinco é o subtrativo).

subtrair *v t* (<lat *súbtraho, ere, tráctum*: tirar) **1** Tirar algo a alguém. **2** Apropriar-se de algo/Furtar(+)/Surripiar/Roubar(+). **Ex.** Subtraiu quantias valiosas de dinheiro na empresa. **3** Fazer desaparecer/Eliminar. **Ex.** É preciso ~ [apagar] do espírito as recordações penosas para manter a saúde mental. **4** Conseguir algo, tirando de outro lugar/Retirar. **Ex.** Subtraiu tempo [Cortou] ao sono para poder trabalhar mais. **Ant.** Acrescentar/Adicionar. **5** Esconder/Ocultar. **Ex.** Ele subtraiu alguns dados e na declaração de rendimentos. **6** Retirar às escondidas algo sob a guarda de outrem/Roubar(+)/Surripiar(+). **Ex.** Com jeito conseguiu ~ o dinheiro da carteira do colega. **7** *Arit* Efe(c)tuar uma subtra(c)ção/Diminuir. **Ex.** Enganou-se a ~, a conta estava errada. **8** Deduzir/Tirar. **Ex.** Tenho que ~ algumas horas ao sono para poder acabar o trabalho. **9** Privar alguém de um bem ou tirar de modo arbitrário. **Ex.** O governo prepara-se para ~ mais dinheiro aos trabalhadores. **10** Livrar(-se)/Escapar de «situação, pessoa». **Ex.** Com diversas artimanhas conseguiram ~-se ao fisco [fugir aos impostos].

subtrativo, a (Trà) *adj* [= subtractivo] (<lat *subtráctus*: subtraído + -ivo; ⇒ subtrair) **1** Relativo a subtra(c)ção. **2** Que deve ser subtraído. **Ex.** Ao efe(c)tuar as contas esqueceu-se de uma parcela ~a. **3** *Arit* Termo menor da subtra(c)ção/Diminuidor. **Ant.** Subtraendo/Aditivo(+). **4** *Cin* Diz-se do processo pelo qual se subtraem determinados elementos das cores das imagens de um filme.

subtribo *s f* (<sub- + ...) Grupo taxo[i]nó[ô]mico inferior à tribo.

subtropical *adj 2g* (<sub- + tropical) **1** Que se situa próximo dos trópicos. **Comb.** Região ~ «do centro da Austrália». **2** Diz-se das condições ou cara(c)terísticas que se aproximam das tropicais. **Comb.** Clima ~ [de temperatura média inferior a 20 graus e quase sem inverno] «da ilha da Madeira, Pt». ⇒ equatorial.

suburbano, a *adj/s* (<lat *suburbánus, a, um*) **1** Que fica nos arredores de uma cidade. **Ex.** As zonas ~as são os dormitórios das grandes cidades. **2** O que vive nos subúrbios da cidade. **Ex.** As pessoas ~as gastam por [às] vezes muito tempo para chegar ao trabalho no centro da cidade. **3** *fig Br* Pessoa que tem mau gosto. **Ex.** Chama-lhe ~, em tom desprezível.

subúrbio *s m* (<lat *suburbius, ii*) **1** Localidade ou zona à volta de uma cidade/Arredores. **Ant.** Centro. **2** *pl* Proximidades de uma cidade/Arredores/Redondezas. **Ex.** Ele vive nos ~s (da cidade) de Lisboa.

subutilização *s f* (<subutilizar + -ção) A(c)to ou efeito de subutilizar.

subutilizar *v t* (<sub- + utilizar) Utilizar pouco [menos do que seria possível].

subvenção *s f* (<lat *subvéntio, ónis*: ajuda) **1** A(c)to ou efeito de subvencionar. **2** Ajuda financeira concedida por uma entidade pública ou privada a uma pessoa, grupo ou associação/Subsídio(+). **Ex.** A empresa onde trabalha deu uma ~ [um donativo (+)] ao grupo associativo da freguesia.

subvencionado, a *adj* (<subvencionar) Que se subvencionou./Que recebeu apoio financeiro. **Ex.** Os grupos ~s têm que prestar contas do uso do subsídio.

subvencionar *v t* (<lat *subvénto, are <subvénio, ire, véntum*: aparecer, vir em auxílio, remediar) **1** Dar subvenção/um subsídio/Subsidiar(+). **Ex.** O Estado subvenciona as instituições que prestam assistência social. **2** Prestar auxílio/Ajudar. **Ex.** O Governo subvenciona as empresas em dificuldades, principalmente em tempos de crise.

subversão *s f* (<lat *subvérsio, ónis*: destruição) **1** A(c)to ou efeito de subverter. **2** Revolta contra a ordem e as autoridades constituídas/Insubordinação/Insurreição(+)/Perturbação. **Ex.** A ~ popular contra o aumento dos preços alastrou [espalhou-se] por toda a cidade. **3** Alteração completa «da ordem social»/Revolução. **Ex.** O Presidente eleito pretendeu fazer uma ~ [mudança radical] económica e social. **4** Perversão/Destruição. **Ex.** A ~ dos valores deixa as pessoas desorientadas.

subversivo, a *adj/s* (<lat *subvérsus, a, um*: destruído + -ivo) **1** (O) que subverte. **Ex.** Os movimentos ~s alastram [espalham-se] em tempos de crise. **2** (O) que pretende derrubar ou destruir a ordem estabelecida/Agitador/Revolucionário. **Ex.** A manifestação ~a pretendia derrubar o regime [deitar abaixo o Governo]. **3** (O) que age contra a ordem e apenas pretende o caos e a anarquia. **Ex.** Na manifestação legal surgiram alguns elementos ~s que apenas pretendiam lançar a confusão. **4** (O) que põe em causa o regime vigente, pretendendo derrubá-lo/Radical. **Ex.** A Revolução Francesa foi um movimento ~. **5** (O) que expressa e defende ideias diferentes da maioria, constituindo uma ameaça social. **Ex.** Os pensadores ~ foram mal vistos ao longo dos tempos, mas muitos contribuíram para desejadas mudanças na sociedade.

subversor, ora *adj/s* (<lat *subvérsor, óris*: o que abala) (O) que subverte a ordem estabelecida. ⇒ desordeiro.

subverter *v t* (<lat *subvérto, ere, sum*: virar/revolver de baixo para cima) **1** Voltar de baixo para cima/Destruir/Revirar por completo. **Ex.** O terramoto subverteu [arrasou] a cidade. **2** ~(-se)/Submergir(+)/Afundar(-se)(+). **Ex.** A forte tempestade subverteu a embarcação nas águas revoltas. **3** Fazer revoltar-se/Revolucionar/Sublevar. **Ex.** Eles pretendem ~ a população contra as (ordens das) autoridades. **4** Realizar transformações profundas ou alterar por completo/Inverter/Destruir. **Ex.** O arquite(c)to, furioso, subverteu o proje(c)to primitivo, deixando-o irreconhecível. **5** *fig* Adulterar/Corromper/Perverter. **Ex.** As novas ideias subverteram os bons costumes.

subzona *s f Geog* (<sub- + zona) (Sub)divisão de uma zona.

sucata *s f* (<ár *suqata*: obje(c)to sem valor) **1** Conjunto de obje(c)tos inúteis, peças ou desperdícios de vários materiais, que podem ser recuperados para posterior reutilização. **Ex.** Com o acidente o carro ficou desfeito e teve de ir para a ~. **2** Coisa inutilizada ou sem importância. **Ex.** Em casa, juntou-se muita ~, vai [tem de ir] tudo para o lixo. **3** Depósito de ferro velho. **Ex.** Os mecânicos vão com frequência à ~, à procura de peças baratas que ainda possam servir para arranjar os carros.

sucateiro, a adj/s (<sucata + -eiro) **1** (O) que negoceia em [compra e vende] sucata. **Ex.** Ele foi ao ~ ver se encontrava uma peça para o carro. **2** fam (O) que faz coisas desajeitadas/malfeitas.

sucção [Br **su(c)ção** (dg)] s f (<lat súctio, ónis: a(c)to de sugar) **1** A(c)ção ou efeito de sugar ou chupar com a boca. **Ex.** O bebé[ê] faz a ~ do leite materno com dificuldade. **2** Aspiração por meio de aparelho ou instrumento/Absorção. **Ex.** Fiz a ~ da água com o aspirador. **3** fig A(c)to ou efeito de obter dinheiro ou vantagens, fraudulentamente/Exploração/Extorsão(+).

sucedâneo, a s m/adj (<lat succedáneus,a, um: posto em lugar de) **1** Que sucede a outro ou vem depois. **Ex.** Afinal o livro que publicou é um ~ do anterior, trata do mesmo assunto. **2** (O) que pode substituir outro, por ter algumas propriedades comuns/Substituto. **Ex.** Como o medicamento estava esgotado, trouxe [comprei] um ~.

suceder v (<lat succédo, ere, éssum: vir depois, entrar) **1** Vir ou acontecer (posteriormente). **Ex.** Às vezes parece que os dias se sucedem monótonos [uns iguais aos outros]. **Prov.** *Depois da tempestade vem a bonança* (+)[À tempestade sucede a bonança]. **Loc.** Sucede que [Acontece que] (Ex. Sucede que [Ora,] eles chegaram tarde, e já não puderam entrar na sala do concerto). **Ant.** Anteceder/Preceder. **2** Ter lugar/Ocorrer(+)/Dar-se(+). **Ex.** Por falta de cuidado, sucedem [há/dão-se] muitos acidentes na estrada. **3** Substituir alguém num cargo/Ocupar. **Ex.** O subdire(c)tor sucedeu ao dire(c)tor, por este se ter reformado. **Loc.** «Príncipe herdeiro» ~ no [Subir ao] trono. **4** Surtir efeito/Ter bom resultado/Resultar. **Ex.** As coisas não sucederam como pretendiam: o negócio idi foi por água abaixo [não resultou].

sucedido, a s m/adj (<suceder) (O) que sucedeu ou aconteceu/Ocorrido/Acontecido. **Ex.** Ele teve um pequeno acidente, mas não sabe explicar o ~ [não sabe como (é que) ele aconteceu/se deu]. **Loc.** Ser bem [mal] ~ [Conseguir [Não conseguir] o que se pretendia. ⇒ seguido.

sucessão s f (<lat succéssio, ónis: a(c)to de suceder) **1** A(c)ção ou efeito de suceder/Sucesso 1(+). **2** Sequência ou continuação de acontecimentos ou de coisas que se sucedem no espaço ou no tempo, segundo uma determinada ordem. **Ex.** Quando o primeiro carro bateu, houve uma ~ de embates por causa do nevoeiro. **3** Substituição no desempenho de uma função ou cargo. **Ex.** A ~ na dire(c)ção do Banco foi complicada. **4** Conjunto dos descendentes de uma pessoa/Descendência/Geração/Prole. **Ex.** O rei morreu sem deixar ~. **5** Dir Transmissão de direitos, encargos ou bens (de pessoa falecida) aos seus sucessores. **Ex.** Perdeu os direitos de ~ por haver um testamento que não o contemplava [um testamento onde não vinha o nome dele]. **Comb.** ~ *hereditária* [Transmissão de bens e direitos de pessoa falecida aos seus herdeiros]. ~ *legítima* [que procede de disposição legal]. ~ *testamentária* [por meio de testamento]. **6** Mat Sequência de números ou funções de uma variável em determinada ordem. **Ex.** O professor explicou (no quadro) uma ~ matemática.

sucessibilidade s f (<lat successíbilis, e + -dade) **1** Qualidade do que é sucessível. **2** Ordem em que se faz a sucessão. **3** Direito de suceder em «herança, cargo».

sucessivamente adv (<sucessivo + -mente) **1** Sem interrupção/Seguidamente. **Ex.** Choveu três dias ~ [sucessivos(+)/seguidos(o+)]. **2** Pela ordem segundo a qual uma coisa é enunciada/Gradualmente/Respe(c)tivamente. **Ex.** Saíram ~ da sala, o dire(c)tor, os professores e os empregados. **Loc.** E assim ~ [E assim por diante/E por aí fora] (Ex. O primeiro passa a bola ao segundo, o segundo passa-a ao terceiro, e assim ~ até ao último). **3** Várias vezes, num intervalo reduzido de tempo/Sem parar/Constantemente. **Ex.** Naquele dia ela batia ~ à porta do meu gabinete, e de cada vez pedia uma coisa diferente.

sucessível adj 2g (<lat succéssus + -i- + -vel) **1** Que pode suceder a outro. **2** Que tem capacidade legal para suceder.

sucessivo, a adj (<lat successívus, a, um: que sucede) **1** Que sucede a outro ou vem depois. **2** Relativo a sucessão ou transmissão de um direito, cargo ou poder. **3** Que sucede sem interrupção/Consecutivo/Constante/Contínuo. **Ex.** O professor deu faltas ~as [faltou sucessivamente]. **4** Que ocorre várias vezes em pouco tempo. **Ex.** Ele teve gripes ~as [umas atrás das outras], no inverno.

sucesso s m (<lat succéssus: entrada, abertura) **1** O que sucede ou acontece/Acontecimento/Fa(c)to/Caso. **2** Bom resultado/Êxito/Triunfo. **Ex.** O ~ da viagem de grupo resultou do fa(c)to de ter havido uma boa organização. **3** O que teve êxito. **Ex.** O disco foi um ~ e ganhou um disco de ouro. **Loc.** Ter ~ [Ter êxito] (Ex. O cantor tem tido muito ~ com o novo disco, já é disco de platina). **Comb.** Bom ~! [Expressão para desejar êxito a alguém que vai realizar algo de importância]. **Ant.** Insucesso. **4** O que agrada ao público. **Ex.** A última canção do cantor apresentado no espe(c)táculo foi um ~, bateram palmas durante muito tempo.

sucessor, ora adj/s (<lat succéssor, óris) **1** Que sucede a outro numa função ou cargo. **Ex.** O ~ do rei é, geralmente, o filho mais velho. **Ant.** Antecessor/Predecessor. **2** (O) que continua a obra de outro/Continuador. **Ex.** O Papa é o ~ de S. Pedro. **3** (O) que, por direito, é herdeiro(+) dos bens de outro.

sucessório, a adj (<lat successórius, a, um: concernente/referente à herança) **1** Relativo a sucessão. **2** Relativo à transmissão de bens deixados por pessoa falecida. **Comb.** Imposto ~ [cobrado no a(c)to de transferência de bens].

súcia s f (<sociedade) Grupo de indivíduos de má fama e por vezes agressivos/Bando/Corja(+)/Malta. **Ex.** Há uma ~ de rapazes desordeiros que, durante a noite, fazem desacatos na [perturbam a] vizinhança.

sucintamente adv (<sucinto + -mente) De modo sucinto ou em poucas palavras/Resumidamente. **Ex.** O professor pediu aos alunos para ~ fazerem um apanhado [resumo] da [do que foi dito/ensinado/dado na] aula.

sucinto, a adj (<lat succínctus, a, um: breve; ⇒ cingir) **1** Que é dito ou escrito em poucas palavras/Breve/Resumido/Conciso. **Ex.** O orador fez uma exposição ~a do tema. **Ant.** Extenso/Prolixo. **2** Limitado ao essencial. **Ex.** O professor fez uma revisão ~a [dos pontos principais] da matéria.

suco s m (<lat súc(c)us, i: humidade da terra, ~) **1** Substância líquida que se extrai dos tecidos animais ou vegetais/Sumo. **Ex.** Pôs a carne em lume brando [fraco/baixo] para sair todo o ~. **Comb.** ~ [Sumo(+)] de laranja. **2** Líquido que as raízes dos vegetais absorvem da terra/Seiva(+). **3** Líquido segregado por glândula ou mucosa. **Comb.** ~ *entérico/intestinal* [Secreção produzida por glândulas das paredes do intestino delgado]. ~ *gástrico* [Secreção produzida por glândulas das paredes do estômago]. ~ *pancreático* [Secreção produzida pelo pâncreas]. **4** fig Parte mais importante de alguma coisa/Substância. **Ex.** O professor apresentou apenas o ~ da matéria «Física/História».

sucre s m (<antr A. J. de *Sucre*, general venezuelano) Unidade monetária do Equador.

suçuarana s f Zool (<tupi susua'rana) ⇒ puma(+).

súcubo, a s m/adj (<lat súccubus, a, um: que se deita por baixo) **1** Que se põe por baixo (na cópula). **2** Demónio feminino lendário sensual(+). **3** (O) que é sugestionável, deixando-se dominar por outro.

suculência s f (<sucul(ento) + -ência) Qualidade do que é suculento, que tem sumo. **Ex.** As laranjas do meu quintal têm muita ~, são muito sumarentas(+).

suculento, a adj (<lat succuléntus, a, um) **1** Que tem muito sumo/suco/Sumarento(+). **2** Que tem polpa/Carnudo(+). **Ex.** Hoje comi um pêssego muito ~. **3** Que é muito saboroso e nutritivo/Alimentício/Substancial. **Ex.** Como trabalhava muito e logo muito cedo, todos os dias tomava um pequeno-almoço ~/substancioso. **4** fig Que é rico em informação. **Ex.** O orador apresentou um discurso ~/com conteúdo.

sucumbido, a adj (<sucumbir) **1** Que sucumbiu/desfaleceu/Desfalecido(+). **Ex.** Encontraram um mendigo ~ na rua. **2** ⇒ abatido/desalentado/desanimado(+).

sucumbir v t/int (<lat succúmbo, ere, úbitum: cair debaixo) **1** Cair por não suportar o peso/Vergar. **Ex.** O animal sucumbiu ao excesso de carga. **2** Deixar-se dominar por uma força superior, desistindo de lutar. **Ex.** As tropas sucumbiram perante a força do inimigo. **3** Perder a força física ou psicológica. **Ex.** Acabou por ~ ao excesso de trabalho. **4** Não resistir «às dificuldades»/Ceder. **Ex.** Acabou por ~ à acumulação de problemas. Árvores e casas sucumbiram com a (força da) tempestade. **5** Morrer/Perecer. **Ex.** A vítima, apesar de rapidamente (ser) assistida, acabou por ~.

su[i]cupira Br s f Bot (<tupi suku'pira) Nome comum de algumas espécies de árvores da família das leguminosas, de grande porte, com frutos em forma de vagem.

sucuri s f Zool (<tupi suku'rí) Maior serpente do mundo, de cor cinzenta esverdeada, com manchas escuras, ventre amarelado e cabeça com escamas/Anaconda(+).

sucursal adj 2g/s f (<fr succursale) **1** Que é representante de outro organismo/Filial. **2** s f Cada uma das agências «banco, casa comercial» dependente, em termos de gestão, do organismo central/Filial. **Ex.** Os bancos têm diversas ~ais espalhadas pelo país.

sudação s f (<lat sudátio, ónis) **1** A(c)to ou efeito de suar. **2** Produção abundante de suor/Suadouro(+)/Transpiração(+). **Ex.** «na longa caminhada» Com aquele calor (h)úmido, a ~ aumentava cada vez mais. **3** Med A(c)to ou efeito de provocar suor para fins terapêuticos.

Sudão s m Geog País do centro-leste de África cuja capital é Cartum e onde se fala o árabe. **Ex.** Os naturais do ~ são os sudaneses.

Sudão do Sul s m Geog República do centro-leste de África que obteve a independência em 2011, separando-se do Sudão em resultado de referendo, com capital em Juba, sendo a língua oficial o inglês.

sudário s m (<lat sudárium) **1** Pano ou lençol em que se envolve um cadáver/Mortalha. **Comb.** *Santo* ~ [Tela que representa o corpo ensanguentado de Cristo e que se crê ter envolvido o seu corpo no sepulcro]. **2** fig Série de coisas tristes. **Comb.** Um ~ de queixas. Um ~ de vícios «no bairro degradado».

sudatório, a s m/adj (<lat sudatórius, a, um) **1** (O) que faz suar/Sudorífero «medicamento». **2** s m Local onde, em condições apropriadas, o corpo sua [transpira], abundantemente. ⇒ sauna.

sudeste (Dés) s m/adj (<fr sud-est) **1** Relativo ao sudeste/sueste(+). **2** s m Ponto colateral equidistante do sul e de este/SE. **Ex.** O ~ da Ásia [O ~ asiático/A Ásia do Sueste(+)] é uma extensa área que abrange Mianmar [a Birmânia], a Tailândia, o Laos, o Camboja, a Malásia, Singapura, o Brunei, a Indonésia, o Vietname e as Filipinas.

sud-express s m (<fr sud + ing express) Nome do comboio [trem] que faz a ligação entre Lisboa e Paris.

súdito Br ⇒ súbdito.

sudoeste adj 2g/s m (<fr sud-ouest) **1** Ponto colateral equidistante do sul e do oeste/SO/SW. **2** Relativo ao sudoeste.

sudorífero, a s m/adj (<lat sudórifer, era, erum) (Diz-se de) substância que faz suar/Sudorífico.

sudorífico, a s m/adj (<lat súdor, óris + -fico) ⇒ sudorífero(+).

sudoríparo, a adj (<lat súdor, óris: suor + -paro) Que segrega o suor. **Comb.** Glândula ~a.

sueca (É) s f (<sueco; ⇒ Suécia) Jogo de cartas em que participam quatro jogadores agrupados aos pares (⇒ parceiro), sendo distribuídas dez cartas por cada jogador; as cartas mais altas são o ás [os ases] e as biscas (Carta dos quatro naipes que tem sete pintas).

Suécia s f top País do norte da Europa cuja capital é Estocolmo e onde se fala o sueco, sendo os seus naturais os suecos.

sueste s m ⇒ sudeste.

suéter s m (<ing sweater: que provoca suor) Agasalho [Camisola (exterior de malha)] de lã pura ou com mistura de outro material sintético/Pulôver.

suevo adj/s Hist (<lat Suévi, vórum) (Diz-se de) povo germânico que invadiu a Península Ibérica no século V, estabelecendo-se sobretudo no noroeste e tendo Braga, Pt como capital.

suficiência s f (<lat sufficiéntia) **1** Cara(c)terística ou condição do que é suficiente. **Ant.** Insuficiência. **2** Quantidade suficiente de uma coisa. **Ex.** Este ano há ~ de produtos nacionais no mercado. **3** Conjunto de conhecimentos e qualidades de uma pessoa para determinada função/Aptidão/Qualificação. **Ex.** O júri achou que tinha ~ na matéria [que o candidato estava habilitado] para o desempenho das funções. **4** depr Ostentação exagerada/Presunção(+). **Ex.** É uma pessoa cheia de ~ [muito presunçosa].

suficiente adj 2g/s m (<lat sufficiens, éntis) **1** (O) que basta ou é bastante. **Ex.** Com a crise, o dinheiro deixa de ser ~ [não dá/chega] para as despesas. **Comb.** Condição ~ [que basta para a realização de algo]. **Ant.** Escasso/Insuficiente. **2** ⇒ autossuficiente. **3** Em número considerável. **Ex.** Havia um público ~ na sala de conferências. **4** s m Classificação escolar entre o bom e o sofrível ou mediocre. **Ex.** O aluno tem (nota) ~ em todas as disciplinas.

suficientemente adv (<suficiente + -mente) De modo suficiente/Razoavelmente. **Ex.** Ela sabe ~ a matéria «História» e vai passar no exame.

sufixação s f Gram (<sufixar + -ção) Processo de formação de palavras, associando um sufixo a uma forma base. **Ex.** A palavra "laranjal" é derivada por ~ de "laranja" (Laranja +-al).

sufixar v t/int (<sufixo + -ar¹) Juntar [Apor] sufixo a raiz, radical ou palavra.

sufixo s m Gram (<lat suffíxus, a, um: pregado) Elemento que se coloca à direita de uma forma base, para formar uma nova palavra. **Ex.** Na palavra "suficientemente", o ~ é o elemento "mente". **Ant.** Prefixo.

suflê s m Cul (<fr soufflé) Prato ou iguaria de origem francesa à base de ingredientes desfeitos, (peixe, carne, legumes), misturados com farinha, manteiga, gema de ovo e claras de ovos batidas em castelo, sendo levados no final ao forno para cozer. **Ex.** Ao almoço comemos um delicioso ~ de peixe.

sufocação s f (<lat suffocátio, ónis) **1** A(c)to ou efeito de sufocar(-se). **2** Extrema dificuldade em respirar/Falta de ar. **3** Asfixia causada pela presença de corpos estranhos nas vias respiratórias [na garganta (+)] ou por compressão externa do pescoço «por um assassino». **Ex.** Ele morreu por ~. **4** fig ⇒ Supressão das liberdades/Opressão(+)/Repressão(+).

sufocador, ora adj/s (<sufocar + -dor) **1** (O) que sufoca [dificulta ou corta a respiração]/«calor» Sufocante(+). **2** Recipiente de ferro em que, depois de retirado dos carbonizadores, se coloca o carvão para que não se inflame.

sufocante adj 2g (<lat suffócans, ántis) **1** Que causa sufocação/Sufocador/Asfixiante. **Ex.** Devido a um grande incêndio, espalhou-se um fumo ~ pela cidade. **2** «tempo» Muito quente e abafado/Abafadiço. **Ex.** O calor tem sido ~ (n)este verão. **3** fig Difícil de suportar/Repressor. **Ex.** O ambiente no (local de) trabalho é ~, insuportável.

sufocar v t/int (<lat suffóco, áre, átum) **1** Impedir a respiração/Asfixiar. **Ex.** A tosse era tanta que quase o sufocava. **2** Matar(-se) por asfixia/Asfixiar(-se). **Ex.** Ao fecharem a vítima num contentor sem ar, sufocaram-na. **3** Causar ou sentir falta de ar. **Ex.** O calor e a falta de ventilação no salão sufocavam as pessoas; eu senti-me [fiquei] tão sufocado que (nem podia respirar e) vim logo cá para fora. **4** fig Impedir por meios violentos/Abafar/Reprimir(+). **Ex.** As tropas sufocaram a revolta nas ruas. **5** Abalar emocionalmente alguém até não poder falar. **Ex.** A dor e o choro pela morte da mãe sufocavam-na.

sufoco (Fô) s m (<sufocar) **1** ⇒ Sufocação. **2** Situação crítica/Aperto. **Ex.** O comboio [trem] estava apinhado [cheio/lotado] (de gente), era um autêntico ~. **3** Pressa/Azáfama. **Ex.** Como o restaurante estava cheio de gente, os cozinheiros estavam num ~ para conseguirem cozinhar para todos/tantos.

sufragâneo, a adj (<lat suffragáneus, a, um: subordinado a) **1** «país/território» Subordinado a outro. **Ex.** A maior parte dos países são ~s do [estão sujeitos ao] são vítimas do] grande poder económico. **2** Rel «bispo» Subordinado a autoridade eclesiástica superior. **Ex.** Há dioceses que são ~as de outras que são dirigidas por um arcebispo ou metropolita.

sufragar v t (<lat suffrágo, áre, átum: votar, voto) **1** Legitimar por sufrágio/Eleger/Votar. **Ex.** O partido sufragou os vários candidatos à dire(c)ção do partido através das urnas. **2** Apoiar/Aprovar. **Ex.** A assembleia sufragou a proposta apresentada na reunião. **3** Rezar pela alma de alguém. **Ex.** Em algumas aldeias portuguesas costumavam ~ a alma de um familiar falecido, distribuindo pão pelos mais necessitados.

sufrágio s m (<lat suffrágium, ii: direito de votar, voto, ~) **1** A(c)to ou efeito de sufragar. **2** Escrutínio/Votação. **Ex.** Os portugueses vão a ~ de quatro em quatro anos «votações autárquicas» para escolher os deputados à Assembleia da República. **Comb.** ~ *dire(c)to* [em que o eleitor vota dire(c)tamente no seu candidato]. ~ *indire(c)to* [em que a maioria não vota, sendo o candidato eleito por um colégio eleitoral]. ~ *universal* [em que o corpo eleitoral é constituído por todos os cidadãos com capacidade legal]. **3** Opinião favorável/Aprovação/Voto. **Ex.** A proposta foi aprovada com o ~ [voto] de todos os membros do grupo. **4** A(c)to litúrgico, oração ou boa obra pela alma dos mortos. **Ex.** A missa de hoje é por (~ da) alma de minha mãe.

sufragista adj/s 2g (<sufrágio + -ista) **1** Relativo a sufrágio **2**. **2** (O) que defende o direito de voto para todos, sem qualquer distinção de raça, sexo, poder econó[ô]mico, etc. **3** Hist (Diz-se de) mulher que lutou pelo direito de voto para o sexo feminino. **Ex.** As primeiras ~s foram as (mulheres) americanas.

sufumigar v t (<lat sub + fúmigo, áre, átum: fumigar, defumar) Fumigar por baixo. **Loc.** ~ uma colmeia. ~ as costas [as pernas] reumáticas.

sugação s f (< sugar + -ção) ⇒ Sucção(+).

sugador, ora adj/s (<sugar + -dor) **1** (O) que chupa ou suga. ⇒ sorvedou[oi]ro. **2** Zool ⇒ probóscide. **3** Bot (Diz-se de) planta parasita que absorve os seus nutrientes de outra planta. **4** Conjunto de tubos com ventosa de borracha que apanham as folhas por sucção. **5** fig (O) que vive à custa de outrem/Chupista(+).

sugar v t (<lat súgo, ere, súctum: chupar através da boca) **1** Extrair um líquido [suco/sumo] de um corpo através de sucção/Chuchar/Chupar. **Ex.** A bebé[ê] suga [chucha], consolada, o leite materno [A bebé[ê] está a mamar]. **2** Extrair do solo/Absorver. **Ex.** As árvores sugam o alimento «seiva» da terra. **3** Aspirar ou limpar por sucção. **Ex.** O aspirador suga tudo: pó, água, ... **4** Apanhar num sorvedouro/Puxar/Sorver. **Ex.** O tornado [remoinho] sugou tudo por onde passou. **5** fig Tirar dinheiro ou quaisquer bens materiais por processos ilícitos/Extorquir/Sacar/Chupar(+). **Ex.** O filho conseguiu ~ aos pais todo o dinheiro que eles tinham amealhado durante anos. **6** ⇒ Aproveitar as ideias de outrem; plagiar.

sugerir v t (<lat súggero, ere, éstum: pôr debaixo) **1** Dar a entender/Insinuar. **Ex.** A cara do professor sugeria [dava a entender(+)] que tinha acontecido alguma coisa de grave. **2** Apresentar [Dar] uma ideia/Aconselhar/Propor. **Ex.** Sugiro que fales com ele para resolver o problema que existe entre os [entre vós] dois. O professor sugeriu que o aluno refizesse o trabalho. **3** Recomendar. **Ex.** O que «me/nos» sugere para o almoço? – perguntou no

restaurante. **4** Trazer à lembrança/memória/Associar/Evocar/Lembrar. **Ex.** A música sugeria[despertava/evocava(+)]-lhe boas lembranças da juventude.
sugestão *s f* (<lat *suggéstio, ónis*) **1** A(c)ção de sugerir. **Ex.** Nas ementas dos restaurantes lê-se com frequência: "~ do chefe". **2** Ideia que se propõe a alguém, podendo ou não ser aceite/Proposta. **Ex.** Aceitou com entusiasmo a ~ do professor para fazer um trabalho sobre a imigração portuguesa na Suíça. **3** Ideia ou lembrança induzida por alguém ou alguma coisa. **Ex.** Para mim o calor é sempre ~ de férias. **4** *Psic* Processo pelo qual se controla o poder de decisão de alguém. **Comb.** ~ hipnótica [Ideia ou a(c)ção provocada numa pessoa em estado de hipnose].
sugestionar *v t/int* (<sugestão + -ar) **1** Produzir uma sugestão em. **Ex.** As histórias de terror, principalmente contadas à noite, sugestionam as crianças, que ficam cheias de medo. **2** Manipular/Impressionar/Convencer(-se)/Influenciar. **Ex.** Conseguiu sugestioná[levá]-la a ir de férias para descansar.
sugestionável *adj 2g* (<sugestionar + -vel) Que se deixa influenciar ou sugestionar facilmente (pelo que lhe dizem). **Ex.** Ele é (uma pessoa) facilmente [muito] ~.
sugestivo, a *adj* (<sugerir + -ivo) **1** Que sugere imagens, sentimentos, novas ideias. **Ex.** As ideias ~s do amigo levaram-no a criar um novo texto da tese de doutoramento. **2** Que estimula ou provoca interesse/Atraente. **Ex.** O ambiente ~ do público na sala de concertos estimulou o cantor.
suíça *s f* (<suíço) Parte da barba que se deixa crescer nas partes laterais da face, junto às orelhas/Patilha. **Ex.** Antigamente os homens costumavam usar ~s compridas.
Suíça *s m top* País do centro-oeste da Europa cuja capital é Berna e onde se fala o rético [romanche], o francês, o alemão e o italiano, sendo os seus naturais os suíços.
suicida *adj/s 2g* (<lat *sui*: de si + -cida) **1** Relativo a suicídio. **Ex.** Ele tem tendências ~s. **2** (O) que comete suicídio. **Ex.** O ~ deixou uma carta de despedida em cima da mesa. **3** *fig* Que serviu de instrumento para o suicídio. **Ex.** A arma ~ estava caída no chão. **4** *fig* Extremamente perigoso. **Ex.** Todos lhe dizíamos que aquilo era uma luta ~, mas ele teimou e perdeu «o combate de boxe». Com as suas atitudes ~s [derrotistas(+)/temerárias(o+)], não consegue singrar na vida «é um perdedor heroico».
suicidar-se *v* (<suicida + -ar[1]) **1** Pôr fim à própria vida/Matar-se. **Ex.** Suicidou-se por não poder suportar a doença grave que o atingiu. **2** *fig* Autodestruir-se/Arruinar-se/Perder-se. **Ex.** Suicidou-se lentamente [aos poucos] com a droga.
suicídio *s m* (<lat *sui*: de si + -cídio) **1** A(c)to ou efeito de suicidar-se. **Ex.** Nos EUA já houve vários ~s cole(c)tivos. **2** *fig* Ruína causada a si próprio por falta de cuidado ou precaução. **Ex.** A má administração foi o ~ da empresa.
suídeo, a *adj/s* (<suíno + -ídeo) (Diz-se de) espécie/mamífero/família de mamíferos artioda(c)tilos, o(m)nívoros, a que pertencem o porco e o javali. ⇒ suíno.
súi géneris *loc* Locução latina para qualificar o que é especial e único no seu gé[ê]nero. **Ex.** Os artistas, geralmente, são pessoas ~ [especiais/um tanto quanto raras].
suingue *s m/adj* ⇒ swing.
suini[o]cultor, ora *adj/s* (<suíno + cultor) (O) que se dedica à suinicultura.
suinicultura *s f* (<suíno + cultura) Criação de porcos.

suíno, a *s m/adj Zool* (<lat *suínus, a, um*: de porco) **1** Relativo ao porco. ⇒ suídeo. **2** *s m* Porco. **Ex.** A venda de ~s tem aumentado com a crise (económica) por a (sua) carne ser mais barata. **3** *fig* Que é grosseiro e sujo como um porco. **Ex.** Ele é (um) ~ [porco/indecente].
sui[í]te *s f* (<fr *suite* <*séquor, qui, secútus sum*: seguir) **1** Quarto de habitação com casa de banho privativa. **2** Acomodação de hotel formada por quarto, casa de banho [, *Br* banheiro] e com uma ou mais salas. **3** *Mús* Composição musical constituída por uma série de andamentos instrumentais, com diferentes ritmos, mas com a mesma tonalidade.
sujar *v t/int* (<sujo + -ar) **1** Tornar(-se) sujo/Manchar/Poluir(-se)/Conspurcar. **Ex.** Entrou em casa com os sapatos enlameados [cheios de lama], sujando a entrada da casa. **Ant.** Limpar. **2** *pop* Sujar com fezes. **Ex.** Os cães e os gatos sujaram o jardim. **3** *fig* Conspurcar/Desonrar/Manchar. **Ex.** Ao roubar um produto na loja, sujou [desonrou/manchou(+)] o nome da família. **Idi.** ~ *as mãos* [Cometer um a(c)to reprovável].
sujeição *s f* (<lat *subjéctio, ónis*: a(c)ção de pôr debaixo ou diante) **1** A(c)to ou efeito de sujeitar(-se). **2** Estado do que está sujeito a [sob o domínio de] alguém/Dependência/Subjugação. **Ex.** Os povos colonizados não suportaram a ~ em que viviam e lutaram pela sua independência. **Ant.** Independência/Liberdade. **3** Cara(c)terística do que aceita passivamente a dominação/Obediência/Submissão. **Ex.** Até há pouco (tempo) fazia parte do casamento a ~ (completa) da mulher ao marido.
sujeira *s f* (<sujo + -eira) **1** A(c)to ou efeito de sujar/Sujidade. **2** Espaço ou obje(c)to sujo/Imundície/Porcaria. **Ex.** A casa estava uma ~ [estava toda suja], havia lixo por toda a parte. **3** *fig* A(c)ção incorre(c)ta ou desonesta. **Ex.** Fez uma grande ~ ao [Foi uma vergonha (+)] trair o amigo. **4** *fig* Palavra obscena. **Ex.** Daquela boca só sai ~.
sujeitar *v t* (<lat *subjécto, áre, atum*: pôr debaixo ou ao pé «de nós») **1** Tornar sujeito a/Dominar/Subjugar. **Ex.** Alguns países sujeitaram outros ao seu domínio. **2** Impor/Castigar/Submeter. **Ex.** Sujeitaram-no a várias sevícias para (o obrigar a) confessar a verdade. **3** ~-se/Fazer alguma coisa contra a própria vontade/Aguentar/Aceitar/Submeter-se. **Ex.** Eu não gosto deste [do meu] emprego, mas não encontro outro e tenho de me ~. Embora não concordasse, teve que se ~ à [teve que aceitar a] vontade da maioria. **4** (Fazer) obedecer a leis e normas. **Ex.** Para construir a casa teve que ~ o proje(c)to ao plano geral da cidade. **5** (Fazer) passar por uma situação ou processo penoso. **Ex.** Para se curar teve que ~-se a um tratamento doloroso. **6** Levar à apreciação de alguém para dar um parecer ou ajuizar/Submeter. **Ex.** Sujeitaram a proposta à apreciação da assembleia. **7** ~-se/Arriscar-se. **Ex.** Se não fores sempre pontual (a chegar) ao trabalho, sujeitas-te a [, corres o risco de] ser despedido.
sujeito[1], a *adj* (<lat *subjéctus, a, um < subjício, ere, jéctum*: sujeitar) **1** Que se sujeitou a alguma coisa. **Ex.** Esteve ~ a [Passou por/Sofreu] privações durante bastante tempo. **2** Dominado/Submetido. **Ex.** O marido estava todo ~ aos caprichos da esposa/mulher. Muitos foram os povos ~s ao domínio do Império Romano. **3** Arriscado/Exposto. **Ex.** Sem guarda, a fábrica está ~a a ser assaltada. **4** Obrigado. **Ex.** Todos os (proprietários de) imóveis estão ~s a impostos. **Ant.** Isento. **5** Apertado/Seguro. **Loc.** Ter o ladrão ~ pelos braços (atrás das costas).
sujeito[2] *s m* (<lat *subjéctum, i*: assunto, proposição, ~) **1** Pessoa. **Ex.** Ele é um ~ responsável [com sentido da responsabilidade/que merece confiança]. Ele é bom ~ [boa pessoa(+)]. Ele é um ~ esquisito/especial/raro. **2** Entidade real ou ficcional a que se atribui algo. **Ex.** O ~ [autor(+)] do crime é desconhecido. **3** *Mús/Liter* ⇒ Tema(+)/Assunto. **4** Pessoa cujo nome não se pretende referir ou se quer ignorar/Fulano/Tipo/*Br* Cara. **Ex.** Apareceram à porta dois ~s a perguntar se (não) queríamos comprar tapetes. **5** *Fil* Aquele que conhece, por oposição à coisa conhecida [ao obje(c)to]. **Comb.** ~ *pensante/cognoscente* [O eu/Pessoa]. **6** *Gram* Grupo nominal e essencial da frase acerca do qual se expressa o predicado verbal e com o qual o verbo concorda. **Ex.** Na frase "O dia está lindo", "O dia" é o ~ (gramatical). **Comb.** ~ *expletivo* [que ocorre com verbos impessoais] (Ex. A frase "(Ele) chove que se farta", o verbo impessoal "chove" tem ~ expletivo "Ele"). **7** *Log* Primeiro termo de uma proposição (predicativa) sobre o qual se afirma ou nega alguma coisa. **Ex.** Na proposição "O homem é um animal racional", "O homem" é o ~ lógico.
sujidade *s f* (<sujo + -i- + -dade) **1** Estado do que não está limpo/Imundície/Porcaria. **Ex.** Quase não se podia entrar em casa, havia ~ por todos os cantos. **Ant.** Asseio/Limpeza. **2** Acumulação de lixo, pó, restos (de comida)/Lixeira. **Ex.** Devido à greve do pessoal de limpeza, as ruas da cidade estavam cheias de ~/lixo(+). **3** *fig* A(c)to considerado condenável/Sujeira **3**.
sujo, a *adj* (<lat *súcidus, a, um*: cheio de seiva, suculento, gordo <lat *súcus, i*: suco/sumo) **1** Que não é [não está] limpo/Imundo/Porco. **Ex.** O mendigo anda pelas ruas muito [todo] ~. **Ant.** Asseado/Limpo. **2** Manchado. **Ex.** A toalha ficou ~a de vinho. Estive [Andei] a limpar o motor do carro, fiquei com as mãos todas ~as. **Ant.** Imaculado. **3** Que tem em suspensão matérias que turvam. **Ex.** A água da torneira sai toda ~a! **4** *fig* Que envolve fraude/Desonesto. **Ex.** Ele fez um negócio ~. **Idi.** *Ter as mãos ~as* [Ser cúmplice num a(c)to fraudulento]. *Ter o cadastro* ~ [Ter regist(r)adas transgressões ou infra(c)ções "na carteira de motorista/Ser réu do [de culpas cometidas no] passado]. **Comb.** *idi Jogo ~* [Comportamento desonesto/traiçoeiro/Desonestidade] «no(s) negócio(s)». **Ant.** Honesto. **5** Obsceno/Indecente. **Ex.** Ele usa linguagem ~a/baixa(+)/indecente(o+).
sul *adj 2g/s m* (<fr *sud*) **1** Ponto cardeal oposto ao norte/S. **Loc.** A ~ [Que se situa numa latitude meridional]. **Ant.** Norte/Setentrião. **2** Vento que sopra desse ponto/Suão/Austro. **3** No lado [Na parte] do ~/Austral/Meridional. **Ex.** O ~ do *Br* compreende os Estados do Paraná, Santa Catarina e Rio Grande do Sul, cujos naturais são suleiros [sulistas(+)]. **Comb.** *Hemisfério ~. Latitude ~. Polo ~.*
sul-africano, a *adj* Relativo à República da África do Sul.
sul-americano, a *adj* Relativo à América do Sul. ⇒ norte-americano.
sulcar *v t* (<lat *súlco, áre, átum*: lavrar) **1** Fazer [Abrir(+)] sulcos/Lavrar(+). **Ex.** O lavrador já sulcou a terra para fazer a sementeira. **2** *fig* Navegar/Singrar. **Ex.** Os portugueses sulcaram os mares à procura de novas terras. **3** *fig* Atravessar. **Ex.** A estrada Belém-Brasília sulca [corta/atraves-

sa] o sertão brasileiro. Cinco aviões sulcavam [cortavam] o céu. **4** *fig* Abrir rugas em/ Enrugar. **Ex.** Os anos sulcaram-lhe o rosto.
sulco *s m* (<lat *súlcus,i*) **1** Rego (aberto na terra pelo arado). **Ex.** O lavrador abria ~s para semear [plantar(+)] as batatas. **2** Marca ou fenda mais ou menos profunda, estreita e comprida, deixada num material. **Sin.** Estria(+). **3** *fig* Rasto deixado por uma embarcação nas águas. **4** *fig* Prega ou vinco(+) na pele/Ruga(o+). **Ex.** Com a idade, a pele do rosto ficou«-me/-lhe» cheia de ~s.
sul-coreano, a *adj* Da Coreia do Sul.
sulfamida *s f Quím* (<lat *súlf(ur)*: enxofre + amida) Composto orgânico, constituído por amidas de ácidos sulfó[ô]nicos, eficaz no tratamento de doenças infe(c)ciosas.
sulfatação[tagem] *s f* **1** A(c)to ou efeito de sulfatar. **2** A(c)ção de pulverizar plantas contra certas moléstias com fungicida, preparado com sulfato de cobre ou de ferro.
sulfatador *adj/s* (<sulfatar + -dor) **1** (O) que sulfata. **2** *s m* Aparelho ou máquina para sulfatar/Pulverizador(+).
sulfatar *v t Agr* (<sulfato + -ar¹) Borrifar plantas com sulfato de cobre ou de enxofre para impedir a disseminação de certas moléstias provenientes de parasitas «pulgão».
sulfatizar *v t* (<sulfato + -izar) Transformar uma substância em sulfato. **Ex.** Os eléctrodos do acumulador «de chumbo» sulfatizaram-se [ficaram cobertos de uma camada insolúvel de sulfato].
sulfato *s m Quím* (<sulfúrico +-ato) Designação genérica de sais de ácido sulfúrico, obtidos da combinação deste com uma base. **Ex.** As vinhas são sulfatadas com ~ de cobre. **Comb.** ~ de cálcio [ferro/zinco].
sulfídrico *adj Quím* (<lat *súlfur, uris*: enxofre + hidrogénio + -ico) Diz-se de ácido (H_2S) *us* como intermediário químico, em metalurgia, como reagente analítico, etc.
sulfito *s m Quím* (<sulfuroso + -ito) Sal do ácido sulfuroso. **Comb.** ~ ácido ⇒ bissulfito.
sulfona *s f Quím* (<sulfúrico + -ona) Classe de compostos orgânicos de fórmula geral R_2SO_2, na qual R corresponde a radicais alquila ou arila.
sulfónico, a [*Br* **sulfônico**] *adj Quím* (<sulfona + -ico) Diz-se de ácidos orgânicos cujas fórmulas se podem obter das de compostos mais simples substituindo um ou mais átomos de hidrogénio por igual número de grupos HSO_3.
sulfurar *v t* (<lat *súlfur, uris*: enxofre + -ar¹) **1** Fazer a combinação de uma substância com enxofre. **2** Aplicar anidrido sulfuroso para desinfe(c)ção de algo. ⇒ enxofrar; sulfatar.
sulfúreo, a *adj* (<lat *sulfúreus, a, um*) **1** Relativo a enxofre. **2** Em cuja composição entra o enxofre/Sulfuroso. **Comb.** Água(s) sulfúrea(s)/sulfurosa(s)(+). **3** Que tem as mesmas cara(c)terísticas (natureza, cor e cheiro) do enxofre.
sulfureto (Rê) *s m Quím* (<lat *súlfur, uris*: enxofre + -eto) **1** Sal ou éster do ácido sulfídrico. **2** Combinação do enxofre com substância alcalina.
sulfúrico, a *adj Quím* (<lat *súlfur, uris*: enxofre + -ico) **1** Relativo ao enxofre/Sulfuroso/ Sulfúreo. **2** Diz-se do ácido H_2SO_4, *us* na fabricação de fertilizantes, detergentes, catalisadores, ...
sulfuroso, a (Ôso, Ósa, Ósos) *adj* (<lat *súlfur, uris*: enxofre + -oso) **1** Que tem enxofre na sua composição. **Ex.** No próximo ano vou para as termas de águas ~as. **2** Que designa o ácido H_2SO_3, corrosivo, que tem menos oxigénio do que o sulfúrico e que é *us* como desinfe(c)tante e descorante.
sulista *adj/s 2g* (<sul + -ista) Relativo ou pertencente «habitante» ao sul de um país ou região/Austral/Meridional. **Ant.** Nortenho(Pt)/Nortista(*Br*)/Setentrional.
sultana *s f* (<sultão) **1** *Hist* Cada uma das mulheres do sultão, especialmente a favorita. **2** Filha do sultão. **3** *Bot* Variedade de uva própria para passa.
sultanato *s m* (<sultão + -ato) Região ou país governado por um sultão.
sultão *s m* (<ár *sultán*: soberano, dominação; ⇒ sultana) **1** Título que se dava ao imperador da Turquia. **2** Designação comum a alguns príncipes maometanos. **3** *fig* Senhor absoluto ou muito poderoso. ⇒ paxá. **4** *fig* Indivíduo que tem muitas concubinas.
suma *s f* (<lat *súmma*: total) Resumo/Súmula(+). **Loc. Em ~** [Numa palavra/Em resumo/Enfim] «o culpado é [foi] você». ⇒ soma.
sumagre *s m* (<ár *summaq*) **1** *Bot* Nome vulgar da planta arbustiva da família das anacardiáceas, de cuja casca se extrai tanino; *Rhus coriaria*. **2** Pó resultante da trituração das folhas e flores dessa planta, utilizado em medicina e tinturaria.
sumamente *adv* (<sumo + -mente) Em grau muito elevado/Extraordinariamente/ Extremamente. **Ex.** Era uma prova (escolar) ~ [muito] fácil, por isso correu muito bem.
sumarento, a *adj* (<sumo + -r- + ento) «pêssego» Que tem muito sumo/Suculento. **Ex.** As laranjas do Algarve (Sul de Portugal) são muito ~as.
sumariamente *adv* (<sumário + -mente) **1** De modo sumário, contendo apenas os aspe(c)tos fundamentais/Resumidamente. **Ant.** Detalhadamente/Pormenorizadamente. **2** Sem formalidades. **Ex.** O réu foi julgado ~/sem defesa.
sumariar *v t* (<sumário + -ar¹) Fazer o sumário de/Resumir/Sintetizar. **Ex.** O locutor televisivo sumariou as [fez um resumo das (+)] notícias do dia.
sumário, a *s m/adj* (<lat *summárium*) **1** Resumo «dos pontos principais»/Breve/Curto. **Ex.** O professor fez um ~ [uma explicação ~a] da matéria do teste. ⇒ sinopse; síntese; compêndio. **2** Rápido/Sem formalidades. **Comb.** Julgamento ~.
sumaúma *s f* (<tupi *suma'uma*) **1** *Bot* Árvore bombacácea, de grande porte, a maior árvore da África, cuja madeira branca e leve serve para fazer brinquedos, caixotes, ... **Sin.** Baobá/Embondeiro(+). **2** Fibras sedosas contidas nas cápsulas dessa árvore. **3** Pelo que reveste as sementes de algumas plantas malváceas e utilizado no enchimento de almofadas e colchões.
sumiço *s m pop/fam* (<sumir + -iço) A(c)to ou efeito de sumir(-se)/Desaparecimento(+). **Ex.** A chave levou ~, não a encontro. **Loc. Dar ~ a** [Fazer desaparecer/Perder]. **Levar ~** [Desaparecer/Não saber onde pára ou está/Perder-se].
sumidade *s f* (<lat *súmmitas, átis*: parte superior, cimo, cume) **1** Qualidade ou condição do que é sumo/eminente/grandioso. **2** Pessoa notável pelo seu saber, valor ou talento/Autoridade. **Ex.** Ele é uma ~ em História. **3** Ponto mais alto/Cimo(+)/Cume. **4** ⇒ ponta (alta).
sumidiço, a *adj* (<sumido + -iço) **1** Que (se) some/perde com facilidade. **2** ⇒ Efémero. **3** ⇒ Apagado/Gasto/Longínquo.
sumido, a *adj* (<sumir) **1** Que desapareceu ou se sumiu. **Ex.** Os meus óculos andam ~s, não sei onde os deixei [os terei deixado/posto/esquecido]. **2** Que está oculto por alguma coisa/Encoberto/Escondido. **Ex.** Via-se a embarcação já quase ~a na água. **3** Que está metido para dentro/Encovado. **Ex.** Ele tem os olhos ~s. **4** Que mal se ouve/Apagado/Fraco. **Ex.** O doente falava com voz ~a, mal [quase não] se ouvia. **5** Que mal se vê/Imperce(p)tível.
sumidou[oi]ro *s m* (<sumido + -ouro) **1** Buraco ou fenda por onde algo desaparece/Bueiro. **2** Abertura por onde a água se escoa/Escoadouro. **Ex.** A piscina tem um bom ~. **3** Curso subterrâneo de rio que desaparece dentro da terra, surgindo depois em locais mais baixos. **4** Algo «carro» em que se gasta muito dinheiro/Sorvedouro.
sumir *v t/int* (<lat *súmo, ere, súmptum*: tomar, gastar em algo, roubar) **1** Gastar muito rapidamente/Desaparecer. **Ex.** O dinheiro sumiu-se [foi-se/voou] em pouco tempo. **2** ⇒ *fig* Destruir/Aniquilar. **3** Ir diminuindo «de tamanho, volume ou intensidade» até acabar/Apagar-se/Atenuar/Extinguir-se. **Ex.** A (luz da) vela está mesmo [quase] a ~-se/apagar-se. Lentamente, o sol sumia-se no horizonte. **4** Submergir/Afundar. **Ex.** A forte ondulação sumiu o pequeno barco. **5** Colocar(-se) num lugar onde dificilmente pode ser encontrado/Esconder(-se)/Ocultar(-se). **Ex.** Ele sumiu [perdeu] as tesouras e agora não as encontra. Vi o javali a atravessar o caminho e ~-se na floresta. **6** Ausentar-se ou não aparecer nos locais habituais/Desaparecer/Fugir/Abalar. **Ex.** Você sumiu; estava viajando? Onde é que te sumiste, que ninguém (mais) te vê?
sumo¹, a *adj/s* (<lat *súmmus, a, um*: o mais alto, supremo; ⇒ sumo²) **1** O mais elevado em poder ou categoria. **Ex.** Jesus Cristo é ao mesmo tempo vítima e (~) sacerdote da Nova Aliança. **Comb.** S~ Pontífice [O vigário de Cristo (na Terra) (+)/Papa]. ~ Sacerdote [Sacerdote superior na hierarquia religiosa, nomeadamente na religião judaica]. **2** Muito grande. **Ex.** Tenho ~ [o maior] prazer em poder ajudá-lo [em ser-lhe útil]. **3** O mais alto grau/O ponto mais alto/ Cume/Cimo/Auge/Ápice. **Comb.** *Assunto* importantíssimo [*de ~a*/da maior *importância*]. *Estado* [Situação] *de ~a pobreza.* ⇒ cúmulo «da alegria/da ignorância».
sumo² *s m* (<gr *zomós, oú*: sum[c]o, sopa) **1** Líquido com propriedades nutritivas que se extrai de matéria animal ou vegetal, principalmente da fruta. **Ex.** Todas as manhãs bebo um ~ [suco] de laranja. **Comb.** O ~ [suco(+)] da carne (⇒ suco **1/2/3**). **2** Produto industrial, preparado à base de frutos, mas com aditivos. **Ex.** Costumo comprar os pacotes de ~ no supermercado. **3** *fig* Conteúdo [O] essencial. **Ex.** Ele não foi ao ~/âmago [não tocou no ponto principal/essencial] da questão, ficou-se *idi* pela rama [Ele tratou a questão de maneira muito superficial].
sumô *s m* (D)*esp* (<jp *sumô*) Luta japonesa ritualizada, praticada por lutadores muito corpulentos, os sumocas, e que consiste em pôr [botar] o adversário fora da arena (circular) ou em deitá-lo ao chão. **Ex.** O [A prática do] ~ é muito popular no Japão e, em modalidades diferentes, também praticado noutros países.
sumpto *s m* (<lat *súmptus, us [a, um]*: despesa, gasto) ⇒ (Soma total das) despesas/ Gastos(+).
sumptuário, a [*Br* **sump[sun]tuário**] *adj* (<lat *sumptuárius, a, um*) Relativo a gastos «de luxo». **Comb.** *Imposto* ~ [so-

bre bens que são luxo]. *Lei ~a* [que tem por fim [cuja finalidade é] restringir o luxo.

sumptuosidade [*Br* **sump[sun]tuosidade**] *s f* (<lat *sumptuósitas, átis*) Cara(c)terística do que é sumptuoso/Grandiosidade/Magnificência. **Ex.** A ~ do palácio *idi* deixa toda a gente de boca aberta [toda a gente espantada]. A nova sala de espe(c)táculos é de grande ~.

sumptuoso, a [*Br* **sump[sun]tuoso**] (Ôso, Ósa, Ósos) *adj* (<lat *sumptuósus, a, um*: dispendioso) Magnificente/Faustoso/Luxuoso/Pomposo. **Ex.** O palácio tem uma decoração ~a. **Ant.** Modesto/Simples.

súmula *s f* (<lat *súmmula*: pequena quantia, dim de *súmma, ae*: soma, quantia [quantidade]) **1** Exposição sumária/Resumo. **Ex.** Depois de um longo discurso, fez uma ~ para melhor compreensão e retenção dos ouvintes. **2** Compêndio com o conteúdo essencial de uma ciência/Sinopse/Epítome. **Ex.** Ele publicou uma "S~ da Gramática Portuguesa".

suna *s f* (<ár *sunna*: lei, norma) Conjunto de preceitos orientadores da vida em sociedade e de cará(c)ter obrigatório, extraídos das práticas do Profeta Maomé.

sunga *s f Br* (<sungar) Calção de banho(+). ⇒ tanga.

sungar *v t* (<quimbundo *ku-sunga*: puxar) **1** Puxar para cima/Levantar. **Loc.** *~ o corpo* [Erguer-se]. *~ (o cós d)as calças.* **2** Impedir, com aspiração forte, a saída do muco do nariz. **Loc.** ~ o nariz. **Sin.** Fungar(+).

sunismo *s m Rel* (<Suna + -ismo) Corrente doutrinária muçulmana que aceita a Suna, considerada como complemento do Corão, e afirma a legitimidade dos quatro califas que sucederam a Maomé. **Ant.** Xiismo.

sunita *adj/s* (<Suna + -ita) **1** Relativo ao sunismo ou aos seus seguidores. **2** Muçulmano que segue o sunismo. **Ant.** Xiita.

suntuário/suntuosidade/suntuoso ⇒ sumptuário/…

suor (Ôr) *s m* (<lat *súdor, óris*) **1** A(c)ção ou efeito de suar. **2** Líquido de cheiro cara(c)terístico, salgado e incolor, segregado pelas glândulas sudoríparas e eliminado pelos poros (da pele). **Ex.** Depois de horas de trabalho, estava alagado em [cheio de] ~/estava todo a transpirar(+). **Loc.** Sentir/Ter ~es frios [Sentir mal-estar]. **3** *fig* Líquido em gotículas semelhantes à transpiração. **Ex.** As paredes da casa pingavam de ~ com a (h)umidade. **4** *fig* Esforço ou trabalho árduo no desempenho de uma tarefa/Fadiga. **Ex.** Foi com muito ~ que conseguiu amealhar algum dinheiro para construir uma casa modesta. **Idi.** *Com o ~ do (seu) rosto* [À custa de muito trabalho] (Ex. Tudo o que teve na vida, foi conseguido com o ~ do seu rosto).

supedâneo *s m* (<lat *suppedáneum, ii*: degrau) **1** Pequeno banco para apoio dos pés/Escabelo/Peanha «para colocar uma imagem de N. S. de Fátima». **Ex.** Junto do computador está um ~. **2** Estrado de madeira, junto ao altar, em que o sacerdote põe os pés enquanto celebra a missa. **3** *fig* ⇒ Sustentáculo/Base/Suporte. **4** Cataplasma aplicado à planta do pé.

super- (<lat *súper*: sobre, em cima de, por cima de) Elemento de formação de palavras que exprime a ideia de superioridade, excesso, intensidade, dimensão superior. **Sin.** Sobre-; hiper-. **Comb.** ~ 8 [*s m 2n* Bitola de filme, geralmente *us* no cinema amador, entre 8 mm e 16 mm] (Ex. Como muitas vezes não têm dinheiro e estão sem apoios suficientes, os realizadores optam por filmar em ~ 8).

superabundância *s f* (<lat *superabundántia*) **1** Condição ou estado do que é superabundante. **Ex.** A ~ de produtos faz com que as pessoas estraguem mais. **2** Abundância excessiva/Fartura. **Ex.** A ~ (da colheita/safra) de trigo fez baixar os preços.

superabundante *adj 2g* (<super- + abundante) **1** Que superabunda ou é muito abundante/Sobreabundante. **2** Que existe em excesso/Supérfluo(+)/Redundante(+).

superabundar *v int* (<super- + abundar) **1** Existir em abundância, em grande quantidade. **Ex.** O(s) peixe(s) superabundava(m) naquelas águas. **Ant.** Escassear. **2** ⇒ Ser mais do que o necessário/Exceder(+). **3** ⇒ Estar repleto/Transbordar(+).

superação *s f* (<lat *superátio, ónis*: a(c)ção de vencer) **1** A(c)to ou efeito de superar [de levar vantagem]. **Ex.** A ~ das dificuldades e a resolução dos seus problemas tornou-o numa pessoa mais alegre. **2** A(c)ção de vencer uma contrariedade. **Ex.** Parece que a ~ da crise económica vai levar bastante tempo. **Ant.** Insucesso.

superacidez *s f* (<super- + …) Qualidade ou estado de superácido/Hiperacidez(+).

superalimentação *s f* (<superalimentar + -ção) **1** A(c)to ou efeito de superalimentar(-se). **2** Ingestão de nutrientes superior ao necessário/Alimentação excessiva/Sobrealimentação. **Ex.** A ~ não é boa para a saúde. **Ant.** Subalimentação/Subnutrição. **3** *fig* Inje(c)ção de ar a uma pressão superior à atmosférica num motor de combustão interna.

superalimentador *s m Mec* (<superalimentar + -dor) Bomba para aumentar a densidade da carga de ar de um motor de combustão interna; por exemplo, no motor de aviões a grande altitude.

superalimentar *v t* (<super- + alimentar) **1** Comer demasiado/Sobrealimentar. **Ant.** Subalimentar/Subnutrir. **2** Dar alimentação em excesso. **3** *fig* Dar demasiado estímulo a.

superaquecer *v t* (<super- + aquecer) Aquecer excessivamente/Sobreaquecer.

superaquecimento *s m* (<super- + …) **1** Aquecimento excessivo/Sobreaquecimento. **2** Elevação da temperatura dum líquido acima do seu ponto de ebulição. **3** *fig* Exaltação excessiva. **Ex.** O ~ da opinião pública por causa dos impostos fez recuar o governo.

superar *v t* (<lat *súpero, áre, átum*: elevar-se acima de) **1** Conseguir vencer ou derrotar/Dominar/Suplantar. **Ex.** Conseguiu ~ o adversário. **2** Ser superior a outrem/Ultrapassar/Exceder. **Ex.** Conseguiu ~ todos os colegas da escola e ficou em primeiro lugar. **3** Fazer desaparecer/Livrar-se de/Solucionar. **Ex.** Ele superou os graves problemas de droga. **4** Ir além de/Exceder. **Ex.** Os resultados superaram as expe(c)tativas. **5** Conseguir resolver com sucesso uma situação difícil. **Ex.** Ele superou [ultrapassou] a (sua) timidez natural. **Loc.** *~/Resolver a crise* [os problemas] entre os dois países.

superável *adj 2g* (<lat *superábilis, e*) Que se pode superar ou ultrapassar. **Ex.** O problema, apesar de difícil, é ~, penso eu.

superávit *s m 2n Econ* (<lat *superávit*, 3.ª pessoa do singular do pretérito perfeito de *súpero, áre, átum*) **1** Diferença positiva entre a receita e a despesa/Saldo positivo. **Ant.** Défícit. **2** Quantia que fica depois de feitas todas as despesas do orçamento.

supercampeão *s m* (<super- + campeão) Campeão que apresenta vitórias acima da média.

supercarburante *s m Quím* (<super- + carburante) Gasolina ou carburante de qualidade superior, com elevado índice de octano.

superciliar *adj 2g/v int* (<supercílio + -ar[2/1]) **1** *Anat* Relativo a supercílio/Supraciliar. **2** *fig* Que revela arrogância/Arrogante. **3** *v* Franzir o sobrolho.

supercílio *s m* (<lat *supercílium, ii*: sobrancelha) **1** *Anat* Sobrancelha(+). **2** *fig* Soberba.

supercondutividade *s f Fís* (<super- + condutividade) Estado de uma substância em que a resistência elé(c)trica se anula abaixo de um certo valor de temperatura/Supracondutividade.

supercondutor, ora *s m/adj Fís* (<super- + condutor) Cada um dos metais, compostos ou ligas, nos quais ocorre supercondutividade. ⇒ superfluido.

superdose *s f* (<super- + dose) **1** Dose excessiva, tóxica ou mortal, de droga/Overdose/Sobredose(+). **Ex.** Acabou por morrer com uma ~ de droga que já vinha consumindo há bastante tempo. **2** Quantidade em excesso. **Ex.** Durante a conferência de imprensa, o ministro foi bombardeado com uma ~ [*idi* chuva(+)] de perguntas, ficando por vezes incomodado.

superdotado, a *adj/s* (<superdotar) (O) que é dotado de inteligência acima do normal/Sobredotado(+).

superego (Égo) *s m* (<super- + lat *égo*: eu) **1** Conjunto de valores e regras interiorizados e transmitidos por a(c)ção da educação ao longo do processo de socialização, que constituem a consciência moral e restringem a a(c)tividade, na perspe(c)tiva da psicanálise. **2** Parte da estrutura psíquica. **Ex.** O "id", o "ego" e o ~ constituem a estrutura psíquica, segundo Freud.

superelegante *adj 2g* (<super- + elegante) Que é muito elegante. **Ex.** Ela é ~: alta, bonita, magra; e veste muito bem.

supereminência *s f* ⇒ sobreeminência.

supereminente *adj 2g* ⇒ sobreeminente.

superestimar *v t* ⇒ sobrestimar.

superestrutura ⇒ superstrutura.

superexcelência *s f* (<super- + excelência) Excelência em elevado grau.

superexcitação *s f* (<super- + excitação) Agitação excessiva/Sobre-excitação. **Ex.** Quando o encontrei, estava num estado de ~, (pois) tinha passado no exame!

superexcitar *v t* (<super- + excitar) Provocar grande excitação/Sobreexcitar(+).

superfaturar (Fà) *v t* [= superfacturar] (<super- + faturar) **1** Cobrar preço muito alto por algo. **Ex.** Muitas vezes, quando se trata de trabalho para o Estado, superfaturam o serviço. **2** Emitir fatura de venda com preço acima do realmente cobrado. **Ant.** Subfaturar.

superficial *adj 2g* (<superfície + -al) **1** Relativo a superfície/Externo. **2** *fig* Que não aprofunda o assunto ou é pouco profundo/Por alto/Simplista. **Ex.** Fez uma leitura ~ do texto [Leu o texto *idi* por alto(+)]. **Ant.** Profundo. **3** De pouca importância. **Comb.** Reforma ~/parcial. **4** *Anat* Que está à superfície/Leve/Ligeiro. **Ex.** Ele queimou-se no lume, mas ficou apenas com uma queimadura ~. **5** Que se desenvolve, está, cresce ou vive à superfície. **Ex.** Algumas plantas têm raízes ~ais. **6** Que é aparente/Enganador. **Comb.** Alegria ~ [falsa/aparente/só por fora(+)]. **7** Que é incapaz de compreender ou sentir profundamente/Frívolo/Fútil. **Ex.** Ele fala bem, mas é ~ [mas

não é profundo/mas o que diz tem pouco peso].

superficialidade s f (<superficial + -i- + -dade) **1** Cará(c)ter do que é superficial. **2** Assunto ou trabalho pouco profundo. **Ex.** Não quero [estou para] perder tempo com ~s. **3** Falta de profundidade/Ligeireza/Frivolidade.

superficialmente adv (<superficial + -mente) **1** De modo superficial. **2** Externamente/Aparentemente. **Ex.** ~ [Por fora(+)], não mostrava sinais de doença. **3** Sem profundidade ou rigor/Ao de leve/Levemente. **Ex.** A tese estava elaborada ~ [tinha pouco conteúdo].

superfície s f (<lat *superfícies, ei*: parte exterior; ⇒ face) **1** Parte externa e visível dos corpos. **Ex.** A maior parte da ~ da Terra é líquida. **Comb.** Direito de ~ [Direito de propriedade em terreno ou propriedade alheia, com consentimento do proprietário]. **2** Parte de um corpo mergulhado na água em contacto com o ar. **Loc.** À ~ [À tona da água] (Ex. O mergulhador veio à ~ para respirar). *Pela* ~ [De modo superficial/ Por alto(+)]. **3** *Geom/Meteor* Extensão com duas dimensões/Área. **Ex.** A ~ do quadrado resulta do produto de lado vezes lado. **Comb.** *Geom* ~ *cilíndrica* [gerada por uma re(c)ta que se move paralelamente a ela própria, apoiada numa curva]. ~ *có[ô]nica* [gerada por uma re(c)ta que se fixa num ponto e se move apoiada numa curva]. ~ *esférica* [Totalidade dos pontos do espaço equidistantes de um ponto fixo]. *Meteor* ~ *frontal* [de separação entre duas massas de ar/Frente]. **4** Aspe(c)to aparente ou superficial ou falta de aprofundamento em estudo. **Ex.** A tese abordou [tratou de] um tema difícil, mas ficou pela ~/rama.

superfino, a adj (<super- + fino) **1** Muito fino. **Ex.** Os fios de seda são ~s [finíssimos(+)]. **2** *fig* De qualidade superior/Extraordinário. **Ex.** Na mercearia vende-se massa ~a. **3** Que revela requinte/Apurado. **Ex.** É uma mulher ~a [muito requintada(+)].

superfluido, a s m/adj *Fís* (<super + fluido) **1 a)** Diz-se dos metais no estado supercondutor; **b)** Hélio líquido a temperatura inferior a 2,19 K (⇒ k 3). **2** (O) que apresenta viscosidade nula.

supérfluo, a s m/adj (<lat *supérfluus, a, um*: que é demasiado) **1** (O) que excede as necessidades básicas/Demasiado. **Ex.** As pessoas compram cada vez mais coisas ~as. **2** (O) que é desnecessário/Inútil. **Ex.** O professor passou muito tempo com explicações ~as, esquecendo-se do essencial.

superfosfato s m *Quím* (< super- + ...) O mais importante dos adubos fosfatados, obtido por a(c)ção do ácido sulfúrico concentrado, sobre o fosfato de cálcio natural.

super-herói s m Personagem fictícia com poderes sobre-humanos, lutando pelo bem e combatendo o mal, procurando ajudar os desprotegidos.

super-homem s m (<super- + homem) **1** Personagem de ficção dotada de faculdades superiores ao normal e com uma missão social especial. **Ex.** Os filmes do ~ tiveram muito sucesso. **2** Homem de qualidades superiores ao normal. **Ex.** O meu chefe é um ~, consegue fazer, e bem, mil e uma coisas [, muitas coisas] num dia. **3** *Fil* Cada um dos indivíduos que é capaz de criar novos valores, afirmando intensamente a vida. **Ex.** Nietzsche (filósofo alemão) foi o criador do ~ filosófico.

superintendência s f (<superintender + -ência) **1** A(c)to ou efeito de superintender ou dirigir e orientar superiormente. **2** Cargo ou função de superintendente. **3** Repartição ou lugar onde se exercem essas funções.

superintendente adj/s 2g (<super- + intendente) **1** (O) que superintende, dirige e fiscaliza uma a(c)tividade «empresa, obra». **2** «polícia» Graduação imediatamente superior a intendente.

superintender v t (<lat *superinténdo, ere*: vigiar) **1** Dirigir, como chefe, uma a(c)tividade/Coordenar/Administrar. **Ex.** Ele superintende [controla] as entradas e saídas dos produtos e de todo o material da empresa. **2** Inspe(c)cionar a nível superior/Supervisionar/Fiscalizar. **Ex.** A Dire(c)ção-Geral das A(c)tividades Económicas superintende a a(c)tividade económica do país.

superior, ora adj 2g/s (<lat *supérior, óris*: mais alto; ⇒ super-) **1** Situado acima de outro/Mais alto. **Ex.** O piso ~ [de cima] da casa é muito quente no verão e frio no inverno. **Comb.** *Membros* ~*es* [Braços]. «são» *Ordens* ~*es* [vindas de cima/ do (nosso) chefe] «temos de as cumprir». *Passagem* ~ [Passagem, geralmente pedestre, sobre uma via/Passarela]. **Ant.** Inferior. ⇒ viaduto. **2** Que ocupa um lugar elevado numa escala ou hierarquia. **Ex.** O homem é um animal ~ [é o rei da criação]. **Comb.** *Ensino* ~ [universitário]. *Escola* ~ [que confere graus académicos] «de Belas-Artes/de Educação/de Música». **3** Que possui valor e qualidades acima do comum. **Ex.** Considero que os artistas são seres ~es. Ele é de uma inteligência ~ [é inteligentíssimo]! **Loc.** Ter um ar ~ [Olhar os outros com desdém/desprezo]. **4** Região que se situa a nascente «montante de um rio» ou mais a norte. **5** «secção» Destinado ao público nas casas de espe(c)táculos. **Ex.** A bancada ~ do estádio estava completamente cheia. **6** s O que dirige uma comunidade religiosa. **Ex.** A ~a do convento é uma pessoa muito simples. ⇒ abade; prior. **7** (O) que tem autoridade ou jurisdição sobre outro. **Comb.** *Conselho S*~ *da Magistratura* [Órgão presidido pelo presidente do Supremo Tribunal de Justiça, que tem como função garantir a autoridade e independência do poder judicial]. *Instância* ~ [Tribunal de jurisdição superior à [ao de] primeira instância].

superioridade s f (<superior + -i- + -dade) **1** Condição ou qualidade do que é superior, acima de outros. **2** Condição de mando/Autoridade(+). **3** Posição de estar melhor em relação a outro. **Ex.** Ao ser expulso um jogador, a equipa adversária ficou em ~ numérica. **3** Cara(c)terística do que se acha [do que pensa que é] melhor que os outros/Arrogância. **Ex.** Ele tem sempre um ar [uma atitude] de ~ [Ele é arrogante/orgulhoso]. **Comb.** *Complexo de* ~ [Atitude superior, tomada inconscientemente, para compensar o sentimento de inferioridade]. **Ant.** Inferioridade.

superiorizar v t (<superior + -izar) **1** Distinguir(-se)(+) pelo seu valor. **Ex.** Com o seu excelente trabalho, o aluno conseguiu ~-se em relação aos outros colegas. **2** Ultrapassar em valor ou mérito. **Ex.** O concerto a que acabei de assistir superiorizou os [foi superior aos/foi (muito) melhor que os (+)] anteriores. **3** ~-se/Ter-se em conta de superior/Pensar que é melhor do que os outros.

superiormente adv (<superior + -mente) **1** De modo excelente ou superior/Excelentemente/Perfeitamente(+). **Ex.** Ele realizou o trabalho ~. **2** Em grau muito elevado/ Muito. **Ex.** Ele é ~ inteligente. **3** Por ordem ou autoridade superior. **Ex.** Foi ~ autorizado a sair mais cedo do trabalho.

superlativação s f (<superlativar + -ção) **1** A(c)to ou efeito de superlativar. **2** *Gram* A(c)ção de atribuir forma de superlativo «a *bom* dizendo *ó(p)timo*/a *esperto* dizendo *espertíssimo*». **3** A(c)ção de elevar alguém ou alguma coisa ao mais alto grau.

superlativar v t /int (<superlativo + -ar¹) **1** Colocar «adje(c)tivo» no grau superlativo, acrescentando os elementos apropriados. **Ex.** Para ~ o adje(c)tivo "extenso" acrescenta-se o sufixo "íssimo". **2** Usar frequentemente superlativos. **Ex.** Ele está sempre a ~ as suas qualidades [Ele é um [muito] vaidoso]. **3** Exagerar as qualidades de algo ou de alguém/Hiperbolizar. **Ex.** O orador superlativou [exaltou(+)] as virtudes e talentos do homenageado.

superlativo s m/adj (<lat *superlatívus, a, um*) **1** Que exprime qualidade num grau muito elevado. **2** Que tem cará(c)ter de excelência. **Ex.** Toda a imprensa teceu [deu/escreveu] elogios ~s [os maiores elogios(+)] ao discurso do Presidente. **3** ⇒ Elevado ao mais alto grau. **4** ⇒ *fig* O que é excessivo/Exagerado/Hiperbólico. **5** s m *Gram* Grau do adje(c)tivo (⇒ superlativar **1 Ex.**) ou do advérbio que indica qualidade superior ou inferior. **Comb.** ~ *absoluto* [que indica o grau superior ou inferior, independente de qualquer referência «inteligentíssimo»]. ~ *absoluto sintético* [expresso por uma só palavra] (Ex. A cantora que vai a(c)tuar é *famosíssima*). ~ *absoluto analítico* [formado com auxílio de outra palavra] (Ex. A cantora que vai a(c)tuar é *muito famosa*). ~ *relativo* [que exprime o elevado grau de uma qualidade, estabelecendo uma comparação implícita «O mais inteligente» (De todos)].

superlotação s f (<super- + lotação) ⇒ sobrelotação.

superlotado, a adj (<superlotar) Em que a lotação foi excedida, ultrapassando a sua capacidade/Cheio. **Ex.** O autocarro [ó[ô]-nibus] vinha ~ e não parou. **Ant.** Vazio.

superlotar v t (<super- + lotar) Encher um espaço com pessoas ou coisas em excesso, para além da sua lotação. **Ex.** O público superlotou [encheu(+)] o salão de baile, idi estava à cunha, quase não se podia andar.

supermercado s m (<super- + mercado) Estabelecimento comercial, de autosserviço [em que as pessoas se abastecem], de dimensões consideráveis, onde estão expostas para venda mercadorias ou produtos diversos, com pagamento à saída. **Ex.** Costumo ir ao ~ comprar quase tudo: comida, bebidas, produtos de higiene, ele(c)trodomésticos, ... **Sin.** Hipermercado; grande superfície [centro] comercial.

superno, a adj (<lat *supérnus, a, um*: superior) Superior/Supremo(+). **Ex.** O Papa é a autoridade ~a dentro da Igreja Católica. **Comb.** O reino ~ de Deus [O céu].

supernova s f *Astr* (<super- + nova) Estrela que sofreu a(c)ção de explosões internas numa fase da sua evolução, brilhando de modo intenso, mas perdendo pouco a pouco o seu brilho.

súpero, a adj (<lat *súperus, a, um*: que está em cima) **1** Que está acima de outro/Superior(+). **Ant.** Ínfero. **2** *Bot* Diz-se do ovário situado acima de outras partes da flor.

superocupado, a adj (<super- + ocupado) Muito ocupado. **Ex.** Não posso ir ao cinema porque estou ~/ocupadíssimo.

superpopulação s f (<super- + população) **1** Excesso de população, nomeadamente em relação aos meios de subsistência.

2 Número excessivo de indivíduos de espécie animal ou vegetal numa determinada zona/Superpovoamento.

superpotência s f (<super- + potência) Estado ou país que se salienta pelo grande poder político, económico e militar. **Ex.** A China está a caminho de ser, ou melhor, já é uma ~.

superpovoado, a adj (<superpovoar) Com grande densidade populacional/Povoado em excesso. **Ex.** A Índia é um país ~. **Ant.** Desabitado.

superpovoamento s m (<super- + povoamento) Excesso de população ou grande densidade populacional numa determinada zona geográfica.

superpovoar v t (<super- + povoar) ⇒ sobrepovoar.

superprodução s f (super- + produção) **1** Produção muito grande ou excessiva de um produto relativamente ao que é necessário ou ao que estava previsto. **Ex.** Houve a descida dos preços dos cereais, devido à ~. **2** Econ Produção acima da procura no mercado. **Ex.** Alguns países, quando tinham ~ de um produto, lançavam-no ao mar. **3** «cinema, televisão, teatro» Produção grandiosa e de elevado investimento, devido aos cenários majestosos, elenco numeroso e efeitos especiais. **Ex.** As grandes ~ões em cinema são frequentemente filmes históricos.

superproteção (Tè) s f [= superprotecção] (<super- + proteção) A(c)ção ou resultado de superproteger/Proteção excessiva. ⇒ paternalismo; mimo.

superproteger v t (<super- + proteger) **1** Dar prote(c)ção especial, procurando defender dos perigos «um bem muito valioso». **2** Proteger demasiado, impedindo o desenvolvimento normal da criança. **Ex.** Ela superprotege o filho, fazendo com que ele tenha pouca iniciativa.

superprotegido, a adj/s (<superproteger) (O) que goza de superproteção. **Ex.** As crianças ~as têm mais dificuldade de adaptação a novas situações.

supersaturação s f Quím (<super- + ...) Estado de uma solução em que, (num)a dada temperatura, a concentração do soluto é superior à sua solubilidade/Sobressaturação.

supersecreto, a adj (<super- + secreto) Secreto ao mais alto grau/Ultrassecreto.

supersensível adj 2g (<super- + sensível) **1** Que não é captado pelos sentidos/Suprasensível 1(+). **2** Muito sensível/Hipersensível. **Ex.** Ela é uma pessoa ~ «emociona-se [zanga-se] facilmente». **3** Que revela grande sensibilidade «artística». **Ex.** É um poeta ~.

supersónico, a [Br **supersônico**] adj (<super- + sónico) **1** Diz-se das vibrações e ondas sonoras de frequência maior que as capacidades do ouvido humano. **Comb.** Ondas ~as. **2** Que se move com velocidade superior à do som. **Ex.** Os aviões ~s fazem mais ruído que os outros.

superstar ing s 2g Indivíduo «cantor, artista, atleta» que apresenta talento em alto grau e por isso é muito aplaudido.

superstição s f (<lat *superstítio, ónis* <*supersto,are, stéti:* estar por cima, dominar) **1** Desvio do sentimento religioso que consiste em atribuir a certas práticas uma espécie de poder mágico/Magia/Feitiçaria/Paganismo. **2** Crença infundada em certos a(c)tos ou obje(c)tos que trariam sorte ou azar, levando a temer alguns e a confiar noutros, sem alguma relação entre os fa(c)tos e as supostas causas associadas. **Ex.** Muitas pessoas acreditam na ~ de que a sexta-feira é dia de azar e de que o número treze também traz má sorte. **3** Crença sem fundamento em presságios e sinais/Crendice.

supersticioso, a (Ôso, Ósa, Ósos) adj/s (<lat *superstitiósus, a, um*) **1** Relativo a superstição. **2** (O) que acredita e se deixa influenciar por superstições. **Ex.** Há pessoas tão ~as que regulam toda a sua vida por um conjunto de superstições que as leva, por vezes, a deixar de cumprir as suas obrigações.

supérstite adj 2g (<lat *supérstes, itis*) Sobrevivente(+). **Comb.** O cônjuge ~.

superstrato s m Ling (<lat *superstrátus, a, um* <*supersterno, ere, strátum:* estender sobre) Língua introduzida numa determinada zona onde se fala outra língua, e que é assimilada pela língua preexistente, deixando marcas fonéticas, lexicais e sintá(c)ticas. **Ex.** O português, nos crioulos de base não portuguesa, é a língua de ~. **Ant.** Substrato.

superstrutura s f (<super- + estrutura) **1** (No marxismo) Conjunto das forças institucionais, políticas, jurídicas, culturais de uma sociedade cuja base é a economia. **2** Parte de uma construção «casa/estrada/via-férrea» acima do nível do solo. **3** Parte de uma ponte acima do nível da água. **Ex.** A ~ da ponte ruiu por estar muito danificada a base de suporte. **Ant.** Infraestrutura.

supervalorizar ⇒ sobrevalorizar.

supervenção [superveniência] s f (⇒ sobrevir) **1** A(c)ção ou resultado de sobrevir. **2** O ocorrer inesperadamente.

superveniente adj 2g (<lat *supervéniens, éntis*) Que acontece ou vem depois/Subsequente(+).

supervisão s f (<super- + visão) **1** A(c)to ou efeito de supervisionar. **Ex.** Ele tem que fazer a ~ de todas as a(c)tividades «da empresa». **2** Função de supervisor/Coordenação/Dire(c)ção. **Ex.** Ele tem a ~ de todos os produtos que entram na loja. **3** Revisão de um trabalho realizado ou acompanhamento de uma obra em fase de elaboração (exercidos por um supervisor).

supervis(ion)ar v t (<super- + vis(ion)ar) **1** Dirigir, inspe(c)cionando/Controlar/Superintender. **Ex.** O coordenador supervisiona as aulas dos professores estagiários. O técnico supervisiona todas as máquinas da empresa. **2** Cine Exercer, num filme, a função de supervisor. ⇒ realizador.

supervisor, ora adj/s (<super- + visor) **1** (O) que supervisiona, dirigindo, inspe(c)cionando e avaliando superiormente a a(c)tividade realizada por outrem. **Comb.** ~ da construção da casa. **2** Cine O que numa filmagem desempenha as funções de conselheiro artístico. ⇒ realizador.

supetão s m (<an súpe[i]to [súbito] + -ão) Movimento rápido e inesperado «do cavalo (⇒ safanão)/Impulso. **Loc.** De ~ [De repente /Repentinamente «abriu a porta do carro»] (Ex. Ele apareceu de ~) ⇒ súbito.

supimpa adj 2g Br (<?) Muito bom/Excelente/Ó(p)timo. **Ex.** O bolo estava ~.

supino, a s m/adj (<lat *supínus, a, um:* deitado de costas; ⇒ sub-) **1** (Em) grau elevado/Excessivo. **Ex.** Ele é de uma ignorância ~a [Ele é muito [um grande] ignorante]. **2** Deitado de costas. **Ex.** Estendeu[Deitou]-se ~ [de barriga para o ar] na cama [na relva]. **3** s m Gram Forma nominal do verbo latino «ámo, áre, *amátum*».

súpito ⇒ supetão.

suplantação s f (<suplantar) A(c)to ou efeito de suplantar(-se)/Superação(+). **Ex.** A ~ daquele grave problema só foi possível com a ajuda de todos.

suplantar v t (<lat *supplánto, áre, átum:* derrubar <*sub, planta*) **1** Calcar/Pisar. **2** Prostrar aos pés/Derrubar/Subjugar. **Ex.** O pugilista suplantou [ganhou ao] adversário. **3** Ultrapassar(+). **Ex.** O atleta suplantou todos os concorrentes e conseguiu o primeiro lugar. **4** Superar/Vencer. **Ex.** O edifício suplanta em altura [é mais alto do que] todos os que ficam [estão] à sua volta.

suplementar adj 2g/v t (<suplemento + -ar[2/1]) **1** Relativo a suplemento. **2** Que serve de suplemento/Adicional. **Ex.** Ele faz todos os meses horas ~es [extra]. **Loc.** Pedir um crédito ~ (para cobrir uma despesa que não tinha crédito suficiente). **3** Não programada. **Ex.** O professor fez uma explicação ~ para os alunos. **4** Que se acrescenta como suplemento. **Ex.** Eles têm de receber todos os dias comida ~. **5** Geom Diz-se de dois ângulos cujas amplitudes somam 180 graus [formam um ângulo raso]. **Ex.** Um ângulo com 60 graus e outro com 120 graus são ~es. **6** Mús «linha» Que se escreve acima ou abaixo da pauta musical. **7** v t Acrescentar alguma coisa a. **Ex.** Muitos jornais editam uma pequena revista para ~ a informação em algumas áreas. **8** v t Servir de suplemento ou aditamento. **Ex.** Um pequeno glossário em anexo suplementa o livro. ⇒ apêndice.

suplemento s m (<lat *supleméntum, i*) **1** O que supre alguma falta. **Ex.** O médico receitou-lhe um ~ de vitamina C. **Comb.** ~ alimentar [que se acrescenta à alimentação para suprir o que lhe falta]. **2** O que se acrescenta a um outro para ampliar. **Ex.** O governo concedeu um ~ de verba para poder satisfazer todas as necessidades. **3** Aditamento para completar. **Ex.** Publicou um ~ ao glossário que já tinha feito anteriormente. **4** O que excede o previsto inicialmente. **Ex.** No aeroporto teve de pagar um ~ por excesso de bagagem. **5** Caderno, numa publicação «jornal, revista», com assunto especial acrescentado à informação ordinária. **Ex.** No domingo o jornal trouxe um ~ sobre viagens. **6** Geom Ângulo que se acrescenta a outro para dar 180 graus. **Ex.** 60 graus é o ~ dum ângulo de 120 (⇒ suplementar 5).

suplência s f (<lat *suppléntia*) (Tempo de exercício de) função de suplente. **Ex.** O período da minha ~ «no cargo» termina brevemente.

suplente adj/s 2g (<lat *súpplens, éntis* ⇒ suprir) **1** (O) que supre uma falta ou pode exercer as funções de outro. **Comb.** Juiz ~. **2** (D)esp Atleta que substitui outro. **Ex.** O treinador mandou entrar para o campo um dos ~s, por [devido ao fa(c)to de] um jogador [um da equipa] se ter lesionado.

supletivo, a adj (<lat *suppletívus, a, um:* que serve para completar) **1** Que completa ou serve de suplemento/Supletório/Suplementar. **Comb.** Curso ~ «de escolarização para quem não a concluiu na idade própria». **2** Ling Diz-se de formas nominais ou verbais que, sendo um paradigma diferente, ocupam o lugar de outras inexistentes, podendo complementar um paradigma defe(c)tivo. **Comb.** Verbo ~.

supletório, a adj (<lat *suppletórius, a, um*) **1** ⇒ Supletivo. **2** Dir Que é feito para suprir a insuficiência de provas. **Comb.** Juramento ~.

súplica s f (<suplicar) **1** Pedido humilde e insistente para obter um favor/Rogo. **Ex.** Perante [Ouvindo/Ao ouvir] as ~s de ajuda da senhora idosa, todos ficavam comovidos. **2** Pedido/Prece/Oração dirigida a Deus ou aos santos para obter uma graça.

Ex. Deus ouviu as ~s do povo, e a chuva veio, depois de uma longa seca.

suplicado, a s m/adj (<suplicar) **1** Implorado humildemente e com insistência. **2** s m Dir Pessoa contra a qual o suplicante requer. ⇒ suplicante **2**.

suplicante adj/s 2g (⇒ suplicar) **1** (O) que suplica ou implora um favor. **Ex.** O mendigo, ~ [com voz ~], andava de porta em porta, pedindo qualquer coisa para comer. **2** Dir Parte [Pessoa] que requer em juízo/Requerente. ⇒ suplicado **2**.

suplicar v t (<lat *súpplico, áre, átum*: dobrar os joelhos) **1** Pedir com insistência e humildemente/Implorar/Rogar. **Ex.** O condenado suplicou [pediu(+)] perdão dos seus crimes. Suplicou que, por amor de Deus, o ajudassem. **2** Requerer.

suplicativo [suplicatório], a adj (⇒ suplicar) Que contém súplica.

súplice adj 2g (<lat *súpplex, icis*: que dobra os joelhos, suplicante <sub + plécto, ere, pléxum: enlaçar) **1** Que suplica/Suplicante. **Ex.** O pedido ~ de ajuda comoveu toda a gente. **2** Que exprime súplica. **Ex.** Ele ergueu, os braços [as mãos], ~s.

supliciado, a s m/adj (<suplicar) **1** (O) que sofreu suplício/Condenado à morte. **2** (O) que foi torturado.

supliciar v t (<suplício + -ar¹) **1** Aplicar um suplício ou castigo violento/Torturar(+). **Ex.** Mandaram ~ os detidos até confessarem os crimes. **2** Punir «um traidor» com a pena de [Condenar à] morte. **3** fig Causar grande sofrimento moral a alguém/Fazer sofrer/Afligir/Magoar/Martirizar.

suplício s m (<lat *supplícium, ii*: a(c)to de dobrar os joelhos, ~) **1** Grave castigo corporal/Tortura(+). **Idi.** ~ **de Tântalo** [Angústia por não conseguir alcançar o que está mesmo [quase] ao seu alcance]. *Último* ~ [Pena de morte]. **2** Sofrimento físico, psicológico ou moral intenso e prolongado. **Ex.** Sofria de enxaqueca, (o que era) um verdadeiro [autêntico] ~! A presença do traidor na reunião era para ela um ~ insuportável.

supor v t (<lat *suppóno, ere, pósitum*: pôr debaixo) **1** Admitir hipoteticamente/Partir de um pressuposto/Imaginar. **Ex.** Supõe que te sai a sorte grande na lotaria; o que vais fazer com tanto dinheiro? **2** Admitir como provável um fa(c)to/Presumir. **Ex.** «11 da boite» Como não vejo luz em casa, suponho que já est(ar)ão a dormir. **3** Ter uma noção ou ideia antecipada de algo/Calcular/Pensar. **Ex.** Apesar de não ter dito nada, suponho [parece-me/calculo/penso/acho] que ele vai chegar amanhã. **4** Achar(-se) com determinada cara(c)terística ou qualidade/Considerar. **Ex.** Supunha-o [Pensava que estava] doente, mas encontrei-o na rua feliz e contente. **5** Implicar, um fa(c)to, a existência de outro. **Ex.** O efeito supõe a causa. Uma enciclopédia tão grande «vinte e seis volumes» supõe muitos anos de trabalho e de organização.

suportar v t (<lat *suppórto, áre, átum*: levar de baixo para cima, ~) **1** Manter firme, sem ceder à força ou ao peso, para não cair/Aguentar/Sustentar. **Ex.** As vigas suportam o telhado. **2** Ter resistência física ou psicológica/Aguentar/Tolerar. **Loc.** ~ a dor [o calor/a fome/o frio/a sede]. **3** Sofrer com paciência/Aguentar/Aturar. **Ex.** Temos de saber [de aprender a] ~-nos uns aos outros. Com paciência, vou suportando o mau feitio do meu amigo. **Loc.** ~ as fraquezas [imperfeições] do próximo/dos outros. **4** Aguentar um encargo financeiro. **Ex.** Ela tem que ~ todas as despesas de casa porque o marido está desempregado. **5** ⇒ apoiar; basear; ajudar.

suportável adj 2g (<suportar + -vel) Que se pode suportar. **Ex.** O frio [A temperatura] ainda é ~. **Ant.** Insuportável.

suporte s m (<suportar) **1** O que sustenta alguma coisa/Escora/Esteio. **Ex.** A casa, como já está [é] velha, precisa de uns ~s de ferro para não cair, até ser feita a reparação. **2** Aquilo em que uma coisa assenta/Base/Apoio/Sustentáculo. **Comb.** *Os ~s de uma abóbada* [de todo o edifício]. *Um ~ para* (colocar) *o vaso*. **3** Apoio dado [que se dá] a alguém. **Ex.** Com a partida do filho, os pais ficaram sem o seu grande ~. **4** Apoio/Fundamento. **Comb.** ~ técnico [Pessoa que explica o uso de algo «em informática»]. **5** Material de base ou base física «papel, filme, madeira» para regist(r)o de informações. **Ex.** Ele apresentou o trabalho na aula em dois ~s: informático e de papel. **6** Heráldica Animal de cada lado do brasão e que parece sustentá-lo.

suposição s f (<lat *supposítio, ónis*: substituição fraudulenta, a(c)ção de pôr debaixo) **1** A(c)to ou efeito de supor/Conje(c)tura/Hipótese. **Ex.** Como ainda não se confirmou o autor do crime, há muitas ~ões. **2** Opinião fundada em meras hipóteses, sem provas concretas/Crença. **Ex.** Ele acreditou, na ~ das boas intenções do amigo, mas acabou por ser enganado. **4** Dir Apresentação de uma coisa falsa como verdadeira/Simulação. **Comb.** ~ *de criança* [Atribuição de um menor de idade a uma mulher que se sabe que não o gerou]. ~ *de nome* [O usar um nome falso].

suposítício, a adj (<lat *supposítícius, a, um*) Atribuído falsamente a alguém/Posto em lugar de outro/Falso. ⇒ suposição **2**.

supositivo, a s m/adj (<lat *suppositívus, a, um*) Que tem o cará(c)ter de suposição/Hipotético/Suposto(+).

supositório s m/adj (<lat *suppositórius*: que está debaixo) **1** Med Produto «medicamento», de forma có[ô]nica, que se introduz no ânus e que é absorvido pela mucosa intestinal, libertando a substância medicamentosa. **Ex.** Teve que pôr um ~ à criança para baixar a febre. **2** «argumentus no tribunal» Baseado em suposição/Hipotético/Suposto(+) «nome/crime».

supostamente (Pós) adv (<suposto + -mente) **1** Partindo de uma suposição. **Ex.** Os animais, ~ envenenados, estavam espalhados por uma grande área. **2** De acordo com o que é tido como verdadeiro, mas sem confirmação. **Ex.** Foram encontrados na rua dois homens inanimados, ~ por causa do frio que fez de noite.

suposto, a (Pôsto, Pósta, Póstos) s m/adj (<lat *suppósitus*: posto debaixo; ⇒ supor) **1** Admitido como hipótese/Provável/Hipotético/Presumível. **Ex.** A ~a festa, tão anunciada, afinal não se realizou. **Comb.** ~ *que* [Admitindo que] (Ex. ~ que eles cheguem cedo, temos que estar preparados). **2** (O) que é apresentado como verdadeiro/Fictício/Imaginário. **Ex.** O ~ animal feroz que ele dizia ver todos os dias, nunca ninguém o viu. A ~a carta do Presidente nunca apareceu/se viu. **Ant.** Real/Verdadeiro.

supra adv (<lat *supra*: acima) Numa parte anterior do texto/Acima. **Ex.** Veja a figura ~ «nesta página». **Ant.** Infra.

supra- pref Elemento de formação que exprime a noção de **superioridade, excelência, posição acima, excesso**. ⇒ sobre-; super-.

supraciliar adj 2g Anat (supra- + ciliar) Que fica por cima da órbita ocular e coberto pelas sobrancelhas/Superciliar(+). **Comb.** Arcada ~.

supracitado, a adj (supra- + ...) Citado ou mencionado acima ou anteriormente. **Ex.** Os professores ~s justificaram a falta por não haver condições (para dar aulas) na escola. **Ant.** Infracitado.

supracitar v t (supra- + citar) Citar acima ou anteriormente «num texto».

supracondutividade s f Fís (supra- + condutividade) ⇒ supercondutividade.

supracondutor s m Fís (supra- + condutor) ⇒ supercondutor.

supradito, a adj (<supra- + dito) ⇒ supracitado/sobredito(+).

supranacional adj 2g (<supra- + nacional) **1** Que transcende o nacional, estando acima das instituições nacionais. **2** Que pertence a um organismo acima do governo de cada nação. **Ex.** Há muitas instituições como a OTAN [ing NATO] e a ONU [UN(O)] que são ~ais.

supranumerário, a adj/s (<supra- + número + -ário) **1** (O) que excede o número (previamente) fixado/Excedente. **Ex.** Os candidatos ~s ficaram em lista de espera. **2** Funcionário ou empregado que sobra [está a mais] num quadro ou lista para entrar na vaga de outrem.

suprapartidário, a adj (<supra- + partidário) **1** Que está acima dos partidos. **Comb.** Governo ~ «provisório/de salvação nacional». **2** Que reúne membros de vários partidos, mas não se subordina a nenhum deles. **Ex.** Para ajudar a resolver os problemas do país, alguns deputados constituíram um bloco ~.

suprarrenal adj Anat (<supra- + renal) Situado por cima dos rins. **Comb.** Glândulas ~ais [Dois órgãos que revestem a parte superior do rim e que segregam a adrenalina] (Ex. As glândulas ~ais são (glândulas) endócrinas).

suprassensível adj (<supra- + sensível) **1** Que ultrapassa os [não é captado pelos] sentidos. **2** ⇒ Supersensível 2(+).

suprassumo s m (<supra- + sumo¹) Grau mais elevado em algo/Máximo. **Ex.** Ele pensa que é o ~ em tudo [que como ele não há outro]. Ela é o ~ da beleza [Não conheço mulher mais bela/linda]!

supremacia s f (<supremo) **1** Superioridade total e incontestável de alguém ou de algo «da Constituição (do país)»/Primazia. **2** Poder supremo, independente e superior a todos os outros poderes/Hegemonia. **Ex.** A Europa manteve durante séculos a ~ política, económica e cultural no mundo.

supremo, a adj (<lat *suprémus, a, um*: o mais alto) **1** Que está acima de qualquer coisa/Sumo. **Ex.** Nas monarquias, o rei representa o poder ~. **Comb.** *S~ Tribunal (de Justiça)* [Órgão superior da hierarquia dos tribunais judiciais]. *S~ Tribunal Administrativo* [Órgão superior da hierarquia dos tribunais administrativos e fiscais]. **Ant.** Ínfimo. **2** Que atinge o grau mais elevado ou o limite/Extremo. **Ex.** O atleta conseguiu, num [com] ~ esforço, atingir a meta em primeiro lugar. **3** Que vem depois de tudo/Último. **Comb.** *Hora ~a* [derradeira/da morte]. *Momento ~* [Último momento (de vida)/Hora da morte]. **4** Que se refere a Deus ou ao seu poder/Divino. **Comb.** *A ~a sabedoria* (de Deus). *Ente/Ser S~* [Deus].

supressão s f (<lat *suppréssio, ónis*) **1** A(c)to ou efeito de suprimir/eliminar algo/Eliminação. **Ex.** O autor, na revisão, fez a ~ de [,suprimiu(+)/cortou(+)] algumas partes do texto. **Ant.** Acrescent(ament)o/Acréscimo. **2** A(c)ção de abolir/Abolição/Anula-

ção. **Ex.** Com a subida ao poder do ditador, houve a ~ das anteriores liberdades. **Ant.** Conservação; manutenção; continuação; introdução.

supressivo, a *adj* (⇒ suprimir) Que suprime ou provoca a supressão de alguma coisa/Supressor.

supressor, ora *adj/s* (⇒ suprimir) (O) que suprime ou impede algo/Supressivo. **Comb.** *ele(c)tr* Grelha ~ora [Elé(c)trodo introduzido numa válvula ele(c)trónica entre a grelha de blindagem e o ânodo, destinado a suprimir os efeitos de omissão secundária].

suprimento *s m* (<suprir + -mento) **1** A(c)to ou efeito de suprir. **2** A(c)to ou efeito de acrescentar/Adição/Suplemento(+). **Ex.** Os trabalhadores receberam um ~ de salário. **3** O que satisfaz as necessidades. **Ex.** A terra é pequena, mas dá ~ [provimento(+)/alimento(o+)] a muita gente. **4** Quantidade de dinheiro que se concede mediante certas garantias/Empréstimo. **Ex.** O ~ de verba ajudou a empresa a não ir à falência. **5** Decisão ou despacho suplementar «a um requerimento». **6** *Dir* A(c)to pelo qual o juiz supre a incapacidade de outrem «para validar a(c)tos de menores ou dependentes».

suprimir *v t* (<lat *súpprimo, ere, préssum*: ir ao fundo; fazer desaparecer; ⇒ premer) **1** Fazer cessar/Abolir/Extinguir/Eliminar. **Ex.** A reunião de hoje foi suprimida. As ditaduras suprimem as liberdades individuais. **Ant.** Manter/Conservar/Introduzir. **2** Tirar uma parte de um todo/Cortar/Retirar. **Ex.** O escritor suprimiu [cortou] algumas frases do texto, no a(c)to de revisão. **Ant.** Acrescentar/Adicionar. **3** Fazer desaparecer. **Ex.** As crises econó[ô]micas não suprimem as desigualdades, antes [até] as acentuam. **4** Impedir a continuação de alguma coisa. **Ex.** O medicamento não conseguiu ~ [tirar] a dor que o atormentava. **5** Ocultar ou não dizer alguma coisa que se sabe/Esconder. **Ex.** A testemunha suprimiu [calou(+)] fa(c)tos importantes [no seu testemunho]. **6** ⇒ Assassinar/Matar.

suprir *v t/int* (<lat *súppleo, ére, étum*: completar) **1** Completar/Preencher. **Ex.** O médico pôs o doente a soro para ~ a falta de alimento. **2** Substituir/Fazer as vezes de. **Ex.** A experiência, por vezes, supre a falta de estudo. **3** Acudir/Minorar/Remediar. **Ex.** A boa vontade das pessoas ajuda a ~ as carências dos mais necessitados. **4** Prover(+) de meios de grande necessidade/Abastecer/Fornecer. **Ex.** Foram transportados produtos para a zona sinistrada, para ~ de alimentos as vítimas. **5** Garantir a subsistência. **Ex.** Com o desemprego do marido ela tem de ~ a casa [de alimentar a família].

suprível *adj 2g* (<suprir + -vel) Que se pode suprir/Substituível(+).

supuração *s f Med* (<lat *suppurátio, ónis*: corrimento) A(c)to ou efeito de supurar/Formação de pus/Ab(s)cesso.

supurar *v t* (<lat *suppúro, áre, átum*) **1** Criar pus. **Ex.** O ab(s)cesso supurou. **2** Fazer sair/Deitar pus. **Ex.** A ferida ainda supura um pouco, mas já está quase curada. **3** *fig* Deixar aflorar/Expressar. **Ex.** Ele, não sei porquê, supurava ódio por todos os poros.

supurativo [supuratório], a *s m/adj* (⇒ supurar) **1** Relativo a supuração. **2** *Med* Medicamento que provoca ou facilita a saída do pus. **Ex.** O médico receitou um ~ para que o pus saísse com mais facilidade.

suputar *v t* (<lat *súpputo, áre, átum*: cortar; calcular) **1** Determinar um valor por meio de cálculo/Calcular(+). **Ex.** É preciso ~ bem as despesas para não nos endividarmos. **2** Avaliar por (meio de) indícios. **Ex.** O agricultor suputava o volume de vinho dentro da pipa através de uns toques que lhe dava no casco.

sura *s f Anat* (<lat *sura*: barriga da perna) (Região da) barriga da perna(+).

surdez *s f* (<surdo + -ez) **1** Estado ou condição de quem é surdo. **Ex.** Adquiriu a ~ com [Ficou surdo por causa de] uma doença de ouvidos mal curada. **Comb.** ~ completa [parcial]. **2** Perda ou diminuição considerável do sentido da audição. **Ex.** Beethoven compôs algumas das suas obras musicais quando já tinha uma ~ bastante acentuada. **3** *fig* Indiferença/Desinteresse. **Ex.** Como não lhes convinha, as pessoas manifestaram grande ~ às propostas do presidente da reunião.

surdina *s f* (<it *sordina*: dispositivo para abafar o som de certos instrumentos; ⇒ surdo) **1** Som ou voz num volume ou tom baixo/Murmúrio. **Ex.** Para não acordar o bebé, ela põe a música em ~. **Loc.** *idi À/De/Pela ~* [Pela calada/Sem ruído]. «falar/cantar/tocar» *Em ~* [Em voz baixa/Com o som abafado]. **2** *Mús* Dispositivo ou peça móvel que serve para abafar a sonoridade ou alterar o timbre em certos instrumentos (de sopro, de cordas, de percussão). **Ex.** Antes de começar a tocar a viola ele coloca a ~. **3** Pedal esquerdo do piano/Abafador.

surdir *v t/int* (<fr *sourdre*: brotar) **1** Sair para fora de água. **Ex.** O corpo surdiu à tona da água. **2** Aparecer/Brotar/Surgir(+). **Ex.** Uma sombra surdiu, de noite, na viela [rua estreita] mal iluminada. **3** «água» Sair da terra/Brotar(+)/Jorrar(+). **Ex.** A água surdia da rocha. **4** ⇒ surtir «efeito(+)».

surdo, a *adj/s* (<lat *súrdus, a, um*) **1** (O) que não ouve. **Ex.** Ele é ~ de nascença. **Loc.** Ficar ~ [Deixar de ouvir]. **Idi.** Ser ~ *como uma porta* [Ser muito ~]. **2** *fig* (O) que não quer ouvir. **Ex.** Ele mostrou-se [foi] sempre ~ aos conselhos dos amigos. **Idi** *Fazer-se ~* [Fingir que é ~/Não querer ouvir] (Ex. Quando não lhe interessa [convém] faz-se ~). *Conversa/Diálogo de ~s* [em que as pessoas não estão interessadas em ouvir]. **3** Insensível. **Ex.** As autoridades mantiveram-se ~as aos apelos do povo. **4** Pouco audível/Abafado. **Ex.** Há um barulho ~ constante na vizinhança. **5** Que não se manifesta com ruído, mas que é real. **Ex.** Eles continuam a alimentar uma guerra ~a, por causa da partilha de bens. Vários se(c)tores da sociedade têm feito uma campanha ~a de difamação contra alguns responsáveis políticos. **Ant.** Aberto/Claro. **6** *Fon* Diz-se dos sons vocais sem vibração das cordas vocais. **Ex.** As consoantes *p* e *t* são consoantes ~as. O *a* de *da* é uma vogal ~a. **Ant.** Sonoro. **7** ⇒ *fig* Intransigente/Impassível/Indiferente.

surdo-mudez *s f* Estado ou condição de surdo-mudo.

surdo-mudo, surda-muda *adj/s* (O) que é ao mesmo tempo surdo e mudo. **Ex.** Há escolas de ~s-~s com métodos de aprendizagem própria para eles.

surfar *v int (D)esp* (<surfe + -ar¹) Praticar ou fazer surfe. **Ex.** Quase todos os dias ele vai ~ para a praia perto de casa.

surfe [ing *surf*] *s m (D)esp* (<ing *surf*: rebentação das ondas) Prática (d)esportiva que consiste em deslizar com os pés em cima de uma prancha sobre a crista das ondas. **Ex.** O mar hoje «na praia da Nazaré» está com boas ondas, está ó(p)timo para o ~.

surfista *adj/s 2g* (<surfe + -ista) (O) que pratica surfe. **Ex.** Quando o tempo está próprio para (a prática d)o surfe, veem-se muitos ~s na praia.

surgimento *s m* (<surgir + -mento) A(c)to ou efeito de surgir/Aparecimento(+). **Ex.** O ~ [surto(+)] desta epidemia está ligado às más condições de vida da população.

surgir *v t/int* (<lat *súrgo, gere, réctum*) **1** Erguer-se/Elevar-se/Levantar-se. **Ex.** Quando chegámos ao vale, a montanha surgiu perante os nossos olhos em toda a sua grandeza. **2** Chegar ou vir por mar/Aportar. **Ex.** De repente, surgiu uma embarcação perto da praia. **3** Vir do fundo para a superfície/Emergir. **Ex.** Surgiram à tona da água [à superfície] duas enormes baleias. **4** Despertar/Acordar. **Ex.** Depois de longas horas em estado de sonolência, o doente surgiu do sono. **5** Tornar-se visível/Aparecer/Despontar. **Ex.** Ao longe surgiu uma sombra sem se distinguir bem o que seria. **Ant.** Desaparecer. **6** Aparecer de repente/Irromper. **Ex.** O comboio [trem] surgiu [veio] de repente, e as pessoas que iam atravessar a linha quase foram colhidas/apanhadas por ele. **7** Passar a existir/Acontecer/Ocorrer/Sobrevir. **Ex.** As complicações da doença surgiram quando [num momento em que] parecia que o doente estava quase a recuperar. **8** Chegar/Vir/Ocorrer. **Ex.** Depois de ~ [romper] a manhã com toda a sua luminosidade, retomámos a (nossa) caminhada. **9** Passar o tempo/Decorrer. **10** Nascer/Despontar. **Ex.** As flores surgiam com toda a sua beleza no início da primavera. **Ant.** Morrer. **11** Ter determinada origem. **Ex.** Foi da cabeça dele que surgiu [Foi ele que deu (+)] a ideia de realizar um proje(c)to de ajuda às pessoas mais carenciadas da freguesia.

Suriname *s m top* País situado no norte da América do Sul, com capital em Paramaribo, cujos naturais – os surinameses – são falantes de neerlandês [holandês(+)]. **Ex.** O ~ tem minorias que falam o surinamês, o hindi, o inglês, o chinês e o espanhol.

surpreendente *adj 2g* (<surpreender + -nte) **1** Que surpreende/Inesperado. **Ant.** Esperado. **2** Que causa grande admiração/Espantoso/Admirável. **Ex.** Foi ~ ele ter chegado cedo, pois habituámo-nos a vê-lo chegar sempre atrasado. O filme tem cenas ~s/espantosas/admiráveis/extraordinárias.

surpreender *v t* (<lat *super + prehéndo, ere*: apanhar «alguém em flagrante») **1** Aparecer de repente. **Ex.** A chuva surpreendeu-o (a trabalhar) no campo. **2** Causar surpresa ou espanto/Deixar pasmado/Espantar. **Ex.** O discurso surpreendeu toda a gente. **3** Apanhar alguém em flagrante/de surpresa. **Ex.** Quando chegaram a casa, surpreenderam um ladrão a assaltá-la. Surpreendeu[Apanhou]-o a falar mal do amigo. **4** Causar admiração ou surpresa/Espantar/Maravilhar. **Ex.** As más notícias que nos chegam todos os dias já não surpreendem ninguém. **5** Atacar de surpresa (+). **Ex.** Os guerrilheiros surpreenderam as forças governamentais e derrotaram-nas. **6** Fazer uma surpresa(+). **Ex.** Gosto de ~ a minha mulher com presentes, principalmente quando não os espera. **~-se/Espantar-se/Admirar-se**. **Ex.** Já ninguém se surpreende com as asneiras que ele faz.

surpresa (Prê) *s f* (<surpreso) **1** A(c)to ou efeito de surpreender. **2** Fa(c)to ou coisa que surpreende/Espanto/Repente. **Ex.** Foi uma boa ~ quando soubemos da sua vitória na prova «natação». **Loc.** *De ~* [De

surpreso, a

modo imprevisto] (Ex. Eles chegaram de ~, que [, foi uma grande] alegria!). **Fazer uma ~** [Dar um presente ou causar alegria sem avisar] (Ex. Eles resolveram fazer uma ~: estão a preparar-lhe uma grande festa de aniversário). **Comb. ~ agradável. ~ desagradável. Caixa de ~s a)** idi Pessoa que faz muitas ~; **b)** Caixa com uma mola e de onde sai, quando se abre, um obje(c)to inesperado.

surpreso, a (Prê) adj (<surpreender) Que manifesta surpresa/Atónito/Surpreendido. **Ex.** ~, o público presente nas galerias, vaiou [protestou contra] o discurso do deputado.

surra s f (<surrar) **1** Espancamento/Sova/Tareia. **Ex.** À noite, quando regressava a casa, levou uma ~ de dois meliantes. **Comb.** ~ de língua [Descompostura/Repreensão]. **2** A(c)to de surrar [curtir(+)] «peles». **3** Pesada derrota. **Ex.** A equipa levou uma grande ~, perdeu por 6-0.

surrado, a adj (<surrar) **1** Sujo(+)/Imundo. **Ex.** Tinha o casaco todo ~. **2** Que levou uma surra. **Ex.** O homem ~ à porta da discoteca foi levado para o hospital. **3** ⇒ «pele» Curtido/a. **4** Que está gasto pelo uso/Coçado/Puído. **Ex.** Mandou substituir as mangas do casaco por estarem todas ~as.

surrão s m (<ár surra: bolsa do dinheiro + -ão) **1** Bolsa de couro [pele de ovelha] usada pelos pastores para levar o farnel/a merenda. **2** Alforge de mendigo. **3** Vestuário sujo e gasto.

surrar v t (<?) **1** Dar uma surra a alguém/Bater/Espancar/Sovar. **Ex.** Os assaltantes entraram em casa, roubaram o que puderam e ainda surraram o casal. **2** Submeter a tratamento as peles/Curtir(+). **Ex.** Passaram o dia a ~ peles de ovelha. **3** «calça» Coçar-se com o uso/Gastar-se.

surreal s m/adj 2g (<fr surréel) **1** (O) que se encontra para além do real. **2** (O) que pertence ao domínio do sonho ou da imaginação/Absurdo/Surrealista **3**(+).

surrealismo s m (⇒ surrealista **3 Comb.**) Movimento artístico cara(c)terizado pela expressão automática e espontânea do pensamento com a prevalência do sonho, do inconsciente, do desejo e dos instintos, sem controle da razão. **Ex.** Salvador Dali foi um dos grandes representantes do ~ na pintura.

surrealista adj/s 2g (<fr surréaliste) **1** Relativo ao surrealismo. **2** (O) que segue o surrealismo. **Ex.** Salvador Dali é um pintor ~. **3** Que sugere o surrealismo, por ser absurdo, insólito ou estranho. **Comb.** Cena ~ [Situação estranha/rara/incrível].

surrento, a adj (<surro + -ento) ⇒ Cheio de surro/Sujo(+)/Imundo/Nojento/Surrado.

surriada s f (<surriar + -ada) **1** Descarga de artilharia/Tiroteio. **2** pop Alarido/Apupo/Assuada/Vaia. **Ex.** O assaltante foi corrido [expulso] com uma grande ~ dos vizinhos. **3** Espuma(+) das ondas/Respingo. **4** Chuva forte e de curta duração/Aguaceiro(+).

surriar v t (<?) ⇒ Fazer troça de/Escarnecer de(+).

surribar v t Agric (<?) **1** Escavar a terra para ficar mais fofa e a tornar mais fértil/Decruar. **2** Rasgar a terra a grande profundidade para a desbravar.

surripiar v t (<lat surrípio, ípere, éptum <sub + rápio, pere, ráptum: roubar) Tirar às escondidas/Furtar/Subtrair. **Ex.** Aos poucos a empregada surripiou vários [uma série de] obje(c)tos valiosos da casa onde trabalhava.

surro s m (<?) Sujidade no corpo ou no vestuário.

surrobeco (Bé) s m/adj (<?) **1** Amarelado como a lã de alguns carneiros. **2** Tecido grosseiro e resistente, semelhante ao burel(+).

surtida s f (<surtir) **1** A(c)ção de [O] sair ocultamente de casa. **Ex.** Era habitual, depois de toda a gente estar a dormir, ele fazer umas ~s. **2** Porta falsa por onde se pode sair secretamente. **3** Mil Investida contra o inimigo/Arremetida/Ataque. **Ex.** O exército fez várias ~s contra o inimigo, mas não conseguiu libertar os reféns.

surtir vt/int (<lat sórtio, tíri, títus sum: obter por herança, tirar à sorte) Ter como resultado/Causar/Originar/Produzir. **Ex.** O medicamento que o médico receitou surtiu efeito. **Loc. ~ efeito** [Dar/Ter bom resultado] (Ex. A tentativa de libertar os reféns surtiu efeito).

surto s m/adj (<lat sur(rec)tus, a, um: levantado; ⇒ surgir) **1** Voo elevado de ave. **2** Desenvolvimento rápido e fecundo. **Ex.** O Brasil vive um momento de grande ~ econó[ô]mico. **2** Aparecimento repentino de uma coisa que atinge muitos seres vivos. **Ex.** Todos os invernos vem um ~ (epidémico) de gripe. **3** Movimento ou desejo intenso/Impulso. **Comb.** Um ~ de esperança. **4** Náut «navio» Preso pela âncora/Ancorado/Fundeado «no porto de Lisboa». **5** Psic Crise psicótica cara(c)terizada por um certo grau de desintegração da personalidade e incapacidade de avaliação da realidade. **6** Ele(c)tri Variação brusca e momentânea da corrente de um circuito elé(c)trico.

surubi(m) s m Icti (<tupi suru'wi: espécie de peixe) Bagre da família dos pimelodídeos, de cabeça grande e achatada e com o corpo formado por placas ósseas.

surucucu s f Zool (<tupi suru'ku: o que morde muitas vezes) **1** Serpente venenosa da família dos viperídeos, de grande porte, com coloração castanho-amarelada e manchas triangulares pretas. **2** Fig Mulher de mau génio.

sururu s m (<tupi suru'ru) **1** Zool Nome vulgar de molusco bivalve/Mexilhão. **2** Bot Planta da família das tiliáceas. **3** Br Confusão/Desordem. **Ex.** Os trabalhadores fizeram um grande ~ à porta da fábrica.

sus interj (<lat sursum: para cima) Exclamação usada para dar coragem, incitar ou entusiasmar/Upa!/Ânimo!/Avante!/Coragem!

susceptibilidade/susceptibilizar/susceptível ⇒ suscetibilidade/...

suscetibilidade (Cè) [Br susce(p)tibilidade (dg)] s f [= susceptibilidade] (<suscetível + -dade) **1** Qualidade de suscetível. **2** Fís **a)** (Num dielé(c)trico polarizado) Quociente entre a polarização elé(c)trica e a intensidade elé(c)trica; **b)** Coeficiente de proporcionalidade entre o campo magnético aplicado a um material e a sua magnetização **3**. **3** Disposição especial para acusar vivamente qualquer influência externa/Melindre/Sensibilidade/Idiossincrasia. **Ex.** A mais leve observação [palavra] ofende-lhe a ~/sensibilidade(+). A pele dela apresenta muita ~ ao sol.

suscetibilizar (Cè) [Br susce(p)tibilizar (dg)] v t [= susceptibilizar] (<suscetível + -izar) **1** Ferir a suscetibilidade/Magoar/Melindrar/Ofender. **2** ~-se/ Ressentir-se frequentemente por coisas de pouca importância/Melindrar-se/Ofender-se. **Ex.** Ele suscetibiliza-se com qualquer coisa [observação que lhe fazem].

suscetível (Cè) [Br susce(p)tível (dg)] adj 2g [= susceptível] (<lat suscéptibilis,e <suscípio, pere, scéptum: receber) **1** Apto para/Capaz de receber certas impressões ou alterações/Sujeito a. **Ex.** O orçamento de Estado deste ano é ~ [pode ser obje(c)to] de algumas corre(c)ções. O plano é ~ de pequenas alterações. **2** Que manifesta sensibilidade às influências exteriores/Sensível. **Ex.** Ele é muito ~ [atreito] a resfriados/constipações. **3** Que se ofende facilmente/Melindroso/Sensível. **Ex.** É muito ~, não se lhe pode dizer nada, fica logo magoado.

suscitação s f (<lat suscitátio, ónis: a(c)ção de fazer levantar) A(c)to, processo ou efeito de suscitar. **Ex.** A ~[instigação(+)] da revolta foi obra de agitadores. ⇒ sugestão.

suscitar v t (<lat súscíto, áre, átum: levantar <súrsum: para cima + cito, are: abanar) **1** Fazer nascer ou aparecer/Causar/Provocar. **Ex.** O ciclone que varreu o território suscitou [causou(+)] bastantes estragos. **2** Despertar/Motivar. **Ex.** O programa «da TV» suscitou [causou(+)] grande controvérsia. O trabalho apresentado no congresso suscitou [provocou/trouxe] novas ideias. **3** Sugerir/Lembrar. **Loc.** ~ dúvidas/preocupações (Ex. O documento apresentado por um grupo de deputados na Assembleia da República suscitou [levantou] muitas dúvidas por parte dos vários partidos). **4** Dir Alegar impedimento de outrem para [Dizer que a pessoa não pode] exercer determinada função.

suserania s f (<suserano + -ia) **1** Conjunto de poderes e atribuições de suserano. ⇒ autoridade/domínio. **2** Território governado por um suserano.

suserano, a s m/adj (<fr suzerain) **1** Que está acima de todos os outros, com poder de mandar e decidir/Soberano. **2** s m Hist Senhor que, no sistema feudal, tinha domínio sobre um feudo, de que dependiam todos os outros feudos. **Ex.** O ~ obrigava os súbditos a prestar vassalagem. **Comb.** ~ dos ~s [Rei]. **3** (Diz-se de) chefe ou país soberano a que outros rendem vassalagem.

sushi s m Cul (<jp sushi) Prato japonês que consiste num bolinho de arroz cozido, com pedaços de peixe cru no cimo ou vegetais no centro (e envolvido em finas folhas pretas feitas de algas moídas na fábrica). **Ex.** Neste momento o ~ é muito apreciado em vários países.

suspeição s f (<lat suspéctio, ónis: admiração, espanto) **1** A(c)to ou efeito de suspeitar/Desconfiança/Dúvida/Suspeita(+). **Loc. Ser suspeito** [alvo de ~]. **Sob ~** [Na condição de suspeito]. **2** Dir Receio fundamentado ou conje(c)tura desfavorável sobre a imparcialidade de um magistrado «juiz» para intervir numa determinada causa.

suspeita s f (<suspeitar) **1** A(c)to ou efeito de suspeitar/Desconfiança/Dúvida/Suspeição. **Loc. Lançar ~s sobre alguém** [Duvidar (da probidade) de [Motivar desconfianças sobre] alguém. **Levantar ~s** [Dar origem a desconfiança]. **2** Pressentimento. **Ex.** Teve a ~ de que ele a ia trair.

suspeitar v t (<lat suspécto, áre, átum, frequentativo de suspício, cere: olhar para cima) **1** Imaginar com base em dados mais ou menos seguros/Conje(c)turar/Pressentir. **Ex.** Nunca suspeitei que ele fosse ladrão. **2** Ter suspeitas [Desconfiar] de alguém. **Ex.** Quanto ao assalto à casa, a polícia suspeita de duas pessoas. **3** ⇒ Julgar (mal de alguém).

suspeito, a adj/s (<lat suspéctus, a, um) **1** (O) que se pensa que fez algo condenável. **Ex.** Há vários ~s do crime. **2** (O) que causa ou inspira suspeita/desconfiança.

Loc. Tornar-se ~ [Despertar desconfiança]. **Comb. Documento ~. Mercadoria de procedência [origem] ~a/duvidosa. Notícia ~a.** 3 Que não é isento/Que pode ser parcial. **Ex.** Como [Porque] sou amigo dele, sou [posso ser] ~, mas acho que o culpado não foi ele. A relação do juiz com a vítima [o queixoso/acusado] torna-o ~ para julgar o caso. 4 ⇒ «amor/dedicação» interesseiro/a.

suspeitoso, a (Ôso, Ósa, Ósos) *adj* (<suspeita + -oso) Que (tem) suspeita/Desconfiado/Receoso.

suspender *v t* (<lat *suspéndo, ere, énsum*: pendurar <*sursum* + *pendo*: pesar) 1 Ter pendente ou suspenso/Pendurar. **Ex.** Suspendeu o candeeiro [lustre] no te(c)to. 2 Manter em posição alta/Levantar «a bandeira». 3 Fazer (com) que alguma coisa deixe de se realizar durante algum tempo/Interromper/Parar/Adiar. **Ex.** Suspenderam a reunião de negócios porque nem todos podiam vir. **Comb. ~ uma publicação** «jornal» [Impedir que seja posta à venda ou deixar de a publicar]. 4 Impedir alguém de continuar a exercer funções. **Ex.** O Governo suspendeu dois dire(c)tores-gerais de serviço. 5 Captar ou dominar completamente a atenção/Prender a atenção. **Ex.** O belo discurso do orador suspendeu [deixou suspensa(+)] toda a plateia. 6 Aplicar uma suspensão como castigo. **Ex.** A dire(c)ção do clube suspendeu o jogador por cinco jogos. 7 Deixar de se mover/Parar. **Ex.** Os atletas suspenderam a marcha porque não suportavam o temporal. 8 Deixar extasiado. **Ex.** As palavras do Presidente suspenderam o público. 9 Não realizar o que estava planeado/Cancelar(+). **Ex.** Suspenderam a viagem que tinham marcado, por motivos familiares. **Loc. ~** [Revogar(+)] **um castigo** [Não castigar]. **~ uma ordem** (antes) dada.

suspensão *s f* (<lat *suspénsio, ónis*) 1 A(c)ção ou efeito de suspender. 2 Estado do que se encontra suspenso. **Comb. ~ de garantias** [Medida que priva temporariamente os cidadãos de determinados direitos que a lei lhes confere]. **Fil ~ do juízo** [Atitude dos cé(p)ticos que consiste em abster-se de qualquer juízo com o obje(c)tivo de atingir a ataraxia]. 3 Interrupção temporária ou definitiva de uma a(c)tividade ou função/Adiamento. **Ex.** A ~ do jogo foi devida ao forte temporal que se abateu sobre o campo. **Comb. ~ de pagamentos** «aos credores». 4 Proibição do exercício de funções/a(c)tividades, por sanção disciplinar. **Ex.** O soldado teve três dias de ~ por não se ter apresentado a tempo. 5 Pausa «em diálogo, leitura». **Ex.** O declamador fez uma ~ e, emocionado, continuou a recitação do poema. 6 Estado de expe(c)tativa ou ansiedade. **Ex.** A peça [O drama] manteve em ~ o público até ao fim. 7 Conjunto de peças «molas» com elasticidade na parte inferior de um veículo e cuja função é suportar o peso da carroçaria e evitar ou amortecer a trepidação. **Ex.** Preciso de ir à oficina para fazer uma revisão da ~. 8 Estado das partículas sólidas que flutuam num líquido (sem se dissolverem). **Comb.** Partículas em ~. 9 *Mús* Prolongamento de uma nota ou de uma pausa. ⇒ retardo.

suspense *s m* (<ing *suspense*: estado do que está suspenso) 1 Situação ou fa(c)to cujo desfecho é aguardado com ansiedade. **Ex.** Nestas eleições, o ~ manteve-se até à contagem de todos os votos. 2 Estado (frequentemente emotivo) provocado no espe(c)tador ou no leitor pela incerteza do que está para acontecer/Suspensão 6 (+). **Loc.** Estar em ~ [Estar ansioso]. 3 *Cine/Liter* Gé[ê]nero cinematográfico ou literário com artifícios para manter o interesse e a expe(c)tativa «do leitor». **Ex.** Hitchcock é o mestre do ~ no cinema. **Comb.** Filme de ~.

suspensivo, a *adj* (<suspenso + -ivo) 1 Que suspende. **Comb.** Mecanismo ~ dum guindaste ou grua. 2 *Dir* Que impede temporariamente a execução de um a(c)to «julgamento». **Comb.** Recurso ~. 3 *Ling* Que marca uma suspensão no discurso ou a interrupção de uma frase. **Comb.** Pausa ~a.

suspenso, a *adj* (<lat *suspénsus, a, um*) 1 Preso em cima/Sustido no ar/Pendurado. **Ex.** O lustre ~ do te(c)to iluminava toda a sala. 2 Que está (sustentado «por colunas») num sítio elevado. **Comb.** Jardins ~s «da Babilónia». 3 Que se interrompeu temporariamente/Adiado/Interrompido. **Ex.** O pagamento dos subsídios de família foi ~ por falta de verba/dinheiro. 4 Que está na expe(c)tativa, à espera do desenrolar dos acontecimentos. **Ex.** Ficou ~ à espera da decisão do amigo. **Loc.** Em ~ [Não concluído/À espera]. 5 Que está absorto no que ouve ou vê. **Ex.** Ficou ~ perante a beleza da paisagem. 6 Impedido de continuar o exercício de um cargo ou de uma função. **Ex.** O jogador foi ~ por ter chegado vários dias atrasado aos treinos. 7 *fig* Ató[ô]nito(+)/Hesitante/Perplexo. **Ex.** Ficou ~ perante a notícia do grave acidente. 8 Diz-se de ponte. **Comb.** Ponte ~a/pênsil(+).

suspensor, ora *s m/adj* (<lat *suspénsus* + -or) 1 (O) que suspende. **Comb.** Cabo ~. 2 *s m* Aparelho que serve para suster outro no ar.

suspensório, a *s m/adj* (<suspenso + -ório) 1 Que serve para suspender/Suspensivo 1. 2 *s m Med* Ligadura própria para sustentar um órgão do corpo/Cinta/Colete ortopédico. 3 *s m pl* Tiras de tecido ou cabedal que seguram as calças ou a saia, fixadas à frente e atrás, passando pelos ombros. **Ex.** Ele usava ~s, não para segurar as calças, mas porque era [estavam na] moda.

suspicácia *s f* (<lat *súspicax, cácis*: desconfiado + -ia) Cara(c)terística de suspicaz/Desconfiança(+).

suspicaz (Kás) *adj 2g* (⇒ suspicácia) 1 «comportamento» Que causa suspeita/Suspeito/Estranho. **Ex.** Ele tem uma atitude ~, está sempre a olhar para todo o lado. 2 Desconfiado(+). **Ex.** Ela é muito ~.

suspirado, a *adj* (<suspirar) 1 Acompanhado de suspiros ou de soluços. 2 Que é muito apetecido ou desejado. **Ex.** Finalmente ia realizar a ~a viagem à Europa/China/América/ao Brasil.

suspirar *v t* (<lat *suspíro, áre, átum*: respirar com força <*sursum* + *spiro*) 1 Inspirar profunda e longamente por cansaço, tristeza, alívio, consolo, ... **Ex.** Na ausência do marido está sempre a ~. A idosa suspirou de alívio quando a ajudaram a levantar-se do chão. 2 Lembrar com saudade. **Ex.** Ele suspira todos os dias pela filha ausente. 3 Desejar muito/ardentemente/Ambicionar. **Ex.** Cheio de trabalho, suspirava por uns dias de descanso. 4 *fig* Produzir sons suaves e plangentes/Murmurar. **Ex.** Ouvia-se o vento a ~ na varanda da casa.

suspiro *s m* (<suspirar) 1 Respiração mais ou menos prolongada, produzida por prazer, dor, tristeza, ... **Ex.** Soltou um ~ de dor «Ai!», quando soube da morte da amiga. **Loc.** Soltar/Exalar o último ~ [Morrer]. 2 *fig* Lamento/Gemido/Ai. **Ex.** Ela não consegue esconder ~s de jovem apaixonada. 3 Movimento inspiratório/Aspiração. 4 Pequeno orifício para extra(c)ção de um líquido «vinho, dos tonéis» em pequenas quantidades. 5 *Cul* Doce feito com claras de ovos e açúcar, cozido no forno/Merengue. **Ex.** Geralmente as pastelarias em Portugal vendem ~s. 6 *Bot* Saudade-branca[-roxa]/Perpétua(+).

suspiroso, a (Ôso, Ósa, Ósos) *adj* (<suspiro + -oso) 1 Que solta suspiros. **Ex.** Ela estava triste e ~a pela partida do marido. 2 Que é acompanhado de suspiros. **Ex.** Ela queixava-se, ~a, de não poder ir com os amigos. 3 Que produz som suave e melancólico. **Ex.** A água corria, ~a, à sombra das árvores.

sussurrante *adj 2g* (<lat *susúrrans, ántis*) 1 Que sussurra/Com um rumor suave. **Ex.** Com voz ~ pediu para a ajudarem. **Comb.** Voz ~ [baixa e lamentosa]. 2 Que produz som constante e suave. **Ex.** A água do regato corria ~/rumorejante.

sussurrar *v t/int* (<lat *susúrro, áre, átum*: murmurar) 1 Produzir/Fazer sussurro/Murmurar/Rumorejar. **Ex.** O riacho sussurrava por entre margens verde(jante). 2 Falar em voz baixa/Cochichar(+)/Segredar. **Ex.** Ela sussurrava ao ouvido da amiga palavras imperce(p)tíveis. 3 Fazer um leve ruído. **Ex.** O vento sussurrava por entre a ramagem das árvores.

sussurro *s m* (<lat *susúrrus, i*: zumbido, ~) 1 A(c)to ou efeito de sussurrar. 2 Leve ruído de vozes/Murmúrio/Rumor. **Ex.** Nas escadas do prédio ouvia-se o ~ das vizinhas. 3 Som suave e contínuo produzido por elementos da natureza/Rumor. **Ex.** No silêncio da noite ouvia-se apenas o ~ das árvores. 4 *Fon* Emissão de voz sem vibração das cordas vocais. 5 ⇒ Rumor(+)/Boato(+).

sustância *s f* (⇒ substância) 1 Aquilo que sustenta/Parte mais nutritiva/Substância. **Comb. Puxado à ~ a)** «alimento/refeição» Suculento; **b)** «cerimónia» Pomposo/Solene; **c)** «discurso» Com muito conteúdo. 2 Vigor/Força. **Ex.** Ele é um homem de muita ~. 3 Energia moral.

sustar *v t/int* (<lat *sústo, áre, átum*: estar debaixo) Parar ou fazer parar/Interromper/Cessar/Suspender. **Ex.** A Dire(c)ção-Geral de Saúde deu instruções para ~ o avanço da epidemia. **Loc.** ~ a venda de um imóvel.

sustenido *adj/s m* (<it *sostenuto*; ⇒ suster) 1 *Mús* Notação musical colocada à esquerda da nota, indicando a subida de meio tom (⇒ semitom). **Comb. ~ duplo** [que eleva a nota em dois semitons]. **~ fixo** [que se coloca a seguir à clave, afe(c)tando as notas correspondentes na pauta]. **Ant.** Bemol. 2 «nota» Que sobe meio tom. **Ex.** Não conseguiu dar o fá ~.

sustentabilidade *s f* (⇒ sustentável) Cara(c)terística ou condição do que é sustentável. **Ex.** O homem tem de preocupar-se cada vez mais com a ~ ambiental.

sustentação *s f* (<lat *sustentátio, ónis*: nutrição, a(c)ção de reter) 1 A(c)to ou efeito de sustentar(-se). 2 Fornecimento renovado de nutrientes necessários à conservação da vida/Alimentação/Sustento(+) «da família». 3 O que sustenta/Apoio/Suporte «da ponte». 4 A(c)to ou efeito de defender algo/Defesa. **Ex.** A ~ [argumentação] do advogado era pouco consistente. 5 A(c)to ou efeito de conservar ou fazer durar/Manutenção/Fundamento. **Ex.** A teoria [tese] era de difícil ~, apoiada como estava em dados pouco sólidos. 6 *Aer* Manutenção

de um aparelho de aviação no ar. **Ex.** Com a forte tempestade, foi difícil a ~ do avião.

sustentáculo *s m* (<lat *sustentáculum,i*) **1** O que sustém algo/Apoio/Escora/Suporte. **Ex.** O ~ da ponte era firme. **2** Aquilo sobre que se constrói algo/Base/Fundamento/Alicerce. **3** *fig* Pessoa ou instituição que sustenta algo ou alguém/Prote(c)ção/Amparo/Arrimo. **Ex.** Morto o [Depois da morte do] pai, o filho mais velho é (que é) o ~ da família.

sustentador, ora *adj/s* (<sustentado + -or) **1** (O) que sustenta «o peso»/Apoio/Base/Suporte. **2** *Astronáutica s m* Motor para dar impulso prolongado a um veículo espacial.

sustentar *v t* (<lat *sustento, áre, atum*, frequentativo de *sustíneo* <*sursum* + *téneo, nére*: segurar) **1** Segurar por baixo/Sustentar. **Ex.** Grossas colunas sustentavam todo o edifício. **2** Suportar ou aguentar, para impedir de cair/Amparar/Suster. **Ex.** Vigas encostadas à parede sustentam-na direita. **3** ~-se/Suster-se/Apoiar-se(+). **Ex.** Sustenta-se nas muletas [canadianas]. **4** Assegurar a subsistência de/Alimentar. **Ex.** Nas grandes cidades, nos bairros mais pobres, muitos pais não têm condições para ~ os filhos. **5** Defender com argumentos ou razões. **Ex.** Ele sustentou o seu ponto de vista sobre a eutanásia. **6** Fazer durar/Conservar/Manter. **Ex.** Como se irrita facilmente, é difícil ~ [ter] com ele uma conversa. **7** Suportar/Aguentar. **Ex.** As pessoas, perdidas na neve, sustentaram [aguentaram (+)] vários dias de frio. **8** Fornecer recursos a/Auxiliar. **Ex.** Nesta crise, várias instituições de solidariedade continuam a ~ [alimentar] os mais necessitados. **9** Fazer face a alguma coisa/Suportar. **Ex.** Sustentou [Enfrentou], corajosamente sozinho, a morte do filho. **10** Segurar no ar. **Ex.** Os homens sustentavam nos ombros o andor (da imagem) de Nossa Senhora de Fátima. **11** Reafirmar/Repetir «o que tinha declarado anteriormente». **Ex.** Perante a assembleia sustentou a proposta já antes apresentada. **12** Prolongar «a voz». **Ex.** A cantora sustentou a voz muito bem nos agudos. **13** *Mús* Manter por um tempo mais prolongado «a nota, a pausa». **Ex.** A nota final é para ~ mais tempo – disse o maestro.

sustentável *adj 2g* (<sustentar + -vel) Que se pode sustentar, defender ou manter. **Ex.** A situação de guerra não é ~ por muito mais tempo. **Comb.** Ambiente ~/estável/equilibrado. **Ant.** Insustentável.

sustento *s m* (<sustentar) **1** A(c)to ou efeito de sustentar(-se). **2** Condições materiais que permitem a subsistência. **Ex.** Tudo o que ganhava ia [era] para o ~ da família. **3** (O que serve de) alimento. **Ex.** Os livros [A leitura] são [é] o ~ [alimento(+)] do espírito. Tiram o (seu) ~ (do cultivo) da terra. **4** Manutenção/Continuação. **Ex.** As garantidas dotações governamentais são [constituem] o principal ~ das instituições assistenciais [das obras de assistência social].

suster *v t* (<lat *sustíneo, ére, tentum*: segurar) **1** Servir de apoio a um corpo para se manter estável/Sustentar. **Ex.** Quatro poderosas vigas de ferro sustêm o telhado do edifício. **2** Segurar(-se) para evitar cair/Apoiar(-se)(+)/Aguentar. **Ex.** Não caiu porque conseguiu ~-se à parede. **3** (Fazer) parar um processo em curso. **Ex.** O pai susteve a criança que ia caindo das [nas] escadas. Não conseguiu ~ o galope desenfreado do cavalo. **4** Ter-se [Permanecer] em pé/Equilibrar-se/Firmar-se. **Ex.** Ele está tão fraco que não se sustém nas pernas. **5** Conter(+) ou controlar a manifestação de «emoções, sentimentos»/Reprimir. **Ex.** Não conseguiu ~ as lágrimas perante a trágica morte do amigo. **Loc.** ~ *a cólera*. ~ [Conter(+)] *o riso*. **6** Oferecer resistência «a ataque». **Ex.** As nossas tropas não conseguiram ~ o avanço do inimigo. **7** Fazer face a/Deter/Impedir. **Ex.** A polícia susteve o assaltante que se preparava para atirar [disparar] sobre as pessoas. **8** Amparar(+). **Ex.** Teve de o ~ com as mãos para conseguir andar. **9** Moderar/Pôr cobro a. **Ex.** É preciso ~ os gastos inúteis neste tempo de crise. **10** Defender uma opinião/Sustentar. **Ex.** Na reunião ele susteve [defendeu(+)] até ao fim o seu ponto de vista. **11** ⇒ manter [sustentar] «a família».

susto *s m* (<on) Inquietação/Medo/Abalo provocados por acontecimento inesperado/Sobressalto. **Ex.** «o irmão da Ana aparece-lhe de repente com uma máscara e a imitar um cão a ladrar, e ela diz:» Ai, que ~! **Loc.** *Levar* [Apanhar] *um* ~ [Ficar assustado]. *Meter/Pregar um ~ a* [Assustar alguém]. **Idi.** *Não ganhar para o* ~ [Ter [Ficar com] muito medo/Assustar-se muito] (Ex. Quando vi o touro pela frente, não ganhei para o ~!).

su-sudeste [SSE] *s m/ adj 2g Geog* (<sul + sudeste) **1** Ponto intermédio [subcolateral] equidistante de sul e de sudeste. **2** Situado a su-sudeste.

su-sudoeste [SSO/SSW] *s m/ adj 2g* (<sul + sudoeste) **1** Ponto intermédio [subcolateral] equidistante de sul e de sudoeste. **2** Situado a su-sudoeste.

su-sueste *s m* ⇒ su-sudeste.

suta *s f* (< ?) **1** Instrumento para marcação de ângulos num terreno. **2** Esquadro de peças móveis para traçar e medir ângulos de qualquer medida. **3** Utensílio de pedreiro para fazer sutamento em superfícies angulares.

sutache *s f* (<húngaro *sujitás*) Cordão de seda, lã ou algodão para adornar ou guarnecer peças de vestuário, nomeadamente uniformes militares. **Sin.** Galão; trancelim.

sutamento *s m* (<sutar + -mento) A(c)to ou efeito de sutar.

sutar *v t* (<suta + -ar[1]) Ajustar ou adaptar «cortando» uma peça «ladrilho/tijolo» noutra usando a suta/Esquadr(i)ar(+).

sutiã *s m* (<fr *soutien-gorge*: sustenta-seios) Peça do vestuário íntimo feminino para sustentar e moldar os seios. **Ex.** Para as feministas, o ~ era o símbolo da opressão da mulher.

sutil/sutileza/sutilidade/sutilização/sutilizar/sutilmente ⇒ subtil/...

sútil *adj 2g* (<lat *súbtilis,e* <*súo, ere, sútum*: coser, costurar) Composto de pedaços ou de elementos cosidos uns aos outros. **Ex.** Os (antigos) romanos usavam coroas súteis de flores presas umas às outras. **Ant.** «túnica dada, por escarnecimento, a Cristo» Inconsútil/Inteiriço.

sutra *s m Liter* (<sân *sutra*: regra, linha, fio) Colectânea(s) da literatura sagrada indiana em que se encontram reunidas, sob a forma de breves aforismos, as regras dos ritos, da moral, da vida quotidiana e da gramática.

sutura *s f* (<lat *sutúra*: costura) **1** Costura [Conjunto de pontos que une as partes de um obje(c)to ou de um tecido]. **2** Linha ou ponto de junção de partes de um obje(c)to/Comissura. **3** *Med* Operação que consiste em unir os bordos de uma ferida por meio de costura, efe(c)tuada com agulha e linha especial, para mais fácil cicatrização/Suturação. **4** *Anat* Articulação dentada dos ossos do crânio e de alguns da face. **5** *Bot* Linha que liga os bordos dos carpelos.

suturação *s f* (<suturar + -ção) A(c)to ou efeito de suturar/Sutura 3.

suturar *v t* (<sutura + -ar[1]) Fazer a sutura de «um corte, golpe ou ferida»/Coser. **Ex.** O cirurgião suturou a ferida que o jogador tinha na perna, por ter levado um pontapé do adversário.

suxar *v t* (< ?) Tornar frouxo/Afrouxar(+) «o nó/a laçada»/Alargar(+). **Ex.** O cavaleiro suxou as rédeas do [deu rédea ao(+)] cavalo para (o deixar) ir à vontade.

svedeberg *s m Fís* (<antr Theodor Svedeberg, químico sueco) Unidade de medida de constante [coeficiente] de sedimentação correspondente a 10^{-13} segundos.

swap (Suóp) ing *s m Econ* Concessão de empréstimos recíprocos entre bancos, em moedas diferentes e com taxas de câmbio idênticas «para antecipar recebimentos em moedas estrangeiras».

swing ing *s m* **1** *Mús* Ritmo próprio do *jazz*. **Ex.** Eles executaram a peça com grande ~. **2** *Mús* Estilo de música *jazz* tocado por grandes orquestras e bandas, de ritmo vivo e insistente. **3** Dança baseada no *jazz*, de simplicidade rítmica. **Ex.** Nos anos 30 do século XX dançava-se muito o ~. **4** *(D)esp* Golpe aplicado lateralmente no boxe. **5** *(D)esp* No golfe, movimento balanceado do jogador para bater a bola.

T

T/t (Tê) *s m* (<lat *t* ou *T*) **1** Vigésima letra e décima sexta consoante do alfabeto português. **2** *maiúsc* Símbolo de tonelada, tara, temperatura. **3** *minúsc* Símbolo de tempo, taxa e temperatura.

ta Contra(c)ção das formas do *pron* pessoal *te* e *a*. **Ex.** Como vi que gostaste muito da minha caneta, decidi oferecer-~.

tá 1 Forma coloquial de *está*. **Ex.** Ele ~ em casa, não saiu. **2** *interj* Expressão usada para marcar uma interrupção, uma suspensão, uma cedência ou um assentimento. **Ex.** ~ [Pronto/Sim], não digas mais nada, ganhaste. Acabemos a discussão!

taba *s f* (<tupi *tawa*) **1** Habitação dos índios tupi na América do Sul. **2** Pequena povoação indígena com esse mesmo tipo de habitação.

tabacal *s m* (<tabaco + -al) Plantação de tabaco.

tabacaria *s f* (<tabaco + -aria) Estabelecimento de venda de tabaco, jornais e revistas. **Ex.** Pela manhã, vou sempre à ~ comprar os jornais do dia e um maço de cigarros. **Sin.** Quiosque.

tabaco *adj 2g/s m* (<ár *tabbaq*: erva que tonteia e adormece) **1** Planta herbácea, proveniente da América, com folhas largas e compridas, contendo nicotina e exalando um odor forte. **2** Produto obtido a partir da secagem e trituração das folhas para ser fumado, aspirado ou mascado. **Ex.** Sabe-se, hoje, que o ~ é responsável por muitas doenças. **3** Que é da cor do tabaco seco. **Ex.** Vestia uma blusa em tons de castanho ~. **Idi.** *Levar* [Apanhar] *para o* ~ [Ser espancado/Levar uma reprimenda] (Ex. Ele mete-se com toda a gente, mas, por vezes, leva para o ~). *Não ganhar para o* ~ [Ter um baixo salário] (Ex. Não aceitou o emprego que lhe ofereceram, pois não iria ganhar nem para o ~). **Comb.** ~ *de cheiro* [Pó de ~ que serve para inalar/Rapé] (Ex. Tinha as narinas inflamadas por inalar tanto pó de ~). *Maço de* ~ [Conjunto de vinte cigarros empacotados] (Ex. O médico bem o avisava, mas ele não dispensava o seu maço de ~ por dia).

tabacomania *s f* (<tabaco + mania) Vício do tabaco. **Ex.** A ~ é difícil de combater sem a colaboração persistente do fumador. ⇒ tabagismo.

tabacómano, a [*Br* **tabacômano**] *s* (<tabaco + -mano) Quem sofre de tabacomania. **Ex.** Os ~s estão a diminuir entre os homens e a aumentar entre as mulheres.

tabagismo *s m* (<fr *tabagisme*) **1** Abuso do tabaco. **Ex.** O ~ e o alcoolismo são duas das dependências mais comuns entre os portugueses. **2** Intoxicação provocada por esse abuso. **Ex.** O ~ agravava muito os sintomas da bronquite de que padecia.

tabagista *adj/s 2g* (<tabagismo) **1** Pessoa que abusa do tabaco. **Ex.** Naquela clínica só tratavam asmáticos e ~s. **2** Relativo ao tabaco ou ao seu uso excessivo. **Ex.** Os hábitos ~s dificultavam a sua recuperação. **Sin.** Tabaquista.

tabanca *s f* (<crioulo guineense) **1** *Guiné-Bissau* Habitação [Casa] indígena. **Ex.** Enquanto todos dançavam no terreiro, Mamadu optou por ficar na ~. **2** Localidade [Povoação] africana cujas casas são ~s. **3** *Cabo Verde* Uma espécie de fanfarra.

tabanídeo, a *adj/s Ent* (<lat *tabánus,i*: tavão, moscardo) (Diz-se de) inse(c)to díptero cuja fêmea é hematófaga e cria as larvas em ambiente [meio(+)] aquático. ⇒ mutuca.

tabão *s m Ent* (<lat *tabánus*) Moscardo(+). **Ex.** Mordido por um ~, o boi lançou-se numa correria louca. **Sin.** Moscardo(+)/Tavão.

tabaque *s m* (<ár *atabaque*) Pequeno tambor de origem africana.

tabaqueação *s f* (<tabaquear + -ção) A(c)to de tabaquear ou pitadear.

tabaquear *v t/int* (<tabaco + -ear) Inalar [Cheirar] pitadas, pequenas porções de rapé. **Ex.** Estava muito agitado porque deixara acabar o rapé e não podia ~. **Sin.** Pitadear.

tabaqueira *s f* (<tabaco + -eira) **1** Pequena caixa ou bolsa onde se guarda o tabaco. **Ex.** Quando saía de casa, nunca se esquecia de levar a sua ~ . **2** Oficina ou fábrica onde se fazem cigarros e charutos. **Ex.** A ~ era a maior empresa daquela terra. **Idi.** *Ir às ~s a* [de] *alguém* [Agredir/Esbofetear/Esmurrar alguém] (Ex. Como não parava de o insultar, teve de lhe ir às ~s).

tabaqueiro, a *adj/s* (<tabaco + -eiro) **1** Relativo ao tabaco. **Ex.** Ele é um excelente técnico ~. **2** Operário de uma fábrica de cigarros e charutos. **3** Lenço usado para limpar o nariz pelos inaladores de rapé. **Ex.** Incomodado pelo pingo que lhe escorria do nariz, socorria-se frequentemente de um [puxava do seu] ~ vermelho para o limpar.

tabaquista *s/adj 2g* ⇒ tabagista.

tabardão *s m* (<tabardo + -ão) Homem mal vestido. **Ex.** Tem dinheiro, mas não tem gosto e, apesar de frequentar boas lojas, anda sempre feito [como] um ~.

tabardo *s m* (<frâncico *tabard*: vestimenta usada por cima da armadura) Antigo capote de mangas e capuz.

tabasco *s m* (<top *Tabasco*, México) Molho picante feito com vários tipos de pimenta, vinagre e especiarias.

tabaxir (Chir) *s m* (<sân *tvak-ksira*) **1** Substância sacarina extraída de uma espécie de bambu. **2** Giz de alfaiate. **Ex.** Usava um ~ de gume afiado para não marcar demasiado as linhas de corte no tecido.

tabe(s) *s 2g Med* (<lat *tabes*: corru(p)ção) Doença neurológica «dorsal» provocada pela sífilis e que se cara(c)teriza pela falta de controlo motor dos membros e por perturbações do equilíbrio. **Ex.** Controlada a causa que a provoca, a ~ é hoje uma enfermidade rara.

tabefe (Bé) *s m* (<ár *tabikh*: cozido) **1** Leite cozido, engrossado com ovos e açúcar. **2** *col* Bofetada. **Ex.** Só parou de rezingar [resmungar] quando levou dois ~s . **Sin.** Bofetão/Chapada/Estalada/Lambada/Sopapo.

tabela (Bé) *s f* (<lat *tabélla*, dim de tábua: tabuinha) **1** Pequena tábua, quadro ou papel em que se regist(r)am informações úteis como preços, nomes de pessoas, horários de trabalho, escalas de serviço, ... **Ex.** À porta da mercearia [do bar] estava afixada a ~ de preços. **2** Horário. **Ex.** Ao ver a ~ das partidas, verificou que só tinha comboio [trem] às cinco horas da tarde. **3** Bordo interior da mesa de bilhar. **Ex.** Ele era campeão de bilhar às três ~s. **4** *(D)esp* Jogada típica do futebol em que um jogador passa a bola a um companheiro que lha devolve, ao primeiro toque, contornando, deste modo, um ou mais adversários/Tabelinha. **Ex.** Com uma sucessão de ~s, os dois jogadores ultrapassaram toda a defesa adversária. **5** Suporte quadrangular onde se fixa o cesto de basquetebol. **Ex.** Como não tinha muita pontaria, socorria-se da ~ para encestar. **Loc.** À ~ [Conforme o horário afixado] (Ex. Em Portugal, os comboios raramente chegam à ~). *Por* ~ [De modo indire(c)to/De ricochete] (Ex. O meu irmão era castigado por fazer asneiras e eu apanhava quase sempre por ~). **Idi.** *Pôr-se à* ~ [Pôr-se à defesa/Agir com cautela] (Ex. O patrão não gostou nada do teu atraso, põe-te à ~!). **Comb.** ~ *periódica* [Quadro de classificação dos elementos químicos] (Ex. No exame de Química, os alunos são autorizados a consultar a ~ periódica). **Sin.** Lista/Quadro/Relação/Rol/Tarifa.

tabelado, a *adj* (<tabelar) Que se fixou por tabela. **Ex.** O preço do melão foi ~ a cinquenta cêntimos o quilo.

tabelamento *s m* (<tabelar + -mento) A(c)to ou efeito de tabelar. **Ex.** O ~ dos preços dos bens de primeira necessidade foi uma medida muito bem acolhida.

tabelar *v t* (<tabela + -ar^1) **1** Apresentar sob a forma de tabela. **Ex.** Já mandei ~ os dados do inquérito. **2** Fixar os preços por meio de tabelas. **Ex.** Para evitar abusos, o governo decidiu ~ o pão, os ovos e o leite. **3** *Futebol* Progredir no relvado, trocando a bola ao primeiro toque. **Ex.** O avançado resolveu ~ com o médio-centro e apareceu isolado diante do guarda-redes/*Br* goleiro.

tabelião, oa, ã *s* (<lat *tabéllio,ónis*) Funcionário público que redige e conserva escrituras e outros documentos. **Ex.** Solicitou a presença de um ~ para ditar o seu testamento. **Sin.** Notário(+)/Escrivão.

tabelioa *adj f* (<tabelião) **1** Tipo de caligrafia, propositadamente alargada, que os tabeliães fazem para avolumar a rasa [Página usada em processos, autos e outros documentos oficiais com um número de linhas fixado]. **Ex.** Com uma caligrafia tabelioa, o aluno manhoso atingia rapidamente o número de linhas exigido nas composições. **2** Diz-se de uma expressão demasiado formal e estereotipada. **Ex.** Estava cansada das suas cartas ~s, com uma linguagem cheia de fórmulas, mas sem emoção. **Comb.** *Letra* ~ [feita apressadamente, enlaçada e estendida] (Ex. A sua letra ~ fazia com que enchesse uma página com meia dúzia de palavras).

tabelionad[t]o *s m* (<tabelião) Cargo ou escritório de tabelião/Cartório(+).

tab[v]erna *s f pop* (<lat *taberna*: barraca) Estabelecimento onde se vende vinho, bagaço, ginjinha, jeropiga, outras bebidas populares e se servem petiscos e refeições baratas. **Ex.** Na ~, qualquer petisco entre amigos lhe sabia melhor que uma boa refeição em sua casa. **Sin.** Baiuca/Botequim/Tasca/Tasco/Venda. ⇒ mercearia.

tabernáculo *s m* (<lat *tabernáculum*: pequena tenda) **1** Tenda que servia de templo aos judeus enquanto permaneceram no deserto. **2** Lugar do templo judaico onde guardavam a Arca da Aliança e outros obje(c)tos sagrados, de acesso restringido aos sacerdotes. **3** Nos templos cristãos, sacrário(+) onde se guardam as hóstias para a comunhão. **Comb.** ~ *da Virgem* [O ventre em que Cristo foi gerado]. ~ *eterno* [Paraíso]. **4** Mesa sobre a qual trabalham os ourives.

taberneiro, a *adj/s* (<lat *tabernárius*: mercador]) **1** Relativo a taberna. **2** *fig* Grosseiro/Rude/Sujo. **Ex.** Como frequentava muito a taberna, a sua linguagem e manei-

ras tornaram-se também ~as. **3** Dono de taberna ou quem nela trabalha.

tabescente *adj* (<lat *tabéscens, éntis*) Em processo de emagrecimento ou decomposição/Tábido. **Ex.** O seu aspe(c)to ~ prenunciava o (seu) fim.

tabético, a *adj* (<fr *tabétique*) Relativo à tabe(s) ou que sofre dessa doença/Tábido.

tabi *s m* (<ár *Attabi*) Tafetá grosso e ondeado fabricado originariamente em Bagdad, num bairro com esse nome.

tabica *s f* (<ár *tatbiqa*) **1** Cunha(+) encravada no topo de um madeiro que se está a serrar, para facilitar a operação. **Ex.** Como se esqueceram de colocar a ~, não conseguiram evitar as rachaduras. **2** Vegetal de hastes finas e flexíveis/Cipó. **3** Tábua que remata o topo das cavernas de um navio. **4** *fig* Pessoa muito magra. **Ex.** Uns chamavam-lhe tábua raspada, outros (tratavam-na por) ~.

tabicar *v t* (<tabica + -ar¹) Meter tabicas em.

tabidez *s f* (<tábido + -ez) Estado ou qualidade de tábido.

tábido, a *adj* (<lat *tábidus*) **1** Que sofre de tabe(s). **2** Em que há emagrecimento súbito, podridão/corrupção. **Ex.** ~, a sua palidez cadavérica não deixava dúvidas sobre o seu estado de saúde.

tabífico, a *adj* (<lat *tabíficus:* que consome) Que produz a tabe(s).

tabique *s m* (<ár *taxbik:* parede de ladrilhos) **1** Tapume, geralmente de madeira, que divide interiormente as habitações/Taipa. **Ex.** Vivia num humilde casebre, onde apenas um ~ de finas ripas evitava a (completa) promiscuidade entre as pessoas e os animais. **2** Parede de tijolo delgado. **3** Membrana que separa dois órgãos ou duas cavidades. **Ex.** Um ~ ou septo(+) separa as nossas narinas.

tabla *adj 2g/s f* (<lat *tábula:* tábua) **1** Diz-se do diamante chato e lapidado. **2** Pedaço de madeira, metal ou outra matéria dura extremamente fina e achatada/Chapa(+). ⇒ lâmina; placa.

tablado *s m* (<lat *tabulátum:* sobrado, soalho) **1** Zona do teatro onde evoluem os a(c)tores numa representação. **Ex.** O ~, de exíguas dimensões, não suportava tantos a(c)tores ao mesmo tempo em cena. **2** Plataforma de madeira acima do chão para a realização de espe(c)táculos. **Ex.** No verão, era no largo da feira que montavam o ~ quando chegava alguma trupe de comediantes. **Sin.** Estrado(+)/Palanque(+)/Palco(+)/Tabuado.

tablet *s m* informática.

tablete (Tàblé) *s f* (<fr *tablette:* pequena tábua; ⇒ tabla **2**) Alimento, medicamento ou qualquer outro produto sólido apresentado em forma de placa, normalmente re(c)tangular. **Ex.** É referida ao chocolate que se ouve mais frequentemente a palavra ~.

tabliê/er *s m* (<fr *tablier:* painel) Painel onde se instalam os instrumentos necessários à condução de um automóvel e que separa o motor do habitáculo. **Ex.** Em certas viaturas de topo de gama é, hoje, muito frequente a utilização de madeiras caras no ~.

tabloide (Blói) *adj 2g/s m* (<ing *tabloid:* condensado; ⇒ tabuleta) **1** Que tem a forma de uma pastilha ou comprimido. **2** Diz-se de jornais com metade do tamanho estandardizado, normalmente de tendência sensacionalista, com grandes fotos e parangonas. **Ex.** A imprensa ~ explorou o escândalo até ao tutano. **3** Jornal, caderno ou suplemento em formato pequeno, de cariz sensacionalista. **Ex.** A notícia do noivado do príncipe encheu, durante muitas semanas, os ~s da época. **4** ⇒ tablete(+).

taboca *s f Br* (<tupi *ta'woka:* haste oca) **1** Cana brava, espécie de bambu. **2** Estabelecimento de pequeno negócio. **Ex.** Quando recebiam o salário, os trabalhadores passavam pela ~ para pagar as dívidas do mês. **Idi. *Passar a ~*** [Deixar a noiva ou o noivo para casar com outrem] (Ex. Com data de casamento já marcada, ela estava longe de imaginar que ele lhe passasse a ~). ***Levar ~*** [Sofrer um desengano] (Ex. Acreditou que podia facilmente conquistar a Maria, mas levou ~).

tabocal *s m* (<taboca + -al) Terreno onde crescem tabocas/Bambual.

taboqueiro *s m Br* (<taboca 2+ -eiro) **1** Aquele que possui uma taboca ou nela trabalha. **2** Que vende muito caro. **3** Caloteiro/Taboqueador. **Ex.** Desistiu de negociar com semelhante ~.

tabu *adj 2g/ s m* (<tonganês *tapu:* proibido) **1** Interdição de origem social, moral, religiosa ou política relativamente a um ser, um obje(c)to ou um a(c)to, devido ao cará(c)ter sagrado, secreto, inconveniente ou impuro que lhe é atribuído. **Ex.** A recandidatura do presidente era um ~ [segredo] ciosamente respeitado. **2** Que é obje(c)to dessa interdição em virtude de preconceitos e conveniências da mesma origem. **Ex.** Naquela família, o sexo e a política eram temas/assuntos ~.

tábua *s f* (<lat *tábula:* mesa, tábua, tabuleiro; ⇒ tábula) **1** Peça de madeira lisa, normalmente pouco espessa. **Ex.** Para o te(c)to escolheu belas ~s lavradas de carvalho francês. **Idi. *~ de salvação*** [Aquilo que surge como último recurso ou expediente numa situação extrema] (Ex. Viu nas economias do sogro a ~ de salvação para evitar a falência). *pop **~ raspada*** [Pessoa excessivamente magra; mulher com seios pequenos] (Ex. Continuava uma ~ raspada apesar de comer muito). ***Dar com a ~*** [Recusar um pedido de namoro ou de casamento] (Ex. Ele tentou todas as estratégias de sedução, mas ela deu-lhe (com) a ~). ***Fazer ~ rasa de*** [Não ter em conta/Não levar em consideração] (Ex. Ele fora bem advertido dos perigos, mas, chegada a hora, fez ~ rasa de todos os avisos). ***Levar uma ~*** [Ser expulso de maneira pouco honrosa] (Ex. Era tão negligente no trabalho que acabou por levar uma ~). ***Pisar as ~s*** [Ser a(c)tor/Representar] (Ex. Era um artista muito tarimbado, pisava as ~s desde os quinze anos). **Comb. *~s da Lei*** [Duas ~s de pedra em que foram gravados os Dez Mandamentos que Deus ditou a Moisés no Monte Sinai]. ***~ do peito*** [Zona do externo no corpo humano] (Ex. A bala atingira-o em plena ~ do peito e não lhe dera a menor hipótese). *idi **~ rasa*** [Imagem da teoria empírica segundo a qual nada está inscrito no espírito antes da experiência] (Ex. Gostava de ensinar crianças porque a mente delas era ainda uma ~ rasa). ⇒ prancha. **2** Peça plana, pouco espessa, de qualquer outra matéria. **Ex.** Antes, as ~s de cozinha e as de engomar eram sempre de madeira; agora, aparecem de plástico, alumínio e diversos outros materiais. **3** Quadro, pintura em madeira. **4** Quadro ou tabela onde certos dados se encontram dispostos de forma sistematizada. **Ex.** No exame de matemática era permitida a consulta da ~ de logaritmos. ⇒ gráfico; mapa. **5** Cada um dos lados do pescoço de um equídeo. **Ex.** As crinas do cavalo tombavam invariavelmente para a ~ esquerda.

tabua *s f Bot* (< ?) Planta de raiz comestível, que cresce em águas paradas e cuja flor parece uma salsicha; *Typha dominguensis*.

tabuada *s f* (<tábua **4** + -ada) Tabela que apresenta os resultados das quatro operações aritméticas feitas com os números de um a dez. **Ex.** Era excelente em cálculo mental e, aos sete anos, já sabia de cor toda a ~.

tabuado *s m* (<lat *tabulatum:* soalho) Conjunto de tábuas para formar um soalho, uma divisória, um tabique, um tapume ou um estrado. **Ex.** Um ~ de costaneiras/ripas, a toda a volta, protegia a horta de cabras e ovelhas; A parede era revestida com um ~ de jacarandá.

tabuão *s m* (<tábua + -ão) **1** Tábua grande e grossa. **2** Roda do oleiro. **Ex.** Do seu ~ saíam as mais belas peças de olaria de toda a região.

tabuinha *s f* (<tábua + -inha) **1** Pequena tábua. **2** *pl* Um tipo de persiana(+), constituída por pequenas ripas sobrepostas. **Ex.** Chegada a tarde, baixava [subia] as ~s para poder continuar a ver quem passava, sem ter de lhes dar conversa.

tabuismo *s m* (<tabu + -ismo) Palavra ou expressão pertencente a um regist(r)o de língua (sentido como) grosseiro, ofensivo, inconveniente ou marginal/Palavrão. **Ex.** Quando se enfurecia, soltava sempre um chorrilho de palavrões ou expressões soezes/vulgares do seu arsenal de ~s, como «merda» ou «puta que o pariu».

tábula *s f* (<lat *tábula:* mesa) **1** Mesa(+) para jogos de tabuleiro. **2** Cada uma das peças redondas, normalmente de madeira ou marfim, usadas em jogos de mesa, como damas ou gamão. **Ex.** Tinha mau perder e, quando isso acontecia, às vezes varria o tabuleiro, espalhando as ~s pela sala. **Sin.** Pedra(+).

tabulado *s m* (<lat *tabulátum*) Estrado, pavimento, sobrado ou tapume feitos de/com tábuas. **Sin.** Tabuado; tablado.

tabulador *s m* (<tabular + -dor) Dispositivo das máquinas de escrever que permite alinhar um texto ou dispô-lo em colunas.

tabuladora *s f* (<tabulador) **1** Máquina que faz a leitura de cartões perfurados e faz cálculos simples. **2** *Info* Diz-se da tecla *tab* do computador.

tabulagem *s f* (<tabula + -agem) **1** Casa de jogo. **2** Vício do jogo. **Ex.** Tinha uma vida familiar conturbada por causa da ~.

tabular *v t* (<lat *tábulo,* áre,átum) Regular o tabulador da máquina de escrever ou o cursor do ecrã do computador de forma a obter a disposição do texto desejada. **Ex.** Enganara-se ao tabular e as margens do texto ficaram demasiado largas.

tabuleiro *s m* (<tábua+-eiro) **1** Peça portátil, de madeira, metal, plástico ou outro material, redonda, oval ou quadrangular, com rebordos e, por vezes, com asas, utilizada para transportar alimentos e bebidas de um lugar para outro da casa. **Ex.** Com visitas de cerimó[ô]nia, costumava servir o chá num ~ prateado. **2** Prancha, geralmente de madeira, com quadrículas próprias para nela se realizarem certos jogos de mesa, como damas ou xadrez. **Ex.** No xadrez, gostava de jogar com as peças brancas que dispunha cuidadosamente no ~. **3** Plataforma de rodagem de uma ponte ou de um viaduto. **Ex.** O tráfego ficou um caos, pois o acidente dera-se em pleno ~ da ponte. **4** Recipiente re(c)tangular, geralmente de madeira, onde se amassa o pão e se transporta para o forno. **Ex.** Depois de dar forma aos pães, dispô-los cuidadosamente no ~ e cobriu-os com um panal de

linho. **5** *Br* Terreno elevado, normalmente arenoso e de vegetação rasteira.

tabuleta *s f* (<tábua + -eta) Placa de madeira ou metal, com letras ou sinais, contendo avisos, anúncios ou informações e que se coloca em locais bem visíveis ou públicos. **Ex**. Suspensa da porta, uma ~ informava os clientes (de) que o estabelecimento fechara para férias do pessoal. **Idi**. *pop* **Quinta das ~s** [Cemitério] (Ex. Ele não sabia que o João tinha morrido e ficou surpreendido quando lhe disseram que já morava na quinta das ~s). **Sin**. Letreiro.

TAC *s 2g Med* Sigla de Tomografia Axial Computorizada, um exame da área da imageologia.

taca *s f* (< ?) **1** *C V* Dança indígena. **2** *Bot* Planta de cujos rizomas [tubérculos] se extrai uma fécula leve e agradável. **3** *Br Hist* Fasquia de madeira com que se castigavam os escravos. **4** Pancada/Lambada.

taça *s f* (<ár *tasa*) **1** Copo/Vaso de boca larga, pouco fundo e com pé, usado para tomar bebidas, doces, macedó[ô]nias ou gelados. **Ex**. Ergueram as ~s e brindaram com champanhe à saúde dos presentes. **2** O conteúdo da taça. **Ex**. Bebeu cinco ~s e ficou quase bêbado. **Idi**. *Fig* **~ da amargura** [Sofrimento intenso e prolongado] (Ex. Antes de alcançar a situação confortável em que agora vivia, bebeu a ~ da amargura). ⇒ taçada. **3** Taça grande, normalmente de materiais valiosos, entregue como troféu ao vencedor de uma competição (d)esportiva/Copa. **Ex**. Foi o próprio Presidente da República que(m) entregou a ~ à equipa vencedora.

tacada *s f* (<taco + -ada) Golpe dado com um taco numa bola de bilhar, golfe ou polo. **Ex**. Excelente jogador, chegava a meter duas bolas de uma ~. **Idi**. **Apanhar/Levar uma ~** [Ser censurado ou repreendido] (Ex. Apanhou/Levou uma ~ do patrão por ter sido negligente). **Falhar a ~** [Não ter sucesso numa iniciativa] (Ex. Investiu tempo e dinheiro naquela empresa, mas falhou a ~).

taçada *s f* (<taça + -ada) Quantidade (de bebida ou comida) que uma taça pode conter. **Ex**. Já tinha comido uma fatia de tarte, contudo, ainda pediu mais uma ~ de morangos.

tacanhear *v i* (<tacanho + -ear) Mostrar-se tacanho.

tacanhez/ice *s f* (<tacanho +...) Qualidade ou cará(c)ter do que é tacanho/Pequenez/Mesquinhez/Insignificância. **Ex**. Perdera grandes oportunidades de negócio devido à sua ~.

tacanho, a *adj/s* (< ?) **1** De reduzidas dimensões. **Ex**. O espaço da cozinha era bastante ~. **Sin**. Acanhado/Apertado/Exíguo. **2** Mesquinho, excessivamente agarrado a coisas sem grande importância, vivendo como um miserável por não gastar dinheiro ou outros bens. **Ex**. Apesar de abastado, vivia como um ~. **Sin**. Mesquinho/Avarento/Forreta/Sovina. **3** De pouca inteligência, de vistas curtas e avesso às novidades. **Ex**. De nada valiam argumentos, tinha um espírito ~ e nunca entenderia as ideias das novas gerações. **Sin**. Estúpido/Idiota.

tacaniça *s f* (< ?) Cada uma das faces triangulares de um telhado de quatro águas/Revessa/Rincão. **Ex**. Havia uma infiltração que enchia a parede de verdete, mesmo sob a ~ que dava para a rua.

tacão *s m* (< ?) Parte do sapato sobre a qual assenta o calcanhar/Salto. **Ex**. Pretendia disfarçar a sua baixa estatura, usando sapatos de ~ [salto] muito alto.

tacape *s m Br* (<tupi *takape*) Arma de arremesso, comprida e terminando com uma rodela cortante, muito usada pelos Índios da América do Sul/Clava/Maça.

tacar *v tr* (<taco + -ar) **1** Dar uma tacada em. **Loc**. ~ a bola «do bilhar/golfe» **2** *Br* Atirar/Disparar. **Loc**. ~ tomate no [ao] orador/político. **3** *Br* ⇒ bater; surrar.

tacha[1] *s f* (<fr *tache*: mancha; ⇒ taxa) **1** Mancha(+)/Nódoa(o+). **2** *fig* Defeito/Mácula. **Ex**. Como não queria que o filho casasse com ela, não parava de pôr-lhe ~s.

tacha[2] *s f* (< ?; ⇒ taxa) **1** Prego curto de cabeça larga e achatada. **Ex**. Os socos que usava eram bordejados, como reforço, por ~s reluzentes. **Sin**. Brocha. **2** *Fam pop* Dentes. **Idi**. **Arreganhar a ~/**os dentes [Rir] (Ex. (Por)que estás (para aí) a arreganhar a ~?).

tachada *s f* (<tacho+-ada) **1** O que um tacho pode conter. **Ex**. Como eram muitos, resolveram guisar uma grande ~ de carne. **2** *pop* Bebedeira/Carraspana. **Ex**. Não conseguiu meter a chave na fechadura, tal a ~ que trazia.

tachar *v tr* (<tacha[1] + -ar[1]) Atribuir cara(c)terísticas negativas ou defeitos a alguém. **Ex**. Na repartição, uma vez tacharam-no de preguiçoso e nunca mais se livrou do ferrete.

tachismo *s m* (<fr *tachisme* <*tache*: mancha) Uma das tendências da pintura abstra(c)ta dos anos cinquenta do século passado, cara(c)terizada pela proje(c)ção de tintas, formando manchas e riscos do escorrimento das pingas.

tachista *s 2g* (<tacho 3 + -ista) Pessoa que exerce um ou mais cargos, normalmente bem remunerados e conseguidos com a recomendação ou o empenho de alguém influente. **Ex**. Tinham-no na conta de ~ pois acedia a altos cargos, não por méritos, mas sim por ser amigo do ministro.

tacho *s m* (< ?) **1** Recipiente de metal ou de barro, de forma cilíndrica, mais largo que fundo, com asas, usado para cozinhar alimentos. **Ex**. Para acompanhar a carne, fez um ~ de arroz crioulo. **2** *pop* Alimento/Sustento. **Ex**. Tinha um salário tão baixo que mal dava para o ~. **Idi**. **Ganhar para o ~** [Ganhar apenas para levar uma vida modesta] (Ex. Apesar de gostar de futebol, nunca ia ao estádio, pois mal ganhava para o ~. **Ver o fundo ao ~ a)** Acabarem os mantimentos (Ex. Era uma situação desesperante, assim perdidos na montanha e a verem o fundo ao ~); **b)** Acabar uma situação ou um trabalho (Ex. A safra da azeitona era árdua, mas, felizmente, já viam o fundo ao ~). **3** *Gír* Posto de trabalho bem remunerado. **Ex**. Não levantava ondas «fazer greves» com medo de perder o ~.

tacitamente *adv* (<tácito + -mente) De modo implícito, não manifest(ad)o. **Ex**. Ninguém contestou a proposta do presidente, pelo que [, e assim/e portanto] esta foi dada como ~ aprovada.

tácito, a *adj* (<lat *tácitus:calado* <*táceo, ére,citum*: calar-se) Não formalmente expresso, não verbalizado, implícito, subentendido. **Ex**. O pai não disse nada, mas o filho leu nos seus olhos a autorização ~a para a sua saída.

taciturnidade *s f* (<lat *taciturnitas,átis*: silêncio) Qualidade ou estado de taciturno/Tristeza/Melancolia/Misantropia. **Ex**. Aparentemente, tinha tudo para ser feliz e as pessoas não sabiam como explicar a sua constante ~.

taciturno, a *adj* (<lat *taciturnus;* ⇒ tácito) Pouco comunicativo/Que fala pouco. **Ex**. Ele sabia bem que, com o seu ar ~, não conseguiria a simpatia da moça, mas não conseguia soltar-se. **Sin**. Macambúzio/Melancólico/Tristonho.

taco *s m* (< ?) **1** Pau comprido e roliço com que se impelem as bolas em desportos como o bilhar, o golfe, o polo, o basebol. **Idi**. **~ a ~** [Em despique renhido e equilibrado «entre dois contendores»] (Ex. Jogaram ~ a ~ e qualquer das equipas podia ter vencido). **2** Jogador de bilhar. **Ex**. No bilhar ninguém lhe ganhava, era o melhor ~ da cidade. **3** Cada um dos pequenos re(c)tângulos de madeira que se usam no revestimento do chão de salas e quartos. **Ex**. Houve uma inundação lá em casa e os ~s da sala incharam e saltaram todos. **4** Prego ou cunha de madeira. **5** *Br* Pedaço, bocado/naco(+). **6** Pequena refeição entre o almoço e o jantar. **Ex**. Como o jantar ia ficar para tarde, resolveu meter um ~ para não chegar esfomeado.

tacógrafo *s m* (<gr *tákhos*: rapidez + -grafo) Aparelho que serve para regist(r)ar velocidades.

tacómetro [*Br* tacômetro] *s m* (⇒ tacógrafo) Instrumento destinado a medir a velocidade de rotação de um eixo ou motor.

tactear/táctica/tacticamente/táctico ⇒ tatear/tática/...

tá(c)til *(dg) adj 2g* [= táctil] (<lat *táctilis*) Relativo ao ta(c)to ou que é perce(p)cionado através desse sentido. **Ex**. A viscosidade da pele da rã produziu-me uma sensação ~ desagradável.

ta(c)tilidade *(dg) s f* [= tactilidade] (<tá(c)til +-i-+ -dade) **1** Qualidade do que se pode apalpar, tatear ou que é susce(p)tível de ser perce(p)cionado [sentido] pelo ta(c)to. **Ex**. A ~ da seda, de uma incrível suavidade, tornou este tecido muito apreciado. **2** Capacidade de sentir pelo ta(c)to. **Ex**. A polpa dos dedos é uma zona do corpo dotada de grande ~.

ta(c)tismo *(dg) s m Biol* (<gr *táksis, eos*: ordenação + -ismo) Rea(c)ção de pequenos organismos de vida livre que mudam de orientação seguindo a dire(c)ção de um estímulo externo, como a luz, o calor, a ele(c)tricidade, ... **Sin**. Taxia.

tacto ⇒ tato.

taekwondo *s m (D)esp* (<core *tae kwon do*: caminho do punho cerrado) Arte marcial originária da Coreia e bastante semelhante ao karaté.

tael (Él) *s m* (<mal *tahil*) Unidade de peso na China, com valor monetário de mais ou menos «30g de ouro» consoante/conforme as regiões do país.

tafetá *s m* (<persa *taftah*) Tecido de seda consistente e com brilho.

taful *adj2g/s2g* (< ?) **1** Indivíduo que se veste com esmero exagerado. **Sin**. Dândi/Janota/Peralta. **2** Jogador por vício ou profissão.

tagalo, a *adj/s* (<mal *taga*: nativo) **1** Relativo às Filipinas, nascido ou habitante desse país. **2** Língua de origem malaia que constitui uma das línguas oficiais das Filipinas/Filipino. **3** Fibra de palmeira utilizada no fabrico de chapéus.

tagarela *adj 2g/s 2g* (< ?) **1** (O) que fala muito/Linguarudo/Fala-barato. **2** Indiscreto. **Ex** Apesar de ~, pouco se sabia dele, pois só falava dos outros. **3** Gritaria/Barulho/Tumulto.

tagarelar *v int* (<tagarela + -ar[1]) **1** Falar muito ou conversar despreocupadamente ou frivolamente/Palrar. **2** Revelar segredos/Dar à palheta. **Ex**. Passaram o serão a ~, ninguém da vizinhança escapou à palheta das comadres. **Sin**. Bisbilhotar/*Br* Fofocar.

tagarelice s f (<tagarela + -ice) **1** Qualidade de quem fala demasiado e diz coisas (um pouco) à toa. **Ex.** Era muito generosa e bem-disposta, mas a sua ~ tornava-a quase insuportável. **2** Conversa fútil e superficial/Cavaqueira. **Ex.** As vizinhas passavam horas à janela numa ~ interminável. **3** Indiscrição. **Ex.** Na sua incorrigível ~ acabava por pôr a nu a vida de toda a gente do bairro. **Sin.** Bisbilhotice/Coscuvilhice.

tagaté s m (< ?) **1** Carícia feita com a mão/Afago/Blandícia. **2** A(c)to ou efeito de lisonjear/Bajulação/Adulação. **Ex.** Com teste amanhã, esta noite não vais [não te deixo ir] ao concerto... e não me venhas com ~s, que não vou mudar de opinião.

tágide s f Poe (<lat *Tagus* + *ide*) Ninfa/Musa do rio Tejo «invocadas por Camões n'*Os Lusíadas*».

tai-chi (-chuan) s m (<chin *tai chi chuan*) Arte terapêutica de origem chinesa, baseada em exercícios de meditação com movimentos físicos muito lentos e controlados e com benefícios tanto psicológicos como físicos.

taifa s f (<ár *taifa*: grupo) **1** Conjunto de militares da guarnição de um navio que o devia proteger em caso de abordagem. **2** Br Pessoal subalterno para o serviço dos oficiais da marinha. **3** Hist Nome dado em 1301 a entidades autó(ô)nomas árabes na Península Ibérica (Reinos de Taifa).

taiga s f (<ru *taïga*) Tipo de floresta da Sibéria e do norte do Canadá, constituída essencialmente por coníferas.

Tailândia s f top País de regime monárquico do Sudeste Asiático, antigo Sião, cuja capital é Banguecoque. **Ex.** Os naturais da ~ são tailandeses e a sua língua é o tailandês.

tailleur s m (<fr *tailleur*: alfaiate) Traje feminino composto por saia e casaco curto do mesmo tecido/Saia-casaco(+).

taimado, a adj/s (<teimado) O que é astucioso e dissimulado. **Ex.** ~ (como é), escondeu até ao fim os seus obje(c)tivos inconfessáveis. **Sin.** Astuto(+)/Malicioso/Manhoso(o+)/Velhaco.

tainha s f Icti (<gr *tagenia*: frito) Peixe comestível, abundante na costa portuguesa, nos rios e estuários; *Mugil liza*. **Ex.** Nas zonas ribeirinhas [Nas terras perto] do Tejo, a ~ é a base de um prato muito apreciado, conhecido como "fataça na telha".

tainheira s f (<tainha + -eira) Rede para pescar tainhas.

tainheiro s m (<tainha + -eiro) Pescador de tainhas.

taino s/adj Ling Hist Língua e povo das Antilhas «Haiti».

taioba s f (<tupi *taya'owa*) Br **1** Planta cujas folhas largas, tal como as raízes, ricas em amido, são utilizadas na alimentação. **2** Br Prisão/Cadeia.

taipa s f Arquit (<ár *tabyya*) Parede feita com um tabique de tábuas e ripas cruzadas, sendo os espaços interiores obturados com barro (por vezes amassado com cal e areia) e as faces da parede revestidas com o mesmo material. **Ex.** Antes da chegada dos tijolos e dos blocos de cimento, em zonas onde a pedra escasseava, as paredes e as divisórias interiores das casas eram feitas com ~. ⇒ estuque.

taipal s m (<taipa + -al) **1** Molde de madeira com asas e sem fundo usado na construção de paredes de taipa. **2** Resguardos de madeira utilizados para segurar as cargas dos carros de bois. **Ex.** Para cargas de lenha ou feno, os estadulhos chegavam, mas, para coisas miúdas, eram necessários ~ais. **3** Porta ou tabuado usados para proteger as montras das lojas. **Ex.** Nunca fechava a loja sem pôr os ~ais de prote(c)ção, por temor dos ladrões.

taipar v tr (<taipa + -ar¹) **1** Dividir ou limitar com taipa. **2** Apertar o barro na taipa. **Ex.** Por não ter sido bem taipada, a parede começou a apresentar brechas muito cedo.

tais s f (<tétum *tim*) **1** Pano de fabrico tradicional timorense. **2** Espécie de saia comprida, de algodão, usada por mulheres e homens timorenses.

Taiti top Ilha no Sul do Oceano Pacífico. **Ex.** A capital do ~ é Papeete, a língua é o taitiano e os habitantes são os taitianos.

Taiwan s top País do Leste Asiático, também conhecido por Formosa, e cuja capital é Taipé. **Ex.** Os naturais de ~ são os taiwaneses e falam chinês.

Tajiquistão s top País da Ásia Central, cuja capital é Duchambe. **Ex.** Os naturais do ~ são os tajiques ou tajiquistaneses.

taka s m (<bengali) Unidade monetária do Bangladeche.

tal adj/adv/ pron dem e ind/s (<lat *tális, e*) **1** Igual/Semelhante/Tão grande/Tanto/a. **Ex.** Tem feito um tempo horrível, nunca vi ~ [semelhante] invernia. Não conheço (nenhum) médico que tenha ~ [tanta] dedicação aos doentes (como ele tem). Nunca vi [falei com] ~ [esse] sujeito. **Loc.** ~ *(e) qual* [Do mesmo modo/Exa(c)tamente como] (Ex. Tinha uma caligrafia ~ e qual a do pai). ~ ... ~ ... [Com as mesmas cara(c)terísticas] (Prov. "~ pai ~ filho"). ~ *como* [Introduz uma comparação] (Ex. ~ como o pai, o filho era sempre o primeiro a chegar e o último a largar o trabalho). **2** Este, esse, aquele, isto, isso, aquilo, algum, certo. **Ex.** Acusou-me de lhe ter chamado estúpido, mas eu nunca disse ~ palavra/coisa. **3** Depois de um numeral designa uma quantidade imprecisa. **Ex.** Era um apreciador de sardinhas e gabava-se de já ter comido trinta e ~ sem dificuldade. O meu pai já tem oitenta e ~ [e mais não sei quantos] anos. **4** Pessoa de quem se fala, mas que não se nomeia. **Ex.** Aquela moça é (que é) a ~ que queres apresentar-me? **5** Etc./Mais. **Ex.** Não precisava de trabalhar, pois herdou dum tio duas casas, uma quinta, uma manada de vacas, uma conta bancária choruda, etc. e ~ [, etc. etc./e não sei que mais]. **6** Ao fazer uma pergunta/proposta. **Ex.** Então, que ~ [, que lhe parece]? Que ~ [Não quer beber] uma cerveja?

tala s f (<lat *tábula*: tábua) **1** Med Placa de madeira ou de outro material, usada para imobilizar um membro fra(c)turado, com a ajuda de ligaduras e, por vezes, de gesso. **Ex.** Fra(c)turou o indicador da mão esquerda e, desde então, não podia tocar clarinete por causa da ~. **Idi.** *Ver-se em ~s* [Ver-se em dificuldades] (Ex. Quando foi despedido, viu-se em ~s para poder arrostar com as despesas da casa apenas com o subsídio de desemprego). **2** Peça com que se estreita a abertura dos chapéus. **3** Br Chicote feito com uma tira de couro.

talabardão s m Náut (< ?) Remate superior da borda do navio, em forma de corrimão.

talabarte s m (<prov *talabart*) Correia de couro usada à cinta ou a tiracolo para suspender a espada ou a bandeira.

talado, a adj (<talar²) **1** Diz-se de um terreno onde se praticou um sulco fundo para drenagem. **2** Que foi arruinado, devastado, saqueado. **Ex.** Após a passagem do furacão, a região ficou completamente ~a. **3** Deitado abaixo, derrubado. **Ex.** Infelizmente, todos os dias podemos ver novas clareiras de árvores ~s, na Amazó[ô]nia.

talagada s f (< ?) Quantidade de bebida alcoólica que se pode beber de um gole. **Ex.** O vinho verde, pouco graduado, é muitas vezes servido em malgas e bebido em grandes ~s. **Sin.** Golada/Trago.

talagarça s f (<tela + garça) Tecido encorpado, de fios ralos, utilizado no fabrico de tapeçarias, no reforço de capas e lombadas dos livros e para sobre ele bordar.

talambor s m (< ?) Fechadura de segredo, cujo mecanismo é a(c)cionado por uma chave especial.

tálamo s m (<lat *thálamus*: leito, casamento) **1** Leito nupcial e conjugal. **Ex.** Do homem português se diz que, depois do casamento, às duas semanas, troca o ~ pela mesa; às quatro, a mesa pela taberna. **2** Casamento, bodas. **3** Anat Estrutura [Parte] do cérebro que participa na rece(p)ção e integração das informações nervosas.

talante s m (< ?) Desejo, vontade, arbítrio. **Loc.** *A meu/teu/seu...~* [Segundo a minha/tua/sua...vontade] (Ex. O ditador mandava prender e matar opositores a seu ~/bel-prazer/col como lhe dava na gana). *A ~ de* [Consoante a vontade ou o desejo de] *alguém*.

talão s m (<lat *tálo,ónis <tálus,i*: calcanhar) **1** Calcanhar(+). **2** Parte do calçado ou das meias correspondente ao calcanhar. **3** Parte de um bilhete ou recibo onde fica a indicação numerária do seu conteúdo ou anotações do emitente. **Ex.** Quando vier levantar a certidão, não se esqueça de trazer este ~. **4** Pega dum arco de violino, viola ou violoncelo. **Ex.** Quando se preparava para tocar, verificou que o parafuso do ~ não esticava as crinas. **5** Vara que, na poda das vinhas, se deixa ficar mais próxima do solo.

talar¹ adj 2g (<lat *talaris*: que desce até aos tornozelos; ⇒ talão) **1** Diz-se das vestes compridas até aos talões. **Ex.** Ficava deslumbrado com as vestes ~es «batina/túnica» dos sacerdotes, nos a(c)tos litúrgicos. **2** Diz-se das asas que, segundo a mitologia, Mercúrio, deus do comércio, tinha nos pés.

talar² v tr (<esp *talar*: devastar) **1** Abrir sulcos fundos na terra com o obje(c)tivo de a drenar. **2** Devastar/Arrasar/Assolar. **Ex.** O exército invasor ia talando tudo à sua passagem. **3** Deitar abaixo/Derrubar «árvores».

talassa adj 2 g/s 2g (<gr *thálassa*: mar) **1** Hist Que ou quem pertenceu ao partido monárquico de João Franco, no reinado de D. Carlos I. **2** Inimigo do regime republicano português. **3** Pessoa rea(c)cionária.

talássico, a adj (<lat *thalássicus*: da cor verde do mar) Relativo ao mar ou à cor verde das suas águas.

talassocracia s f (<thalassa + -cracia) Domínio dos mares [das rotas marítimas comerciais], exercido por um Estado. **Ex.** Nos séculos XV e XVI, Portugal foi uma ~ pioneira.

talassosfera s f (<gr *thalassa* + esfera) A parte líquida do globo terrestre, representada pelos mares.

talassoterapia s f (<gr *thalassa* + terapia) Tratamento de doenças através de banhos de mar ou da influência do ar e clima marítimos. **Ex.** A ~ é uma terapêutica a que os homens recorrem desde tempos imemoriais.

talco s m Miner (<ár *talq*) **1** Silicato básico de magnésio, mineral bastante mole e de ta(c)tilidade untuosa. **2** Pó deste mineral, com diversas utilizações, nomeadamente na higiene corporal. **Ex.** Como transpirava muito dos pés, punha ~ nas meias e sapatos para evitar o mau cheiro.

taleiga s f (<ár *talayqa*) **1** Saco pequeno e largo usado normalmente para transportar farinhas, cereais e outras sementes miúdas/Saca(+) pequena. **Ex**. Todas as semanas levava ao moinho duas ~s de milho para a broa da semana. **2** Medida antiga de azeite, equivalente a dois cântaros. ⇒ almude. **3** Medida antiga de trigo, correspondente a quatro alqueires.

taleigo s m (<taleiga) Saco pequeno, estreito e comprido, diferindo da taleiga apenas na forma, mas usado para os mesmos fins. **Idi**. *Dar ao* ~ [Conversar, dar à língua] (Ex. As duas comadres passavam a tarde dando ao ~, poucos escapando à sua língua afiada).

talento s m (<gr *tálanton*) **1** Aptidão, dom ou engenho, naturais ou adquiridos, para fazer alguma coisa. **Ex**. Nasceu com um ~ especial para a música. **Idi**. *Aguçar o* ~ [Refinar as suas capacidades para superar um obstáculo, através do estudo ou da reflexão] (Prov. A necessidade aguça o ~ / engenho(+)). **2** Pessoa extraordinariamente dotada para exercer uma dada a(c)tividade. **Ex**. O governo tomou medidas para evitar que os ~s emigrassem. **3** *Br* Força física e anímica. **4** *Hist* Medida de peso e moeda de ouro na Antiga Grécia e Roma.

talentoso, a (Ôso, Ósa, Ósos) adj (<talento + -oso) Que tem talento.

talha¹ s f (<talhar) **1** A(c)to ou efeito de talhar ou cortar. **2** Corte, incisão. **Comb**. *~-frio* s m [Instrumento de carpintaria para lavrar a madeira]. *~-mar* s m [Barreira de pedregulhos ou de grandes blocos de cimento para atenuar a força das águas do mar] (Ex. A autarquia mandou reforçar o ~-mar para evitar que as vagas das marés vivas atingissem os estabelecimentos da marginal) (Sin. Quebra-mar(+)). *Med* **Operação de ~** [para extrair cálculos da bexiga] (⇒ cistotomia/litotomia). **3** Madeira lavrada a escopro, buril ou talha-frio. **Ex**. O te(c)to do salão era de ~ de castanho com incrustações de faia, uma madeira clara e contrastante. **Comb**. ~ dourada [Madeira lavrada, a espaços recamada de ouro] (Ex. As igrejas barrocas têm, muitas vezes, altares de ~ dourada). **4** Corda que se prende à cana do leme de uma embarcação para, em caso de temporal, se manobrar com mais segurança. **Ex**. Apesar da robustez da ~, não conseguiu aguentar o leme, tal a violência da tempestade.

talha² s f (<lat *tinácula* <tina) Recipiente de grande capacidade, normalmente bojudo, de barro, lata ou ferro para armazenar líquidos, cereais, frutos e outros alimentos, como enchidos e queijos. **Ex**. Antes de se sentar à mesa, ia sempre à ~ buscar uma malga de azeitonas.

talhada s f (<talhado) **1** Pedaço longitudinal, mais ou menos delgado, cortado de frutos grandes, como abóboras, melancias ou melões. **Ex**. Não apreciava a melancia, mas era capaz de comer três ou quatro ~s de melão depois do almoço. **2** *fig* Censura, repreensão, multa ou castigo. **Ex**. O dono da pocilga apanhou uma grande ~ [multa] por ter poluído o rio.

talhadeira s f (<talhado + -eira) **1** Instrumento de aço, de gume afiado, para cortar metais a quente com o auxílio do malho. **Ex**. O ferreiro mantinha a ~ bem afiada para não fazer tanto esforço ao bater sobre o ferro em brasa. **2** Tesoura de podar.

talhadia s f (<talhado + -ia) Corte de florestas «de eucaliptos/pinheiros» feito a intervalos regulares. **Comb**. *Alta* ~ [Mata que se corta dos 25 aos 40 anos]. *Meia* ~ [... dos 15 aos 25]. *Nova* ~ [... aos 8 anos ou menos].

talhado, a adj/s m (<talhar) **1** Cortado, dividido. **Ex**. O queijo fresco foi ~ em quatro partes, tantas quantos os comensais. **Idi**. *~ a faca* [Que tem contornos bem marcados] (Ex. Tinha um rosto anguloso que parecia esculpido ou ~ à faca). *Bem ~* [Esbelto/Elegante] (Ex. No baile, não conseguia desviar os olhos daquela moça tão bem ~a). **2** Com jeito ou feitio para desempenhar uma tarefa ou uma função. **Ex**. Cordato e justo, viam-no ~ para moderar as negociações de paz. **3** *Br* Parte do curso de um rio quando corre apertado entre margens a pique ou ribanceiras íngremes.

talhador, a adj/s (<talhar + -dor) **1** Aquele que talha. **2** Cortador de carne nos talhos/Talhante/Açougueiro. **3** Cutelo usado no corte da carne. **4** Prato [Travessa] onde se trincha a carne assada. **Ex**. Na Noite de Natal, era sempre o pai que sacava o peru do forno e o colocava sobre um ~ para o trinchar.

talha-mar s m ⇒ talha¹ **2 Comb**.

talhante adj 2g/s 2g (<talhar + -ante) **1** Que corta ou talha/Talhador. **2** Proprietário ou empregado de um talho. **Ex**. Gostava de ser atendida por aquele ~ porque lhe batia os bifes para os amaciar. **Sin**. Açougueiro/Carniceiro/Magarefe.

talhão, ões s m (<talho + -ão) **1** Porção de terreno para cultivo, delimitado por sulcos. **Ex**. Para horta, destinava sempre um ~ próximo de casa. ⇒ canteiro. **2** Lote de terreno para construção. **Ex**. A especulação encarecera demasiado os ~s daquela urbanização. **3** Espaço de cemitério destinado a enterramentos. **Ex**. Hipocondríaco, um dia deixou a esposa aterrada ao dizer que já tinha comprado um ~ no cemitério. **4** Cada um dos compartimentos de uma salina.

talhar v tr (<lat *tálio,áre,taliátum*: cortar) **1** Partir em talhadas, dar cortes, retalhar. **Ex**. Com a mesma faca talhou a melancia e retalhou as azeitonas. **2** Lavrar, gravar. **Ex**. Tinha uma panóplia de instrumentos para ~ a madeira e a pedra. **3** Lapidar. **Ex**. Não é fácil ~ um diamante devido à sua dureza. **4** Cortar, dando a forma ou o desenho desejados. **Ex**. Antes, era o alfaiate, com um tabaxir e uma tesoura, quem talhava a roupa; agora, são as máquinas que talham e cosem. **5** Abrir passagem, sulcar(+). **Ex**. Com vento de feição, as proas talhavam as águas e os veleiros pareciam voar. **6** Predestinar, vocacionar, fadar. **Ex**. Leve e com grande pulmão, a natureza talhara «Carlos Lopes» para as corridas de fundo. **7** Fazer coagular/Coalhar(+). **Ex**. Preferia o cardo em vez de coalho para ~ o leite.

talharim s m *Cul* (<it *tagliarini* <tagliare: cortar) **1** Massa alimentar «farinha de trigo» em forma de tiras. **2** Prato feito com essa massa.

talhe s m (<talhar; ⇒ talho) **1** A(c)to ou efeito de talhar. **2** Desenho ou recorte. **Ex**. Reconheceu o autor da carta pelo ~ da letra. **3** Estatura ou morfologia de um corpo. **Ex**. Admirava aquela jovem de ~ tão elegante. **4** Modo ou técnica de talhar. **Ex**. Usava um vestido de fino ~. **Sin**. Corte(+).

talher (É) s m (<talhar) **1** Conjunto de garfo, colher e faca, de formas e tamanhos diferentes, consoante se trate de ~ de carne, de peixe ou de sobremesa. **Idi**. *Ser um bom ~/garfo(+)* [Gostar muito de comer, comer muito] (Ex. Dizia não entender como engordava com tanta facilidade, mas todos sabiam que era um bom ~). ⇒ serviço. **Ex**. Para a sala de jantar, comprou uma mesa de oito ~s.

talho s m (<talhar; ⇒ talhe) **1** A(c)ção de cortar, de talhar. **Idi**. *Vir a ~ de foice* [Vir a propósito, proporcionar-se a ocasião] (Ex. Falou-se da guerra e, como vinha a ~ de foice, denunciou todas as atrocidades a que tinha assistido). **2** Ferida ou lanho produzidos por obje(c)to cortante. **Ex**. Saiu da refrega com um ~ no sobrolho que sangrava abundantemente. **3** Estabelecimento comercial onde se vende carne fresca a retalho. **Ex**. Não gostava de congelar a carne, preferia ir ao ~ todas as manhãs comprar a necessária para o almoço. **4** Corte de árvores ou desbaste dos seus ramos/Limpeza/Poda. ⇒ abate.

talião s m (<lat *tálio, ónis*) **1** Castigo equivalente à falta, à culpa ou à transgressão. **2** Desforra ou vingança à medida da ofensa. **Idi**. *Lei* [Pena] *de* ~ [Princípio que, em tempos, inspirou a legislação hebraica e, ainda hoje, a de muitos países islâmicos, que determina(va) que a punição fosse da mesma ordem da ofensa] (Ex. As máximas "olho por olho, dente por dente" e "quem com ferro mata, com ferro morre" resumem, na perfeição, o espírito da lei de ~). **Sin**. Retaliação.

talibã[an] adj 2g/s 2g (<persa *taleb*: estudante) **1** Aluno de uma escola corânica. **2** Membro de um grupo islâmico extremista originário do Afeganistão. **3** Relativo a ~. **Ex**. Muita gente não compreende a lógica guerreira ~.

talidomida s f *Med* (<ing *talidomide*) Medicamento da família dos tranquilizantes que nunca [em caso algum] deve ser prescrito a grávidas.

talinga s f *Náut* (< ?) Cabo, amarra.

talisca s f (<tala + -isca) **1** Lasca pequena de madeira. **Ex**. Largou imediatamente a enxada quando uma ~ «do cabo de madeira» se lhe cravou na palma da mão. **Sin**. Estilha. **2** Abertura estreita numa rocha ou em qualquer outra superfície. **Ex**. O rio tinha a sua origem numa fonte que brotava de uma ~ da rocha. **Sin**. Fenda(+)/Frincha. **3** *Br* Peça fina de madeira usada como calço de uma porta ou janela. ⇒ cunha.

talismã s m (<ár *tilasm*: amuleto) **1** Obje(c)to a que se atribuem virtudes maravilhosas supostamente portadoras de sorte ou prote(c)ção. **Ex**. Antes das viagens, metia sempre no porta-luvas uma ferradura, ~ que acreditava protegê-lo contra acidentes. **Sin**. Amuleto. ⇒ varinha mágica [de condão]. **2** *fig* Aquilo que produz um grande efeito/Encantamento. **Ex**. O ouro [dinheiro] é o mais poderoso ~.

talismânico, a adj (<talismã + -ico) Com os supostos poderes de um talismã. **Ex**. Ninguém entendia tão grande apego àquele colar até ela revelar as suas virtudes ~s.

tálitro s m (<lat *tálitrum*) **1** Piparote(+). **Ex**. O pai, que não era adepto de castigos corporais, raramente ia além de um leve ~ no cocuruto. **Sin**. Cascudo/*Br* Tafoné. **2** Nó na articulação dos dedos.

talk-show ing Programa televisivo essencialmente falado, normalmente com entrevistas, mas, muitas vezes, também com momentos musicais ou de humor. ⇒ diálogo; conversa a dois.

Talmude s m (<heb *talmud*: estudo, doutrina) Compilação de leis, preceitos, tradições e costumes judaicos, coligida, conservada e comentada pelos doutores hebreus e considerada como a mais legítima interpretação da Tora.

talmúdico, a adj (<talmude + -ico) Relativo ao Talmude.

talmudista s 2g (<talmude + -ista) Pessoa que ensina ou segue os ensinamentos do Talmude.

talo s m Bot (<gr *thallós*: haste) **1** Caule tenro das plantas. **2** Nervura principal das folhas. **Ex**. Quando fazia caldo verde, retirava sempre cuidadosamente os ~s das folhas de couve antes de as cortar. **3** *Arquit* Tronco de coluna sem base nem capitel. **4** *Br* ⇒ taioba.

taloca (Ló) s f (<talo 3 + -oca) Buraco, fenda, toca. **Ex**. Uma coruja nidificava todos os anos na ~ dum castanheiro centenário, perto da minha janela.

talocha (Ló) s f (<fr *taloche*; ⇒ broquel) Pequena prancha de madeira ou de outros materiais, usada por pedreiros e estucadores para rebocar com argamassa ou estuque e alisar, posteriormente, as paredes rebocadas. **Ex**. Trocou a ~ de madeira por uma de alumínio, por ser mais leve e durável.

talófito, a s/adj Bot (<talo + -fito) (Diz-se de) planta inferior reduzida a um talo, desprovida de arquídios, de tubos traqueanos e sementes.

talonado, a adj (<talão+ -ado) «bilhete de rifa/cheque/bloco» Provido de talão.

talonário, a adj/s m (<talão + -ário) **1** Que tem talões/Talonado. **2** Bloco cujas folhas têm talões. **Ex**. Puxou dum ~ e, aproveitando o fa(c)to de estar rodeado de amigos, conseguiu vender muitos bilhetes da rifa e até ~s inteiros. **4** *Br* Livro de cheques.

taloso, a (Ôso, Ósa, Ósos) adj (<talo + -oso) Que tem [Relativo a] talo(s). ⇒ taludo **1**.

talqualmente adv col (<tal + qual + -mente) Exa(c)tamente da mesma maneira. **Ex**. Não entendeu a crítica do patrão posto que fizera o trabalho ~ costumava [porque fizera o trabalho como sempre/como das outras vezes].

taluda s f pop (<taludo) Prémio maior da lotaria. **Ex**. Se me saísse a ~, ia dar a volta ao mundo.

taludão s m (<taludo + -ão) Indivíduo muito desenvolvido fisicamente, rapagão, homenzarrão. **Ex**. Ninguém entendia como, de pais tão baixos, pudesse ter nascido tal ~ [um ~ daqueles].

taludar v t (<talude + -ar¹) Dispor em talude.

talude s m (<fr *talut*: suporte) **1** Terreno em declive/Escarpa. **2** Superfície inclinada de uma escavação ou aterro. **Ex**. O ~ era tão inclinado que o tra(c)tor não conseguiu equilibrar-se e rolou pela escarpa abaixo. **Comb**. ~ continental [Zona imersa situada na sequência da plataforma continental] (Ex. A profundidade do ~ continental varia entre os 1500 e os 4000 metros).

taludo, a adj (<talo + -udo) **1** Que possui talo ou rebentos de grande tamanho. **Ex**. Dizia-se que ia ser ano de muito vinho, pois os sarmentos das videiras, ainda tão cedo, já se apresentavam ~os. **2** *fig* «moço» Corpulento/Grande. ⇒ taludão.

talvez adv (<tal + vez) Provavelmente/Possivelmente/Eventualmente/É possível/Se calhar. **Ex**. Se tivesse casado com a Isabel, ~ tivesse sido mais feliz.

tamanca(s) s f (<tamanco) Calçado feminino, com base de madeira e cobrindo com couro grosseiro apenas a parte da frente do pé. **Ex**. Todos os vizinhos sabiam a que horas passava, pelo ruído que produziam as suas ~s sobre a calçada. **Idi**. *pop* **Pôr-se nas suas ~s/tamanquinhas**(+) [Teimar, manter-se na sua (opinião)] (Ex. Lá no mercado, já todos sabiam que era inútil insistir quando aquela vendedeira se punha nas suas ~s). ⇒ soca(s).

tamancada s f (<tamanco + -ada) **1** Pancada dada com tamanco/a. **2** Pancada dada nas canelas com chuteiras ou qualquer outro tipo de calçado, sobretudo em jogos de futebol. **Ex**. Não tinha jeito para a bola, mas era o terror dos avançados, pois distribuía ~s a eito [a torto e a direito (+)]. **Sin**. Canelada(+). ⇒ pontapé.

tamancaria s f (<tamanco + -aria) Oficina onde se fabricam tamancos ou loja onde se vendem. ⇒ sapataria.

tamanco, a adj/s m (< ?) **1** Calçado rústico, desprovido de tacão e cuja base é de madeira ou de cortiça. **Ex**. Ter de andar de ~s e com calos nos joanetes era uma autêntica tortura. **Sin**. Soco. ⇒ tamanca. **2** Estúpido/Idiota. **Ex**. Desenhava muito bem, mas para a matemática era um autêntico ~. **Idi**. *pop* **Entrar de ~s** [Intervir de forma pouco delicada ou mesmo rude] (Ex. Farto de meias palavras e de eufemismos, o João, ignorando a presença da esposa do patrão, resolveu entrar de ~s e criticou asperamente as condições do contrato).

tamanduá s m (<tupi *tamandu'a*) Mamífero desdentado e de focinho comprido e tubular, língua longa e pegajosa, muito comum em toda a América Latina, também conhecido por urso-formigueiro ou papa-formigas.

tamanhão, ona adj/s (<tamanho + -ão) De grande tamanho. **Ex**. O tronco do castanheiro era de um ~ [de uma grossura (+)] pouco vulgar. Nunca vi coisa «abóbora de 70 kg» tão ~nhona.

tamanho, a adj s m (<lat *tam mágnus*: tão grande) **1** Que é muito grande ou volumoso, extenso ou intenso. **Ex**. Nunca vira ~ diamante. Ficou extremamente comovido perante ~ [tão grande (+)] sofrimento. **2** Grandeza física. **Ex**. Queria comprar mosaicos, mas não sabia de que ~. **3** Dimensão do corpo humano, padronizado pela indústria para facilitar a produção e a venda de vestuário ou de calçado. **Ex**. Calço o ~ [número(+)] 40 e visto o ~ 44.

tâmara s f Bot (<ár *tamara*) **1** Fruto da tamareira, alongado, de cor amarelada e com caroço, muito apreciado depois de seco ou cristalizado. **Sin**. Dátil. **2** Variedade de videira, com cachos de bagos grandes e avermelhados, cultivada em Portugal como uva de mesa.

tamareira s f (<tâmara + -eira) Variedade de palmeira, originária do norte de África e do oeste asiático e produtora de tâmaras. **Sin**. Datileira.

tamarind(eir)o/a s f Bot (<*tamarahindi*: tâmara da Índia) **1** Árvore tropical, espontânea ou cultivada, cujas vagens, de polpa comestível, são muito utilizadas em farmácia e gelataria. **2 Sin**. Tamarindo, fruto de **1**.

tambaca s f (<mal *tambaga*: cobre) **1** Liga constituída por cobre e zinco. **2** Mistura fundida de ouro e prata.

também adv (<contr de tão+bem) **1** Do mesmo modo, igualmente. **Ex**. Havia entre eles perfeita sintonia de gostos: ele preferia a cidade ao campo e ela ~. **2** Usa-se para adicionar mais um elemento a uma série já enunciada. **Ex**. Entrou na loja e pediu para lhe mostrarem as novas cole(c)ções de calças, de camisas e ~ de gravatas. **Loc** . Não só ... mas [como] também (Ex. Ela era não só bonita mas [como] ~ muito simpática [era bonita e, além disso, muito simpática]. **3** De fa(c)to/Realmente. **Ex**. Creio ~ que não há [temos] outra solução. Ganhou as eleições, ~ [mas] não é de admirar, os outros candidatos eram todos *idi* um zero à esquerda... Você diz que não tem amigos, ~ com esse temperamento difícil...

tambor (Bôr) s m (<persa *tabir:* tambor) **1** Instrumento musical de percussão, de caixa de ressonância cilíndrica, com uma ou as duas bases constituídas por peles esticadas, tocado com as mãos ou com baquetas. **Ex**. Nos dias de festa, pegava no ~ e partia para uma arruada a que se ia juntando a mocidade lá da aldeia, terminando todos no terreiro do baile. **2** Pessoa que toca esse instrumento. **Ex**. O João era o melhor ~ da banda. **Comb**. Tambor-mor [Tamborileiro que marcha na frente de uma formatura militar]. **3** Peça cilíndrica de máquina, instrumento ou mecanismo. **Ex**. O ~ da máquina de lavar parou e foi necessário chamar o técnico. Ainda tinha duas balas no ~ do revólver. **4** *Arquit* Cada um dos elementos cilíndricos ou troncocó[ô]-nicos que, justapostos, constituem o fuste de uma coluna. **Ex**. A decoração dos ~es das colunas da igreja do mosteiro dos Jerónimos (Lisboa) é deslumbrante.

tamborete (Rê) s m (<tambor + -ete) **1** Tambor pequeno/Tamborim/Tamboril. **2** Banco pequeno, redondo ou quadrado, sem braços nem espaldar. **Ex**. Chegou ao balcão, sentou-se num ~ alto e pediu uma cerveja. **Sin**. Banco/Banqueta/Mocho.

tamboril s m (<tamborim) **1** Pequeno tambor, cara(c)terizado por um fuste cilíndrico e alongado, com bordões sob as peles esticadas e percutido com uma só baqueta, muito usado na execução de música folclórica. **Ex**. Tocava bem o cavaquinho, mas brilhava sobretudo no ~. **Sin**. Tamborim. **2** Pessoa que toca esse instrumento. **3** *Icti* Peixe de fundo, com cabeça muito grande e corpo achatado, cuja polpa branca é muito apreciada. **Ex**. Serviram-nos um arroz de ~ com coentros que nos compensou [refez] das agruras da caminhada.

tamborilada s f (<tamboril + -ada) Ruído pouco agradável produzido pelo rufar do tambor ou do tamboril. **Ex**. Os ensaios eram longos e frequentes e aquelas ~s *idi* punham-lhe os nervos em franja [punham-no muito nervoso].

tamborilar v int (<tamboril + -ar¹) Percutir com os dedos sobre uma superfície qualquer como se fosse um tambor. **Ex**. Enquanto pensava no que havia de escrever, ia tamborilando sobre o tampo da secretária.

tamborileiro s m (<tamboril + -eiro) **1** Que toca tambor ou tamboril. **2** *Depr* Pessoa sem categoria ou importância. **Ex**. Era o que faltava, deixar casar a minha filha com semelhante [tal/aquele] ~!

tamborim s m (<tambor + -im) ⇒ tamboril **1/2**.

tamiça s f (<gr *thomigkx*: corda de junco) Cordel feito de esparto ou de palma, usado para coser esteiras ou capachos.

tâmil adj/s 2g Ling/Etno (<tâmil *tamir*: melodiosidade) A mais culta das línguas dravídicas, falada pelos tâmiles, povo da Índia meridional e do Norte e Oeste do Sri Lanka.

tamis s m (<fr *tamis*: espécie de peneira) Peneira de malha muito fina, feita de fios de seda e usada em farmácia e doçaria.

tamisar v tr (<tamis + -ar¹) Passar pelo tamis, peneirar. **Ex**. Antes de acrescentar a farinha aos ovos batidos, tamisava-a cuidadosamente para não encaroçar.

tampa s f (<gótico *tappa*: batoque) Peça móvel com que se cobre um recipiente, podendo ou não estar ligada a ele. **Ex**. Quando começou a ferver, levantei a ~ do tacho para não vazar. Perdi a ~ da caneta.

Idi. *Pop* **Dar ~ a** [Recusar uma proposta, um pedido ou um convite de alguém, normalmente para namorar ou dançar] (Ex. Despeitada por não ter sido convidada pelo António, deu ~ a quantos [a todos os que], depois, a solicitaram para dançar). **Levar/Apanhar ~** [Receber uma resposta negativa a uma solicitação] (Ex. Julgava-se irresistível, mas, naquele baile, levou uma rodada de [levou muitas] ~s. Desistiu do proje(c)to porque os profissionais com quem trabalha lhe deram ~).

tampão *s m* (<tampa + -ão; ⇒ tampo) **1** Peça com que se tapa ou veda uma abertura. **Ex.** Atestou o depósito do carro e arrancou sem se lembrar de colocar o ~. **2** Porção de gaze ou algodão que se usa para estancar uma hemorragia. **Comb.** ~ higié[ê]nico [Rolo de material absorvente que a mulher usa para reter o fluxo menstrual].

tampar *v tr* (< tampa + -ar¹) Cobrir um recipiente com uma tampa. **Sin.** Tapar(+)/Vedar.

tampo *s m* (<tampa; ⇒ tampão) **1** Cobertura de recipientes de grandes dimensões como arcas ou malas. **Ex.** O ~ do cole(c)tor não vedava bem e a água, sob pressão, inundou a zona baixa da rua. **2** Parte superior e horizontal de mesas e cadeiras. **Ex.** Cobria sempre (o ~ d)a mesa com uma toalha impermeável «de plástico» para evitar que se manchasse ou riscasse. **3** Topo das vasilhas de aduelas. **Ex.** Os ~s das pipas, dornas e barricas eram de carvalho francês ou de castanho. **Comb.** ~ harmó[ô]nico [Parte superior da caixa de ressonância de certos instrumentos musicais] (Ex. Vendo que o salão era amplo de mais, o pianista mandou levantar o ~ do piano para lhe aumentar o volume). ⇒ tampa.

tamponar *v t* (<tampão + -ar¹) Aplicar um tampão a. **Ex.** Como o sangue corria em fio das narinas, tratou de as ~ [, parou-o(+)/estancou-o(+)] com rolos de algodão.

tampouco *adv* (<contr de tão + pouco) Também não/Tão-pouco. **Ex.** Não queria trabalhar nem [e ~] continuar a estudar (mais).

tanatofilia *s f* (<gr thánatos: morte + -filia) Atra(c)ção excessiva pela morte e por tudo o que a ela diz respeito.

tanatofobia *s f* (<gr thánatos + fobia) Medo exagerado da morte.

tanatologia *s f* (<gr thánatos + -logia) **1** Tratado sobre a morte. **2** Parte da medicina legal que aborda as questões relacionadas com a morte e a realização das autópsias.

tanatório *s m* (<gr thánatos + -rio) Edifício onde se preparam os cadáveres para serem enterrados ou cremados. ⇒ crematório; cemitério; «capela» mortuária.

tanchagem *s f Bot* (<lat plantágo,inis) Nome vulgar de algumas plantas dicotiledóneas da família das plantagináceas, espontâneas e frequentes em Pt, algumas com propriedades medicinais, outras utilizadas como forragem.

tanchão *s m* (⇒ tanchar; bacelo; prumo [garfo] do enxerto) Ramo de árvore que se enterra para desenvolver raízes e permitir a sua multiplicação. **Ex.** Cortou e enterrou alguns ~ões de macieira *fuji* por gostar tanto desta variedade de maçã japonesa. **Sin.** Chanta.

tanchar *v t* (<lat plánto,áre,átum: plantar) **1** Enterrar uma vara de árvore para dar origem a outro espécime. ⇒ tanchão. **2** Forma de navegação que consiste em fincar uma longa vara no fundo do leito e, fazendo força com os braços, impelir a embarcação. **Ex.** Tinha os braços musculosos de tanto ~, todos os dias, por aquele rio acima.

tandem *s m* (<lat *tandem*: ao comprido, pelo ing *tandem* (*bycicle*)) Bicicleta com dois assentos, um atrás do outro.

tanga *s f* (<quimb *ntanga*: pano, capa) **1** Traje rudimentar [simples/inconsútil] usado por certos povos das regiões tropicais, cobrindo a zona dos quadris. **Ex.** Naquela tribo, as mulheres usavam ~s muito coloridas. **2** Peça inferior do biquíni. **Idi. Dar ~** [Divertir-se à custa de alguém] (Ex. Não pode ser verdade, estás a dar-me ~). **Estar/Ficar de ~** (pote e esteira) [Estar ou ficar na miséria, sem nada de seu] (Ex. Os negócios têm-lhe corrido mal, dizem mesmo que está de ~).

tangência *s f* (<tangente + -ia) Ponto [Linha] de conta(c)to de duas linhas [duas superfícies].

tangencial *adj 2g* (<tangência + -al) **1** Que diz respeito à tangente ou à tangência. **2** Que é superficial ou parcial. **Ex.** Ficou-se por uma abordagem ~ do tema em debate [Tratou muito superficialmente este tema].

tangenciar *v tr* (<tangência + -ar¹) **1** Tocar(+) [Roçar(+)] ao de leve alguma coisa ou alguém. **2** Estar muito próximo de (+).

tangente *adj/s f* (⇒ tanger) **1** *adj* Que tange ou toca. **2** *sf* Linha que toca outra sem a interce(p)tar. **Ex.** Traçou uma re(c)ta ~ à circunferência. **Idi. Escapar/Passar à ~** [Livrar-se de uma situação difícil pela margem mínima] (Ex. Conseguiu passar no exame de anatomia, mas foi [passou] mesmo à ~). **Passar uma ~** [Estar a ponto de atingir algo ou alguém com um veículo ou um proje(c)til] (Ex. O carro passou-me uma ~ tal que eu pensei que ia morrer em plena passadeira).

tanger *v t* (<lat *tángo,ere,táctum*: atingir, bater, fazer soar) **1** Tocar(+), fazer soar um instrumento musical de percussão ou de cordas. **Ex.** Com a polpa dos dedos tangia [dedilhava] delicadamente as cordas da harpa. **2** Tocar, com aguilhão ou vara, animais de carga ou de trabalho para os guiar ou fazer andar mais depressa. **Ex.** Segurava o arado com a mão esquerda enquanto, com a direita, ia tangendo as mulas, para as manter no rego.

tangerina *s f Bot* (<top Tânger, cidade de Marrocos) Fruto da tangerineira, afim da laranja, mas mais pequeno, doce e aromático. **Ex.** A ~ também pertence à família dos citrinos.

tangerineira *s f Bot* (<tangerina + -eira) Árvore, de flores brancas e muito aromáticas, cujo fruto é a tangerina.

tangível *adj 2g* (<lat *tangíbilis*) **1** Que se pode tanger, tocar. **Ex.** Um violino sem cordas não é ~. **2** Concreto, palpável. **Ex.** Havia provas ~eis da culpabilidade do acusado.

tango *s m* (<tambor?) Música dançável, de ritmo binário lento, que se desenvolveu na Argentina, mas que se supõe originária de África e com influências espanholas. **Ex.** Mário Gardel foi o mais famoso cantor de ~s de todos os tempos.

tanguear *v t* (<tango + -ear) Zombar/Troçar de alguém. **Ex.** Não acredito numa só palavra do que disseste, para já de me ~.

tanguista *s 2g* (<tango + -ista) Bailador de tangos.

tânico, a *adj Quím* (<tanino + -ico) Relativo a um ácido que se encontra na casca do carvalho, muito utilizado na indústria dos curtumes e no fabrico de tintas de escrever.

tanino *s m* (<fr *tanin*: casca de carvalho) Substância vegetal que se extrai das folhas, casca e sementes de certas plantas, com utilização em medicina, farmácia, tinturaria e enologia. **Ex.** É um vinho desequilibrado com ácidos e ~s muito fortes.

taninoso, a (Ôso, Ósa, Ósos) *adj* (<tanino + -oso) Que contém tanino.

tanoaria *s f* (<bretão/gaulês *tann*: carvalho) Oficina onde se fabricam ou reparam pipas, barricas, dornas e outro vasilhame utilizado na produção e conservação do vinho e outras bebidas.

tanoeiro *s m* (⇒ tanoaria) Aquele que fabrica ou repara tonéis, barris, selhas e outras vasilhas afins.

tanque *s m* (<lat *stágno,áre,stagnátum*: formar um pântano, estagnar) **1** Reservatório de pedra, cimento ou outro material, normalmente de grande capacidade, para conter água ou outros líquidos. **Ex.** Lá na quinta, quando chegava o verão, utilizavam o ~ de rega como piscina. **Comb.** ~ do carro «a gasóleo» ⇒ cisterna; reservatório; (navio) petroleiro. **2** *Mil* Carro de combate, robusto, blindado, equipado com vários tipos de armas pesadas e que se desloca, normalmente, sobre lagartas. **Ex.** Os ~s são, desde a 1.ª Grande Guerra, a guarda avançada dos exércitos terrestres.

tanso, a *adj/s* (<tão + sonso) Pessoa que acredita em tudo o que lhe dizem. **Ex.** Nunca questionava nada. Se lhe dissessem que, na sua horta, havia um tesouro enterrado, ~ como era, punha-se logo a escavar. **Sin.** Estúpido/Idiota/Papalvo/Pateta/Simplório(+).

tantã *s m* (<concani *tam'tam*: gongo) **1** Instrumento de percussão, originário do Oriente e que consiste num grande disco de bronze, suspenso verticalmente, tangido com uma enorme baqueta. **Ex.** Ao som do ~, todos os serviçais do palácio se reuniam num pátio interior. **Sin.** Gongo. **2** Tambor africano.

tântalo [Ta 73] *s m Quím* (<Mit gr *Tántalos*: condenado à sede por Júpiter) Metal pesado e resistente, embora muito dúctil e maleável, que não absorve os ácidos em que é banhado, bastante utilizado em ligas metálicas, filamentos de lâmpadas, aviões, instrumentos cirúrgicos e dentários.

tanto, a *pron/adv/s* (<lat *tántus,a,um*: tão numeroso, tão grande) **1** Tão numeroso. **Ex.** A cerimónia foi multitudinária, nunca vi ~ povo na igreja. **2** Tamanho, tal. **Ex.** O comerciante tinha ~a lábia que enganava toda a gente. **3** Quantia indeterminada. **Ex.** Do magro salário, ia um ~ para a renda da casa, outro ~ para água, luz e gás e pouco sobrava para comer. De todos os amigos da infância, conservei uns ~s. **4** Em correlação com *quanto* ou *como* ajuda a definir circunstâncias comparativas. **Ex.** O meu pai deu-me ~ a mim como ao meu irmão. O problema ~ me afe(c)ta a mim quanto/como a ele. **5** Em correlação com *que* exprime uma consequência. **Ex.** ~ bebeu que acabou por entrar em coma. **Loc. ~ mais que** [Usa-se para reforçar um argumento] (Ex. Não compreendo como continuam a devastar florestas impunemente, ~ mais que todos sabemos que são indispensáveis à vida). **~ melhor/pior** [Exprimem agrado/desaprovação] (Ex. Se a equipa ganhar e jogar bem, ~ melhor. Se sofres de bronquite e continuas a fumar ~ pior para ti). **~ (me/te/lhe/...) dá/faz/importa** [Marca indiferença] (Ex. Quero que o meu clube ganhe, que jogue bem ou mal ~ me dá/faz/importa). **Às tantas** [Fora do horário habitual, muito tarde, a certa al-

tura] (Ex. Naquela casa não havia regras e os filhos, à noite, chegavam sempre às ~as. Continuámos a conversar e às ~as decidiu contar-me o seu segredo). *A páginas tantas* [A dada altura] (Ex. Resolveu contar-me as suas desgraças, mas, a páginas ~as, começou a chorar e não pôde continuar).

tantrismo s m (<sân *tantra*: uso + -ismo) Movimento ritualístico, expresso nos tantras (Escritos entre o séc. VII e XV d.C.). ⇒ hinduísmo; taoismo; jainismo.

Tanzânia s f Geog País da costa leste [oriental] da África, cuja capital é, desde 1996, Dodoma, que substituiu Dar es Salaam, a maior cidade do país, e cujos habitantes são os tanzanianos. As línguas oficiais são o inglês e o suaíli.

tão adv (⇒ tanto) **1** Exprime grande quantidade ou intensidade. **Ex**. Que paisagem ~ surpreendente! **2** Em correlação com *como* ou *quanto* introduz o grau comparativo de igualdade. **Ex**. Ele é ~ inteligente como/quanto o pai. **3** Em correlação com a conjunção *que* reforça a intensidade duma consequência. **Ex**. Ficou ~ feliz com a notícia que desatou [que se pôs] a dançar. **Loc.** *~-pouco* [Também não] (Ex. Ela não comia carne de porco e (nem) ~-pouco carnes vermelhas, só aves). *~-só/-somente* [Apenas, não mais que, unicamente, simplesmente] (Ex. Queria ~-só/-somente [unicamente] que a deixassem em paz).

taoísmo sm (<chin *dao*: caminho «da razão» + -ismo) Doutrina formulada no séc. VI a.C. por Lao Tsé, a qual procura integrar o ser humano na realidade cósmica. ⇒ confucionismo.

TAP Sigla de Transportes Aéreos Portugueses.

tapa[1] s f (<tapar) **1** ⇒ Tapadeira/Testo [Tampa](+) «da panela de ferro». **2** *pop* Bofetada(+)/Estalada. **Ex**. Levou uma ~ por estar sempre a resmungar.

tapa[2] s f (<esp *tapa*) Prato leve servido como entrada, mas, mais frequentemente, entre as principais refeições. **Ex**. Como já tivessem bebido bastante na ronda pelas tabernas, decidiram entrar num bar de ~s para aconchegar o estômago.

tapa-buracos s 2g (tapar **1** +...) Pessoa que desempenha qualquer função, na falta de outrem. **Ex**. Pediu-me para ir «trabalhar» em vez dele, mas eu disse-lhe que não (ia), não sou (nenhum) ~.

tapada s f (<tapado) Mata ou terreno cercados por um muro ou uma aramada [cerca de arame], destinada à criação de caça ou de outros animais. **Ex**. Se, na ~ de Mafra (Portugal), se criam muitos veados, na minha, pasta apenas um rebanho de cabras.

tapadão, ona adj/s (<tapado **3** + -ão) Pessoa muito estúpida e ignorante. **Ex**. Achou inútil argumentar com semelhante ~ e calou-se.

tapadeira s f (<tapado + -eira) Obje(c)to próprio para tapar, tapa, rolha grande. ⇒ tapadoi[ou]ra.

tapado, a adj (<tapar) **1** ⇒ tapada. **2** Com as narinas congestionadas, entupidas. **Ex**. A voz saía-lhe fanhosa por estar completamente ~. **3** Pouco inteligente, bronco. ⇒ tapadão. **4** (Aluno) que já esgotou as faltas que, por lei, podia dar, sem reprovar por isso. **Ex**. Hoje não vos acompanho no passeio, já estou ~ a matemática e não quero reprovar/chumbar(+).

tapadoi[ou]ra s f (<tapado + -oi[ou]ra) Obje(c)to próprio para tapar ou cobrir, tampa, tampão, testo. **Ex**. Com uma ~ tão pesada, não entendia como puderam os ratos entrar na queijeira.

tapagem [tapadura] s f (tapar **1** + -agem/-dura) A(c)to ou efeito de tapar.

tapar v t (<tampa + -ar[1]) **1** Fechar ou vedar um recipiente com tampa, tampo, rolha ou outra peça apropriada. **Ex**. Não te esqueças de ~ bem o frasco do álcool. **2** Cobrir-se para se proteger de alguma coisa. **Ex**. A noite arrefeceu subitamente e ela teve de ir procurar outro cobertor para se ~. **3** Bloquear os órgãos dos sentidos, impedindo-os de receber os estímulos. **Ex**. Taparam-lhe os olhos com uma venda para não ser capaz de identificar os sequestradores. **4** Ocultar algo ou alguém. **Ex**. Aquele prédio tão alto acabou por nos ~ a vista do mar. **Idi**. *~ a boca ao mundo* [Acabar com comentários mal intencionados] (Ex. Com uma atitude mais recatada, taparias a boca ao mundo). *~ buracos/furos* [Remediar situações] (Ex. Lá na se(c)ção, passava a vida a ~ buracos, devido à falta ou à negligência dos outros; ⇒ tapa--buracos).«*Querer» ~ o sol com uma peneira* [Tentar, com artifícios, ocultar algo que todos estão a ver] (Ex. Fingindo desinteresse, estás a querer ~ o sol com uma peneira, pois toda a gente já percebeu que estás apaixonado por ela).

tapeação s f Br (< tapear + -ção) Engano, logro. **Ex**. Mestre em trafulhices, nunca se sabia quando estava de ~ ou quando estava a ser sincero.

tapear v tr Br (< tapa + -ear) **1** Enganar, iludir alguém com astúcias. **Ex**. Já não sabia como ~ a mulher para ir ter com os compinchas à taberna. **2** Dar uma bofetada a. **Ex**. Não havia razão para ~ o garoto só porque rasgou os calções.

tapeçar v tr (<fr *tapisser*) Cobrir ou revestir com tapeçarias. **Ex**. Mandou ~ as paredes do salão com as mais finas tapeçarias de Lyon. ⇒ Atapetar/Tapetar.

tapeçaria s f (<fr *tapisserie*) **1** Peça têxtil decorativa, bordada ou lavrada, que se usa para revestir paredes, soalhos ou móveis. **Ex**. Mandou remover de sua casa todas as ~s porque acumulavam muito pó e ele sofria de bronquite. **2** Arte de tecer ou bordar essas peças. **3** *fig* Terreno coberto de ervas, folhas ou flores. **Ex**. O prado apresentava-se coberto de erva fresca e milhares de flores variegadas como uma ~ onde apetecia deitar-se e rebolar.

tapeceiro s m (<tapeçar + -eiro) Fabricante ou vendedor de tapeçarias. **Ex**. Gosto de comprar os meus tapetes no ~ da rua dos Persas.

tapera s f Br (<tupi *ta'pera*: aldeia, habitação em ruínas) **1** Casa em ruínas. **2** Casa ou terreno abandonados e invadidos pelo mato. **3** ⇒ zarolho; vesgo.

tapetar v t (< tapete + -ar[1]) Cobrir com tapetes, atapetar(+). **Ex**. A procissão do Corpo de Deus transcorria por ruas (a)tapetadas de flores.

tapete (Pê) s m (<gr *tápes, étos*: tapete, alcatifa) **1** Peça de lã ou de fibra, bordada ou lavrada, de fabrico artesanal ou industrial, usada para cobrir, proteger ou adornar pavimentos. **Ex**. Em Portugal, são muito apreciados os ~s de Arraiolos. **2** *fig* Qualquer coisa de que o solo está coberto. **Ex**. Um ~ de relva [musgo] cobria o chão. **Comb**. *~ betuminoso* [Última camada de asfalto que se aplica numa estrada] (Ex. Só faltava a camada de desgaste, um ~ betuminoso poroso, para a estrada ficar pronta). *~ rolante* [Dispositivo de movimento contínuo, para transportar bagagens ou pessoas] (Ex. Nos grandes aeroportos e centros comerciais há, por vezes, ~s rolantes para facilitar a deslocação de pessoas, quando os corredores são muito compridos). **Idi**. *Ir ao ~* [No boxe, ser derrubado pelo adversário; em outros contextos, ser derrotado] (Ex. Ao segundo assalto, já tinha ido ao ~ duas vezes. Os duros golpes do destino não conseguiram fazê-lo ir ao ~). *Puxar/Tirar o ~ a* [Retirar o apoio a alguém] (Ex. Teria vencido as eleições se a franja liberal do partido lhe não tivesse tirado/puxado o ~).

tapeteiro s m (<tapete + -eiro) Pessoa que fabrica ou vende tapetes. ⇒ tapeceiro.

tapioca s f (<tupi *tipi'og*: sedimento de mandioca) Fécula de mandioca, usualmente processada em forma de pequenos grãos, com diversas utilizações em culinária, desde pastelaria a sobremesas variadas. **Ex**. Na se(c)ção das sobremesas do bufete do hotel, destacava-se uma grande terrina com ~ decorada com desenhos de/a pó de canela.

tapir s m Zool (<tupi *tapi'ira*) ⇒ anta.

tapona (Pô) s f pop (< tapa[1] **2** + -ona) Bofetada/Chapada/Estalada/Sopapo/Estalo. **Ex**. Não podendo já suportar tanto insulto, avançou para ele e resolveu a contenda com um par de [com duas] ~s.

tapulho s m (<tapar + - ulho) Qualquer coisa que serve para tapar/Tampão.

tapume s m (<tapar + -ume) **1** Vedação feita com sebes, tábuas ou outros materiais para tapar ou resguardar terrenos, obras em construção, poços ou outros buracos no chão. **Ex**. Havia tal quantidade de coelhos que foi necessário resguardar a horta com um ~ de folhas de zinco. **2** Tabique(+) ou divisória, normalmente de madeira, com que, em certas casas antigas, se fazia a separação das dependências. **Ex**. Ouvia-se tudo de uns quartos para os outros, tão fino era o ~ que os separava.

taqui - pref (<gr *takhys*: rápido) Exprime *rapidez*.

taquicardia s f (<taqui- + -cardia) Aceleração anormal das batidas do coração. **Ex**. De vez em quando tinha crises de ~ e as pulsações disparavam até as/às cento e oitenta.

taquigrafar v t (<taqui- + grafar) Escrever recorrendo a uma forma de escrita abreviada e com símbolos para economizar tempo e espaço. **Ex**. Taquigrafava ao ritmo a que o conferencista debitava [falava], regist(r)ando integralmente a exposição. **Sin**. Estenografar.

taquigrafia s f (<taqui- + grafia) Processo de escrita que permite, através de cara(c)teres convencionados, grafar [escrever] ao ritmo a que se fala.

taquígrafo s m (<taqui- + -grafo) Pessoa «jornalista» que escreve rápido, com os cara(c)teres da taquigrafia.

taquímetro s m (<taqui- + -metro) ⇒ tacó[ô]metro.

tara s f (<ár *tarah*: parte do peso que se abate, desconto) **1** Peso da embalagem de um produto relativamente ao seu conteúdo ou de um veículo relativamente à sua carga. **Ex**. À hora de fazer as contas, o vendedor já se esquecia de descontar as ~s e o fiel de armazém [e o responsável que assiste às pesagens] refilou. **2** Recipiente ou embalagem de um produto. **Comb**. *~ perdida* [O recipiente que não é recuperável] (Ex. Não se preocupe em devolver as garrafas das cervejas, pois estas são a ~ perdida). **3** Degradação do comportamento, depravação, perversão. **Ex**. A ~ por armas que revelara desde criança já indiciava a sua tendência para a violência e a agressão.

4 Mania, pancada, telha. **Ex.** A mania do jogo é ~ que herdara do pai. **5** Pessoa ou coisa tidas por muito bonitas. **Ex.** Achou aquela pulseira de oiro com rubis uma autêntica ~.

tarado, a *adj/s* (⇒ tarar) Pessoa que tem uma tara, uma mania ou uma perversão. **Ex.** As cadeias estão cheias de ~s sexuais.

taralhão *s m* (< ?) **1** *Ornit* Ave do gé[ê]nero *Muscicapa*, também conhecida por tralhão fura-figos, caça-moscas, … **2** *fam* Indivíduo que gosta de se meter no que não lhe diz respeito e o faz não medindo bem os passos que dá. **Idi.** *Meter-se a ~* [Aventurar-se, sem preparação, em terrenos desconhecidos ou intrometer-se em conversas sobre assuntos que não se dominam] (Ex. Não sabia bem do que estavam a falar, mas meteu-se a ~ na conversa e acabou metendo os pés pelas mãos).

tarambola *s f* (< ?) **1** *Ornit* Ave pernalta, caradriídea, também conhecida por douradinha, tordeira- do- mar, maçarico, … **2** Roda com alcatruzes para tirar água dos rios.

taralhouco, a *adj* (< ⇒ tarouco) Que revela falta de memória ou de tino por causa da idade. **Ex.** Fora um espírito brilhante, mas agora já estava um pouco ~. **Sin.** Senil(+).

t(a)ramela *s 2g* (<lat *trabella*: pequena trave) **1** Peça de madeira em forma de cunha para fechar portas ou cancelas/Cravelha/Chavelho/a. **Ex.** Fechou a cancela do redil com a ~ para que o gado não saísse de noite. **2** *fam* Língua. **Idi.** *Dar à ~* [Falar muito, tagarelar(+)] (Ex. Era uma pessoa irritante, nunca parava de dar à ~). *Fechar a ~* [Calar-se] (Ex. Até que enfim fechou a ~). *Soltar a ~* [Começar a falar] (Ex. Quando ela soltava a ~, não pousavam pássaros por perto). **3** Pessoa muito faladora. **Ex.** És mesmo um [és bem/muito] ~, não seria melhor estares calado?

taramelar *v int* (<taramela + -ar¹) **1** Fechar com taramela. **2** *fig* Falar muito, normalmente sobre assuntos sem importância. **Ex.** Ela era impressionante, nunca se cansava de ~. **Sin.** Palrar/Tagarelar(+).

taramelice *s f* (<taramela + -ice) ⇒ tagarelice(+).

taranta *s 2g* (< ?) Pessoa tímida, hesitante e trapalhona. **Ex.** Agitadíssimo, andava de um lado para o outro do quarto, feito [como] um ~, sem ser capaz de decidir que camisa vestir.

tarântula *s f Ent* (<it *tarantola*) Aranha de grandes dimensões, de abdómen [Br abdômen/abdome] redondo, cuja picada é venenosa. **Ex.** Antes, acreditava-se que a picada da ~ causava uma doença nervosa que se cara(c)terizava por uma grande agitação ou desejo incontrolável de dançar.

tarar *v t* (<tara + -ar¹) **1** Pesar a tara de um recipiente vazio antes de o encher. **Ex.** Como os cestos de maçãs eram todos iguais, tarou apenas um para, no fim, saber quanto descontar. **2** Desenvolver uma tara, ficar mentalmente desequilibrado. **Ex.** Na guerra, assistiu a tantas atrocidades que tarou. **3** Ficar perdidamente apaixonado por alguém. **Ex.** Ela era muito pretendida, mas não era mulher que tarasse facilmente por alguém.

taráxaco *s m Bot* (< ?) ⇒ dente-de-leão.

tardança *s f* (<tardar + -ança) A(c)to ou efeito de tardar. **Ex.** Depois da repreenda, agarrou-se ao trabalho mas nem com essa conseguiu acabá-lo. **Sin.** Delonga/Demora(+).

tardar *v intr* (<lat *tárdo,áre,dátum*) **1** Chegar depois do tempo previsto, esperado ou acertado. **Ex.** O comboio [trem] atrasara-se e, segundo informações do chefe da estação, tardaria ainda meia hora em [a/até] chegar. **Loc.** *Sem (mais) ~* [Já/Imediatamente] (Ex. Vai chamar o teu irmão «para jantar» sem mais ~). **2** Atrasar-se, demorar a fazer ou a resolver alguma coisa. **Ex.** Mandou o filho à loja comprar um quilo de arroz, mas recomendou-lhe logo que não tardasse, ficando, como de costume, a brincar com os amigos.

tarde *adv/s f* (<lat *tarde*: lentamente) **1** Que acontece após o momento, o tempo ou a hora combinados, apropriados ou convenientes. **Ex.** Cheguei ~, comi as sobras «do banquete». **Prov.** *Mais vale* [Antes] *~ (do) que nunca* [Embora ~, é melhor fazer do que não fazer]. **Loc.** *Mais ~* [Posteriormente/Depois] (Ex. Agora não me dá jeito, passe mais ~). **Idi.** *~ e a más horas* [Demasiado tarde] (Ex. Nunca estás atento aos prazos, pagas sempre ~ e a más horas). *Fazer-se ~* [Deixar escoar o tempo para além do conveniente] (Ex. A conversa está boa, mas tenho mesmo de ir embora, que já se me está a fazer ~). **2** Parte do dia que vai desde o meio-dia ao anoitecer. **Ex.** Ele chegou quase ao fim da ~. *Boa ~/Boas-~s!* [Expressão de cumprimento e saudação] (Ex. Ora, meus senhores, muito boa(s)-tarde(s) (para) todos!). **Loc.** *À/De ~* [Durante a ~] (Ex. Encontrar-nos-emos à/de ~). *À tardinha* [Fim de tarde] (Ex. Combinaram encontrar-se no parque à ~). *Pela ~* [Durante a ~] (Ex. Como trabalhámos muito durante toda a manhã, pela ~ resolvemos dar um passeio). *Sobre a ~* [Lá para o fim da ~] (Ex. Sobre a ~, os rebanhos regressavam aos redis). **Comb.** *Estrela da ~* [Planeta Vé[ê]nus, visível logo após o pôr do sol] (Ex. Na sua ignorância, o povo ba(p)tizou, erradamente, o planeta Vénus como estrela da ~).

tardeza *s f* (<tardo + -eza) **1** Qualidade do que é tardio, vagaroso ou tardo. **Ex.** Os vindimadores estavam a deixá-lo irritado com a sua ~, pois o sol estava a baixar e a vindima longe do fim. Àquele aluno era necessário explicar tudo demoradamente e com desenhos, tal (era) a sua ~. **Sin.** Indolência/Preguiça.

tardinha *col* ⇒ tarde **2 Loc.**.

tardinheiro, a *adj* (<tardinha + -eiro) Que tem por hábito chegar tarde. **Ex.** Já estavam cansados de ter de esperar sempre por aquele ~/atrasadão.

tardio, a *adj* (<lat *tardívus*: vagaroso) **1** Que demora muito a chegar/Que vem tarde. **Ex.** As ajudas ~as são quase sempre ineficazes. **2** Extemporâneo, serôdio, fora do tempo normal, conveniente ou esperado. **Ex.** As chuvas ~as [fora de tempo], em vez de benéficas, acabaram por ser nocivas para as culturas. **3** Que ocorre numa fase final. **Ex.** Esta catedral é já de um gótico ~.

tardo, a *adj* (<lat *tardus*: lento) **1** Lento(+). **Ex.** Ele é um carpinteiro bastante perfeito, mas é muito ~. **2** Que tem dificuldade em falar. **Ex** Na escola tinha apoio especial por ser ~ [por estar atrasado na fala (+)]. **3** Que revela atraso mental, dificuldade na compreensão. **Ex.** Repetiu alguns anos por ser ~ bastante.

tarecada *s f* (<tareco + -ada) **1** Porção de tarecos, tralha. **Ex.** De toda aquela ~, uns obje(c)tos iriam parar ao antiquário, outros ao ferro-velho e os restantes arrumá-los-ia no sótão. **2** Ruído provocado pelos tarecos.

tareco (Ré) *s m* (<ár *tarayk'*: coisa de pouco valor) **1** Utensílios velhos, já não usados, como obje(c)tos de cozinha ou mesmo pequenos móveis em mau estado, trastes. **Ex.** Quando voltar a fazer limpeza geral, vou desfazer-me destes ~s todos. **2** *Br* Bolo semelhante ao pão de ló. **3** *Br* Caminho mau.

tarefa (Ré) *s f* (<ár *tariha*: trabalho) **1** O que se faz no dia a dia, voluntariamente ou por obrigação/Serviço. **Ex.** Os membros daquele casal repartiam igualmente entre si as ~s domésticas. **2** Trabalho feito por conta de outrem, com prazo e pagamento previamente ajustados/Empreitada. **Ex.** Era pontual nos pagamentos das ~s encomendadas, mas era implacável com os que não cumpriam os prazos acordados [combinados/de entrega]. **Loc.** *À ~* [A fazer mediante condições, prazos e preços previamente acordados] (Ex. A ceifa era sempre feita à ~ pelo mesmo grupo de ceifeiros). **3** Nos lagares de azeite, recipiente para onde correm o azeite e a água-ruça depois da prensagem.

tarefeiro, a *adj/s* (<tarefa + -eiro) **1** Pessoa que está incumbida de um trabalho ou de uma tarefa. **2** Trabalhador que não pertence aos quadros duma empresa, não tendo, por isso mesmo, vencimento regular nem vínculo estável, recebendo (a paga) por cada uma das tarefas que executa. **Ex.** Sendo apenas ~, procurava levar a cabo o máximo de empreitadas porque, quantas mais executasse, mais ganhava e, além disso, convinha-lhe agradar ao [andar nas boas graças do] patrão.

tareia *s f col* (⇒ tarefa) **1** Agressão física, pancadaria. **Ex.** Além de lhe roubarem a carteira, ainda lhe deram uma ~ que o obrigou a hospitalização. **Sin.** Coça/Sova(+)/Surra. **2** Derrota muito pesada. **Ex.** O clube não se reforçou (com mais [novos] jogadores), de maneira que leva ~ de [é derrotado por/perde com] todos os outros. **3** ⇒ tarefa **2**.

tarifa *s f* (<ár *taharifa*: notificação) **1** Conjunto de normas que estabelecem preços de bens e serviços bem como tributos e as regras da sua aplicação. **Ex.** A ~ da ele(c)tricidade não para de aumentar. **2** Custo de um serviço público, fixado pela entidade que o presta, embora sujeito à aprovação do governo. **Ex.** As ~s dos transportes públicos foram revistas recentemente. **Comb.** *~ aduaneira/alfandegária* [Tributo cobrado pela importação ou exportação de mercadorias] (Ex. O preço da gasolina está tão alto devido às ~s brutais cobradas pelo governo na importação e distribuição deste produto). **Sin.** Taxa.

tarifar *v t* (<tarifa + -ar¹) **1** Estabelecer preços ou direitos por tarifa, tabelar. **Ex.** O governo decidiu ~ as bebidas alcoólicas. **2** Aplicar taxas ou tarifas. **Ex.** As mercadorias de contrabando apreendidas foram rigorosamente tarifadas.

tarifário, a *adj/s m* (<tarifa + -ário) **1** Relativo a tarifa. **Ex.** A administração procedeu a um ajuste ~. **2** Tabela de tarifas de produtos ou serviços.

tarimba *s f* (<ár *tarima*: cama, estrado) **1** Estrado de madeira sobre o qual dormiam os soldados. **Ex.** Depois das marchas no(c)turnas, os soldados puderam, enfim, recolher às suas ~s. **2** Qualquer cama dura e desconfortável. **Ex.** Os pescadores descansavam da faina sobre umas duras ~s, mas que lhes *iron* pareciam de sumaúma «tão cansados [mortos de sono] estavam». **3** *fig* Tempo de prática ou de experiência numa profissão ou a(c)tividade. **Ex.** Preferiram aquele candidato por ter já maior ~ [por estar já mais batido/prático/calejado] como mecânico.

tarimbado, a *adj* (<tarimba + -ado) Que tem muita experiência ou prática numa

tarimbar

profissão ou a(c)tividade. **Ex**. Decidiram pôr-se nas mãos daquele advogado por estar mais ~ [por ter muita prática(+)] naquele tipo de casos.
tarimbar *v t* (<tarimba + -ar¹) Servir como soldado no exército.
tarimbeiro, a *adj/s* (<tarimba + -eiro) 1 Aquele que dorme em tarimba. 2 Oficial, normalmente de baixa patente, que foi ascendendo e chegou ao seu posto, vindo de soldado, não por cursos ou habilitações académicas, mas por prática e tempo de serviço. **Ex**. Ferozes adeptos da disciplina, os oficiais ~s eram os mais temidos pelos soldados. 3 Profissional que se vai valorizando no seu trabalho à custa de esforço e dedicação.
tarja *s f* (<fr *targe*: escudo) 1 Escudo pequeno antigo. 2 Adorno que contorna um obje(c)to, uma pintura, desenho ou escultura. **Ex**. O retrato estava emoldurado por uma ~ em forma de trança de fios dourados. 3 Faixa ou cinta pretas sobre papéis ou envelopes, em sinal de luto. **Ex**. Quando viu a ~ preta, começou logo a chorar, antes mesmo de abrir a carta. **Sin**. Barra/Faixa/Guarnição/Moldura.
tarjar *v t* (<tarja + -ar¹) Pôr tarja em, orlar. **Ex**. Achava o máximo: um leito de dossel tarjado com uma faixa de veludo vermelho franjado.
tarjeta (Jê) *s f* (<tarja + -eta) 1 Pequena tarja. 2 Ferrolho de correr, usado para fechar portas ou janelas. **Ex**. Estava quase a dormir quando se lembrou de que não tinha corrido a ~ da janela.
tarlatana *s f* (<fr *tiritaine*) Tecido de algodão muito leve, utilizado na confe(c)ção de roupa feminina e em forros. **Ex**. Trazia uma vaporosa saia de ~ que atraía todos os olhares.
tármico, a *adj* (<gr *ptarmikós*) Que produz espirros. **Ex**. A pimenta é uma especiaria altamente ~/esternutatória.
tarô[ot] *s m* (<fr *tarot*) Baralho de 78 cartas, ilustradas com figuras simbólicas, usado em cartomancia.
taroco *s m* (< ?) 1 Pequeno toro de lenha. **Ex**. Durante o verão ia recolhendo no bosque ~s que empilhava no coberto para queimar no inverno. 2 Pedaço/Bocado. **Ex**. Meteu no surrão um pouco de pão, queijo e um ~ de morcela e fez-se ao caminho.
tarola *s f* (< ?) 1 Tambor de som claro e vibrante, com cordas sob a pele e que constitui a peça central duma bateria. **Ex**. Aquela marcha militar exigia muita ~ e menos timbalões e pratos. 2 *pop* Cabeça. **Ex** Aquele fulano não regula bem da ~/Tola(+).
tarolo *s m* (<lat *tórus*: toro, ramo) 1 Pequeno pedaço de lenha. ⇒ taroco. 2 Farinha grosseira de milho. 3 Rolo de terra ou rocha que se obtém duma perfuração com broca rotativa. **Ex**. Quando a sonda retirou do furo artesiano o último ~ de ardósia, a água jorrou.
tarrafa *s f* (<ár *terraha*) 1 Rede de lançar, normalmente circular, para pescar em zonas pouco profundas ou mesmo das margens. **Ex**. O peixe era tão abundante que, com apenas dois lanços de ~, arranjava peixe [, pescava] para várias refeições. 2 Rede usada pelos militares para se camuflarem. **Ex**. Quando um (avião-)caça passava, ficavam imóveis, embrulhados nas ~s, semelhando arbustos.
tarrafe *s m Bot* (<ár *tarf*: tamarindeiro) Planta muito comum nas zonas lodosas das orlas marítimas e dos estuários dos rios, sobretudo das zonas de climas tropicais ou temperados e que desenvolve raízes a partir de sementes que, germinando na própria planta, se proje(c)tam depois para o chão. **Ex**. As raízes do tarrafe confundem-se com os ramos, formando um denso emaranhado que, não raras vezes, constitui uma armadilha para os peixes, quando a maré baixa. **Sin**. Mangue(+).
tarraxa *s f Bot* (< ?) 1 Peça com cabeça e rosca em espiral que, conjuntamente com porcas ou luvas, serve para apertar uma peça contra outra. **Ex**. Quando parou para mudar a roda furada, reparou que faltava já uma ~. **Idi**. *Apertar as ~s* [Disciplinar, impor regras] (Ex. Se não apertarem, desde já, as ~s a este adolescente, vai dar em delinquente). 2 *fam* Pedido, favor ou recomendação feito a/por pessoa importante. **Ex**. Não conseguiu emprego até que um padrinho meteu uma ~ ao ministro «da Economia». **Sin**. Cunha(+).
tarraxar *v tr* (<tarraxa + -ar¹) 1 Apertar com tarraxa ou atarraxar(+). 2 *fam* Meter uma cunha (⇒ tarraxa 2).
tarrenego *inter* (<contr *pron* (te) + *v* arrenegar) Exclamação que exprime desagrado, repulsa ou censura. **Ex**. Mais medidas de austeridade? ~, não me digas tal coisa! **Sin**. Abrenúncio/Tesconjuro.
tarro *s m* (< ?) 1 Recipiente em que se recolhe o leite da ordenha. **Ex**. Com um ~ de leite conseguia fazer dois queijos. 2 Marmita de cortiça usada por pastores e trabalhadores rurais alentejanos (Portugal) e, agora, peça de artesanato. **Ex**. Meteu no ~ um naco de toucinho e um quarto de pão e partiu para a ceifa. 3 Sujidade acumulada. **Ex**. Nunca limpava o fogão, de maneira que o ~ acabou por tapar os orifícios do queimador. **Sin**. Surro.
társico, a [tarsal] *adj* (<tarso + -ico/-al) Que diz respeito ao tarso. **Ex**. O jogador tem uma tarsalgia [sofreu uma lesão num dos ossos ~s].
tarso *s m Anat* (<gr *tarsós*: série, entrelaçamento) Conjunto de ossos da parte posterior do pé. **Ex**. São sete os pequenos ossos que constituem o ~.
tartã[an] *s m* (<ing *tartan*, marca regist(r)ada) Aglomerado de matérias plásticas, amianto e borracha, muito usado em parques recreativos, nomeadamente (d)esportivos, como pistas de atletismo. **Ex**. O novo estádio tem uma pista de ~ de oito corredores.
tartamudear *v int* (<tartamudo + -ear) Falar com voz trémula, hesitações e repetições de palavras ou sílabas, por deficiência natural ou por susto, medo ou surpresa. **Ex**. Apanhado em flagrante, tentou dar uma justificação, mas só conseguiu ~ alguns sons ininteligíveis.
tartamudez *s f* (<tartamudo + -ez) Qualidade, estado ou condição de tartamudo, gaguez. **Ex**. A sua ~ não o recomendava para o se(c)tor da comunicação.
tartamudo, a *adj/s* (<tártaro + mudo) Que tartamudeia, que fala com dificuldade, balbuciando, hesitando ou gaguejando. **Ex**. Em situações de perigo, quase não conseguia articular palavra, ficava ~ de todo.
tartana *s f* (<esp *tartana*) 1 Pequena embarcação alongada e de vela latina, muito usada no Mediterrâneo, para transporte ou pesca. 2 Carroça coberta com um toldo, mas com abertura nos dois topos. **Ex**. Aquele alentejano tinha alma de maltês e, viajando sempre na sua ~, não parava dois dias na mesma povoação.
tartaranha *s 2g* (<tartana + arranhar) 1 Embarcação de pesca usada no Tejo. 2 Rede de arrasto, rebocada por um barco de pesca. **Ex**. A proliferação de ~s no estuário estava a ameaçar seriamente muitas espécies de peixes.
tártaro *s m* (<lat *tártarum*: sedimento, profundidade) 1 Sarro ou crosta que se deposita nas paredes dos tonéis de vinho. **Ex**. Se as vasilhas do vinho não forem, todos os anos, cuidadosamente limpas do ~, o vinho que nelas se guardar deteriorar-se-á rapidamente. 2 Depósito duro, formado por sais de cálcio, que se acumula nos dentes, junto às gengivas. **Ex**. Todos os anos ia ao dentista para retirar o ~ dos dentes. 3 Depósito calcário que se forma em recipientes ou máquinas que trabalhem com água muito quente. **Ex**. Teve de comprar outra máquina de lavar porque o técnico não conseguiu limpar as resistências do ~ acumulado.
tartaruga *s f* (<gr *tartaroukhos*: habitante do inferno, do Tártaro) 1 Réptil anfíbio, com o corpo protegido por uma carapaça óssea, com mandíbulas desprovidas de dentes, mas com lâminas para triturar os alimentos. 2 Matéria de que é feita a carapaça. **Ex**. Ele tinha um canivete com cabo de ~. 3 *fam* Pessoa lenta, velha ou feia. **Ex**. Tinham de esperar muitas vezes por ela porque era uma ~ a andar. Estava feita [já] uma ~, mas ainda aspirava a fazer papéis de jovem no cinema.
tarte *s f* (<fr *tarte*) Pastelão, doce ou salgado, com uma base de massa folhada ou outra, recheada de frutas, natas e compotas ou legumes, carne, peixe ou marisco. **Ex**. Depois da carne, serviu uma ~ de amêndoa, *idi* de comer e chorar por mais [, uma delícia!].
tartufo *s m* (<it *Tartufo*: personagem da comédia italiana) Pessoa hipócrita/Falso devoto/Impostor(+). **Ex**. Era tão crédula que se deixava facilmente enganar por qualquer ~. **Sin**. Cínico/Velhaco(+).
tarugo *s m* (< ?) Pequena peça de madeira, plástico ou metal para segurar outras. ⇒ bucha.
tasca/o *s f* (< ?) Estabelecimento onde se servem bebidas, sobretudo vinho, e também refeições ligeiras e baratas. **Ex**. Como não conseguia arranjar emprego, passava os dias na ~. **Sin**. Taberna(+). ⇒ restaurante; botequim.
tascar *v t* (<tasca + -ar¹) Petiscar qualquer coisa, comer, tasquinhar. **Ex**. Tinha por hábito ~ um pouco de pão e queijo à meia-tarde.
tasqueiro, a *s m* (<tasca + -eiro) Pessoa que é dona duma tasca ou que trabalha nela. **Ex**. Os últimos clientes não tinham pressa de sair, de modo que o ~ teve de os pôr na rua para poder fechar. **Sin**. Taberneiro.
tatâmi *s m* (<jp *tatami*) Prancha-esteira de palha de arroz com revestimento de junco e que constitui o soalho da casa típica japonesa.
tataranha/o *adj/s* (<tátaro + -anha) Pessoa acanhada ou pouco desembaraçada. **Ex**. Para porta-voz do grupo logo foram escolher o maior ~, pelo que a missão redundou em fracasso.
tataranhar *v int* (<tataranha + -ar¹) Comportar-se como um tataranha, de modo embaraçado/Agir todo atrapalhado/Hesitar/Titubear. **Ex**. A ~ como estás [A ~ dessa maneira], nem amanhã o motor do carro vai estar pronto/consertado.
tátaro, a *adj/s* (<on) Que tem dificuldade em falar, tartamudo(+), gago(o+).
tate *col interj/adv* (<estar+ te; ⇒ tá) 1 Cuidado [Cautela] «pode escorregar»! 2 *adv* Assim aconteceu/Foi isso/É como (você) vê.

1316

tatear [*Br* **ta(c)tear** (*dg*)] *v tr* [= tactear] (<tato + -ear) **1** Tocar com as mãos e reconhecer pelo tato. **2** Apalpar. **3** Sondar, pesquisar, examinar tateando. **Ex.** Quando gritaram fogo e a luz se apagou, encontrei a saída apalpando e tateando móveis, paredes e portas.

tática [*Br* **tá(c)tica** (*dg*)] *s f* [= táctica] (<gr *taktiké*: habilidade militar) **1** Arte de dispor e orientar as tropas no campo de batalha. **Ex.** A vitória em Aljubarrota (Portugal) ficou a dever-se à ~ do quadrado, seguida [ado(p)tada] por Nuno Álvares Pereira. **Sin.** Estratégia. **2** Forma hábil de conduzir um negócio, um jogo, uma relação. **Ex.** Sempre investia menos do que o dinheiro que tinha e esta ~ fazia com que as crises da banca nunca o afe(c)tassem muito.

taticamente (Tà) [*Br* **ta(c)ticamente** (*dg*)] *adv* [= tacticamente] (<tático + -mente) Que age com tática ou de modo tático. **Ex.** Conduziu o questionário/interrogatório ~ de molde [de maneira] a conseguir as informações desejadas sem ter de recorrer a métodos mais duros.

tático, a [*Br* **tá(c)tico**] *adj/s* [= táctico] (⇒ tática) **1** Relativo à forma de dispor as tropas e de conduzir um combate. **Ex.** Ter mandado recuar os grupos de cobertura foi uma decisão ~a determinante para o sucesso. **2** Que se enquadra numa estratégia, numa tática. **3** Indivíduo perito em tática/Estratega.

tátil/tatilidade ⇒ tá(c)til/ ...
tatismo ⇒ ta(c)tismo.

tato [*Br* **ta(c)to** (*dg*)] *s m* [= tacto] (<lat *tactu*s: toque <*tango,ere,tétigi,táctum*: tocar, atingir) **1** Sentido por meio do qual se percebe ou conhece, pelo conta(c)to físico, o estado e a forma exteriores dos obje(c)tos. **Ex.** Os cegos têm ou desenvolvem um ~ apuradíssimo. **2** Capacidade, feita de habilidade, prudência e bom senso, para gerir relações humanas problemáticas ou assuntos delicados. **Ex.** Tratou do problema com um ~ extraordinário, esvaziando, à partida, uma situação potencialmente explosiva.

tatu[1] *s m* Zool (<tupi *ta'tu*) **1** Mamífero noctívago, sem dentes, o(m)nívoro, com o corpo coberto por uma carapaça de placas ósseas e cujo habitat se estende do sul dos Estados Unidos até à Argentina. **2** Prato feito com a carne desse animal. **Ex.** Era capaz de comer ~, mas preferia a carne de capivara.

tatu[2] *s m* (<ing *tattoo*) Espe(c)táculo militar com bandas e fanfarras executando música e coreografias marciais. **Ex.** No intervalo do jogo, houve um ~ magnífico em que participaram as bandas dos três ramos das forças armadas.

tatuador *s m* (<tatuar + -dor) Pessoa que faz tatuagens. **Ex.** Era um ~ profissional, mas, por causa de uma infe(c)ção (numa pessoa), foi proibido de continuar a exercer a profissão.

tatuagem *s f* (<tatuar + -agem) Arte de gravar na pele, com agulhas e pigmentos coloridos indeléveis, nomes, figuras e desenhos, muitas vezes simbólicos. **Ex.** Alguns aficionados desta arte já não têm lugar na pele para mais ~ns.

tatuar *v t* (<taitiano *tatau*: sinal) Gravar uma tatuagem em qualquer parte do corpo. **Ex.** Mandou ~ um leão no braço, por ser o símbolo do seu clube.

tau[1] *interj* (< *on*) Imita o ruído de pancada. ⇒ pum(ba); tautau.

tau[2] *s m* Nome de letra dos alfabetos hebraico e grego, correspondente ao t dos alfabetos latino e português.

tauismo *s m* ⇒ taoísmo.

taumaturgo, a *adj/s* (<gr *thaumatourgos*: que impressiona com a(c)tos prodigiosos) Pessoa que tem poder para fazer milagres. **Ex.** Ainda há quem se refira a S(anto) António (de Lisboa/de Pádua, Padova) como o grande ~ de Lisboa.

taurino, a *adj* (<lat *taurínus*) Relativo ou pertencente ao touro. **Ex.** Na Península Ibérica ainda há muitas famílias que vivem das a(c)tividades ~as.

tauródromo *s m* (<touro + -dromo) Praça de touros(+).

tauromaquia *s f* (<gr *tauromakhia*: arte de lutar com touros) Arte de tourear, de correr [lidar] touros, no tauródromo ou praça de touros. **Ex.** A ~ é um tema na ordem do dia [é um tema a(c)tual] por haver muita gente a querer acabar com um espe(c)táculo que considera bárbaro. ⇒ tourada.

tauromáquico, a *adj* (<tauromaquia + -ico) Relativo à arte de tourear ou de lidar touros.

tautau *s m* (<tau) Nalgada(s). **Ex.** José(zinho), se não te portas bem, levas ~.

tautologia *s f* (<gr *tautología*: repetição do já dito) **1** Vício de linguagem que consiste em repetir, por termos equivalentes, o anteriormente afirmado, como se se tratasse dum novo conteúdo. **Ex.** Estava um dia magnífico, diria até que *fazia um tempo muito agradável*. **2** *Lóg* Proposição que permanece sempre verdadeira, porque o atributo repete a ideia do sujeito. **Ex.** O sal é salgado.

tautológico, a *adj* (<tautologia + ico) Relativo à tautologia. **Ex.** Não avançava nem convencia ninguém com aquela argumentação ~. **Sin.** Redundante/Pleonástico.

tauxia *s f* (<ár *tauxiya*: o embelezar/colorir) Incrustação de metais finos em aço ou ferro. **Comb.** ~ de ouro em espada de aço.

tauxiar *v t* (<tauxia + -ar[1]) **1** Orna(menta)r com tauxia/Embutir/Marchetar. **2** ⇒ pintar. **3** *fig* ⇒ «rosto» corar.

tavão *s m* (<lat *tabánus, i*) Inse(c)to que, sobretudo em tempo de calor, costuma atacar o gado, nomeadamente bois e cavalos, mas que também pode molestar o próprio homem com picadas dolorosas. **Ex.** Quando o ~ picou o boi, o lavrador nunca mais conseguiu controlá-lo, tais os saltos e as correrias que dava. **Sin.** Moscardo(+)/Tabão.

taverna ⇒ taberna.

taxa (Cha) *s f* (<taxar; ⇒ tacha[2]) **1** Valor cobrado pela prestação dum serviço ou pela utilização dum bem público, cujo montante é fixado por lei. **Ex.** Em nome da crise, aumentam-se as ~s já existentes e criam-se muitas outras. **2** Proporção entre uma parte e um todo, expressa em percentagem. **Ex.** Apesar das campanhas de alfabetização, a ~ de analfabetos, em vários países, continua bastante alta. **Comb.** ~ **de alcoolemia** [Quantidade de álcool ingerido por cada grama de sangue] (Ex. Acusou uma ~ de alcoolemia tão alta que lhe tiraram a carta de condução por um ano). ~ **de câmbio** [Relação entre o valor da moeda nacional e o de outra moeda estrangeira] (Ex. A ~ de câmbio entre o euro e o dólar oscila constantemente). ~ **de juro** [Coeficiente de rendimento ou remuneração do capital nos depósitos, empréstimos ou investimentos] (Ex. Com as ~s de juro a subir, não vale a pena pensar em comprar casa, pedindo empréstimo no banco). ~ **de mortalidade** [Número de óbitos por mil habitantes, durante um ano] (Ex. Felizmente, a ~ de mortalidade infantil tem baixado muito nos últimos tempos). ~ **militar** [Valor pago pelos homens isentos do serviço militar, durante um determinado período] (Ex. Embora o fizesse com sacrifício, preferia pagar a ~ militar a passar por uma experiência de guerra). ~ **moderadora** [Comparticipação que cabe a cada utente no preço dos serviços e cuidados de saúde que lhe são prestados] (Ex. Como tinha uma pensão muito baixa, estava isento do pagamento das ~ moderadoras no hospital). ~ **de natalidade** [Número de nados-vivos por mil habitantes, durante um ano] (Ex. Infelizmente, a ~ de natalidade em Portugal é uma das mais baixas da Europa).

taxação *s f* (<lat *taxátio, ónis*: tributação) Processo que dá origem à determinação de uma taxa. **Ex.** Na última reunião do conselho de ministros procedeu-se à ~ do tabaco.

taxar (Char) *v tr* (<lat *táxo,áre,átum*: pôr preço a, avaliar) **1** Determinar a taxa de. **Ex.** O governo taxou todas as bebidas alcoólicas, exce(p)to o vinho. **2** Regular, por tabela, o preço de um bem ou serviço. **Ex.** No seu afã de arrecadar (divisas/dinheiro), o governo decidiu ~ também o pão, o leite e os ovos.

taxativamente *adv* (<taxativo **2** + -mente) ⇒ categoricamente/peremptoriamente/terminantemente.

taxativo, a *adj* (<taxar+-ivo) **1** Que impõe o pagamento duma taxa. **Ex.** A política ~a das importações foi revista recentemente. **2** *fig* Que não deixa lugar a dúvidas nem a contestações. **Ex.** Quanto ao empenho dos jogadores, o treinador foi ~: quem não se aplicar nos treinos, não pode pensar em jogar. **Sin.** Categórico/Imperativo/Peremp[ren]tório.

táxi (Kssi) *s m* (<ing *táxi*; ⇒ taxa **1**) Veículo automóvel de aluguer/l, com condutor, destinado ao transporte de passageiros, geralmente equipado com taxímetro. **Ex.** Em Lisboa, quando chove, é inútil esperar por um ~ livre.

tax(i/o)- (Kssi) *pref* (<gr *táksis,eós*: ordenação, classificação) É elemento de formação de palavras que exprime *ordem* ou *classificação*.

taxi[o]logia *s f* (<táxi/o+-logia) Ciência dos princípios gerais das classificações sistemáticas.

taxímetro (Kssî) *s m* (<táxi + -metro) Aparelho que, num táxi, regist(r)a o preço a pagar pelo utilizador, em função da distância percorrida e do tempo gasto no percurso. **Ex.** Antes de começar a contar, o ~ regist(r)a logo uma tarifa fixa [uma bandeirada], a que vai juntando, em fra(c)ções, o preço devido em cada momento do percurso.

taxi[o]nomia (Kssi, o) *s f* (<táxi + -nomia) Ciência que estuda os cara(c)teres dos seres e os agrupa em tipos, classes, ordens, famílias, gé[ê]neros e espécies. **Ex.** A ~ zoológica estuda e classifica os animais.

taxista *s m* (<táxi + -ista) Condutor de táxi. ⇒ motorista.

tchau *inter* (<it *ciao*: adeus <*schiavo*: servo) "Adeus!", "até logo!", "até à vista!" e outras expressões de despedida.

Tchecoslováquia [Checoslováquia] *Hist/Geog* Nome do país da Europa central que, de 1918 até 1992, englobou os a(c)tuais estados independentes da Chéquia [República Checa] e da Eslováquia.

tchim-tchim *interj* (<on) Exclamação que serve para brindar ou saudar, erguendo o copo com bebida. **Ex.** Então, ~ ! à nossa (saúde)!

te *pron 2g* (< lat *te* e *tibi* <*tu*) Forma do pronome pessoal, segunda pessoa do singular, complemento dire(c)to ou indire(c)to do verbo. **Ex**. Não percebo porque ~ lavas sempre com água fria. Não posso dar-~ [Não ~ posso dar] o que me pediste.

teagem *s f* (<teia + -agem) **1** Teia, tecido de lã, tela. ⇒ tecelagem. **2** «aranha» O fazer (d)a teia.

teantropia *s f* (⇒ teantropo) Ramo da teologia que trata de Deus feito homem/Cristologia(+). ⇒ teodiceia.

teantropo *s m* (<gr *Theós, oú*: Deus + *ánthropos*: homem) Entidade que participa simultaneamente da condição divina e humana/Humano-divino(+). **Ex**. Para os cristãos, Jesus Cristo é ~ porque é Filho de Deus feito homem.

tear *s m* (<teia + -ar) **1** Engenho ou máquina destinada ao fabrico de tecidos, malhas, tapetes e outros obje(c)tos entretecidos. **Ex**. A invenção do ~ mecânico deu origem à revolução industrial. **2** Artefa(c)to usado pelos encadernadores para coser livros. **3** Conjunto de engrenagens dum relógio.

teatrada *s f* (<teatro + -ada) **1** Representação teatral de fraca qualidade. **Ex**. Mesmo amadores, os a(c)tores deveriam ter subido um pouco o nível da ~. **2** *depr* Encenação montada com o fito de enganar alguém, fantochada(+). **Ex**. Se queriam enganar alguém com aquela ~ toda, deveriam ser capazes de representar melhor.

teatral *adj 2g* (<teatro + -al) **1** Relativo ou pertencente ao teatro. **Ex**. Gostava de ver um bom filme, mas preferia assistir a uma representação ~. **2** Que procura produzir um efeito espe(c)tacular com artifícios exagerados ou forçados. **Ex**. Abria os braços em gestos largos e ~ais para convencer os assistentes da sua situação desesperada.

teatralidade *s f* (<teatral + -idade) **1** Cara(c)terística do que é teatral ou pode ser levado à cena. **Ex**. Há narrativas de fácil adaptação ao teatro ou ao cinema devido à sua ~. **2** Qualidade de quem é bom a(c)tor. **Ex**. O timbre da sua voz, aliado a um inato sentido da ~, fazia dele um a(c)tor extraordinário. **3** Exibicionismo que se traduz por rea(c)ções ou manifestações emocionais excessivas. **Ex**. Para captar ou manter a atenção do auditório ou simplesmente para exibir a sua pretensa eloquência, o orador acompanhava a sua mensagem com uma profusão de gestos de uma ~ a roçar o ridículo [~ quase ridícula].

teatralização *s f* (<teatralizar + -ção) **1** A(c)to ou efeito de teatralizar. **2** Adaptação à forma dramática de obras de outros gé[ê]neros, literários ou não. **Ex**. Encenador experimentado, adaptava para levar à cena, com a mesma facilidade, narrativas de autores consagrados ou reportagens e crónicas jornalísticas, em ~ões sempre com muito sucesso.

teatralizar *v t* (<teatral + -izar) **1** Fazer adaptações para o teatro. **2** Exagerar na sua expressividade. **Ex**. Teatralizava as queixas para que os outros acreditassem na sua dor.

teatro *s m* (<gr *théatron*) **1** Edifício destinado à representação de obras dramáticas ou à apresentação de outras formas de espe(c)táculo. **Ex**. Aquele ~ tinha condições muito boas tanto para representações teatrais como para a exibição de filmes ou mesmo para espe(c)táculos de circo. **2** Forma natural de literatura constituída por todas as obras que se destinam a ser representadas. ⇒ literatura dramática. **Ex**. O ~ português do séc. XIX deve muito ao génio criador de Almeida Garrett (escritor português). **3** Arte de representar. **Ex**. Na casa do artista está a decorrer um curso de ~ para a(c)tores amadores. **4** Modo de agir artificial, fingido, postiço ou exagerado. **Ex**. Os árbitros não marcavam, por vezes, as faltas sobre aquele jogador por conhecerem o seu comportamento anti(d)esportivo, pois a maior parte das vezes fazia ~. **Comb**. ~ **anató[ô]mico** [Sala de aula das faculdades de medicina onde se dissecam os cadáveres] (Ex. Foi no ~ anató[ô]mico da faculdade que ela aprendeu a enfrentar a sua tanatofobia). ~ **de bonecos/Fantoches/Marionetas/Títeres** [Representação teatral em que as personagens são bonecos manipulados por meio de cordéis por um a(c)tor que se mantem escondido do público] (Ex. As crianças ficaram excitadas quando souberam que a trupe de ~ ambulante ia apresentar um espe(c)táculo de marionetas no largo da aldeia). ~ **experimental/de vanguarda** [Que pretende inovar, encontrar novas formas de interpretação e de encenação das obras teatrais] (Ex. Bertold Brecht é a mais famosa figura do ~ experimental do séc. XX). ~ **de guerra/operações** [Área geográfica onde decorrem a(c)ções militares durante um conflito armado] (Ex. O Norte de África foi um dos principais ~s de operações da Segunda Grande Guerra).

teatrólogo, a *s* (<teatro + -logo) Pessoa que se dedica ao estudo do fenó[ô]meno teatral ou que escreve mesmo obras dramáticas. ⇒ dramaturgo.

teca[1] *s f Bot* (<mal *tekku*) Árvore verbenácea da Ásia ou leguminosa do *Br*, a primeira das quais fornece excelente madeira.

teca[2] *s f* (<gr *théke*: caixa, invólucro) Qualquer estrutura «membrana/cápsula/bainha» que forma um invólucro prote(c)tor «do órgão/da semente/do músculo».

-teca suf (<teca[2]) Exprime a ideia de *caixa/depósito*. ⇒ biblio~; video~.

tecedor/ora/deira *s* (<tecer + -dor) **1** Que urde ou tece. Ex Não são só as pessoas que tecem, pois há animais, como a aranha ~deira, que também o fazem. **2** *fig* Pessoa dada a mexericos e intrigas. **Ex**. Quando se aperceberam de que era uma ~ora e passava a vida a urdir intrigas, começaram a evitá-la.

tecedura *s f* (<tecer + -dura) **1** Operação de tecer. **2** Conjunto de fios que atravessa a urdidura. **Ex**. Não queria que a ~ ficasse demasiado apertada, por isso usava o pente do tear com muita cautela. **3** Enredo ou trama. **Ex**. A justificação vinha acompanhada por uma tal ~ de mentiras que não podia ser aceite por ninguém.

tecelagem *s f* (<tecer + -agem) **1** A(c)to ou efeito de tecer. **2** Ofício de quem se dedica a tecer. **Ex**. Dedicou-se desde muito cedo à ~ do linho, tendo conseguido resistir à chegada das fibras sintéticas. **3** A(c)tividade de manufa(c)tura ou fabrico industrial de tecidos. **Ex**. A ~, em Portugal, é um se(c)tor de produção em grande crise.

tecelão, ã/oa *s m* (<tecer + -ão) Quem trabalha em tear e faz tecidos.

tecer *v tr* (<lat *téxo,ere,téxui,téxtum*) **1** Produzir tecidos, telas ou teias, entrelaçando fios, de forma natural como as aranhas ou em teares manuais ou mecânicos. **Ex**. Quando criança, adorava ver a minha avó ~ mantas de lã. **2** Usar os mesmos processos com outros materiais como palha, junco, vime ou mesmo flores. **Ex**. Os Gregos e os Romanos teciam grinaldas e coroas de flores para laurearem os seus heróis. **3** *fig* Proferir elogios a alguém ou comentários sobre alguma coisa. **Ex**. O patrão teceu um monte de elogios ao trabalhador e propô-lo mesmo como modelo. **4** *fig* Conceber ou traçar proje(c)tos. **Ex**. Durante a noite, não conseguiu dormir e foi tecendo um plano de fuga, que viria a resultar perfeitamente [em pleno]. **5** Conceber/Preparar de modo oculto e traiçoeiro/Urdir/Tramar. **Ex**. Há algum tempo andava a ~ uma cilada que seria fatal.

tecido *s m* (<tecer + -ido) **1** Produto que resulta da tecelagem de fios de algodão, seda, lã ou fibras sintéticas, utilizado, sobretudo, na confe(c)ção de vestuário. **Ex**. Não gostava de ir ao pronto-a-vestir, preferindo comprar ~s e mandar fazer a sua roupa no alfaiate. **2** *Bio* Conjunto de células, morfológica e quimicamente semelhantes, com a mesma função no organismo. **Ex**. Antes da amputação, o médico removeu, primeiro, os ~s gangrenados. **3** *fig* Rede urbana de infraestruturas e de casario. **Ex**. A autarquia decidiu aproveitar as falhas no/a ~/malha(+) urbano/a para a construção de espaços verdes.

tecla (Té) *s f* (< ?) **1** *Mús* Cada uma das alavancas que, pressionadas pelos dedos, vão fazer vibrar cordas, palhetas ou martelos de certos instrumentos musicais como o piano, o cravo, o órgão ou o xilofone. **Ex**. As ~s brancas daquele piano tinham um revestimento de marfim. **2** Cada uma das peças das máquinas de escrever ou de calcular, de computadores, telemóveis e outros aparelhos que correspondem a uma letra, sinal ou símbolo e que são pressionadas, normalmente, com os dedos. **Ex**. No teclado do meu computador, a ~ do travessão, às vezes, não funciona. **Idi**. **Bater na mesma ~** [Voltar constantemente aos mesmos assuntos, repetir, insistir na mesma ideia] (Ex. Era inútil tentar propor-lhe outras soluções, pois ele teimava, batendo sempre na mesma ~) . **Sin**. Botão.

tecladista *s 2g Br* (<teclado + -ista) Músico que toca instrumentos de teclas. **Ex**. O ~ desta banda é o melhor músico do grupo.

teclado (Tèclá) *s m* (<tecla + -ado) **1** Conjunto das teclas de um instrumento musical «piano». **Ex**. O ~ do meu órgão «harmó[ô]nio» tem seis oitavas. **2** Parte do instrumento, da máquina de escrever, de calcular ou do computador onde se situam as teclas. **Ex**. Como tem teclas que não funcionam, decidi que era preferível comprar um ~ novo a [e não] mandar arranjar o velho. **3** *pop* Dentadura. **Ex**. Deixou de ter o sorriso envergonhado que tinha depois que o dentista lhe corrigiu o ~.

teclar *v t/int* (<tecla + -ar[1]) **1** Bater/Pressionar as teclas. **Loc**. ~ [Marcar] um número telefó[ô]nico (⇒ discar). **2** *Info* Digita(liza)r.

teclista *s m Mús* (<tecla + -ista) ⇒ tecladista.

tecnécio [Tc 43] *s m* (<gr *teknetós,é,ón*: artificial; ⇒ tecno-) Metal radioa(c)tivo produzido artificialmente em 1937, *us* em radiologia.

-tecnia suf (⇒ tecno-) Exprime a ideia de **arte** ou **ciência prática**. **Ex**. Estudava ele(c)tro~ no Instituto Superior Técnico.

técnica *s f* (<técnico) **1** Conjunto de aplicações da ciência no domínio da produção. **Ex**. Com os progressos da ~ aumentou imenso a produção em todas as áreas de a(c)tividade. **2** Conjunto de processos e métodos de uma arte, profissão, disciplina, desporto ou ciência com vista à obtenção de um resultado. **Ex**. Era um virtuoso da guitarra, tocava com uma ~ inexcedível. Fazia pintura naif [naífe], por isso se dizia que não tinha ~.

tecnicidade *s f* (<técnica +-i-+ -dade) Qualidade do que é específico de uma técnica. **Ex**. Era tal a ~ da linguagem que o confe-

rencista usava que só os peritos na matéria podiam acompanhá[entendê]-lo.

tecnicismo s m (<técnico + -ismo) ⇒ tecnicidade.

tecnicista adj 2g/s 2g (<técnica + -ista) **1** Relativo a tecnicidade ou tecnicismo. **2** Indivíduo que domina bem uma determinada técnica. **Ex.** Ele era um futebolista de uma estampa [estatura/qualidade] atlética imponente, mas pouco ~.

técnico, a adj/s (<gr tekhnikós: relativo à arte ou à ciência <tékhné: arte «manual») **1** Relativo a uma arte, ciência ou técnica. **Ex.** Na biblioteca, a se(c)ção do livro ~ era bastante pobre. **2** Que se refere à aplicação de conhecimentos teóricos, sobretudo no âmbito da produção econó[ô]mica. **Ex.** A empresa só se manteve competitiva devido à grande preparação da dire(c)ção ~a. **3** Que diz respeito ao funcionamento de maquinismos e outros equipamentos. **Ex.** O relatório dos peritos prova que uma falha ~a estivera na origem do acidente aéreo. **4** Pessoa que possui e aplica conhecimentos teóricos de uma ciência, arte ou profissão. **Ex.** O proje(c)to para a construção do novo aeroporto foi encomendado a um ~ do mais reputado gabinete de engenharia do país. **Sin.** Especialista/Perito. **5** Pessoa responsável pela preparação física, tá(c)tica e técnica de um atleta ou uma equipa. **Ex.** Como os bons resultados tardavam em aparecer, o presidente do clube despediu o ~. **Sin.** Treinador.

tecnicolor (Lôr) s/adj 2g (<ing technicolo(u)r) **1** Processo especial us em cinematografia colorida. **2** Diz-se de filme colorido/a cores.

tecno- pref (<gr tékhné: arte «manual») Exprime a ideia de **arte** ou **ciência prática**.

tecnocracia s f (<tecno- + -cracia) Sistema político em que as razões técnicas se sobrepõem às de cará(c)ter político ou burocrático, no momento de tomar decisões. **Ex.** Hoje em dia, há muitos países cujos regimes se poderiam designar por ~s.

tecnocrata adj 2g/s 2g (<tecno- + -crata) Homem de estado ou alto funcionário que faz prevalecer os argumentos técnicos ou econó[ô]micos sobre os sociais e humanos. **Ex.** Os ~s do governo, por razões meramente economicistas, decidiram reduzir drasticamente o orçamento para a educação e a saúde.

tecnocrático, a adj (<tecnocrata + -ico) Relativo à tecnocracia. **Ex.** Aquele político tem uma perspe(c)tiva eminentemente ~a do exercício do poder.

tecnologia s f (<gr teknhnologia: exposição [tratado/estudo] sobre arte) **1** Área dos conhecimentos científicos, dos instrumentos, métodos e técnicas utilizados na a(c)tividade humana produtiva. **Ex.** As novas ~s da informação permitem-nos, hoje, estar sempre muito informados, mas nem sempre bem informados. **2** Conjunto de práticas e saberes, fundado em princípios científicos, num determinado domínio técnico. **Ex.** A medicina é uma área onde as ~s de diagnóstico e intervenção têm evoluído tanto que são hoje possíveis operações impensáveis há ainda poucos anos. **3** Teoria geral das técnicas. **Comb.** ~ **de ponta/Avançada/De última geração** [que utilizam os conhecimentos, métodos e recursos mais avançados] (Ex. Os jovens da turma tinham quase todos telemóveis com ~ de última geração). **~s limpas/alternativas** [que diminuem ou eliminam a poluição].

tecnológico, a adj (<tecnologia + -ico) Relativo à tecnologia. **Ex.** Durante muitos anos, em Portugal, o ensino ~ foi bastante esquecido.

tecnólogo, a [tecnologista] s (<tecno- + -logo + -ista) Especialista em tecnologia. ⇒ técnico **4**.

tecto ⇒ teto.

tectónica [Br **te(c)tônica** (dg)**]** s f (<gr tektonikós: relativo à estrutura) **1** Arte de construir edifícios. **2** Parte da geologia que estuda o relevo da crusta terrestre e os fenó[ô]menos com ele relacionados, como sismos ou vulcões. **Ex.** Peritos em ~ concluíram que um deslizamento de placas terá estado na origem do último tsunami [onda sísmica (+)].

tectónico, a [Br **te(c)tônico** (dg)**]** adj (⇒ tectónica **2**) Relativo aos movimentos da crusta terrestre. **Ex.** Uma fra(c)tura ~a desaconselhava a urbanização daquela zona. **Comb.** Placa ~a.

tedesco, a adj/s (< ?) ⇒ tudesco.

Te Deum s m (<lat Te Deum laudamus: Deus, nós Vos louvamos) **1** Hino cristão de a(c)ção de graças e de louvor a Deus. **2** Cerimó[ô]nia litúrgica, com o mesmo obje(c)tivo, em que se canta o hino referido em **1**. **Ex.** Para agradecer as excelentes colheitas desse ano, o pároco convocou os fiéis para um solene ~ na igreja matriz.

tédio s m (<lat taedium: aborrecimento) Sensação de enfado, cansaço ou aborrecimento, normalmente originada por situações de monotonia e rotina. **Ex.** Na fábrica, as mesmas tarefas todos os dias, as mesmas caras, os mesmos gestos, repetidos até à saturação, provocavam-lhe uma sensação de vazio e de ~ que o levariam fatalmente ao esgotamento «se não pensasse na família/se não cantarolasse/assobiasse».

tedioso (Ôso, Ósa, Ósos) adj (<lat taediósus: enfadonho) **1** Que provoca tédio, fastio, aborrecimento. **Ex.** Quando o conferencista viu que muitos ouvintes começavam a bocejar e a olhar para os relógios, concluiu que a exposição estava a tornar-se ~a e resolveu acabar. **2** Que manifesta tédio, cansaço. **Ex.** Fiquei preocupado quando a vi com aquele olhar ~. **Sin.** Aborrecido(+).

teenager ing s 2g Jovem(+) entre os treze e os dezanove anos/Adolescente(o+).

tefe-tefe (Té) s m (< on) **1** Medo perante um perigo que se julga iminente e que, por vezes, chega a provocar alteração do ritmo cardíaco. **Ex.** Durante o safari, negou-se a sair da viatura tal o ~ que dele se apoderou ao ver ao longe o primeiro leão. **2** Br Designação onomatopeica do automóvel.

tégmen s m Bot (<lat tég(u)men,minis: cobertura; ⇒ te(c)to) Membrana interna do tegumento de muitas sementes.

tegumento s m (<lat teguméntum: cobertura) **1** Zool O que reveste o corpo dos animais. **Ex.** A pele, o pelo e as escamas são exemplos de ~s. **2** Bot O invólucro das sementes.

teia s f (<lat téla: tecido) **1** Tecido feito em tear. **2** Estrutura de fios segregados por alguns inse(c)tos. **Ex.** Com a sua ~, o bicho-da-seda constrói um casulo em que se encerra, a aranha faz da sua ~ uma armadilha para caçar outros animais. **3** fig Conjunto de acontecimentos ou situações para [concebidas com o obje(c)tivo de] prejudicar alguém. **Ex.** O deputado não resistiu à ~ de boatos urdida pelos adversários. **4** fig Gradeamento que nas igrejas, tribunais e outros espaços públicos se destina a separar o público assistente dos protagonistas de a(c)tos ou cerimónias que aí decorrem. **5** fig Ideias antiquadas, preconceitos ou fantasias. **Ex.** Tinha a cabeça cheia de ~s de aranha e não escutava os conselhos avisados [sábios] dos pais.

teima s f (<gr théma, atos: o que se põe ou propõe) **1** A(c)to ou efeito de teimar. ⇒ birra; mania. **2** Perseverança na conquista de um obje(c)tivo. **Ex.** Se não fosse a sua ~, nunca teria alcançado o sucesso que alcançou. **Sin.** Insistência/Obstinação/Persistência/Pertinácia/Teimosia.

teimar v t/int (<teima + -ar¹) **1** Persistir numa atitude ou comportamento. **Ex.** Apesar de constipado [resfriado], teimou em acompanhá-lo. **2** Fazer com insistência a mesma afirmação. **Ex.** Sobre o filme, opinava um que o realizador era italiano, o outro teimava que era espanhol... e não saíam dali [e nenhum cedia/idi e nenhum dava o braço a torcer]. **3** Insistir junto de alguém de modo a convencê-lo de algo. **Ex.** Ele bem teimava com o amigo (para) que deixasse de fumar, mas era um esforço inglório [vão/inútil]. **4** Manter-se/Continuar uma circunstância desagradável. **Ex.** Queria sair com o gado, mas a chuva teimava em cair e decidiu mantê-lo nos currais.

teimosia s f (<teimoso + -ia) **1** Qualidade de quem é teimoso, persistente ou obstinado. **Ex.** À ~ dos cientistas devemos as maiores invenções. **2** Atitude de quem insiste, de modo excessivo e infundado, numa decisão ou desejo. **Ex.** Teimou que havia de ser toureiro, foi colhido [escornado], a ~ saiu-lhe cara. **Sin.** Birra/Teima.

teimosice s f (<teimoso + -ice) ⇒ teimosia.

teimoso (Ôso, Ósa, Ósos) adj/s (<teima + -oso) **1** Que teima, que persiste numa ideia, atitude ou comportamento. **Ex.** Como era ~, nunca desistia às primeiras contrariedades e persistia até alcançar os seus obje(c)tivos. **2** Que se mantém, se prolonga no tempo. **Ex.** Andava, havia muito tempo, a tentar resolver um problema que, ~, lhe ia resistindo.

teína s f (<mal teh: chá + -ina) Substância estimulante, semelhante à cafeína, que o chá contém. **Ex.** A ~ estava entre as substâncias proibidas pelo médico por causa das arritmias de que sofria.

teísmo s m (<gr theós: Deus + -ismo) Doutrina que afirma a existência de um único Deus, causa [criador] do mundo.

teísta adj 2g/s 2g (⇒ teísmo) **1** Relativo ao teísmo. **2** Pessoa que acredita na existência de um Deus único e transcendente ao mundo por Ele criado. **Ant.** Ateu.

teixo s m Bot (<lat táxus, i) Planta taxácea, gimnospérmica, arbustiva ou arbórea cultivada para fazer sebes.

teixugo s m (< ?) ⇒ texugo.

tejadilho s m (<lat tegulátus: telhado) Parte superior da cabine dum veículo. **Ex.** Quando as malas não cabiam na bagageira do carro, transportava-as no ~. ⇒ capota.

Tejo (Té) s m Geog (<lat Tágus,i) Maior rio de Portugal que nasce em Espanha – onde se diz Tajo – e desagua em Lisboa.

tela (Té) s f (<lat téla: tecido) **1** Tecido de entrelaçado simples, de fibras naturais ou sintéticas. **Ex.** Ela andava a bordar uma ~ de linho fino que a avó lhe oferecera. **2** Tecido esticado e preso a um caixilho de madeira para servir de suporte a uma pintura ou a um desenho. **Ex.** O quadro em leilão era um óleo sobre ~. **3** Pintura executada sobre um tecido assim preparado. **Ex.** Nesse dia, foram leiloadas quatro ~s de Picasso. **4** Superfície sobre a qual se proje(c)tam filmes ou qualquer tipo de ima-

telão

gens. **Ex**. Ninguém despregava os olhos da ~, tal a força das imagens. **Sin**. Ecrã/ Painel.

telão s m (<tela 4 + -ão) **1** Tela grande. **2** Painel colorido «com anúncios». **3** Br Pano de boca(+) [do palco].

tele- suf (<gr téle: longe) Significa **ao longe/à distância**.

telecomandar v (<tele- + comandar) Dirigir ou controlar à distância através de um sistema de comando, ele(c)tró[ô]nico ou outro. **Ex**. Alguns países mais avançados tecnologicamente já utilizam aviões telecomandados em missões de espionagem e ataque.

telecomando s m (<tele- + comando) **1** A(c)to ou efeito de dirigir à distância. **2** Mecanismo utilizado para efe(c)tuar esse controlo.

telecompra s f (<tele + compra) Compra efe(c)tuada com recurso a meios ele(c)tró[ô]nicos ou ao telefone. **Ex**. A Internet e o telefone são os meios mais utilizados para as ~s.

telecomunicação s f (<tele- + comunicação) **1** A(c)to ou efeito de enviar ou receber mensagens escritas, fó[ô]nicas, em imagens ou outros sinais, seja através de fios, de ondas ele(c)tromagnéticas ou qualquer outro processo. **Ex**. Segundo uma sondagem recente, os jovens portugueses são fanáticos da ~, enviando, em média, cem mensagens por telemóvel, todos os dias. **2** ~ões pl, conjunto dos meios de comunicação à distância. **Ex**. No seu novo escritório não faltava nada do que diz respeito às ~ões, desde o telefone fixo aos telemóveis e telefaxe, dos vídeos aos computadores com acesso à Internet, grandes monitores para as videoconferências e vários outros.

teleconferência s f (< tele- + conferência) Conferência entre indivíduos ou grupos que se encontram em lugares afastados uns dos outros, utilizando, para o efeito, as telecomunicações. **Ex**. Um conceituado cirurgião, através de ~, explica a colegas de outros países a sua técnica de transplante do fígado.

telecópia s f (<tele- + cópia) Processo de reprodução à distância de documentos escritos ou imagens. ⇒ telefax.

telecopiador(a) s (<tele- +...) Maquinismo que permite o envio ou a rece(p)ção de telecópias.

teledifundir v tr (<tele- + difundir) Transmitir programas através da televisão.

teledifusão s f (<tele- + difusão) Divulgação através da televisão [Transmissão/ Emissão televisiva].

teledirigir v tr (<tele- + dirigir) Guiar ou dirigir à distância. ⇒ telecomandar. **Ex**. Atacaram o país vizinho com mísseis teledirigidos [telecomandados].

teledisco s m (<tele- + disco) Vídeo que, em emissões televisivas, se destina a apresentar e a promover uma canção, um cantor ou um grupo musical. **Ex**. Um bom ~ pode ser decisivo no lançamento dum produto musical.

(tele)fax[e] (Fáksse) s m (<tele- + fac-símile) **1** Comunicação de mensagens através de telecópias. **2** Aparelho de telecópia que combina o telefone e o faxe.

teleférico s m (<fr téléphérique: transporte por cabo aéreo; ⇒ tele- + -fero) Sistema de transporte de pessoas ou materiais, em cabines ou cadeiras suspensas de cabos aéreos/Funicular aéreo. **Ex**. Desceu, esquiando, a montanha que subira em/de ~.

telefilme s m (<tele- + filme) Filme produzido especialmente para ser exibido na televisão.

telefonar v t/int (<telefone + -ar¹) Comunicar por meio do telefone/Fazer um telefonema ou uma chamada. **Ex**. Telefonaram-me (a dizer) que o meu irmão chega hoje a Lisboa. **Loc**. ~ à mãe, aos pais, para casa.

telefone s m (< tele- + -fone) Aparelho que permite a transmissão à distância de sons, nomeadamente da fala humana. **Ex**. O ~ está a tocar, faça o favor de atender porque deve ser para si.

telefonema s m (<telefone + -ema) Comunicação ou chamada telefónica. **Loc**. **Atender um ~** [uma chamada telefónica]. **Fazer um ~** [Telefonar].

telefonia s f (<tele- + -fonia) **1** Processo de transmissão de sons à distância, por meios elé(c)tricos ou ele(c)tromagnéticos. **2** Aparelho rece(p)tor desses sons/Rádio(+). **Ex**. Escutava a ~ enquanto ia fazendo os trabalhos domésticos.

telefónico, a [Br **telefônico**] adj (<telefone + -ico) Relativo ao telefone. **Comb**. **Cabine ~a** [equipada com telefone, instalada em lugares públicos ou muito frequentados, utilizada, normalmente, por quem não dispõe de telemóvel ou está longe do seu telefone fixo] (Ex. Os funcionários dos correios retiraram algumas cabines ~as da cidade porque, com a chegada dos telemóveis, tinham muito pouca utilização). **Linha ~a** [Fio através do qual se propagam os sons emitidos] (Ex. Na passagem do ano não consegui telefonar a ninguém devido à congestão das linhas ~s). **Lista ~a** [Grande caderno, a(c)tualizado e editado todos os anos, onde constam todos os números de telefone do país, da região ou duma dada localidade] (Ex. Assediado por telefonemas anó[ô]nimos, mandou retirar o seu número da lista ~a). **Número ~** [atribuído a cada aparelho de telefone, a discar ou digitalizar em cada ligação] (Ex. Não te felicitei no dia do teu aniversário porque perdi o teu número ~).

telefonista s 2g (<telefone + -ista) Profissão de quem está encarregado de fazer ou receber telefonemas num determinado serviço telefó[ô]nico. **Ex**. Naquela empresa já tinha tido diversas funções, desde operária fabril a ~.

telefoto(grafia) s f (<tele- +...) **1** Sistema que permite o envio de fotografias a grandes distâncias. **Ex**. Mal nasceu a criança, pudemos vê-la num telemóvel equipado com serviço de ~. **2** Sistema que permite fotografar a grandes distâncias através de uma teleobje(c)tiva. **3**. Fotografia obtida por esse processo. **Ex**. Os jornais publicaram uma ~ dum ensaio [duma experiência] nuclear.

telegenia s f (<tele- + -genia) Qualidade de telegé[ê]nico/Faculdade de proporcionar boa imagem na televisão. **Ex**. Hoje em dia, escolhem-se os locutores de televisão, não tanto pela sua capacidade de comunicação, mas pela sua ~. ⇒ fotogenia.

telegénico, a [Br **telegênico**] adj (<tele- + -gen + -ico) Referente a telegenia/ Susce(p)tível de poder proje(c)tar bonita imagem na televisão. ⇒ «jovem» fotogé[ê]nico.

telegrafar v t/int (<telégrafo + -ar¹) Enviar uma mensagem, em código Morse, por telégrafo. **Ex**. Hoje, só em filmes podemos ver gente a ~.

telegrafia s f (<tele- + grafia) Qualquer processo de telecomunicação de sinais gráficos. **Comb**. ~ sem fios [Radiotelegrafia].

telegráfico, a adj (<telégrafo + -ico) **1** Referente a telegrafia ou telégrafo. **Ex**. As mensagens ~as são cada vez mais raras. **2** fig Linguagem muito concisa e cheia de subentendidos. **Ex**. Quem não estivesse dentro do contexto, não entenderia nada do seu discurso ~.

telegrafista s 2g (<telégrafo + -ista) Pessoa que recebe e envia mensagens, transmitidas por telégrafo.

telégrafo s m (<tele- + -grafo) Aparelho que permite enviar/receber mensagens escritas a/de grandes distâncias. **Comb**. **~Morse** [que se serve do código (de) Morse, uma combinação de pontos e traços, para grafar as mensagens] (Ex. Era espantosa a destreza com que aquele telegrafista, só com pontos e traços do código (de) Morse, codificava e descodificava as mensagens mais complexas). **~ sem fios** [que opera sem fios, emitindo e recebendo os sinais através das ondas hertzianas].

telegrama s m (<tele- + -grama) **1** Mensagem processada por telégrafo. **Ex**. Normalmente, só se enviam ~s por razões urgentes, o que explica o nervosismo com que, habitualmente, se abrem. **2** Folha de papel, padronizada e dobrada em forma de envelope, em que é escrita a mensagem telegráfica. **Ex**. Quando o carteiro entregou o ~, as mãos que o receberam já estavam a tremer.

teleguiar v t (<tele- + guiar) Dirigir e controlar à distância, através de sistemas ele(c)tró[ô]nicos de comando. **Ex**. A indústria de armamento tem apostado, ultimamente, na construção de aviões e mísseis teleguiados.

teleimpressor s m (<tele- + impressor) ⇒ teletipo.

telejornal s m (<tele- + jornal) Espaço televisivo, com horário regular, dedicado às notícias do dia/Notícias da TV. **Ex**. Nos últimos tempos, os ~ais só nos têm dado más notícias.

telemática s f (<fr télématique) Conjunto de técnicas e serviços que combinam os recursos informáticos com os das telecomunicações. **Ex**. As agências de notícias e os jornais recorrem muito à ~.

telemático, a adj (<telemática) Relativo à telemática.

telemecânica s f (<tele- + mecânica) Conjunto de técnicas utilizadas na transmissão de movimento ou energia à distância/ Telecomando.

telemedicina s f (<tele- + medicina) Conjunto de tecnologias que permitem fazer diagnósticos e tratamentos à distância. **Ex**. Hoje, um médico pode orientar, a partir de Lisboa, uma operação a decorrer em Tóquio.

telemetria s f (<tele- + -metria) Processo que permite medir, através de um telé[ê]metro, a distância entre o medidor e um ponto muito afastado ou inacessível. **Ex**. São os geógrafos e os topógrafos que mais uso fazem da ~.

telémetro [Br **telêmetro**] s m (<tele- + -metro) Aparelho ó(p)tico que permite fazer medições entre dois pontos afastados ou de difícil acesso.

telemóvel s m (<tele- + móvel) Telefone portátil que permite comunicar de qualquer lugar, desde que coberto pela rede do seu operador/Br Celular. **Ex**. Muitas pessoas usam vários ~eis.

telenovela s f (<tele- + novela) Novela, filmada em sequências e apresentada pela televisão, normalmente, em dias e horas regulares, episódio a episódio. **Ex**. A hora

da ~ era sagrada para ela. Ai de quem (então) a incomodasse!

teleobjetiva (Jè) **[***Br* **teleobje(c)tiva** (dg)**]** *s f* [= teleobjectiva] (<tele- + objetiva) Lente que permite fotografar ou filmar a grandes distâncias.

teleologia *s f Fil* (<gr *téleios,a,on*: completo, perfeito + -logia) Qualquer doutrina que defende que todos os seres «vivos», e todo o universo, estão orientados para uma finalidade transcendente. **Ant.** Mecanicismo.

telepata *adj/s 2g* (<tele- + -pata) (Diz-se de) indivíduo que pratica a telepatia.

telepatia *s f* (<tele- + -patia) Fenó[ô]meno da parapsicologia, ainda insuficientemente estudado, que admite a possibilidade de comunicação entre duas pessoas que se encontram distantes uma da outra, sem recorrer às vias sensoriais normais. **Ex.** Vocês podem não acreditar na ~, mas eu garanto que senti uma dor súbita à hora a que a minha irmã teve o acidente em Lisboa.

teleponto *s m* (<tele- + ponto) Aparelho com um monitor onde vai passando um texto que um locutor ou um a(c)tor vão debitando [vão lendo e dizendo]. **Ex.** Aquele comunicador dizia as coisas com tal naturalidade que nem parecia estar a olhar para o ~.

telescola *sf* (<tele- + escola) Ensino feito através de emissões de televisão, sendo a rece(p)ção assistida por monitores que apoiam os alunos. **Ex.** Devido à falta de professores, o governo decidiu estender a rede da ~ a várias zonas do interior do país.

telescopia *s f* (<tele- + -scopia) Observação à distância através do telescópio.

telescópico, a *adj* (<telescópio + -ico) Relativo ao telescópio. **Ex.** Andava sempre ensonado porque passava a noite em observações ~as.

telescópio *s m* (<tele- + -scópio) Instrumento ó(p)tico, constituído por um tubo e poderosas lentes amplificadoras, permitindo observar e estudar à distância, nomeadamente os astros.

telespe(c)tador (dg)**, ora** (Pè) **[***Br* **telespectador]** *s m* [= telespectador] (<tele- + espectador) Pessoa que assiste a emissões televisivas/da TV.

teletexto *s m* (<tele- + texto) Sistema de informação textual, disponibilizado pelas diferentes estações televisivas, contendo não só notícias mas também indicações de cará(c)ter utilitário. **Ex.** Procurou no ~ qual a farmácia de serviço porque precisava de comprar umas aspirinas.

teletipo *s m* (<tele- + -tipo) Aparelho telegráfico que, por meio de um teclado da(c)tilográfico, envia um texto que é regist(r)ado sob a forma de cara(c)teres de imprensa. **Ex.** Acabada a final de futebol, o jornalista correu para o ~ a fim de redigir e enviar para o jornal, ainda nessa noite, a reportagem do grande jogo. **Sin.** Teleimpressor.

teletrabalhador, ora *s* (<tele- + trabalhador) Pessoa que, exercendo a sua a(c)tividade profissional em casa, se mantém ligado à entidade patronal através dos modernos meios de comunicação, nomeadamente a Internet. **Ex.** Desde que lhe concederam o estatuto de ~, só ia à empresa para as reuniões de planificação e distribuição do trabalho.

teletrabalho *s m* (<tele- + trabalho) A(c)tividade desenvolvida pelo teletrabalhador enquanto tal.

teletransmissão *s f* (<tele- + transmissão) Transmissão de informações à distância.

televenda *s f* (<tele- + venda) Venda de produtos através da televisão, Internet ou mesmo telefone. **Ex.** Por acharem perigoso expor, por vezes, os seus dados bancários, muita gente ainda olha desconfiada para a ~.

televisão *s f* (<tele- + visão) **1** Sistema de telecomunicação capaz de emitir e receber sons e imagens através das ondas hertzianas ou por cabo coaxial/TV. **Ex.** A comunicação e as relações de convivência no seio das famílias foram drasticamente alteradas com a chegada da ~. **2** Organismo estatal ou empresa que explora esse sistema de telecomunicações. **Ex.** No tocante à publicidade, a ~ pública, em Pt, não se distingue, em nada, das ~ões privadas. **3** Aparelho rece(p)tor das emissões televisivas/Televisor. **Ex.** Tinha uma ~ analógica, mas, pressionado pelos filhos, decidiu comprar uma outra digital.

televis(ion)ar *v t* (<televisão + -ar¹) Transmitir por televisão. **Ex.** Este ano, todos os jogos do campeonato serão televisionados em canal aberto.

televisivo, a *adj* (<televisão + -ivo) **1** Relativo à televisão. **Ex.** A visita do presidente teve ampla cobertura ~a [foi (quase) toda transmitida pela TV]. **2** Que tem condições para ser televisionado. **Ex.** O azul é uma cor muito ~a.

televisor *s m* (<tele + visor) Aparelho rece(p)tor das imagens televisivas/Televisão **3**.

telex (Tèlèkss) *s m* (<ing *telex* [*teleprinter Exchange*]) **1** Sistema telegráfico que permite enviar mensagens da(c)tilografadas, recebidas e impressas por teleimpressores. **Ex.** Acabada a conferência de imprensa, o jornalista, através do ~, comunicou imediatamente com a reda(c)ção do jornal, reportando o essencial da exposição. **2** O próprio equipamento que permite enviar e receber um ~. **Ex.** Não pôde enviar o comunicado porque o ~ estava avariado. **3** A mensagem processada por ~. **Ex.** Chegou um ~ de Paris, dando conta do sucedido.

telha (Tê) *s f* (<lat *tégula* <*tégo,ere,téctum*: cobrir) **1** Peça de barro cozido ou de outros materiais como ardósia, vidro, cimento, plástico, metal ou madeira, usada na cobertura de casas e outros edifícios. **Ex.** Há muitas variedades de ~s, desde as achatadas com encaixes, como a ~ francesa [~(-de-)marselha], às de meia-cana, como a ~ de canudo. **Comb.** ~-vã [Cobertura cujas telhas assentam sobre caibros e ripas, mas sem forro] (Ex. Morava numa humilde casa de ~-vã onde a fúria do vento se fazia sentir como na rua). **2** *pop* Mania/Cisma/Pancada. **Ex.** Nos dias em que se levantava com a ~, ninguém podia falar com ele. **Idi.** *Dar-me/te/lhe na ~* [Ter um impulso ou uma vontade repentina] (Ex. Não disse a ninguém que ia à praia, mas deu-lhe na ~, pegou numa mochila com uma toalha e um livro e aí vai ele [e foi-se embora]. *Estar com a ~* [Estar de mau humor] (Ex. Normalmente bem disposto e cordato, transformava-se em bicho quando estava com a ~). **Sin.** Veneta.

telhado *s m* (<lat *tégulum, li*) Cobertura exterior e superior de um edifício. **Ex.** O vendaval levou o ~ pelos ares. **Idi.** *Ter ~s de vidro* [Ter os mesmos pontos fracos que um inimigo ou adversário que se ataca ou critica] (Ex. Quem tem ~s de vidro não deve atirar pedras aos [criticar, atacar os] outros).

telhal/telheira *s m/f* (<telha + -al) Local onde se fabricam as telhas [se amassa o barro, se moldam e cozem as telhas].

telhar *v t* (<telha + -ar¹) Cobrir com telhas. **Ex.** Com a nova casa ainda por ~, temia que as chuvas do outono chegassem cedo.

telheiro *s m* (<telha + -eiro) Espaço delimitado por uma ou duas paredes e coberto com telhado, assente nestas e em outros pilares de pedra ou de madeira que servem de abrigo para animais ou então para proteger da chuva alfaias, lenha ou forragens. **Ex.** A saraivada de granizo apanhou-os de surpresa e tiveram de se abrigar no ~ que estava próximo. **Sin.** *Br* Galpão.

telho *s m* (⇒ telha) Pequeno pedaço de telha que serve de testo para tacho ou panela. **Idi.** *Sem ~ nem trabelho* [Sem mais nem menos] (Ex. Chegou-se a ele e, sem ~ nem trabelho, pregou-lhe [deu-lhe] dois sopapos que o deixaram atordoado).

telhudo, a *adj* (<telha **2** + -udo) Que tem ou anda frequentemente com a telha. **Ex.** Não gostava de conviver com aquele ~, pois nunca sabia quando o *idi* tinha pelos pés ou pela cabeça [pois mudava constantemente de humor].

telim *s m* (< *on*; ⇒ tlim(tlim)) Som que imita o toque dum sino, duma campainha ou duma moeda que cai ou bate noutra. **Ex.** Negou enquanto pôde, mas ao tentar fugir, o ~ de umas moedas no bolso denunciou-o como ladrão.

telintar *v int* (< *on*) ⇒ tilintar(+).

teliz *s m* (<ár *tillís*: que tem três fios) Pano para cobrir a sela do cavalo. **Ex.** Os cavaleiros tauromáquicos [que lidam touros] apresentam sempre ~es ricamente ornamentados nas suas montadas.

telureto *s m Quím* (<telúrio + -eto) Combinação de telúrio com outro metal.

telúrico, a *adj* (<lat *téllus, úris*: terra + -ico) **1** Relativo à Terra ou ao solo. **Ex.** Um abalo ~ [tremor de terra/terramoto/sismo] de grande magnitude [intensidade] provocou uma onda sísmica [tsunami] devastadora. **2** Que revela muita influência da terra em que se nasceu. **Ex.** A poesia de Miguel Torga (poeta português) tem, na sua vertente ~a [no seu apego à terra/às raízes], um dos maiores motivos de interesse. **3** *Quím* Que diz respeito ao telúrio.

telúrio [Te 52] *s m* (<lat *téllus,úris*: terra) Elemento químico não metálico e pertencente ao grupo do enxofre.

telurismo *s m* (⇒ telúrico) **1** A(c)ção magnética da Terra. **2** Influência que a terra exerce sobre o cará(c)ter e os costumes dos que nela vivem ou nela têm as suas raízes. **Ex.** O ~ é muitas vezes invocado para explicar a parcialidade com que um nativo fala da sua terra. ⇒ bairrismo.

tema (Tè) *s m* (<gr *théma,atos*) **1** Ideia geral sobre a qual versa uma obra literária, uma exposição, uma dissertação ou uma criação artística. **Ex.** No encontro de cientistas, o ~ dominante de todas as intervenções foi o das energias renováveis. Por vezes, simples motivos do folclore tradicional servem de ~ aos compositores eruditos que sobre eles fazem inspirados desenvolvimentos e variações. **Sin.** Assunto. **2** Frase, normalmente bíblica, sobre a qual se arquite(c)tava todo um sermão. **Ex.** Os sermões do padre Antó[ô]nio Vieira, célebre jesuíta português do séc. XVII, ainda hoje nos espantam [maravilham] pelo brilhantismo com que desenvolvia os ~s que escolhia. **3** *Ling* Parte da estrutura duma palavra constituída pelo radical e a vogal temática. **Ex.** Em português, pertencem à

primeira conjugação todos os verbos de ~ em a, como *amar*.

temário *s m* (<tema + -ário) Conjunto de temas a tratar num congresso, conferência, assembleia ou reunião.

temática *s f* (<temático) Conjunto de temas tratados numa obra literária, artística ou científica. **Ex**. A obra abordava ~s a(c)tuais, como: a crise, o desemprego e as medidas de austeridade.

temático, a *adj* (<gr *thematikós*: instituído) Referente ao tema. **Ex**. Para definir bem as conjugações dos verbos é preciso prestar atenção às vogais ~as.

temente *adj 2g* (⇒ temer) **1** Que teme, tem medo ou receio. **Ex**. ~s ao pai pela severidade dos seus castigos, procuravam ser sempre obedientes. **Sin**. Medroso/Temeroso. **2** Que respeita, ama e adora. **Comb**. ~ a Deus [Que ama e respeita Deus, cumprindo escrupulosamente os seus mandamentos] (Ex. Ser ~ a Deus era uma das primeiras virtudes invocadas para definir um homem re(c)to). **Sin**. Devoto/Honesto/Religioso.

temer *v t* (<lat *tímeo,ére*) Ter medo ou receio de alguém ou alguma coisa por se saber ou imaginar que deles pode advir algum perigo ou sofrimento. **Ex**. Recusava-se a entrar na caverna [gruta] por ~ os [por ter (muito) medo dos (+)] morcegos que lá pernoitavam. Era uma equipa «de futebol» muito temida [forte], que metia medo a qualquer outra.

temerário, a *adj* (<lat *temerárius*) **1** Que age com ousadia, mas de modo imprudente. **Ex**. Apesar da tempestade e da forte ondulação, o pescador, ~, não hesitou em fazer-se ao [em ir para o] mar. **Sin**. Arrojado/Audacioso/Intrépido/Imprudente. **2** Que envolve riscos elevados. **Ex**. O que o pescador fez foi uma a(c)ção ~a. **3** Sem fundamento. **Ex**. Mesmo não tendo assistido ao acidente, não parava de tecer juízos ~s sobre as responsabilidades e as culpas dos envolvidos. **Loc**. Fazer juízos ~s [Pensar mal dos outros].

temeridade *s f* (<lat *teméritas,átis*) Qualidade do que é temerário. **Ex**. Conhecia bem os riscos da operação «militar/cirúrgica», mas a sua ~ empurrava-o sempre para o perigo. **Sin**. Audácia/Ousadia/Intrepidez/Imprudência.

temeroso, a (Ôso, Ósa, Ósos) *adj* (<temor + -oso) **1** Que provoca ou infunde medo, receio ou pavor. **Ex**. Na escuridão da noite, as formas esbatidas das árvores e dos penedos semelhavam ~s [pavorosos(+)] monstros. **Sin**. Pavoroso/Temível. **2** Que tem ou revela medo. **Ex**. Nem precisava de lhe perguntar, a sua postura encolhida e os seus olhos ~s denunciavam o [eram a prova do] pavor que o tolhia [que sentia]. **Sin**. Assustado//Medroso/Receoso/Tímido.

temível *adj 2g* (<temer + -vel) Que infunde temor ou deve ser temido. **Ex**. Nesse domingo, os jogadores «de futebol» deviam estar particularmente concentrados porque iam defrontar um ~ adversário. **Sin**. Assustador/Medonho/Pavoroso.

temor *s m* (<lat *tímor, óris*) Sentimento forte de inquietação ou medo, causado por ameaça, risco ou perigo. **Ex**. Sabendo que vivia perto de uma falha geológica, vivia no [com o] ~ permanente de um abalo sísmico.

têmpera *s f* (⇒ temperar 2) **1** A(c)to ou efeito de temperar metais [dar-lhes consistência], mergulhando-os, ainda incandescentes, em água fria. **Ex**. Mandou vir uma espada de Toledo (Cidade espanhola) por terem, reconhecidamente, um aço da melhor ~. **2** Maneira de ser ou de agir. **Ex**. O rapaz saíra ao pai, homem de *idi* rija ~ e, tal como ele, ganhou justa fama de ser dos de *idi* antes quebrar que torcer. **Sin**. Feitio/Índole/Qualidade/Temperamento. **3** Pintura feita com uma mistura de tintas, cal e cola, de modo a torná-la mais resistente. **Ex**. Encontraram-na nas caves do Louvre, num amontoado de outros quadros, e até os especialistas se espantaram com a pureza e o brilho das tintas que aquela pintura a ~ conserva, depois de tantos anos por ali abandonada.

temperador, ora *adj/s* (<lat *temperátor, óris*: que regula) **1** *Cul* Que ou aquele que tempera, isto é, o que mistura, regula e equilibra os temperos. **Ex**. Entre todos os temperos, o tomilho é o melhor ~ para as carnes grelhadas. O chefe de cozinha tinha muitos ajudantes, contudo não deixava que alguém mexesse nos temperos, ele era o único ~. **2** (O) que faz a têmpera **1**. **3** Que serve para têmpera. **4** Moderador.

temperamental *adj 2g/s 2g* (<temperamento + -al) **1** Que diz respeito ao temperamento. **Ex**. Antes de o admitirem na empresa, os serviços de psicologia estudaram o seu perfil ~. **2** De humor inconstante, reagindo de forma impulsiva. **Ex**. Tinha dificuldade em estabelecer uma sólida relação pedagógica com os alunos devido ao seu feitio ~.

temperamento *s m* (<lat *temperaméntum*: justa medida, moderação) **1** Conjunto de cara(c)terísticas físicas e psíquicas inatas que determinam o modo de ser e o comportamento de uma pessoa. **Ex**. Apesar do seu ~ colérico, era bastante querido e respeitado pelos seus subordinados. **Sin**. Feitio/Índole. **2** Personalidade forte/vincada. **Ex**.Com aquele ~ quem é que o vai dobrar [convencer]?

temperança *s f* (<lat *temperántia*: proporção, moderação, sobriedade) **1** Moderação e autocontrolo na satisfação das necessidades instintivas e nas manifestações comportamentais. **Ex**. A ~ ajudava-o a manter-se saudável. **2** *Rel* Uma das quatro virtudes cardeais: prudência, justiça, fortaleza e ~. **Sin**. Comedimento/Equilíbrio/Frugalidade/Moderação/Sobriedade.

temperar *v t* (<lat *témpero,áre,átum*: combinar, acalmar, moderar-se) **1** Pôr tempero ou condimentos nos alimentos para lhes acentuar o sabor. **Ex**. Pôs louro, alho, pimenta e tomilho para temperar a carne antes de a levar ao forno. **2** Submeter o metal, aquecido a elevada temperatura, a um arrefecimento brusco, mergulhando-o, normalmente, em água fria, para lhe dar maior resistência. **3** Misturar água fria com a água muito quente, de molde a torná-la morna ou tépida para com ela se poder, por exemplo, tomar banho. **Ex**. Esqueceu-se de ~ a água e apanhou um escaldão. **4** Amenizar/Suavizar. **Ex**. O mar tempera o clima das regiões litorais, suavizando os verões e amenizando os invernos. **Comb**. Clima temperado [ameno/com temperaturas médias variáveis entre os 10º e os 20º]. **5** Fortalecer. **Ex**. Era um adolescente indomável, mas a educação e a disciplina acabaram por lhe ~ o cará(c)ter. **Idi**. ~ a língua [Moderar o regist(r)o de língua, evitando expressões soezes, grosserias, palavras ofensivas] (Ex. Tinha uma *idi* língua afiada, viperina [venenosa como a da víbora] mesmo, mas como dizia o que queria, começou a ouvir o que não queria e não teve outro remédio senão aprender a temperá-la.

temperatura *s f* (<lat *temperatúra*: combinação, ~) **1** Grau de calor ou de frio que se manifesta na atmosfera, na natureza ou nos corpos e que pode ser medido com um termó[ô]metro. **Ex**. Entrámos no outono e a ~ começou a baixar. **2** Aumento do calor do corpo humano, em resultado de uma doença ou de uma perturbação fisiológica. **Ex**. Apanhou uma gripe e a ~ subiu(-lhe) aos 40º. **Sin**. Febre(+).

tempero (Pê) *s m* (<temperar) **1** A(c)to ou efeito de temperar. **2** Condimento que se junta aos alimentos para lhes realçar ou suavizar os sabores naturais. **Ex**. Nas regiões do sul de Portugal, o ~ dominante é, sem dúvida, o coentro (Erva aromática muito semelhante à salsa).

tempestade *s f* (<lat *tempéstas, átis*: hora do dia, ~, época) **1** Perturbação violenta na atmosfera, muitas vezes acompanhada de trovões, chuva intensa, granizo e ventos fortes. **Ex**. Nos desertos, o vento forte transporta, muitas vezes, nuvens de areia, dando origem a ~s de areia. No mar, as ~s são particularmente perigosas devido à forte agitação das águas que provocam. **Comb**. ~ magnética [Perturbação forte e repentina no campo magnético da Terra, devida a a(c)tividade solar]. **Idi**. *Fazer uma ~ num copo de água* [Armar grandes discussões por razões insignificantes] (Ex. Era uma pessoa irascível [que se zanga por pouca coisa] e, *idi* por dá cá aquela palha [por nada, sem razão] era capaz de armar logo uma ~ num copo de água). **Sin**. Procela/Temporal/Vendaval. **2** *fig* Grande agitação ou tumulto provocados por desentendimentos entre pessoas. **Ex**. A proposta da dire(c)ção de baixar os salários gerou uma pavorosa ~ na sala de reuniões.

tempestivo, a *adj* (<lat *tempestívus*: oportuno) Que ocorre no tempo certo. **Ex**. A rea(c)ção ~a das forças policiais durante a manifestação evitou que uma multidão invadisse a Assembleia Nacional.

tempestuoso, a (Ôso, Ósa, Ósos) *adj* (<lat *tempestuósus*: agitado) **1** Que provoca tempestade ou está sob o efeito dela. **Ex**. Ventos ~s varreram a região, deixando um rasto de destruição. Logo foram escolher, para viajar, uma noite tão ~a! **2** Que tem rea(c)ções ou comportamentos agressivos, intempestivos ou violentos. **Ex**. Já ninguém ousava fazer-lhe uma simples observação, tal a forma ~a como reagia às críticas.

templário *s m* (<lat *templárius*) Cavaleiro ou frade pertencentes à ordem militar e religiosa dos Templários ou do Templo, fundada em 1119, em Jerusalém, para defender os Lugares Santos e os peregrinos que os quisessem visitar. **Ex**. Os ~s foram extintos no séc. XIV.

templo *s m* (<lat *témplum*) **1** Edifício público destinado ao culto religioso. **Ex**. Mesquitas, sinagogas, pagodes ou igrejas tudo são ~s. **Comb**. ~ budista. ~ hinduista/hindu. ~ shintoísta. **2** Monumento construído para honrar uma divindade. **Ex**. Os países da orla mediterrânica estão cheios de ~s dedicados às antigas divindades dos gregos e dos romanos.

tempo *s m* (<lat *témpus,oris*) **1** Sucessão permanente dos momentos em que se desenrolam os processos naturais ou a cadeia dos acontecimentos e que é percebida pelo homem como uma mudança. **Ex**. Os minutos e os segundos são duas das unidades de ~, convencionadas pelo homem. **Loc**. *A ~/A ~ e horas* [Na altura certa, sem atrasos] (Ex. Passei a noite a trabalhar, mas consegui acabar o trabalho

a ~/a ~ e horas). *Ao* ~ [Nessa altura, nessa época] (Ex. A barragem foi construída nos anos cinquenta (1950-59), não me lembro de quem era, ao ~, o ministro das Obras Públicas). *A seu* ~ [No momento oportuno, na altura devida] (Ex. Por enquanto não posso dizer mais nada, a seu ~ conhecerão as restantes medidas que foram aprovadas na reunião). *De* ~*s a* ~*s* [De quando em quando, periodicamente] (Ex. Andava a tentar moderar-se e já não bebia como antes, contudo, de ~s a ~s ainda apanhava grandes bebedeiras). *Em* ~ *algum* [Nunca] (Ex. Em ~ algum, senhor, em ~ algum eu disse mal da empresa). *Pelo* ~ *fora* [Ao longo do ~] (Ex. A sua reputação de filantropo [amigo de fazer bem às pessoas] irá perdurar, merecidamente, pelo ~ fora).
Idi. ~ *de vacas gordas/magras* [Época de fartura e prosperidade/Época de fome e de penúria] (Ex. Quem o vê, assim, pelintra, dificilmente acreditará que já foi dono de uma grande fortuna, mas, claro, isso foi em ~ de vacas gordas). *Chegar a* ~*/a* ~ *e horas* [Na altura certa, sem atraso] (Ex. Era de uma pontualidade inglesa, chegava sempre a ~/a ~ e horas a todos os encontros combinados. Felizmente a polícia chegou a ~ e pôde evitar a tragédia). *Dar* ~ [Conceder prazo suficiente para a realização duma tarefa] (Ex. O sr. professor não nos dá ~ para fazer o trabalho, uma semana não chega!). *Dar* ~ *ao* ~ [Não ter pressa, esperar] (Ex. Não esteja tão impaciente em acabar a obra, o inverno ainda vem longe, dê ~ ao ~ e ficará mais perfeita). *Em três* ~*s* [Rapidamente] (Ex. Ao ritmo a que trabalhas, acabareis a obra em três ~s). *Há que* ~*s!* [Há muito tempo] (Ex. Há que ~s ele vinha padecendo dessa doença!). *Levar* ~ [Demorar, tardar] (Ex. Leva (um) ~ infinito para acabar uma coisa que se poderia fazer num par de horas). *Matar/Queimar o* ~ [Procurar não se aborrecer, fazendo, no tempo livre, coisas que distraiam ou divirtam] (Ex. Entretinha-se a fazer bonecos de cortiça para matar/queimar o ~). *Perder* ~ [Ocupar-se com coisas inúteis ou impossíveis] (Ex. Fazer um dique tão baixo para evitar inundações é perder ~, como é perder ~ tentar convencer um adolescente a calçar sapatos).
Comb. ~ *de antena* [O que nas programações televisivas e radiofó[ô]nicas é concedido a partidos políticos, sindicatos e outras organizações para exporem os seus programas ou os seus pontos de vista relativamente a um problema] (Ex. Muitas vezes, os partidos políticos queixam-se de os ~s de antena não serem equitativamente distribuídos). ~ *inteiro/parcial* [Horário completo/Horário incompleto] (Ex. Quando engravidou, deixou de poder trabalhar a ~ inteiro, mas continuou na empresa a ~ parcial). ~ *le(c)tivo* [Duração de uma aula] (Ex. Antes, cada ~ le(c)tivo tinha cinquenta minutos, agora, uns têm noventa e outros quarenta e cinco). ~ *livre* [Momentos fora do horário normal de trabalho para descanso ou lazer] (Ex. Dedicava à leitura a maior parte do seu ~ livre). ~ *morto* [Período de pausa ou de menor movimento numa a(c)tividade] (Ex. Aproveitava os ~s mortos na empresa para fazer (umas) compras para o jantar). ~ *de rea(c)ção* [O que decorre entre um estímulo e a correspondente resposta do organismo] (Ex. O que valia ao corredor era a sua capacidade de aceleração, pois tinha um ~ de rea(c)ção ao tiro de partida bastante lento). (D)esp ~ *útil* [Que conta apenas quando efe(c)tivamente jogado] (Ex. Para evitar perdas deliberadas de ~ e aumentar, assim, o ~ útil de jogo, em certas modalidades, para-se o cronó[ô]metro sempre que o jogo é interrompido).
2 Fra(c)ção dessa linha de momentos de ~**1**, cronologicamente definida. **Ex**. O ~ para a realização deste exame é de duas horas. **3** Época em que, habitualmente, decorre um processo. **Ex**. Está a chegar o ~ das sementeiras. **4** A época em que se está e se vive (Presente) relativamente a outras (Passado e Futuro). **Ex**. Agora o ~ é outro [os ~s são outros(+)], já ninguém se escandaliza por ver uma minissaia. **5** Intervalo de tempo passado (Época, período ou era) marcado por algum acontecimento, fenó[ô]meno ou figura histórica. **Ex**. O ~ dos Descobrimentos já lá vai [já passou/foi], não podemos viver agarrados ao passado. **6** Período ou momento disponível. **Ex**. Desculpa lá, não te telefonei por (manifesta) falta de ~. **7** Momento, altura ou período mais adequado ou oportuno para a realização de determinada tarefa. **Ex**. Tenho o proje(c)to aprovado vai para [há quase] dois meses, já vai sendo ~ de meter mãos à [começar a] obra. **8** Cada parte de uma competição (d)esportiva. **Ex**. A expulsão do jogador deu-se ainda no decorrer do primeiro ~. **9** Duração cronometrada de uma performance atlética. **Ex**. Usain Bolt fez um ~ extraordinário nos 100 metros dos Jogos Olímpicos. **10** Conjunto de fa(c)tores, condições e fenó[ô]menos meteorológicos que cara(c)terizam um determinado estado atmosférico ou um clima. **Ex**. Com este ~ chuvoso não vou passear. O ~ (h)úmido é muito cara(c)terístico nas regiões de clima oceânico. **11** *Mús* Duração de cada unidade dum compasso musical. **Ex**. A valsa tem um ritmo de três ~s.
12 *Gram* Categoria da flexão verbal que indica a anterioridade, a simultaneidade, a posterioridade e mesmo [também/até] o aspe(c)to da a(c)ção, estado ou processo expressos pela forma verbal, relativamente ao momento da enunciação. **Ex**. As formas verbais *eu amo, eu amei, eu amarei* exprimem respe(c)tivamente um agora, um antes e um depois relativamente à a(c)ção ou estado expressos pelo verbo *amar*.

têmpora *s f* (<lat pl *témpus,oris*) Cada uma das partes laterais da cabeça entre o cimo da orelha e o olho. **Ex**. Uma pancada nas ~s ou fontes, como diz o povo, pode ser fatal.

temporada *s f* (<tempo + -ada) **1** Período mais ou menos longo de tempo. **Ex**. Havia uma ~ que o mendigo não passava lá por casa [não (me/nos) vinha pedir esmola]. **2** Época do ano em que ocorrem certas a(c)tividades. **Ex**. Entre nós [em Pt], a ~ do futebol começa em agosto e acaba, normalmente, em maio do ano seguinte.

temporal *adj2g/s m* (<lat *temporális*) **1** Que diz respeito ao tempo ou às têmporas. **Ex**. Estabeleceram o mês de agosto como limite ~ para a empreitada. Sofreu uma contusão na zona ~ esquerda. **2** Efé[ê]mero/Passageiro/Transitório. **Ex**. A beleza e o vigor físicos são ~ais, vão-se degradando com o tempo. **3** Antónimo de espiritual. **Ex**. O poder ~ dos papas deriva da supremacia do poder espiritual sobre o ~. **4** *Ling* Nome da oração subordinada que exprime uma circunstância de tempo. **Ex**. *Enquanto jantava*, ia vendo o telejornal da noite. **5** Perturbação atmosférica com ventos fortes, chuva abundante, grande agitação marítima e, por vezes, com trovoadas. **Ex**. Quando já estavam preparados para sair, levantou-se um ~ que os obrigou a adiar a viagem. **Sin**. Tempestade/Tormenta/Vendaval.

temporalidade *s f* (<lat *temporálitas,átis*) **1** Qualidade do que é temporal, situado ou limitado no tempo. **Ex**. Somos marcados pela ~, mas aspiramos à eternidade. **2** Condição do que pertence ao mundo e à vida terrena por oposição ao que é espiritual. **Ex**. Nestes tempos em que o poder, o prazer e o dinheiro e a sua busca desenfreada foram elevados à categoria de valores, a ~ abafa a espiritualidade.

temporâneo, a *adj* (<lat *temporáneus*) **1** Que tem duração limitada. **Ex**. Arranjou um emprego, mas (é) ~ [temporário(+)]. **2** Que pertence ao mesmo tempo, à mesma época/Contemporâneo(+).

temporão, ã *adj* (<temporâneo) Que aparece antes do tempo habitual ou apropriado. **Ex**. Os figos, este ano, estão a amadurecer cedo, há muitos anos que não vinham tão ~ãos. **Sin**. Adiantado/Precoce/Prematuro.

temporariamente *adv* (<temporário + -mente) Apenas por algum tempo/Provisoriamente/Interinamente.

temporário, a *adj* (<tempo + -ário) Que dura apenas um certo tempo. **Ex**. No centro médico, os protestos cessaram quando anunciaram [disseram/informaram] que a ausência do médico era apenas ~a. **Sin**. Momentâneo/Passageiro/Provisório/Temporâneo **1**.

temporização *s f* (<temporizar + -ção) **1** A(c)to de ajustar, no tempo, o funcionamento de alguma coisa. **Ex**. Chegaram os técnicos ele(c)tricistas para procederem à ~ dos [para ajustarem os] semáforos. **2** A(c)to ou efeito de condescender. **Ex**. Não me parece formativa a ~ com alunos tendencialmente irresponsáveis. **Sin**. Con~(+)/Tolerância/Transigência.

temporizador, ora *adj/s* (<temporizar + -dor) **1** Que ou quem temporiza ou condescende perante a(c)tos que mereceriam, antes, uma repreensão. **Ex**. Quem temporiza com comportamentos menos convenientes, mais cedo ou mais tarde terá de se haver com [terá de enfrentar/resolver] abusos. **Sin**. Con~(+). **2** Maquinismo automático, regulável, que, quando incorporado noutros aparelhos, permite, devidamente programado, a a(c)tivação ou desa(c)tivação dos mesmos. **Ex**. O novo forno vinha equipado com ~ e, decorrido o tempo de assadura programado, desligava automaticamente.

temporizar *v t/int* (<tempo + -izar) **1** Protelar ou adiar algo. **Ex**. Como as terras estavam ainda alagadas, o lavrador decidiu ~ as sementeiras. **2** Condescender/Contemporizar(+). **Ex**. Não gostou muito da atitude do amigo, mas preferiu ~ com ele a [em vez de/para não] perder, por tão pouco, a sua amizade. **Sin**. Perdoar/Br Relevar/Tolerar/Transigir.

tem-te-não-caias *s m col* (<ter + cair) O não estar seguro/bom. **Ex**. De saúde, estou ~ [assim-assim/Não estou muito bom].

tenacidade *s f* (<lat *tenácitas, átis*) **1** Propriedade física dos corpos que lhes permite resistirem à rup[ro]tura quando submetidos a uma força de tra(c)ção. **Ex**. Para a pesca da truta escolhia sempre, de entre os fios mais finos, o de maior ~. **2** Qualidade de quem é tenaz, firme nas ideias e nas decisões. **Ex**. Sem ~, o atleta não teria conseguido chegar em primeiro (lugar). **Sin**. Afinco/Constância/Perseverança/Pertinácia.

tenalgia *s m Med* (<gr *ténon,tos*: tendão + algia) Dor num tendão. ⇒ tenopatia.

tenaz (Nás) *adj 2g/s f* (<lat *ténax,ácis*: que agarra) **1** Resistente à ru(p)[ro]tura por tra(c)ção. **Ex**. As cordas usadas pelos alpinistas parecem frágeis, por serem delgadas, mas são extraordinariamente ~es. **2** Que é firme nas suas ideias ou atitudes. **Ex**. Quando inspe(c)tor da polícia, moveu um combate ~ contra a corru(p)ção. **Sin**. Perseverante/Persistente/Porfiado/Teimoso/Vigoroso. **3** Instrumento de metal em forma de tesoura, muitas vezes com as pontas como pinças para apertar ou agarrar com força alguma coisa. **Ex**. Quando a lareira estava acesa, tinha sempre a ~ na mão para a atiçar, mesmo sem ser necessário. **4** Cada uma das extremidades das mandíbulas dos crustáceos «caranguejo», usadas como pinças para se defenderem de ataques ou segurarem as presas e levá-las à boca. **Ex**. As ~es de certos crustáceos, como as santolas, têm tal força que podem causar sérios ferimentos a quem as agarrar sem tomar as devidas precauções.

tenca *s f Icti* (<lat *tinca*) Nome vulgar de certos peixes de água doce, da família dos ciprinídeos, de corpo alongado e escama fina. **Ex**. A ~ não é, certamente, um dos peixes mais abundantes nas barragens e rios portugueses.

tença *s f* (<lat *tenéntia*; ⇒ ter) Pensão fixa, temporária ou vitalícia, concedida como reconhecimento de serviços prestados. **Ex**. A Camões, o maior poeta português de todos os tempos, foi concedida uma ~ anual de quinze mil réis. **Loc**. Às ~s de [Sob a prote(c)ção e o apoio de] (Ex. Ele aspirava poder um dia viver às ~s do Estado).

tenção *s f* (<lat *téntio, ónis*: esforço) **1** Disposição deliberada de fazer alguma coisa. **Ex**. Eu vinha com ~ões de lhe propor sociedade no negócio, mas ele nem me quis ouvir. **Idi**. *Fazer ~ de* [Planear, ter intenção de] (Ex. Eu fazia ~ de me apresentar a exame, mas acho que vou esperar um pouco mais, não me sinto bem preparado). **Sin**. Intenção/Intento/Propósito. **2** Modelo de cantiga trovadoresca (Primeiras criações literárias em galaico-português – séc XII-XIV), em forma dialogada. **Ex**. A ~ é um modelo poético importado do Languedoque francês.

tencionar *v* (<tenção + -ar¹) Ter a intenção [Fazer tenção] de. **Ex**. Tencionava ir à feira do gado comprar duas vacas, mas desistiu da ideia. Tenciono [Penso] viajar [(sa)ir de viagem] amanhã.

tencionário, a *s m* (<tenção + -ário) Quem recebe uma tença. **Ex**. Era ~ do Estado, que lhe concedera uma tença de dez mil escudos por serviços relevantes prestados em Angola.

tenda *s f* (<lat *tendo,ere,téntum*: (es)tender; ⇒ tendilhão) **1** Abrigo de tecido resistente e impermeável, com armadura desmontável, muito usada por campistas, alpinistas ou militares. **Ex**. Foi uma imprudência ter armado a ~ junto ao rio, pois a chuva incessante fez crescer o seu caudal, o que os obrigou a desmontá-la, à pressa, durante a noite e a procurar um lugar mais seguro. **2** Barraca de feira. **Ex**. Os vendedores ambulantes montam e desmontam, todos os dias, as suas ~s em sítios diferentes, onde pensam poder ter mais fregueses [compradores]. **3** Pequena loja de venda a retalho de produtos diversos, predominantemente de mercearia. **Ex**. Com o poder de compra a baixar drasticamente, muitas ~s [lojas+] estão a fechar. **Idi**. *Arder a ~* [Fracassar um proje(c)to, gorar-se um plano, *idi* ir tudo por água abaixo] (Ex. Este ano pensava ir de férias para o Algarve, mas o governo cortou os subsídios de férias... e ardeu a ~!). **Comb**. *~ de campanha* [utilizada por militares em manobras ou a(c)ções no terreno] (Ex. Os militares abrigaram os refugiados em ~s de campanha). *~ de campismo* [montada por amantes do ar livre ou com pouco dinheiro para pagar hotéis, normalmente em parques de campismo] (Ex. Ter ~ de campismo ou caravana instaladas num parque de campismo é sempre uma forma mais barata de fazer férias). *~ de oxigé[ê]nio* [Estrutura hermética, isolada do ambiente, onde é administrado oxigé[ê]nio a um paciente] (Ex. A sua bronquite asmática já a levara, muitas vezes, à ~ de oxigénio).

tendal *s m* (<tenda + -al) **1** Barraca, tenda ou toldo que se montam na ré de certas embarcações. **Ex**. Cansados de remar, abrigaram-se das inclemências do sol debaixo do ~, comeram e dormiram um pouco. **2** Pano de linho que envolve os pães no tabuleiro antes de irem ao forno. **Ex**. Noutras coisas não caprichava tanto, mas tratando-se de ~ais, no forno público não apareciam outros mais imaculados [limpos]. **Sin**. Panal.

tendão *s m* (<lat *téndo,ónis* <gr *ténon*) Feixe de tecidos fibrosos e rijos, de cor esbranquiçada, pelos quais um músculo está preso a um osso. **Ex**. Depois da natação, ficava sempre com dores nos ~ões dos ombros. **Comb**. *~ de Aquiles* [O que liga os músculos da perna ao osso calcâneo] (Ex. Devido a uma ru(p)tura/rotura do ~ de Aquiles, ficou vários meses sem poder jogar).

tendedeira *s f* (<tender 1 + -eira) Tábua onde se tende o pão antes de ir ao forno.

tendeiro, a *s f* (<tenda + -eiro) Proprietário de uma tenda/mercearia, quem nela trabalha ou aquele que ocupa um posto de venda numa feira.

tendência *s f* (<tender 2/3 + -ência) **1** Disposição natural que conduz a certos comportamentos ou atitudes. **Ex**. Desde cedo manifestou ~ para a música. **Sin**. Dom/Pendor/Predisposição/Propensão/Vocação. **2** Corrente de opinião. **Ex**. Era um partido pluralista, aberto a muitas ~s. **3** Evolução de um processo ou de um fenó[ô]meno cultural ou social num determinado sentido. **Ex**. A(c)tualmente, a nossa economia [a economia do país] apresenta uma ~ recessiva. Era uma jovem que estava sempre ao corrente das últimas ~s da moda.

tendencial *adj 2g* (<tendência + -al) Que apresenta determinada tendência ou orientação. **Ex**. A mania de roubar era nele ~/inveterada.

tendencialmente *adv* (tendencial + -mente) Com tendência. **Ex**. A população rural é ~ decrescente.

tendenciosidade *s f* (<tendencioso + -dade) Parcialidade(+) ou qualidade do que carece de obje(c)tividade e ajuíza com partido [decisão] já tomado/a. **Ex**. A ~ daquele árbitro era proverbial [Todos sabiam que ele era injusto] e toda a gente se espantava como continuava a arbitrar jogos dum determinado clube.

tendencioso, a (Ôso, Ósa, Ósos) *adj* (<tendência + -oso) Que revela tendenciosidade ou falta de isenção. **Ex**. A análise da situação económica apresentada [feita] era claramente ~a, pois visava esconder o insucesso de certas medidas políticas tomadas pelo Governo.

tendente *adj 2g* (<lat *téndens,éntis*) Que tem tendência, que tende para. **Ex**. Estava ~ [inclinado(+)] a aceitar o convite, mas, quando soube de outros convidados (dos quais não gostava), recusou-o. Na reunião da Câmara [Prefeitura] discutiram-se medidas ~s a acabar com as lixeiras sem controlo.

tender *v* (<lat *téndo,tént[s]um*: estender) **1** Alargar ou esticar em todos os sentidos uma substância mole ou moldável. **Ex** Depois de amassar, há que ~ [moldar] o pão. **2** Ter propensão para alguma coisa. **Ex**. O irmão seguira estudos matemáticos, ela tendia mais para as humanidades. **3** Tomar determinada orientação. **Ex**. Era uma praia maravilhosa, com ramos de palmeira a ~em para o chão, formando uma arcada de sombras frescas. **4** Aproximar-se de, assemelhar-se. **Ex**. Era um ocre a ~ para o dourado.

tendido, a *adj* (<tender) **1** Que se deitou ao comprido, se estendeu. **Ex**. De longe, avistaram dois corpos ~s na areia. **2** Enfunado, desfraldado. **Ex**. No cimo das muralhas, uma bandeira ~a tremulava muito levemente. **3** Que se estendeu e recebeu forma para ir ao forno. **Ex**. Um tabuleiro de massa já ~a, coberta com tendais, esperava a sua vez de ir ao forno.

tendilhão *s m* (<tenda + -ilha + -ão) Tenda de campanha, tenda grande. **Ex**. O campo de refugiados era uma cidade de ~ões.

tendinite *s f Med* (<tendão + -ite) Inflamação de um tendão. **Ex**. Os tenistas criam, frequentemente, ~s nos ombros de [por], tantas vezes, repetirem o gesto de servir.

tendinoso, a (Ôso, Ósa, Ósos) *adj* (<tendão + -oso) Relativo a [Da natureza do] tendão. **Ex**. No talho, rejeitou a carne quando viu [se apercebeu de] que era demasiado ~a e fibrosa.

tenebroso, a (Ôso, Ósa, Ósos) *adj* (<lat *tenebrósus*) **1** Que se encontra às escuras ou coberto de trevas. **Ex**. Mesmo durante o dia, as florestas tropicais são lugares ~s. **2** Que causa medo, que provoca horror. **Ex**. O olhar daquele homem tinha algo de ~ que nos *idi* gelava o sangue [causava calafrios]. **Sin**. Assustador/Medonho/Pavoroso/Terrível. **3** Abominável, perverso. **Ex**. Tinha uma mente ~a, só urdia planos maquiavélicos. **Sin**. Ardiloso/Infernal/Pérfido.

tenente *s m* (<lat *ténens,éntis*: o que comanda) **1** Posto da hierarquia militar, da classe de oficiais, imediatamente inferior ao de capitão e superior ao de alferes. **2** Indivíduo que ocupa esse posto. **Ex**. Prestou serviço como ~ miliciano (Que não é de carreira), na Guerra Colonial (de Pt).

tenesmo *s m Med* (<gr *tenesmós*: espécie de cólica) Sensação de tensão [peso] ou dor no re(c)to com vontade contínua mas inútil de evacuar. **Comb**. ~ vesical [Vontade de urinar, mas com dor [ardor] e quase sem poder].

ténia [Br tênia] *s f* (<gr *tainía*: fita, tira) Verme parasita, de corpo comprido e chato, que vive no intestino delgado do homem ou de outros animais. **Ex**. Como andava sempre magro e pálido, o médico suspeitou que pudesse ter ~ e receitou comprimidos para uma desparasitação. **Sin**. (Bicha-)solitária. ⇒ lombriga.

teníase *s f Med* (<ténia + -ase) Doença provocada pela té[ê]nia.

tenicida *adj/s Med* (<ténia) Medicamento tenífugo(+) que se destina a provocar a expulsão da té[ê]nia.

ténis [*Br* **tênis**] *s m* (<ing *tennis*) Modalidade (d)esportiva praticada por um (Em singulares) ou dois (Em pares) jogadores, que, com uma raqueta, tentam devolver uma bola para a metade do campo (*court*, de terra batida, material sintético ou relva com uma rede baixa ao meio) do adversário. **Ex**. O ~ é cada vez mais praticado, mas só muito recentemente entrou no lote das modalidades olímpicas. **Comb**. ~ de mesa [Modalidade semelhante ao ~, mas praticado sobre o tampo de uma mesa, também ele dividido ao meio por uma rede baixa, com bolas de celuloide e raquetas de madeira maciça, revestida de borracha e de lixa] (Ex. Os melhores praticantes de ~ de mesa são, quase sempre, de países orientais). **Sin**. Pingue-pongue(+). **2** Sapato de lona, tela sintética ou pele e sola de borracha, bastante leve e maleável, usado para a prática deste e de outros desportos. **Ex**. Muitos jovens detestam o calçado tradicional e andam sempre de ~, de boas marcas, de preferência.

tenista *adj 2g/s 2g* (<ténis + -ista) **1** Relativo ao té[ê]nis. **Ex**. Aquela decisão inesperada de abandonar a modalidade abalou o mundo ~/tenístico. **2** Pessoa que joga té[ê]nis. **Ex**. Em Portugal, não há ~s muito bons.

tenopatia *s f Med* (<tendão + -patia) Doença nos tendões.

tenor *s m Mús* (<it *tenore* <lat *tenére*: ter, manter) **1** Nome dado ao timbre mais agudo das vozes masculinas normais. ⇒ barítono, baixo. **Ex**. Embora, em falsete, fosse capaz de cantar notas sobreagudas e gostasse de ser considerado contratenor, no coro onde cantava integrava o naipe [grupo] dos ~es normais. ⇒ soprano; alto; baixo. **2** Cantor que tem esse regist(r)o de voz. **3** Nome também aplicado a certos instrumentos musicais para designar o de som mais agudo dos vários timbres que pode haver numa mesma família de instrumentos. **Ex**. Já tinha experimentado vários timbres, mas decidiu-se a comprar o sax-tenor por gostar mais da cor daquele som, como ele dizia.

tenorino *adj* (<it *tenorino*) Tenor capaz de atingir regist(r)os de voz agudíssimos. **Ex**. Quando cantava com voz de cabeça [de falsete], quem não o visse pensaria estar a ouvir uma voz de soprano.

tenotomia *s f Med* (<tendão + -tomia) Operação que consiste no corte de tendões, para corrigir deformações musculares.

tenro, a *adj* (<lat *téner,ra,rum*: brando, macio) **1** Mole, macio, que pode ser mastigado, cortado ou partido com facilidade. **Ex**. Nunca fritava os bifes sem os bater para ficarem mais ~s. **2** Com pouca idade. **Ex**. Tocava violino desde a mais ~a idade. **3** Pouco tarimbado/traquejado numa determinada a(c)tividade/Inexperto. **Ex**. Ele até parecia ter boas qualidades técnicas e físicas para a modalidade, mas estava ainda muito ~.

tenrura *s f* (<tenro + -ura) Qualidade do que é tenro.

tensão *s m* (<lat *ténsio,ónis;* ⇒ tender) **1** Estado do que é ou se encontra tenso, esticado ou retesado. **Ex**. Algumas cordas da guitarra partiram(-se) porque a ~ com que foram afinadas era demasiado elevada. **2** Estado de grande ansiedade acompanhado de repercussões somáticas [físicas e fisiológicas], normalmente rigidez muscular, perturbações digestivas ou dores de cabeça. **Ex**. Sempre que o filho saía de carro [se fazia à estrada], ficava num estado de ~ que só terminava quando ele telefonava a dizer que chegara sem problemas. **3** Clima de crispação, ansiedade ou hostilidade que precede, normalmente, as grandes decisões ou os grandes conflitos. **Ex**. Antes mesmo de a guerra ter sido declarada, já havia muito que se vinha respirando um clima de ~. **4** Num circuito elé(c)trico, diferença de potencial entre dois dos seus pontos (Voltagem). **Comb. Alta ~** [superior a 500 volts] (Ex. Muitas vezes, as cegonhas fazem os ninhos sobre os postes que suportam os cabos de alta ~). **Baixa ~** [De reduzida voltagem] (Ex. Tentou arranjar uma avaria elé(c)trica lá em casa, mas apanhou um choque, que só não teve mais graves consequências por ser em cabos de baixa ~) **5** Pressão exercida pelo sangue contra as paredes das artérias. **Ex**. Tinha sempre a ~ baixa, o que podia explicar o fa(c)to de andar sempre ensonado/com sono.

tênsil *adj 2g* (<tenso + -il) Que diz respeito à tensão.

tensímetro *s m* (<tensão + -metro) Instrumento que serve para medir a tensão. **Ex**. Os ~s de mercúrio, apesar de já pouco usados, eram mais fidedignos [davam resultados mais exa(c)tos] que os modernos que se colocam nos pulsos.

tensivo, a *adj* (<lat *tensívus*) Que provoca tensão.

tenso, a *adj* (⇒ tender) **1** Que está esticado ou retesado. **Ex**. A corda com que içavam o autocarro que caíra no barranco estava demasiado ~a e ameaçava partir-se a qualquer momento. **2** Em estado de tensão emocional. **Ex**. Ficou muito ~o/a quando soube da trágica notícia. **3** Em crise latente, a ameaçar explodir. **Ex**. Já não podia aguentar a relação ~a que mantinha com alguns vizinhos e decidiu mudar de casa.

tensor, ora *adj* (<tenso + -or) **1** Que serve para esticar uma coisa. **Ex**. Para podermos esticar pernas e braços fazemos uso de músculos ~es. **2** Mecanismo ou dispositivo que serve para esticar ou manter esticada uma coisa. **Ex**. Com o novo ~, construiu-se rapidamente a aramada [cerca de arame, normalmente farpado] em volta da quinta. **Sin**. Esticador.

tensorial *adj 2g* (<tensor + -ial) Que diz respeito a tensor.

tenta *s f* (<tentar) **1** A(c)to ou efeito de tentar, tentativa(+). **2** Instrumento cirúrgico que serve para dilatar aberturas ou para sondar feridas ou outras lesões. **3** Novilhada ou bezerrada [Corrida de novilhos ou de bezerros] que costuma fazer-se depois da ferra [marcação a ferro quente da insígnia da ganadaria e do ano de nascimento da rês] para lhes testar a bravura e, assim, poder proceder a uma sele(c)ção dos mais bravos, para futuras touradas. **Ex**. A ganadaria encheu-se de convidados para assistirem à ferra e, posteriormente, à ~.

tentação *s f* (<lat *tentátio,ónis*) **1** Acto ou efeito de tentar ou de se deixar tentar. **Ex**. Era um *idi* garfo dos diabos [Comia muito] e não conseguia resistir às ~ões da mesa. **2** Desejo intenso de algo. **Ex**. Provou a camisa, viu-se no [ao] espelho e não resistiu à ~ de a comprar. **3** Vontade irreprimível de fazer algo, mesmo transgredindo as leis morais e religiosas. **Ex**. Ele sabia bem que era pecado, mas a ~ da carne [pecado da luxúria] era mais forte que ele e caía vezes sem conta; só podia ser ~ do demónio. **4** Fascínio exercido por alguma coisa. **Ex**. Aquele bolo de chocolate era uma ~. **5** *Br pop* Diabo.

tentaculado, a *adj/s Zool* (<tentáculo + -ado) (Diz-se de) animal invertebrado provido de tentáculos.

tentacular *adj 2g* (<tentáculo + -ar²) **1** Que diz respeito a ou que tem forma de tentáculo. **Ex**. As organizações mafiosas têm, normalmente, estrutura ~ e estendem os seus tentáculos por todas as a(c)tividades potencialmente lucrativas, daí a imagem dum polvo, tantas vezes utilizada, para as designar. **2** Que se desenvolve em várias dire(c)ções, ramificando-se. **Ex**. A cidade cresceu de forma ~.

tentáculo *s m* (<lat *tentáculum;* ⇒ tentear 2) **1** Cada um dos apêndices, flexíveis e móveis, de certos animais, que deles se servem como órgãos tácteis, de locomoção ou de preensão de alimentos. **Ex**. O polvo tem oito ~s. **2** *fig* Prolongamento, à distância, do poder ou da influência de certas organizações. **Ex**. «em Pt,» Os Governos Civis, recentemente extintos, eram ~s do Governo Central fora da capital.

tentador, ora *adj/s* (<lat *tentátor,óris*) **1** Que tenta, despertando desejo/Vontade/Apetite. **Ex**. O médico pedira-lhe que emagrecesse, pelo menos, cinco quilos, mas as farras não acabavam e os petiscos eram sempre ~es. **2** Que incita ao pecado ou a fazer o mal. **Ex**. Ele bem se esforçava por ser um homem casto, mas o demónio não parava de acenar-lhe com propostas sedutoras e, por vezes, cedia à tentação.

tentame [**tentâmen**] *s m* (<lat *tentámen, inis*: experiência, tentativa) A(c)ção de tentar ou experimentar alguma coisa, tentativa(+). **Ex**. Esforçou-se mais uma vez para deixar de fumar e foi mais um vão e falhado ~. **Comb**. ~ literário.

tentar *v* (<lat *tén[mp]to,áre,temptátum*: experimentar) **1** Procurar atingir um determinado obje(c)tivo. **Ex**. Tentou, por todos os meios, convencer o filho a estudar medicina, mas o rapaz estava mais inclinado para as artes e não lhe fez a vontade. Tentou convencê-lo a ir ao médico, mas em vão. **2** Experimentar uma a(c)tividade. **Ex**. Ainda tentou o teatro, mas cedo concluiu que não era isso o que ele queria. **3** Pôr à prova, aliciar para algo interdito. **Ex**. Não precisava nada de o fazer, mas, no supermercado, deixou-se ~ por [, roubou] uma garrafa de aguardente velha e foi apanhado. Pois é, foi o diabo que o tentou, diziam as pessoas. **4** Atrair/Seduzir/Cativar. **Ex**. Ela era de uma beleza estonteante, capaz de ~ o mais santo e casto dos homens. **5** Levar a tribunal, mover uma a(c)ção contra. **Ex**. Ele *tentou* uma a(c)ção judicial contra um vizinho. **Sin**. Instaurar/Intentar. **6** Testar a índole de uma rês brava numa tenta **3**.

tentativa *s f* (<tentar 1/2 + -iva) A(c)to ou efeito de tentar/Ensaiar/Experimentar/Provar. **Ex**. O atleta só conseguiu saltar à terceira ~. Depois de várias ~s falhadas, conseguiram lançar um novo satélite. **Comb**. ~ de conciliação [Fase dum processo judicial em que o juiz tenta harmonizar as partes em litígio] (Ex. Aqui chegados, o juiz e os advogados fizeram uma ~ de negociar a solução para o caso, mas os litigantes insistiram em prosseguir o julgamento).

tentear *v* (<tenta **1** + -ear) **1** Examinar com sonda. **Ex**. Antes de decidir operar, o médico tenteou, mais uma vez, a úlcera do paciente. **2** Usar as mãos ou outra parte do corpo para se orientar pelo ta(c)to. **Ex**. Na escuridão, palpava as paredes, tenteando um caminho para sair dali. **Sin**. Ta(c)tear/Apalpar. **3** Observar com muita atenção. **Ex**. Foi observando com cuidado

as pessoas que acudiam ao festival para ~ os gostos dominantes no tocante ao calçado. **Sin.** Perscrutar/Sondar. **4** Fazer por tentativas. **Ex.** Não era propriamente um engenheiro, mas lá foi tenteando até conseguir um sistema de rega eficaz. **5** Pôr à prova uma rês brava numa tenta **3**. **Ex.** Mal lhe acenavam com o capote (Um dos instrumentos de lide), o novilho investia com rara ferocidade, uma e outra vez. **6** Dirigir ou usar com tento, com cuidado. **Ex.** Para não teres problemas na dire(c)ção da empresa, tenteia primeiro as sensibilidades dos que trabalham contigo.

tenteio *s m* (<tentear) A(c)to de tentear.

tentilhão *s m* Ornit (<on) Pássaro pequeno, de cores vivas, muito comum na Europa, Ásia e África, com um canto cara(c)terístico, muito mavioso [melodioso, suave].

tento[1] *s m* (<lat *téntus, a, um*: detido, contido) Juízo/Tino, capacidade de julgar e decidir com bom senso e ponderação. **Ex.** Era uma pessoa sensata, tinha/punha sempre muito ~ no que dizia ou fazia. **Idi. Ter ~** [cuidado] **na língua** [Usar de cautela e prudência no que se diz] (Ex. Na entrevista, não digas palavrões, não insultes nem calunies, tem ~ na língua e não terás problemas).

tento[2] *s m* (<lat *taléntum*: quantia de dinheiro) Golo ou ponto obtidos/feitos em certas modalidades (d)esportivas. **Ex.** O Barcelona venceu o seu jogo desta jornada por cinco ~s a zero.

ténue [*Br* **tênue**] *adj 2g* (<lat *ténuis*: delgado, fino) **1** Com pouca espessura. **Ex.** Sobre o vestido, a noiva exibia um véu vaporoso tecido de ~s fios de seda branca. **2** Débil/Frágil. **Ex.** Alimentavam uma ~ esperança de que os mineiros «do Chile, impedidos de sair da mina» ainda estivessem vivos.

tenuidade *s f* (<lat *tenúitas,átis*: finura, magreza) Qualidade, condição ou estado do que é delicado/fino/frágil/leve/su(b)til/té[ê]nue. **Ex.** Não entendia aquele afã de amontoar bens materiais, conhecida como é de todos a ~ da linha que separa a vida da morte.

teo- *pref* (<gr *theós*: Deus, divindade) Elemento de formação de palavras da área semântica de Deus.

teobroma *s m* Bot (<lat *theobróma*) Nome científico com que são genericamente designadas as cerca de vinte espécies de árvores que produzem o cacau, cacaueiro. **Ex.** É na América tropical que se encontra a maior parte das variedades de ~s.

teobromina *s f* Quím (<teobroma + -ina) Substância alcaloide extraída do cacau, muito usada como diurético e estimulante cardíaco.

teocêntrico, a *adj* (<teo- + centro + -ico) Centrado em Deus. **Comb.** Espiritualidade [Devoção] ~a.

teocentrismo *s m* (<teo- + centro+ -ismo) Atitude que consiste em colocar Deus no centro de toda a visão do mundo e da vida, bem como da interpretação da História. **Ex.** Na passagem da Idade Média para o Renascimento assiste-se à mudança do teocentrismo para o antropocentrismo (O Homem como a medida de todas as coisas).

teocracia *s f* (<teo- + -cracia) Regime político em que se considera que o poder provém dire(c)tamente de Deus e é exercido pelos que estão investidos de autoridade religiosa ou por um soberano absoluto. **Ex.** O termo ~, formado talvez por Flávio Josefo, designava o sistema israelítico de governo político da sociedade pelo próprio Deus, em oposição à monarquia ou à democracia. Pode dizer-se que a França de Louis XIV era uma ~ porque o seu poder absoluto era justificado como [por ser] emanado de Deus ou de origem divina. ⇒ hierocracia; teocentrismo.

teocrata *adj 2g/s 2g* (<teo- + -crata) Que exerce o poder numa teocracia ou que é adepto deste regime.

teocrático, a *adj* (< teo- + -crático) Que diz respeito à teocracia ou ao teocrata. **Ex.** Os regimes ~s [absolutistas(+)] deram lugar, na Europa, aos regimes liberais.

teodiceia *s f* (<gr *theós* + gr *diké*: justiça) Palavra criada pelo filósofo Leibniz para designar a teoria que defende a justiça e a bondade infinitas de Deus perante aqueles que, face à existência de tanto mal na Terra, as punham em causa. **Ex.** O terramoto de Lisboa de 1755 e os milhares de vítimas que fez serviram de argumento aos adversários da ~ de Leibniz. **Sin.** Teologia natural (+).

teodolito *s m* (<ing *theodolite*) Instrumento utilizado em topografia que serve para medir ângulos, altitudes e coordenadas, bem como definir azimutes. **Ex.** Como topógrafo, nunca podia esquecer-se do ~ quando saía para trabalhos de campo.

teofania *s f* (<gr *theophaneia*: revelação da divindade) Aparição/Revelação de Deus. ⇒ epifania.

teogonia *s f* (<gr *theogonía*: origem ou genealogia dos deuses) **1** Explicação sobre a origem e a genealogia dos deuses nas religiões politeístas. **2** Conjunto desses deuses. **3** Qualquer teoria mitológica sobre a criação do mundo.

teologal *adj 2g* (<teo- + gr *logos*: Verbo (de Deus) + -al) Que diz respeito a Deus. **Ex.** As virtudes ~ais são três: fé, esperança e caridade. ⇒ teológico.

teologia *s f* (<gr *theología*: ciências das coisas divinas) **1** Estudo de Deus, da sua natureza, dos seus atributos e da sua relação com o homem e o universo. **Ex.** Estudou ~ na Universidade Católica Portuguesa. **2** Conjunto de obras teológicas de um autor. **Ex.** Neste momento, anda entusiasmado com a ~ de S. Agostinho. **Comb. ~ da libertação** [Corrente de pensamento católico, com origem na América Latina, que, com base nos princípios evangélicos, procura articular a fé com a militância sociopolítica, visando uma transformação social, em países marcados pela pobreza e a desigualdade social] (Ex. A ~ da libertação foi iniciada em 1971 pelo padre peruano Gustavo Gutiérrez).

teológico, a *adj* (<gr *theologikós*: relativo ao conhecimento de Deus) Relativo à teologia. **Ex.** Cursou estudos ~s em Roma.

teologismo *s m depr* (<teologia +-ismo) Abuso da teologia e das discussões teológicas. **Ex.** Aparecia todos os dias com novas teorias e argumentações que pretendia teológicas, mas que não passavam de meros ~s, com menos interesse do que as *idi* discussões sobre o sexo dos anjos.

teólogo, a *s* (<gr *theológos*: que trata das coisas divinas) Indivíduo que estuda ou que é versado [profundo conhecedor, especialista] em teologia. **Ex.** No anfiteatro da faculdade, um ~ dissertou sobre a teologia da libertação.

teomania *s f* (<gr *theomanía*: inspiração divina) Tipo de loucura em que o doente julga ser um deus ou ser inspirado por ele. **Ex.** O psiquiatra explicou aos familiares do doente o que é a ~ e a melhor maneira de lidar com o enfermo.

teomaníaco, a *adj/s* (<teomania + -aco) Que padece de teomania.

teónimo [*Br* **teônimo**] *s m* (<teo- + -ónimo) Nome próprio de uma divindade. **Ex.** Zeus era o ~ do deus dos deuses na mitologia grega.

teor *s m* (<lat *ténor,óris*: movimento contínuo) **1** Conteúdo de um texto ou de uma mensagem. **Ex.** A caligrafia da carta não era a melhor; pelo que [por isso], mais difícil foi lê-la, tiveram de decifrar o seu ~. **2** Natureza, categoria ou tipo. **Ex.** Não lhe agradou nada o ~ das acusações que lhe fizeram e resolveu mover-lhes uma a(c)ção judicial. **3** Proporção ou percentagem de determinado componente num todo. **Ex.** O polícia mandou-o soprar no balão para determinar o ~/a taxa(+) de álcool no sangue do condutor.

teorema *s m* (<gr *theoréma,atos*: obje(c)to de estudo) Proposição que se demonstra por dedução lógica, a partir de proposições já demonstradas ou admitidas como verdadeiras. **Ex.** Pitágoras enunciou um dos mais célebres ~s matemáticos: *num triângulo re(c)tângulo, o quadrado da hipotenusa é igual à soma dos quadrados dos catetos* [dos outros dois lados].

teoria *s f* (<gr *theoría*: a(c)ção de observar, estudo, conhecimento) **1** Pensamento abstra(c)to ou conhecimento especulativo, independentes de uma aplicação. **Ex.** ~s formuladas pelo espírito humano têm dado origem a muitas descobertas práticas. **Comb.** ~ do conhecimento. ⇒ epistemologia; gnose[i]ologia. **2** Conjunto sistemático de teoremas e de leis que visam, pela verificação experimental, estabelecer a legitimidade de uma ciência, de um domínio do conhecimento. **Ex.** A ~ da relatividade de Einstein é muito *idi* badalada [falada, citada] e pouco conhecida. **3** Conjunto de ideias, princípios, conceitos, logicamente interligados, que pretendem explicar fa(c)tos e fenó[ô]menos observados numa área específica da a(c)tividade humana. **Ex.** A ~ de Freud sobre o inconsciente não recolhe a unanimidade dos [não é aceite por todos] estudiosos da mente humana. **4** Disciplina que organiza, de modo estruturado e sistemático, o conjunto dos saberes de referência num domínio específico. **Ex.** Os alunos não apreciavam muito as aulas de ~ da Literatura. **5** Ideia ou conjunto de ideias e de opiniões, visando a interpretação ou explicação de alguma coisa. **Ex.** A minha ~ [opinião/explicação] sobre a forma como ocorreu o acidente não era coincidente com a dos peritos da companhia de seguros. **6** Domínio do conhecimento abstra(c)to por oposição à prática. **Ex.** Ele sabe a ~, mas quero ver o que ela vale na prática. **Loc.** Em ~ [Especulando/De maneira abstra(c)ta/Teoricamente] (Ex. Todos devem ter acesso gratuito aos cuidados de saúde, diz a lei, mas isso é apenas em ~).

teoricamente *adv* (<teórico + -mente) Em teoria/princípio. **Ex.** ~ o proje(c)to parecia (que era) realizável, mas, de fa(c)to, falhou.

teórico, a *adj/s* (<gr *theórikós*) **1** Relativo a uma teoria. **Ex.** De economia, tenho umas leves noções ~s, não mais que isso. **2** *depr* Desvalorizado por ser demasiado especulativo, irrealizável por desligado da realidade e pouco útil ou eficaz. **Ex.** Para um curso de engenharia, acho-o demasiado ~. As aulas daquele professor são ~as de mais [*Br* demais]. **3** Pessoa que formula uma teoria e a defende. **Ex.** O conferencista era um reputado [famoso/grande] ~ do socialismo. **Comb.** ~-prático [Que alia

conhecimentos ~s aos práticos] (Ex. Eram aulas ~o-práticas em que o professor, depois de uma breve exposição sobre alguns princípios ~s, conduzia os alunos para as mesas das experiências «no laboratório», onde procediam à sua aplicação).

teorismo *s m* (<teoria + -ismo) Apegar-se ou ater-se demasiado a teorias, nem sempre confirmadas. **Ex.** Bastou ficar um ano sem dar aulas para cair em pedagogismos e ~s didá(c)ticos que não conduziam a lado nenhum.

teorista *s 2g* (teoria + -ista) ⇒ teórico **3**.

teorização *s f* (<teorizar + -ção) A(c)to ou efeito de teorizar. **Ex.** Depois de vários anos a fazer intensa ~ sobre o tema, decidiu-se, finalmente, a publicar um livro.

teorizar *v t* (<teoria + -izar) **1** Estabelecer uma teoria sobre. **Ex.** Ele tem vindo a ~ sobre o comportamento dos grupos. **2** Desenvolver conhecimentos teóricos sobre um obje(c)to ou campo de observação e estudo. **Ex.** A comunicação humana tem sido, desde há muito, o seu obje(c)to de estudo e, sobre ela, continua a ~ ainda hoje. **3** *depr* Especular sobre um assunto, por vezes de forma exageradamente teórica e desligada da realidade. **Ex.** É fácil ~, mais difícil é fazer.

teosofia *s f* (<teo- + -sofia) Doutrina filosófica e religiosa que propõe a comunicação do homem com Deus, através de um aprofundamento progressivo da mente, que leve ao conhecimento intuitivo da sua essência.

tépala *s f Bot* (<pétala) Cada uma das folhas, ainda não diferenciadas em pétalas ou sépalas, que formam um perianto.

tepidez *s f* (<tépido + -ez) **1** Estado entre o quente e o frio, morno. **Ex.** No duche, mesmo no pino do verão, nunca dispensava a ~ da água, pois detestava a água fria a bater-lhe nas costas. **2** *fig* Tibieza. **Ex.** Pouco enérgico e decidido, dele diziam as pessoas que *idi* não era carne nem peixe, tal a ~ do seu cará(c)ter.

tépido, a *adj* (<lat *tépidus*) **1** Entre o quente e o frio, morno. **Ex.** Uma brisa ~a acariciava-lhe o corpo estendido na [sobre a] areia. **2** *fig* Frouxo/Tíbio ⇒ tepidez **2**.

tequila *s f* (<top *Tequila*, México) Bebida alcoólica mexicana obtida através da destilação do agave. **Ex.** Em Portugal, os jovens estão a aderir, cada vez mais, ao consumo de ~ e outras bebidas, para nós exóticas.

ter *v t* (<lat *téneo,ére,téntum*: agarrar, possuir) **1** Estar na posse de/Possuir/Ser dono de. **Ex.** Como gozava de boa saúde e tinha muitos bens, vivia despreocupado. **Loc.** ~ *a bondade* [Fórmula de cortesia equivalente a *fazer o favor*] (Ex. «chamando quem veio para ser atendido» É a sua vez, tenha a bondade de entrar). ~ *alta* [Ter autorização médica para sair do hospital ou da clínica após um período de internamento] (Ex. Os exames clínicos estão ó(p)timos, creio que pode ~ alta amanhã). ~ *cabeça (para)* [Ter capacidade intele(c)tual, aptidão, talento, sensatez, juízo] (Ex. O professor aconselhou os pais a que deixassem o rapaz continuar os estudos, pois tinha cabeça para isso. Não foi na conversa [Não fez caso] dos que o aconselhavam a desistir, teve cabeça e acabou por prosperar). ~ *de/que* [Dever fazer por necessidade, obrigatoriedade ou imposição] (Ex. Antes de se deitar, ainda tinha que/de acabar o trabalho que trazia em mãos [andava a fazer]). ~ *a palavra* [Ter autorização para falar [usar da palavra], numa reunião ou outras situações afins] (Ex. Tem, agora, a palavra o senhor deputado). ~ *palavra* [Ser honesto, com um comportamento sempre coerente com o que diz] (Ex. Confiava nele cegamente [sem reservas] pois sempre fora um homem de palavra). *idi* ~ *(uma) pancada* [comportamentos anormais] (Ex. Na aldeia já ninguém estranhava quando fazia alguma asneira, pois todos sabiam que ele tinha pancada). ~ *pulso* [Ser enérgico e autoritário] (Ex. A turma era muito complicada, mas o professor teve pulso para ela e conseguiu mesmo ter bons resultados). ~ *tento* [Ponderação, juízo, atenção] (Ex. Onde tens a cabeça, rapaz, tem tento no que estás a fazer!).

Idi. ~ *a faca e o queijo na mão* [Ter poder, dispor de todas as condições para resolver um problema, tomar uma decisão, impor uma vontade] (Ex. Eles «Governo» é que mandam, podem subir os impostos e baixar os ordenados, pois têm a faca e o queijo na mão). ~ *à mão* [Ter ao alcance do braço, perto de si] (Ex. Ficou tão zangado que lhe atirou com o telemóvel, a única coisa que tinha à mão). ~ *a mão leve* [Estar sempre pronto para bater ou castigar] (Ex. A mãe escondia do pai as asneiras que os filhos faziam, pois sabia bem que ele tinha a mão leve e ela não queria que os castigasse a toda a hora). ~ *à perna* [Ter alguém sempre pronto a importunar, a pressionar] (Ex. Endividou-se de mais [*Br* demais] e agora tinha sempre os bancos à perna). ~ *à sua conta* [A seu cargo, à sua responsabilidade] (Ex. Só à sua conta viviam [tinha] oito pessoas). ~ *a ver com* [Dizer respeito a] (Ex. «o cão fugiu!» Eu não tenho nada a ver com isso/Isso não me diz respeito/A culpa não é [foi] minha). ~ *a vida por um fio* [Ficar/Estar em situação ou risco iminente de morrer] (Ex. Durante a operação as coisas complicaram-se e o doente teve a vida por um fio). ~ *ao pé* [perto de si] (Ex. Tinha o escritório em que trabalhava ao pé de sua casa e não tinha de usar transportes). ~ *aos pés* [Ter alguém completamente humilhado e dominado] (Ex. Tinha a aldeia a seus pés, pois todos lhe deviam dinheiro). ~ *as cartas na mão* [Dominar uma situação] (Ex. Não temia os ataques da oposição, pois tinha todas as cartas na mão). ~ *as costas largas* [Arcar facilmente com as consequências dos erros alheios ou próprios] (Ex. O pobre [coitado/infeliz] tinha as costas largas, responsabilizavam-no sempre por tudo). ~ *as costas quentes* [Estar protegido por outrem] (Ex. Andava acompanhado por um bando de arruaceiros e metia-se com toda a gente porque sabia que tinha as costas quentes). ~ *boa mão para* [Ter habilidade ou aptidão para] (Ex. Todas as moças gostavam dele não só por ser bonito [bem parecido] mas também por ~ boa mão para a concertina). ~ *bom bico/boa boca* [Não ser esquisito no comer, gostar de tudo e comer bem] (Ex. Nunca se queixava da comida, para ele estava sempre boa, tinha muito bom bico). ~ *boa pinta* [Ter ares de boa natureza ou parecer de boa qualidade] (Ex. É muito arriscado confiar em pessoas só por terem boa pinta). ~ *com quê* [~ muito dinheiro] (Ex. Não se meteria numa tão luxuosa moradia se não tivesse com quê). ~ *em boa/má conta* [Ter alguém em bom ou mau conceito] (Ex. Ficou dece(p)cionado quando soube quem era o ladrão, pois sempre tivera o rapaz em boa conta). ~ *em conta* [Considerar] (Ex. Seria muito boa altura para comprar casa, tendo em conta a baixa de preços, se os bancos emprestassem dinheiro). ~ *em vista* [Ter como obje(c)tivo, ter em mente, fazer tenção de] (Ex. Para o ano seguinte, tinha em vista vender o carro velho e comprar um jipe). ~ *culpas no cartório* [Ser responsável por alguma situação negativa] (Ex. Não critiques tanto os outros pois tu também tens culpas no cartório). ~ *estômago para* [Conseguir fazer ou suportar algo muito desagradável, repugnante] (Ex. Nunca escolheria ser médico forense, pois não teria estômago para dissecar cadáveres). ~ *lata* [Ser descarado, sem vergonha] (Ex. É preciso ~ lata para tomar tais medidas, depois de ter condenado estas políticas o ano passado). ~ *olho* [Ser esperto, sagaz] (Ex. Ele teve olho quando se apercebeu, primeiro que ninguém, (de) que as a(c)ções da empresa em que investira iam baixar e tratou de as negociar). ~ *macaquinhos no sótão* [Andar com ideias, intenções ou imaginações estranhas] (Ex. Pretender a filha do patrão é de quem tem/anda com macaquinhos no sótão). ~ *mão em* [Controlar alguém ou alguma situação] (Ex. Muitas vezes, quando os professores são demasiado tolerantes com os alunos no começo, mais tarde acabam por não conseguir ~ mão na turma). ~ *na mão* [Dominar completamente alguém] (Ex. Tendo descoberto o seu segredo, agora passou a tê-lo na mão). ~ *o diabo no corpo* [Fazer muitos disparates, andar muito agitado] (Ex. Não sei o que fazer com este miúdo, não para quieto um segundo e só faz asneiras… parece que tem o diabo no corpo!). ~ *pano para mangas* [Faltar muito para a conclusão duma tarefa] (Ex. A trabalhar a este ritmo, vais ~ pano para mangas!). ~ *tento na língua* [Controlar-se quando fala] (Ex. Para de dizer palavrões, tem tento na língua!).

2 Experimentar uma sensação. **Ex.** Andou perdido e, quando chegou, tinha fome, sede e frio. **3** Receber alguém como visita. **Ex.** Hoje não posso ir, tenho um casal de colegas para jantar. **4** Contar certa idade. **Ex.** Estava muito bem para os anos que já tinha. **5** Parecer-se com. **Ex.** Ele saiu mais à mãe, tinha os mesmos olhos, a mesma testa, o mesmo jeito de rir, só no génio se parecia com o pai, *idi* era teimoso como uma mula. **6** O marcar das horas de um relógio. **Ex** O meu relógio parou, tu que hora(s) tens? **7** *Br* Haver. **Ex.** É triste ~ gente que não gosta de trabalhar. **8** *Gram* Com o particípio passado dos verbos, ajuda a formar os tempos compostos. **Ex.** Ele tinha dito que não vinha, mas sempre apareceu. Se tivesse feito os deveres, não teria sido repreendido pelo professor.

tera- [T] (<gr *téras, terátos*: monstro) Prefixo ado(p)tado pelo Sistema Internacional que multiplica por 10^{12} a unidade por ele afe(c)tada. **Ex.** 1 THz = 1 ~hertz = 1 000 000 000 000 hertz.

terapeuta *s 2g* (<gr *therapeutés*: que trata doentes) Pessoa cuja profissão consiste em prestar cuidados médicos a doentes ou a quem sofra de qualquer distúrbio. **Ex.** O problema não era demasiado sério, garantia o ~ da fala.

terapêutica *s f* (<gr *therapeutiké*: ciência de cuidar dos doentes) Tratamento ou regime seguido na cura de uma doença ou de uma disfunção física ou psicológica. **Ex.** Fazia ~ do sono havia uns tempos, mas sem grandes resultados. **Sin.** Terapia(+)

terapêutico, a *adj* (<gr *therapeutikós*) Que diz respeito à terapêutica ou terapia. **Ex.**

Ela sofre de asma e iniciou agora um tratamento ~ numas termas.

terapia s f (<gr *therapeía*) Tratamento de uma doença ou de um distúrbio funcional. **Ex.** O corpo não reagiu bem à ~ com antibióticos. **Comb.** **~ da fala** [que visa corre(c)ções de dificuldades de articulação ou mesmo de produção de fonemas] (Ex. Antes de entrar na escola primária, os pais quiseram que fizesse umas sessões de ~ da fala para aprender a pronunciar corre(c)tamente alguns sons da língua). **~ de grupo** [Técnica terapêutica baseada na formação de grupos de pessoas com problemas afins, procurando superar esses problemas, expondo e discutindo, entre elas, as suas experiências pessoais] (Ex. Quando ouviu as histórias de outros alcoólicos, começou a acreditar que a ~ de grupo teria sucesso). **~ ocupacional** [Tratamento que procura reabilitar os doentes através de uma a(c)tividade compatível] (Ex. Lidar com animais e tratá-los parece ser uma tarefa muito eficaz no campo da ~ ocupacional).

terato- (<gr *téras,átos*: monstro) Elemento de formação que exprime a ideia de **monstruosidade, disformidade**.

teratogenia [**teratogénese**] [*Br* **teratogênese**] s f (<terato- + -genia) Desenvolvimento de malformações monstruosas nos fetos, durante a gestação. **Ex.** Há muitos agentes e fa(c)tores que podem causar ~, desde os genéticos aos químicos e ambientais.

teratogénico [*Br* **teratogênico**] [**teratógeno**], a adj (<teratogenia + -ico) 1 Relativo a anomalias ou malformações congé[ê]nitas. **Ex.** Por vezes dão-se fenó[ô]menos ~s impressionantes como a acefalia (Ser sem cabeça). 2 Que pode causar malformações no feto. **Ex.** Os médicos preveniram-na de que o tabaco e as drogas são agentes potencialmente ~s.

teratoide (Tói) adj 2g (<terato- + -oide) Semelhante a monstro/Defeituoso.

teratologia s f (<gr *teratología*) Parte da embriologia que estuda os desenvolvimentos anómalos e os defeitos congé[ê]nitos dos fetos.

teratológico, a adj (<teratologia + -ico) 1 Relativo à teratologia. 2 Que apresenta formas monstruosas/Teratoide(+). **Ex.** As ecografias nunca o tinham revelado, mas a verdade é que a criança nasceu sem um braço e os pais ficaram em estado de choque perante esta grave anomalia ~ a.

térbio [Tb 65] s m Quím (<top Yterby, região da Suécia) Elemento descoberto em 1843 e que é um dos metais extraídos das chamadas terras raras «usado em televisores a cores».

terça s f (<lat *tértia*; ⇒ terço) 1 Cada uma das três partes iguais que formam a unidade. **Ex.** Como eram três irmãos, coube a cada um a ~ (parte) [Um terço] da herança. 2 Terceiro dia da semana, a começar no domingo. **Ex.** Chegou na segunda e foi embora na ~. **Sin.** ~-feira.

terçã adj/s (<lat *tertiánus,a,um*: que volta de três em três dias) Tipo de febres palúdicas cujos acessos se verificam de três em três dias. **Ex.** Não podia aceitar um trabalho que exigisse assiduidade devido à ~ que a visitava [que lhe vinha] ciclicamente.

terçado¹ s m (<terço 3 + -ado) 1 Espada de folha curta e larga (três vezes mais curta que a de uma lâmina normal). 2 *Br* Facão grande.

terçado², a adj (<lat *tertiátus*) 1 Que contém três elementos «farinha de milho, trigo e centeio» diferentes misturados. **Ex.** Achava mais saboroso o pão ~ do que o de trigo apenas. 2 Disposto em cruz, cruzado. **Ex.** O brasão tinha, como símbolo essencial, duas espadas ~as. 3 Que se permuta ou troca. **Ex.** Foi uma tarde bem passada entre amigos e os gracejos ~s entre eles tiveram o condão de lhe levantar o ânimo.

terça-feira s f (<terça + lat *féria*: dia de repouso ou festa) ⇒ terça 2.

terçar v t (<lat *tértio, áre átum*: fazer pela terceira vez) 1 Misturar três elementos diferentes. **Ex.** Deitou água num copo, depois terçou-a com um pouco de sumo de limão e uma colher de açúcar. 2 Dividir em três partes. **Ex.** Quando os pais morreram, terçaram a fazenda e deitaram sortes para ver que terço/a calhava a cada um. 3 Lutar(+) em defesa de alguém ou de um ideal. **Ex.** Sempre terçara pelos ideais republicanos. **Loc.** ~ armas [Lutar/Pugnar por algo ou alguém] (Ex. O ciúme cegou-o e saiu, desvairado, a ~ armas com o outro pretendente da rapariga).

terceira s f (<terceiro) 1 Intermediária amorosa/Alcoviteira ou aquela que apenas estabelece e favorece as relações entre duas pessoas. **Ex.** Foi graças aos bons ofícios de uma ~ que ele conheceu a mulher com quem, agora, estava casado. 2 Uma das velocidades dum automóvel. **Ex.** O motor do carro estava a precisar de uma revisão, pois até nas mais suaves ladeiras tinha de meter a ~.

terceiro, a num ord (<lat *tertiárius,a,um*) 1 Elemento que, numa série, corresponde ao número três. **Ex.** Chegou em ~ lugar à meta, foi medalha de bronze. 2 Aquele que, num litígio ou num negócio, é alheio à [está só remotamente interessado na] questão. **Ex.** Não deixemos que ~s opinem e queiram resolver o nosso problema. **Comb.** **~a idade** [Idade a partir dos sessenta e cinco anos] (Ex. Os passageiros da ~a idade só pagam meio bilhete nos transportes públicos). *Hist/Fig* **~ estado** [Estrato social correspondente ao povo] (Ex. Devido à brutal subida de impostos, o ~ estado amotinou-se). **~ mundo** [Designação que normalmente se dá ao conjunto de países subdesenvolvidos e pobres] (Ex. Portugal não pertence ao ~ mundo, mas há nele muitas mentalidades terceiro-mundistas). **Idi.** *col* À ~ é de vez [Expressão que marca a convicção de que a ~a tentativa será bem sucedida] (Ex. Ânimo! vais conseguir... à ~ é de vez!).

terceiro-mundismo s m (<terceiro mundo + -ismo) 1 Cará(c)ter de terceiro-mundista/Próprio do terceiro mundo/Subdesenvolvimento. 2 Doutrina, conhecimento ou posição sobre o chamado Terceiro Mundo (Países em via(s) de desenvolvimento).

terceto (Cês) m (<it *terzetto*) 1 *Liter* Estrofe composta por três versos. **Ex.** Um soneto é um poema composto por [de] duas quadras e dois ~s. 2 *Mús* Peça musical composta para três vozes ou três instrumentos. 3 Conjunto de três vozes ou três instrumentistas. **Ex.** Aquele ~ de cordas esteve sublime.

terciário, a adj/s (<lat *tertiárius*: terceiro) 1 O que é terceiro numa ordem, categoria ou graduação. **Ex.** Não foi possível salvá-lo porque a sífilis estava já num estado ~. 2 Designação da a(c)tividade econó[ô]mica que abarca o comércio, os transportes e a prestação de serviços (diversos). **Ex.** Foi no se(c)tor ~ que a crise mais se fez sentir. 3 Que diz respeito ao Terciário.

Terciário s m (<lat *tertiárus*) Primeiro período geológico da era cenozoica, ao longo do qual ocorreu a evolução dos mamíferos e das plantas superiores.

terciarização s f *Econ* (<terciário 2) Processo de alteração da estrutura econó[ô]mica que se cara(c)teriza por um aumento do peso relativo do se(c)tor terciário na produção nacional e no emprego.

tercina s f *Mús* (<terça 1 + -ina) Conjunto de três notas musicais de igual duração, mas que devem ser executadas no tempo de duas. **Ex.** Custou-lhe entrar no ritmo da peça por causa das frequentes ~s. **Sin.** Tresquiáltera.

tércio s m (<lat *tértius,a,um*; 13.° = ~ décimo [décimo terceiro]) 1 A mais interior ou central das três partes em que se divide o espaço de uma arena. **Ex.** O toureiro puxou o touro para os ~s, mesmo no centro da arena, numa tentativa de lhe melhorar a investida. 2 Cada uma das partes que compõem uma lide completa. **Ex.** Recebeu bem o touro com o capote, esteve brilhante com as bandarilhas, mas foi no terceiro ~, com a muleta (Pano encarnado), que conseguiu arrebatar [entusiasmar] o público.

terciopelo (Pê) s m (<esp *terciopelo*) Tecido de veludo, feltro/Veludo muito recoberto de pelos ou com três fios de trama. **Ex.** Ia todo vestido de ~: fato de veludo preto e chapéu de feltro cinzento.

terciopeludo, a adj (<terciopelo + -udo) Tecido de terciopelo muito macio por ter muito pelo.

terco, a adj (< ?) Obstinado/Pertinaz/Teimoso(+). **Ex.** Não estava aí para [Não escutava] conselhos de ninguém, ~ como uma mula, só fazia o que muito bem lhe apetecia.

terço, a num frac/s/adj (<lat *tértius*) 1 Parte três vezes menor que a unidade. **Ex.** A sua proposta venceu com mais de dois ~s dos votos entrados na urna. 2 A ~a parte de um rosário. **Ex.** Deu-lhe, de penitência, três ~s, ou seja, um rosário completo. 3 A ~a parte duma espada, junto ao punho. ⇒

terçol [**terçolho**(+)] s m (< ?) Inflamação no bordo das pálpebras. **Ex.** Não via bem por causa do ~ na pálpebra direita e parou de bordar por uns tempos.

terebintina [**terebentina**] s f (<terebinto + -ina) Nome que se dá às resinas líquidas extraídas do terebinto e de outras plantas resinosas, por incisão, muito usadas no fabrico de vernizes. **Ex.** Quando se punha a pintar, a primeira coisa que fazia era pegar no frasco de ~ para diluir as tintas.

terebinto s m *Bot* (<gr *terebinthós*) Arbusto lenhoso, da família das Anacardiáceas, espontâneo em Portugal e cujos frutos se assemelham a cornos.

teres s m pl (<ter) O conjunto daquilo que se tem ou possui. **Ex.** Era um homem abastado, de muitos ~, mas ninguém conseguia dele uma esmola. **Sin.** Bens(+)/Haveres(+)/Posses/Riquezas.

tergal s m (<fr *tergal*) Fibra sintética de poliéster muito resistente ou tecido feito com essa fibra. **Ex.** Um adepto ofereceu ao clube lá da terra um equipamento com calções de ~ e camisolas de algodão.

tergiversação s f (<lat *tergiversátio,ónis*) A(c)to ou efeito de tergiversar. **Ex.** Nunca ia direito ao assunto, sempre com evasivas e rodeios, enfim, era mestre na arte do subterfúgio e da ~.

tergiversar v int (<lat *tergivérsor,ári*: voltar as costas) 1 Falar com evasivas, subterfúgios ou desvios de conversa para evitar comprometer-se ou ver-se obrigado a falar de coisas que pretende calar. **Ex.** Vamos

lá ao assunto que interessa, deixa-te de ~/ rodeios/tergiversações. **2** Ter um comportamento ambíguo e equívoco relativamente a uma determinada questão. **Ex.** Quando interrogados sobre o aumento dos impostos, os membros do Governo nunca respondiam com clareza e transparência, contornando, com habilidade, a questão e tergiversando sempre.

teriaga *s f Med* (<gr *theriaké*: remédio contra a mordedura de animais selvagens) **1** Remédio antigo supostamente eficaz contra as mordeduras de animais venenosos. **2** Mesinha caseira, panaceia. **Ex.** A vizinha chegou com uma infusão de diversas ervas e disse que se o doente não melhorasse com aquele chá, não haveria outra ~ que o curasse.

terlin(tin)tim *s m* (<*on*) Ruído produzido por campainhas ou sinos quando tangem ou por peças de metal ou de cristal quando caem em superfícies duras ou chocam umas com as outras. **Ex.** Estava a dormir e, se não fosse o ~ dos copos de cristal a bater uns nos outros, nem teria dado conta do terramoto. ⇒ tlim/telim.

termal *adj 2g* (<termas + -al) **1** Que pertence ou é relativo a termas. **Ex.** Em Portugal, está cada vez mais na moda o turismo ~. **2** Diz-se da água mineral com propriedades medicinais, com temperatura acima de 25º C. **Ex.** O incremento do turismo ~ pode ter a ver com a abundância de águas ~ais no nosso país «Pt».

termalgia *s f* (<termo- + algia) Tipo de dor cutânea [da pele] provocada por calor acima dos 45º C ou por arrefecimento brusco ou muito acentuado. **Ex.** Quando estavam a alcançar o cimo da montanha, deu-se um arrefecimento brusco da temperatura e um dos montanhistas começou a queixar-se de ~.

termalidade *s f* (<termal +-i-+ -dade) Conjunto de propriedades de uma determinada água termal. **Ex.** Antes de decidir avançar para a construção dos edifícios termais, a autarquia encomendou um estudo sobre a ~ da água.

termalismo *s m* (<termal + -ismo) A(c)tividade centrada na exploração e utilização das águas termais, seja para fins terapêuticos ou, meramente, de lazer. **Ex.** Adepto incondicional do ~, já vai conhecendo todas as estâncias termais do país.

termas *s f* (<lat *thérmae,árum*) Estância de tratamento com águas termais. **Ex.** As ~s que frequenta têm águas recomendadas para o tratamento de afe(c)ções cutâneas.

termele(c)tricidade/termelé(c)trico/ termestesia ⇒ termoele(c)tricidade/ termoelé(c)trico/termoestesia.

termia *s f* (<gr *thermós*) Unidade de medida de calor, definida como a quantidade de calor necessária para aquecer uma tonelada de água dos 14,5º aos 15,5º.

-termia (<gr *thermós*) Elemento pospositivo de composição [formação(+)] que exprime a ideia de **calor**.

térmico, a *adj* (<termo- + -ico) Relativo ao calor. **Comb.** *Amplitude ~a* [Diferença entre a temperatura mais elevada e a mais baixa, numa dada região] (Ex. Nas regiões de clima continental, as amplitudes ~as são enormes, com verões ardentes e invernos gelados). *Central ~a* [Unidade de produção de energia elé(c)trica por meio de calor] (Ex. A poluição atmosférica é, talvez, o mais grave inconveniente das centrais ~as. ⇒ hidroelé(c)tricas). *Isolamento ~* [Revestimento de superfícies com materiais como a cortiça, lã de vidro e outros que permitem manter mais ou menos estáveis as temperaturas interiores de casas, recipientes, tubarias, ele(c)trodomésticos de conservação de alimentos e outros obje(c)tos, protegendo-os das agressões do calor ou do frio exteriores] (Ex. No verão, quando saía à pesca, levava sempre uma mala e um saco ~s com bebidas e alguma comida, que se mantinham frescos toda a manhã).

terminação *s f* (<lat *terminátio,ónis*: parte final) **1** A(c)to de acabar/concluir/terminar alguma coisa. **Ex.** Com a ~/conclusão(+) da estrada, muitos trabalhadores iriam ficar sem emprego. **Sin.** Conclusão/Termo. **2** Parte final de algo. **Ex.** A gripe afe(c)tara-lhe as ~ões nervosas da pituitária e perdeu o olfa(c)to. **Sin.** Extremidade. **3** Parte final de uma palavra. **Ex.** Aprendendo as ~ões dum paradigma verbal, sabe-se conjugar todos os verbos regulares do mesmo grupo ou conjugação. **4** Num bilhete de lotaria, o último ou os últimos algarismos do número do bilhete. **Ex.** Estava muito esperançado naquele número, mas só lhe saiu a ~.

terminal *adj/s* (<lat *terminális*) **1** Que corresponde ao fim de um processo ou de uma série. **Ex.** O doente encontrava-se já em estado ~ e os médicos resolveram não o operar. **Sin.** Derradeiro/Final. **2** Local ou instalação onde terminam linhas de transporte rodoviário, ferroviário, aéreo, fluvial ou marítimo. **Ex.** Depois de aterrar, o avião dirigiu-se para o ~ de passageiros n.º 5. **3** *Info* Dispositivo de entrada e saída, sem capacidade de processamento, ligado a um computador. **Ex.** Ficou satisfeita quando verificou que a secretária que lhe destinaram estava equipada com um ~ de computador.

terminante *adj 2g* (<lat *términans,ántis*: que indica o fim) **1** Que termina ou faz terminar alguma coisa. **Ex.** Quanto a ganhar a corrida, tudo dependeria de como corresse a etapa ~/final(+). **2** Categórico, que não admite réplica. **Ex.** Depois de almoçar, subiu para o quarto e deu ordens ~s para que ninguém o molestasse [incomodasse]. **Sin.** Concludente/Imperativo/Indiscutível. **3** Que prova de maneira irrefutável. **Ex.** Tratou-se de um argumento ~ [irrefutável(+)/arrasador] que desmontou toda a estratégia de defesa do acusado.

terminar *v t* (<lat *término,áre,átum*) **1** Chegar ou fazer chegar ao fim ou ao termo de qualquer coisa. **Ex.** Admitiram mais trabalhadores para poderem ~ a obra antes que chegassem as chuvas. Terminou (com) [Desistiu de] um namoro que durava há cinco anos. **Sin.** Acabar/Concluir/Findar. **2** Estar delimitado no espaço ou no tempo. **Ex.** A sua parcela (de terreno), a leste, terminava no rio. Para ter direito à reforma completa, a sua carreira só terminaria aos 65 anos.

término *s m* (<lat *términus*: limite) **1** Fim de qualquer coisa. **Ex.** Não sei qual é o ~ desta linha de metro/ô. **2** Limite, demarcação. **Ex.** Mandou espetar umas estacas para marcar o ~ da sua propriedade. **3** Regiões longínquas, remotas. **Ex.** Os portugueses andaram pelos ~s do mundo.

terminologia *s f* (<termo+-logia) **1** Conjunto de termos usados numa ciência ou arte. **Ex.** Nos diagnósticos de doenças, os médicos usam uma ~ difícil de entender. **Comb.** ~ *informática* [*musical*]. **2** Estudo dos termos técnicos usados numa ciência/arte/disciplina. **Ex.** Para utilizar com proveito o manual dos computadores é necessário estudar [ter um conhecimento satisfatório] da ~ usada.

terminológico, a *adj* (<terminologia+-ico) Relativo a terminologia. **Comb.** *Preferência ~a. Variante ~a.*

termiónico, a [*Br* **termiônico**] *adj/s f Fís* (<termo-+-ió[ô]nico) **1** Relativo à libertação de iões [íons] por um corpo quando aquecido a temperatura elevada. **Comb.** *Efeito ~. Válvula ~a.* **2** *s f Fís* Ramo da ele(c)tró[ô]nica que estuda os fenó[ô]menos ~s. **Comb.** Perito em ~a. **3** Relativo à ~a. **Comb.** Manual de ~a.

termístor *s m Fís* (<ing *thermistor* <*thermal+resistor*) Resistência que às temperaturas de funcionamento tem um coeficiente de temperatura elevado e negativo. **Ex.** Os ~es são constituídos por materiais semicondutores.

termite/a *s f Quím* (<termo-+-ite/a) Mistura de óxido de alumínio em pó com outro óxido metálico «de ferro» que depois de incendiada reduz o óxido metálico a metal livre. **Ex.** A ~ pode ser utilizada como bomba incendiária.

térmite/a *s f Ent* (<lat *térmes,itis*: verme roedor) Nome vulgar de inse(c)tos sociáveis, uns alados, outros sem asas, que vivem nas regiões quentes em ninhos que elas mesmas constroem (Termiteiras) e atacam gravemente as madeiras/Formiga-branca/Salalé. ⇒ cupim **1**.

termiteira/o *s* (<térmite+-eira/o) Ninho de térmites/as/*Br* Cupinzeiro/Morro de salalé. **Ex.** As construções complexas das/os ~as/os podem ser subterrâneas ou cavadas em troncos de árvores.

térmítico, a *adj* (<térmite+-ico) Relativo às térmites/as.

termo¹ (Têr) *s m* (<lat *términus,i*) **1** Limite/ Extremidade/Fronteira. **Ex.** A minha casa situa-se no ~ da rua principal desta freguesia do ~ da cidade «de Lisboa». **Idi.** *Estar com ~s* [Comportar-se de modo corre(c)to] (Ex. «disse ao filho pequeno» Vais comigo ao cinema se prometeres estar (lá) com ~s). *Lançar um ~* [Regist(r)ar a avaliação final dum aluno]. *Levar a bom ~* [Concluir com sucesso] (Ex. O presidente levou a bom ~ o seu mandato; deixa obra realizada]. *Não ter meio ~* [Não ser equilibrado/moderado/Ser exagerado/extremista] (Ex. Passou-se de um calor insuportável a um frio de enregelar; não houve meio ~). *Pôr ~ a* [Pôr fim a/Acabar com] (Loc. Pôr ~ a uma discussão). *Pôr ~ à vida* [Suicidar-se]. *Em ~s de* [Relativamente a/No que se refere a/Quanto a] (Ex. Em ~s de vencimento, este emprego é muito melhor que o anterior). *Em ~s gerais* [De um modo geral/Genericamente] (Ex. Em ~s gerais, as pessoas vivem muito melhor agora do que há dez anos). *Nos ~s da lei* [De acordo com a lei em vigor] (Comb. Contrato «de arrendamento» redigido nos ~s da lei). **2** Prazo/Fim/Limite. **Comb.** *Produto* alimentar «iogurte» *no* ~ *da* validade. *Contrato* (de trabalho) *a ~* [Contrato válido durante um prazo previamente fixado]. **3** Última fase/Conclusão/Remate. **Comb.** ~ dum processo judicial. **4** Modo de agir/Maneira de proceder/Jeito. **Ex.** A enfermeira trata os doentes com ~s muito carinhosos. «aluno mal-educado» Respondeu à professora com ~s ofensivos. **5** Disposição/Cláusula/Condição. **Ex.** Recebeu a inde(m)nização nos ~s previstos no contrato. **Comb.** Contrato redigido nos ~s legais. **6** Declaração/Fórmula. **Comb.** ~ *de responsabilidade* [Declaração escrita que obriga quem a subscreve a responder por alguma coisa] (Ex. ~ de responsabilidade, assinado pelo autor, declarando que o proje(c)to obedece às prescrições le-

gais). **7** Vocábulo/Palavra/Expressão. **Ex.** Agora *idi* por tudo e por nada [com razão e sem ela] as pessoas usam ~s estrangeiros «em inglês, *briefing/head phones/feeling*». O texto tem muitos ~s difíceis de entender. **8** *Lóg* Cada um dos elementos entre os quais se estabelece uma relação. **Comb.** ~ *de comparação* [tomado como padrão] [Ex. O rendimento *per capita* dum país subdesenvolvido não serve de ~ de comparação para Portugal). *Os três ~s* (Premissa [Proposição] maior, premissa menor e conclusão) dum silogismo. **9** *Mat* Cada um dos elementos duma fra(c)ção/proporção/progressão/... **Ex.** Numa proporção, o produto dos meios (~s médios) é igual ao produto dos (~s) extremos. **Comb.** ~ geral (duma série/progressão/...) [Expressão afe(c)tada de um índice natural, que permite obter cada um dos ~s da série, atribuindo valores ao índice «*Un=2n*, sucessão dos números pares»].

termo² (Tér) *s m* (<gr *thermós,é,ón*: quente) Recipiente com parede dupla e isolante, revestido de material metálico ou plástico, que se destina a manter a temperatura dos líquidos colocados no seu interior/Garrafa-~. **Loc.** Levar água quente num ~ para preparar a papa do bebé[ê].

termo- (Tér) *elem de formação* (<gr *thermé*: calor) Exprime a ideia de **calor** «termocautério/termó[ô]metro/termoventilador».

termoacumulador *s m* (<termo-+...) **1** Aparelho que serve para armazenar o calor e utilizá-lo no momento pretendido. **Comb.** Sistema de aquecimento central com ~es elé(c)tricos (ligados durante a noite (Tarifa mais barata) e cedendo calor (desligados) durante o dia). **2** Cilindro com sistema de aquecimento elé(c)trico da água para uso doméstico. **Ex.** Os ~ não são aconselháveis para grandes consumos de água quente num curto período de tempo.

termobarómetro [*Br* **termobarômetro**] *s m* (<termo-+...) Instrumento que dá simultaneamente indicações da temperatura e da pressão atmosféricas.

termocautério *s m Med* (<termo-+...) Instrumento cirúrgico com pontas de platina que permite a aplicação de calor a zonas limitadas do corpo de modo a provocar a coagulação do sangue e a morte dos tecidos. **Loc.** Queimar as gengivas com ~.

termoclastia[clastismo] *s Geol* (<termo-+ gr *klan*: quebrar+-ia/ismo) Fragmentação das rochas provocada por variações térmicas intensas.

termocopiadora *s f* (<termo-+...) Máquina com que se obtêm cópias (Termocópias) de documentos em papel especial de emulsão sensível, o qual, posto em conta(c)to com o original, absorve raios infravermelhos por libertação de calor.

termodinâmica *s f Fís* (<termo-+...) Parte da Física que estuda as relações entre os fenó[ô]menos térmicos e mecânicos, tratando de um modo especial das transformações do calor (Da energia calorífica) em trabalho (Energia mecânica) e vice-versa. **Comb.** Princípios (1.º, 2.º e 3.º) da ~.

termodinâmico, a *adj* (<termo-+...) Relativo à ~a. **Comb.** Potencial ~o [Força ele(c)tromotriz desenvolvida entre a superfície de uma partícula coloidal e o meio de dispersão cujo potencial se toma como potencial de referência, símbolo ε. ⇒ potencial ele(c)trocinético.

term(o)eletricidade *s f Fís* [= termoelectricidade] (<termo-+...) Conjunto de fenó[ô]menos em que há conversão de energia térmica em energia elétrica sem a intervenção de dispositivos mecânicos ou químicos. ⇒ termopar; par termoelétrico.

term(o)elétrico, a *adj* [= termoeléctrico] (<termo-+...) Relativo à term(o)ele(c)tricidade. **Comb. Efeito ~. Par ~** [Termopar/Pilha termoelé(c)trica] [Circuito formado por dois metais ligados por duas soldaduras a temperaturas diferentes, no qual se gera uma corrente elé(c)trica que o percorre].

termófilo [termofílico], a *adj Biol* (<termo-+-filo [filia+-ico]) Diz-se de micro-organismo que vive e se desenvolve em ambientes com temperaturas elevadas.

termofobia *s f Med* (<termo-+...) Aversão mórbida ao calor.

termóforo, a *adj/s m* (<termo-+ gr *phorós*: portador) **1** Que produz [conserva] calor. **2** *s m* Recipiente revestido de material mau condutor do calor ou isolante, que conserva durante tempo apreciável a temperatura das substâncias nele contidas. **3** *s m Fís* Dispositivo utilizado para medir a capacidade calorífica de líquidos. ⇒ calorímetro.

termogéneo, a [*Br* **termogêneo**] *adj* (<termo-+-...) Que gera calor/Termogé[ê]nico.

termogénese [*Br* **termogênese**] *s f* (<termo-+...) Desenvolvimento de calor nos seres vivos, de forma regular e contínua.

termogenia *s f* (<termo-+-...) **1** Qualidade do que é termogé[ê]neo. **2** Produção de calor.

termogénico, a [*Br* **termogênico**] ⇒ termogé[ê]neo.

termografia *s f* (<termo-+grafia) **1** *Med* Método que utiliza um termógrafo para avaliar as diferenças de temperatura nas partes moles através da medição do calor emitido pelos tecidos, o que permite o estudo de lesões inflamatórias ou de tumores. **2** *Tipografia* Método de impressão que utiliza o calor para lhe dar relevo, pulverizando resina com tinta fresca.

termógrafo *s m Fís* (<termo-+-...) Aparelho destinado a regist(r)ar de forma contínua a temperatura do ar num dado local. **Ex.** Os ~s são usados principalmente em meteorologia. ⇒ termografia.

termograma *s m* (<termo-+-...) Gráfico de temperatura obtido num termógrafo.

termoiónico, a [*Br* **termoiônico**] *adj* ⇒ termiónico.

termolábil *adj 2g* (<termo-+...) Diz-se de substância que perde as suas propriedades ou é destruída pelo calor. **Ex.** Os óleos lubrificantes são ~eis, quer a temperaturas muito altas, quer muito baixas.

termólise *s f* (<termo-+-lise) Decomposição de um corpo pelo calor.

termologia *s f Fís* (<termo-+-...) Parte da Física que estuda a energia térmica [o calor].

termológico, a *adj* (<termologia+-ico) Relativo à termologia.

termomagnético, a *adj* (<termo-+...) Relativo ao termomagnetismo. **Comb.** Fenó[ô]meno [Efeito] ~.

termomagnetismo *s m Fís* (<termo-+...) Magnetismo desenvolvido pelo calor.

termomanómetro [*Br* **termomanômetro**] *s m Fís* (<termo-+...) Aparelho destinado a medir temperaturas elevadas a partir das variações de pressão.

termometria *s f Fís* (<termo-+-...) Ciência e técnica da medição da temperatura dum corpo e suas variações.

termométrico, a *adj* (<termometria+-ico) Relativo à termometria ou aos termó[ô]metros.

termómetro [*Br* **termômetro**] *s m* (<termo-+-...) **1** Aparelho que serve para avaliar a temperatura dos corpos. **Ex.** Os ~s, de diversos tipos, baseiam-se todos eles na variação de cara(c)terísticas de substâncias «líquidos/gases/metais» com o calor. **Comb.** ~ **clínico** [que avalia a temperatura do corpo humano numa escala entre 30º C e 45º C]. ~ **de máxima/mínima** [que regist(r)a a temperatura máxima/mínima atingida durante um determinado período]. ~ **de mercúrio** [Geralmente com a escala de 0º C a 100º C, destina-se principalmente a avaliar a temperatura de líquidos]. ~ **ó(p)tico** [destinado a medir temperaturas muito elevadas «superiores a 1000º C»]. **2** *fig* Obje(c)to ou circunstância que ajuda a cara(c)terizar o estado ou andamento de alguma coisa. **Ex.** A abstenção nas eleições «legislativas/autárquicas» é o ~ [indicador/critério] do descontentamento dos cidadãos com o desempenho dos políticos.

termonuclear *adj 2g Fís* (<termo-+...) Que diz respeito à produção [libertação] de energia térmica a partir de fenó[ô]menos [rea(c)ções] nucleares. **Comb. Fissão/Cisão ~** [Desintegração de um núcleo pesado «urânio» em duas partes aproximadamente iguais, com grande libertação de energia] (⇒ bomba/energia ató[ô]mica). **Fusão ~** [Formação de um núcleo pesado a partir de dois núcleos leves, acompanhada de grande libertação de energia] (⇒ bomba de hidrogé[ê]nio). ⇒ rea(c)tor ~.

termopar *s m Fís* (<termo-+...) Circuito elé(c)trico destinado a medir temperaturas, constituído por dois metais diferentes soldados nas extremidades, no qual se gera uma força ele(c)tromotriz quando as duas soldaduras estão a temperaturas diferentes. ⇒ efeito [par] termoelé(c)trico.

termopilha *s f Ele(c)tri* (<termo-+...) Associação em série de vários termopares.

termoplástico, a *adj Quím* (<termo-+...) Diz-se de substâncias que amolecem por a(c)ção do calor. **Ex.** A designação de ~ usa-se para polímeros de cadeias lineares, que amolecem por aquecimento «polietileno/polipropileno/PVC».

termoquímica *s f Quím* (<termo-+...) Parte da Química que estuda as trocas de calor nas rea(c)ções químicas.

termorresistente *adj 2g* (<termo-+resistente) Que, uma vez submetido a calor ou a pressão, já não se deforma sob a a(c)ção do calor. **Ex.** O termo ~ usa-se principalmente para os plásticos que não se deformam com o calor.

termorrígido, a *adj* (<termo-+rígido) ⇒ termorresistente.

termoscopia (<termo-+-scopia) Estudo (da variação) das temperaturas na atmosfera.

termosfera *s f* (<termo-+atmosfera) Camada da atmosfera que se desenvolve acima da mesosfera (Entre 95 e 500 km) e que se cara(c)teriza por um aumento contínuo da temperatura em função da altitude.

termossifão *s m* (<termo-+sifão) Corrente de água que é provocada pelas diferenças de densidade (causadas pelas diferenças de temperatura) (Água quente sobe, água fria desce).

termó[o]stato *s m Fís* (<termo-+-stato) Dispositivo destinado a regular automaticamente a temperatura. **Comb.** ~ do ferro de passar.

termota(c)tismo (*dg*) [**termotaxia**] *s Biol* (<termo-+...) Ta(c)tismo que tem por estímulo a temperatura.

termoterapia s f Med (<termo-+...) Aplicação do calor no tratamento de certas doenças.

termotropismo s m Biol (<termo-+...) Tropismo que tem por estímulo o calor. **Ex.** O protoplasma é dotado de ~.

ternamente adv (<terno+-mente) Com ternura/De modo terno/afável/meigo. **Loc.** Olhar ~ para uma criança «que dorme sossegada no berço».

ternário, a adj (<lat ternárius,a,um) Que consta de três unidades/elementos. **Comb.** Mús **Compasso** ~ [dividido em três tempos iguais]. Quím **Composto** ~ [cuja molécula é composta por três elementos diferentes «metal/oxigé[ê]nio/hidrogé[ê]nio»]. Geol **Eixo** ~ [em torno do qual um cristal ocupa três posições idênticas].

terninho s m Br (<terno+-inho) Conjunto (d)esportivo feminino, constituído por calças e casaco do mesmo tecido e da mesma cor.

terno¹, a adj (<lat téner,a,um: tenro, macio, delicado, ~) **1** Que manifesta ternura/Meigo. **Comb.** Beijo ~ «duma criança a sua mãe». **2** Que inspira sentimentos de ternura/rea(c)ções afe(c)tuosas/Comovente/Compassivo. **Comb.** História ~a. Palavras ~as.

terno² s m (<lat térnus,i) **1** Conjunto de três elementos/Trio. **Comb.** Um ~ de sofás. **2** Carta de jogar, peça de dominó ou face de dado com três pintas. **3** Br Traje masculino composto por casaco, calças (e colete) do mesmo tecido e da mesma cor/Fato(+) completo «de homem».

ternura s f (<terno¹+-ura) **1** Qualidade do que é terno. **Ex.** Ele tem uma grande ~ pela mãe. **2** Sentimento [Manifestação] de afeição/carinho/meiguice. **Ex.** «a velhinha do lar de idosos a quem fui visitar» Abraçou-me e beijou-me com grande ~. **Idi.** Ser uma ternur(inh)a [Ser muito meigo/Inspirar afe(c)to] (Ex. Esta criança, sempre sorridente e bem-disposta, é (mesmo) uma ~).

teromorfos s m pl Pal (<gr theramorpha: com forma de fera) Grupo de répteis fósseis que aparecem no Carbó[ô]nico Superior e no Pérmico da América do Norte e também no Triásico Inferior europeu. **Ex.** Havia ~ carnívoros e herbívoros.

terópodes s m pl Pal (<gr thér,therós: fera +-pode) Grupo de répteis sáurios (Dinossauros) fósseis, carnívoros que aparecem desde o Triásico ao Cretáceo Superior.

terpénico, a [Br **terpênico**] adj Quím (<terpeno+-ico) Relativo aos [Do grupo dos] terpenos.

terpeno (Pê) s m Quím (<al terpene) Hidrocarbonetos de cadeia aberta ou cíclica, de fórmula geral $(C_5H_8)_n$, que se podem considerar derivados do isopreno (Para o qual n = 1), que não existe livre. **Ex.** Os ~s são os constituintes fundamentais das essências e dos óleos essenciais.

terpina s f Quím (<terp(eno)+-ina) Glicol terpé[ê]nico usado como expe(c)torante.

terpsicórico, a adj (<Mit Terpsícore, musa da dança+-ico) Relativo ao canto e à dança.

terra s f (<lat térra,ae; ⇒ ~ **11**; ~ a ~; ~ de ninguém) **1** Parte sólida da superfície terrestre por oposição ao mar/Continente. **Ex.** (Portugal, país da Europa) … onde a ~ se acaba e o mar começa (Luís de Camões). **Idi. Baixar à ~** [Ser sepultado/enterrado]. **Cair por ~** [no chão/Estatelar-se]. **Deitar** [**Lançar**] **por ~ a)** Derrubar (Ex. Com um empurrão [encontrão(+)] deitou por ~ o adversário «jogador de futebol»; **b)** Fazer gorar/Destruir (Ex. A desconfiança dos investidores deitou por ~ a concretização do proje(c)to). **Ficar em ~** [Perder o meio de transporte/Não conseguir embarcar] (Ex. Fiquei em ~; o comboio [trem] já tinha partido quando cheguei à estação. O metro ia a abarrotar; muitos passageiros ficaram em ~ por não conseguirem embarcar). **(Não) ter um palmo de ~** [(Não) possuir (nem) um pequeno talhão para cultivar] (Ex. São muito pobres; não têm nem um palmo de ~ onde semear «umas batatas»). **Pôr o pé em ~** [Descer dum veículo/Aterrar/Desembarcar] (Só me senti seguro (depois duma viagem atribulada) quando pus o pé em ~). **Ter os pés (bem) assentes) na ~** [Ser realista/prudente/Não tomar decisões precipitadas/levianas] (Ex. É pessoa com os pés bem assentes na ~, não se mete em aventuras de negócios ruinosos). **2** Solo/Chão. **Comb.** ~ **(boa) para cereais** [horta/vinha]. ~ **pedregosa**. Quím ~**s raras** [Designação dos óxidos de ítrio e dos lantanídeos]. **3** Solo arável/que se pode cultivar. ~ **virgem** [que nunca foi cultivada/desbravada]. «loja com» **Chão de** ~. **Estrada de** ~ **batida**. **4** Parte branda/solta/mole do solo. **Ex.** As crianças gostam de brincar com [na] ~. **Loc.** Cobrir «as sementes» com ~. **5** Região/Localidade/Povoação. **Ex.** Vivo na cidade mas vou muitas vezes à ~ «visitar a família». **Comb.** «Alentejo, Pt» ~ **de extensas planícies**. ~ **[Aldeia] perdida** na serra. **idi. Filho da** ~ [Nascido nessa localidade]. **6** Pátria/País. **Ex.** Os emigrantes portugueses não esquecem a sua ~. **Comb.** Bíb Maiúsc ~ **Prometida** [**da Promissão**] [Região de Canaã, prometida por Deus ao povo hebreu]. ~ **Santa/Lugares Santos** [Antiga Palestina onde Jesus Cristo nasceu, viveu, morreu e ressuscitou] (Loc. Ir em peregrinação à ~ Santa). **7** Propriedade/Fazenda/Herdade. **Ex.** «é muito rico» Possui muitas ~s «no Alentejo, Pt». **8** Ele(c)tri Solo/Massa. **Ex.** A ~ funciona como um condutor de grandes dimensões de potencial nulo, ao qual se liga a massa dos aparelhos e instalações elé(c)tricas como medida de prote(c)ção contra acidentes causados por conta(c)tos não permitidos com um condutor sob tensão. **Comb.** Fio de ~ [Condutor pelo qual se faz a ligação duma instalação/dum aparelho à ~]. **9** fig Meio onde vive a Humanidade/Mundo. **Ex.** Não há na [à face da] ~ nenhum «futebolista» como ele! **10** fig Vida temporal/terrena, em oposição à eternidade. **Ex.** As injustiças humanas nunca são totalmente reparadas na ~. **11** fig Astr Maiúsc Planeta do sistema solar, situado entre Vé[ê]nus e Marte. **Ex.** A idade da T~ está calculada em 4,5 mil milhões de anos. A ~ tem um único satélite natural: a Lua.

terra a terra adj 2g 2n **1** Que age de forma simples e franca. **Ex.** Ele é muito ~, diz o que pensa, sem rodeios, com franqueza e simplicidade. **2** Simples/Trivial/Corriqueiro. **Ex.** Não esperava um espe(c)táculo tão ~; mais parecia uma brincadeira de estudantes do que uma peça de teatro!

terraço s m (<lat terrácea[cia/cium]: banco de terra, plataforma elevada <terráceus, a,um: feito de terra) **1** Pavimento descoberto sobre um edifício ou no prolongamento de um andar. **Ex.** Do ~ da minha casa avista-se o mar. O 1.º andar do prédio tem um grande ~ para a [~ do lado da] frente. **2** Espaço amplo e descoberto ligado a uma construção/Pátio(+)/Plataforma/Terreiro. **Ex.** O ~, nas traseiras da casa, serve para armazenar toda a espécie de quinquilharia [toda a tralha(+)] «bicicletas/brinquedos/móveis velhos». **3** Agr Socalco(+) horizontal feito nas encostas para facilitar o cultivo «do arroz» e defesa contra a erosão acelerada/Patamar. **Comb.** ~**s das encostas** do Douro e da Ilha da Madeira (Portugal). Geol ~**s fluviais** [Depósitos sedimentares de origens diversas, escalonados em degraus nas vertentes dos vales fluviais] (Ex. O estudo dos ~s fluviais tem fornecido muitos dados sobre a origem da Humanidade e sobre a evolução das civilizações pré-históricas).

terracota (Có) s f Arte (<it terracotta) Argila amassada e trabalhada e depois cozida no forno. **Ex.** A escultura em ~ foi praticada desde a remota antiguidade. A ~ é por vezes utilizada pelo escultor como fase preliminar do seu trabalho artístico antes de a peça ser fundida «em bronze» ou esculpida em pedra. ⇒ gesso.

terrádego s m an (<lat terráticus,i) **1** Terreno ocupado no mercado [na feira] pela tenda [barraca] de um vendedor. **2** Imposto municipal relativo à ocupação desse espaço.

terra de ninguém s f **1** Espaço entre as trincheiras de exércitos inimigos. **2** Espaço [Terra] que é de todos porque não tem dono conhecido. **3** fig Assunto sobre o qual todos opinam e se intrometem.

terrado s m pop (<terra+-ado) **1** ⇒ Terrádego. **2** Terreno/Terreiro.

terramicina s f Med (<ing terramycin, marca comercial de medicamento) Antibiótico poderoso (Oxitetraciclina) no combate a diversas infe(c)ções.

terra[e]moto (Mó) s m Geol (<lat terra+mótus: movimento) **1** Abalo [Tremor] de terra causado pela deslocação das placas tectó[ô]nicas/Sismo cujo epicentro se situa em terra. **Ex.** Os ~s mais fortes são seguidos de outros menos intensos (Réplicas) que podem sentir-se durante longos períodos «dias/meses». ⇒ maremoto. **2** fig Grande convulsão ou circunstância que a provoca. **Ex.** O Concílio Vaticano II (1963-1965) foi sentido na Igreja Católica como um grande ~. O novo treinador provocou um autêntico ~: mudou a equipa/e por completo.

terra-nova s m Zool Raça de cães grandes e de pelo comprido e macio que se diz originária da ilha da Terra Nova/Canadá.

terrão s m ⇒ torrão.

terraple[a]nagem s f (<terraple[a]nar+-agem) **1** A(c)to ou efeito de terraplenar. **2** Conjunto de operações de movimentação de terras (Aterros e desaterros) efe(c)tuadas para nivelar determinado espaço. **Ex.** Já foi iniciada a ~ do terreno onde vai ser construído o novo hotel.

terraple[a]nar v t (<terrapleno+-ar¹) Fazer trabalhos de escavação e aterro num terreno para o nivelar. **Ex.** Na construção duma (auto)estrada utilizam-se grandes máquinas «escavadoras/carregadoras» para ~ o respe(c)tivo leito. **Sin.** Aplanar; alisar.

terrapleno s m (<it terrapieno) **1** Terreno que se aplanou enchendo as depressões e eliminando as elevações. **2** Terreno aplanado/Terreiro.

terráqueo, a adj (<lat terráqueus,a,um <terra+aqua) Da [Relativo à] Terra/Terreal/Terrestre. **Comb. Habitante** [**Ser**] ~. **Orbe** ~**o**.

terrário s m (<terra+-ário) Instalação «num jardim zoológico» provida de terra, saibro, rochas, plantas, etc., para criação ou exposição de animais «feras, répteis».

terras-raras s f pl Quím ⇒ terra **2 Comb.**

terreal adj 2g (<terra+-al) **1** ⇒ Terráqueo/Terrestre. **2** Relativo ao mundo/à vida tem-

poral/Mundano. **Comb.** *Bíb* Paraíso ~ [Jardim do Éden].

terreiro, a *s m/adj* (<terra+-eiro) **1** Espaço amplo e plano dentro duma povoação/Largo/Praça/Adro (da igreja). **Idi. *Chamar a* ~** [Desafiar alguém]. ***Sair/Vir a* ~** [Entrar na discussão/luta]. ***Trazer a* ~** [Trazer à discussão]. **2** Espaço amplo e descoberto contínuo a uma habitação/Pátio(+). **Ex.** A porta da cozinha dava [abria] para um ~ onde as crianças podiam brincar à vontade. **3** Espaço ao ar livre onde se realizam festas populares. **Ex.** Depois de um dia de intenso trabalho, ainda restavam forças para um animado baile no ~ da eira.

terremoto *s m Br* ⇒ terramoto.

terrenho, a *adj* (<terra+-enho) **1** Da Terra/Terrestre. **2** *fig* Da vida temporal/Mundano. **3** Próprio de determinado local ou região. **Comb.** Arte ~a.

terreno, a (Rê) *s m/adj* (<lat *terrénus,a,um*) **1** *s m* Espaço de terra sem construções. **Ex.** Vou construir uma casa; já comprei o ~. **Loc.** Lotear [Dividir em lotes] um ~ «para construção». **Idi. *Apalpar o* ~** [Tentar conhecer as intenções de alguém [conhecer algum assunto] de forma discreta] (Ex. Antes de o convidar para o cargo, pedi a um amigo que apalpasse o ~ pois queria ter a certeza de que ele aceitava o lugar). ***Perder* ~** [Diminuir a vantagem/Ficar em posição mais fraca/Recuar] (Ex. À medida que a campanha eleitoral ia avançando, o candidato «do partido do governo» ia perdendo ~). **2** *s m* Terra de cultivo. **Comb. ~ *de vinha*** [cereal]. **~ *de regadio*** [sequeiro]. **3** *s m fig* Área de conhecimento/Tema/Matéria. **Ex.** Para mim, a informática é um ~ desconhecido. Ele(c)tricidade [Aparelhos/Instalações elé(c)tricos/as] é um ~ onde não me meto [não toco/não mexo «porque não sei, e é perigoso»]. **4** *adj* Relativo à Terra/Terrestre. **Ex.** A vida ~a é passageira. **5** Relativo ao mundo material. **Comb.** Bens ~s. **Ant.** Celeste; eterno.

térreo, a *adj* (<lat *térreus,a,um*) **1** Relativo à terra/Da natureza [cor] da terra. **Comb.** Material [Substância] ~o/a. **2** Que fica ao nível do solo/ao rés do chão. **Comb.** Casa [Piso/Andar] ~a/o. **3** Que não é assoalhado/pavimentado. **Comb. *Chão* «de cozinha/loja» ~. *Caminho* ~.**

terrestre (Rrés) *adj 2g* (<lat *terréstris,is*[e]) **1** Próprio do planeta Terra. **Comb. *Crosta* ~. *Globo* ~. *Órbita* ~.** **2** Relativo à [Que provém da] terra. **Comb.** Sinais ~s «para controlo das naves espaciais». **3** Relativo à parte sólida da Terra. **Comb. *Animal* ~. *Milha* ~. *Viagem* ~.** **Ant.** Marítimo. **4** *fig* Que pertence ao mundo material/Mundano. **Comb.** *Bens* ~s. *Vida* ~. **Ant.** Celeste; espiritual.

terribilidade *s f* (<terrível+-i-+-dade) Cara(c)terística do que é terrível/Horror(+). **Comb.** A ~ dos grupos [atentados] terroristas.

terribilíssimo, a *adj* (<lat *terribilíssimus, a,um*) Superlativo absoluto simples de terrível/Muito terrível. **Comb. *Ameaça* ~a** duma nova guerra ató[ô]mica». ***Ataques* ~os** dos rebeldes/das forças governamentais «da Síria».

terriço, a *s* (<terra+-iço/a) **1** *s f* Terra esboroada/Caliça. **2** *s m* Adubo formado por substâncias animais e vegetais misturadas com terra. **Loc.** Comprar ~ para os vasos de flores.

terrícola *adj 2g* (<terra+-cola) Que vive na Terra. ⇒ arborícola; anfíbio.

terriê[er] (Té) *s m Zool* (<ing *terrier*: da terra) Cão pequeno, de pelo comprido e focinho quadrado, usado na caça de animais que vivem em tocas.

terrificador/terrificante *adj* ⇒ terrífico.

terrificar *v t* (<lat *terrífico,áre,átum*) Causar terror/Apavorar/Aterrorizar. **Ex.** A necessidade de [*idi* Só de pensar que tenho que] ir ao dentista, terrifica-me [, até me mete medo(+)]!

terrífico, a *adj* (<lat *terríficus,a,um*) Que causa terror/mete medo/Aterrorizante/Terrificante. **Comb.** Visão ~a dum assaltante «encapuzado e de pistola/faca em punho».

terrígeno, a *adj* (<lat *terrígenus,a,um*) Gerado [Nascido] da terra.

terrina *s f* (<fr *terrine*) Recipiente de louça ou metal, usado para levar e servir a sopa à mesa. **Comb.** ~ de porcelana «chinesa» [estanho/prata].

terrincar *v t pop* (<trincar) Trincar, produzindo ruído/estalidos com os dentes. **Loc.** ~ os dentes «com fúria mal contida».

terriola (Ó) *s f* (<terra+-i-+-ola) Terra pequena pouco desenvolvida/Lugarejo/Aldeola. **Comb.** ~s perdidas na serra.

territorial *adj 2g* (<lat *territoriális,e*) Do [Relativo ao] território. **Comb.** Águas ~ais [Porção de mar junto à costa de um país e sob a sua jurisdição]. ***Região* ~** «agrícola/militar».

territorialidade *s f* (<territorial+-i-+-dade) **1** Qualidade do que é territorial. **Comb.** A ~ do espaço aéreo dum país. **2** *Dir* Laço jurídico entre uma pessoa e o território em que nasceu ou habita. ⇒ nacionalidade. **3** Limitação da aplicabilidade de uma lei ao território do Estado que a promulgou. ⇒ «direito de» extra~.

território *s m* (<lat *territórium,ii*) **1** Extensão da superfície terrestre limitada por fronteiras onde um Estado exerce a sua soberania. **Ex.** O ~ português engloba, além de Portugal continental, as ilhas dos arquipélagos da Madeira e dos Açores. **Comb. *Defesa do* ~. *Ordenamento do* ~.** **2** Área terrestre, marítima ou aérea sob jurisdição de um estado soberano. **Ex.** O ~ de um Estado prolonga-se pelo espaço aéreo superjacente e pelo solo subjacente ao domínio terrestre. **3** Área geográfica onde um grupo «tribo/família/grupo animal» exerce o domínio exclusivo. **Ex.** O macho «leão/veado», chefe da manada/do bando, marca o seu ~.

terrível *adj 2g* (<lat *terríbilis,e*) **1** Que inspira terror/Medonho/Assustador. **Comb.** Visão [Espe(c)táculo] ~ «de um grande incêndio». **2** Cruel/Violento/Desumano. **Comb.** Castigo [Tortura] ~. **3** Muito intenso/Devastador. **Comb.** Catástrofe «terramoto/furacão» ~. **4** Difícil de suportar/Rebelde/Mau. **Comb.** «chefe com um» Feitio ~. **5** Extraordinário/Exce(p)cional. **Comb. *Aluno* ~ [excelente]** «em matemática». ***Jogador*** «de futebol» ~/formidável «ninguém o segura [vence/ninguém lhe faz frente]».

terrivelmente *adv* (<terrível+-mente) **1** Que causa pavor/angústia/Assustadoramente. **Ex.** A morte do filho afe(c)tou-a ~. **2** Imensamente/Extremamente. **Ex.** A fruta, no mercado, estava ~ cara, não se lhe [*idi* podia chegar [não se podia comprar].

terror *s m* (<lat *térror,óris*) **1** Grande medo/Pavor/Pânico. **Ex.** Tomado de [Dominado pelo] ~ não se aventurava [não conseguia avançar] pela gruta adentro. **Comb.** Psiq **~ *no(c)turno*** [Crise de ansiedade que se manifesta durante o sono, com mais frequência nas crianças, levando ao despertar repentino com a sensação de perigo iminente]. **2** *Lit/Cine* Obra literária ou filme cuja temática é dominada por sentimentos de medo/do tétrico/do macabro. **Comb.** Filme [Romance] de ~. **3** O que mete medo/constitui ameaça. **Ex.** O enorme cão, sempre esfomeado, era o ~ do bairro. **4** *Hist Maiúsc* Período da Revolução Francesa, de meados de 1793 até fins de julho de 1794, cara(c)terizado por uma ditadura sangrenta, liderada por Robespierre. **Ex.** O ~ causou a morte a milhares de vítimas, muitas delas guilhotinadas. **Comb.** ~ branco [Período de rea(c)ção violenta contra o ~ dos jacobinos (Terror Montanhês ou Vermelho)]. **5** *fig* O que é difícil de suportar. **Ex.** Aquela criança é um ~, *idi* não para nada com ela «mexe em tudo/estraga tudo», só faz disparates!

terrorífico, a *adj* ⇒ terrífico.

terrorismo *s m* (<terror+-ismo) **1** Prática de a(c)tos violentos «a(c)ções de sabotagem/combates de guerrilha», visando criar um ambiente de medo e insegurança e fazer diminuir a capacidade de resistência das pessoas e das instituições. **2** Sistema de governo apoiado no terror e em medidas violentas. ⇒ ditadura.

terrorista *s/adj 2g* (<terror+-ista) **1** (O) que pratica ou é partidário do terrorismo. **Ex.** Os ~s fizeram deflagrar [explodir] várias bombas «no *metro* de Madrid». **Comb.** Grupo ~. **2** Relativo à prática do terrorismo. **Comb.** Atentado [Ataque] ~. **3** *fig* (O) que espalha boatos alarmantes. **Comb.** Notícias ~s.

terrorizar *v t* ⇒ aterrorizar.

terroso, a (Ôso, Ósa, Ósos) *adj* (<lat *terrósus,a,um*) **1** Da cor da [Semelhante a] terra. **Comb.** Material [Mistura] ~o/a. **2** Sem brilho/Baço. **3** Sujo de terra. **Comb.** Mãos [Roupa] ~as/a «dos lavradores».

terrulento, a *adj* (<lat *terruléntus,a,um*) **1** ⇒ Terroso. **2** *fig* Baixo/Vil.

terso, a (Tér) *adj* (<lat *térsus,a,um* <*térgeo, ére,térsi,térsum*: limpar enxugando) **1** Limpo(+)/Lavado(+). **Comb.** Lençóis ~s. **2** *fig* Corre(c)to/Esmerado. **Comb.** Estilo ~/polido(+). **3** *fig* Íntegro(+). **Comb.** Cará(c)ter ~. **4** *fig* Rígido/Túmido.

tertúlia *s f* (<esp *tertúlia*) **1** Reunião informal de amigos com interesses comuns. **Ex.** Os primos e alguns amigos eram fiéis [não faltavam] à ~ de sábado à noite, num café da *baixa*. **2** Reunião de intelectuais, sem cará(c)ter oficial, nem local obrigatório, nem número de membros predeterminado, com o obje(c)tivo de conversar [cavaquear]. **Ex.** As modernas ~s «Orfeu» reuniam geralmente em cafés «Martinho da Arcada/Irmãos Unidos (Lisboa)». Algumas ~s deram origem a academias literárias «Académie Française de l'Histoire/Arcádia Lusitana/Nova Arcádia».

tesão *s m* (<lat *ténsio,ónis*) **1** Estado do que é teso/rijo/Tesura. **2** *fig* Força/Impetuosidade. **3** *cal* Desejo sexual/Ere(c)ção.

tesauro *s m* ⇒ thesaurus(+)/tesou[oi]ro **5**.

tesconjuro *interj Br* (<te esconjuro) Exprime censura/repulsa/desagrado/Tarrenego(+) (satanás).

tese (Té) *s f* (<gr *thésis,eos*: a(c)ção de colocar/pôr no lugar, conclusão racional) **1** Proposição apresentada por alguém para ser defendida/demonstrada contra algum opositor. **Comb.** ~ difícil de sustentar/provar «com muitos pontos fracos». **2** Trabalho original escrito, que se destina à obtenção do grau acadé[ê]mico de mestre ou de doutor. **Loc. *Defender a* ~ *de doutoramento*. *Publicar a* ~** «numa revista estrangeira». **3** *Fil* Num processo dialé(c)tico, é o primeiro momento ao qual se segue a antítese e que irá levar à conciliação ou síntese. **4** *Hist* Opúsculos impressos em Portugal desde os meados

do séc XVI, contendo matéria versada no ensino universitário/Conclusões/Disputas/Dissertações. **Ex.** As ~s tratam de tudo o que era obje(c)to de ensino «Dir/Fil/Med/Mat» e permitem conhecer as linhas mestras da evolução do pensamento e das mentalidades ao longo do tempo.

tesla (Tés) *s m Fís* (<antr N. Tesla (1857--1943), físico jugoslavo) Unidade de indução magnética do Sistema Internacional. ⇒ SI.

teso, a (Tê) *adj* (<lat *ténsus,a,um* <*téndo, ere,ténsum*: estender) **1** Esticado/Tenso/Retesado. **Idi.** *Estar [Ficar]* ~ [sem dinheiro] (Ex. Gastei muito dinheiro com a boda da minha filha; fiquei ~. Ele gasta tudo quanto ganha; anda [está] sempre ~). **Comb.** *Corda* ~*a*. **Ant.** Bambo; frouxo; lasso. **2** Rígido/Hirto/Inteiriçado. **Comb.** ~ *como um virote* [Muito ~]. *Pernas* [Corpo] ~*as/o*. **3** *fig* Firme/Duro/Inflexível. **Ex.** Ele é ~; não é fácil fazê-lo mudar de opinião [*idi* dar-lhe a volta]. **4** Corajoso/Intrépido/Destemido. **Ex.** Para pegar touros (nas touradas) [Para ser forcado] é preciso ser muito ~.

tesou[oi]ra *s f* (<lat *tonsórius,a,um* <*tóndeo,ere,totóndi,tónsum*: tosquiar, podar) **1** Instrumento cortante formado por duas lâminas cruzadas que se movem em torno de um eixo comum. **Comb.** ~ *de costura* [cozinha/poda/unhas]. **2** O que é formado por duas peças móveis montadas de forma semelhante às lâminas desse instrumento. **Comb.** *Mesa de fechar com as pernas em* ~. **3** Estrutura de madeira ou de ferro que sustenta a cobertura duma construção. **4** ⇒ Língua maldizente/viperina. **5** *Futebol* Lance irregular em que o jogador prende as pernas ou o corpo do adversário com as suas (próprias pernas) num movimento que lembra uma ~.

tesou[oi]rada *s f* (<tesou[oi]ra+-ada) **1** Golpe ou corte com tesoura. **Loc.** Dar umas ~s nos arbustos «(por)que estão a tapar [estorvar] a entrada». **2** *fig* Dito mordaz contra alguém/Crítica violenta. **Ex.** O chefe é boa pessoa mas não falta quem lhe dê ~s [mas há muitas pessoas que o criticam duramente]. ⇒ tesoura 4.

tesou[oi]rar *v t* (<tesou[oi]ra+-ar¹) **1** Cortar com a tesoura. **Loc.** ~ *[Podar(+)] as videiras*. ~ *o cabelo* «à filha pequena». **2** *fig* Dizer mal/Criticar. **Ex.** «as comadres» Passam horas a ~ as vizinhas.

tesouraria *s f* (<tesouro+-aria) Repartição pública, escritório de empresa ou de instituição onde se fazem pagamentos e outras transa(c)ções monetárias. **Comb.** ~ *das Finanças* [da Fazenda Pública].

tesoureiro, a *s* (<tesouro+-eiro) Pessoa que na administração pública, numa empresa ou numa instituição recebe, guarda e administra o dinheiro. **Ex.** A dire(c)ção duma cole(c)tividade «empresa/clube/associação» é composta, no mínimo, por três elementos: presidente, secretário e ~. **Comb.** ~ *das Finanças* [da Santa Casa da Misericórdia].

tesou[oi]ro *s m* (<lat *thesáurus,i*) **1** Grande quantidade de dinheiro ou valores «joias/obras de arte» guardada ou escondida. **Ex.** Os mergulhadores encontraram um ~ fabuloso num barco naufragado. **Loc.** Ir à procura de ~ escondido. **2** Espólio de grande valor «material/histórico/artístico» duma instituição. **Comb.** ~ *da Sé* «de Lisboa». **3** Recursos financeiros do Estado/Erário/Finanças. **Comb.** ~ [Erário] *público* [Administração dos [Repartição onde se arrecadam os] dinheiros do Estado]. *Títulos* (de crédito) «obrigações» *do* ~.

4 Conjunto dos organismos desse se(c)tor do Estado. **Comb.** *Funcionário do* ~. *Secretaria de Estado do* ~. **5** *fig* Bens de grande valor cultural/histórico/Patrimó[ô]nio. **Ex.** A biblioteca do convento de Alcobaça, Pt, é um ~ de valor histórico e cultural inestimável. **6** *fig* Aquilo «pessoa/coisa» que é considerado muito valioso. **Ex.** O neto era o seu maior ~. A saúde, a liberdade, a paz são ~s inestimáveis. **7** *fig* O que é origem de coisas boas, bens, virtudes. **Comb.** Os ~s da terra «vinho/azeite/trigo».

tessitura *s f* (<it *tessitura*: tecedura) **1** Encadeamento das partes de um todo/Organização/Composição. **Comb.** A ~ *dum poema* [duma dissertação]. **2** *Mús* Extensão das notas num intervalo adequado a determinada voz ou instrumento. **3** *Mús* Conjunto das notas mais frequentes numa composição musical.

testa (Tés) *s f* (<lat *tésta,ae*: vasilha bojuda de barro, tijolo, casca, concha, ~; ⇒ ~ *de ferro*; ~ *de ponte*) **1** *Anat* Parte superior do rosto humano entre as sobrancelhas e o couro cabeludo/Fronte. **Ex.** Cavaram-se-lhe as rugas na ~ de tanto pensar. **Idi.** *Br Comer com a* ~ [Olhar para alguma coisa que se deseja sem a poder possuir] (Ex. «criança com fome» Encostava a cara à montra a comer com a ~ os bolos expostos nas prateleiras). *Fazer* ~ [Opor-se/Resistir] (Ex. À frente da manifestação, um cordão de sindicalistas fazia ~ à polícia que os impedia de avançar). *Franzir a* ~ [Mostrar desagrado, fazendo má cara] (Ex. Quando a conversa começou a azedar [a tornar-se agressiva/desrespeitosa], ele franziu a ~ e disse: é melhor ficarmos por aqui, mudarmos de assunto). *Ter dois dedos de* ~ [Ser (medianamente) inteligente/Ter bom senso] (Ex. É preciso não ter dois dedos de ~ para deixar uma criança tão pequena, sozinha, a brincar na rua «era fácil de ver que não estava em segurança»). **Comb.** À ~ *de* [À frente/Na chefia «duma empresa/dum negócio»]. **2** Cabeça. **Comb.** *idi* ~ *coroada* [O monarca/soberano]. **3** Região superior da parte da frente da cabeça dos animais/Região frontal. **4** Dianteira dum grupo. **Ex.** «empunhando cartazes com palavras de ordem» Os sindicalistas aparecem sempre à ~ das manifestações.

testada *s f* (<testa+-ada) **1** Caminho [Rua] que fica à frente de um prédio/Testeira. **Idi.** *Varrer a (sua)* ~ [Desviar de si a responsabilidade/Justificar-se]. **2** Parte da frente de um imóvel confinante com a via pública/Frente. **3** Propriedade confinante com a via pública.

testa de ferro *s 2g* Pessoa que aparece para tratar de um assunto difícil ou conflituoso, em substituição do verdadeiro interessado. **Ex.** Para negociar a compra duma fábrica «concorrente» a empresa enviou como ~ um advogado.

testa de ponte *s f Mil* Posição adiantada conquistada ao inimigo, e que servirá de apoio para operações subsequentes de maior envergadura.

testador, ora *s/adj* (<lat *testátor,óris*) **1** (O) que testa/avalia ou faz um teste. **Comb.** «prova de esforço» ~*ora do estado de saúde* do coração. «exercício acadé[ê]mico» ~ *de conhecimentos*. **2** (O) que faz testamento. **Comb.** Vontade [Disposição] do ~.

testamental *adj 2g* (<testamento+-al) Que diz respeito a testamento. **Comb.** Cláusula [Condição] ~.

testamentaria *s f* (<testamento+-aria) Cargo de testamenteiro/testamentário.

testamentário, a *adj/s* (<lat *testamentárius, a,um*) **1** *adj* Relativo a testamento/Testamental. **Comb.** *Bens* ~*s*. *Herdeiro* ~. *Tutela* ~*a*. **2** *s* Executor do testamento nomeado pelo testador/Testamenteiro **1**(+). **3** *s* O que herda por testamento.

testamenteiro, a *s/adj* (<testamento+-eiro) **1** Executor dum testamento. **2** Reda(c)tor de testamentos. **3** *adj* ⇒ testamentário **1**/testamental.

testamento *s m* (<lat *testaméntum,i*) **1** Documento [A(c)to jurídico] pelo qual alguém dispõe dos seus bens (ou de parte deles) para depois da sua morte. **Ex.** Deixou em ~ uma quinta à Misericórdia local. **Comb.** ~ *cerrado* [escrito pelo testador e autenticado pelo funcionário, e só será dado a conhecer após a morte do testador]. ~ *particular* [escrito pelo testador perante cinco testemunhas e assinado por todos]. ~ *político* [Escritos, relativos à política, de homens de Estado, sob a forma de reflexões ou conselhos aos seus sucessores]. ~ *público* [escrito pelo funcionário público «notário» que recolhe as declarações do testador]. **2** *fig* Texto «carta/discurso» muito extenso. **Ex.** As cartas dele são sempre uns ~s escritos com letra miudinha que ninguém consegue [miudinha difíceis de] ler. **3** *Rel* Sagrada Escritura/Bíblia. **Comb.** *Maiúsc Antigo [Velho]* ~ [Livros da Bíblia «Génesis/Crónicas/Salmos» escritos antes de Jesus Cristo]. *Novo* ~ [Livros da Bíblia «Evangelhos/A(c)tos/Epístolas dos Apóstolos» posteriores a Jesus Cristo].

testante *adj/s 2g* (<testar+-ante) (O) que testa/Testador(+).

testar¹ *v t* (<teste+-ar¹) Submeter a testes/Pôr à prova/Experimentar. **Loc.** O funcionamento duma máquina «automóvel» «após uma grande reparação». **2** Avaliar capacidades/conhecimentos por meio de testes/provas/exames. **Loc.** ~ *a rapidez de reflexos* a estímulos externos «sonoros/luminosos». ~ *conhecimentos* «de literatura/química». **3** Tentar saber de modo indire(c)to/Sondar/Indagar. **Ex.** Teve comigo [*idi* Veio-me com] uma grande conversa para me ~ [*idi* para tirar nabos da púcara] mas eu não me descaí/não revelei nada.

testar² *v t/int* (<lat *téstor,ári,átus sum*) **1** Deixar em testamento/Legar. **Ex.** Testou [Legou(+)/Deixou em testamento(o+)] todos os seus bens a uma instituição de beneficência «Santa Casa da Misericórdia». **2** Fazer o seu testamento. **Ex.** Foi ao notário para ~ [fazer testamento(+)]. **3** Testemunhar/Atestar.

testável *adj 2g* (<testar¹+-vel) Que pode ser testado/submetido a testes.

teste *s m* (<ing *test*) Exame «de máquina/mecanismo» para verificar as condições de funcionamento/Experiência/Ensaio. **Loc.** Fazer um ~ à instalação elé(c)trica [aos travões do carro]. **Comb.** *Piloto de* ~*s* [Condutor que experimenta os automóveis «numa fábrica/marca de alta competição»]. **2** Prova para avaliar aptidões ou conhecimentos de pessoas. **Comb.** ~ *de admissão* «a um emprego». ~ *de orientação profissional*. ~ *psicológico* [de inteligência]. *Bateria de* ~*s* «psicotécnicos» [Conjunto de tarefas de dificuldade gradual e crescente para avaliar a capacidade dos executantes]. **3** Prova [Exercício] pedagógica/o para avaliar conhecimentos/Exame. **Ex.** Hoje vai haver ~ a [de] português. Tive (nota) positiva no ~ de matemática. **4** Situação de dificuldade a que alguém é submetido. **Ex.** Este jogo «contra uma das melhores

testeiro, a

equipas/es de futebol da a(c)tualidade» será um bom ~ para a sele(c)ção nacional. **5** *Quím* Procedimento para analisar as cara(c)terísticas duma substância [dum organismo/duma função]/Análise/Ensaio. **Ex.** Só depois de conhecidos os resultados dos ~s «do ADN» se poderá tirar uma conclusão. **Comb.** ~ de gravidez.

testeiro, a *adj/s* (<testa+-eiro) **1** (O) que fica na frente [que confina ou entesta com]/Frente/Dianteira/Testada **2**. **Comb.** Terreno ~ com a rua principal. **2** *s f* Parte mais estreita de uma mesa [de um obje(c)to/terreno] re(c)tangular. **Ex.** O dono da casa sentava-se sempre na [à] ~a [cabeceira(+)] da mesa. **Comb.** ~ *duma arca.* ~ *duma latada.*

testemunha *s f* (<testemunhar) **1** Pessoa que presenciou [ouviu] fa(c)tos/ditos. **Ex.** No local «do acidente» várias ~s viram como tudo se passou [como foi]. **2** *Dir* Pessoa que é chamada a dizer em juízo tudo o que sabe acerca de matéria em apreço. **Ex.** As ~s não podem ser parte na causa, nem representantes dos arguidos/réus. **Comb.** ~ *abonatória* [que atesta [testemunha] a idoneidade «social/moral» de alguém]. ~ *falsa* [que falseia deliberadamente os fa(c)tos]. **3** Pessoa que assiste a um a(c)to social para o tornar válido e confirmar a sua realização. **Comb.** ~ dum casamento. **4** O que serve de confirmação [prova] da existência de alguma coisa. **Ex.** Os castros e as citânias são ~s de povoações antigas «(pré-)romanas».

testemunhador, ora *adj/s* (<testemunhar+-dor) (O) que testemunha/dá [presta] testemunho. **Ex.** Vários ~es [Várias testemunhas(+)] se prontificaram a contar «à polícia» o que tinha acontecido. **Comb.** Qualidades «da jovem» que são ~as [testemunho(+)/prova(+)] da boa educação recebida (dos pais).

testemunhal *adj 2g* (<lat *testimoniális,e*) **1** Relativo a testemunha ou testemunho. **Comb.** *Depoimento* ~. *Prova* ~. **2** Que serve para testemunhar. **Comb.** Documento com valor ~.

testemunhar *v t/int* (<testemunho+-ar[1]) **1** Dar [Prestar] testemunho de/Atestar. **Ex.** Posso ~ porque assisti à cena/ao fa(c)to. **2** Fazer declaração formal sob juramento, em tribunal, sobre a veracidade de fa(c)tos [matéria/circunstâncias] que conhece/Depor como testemunha. **Ex.** Ele testemunhou ter visto o réu no local pouco tempo antes do crime. **3** Presenciar/Assistir/Ver. **Ex.** Toda a assistência testemunhou o fora de jogo «só o árbitro (é que) não viu e validou o gol(o)». **4** Dar a conhecer/Manifestar/Demonstrar. **Ex.** As más notas [Os maus resultados] (que tiveste) testemunham [mostram] que não tens estudado.

testemunhável *adj 2g* (<testemunhar+-vel) **1** Que se pode testemunhar. **Comb.** Fa(c)to ~. **2** Que merece crédito/Que faz fé. **Comb.** Documento «cópia» ~.

testemunho *s m* (<lat *testimónium,ii*) **1** A(c)to ou efeito de testemunhar/Declaração de ter visto/ouvido/sabido/experimentado algo. **Ex.** «quando a desgraça lhes bateu à porta» Eles deram um grande ~ de fé em Jesus Cristo. **Idi.** *Levantar falsos* ~*s* [Caluniar]. **2** Declaração em julgamento na qualidade de testemunha/Depoimento(+). **Ex.** O ~ do colega foi decisivo para a absolvição do réu. **3** Afirmação fundamentada/Parecer/Opinião. **Ex.** O chefe tomou a decisão em concordância com os ~s de vários colaboradores. **4** Manifestação/Prova. **Ex.** As catedrais são um ~ da fé cristã dos nossos antepassados europeus.

5 *(D)esp* Pequeno bastão que o corredor duma estafeta passa ao colega que o vai substituir. **Comb.** Passagem do ~ **a)** Entrega do bastão (~) numa corrida de estafeta; **b)** *fig* Transmissão de uma missão [cargo/competência] a um sucessor.

testicular *adj 2g* (<testículo+-ar[2]) Relativo aos testículos. **Comb.** Ablação ~. Bolsa ~ [Escroto].

testículo *s m Anat* (<lat *testículus,i*, dim de *testis,is* [*testes,ium*(+)]: ~s) Cada uma das gónadas masculinas de forma ovoide onde se formam os espermatozoides e a testosterona.

testículo-de-cão *s m Bot* Planta herbácea da família das orquidáceas, *Orchis máscula*, também conhecida por fatua e erva-do--salepo.

testiculoso, a ⇒ Testicular.

testificação *s f* (<lat *testificátio,ónis*) A(c)to ou efeito de testificar/dar testemunho.

testificador, ora *adj/s* (<testificar+-dor) (O) que testifica/Testificante.

testificar *v t* (<lat *testifícor,ári,átus sum*) **1** Prestar testemunho/Testemunhar(+). **2** Fazer declaração/Afirmar/Assegurar. **3** Comprovar/Atestar.

testilhar *v int* (<testa+-ilha+-ar) Discutir/Altercar(+)/Brigar. **Ex.** «um casal» Não há maneira de se entenderem [Não conseguem entender-se]; passam a vida [estão constantemente] a ~ um com o outro.

testo (Tês) *s m* (<testa) **1** Tampa de tacho ou de panela. **Loc.** Tirar [Pôr] o ~ ao/à [no/a] tacho/panela. **2** *fig pop* ⇒ Chapéu. **3** *fig pop* ⇒ Cabeça.

testosterona *s f Fisiol* (<fr *testostérone*) Hormona [Hormônio] sexual masculina/o que se forma nos testículos e é responsável pelo aparecimento dos cara(c)teres sexuais masculinos secundários «barba».

testudo, a *adj* (<testa+-udo) **1** Que tem a testa grande. **2** *fig pej* Cabeçudo/Teimoso.

tesura *s f* (<teso+-ura) **1** Cara(c)terística do que é/está teso/rijo/hirto/Rigidez. **Comb.** A ~ da roupa molhada quando congela. **2** Estado do que está sem dinheiro. **Ex.** Ele gasta tudo no jogo; anda sempre na ~. **3** *fig* Valentia/Audácia. **4** *fig* Vaidade/Presunção.

teta[1] (Té) *s m* (<gr *théta*) Letra grega, θ, Θ, correspondente ao dígrafo *th*.

teta[2] (Tê) *s f* (<on) **1** Órgão glandular mamário das fêmeas dos mamíferos/Mama/Úbere. **Comb.** ~s da cabra [vaca]. **2** *col* Peito/Seio da mulher. **3** *fig* Situação lucrativa/Fonte de rendimento. **Ex.** «teve que [foi obrigado a] renunciar a um cargo rendoso» Acabou-se-lhe a ~.

tetania *s f Med* (<tétano+-ia) Doença convulsiva que consiste em excessos de contra(c)ções das extremidades, espasmos viscerais e convulsões generalizadas sem perda de conhecimento. **Comb.** ~ latente [que se demonstra por estimulação mecânica].

tetânico, a *adj* (<lat *tetánicus,a,um*) **1** Relativo ao tétano. **Comb.** Convulsão [Espasmo] ~a/o. **2** Que sofre de tétano. **Comb.** Estado ~.

tetanismo *s m Med* (<tétano+-ismo) Estado tetânico que atinge os recém-nascidos.

tétano *s m Med* (<lat *tétanus,i*) Doença do homem e dos animais cara(c)terizada por espasmos musculares devidos a uma neurointoxicação infe(c)ciosa aguda. **Ex.** O ~ é uma doença muito grave, frequentemente mortal, mas não contagiosa.

tête-à-tête (Téte-á-téte) *s m fr* Frente a frente, duas pessoas em conversa. **Ex.** Estive com ela quase duas horas, num [em] agradável ~.

tetina *s f* (<teta[2]+-ina) Peça de borracha para tapar o biberão e que termina em forma de mamilo. **Ex.** A ~ já está muito gasta [mole/usada] «o bebé[ê] já não quer mamar o leite por ela». ⇒ chucha; chupeta.

teto[1] (Té) [*Br* **te(c)to** *(dg)*] *s m* [= tecto] (<lat *téctum*: cobertura <*tégo,ere,téctum*: cobrir) **1** Parte superior de um espaço interior. **Ex.** Dois enormes lustres pendiam do ~ do salão. **2** *fig* Casa, habitação, enquanto espaço de acolhimento ou abrigo. **Ex.** Infelizmente, ainda há, hoje, muita gente sem um ~, sobretudo nas grandes cidades. **3** *fig* Limite máximo de determinado valor. **Ex.** A administração da empresa estabeleceu um ~ salarial para os novos contratados.

teto[2] (Tê) *s m* (<teta[2]) **1** Mamilo(+). **Loc.** «mãe que amamenta» Ter os ~s gretados [feridos]. **2** Teta dos animais «da cabra».

teto[3] (Té) *s m* ⇒ tétum (Língua de Timor).

tetônica/tetônico ⇒ tectónica/…

tetra- (Té) *elem de formação* (<gr *tetras, ados*: quatro) Designa um grupo de quatro elementos ou quatro unidades.

tetrabranquiado, a *adj* (<tetra-+…) (Diz--se de) grupo de moluscos cefalópodes, primitivos, com dois pares de brânquias e numerosos tentáculos desprovidos de ventosas, representados a(c)tualmente pelo gé[ê]nero *Náutilus*.

tetracarpo, a *adj Bot* (<tetra-+…) **1** Que tem quatro frutos. **2** Tetrasporângio.

tetraciclina *s f Med* (<fr *tetracycline*) Antibiótico com largo espe(c)tro antibacteriano. **Ex.** A ~ foi muito utilizada no combate à tuberculose.

tetracloreto (Rê) *s m Quím* (<tetra-+…) Compostos que contêm quatro átomos de cloro. **Comb.** ~ de carbono [Composto orgânico de fórmula química $C\,Cl_4$, bom solvente de óleos, gorduras, resinas, verniz, …/Tetraclorometano].

tetracorde/o *adj/s m Mús* (<tetra-+corda) **1** *adj* Que possui quatro cordas. **Comb.** Instrumento ~. **2** *s m* Antiga escala baseada numa série de quatro notas.

tetracórdio *s m Mús* (<tetra-+corda+-io) Antiga lira de quatro cordas.

tetracromia *s f* (<tetra-+…) ⇒ quadricromia.

tetractinídeo, a *adj/s m pl Zool* (<tetra--+actinídeo) (Diz-se de) grupo de espongiários, sem esqueleto de natureza calcária, geralmente com espículas de quatro raios.

tétrada/e *s f* (<gr *tétras,ádos*: número quatro) **1** *Bot* Grupo de quatro elementos celulares provenientes da mesma célula-mãe. **2** Grupo natural de quatro cromídios (⇒ cromídia).

tetradáctilo, a [*Br* **tetradá(c)tilo** *(dg)*] *adj* (<tetra-+-dá(c)tilo) Que tem quatro dedos.

tetraédrico, a *adj* (<tetraedro+-ico) Que tem a forma de [Relativo a] tetraedro. **Comb.** *Embalagem* «de leite longa vida» ~*a*. *Sistema* cristalográfico ~.

tetraedrite/a *s f Miner* (<tetraedro+-ite) Mineral constituído por sulfureto de cobre e antimó[ô]nio, que cristaliza no sistema cúbico.

tetraedro *s m Geom* (<tetra-+-edro) **1** Sólido geométrico limitado por quatro faces triangulares. **Ex.** A pirâmide triangular é um ~. **2** Forma do sistema cúbico constituída por quatro faces que interse(c)tam os eixos cristalográficos a distâncias iguais.

tetrafilo, a *adj Bot* (<tetra-+ gr *phylon*: folha) Que possui quatro folhas.

tetrágino, a *adj Bot* (<tetra-+-gino) Diz-se de flor que tem quatro pistilos.

tetragonal *adj 2g* (<tetrágono+-al) **1** Relativo a [Que tem a forma de] tetrágono. **2** *Miner* Diz-se do sistema cristalográfico em que a cruz axial é constituída por três eixos perpendiculares entre si, dois iguais, secundários, e um desigual, o principal. **Ex.** A cassiterite cristaliza no sistema ~.

tetrágono *s m Geom* (<tetra-+-gono[1]) Polígono de quatro ângulos (e quatro lados)/Quadrilátero(o+)/Quadrângulo(+). **Ex.** O quadrado é um ~ regular.

tetragrama *s m/adj 2g* (<tetra-+-grama) **1** *adj* Que tem quatro letras. **2** *s m* Conjunto de quatro letras. **Ex.** A sigla do lema da Companhia de Jesus (Dos jesuítas), *AMDG* (*Ad maiorem Dei gloriam*: para a maior glória de Deus), é um ~. ⇒ monograma; trigrama. **3** *Mús* Pauta musical de quatro linhas «usada no cantochão».

tetralogia *s f Liter/Mús/Teat* (<tetra-+-logia) Conjunto de quatro obras «três tragédias e uma comédia» do mesmo autor ou relacionadas entre si. ⇒ trilogia.

tetrâmero, a *adj/s m pl Zool* (<tetra-+-mero) **1** Dividido em [Formado por] quatro partes ou peças. **2** *Zool* (Diz-se de) grupo de inse(c)tos cujos tarsos são constituídos por quatro partes.

tetrâmetro *s m Liter* (<lat *tetrametrus,i*) Verso latino de quatro pés.

tetrândria *s f Bot* (<tetra-+-andro-+-ia) Classe de plantas de flores hermafroditas com quatro estames livres.

tetraneto, a (Né) *s* (<tetra-+...) Filho de trineto. **Ex.** O rei de Portugal, D. Afonso IV (Filho de D. Dinis, trineto de D. Afonso Henriques), era ~ de D. Afonso Henriques (Primeiro rei de Pt).

tetrapétalo, a *adj* (<tetra-+pétala) Que tem quatro pétalas/Quadripétalo.

tetraplegia *a f Med* (<tetra-+ gr *plegé,és*: golpe, pancada +-ia) Paralisia que atinge os quatro membros.

tetraplégico, a *adj/s* (<tetraplegia+-ico) (O) que sofre de tetraplegia.

tetraploide (Plói) *adj 2g Biol* (<tetra-+ gr *haploós*: simples, único+-oide) Diz-se da fase do núcleo da célula em que se verifica um número de cromossomas igual a 4n.

tetrápode *adj 2g/s m pl Zool* (<tetra-+-pode) (Diz-se do) grupo de vertebrados que têm quatro membros locomotores e compreende batráquios, répteis, aves e mamíferos.

tetráptero, a *adj Ent* (<tetra-+-ptero) Diz-se de inse(c)tos tão com dois pares de asas.

tetraquénio [*Br* tetraquênio] *s m Bot* (<tetra-+aquénio) Diz-se de fruto esquizocárpico «das labiadas e boragináceas» constituído por quatro aquénios mais proveniente de um ovário com dois carpelos.

tetrarca *s m Hist* (<tetra-+-arca) Antigo governador duma tetrarquia. **Ex.** Quando Jesus Cristo foi preso para ser crucificado, governava a Galileia o ~ Herodes Antipas.

tetrarquia *s f Hist* (<tetrarca-+-ia) Cada uma das quatro partes [províncias] em que se dividiam alguns estados sob a tutela de Roma. **Ex.** A Palestina no tempo de Jesus Cristo era uma ~ (Judeia, Samaria, Galileia e Pereia).

tetraspermo, a (Pér) *adj Bot* (<tetra-+ gr *sperma*: semente) Diz-se do fruto que tem quatro sementes.

tetrasporângio *s m Bot* (<tetra-+esporângio) Esporângio que dá origem a quatro esporos.

tetrassépalo, a *adj Bot* (<tetra-+sépala) Que tem quatro sépalas.

tetrassilábico, a *adj* (<tetra-+sílaba+-ico) Que tem quatro sílabas/Tetrassílabo(+).

tetrassílabo *s m/adj* (<tetra-+sílaba) **1** Verso ou palavra que tem quatro sílabas «camarada». **2** *adj* Que tem quatro sílabas/Tetrassilábico. **Comb.** Palavra ~a.

tetrastilo *s m Arquit* (<tetra-+ gr *stylós,ou*: coluna) Construção com quatro ordens de colunas na fachada principal.

tetratómico, a [*Br* tetratômico] *adj Quím* (<tetra-+ató[ô]mico) Que tem quatro átomos «hidrogenocarbonato de sódio, $HNaCO_3$: H, Na, C, e O».

tetravalente *adj 2g Quím* (<tetra-+...) Que admite quatro ligações químicas «Carbono, C».

tetravô/ó *s* (<tetra-+avô/ó) Pai do trisavô/da trisavó.

tetricidade *s f* (<lat *tetrícitas,átis*) Qualidade do que é tétrico.

tétrico, a *adj* (<lat *tétricus,a,um*) **1** Medonho/Horrível. **Comb.** Filme [Cena] ~o/a. **2** Muito triste/Fúnebre. **Comb.** Ambiente ~ «dum local onde ocorreu um suicídio». **3** Escuro/Fantasmagórico/Assustador. **Comb. Decoração ~a** «duma sala escura com caveiras e motivos fúnebres». **Figura ~a** «de alguém disfarçado de monstro».

tétum *s m Ling* Língua nacional falada em Timor-Leste [-Lorosae].

teu, tua *adj/pron possessivo* (<lat *túus,a,um*) **1** *adj* Refere-se à segunda pessoa do singular e indica a posse/pertença. **Comb. O ~** casaco. **A tua** viola. **Os ~s [As tuas]** primos/as. **2** *pron* Substitui e indica o que pertence à segunda pessoa do singular. **Ex.** Este casaco é ~? Não encontrei a minha caneta; usei a [servi-me da] tua.

teúdo, a *adj* ⇒ manteúdo.

teurgia[gismo] *s f[m]* (<gr *theourgia*: a(c)to de poder divino) Doutrina e prática dos que acreditam na magia como forma de obter a prote(c)ção dos deuses e dos demó[ô]nios.

teutão *s m/adj Etno* (<lat *teutónes,num*) (Diz-se de) membro, língua e povo da antiga Germânia. ≈ te[u]desco.

teutónico, a [*Br* teutônico] *adj* (<teutões+-ico) Relativo aos teutões/Germânico(+)/Alemão(o+).

textiforme (Teicheti) *adj 2g* (<têxtil+-forme) Com a forma de tecido/rede.

têxtil (Teich) *adj 2g/s m* (<lat *téxtilis,e*) **1** Que serve para tecer. **Comb.** «algodão/lã» Fibras ~eis. **2** Referente a tecidos. **Comb.** Artigos [Produtos] ~eis. **3** Relativo ao fabrico de tecidos. **Comb. Indústria** [Maquinaria] ~. **4** *s m pl* Artigos fabricados com fibras/Tecidos. **Comb.** Exportação de ~eis. **5** *s m pl* Se(c)tor de produção de tecidos. **Ex.** Os ~eis empregam muita mão de obra.

texto (Teich) *s m* (<lat *téxtus,a,um*: tecido) **1** *Ling* Conjunto sequencial ordenado de frases, constituindo uma unidade de comunicação com sentido. **Ex.** O ~ descreve um episódio real. **2** Conjunto de palavras tal como se encontram num livro ou numa peça escrita. **Comb. Revista** sem figuras, só **com ~**. ~ «para analisar num teste» **muito comprido**. **3** Tema/Assunto. **Comb.** ~ có[ô]mico [edificante/moralista]. **4** *pl* Cole(c)ções de Direito, sobretudo romano e canó[ô]nico.

textual (Teich) *adj 2g* (<lat *textuális,e*) **1** Referente ao texto. **Comb.** Análise ~. **2** Conforme ao [Que reproduz fielmente o] texto. **Comb.** Citação ~.

textura (Teich) *s f* (<lat *textura,ae*) **1** Forma, distribuição, arranjo das partes dum todo/Organização/Contextura. **2** Disposição das moléculas nos corpos homogé[ê]neos. **Comb.** ~ cristalina [amorfa]. **3** Aparência/Consistência. **Comb. ~ áspera** [macia] «dum tecido». **~ mole** «da lesma». **4** *Miner* Cara(c)terística microscópica duma rocha resultante da forma, dimensões e interligação dos elementos que a constituem. **5** *Ling* Organização das unidades léxico-gramaticais que fundamenta a coesão dum texto verbal.

texturação (Teich) *s f* (<texturar+-ção) **1** A(c)to de texturar. **2** Série de tratamentos a que se submetem as fibras têxteis para as tornar adequadas à finalidade pretendida.

texturar (Teich) *v t* (<textura+-ar[1]) Efe(c)tuar as operações «distensão/compressão/torção» de texturação de fibras têxteis.

texugo *s m Zool* (<esp *te[a]jugo*) **1** Mamífero carnívoro corpulento e atarracado, da família dos mustelídeos, com focinho pontiagudo e pelagem cinzenta e negra. **2** *fig pej* Pessoa muito gorda.

tez (Ê) *s f* (< ?) Epiderme, principalmente do rosto. **Comb.** ~ morena. ⇒ cútis; pele.

TGV *sigla* (<fr *train à grande vitesse*) Comboio [Trem] de alta velocidade.

thesaurus *s m* (<lat *thesáurus,i*: tesouro) **1** Cole(c)ção exaustiva de termos relativos a determinada área do conhecimento, ordenados alfabeticamente e por sistemas/Vocabulário(+) «da língua portuguesa/ortográfico/médico»/Dicionário. **2** Dicionário de palavras associadas semanticamente a outras «sinó[ô]nimos/antó[ô]nimos».

thriller (Thrílar) *s m ing* Filme [Narrativa/Peça de teatro] fic(c)ional cara(c)terizado por uma atmosfera de *suspense*, intriga, crime ou mistério.

ti *pron pessoal* (<lat *tibi*) Designa a segunda pessoa do singular com a qual se está a falar. **Ex.** Falaram [Falou-se] de ~ na reunião. A obra «da ponte» a ~ se deve. O livro é para ~ [Dou-te esse livro].

tia *s f* (⇒ tio) **1** Irmã do pai ou da mãe. **Idi. *Ficar para ~*** [Não casar/Ficar solteira] (Ex. Era uma adolescente quando casou; tinha medo de [; receava] ficar para ~). **2** Mulher do tio (~ por afinidade). **3** *fig* Forma de tratamento familiar de amigos íntimos em relação a senhoras mais velhas.

tia-avó *s f* Irmã do avô ou da avó em relação aos netos destes. **Ex.** Só conheci uma ~, irmã do meu avô materno.

tiamina *s f Quím* (<tio-+...) Uma das vitaminas do complexo B (Vitamina B_1), também conhecida por aneurina. **Ex.** A carência de ~ provoca o aparecimento de beribéri.

tiara *s f* (<lat *tiára,ae*) **1** Ornamento em forma de arco semicircular, geralmente metálico e com pedras preciosas, usado na cabeça por mulheres em ocasiões festivas de grande pompa. **2** Mitra com três coroas antes usada pelos Papas mas suprimida por Paulo VI.

tiazina *s f Quím* (<tio-+azina) Composto heterocíclico insaturado com um átomo de enxofre e outro de azoto na estrutura em anel.

Tibete *s m Geog* País da Ásia Central entre a China e a Índia, cuja capital é Lassa e cujos habitantes são os tibetanos.

tíbia *s f* (<lat *tíbia,ae*: flauta, ~) **1** *Anat* O mais grosso dos dois ossos da perna/Canela (da perna). **Loc.** Partir a ~. **Idi. *Dar às ~s*** [(Fugir a) correr]. **2** *Zool* Segmento das patas de alguns artrópodes, em especial inse(c)tos e aracnídeos. **3** *Hist* Flauta romana feita de ~s de alguns animais. **4** *fig* ⇒ Perna.

tibial *adj 2g Anat* (<tíbia+-al) Relativo à tíbia. **Comb. Dor** [Fra(c)tura] **~. Nervo** [Veia] **~.**

tibieza (Ê) s f (<tíbio+-eza) **1** Cara(c)terística do que é tíbio. **2** Tepidez. **3** fig Fraqueza/Frouxidão. **4** fig Falta de entusiasmo [Frieza] espiritual. **Ant.** Fervor.

tíbio, a adj (<lat tépidus,a,um) **1** Morno/Tépido. **2** fig Frouxo/Indolente. **3** fig Sem entusiasmo espiritual/Com pouco fervor/idi Nem quente nem frio/Nem bom nem mau/Meias-tintas. **Comb.** Almas ~s [rotineiras].

tibiofemoral adj 2g (<tíbia+...) Relativo à tíbia e ao fémur.

tiborna (Ó) s f Br (< ?) **1** Pão quente [Torrada] embebido[a] em azeite novo. **2** ⇒ piquenique. **3** ⇒ Mistura confusa «de bebidas»/Mixórdia. **4** ⇒ fezes [bagaço] do alambique. **5** ⇒ líquido entornado/sujeira.

tical s m (<mal tikal) **1** Unidade monetária da Tailândia. **2** Antigo peso indiano.

tição s m (<lat títio,ónis) **1** Pedaço de lenha aceso/Pau [Carvão] em brasa. **Loc.** Tirar uns ~ões da fogueira para acender a churrasqueira. **Idi. Vermelho como um ~** [Muito corado «de vergonha»/Afogueado]. **2** fig pej Pessoa muito escura ou morena.

tico s m Br (< ?) **1** ⇒ Pedaço pequeno/Bocadinho. **2** ⇒ Instante.

tiçoeiro s m (<tição+-eiro) Varão de ferro com que se atiça o lume.

tico-tico s m (< on) **1** Ornit Pequeno pássaro «pardal» das Américas do Sul e Central, da família dos fringilídeos, útil pelos inse(c)tos que devora e que vive junto às habitações/casas. **2** Pipilar das aves. **3** Serra vertical de dentes finos para recortar madeira. **4** ⇒ Homem franzino. **5** ⇒ escola primária.

tido, a adj (<ter) **1** Particípio passado do verbo ter/Possuído/Havido. **Comb.** Imóvel ~ pela família durante várias gerações. **2** Considerado/Reputado. **Comb. Pessoa ~a** por sábia. **Produto ~** por bom «mas que não presta».

tie-break (Taibreique) s m ing (D)esp Sistema utilizado «no té[ê]nis» para decidir o vencedor de um jogo quando há empate. ⇒ prolongamento.

tiete (Tié) s 2g Br ⇒ Fã/Admirador/Entusiasta.

tifemia s f Med (<tifo+-emia) Infe(c)ção do sangue por bacilos tíficos.

tífico, a adj (<tifo+-ico) Relativo ao tifo/Tifoide. **Comb.** Infe(c)ção ~a.

tifismo s m Med (<tifo+-ismo) Febres com cará(c)ter tífico.

tiflectomia s f Med (⇒ tiflite) Operação cirurgia de ablação do ceco/cego.

tiflite s f Med (<gr typhlón (tou entérou): ceco+-ite) Inflamação do ceco/cego.

tiflologia s f (<gr typhlós,é,ón: cego+-logia) Tratado ou estudo acerca da instrução dos cegos.

tiflotomia s f Med (⇒ tiflite) Abertura ou corte do [no] ceco.

tifo s m Med (<gr typhós) Doença febril grave, infe(c)tocontagiosa que apresenta exantemas e lesões hemorrágicas, transmitida pelo piolho/Febre tifoide. **Comb.** Epidemia de ~.

tifoide (Fói) adj 2g Med (<tifo+-oide) Relativo [Semelhante] ao tifo. **Comb.** Febre ~ [Doença infe(c)tocontagiosa específica, bacilose, também designada por tifo abdominal e popularmente por tifo].

tifomania s f Med (<tifo+...) Delírio acompanhado de espasmos que pode ocorrer em doentes com tifo e febre tifoide.

tifoso, a (Ôso, Ósa, Ósos) adj (<tifo+-oso) **1** (O) que apresenta sinais de tifo ou de febre tifoide. **2** Com as cara(c)terísticas do [Semelhante ao] tifo. **3** (D)esp gír Diz-se de adepto fanático [idi doente] dum clube «do Benfica».

tigela (Gé) s f (<lat tegélla: telha, dim de tégula) Recipiente de loiça, vidro ou metal, em forma de meia esfera/Malga. **Loc.** Servir a sopa «o caldo verde» numa ~ de barro.

tigelada s f (<tigela+-ada) **1** Tigela cheia/Conteúdo duma tigela. **Ex.** Comeu uma ~ de sopa e ficou saciado; já não quis (comer) mais nada. **2** Cul Doce típico [Pudim] feito com ovos, leite e açúcar. **Comb.** ~ de Abrantes, Pt.

tigmotactismo s m Biol (<gr thigma: conta(c)to+...) Ta(c)tismo que tem por estímulo o conta(c)to com um corpo duro.

tigmotropismo s m Biol (<gr thigma: conta(c)to+...) Tropismo que tem por estímulo um conta(c)to unilateral. **Ex.** O enrolamento de um caule volúvel «feijoeiro» é provocado por ~.

tigrado, a adj (<tigre+-ado) Que tem manchas escuras como a pele do tigre.

tigre s m Zool (<lat tigris,is) **1** Mamífero carnívoro da família dos felídeos, com pelagem apresentando listas transversais negras. **2** fig Homem cruel/sanguinário.

tigrino, a adj (<lat tigrínus,a,um) **1** Relativo [Semelhante] ao tigre. **Comb.** «animal com» Pelagem ~a. ⇒ dálmata. **2** fig Cruel/Sanguinário.

tijolaria s f (<tijolo+-aria) Fábrica ou conjunto de tijolos.

tijoleira s f (<tijolo+-eira) **1** Peça de barro cozido, em forma de ladrilho, utilizada no revestimento de pavimentos. **Comb.** Chão da cozinha em ~. ⇒ tijolo **1**. **2** Tijolo grande.

tijoleiro, a s (<tijolo+-eiro) O que faz [vende] tijolos. ⇒ tijolaria.

tijolo (Jô) s m (<esp tijuelo, dim de tejo: caco de telha) **1** Peça de barro cozido, com a forma de paralelepípedo, com furos, usada na construção. **Idi. Fazer ~** [Estar sepultado]. **Comb. ~ burro** [maciço/sem furos]. **Paredes de ~.** ⇒ tijoleira **1**. **2** Bloco de barro amassado com areia e palha, seco ao sol/Adobe. ⇒ Bloco [Paralelepípedo de betão]. **3** Utensílio onde os ourives vazam as arruelas. **4** fig gír Livro muito grosso/Calhamaço(+).

tijuca/o [tijucal] s Br (<tupi tu'yuka) Pântano/Atoleiro.

tijupá s m Br (<tupi teiyu'pawa) Palhoça com duas vertentes que pousam no chão, para abrigo dos trabalhadores.

til s m (<lat títulus,i: título, sinal) Sinal gráfico, ~, que nasaliza a vogal ou o ditongo sobre a qual [o qual] se coloca «maçã/mãe». Em espanhol, o ~ colocado sobre o n confere-lhe o valor de nh.

tilha s f Náut (<escandinavo thilja) **1** Coberta de navio. **2** Pequeno compartimento à proa ou à popa das pequenas embarcações.

tília s f Bot (<lat tília,ae) Nome vulgar de árvores de grande porte, da família das tiliáceas, de copa ampla, folhas em forma de coração e flores esbranquiçadas muito cheirosas com aplicações farmacêuticas. **Ex.** O chá (da flor) de ~ tem sabor agradável e propriedades calmantes.

tiliáceo, a adj/s Bot (<tília+-áceo) (Diz-se de) espécime com 46 gé[ê]neros e 680 espécies, que incluem árvores, arbustos e ervas e a que pertencem a tília e a juta.

tilintada s f (<tilintar+-ada) Som agudo metálico produzido por coisas que se chocam. **Comb.** A ~ de várias campainhas a tocar ao mesmo tempo/de vidros «copos» que batem uns nos outros.

tilintante adj 2g (<tilintar+-ante) Que tilinta/Sonante. **Comb.** Dinheiro [Moedas] ~e/es «no bolso».

tilintar v int (<on) Fazer um som como o das campainhas a tocar ou das moedas quando caem ao chão/Fazer t(e)lim/Telintar. **Ex.** Ouvia-se um barulho estranho no carro; qualquer coisa a ~.

tilito s m Geol (<ing till: depósito de calcário +-ito) Brecha ou conglomerado de origem glaciária formada por elementos grosseiros, facetados e estriados, ligados por cimento argiloso.

tilo s m Bot (<gr tylós: calo) Formação de células que penetram no interior dos vasos condutores, provocando obstrução.

tiloma (Lô) s m Med (<gr tyloma) Endurecimento da pele/Calosidade/Calo/Tilose.

tilose (Ló) s f Med (<tilo+-ose) Formação de tilos/calosidades/Endurecimento da pele/Tiloma.

timão s m (<lat timo,ónis) **1** Peça comprida do arado a que se atrelam os animais que o puxam. **2** Náut Barra do leme. **3** Lança [Varal/Ponta] da carruagem de tra(c)ção animal. **4** fig Dire(c)ção/Governo. **Comb.** Casa sem ~ [sem chefe/desgovernada].

timbale (Bá) s m Mús (<fr timbale) Espécie de tambor semiesférico, de estrutura metálica e que se pode afinar, usado nas orquestras/Atabale/Atabaque. **Comb.** ~s sonoros e retumbantes.

timbaleiro, a s (<timbale+-eiro) Tocador de timbale.

timbó s m Bot (<tupi tibo) Nome vulgar do embude e de outras plantas do Brasil.

timbrado, a adj (<timbrar) Que tem timbre/Carimbado. **Comb.** Papel (de carta) ~ com o nome da firma.

timbragem s f (<timbrar+-agem) **1** A(c)to de timbrar. **2** Processo de impressão em relevo «usado em notas de banco/papéis de crédito».

timbrar v t/int (<fr timbrer) **1** Pôr timbre em. **Loc.** ~ cartões de visita com o logótipo da empresa. **2** Assinalar/Marcar. **Loc.** ~ uma encomenda postal «com a indicação regist(r)ado». **3** Atribuir determinada cara(c)terística/Qualificar. **Loc.** ~ o vinho do Porto de determinado ano como vintage. **4** Caprichar/Ter brio/Honrar-se. **Comb.** Restaurante que (se) timbra pelo requinte do seu serviço.

timbre s m (<fr timbre; ⇒ tambor) **1** Heráldica Insígnia do escudo que marca os graus de nobreza. **2** Divisa de honra/Marca. **Comb.** Vida por vida é o ~ [o lema(o+)/a divisa(+)] dos bombeiros voluntários. **3** Sinal/Carimbo. **Comb.** Documento «das Finanças» com o ~ «Pago». **4** fig Hábito requintado/Tratamento esmerado. **Ex.** Receber com nobreza e distinção quem a [os] visita, é ~ daquela família. **5** Mús Qualidade que distingue um som de outro da mesma altura e intensidade, emitidos por instrumentos diferentes. **Comb.** ~ do violoncelo [órgão/piano]. **6** Ling Efeito acústico relacionado com o grau de abertura da cavidade bucal «na pronúncia das vogais».

time s m Br (<ing team) Equipa/e(+). **Comb.** ~ nacional «de futebol» do Brasil.

timectomia s f Med (<timo+-ectomia) Ablação total ou parcial do timo.

time-sharing (Taime-chéring) s m ing Sistema de partilha de uma casa de férias em que cada proprietário tem direito a utilizá-la durante um período do ano previamente combinado. **2** Info Sistema de utilização de um computador por várias pessoas em simultâneo.

timia s f (<gr tymós: sopro, vida, alma +-ia) Tó[ô]nus afe(c)tivo de base/Humor(+).

timiatecnia s f (<gr thymia: perfume+-tecnia) Arte de fabricar perfumes/Perfumaria(+).

tímico, a *adj* (<timo+-ico) **1** Relativo ao timo. **2** Que se refere ao humor em geral/às disposições afe(c)tivas.

timidamente *adv* (<tímido+-mente) Com timidez/Receosamente. **Loc.** Abrir ~ a porta. Aproximar-se ~ de alguém.

timidez *s f* (<tímido+-ez) Cara(c)terística do que é tímido/Acanhamento. **Ex.** Foi preterido na candidatura a um emprego por causa da ~.

tímido, a *adj/s* (<lat *tímidus, a, um*) **1** (O) que é reservado/Inibido. **Ex.** É uma criança muito ~; nunca brinca com os colegas. **2** Pouco confiante/Inseguro/Temeroso. **Ex.** Aluno ~; às vezes não responde só porque tem medo de errar. **3** Esquivo/Envergonhado. **Ex.** Ela é muito ~a; não gosta de conviver, nem de ir a festas.

timina *s f Biol* Uma das bases principais do ácido nucleico.

timo¹ *s m Anat* (<gr *thymós*) Órgão situado na parte ântero-superior da cavidade torácica cujas funções são ainda mal conhecidas.

timo² *s m Bot* ⇒ tomilho.

timol (Ó) *s m Med/Quím* (<timo² +-ol) Fenol extraído da essência do tomilho e que tem propriedades antissépticas e antiparasitárias.

timonar *v t* (<timão+-ar¹) **1** Dirigir [Ser o timoneiro de] um barco. **Loc.** Aprender a ~/comandar(+) «uma traineira de pesca». **2** *fig* Dirigir/Orientar. **Loc.** ~ [Orientar(+)/Treinar(+)] uma equipa/e «de futebol».

timoneiro, a *s* (<timão+-eiro) **1** *Náut* O que dirige o barco, manobrando o leme. **Ex.** O comandante dá ordens ao ~ sobre o rumo a seguir. **2** *s f Náut* Vão do navio onde se move a alavanca [o pinçote] que faz girar o leme. **3** *fig* Chefe/Líder/Orientador «duma empresa/dum país».

timorato, a *adj* (<lat *timorátus,a,um*) **1** Que receia ofender alguém. **2** Tímido(+)/Envergonhado(+). **Ex.** É muito ~; pedir uma informação «a alguém, na rua» é para ele um sacrifício. **3** Que tem medo de falhar/Cuidadoso em excesso/Receoso/Escrupuloso. **Ex.** Tinha medo de se aventurar a fazer um trabalho pela primeira vez por ser ~ e ter medo de não ser capaz/de falhar. Vá [Vamos/Força]! Coma esse pitéu, não seja ~.

Timor-Leste [-Lorosae] *s m Geog* (Como Cuba, não tem artigo. ⇒ **Ex.**) País que ocupa parte da ilha do mesmo nome, pertencente ao arquipélago de Sonda, cuja capital é Díli. A língua oficial é o português, mas os timorenses falam tétum, que é a língua nacional. **Ex.** Ele tem muitos amigos em ~. Já fui cinco vezes a ~.

timpanal *adj 2g* (<tímpano+-al) Timpânico.

timpanectomia *s f Med* (<tímpano+-ectomia) Operação cirúrgica de excisão da membrana do tímpano.

timpânico, a *adj* (<tímpano+-ico) **1** Referente ao tímpano ou ao timpanismo. **Comb.** Artéria [Osso] ~a/o. *Med* Diz-se do ruído que se obtém por percussão de uma parte do organismo e que se assemelha ao som dum tambor.

timpanismo[nite] *s m[f] Med* (<tímpano+-...) **1** Inflamação do tímpano. **2** Intumescimento provocado por gases acumulados no tubo digestivo/Meteorismo.

timpanítico, a *adj* (<timpanite+-ico) Relativo à [Que sofre de] timpanite. **Comb.** Lesão ~a. Sintoma ~.

tímpano *s m* (<lat *tympanus,i*) **1** *Anat* Membrana fina e transparente, quase circular, que separa o canal auditivo externo do ouvido médio. **Comb.** Membrana do ~. **2** *Mús* ⇒ Timbale. **3** *Arquit* Superfície lisa limitada por arcos ou linhas re(c)tas. **4** *Eng* Parte duma ponte compreendida entre a face exterior do dorso de um arco e a face inferior do pavimento. **5** *pl pop* Ouvidos.

tina *s f* (<esp *tina*) Recipiente feito de materiais diversos «metal/madeira/pedra/vidro» de muitos tamanhos e feitios, sem tampa, que serve para levar água [líquidos] e com diversas utilizações «tomar banho/lavar roupa ou loiça/fazer vinho/fazer experiências laboratoriais».

tinalha *s f* (<tina+-alha) Tina, dorna ou cuba para vinho.

tinamu (Nã) *s m Ornit* (<guarani *tinamu*) Designação genérica de aves galináceas tropicais, apreciadas como caça e, no Brasil, denominadas inambus.

tincal *s m Miner* (<ár *tinkar*) Bórax natural/Borato de sódio hidratado us para soldar metais e na esmaltagem de loiças.

tinção *s f* (<lat *tínctio,ónis*; ⇒ tingir) A(c)to ou efeito de tingir/Tintura(+)/Coloração.

tínea *s f Ent* (<lat *tínea,ae*: verme, traça) Designação de vários inse(c)tos lepidópteros, gé[ê]nero *Tinea*, nos quais se inclui a traça.

tineídeo, a *adj/s m pl Ent* (<tinea+-ídeo) (Diz-se de) família de inse(c)tos lepidópteros «borboletas» do gé[ê]nero *Tinea*, que inclui espécies muito nocivas, como a traça.

tineta (Nê) *s f* (<tino+-eta) **1** Ideia aferrada/fixa. **2** Mania/Veneta(+). **Idi.** *Dar na ~/cabeça*(+) [Fazer algo sem pensar/de maneira impulsiva] (Ex. Estava muito bem a conversar con[n]osco e, de repente, deu-lhe na ~, e desapareceu sem dizer nada [sem mais nem menos/*idi* sem dizer água vai]). **3** Inclinação/Propensão/Queda «para música». **Ex.** Ao pé dele [Junto dele] ninguém está triste, tem ~ de có[ô]mico!

tingidor, ora *adj/s* (<tingir+-dor) (O) que tinge/Tintureiro(+).

tingidura [tingimento] *s f [m]* (<tingir+-...) A(c)to ou efeito de tingir/Tintura(+).

tingir *v t* (<lat *tíng(u)o,ere,tínxi,tínctum*) **1** Mergulhar em tinta. **Loc.** ~ peças de pano/meadas de fio «na tinturaria duma fábrica têxtil». **2** Dar cor diferente da primitiva a/Manchar por conta(c)to com peça [líquido] de cor diferente. **Ex.** Na máquina de lavar, o debrum dos cortinados tingiu os lençóis de vermelho. **Loc.** ~ «de castanho» uma saia bege. **3** Colorir/Pintar. **Loc.** ~ [Pintar(+)] o cabelo.

tinha *s f Med* (<lat *tinea, ae*: traça) Doença da pele causada por fungos, grave e contagiosa, que ataca o couro cabeludo. **Ex.** A ~ faz cair o cabelo. **2** Outras doenças de pele semelhantes, do homem e dos animais/Porrigem/Porrigo. **3** Nome vulgar de alguns inse(c)tos, em especial lepidópteros, cujas lagartas atacam os vegetais.

tinhoso, a (Ôso, Ósa, Ósos) *adj/s* (<tinha+-oso) **1** (O) que tem tinha. **Comb.** Cão ~. **2** *fig* Repelente/Nojento. **3** *fig pop* O diabo.

tinido *s m* (<lat *tinnítus,i*) **1** Som agudo e vibrante de vidros ou metais que se chocam. **Comb.** O ~ de copos de cristal quando tocam uns nos outros. ⇒ tilintar. **2** *Med* Zumbido(+) nos ouvidos semelhante ao som duma campainha. **Ex.** As pessoas idosas sentem com frequência ~s constantes nos ouvidos.

tinir *v int/s m* (<lat *tínnio,íre,ivi* [*ii*],*ítum*) **1** Emitir sons agudos ou metálicos/Produzir tinido. **Ex.** As campainhas tinem. **Idi.** *Andar* [*Ficar*] *a* ~ [Não ter [Ficar sem] dinheiro] (Ex. Ele está sempre à espera que lhe paguem um café; nunca tem dinheiro, anda sempre a ~). **2** (Sentir os ouvidos a) zunir/Retinir. **3** *pop* Tremer com frio ou de medo. **Ex.** Está um frio de enregelar, até o cão está a ~. **4** *s m* Som produzido por vidros ou metais que se chocam. **Comb.** O ~ das lanças ao esgrimir. ⇒ tilintar.

tino *s m* (< ?) **1** Juízo/Sensatez. **Ex.** É um rapaz [moço] muito ajuizado [com muito ~]. **Loc.** Perder o ~ [Perder o juízo/Enlouquecer/Desorientar-se]. **2** Orientação/Conta/Atenção/Ideia. **Ex.** O avô já não dá ~ de si [já não sabe o que faz]. Fui passear para a cidade e já não sabia voltar para o hotel; perdi o ~ ao caminho. Guardei dinheiro «antes de ir para férias» e agora não o encontro; perdi-lhe completamente o ~. **Loc.** Dar ~ de [Aperceber-se/Notar] (Ex. A vizinha do rés do chão dá ~ de tudo o que se passa no prédio «a qualquer hora do dia ou da noite sabe [*idi* dá conta de] quem entra ou sai»).

tinta *s f* (<tinto; ⇒ tingir; ~ da China) **1** Líquido colorido ou branco que serve para pintar/tingir/escrever/imprimir/… **Loc.** Comprar ~ «amarela» para pintar as paredes da casa. **Idi.** *Estar-se nas ~s* [Mostrar-se indiferente/desinteressado/Não querer saber de/Não ligar a] (Ex. Se não conseguir esse emprego, estou-me nas ~s, já tenho em vista outro melhor). *Fazer correr muita* ~ [Ser assunto sobre o qual se falará [escreverá] muito] (Ex. A proposta para aumentar a idade de reforma ainda vai fazer correr muita ~). **Comb.** ~ *de escrever* [usada para molhar o aparo com que se escreve ou nas canetas de tinta permanente]. ~ *de impressão*. ~ *simpática* [incolor, que se torna visível por a(c)ção de certos agentes]. *Doença da* ~ [Uma das doenças mais graves do castanheiro, produzida por fungos]. **2** Matiz/Tom/Tonalidade. **Comb.** ~ [Cor(+)] avermelhada do céu ao pôr do sol. **3** *fig* Pequena dose/Vestígios. **Ex.** Tenho [Aprendi] umas ~s de grego mas não poso dizer que sei.

tinta da China *s f* Tipo de tinta indelével, geralmente preta, usado sobretudo em desenho/Tinta nanquim. **Loc.** Desenhar a lápis e cobrir depois a ~.

tinteiro *s m* (<tinta+-eiro) **1** Recipiente que contém a tinta de escrever. **Idi.** *Ficar no* ~ [Não ser dito/escrito] (Ex. A resposta «do exame» está certa mas incompleta; falta muita coisa que ficou no ~). **2** Embalagem que contém a tinta utilizada nas impressoras. **Loc.** Comprar ~s «reciclados».

tintim *elem de loc adv/interj* (< on) **1** Usado na expressão *Tintim por tintim* [Com todos os pormenores/Sem omitir nada/Ponto por ponto]. **Ex.** Ele contou ~ por ~ como tudo se tinha passado «onde foi/a que horas/quem estava lá». **2** Tintim! **Ex.** Então vou brindar à saúde de todos, ~ (Ruído dos copos).

tintinabular *v t* (<tintinábulo+-ar¹) Fazer soar os sinos ou as campainhas.

tintinábulo *s m* (<lat *tintinábulus,i*) Campainha(+)/(Sinal da) sineta(+).

tintinar[nir] *v int* ⇒ tilintar.

tinto, a *adj/s* (<lat *tinctus,a,um*; ⇒ tingir) **1** Que foi tingido/mudou de [alterou/manchou a] cor. **Comb.** Camisa ~a de sangue. **2** Diz-se das uvas e do vinho de cor escura. **Comb.** Vinho ~ «para acompanhar pratos de carne». **3** *s m* A(c)ção de tingir/Local onde se tinge/Tinturaria(+). **Ex.** O ~ é mais uma se(c)ções das fábricas têxteis. **Loc.** *Enviar à obra* [peças de pano/meadas de fio] *para o* ~. *Trabalhar no* ~. **4** *s m* Vinho de cor vermelha-escura. **Ex.** Diz-se que o ~ é mais saudável que o branco. **Comb.** Um copo de ~.

tintor, ora *adj/s* (<lat *tínctor,óris*) (O) que tinge/Tintureiro(+).

tintorial *adj 2g* (<tintório+-al) **1** Que serve para tingir. **2** Relativo à arte de tingir/à tinturaria.

tintório, a *adj* (<lat *tinctórius,a,um*) **1** Que serve para tingir/Tintorial. **2** Que produz substância que serve para tingir. **Comb.** Madeira ~a «sândalo/pau-brasil». ⇒ tintureiro **4**.

tintura *s f* (<lat *tinctúra,ae*) **1** A(c)to ou efeito de tingir. **2** Preparado que se faz para tingir. **Comb.** ~ de casca de cebola [folhas de oliveira]. **3** Preparado farmacêutico obtido por extra(c)ção por solventes, geralmente álcool, de certas plantas após trituração ou maceração. **Comb.** ~ de iodo [Solução alcoólica de iodo, usada como desinfe(c)tante]. **4** *fig* Conhecimento superficial/Vestígios/Laivos/Tinta **3**. **Ex.** Sei muito pouco de informática; apenas tive umas leves ~s.

tinturaria *s f* (<tintura+-aria) **1** Se(c)ção de fábrica onde se tingem tecidos e meadas de fio. **Ex.** Nas ~s utilizam-se, além de tintas, vários produtos químicos «mordentes/fixadores». **2** Estabelecimento onde se tingem tecidos/peças de vestuário/peles/... **3** *Br* ⇒ Lavandaria.

tintureiro, a *s/adj* (<tintura+-eiro) **1** O que tem a profissão de tingir/Trabalhador duma tinturaria. **2** Proprietário dum estabelecimento de tinturaria. **3** *s/adj f* Casta de videiras/uvas com grandes bagos pretos. **4** *adj* Que pinta/tinge. **Comb.** Planta ~a. ⇒ tintório.

tio, a *s* (<gr *theios,ou*) **1** Irmão do pai ou da mãe. **Idi. Andar ó ~, ó ~** [Andar a pedir «favores/dinheiro» a toda a gente] (Ex. Gastou tudo no jogo e agora anda por aí ó ~, ó ~, sem dinheiro nem para tomar um café). **Ficar para ~a** ⇒ tia **1 Idi. 2** Marido da ~a/Esposa do ~. **3** *fig* Forma de tratamento usada por vezes para os amigos da família mais velhos. **4** *fig pop* Usado como forma de tratamento familiar para pessoas adultas com o sentido de *senhor*. **Ex.** Na loja do ~ Zé encontra-se tudo o que é de primeira necessidade. Vai ajudar a ~a Maria a limpar a casa.

tio- *pref Quím* (<gr *theíon,ou*: enxofre) Exprime a ideia de **enxofre**. **Comb.** ~ssulfato de sódio, $Na_2S_2O_3$.

tioácido *s m Quím* (<tio-+...) Ácido em que um dos átomos de oxigé[ê]nio foi substituído por um átomo de enxofre.

tio-avô, tia-avó *s* Irmão do avô [da avó] em relação aos netos destes. **Ex.** Não tenho filhos mas já sou tia-avó.

tiofeno *s m Quím* (<tio-+-feno) Composto heterocíclico aromático, SC_4H_4, líquido, incolor, presente no alcatrão da hulha. **Ex.** O ~ utiliza-se como solvente na preparação de resinas.

tiol *s m Quím* (<tio-+-ol) Nome genérico de compostos orgânicos semelhantes aos álcoois, em que o grupo *OH* foi substituído por *SH*.

tionato *s m Quím* (<tio-+-ato) Designação genérica dos sais derivados dos ácidos tió[ô]nicos. **Comb.** Ditionato de potássio, $K_2S_2O_6$.

tiónico [*Br* tiônico] *adj m* (<gr *theíon*+-ico) Diz-se dos ácidos cuja fórmula geral é $H_2S_2O_6$.

tiossal (Tióssál) *s m Quím* (<tio-+sal) Qualquer dos sais derivados do ácido tiónico.

tiossulfato (Tiò) *s m Quím* (<tio-+sulfato) Diz-se dos sais e ésteres derivados do ácido tiossulfúrico.

tiossulfúrico (Tiò) *adj m Quím* Diz-se do ácido de fórmula $H_2S_2O_3$, que no estado livre só existe a muito baixas temperaturas.

tipa *s f* ⇒ tipo **6**.

tipicamente *adv* (<típico+-mente) De modo típico/Cara(c)teristicamente. **Comb.** *Cul* «bacalhau» **Prato ~ português**. «vinho do Porto» **Produto ~ português**.

tipicidade *s f* (<típico+-i-+-dade) **1** Qualidade daquilo que é típico. **Ex.** A ~ das danças portuguesas do fandango e do vira. **2** Correspondência [Conformidade] com o tipo. **Ex.** A Câmara [Prefeitura] autoriza a construção, desde que seja mantida a mesma ~ das casas já existentes nessa zona.

tipificação *s f* (<tipificar+-ção) A(c)to ou efeito de tipificar.

tipificar *v t* (<tipo+-ficar) **1** Tornar típico. **Loc.** ~ um equipamento (d)esportivo com as cores [o emblema] do clube. **2** Possuir as cara(c)terísticas fundamentais dum grupo/duma região/... **Ex.** O uso de capa e batina tipifica os estudantes universitários portugueses «da Universidade de Coimbra». **3** Ser típico de. **Ex.** O fado tipifica a canção (popular) portuguesa «de Lisboa/Coimbra». A hospitalidade tipifica o modo de receber dos portugueses.

tipiti *s m Br* (<tupi *tipi'ti*) Recipiente cilíndrico de palha ou junco onde se espreme a mandioca ralada e outros produtos.

tiple *s 2g* (<esp *tiple*) **1** Voz mais alta na execução musical. **2** O que tem essa voz/*an* Soprano. **3** Instrumento colombiano semelhante à guitarra. **4** Instrumento de palheta dupla semelhante ao clarinete.

tipo, a *s* (<gr *typós*: marca impressa «com golpe», ~) **1** Conjunto de cara(c)terísticas que distinguem uma classe. **Comb.** Homem alto, loiro, ~ nórdico (Do norte da Europa). **2** Cará(c)ter [Cunho] tipográfico com que se fazem as composições para imprimir. **Comb.** Composição com ~s de várias línguas «grego/hebraico». **3** Modelo/Exemplar/Paradigma. **Ex.** Cães e gatos são os ~s de animais domésticos mais comuns. **4** Imagem/Prefiguração. **Ex.** *Rel* No Antigo Testamento há fa(c)tos, pessoas, acontecimentos que são ~s em relação ao Novo Testamento: Adão é ~ de Jesus Cristo; a Páscoa judaica (Libertação da escravidão egípcia) é ~ da Páscoa cristã (Libertação do pecado e da morte). **5** *gír* Um indivíduo qualquer. **Ex.** Qualquer ~ [Pessoa(+)] é capaz de informar «onde ficam as Finanças». **6** *s pop depr* Uma mulher qualquer/Mulher de conduta duvidosa. **Ex.** Apareceram por aí umas ~as que põem a cabeça dos homens a andar à roda. **7** *Biol* Grande grupo sistemático que se divide em subtipos ou em classes «cordados/talófitas». **8** *Biol* Exemplar que serviu de modelo original «de uma espécie/subespécie». **9** *Liter* Personagem literária cujas cara(c)terísticas se tornam representativas de uma classe ou grupo de indivíduos. **Ex.** O D. Quixote, de Cervantes, é o ~ do cavaleiro [homem] idealista ou sonhador.

tipo- *elem de formação* (⇒ tipo) Exprime a ideia de **tipo**; *tipógrafo, tipologia*.

tipocromia *s f* (<tipo-+cromia) Impressão (tipográfica) a cores.

tipografar *v t* (<tipo-+grafar) Imprimir(+) em tipografia/por processo tipográfico. **Loc.** ~ um artigo duma revista «em separata».

tipografia *s f* (<tipo-+grafia) **1** Arte de compor e imprimir. **Loc.** Trabalhar em ~. **Comb.** ~ a cores. **2** Oficina onde se faz a composição e impressão de trabalhos que se querem reproduzir. **Loc.** Mandar o original «dum artigo/duma revista» para a ~.

tipográfico, a *adj* (<tipografia+-ico) Relativo a tipografia. **Comb.** Processo [Trabalho/Impressão] ~o/a.

tipógrafo, a *s* (<tipo-+-grafo) Profissional [Proprietário] de tipografia.

tipoia (Pói) *s f* (<quimbundo *kipoia*: rede em que o viajante viajava deitado? tupi *ti'poya*?) **1** Carro puxado a cavalos. **2** Palanquim de rede usado em África. **3** *Br* Rede com que as índias do Brasil transportam os filhos pequenos.

tipologia *s f* (<tipo-+-logia) **1** Estudo dos tipos humanos considerando a conformação física em correlação com traços psicológicos. ⇒ eneagrama. **2** Estudo dos traços cara(c)terísticos de dados e determinação dos seus tipos ou sistemas.

tipológico, a *adj* (<tipologia+-ico) Relativo à tipologia.

tipótono *s m Mús* ⇒ diapasão/lamiré.

tipu(ana) *s m Br Bot* (<tupi *ti'pi*) Nome genérico de árvores da América do Sul, da família das leguminosas, que fornecem boa madeira e são também cultivadas para fins ornamentais; *Tipuana speciosa*. ⇒ mocó[1]2.

tique[1] *s m* (<fr *tic*) Breve movimento involuntário ou contra(c)ção espasmódica dos músculos sem significado aparente/Rea(c)ção por meio de gestos, palavras ou sons sem finalidade/Hábito. **Ex.** Os ~s manifestam-se de diversas formas: sons guturais, tosse, pestanejo, gesto de ajeitar o cabelo, ...

tique[2] *s m* (< on) Ruído seco. **Ex.** Ouviu-se um ruído, ~! «ao rodar» (Lá) se partiu [(se) foi] a chave [Partiu-se a chave]!

tiquetaque [tiquetique] *s m* (<on) Som repetitivo e cadenciado. **Comb.** O ~ do relógio.

tiquetaquear *v int* (<tiquetaque+-ear) Fazer tiquetaque. **Ex.** Não consegui dormir; toda a noite ouvi o relógio da sala a ~.

tiquinho, a *s Br* (<tico+-inho) Pedaç(cinh)o de qualquer coisa. **Ex.** Comeram o queijo todo; não me deixaram nem um ~.

TIR Sigla de Transportes Internacionais Rodoviários.

tira *s f* (<tirar) **1** Pedaço de pano [couro/papel] muito mais comprido que largo. **Ex.** O pano só deu para uma toalha; sobrou uma ~ que não dá [serve] para nada. **Loc.** Cortar «pano/papel» às ~s. **Idi. Fazer em ~s** [Despedaçar/Estilhaçar]. **Comb.** À ~ [À tangente(+)/À pressa(+)]. **2** Fita/Faixa. **Comb.** Vestido de criança com uma ~ pregada na cintura a imitar um cinto. É um terreno muito comprido mas com pouco valor por ser uma ~ muito estreita. **3** Risca/List(r)a. **Comb.** Tecido às ~s [riscas(+)] de várias cores.

tiracolo (Có) *s m* (<esp *tiracuello*) Correia atravessada obliquamente de um lado do pescoço para o lado oposto, passando por debaixo do braço e pendendo até à cintura. **Comb.** «levar a bolsa» A ~ [Obliquamente de um ombro para o lado oposto, até à cintura]. **2** ⇒ boldrié.

tirada s f (<tirado) **1** A(c)to de tirar. **Comb.** *A ~ da* cortiça «é [faz-se] de nove em nove anos». *De uma ~* [De uma só vez/Sem interrupção]. **2** Grande extensão de caminho. **Ex.** «o correio é longe» É uma ~ de mais de 3 km! **3** Longo percurso a pé/Caminhada. **Ex.** «ir a pé para a escola» É uma ~ de mais de uma hora! **4** Fala [Frase/Trecho] muito extensa/o. **Comb.** As grandes ~s dos discursos dos ditadores marxistas «Fidel Castro». **5** Intervenção oportuna/ eloquente/bombástica. **Ex.** Boa ~! «sim senhor/muito bem» Uma ~ de mestre!

tiradeira s f (<tirar+-deira) **1** Corda ou corrente que, nos carros de bois puxados por duas juntas [parelhas], liga as duas cangas. **2** Cada um dos tirantes no meio dos quais se move a cavalgadura que puxa o engenho de açúcar.

tirador, ora adj/s (<tirar+-dor) ⇒ tirante/ puxador.

tiradou[oi]ra s f (<tirar+-dou[oi]ro) Timão do carro ou do arado.

tiradura s f (<tirar+-dura) A(c)to ou efeito de tirar.

tira-dúvidas s 2g 2n (<tirar **3/4**+dúvida) Todo aquele ou tudo aquilo que elucida ou resolve uma dúvida/dificuldade.

tiragem s f (<tirar **5**+-agem) **1** A(c)to ou efeito de tirar/Tiradura/Tirada **1**. **2** Número de exemplares de uma publicação. **Comb.** Revista [Jornal] de grande ~. Segunda ~ [impressão] «de dicionário». ⇒ edição. **3** Corrente de ar quente que sobe numa chaminé. **Comb.** Chaminé com pouca [fraca/pequena] ~. **4** Passagem de metal na fieira.

tira-linhas s m 2n (<tirar **12**+linha) Instrumento metálico com duas hastes terminadas em bico, paralelas, com afastamento regulável, que serve para traçar linhas de várias espessuras. ⇒ toca-lápis.

tiramento s m (<tirar+-mento) A(c)to de tirar/Tiragem(+)

tiranete (Nê) s m (< tirano+-ete) **1** Pequeno tirano/Tirano ridículo. **2** Criança indisciplinada que quer ver realizadas todas as suas vontades.

tirania s f (<gr *tyrannía,as*: poder absoluto) **1** Subversão do poder civil, cara(c)terizada pelo abuso da autoridade contra o bem comum do cidadão/Despotismo. **Ex.** A ~ tem frequentemente origem na tomada do poder pela força «invasão/golpe de estado». **2** Governo de um tirano. **Ex.** Durante a ~ de Hitler foram cometidos crimes horríveis contra a humanidade. **3** Domínio excessivo/Abuso do poder/Autoritarismo. **Loc.** Dirigir uma empresa com ~.

tiranicídio s m (<lat *tyrannicidium,ii*) Assassinato de um tirano.

tirânico, a adj (<tirano+-ico) **1** Relativo a [Próprio de] tirano. **Comb.** Governação [Poder] ~a/o. **2** Despótico/Cruel/Opressor. **Comb.** *Castigo* [Punição] *~o/a/cruel*. *Leis ~as/cruéis/opressoras*.

tiranídeo, a adj/s m pl Ornit (<lat científico *Tyrannidae*) (Diz-se de) família de aves passeriformes das zonas tropicais da América, cujo bico é recurvado na extremidade, a que pertence o bem-te-vi.

tiranizador, ora adj/s (<tiranizar+-dor) (O) que tiraniza/Déspota/Opressor.

tiranizar v t (<tirano+-izar) **1** Exercer tirania sobre. **Ex.** Os governos dos modernos regimes totalitários «nazismo/comunismo» tiranizaram cruelmente o povo. **2** Oprimir/ Escravizar. **Ex.** Patrões sem escrúpulos tiranizam os trabalhadores. **3** fig Subjugar/ Dominar. **Ex.** A droga tiraniza quem nela se vicia.

tirano, a s/adj (<gr *týrannos,ou*) **1** Aquele que tiraniza/governa com tirania/Déspota/ Opressor. **Loc.** Derrubar um ~ «para instaurar um regime democrático». **Comb.** «Nero» Um cruel ~. **2** fig O que abusa da autoridade/oprime/tortura/Ditador. **Ex.** Não respeita os direitos de ninguém [Não sabe mandar], é um ~. ⇒ tiranete. **3** adj fig Que oprime/Despótico/Cruel. **Comb.** Pai [Patrão/Chefe] ~. **4** s f Br Mús Dança brasileira que inclui um par de solistas e sapateado/Espécie de fandango.

tira-nódoas s m 2n (<tirar+nódoa) Substância ou preparado com que se tiram as nódoas «da roupa». **Ex.** Comprei um ~ muito eficaz para tirar manchas de vinho e de gordura.

tiranossauro s m Pal (<lat científico *Tyranosaurus*) Grande dinossauro carnívoro, que atingia 10 m de comprimento e 5 m de altura, encontrado no Cretáceo Superior dos EUA.

tirante adj 2g/s m/prep (<tirar **1/15**+-ante) **1** Que puxa. **Comb.** Força [Esforço] ~ [de tra(c)ção(+)]. **2** Semelhante/Parecido. **Comb.** Criança ~ ao pai [mais parecida com o pai do que com a mãe]. **3** s m Correia [Corda] que prende o carro [a carroça/a carruagem] ao animal que o/a puxa. **4** Eng Viga de madeira/ferro que liga elementos duma estrutura, destinada a suportar esforços de tra(c)ção. **5** Mec Peça comprida destinada à transmissão de movimento entre duas peças duma máquina «movimento do êmbolo às rodas». **6** prep Exce(p)to(o+)/Salvo(+). **Ex.** Avisei todos os sócios, ~ os que estiveram presentes na reunião.

tira-olhos s m 2n Ent ⇒ libélula.

tirão s m (<tirar **1**+-ão) **1** A(c)to ou efeito de puxar com força/Esticão(+). **2** ⇒ tirada **3**. **3** ⇒ tirada **2**. **4** Puxão inesperado que o animal «cavalo» dá quando puxado pelo cabresto/pela corda.

tira-puxa s f (<tirar+puxar) Discussão/Quezília/Contenda. **Ex.** Que casal mais [tão] desavindo, estão sempre às ~s!

tira-que-tira loc adv (<tirar) Continuamente. **Ex.** Ela nunca para de trabalhar; durante todo o serão, ~, esteve sempre a fazer [a dar ao dedo no] tricô.

tirar v t (< ?) **1** Mover exercendo qualquer força de tra(c)ção/Fazer sair/Extrair. **Ex.** Tiraram o cami(nh)ão do precipício com a ajuda duma grua. Vai tirando o carro da garagem enquanto eu calço os sapatos. Vou ao dentista ~ [extrair/arrancar] um dente. **Idi.** *~ a barriga de misérias* [Comer até fartar «depois de ter passado fome/ter sentido grandes desejos»] (Ex. Com tantos restos «de peixe/carne», hoje até os gatos vão ~ a barriga de misérias). *~ a limpo* [Averiguar a verdade/Esclarecer] (Ex. Para evitar mal-entendidos fui falar com ela e ~ a limpo como tudo se tinha passado). *~ a mania* [Fazer perder a arrogância/vaidade] (Ex. Não conseguir entrar na universidade, fez-lhe bem; tirou-lhe a mania de que era superior aos/às colegas). *~ a prova (dos nove)* **a)** Verificar se uma operação aritmética está corre(c)ta; **b)** Certificar-se da validade/veracidade de alguma coisa (Ex. Para ~ a prova, «saber se a empregada era séria» deixei o porta-moedas em cima da mesa com o dinheiro todo). *~ à sorte* [Sortear] (Ex. Vamos ~ à sorte para ver quem começa a jogar»). *~ a vez a* [Passar indevidamente à frente de alguém «na caixa do hipermercado/na lista de espera para o médico»). *~ a vida* [Matar]. *~ a vista* [Colocar-se na frente, impedindo a visão de algo] (Ex. O colega da carteira da frente é muito alto, tira-me a vista do quadro). *~ da cabeça* [Fazer esquecer] (Ex. «não adianta sonhares» Tira da cabeça essa ideia «de seres artista de cinema»). *~ da lama* [Ajudar alguém a deixar uma vida de miséria material ou moral] (Ex. Era um viciado na droga; foi a namorada que o tirou da lama). *~ nabos da púcara* [Procurar saber alguma coisa, conversando disfarçadamente, com rodeios] (Ex. Pela conversa dele apercebi-me logo que queria ~ nabos da púcara «mas não teve sorte porque eu idi não me descosi). *~ o cavalo da chuva* [Não ter ilusões sobre algo] (Ex. Acabar o curso e arranjar logo emprego, tira o cavalo da chuva, (isso) agora só acontece a quem é muito bom). *~ partido de* [Aproveitar-se] (Ex. Os velejadores sabem ~ partido do vento mesmo quando ele é contrário). *De se lhe ~ o chapéu* [«um petisco» Exce(p)cional/Muito bom]. *Sem ~ nem pôr* [Exa(c)tamente assim] (Ex. É verdade, foi isso que ele disse, sem ~ nem pôr).

2 Mover de um lado para outro/Mudar a posição/o lugar de algo/Retirar. **Ex.** Tira os pés de cima do sofá [os cotovelos de cima da mesa]. **Loc.** *~ o testo* duma panela. *~ tudo* de cima da mesa «para limpar o pó». **3** Fazer desaparecer/Eliminar. **Ex.** Já tiraram os cartazes de propaganda eleitoral. Não sei quem tirou o aviso da vitrine. **Loc.** ~ uma nódoa de gordura «do casaco». **4** Privar de/Livrar. **Ex.** A aspirina tirou-me a dor de dentes. **5** Imprimir/Editar. **Ex.** Mandei ~ 500 exemplares da (carta) circular. Tira cópias do enunciado da prova de exame para dar a todos os alunos. **6** Despir a roupa que se traz vestida/Descalçar os sapatos. **Ex.** «está muito calor» Põe-te à vontade, tira o casaco. Antes de entrar em casa, a mãe quer que tiremos os sapatos «para não sujar a alcatifa». **7** Exce(p)tuar/ Ressalvar. **Ex.** Todos os alunos, tirando os de maior idade, devem trazer autorização dos pais para irem ao passeio da escola. **8** Obter/Colher. **Ex.** Apesar de não ser especialista em informática, tirei sempre muito proveito dos conhecimentos que tinha desta matéria. **9** Deduzir/Concluir/ Inferir. **Ex.** Sem ele o dizer abertamente, das palavras dele tirei a conclusão de que não estava interessado na minha proposta. **10** Excluir/Separar. **Ex.** Tirei o meu filho do ensino particular porque as propinas eram muito caras. **11** Fazer a subtra(c)ção/Subtrair. **Ex.** Tirando os descontos «IRS/Segurança Social», com quanto ficas de vencimento [ordenado] líquido? **12** Apropriar-se indevidamente/Desviar/ Furtar. **Ex.** «na escola» Tiraram o estojo de lápis de cor ao meu filho. Foram ao meu quintal e tiraram as maçãs melhores da macieira. **13** Fazer sair do ovo/Chocar. **Ex.** A garnizé tirou uma ninhada de 11 pintos! **14** Fazer produzir/Obter pelo trabalho. **Ex.** Com muito esforço, consegui ~ um curso superior. Ele tira bom [grande] rendimento da quinta. **15** Dar ares/Parecer-se. **Ex.** Ele é loiro, tira ao [parece-se com o] avô.

tira-teimas s m 2n (<tirar+teima) Argumento decisivo/Prova irrefutável. **Ex.** A consulta da enciclopédia foi o ~.

tireoide/tireoideo/tireoidismo/tireoidite/tireoidotomia ⇒ tiroide/…

tirintintim s m (<on) Som de trombeta.

tiririca s f/adj 2g Br (<tupi *tiri'rika*: que alastra, se arrasta) **1** Icti Nome vulgar de peixes teleósteos de água doce, também conhecidos por pious e piabas. **2** Bot Nome vulgar de muitas plantas do Brasil entre as quais uma usada no fabrico de pasta de

celulose. 3 *col* ⇒ furioso. 4 *col* ⇒ punguista/carteirista.

tiritação *s f* (<tiritar+-ção) A(c)to de tiritar/Tremura(+).

tiritante *adj 2g* (<tiritar+-ante) Que tirita/treme com frio/Trémulo(+). **Ex.** «numa noite de inverno» Chegaram a casa enregelados, ~s [a tiritar(+)] de frio.

tiritar *v int* (< on) Tremer de frio ou de medo.

tiro *s m* (<tirar) **1** A(c)to ou efeito de atirar/disparar. **Ex.** «na calada da noite» Ouviram-se ~s. **Idi.** *Daqui lá é um ~/salt(inh)o* [é muito perto]. *Dar um ~ no pé* [Falhar um ataque e ser atingido por ele/Prejudicar-se (a si mesmo)/Perder]. *Sair o ~ pela culatra* [Ser mal sucedido/Falhar por culpa própria]. **Comb.** ~ *de caçadeira* [pistola/metralhadora]. **2** Explosão/Detonação. **Loc.** «numa pedreira» Fazer o desmonte a ~. *Pôr-se à distância de um ~ de pedra* [Afastar-se o suficiente para não ser atingido pelas pedras proje(c)tadas por uma explosão na pedreira]. **3** Projé(c)til/Bala/Disparo. **Loc.** «na caça» Abater um javali com um ~. **4** *(D)esp* Competição na qual se pretende atingir um alvo, fixo ou móvel «pombo largado/prato de barro proje(c)tado», com uma arma «de fogo/pressão de ar/arco e flecha». **Loc.** Não falhar nenhum ~ [Acertar no alvo em todos os disparos]. **5** *(D)esp* Chuto forte na bola. **Ex.** Fuzilou a [Meteu a bola a grande velocidade na] baliza adversária com um potente ~/balázio. **6** A(c)to de puxar carros/carroça. **Comb.** «cavalo» Animal de sela e ~.

tirocinante *adj/s 2g* (<tirocinar+-ante) (O) que faz tirocínio. **Loc.** «hospital» Admitir enfermeiros ~s [~s de enfermagem].

tirocinar *v int* (<tirocínio+-ar¹) Fazer tirocínio/Exercitar/Praticar. **Ex.** Após a conclusão do curso, tirocinei [estagiei(+)/fiz estágio(o+)] numa fábrica de papel.

tirocínio *s m* (<lat *tirocínium,ii*) **1** Preparação prática inicial/Treino/Estágio/Aprendizagem. **Ex.** Antes de exercer qualquer profissão é normal haver um período de ~. ⇒ noviciado; aprendiz. **2** Exercício de determinadas funções que são inerentes ao acesso a uma carreira profissional. **Comb.** ~ *dos advogados* (com um advogado patrono). ~ *hospitalar* «dos médicos/enfermeiros».

tiroide (Rói) [tireoide/tiroidea] *s f Anat* (<gr *thyreoeidés,és,és*): semelhante a um escudo comprido) Glândula endócrina ímpar, localizada nas faces laterais da laringe, junto aos primeiros anéis da traqueia, que regula o metabolismo celular.

tiroidectomia[dotomia] *s f Med* (<tiroide+-...) Operação cirúrgica de extirpação total ou parcial da tiroide.

tiróideo, a *adj* (<tiroide+-eo) Relativo à tiroide. **Comb.** Cartilagem ~a [situada no pescoço/que faz parte da laringe].

tiroidismo *s m Med* (<tiroide+-ismo) Alterações provocadas pelo funcionamento irregular da tiroide.

tiroidite *s f Med* (<tiroide+-ite) Inflamação da tiroide.

tirolês, esa *adj/s* (<top Tirol, região dos Alpes, pertencente à Áustria e à Itália) **1** «habitante» Do Tirol. **2** *Mús s f* Canção do Tirol.

tiroliro *s m* (< on) **1** (Som do) pífaro. **2** *region* Jogo [Passatempo] infantil.

tirosina *s f Bioq* (<gr *tyrós*: queijo+-ina) Aminoácido aromático não essencial, com a fórmula p-HOC$_6$H$_4$CH$_2$CH(NH$_2$) (Ácido 2-amino-3-(4-hidroxifenil)-propanoico), que entra na constituição de algumas proteínas animais e vegetais.

tirotear *v t* (<tiroteio+-ear) Fazer tiroteio.

tiroteio *s m* (<esp *tiroteo*) Disparos sucessivos entre pessoas [grupos] beligerantes. **Ex.** Houve ~ entre a polícia e os assaltantes da caixa multibanco.

tirso *s m* (<gr *thýrsos*) **1** *Hist* Bastão enfeitado com heras e pâmpanos, rematado em pinha, que era a insígnia do deus Baco [Dionísio] (⇒ bacanal). **2** *Bot* Variedade de cacho em que a parte média é mais larga por os pedúnculos do meio serem mais compridos.

tir-te *elem de loc* (<tirar+te) Usado apenas na expressão *sem ~ nem guar-te* [Sem aviso prévio/Inesperadamente/*idi* Sem dizer água vai]. **Ex.** Estava muito bem a conversar con(n)osco e, sem ~ nem guar-te, desandou [desapareceu/pôs-se a andar/foi-se embora].

tisana *s f* (<gr *ptysané,és*) Bebida preparada por decocção, infusão ou maceração de ervas medicinais «cidreira/hortelã».

tisanuro, a *adj/s m pl Ent* (<gr *thysanós*, ou: franja +-uro) (Diz-se de) ordem de inse(c)tos ápteros, com armadura trituradora, que não passam por metamorfoses, a que pertencem os peixinhos-de-prata (Frequentes entre papéis).

tísico, a *s/adj* (<gr *phthisikós,é,ón*) **1** *s f* Tuberculose pulmonar. **Ex.** No passado, muita gente morreu de ~a [morreu tuberculosa(+)/de tuberculose(o+)]. **2** (O) que sofre de tuberculose/de ~a. **Comb.** *Doente ~. Hospital para ~os* [Sanatório]. **3** *fig* Muito magro. **Comb.** *Aspe(c)to (de) ~. Cães ~s*.

tisiologia *s f Med* (<gr *phthisis,eos*: enfraquecimento+-logia) Parte da Medicina que se ocupa da tuberculose.

tisiologista *s 2g* (<tisiologia+-ista) Médico especializado em tuberculose.

tisioterapia *s f Med* (⇒ tisiologia) Conjunto de processos terapêuticos para tratar a tuberculose.

tisna(dura) *s f* (<tisnar+-dura) **1** A(c)to ou efeito de tisnar. **2** Mancha provocada por aquecimento excessivo/Farrusca. **Comb.** Pano de cozinha com ~s «por ter sido encostado ao bico aceso do fogão».

tisnar *v t* (<tição+-ar) **1** Pôr da cor do tisne/Enegrecer/Bronzear. **Loc.** Ficar com a pele tisnada [queimada/bronzeada] pelo sol da praia. **2** Tostar/Carbonizar. **Ex.** O forno estava muito quente; tisnou a carne [o assado] por cima. **3** *fig* Manchar/Sujar. **Loc.** ~ os dedos «com graxa dos sapatos».

tisne *s m* (⇒ tisnadura) **1** Escurecimento da pele provocado pelo fogo ou pelo fumo. **2** Parte tostada do assado. **Loc.** Tirar o ~ à carne (assada). **3** ⇒ Fuligem(+).

tisúria *s f Med* (<tísica+-úria) Definhamento provocado pela diabetes.

titã *s m* (<antr *Titan*, um dos gigantes mitológicos que quiseram escalar o céu para destronar Júpiter) **1** *fig* Pessoa física ou mentalmente forte/com cara(c)terísticas físicas ou morais extraordinárias. **2** Guindaste que levanta grandes pesos. **3** *Maiúsc Astr* O maior satélite de Saturno.

titânico¹, a *adj* (<titã+-ico) **1** Que revela [exige] grande esforço. **Comb.** A força ~a do vento «num furacão». **2** *fig* Sobre-humano. **Comb.** Esforço ~ dum náufrago para se salvar.

titânico², a *adj* (<titânio+-ico) Relativo ao titânio. **Comb.** Compostos ~s.

titanífero, a *adj* (<titânio+-fero) Que contém titânio. **Comb.** Terras [Minérios] ~as/os.

titânio [Ti, 22] *s m Quím* (<gr *titanós*: cal+-io) Elemento metálico sólido, com elevada resistência à corrosão, leve, extraído principalmente da ilmenite, e muito utilizado no fabrico de ligas metálicas de elevada resistência mecânica e à corrosão.

titanite/a *s f Miner* (<titânio+-ite) Mineral que é um silicato de cálcio e titânio, e que cristaliza no sistema monoclínico/Esfena.

titela (Té) *s f* (<lat *titela*, dim de *titta*: teta) **1** Parte muscular desenvolvida do peito das aves. **2** *fig* Coisa muito boa.

títere *s m* (<esp *títere*) **1** Boneco articulado que se move por meio de cordéis/Fantoche/Marioneta. **2** *fig* Pessoa que se deixa manipular/Bonifrate. **3** *fig* Palhaço/Bobo. **4** *fig* ⇒ testa de ferro.

titi(o/a) *s 2g fam* (<tio/a) **1** Forma infantil e carinhosa usada pelos sobrinhos para tratar os tios. **2** Forma infantil de uma criança tratar um adulto (desconhecido).

titica *s f Br* (< ?) **1** Excremento «de aves»/Caca/Cocó. **2** Pessoa insignificante/desprezível/ruim.

titilar *v t/int* (<lat *titíllo,áre,átum*) **1** Fazer [Sentir] cócegas. **2** *fig* Adular/Lisonjear. **3** Palpitar/Estremecer.

titilomania *s f* (<titilar+mania) Mania de coçar.

titímalo *s m Bot* (<lat *tithymalus,i*) Nome vulgar por que são designadas as plantas da família das euforbiáceas também conhecidas por ésula e maleiteira. ⇒ trovisco¹.

titonídeo, a *adj/ sm pl Ornit* (<lat científico *Tytonidae*) (Diz-se de) família de aves «corujas» com o disco facial em forma de coração, grandes predadoras no(c)turnas.

titubeação *s f* (<titubear+-ção) **1** A(c)to ou efeito de titubear/Hesitação. **2** Estado de perplexidade.

titubeante *adj 2g* (<titubear+-ante) **1** Que titubeia/Vacilante(+). **Loc.** Caminhar ~. **2** Indeciso/Perplexo. **Loc.** Estar ~ na escolha «entre duas opções».

titubear *v int* (<lat *títubo,áre,átum*) **1** Caminhar a cambalear/com dificuldade em se manter de [em] pé. **Ex.** «depois de ter bebido» Titubeava [Ia aos ziguezagues(+)] encostando-se às paredes para não cair. **2** Ficar perplexo/Hesitar/Vacilar. **Ex.** Ao sair de casa viu o céu muito negro e titubeou: vou ou não vou [saio ou fico em casa]; é capaz de vir aí uma grande borrasca! **3** Falar com hesitação. **Ex.** Apanhado numa mentira, titubeou uma desculpa pouco convincente. **Loc.** Falar sem ~.

titulação *s f* (<titular+-ção) **1** Atribuição de um título. **Ex.** O livro já está escrito, mas falta fazer a ~ dos capítulos. **2** *Quím* Operação pela qual se determina o título (a concentração) duma solução. **Ex.** A ~ de um ácido é feita por adição duma base de título conhecido, na presença de um indicador adequado.

titulado, a *adj* (<titular¹) **1** Que tem [recebeu] um título. **Ex.** Almeida Garrett, apesar de defensor do Liberalismo, não desdenhou de ser ~ visconde. **2** *Quím* Diz-se da solução cujo título (⇒ título 6) se procura determinar.

titulante *adj 2g* (<titular¹+-ante) Que titula/dá [atribui] o título. **Comb.** *Quím* Solução ~ (A de título conhecido).

titular¹ *v t* (<lat *título,áre,átum*) **1** Dar título a/Intitular. **Ex.** Pediu a um amigo sugestões para ~ o livro de poesia que tencionava publicar. O monarca, em reconhecimento dos serviços prestados à nação, titulou-o [deu-lhe o título(+)] de conde. **2** Dar um nome/Rotular/Apelidar. **Ex.** O povo titulou D. Isabel de Portugal, esposa do rei D. Dinis, de Rainha Santa. Os benfiquistas titularam o futebolista Eusébio de "Pantera Negra". **3** Regist(r)ar em livro [documento] próprio, para conferir um direito. **Loc.** ~

uma dívida «com uma letra comercial». 4 *Quím* Determinar o título (⇒ título 6) de uma solução «por meio duma rea(c)ção de precipitação»

titular[2] *adj/s 2g* (<título+-ar[2]) 1 Que tem título nobiliárquico/Que é fidalgo com título. **Comb.** A(c)tual ~ [detentor do título] «marquês/conde» duma casa nobre. 2 Que exerce um cargo/tem uma função. **Comb.** *Professor ~ da cadeira* «de Direito Civil». *~es de cargos públicos*. 3 Que detém o nome/título sem atribuição de posse ou de qualquer benesse/Honorário. **Comb.** Bispo ~ [sem diocese própria, colabora com o bispo residencial sob dependência deste]. 4 Dono/Proprietário. **Comb.** *~ de conta* bancária. *Conta* com *dois ~es* «pai e filho».

titularidade *s f* (<titular[2]+-i-+-dade) 1 Qualidade [Condição/Estado] de quem é titular. **Ex.** É professor, mas sem ~ da cadeira que ensina. Para ter acesso à ~ da cadeira tem que se prestar provas em concurso. 2 Exercício efe(c)tivo de um cargo ou função. **Ex.** Como futebolista profissional, tem o obje(c)tivo de chegar à ~ na equipa nacional. 3 Nexo de pertença efe(c)tiva de um direito ou privilégio a determinada pessoa. **Ex.** Comprou uma casa, mas a ~ ainda não lhe foi atribuída [ainda não foi feita a escritura de compra e venda].

tituleira *s f* (<título+-eira) Máquina de composição (semi)mecânica de títulos «de jornais», em tipografia.

tituleiro, a *s* (<título+-eiro) Operador de (máquina) ~a/Compositor de títulos.

título *s m* (<lat *títulus,i*) 1 Inscrição que se coloca no começo dum livro [capítulo/artigo de publicação]/Nome/Denominação. **Ex.** O ~ dá uma breve indicação do assunto a que se refere. **Comb.** Principais ~s dum telejornal. 2 Apelido/Atributo/Qualificação. **Ex.** Raoul Follereau tem o ~ de "Amigo dos Leprosos". 3 Denominação nobiliárquica. **Comb.** ~ de duque [marquês/conde]. 4 Denominação honorífica. **Ex.** *Monsenhor* é um ~ honorífico eclesiástico. 5 Motivo/Fundamento/Pretexto. **Comb.** *A ~ de* [A pretexto de/Com o fim de]. «pediu um adiantamento de salário» *A ~ exce(p)cional* [Como regalia extraordinária]. *A ~ pessoal* [Em nome próprio/Não em representação de qualquer entidade]. *A ~ precário* [Sem cará(c)ter definitivo/Sem garantia de continuidade]. *A ~ provisório* [Temporariamente]. *A nenhum ~o* [Em circunstância alguma/De maneira nenhuma]. *A todos os ~s* [Por todas as razões]. 6 *Quím* Forma de exprimir a concentração de soluções. **Ex.** *Normalidade* e *Molaridade* são ~s usados correntemente para as soluções químicas. 7 Documento que confere [autentica] um direito. **Comb.** ~ de propriedade de um automóvel. 8 Qualquer papel de crédito. **Loc.** Investir em ~s de dívida pública. **Comb.** Mercado de ~s.

titulometria *s f Quím* (<título+-metria) Método de análise química baseado em rea(c)ções de titulação.

-tivo *suf* (<lat *-tivus,a,um*) Derivado de verbos, traduz a ideia de **obrigatoriedade/possibilidade de realização**: *aclamativo, afirmativo, comemorativo, negativo, transitivo*, …

tixotropia (Csó) *s f* (<gr *thixis*: a(c)ção de tocar +-tropia) Propriedade que têm certas substâncias «argilas» de se comportarem como sólidos, quando em repouso e, como líquidos, quando agitadas (Diminuição da viscosidade com a agitação).

tixotrópico, a (Csó) *adj* (<tixotropia+-ico) Que apresenta tixotropia.

tizio[ziu] *s m Br Ornit* (< on) Ave passeriforme, *Volatina jacarina*, das Américas do Sul e Central, de plumagem azul brilhante, que sempre que canta dá um salto na vertical e volta ao lugar onde estava pousada.

tlim *s m* (< on) Som imitativo do toque de sineta/campainhas/moedas a cair ao chão.

tlintar *v int* (<tlim+-t-+-ar) Fazer tlim/Te[i]lintar.

tlintlim *s m* (< on) ⇒ tlim.

tlipsencefalia *s f Med* (<gr *thlípsis,eos*: compressão+encéfalo+-ia) Anomalia cara(c)terizada pela falta de desenvolvimento do encéfalo devida à compressão do crânio durante a gestação.

tlipsia *s f Med* (<gr *thlípsis,eos*: compressão+-ia) Compressão dos vasos orgânicos por uma causa externa.

tmese *s f Gram* (<gr *tmesis,eos*: corte, divisão) Intercalação de formas pronominais em formas verbais «dir-*te*-ei/falar-*vos*-ei». **Sin.** Mesóclise.

to Contra(c)ção do pron pessoal *te* com o pron *o*. **Ex.** O dinheiro? – Dou-to; não te preocupes.

toa (Tô) *s f Náut* (<atoar) Corda de rebocar uma embarcação/Cabo de reboque/Sirga. **Loc.** Puxar à ~ um barco para terra. **Idi.** *À ~* [De qualquer maneira/Sem tino/reflexão] (Loc. Fazer tudo à ~).

toada *s f* (<toado <toar) 1 A(c)ção ou efeito de toar. 2 Entoação repetitiva/Canto. **Loc.** Ter [Sentir] no ouvido a ~ dos frades a cantar o ofício. 3 Som vago/mal definido/Ruído confuso. **Ex.** Ouviu-se uma ~ de gente a falar «até fui ver se tinha acontecido alguma coisa». 4 *fig* Rumor/Boato. **Comb.** «que o governo vai cair» ~ sem fundamento.

toadilha *s f* (<toada+-ilha) Toada pequena/Cantiga.

toalete (Lé) *s f* (<fr *toilette*) 1 Conjunto de a(c)ções «lavar/pentear» que constituem a higiene matinal. 2 Conjunto de roupa e acessórios femininos, combinados de forma cuidada, para usar em ocasião especial. **Ex.** A mãe da noiva levava [usava] uma ~ bonita mas muito simples. 3 Móvel em forma de có[ô]moda, com espelho.

toalha *s f* (<provençal *toalha*) 1 Peça de tecido «algodão/linho/fibra sintética», de plástico ou de papel, que se estende a cobrir a mesa à hora das refeições. **Ex.** Nos dias de festa, a mãe fazia questão de pôr na mesa uma ~ bordada à mão. 2 Peça de tecido, geralmente de algodão, utilizada para enxugar (parte d)o corpo. **Comb.** ~ de mãos [rosto/banho]. 3 *Rel* Peça de tecido (no passado obrigatoriamente de linho) com que se cobre o altar para a celebração da Eucaristia. **Ex.** A ~ de altar, geralmente, prolonga-se de um e outro lado até ao chão. 4 *fig* Camada extensa. **Ex.** A praça ficou completamente inundada com uma ~ de água com mais de um palmo de altura.

toalheiro *s m* (<toalha+-eiro) Suporte para pendurar toalhas. **Comb.** ~ da banheira [do lavatório].

toalhete/a (Lhê) *s m* (<toalha+-ete) 1 Toalha pequena para as mãos/Toalhinha(+). 2 Peça de papel, descartável, embebida em loção, para limpeza do corpo.

toalhinha *s f* (<toalha+-inha) Toalha pequena. ⇒ lenço; guardanapo.

toante *adj 2g* (<lat *tónans,ántis*) 1 Que toa [tem som ou tom]. **Comb.** Barulho ~ do mar. 2 Que produz som agradável. **Comb.** O chilrear ~ dos canários. 3 *Gram* Diz-se da rima em que há correspondência de sons finais produzidos só pelas vogais «chá-paz/pacífico-marítimo».

toar *v int* (<lat *tóno,áre,ui,itum*) 1 Produzir um som forte/Soar/Ressoar. **Ex.** Ainda sinto ~ nos ouvidos o ruído das ondas. 2 Um som combinar [afinar/rimar] com outro. **Ex.** O coro não toa [afina/canta afinado(+)] com o órgão «foge do tom». Gato toa [rima(+)] com pato. 3 Soar de modo parecido/Ter semelhança. **Ex.** O toque do prato toa [soa(+)] a rachado. 4 *fig* Dar a impressão/Parecer/Afigurar-se. **Ex.** A conversa dele toa [soa(+)] a falso. 5 *fig* Combinar/Condizer/Harmonizar-se. **Ex.** Essa gravata não toa [condiz(+)] com o fato. **Ant.** Destoar.

tobogã *s m* (<ing *tobboggan*) 1 Trenó baixo com dois patins metálicos, próprio para deslizar na neve. 2 *(D)esp* Modalidade (d)esportiva feita com esse tipo de trenó em pista de gelo de grande declive.

toca (Tó) *s f* (< ?) 1 Buraco «no solo ou nas árvores» onde se escondem animais. **Comb.** ~ *de coelho* [raposa/lobo]. *~ de grilo* [serpente]. 2 *fig* Refúgio/Esconderijo/Covil. **Ex.** Hoje fico na (minha) ~ [não saio de casa]. **Comb.** ~ [Covil(+)] de ladrões. 3 *fig* Casa miserável.

tocadela (Dé) *s f* (<tocar+-dela) 1 O tocar um pouco «o acordeão/no piano». 2 Toque ligeiro/Conta(c)to «de outro carro no meu».

toca[gira]-discos *s 2n Mús* Aparelho elé(c)trico que faz girar um disco com música gravada. ⇒ CD; DVD; gravador; «tocador/[leitor] de» cassete.

tocado, a *adj* (< tocar) 1 Que recebeu toque/pancada. **Comb.** Carro novo, ~ no guarda-lamas. 2 Magoado/Atingido. **Comb.** Jogador de futebol ~ numa perna por um adversário. 3 Movido/Empurrado. **Comb.** Engenho «moinho/azenha» ~ [movido(+)] a água. 4 *fig* Que começou a apodrecer/Contaminado. **Comb.** Maçãs ~as. 5 *fig* Comovido/Emocionado/Chocado. **Ex.** Fiquei [Senti-me] ~ ao ver tanta miséria. 6 *fig* Referido/Mencionado. **Comb.** Assunto ~ ao de leve pelo conferencista. 7 *fig* Começado/Encetado(+). **Ex.** O bolo [queijo] ainda não foi ~. 8 *fig* Levemente embriagado. **Ex.** «ele fala e ri-se muito» Parece ~.

tocador, ora *s/adj* (<tocar+-dor) 1 (O) que toca/Músico. **Comb.** ~ de bombo [flauta/saxofone]. 2 *Br* Pessoa que conduz gado/animais/Almocreve/Vaqueiro/Pastor.

tocaia *s f Br* (<tupi *to'kaî*) 1 Emboscada para surpreender alguém ou caçar. **Loc.** «estar/ficar» De ~ [À espreita(+)]. 2 Poleiro de galinhas.

tocaio, a *adj/s* (<esp *tocayo*) ⇒ homó[ô]nimo/xará.

toca-lápis *s m 2n* (<tocar 1+…) Haste/Perna do compasso (⇒ tira-linhas) em que se encaixa o lápis.

tocante *adj 2g* (<tocar+-ante) 1 Que toca. 2 Relativo/Referente. **Comb.** *Assunto ~ ao* regulamento disciplinar. *No ~ a* [A respeito de] (Ex. No ~ a civismo, há ainda um longo caminho a percorrer). 3 Comovente/Enternecedor. **Comb.** Cena ~ «duma criança sentar-se ao colo do Papa Francisco».

tocar *v t/int* (< on) 1 Pôr a mão em/Pegar/Apalpar. **Ex.** Tenho o nariz ferido, nem lhe posso ~. «no museu/na exposição» Não ~ nos obje(c)tos expostos! 2 Fazer conta(c)to/Roçar por. **Ex.** O carro passou (mesmo) rente a mim; ainda me tocou. O guarda-redes [goleiro] estirou-se bem, ainda tocou a bola com os dedos, mas não conseguiu evitar o gol(o). 3 Ser contíguo a/Confinar. **Ex.** A nossa propriedade toca na deles. Os dois prédios tocam-se nas [pelas] traseiras. 4 Dar uma pancada/Bater em. **Ex.** A maioria dos pais não admite que «na escola» se toque nos filhos. O jogador «de basquete» tocou o adversário na cara com uma cotovelada. **5** *Mús* Fazer soar um instrumento de música/Executar, num instrumento, uma peça musical. **Ex.** Ele toca piano e a mãe já tocou violino numa orquestra. **6** (Fazer) produzir som por meio de um mecanismo. **Ex.** O telefone já tocou várias vezes. Tocaram à campainha. Os sinos estão a ~ a finados «quem será que morreu/quem terá morrido?». **7** Fazer andar. **Comb.** Bicicleta tocada a pedais/a motor. *Toca a ...* [Expressão usada para dar uma ordem/incitar a fazer alguma coisa «toca a andar [estudar/trabalhar]»]. **8** Fazer andar um animal/Conduzir gado. **Loc.** ~ *o burro* com o chicote. ~ *os bois* com uma vara/aguilhada. ~ *o rebanho* para o redil. **9** Chegar a/Atingir. **Ex.** A água da cheia tocou a berma da estrada. As ondas quase tocaram as barracas dos banhistas. **10** Mencionar/Referir. **Ex.** Cá fora, todos diziam que iam reclamar aumento de ordenado, mas na reunião ninguém tocou no [nesse] assunto. **11** Dizer respeito [Ser relativo] a. **Ex.** Pelo [No] que toca à marcação das férias, não tenho preferência de datas. **12** Caber em sorte/Pertencer. **Ex.** Nas partilhas, tocou-lhe a vinha «e à irmã, a casa». «pouca sorte» Logo me havia de ~ estar de serviço na noite de Natal! **13** Servir-se de comida/bebida. **Ex.** Ele não toca em vinho [álcool/bebidas alcoólicas]. No arroz-doce quase ninguém tocou. **14** Um navio chegar a um porto/Aportar. **Ex.** O cargueiro tocou em todos os portos de Angola. **15** *Geom* Ter um ponto comum. **Ex.** Uma secante [corda] toca a circunferência em dois pontos. **16** Ficar impressionado/Comover-se. **Ex.** O choro daquela mãe «junto à campa dos filhos» tocou-me profundamente.

tocata *s f Mús* (<it *toccata*) Peça musical para ser executada num instrumento, destinada a pôr em evidência os recursos «a agilidade» do executante. **Comb.** ~ para órgão de J. S. Bach. ⇒ cantata.

tocatina *s f Mús* (<tocata+-ina) Tocata pequena.

tocha *s f* (<fr *torche*) **1** Vela grande e grossa de cera/Círio. **2** Obje(c)to cilíndrico rudimentar, feito de [embebido em] material inflamável, usado para iluminar/Archote/Facho. **Loc.** Caminhar na noite escura, alumiados por ~s.

tocheiro/a *s* (<tocha+-eiro/a) Castiçal grande para colocar velas de cera/Suporte para tochas.

toco (Tô) *s m* (< ?) **1** Parte do tronco duma árvore que fica na terra após o corte. **Loc.** Arrancar ~s de pinheiro [eucalipto]. **2** Pau curto/Cacete. **Ex.** Com medo de que o cão o atacasse, agarrou num ~ para se defender. **3** O que resta de um membro decepado/amputado/Coto(+). **Ex.** Amputaram-lhe a perna, ficou só com um ~ acima do joelho. **4** Pedaço de vela/tocha/Coto(+). **5** *pop* Vassoura já muito gasta. **Ex.** Com este ~ não se consegue varrer.

toco- (Tócó) *elem de formação* (< gr *tokós, ou*) Usado em terminologia médica, exprime a ideia de **parto**.

tocografia (Tócó) *s f* (<toco-+-grafia) Regist(r)o gráfico das contra(c)ções do útero.

tocógrafo (Tó) *s m* (<toco-+-grafo) Aparelho para regist(r)ar as contra(c)ções do útero.

tocologia (Tócó) *s f* (<toco-+-logia) **1** Estudo dos fenó[ô]menos relativos à fecundação, gestação e nascimento humanos/Obstetrícia(+). **2** Tratado acerca de partos.

todavia *conj* (<toda+via) Conj copulativa adversativa/Mas/Contudo/Porém/Ainda. **Ex.** As inscrições já estão fechadas/encerradas; ~ poderá abrir-se uma exce(p)ção desde que haja motivo que o justifique.

todeiro [toda/o] *s Br Ornit* (<lat *tódus, i*: espécie de ave muito pequena) Pássaro inse(c)tívoro, da família do tolídeos, frequente na América Central.

todinho, a *adj* (<todo+-inho) **1** Todo, todo/Inteiramente. **Ex.** O bebé[ê] comeu a papa ~a «não deixou nem um bocadinho». **2** Sem falta/exce(p)ção/Completamente. **Ex.** Espalhaste os alfinetes no chão, agora vais apanhá-los ~s «que não fique lá nenhum!».

todo, a (Tô) *pron indef/s m* (<lat *tótus,a,um*) **1** A unidade completa/A totalidade. **Ex.** Comeram o bolo ~; não resta nada. A carpete cobre o chão ~. **Idi.** *Estar de ~* [Estar muito «cansado/senil/doente»] (Ex. Foi um dia de muito trabalho; estou de ~, não posso mais). *Sabê-la ~a* [Saber bem a maneira de/Ser esperto/manhoso/capaz de astuciosamente enganar os outros] (Ex. Ele sabe-a ~a: mostra-se muito carinhoso [idi vem com falinhas mansas] quando quer obter alguma coisa). **Comb.** *De ~* **a)** Absolutamente/Totalmente (Ex. Ignoro de ~ o que aconteceu); **b)** De modo algum/De nenhuma forma (Ex. Não posso de ~ concordar contigo). **2** A totalidade dos elementos de um conjunto. **Ex.** Conta o baralho; verifica se as cartas estão ~as. Nem ~os os militares que participaram na manifestação estavam fardados. **Comb.** *Ao ~* [Na totalidade] (Ex. Ao ~, a escola tem mais de mil alunos, diurnos e no(c)turnos). *~os à uma* [Ao mesmo tempo/Conjuntamente] (Ex. Gritaram ~s à uma: não queremos (fazer) teste!). **3** A generalidade dos elementos de um conjunto/A grande maioria/Universalidade. **Ex.** Na aldeia, ~a a gente [, ~os] me conhece[m]. É uma escola onde ~s os alunos têm boas notas. **4** Cada um dos elementos dum conjunto/Qualquer. **Ex.** ~os os bebé[ê]s choram. **5** Conjunto das partes que constituem a unidade/Soma. **Ex.** Alunos, docentes, pessoal administrativo e auxiliar constituem o ~ da comunidade escolar. O ~ é maior do que qualquer das partes.

todo-o-terreno *adj 2g/s m* **1** (Diz-se de) veículo com tra(c)ção às quatro rodas capaz de circular em terrenos difíceis/maus. **2** *(D)esp* Modalidade (d)esportiva praticada com esse tipo de veículo. **Comb.** Prova de ~.

todo-poderoso, a *adj/s m* **1** Que tem poder absoluto/ilimitado. **Ex.** Os ~s deste mundo facilmente se tornam ditadores/déspotas. **2** *s m Rel Maiúsc* Deus. **Ex.** *Bíb* "O ~ fez em mim maravilhas, santo é o seu nome" (Lc. 1, 49-50).

tofo (Tô) *s m Med* (<lat *tófus,i*) Concreção formada por sais do ácido úrico independentemente da sua localização. **Ex.** O ~ é a manifestação mais frequente da gota cró[ô]nica.

tofu (Tô) *s m Cul* (<jp *tōfu*) Prato típico japonês, branco e mole como a coalhada mas mais consistente, feito com leite de (feijão) soja.

toga (Tó) *s f* (<lat *tóga, ae*) **1** *Hist* Antiga veste exterior masculina usada pelos romanos. **2** Vestimenta, geralmente preta, usada no tribunal por magistrados e advogados e também por professores universitários em determinadas ocasiões formais.

togado, a *adj/s* (<lat *togátus,a,um*) **1** (O) que usa toga. **2** *s* Magistrado judicial.

Togo (Tô) *s m Geog* País africano constituído por uma faixa estreita de terreno entre o Gana e o Daomé, cuja capital é Lomé; a língua oficial dos togoleses é o francês.

toiça/toiceira/toicinho ⇒ touça/...

toilete (Tuáléte) ⇒ toalete.

toira/toirada/toiral/toirão/toirear/toireio/toireiro/toiro ⇒ toura/...

tojal *s m* (<tojo+-al) Terreno onde cresce tojo.

tojeira/o *s f/m* (<tojo+-eira/o) **1** Pé de tojo. **2** Tojo grande. **3** Tojal.

tojo (Tô) *s m Bot* (< ?) Arbusto do gé[ê]nero *Ulex*, da família das leguminosas, de folhas pontiagudas e flores amarelas, originário da Europa e que cresce em terrenos pobres.

tola (Tó) *s f pop* (< ?) Cabeça. **Ex.** «passeava no pinhal» Levou com uma pinha na ~ [Caiu-lhe uma pinha na [em cima da] cabeça].

tolar *s m* (<esloveno *tolar*) Unidade monetária da Eslovénia, dividida em (100) stotins.

tolda (Tôl) *s f Náut* (<toldo) **1** Toldo. **2** Tombadilho. **3** Parte da ré do convés dos navios de guerra.

toldado, a *adj* (<toldar) **1** Coberto com toldo. **Comb.** Barracas ~as/cobertas/protegidas. **2** Que não é límpido/Turvo. **Comb.** Vinho ~. **3** Encoberto(+)/Nublado/Escuro. **Comb.** Tempo [Manhã] ~o/a. **4** *fig* Triste/Sombrio. **Comb.** Semblante ~. **4** *fig pop* Embriagado. **Ex.** «falava muito» Parecia um pouco ~/tocado **8**(+).

toldar *v t* (<toldo+-ar¹) **1** Cobrir com toldo. **Ex.** A gerência do hipermercado mandou ~ [cobrir com toldos(+)] o parque de estacionamento para proteger os carros do calor do sol. **2** *fig* Cobrir-se de nuvens. **Ex.** O céu toldou-se de espessas nuvens. **3** Perder a transparência/Turvar. **Ex.** O vinho toldou(-se). **4** *fig* Perder a lucidez de raciocínio/Perturbar. **Ex.** Toldou-se-me a mente, não fui capaz de discorrer. **5** *fig* Ficar triste/Entristecer. **Ex.** Ao receber a triste notícia, toldou-se-lhe o semblante e as lágrimas começaram a correr. **6** *fig* ⇒ Embriagar-se.

toldo (Tôl) *s m* (<escandinavo *tjald*: tenda) **1** Pano, geralmente de lona, que montado como cobertura serve para abrigar do sol ou da chuva. **Ex.** Os feirantes expõem as mercadorias em barracas cobertas com ~s. **2** *Náut* Coberta do navio/Tolda **2**.

toleima *s f* (<tolo+-eima) **1** Cara(c)terística de tolo/Patetice. **Ex.** Estão todos fartos das [Já ninguém suporta as] ~s dele. **2** Presunção/Vaidade/Bazófia.

toleirão, ona *s* (<tolo-+-eiro+-ão) Grande tolo/Parvalhão.

tolejar *v int* (<tolo+-ejar) **1** Dizer tolices. **2** *Br* ⇒ Andar à toa/Vadiar.

tolerado, a *adj* (<tolerar) **1** Que se tolera/Consentido com reservas/Permitido. **Comb.** Abuso [Ofensa] ~o/a. **3** Diz-se de alimento/medicamento suportado sem provocar efeitos nocivos. **Comb.** Medicamento «antibiótico» bem ~ pela generalidade dos doentes.

tolerância *s f* (<lat *tolerántia,ae*) **1** A(c)to ou efeito de suportar excessos com paciência e indulgência. **Ex.** A ~ faz parte das qualidades de um bom educador. **2** Aceitação daquilo com que não se concorda ou é diferente. **Ex.** A ~ funda-se no respeito pela liberdade alheia e é essencial para a sã convivência. **3** Capacidade de suportar o que é difícil ou estranho ao organismo/Resistência. **Ex.** A minha ~ [A ~ do meu estômago] a bebidas alcoólicas brancas (Aguardentes) é praticamente nula. **4** Dispensa de uma obrigação. **Ex.** O professor

admite uma ~ de cinco minutos na entrada para a primeira aula (do dia). **Comb.** ~ de ponto [Possibilidade de faltar ao trabalho sem perda de retribuição]. 5 Margem de erro admissível. **Ex.** A distância entre colunas é de 5 metros, com uma ~ de mais ou menos um centímetro.

tolerante *adj 2g* (<lat *tólerans,ántis*; ⇒ tolerar) 1 Que tolera/suporta. 2 Que respeita a diferença. **Loc.** Ser ~ com os adversários políticos/com os seguidores de outra religião. 3 Indulgente para com os erros ou falhas/Benévolo. **Comb.** Pais [Educadores] demasiado ~s. 4 Capaz de suportar «alimentos/calor» sem consequências nocivas. **Comb.** Organismo «estômago» ~ às gorduras.

tolerar *v t* (<lat *tólero,áre,átum*) 1 Permitir tacitamente/Deixar passar. **Ex.** A mãe viu o filho tirar um chocolate sem autorização mas tolerou «porque ele não costumava abusar». 2 Aceitar princípios/modos de proceder com que não se concorda por respeito à liberdade alheia. **Ex.** Não gosto das brincadeiras de carnaval mas tolero que outros se divirtam dessa maneira. 3 Aceitar e conviver com a diferença de ideias, feitios, comportamentos, ... **Ex.** Para evitar conflitos e viver em paz é preciso ~ muita coisa que não nos agrada. 4 Suportar alimentos/medicamentos desagradáveis desde que não tenham efeitos secundários nocivos para o organismo. **Ex.** Não tolero o [Não bebo] leite, dá-me vó[ô]mitos.

tolerável *adj 2g* (<lat *tolerábilis,e*) 1 Que se pode tolerar/Admissível. **Comb.** Atraso ~ «de dois minutos» a uma reunião. 2 Que se pode aguentar/Suportável. **Comb.** Medicamento com mau sabor «óleo de fígado de bacalhau» mas ~. 3 Digno de perdão/indulgência. **Comb.** Ofensa [Desconsideração] ~.

tolete (Lê) *s m* (<fr *tolet*) 1 Cavilha de ferro ou de madeira fixa na toleteira para apoio do remo. 2 Pau aguçado que os índios da América empregam na caça aos crocodilos. 3 Rolo de um material sobretudo de tabaco/fumo.

toleteira *s f Náut* (<tolete+-eira) Peça de ferro ou de madeira, nas bordas do barco, onde encaixam os toletes.

tolhedura *s f* (<tolher+-dura) A(c)to ou efeito de tolher/Tolhimento.

tolheito, a *adj pop* ⇒ tolhido.

tolher *v t* (<lat *tóllo,ere,sústuli,sublátum*) 1 Causar impedimento/embaraço/Estorvar. **Ex.** O reumatismo [O fato apertado] tolhia-lhe os movimentos. 2 Pôr obstáculos/Obstruir(+). **Ex.** As obras na rua tolhem o fluxo normal do trânsito. 3 Embargar(+)/Proibir. **Ex.** Um cordão de polícias tolheu o avanço dos manifestantes.

tolhido, a *adj* (<tolher) 1 Sem possibilidade de fazer movimentos/Paralisado/Entrevado. **Ex.** Sofria de reumatismo e acabou por ficar ~. 2 Impedido de agir/Proibido/Vedado. **Comb.** Circulação automóvel ~a pelas obras da ponte. 3 *col* Possuído/Tomado. **Comb.** ~ [Cheio] de frio [medo].

tolhimento *s m* (<tolher+-mento) 1 A(c)to ou efeito de tolher/Paralisação. 2 Estado de tolhido. **Ex.** O ~ do avô já dura há mais de um ano.

tolice *s f* (<tolo+-ice) 1 A(c)to [Dito] irrefle(c)tido/impensado. **Ex.** Antes de falar, deve-se pensar para não dizer ~s. «criança traquina» Só faz ~s. 2 Asneira/Patetice/Disparate/Parvoíce. **Ex.** Pensar que se pode vencer a [esta] crise econó[ô]mica com manifestações, é [não passa de(+)] uma grande ~.

tolo¹, a (Tô) *adj/s* (<lat *stólidus,a,um*: parvo, ~/*stúltus,a,um*: parvo, ~) 1 (O) que é pouco inteligente/Néscio/Parvo/Pateta. 2 (O) que se deixa enganar facilmente/Ingénuo/Lorpa/Simplório. **Ex.** Nem só os ~s são ludibriados pelos vigaristas; muitos que se julgam espertos também se deixam enganar [*idi* também caem na esparrela]. **Idi.** *Estar [Ficar] como o ~ no meio da ponte* [Estar desorientado/sem saber o que há de fazer] (Ex. Sozinho, numa cidade estranha, sem dinheiro nem ninguém a quem pedir ajuda, fiquei como o ~ no meio da ponte, completamente desorientado/perdido). **Prov.** *Com papas e bolos se enganam os ~s* [É fácil enganar os ~s, iludem-se com qualquer futilidade]. 3 *gír* (O) que perdeu (momentaneamente) a razão/Doido/Louco/Demente. **Ex.** Quando vi a conta da reparação «do carro», fiquei ~ com tamanho exagero. **Comb.** Casa de recolhimento para ~s. 4 Que tem falta de lógica/Sem sentido/Disparatado. **Comb.** *Comentário* [Consideração] *~o/a. Ideia* [Pergunta] *~a.* 5 (O) que é excessivamente vaidoso/presunçoso/Convencido. **Ex.** «adolescente» Passa horas a mirar-se ao espelho, está muito ~o/a [está (mesmo) ~a/o de todo].

tolo² (Tó) *s m Arqueo* (<gr *tholós,ou*: abóbada) Construção abobadada pré-histórica.

tolontro *s m* (<esp *tolontro*) Intumescência produzida por contusão na cabeça/Galo(+)/Carolo(+).

tolu *s m Bot* (<*top* Santiago de Tolu, cidade portuária da Colômbia) Bálsamo obtido de uma árvore da América tropical, da família das leguminosas, utilizado em farmácia, também conhecido por bálsamo-de-tolu e opobálsamo.

tolueno [toluol] *s m Quím* (<tolu+-...) Hidrocarboneto aromático, correspondente ao metilbenzeno, líquido incolor, utilizado como componente das gasolinas, como solvente e no fabrico de corantes, plásticos e explosivos. **Ex.** O ~ obtém-se na destilação fra(c)cionada da hulha e principalmente a partir do heptano por desidrogenação ciclizante.

tom *s m* (<gr *thonós,ou*: músculo, tendão, intensidade, força, vigor) 1 Grau de altura de um som. **Idi.** *Dar o ~* [Servir de exemplo] (Ex. A primeira dama «usando um vestido simples» deu o ~ (da forma de vestir) às outras senhoras). *Ser de bom ~* [Estar de acordo com a etiqueta/às regras da boa educação]. **Comb.** *Mús ~ grave [agudo]. idi Sem ~ nem som* [Disparatado/Sem nexo/À toa]. 2 Modo de dizer/Forma de expressão. **Loc.** Dizer algum alguma coisa em ~ de brincadeira. 3 Inflexão cara(c)terística da voz humana. **Ex.** Não sei por que estás a falar nesse ~ «parece que estás zangado». 4 Grau de intensidade duma cor/Cor predominante/Cambiante/Tonalidade. **Ex.** Não gosto de roupa escura; prefiro ~ns alegres. **Comb.** Tecido em ~ns de verde. 5 *Mús* Intervalo entre graus da escala diató[ô]nica. **Loc.** Baixar um [meio] ~. 6 *Mús* Nota em que se afinam os instrumentos ou se inicia o canto. **Loc.** *Cantar fora de ~* [desafinado]. *Dar o ~* [Tocar a nota [o acorde] de referência/de início].

toma (Tó) *s f* (<tomar) 1 A(c)to ou efeito de tomar/Tomada. 2 Porção «de remédio» que é ministrada de cada vez/Dose(+). **Loc.** Administrar em ~s de uma colher de chá, três vezes ao dia. 3 Porção tirada como amostra para análise.

tomada *s f* (<tomado) 1 A(c)to ou efeito de tomar. **Comb.** *~ de consciência* [Reflexão sobre determinada realidade] (Ex. A ~ de consciência implica um juízo de valor sobre a realidade em apreço). *~ de posição* [Manifestação de opinião sobre determinado assunto]. *~ de posse* «do novo ministro [Governo]» [A(c)to em que é assumido um cargo ou uma função]. 2 Conquista. **Ex.** A ~ de Lisboa aos mouros deu-se em 1147. 3 *Ele(c)tri* Dispositivo de uma instalação onde se pode fazer a ligação à rede elé(c)trica. **Ex.** Ligue (lá) o fio do aquecedor à ~ daquela parede. **Comb.** ~ com terra [equipada com terminal de ligação à terra].

tomado, a *adj* (<tomar) 1 Conquistado/Ocupado. **Ex.** Os lugares da frente «da plateia» estão todos ~s [ocupados(+)/vendidos]. 2 Possuído/Dominado. **Ex.** «criança» ~o/a [Cheio/a] de medo, escondeu-se debaixo da cama. 3 Apreendido/Preso. **Comb.** Mercadoria ~a pela guarda-fiscal. 4 Atacado/Paralisado. **Comb.** ~o/a [Paralisado/a/Preso/a] das pernas. Garganta ~a da rouquidão [muito rouca]. 5 Embriagado/Bêbado/*fig* Alegre. **Comb.** ~ do vinho.

tomador, ora *adj/s* (<tomar+-dor) 1 (O) que toma. **Comb.** ~ [Consumidor(+)] de cocaína. 2 Conquistador. **Ex.** Os ~es de Lisboa (aos mouros) foram auxiliados pelos cruzados que passavam por ali a caminho da Terra Santa. 3 Beneficiário do pagamento de uma letra bancária [de uma apólice de seguro].

tomadura *s f Vet* (<tomar+-dura) Ferida [Chaga] produzida no corpo do animal pelo roçar dos arreios «albarda/cilha»/Mata(dura).

tomar *v t/int* (< ?) 1 Pegar em alguma coisa segurando-a com a mão/Agarrar. **Ex.** Toma [Segura-me] a mala, enquanto eu fecho a porta. **Idi.** *~ a cargo* [Encarregar-se de/Prover ao sustento de] (Loc. ~ a seu cargo a abertura e o fecho da loja. «avós» Tomarem a seu cargo o sustento dos netos). *~ a peito* [Esforçar-se/Interessar-se por] (Ex. Tomou a peito os estudos e não voltou a reprovar. *~ as rédeas* [Apoderar-se do governo «de um país»/da chefia «duma empresa»/Abusar]. *~ as refeições* [Comer as refeições «em casa/num restaurante»]. *~ conta de alguém/de alguma coisa* [Assumir a responsabilidade por/Encarregar-se de/Velar por] (Loc. ~ conta dos pais idosos/~ conta do cozinhado que está no forno]. *~ juízo* [Agir com sensatez/Emendar-se] (Ex. Ele já é crescido; já tem idade para ~ juízo. Andou uns tempos desorientado, mas já tomou juízo). *Toma! interj* a) Exprime satisfação/congratulação (Ex. Ora toma! Com esta vitória o título já está quase certo); b) Exprime indignação quando se aplica um castigo (Ex. Toma! (que é) para aprenderes!). *Tomara eu/você/tomaras tu/...* [Exprime o desejo de que algo aconteça] (Ex. Tomáramos todos nós que as [Oxalá [Quem (nos) dera] que as nossas] condições de vida não piorassem).

2 Segurar/Suspender. **Loc.** ~ uma criança nos braços. 3 Ocupar indevidamente o lugar/Usurpar. **Ex.** Levantei-me para cumprimentar um amigo e tomaram logo o meu lugar. 4 Conquistar/Apoderar-se de. **Ex.** Os ciganos tomaram (conta de) [ocuparam(+)] uma casa devoluta/desocupada. Em 1415 os portugueses tomaram Ceuta aos mouros. 5 Ingerir alimentos/remédios. **Ex.** Tomo sempre o almoço [Almoço sempre(+)] na cantina da fábrica. Antes de (me) deitar, tomo uma colher de xarope «para a tosse». 6 Apanhar um meio de transporte. **Loc.** ~ o comboio [um táxi]. 7 Seguir determinado percurso/Percorrer. **Ex.** Para chegar mais depressa ao emprego, tomo

[vou por(+)] um atalho «poupo [gasto menos] um quarto de hora». **8** Ocupar espaço ou tempo. **Ex.** A preparação do relatório tomou[levou]-me o dia inteiro. Mais uma secretária [mesa] no gabinete toma demasiado espaço. **9** Fazer determinado juízo/Interpretar/Considerar. **Ex.** Fiz-lhe um elogio [Disse-lhe um piropo] e ela tomou-o como [por] uma ofensa. **10** Experimentar/Sentir. **Ex.** O cão pressente que lhe tomei medo e ladra-me sempre que me vê. **11** Manifestar/Revelar/Assumir. **Loc.** ~ *atitudes* «estranhas/simpáticas». *~se* [Ficar cheio] *de pânico*. **12** Afe(c)tar/Prender/Paralisar. **Ex.** A rouquidão tomou-lhe a voz. **13** Fazer emitir um título de crédito em favor próprio. **Loc.** ~ uma letra comercial.

tomara (Má) *interj Br* (⇒ tomar **1 Idi.**) Sin. Oxalá(+).

tomatada *s f Cul* (<tomate+-ada) Massa ou pasta de tomate usada como tempero.

tomatal *s m* (<tomate+-al) Terreno plantado de tomates.

tomate *s m Bot* (<esp *tomate* <asteca *tomatl*) **1** Fruto do tomateiro, de cor vermelha, usado em culinária. **Comb.** *Concentrado de ~. Salada de ~*. **2** Tomateiro. **Loc.** Plantar [Semear] *~s*. **3** *pl cal* Testículos. **Idi.** *cal Ter ~s* [Ter coragem/ousadia].

tomateiro *s m Bot* (<tomate+-eiro) Planta herbácea anual, da família das solanáceas, *Lycopersicum esculentum*, originária das Américas Central e do Sul, cultivada em todo o mundo pelos seus frutos.

tombadilho *s m Náut* (<esp *tumbadillo*) Parte mais elevada do navio entre a popa e o mastro da mezena/Convés.

tombador, ora *adj/s* (<tombar+-dor) **1** (O) que tomba/cai [faz cair]. **Ex.** Equipa/e fraca [de 2.ª categoria] foi (no campeonato) um ~ de gigantes. **2** *Br* Terreno escarpado cheio de barrancos «na região do (rio) S. Francisco».

tombar¹ *v t/int* (< on) **1** Dar tombo/queda/Cair. **Ex.** Desequilibrou-se no escadote e tombou (redondo) no chão. **2** Cair para o lado/Inclinar-se. **Ex.** Tombou a cabeça [Tombou-se] no sofá e adormeceu profundamente. **3** Cair morto. **Ex.** Foram muitos os soldados que tombaram em combate «na guerra do Iraque». **4** Deitar abaixo/Derrubar. **Ex.** O vento forte tombou várias árvores no parque. **5** Ocupar uma posição cada vez mais baixa/Descair. **Ex.** Nos dias de inverno, quando o sol tomba [se põe(+)] no horizonte, sente-se logo um frio de enregelar.

tombar² *v t* (<tombo² +-ar) Fazer o tombo de/Inventariar e colocar à guarda do Estado bens de interesse público pelo seu valor histórico, artístico, etc.

tombo¹ *s m* (<tombar) **1** Queda/Trambolhão. **Ex.** Dei um ~ e fiquei muito ferido [maltratado]. **2** *fig* Mudança desfavorável. **Ex.** O negócio [A empresa] deu [sofreu] um ~ que ninguém esperava. **Idi.** *Andar aos ~s.* [Sofrer contrariedades inesperadas//Não ter situação estável/Sentir-se sem o apoio de ninguém].

tombo² *s m* (<gr *tymbós, ou*: tumba, túmulo) **1** Inventário dos bens de raiz com todas as confrontações e demarcações. **2** Arquivo documental. **Comb.** *Torre do ~* [Arquivo português onde se encontram os documentos de (mais) alto valor histórico].

tômbola *s f* (<it *tombola*) **1** Jogo semelhante ao loto cujo vencedor é o primeiro a preencher totalmente um cartão. **2** Espécie de lota[e]ria com fins de beneficência em que os pré[ê]mios sorteados são obje(c)tos variados, geralmente oferecidos. **3** Recipiente cilíndrico que roda sobre si mesmo e é utilizado na realização de sorteios. **Loc.** Fazer rodar a ~.

tômbolo *s m Geol* (<it *tombolo*) Banco de areia que liga uma ilha pequena ao continente/Cordão litoral.

tomento *s m* (<lat *toméntum, i*) **1** Parte fibrosa e áspera do linho/Estopa grosseira. **2** Lanugem que cobre certos órgãos vegetais/Cotanilho.

tomentoso, a (Ôso, Ósa, Ósos) *adj Bot* (<tomento+-oso) Que está revestido de tomento ou coberto de lanugem.

-tomia *suf* (<gr *tomé, és*: corte+-ia) Exprime a ideia de *corte/se(c)ção*.

tomilho *s m Bot* (<esp *tomillo*) Nome vulgar de várias espécies de plantas subarbustivas do gé[ê]nero *Thymus*, originárias das zonas secas do sudoeste da Europa, usadas em culinária e perfumaria.

tomismo *s m Fil* (<antr (S.) Tomás (de Aquino) (1225-1274)+-ismo) Doutrina filosófica e teológica desenvolvida a partir dos ensinamentos de S. Tomás de Aquino, deixados nas suas obras «Suma Teológica/…».

tomista *adj/s 2g* (⇒ tomismo) **1** Relativo ao tomismo. **Comb.** *Escola ~. Tratado ~.* **2** Adepto/Seguidor do tomismo.

tomo (Tô) *s m* (<gr *tomos, ou*: pedaço cortado) **1** Cada um dos volumes que formam uma obra. **Comb.** Enciclopédia «Luso-brasileira/Verbo» em 25 ~s. **2** Parte [Divisão] de um todo. **Comb.** Cada um dos ~s de uma herança. **3** *fig* Importância/Alcance. **Comb.** *Assunto de ~* [transcendente/de grande importância/muito importante]. *Empreendimento de ~* [de grande alcance].

-tomo- *suf/pref* (⇒-tomia) Exprime a ideia de *corte*.

tomografia *s f Med* (<tomo-+-grafia) Exame radiológico obtido por sucessivas radiografias tiradas em planos cuja profundidade vai variando progressivamente. **Ex.** A ~ permite localizar com precisão eventuais lesões nos órgãos examinados. **Comb.** *T~ axial computorizada (TAC)* [Exame radiológico feito a partir de imagens geradas por computador].

tona (Tô) *s f* (<lat *tunna, ae*) **1** Pele [Casca fina] da fruta. **Loc.** *Cozer* batatas *com a ~* [com casca(+)]. *Tirar a ~* às cebolas. **Idi.** «um escândalo» *Vir à ~* [Tornar-se conhecido/Saber-se]. **Comb.** *À ~* [À superfície «da água»] (Ex. O brinquedo da criança caiu à água mas veio à ~). **2** Camada fina/Película.

tonal *adj 2g* (<tom+-al) **1** Relativo ao tom. **Comb.** Variação ~ da altura da voz. **2** *Mús* Que se refere ao tom/à tonalidade. **Comb.** *Modulação ~. Sistema ~.* **3** *Ling* Em que o tom [a entoação] das vogais pode alterar o significado da palavra. **Ex.** O chinês é uma língua ~.

tonalidade *s f* (<tonal+-i+-dade) **1** Propriedade que cara(c)teriza um tom. **2** *Mús* Preponderância de um tom num trecho musical. **3** Variante duma cor/Cambiante/Matiz. **Comb.** Paisagem com várias ~s de verde.

tonalito *s m Miner* (<top Tonale, zona dos Alpes italianos +-ito) Diorito quártzico.

tonalizar *v t* (<tonal+-izar) Dar um tom cara(c)terístico. ⇒ tonar.

tonante *adj 2g* (⇒ tonar) **1** Que troveja/produz estrondo. **2** Que é forte/Atroador. **Comb.** Voz ~/sonora(+) «do líder da manifestação».

tonar *v int* (<lat *tóno, áre, ui, itum*) **1** Trovejar/Fazer grande estrondo. **2** *fig* Falar muito alto. ⇒ tonalizar.

tonário *s m Mús* (<tom+-ário) **1** *Hist* Espécie de pequena flauta com que na Grécia antiga se dava o tom aos cantores ou aos oradores. **2** Livro onde se regist(r)am de forma ordenada os diversos tons da salmodia. **3** ⇒ Diapasão.

tonel (Nél) *s m* (<fr an *tonel*, a(c)tual *tonneau*) **1** Grande vasilha para líquidos «vinho» formada por dois tampos circulares planos e aduelas apertadas por arcos metálicos. **Ex.** O ~ para vinho tem geralmente capacidade igual ou superior a duas pipas. ⇒ barril; pipa/o.

tonelada *s f* (<tonel+-ada) **1** Unidade de massa equivalente a 1000 quilo(grama)s (~ Métrica). **Comb.** *~ americana*/curta (Equivalente a 2000 libras ou 907, 18 quilogramas). *~ inglesa*/longa (Equivalente a 1016 quilogramas). *Náut ~ de arqueação* (Equivalente a 100 pés cúbicos). **2** Conteúdo de um tonel cheio.

tonelagem *s f* (<tonel+-agem) **1** *Náut* Medida em toneladas da capacidade de carga dum navio. **Comb.** *T~ de arqueação bruta*/TAB [Volume total do navio, inclui espaços cobertos e não cobertos]. *~ de arqueação líquida* [Volume do navio destinado ao transporte de carga e de passageiros]. **2** Capacidade de transporte de qualquer veículo de carga. **Comb.** Cami(nh)ões «semi-trailers» de grande ~ (⇒ TIR).

toner (Nér) *s m* (< ing *toner*) Tinta em pó preto ou em estado líquido utilizada nas impressoras a laser e nas fotocopiadoras.

Tonga [Ilhas/Arquipélago dos Amigos] País do Pacífico Sul, com regime de monarquia constitucional, cuja capital é Nukualofa e cuja língua é o tonganês.

tonicidade *s f* (<tónico+-i+-dade) **1** Qualidade [Estado] do que é tó[ô]nico. **2** *Fisiol* Estado de elasticidade/vigor de certos tecidos «músculos». **3** *Fon* Intensidade do som das vogais/Acentuação.

tónico, a [*Br* tônico] *adj/s* (<gr *tonikós, é, ón*: que diz respeito à tensão; ⇒ tónus) **1** (Diz-se de) alimento/medicamento que tonifica/que aumenta a energia/o vigor/Revigorante. **Comb.** ~ capilar [Produto que fortifica o couro cabeludo evitando a queda do cabelo]. **2** *Mús* Relativo ao [Que dá o] tom. **Comb.** Nota ~a. **3** *s f Mús* O primeiro grau da escala diató[ô]nica. **4** *Ling* Sílaba ou vogal que se pronuncia com maior intensidade de voz [sobre a qual recai o acento] «átrio/pente». **5** (O) que predomina/é tema principal. **Ex.** A necessidade de um consenso entre as várias forças políticas, foi a ~a do discurso do Presidente.

tonificação *s f* (<tonificar+-ção) A(c)to ou efeito de tonificar.

tonificante *adj 2g* (<tonificar+-ante) Que tonifica/Fortificante(+)/Revigorante. **Comb.** Efeito ~ de uns dias de descanso «na montanha».

tonificar *v t* (<lat *tónus*: tensão «duma corda» +-ficar) Dar vigor/Fortalecer/Fortificar/Revitalizar. **Ex.** Chegou cansado e com frio, tomou uma bebida quente «chocolate» para se ~. O descanso é essencial para ~ quem tem um regime de trabalho intenso.

toninha *s f* (<lat *thúnnus*: atum +-inha) **1** *Zool* Mamífero cetáceo da família dos delfinídeos, aquático, de corpo pequeno, fusiforme. **2** *Icti* Atum jovem e pouco desenvolvido.

tonitruante *adj 2g* (<lat *tonítruans, ántis*) **1** Que troveja/troa/Troante. **Comb.** Tempestade ~/com muito trovão. **2** Com voz forte/Atroador. **Comb.** Voz ~.

tonitruar *v int* (<lat *tonítruo, áre, átum*) **1** Produzir um som forte como o do trovão. **2** Falar com voz muito forte.

tono (Tô) *s m* (⇒ tónus) **1** ⇒ Tom. **2** ⇒ Toada. **3** *Fisiol* Estado de vigor e elasticidade de certos tecidos, principalmente musculares/Tonicidade **2**. **4** Disposição/Vontade/Atitude. **Comb.** ~ psíquico [Estado de tensão das energias mentais necessárias para o desempenho intelectual].

tonometria *s f* (<tom+-metria) **1** *Fís/Quím* Avaliação de tensões de gases e vapores. **2** *Mús* Determinação da altura de um som. **3** *Med* Avaliação da tensão arterial ou intraocular.

tonómetro [*Br* **tonômetro**] *s m* (<tom+-metro) **1** *Mús* Instrumento que serve para medir a altura dos sons. **2** *Med* Aparelho para medir tensões «arterial/intraocular».

tonsila *s f Anat* (<lat *tonsíllae,árum*: amígdalas) ⇒ amígdala(+).

tonsura *s f* (<lat *tonsúra,ae*) **1** A(c)to ou efeito de tonsurar. **2** Corte do cabelo ou da barba. **3** *Hist* Cabelo rapado em forma circular, no alto da cabeça dos clérigos/Antiga coroa dos clérigos. **Comb.** Prima ~ [Rito de entrada no estado clerical].

tonsurar *v t* (<tonsura+-ar¹) **1** Fazer uma tonsura [um corte de cabelo(+)]. **2** Tosquiar(+). **Loc.** ~ as ovelhas.

tontaria *s f* (<tonto+-aria) Tontice/Asneira(+)/Disparate/Tonteira.

tontear *v int* (<tonto+-ear) **1** Fazer [Dizer] disparates. **Ex.** «vinha de mau humor» Quando entrou começou logo a ~/disparatar(+). **2** Ter tonturas. **Loc.** Sentir-se ~. **3** Ficar perturbado/Atrapalhar-se. **Ex.** «no exame de condução» Quando entrei para o carro senti-me logo a ~ [fiquei logo atrapalhado(+)].

tonteira *s f* (<tonto+-eira) **1** Comportamento irrefle(c)tido/Asneira/Disparate/Tontaria. **Comb.** ~s de políticos inexperientes. **2** ⇒ Tontura(o+)/Vertigem(+).

tontice *s f* (<tonto+-ice) Tolice/Disparate. **Comb.** ~s de adolescentes.

tonto, a *adj/s* (< ?) **1** (O) que tem tonturas/vertigens. **Loc.** Sentir-se ~ «ver tudo a andar à roda». **2** Aturdido/Estonteado. **Ex.** Dei uma pancada na cabeça, por momentos fiquei ~. **3** Atrapalhado/Perturbado. **Ex.** Conduzir o automóvel na cidade deixa-me ~; não estou habituado a tão grande confusão. **4** (O) que é pouco inteligente/Tolo/Insensato. **Ex.** É um pobre ~ inofensivo, mas às vezes maltratam-no. **5** (O) que se deixa enganar facilmente/Ingénuo/Simplório. **Ex.** É um ~, todos o enganam.

tontura *s f* (<tonto+-ura) Sensação de perda do equilíbrio/Vertigem. **Ex.** Passar muito tempo sem comer [Subir a pontos muito elevados] pode causar ~s.

tónus [*Br* **tônus**] *s m 2n Fisiol* (<gr *thonós,ou*: tensão) **1** Tensão leve de um músculo em repouso/Estado de contra(c)ção muscular contínua e ligeira. **2** Força/Energia/Vigor.

top *ing s m* **1** Posição mais elevada/Topo/e(+). **Comb.** «disco» No ~ das vendas. **2** Peça de roupa feminina que cobre o tronco.

topada *s f* (<topar) **1** A(c)ção de bater involuntariamente com o pé em algum obstáculo. **Ex.** Dei uma ~ na perna da mesa, «idi até vi estrelas/fiquei a ver estrelas ao meio-dia». **2** Embate/Encontrão/Pancada. **Ex.** Deram-me uma ~ no carro, ficou com o guarda-lamas amassado. **Idi.** *Br* **Dar uma ~** [Cometer uma asneira/Dar uma cabeçada(+)].

topar *v t* (<tope+-ar) **1** Encontrar pela frente/Deparar. **Ex.** «já não nos víamos há anos» Foi uma grande alegria quando topei com ele na rua. **2** Bater com o pé num obstáculo. **Ex.** Topei numa pedra saliente da calçada, fiquei com o pé muito dorido. **3** Ir de encontro a/Chocar/Embater. **Ex.** Os carros toparam de frente. **4** Encontrar/Descobrir. **Ex.** Topei a criança (que tinha desaparecido da nossa vista) calmamente sentada no quintal a brincar com a terra. **5** *fam* Perceber/Entender. **Ex.** Topei que ele vinha pedir-me dinheiro, e antes que ele falasse adiantei-me a dizer que estava em dificuldades, que nem para gasolina tinha.

topa-tudo *s 2g 2n* (<topar **4/5**) **1** Pessoa que lança mão de tudo o que possa [pode] trazer-lhe proveito. **2** Pessoa que aceita qualquer incumbência «obra/trabalho/cargo» mesmo que não tenha aptidão para a cumprir/desempenhar.

topázio *s m Miner* (<gr *topazion,ou*) Mineral incolor ou amarelo, fluossilicato de alumínio, de elevada dureza (8.º termo da escala de Mhos), que cristaliza no sistema ortorrômbico e é usado como pedra preciosa. **Comb.** ~ **oriental** [Safira amarela]. *Falso* ~ [Quartzo citrino/Variedade de quartzo amarelo-claro, semelhante a algumas variedades de ~].

tope (Tó) *s m* (<on) **1** ⇒ Choque/Embate/Encontro «de corpos»/Toque «no carro». **2** Cume/Topo/Cimo. **Comb.** ~ [Cume(+)] do monte. **3** *Náut* Parte superior do mastro/Ponta. **4** ⇒ topada **1/2**(+).

topejar *v t* (<topo+-ejar) **1** Unir «duas peças» pelos topos [pelas pontas]. **2** Bater de topo.

topetada *s f* (<topete+-ada) **1** Pancada com a cabeça/Cabeçada(+). **Ex.** Os dois jogadores tentaram cabecear a bola ao mesmo tempo e deram uma ~ um no outro. **2** Gesto [Aceno(+)] com a cabeça. **Ex.** O pai não disse que sim mas anuiu com uma ligeira ~.

topetar *v t/int* (<topete+-ar¹) **1** Elevar(-se) ao topo. **2** Atingir um grau elevado. **3** Bater com a cabeça.

topete (Pê) *s m* (<fr *toupet*: tufo) **1** Cabelo eriçado na frente da cabeça/Poupa. **Idi.** *Baixar o* ~/a crista(+) [Ado(p)tar uma atitude mais humilde/Perder a arrogância]. **2** Parte da crina do cavalo que cai sobre a testa. **3** Penas salientes na cabeça de algumas aves/Penacho/Poupa(+). **4** *fig* Descaro/Atrevimento. **Idi.** *Ser de/Ter* ~ [Ter audácia/Ser atrevido].

-topia *suf* (<gr *tópos,ou*: lugar+-ia) Exprime a ideia de **lugar**.

tópico, a *adj/s* (<gr *topikós,é,ón*: relativo a lugar <*tópos,ou*: lugar) **1** Que se refere a um lugar. **Comb.** «arraiais de S. João» Festas populares ~as das cidades do Porto e de Braga. **2** Que se refere ao assunto de que se trata. **Comb.** Argumento ~. **3** *Med* (O) que a(c)tua na zona em que é aplicado. **Comb.** *A(c)ção* ~*a* dum remédio. Medicamento «pomada» para *uso* ~. **4** *s f* Ciência relativa aos remédios que exercem a sua a(c)ção no lugar onde são aplicados. **5** *s m Ling* Questão principal/Assunto/Tema/Conteúdo «da frase». **Comb.** Os principais ~s do discurso.

topless *ing* (Tópelésse) *s m 2n* Nudez feminina da cintura para cima/Com os seios descobertos/Usando apenas a parte inferior (A calcinha) do biquíni.

topo (Tô) *s m* (<fr an *top*) **1** Parte mais elevada/Cimo/Cume(+). **Loc.** Subir ao ~ duma montanha. **2** Extremidade/Ponta. **Loc.** Correr [Percorrer] a rua até ao ~.

topografar *v t* (⇒ topografia) Representar num plano o conjunto de elementos que cara(c)terizam o relevo terrestre de determinada zona ou lugar/Fazer a topografia de.

topografia *s f* (<gr *topós*: lugar+grafia; ⇒ cartografia) **1** Técnica de representar num desenho a configuração de uma pequena porção da superfície da Terra com todos os elementos que cara(c)terizam o seu relevo. **2** Cara(c)terísticas do relevo e configuração de uma parte da superfície terrestre. **Ex.** A ~ do Sul de Portugal é menos acidentada (do) que a do Norte. **3** Descrição pormenorizada de uma parte do organismo.

topográfico, a *adj* (<topografia+-ico) Relativo à topografia. **Comb.** Carta [Estudo/Levantamento] ~a/o.

topógrafo, a *s* (⇒ topografia) Pessoa que faz levantamentos topográficos/Especialista em topografia. **Ex.** A recolha de elementos para elaboração das cartas topográficas é da competência dos ~s.

topologia *s f* (<gr *topos*: lugar+-logia) **1** Descrição pormenorizada dum lugar. **2** *Mat* Estrutura definida num conjunto pela fixação de uma família de subconjuntos abertos satisfazendo certos axiomas, e a partir dos quais se definem conceitos básicos como os de vizinhança interior e exterior, fronteira, conjunto fechado, limite e continuidade. **3** *Mat* Ramo da matemática que se ocupa dessa matéria. **4** *Ling* Estudo da colocação na frase de certas categorias gramaticais de palavras.

topológico, a *adj* (<topologia+-ico) Relativo à topologia.

toponímia *s f* (<gr *topos*: lugar + *onyma*: nome +-ia) **1** Estudo dos nomes de lugares habitados e outros sítios, de países, ruas, caminhos, … **Ex.** A ~ interessa não só à linguística mas também à geografia física e humana e à história. **2** Conjunto de topónimos. **Comb.** A ~ das ruas duma cidade.

toponímico, a *adj* (<toponímia+-ico) Relativo à toponímia.

topónimo [*Br* **topônimo**] *s m* (⇒ toponímia) Nome de um sítio, lugar, localidade, … **Ex.** Os ~s têm proveniências muito variadas: nomes de pessoas, profissões «ferreiro/sapateiro», relevo do solo «outeiro/várzea», …

toponomástica *s f* (<gr *topos*: lugar+onomástica) Parte da toponímia relacionada com os nomes de pessoas/com a onomástica.

tópos *s m Liter* (<gr *tópos,ou*: lugar; pl tópoi) Tema recorrente/Convenção literária/Lugar-comum.

toque *s m* (<tocar) **1** A(c)to ou efeito de tocar(-se). **Idi.** *Acusar o* ~ [Reagir de forma que denuncia culpabilidade] (Ex. Quando se falou em vozes desafinadas, ela acusou logo o ~ «desculpando-se com a rouquidão»). *Dar um* ~ **a)** Interceder em favor de/Meter uma cunha; **b)** Ligar pelo telemóvel/telefone, apenas para assinalar a presença (Ex. Quando estiver despachado/a, dou-te um ~ e vens-me buscar). *Dar uns* ~*s* [Ter conhecimentos pouco profundos de alguma coisa] (Ex. Ele não é canalizador mas dá uns ~s, é capaz de fazer pequenos consertos). *Ser corrido* [*Andar a* ~ *de caixa* [Ser expulso/escorraçado de forma violenta]. *Ter bom* ~ [Ser macio/agradável ao ta(c)to]. **2** Conta(c)to leve. **Ex.** Senti um ~ no ombro e voltei-me para ver quem me chamava. **3** Pancada/Embate. **Ex.** Deram-me um ~ no carro. **4** A(c)ção de tocar instrumentos musicais. **Loc.** «a procissão» Caminhar ao ~ da banda de música. *Ouvir o* ~ *dos sinos*. **5** Som «de campainha/instrumento musical» que anuncia [convoca para] determinada a(c)ção/determinado acontecimento. **Comb.** ~ *de alvorada* [«de corneta no quartel»

para levantar (da cama)]. ~ **de entrada/saída** «das aulas». ~ **de recolher** [para ir para a cama/para deitar]. ~ **de [a] sentido** [para se pôr direito com as pernas juntas e braços caídos]. **6** Timbre de um instrumento musical. **Comb.** ~ **melodioso** «do violino». ~ **irritante** «da gaita de foles». **7** *fig* Cara(c)terística [Traço] típica/o. **Comb.** «decoração/arranjo floral com» ~ **de artista.** «pintura com» ~ **de mestre. 8** *fig* Melhoramento/Retoque. **Ex.** O trabalho está quase pronto; só quero dar-lhe mais uns pequenos ~s [os ~s finais]. **9** Mancha na fruta que é sinal do começo de apodrecimento. **Ex.** Estas maçãs são mais baratas porque algumas têm uns pequenos ~s. **10** Percentagem de metal puro numa liga em que é o componente principal. **11** *Med* Exame médico feito com a mão/Palpação. **Comb.** ~ **re(c)tal** (Para detectar tumores no re(c)to, na próstata ou no útero). ~ **vaginal. 12** *(D)esp* Pontapé suave feito com habilidade. **Ex.** Com um ~ magistral introduziu a bola no canto superior da baliza.

toqueiro/a *s m/f* (<toco+-eiro) Parte de um tronco e raiz que fica na terra depois de se cortar uma árvore. **Sin.** Toco **1**(+).

toque-toque *s m* (<on) Som imitativo de alguma coisa «animal» a bater repetitivamente «com os cascos [as patas] no caminho/no chão». **Ex.** "~ anda lá burrinho, ~ vai para o moinho".

Tóquio *top* (<jp *Tōkyō*) Capital do Japão (Não tem artigo; ex. Eu moro em ~).

tora[1] (Tó) *s f* (<toro **2**) **1** Pedaço de alguma coisa, principalmente de carne. **2** *region* Pedaço de chouriço que se põe em cada tigela de caldo-verde.

tora[2] (Tó) *s f Rel* (<hebr *thorah*) **1** *Maiúsc* Livro da Lei judaica, de Moisés. **2** *Hist* Tributo que os judeus portugueses pagavam por família.

torácico, a *adj Anat* (<gr *thoraks,kós*) Relativo [Pertencente] ao tórax. **Comb. Caixa ~a** [Conjunto de ossos que protegem os pulmões e o coração]. **Membros ~s** [superiores]. «pulmões/coração» Órgãos ~s. Veias ~as.

toracoplastia *s f Med* (<tórax+-plastia) Operação cirúrgica que consiste em modelar a parede torácica de modo a que esta se adapte ao pulmão subjacente.

toracotomia *s f Med* (<tórax+-tomia) Incisão ou abertura cirúrgica do tórax.

toranja *s f Bot* (<persa *turanj*) **1** Fruto citrino arredondado, de casca grossa amarelada, sumarento e de sabor um pouco amargo. **2** ⇒ Toranjeira.

toranjeira *s f Bot* (<toranja+-eira) Árvore da família das rutáceas, *Citrus decumana*, que produz um fruto comestível, a toranja.

torar *v t Br* (<toro+-ar) **1** Cortar/Serrar (troncos de madeira) em toros. **2** Cortar rente «o cabelo».

tórax (Ks) *s m 2n* (<gr *thorax*) **1** *Anat* Cavidade superior do tronco humano onde se alojam os pulmões e o coração/Cavidade torácica. **2** Peito/Tronco. **3** *Ent* Parte média do corpo de alguns inse(c)tos.

torbernite/a *s f Miner* (<antr Torbern Bergen (1736-1784), químico sueco +-ite/a) Mineral de urânio, fosfato hidratado de urânio e cobre, que cristaliza no sistema tetragonal. **Ex.** A ~ é um mineral resultante da oxidação de outros minerais primários «da pechblenda».

torça *s f* (< ?) **1** Pedra quadrilonga talhada em esquadria. **2** Verga [Padieira] da porta.

torçal *s m* (<esp *torzal*) **1** Cordão «de seda» feito de fios «com fios de oiro» de retrós. **2** *Br* Espécie de cabresto para conter animais ariscos.

torção *s f* (<lat *tórtio,ónis*) **1** A(c)to ou efeito de torcer/Torcedura. **2** Estado do que está torcido. **Comb.** Força de ~. **3** *Med* Fenó[ô]meno pelo qual o pedículo que une alguns órgãos «ovários/testículos» ao restante organismo sofre uma rotação que dificulta [impede] a irrigação sanguínea. ⇒ volvo «no intestino».

torcaz [trocaz/torquaz] *adj 2g Ornit* (<lat *torquace* <*torquis,is*: colar) Variedade de pombo, pombo-~, que tem coleira de várias cores.

torcedela *s f* (<torcer+-dela) Ligeira torcedura.

torcedor, ora *adj/s* (<torcer+-dor) **1** (O) que torce. **2** Fuso de roca. **3** *Br* Adepto ferrenho de clube (d)esportivo [(O) que faz parte da torcida]. **4** ⇒ tornadoura.

torcedura *s f* (<torcer+-dura) **1** A(c)to ou efeito de torcer. **Loc.** Dar uma ~ à roupa antes de a pôr a secar. **2** A(c)to ou efeito de torcer [deslocar/desarticular] «ossos/articulações»/Entorse. «do pescoço [tornozelo]. **3** Curva(+)/Sinuosidade. **Comb.** Estrada «de montanha» com muitas ~s. **4** *fig* Raciocínio enganoso/Subterfúgio(+)/Sofisma. **Ex.** Ele «político» não respondeu dire(c)tamente às perguntas/provocações: usou sempre ~s para desviar a conversa para outros assuntos.

torcegão *s m* (<torcegar+-ão) A(c)to de torcegar. **Comb.** ~ de orelhas.

torcegar *v t* ⇒ estorcegar.

torcer *v t/int* (<lat *tórqueo,ére,tórsi,tórtum*) **1** Fazer rodar uma extremidade num sentido mantendo a outra fixa ou a rodar em sentido contrário. **Ex.** Ajuda-me a ~ a manta para a pôr a secar «segura numa ponta, eu seguro-a na outra, rodando-a». **Idi.** ~ **a orelha** [Arrepender-se] (Ex. Ele não quis aceitar o emprego e agora torce a orelha «ainda não arranjou mais nenhum»). ~ **o nariz** [Mostrar desagrado] (Ex. Quando viu que o almoço era peixe cozido, torceu logo o nariz). ~ **o pescoço a** [Estrangular] (Ex. Já avisei a vizinha: se torno a apanhar [ver/encontrar] alguma galinha no meu quintal «a estragar as novidades [o renovo]», torço-lhe o pescoço). ~ **o sentido de** [Alterar o sentido/significado/Desvirtuar] (Ex. Os jornalistas pegaram em frases fora do contexto e torceram por completo o conteúdo da mensagem). ~ **por** [Ser adepto de/*Br* Fazer parte da torcida] (Ex. Ele sempre torceu pelos socialistas). **Aí é que a porca torce o rabo** [Aí é que está a dificuldade] (Ex. A dificuldade não está em produzir, o difícil é vender; aí é que a porca torce o rabo). **Dar o braço a ~** [Aceitar que estava errado/que não tinha razão/Ceder/Concordar] (Ex. Ele viu perfeitamente que eu tinha razão, mas não quis dar o braço a ~). **De antes quebrar que ~** [Que não cede à violência/De cará(c)ter íntegro] (Ex. Com ameaças não o fazem mudar de opinião [*idi* não lo levam]; ele é de antes quebrar que ~). **Prov. De pequenino se torce o pepino** (A formação [educação/aceitação de regras] tem de ser dada logo de início, não pode ser adiada para mais tarde). **2** Entortar/Dobrar/Curvar/Empenar. **Ex.** A viga torceu com o peso. **3** Mudar a dire(c)ção. **Ex.** Porque (é que) não vieste dire(c)to para casa e torceste por outro caminho? **4** Sofrer uma entorse/Deslocar «um osso/uma articulação». **Loc.** ~ um braço [tornozelo]. **5** Virar apenas uma parte do corpo. **Ex.** Cada vez que entrava uma pessoa «na igreja» ele torcia o pescoço para ver quem era. **6** Enroscar/Encaracolar. **Ex.** O feijoeiro torce-se em redor da estaca à medida que vai crescendo. **7** Fazer ceder/Sujeitar/Vergar. **Ex.** Ele é muito teimoso, não há quem o torça! **8** *Br* Apoiar «um clube de futebol». ⇒ torcido **7**.

torcicolo (Có) *s m* (<it *torcicollo*) **1** *Med* Sensação dolorosa causada pela contra(c)ção dos músculos do pescoço e que dificulta o movimento da cabeça, obrigando a mantê-la numa posição anormal «inclinada/torcida». **Loc.** Ter [Sofrer] um ~. **2** Conjunto de curvas e contracurvas/Sinuosidade/Ziguezague(+). **Comb.** Os ~s duma estrada. **3** *Ornit* ⇒ papa-formigas.

torcido, a *adj/s* (<torcer; ⇒ ~ **6**) **1** Que se torceu. **Comb.** ~ com [Cheio de] dores. **2** Dobrado/Torto/Curvo. **Ex.** O carro, depois do embate, ficou reduzido a um monte de ferros ~s. **3** *fig* Mal interpretado/Adulterado/Desvirtuado. **Ex.** O sentido da frase foi completamente ~. **4** *fig* Que tem mau cará(c)ter/feitio. **Comb.** Pessoa (re)~a. **5** *s m* Cada uma das linhas sinuosas de um trabalho artístico. **Comb. Obra** de talha **com ~s. Camisola** de lã **com ~s. 6** *s f* Cordão de fita ou de fios de algodão que forma a mecha dos candeeiros/Pavio. **Ex.** Os candeeiros a [de] petróleo tinham ~s de fita. **7** *Br s f* Conjunto dos apoiantes dum clube (d)esportivo/Claque. **Ex.** A derrota da sua equipa/e deixou a ~ desapontada [enfurecida].

torcimento ⇒ torcedura.

torcionário, a *adj/s* (<lat *tórtio,ónis*: tortura +-ário) **1** Que serve para torturar. **2** *s* (O) que ordena [pratica] a tortura/extorsão/violência. **3** ⇒ Pessoa cruel/violenta. **4** ⇒ Algoz/Carrasco.

tórculo *s m* (<lat *tórculum,i*: prensa de lagar) **1** Antiga máquina de polir metais e pedras preciosas. **2** Prensa tipográfica primitiva, feita à semelhança das prensas de lagar.

tordo (Tôr) *s m Ornit* (<lat *túrdus,i*) Nome vulgar de várias aves da família dos turdídeos, do gé[ê]nero *Turdus*, predominantemente inse(c)tívoras. **Ex.** O ~ trucila. **Idi. Cair** [Morrer/Ser mortos/baleados] **como ~s** [em grande quantidade].

toreuta *s 2g* (<gr *toreutés*) Artista que pratica a torêutica.

torêutica *s f* (<gr *toreutiké*) Arte de esculpir em metal, marfim ou madeira.

torga *s f Bot* (<lat *tóricus,a,um* <*tórus*: tronco) **1** Nome vulgar de diversos arbustos lenhosos, da família das ericáceas, mais conhecidos por urzes. **2** Raízes de urze com que se faz carvão.

torgal *s m* (<torga+-al) Terreno onde cresce torga.

torgueira *s f* (<torga+-eira) Urze grande [Torgão] de cujas raízes se faz carvão.

torianite/a *s f Miner* (<tório+urânio+-ite/a) Mineral formado por óxido de tório e que contém urânio; cristaliza no sistema cúbico.

-tório *suf* (< lat *-tórium*) Exprime a ideia de: **a)** Possibilidade/Susce(p)tibilidade «abonatório/laudatório»; **b)** A(c)ção ou o seu resultado «interrogatório/peditório»; **c)** Obrigatoriedade «obrigatório»; **d)** Instrumento «lavatório»; **e)** Lugar «dormitório/oratório».

tório [Th 90] *s m Quím* (<Mit norueguês Thor, deus do trovão +-io) Elemento metálico sólido, radioa(c)tivo [radiativo], o primeiro da série dos actinídeos. **Ex.** A principal utilização do ~ é como combustível nuclear.

torite/a *s m Miner* (<tório+-ite) Mineral semelhante ao zircão, silicato de tório, de cor castanha ou negra e às vezes amarelo-laranja, fortemente radia(c)tivo [radiativo], que cristaliza no sistema tetragonal. **Ex.** A

~ é um mineral acessório dos granitos e dos sienitos.

tormenta *s f* (<lat *torménta*, pl de *tormentum,i*) **1** Tempestade violenta com chuva, vento forte e trovoada/Borrasca/Temporal. **Idi.** *Grande nau, grande ~* [Quanto maior [mais importante] for a situação «empresa/obra/proje(c)to» maiores serão os trabalho/as dificuldades que terá de enfrentar]. **2** *fig* Discussão acalorada e violenta. **Ex.** Que grande ~ vai [está a acontecer] em casa da vizinha! **3** *fig* Agitação, dor ou preocupação moral. **Ex.** Não se entendiam, separaram-se [idi foi cada um para seu lado]; acabou a ~.

tormento *s m* (<lat *tormentum,i*) **1** A(c)to ou efeito de atormentar(-se). **2** Sofrimento doloroso/Tortura/Suplício. **Loc.** Sofrer [Passar por] grandes ~s «na prisão/no trabalho das minas/em situações de catástrofe». **3** Grande sofrimento físico ou moral. **Ex.** Passaram dias de grande ~ enquanto não souberam do paradeiro do [onde estava/por onde andava o] filho.

tormentório *adj/s m* (<tormenta+-ório) **1** Relativo a tormenta. **2** (Sítio) onde podem ocorrer com frequência tormentas/Tormentoso. **Comb.** Mar ~/tormentoso.

tormentoso, a (Ôso, Ósa, Ósos) *adj* (<tormento+-oso) **1** Que causa tormento/sofrimento. **Comb.** Condições de trabalho ~as [penosas(+)]. **2** Agitado/Tempestuoso. **Comb.** Mar ~. **3** *fig* Trabalhoso/Difícil/Árduo. **Ex.** O último ano do curso «de medicina» foi deveras ~/foi muito puxado.

torna (Tór) *s f* (<tornar) **1** A(c)to ou efeito de tornar. **2** Compensação que se dá a quem ficou em desvantagem numa troca ou em partilhas/Volta. **Ex.** Troquei o terreno pela casa mas tive que dar uma ~ de vinte mil euros. **3** Retorno no espaço ou no tempo/Regresso/Volta.

tornado *s m Meteor* (<esp *tornado*) Turbilhão de vento violento que forma uma coluna semelhante a um funil e arrasta do solo poeiras, detritos e mesmo árvores e obje(c)tos pesados. **Ex.** Os ~s são fenó[ô]menos naturais dos mais destruidores à escala local. ⇒ remoinho; pé de vento.

tornadou[oi]ra[dura] *s f* (<tornar+-...) Instrumento de torneiro que serve para torcer vimes e arcos.

torna-jeira *s f* Sistema de trabalho em que se presta uma jeira (Um dia de trabalho) para pagar outra que se recebeu.

tornar *v t/int* (<lat *tórno,áre,átum*) **1** Voltar/Regressar. **Ex.** Emigrou para o Brasil quando era novo [jovem] e nunca mais tornou. **2** Repetir um a(c)to. **Loc.** ~ a comprar [dizer/fazer/visitar]. **Idi.** *~ à antiga* [Voltar ao estado [à condição] anterior] (Ex. O novo dire(c)tor começou com muitas mudanças, mas, ao fim de pouco tempo, tornou tudo à antiga. *~ a si* [Recuperar os sentidos]. *~-se gente* [Crescer/Amadurecer/Ser adulto]. **3** Mudar/Transformar. **Ex.** As fortes chuvadas tornaram a baixa da cidade (n)um lago. A dieta tornou-a (n)um palito [fez com que ficasse muito magra]. **4** Mudar de dire(c)ção/Virar. **Ex.** «para ir aos correios» Ao fim [fundo] da rua torna [vira(+)] à direita. **5** Restituir/Devolver/Dar tornas. **Ex.** Empresto-te o livro mas quero que mo tornes [devolvas(+)] logo que o tenhas lido. **6** Responder/Replicar. **Ex.** Sair daqui, deixar a minha casa? Só à força – tornou o ancião.

tornassol (Sól) *s m* (<tornar+sol) **1** *Bot* Planta da família das boragináceas, *Heliotropium europaeum*, revestida de pelos, também conhecida por erva-das-rugas e verrucária. **2** *Bot* Designação de várias plantas cujas flores giram de acordo com o movimento do sol/Girassol/Heliotrópio. **3** *Quím* Substância complexa usada em química analítica como indicador ácido-base por apresentar a propriedade de se tornar, reversivelmente, vermelha em meio ácido e azul em meio básico. **Comb.** *Papel de ~. Tintura de ~.*

torna-viagem *s f/adj 2g* **1** Volta «do navio» de uma viagem «por mar»/Regresso. **2** Devolução de uma encomenda. **3** (O) que, tendo saído de um país para outro, regressa ao país de origem. **4** *fig* Coisa gasta/que já não tem valor/Restos.

torneado, a *adj/s m* (<tornear) **1** Trabalhado ao torno. **Comb.** Peças «de madeira/ferro» ~as. **2** Que tem contornos arredondados/Roliço. **Comb.** Senhora elegante, de pernas bem ~as. **3** *fig* Redigido com elegância/Bem elaborado. **Comb.** Discurso bem ~. **4** *s m* Trabalho feito ao torno, geralmente de decoração. **Comb.** Mobília com muitos ~s. **5** *fig s m* Requinte estilístico muito florido. **Ex.** É um escritor que escreve bem, mas abusa dos ~.

torneador, ora *adj/s* (<tornear+-dor) (O) que torneia.

torneamento *s m* (<tornear+-mento) A(c)to ou efeito de tornear.

tornear *v t* (<torno+-ear) **1** Trabalhar ao torno. **Loc.** ~ um veio metálico «para uma engrenagem». **2** Dar forma arredondada ou roliça. **Ex.** «brincava com plasticina» Fazia automóveis e torneava-lhe os contornos com muita perfeição. **3** Dar a volta a/Circundar. **Ex.** No habitual passeio matinal, torneava a praça para ir ao quiosque comprar o jornal. **4** *fig* Não enfrentar dire(c)tamente uma situação difícil, ultrapassando-a/Contornar. **Ex.** A pergunta do jornalista era incómoda [capciosa], mas ele soube ~ a [dar a volta à] questão, evitando uma resposta dire(c)ta. **5** *fig* Tornar elegante/Aprimorar/Burilar «um texto».

tornearia *s f* (<tornear+-aria) Oficina [Ofício] de torneiro. **Loc.** Trabalhar em ~ «de móveis de estilo». **Comb.** ~ de metais.

torneável *adj 2g* (<tornear+-vel) **1** Que se pode tornear. **Ex.** O granito é uma pedra não ~. **2** *fig* Que se pode circundar/contornar. **Comb.** Obstáculo ~. **3** *fig* Que se pode vencer/ultrapassar «dando a volta à questão».

torneio[1] *s m* (<tornear) **1** A(c)to ou efeito de tornear. **2** Feitio arredondado que o torneiro dá a uma peça, no torno/torneado 1. **Comb.** «peça com» Um ~ [torneado(+)] perfeito. **3** *fig* Elegância de formas.

torneio[2] *s m* (<provençal *tornei*) **1** *Hist* Desporto [Esporte] equestre medieval sob a forma de combate individual (Justa[1]) ou entre dois grupos. **Ex.** Os ~s eram exercícios militares sem espírito de hostilidade. **2** *(D)esp* Competição (d)esportiva que se efe(c)tua geralmente por etapas ou eliminatórias. **Comb.** ~ «inter-escolas» *de andebol. ~ de bridge* [sueca]. **3** *fig* ⇒ Polé[ê]mica/Controvérsia/Disputa/Debate.

torneira *s f* (<torno+-eira) Peça tubular munida de um dispositivo que abre ou fecha a passagem dum fluido. **Idi.** *Abrir a ~* [Dizer tudo/Desabafar/Chorar]. **Comb.** *~ de lavatório. ~ de passagem* [inserida num circuito [numa canalização], permitindo ou impedindo a circulação do fluido]. «apanhado» *Com a boca na ~* [Em flagrante]. *Pipo «de vinho» com a ~ metida* [equipado com ~].

torneiro, a *s* (<torno+-eira) O que trabalha ao [no/com o] torno. **Comb.** Ofício [Profissão] de ~.

torneja *s f* (<tornejar) Cavilha na extremidade do eixo, para impedir que uma roda saia.

tornejar *v t* (<torno+-ejar) **1** Dar forma cilíndrica ou arredondada. **2** Andar em roda de/Dar voltas a. **Ex.** Veem-se por aí muitos desempregados a ~ a [pela] praça.

tornel (Nél) *s m Mec* (<torno+-el) Qualquer dispositivo «argola» que permite que uma coisa «cadeira/haste/cabo de aço» possa girar para todos os lados/Girador.

torniquete (Kê) *s m* **1** Espécie de armação giratória em cruz, colocada numa entrada para só deixar passar as pessoas uma a uma. **Comb.** Os ~s das entradas do *Metro*. *Fís ~ elé(c)trico* [serve para demonstrar o poder das pontas]. *~ hidráulico* [que serve para demonstrar que um líquido exerce pressão nas paredes do recipiente que o contêm]. ⇒ *Br* Borboleta. **2** Instrumento que comprime as artérias para deter uma hemorragia. **Idi.** *Apertar o ~ a alguém* [Disciplinar/Obrigar a cumprir o que é devido]. **3** Trapézio fixo para ginástica. **4** *fig* ⇒ aperto/dificuldade.

torno (Tôr) *s m* (<lat *tórnus,i*) **1** Aparelho onde se faz girar uma peça «de metal/madeira» que se quer tornear. **Comb.** *Em ~ de* [Em volta de]. **2** Peça interior duma torneira que permite regular o fluxo de líquido. **3** Prego de madeira. **4** Instrumento de ferro que serve para segurar, por aperto, peças que se querem trabalhar «limar/furar/serrar»/T~ de bancada/Torninho.

tornozelo (Zè) *s m Anat* (< ?) Articulação em forma de saliência óssea, que permite os movimentos entre a perna e o pé. ⇒ artelho.

toro (Tó) *s m* (<lat *tórus,i*) **1** Tronco de árvore derrubada, limpo de ramos. **Loc.** Carregar [Transportar] ~s de pinheiro para a serração. **2** Segmento de tronco ou ramo grosso de árvore, descascado, usado para vários fins/Cepo(+). **Comb.** *~ de cortador* (de carnes no talho). **3** Rece(p)táculo cilíndrico de algumas folhas, flores e frutos. **4** *Arquit* Moldura circular da base de coluna. **5** *Geom* Sólido de revolução gerado por um círculo que roda em torno de uma re(c)ta do seu plano, mas que não a corta. **Ex.** O ~ tem a forma de um anel «câmara de ar de bicicleta».

toroidal (Ròi) *adj 2g* (<toro+-oide+-al) Em forma de toro. **Comb.** *Enrolamento ~* [Constituído por um fio isolado, enrolado em forma de bobina num núcleo magnético anular]. *Superfície ~* [gerada pela rotação de um arco de circunferência em torno duma re(c)ta do seu plano mas que não o corta].

toronja *s f* ⇒ toranja.

torpe (Tôr) *adj 2g* (<lat *túrpis,e*: disforme, desfigurado, feio) **1** Desonesto/Indecoroso/Obsceno. **Comb.** Atitudes ~s. **2** Sórdido/Nojento. **Comb.** Insinuações ~s e difamatórias.

torpe (Tór) *adj 2g* (<torpecer) **1** Que entorpece/faz perder o vigor. **Comb.** Calor ~ do verão. **2** Embaraçado/Acanhado. **Comb.** Pessoa ~ [atada(+)] «ali fica ~, sem saber o que há de fazer».

torpecer *v t/int* (<lat *tórpeo,ére*: estar entorpecido) ⇒ entorpecer.

torpedeamento *s m* (<torpedear+-mento) A(c)to de torpedear/Lançamento contínuo de torpedos.

torpedear *v t* (<torpedo+-ear) **1** Lançar [Atacar com] torpedos. **Loc.** ~ navios. **2** *fig* Fazer fracassar/Contrariar. **Ex.** A iniciativa não foi avante porque os adversários a torpedearam. **3** *fig* Fazer agressivamente muitas perguntas e críticas. **Ex.** A claque [*Br* torcida] da equipa/e derrotada esperou

torpedeiro, a

o treinador à saída dos balneários e torpedeou-o com perguntas e críticas ferozes.

torpedeiro, a *adj/s m* (<torpedo+-eiro) **1** *adj* Que lança torpedos. **2** *s m Mil* Pequeno navio dotado de grande velocidade e poder de manobra, que transporta e lança torpedos. ⇒ contratorpedeiro.

torpedo (Pê) *s m* (<lat *torpédo, inis*: torpor, entorpecimento) **1** Arma submarina, de forma alongada, explosiva, para ataque a navios. **2** *Icti* Peixe seláqueo do gé[ê]nero *Torpedo*, que produz descargas elé(c)tricas, a que pertence a tremelga.

torpeza (Pê) *s f* (<torpe[1]+-eza) **1** Cara(c)terística do que causa repulsa ou fere a dignidade/Asco/Ignomínia/Vileza. **2** Infâmia/Indignidade.

tórpido, a *adj* (<lat *tórpidus,a,um*) **1** Que tem torpor/não tem energia. **2** Que entorpece/causa torpor. **Comb.** Ambiente ~.

torpor *s m* (<lat *tórpor,oris*) **1** Falta de energia/de vontade de agir/Entorpecimento. **2** *Med* Estado de entorpecimento geral cara(c)terizado pela diminuição de resposta do organismo aos estímulos normais habituais. **3** *fig* Indiferença/Apatia.

torquaz *adj 2g Ornit* ⇒ torcaz.

torquês *s f* ⇒ turquês.

torr (Tórr) *s m Fís* (<antr E. Torricelli (1608-1647), físico e matemático italiano) Antiga medida de pressão equivalente a 1 mm de mercúrio a 0° C.

torra (Tó) *s f* (<torrar) **1** A(c)to ou efeito de torrar. **Comb.** A ~ do café [amendoim]. **2** *fig pop* Sova.

torração *s f* (<torrar+-ção) Torragem/Torrefa(c)ção(o+)/Torra(+).

torradeira *s f* (<torrar+-deira) Utensílio geralmente elé(c)trico, que serve para torrar pão. **Loc.** Ligar a ~.

torrado, a *adj/s f* (<torrar) **1** Que sofreu torrefa(c)ção/Tostado/Tisnado. **Comb.** Pão ~o. **2** *s f* Fatia de pão tostada por a(c)ção do calor, que se come geralmente barrada com manteiga.

torrador *s m* (<torrar+-dor) Aparelho para torrar café.

torragem *s f* (<torrar+-agem) A(c)to ou efeito de torrar/Torrefa(c)ção.

torrão *s m* (<terrão <terra+-ão) **1** Pedaço de terra endurecida que se mantém ligada. **2** Pedaço endurecido duma substância que geralmente se apresenta em pó. **Comb.** ~ de açúcar [farinha]. **3** *Cul* Doce feito com amêndoas e açúcar ou mel. **Comb.** ~ de Alicante, Espanha. **4** *fig* Território/Pátria. **Loc.** Regressar ao ~ natal [à sua terr(inh)a].

torrar *v t* (<lat *tórreo,ére,ui,tóstum*) **1** Tornar seco e estaladiço por a(c)ção do calor. **Loc.** ~ pão «para barrar com manteiga». **2** Perder toda a humidade/Ressequir. **Ex.** O calor do sol torrou [queimou(+)] as plantas. **3** Dar uma cor acastanhada/Tostar. **Loc.** ~ amendoim [café]. **4** Estorricar/Carbonizar/Queimar. **Ex.** O fogo propagou-se à floresta torrando [carbonizando(+)/queimando(+)] toda a vegetação. ⇒ esturrar. **5** *fig* Dar um tom dourado à pele/Bronzear. **Ex.** Muitos banhistas gostam de se estender na praia a ~ ao sol.

torre *s f* (<lat *túrris,is*) **1** Construção estreita, alta e fortificada que antigamente servia para defesa da população em caso de guerra/Fortaleza. **Idi.** *Meter-se* [*Ficar*] *na sua ~ de marfim* [Refugiar[Manter]-se na sua importância]. **Comb.** ~ *de controle* [Parte mais elevada do edifício dum aeródromo a partir da qual são dadas as instruções para as manobras de descolagem e aterragem]. ~ *de menagem* [~ principal duma fortaleza]. ~ *de refrigeração* [Estrutura para arrefecimento da água de refrigeração «duma máquina/instalação»]. ~ *de vigia* [Posto de observação]. **2** Construção integrada numa igreja onde são instalados os sinos/Campanário/T~ sineira. **Comb.** Igreja com duas ~s. **3** *fig* Edifício alto, com vários pisos, para habitações ou escritórios. **Comb.** As ~s do *World Trade Center* (Nova Iorque), que foram derrubadas no atentado de 11 de setembro de 2001. **4** Peça do jogo de xadrez que se movimenta em linha re(c)ta, horizontal ou verticalmente. **5** *Mil* Estrutura blindada superior, móvel, dos carros de combate que permite fazer fogo em todas as dire(c)ções. **6** *fig* Homem muito alto. **Ex.** Ele é uma ~; sobressai no meio da multidão.

torreado, a *adj* (<torrear+-ado) **1** Com [Guarnecido de] torre(s). **2** Em forma de torre.

torreão *s m* (<torre+-ão) **1** Torre larga com ameias, construída sobre um castelo. **2** Pavilhão que se destaca no ângulo ou no topo de um edifício. **Comb.** Hotel antigo com três ~ões: um maior, ao centro e dois mais pequenos, um em cada canto da frontaria.

torrear [torrejar] *v t* (<torre+-ear/ejar) **1** Fortificar com torres. **2** Elevar-se à maneira de torre/Alçar-se.

torrefação (Fà) [*Br* **torrefa(c)ção**] [= torrefacção] *s f* (<lat *torrefáctio,ónis*) **1** A(c)to de torrar por a(c)ção do fogo. **2** Fábrica onde se torra «café/cevada».

torrefacto [*Br* **torrefa(c)to** (dg)] [**torrefeito**], *a adj* (<torrefazer) ⇒ torrado.

torrefazer *v t* (<lat *torrefácio,fáre,féci,fáctum*) Fazer a torrefação/Torrar.

torreira *s f* (<torrar+-eira) **1** Calor excessivo do sol. **Ex.** Foge da [Não estejas aí à] ~ do sol que te faz mal [te põe doente]. **2** Lugar onde o calor do sol é mais intenso. **Ex.** Aquela terra é insuportável; no verão é uma ~ que não se aguenta.

torrencial *adj 2g* (<lat *torrenciális,e*) **1** Relativo a torrente. **Comb.** Curso de água com regime ~. **2** Que é caudaloso. **Comb.** Rio ~. **3** Que cai [chove] com abundância. **Comb.** Chuvas ~ais. **4** *fig* Que é exuberante. **Comb.** Escritor [Orador] ~.

torrencialmente *adv* (<torrencial+-mente) **1** Em grande quantidade/Abundantemente. **Ex.** Chove ~! **2** Caudalosamente/Impetuosamente. **Ex.** A maré entrou ~ pela praia e inundou grande parte da cidade. **Loc.** *fig* Falar [Escrever] ~ [em catadupa(+)].

torrente *s f* (<lat *tórrens,éntis*: que queima, ~; ⇒ tórrido) **1** Curso de água temporário e impetuoso proveniente de chuva forte ou de degelo. **2** *fig* Grande quantidade/Abundância. **Comb.** Uma ~ de lágrimas. **3** *fig* Multidão que avança com ímpeto. **Ex.** A ~ [vaga(+)/onda(o+)] dos manifestantes derrubou as barreiras de segurança.

torrentoso, a (Ôso, Ósa, Ósos) *adj* (<torrente+-oso) ⇒ Torrencial/Tempestuoso.

torresmo (Rrês) *s m* (<esp *torrezno*) **1** Toucinho frito/Rijão(+). **Loc.** Comer ~s «com batatas». **2** Resíduo de carvão de pedra queimado. **3** *fig* Coisa queimada [muito torrada]. **Ex.** Esqueci-me da carne no forno; ficou estorricada [num ~]!

tórrido, a *adj* (<lat *tórridus,a,um* <*tórreo, ére,tóstum*: secar, abrasar, queimar) Que é muito quente/Abrasador. **Comb.** Calor ~ *do sol*, num dia quente de verão. *Clima* ~*o*.

torrificação *s f* (<torrificar+-ção) A(c)to ou efeito de torrificar.

torrificar *v t* (<torrar+-ficar) **1** Tornar tórrido. **2** Submeter à a(c)ção de calor intenso/Torrar/Tostar.

torrinha *s f* (<torre+-inha) «nos teatros» Galeria ou camarim no pavimento mais alto/Poleiro.

torriscar *v t* (<torrar+-iscar) Torrar muito/Estorricar(+).

torroada *s f* (<torrão+-ada) Grande porção de torrões. **Ex.** A rua está cheia de ~ «da escavação que estão a fazer para construir um prédio».

torso[1] (Tôr) *s m* (<it *torso*) **1** *Anat* Parte do corpo que compreende os ombros, o tórax e o abdó[ô]men/Tronco. **2** *Arquit* Trabalho artístico que representa essa parte do corpo/só com a cabeça. ⇒ busto.

torso[2]**, a** (Tôr) *adj* (<lat *tórsus,a,um*) **1** Torcido/Torto. **2** *Arquit* Diz-se de coluna helicoidal que apresenta o fuste lavrado em espiral.

torta (Tór) *s f Cul* (<lat *tórta,ae*) ⇒ torto **7**.

torteira *s f* (<torta+-eira) Forma própria para fazer tortas.

tortilha *s f Cul* (<esp *tortilla*) Omelete/a não enrolada que, além dos ovos, leva batata, tomate e chouriço ou presunto.

torto, a (Tôrto, Tórta, Tórtos/as) *adj/s* (⇒ torcer) **1** Que não é direito/Curvo/Torcido. *Prov. Deus escreve direito por linhas ~as* [Deus tudo pode/Aquilo que parecia errado [mau] pode conduzir a bons resultados graças ao amor previdente de Deus] (**Ex.** Parecia uma grande desgraça ter perdido o avião, mas Deus escreve direito por linhas ~as; salvou-me a vida porque o avião caiu e os passageiros morreram todos). **Idi.** *Não passar da cepa ~a* [Estar sempre na mesma/Não fazer progressos] (**Ex.** Não me entendo com o computador: por mais que me expliquem não consigo aprender, não passo da cepa ~a). *Br idi* **Quebrar o** ~/Matar o bicho(+) [Quebrar o jejum/Tomar o primeiro alimento do dia]. *Responder* ~ [sem respeito/indelicadamente]. **Comb.** A ~ *e a direito* [De qualquer maneira/À toa/Às cegas/Irrefle(c)tidamente] (**Ex.** A polícia bateu [idi distribuiu cacetada] a ~ e a direito). *Pau* ~. *Risco* [*Linha*] ~*o/a*. **2** Inclinado/Oblíquo/Desaprumado. **Ex.** O quadro «pendurado na parede» está ~. **3** (O) que é vesgo/Estrábico. **Ex.** Ele tem os olhos ~s. **4** *fig* Que não é re(c)to/Desleal. **Ex.** Não se pode confiar nele, é muito ~ [idi é ~ como um arrocho]. **5** *fig* Errado/Incorre(c)to. **Comb.** Raciocínio ~. **6** *fig pop* Bêbedo/Embriagado/*cal* Grosso. **Ex.** Ele parece que está ~; já não acerta [idi já não diz coisa com coisa]. **7** *s f Cul* Bolo enrolado com recheio. **Comb.** ~a de cenoura [de maçã]. **8** *s f fig* Grande bebedeira/Embriaguez. **Loc.** Apanhar uma grande ~a [uma ~a *idi* de caixão à cova].

tortulho *s m* (<lat *tertublo* <*térrae tuber*: túbera da terra, cogumelo) **1** *Bot* Nome vulgar dos cogumelos, inclusive dos comestíveis. **2** Feixe de tripas secas, atadas, que se destina ao comércio.

tortuosidade *s f* (<lat *tortuósitas,átis*) **1** Cara(c)terística [Estado] do que é torto. **Ex.** A parede tem algumas ~s pequenas que mal [dificilmente] se notam. **2** Forma irregular retorcida/Sinuosidade. **Comb.** As ~s próprias do solo [relevo] montanhoso. **3** *fig* ⇒ Manobra astuciosa/Armadilha/Artimanha.

tortuoso, a (Ôso, Ósa, Ósos) *adj* (<lat *tortuósus,a,um* <*tórtus,us*: dobra, rosca «da serpente» <*tórqueo,ére,tórtum*: torcer) **1** Que descreve curvas/Sinuoso. **Comb.** Caminho [Estrada] ~o/a [sinuoso/a(+)/com muitas curvas]. **2** Torto(+)/Torcido. **Comb.**

Ramos ~s. **3** *fig* Desleal/Injusto. **Comb.** Maneiras de proceder [*idi* Esquemas/Habilidades] ~as.

tortura *s f* (<lat *tortúra,ae*; ⇒ torcer/tortuoso) **1** Grande sofrimento que é infligido a alguém para o/a castigar ou arrancar uma confissão/Suplício. **Comb.** ~ do sono [Privação do sono durante dias seguidos]. **2** Grande sofrimento físico ou psicológico/Dor insuportável/Tormento/Angústia. **Ex.** Passou meses de ~ com a doença da mulher, ao vê-la degradar-se dia a dia. **3** Cara(c)terística do que é torto/Tortuosidade/Sinuosidade. **Ex.** A roda da bicicleta tem uma ~ tão grande que já não se consegue desempenar.

torturado, a *adj* (<torturar) **1** Que sofreu tortura. **Comb.** «presos políticos» Insultados e ~s pela polícia. **2** *fig* Angustiado/Amargurado. **Ex.** Andava ~a por não saber [não ter notícias] dos filhos.

torturante *adj 2g* (<torturar+-ante) **1** Que tortura. **Comb.** Práticas «interrogatórios intermináveis» ~s. **2** Dilacerante/Angustiante. **Comb.** Espera [Expe(c)tativa] «pelo resultado duma análise» ~.

torturar *v t* (<tortura+-ar¹) **1** Infligir tortura a/Supliciar/Martirizar. **Loc.** *~ animais. ~ presos* «políticos». **2** Angustiar/Atormentar/Afligir/Amargurar. **Ex.** A pobre mãe torturava-se a pensar na desgraça dos filhos. A doença torturou-o durante anos.

tórulo *s m Bot* (<lat *tórulus,i*: alburno) Saliência ou nódulo nalguns órgãos vegetais. ⇒ papila.

torvação [torvamento] *s f* [*m*] (<torvar+-...) **1** A(c)to ou efeito de torvar(-se). **2** Aspe(c)to sombrio e carrancudo. **3** Perturbação de ânimo/Agastamento/Cólera.

torvar *v t* (<lat *túrbo,áre,átum*) **1** Ficar perturbado/inquieto/Irritar-se/Encolerizar-se. **2** Ficar carrancudo/com ar sombrio.

torvelinho *s m* (<esp *torbellino*) **1** Redemoinho. **2** *fig* Turbilhão/Confusão. **Ex.** As ideias surgirem em ~.

torvo, a (Tôr) *adj* (<lat *tórvus,a,um*) **1** Que infunde terror/Terrível/Pavoroso. **Comb.** *Ameaças ~as. Olhar ~o.* **2** Sombrio/Carrancudo/Sinistro. **Comb.** *Ruelas escuras e ~as. Semblante ~o.*

tosa¹ (Tó) *s f* (<tosar¹) A(c)to ou efeito de tosar a lã/Tosquia(+).

tosa² (Tó) *s f pop* (<tosar²) Tunda/Sova. **Loc.** Levar [Apanhar] uma ~ «que fique [sirva] de emenda».

tosão *s m* ⇒ tosar¹. ⇒ velo.

tosar¹ *v t* (<lat *tonsáre*, frequentativo de *tóndeo,ere,totóndi,tónsum*: tosquiar) **1** Tosquiar(+)/Cortar o velo dos animais lanígeros. **Loc.** ~ as ovelhas. **2** Aparar a felpa «duma manta de lã». **3** *fig* Cortar rente/Rapar. **Loc.** O gado ~ a erva das pastagens.

tosar² *v t* (<lat *tu(n)sáre*, frequentativo de *túndo,ere,tutúndi* [*túnsi*],*túnsum* [*túsum*]: bater, malhar, açoitar) Dar sova/Espancar/Bater. **Ex.** Apanhou o meliante a roubar-lhe a casa e tosou-o *idi* sem dó nem piedade.

toscanejar *v int* (<tosco+pestanejar) ⇒ cabecear(+); cochilar «com sono».

toscar *v t pop* (< ?) **1** Surpreender com a vista/Avistar/*fam* Topar. **2** Compreender/Perceber.

tosco, a (Tôs) *adj* (<lat *túscus,a,um*) **1** Que não foi trabalhado/Que está como a natureza o deu. **Comb.** *Pau* [*Tronco*] ~. *Pedra* [*Calhau*] *~a/o. Obra* «mesa» *em ~o* [que não foi trabalhada/aplainada/lixada]. **2** Feito sem apuro/Grosseiro/Artesanal. **Comb.** Bonecas «de trapos» ~as. **3** *fig* Rude/Inculto. **Comb.** Linguagem [Modos] ~a/os.

tosquia *s f* (<tosquiar) **1** A(c)to de tosquiar/ de cortar a lã aos animais. **Loc.** Fazer a ~ das ovelhas. **2** Época do ano em que se corta a lã às ovelhas. **3** *fig* Crítica severa/Repreensão/Censura. **4** *fig col* Corte do cabelo. **Ex.** Hoje vou à ~.

tosquiador, ora *adj/s* (<tosquiar+-dor) (O) que tosquia.

tosquiar *v t* (< ?) **1** Cortar rente a lã dos animais/Fazer a tosquia. **Loc.** ~ as ovelhas. **Idi.** *Ir por* [*buscar*] *lã e volver* [*voltar*] *tosquiado* [Ir à procura de conseguir alguma coisa e acabar por perder algo que já se tinha]. **2** *fig* Aparar(+) as pontas das plantas «duma sebe». **3** *fig col* ⇒ Cortar o cabelo. **4** *fig* ⇒ Criticar severamente.

tosse (Tó) *s f Med* (<lat *tússis,is*) A(c)to reflexo de expiração brusca e intensa do ar dos pulmões para expulsar secreções ou causada por irritação das mucosas. **Idi.** *Tirar a ~ a* [Reduzir à insignificância/Matar]. **Comb.** ~ convulsa/Doença infe(c)tocontagiosa grave nas crianças de tenra idade/Coqueluche].

tossegueira [tosseira] *s f* (<tosse+-...) Tosse forte e persistente.

tossicar *v int* (<tossir+-icar) Tossir levemente e com frequência.

tossidela (Dé) *s f* (<tossir+-dela) A(c)ção de tossir. **Loc.** Dar uma ~ «para chamar a atenção de alguém que se pretende conta(c)tar/a quem se pretende comunicar a presença».

tossir *v int* (<lat *tússio,íre,ítum*) **1** Ter tosse. **Ex.** Tossi muito durante a noite [Passei a noite a ~/Tossi toda a noite]. **2** Fingir que tem tosse. **Loc.** ~ para dar sinal «que vai entrar no quarto». **3** Lançar fora de si/Expelir da garganta. **Loc.** ~ uma espinha de peixe «que tinha ficado presa na garganta».

tosta (Tós) *s f* (<tostar) **1** Fatia de pão torrado/Torrada. **Loc.** Tomar chá com ~s. **Comb.** ~ mista [Sanduíche formada por duas fatias de pão de forma com queijo e fiambre]. **2** Pão torrado em forma de biscoito.

tostadela (Dé) *s f* (<tostar+-dela) O tostar um pouco. **Loc.** Dar (só) uma ~ ao [no] pão.

tostado, a *adj* (<tostar) **1** Levemente crestado. **Comb.** Fatia de pão ~a/o. **2** Queimado. **Comb.** Bolo ~ por cima. **3** Escuro/Moreno/Trigueiro. **Comb.** Rosto [Pele] ~o/a pelo sol.

tostão *s m* (<fr *teston*) **1** *Hist* Antiga moeda portuguesa equivalente a 100 réis (10 centavos). **2** *fig* Quantia de pouco valor/Pouco dinheiro. **Ex.** Isso não vale um ~ (furado). Ele conseguiu juntar uns ~ões à custa de muito trabalho. **Idi.** *Não ter (um)* ~ [Não ter dinheiro nenhum/Estar sem dinheiro].

tostar *v t* (<lat *tostáre*, frequentativo de *torrére*; ⇒ torrar) Queimar levemente/Crestar/Torrar. **Loc.** *~ uma fatia* de pão [Fazer uma torrada(+)]. *Deixar o empadão ~* por cima, no forno.

toste *s m* (<ing *toast*) ⇒ brinde(+)/saudação/saúde.

total *adj 2g/s m* (<lat *totális,e*) **1** Que abrange tudo/todos/Completo/Integral. **Ex.** A devastação da floresta foi ~, não ficou nenhuma árvore por queimar. A greve causou a paralisação ~ do *Metro* «por razões de segurança não circulou nenhum comboio». **Comb.** Eclipse ~ do Sol [da Lua]. **2** Que é muito elevado/Geral. **Ex.** A razia (no exame) foi ~ «na pauta predominava [*idi* só se via] o vermelho das reprovações)». Quando a polícia atacou, a confusão foi ~, cada um tentava fugir [escapar] de qualquer maneira. **3** *s m* Resultado de uma adição/Soma. **Ex.** O ~ das três parcelas [da conta] é de trinta e dois euros. **Comb.** No ~ [Ao todo] (Ex. No ~, a venda rendeu mais de mil euros). **4** Conjunto completo de um todo/Totalidade. **Ex.** No dizer do [De acordo com o] sindicato, o ~ dos trabalhadores aderiu à greve. A ordem do Conselho Dire(c)tivo foi aceite [acatada] pelo ~ dos alunos da escola.

totalidade *s f* (<total+-i-+-dade) **1** Conjunto de todas as partes que formam um todo. **Ex.** A ~ dos deputados votou favoravelmente a lei. **2** Soma/Total. **Ex.** Para se conhecer a ~ dos votos do partido vencedor ainda falta a contagem de três freguesias. **Comb.** Na ~ [Sem exce(p)ção/Totalmente].

totalista *s 2g* (<total+-ista) **1** Pessoa que participa em todos os jogos duma competição. **Ex.** A equipa/e só tem dois ~s nos jogos efe(c)tuados nesta época. **2** Pessoa que perfaz o total de pontos ou acerta em todos os resultados dum jogo/duma competição. **Comb.** Concurso «do totobola» sem ~s.

totalitário, a *adj* (<it *totalitario*) **1** Que não admite divisões/fra(c)cionamentos. **2** Diz-se do regime político que não admite oposição legal/Autoritário/Ditatorial. **Comb.** Estado [Regime/Sistema] ~o. **Ant.** Democrático; dialogante.

totalitarismo *s m* (<totalitário+-ismo) Regime político cara(c)terizado pela concentração de poderes num só partido [no chefe] e pelo controle total da sociedade pelo Estado. **Ex.** A força e a persuasão [propaganda] são os grandes meios para manter o ~.

totalização *s f* (<totalizar+-ção) A(c)to ou efeito de totalizar.

totalizador, ora *adj/s* (<totalizar+-dor) (O) que totaliza. **Comb.** *Conta-quiló*[*ô*]-*metros* [Velocímetro] com *~. Instrumento* «contador de gás/água» *~. Operação* [Adição] *~ora.*

totalizar *v t* (<total+-izar) **1** Formar [Calcular] o total/Perfazer. **Ex.** A equipa/e totalizou 20 jogos consecutivos sem derrotas. **2** Calcular a soma/o total. **Ex.** As dívidas «deixadas pelo marido» totalizam vinte mil euros. **3** Fazer até ao fim/Completar/Concluir. **Ex.** Só me vou reformar [aposentar] depois de ~ [terminar(+)/concluir(o+)] o complexo turístico.

totalmente *adv* (<total+-mente) Completamente/Inteiramente/Plenamente.**Loc.** *Concordar* ~ «com a ideia». *Ficar ~ satisfeito. Satisfazer ~ a todos* os requisitos.

totem (Tó) *s m* (<ing *totem* <de uma língua indígena da América do Norte: antepassado, parente, deus) **1** Animal ou planta considerado/a como antepassado/a duma tribo ou dum clã e ao/à qual se sentem vinculados por deveres sociais ou religiosos. **2** Representação material desse animal/dessa planta. **Comb.** ~ «cabeça de lobo» esculpido em madeira.

totemismo *s m* (<totem+-ismo) **1** Organização social baseada na crença de uma origem comum no totem. **2** Crença na existência e no culto dos totens.

totipotente *adj 2g Biol* (<lat *tótus*: todo+potente) Diz-se das células do embrião que, isoladas do conjunto, são capazes de se desenvolver em embrião completo. **2** Diz-se do estado que apresentam as células que são portadoras de todas as cara(c)terísticas específicas.

totó (Tòtó) *s m* (< ?) **1** Porção de cabelo atado no cimo ou aos lados da cabeça. **Ex.** Mudou o penteado à filha: fez-lhe dois ~s atados com lacinhos. ⇒ carrapito. **2** *col pej* (O) que é acanhado/inibido/que não tem à-vontade. **Ex.** É um ~; nunca se consegue desenrascar [resolver as dificuldades/desvencilhar] sozinho.

3 *Infan* ⇒ cachorrinho/porquinho. **4** Toque fraco dado na bola com o lado do pé.

totobola (Bó) *s m* (<it *toto(calcio)*+bola) Jogo de apostas mútuas baseadas em prognósticos de resultados de provas (d)esportivas. **Loc.** *Ser premiado «totalista» no ~. Jogar no ~.* ⇒ lota[e]ria.

totoloto (Lô) *s m* (⇒ totobola) Jogo de azar que consiste em apostar numa série de números, com direito a pré[ê]mio se acertar nos números que serão extraídos no sorteio.

touca *s f* (<persa *tāq* ?) **1** Acessório de vestuário que cobre a cabeça, usado principalmente por crianças. **Loc.** Proteger «do frio/sol» a cabeça do bebé[ê] com uma ~. **2** Prote(c)ção «de pano/plástico» usada na cabeça por motivos higiénicos. **Comb.** ~ de cozinheiro [enfermeiro]. **3** Parte do hábito de algumas religiosas, que cobre a cabeça.

tou[oi]ça *f* (<provençal *taucia*) **1** Vara ou ramo comprido de uma árvore. **2** Vergôntea de castanh(eir)o usada para fazer cestos. **3** Parte duma planta [árvore] que compreende a base do caule e a raiz/Cepa. **4** Moita(+). **Comb.** Uma ~ de carvalhos [choupos].

toucado, a *s/adj* (<touca+-ado) **1** Antigo conjunto de adornos para a cabeça. **2** *adj* Coberto com touca. **Comb.** Cabeças ~as das religiosas «de clausura». **3** *fig* Coberto/Copado.

toucador, ora *adj/s m* (<toucar+-dor) **1** Que touca [adorna o cabelo]. **2** *s m* Móvel de quarto, semelhante a uma có[ô]moda, com espelho, diante do qual as pessoas se penteiam ou adornam o cabelo. **Sin.** Psiché/ê.

toucar *v t* (<touca+-ar¹) **1** Pôr a touca/o toucado. **Ex.** «a condessa» Terminada a higiene matinal, ordenava à criada (de quarto) que a toucasse [que lhe pusesse a touca(+)]. **2** Arranjar o cabelo/Pentear-se. **Ex.** A senhora precisava de uma boa meia hora [de meia hora ou mais] para se ~. **3** *fig* Adornar/Enfeitar. **4** *fig* Cobrir a parte superior de/Aureolar/Circundar.

touceira *s f* (<touça+-eira) **1** Rebentos «mamões» que saem da base de uma planta. **2** Conjunto espesso «de bambus».

tou[oi]cinho *s m* (<esp *tocino*; ⇒ ~ do céu) Camada de gordura que se forma por baixo da pele do porco. **Ex.** O ~ é usado em culinária para fritar/fazer refogados. **Comb.** ~ *entremeado* [que apresenta finas camadas de carne alternando com a gordura]. ~ *fumado* [Carne de porco curada ao fumo].

toucinho do céu *s m Cul* Doce tradicional português constituído por massa amarela de amêndoas, gemas de ovos e açúcar, coberto com uma camada branca de açúcar.

toupeira *s f* (<lat *toupa* <*talpa*+-eira) **1** *Zool* Nome vulgar de mamífero inse(c)tívoro, *Talpa occidentalis*, de olhos muito pequenos e pelagem densa, que vive em galerias escavadas com as patas dianteiras espalmadas, também designada por rato-cego. **2** *fig* Pessoa ignorante [que não tem olhos (para ver)]. **3** *fig* Mulher velha e mal vestida (, com olhos piscos de ~). **4** *Icti* Cantariz, *Sebastes marinus*.

toupeira-d'água *s f Zool* ⇒ rato-almiscareiro.

toupeirinho *s m* (<toupeira+-inho) Nome vulgar por que é conhecido o ralo (Inse(c)to ortóptero).

tou[oi]ra *s f Zool* ⇒ tou[oi]ro 3.

tou[oi]rada *s f* (<tou[oi]ro+-ada) **1** Espe(c)táculo que se realiza em recinto fechado (Praça de touros/Arena), no qual se enfrenta e procura dominar um touro bravo/Corrida de touros. **Ex.** Na ~ à portuguesa, o touro é enfrentado [lidado(+)] por um cavaleiro. **2** Manada de touros. **Loc.** Conduzir a ~ para o curro. ⇒ boiada. **3** *fig* Grande confusão/Barulheira/Tumulto. **Ex.** «o professor teve que se ausentar» A aula transformou-se numa ~.

tou[oi]ral *s m* (<tou[oi]ro+-al) **1** Lugar onde se vende gado bovino. **2** Lugar onde os coelhos habitualmente defecam e onde os caçadores os esperam.

tou[oi]rão *s m Zool* (<tou[oi]ro+-ão) Mamífero da família dos mustelídeos, *Mustela putorius*, afim da doninha, também chamado furão-bravo e gato-tourão.

tou[oi]rear *v t* (<tou[oi]ro+-ear) **1** Enfrentar um touro, desafiando-o e provocando-o com bandarilhas [farpas/ferros] e procurando esquivar-se com movimentos de arte e perícia/Lidar(o+) [Correr(+)] touros. **Ex.** Em Portugal toureia-se a cavalo; em Espanha, a pé. **2** *fig* Agir com alguém usando estratagemas para conseguir determinado comportamento/obje(c)tivo/Ludibriar/*idi* Levar (alguém) à certa. **3** *fig Br* ⇒ Namorar.

tou[oi]reio *s m* (<tou[oi]rear) A(c)to de tourear/Tauromaquia(+). **Comb.** ~ a pé [a cavalo].

toureiro, a *s/adj* (<tou[oi]ro+-eiro) **1** O que toureia [lida touros]. **Ex.** A(c)tualmente também há (mulheres) ~as. **2** *adj* Relativo a touro/à tourada. **Comb.** Arte ~a [Tauromaquia(+)]. Lides ~as [tauromáticas(+)].

tournée *fr s f* Viagem de âmbito profissional com paragens que obedecem a um itinerário predeterminado, geralmente para dar espectáculos/Digressão(+).

tou[oi]ro, a *s Zool* (<lat *taurus,i*) **1** Animal bovino macho, adulto, não castrado. **Idi.** *Pegar o ~ pelos cornos* [Enfrentar corajosamente uma situação difícil]. ⇒ boi. **2** *fig* Homem de grande robustez. **Comb.** «moço» (Forte como) um ~. **3** *s f* Fêmea que ainda não teve crias ou é estéril. **4** *s m Maiúsc Astr* Segunda constelação e signo do Zodíaco.

tou[oi]ta *s f pop* (< ?) ⇒ Cabeça/Toutiço/Topete.

toutiçada *s f* (<toutiço+-ada) Golpe ou pancada na cabeça.

toutiço *s m* (<touta+-iço) **1** Parte superior da cabeça/Cachaço/Nuca. **Loc.** Levar [Apanhar] no ~. **2** *fam* O alto da cabeça. **Loc.** Fazer [Usar] um totó no ~.

toutinegra (Nê) *s f Ornit* (< ?) Nome vulgar de ave passeriforme, *Sylvia atricapilla*, comum em Portugal nos sítios arborizados, também conhecida por carapuço, felosa-real e tutinegra-real.

toxemia [toxicemia] (Cse, Csi) *s f Med* (<tóxico+-emia) Acumulação de toxinas endógenas ou exógenas no sangue, que pode provocar perturbações mais ou menos graves. **Comb.** ~ *gravídica* [que afe(c)ta a mulher durante a gravidez, causada pela introdução na corrente sanguínea de toxinas mal definidas ou desconhecidas produzidas pelo feto].

toxicidade (Csi) *s f* (<tóxico+-i-+-dade) Cará(c)ter do que é tóxico. **Comb.** A ~ do monóxido de carbono.

tóxico, a (Csi) *adj/s m* (<lat *toxicus,a,um*) **1** Que pode provocar intoxicação/Que é venenoso. **Comb.** *Cogumelos ~s* [venenosos(+)]. *Substância* «vapores de gasolina» ~*a*. **2** *s m* Substância venenosa/Veneno. **Loc.** Guardar os ~s fora do alcance das crianças.

toxicodependência (Csi) *s f* (<tóxico+-...) Estado de dependência duma substância tóxica. **Ex.** A ~ é uma doença moderna muito difícil de combater.

toxicodependente (Csi) *s/adj 2g* (<tóxico+-...) (O) que está viciado no consumo regular de substâncias tóxicas «drogas/estupefacientes». **Comb.** *Jovens ~s. Recuperação de ~s.*

toxicologia (Csi) *s f* (<tóxico+-logia) **1** Ciência que estuda as substâncias tóxicas [os venenos] e os seus efeitos. **2** Tratado sobre venenos e substâncias tóxicas.

toxicológico, a (Csi) *adj* (<toxicologia+-ico) Relativo à toxicologia.

toxicologista [toxicólogo, a] (Csi) *s* (<toxicologia [tóxico]+-...) Especialista em toxicologia.

toxicomania (Csi) *s f Med* (<tóxico+-...) Hábito de utilizar produtos tóxicos de efeitos sedativos/estupefacientes.

toxicomaníaco [toxicómano(+)] [*Br* toxicômano], a (Csi) *adj/s* (<tóxico+-...) (O) que sofre de toxicomania.

toxicopatia (Csi) *s f Med* (<tóxico+-patia) Designação genérica das doenças provocadas por tóxicos.

toxicose (Csi) *s f Med* (<tóxico+-ose) Doença provocada pela presença de produtos tóxicos no organismo. **Ex.** O saturnismo é uma ~ provocada pela presença de chumbo no sangue.

toxicotraficante *s 2g* (<tóxico+-…) **1** («país») que compra ou vende substâncias tóxicas «napalm». **2** ⇒ narcotraficante(+).

toxidade [toxidez] (Csi) *s f* ⇒ toxicidade.

toxina (Csi) *s f Med* (<tóxico+-ina) Substância tóxica segregada no organismo pelo metabolismo celular ou por a(c)ção de bactérias. **Loc.** Beber muita água para eliminar ~s.

toxiterapia (Csi) *s f Med* (<tóxico+-…) Uso de tóxicos com fins terapêuticos.

toxodonte (Cso) *adj/s m pl* (<gr *toxon*: arco+ *odous,ontos*: dente) **1** (Diz-se de) grupo de mamíferos fósseis de grande porte, com dentição cara(c)terística atrofiada. **2** (Diz-se de) grupo de moluscos cujas valvas mostram estas cara(c)terísticas nos dentes da charneira.

toxoide (Csói) *s m Med* (<toxina+-oide) Toxina atenuada por agentes químicos que é usada como vacina, pois mantém a capacidade de estimular a produção de anticorpos específicos/Anatoxina.

toxoplasmose (Cso) *s f Med* (<tóxico+plasma+-ose) Doença parasitária dos vertebrados, com grande variedade de sintomas «febre/cefaleia», que, contraída durante a gravidez, pode causar malformações no feto.

trabalhadeira *s f pop* (<trabalhar+-deira) Mulher que trabalha com interesse/Diligente/Laboriosa.

trabalhado, a *adj* (<trabalhar) **1** Feito com cuidado/esmero/arte/Elaborado. **Comb.** *Bordado* muito ~. *Texto [Discurso/Prosa] ~o/a.*

trabalhador, ora/eira *s/adj* (<trabalhar+-dor) **1** (O) que trabalha. **Ex.** Os partidos de esquerda intitulam-se os partidos [os defensores] dos ~es. **Comb.** ~ *agrícola* [(O) que trabalha na agricultura/Jornaleiro]. ~ *independente* [(O) que trabalha por conta própria]. ~ *por conta de outrem* [Assalariado]. *População ~ora* [a(c)tiva(+)]. **2** Que é diligente/aplicado. **Comb.** Moço «empregado de balcão» muito ~. **3** Relativo às pessoas que trabalham. **Comb.** Classe ~ora [dos ~res]/Operariado.

trabalhão *s m* (<trabalho+-ão) Grande trabalho/Trabalho que exige grande esforço/

Trabalheira. **Ex.** Que ~ tive para arranjar o carro «julguei que não conseguia»!
trabalhar v t/int (<lat *tripaliáre* <*tripálium*: instrumento de tortura <*tripális,e*: sustentado por três estacas) **1** Preparar para determinado fim/Transformar/Arranjar. **Loc.** ~ *a terra* «para fazer a sementeira». ~ *a madeira* [pedra/o ferro]. *Cul* ~ *a massa* [Bater intensamente a massa «dum bolo»/Amassar energica e demoradamente]. **Idi.** ~ *como* [*que nem*] *um burro/negro/mouro* [~ incansavelmente/Afadigar-se]. **2** Burilar/Aperfeiçoar/Elaborar. **Comb.** ~ *uma escultura* [pintura/um quadro]. ~ *um texto* [discurso]. **3** Executar uma tarefa/Exercer uma profissão. **Ex.** Agora trabalho no escritório (da fábrica), mas preferia ~ na produção. Esta semana estou de férias, não vou ~. **4** Melhorar através de exercícios mentais/intelectuais/Formar/Adestrar. **Ex.** A turma teve muito bons resultados a matemática; a professora trabalhou muito bem os alunos. **Comb.** «professor/monitor» Com capacidade [jeito] especial para ~ com jovens. **5** Fazer exercício/Treinar. **Ex.** Para ser bom (d)esportista «ginasta/futebolista» é preciso ~ muito. **6** Ter como parceiro/Colaborar com. **Ex.** A minha empresa só trabalha com as [só fornece/vende às] grandes superfícies «hipermercados/centros comerciais». Já trabalho com este patrão há vários anos. Para preparar o exame de química, trabalhei sempre com o mesmo colega. **7** Utilizar/Aplicar. **Ex.** É norma da empresa ~ só com produtos de muito boa qualidade. **8** Estar em funcionamento/Funcionar. **Ex.** O relógio é antigo «de corda» mas trabalha muito bem. Apesar da greve geral, o país continuou a ~. **9** Exercer a(c)tividade mental/Pensar/Matutar. **Ex.** Passo os dias sentado à secretária, trabalho com a cabeça.
trabalheira s f (<trabalho+-eira) Grande trabalho/Canseira. **Ex.** É muito bom [agradável] juntar toda a família em casa, mas é [dá] uma grande ~… ⇒ trabalho.
trabalhismo s m (<trabalho+-ismo) Sistema político-econó[ô]mico que visa a melhoria das condições dos trabalhadores e defende o controle estatal das empresas de interesse nacional. ⇒ socialismo.
trabalhista s/adj 2g (<trabalho+-ista) **1** Defensor [Simpatizante] do trabalhismo. **2** Membro [Partidário] dum partido ~. **3** adj Relativo ao trabalhismo ou a partidos ~as. ⇒ socialista.
trabalho s m (⇒ trabalhar) **1** A(c)to ou efeito de trabalhar. **Idi.** *Acabarem-se os* ~*s* [Morrer]. *Dar* ~ [Ser custoso/Exigir esforço] (Ex. Manter uma casa sempre limpa e arrumada, dá ~). *Dar-se ao* ~ [Aceitar voluntariamente fazer algo que não lhe competia] (Ex. Podia ter-se certificado «do nome do inventor» mas não quis dar-se ao ~ de consultar a enciclopédia). **Comb.** ~ *de sapa* [A(c)tividade feita de forma a não ser notada/Trama/Ardil]. ~*s forçados* [Tarefas executadas por presos para cumprimento duma sentença judicial]. *Dores* «nas costas» causadas *pelo* ~. **2** Exercício de a(c)tividade humana produtiva. **Comb.** ~ *em cadeia* [cara(c)terizado por a(c)tividades parcelares em que cada operário só executa uma operação e sempre a mesma]. ~ *intele(c)tual*. ~ *manual*. **3** A(c)tividade profissional remunerada/Profissão/Emprego. **Ex.** Arranjei ~ num restaurante como cozinheiro. Dou aulas de [Ensino] matemática num liceu; é o meu ~. **4** Esforço/Labor. **Ex.** Pôr a máquina a funcionar, só foi possível à custa de muito ~. **5** Resultado da a(c)tividade realizada pelo homem ou por máquinas/Produção/Rendimento. **Ex.** «ele é um desembaraço!» Faz o ~ de dois [o ~ equivalente ao que fazem duas pessoas]. As máquinas «tra(c)tor/escavadora» desenvolvem [fazem/produzem] muito mais ~ do que o homem. **6** Cara(c)terística do processo de realização de alguma coisa. **Comb.** ~ *de mãos* [bordados/renda/costura]. ~ *de paciência* [minucioso/delicado/pormenorizado]. **7** Qualquer obra realizada/Criação/Conce(p)ção/Execução. **Comb.** *Exposição dos* ~*s* dos alunos «do 1.º ciclo». «iluminação de Natal» *Que belo* ~ *de decoração!* **8** A(c)tividade fisiológica normal de um órgão. **Comb.** ~ *de parto* [Contra(c)ções uterinas que conduzem à expulsão do feto. ~ [*função*] *dos rins* [do coração]. **9** Situação difícil/custosa/Esforço/Sacrifício. **Ex.** Sustentar uma família numerosa (com poucos recursos) exige um grande ~. **10** *Fís* Grandeza física de valor igual ao produto da intensidade duma força pelo comprimento do deslocamento do seu ponto de aplicação. **Ex.** A unidade de medida de ~ no SI é o joule. **11** Grupo social formado pelo conjunto dos trabalhadores por conta de outrem. **Ex.** O capital e o ~ são os dois principais motores da economia. **Comb.** A força do ~ [da classe trabalhadora/dos trabalhadores]. **12** pl Dificuldades/Preocupações/Atribulações. **Ex.** Passámos muitos ~s para educar os filhos.
trabalhoso, a (Ôso, Ósa, Ósos) adj (<trabalho+-oso) Que dá muito trabalho/causa muita fadiga/Custoso. **Comb.** *Exercício* «de matemática» ~. *Operação* [Tarefa] ~*a*.
trabécula s f (<lat *trabécula*, dim de *trabs,bis*: trave) **1** Travezinha. **2** *Bot* Divisória de esporângio. **3** *Biol* Cada um dos filamentos que se entrecruzam e pertencem a tecidos do organismo, como no tecido ósseo.
trabelho (Bê) s m (<lat *trabéculum*, dim de *trabs,is*: trave) **1** Peça de madeira com que se torce a corda da serra para a retesar/Trambelho. **Idi.** *Sem trelho nem* ~ [À toa/Sem jeito/Disparatadamente]. **2** Corrente ou corda com que se prendem [peiam(+)] as patas dos animais para lhes dificultar o andamento. ~ peia.
trabucar v t/int (<provençal *trabucar*: virar de cima para baixo) **1** Atacar com o trabuco. **2** Fazer voltar(-se) e afundar uma embarcação. **Ex.** O pesqueiro [A traineira] trabucou ao largo da costa. **3** fig Esforçar-se muito/Afadigar-se.
trabuco s m (<provençal *trabuc*) **1** Espécie de bacamarte. **2** *Hist* Antiga máquina de guerra que arremessava grandes pedras/Catapulta(+).
trabuzana s f (< ?) **1** Tormenta/Tempestade/Temporal. **Ex.** Levantou-se tamanha ~ que parecia o fim do mundo! **2** Agitação violenta/Tumulto/Motim. **3** Grande confusão/Azáfama. **4** fig Indigestão/Bebedeira. **Loc.** *Apanhar uma* [Curar a] ~. **5** fig Maçada/Abatimento. **6** Grande quantidade. **7** *Br* Pessoa destemida.
traça[1] s f *Ent* (< ?) **1** Nome vulgar de inse(c)tos que no estado larvar atacam tecidos, peles, frutos, sementes, papel e outras substâncias de origem vegetal e animal. **Comb.** Casaco [Cobertor/Livro] roído pela ~. **2** fig Tudo o que destrói de forma lenta e insensível.
traça[2] s f (<traçar) **1** A(c)to ou efeito de traçar. **2** Planta/Esboço/Desenho/Traçado. **Comb.** Casas de ~ antiga. **3** ⇒ aspe(c)to/figura/aparência.

traçado, a adj/s m (<traçar) **1** A(c)to ou efeito de traçar. **2** O que é representado por traços/linhas/Esboço/Desenho/Planta. **Ex.** Fazer o ~ [a planta(+)] duma casa. **Comb.** Arruamentos com um ~ regular [geométrico]. **3** Forma dada ao que se traça/Plano/Proje(c)to. **4** Conjunto de cara(c)terísticas duma obra em planta ou perfil. **Comb.** ~ sinuoso duma estrada [dum rio]. **5** adj Representado por traços. **Comb.** ~ *a tinta da China*. «desenho com» ~ [ço(+)] *grosso*. **6** Programado/Delineado. **Ex.** O novo ministro manteve a orientação ~a pelo seu antecessor. **7** Marcado/Riscado. **Loc.** Seguir o traje(c)to ~ [indicado] na planta. **Comb.** Cheque ~. **8** Cruzado/Atravessado. **Loc.** *Sentar-se com as pernas* ~*as*. *Usar o cachecol* [a capa] ~*o/a*. **9** Roído pela traça/Cortado. **Comb.** Tapete [Livro] ~.
traçador, ora adj/s m (<traçar+-dor) **1** (O) que traça. **2** Serrote grande que serve para serrar toros de madeira. **3** Agulha ou ponteiro usado por carpinteiros/marceneiros para riscar [marcar/desenhar] na madeira a obra que vão executar. **4** Substância que permite a sua dete(c)ção na passagem por sistemas biológicos. **Comb.** ~ radioa(c)tivo [radiativo]. **5** *Info* Mesa de desenho equipada com aparelhagem ligada ao computador que permite executar desenhos de precisão, especialmente gráficos/T~ de gráficos.
traçamento s m (<traçar+-mento) **1** A(c)to ou efeito de traçar. **2** Traçado/Plano/Risco. **Loc.** Fazer o ~ duma peça em chapa de aço «servindo-se dum molde».
traçar[1] v t (<lat *tractiáre* <*tractus* <*tráhere*: tirar, puxar, arrastar) **1** Representar por meio de traços/linhas/Riscar. **Loc.** ~ *duas linhas* perpendiculares. Servindo-se do compasso ~ *uma circunferência*. **2** Marcar com traços/Riscar. **Ex.** Traçou de alto a baixo a página que acabara de escrever. **Loc.** ~ *linhas* numa folha de papel lisa. ~ [*Cruzar*] *um cheque*. **3** Definir contornos/Delinear/Proje(c)tar. **Loc.** ~ *a planta* duma casa. ~ *limites* [fronteiras] «duma propriedade». ~ *os contornos* duma figura [dum terreno]. **4** Definir uma linha de rumo/Conceber um plano. **Loc.** ~ *a estratégia de desenvolvimento* duma empresa. ~ *um programa de a(c)ção* «política». **5** Descrever/Cara(c)terizar. **Ex.** Conseguiu em poucas palavras ~ o perfil do empregado que pretendia admitir. **6** Pôr em diagonal certas peças de vestuário/Cruzar/Atravessar. **Loc.** ~ *a capa* [o xaile]. ~ [*Cruzar*(+)] *as pernas* [Pôr uma perna sobre a outra]. **7** Misturar duas substâncias em determinada proporção. **Loc.** ~ vinho com gasosa.
traçar[2] v t (<traça+-ar[1]) **1** «a traça» Roer/Corroer. **Ex.** O bicho [A traça] traçou-me a manga do casaco [Fui dar com [Encontrei] a manga do casaco (toda) traçada pelo bicho/pela traça]. **2** Ferir(-se)/Cortar(-se). **Ex.** A máquina de cortar fiambre traçou-lhe um dedo. **3** fig Causar aflição/desgaste psicológico. **Ex.** Passou uma vida amargurada, traçado [roído(+)/moído(o+)] pelos desgostos.
tração (Trà) s f [= tracção] (<lat *tráctio,ónis* <*tráho,ere,tráxi,tráctum*: arrastar, puxar) **1** A(c)ção de puxar alguma coisa. **Comb.** *Amarra* dum barco *submetida a* ~ pela corrente do rio. *Jogo de* ~ à corda. **2** Modo de deslocar um veículo. **Comb.** *Automóvel com* ~ às quatro rodas. *Veículo de* ~ *animal*. **3** Força aplicada a um corpo segundo um eixo, de modo a produzir alongamento na dire(c)ção desse eixo.

Comb. Ensaio de ~ «dum provete duma liga de alumínio».
tracção ⇒ tração.
tracejado, a *adj/s m* (<tracejar) **1** Formado por pequenos traços que alternam com espaços do mesmo tamanho. **Loc.** Marcar a ~ (no mapa) o limite dum concelho. **Comb.** Linha ~a. **2** Coberto com pequenos traços. **Loc.** Representar a ~, na planta, a área ocupada pela casa. **3** *s m* Linha ou figura formada pela sequência de pequenos traços iguais, alternando com intervalos também iguais. **Ex.** O desenho tem um ~ perfeito. O ~ representa (no mapa) os concelhos com menos de cinco mil habitantes.
tracejar *v t/int* (<traço+-ejar) **1** Desenhar a tracejado/Fazer tracejado em. **Loc.** «no desenho que representa a divisão da circunferência em cinco partes iguais» ~ a traço fino, as linhas auxiliares da construção. **2** Fazer esboço/Delinear. **Ex.** Em poucos minutos tracejaram [traçaram(+)/delinearam(+)] um plano para solucionar a avaria.
traço *s m* (<traçar) **1** Segmento curto de uma linha/Risco. **Loc. Rejeitar** [Reprovar/Inutilizar] um texto **com um ~ de alto a baixo**, a toda a página. **Separar com um ~** os dois excertos. **Idi. Ter ~s de alguém** [Ser parecido com/Ter semelhanças físicas] (Ex. Ele tem ~s do avô). **Comb. A ~s largos** [Sem entrar em pormenores/De uma forma geral] (Ex. Ele descreveu a ~s largos a rotina [o dia a dia] da vida acadé[ê]mica). **De um ~** [De uma só vez]. **~ de união a)** Pequena linha horizontal que separa duas palavras compostas/Hífen; **b)** Elemento comum que une ou aproxima partes diferentes (Ex. O ideal partidário era o ~ de união entre todos os elementos do grupo). **2** Linha de um desenho/Forma de desenhar. **Loc.** Desenhar com ~ firme. **Comb.** Artista de fino ~. **3** Linha do rosto/Feições. **Comb.** Semblante [Rosto/Feições] de ~s austeros. **4** O que marca/individualiza/Sinal cara(c)terístico. **Ex.** A cor [tonalidade] do cabelo é o ~ que distingue as duas gé[ê]meas. **5** Vestígios/Rasto. **Ex.** Nas obras de construção da estrada foram encontrados ~s de uma antiga necrópole. **6** *Geom* Ponto ou linha de interse(c)ção duma re(c)ta com um plano ou de um plano com outro ou com uma superfície. **7** Pequena porção/Pedaço/Bocado. **Comb.** Um ~ de pinheiro [eucalipto]. **8** Relação de materiais que entram na composição de betões e argamassas. **Comb.** Massa (de cimento e areia) ao [com o] ~ 1:3. **9** *fig pop* Mulher bonita/elegante/que dá nas vistas.
traço-de-união *s m Gram* ⇒ hífen.
tracoma (Cô) *s m Med* (<gr *trakhoma,atos*) Doença infe(c)ciosa grave dos olhos, contagiosa, cara(c)terizada pela formação de granulações nas pálpebras e na córnea. **Ex.** O ~, que anda associado às condições de promiscuidade e falta de higiene da pobreza, pode conduzir à cegueira.
tracomoso, a (Ôso, Ósa, Ósos) *adj/s* (<tracoma+-oso) (O) que sofre de tracoma. **Comb.** Enfermaria (de hospital) para isolamento de ~s.
tracto/tractor/tractorista ⇒ trato²/...
tradição *s f* (<lat *tradítio,ónis*) **1** Transcrição, normalmente oral, de fa(c)tos, gostos, costumes, crenças, etc. de geração em geração, e assim perpetuados. **Ex.** A ~ faz parte integrante da cultura. **Loc. Manter** [Seguir] **a ~. Romper com a ~. Comb.** ~ escrita [fixada e transmitida por escrito]. **2** Conjunto dos valores morais/espirituais transmitidos de geração em geração. **Ex.** A partir da 2.ª metade do séc. XX «maio de 1968», muitos jovens romperam com a ~. **3** Costumes ou práticas habituais dum povo, em determinado local. **Ex.** Em muitos lugares cumpriu-se a ~ dum banho (em águas muito frias) no primeiro dia do ano. A ~ portuguesa manda [é] que o prato principal da consoada [ceia de Natal] seja de bacalhau. **4** *Rel* Transmissão feita pelos Apóstolos, aos seus sucessores, da Boa Nova do Evangelho e dos ensinamentos que eles tinham recebido dire(c)tamente de Jesus Cristo. **Ex.** A ~ e a Sagrada Escritura estão intimamente unidas: derivam da mesma fonte e tendem ao mesmo fim: transmitir a revelação de Deus em Jesus Cristo, o Senhor.
tradicional *adj 2g* (<tradição+-al) **1** Que diz respeito à tradição. **Comb.** Ensinamento [Prática] ~. **2** Fundado na tradição/Conservador. **Comb.** Educação ~. **Ant.** Moderno/Novo/Inovador.
tradicionalismo *s m depr* (<tradicional+-ismo) **1** Apego às tradições/Conservadorismo. **Comb.** Grupos sociais fechados, dominados pelo ~. **2** *Fil* Corrente filosófica e teológica que faz depender o conhecimento humano da revelação primitiva transmitida pela tradição. **Ex.** A corrente teológica do ~ foi repetidas vezes condenada pelo magistério da Igreja Católica.
tradicionalista *adj/s 2g depr* (<tradicional+-ista) **1** Próprio do [Relativo ao] tradicionalismo. **Comb.** Corrente [Pensamento] «filosófica/o/teológica/o» ~. **2** (O) que é adepto [defensor] do tradicionalismo. **Comb.** Pensador ~. **3** O que é apegado às tradições/Conservador. **Ex.** Muitos católicos ~s receberam mal os ensinamentos do concílio Vaticano II.
tradicionalmente *adv* (<tradicional+-mente) De acordo com a tradição/Segundo o costume habitual. **Ex.** O Natal de Jesus Cristo é ~ celebrado no dia 25 de dezembro. ~, o Presidente da República dirige-se aos portugueses com uma mensagem de Ano Novo.
trado *s m* (<celta *talatru*) **1** Grande verruma utilizada principalmente pelos carpinteiros para fazer furos largos em madeira grossa. **2** Furo feito com essa ferramenta. **3** Ferramenta helicoidal utilizada para fazer furos de sondagem no solo.
tradução *s f* (<lat *tradúctio,ónis*: passagem de um estado [lado] a outro) **1** A(c)ção de traduzir [verter] de uma língua para outra. **Loc.** Fazer a ~ de uma obra «discurso/romance» de português para [em] japonês. **2** Texto traduzido. **Ex.** Não li o original do livro; li a ~ portuguesa. Porque achei que o artigo «em inglês» tinha muito interesse, dei uma ~ aos alunos. **3** *fig* Explicação/Interpretação. **Ex.** Pedi ao médico que me fizesse a ~ do relatório em linguagem corrente.
traducianismo *s m* (<lat *traduciánus*: transmissor+-ismo) Teoria segundo a qual a alma humana é transmitida aos filhos através da geração corporal/Generacionismo. ⇒ criacionismo.
tradutor, ora *adj/s* (<lat *tradúctor,óris*) (O) que traduz. **Comb. ~ oficial** «da Comissão Europeia». **Poeta ~** «de poesia inglesa». ⇒ intérprete.
traduzibilidade *s f* (<traduzível+-i-+-dade) Qualidade daquilo que é traduzível. **Comb.** Palavras [Expressões] «portuguesas/japonesas» sem ~ [tradução(+)] noutra língua.
traduzir *v t/int* (<lat *tra(ns)dúco,ere,dúxi, dúctum*: fazer passar de um lado [estado] para outro) **1** Verter duma língua para outra. **Loc.** ~ a Bíblia para japonês. **2** Exercer a profissão de [Ser] tradutor. **Ex.** O meu trabalho é [Passo os dias a] ~. **3** *fig* Exprimir/Interpretar/Explicar. **Ex.** Peço-te que me traduzas esse texto em linguagem que eu entenda [eu seja capaz de entender]. **4** *fig* Dar a perceber/Manifestar/Indicar. **Ex.** O rosto da pobre mulher traduzia [Lia-se-lhe no rosto] uma enorme tristeza.
traduzível *adj 2g* (<traduzir+-vel) Que se pode traduzir. **Comb.** Frases simples, facilmente ~eis [, fáceis de traduzir(+)].
trafegar *v int* (<traficar) **1** Exercer o tráfego/Mercadejar/Negociar. **Ex.** Ele foi preso; trafegava mercadoria de contrabando. **2** *fig* Trabalhar muito/Lidar/Mourejar(+). **Ex.** Para ganhar a vida, trafegava dia e noite.
tráfego *s m* (<tráfico) **1** Movimento de veículos que circulam numa via de comunicação/Tráfico. **Ex.** Prevê-se que ao fim do dia haja um grande aumento de ~ a sair da cidade. **2** Fluxo de passageiros ou mercadorias em circulação. **Ex.** O ~ de passageiros aumenta nas horas de ponta. **Comb.** ~ de mercadorias transportadas por caminho de ferro. **3** Fluxo de mensagens transmitidas por telefone, telemóvel, Internet, ... **Ex.** Na passagem do ano, o ~ de mensagens «votos de Bom Ano Novo» é enorme. **4** A(c)tividade comercial de mercadorias/Comércio/Negócio/Tráfico. **5** *fig* A(c)tividade intensa/Afã/Trabalho.
traficância *s f* (<traficar+-ância) **1** A(c)to de traficar. **2** Negócio fraudulento/ilegal. **Loc.** ~ de [em] droga [armas/contrabando].
traficante *adj/s 2g* (<traficar+-ante) **1** (O) que trafica/faz tráfico/Negociante. **Ex.** Numa grande cidade é habitual encontrarem-se ~s de relógios, joias, telemóveis, ... **2** Negociante fraudulento/ilegal. **Comb.** ~ de diamantes.
traficar *v t* (<it *trafficare*) **1** Comprar e vender mercadoria/Fazer transa(c)ções/Negociar. **Loc.** ~ produtos exóticos. **2** Fazer negócios ilícitos/fraudulentos. **Loc.** ~ droga.
tráfico *s m* (<it *traffico*) **1** A(c)tividade de troca de mercadorias/Comércio/Negócio. **Comb.** Firma especializada no ~ de carvões e outros combustíveis sólidos. **2** Negócio ilegal/fraudulento/Contrabando. **Comb. ~ de influências** [Recurso ao prestígio ou ao poder para conseguir favores especiais em troca de outros]. **~ de mulheres [menores]. ~ de estupefacientes** [Narcotráfico]. **3** Circulação de veículos numa via de comunicação/Tráfego.
trafulha *adj/s 2g col* (< ?) (O) que diz [faz] trafulhices/Trapaceiro/Intrujão(+). **Ex.** Não se pode [deve] confiar nele, é um ~! **Comb.** Negócio [Negociata(+)] de ~s.
trafulhice *s f col* (<trafulha+-ice) A(c)to ou dito de trafulha/Aldrabice/Intrujice(+). **Ex.** Ele não é sério; vive [mantém-se no negócio] à custa de ~s.
tragada *s f Br* (<tragar) A(c)to ou efeito de tragar [engolir] o fumo do cigarro ou do charuto/Fumaça.
tragadou[oi]ro *s m* (<tragar+-dou[oi]ro) Lugar que traga/Sorvedouro/Voragem/Abismo. **Comb.** «mar traiçoeiro» ~ de pescadores imprudentes.
tragar *v t*/(< ?) **1** Engolir com avidez, sem mastigar. **Ex.** «vinham esfomeados» Tragaram a sopa num instante [*idi* num abrir e fechar de olhos]. **2** Beber de um trago. **3** Levar ao fundo/Sorver/Submergir. **Ex.** A fúria das ondas tragou uma embarcação de pesca. **4** *fig* Fazer desaparecer/Aniquilar. **Ex.** A crise tragou [levou à ruína/arruinou(+)] centenas de empresas. **5** *fig* Sofrer com paciência/Suportar/Tolerar. **Ex.** Há trabalhos extremamente penosos mas alguém tem que os ~/aguentar.

6 *fig* Admitir como verdadeiro/Acreditar/*col* Engolir. **Ex.** Disse [Veio-me com] uma grande mentira, convencido de que eu a tragava [engolia(+)] «mas enganou-se (porque eu não acreditei [*idi* não fui nisso])».

tragável *adj 2g* (<tragar+-vel) **1** Que se pode tragar. **2** Tolerável.

tragédia *s f* (<gr *tragoidía,as*) **1** *Liter* Peça de teatro cuja a(c)ção dramática tem um desfecho triste e infeliz. **Ex.** A ~ teve origem na Grécia antiga. **Idi.** *Fazer uma* ~ (de alguma coisa) [Considerar um acontecimento de pequena importância como uma grande desgraça] (Ex. É pena que se tenha partido um prato do serviço, mas não vale a pena fazer uma ~ por causa disso). **2** Gé[ê]nero literário dramático. **3** *fig* Acontecimento desastroso/Desgraça. **Ex.** Os modernos atentados terroristas são ~s que nos deixam perplexos.

tragicamente *adv* (<trágico+-mente) De maneira trágica/Com grande sofrimento/infelicidade. **Loc.** *Morrer* ~ num acidente de viação. *Chamar* ~ por socorro.

trágico, a *adj/s* (<gr *trágikós,é,ón*) **1** Relativo a tragédia. **Comb.** *Autor* ~. *Teatro* [*Peça*] ~*o/a*. **2** Triste/Funesto/Horrível. **Ex.** Ele teve um fim [uma morte] ~o/a. **Comb.** Filme com um desfecho ~o/a. **3** *s* Assunto [Conteúdo/Enredo] da tragédia. **Ex.** Autor que também se dedicou ao [também escreveu sobre o/cultivou o] ~. **4** O que escreve [representa] tragédias. ⇒ dramaturgo.

trágico-marítimo, a *adj* Diz-se de acontecimento funesto que ocorreu [se deu] no mar. **Comb.** História ~a «de Pt».

tragicomédia *s f Liter* (<lat *tragicomoedia, ae*) Gé[ê]nero dramático misto de tragédia e de comédia/Tragédia com desfecho feliz.

tragicómico [trágico-cómico] [*Br* trágico-cômico], a *adj Liter* **1** Relativo a tragicomédia. **2** Trágico mas acompanhado de incidentes có[ô]micos.

trago¹ *s m* (<tragar) **1** Pequena porção de bebida que se bebe duma só vez/Gole/Sorvo/*Br* Tragada. **Loc.** Beber um ~ de licor. **2** *fig* Adversidade/Angústia/Dor. **Comb.** O ~ amargo da solidão.

trago² [trágus] *s m Anat* (<gr *trágos*: bode) Pequena saliência cartilaginosa da orelha.

traição *s f* (<lat *tradítio,ónis*: entrega «de uma cidade», rendição) **1** A(c)to ou efeito de trair/Quebra de confiança por deslealdade/Infidelidade/Perfídia. **Loc.** Cometer uma ~ «contra uma empresa, revelando segredos». **2** Crime cometido contra o Estado. **Comb.** Alta ~ [Designação dada nos códigos legais [de Direito] ao crime de ~ contra o Estado e que era punida com pena de morte]. **3** Infidelidade conjugal. **4** *fig* Emboscada/Cilada. **Comb.** «apanhar [atacar/matar] alguém» *À* ~ [À falsa fé/Inesperadamente/Numa emboscada].

traiçoeiramente *adv* (<traiçoeiro+-mente) Usando de traição/Cobardemente. **Loc.** Atacar [Agir] ~.

traiçoeiro, a *adj* (<traição+-eiro) **1** Que atraiçoa/comete traição/Desleal. **Comb.** «mula» *Animal* ~*o*. *Comportamento* ~. **2** *fig* Que ataca/agride de modo inesperado. **Comb.** «pescador» Apanhado por uma onda ~a.

traidor, ora *adj/s* (<lat *tráditor,óris*) **1** (O) que atraiçoa/comete traição. **Ex.** Judas foi o Apóstolo ~ [foi o ~ de Jesus Cristo]. **2** (O) que ataca/agride/prejudica de modo inesperado/Traiçoeiro/Enganador. **Comb.** Mar ~/traiçoeiro(+).

traineira *s f Náut* (<esp *trainera*) Embarcação de pesca costeira, coberta, construída em madeira e equipada com motor, com o comprimento entre 10 e 20 metros.

trair *v t* (<lat *trádo,ere,didi,ditum*: entregar, transmitir, atraiçoar, ~) **1** Cometer traição/Atraiçoar. **Loc.** ~ *a confiança* «do patrão». ~ *um amigo*. **2** Faltar ao cumprimento de. **Loc.** ~ [Não cumprir] uma promessa. **3** Ser infiel a. **Ex.** O marido traiu a esposa [A esposa foi traída pelo marido]. **4** Denunciar alguém. **Ex.** O cúmplice «no assalto» traiu-o e foi acusá-lo à polícia. **5** Divulgar aquilo que deveria permanecer em segredo. **Ex.** Um dos conjurados traiu o plano «para derrubar o governo». **6** *fig* Funcionar mal/Ter quebras/Falhar. **Ex.** No final da prova as forças traíram o atleta [faltaram-lhe as forças/ficou sem forças] «foi obrigado a desistir». A memória traiu-me [Esqueci-me «do discurso que tinha preparado»]. **7** *fig* Ser indício de/Pôr a descoberto/Revelar. **Ex.** O rubor das faces traiu-o «percebeu-se que era culpado». A pronúncia traiu-o «não pôde esconder que era estrangeiro».

trajar *v t* (<traje+-ar¹) **1** Usar como vestuário/Vestir. **Ex.** Os jovens gostam de ~ roupa de marca. **2** Vestir(-se) de determinada maneira. ~ «kilt» à escocesa. ~ à rica [Usar roupas caras]. ~ *de preto* [Vestir roupa preta] «em sinal de luto». **3** *fig* Cobrir(-se)/Revestir(-se). **Ex.** Na primavera os campos trajam-se de verde.

traje/o *s m* (<*an* trager, a(c)tual trazer) **1** O que se traz vestido/Roupa exterior/Vestuário. **Ex.** Aquela senhora usa sempre uns ~s um pouco extravagantes «pouco adequados à idade dela». **Comb.** ~ *a rigor/~ de cerimó[ô]nia* [Vestuário usado em ocasiões solenes «casamentos/rece(p)ções oficiais»]. ~*s menores* [Roupa interior]. **2** Indumentária própria da profissão/Farda. **Comb.** ~ *acadé[ê]mico*. ~ *eclesiástico*. ~ [Uniforme] *militar*.

trajecto/trajectória ⇒ trajeto/...

trajeto (Jé) *s m* [= trajecto] (<lat *trajéctus,us*) **1** Espaço que é preciso percorrer para ir de um lugar a outro. **Ex.** Daqui à escola o ~ não é longo. **Comb.** ~ *complicado* [difícil/intrincado]. ~ *sinuoso*. **2** A(c)to de percorrer esse espaço/Viagem. **Ex.** Cheguei cansado, o ~ foi muito demorado.

trajetória (Jè) *s f* [= trajectória] (<trajeto+-ória) **1** ⇒ trajeto. **2** *Fís* Linha percorrida por um corpo em movimento/Órbita. **Comb.** ~ *elíptica* «da Terra em volta do Sol». ~ *parabólica* «dum projé(c)til». **3** *fig* Evolução/Carreira/Percurso. **Ex.** «ele é muito inteligente» Fez [Teve] uma ~ brilhante: chegou ao topo da carreira com menos de quarenta anos. **Comb.** Político com uma ~ muito sinuosa «da direita, onde começou, até à extrema esquerda, onde agora milita».

trajo *s m* ⇒ traje.

tralha *s f* (<lat *trágulla,ae*: rede de arrasto, anzol, isca) **1** *Náut* Pequena rede de pesca. **2** *Náut* Cabo com que se reforçam e rematam velas e redes. **3** *fam* Conjunto desordenado de pequenas coisas de pouco valor «móveis/ferramenta/utensílios domésticos». **Comb.** Garagem [Sótão] cheia/de ~.

tralhoto (Lhô) *s m Icti* (< ?) ⇒ quatro-olhos.

trama *s f* (<lat *tráma,ae*: teia de aranha, ~) **1** Fio que a lançadeira coloca transversalmente na urdidura para fazer o tecido. **Loc.** (O tear) parar [deixar de tecer] por falta de ~. **2** Fios de seda grosseira que se misturam com outros de melhor qualidade. **3** *fig* Fio condutor duma narrativa/Enredo/Intriga. **Comb.** ~ *dum romance*. **4** *fig* Procedimento ardiloso para prejudicar alguém/Conspiração/Ardil/Maquinação/Tramoia.

tramado, a *adj* (<tramar) **1** Que foi feito com trama/Tecido(+). **2** Programado para obter determinado efeito/Armado/Congeminado/Maquinado. **Ex.** O plano «compra de grande quantidade de a(c)ções» ~ [concebido(o+)/gizado(+)] para ganhar muito dinheiro, redundou num enorme prejuízo. **3** *fig* Em situação difícil/Prejudicado/*col* Lixado. **Ex.** Estou ~ com o aumento dos impostos «o que ganho não chega para as despesas obrigatórias». **5** *fig* Que tem uma personalidade forte/Que é capaz de tudo, muito bom ou muito mau. **Ex.** Conseguiste reparar o computador?! – Tu és ~, não há nada que não consigas (fazer)! Este miúdo [Esta criança] é ~o/a, estraga tudo!

tramar *v t* (<trama+-ar¹) **1** Fazer passar a trama por entre os fios da urdidura/Tecer(+) **2** *fig* Maquinar/Conspirar. **Ex.** «grupo de militares» Juntavam-se todas as noites para ~ [preparar] um golpe de estado. **3** Causar prejuízo a alguém/*col* Lixar. **Ex.** O sócio tramou-o (*idi* bem tramado); fez um desfalque e desapareceu.

trambelho *s m* ⇒ trabelho.

trambicar *v t/int Br* (<trambique+-ar¹) Praticar trambiques. **Ex.** Ele tem má índole [*idi* Ele é fraca rês], até o pai trambicou.

trambique *s m Br* (< ?) Negócio ilegal/fraudulento/Golpe. **Loc.** Viver de [Praticar correntemente] ~.

trambolhão *s m* (<trambolho+-ão) **1** Queda ruidosa e aparatosa/Tombo. **Ex.** Dei um ~ pelas escadas abaixo, fiquei todo pisado [magoado/com hematomas]. **2** Queda dum corpo, rolando. **Loc.** «um pedregulho» Vir aos ~ões pela encosta abaixo. **3** *fig* Agravamento súbito duma situação/Contratempo. **Ex.** Com a falência do principal cliente, a empresa deu um grande ~; vai ser muito difícil recuperar. **Idi.** *Andar aos* ~*ões* [Não ter lugar nem modo de vida certos/Sofrer repetidos desaires].

trambolho (Bô) *s m* (< ?) **1** Peça de madeira que se prende à pata de alguns animais domésticos para não se afastarem para longe/Peia. **2** O que é demasiado volumoso, pesado, incó[ô]modo. **Ex.** Não quero (cá) esse banco de madeira, é um ~ que só estorva. Ela tem as pernas inchadas como dois ~s. **3** O que atrapalha/embaraça/Estorvo/Empecilho. **Ex.** Fazem a feira no meio da rua, há ~s por todo o lado, nem se consegue passar. **4** *fig* Pessoa obesa com dificuldade de se movimentar. **Ex.** Engordou muito; está um ~ que nem se pode mexer.

tramela *s f* ⇒ taramela.

tramitação *s f* (<tramitar+-ção) **1** A(c)to ou efeito de tramitar. **Comb.** Processo em ~. **2** Conjunto de requisitos legais para formação dum processo. **Ex.** Só depois de concluída a ~ (é que) o processo segue para julgamento.

tramitar *v int* (<trâmite+-ar¹) Seguir os trâmites [as regras/os percursos] normais/Transitar. **Ex.** O processo tramitou no tribunal de 1.ª instância.

trâmite *s m* (<lat *trámes,itis*: caminho, atalho) Cada um dos a(c)tos ou diligências que têm que ser ado(p)tados num processo para se atingir determinado fim. **Comb.** ~*s legais*. ~*s processuais* [que devem ser seguidos num processo judicial].

tramo *s m* (<esp *tramo* ?) **1** *Eng* Parte duma estrutura compreendida entre dois apoios consecutivos. **Comb.** ~ *duma ponte*. **2** *Arquit* Parte duma abóbada compreendida entre dois pares de suportes. **3** Lanço(+)/Troço(+). **Comb.** ~ *duma escada* [de estrada/via ferroviária].

tramoia (Mói) *s f pop* (<esp *tramoya*: tremonha de moinho) **1** Maquinação secreta com o intuito de ludribiar alguém/Intriga engenhosa/Ardil(+)/Artimanha(+). **Loc.** Descobrir a ~ «dos alunos que queriam tramar o [pregar uma partida ao] professor». **2** *Teat* Maquinismo usado para obter efeitos especiais «mudanças rápidas de cenário/aparição em cena voando».

tramontana *s f* (<it *tramontana*: vento que sopra do norte, estrela polar) **1** Vento frio e seco que sopra do norte na região do Mediterrâneo. **2** Estrela Polar. **3** *fig* Rumo/Dire(c)ção. **Idi. *Perder a*** ~ [Desorientar-se/Perder o rumo/tino].

trampa *s f cal* (< ?) **1** Excremento(+)/Fezes(+)/*cal* Merda. **Comb.** Cheiro a ~ «do esgoto». **2** *fig* Coisa que não presta/Bagatela/Insignificância. **Ex.** Compraram este cami(nh)ão velho, uma ~ que não serve para nada; está sempre avariado.

trampolim *s m* (<it *trampolino*) **1** Prancha flexível, fixa numa das extremidades, que serve para impulsioar um salto. **Comb.** (Na ginástica) ~ para saltar o plinto. **2** *fig* Ponto de partida [Apoio/Suporte] para atingir determinado obje(c)tivo. **Ex.** O nome [A fama] do pai foi o ~ que o lançou na política.

trampolina *s f* (<trampolim) **1** Cambalhota dada a partir dum trampolim. **2** *fig* Artimanha/Trampolinice/Fraude.

trampolinar *v int pop* (<trampolina+-ar[1]) Fazer [Dizer] trampolinices.

trampolineiro, a *s/adj pop* (<trampolina+-eiro) **1** (O) que faz trampolinices/Trapaceiro/Intrujão. **2** (O) que não é sério nos negócios/Caloteiro.

trampolinice *s f pop* (<trampolina+-ice) Intrujice/Trapaça.

trâmuei [*tramway*] *s m Br* (<ing *tramway*) **1** Veículo para transporte público de passageiros, movido a ele(c)tricidade, que se desloca sobre carris/Elé(c)trico(+). **2** Via-férrea [Trilho] para esse tipo de veículos. ⇒ trole [trólei].

tranca *s f* (< ?) **1** Barra de ferro/madeira que reforça interiormente a segurança de portas ou janelas. **Loc.** «para evitar arrombamentos» Reforçar interiormente a porta com uma ~. **Idi. *Dar às* ~*s*/*Pôr-se nas* ~*s*** [Fugir]. **Prov. *Casa roubada,* ~*s na porta*** [Só depois de o mal ter acontecido é que são tomadas medidas que o teriam evitado]. **2** Qualquer dispositivo que serve para trancar/reforçar/tornar mais seguro. **Loc.** Instalar uma ~ no volante do automóvel. **3** Barra de ferro ou madeira usada como cacete. **Ex.** Armados com ~s [mocas/paus/fueiros], saíram ao encontro do grupo rival. **4** *fig Br pop* ⇒ Pessoa rude/grosseira.

trança *s f* (< ?) **1** Madeixa de cabelos entrançados. **Ex.** Ela já não traz o cabelo solto, passou a usar ~s. **2** Conjunto de fios entrelaçados. **Comb.** Chinelo com sola [rasto] de ~ de sisal. **3** *fig Br* ⇒ Conspiração/Intriga/Enredo.

trancada *s f* (<tranca+-ada) Pancada com uma tranca/Paulada(+). **Loc.** Correr [Afugentar/Perseguir/Escorraçar] os meliantes à ~.

trancado, a *adj* (<trancar) **1** Seguro com tranca. **Comb.** Porta ~a (por dentro). **2** Sem efeito/Cancelado. **Comb.** Linhas (em branco/não escritas) ~as «no fim da página duma a(c)ta». **3** *fig* Diz-se de aluno que atingiu o limite de faltas. **Comb.** ~o/a a [em] matemática/português.

trançado, a *adj/s m* (<trançar) (O) que está disposto em trança/Entrelaçado.

trancamento *s m* (<trancar+-mento) A(c)to ou efeito de trancar.

trancar *v t* (<tranca+-ar[1]) **1** Segurar com tranca. **Loc.** ~ as portas da casa. **2** Fechar com segurança/Reforçar os fechos [as fechaduras]. **Loc.** ~ *a porta* «com uma fechadura de quatro entradas». ~ *o carro*. **3** Fechar(-se)/Enclausurar(-se). **Ex.** Trancou-se no quarto para não ser incomodado. **4** Impedir a passagem/Barrar o caminho. **Ex.** A polícia trancou [fechou] todas as ruas de acesso à praça. **5** Riscar um documento/Inutilizar linhas não escritas. **Ex.** O secretário trancou a página da a(c)ta [trancou as linhas em branco].

trançar *v t* (<trança+-ar[1]) Fazer trança/Entrançar.

trancelim *s m* (<esp *trancellin*) **1** Pequena trança de fios de ouro ou seda que se usa para guarnições. **Comb.** Gola (de casaco de senhora) debruada a ~. **2** Fio de ouro ou prata torcido em cordão que se usa ao pescoço, como adorno.

tranco *s m* (<tranca) **1** Salto largo de cavalo. **2** Solavanco/Abalo. **Comb. *Aos* ~*s*** [Aos saltos/trambolhões]. ***Por* ~*s e barrancos*** [Por maus [difíceis] caminhos].

trangalho [tranganho] *s m* (<galego *trangallo*) **1** Toro [Ramo] de árvore para lenha. **2** Trambolho **3/4**.

tranqueiro, a *s* (<tranca+-eiro) **1** Escora grossa de madeira/Tranca. **2** *s f* Buraco na parede para meter a extremidade da tranca. **3** Ombreira da porta. **4** *region* Parte lateral da porta do forno.

tranqueta (Quê) *s f* (<tranca+-eta) **1** Tranca pequena. **2** Peça de ferro para fechar com segurança portas e janelas por [pelo lado de] dentro. **Loc.** Correr [Pôr] a ~. **3** Pequena haste cilíndrica de metal.

tranquilamente (Ku-í) *adv* (<tranquilo+-mente) Com tranquilidade/Descansadamente/Sossegadamente/Pacificamente. **Loc. *Sentar-se* ~ *a olhar o mar*** [a paisagem]. ***Viver*** ~ ***na aldeia***.

tranquilidade (Ku-í) *s f* (<lat *tranquíllitas,átis*) **1** Estado de quietação/Calma/Sossego. **Ex.** Aprecio muito a ~ da vida na aldeia. **2** Paz de espírito/Serenidade. **Ex.** Dizem (para aí) muita coisa [muito mal] de mim, mas não perco a ~, é tudo mentira.

tranquilizador, ora (Ku-í) *adj/s* (<tranquilizar+-dor) (O) que tranquiliza/Tranquilizante. **Comb. *Notícia*** [Palavras] ~*a(s)*. ***Remédio*** ~ [Calmante(+)].

tranquilizante (Ku-í) *adj 2g/s m* (<tranquilizar+-ante) **1** Que tranquiliza/Calmante(+). **Comb. *Chá*** «*de tília*» ~. **2** Medicamento com efeito sedativo/Calmante(+)/Sedativo. **Loc.** Tomar ~s «para dormir».

tranquilizar (Ku-í) *v t* (<tranquilo+-izar) **1** Serenar/Pacificar. **Ex.** Quando soube que o filho não corria perigo, tranquilizou-se. **2** Apaziguar/Aquietar. **Ex.** Os problemas não se resolvem com violência – dizia-lhe eu para o ~. O vento amainou, o mar tranquilizou(-se)/acalmou.

tranquilo, a (Ku-í) *adj* (<lat *tranquíllus,a,um*) **1** Que não está agitado/Quieto/Calmo/Sossegado. **Comb. *Bairro*** [Vizinhança] ~*o/a*. *Mar* ~/calmo. **2** Sem perturbação/inquietação/Sereno. **Ex.** Hoje tive um dia ~/calmo/descansado. Na aldeia, a vida é mais ~/calma do que na cidade. **3** Que vive em paz/Sem remorsos/zangas/arrelias. **Ex.** Os boatos não o afe(c)tavam; tinha a consciência ~.

trans- *pref* (<lat *trans*) Exprime a noção de: **a)** Além de/Para além de: *transbordar, transalpino*; **b)** Através de: *transcontinental, tra(n)spassar*; **c)** Troca/Mudança: *transcrever, transfigurar*; **d)** Para trás: *transtornar*.

transa *s f Br col* (<transa(c)ção) **1** ⇒ negócio/combinação/acordo. **2** ⇒ assunto «meu». **3** ⇒ trama. **4** ⇒ relação amorosa/sexual.

transação (Zà) *s f* [= transacção] (<lat *transáctio,ónis*) **1** A(c)to ou efeito de transigir ou transacionar. **2** Ajuste [Combinação] entre duas partes/Convenção/Acordo. **Ex.** A vida humana [O direito à vida] não pode ser obje(c)to de ~. **3** Qualquer operação comercial ou negócio de compra e venda. **Ex.** Havia interessados na compra da empresa, mas a ~ não chegou a fazer-se.

transacção/transaccionador/transaccional/transaccionar ⇒ transação/transacionador/...

transacionador, ora (Zà) *adj/s* [= transaccionador] (<transacionar+-dor) (O) que faz transações.

transacional (Zà) *adj 2g* [= transaccional] (<transação+-al) Que diz respeito a transação ou a transigência.

transacionar (Zà) *v t/int* [=transaccionar] (<transação+-ar[1]) Fazer transações/Comprar ou vender/Comerciar/Negociar. **Loc.** ~ [Comprar/Vender/Arrendar] (em) *imóveis*. ~ *títulos de crédito* na bolsa de valores. *fig* «advogados» ***transacionarem cedências*** mútuas para pôr fim a um litígio.

transacto/transactor ⇒ transato/...

transaminase *s f Bioq* (<trans-c)+amina+-ase) Cada uma das proteínas de um grupo responsável pela transferência de radicais amina entre moléculas durante o metabolismo dos aminoácidos.

transar *v t/int Br* (<transa+-ar[1]) **1** ⇒ negociar «a venda da loja/casa». **2** ⇒ ajustar/combinar. **3** ⇒ conseguir/arranjar «um bom emprego». **4** ⇒ gostar «de filmes de terror». **5** ⇒ namorar.

transatlântico, a (Za) *adj/s m* (<trans--a)+Atlântico) **1** Que está para o outro lado do Atlântico. **Comb.** Território [Continente/País] ~. **2** Que atravessa o Atlântico. **Comb.** Viagem ~a «dos aviadores portugueses Gago Coutinho e Sacadura Cabral que em 1922 fizeram a primeira travessia ~a de Portugal para o Brasil». **3** *s m* Designação dos grandes navios que faziam o transporte de passageiros da Europa para a América e outras grandes viagens marítimas. **Ex.** *Titanic, Queen Elizabeth* e *Santa Maria* contam-se entre os ~s que ficaram na história [que são muito célebres].

transato, a (Zà) **[*Br* transa(c)to** (*dg*)**]** *adj* [= transacto] (<lat *transáctus,a,um*) Que já passou/Anterior ao a(c)tual/Pretérito. **Comb. *Ano*** ~/passado/anterior. ***Gerações*** ~*as*/passadas. ***Quezílias*** ~/antigas.

transator, ora (Zà) **[*Br* transa(c)tor** (*dg*)**]** *s/adj* [= transactor] ⇒ transacionador.

transbordante *adj 2g* (<transbordar+-ante) Que transborda.

tra(n)sbordar[1] *v int* (<trans-+borda+-ar[1]) **1** (Fazer) sair das bordas/Extravasar. **Ex.** O leite transbordou do fervedor. A água do rio transbordou para fora do leito. **Comb.** Uma medida «de trigo» cheia a ~. **2** *fig* Estar cheio em excesso/Estar repleto/*Br* lotado. **Ex.** Às horas de ponta, as carruagens do *Metro* transbordam de passageiros. **3** *fig* Manifestar intensamente/Extravasar/Irradiar. **Ex.** Os adeptos do clube transbordaram de alegria com a conquista do título de campeões.

tra(n)sbordar[2] *v t* (<trans-+bordo+-ar[1]) Passar de um barco [avião/comboio/cami(nh)ão] para outro/Fazer transbordo de/Baldear. **Ex.** Transbordaram a mercadoria de um cami(nh)ão avariado para outro que completou o transporte.

tra(n)sbordo[1] [tra(n)sbordamento] *s m* (<tra(n)sbordar[1]) A(c)to ou efeito de tra(n)s-

bordar/extravasar/sair dos limites. **Ex.** Fecharam as comportas da barragem para evitar o ~ do rio a jusante.

tra(n)sbordo² *s m* (<tra(n)sbordar²) Passagem de passageiros ou mercadorias de um meio de transporte para outro/Baldeação. **Ex.** A viagem aérea S. Paulo-Porto não foi dire(c)ta, fez [houve] ~ em Lisboa.

transcendência *s f* (<lat *transcendéntia,ae*) **1** Qualidade do que é transcendente. **2** Qualidade daquilo que ultrapassa o que é comum/normal/Excelência. **Ex.** A obra «artística/poética», pela sua ~, não é acessível à maioria das pessoas/ao grande público. **3** O que está acima da inteligência [compreensão] humana. **Comb.** A ~ dos fenó[ô]menos sobrenaturais. **4** *Fil* O que está fora e acima da realidade ou que a supera/lhe escapa. **Ex.** A ~ opõe-se à imanência mas em Deus coexistem. **5** *Fil* Conhecimento da verdade [Conhecimento intelectual] a par do conhecimento sensível.

transcendental *adj 2g* (<transcendente+-al) **1** Relativo à transcendência/Transcendente. **2** Que ultrapassa os limites do comum. **Ex.** A informática para ele era algo ~. **3** *Fil* Na filosofia aristotélica-escolástica, é a propriedade, atributo ou modo que se pode predicar do [atribuir ao] ser enquanto ser; na filosofia kantiana, refere-se às condições do sujeito, *a priori*, anteriores à experiência. **Ex.** O bem e a verdade são propriedades ~ais.

transcendentalismo *s m Fil* (<transcendental+-ismo) **1** Doutrina concebida por Kant que se baseia apenas na razão pura, pondo de parte a análise e a observação/Kantismo. **2** Movimento filosófico e religioso surgido nos EUA, que afirma uma certa imanência de Deus no homem e na natureza.

transcendente *adj/s m* (<lat *transcéndens, éntis*) **1** Que transcende/excede os limites ordinários/Superior/Sublime. **Comb.** *Inspiração* «poética» ~. *Artista* [Pintor/Músico] ~. **2** Que ultrapassa a capacidade de compreensão. **Comb.** Problema ~. **3** *Fil* Que está para além de toda a experiência possível. **Ex.** Deus é (um ser) ~ [é O T~].

transcender *v t/int* (<lat *transcéndo,ere, céndi,cénsum* < *trans+scándo,ere,di,sum*: subir, escalar, trepar) **1** Passar além de/Situar-se para lá de. **Ex.** Autorizar o empréstimo «duma viatura da empresa» é assunto que me transcende/ultrapassa. **2** Exceder/Ultrapassar/Superar. **Ex.** Aluno que transcende [supera(+)] todos os colegas. Romance que transcende os que escreveu anteriormente. **3** Ultrapassar os próprios limites/Exceder-se. **Ex.** «jogador de futebol» Fez uma exibição inimaginável, transcendeu-se!

transcodificação *s f* (<transcodificar+-ção) **1** Passagem de uma mensagem de um código para outro (código). **2** *TV* **a)** Transposição de imagens de um sistema de cor «PAL» para outro «NTSC»; **b)** Gravação de filme cinematográfico para transmissão por TV, feita por equipamento de telecine.

transcodificar *v t* Fazer a transcodificação de.

transcondutância *s f Ele(c)tron* (<trans+...) Num tríodo, quociente de um acréscimo da corrente do ânodo pelo acréscimo correspondente da tensão na grelha, supondo constante a tensão anódica.

transcontinental *adj 2g* (<trans-b)+...) Que atravessa um continente. **Comb.** Via-férrea [Ferrovia] ~.

transcorrer *v int* (<lat *transcúrro,ere,(cu)cúrri,cúrsum*) **1** Decorrer/Passar. **Ex.** Os dias iam (trans)correndo sem que nada de anormal acontecesse. **2** Passar além de, atravessando. **Ex.** Os rios Douro e Tejo nascem em Espanha e transcorrem [atravessam(+)] Portugal de leste para oeste.

transcrever *v t* (<lat *transcríbo,ere,psi,ptum*) **1** Passar a escrito um texto oral/Copiar um texto, escrevendo-o noutro lugar/Trasladar. **Loc.** ~ *contos* [lendas] *populares* ouvidos/as de pessoas idosas das aldeias. ~ *um poema* «Ó Mar Salgado» da *Mensagem* de Fernando Pessoa. **2** *Mús* Copiar um trecho musical.

transcrição *s f* (<lat *transcríptio,ónis*) **1** A(c)to ou efeito de transcrever/Cópia/Regist(r)o. **Loc.** Fazer a ~ duma a(c)ta. **2** Texto transcrito/copiado/trasladado. **Ex.** Começou o artigo (para uma revista) com uma ~ [citação] da Bíblia «do *Génesis*». **Comb.** ~ *fonética* [Representação gráfica dos sons de uma língua através de um alfabeto próprio]. **3** *Mús* Adaptação de uma composição musical a um instrumento diferente daquele para o qual foi escrita.

transcríptase *s f Bioq* (<transcrição+-ase) Enzima que catalisa a síntese do ARN mensageiro usando uma fita de ADN como molde.

transcrito, a *adj/s m* (<lat *transcríptus,a,um*; ⇒ transcrever) **1** Copiado/Trasladado. **Comb.** Versos ~s «de *Os Lusíadas*». **2** *s m* O que se copiou/trasladou. **Ex.** «para se certificar» Consultou o ~ (⇒ o escrito).

transculturação *s f* (< trans-c)+cultura+-ção) Transformação cultural resultante de conta(c)to entre duas culturas diferentes/Transmissão de elementos culturais de uma cultura para outra/Aculturação.

transcultural *adj 2g* (<trans-a)/c)+...) «conta(c)to/formação/convivência» Comum a [Entre] várias culturas. ⇒ intercultural.

transcurar *v t* (<trans-d)+...) Não curar/Não tratar/Descurar(+)/Preterir(+). **Loc.** «dona de casa/pai de família» ~ as obrigações domésticas.

transcurso *s m* (<lat *transcúrsus,us*) A(c)to de transcorrer/Lapso de tempo/Decurso(+). **Ex.** No ~ da sua longa vida, passou por momentos muito difíceis.

transdução *s f* (<trans-+ lat *dúctio,ónis*: a(c)ção de conduzir) **1** Processo mental «infantil» pré-lógico, cara(c)terizado pela passagem do particular ao particular, sem o medianeiro de uma afirmação geral. **2** *Biol* Transferência genética [de ADN] entre bactérias através de um vírus bacteriófago. **3** *Fís* Processo pelo qual uma energia se transforma noutra de natureza diferente.

transdutor *s m Fís/Ele(c)tron* (⇒transdução 3) Dispositivo que transforma um sinal de energia de determinada espécie num sinal de energia de espécie diferente com o fim de transmitir informação.

transe (Ze) *s m* (<fr *transe*: êxtase) **1** Estado de aflição/inquietude/Angústia(+). **Ex.** A seguir à catástrofe viveram-se momentos de ~. **Comb.** *A todo o* ~ [A todo o custo/*idi* Dê por onde der] (Ex. A criança não parava de chorar; queria a todo o ~ ficar a ver televisão). *Em* ~ *de* [Na altura de/Por ocasião de]. **2** Estado místico de êxtase/Exaltação. **3** *Med* Estado psicofisiológico semelhante ao sono cara(c)terizado pela diminuição [ausência] de resposta aos estímulos exteriores. **Ex.** O ~ aparece na histeria e pode ser induzido através do sono hipnótico.

transecular *adj 2g* (<trans-b)+...) Que se prolonga através dos séculos. **Comb.** «emigração» Prática [Necessidade] ~ dos portugueses.

transepto (Zép) *s m Arquit* (<lat *traséptum* <*trans+séptum,i*: parede, claustro) Nave transversal de uma igreja formando uma cruz com a nave principal, perto do altar-mor. **Ex.** Nas igrejas com duas naves longitudinais o ~ insere-se perpendicularmente entre elas.

transeunte (Ze) *adj/s 2g* (<lat *tránsiens, seúntis* <*tránseo,íre*: passar de um lugar para outro) **1** Que passa/não perdura/Transitório. **Comb.** Dificuldades ~s [transitórias(+)/passageiras(o+)]. **2** *s 2g* Pessoa que circula [está a passar] na rua/Peão/Viandante. **Ex.** O repórter interpelou vários ~s pedindo-lhes a opinião «sobre o a(c)tual momento político».

transexual *adj/s 2g* (<trans-c)+...) (O) que mudou de sexo através de operação cirúrgica.

transexualismo *s m Psic* Convicção de pertencer ao sexo oposto, acompanhada frequentemente pelo desejo de mudar de sexo.

transferase *s f Bioq* (<transfer(ência)+-ase) Classe de enzimas responsáveis pela catalisação de rea(c)ções de transferência de um determinado grupo «contendo carbono» para outro substrato. **Ex.** As transaminases são ~s responsáveis pela transferência de grupos nitrogé[ê]nio.

transferência *s f* (<transferir+-ência) **1** A(c)to ou efeito de transferir. **2** Mudança de um lugar para outro. **Comb.** ~ *de escola* [curso] de um estudante. ~ *de local de trabalho* de um empregado «para uma sucursal». **3** Transmissão [Passagem] de algo para outrem. **Comb.** ~ *de poderes* «ao [para o] novo Presidente». ~ *de tecnologia* «a outro país». **4** Cedência a outrem de bens ou direitos. **Comb.** ~ da titularidade dum contrato «de fornecimento de água, para o novo inquilino». **5** Passagem de valores de uma conta para outra/Remessa de dinheiro. **Ex.** Já foi feita a ~ bancária (do dinheiro/valor) da renda. **6** *Psic* Fenó[ô]meno pelo qual um estado afe(c)tivo em relação a um obje(c)to se estende a outro obje(c)to diferente. **7** *Psiq* Ligação afe(c)tiva que se estabelece entre o paciente e o psicoterapeuta, deslocando aquele para este sentimentos previamente experimentados em relação a outros personagens «pai/mãe».

transferidor, ora *adj/s m* **1** (O) que transfere. **2** *s m* Utensílio semicircular de desenho, dividido em 180 partes iguais (Graus) e que serve para medir amplitudes de ângulos.

transferir *v t* (<lat *tránsfero,érre,tuli,látum*) **1** Mudar de um lugar para outro. **Ex.** O Brasil transferiu a capital do Rio de Janeiro para Brasília. Transferiram o doente para um hospital central. **2** Mudar de cargo/função ou de lugar dentro da mesma empresa. **Ex.** Transferiram-me da contabilidade para o contencioso (do Banco). «jogador de futebol» Tranferiu-se para um clube estrangeiro. **3** Movimentar capitais entre contas [bancos] diferentes. **Loc.** ~ mensalmente a importância da renda da casa (para a conta do senhorio). **4** Transmitir a outrem direitos/responsabilidades. **Ex.** O empresário [dono da empresa] transferiu para o filho a gestão das compras. **5** Mudar para outra ocasião/Adiar. **Loc.** ~ uma reunião para data posterior, a anunciar [, que depois [posteriormente/mais tarde] será anunciada].

transferível *adj 2g* (<transferir+-vel) Que se pode transferir. **Comb.** Importância não ~ «afe(c)ta a [cativa para] um cheque visado».

transfiguração s f (<lat *transfigurátio,ónis*) **1** A(c)to ou efeito de transfigurar(-se). **2** Mudança de figura. **Ex.** A barba e o cabelo crescidos transfiguraram-no; está irreconhecível. **2** *Rel Maiúsc* Estado de glorificação em que Jesus Cristo se manifestou a três dos seus Apóstolos, segundo a tradição, no Monte Tabor. **Ex.** A festa litúrgica da ~ celebra-se a 6 de agosto. **3** *Rel Maiúsc* Quadro [Pintura] representando esse fa(c)to.

transfigurador, ora adj/s (<transfigurar+-dor) (O) que transfigura. **Loc.** Agir [A(c)tuar] como ~. **Comb.** Disfarces ~es.

transfigurar v t (<lat *transfigúro,áre,átum*) **1** Mudar o aspe(c)to [a figura] de. **Ex.** Transfigurei a sala: pus cortinados novos, mudei móveis, quadros, carpetes, tudo!... **2** Tomar outra forma/Ter outro aspe(c)to/Não parecer o mesmo. **Ex.** A doença e os desgostos transfiguraram-no; está irreconhecível. **3** Dar uma ideia falsa de. **Ex.** Fizeram uma interpretação do discurso que transfigura [deturpa(+)/muda] totalmente o conteúdo [a mensagem]. Transfiguraram-se com disfarces [Disfarçaram-se(+)] «cara tapada/encapuzados» para não serem reconhecidos.

transfigurável adj 2g (<transfigurar+-vel) Que se pode transfigurar/Susce(p)tível de transfiguração.

transfixar v t (<lat *tra(ns)fígo,ere,fixi,fixum*: trespassar) Varar [Furar] dum lado a outro/Transpassar/Perfurar. **Ex.** A bala transfixou-lhe o peito [atravessou-lhe o peito dum lado a outro(+)].

transformação s f (<lat *transformátio,ónis*) **1** A(c)to ou efeito de transformar/Mudança/Modificação. **Ex.** Depois da ~ «mudança da estante e dos sofás» a sala parece mais espaçosa. **2** Mudança de forma ou de aspe(c)to físico/Metamorfose. **Ex.** O corpo humano sofre grandes ~ões até atingir o estado adulto. **3** Mudança de natureza social e econó[ô]mica. **Ex.** Com a entrada na União [Comunidade] Europeia, em Portugal houve grandes ~ões. **Comb.** ~ duma sociedade em nome individual «para uma sociedade por quotas». **4** *Fís* Passagem de um sistema termodinâmico para outro por uma série contínua de estados de equilíbrio. **Comb.** ~ *adiabática* [em que não há trocas de calor com o exterior]. ~ *cíclica* [em que o estado final é igual ao (estado) inicial]. ~ *isotérmica* [efe(c)tuada a temperatura constante]. ~ *reversível* [que muda de sentido quando se inverte o sentido da alteração das condições exteriores e passa pelos mesmos estados de equilíbrio em ordem inversa]. **5** *Ling* Alteração da estrutura de uma frase mantendo o mesmo conteúdo informativo. **Comb.** ~ da voz a(c)tiva para a voz passiva «*o homem lavra a terra* para *a terra é lavrada pelo homem*». **6** *Mat* Operação de correspondência que a cada elemento de um dado conjunto associa um elemento do mesmo ou de outro conjunto/Aplicação/Função. **Comb.** ~ *de coordenadas.* ~ *linear.*

transformacional adj 2g (<transformação+-al) **1** Relativo a transformação. **2** Que provoca transformação. **3** *Ling* Diz-se da gramática generativa que se ocupa dos fenó[ô]menos de transformação na estrutura sintá(c)tica da frase.

transformado, a adj (<transformar) **1** Que adquiriu nova forma/Mudado. **Ex.** Após anos de ausência, encontrei a cidade ~a: grandes edifícios, novas ruas, jardins cuidados, ... **2** Com aspe(c)to [figura] diferente/Desfigurado. **Comb.** Rosto ~ [desfigurado(+)]. **3** *Mat* (Diz-se de) curva [equação] obtida a partir de outra.

transformador, ora adj/s m (<transformar+-dor) **1** (O) que transforma. **Ex.** Os modernos meios de comunicação a(c)tuam como [são agentes] ~es de mentalidades e costumes. **2** s m *Ele(c)tri* Aparelho que introduz alterações na potência, tensão, corrente e impedância dum circuito elé(c)trico. **Ex.** O ~ funciona com base na indução mútua entre dois (ou mais) circuitos elé(c)tricos (Enrolamentos) ligados indutivamente por um campo magnético comum. Os amperímetros (~es de intensidade) e os voltímetros (~es de tensão) são ~es de medida. **Comb.** *Ele(c)tron* ~ *de adaptação* [que serve para estabelecer a adaptação da impedância de um circuito gerador de energia com a impedância de um circuito rece(p)tor].

transformante adj 2g (<lat *transfórmans, ántis*) Que transforma/Transformador. **Comb.** Condições ~s.

transformar v t (<lat *transfórmo,áre,átum*) **1** Dar nova forma a/Modificar/Alterar. **Loc.** ~ *um palacete* em ruínas numa casa de turismo rural. ~ *o feitio* de uma peça de vestuário «saia/casaco». **2** Passar de um estado a outro/Converter. **Ex.** O gelo derreteu, transformou-se em água. Os girinos transformam-se em rãs. **3** Regenerar/Melhorar. **Ex.** Ele, que era um boé[ê]mio, transformou-se radicalmente. Depois de adulto, estudou e transformou-se numa pessoa muito culta. **4** Fazer(-se) passar por outra pessoa/Disfarçar(-se). **Ex.** Representou o papel de príncipe e logo a seguir transformou-se em palhço. **5** *(D)esp* Converter a cobrança duma falta [a marcação de um livre] em gol(o).

transformativo, a adj (<transformar+-tivo) **1** Que tem o poder de transformar. **2** *Gram* Diz-se da gramática que estuda os fenó[ô]menos de transformação.

transformável adj 2g (<transformar+-vel) Que se pode transformar.

transformismo s m *Biol* (<transformar+-ismo) Teoria que considera a proveniência dos seres vivos a partir de outros mais simples por transformações sucessivas ao longo das eras geológicas. ⇒ evolução; fixismo.

transformista adj/s 2g (<transformar+-ista) **1** Relativo ao transformismo. **Comb.** Teoria ~. **2** s Partidário do transformismo.

trânsfuga s 2g (<lat *tránsfuga,ae*) **1** Militar que deserta para o exército inimigo/Desertor. **2** O que abandona o seu partido/a sua religião/Renegado/Apóstata.

transfundir v t (<lat *transfúndo,ere,fúdi, fúsum*) **1** Fazer passar líquido de um recipiente para outro. **Loc.** ~ [Tirar(+)] o vinho do lagar para as pipas. **2** Fazer uma transfusão de sangue(+). **3** ⇒ Difundir(+)/Espalhar(+) «boatos/uma crença».

transfusão s f (<lat *transfúsio,ónis*) Operação de passagem de um líquido [gás] de um recipiente para outro por meio de uma conduta. **Loc.** Fazer a ~ do combustível dum autotanque acidentado para outro. **Comb.** *Med* ~ de sangue [Operação de introdução de sangue no sistema circulatório de um organismo animal].

transgénico, a [*Br* **transgênico**] adj (<trans-+gene+-ico) Diz-se de organismo que contém genes transferidos artificialmente de outra espécie. **Comb.** Alimentos «milho/soja» ~s.

transgredir v t (<lat *transgrédior,grédi, gréssus sum*) **1** Ir [Passar] além de/Atravessar. **Loc.** ~ [Passar(+)/Atravessar(o+)] a fronteira. **2** Não cumprir/Violar/Infringir. **Loc.** ~ uma lei [norma/ordem].

transgressão s f (<lat *transgréssio,ónis*) **1** A(c)to ou efeito de transgredir/Infra(c)ção. **Loc.** Cometer [Ser apanhado em] uma ~ «ao código da estrada». **2** Passagem além de/Ultrapassagem. **3** *Geol* Avanço do mar sobre uma zona emersa.

transgressivo, a adj (<lat *transgressívus, a,um*) Que envolve transgressão. **Comb.** Hábitos [Atitudes] ~os/as.

transgressor, ora adj/s (<lat *transgréssor, óris*) (O) que transgride/Infra(c)tor. **Loc.** Punir os ~es. **Comb.** Comportamento [Manobra] ~or/ora.

transição (Zi) s f (<lat *transítio,ónis*) **1** Passagem [Mudança] de um lugar/estado/assunto para outro. **Loc.** Ficar ofuscado na ~ da sombra para o sol. **Comb.** Regime [Governo] de ~. **2** Transformação progressiva/Mudança gradual/Evolução. **Ex.** A adolescência é uma fase de ~ de criança para adulto. **3** *Fís* Variação brusca de um estado de energia de um átomo (pela passagem de um estado excitado para outro mais estável). **Comb.** *Ponto de* ~ [Temperatura a que uma substância muda de fase]. *Quím Elementos de* ~ [Os que no estado elementar possuem camadas ele(c)trónicas *d* ou *f* incompletamente preenchidas].

transido, a (Zi) adj (<transir) **1** Penetrado/Repassado/Impregnado. **Comb.** ~ de dor [pavor/medo/frio]. **2** Que revela pavor/pânico/Assustado/Apavorado. **Comb.** Olhar ~/(de) assustado(+).

transiente (Zi) adj 2g (<lat *tránsiens,éntis*) Que não permanece/Transitório/Efé[ê]mero.

transigência (Zi) s f (<transigir+-ência) **1** A(c)to ou efeito de transigir. **2** Condescendência/Contemporização. **Ex.** Na educação, a ~ em aspe(c)tos não essenciais, é muitas vezes aconselhável e benéfica. **3** Tolerância/Indulgência. **Ex.** Não fosse a ~ do juiz, a pena [o tempo de prisão] seria mais agravada/o. **Ant.** In~.

transigente (Zi) adj/s 2g (<lat *tránsigens,éntis*)(O)quetransige/Condescendente/Tolerante/Indulgente. **Comb.** «pai/mãe» Demasiado ~. **Ant.** In~.

transigir v int/t (<lat *tránsigo,sígere,égi, sáctum*: chegar a um acordo «no negócio», ~) **1** Chegar a acordo por meio de concessões recíprocas. **Ex.** Não podemos [se deve] ~ com nepotismos [com o nepotismo]. Recuso-me a ~ [a contemporizar] com impostores! **2** Aceitar ou permitir, embora tendo sido originalmente contra/Ceder/Condescender. **Ex.** «o Governo» Transigiu em voltar a ter [em voltar à mesa das] conversações «com os manifestantes». **3** Aceitar as falhas ou defeitos de alguém não mostrando discordância ou rejeição. **4** Pôr fim a/Evitar. **Loc.** ~ uma demanda [a(c)ção judicial].

transiluminação s f (<trans-+...) Técnica de iluminação feita através de um obje(c)tor por luz transmitida. **Ex.** A ~ é usada habitualmente em microscopia ó(p)tica. *Med* A ~ permite observar os seios nasais por meio de uma fonte luminosa colocada na cavidade bucal.

transir (Zir) v t/int (<lat *tránseo,íre,ívi[ii],itum*: ir além de, passar < *trans+éo,íre*: ir) **1** Passar através de/Trespassar/Repassar. **Ex.** O frio e a humidade transiam-nos até aos ossos. **2** Ficar gelado de frio/medo. **Ex.** Ela transia-se [ficava transida(+)] só de [ao/com] pensar que ia passar a noite sozinha.

transístor [**transistor** (Tôr)] (Zis) s m *Ele(c)tron* (<ing *to transfer*: transferir + *resistor*:

resistência) **1** Dispositivo feito de material semicondutor «silício/germânio» dopado com impurezas específicas em concentrações muito reduzidas, que vieram substituir as válvulas ele(c)trónicas. **2** Pequeno rádio que funciona com esse dispositivo.

transistorizado, a (Zis) *adj* (<transistorizar) Equipado [Que funciona] com transístores. **Comb.** Circuito ~.

transistorizar *v t* Ele(c)tron (<transístor+-izar) Prover de transístores em vez de válvulas.

transitar (Zi) *v int* (<trânsito+-ar¹) **1** Passar através de determinado espaço/Caminhar/Andar/Circular. **Ex.** Há muitos turistas a ~ pelas ruas da cidade. Os automóveis não podem ~ nesta rua. **2** Mudar de lugar/estado/condição. **Ex.** A sede da empresa transitou para a capital. Ele transitou de subgerente para gerente. Todos os alunos da turma transitaram para o ano seguinte. **Loc.** *Dir* ~ em julgado [Um processo ser dado por concluído/Uma sentença tornar-se definitiva].

transitário (Zi) *s m* (<transitar+-ário) Intermediário que a(c)tua no ramo dos transportes e que representa os carregadores [expedidores] ou os destinatários/Operador de transportes «marítimos/rodoviários».

transitável (Zi) *adj 2g* (<transitar+-vel) Por onde se pode transitar. **Comb.** Caminhos ~eis. **Ant.** In~.

transitivo, a (Zi) *adj* (<lat *transitívus,a,um*) **1** Que dura pouco/não permanece/Transitório/Passageiro. **Comb.** *Estado* ~ [transitório(+)/passageiro(o+)]. *Mat* **Propriedade** ~a [que se verifica numa relação entre elementos de um conjunto quando, se a > (É maior que) b e b > c, então a > c]. **2** *Gram* Diz-se de verbo que tem complemento dire(c)to (~ dire(c)to) ou complemento indire(c)to (~ indire(c)to) ou ambos «*conceder* licença a alguém».

trânsito (Zi) *s m* (<lat *tránsitus,us*: a(c)ção de passar; ⇒ transir) **1** A(c)to ou efeito de transitar. **Comb.** *Dir* ~ *em julgado* [Situação após a qual já não pode haver recurso de um processo/duma sentença]. *Proibido o* ~ a veículos automóveis! *Regras de* ~. **2** Movimento de veículos numa via de comunicação/Tráfego. **Ex.** «chovia» O ~ na cidade estava infernal; havia engarrafamentos por toda a parte [em muitas ruas]. **3** Entrada [Circulação] de passageiros e mercadorias num país/porto/numa cidade. **Comb.** ~ *de pesados* (Veículos de mercadorias/Cami(nh)ões). *Mercadoria* [Passageiros] *em* ~ [de passagem para outro lugar]. **4** *Fisiol* Passagem dos alimentos pelas vias digestivas. **Comb.** ~ intestinal. **5** *fig* ⇒ Morte/Passamento.

transitoriamente (Zi) *adv* (<transitório+-mente) De maneira transitória/Provisoriamente/Temporariamente. **Comb.** *Cargo* ocupado ~ por um colega. *Serviço* a funcionar ~ noutro local.

transitoriedade (Zi) *s f* (<transitório+-i-+-dade) Qualidade do que é transitório.

transitório, a (Zi) *adj* (<lat *transitórius,a,um*) **1** Que passa rapidamente/Passageiro. **Comb.** Ocupação [Emprego] ~a/o. **2** Breve/Fugaz/Efé[ê]mero(+). **Ex.** A fama é uma glória ~a. **3** Caduco/Mortal. **Ex.** A vida terrena acaba [é ~a].

translação *s f* (<lat *translátio,ónis*) **1** Mudança [Transferência] de um lugar para outro/Trasladação. **Ex.** A iminência duma derrocada obrigou à ~/tra(n)sladação(+)/deslocação(+) de pessoas e bens para um lugar seguro. **2** Mudança de data/Adiamento(+). **Comb.** ~ da festa de anos «para o sábado seguinte». **3** *Ling* Mudança do sentido próprio de palavra/frase para sentido figurado/Metáfora(+). **4** *Fís* Diz-se de movimento dum corpo em que todos os seus pontos descrevem traje(c)tórias iguais e paralelas. **Ex.** No movimento de ~, num dado instante, todos os pontos do sistema têm a mesma velocidade e a mesma aceleração. **Comb.** Movimento de ~ da Terra à volta do Sol (⇒ rotação). **5** *Geom* Aplicação pontual que a cada ponto associa um outro ponto de modo que o ve(c)tor que os une seja constante.

transladação *s f* (<transladar+-ção) **1** A(c)to ou efeito de transladar/Transporte/Transferência/Trasladação. **2** Mudança dos restos mortais de uma sepultura para outra. **Comb.** ~ para um jazigo «de família».

transladar *v t* (<translado+-ar¹) Transporte de um lugar para outro/Transferir/Trasladar. **Loc.** ~ *um arquivo* «para outro edifício». ~ um cadáver «para o Panteão».

translado *s m* (<lat *translátus,us*: transporte, procissão <*tránsfero, férre, translátum*: levar de um lugar para outro, transferir <*féro,férre,túli,látum*: levar) **1** A(c)to ou efeito de transladar/Traslado. **2** Cópia exa(c)ta. **3** Versão/Tradução.

translato, a *adj* (<lat *translátus, a, um*: transportado, transcrito, traduzido) **1** Que se copiou/Transcrito/Tra(n)sladado. **Comb.** Frase [Verso] ~a/o dum poema. **2** *Ling* Figurado/Metafórico. **Comb.** (Palavra utilizada em) sentido ~.

translator *s m* (<lat *translátor,óris*: transportador, tradutor) **1** Espécie de transformador usado para evitar confusões de conversas telefó[ô]nicas. **2** *Bot* Cada um dos apêndices côncavos do estigma de algumas plantas apropriado para receber o pólen.

translineação *s f* (<translinear+-ção) Passagem de parte duma palavra que não coube numa linha para a linha seguinte. **Comb.** Regras de ~.

translinear *v t* (<trans-+ lat *línea*: linha+-ar¹) Passar parte de uma palavra que não coube numa linha para a linha seguinte.

transliteração *s f* (<transliterar+-ção) A(c)to ou efeito de transliterar.

transliterar *v t Ling* (<trans-+lat *líttera*: letra+-ar¹) Substituir as letras com que está escrita uma palavra pelas letras correspondentes de outro alfabeto. **Loc.** ~ uma palavra escrita em grego para cara(c)teres latinos «δελτα para *delta*».

translucidez *s f* (<trans-+...) Qualidade do que é translúcido. **Comb.** A ~ do vidro fosco.

translúcido, a *adj* (<lat *translúcidus,a,um*) **1** Que deixa passar parcialmente a luz, sem ser transparente, nem opaco/Diáfano. **Comb.** Vidro ~/fosco. **2** *fig* Esclarecido/Iluminado. **Comb.** Espírito ~/lúcido(+).

transluzente *adj 2g* (<transluzir+-ente) ⇒ translúcido.

transluzir *v t/int* (<lat *tra(n)slúceo,ére,lúxi*) **1** Luzir através de um corpo diáfano/Transparecer. **Loc.** A claridade da aurora ~ através das cortinas. **2** Deixar perceber/Manifestar/Revelar(+) «sentimentos/emoções». **Ex.** As suas palavras [As palavras dele/a] transluziam uma grande comoção.

transmalhar *v t* ⇒ tresmalhar.

transmigração *s f* (<transmigrar+-ção) **1** A(c)to ou efeito de transmigrar. **2** *Rel* Para os defensores da metempsicose, é o fenó[ô]meno da passagem [migração] da alma de um corpo para outro.

transmigrar *v t/int* (<lat *transmígro,áre, átum*) **1** Mudar de um lugar para outro/de domicílio. **Ex.** As dificuldades econó[ô]micas obrigaram a família a ~ [mudar(-se)(+)] para um apartamento mais barato. **Loc.** ~ [Emigrar(+)] de Portugal para França. **2** *Rel* Para os adeptos da metempsicose, passar a alma de um corpo para outro.

transmissão *s f* (<lat *transmíssio,ónis*) **1** A(c)to ou efeito de transmitir. **2** Passagem para os descendentes de bens materiais/valores morais/cara(c)terísticas/doenças/... **Ex.** A ~ dos bens materiais para os descendentes normalmente só ocorre [é feita] depois da morte dos ascendentes/progenitores. **3** A(c)ção de dar a saber/Comunicação. **Comb.** ~ de uma ordem [notícia]. **4** Propagação através de um meio físico. **Comb.** ~ *da luz* (em meios transparentes/translúcidos). ~ *do som* «no ar/na água». **5** Comunicação de um movimento. **Comb.** ~ *do movimento do motor às rodas* de um automóvel. Órgãos de «correia/veio» ~. **6** Comunicação [Emissão] radiofó[ô]nica/televisiva. **Comb.** ~ de noticiários [acontecimentos (d)esportivos]. **7** *Dir* Passagem da titularidade de bens, direitos ou deveres de uma pessoa para outra. **Comb.** ~ por compra e venda [por doação/por herança].

transmissário, a *s* (<transmissão+-ário) Aquele que recebe de outrem determinados bens ou direitos/Adquirente.

transmissibilidade *s f* (<transmissível+-i-+-dade) Qualidade do que é transmissível.

transmissível *adj 2g* (<lat *transmissíbilis,e*) Susce(p)tível de ser transmitido. **Ant.** In~.

transmissivo, a *adj* (<lat *transmissívus, a,um*) **1** Que transmite. **Comb.** Meio ~. **2** Pelo qual [Por que (se)] transmite. **Comb.** Operação «compra/venda» ~a.

transmissor, ora *adj/s* (<lat *transmíssor, óris*) **1** Que transmite. **Comb.** Aparelho [Agente] ~. **2** *s* O que transmite. **Ex.** A mosca tsé-tsé é o ~ do parasita (Tripanossoma) que causa a doença do sono. **3** Em radiotelegrafia, conjunto de instrumentos que enviam os sinais de comunicação. **4** *Mec* Dispositivo usado na transmissão de movimento.

transmitente *adj/s 2g* (<transmitir+-ente) **1** Que transmite. **2** *Dir* Aquele que transmite a outrem (Ao adquirente) bens ou direitos.

transmitir *v t* (<lat *transmítto,ere,mísi,míssum*) **1** Fazer passar/Transportar/Propagar. **Ex.** Muitas doenças transmitem-se por contágio. **2** Dar a conhecer/Participar/Comunicar. **Loc.** ~ um aviso [uma ordem]. **3** Emitir por meios radiotelegráficos. **Loc.** Uma estação «de rádio/TV» ~ programas «informativos/(d)esportivos/culturais». **4** Transferir a titularidade de bens ou direitos. **Ex.** Transmitiu «por testamento» todos os seus bens a uma instituição de benemerência. **5** Fazer passar para os descendentes cara(c)terísticas físicas/qualidades/tendências. **Ex.** A cor dos olhos foi-lhe transmitida pelo pai. A mãe transmitiu-lhe a garra [determinação/energia/genica] que ela mostrava em tudo aquilo a que se dedicava. **6** (Fazer) desencadear/Propagar. **Ex.** O fogo transmitiu-se [propagou-se(+)] rapidamente às casas próximas da floresta. Teve um ataque de riso que se transmitiu [se pegou(+)] a toda a turma. **7** Fazer sentir/Infundir. **Ex.** O capelão transmitia paz e confiança aos doentes que visitava.

transmontano, a *adj/s* (<lat *transmontanus,a,um*: situado [que vive] para lá dos montes) (Em Pt) (O) que é de Trás-os-

-Montes (e Alto Douro). **Comb.** Povo ~ [Os ~s]. ⇒ beirão; Minho.

transmudação/mudar/mudável ⇒ transmutação/...

transmutabilidade *s f* (<transmutável+-i--+-dade) Qualidade do que é transmutável.

transmutação *s f* (<lat *transmutátio,ónis*) **1** A(c)to ou efeito de transmutar. **2** *Fís* Transformação de um nuclídeo radioa(c)tivo [radiativo] noutro, por emissão de partículas α ou β. **Ex.** A primeira ~ artificial foi descoberta por Rutherford ao estudar a difusão de partículas α. **3** *Biol* Formação de uma nova espécie por mutações sucessivas.

transmutar *v t* (<lat *transmúto,áre,átum*) **1** Fazer passar a posse [o domínio] para outra pessoa. **2** (Fazer) mudar de condição/Tornar [Ficar] diferente/Transformar. **Ex.** As dificuldades da vida transmutaram[mudaram(+)/modificaram(o+)]-no: tornou-se humilde/bondoso/compreensivo. **3** Mudar de lugar/Transferir.

transmutável *adj 2g* (<transmutar+-vel) Que pode ser transmutado, transformado em algo diferente.

transnacional *adj 2g* (<trans-+...) Que vai para além das fronteiras nacionais/Que engloba mais que um país. **Comb.** *Problemas ~ais. Programas ~ais* «da UE». **Sin.** Multinacional(+).

transparecer *v int* (<trans-+...) **1** Aparecer através de. **Ex.** O sol já transparece [já se vê(+)] através das nuvens. **2** Revelar-se/ Manifestar-se. **Ex.** Transparecia[Lia-se]--lhe no rosto [olhar] a tristeza que lhe ia na alma.

transparência *s f* (<transparecer+-ência) **1** Qualidade do que é transparente. **Comb.** A ~ do vidro [cristal]. **2** Fenó[ô]meno pelo qual os raios luminosos atravessam [podem ser vistos através de] certas substâncias. **Loc.** Ver à ~ da janela «o que se passa na rua». **3** *fig* Qualidade do que transmite a verdade sem a adulterar/Limpidez. **Ex.** Os políticos têm obrigação de agir com ~. **4** Cara(c)terística do que não é fraudulento/dissimulado. **Comb.** Negócio feito com ~. **5** Folha de plástico transparente com textos ou gravuras para ser usada num proje(c)tor. **Ex.** Serviu-se de ~s para dar a aula [para tornar a exposição mais clara].

transparente *adj 2g* (<lat *trans+(ap)-páreo,ére*: (a)parecer, ser visível) **1** Que deixa passar a luz/Através do qual se pode ver. **Comb.** Material «vidro/tecido» ~. **2** *fig* Que se percebe facilmente/Evidente/ Claro. **Comb.** Linguagem ~. **3** *fig* Que não engana/dissimula/Límpido. **Comb.** Pessoa [Alma] ~.

transpassar/*Br* **transpasse** ⇒ trespassar/trespasse.

transpiração *s f* (<transpirar+-ção) **1** A(c)to ou efeito de transpirar. **2** Excreção de suor. **Ex.** Tinha a camisa molhada [*col* encharcada(+)] da ~. **3** Suor. **Ex.** A ~ [O suor(+)] banhava-lhe a cara. **4** *Bot* Eliminação da água pelas plantas para o exterior, sob a forma de vapor.

transpirar *v t/int* (<lat *transpiráre <trans--+aspiráre*) **1** Exalar suor pelos poros/Suar. **Ex.** No fim do recreio, as crianças transpiravam (por todos os poros). **2** *fig* Começar a ser conhecido/Divulgar-se. **Ex.** O que foi discutido na reunião devia permanecer em segredo mas transpirou (cá) para fora «e foi notícia dos jornais». **3** *fig* Manifestar/ Revelar. **Ex.** Ele, aonde quer que chegue, transpira/transmite alegria/boa disposição.

transpiratório, a *adj/s m* (<transpirar+--tório) **1** Relativo à transpiração. **2** (O) que provoca a transpiração/Sudorífero.

transpirável *adj 2g* (<transpirar+-vel) **1** Que pode ser eliminado pela transpiração. **2** Que permite a transpiração.

transplantação *s f* (<transplantar+-ção) A(c)to ou efeito de transplantar/Transplante(+).

transplantador, ora *adj/s* (<transplantar+--dor) **1** (O) que transplanta. **2** Instrumento agrícola para transplantar plantas «arroz».

transplantar *v t* (<trans-+...) **1** Arrancar uma planta de um sítio para a plantar noutro. **Loc.** ~ *couves* [flores «zínias/cérceas»]. ~ *árvores* (de viveiro para o lugar definitivo). **2** Fazer passar de uma região para outra/Transferir. **Ex.** Os portugueses transplantaram para o Brasil (e muitas outras partes do mundo) muitos usos e costumes. **3** *Med* Retirar um órgão «rim/ pulmão» de um dador e implantá-lo noutro organismo/Fazer um transplante(+).

transplantável *adj 2g* (<transplantar+-vel) Que se pode transplantar. **Comb.** Árvore ~. Órgão [Tecido/Osso] ~.

transplante *s m* (<transplantar) **1** *Med* Operação cirúrgica que consiste em retirar um órgão/tecido de um dador e implantá--lo num doente em substituição do que se encontrava em condições deficientes. **2** A(c)ção de arrancar plantas de um sítio para as plantar noutro.

transponível *adj 2g* (<transpor+-vel) Que se pode transpor. **Ant.** In~.

transpor *v t* (<lat *transpóno,ere,sui,situm*) **1** Passar além [por cima] de. **Loc.** ~ a fronteira [um muro/uma vedação]. **2** Saltar/ Galgar. **Loc.** ~ um obstáculo «o plinto». **3** Ultrapassar/Exceder. **Loc.** ~ *a meta*. ~ [Passar à frente de(+)] *todos os colegas* da turma. **4** Mudar de posição/Alterar a ordem/Deslocar. **Loc.** ~ «para o fim da página» uma citação. **5** *fig* Vencer dificuldades/Superar. **Ex.** Para conseguir tirar o curso tive que ~ muitos obstáculos [vencer muitas dificuldades]. **6** *fig* Passar de um contexto para outro/Transferir. **Ex.** Não se pode ~ dire(c)tamente para euros o custo dos combustíveis de há 15 anos, em escudos. **7** *Mús* Mudar de tom. **Loc.** ~ um cântico/uma canção «para um tom mais baixo».

transportação *s f* (<transportar+-ção) ⇒ Transporte(+).

transportador, ora *adj/s* (<transportar+--dor) **1** (O) que transporta. **2** *s m* Empresa de transportes. **Loc.** Conta(c)tar um/a ~ para fazer um frete [fazer o transporte duma mercadoria]. **3** (Diz-se de) tapete [correia/banda] rolante que desloca materiais «carvão/minério» de forma contínua «para carregar vagões/barcos».

transportar *v t* (<lat *transpórto,áre,átum*) **1** Levar de um lugar para outro. **Loc.** ~ mercadorias [passageiros]. **2** Ter dentro de si/Carregar consigo. **Ex.** Apesar de estar longe, transportava consigo [, sentia(+)] as dificuldades que atormentavam a família. **Loc.** ~ [Trazer(+)] para casa os problemas do emprego. **3** (Fazer) passar para outro contexto/(Fazer) sentir uma realidade distinta da presente. **Ex.** A música de Bach transporta-nos para um ambiente espiritual. **4** Em contabilidade, fazer a passagem [o transporte] de uma soma de uma folha para outra. **Loc.** ~ a soma [o saldo]. **5** *Mús* Mudar de tom/Transpor(+).

transportável *adj 2g* (<transportar+-vel) Que se pode transportar. **Comb.** Mala «pequena» ~ [permitida(+)] na cabine do avião.

transporte *s m* (<transportar) **1** A(c)to ou efeito de transportar. **2** Meio de deslocação utilizado para levar algo «passageiros/ mercadorias» de um lugar para outro. **Ex.** Automóveis, comboios e aviões são os principais meios de ~ de passageiros. Não fui ao jantar «de confraternização» por falta de [por não ter] ~. **3** Em contabilidade, valor ou soma que transitou da página anterior. **4** *Mús* Operação de mudança de tom de um trecho musical/Transposição **5**. **5** *fig* Estado de grande emoção/Arrebatamento/Êxtase. **6** *pl* Conjunto dos meios utilizados (e respe(c)tiva organização) para a deslocação de pessoas e mercadorias. **Comb.** *Departamento* [Se(c)ção] *de ~s. Ministério dos ~s.*

transposição *s f* (<trans-+...) **1** A(c)to ou efeito de transpor. **2** Troca de posição de obje(c)tos entre si/Alteração da ordem. **Loc.** Fazer a ~ [Trocar(+)] de lugares numa fila. **3** Passagem por cima de/Ultrapassagem/Salto. **Comb.** ~ dum obstáculo «duma vedação de arame farpado». **4** Transferência para outro contexto ou tipo de linguagem/Adaptação. **Comb.** ~ dum romance para o cinema. **5** *Mús* Mudança de tom.

transpositor, ora *adj/s m* (<lat *transpósitor,óris*) **1** (O) que faz a transposição. **2** *s m Mús* Dispositivo próprio de alguns instrumentos musicais para mudar de tom [executar a partitura num tom diferente daquele em que foi escrita].

transposto, a (Ôsto, Ósta, Óstos) *adj* (<lat *transpósitus,a,um*; ⇒ transpor) **1** Que mudou de lugar/foi transferido/ transportado. **Comb.** Mesa ~a [mudada(+)/transferida(o+)] «dum gabinete para a sala de reuniões». **2** Ultrapassado/Galgado. **Comb.** Obstáculo [Muro/Vedação] ~o/a. **3** *fig* Vencido/Superado. **Comb.** Dificuldades ~as. **4** Adaptado. **Comb.** Novela ~ para o teatro/o cinema. **5** Mudado de tom. **Comb.** Música [Partitura] ~a.

transtornado, a *adj* (<transtornar) **1** Alterado/Perturbado. **Ex.** O desgosto deixou--o ~. **2** *fig* Desorganizado/Desarranjado. **Comb.** Viagem ~a «por acontecimentos inesperados». **3** *fam* Demente/Louco. **Ex.** Ele ultimamente tem andado muito ~, não sabe o que diz [*idi* não diz coisa com coisa].

transtornar *v t* (<trans-+...) **1** Causar transtorno a/Pôr em desordem/Provocar perturbação. **Ex.** Um só aluno indisciplinado transtorna [perturba] a turma inteira. O barulho da televisão não transtorna [atrapalha] o meu trabalho [não me incomoda]. O adiamento «do emprego» transtornou-me a vida. **2** Causar perturbação emocional/ psíquica. **Ex.** A repreensão, em público, (injusta) do chefe, transtornou-o completamente. A negativa a matemática transtornou-o «foi a primeira...».

transtorno (Tôr) *s m* (<transtornar) **1** A(c)to ou efeito de transtornar. **2** Prejuízo/Incó[ô]modo/Contrariedade. **Ex.** O adiamento da reunião causa-me ~ porque tenho outros compromissos. A tua [sua] presença não só não me causa ~ como é motivo de grande satisfação [contentamento]. **3** Perturbação de saúde/Desarranjo. **Comb.** ~ intestinal.

transubstanciação *s f* (<transubstanciar+--ção) **1** Mudança de uma substância noutra. **2** *Rel* Transformação do pão e do vinho no corpo e sangue de Jesus Cristo operada com as palavras da consagração na celebração da Eucaristia.

transubstanciar *v t* (<trans-+substância+--ar¹) **1** Fazer mudar de substância. **2** *Rel Catol* Operar a transubstanciação.

transudação *s f* (<transudar+-ção) A(c)to ou efeito de transudar/Transpiração.

transudado *s m Med* (<transudar) Líquido que passando através duma membrana serosa «pleura/peritoneu» se acumula formando uma cavidade. **Ex.** O ~ é diferente do exsudado inflamatório.

transudar *v int* (<trans-+ lat *sudáre*: suar) **1** Um líquido passar através das paredes [membranas/poros] que o contêm/Exsudar/Ressumar. **Loc.** *Humidade ~ [ressumar]* das paredes. *Suor ~ [exsudar/transpirar*(+)*]* da testa. **2** *fig* Transparecer/Notar-se. **Ex.** A emoção transudava no seu rosto.

transumância (Zu) *s f* (<trans-+ lat *húmus*: terra +-ância) Movimento dos rebanhos, alternada e sazonalmente, dos vales para a montanha no verão, e, em sentido oposto, no início do inverno, em busca de pastagens.

transumante (Zu) *adj 2g* (<transumar+--ante) Diz-se do gado [rebanho] que transuma.

transumar *v t/int* (⇒ transumância) **1** Fazer a transumância de. **Loc.** ~ um rebanho «de ovelhas». **2** Emigrar.

transuraniano, a (Zu) *adj Quím* Diz-se dos elementos de número ató[ô]mico superior a 92 (O do urânio) «plutó[ô]nio/amerício/cúrio/nobélio/actínio». **Ex.** Os elementos ~s não existem livres na natureza, são originados por rea(c)ções nucleares.

transvasamento [transvase] *s m* (<transvasar) A(c)to ou efeito de transvasar.

transvasar *v t* (<trans-+vaso+-ar¹) Passar líquido de um vaso para outro. **Loc.** *~ água* de um rio *para outro*. *~ vinho* de um tonel *para pipas* [vasilhas mais pequenas].

transvazar *v t* (<trans-+vazar) **1** Derramar líquido, por excesso/Verter/Transbordar¹. **2** Esvaziar.

transverberação *s f* (<trans-+verberar+--ção) **1** A(c)to ou efeito de transverberar. **2** Passagem através de.

transverberar *v t* (<lat *transvérbero,áre, átum*) **1** Deixar a luz passar através de/Coar. **Ex.** Os cortinados de tule transverberam a luz dos candeeiros da rua. **2** *fig* Revelar/Mostrar. **Ex.** O rosto transverberava felicidade.

transversal *adj 2g* (<transverso+-al) **1** Que atravessa ou cruza algo. **Comb.** Rua ~ à rua principal. **2** Colocado obliquamente/Disposto de través. **Ex.** Num trapézio isósceles, os dois lados ~ais são iguais. **3** Perpendicular ao sentido longitudinal/ao comprimento. **Comb.** Se(c)ção [Corte] ~ dum tronco de árvore.

transversalidade *s f* (<transversal+-i-+--dade) **1** Qualidade do que é transversal. **2** Dire(c)ção oblíqua.

transverso, a *adj* (<lat *transvérsus,a,um*) Que ocupa posição atravessada (Oblíqua ou perpendicular)/Transversal. **Comb.** *Caminho ~. Anat Cólon ~. Ligamento ~. Plano ~.*

transverter *v t* (<lat *transvérto,ere,vérti, vérsum*) **1** ⇒ Causar [Sofrer] perturbação/Transtornar(-se). **2** ⇒ Transformar/Modificar/Mudar. **3** Verter de uma língua para outra/Traduzir(+).

transvestir/tismo ⇒ travestir/tismo.

transviado, a *adj* (<transviar) **1** Que se desviou do caminho certo/Extraviado/Perdido(+). **Comb.** *Animal ~o. Carta ~a.* **2** *fig* Que se afastou do bom caminho [da re(c)tidão moral/do dever]. **Ex.** Muitos dos sem-abrigo foram [começaram por ser] jovens ~s que progressivamente se degradaram.

transviar *v t* (<trans-+via+-ar¹) **1** Afastar(-se) do caminho certo/Desencaminhar(-se)/Extraviar(-se). **Ex.** A carta transviou [extraviou(+)/perdeu]-se, nunca chegou ao destino. Numa cidade desconhecida qualquer pessoa se pode ~ [perder(o+)/desorientar(+)]. **2** *fig* Desviar(-se) do caminho [comportamento/da conduta] corre(c)to/a/Corromper(-se). **Ex.** Transviou-se com as más companhias.

transvio *s m* (<transviar) Desvio do caminho corre(c)to/Extravio.

trapa¹ *s f* (<fr *trappe*) **1** Cova ou armadilha própria para apanhar feras. **2** *Náut* Cabo usado para elevar grandes pesos para dentro das embarcações.

Trapa² *s f* (<top (Notre Dame de la) Trappe, abadia francesa situada em Orne, Normandia) Ordem monástica dos Cistercienses Reformados também designados Trapistas(+).

trapaça *s f* (<trapa¹+-aça) Burla/Embuste. **Ex.** Foi enganado por promessas de um bom emprego, que não passavam de ~s. **Loc.** *Viver de ~s.*

trapacear *v t/int* (<trapaça+-ear) **1** Usar de [Enganar com/Cometer] trapaças/Burlar. **2** Falsear/Fazer batota. **Ex.** Ele teve má nota a matemática porque trapaceou [copiou(+)] no teste. **Loc.** *~ a declaração de rendimentos* «para fugir aos impostos».

trapaceiro, a *adj/s* (<trapaça+-eiro) (O) que usa de [comete/pratica] trapaças/Embusteiro/Burlão/Batoteiro. **Ex.** «a uma senhora idosa que vivia sozinha» Bateu-lhe à porta um ~ que se dizia inspe(c)tor da Segurança Social. **Comb.** *Negócio ~.*

trapacice *s f* (<trapaça+-ice) ⇒ trapaça.

trapada [trapagem] *s f* (<trapo+-...) **1** Grande quantidade [Montão] de trapos/Farrapada(+). **2** *fam* Peças de vestuário muito usadas ou fora de moda. **Ex.** Tenho muita ~ que já não está em condições de vestir [usar].

trapalhada¹ *s f* (<trapa¹+-alho+-ada) **1** Mistura desordenada e heterogé[ê]nea de coisas/Barafunda. **Ex.** Não sei como consegues entender-te [trabalhar/orientar-te] na ~ deste gabinete [neste gabinete cheio de ~]. **2** Coisa que não se entende/Situação confusa/Baralhada. **Ex.** Depois do acidente (de trânsito), gerou-se tal ~ que ninguém se entendia «gritava cada um para seu lado». **3** Embuste/Logro. **Ex.** Meteu-se em ~s e a polícia prendeu-o [e foi parar à cadeia].

trapalhada² *s f* (<trapo+alho+-ada) ⇒ trapada.

trapalhão¹ ona *adj/s* (<trapa+alho+-ão) **1** (O) que é desorganizado/que confunde [atrapalha] tudo/Imperfeito. **Comb.** *~ a falar* [escrever/trabalhar]. **2** ⇒ Trapaceiro/Embusteiro.

trapalhão² ona *adj/s* (<trapo+-alho+-ão) **1** (O) que anda mal arranjado/se veste mal [sem gosto/esmero]. **Comb.** *Baile ~ de Carnaval*, em que as pessoas se disfarçam [mascaram] atabalhoadamente. **2** ⇒ (O) que anda coberto de trapos/Andrajoso/Maltrapilho(+).

trapalhice¹ *s f* (<trapa+alho+-ice) ⇒ trapalhada¹.

trapalhice² *s f* (<trapo+alho+-ice) ⇒ trapalhada².

traparia *s f* ⇒ trapada; trapagem.

trape *interj* (<on) Imitativo de som produzido por pancada. ⇒ trás².

trapeira *s f* (<trapa¹+-eira) **1** Armadilha para caça. **2** Janela [Postigo] aberta/o no telhado. **3** Águas-furtadas.

trapeiro, a *s* (<trapo+-eiro) O que apanha [junta] trapos para vender/«cigano/a» Negociante de trapos.

trapézio *s m* (<gr *trapezion,ou*: mesinha, ~) **1** *Geom* Quadrilátero com um mas não dois pares de lados paralelos. **Ex.** No ~ isósceles, são iguais os dois lados não paralelos. **2** (D)esp Aparelho oscilante de ginástica, formado por uma barra horizontal suspensa por duas cordas verticais. **Loc.** *Fazer exercícios* [Trabalhar] *no ~.* **3** *Anat* Osso mais externo da segunda fiada do carpo. **4** *Anat* Músculo da região posterior e superior do tronco que se insere nas vértebras dorsais.

trapezista *s 2g (D)esp* (<trapézio+-ista) Ginasta que trabalha em trapézio.

trapezoidal *adj 2g* (<trapezoide+-al) ⇒ trapezoide **1**.

trapezoide (Zói) *adj 2g/s m* (<trapézio+--oide) **1** Que tem a forma de trapézio. **2** *Anat* Designação do ligamento da articulação coracoclavicular [que liga a clavícula, a omoplata e o úmero]. **3** O segundo osso da segunda fiada do carpo.

trapista *adj/s 2g* (<Trapa²+-ista) **1** Relativo à Ordem [aos monges] da Trapa. **Comb.** *Convento* [Regra] *~. Monge ~.* **2** Religioso dessa Ordem.

trapo *s m* (<lat *dráppus, i*) **1** Qualquer bocado de pano velho/Farrapo. **Ex.** A toalha está velha e rota; vai [só serve] para ~s. **Loc.** *Limpar* «os sapatos/a água do chão» *com um ~.* **Idi.** *Dizer ~s e farrapos* [Dizer muito mal/Difamar] (Ex. Ela *idi* põe a sogra de rastos; diz dela ~s e farrapos). *Juntar os trap(inh)os* [Casar-se/Passar a viver maritalmente com] (Ex. Já nos conhecemos há [faz] muito tempo; está na altura [; são horas/é tempo] de juntarmos os ~s). *Pegar com um ~ quente* [Tentar remediar o que não tem remédio]. **Comb.** *idi Língua de ~s* [(O) que, por ignorância, fala mal uma língua «palavras mal pronunciadas/erros gramaticais, ...»]. **2** *fig* Peça de vestuário velha [muito usada]. **Ex.** Tenho que [de] comprar um casaco novo; este está (n)um ~. **3** Sedimento que se deposita no fundo das vasilhas de vinho, vinagre e outras/Borra(s)(+). **4** *fig* Pessoa precocemente envelhecida/gasta. **Ex.** O muito trabalho e os desgostos puseram [deixaram]-no/a num ~.

trapola (Pó) *s 2g* (<trapa¹+-ola) Trapaceiro/Aldrabão. **Ex.** Faltou à palavra [Não cumpriu o que tinha prometido], é um ~.

trápola *s f* (<it *trapolla*) Armadilha(+) para apanhar caça/Trapa¹ **1**/Trapeira **1**.

traque *s m* (<on) **1** Ruído de qualquer coisa a partir [bater]. ⇒ trape. **Ex.** Ouvia-se o ~, ~ dos tamancos a bater na calçada. **Comb.** *Br ~ de chumbo* [Artefa(c)to pirotécnico que produz um estalo ao ser arremessado contra uma superfície]. **2** Ventosidade(+) expelida pelo ânus/*cal* Peido.

traqueal *adj 2g* (<traqueia+-al) **1** Relativo a traqueia/Traqueano. **Comb.** *Anel ~. Mucosa ~. Músculo ~.* **2** Diz-se da respiração dos artrópodes «lagosta» que possuem traqueias.

traqueano, a *adj* (<traqueia+-ano) **1** *Zool* Que possui [Formado por] traqueias/Traqueal. **Comb.** *Vaso ~.* **2** *Bot* Diz-se do tecido vegetal constituído por traqueias. **Comb.** *Fascículo* [Feixe] *~* [Conjunto de vasos ~s].

traqueia *s f* (<gr *trakheia,as*) **1** *Anat* Parte do aparelho respiratório que consiste num canal cartilagíneo entre a laringe e

os brônquios. **2** *Bot* Tubo constituído por células vegetais mortas lenhificadas que tem a função de resistência e condução da seiva bruta. **Ex.** As ~s agrupam-se em fascículos [feixes] traqueanos. ⇒ *Bot* Vaso lenhoso. **3** *Zool* Canal respiratório dos artrópodes.

traqueíte *s f Med* (<traqueia+-ite) Inflamação da traqueia.

traquejar *v t* (<traque+-ejar) **1** Correr atrás de/Perseguir. **2** Treinar/Exercitar/Lidar. **Ex.** É um senhor «advogado/político/contabilista» muito traquejado/experiente/rodado/batido. **3** *pop* Dar traques/*cal* Peidar.

traquejo *s m pop* (<traquejar) Grande experiência em qualquer a(c)tividade/Perícia. **Comb.** Gestor com ~ na chefia de empresas de nomeada [de grandes empresas].

traqueo(s)tomia *s f Med* (<traqueia+-tomia) Operação cirúrgica que consiste na abertura da traqueia e introdução de uma cânula para passagem do ar.

traquete (Quê) *s m Náut* (<fr *triquet*) Vela maior do mastro da proa. **Loc.** Amainar o ~.

traquina(s) *adj/s 2g* (< ?) Criança buliçosa/irrequieta/que faz muitas travessuras. **Ex.** Ah, meu ~, não paras [nunca estás] quieto; se não te emendas tenho que te castigar!

traquinar *v int* (<traquina+-ar[1]) **1** Fazer traquinices. **2** Andar inquieto ou nervoso, para cá e para lá [, de um lado para o outro].

traquinice[nada/nagem] *s f* (<traquina+-ice) Diabrura/Travessura. **Comb.** ~s de criança.

traquinídeo, a *adj s m pl Icti* (<lat científico *Trachinus*+-ídeo) (Diz-se de) família de peixes teleósteos «dragões-marinhos/peixes-aranhas» do gé[ê]nero *Trachinus*, de corpo alongado e com espinhas venenosas na barbatana dorsal, cuja picada é muito dolorosa.

traquitana *s f* (< ?) **1** Espécie de carruagem antiga, de quatro rodas, para duas pessoas. **2** *pop* Carro velho/em mau estado/Calhambeque(+)/Carripana/Caranguejola.

traquito *s m Miner* (<gr *trakhus,eia,u*: áspero, rude) Rocha vulcânica constituída essencialmente por feldspato alcalino, semelhante ao sienito das lavas. **Ex.** Nos Açores, Pt, encontram-se importantes formações de ~s.

tras- ⇒ trans-.

trás[1] *prep* (<lat *trans*; ⇒ detrás) Atrás de/Após. **Loc. Cair para ~** [de costas]. **Vir de ~ a)** Aproximar-se vindo da parte posterior; **b)** *idi* Já ser antigo (Ex. É um costume [vício/uma prática] que já vem de ~). **Comb.** «esconder-se» ~ [Atrás] *da cortina.* «esperar» ~ [Atrás] *da porta.* **De ~ de** [Na parte posterior de]. «o negócio vai mal [não anda]» *Nem para ~ nem para diante* «é pena...». *Para ~* [Para a retaguarda/o lado posterior]. *Por ~ de* [Na parte posterior].

trás[2] *interj* (<on) Ruído produzido por alguma coisa que bate ou cai. **Ex.** Deu-lhe duas palmadas, ~, ~. Ouviu-se ~, o prato a cair no chão. ⇒ trape.

trás-anteontem [trasantontem] *adv* No dia anterior ao de anteontem/Há [Faz] três dias(+). ⇒ anteontem [antes de ontem/*pop* trasdonte(m)].

trasbordamento *s m* (<trasbord+-mento) A(c)to ou efeito de trasbordar/Trasbordo/Extravasamento/Inundação.

trasbordante *adj 2g* (<trasbordar+-ante) Que trasborda/Extravasante/Transbordante(+).

trasbordar[1] *v int* (<tras-+borda+-ar[1]) Sair das bordas/Transbordar(+). **Loc.** Encher «um prato de sopa» até ~.

trasbordar[2] *v t* (<trans-+bordo+-ar[1]) Passar de um barco/comboio/cami(nh)ão para outro/Fazer o transbordo[2]. **Loc.** ~ mercadorias de um navio para barcaças.

trasbordo[1] *s m* (<trasbordar[1]) ⇒ transbord(ament)o[1].

trasbordo[2] *s m* (<trasbordar[2]) Passagem de mercadorias/passageiros de um meio de transporte para outro/Transbordo[2]. **Comb.** Viagem [Transporte] dire(c)ta/o, sem ~.

traseira *s f* (<trás+-eira) **1** Parte de trás/Retaguarda. **Comb.** Carro com uma mossa na ~. **2** *pl* Parte de trás [oposta à fachada principal] de um edifício. **Ex.** As ~s (deste prédio) nunca apanham [lhes bate o] sol. **Ant.** Frente. **3** *pl* Local situado na parte de trás de um edifício. **Ex.** Nas ~s da casa há uma mata «de pinheiros».

traseiro, a *adj/s m* (<trás+-eiro) **1** Que está [se situa] na parte de trás. **Comb.** *Banco ~* dum carro. *Quarto ~* duma casa. **Ant.** Dianteiro; da frente. **2** Que se inclina para trás mais do que o normal. **Comb.** Carga «de um cami(nh)ão» muito ~a. **3** *s m* Rabo/Nádegas. **Idi.** *Bater com os calcanhares no ~* [Fugir, a correr, a toda a pressa].

trasfegar *v t* (<trás[1]+ lat *faecáre* < *faex,fécis*: fezes) Passar um líquido que tem depósito [borra/sedimento] de uma vasilha para outra/Tirar «o vinho» da borra. **Loc.** ~ o vinho de uma pipa para pipos mais pequenos.

trasfogueiro *s m* (<tra(n)s-+fogo+-eiro) **1** Toro de lenha grosso ou peça de ferro ou pedra a que se encostam as achas na lareira. **2** Peça mais elaborada de ferro com uma barra horizontal e duas verticais que, além de desempenhar a função **1**, permite também dependurar nele outras coisas.

trasfego[a] (Fêgo/Féga) *s* (<trasfegar) **1** A(c)to ou efeito de trasfegar/Separação do líquido contido numa vasilha, das impurezas depositadas do fundo (passando-o para outra). **2** Lida/Azáfama.

trasfoliar *v t* (<tras-+folha+-ar) Copiar em papel transparente, colocando-o sobre o [por cima do] que se quer reproduzir «desenho/figura».

trasladação *s f* (<trasladar+-ção) **1** A(c)to ou efeito de trasladar. **2** Mudança/Transferência. **Comb.** ~ dum edifício «capela», desmontado pedra a pedra, para ser construído de forma idêntica noutro lugar. **3** Mudança duma data/Adiamento. **Comb.** ~ duma festa de aniversário «para o sábado seguinte». **4** Passagem de um cadáver de uma sepultura para outra. **Comb.** ~ para jazigo de família. **5** ⇒ Tradução(+).

trasladar *v t* (<traslado+-ar[1]) **1** Mudar de um lado para outro. **Ex.** No verão, a família traslada[muda(+)]-se para a quinta. **2** Verter para outra língua/Traduzir. **3** Passar para mais tarde/Adiar. **Loc.** ~ a reunião para data posterior «a combinar». **4** Fazer a trasladação de um cadáver.

trasladável *adj 2g* (<trasladar+-vel) Que se pode trasladar.

traslado *s m* (<lat *translátus,us*) **1** A(c)to ou efeito de trasladar/Trasladação. **2** Cópia exa(c)ta/Transcrição. **Comb.** ~ duma a(c)ta. **3** Tradução/Versão. **Comb.** ~ do original «inglês».

trasmontano ⇒ transmontano.

trasorelho *s m Med pop* (<trás+orelha) Doença contagiosa provocada por um vírus que ataca as glândulas salivares e, nos homens, os testículos, manifestando-se por dores, inchaço e febre/Papeira.

traspassação *s f* ⇒ A(c)to ou efeito de traspassar/Traspasso(+)/Trespasse(o+).

traspassar/traspasse ⇒ trespassar/trespasse.

traspasso/e *s m* (<traspassar) **1** ⇒ Trespasse. **2** Dilação/Demora/Delonga. **3** *fig* Dor cruciante/Aflição.

traspor *v t* ⇒ transpor.

trastada [trastalhada] *s f* (<traste+-...) **1** Montão de trastes/Tarecada. **Ex.** Essa ~ vai toda para o lixo, não se aproveita nada. **2** *fig* Súcia(+) de velhacos/Velhacaria. **Ex.** A ~ que dirige o [tomou conta do] clube é a pior gente (cá) da terra.

trastaria *s f* (<traste+-aria) ⇒ Trasta(lha)da.

trastalhão, ona *s* (<traste 3+-alho+-ão) **1** Grande traste/Velhaco. **2** Indivíduo imprestável, que só atrapalha.

traste *s m* (<lat *trá(n)strum, i*: banco dos remadores, viga (transversal) de madeira) **1** Peça de mobiliário/Móvel. **Ex.** A casa para onde mudei é pequena; não cabem [nem me cabem] (lá) os ~s. **2** *pl* Mobília velha. **Comb.** Arrecadação repleta de ~s (velhos). **3** *fig* Pessoa de má índole/Malandro/Tratante. **Ex.** Não quero nada [nenhum negócio/contrato] com esse ~! **4** *Mús* ⇒ Trasto.

trasto *s m Mús* (<lat *trá(n)strum, i*; ⇒ traste) Cada um dos filetes metálicos que, no braço dos instrumentos de corda, orienta a posição dos dedos.

trasvazar *v t* ⇒ transvazar.

trasvisto, a *adj* (<tras-+...) Visto através de [Visto de través/de esguelha]. **2** *fig* Odioso/Malvisto(+).

tratadeira *s f* (<tratar+-deira) Mulher que trata «dum animal/jardim». ⇒ tratador.

tratadista *s 2g* (<tratado 5+-ista) Pessoa que escreve tratados sobre assunto em que é versado.

tratado, a *adj/s m* (<lat *tratáctus, us*; ⇒ tratar) **1** Falado/Discutido/Exposto. **Comb.** «assunto» ~ na reunião [conferência]. **2** Examinado/Estudado. **Comb.** Matéria ~a nas aulas. **3** Cuidado/Cultivado. **Comb.** *Jardim* [Horta] *~o/a com esmero. Cabelo* [Pele/Unhas] bem *~o/a(s).* **4** Amparado/Assistido/Auxiliado/Cuidado. **Comb.** Doente bem ~. **5** *s m* Obra de cará(c)ter científico [literário/artístico] que aborda um assunto de forma sistemática e aprofundada. **Comb.** ~ *de biologia* «marítima». *~ de metafísica.* **6** *Dir* Acordo entre Estados/Convenção. **Comb.** ~ *de Tordesilhas*, assinado em 1494, entre Portugal e Espanha. ~ *do Atlântico Norte* [NATO/OTAN]. ~ *de Roma* (Da UE). **7** Contrato celebrado entre duas partes/Acordo.

tratador, deira [dora] *adj/s* (⇒ tratar) (O) que trata de alguém/algo. **Comb.** ~ *de pessoa idosa.* ~ *de animais* «cães/porcos». ~ *de jardins* [hortas/pomares].

tratamento *s m* (<tratar+-mento) **1** A(c)to ou efeito de tratar. **2** Modo de proceder com alguém/Trato. **Comb.** *afável/*amistoso. *~ frio/*distante. **3** Forma de se dirigir a alguém/Modo de cumprimentar. **Comb.** ~ *por tu* [senhor/você/vossa excelência]. ~ *respeitoso* [injurioso]. **4** Maneira de cuidar de um doente. **Ex.** Naquele hospital [lar de idosos] o ~ é excelente «todo o pessoal é muito atencioso e amável». **5** Conjunto de meios usados para curar uma doença ou para atenuar o sofrimento. **Loc.** *Fazer o ~ de feridas*/ferimentos. *Ir ao ~ de* fisioterapia. **6** Processo de cura/Terapêutica. **Ex.** O doente teve alta hospitalar mas ainda continua em ~. **7** Conjunto de processos destinados a melhorar/modificar/conservar uma substância ou produto. **Comb.** ~ *anticorrosivo* «do ferro». ~ *de águas residuais* «contra a poluição». ~

da fruta na árvore «contra o apodrecimento». ~ *da madeira* «contra o caruncho».
tratantada s f (<tratante+-ada) **1** Conjunto de tratantes/velhacos/burlões. **2** Patifaria/Velhacaria.
tratante adj/s 2g (<lat *tráctans, ántis*) (O) que age de má fé/Velhaco/Patife. **Ex.** Parecia uma pessoa séria [honesta] mas afinal portou-se como [idi saíu-me] um grande ~.
tratar v t (<lat *trácto,áre,átum*: arrastar com violência, tratar; frequentativo de *tráho,ere,tráxi,tráctum*: puxar, tirar, mover) **1** Dispensar tratamento/cuidados de manutenção/Cuidar. **Loc.** ~ *da casa* [comida/limpeza/roupa]. ~ *do jardim* [da horta/das árvores]. **Idi.** ~ *como um* [~ *abaixo de*] cão [com grande desprezo]. *fam* ~ *da saúde* [Castigar alguém batendo-lhe]. ~ *de cima da burra* [com desprezo e sobranceria]. ~ *mal* [Ser mal-educado com alguém/Insultar]. ~*-se à grande (e à francesa)* [Viver com fausto/opulência, esbanjando]. **2** Providenciar pela alimentação e bem-estar de pessoas e animais. **Loc.** ~ *do bebé*[ê] «dar o biberão/mudar a fralda». ~ *dos* [Dar comida aos] *cães.* **3** Ajudar na doença/Cuidar/Assistir. **Ex.** O médico que me tratou, recomendou-me muito que não abusasse do sal. Vem cá todos os dias uma enfermeira ~ a minha mãe. **4** Procurar remédio/Aplicar meios de cura. **Ex.** No sanatório só tratam tuberculosos. A gripe tem de se ~, pode ser (uma doença) perigosa. Tratei-me com descanso e boa alimentação [idi com bom trato e descanso]. **5** Cuidar do próprio corpo/da aparência. **Loc.** ~ (d)a pele [as unhas/o cabelo]. **6** Aplicar produtos fitossanitários nas culturas. **Loc.** ~ *as videiras* «contra o míldio». ~ *as árvores* [a fruta] «contra as pragas/a podridão». **7** Fazer tratamento para conservar [melhorar/modificar] as propriedades de substâncias/produtos. **Loc.** ~ o ferro/ a madeira «pintando/envernizando».
8 Comunicar com [Dirigir-se a] alguém segundo determinada forma. **Loc.** ~ *por filho* «pessoa mais nova muito amiga». ~ *por tu* [você/senhor]. **9** Comportar-se perante alguém de determinada maneira/Relacionar-se. **Loc.** ~ com respeito [desprezo]. **10** Trabalhar com/Lidar/Negociar. **Ex.** Há muito que trato [tenho negócios] com ele e nunca tive problemas «é uma pessoa muito séria». **11** Estabelecer acordo/Combinar. **Ex.** Tratei com o seu pai pagarmos a despesa a meias [dividir a despesa igualmente pelos dois]. **12** Encarregar-se de resolver [de dar andamento a] algum assunto/Fazer correr os trâmites. **Loc.** ~ do processo de licenciamento «duma obra». **13** Ter [Tomar] por obje(c)to de estudo/Falar sobre [Expor] um tema/assunto. **Ex.** O livro trata das invasões napoleó[ô]nicas. O conferencista tratou das alterações climáticas previsíveis. A lei só trata da generalidade das situações. **14** Processar dados previamente obtidos, para tirar conclusões. **Loc.** ~ os resultados duma sondagem.
tratável adj 2g (<tratar+-vel) **1** Que se pode tratar. **Comb.** Doença ~. **2** Com quem se pode tratar. **Comb.** Pessoa «cliente» ~/de trato fácil(+).
tratear v t (<trato 1+-ear) Dar maus tratos a/Maltratar/Atormentar.
trato[1] s m (<tratar) **1** A(c)to ou efeito de tratar. **Idi.** *Dar ~s à cabeça/imaginação* [Procurar solução para um problema difícil/Pensar muito/Matutar]. *Dar* [*Sofrer*] *~s de polé*/maus ~s/Maltratar/Ser maltratado]. **2** Maneira de viver [de cuidar da saúde/de se alimentar]. **Ex.** O ~ na pensão é razoável «há limpeza, a comida é boa e em quantidade suficiente». **3** Modo de se comportar/Relacionamento. **Loc.** Sofrer maus ~s [Ser maltratado «com açoites/injúrias/vexames»]. **Comb.** Pessoa de fino ~ [Pessoa delicada/amável]. **4** Acordo(+)/Combinado(+)/Ajuste. **Ex.** O ~ foi que lhe pagaria em três prestações «não vou agora fazer novos [outros] ~s».
trato[2] s m [= tracto] (<lat *tráctus,us*: a(c)ção de arrastar, alongamento, extensão) **1** Extensão de terreno/Território/Região/Espaço. **2** Intervalo de tempo. **3** Decurso/Sucessão. **4** *Anat* Conjunto de órgãos do mesmo aparelho/Via. **Comb.** ~ intestinal [respiratório/urinário]. **5** *Mús* Versículos que antigamente se rezavam [cantavam] na missa antes do gradual.
trator (Trà) s m [= tractor] (⇒ tração) Veículo automóvel com motor potente, utilizado principalmente em trabalhos agrícolas «lavrar/rebocar». **Comb.** ~ de lagartas/esteiras/Lagarteiro.
tratorista (Trà) s 2g [= tractorista] (<trator+-ista) Indivíduo que trabalha com [Motorista de] trator.
traulitada s f pop (<traulito+-ada) **1** Cacetada/Paulada. **2** Pancadaria. **Loc.** Andar à ~.
trauliteiro, a s (<traulito+-eiro) Caceteiro.
traulito s m (< ?) Cacete.
trauma s m (<gr *trauma, atos*: ferida, ferimento, desastre) **1** *Med* Contusão que atinge o organismo e se repercute sobre o estado geral do indivíduo/Traumatismo. **2** *Psic* Choque psicológico ou emocional muito violento. **Comb.** ~ de guerra.
traumático, a adj (< lat *traumáticus, a, um*) Relativo a [Que provoca] trauma. **Comb. *Experiência ~a. Lesão ~a.***
traumatismo s m (<trauma+-ismo) **1** ⇒ trauma. **2** Ferida/Contusão. **Comb.** ~ craniano. **3** Perturbação causada por choque emocional ou psicológico.
traumatizar v t (<trauma+-izar) Provocar traumatismo físico ou psicológico. **Ex.** Traumatizou-se num acidente de automóvel. As cenas de violência podem ~ as crianças (que as presenciam).
traumatologia s f *Med* (⇒ trauma) Especialidade da Medicina que se ocupa das lesões traumáticas. **Comb.** Serviço (hospitalar) de ~.
traumatológico, a adj (<traumatologia+-ico) Relativo a traumatologia.
trautear v t (< ?) Reproduzir uma melodia, cantando-a sem rigor e com voz velada/Cantarolar. **Ex.** Enquanto trabalhava ia trauteando a canção vencedora do festival da TV.
trauteio s m (<trautear) A(c)to ou efeito de trautear.
trava s f (<travar) **1** A(c)to ou efeito de travar/Travão/Freio. **2** Peia. **3** Pequena trave delgada que atravessa de parede a parede. **Comb.** ~ da cruz [Braços da cruz]. **4** *region* Inclinação alternada dos dentes duma serra para um e outro lado do plano da folha. **5** *Futebol* Cada um dos pequenos troncos de cone, feitos de couro, afixados à sola da chuteira. ⇒ travar 10.
travação s f (<travar+-ção) **1** A(c)to ou efeito de travar/Travagem/Travamento. **2** Ligação entre duas partes «duma estrutura de madeira».
travada s f (<travar+-ada) ⇒ travagem(+)/*Br* freagem [brecagem].
travado, a adj (<travar) **1** Fortemente ligado/Firme. **Comb.** Poste «de antena de TV» ~ com cabos de aço. **2** Imobilizado/Seguro. **Comb.** Automóvel bem ~ «com o travão de mão». **3** Interrompido/Parado. **Comb.** *Obra ~a* [parada/suspensa] «pela fiscalização». *Processo* de licenciamento *~.* **4** Diz-se de conversa entabulada [tida] com alguém. **5** Diz-se do passo moderado do cavalo, que é mais có[ô]modo para o cavaleiro do que o trote. **6** Que dificulta o movimento do corpo/Justo/Apertado. **Comb.** Saia ~a. **7** Agarrado/Preso. **Comb.** Fugitivo ~ por populares. **8** Disputado com ardor/Renhido. **Comb.** Luta [Jogo/Combate] ~a/o entre dois adversários. **9** Diz-se da serra com trava. **Comb.** Dentes (da serra) ~s. **10** *fig* Tartamudo.
travador, ora adj s m (<travar+-dor) **1** (O) que trava. **2** s m Peça que faz o travamento da culatra de uma arma de fogo.
travadou[oi]ro, a s (<travar+-dou[oi]ro) **1** Parte delgada da perna de um animal «cavalo» onde se prende a trava [peia]. **2** Pedra que atravessa um muro a toda a largura, ficando as extremidades à vista. **3** s f Instrumento para travar, inclinar ou afiar dentes de serra. **4** s m Espaço calcetado que atravessa um caminho para prender [segurar] as terras.
travagem s f (<travar[1]+-agem) A(c)to ou efeito de travar/Imobilização de um veículo pela a(c)ção dos travões. ⇒ travada.
trava-língua s m 2n (<travar 1/2+...) Sequência de palavras cuja pronúncia se torna difícil «um tigre, dois tigres, três tigres». **Ex.** Há ainda outros ~s; por ex. este: *no meio do trigo tinha três tigres.*
travamento s m (<travar+-mento) **1** A(c)ção de suster o movimento/Travação 1/Travagem(+). **2** Mecanismo duma arma de fogo que impede o recuo da culatra enquanto o proje(c)til atravessa o cano.
travanca s f *Br* (<trava+-anca) Empecilho/Embaraço.
travão s m (<travar+-ão) **1** Mecanismo que sustém ou modera o andamento dum veículo. **Idi.** *Meter ~ às quatro rodas* [Interromper de imediato um processo/Parar/Recuar]. *Pôr um ~ na língua* [Falar educadamente/Não dizer asneiras/palavrões]. **Comb.** ~ *de disco* «das rodas da frente dos automóveis» [maxila «das rodas de trás»]. ~ *de mão* [pé]. ~ *mecânico* [hidráulico/que funciona por meio de pressão de um líquido (Óleo)]. *Alavanca do ~. Calço de ~.* **2** Tudo o que impede [retarda] o prosseguimento de uma a(c)ção/dum processo/Freio/Impedimento. **Ex.** É preciso pôr um ~ nas despesas. O governo pôs um ~ no proje(c)to do [de construir o] TGV.
travar[1] v t/int (<trave+-ar[1]) **1** Suster [Moderar] o movimento «dum mecanismo/veículo». **Loc.** ~ *o carro* com o motor [engrenando numa velocidade baixa]. *Descer uma rampa* em bicicleta *sem ~.* **Idi.** *O passo* **a)** Impedir a marcha; **b)** Caminhar mais lentamente ou com passos mais pequenos. ~*-se de razões* [Discutir acaloradamente/Altercar] (Ex. Travaram-se de razões «por uma suposta ofensa»; quase se batiam). **Sin.** *Br* Frear; brecar. **2** Aplicar travão a/Imobilizar/Parar(+). **Loc.** ~ *um veículo* «num parque de estacionamento». **3** Refrear [Suster] o andamento de um animal. **Loc.** ~ uma montada. **4** Impedir que uma a(c)ção/um processo prossiga. **Loc.** ~ um escândalo [uma queixa/denúncia]. **5** Agarrar/Segurar. **Ex.** Os desordeiros tentaram escapar mas a polícia travou-os. **6** Impedir a circulação/o avanço/Barrar. **Ex.** Um cordão de polícias travou a marcha [o avanço] dos manifestantes. **7** Encetar [Entabular] conversa/conhecimento com alguém. **Ex.** Não se conheciam mas travaram conversa [conhecimento] enquanto aguardavam a consulta médica.

8 Combater/Pelejar/Lutar. **Ex.** Os dois exércitos travaram um [cruzaram-se num] violento combate. **9** Apertar (saia/vestido) para a/o tornar mais justa/o ao corpo. **Loc.** Levar a saia à costureira para a ~ «tirar roda/pregas». **10** Fazer trava **4** numa serra.

travar² *v int* (<trave+-ar¹) Ter travo/Amargar. **Ex.** O azeite trava na boca, tem um gosto esquisito.

trave *s f* (<lat *trabs,bis*) **1** Peça de madeira comprida e grossa/Viga/Barrote. **Comb.** ~ **mestra** [A mais importante duma construção]. ~**s dum telhado. 2** *(D)esp* Barra horizontal da baliza dos campos de futebol. **Loc.** Uma bola bater na ~. **3** *fig pop* Pessoa muito alta/Torre(+).

travejamento *s m* (<travejar+-mento) **1** Conjunto das traves dum edifício/Vigamento. **Comb.** ~ de madeira. **2** *fig* Arcabouço/Esqueleto/Armação.

travejar *v t* (<trave+-ejar) Pôr traves em. **Loc.** ~ um telhado.

travertino *s m* Geol (<it *travertino*) Rocha sedimentar calcária de origem idêntica à do tufo, mais compacta e menos porosa.

través *s m* (<lat *transvérse/sim*: de través <*transvérsus,a,um*: oblíquo, transversal) Dire(c)ção oblíqua/Esguelha/Obliquidade. **Idi. Olhar de ~** [de soslaio/de lado/disfarçadamente]. **Ver de ~** [Ver tudo pelo lado pior/Ser pessimista]. **Comb. De [Ao] ~** [Obliquamente/Transversalmente/Atravessado] (Loc. Colocar uma tábua de [ao] ~ [uma tábua, atravessada(+)]).

travessa (Vé) *s f* (<travesso) **1** Peça de madeira atravessada que une outras duas. **Comb.** ~ das pernas duma mesa. **2** Peça de madeira [betão/metal] sobre a qual assentam os carris «da ferrovia». **3** Rua secundária e estreita. **Ex.** Esta ~ vai dar à praça. **4** Espécie de pente curvo, de dentes largos com que as senhoras seguram [enfeitam] o cabelo. **5** Prato grande, sobre o comprido, oval ou poligonal, usado para servir alimentos à mesa. **Comb. A ~ das batatas** [da carne/do arroz]. ~ (feita) **de porcelana.**

travessão *s m* (<travessa+-ão) **1** ⇒ Travessa **4** grande para segurar o cabelo. **2** Sinal gráfico (–) com a forma de um traço horizontal mais longo que o hífen, usado para introduzir uma fala ou para substituir parênteses. **3** *Mús* Traço vertical na pauta para dividir os compassos.

travesseira *s f* (<travesseiro) **1** Almofada mais curta que o travesseiro que se coloca sobre ele para dormir ou se usa sem ele. **Ex.** Gosto duma ~ mole/fofa. **2** ⇒ Fronha.

travesseiro *s m* (<travessa+-eiro) **1** Almofada comprida a toda a largura da cama, do lado da cabeça. **Idi. Conversar com [Consultar o] ~** [Refle(c)tir profundamente sobre a melhor decisão a tomar/*idi* Dormir sobre isso [o assunto/o caso/essa questão]] (Ex. Não te despeças já (do emprego); não te precipites, conversa com o ~). **2** Revestimento de pano dessa almofada/Fronha.

travessia *s f* (<(a)travessar+-ia) **1** A(c)to ou efeito de atravessar uma grande extensão de terra ou mar. **Ex.** Foi [Fizemos] uma ~ «caminhada/navegação» longa e difícil! **Comb.** ~ **do Atlântico Sul** em 1922, pelos aviadores portugueses Gago Coutinho e Sacadura Cabral. ~ **a nado** «do Canal da Mancha». *fig* ~ **do deserto** [Tempo de abandono temporário das a(c)tividades normais para recuperação de forças e ponderação do rumo a seguir no futuro]. **2** *fig* Vento(s) contrário(s).

travesso¹ a (Vè) *adj* (<lat *transvérsus,a,um*; ⇒ través) **1** Que é colocado atravessado/de través/Oblíquo. **Comb. Com a largura duma mão ~a. Flauta ~a** [transversal(+)]. **2** De lado/Lateral. **Comb.** Porta ~a.

travesso² a (Vè) *adj* (<lat *transvérsus,a,um*; ⇒ través) **1** Traquina(s)/Turbulento/Endiabrado. **Comb.** Criança ~a. **2** Que revela maliciosidade/Matreiro/Atravessado. **Comb.** Sorriso ~. **3** Diz-se de animal doméstico que não é de raça pura.

travessura *s f* (<travesso²+-ura) **1** Qualidade de travesso². **2** Maldade de criança/Diabrura/Traquinice. **Ex.** Estas crianças só sabem brincar [só brincam] a fazer ~s.

travesti *s 2g* (<fr *travesti*) **1** Pessoa que se veste e comporta como se fosse do sexo oposto. **2** *s m* Disfarce duma pessoa «a(c)tor/a(c)triz» que se veste para parecer [representar] outro sexo.

travestir *v t* (<fr *travestir*) **1** Vestir(-se) com trajes do sexo oposto. **2** Disfarçar(-se)/Mascarar(-se) com roupas próprias do sexo oposto. **Loc.** A(c)tor ~(-se).

travestismo *s m* (<travesti+-ismo) Ado(p)ção do comportamento e uso de trajes próprios do sexo oposto.

travinca *s f* (<lat *trabícula,ae*; ⇒ trave) **1** Trave pequena. **2** ⇒ Taramela. **3** *pop* ⇒ Clavícula.

travo *s m* (<travar²) **1** Sabor amargo e adstringente. **Ex.** O comprimido «mastiguei-o» tinha um ~ a fel. **Comb.** Bebida «vinho» com um ligeiro ~ a azedo.

trazer *v t* (<lat *tráho,ere,xi,ctum*: puxar, arrastar) **1** Conduzir [Transportar] para cá. **Ex.** Traz-me, do quarto, o cachecol. Trouxe do mercado laranjas muito boas. **Idi.** ~ **a lume** [Tornar público/Dar a conhecer «um escândalo de corru(p)ção»]. ~ **à memória** [Fazer lembrar/Recordar] (Ex. A foto, tirada na praia, trouxe-me à memória as férias maravilhosas que passámos juntos). ~ **ao colo** [Dar prote(c)ção exagerada] (Ex. Profissionalmente é fraco, mas o chefe trouxe-o sempre ao colo...). ~ **alguém de ponta** [Andar a embirrar com alguém] (Ex. A professora traz[tomou]-me de ponta; ralha comigo com a mais razão [*idi* por tudo e por nada]). ~ **debaixo de olho** [Estar atento a/Vigiar por considerar suspeito] (Ex. Desconfiava do empregado e trazia-o debaixo de olho para ver se o apanhava nalguma fraude). ~ **em mente** [Andar a cogitar/Ter presente/Pensar] (Ex. Fazer essa viagem é algo que desde há muito trago em mente). ~ **nas palminhas/na palma da mão** [Rodear de atenções/comodidades/mimos] (Ex. Ela trazia a tia nas palminhas na mira de receber choruda herança [*idi* de lhe apanhar tudo]). ~ **no coração** [Ser muito amigo/Querer muito bem] (Ex. É um casal que não posso esquecer; trago-os[o-os] no coração). ~ **[Ter] o rei na barriga** [Mostrar-se arrogante/soberbo] (Ex. Desde que subiu ao posto, parece que traz o rei na barriga; passa por mim e nem me fala, faz [finge] que não me conhece). **Ser pessoa de levar e ~** [Ser bisbilhoteiro/mexeriqueiro] (Ex. Estas pessoas de levar e ~ só arranjam conflitos, não se pode ligar ao que dizem [*idi* se lhes pode dar ouvidos]). ~ **um osso [uma espinha] atravessado[a] na garganta** [Andar preocupado com um problema que ficou por resolver/por ser esclarecido] (Ex. Ainda trago atravessadas na garganta as injúrias que ela proferiu contra mim [*idi* ela me atirou à cara]). **2** Ser portador de. **Ex.** Trago sempre comigo os documentos de identificação «B.I./C.C.». **3** Transferir de um lugar para outro. **Ex.** O [Este] carro, trouxe-o de França. **4** Fazer-se acompanhar de. **Ex.** «senhora idosa» Sempre que sai à rua traz a criada [filha/neta] com ela. **5** Usar roupa/Trajar. **Ex.** Ai, que vestido tão lindo (que) tu trazes, pareces uma princesa! Não posso [consigo] ~ estes sapatos; magoam-me os pés. **6** Ter como resultado/consequência/Causar/Acarretar. **Ex.** Este cão só nos trouxe problemas «mordeu a vizinha/estraga tudo cá em casa/vai muitas vezes ao [*idi* anda sempre no] veterinário». **7** Chamar/Atrair. **Ex.** O lixo por aí espalhado (só) traz moscas e formigas. **8** Ostentar/Apresentar/Exibir. **Ex.** Aquela mãe é pobre mas traz os filhos sempre limpos e arranjados [*idi* sempre muito arranjadinhos]. Ela trazia um colar de diamantes (só queria que visses!), deve ter custado uma fortuna! **9** Ser indício de/Prenunciar. **Ex.** O vento sopra do (lado do) mar, vai ~ chuva. **10** Informar/Comunicar. **Ex.** Chegou carta do filho: vejamos que notícias nos traz/dá. A notícia (do jornal) não traz nada de novo; tudo aquilo já era (mais que) sabido. **11** Fazer sentir/Proporcionar/Provocar. **Ex.** A instabilidade no emprego trazia-o muito preocupado.

tre- *pref* ⇒ tres-/trans-.

trebelho *s m* ⇒ trabelho.

trecentésimo, a *num ord/s m* (<lat *trecentésimus,a,um*) **1** (O) que numa série ocupa a posição a seguir à ducentésima nonagésima nona/que é o último numa série de trezentos. **Ex.** Há mais de mil candidatos; ele é o ~ da lista. **2** (O) que resulta da divisão de um todo por trezentos. **Ex.** Um ~ do pré[ê]mio «do euromilhões» é uma soma [importância] considerável. **Comb.** ~a parte.

trecentista *s 2g* (<lat *trecenti+-ista*) Escritor [Artista] do séc XIV (1301-1400). **Comb.** D. Dinis (rei de Portugal, 1279-1325) poeta [trovador] ~.

trecho *s m* (<lat *tráctus,us*: delimitação por meio de traços) **1** Lapso de tempo. **Ex.** A breve ~ [Dentro de pouco (tempo)] se saberá quem será o vencedor «da *Bola de Ouro*». **2** Espaço entre dois lugares [obje(c)tos]/Troço. **Ex.** Na travessia da serra há ~s com paisagens maravilhosas. **Comb.** ~ dum rio. **3** Fragmento duma obra literária ou musical. **Loc.** Tocar um ~ duma sinfonia «de Beethoven». Analisar na aula um ~ de Miguel Torga.

treçolho *s m pop Med* (< ?) Terçol(ho) [Hordéolo(+)].

tredecénio [*Br* tredecênio] *s m* (<lat *trédecim*: 13+*annus*: ano) Período de treze anos.

tredécimo, a *num ord* (<lat *tredécimus, a,um*) Décimo terceiro(+).

trêfego, a *adj* (< ?) **1** Manhoso/Astuto/Ardiloso. **2** Irrequieto/Buliçoso/Traquinas.

trefilagem *s f* (<trefilar+-agem) Operação de trefilar metal.

trefilar *v t* (<fr *tréfiler*) Estirar um metal através duma fieira para o transformar em fio [arame].

trefilaria *s f* (<trefilar+-aria) Fábrica [Oficina] onde se faz a trefilagem. **Comb.** ~ de cobre.

trégua *s f* (<gótico *triggwa*: trato, convenção) **1** Suspensão temporária de hostilidades. **Comb. Guerra sem ~s** [contínua e impiedosa/cruel]. **Período de ~s. 2** *fig* Cessação temporária duma situação ou estado desagradável/doloroso/o. **Ex.** A dor abrandou; espero que as ~s se mantenham. **3** *fig* Cessação de a(c)tividade/Descanso. **Comb.** Dia de trabalho intenso, sem ~s.

treinado, a *adj* (<treinar) **1** Que se treinou. **2** Preparado/Adestrado «para exercer uma a(c)tividade/praticar um desporto [espor-

te]». **3** Habituado/Acostumado. **Ex.** Suporto bem o frio, estou ~.

treinador, ora s (<treinar+-dor) O que treina/Instrutor. **Comb.** ~ *de cavalos* [cães]. ~ *(d)esportivo* «de futebol».

treinar v t/int (<fr *traîner*) **1** Executar exercícios para aprender determinada a(c)tividade/desenvolver capacidades específicas/adquirir hábitos/Ensaiar/Exercitar/Praticar. **Loc.** ~ *a mão* esquerda «para escrever com ela». ~ *costura* «na máquina de coser». ~ *culinária* «a fazer bolos». **2** Orientar [Fazer] exercícios regulares e sistemáticos para praticar uma modalidade (d)esportiva. **Ex.** O treinador português José Mourinho treinou famosas equipas de futebol, portuguesas e estrangeiras. O meu filho treina vólei «no Sporting». **3** Submeter um animal a estímulos para o fazer adquirir determinados comportamentos/Adestrar. **Loc.** ~ *cães* [cavalos].

treino [treinamento] s m (<treinar) **1** A(c)to de treinar(-se)/preparar(-se) para o desempenho de uma a(c)tividade. **Comb.** ~ *de condução automóvel* «para tirar a carta». *Exercício de* ~ «no computador». **2** Exercício regular e sistemático de preparação para a prática (d)esportiva [artística]. **Comb.** ~ *de futebol.* ~ *de ginástica* [ballet]. **3** Adestramento de animais.

trejeitar v t/int (<trejeito+-ar¹) **1** Fazer ou imitar(+) trejeitos. **2** Fazer macacadas/caretas/Macaquear(+).

trejeito s m (⇒ jeito) Esgar/Gesto/Momice/Tique. **Ex.** Os ~s são geralmente movimentos involuntários de parte do corpo «mãos/cabeça/olhos».

trejurar v t/int (<tre-+...) **1** Jurar repetidas vezes. **2** Afirmar fazendo um juramento.

trela (Trê) s f (<lat *tragélla*, dim de *trágula*: espécie de dardo, rede) Tira de couro [tecido/Corrente de metal] com que se conduz [prende/segura] um cão. **Loc.** *Trazer* [Levar] *o cão* **pela** ~. *Puxar pela* ~. **Idi.** *Dar* ~ [Dar conversa/confiança/Aceitar galanteios] (Ex. Ela é [mostra-se] muito leviana: dá ~ a qualquer um).

treler v int (<tre-+ler) **1** ⇒ conversar; tagarelar; cavaquear. **2** ⇒ intrometer-se.

trelho (Trê) s m (< ?) Utensílio com que se bate o leite para fazer manteiga. **Idi.** *Sem* ~ *nem trabalho* [À toa/Sem tom nem som(+)].

treliça s f (<fr *treillis*: tapume formado por ripas de madeira entrelaçadas) **1** *Eng* Sistema de cruzamento de vigas usado no travejamento de pontes e telhados. **2** Tapume formado por ripas de madeira entrelaçadas.

trem s m (<fr *train* <lat *tráho, ere*: puxar, arrastar) **1** Conjunto de utensílios próprios para certo serviço. **Comb.** ~ *de cozinha* «tachos/panelas/frigideiras». **2** Conjunto de peças [órgãos] que desempenham determinada função. **Comb.** ~ *de aterragem* [Mecanismo que sustenta as rodas com que o avião se apoia e desloca no solo]. ~ *de travagem* [Mecanismo que faz a travagem dos veículos automóveis]. **3** Conjunto de pessoas que acompanham alguém em viagem/Comitiva(+)/Acompanhamento. **4** Conjunto de militares e viaturas que fornecem, à unidade a que pertencem, apoio de abastecimento e manutenção. **5** *Br* Comboio. (**Comb.** ~-*bala* [Foguete(+) «Lisboa-Porto»]).

trema (Trê) s m *Gram* (<gr *trema,atos*: furo, abertura, pinta dos dados) Sinal gráfico formado por duas pintas justapostas horizontalmente (¨) que, em certas línguas, se coloca sobre vogais «*i, u, a*» «para desfazer um ditongo». **Ex.** O ~ foi abolido do português e só é usado em palavras estrangeiras «*mädchen*».

tremar v t (<trema +-ar¹) **1** ⇒ Marcar com trema. ⇒ trema **Ex.**. **2** ⇒ destecer «um tecido/pano»; destramar.

trematódeo, a [trematode] adj/s m pl *Zool* (<lat científico *Trematode*) (Diz-se de) classe de vermes parasitas platelmintes, de corpo foliáceo, de aparelho digestivo incompleto e sem ânus. **Ex.** Os ~s são os causadores das bilharzioses e de outras doenças.

tremebundo, a adj (<lat *tremebúndus,a,um*; ⇒ tremer) **1** Que treme/oscila. **2** Que faz tremer/provoca tremor/Pavoroso/Tremendo **1**. **Comb.** Monstro ~/medonho(+)/de meter medo.

tremedal s m (< ?) **1** Terreno alagadiço/Pântano. **2** Decadência moral.

tremedor, ora adj/s (<tremer+-dor) **1** (O) que treme. **2** *Icti* ⇒ Torpedo **2**/Tremelga.

tremedou[oi]ro[dura/deira] s (<tremer+-...) A(c)to de tremer (com frequência). **Ex.** O enfermo, coitadinho, está sempre com aquele ~/treme-treme!

tremelga (Mél) s f *Icti* (<esp *tremielga*) Nome comum de várias espécies de peixes seláceos do gé[ê]nero *Torpedo*, semelhantes à raia, que produzem descargas elé(c)tricas. ⇒ poraquê.

tremelica(s) adj/s 2g (<tremelicar) (O) que se assusta com tudo/Medricas/Medroso.

tremelicar v int col (< tremer+l+-icar) **1** Tremer de frio/susto/Tiritar. **Ex.** Agasalha-te, estás a ~ com frio! **2** Estremecer/Tremer repetidamente. **Ex.** Ouviam-se as folhas a ~, agitadas pelo vento.

tremelique s m col (<tremelicar) **1** A(c)to ou efeito de tremelicar/Tremura. **Ex.** Não abanes a mesa; com esses ~s não consigo escrever direito. **2** ⇒ Susto/Medo.

tremeluzente adj 2g (<tremeluzir+-ente) Que tremeluz/Cintilante/Bruxuleante. **Comb.** Luz ~ *da candeia*.

tremeluzir v int (<tremer+luzir) Brilhar com luz trémula/Cintilar. **Ex.** No céu, veem-se as estrelas a ~.

tremendo, a adj (<lat *treméndus,a,um*) **1** Que faz tremer/infunde temor/Horrível/Medonho. **Ex.** Ouviu-se um estrondo ~ que nos deixou apavorados. **2** *fig* Formidável/Enorme/Espantoso. **Comb.** Prejuízo ~.

tremente adj 2g (<lat *trémens,éntis*) Que treme/Tremedor **1**/Trémulo.

tremer v t/int (<lat *trémo,ere,ui*) **1** Sentir (parte d)o corpo estremecer com contra(c)ções musculares involuntárias provocadas por causas físicas, fisiológicas ou psicológicas/Ter tremuras. **Loc.** ~ *com* [de] *febre* [frio/medo]. **Idi.** ~ *como varas verdes* [~ intensamente] (Ex. O pobre rapaz estava assustadíssimo, tremia como varas verdes). ~ *de raiva* [Experimentar forte sentimento de raiva]. **2.** Não estar firme/Oscilar/Estremecer/Vibrar. **Ex.** À passagem do comboio, os móveis tremem; sente-se a casa toda a ~. Houve um terramoto, a terra tremeu tanto (, tanto)! **3** Experimentar apreensão/Recear. **Ex.** Quando penso que tenho que [de] ser operado, até tremo [, fico todo a ~]! **4** *fig* A voz sofrer variações de intensidade ao falar/cantar. **Ex.** Tremia-lhe a voz de emoção. **5** A luz cintilar/tremeluzir. **Ex.** A luz (da lâmpada elé(c)trica) começou a ~ e daí a instantes, apagou-se [fundiu(+)]. **6** Agitar-se com o vento/Bulir/Ondular. **Ex.** Ao sopro da brisa da tarde, a bandeira tremia [ondulava(+)/tremulava(+)] no alto do mastro. **7** Estar numa situação crítica/Não estar seguro. **Ex.** Com a última crise, o governo tremeu mas não chegou a cair.

tremido, a adjs m (<tremer) **1** Que treme/Trémulo. **2** Que revela falta de firmeza/segurança. **Comb.** *Escrita* ~*a. Voz* ~*a.* **3** Duvidoso/Incerto. **Comb.** Passagem de ano (dum aluno) ~*a*/que está em dúvida. **4** s m Estremecimento/Tremura. **Ex.** A cama abanava com os ~s do doente. **Comb.** Os ~s da voz. **5** Sinuosidade/Irregularidade. **Ex.** Não se percebe o que está escrito por causa do ~ da letra.

tremoçal s m (<tremoço+-al) Terreno semeado de tremoços.

tremoceiro, a s (<tremoço+-eiro) **1** Vendedor de tremoços. **2** *Bot* Planta leguminosa que dá o tremoço; *Lupínus álbus*.

tremoço (Mô) s m (<gr *thermos*: quente) **1** Semente do tremoceiro, usada na alimentação. **Comb.** ~ *amarelo.* ~ *hirsuto.* **2** ⇒ Tremoceiro **2**.

tremolite/a s f *Miner* (<top Tremola, cidade italiana do Piemonte) Mineral branco ou cinzento do grupo das anfíbolas, silicato de cálcio e magnésio, $Ca_2 Mg_5 Si_8 O_{22} (OH)_2$, usado como isolante.

tremolo it *Mús* ⇒ tré[ê]mulo **5**.

tremonha s f (< ?) Recipiente em forma de tronco de pirâmide quadrangular invertido, usado como contentor de materiais moídos ou em grão «cereal/carvão» para os abastecer de forma contínua ou intermitente a outro sistema «de transporte/moagem»/Canoura.

tremor s m (<lat *trémor,óris*; ⇒ tremer) **1** A(c)to ou efeito de tremer. **Comb.** ~ *de terra* [⇒ Sismo/Terramoto]. **2** Agitação do [de parte do] corpo por movimentos involuntários pequenos e repetidos/Tremura. **Ex.** Os ~es afe(c)tam sobretudo as extremidades do corpo. **Comb.** ~ *senil* (⇒ tremedouro). **3** *fig* Sentimento de apreensão/Receio/Temor.

trempe s f (<lat *trípes,édis*) Suporte em forma de aro ou triângulo com três pés sobre o qual se colocam as panelas ao lume.

tremulação s f (<tremular+-ção) A(c)to ou efeito de tremular/Cintilação.

tremular v t/int (<trémulo+-ar¹) **1** Agitar(-se) continuamente. **Ex.** As bandeiras tremulavam ao vento. **2** Tremeluzir/Cintilar. **Loc.** Contemplar as estrelas a ~ [tremeluzir(+)/Cintilar(o+)] no céu. **3** *fig* Vibrar/Tremer «a voz». **4** *fig* Mexer-se, hesitando/Hesitar/Vacilar. **Ex.** Andava de um lado para outro, tremulando [meio atarantado] sem saber o que havia de fazer.

trémulo, a [*Br* trêmulo] adj/s m (<lat *trémulus,a,um*) **1** Que treme/tem tremuras/Tremente. **Loc.** Segurar num copo com as mãos ~as. **2** Que não está firme/seguro/Hesitante/Vacilante. **Loc.** Caminhar com passos ~s. **Comb.** Voz ~*a*. **3** Que cintila/Bruxuleante. **Comb.** Luz ~*a* «da vela». **4** s m Tremid(inh)o(+) da voz quando se canta. **5** *Mús* Repercussão rápida do mesmo som. **Ex.** O ~ é próprio dos instrumentos de corda e do piano.

tremulina s f (<trémulo+-ina) **1** Tremulação [Reflexos] na superfície de águas ligeiramente agitadas. **2** Ondulação branda provocada pelo vento numa seara «de trigo» ou em erva crescida «num lameiro».

tremura s f (<tremer+-ura) **1** A(c)to ou efeito de tremer/Tremor. **2** pl ⇒ Temor/Angústia/Ansiedade.

trena (Trê) s f (<lat *tríni,ae,a*: três «fios» cada [para fazer] um «fita/trança») **1** Fita de seda, às vezes com (fios de) ouro ou prata para atar os cabelos. **2** Fita métrica(+) com 2 metros «de alfaiate/costureira» ou com 20-30 metros «para medir distâncias».

3 ⇒ baraça [cordel] com que se faz girar o pião «jogo».

trengo, a *adj region* (< ?) Acanhado/Desajeitado/Boçal. **Comb.** Mulher ~a «que nem uma cama sabe fazer».

trenó *s m* (<fr *traîneau*; ⇒ trem) Veículo sem rodas próprio para deslizar na neve/no gelo, nos países frios. **Comb.** ~ puxado por cães.

trepa (Tré) *s f pop* (<trepar; ⇒ trape) Sova(+)/Tareia(+)/Tunda. **Ex.** Deu uma ~ ao filho por ele ter ido ao quintal do vizinho roubar melões.

trepação *s f Br* (<trepa+-ção) **1** ⇒ maledicência. **2** ⇒ gracejo/pilhéria. **3** ⇒ troça.

trepada *s f Br* (<trepar+-ada) **1** ⇒ Encosta/⇒ Ladeira/Subida. **2** ⇒ reprimenda/repreensão.

trepadeira *s f* (<trepar+-deira) **1** *Bot* Designação genérica que inclui todas as plantas de porte ascendente, anuais, vivazes ou perenes. **Ex.** As ~s possuem caule alongado, pouco consistente e em muitos casos volúvel. **2** *Ornit* Nome comum de várias aves passeriformes que sobem ao longo do tronco das árvores «arribadeira/carrapito».

trepador, ora *adj/s* (<trepar+-dor) **1** (O) que trepa. **2** *fig* Que demonstra atrevimento/Atrevido. **Comb.** Moço ~ «nos bailes». **3** Diz-se do vinho muito alcoólico que tolda o raciocínio [que *idi* sobe à cabeça]. **4** *s (D)esp* Ciclista especialista em percursos a subir. **Ant.** Rolador. **5** *s f Ornit* (Diz-se de) antiga ordem das aves cara(c)terizadas por terem dois dedos voltados para a frente e dois para trás «papagaio/pica-pau».

trepa[pega]-moleque *s m Br* ⇒ bicha de rabear.

trepanação *s f Med* (<trepanar+-ção) Operação cirúrgica que consiste na abertura de um osso, geralmente o crânio, utilizando o trépano.

trepanar *v t* (<trépano+-ar¹) Fazer a operação de trepanação.

trépano *s m* (<gr *trupanon*, ou) **1** Instrumento cirúrgico especial próprio para abertura de um orifício num osso «crânio». **2** Ferramenta terminada em dois gumes cortantes destinada a fazer furos de sondagem.

trepar *v t/int* (< ?) **1** Subir com o auxílio dos membros. **Ex.** Ele trepou pelo coqueiro acima «para colher um coco». O pica-pau trepa fixando as garras [unhas] dos dedos no tronco das árvores. **Idi.** ~ *pelas paredes* [Ficar enfurecido/muito zangado] (Ex. Quando soube que o iam despedir, trepou pelas paredes, ficou furioso [*idi* pior que uma barata]). **2** Percorrer um caminho íngreme/Subir a um sítio pouco acessível/Escalar. **Loc.** ~ *pela ladeira* acima. ~ *um muro* alto. ~ *[Escalar] um despenhadeiro*. **3** Crescer, subindo amparado num suporte. **Ex.** A hera já trepou até à janela. **4** *fig* Ascender na escala social. **Ex.** Começou do nada e trepou [foi trepando] por aí acima até chegar a dire(c)tor. **5** *fig col* (O vinho) toldar o entendimento [*idi* subir à cabeça]. **Ex.** Cuidado! Este (vinho) é daqueles que trepam [é muito alcoólico, tolda o entendimento].

trepidação *s f* (<lat *trepidátio,ónis*) **1** A(c)to ou efeito de trepidar. **2** Estremecimento ou tremura provocados por um veículo em andamento. **Ex.** Não consigo ler [com o carro em andamento] por causa da ~. **3** Abalo/Estremecimento. **Ex.** Quando passam na estrada grandes cami(nh)ões, dentro de casa sente-se a ~. **4** *fig* ⇒ Agitação/Balbúrdia.

trepidante *adj 2g* (<lat *trépidans,ántis*) **1** Que trepida/treme/estremece. **Comb.** Máquina «de lavar» com um trabalhar ~. **2** Saltitante/Rápido e irregular. **Comb.** *Curso de água* ~ «de rocha em rocha». *Música* ~. **3** *fig* ⇒ Vacilante/Titubeante/Hesitante. **4** *fig* ⇒ Assustado/Atemorizado.

trepidar *v int* (<lat *trépido,áre,átum*) **1** Tremer/Vibrar. **Ex.** A máquina de lavar trepida muito «quando faz a centrifugação». **2** Estremecer/Tremelicar. **Ex.** Não estou bem, sinto o coração [o corpo todo] a ~. **3** *fig* Hesitar/Vacilar/Titubear. **Ex.** Andava inquieto, todo ele trepidava sem saber o que (havia de) fazer.

trepidez *s f* (<trépido+-ez) **1** Estado de trépido/Tremura. **2** ⇒ apreensão/susto/medo.

trépido, a *adj* (<lat *trépidus,a,um*: agitado, alarmado [alarmante], precipitado) **1** ⇒ que treme; tré[ê]mulo. **2** ⇒ medroso/assustado/temeroso.

tréplica *s f* (<treplicar) **1** A(c)to de treplicar. **2** Resposta a uma réplica. **Ex.** O caso «escândalo» agudizou-se e foi obje(c)to de réplicas, ~s e notícias nos jornais.

treplicar *v t/int* (<tre-+replicar) Responder à réplica/Refutar/Contestar. **Ex.** O advogado de defesa treplicou com argumentos convincentes.

treponema (Nê) *s m Zool* (<lat científico *Treponema*) Designação de protozoários parasitas do grupo das espiroquetas, do gé[ê]nero *Treponema*, que inclui o agente causador da sífilis.

tres-¹ ⇒ trans-; trespassar.

tres-² *pref* (<lat *tres,tria*) Exprime a ideia de **multiplicação por três/Aumento de intensidade**.

três *num card* (<lat *tres,tria*) **1** Dois mais um. **Ex.** Contigo eu e o teu irmão já somos ~. **Idi.** *Não há duas sem* ~ [As desgraças repetem-se [*idi* Um mal nunca vem só]]. O número 3 e a quantidade representada por esse número. **Ex.** Em numeração romana, ~ representa-se por III. Os ovos não chegam para todos; são só [; só temos] ~. **3** O que numa série ocupa o terceiro lugar. **Ex.** A minha vez é a seguir: sou o ~ (e o dois já entrou).

tresandar *v t/int* (<tres-+...) **1** Fazer andar para trás/Desandar. **Ex.** Tresanda [Sai(+)/Desanda(o+)] daqui para fora, estou farto de te ouvir! O negócio está a ~ [a correr mal]. **2** Exalar mau cheiro. **Ex.** Não se pode estar ao pé dele/a, tresanda a suor! **3** *fig* Deixar transparecer/Manifestar. **Ex.** (Toda) ela [O comportamento/A atitude dela] tresanda a beatice.

tresantontem *adv* ⇒ trás-anteontem.

tresdobrado, a *adj* (<tres-+...) **1** ⇒ Dobrado três vezes/Triplicado(+). **2** *fig* ⇒ Que aumentou.

trescalar *v t/int* (<tres¹-+calar = penetrar) Exalar um odor [cheiro/aroma] forte, bom ou mau. ⇒ tresandar.

tresdobrar *v t/int* (<tres-+...) **1** Dobrar três vezes. **Loc.** ~ [Dobrar em oito] uma folha de papel (⇒ (in)fólio). **2** Triplicar(+). **Ex.** Este ano, os lucros da empresa tresdobraram [triplicaram(+)]. **3** Aumentar muito/Multiplicar. **Ex.** É bom negócio; fará ~ o investimento em pouco tempo.

tresdobre (Dó) **[tresdobro** (Dô)**]** *s m* (<tresdobrar) Três vezes uma quantidade/Triplo(+).

três-estrelinhas *s f pl* Sinal gráfico composto de três asteriscos para indicar algo que não se nomeia ou que o autor de um artigo «no jornal» quer conservar o anonimato. **Ex.** Acompanhava-se do Sr.***, nascido na localidade *** «para fazer [apresentar] um requerimento».

tresfolgar *v int* (<tres-+...) Respirar com dificuldade/Resfolegar(+)/Ofegar.

tresfôlego *s m* (<tres¹-+...) ⇒ resfôlego(+)

tresfoliar *v int* (<tres¹-+...) Foliar muito/Divertir-se à grande/larga/farta.

tresjurar *v t/int* ⇒ trejurar.

tresler *v int* (<tres¹-+...) **1** Ler trocado/às avessas/de trás para a frente. **2** Perder o tino por ler muito/Errar. **Ex.** Creio que, em vez de leres, tresleste o escrito «carta/artigo» que te enviei. **3** *fig* Dizer tolices.

tresloucado, a *adj/s* (<tresloucar) (O) que ficou desvairado/perdeu a lucidez/Alucinado/Louco/Desassisado.

tresloucar *v t/int* (<tres¹-+louco+ar¹) Tornar louco/Enlouquecer/Desvairar. **Ex.** Tresloucou(-se) com o desgosto.

tresmalhado, a *adj* (<tresmalhar) **1** Que se afastou do bom caminho/Transviado/Perdido. **Ex.** Há por aí muita gente ~a, numa vida sem rumo. **2** (Animal) que se afastou do rebanho/da manada. **Comb.** Ovelha [Touro] ~a/o.

tresmalhar *v t/int* (<tres¹-+malha+-ar¹) **1** Trocar [Deixar cair] as malhas (num trabalho de malha/tricô). **2** Pôr em debandada/Fazer dispersar/Fugir. **Ex.** O rebanho tresmalhou-se com o ataque do lobo.

tresmalho¹ *s m* (<tresmalhar) A(c)to ou efeito de tresmalhar/Debandada. **Comb.** ~ do gado [da manada] «que saiu do lameiro/pasto».

tresmalho² *s m Náut* (<três+malha) Rede de pesca formada por três panos sobrepostos.

Três-Marias *s f pl Astr* As três estrelas mais brilhantes da constelação de Órion.

tresnoitar *v t/int* (<tres¹-+noite+-ar¹) (Fazer) perder a noite/Passar a noite sem dormir. **Ex.** Com a preocupação «dos filhos» tresnoitei [em toda a noite não consegui dormir [*idi* pregar olho]]. «vagabundos» Andam por aí a ~ até de madrugada.

trespassar *v t* (<tres¹-+...) **1** Atravessar um corpo de um lado ao outro/Varar/Furar. **Ex.** *Bíb* "Um soldado trespassou-lhe o lado (De Jesus Cristo, morto na cruz) com uma lança" Jo 19, 34. **2** Passar através de/Penetrar/Infiltrar. **Ex.** A água (da chuva) trespassou a roupa e chegou ao corpo. **3** Sobrepor uma parte «do vestuário» sobre outra. **Ex.** O casaco [aquetão], para apertar (os botões), tem que ~. A dobra «da folha de papel» trespassa a parte escrita. **4** Ceder a exploração de um estabelecimento comercial a outrem/Ceder o negócio mediante determinadas condições. **Loc.** ~ um café [uma loja/fábrica]. **5** *fig* Transgredir/Violar. **Loc.** ~ uma regra [norma/lei].

trespasse *s m* (<trespassar) **1** A(c)to ou efeito de trespassar. **2** Transferência de um estabelecimento para outrem. **Loc.** Tomar [Dar/Ceder] uma loja de ~. **3** Falecimento/Morte. **Comb.** ~ de Jesus Cristo.

tresquiáltera *s f Mús* ⇒ tercina.

tresvariar *v int* (<tres-+...) Estar fora de si/Disparatar/Delirar. **Ex.** Anda tresvariado ultimamente [desde há pouco].

tresvario *s m* (<tresvariar) A(c)to ou efeito de tresvariar/Delírio/Alucinação. ⇒ desvario/desatino.

treta (Trê) *s f* (<esp *treta*) **1** Palavreado fácil, para enganar/*idi* Conversa fiada/Lábia/Léria. **Ex.** Ele tem muita ~, não merece confiança. **Idi.** *Deixar-se de* ~*s* (Ex. Deixa-te de ~s e paga-me cá o que (me) deves) [Não dizer disparates/Não acreditar em ditos duvidosos]. **2** Estratagema/Manha/Astúcia/Mentira. **Ex.** Isso (que estás a dizer) é tudo ~. **3** *fam* Coisas sem importância.

treteiro, a *adj/s* (<treta+-eiro) ⇒ trapaceiro/mentiroso.

treva (Tré) *s f* (<lat *ténebra,ae*) **1** Ausência total de luz/Escuridão profunda. **Ex.** A luz apagou-se «faltou a ele(c)tricidade», ficámos em ~s [às escuras]. **2** Noite. **Ex.** Um clarão «relâmpago» rasgou a [brilhou na] ~ (da noite). **3** *fig* Ignorância/Falta de conhecimento. **Ex.** *Bíb* "A luz (Jesus Cristo, Verbo de Deus feito homem) resplandeceu [brilhou] nas ~s, mas as ~s não a receberam/admitiram" Jo 1, 5. **Comb.** *Rel* Ofício de ~s [Antigo ofício (Matinas e Laudes) dos três últimos dias da Semana Santa].

trevagem *s f Bot* (<trevo+-agem) Nome vulgar da luzerna-brava, *Medicago intertexta*, erva anual da família das leguminosas utilizada como forragem.

trevo *s m Bot* (<lat *trifolium,ii*) **1** Planta trifoliada da família das leguminosas, do gé[ê]nero *trifolium*, com várias espécies, espontânea e cultivada em Portugal. **2** Complexo [Entroncamento] de rodovias que se entrelaçam em forma de ~ para evitar cruzamentos.

treze [13] *num card/s/adj* (<lat *trédecim*) **1** *s* **Ex.** Dez mais três ou doze mais um são [é igual a] ~. **2** *adj* Décimo terceiro. **Comb.** Assento [Lugar] ~ «num meio de transporte».

trezeno, a (Zê) *adj* (<treze 2 + -eno) Décimo terceiro(+). **Comb.** Uma ~a de [Treze] maçãs.

trezentos, as [300/CCC] *num card/s pl* (<lat *trecénti,ae,a*) **1** Quantidade indicada por este número. **Comb.** ~as pessoas «na reunião». **2** 1300 até 1399 d.C. [séc. XIV]. **Ex.** São acontecimentos dos anos [da era de] ~os.

tri- *pref* (⇒três) Exprime a ideia de *três*. **Ex.** Tricampeão «de futebol».

tríade *s f* (<gr *triás,ados*) **1** Conjunto de três coisas «ferro, cobalto e níquel/doenças ou sinais patológicos/estátuas». ⇒ trio; trilogia; trindade. **2** *Bot* Conjunto de três órgãos ou estruturas vegetais iguais. **3** *Mús* Acorde de três sons.

triadelfo, a *adj Bot* (<tri- + gr *adelphós*: irmão) Diz-se de estame, de androceu, de planta ou de flor que tem os estames soldados pelos filetes em três feixes distintos. ⇒ triandro.

triaga ⇒ teriaga.

triagem *s f* (<fr *triage* <lat *triturare*: debulhar <*téro,ere,trítum*: esmagar, trilhar; ⇒ triar) A(c)to ou resultado de sele(c)cionar ou de separar elementos de um conjunto «de dados/matérias/concorrentes/candidatos» de acordo com determinados critérios. **Sin.** Escolha; sele(c)ção.

triandro [triândrico], a *adj Bot* (<tri- + gr *anér,andrós*: homem) Diz-se de planta, flor ou androceu que tem três estames livres. ⇒ triadelfo.

triangulação *s f* (<triangular² + -ção) **1** Divisão de uma área de superfície terrestre em triângulos para levantamento [a fim de fazer a] carta topográfica de uma região (T~ topográfica) ou para medição do perímetro de um arco de meridiano terrestre (T~ geodésica). **2** *(D)esp* Lance [Posição] em que os jogadores se movimentam formando linhas supostamente triangulares.

triangulador, ora *s* (<triangular² + -dor) O que faz triangulação.

triangular¹ *adj 2g* (<triângulo 1 + -ar²) **1** «bandeirinha/flâmula/galhardete» Que tem a forma de um triângulo. **2** «prisma/pirâmide» Que tem por base um triângulo. **3** Que envolve três elementos ou pessoas. **Comb.** Relação ~.

triangular² *v t* (<triângulo 1 + -ar¹) Dividir «terreno/área/região» em triângulos/Fazer a triangulação de.

triângulo *s m Geom* (<lat *triángulum,i*) **1** Figura geométrica que tem três ângulos e três lados. **Comb.** ~ *acutângulo* [que tem os ângulos todos agudos]. ~ *equilátero* [que tem os três lados e os três ângulos iguais]. ~ *escaleno* [cujos lados ou ângulos são desiguais]. ~ *isósceles* [que tem dois lados iguais]. ~ *obliquângulo* [que não é re(c)tângulo]. ~ *obtusângulo* [que tem um ângulo obtuso]. ~ *re(c)tângulo* [que tem um ângulo re(c)to]. **2** Obje(c)to com forma triangular «esquadro de desenho». **Comb.** ~ de pré-sinalização [Dispositivo de forma triangular que é obrigatório colocar na estrada em caso de avaria ou acidente]. **3** *fig* Conjunto ou posição de três elementos ou pessoas. **Comb.** ~ *amoroso*. **4** *Mús* Instrumento com a forma de um ~ de metal que se percute com uma varinha de ferro/Ferrinhos(+).

triar *v t* (⇒ triagem) Fazer a triagem de(+)/Sele(c)cionar/Escolher.

triarquia *s f* (<gr *triarkhía*) **1** Governo exercido por três indivíduos/Triunvirato **2**(+). **2** Conjunto de três estados ou soberanias. **3** Possessão ou domínio de três reinos ou países/Trirregno(+).

triarticulado, a *adj Zool* (<tri- + articulado) Diz-se do apêndice dos artrópodes que tem três artículos.

triásico, a *s/adj Geol* (<gr *triás*: grupo de três + -ico) (Diz-se de) período ou sistema mais antigo do Mesozoico ou Secundário, anterior ao Jurássico, que durou 40 milhões de anos e que se caracteriza pelo aparecimento de vários tipos de invertebrados e pelo fa(c)to de a vegetação terrestre ser dominada pelas coníferas.

triatleta (Tlé) *s 2g* (<tri- + ...) Atleta que disputa provas de triatlo.

triatlo *s m (D)esp* (<tri- + pentatlo) Conjunto de três provas ou modalidades atléticas «4 km de natação, 180 km de ciclismo e 42 km de corrida».

tríbade *s f* (<gr *tribás,ádos*) ⇒ lésbica(+).

tribadismo *s m* (<tríbade + -ismo) ⇒ safismo(+); lesbianismo(o+).

tribal *adj 2g* (<tribo + -al) Relativo a tribo. **Comb.** País [Sociedade] ~.

tribalismo *s m* Organização tribal ou situação cara(c)terizada por costumes e crenças tribais.

tribásico, a *adj Quím* (<tri- + base + -ico) Diz-se das bases que podem captar três protões ou três hidrogénios «Na_3PO_4».

tribo *s f* (<lat *tribus,us*: tribo, divisão do povo romano) **1** Grupo social autó[ô]nomo com certa homogeneidade entre as várias famílias que o constituem. **Comb.** As ~s indígenas da Amaz[ô]nia. As doze ~s de Israel. ⇒ clã; etnia; raça. **2** *Biol/Bot* Categoria utilizada na classificação de animais e plantas e que agrupa gé[ê]neros semelhantes. **3** *fig* ⇒ grupo.

tribo- *pref* (<gr *tríbos,ou*: a(c)ção de desgastar, atrito) Exprime a ideia de **desgaste/atrito** «na área da *Fís*».

triboeletricidade *s f Fís* [= triboelectricidade] (<tribo- + ...) Electricidade (desenvolvida) por fricção.

tribofe (Bó) *s m Br* (<?) **1** Acordo desonesto [Trapaça/Conchavo] entre jóqueis nas corridas de cavalos. **2** ⇒ Trapaça/Patifaria/Logro(+). **3** ⇒ Namorico(+).

tribofísica [tribologia] *s f* (<tribo- + ...) Parte da Física [Estudo] que trata dos fenó[ô]menos de atrito e desgaste, particularmente [, sobretudo] da lubrificação como forma de minimizar [diminuir] os efeitos desses fenó[ô]menos.

triboluminescência *s f Fís* (<tribo- + ...) Produção de luz visível durante a trituração e pulverização de sólidos.

tribometria *s f Fís* (<tribo- + -metria) Medida de (coeficientes de) atrito.

tríbraco *adj/s m Poe* (<gr *tríbrakhys*) (Diz-se de) pé métrico greco-latino formado de três sílabas breves.

tribulação *s f* (<lat *tribulátio,iónis*) Adversidade/Trabalhos/Amarguras/Atribulação. **Comb.** Uma vida cheia de ~ões.

tribular *v t/int* (<lat *tríbulo,áre*) ⇒ atribular(+).

tríbulo *s m Bot* (<lat *tríbulus,i*) Planta (aquática) zogofilácea, nativa da Europa, daninha. **Sin.** Abrolho(+).

tribuna *s f* (<tribuno) **1** Espécie de púlpito ou de ambão com estante, donde falam os oradores «deputados/Parlamentares». **Ex.** Subiu à ~ e fez um grande discurso. ⇒ palco; estrado. **2** Lugar alto e reservado a pessoas escolhidas durante uma cerimó[ô]nia ou sessão «de simpósio». ⇒ painel. **3** Plataforma situada num nível acima da plateia numa sala de espe(c)táculos. ⇒ camarote; arquibancada. **4** Palanque [Estrado]. **Ex.** O Presidente da República e demais [e outras] autoridades assistiram ao desfile do alto da ~. **5** *fig* Arte de falar em público/Eloquência «parlamentar». ⇒ tribuno.

tribunal *s m* (<lat *tribúnal,nális*: lugar onde se sentavam os tribunos, ~) **1** Órgão de soberania que administra a justiça. **Loc.** Recorrer aos ~ais. **Comb.** ~ *de contas* [Órgão responsável pela coordenação e fiscalização do orçamento e negócios do Estado e pela avaliação das aposentadorias, reformas e pensões]. ~ *de primeira instância* [que julga, ao nível de uma comarca, causas que não podem ser atribuídas a outro ~]. ~ *de segunda instância* [que julga recursos interpostos das decisões de um ~ de primeira instância]. **2** Lugar das audiências judiciais. **3** Conjunto dos magistrados ou das pessoas que administram a justiça. **Ex.** O ~ absolveu o réu. **4** Aquilo que forma juízo sobre questões morais. **Comb.** O ~ da consciência.

tribuno *s m* (<lat *tribúnus,i*) **1** *Hist* Magistrado romano. **Comb.** ~ da plebe [eleito pelo povo para o representar no Senado]. ⇒ cônsul. **2** *fig* Orador político (bom ou mau, popular, revolucionário, ...)

tributação *s f* A(c)to ou efeito de tributar/Taxação.

tributal *adj 2g* (<tributo + -al) Referente a tributos/impostos.

tributando, a *adj* ⇒ tributável.

tributar *v t* (<tributo + -ar) **1** Lançar tributo [imposto] sobre/Taxar. **Loc.** ~ o tabaco em mais de 20%. ~ todos os comerciantes. **Ant.** Isentar de. **2** ~-se/Cotizar-se/Contribuir para/Pagar. **Ex.** Todos se tributaram [Todos contribuíram] para a construção (das instalações) do clube. **3** Mostrar admiração por alguém/Prestar/Dar. **Loc.** ~ [Prestar/Render/Tecer] os maiores louvores ao [Louvar o] insigne conterrâneo.

tributário, a *adj/s* (<lat *tributárius,a,um*) **1** Relativo a tributo/imposto. **Comb.** *Direito* ~ [relativo aos impostos]. *Reforma* ~. **2** (O) que paga tributo/impostos/Contribuinte(+). **3** Curso de água que desagua noutro/Afluente(+). **Ex.** O rio Amazonas tem vários [muitos] ~s. O (rio) Zêzere é ~ do (rio) Tejo (Pt). **4** *fig* Que é dependente de [Que se sente obrigado a] alguém. ⇒ «muito» obrigado.

tributável *adj 2g* (<tributar + -vel) Que pode ou deve ser tributado/Cole(c)tável.

tributo *s m* (<lat *tribútum,i*) **1** Contribuição exigida pelo Estado para fazer face às despesas públicas/Imposto(+)/Contribuição. **Ex.** Antigamente alguns países tinham de pagar um ~ ao país suserano [que os dominava]. ⇒ taxa. **2** *fig* O que se presta [dá] por obrigação ou admiração por [a] alguém. **Ex.** Presto [Rendo]-lhe o ~ da minha (mais sincera) homenagem pelo que o senhor fez pelos [em favor dos] desvaforecidos [pobres] da nossa aldeia. A perda da privacidade é o ~ que se paga à fama. **Idi.** *Pagar o ~ à natureza* [Morrer]. **Comb.** ~ de sangue [Dever de servir a pátria como militar/soldado]. ⇒ preito/homenagem.

trica *s f* (<lat *tricae,cárum*) **1** Situação [Caso/Acontecimento] sem valor/Ninharia/Bagatela. **Ex.** Havia umas ~s a [para] deslindar/resolver/esclarecer. ⇒ futrica; nica. **2** Enredo/Intriga/Trapaça/Tramoia. **Ex.** Deixe-se de ~s (e futricas) se quer que o seu plano tenha êxito.

tricampeão, ã *s/adj (D)esp* (<tri- + ...) (Diz-se de) atleta, equipa ou clube que foi [se sagrou] campeão pela terceira vez.

tricampeonato *s m (D)esp* (<tri- + ...) Campeonato ganho [conquistado] três vezes.

tricéfalo, a *adj/s* (<tri- + -céfalo) (Diz-se d)o que tem três cabeças. ⇒ tricípete.

tricenal *adj 2g* (<lat *tricennális,e*) Que dura [tem] trinta anos.

tricentenário, a *adj/s m* (<tri- + ...) **1** «oliveira/castanheiro» Que tem trezentos ou mais anos. **2** Facto ocorrido há [faz] 300 anos. **Comb.** O ~ da universidade.

tri[e]centésimo, a *num ord adj/s m* (<lat *trecentésimus,a,um*) **1** (O) que numa série ocupa a posição do número 300. **2** Que é trezentas vezes menor que a unidade. **3** Cada uma das 300 partes iguais em que é dividido um todo «bolo de casamento».

tríceps ⇒ tricípite.

triciclo *s m* (<tri- + gr *kýklos*: roda) Velocípede ou veículo de três rodas. **Ex.** A criança anda no ~. Distribui [transporta] as encomendas da loja num ~ (a motor). ⇒ bicicleta.

tricinquentenário *s m* ⇒ sesquicentenário.

tricípite *adj 2g Anat* (<lat *tríceps,cípitis*: que tem três cabeças) Diz-se dos músculos que se ligam, numa das suas extremidades, por três tendões correspondentes a outros tantos feixes, como os (músculos) extensores do antebraço e da perna.

triclínico, a *adj* (<tri- + gr *klínein*: inclinar) Diz-se do sistema cristalográfico cuja cruz axial é formada por três eixos desiguais que se cortam [cruzam] em ângulos oblíquos.

-trico- *suf/pref* (<gr *thríx,trikhós*: cabelo, pelo) Exprime a ideia de **pelo**.

tricô *s m* (<fr *tricot*: bastão, agulha) Trabalho de fio de lã executado com duas agulhas próprias ou à máquina. **Loc.** Fazer ~ [Tricotar]. **Sin.** Malha.

tricoide *adj 2g* (<trico- + -oide) «papila» Em [Que tem] forma de pelo ou cabelo. **Sin.** Piliforme.

tricologia *s f* (<trico- + -logia) Tratado acerca dos pelos e cabelos.

tricolor (Lôr) *adj 2g* (<lat *tricólor,óris*) «bandeira» Com três cores.

tricoma (Cô) *s m* (<trico- + -oma) **1** *Med* Condição em que o pelo, adjacente a um orifício, o penetra provocando irritação e até séria inflamação. ⇒ tricose. **2** *Bot* Excrescência produzida em órgãos vegetais «folhas», sobretudo pela picada de inse(c)tos. **3** *Zool* Glândulas especiais de alguns inse(c)tos na base de uns tufos de pelos, que produzem substâncias odoríferas.

tricomatoso, a *adj Med* Que apresenta tricoma.

tricomicina *s f Med* (<trico- + -micete + -ina) Uma espécie de antibiótico.

tricomicose *s f Med* (<trico- + ...) Infe(c)ção do couro cabeludo provocada por fungos.

tricorde (Cór) *adj 2g Mús* (<tri- + corda) Que tem três cordas.

tricórdio *s m Mús* Instrumento tricorde [com três cordas].

tricorne (Cór) *adj 2g* (<tri- + -corne) Que tem três cornos, antenas ou bicos «barrete».

tricórnio *s m* Chapéu [Barrete] tricorne/de três bicos.

tricose (Có) *s f Med* (<trico- + -ose) **1** Inflamação das pálpebras que provoca o crescimento das pestanas para dentro [para baixo], causando irritação da conjuntiva. **2** Anomalia [Desenvolvimento anormal] de pelos «numa mucosa». ⇒ tricoma.

tricotar *v t/int* (<fr *tricoter*; ⇒tricô) Fazer tricô(+)/(uma peça de malha(o+).

tricotomia *s f* (<trico- + (di)cotomia) **1** Divisão em três «elementos». **2** *Bot* Tipo de ramificação em que cada ramo se vai dividindo em três (partes).

tricromia *s f* (<tri- + cromia) **1** Processo gráfico para reprodução de colorido variado pela impressão sobreposta de três chapas a cores diferentes. **2** Gravura impressa desse modo. ⇒ policromia.

tricúspide *adj 2g* (<lat *tricúspis,pidis*) Que tem três pontas. ⇒ valva/válvula.

tridáctilo, a [*Br* tridá(c)tilo (dg)] *adj* (<tri- + -dáctilo) «animal com pata» Que tem três dedos ou três prolongamentos digitiformes.

tridentado, a *adj* (<tridente + -ado) «lacínia» Que tem três dentes ou três divisões em forma de dentes.

tridente *adj 2g/s m* (<lat *trídens,éntis*: arpão; forcado de três dentes) **1** Que tem três dentes/pontas/Tridentado. **Comb.** Forquilha ~. Garfo ~. **2** Ce(p)tro de Neptuno, deus do mar na mitologia romana.

tridentino, a *adj* (<lat *tridentínus,a,um*: da [realizado na] cidade italiana de Trento) **Comb.** Concílio ~ [de Trento(+)].

tridimensional *adj* (<tri- + ...) **1** Que tem três dimensões (: comprimento, largura e altura). **Ex.** Os (corpos) sólidos são ~ais. **2** Que dá a sensação de relevo. **Comb.** Fotografia ~. Imagem ~. **3** *Mat* Diz-se de um espaço ve(c)torial cuja dimensão é três.

tridimite/a *s f Miner* (<gr *trídymos*: trigémeo) Variedade de sílica, poliforma, com a mesma composição do quartzo, estável entre 870°C e 1470°C, e que ocorre geralmente em lavas (dos vulcões).

triduano, a *adj* (<lat *triduánua,a,um*) Que dura [ocorre cada] três dias.

tríduo *s m* (<lat *tríduum,dui*) **1** Período de três dias. **2** Celebração ou exercício religioso feitos em três dias. **Ex.** Fizemos um ~ «de oração» em Fátima. **Comb.** ~ pascal [Últimos três dias da Semana Santa].

triécico [trieco] *adj Bot* ⇒ trioico.

triedro, a *adj/s m Geom* (<tri- + -edro) (Figura geométrica) que tem três faces. **Comb.** Ângulo ~ [que consta de três planos que se interceptam dois a dois ou de três semirre(c)tas da mesma origem mas não situadas no mesmo plano]. ***Superfície prismática* ~a** [de três faces dum prisma].

trienal *adj 2g* (<triénio + -al) **1** «plano para/contrato/cargo» Por [Que dura] três anos. ⇒ anual; bienal. **2** *Bot* Diz-se de planta: **a)** Que dá fruto de três em três anos; **b)** Que só começa a dar fruto três anos depois de (ser) plantada.

triénio [*Br* triênio] *s m* (<lat *triennium,ii*) Período [Espaço] de três anos. **Ex.** Exerceu o mandato durante um ~.

trifásico, a *adj Ele(c)tri* (<tri- + fase + -ico) Diz-se de corrente elé(c)trica com um sistema de três correntes alternadas e desfasadas que só precisam de um condutor por cada corrente.

trífido, a *adj* (<lat *trífidus,a,um*: fendido em três <*fíndo,ere,fídi,físsum*: fender, dividir) Aberto/Recortado em três partes. **Comb.** *Bot* Folha [Flor] ~a.

trifloro, a (Fló) *adj Bot/Poe* (<tri- + flor) Que produz ou tem três flores.

trifoliáceo, a *adj/s Bot* ⇒ trifólio,a **1**.

trifoliado, a *adj Bot* (<tri- + ...) Que tem três folhas ou folíolos. **Ex.** O trevo é ~, tem três folíolos em cada pé.

trifólio, a *adj/s m Bot/Arquit* (<lat *trifólium,ii*: trevo) **1** Diz-se de muitas plantas leguminosas, a que pertencem o trevo e a alfafa, algumas delas usadas como forragem (dos animais). **2** *s m Arquit* Ornato «gótico» que imita o trevo. ⇒ trilobado **2**. **3** *Bot* ⇒ trevo(+).

trifório *s m Arquit* (<tri- + *fóres,ium*: porta, abertura) Galeria estreita sobre as naves laterais ou sobre os arcos da nave central duma igreja.

triforme *adj 2g* (<tri- + -forme) Que tem três formas. ⇒ biforme; polimorfo.

trifurcação *s f* A(c)to oui efeito de trifurcar.

trifurcar *v t/int* (<tri- + *furca*: forca(da) + -ar) Dividir(-se) em três coisas. **Comb.** *Estrada trifurcada* (em três) «ao chegar àquele ponto». *Tronco trifurcado* (em três ramos/pernadas).

triga[1] *adj f* (<trigo) Diz-se de farinha de trigo. **Sin.** Frumentário[táceo](+). ⇒ tritíceo.

triga[2] *s f* (<?) ⇒ azáfama; pressa.

trigal *s m* (<trigo + -al) Campo [Seara] de trigo.

trigamia *s f* (<tri- + -gamia) Estado de marido que tem três mulheres. ⇒ bigamia; bígamo; poligamia.

triga(-)milha *s f* (<triga[1] + milha[2]) Pão feito de farinha de trigo e milho. ⇒ centeio,a; broa.

trigémeo, a [*Br* trigêmeo] *adj/s m* (<tri- + ...) **1** (Diz-se de) indivíduo que nasceu com mais dois do mesmo parto. **Ex.** A parturiente teve ~s! **2** *Anat* (Diz-se d)o nervo sensitivo-motor que compõe o quinto par de nervos cranianos.

trigeminado, a *adj Arquit* (<trigé[ê]mino + -ado) Diz-se de janela «gótica» com [dividida em] três vãos.

trigémino, a [*Br* trigêmino] *adj* (<tri- + lat *géminus,a,um*: parecido, gémeo) ⇒ trífido.

trigésimo, a *num ord/adj/s* (<lat *trigésimus,a,um*) **1** (O) que, numa série [sequência] ocupa a posição [o lugar] do número trinta/30. **2** *s m* Uma das trinta partes iguais em que se dividiu um todo «bolo da festa»/⅟₃₀.

trígino, a *adj Bot* (<tri- + -gino) «flor» Que tem três pistilos.

triglicérido [triglicerídeo] *s m Bioq* (<tri- + ...) Lípido constituído por um glicerol (⇒ glicerina) combinado com três moléculas dum ácido gordo, sintetizado a partir da digestão de gorduras, e que é a forma na qual a gordura é armazenada no organismo.

tríglifo *s m Arquit* (<gr *tríglyphos*) Elemento de forma prismática, com três sulcos na face frontal, do qual resultam três superfícies verticais, e que integra com as métopas, os mútulos e as gotas, o friso da ordem dórica.

triglota adj/s 2g ⇒ trilingue(+); poliglota.
trigo s/adj m Bot (<lat *tríticum,ci*) **1** Planta gramínea de cujo grão moído se obtém a farinha mais usada na alimentação. **Comb.** ⇒ ~-sarraceno. **2** (Diz-se d)o pão feito dessa farinha. **Ex.** Hoje comprei três ~s. **Comb.** Pão (de) ~.
trigonal adj 2g (<lat *trigonális,e*) **1** Que tem três ângulos/Triangular(+)/Trígono. **2** Diz--se do sistema cristalino cara(c)terizado por três eixos iguais que estão igualmente inclinados e não são perpendiculares entre si/Romboédrico.
trígono, a adj/s (<gr *trigonos,os,on*: de três ângulos) **1** Que tem três ângulos/Triangular(+). **2** Anat Qualquer área do corpo ou de um órgão que tem forma triangular. **Comb.** ~ *cerebral* [Arco medular de substância branca subjacente ao corpo caloso do cérebro]. ~ *vesical* [Parte da superfície interna da bexiga urinária, delimitada pelos dois orifícios dos ureteres e pelo da uretra]. **3** Astrol Posição (considerada benéfica) de dois planetas cuja distância angular é de 120°, no círculo do zodíaco.
trigonocéfalo, a adj/s (<trígono + -céfalo) (O) que tem a cabeça triangular. ⇒ tricéfalo.
trigonometria s f Mat (<trígono + -metria) Estudo das funções trigonométricas (seno, cosseno, tangente, cotangente, secante e cossecante) e da sua aplicação à resolução dos problemas «espaciais» relativos aos triângulos.
trigonométrico, a adj Relativo à trigonometria. **Comb.** Função ~a [Designação comum do seno, cosseno, tangente, cotangente, secante e cossecante]. *Paralaxe* ~*a* [que se obtém dire(c)tamente pela análise da variação anual da dire(c)ção duma estrela em resultado do movimento orbital da terra]. *Sentido* ~ [de rotação, que se convencionou positivo numa curva plana e fechada, e que é contrário ao do movimento dos ponteiros do relógio].
trigo-sarraceno s m Bot Planta herbácea, poligonácea, de folhas cordiformes [em forma de coração], pequenas flores brancas, cultivada para alimentação humana e forragem; *Fagópyrum esculéntum*. **Sin.** Fagópiro(+); trigo-moiro.
trigrama s m (<tri- + -grama) Conjunto de três letras ou cara(c)teres que formam uma palavra ou uma cifra «JHS». ⇒ monograma; tetragrama.
trigueiro, a adj (<trigo + -eiro) **1** Relativo a trigo (⇒ 2 Comb.) **2** Da cor um pouco escura do trigo maduro. **Comb.** Face [Pele] ~a/morena.
trijugado adj Bot (<lat *tríjugus,a,um*: triplo + -ado) Diz-se de folha com três pares de folíolos.
trilado, a adj/s (<trilar) ⇒ trinado.
trilar v t/int (<trilo + -ar¹) ⇒ trinar; gorjear; cantar.
trilateral adj 2g (<tri- + lateral) Que se refere a três lados ou partes. **Comb.** Acordo [Contrato] ~ «entre Angola, S. Tomé e Príncipe e Guiné Bissau».
trilátero, a adj/s m (<tri- + lat *látus,teris*: lado) **1** Que tem três lados. ⇒ quadrilátero. **2** ⇒ triângulo(+).
trilema (Lê) s m (<tri- + lema) Situação problemática [difícil] de onde se pode sair apenas por um de três modos, difíceis de decidir. ⇒ dilema.
trilha s f (<trilhar) **1** A(c)to ou efeito de trilhar/Debulha(+). **2** ⇒ trilho(+)/carreiro/ vereda/caminh(it)o. **3** ⇒ pista(+)/rasto/encalço. **4** Caminho a [que se deve] seguir/ Exemplo(+). **5** Br Parte linear de película ou de disco gravados. **Comb.** ~ *sonora* [Faixa estreita com a gravação do som]. **Sin.** Banda(+).
trilhadela (Dé) s f (<trilhar **2** + -dela) Pisadela(+) com ou sem ferida. ⇒ pisadura.
trilhamento s m (<trilhar) ⇒ trilha **1**.
trilhão ⇒ trilião.
trilhar v t (<trilho **1** + -ar) **1** Debulhar (cereais) com o trilho. ⇒ esbagoar «milho/ bagos de uva»; triturar; esmagar; moer. **2** Pisar «o pé de alguém»/Calcar. **Ex.** Trilhou o dedo [a unha] com um entalão na porta. **3** Percorrer «um caminho». **Ex.** O par de namorados trilhara a areia da praia. **4** fig Seguir «o exemplo de alguém». **Ex.** Decidiu ~ os passos do mestre.
trilho s m (<gr *tríbolos*: grade para debulhar o trigo) **1** Agric Utensílio agrícola puxado por animais, com que se debulham os cereais na eira. **2** Viga de ferro por onde algo pode deslizar «comboio/vagão/máquina». **Sin.** Carril(+). **3** ⇒ carreiro; vereda; caminho. **4** fig Maneira de viver ou de pensar/ Rumo. **Idi.** *Sair dos* ~s /*carris*(+) [Desviar--se do bom caminho/Desencaminhar-se].
trilião num card/s m (<tri- + (bi)lião) **1** Um milhão de biliões/10^{18}/Unidade seguida de dezoito zeros. **2** Br Mil Biliões/10^{12}/Unidade seguida de doze zeros.
trilingue adj/s 2g (<lat *trilínguis,ue*) **1** (O) que fala três línguas. **Ex.** Os meus filhos são ~s. **2** «país» Que tem três línguas. **Comb.** Dicionário ~ «inglês, português e francês».
triliteral [trilítero] ⇒ trigrama.
trílito ⇒ dólmen/anta.
trilo s m (<on) **1** Canto melodioso de ave/Trinado(+). **2** Mús Ornamento musical que consiste na articulação rápida e alternada duma nota (musical) com a nota imediatamente superior/Trinado **2**.
trilobado, a adj (<gr *tríiobos*; ⇒ lobado; lobo²) **1** Bot Que tem três lobos/lóbulos. **Ex.** O trevo tem folhas ~as. ⇒ trifólio. **2** Arquit Que está disposto em forma de trifólio, ornato que imita o trevo. **Comb.** Arco ~.
trilobite/o, a s/adj Pal (⇒ trilobado) Crustáceo fóssil, marinho, cara(c)terístico do Paleozoico, cujo corpo está dividido em três lobos (Ráquis e duas pleuras).
triloculado [trilocular] adj (<tri- + ...) Que apresenta [tem] três lóculos.
trilogia s f (<gr *trilogía*) **1** Hist Grupo de três tragédias que constituíam os poemas dramáticos apresentados a concurso nos jogos solenes da antiga Grécia. **2** Conjunto de três obras «literárias» ligadas entre si por um tema comum. **3** Conjunto de três coisas. ⇒ tríade; trio; trindade.
trimaculado, a adj (<tri- + maculado) Com três malhas, manchas ou máculas.
trimensal adj 2g (<tri- + ...) «feira/mercado» Que se realiza três vezes por mês. ⇒ trimestral.
trimensário s m (<tri- + mês + -ário) Jornal que sai [se publica] de três em três meses. **Sin.** Jornal trimestral.
trímero, a adj (<gr *trimerés*) **1** «flor» Dividido em três partes. **2** Quím Composto cuja molécula resulta da combinação de três moléculas idênticas de outro composto mais simples. ⇒ polímero.
trimestral adj 2g (<trimestre + -al) **1** «inquérito» Que se realiza cada [de três em] três meses. **2** «curso de informática» Que dura (só) três meses.
trimestralidade s f Qualidade ou condição de «prestação» trimestral.
trimestre s m/adj 2g (<lat *triméstris,e*: de três meses) **1** (Espaço de) três meses. **Ex.** Um ano tem quatro ~s ou dois semestres. **2** ⇒ trimestral(+).
trímetro s/adj m (<gr *trímetros*) (Verso) que é composto de três pés no sistema de versificação greco-latina.
trimilenário, a adj (<tri- + ...) Que é três vezes milenário/Que tem três mil anos.
trimilénio [Br trimilênio] s (<tri- + ...) Período de três mil anos.
trimorfia [trimorfismo(+)] s f [m] (<trimorfo + ...) Qualidade ou estado do que é trimorfo. ⇒ polimorfismo.
trimorfo, a (Mór) adj (<tri- + -morfo) **1** Bot Diz-se da flor que tem estames de três tamanhos (diferentes). **2** Miner Diz-se da substância susce(p)tível de cristalizar em três estruturas diferentes e com a mesma composição química. ⇒ polimorfo.
trimotor (Tôr) adj/s m (<tri- + motor) (Diz-se de) avião a(c)cionado por [que tem] três motores.
trinado, a s m/adj (<trinar) **1** Canto melodioso de ave/Gorjeio/Trilo**1**. **2** Mús Articulação rápida e alternada de duas notas conjuntas, própria da ópera italiana/Trilo **2**.
trinar v t/int (<trino + -ar) **1** (A ave) soltar a voz/Gorjear/Cantar. **2** Soltar trilos/Emitir sons passando de uma nota para outra com mais ou menos meio tom ou um tom. **3** fig Dizer suavemente, em voz baixa. **Ex.** Trinou-lhe ao ouvido palavras de amor. **4** (O mesmo sacerdote) dizer três missas no mesmo dia. **Ex.** Aos domingos tenho de binar... e ~!
trinca¹ s f (<?) **1** Conjunto de três coisas análogas. **2** Três cartas de jogar do mesmo valor. **Comb.** «tive» Uma ~ de ás/ases [Três ases]. **3** Grupo de três pessoas/ Trio(+).⇒ troica **2**. **4** Náut Variedade de cabo que dá três voltas «para fixar uma peça». **Idi.** Pôr o navio à ~/à bolina [muito cingido ao vento].
trinca² s f (<trincar) **1** A(c)to ou efeito de cortar com os dentes/Dentada(o+)/Trincadela(+). **Ex.** Deu uma grande ~ na maçã! **2** col/pop Um pedacinho/Uma dentadinha. **Ex.** Pediu-lhe que lhe desse uma ~ de queijo. **3** Arroz partido ou de má qualidade. **Ex.** Comprou milho para as galinhas e ~ para os pintainhos. **4** Br Pequena escoriação/Arranhão/Arranhadura. **5** Br ⇒ fresta/frincha.
trincadeira s f col/pop (<trincar + -eira) **1** A(c)to ou efeito de trincar/comer. **Idi.** *Dar à* ~/*ao dente*(+) [Comer]. **2** ⇒ comida.
trincadela (Dé) s f (<trincar + -dela) A(c)to ou efeito de cortar com os dentes, de uma vez.
trincado, a adj (<trincar) **1** Cortado com os dentes/Mordido. **Ex.** Esta melancia está [foi] ~a/mordida(+) por algum bicho/animal. **2** Br ⇒ fendido/rachado/gretado. **3** ⇒ astuto/sagaz/malicioso. **4** Náut ⇒ calafetado/breado.
trinca-espinhas s 2g 2n col/pop (<trincar + espinha) Pessoa alta e muito magra.
trinca-ferro s m Ornit (<trincar + ferro) Ave do gé[ê]nero *Salvator*, de bico forte e grosso, canto mavioso e coloração variegada, com várias espécies e diversos nomes.
trincafiar v t (<trincafio + -ar) **1** Coser ou prender com trincafio. **2** Náut Amarrar com mialhar «para forrar um cabo».
trincafio s m (<trincar + -fio) **1** Fio delgado e resistente usado pelos sapateiros. **2** Náut Cabo fino para amarrar «um toldo/uma vela». **3** Porção de estopa que se enrosca na rosca do parafuso, para se apertar melhor a porca. **4** fig Modo indire(c)to e malicioso de agir/Manha(+).
trinca-fortes s m 2n (<trincar + forte) ⇒ arruaceiro/desordeiro.
trincar v t (<provençal *trencar*: cortar) **1** Partir ou cortar com os dentes. **Loc.** ~ [Roer]

uma maçã. ~ um pedacinho de queijo. ⇒ roer; rilhar. 2 Morder(+). **Ex.** Ai! Trinquei [Mordi] o lábio! 3 *fig* ⇒ Ficar furioso/Zangar-se.

trincha *s f* (<trinchar) 1 Broxa «cilíndrica» ou pincel espalmado para aplicação de tintas «em paredes». 2 Ferramenta de carpinteiro semelhante à enxó. 3 Instrumento de ferro para arrancar pregos ou arrombar portas. ⇒ pé de cabra. 4 ⇒ pedaço «de carne»/apara «de madeira».

trinchador, ora *s/adj* (<trinchar) Pessoa que trincha a carne «do peru assado».

trinchante *adj/s* (<trinchar) 1 ⇒ trinchador. 2 Conjunto de faca e garfo grandes para trinchar. **Ex.** Este faqueiro não tem ~, temos de usar outro garfo e faca. 3 Aparador sobre o qual se trincha/Placa/Chapa/Trincho 1 (+).

trinchar *v t* (<fr *tranch(i)er*: cortar) 1 Cortar carne cozinhada em pedaços ou às fatias com instrumento cortante. **Ex.** Trinchou o leitão assado. 2 Recortar as bainhas dos fatos para que assentem [caiam] bem no corpo.

trincheira *s f* (<fr *tranchée*) 1 *Mil* Fosso ou escavação (no terreno) cuja profundidade e parapeito servem como [de] abrigo aos combatentes. 2 Qualquer tipo de vedação para prote(c)ção ou abrigo. 3 Numa praça de touros: a) Tabique à volta da arena; b) Bancada de onde se assiste ao espe(c)táculo.

trincheirar ⇒ entrincheirar.

trinchete (Chê) *s m* (<fr *tri[a]nchet*) Faca de sapateiro.

trincho *s m* (<trinchar) 1 Prato [Travessa/Tabuleiro] grande sobre que se trincha (carne assada). ⇒ trinchante 3. 2 A(c)ção ou maneira de trinchar. 3 Sítio da peça de carne por onde é mais fácil (de) trinchar. 4 Tábua sobre a qual se põe a coalhada dentro do cincho para fazer o queijo. 5 *fig* Meio prático de resolver um assunto/problema. **Idi.** *Dar com o ~* [Acertar].

trinco *s m* (<trincar) 1 Peça de ferro (que faz parte) da fechadura e que se faz correr com a chave ou manualmente [ou com a mão]. ⇒ aldraba; ferrolho; tranqueta. 2 Estalido(+) que se dá [faz] com os dedos. 3 *Br* ⇒ trinque.

trincolhos-brincolhos (Có-có) *s m pl* (<on) Brinquedos «que fazem barulho» de criança. ⇒ guizo.

trindade *s f* (<lat *trínitas,tátis*) 1 ⇒ tríade 1(+). 2 *pl* (Hora do) toque das ave-marias «dado/anunciado/tocado pelos sinos». 3 *Maiúsc Rel* (Santíssima T~) Pai, Filho e Espírito Santo. **Comb.** Igreja da T~ «na cidade do Porto, Pt» (*Idi* Cair o [a igreja do] Carmo e a T~ [Acontecer uma grande desgraça]). ⇒ trino¹ 2.

trinervado [trinérveo], **a** *adj Bot* (<tri- + ...) Diz-se de folha que tem três nervuras, todas a partir da base do limbo.

trineto (Né) *s* (<tri- + ...) Filho de bisneto. **Ant.** Trisavô/ó.

trinfar *v int* (< *on*) ⇒ «andorinha» grinfar.

Trinidad [Trindade] **e Tobago** *s f Geog* País independente desde 1962, situado a nordeste da Venezuela e cuja capital é Port of Spain.

trinitário, a *adj* (<trindade 3 + -ário) Da Santíssima Trindade. **Comb.** O dogma ~o. ⇒ trino 1; tríade 1.

trinitrofenol *s m Quím* ⇒ pícrico.

trinitroglicerina *s f Quím* (<tri- + ...) Designação do éster do ácido nítrico e da glicerina [Trinitato de glicerilo], *us* na preparação da dinamite.

trinitrolueno [TNT/Trotil] *s m Quím* (<tri- + nitro + tolueno) Violento explosivo cuja molécula resulta da substituição de três hidrogé[ê]nios benzé[ê]nicos do tolueno por três radicais NO_2.

trino¹, a *adj/s* (<lat *trínus,a,um*) 1 Que consta de [Composto por] três. ⇒ triplo; tríplice. 2 (Diz-se de) religioso da Ordem Hospitalar da Santíssima Trindade.

trino² *s m* (< *on*) ⇒ trinado.

trinominal [trinómine] [*Br* **trinômine**] *adj 2g* (<lat *trinóminis,e*) Que tem três nomes.

trinómio [*Br* **trinômio**] *s m* (<tri- + gr *nomos*: divisão + -io) 1 *Mat* Polinómio composto de três termos. **Ex.** $ax^2 + bx + c$ é um ~ do segundo grau. 2 «em tax[o]nomia» Nome científico duma subespécie [variedade] com [constante de] três palavras «latinas».

trinque *s m* (<fr *tringle*: varão de cortinado) Cabide [Cruzeta] para (dependurar) fatos ou tecidos «para vender». **Idi.** *Andar no(s) ~(s)* [Vestir(-se) bem/com elegância]. «sala» *Estar nos ~s* [muito limpa].

trinta [30/XXX] *num card/s/adj* (<lat *trigínta*) (Diz-se de) quantidade representada por este número. **Comb.** «tenho» *~ anos. Capítulo ~* «do livro». *Dia ~* «de novembro». *Fila (número) ~* «do teatro/cinema». ⇒ trigésimo.

trinta-e-um *s m* 1 Um jogo em que ao começo se dão três cartas a cada jogador, que depois mais vão tirando do baralho; ganha quem se aproxima de ~ pontos por defeito e nunca por excesso. 2 *fig* Grande problema/Complicação.

trintão, ona *s/adj* ⇒ trintenário.

trintar *v int* (<trinta + -ar) Completar 30 anos (de idade).

trintário *s m* (<trinta + -ário) Conjunto [Número] de trinta missas, oferecidas em dias seguidos por um defunto.

trintena (Tê) *s f* (<trinta +-ena) 1 (Conjunto de) trinta (coisas ou pessoas). 2 Cada uma de 30 partes iguais de um todo. ⇒ trigésimo.

trintenário, a *adj/s* (<trinta + -ário) (Diz-se de) indivíduo com idade na casa (Dezena): 30-39) dos trinta (anos).

trio *s m* (<it *trio* <*tre*: três + -io) 1 Conjunto de três coisas ou pessoas. **Ex.** Lá vem [Ora vejam lá] aquele ~ «de brincalhões/preguiçosos»! **Comb.** (d)*esp* ~ *atacante* (No futebol: centroavante, meia[ponta]-direita, meia[ponta]-esquerda). ~ *de arbitragem* (Juiz e dois auxiliares). 2 *Mús* a) Trecho [Composição] musical para (ser executado por) três vozes ou instrumentos/Terceto; b) Conjunto de três executantes.

tríodo *s m Fís/Ele(c)tro* (<tri- + -odo) Válvula termiónica de três elé(c)trodos que contém um cátodo incandescente, um ânodo (Placa) e uma grelha.

trioico, a (Ói) *adj Bot* (<tri- + -oico) Diz-se de uma classe de plantas que têm flores de três categorias sexuais: masculinas, femininas e hermafroditas. **Sin.** Triécio [Trieco].

trioleína *s f Quím* (<tri- + ...) ⇒ oleína.

trióxido *s m Quím* (<tri- + ...) Óxido «de arsé[ê]nio» com três átomos de oxigénio por [em cada] molécula.

tripa *s f* (<lat *ex(s)tírpo,áre*: extirpar, arrancar) 1 Intestino de animal «vaca». **Ex.** Na minha terra as mulheres iam lavar as ~s do porco na ribeira da aldeia. 2 *pop* Intestino(+) humano. **Idi.** «lutar» *Com as ~as na mão* [Com coragem e valentia]. *Comer à ~ forra* [Comer muito/como um alarve]. *Fazer das ~s coração* [Fazer um trabalho superior às suas [próprias] forças]. **Comb.** *col Nó na ~* [Obstrução/Cólica intestinal causada por torção num ponto do intestino/Volvo(o+)/Vólvulo(+)]. *idi* **Pau de virar ~s** [Pessoa muito magra]. ⇒ entranha. 3 *pl Cul* Feijoada de vísceras de vaca/Dobrada(o+)/Dobradinha(+) (**Comb.** ~s à moda do Porto, Pt).

tripanossoma/o *s m Zool* (<gr *trýpanon*: verruma + soma²) Gé[ê]nero de protozoários flagelados, parasitas do sangue de animais «cão/gato» e do homem, que provoca a tripanossomíase.

tripanossomíase *s f Med* Designação geral das doenças produzidas por tripanossomas, como a doença do sono. **Comb.** ~ *americana* [causada por um protozoário, *Trypanosoma cruzi*, e veiculada por um inse(c)to hemíptero, conhecido no Brasil pelo nome de barbeiro ou doença de Chagas (Cientista brasileiro)].

tripartir *v t* (<tri- + ...) Partir [Dividir] em três partes «a herança».

tripé *s m* (<tri- + pé) Suporte de três pernas (articuladas). **Loc.** Colocar o tacho «de leite» na lareira sobre um ~ [uma trempe]. ⇒ tripeça; trípode.

tripeça *s f* (<lat *tripétia,ae*) 1 Assento de três pés e sem respaldo. **Idi.** *Estar a cair da ~* [Estar muito fraco/velho]. 2 *fig* Reunião [Grupo] de três pessoas que costumam andar [planear algo] juntas.

tripeiro, a *adj/s col* (<tripa(s) + -eiro) (Diz-se de) habitante [natural] do Porto, Pt. **Sin.** Portuense(+). ⇒ tripa 3 *Comb*.

tripétalo, a *adj Bot* (<tri- + pétala) Diz-se de flor que tem três pétalas.

tripetrepe (Tré) *adv* (<on) 1 Com cuidado/De mansinho/Pé ante pé (+). 2 De modo encoberto/Sorrateiramente(+).

tripla *s f Ele(c)tri* (<triplo) 1 Peça [Ficha] com dois pinos que permite a ligação de três fios (com ficha na ponta) à corrente/tomada. **Ex.** Precisamos de uma ~ para as ligações. 2 Marcação dos três resultados possíveis «vitória, empate, derrota» num boletim de apostas mútuas (d)esportivas.

triple *adj/s 2g* ⇒ triplo.

tripleto, a (Plê) *s m/f* (<triple + eto) 1 Conjunto de três elementos/coisas/componentes. 2 *s f* Bicicleta de duas rodas e três assentos. **Sin.** Tandem.

tríplex (Plècs) *num/s adj 2g 2n* (<lat *tríplex,icis*) 1 Multiplicado por três/Tríplice. 2 *Com* Composição vítrea com duas chapas de vidro e uma de mica entre elas. 3 *Br* Construção com três pavimentos: cobertura, casa e apartamento térreo.

triplicado, a *adj/s m* (<triplicar) 1 Multiplicado por três/Triplo. 2 *s m* Terceiro exemplar ou segunda cópia «dum documento»/Triplicata. **Comb.** «assinar um contrato» *Em ~o*. ⇒ tresdobrado.

triplicar *v t* (<lat *tríplico,áre,átum*) 1 *Mat* Multiplicar por três. 2 Aumentar para o triplo/Tornar(-se) cada vez maior. **Ex.** Este mês as nossas despesas triplicaram.

triplicata *s f* (lat *triplicátus,a,um*) Terceiro exemplar ou segunda cópia «dum documento»/Triplicado 2.

tríplice *adj 2g* (⇒tríplex) Composto [Que consta] de três partes. **Comb.** Salto ~/Triplo(+).

triplo, a *num/adj/s* (<lat *tríplus,a,um*) 1 Que contém três vezes a mesma quantidade. **Ex.** Nove é o triplo de três (3+3+3 = 9). O meu avô tem o ~ da minha idade... e da minha experiência. 2 Que apresenta três cara(c)terísticas ou componentes. **Comb.** *Ficha ~a.* ⇒ tripla 1. *Sofá ~o* [de três peças] «no canto da sala da TV». *Vantagem ~a*.

tripó *s m* ⇒ tripé.

trípode *s f* (<lat *trípus,odis*: tripeça) 1 *Hist* Tripeça alta em que a pitonisa ou a sibila

pronunciavam os seus oráculos. **2** Vaso ou ânfora com três pés.

trípole/i *s m Miner* (<top *Trípoli*, cidade da Síria) Rocha sedimentar, constituída por carapaças de diatomáceas, que fornece um pó empregado na limpeza e polimento de metais, mármores, vidros, etc.

tripsina *s f Bioq* (<gr *thrýpsis*: a(c)ção de quebrar ou amolecer) Enzima segregada pelo pâncreas no duodeno e que catalisa a degradação das proteínas por meio da enteroquínase.

tríptico *s m* (<gr *tríptykhos,os,on*: dobrado em três placas) **1** Quadro pintado constituído por três painéis [folhas/panos], um central e fixo e os outros dois laterais e móveis ligados ao primeiro por dobradiças ou gonzos. **2** *Hist* Tabuinha em que escreviam os antigos e que se dobrava em três. **3** Caderneta que concede autorização para um veículo entrar num país sem pagar direitos alfandegários.

triptofano *s m Bioq* (<tripsina + -fano) Aminoácido das proteínas, essencial ao organismo, cristalino, que se pode considerar um derivado do indol; $C_{11}H_{12}N_2O_2$.

tripudiar *v int* (<lat *tripúdio,iáre,iátum*) **1** Dançar [Saltar] batendo com os pés/Sapatear. **Ex.** O dançarino tripudiou demoradamente. **2** Exultar (de contente). **Ex.** O vencedor ria, gesticulava e tripudiava com a vitória. **3** Manifestar abertamente desprezo. **Ex.** Um verdadeiro campeão não tripudia sobre o derrotado. **4** Viver na devassidão. **Loc.** ~ no vício.

tripúdio *s m* (<lat *tripúdium,dii*: dança religiosa) **1** A(c)ção de tripudiar. **2** Dança sapateada/Sapateado(+). **3** Agressão ou desafio às normas morais/Libertinagem/Licenciosidade.

tripulação *s f* (<tripular + -ção) **1** A(c)to ou efeito de tripular «avião». **2** Conjunto dos tripulantes [das pessoas empregadas no serviço] de um avião ou barco/Pessoal de bordo.

tripulante *s/adj 2g* (<tripular + -ante) (Diz-se de) pessoa que tripula um avião ou um barco.

tripular *v t* (<lat *interpólo,áre,átum*: reparar, consertar, prover) **1** Prover de pessoal uma embarcação ou avião. **2** Pilotar(+)/Dirigir/Manobrar.

triques *adj 2g 2n* (<?) Muito bem vestido/Janota/Aperaltado. **Ex.** Lá vai ela toda ~ para o emprego!

triquestroques *s m 2g* (<triques + troca) Jogo de palavras/Trocadilho(+).

triquetraque *s m* (<on) **1** Jogo ou tabuleiro de gamão(+). **2** Artefa(c)to pirotécnico [de fogo de artifício] que tem várias bombas e que estoiram seguidas.

triquetraz *adj/s 2g* (<on) ⇒ traquinas.

tríquetro, a *adj/s m* (<lat *tríquetrus,a,um*) **1** Que tem três ângulos. **2** *Bot* Diz-se de órgão vegetal de secção triangular e com três arestas em gume, como os escapos das ciperáceas.

triquíase *s f Med* (<gr *trikhíasis*) ⇒ tricose.

triquina *s f Zool* (<gr *trikhíne*: de cabelo) Pequeno nematelminte que parasita alguns animais (incluindo o homem, que se infe(c)ta comendo carne de porco triquinada) e que origina uma triquinose cara(c)terizada por quistos nos músculos.

triquinado [triquinoso], a *adj* Que tem triquinas.

triquiníase [triquinose] *s f Med* Doença produzida por triquinas.

triquismo *s m Med* (<gr *trikhismos*) Fra(c)tura filiforme de um osso.

trirradiado, a *adj* (<tri- + ...) Que tem três raios.

trirreme (Rré) *s f* (<lat *trirémis,e*) (Antiga) embarcação com três ordens de remos.

tris *interj/s m* (<on; ⇒triz) **1** Imita o som produzido por obje(c)tos que quebram facilmente. ⇒ trás². **2** Estalido de vidro.

triságio *s m Rel* (<tri- + gr *hágios*: santo) Hino religioso que louva a Deus como três vezes santo, começando com as palavras *santo, santo, santo.*

trisanual *adj 2g* ⇒ trienal.

trisarquia *s f* (<gr *triarkhía*: triunvirato) Governo de [por] três chefes. ⇒ monarquia.

trisavô, ó *s m/f* (<tri- + ...) **1** Pai de um dos bisavós. ⇒ trineto,a. **2** Mãe de um dos bisavós.

trisca *s f* (<triscar) **1** ⇒ briga/rixa. **2** ⇒ intriga.

triscar *v int* (<gótico *thriskan*: bater) **1** Discutir com/Brigar(+). **2** Provocar desordem. **3** ⇒ Intrigar(+). **4** *Br* Roçar(+) de leve «a esquina da casa».

trismo *s m Med* (<gr *trismós*: rangido) Aperto ruidoso e involuntário das maxilas uma contra a outra, provocado pela contra(c)ção espasmódica dos músculos mastigadores.

trispermo, a *adj Bot* (<tri- + gr *spérma*: semente) Que tem três sementes.

trissar *v int Ornit* (<lat *tríss(it)o,áre*: «a andorinha» chilrear) ⇒ grinfar; trisso.

trissecção [*Br* trisse(c)ção *(dg)*] *s f* (<trissecar) Divisão de algo «um ângulo» em três partes iguais.

trissecar *v t* (<tri- + lat *séco,áre*: cortar) Cortar ou dividir em três partes iguais.

trissector [*Br* trisse(c)tor *(dg)*] *adj/s m* (<tri- + lat *séctor,óris*: o que corta, cortador) (Diz-se de) instrumento que divide «ângulos» em três partes.

trisse(c)triz *(dg) s f Geom* [= trissectriz] (⇒ trissector) Cada uma das semirre(c)tas que determinam a [Curva plana que permite resolver o problema da] trise(c)ção de um ângulo.

trissemanal *adj 2g* (<tri- + ...) Que se realiza três vezes por semana.

trissépalo, a *adj Bot* (<tri- + sépala) Diz-se de cálice (da flor) que tem três sépalas.

trisseriado, a *adj* (<tri- + ...) Disposto ou ordenado em três séries.

trissílabo, a *adj/s m* (<gr *trisýllabos*) (Diz-se de) palavra que tem três sílabas. **Ex.** Quantos ~s há nesta frase? **Comb.** Vocábulo ~/trissilábico(+). ⇒ mono[poli]ssílabo.

trisso *s m Ornit* (<on) **1** A(c)to de trissar. **2** Voz da andorinha.

trissomia *s f Med* (<tri- + soma² + -ia) Situação de uma célula ou de um organismo que apresenta, nos pares de cromossomas homólogos, um cromossoma a mais e que é causadora de várias doenças, como o síndrome de Down.

trissulco, a *adj* (<lat *trisúlcus,a,um*) Que apresenta três sulcos/Fendido em três. ⇒ trífido.

tristaminífero, a *adj Bot* (<tri- + estame + -fero) «flor» Que tem três estames.

triste *adj/s 2g* (<lat *trístis,e*) **1** Sem [Que não tem/não sente] alegria/Aborrecido/Descontente/Desgostoso/Sentido. **Ex.** Os pais estão ~s com o filho por ter (sido) reprovado (no exame). **Ant.** Alegre/Contente. **2** Que não ri/Melancólico/Sombrio. **Comb. Figura [Pessoa]** ~. **3** Que faz lembrar a dor/Que causa aborrecimento. **Comb. Lugar** ~/isolado/sombrio/funesto. **Notícia** ~. **Rua** ~/escura/sem movimento. «hoje está um» **Tempo** ~/nublado. **4** Difícil/Doloroso/Pesado. **Comb.** O ~ dever «de obedecer a uma lei injusta/tirânica». **5** Que causa dó/Que dá pena/Digno de lástima/Lastimável/Mau. **Ex.** Ela fala mal de toda (a) gente.

É ~ [Dá pena]! É ~ ver tantas criancinhas inocentes a morrer à [de] fome «nos campos de refugiados»! **6** Infeliz/Que não tem remédio/jeito. **Ex.** Ele é um ~/pobre/infeliz/miserável «não trabalha, anda mal vestido, não tem que comer».

tristemente *adv* (<triste + -mente) **1** Com tristeza/um sentimento de infelicidade/Dolorosamente. **Ex.** O filho despediu-se dos pais ~. **2** De uma forma que causa melancolia. **Ex.** Os sinos tocavam ~ dando nove badaladas pelo falecido. **3** Usa-se para manifestar descontentamento. **Ex.** Este é um dos problemas [Isto é um problema] que ~ [infelizmente(+)/lamentavelmente] ainda não foi resolvido.

tristeza (Tê) *s f* (<lat *tristítia*) **1** Estado de insatisfação/melancolia. **Ex.** Lia-se-lhe no rosto uma grande ~. **Prov.** «ora!» ~*s não pagam dívidas* [Não faça caso/Ria-se dos problemas]. **Ant.** Alegria. **2** *fig* Algo que causa mágoa/nostalgia/pena. **Comb.** A ~ da noite. A ~ daquela terra «sem gente/com casas abandonadas». **3** *Br Vet* Moléstia causada por babésia/Babesíase(+).

tristimania *s f* (<triste + mania) Monomania acompanhada de tristeza/Tristeza habitual sem razão aparente.

tristonho, a *adj* (<triste + -onho) **1** De aspe(c)to triste/Macambúzio. **Ex.** É um indivíduo ~, não fala com ninguém... **2** Que causa tristeza. **Comb.** Um dia ~ de inverno/invernia.

tristura *s f* ⇒ tristeza.

tritão *s m* (<gr *Tríton*, deus marinho) **1** *Mit* Semideus marinho, meio-homem e meio-peixe. **2** *Zool* **a)** Batráquio semelhante à salamandra, de cauda comprida em forma de remo; **b)** Molusco gastrópode, de concha univalve, utilizado antigamente pelos romanos como trombeta de guerra. ⇒ búzio. **3** *Astron* Satélite de Neptuno, com cerca de 3700 km de diâmetro. **4** ⇒ escafandro.

tritíceo, a *adj* (<lat *tritíceus,ea,eum*) De trigo. ⇒ triga¹; frumentáceo.

triticultura *s f* (<trigo + ...) Cultura do trigo «no Alentejo, Pt».

trítio [T3] *s m Fís* (<gr *tritos*: terceiro + -io) Isótopo radioa(c)tivo de hidrogénio, cujo núcleo é constituído por um protão e dois neutrões.

tritongo *s m Gram* (<tri- + gr *phtóggos*: som articulado, voz) Grupo vocálico constituído por uma semivogal, vogal e outra semivogal. **Ex.** O *uão* de *quão* e o *uai* de *Paraguai* são ~s. ⇒ ditongo.

trituração *s f* A(c)to ou efeito de triturar. ⇒ mastigação «dos alimentos».

triturador, ora *adj/s* **1** (O) que tritura. **2** Máquina ou aparelho de cozinha que consta de um recipiente com lâminas giratórias e removíveis que permitem cortar aos bocadinhos, bater, desfazer e misturar alimentos. ⇒ varinha mágica.

triturar *v t* (<lat *tritúro,áre,átum*) **1** Reduzir a pó/Pulverizar/Moer. **2** Desfazer «a sopa com a varinha mágica/com a trituradora». **3** ⇒ mastigar. **4** *fig* Massacrar(+) «o conferencista com perguntas».

triunfador, ora *adj/s* (<lat *triumphátor*: general) triunfador) (O) que triunfa/Vitorioso/Vencedor.

triunfal *adj 2g* (<lat *triumphális,e*) Relativo a triunfo/Apoteótico. **Comb. Arco** ~ (arco do) triunfo **1 Comb(+)**. **Marcha** ~/tocada para celebrar uma vitória.

triunfalismo *s m* (<triunfal + -ismo) Sentimento exagerado de triunfo/de ser único senhor da verdade.

triunfalmente *adv* «os campeões entraram» Em triunfo «na cidade».

triunfante *adj 2g* (<triunfar) Alegre por ter triunfado ou ganho «o campeonato/o concurso». **Comb. Ar** [Rosto/Olhar] ~/de triunfo. **Entrada** ~ dos campeões na cidade. **Grito** ~/de vitória «Viva o Benfica!». ⇒ pomposo; altivo.

triunfar *v int* (<lat *triúmpho,áre,átum*; ⇒ triunfo) **1** Obter [Alcançar] a vitória. **Ex.** O exército aliado triunfara [tinha triunfado], afinal. A justiça [verdade] sempre triunfa/ganha/prevalece. **Loc.** ~ **do** [Ganhar ao/Vencer o] *inimigo*. ~ **sobre o** [Ganhar ao] *rival*. **2** Sentir uma enorme alegria, um sentimento de vitória e de sucesso. **Ex.** A criança triunfava [estava triunfante (+)] por ter ganho o jogo. **3** ⇒ jactar[vangloriar/orgulhar]-se.

triunfo *s m* (<lat *triúmphus,i*: entrada solene em Roma dum general vencedor que se dirigia ao Capitólio para agradecer aos deuses) **1** Grande vitória. **Ex.** A batalha de Aljubarrota (14 de agosto de 1385) foi um (grande) ~ dos portugueses. **Comb.** Arco do ~ [Monumento que consiste de um grande pórtico arqueado para comemorar um feito notável «ganhar uma guerra»]. **2** Êxito completo/Sucesso. **Ex.** A marca atingida na prova foi um ~ para o atleta. **Comb.** O ~ da Medicina sobre as doenças infe(c)tocontagiosas. **3** Grande regozijo/júbilo/alegria. **Ex.** Os heróis foram carregados em ~, com gritos e aplausos. **Loc. Em** ~ [Por entre aplausos/De maneira triunfal]. **4** Enfeite central numa mesa de banquete.

triunvirato *s m* (<lat *triumvirátus,us*) **1** *Hist* Funções ou cargo de triúnviro. **2** Governo [Dire(c)toria] de três indivíduos. ⇒ troica.

triúnviro *s m* (<lat *triúmvir,viri*) **1** *Hist* Antigo magistrado romano que exercia cargos administrativos de responsabilidade com outros dois magistrados. **2** Membro de triunvirato 2.

trivalência *s f Quím* (<tri- + ...) Propriedade de uma substância trivalente.

trivalente *adj 2g Quím* (<tri- + ...) Capaz de formar três ligações químicas/Que tem valência três.

trivalve *adj 2g* (<tri- + valva) «fruto capsular/concha» Que tem três valvas.

trivial *adj 2g/s m* (<lat *triviális,e*) **1** Que todos sabem/Sabido de todos/Mais que sabido/Comum/Vulgar/Banal/Corriqueiro/Costumeiro. **Comb.** Uma frase [expressão] ~. **2** *Cul* Conjunto de pratos simples, de refeições quo[co]tidianas.

trivialidade *s f* Qualidade de trivial/Banalidade/Vulgaridade. **Comb. A** ~ **do estilo** «jornalístico». **As ~s** [O trivial] **da vida diária**. ⇒ ramerrame/ramerrão.

trivializar *v t* (<trivial + -izar) Fazer perder a determinado fa(c)to ou evento o seu cará(c)ter exce(p)cional/Banalizar «o abraço».

trívio [**trivium**] *s/adj* (<lat *trivium,vii*: que se divide em três caminhos <*ter*: três + *via*: via) **1** Caminho que se trifurca/Lugar onde convergem três caminhos. ⇒ encruzilhada. **2** Na Idade Média, a primeira parte do ensino universitário, formada por três disciplinas (Gramática latina, Lógica e Retórica) ministradas antes do *quadrivium*, e que com este último constituía as sete artes liberais. ⇒ quadrívio.

triz *s m* (<gr *thriks*: pelo, cabelo) Só *us* na *Loc* **Por um** ~/cabelo [Por pouco «não caiu da cadeira»/Quase «caiu da cadeira»]. **Loc.** Estar por um ~ **a)** Estar prestes [quase] a morrer/Estar às portas da morte; **b)** Estar prestes a acontecer «a queda do prato [da jarra] à beira da mesa».

troada *s f* (<troar) Uma série de estrondos «de trovões, de disparos de canhão».

troante *adj 2g* (<troar + -ante) Que troa/Retumbante/Sonoro. **Comb.** Uma risada enorme, ~, ressonante. **Sin.** Tonitroante(+).

troar *v int/s m* (<lat *tóno,áre*: chamar com voz forte, trovejar) **1** Fazer grande estrondo/Retumbar/«o trovão» Ribombar. **Ex.** Ouviam-se os disparos a ~. **2** Falar com voz alta e forte/Bradar. **Ex.** O orador «político» troava da sua tribuna contra o programa do Governo.

troca (Tró) *s f* (<trocar) **1** Permuta de uma coisa por outra. **Ex.** Fizemos uma ~ de assentos [cadeiras] no avião porque o meu vizinho preferia [queria] ir à [do lado da] janela. **Comb. idi ~s e baldrocas a)** Permutas confusas/complicadas; **b)** Negócios fraudulentos/ilegais/falsos. **idi ~ de galhardetes a)** Elogios recíprocos (entre pessoas ou grupos); **b)** *iron* Acusações recíprocas. ~ **de palavras** [Altercação/Discussão/Zanga] (Ex. No meio da confusão gerou-se ali uma ~ de palavras entre os dois). ~ **por** ~ ⇒ **Em [Por/Como]** ~ [Como permuta] (Ex. O meu irmão deu-me a casa (dos pais) e eu em ~ dei-lhe a loja «farmácia». **2** Mudança/Substituição. **Comb.** ~ de uma peça da máquina. ~ **dos pneus do carro** «pondo outros novos/pondo os menos gastos das rodas de trás nas rodas da frente». **3** Comunicação. **Comb.** ~ **de informações**. ~ **de notícias**. **4** Engano. **Ex.** Sem querer [cair na conta/*idi* dar por ela] houve uma ~ de guarda-chuvas e (só) ao chegar a casa (é que) vi que o que trouxe não era o meu.

troça (Tró) *s f* (<troçar) **1** Zombaria/Escárnio/Mofa/Caçoada. **Loc.** Fazer ~ [Zombar/Escarnecer] de alguém. **2** Brincadeira(+)/Graça(+). **Ex.** Eu chamei-lhe [disse que ele era] maluco, mas foi só por ~ [só a brincar/só por brincadeira]. **3** *Br* ⇒ vida dissoluta; farra. **4** *Br* ⇒ ajuntamento de pessoas; multidão.

trocadilhar *v int* Usar de [Andar com(+)/Fazer] trocadilhos(+).

trocadilhista *s 2g* Pessoa que costuma fazer [que se serve de(+)/que usa (o+)] trocadilhos.

trocadilho *s m* (<esp *a la trocadilla*: às avessas/ <trocado + -ilho) Jogo de palavras que têm um som semelhante ou igual mas significados diferentes, por gracejo ou como ornamento de estilo. **Ex.** Ele gosta muito de (fazer/usar) ~s… **Ex.** Expressão ambígua/que se presta a várias interpretações. **Ex.** Ela fez uns ~s na apresentação de contas.

trocado, a *adj/s m pl* (<trocar) **1** Que se trocou/Substituído/Permutado. **Comb.** Carro ~ por outro (novo). **2** Que se tomou em vez de outro/Que se confundiu. **Ex.** Ao sair da rece(p)ção «no hotel» trouxe [vim com] um guarda-chuva ~o [que não era o meu]! **3** Cruzado/De través/Ao contrário. **Ex.** O bebé tem os sapatinhos ~s! **Comb.** Olhos ~s/estrábicos. **4** Dinheiro miúdo/Trocados(+)/Moedas(+)/Trocos(o+). **Ex.** Não tenho ~, só (tenho) notas [dinheiro em papel]. **Idi.** «problema/caso/escândalo, foi-nos todo» ~ **em miúdos** [Explicado minuciosamente]. **5** *Poe* ⇒ mourão. **6** ⇒ trocadilho.

trocador, ora *s/adj* **1** O que troca [cambia] «dinheiro». **2** *Br* ⇒ cobrador «do trem/ônibus».

troçador, ora ⇒ trocista.

trocaico, a *adj/s Poe* (<gr *trokhaikós,é,ón*) (Diz-se de) verso composto de troqueus.

trocanter (Tér) *s m Anat* (<gr *trokhantér,éros*) Cada uma das duas tuberosidades [proeminências] ósseas do fé[ê]mur, onde se ligam os músculos da coxa.

trocar *v t* (<lat *trópica,córum*: mudanças <*trópicus,a,um*: relativo a mudanças/figurado/metafórico) **1** Fazer a troca de/Permutar. **Ex.** Troquei a minha loja «farmácia» pela casa do meu irmão. **Idi.** ~ **as voltas a** [Frustar os planos de] *alguém* (Ex. Ele queria-me enganar no negócio mas eu troquei-lhe as voltas). *Br* - **de bem** [Fazer as pazes]. ~ **de mal** [Cortar/Romper relações]. **2** Tomar uma coisa em vez de outra/Enganar-se/Confundir. **Ex.** Parece que troquei o guarda-chuva, o meu era mais leve. Vive trocando [Anda/Está sempre a ~(+)] os nomes dos vizinhos. **3** Substituir/Mudar. **Ex.** Trocou a cidade pelo campo. **Loc.** ~ **o carro** «comprando um novo». ~ **de lugar** «no avião». ~ [Mudar(+)] **de roupa**/Trocar-se (Ex. Vou-me ~, já venho). **4** Interpretar [Entender] mal/ao contrário. **Ex.** Você no artigo que escreveu para o jornal trocou o que eu disse no meu discurso. **5** Cambiar (dinheiro). **Ex.** Vou (ali) ao banco ~ cem euros [100 €]. **Loc.** ~ [Levantar/*Br* Tirar] um cheque. **6** Cruzar. **Loc.** ~ **ideias** [Falar do que se [do que cada um] pensa/Dizerem os dois a sua opinião].

troçar *v t* (<lat *tortiáre* <*tórqueo,tórsi,tórtum*: torcer) **1** Fazer de alguém o alvo de gestos ou palavras humilhantes/Escarnecer/Zombar. **Ex.** Ele troça de tudo e de todos [Ele é um trocista]. **2** Rir-se de/Brincar(+). **Ex.** Ela não te quis ofender, estava a ~.

trocarte *s m Med* (<fr *trocart*) Instrumento médico para fazer punções e retirar matérias líquidas duma cavidade do organismo.

troca-tintas *s 2g 2n col* (<trocar + tinta) **1** Mau pintor. **2** ⇒ trapalhão; inconstante.

trocável *adj 2g* (<trocar 1 + -vel) Que se pode trocar.

trochado, a *adj/s* (<trochar) **1** Diz-se de cano «de espingarda» que foi torcido ou reforçado «com fita de aço espiralada». **2** *s f* Pancada com trocho.

trochar *v t* (<trocho + -ar) Torcer «fita de aço» para reforçar «cano de espingarda».

trocho (Trô) *s m* (<lat *trúncus,a,um*: privado de ramos, cortado <*trúncus,i*: tronco «de árvore/pessoa») (Pedaço de) pau/Cavaco/Toro.

trocista *adj/s 2g* (<troçar + -ista) (O) que faz [gosta de fazer] troça/Zombeteiro/Caçoador. ⇒ brincalhão.

tróclea *s f Anat* (<lat *tróchlea,ae*: roldana) Protuberância articular na ponta dum osso que permite uma articulação com movimentos de flexão e extensão com outro osso. **Ex.** A saliência [protuberância] da extremidade [ponta] inferior do úmero a articulá-lo com o cúbito é uma ~.

troclear *adj 2g* (<tróclea + -ar²) **1** Da tróclea. **2** Diz-se do nervo que controla o músculo que assegura [faz] a rotação do olho para baixo e para o canto interno.

troc(o)- *pref* (<gr *trokhós,oû*: roda, giro) Exprime a ideia de **roda, disco, anel**, …

troco (Trô) *s m* (<trocar) **1** A(c)ção de trocar/Troca(+). **Ex.** Tem ~ de [Pode trocar-me] uma nota de 500 €? **Loc.** **A ~ de a)** Em troca de/Como contrapartida/Compensação; **b)** Por causa de/Na esperança de «vir a ficar rico». **2** Quantia de dinheiro que se recebe depois de fazer uma compra [depois de comprar algo]. **Ex.** Dei-lhe uma nota de dez euros para pagar o café e o empregado deu-me oito euros de ~. **3** *pl* Dinheiro miúdo/em moedas/Trocados. **Ex.** Quis [Queria] dar uma gorjeta ao empregado mas não tinha ~s. **4** *fig* Resposta oportuna/Réplica/Rea(c)ção. **Ex.** Os homens interpelaram-na, mas ela não lhes deu ~ [não lhes ligou/não fez caso (deles)/ela fi-

cou calada]. Ele bateu-me mas levou [apanhou] logo o ~ [mas eu também lhe bati].

troço¹ (Trô) *s m* (⇒ trocho) **1** Pedaço ou parte duma estrada, dum rio, … **Ex.** Só falta asfaltar o último ~ da estrada. **Sin.** Trecho(+). **2** Pedaço, porção ou fragmento de qualquer coisa. **Comb.** Um ~ [corpo(+)] de tropas. **3** (Parte do) caule de uma planta «couve»/Troncho.

troço² (Tró) *s m Br* (< ?) (É uma *palavra-ônibus*) **1** Coisa que não tem designação conhecida/Negócio(+). **2** Coisa imprestável/Tralha/Tareco. **3** Pessoa que tem influência/Figurão. **4** Coisa súbita e inexplicável/Badagaio. **Ex.** Teve [Deu-lhe] um ~ e morreu!

trocoide (Cói) **[trocóideo, a]** *adj* (<gr *trokhoeidés*: em forma de roda) **1** *Anat* Diz-se de uma articulação em que um osso gira sobre outro. **2** Capaz de movimento de rotação.

troféu *s m* (<lat *trophaéum,i* <gr *trópaion*: monumento duma vitória) **1** Sinal visível de uma vitória «taça de campeonato ganho». **Comb.** ~ de caça [Cabeça empalhada de animal que foi abatido na caça]. **2** ⇒ despojo(s). **3** ⇒ vitória. **4** *Br col* ⇒ troço² **1**.

-trofia *suf* (<gr *trophé*: a(c)ção de alimentar, nutrição) Exprime a ideia de **nutrição**. **Ex.** Autotrofia; hipertrofia.

trófico, a *adj* (⇒ -trofia) Relativo a nutrição. **Comb.** Nervos ~s [que regulam a alimentação dos tecidos]. Úlcera ~a [provocada por falta de nutrição da parte do tecido afe(c)tado].

-trofo- *suf/pref* ⇒ -trofia.

trofoblasto *s m Biol* (<trofo- + blasto) Camada de células que forma a parede externa da blástula dos mamíferos e a(c)tua na implantação e nutrição do embrião.

trofologia *s f* (<trofo- + -logia) Tratado de nutrição ou do regime alimentar. **Sin.** Nutricionismo(+).

trofoneurose *s f Med* (<trofo- + …) Qualquer distúrbio trófico «erupção cutânea/atrofia» provocado por afe(c)ção dos nervos de uma parte do corpo.

troglodita *s/adj 2g* (<gr *troglodýtes*) **1** (O) que vive [vivia(+)] em cavernas/Cavernícola. **2** *fig* Pessoa rude/Grosseira.

troglófilo, a *adj/s* (<trogo- + -filo) (Diz-se de) animal que vive na parte menos iluminada das cavernas, como os morcegos e vários inse(c)tos.

troica (Ói) **[ru troika]** *s f* **1** Conjunto de três cavalos a puxar um trenó/uma carruagem. **2** *fig* Conjunto de três pessoas, países ou organismos.

trole [trólei] *s m* (<ing *trolley*) **1** Dispositivo com [dotado de] uma carretilha de metal que desliza por cabos elé(c)tricos e transmite energia ao motor de veículos «autocarro/ônibus». **2** Vagoneta/e para transporte «nas minas».

trólebus [troleibus/troleicarro] *s m* Veículo movido por meio de um trole/trólei.

trolha (Trô) *s m* (<lat *trúlla*: pequena espumadeira) **1** Operário [Artista] que assenta a argamassa nas paredes, caia, conserta telhados, etc. **2** Pequena tábua, com uma pega(deira) na parte inferior onde o operário coloca a argamassa que vai aplicando. **3** *depr* Desajeitado.

trom *s m* (<lat *tónitrus* [*tonítruum*],*i*: trovão) ⇒ estrondo(+) «de tiro de canhão».

tromba *s f* (<trom + a²) **1** Prolongamento musculoso da parte nasal do elefante e de outros proboscídeos que constitui um órgão simultaneamente olfa(c)tivo, tá(c)til e de preeensão/Probóscide. **2** Órgão sugador de certos animais, em especial dos inse(c)tos, como a abelha, mosca, … **3** *gír* Alongamento pronunciado do focinho de animal «da anta», da face humana ou do nariz e dos lábios. **Ex.** Aquele (além) tem uma(s) ~s! **4** *pop/col* Cara/Nariz/Semblante. **Loc. De ~s** [Amuado/Carrancudo] (Ex. Passou o dia de ~s por não lhe terem feito a vontade). ***Dar nas ~s [Ir às] ~s a*** [Bater a/Esmurrar] ***alguém. Levar [Apanhar] nas ~s*** [Ser esmurrado]. **5** *Meteor* ⇒ tromba-d'água.

trombada *s f* (<tromba + -ada) **1** «o elefante dar uma» Pancada com a tromba. **2** Pancada com o rosto. **Ex.** Não acendi a luz e dei uma ~ na porta da sala de jantar. **3** Choque/Batida/Colisão. **Ex.** Deu uma ~ com o carro na árvore. ⇒ trompaço **1**.

tromba-d'água *s f fig Meteor* Fenó[ô]meno meteorológico que consiste numa grande nuvem negra, animada de movimento de rotação e translação e parecida a uma tromba de elefante, a qual, girando rápido em torno do seu eixo, desce até baixo produzindo um forte remoinho e eleva a água «do mar» na forma de um cone com a base virada para cima.

trombeta (Bê) *s f* (<tromba + -eta) **1** *Mús* Instrumento musical de sopro, composto de um tubo metálico terminado em funil. ⇒ trompa; trompete. **2** Tocador de ~/Trombeteiro. **3** *Bot/Icti* Parte da designação de várias plantas e peixes que lembram a forma ou o som da ~. ⇒ trombeteiro **2**. **4** *fig* Ruído (com o nariz) ao assoar-se. **Ex.** Que ~! **5** *fig* Pessoa indiscreta/que divulga algo *idi* aos quatro ventos.

trombetada *v int* (<trombeta + -ada) Toque rápido de trombeta. **Ex.** Dá (lá) uma ~ «na buzina (do carro)» a ver se ele vem depressa [se ele se despacha]!

trombetear *v int* (<… + -ear) **1** Tocar trombeta(+). **2** Fazer anúncio de/Divulgar.

trombeteiro, a *adj/s* (<… + -eiro) **1** O que toca trombeta/Trombeta **2**. **2** *Bot/Icti col* Nome comum de plantas ou animais «aves/peixes» que lembram uma trombeta. ⇒ trombeta **3**.

trombetista *s 2g* ⇒ trombeteiro **1**.

trombo *s m Med* (<gr *thrómbos*,ou: grão, grânulo) Coágulo de sangue que se formou no interior de um vaso sanguíneo ou do coração.

trombócito *s m Biol* (<trombo + -cito) Pequena célula sanguínea incolor existente no sangue dos mamíferos, que intervém no processo de coagulação. **Sin.** Plaqueta(+).

trombocitopenia *s f Med* (<trombócito + gr *penía*: pobreza) Número de plaquetas no sangue abaixo do normal. **Ant.** Trombocitose.

trombocitose *s f Med* (<trombócito + -ose) Estado mórbido (originado) por excesso de trombócitos no sangue. **Ant.** Trombocitopenia.

tromboflebite *s f Med* (<trombo + flebite) Inflamação da parede de uma veia, com formação de coágulos sanguíneos.

trombone (Bó) *s m Mús* (<it *trombone*) **1** Instrumento metálico de sopro, com bocal em forma de taça, composto por um tubo móvel que desliza sobre outro (T~ de varas) ou só por um tubo provido de pistões (T~ de pistões). **2** Pessoa que toca ~. **3** *fig* (Pessoa de) voz grossa/tonitruante. **Ex.** Era melhor você calar o [você calar-se] porque só está a dizer disparates. **Comb.** Voz(eirão) de ~.

trombonista *s 2g* ⇒ trombone **2**.

trombose (Bó) *s f Med* (<trombo + -ose) Formação de coágulos no interior dos vasos sanguíneos. **Ex.** Teve uma ~ e paralisou do lado esquerdo (do corpo: braço e perna). **Comb.** ~ *coronariana* [numa coronária]. ~ *venosa* [devido a inflamação ou infe(c)ção local ou a varizes].

trombudo, a *adj* (<tromba + -udo) **1** «anta/elefante» Que tem tromba (grande). **2** *fig* «homem» Carrancudo/Amuado. **Ex.** Estás [Vejo-te] muito ~; que aconteceu/se passa?

trompa *s f* (<trom + a²) **1** *Mús* Instrumento metálico de sopro, com embocadura, composto por um longo tubo várias vezes enrolado sobre si mesmo, que termina em pavilhão largo e que produz um som mais cavo do que o do trompete. ⇒ trombone. **2** Músico «da banda» que toca a trompa. **3** *Anat* Órgão tubular recurvado que estabelece comunicação entre duas cavidades do organismo animal. **Comb.** ~ *de Eustáquio*/Tuba auditiva [Canal que põe em comunicação com a faringe a cavidade do ouvido médio]. ~ *de Falópio*/Tuba uterina [Canal/Oviduto sinuoso terminado por um pavilhão e que recebe e conduz os óvulos do ovário para o útero]. **4** ⇒ buzina [corno] «de caça». **5** *Zool* Formação tubular nos lepidópteros «borboletas» originada pelo desenvolvimento das maxilas, que se enrola em espiral e serve para sugar. **6** Instrumento «de laboratório» ou qualquer obje(c)to que serve para aspirar o ar.

trompaço *s m* (<tromp[b]a + -aço) **1** Embate/Colisão de um corpo noutro/Trombada **3**. **Ex.** Os dois carros deram um grande ~ e ficaram desfeitos. **2** Grande bofetada ou murro.

trompada *s f* (<tromp[b]a + -ada) ⇒ trompaço **1**.

trompázio *s m* ⇒ trompaço **2**.

trompete (Pé) *s m Mús* (<trompa **1** + -ete) **1** Instrumento metálico de sopro, com embocadura semiesférica em forma de cálice, tubo cilíndrico alongado, só com duas curvas (ao contrário da trompa) e pistões e terminado em pavilhão cónico. **2** Músico que toca este instrumento.

trompetista *s 2g* ⇒ trompete **2**.

trompista *s 2g* ⇒ trompa **2**.

tronar *v int* (<trom + -ar) Soar (como) o trovão. **Sin.** Troar **1**(+). ⇒ atroar «os ares».

troncha *s/adj f* (<troncho **3**) ⇒ tronchuda **4**.

tronchar *v t* (<troncho **1** + -ar) Cortar rente/troncho «Derrabar/Desorelhar». **Ex.** Tronchei as orelhas do [Desorelhei o] cachorro.

troncho, a *adj/s m* (⇒ trocho) **1** Privado de algum membro/apêndice «orelha/rabo». **2** *Br* Inclinado/Torto. **Comb.** Mesa ~a. Quadro ~ «na parede». **3** ⇒ Troço¹ **3**. **4 a)** Membro ou apêndice (que foi) cortado; **b)** Talo de couve tronchuda.

tronchudo, a *adj/s f* (<troncho + -udo) **1** Grosso/Espesso/Gordo. **Comb.** *Braço* ~/rechonchudo(+)/gorducho(o+)/roliço. *Corpo* ~. *Pescoço* ~. **2** Que tem o corpo e os membros grossos. **Comb.** Uma mulher ~a. **3** *Bot* Que tem talos grossos ou carnudos. **4** *s f* Variedade de couve de talos grossos «boa para acompanhar as batatas com bacalhau na consoada de Natal».

tronco *s m* (<lat *trúncus,i*) **1** *Bot* Caule (lenhoso) de árvore, entre a raiz e a ramada. Os ~s brancos das bétulas davam ao bosque um tom luminoso. O ~ dos sobreiros, depois de lhes tirar a cortiça, fica quase vermelho. ⇒ haste; talo; pé «de couve». **2** Ramo grosso de árvore/Toro(+). **Comb.** Cami(nh)ão carregado de ~s. **3** *Anat* Parte do corpo que suporta a cabeça e os membros, correspondente ao tórax e abdó[ô]men. **Comb.** *idi* «algo/um discurso» Com cabeça, ~ e membros [Completo/Perfeito]. **4** Tórax(+). **5** *Geom* Parte de um sólido que foi cortado perpendicular ou obliquamente

ao seu eixo. **Comb.** **~ de cone**/Cone truncado [Porção de cone compreendida entre dois planos e cujo corte não passou pelo vértice]. **T~ de prisma**/Prisma truncado [Sólido que se obtém cortando um prisma por um plano oblíquo (em relação) à base]. **6** *fig* Origem comum/Estirpe/Cepa. **Ex.** Eu tenho uns primos que entroncam em [que são do ~ de] Afonso de Albuquerque. **7** ⇒ cadeia/prisão/cárcere. **8** Forte dispositivo «de madeira» onde se prende [se mete] um animal para ser ferrado ou castrado.

troncudo, a *adj* (<tronco + -udo) Que tem o tronco muito desenvolvido/grosso. **Comb.** *Homem baixo mas ~*/atarracado(+). *Pernas ~as*/grossas(+)/gordas «de elefante».

troneira *s f* (<trom + -eira) Intervalo entre os merlões da muralha por onde se enfia a boca do canhão/Bombardeira. ⇒ ameia; seteira.

trono (Trô) *s m* (<gr *thrónos*: assento) **1** Assento elevado destinado ao rei. **2** *fig* Poder real/soberano. **Loc.** Subir ao ~ [Começar a reinar/Suceder como rei]. **Comb.** «o príncipe real é o» Herdeiro do ~. **3** *Rel* Lugar elevado onde se expõe o Santíssimo (Sacramento da Eucaristia) ou uma imagem de santo. **4** *pl* Um dos nove coros dos anjos. **5** *gír* Vaso sanitário/Sanita. **Ex.** Vamos esperar por ele (por)que está no ~.

tropa (Tró) *s f* (<fr *tro(u)pe*: bando de pessoas ou animais) **1** *Mil* Conjunto dos que prestam serviço nas forças armadas, em qualquer arma/ramo: exército, marinha e força aérea. **Ex.** As ~s aliadas comemoraram a vitória. **2** *Mil* Cada um dos corpos que constituem um exército. **Comb.** **~ de paraquedistas**. *Corpo de ~s* [Contingente constituído por diferentes armas [ramos] empregadas/os numa operação militar]. **3** Serviço militar. **Loc.** *Estar na ~* [Ser soldado]. *Fazer a ~* [Cumprir o serviço militar]. **4** Aglomeração de pessoas/Bando. **5** *col* Soldado. **Ex.** Ele é [foi] ~. **6** *Br* Grupo «de escu[o]teiros/de trabalhadores escravos/de bestas de carga/de gado em jornada».

tropa-fandanga (Tró) *s f depr* Bando de pessoas indisciplinadas/Gente desprezível.

tropeada *s f* (<tropear) Ruído grande e confuso de gente ou de animais em fuga/a correr/Tropel(+). **Comb.** ~ vertiginosa de cavalos.

tropear *v int* (<tropa 6 + -ear) **1** «cavalo (ferrado)» Fazer ruído a correr [andar] ao bater com as patas (no chão)/Fazer tropel(+). **2** Ser tropeiro.

tropeção, ona *s m/adj* **1** A(c)to de tropeçar/Topada com o pé/Tropeço **1**. **Ex.** Ia distraído, dei um ~ «numa pedra» e quase (que) caí. **2** Diz-se de animal que tropeça com frequência. **Comb.** Cavalo [Égua] ~ão [~ona].

tropeçar *v int* (<lat *interpedi(a)re*: impedir) **1** Ir [Embater] com o pé contra alguma coisa/Dar uma topada/um tropeção(+)/Esbarrar. **Ex.** O avô tropeçou na cadeira e caiu. Tropecei no degrau mas não caí nem me feri. **2** *col* Deparar [Encontrar-se] inesperadamente com algo/Ficar perplexo/Não saber como reagir. **Ex.** A cada passo tropeçava na burocracia [A burocracia «dos funcionários públicos» estava sempre a complicar-lhe a vida]. A criança ainda tropeçava [parava/se atrapalhava] nas palavras mais difíceis. **Loc.** ~ em [Ter/Encontrar] dificuldades. **3** Cair em erro/Enganar-se. **Ex.** O examinando «aluno/concorrente» tropeçou na última pergunta e reprovou!

tropecilho *s m* (<tropeço + -ilho) ⇒ empecilho; estorvo.

tropeço (Pê) *s m* (<tropeçar) **1** ⇒ tropeção **1**(+). **2** Aquilo em que se tropeça. **Ex.** Havia (ali) um ~ no corredor e como estava escuro [às escuras(+)] fui contra ele e feri-me no joelho. **3** ⇒ estorvo; empecilho. **4** *fig* Pessoa que estorva [incomoda/atrapalha] os outros. **Ex.** Agora aqui na cozinha és mais um ~ do que uma ajuda. **5** *fig* Pessoa trôpega/pesada. **Ex.** Já sou [estou para aqui como] um ~, não consigo ter[aguentar]-me nas pernas. **6** *pop* ⇒ naco(+)/pedaço(o+) «de broa/presunto/queijo».

tropeçudo, a *adj* ⇒ tropeção,ona **2**.

trôpego, a *adj* (<lat *hydrópicus,i*: hidrópico) Que caminha com dificuldade/Que já não pode andar. **Ex.** Estou ~ de todo [Estou muito ~], só dou uns passos dentro de casa, nunca saio. ⇒ manco.

tropeiro *s m Br* (<tropa 6 + -eiro) Condutor «e comprador» de bestas de carga ou de manadas de gado grosso «bois». ⇒ recoveiro; boiadeiro.

tropel (Pél) *s m* (<provençal *tropel*: rebanho) **1** Ruído de gente ou de animais a correr. **Ex.** Acordei com o ~ de touros e cavalos na rua. **2** *fig* Desordem ruidosa/Balbúrdia/Confusão. **Loc.** Em ~ [De roldão(+)/Em magotes/Impetuosa e confusamente] (Ex. A multidão, atacada pela polícia, fugiu em ~ por todo o lado [por todas as ruas]).

tropelia *s f* (<tropel + -ia) **1** Maus tratos/Malefício/Dano/Prejuízo (causado). **Ex.** O latifundiário cometia muitas [todas as/uma série de] ~s nas suas terras. **2** Manha/Diabrura/Astúcia. **Loc.** Iludir [Enganar] os outros por meio de ~s. **3** Tumulto de gente em tropel/Balbúrdia(+)/Aperto(o+). **4** ⇒ travessura/traquinice «dos tempos em que era criança».

-tropia *suf* (<gr *trópos,ou*: dire(c)ção, desvio, giro, modo, sentimento) Exprime a ideia da sua etimologia grega. **Ex.** Alotropia; entropia.

tropical *adj 2g* (<trópico + -al) **1** «região/zona» Dos trópicos. **Comb.** *Clima ~* [quente e (h)úmido/só com duas estações: seca e das chuvas]. *Fruta ~*. *Medicina ~* [especializada em doenças tropicais]. **2** *fig* Muito quente. **Comb.** *Calor ~*. **3** *Br s m* Tecido leve de lã, linho ou seda, (de trama) para vestuário masculino «terno/fato».

tropicalismo *s m* **1** Qualidade/Cara(c)terística do que é tropical. **2** Movimento artístico brasileiro «baiano» da segunda metade do séc. XX, especialmente no domínio da música «Caetano Veloso/Gilberto Gil, Celso Correia» e no do cinema «Glauber Rocha».

tropicalista *s/adj 2g* **1** Relativo aos trópicos. **2** (Diz-se de) médico especialista em doenças tropicais. **3** Seguidor do tropicalismo **2**.

tropicar *v int* (⇒ tropeçar) «cavalgadura» Tropeçar com frequência/Ser tropeção.

trópico, a *adj/s m* (<gr *tropikós,é,ón*: referente a dire(c)ção; ⇒ -tropia) **1** *Astron* Cada um dos círculos menores da esfera celeste, paralelos ao equador celeste, com 23° 27' de declinação norte (**T~ de Câncer**) e 23° 27' de declinação sul (**T~ de Capricórnio**). **2** *Geog* Cada um dos círculos paralelos ao equador terrestre e que correspondem aos de **1**. **3** *pl* Zona/Região dividida [cortada/atravessada] pelo equador da Terra e limitada pelos ~s de Câncer e de Capricórnio. **Ex.** Eu vivi sempre nos ~s. **4** Diz-se do ano correspondente ao tempo decorrido entre duas passagens aparentes consecutivas do Sol pelo ponto equinocial de março (Ponto vernal), e que dura 365 dias, 5 horas, 48 minutos e 46 segundos. **5** *Bot* Diz-se de flor que abre todos os dias de manhã e fecha ao entardecer, variando o horário segundo [conforme] a duração do dia.

tropismo *s m Bot* (<tropo- + -ismo) **1** Crescimento dire(c)cional da planta, respondendo a um estímulo externo, como a luz, o ta(c)to e a gravidade. **Comb.** **~ negativo** [que leva a planta a afastar-se do [a fugir ao] estímulo]. **~ positivo** [que a leva a aproximar-se]. *O ~* [heliotropismo] *do girassol*. **2** *fig* Rea(c)ção elementar/A(c)to reflexo/Atra(c)ção. **Ex.** Todos os verões um ~ poderoso me puxa para a praia.

tropo (Trô) *s m* (<gr *trópos,ou*: dire(c)ção, estilo, sentimento) **1** Emprego de uma palavra ou frase em sentido figurado/Figura de estilo/Alteração de sentido. **Ex.** A antonomásia é um exemplo de ~. **2** *Mús* ⇒ tom.

-tropo- *suf/pref* ⇒ -tropia.

tropologia *s f* (<gr *tropología*) **1** Tratado acerca dos tropos. **2** Emprego/Uso de tropos.

troponómico, a [*Br* **troponômico**] *adj* (<tropo- + gr *nómos*: lei) Diz-se das mudanças que um obje(c)to experimenta conforme o tempo e os lugares em que está exposto.

tropopausa *s f Meteor* (<tropo- + pausa) Limite entre a estratosfera e a troposfera.

troposfera *s f Meteor* (<tropo- + esfera) Camada inferior da atmosfera em conta(c)to com a superfície terrestre, com altura entre 10 km e 12 km, cara(c)terizada por ser a parte onde se formam as nuvens.

troquel (Kél) *s m* (<esp *troquel* <?) Peça de ferro inscrita [gravada] em côncavo para marcar em relevo moedas ou medalhas. ⇒ ferrete.

troqueu *adj/s m Poe* (<gr *trokhaios*) Pé métrico, na versificação greco-latina, composto de duas sílabas, a primeira longa e a segunda breve. **Sin.** Coreu.

troquilha *s f* (<troca + -ilha) **1** Troca de pouca importância ou repetida «nas feiras». **2** Indivíduo que vive de negócios pouco lícitos/Aldrabão/Troquilheiro.

troquilídeo, a *adj/s Ornit* (<?) (Diz-se de) aves «a que pertence o colibri ou beija-flor» de bico fino e comprido, cores brilhantes, de voo rápido e capazes de parar no ar para se alimentarem «do néctar das flores».

tróquilo *s m* (<gr *trokhilos*) Moldura côncava, em forma de meia-cana.

trotador *adj/s m* (<trotar) (Diz-se de) animal «cavalo» que anda a trote.

trotar *v int* (<gótico *trottón*; correr) «o cavalo» Andar [Ir(+)] a trote (+). ⇒ desfilada; galope; corrida.

trote (Tró) *s m* (<trotar) **1** Andamento [Andura] do cavalo ou de outros quadrúpedes entre o passo e o galope [e a corrida]. **Ex.** Atrelado à [Puxando a] carroça, o cavalo ia quase sempre a ~. **Comb.** **~ largo/rasgado**/em grandes passadas [~ próximo do galope]. **idi** *A ~ a*) «sair/fugir» Rapidamente; **b**) «trazer» Sempre/Quotidianamente/Diariamente «o mesmo vestuário/os mesmos sapatos». **2** *fig* Zombaria/Troça «dos caloiros, na universidade».

troteiro, a *adj* ⇒ trotador.

trotil *s m Quím* ⇒ trinitrotolueno.

trotineta/e (Né) *s f* (<fr *trottinette*) Brinquedo constituído por uma tábua montada em duas rodas no sentido longitudinal, e munida de uma haste com guiador que dirige a roda da frente. **Sin.** Patinete.

trotskismo *s m* (<antr *ru Trotski*: 1879-1940) Doutrina e movimento comunista

revolucionário, de cunho excessivamente nacional, baseado na revolução permanente contra a burocracia. ⇒ leninismo; estalinismo; marxismo.

trou[oi]xa *s f/adj 2g* (<lat *tórqueo,ére, tórsi,tórtum*: torcer, enrolar) **1** Embrulho [Pacote/Saco/a] de roupa. **Loc.** Pôr a roupa para lavar numa ~. **2** Conjunto de obje(c)tos [dos pertences/das coisas] de alguém. **Loc.** *col/fam* Fazer a ~ [Fazer as malas/os preparativos] para partir/sair/viajar. **3** *pop* Mulher mal-amanhada/mal vestida. **4** *col* Palerma/Pacóvio/Ingé[ê]nuo. **Ex.** Ele é um ~, deixa-se enganar facilmente [por toda a gente]. **5** *Cul* Maneira de preparar vários pratos enrolando-os. **Comb.** ~ *de ovos* [Doce preparado com fios de ovos e enrolado em forma de ~]. ⇒ omelete/a; empadão; pastelão.

tro(u)xe-mo(u)xe *adv* (<*pretérito de* trazer + *on*) *Us* na *loc* **A** ~ [De maneira atabalhoada/De qualquer maneira/Sem ordem/Atabalhoadamente] (Ex. Na horta [No (meu) quintal] vou semeando e plantando a ~ mas tenho lá quase tudo o que preciso).

trova (Tró) *s f Liter* (<trovar) **1** Composição poética ligeira, de cará(c)ter mais ou menos popular. **Comb.** As ~s de D. Dinis (O rei poeta pt). **2** Cantiga/Loa. **Ex.** Acompanhado à viola cantava ~s à [debaixo da] janela da sua amada/namorada. **3** ⇒ quadra (Estrofe de quatro versos).

trovador *s m Poe* (<provençal: *trobador*) **1** *Hist* O que, na Idade Média, compunha (e cantava) composições poéticas [poesia lírica] (Na Provença (França), os ~res, quase todos de origem nobre, compunham a sua lírica em **língua d'oc** [do Languedoque] e na Península Ibérica em **galaico[galego]--português**. **2** Poeta «lírico»(+).

trovadoresco, a (Ês) *adj Poe* (<trovador + -esco) Relativo aos trovadores medievais ou às suas produções [composições] poéticas. **Comb.** Lírica [Poesia] ~a.

trovão *s m Meteor* (<lat *tónitrus,us*: trovão + *turbo,ónis*: turbilhão, desordem, tempestade) **1** Ruído que acompanha a descarga elé(c)trica, nas trovoadas, e que resulta da rápida expansão do ar e do vapor de água, aquecidos pelo calor produzido. ⇒ faísca; relâmpago. **2** *fig* Ruído muito forte/Grande estrondo. **Comb.** Voz de ~ [Voz estrondosa/trovejante/tonitruante].

trovar *v t/int* (<provençal *tro(u)bar*) Fazer [Cantar em] versos/trovas.

trovejante *adj 2g* (<trovejar + -ante) **1** «voz» Que produz estrondo/Estrondoso/Tonitruante. **2** *fig* ⇒ irado/exaltado/furioso.

trovejar *v int Meteor* (<trovão + -ejar) **1** Soar o trovão/Ribombar. **Ex.** Começou a ~ e achámos melhor voltar para casa para não nos molharmos. **2** *fig* Ralhar com voz de trovão. **Ex.** Que fazes (tu) aqui? – trovejou ele. **Loc.** ~ insultos.

troviscar *v int* (<trovisco + -ar¹) **1** Trovejar (mas) pouco/Ser só um trovisco². **2** Pescar (matando os peixes) com trovisco¹/Entroviscar.

trovisco¹ *s m Bot* (<lat *turbíscus,i*) Planta subarbustiva, dafnácea, venenosa, espontânea em Pt (*Us* ilegalmente para pescar, matando, os peixes de rio).

trovisco² *s m* (<troviscar **1**) Pequeno trovão.

trovoada *s f Meteor* (<trovão + -ada) **1** Série/Sucessão de trovões. **Ex.** Viu o relâmpago e ouviu logo o trovão: a ~ está perto [a ~ não tarda (aí/a chegar)]. **Comb.** ~ *seca* [sem chuva]. *Sol de* [que é sinal de/ que anuncia] ~ «por estar [fazer] um tempo quente e abafado». **2** *fig* Repreensão violenta/Saraivada. **Ex.** Ouviu uma ~ de nomes feios: malandro, cabeça de vento, estúpido, maluco. **3** *fig* Altercação violenta «em casa».

trovoar *v int Meteor* ⇒ trovejar.

truanesco, a (Nês) (<truão + -esco) Próprio de truão/Chocarreiro.

truanice *s f* (<truão + -ice) **1** A(c)to, dito ou modos de truão/Momice/Palhaçada(+). **2** Mentira ardilosa/Impostura(+).

truão *s m* (<fr *truand*: rufião, ladrão) **1** O que com as suas habilidades faz rir os outros/Bobo(+)/Palhaço/Histrião(+). **2** O que vive de expedientes/Impostor(+)/Charlatão(+).

truca *interj/s f* (<fr *truc*: truque, ardil) **1** *interj* Imita um corte, uma pancada, etc. **Ex.** Estava com fome e, ~ ~, comeu um grande naco [pedaço] de pão com queijo e bebeu uma garrafa de vinho. Eu zanguei-me [não gostei] e ~, dei-lhe uma bofetada/lambada. **2** *Cine* Máquina utilizada para realizar efeitos de trucagem «ampliação/redução, etc».

trucagem *s f* (<trucar + -agem) **1** *Cine* Artifício «em laboratório ou com truca **2**» utilizado para criar uma ilusão ou um efeito inesperado, por meio de distorções, montagens, etc. ⇒ truque **2**. **2** Utilização de [O fazer] truques.

trucar *v t/int* (<truca/truque + -ar¹) **1** *Cine* Fazer trucagem **1**. **2** Propor a primeira parada no jogo do truque.

trucidar *v t* (<lat *trucído,áre,átum* <*trux*: feroz, cruel + *caedo*: cortar, matar) **1** Matar com crueldade/Esfacelar/Esquartejar. **Ex.** Os ladrões foram perseguidos e cruelmente trucidados. **2** *fig* Vencer ou derrotar completamente/Desbaratar/Arrasar/Destruir. **Ex.** Nestas eleições trucidámos [o povo trucidou] o partido que estava no governo!

trucilar *v int/s m Ornit* (<lat *trúcilo,áre*) O tordo cantar [emitir seu canto]. O ~ [A voz] do tordo.

truculência *s f* (<lat *truculéntia,ae*) Cará(c)ter do que é truculento/Violência/Ferocidade. **Ex.** Assustou-se com a ~ do assaltante/ladrão. A resposta foi dada [Respondeu/Ripostou] com a sua habitual ~/rispidez.

truculento, a *adj* (<lat *truculéntus,a,um* <*trux,úcis*: feroz, cruel) Violento/Agressivo/Cruel. **Ex.** É um homem ~. **Comb.** Uma resposta ~/ríspida.

trufa *s f Bot* (<lat *túbera*) **1** Cogumelo ascomicete, do gé[ê]nero *Túber*, de aparelho esporífero subterrâneo, comestível e por vezes cultivado. **2** *Cul* Doce preparado com chocolate derretido com manteiga ou com leite condensado e, às vezes ovos, apresentado em forma de bolinhas.

trufar *v t Cul* (<trufa **1** + -ar¹) Rechear(+) ou condimentar com trufas «um peru».

trufeiro, a *adj/s f* (<trufa + -eiro) **1** (Diz-se de) pessoa que apanha ou vende trufas. **2** Diz-se de animal «cachorro/porco» treinado para procurar trufas. **3** *s f* Terreno «com carvalhos» onde costuma haver muitas [onde se cultivam] trufas.

truísmo *s m* (<ing *truism*) Verdade banal/mais que evidente/Banalidade.

truncado, a *adj* (<truncar) **1** *Geom* Diz-se de um sólido geométrico do qual se separou uma parte, por meio de um plano secante. **Comb.** *Cilindro* ~. *Cone* ~*o*. *Prisma* ~*o* [Tronco de prisma] (⇒ tronco. **5** Comb.). **2** De que se suprimiu uma parte por meio de um corte. **Comb.** Estátua ~/mutilada/partida.

truncar *v t* (<lat *trúnco,áre,átum*: amputar, cortar, ~) **1** Separar uma parte [Cortar a partir] do tronco. **Loc.** ~ [Cortar(o+)/Serrar(+)] os ramos de uma árvore. **2** *Geom* Cortar um sólido geométrico «prisma» por um plano secante suprimindo uma das partes. **3** *fig* Omitir/Suprimir/Cortar(+) uma parte importante «de um poema/discurso».

trunfa *s f* (<?) **1** Cabelo comprido e emaranhado/Grenha(+). **Ex.** Precisas de cortar [aparar] essa ~! **2** ⇒ (espécie de) turbante ou lenço da cabeça.

trunfada *s f* (<trunfar + -ada) **1** «em jogo de cartas» Jogada de [a] trunfo. **2** «ter/calharem-lhe» Muitos trunfos. **3** Almofada de descanso dos remos duma jangada.

trunfar *v t/int* (<trunfo + -ar¹) **1** «jogo de cartas» **a)** Jogar (um) trunfo. **b)** Cortar (e ganhar uma jogada) com trunfo. **2** *fig* Ter influência ou importância/Reinar(+).

trunfo *s m* (<triunfo) **1** «no jogo de cartas» Naipe que corta [tem superioridade sobre] os outros naipes. **Loc.** *Descartar-se a* [Abrir uma ou mais jogadas com] ~*s*. **Idi.** *Jogar o último* ~ [Usar o único recurso que lhe resta para conseguir o que deseja]. **Comb.** ~ *alto* «o ás/a bisca (Carta com 7 pintas no jogo da sueca)». ~ *baixo* «com cartas que valem pouco, de 6, 5, 4, 3, 2 pintas». **2** *fig* Coisa, pessoa, vantagem ou circunstância que permite conseguir o que se quer. **Ex.** Tinha (quase) todos os ~s para conseguir o emprego, o maior dos quais era ser amigo do filho do gerente.

trupe *s f* (<fr *troupe*; ⇒tropa) **1** Companhia teatral que a(c)tua ou se desloca em conjunto. **2** *depr* Grupo de sequazes/Camarilha.

truque¹ *s m* (<fr *truc*) **1** Forma habilidosa de fazer algo/Ardil/Artimanha. **Ex.** Conhecia todos os ~s do seu ofício «de vendedor». **2** Maneira ou processo para causar a ilusão de algo que realmente não é. **Comb.** ~*s de cinema* (⇒ trucagem **1**). ~*s de prestidigitador/mágico*. ⇒ habilidade(s). **3** Jeito/Mistério. **Ex.** A fechadura [chave] tem um ~ para abrir que nem toda a gente sabe. **4** Espécie de bilhar comprido. **Loc.** Fazer ~ [Meter a bola na caçapa]. **Comb.** ~ *alto* [A(c)to/Jogada de fazer saltar a bola do adversário por cima da tabela do bilhar]. **5** Um jogo de cartas.

truque² *s m* (<ing *truck*) Plataforma sobre [com] rodas usada nas vias-férreas [nas ferrovias] para transporte de cargas pesadas/Vagoneta/Trole **2**.

trust(e) *s m Econ* (<ing *Trust*) Estrutura (empresarial) em que várias empresas, que já detêm a maior parte dum mercado, se ajustam ou se fundem para assegurar o monopólio de algo. ⇒ cartel.

truta *s f Icti* (<lat *trúcta,ae*) Peixe teleósteo, da família dos salmonídeos, de carne saborosa, abundante em rios de água pura/fresca.

truticultura *s f* (<truta + …) Criação de trutas «em viveiro».

truz *interj* (<on) Imitativo de ruído produzido pela queda de um corpo [obje(c)to] ou pela detonação de um tiro. **Idi.** «um vinho» *De ~* [Excelente]. (Sin. «uma festa» De arromba).

truz-truz *interj/s m* (<on) Imitativo de bater à porta (Para que (a) venham abrir). **Ex.** Bateu (à porta) com um ~ tão suave que quase se não [que mal se] ouviu lá dentro.

tsé-tsé *s f Ent* (<banto *tsetse*) Mosca africana hematófaga, do género *Glossina*, agente transmissor dos tripanossomas causadores da doença do sono.

t-shirt *ing* (Tishâte) Camisa «de algodão» de manga curta. ⇒ camiseta.

tsunami *jp s f* Onda gigante [Vaga enorme] que, sendo provocada por um terramoto submarino, invade o litoral/a costa. ⇒ maremoto.

tu *pron pess* (<lat *tu*) Designa a segunda pessoa do singular e indica a pessoa a quem nos dirigimos [a quem se fala ou escreve]. **Ex.** ~ vais [*Br* Você vai] à reunião? (Tratar por ~ é pouco habitual no *Br*). **Idi.** «eu e [com] o primeiro-ministro é» *Tu cá, tu lá* «somos amigos/tratamo-nos por ~».

tua *pron possessivo f* (⇒ teu) Refere-se à segunda pessoa do singular, tu, e indica posse ou pertença. **Ex.** A ~ casa é bonita! **Idi.** *As ~s* [Modos/Brincadeiras da pessoa com quem se fala] (Ex. Lá estás tu com as ~s «manias/brincadeiras». Não venhas cá com as ~s «exigências/opiniões»!). Estar [Ficar] na ~/sua/minha/dele(s) [Não mudar de opinião] (Ex. Pronto! Tu ficas na ~ e eu na minha, cada um fica na sua).

tuaregue (Aré) *s/adj 2g* (<ár *ta(cuá)riq*) (Diz-se de) indivíduo, língua e povo que habita o Saara central. ⇒ berbere.

tuba *s f Mús* (<lat *túba,ae*) **1** Instrumento parecido à trompa mas com tubos em elí(p)tica, com pavilhão voltado para cima e que é o elemento de tessitura mais grave [baixa] da família dos saxofones. **2** *Anat* Designação de certas cavidades do organismo, de forma tubular. **Comb.** ~ *auditiva* [Trompa de Eustáquio]. ~ *uterina* [Trompa de Falópio]. **3** *fig* Estilo épico.

tubagem *s f* (<tubo + -agem) **1** Conjunto de tubos [canos] de uma instalação. **Ex.** Em casa temos três ~ens: da água, do gás «da cidade» e do ar condicionado. ⇒ canalização. **2** Sistema de funcionamento de certos tubos/Tubulação.

tubarão *s m Icti* (<?) **1** Peixe seláquio, de grande porte e nadadeira dorsal com dois lobos desiguais, muito voraz, frequente nos mares quentes. **Ex.** Entre os vários ~ões distingue-se o ~[cação]-martelo por ter o focinho em forma de martelo. **2** *fig* Pessoa «banqueiro/comerciante» que usa todos os meios para aumentar os seus lucros, sobretudo arruinando [*gír* comendo] os concorrentes mais fracos. **Ex.** Os ~ões do capitalismo ficam incomodados quando se debatem as [se fala das] causas da pobreza (no mundo).

tubário, a *adj* (<tuba 2 + -ário) Relativo a tuba «uterina». **Comb.** Gravidez ~a.

tubeira *s f* (<tubo + -eira) Boca [Ponta] de tubo.

tubel (Bél) *s m* (<?) Chispa(+) que salta do metal candente quando este é batido.

túbera *s f Bot* (<lat *túber,eris*) **1** Cogumelo ascomicete, subterrâneo, comestível/Trufa 1(+). **2** Testículo comestível de animal. **Comb.** ~s de carneiro. **3** Endurecimento da pele/Nodosidade/Calo(+).⇒ tuberoso.

tuberáceo, a *adj Bot* (<túbera 1 + -áceo) (Diz-se de) família de fungos ascomicetes, a que pertencem as trufas ou túberas.

tuberculado [tuberculífero], a *adj Bot* Que tem tubérculos ou formações semelhantes.

tuberculina *s f Med* (<tubérculo+-ina) Extra(c)to de uma cultura de bacilos de Koch (Médico e cientista alemão, 1843-1910) usado no diagnóstico da tuberculose. **Comb.** *Prova de ~. Rea(c)ção à ~.*

tuberculinização *s f Med* (<tuberculinizar+-ção) Uso da tuberculina para diagnóstico da tuberculose ou com outros fins terapêuticos.

tuberculinizar *v t* (<tuberculina+-izar) Aplicar a tuberculina a. **Loc.** ~ a população escolar para despiste da tuberculose.

tuberculização *s f Med* (<tuberculizar+-ção) Infe(c)ção do organismo pelo bacilo de Koch. **Ex.** A carência alimentar pode contribuir para a ~.

tuberculizar *v t/int* (<tubérculo+-izar) **1** *Med* Contrair a tuberculose. **Ex.** «enfermeiro» Tuberculizou-se em conta(c)to com doentes tuberculosos. **2** *Bot* Criar tubérculos.

tubérculo *s m* (<lat *tubérculum, i*) **1** *Bot* Excrescência ou engrossamento de natureza celular e feculenta de uma raiz ou dum caule subterrâneo, que constitui uma reserva nutritiva da planta. **Ex.** A batata, o inhame e a beterraba são ~s comestíveis. **2** *Anat* Protuberância arredondada que se forma em qualquer parte do organismo. **Comb.** ~s quadrigémeos [Saliências (4) arredondadas situadas no encéfalo que funcionam como centros reflexos da via ó(p)tica (O par anterior) e da via acústica (O par posterior)]. **3** *Med* Lesão nodular produzida nos tecidos, geralmente nos pulmões, pelo bacilo de Koch.

tuberculose *s f Med* (<tubérculo+-ose) **1** Doença infectocontagiosa causada pelo bacilo de Koch, *Mycobacterium tuberculosis*, que se encontra espalhada por todo o mundo/Tísica. **Ex.** A ~ pulmonar, contraída por via respiratória, é a forma mais comum desta doença. A vacinação pelo BCG é um meio eficaz de prevenção da ~. **2** *Vet* Doença contagiosa da mesma natureza que a (~) humana que afe(c)ta principalmente bovinos e aves. **Ex.** Este tipo de ~ combate-se pela eliminação dos animais infe(c)tados.

tuberculoso, a (Ôso, Ósa, Ósos) *adj* (<tubérculo+-oso) **1** *Med* (O) que tem tuberculose. **Ex.** Os ~s eram tratados, em regime de isolamento, em hospitais (Sanatórios) destinados exclusivamente a [para] esse fim. **Comb.** *Assistência Nacional aos ~s* [ANT] (Associação fundada em 1899 em Portugal, pela rainha D. Amélia, mulher do rei D. Carlos, para combate à tuberculose). **2** Relativo à tuberculose. **Comb.** *Infe(c)ção ~a*. **3** *Bot* Que tem tubérculos. **Comb.** Caule [Raiz] ~o/a.

tuberiforme [tuberoide] *adj 2g* (<túbera+-...) Que tem a forma de túbera ou de tubérculo.

tuberosidade *s f* (<tuberoso+-i-+-dade) **1** *Anat* Saliência rugosa óssea na qual se prendem músculos ou ligamentos. **Comb.** ~ maxilar/occipital/ciática. **2** Saliência [Excrescência carnuda] em forma de tubérculo.

tuberoso, a (Ôso, Ósa, Ósos) *adj* (<lat *tuberósus, a, um*) **1** Que tem tuberosidades/protuberâncias. **Ex.** O cará, o inhame e a batata-doce são plantas ~as. **2** Que se assemelha a um tubérculo. **Comb.** Raiz ~a.

tubiforme *aadj 2g* (<tubo+-forme) Em forma de tubo/Tubulado/Tubular(+).

tubista *s 2g* (<tuba+-ista) O que toca tuba.

tubo *s m* (<lat *túbus, i*) **1** Canal cilíndrico re(c)tou ou curvo, feito de materiais diversos «ferro/plástico/vidro/cartão»/Cano/Conduta. **Ex.** Uma das aplicações de ~s em grande escala é em condutas para transporte de líquidos e gases. **Comb.** *Quím ~ de ensaio* [Recipiente cilíndrico de vidro, fechado numa das extremidades com fundo redondo, utilizado em laboratório]. *Mec ~ de escape* [Conduta metálica de saída dos gases dos motores de combustão «dos carros»]. *Anat ~ digestivo* [Conjunto de órgãos do aparelho digestivo por onde passam os alimentos, desde a boca até ao ânus]. *Bot ~ polínico* [Canal que se forma após a germinação do grão de pólen no estigma da flor e que serve para conduzir os gâmetas masculinos]. **2** Vaso cilíndrico estreito utilizado como embalagem de produtos farmacêuticos e de perfumaria. **Comb.** ~ *de comprimidos*. ~ [Bisnaga(+)] *de pasta dentífrica*. **3** Qualquer obje(c)to com forma tubular. **Comb.** ~ *de borracha* «da água de refrigeração do motor do carro». ~ *de cartão* «onde está enrolado o papel higiénico». ~ *de plástico* «por onde passam fios duma instalação elé(c)trica». **4** Cano(+) das peças de artilharia «espingardas/canhões». **5** *Mús* Parte sonora do instrumento musical denominado órgão. **Ex.** Os ~s do órgão agrupam-se em duas grandes famílias: ~s labiais e ~s de palheta.

tubotimpanite *s f Med* (<tuba+timpanite) Otite acompanhada de inflamação da trompa de Eustáquio.

tubulação *s f* (<tubular+-ção) Disposição de um conjunto de tubos/Tubagem(+).

tubulado, a *adj* (<lat *tubulátus, a, um*) **1** Em forma de tubo/Tubular(+). **Comb.** Terminal [Extremidade] ~o/a. **2** Que tem tubos ou tubuladuras. **Comb.** Estrutura ~a.

tubuladura *s f* (<tubular+-dura) Abertura [Extremidade] de um vaso [frasco] que pode receber [onde se pode encaixar] um tubo «de borracha/plástico». **Comb.** Refrigerador laboratorial comum com duas ~s (de entrada e de saída da água).

tubular *adj 2g* (<lat *túbulus*: pequeno tubo+-ar[2]) **1** Relativo a tubo. **Comb.** Parede [Tecido] ~. **2** Em forma de tubo/Tubulado. **Comb.** *Caldeira ~*. *Ele(c)tron Condutor* ~ para correntes de muito alta frequência.

túbulo *s m* (<lat *túbulus*, dim de *túbus, i*: tubo) **1** Pequeno tubo/Tubinho(+). **2** *Anat* pequena cavidade em forma de tubo.

tubuloso, a (Ôso, Ósa, Ósos) *adj* (<lat *túbulus+-oso*) **1** Em forma de tubo/Tubular. **2** Formado por tubos. **Comb.** *Estrutura ~* «dum andaime». «floema» *Órgão ~*. **3** *Bot* Diz-se de corola simpétala em forma de tubo.

tucano *s m Ornit* (<tupi *tu'kana*) Designação de aves da América do Sul da ordem dos piciformes, do gé[ê]nero *Rhamphastos* (Ranfastídeos), dotadas de bico comprido e muito volumoso, de cores vistosas, com várias espécies e subespécies.

tucum *s m Br* (<tupi *tu'kũ*) (Fruto e fibra de) várias espécies de palmeiras espinhosas do Brasil. **Ex.** Os frutos (Cocos) do ~ são geralmente comestíveis; as fibras das folhas servem para confe(c)cionar redes.

-tude *suf* (<lat *-tudo, inis*) Sufixo aposto a substantivos abstra(c)tos que designam qualidade ou estado: amplitude, atitude, beatitude, inquietude, plenitude, solicitude, ...

tudesco, a (Dês) *adj/s m* (<it *tedesco*) **1** Relativo aos antigos germanos/Teutão(+)/Germânico(+)/Alemão(+). **2** *s m Ling* A língua alemã/O alemão(+).

tudo *pron indef* (<lat *tótus, a, um*) **1** A totalidade das coisas/dos seres. **Ex.** Deus criou ~ o que [~ quanto] existe. **Ant.** Nada. **2** A totalidade de um conjunto definido ou indefinido. **Ex.** Comprou a loja com ~ o que estava dentro. O dinheiro não chega para ~ (o que desejamos). A minha memória está cada vez mais fraca, esqueço-me de ~! **Idi.** *Dar ~ para* [Desejar muito/Querer a todo o custo] (Ex. Ela dava ~ para que a filha fosse eleita *Miss Portugal*). *Dar ~ por ~* [Esforçar-se até ao limite das suas forças] (Ex. Os jogadores «de futebol» deram ~ por ~ para (conseguir) ganhar o jogo). *É ~!* [Não há mais nada a dizer/a acrescentar/a fazer] (Ex. «professor ao terminar a lição» Por hoje é ~. «na loja» Então não compra [leva] mais nada? – Não, por hoje é ~). *Estar por ~* [Estar disposto a aceitar o que lhe destinarem [o que vier] sem questio-

nar] (Ex. Já estou por ~; marquem as férias para quando quiserem, qualquer data me serve). **Comb.** «saudação» – ~ **bem?** [Como vai/está?/Passou bem?]. – ~ **bem!** [Estou bem, obrigado/a!]. «quartel-general em Abrantes» ~ **como dantes** [Expressão usada para dizer que nada se alterou (sobretudo quando deveria ter mudado)] (Ex. Já mandei arrumar o armazém dezenas de vezes [vezes sem conta] mas... quartel-general em Abrantes, ~ como dantes; ninguém fez caso disso [idi ninguém mexeu uma palha!]). **Mais que** ~ [Sobretudo/Principalmente] (Ex. Gastar [Comer] primeiro o que está em risco de se estragar! – Claro, isso mais que ~).

tudo-nada s m col **1** Porção muito pequena. **Ex.** Punha apenas um ~ [uma pitad(inh)a] de sal na comida por causa da tensão (arterial). **2** Breve momento. **Ex.** Saio [Vou] já; espera um ~ enquanto calço os [mudo de] sapatos.

tufão s m (<ár *tūfān*: inundação, dilúvio, cataclismo) **1** Ciclone tropical da região do Pacífico ocidental. **2** Vento tempestuoso muito forte/Vendaval/Ciclone/Furacão. **Ex.** As estufas de flores e hortícolas foram totalmente destruídas por um ~ que assolou a região «do Oeste de Pt».

tufar v t/int (<tufo+-ar¹) **1** Dar o aspe(c)to de tufo a/Fazer tufos. **Loc.** ~ o cabelo [as mangas do vestido] da menina. **2** fig Ensoberbecer-se/Enfatuar-se/Inchar. **Ex.** Quando foi promovido a gerente do banco tufou-se, deixou de falar às pessoas [, idi já não conhecia ninguém].

tufo¹ s m (<lat *túfus, i*) Porção [idi Monte(+)] de coisas finas e geralmente curtas e muito juntas formando um aglomerado espesso. **Comb.** ~ **de cabelo.** ~ **de pelos de cão** espalhados pelo chão. ~ **de erva daninha.** ~ **de linhas** emaranhadas.

tufo² s m (<lat *túfus, i*) **1** Geol Rocha sedimentar calcária formada por precipitação química do calcário sobre plantas que depois desaparecem deixando a respe(c)tiva cavidade. **2** Miner Rocha vulcânica resultante da acumulação, submarina ou na superfície, de fragmentos piroclásticos de pequenas dimensões. **Comb.** ~ hialoclastítico [Formação vulcânica basáltica, constituída por poeiras, cinzas, fragmentos de lava e grânulos de vidro basáltico (Balagonite), vulgar nos Açores, Pt].

tufoso, a (Ôso, Ósa, Ósos) adj (<tufo+-oso) Em forma de tufo/(En)tufado/fig Inchado.

tugido s m (<tugir) A(c)to ou efeito de tugir/Murmúrio. **Loc.** «no silêncio da noite» Ouvir um ~ «e pôr-se à escuta tentando perceber o que era».

tugir v int (< ?) Falar muito baix(inh)o/Dar sinal de si. **Idi. Sem ~ nem mugir** [Sem dizer nada/Caladinho] (Ex. Ele ouviu a (merecida) repreensão cabisbaixo, sem ~ nem mugir).

tugrik s m Econ (<mongol *dughurik*: coisa redonda, roda) Unidade monetária da Mongólia.

tugue s m (<ing *thug*: assassino brutal <hindu *thag*: ladrão, velhaco) **1** Hist Membro de uma seita de estranguladores da Índia. **2** ⇒ carrasco.

tugúrio s m (<lat *tugúrium, ii*) **1** Habitação muito pobre/Choça/Choupana/Casebre. **Ex.** É uma família muito pobre, a viver num ~ miserável. **2** Abrigo/Refúgio/Covil. **Comb.** ~ [Covil(+)] de ladrões.

tuia s f Bot (<gr *thuía, as*: cedro) Designação comum de várias árvores ornamentais do gé[ê]nero *Thuja*, afins dos cedros, que dão madeira de boa qualidade.

tuição s f Dir (<lat *tuítio, ónis*: defesa) Direito de defender em juízo/Defesa judicial.

tuim [tuí] s m Br Ornit (<tupi *tu'ĩ*) Nome de um pequeno papagaio e de várias aves da família dos psitacídeos, abundantes no Brasil, de cor geralmente verde ou azul, também conhecidas por periquit(inh)o(+), bate-cu **3**, cu-cosido.

tuitivo, a (Tu-í) adj (<lat *tuitus, a, um <túeor, éri, tu(i)tus sum*: olhar, descobrir, defender +-ivo) **1** Que protege/defende/Próprio para defender. **2** Dir Que assegura a posse/um direito. **Comb.** Documento ~.

tule s m (<top Tulle, cidade francesa) Tecido transparente muito leve, de seda ou algodão, usado para véus, cortinados, etc. **Comb.** Véu de ~ branco «da noiva».

tulha s f (< ?) **1** Pia de pedra onde se junta a azeitona antes de ser moída. **2** fig Cheiro e sabor desagradáveis que a azeitona adquire quando entulhada por muito tempo. **3** Montão de cereais ou de frutos secos. **4** Compartimento onde se guardam cereais em grão/Celeiro. **5** Arca usada para guardar cereais e outros produtos.

túlio [Tm 69] s m Quím (<top Thule, na Islândia) Elemento químico da família dos lantanídeos, que se encontra nas (chamadas) terras raras.

túlipa s f Bot (<turco *tülbend*: turbante, pelo fr *tulipe*) **1** Planta e flor ornamental da família das liliáceas, com dezenas de espécies, vivaz, com raiz bulbosa. **Ex.** A Holanda é conhecida como o país das ~s por aí se cultivarem em larga escala. **2** Peça de vidro transparente ou fosco, geralmente colorido e com recortes, em forma dessa flor invertida, utilizada em candeeiros elé(c)tricos para atenuar a luz. **Ex.** Partiu-se uma das (cinco) ~s do candeeiro da sala; há de ser difícil encontrar outra igual.

tulipeiro/a s Bot (<túlipa+-eiro/a) Árvore da família das magnoliáceas, *Liriodendron tulipifera*, nativa do Leste dos EUA, de flores grandes e aromáticas semelhantes às túlipas, cultivada em Pt.

tum interj (< on) Som imitativo de detonação ou pancada «em tambor». ⇒ pum.

tumba¹ s f (<lat *túmba, ae*) **1** Cova onde são enterrados os defuntos/Sepultura/Túmulo. **Loc.** Descer à ~/cova [Ser sepultado/Morrer]. **Prov. O que o berço dá, a ~ o tira** [As cara(c)terísticas [Os defeitos(+)] inatas/os permanecem até à morte]. **2** Pedra tumular/Lápide sepulcral. **Comb.** ~ [Lápide(+)] com a fotografia e a identificação da pessoa sepultada. **3** Caixão/Esquife. **4** A(c)to de fazer três quinas no jogo do quino.

tumba² interj (< on) **1** Som imitativo de um corpo ao cair. **Ex.** «criança» Estava em cima do [empoleirada no] muro, descuidou-se e ~, caiu abaixo [~, estatelou-se no chão(+)]! **Comb.** ~-catatumba [Imit de corpo a cair ou a rolar. Ex. Caiu da escada e ~-catatumba!]. **2** Som imitativo do movimento dos braços a bater. **Ex.** Chamou o filho que andava no quintal do vizinho a roubar pêssegos e ~, ~, deu-lhe dois açoites no rabo. **Sin.** Pumba.

tumbeiro s m (<tumba¹**3**+-eiro) O que conduz a tumba/Gato-pingado.

tumefação (Fà) [Br **tumefa(c)ção** (dg)] s f Anat [= tumefacção] (<lat *tumefáctio, ónis*) Aumento de volume de uma parte do corpo ou de um órgão/Inchaço(+)/Intumescência.

tumefaciente adj 2g (<lat *tumefáciens, éntis*) Que produz tumefação/inchaço/Tumeficante.

tumefacto, a [Br **tumefa(c)to** (dg)] adj (<lat *tumefáctus, a, um*) Que tem tumefa(c)ção/Inchado(+)/Intumescido. **Ex.** A opera-ção às cataratas correu bem, mas o olho ainda está um pouco ~ [inchado(+)].

tumefazer v t (<lat *tumefácio, ere, féci, fáctum*) Tornar tumefa(c)to/(Fazer) inchar(+).

tumeficante adj 2g ⇒ tumefaciente.

tumeficar v t ⇒ tumefazer.

tumente adj 2g (<lat *túmens, éntis < túmeo, ére, ui*: estar inchado «de orgulho») Inchado(+)/Intumescido.

tumescência s f ⇒ intumescência.

tumescente adj 2g (⇒ tumescer) Intumescido/Intumescente/Inchado.

tumescer v t/int (<lat *tumésco, ere, ui*) ⇒ intumescer.

tumidez (Dês) s f (<túmido+-ez) Qualidade do que está túmido/inchado/Intumescência/Inchaço(+).

tumidificar v t/int (<lat *túmidus+fácere*) **1** Tornar túmido/Engrossar. **2** Inturgescer/Inchar(+).

túmido, a adj (<lat *túmidus, a, um <túmeo, ére, ui*: estar inchado) **1** Que aumentou de volume/Inchado(+)/Intumescido. **Comb.** Olhos ~s de chorar. **2** fig Emproado/Presunçoso/Vaidoso.

tumor (Môr) s m Med (<lat *túmor, óris*) Tumefa(c)ção mórbida [Aumento anormal de volume] de parte do corpo ou dum órgão, de natureza não inflamatória. **Comb.** ~ **benigno** [que após ablação não volta a desenvolver-se nem cria metástases]. ~ **maligno** [que tem tendência a reincidir e a criar metástases/Cancro [Câncer]/Blastoma/Neoplasia].

tumoral adj 2g (<tumor+-al) Relativo a tumor. **Comb.** Inchaço ~.

tumor(iz)ação s f (<tumor(iz)ar+-ção) Formação de tumor.

tumor(iz)ar v int (<tumor+-...) Criar tumor.

tumoroso, a (Ôso, Ósa, Ósos) adj (<tumor+-oso) Que tem aspe(c)to de tumor/Intumescido/Túmido.

tumular¹ v t (<lat *túmulo, áre, átum*) Colocar em túmulo/Sepultar(+). **Ex.** As vítimas do acidente foram hoje sepultadas [foram hoje a ~].

tumular² s m (<túmulo+-ar²) Do [Referente a] túmulo. **Comb. Arte** ~. **Pedra** [Lápide] ~.

túmulo s m (<lat *túmulus, i*) **1** Monumento funerário construído em memória da pessoa nele sepultada/Construção sepulcral/Sepulcro/Jazigo. **Ex.** Os ~s destinados a personalidades importantes eram geralmente construções aparatosas e artísticas «~s do rei D. Pedro I de Pt e de D. Inês de Castro, no mosteiro de Alcobaça». **2** Cova onde se sepulta alguém/Sepultura. **Ex.** Os ~s [As sepulturas(+)] do idi comum dos mortais [da gente pobre e simples] têm à superfície uma pequena elevação de terra geralmente com uma cruz ao alto. ⇒ tumba¹. **3** Lugar onde se morre. **Ex.** Os cadáveres dos náufragos nunca apareceram; tiveram o mar por [como] ~. **4** fig Lugar sombrio e triste/lúgubre/sinistro. **Ex.** A casa, muito escura, mais parecia um ~.

tumulto s m (<lat *tumúltus, us*) **1** Movimento de pessoas desorganizado/desordeiro/ruidoso. **Ex.** Os adeptos saíram do estádio em grande ~ festejando a vitória do seu clube. **Comb.** O ~ das grandes cidades nas horas de ponta [de maior trânsito]. **2** Motim/Desordem. **Ex.** As claques dos clubes rivais envolveram-se em grande ~ «até houve feridos». **3** Agitação desordenada de pessoas/Confusão. **Ex.** As palavras do orador foram mal recebidas e o comício terminou em ~. **4** fig Inquietação/Desassossego. **Ex.** Não estou [me sinto] bem; parece que sinto tudo em ~ cá por dentro [~ dentro de mim].

tumultuador, ora adj/s (<tumultuar+-dor) (O) que provoca tumultos/Amotinador/Revolucionário/Revoltoso(+).

tumultuante adj 2g (<lat *tumúltuans, ántis*) Que tumultua [causa desordem/agita]/Tumultuador.

tumultuar v t/int (<lat *tumúltuo, áre, átum*) **1** Provocar tumulto/desordem/Amotinar. **Ex.** Na manifestação contra o Governo era notória [clara] a presença de pessoas interessadas [apostadas(+)] em ~. **2** Causar [Sofrer] grande convulsão/Revolver. **Ex.** O temporal tumultuou [destruiu/assolou(+)] várias localidades costeiras. **3** Pôr em desordem/Espalhar a confusão/Desarrumar. **Ex.** A polícia, à procura de armas e droga, tumultuou por completo a casa do traficante.

tumultuário, a adj (<lat *tumultuárius, a, um*) **1** Feito à pressa/atabalhoadamente/Desordenado/Confuso. **Ex.** O encerramento dos trabalhos (Assuntos a [para] ser tratados), dado o adiantado da hora, foi demasiado ~, já com muita gente [muitos participantes] a abandonar a sala. **2** Amotinado/Desordeiro. **Ex.** As palavras do ministro provocaram nos deputados uma rea(c)ção ~a [com agressões físicas].

tumultuoso, a (Ôso, Ósa, Ósos) adj (<tumulto+-oso) **1** Que provoca tumulto/Desordeiro. **Comb.** *Feitio* ~ [conflituoso(+)]. *Grupo* ~ [desordeiro(+)]. **2** Impetuoso/Violento. **Comb.** *Jogador «de futebol»* ~. **3** Que provoca agitação/barulho/confusão. **Comb.** *Reunião ~a* (Ant. Pacífica). *Vida ~a* [agitada(+)] *das cidades.*

tuna¹ s f Mús (<fr *t(h)une*) Grupo musical em que predominam instrumentos de corda dedilhada «viola/guitarra/bandolim» e (obrigatoriamente) a pandeireta. **Ex.** As ~s acadé[ê]micas (De estudantes universitários) são as mais frequentes.

tuna² s f Bot (<esp *tuna*: figo da figueira-da-Índia) Designação de algumas plantas da família das cactáceas/Nopal(pálea).

tunante adj 2g (<esp *tunante*) **1** (O) que anda na vadiagem/Vagabundo(+). **Ex.** É um ~ que nunca trabalhou [nunca quis trabalhar]. **2** Trapaceiro(+)/Embusteiro/Trampolineiro. **Ex.** O ~ vigarizou-me!

tunda s f (<lat *túndo, ere, tu(n)sum*: dar pancadas [bater] em, malhar, tundar) **1** Sova(+)/Tareia/Tosa²/Pancadaria. **Ex.** Deu-lhe uma ~ que o deixou de rastos. **2** fig Crítica severa.

tundar v t (⇒ tunda) **1** Dar tunda em/Sovar/Espancar. **2** fig Criticar acerbamente.

tundra s f Geog (<lapão *tundra*) Formação vegetal cara(c)terística das regiões subpolares de grande aridez, constituída principalmente por musgos, líquenes, ervas e pequenos arbustos. **Comb.** *Solo de* ~.

tuneladora s f Mec (<ing *tuneller+-ora*) Máquina para abrir túneis.

túnel s m (<ing *tunnel*) **1** Passagem subterrânea artificial geralmente usada como via de comunicação. **Ex.** Nas modernas (auto)estradas, em zonas montanhosas, há geralmente muitos ~eis. A França e a Inglaterra estão ligadas pelo ~ submarino do Canal da Mancha. **Comb.** *Aer/Fís* ~ *aerodinâmico* [Equipamento onde se produzem artificialmente fortes correntes de ar «~-eis subsó[ô]nicos/supersó[ô]nicos/hipersó[ô]nicos» para determinação das cara(c)terísticas aerodinâmicas de corpos]. **2** Espaço coberto por densa ramaria de uma álea de árvores. **3** fig Situação confusa/difícil. **Idi.** *(Começar a) ver uma luz ao fundo do* ~ [(Começar a) vislumbrar sinais de esperança em dias melhores].

tungstato s m Quím (<tungsténio+-ato) Sal derivado do ácido proveniente do anião [ânion] WO_4^{-2}. **Comb.** ~ *de ferro*, WO_4Fe.

tungsténio [W 74] [*Br* tungstênio] s m Quím (<sueco *tungsten* <*tung*: pesado + *sten*: pedra) Elemento químico metálico utilizado principalmente em ligas com o ferro (e outros metais) e na formação do carboneto de ~ (WC), abrasivo extremamente duro e resistente/Volfrâmio. **Ex.** Os principais minérios de ~ são a volframite e a schelite. A China possui as maiores reservas mundiais de ~.

tungue adj 2g/s m (<rus *tungús*) (Diz-se de) povo mongol, nómada, que vive na Sibéria, e da língua falada por esse povo.

túnica s f (<lat *túnica, ae*) **1** Veste comprida que cobre o tronco e as pernas usada na antiguidade clássica e em vários países do Médio Oriente. **2** Veste litúrgica branca, até aos pés, com mangas, usada em a(c)tos de culto pelos ministros sagrados e pelos acólitos/Alva(+). **3** Peça de vestuário unissexo, semelhante a uma camisa larga e comprida até ao joelho, usada com calças ou saia. **4** Biol Membrana das paredes de qualquer órgão. **5** Bot Invólucro de um bolbo.

tunicado, a adj/s m pl Zool (<túnica+-ado) (Diz-se de) animais marinhos providos de corda dorsal (Urocordados) a que pertencem as ascídias.

tunídeo, a s/adj Icti (<lat *thúnnus*: atum +-ídeos) (Diz-se de) peixe ou família de peixes teleósteos à qual pertencem as várias espécies de atum.

Tunísia s f Geog (<top *Tunes*, capital do país +-ia) País da África Setentrional. O árabe é a língua oficial dos tunisinos.

tupã s m Mit (<tupi *tu'pã*['pana]: génio do raio e do trovão) Divindade suprema na mitologia dos índios do Brasil.

tupaia s f Zool (<mal *tupai*) Designação comum de mamíferos inse(c)tívoros da família dos tupaiídeos, semelhantes ao esquilo, frequentes no Sudeste Asiático e na Indonésia.

tupaiídeos s m pl Zool (<lat científico *Tupaya*+-ídeos) Família de mamíferos asiáticos do gé[ê]nero *Tupaya*, com várias espécies.

tupé s m Br (<tupi *tu'pe*: entrançado) Esteira grande onde se põem a secar produtos agrícolas.

tupi adj/s 2g Etn/Ling (<tupi *tu-u'pi*: o pai supremo?) **1** (Relativo a) indígenas de vários grupos étnicos da América do Sul. **2** Tronco linguístico de dez famílias vivas espalhadas por 14 estados do Brasil e também por outros países vizinhos.

tupia s f (< ?) Espécie de torno có[ô]nico para trabalhar madeira, constituído por um eixo vertical onde, na parte superior, podem ser adaptadas diversas ferramentas. **Ex.** A ~ é especialmente adequada para fazer entalhes e molduras. **2** Aparelho [Macaco(+)] para levantar pesos.

tupi-guarani adj/s 2g/s m Etn/Ling **1** Grupo de idiomas ameríndios falados pela maior parte dos índios do Brasil. **2** Grupos indígenas que falam essa língua. ⇒ guarani.

tupinamba s f Bot (<tupi *tupi-nã-'mba*) **1** ⇒ Girassol, *Helianthus tuberosus*. **2** ⇒ tupinambo(r).

tupinambá adj/s 2g /s m pl Etn (<tupi *tu'pi-nã-'mba*) (Diz-se do) povo indígena que habitava no Norte do Brasil quando os portugueses aí chegaram.

tupinambo(r) s m Bot (⇒ tupinamba) **1** ⇒ tupinamba. **2** Planta da família das marantáceas, *Calathea allouia*, nativa das Guianas, que dá tubérculos comestíveis.

tupinismo s m (<tupi+-ismo) Vocábulo ou expressão de origem tupi.

tupperware s m ing Recipiente de plástico com tampa que fecha de forma estanque, usado para guardar alimentos cozinhados «sopa/guisado/arroz» no frigorífico.

-tura suf ⇒ -ura.

turaco s m Ornit (<lat científico *Tauraco*) Designação comum de diversas aves africanas, com poupa e plumagem vistosa, de grande porte e cauda comprida.

turba s f (<lat *turba, ae*) **1** Grande quantidade de pessoas/Muita gente/Multidão. **Ex.** Nas noites quentes de verão, uma ~ imensa procurava o fresco nas esplanadas do parque ou à beira-rio. **2** Magote de gente em desordem/Turbamulta. **Ex.** Ao longe ouvia-se a vozearia da ~ [multidão(+)] descontente que gritava: os ricos que paguem a crise! **3** Povo(o+)/Vulgo(+). **Ex.** A ~ do que gosta é de música pimba.

turbação s f (<lat *turbátio, ónis*; ⇒ turvação) **1** A(c)to ou efeito de turbar(-se). **Ex.** Senti uma ligeira ~ e a cabeça a andar à roda «deve ser a tensão baixa». **2** Perturbação(+)/Desassossego/Desordem. **3** Dir Qualquer a(c)to por meio do qual alguém perturba [dificulta/nega] um direito de posse, reclamando-o para si.

turbamulta s f (<lat *turba+multa*: muita) Grande multidão de gente em tropel. **Ex.** «é a festa da terra e a feira de ano» A ~ invadiu as ruas por completo, não se pode andar nem de carro, nem a pé [idi não se pode dar uma volta/pode passar].

turbante s m (<turco *türbend*) **1** Faixa de tecido enrolada à volta da cabeça, usada pelos homens de alguns países orientais «pelos turcos». **Ex.** O ~ do tuaregue envolvia-lhe a cabeça, o pescoço e grande parte do rosto. **2** Espécie de barrete ou chapéu sem copa nem aba.

turbar v t (<lat *turbo, áre,átum*: turvar) **1** Causar [Sofrer] perturbação. **2** Alterar a ordem.

turbelário, a adj/s (<lat *turbella*: desordem+-ário) (Diz-se de) platelminte de vida livre, com aparelho digestivo ramificado.

turbidez (Dês) s f (<túrbido+-ez) Estado do que é túrbido.

túrbido, a adj (<lat *túrbidus, a, um*) **1** Pouco transparente/Que tem pouca luz/Sombrio. **Comb.** *Nuvens* [Céu] ~as/o. **Sin.** Escuro; turvo. **2** Que inquieta ou causa perturbação. **Comb.** *Pensamentos* ~.

turbilhão s m (<fr *tourbillon*; ⇒ turbina) **1** Massa de ar que sopra em redemoinho com grande ímpeto/Pé de vento. **Ex.** No ar só se viam [No ar viam-se muitas] folhas, ramos de árvore e uma enorme nuvem de poeira, tudo arrastado pelo ~ de vento que inesperadamente se levantou. **2** Movimento rotativo de uma massa de água [de um líquido] formando redemoinho/Sorvedouro/Voragem. **Ex.** A pequena embarcação desapareceu no [idi foi engolida pelo] ~ das águas. **3** fig Agitação intensa/vertiginosa. **Comb.** *Gente dançando num* ~ *estonteante.* **4** fig Movimento rápido e desordenado de sentimentos ou emoções. **Ex.** Nos momentos de inspiração, as ideias surgiam(-lhe) em ~.

turbilhonar v int (<turbilhão+-ar¹) **1** Formar turbilhão. **Ex.** Ondas alterosas turbilhonavam nas rochas da praia. **2** Movimentar-se como num turbilhão. **Ex.** A multidão dos manifestantes turbilhonava em frente do palácio da Assembleia/Dieta/do Congresso.

turbina s f Mec (<fr *turbine* <lat *turbo, inis*: movimento circular, turbilhão) Máquina rotativa impulsionada por um fluido «água/

vapor» em movimento que transforma a energia cinética do fluido em trabalho mecânico. **Ex.** O a(c)cionamento dos grandes alternadores (para produção de energia elé(c)trica) é a principal aplicação das ~s. Consoante o fluido motor utilizado, as ~s classificam-se em hidráulicas, de vapor e de gás «dos aviões a ja(c)to».

turbinado, a *adj* (<lat *turbinátus, a, um*: de forma cónica; ⇒ turbina) **1** Em forma de cone invertido «como um pião»/Em espiral. **2** *Anat* Diz-se dos dois ossos da base do nariz (Cornetos)/Turbinal.

turbinal *adj 2g Anat* (<turbina+-al) Diz-se dos ossos também denominados cornetos/Turbinado.

turbinar *v t/int* (<turbina+-ar¹) (Fazer) passar o fluido através duma turbina para a pôr em movimento. **Ex.** Nas barragens com albufeira, geralmente, só turbinam em períodos de maior consumo de ele(c)tricidade «não turbinam durante a noite».

turbo *s m Mec* (<turbo-) Pequena turbina instalada em motores de alguns veículos automóveis, que comprime os gases de escape e permite deste modo aumentar o rendimento.

turbo- *elem de formação* (<lat *túrbo, inis*: redemoinho, turbina) Exprime a ideia de **redemoinho, turbilhão.**

turboalternador *s m Ele(c)tri* (<turbo-+...) Alternador a(c)cionado por turbina de vapor.

turbocompressor *s m Mec* (<turbo-+...) Dispositivo constituído por uma turbina de gás e um compressor de ar, usado para aumentar a pressão no sistema de admissão dos motores de combustão interna.

turborreator (À) *s m* [= turborreactor] (<turbo-+reator) Motor de reação em que a compressão do fluido é feita por meio de um compressor a(c)cionado por uma turbina. **Ex.** Os ~es são utilizados em astronáutica.

turbulência *s f* (<lat *turbuléntia, ae*) **1** Cara(c)terística do que é turbulento/muito agitado. **Ex.** A ~ manifesta-se frequentemente em crianças hipera(c)tivas. **2** Perturbação da ordem/Agitação/Tumulto. **Ex.** A manifestação degenerou em ~ e acabou em a(c)tos de vandalismo. **3** *Fís* Movimento de um fluido em que há variação irregular e aleatória da velocidade das partículas que passam em determinado ponto. **Comb.** ~ atmosférica [Agitação do ar provocada pelas diferenças de temperatura e pressão das diversas camadas da atmosfera] Loc. Um avião entrar numa zona de ~ e abanar, pouco ou muito).

turbulento, a *adj/s* (<lat *turbuléntus, a, um*) **1** (O) que é irrequieto/buliçoso. **Comb.** Criança ~a. **2** (O) que provoca desacatos/Desordeiro/Perturbador. **Comb.** Vadios [Vagabundos] ~s. **3** *Fís* Diz-se do movimento de fluidos em que há turbulência. **Comb.** Regime (de escoamento) ~. **Ant.** (Escoamento/Movimento) laminar.

túrcico, a *adj* (<lat *túrcicus, a, um* <*túrcae, árum*: povo cita ou turco) **1** ⇒ Turco. **2** *Anat* Diz-se da cavidade do esfenoide onde está localizada a hipófise (Sela turca ou ~a).

turco, a *adj/s m* (<lat *túrcus, a, um*) **1** Natural ou habitante da Turquia. **2** Que é cara(c)terístico da [tem origem na] Turquia. **Comb.** *Banho(s) ~(s). Café ~*. **3** *s m/adj* Tipo de tecido felpudo usado na confe(c)ção de toalhas para limpar as mãos/o rosto e em roupões. **Loc.** Lavar uma máquina de roupa só de ~os. **Comb.** *Loja especializada em ~os. Toalha* «de praia» *~a*.

turcomano, a *adj/s* (<persa *turkmān*) **1** *Hist Etn* (Diz-se de) povo asiático originário da Sibéria oriental, nómada, que se espalhou no sentido do ocidente até à Turquia. **2** *Ling* Ramo da família de línguas uralo-altaicas que inclui o turco e muitas outras.

Turcomenistão *s m Geog* ⇒ Turquemenistão.

turdídeo, a *adj/s Ornit* (<lat *turdus, i*: tordo+-ídeo) (Diz-se de) ave ou família de aves passeriformes, do gé[ê]nero *Turdus*, dentirrostros, que inclui muitas espécies existentes em Pt.

turfa *s f Geol* (<al *torf*) Rocha sedimentar combustível, formada por vegetais mal carbonizados. **Ex.** A ~ é um carvão de qualidade medíocre: arde mal e produz muita cinza.

turfassolo (Ssó) *s m Agr* (<turfa+solo) Solo proveniente da alteração profunda de grandes quantidades de material orgânico de origem vegetal.

turfeira *s f* (<turfa+-eira) **1** Jazigo de turfa. **2** Zona (h)úmida e alagada em que se origina a turfa.

turgência *s f* (<lat *turgéntia, ae*) **1** Estado do que está túrgido/Turgidez/Turgescência. **2** *Bot* Força exercida pelo conteúdo celular sobre a parede da célula quando nela se verifica a entrada de água.

turgente/turgescência ⇒ túrgido/turgência.

turgescente *adj 2g* (⇒ turgescer) **1** Que provoca turgescência. **2** Túrgido.

turgescer *v int* (<lat *turgésco, ere*) Tornar(-se) túrgido/Intumescer/Inchar(+).

turgidez ⇒ turgescência.

túrgido, a *adj* (<lat *túrgidus, a, um*) **1** Que adquiriu turgidez/Dilatado/Inchado(+). **Comb.** Úbere ~o das vacas leiteiras. **2** *Biol* Diz-se da célula que apresenta a membrana distendida pela pressão exercida sobre ela pelo conteúdo celular. **3** *Biol* Diz-se do órgão «pénis» que apresenta rigidez por estar distendido pela pressão de líquidos «do sangue» que a ele afluem. **Comb.** Folhas ~as «de um ca(c)to muito viçoso».

turgir *v int* (<lat *túrgeo, ere, túrsi*) Adquirir turgidez/Ficar túrgido(+)/Intumescer.

turião *s m Bot* (<lat *túrio, ónis*) Rebento carnoso comestível, que se desenvolve nas raízes e brota como caule aéreo semelhante ao espargo.

turibular *v t* (<turíbulo+-ar) **1** Incensar(+) com o turíbulo. **2** *fig* Adular/Bajular.

turibulário, a *adj/s* (<turíbulo+-ário) **1** (O) que nos a(c)tos de culto incensa. ⇒ turiferário. **2** *fig* Adulador/Bajulador.

turíbulo *s m* (<lat *t(h)uríbulum, i*: vaso em que se queima incenso, ~) Pequeno fogareiro metálico, portátil, com opérculo, sustentado por correntes, usado em a(c)tos litúrgicos para incensar/Incensário/Incensório. **Ex.** O ~ monumental de Santiago de Compostela (*Botafumeiro*) está suspenso no te(c)to.

turiferário, a *adj/s* (<turífero+-ário) (O) que «na procissão para a igreja» leva o turíbulo.

turífero, a *adj* (<lat *t(h)us, ris*: incenso+-fero) Diz-se de árvore que produz incenso.

turificação *s f* (<turificar+-ção) A(c)to ou efeito de turificar/Incensação(+).

turificar *v t* (<lat *turífico, áre, átum*) **1** Queimar incenso/Incensar(+). **2** *fig* Adular/Lisonjear.

turino, a *adj Zool* (< ?) Diz-se de uma raça holandesa de gado bovino. **Comb.** Vaca ~a/leiteira.

turismo *s m* (<ing *tourism*) **1** A(c)to de viajar por lazer, para se distrair ou com obje(c)tivos culturais. **Loc.** Fazer ~ interno (No próprio país) ou externo (No estrangeiro). **Comb.** Viagem de ~. **2** Conjunto de a(c)tividades econó[ô]micas «de alojamento/transporte/programação» relacionadas com turistas. **Ex.** O ~ movimenta enormes somas de dinheiro em todo o mundo. **Comb.** *Agência de ~* [viagens(+)]. *Operador de ~*. **3** Estabelecimento de informação e apoio existente nas localidades mais frequentadas por turistas. **Ex.** «numa cidade desconhecida» Para saber o que vale a pena visitar [o que interessa ver] é aconselhável dirigir-se ao T~.

turista *s 2g* (<ing *tourist*) **1** Pessoa que faz turismo/que viaja para se distrair ou instruir. **Ex.** No verão, o afluxo de ~s às praias portuguesas «ao Algarve» é enorme! **Comb.** *idi* ~ de pé-descalço [Pessoa «estudante» que viaja procurando não gastar muito dinheiro]. **2** *depr* Pessoa [Aluno] que vagueia «pelas ruas/pela escola» sem fazer nada/trabalhar.

turístico, a *adj* (<turista+-ico) **1** Relativo ao turismo ou a turistas. **Comb.** *Guia ~a. Passeio ~*. **2** Que se destina a turistas. **Comb.** *Classe ~a/económica* «nos aviões». *Empreendimento ~. Ementa ~a.*

turma *s f* (<lat *turma, ae*: destacamento de cavalaria, multidão) **1** *Hist* Na antiga Roma, destacamento de trinta cavaleiros comandados por três decuriões. **2** Grupo de pessoas que trabalham juntas sob a mesma chefia. **3** Grupo de estudantes do mesmo ano e curso, que têm o mesmo horário e utilizam a mesma sala de aula. **Ex.** O 10.º ano de "Estudos científicos" tem três ~s; o de "Artes" só tem uma (~). **Comb.** Delegado de ~. **4** *Br* Malta/Pessoal. **Ex.** A ~ lá do bairro é bacana.

turmalina *s f Miner* (<cingalês *tōramalli*) Mineral ciclossilicato complexo de sódio, cálcio, ferro, magnésio, lítio, alumínio, boro, ... de composição variável, que se apresenta em cristais do sistema trigonal, de diferentes cores, sendo algumas variedades «rubelite/acroíte/dravite» muito apreciadas como gemas.

turnê *s f Br* ⇒ tournée.

turnedó [*Br* **turnedô**] *s m Cul* (<fr *tournedos*) Fatia de lombo de carne de vaca grelhada, mal passada.

turnicídeo, a *adj/s Ornit* (<lat *turnix, icis*: codorniz+-ídeo) (Diz-se de) ave e família de aves galiformes, da fauna euro-africana, do gé[ê]nero *Turnix*.

turno *s m* (<esp *turno*) **1** Cada um dos grupos de pessoas que se revezam em determinados trabalhos/serviços. **Ex.** O meu ~ hoje descansa. O ~ que saiu às 8 h deixou tudo desarrumado [deixou a se(c)ção num caos]. **Comb.** Por seu ~ [Por sua vez(+)/parte/Alternadamente/Como resposta] (Ex. O marido disse que no seu aniversário iam almoçar fora; a esposa por seu ~ disse que queria o almoço em casa). **2** Cada um dos períodos em que se divide um dia de trabalho. **Loc.** Uma fábrica trabalhar por ~s. **Comb.** *~ da noite. Regime de ~s contínuos* [24 horas por dia, em três ~s de oito horas cada um]. **3** *Br* Cada etapa de um campeonato ou torneio.

Turoniano *s m Geol* (<top Tours, cidade de França+-ano) Andar do Cretácico Superior.

turpilóquio *s m* (<lat *turpilóquium, ii* <*túrpis, e*: torpe + *lóquor*: falar) Expressão torpe/Obscenidade/Palavra feia/Palavrão(+).

Turquemenistão *s m Geog* País euroasiático que era uma das repúblicas da antiga URSS.

turquês *s f* (<fr *turquoises*) Ferramenta metálica semelhante a uma tenaz ou a um alicate, que serve para apertar ou agarrar um

obje(c)to «arrancar pregos», cortar arame, etc.

turquesa (Kê) s f Miner (<fr an *(pierre) turkeise*, a(c)tual *turquoise*) Mineral com a composição química de fosfato hidratado de alumínio e cobre, isomorfo da cassiterite, de cor azul, verde-azulado ou verde-amarelado, que cristaliza no sistema triclínico. **Ex.** As ~s, principalmente as de cor azul-celeste, são usadas como gemas.

Turquestão s m Geog Região da Ásia Central, politicamente dividida pela antiga URSS e pela República Popular da China.

Turquia s f Geog País situado na bacia mediterrânica entre a Europa e a Ásia, com território nos dois continentes, cuja capital é Ancara; a língua oficial é o turco.

turra s f pop (<turrar) **1** Pancada com a cabeça/Cabeçada/Marrada «de touro/carneiro». **Ex.** «vinha distraído e» Dei uma ~ [cabeçada(+)] na porta, que estava entreaberta. A criança pequena [*idi* de colo] dava gargalhadas quando o pai lhe dava turr(inh)as na testa. **2** *fig* Teima(+)/Birra/Disputa/Caturrice(o+). **Idi.** *Andar às ~s* [Andar desavindo/Ter discussões permanentes] (Ex. Eles (O casal) nunca se entenderam; toda a vida andaram às ~s). **3** *gír depr* Terrorista (Na guerra colonial portuguesa).

turrão, ona adj/s (<turrar+-ão) **1** Diz-se de animal que turra/marra. **Comb.** Carneiro [Touro] ~. **2** *fig* (O) que é muito teimoso/Casmurro/Caturra. **Ex.** Irra! É mesmo ~! Mesmo depois de se lhe fazer ver que está errado, não muda de opinião [*idi* não dá o braço a torcer].

turrar v int pop (< on) **1** Dar turras/Marrar. **Ex.** O carneiro turra; tenha cuidado! **2** *fig* Teimar/Altercar/Caturrar/*idi* Andar às turras com alguém. **Ex.** A criança não para de chorar porque turrou que queria o brinquedo do irmão e ele não lho deu.

turturin(h)ar v int Br (<turturino+-ar[1]) Arrulhar «de pombos/as e rolas».

turturino s m Br (<lat *túrtur, uris*: rola) Ruído [*idi* Fala/Voz(+)] das rolas e das pombas/Arrulho(+).

turvação s f (<lat *turbátio, ónis*; ⇒ turbação) **1** A(c)to ou efeito de turvar. **2** Estado daquilo que perdeu a limpidez/transparência/Turbidez(+). **Ex.** O vinho apresenta uma ligeira ~ [está um pouco turvo] «a garrafa tinha pé [borra] no fundo». **3** Perturbação/Inquietação/Desassossego.

turvar v t/int (<lat *túrbo, áre, átum*: ⇒ turbar) **1** Perder a transparência/limpidez/Tornar(-se) opaco. **Ex.** A enxurrada turvou a água do rio. **2** Tornar-se embaciado/Toldar de repente. **Ex.** A pobre mulher apareceu junto de nós com os olhos turvados de tanto chorar. **3** Tornar-se nublado/Escurecer. **Ex.** Já não há sol; o tempo turvou-se de um momento para o outro. **4** Inquietar(-se)/Perturbar(-se). **Loc.** Turvar-se a mente [Ficar perturbado/Deixar de raciocinar com clareza]. **5** *fig* ⇒ Embriagar(-se).

turvo, a adj (<lat *túrbidus, a, um*) **1** Que perdeu a limpidez/transparência. **Comb.** Líquido «vinho/azeite» ~. **2** Coberto de nuvens/Anuviado/Enevoado. **Comb.** Tempo [Céu] ~ [embrulhado/enfarruscado]. **3** Sem brilho/Embaciado/Toldado. **Comb.** Olhar ~. **4** Preocupado/Perturbado/Agitado. **Comb.** Ar [Aspe(c)to/Semblante] ~.

tuta-e-meia s f pop (<uma macuta (Antiga moeda de cobre da "África Ocidental Portuguesa") e meia) Insignificância/Bagatela. **Ex.** Tudo quanto havia de valor em casa, ele o vendia [*idi* passava a patacos] por ~ para arranjar dinheiro para a [para comprar] droga.

tutanaga s f Hist (< ?) Liga de estanho, chumbo e cobre *us* em Sião e Malaca para fabricar caixas especiais para conservar o chá com o seu aroma. ⇒ zinco.

tutano s m (< ?) **1** Medula dos ossos. **Idi.** *col Chupar alguém até ao ~* [Explorar alguém até o deixar na miséria] (Ex. Se não teve sorte com o primeiro marido, com o segundo muito menos, chupou-a até ao ~ [, gastou-lhe [*idi* comeu-lhe] tudo o que ela tinha]). **2** *fig* O que há de mais íntimo/Âmago(+).

tutear v t (<tu+t+-ear) Tratar-se por tu com alguém/Tratar alguém por tu.

tutela (Té) s f (<lat *tutéla, ae*) **1** Autoridade legal sobre uma pessoa «um menor/interdito». **Ex.** A falta dos pais, por falecimento ou incapacidade de exercerem o poder paternal, determina a colocação dos filhos menores sob ~ de alguém «avós/tios». **2** Encargo legal para administrar bens de menores incapazes ou desvinculados do poder paternal. **3** Função de vigilância e orientação de uma instituição sobre outra instituição ou organismo. **Ex.** Os tribunais estão sob a ~ administrativa do Ministério da Justiça. **4** Dependência técnica ou administrativa de um território «país/região» de outro que sobre ele exerce autoridade. **Ex.** A maior parte das coló[ô]nias estiveram durante séculos sob ~ dos países colonizadores.

tutelado, a adj/s (<tutelar) (O) que está sob tutela/Protegido. **Comb.** Bens do ~. *Menor órfão* ~ «pelos tios». *País* [*Território*] ~ «pela ONU».

tutelagem s f (<tutelar+-agem) A(c)to [Função] de tutor/de tutelar.

tutelar[1] v t (<tutela+-ar[1]) **1** Exercer tutela sobre/Ser tutor de. **Ex.** Os avós, por decisão do tribunal, tutelaram os netos órfãos até à maioridade. **2** Dar apoio/Proteger/Amparar. **Ex.** Um grupo de pessoas ligadas à paróquia tutelava [socorria(+)/auxiliava(+)] as famílias mais carenciadas da freguesia. **3** Um Estado [Uma organização internacional] intervir na gestão política de um território autó[ô]nomo, com capacidade para autorizar e fiscalizar determinados a(c)tos do tutelado. **Ex.** A ONU tutelou a Somália desde 1949 até à independência, em 1960.

tutelar[2] adj 2g (<tutela+-ar[2]) **1** Referente a tutela. **Comb.** *Decisão* ~. *Poder* ~. **2** Que tutela/protege. **Comb.** Instituição [Entidade] ~.

tutor, ora s (<lat *tútor, óris*) **1** Pessoa que exerce a tutela sobre alguém. **Ex.** O ~ tem por missão suprir a incapacidade dos menores e interditos sobre quem exerce a tutela. **2** *fig* Prote(c)tor/Conselheiro/Orientador. **Ex.** Os investigadores em início de carreira têm geralmente o apoio dum ~ [orientador(+)]. **3** *Bot* Haste cravada no solo à qual se segura uma planta jovem/frágil.

tutorar v t (<tutor+-ar) Exercer a função de tutor/Tutelar[1].

tutoria s f (<tutor+-ia) **1** Autoridade ou encargo de tutor. **Loc.** Exercer ~ sobre menores. **2** Estabelecimento que acolhe menores carecidos de tutela/Casa de corre(c)ção para menores delinquentes. **3** Amparo/Tutela/Prote(c)ção. **Ex.** Valeu-lhe a ~ [o amparo/a ajuda(+)] da madrinha para conseguir sair da droga.

tutorial adj 2g (<tutor+-al) **1** Relativo a [Próprio de] tutor. **Comb.** Poder [Autoridade] ~. **2** Que é apoiado por um orientador/conselheiro. **Comb.** Trabalho «de investigação» ~. **3** *Info* (Diz-se de) programa, livro de instruções, CD, etc. que fornece indicações sobre um assunto específico.

tutório, a adj (<lat *tutórius, a, um*) De tutor/Que protege/Prote(c)tor.

tutti frutti it *loc* Diz-se de refrigerante [bebida], sobremesa, iogurte, etc. composto de ou aromatizado com vários tipos de fruta.

tutu[1] s m Infan (< on) Nádegas. ⇒ «apanhar/levar» tautau.

tutu[2] s m Br Cul (<quimbundo *ki'tutu*?) Iguaria de feijão cozido, misturado com farinha de mandioca ou de milho/Ungui.

Tuvalu s m Geog Pequeno país (Arquipélago) do Pacífico Sul, com a capital em Funafuti que é também nome da sua maior ilha. Os habitantes são os tuvaluanos.

TV Sigla de televisão.

tweed ing s m Tecido de lã cardada, de origem escocesa, geralmente com uma trama de fios de duas ou mais cores. **Comb.** Fato de ~.

twist ing s m Dança de origem norte-americana, da década de 60 do séc XX, cara(c)terizada por ritmo rápido e movimentos ágeis de pernas, braços e quadris.

U

u (u, U) *s m* **1** Vigésima primeira letra e quinta vogal do alfabeto. **2** *adj* Vigésimo primeiro lugar numa série indicada pelas letras do alfabeto. **Comb.** Fila ~. **3** *Quím Maiúsc* Símbolo do elemento urânio. **4** *Fís* U. = unidade de massa ató[ô]mica unificada.

uacari *s m* (<tupi *waka'ri*) **1** *Icti* Peixe de água doce revestido de placas resistentes/Acari/Cascudo. **2** *Zool* Macaco sul-americano, arborícola, de cauda curta e cabeça total ou parcialmente desprovida de pelos, frequente na Amazó[ô]nia.

uacauã *s m Ornit* (<tupi *waka'wa*) Nome vulgar de ave de rapina do Brasil, da família dos falconídeos, que ataca cobras/Acauã.

uaicima *s f Bot* (<tupi *wa'sima*) Planta do sertão brasileiro usada no fabrico de cordas.

u[g]ajará *s m Bot* (<tupi *waya'ra*) Planta silvestre do Brasil, da família das sapotáceas, que dá frutos comestíveis.

(u)anambé *s m Br Ornit* (<tupi *wanã'bé*) Ave da família dos cotingídeos, com várias espécies de plumagem variável, incluindo a araponga ou o ferreiro/Anambé/Guainambé.

(u)ariá *s m Br Bot* (<tupi *iwari'a*) Planta brasileira de tubérculos farináceos comestíveis.

uarubé *s m Cul* (<tupi *waru'be*) Preparado de massa de mandioca, sal, alho e pimenta para ser desfeito em molho de carne ou peixe.

ubarana *s m Br Icti* (<tupi *uba'rana*) Peixe teleósteo marinho, também conhecido por focinho-de-porco e ubarana-mirim.

uberar *v t/int* (<lat *úbero, áre, átum*) **1** Fecundar/Fertilizar. **2** Produzir/Crescer. **Ex.** Já se notam os frutos «melões/peras» a ~.

uberdade *s f* (<lat *ubértas, átis*) **1** Qualidade de úbere. **2** Fertilidade/Fecundidade. **3** Abundância de frutos/Fartura.

úbere *s m/adj 2g* (<lat *úber, eris*) **1** Órgão mamário das fêmeas de alguns mamíferos «vacas/cabras»/Teta/Mama. **2** *adj 2g* Fértil/Fecundo/Produtivo/Abundante. **Comb.** Terrenos ubérrimos [muito ~s] «das lezírias do Tejo».

uberoso, a (Ôso, Ósa, Ósos) *adj* (<úbere + -oso) Que tem a forma de úbere. **Comb.** Inchaço [Tumor] ~.

ubi(m) [**ubimirim/ubi-uaçu**] *s m Br Bot* (<tupi *u'bi*) Designação de um extenso grupo de palmeiras, cujas folhas são utilizadas para cobrir as palhotas.

ubiquidade (Ku-i) *s f* (<lat *ubíquitas, átis* <*ubíque*: por toda a parte) Dom de estar ao mesmo tempo em dois [vários] lugares/Omnipresença (de Deus). **Ex.** Não posso ir aos dois casamentos que são à mesma hora em locais diferentes, porque infelizmente não tenho o dom da ~.

ubíquo, a (Ku-o) *adj* (⇒ ubiquidade) Que tem o dom da ubiquidade.

ucha *s f* (<lat *hútica, ae*) Área ou compartimento onde se guardam comestíveis/Despensa/Tulha/Arca(+). **Idi.** *Ficar à ~* [sem nada].

ucharia *s f* (<ucha + -ria) **1** Depósito de alimentos/Despensa/Arrecadação. **2** Conjunto de alfaias agrícolas. **3** *fig* Abundância/Fartura.

-ucho *suf* (<lat -*culu*-) Tem geralmente sentido pejorativo: *gorducho, negrucho, papelucho, pequerrucho*.

-uco *suf* Tem sentido diminutivo: *abelharuco*.

-uço *suf* Traduz a ideia de **quantidade**. **Comb.** Um manh*uço* [monte/montão/Uma mão-cheia] «de papéis/de couves para plantar». ⇒ -udo; -ulho.

Ucrânia *s f Geog* República do Leste da Europa, que fazia parte da antiga URSS, cuja capital é Kiev e cujos habitantes (Ucranianos) falam o ucraniano.

ucuuba *s f Bot* (<tupi *uku'iwa*) Nome genérico de plantas brasileiras da família das miristicáceas, de cujas sementes se extrai uma gordura para fabrico de sabão e velas.

-udo *suf* (<lat -*utu*-) Exprime a ideia de **quantidade exagerada**: *barbudo, cabeludo, peludo, sapudo, sortudo*. ⇒ -ulho.

udometria *s f Meteor* (<lat *udus, a, um*: (h)úmido + -metria) Processo de medição da quantidade de chuva que cai em determinado lugar, durante um certo tempo/Pluviometria(+).

udómetro [*Br* **udômetro**] *s m Meteor* (⇒ udometria) Instrumento usado para medir a precipitação de chuva/Pluvió[ô]metro(+).

UE ⇒ União Europeia.

ué/ê *interj Br* (<como é?) Exprime espanto, pasmo, surpresa, admiração, irritação.

ufa (Ú) *interj* (< on) Exprime alívio/cansaço/espanto. **Ex.** *~! Até que enfim* que chegámos (a casa/ao destino)! *~, que calor* [cansaço]!

ufanar *v t* (<ufano + -ar¹) **1** Tornar(-se) ufano/Envaidecer(-se)/Gabar-se. **Ex.** Ela gosta muito de se ~ [Ela costuma [*idi* é useira e vezeira em] ~-se] «quem a ouvir falar julga [fica com a impressão de] que não há ninguém como [melhor (do) que ela». **2** Alegrar(+)/Regozijar(+). **Ex.** «não ganhaste, mas» Ufanamo-nos pelo teu esforço, porque fizeste o melhor que podias.

ufania *s f* (<ufano + -ia) **1** Motivo de honra/contentamento. **Comb.** A ~ da vitória. **2** Vaidade/Ostentação/Soberba. **Ex.** Ele tem sempre um ar de ~, de quem se julga superior aos outros.

ufano, a (Fâ) *adj* (<gótico *ufains*) **1** Contente consigo/Orgulhoso/Vaidoso. **Ex.** «que se passa?» Vens muito ~! – «pudera!» Achei uma nota de 20 euros! **2** Triunfante. **Ex.** ~ e sorridente, entrou pela casa dentro, gritando: mãe, passei (no exame) com (nota) 18!

Uganda *s f Geog* País da África oriental cuja capital é Kampala, cujos habitantes são os ugandeses, e que tem como língua oficial o inglês e outros idiomas nativos.

-ugem *suf* (<lat -*go, ginis* «albúgo»: mancha branca «na vista») Exprime a ideia de **quantidade** e **semelhança**: *babugem, lanugem, penugem*.

ugro *s m* (<turco *ujgur*) (Diz-se do) povo da raça uralo-altaica espalhado por várias regiões da Ásia Central «Finlândia».

uh *interj* (< on) Exprime repugnância a algo ou intenção de assustar alguém. **Ex.** Levar uma bolada no nariz? ~ se dói [dói muito]! «comer caracóis» ~! Até fico enojado «só de pensar nisso»! «aproximou-se por trás, sem se fazer notar e gritou:» ~! – Assustaste-me! ⇒ ui.

ui *interj* (<lat *hui*) Exprime dor/espanto/surpresa. **Ex.** ~ [Ai], pisaste-me um calo. «fingindo que dispara uma pistola de brincar: vou-te matar!» ~, que medo! ⇒ uh.

uigur(e) *adj/s 2g* ⇒ ugro.

uirá *s m* (<tupi *wi'ra*) Termo genérico que designa ave.

uísque *s m* (<ing *whisky*) **1** Aguardente de cereais fermentados «milho, cevada». **2** Dose dessa bebida. **Ex.** Bebeu dois ~s.

uivada *s f* (<uivo + -ada) Série de uivos. **Ex.** Ouvia-se, ao longe, uma ~ de cães vadios ou de lobos.

uivador, ora [**uivante**] *adj* (<uivar + -...) (O) que uiva.

uivar *v int* (<lat *úlulo, áre, átum*) **1** Dar uivos. **Ex.** Os lobos [cães] uivam. **2** Produzir ruído semelhante ao uivo. **3** *fig col* Gritar zangado/Vociferar/Ladrar(+).

uivo *s m* (<uivar) **1** A voz do lobo e do cão. **Ex.** De noite, ouviam-se ~s dos cães, que pareciam gemidos de crianças. **2** Grito prolongado e lamentoso. **Ex.** O ~ era o grito cara(c)terístico (Grito de guerra) da patrulha "Lobo" dos escuteiros.

uja *s f Icti* (< ?) Peixe seláquio da família dos trigonídeos, semelhante à raia.

-ujar *suf* Exprime a ideia de **a(c)ção que se realiza aos poucos**, com interrupções: *garatujar, intrujar, marujar, papujar, rabujar*.

ulalgia *s f Med* (<gr *oulon*: gengiva + -algia) Dor nas gengivas. ⇒ gengivite; ulite.

úlcera *s f Med* (<lat *úlcera*, pl de *úlcus, eris*) **1** Ferida, na pele ou numa mucosa, de difícil cicatrização/Ferida/Chaga. **Comb.** ~ *péptica* [dos órgãos da digestão/gástrica/duodenal]. ~ *varicosa* [venosa/nas varizes]. **2** *fig* Causa de corru(p)ção moral/Vício. **Comb.** Casa de diversão no(c)turna e de jogo, ~ que está a desgraçar [corromper] muitos jovens.

ulceração *s f* (<ulcerar + -ção) Formação de úlcera. **Ex.** De ferimento aparentemente sem importância, passou a [evoluiu para] ~.

ulcerar *v/int* (<úlcera + -ar¹) **1** Causar úlcera em. **Ex.** A ferida «da perna» ulcerou. **2** *fig* Corromper moralmente.

ulcerativo, a *adj* (<ulcerar + -tivo) Que produz úlcera. ⇒ ulceroso.

ulcerável *adj 2g* (<ulcerar + -vel) Susce(p)tível de se ulcerar.

ulceroso, a (Ôso, Ósa, Ósos) *adj* (<úlcera + -oso) **1** Que tem [causa/provoca] úlceras. **Comb.** Doença ~a. **2** Da natureza da úlcera. **Comb.** Chaga [Ferida] ~a.

ulema (Lê) *s m Rel* (<ár *'ulama* pl *'alim*: sábio) Muçulmano que se dedica ao estudo das fontes da sua religião: o Alcorão e a Suna/Teólogo muçulmano.

-ulho *suf* Exprime a ideia de **amontoado**, **agitação**, por vezes, com sentido **aumentativo**: *marulho, pedregulho*. ⇒ -udo; -uço.

uliginoso, a (Ôso, Ósa, Ósos) *adj* (<lat *ulígo, inis*: humidade natural da terra) Pantanoso/(H)úmido.

ulite *s f Med* (<gr *oulon*: gengiva + -ite) Inflamação das gengivas/Gengivite(+).

ulmáceo, a *adj/s pl Bot* (<lat *ulmus*: olmo + -áceo) (Diz-se da) família de plantas dicotiledó[ô]neas lenhosas, a que pertence o olmo [ulmeiro].

ulmeiro *s m Bot* (<lat *ulmus, i* + -eiro) Árvore de grande porte da família das ulmáceas, frequente (espontânea e cultivada) em Portugal/Olmo(o+)/Olmeiro(+).

ulnar *adj 2ag Anat* (<lat *ulna, ae*: cúbito + -ar²) **1** Referente ao cúbito/Cubital. **2** Designativo do osso carpiano ou piramidal.

-ulo *suf* (<lat -*ulus, a, um*) Tem sentido diminutivo: *aurículo, cenáculo, cubículo, lóbulo, ventrículo*.

ulo *s m Br* (<ulular) Grito/Gemido.

ulterior *adj 2g* (<lat *ultérior, óris*) **1** Que está [sucede/vem] depois/Posterior(+). **Ex.** Isso

já sucedeu em data ~ à da publicação da lei. **Ant.** Anterior. **2** Situado além. **Ex.** A casa situa-se em terreno ~ à [para lá da (+)] linha do comboio [trem].

ulterioridade *s f* (<ulterior + -i- + -dade) Qualidade do que é ulterior/Posterioridade(+). **Ex.** A ~ do crime, em relação à data da morte do que era considerado suspeito, está indiscutivelmente provada. **Ant.** Prioridade; anterioridade.

ulteriormente *adv* (<ulterior + -mente) Posteriormente(+)/Depois. **Ex.** O ambiente de trabalho, ~ à [depois da(+)] tomada de posse do novo dire(c)tor, modificou-se muito «tudo corre melhor». O encarregado recebe instruções [ordens/dire(c)tivas] que, ~, deve transmitir e explicar aos seus subordinados.

ultimação *s f* (<ultimar + -ção) **1** A(c)to ou efeito de ultimar. **2** Aperfeiçoamento final/Conclusão/Remate. **Ex.** Está tudo preparado «para a festa»; falta só a ~ do que só pode ser feito no próprio dia.

ultimado, a *adj* (<ultimar) Que se ultimou/Acabado/Concluído. **Comb.** Negócio ~ [fechado(+)]. *Trabalho* [Obra] ~*o/a* [concluído/a(+)].

ultimamente *adv* (<último + -mente) **1** Recentemente. **Ex.** ~ tenho tido muitas dores de cabeça [muitas contrariedades] «as contas para pagar estão sempre a aparecer». **2** Há pouco. **Ex.** Estive muito tempo sem receber notícias dos filhos, mas ~ soube de todos: uns escreveram, outros telefonaram. **3** Por último/fim. **Ex.** Primeiro chegou o vencedor (da etapa), depois o pelotão com a maioria dos ciclistas e ~ [por último(o+)/em último lugar(+)], o grupo dos atrasados.

ultimar *v t* (<lat *último*, *áre*, *átum*) Concluir/Acabar/Terminar. **Ex.** Podem ir para a mesa; já estou a ~ [a acabar de preparar(+)] o almoço. Não posso ir contigo «às compras», tenho um trabalho «da escola» para ~. **Loc.** ~ [Fechar(+)] um negócio.

ultimato *s m* (<lat *ultimátus, a, um*) **1** Proposta [Condições] que uma nação apresenta a outra e de cuja aceitação ou recusa depende a paz ou a guerra. **Comb.** *Hist* ~ inglês [apresentado pela Inglaterra a Portugal em 1890, que obrigava Portugal a renunciar aos territórios africanos entre Angola e Moçambique]. **2** Resolução irrevogável. **Ex.** Uma ordem dessas «são todos obrigados a fazer horas extra(ordinárias) até à meia-noite» soa a [apresenta-se como um] ~.

último, a *adj/s* (<lat *últimus, a, um*) **1** (O) que está [vem] no fim de todos [tudo]. **Ex.** Estou a ler o ~ capítulo (do livro). Fiquei (sentado) na ~a fila «de cadeiras do teatro/de carteiras da escola». **Idi.** *A ~a* [A novidade mais recente] (Ex. Então já sabes [*idi* Então não queres ouvir/saber] a ~a: nomearam *col/pej* aquele imbecil dire(c)tor!). *Rel Maiúsc* **A** ~ *ceia* [~a refeição de Jesus Cristo com os seus Apóstolos, durante a qual instituiu a Eucaristia]. *A ~a morada* [A sepultura]. «beber o cálice da [aceitar a] dor» *Até à ~a gota* [Até ao limite/extremo]. «dar/exalar» *O ~ suspiro* [O derradeiro momento de vida]. *Chegar às ~as* a) Chegar/Ir *idi* a vias de fa(c)to [Agredir-se/Brigar]; b) Ir até ao limite. *Dar as ~as* [(Estar a) morrer/chegar ao fim] (Ex. Ele não dura muito, está mesmo a dar as ~as. Não posso voltar a calçar estes sapatos, estão mesmo a dar as ~as [estão completamente gastos]) . *De ~a hora* a) Que é muito recente (Comb. Notícia de ~ hora); b) Que se realiza no derradeiro momento (Comb. Tiragem (do correio) da ~a hora). *Dizer as ~as* [Dizer muito mal (de alguém)/*idi* Pôr (alguém) pelas ruas da amargura). *Em ~a análise* [Não havendo outra solução ou solução mais favorável] (Ex. Temos (mesmo) que regressar hoje a Lisboa; em ~a análise vamos de táxi). *Por ~o* [Finalmente/Em conclusão] (Ex. «depois de fazer uma conferência» Por ~, resta-me agradecer a todos a amabilidade que tiveram em me escutar). **2** Final/Derradeiro/Extremo. **Ex.** A sobremesa «doce/fruta» é o ~ prato duma refeição. Quero ouvir o ~ discurso [orador] até ao fim. **3** (O) mais recente/(O) mais novo. **Ex.** Este (filho) não é o ~, ainda tenho outro mais novo. Comprei pão fresquinho [quentinho/acabado de fazer]; é da ~a fornada. **4** Que está em vigor/A(c)tual. **Comb.** ~a versão duma norma/dire(c)tiva.

5 O menos elevado em categoria. **Ex.** Na hierarquia militar, os recrutas são os ~os. **6** O pior/refugo. **Ex.** Vendi toda a fruta que trazia; só ficaram algumas [ficou *idi* meia dúzia de] peras por serem as ~as pequenas e com má aparência. **7** Restante. **Ex.** Jornais, só tenho esse, é o ~, já vendi os outros todos. **8** Irrevogável/Definitivo/Terminante. **Ex.** Não posso fazer (por) menos [vender mais barato], é a minha ~a palavra [o meu ~ preço]. «pai ao filho» É o ~ aviso (que te faço; para a próxima é o castigo)!

ultra (Úl) *s/adj 2g* (<lat *ultra*: além de) (Diz-se de) pessoa ou de algo que é extremista ou radical. **Ex.** A manifestação foi ordeira e pacífica apesar de terem aparecido alguns ~s tentando provocar a polícia.

ultra- *pref* Exprime a ideia de *além de, excessivamente, extremamente*.

ultrabásico, a *adj Miner* (<ultra- +...) Diz-se das rochas magmáticas com teor de sílica inferior a 45% e com muito pouco ou sem feldspato.

ultracentrifugação *s f* (<ultra- +...; ⇒ centrífuga [centrifugador(a)]) Centrifugação efe(c)tuada num centrifugador especial que funciona a velocidade muito elevada.

ultraconservador, ora *adj/s* (<ultra- + ...) (O) que defende pontos de vista extremamente tradicionais, opondo-se vivamente a qualquer mudança. **Ant.** Ultraliberal; ultramoderno.

ultracurto, a *adj* (<ultra- + -...) Diz-se das ondas ele(c)tromagnéticas de comprimento excessivamente curto (Frequência superior a 300 Mhz).

ultrafiltração *s f Biol/Quím* (<ultra- + ...) Filtração através de membrana semipermeável, efe(c)tuada por sucção ou sobrepressão, para separação de coloides e isolamento de certos vírus.

ultra-humano, a *adj* **1** Que ultrapassa as capacidades humanas/«esforço» Sobre-humano(+). **2** Sobrenatural. **3** *fig* Extraordinário/Sublime.

ultrajado, a *adj* (<ultrajar) Que sofreu ultraje/Ofendido. **Comb.** «Jesus Cristo, no processo da Sua condenação» ~ pelos esbirros [chefes da guarda/soldados] e pelo povo.

ultrajante *adj 2g* (<ultrajar + -ante) Que encerra ultraje. **Comb.** *Condições de vida* «de miséria» ~*s* «da dignidade humana». *Frases* [Palavras] ~*s*/injuriosas.

ultrajar *v t* (<ultraje + -ar[1]) Injuriar/Insultar/Difamar. **Ex.** Os manifestantes empunhavam cartazes que ultrajavam [que eram um insulto para] o Presidente da República e o Governo.

ultraje *s m* (<fr *outrage* <an *oltrage* <lat *última*: além de + *ágo, ere*: agir, empurrar) **1** A(c)to de ultrajar. **Ex.** A contestação é admissível, mas sem ~s. **2** Ofensa grave/Insulto/Afronta. **Ex.** Na Sua Paixão, Jesus Cristo sofreu muitos [foi coberto de] ~s. **Comb.** ~ ao pudor [à moral pública].

ultrajoso, a (Ôso, Ósa, Ósos) *adj* ⇒ ultrajante.

ultraleve (Lé) *s m/adj* (<ultra- + ...) **1** *Aer* Avioneta muito simples e leve, com um pequeno motor, destinada a um único tripulante. **Comb.** Acidente com [Queda de] um ~. **2** *adj* Extremamente leve. **Comb.** Materiais resistentes e ~s.

ultraliberal *adj/s 2g* (<ultra- + ...) (Diz-se de) político liberal radical.

ultramar *s m* (<ultra- +...) **1** Territórios [Regiões] muito afastados/as da metrópole que estão além-mar. **Ex.** As antigas coló[ô]-nias portuguesas «Estado da Índia/Timor/Moçambique/Angola» constituíam o ~ Português. **2** Tinta azul extraída do lápis-lazúli.

ultramarino, a *adj* (<ultramar + -ino) **1** Referente [Pertencente] ao ultramar. **Comb.** *Comércio* ~. *Produtos* ~*s*. *Hist Territórios* ~*s* «portugueses». **2** Da cor do ultramar **2**. **Comb.** Azul ~.

ultramicroscopia *s f* (<ultra- +...) Observação feita com ultramicroscópio.

ultramicroscópio *s m Fís* (<ultra- +...) Microscópio equipado com dispositivo especial de iluminação que lhe confere um elevado poder separador e a obtenção de grandes ampliações.

ultramoderno, a (Dérr) *adj/s* (<ultra- +...) Muito moderno/Moderníssimo.

ultramontanismo *s m Hist* (<ultramontano + -ismo) Movimento político e religioso do séc. XIX, de obediência e adesão militante ao Papa na luta contra os erros da época. **Ant.** Galicanismo.

ultramontano, a *adj/s* (<it *ultramontano*) (O) que é partidário do ultramontanismo.

ultranatural ⇒ preternatural/sobrenatural.

ultrapassado, a *adj* (<ultrapassar) **1** Que se ultrapassou. **Comb.** Obstáculo «barreira/curva» ~. **2** Que foi superado. **Comb.** Crise «afe(c)tiva/econó[ô]mica» ~*a*. **3** Antiquado/Desa(c)tualizado. **Comb.** *Moda* [Tipo de vestuário/Calçado] ~*a/o*. *Norma* [Lei/Costume] ~*a/o*.

ultrapassagem *s f* (<ultrapassar + -agem) Passagem à [para a] frente de outro veículo que se desloca no mesmo sentido ou para diante de qualquer obstáculo que surja na sua frente. **Ex.** Muitos acidentes rodoviários são causados por ~ns efe(c)tuadas [feitas] sem as devidas precauções. **Comb.** ~ *perigosa*. *Sinal de* ~ *proibida* [de proibição de ultrapassar].

ultrapassar *v t* (<ultra- + ...) **1** Passar adiante [para diante] de. **Ex.** O carro da polícia «em perseguição dum infra(c)tor» ultrapassou-nos [ultrapassou o nosso] a grande velocidade. Não consigo [quero(+)] ~ (o carro que vai à minha frente) porque a estrada é estreita e tem muitas curvas. **2** Passar além de/Transpor. **Loc.** ~ a fronteira [montanha/zona de curvas]. **3** Exceder/Superar. **Loc.** ~ [Vencer] uma dificuldade.

ultrarrealismo *s m* Absolutismo político extremista/Despotismo monárquico.

ultrarromantismo *s m Liter* Corrente literária que surgiu após o romantismo, exagerando os seus aspe(c)tos cara(c)-terísticos «pessimismo/melancolia/tédio». ⇒ (sur)realismo.

ultrassecreto, a (Cré) *adj* Totalmente secreto.

ultrassom *s m Fís* Fenó[ô]meno ondulatório de frequência superior ao limite dos sons

audíveis (Mais de 20 000 hz) que tem importantes aplicações na Medicina e na Física.

ultrassónico, a [*Br* **ultrassônico**] *adj* **1** Relativo a ultrassom. **Comb.** Frequência [Banda/Gama] ~a. **2** Diz-se da velocidade superior à do som/Supersó[ô]nico(+).

ultrassonografia *s f Med* (<ultrassom + -grafia) Técnica de utilização de ultrassons para produzir imagens das estruturas dos órgãos.

ultraterrestre (Rrés) *adj/s 2g* (<ultra- +...) **1** Que está fora da Terra/«você já viu algum?» Extraterrestre(+). **2** ⇒ «felicidade/gozo» Celeste [Ultraterreno/Do céu].

ultravioleta *adj 2g/s m Fís* (<ultra- + ...) **1** Diz-se das radiações ele(c)tromagnéticas cujos comprimentos de onda ficam compreendidos entre 40 e 4000 angström (4 e 400 nanó[ô]metros), entre os do extremo violeta do espe(c)tro visível e o dos raios X moles. **2** *s m* Região do espe(c)tro invisível abrangida por estas radiações.

ultravírus *s m 2n Biol* (<ultra- +...) Designação dos agentes patogé[ê]nicos que, por serem muito pequenos, estão fora da visibilidade conseguida com os a(c)tuais instrumentos ó(p)ticos e passam através dos poros dos filtros de colódio/Vírus filtrante.

ultrazodiacal *adj 2g Astr* (<ultra- +...) Diz-se da constelação (e do Plutão) que não esteja no Zodíaco, cuja órbita não está inteiramente na zona zodiacal.

ululação *s f* (<ulular + -ção) **1** A(c)to ou efeito de ulular/Gemido plangente. **Comb.** A ~ do vento [da multidão]. **2** Grito [Uivo] das aves no(c)turnas.

ululante *adj 2g* (<ulular + -ante) **1** Que ulula. **2** *fig* «verdade/mentira» Gritante(+)/Grande(o+).

ulular *v int* (<lat *úlulo, áre, átum*) **1** «doente/cão» Soltar gritos lamentosos/Uivar/Ganir. **2** *fig* Queixar-se aflitivamente. **3** *fig* Gritar.

ulva (Úl) *s f Bot* (⇒ ulváceo) Designação comum de várias algas do gé[ê]nero *Ulva*, também chamadas alface-do-mar.

ulváceo, a *s/adj Bot* (<lat *ulva, ae*: erva dos pântanos+-ácea) (Diz-se de família de) algas clorofíceas, filiformes, de água salgada ou salobra. **Ex.** As ~as desenvolvem-se abundantemente nos pântanos.

-um *suf* (<lat *unus*) Exprime cole(c)tividade de animais: *caprum, ovelhum, vacum*.

um, uma *art indef/pron indef/num cardinal/adj/s* (<lat *únus, a, um*) **1** *art indef* Usa-se antecedendo um substantivo indeterminado e impreciso «~ carro/~a casa». **Idi.** ~ **a [por]** ~ [Um de cada vez]. **À** ~**a** [Simultaneamente] (Ex. Os alunos entraram todos à ~a na sala). ***Das duas*** «opções/hipóteses», **~a** [Não há terceira via/solução] (Ex. Das duas, ~a: ou vamos todos ou não vai ninguém). ***Não dar ~a para a caixa*** [Não fazer nada acertado/certo]. **2** *pron indef* Algum/Alguma coisa. **Ex.** «precisava de sapatos» Comprei ontem ~ns muito baratos. **3** *num cardinal* A unidade. **Ex.** Este relógio não to dou porque só tenho ~. **4** *Mat* O primeiro [menor] dos números naturais (e dos inteiros excluindo o zero). **5** *s* O número 1 e a quantidade que ele representa. **Ex.** ~, em numeração romana, representa-se por *I*. **6** O que numa série ocupa o primeiro lugar. **Ex.** Não tarda [Não vai demorar] a eu ser atendido «na consulta médica», sou o ~ [primeiro(+)]. **7** Carta de jogar «o ás»/Peça de dominó/Face de dado com uma pinta.

umbanda *s f* (<quimbundo *umbanda*: grão-sacerdote) **1** Religião nascida no Rio de Janeiro nos fins do séc. XIX com elementos africanos e indígenas/Macumba. **2** ⇒ feitiço; amuleto.

umbela (Bé) *s f* (<lat *umbélla, ae* : sombrinha <*úmbra*: sombra) **1** Guarda-sol. **2** Pequeno pálio em forma de chapéu de sol. **Ex.** A ~, transportada por uma só pessoa, acompanha o ministro sagrado que leva processionalmente o Santíssimo Sacramento «de um altar para outro ou como viático aos doentes». **3** *Bot* Tipo de inflorescência em que os pedúnculos nascem todos à mesma altura.

umbelado, a *adj* (<umbela + -ado) **1** *Bot* Que tem umbela/Umbelífero(+). **Comb.** Flores ~as. **2** Disposto em forma de umbela.

umbelífero, a *adj/s f pl Bot* (<umbela 3 + -fero) (Diz-se de) família de plantas dicotiledó[ô]neas com pequenas flores dispostas em umbelas.

umbigada *s f* (<umbigo + -ada) Pancada de umbigo contra umbigo «de algumas danças brasileiras».

umbigo (Bí) *s m Anat* (<lat *umbílicus, i*) **1** Cicatriz abdominal, saliente ou reentrante, no ponto de ligação do cordão umbilical ao feto. **Idi. *Andar com o ~ à mostra*. *Olhar para o ~*** [Preocupar-se apenas com os seus problemas/Agir de uma forma egoísta/Viver centrado em si próprio]. **2** *fig* Excrescência que faz lembrar o ~ humano. **Comb.** Laranja de ~ [Variedade doce e sumarenta, geralmente sem sementes].

umbilical *adj 2g* (<lat *umbilicális, e*) **1** Referente ao umbigo. **Comb. *Cicatriz*** ~. ***Hérnia*** ~. **2** Diz-se do cordão que liga o feto à placenta da mãe. **Loc.** *fig* Cortar o cordão ~ [Ganhar independência em relação à mãe].

umbla *s f Icti* (<lat *umbla*: sombra (peixe)) Peixe teleósteo, de água doce, da família dos salmonídeos, de cor acastanhada.

umbráculo *s m* (<lat *umbráculus, i*: guarda-sol) **1** *Bot* Parte superior dos cogumelos/Umbrela/Chapéu. **2** *Zool* Parte campanulada do corpo das medusas.

umbral *s m* **1** ⇒ ombreira (da porta). **2** *fig* Entrada/Limiar(+).

umbrela *s f* **1** ⇒ umbela. **2** ⇒ umbráculo.

umbundo *s m* Língua falada pelos povos do grupo étnico dos ovimbundos «zonas centrais de Angola».

u[i/o]mbu(zeiro) *s m Bot* (<tupi *i'mbu*) **1** Árvore fitolacácea de copa frondosa e bagas roxas; *Phytolacea dioica*. **2** Árvore anacardiácea de drupas comestíveis, de que se prepara a umbuzada; *Spondias purpurea*.

ume (Ú) *s m Quím* (<lat *alúmen, inis*) Sulfato de alumínio e potássio/Alúmen. **Comb.** Pedra-~.

-ume *suf* (<lat *-umine-*) Exprime a ideia de *conjunto*: *azedume, cardume, negrume, queixume*.

umedecer *Br*/**umedecimento** *Br* ⇒ humedecer/…

umeral (Rál) *adj 2g/s m* (<úmero + -al) **1** Referente ao úmero/Dos ombros. **Comb.** Região [Ligamento] ~. **2** *s m* Véu que o sacerdote coloca sobre os ombros quando transporta a custódia ou a píxide que são envolvidas pelas pontas (do véu)/Véu de ombros(+)

úmero *s m Anat* (<lat *(h)úmerus, i*: ombro) Osso longo do braço. **Comb.** Fra(c)tura do ~.

umidade *Br*/**umidificador** *Br*/**umidificar** *Br*/**úmido** *Br* ⇒ humidade/…

UN ⇒ ONU.

unanimar *v t* (<unânime + -ar¹) **1** Tornar unânime/Pôr de acordo. **Ex.** Ao fim de longa discussão, foi possível ~ [unir(+)] todos os intervenientes numa decisão comum. **2** Harmonizar/Conciliar. **Ex.** Ela era o anjo da família: procurava sempre ~ [Conciliar(+)/Apaziguar(o+)] os irmãos quando surgia algum desentendimento entre eles.

unânime *adj 2g/adv* (<lat *unánimis, e*) **1** Que está de acordo. **Ex.** Declarou-se ~ com a decisão. **2** Relativo a todos/Sem exce(p)ção/Geral. **Comb.** Aprovação ~ «do aumento do subsídio de desemprego». **3** Condizente. **4** *adv* Com a aprovação de todos/De comum acordo/Por unanimidade/Unanimemente «sim!/não!». **Ex.** Todos votaram ~.

unanimemente *adv* (<unânime + -mente) Por unanimidade/Por acordo de todos. **Loc.** «(os deputados d)uma bancada» Votar ~.

unanimidade *s f* (<unânime + -i- + -dade) **1** Qualidade de unânime. **2** Conformidade geral «de ideias/opiniões/votos»/Concordância. **Comb.** Eleito [Escolhido/Aceite] por ~.

unção *s f* (<lat *únctio, ónis*) **1** A(c)to ou efeito de ungir. **2** *Rel* Aplicação dos santos óleos «na testa/nas mãos» como sinal de investidura numa missão sagrada ou de comunicação de uma graça especial. **Comb.** ~ *sacerdotal*. ~ ***dos enfermos*** [Sacramento da Igreja Católica que visa preparar um doente [idoso] para a entrada na eternidade].

-uncho *suf* Tem sentido diminutivo e depreciativo: *faduncho*.

uncial *adj 2g Hist* (<lat *unciális, e*: que mede uma polegada; ⇒ unha) Diz-se dos cara(c)teres de grandes dimensões usados pelos romanos e gregos e com que, até ao séc. XI, se escreviam os textos eclesiásticos.

unciforme *adj 2g/s m* (<lat *úncus, i*: gancho + -forme) **1** Que tem a forma de unha ou gancho. **2** *Anat* Quarto osso da segunda série dos carpianos.

uncinado, a *adj* (⇒ unciforme) **1** Que termina em forma de unha ou de gancho/Em forma de anzol/Unciforme. **2** Que é curvo como uma garra de ave.

uncíneo, a *adj* (<lat *uncínus, a, um* + -eo) Diz-se da apófise que une entre si as costelas das aves.

uncirrostro, a *adj/s m pl Ornit* (<lat *úncus, i*: gancho + -rostro) (Diz-se de) grupo de aves pernaltas de bico curvo.

-únculo *suf* (<lat *-ulus, a, um*) Tem sentido diminutivo geralmente depreciativo: *homúnculo, pedúnculo, questiúncula*.

undante *adj 2g* (<lat *undáre*: ondular, estar agitado) Que faz ondas/Ondeante(+)/«cabelo» Às ondas(+).

undecágono *s m Geom* (<lat *undecim* + -gonos) Polígono de onze lados e onze ângulos/Hendecágono.

undecenal *adj 2g* (<lat *undecim* + -al) Que se realiza de onze em onze anos.

undécimo, a *num ord/s/adj* (<lat *undécimus, a, um*) **1** (O) que numa série ocupa o lugar a seguir ao décimo/Décimo primeiro(+). **Loc.** Classificar-se em ~ lugar «num concurso/numa competição». **2** Cada uma das partes resultantes da divisão de um todo por onze. **Ex.** «eram 11 irmãos» Cada um recebeu um ~ [um onze avos(+)] da herança.

undécuplo, a *adj/s m* (<lat *undécuplus, a, um*) Que contém onze vezes a mesma quantidade/Que é onze vezes maior/Que consta de onze partes. **Ex.** 132 é o ~ de 12 (12 x 11 = 132).

undíssono, a *adj Poe* (<lat *unda, ae*: onda + *sonus*: som) Que tem o som semelhante ao das ondas.

undoso, a (Ôso, Ósa, Ósos) *adj* (<lat *unda, ae* + *-oso*) Que tem [forma] ondas/ Ondeante. **Comb.** *Cabelo* ~/às ondas(+). *Lago* ~.

UNESCO Acrónimo de *United Nations Educational Scientific and Cultural Organization* (Organização das Nações Unidas para a Educação, Ciência e Cultura).

ungido, a *adj/s* (<ungir) **1** Que recebeu unção/Untado. **Comb.** Mãos ~as «com perfume». **2** *Rel* Que recebeu o sacramento da Santa Unção ou outro sacramento que inclua o rito da unção com os santos óleos «Ba(p)tismo/Crisma/Ordem». **Comb.** *Rel ~ com o óleo dos catecúmenos. Maiúsc **O ~ do Senhor**/*de Deus [O Messias/Jesus Cristo].

ungir *v t* (<lat *úng(u)o, ere, únxi, únctum*) **1** Untar com óleo/unguento. **Loc.** ~ a cara e as mãos com óleo perfumado. **2** *Rel* Fazer a unção com os santos óleos na celebração de alguns sacramentos «ba(p)tismo/crisma/santa unção [unção dos doentes]». **3** *Rel* Investir de autoridade ministerial por meio de unção na ordenação sacerdotal [episcopal/presbiteral].

unguentar (Gu-en) *v t* (<unguento + -ar¹) **1** Untar com unguento. **2** Perfumar.

unguento (Gu-en) *s m Med* (<lat *unguéntum, i*) Medicamento de consistência pastosa e oleosa constituído por uma gordura associada a certas substâncias aromáticas.

ungui- (Gu-i) *elem de formação* (<lat *únguis, is*: unha) Exprime a ideia de **unha**.

unguiculado, a (Gu-i) *adj* (<lat *unguiculus, a, um* + *-ado*) **1** *Bot* Diz-se de pétala que termina em forma de unha. **2** *Zool* (Diz-se de) mamífero cujos dedos estão providos de unhas ou garras.

unguiforme (Gu-i) *adj 2g* (<ungui- + *-forme*) Que tem a forma de [Que se assemelha a] unha.

unguinoso, a (Gu-i) (Ôso, Ósa, Ósos) *adj* (<lat *únguen, guinis*: gordura + *-oso*) Untuoso/Gordurento/Oleoso.

únguis (Gu-is) *s m 2n Anat* (<lat *únguis, is*: unha) Osso lacrimal.

ungulado [ungulídeo], a *adj/s m Zool* (⇒ ungui-) (Diz-se de) mamífero cujas extremidades dos dedos são guarnecidas de unhas desenvolvidas ou cascos «artiodá(c)tilos, como o boi/perissodá(c)tilos, como o cavalo».

unha *s f* (<lat *úngula, ae*: casco dim de *únguis*: unha; ⇒ *~s de fome*; garra) **1** Órgão de consistência córnea e forma laminar que recobre a extremidade dos dedos de muitos animais. **Idi.** *Cortar as ~s rentes* [Ser sovina/avarento/*idi ~s de fome*]. «para acabar hoje esta obra tenho que» *Dar à ~* [Trabalhar muito/com diligência]. «ele vende caro, costuma [gosta de]» *Enterrar [Meter/Ferrar] a ~* [Vender muito caro/Explorar (os clientes)]. *Ser ~ com carne (com alguém)* [Ser muito íntimo] (Ex. Aquelas duas são ~ com carne, andam sempre juntas). *Ter ~s* [garra] *para* [Ser capaz de/Dominar/Ser competente] (Ex. Ele mostrou que tinha ~s para dirigir a empresa). *Untar as ~s/mãos*(+) [Subornar]. **Comb.** *idi À ~* [À mão] (Loc. Comer uma coxa de frango à ~]. *Com ~as e dentes* [Com toda a gana/Afincadamente] (Ex. Ele agarrou-se aos livros/ao trabalho [começou a estudar/trabalhar] com ~as e dentes). «tocar piano» *Na ponta da ~* [Muito bem]. «escapar [livrar-se] de ser atropelado» *Por uma ~ negra* [Por um triz/ Por muito pouco]. **2** Revestimento córneo das patas de alguns animais «porco». ⇒ casco. **3** *Bot* Base alongada de algumas pétalas e sépalas. **4** Extremidade pontiaguda e curva de alguns utensílios e ferramentas. **5** Parte recurvada do martelo oposta à cabeça/Orelhas. **6** *pl* Mãos. **Ex.** O saco era pesado, mas ele deitou-lhe as ~s e levantou-o como se fosse uma pena [-o sem grande esforço]. **Loc.** Levar «palmatoadas» nas ~as.

unhaço *s m* (<unha + *-aço*) Golpe [Rasgão] na carne, feito com as unhas.

unhada *s f* (<unha + *-ada*) Arranhadura[dela] feita com as unhas.

unhão *s m Náut* (<unha + *-ão*) Entrelaçamento de um cabo partido com fio novo para unir as partes separadas. **2** Nó com que se peiam [encurtam] cabos partidos [deteriorados].

unhar *v t/int* (<unha + *-ar¹*) **1** Arranhar [Riscar] com a unha. **Loc.** ~ a fruta «maçã/pera»/ um bolo. **2** Colocar o bacelo na manta, aconchegando-o com terra, no lugar onde há de deitar raízes. **3** *Br* Roubar. **Sin.** Deitar a unha(+). **4** *Náut* Aferrar a âncora.

unhas de fome *s 2g 2n depr* Pessoa somítica. ⇒ unha **Idi.**

unheiro *s m* (<unha + *-eiro*) Furúnculo no dedo por baixo da unha/Panarício.

uni- *elem de formação* (<lat *únus, a, um*) Exprime a ideia de **um/um só**.

união *s f* (<lat *únio, ónis*) **1** A(c)to ou efeito de unir. **Prov.** *A ~ faz a força* [Quando as pessoas se unem, conseguem mais facilmente aquilo que pretendem/Quando todos ajudam realizam-se grandes feitos]. **Comb.** ~ *aduaneira* [Agrupamento de Estados que suprimem entre si as barreiras alfandegárias]. ~ *de fa(c)to/~ livre* [Convivência conjugal sem o vínculo do casamento]. *Rel* ~ *hipostática* [~ da natureza divina e da natureza humana em Jesus Cristo, (a Pessoa d)o Verbo (Segunda Pessoa da Santíssima Trindade)]. ~ *matrimonial* [Casamento]. *Traço de* ~ [Hífen(+)]. **2** Junção/Ligação/Associação. **Comb.** ~ [Associação(+)/Cooperativa(o+)] de agricultores **3** Agrupamento/Aglomeração. **Comb.** ~ *de escolas.* ~ *de gré[ê]mios.* **4** Acordo/Pacto/Aliança. **Ex.** Para o país, é muito importante que a coligação do Governo mantenha a ~. **5** Conformidade de esforços/pensamento/a(c)ção/Harmonia. **Ex.** Reinava [Havia] entre eles uma grande ~ [Eram (todos) muito unidos].

União Europeia [UE] Conjunto de países da Europa que estão formando uma unidade político-econó[ô]mica.

uniaxial (Csi) *adj 2g* (<uni- + ...) «articulação/cristal» Que tem um só eixo.

unicamente *adv* (<único + *-mente*) **1** Somente/Apenas. **Ex.** Tenho ~ [só(+)] um par de sapatos. **2** Simplesmente. **Ex.** «gostaria [gostava] imenso de ir ao cinema» Não vou ~ [apenas/só] porque não quero ir sozinho [não tenho companhia].

unicapsular *adj 2g Bot* (<uni- + ...) «fruto» Que tem uma só cápsula.

unicarpelar *adj 2g Bot* (<uni- + ...) «ovário» Que tem um só carpelo.

unicelular *adj 2g* (<uni- + ...) Diz-se de organismo «bactérias» constituído por uma só célula.

UNICEF Acrónimo de *United Nations International Children's Emergency Fund* (Fundo Internacional de Emergência das Nações Unidas para as Crianças).

unicidade *s f* (<único + -i- + *-dade*; ⇒ unidade 1) **1** Qualidade do que é único/ que não tem igual. **Ex.** Só Deus tem a ~ absoluta. **2** Singularidade/~ relativa. **Comb.** A ~ da pessoa [O cada um de nós (humanos) ser único].

único, a *adj* (<lat *únicus, a, um*) **1** Que é um só/há apenas um. **Ex.** Há um ~ fabricante/ fornecedor deste produto, em Portugal. **Comb.** *Filho* ~ [que não tem irmãos]. **2** Que não há outro da sua espécie ou natureza. **Comb.** *Automóvel* «Ford de 1901», *exemplar* ~ «no país/na Europa». **3** Exclusivo. **Comb.** *Fabricante* ~ «de moeda – Casa da Moeda, em Portugal». *Livro* [Compêndio] ~ «de Matemática – 5.º ano». **4** *fig* Superior aos demais. **Comb.** *(D)esportista* «futebolista» ~ [exce(p)cional/incomparável]. *A(c)tor* «có[ô]mico» ~ [que não há outro como ele!].

unicolor *adj 2g* (<uni- + *an color*) De uma só cor.

unicorne *adj 2g/s m* (<lat *unicórnis, e*) **1** Que tem apenas um corno. **2** ⇒ unicórnio.

unicórnio *s m Zool* (<unicorne + *-io*) **1** Rinoceronte asiático que tem apenas um corno na linha central da cabeça/Licorne. **2** Mamífero cetáceo dos mares do Norte cujo macho tem um enorme dente na maxila superior/Narval(+).

unicúspide *adj 2g* (<uni- + ...) «lança» Que termina numa só ponta. ⇒ bicúspide.

unidade *s f* (<lat *únitas, átis*; ⇒ unicidade) **1** Qualidade do que é uno/forma um todo. **Loc.** Rezar pela ~ dos cristãos «católicos/ anglicanos/protestantes». **Comb.** ~ *familiar* [A família]. ~ *hospitalar* [O hospital]. **Ex.** Os números primos só são divisíveis por si mesmos e pela ~. **3** Obje(c)to único. **Ex.** Vendi todas as garrafas de vinho do Porto; só resta uma (~). **4** Uniformidade/ Coerência. **Comb.** ~ *de opiniões* [pensamento]. **5** Grandeza convencional que serve de medida. **Ex.** O metro é a ~ de comprimento. **Comb.** *Fís Sistema* «S.I./ CGS/Giorgi» *de ~s de medida.* ~ *X* [~ de comprimento equivalente a 10^{-11} centímetros]. **6** *Mat* Cada um dos elementos de um conjunto discreto/numerável. **Loc.** Vender «sabonetes» à ~. **Comb.** Lata de salsichas com oito ~s. **7** *Mil* Agrupamento militar organizado para exercer determinada função. **Comb.** ~ de comandos [fuzileiros navais].

unidimensional *adj 2g* (<uni- + ...) Que tem uma só dimensão.

unidirecional (Rè) *adj 2g* [= unidireccional] (<uni- + ...) **1** Que tem uma só direção. **2** *Ele(c)tri* Diz-se da corrente elé(c)trica que tem sempre o mesmo sentido.

unido, a *adj* (<unir) **1** Reunido com outro/ Junto/Ligado/Pegado. **Comb.** *Técnico* ~ *a um sócio* «capitalista» «para formar uma empresa». *Mãos* ~as [juntas(+)] «a rezar». *Terrenos* [Casas] *~os/as* [pegados/as(+)/ anexos/as(+)]. **2** Muito amigos/Íntimos. **Comb.** Irmãos [Amigos] (muito) ~s.

uniface *s m Arqueo* (<uni- + ...) Instrumento paleolítico trabalhado numa só face/*Coup-de-poing*.

unificação *s f* (<unificar + *-ção*) **1** A(c)to ou efeito de unificar. **2** União de vários elementos num todo. **Comb.** ~ *das forças de segurança* «Polícia de Segurança Pública/Guarda Nacional Republicana». ~ *dum território* «Itália». **3** Associação/ Federação. **4** Centralização.

unificador, ora *s/adj* (<unificar + *-dor*) (O) que unifica. **Comb.** *Agente* ~*or. Lei* ~*ora. O* ~ *dum território/país* «Brasil/EUA/ Itália».

unificar *v t* (<uni- + *-ficar*) **1** Tornar uno/ unido. **Loc.** ~ o país. **2** Reunir várias coisas num (só) todo. **Ex.** Os três sindicatos unificaram-se num só. **Loc.** ~ os países da

Europa. **3** Fazer convergir para o mesmo [para um só] fim. **Ex.** As várias tendências [correntes] unificaram-se num movimento coeso para salvar o país.

unifilar *adj 2g* (<uni- + fio + -ar²) Feito de [Representado por] um só fio. **Comb.** Esquema «elé(c)trico» ~.

unifoliado [unifólio], a *adj Bot* (<uni- + ...) Que tem uma só folha.

uniforme *adj 2g/s m* (<uni- + -forme) **1** Que tem uma só forma. **Ex.** A configuração [O formato(+)] dos sinais de trânsito «limite de velocidade/estacionamento» é ~ em cada país. **2** Que é sempre igual/não varia. **Comb.** *Estado do tempo* «chuva» ~ em todo o país. *Tratamento* ~ de todos os clientes. **3** Idêntico em todas as suas partes. **Comb.** Bairro de casas ~s. **4** *Fís* Diz-se do movimento cuja velocidade é constante. **Comb.** Movimento re(c)tilíneo [circular] ~. **5** *Mat* Diz-se da operação que conduz a um resultado único. **Ex.** A raiz quadrada não é uma operação ~. **6** *Gram* Diz-se dos adje(c)tivos que têm a mesma forma para os dois gé[ê]neros «fácil/simples/leve/~». **7** *s m* Vestuário feito segundo o mesmo modelo para determinados grupos. **Comb.** ~ (dos alunos) *dum colégio.* ~ (dos empregados) *duma firma* «de limpeza». **8** *s m* Vestuário com cara(c)terísticas específicas para uso profissional/Farda(+). **Comb.** ~ [Farda(+)] da polícia [do exército/ dos bombeiros].

uniformemente *adv* (<uniforme + -mente) **1** De modo uniforme. **Loc.** Variar «aumentar/diminuir» ~ «a velocidade». **2** Sem mudança/variação. **Loc.** Carregar ~ [Distribuir ~ a carga em] um cami(nh)ão.

uniformidade *s f* (<uniforme + -i- + -dade) **1** Qualidade do que é uniforme. **Ex.** Não houve ~ nos sacrifícios pedidos aos cidadãos nesta crise econó[ô]mica. **2** Semelhança/Constância/Regularidade. **Comb.** ~ *das casas* dum bairro. ~ *da paisagem* duma região. **3** Coerência/Harmonia. **Comb.** ~ de critérios [opiniões]. **4** Monotonia(+). **Ex.** A ~ dos dias na aldeia cansa-me [causa-me aborrecimento].

uniformização *s f* (<uniformizar + -ção) A(c)to ou efeito de uniformizar. **Comb.** ~ das indicações obrigatórias nos rótulos dos produtos alimentares.

uniformizador, ora *adj/s* (<uniformizar + -dor) (O) que uniformiza.

uniformizar *v t* (<uniforme + -izar) **1** Tornar(-se) uniforme. **Loc.** ~ *a ortografia* do português. ~ *critérios de avaliação* «de imóveis».~ *os sinais de perigo* «de incêndio, em estabelecimentos públicos/ empresas». **2** Distribuir [Mandar usar] uniforme. **Loc.** ~ os operários duma fábrica «têxtil/de automóveis». **3** ~-se/Fardar-se(+). **Ex.** Os polícias[ciais] (em serviço) têm que se ~ antes de saírem para a rua. **Loc.** ~-se com a farda de gala [de 1.ª] «os oficiais do Exército, para uma rece(p)ção».

unigénito, a [*Br* **unigênito**] *adj* (<lat *unigénitus, a, um*) **1** Único que foi gerado. **Comb.** *Rel Maiúsc* Filho ~ [Na Santíssima Trindade, o Verbo é o Filho ~ do Pai]. **2** Filho único(+).

unilabiado, a *adj Bot* (<uni- + ...) Diz-se de corola simpétala, tubulosa, irregular, cujo limbo se desenvolve prolongando-se para um lado.

unilateral *adj 2g* (<uni- + ...) **1** Situado só dum lado. **Comb.** Enfeite [Adorno] ~ «estátua numa fachada». **2** Que se inclina só para um lado. **Ex.** Junto à praia, todas as árvores tinham uma inclinação ~ (para terra). **3** *Dir* Decidido só por [Que obriga só] uma das partes. **Comb.** *Contrato* ~ «da entidade patronal». *Obrigação* ~. ⇒ bi[multi]lateral.

unilateralidade *s f* (<unilateral + -i- + -dade) Qualidade do que é unilateral.

unilinear *adj 2g* (<uni- + ...) **1** Que segue uma linha só. **Comb.** O enredo [A trama] ~ da novela. **2** Que leva em conta a linha genealógica só do pai ou da mãe. **Comb.** *Filiação* ~.

unilingue *adj 2g* (<uni- + língua) Escrito numa só língua/Monolingue. **Comb.** Aviso [Cartaz] ~.

uníloquo, a *adj* (<uni- + lat *lóquor*: falar) Que exprime a vontade [opinião] de um só.

uninervado [uninérveo], a *adj Bot* (<uni- + ...) Diz-se de folha vegetal longinérvea que tem uma só nervura principal.

uninominal *adj 2g* (<uni- + ...) **1** Que tem só um nome. **Comb.** Lista de candidatos a deputados ~. **2** Que depende de um único nome. **Comb.** *Autorização* ~. *Cheque* ~. **3** Diz-se, em sistemática, da designação científica feita com uma só palavra.

uninucleado, a [uninuclear] *adj Biol* (<uni- +...) Diz-se da célula que só tem um núcleo.

unionismo *s m* (<união + -ismo) Sistema político que defende a unidade dos vários partidos dum país.

uniovular *adj 2g Biol* (<uni- + ...) Diz-se dos gé[ê]meos nascidos de um único óvulo/ Monozigótico.

uníparo, a *adj* (<uni- + lat *paríre*: dar à luz, parir) **1** Diz-se da fêmea [da espécie] que produz um único filho de cada vez. **2** Diz-se da fêmea que teve um só parto. **3** *Bot* Diz-se da cimeira cujo eixo floral produz lateralmente um só ramo ou uma só flor.

unipessoal *adj 2g* (<uni- + ...) **1** Referente a uma só pessoa. **Comb.** Empresa [Firma] ~. **2** *Gram* Diz-se do verbo que apenas se conjuga nas terceiras pessoas «chover/ nevar».

unipolar *adj 2g* (<uni- + ...) Referente a [Que tem] um só polo.

unir *v t* (<lat *únio, ii* [*ívi*], *íre, ítum*) **1** Formar um/Unificar. **Ex.** Os dois rios unem [juntam]-se e formam um só. **2** Reunir/ Congregar. **Loc.** ~ contas [pérolas] umas às outras [Enfiá-las] «para formar um colar». **3** Estabelecer comunicação/Ligar. **Ex.** O canal de Suez une [liga(+)] o Oceano Índico ao Mar Mediterrâneo e o canal do Panamá (une) o Pacífico ao Atlântico. **4** Congregar/Juntar. **Ex.** O povo uniu-se para protestar contra o encerramento do hospital. **5** Conciliar/Harmonizar. **Ex.** Os dois partidos uniram-se para apresentar uma lista única de candidatos. **6** Juntar/Anexar. **Ex.** Os dois proprietários uniram os dois terrenos num único lote para venda a terceiros. **7** Casar. **Loc.** ~ em matrimó[ô]nio.

unirreme (Rré) *adj/s 2g* (<uni- + remo) **1** Que tem um só remo. **2** (Diz-se de apêndice de) crustáceo que apresenta estrutura semelhante a um remo.

unisseriado, a *adj* (<uni- +...) Que tem uma só série ou está disposto numa só linha.

unissexo (Cso) *adj 2g* (<uni- + sexo) Para os dois [um e outro] sexo(s). **Comb.** *Cabeleireiro/a* ~. *Casaco* [Sapatos/ Camisola] ~. *Moda* ~.

unissexual [unissexuado, a] (Csu) *adj Biol* (<uni- + sexual) **1** Que tem um só sexo. ⇒ bissexual; hermafrodita. **2** *Bot* (Diz-se de) flor incompleta à qual falta o androceu ou o gineceu.

unissexualidade (Csu) *s f* (<uni- + ...) Condição de unissexual/Gonocorismo. ⇒ dioico.

unissonância *s f* (<uni- + sonância) **1** Qualidade do que é uníssono. **2** Uniformidade de sons. **Comb.** ~ [Harmonia(+)] *perfeita das vozes* «dum grupo coral». *A ~ do barulho* das ondas. **3** Monotonia. **Comb.** ~ das notícias «sobre as medidas de austeridade».

unissonante *adj 2g* (<uni- + sonante) **1** Que tem o mesmo som/Uníssono. **Comb.** Vozes ~s «de protesto». **Ant.** Dissonante. **2** Monótono. **Comb.** O ranger ~ «duma porta».

uníssono, a *adj/s m* (<uni- + lat *sónus*: som) **1** Diz-se do som que tem a mesma frequência que outro. **Comb.** Vozes [Notas] ~as. **2** *fig* Em que não há discrepância/Unânime(+)/Concorde(+). **Comb.** Opiniões ~as. **3** *s m Mús* Vozes ou notas instrumentais que produzem o mesmo som. **Ex.** O hino «marcha polifó[ô]nica» termina num ~ fortíssimo. **Comb.** Em ~ [Com o mesmo som/Ao mesmo tempo/ Com aprovação geral] (Loc. Cantar [Aclamar] em ~. Aprovar em ~].

unitário, a *adj* (<lat *unítus, a, um* + -ário) **1** Relativo à [a uma] unidade/Que constitui uma unidade. **Comb.** *Fase ~a* de um processo de tratamento «trituração/crivagem/ lavagem». *Fra(c)ção ~a* «de um prédio de apartamentos». **2** Que preconiza [defende/ procura/deseja] a unidade política ou religiosa de um país/grupo.

unitarismo *s m* (<unitário + -ismo) **1** Sistema político baseado na centralização. **2** *Rel* Ramo protestante surgido no séc. XVI que rejeita o dogma da Santíssima Trindade.

unitivo, a *adj* (<unir + -ivo) Que une/faz a união. **Comb.** Fim [Finalidade] ~o/a do matrimó[ô]nio entre os cônjuges.

univalência/univalente *Quím* ⇒ monovalência/...

univalve *adj 2g* (<uni- + valva) **1** *Bot* Diz-se do fruto capsular formado por uma única peça ou cujo pericarpo abre de um só lado. **2** *Zool* Diz-se da concha de moluscos formada por uma só valva. ⇒ bivalve. **3** Diz-se da couraça de crustáceo constituída por uma só peça.

univalvular *adj 2g Bot* (< uni- + válvula + -ar²) Diz-se da deiscência «de fruto unicarpelar» que se abre por uma só válvula «ventral», como ocorre nos folículos.

universal (Ssál) *adj 2g* (<lat *universális, e*) **1** Relativo [Que pertence] ao universo. **2** De todo o mundo/Geral/Mundial. **Ex.** A crise de valores «ambientais/cívicos/morais» é um fenó[ô]meno ~. **3** Que abrange [se aplica/estende] a tudo/todos. **Ex.** Um acontecimento local «catástrofe/atentado», pela rapidez das comunicações, provoca rea(c)ções ~ais [em todo o mundo/ no mundo inteiro(+)]. **4** Que se aplica a todos/Sem exce(p)ção. **Comb.** *Lei* ~. *Obrigatoriedade* ~ de possuir identificação «Passaporte/B.I.». *Fís Constante* ~ [que não depende das propriedades de qualquer espécie material «velocidade da luz no vazio»/~ de Planck». *Log Proposição* ~ [verdadeira para cada um dos indivíduos que são o seu [que compõem a extensão do] sujeito].

universalidade *s f* (<universal + -i- + -dade) **1** Qualidade do que é universal. **2** Totalidade/Generalidade. **3** *Rel* ⇒ catolicidade «da Igreja».

universalismo *s m* (<universal + -ismo) **1** *Fil* Conce(p)ção da sociedade oposta ao individualismo. ⇒ cosmopolitismo. **2** *Rel* Corrente doutrinária protestante que afirma a salvação final universal.

universalista *adj/s* 2g (<universal + -ista) (O) que defende o universalismo. ⇒ Cosmopolita.

universalização *s f* (<universalizar + -ção) A(c)to ou efeito de universalizar/Generalização.

universalizar *v t* (<universal + -izar) Tornar universal/Generalizar(+). **Ex.** O uso da informática e dos telemóveis universalizou[espalhou]-se rapidamente.

universalmente *adv* (<universal + -mente) **1** De modo universal. **Comb.** «futebol» Desporto [*Br* Esporte] ~ apreciado. **2** Em toda a parte/Em todo o mundo/Por toda a gente. **Ex.** A Lua é visível (~) em toda a Terra. É ~ aceite [Todos sabemos] que a poluição tem efeitos perversos sobre todas as formas de vida.

universidade *s f/adj* 2g (<lat *univérsitas, átis*) **1** Universalidade/Generalidade(+). **Ex.** O oxigé[ê]nio é indispensável para a vida da ~ [universalidade(+)] dos animais superiores. **2** *Maiúsc* Instituição de ensino superior constituída por várias Faculdades «~ de Coimbra, Portugal/~ de Oxford, Inglaterra/~ Sofia, Tóquio, Japão). **3** Corpo docente e discente dessa instituição. **Ex.** A ~ «Católica de Lisboa» homenageou o reitor cessante. **4** Conjunto de edifícios onde essa instituição funciona. **Ex.** (Parte de)a ~ Nova de Lisboa funciona no antigo Colégio de Campolide.

universitário, a *adj/s* (<universidade + -ário) **1** Da [Relativo à] Universidade. **Comb.** *Instalações ~as. Torneio ~* «de râguebi». **2** (O) que estuda ou dá aulas numa Universidade. **Comb.** *Aluno ~. Docente* [Professor] *~. Os ~os* «de Lisboa/Coimbra».

universo (Vér) *s m* (<lat *univérsus, a, um* <*únus* + *vérsus* <*vérto, ere*: voltar, virar) **1** *Maiúsc* Conjunto de tudo o que existe/Cosmos. **Ex.** Deus é o criador do ~. **2** Todo formado por várias partes. **Comb.** *O ~ [conjunto] dos* [Todos os] *cidadãos portugueses* residentes no país. *O ~ dos números* reais. *O ~ dos países* europeus. *Ling ~ do discurso* [Conjunto de elementos que constituem as condições de produção de um enunciado]. **3** Conjunto formado pelo espaço com todos os astros. **Comb.** A infinidade do ~. **4** O mundo/A Terra. **Ex.** As catástrofes ambientais [inundações/terramotos/furacões] podem ocorrer em qualquer parte do ~. **5** A Humanidade.

univitelino, a *adj Biol* (<uni- + ...) Diz-se dos gé[ê]meos que provêm de um só óvulo. **Sin.** Monozigótico; monovitelino.

univocidade *s f* (<unívoco + -i- + -dade) Cará(c)ter [Qualidade] de um conceito [termo/uma relação] unívoco/a. **Ex.** A correspondência de um número natural com o seu dobro goza de ~. ⇒ reciprocidade. **Comb.** ~ duma afirmação «fui eu que parti o copo».

unívoco, a *adj* (<lat *unívocus, a, um*) **1** Que só admite uma interpretação/Inequívoco. **Ex.** Todos os participantes na assembleia assumiram uma posição ~a [assumiram a mesma posição] «recusa da proposta/votar contra». **Comb.** *Mat* Correspondência ~a [um a um entre dois conjuntos: a cada elemento de um conjunto corresponde um só elemento do outro conjunto]. **2** *Fil* Aplicável a coisas distintas, mas do mesmo gé[ê]nero e do mesmo sentido. **3** Homogé[ê]neo/Cara(c)terístico.

uno, a *adj* (<lat *únus, a, um*) **1** Que é um só/Único/Singular. **Ex.** Deus é ~, em essência, mas trino em Pessoas: Pai, Filho e Espírito Santo. **2** Que não tem partes/Indivisível. **Ex.** As bactérias são seres ~s [unicelulares(+)]. **Comb.** Relação ~a «estabelecida pelo matrimó[ô]nio entre os cônjuges cristãos». **Ant.** Duplo; múltiplo. **3** Que forma um todo estruturado. **Ex.** A pátria portuguesa [Portugal] é ~a[o]. **Comb.** Um bloco ~ de casas de habitação.

unóculo, a *adj* (<uni- + lat *óculus*: olho) Que tem um só olho/Cego dum olho.

untadela (Dé) *s f* (<untar + -dela) Untadura leve. **Loc.** Dar uma ~ nos eixos das rodas «dos carros de bois para não chiarem».

untadura *s f* (<untar + -dura) **1** A(c)to ou efeito de untar. ⇒ untadela. **2** Aquilo com que se unta/Untura/Unguento.

u[i]ntanha *s f Br Zool* (<tupi *i'tã*) Batráquio anuro/Sapo grande que possui na cabeça dois grandes ornatos em forma de cume/Sapo-de-chifres/Sapo-boi.

untar *v t* (<unto + -ar¹) Esfregar com uma substância oleosa/Besuntar/Olear. **Idi.** ~ *as unhas [mãos]* (a alguém) [Corromper com dinheiro/Gratificar/Subornar] (**Ex.** Ele não despacha o processo; está à espera que lhe untem as mãos [unhas] para lhe dar seguimento/*idi* para o fazer andar). *~ o carro* [Dar uma gratificação para que algo se realize mais rapidamente] (**Ex.** Muitas vezes, para as coisas [os processos/requerimentos] seguirem o curso normal com rapidez é preciso ~ o carro).

unto *s m* (<lat *únctus, a, um*: untado <*úngo, ere, únctum*: untar, ungir) Banha de porco para derreter/Gordura. **Ex.** *col* Ele está gordo *idi* como um nabo; aquela barriga é só ~! **Comb.** Rijões conservados em ~.

untuosidade *s f* (<untuoso + -i- + -dade) Qualidade de untuoso.

untuoso, a (Ôso, Ósa, Ósos) *adj* (<unto + -oso) **1** Gorduroso/Oleoso. **Ex.** A grafite é ~a ao ta(c)to. **2** Gordo/Nutrido. **Comb.** Barriga [Pescoço] ~a/o. **3** *fig pej* Bajulador/Melífico/*col* Graxa.

untura *s f* (<unto + -ura) **1** A(c)to ou efeito de untar/Untadura. **Ex.** Basta uma pequena ~ [untadura[dela](+)] para que a tesoura da poda funcione [abra e feche] bem. **2** Substância para untar. **Comb.** ~ de banha de porco. **3** *fig* Conhecimento superficial. **Ex.** «o teste [exame] correu-lhe mal» Não admira, só abarrica [fixou/conseguiu reter] umas leves ~s [tintas] da matéria.

uolof [uólofe] *s m Ling* Língua falada pelos povos do grupo étnico dos Jalofos (Mestiços de fula e berbere), na Guiné-Bissau, na Gâmbia e no Senegal.

upa (Ú) *s f/interj* (< on) **1** Salto brusco do cavalo para derrubar o cavaleiro/Corcovo. **2** *interj* Usa-se para incitar a subir ou a levantar(-se). **Ex.** «para a criança que caiu» ~, meu menino! **3** Exprime esforço ao levantar um peso.

upar *v int* (<upa 1 + -ar¹) (O cavalo) dar upas/corcovos.

upgrade ing (Àpgreide) Á(c)tualização(+)/Melhoramento(+) «dos componentes/programas» dum computador.

upupídeo, a *adj/s m pl Ornit* (<lat *úpupa*: poupa + -ídeo) (Diz-se de família de) pássaros elegantes «poupa» que têm na cabeça uma poupa em forma de leque.

-ura *suf* (<lat -*tura, -sura*) Designa geralmente qualidade: *brandura* (De brando), *doçura* (De doce), *formosura, ternura*.

uracrasia *s f Med* ⇒ urocrasia.

Uraliano *s m Geol* (<top Ural (Rio da Rússia, dos Montes Urais)+-iano) Andar do Carbó[ô]nico Superior. ⇒ uralo-altaico.

uralite/a *s f Miner* (<*top* Ural + -ite) Variedade monoclínica de anfíbola de origem secundária, verde, geralmente fibrosa ou acicular.

uralo-altaico, a (<*top* Ural + Altai (Cadeia de montanhas da Mongólia e da Rússia) + -ico) *adj/s f pl Ling* (Diz-se de) grupo de línguas urálicas e altaicas consideradas como tendo constituído uma antiga unidade, mas que, modernamente, se consideram como dois grupos individualizados na respe(c)tiva evolução.

uraniídeo, a *adj/s Ent* (<gr *ouranós*: céu, ar + -ídeo) (Diz-se de família de) inse(c)to(s) lepidóptero(s), de cores vivas, semelhantes a borboletas diurnas, com asas dotadas de um prolongamento caudal típico.

uranilo *s m Quím* (<urânio + -ilo) Radical bivalente (UO_2) presente em compostos de urânio.

urânio [U 92] *s m Quím* (<*Mit gr* Urano: deus do céu + -io) Elemento químico metálico radioa(c)tivo [radiativo], com vários isótopos, descoberto em 1789 por Klaproth. **Ex.** O ~ U^{235} aplica-se na produção de energia nuclear por sofrer cisão quando bombardeado com neutrões [neutrons].

uranismo *s m* (<Urânia, epíteto de Vénus + -ismo) Homossexualidade masculina.

uranite/a *s f Miner* (<urânio + -ite) Mineral de urânio de composição idêntica à da pecheblenda e que cristaliza no sistema cúbico.

U[u]rano *s m* (<gr *Mit Ouranós*: deus do céu) **1** *Mit* Deus do céu e seu primeiro governante, filho de Ge (A Terra). **2** *Astr* Planeta do sistema solar, o 7.º na ordem das distâncias ao Sol, descoberto acidentalmente por W. Herschel em 1781.

uranófano *s m Miner* (<Urano + -fano) Mineral secundário de urânio, silicato hidratado de uranilo e cálcio, $Ca\,(UO_2)_2\,SiO_7\cdot 6H_2O$/Uranotilo.

uranografia [uranologia] *s f Astr* (<úrano + -...) Descrição do céu e dos fenó[ô]menos celestes/Astronomia(+).

uranometria *s f Astr* (<úrano + -metria) Medição das distâncias celestes com o uranó[ô]metro.

uranómetro [*Br* uranômetro] *s m Astr* (⇒ uranometria) Instrumento usado para medir as distâncias celestes.

uranoplastia *s f Med* (<gr *ouranós*: céu «da boca», palato + -plastia) Operação cirúrgica para restauração do palato [dos dois ossos palatinos].

uranorama *s m Geog/Astr* (<úrano + gr *horama*: vista) Representação do sistema planetário por meio de um globo móvel.

urbanidade *s f* (<urbano + -i- + -dade) **1** Qualidade de urbano. **Comb.** Região próxima de uma cidade atingida [modificada] pela ~. **Ant.** Ruralidade. **2** Boa educação/Boas maneiras/Civismo/Cortesia/Delicadeza. **Loc.** Tratar alguém com ~.

urbanismo *s m* (<urbano + -ismo) **1** Conjunto de questões relacionadas com a organização, planeamento e evolução das cidades e adaptação destas às necessidades dos seus habitantes. **Ex.** No ~ moderno intervêm diversas disciplinas «arquite(c)tura/engenharia/economia/sociologia». **2** Conjunto de transformações resultantes do êxodo rural dire(c)cionado para as cidades.

urbanista *adj s* 2g (<urbano + -ista) (O) que se dedica a trabalhos [questões] de urbanismo ou de urbanização. **Comb.** Arquite(c)to ~. ⇒ paisagista.

urbanístico, a *adj* (<urbanista + -ico) Relativo ao urbanismo ou à urbanização. **Comb.** Ordenamento [Plano] ~ «de Brasília».

urbanização *s f* (<urbanizar + -ção) **1** A(c)to ou efeito de urbanizar. **Ex.** A ~ da zona destruiu completamente a paisagem local.

2 Processo de criação ou desenvolvimento de espaços urbanos. **Comb.** Departamento de ~ «da Câmara [Prefeitura]». **3** Zona residencial dotada das infraestruturas necessárias à habitação. **Ex.** Moro na ~ do *Lidador* (Maia, Portugal). **4** Fenó[ô]meno crescente de concentração da população em espaços urbanos. ⇒ urbanismo **2**.

urbanizar *v t* (<urbano + -izar) **1** Tornar urbano. **Loc.** ~ uma zona «periférica» da cidade. **2** Proceder à urbanização de/Fazer uma zona urbana. **Ex.** Deitaram abaixo o pinhal e urbanizaram o terreno. **3** Tornar civilizado/Adquirir educação/boas maneiras/Civilizar. **Ex.** Urbanizou-se quando foi estudar para a cidade.

urbano, a (Bâ) *adj*/*Br s m* (<lat *urbánus, a, um* <*urbs, bis*: cidade) **1** Que se refere à [é próprio da] cidade. **Comb. Centro** ~ [Cidade]. **Meio** [Ambiente] ~. **Paisagem** ~**a** [Vista do aspe(c)to da cidade]. **População** ~**a** [da cidade]. **Ant.** Rural. **2** Diz-se do prédio para habitação ou doutra construção na povoação (por oposição a prédio rústico ou campos). **Comb.** Matriz ~a da freguesia de ... **3** Que tem boas maneiras/Cortês/Polido. **4** *s m Br* Agente da polícia.

urbe (Úr) *s f* (<lat *urbs, bis*) Meio geográfico e social cara(c)terizado por manifesta concentração populacional, com a respe(c)tiva rede de serviços/Cidade(+). **Ex.** Brasília já é uma grande ~.

úrbi et órbi *loc lat* Expressão que significa "à cidade (Roma) e ao mundo" e que é usada em bênçãos papais [do papa] «Ano Novo/Páscoa».

urceolado, a [urceolar] *adj Bot* (<urcéolo + -...) «corola gamopétala e actinomorfa» Que tem a forma de urna ou jarro.

urcéolo *s m Bot* (<lat *urcéolus, i* <*úrceus, i*: pote, bilha, jarro) Órgão vegetal «cálice» em forma de saco ou urna.

urdideira [urdidor] *s* (<urdir + -...) **1** Profissional que urde. **Loc.** Trabalhar como [Ter a profissão de] ~ numa fábrica têxtil. **2** Máquina onde se dispõem ordenadamente [se urdem] os fios que constituem a teia que será depois tecida no tear.

urdidura *s f* (<urdir + -dura) **1** A(c)to ou efeito de urdir. **2** Conjunto de fios que passam longitudinalmente no tear entre os quais vai passar o fio da trama para formar o tecido. **3** *fig* Enredo/Intriga.

urdir *v t* (<lat *órdior, íri, órsus sum*) **1** Dispor os fios da teia (alinhados longitudinalmente) para serem tecidos no tear. **2** Entrelaçar fios para formar uma teia [a trama/um tecido/bordado]/Tecer. **Ex.** A aranha urde a teia. **Loc.** ~ tapetes de Arraiolos, Pt». **3** *fig* Fazer enredos/intrigas/trapaças. **Loc.** ~ uma mentira [desculpa]. **4** *fig* Fazer planos maldosos/Tramar/Maquinar. **Loc.** ~ um atentado [uma vingança].

urdu (Dú) *s m Ling* (<hindustâni *urdū*: campo, aldeia) Língua do Paquistão.

urease (Á) *s f Bioq* (<ureia + -ase) Enzima que catalisa a hidrólise da ureia transformando-a em gás carbó[ô]nico e amoníaco: $CO(NH_2)_2 + H_2O \Rightarrow CO_2 + 2NH_3$.

ureia *s f Quím* (<fr *urée* <gr *óuron, ou*: urina) Composto orgânico azotado, $CO(NH_2)_2$ que se encontra na urina dos mamíferos, resultante do metabolismo das proteínas. **Ex.** A ~, também denominada carbamida, é uma amida do ácido carbâmico ($H_2N\ COOH$), e tem aplicação como adubo e no fabrico de resinas sintéticas.

uremia (Mí) *s f Med* (<uro¹- + -emia) Intoxicação provocada pela retenção de ureia no sangue [pela perda de capacidade de depuração renal].

urémico, a [*Br* urêmico] *adj* (<uremia + -ico) Relativo à uremia.

urente *adj 2g* (<lat *úro, ere, ústum*: queimar, abrasar) ⇒ urticante; «sol» ardente/abrasador.

ureometria *s f Med* (<ureia + -o- + -metria) Dosagem da quantidade de ureia presente na urina.

ureómetro [*Br* ureômetro] *s m Med* (<ureia + -metro) Aparelho usado para medir a quantidade de ureia na urina.

uretano/a *s m/f Quím* (<ureia) Éster do ácido carbâmico ($NH_2\ COOH$) de fórmula geral $NH_2\ COO-R$, onde R é um alquilo ou alcilo. **Ex.** O ~ mais importante é o carbamato de etilo (O ~ propriamente dito, $NH_2\ COO\ C_2H_5$), que, pelas suas propriedades hipnóticas fracas, é usado em Medicina como sedativo e antiespasmódico.

ureter (Tér) (*pl* Ureteres) *s m Anat* (<gr *oureter, eros*) Canal que conduz a urina do rim para a bexiga.

ureteralgia *s f Med* (<ureter + -algia) Dor nos ureteres. ⇒ uretralgia.

ureterite *s f Med* (<ureter +-ite) Inflamação dos ureteres. ⇒ uretrite.

urético, a *adj* (<gr *ouretikos*) **1** Relativo à urina. **2** ⇒ Diurético.

uretra (Ré) *s f Anat* (<gr *ouréthra*) Canal do aparelho urinário que conduz a urina da bexiga para o (meio) exterior.

uretral (Trál) *adj 2g* (<uretra + -al) Relativo à uretra.

uretralgia *s f Med* (<uretra + -algia) Dor na uretra. ⇒ ureteralgia.

uretrectomia *s f Med* (<uretra + -ectomia) Resse(c)ção [Ablação] total ou parcial da uretra. ⇒ uretrotomia.

uretrite *s f Med* (<uretra + -ite) Inflamação da uretra. ⇒ ureterite.

uretrocistografia *s f Med* (<uretra + gr *kystis*: bexiga + -grafia) Radiografia da uretra e da bexiga.

uretrofaxia (Csi) *s f Med* (<uretra + gr *phassein*: obstruir + -ia) Obstrução do canal da uretra.

uretrore(c)tal (dg) *adj 2g* [= uretrorectal] (<uretra + -...) Referente a uretra e ao re(c)to.

uretrorreia *s f Med* (<uretra + -gr *rhoía*: fluxo) Corrimento da uretra. ⇒ gonorreia.

uretroscopia *s f Med* (<uretra + -scopia) Inspe(c)ção da uretra por meio de um uretroscópio.

uretrostenia *s f Med* (<uretra + gr *sthenos*: estreito + -ia) Constrição [Estreitamento] do canal da uretra.

uretrotomia *s f Med* (<uretra + -tomia) Incisão na uretra com um uretrótomo para eliminar um estreitamento. ⇒ uretrectomia.

uretrovaginal *adj 2g* (<uretra + -...) Referente à uretra e à vagina.

urgebão *s m Bot* (<lat *hira[o]bótane, es*: verbena, gervão) Planta herbácea da família das verbenáceas, *Verbena officinalis*, vivaz ou anual, de flores pequenas dispostas em espigas brácteas, muito frequente em Portugal nos sítios (h)úmidos e à beira dos caminhos.

urgência *s f* (<lat *urgéntia, ae*; ⇒ urgir) **1** Qualidade do que é urgente/não permite demoras. **Ex.** Por causa de uma ~ «ter de solucionar um problema grave», teve que interromper a viagem e regressar imediatamente a casa. **2** Necessidade de uma a(c)tuação a curto prazo [quase imediata]. **Ex.** O dire(c)tor quer falar consigo com ~. **3** Pressa/Rapidez. **Ex.** Se não lhe acudiam [não intervinham/tivessem intervindo] com ~, o fogo [incêndio] propagava-se [tinha-se propagado] a toda a floresta. **4** Situação de doença que requer uma intervenção imediata. **Loc.** Ser internado [operado] de ~. **Idi.** *Fazer* ~**s** [«médico/enfermeiro» Estar de serviço permanente num hospital/numa clínica para atender casos inadiáveis «doença súbita/acidentes/prestação de cuidados a acamados»]. *(Serviço de)* ~**(s)** [Departamento hospitalar onde são atendidos casos que necessitam de intervenção imediata] (**Ex.** Chegou [Trouxeram] mais um ferido à ~!).

urgente *adj 2g* (<lat *úrgens, éntis*; ⇒ urgir) **1** Que não pode ser adiado/não admite delongas/demoras. **Ex.** «o médico ordenou» Internem o doente já! É ~! **2** Que tem prioridade/Premente. **Ex.** Não posso ir contigo; tenho um trabalho ~ para acabar. **3** Importante/Necessário. **Ex.** O carro necessita de uma revisão ~. **Comb.** Medidas «de prote(c)ção» ~s «para evitar algum acidente».

urgentemente *adv* (<urgente + -mente) Com urgência/Sem demora/Antes de mais nada. **Ex.** Preciso ~ de tratar os dentes. Quero falar com ele ~ «preciso de saber ao certo o que se passa [o que está a acontecer]». Deixe agora esse trabalho; vá ~ reparar a máquina avariada.

-urgia *suf* (<gr *érgon*: a(c)ção, trabalho; ⇒ dramat*urgia*/dramat*urgo*) Exprime a ideia de **operação [trabalho] de transformação**: metalurgia, siderurgia.

urgir *v t/int* (<lat *úrgeo, ére, úrsi*: apertar, comprimir, impelir, insistir) **1** Ser urgente/Não admitir demoras/delongas. **Ex.** Urge tomar medidas para evitar o descalabro econó[ô]mico. O tempo urge [Temos pressa/É urgente]. **2** Ser necessário/Forçar. **Ex.** A necessidade [pobreza/miséria] a isso o urge/o obriga(+) «sujeitar-se a pedir esmola». **3** Pedir com insistência/Instar. **Ex.** A filha urgia [instava(+)] com os pais para que viessem morar com [viessem para o pé de] ela.

-uria *suf* (<gr *-ouría* <*oureo*: urinar) Usa-se em termos médicos exprimindo situação de doença relacionada com urina: albuminúria, hematúria, lipúria, poliúria.

uricemia *s f Med* (<úrico + -emia) Presença de ácido úrico no sangue em quantidade anormalmente alta.

úrico, a *adj* (⇒ -uria) Que diz respeito à urina. **Comb.** *Med*/*Quím* Ácido ~ [Ácido orgânico azotado do grupo das purinas, que se encontra em pequena quantidade na urina humana e, nos excrementos das aves e dos répteis, em proporção maior].

uricogénese [*Br* uricogênese] [uricopoiese] *s f Med* (<úrico + -...) Formação de ácido úrico no organismo. ⇒ uricemia.

urina *s f Fisiol* (<lat *urina, ae* <gr *ouron, ou*) Líquido orgânico que se forma nos rins e se acumula na bexiga para depois ser expelido pela uretra/*col* Xixi. ⇒ mijo.

urinar *v t/int* (<urina + -ar¹) **1** Expelir a urina/*col* Fazer xixi. **Loc.** *Levantar-se* (de noite) *para* ~. *Ter* [Sentir] *vontade de* ~. **2** Sujar com urina. **Loc.** ~/Mijar na cama [as cuecas].

urinário, a *adj* (<urina + -ário) Relativo à urina ou aos órgãos que intervêm na sua formação e excreção. **Comb.** *Anat* **Aparelho** ~ [Órgãos destinados à formação e excreção da urina: rins, ureteres, bexiga e uretra]. *Med* **Meato** ~ [Orifício por meio do qual a uretra abre para o exterior]. **Retenção** ~**a**. **Vias** ~**as**.

urinífero, a *adj* (<urina + -fero) Que contém [conduz a] urina. **Comb.** Canal [Tubo/Túbulo] ~.

urinol *s m* (<urina + -ol) **1** Lugar [Instalações] público/as onde se pode urinar/Mictório.

Ex. Nas cidades, os ~óis situam-se muitas vezes nos jardins públicos. **2** Recipiente onde os homens urinam. **Loc.** Substituir os ~óis estragados dos sanitários públicos. **3** Vaso próprio para os doentes [idosos] acamados urinarem.

urinoso, a (Ôso, Ósa, Ósos) *adj* (<urina + -oso) **1** Que tem urina/Urinado. **Comb.** Líquido ~. **2** Da natureza da urina. **Comb.** Cheiro ~ [a urina(+)].

urna *s f* (<lat *urna, ae*) **1** Caixão funerário. **2** Pequeno recipiente com tampa onde se depositam as cinzas dos finados. **3** Caixa onde se recolhem os votos de um escrutínio. **Ex.** A afluência às ~s «para eleição dos deputados europeus» não foi muito grande [Pouca gente votou]. **Idi.** *Ir às ~s* [Votar]. **4** *Bot* Espécie de cápsula com tampa (Opérculo) dos musgos onde se formam os esporos.

uro¹- *suf* (<gr *óuron, ou*: urina) Exprime a ideia de **urina**: *urologia, urobactéria, uroscopia*.

-uro²- *suf/pref* (<gr *ourá, as*: cauda, rabo) Traduz a ideia de **cauda**: *anuro, oxiúro, uropígio, urópode*.

urobilina *s f* (<uro¹- + lat *bílis, is* + -ina) Pigmento proveniente da bílis, que dá a coloração amarela normal à urina. ⇒ urocromo/a.

urocordado *adj/s m pl Zool* ⇒ tunicado.

urocrasia *sf Med* (<uro¹- + gr *akrateia*: incontinência) Incontinência da urina.

urocromo/a *s* (<uro¹- + -cromo) Pigmento urinário que dá a coloração amarela normal à urina. ⇒ urobilina.

urodelo, a (Dé) *adj/s Zool* (<uro²- + gr *delos*: evidente) (Diz-se do grupo de) batráquio(s) que têm o corpo relativamente alongado e cauda que permanece no estado adulto do animal «salamandra/tritão».

urodinia *s f Med* (<uro¹- + gr *odyne*: dor) Sensação dolorosa no a(c)to da micção.

urogenital *adj 2g* (<uro¹- + …) Que diz respeito aos [é constituído em conjunto por] órgãos urinários e genitais.

urografia *s f* (<uro¹- + -grafia) Radiografia do aparelho urinário.

urólito *s m Med* (<uro¹- + -lito) Cálculo urinário designado vulgarmente por pedra da bexiga.

urologia *s m Med* (<uro¹- + -logia) Especialidade médica que se ocupa do estudo e tratamento das doenças do sistema urinário dos dois sexos e do sistema reprodutor masculino.

urólogo, a [urologista] *s* (<uro¹- + …) Médico especialista em urologia.

urómetro [*Br* urômetro] *s m* (<uro¹- + -metro) Instrumento que serve para determinar a massa volúmica da urina.

uropígio *s m Ornit* (<gr *ouropygion*) Região posterior do corpo das aves onde se inserem as penas caudais/Rabadela[dilha]/Mitra/Sobrecu.

urópode *s m Zool* (<uro²- + -pode) Cada um dos apêndices do último (6.º) par abdominal dos crustáceos.

uropoese (Po-éze) *s f* (<uro¹- + gr *póiesis*: fabrico) Conjunto dos fenó[ô]menos de que resulta a produção de urina.

uroscopia *s f Med* (<uro¹- + -scopia) Exame clínico da urina.

urostilo *s m Zool* (<uro²- + gr *stylos*: coluna) Peça terminal óssea, da região coccígea da coluna vertebral, mormente nos peixes, nos batráquios e nas aves/Hipural/Pigostilo.

urrar *v int* (<lat *úlulo, áre átum*) **1** (Um animal «leão/elefante/boi») dar urros/Rugir. **2** *fig* Bramir/Vociferar. **Loc.** Ouvir-se «em dia de grande tempestade» o ~ [uivar/silvar/assobiar] do vento e da fúria das ondas.

urro (Ú) *s m* (<urrar) **1** Voz de alguns animais «leão/elefante/boi». **2** *fig* Grito [Ruído] semelhante ao rugido das feras.

Ursa Maior *s f Astr* Constelação do hemisfério norte, constituída por sete estrelas, quatro delas formando um trapézio irregular e as outras três em forma de cauda. **Ex.** A ~ é a mais conhecida das constelações.

Ursa Menor *s f Astr* Constelação do hemisfério Norte de configuração semelhante à da Ursa Maior mas em que as estrelas estão dispostas em sentido inverso. **Ex.** A estrela polar, de 2.ª grandeza, é a última estrela da cauda da ~ (Indica o norte).

ursídeo, a *adj/s Zool* (<urso + -ídeo) (Diz-se de família de) mamífero(s) plantígrado(s) a que pertence o urso e o panda.

ursino, a *adj* (<urso + -ino) Do [Relativo ao] urso.

urso, a *s Zool* (<lat *ursus, i*) **1** Designação vulgar de mamíferos da ordem dos ursídeos, geralmente omnívoros, de grande corpulência, pelagem densa e membros grossos armados de fortes garras não retrá(c)teis, e marcha plantígrada. **Idi.** *Comer comida de ~* [Levar pancadaria]. *Fazer figura de ~* [Ser alvo de troça/Fazer má figura/Tornar-se ridículo] (Ex. Não devíamos ter vindo «a festa era só para gente chique», fizemos figura de ~). **Comb.** *~-himalaio* (*Selenarctos thibetanus*). *~-malaio* (*Helarctos malayanus*). *~-pardo* (*Ursus arctos*). *~-polar/branco* (*Thalarctos maritimus*). *~-preto* (*Tremarctos ornatus*). **2** *fig Gír* Estudante que pela sua inteligência e capacidade de trabalho se destaca dos outros. **Idi.** *Ser o ~* [o melhor aluno] *da turma*.

ursulina *s f* (<antr (Santa) Úrsula + -ina) Religiosa da Ordem de Santa Úrsula.

urticação *s f* (<urticar + -ção) **1** Flagelação da pele para a excitar. **2** Sensação de ardência parecida com a que é causada pelas picadas de urtigas. ⇒ comichão.

urticáceo, a *adj/s Bot* (<urtiga + -áceo) (Diz-se de família de) planta(s) dicotiledó[ô]nea(s), geralmente herbácea(s), com pelos urticantes como a urtiga.

urticante *adj 2g* (<urticar + -ante) Que produz na pele uma sensação semelhante à das picadas de urtiga. **Comb.** *Zool Células ~* [⇒ cnidoblastos].

urticar *v t* (<lat *urtica* + -ar¹) Picar (a pele) com urtigas ou com plantas semelhantes.

urticária *s f Med* (<urtiga + -ária) Erupção cutânea que produz uma ardência semelhante à das picadas de urtigas e se manifesta por pápulas arredondadas, vermelhas nos bordos e brancas no meio.

urtiga *s f Bot* (<lat *urtíca, ae*) Nome comum de várias plantas herbáceas da família das urticáceas, com folhas rugosas revestidas de pelos pungentes [que picam] que segregam um líquido cáustico que, em conta(c)to com a pele, provoca comichão e irritação. **Idi.** *Mandar alguém às ~s* [Desprezar/Não ligar nada/Votar ao esquecimento].

urtiga-branca *s f Bot* Planta herbácea medicinal, sem pelos urticantes, com propriedades laxativas.

urtiga-do-mar *s f Zool* Nome vulgar de alguns celenterados «alforreca/ané[ê]mona-do-mar» providos de células urticantes.

urtiga-morta *s f Bot* Planta herbácea da família das euforbiáceas, *Mercurialis annua*, conhecida também por lâmio e mercurial.

urtigão *s m Bot* (<urtiga + -ão) Planta vivaz da família das urticáceas, *Urtica dioica*, com pelos urticantes diminutos, utilizada como diurético e contra a asma e a coqueluche.

urtigar *v t* (<urtiga + -ar¹) ⇒ urticar.

uru¹ *s m Br Ornit* (<tupi *u'ru*) Ave galiforme do Brasil, *Odontophorus capueira*, da família dos fasianídeos.

uru² *s m Br* (<tupi *u'ru*: cesto de palha) Cesto feito pelos indígenas com palha de carnaúba para guardar tabaco, anzóis, etc.

URSS Sigla de **U**nião das **R**epúblicas **S**ocialistas **S**oviéticas. ⇒ Rússia.

urubu (Bú) *s m Br* (<tupi *uru'wu*) **1** *Ornit* Ave de rapina de grande porte, de plumagem predominantemente preta e cabeça nua, que se alimenta de animais mortos. **2** *Gír* Agente funerário/Gato-pingado. **3** *col* Pessoa vestida de preto. **4** *fig depr* Usurário.

Uruguai (Gu-ái) *s m Geog* O mais pequeno dos estados da América do Sul, situado entre a Argentina e o Brasil, cuja capital é Montevideu; a língua oficial dos uruguaios é o espanhol.

urutau *s m Ornit* (<tupi *uruta'gwi*) Designação genérica de aves de rapina no(c)turnas da família dos caprimulgídeos/Chora-lua/Mãe-lua/Manda-lua.

urutu *s m Zool* (<tupi *uru'tu*) **1** Serpente venenosa, *Bothrops alternatus*, que pode atingir até 2 metros de comprimento, castanha, com manchas pretas em forma de ferradura. **2** ⇒ jararaca.

urze *s f Bot* (<lat *eríce, cés*) Nome vulgar de diversas plantas da família das ericáceas, espontâneas e frequentes em Portugal, especialmente nas charnecas e nos terrenos pobres dos montes/Torga.

usado, a *adj* (<usar) **1** Que está [esteve] em uso. **Comb.** *«comércio/venda de» Carros ~s. Livro ~*. A estrear; novo. **2** Experimentado/Ensaiado/Testado. **Ex.** «a Renault/Toyota» Mudou a caixa de velocidades para o modelo ~ [testado(+)] nos carros da Fórmula 1. **3** Aplicado/Empregado/Utilizado. **Comb.** *Cul* «pimenta/colorau» ~ *como condimento*. **4** Acostumado/Habituado/Afeito. **Ex.** «estamos os dois sozinhos» Já não estranhamos, estamos ~s [habituados(+)] a isso. **5** Gasto pelo uso/Deteriorado/Velho. **Comb.** Sapatos (muito) ~s «bons para deitar fora/para o lixo». **6** Coçado/Cotiado. **Comb.** Roupa «casaco/calças» ~a [coçada(+)].

usagre *s m Med* (< ?) Erupção cutânea de natureza herpética que aparece na cabeça e nas faces das crianças de [amamentadas ao] peito e, por vezes, na pele dos cães.

usança *s f col* (<usar + -ança) Hábito antigo e enraizado/Uso/Costume.

usar *v t/int* (<lat *úso, áre, átum*, frequentativo de *útor, úti, úsus sum*: usar, adquirir, gastar) **1** Vestir/Trajar. **Ex.** Ela não gosta de ~ saias, só usa calças. Tenho muitas joias, mas raramente as uso. **2** Pôr em uso/serviço/Utilizar. **Ex.** Vou começar a ~ a loiça do serviço «guardada não serve para nada». **3** Fazer habitualmente/Costumar. **Ex.** Usamos [Costumamos(+)] passar sempre as férias no Algarve. O professor de português usava [costumava/tinha por hábito] mandar os alunos ler em voz alta em todas as aulas. **4** Servir-se de/Empregar. **Ex.** Para comer a fruta (à sobremesa) uso sempre faca e garfo. Na [À] falta de um saca-rolhas, usei o canivete para desfazer [tirar aos poucos] a rolha. Para arrombar a fechadura, (os ladrões) usaram uma chave de fendas. **5** Ser utilizado em/Servir para. **Ex.** A benzina usa-se para tirar nódoas «de gordura». Os orégãos usam-se em culinária, como condimento. **6** Deteriorar-se pelo uso/Gastar-se. **Ex.** As malhas «pulôver»

de agora [a(c)tuais] usam[estragam]-se num instante «*idi* não prestam para nada». **7** ~-se/Estar na moda/Ser prática corrente. **Ex.** Este ano usa-se muito o roxo [a cor roxa]. Agora usa-se [Todos «os políticos» usam] a barba crescida.

usável *adj 2g* (<usar + -vel) Que se pode usar/Que (ainda) serve. ⇒ utilizável.

Usbequistão *s m Geog* República da Ásia Central que pertenceu à antiga URSS, cuja capital é Tachkent e cujos habitantes são os us[z]beques.

-usco *suf* Exprime **semelhança**, geralmente com sentido depreciativo: *farrusco, negrusco, vermelhusco*.

useiro, a *adj* (<uso + -eiro) Que tem por hábito fazer alguma coisa. **Ex.** «levou cartão vermelho [foi expulso]» É ~ em [Costuma] refilar com o árbitro. **Idi. Ser ~ e vezeiro** [Praticar repetidamente a mesma coisa [o mesmo erro]/Ser reincidente] (Ex. Ele é ~ e vezeiro em chegar atrasado).

usina *s f Br* (<fr *usine*) **1** Estabelecimento industrial/Fábrica(+)/Oficina. **Comb. ~** [Central(+)] **hidr(o)elé(c)trica. ~ siderúrgica** «de produção de chapa/perfis de aço». **2** Engenho (de açúcar).

usinagem *s f* (<usinar + -agem) **1** Operação de transformação duma matéria-prima/ de trabalhar uma peça com máquina ferramenta. **Comb. ~** do cobre «numa fundição». **2** Acabamento de uma peça metálica. **Comb. ~ de caixilharia de alumínio. ~ ele(c)troquímica**.

usinar *v t* (<usina + -ar¹) Dar forma/Fazer o acabamento/Trabalhar. **Loc. ~ o ferro** «numa serralharia». ~ [Rebarbar] *peças fundidas*. ~ [Desbastar/Polir] *um bloco de granito*.

usineiro, a *adj/s* (<usina + -eiro) **1** Relativo a [Que trabalha em] usina. **2** Proprietário de engenho [usina] de açúcar.

uso *s m* (<lat *usus, us*) **1** A(c)ção de usar/ Utilização. **Ex.** O ~ do cinto de segurança nos carros é obrigatório. **Comb.** Licença de ~ e porte de arma. **2** Emprego frequente de alguma coisa/Utilização. **Ex.** A bicicleta está como [parece] nova, mas tem muito ~ «todos os dias ando [*idi* dou uma volta] nela». **Loc. Dar ~ a** [Utilizar (muito)] (Ex. Na cozinha, dou muito ~ à varinha mágica). **Pôr [Trazer] a ~** [Utilizar correntemente (o que estava reservado para ocasiões especiais «festas/banquetes»]. **Ter muito ~** [Ser muito utilizado/Estar gasto/estragado pela utilização continuada]. **Comb. ~ indevido.** «ferramenta» **Com muito ~. 3** Prática habitual/Costume/Hábito. **Ex.** É ~ da terra [aldeia/pequena vila] saudar [dar os bons-dias] a toda a gente «mesmo aos desconhecidos». **Comb.** ~s e costumes [Conjunto de modos de agir e tradições seguidas por determinado grupo de pessoas] (Comb. Prática [Modo de proceder] contrária/o aos ~s e costumes da terra).
4 Moda [Procedimento/Maneira de se comportar] em voga. **Ex.** As saias até aos pés [Os decotes até à cintura] estão novamente em ~. Agora está em ~ a cabeça rapada, nos homens. **5** Emprego/Aplicação. **Comb.** Creme [Pomada/Loção] para ~ externo. **6** *Ling* Maneira de empregar elementos linguísticos. **Comb. ~ corre(c)to** [incorre(c)to] «duma palavra/expressão». *Maneira incorre(c)ta* de se exprimir, mas consagrada [validada/admitida] *pelo* ~. **7** *Dir* Exercício de um direito/Faculdade de se servir de coisa alheia. **Ex.** O ~ (de uma coisa) cabe em primeiro lugar ao seu proprietário. **Comb.** Direito de ~ e habitação duma casa arrendada.

ustão *s f* (<lat *ústio, ónis* <*úro, ere, ústum*: queimar) **1** *Quím* ⇒ combustão. **2** *Med* cauterização; shiatsu.

ustório, a *adj* (<ustão + -ório) Que queima/ inflama/Cauterizante.

ustulação *s f* (<ustular + -ção) **1** A(c)to ou efeito [Processo] de ustular. **2** *Quím* Operação de queima «em forno/mufla» de um minério para separar determinada substância. **Comb. ~** das pirites [para separação do enxofre para a base de anidrido sulfuroso (Dióxido de enxofre, SO_2)].

ustular *v t* (<lat *ústulo, áre, átum*) **1** *Quím* Submeter a alta temperatura em presença do ar [Queimar] para obter um composto oxigenado. **Loc. ~** minérios «sulfuretos». **2** Queimar levemente/Crestar. **Loc. ~** a carne ao fogo.

usual *adj 2g/s m* (<lat *usuális, e*) (O) que se usa habitualmente/Frequente/Comum. **Ex.** O ~ [costume] é a procissão seguir este traje(c)to [Este é o traje(c)to ~ da procissão]. **Comb.** «como está?/como passou?» *Expressão* ~ «de cumprimento». «marcar o ponto» *Procedimento* ~ «à entrada e saída do trabalho». «casaco e calças» *Traje* ~ «das rece(p)ções/festas».

usuário, a *adj/s* (<lat *usuárius, a, um*) **1** (O) que tem direito a usar [servir-se de] coisa alheia/Utilizador. **Ex.** O ~ duma casa arrendada para habitação é morador ~. **Comb.** Os ~s dos transportes públicos. **2** Que serve para nosso uso.

usucapião *s f Dir* (<lat *usucápio, ónis*) Aquisição do direito de propriedade de um bem, móvel ou imóvel, baseada na posse prolongada e ininterrupta desse bem, durante o prazo legal estabelecido para esse efeito. **Ex.** A ~ não se aplica a bens públicos de uso comum.

usucapiente *adj/s 2g* (⇒ usucapir) (O) que adquiriu o direito real de propriedade por usucapião.

usucapir *v t* (<lat *usucápio, ere, cépi, cáptum*: adquirir por longo uso ou por prescrição) Adquirir um direito por usucapião.

usucapto, a *adj* (<usucapir) Que foi adquirido por usucapião.

usufruição *s f* (<usufruir + -ção) A(c)to ou efeito de usufruir.

usufruidor, ora *adj/s* (<usufruir + -dor) (O) que usufrui.

usufruir *v t* (<lat *úsus*: uso + *frúor, frúi, frúctus sum*) **1** Ter o usufruto de/Ter o direito de usar e estar na posse de. **Ex.** O arrendatário usufrui da casa arrendada. **2** Possuir/ Ter. **Ex.** Os empregados bancários usufruem de mais [maiores] regalias sociais que os empregados de outras empresas privadas. **3** Sentir prazer e satisfação/Desfrutar. **Loc. ~ da beleza** duma paisagem. **~ dumas férias** descansadas.

usufruto *s m Dir* (<usufruir) **1** Direito de gozar [fruir] temporariamente de um bem alheio, com a obrigação de o conservar. **Ex.** Os pais têm legalmente o ~ dos bens pertencentes a filhos menores. **2** Posse de alguma coisa assegurada por esse direito. **Ex.** Venderam [O casal vendeu] a casa com reserva de ~ até à morte do último (cônjuge).

usufrutuário, a *adj/s* (<usufruto + -ário) **1** Relativo a usufruto. **Comb.** Bens ~s. **2** (O) que é titular da posse e gozo [uso] temporários (Do usufruto) de alguma coisa. **Ex.** Em caso de abuso prejudicial, o proprietário pode exigir que o ~ lhe entregue o bem. **Comb.** Herdeiro ~.

usura *s f* (<lat *usúra, ae*) **1** Juro de um capital ou de um empréstimo/Renda. **2** Juro superior ao estabelecido por lei ou pelo costume/Onzena. **Loc.** Emprestar dinheiro com ~. **3** Desgaste de alguma coisa pelo uso prolongado. **Ex.** A peça «veio duma máquina» partiu por defeito de fabrico, não tinha sinais de ~ (que justificassem a fra(c)tura). **4** *fig* ⇒ Avareza/Mesquinhez.

usurar *v int* (<usura + -ar¹) **1** Emprestar com usura. **2** Viver da usura.

usurário [usureiro], a *adj/s* (<usura + -...) **1** (O) que empresta com usura. **Ex.** «está falido» Caiu [Ficou] nas mãos dos ~s. **Comb.** Empréstimo ~. **2** Em que há usura. **Comb.** Juros ~s. **3** Relativo a usura. **Ex.** As práticas [Os procedimentos] ~as/os foram obje(c)to de apreciação cuidada pelos moralistas da Idade Média.

usurpação *s f* (<usurpar + -ção) A(c)to ou efeito de usurpar/Posse de coisa usurpada. **Comb. ~** [Roubo] *de dinheiros* públicos. *Hist* **Trono** (Poder real) *obtido por* ~.

usurpar *v t* (<lat *usúrpo, áre, átum*) **1** Apoderar-se de alguma coisa ilegitimamente ou pela força/Apossar-se. **Ex.** D. Afonso III (Rei de Portugal) usurpou o trono a seu irmão, D. Sancho II. **2** Tomar abusivamente posse de algo «cargo/título/farda» a que não tem direito. **Loc. ~** [Tirar] «a um colega» a chefia duma se(c)ção.

ut *s m Mús* ⇒ dó².

utensílio *s m* (<lat *utensílium, ii*) **1** Obje(c)to ou instrumento que serve para o exercício de uma arte ou a(c)tividade «profissional/ de lazer». **Comb.** «panela/faca/varinha mágica» ~s de cozinha. **2** *pl* Conjunto de obje(c)tos usados na mesma a(c)tividade. **Comb.** Móveis e ~s «de escritório».

utente *adj/s 2g* (<lat *útens, éntis* <*útor, úti, úsus sum*: usar) **1** Que usa/Usuário/Utilizador. **2** Pessoa que utiliza bens ou serviços públicos ou privados «Centro de Saúde/ hospital/lar de idosos».

uteralgia *s f Med* (<útero + -algia) Dor no útero/Metralgia.

uteremia *s f Med* (<útero + -emia) Congestão sanguínea do útero.

uterino, a *adj* (<útero + -ino) **1** Do [Referente ao] útero. **Comb. Cavidade ~a. Contra(c)ção ~a. Parede ~a. 2** (Diz-se de) irmãos filhos da mesma mãe mas de pais diferentes.

uterite *s f Med* (<útero + -ite) Inflamação do útero/Metrite.

útero *s m Anat* (<lat *úterus, i*) Órgão genital feminino que acolhe e onde se desenvolve, até final da gestação, o óvulo fecundado.

uterodinia *s f* ⇒ uteralgia.

uterorragia *s f Med* (<útero + gr *rhagia*: fluxo) Hemorragia do útero.

uteroscopia *s f Med* (<útero + -scopia) Exame ao útero com instrumentos próprios.

uterotomia *s f Med* (<útero + -tomia) Incisão no [Ablação do] útero/Histerotomia/ Metrotomia.

útil *adj/s 2g* (<lat *útilis, e*) **1** Que tem utilidade/préstimo. **Comb. Em tempo ~** [tempo destinado a a(c)tividade profissional]. «faca/martelo» *Obje(c)to* ~. **2** Proveitoso/ Vantajoso. **Comb.** Oferta [Dádiva/Donativo] «em dinheiro» valiosa/o e ~. **3** Válido/ Prestável. **Ex.** Não deites fora «para o lixo» o guarda-chuva velho porque ainda é [pode ser] ~. **4** Destinado a determinados fins profissionais. **Comb.** «Cutelo» **~ na cozinha.** «Régua T» **~ em desenho** «de construção civil e de máquinas». **5** *s m* O que tem utilidade/é proveitoso. **Idi. Juntar o ~ ao agradável** [Juntar um benefício com aquilo que já nos dá prazer].

utilidade *s f* (<lat *utílitas, tátis*) **1** Qualidade do que é útil/tem préstimo. **Loc.** Não ter ~ [Não servir para alguma coisa] (Ex. O jarro

partiu [estalou] já não tem ~). **2** Vantagem/Proveito/Interesse. **Comb.** «rendimento social de inserção» Ajuda [Medida/Lei] de grande ~ «para quem não tem outros meios de subsistência». **3** Pessoa ou coisa útil. **Comb.** Serviço [Instituição] de ~ pública/bom para o público.

utilitário, a *adj/s* (<utilidade + -ário) **1** Relativo à utilidade que pode ter/ao proveito que se pode obter. **Comb.** Fins ~s. **2** Econó[ô]mico/Funcional. **Comb.** Carro «comercial» ~. **3** ⇒ utilitarista.

utilitarismo *s m Fil* (<utilitário + -ismo) **1** Doutrina segundo a qual o valor moral das a(c)ções reside na aptidão [utilidade] que têm de produzir efeitos [consequências] benéficos/as. **Ex.** A corrente doutrinal do ~ deve-se principalmente a Bentham (1748-1832) e a J. Stuart Mill (1806-1873). **Comb.** ~ *hedonista* [que identifica o bem com o prazer ou a felicidade]. ~ *universalista/social* [que atende ao sujeito em relação ao qual se consideram benéficas as consequências: o próprio agente ou (este e) outras pessoas. **2** Atitude de quem visa unicamente o que é útil/de quem regula a a(c)ção pelo interesse.

utilitarista *adj/s 2g* (<utilitário + -ista) (O) que é partidário do utilitarismo.

utilização *s f* (<utilizar + -ção) **1** A(c)to ou efeito de utilizar. **Comb.** Máquina [Material] sem ~. **2** Modo de utilizar/Aproveitamento. **Ex.** Os materiais «usados/inutilizados» recicláveis vão [podem] ter novas ~ões.

utilizador, ora *adj/s* (<utilizar + -dor) **1** (O) que utiliza/Usuário/Utente. **2** *Info* Pessoa que usa o computador sem ter conhecimentos específicos de informática: nem de *software*, nem de *hardware*.

utilizar *v t* (<útil + -izar) **1** Empregar utilmente. **Ex.** Para abrir [tirar a rolha a/desarrolhar] uma garrafa, utiliza-se o saca-rolhas. Na cozinha utilizo muito a varinha mágica. **2** Servir-se de/Empregar. **Ex.** Utilizei um canivete para desencravar a fechadura da porta «da casa de banho [do banheiro]». **3** Tirar partido [proveito] de/Aproveitar-se. **Ex.** Muitas pessoas utilizam a política [os partidos políticos] para arranjarem bons empregos. **4** Fazer uso de/Usar. **Ex.** Posso ~ a casa de banho [o banheiro/WC]? **5** Manejar/Manipular. **Ex.** Utilizo a arma «espingarda de pressão de ar» apenas para me divertir «treinar a pontaria».

utilizável *adj 2g* (<utilizar + -vel) **1** Que se pode utilizar. **Ex.** O prato está rachado, mas ainda serve [é ~]. **2** Aproveitável. **Comb.** Folha de papel «escrita só dum lado» ~ como papel de rascunho.

utilmente *adv* (<útil + -mente) «trabalhar» Com utilidade/proveito. **Loc.** Servir ~ para outra finalidade. **Comb.** Material «roupa usada» ~ aproveitado «por quem não pode comprar novo». **Ant.** In~.

utopia *s f* (<gr *ou*: não + *topos*: lugar; utopia: lugar que não existe) **1** Representação de algo desejado (que asseguraria a felicidade) mas irreal [só parcialmente possível]/Sonho/Fantasia/Quimera. **Ex.** A igualdade absoluta de todos os cidadãos é uma ~. **2** Conce(p)ção imaginária de uma sociedade perfeita/de um governo ideal.

utópico, a *adj* (<utopia + -ico) Que tem o cará(c)ter de utopia/Quimérico/Idealista/Irrealizável. **Comb.** *Medida ~a* [que não resulta]. *Plano* [**Proje(c)to**] ~ [irrealizável].

utricular *adj 2g* (<utrículo 3/4 + -ar²) **1** Com [Que tem] utrículo. **2** Semelhante a utrículo.

utrículo *s m* (<lat *utrículus, i* <*úter, tris*: odre) **1** Odre pequeno. **2** *Anat* Câmara superior do vestíbulo (Ouvido interno) onde se abrem os canais semicirculares. **3** Cavidade mais ou menos arredondada de uma glândula «próstata». **4** *Bot* Pequenas formações vesiculares de algumas plantas, que, nas plantas carnívoras, se comportam como órgãos de captura das presas.

uva (Ú) *s f* (<lat *uva, ae*) Fruto da videira. **Idi.** «discurso com» *Muita parra e pouca ~* [Muitas palavras e poucas obras/Com muita aparência e pouco conteúdo]. *Col Ao preço da ~ mijona* [Ao desbarato/Muito barato/Por um preço irrisório] (Ex. A fartura [produção] de batata foi tanta que (esta) se vende ao preço da ~ mijona). **Comb.** *Cacho de ~s*. *Passa/~ passa* [Uva seca].

uvaia *s f Bot* (<tupi *iwa'ya*: fruto ácido) Arbusto [Árvore] americano/a da família das mirtáceas, e respe(c)tivo fruto comestível, de sabor ácido agradável.

úvea *s f Anat* (<uva + -ea) Túnica média do globo ocular situada entre a retina e a esclerótica.

uveira *s f* (<uva + -eira) Árvore ou arbusto que serve de suporte a videiras «na vinha de enforcado»/Tutor.

úvula *s f Anat* (<lat *úvula, ae,* dim de *uva*) Saliência carnosa contrá(c)til, da parte posterior do véu palatino.

uvular *adj 2g* (<úvula + -ar²) Relativo à úvula.

uvulite *s f Med* (<úvula + -ite) Inflamação da úvula.

uxoricida (Cso) *s/adj m* (<lat *úxor*: esposa + -cida) (O) que assassinou a esposa.

uxoricídio (Cso) *s m* (<uxoricida + -io) Assassínio da mulher pelo próprio marido.

Uzbequistão *s m Geog* ⇒ Usbequistão.

uzífur(o) *s m* (< ?) **1** *Miner* Sulfureto de mercúrio [HgS], vermelho e brilhante/Cinábrio(+). **2** Vermelhão feito com mercúrio e enxofre.

v (Vê) *s m* **1** Vigésima segunda letra do alfabeto português. **2** Vigésimo segundo lugar numa série representada pelas letras do alfabeto. **Comb.** Fila ~ «dos assentos ou cadeiras do teatro/cinema». **3** Obje(c)to [Feitio/Corte] com essa forma. **Comb.** *Decote em* ~. *Entalhe* [Corte] *em* ~. **4** *Maiúsc* Em numeração romana, representa o algarismo cinco «15 escreve-se, XV». **5** *Ele(c)tri Maiúsc* Símbolo de *Volt*. **6** *Fís* Símbolo de *velocidade*. **7** *Geom Maiúsc* Símbolo de *volume*. **8** *Quím* Símbolo de *vanádio*.

v. ⇒ *vide*.

vá *interj* Exclamação usada para incitar/encorajar ou ameaçar. **Ex.** ~! Continua, não pares! ~! Atreve-te a tocar[bater]-me «e verás o castigo que levas»!

vaca *s f Zool* (<lat *vácca,ae*) **1** Fêmea do boi. **Comb.** ~ *leiteira* [turina/de raça especial destinada à produção de leite]. *Tempo das* ~*s gordas* [da prosperidade/abundância]. **2** Carne de bovino. **Ex.** Prefiro a carne de porco à de ~ (Boi/Vitela/Bezerro). **Comb.** Bifes [Costeletas] *de* ~ (Carne de bovino). **3** *fig deprec* Mulher muito gorda/Baleia. **4** *fig deprec* Mulher má/traiçoeira/vingativa/Cabra/Cadela.

vacação *s f* (<lat *vacátio, ónis*) **1** A(c)ção ou resultado de vagar/Vacância. **2** Suspensão do trabalho/Descanso(+)/Férias(+).

vacada *s f* (<vaca + -ada) **1** Manada de vacas. **2** Corrida de vacas.

vaca-fria *s f* Usa-se na expressão: *voltar à* ~ [Voltar a falar [insistir] no mesmo assunto].

vaca-loi[ou]ra *s f Zool* ⇒ cabra-loi[ou]ra.

vacância *s f* (<lat *vacántia,ae*; ⇒ *vagar*¹) **1** Tempo durante o qual um cargo [lugar/emprego] se encontra vago/Vacatura. **Ex.** Durante a ~ do trono, o país foi governado por um regente. **2** Estado de um cargo/lugar sem titular. **Comb.** (Igreja Católica) *em* ~ *papal*. (Nação) *em* ~ *presidencial*

vacante *adj 2g* (<lat *vácans,ántis* <*vacáre*: estar vago/desocupado; ⇒ *vagar*¹) **1** «cargo» Que não tem titular. **2** «casa/apartamento» Que está desocupado(+)/Vazio(+). **3** *Dir* Que não tem dono. **Comb.** *Bens* ~*s*. *Herança* ~.

vacaria *s f* (<vaca + -ria) **1** Manada de vacas/Vacada. **2** Instalações [Estábulo] onde se mantêm [abrigam/alimentam/ordenham] vacas, principalmente leiteiras. **Loc.** Construir uma ~ «para 50 vacas» com todos os requisitos modernos «ordenha mecânica/limpeza automatizada».

vacátio légis Expressão latina que designa o período que decorre entre a publicação duma lei e a sua entrada em vigor.

vacatura *s f* ⇒ vacância.

vacilação *s f* (<vacilar + -ção) **1** A(c)to ou efeito de vacilar. **2** Movimento do que balança/oscila. **Ex.** «criança» Já anda [*idi* dá uns passinhos] mas com muita ~, com muito medo de cair. **3** *fig* Hesitação/Indecisão/Perplexidade. **Ex.** Não pode haver ~, a gravidade da situação exige uma tomada de decisão imediata.

vacilante *adj 2g* (<vacilar + -ante) **1** Que não tem condições de estabilidade/Que vacila. **Ex.** O andaime está ~, não está seguro [firme]. **2** Trémulo/Inseguro. **Comb.** Mãos [Andar] ~ «dum idoso». **3** *fig* Indeciso/Hesitante/Perplexo. **Loc.** Estar ~ sem saber o que fazer «mudar de emprego ou permanecer no mesmo». **4** *fig* Precário(+)/Instável. **Ex.** A empresa está numa situação econó[ô]mica ~.

vacilar *v int* (<lat *vacilo,áre,átum*) **1** Balançar [Oscilar] por não estar firme. **Ex.** À passagem do comboio [trem], a ponte vacila [vibra(o+)/oscila(+)] sempre. **2** Não ter firmeza «nas pernas»/Cambalear. **Ex.** Caminhava, muito bêbado, vacilando pela rua abaixo. **3** Tremeluzir/Cintilar. **Ex.** Cada vez que se ouvia um trovão, a luz das lâmpadas vacilava «até que se apagou de todo». **4** Sofrer abalo/Tremer(+)/Estremecer. **Ex.** Durante o tremor de terra os prédios vacilaram. **5** *fig* Ficar perplexo/Ter dúvidas/Hesitar. **Ex.** A noiva vacilou até à hora do casamento [de aceitar/dizer sim]. **Loc.** Agir sem ~.

vacilatório, a *adj* (<vacilar + -tório) Que produz vacilação/Vacilante.

vacina *s f Med* (<fr *vaccine*) **1** Produto biológico preparado pelo homem para dar prote(c)ção específica contra uma doença infe(c)tocontagiosa. **Ex.** A ~ da [contra a] varíola foi a primeira a ser descoberta. **2** Operação de vacinar/Vacinação. **Loc.** Levar as crianças à ~. **3** Marca [Cicatriz] deixada «no braço/na perna» pela vacinação «contra a varíola».

vacinação *s f* (<vacinar + -ção) A(c)to ou efeito de vacinar. **Comb.** Programa Nacional de ~.

vacinado, a *adj* (<vacinar) **1** Que recebeu vacina. **Comb.** ~ *contra o tétano*. **2** Imune ao contágio por a(c)ção de vacina/Imunizado. **Ex.** O risco de contágio pelo vírus da hepatite é grande para o pessoal de enfermagem, se não estiver ~. **3** *fig* Tornado imune/Protegido. **Loc.** Estar ~ contra [Não suportar/Rejeitar totalmente] espe(c)táculos degradantes «filmes pornográficos/combates de boxe».

vacinador, ora *adj/s* (<vacinar + -dor) **1** (O) que vacina. **Ex.** A (enfermeira) ~ora tem muito jeito para as crianças. **2** Instrumento [Lanceta] próprio/a para vacinar/Vacinostilo.

vacinar *v t* (<vacina + -ar¹) **1** Fazer a vacinação/Aplicar [Receber] uma vacina. **Ex.** A enfermeira só vacina crianças da parte da manhã. O médico recomendou-me que me vacinasse contra a gripe. **2** *fig* Imunizar contra situações desagradáveis ou perigosas semelhantes a outras já sofridas. **Ex.** O acidente vacinou-o contra a condução perigosa por excesso de velocidade «agora não passava dos 80 km à hora». As intrigas dentro do partido vacinaram-no contra a [desenganaram-no da] política.

vacínico, a *adj* (<vacina + -ico) **1** Da [Relativo a] vacina. **Comb.** Alergia ~a. **2** Da natureza da [Que contém] vacina. **Comb.** Substância ~a.

vacinífero, a *adj* (<vacina + -fero) Que serve para a produção de vacinas.

vacinoide (Nói) *adj/s 2g* (<vacina + -oide) **1** Semelhante à vacina. **2** Falsa vacina.

vacinostilo *s m* (<vacina + lat *stílus*: instrumento pontiagudo) Instrumento em forma de lanceta usado na vacinação, especialmente antivariólica.

vacinoterapia *s f Med* (<vacina + terapia) Tratamento de doenças pela aplicação de vacinas.

vacuidade *s f* (<lat *vacúitas,átis*) **1** Estado [Qualidade] de vazio/do que não tem conteúdo. **Comb.** *A suposta* ~ *do espaço*. *A* ~ *duma sala* «vazia/sem móveis». **2** *fig* Ausência de ideias. **Comb.** A ~ dum discurso.

vacuísmo *s m Fil* (<vácuo + -ismo) Doutrina dos que admitem a ausência absoluta de matéria para além do mundo dos astros.

vacum *adj 2g/s m* (<vaca + -um) (Referente ao) gado bovino. **Comb.** Gado ~.

vácuo, a *s m/adj* (<lat *vácuus, a, um*; ⇒ oco) **1** *Fís* Ausência de matéria ponderável/Vazio. **Ex.** O ~ absoluto não existe. O ~ «alto-~/ultra-~» mede-se pelo grau de rarefa(c)ção (Diminuição de pressão) do gás [ar] presente num recipiente fechado. **2** *adj* Que não está preenchido/Vazio(+). **Comb.** *Cabeça* ~*a* [vazia] de ideias. *Depósito sem* [~ *de*] *líquido* «gasolina». **3** *fig* Situação [Estado] que lembra um espaço vazio. **Ex.** As palavras [recomendações/conselhos] dele caíram no ~ [caíram *idi* em saco roto(+)].

vacuolar *adj 2g* (<vacúolo + -ar²) Semelhante a [Da natureza do] vacúolo.

vacúolo *s m Biol* (<vácuo + -olo) Pequeno espaço dentro do citoplasma de uma célula viva, que está ocupado por ar, água ou partículas de alimento. **Comb.** ~ *contrá(c)til* [das esponjas e de protozoários, capaz de bombear o excesso de água da célula].

vacuoma *s m Biol* (<vácuo + -oma) Conjunto dos vacúolos duma célula viva.

vacuómetro [*Br* **vacuômetro**] *s m Fís* (<vácuo + -metro) Manó[ô]metro especial destinado a medir o vácuo [medir pressões inferiores à pressão atmosférica normal].

vadeação *s f* (<vadear + -ção) A(c)to ou efeito de vadear.

vadear *v t* (<lat *vádus, i*: vau + -ear) **1** Passar um rio a vau [a pé/a cavalo]. **2** *fig* Vencer uma dificuldade.

vadeável *adj 2g* (<vadear + -vel) Que se pode vadear/*fig* «dificuldade» Transponível/Ultrapassável(+).

vade-mécum *s m* (<lat *váde mécum*: vai comigo) **1** Livro de apontamentos [Pequena obra] de consulta frequente, que alguém traz sempre consigo. **Comb.** ~ *de remédios caseiros* [receitas de culinária]. ⇒ agenda; *col* livrinho. **2** Estojo com o instrumental mais necessário à a(c)tividade profissional. **Comb.** ~ *de primeiros-socorros*.

vadeoso, a *adj* (<vadear + -oso) Em que há vau [banco de areia].

vade-retro *interj* (<lat *váde rétro Sátana*: afasta-te, Satanás) Expressão de repulsa e desejo de que alguém se afaste/desapareça.

vadiagem *s f* (<vadiar + -agem) **1** Vida de vadio/Vagabundagem/Ociosidade. **Ex.** Ele não tem emprego, nem o procura; prefere a [andar na] ~. A porta da taberna há sempre um magote de rapazes na ~. **2** Conjunto de vadios/pessoas ociosas. **3** *Dir Br* Infra(c)ção cometida por pessoas válidas para o trabalho mas que preferem permanecer na ociosidade.

vadiar *v int* (<vadio + -ar¹) **1** Levar vida de vadio. **Ex.** Ele podia trabalhar, mas prefere ~. **2** Não ter emprego/Viver na ociosidade. **3** Andar de um lado para o outro sem rumo certo/Vaguear(+). **Loc.** Passar uma tarde a ~ «pelas ruas da baixa».

vadio (Vá) *adj/s* (<lat *vagatívus*: vagabundo) **1** (O) que não tem ocupação/não faz nada/Malandro/Vagabundo. **Com.** «taberna» Lugar *frequentado por* ~*s*. *Gente* ~*a*. **2** Que anda de um lado para o outro sem ter poiso certo/Que não tem onde viver [pernoitar]/Vagabundo(+). **Ex.** Ele é um pobre ~ sem te(c)to nem abrigo [*idi* sem eira nem beira]. **Comb.** *Cão* ~ [sem dono].

vadoso, a (Ôso, Ósa, Ósos) adj Geol (<lat vadósus,a,um: que dá vau) **1** ⇒ vadeoso(+). **2** Diz-se das águas pluviais que se infiltram e, depois de um percurso subterrâneo, voltam de novo à superfície.

vaga¹ s f (<fr vague) **1** Onda grande. **Comb.** *~ de fundo/~ sísmica* [ocasionada por abalo sísmico]. *~ de vento/~ forçada* [provocada por a(c)ção dire(c)ta do vento]. Barco *agitado por ~s* alterosas. «navegar em» *Mar de pequena ~* [Mar tranquilo]. idi **Nova ~** [Fenó[ô]meno que surge e desaparece passado algum tempo/Última moda] (Comb. Nova ~ das calças com rasgões/de imigrantes «dos países de Leste»). **2** fig Grande quantidade de algo que alastra/Surto. **Comb.** ~ de assaltos «a gasolineiras/a Caixas Multibanco». **3** fig Grande multidão/Afluência numerosa. **Comb.** ~ [Praga(+)] de mosquitos. **4** fig Fenó[ô]meno intenso e repentino. **Comb.** ~ de calor [frio].

vaga² s f (<vagar¹) **1** Lugar vago/não preenchido. **Ex.** As ~s «do curso de Direito» não foram todas preenchidas. O autocarro [ó[ô]nibus] está cheio [tem a lotação completa], já não há mais ~s. Há uma ~ «para operador de informática» na Repartição de Finanças. **2** Ausência/Falta. **Ex.** Há ~ de gasolina [A gasolina está em ~] em alguns postos de abastecimento.

vagabundagem s f (<vagabundar + -agem) **1** Vida ociosa/de vagabundo/Vadiagem. **Ex.** Nunca trabalhou; viveu sempre na ~. **2** Vida errante. **Ex.** Não para [se fixa] em lado nenhum; habituou-se à ~ e já correu meio mundo [percorreu muitas terras/idi seca e meca]. **3** Conjunto de vagabundos. **Ex.** Esta noite a ~ assaltou várias lojas da cidade.

vagabund(e)ar v int (<vagabundo + -(e)ar) **1** Levar vida de vagabundo. **Ex.** Não trabalha; vê-se [; é visto] todos os dias a ~ pelos cafés. **2** Levar vida errante. **Ex.** Muitos vendedores ambulantes «ciganos» vagabundeiam pelo país inteiro. **3** Andar de um lado para o outro sem rumo certo/Vadiar. **Ex.** Sem ter [Como não tinha] nada que fazer, vagabundeou a tarde inteira pela cidade «a ver as montras».

vagabundo, a adj/s (<lat vagabúndus,a,um) **1** (O) que não trabalha/Vadio/Ocioso. **Ex.** Não tem emprego, nem quer trabalhar; prefere a vida de ~. **2** (O) que vagabundeia/leva vida errante/não tem paradeiro [domicílio] certo. **Ex.** «por causa do frio» Abriram as estações do *Metro* para acolher os ~s [os sem-abrigo(+)] durante a noite. **3** fig Inconstante/Volúvel. **Comb.** Coração ~.

vagação s f ⇒ vacância.

vagal adj 2g Anat (<vago² **5** + -al) Relativo ao (nervo) vago. **Comb.** Rea(c)ção ~ [do vago] «com desmaio súbito». **Sin.** Pneumogástrico(+).

vagalhão s m (<vaga + -alho + -ão) Vaga muito grande/Baldão.

vaga-lume s m Zool ⇒ pirilampo.

vagamente adv (<vaga + -mente) **1** De forma imprecisa/De modo vago. **Loc.** Conhecer ~ uma pessoa [um assunto]. **Ant.** A fundo; detalhadamente; pormenorizadamente. **2** Com pouca intensidade/Levemente. **Loc.** Sentir ~ uma dor «nas costas». **Ant.** Fortemente; intensamente. **3** Aproximadamente(+). **Loc.** Calcular [Estimar] ~ o número de pessoas «presentes num comício». **Ant.** Com precisão; rigorosamente.

vagamundo, a adj/s (<vagar² + mundo) ⇒ vagabundo.

vagância s f ⇒ vacância.

vagante adj 2g (⇒ vagar¹) Que está desocupado/Vago/Vacante **1**(+).

vagão s m (<ing waggon) **1** Veículo ferroviário destinado ao transporte de mercadorias/Carruagem. **Comb.** ~ para transporte de animais «bois/cavalos». Uma composição de quinze ~ões. **2** Conteúdo transportado nesse veículo. **Comb.** Uma remessa [Um comboio/trem] de 50 ~ões «de carvão».

vagão-cama s m Carruagem compartimentada e equipada com camas para os passageiros pernoitarem em viagens no(c)turnas longas/Carruagem-cama(+).

vagão-cisterna s m Carruagem equipada com cisterna para transporte de fluidos «azoto/gasóleo».

vagão-restaurante s m Carruagem onde, em viagens longas, se servem refeições aos passageiros.

vagar¹ v int/s m (<lat váco,áre,vacávi [vácui],átum) **1** Estar [Ficar] vago. **Ex.** Vagou um lugar de escriturário na Repartição de Finanças. **2** Estar livre/desocupado. **Ex.** (N)este mês vagaram dois apartamentos neste prédio. **3** Sobrar tempo. **Ex.** Irei a tua casa se, depois de terminar o trabalho, ainda ~ algum tempo [ainda tiver ~ (+)]. **4** s m Ausência de pressa/Lentidão/Demora. **Loc.** Andar [Caminhar] de ~. **Comb.** Com todo o ~ [Com grande lentidão/Sem pressa alguma]. **5** Tempo livre/Disponibilidade. **Ex.** Os reformados têm ~ para se dedicar(em) a a(c)tividades de que gostem «ao voluntariado». **6** Oportunidade/Ensejo. **Ex.** Gosto muito de futebol, mas não tenho ~ para assistir aos jogos «realizam-se todos longe».

vagar² v t/int (<lat vágo,áre,átum) **1** Andar sem rumo certo/Vaguear(+)/Errar. **Loc.** ~ pelas ruas da cidade para passar [idi matar] o tempo. **2** Movimentar-se ao sabor do vento/das ondas. **Loc.** *Um barco ~* sobre as ondas. *Uma folha ~* ao vento. **3** fig Espalhar-se/Derramar-se. **Ex.** Vagam [Andam(+)] por aí uns rumores «de que houve um desfalque na empresa».

vagareza s f (<vagar¹ + -eza) Falta de pressa/Lentidão/Vagar¹ **4**.

vagaroso, a (Ôso, Ósa, Ósos) adj (<vagar¹ + -oso) **1** Que se move com lentidão/Lento. **Comb.** Comboio [Trem] ~. **2** Que se realiza sem pressa/pausadamente/descansadamente. **Loc.** *Dar um passeio ~*, a pé «pelo campo». *Fazer uma análise ~a* [cuidada(o+)/detalhada(+)/minuciosa] dum assunto. **3** Pausado/Sereno. **Comb.** Discurso [Forma de ler] ~/a. **4** Lento no trabalhar/Indolente/Pachorrento. **Ex.** Ele é perfeito naquilo que faz, mas muito ~ «o trabalho idi morre-lhe nas mãos».

vagatura s f ⇒ vacância.

vagem s f Bot (<lat vagina,ae: bainha) **1** Fruto simples monocarpelar, geralmente deiscente por duas fendas longitudinais, cara(c)terístico das leguminosas. **Comb.** ~ da ervilh(eir)a/fav(eir)a. **2** Invólucro das sementes das leguminosas/Casca. **3** Fruto dos feijoeiros, quando verdes, utilizados na alimentação. **Comb.** Pescada cozida com batatas e ~ns.

vagido s m (<lat vagítus,us) **1** Choro de criança recém-nascida. **2** fig ⇒ Lamento/Gemido.

vagina s f Anat (<lat vagina,ae: bainha, invólucro) Parte do aparelho genital feminino dos animais superiores, destinada a receber o pénis durante a cópula.

vaginal adj 2g (<vagina + -al) **1** Relativo [Que pertence] à vagina. **Comb.** Mucosa ~. **2** Em forma de vagem ou bainha/Vaginiforme. **3** Diz-se da membrana [túnica] que envolve os testículos.

vaginalite s f Med (<vaginal + -ite) Inflamação da túnica vaginal dos testículos.

vaginiforme adj 2g (<vagina + -forme) **1** Que se assemelha a bainha. **2** Que tem a forma tubular semelhante à vagina.

vaginismo s m Med (<vagina + -ismo) Contra(c)ção espasmódica e dolorosa da vagina desencadeada por introdução de um corpo estranho «no coito».

vaginite s f Med (<vagina + -ite) Inflamação da mucosa da vagina.

vaginoscopia s f Med (<vagina + -scopia) Exame médico à vagina por meio do espéculo/Colposcopia.

vaginotomia s d Med (<vagina + -tomia) Incisão cirúrgica da vagina/Colpotomia.

vagínula s f (< lat vagínula,ae dim de vagina: bainha) **1** Pequena vagem ou bainha. **2** Bainha de espada/Invólucro. **3** Bot Corola tubulosa das flores dos capítulos das plantas da família das compostas.

vagir v int/s m (<lat vágio,íre,ívi[ií],ítum) **1** Dar vagidos. **Loc.** Um recém-nascido ~ «com frio». **Comb.** O ~ duma criança. **2** Soltar gemidos/Gemer/Chorar. **Ex.** O cão atropelado por um automóvel vagia [gania(+)] na berma da estrada.

vago¹, a adj (<lat vácuus,a,um) **1** Que não está ocupado/preenchido/Livre. **Comb.** *Horas ~as. Lugares* [Assentos/Cadeiras] *~os/as* «no cinema/num autocarro [ó[ô]nibus]». **2** Desabitado/Livre. **Comb.** Casas [Habitações/Apartamentos] ~as/os. **3** Dir Que não tem dono/proprietário conhecido. **Comb.** Herança ~a.

vago², a adj/s m (<lat vágus, a, um: que se move livremente) **1** Que vagueia/Errante/Vagabundo. **Comb.** Vida ~a [errante(+)] «dos nómadas». **2** Mal definido/Impreciso/Té[ê]nue. **Comb.** *Ideia ~a. Lembrança* [Recordação] *~a* «de alguém/algo». *Resposta ~a*/indecisa/pouco clara. **3** Pouco intenso/Leve. **Comb.** Um ~ sabor «adocicado/picante». **4** s m Falta de clareza/Imprecisão. **Ex.** Não podemos [queremos] negociar no ~; temos de partir de propostas concretas. **Loc.** Deixar tudo [um assunto] no ~. **5** Anat Nervo pneumogástrico. ⇒ vagal.

vagomestre s m Mil (<holandês wagemmeester) Sargento responsável pela alimentação duma unidade militar.

vagoneta/e (Né) s f (<vagão + -eta) Pequeno vagão/Veículo de caixa aberta, que se desloca sobre carris, utilizado «nas minas» para transporte de terras, minérios, carvão...

vagotonia s f Med (<vago² **5** + -tonia) Hiperexcitabilidade do nervo vago, que provoca instabilidade vasomotora, suores e espasmos motores involuntários e dolorosos.

vagueação s f (<vaguear + -ção) **1** A(c)to ou efeito de vaguear/Movimentação sem rumo definido. **2** ⇒ Vadiagem(+). **3** ⇒ Peregrinação. **4** fig Divagação(+)/Devaneio(+). **Ex.** Absorto nas suas ~ões, até se esquecia do que tinha a fazer «das refeições».

vaguear¹ v int (<vago² + -ear) **1** Andar de um lado para o outro sem destino definido/Andar errante. **Loc.** ~ pelas ruas da cidade «para passar [idi matar] o tempo». **2** fig Divagar/Devanear. **Ex.** Enquanto o professor falava, ele (O aluno) vagueava por outras paragens «pelo campo de futebol».

vaguear² v int (<vaga¹ + -ear) Andar sobre as vagas/Boiar/Flutuar.

vagueiro, a *adj* (<vaga¹ + -eiro) Diz-se da costa [zona do litoral] muito batida pelas vagas.

vagueza *s f* (<vago + -eza) **1** Qualidade do que está vago/vazio. **2** Imprecisão. **3** *Arte* Cara(c)terística de finura e suavidade da distribuição das tintas numa pintura.

vaia *s f* (<esp *vaya*) Apupo/Surriada/Zombaria/Chacota. **Ex.** O político saiu pelas traseiras para evitar a ~ da multidão que o esperava na rua.

vaiar *v t/int* (<vaia + -ar¹) Exprimir descontentamento com gritos e insultos/Dirigir vaias a/Apupar. **Ex.** À saída da Assembleia da República, a multidão vaiou-o.

vaidade *s f* (<lat *vánitas, átis*) **1** Cara(c)terística do que é vão/efémero/enganador. **Comb.** A ~ da fama [beleza física «da juventude»]. **2** Qualidade de quem gosta muito de ser admirado/elogiado. **Comb.** «político/(d)esportista» Com muita ~ [Muito vaidoso(+)] «faz tudo para aparecer na TV/nos jornais». **3** Apreciação muito favorável de si próprio/Pretensão/Imodéstia/Presunção. **Ex.** Tinha uma grande ~ na sua poesia «poucos (poetas/escritores) havia que se lhe pudessem comparar [que se pudessem comparar a ele]». **4** Aquilo de que alguém se pode orgulhar. **Ex.** Ela tinha muita ~ naqueles cabelos loiros e compridos, sempre muito bem cuidados. **5** Aquilo que é vão/Futilidade(+)/Frivolidade. **Comb.** Revistas que apenas tratam de ~s.

vaidoso, a (Ôsos, Ósa, Ósos) *adj* (<vaida(de) + -oso) **1** Que tem vaidade/Que gosta de ser admirado. **Comb.** *~ no vestir* [falar]. *Porte* [Postura] *~o/a*. **2** Que se julga superior aos [melhor do que os] outros/Orgulhoso/Presunçoso. **Ex.** Os colegas não gostam dele porque o acham muito ~. **3** (O) que revela imodéstia/Pretensioso. **Comb.** *~o/a com os filhos. Ar ~*.

vai-não-vai *s m 2n* (<ir + não + ir) **1** Momento/Instante. **Ex.** Chegou «sem ser esperado» e ~ já ali não estava «tinha desaparecido sem ninguém dar por isso». **2** Falta de decisão/Hesitação/Indecisão. **Ex.** Eu estive ~ para falar, mas depois achei que era melhor não dizer nada. Ainda estive ~ para pegar no chapéu de chuva mas acabei por não o trazer e apanhei uma grande molha. **3** *adv* Por pouco/Por um triz/Quase. **Ex.** O tijolo ao cair, ~ ia atingindo [, quase que/por pouco atingia] uma pessoa que passava na rua. ~ temos chuva [começa a chover].

vaira *s f Icti* (< ?) Nome vulgar de peixes perciformes da família dos serranídeos/Vaila/Robalo.

vairão *s n Icti* (<fr *vairon*) Peixe teleósteo com cerca de 10 cm de comprimento, de cor variegada com reflexos metálicos e dorso castanho-esverdeado, que vive principalmente em águas doces correntes.

vaivém *s m* (<vai+vem) **1** Movimento oscilatório. **Comb.** O ~ do pêndulo «dum relógio». **2** Grande fluxo de gente que entra e sai do mesmo local ou que caminha em sentidos opostos. **Comb.** *O ~ de clientes* «num hipermercado». *O ~ de passageiros* «à hora de ponta, numa estação do *Metro*». **3** Nave espacial «*Challenger/Columbia/Magellan* (Fernão de Magalhães)» preparada para efe(c)tuar viagens de ida e volta entre a Terra e uma estação orbital. **4** Capricho da sorte/Vicissitude/Revés. **Comb.** O ~ da sorte [das crises econó[ô]micas].

vala *s f* (<lat *valla*, pl de *vallum, i*: paliçada, trincheira) **1** Escavação longa, de largura e profundidade variáveis, feita num terreno para escoamento de águas ou esgotos e outras finalidades. **Loc.** Abrir uma ~ para instalar cabos elé(c)tricos [condutas de água]. **Comb.** ~ comum [Sepultura onde se enterram em conjunto muitos cadáveres «em períodos de mortandade generalizada»]. **2** Cova alongada para plantação «duma sebe». **3** Fosso(+) que circunda uma fortificação.

valada *s f* (<vala + -ada) Vala grande. ⇒ valado.

valadio, a *adj* (<valado + -io) **1** Diz-se do terreno em que há valas. **2** Diz-se do telhado de telha solta, sem argamassa.

valado, a *s m/adj* (<lat *vallátus,a,um*) **1** Vala [Cerca/Elevação] que cerca uma propriedade. **Comb.** Terreno limitado por um ~ de marmeleiros [silvas]. **2** Propriedade rústica cercada por vala ou sebe. **Comb.** ~ do [pertencente ao] hotel. **3** *adj* Rodeado de valas. **4** Cercado «pelo inimigo».

Valanginiano *s m Geol* (<top Valangin, Suíça) Andar do Cretácico inferior.

valar *v t* (<lat *vállo,áre,átum*) **1** Abrir valas em. **Loc.** ~ um terreno [Drenar(+)] «para escoamento das águas da chuva». **2** Cercar com vala/valado. **Loc.** ~ uma propriedade. **3** Defender/Fortificar «com fosso/muralha».

valdevinos *s m 2n* (<antr Balduíno, cavaleiro errante dos romances de cavalaria) **1** Vagabundo/Vadio/Estroina/Boémio. **2** Pelintra/Pobretana.

vale¹ *s m Geog* (<lat *vállis,is*) **1** Forma depressionária do relevo entre duas montanhas ou colinas. **Ex.** A formação dos ~s está relacionada com o caudal de água que neles corre. **Idi.** *Correr montes e ~s* [Percorrer todos os locais possíveis para alcançar determinado obje(c)tivo «à procura de emprego»]. *~ de lágrimas* [O mundo «de sofrimento» em que vivemos]. *~ de lençóis* [A cama]. **2** Região banhada por um rio. **Comb.** ~ do Ave [Tejo/Sado] (Portugal).

vale² *s m* (<valer) **1** Documento escrito que funciona como declaração de dívida «garantida por recebimento futuro». **Loc.** Meter um ~ ao Caixa [Pedir o pagamento adiantado (de parte) do ordenado]. **2** Espécie de letra comercial utilizada para transferir verbas através do correio. **Comb.** *~ postal* [Título comprovativo da entrega, pelo remetente, de determinada verba aos Serviços do Correio, que será enviado ao destinatário a quem confere o direito do respe(c)tivo recebimento]. **3** Documento que pode ser trocado por dinheiro, obje(c)to ou serviço. **Ex.** Devolveu o casaco que tinha comprado «porque era pequeno» e recebeu um ~ de igual valor. **Comb.** *~ de desconto/~ promocional* [que confere desconto em compras futuras] (Ex. Por cada 30 € de compras recebe um ~ de 1 € que dá direito ao desconto em futuras compras).

valedio, a *adj* (<valer + -dio) **1** «moeda» Que tem valor/curso. **2** Que pode ser aceite.

valedoi[ou]ro, a *adj* (<vale + -doi[ou]ro) **1** «moeda» Que tem valor/Válido/Valedio. **2** Valioso/Valedor.

valedor, ora *adj/s* (<valer + -dor) ⇒ Defensor/Prote(c)tor/Valido «do presidente/do rei».

valeira/o *s* (<vala + -eira/o) **1** ⇒ Valeta(+). **2** ⇒ Regueiro.

valência *s f* (<lat *valéntia,ae*; ⇒ validade/valor) **1** *Quím* Número inteiro que define o poder de combinação dos elementos químicos [iões [íons]/radicais] uns com os outros. **Ex.** O ferro (Fe) tem ~s +2 e +3. ⇒ ligação química. **2** *Biol* Comportamento, do ponto de vista numérico, do conjunto cromossomático, num núcleo celular. **3** *Biol* Valor atribuído a cada gene em relação ao fenótipo correspondente. **4** *Psic* Poder de atra(c)ção [repulsa] que um obje(c)to representa para um indivíduo/~ afe(c)tiva.

Valenciano *s m Geol* (<top *Valentia*, antiga província romana da Escócia) Andar do Silúrico inferior.

valentão, ona *s/adj* (<valente + -ão) **1** (O) que é muito valente/forte/vigoroso/destemido/Valentaço. **2** Fanfarrão/Gabarola. **Loc.** *À ~ona* [À bruta/Com violência]. **Idi.** *Armar-se em ~* [Gabar-se de proezas que não cometeu [não é capaz de cometer]/Fazer-se mais forte do que é].

valente *adj/s 2g* (<lat *válens,éntis*) **1** (O) que é forte/destemido/corajoso. **Ex.** «criança não chorou ao levar uma inje(c)ção» Portou-se como um ~. **Comb.** Bombeiros [Soldados] ~s. **Ant.** Cobarde; medricas[droso]; piegas. **2** (O) que tem muita força física/Robusto/Rijo/Forçudo. **Ex.** Repara como é ~: pegou no saco de batatas de 80 kg como se nada fosse. **Sin.** Forte; possante; vigoroso. **3** (O) que tem força anímica/coragem/Corajoso. **Ex.** Para aguentar tanta desgraça, é preciso ser(-se muito) ~. **4** ⇒ Pessoa notável/ilustre/extraordinária. **5** *fig* Enérgico/Eficaz. **Comb.** Remédio [Tratamento] ~ [muito bom].

valentemente *adv* (<valente + -mente) **1** Com valentia. **Ex.** Jogaram ~ [Portaram-se ~ no jogo] «e ganharam». **2** *col* Em grande quantidade/Com muita força. **Ex.** Choveu ~ durante toda a noite. (Este ano) as oliveiras produziram ~.

valentia *s f* (<valente + -ia) **1** Qualidade do que é valente/Bravura/Denodo. **Loc.** *Bater-se* [Lutar] «numa batalha» *com ~. Jogar* «disputando um troféu» *com ~. Esforçar-se* [Trabalhar] *com ~* «na realização duma tarefa». **2** Força/Robustez/Vigor. **Ex.** Para guarda-costas de individualidades importantes requerem-se homens de comprovada ~. **3** Intrepidez/Coragem/Arrojo. **Ex.** O bombeiro demonstrou grande ~ ao entrar numa casa em chamas para salvar uma criança. **4** Resistência às adversidades/Coragem moral. **Ex.** Mulher de grande ~: viúva, conseguiu, sozinha, sustentar e educar os três filhos pequenos.

valer *v t/int* (<lat *váleo,ére,ui,itum*: ser forte, ter crédito, levar vantagem, exceder) **1** Ter o valor de. **Ex.** Este apartamento vale 100 000 €. **Prov.** *Mais vale tarde do que nunca* [É importante que seja realizado, mesmo que tardiamente] (Ex. Finalmente (o pai) vai-me deixar tirar a carta de condução; já devia ter sido [já a devia ter tirado] há três ou quatro anos, mas mais vale tarde do que nunca). *Mais vale* [Vale mais] *prevenir do que remediar* [Em situações potencialmente perigosas/difíceis, é preferível evitá-las [tomar precauções para que não aconteçam] do que ter de as solucionar caso venham a acontecer] (Ex. Eu não caio «do muro abaixo»! – «eu sei que não cais, mas» Vais descer [Desce] imediatamente porque mais vale prevenir do que remediar). *Vale mais um pássaro na mão do que dois a voar* [Não se deve arriscar o certo pelo incerto ainda que este pareça melhor] (Ex. Nesta altura do concurso «da TV» tem direito a [já ganhou] 5000 €, mas se continuar (e acertar (n)a resposta) ganha 10 000! – Não continuo, mais vale um pássaro na mão…). **Idi.** *~ a pena* [Merecer o esforço/sacrifício/trabalho] (Ex. Foi muito custoso tirar um curso estando empregado mas valeu a pena). *~ mais* **a)** Ter mais valor do

que [um valor superior a] o mencionado (Ex. Comprei o carro por 5000 € mas vale mais); **b)** Ser melhor/preferível (Ex. Com este tempo de chuva, vale mais ficar em casa do que ir às compras). **~ o seu peso em ouro** [Ter um grande valor/Ser muito valioso] (Ex. Com o que gastei nesta moto em reparações e melhoramentos, (ela) já vale o seu peso em ouro). **~ por dois ou três** [Ser equivalente a dois ou três somados/Ser muito forte/expedito] (Ex. O trabalho dele vale pelo de dois ou três [Ele a trabalhar vale por …]). **A ~ a)** A sério/De verdade (Ex. «estivemos a aprender como é que se jogava» Agora é [vamos jogar] a ~); **b)** Com muita intensidade/Muito (Ex. Chove a ~. Esta noite nevou a ~). **Coisa que o valha** [Coisa idêntica/parecida] (Ex. Ele disse que eram todos ignorantes ou coisa que o valha). **Dar a ~ a)** Bater em alguém [Castigar/Repreender] intensamente/com dureza/força (Ex. Apanhou o larápio e deu-lhe (uma sova) a ~! Ouvi uma reprimenda «do chefe» a ~ «até fiquei envergonhado»! **b)** Trabalhar com muito afinco/Fazer grande esforço (Ex. Para acabar a obra dentro do prazo, tive que lhe dar a ~). **Fazer ~** [Pôr em destaque/Salientar] (Ex. Para ser colocado (na vaga existente) tive que fazer ~ os meus direitos pois era o primeiro classificado). **Não ~ nada/um chavo/centavo/cal (a ponta d)um corno** [Não ter qualquer valor] (Ex. A torradeira avariou, não vale nada, é (para a) sucata). **Valha a verdade** [Mencione-se [Deve ser mencionado] em abono da verdade/por ser verdadeiro] (Ex. Ele ficou zangado por ter tirado (nota) negativa no teste, mas valha a verdade que não merecia mais «ele não estuda!»). **Valha-me Deus** [Expressão usada para invocar o auxílio divino ou para manifestar desalento numa situação difícil] (Ex. «bati com o carro» Valha-me Deus! Não sei onde [como] vou arranjar dinheiro para a reparação). **Valeu!** [Expressão de concordância e aceitação de algo que acaba de ser mencionado] (Ex. Então, vamos esta noite ao cinema? – Valeu, está [fica] combinado!). **2** Ser equivalente a/Corresponder, em valor/importância, a outra coisa. **Ex.** Um comprimido de adoçante vale por duas colheres de açúcar. Esta explicação valeu por duas horas de estudo. **3** Ser digno de/Merecer. **Ex.** Ela é muito indolente a trabalhar, não vale o que come. **4** Ter o valor de/Significar. **Ex.** O s, entre vogais «desistir», e o x, nalgumas palavras «exa(c)to/exemplo», valem por z. **5** Ter validade/valor/crédito. **Ex.** A nova lei do arrendamento vale apenas para contratos posteriores a determinada data. Ter adormecido não vale como justificação da falta ao trabalho. **6** Exercer influência/Tirar proveito. **Ex.** A secretária vale-se da amizade com o dire(c)tor para fazer o que lhe apetece [para não cumprir (com) as suas obrigações]. Valeu-se de um amigo para não ir parar à cadeia [para não ser preso]. **7** Socorrer/Auxiliar/Defender. **Ex.** Se os vizinhos não lhe valessem, a pobre velha já tinha morrido à fome. **8** Ser útil/Ter préstimo. **Ex.** Saber música «tocar viola/órgão» valeu-me sempre muito no trabalho com jovens. Com tanta chuva e vento, o que me valeu foi o (sobretudo/a capa) impermeável.

valeriana s f Bot (<lat *valeriana,ae*) Designação comum de plantas herbáceas, da família das valerianáceas, uma das quais tem propriedades terapêuticas como sedativo.

valerianáceo, a adj/s f pl Bot (<valeriana + -áceo) (Diz-se de) família de plantas dicotiledó[ô]neas, geralmente herbáceas, de corola simples e fruto seco, espontâneas e cultivadas em Portugal.

valerianato s m Quím (<valeriana + -ato) Designação dos sais e dos ésteres do ácido valeriânico.

valeriânico [valérico], a adj (<valeriana + -ico) **1** Relativo à valeriana. **2** Quím Diz-se do ácido n-pentanoico, existente na valeriana.

valeta (Lê) s f (<vala + -eta) Pequena vala, de se(c)ção trapezoidal ou triangular, aberta de cada um dos lados das estradas para escoamento das águas.

valete (Lé) s m (<fr *valet*) Carta de jogar com a figura de um jovem escudeiro, cujo valor, na maior parte dos jogos, se situa entre a dama e o rei.

valetudinário, a adj/s (<lat *valetudinárius, a, um*) **1** (O) que é de constituição débil/doentia. **2** (O) que se apresenta física ou moralmente abatido. **3** adj Próprio de pessoas doentias. **Comb.** Temperamento [Feitio/Modo de ser] ~.

valhacou[oi]to s m (<valer + couto) **1** Lugar seguro/Abrigo/Esconderijo. **Ex.** A antiga fábrica «abandonada e em ruínas» funcionava como ~ de marginais «drogados/sem-abrigo». **2** Amparo/Prote(c)ção. **3** Encobrimento de defeitos/más intenções/Disfarce.

valia s f (<valer + -ia) Valor real, intrínseco, de uma coisa. **Comb.** Joia «anel» de grande ~. Nota de banco antiga «de vinte escudos» sem qualquer ~. **2** Utilidade/Préstimo. **Comb. Ajuda** de grande ~. **Informação** [Sugestões] de grande ~. **3** Qualidade que torna uma pessoa influente ou digna de apreço/Merecimento/Mérito. **Comb.** Personalidade «cientista/médico» de grande ~ para a credibilidade da instituição.

validação s f (<validar + -ção) A(c)to ou efeito de validar/Confirmação de validade. **Comb.** ~ dum documento «com o selo branco».

validade s f (<válido +-i-+ -dade) **1** Qualidade [Condição] do que é válido. **Comb.** ~ dum documento «carta de condução/procuração». ***Prazo de ~*** [Período de tempo durante o qual algo «documento» permanece válido ou deve manter as suas cara(c)terísticas essenciais «alimento/medicamento»]. ⇒ válido **4**. **2** Dir Legitimidade/Vigência/Eficácia. **Comb.** ~ dum contrato [casamento].

validar v t (<lat *válido, áre, átum*) **1** Tornar válido/Confirmar a validade/ Legitimar. **Loc. ~ as eleições** «após (re)contagem dos votos». ***~ um documento*** «com a assinatura/o selo branco». ***~ um gol(o) duvidoso*** «a bola ultrapassou ou não a linha de baliza?». **2** Adquirir [Dar] maior valor/Aumentar a qualidade/os méritos/Valorizar(-se). **Ex.** Os estágios profissionais validam os conhecimentos teóricos adquiridos na escola.

validez s f (<válido + -ez) **1** Qualidade do que é válido/Utilidade/Préstimo. **Ex.** «no dia do aniversário» Quero oferecer-lhe um presente que seja bonito mas que tenha também alguma ~ [que também sirva para alguma coisa]. **2** Validade/Legitimidade. **Ex.** A [O prazo de] ~ da carta de condução está prestes a terminar.

valido, a adj/s (<valer) **1** Que goza da estima e prote(c)ção de alguém/Protegido/Preferido/Favorito. **2** Pessoa que goza da prote(c)ção [dos favores] de alguém importante/Favorito. **Comb.** O ~ do rei/presidente/chefe.

válido, a adj (<lat *válidus, a, um*) **1** Que tem robustez/saúde/Forte/Vigoroso. **Comb.** Pessoa ~a para trabalhar «apesar de já não ser jovem». **2** Que tem valor/Valioso/Útil. **Ex.** Nos países ricos, estragam-se [são deitadas ao lixo/vão para a sucata] muitas coisas ~as [coisas ainda boas(+)] «roupa/móveis/carros». O método é antigo mas mantém-se [continua/ainda é] ~. **3** Que tem validade legal. **Comb.** Documento «testamento/procuração» ~. **4** Que está dentro do prazo de validade(+). **Comb.** Alimento [Medicamento] ~.

valimento s m (<valer +-i-+ -mento) **1** A(c)to ou efeito de valer. **2** Valor/Merecimento/Préstimo. **Comb.** Colaboração [Ajuda/Auxílio] de grande ~. **3** Influência exercida sobre alguém/Prote(c)ção concedida por pessoa importante. **Ex.** Filiou-se no partido a contar com o ~ dos políticos para arranjar um emprego. **4** Convivência [Acesso à intimidade] com alguém influente. **Loc.** Ter ~ junto do patrão.

valina s f Bioq (<fr *valine* <(ácido) valérico) Um dos aminoácidos das proteínas com papel decisivo no crescimento normal.

valioso, a (Ôso, Ósa, Ósos) adj (<valia + -oso) **1** Que tem grande valor/Precioso/Caro. **Comb. Joia** ~a. **Pintura** [Quadro] «de Paula Rego/Vieira da Silva» muito ~a/o. **2** Que é muito útil/De grande valia/Precioso. **Comb.** Ajuda ~a. **3** De alto merecimento/Muito estimado. **Comb.** Amigo [Confidente/Conselheiro] ~.

valo s m (<lat *vallum, i*) **1** Fosso [Trincheira] que protege um acampamento/campo de batalha. **2** Valado(+) de prote(c)ção/Paliçada «no espaço, junto aos castelos, destinado aos torneios».

valor s m (<lat *válor, óris*) **1** Aquilo que uma coisa vale/Preço. **Ex.** Os apartamentos atingiram [estão a ser vendidos por] ~es muito elevados. Qual o ~ do [Quanto custa o] carro? **Comb.** *Mat* ***~ absoluto*** [independente da sua natureza de positivo (Maior que zero) ou de negativo (Menor que zero)/Módulo] (Ex. O ~ absoluto de +3 e o de -3 são iguais: 3). ***~ acrescentado*** [Soma dos custos de produção com o lucro] (Ex. Produtos que requerem na sua produção tecnologia sofisticada «células fotovoltaicas» beneficiam de elevado ~ acrescentado). ***~ comercial/venal/de mercado*** [Preço corrente de aquisição/venda em determinado momento). ***~ estimativo*** [que resulta do apreço/da estima atribuída a determinado obje(c)to «recordação de família»]. ***~ extrínseco*** [Convencional] (Ex. O ~ das notas de banco é um ~ extrínseco). ***~ intrínseco*** [Real] (Ex. A moeda tem um ~ intrínseco correspondente ao do metal de que é feita). ***~ facial/nominal*** [O que consta de qualquer título] (Comb. A(c)ções (duma sociedade) com o ~ facial/nominal(+) de 1,00 €). ***~ residual*** [~ que figura no balanço relativo a um bem parcialmente amortizado]. ***~ selado*** [(Papel com) selo legal usado em documentos oficiais]. ***Amostra sem ~*** [à qual não é atribuído ~ comercial «para efeitos de inde(m)nização por extravio nos correios»]. ***De ~ a)*** De elevado preço/Caro/Valioso (Comb. Uma joia «anel de diamante» de ~); **b)** Digno de apreço/Notável (Comb. Cientista [Músico] de ~. Obra «romance/pintura» de ~).
2 Qualidade de um bem econó[ô]mico estabelecida com base na utilidade/no custo de produção/na relação oferta-procura. **Ex.** A escassez de um produto essencial «bem alimentar» faz aumentar o seu ~. **Comb. Matéria-prima** «petróleo» **de elevado ~. Produto** «obsoleto» **sem ~**.

3 Importância que se atribui [reconhece] a alguém/algo. **Comb.** *Médico de muito* ~. *O* ~ *duma descoberta*. **4** Importância atribuída por convenção. **Comb.** O ~ duma carta de jogar «ás/rei» em determinado jogo. **5** Significado preciso duma palavra/letra. **Ex.** *Carta tem diferentes* ~*es* [significados(+)] *conforme o contexto*: «*carta de jogar/mapa/mensagem escrita*». *O s entre duas vogais* «*liso*» *tem o* ~ *de z*. **6** O que é considerado bom/belo/verdadeiro. **Comb.** ~ *moral*. *Crise de* ~*es*. *O* ~ *da liberdade*. *Obra* «*artística/musical*» *de* ~. **7** Importância subje(c)tiva atribuída a alguém/algo/Consideração/Apreço. **Ex.** Ele não dá ~ aos amigos. O dono dá muito ~ àquela quinta «por causa do excelente vinho que nela se produz». **8** Utilidade/Préstimo/Serventia. **Ex.** Dei a máquina de costura à minha filha; para mim já não tinha ~ nenhum, já não consigo coser. **9** Resultado de uma operação/de um cálculo. **Comb.** ~ *obtido* numa soma/medição. ~ *duma função*. **10** Grau de aproveitamento escolar/Nota. **Ex.** Tive 10 ~es no teste «de matemática». O professor de Física doutorou-se com 19 ~es. **11** *pl* Bens/Haveres/Riqueza. **Loc.** Ter ~es «a(c)ções/obrigações/joias» depositados num banco. **Comb.** Pessoa de muitos ~es [muito rica(+)]. **12** Títulos de crédito negociáveis «a(c)ções/obrigações». **Comb.** Bolsa de ~es.

valoração *s f* (<valorar + -ção) **1** A(c)to ou feito de valorar/Avaliação(+). **Loc.** Fazer a ~ de moedas antigas «pelo catálogo de numismática». **2** Juízo crítico/Parecer. **Ex.** A imprensa não deu grande ~ ao excelente filme *As Chaves do Reino* [*Tke Keys of the Kingdom*], de Gregory Peck. **3** ⇒Valorização(+).

valorar *v t* (<valor + -ar¹) **1** Proferir um juízo de valor sobre/Dar parecer/Avaliar. **Ex.** Os a(c)cionistas valoraram [consideraram(+)] a gestão da administração como muito positiva. **2** Dar valor/Valorizar(+).

valorativo, a *adj* (<valorar + -tivo) **1** Relativo a valoração. **2** Que faz uma avaliação/Estimativo. **Loc.** Emitir um juízo ~. **Comb.** Critério ~.

valorização *s f* (<valorizar + -ção) **1** A(c)to ou efeito de valorizar/atribuir valor/importância. **Ex.** A participação da escola «Faculdade de Engenharia» em proje(c)tos de investigação, de parceria com Universidades estrangeiras, contribuiu muito para a ~ dos investigadores portugueses e da própria escola. **2** Aumento de valor/preço. **Comb.** ~ *da moeda*. ~ *de a(c)ções* cotadas na bolsa. **Ant.** Depreciação; desvalorização.

valorizar *v t* (<valor + -izar) **1** Dar valor a/Considerar importante. **Ex.** Os professores devem ~ o trabalho [esforço/a aplicação] dos alunos para os estimular. As senhoras, em geral, valorizam muito as pequenas atenções. **2** Fazer aumentar o valor/preço/a cotação. **Ex.** O dólar valorizou-se «face ao euro». As a(c)ções das companhias petrolíferas valorizaram-se muito na última semana. **3** Tornar mais bonito/elegante/Pôr em realce. **Ex.** O cabelo comprido valoriza-a muito.

valoroso, a (Ôso, Ósa, Ósos) *adj* (<valor + -oso) **1** Que revela valentia/Corajoso/Destemido/Forte. **Comb.** *Jogador* «*de futebol*» ~. *Soldado* ~. **2** Que tem valor/é importante/Valioso(+). **Ex.** O autarca legou uma obra ~a à cidade «transformou-a por completo».

valquíria *s f Mit* (<escandinavo an *walkyria*, pelo al *wala*: morto em combate + *kyrien*: eleito) Na mitologia escandinava, cada uma das virgens filhas de Odin, deus da guerra, que escolhia os heróis que morreriam na batalha conduzindo-os depois a valhala (Paraíso). **Ex.** As ~s são mencionadas em obras artísticas «*O Anel de Nibelungo*, de R. Wagner».

valsa *s f Mús* (<al *walzer*) **1** Dança a três tempos em que o par roda sobre si próprio, deslizando no espaço. **Ex.** A ~ é uma dança de salão. **2** Música que acompanha essa dança. **Comb.** ~ *de Strauss/Chopin*.

valsador, ora *adj/s* (<valsar + -dor) (O) que (dança) valsa/Valsista(+).

valsar *v t/int* (<valsa + -ar¹) Dançar a [em andamento de] valsa. **Loc.** Passar um serão a ~.

valsejar ⇒ valsar.

valsista *adj/s* ⇒ valsador.

valuma *s f Náut* (<esp *balumba*) Lado da vela latina que fica para o lado da popa.

valva *s f* (<lat *valva,ae*: batente de porta) **1** *Bot* Cada uma das partes do pericarpo dum fruto seco que se abre longitudinalmente para deixar sair as sementes. **2** *Zool* Cada uma das peças de natureza calcária dura, que constitui a concha de alguns animais. **Comb.** Concha com uma ~ «lapa»/com duas ~s «amêijoa».

valvar *adj 2g* (<valva + -ar²) Relativo [Semelhante] a valva.

valverde *s f* (<vale + verde) **1** *Bot* Planta herbácea da família das quenopodiáceas, *Bassia scoparia*, com folhas lanceoladas e flores rubras, nativa da Europa, cultivada como ornamental/Belvedere/Belverde. **2** Peça de pirotecnia cujas faíscas jorram como uma fonte de fogo.

valviforme *adj 2g* (<valva + -forme) Em forma de valva.

válvula *s f* (<lat *válvula,ae*, dim de *valva*: batente de porta) **1** Valva pequena. **2** Dispositivo que abre e fecha permitindo [impedindo/regulando] a passagem de uma substância em determinado sentido. **Ex.** O motor de explosão tem ~s de admissão do combustível e de escape dos gases da combustão. **Comb.** ~ *de descarga* «dum autoclismo» [que, quando a(c)cionada «manualmente», permite a descarga do conteúdo do recipiente onde está instalada]. *fig* ~ *de escape* [Meio pelo qual alguém procura libertar-se dum sentimento de angústia, tensão ou stress] (Ex. A prática de desporto era a ~ de escape ao stress da profissão). ~ *de segurança* «duma caldeira/panela de pressão» [Dispositivo que permite a descarga de um recipiente quando a pressão no seu interior atinge determinado valor]. **3** *Anat* Prega, geralmente em forma de ninho de andorinha, que regula o fluxo dos líquidos «sangue/linfa/secreções» no organismo. **Comb.** ~ *mitral* [com duas valvas, no orifício auriculoventricular esquerdo do coração]. ~*s sigmoídeas* [em forma de sigma, situadas nas artérias aorta e pulmonares]. ~ *tricúspida* [com três valvas, no orifício auriculoventricular direito do coração]. **4** *Bot* Formação membranosa que põe certos órgãos vegetais em conta(c)to com o exterior/Opérculo. **5** *Fís* ~ *ele(c)tró[ô]nica* [*termiónica*] Dispositivo com dois ou mais elé(c)trodos, dispostos numa ampola em que se faz o vácuo ou se introduz um gás a muito baixa pressão, que permite a passagem da corrente elé(c)trica apenas num sentido e desempenha as funções de amplificador. ⇒ díodo.

valvulado, a *adj* (<válvula + -ado) Que possui [Com] válvula. **Comb.** Veia ~a.

valvular *adj 2g* (<válvula + -ar²) **1** Referente a válvula. **Comb.** Membrana ~/Valva. **2** Que tem [Com] válvula/Valvulado. **Comb.** Cavidade ~.

valvulite *s f Med* (<válvula + -ite) Inflamação duma válvula, em especial do coração.

valvulopatia *s f Med* (<válvula **3** + -patia) Alteração estrutural de válvulas sanguíneas/Doença valvular. **Ex.** A ~ é na maioria dos casos de origem reumatismal.

valvulotomia *s f Med* (<válvula + -tomia) Abertura cirúrgica de uma válvula cardíaca.

vampe *s f* (< ing *vamp*) Mulher sedutora e sensual.

vampírico, a *adj* (<vampiro + -ico) **1** Relativo [Semelhante] a vampiro. **Comb.** Animais ~os. **2** Que tem comportamento igual ao dos vampiros. **Comb.** Crueldade ~a/sanguinária.

vampirismo *s m* (<vampiro + -ismo) **1** Crença na existência de entidades imaginárias (Vampiros) que sugam o sangue dos vivos. **2** *fig* A(c)to [Crueldade] próprio/a de vampiro. **3** *fig* Avidez desmedida de quem quer enriquecer à custa dos bens alheios.

vampiro *s m* (<fr *vampire*) **1** *Zool* Designação dos morcegos, quirópteros, da América, que são hematófagos (Sugam o sangue do homem e dos animais). **Ex.** Os ~s atacam os animais domésticos atrás das orelhas e o homem nos dedos dos pés, podendo transmitir-lhes a raiva e outras doenças «tripanossomíases». **2** *Mit* Ente imaginário que sai de noite da sepultura para sugar o sangue das pessoas. **3** *fig* Pessoa que enriquece à custa de outra/Explorador.

vanadato *s m Quím* (<vanádio + -ato) Sal, éster ou anião do ácido vanádico.

vanádico, a *adj Quím* (<vanádio + -ico) **1** Relativo ao vanádio. **2** Diz-se dos ácidos vanádicos, especialmente do que corresponde à fórmula H_3VO_4.

vanadite/a *s f Miner* (<vanádio + -ite/a) Mineral de vanádio que se apresenta na natureza sob a forma de cloro vanadato de chumbo, $Pb_5(VO_4)_3Cl$.

vanádio [V 23] *s m Quím* (<antr *Mit* Vanadis, deusa mitológica escandinava + -io) Elemento químico metálico usado como aditivo importante em ligas de aço às quais confere boas propriedades mecânicas. **Ex.** O ~ também se utiliza em ligas de alumínio destinadas à aeronáutica.

vanaquiá *s m Ornit Br* (<tupi *ana'ká*) Espécie de papagaio do Amazonas com plumagem colorida vistosa/Anacá.

vandáceo, a *adj/s Bot* ⇒ orquidáceo.

vandálico, a *adj* (<lat *vandálicus,a,um*) **1** Referente aos Vândalos. **Ex.** Invasões ~as [dos Vândalos(+)] da Península Ibérica, no séc. V. **2** Que é próprio de vândalos. **Comb.** A(c)tos «saque/destruição» ~s.

vandalismo *s m* (<vândalo + -ismo) **1** Destruição irresponsável, e sem causa que dire(c)tamente a justifique, do patrimó[ô]nio social e bens alheios/Devastação. **Ex.** Alguns manifestantes praticaram a(c)tos de ~ «incendiaram contentores do lixo/partiram montras/danificaram automóveis». **2** Selvajaria/Depredação.

vandalização *s f* (<vandalizar + -ção) A(c)to ou efeito de vandalizar/Destruição/Devastação.

vandalizar *v t* (<vândalo + -izar) Destruir/Danificar/Estragar/Arruinar. **Ex.** Os adeptos [A claque] da equipa que perdeu vandalizaram[zou] o estádio de futebol «partiram cadeiras/derrubaram barreiras de prote(c)ção». Durante a noite, grupos de marginais vandalizaram a cidade «pin-

taram paredes/partiram bancos de jardim/derrubaram estátuas».

vândalo, a *s/adj* (<lat *vándallus,i*) **1** *Hist Maiúsc* Povo, originário da Escandinávia, que invadiu a Gália e a Península Ibérica, no início do séc. V, praticando razias e devastações. **2** Relativo [Pertencente] a esse povo. **3** *fig* (O) que pratica a(c)tos de destruição selvagem, sem respeito por nada. **Ex.** A mutilação da estátua foi [só pode ter sido] obra de ~s.

vanglória *s f* (<vã(o) + glória) Valorização excessiva e infundada das próprias qualidades e méritos/Vaidade/Jactância/Ostentação/Bazófia. **Ex.** Levado [Embalado(+)] pela ~ dizia constantemente: *eu fiz..., eu consegui..., graças a mim..., se não fosse eu...* «ninguém mais faria/conseguira».

vangloriar *v t* (<vanglória + -ar¹) **1** ⇒ envaidecer. **2** ~-se/Ostentar os próprios méritos, qualidades ou obras de forma exagerada ou deturpada. **Ex.** Vangloriava-se de ter passado umas férias maravilhosas na praia «no Algarve», quando afinal se veio a saber que tinha estado a trabalhar num hotel como empregada de limpeza.

vanglorioso, a (Ôso, Ósa, Ósos) *adj* (<vanglória + -oso) Cheio de vanglória/Presunçoso/Vaidoso(+).

vanguarda *s f* (<fr *avant-garde*: à frente da guarda) **1** *Mil* Força militar que vai à frente do corpo de tropas principal. **Ex.** Alguns soldados da ~ caíram numa emboscada e foram feitos prisioneiros. **2** Parte dianteira/Primeira linha/Frente. **Ex.** Ele tem muitas qualidades, está sempre na ~: no estudo, no desporto [esporte], nas a(c)tividades sociais, ... **3** *Arte* Movimento de inovação estética e cultural «literatura/pintura/teatro», com aspe(c)tos ousados ou até revolucionários, que a(c)tua como força de renovação da situação vigente. **Comb. *Cinema de* ~** «dos anos 20 do séc. XX». ***Pintura de* ~** «cubismo/surrealismo».

vanguardismo *s m* (<vanguarda + -ismo) Comportamento cara(c)terístico dos movimentos de vanguarda/Inovação revolucionária.

vanguardista *adj/s 2g* (<vanguarda + -ista) **1** Relativo [Pertencente] a vanguarda. **2** (O) que faz parte da vanguarda [dum movimento inovador]/Progressista. **Ex.** Manuel de Oliveira foi um ~ do cinema português com os filmes "Douro" e "Faina Fluvial". **Comb.** «cubismo» Movimento [Escola/Corrente] ~.

vanidade *s f* (<lat *vánitas,átis*) **1** Qualidade do que é vão/ilusório. **Comb.** A ~ [ilusão(+)] da fama. **2** Inutilidade/Insignificância. **Comb.** A ~ das riquezas «no meio duma catástrofe natural». **3** ⇒ Cara(c)terística de pessoa fútil/Imodéstia/Vaidade(+).

vanilina *s f Bot* (<lat *vanilla,ae*: baunilha) **1** Essência natural, principal componente dos frutos da baunilha e que é constituída pelo aldeído 3-metoxi-4-hidroxi-benzaldeído. **Ex.** A ~ é usada como aromatizante de produtos alimentares desde há longa data. **2** Produto artificial preparado a partir da lenhina residual das fábricas de pasta de papel e que tem cara(c)terísticas semelhantes à essência natural.

vaniloquência *s f* (<lat *vaniloquéntia, ae*) Eloquência vã, onde há frases pomposas mas sem conteúdo.

vaniloquente *adj 2g* (<lat *vanus*: vão + *lóquens,éntis* <*lóquor,lóqui,locútus sum*: falar) **1** Relativo à vaniloquência. **Comb.** Discurso ~ «do politico». **2** Que diz palavras sem sentido/Que fala em vão. ⇒ parlapatão.

vanilóquio *s m* (<lat *vanilóquium,ii*; ⇒ vaniloquente) Discurso [Frase] vaniloquente.

vaníloquo, a *adj* (<lat *vaníloquus,a,um*) Vaniloquente/Fanfarrão/Mentiroso.

vaníssimo, a *adj* (<vão + -íssimo) Superlativo absoluto simples de vão/Extremamente vão/Futilíssimo.

vantagem *s f* (<fr *avantage*) **1** Cara(c)terística [Posição/Condição] de quem está acima ou adiante dos outros ou de si próprio relativamente a um momento anterior/Superioridade. **Ex.** Ele, em relação a muitos dos seus colegas, tem a ~ de os pais o ajudarem em casa a estudar. O meu clube já leva 5 pontos de ~ ao segundo classificado. Saber línguas estrangeiras pode ser uma grande ~ em candidaturas a um emprego. **Loc.** Levar ~ a [Exceder/Suplantar] (Ex. O atleta da frente leva a ~ de meio minuto ao segundo). **2** Aspe(c)to positivo de uma dada situação/Privilégio. **Ex.** Ser idoso tem algumas ~ns «desconto nos transportes públicos/atendimento prioritário em consultas médicas». Do chão, chego a todos os armários da cozinha sem necessidade de um escadote, é a ~ de ser alto. **3** Benefício/Ganho/Proveito/Lucro. **Ex.** «os impostos vão aumentar» Se comprar o carro antes do fim do ano tenho a ~ de poupar algum dinheiro. Comprar nos hipermercados tem a ~ de praticamente tudo ser mais barato. **4** *(D)esp* Diferença de pontos [gole[o]s/tentos] da equipa que está a ganhar num jogo/Avanço. **Ex.** Ao intervalo, a equipa nacional portuguesa «de futebol» já tinha a ~ de dois gole[o]s. **5** Êxito/Vitória/Triunfo. **Ex.** As sondagens dão a ~ ao candidato centrista «deputado».

vantajoso, a (Ôsos, Ósa, Ósos) *adj* (<vantagem + -oso) **1** Que traz vantagem/Proveitoso/Útil. **Ex.** Ter conhecimentos [Saber] «cozinhar/informática/línguas» é sempre ~. **2** Que proporciona benefício/lucro/Lucrativo. **Comb. *Contrato* ~. *Negócio* ~.**

vante *s f Náut* (<avante) Parte dianteira do navio/Parte da coberta do navio que fica do lado da proa. ⇒ matalote.

vão, vã *adj/s m* (<lat *vánus,a,um*) **1** Que não tem conteúdo/Vazio/Oco. **Ex.** A noz era chocha, estava em ~ [estava oca(+)] por dentro. **Comb. *Em* ~ a)** Sem resultado/Inutilmente (Loc. Trabalhar [Esforçar-se] em ~); **b)** Sem razão/fundamento/apoio (Loc. Esperar em ~. Pôr no pé em ~ [falso(+)]). ***Palavras vãs*** [Sem sentido] (Ex. "Não invocar o nome de Deus em ~" é o 2.º mandamento dado por Deus a Moisés). **2** Sem valor/Inútil/Fútil/Ineficaz. **Comb.** Esforço [Trabalho] ~. **3** Sem fundamento/Ilusório/Irreal. **Comb. *Esperança vã. Glória vã. Sonhos ~s.*** **4** Falso/Enganador. **Comb.** Promessas vãs. **5** *s m* Espaço vazio. **Ex.** As bolas de bilhar são maciças mas as da maioria dos desportos [esportes] «pingue-pongue/râguebi» são vãs [ocas(+)] por dentro. **Comb.** O ~ duma escada. **6** Abertura feita numa parede. **Comb.** ~ duma janela [porta]. **7** Distância entre dois apoios consecutivos duma estrutura. **Comb.** ~ duma ponte. **8** *Br* Depressão entre montanhas/Vale.

vapor *s m* (<lat *vápor,óris*) **1** *Fís* Gás duma substância que nas condições normais de pressão e temperatura é líquida ou sólida. **Comb.** ~ **de água.** ~ **de mercúrio.** ~ **de naftalina.** ~ **saturado** [que, a uma dada temperatura, em equilíbrio com a fase condensada, atingiu a pressão máxima]. ~ **seco** [isento de (h)umidade por ter sido aquecido a uma temperatura superior à de equilíbrio com a fase líquida]. **2** Água no estado gasoso. **Loc.** Cozer «legumes» a ~. **Comb.** Banhos de ~. **3** Gases ou fumos «exalados por chaminés de fábricas». **Comb.** ~es malcheirosos das fábricas de pasta de papel. **4** Barco [Navio] movido pela propulsão do ~ de água. **Comb. *A* ~** [Que é movido por meio de ~] (Ex. As antigas locomotivas dos comboios [trens] eram a ~). *idi **A todo o** ~* [A toda a pressa/Com muita força/velocidade] (Loc. Conduzir um automóvel a todo o ~ «para levar uma parturiente à maternidade». Trabalhar a todo o ~ «para acabar uma tarefa nesse dia»).

vaporação *s f* (<lat *vaporátio,ónis*) A(c)to ou efeito de vaporar(-se).

vaporada *s f* (<vaporar + -ada) Ja(c)to [Golfada(+)/Baforada(o+)] de vapor. **Ex.** Ao tirar o testo [a tampa] da panela saiu uma ~ que me cegou [me embaciou os óculos].

vaporar *v t/int* (<lat *vapóro,áre,átum*) **1** Exalar vapores. **Ex.** O calor do sol faz ~ as plantas (h)umedecidas pelo orvalho da noite. As tílias em flor vaporam [exalam(+)] um perfume intenso e agradável. **Loc.** Uma panela ao lume começar a ~. **2** Evaporar-se.

vaporável *adj 2g* (<vaporar + -vel) Que se pode vaporar/converter em vapor.

vaporífero, a *adj* (<vapor + -fero) Que exala vapores.

vaporização *s f* (<vaporizar + -ção) **1** A(c)to ou efeito de vaporizar(-se). **2** *Fís* Passagem de uma substância do estado líquido ao estado gasoso. **Ex.** A ~ utiliza-se para separar um soluto «sal» do solvente «água». A ~ pode fazer-se por evaporação ou por ebulição. **3** Aspersão de líquido em pequenas gotas/Pulverização(+).

vaporizador, ora *adj/s m* (<vaporizar + -dor) **1** Que vaporiza. **Ex.** O calor é o agente ~ da água da roupa molhada pendurada ao sol para secar. **2** Aparelho [Recipiente] próprio para vaporizar um líquido. **3** Utensílio [Dispositivo] que permite espalhar, sob a forma de pequenas gotas, o líquido contido no recipiente onde se encontra montado/Pulverizador(+)/Nebulizador(+). **Comb.** ~ **[*Nebulizador*(+)]** para inalações. ***Frasco*** de perfume **com ~.**

vaporizar *v t* (<vapor + -izar) **1** Fazer passar do estado líquido ao estado gasoso/Evaporar/Volatilizar. **Loc.** ~ um solvente «água do mar» para recuperar o soluto «sal». **2** Aspergir líquido em pequenas gotas/Pulverizar(+).

vaporoso, a (Ôso, Ósa, Ósos) *adj* (<lat *vaporósus,a,um*) **1** Que contém vapores. **Comb.** Atmosfera [Ambiente] ~a/o. **2** Que exala vapores/Vaporífero. **Comb.** Furnas ~as «da Ilha de S. Miguel, Açores, Pt». **3** *fig* Leve/Fino/Transparente/Diáfano. **Comb.** Tecido «tule» ~. **4** *fig* Ligeiro/Su(b)til. **Comb.** Discurso [Conversa] ~o/a.

vapular *v t* (<lat *vápulo,áre,átum*) Dar bastonadas/Flagelar/Fustigar/Açoitar.

vaqueiro, a *s/adj* (<vaca + -eiro) **1** Guarda de gado bovino. **2** Relativo ao gado bovino.

vaquinha *s f* (<vaca + -inha) *dim* de vaca. *Idi. col **Fazer uma ~/caixinha*** [Juntar-se com outras pessoas para comprar alguma coisa «irem de táxi para o emprego» ou para realização, em conjunto, de alguma a(c)tividade «festa de passagem do ano».

vara *s f* (<lat *vara,ae*) **1** Haste delgada e comprida duma planta/Ramo. *Idi. **Meter-se [Estar metido] numa camisa de onze ~s*** [Estar em grande dificuldade/em apuros/Estar metido *idi* num grande sarilho]. ***Tremer como ~s verdes*** [Ter muito medo]. ***À ~ larga*** [«gastar» À vontade/Sem

restrições/Sem preocupação de poupar]. **Comb.** ~s de videira «cortadas na poda». **2** Vergasta/Chibata. **Loc.** Fustigar [Bater em] alguém com uma ~. **3** Pau comprido e delgado/Bordão/Cajado. **Loc. Caminhar apoiado a uma ~. Conduzir [Encaminhar]** os bois «o gado bravo» **com uma ~. Varejar** «oliveiras/castanheiros» **com uma ~. 4** Haste fina de metal ou outro material. **Comb.** Tubo de cobre (à venda) em ~s de três metros. **5** Insígnia de juízes e confrades de algumas confrarias. **6** *(D)esp* Haste comprida e flexível usada na modalidade (d)esportiva de salto à ~. **Loc.** Praticar [Ser atleta de] salto à ~. **7** Circunscrição judicial. **Comb.** Juiz da «3.ª» ~ cível/criminal. **8** Autoridade/Jurisdição(+)/Poder. **Comb. ~ episcopal. Vigário da ~. 9** Peça comprida de madeira usada na construção de telhados. **10** Cada uma das hastes do pálio. **11** Vareta de guarda-chuva. **Comb.** «um» Guarda-chuva de doze ~s «pode abrigar [dá para(+)] três pessoas». **12** *Mús* Tubo móvel do trombone/Vareta. **13** Antiga medida de comprimento com cerca de 1,1 metros. **14** Conjunto [Manada] de porcos.
varada *s f* (<vara + -ada) **1** Pancada com vara/Bastonada. **Loc.** Levar [Apanhar] uma ~ nas costas. **2** *Náut* Toque do navio no fundo, sem perigo.
varado, a *adj* (<varar) **1** Furado [Atravessado] lado a lado/Trespassado. **Comb.** Corpo «peito» ~ por uma lança. **2** (Diz-se de barco) encalhado em seco. **Comb.** Barco ~ para reparação. **3** *fig* Ató[ô]nito/ Estupefa(c)to. **Ex.** «era considerado [tinham-no por» pessoa séria» Ficaram ~s quando souberam que tinha feito um desfalque no banco. **4** *fig* Transido de medo/ Apavorado. **Ex.** Ao ver [dar de caras com(+)] o assaltante ficou ~ [ficou *idi* sem ping[t]a de sangue].
varadou[oi]ro *s m* (<varar + -dou[oi]ro) **1** Lugar em seco onde se fazem encalhar os navios para os guardar/consertar. **2** *fig* Sítio onde se juntam pessoas para conversar [cavaquear(+)]/passar o tempo.
varal *s m* (<vara + -al) **1** Cada uma das varas fixas aos lados dum andor/duma liteira, que servem para o/a transportar. **2** Cada uma das varas dos veículos de duas rodas às quais se atrela o animal que os puxa. **Comb.** ~ais duma carroça. **3** Estendal para secar a roupa.
varanda *s f* (< ?) **1** Plataforma saliente na abertura duma janela ou porta de um edifício, rodeada de grades ou balaústres, com parapeito/Sacada/Balcão. **Ex.** «senhora idosa/deficiente em cadeira de rodas» Passa os dias [Distrai-se/Entretém-se] na ~ «a ver quem passa». **Comb.** Apartamento com ~s «cheias de sol». **2** Alpendre à frente ou em volta de uma habitação. **Ex.** A ~ envidraçada funcionava como jardim de inverno.
varandim *s m* (<varanda + -im) **1** Grade que serve de anteparo colocada sobre o peitoril de algumas janelas. **2** Varanda pequena e estreita.
varão[1] *s/adj m* (<lat *b*[*v*]*áro,ónis*) **1** Indivíduo de sexo masculino. **Ex.** O casal teve cinco filhos: três ~ões e duas raparigas [moças/ meninas]. Em algumas monarquias só os (filhos) ~ões podiam ser herdeiros do trono. **2** Homem ilustre/corajoso/forte. **Ex.** Camões, em *Os Lusíadas*, canta os feitos dos ilustres ~ões portugueses na aventura dos descobrimentos dos séc. XV e XVI que "deram ao mundo novos mundos".
varão[2] *s m* (<vara + -ão) **1** Vara grande de madeira, ferro ou outro material. **Comb.** ~ «inox/plástico/de madeira» dos cortinados. **2** Ferro redondo de vários diâmetros, em peças compridas, usado nas estruturas de betão [concreto/cimento] armado.
varapau *s m* (<vara + pau) **1** Pau comprido e forte. **Ex.** Armado de ~, não tinha medo de enfrentar os lobos. **2** Cajado/Bordão. **Ex.** «mendigo idoso» Caminhava com dificuldade apoiado a um ~.
varar *v t/int* (<lat *váro,áre,átum*) **1** Atravessar de um lado a(o) outro/Trespassar/Furar. **Ex.** A bala varou-lhe o peito. **2** Passar além de um limite /Atravessar(+)/Transpor(+). **Loc.** «contrabandista» ~ a fronteira «antes do amanhecer». **3** Obrigar alguém a sair de um lugar/Expulsar(+). **Loc.** O povo ~ da aldeia um desordeiro. **4** Causar grande espanto ou medo/Aterrar/Espantar. **Ex.** «na visita de inspe(c)ção que fizeram à família pobre» As assistentes sociais ficaram varadas com tanta miséria. **5** Dar em seco/ Encalhar. **Loc.** Um navio ~. **6** Passar além, sem entrar «no porto».
varear *v t* (<vara + -ear) **1** Medir à vara. **2** Conduzir um barco com vara.
varedo (Rê) *s m* (<vara + -edo) Conjunto das vigas [dos caibros] sobre que assentam as ripas dos telhados.
vareio *s m* (<variar) Desvario(+)/Delírio(+). **Loc.** Entrar em ~.
vareiro[1]**, a** *adj/s* (<top de Ovar, Pt + -eiro; ⇒ varino 1/3) **1** (O) que é natural do litoral da região de Ovar (Aveiro, Pt). **2** *s f* Dança e música popular do Norte de Portugal. **3** *s* Vendedor ambulante de peixe.
vareiro[2] *s m* (<vara + -eiro) **1** Homem que impulsioina o barco com vara. **2** Banco ou cavalete de madeira onde se apoia um tronco que se quer serrar longitudinalmente.
vareja[1]**[jeira(+)]** *s f Zool* (< ?) Mosca grande de coloração azul, verde ou cinzenta, que põe os ovos nas carnes mortas onde as larvas se irão desenvolver.
vareja[2] *s f* (<varejar) A(c)to ou efeito de varejar/Varejamento/Varejadura/Varejo[1] **1**. **Comb.** «época da» ~ da azeitona «dezembro/janeiro»/da amêndoa «outubro/ novembro».
varejador, ora *adj/s* (<varejar + -dor) (O) que vareja/serve para varejar. **Comb. Os ~es** da azeitona. **Vara ~ora** [de varejar(+)/ Varejão].
varejamento *s m* (<varejar + -mento) **1** ⇒ vareja[2](+). **2** Encurvamento de uma peça linear por efeito de um esforço de flexão ou de compressão.
varejão *s m* (<varejar + -ão) Vara grande para varejar.
varejar *v t* (<vara + -ejar) **1** Bater com um ramo ou pau fino/Açoitar/Fustigar. **2** Bater com vara nos ramos das árvores «oliveiras/amendoeiras» para fazer cair os frutos. (⇒ vareja[2]). **3** Bater com violência/Fustigar. **Ex.** As ondas alterosas varejavam fortemente os barcos ancorados no porto. **4** *fig* Arrasar/Destruir/Varrer. **Ex.** O furacão varejou toda a ilha. **5** *fig* Atacar com rajadas de metralhadora ou cargas de artilharia.
varejeira ⇒ vareja[1].
varejista *s 2g Br* (<varejo[1] **3** + -ista) (O) que vende a retalho/Retalhista(+).
varejo[1] *s m* (<varejar) **1** A(c)to de varejar/ Vareja[2]/Varejamento **1**. **2** Inspe(c)ção a um estabelecimento comercial ou industrial para averiguar se existem ilegalidades/ Revista. **3** Venda a retalho. **Comb.** A ~ [A retalho/Por miúdo].
varejo[2] *s m* (<vara + -ejo) Conjunto das varas que sustentam as cubatas.
vareta (Rê) *s f* (<vara + -eta) **1** Vara pequena. **2** Haste metálica comprida utilizada para limpeza das armas de fogo. **3** Cada uma das varas de armação de um guarda-chuva [-sol]. **4** Varinha de vidro ou de plástico utilizada em laboratório para operações de agitação. **5** Haste graduada que serve para verificar [medir] o volume de um líquido num recipiente. **Loc.** Ver o nível do óleo do motor dum carro com a ~. **6** Cada uma das hastes do compasso. **7** Baqueta(+) do tambor.
varga/e/em *s f* (< ?) Várzea(+).
vária *s f* (<lat pl neutro de *várius,a,um*) **1** Cole(c)tânea de obras variadas/Compilação. **Comb.** ~ de poesia lírica portuguesa «do séc. XIX». **2** Conjunto de diversos assuntos. **Ex.** Na ~ do jornal «Diário de Notícias» encontram-se curiosidades e notícias insólitas.
variabilidade *s f* (<variável +-i-+ -dade) **1** Cara(c)terística do que é variável. **Comb.** A ~ do tempo [clima/da temperatura ambiente]. **Ant.** Constância. **2** Inconstância/ Instabilidade. **Comb.** ~ de humor. **3** Propensão para variar. **Comb.** «em épocas de crise econó[ô]mica» ~ das cotações da bolsa. **4** *Gram* Propriedade de certas palavras que mudam a terminação conforme o seu emprego. **Ex.** Os verbos são as palavras com maior ~.
variação *s f* (<lat *variátio, ónis*) **1** A(c)to ou efeito de variar. **2** Mudança/Modificação. **Comb. ~ da moda** «comprimento das saias/feitio dos sapatos». **~ do preço** «dos combustíveis». **(Estado do tempo) com grandes ~ões** «frio/calor/chuva/sol». **3** *Mús* Modificação de um tema ou duma frase musical apresentando-os sob outro aspe(c)to diferente. **Ex.** Bach e Beethoven foram grandes mestres da ~. **Comb.** "Tema e ~ para piano" do compositor português Frederico de Freitas. **4** *Náut* Declinação da agulha de marear. **5** *Biol* Diferença que se manifesta entre indivíduos da mesma espécie. **Comb. ~ brusca**, susce(p)tível de transmissão hereditária [Mutação]. **~ lenta** e não hereditária [Flutuação]. **6** *Ling* Diferença verificada numa determinada língua consoante a época, o lugar, o grupo social, ... **7** *pop* Delírio. **8** Variante.
variadeira *s f* (<variar + -deira) Máquina usada para bater a lã e extrair-lhe a terra e outra sujidade aderente.
variado, a *adj* (<variar) **1** Que sofreu variações/Mudado. **Ex.** «estive fora pouco tempo mas» Cá em casa, encontro tudo ~ [mudado(+)] «os pratos no lugar dos tachos/o açucareiro noutro armário». **2** Formado por elementos com aspe(c)to diferente/Diverso. **Comb.** Materiais ~s «cartão/madeira/ musgo» para fazer os enfeites de Natal. «jardim com» **Flores muito ~as** «cravos/ anémonas/dálias». **3** Que tem várias cores/ Matizado/Variegado. **Comb.** Ruas enfeitadas com luzes de cores ~as «azuis/ amarelas/verdes/vermelhas». **4** Diferente dos outros/Diverso. **Ex.** Sobre a origem da crise, o orador referiu ~as causas. **5** *fig pop* Desatinado/Delirante/Doido. **Ex.** Ele já não é responsável pelos seus a(c)tos, está senil e ~. **6** *Fís* Diz-se do movimento em que o móvel percorre espaços diferentes em tempos iguais. **Comb.** Movimento uniformemente ~ [em que a aceleração é constante].
variância *s f* (<variar + -ância) **1** *Fís/Quím* Número de condições que definem um sistema e que se pode fazer variar arbitrariamente sem destruir o equilíbrio do sistema. **2** *Mat* Parâmetro que, numa série estatística, traduz a dispersão dos valores em relação à média. **Ex.** A ~ calcula-se pela média aritmética dos quadrados dos

desvios de uma grandeza em relação ao seu valor médio.

variante *adj 2g/s f* (<lat *várians,ántis*; ⇒ variar) **1** Que varia/muda/Variável. **Ex.** As hortênsias são flores ~s na cor «azul/rosa/branco». **Ant.** Constante; invariável; invariante. **2** Mutável/Inconstante. **Comb.** *Humor* ~. *Vento* (soprando de rumo) ~. **3** ⇒ *fig* Delirante/Variado **5. 4** *s f* Alteração/Modificação. **Comb.** «interpretação duma canção» ~ *da versão original*. «modelo de automóvel» ~ *da versão base*. **5** Diversidade/Diferença. **Comb.** As ~s culinárias «das mil e uma maneiras de cozinhar bacalhau». **6** Desvio que, numa estrada, substitui [é alternativa a] determinado percurso. **Ex.** A nova ~ evita a passagem pelo interior da cidade. **7** *Ling* Unidade linguística usada como alternativa de outra. **Ex.** *Oiro* é uma ~ de *ouro*. **8** ⇒ Cambiante/Matiz/Gradação.

variar *v t/int* (<lat *vário,áre,átum*) **1** Tornar variado/diverso/Dar variedade. **Ex.** É bom, saudável ~ a alimentação «comer carne/peixe/legumes/la(c)ticínios». **2** Mudar/Alterar. **Loc.** «gosto de» ~ *a decoração* da casa «disposição dos móveis/cortinados». ~ *de penteado*. **3** Alternar/Revezar. **Ex.** Durante a viagem íamos variando de condutor «umas vezes (conduzia) eu, outras a minha mulher». **4** *fig* Desvairar/Delirar/Desatinar. **Ex.** Com a idade, muitas pessoas perdem faculdades mentais e começam a ~. Diz muitas coisas sem nexo, varia muito. **5** Apresentar aspe(c)tos/valores diversos/Diferir. **Ex.** «em certas épocas do ano» O tempo varia muito «chove/faz sol/um dia de calor, outro de frio». **6** Sofrer mudança/Tornar-se diferente. **Ex.** O aspe(c)to físico das pessoas «cabelo/rugas» vai variando com a idade. **7** Optar por uma alternativa àquilo que é habitual/Mudar. **Ex.** Para ~, hoje vamos tomar café a outro lado. **8** Ser inconstante/Mudar frequentemente. **Ex.** As opiniões dele variam como o vento. **9** Ter opiniões diferentes/Divergir/Discordar. **Ex.** As opiniões dos economistas «sobre a maneira de ultrapassar a crise» variam.

variável *adj 2g/s f* (<variar + -vel) **1** Que varia/Inconstante. **Comb.** *Cotação* [Preço] ~. *Humor* ~. *Tempo* [Temperatura] ~. **2** Diferente/Diverso. **Comb.** *Duração* «da aprendizagem duma língua» ~ *conforme as pessoas*». *Maneiras ~eis* de cozinhar «bacalhau». *Produção* «de azeite» ~ «de ano para ano». **3** *s f* Quantidade [Termo] que pode tomar diferentes valores. **Ex.** O dia solar é uma grandeza ~. **4** *Mat* Símbolo [Letra «x, y, z»] com que se designa qualquer dos elementos de um conjunto. **Comb.** ~ *aleatória* [que assume qualquer um dos valores de um conjunto com determinada probabilidade]. ~ *dependente* [Conjunto dos valores do contradomínio duma função]. ~ *independente* [Conjunto dos valores do domínio duma função]. *Fís* ~ *extensiva* [proporcional à massa «volume/energia»]. ~ *intensiva* [independente da massa «pressão/temperatura»].

varicela (Cé) *s f Med* (<fr *varicelle*) Doença infe(c)ciosa humana causada por um vírus do grupo herpes, que atinge quase todas as pessoas e se cara(c)teriza por uma erupção generalizada de vesículas cutâneas que normalmente deixam cicatrizes. **Ex.** A ~ tem um período de incubação de 14 dias. ⇒ varíola.

varicocele *s f* (<lat *várix,icis*: variz, veia inchada + -cele) Dilatação das veias do cordão espermático com formação de tumor no escroto.

varicose *s f Med* (<lat *várix,icis*: variz + -ose) Estado mórbido causado por varizes.

varicoso, a (Ôso, Ósa, Ósos) *adj* (<lat *várix,icis* + -oso) **1** Que tem varizes. **Comb.** *Pernas* ~as. **2** Produzido por varizes. **Comb.** *Doença* [Infe(c)ção] ~a.

variedade *s f* (<lat *varíetas,átis*) **1** Qualidade do que é diverso/Diversidade. **Ex.** O supermercado tem grande ~ de artigos «alimentos/utilidades domésticas/brinquedos/livros». **2** Conjunto de coisas diferentes mas da mesma natureza [espécie/do mesmo tipo]. **Ex.** *Bravo de esmolfe, golden, starking, fúji* são ~s de maçãs; *rocha, dona joaquina, pérola* são ~s de peras. As lojas de pronto-a-vestir das cidades têm mais ~ de artigos do que as das pequenas localidades. **3** *Biol* Categoria da classificação sistemática inferior à espécie. **Ex.** Na Rússia, encontram-se duas ~s (Subespécies) do urso-pardo: *Ursus arctos syrianus* e *Ursus arctos pruinosus*. **4** *Ling* Cada uma das formas em que uma língua se diversifica. **Ex.** O português falado no Brasil é uma ~ do que se fala em Portugal. **5** Cara(c)terística daquilo que apresenta formas diferentes ou até contraditórias. **Ex.** Na discussão, a ~ de opiniões foi enorme. **6** *pl* Programa [Espe(c)táculo] ligeiro, preenchido com vários tipos de entretenimento «música, dança, ilusionismo ou outros». **Comb.** *Artista de ~s. Espe(c)táculo de ~s.*

variegado, a *adj* (<variegar) **1** Que apresenta cores variadas/Matizado. **Comb.** *Flores* [Folhas no outono] *de ~as cores*. **2** Diferente/Diverso/Vário. **Comb.** *Ornamentação ~a* «das ruas, com bandeiras/cartazes/iluminação».

variegar *v t* (<lat *variego,áre,átum*) **1** Tornar variegado/Matizar. **Loc.** ~ um canteiro de flores «com margaridas/amores-perfeitos/violetas». **2** ⇒ Diversificar/Variar(+).

varinha *s f* (<vara + -inha) **1** *dim* de vara/Vara pequena e delgada. **Comb.** *fig* ~ *de condão* [usada por fadas e feiticeiros para fazerem coisas fabulosas «transformar alguém em animal»]. *Cul* ~ *mágica* [Utensílio elé(c)trico de cozinha usado para triturar alimentos «passar a sopa/fazer um batido»] (⇒ triturador).

varino, a *adj/s* (<ovarino <top de Ovar, Pt + -ino) **1** (O) que é natural ou habitante de Ovar/Vareiro. **2** *s f* Vendedora ambulante de peixe. **Comb.** As antigas ~as de Lisboa. **3** *Náut* Barco de fundo chato usado na pesca fluvial na Ria de Aveiro (Portugal).

vário, a *adj* (<lat *várius,a,um*) **1** Que pertence a diversas espécies ou se apresenta com aspe(c)tos diferentes/Variado/Sortido. **Comb.** *Flores* «dálias/rosas» *de ~as cores*. *Animais* «ovelhas» *de ~as raças*. **2** Que se cara(c)teriza pela diversidade/Múltiplo. **Comb.** «rua com» *Casas de ~os estilos* arquite(c)tó[ô]nicos. *Escritor* famoso em *~s estilos* «poesia/romance/teatro». **3** Inconstante/Instável/Volúvel. **Comb.** «pessoa de» *Humor* ~ (, que muda com o tempo). **4** Que hesita/Vacilante/Indeciso. **5** ⇒ Desvairado/Delirante/Tresloucado/Variado **5. 6** *pl* Diversos/Numerosos/Alguns/Muitos. **Ex.** «desagradadas» ~as pessoas abandonaram a [saíram da] sala antes de o espe(c)táculo terminar. Com a (h)umidade, estragaram-se ~os livros. Bons restaurantes, conheço ~s.

varíola *s f Med* (<lat *varíola,ae*) Doença infe(c)tocontagiosa aguda que se manifesta com erupção cutânea, e que deixa cicatrizes/Bexigas/Bexigas-negras. **Ex.** A ~ é a(c)tualmente considerada extinta. ⇒ varicela.

variolar *adj 2g* (<varíola + -ar²) **1** Relativo à varíola. **Comb.** *Manifestação* ~. **2** Que se assemelha à varíola. **Comb.** «cicatriz com» *Aspe(c)to* ~.

variólico, a *adj* (<varíola + -ico) Relativo à varíola. **Comb.** *Surto epidé[ê]mico* ~.

varioliforme *adj 2g* (<varíola + -forme) Que se assemelha à varíola.

variolização *s f Med* (<varíola + -izar + -ção) Inoculação com o vírus de uma varíola benigna para imunizar contra a varíola.

varioloide (Lói) *adj 2g/s f Med* (<varíola + -oide) **1** Forma atenuada de varíola/Varíola benigna. **2** Varioliforme.

varioloso, a (Ôso, Ósa, Ósos) *adj* (<varíola + -oso) **1** Que tem varíola. **2** Relativo à varíola.

variómetro [*Br* **variômetro**] *s m* (<vário + -metro) Designação genérica de alguns instrumentos «elé(c)tricos/ele(c)tromagnéticos» que medem a variação de uma grandeza física «indução/campo magnético».

variz *s f Anat* (<lat *várix,ícis*) Veia anormalmente dilatada, alongada e sinuosa. **Ex.** As ~es localizam-se mais frequentemente nos membros inferiores.

varonia *s f* (<varão + -ia) **1** Qualidade de varão. **2** Descendência pela linha paterna. **Loc.** Descender dos Albuquerques por ~.

varonil *adj 2g* (<varão + -il) **1** Próprio de homem/varão. **Comb.** *Rosto* [Aspe(c)to/Porte] ~. **2** Másculo/Viril. **Comb.** *Força* ~. **3** Corajoso/Arrojado/Destemido. **Comb.** *Luta* [Combate/Disputa] ~.

varonilidade *s f* (<varonil +-i-+ -dade) **1** Qualidade do que é varonil/Masculinidade. **2** ⇒ *fig* Valentia.

varrão[rrasco] *s m* (<lat *vérres,is*) Porco não castrado destinado a ser reprodutor.

varredeira *s f* (<varrer + -deira) Máquina para varrer as ruas. ⇒ varredouro **1**.

varredela (Dé) *s f* (<varrer + -dela) Varredura ligeira, apressada. **Loc.** Dar uma ~ «à cozinha».

varredor, ora *adj/s* (<varrer + -dor) (O) que varre/tem o ofício de varrer. **Comb.** ~ *de rua* [*Br* Gari].

varredou[oi]ro, a *s* (<varrer + -dou[oi]ro) **1** *s f* Máquina de varrer as ruas/Varredeira. **2** *s m* Vassoura com que se varre o forno de cozer o pão.

varredura *s f* (<varrer + -dura) **1** A(c)to de varrer/Varredela. **Loc.** Passar o [Gastar muito] tempo em [com as] ~s «da casa». **2** O que se recolhe, varrendo. **Loc.** Recolher as ~s com a pá do lixo. **3** *pl* Restos/Limpaduras. **Loc.** Aproveitar as ~s dos pratos [da comida] para [dar a]os porcos.

varrer *v t/int* (<lat *vérro,ere,vérri*[*vérsi*]*,vérsum*) **1** Limpar com a vassoura. **Loc.** ~ *o chão* «da cozinha». ~ *o passeio* «à porta de casa». **2** Juntar «o lixo/as folhas caídas das árvores» usando a vassoura. **Ex.** Varre os vidros do copo que partiu ao cair ao chão. **3** Limpar(+) uma superfície rapando com alguma coisa. **Loc.** ~ as migalhas de cima da toalha «com a mão/uma faca». **4** *fig* Levar diante de si/Arrastar/Empurrar. **Ex.** A polícia varreu os manifestantes da praça em poucos minutos. O vendaval varreu por completo as tendas dos feirantes. **5** *fig* Fazer desaparecer/Roubar. **Ex.** Os assaltantes varreram tudo o que encontraram na ourivesaria. **6** *fig* Roçar/Tocar. **Ex.** A noiva levava um vestido com uma grande cauda a ~ o chão. **7** *fig* Comer tudo sem deixar restos. **Ex.** Vinham esfomeados; varreram [limparam(+)] tudo quanto havia na mesa. **8** *fig* Fazer esquecer/Desaparecer/Apagar-se. **Ex.** Não

tenho a menor ideia [Não me lembra] de isso se ter passado comigo; varreu-se-me totalmente da memória.

varrido, a *adj/s m* (<varrer) **1** Que foi limpo com a vassoura. **Comb.** Chão [Sala/Passeio/Rua] ~o/a. **2** *fig* Que está sem nada/Limpo. **Ex.** Comeram tudo; deixaram a mesa ~a [sem nada] . **3** *fig* Que perdeu o juízo/Alienado/Louco. **Ex.** «a idade já é muita» Não se lembra de nada, está completamente ~o/a. **Comb.** Doido ~ [Completamente louco/Sem ponta de juízo/Tresloucado]. **4** *s m* O que se juntou com a vassoura/Varredura. **Ex.** Deita o ~ [a(s) varredura(s)(+)] da eira no galinheiro, as galinhas aproveitam [comem] algum grão que possa ir junto.

varudo, a *adj* (<vara + -udo) **1** Que tem haste direita e comprida. **2** Diz-se de animal comprido e forte.

várzea *s f* (< ?) Terreno extenso, plano e fértil situado geralmente nas margens de um rio/Planície/Campina. **Prov.** *Br* **Ficar na ~ sem cachorro** [Estar em situação difícil/embaraçosa/Não ter [poder contar com] auxílio].

vasa *s f* (<fr *vase*) **1** Lodo existente no fundo do mar, lagos ou rios. **Ex.** Quando esvaziam a [abrem as comportas da] albufeira, nota-se o cheiro a ~. **2** Limo que se deposita no fundo das marinhas. **3** Espaço circular onde gira a mó dos antigos moinhos de azeitona. **4** *pej* Camada reles da sociedade/Escória.

vasca *s f* (<celta *waskā*: opressão) **1** Movimento convulsivo agonizante/Estertor. **Comb.** ~s da morte [Agonia da morte]. **2** ⇒ Grande ansiedade/Ânsia. **3** ⇒ *fig* Limite/Extremo. **4** *pl* Vontade de vomitar/Náuseas(+).

vasco, a *adj/s* ⇒ basco.

vascolejar *v t* (<lat *vásculum,i*: vaso pequeno + -ejar) **1** Agitar o líquido contido num recipiente «frasco/garrafa». **2** ⇒ *fig* Perturbar/Inquietar.

vasconço, a *adj/s m* (<esp *vascuense*) **1** *adj* Das Vascongadas. **2** *s m* Língua não indo-europeia, falada na região dos Pirinéus/Basco.

Vascongadas *s f pl* As três províncias espanholas de Álava, Biscaia e Guipúzcoa.

vascoso, a (Ôso, Ósa, Ósos) *adj* (<vascá + -oso) **1** Que está com vascas/Agonizante. **2** ⇒ *fig* Ansioso. **3** Com náuseas.

vascular *adj 2g* (<lat *vásculum, i*: vaso pequeno + -ar²) **1** *Anat* Relativo aos vasos do organismo que conduzem o sangue/a linfa. **Comb.** Acidente ~ cerebral (AVC). **2** Que é composto por vasos que conduzem o sangue/a linfa. **Comb.** Sistema ~ cerebral. **3** *Bot* Que é constituído por tubos (Células alongadas) que conduzem a seiva. **Comb.** *Fascículo ~. Tecido* ~/traqueano.

vascularidade *s f* (<vascular +-i-+ -dade) Estado cara(c)terizado pela existência de maior ou menor número de vasos condutores, sanguíneos ou linfáticos, no [numa região do] organismo.

vascularização *s f Med* (<vascularizar + -ção) **1** Rede de vasos que asseguram a circulação sanguínea de qualquer se(c)tor do organismo. **Ex.** Na grande circulação, a ~ consiste numa rede de artérias que se ramificam até aos capilares. **2** Processo de formação dos vasos sanguíneos/Angiogénese. **Ex.** Num processo inflamatório «neoplasia» a ~ pode ser neoformada.

vascularizar *v t* (<vascular + -izar) Provocar o desenvolvimento dos vasos condutores do organismo.

vasculhador, ora *adj/s* (<vasculhar + -dor) (O) que vasculha.

vasculhar *v t* (<lat *vasculeáre* <*vásculum*: vaso pequeno) **1** Varrer com vasculho/vassoura. **Loc.** ~ as teias de aranha «do sótão». **2** Procurar, remexendo/Esquadrinhar. **Ex.** «encontrei a secretária remexida» Alguém andou a ~ os meus papéis.

vasculho *s m* (<vasculhar) Vassoura feita de ramos de arbustos «giestas/codessos/gilbardeiras».

vasectomia *s f Med* (<vaso + -ectomia) Operação cirúrgica para resse(c)ção parcial ou total dos canais deferentes.

vaselina *s f* (<ing *vaseline* <al *Wasser*: água + gr *élaion*: azeite + *-ine*) Mistura de hidrocarbonetos saturados, com consistência pastosa e cor amarela ou branca, obtida na destilação do petróleo bruto. **Ex.** A ~ tem aplicação como lubrificante e na indústria cosmética e farmacêutica.

vasiforme *adj 2g* (<vaso + -forme) Que tem a forma de vaso ou tubo.

vasilha *s f* (<lat *vasília, ae* <*vas,vásis*: vaso) Qualquer recipiente destinado a guardar/conservar/transportar líquidos. **Comb.** «tonéis/pipas» *~s para vinho*. «bidões/almotolias» *~s para azeite*. «garrafas/jarros» *~s para água*. ⇒ balde; bilha; talha.

vasilhame *s m* (<vasilha + -ame) Conjunto de vasilhas. **Loc.** Recolher o ~ vazio «de vidro/plástico» para reciclar. **Comb.** O ~ duma adega. ⇒ frascaria.

vaso *s m* (<lat *vas,vásis*) **1** Recipiente côncavo que pode conter líquidos ou sólidos. **Comb.** ~ *de noite* [Bacio] (⇒ urinol; aparadeira). *Rel ~s sagrados* [Cálix/Píxide]. **2** Recipiente, geralmente de barro, que se enche de terra para cultura de plantas. **Comb.** Varanda enfeitada com ~s de flores. **3** *Náut* Embarcação/Navio. **Comb.** «porta-aviões» ~ de guerra. **4** *Fisiol* Canal onde circula o sangue ou a linfa. **Comb.** ~ *capilar*. *~s linfáticos/sanguíneos* (⇒ vascular). **5** *Bot* Tubo por onde circula a seiva. **Comb.** ~ lenhoso (⇒ traqueia).

vasoconstrição *s f Med* (<vaso + constrição) Estreitamento dos vasos sanguíneos por contra(c)ção da parede muscular causando decréscimo da irrigação de parte do organismo. **Ant.** Vasodilatação.

vasoconstritor, ora *adj/s* (<vaso +...) (O) que provoca vasoconstrição. **Comb.** A(c)ção ~a.

vasodilatação *s f Med* (<vaso +...) Relaxamento da parede muscular dos vasos sanguíneos, provocando um aumento de diâmetro e uma maior irrigação da parte do organismo onde ocorre. **Ant.** Vasoconstrição.

vasodilatador, ora *adj/s* (<vaso +...) (O) que provoca vasodilatação.

vasomotor, a *adj Anat* (<vaso +...) Diz-se dos nervos do sistema simpático responsáveis pela vasoconstrição e vasodilatação. **Comb.** Medicamento [Substância] ~ (Vasoconstritor/a ou Vasodilatador/a).

vasostomia *s f Med* (<vaso + gr *stóma,atos*: boca) Operação cirúrgica para formação de uma abertura num canal deferente.

vasotomia *s f Med* (<vaso + -tomia) Incisão num canal deferente (primeira fase da vasostomia).

vasqueiro¹, a *adj* (<vesgueiro <vesgo + -eiro) **1** Que tem estrabismo/Vesgo(+). **2** Enviesado/Torto.

vasqueiro², a *adj/s* (<vascá + -eiro) **1** Que causa vascas/náuseas(+)/ânsias. **2** *Br* Difícil de conseguir/Raro. **3** *s m region* Barulho/Motim/Desordem. **Ex.** Um magote de gente fazia um grande ~ à porta do Centro de Saúde «porque não tiveram consulta».

vasquejar *v int* (<vascá + -ejar) **1** Ter vascas/Agonizar. **2** Ter convulsões/tremores.

vassalagem *s f* (<vassalo + -agem) **1** *Hist* Estado [Condição] de vassalo. **Loc.** Prestar ~ [Reconhecer-se como vassalo]. **2** *Hist* Tributo pago pelo vassalo ao suserano [ao seu senhor]. **3** *Dir* Condição de dependência de um Estado em relação a outro, que se traduz principalmente na diminuição de competência nas relações políticas internacionais de relevo (Carecem de autorização do Estado suserano). **Ex.** A ~ tem origem numa decisão unilateral do suserano (ao contrário do que sucede com o prote(c)torado).

vassalo, a *s/adj Hist* (<lat *vassálus* <*vássus*: servidor) **1** Pessoa que depende de um senhor/Súbdito. ⇒ «eu não sou seu» criado. **2** *adj* Que presta homenagem e paga tributo «ao rei».

vassou[oi]ra *s f* (<lat *versória,ae* <*vérsus*; ⇒ varrer; vassouro) **1** Utensílio para varrer constituído por um cabo que tem numa das extremidades um feixe de ramos «de giesta»/fibras/piaçaba/pelos, naturais ou artificiais. **Comb.** ~ *de giesta* [piaçaba/plástico/piaçá]. ~ *mecânica* [Mecanismo de escovas rolantes montadas num veículo a(c)cionado mecanicamente «para varrer [limpar] as ruas»]. ~ *pequena* [Piaçá/Vassourinha]. **2** *Br* Designação de várias plantas que apresentam semelhança morfológica com esse utensílio.

vassou[oi]rada *s f* (<vassou[oi]ra + -ada) **1** A(c)ção de varrer com a vassoura/Varredela. **2** Cada um dos movimentos que se fazem com a vassoura ao varrer. **3** Quantidade de lixo varrido de cada vez com a vassoura. **Ex.** Apanhei uma ~ de cascas de amendoim que as crianças espalharam pelo chão. **4** *fig* Expurgação/Limpeza/Depuração. **Ex.** O clube só se irá recompor depois duma valente ~ aos jogadores que estão a criar problemas. **5** Pancada com a vassoura. **Loc.** Correr [Afastar/Escorraçar(+)/Espantar] os cães à ~.

vassou[oi]rar *v t* (<vassou[oi]ra + -ar¹) **1** Varrer com a vassoura(+). **2** *fig* ⇒ Limpar/Expurgar/Varrer. **Loc.** ~ alguns membros do partido que criam problemas.

vassou[oi]reiro, a *s* (<vassou[oi]ra + -eiro) (O) que faz [vende] vassouras.

vassou[oi]ro *s m* (<vassou[oi]ra) **1** Vassoura grande [comprida] «para limpar [tirar] teias de aranha». **2** Vasculho.

vastidão *s f* (<lat *vastitúdo,dinis*) **1** Qualidade do que é vasto/imenso. **Comb.** A ~ do mar [deserto/espaço sideral]. **2** Grande extensão/Amplidão. **Comb.** A ~ da planície. **3** *fig* Grandeza/Importância. **Comb.** A ~ de conhecimentos de um professor de História.

vasto, a *adj* (<lat *vástus,a,um*) **1** Que tem grandes dimensões/Amplo/Espaçoso/Imenso. **Ex.** As chamas destruíram uma ~a [grande] área de floresta. **2** Que atinge grande quantidade/importância. **Ex.** «ele é muito rico» Herdou um ~ [rico/importante] patrim[ó]nio. **3** Múltiplo/Variado. **Ex.** «ainda não escolheu o curso» O leque de opções é tão ~ que se torna difícil decidir.

vatapá *s m Cul Br* (<ioruba *vata'pa*) Iguaria brasileira que tem por base pão amolecido ou farinha de trigo a que se junta peixe desfiado, camarão, amendoim, castanha de caju, gengibre, leite de coco e outros condimentos.

vate *s m* (<lat *váte[i]s,is*) **1** Pessoa que faz oráculos/profecias/Adivinho. **2** Poeta.

vaticanista *s/adj 2g* (<top Vaticano + -ista) Pessoa conhecedora dos assuntos relativos ao Vaticano. **Ex.** A ~ portuguesa Aura Miguel acompanhou muitas das viagens papais de João Paulo II e de Bento XVI.

vaticano, a *adj/s m Maiúsc* (<lat *vaticánus mons*: monte vaticano, uma das sete colinas de Roma) **1** *adj* Relativo [Pertencente] ao ~. **Comb. Cidadania ~a. Jardins** [Museus] **~s. 2** Estado independente, cujo chefe é o Papa, confinado à Cidade do ~. **Ex.** O ~ como Estado soberano teve origem no acordo de Latrão (1929). **3** Santa Sé/Cúria Romana.

vaticinação *s f* (<vaticinar + -ção) A(c)to ou efeito de vaticinar/Profecia/Vaticínio.

vaticinador, ora *adj/s* (<vaticinar + -dor) (O) que vaticina. **Ex.** A estreia vitoriosa do novo treinador é ~ora duma equipa em recuperação.

vaticinante *adj 2g* (<vaticinar + -ante) Que prenuncia o que vai acontecer/Que vaticina/Vaticinador.

vaticinar *v t/int* (<lat *vaticínor,ári,átus sum*) Prever o futuro/Predizer/Profetizar. **Ex.** Com base nas medidas agora tomadas, o governo vaticina uma queda [descida] da inflação.

vaticínio *s m* (<lat *vaticínium, ii*) Predição/Profecia/Prognóstico. **Ex.** Nenhum dos treinadores quis fazer ~s sobre o resultado do jogo que vai ser disputado entre as equipas/es treinadas por eles.

vatídico, a *adj* (<vate + lat *dícere*: dizer) Que vaticina/Vaticinador.

vátua *adj/s m pl Etno* (<africano *vátua*) (Diz-se do) grupo étnico africano negro, heterogé[ê]neo, vizinho dos Bantos, que habita a região austro-oriental da África.

vau *s m* (<lat *vádum[s], i*) **1** Local pouco fundo de um rio, por onde se pode passar a pé. **Loc.** Passar [Atravessar] (um rio) a ~ [a pé]. **2** Banco de areia/Baixio. **Loc.** (Um barco) bater num ~. **3** *fig* Ocasião favorável/Ensejo. **Ex.** Pode ser que agora «com este novo emprego» tenha ~ de singrar na vida. **4** *Náut* Trave transversal onde assenta a coberta do navio. **Idi. De ~ a ~** [De lés a lés/De um extremo ao outro].

vavavá *s m Br col* (< on) Tumulto/Chinfrim/Algazarra.

vaza *s f* (<it *bázza*) Conjunto das cartas jogadas em cada lance e recolhidas pelo parceiro que ganha.

vazado, a *adj* (<vazar) **1** Que foi despejado/Derramado. **Comb.** Tonel [Pipa] que foi ~o/a. **2** Escavado/Furado. **Comb. Encostas ~as,** donde foi extraída pedra «granito/calcário». **3** Moldado/Modelado/Fundido. **Comb. Peça** «roda dentada/engrenagem» feita [moldada] **em aço ~. Estatuetas ~as** em bronze.

vazador, ora *s/adj* (<vazar + -dor) **1** (O) que vaza. **Ex.** O ~ vai [prepara-se para] encher os moldes com metal «ferro/bronze/latão» fundido [líquido]. **2** Instrumento para abrir furos «nas correias de couro»/Furador.

vazadou[oi]ro *s m* (<vazar + -dou[oi]ro) **1** Lugar onde se vazam líquidos/Sumidouro. **2** Lugar onde se despejam desperdícios/materiais sobrantes/lixo.

vazadura *s f* (<vazar + -dura) **1** A(c)to ou efeito de vazar. **2** Aquilo (Líquido ou sólido) que se despeja/vaza.

vazamento *s m* (<vazar + -mento) Operação [A(c)to ou efeito] de vazar. **Comb. ~ contínuo** [Instalação siderúrgica [metalúrgica] onde continuamente se vaza o aço [metal] líquido, formando *biletes* ou lingotes]. **~ em areia. ~ em coquilha** [molde metálico]. **~ dos desperdícios [restos]** «de materiais de construção» num vazadouro/numa monturreira. ⇒ vazão.

vazante *s f* (<vazar + -ante) **1** Movimento de refluxo das águas do mar entre a praia-mar e a baixa-mar. **2** Maré baixa/Baixa-mar. **3** Saída/Escoamento. **Ex.** A água da chuva inundou a casa porque a rua tem pouca [não tem] ~. **4** *fig* Que vaza/está a vazar. **Ex.** Não sei donde vem esta água; parece que há mais do que um cano ~.

vazão *s f* (<vazar + -ão) **1** A(c)to ou efeito de vazar/Vazamento/Escoamento. **Idi. Dar ~ a a)** *fig* Despachar (**Ex.** Não consegui dar ~ às encomendas/aos pedidos «por serem muitas/os»); **b)** Dar escoamento (**Ex.** O rio transbordou para as margens porque o leito não conseguiu dar ~ à enxurrada). **2** Volume de um líquido que escoa por uma se(c)ção transversal «dum tubo/canal» na unidade de tempo/Caudal. **3** Saída/Venda. **Comb.** Produto com grande ~ «quando é posto à venda, esgota-se rapidamente».

vazar *v t/int* (<vaziar <vazio + -ar¹) **1** Esvaziar/Despejar. **Loc.** ~ uma piscina «para limpeza e renovação da água». **2** Derramar/Entornar-se/Verter. **Ex.** «pinga a pinga» Vazou-se todo o vinho do pipo. A panela, a ferver, vazou água e apagou o lume. O pneu vaza, deve ter um pequeno furo. **3** Despejar o metal fundido (Líquido) nos moldes/nas lingoteiras. **Loc.** ~ um cadinho de bronze no molde «dum sino». **4** (A maré) refluir/baixar. **5** Tirar o conteúdo/Esvaziar. **Loc.** ~ os bolsos/o porta-moedas «à procura da chave de casa». **6** Fazer um furo/uma abertura/Furar/Atravessar. **Loc.** ~ furos num cinto de couro/no cabedal das botas «para meter ilhós». **7** Tirar o interior/Tornar oco. **Loc.** ~ o miolo duma cabaça. **8** *fig col* Ir-se embora/Desaparecer/Desandar. **Ex.** Quando se apercebeu que podia ser descoberto, vazou [desandou]/desapareceu/foi-se (embora)].

vaziamento *s m* (<vaziar + -mento) **1** Esvaziamento. **2** Doença do animal que defeca excessivamente.

vaziar *v t* ⇒ esvaziar.

vazio, a *adj/s m* (<lat *vacínus <vácuus, ua, uum*: desocupado, ~) **1** Que não contém nada ou contém apenas ar. **Comb.** «sentir a/estar com a» **Barriga ~a** [Fome]. **Celeiro ~. Com as mãos ~as** [Sem ter nada para oferecer] (**Ex.** Não vou aparecer em casa dos amigos «que me convidaram para uma festa de anos» de mãos ~as]. *Mat* **Conjunto ~** [que não tem nenhum elemento]. **Depósito** (do carro) **~. Garrafa ~a. Gaveta** [Mala] **~a. Tanque** [Piscina] **~o/a. 2** Desprovido de móveis/Sem nada dentro. **Comb. Casa** [Edifício] **~a/o. Sala** [Cozinha] **~a. 3** Sem ninguém/Desocupado. **Comb. Casa ~a** [desocupada/devoluta]. **Estádio ~. 4** Que não tem gente/pessoas/Despovoado. **Comb.** Aldeias [Ruas] **~as. 5** Sem recheio/Oco. **Comb.** Esfera ~ [oca(+)] (por dentro). **6** *fig* Insatisfeito/Irrealizado. **Ex.** Depois de uma noite de euforia «na discoteca» sentia-se ~o/a. **7** *fig* Frívolo/Fútil/Vão. **Comb.** Vidas [Dias] ~as/os «passadas/os na ociosidade». **8** *fig* Falho de inteligência/Sem ideias/Oco/Vão. **Comb.** Cabeça ~a [oca(+)/chocha(+)]. **9** *s m Fís* Ausência de matéria/Vácuo. **Ex.** O ~ absoluto não existe; traduz-se (em unidades de pressão) pelo grau de rarefação do gás «ar» existente num recipiente hermético. **10** *Fil* Privado de corpo. **Ex.** O ~ filosófico não tem existência real, é um ente de razão. **11** Parte da perna dianteira do bovídeo, junto à barriga, abaixo da pá.

vd. lat Abrev de *vide* = veja.

veação *s f* (<lat *venátio,ónis*: caça(da), ~) **1** Caça aos animais bravios «javali»/Montaria(+). **2** *Cul* Prato preparado com carne de caça grossa.

veado *s m* (<lat *venátus,us*: caça, produto da caça; ⇒ veação) **1** *Zool* Designação comum de várias espécies de mamíferos ruminantes artiodá(c)tilos, da família dos cervídeos, com chifres desenvolvidos, maciços e caducos, nos machos/Cervo. **Ex.** A fêmea do ~ é a corça. **2** O 24.º grupo do jogo do bicho, que abrange as dezenas 93, 94, 95 e 96.

vector/vectorial ⇒ vetor/vetorial.

Veda (Vé) *s m Rel Maiúsc* (<sân *veda*: conhecimento) Cada um dos quatro livros sagrados dos Hindus: Rigveda, Samaveda, Iajurveda e Atarveda.

vedação *s f* (<vedar + -ção) **1** A(c)to ou efeito de vedar. **2** Aquilo que veda/Muro/Rede/Sebe/Tapume. **Comb.** Terreno com [sem] ~. **3** ⇒ *fig* Proibição.

vedado, a *adj* (<vedar) **1** Que tem vedação. **Comb.** Quinta [Campo/Terreno] ~a/o «com muro/rede/sebe». **2** Proibido. **Comb.** Zona «de fábrica/convento» de acesso ~ [interdito(+)/proibido(o+)] ao público.

vedador, ora *adj/s* (<vedar + -dor) (O) que veda.

vedália *s f Zool* (<lat científico *Vedalia*) Inse(c)to coleóptero predador da cochinila dos citrinos. **Ex.** A ~ é oriunda da Austrália de onde foi levada para as Américas (Califórnia, Brasil) e outras regiões.

veda-luz *s f* ⇒ quebra-luz.

vedar *v t/int* (<lat *véto,áre,ui[ávi],itum*: proibir) **1** Guarnecer [Cercar] com vedação. **Loc.** ~ um terreno [quintal/jardim] com muro/rede/sebe. **2** Impedir o acesso/a passagem. **Loc.** ~ um poço/precipício «com um tapume». **3** Não permitir/Proibir/Interditar. **Loc.** ~ [Proibir(+)] a venda de bebidas alcoólicas «a menores». **4** Tapar/Estancar. **Ex.** Pus [Colei] um remendo no furo da câmara de ar do pneu, mas não vedou. Consegui ~ a torneira, já não pinga.

vedável *adj 2g* (<vedar + -vel) Que se pode vedar.

vedeta (Dê) *s f* (<it *vedetta*) **1** Posto de observação [Guarita] de sentinela, colocado/a em lugar alto. **2** *Náut* Pequeno navio de guerra, rápido, utilizado em missões de fiscalização e exploração. **Comb.** ~ da Guarda Costeira. **3** Artista que desempenha papéis importantes no teatro/cinema/A(c)tor [A(c)triz] principal dum espe(p)tá(c)culo. **4** Pessoa que num grupo se destaca pelas suas qualidades [aptidões] exce(p)cionais. **Comb.** ~ duma equipa/e «de futebol»/duma turma.

vedete *s f Br* ⇒ vedeta **3/4**.

vedetismo *s m* (<vedeta + -ismo) **1** Admiração excessiva pelas vedetas [pelos ídolos] do mundo do espe(c)táculo/desporto. **2** Comportamento arrogante de quem se julga vedeta importante.

védico, a *adj/s m* (<Veda + -ico) **1** Relativo aos Vedas. **2** *Ling* Língua religiosa do bramanismo, derivada do sânscrito.

vedo (Vê) *s m Br* (<vedar) Tapume.

vedor, ora (Vèdôr) *adj/s* (<ver + -dor) (O) que é entendido [conhecedor/perito] na descoberta de veios de água nos terrenos. **Ex.** Os ~es servem-se geralmente da varinha ou do pêndulo para dete(c)tar veios de água «e marcar o lugar da abertura de um poço». **Comb.** *Hist* ~ da Fazenda [Funcionário a quem competia a administração superior do patrimó[ô]nio real e da Fazenda Pública] (**Ex.** A instituição dos ~es da Fazenda evoluiu para a Fazenda Pública).

vedoria (Vè) *s f* (<vedor + -ia) **1** Cargo [Funções] do vedor (da Fazenda). **2** *Mil* Repartições criadas, em 1641, nos diversos se(c)tores do exército para fiscalizar as respe(c)tivas despesas.

vedro, a (Vé) *adj* (<lat *véter,eris*) Velho/Antigo. **Comb.** *top* **Alhos ~s.** *top* **Torres ~as.**

veeiro s m Br (<veia + -eiro) **1** Miner Depósito mineral tubular/Filão(+)/Veio(+). **Comb.** ~ aurífero. **2** Linha por onde parte uma pedra «de xisto» quando batida.

veemência s f (<lat *vehernéntia,ae*) **1** Qualidade do que é veemente. **2** Força impetuosa/Vigor/Ardor. **Ex.** A ~ das palavras do orador convenceu a assistência. **3** Intensidade/Violência(+). **Ex.** A ~ do vendaval fez enormes estragos.

veemente adj 2g (<lat *véhemens,éntis*) **1** Que se manifesta de forma enérgica/impetuosa/ardente. **Comb.** Paixão ~. **2** Enérgico/Forte/Vigoroso. **Ex.** A dedicação ~ [completa(+)] à reestruturação da empresa granjeou-lhe um enorme sucesso. **3** Caloroso/Entusiástico. **Ex.** A multidão recebeu-o com ~s aplausos.

veementemente adv (<veemente + -mente) «negar» Com veemência/Energicamente.

vegetação s f (<lat *vegetátio,ónis*) **1** A(c)to ou efeito de vegetar. **2** Conjunto das plantas que crescem em determinado local/Flora. **Comb.** ~ *espontânea* [própria duma região]. ~ *exótica* [trazida de outras regiões]. ~ *luxuriosa* [abundante/exuberante «dos Açores/da Madeira, Portugal»]. **3** Força com que se manifesta o desenvolvimento das plantas. **4** Med Formação de excrescências anormais na pele ou nas mucosas.

vegetal s m/adj 2g (<lat *vegétus,a,um*: vigoroso, robusto + -al) **1** Ser vivo [Planta] sem mobilidade própria, nem sensibilidade, que se alimenta de sais minerais e os transforma em matéria orgânica por a(c)ção da energia solar captada do exterior. **Ant.** Animal; mineral. **2** pl Alimentos, geralmente de cor verde «alface/couve/nabo», ricos em vitaminas, utilizados na alimentação/Hortaliça/Legumes/Verdura. **3** adj Que vegeta. **4** Que pertence [se refere] às plantas. **Comb.** *Espécies ~ais. Reino ~.* **5** Que é obtido a partir de plantas. **Comb.** *Carvão ~. Óleo ~. Papel ~* [com cara(c)terísticas especiais de consistência e rigidez, translúcido, utilizado em desenho e em embalagens alimentares].

vegetalizar v t (<vegetal + izar) Dar forma [aparência] de vegetal.

vegetante adj 2g (<lat *végetans,ántis*) **1** Que vegeta/dá origem a vegetação. **2** Med Que se desenvolve à superfície com aspe(c)to rugoso ou esponjoso. **Comb.** *Tumor ~.*

vegetar v int (<lat *végeto,áre,átum*) **1** (Uma planta) desenvolver-se/Medrar. **2** fig Desenvolver-se de forma exuberante/Florescer/Pulular. **3** fig Viver sem interesse/ideal/ Passar os dias apático/sem a(c)tividade. **Ex.** «drogados» Andam para aí, não vivem, vegetam. ⇒ vegetativo **4**.

vegetarianismo s m (<vegetariano + -ismo) Regime dietético à base de vegetais (e também de leite e ovos), que exclui a carne e o peixe.

vegetariano, a [vegetarista] s/adj (<fr *végétarien* [*végétariste*]) **1** Pessoa que se alimenta à base de vegetais e, nalguns casos, também de leite e ovos mas excluindo outros produtos de origem animal. **2** Relativo ao vegetarianismo. **Comb.** *Restaurante ~.*

vegetativo, a adj (<vegetar + -tivo) **1** Que vegeta/faz vegetar. **Comb.** *Condições ~as. Fase [Período] ~a/o.* **2** Relativo [Pertencente] às plantas. **Comb.** *Vida ~a.* **3** Biol Diz-se do grau mais baixo das manifestações vitais, cara(c)terizadas por realizarem apenas as funções de nutrição, crescimento e reprodução. **Ex.** A vida ~ contrapõe-se à vida sensitiva (Dos animais) e intelectiva (Racional/Humana, do homem). **Comb.** *Sistema nervoso ~* (Simpático e Parassimpático) [Parte do sistema nervoso que produz movimentos involuntários ou inconscientes]. **4** Que está reduzido à a(c)tividade fisiológica e privado das funções intelectual e emotiva/Inconsciente e ina(c)tivo «ligado à máquina, no hospital». **Loc.** (Alguém) estar em estado ~ [em coma].

veia s f (<lat *véna,ae*) **1** Anat Vaso sanguíneo que transporta o sangue de qualquer parte do corpo para o coração. **Idi.** *Ferver o sangue nas ~s* **a)** Sentir-se jovem/ cheio de força/energia/idi Ter sangue na(s) guelra(s); **b)** Irritar-se/Zangar-se. *Gelar-se o sangue nas ~s* [Sentir muito medo/Ficar aterrorizado «ao ver tão grande ferocidade»]. **Comb.** ~ *cava* superior/inferior. ~ *pulmonar.* **2** Bot Nervura pouco saliente e ramificada das folhas das plantas. **3** Veio de água. **Ex.** Na escavação da vala «para os alicerces da casa» cortaram uma ~ provocando uma inundação que foi difícil estancar. **4** Filão de minério. **Comb.** A ~ piritosa estende-se por alguns quiló[ô]metros. **5** Corrente de água. **Comb.** ~ *fluvial.* **6** Via de comunicação. **7** fig Tendência/Inclinação/Vocação. **Loc.** Ter ~ para «a música». **Comb.** ~ *artística* [poética/humorística].

veiculação (Ve-i) s f (<veicular¹ + -ção) **1** A(c)to ou efeito de veicular. **2** Transporte(+)/Condução. **Comb.** Meios «terrestres/ fluviais/aéreos» de ~ de mercadorias. **3** Difusão/Propagação. **Comb.** ~ [Transmissão] duma notícia/convocatória «pela Internet/por SMS».

veicular¹ (Ve-i) v t (<veículo + -ar¹) **1** Transportar. **Loc.** ~ toda a produção da fábrica «para os clientes» por meio de uma empresa de distribuição. **2** Transmitir/Difundir. **Ex.** A comunicação social, por vezes veicula como certas [verdadeiras/fidedignas], notícias que são [não passam de] meras suposições. **Loc.** ~ o vírus duma doença.

veicular² (Ve-i) adj 2g (< veículo + -ar²) **1** Respeitante a [Próprio de] veículo. **Comb.** *Grua ~* [montada num veículo/ Autogrua(+)]. *Oficina* de reparação ~ [de veículos(+)]. **2** Que veicula/conduz/transporta. **Comb.** *Canalização ~* da água de abastecimento domiciliário. *Agente ~* [Ve(c)tor/Transmissor(+)] duma doença.

veículo s m (<lat *vehículum,i*) **1** Qualquer meio de transporte/Viatura. **Ex.** Do choque [embate/Da colisão] dos dois ~s resultaram vários feridos graves. **Comb.** ~ *de carga* [mercadorias]. ~ *de passageiros.* ~ *de tra(c)ção animal.* ~ *ligeiro* [pesado]. ~ *motorizado* [automóvel]. **2** Meio de transmissão/Ve(c)tor. **Ex.** Os inse(c)tos «moscas/mosquitos» são ~s transmissores de várias doenças. A língua (é) um ~ de transmissão da cultura. A linguagem «falada/ escrita/gestual» é o principal ~ [meio] de comunicação entre as pessoas. **3** Farmácia Substância em que se diluem os princípios a(c)tivos de um medicamento.

veiga s f (< ?) Planície fértil/Várzea.

veio s m (<veia) **1** Faixa [Lista/Racha] comprida e estreita que pela sua natureza ou cor se distingue da substância que a circunda. **Comb.** ~s da madeira [do mármore]. **2** Miner Zona duma mina onde se encontra o minério/Filão/Br Veeiro. **Comb.** Maciço rochoso de quartzo com ~s de volfrâmio (Volframite). **3** Fio de água corrente/Riacho/Veia. **4** Mec Órgão mecânico para transmissão de potência através de movimento de rotação. **Ex.** Os ~s mais frequentes são cilíndricos, maciços e de aço.

-vel suf (<lat *-bilis,* e «*amabilis*») Que pode ou deve «aconselhar-se: aconselhá~»/ Passível de/Susce(p)tível de: *agradável, comestível, desculpável, transitável.* ⇒ -*ável; -ével; -ível; -óvel; -úvel.*

vela¹ s f Náut (<lat *vela,ae* pl de *vélum,i*: véu) **1** Peça de tecido, geralmente triangular ou quadrangular, que, montada num mastro e impulsionada pelo vento, faz mover um barco ou a mó dum moinho. **Loc.** *Amainar* [*Arriar/Colher*] *a ~* [Recolher a ~ para que deixe de ser impulsionada pelo vento]. *Abrir* [*Desfraldar/Içar*] *a ~* [Colocar a ~ no mastro em posição de receber a a(c)ção do vento]. **Idi.** *Fazer-se à ~* [Começar a navegar/Iniciar a viagem]. *Ir-se à ~* [Perder-se/Gorar-se] (Ex. Tinha uma grande quantidade de texto escrito no computador, não o tinha guardado, faltou a luz (Ele(c)tricidade), foi-se tudo à ~!). **2** (D)esp Modalidade praticada com barcos a ~ «regatas/cruzeiros/travessias oceânicas».

vela² s f (<velar²) **1** Rolo cilíndrico feito com uma substância gordurosa «cera/estearina/sebo» com um pavio no interior a todo o comprimento, e que serve para alumiar. **Ex.** No culto cristão, a ~ acesa significa a fé em Jesus Cristo, Luz do mundo. **Loc.** Estudar à luz da ~. **2** A(c)to de velar/Vigília. **Idi.** *Andar* «com o peito/as pernas» *à ~* [sem nada [vestuário] a cobrir]. *Estar de ~* «num hospital» [de vigilância/assistência «aos doentes» durante a noite]. **3** Mec Peça dos motores de explosão onde se produz a faísca. **4** Fís Antiga unidade de medida da intensidade luminosa.

velada s f (<velar+-ada) Vigília/Vela. **Comb.** *Hist ~ de armas* [Cerimó[ô]nia dos antigos cavaleiros que passavam a noite numa igreja em oração e vigia às armas com que iam ser armados no dia seguinte].

veladamente adv (<velado + -mente) De modo velado/Às escondidas/Disfarçadamente. **Ex.** Ele «que não estava a gostar do modo como decorria a assembleia», ~, fez-me sinal para abandonarmos a [sairmos da] sala.

velado¹, a adj (<lat *velátus,a,um*) **1** Coberto com véu. **Comb.** «noiva» Com o rosto ~. **2** Encoberto/Oculto. **Ex.** Alguma coisa mexe, ~a, atrás da sebe. **3** Dissimulado/ Disfarçado. **Ex.** De forma ~a, foi dando a entender que conhecia o [estava a par do] caso. **4** Enfraquecido/Fraco. **Comb.** *Voz ~a* [sumida(+)/fraca].

velado², a adj (<velar²) **1** Vigiado/Guardado. **Comb.** Casa ~a por um guarda. **2** Passado em vigília/sem dormir. **Comb.** Noite ~a à cabeceira dum doente.

velador, ora s/adj (<velar² + -dor) (O) que vela/está de vigília. **Ex.** «nos hospitais/ lares de idosos» Durante a noite, há ~es [vigilantes(+)] prontos a cuidar das necessidades dos doentes/idosos. **2** ⇒ Suporte vertical onde se coloca uma vela/candeia para iluminar/Candeeiro/Castiçal.

veladura¹ s f (<lat *velatúra,ae*) **1** A(c)to de encobrir/velar/tapar. **2** Aquilo que tapa/ cobre/vela/Venda. **3** Arte Ligeira demão de tinta que deixa transparecer a que está por baixo para suavizar a tonalidade.

veladura² s f (<velar + -dura) Tempo durante o qual se vela/Vigília.

velame s m (<lat *velámen,inis*) **1** Náut Conjunto das velas duma embarcação «caravela/nau». **2** Cobertura/Invólucro.

velâmen [velame] s m Bot (<lat *velámen, inis*) **1** Membrana que envolve muitas raízes aéreas «das orquídeas» formada por várias camadas e que tem o aspe(c)to semelhante a um pergaminho. **2** Br Arbusto da família das euforbiáceas, *Croton astro-*

gynus, coberto de lanugem, com aplicações terapêuticas.

velamento s m (<lat *velaméntum,i*) **1** A(c)to ou efeito de velar/cobrir. **2** ⇒ Cobertura/Envoltório/Véu. **3** ⇒ Disfarce.

velar[1] v t (<lat *vélo,áre,átum*) **1** Cobrir com véu. **Loc.** «mulher muçulmana» ~ o rosto «antes de sair à rua». **2** fig Tapar(-se)/Encobrir(-se)/Ocultar(-se). **Ex.** «ao pressentir gente» O ladrão tentou [procurou/esforçou-se por] ~-se num recanto escuro do jardim «mas foi descoberto». **3** fig Diminuir a intensidade luminosa. **Loc.** Fechar a cortina/o estore para ~ a luz do sol.

velar[2] v t/int (<lat *vígilo,áre,átum*) **1** Estar de guarda/Vigiar. **Ex.** Os seguranças velam os passos do Presidente da República «quando ele se encontra em digressão pelo país». **2** Ficar acordado, em vigília. **Ex.** «no acampamento de jovens escuteiros» Já todos dormiam mas o chefe velava. **3** Assistir doentes durante a noite/Estar de vela «num hospital». **4** Passar (parte d)a noite junto de um defunto/Estar num velório. **Loc.** ~ um morto. **5** fig Tomar cuidado/Empenhar-se. **Ex.** As mães velam para que não falte nada aos filhos.

velar[3] adj 2g Ling (<lat *vélum,i*: véu + ar[2]) (Diz-se) do som/de consoante produzido/pronunciada pelo conta(c)to da língua com o véu palatino.

velatura s f ⇒ veladura 3.

veleidade s f (<lat *velleitáte* <*véllem*: eu quereria) **1** Pretensão [Desejo] que não chega a realizar-se/Ambição irrealista. **Ex.** «quando jovem» Alimentava a ~ de vir a ser uma famosa estrela de cinema «mas nunca passou de empregada de balcão». **2** Assomo de vaidade/Fantasia. **Ex.** Tinha a ~ de se fazer passar por muito rico mas os amigos nunca o levaram a sério. **3** Ligeira inclinação/Tendência. **Ex.** Não poderá ser considerado um poeta, embora, na juventude, tenha escrito algumas ~s em verso. **4** Imprudência/Leviandade/Volubilidade. **Ex.** É uma rapariga [moça] brincalhona e espalhafatosa mas não se lhe conhecem ~s.

veleiro[1], **a** s/adj (<vela[1] + -eiro) **1** (O) que se desloca à vela. **Ex.** Os ~s já estão alinhados para iniciar a regata. **Comb.** (Barco) ~. **2** Fabricante de velas para barcos.

veleiro[2], **a** s/adj (<vela[2] + -eiro) **1** (O) que «nos conventos de clausura» tem a seu cargo o serviço externo «compras/recados». **2** Fabricante de velas «de cera». **Sin.** Cirieiro(+).

velejador, ora adj/s (<velejar + -dor) (O) que navega à vela. **Ex.** O mar tempestuoso causou sérios problemas aos ~es que faziam a travessia atlântica.

velejar v int (<vela[1] + -ejar) Navegar à vela. **Ex.** Passava muitas horas a ~; era o seu passatempo/desporto [esporte] favorito.

veleta s f (<it *velleta*: pequena vela colocada no topo dos mastros) **1** Cata-vento. **2** fig Pessoa volúvel.

velhacaria s f (<velhaco + -aria) Procedimento de pessoa velhaca/malévola/traiçoeira/Maldade/Patifaria. **Ex.** A revolução «de 25 de abril de 1974, em Portugal» deu azo a que se cometessem muitas ~s «os chamados saneamentos políticos».

velhaco, a adj/s (<esp *bellaco*) **1** (O) que é manhoso/traiçoeiro/fingido. **Ex.** «o sobrinho» Foi um grande ~: mostrou-se muito amigo dos tios idosos até eles lhe doarem a casa; depois nunca mais quis saber deles [depois abandonou-os por completo]. **Comb.** *Atitude* ~*a*. *Sorriso* ~. **2** ⇒ Libertino/Devasso.

velhada (Vè) s f (<velho + -ada) **1** Conjunto de velhos. **Ex.** À tarde, toda a ~ [, todos os velhotes(+)] se junta «a cavaquear» no largo da aldeia. **2** A(c)to [Dito/Costume] próprio de velhos/Coisa antiquada. **Ex.** Temos que [Devemos/É conveniente] substituir a ~ destas músicas [destes cânticos] «do tempo da minha avó». **3** pej Os velhos/Velhacada.

velharia (Vè) s f (<velho + -aria) **1** Obje(c)to antigo de pouco valor. **Ex.** Preciso de arrumar [dar volta a] o sótão e deitar fora [e jogar no lixo] uma quantidade de ~s que já não servem para nada. **2** Velhada 1/2.

velhice s f (<velho + -ice) **1** Estado do que é velho. **Comb.** Prédios degradados, a cair de ~. **2** Último período da vida humana, depois da idade madura. **Ex.** Preocupava-se muito com a ~, mas acabou por não chegar lá, morreu muito novo. Espero poder gozar uma ~ descansada. **Comb.** *Pensão de* ~. *Prote(c)ção social na* ~. **Ant.** Juventude; força da vida. **3** Antiguidade/Vetustez. **Ex.** «móvel antigo» Da ~ [antiguidade(+)] é que lhe vem o valor [É valioso por ser velho/antigo]. **4** fig Próprio de pessoa velha/Rabujice. **Ex.** Não posso aturar tanta ~ [resmunguice(+)/rabujice(o+)] «resmunga o dia inteiro/para ela nada está bem».

velhinho, a (Vè) adj/s (<velho + -inho; ⇒ velhote) **1** dim «carinhoso» de velho. **2** (O) que tem muita idade/muito/uso/(O) que é antigo. **Ex.** Ele foi sempre muito carinhoso com os ~s. Estes sapatos já são muito ~s; uso-os porque são muito confortáveis. **Comb.** *Um carro* ~. *Uma avó* ~*a*.

velho, a (Vè) adj/s (<lat *vétulus,a,um*, dim de *vétus, eris*) **1** (O) que tem muita idade/Idoso. **Ex.** O patrão é um ~ muito exigente e rabujento. Os ~s «dos lares de idosos» gostam muito de (ter) visitas. **Comb.** ~*a guarda* a) Guarda constituída por soldados veteranos; b) (Num grupo ou associação/organização) idi Aqueles que são mais antigos «fundadores do partido». idi ~ *como a Sé de Braga* [Muito antigo]. idi ~ *e relho* [Muito ~]. Hist/Rel fig ~*s Católicos* [Igreja cismática que teve origem num grupo alemão de adversários da definição dogmática da infabilidade pontifícia, pelo Concílio Vaticano I]. *Homem* [*Mulher*] ~*o/a*. **Ant.** Jovem; novo. **2** (O) que tem mais idade do que outro. **Ex.** Ele é o mais ~ dos irmãos. O carro ~ é mais econó[ô]mico [gasta menos combustível] do que este que comprei agora. **3** Que não é recente/Antigo(+). **Comb.** *Uma canção* [música] *muito* ~*a* «do tempo da minha avó». *Vinho* ~. **Sin.** Antiquado; obsoleto. **Ant.** A(c)tual; moderno; novo. **4** Que tem muito uso/Usado/Gasto. **Ex.** Em casa trago [uso] esta roupa ~*a*, mas não vou sair à rua assim [com ela] «pareceria um(a) pedinte». **Ant.** Em bom estado; novo; recente. **5** Que é antigo numa profissão/função/cargo. **Ex.** Os trabalhos mais fáceis são sempre para os ~s. A empresa despediu muitos empregados; só ficaram os ~s. **6** Que está a chegar ao fim. **Comb.** *Ano* ~. *Lua* ~*a* (⇒ quarto minguante).

velhote, a (Vèlhó) adj/s (<velho + -ote; ⇒ velhinho) **1** Dim «familiar» de velho. **2** (O) que está velho/De idade avançada. **Ex.** Os avós da minha amiga são uns ~s muito simpáticos. Hoje vou almoçar com os meus pais [fam meus ~s]. O carro é ~ mas está bem conservado. **2** Que já não é novo/Que tem bastante uso. **Comb.** *Mobília* ~*a* «a pedir substituição/reforma».

velino sm (<fr *vélin*) **1** Pergaminho feito de pele de vitela. **2** Papel branco semelhante ao pergaminho.

velo (Vé) s m (<lat *véllus,eris*) **1** Lã dos animais lanígeros. **2** Pele desses animais com a respe(c)tiva lã. **3** Lã cardada. **4** fig Cabelo enrolado em caracol.

velocidade s f (<lat *velócitas,átis*) **1** (No movimento uniforme) relação entre o espaço percorrido e o tempo gasto no percurso/Espaço percorrido na unidade de tempo. **Ex.** A ~ exprime-se, por exemplo, em km/h, m/s, rpm, ... **2** Qualidade do que é veloz/Celeridade/Rapidez. **Ex.** A ambulância passou aqui a toda a [aqui com muita] ~. **Comb.** Med ~ *de sedimentação* [exprime o tempo ao fim do qual os glóbulos vermelhos do sangue se depositam no fundo do tubo utilizado nesse tipo de análises]. ~ *instantânea* [A que se verifica em determinado momento]. ~ *média* [Quociente entre a distância percorrida por um móvel e o tempo gasto no percurso]. Mec *Caixa de* ~*s* [Sistema de engrenagens que permite alterar a relação entre a ~ de rotação do motor e a ~ do veículo]. *Corredor* [Atleta] *de* ~. *Prova* «corrida dos cem metros» *de* ~. **3** Fís Derivada do ve(c)tor de posição de um ponto móvel, em ordem ao tempo, dx/dt.

velocímetro s m (<lat *vélox,ócis* + -metro) Instrumento que serve para avaliar a velocidade. **Ex.** Os ~s dos automóveis estão geralmente montados juntamente com os conta-quiló[ô]metros.

velocino s m (<lat *velluscínum*, dim de *véllus,eris*; ⇒ velo) **1** Pele de ovelha/carneiro com a lã/Velo. **2** Mit O carneiro do velo de ouro.

velocípede s m/adj (<lat *vélox,ócis*: veloz + -pede) **1** Veículo de duas (às vezes três) rodas movido a pedais/Bicicleta. **Comb.** ~ com motor [equipado com motor auxiliar de cilindrada inferior a 50 cm³]. **2** adj Que tem pés velozes. **3** Que corre muito.

velocipedia[pedismo] s (<velocípede+-...) Desporto [Esporte] com velocípedes/Ciclismo(+).

velocista s 2g Br (<veloc(idade) + -ista) Pessoa especialista em [que pratica] corridas de velocidade.

velódromo s m (D)esp (<velo(cidade) + gr *dromos, ou*: lugar) Recinto onde se efe(c)tuam corridas de velocípedes.

velório s m (<velar+-ório) A(c)to de velar um defunto durante a noite juntamente com outras pessoas.

veloso, a (Ôso, Ósa, Ósos) adj (<lat *villósus,a,um*) **1** (Diz-se de ovelha/carneiro) que tem velo/Lanoso. **2** Que tem pelos/Peludo/Felpudo.

veloz (Lós) adj 2g (<lat *vélox,ócis*) Que se movimenta com rapidez/Rápido/Célere. **Ex.** O superlativo de ~ é velocíssimo. **Comb.** Animal «cavalo» ~. **Ant.** Lento; vagaroso.

velozmente adv (<veloz + -mente) A [Com] grande velocidade/Rapidamente. **Ex.** Vi a ambulância passar ~ com a sirene a tocar. A águia lança-se [cai] ~ sobre a presa. As más notícias correm [difundem-se] ~.

veludinho/a s Br Bot (<veludo + -inho/a) **1** Pequena árvore nativa de países sul-americanos da família das rubiáceas, *Guettarda uruguayensis*, cuja madeira é usada para caibros e que dá frutos comestíveis. **2** Veludo pouco encorpado.

veludo s m (<lat *villútus,a,um* <*víllus,i*: pelo) **1** Tecido de seda ou algodão e também de fibras sintéticas, com pelo denso e curto muito macio, numa das faces. **Comb.** *Casaco de* ~. *Cortinados de* ~. **2** fig Subs-

tância [Obje(c)to] cuja superfície é muito macia. **Comb.** *Papel de ~. Pele de ~.*
veludoso, a (Ôso, Ósa, Ósos) *adj* (<veludo + -oso) Macio como o veludo/Aveludado.
venação *s f* (<lat *véna,ae*: veia + -ção) Disposição das veias num organismo.
venado, a *adj* (<lat *véna,ae*: veia/veio + -ado) **1** Que tem veias/os. **Comb.** *Braço ~/*com veias. *Madeira ~a/*com veios. **2** Que tem nervuras/raios salientes. **Comb.** Folha ~a/com veios.
venal *adj 2g* (<lat *venális,e*) **1** Que se vende/pode vender ou comprar. **Comb.** Valor venal «dum bem já amortizado». **2** *fig* Que se deixa subornar/corromper/Corrupto(+). **Comb.** Funcionário ~.
venalidade *s f* (<venal 2 +-i-+ -dade) Condição [Cara(c)terística] de venal. **Comb.** «juiz» Conhecido pela sua ~.
venalizar *v t* (<venal 2 + -izar) **1** Tornar venal. **2** Corromper/Subornar.
venatório, a *adj* (< lat *venatórius, a, um*) Relativo à caça/Cinegético. **Comb.** *Arte ~a. Artigos ~os. Época ~a.*
vencedor, ora *adj/s* (<vencer + -dor) **1** (O) que vence. **Comb.** *Exército ~es. Uma guerra «do Iraque» sem ~es.* **2** (O) que obtém vitória sobre os concorrentes. **Ex.** A prova «corrida de automóveis Fórmula 1» teve um ~ inesperado. *Equipa/e «Benfica» ~ora «da Taça de Portugal de futebol».* **3** *fig* (O) que obtém sucesso ultrapassando grandes dificuldades. **Ex.** «numa doença grave» Saiu ~ porque nunca desistiu de lutar.
vencer *v t/int* (<lat *vínco,ere,víci,víctum*) **1** Obter vitória/Triunfar em/Ganhar. **Ex.** O pugilista venceu o adversário «por KO». Os aliados venceram a 2.ª Guerra Mundial. **Ant.** Perder; ser derrotado. **2** Ultrapassar dificuldades/Suplantar/Superar. **Ex.** «era considerado clinicamente perdido mas» Conseguiu ~ a doença «cancro/câncer». Trabalhou [Estudou] muito para ~ o ano [para passar de ano/para ser aprovado nos exames]. **3** Dominar/Reprimir/Subjugar. **Loc.** ~ o medo/a timidez/as paixões. **4** Atingir um fim/obje(c)tivo/Ter êxito/Ultrapassar dificuldades/Triunfar. **Ex.** Ele «O Comendador» venceu na vida à custa de muito trabalho e grandes sacrifícios. **5** Persuadir/Convencer. **Ex.** Na discussão, (quem) venceu (foi) o interlocutor que apresentou argumentos irrefutáveis. Venceu [*idi* Levou a dele avante] pela teimosia. **6** Fazer um percurso completo/Cobrir uma distância. **Ex.** O (ciclista) 2.º classificado venceu o contrarrelógio com apenas menos dez segundos que o primeiro. **7** (Uma letra/Um título de crédito) atingir a data do pagamento. **Ex.** Pediu-me dinheiro emprestado para pagar a letra que (se lhe) vence no fim do mês. **8** Terminar [Acabar/Expirar] um prazo. **Ex.** Ainda se pode inscrever «no curso» porque o prazo para as inscrições ainda não venceu [terminou(+)]. **9** Ter direito a benefício financeiro/Auferir. **Ex.** Os depósitos à ordem, geralmente, não vencem juros.
vencibilidade *s f* (<vencível +-i-+ -dade) **1** Qualidade do que é vencível. **Ex.** A ~ [derrota(+)] da equipa visitante «última classificada» era mais do que [era tida como] certa. **2** Expiração do prazo «de pagamento». **Ex.** A ~ do empréstimo foi adiada por seis meses.
vencida *s f* (<vencido) A(c)to de vencer. **Idi.** *Levar de ~* [Dominar/Vencer] o inimigo/todos os adversários (Sin. Levar tudo raso).
vencido, a *adj/s* (<vencer) **1** (O) que foi dominado/derrotado. **Ex.** No exército ~ reinava o desânimo. Os ~s «no torneio de futebol» regressaram a casa tristes e envergonhados. **Idi.** *Dar-se por ~* [Desistir por reconhecer que não é capaz de vencer/Reconhecer a derrota] (Ex. Não vale a pena continuar o jogo, dou-me por vencido «em mais três jogadas iria sofrer xeque ao rei»). **Comb.** *~ mas não convencido* [que considera injusta [imerecida] a derrota]. **2** Superado/Ultrapassado. **Comb.** Dificuldade [Doença/Medo] ~a/o. **3** Cujo prazo de pagamento expirou. **Comb.** *Juros ~s. Letra ~a.* **4** *s* Pessoa que, perante as dificuldades da vida, não tem ânimo para continuar a lutar. **Comb.** *Liter* "Os ~s da Vida" [Grupo de figuras de relevo no meio literário e político português de finais do séc. XIX «Antero de Quental, Ramalho Ortigão, Eça de Queirós, Oliveira Martins, Guerra Junqueiro, …» cara(c)terizado pelo pessimismo e frustração nos desejos de reconstruir a sociedade].
ve[i]nci[e]lho *s m* (<lat *vincículum*: ligadura <*vincíre*: atar) ⇒ vincilho.
vencimento *s m* (<vencer + -mento) **1** A(c)to ou efeito de vencer/Vitória. **Loc.** Festejar o ~ do [a vitória no(+)] campeonato «de futebol». **2** Termo do prazo para pagamento «duma letra»/para recebimento «de juros». **Ex.** A reforma duma letra deve ser proposta antes da data do (seu) ~. **3** Ordenado/Salário. **Loc.** *Pedir uma licença* [dispensa prolongada do trabalho] *sem ~. Pagar os ~s aos empregados. Ter um ~ elevado* [Ganhar bem/acima da média].
vencível *adj 2g* (<vencer + -vel) Que se vence/pode vencer/Derrotável. **Comb.** Adversário [Opositor] (facilmente) ~. **Ant.** In~.
venda[1] *s f* (<vender) **1** A(c)to ou efeito de vender. **Ex.** Fez a ~ de todas as propriedades para investir numa fábrica «de móveis». **Loc.** Ter muita ~/saída [Vender-se em grande quantidade/Ter muita procura]. **Comb.** Casas [Prédios/Apartamentos] para ~. **Ant.** Compra. **2** A(c)tividade econó[ô]mica que consiste na transferência da posse de alguma coisa mediante pagamento do respe(c)tivo preço. **Comb.** *~ a dinheiro* [com pagamento imediato]. *~ a prestações. ~ a retalho* [à peça/em pequenas quantidades]. *~ por grosso/junto* [em grandes quantidades]. *Negócio de compra e ~.* **3** Estabelecimento comercial onde se podem adquirir artigos de primeira necessidade «géneros alimentícios/utilidades domésticas/bebidas»/Loja(+). **Ex.** Mandou a filha à ~ comprar fósforos, arroz e detergente para a loiça. ⇒ taberna; quitanda; mercado.
venda[2] *s f* (<fr *ba[e]nde*) Tira [Faixa] geralmente de pano com que se tapam os olhos. **Ex.** Os assaltantes puseram-lhe uma ~ nos olhos para que não os reconhecesse.
vendar *v t* (<venda[2] + -ar[1]) **1** Tapar [Cobrir] «os olhos» com venda. **2** *fig* Perturbar a mente/o raciocínio/Cegar. **Ex.** A fúria vendou-lhe o juízo/discernimento [não o/a deixou pensar].
vendaval *s m* (<fr *vent d'aval*: vento de baixo, da costa) **1** Vento forte e tempestuoso, geralmente acompanhado de chuva intensa/Borrasca/Temporal/Tempestade. **Ex.** Esta noite, o ~ derrubou muitas árvores. Um forte ~ [temporal(+)] abateu-se sobre a região e fez enormes estragos. **2** *fig* Grande agitação/Tumulto. **Ex.** No final do jogo, as claques envolveram-se num ~ [*gír* arraial] de insultos e pancadaria.
vendável[1] *adj 2g* (<venda[1] + -vel) Que se vende/pode vender/Que tem venda/procura/Vendível(+). **Comb.** Artigo (muito) ~.
vendável[2] *adj 2g* (<vendar + -vel) Que se pode vendar/ocultar/disfarçar. **Ex.** Os estragos «riscos/mossas» no automóvel são demasiado extensos para serem ~eis [para que não se notem(+)].
vendedor, ora, deira *s/adj* (<vender + -dor) (O) que vende. **Comb.** *~ de automóveis. ~deira de hortaliça* [peixe/fruta] «na praça».
vendedou[oi]ro, a *s m/adj* (<vender + -dou[oi]ro) **1** Lugar onde se vende. **Ex.** Pescadores artesanais, tiravam os peixes das redes e logo faziam um ~ na praia. **2** *adj* Em condições de ser vendido. **Ex.** A fruta «maçãs/peras» daqui por uma ou duas semanas já estará ~a [criada/desenvolvida].
vendeiro, a *s* (<venda[1] + -eiro) O que vende/tem uma venda/Merceeiro/Logista(+).⇒ taberneiro.
vender *v t* (<lat *véndo,ere,véndidi,vénditum*) **1** Ceder a posse de alguma coisa a troco de dinheiro. **Ex.** Vou ~ o meu apartamento porque quero comprar outro maior. A senhora vendeu as joias para pagar dívidas do marido. **Idi.** *~ saúde* [Ter aspe(c)to saudável/Estar em boa condição física] (Ex. Parecia que vendia saúde e morreu em pouco tempo «vitimado por um cancro»). *Para dar e ~* [Em grande quantidade/Muito] (Ex. Fizeste comida (que chega) para dar e ~ «alguma vai acabar por se estragar»). **2** Ter um estabelecimento/negócio de venda/Ter a profissão de vendedor. **Ex.** O quiosque vende jornais, revistas, tabaco, … Ela vende [tem banca] na praça. **3** Trair/Denunciar. **Ex.** Ele vendeu o patrão; apanhou-lhe os segredos do negócio «a carteira de clientes» e foi trabalhar para a concorrência. **4** Conceder favores a troco de dinheiro/Deixar-se subornar. **Ex.** O árbitro vendeu-se por [a troco de] um relógio de ouro.
vendeta (Dê) *s f* (<it *vendetta*) **1** Espírito de vingança por ofensas entre famílias na Córsega. **2** Vingança(+) praticada através de ofensa semelhante à recebida/Vindicta(+).
vendido, a *adj* (<vender) **1** Que foi cedido por dinheiro. **Ex.** «laranjas, já não tenho» Foram todas ~as. **2** Que se deixou subornar. **Ex.** «sofrer tão grande goleada» Só com o guarda-redes [goleiro] ~! **3** Contrariado/Contrafeito. **Ex.** «o ambiente não era o meu, não conhecia ninguém» Passei o serão ~.
vendilhão, ona *s* (<vender + -ilho + -ão) Pessoa que vende na rua/Vendedor ambulante/Bufarinheiro. **Comb.** ~ões do Templo **a)** *Hist* Vendedores [Cambistas] instalados nos átrios do Templo de Jerusalém e que foram expulsos por Jesus Cristo; **b)** *fig* Pessoas que exploram a religião para enriquecer.
vendível *adj 2g* (<vender + -vel) **1** Que se pode vender. **2** Que tem boa [muita] venda/procura. **Comb.** Produto «queijo da serra» ~.
veneno (Nê) *s m* (<lat *venénum,i*) **1** Produto tóxico capaz de prejudicar a saúde ou destruir a vida. **Ex.** O cianeto de potássio é um ~ mortífero [muito perigoso/tóxico]. **2** Secreção tóxica de alguns animais/Peçonha. **Comb.** ~ de cobra-cascavel [víbora]. **3** O que pode ser nocivo para a saúde. **Ex.** O tabaco é um ~ para os pulmões. **4** *fig* Tudo o que corrompe moralmente. **Ex.** Os espe(c)táculos degradantes «filmes violentos/pornográficos» são um ~ para as

venenosidade

crianças e os adolescentes. **5** *fig* Pessoa de má índole que causa dano aos outros. **Ex.** Aquela mulher é um ~; cria inimizades, mete intrigas [*idi* arranja sarilhos] com toda a gente. **Idi. Deitar [Meter] ~ em** [Atribuir intenções malévolas/Deturpar a verdade].

venenosidade *s f* (<venenoso +-i-+ -dade) **1** Cara(c)terística do que é venenoso. **2** Malvadez/Malignidade.

venenoso, a (Ôso, Ósa, Ósos) *adj* (<veneno + -oso) **1** Que tem [produz] veneno/Tóxico. **Comb. Animal** «víbora» **~. Planta** «cogumelo» **~a. Produto** «medicamento» **~. 2** Que corrompe moralmente. **Comb. Companhia** «traficante de droga» **~a. Filme ~. 3** Que resulta de intenção maldosa. **Comb.** Dito [Comentário/Observação] ~o/a.

venera (Né) *s f* (<esp *venéra*) **1** Concha [Vieira(+)] usada pelos romeiros «de Santiago de Compostela». **2** ⇒ Medalha/Condecoração.

venerabilidade *s f* (<venerável +-i-+ -dade) Qualidade do que é venerável/Respeitabilidade(+).

veneração *s f* (<lat *venerátio,ónis*) **1** A(c)to ou efeito de venerar/Reverência. **Ex.** Os santos merecem [são dignos de] ~. **2** Estima/Simpatia. **Ex.** Tive sempre uma grande ~ por aquela senhora, era a bondade em pessoa!

venerador, ora *adj/s* (<venerar + -dor) (O) que venera.

venerando, a *adj* (<lat *venerándus, a, um*; ⇒ venerar) Digno de grande respeito/veneração/Respeitável/Venerável **1. Comb.** Um ~ ancião.

venerar *v t* (<lat *véneror,ári,átus sum*) **1** *Rel* Prestar culto a Nossa Senhora, aos anjos e aos santos. ⇒ adorar «a Deus». **2** Ter grande respeito/consideração/Estimar muito. **Loc.** ~ os pais [avós/antepassados].

venerável *adj/s 2g* (<lat *venerábilis,e*) **1** Digno de veneração/Muito respeitável. **Comb.** Um ~ ancião. **2** *s 2g Rel* Título conferido no decorrer do processo de beatificação, a quem se reconhece ter praticado as virtudes cristãs em grau heroico.

venéreo, a *adj* (<lat *venérius,a,um* ~Vé[ê]nus, deusa mitológica do amor e da beleza) **1** Relativo a Vé[ê]nus. **Comb.** Escravos ~s [do templo de Vé[ê]nus]. **2** Relativo a relações/prazeres sexuais/Erótico/Sensual. **Comb.** *Med* **Doenças ~as** [transmitidas por relações sexuais].

venerologia *s f Med* (<venéreo + -logia) Ramo da Medicina que estuda as doenças venéreas.

veneta (Nê) *s f* (<lat *véna*: veia + -eta) Fúria repentina/Acesso de loucura/Telha/Mania/Capricho. **Idi. Dar na ~** [Agir por capricho/Vir à ideia/Decidir repentinamente].

veneziana *s f Arquit* (<top Veneza + -iana) Persiana feita de lâminas de madeira ou de metal que formam frestas.

Venezuela *s f* República da América do Sul, cuja capital é Caracas. O espanhol é a língua oficial dos venezuelanos.

vénia [*Br* **vênia]** *s f* (<lat *vénia,ae*: favor, benevolência, graça, perdão) **1** Cortesia que se faz inclinando a cabeça ao passar por alguém/Mesura/Reverência. **Loc. Cumprimentar** (alguém) **com uma ~.** «na igreja» **Fazer uma ~** diante do altar. **2** Licença/Permissão. **Ex.** Não decide nada de importância em casa sem a ~ da esposa. **Idi. Com a devida ~ a)** Com a necessária autorização (**Ex.** Reproduzimos, com a devida ~, fotos do autor com a família); **b)** «dirigindo-se a alguém» Com o devido respeito (**Ex.** Permito-me, com a devida ~, fazer uma pequena corre(c)ção).

veniaga *s f Hist* (<sân *va'jyaka*: mercador) **1** Artigo de venda/Mercadoria. **2** Trato mercantil/Comércio/Negócio. **3** *pej* Agiotagem/Usura.

venial *adj 2g* (<lat *veniális,e*) **1** Que merece vé[ê]nia ou perdão/Desculpável(+)/Perdoável(+). **2** *Rel* (Diz-se de) falta [pecado] leve. **Ex.** A confissão e o arrependimento dos pecados ~ais ajuda a purificar e a formar a consciência.

venialidade *s f* (<venial +-i-+ -dade) Qualidade de venial.

venissecção [*Br* **venisse(c)ção (***dg***)]** *s f Med* (<lat *véna, ae*: veia + secção) Incisão [Inje(c)ção(+)] numa veia para extra(c)ção de sangue.

venosidade *s f* (<venoso +-i-+ -dade) Qualidade de venoso.

venoso, a (Ôso, Ósa, Ósos) *adj* (<lat *venósus,a,um*) **1** Que tem veias. **2** Relativo às veias. **Comb. Sistema ~o. Hipertensão ~a. 3** Que corre nas veias. **Comb.** Sangue ~o.

venta *s f* (<lat *ventána, ae*: lugar por onde passa o vento <*ventus,i*: vento) **1** Cada uma das aberturas nasais externas. **Idi. Andar de ~s** [mal-humorado/zangado]. **Bater [Dar] com as ~s na porta** [Encontrar fechada a porta «duma repartição pública» que se supunha estar aberta/Não encontrar a pessoa que se buscava] (Ex. Vim (lá) de tão longe de propósito para falar com o patrão e dei com as ~s [com o nariz(+)] na porta «tinha saído para o estrangeiro»). **Dar com as ~s no chão** [Dar um trambolhão/Cair]. **Dar de ~s com** [Encontrar-se subitamente e sem esperar com alguém/algo] (Ex. Quando dei de ~s com a casa toda revolteada fiquei descoroçoado [*idi* caíu-me o coração aos pés]). **Ir às [Dar nas] ~s de alguém** [Bater na cara/Esbofetear] (Ex. Ele ofendeu-me e eu (*idi* não estive com meias medidas e) fui-lhe às ~s/dei-lhe nas ~s/bati-lhe/esbofeteei-o]. **Levar [Apanhar/Comer] nas ~s** [Ser esbofeteado/esmurrado/Apanhar pancada]. **Ter pelo na ~** [Ter mau gé[ê]nio]. **2** *pl col* Cara/Nariz/Focinho. **Ex.** Ela tem umas ~s como um cami(nh)ão [Ela é muito feia] «não sei como ainda houve quem a quisesse [como conseguiu casar-se]!».

ventana *s/adj 2g* (<esp *ventana*: janela) **1** Abertura numa torre, onde se coloca o sino/Sineira. **2** ⇒ Pessoa turbulenta. **3** ⇒ Desordeiro/Turbulento.

ventaneira[nia(+)] *s f* (<ventana + -eira[ia]) Vento forte e prolongado. **Ex.** Está uma ~ que leva tudo pelos ares!

ventanilha *s f* (<esp *ventanilla*) **1** Abertura na mesa de bilhar por onde entra a bola. **2** ⇒ Ventana **1**.

ventar *v int* (<vento + -ar[1]) **1** Fazer vento. **Ex.** Começou a ~ «vamos ter tempestade/borrasca». **2** *fam* Libertar gases pelo ânus/Soltar ventosidades.

ventarola *s f* (<it *ventarola*) **1** Leque sem varetas/Abano(+). **Idi.** *pop* **Mandar ~s** [Ser excelente/ó(p)timo] (Ex. O meu vizinho comprou um carro que manda ~s!). **2** ⇒ Ventoinha.

ventilação *s f* (<lat *ventilátio,ónis*) **1** A(c)to ou efeito de ventilar. **2** *Fisiol* Processo cíclico de renovação do ar nos pulmões. **3** Produção de uma corrente de ar para renovar o ambiente/Arejamento. **Comb.** ~ do quarto/da sala. **4** Sistema de renovação do ar dum espaço fechado. **Comb.** ~ forçada «dum túnel, com ventiladores elé(c)tricos». **5** *fig* Discussão [Debate] pouco aprofundada/o de um tema.

ventilador, ora *s m/adj* (<ventilar + -dor) **1** Que ventila/faz ventilação. **Comb.** Sistema ~. **2** Aparelho que faz ventilação/Ventoinha **1**(+). **Comb.** ~ elé(c)trico «com aquecimento e duas velocidades». **3** Aquele que ventila [introduz um assunto para discussão]. **Ex.** O ~ desse assunto [Quem trouxe esse assunto à baila(+)] «na reunião anterior» foi o secretário. **4** *Med* Aparelho destinado a assegurar as trocas respiratórias em caso de perturbação pulmonar grave. **Comb.** Doente ligado ao ~ (⇒ pulmão de aço).

ventilante *adj 2g* (<ventilar + -ante) Que ventila/Ventilador **1**.

ventilar *v t* (<lat *véntilo,áre,átum*) **1** Fazer circular o ar/Arejar. **Loc.** Abrir todas as janelas para ~ a sala «após uma reunião com muita gente». **2** Expor ao vento/Refrescar/Arejar. **Loc.** ~ [Arejar(+)] a roupa da cama, expondo-a ao ar/sol. **3** Limpar os cereais com a pá [joeira]. **4** Agitar um obje(c)to plano «livro/caderno» para produzir vento [para fazer de leque]. **Loc. ~ as brasas** com o abano [abanador] **para a(c)tivar a chama.** «em dia de muito calor» **~-se** «com uma revista» **para refrescar. 5** *fig* Abordar um assunto/Debater sem grandes detalhes/Discutir.

vento *s m* (<lat *ventus,i*) **1** Movimento do ar em relação à superfície do globo terrestre. **Ex.** O ~ é provocado pelas diferenças de pressão ou de temperatura de várias camadas atmosféricas. **Idi. Andar ao sabor do ~** [Ser inconstante/volúvel]. **Armar [Arranjar/Fazer] um pé de ~** [Fazer uma grande discussão/Protestar energicamente/*idi* Fazer barulho] (Ex. Se não me devolvem o dinheiro «que paguei indevidamente», armo (lá) um pé de ~ que os deixo banzados «*idi* parto a loiça toda!»). **Espalhar aos quatro ~s** [Dizer a toda a gente] (Ex. Ela é incapaz de guardar um segredo; quando sabe alguma coisa, espalha-a logo aos quatro ~s). **Estar cheio de ~** [Ser muito vaidoso]. «o proje(c)to» **Ir de ~ em popa** [Estar a correr [processar-se] de forma favorável]. **Lutar contra ~s e marés** [Não desistir apesar das dificuldades]. **Ver de que lado sopra o ~** [Esperar pelos acontecimentos para agir conforme as circunstâncias]. **2** Ar em movimento/Agitação do ar/Aragem/Brisa. **Ex.** Fecha a janela (do carro) porque faz muito ~. Está um dia lindo mas corre [sopra] um ~ fresco. **3** ⇒ Gás que se forma nos intestinos/Flatulência/Ventosidade. **4** *fig* ⇒ Coisa ligeira/rápida que depressa passa [se esvai]. **5** *fig* Influência boa ou má. **Ex.** Ele foi sempre bafejado pelos ~s da fortuna. Quando me deixarão os ~s da desgraça? **6** *fig* Atitude inesperada/Impulso. **Ex.** Não sei que ~ lhe deu: de repente saiu da sala sem qualquer explicação.

ventoinha (Tu-î) *s f* (<vento + -inha) **1** Aparelho para ventilação constituído por uma roda com pás que, rodando, provoca corrente de ar. **Ex.** Está muito calor, liga a ~ para refrescar um pouco o ambiente. A ~ de refrigeração do motor do carro entra automaticamente em funcionamento quando a temperatura atinge determinado valor. **2** Placa metálica que, colocada em local elevado, indica a dire(c)ção do vento/Cata-vento(+).

ventosa *s f* (<lat *ventósa,ae*) **1** Peça de borracha com uma ligeira concavidade que, pressionada, adere a uma superfície lisa. **Comb.** ~ com gancho «para pendurar panos de limpar a loiça». **2** Órgão de certos animais «polvo/sanguessuga» com o qual se fixam ou sugam alimentos. **3** Campânula que aplicada sobre a pele, por depres-

são, provoca o afluxo de sangue à região onde se encontra.

ventosidade s f (<lat *ventósitas,átis*) **1** Saída pelo ânus, mais ou menos ruidosa, dos gases acumulados no aparelho digestivo. **2** ⇒ Acumulação de gases no estômago ou nos intestinos/Flatulência(+).

ventoso, a (Ôso, Ósos, Ósas) adj (<vento + -oso) **1** Exposto ao vento. **Comb.** Zona «litoral/montanha» ~a. **2** Cara(c)terizado pela ocorrência de fortes ventanias. **Comb.** Dia [inverno/primavera] ~o/a. **3** ⇒ Relativo a gases no tubo digestivo/Flatulento(+). **Comb.** Cólica ~a/de gases nos intestinos(+). **4** ⇒ fig Fútil/Vão. **5** ⇒ fig Vaidoso/Arrogante.

ventral adj 2g (<lat *ventrális,e*) **1** Do [Relativo ao] ventre/Abdominal. **Comb.** Dores [Contra(c)ções] ~ais [abdominais(+)/de barriga(o+)]. **2** Situado sob o abdó[ô]men. **Comb.** Barbatana ~.

ventre s m (<lat *vénter,ris*) **1** Anat Cavidade do organismo limitada pelo diafragma e a pélvis [bacia] onde se encontram os órgãos digestivos e urogenitais/Cavidade abdominal/Abdómen. **2** Anat Conjunto das vísceras contidas na cavidade abdominal. **Comb.** Prisão de ~. **3** Anat Proeminência exterior do abdó[ô]men/Barriga/Pança. **Ex.** Tem um ~ [uma barriga(+)] que parece duma mulher grávida. **4** Anat Barriga/Útero. **Loc.** Trazer um filho no ~. **Comb. Filhos de um ~** [Gé[ê]meos]. **Filhos do mesmo ~** [Irmãos (uterinos)]. **5** Zool Parte saliente e geralmente volumosa do corpo de um animal. **Ex.** Bib Jonas esteve três dias no ~ de um grande peixe. **Ant.** Lombo. **6** fig ⇒ Bojo de um vaso/Barriga(+). **7** fig Interior de algo/Âmago/Profundeza. **Comb.** «numa zona vulcânica» Fumos exalados do ~ da terra. **8** Fís Ponto de amplitude máxima mum sistema de ondas estacionárias. ⇒ Nodo/Nó.

ventricular adj 2g (<ventrículo + -ar²) Do [Relativo ao] ventrículo. **Comb.** Cavidades ~es «do coração».

ventrículo s m (<lat *ventrículus,i*) (Pequena) cavidade de certos órgãos. **Comb. ~s da laringe. ~s** (direito/esquerdo) **do coração. ~s encefálicos.**

ventriloquia s f (<ventríloquo + -ia) Capacidade de falar movendo muito pouco os lábios, para dar a impressão de que a voz vem de outra pessoa ou de um boneco e não do falante.

ventríloquo, a adj/s (<lat *ventrílloquus,i* <venter,tris: ventre + lóqui: falar) (Diz-se do) indivíduo que parece capaz de produzir sons vocais sem mover os lábios [sons que parecem ter origem no ventre]. **Ex.** O ~ parecia fazer falar o boneco que segurava nas mãos.

ventrosidade s f (<lat *ventrósus:* ventrudo +-i-+ -dade) Desenvolvimento excessivo do ventre/Obesidade(+).

ventrudo, a adj (<ventre + -udo) Que tem o ventre proeminente/Barrigudo(+)/Obeso/Pançudo.

ventura s f (<lat *ventúra,ae*) **1** Boa sorte/Felicidade/Fortuna. **Ex.** Que ~ [Como me sinto feliz com] este inesperado encontro! **2** Sorte incerta/Destino/Acaso. **Comb.** À ~ [Ao acaso] (Loc. Partir à ~ para terra estranha «à procura de trabalho»).

venturoso, a (Ôso, Ósa, Ósos) adj (<ventura + -oso) **1** Favorecido pela sorte/Afortunado. **Ex.** O rei de Portugal D. Manuel I (Reinou de 1495 a 1521), foi cognominado O ~. **2** Cheio de ventura/felicidade. **Comb.** Dias ~os «os das últimas férias». **3** Arriscado/Perigoso/Aventuroso.

vénula [Br **vênula**] s f (<lat *vénula,ae*, dim de *véna:* veia) **1** Anat Pequena veia. **Ant.** Arteríola. **2** Zool Veia pequena da nervação das asas dos inse(c)tos. **3** Bot Ramificação das nervuras das folhas.

Vénus [Br **Vênus**] s m/f (<lat *Vénus,eris:* Vé[ê]nus, deusa mitológica do amor) **1** Astr Planeta do sistema solar cuja órbita se situa entre Mercúrio e a Terra. **Ex.** Galileu descobriu que ~ também apresentava fases. **2** Mit Deusa mitológica romana do amor e da beleza. ⇒ Afrodite. **3** fig minúsc Mulher atraente e de grande beleza.

venusto, a adj (<lat *venústus,a,um* <Vénus,eris) ⇒ Muito formoso/Lindo/Encantador.

ver v t/int (<lat *vídeo,ére,vídi,vísum*) **1** Perceber pelo sentido da visão/Enxergar. **Ex.** Os cegos não veem. A avó tem muita idade mas vê bem. Vejo ao longe um vulto que parece um homem. **Idi. ~ (ao) longe** [Ter grandes ambições/Ter a capacidade de fazer previsões acertadas] (Ex. É um homem de negócios que vê longe: foi o primeiro a apostar [investir] nos [o primeiro a construir] hipermercados; sabia [adivinhava] que seria negócio de sucesso). **~ estrelas ao meio-dia** [Sofrer de repente uma grande dor] (Ex. Caí na escada e bati com o joelho no degrau de pedra, até vi estrelas (ao meio-dia)). **~ com estes olhos que a terra há de comer** [Expressão usada para garantir que se presenciou algo com os próprios olhos] (Ex. Posso garantir «que o chefe saltou pela janela»; vi com estes olhos que a terra há de comer). **~ por um óculo/canudo** [Não conseguir o que se desejava] (Ex. Foram admitidos dois empregados com menos habilitações do que eu; e eu fiquei a ~ por um óculo/canudo). **~-se doido/~-se e desejar-se** [Ter grande dificuldade para conseguir algo] (Ex. Vi-me doido [-me e desejei-me] para descobrir a avaria do carro). **~-se em assados** [Encontrar-se em situação difícil/complicada/ fam Passar um mau bocado] (Ex. Eles estão a ~-se em assados por causa do filho que se meteu na droga, gastou-lhes tudo quanto tinham). **Vê-se** [Diz-se de alguma coisa sofrível/com pouco interesse] (Ex. O filme vê-se, (mas) não é nada de especial). **A meu ~** [Em [Na] minha opinião] (Ex. Acho melhor arranjarmos outro carro; a meu ~ este «está a cair de podre» não vai chegar ao fim da viagem). **Até ~** [Por enquanto/Até decisão contrária] (Ex. Por agora não preciso da casa; até ~ podes ocupá-la). **Está tudo visto** [Expressão usada para declarar que a decisão está tomada, que não há mais nada a considerar] (Ex. Está tudo visto: o conserto é mais caro do que o valor da máquina; compra-se uma nova). **Fato de ~ a Deus** [Traje domingueiro/O melhor fato] (Ex. O caseiro, quando ia falar com o patrão «O Senhor Conde», vestia o fato de ~ a Deus). **Fazer ~ a)** Explicar demoradamente, em pormenor (Ex. Estive com ele mais duma hora para lhe fazer ~ que aquele casamento seria um mau passo [não iria dar certo]); **b)** Vangloriar-se/Fingir(-se) (Ex. Falava dos políticos como sendo todos seus íntimos, queria fazer ~ que era pessoa importante). **Ficar a ~ navios** [Não obter o que pretendia/Ficar logrado] (Ex. Dos que pediram a reforma até 31 de dezembro, os serralheiros conseguiram-na; os ele(c)tricistas ficaram a ~ navios). **Ir ~** [Fazer uma visita/Visitar] (Ex. Vou ~ uma pessoa amiga que está internada no hospital). **Não poder ~ a)** Ter raiva a alguém (Ex. Aqueles dois alunos não se podem ~, estão sempre a brigar um com o outro «parece que é por causa das namoradas»); **b)** Estar farto/Detestar (Ex. Outra vez batatas cozidas com peixe, já não posso ~ esta comida à minha frente). *Col* **Não ~ um boi** [Ser tapado/estúpido/Não perceber nada] (Ex. Dessa matéria «logaritmos» não vejo um boi). **Ter a ~ com** [Estar relacionado com/Dizer respeito a] (Ex. O grito do Ipiranga tem a ~ com a independência do Brasil. Isso «o pagamento dessa conta» não tem a ~ comigo). **2** Olhar para alguma coisa/Observar/Contemplar. **Ex.** Gosto muito de passear [dar uma volta(+)] pela cidade para ~ as montras. Da janela, a avó «inválida» via o que se passava na rua e os netos a brincarem no jardim. **3** Assistir a/Presenciar. **Ex.** O acidente não aconteceu bem assim; eu estava lá e vi tudo como se passou. «o Porto-Benfica de 2008» Eu vi esse jogo «no estádio do Dragão». **4** Reparar em/Notar/Aperceber-se. **Ex.** Vesti a blusa e não vi que tinha uma mancha [nódoa] mesmo à frente «em casa não vi nada». **5** Tomar cuidado com/Atender a. **Ex.** Vai sempre pela berma (da estrada) mas vê (lá) não caias pela ribanceira abaixo. **6** Perceber/Compreender. **Ex.** «mas é seno ou cosseno?» Não vês que na fórmula tanto podes usar o [exprimir em] seno «sen α» como o cosseno do ângulo complementar «cos (π/2-α)»? – Ah, agora já vejo [percebo/entendo]. **7** Ponderar/Considerar/Pensar. **Ex.** Mãe, posso ir logo ao cinema? – Vou ~, depois digo-te [dou-te a resposta]. **8** Ter encontro/Estar com/Visitar. **Ex.** O Antó[ô]nio, vejo-o todos os dias no café. Todos os domingos vai ~ a mãe ao Lar de Idosos. **9** Chegar à conclusão/Aperceber-se imediatamente. **Ex.** Pela maneira como ele ia a conduzir, vi logo que ia ter um acidente. Quando ele entrou, vi logo que não era o empregado que nos convinha. **10** Examinar/Inspe(c)cionar/Analisar. **Ex.** «sentiu-se mal de noite» O médico veio vê-la a casa. Deixei o carro na oficina, mas o mecânico ainda não o viu.

veracidade s f (<lat *verácitas,átis* <*vérax,cis:* verídico) **1** Qualidade [Virtude moral] de quem é verdadeiro na comunicação com os outros /de quem diz ou julga dizer a verdade. **2** Qualidade do que é verdadeiro/verídico/Fidelidade à verdade/Autenticidade. **Ex.** Os jornalistas não deveriam publicar uma notícia sem primeiro verificar(em) a sua ~.

veracíssimo, a adj (<lat *vérax,cis* + -íssimo) Sup absoluto simples de veraz/Muito veraz.

vera-efígie s f (<vero +...) Cópia exa(c)ta/Retrato fiel/Imitação perfeita.

veraneante adj/s 2g (<veranear + -ante) (O) que veraneia/passa férias (de verão) fora da sua residência habitual. **Ex.** Em agosto, a cidade enche-se de [tem muitos] ~s.

veranear v int (<verão + -ear) Passar (parte d)o verão fora da residência habitual, para distra(c)ção/descanso. **Loc.** ~ na praia [no campo]. ⇒ primaverar.

veraneio s m (<veranear) A(c)to de veranear. **Comb.** Estância [Local] de ~.

veranico s m Br (<verão + -ico) Pequeno verão «em maio».⇒ verão **2 Comb**.

veranista adj/s 2g Br ⇒ veraneante.

verão s m (<lat *veránum (témpus)*) **1** Maiúsc Estação do ano, no hemisfério norte, vai de 21/22 de junho a 21/22 de setembro e no hemisfério sul, de 21/22 de dezembro a 21/22 de março. **Comb. Férias de ~. Pino do ~. 2** Época do ano em que está mais quente/em que há mais sol. **Ex.** «ainda estamos em maio» Vieram uns dias de

~ em que não se podia suportar o calor. **Comb.** ~ de S. Martinho [Dias quentes que frequentemente ocorrem por volta do dia de S. Martinho (11 de novembro)].
veras s f pl (<lat *vérus,a,um*: verdadeiro) Coisas verdadeiras. **Idi. Com todas as ~ da alma [do coração]** [Com toda a vontade [todas as ganas]. ⇒ deveras.
veraz adj 2g (<lat *vérax,ácis*) Que fala verdade/Verdadeiro/Verídico. **Ex.** É uma pessoa ~/franca/re(c)ta/sem dolo.
verba s f (<lat *verba*, pl de *verbum,i*: palavra) **1** ⇒ Cada uma das cláusulas de um testamento/uma escritura/Artigo. **2** ⇒ Anotação/Comentário/Apontamento. **3** Quantia [Soma]. **Ex.** Os negócios ilegais «armas/droga» envolvem ~s elevadíssimas». **Comb. ~ destinada à saúde. Transferência de ~s** «de um ministério [uma finalidade] para outro/a».
verbal adj (<lat *verbális,e*) **1** Feito de viva voz/Oral. **Comb.** Comunicação ~/por palavras. Comunicação não ~ «por atitude/gesto/escrito». **2** Que diz respeito a palavras. **Ex.** Veem-se pela cidade expressões ~ais nas paredes, contra a política do governo. O artigo «do jornal» continha expressões ~ais ofensivas da moral pública. **3** *Gram* Relativo ao verbo. **Comb. Adje(c)tivo ~** «trabalho *arriscado*». **Conjugação ~. Flexão ~. Tempo ~** «pretérito/indicativo».
verbalismo s m (<verbal + -ismo) **1** Excesso de linguagem em que se dá mais importância às palavras do que às ideias/Palavreado. **2** Grande verbosidade/Logorreia/Verborreia(+).
verbalista s/adj 2g (<verbal + -ista) **1** O que abusa do verbalismo/fala muito sem transmitir ideias. **Ex.** Entre os políticos, abundam os ~s. **2** Referente ao verbalismo. **Comb.** Discurso ~.
verbalização s f (<verbalizar + -ção) **1** A(c)to de verbalizar/Expressão por meio de palavras. **Ex.** A ~ dos sentimentos mais íntimos é sempre incompleta. É surdo-mudo e está a frequentar um curso de educação da fala; notam-se enormes progressos na ~. **2** Processo morfológico de formação de verbos a partir de palavras com outra categoria gramatical «adje(c)tivo/substantivo». **Comb.** Sufixo «-ar» de ~ «engorda/gordo > engordar».
verbalizar v t (<verbal + -izar) **1** Exprimir por palavras. **Ex.** É difícil ~ uma grande alegria. **Comb.** Um desejo não verbalizado mas claro. **2** *Gram* Transformar em verbo. **Ex.** *Pestana* verbaliza-se com o sufixo *ejar*: *pestanejar*.
verbalmente adv (<verbal + -mente) **1** Por palavras. **Loc.** «o professor mandou» Contar [Descrever] uma cena/situação, primeiro ~, depois por meio dum desenho. **2** Oralmente. **Loc.** Pedir «dispensa do trabalho» ~. **Ant.** Por escrito.
verbasco s m *Bot* (< lat *verbáscum, i*) Nome genérico de plantas da família das escrofulariáceas, com muitas espécies espontâneas e frequentes em Portugal, algumas delas muito tóxicas e com aplicações medicinais.
verbena s f (<lat *verbéna,ae*) **1** *Bot* Designação comum de plantas da família das verbenáceas, entre as quais se destaca o urgebão, *Verbena officinalis*, usado como febrífugo e antirreumático.
verbenáceo, a adj/s f pl (<verbena + -áceo) (Diz-se de) família de plantas dicotiledó[ô]-neas, herbáceas ou arbustivas, com muitas espécies, predominando nas regiões tropicais e sub-tropicais e na parte temperada da América do Sul. ⇒ teca[1].

verberação s f (<lat *verberátio,ónis*) **1** A(c)to ou efeito de verberar. **2** Repreensão enérgica/Censura. **Ex.** A proposta do governo foi obje(c)to de impiedosa ~ por parte dos deputados da oposição. **3** ⇒ A(c)to de açoitar/Flagelação(+). **4** ⇒ Reverberação(+)/Reflexo luminoso/Brilho.
verberador, ora adj/s (<verberar + -dor) **1** (O) que verbera. **2** Censor/Crítico.
verberante adj 2g (<lat *vérberans, ántis*) Que verbera/Verberador. **Comb.** Palavras [Discurso] ~es/e.
verberão s m *Bot* (<verbenão) ⇒ urgebão; verbena; *Br* jurujuba.
verberar v t/int (<lat *vérbero,áre,átum*) **1** Açoitar/Flagelar/Fustigar. **2** *fig* Fazer duras críticas/Reprovar energicamente/Censurar. **Ex.** A Coreia do Sul (e todo o Ocidente) verberou os ensaios nucleares subterrâneos realizados pelos seus vizinhos do Norte. **3** ⇒ *fig* Ter reflexos luminosos/Brilhar/Reverberar(+).
verberativo, a adj (<verberar + -tivo) Que serve para verberar. **Ex.** Às palavras elogiosas dos deputados da maioria governamental, a oposição contrapôs um discurso ~. **Comb.** Instrumento «açoite/chicote» ~.
verbetar v t (<verbete + -ar[1]) Regist(r)ar em verbete/Pôr em verbetes.
verbete (Bê) s m (<verbo + -ete) **1** Papel avulso em que se regist(r)a um apontamento/Ficha. **2** Nota [Comentário/Apontamento] regist(r)ado em papel avulso ou ficha. **3** Conjunto de ace(p)ções, sinó[ô]-nimos, exemplos e outras informações contidas numa entrada de dicionário/enciclopédia. **Loc.** Redigir ~s «para um dicionário».
verbiagem s f *Br* (<fr *verbiage*) Falatório longo/Palavreado/Verborragia.
verbo s m (<lat *vérbum,i*; ⇒ ~ de encher) **1** *Gram* Palavra que anuncia uma a(c)ção ou exprime a qualidade, o estado ou a existência de pessoa, coisa ou animal. **Ex.** O professor *ensina* (A(c)ção praticada no presente). O Mosteiro dos Jerónimos *pertence* ao estilo gótico-manuelino (Qualidade de coisa). Nos próximos dias *haverá* abundância de chuva (Existência futura). **Idi. Agarrar-se ao ~** [Aplicar-se ao estudo/Estudar afincadamente] (Ex. Se quiseres passar de ano, agarra-te ao ~ porque ainda tens tempo de recuperar do atraso). **Comb. ~ auxiliar** [que se usa seguido das formas nominais «infinitivo/particípio passado» de outro ~] (Ex. *Ter* é o ~ auxiliar dos tempos compostos «tenho estudado» e *ser* é o (~) auxiliar da voz passiva «somos amados por Deus»). **~ defe(c)tivo** [que não se usa em alguma das suas formas ou flexões] (Ex. *Precaver* é um ~ defe(c)tivo pessoal (Usa-se só nas formas em que o último *e* se conserva ou muda para *i* «precavemos/precavi»); *chover* é um ~ defe(c)tivo impessoal (Exprime uma a(c)ção que não se pode atribuir a um sujeito)). **~ irregular** [cuja flexão se afasta do paradigma «dar/dizer/vir»]. **~ regular** [que segue a flexão do paradigma «cantar/escrever/partir». **2** Aquilo que se diz/Palavra. **Comb.** Pessoa de ~ fácil/fluente. **3** *Maiúsc Rel* A segunda Pessoa da Santíssima Trindade. **Ex.** "E o ~ fez-se homem e habitou entre nós" Jo 1, 14. **Comb.** Congregação do ~ Divino [Instituto religioso masculino fundado na Holanda em 1875, que se dedica à propagação da fé e ao estudo das ciências religiosas e profanas]. **4** *Fil* Equivale ao grego *logos* e usa-se como sinó[ô]-nimo de expressão inteligível ou conceito. **Comb.** ~ mental [Conceito, enquanto palavra interior da mente].

verbo de encher s m Coisa [Palavra/Pessoa] que não serve para nada/que é desnecessária. **Ex.** Foi-se embora do [Deixou o] grupo e não faz (cá) falta nenhuma, era um [, não pasava dum] ~.
verborragia s f ⇒ logorreia/verborreia.
verborreia s f (<verbo + -rreia) Abundância de palavras vazias de sentido/conteúdo/Logorreia/Verbosidade/Palavreado/Palavrório. **Comb.** A ~ de alguns políticos.
verbosidade s f (<lat *verbósitas,átis*) Abundância de palavras com poucas ideias/Loquacidade.
verboso, a (Ôso, Ósa, Ósos) adj (<lat *verbósus,a,um*) **1** Que fala muito/Loquaz. **2** Que tem facilidade para se exprimir/Eloquente/Facundo. **3** Que se exprime com excesso de palavras/Prolixo/Palavroso.
verdade s f (<lat *véritas,átis*) **1** Conformidade entre o pensamento e a realidade/Exa(c)tidão/Justeza. **Idi. Diga-se em abono da ~** [Expressão usada para reconhecer como verdadeiro/real algo que afe(c)ta a opinião que se tem sobre alguém/alguma coisa] (Ex. Diga-se em abono da ~ que ela, apesar da vida «licenciosa» que levava, sempre tratou os pais com todo o carinho). **Dizer a ~ nua e crua** [Dizer tudo com clareza ainda que possa causar sofrimento ou dece(p)ção/Dizer sem rodeios/disfarces algo que faz sofrer] (Ex. Tive que lhe dizer a ~ nua e crua para ver se ele muda de vida [ele *idi* arrepia caminho] e deixa aquelas (más) companhias de uma vez para sempre). **Dizer as ~s** (a alguém) [Falar de forma aberta e frontal sobre os seus erros/defeitos] (Ex. «só porque nos viu discutir» Não posso admitir que ela ande para aí a espalhar [que ela diga a toda a gente] que me vou separar do meu marido; tenho que lhe dizer (algum)as ~s). **Falar ~** [Dizer o que é [Ser] verdadeiro/Não mentir]. **Faltar à ~** [Mentir]. **Comb. ~ ~/V~ verdadinha** [De certeza/V~ absoluta/indiscutível] (Ex. Vamos fazer uma grande viagem! V~ ~ [verdadinha], já está tudo pago!]. **Em (boa) [Na] ~** [Para ser franco/Na realidade/Francamente] (Ex. Em boa ~ não me apetece nada ir ao cinema «mas como o bilhete já está pago…»). **2** Apresentação fiel da realidade/de alguma coisa em relação ao modelo/Rigor/Exa(c)tidão/Precisão. **Comb.** A ~ duma descrição «da paisagem». A ~ dum retrato. **3** Coisa [Fa(c)to/Evento] real/verdadeiro/certo/Realidade. **Ex.** A ~ é essa, o carro ficou todo desfeito e o condutor não sofreu uma [nenhuma] beliscadura [não teve qualquer ferimento]. Essa versão [O que você diz/Isso] não está longe da ~ «as coisas passaram-se mais ou menos assim». **4** Princípio tido como autêntico/fiável/incontestável/Axioma. **Comb. As ~s da fé. As ~s matemáticas. 5** Sinceridade/Franqueza/Honestidade. **Loc.** Agir [Proceder] com ~.
verdadeiramente adv (<verdadeiro + -mente) **1** Com verdade/De forma sincera. **Ex.** Ele está ~ disposto a emendar-se. **2** Deveras/A sério/Realmente. **Ex.** Sinto-me ~ feliz com o teu sucesso. **3** Em grau muito elevado. **Comb.** «agredir o árbitro» Procedimento [Atitude] ~ [sumamente/muito] condenável.
verdadeiro, a adj/s m (<verdade + -eiro) **1** Que está em conformidade com a realidade/Verídico/Real. **Ex.** O filme baseia-se numa história ~a. **Ant.** Fictício; ilusório; inventado; virtual. **2** Que existe/é real. **Ex.** As partículas nucleares «neutrões/protões» [Os vírus] não se veem mas são ~as/os [mas existem]. **Ant.** Imaginário; virtual. **3** Que é autêntico/genuíno/Que não é fal-

so/imitação. **Ex.** O anel é de ouro ~. **Ant.** Falso; fingido; imitação. **4** Que fala verdade/Sincero/Leal/Honesto. **Ex.** Podes acreditar nele, é uma pessoa ~a. **Comb.** Amor [Amizade] ~o/a. **5** *s m* A verdade/A realidade. **Ex.** É preciso saber distinguir o ~ do falso.

verdasca *s f* ⇒ vergasta.

verdascada *s f* ⇒ vergastada.

verdascar *v t* ⇒ vergastar.

verde *adj 2g/s m* (<lat *víridis,e*) **1** Diz-se da cor resultante da mistura do azul com o amarelo/Da cor da erva. **Idi. Estão [Há mas são] ~s** [Expressão que se usa quando alguém desdenha de alguma coisa por não poder obtê-la]. *Pôr o pé em ramo ~* [Entrar num domínio pouco seguro porque o conhece mal/Aventurar-se]. **Comb.** *Luz ~* **a)** Iluminação de cor ~; **b)** Licença ou liberdade de agir (Ex. O Governo já deu luz ~ ao proje(c)to). *Sinal ~* «dos semáforos». «tecido com» *Tons ~s*. **2** Que ainda não está maduro. **Ex.** A fruta «maçãs/uvas» ~ é intragável. **3** Que ainda não está seco. **Ex.** A madeira ~ não arde [~ arde mal] «na lareira». **4** Que tem muita vegetação/Coberto de plantas e árvores. **Comb.** Paisagem ~ «do Minho, Portugal». ⇒ **11. 5** Viçoso/Verdejante. **Comb.** *Prados [Searas] ~s* «na primavera». **6** Variedade de vinho com baixo teor de álcool e ligeiramente ácido. **Ex.** O (vinho) ~, produzido nas regiões húmidas «no Minho», deve beber-se fresco [refrigerado]. **7** Que não foi seco/salgado/Fresco. **Comb.** Carnes ~s «de porco». **8** Que tem pouca idade/experiência/Inexperiente. **Ex.** Talvez venha a ser um bom profissional «mecânico/advogado» mas ainda está muito ~. **Comb.** ~s anos [Fase inicial da vida cara(c)terizada pela ingenuidade e inexperiência/Juventude]. **9** Que não foi suficientemente ponderado/refle(c)tido. **Ex.** A ideia [O plano/proje(c)to] está muito ~, precisa de ser amadurecido/pensado/ponderado. **10** *s m* Uma das cores do arco-íris, situada entre o amarelo e o azul. **11** *s m* A vegetação/As plantas. **Comb.** O ~ duma paisagem. ⇒ **4.**

verdecer *v int* (<verde + -ecer) ⇒ Tornar-se verde/Verdejar(+)/Reverdecer(o+).

verdejante *adj 2g* (<verdejar + -ante) Que verdeja/Coberto de vegetação/plantas verdes. **Comb.** Prado [Planície] ~ «na primavera».

verdejar *v int* (<verde + -ejar) Tornar-se verde/Apresentar cor verde. **Ex.** No início da primavera, a natureza começa a ~.

verdete (Dê) *s m* (<verde + -ete) Nome das substâncias de cor verde que resultam da alteração superficial dos obje(c)tos de cobre e das suas ligas. **Loc.** «obje(c)to de cobre/latão» Ganhar ~ [Oxidar [Alterar-se] superficialmente ficando coberto duma película verde].

verdizela *s f* (<verde +-z-+ -ela) **1** Varinha flexível de que fazem as boízes. **2** *fig* Rapaz [Moço] alto e magro. **3** *Ornit* ⇒ galispo. **4** *Bot* ⇒ corriola.

verdoengo, a *adj* (<verde +-o-+ -engo) **1** *Br* De coloração esverdeada. **2** Que ainda não está maduro/Averdiscado. **Ex.** Comprei umas peras ~s, nunca chegaram a amadurecer «foram todas para o lixo».

verdor (Dôr) *s m* (<verde + -or) **1** Qualidade do que é verde/Verdura(+). **2** A vegetação/As plantas verdes. **Comb.** O ~ [verde] da paisagem. **3** *fig* Viço/Força. **4** *fig* Inexperiência.

verdoso, a (Ôso, Ósa, Ósos) *adj* (<verde + -oso) **1** Esverdeado. **Comb.** Cor ~a «da cara». **2** Verdejante(+). **Comb.** Pinhal ~.

verdugo *s m* (<lat *viridúctum*: vara que se corta verde usada como açoite) **1** Carrasco/Algoz. **Loc.** Entregar um criminoso aos ~s para ser açoitado. **2** *fig* Pessoa cruel/desumana que inflige maus tratos a alguém. **3** *Mil* Espada sem gume que só feria na ponta. **4** Rebordo nas rodas dos vagões e carruagens ferroviárias para as guiar sobre os carris. **Loc.** Substituir os rodados por terem os ~s gastos. **5** Dobra na roupa.

verdura *s f* (<verde + -ura) **1** Cor verde das plantas/Verdor. **Ex.** Encanta-me a ~ da paisagem. **2** As plantas/Vegetação. **Ex.** Como há poucas flores, vou enfeitar as jarras só com ~. **3** Alimentos verdes/Vegetais/Hortaliça/Legumes. **Ex.** Comer ~ é saudável. **4** *fig* Força/Vigor/Frescura. **5** *fig* Juventude/Mocidade. **Comb.** Arrogância própria da ~ dos anos. **6** *fig* Inexperiência/Imaturidade. **Ex.** Apesar de ter jogadores talentosos, é notória a ~ da equipa/e.

verdureiro, a *s Br* (<verdura + -eiro) Vendedor (ambulante) de verduras/Quitandeiro.

vereação *s f* (<verear + -ção) **1** A(c)to de verear. **2** Cargo de vereador. **Ex.** Deixou de exercer a ~ por motivos de saúde. **3** Tempo que dura o cargo de vereador. **Ex.** A ~, em Portugal, é de quatro anos. **4** Conjunto dos vereadores. **Ex.** O presidente vai reunir com a ~.

vereador, ora *s* (<verear + -dor) Cada uma das pessoas eleitas pelos cidadãos para gerirem os serviços da autarquia/Edil. **Comb.** ~ da Câmara Municipal.

verear *v t/int* (<an verea <vereda + -ar[1]) **1** Exercer o cargo de vereador. **2** Administrar um serviço num concelho. **Loc.** ~ o pelouro «da cultura».

vereda (Rê) *s f* (<lat *veréda* <*verédus,i*: cavalo de viagem) **1** Caminho estreito/Carreiro/Senda. **Ex.** Seguindo [Indo] por esta ~, chega-se à povoação num instante «em menos de dez minutos». **2** *fig* Orientação de vida/Rumo/Dire(c)ção. **Loc.** Meter-se [Andar] por ~s duvidosas/perigosas.

veredi(c)to (dg) *s m* [= veredicto] (<lat *verédictum* <*vére dictum*: verdadeiramente dito) **1** Decisão jurídica sobre causa cível ou criminal submetida ao tribunal. **Ex.** Vai hoje ser pronunciado o ~ final. **2** Decisão sobre determinada matéria, tomada por quem tem autoridade.

verga (Vêr) *s f* (<lat *vírga, ae*) **1** Vara delgada e flexível. **Idi.** *Falar de ~ alta* [Falar com altivez/arrogância]. *Ter tempo e ~* [Ter todas as possibilidades de fazer alguma coisa]. **Comb.** Uma ~ de carvalho [salgueiro]. **2** Tira de madeira cortada longitudinalmente, estreita e flexível usada para fabricar cestos. **Comb.** Cesto de ~ «para as vindimas». **3** ⇒ Viga colocada sobre o vão de uma porta ou janela. **4** Barra delgada de ferro/Verguinha(+). **5** *Náut* Pau preso ao mastro do navio, onde se amarra a vela. **Idi.** *Estar de ~(s) alta(s)* [Estar pronto a partir].

vergadiço, a *adj* (<vergar + -diço) Que se verga facilmente.

vergado, a *adj* (<vergar) **1** Dobrado/Curvado. **Comb.** *Árvore ~a* pela força do vento. *Barra* de ferro *~a*. *Pessoa ~a* pelo peso dos anos. *Ramo ~* pelo peso dos frutos. **2** *fig* Sobrecarregado/Assoberbado. **Comb.** ~ [Assoberbado(+)] com trabalho [muitos afazeres]. **3** *fig* Que se submeteu/Sujeito/Vencido. **Comb.** Teimosia de criança ~a [vencida] pela intransigência [persistência/tenacidade] da mãe.

vergadura *s f* (<vergar + -dura) A(c)to ou efeito de vergar.

vergal *s m* (<verga + -al) Correia que prende os animais ao carro.

vergalhada *s f* (<vergalhado) Chibatada/Vergastada.

vergalhão *s m* (<vergalho + -ão) Barra de ferro de se(c)ção quadrada.

vergalhar *v t* (<vergalho + -ar[1]) Açoitar com vergalho.

vergalho *s m* (<verga + -alho) Azorrague/Chicote.

vergame *s m Náut* (<verga + -ame) Conjunto das vergas dum navio.

vergão *s m* (<verga + -ão) **1** Verga grossa. **2** Lesão da [Marca na] pele provocada por pancada «com vergasta». **Ex.** Rocei no arame da vedação e fiz um grande ~ na perna.

vergar *v t/int* (<verga + -ar[1]) **1** Dobrar/Curvar. **Ex.** Os ramos da pereira vergaram com o peso da fruta «estão quase a partir». O tubo de ferro vergou «ao utilizá-lo como alavanca». **2** Tornar(-se) submisso/Sujeitar(-se)/Ser subjugado/Subjugar. **Loc.** ~ a cabeça [Submeter-se]. Criança teimosa, difícil de ~. **3** (Fazer) mudar de opinião/Condescender. **Ex.** A força dos argumentos vergou-o [Vergou-se à força dos argumentos]. A ternura da neta vergou-o «comprou-lhe o gelado».

vergasta *s f* (<verga + -asta) Vara flexível/Açoite/Chibata.

vergastada *s f* (<vergastado) **1** Açoite com vergasta/Chibatada. **Ex.** Deu duas ~s no burro que se negava a [que não queria] andar. **2** *fig* Repreensão veemente.

vergastar *v t* (<vergasta + -ar[1]) **1** Bater com vergasta. **Ex.** O chão estava pejado [cheio/repleto] de ramos partidos das árvores vergastadas pela ventania. **Loc.** ~ os burros [bois] para os fazer andar. **2** *fig* Fazer duras críticas/Censurar asperamente. **Ex.** Os deputados da oposição vergastaram «*idi* sem dó nem piedade» o primeiro-ministro e o governo.

vergel *s m* (<fr *vergel*) Pomar(+)/Jardim/Horto.

vergência *s f* (<lat *vergéntia,ae*) **1** *Fís* Termo que designa quer a convergência, quer a divergência dos raios luminosos dum sistema ó(p)tico. **2** *Geol* Assimetria duma estrutura/Inclinação. **Ex.** A ~ indica para que lado/dire(c)ção uma estrutura está voltada.

vergonha *s f* (<lat *verecúnnia,ae* <*verecúndia*) **1** Timidez/Acanhamento. **Ex.** Não pedi [comi] mais «carne/pudim» por ~. Pede boleia à professora. – Eu não peço, tenho ~. **Idi.** *Ser a ~ de alguém* [Deixar alguém envergonhado por causa do seu comportamento] (Ex. Aquele «um boé[ê]mio» é a ~ da família). *Ser uma pouca ~* [Ser algo que escandaliza/choca] (Ex. Infelizmente, todos os dias se assiste a [são noticiados] assaltos violentos, é uma pouca ~!). *Ter ~ na cara* [Estimar a própria dignidade/Ter brio] (Ex. Ele «político corrupto» se tivesse ~ na cara não aparecia em público). *Ter muito medo e pouca ~* [Evitar praticar um a(c)to censurável por causa do castigo e não por ser indecoroso/mau]. **2** Sentimento de desonra/humilhação/vexame. **Ex.** Quando o chefe, à frente de toda a gente, me chamou incompetente, senti uma ~ tão grande que só queria desaparecer [*idi* enfiar-me pelo chão abaixo]. **3** Medo de ser visto em situação/estado considerada/o indecente/Pudor. **Ex.** Eu tinha ~ de aparecer em público com um vestido tão decotado. Há mulheres que perderam a ~, só lhes falta virem para a rua despidas! **4** A(c)to [Comportamento] indecoroso/obsceno/vexatório. **Ex.** Embriagam-se «estudantes, na vergonhoso, a

queima das fitas» e depois só fazem ~s. **5** Desonra/Opróbrio. **Ex.** Provou-se que estava completamente inocente, mas a ~ por que passou ninguém lha tira. **6** *pl fam* Designação dos órgãos genitais. **Loc.** Tapar [Esconder] as ~s [as partes pudendas].
vergonhoso, a (Ôso, Ósa, Ósos) *adj* (<vergonha + -oso) **1** Que causa vergonha. **Comb.** «roubar/mentir» A(c)to [A(c)ção] ~o/a. **2** Que é indecoroso/obsceno. **Comb.** Palavras [Insultos] ~as/os. **3** ⇒ Envergonhado/Tímido.
vergôntea *s f* (<lat *virgúlta,órum*: moita de varas) **1** *Bot* Ramo tenro de árvore/Rebento/Renovo. **Comb.** ~s das videiras (⇒ vide; sarmento). **2** Haste. **3** *fig* Filho/Descendente.
vergueiro *s m* (<verga + -eiro) **1** Verga grossa/Varapau. **2** *Náut* Cabo grosso de prender o leme.
verguinha *s f* (<verga + -inha) **1** *dim* de verga/Verga delgada que se emprega no fabrico de peças de mobília. **2** Varão de aço [Barra de ferro] de pequena se(c)ção. ⇒ verga 4.
veridicidade *s f* (<verídico +-i-+ -dade) ⇒ Qualidade do que é verídico/Veracidade(+).
verídico, a *adj* (<lat *verídicus,a,um*) **1** Que é verdadeiro/diz a verdade/é sincero. **Comb.** Testemunho [Relato] ~. **2** Que é autêntico/real/verdadeiro. **Comb.** «destruição das torres gé[ê]meas do *World Trade Center*, em 11 de setembro de 2001» Fa(c)to ~.
verificação *s f* (<verificar + -ção) **1** A(c)to ou efeito de verificar. **2** Exame para determinar se algo é válido/verdadeiro. **Comb.** *~ de documentos* «carta [Br carteira] de condução/cartão de cidadão» pela polícia. *~ de poderes* [Em política, declaração da validade [legitimidade] da eleição «de deputados». **3** ⇒ Cumprimento/Realização «de profecia/promessa». **4** Prova/Constatação/Demonstração. **Comb.** *~ dum cálculo. ~ dum resultado* «de operação aritmética».
verificador, ora *s/adj* (<verificar + -dor) **1** (O) que verifica. **Comb.** *Comissão ~ora* de poderes «dos deputados eleitos». *Organismo* «Instituto» ~. **2** Funcionário público encarregado de verificar. **Comb.** *~ alfandegário* [de mercadorias, para efeito de aplicação do imposto]. *~ municipal* «de pesos e medidas».
verificar *v t* (<lat *verifico,áre,átum <vérus + fácio*) **1** Indagar [Averiguar] se alguma coisa é verdadeira/está corre(c)ta. **Loc.** *~ a autenticidade* de um documento. *~ os cálculos* «da estrutura dum edifício». *~ se uma morada* [um n.º de telefone] está corre(c)ta/o. **2** Confirmar/Corroborar/Comprovar. **Loc.** *~ as medidas* «da sala». *~ o peso* da carne «comprada no talho». **3** Examinar/Analisar/Observar. **Loc.** «um mecânico» ~ os travões dum carro. **4** Ter a certeza/prova/confirmação. **Ex.** «suspeitava que o empregado me roubava» Verifico que é verdade, foi apanhado em flagrante. **5** ~-se/Realizar-se/Acontecer/Ocorrer. **Ex.** O jogo teve que ser interrompido; verificaram-se desacatos graves entre as claques dos dois clubes. Depois do abalo sísmico verificaram-se várias réplicas de menor intensidade.
verificativo, a *adj* (<verificar + -tivo) Que serve para verificar/Verificador. **Comb.** Processo [Operação/Medida] ~o/a.
verificável *adj* (<verificar + -vel) Que se pode verificar.
verme *s m* (<lat *vérmis,is*) **1** *Zool* Antiga designação de um conjunto heterogé[ê]neo de invertebrados de corpo mole e alonga-do, sem apêndices «nematelmintas/platelmintas/anelídeos». **2** *Med* Designação de muitos parasitas intestinais, especialmente, lombrigas, oxiúros e té[ê]nias. **3** *fig* Pessoa desprezível/abje(c)ta. **4** *fig* O que corrói [rói/mina] lentamente. **Comb.** *O ~ da má consciência. O ~ do remorso.*
vermelhaço, a *adj* (<vermelho + -aço) Vermelhusco/Avermelhado/Corado.
vermelhão *s m* (<vermelho + -ão) **1** Cor vermelha muito intensa/Vermelho forte. **2** Sulfato de mercúrio pulverizado utilizado como corante. **3** Tinta preparada com esse corante. **4** Rubor(+) nas faces/Vermelhidão(+). **Ex.** O ~ da cara não enganava; estava quase de certeza com sarampo.
vermelhar[lhecer] *v t/int* (<vermelho + -...) **1** Tornar [Ficar] vermelho/Avermelhar. **Ex.** Os morangos [As cerejas] já começam a ~ [já estão a ficar maduros/as]. **2** Enrubescer/Corar. **Ex.** Ela vermelhou [vermelheceu/corou(+)] com o piropo.
vermelhidão *s f* (<vermelho + -idão) **1** Cor vermelha intensa. **2** Afogueamento/Rubor. **Ex.** Pela ~ das faces notava-se que tinha vindo a correr suportando o calor da tarde.
vermelho, a *adj/s m* (<lat *vermículus,i*: pequeno verme, cochonilha, dim de *vérmis, is*: verme) **1** Da cor do sangue/Encarnado/Rubro. **Comb.** *Bandeira ~a. Esferográfica* [Caneta] *~a. Lábios ~os. Luz* [Sinal] *~a/o*. **2** Corado/Afogueado/Congestionado/Rubro. **Comb.** *Costas ~as* «queimadas do sol da praia». *Faces ~as* [coradas/afogueadas]. *Olhos ~s* «de chorar». **3** Envergonhado. **Ex.** «apanhado numa mentira» Fez-se [Ficou] ~ *idi* como um pimento [tomate]. **4** Que tem ideias políticas revolucionárias de esquerda. **Comb.** «greve instigada por» Sindicalistas ~os. **5** Relativo ao marxismo/comunismo/à antiga União Soviética. **Comb.** *Exército ~. Propaganda ~a*. **6** *s m* Cor primária situada numa das extremidades do espe(c)tro solar, complementar do verde/Cor de sangue/Encarnado. **Ex.** O ~ é uma das cores da bandeira portuguesa; a outra é o verde. **7** Rubor. **Ex.** Pelo ~ da cara via-se que tinha bebido bem [muito/em excesso]. **Idi.** *Fazer-se* [*Ficar*] *~ como um pimento* [*tomate*][Corar]. **8** *pej* Militante de partido da extrema-esquerda. **Ex.** Os ~s procuram dominar [controlar] os meios operários «associações sindicais/recreativas».
vermelhusco, a *adj col* (<vermelho + -usco) **1** Que é um pouco vermelho/Avermelhado. **Ex.** Não gosto desse tecido «para o vestido», é muito ~. **2** *fig* Exaltado/Irritado.
vermi- *elem de formação* (<lat *vérmis,is*) Exprime a ideia de **verme**.
vermicida *adj 2g/s m* (<vermi- + -cida) Que mata [destrói/afugenta] vermes/Vermífugo.
vermiculado, a *adj* (<lat *vermiculátus,a,um*) **1** *Arquit* (Diz-se de ornato) que tem a forma de verme. **2** *Bot* (Diz-se de órgão vegetal) que apresenta saliências em forma de verme.
vermicular *adj 2g* (<vermículo + -ar²) **1** Referente [Semelhante] a verme. **Comb.** Forma ~. **2** Que se desloca como um verme. **Comb.** Parasita ~.
vermiculite/a *s f Miner* (<vermículo + -ite/a) Nome genérico de minerais micáceos provenientes da alteração de micas. **Ex.** A ~ é usada como isolador térmico e sonoro.
vermículo *s m* (<lat *vermículus,i*, dim de *vérmis,is*) Pequeno verme.
vermiculoso, a (Ôso, Ósa, Ósos) *adj* (<vermículo + -oso) ⇒ vermiculado.
vermiforme *adj 2g* (<vermi- + -forme) Que tem a forma de verme.
vermífugo, a *adj/s m* (<vermi- + -fugo) (Diz-se de) substância que expulsa os parasitas/vermes/Antelmíntico/Vermicida.
vérmina *s f Med* (<fr *vermine*) Doença provocada pelo excesso de vermes [parasitas] intestinais/Verminose/Helmintose.
verminação *s f Med* (<lat *verminátio,ónis*) Produção excessiva de vermes parasitas nos intestinos.
verminado, a *adj* (<verminar) **1** Atacado [Roído] pelos vermes. **2** *fig* Consumido interiormente por uma ideia/um sentimento doloroso/o/Ralado/Moído.
verminal *adj 2g* (<lat *vérmen,inis* + -al) Referente aos vermes.
verminar *v t* (<lat *vérmino,áre,átum*) **1** Estar cheio de vermes/Criar vermes. **2** Corroer como verme «o coração/a consciência».
verminose *s f Med* ⇒ vérmina.
verminoso, a (Ôso, Ósa, Ósos) *adj* (<lat *verminósus,a,um*) **1** Que tem vermes/Verminado. **2** Provocado pelo excesso de vermes no intestino. **Comb.** Doença [Cólica] ~a.
vérmis *s m 2n Anat* (<lat *vérmis,is*: verme) Lobo médio do cerebelo, alongado e sulcado transversalmente, o que lhe dá o aspe(c)to dum verme.
vermute *s m* (<fr *vermout* <al *Wermut*: absinto) Vinho aromatizado com extra(c)tos de plantas amargas «absinto/casca de laranja», que se toma como aperitivo. **Comb.** *~ branco* [tinto]. *~ seco*.
vernação *s f Bot* (<lat *vernátio,ónis*: mudança de pele nas cobras na primavera) ⇒ prefoliação.
vernaculidade [vernaculismo] *s f* [*m*] (<vernáculo + -...) **1** Qualidade do que é vernáculo/próprio do país. **2** *Ling* Pureza e corre(c)ção de linguagem. **Comb.** A ~ dos escritos «*Sermões*» do P. Antó[ô]nio Vieira.
vernaculista *adj/s 2g* (<vernáculo + -ista) **1** Relativo à vernaculidade/ao vernaculismo. **2** (O) que fala [escreve] com vernaculidade. **Comb.** Autor [Escritor] ~.
vernaculizar *v t* (<vernáculo + -izar) Tornar vernáculo/Manter a corre(c)ção e a pureza da língua. **Loc.** ~ um texto «uma tradução».
vernáculo, a *adj/s m* (<lat *vernáculus,a,um <verna,ae*: escravo nascido na casa do seu senhor) **1** Próprio do país a que pertence/Pátrio/Nacional. **Comb.** *Costumes ~s. Língua ~a*. **2** *Ling* Que conserva a pureza e a corre(c)ção da linguagem escrita ou falada/Sem estrangeirismos/Genuíno/Puro. **Comb.** *Expressão ~a. Português ~*. **3** *s m* Língua pátria, corre(c)ta, pura, sem estrangeirismos. **Ex.** Os políticos quando recebem personalidades estrangeiras, deviam discursar sempre em ~.
vernal *adj 2g* (<lat *vernális,e*) **1** Próprio da primavera/Primaveril(+). **Comb.** Flor [Fruto] ~. **2** *Astr* Ponto ~ [Posição ocupada pelo Sol na esfera celeste quando, na traje(c)tória eclíptica do movimento anual aparente, se cruza com o equador/Equinócio de março].
vernante *adj 2g* (<lat *vérnans,ántis <vernáre*: brotar na primavera) Que floresce/brota na primavera.
vernar *v int* (<lat *vérno,áre,átum*) ⇒ Brotar/Despontar/Florescer.
vernes *s m pl Zool* (<berne) Tumefa(c)ção entre a pele dos animais «cavalos» e o tecido celular subjacente.
verniê/er *s m Mat Fís* ⇒ nó[ô]nio.
vernissage *s f* (<fr *vernissage*: a(c)to de envernizar) Inauguração duma exposição de obras de arte.
verniz (Nís) *s m* (<gr *bereniké, beroniké*: resina) **1** *Quím* Material de pintura não

pigmentado, constituído por misturas de óleos e resinas naturais ou sintéticas. **Ex.** Há uma enorme variedade de ~es com aplicações de prote(c)ção e embelezamento de madeira, metais, alvenaria, etc. **2** Substância resinosa que se aplica sobre as unhas para lhes dar brilho ou cor. **Loc.** Tirar [Limpar] o ~ das unhas «com acetona». **3** Cabedal muito fino e lustroso/brilhante. **Comb.** Sapatos de ~. **4** *fig* Boa educação/Polidez/Elegância. **Idi.** *Estalar o ~* [Perder a compostura/as boas maneiras, deixando transparecer a falta de educação].

verno, a *adj* (<lat *vérnus,a,um*) Relativo [Pertencente] à primavera/Vernal.

vero, a *adj* (<lat *vérus,a,um*) Verdadeiro/Real/Autêntico.

verónica [*Br* **verônica**] *s f* (< antr Verónica) **1** *Maiúsc Rel* Segundo a lenda, uma das santas mulheres que acompanhavam Jesus Cristo no caminho para o Calvário, e que lhe enxugou o rosto com o véu no qual ficou impressa a Santa Face. **2** Em tauromaquia, passe a pé em que o toureiro apresenta a capa ao touro segurando-a com ambas as mãos.

verosímil *adj 2g* (<lat *verisímilis,e*) Que parece verdadeiro/Plausível/Provável. **Comb.** *Explicação ~. Hipótese ~.*

verosimilhança *s f* (<verosímil + -ança) Qualidade do que é verosímil/Credibilidade. **Comb.** ~ duma história.

verosimilhante *adj 2g* (<verosímil + -ante) ⇒ verosímil.

verosimilitude *s f* (<lat *verosimilitúdo,inis*) ⇒ verosimilhança.

verrasco *s m* ⇒ varrão[rrasco].

verrina *s f* (<lat *verrina,ae* <antr (Caius) Verres (119-43 a.C.), político romano) **1** *Hist* Cada um dos discursos pronunciados por Cícero contra o procônsul romano Caius Verres. **2** Censura violenta em discurso público/Acusação/Catilinária(+).

verrinoso, a (Ôso, Ósa, Ósos) *adj* (<verrina + -oso) Que encerra verrina/crítica violenta. **Comb.** Discurso [Acusação] ~o/a.

verrucal *adj 2g* (<lat *verrúca,ae* + -al) Relativo a [Próprio de] verruga.

verrucária *s f Bot* (<lat *(herba) verrucária*) **1** Nome de diversos líquenes. **2** ⇒ girassol, *Heliostropium europaeum*.

verruga *s f* (<lat *verrúca,ae*) **1** Pequena excrescência cutânea que aparece principalmente no rosto e nas mãos. ⇒ espinha. **2** *Bot* Pequena protuberância rugosa.

verrugoso[guento], a (Ôso, Ósa, Ósos) *adj* (<verruga + -...) **1** Que tem verrugas. **Comb.** Cara ~a. **2** Que tem a forma [o aspe(c)to] de verruga. **Comb.** Tumor ~.

verruma *s f* (< ?) **1** Instrumento em forma de parafuso e de ponta aguçada destinado a abrir furos na madeira. **Loc.** Fazer um furo «no tampo dum pipo» com uma ~. ⇒ trado. **2** Broca para abrir buracos na pedra. **3** *fig* Pessoa maçadora/impertinente.

verrumar *v t* (<verruma + -ar¹) **1** Abrir furos [buracos] com verruma. **2** *fig* Irritar com insistência/Espicaçar/Maçar.

versado, a *adj* (<versar) **1** Conhecedor/Sabedor/Experimentado. **Comb.** ~ *em artes marciais. ~ em História medieval. ~ em medicina caseira*. **2** Posto em verso/Versificado(+). **Comb.** «a Nau Catrineta» Lenda ~a. **3** Tratado/Abordado. **Comb.** Assunto ~ [tratado(o+)/abordado(+)] na reunião [conferência] «de ministros de finanças europeus».

versal *adj/s 2g Tipografia* (<verso + -al) (Diz-se de) letra maiúscula de cada um dos tipos do mesmo corpo/Letra de caixa alta. **Ex.** O *C* do *Credo* da missa (e outras iniciais), nos antigos missais de altar em latim, era(m) geralmente em ~ gó[ô]tico com iluminuras. **Comb.** Título todo (escrito) em ~ [maiúsculas].

versalete (Lê) *s m Tipografia* (<versal + -ete) Tipo de letra que tem a forma das maiúsculas «A/B» mas tamanho das minúsculas «a/b»/Versal de tipo pequeno.

versalhada *s f depr* (<verso + -alho + -ada) **1** Conjunto de versos mal feitos/sem qualidade artística. **2** Poesia longa e sem inspiração.

versão *s f* (<lat *vérsio,ónis*) **1** A(c)to ou efeito de voltar/virar. **2** Alteração/Mudança/Transformação. **Ex.** A nova ~ da Toyota *Hiace* foi melhorada, tem muitos extras. **3** (Resultado da) tradução de um texto de uma língua para outra. **Ex.** A ~ grega da Bíblia (*Dos Setenta*) é a que está mais conforme com o original hebraico. **Loc.** Fazer a ~ [tradução(+)] para [em] japonês de um texto [livro] português. **Comb.** ~ [Obra/Forma] original [Aquela em que o livro [texto/música/filme] foi escrito [produzido]. **4** Forma diferente de contar a mesma coisa. **Ex.** Sobre esse acidente já ouvi várias ~ões/vários relatos. **5** Obra televisiva/cinematográfica, original ou adaptada a outras línguas e culturas. **Comb.** ~ *a(c)tualizada* do filme *Titanic*. ~ *brasileira* [portuguesa/francesa] duma telenovela «*Gabriela*». **6** Rumor acerca de alguma coisa/Boato. **Ex.** Corre por aí a ~ de [Ouve-se dizer por aí] que há altas individualidades implicadas na fraude. **7** *Med* Mudança feita à posição do feto no útero.

versar¹ *v t/int* (<lat *vérso,áre,átum*) **1** Mexer em alguma coisa com as mãos mudando-a de posição/Manejar/Manusear. **Ex.** «não comprava nada mas» Passava horas [muito tempo] na livraria a ~ as [a dar uma vista de olhos às] últimas novidades. **2** ⇒ Examinar minuciosamente/Estudar/Observar. **Loc.** ~ a pintura barroca. **3** ⇒ Praticar/Exercitar «uma língua estrangeira». **4** Tratar/Abordar/Discorrer. **Ex.** A conferência versou sobre energias renováveis.

versar² *v t/int* (<verso + -ar¹) **1** Pôr em verso «um texto escrito em prosa»/Versificar 1(+). **2** Fazer versos/Versejar(+).

versátil *adj 2g* (<lat *versátilis,e*) **1** Que revela propensão para a mudança/Inconstante/Volúvel/Instável. **Comb.** Temperamento ~. **2** Que se adapta facilmente a várias situações/pode desenvolver vários tipos de a(c)tividade. **Comb.** Empregado [Operário/Funcionário] ~. **3** Que tem várias utilidades/usos/Polivalente/Multiusos. **Comb.** Máquina «de carpintaria/cozinha» ~. **4** Que se move com facilidade/Ágil. **Ex.** Os felídeos são animais muito ~eis [ágeis(+)]. **5** *Ornit* Diz-se do dedo de algumas aves «cuco» que tanto pode dirigir-se para a frente como para trás. **6** *Bot* Diz-se da antera que oscila na ponta do filete.

versatilidade *s f* (<versátil +-i-+ -dade) Qualidade do que é versátil/Polivalência. **Comb.** ~ *dum escritor* «poeta, dramaturgo, romancista». ~ *duma máquina ferramenta* «corta, fura, aplaina».

versejador, ora *s/adj* (<versejar + -dor) **1** (O) que verseja/faz versos. **2** *depr* Poeta de fraco [baixo] nível artístico.

versejar *v t/int* (<versejar + -ejar) **1** Fazer versos. **Ex.** É um escritor que sempre gostou de ~ mas só agora «com mais de 50 anos» publicou o primeiro livro de poesia. **2** Pôr (um texto) em verso. **Loc.** ~ uma história infantil «*Os Três Porquinhos*». **3** *pej* Fazer versos sem qualidade artística [poética/literária].

verseto (Ssê) *s m* (<verso + -eto) **1** Pequeno trecho bíblico, geralmente de duas ou três linhas, com sentido completo/Versículo(+). **2** *Mús* Trecho musical para acompanhar a letra dum ~.

versicolor (Lôr) *adj 2g* (<lat *versicólor,óris*) Que tem diversas cores/Furta-cores/Matizado.

versículo *s m* (<lat *versículus,i*, dim de *versus,i*: verso) **1** Cada uma das divisões dum capítulo da Bíblia. **2** Trecho bíblico breve, rezado ou cantado, que pode ser seguido dum responso.

versificação *s f* (<lat *versificátio,ónis*) **1 a)** A(c)to ou efeito de versificar/de pôr em verso; **b)** Arte de fazer versos. **2** Conjunto das técnicas «métrica/acento/rima» necessárias à estruturação dum poema. **Comb.** Noções de ~.

versificador, ora *adj/s* (<versificar + -dor) (O) que versifica/faz versos/põe em verso.

versificar *v t/int* (<lat *versífico,áre,átum*) **1** Pôr em verso (o que está em prosa). **2** Fazer versos/Verserjar(+).

versífico, a *adj* (<lat *versíficus,a,um*) Relativo a versos/à versificação.

versilibrismo *s m Liter* (<fr *vers-librisme* <*vers*: verso + *libre*: livre) **1** Corrente literária moderna que defende o uso do verso livre, fugindo às regras tradicionais da métrica, rima, etc., apoiado só no ritmo. **2** Uso do verso livre.

versilibrista *s/adj 2g* (⇒ versilibrismo) **1** O que pratica o [Adepto/Apologista do] verso livre. **2** Relativo ao versilibrismo.

versista *s/adj 2g* (<verso + -ista) O [Relativo ao] que verseja/faz versos/Poeta(+).

verso *s m* (<lat *vérsus,i*) **1** Cada uma das linhas de um poema. **Ex.** "Ó mar salgado, quanto do teu sal / São lágrimas de Portugal" (Fernando Pessoa) – são dois ~s. **2** Composição poética/Poesia/Poema. **Ex.** "*Os Lusíadas*", de Luís de Camões, e "*Mensagem*", de Fernando Pessoa, são obras em ~. **3** Arte poética. **Ex.** O ~, além das regras específicas a que deve obedecer «métrica/rima/acento», requer sensibilidade [inspiração] poética. **4** Lado oposto/Costas/Reverso. **Comb.** ~ [Avesso(+)] *dum tecido*. ~ *duma medalha*. *Folha* (de papel) escrita nos dois lados: na frente e *no ~*.

versor *s m Mat* (<lat *vérsus,a,um*: voltado) Ve(c)tor de módulo igual à unidade.

vértebra *s f* (<lat *vértebra,ae*) Cada uma das peças, ósseas ou cartilagíneas, que constituem o esqueleto dos vertebrados. **Ex.** O conjunto das trinta e três ~s do homem forma a coluna vertebral.

vertebrado, a *adj s m pl* (<lat *vertebrátus,a,um*) (Diz-se do) grupo (Subfilo dos cordados) de animais que têm crânio e vértebras individualizadas que constituem a coluna vertebral. **Ex.** O grupo dos ~s é formado pelos mamíferos, aves, répteis, batráquios, peixes e ciclóstomos. **Ant.** In~.

vertebral *adj 2g* (<vértebra + -al) **1** Que pertence [diz respeito] a vértebra. **Comb.** *Canal ~. Orifício ~*. **2** Que é constituído por vértebras. **Comb.** Coluna ~.

vertebrocostal *adj 2g* (<vértebra + costal) Referente a uma vértebra e a uma costela/Costovertebral. **Comb.** Articulação ~.

vertedou[oi]ro *s m* (<verter + -dou[oi]ro) **1** Fossa para despejos/Escoadouro. **2** *Náut* Espécie de pá [escudela] com que se apanha e despeja a água que acidentalmente entrou na embarcação.

vertedura *s f* (<verter + -dura) **1** A(c)to ou efeito de verter. **2** Porção de líquido que transborda do recipiente que o contém. **Loc.** Colocar uma vasilha «tabuleiro/prato»

debaixo da torneira do pipo para apanhar as ~s das garrafas que se estão a encher.
vertente *adj 2g* (<lat *vértens,éntis*; ⇒ verter) **1** Que verte. **Loc.** Transvasar o vinho do pipo ~ [que está a verter(+)] para uma vasilha em bom estado. **2** Que desce/corre. **Comb.** Águas ~s da encosta do monte. **3** Que está a ser discutido/tratado. **Ex.** O caso ~ [Este caso(+)] não está contemplado na [abrangido pela] lei. **4** *s f* Qualquer dos lados duma elevação por onde correm as águas/Encosta/Declive. **Comb.** ~ norte [sul/ocidental] duma serra. **5** Cada uma das superfícies inclinadas dum telhado. **Ex.** Os painéis solares vão ser instalados na ~ (do telhado) virada a sul. **6** *fig* Ponto de vista/Perspe(c)tiva/Ângulo/Aspe(c)to. **Ex.** Temos de analisar o proje(c)to em todas as suas [nas suas várias] ~s.
verter *v t/int* (<lat *vérto,ere,verti,vérsum*) **1** (Fazer) sair líquido do recipiente em que está contido. **Ex.** O pipo está a ~ vinho «pela junta de duas aduelas». O tacho verte, está furado. **Idi.** *pop* – *águas* [Urinar]. ~ *lágrimas* [Chorar]. **2** (Um líquido) sair com força/Brotar/Jorrar. **Ex.** A nascente (termal) verte água quente sulfurosa. O petróleo verte do furo (feito no solo). **3** Derramar um líquido/Entornar/Espalhar. **Ex.** «deram-lhe uma cotovelada» Verteu muito sangue do nariz. Encheu a garrafa «de azeite» até ~. **4** Traduzir de uma língua para outra. **Loc.** ~ *para* [*em*] *inglês* uma carta «comercial». ~ *de japonês* para [em] português as instruções de funcionamento duma máquina.
vértex (Écs) *s m 2n Anat* (<lat *vértex,icis*) O ponto mais alto da abóbada craniana/Vértice 3.
vertical *adj 2g/s f* (<lat *verticális,e*) **1** Que tem dire(c)ção paralela ao fio de prumo/Perpendicular à linha do horizonte. **Loc.** «um helicóptero» Levantar voo na ~. **Comb.** Uma barra [coluna/parede] ~ (⇒ 5). **2** *fig* Direito/Aprumado. **Comb.** «nota-se ao longe» Postura ~ [Porte muito direito/aprumado] «do velho abade». **3** *fig* Re(c)to/Honesto/Íntegro. **Comb.** Pessoa ~ «nos negócios». **4** *fig* Que acontece [varia] de modo brusco e acentuado. **Comb.** *Queda* ~ da cotação «das a(c)ções na bolsa». *Subida* ~ do preço «dos combustíveis». **5** *s f* Linha perpendicular ao plano do horizonte. **Comb.** ~ dum lugar [Re(c)ta que num lugar segue a dire(c)ção da gravidade]. **Ant.** Horizontal.
verticalidade *s f* (<vertical +-i-+ -dade) **1** Qualidade [Estado] do que é vertical/Posição vertical/Aprumo. **Loc.** Verificar a ~ duma parede [dum andaime]. **2** *fig* Re(c)tidão/Integridade/Honestidade. **Comb.** «juiz ~ Admirado pela ~ das suas decisões.
verticalização *s f* (<verticalizar + -ção) A(c)to ou efeito de verticalizar/endireitar(+).
verticalizar *v t* (<vertical + -izar) Tornar vertical/Aprumar/Endireitar(+). **Ex.** Ninguém está interessado em ~ a Torre de Pisa «perdia o interesse turístico».
verticalmente *adv* (<vertical + -mente) **1** De cima para baixo/Segundo a dire(c)ção do fio de prumo. **Loc.** «obje(c)to em queda livre» *Cair* ~. «um foguete» *Subir* ~. **2** ⇒ *fig* Corre(c)tamente/Honestamente. **Loc.** Proceder ~ «na escolha dum candidato/concorrente a um lugar/uma empreitada».
vértice *s m* (<lat *vértex,icis*) O ponto mais alto/Cume/Cimo/Pináculo. **Comb.** ~ [*Cume*(+)/*Cimo*(o+)] dum monte. ~ [*Cimo*(+)/*Pináculo*(o+)] da torre «duma igreja». **2** Grau máximo/Ponto culminante/Ápice/Auge. **Comb.** O ~ [auge(+)] da fama/glória. **3** *Anat* Ponto mais elevado da caixa craniana. **4** *Geom* Ponto comum de origem das semirre(c)tas que formam um ângulo. **Ex.** Os polígonos têm tantos ~s como lados. **5** *Geom* Ponto de convergência de três ou mais arestas num poliedro, ou das geratrizes num cone. **Ex.** O cubo tem oito ~s. **6** *Geom* Cada um dos pontos de uma (curva) có[ô]nica coincidentes com o extremo [a origem] de um dos seus eixos. **Comb.** ~ duma parábola/hipérbole.
verticidade *s f* (<vértice +-i-+ -dade) **1** Tendência de algo se dirigir para o vértice/ponto culminante. **2** Tendência [Propriedade] de um corpo se mover mais para um lado do que para o outro. **Comb.** A ~ da agulha magnética.
verticilado, a *adj Bot* (<verticilo + -ado) **1** Constituído por verticilos. **2** Diz-se de órgãos vegetais «folhas/flores/ramos» que se dispõem em verticilo.
verticilo *s m* (<lat *verticíllus,i*: remate inferior do fuso) **1** *Bot* Conjunto de órgãos vegetais «folhas/ramos» em número de três ou mais, inseridos à mesma altura no eixo correspondente. **2** *Zool* Conjunto de órgãos animais dispostos radialmente a partir dum ponto comum.
vertigem *s f* (<lat *vertígo,inis*) **1** Sensação ilusória de deslocamento dos obje(c)tos em relação ao próprio corpo/Sensação de falta de equilíbrio. **Ex.** Não consigo aproximar-me do parapeito da varanda «do 5.º andar» porque tenho ~ns «vejo tudo a andar à roda e parece que vou cair». **2** *fig* Tentação súbita/Desejo irresistível. **Loc.** Deixar-se levar pela ~ do dinheiro «e fazer um desfalque». **3** *fig* Desvario/Loucura. **Ex.** Na ~ da paixão, deixou tudo e foi atrás da rapariga [moça] «para o estrangeiro».
vertiginosamente *adv* (<vertiginoso + -mente) **1** A toda a pressa/Com grande velocidade. **Ex.** As ambulâncias dirigiram-se ~ [a toda a velocidade(+)] para o local do acidente. **2** Precipitadamente(+). **Ex.** Quando pressentiram gente, os assaltantes saíram ~ [a correr] pela janela.
vertiginoso, a (Ôso, Ósa, Ósos) *adj* (<lat *vertiginósus,a,um*) **1** Que tem [produz] vertigens. **Loc.** Ter síndrome ~o. **Comb.** Altura ~a «dum precipício». **2** *fig* Rápido/Impetuoso. **Comb.** Velocidade ~a/incrível. **3** *fig* Que faz perder a lucidez/leva à prática de a(c)tos irrefle(c)tidos. **Comb.** «dominado por» Paixão ~a.
verve *s f* (<lat *vérba*, pl de *vérbum,i*: palavra) **1** Imaginação ardente/Inspiração «dos artistas/poetas». **Ex.** Palavras duras «do pregador P. Antó[ô]nio Vieira» em consonância com a matriz evangélica da sua ~. **2** Vivacidade de expressão/Graça/Eloquência. **Comb.** A ~ dum orador.
vesgo, a (Vês) *s/adj* (<esp *bisgo/bizco*) (O) que apresenta estrabismo/Estrábico/Zarolho. **Ex.** «teve um acidente» Ficou ~ «perdeu o olho direito». **Comb.** *Olho* ~. *Pessoa* ~*a*.
vesguear *v int* (<vesgo + -ear) **1** Ser vesgo. **Ex.** Ele vesgueia desde criança, já nasceu assim. **2** ⇒ *fig* Olhar de soslaio/de lado(+).
vesgueiro, a *adj* ⇒ vesgo.
vesicação *s f* (<vesicar + -ção) **1** Produção de vesículas «bolhas na pele» por uma substância irritante «detergente/lixívia». **2** Efeito [Manifestação] dessa irritação. **Loc.** Tratar a ~ «com um creme».
vesical *adj 2g* (<lat *vesicális,e*) Relativo à [Próprio da] bexiga. **Comb.** *Artéria* ~. *Cálculo* ~.
vesicante *adj 2g/s m* (<vesicar + -ante) (O) que causa vesicação/produz vesículas/Vesicatório. **Comb.** Picadas ~s «das urtigas».
vesicar *v t* (<lat *vesico,áre,átum*) Produzir vesículas em.
vesicatório, a *adj/s m* (<vesicar + -tório) (O) que tem a(c)ção vesicante/Vesicante.
vesicotomia *s f Med* (<lat *vesica,ae*: bexiga + -tomia) Incisão da bexiga urinária/Cistotomia.
vesicouterino, a *adj* (<lat *vesica,ae*: bexiga + uterino) Que diz respeito à bexiga e ao útero.
vesicovaginal *adj 2g* (<lat *vesica*: bexiga + vaginal) Que diz respeito à bexiga e à vagina.
vesícula *s f* (<lat *vesícula,ae*) **1** *Anat* Pequeno saco membranoso semelhante à bexiga. **Comb.** ~ *biliar* [Órgão onde se acumula a bílis]. ~ *cerebral* [Cada uma das três dilatações com cavidades do tubo neural embrionário, que irão constituir o cérebro]. ~ *encefálica* [Cada uma das dilatações do eixo nervoso do embrião que vão formar o encéfalo]. ~ *seminal* [Reservatório membranoso do aparelho genital masculino onde se acumula o líquido fecundante/Rece(p)táculo seminal]. ~ *umbilical* [Saco que contém as reservas nutritivas do embrião/Saco vitelino]. **2** *Zool* Espaço arredondado que contém ar ou outras substâncias nas células ou nos tecidos dos organismos. **Comb.** ~ *ambulacrária* [Pequena ampola existente na base dos pés ambulacrários dos equinodermes]. ~ *contrá(c)til/pulsátil* [Empola existente no citoplasma das células dos protozoários]. **3** *Med* Lesão cutânea que contém líquido seroso, sangue ou linfa/Bolha. **Comb.** ~s da varicela. ⇒ espinha; caroço.
vesiculação *s f* (<vesicular + -ção) Formação [Manifestação] de vesículas.
vesicular[1] *v int* (<vesícula + -ar[1]) Formar vesículas.
vesicular[2] *adj 2g* (<vesícula + -ar[2]) **1** Relativo a vesícula. **2** Que tem forma de vesícula. **3** Formado de vesículas.
vesiculite *s f Med* (<vesícula + -ite) Inflamação duma vesícula «da vesícula seminal».
vesiculoso, a (Ôso, Ósa, Ósos) *adj* (<vesícula + -oso) Que tem vesículas/Vesicular[2].
vespa *s f Ent* (<lat *véspa,ae*) **1** Designação de inse(c)tos da ordem dos himenópteros, da família dos vespídeos, semelhantes às abelhas. **Ex.** A picada das ~s é muito dolorosa. **2** *fig* Pessoa mordaz/áspera/intratável. **Ex.** Aquele atelier «de costura» é um ninho de ~s.
vespão *s m Ent* Vespa grande/Marimbondo.
vespeiro *s m* (<vespa + -eiro) **1** Ninho de vespas. **2** *fig* Lugar onde frequentemente podem surgir insídias e traições.
Vésper *s m Astr* (<lat *Vésper,eris*: planeta Vé[ê]nus quando aparece no poente/após o pôr do sol) **1** Vé[ê]nus (Planeta do sistema solar, que em tempos foi considerado como estrela). **2** ⇒ Ocidente/Tarde/Ocaso.
véspera *s f* (<lat *véspera,ae*: tarde) **1** Dia que antecede imediatamente outro. **Ex.** Na ~ da sua morte ainda deu uma entrevista «para a televisão». No dia da festa não quero ter muitas ocupações: deixo tudo «o almoço/as sobremesas» adiantado de ~. **2** Tempo [Época/Momento] que precede um acontecimento. **Ex.** Nas ~s da partida «para o estrangeiro» visitou toda a família «para se despedir». Os que na ~ lhe «candidato a Presidente da República» davam *vivas*, foram os primeiros a apupá-lo quando começaram as derrotas. **Comb.** Em ~s de [Prestes a] ser mãe. **3** *pl Rel* Oração litúrgica católica que se reza ao fim da tarde. **Loc.** Rezar (as) ~s. **Comb.** À hora de ~s.

vesperal adj 2g (<véspera + -al) **1** Relativo [Que se realiza] à tarde/Vespertino(+). **2** Rel Relativo à oração de vésperas. **Comb.** Hino [Salmo/Leitura] ~.

vespertino, a adj/s m (<lat vespertínus, a,um) **1** Relativo à tarde. **Comb.** Hora ~a. **Ant.** Matinal; matutino. **2** Que se realiza [publica/acontece] à tarde. **Comb.** *Jornal [Edição] ~o/a. Missa ~a* [celebrada no sábado ao fim da tarde como parte integrante da liturgia do domingo (seguinte)]. **3** s m Jornal que se publica à tarde ou à noite. **Ex.** O acidente verificou-se a meio da tarde, mas a notícia já vinha em todos os ~s.

vespídeo, a adj/s m pl Zool (<vespa + -ídeo) (Diz-se de) família de inse(c)tos himenópteros sociáveis, a que pertencem as vespas.

vessada s f (<vessar + -ada) Terra fértil provida de água de rega.

vessadela s f (<vessar + -dela) **1** A(c)to de vessar. **2** Porção de terra que se lavra num dia.

vessar v t (<lat vérso,áre,átum) Lavrar a fundo a terra para fazer as sementeiras.

vestal s f (<lat vestális,e: de (deusa) Vesta) **1** Sacerdotisa da antiga deusa romana Vesta. **Ex.** As ~ais tinham o encargo de manter aceso o fogo sagrado do templo de Vesta. **2** fig Mulher formosa e casta. **3** fig Virgem/Donzela.

veste (Vés) s f (<lat véstis,is) **1** Vestuário/Traje. **Ex.** As ~s dos árabes são diferentes das dos europeus. **2** Indumentária cara(c)terística de determinada profissão/determinado a(c)to [cerimó[ô]nia]. **Comb.** *~ branca* «do ba(p)tismo/das noivas». *~ talar* [que desce até ao calcanhar «batina dos padres/toga dos magistrados»].

véstia s f (<veste + -ia) **1** Espécie de casaco curto/Jaqueta/Jaleca. **2** Br Casaco de couro usado pelos vaqueiros.

vestiaria s f (<veste + -aria) **1** Lugar onde se guardam as roupas «casacos/gabardines/chapéus» das pessoas de alguma cole(c)tividade «escola/empresa/repartição pública»/Vestiário(+). ⇒ rouparia. **2** Conjunto de peças de roupa/Vestimenta/Indumentária(+).

vestiário s m (<lat vestiárium,ii) **1** Lugar onde as pessoas «empregados/alunos» mudam de fato e guardam os seus pertences. **Ex.** Nos ~s duma empresa, cada empregado tem o seu armário/cacifo próprio. **2** Compartimento onde os magistrados guardam as vestes profissionais. **3** Lugar à entrada dum edifício público «teatro/cinema» onde se podem deixar chapéus, guarda-chuvas, gabardines, ...

vestibular adj 2g/Br s m (<vestíbulo + -ar²) **1** Relativo a vestíbulo «do ouvido». **Comb.** Área ~ [Átrio] duma sala de espe(c)táculos. **2** Br (Diz-se de) Exame que dá acesso aos cursos universitários. **Loc.** Passar [Ser aprovado] no (exame) ~.

vestíbulo s m (<lat vestíbulum,i) **1** Área de acesso a escadaria interior da casa/sala de espe(c)táculos/Pátio de entrada/Átrio. **Loc.** Aguardar no ~ do tribunal a chamada para entrar na sala de audiências. **2** Anat Cavidade do aparelho auditivo que dá acesso ao ouvido interno. **3** Zool Cavidade que dá acesso a algum órgão oco de animais. **Comb.** *~ da cloaca. ~ do ouvido. ~ da vulva.*

vestido, a s m/adj (<vestir) **1** Peça de vestuário feminino que cobre o tronco e as pernas. **Comb.** *~ com [sem] mangas. ~ curto [comprido]. ~ de noite [cerimó[ô]nia].* **2** adj Que está coberto com roupa. **Ex.** A menina não gostou da boneca que lhe deram porque (a boneca) não estava ~a. Estás muito bem ~, vais a alguma festa? **3** Preparado com roupa para sair. **Ex.** Espera por mim um pouco, tenho de mudar de roupa, ainda não estou ~. **Comb.** *~ a rigor* [com indumentária adequada ao a(c)to «festa» a que se vai assistir/em que se vai tomar parte]. **4** fig Coberto/Tapado. **Ex.** «estamos em plena primavera» As árvores já estão completamente ~as (de folhas). **Comb.** Sofá ~ [revestido(+)] com uma capa de prote(c)ção.

vestidura s f (<vestir + -dura) **1** Tudo o que serve para vestir/Veste/Vestimenta. **2** Cerimó[ô]nia em que se toma o hábito religioso/Tomada de hábito(+).

vestígio s m (<lat vestígium,ii) **1** Marca «pegada» deixada por pessoa [animal/veículo] no local por onde passa/Rasto/Pista. **Ex.** Notam-se na estrada ~s recentes dos pneus dum carro. **2** Marca [Sinal/Indício] de uma coisa que sucedeu. **Ex.** A polícia inspe(c)cionou o local do crime à procura de ~s do criminoso. **3** pl Quantidade muito reduzida/Resto/Resquícios. **Comb.** Amostra de minério com ~s de ouro. **4** pl Ruínas. **Ex.** Em muitos locais de Portugal encontram-se ~s da civilização romana.

vestimenta s f (<lat vestiménta, pl de vestiméntum,i) **1** Tudo o que serve para vestir/Roupa/Vestuário. **Ex.** «tenho andado a limpar o quintal» Não vou sair com esta ~. **2** Indumentária própria de determinada profissão ou usada em determinados a(c)tos «solenes». **Comb.** *~ dos magistrados. ~ sacerdotal* [usada em celebrações litúrgicas].

vestir v t/int (<lat véstio,íre,ívi ou íi,ítum) **1** Cobrir com uma peça de vestuário. **Loc.** *~ as calças* [a camisa/o casaco]. *~ bem* [Usar roupa de boa qualidade/Ter bom gosto na roupa que usa]. **2** Usar determinado tipo de vestuário/Trajar/Envergar. **Ex.** Os jovens gostam de ~ roupa de marca «calças *Levi's*/camisas *Benetton*». «para a entrevista» Vestiu fato completo (Calça e casaco) e pôs gravata. **3** Proteger/Resguardar. **Loc.** ~ [Proteger(+)] os assentos do carro com uma cobertura de tecido. **4** fig Cobrir/Revestir. **Ex.** Na Primavera, os campos vestem-se de verde. **5** ~-se/Trajar-se/Fantasiar-se. **Loc.** *~-se de bruxa* [fada] «no carnaval». «um homem» *~-se de mulher*.

vestuário s m (<lat vestuárius, por vestiárius, us) **1** Conjunto de peças de roupa com que as pessoas se vestem/Indumentária/Traje. **Comb.** *~ (d)esportivo. ~ leve* [pesado/grosso]. *~ masculino* [feminino]. *Indústria de ~. Peça de ~.* **2** Modo de vestir. **Ex.** Pelo ~ vê-se logo que tipo de pessoa é (aquela que o usa) «se é rica ou pobre/se tem bom gosto/...».

vesuvianite/a s f Miner (<Vesúvio, vulcão da Itália +...) Mineral constituído por silicato de alumínio, cálcio e magnésio, de cor castanha, verde ou amarela, brilho vítreo e risca branca.

vetar (Vè) v t (<lat véto,áre,átum) Opor veto/Proibir. **Loc.** «o Presidente da República» ~ uma lei. **Ant.** Sancionar.

veterano, a adj/s (<lat veteránus,a,um) **1** Mil (O) que tem muitos anos de experiência no serviço militar/Antigo soldado/combatente. **Comb.** *Militar* «oficial/sargento/praça» *~ da 2.ª Guerra Mundial. Reunião de ~s* «que combateram na Guiné». **2** (O) que tem muita experiência/muitos anos de serviço num determinado cargo/numa profissão. **Comb.** *Atleta ~. Bombeiro ~*. **3** Estudante do ensino superior que frequenta os últimos anos dum curso. **Ant.** Caloiro.

veterinária s f (<lat veterinária (ars)) Ramo da ciência médica que se ocupa das doenças dos animais. **Comb.** *Curso [Faculdade] de ~. Estudante de ~*.

veterinário, a s/adj (<lat veterinárius,a,um) **1** s Especialista no tratamento de doenças dos animais. **Ex.** O ~ veio vacinar as ovelhas (do rebanho) «contra a brucelose». **Loc.** Levar o cão (que está doente) ao ~. **2** Relativo à veterinária. **Comb.** Estudos [Especialidade] ~os/a. **3** Relativo às doenças dos animais. **Comb.** Clínica ~a.

veto (Vè) s m (<vetar) **1** A(c)to ou efeito de vetar. **2** A(c)to pelo qual o Presidente da República nega a promulgação duma lei, devolvendo-a ao órgão legislativo. **3** Direito que certo número de membros do Conselho de Segurança das Nações Unidas detém, podendo impedir que se tornem executórias certas deliberações tomadas pela maioria qualificada. **Comb.** Direito de ~ «dos EUA/da França». **3** fig Proibição/Recusa/Interdição. **Ex.** Já não vamos fazer a festa; teve o ~ dos nossos pais.

vetor (Vètôr) [Br **ve(c)tor** (dg)] s m [= vector] (<lat véctor,óris: que transporta <vectáre, frequentativo de vého, ere, véctum: levar, arrastar, transportar) **1** Med Animal, geralmente inse(c)to «mosquito», que transporta [dissemina] agentes de determinada doença. **Ex.** A mosca tsé-tsé é o ~ da doença do sono. **2** O que transmite alguma coisa/Condutor/Portador. **Ex.** Os foguetões são os ~es utilizados no lançamento de satélites artificiais e naves espaciais. **3** Fís/Mat Segmento de re(c)ta orientado, com grandeza (Comprimento), dire(c)ção e sentido definidos. **Comb.** *~ aplicado* [inserido numa origem (Ponto de aplicação)]. *~ deslizante* [pertencente a uma classe de ~es equipolentes e que têm como ponto de aplicação qualquer ponto duma re(c)ta dada]. *~ equipolente* (a outro) [com a mesma grandeza, dire(c)ção e sentido (que o outro)]. *~ livre* [pertencente à classe de ~es com a mesma grandeza, orientação e sentido, seja qual for a sua posição no espaço]. **4** Mat Elemento de um espaço vetorial.

vetorial (Vè) [Br **ve(c)torial** (dg)] adj 2g [= vectorial] (<vetor + -al) **1** Referente a vetores. **Comb.** *Cálculo ~. Espaço ~*. **2** Que opera sobre ve(c)tores. **Comb.** *Grandeza ~* [que pode variar não só em valor numérico mas em dire(c)ção ou sentido]. *Produto ~*.

vetustez [vetustade] s f (<vetusto + -...) Qualidade de vetusto/Antiguidade. **Comb.** A ~ da nação portuguesa/do castelo de Lisboa.

vetusto, a adj (<lat vetústus,a,um) **1** Que tem muitos anos/Velho/Antigo. **Comb.** «Braga, Portugal» *~a cidade*. **2** Que é respeitável pela sua idade/experiência da vida. **Comb.** ~ ancião.

véu s m (<lat vélum, i) **1** Tecido geralmente fino com que se cobre alguma coisa. **Loc.** Cobrir o bolo com o ~ de tule «por causa do pó/das moscas». **Idi.** *Levantar a ponta do ~* [Começar a desvendar/revelar algo desconhecido/que estava em segredo]. **Comb.** *Rel ~ umeral* [de ombros(+)] [usado pelo presbítero quando transporta a custódia com a hóstia consagrada]. **2** Acessório de vestuário feminino usado para cobrir a cabeça ou o rosto. **Comb.** *~ nupcial* [da noiva(+)] [usado pela noiva no a(c)to do casamento]. **3** Cortinado/Cortina. **Comb.** *Rel ~ do Templo (de Jerusalém)* [Grande cortina que separava o Santo dos Santos da outra zona do santuário (Do Santo) (Ex. Quando Jesus Cristo morreu na cruz, o ~

do Templo rasgou-se ao meio). **4** *fig* Aquilo que oculta/encobre. **Comb.** ~ *da noite* [A escuridão/As trevas]. *Anat* ~ *palatino* [Órgão móvel musculoso, coberto por uma membrana, situado atrás da abóbada palatina].

V. Exa. abrev de Vossa Excelência.

vexação (Vècha) *s f* (<lat *vexátio, ónis*) **1** A(c)to ou efeito de vexar. **2** Vergonha/Humilhação/Vexame. **Comb.** Desordeiros apostados na ~ da polícia. **3** Opressão/Maus tratos. **Comb.** Presos sujeitos a ~ pelos guardas prisionais.

vexado, a (Vèchá) *adj* (<vexar) **1** Que se vexou. **2** Humilhado/Maltratado. **Comb.** Deficiente «cego/coxo/gago» ~ pelos colegas. **3** ⇒ *Br* Envergonhado. **4** ⇒ *Br* Que tem pressa/Apressado.

vexador, ora (Vèchadôr) *adj/s* (<vexar + -dor) (O) que vexa.

vexame (Vèchâ) *s m* (<lat *vexámen,inis*: abalo, tremor) **1** Aquilo que vexa/envergonha/humilha. **2** Humilhação/Vergonha. **Ex.** «no hipermercado tirou uma tablete de chocolate» Passou pelo ~ de se ver descoberto. **3** Opressão/Afronta/Ultraje. **Ex.** O político teve que suportar os ~s [as vaias(+)/os apupos] dos manifestantes.

vexante (Vèchân) *adj 2g* (<lat *véxans,ántis*) Que vexa/provoca humilhação/Humilhante/Vexatório. **Comb.** *Atitude ~a. Repreensão [Censura] ~a. Situação ~a.*

vexar (Vèchár) *v t* (<lat *véxo,áre,átum*) (Fazer) sentir vergonha/Causar humilhação/Humilhar. **Ex.** Vexou o empregado à frente de todos os colegas «por ele ter cometido um pequeno erro».

vexatório, a (Vècha) *adj* (<vexar + -tório) Que causa vexame/Humilhante/Vexante. **Comb.** Crítica ~a.

vexilo (Csi) *s m Bot* (<lat *vexillum,i*: bandeira, estandarte) Pétala mais desenvolvida da corola papilionácea.

vez *s f* (<lat *vix,vícis*) **1** Ocasião/Momento/Oportunidade. **Ex.** Cada um é atendido na sua ~. Tenho que esperar; a minha ~ ainda não chegou. **Idi.** *Chegar a ~ a todos* [Ninguém se pode eximir àquilo que é da condição humana/Todos têm a sua oportunidade] (Ex. «ela tem sofrido muito» Chega a ~ a todos, se não é duma maneira é de outra. «não precisam de se atropelar» Chega a ~ a todos!). *Dar a ~* [Permitir que alguém tome o seu lugar] (Ex. Se não me tivessem dado a ~ «na fila da caixa do hipermercado» para pagar as compras, teria demorado mais de um quarto de hora). *Era uma ~* [Expressão usada para começar a contar uma história «às crianças», e significa: em certa ocasião/em tempos havia/...] (Ex. Era uma ~ um rei muito poderoso...). *Fazer as ~es de* [Fazer o que competia a outro/Substituir] (Ex. O colega pediu-me que fizesse as ~es dele no turno da noite). *Ficar para outra [a próxima] ~* [Não se fazer/Ficar adiado] (Ex. Hoje não lhe posso dar [comprar] nada; fica para a próxima ~). *Guardar a ~ a alguém* [Guardar o lugar, evitando que seja ocupado por outro] (Ex. Foi de manhã muito cedo para o Centro de Saúde guardar a ~ à mãe para marcar consulta). *Perder a [Passar por] ~* [Não aproveitar a sua oportunidade] (Ex. Não estava na sala quando o chamaram, perdeu a ~). *Tirar a ~ a alguém* [Ocupar indevidamente o lugar de outrem] (Ex. Não precisando de consultar o médico, não é justo que vá tirar a ~ a quem está doente). **Comb.** *Algumas [Às/Por] ~es* [Em certas ocasiões/Ocasionalmente] (Ex. Não gosto do ambiente das discotecas, mas às ~es vou lá com os amigos. Geralmente vou a pé para o emprego, mas por ~es vou de autocarro [ó[ô]nibus]). *Cada ~ mais [menos]* [Aumento [Diminuição] gradual] (Ex. As aldeias estão cada ~ mais despovoadas. Ele estuda cada ~ menos). *De ~* [De maneira decisiva/Definitivamente] (Ex. Ela acabou de ~ com o namoro. Agora regressei de ~). *De ~ em quando/De quando em ~* [De tempos a tempos/Ocasionalmente] (Ex. De ~ em quando encontro-o «um antigo colega» na rua/no café. Não viajo muito mas de ~ em quando gosto de ir passear pelo estrangeiro). *Em ~ de* [Em lugar [substituição] de] (Ex. Em ~ de ir eu a casa dele, vem ele à minha. Vais tu tratar do jardim em ~ dele «que está doente»). *Outra ~* [De novo/Novamente] (Ex. Repete outra ~ «a tabuada» para ficar bem sabido/a. Já cá estás outra ~?). *Umas ~es... outras ~es* [Alternativamente] (Ex. Umas ~es reunimo-nos em minha casa, outras ~es em casa dele. «à sobremesa» Comemos sempre fruta: umas ~es maçãs, outras ~es laranjas, etc.). **2** Ocasião [Momento] indeterminado. **Ex.** Uma ~ ia na rua tão distraído que bati com a cabeça no poste dum candeeiro. **3** Momento propício/Ensejo/Oportunidade. **Ex.** Desta ~ tive muita sorte: o carro despistou-se mas ninguém se aleijou nem houve danos materiais. **4** Lugar [Oportunidade] reservado/a a alguém. **Ex.** Acabei por não ir ao médico; já não tive ~. **Comb.** Senha de ~ [Bilhete numerado que indica a ordem de ser atendido «numa repartição pública/no talho»] (Ex. «para ser atendido» Aqui é necessário tirar senha de ~).

vezada *s f region* (<vez + -ada) Cada uma das vezes em que acontece [se faz] alguma coisa. **Ex.** No espe(c)táculo «circo» houve três ~s de palhaços. **Comb.** *De uma ~* [De uma só vez] (Ex. O primeiro classificado «Benfica» de uma ~ ganhou [tirou proveito dos resultados verificados] em três campos «venceu o seu opositor e os dois concorrentes mais dire(c)tos perderam ambos»).

vezeiro, a *adj* (<vez + -eiro) Que tem o costume de fazer [dizer] certa coisa/Habituado. **Ex.** O chocolate *col* andou [comeram-no]; deve ter sido a Marta, ela é ~a em tirar gulodices. **Idi.** *Ser useiro e ~* [Ter o costume de fazer repetidas vezes a mesma coisa/Ser reincidente] (Ex. É um aluno useiro e ~ em servir-se do material «canetas/livros/réguas» dos colegas).

vezo (Vê) *s m* (<lat *vítium,ii*) **1** Costume vicioso/censurável/Hábito mau. **Ex.** Ele tem por ~ chegar atrasado «à escola/missa». **2** Reincidência. **Idi.** *Voltar pelo ~* [Repetir um a(c)to «furto» por anteriormente ter sido bem sucedido].

v. g. sigla, abreviatura do latim *verbi gratia*: por exemplo.

VHF sigla, abreviatura de *very high frequency*: frequência muito elevada (das ondas de rádio, entre 30 e 300 megahertz).

via *s f* (<lat *via,ae*) **1** Caminho ou estrada que conduz de um lugar a outro mais ou menos afastado/Itinerário. **Ex.** Não vim por essa estrada, segui [fiz o traje(c)to] por outra ~ mais rápida. As duas cidades estão ligadas por uma ~ estreita e sinuosa. **Idi.** *Chegar a ~s de fa(c)to* [Empregar a violência/Agredir/Bater-se] (Ex. Envolveram-se em acesa discussão «por uma questão fútil», quase chegavam a ~s de fa(c)to). **Comb.** ~ *pública* [onde se pode circular livremente]. ~ *romana* [construída durante a ocupação do território pelos romanos]. *Fís/Quím* ~ *seca [(h)úmida]* [Diz-se de operação [processo] realizada/o sem [com] intervenção de líquido] (Comb. Separação «da ganga do minério» por ~ seca [(h)úmida]). *Em ~s de* [Prestes a] (Comb. Espécie «animal/vegetal» em ~s de extinção. País em ~s de desenvolvimento). *col Por ~ de* [Por causa de] (Ex. Cheguei atrasado por ~ do congestionamento do trânsito). *Por ~ de regra* [Geralmente/Habitualmente] (Ex. Por ~ de regra sou pontual «não gosto de fazer esperar»). **2** Conjunto de dois carris paralelos sobre os quais se deslocam veículos. **Comb.** ~ *do ascensor* «do Bom Jesus de Braga, Portugal»/*do elé(c)trico*. ~ *dupla* [constituída por dois pares de carris paralelos para permitir a deslocação simultânea de dois veículos «comboios» em sentidos opostos]. *Via-férrea* [destinada à circulação de comboios/Caminho de ferro/Ferrovia]. **3** Meio de transporte/comunicação/Itinerário seguido. **Loc.** *Enviar uma encomenda por ~ aérea [marítima/fluvial]. Ir para Roma ~ Madrid. Receber* [Transmitir] *notícias/mensagens ~satélite/Internet*. **4** Conjunto de meios utilizados para obter uma coisa/Modo/Sistema. **Ex.** Para falar com o Presidente da República tem de se seguir a ~ protocolar «pedir antecipadamente uma audiência». A notícia chegou aos jornais ~ secretária da dire(c)ção. **5** Diz-se do número de exemplares [cópias] dum documento. **Comb.** Receita médica passada em três ~s. **6** *Anat* Canal ou ducto que serve para a deslocação de fluidos no organismo. **Comb.** ~s *respiratórias*. ~s *urinárias*.

viabilidade *s f* (<lat *viábilis,e* + -dade) **1** Qualidade do que é viável/realizável/exequível. **Comb.** Terreno com ~ de construção. **2** *fig* Qualidade do que pode ter êxito/sucesso/bom resultado/Possibilidade de sobrevivência. **Comb.** ~ *dum feto. Negócio com [sem] ~*.

viabilização *s f* (<viabilizar + -ção) A(c)to ou efeito de viabilizar. **Comb.** ~ dum proje(c)to.

viabilizar *v t* (<viável + -izar) **1** Tornar viável/possível. **Ex.** A abertura da estrada viabilizou o desenvolvimento da região. **2** Tornar realizável/exequível. **Ex.** A alteração do PDM (Plano de Desenvolvimento Municipal) viabilizou alguns terrenos agrícolas para construção (de casas). **3** Tornar rentável. **Ex.** O aumento de turistas viabilizou o comércio «de produtos regionais».

viação *s f* (<lat *viáre* <*vio,áre,átum*: viajar + -ção) **1** Meio de transporte/Forma de deslocação. **Comb.** *Acidente de ~. Empresa de ~. Serviço de ~.* **2** Conjunto das vias de comunicação rodoviária de um território ou localidade. **Comb.** Dire(c)ção-Geral de ~.

viaduto *s m* (<via + lat *ductus*: condução) Via de circulação em forma de ponte sobre um vale, uma linha de água, uma estrada ou linha férrea. **Ex.** Deu-se [Aconteceu] um grave acidente, um autocarro [ó[ô]nibus] caíu dum ~ e morreram vários passageiros. **Comb.** ~ sobre a autoestrada/o caminho de ferro.

via-férrea *s f* Caminho de ferro/Ferrovia.

viageiro, a *adj/s* (<viagem + -eiro) **1** Relativo a viagem. **Comb.** Estojo «de toilette» [Mala] ~o/a [de viagem(+)]. **2** *s* Passageiro(o+)/Viajante(+).

viagem *s f* (<lat *viáticum,ii*: provisão para o caminho) **1** A(c)to de se deslocar de um lugar para outro mais ou menos afastado. **Loc.** *Andar em ~ «pelo país». Fazer (uma) ~ «à Terra Santa». Organizar ~ns «passeios/excursões». Seguir ~* [Iniciar uma ~/Partir]. **Idi.** *Última ~* [A morte]. **2** Percurso extenso/Deslocação. **Ex.** A ~ «do Porto

para o Algarve» foi muito cansativa «são muitos quiló[ô]metros e havia muito trânsito». Prefiro as ~ns de avião apenas porque são mais rápidas. **Comb.** ~ de estudo [negócios/recreio]. **3** Descrição do que se viu durante uma deslocação prolongada. **Loc.** Contar a ~ «à família». **Comb.** Livro de ~ns «*Peregrinação* de Fernão Mendes Pinto/*História Trágico-Marítima*».

viajado, a *adj/Br s f* (<viajar) **1** Que viajou (muito)/Que faz viagens frequentes. **Ex.** Os homens de negócios são pessoas muito ~as. **2** *Br s f* A(c)to ou efeito de viajar/Viagem/Caminhada.

viajante *adj/s 2g* (<viajar + -ante) **1** (O) que viaja. **Ex.** Os ~s «que foram em peregrinação a Lurdes» regressam esta tarde. **2** *s 2g* Representante de empresas comerciais ou industriais que percorre o país com o obje(c)tivo de apresentar e vender os seus produtos/Vendedor. **Ex.** O ~ passa [vem cá] esta semana; é preciso fazer a listagem dos produtos em falta para se encomendarem. ⇒ caixeiro-viajante.

viajar *v int* (<viagem + -ar¹) **1** Deslocar-se de um lugar para outro afastado/Fazer uma viagem. **Loc.** ~ *de avião* [automóvel/comboio]. ~ *pelo país* [pela Europa/pelo estrangeiro]. **2** Andar em viagem. **Ex.** Os noivos andam a ~ [em viagem de núpcias(+)]. Se tivesse tempo e dinheiro, muito havia de ~ [, viajaria muito]!

Via Láctea *s f Astr* Grande mancha esbranquiçada, visível no céu nas noites sem luar, produzida pelo enorme número de estrelas que a constituem, entre elas o Sol, mas que, à vista desarmada, não se distiguem isoladamente/Aspe(c)to da Galáxia vista por nós do seu interior onde se encontra todo o sistema solar/Estrada de Santiago.

vianda *s f* (<fr *viande*) **1** Qualquer género de alimento, especialmente carne. **2** *region* Restos de comida para porcos/Lavadura(s) **2**.

viandante *adj/s 2g* (<viandar + -ante) **1** (O) que viaja/Viajante/Transeunte. **2** (O) que anda [caminha a pé]/Caminheiro/Caminhante/Peregrino.

viandar *v int* (<via + andar) ⇒ Viajar(+)/Peregrinar.

viário, a *adj/s m* (<lat *viárius,a,um*) **1** Relativo a via ou à viação. **Comb.** *Eixo* ~. *Rede* ~*a*. **2** *s m* Leito da via-férrea (⇒ carril). **Comb.** Limpeza [Conservação] do ~.

via-sacra *s f Rel* **1** Caminho/Traje(c)to seguido por Jesus Cristo desde o Pretório de Pilatos até ao Calvário. **2** Exercício de piedade que consiste na oração e meditação dos vários passos (Estações) da Paixão de Jesus Cristo na sua caminhada do Pretório até à sepultura. **Ex.** O exercício [A oração] da ~ faz-se principalmente na Quaresma. **3** Conjunto de catorze quadros [esculturas] representativos/as dos principais passos (Estações) da Paixão de Jesus Cristo. **Comb.** ~ *a óleo*. ~ *em terracota*. *Capelas da* ~ «do Bom-Jesus de Braga, Portugal».

viático *s m Rel* (<lat *viáticum,i*: provisão para o caminho) Comunhão ministrada a doentes moribundos como preparação para a passagem à vida eterna.

viatório, a *adj* (<lat *viátor,óris*: viajante) Relativo a via/caminho.

viatura *s f* (<fr *voiture*) Veículo automóvel para transporte de pessoas ou mercadorias. **Comb.** ~ ligeira [pesada]. ⇒ cami(nh)ão; camioneta; carro.

viável *adj 2g* (<lat *viábilis,e*) **1** Que tem condições para viver/crescer/se desenvolver. **Comb.** *Feto* ~. *Planta* ~. **2** Que se pode realizar/Praticável/Exequível. **Comb.** *Proje(c)to* ~. *Reforma* ~. **3** Que tem possibilidade de perdurar. **Comb.** *Negócio* ~.

víbora *s f Zool* (<lat *vípera,ae*) **1** Réptil ofídio da família dos viperídeos cuja mordedura é muito venenosa. **Ex.** Em Portugal, existem duas espécies de ~s: *Vipera ammodytes latestei* e *Vipera berus* (Víbora-preta). **2** *fig* Pessoa maldosa/agressiva/de má índole. **Ex.** "Raça de ~s, como podeis falar de coisas boas, se sois maus"? (Mt 12, 34).

víbora-cornuda *s f Zool* ⇒ cerasta.

vibração *s f* (<lat *vibrátio,ónis*) **1** A(c)to ou efeito de vibrar. **2** Movimento oscilatório de sólidos e fluidos quando afastados das suas posições de equilíbrio/Trepidação/Tremor. **Comb.** ~ *das cordas* de um instrumento musical quando percutidas/dedilhadas. ~ *duma ponte* «metálica» quando atravessada por um veículo pesado «comboio». **3** *Fís* Movimento rápido das moléculas de um corpo «gás/líquido» provocado por uma perturbação exterior «calor/pressão». **4** *fig* Sentimento de grande satisfação ou entusiasmo/Emoção. **Comb.** A ~ do público num espe(c)táculo do seu agrado.

vibrador, ora *adj/s* (<vibrar + -dor) **1** (O) que vibra. **2** *s* Máquina que produz vibrações e é usada na construção civil para homogeneizar o betão. **3** Aparelho, em geral elé(c)trico, que produz vibrações «para massagens/substituição do sinal sonoro em telemóveis». **4** *Elé(c)tri* Dispositivo que serve para produzir uma corrente alternada por interrupção ou inversão periódica duma corrente contínua.

vibrafone *s m Mús* (<vibrar + -fone) Instrumento musical de percussão com placas de metal providas de ressoadores postos em vibração por um motor elé(c)trico.

vibrante *adj 2g* (<vibrar + -ante) **1** Que vibra/faz vibrar. **Comb.** *Corda* ~ «dum violino». **2** *Fon* (Diz-se de) som produzido quando há vibração rápida da língua ou da úvula. **Ex.** O *r* é uma consoante ~. **3** *fig* Bem timbrado/Sonoro e forte. **Comb.** *Voz* ~ «de soprano/tenor». **4** *fig* Entusiasmado/Emocionado. **Comb.** *Discurso* ~/inflamado. *Público* ~ «com a vitória da sua equipa».

vibrar *v t/int* (<lat *víbro,áre,átum*) **1** Produzir [Entrar em] vibração. **Ex.** As paredes da casa vibram à passagem do comboio (nas imediações). Em estradas de mau piso, sente-se o carro ~ «parece que se desfaz». **2** Produzir som por vibração. **Loc.** ~ *as cordas da viola* «dedilhando/com as unhas». *O sino* ~ com a pancada do badalo. **3** Mover com rapidez/Desferir um golpe/Golpear. **Loc.** ~ *um golpe certeiro* «de espada». **4** *fig* Sentir [Manifestar] entusiasmo/satisfação/Emocionar(-se)/Comover(-se). **Ex.** O público vibrou com a brilhante a(c)tuação do artista.

vibrátil *adj 2g* (<lat *vibrátilis,e*) Que vibra/Vibratório. **Comb.** *Cílios* ~*eis* «de alguns invertebrados».

vibratilidade *s f* (<vibrátil +-i-+ -dade) Qualidade do que é vibrátil.

vibrato *s m Mús* (<it *vibráto*) Efeito especial da técnica de execução de instrumentos musicais «de corda/sopro» provocando uma ligeira oscilação em torno de um som principal.

vibratório, a *adj* (<vibrar + -tório) **1** Relativo a vibração. **Comb.** *Fenó[ô]meno* ~. **2** Que vibra/Em que há vibração. **Comb.** *Colchão* ~. *Massagens* ~*as*. *Fís Movimento* ~ [Movimento de vaivém de um ponto material sobre um segmento de re(c)ta/Movimento harmó[ô]nico].

vibrião *s m Med* (<lat científico *Vibrium*) Designação de bactérias «agente da cólera» encurvadas em forma de arco ou vírgula que se movem por meio de um cílio situado numa das extremidades.

vibrissa *s f* (<lat *vibríssa,ae*) **1** *Anat* Pelos que se desenvolvem nas fossas nasais do homem. **2** *Zool* Pelos rígidos e longos, geralmente tá(c)teis, que existem na parte anterior da cabeça de alguns mamíferos «gatos». **3** *Ornit* Penas degeneradas, filiformes, semelhantes a pelos existentes na base do bico de muitas aves.

vibroscópio *s m* (<vibrar + -scópio) Instrumento destinado a regist(r)ar as vibrações dos corpos sonoros.

viçar *v t/int* (<viço + -ar¹) **1** Ter viço/Estar viçoso(+). **2** Desenvolver-se com vitalidade/Vicejar/Alastrar/Propagar-se.

vicarial *adj 2g* (<vicário + -al) Que diz respeito ao vigário ou ao vicariato.

vicariante *adj 2g* (<fr *vicariant*) **1** Que substitui. **Comb.** Hospedeiro intermediário ~ (de parasitas). **2** *Med* Diz-se de órgão «pulmão/rim» cuja capacidade supre a insuficiência de outro.

vicariato *s m* (<vicário + -ato) **1** Dignidade [Funções] de vigário. **Ex.** A reorganização pastoral das paróquias (da vigararia) já foi iniciada no ~ anterior. **2** Área de jurisdição de um vigário. **Ex.** O ~ geralmente coincide com o concelho. ⇒ arciprestado. **Comb.** ~ *apostólico* [Circunscrição (quase equivalente a diocese) governada por um vigário apostólico].

vicário, a *adj/s* (<lat *vicárius,a,um*) **1** Que faz as vezes de/Substituto/Delegado. **Comb.** *Órgão* ~. **2** *Gram* Diz-se de verbo que se emprega para evitar a repetição de outro. **Ex.** Na frase: "Se a visito muitas vezes, faço-o porque lhe tenho muito amor" faço-o, é a forma verbal ~a, substitui visito-a.

vice- *elem de formação* (<lat *vice*: em vez de) Exprime subalternidade e substituição; liga-se à palavra seguinte por meio de hífen.

vice-almirante *s m* Oficial da marinha de patente imediatamente inferior à de almirante e superior à de contra-almirante.

vice-campeão, ã *adj/s* (O) que ficou em segundo lugar. **Comb.** «Benfica» ~ português de futebol dois anos consecutivos.

vice-chanceler/chefe *s 2g* Auxiliar e substituto do chanceler/chefe na ausência ou impedimento deste.

vice-cônsul, -consulesa *s* **1** Substituto do cônsul. **2** Funcionário que exerce as funções de cônsul mas que tem categoria profissional inferior à dele. **2** *s f* Esposa do cônsul.

vice-diretor/gerente/governador *s* [= vice-director] O que substitui [faz as vezes de] o diretor/...

vicejante *adj 2g* (<vicejar + -ante) **1** Que viceja/tem viço/vigor. **Comb.** *Jardim de flores* ~*s*. **2** Que vegeta com pujança/Verdejante/Exuberante. **Comb.** *Prado* ~ de abundantes pastos.

vicejar *v int* (<viço + -ejar) **1** Ter viço/Estar viçoso. **Ex.** As plantas vicejam, é a primavera que chega. **2** Brotar com pujança/vitalidade. **Ex.** O calor e a (h)umidade fazem ~ as culturas.

vicejo *s m* (<vicejar) **1** Força/Vigor. **2** Exuberância/Vitalidade.

vicenal *adj 2g* (<lat *vicennális,e*) Relativo a um vicé[ê]nio/Que se realiza [ocorre] de 20 em 20 anos. ⇒ decenal; centenário.

vicénio [*Br* **vicênio**] *s m* (<lat *vicénnium,ii*) Período de 20 anos. ⇒ decé[ê]nio.

vicentino, a *adj/s* (<antr Vicente + -ino) **1** Relativo ao escritor, dramaturgo e poe-

ta português Gil Vicente (1465-1536) ou à sua obra. **Comb. *Escola ~a. Teatro ~.*** 2 Relativo a S(ão) Vicente de Paulo (1576-1660). **Comb.** Obra de assistência aos pobres [Conferência] *~a.* 3 *s* Membro duma conferência [associação/confraria] *~a.* **Comb.** Família pobre ajudada pelos *~s* da paróquia.

vicentista *adj/s 2g* (⇒ vicentino 1) 1 Relativo a Gil Vicente ou à sua obra. 2 *s* Estudioso [Especialista] (da obra) de Gil Vicente.

vice-presidente *s 2g* O que exerce as funções de presidente na sua ausência ou impedimento.

vice-província *s f Rel* Conjunto de obras [casas] dum instituto ou ordem religiosa, sediado em determinado território, com autonomia em certos casos equiparada à de província.

vice-provincial *s* Religioso superior duma vice-província ou que, numa província, coadjuva e substitui o provincial na ausência ou impedimento deste.

vice-rei *s m* 1 Governador de um estado que depende de outro rei. 2 *Hist* Nome dado aos antigos governadores da Índia Portuguesa. **Ex.** Afonso de Albuquerque (1462-1515) foi o 2.º ~ da Índia, substituindo, em 1508, D. Francisco de Almeida.

vice-reinado *s m Hist* 1 Cargo de vice-rei. 2 Duração do governo dum vice-rei.

vice-reino *s m* Estado, dependente de outro, governado por um vice-rei.

vice-reitor, ora *s* Substituto do reitor na ausência ou impedimento deste. ⇒ decano [dire(c)tor] de Faculdade «de Letras».

vice-reitoria *s f* 1 Dignidade [Cargo] de vice-reitor. 2 Gabinete [Instalações] onde o vice-reitor e os seus colaboradores exercem as suas funções. 3 Duração do cargo de vice-reitor.

vicesimal/vicésimo ⇒ vigesimal/vigésimo.

vice-versa *adv* (<lat *vice versa*) 1 Ao contrário/Reciprocamente. **Ex.** Colaboramos um com o outro: quando ele precisa, eu ajudo-o e ~. 2 Em sentido inverso/Inversamente. **Ex.** Vais primeiro às Finanças e depois à praça, ou ~, conforme o que te der mais jeito.

viciação *s f* (<lat *vitiátio,ónis*) 1 A(c)to ou efeito de viciar/Estado do que está viciado. **Ex.** O tabaco [Fumar] provoca ~. 2 Falsificação/Adulteração. **Ex.** As eleições foram impugnadas porque houve ~ dos resultados.

viciado, a *adj/s* (<viciar) 1 (O) que se viciou/Dependente. **Comb.** ~ *na droga* [no álcool/tabaco]. 2 Adulterado/Falsificado(+). **Comb. *Documento ~. Medida* [Balança] *~a/falsa.***

viciador, ora *adj/s* (<viciar + -dor) 1 (O) que vicia. **Comb. *Prática* «jogo» *~ora. Substância* «tabaco/álcool» *~ora.*** 2 (O) que falsifica/adultera/corrompe. **Comb. *~ de documentos*** «cartas de condução/passaportes». ***~ de dinheiro*** «notas de 200 €». ***Jogo*** «roleta» ***~.***

viciar *v t/int* (<lat *vítio,áre,átum*) 1 (Fazer) adquirir vício/Tornar dependente. **Ex.** O tabaco vicia. Ele viciou-se no jogo [na droga]. 2 Deteriorar a qualidade/Tornar impróprio «para a saúde»/Corromper. **Ex.** Os gases de escape dos automóveis viciam o ambiente [a atmosfera]. 3 Alterar as cara(c)terísticas para praticar fraude. **Loc.** ***~ os dados de jogar*** [um baralho de cartas]. ***~ uma balança.*** 4 Falsificar/Deturpar. **Loc. *~ resultados*** «eleitorais/dum concurso». ***~ um cheque*** «com assinatura falsa».

vicinal *adj 2g* (<lat *vicinális,e*) 1 Que está contíguo/próximo/Vizinho. **Comb.** *Aldeias ~ais* [vizinhas(+)]. 2 Que liga localidades [povoações] próximas. **Comb.** *Caminho* [Estrada] *~.* 3 Referente à vizinhança/às cercanias. **Comb.** «largo da igreja» Ponto de encontro ~ [da [de toda a] vizinhança(+)].

vício *s m* (<lat *vítium,ii*) 1 Defeito [Imperfeição] que torna uma pessoa ou coisa inadequada para desempenhar a função que lhe compete. **Ex.** O edifício desmoronou-se por ~ [defeito/erro] de construção. A predominância da memória sobre a inteligência [o raciocínio] é um ~ frequente no ensino. 2 Disposição [Propensão psicológica] para praticar a(c)tos indecorosos [imorais/nocivos]. **Comb.** ~ *do roubo* [Cleptomania]. 3 Mal físico ou moral praticado por um ser humano responsável/A(c)to vicioso. **Loc.** Combater os *~s* «preguiça/gula». **Comb.** ~ *da bebida* [de fumar]. **Ant.** Virtude. 4 Adulteração [Modificação] que altera o funcionamento [estado/a função] normal de alguma coisa. **Comb. *Balança*** [Pesos] *com ~.* ***Dados*** [Baralho de carttas] *com ~.* 5 Hábito persistente/Costume. **Ex.** Chegar sistematicamente atrasado é um ~ [mau hábito/costume(+)] de muita gente. **Comb. *~ da leitura.* *~ de roer as unhas.*** 6 Irregularidade/Incorre(c)ção/Erro. **Comb.** ***~ de forma*** «de um documento». ***~ de linguagem*** «pronúncia errada/construção sintática errada». 7 *fig Bot* Uma planta ter grande quantidade de rebentos que prejudicam a floração/frutificação.

viciosidade *s f* (<lat *vitiósitas,átis*) Qualidade [Estado] do que é vicioso.

vicioso, a (Ôso, Ósa, Ósos) *adj* (<lat *vitiósus,a,um*) 1 Que tem vício/Defeituoso/Imperfeito. **Comb. *Forma*** [Expressão/Construção] *~a* (**Ex.** «de linguagem»: «anteriormente» *Houveram* muitas oportunidades de emprego, por *houve* muitas...). ***Círculo ~*** [Erro de raciocíno que consiste em provar A por B e B por A] (**Ex.** Ele não sabe fazer porque nunca fez, e não faz porque nunca soube fazer). 2 Que pratica a(c)tos moralmente condenáveis/Que tem vícios/Corrupto/Imoral/Depravado. **Comb. *Comportamento*** [Vida] *~o/a.* ***Pessoa*** *~a.*

vicissitude *s f* (<lat *vicissitúdo,inis*) 1 Mudanças(+) sucessivas nas coisas que vão acontecendo/Variação. **Comb.** *As ~s* (do estado) *do tempo* «frio/calor/chuva «no início da primavera»». 2 Eventualidade/Acaso/Imprevisibilidade/Contingência. ***~ da sorte*** (**Ex.** Em três remates consecutivos, a bola embateu sempre no poste da baliza e nunca entrou, *~s da sorte* [do futebol]). 3 Revés/Contrariedade/Contratempo. **Ex.** É preciso ter força [ânimo/coragem] para suportar [enfrentar/vencer] as *~s da vida.* .

viço *s m* (<lat *vítium,ii*: vício) 1 Força vegetativa/Vigor das plantas. **Comb.** *Limoeiro cheio de ~* «e não dá limões». 2 *fig* Ardor/Exuberância/Fogosidade. **Comb.** *O ~ da mocidade.*

viçoso, a (Ôso, Ósa, Ósos) *adj* (<viço + -oso) 1 Que tem viço/está com força/Verdejante. **Comb.** *Planta* «alfaces/couves» *~a.* 2 *fig* Cheio de energia/vigor/Fogoso. **Ex.** A menina cresceu, está [é/fez-se/pôs-se/ficou] uma moça *~a.*

vicunha *s f Zool* (<qué[i]chua *huik'unha*) 1 Mamífero ruminante da família dos camelídeos, *Vicugna vicugna*, que vive nos Andes e fornece uma lã finíssima/Taruca/Vigonho. **Ex.** A ~ é uma espécie em vias de extinção. ⇒ lama²; alpaca; guanaco. 2 Tecido fabricado com a lã desse animal.

vida *s f* (<lat *víta,ae*) 1 Qualidade que confere ao conjunto dos animais, plantas e micro-organismos as propriedades que os distinguem dos outros seres do universo. **Ex.** A Biologia é a ciência que estuda as propriedades cara(c)terísticas da ~. **Idi. *Andar à boa ~*** [Não trabalhar] (**Ex.** Anda por aí muita gente à boa ~, a viver de esmolas, quando podia muito bem trabalhar). ***Andar na má ~*** [na prostituição]. ***Arrancar [Tirar] a ~*** [Matar]. ***Dar a ~*** [Ser mãe ou pai/Estar na origem da existência]. ***Dar a ~ por*** [Morrer por/Sacrificar-se por] (**Ex.** Jesus Cristo deu a ~ por toda a humanidade). ***Dever a ~ a*** [Ter sido salvo por] (**Ex.** Milhares de judeus ficaram a dever a ~ ao cônsul português em Bordéus, Aristides de Sousa Mendes, quando em 1940 fugiam da perseguição nazi). ***Dizer mal da (sua) ~*** [Estar em apuros/Lamentar-se por causa das dificuldades que experimenta] (**Ex.** Quando se viu sem emprego, disse mal da ~ dele «como é que vou dar de comer aos meus filhos?»). ***Estar entre a ~ e a morte*** [Estar muito doente/quase a morrer] (**Ex.** Sofreu um grave acidente; esteve vários dias entre a ~ e a morte «mas acabou por escapar [sobreviver]»). ***Fazer pela ~*** [Trabalhar/Esforçar-se/Alimentar-se] (**Ex.** Os filhos não podem ficar sempre na dependência dos pais, têm que fazer pela ~ «trabalhar/ser autónomos»). ***Fazer ~ com* a)** Viver como se fossem casados (**Ex.** Quando se casaram já há muito que faziam ~ um com o outro); **b)** Trabalhar em conjunto [equipa/e]/Colaborar com (**Ex.** O ministro demitiu o secretário de estado, nunca foram capazes de fazer ~ um com o outro). ***Ganhar a ~*** [Ter uma a(c)tividade profissional remunerada] (**Ex.** Ele ganha a ~ como empregado de mesa). ***Levar boa ~*** [Viver sem grandes problemas/preocupações] (**Ex.** Não tem motivo para se queixar; levou sempre boa ~, tem um bom emprego, uma família amiga e feliz, saúde, ...). ***Levar má ~/Levar ~ de cão*** [Fazer um trabalho penoso/Suportar muitas dificuldades] (**Ex.** «para criar os filhos» Levaram muito má ~ [Levaram ~ de cão], a trabalhar de manhã à noite, no emprego e no campo, sempre com pouco dinheiro). ***Meter-se na ~ de alguém*** [Intrometer-se em assuntos pessoais de outrem] (**Ex.** O que eu faço ou deixo de fazer [ou não faço] não lhe diz respeito, não se meta na minha ~, deixe-me em paz!). ***Não dar sinal de ~* a)** Estar (aparentemente) morto (**Ex.** Quando a ambulância chegou ao local do acidente, ele não dava sinal de ~); **b)** Não entrar em conta(c)to/Não comunicar (**Ex.** Não sei nada daquele meu amigo, já há meses que não dá sinal de ~). ***Perder a ~*** [Morrer] (**Ex.** Na catástrofe «sismo» perderam a ~ milhares de pessoas). ***Pôr a ~em risco*** [Colocar-se em situação de grande perigo] (**Ex.** Trabalhar no trapézio sem rede é pôr a ~ em risco). ***Pôr fim [termo] à ~*** [Matar-se/Suicidar-se]. ***Ter a ~ por um fio*** [Estar entre a ~ e a morte]. ***Tratar da ~*** [Ganhar a ~]. ***Fazer a ~ negra a alguém*** [Criar dificuldades excessivas e anormais] (**Ex.** Aquela turma faz-me a ~ negra: não estudam, são mal-educados e indisciplinados, faltosos, ... «não sei como lhes hei de dar a volta [como os hei de modificar]»).

Comb. ~ *airada* [desregrada/Vagabundagem]. ~ *animal* [que tem as manifestações próprias dos animais]. *Rel* ~ *eterna [futura]/A outra ~* [Existência após a morte/Imortalidade] (**Ex.** "E a vontade de Meu Pai [de Deus] é esta: que todo aquele que vê o Filho e acredita n'Ele tenha a ~ eterna" Jo 6, 40). ~ *latente* [Estado em que as manifestações vitais estão reduzidas e quase imperce(p)tíveis. *Rel* ~ **religiosa** [Estado religioso/Modo de viver dos que se consagram a Deus e procuram a perfeição pela prática dos conselhos evangélicos: pobreza, castidade e obediência]. ~ *vegetativa* [relativa às manifestações das funções de nutrição e reprodução]. *À boa* ~ [Sem trabalhar] (Loc. Passar os dias à boa ~). *A outra* ~ [~ eterna]. *Má* ~ [Prostituição]. *Mulher de má* ~ [Prostituta]. *Para a* ~ *e para a morte* [Para sempre]. **2** O tempo que decorre desde o nascimento até à morte. **Loc.** Ter muitos anos de ~ [Viver (durante) muitos anos]. **Comb.** Esperança de ~ [Duração média da ~ de uma população «homens/mulheres portugueses/as» calculada estatisticamente]. **3** Modo de viver/Conjunto de hábitos. **Comb.** ~ *confortável/desafogada.* ~ *no(c)turna* [de diversão «bares/discotecas»]. ~ *social.* **4** A(c)tividade profissional/Ocupação/Carreira. **Loc.** Mudar de ~ [Dedicar-se a outra profissão/Mudar de emprego] (Ex. Mudou de ~, deixou o emprego para se dedicar à agricultura). **Comb.** ~ *agrícola.* ~ *civil* [*militar*]. ~ *eclesiástica* [*religiosa*]. **5** Relato [Descrição] dos fa(c)tos mais importantes da existência duma pessoa/Biografia. **Loc.** Escrever a ~ de alguém «herói/político/santo». **6** Conjunto dos seres vivos classificados segundo a espécie, o meio ambiente, a época, ... **Comb.** ~ *aquática.* ~ *selvagem.* **7** *fig* Vitalidade/Animação/Movimento/A(c)tividade. **Ex.** A instalação da universidade trouxe nova [muita] ~ à cidade. **Comb.** ~ *cultural.* ~ *social. Pessoa com muita* ~. **8** *fig* Tempo de duração [funcionamento/existência útil]. **Comb.** *Empresa com* ~ *longa. Veículo em fim de* ~.

vidar *v t* (<vide + -ar[1]) Plantar vides [bacelo(+)] em. **Loc.** ~uma [um terreno de] vinha.

vide *s f Bot* (<lat *vitis,is*: vinha) **1** Vara de videira/Sarmento/Bacelo. **Loc.** Queimar as ~s depois da poda. **2** Videira. **Loc.** Plantar [Tratar «podar/enxertar»] ~s.

vide [v.] *loc* (<lat *víde*: vede) Palavra latina que indica remissão, significando: veja, veja-se «pág./nota».

videira *s f Bot* (<vide + -eira) Arbusto sarmentoso, trepador, de ramos compridos e flexíveis dotados de gavinhas, de que existem numerosas espécies, cultivado no mundo inteiro e de cujos frutos – as uvas – se faz o vinho/Parreira/Cepa/Vide. **Ex.** A espécie economicamente mais importante é a ~ europeia, *Vitis vinifera*. **Comb.** ~ americana [Bacelo ou porta-enxertos que dá origem a híbridos resistentes às doenças «filoxera»].

videirinho [**videiro**], **a** *adj/s* (<vida + -eiro + -inho) (O) que procura ter sucesso na vida trabalhando com diligência e defendendo os seus interesses (Videiro) ou recorrendo a lisonjas e subserviências (Videirinho)/Fura-vidas.

vidência *s f* (<vidente 2 + -ência) Qualidade do que é vidente/Visão(+).

vidente *s/adj 2g* (<lat *vídens,éntis*) **1** (O) que vê/não é cego. **2** Pessoa que tem visões de fenó[ô]menos sobrenaturais. **Ex.** Os ~s de Fátima (Portugal – 1917) eram três humildes pastores, ainda crianças. Bernadette Soubirous foi a ~ a quem, em L(o)urdes (França – 1858), a Virgem Maria se revelou como a Imaculada Conceição. **3** Pessoa que pretende ter o poder de conhecer coisas ocultas «acontecimentos passados ou futuros». **Loc.** Consultar um(a) ~/adivino/bruxa.

vídeo *s m* (<lat *vídeo*: vejo; ⇒ ver) **1** Técnica audiovisual de gravação de imagens e sons em banda magnética, permitindo a sua reprodução imediata «num ecrã». **2** Fita magnética gravada com imagens e som, própria para reprodução em aparelho adequado «televisor». **Comb.** Cassete de ~. **3** Aparelho para gravar ou reproduzir imagens e sons. **Comb.** *Câmara de* ~. *Cassete de* ~. *Leitor de* ~.

videoamador, ora *s* (<vídeo +...) O que, não sendo profissional desse ramo de a(c)tividade, faz filmes vídeo. **Comb.** Imagens fornecidas à TV por um ~.

videocassete (Ssé) *s f* (<vídeo + ...) Caixa que contém fita magnética de vídeo capaz de regist(r)ar imagens e sons que posteriormente poderão ser reproduzidos. **Loc.** Meter a ~ no leitor de vídeo. **Comb.** Reportagem «dum casamento» gravada numa ~.

videoclube *s m* (<vídeo + ...) Clube que, mediante condições previamente fixadas, fornece aos sócios filmes ou videocassetes para visualizarem em casa.

videoconferência *s f* (<vídeo +...) Conferência entre vários interlocutores que comunicam entre si através de um circuito de vídeo.

videofone (Fó) *s m* (<vídeo + (tele)fone) Aparelho de comunicação telefó[ô]nica dotado de ecrã de televisão onde se pode ver a imagem do interlocutor.

videofrequência *s f* (<vídeo + ...) Frequência de ondas hertzianas utilizada na transmissão de sinais vídeo.

videograma (Grâ) *s m* (<vídeo + -grama) Regist(r)o de imagens e sons num suporte material «banda magnética/disco».

videogravador *s m* (<vídeo + ...) Aparelho que permite a gravação de som e imagem numa banda magnética.

videojogo (Jô) *s m Info* (<vídeo +...) **1** Programa com fins lúdicos que funciona através de um sistema ele(c)tró[ô]nico (Consola) que permite a ligação a um dispositivo de entrada de dados por meio do qual o utilizador interage com o aparelho e outro dispositivo que possibilita a visualização do jogo. **2** (Gravação de) jogo em que se manipulam ele(c)tronicamente imagens num ecrã de televisão.

videoporteiro *s m* (<vídeo +...) Intercomunicador munido de sistema ele(c)tró[ô]nico que permite visualizar quem se encontra à porta, no exterior.

videotape [**videoteipe**] *s m* (<vídeo + ing *tape*: fita) **1** Processo ele(c)tró[ô]nico de regist(r)o de imagens em fita magnética. **2** Essa mesma fita.

videoteca *s f* (<vídeo + -teca) **1** Lugar onde se encontram armazenados de forma organizada documentos de vídeo e respe(c)tiva aparelhagem de reprodução, com possibilidade de serem visualizados pelo público. **2** Cole(c)ção de documentos em suporte vídeo.

videotelefone ⇒ videofone.

videotexto *s m* (<vídeo +...) Sistema que permite obter informação através de um televisor ou de um terminal especial ligado a uma linha telefó[ô]nica.

vidoeiro *s m Bot* (<lat *bétulus* <*bétula* + -eiro) Árvore da família das betuláceas, *Betula celtiberica*, cultivada e espontânea, nas margens dos cursos de água e terrenos (h)úmidos das regiões elevadas/Bétula.

vidraça *s f* (<vidro + -aça) **1** Lâmina de vidro. **Comb.** Cami(nh)ão carregado com ~s «para a obra do hotel». **2** Vidros encaixilhados de portas ou janelas/Caixilho com vidro. **Ex.** A explosão fez estilhaçar as ~s das janelas dos prédios vizinhos. **Loc.** Limpar [Lavar] as ~s.

vidraçaria *s f* (<vidraça + -aria) **1** Conjunto de vidraças. **Comb.** «lavar a» ~ dum grande edifício «hospital/hotel». **2** Estabelecimento onde se vende vidraça/Vidraria(+).

vidraceiro, a *s* (<vidraça + -eiro) **1** Fabricante ou vendedor de vidros. **2** Profissional que coloca vidros em janelas ou portas. **Comb.** Massa de ~.

vidraço *s m Geol* (<vidro + -aço) Variedade de calcário com aspe(c)to vítreo, rijo, lascável, utilizado na construção civil.

vidrado, a *adj/s m* (<vidrar) **1** Revestido de uma substância que foi vitrificada. **Comb.** Loiça de barro ~. **2** Revestido a [Coberto com] vidro. **Comb.** *Cobertura de estufa* ~*a. Mesas* «de café» *com tampos* ~*os*. **3** Sem brilho/Embaciado. **Comb.** Olhos ~s. **4** *s m* Revestimento vítreo de artigos de cerâmica, metal ou outros materiais, que suporta temperaturas elevadas/Esmalte. **Ex.** O ~ da loiça «sanitária» começou a estalar. **5** *Br* Muito interessado «por cinema»/Apaixonado «por uma garota».

vidrador, ora *s* (<vidrar + -dor) Pessoa que aplica uma camada vítrea/vitrificável (O vidrado) em qualquer artefa(c)to. **Comb.** ~ numa fábrica «de cerâmica».

vidragem *s f* (<vidrar + -agem) Operação de vidrar.

vidrão *s m* (<vidro + -ão) Recipiente onde é recolhido vidro «frascos/garrafas» para ser reciclado. **Ex.** Os ~ões em Pt têm cor verde.

vidrar *vt/int* (<vidro + -ar[1]) **1** Cobrir com uma substância «esmalte» vitrificável. **Loc.** ~ loiça cerâmica/de barro. ⇒ desvidrar. **2** (Os olhos) perderem o brilho/Embaciar. **Comb.** Olhos vidrados de lágrimas.

vidraria *s f* (<vidro + -aria) **1** Fábrica ou estabelecimento de venda de vidro. **Ex.** Já encomendei na ~ os vidros para todas as janelas da casa. **2** Grande quantidade de (obje)c(t)os de vidro. **Ex.** Junta toda essa ~ «garrafas/frascos» para pôr no vidrão. A ~ da fachada da loja custou um dinheirão [uma fortuna/custou muito dinheiro].

vidreiro, a *adj/s* (<vidro + -eiro) **1** Relativo ao vidro/à indústria [ao comércio] do vidro. **Comb.** Empresa [Loja/Fábrica] ~a. **2** *s* Pessoa que trabalha em vidro. **Comb.** Greve dos ~s «da Marinha Grande, Portugal». **3** Fabricante [Vendedor] de vidro. **Ex.** Chapa de vidro com essa espessura «10 mm» provavelmente não encontrará em nenhum(a) ~(a) desta cidade.

vidrento, a *adj* (<vidro + -ento) **1** Semelhante ao vidro/Vítreo. **Comb.** Placas de gelo ~as «na superfície dos charcos». **2** Frágil/Quebradiço. **Comb.** Material ~ «plástico rígido» que parte com facilidade. **3** Embaciado. **Comb.** Olhos ~s. **4** *fig* Que se melindra facilmente. **Comb.** Feitio ~.

vidrilho *s m* (<vidro + -ilho) Canudo ou conta de vidro ou substância semelhante com que se enfeita vestuário feminino «vestidos/chapéus» de cerimó[ô]nia/Missanga.

vidrinho *s m* (<vidro + -inho) **1** *dim* de vidro/Pequeno frasco de vidro. **Comb.** ~ de perfume. **2** *fig* Pessoa que se ofende facilmente. **Ex.** Ela é um ~, não se lhe pode dizer nada, fica logo amuada [abespinhada].

vidro *s m* (<lat *vítrum,i*) **1** Substância sólida amorfa, frágil e geralmente transparente, que se obtém pela fusão de sílica com determinados óxidos ou carbonatos «de sódio/potássio», seguida de arrefecimento rápido. **Ex.** A fabricação de ~ é muito antiga; já existia no Egi(p)to milhares de anos antes de Cristo. **Idi.** *Ter telhados de*

~ [Ter defeitos/pontos vulneráveis] (Prov. Quem tem telhados de ~ não pode atirar pedradas [Quem critica os outros tendo defeitos semelhantes, coloca-se imediatamente como alvo de ataques idênticos]). 2 Obje(c)to feito dessa substância «frasco/garrafa/jarra». **Comb.** «alimento» Embalado em ~. 3 Chapa [Placa/Lâmina] usada geralmente encaixilhada para proteger ou vedar/Vidraça. **Comb.** ~ de janela/dum quadro. 4 *fig* Pessoa susce(p)tível/que se ofende com facilidade/Vidrinho 2.

vieira *s f Zool* (<lat *venéria,ae*) 1 Designação de moluscos lamelibrânquios também conhecidos por leques, pentes e romeiras. 2 Concha desses moluscos. **Ex.** Os romeiros [peregrinos] de Santiago de Compostela, Espanha, usam a ~ como insígnia.

vieiro *s m Geol* ⇒ veio.

viela (Vié) *s f* (<via + -ela) Rua estreita/Quelha/Beco. **Loc.** Andar pelas ~s da zona antiga duma cidade.

vielo *s m Bot* (< ?) Planta leguminosa papilionácea, *Voandzeia subterranea*, cultivada em larga escala na África Tropical, que produz vagens e sementes que são utilizadas da mesma forma que os feijões e as ervilhas/*Guiné-Bissau* Mancarra-de-bijagó/*Ang* Jinguba-de-cambambe/*Br* Mandubi--de-angola. **Ex.** O processo de vegetação do ~ é semelhante ao do amendoim.

viés *s m* (<fr *biais*) 1 Dire(c)ção oblíqua/Esguelha. **Loc.** Olhar de ~ [de soslaio/esguelha/lado]. **Comb.** «pregado/cortado» De [Em] ~ [Obliquamente/Em diagonal] (Ex. O carro derrapou e saiu de ~ da estrada). 2 Tira de pano cortada (da peça) obliquamente. **Comb.** O ~ do debrum «duma gola».

Vietname *s m* República do Sudeste Asiático, na Península da Indochina, cuja capital é Hanói. Os vietnamitas falam vietnamita.

viga *s f* (< ?) Peça de construção de eixo re(c)tilíneo, de ferro, madeira ou betão armado, sujeita principalmente a esforços de flexão/Trave. **Comb.** ~ de aço [betão armado]. ~ **mestra**.

vigairada *s f* (<vigairo, por vigário + -ada) 1 Corrida de um lado para o outro. 2 Bando de malandros ou vadios. 3 Boé[ê]mia/Estúrdia. **Loc.** Andar na ~.

vigamento *s m* (<viga + -mento) Conjunto de vigas da estrutura duma construção.

vigar *v t* (<viga + -ar¹) 1 Colocar vigas em. **Loc.** ~ a estrutura dum telhado. 2 Assentar sobre vigas. **Loc.** ~ um telhado [Assentar as telhas sobre o vigamento].

vigar(i)aria *s f* (<vigário + -aria) 1 Cargo [Função/Jurisdição] do vigário. **Comb.** As ~ s duma diocese. ~ arciprestado. 2 Área de jurisdição dum vigário.

vigarice *s f* (<vigário + -ice) A(c)to de vigarista/Burla/Fraude/Trapaça. **Ex.** O negócio «adjudicação duma obra» foi uma ~ «havia outras propostas melhores».

vigário, a *s* (<lat *vicárius,ii*) 1 O que substitui outros. 2 Título dado por tradição aos párocos de determinadas paróquias. **Idi.** *Ensinar o pai-nosso ao* ~ [Pretender ensinar a alguém o que essa pessoa sabe muito bem/Dar lições a quem sabe mais]. **Comb.** ~ *da vara* [Arcipreste]. ~ *de Cristo* (na Terra) [O Papa]. ~ *episcopal* [que substitui o bispo mas tem poderes mais limitados que o ~-*geral*]. ~-*geral* [Principal auxiliar do bispo e substituto deste no governo da diocese]: *Conto do* ~ [Burla/Logro].

vigarista *s/adj 2g* (<vigário + -ista) Pessoa que explora os outros usando meios fraudulentos/Burlão/Trapaceiro. **Ex.** As pessoas ingé[ê]nuas [idosas] são o alvo preferido dos ~s «procurando passar dinheiro falso/comprar obje(c)tos de valor por preço irrisório».

vigarizar *v t* (<vigário + -izar) Enganar/Burlar. **Ex.** Vigarizaram a pobre viúva «convencendo-a a comprar um aparelho que ela nunca irá usar».

vigência *s f* (<lat *vigéntia,ae*) 1 Qualidade [Estado] do que está vigente. **Ex.** A ~ das leis só começa depois de serem publicadas no Diário da República. 2 Tempo durante o qual uma coisa vigora. **Ex.** Foi na ~ do anterior governo que o país se endividou desmedidamente. **Comb.** ~ duma lei.

vigente *adj 2g* (<lat *vígens,éntis*) Que está em vigor. **Comb.** *Lei* ~. *Regime* ~. *Sistema* ~.

vigésimo, a *num ord/n.º fra(c)cionário/s m* (<lat *vigésimus,a,um*) 1 Que numa série ocupa a posição imediatamente a seguir à décima nona. **Ex.** Cortou a [Chegou à] meta em ~ lugar. 2 Que resulta da divisão de um todo por vinte. **Ex.** Pertence-lhe a ~a parte do capital da sociedade. 3 Cada uma das vinte partes em que um todo é dividido/Um vinte avos. **Ex.** Cortou o bolo «de anos» em vinte partes e deu um ~ a cada um dos colegas. 4 Fra(c)ção de um bilhete de lota[e]ria correspondente a uma das vinte partes do bilhete. **Ex.** Habitualmente não jogo [não compro lota[e]ria], mas pelo Natal compro sempre um ~.

vigia *s f 2g* (<vigiar) 1 A(c)ção de vigiar/estar de atalaia/Vigilância. **Loc.** Fazer ~ num acampamento «de jovens». 2 Lugar onde está a sentinela/Guarita. **Comb.** Torre de ~. 3 Buraco por onde se espreita. **Comb.** ~ da porta «para ver quem é antes de abrir». 4 Espécie de janela redonda por onde entra a luz nos camarotes do navio. 5 ⇒ *fig* Estado de quem permanece durante a noite sem dormir/Vigília(+). 6 *s 2g* Pessoa que vigia/Sentinela/Guarda/Vigilante.

vigiador, ora *adj/s* (<vigiar + -dor) (O) que vigia/Vigilante(+). **Ex.** Ela «a chefe» mantém sempre uma atitude ~ora, apercebe-se [*idi* dá fé] de tudo o que se passa à sua volta.

vigiar *v t/int* (<lat *vígilo,áre,átum*) 1 Estar atento [Observar o que se passa] para evitar qualquer problema que possa ocorrer. **Ex.** O porteiro vigia a entrada «da escola/do hotel». A polícia vigia a cidade, percorrendo as ruas. 2 Observar secreta ou ocultamente/Espreitar/Espiar. **Ex.** A polícia tanto vigiou [vigiou durante tanto tempo] o bando de meliantes que acabou por apanhá-los em flagrante «a traficar droga». 3 Examinar/Verificar/Fiscalizar. **Loc.** ~ *o cumprimento das leis* «de trânsito». *Técnico* encarregado de ~ *a obra* «de construção dum hotel». 4 Estar presente para proteger/evitar danos/Guardar. **Loc.** ~ *o bolo* que está no forno «para que não se queime». *Pais vigiarem os filhos* pequenos «para que não se magoem». *Pastor* ~ *o gado*. *Professor* ~ *alunos* «em provas de exame». 5 Estar acordado/Fazer vigília/Velar. **Ex.** "(Pedro) nem sequer pudeste ~ uma hora comigo? Vigiai e orai para não cairdes em tentação" Mt 26, 40-41. A enfermeira vigia os doentes durante a noite. 6 Estar de sentinela/vigia.

vígil *adj 2g* (<lat *vígil,ilis*) 1 Que vigia/está vigilante. **Ex.** A sentinela deve pernanecer ~ para não ser surpreendida. 2 Que está acordado/desperto. **Ex.** Toda a noite estive ~, não consegui dormir [*idi* pregar olho].

vigilância *s f* (<lat *vigilantia,ae*) 1 A(c)to ou efeito de vigiar. 2 Estado de quem permanece alerta/atento a alguma coisa. **Ex.** Os pais devem manter ~ sobre o comportamento dos seus filhos. A polícia exerce uma ~ apertada [rigorosa] sobre os obje(c)tos transportados pelos passageiros, antes do embarque, nos aeroportos.

vigilar *v t* ⇒ vigiar.

vigília *s f* (<lat *vigília,ae*) 1 Estado de quem permanece acordado durante a noite/Insó[ô]nia/Vela. **Ex.** Passei uma noite de ~, quase não consegui dormir [*idi* pregar olho]. «enfermeira» Vou fazer o turno de ~ [Vou entrar [ficar] de vela]. 2 *Rel* Véspera de festa. **Ex.** As grandes solenidades religiosas começam a ser celebradas na ~. **Comb.** ~ pascal [Celebração do mistério da salvação de Jesus Cristo na noite que antecede o Domingo de Páscoa].

vigonho *s m Zool* ⇒ vicunha 1.

vigor *s m* (<lat *vígor,óris*) 1 Força/Robustez/Energia. **Ex.** Ele/a, apesar da idade, mantém um grande ~. **Comb.** ~ *da juventude*. *Jovens* «atletas/futebolistas» *cheios de* ~. 2 Vitalidade/Viço. **Comb.** Plantas (a crescer) com grande ~. 3 Funcionamento/A(c)tividade. **Loc.** Pôr em ~ [Fazer vigorar/Dar início à aplicação/ao funcionamento de algo] (Ex. A administração pôs em ~ um novo horário). **Comb.** Lei [Norma/Regulamento/Costume] em ~/de agora/a(c)tual/vigente. 4 Determinação/Veemência. **Loc.** Defender com ~ as suas convicções.

vigorante *adj 2g* (<lat *vigórans,ántis*; ⇒ vigorar) 1 Que dá vigor/energia/Fortificante/Revigorante(+). **Comb.** Alimento «suplemento energético/vitamínico» ~. 2 Que vigora/está em vigor/Vigente(+). **Comb.** Prática [Costume] ~ [habitual(o+)/corrente(+)/vigente(+)].

vigorar *v t/int* (<lat *vigóro,áre,átum*) 1 Dar vigor a/Fortalecer/Vigorizar. **Ex.** O descanso «na praia» e a boa alimentação fizeram-no/a ~ [revigorar(+)]. 2 Tornar mais enérgico (um alimento/medicamento). **Loc.** ~ [Enriquecer(+)] o leite «com um suplemento de cálcio». 3 Estar em vigor/Ter aplicação/validade. **Ex.** Lei que vigora. Começou (a ~) o [Entrámos no] horário de verão.

vigorizar *v t/int* (<vigor + -izar) Dar vigor a [Adquirir vigor]/Fortalecer/Robustecer. **Ex.** «estava muito doente mas» Após o tratamento começou a ~ [a ganhar forças/a engordar]. Alimentos ricos «carne/leite» que vigorizam.

vigorosamente *adv* (<vigoroso + -mente) Com força/vigor/Energicamente. **Ex.** A polícia segurou-o ~ pelo braço «para lhe colocar as algemas [para o algemar]».

vigoroso, a (Ôso, Ósa, Ósos) *adj* (<vigor + -oso) 1 Que tem força/vigor/Robusto/Forte. **Comb.** Atleta [Cavalo] ~/forte(+). 2 Enérgico/Forte. **Ex.** Impelia o barco com remadas ~as. 3 *fig* Com traços firmes. **Comb.** Escrita [Desenho] ~a/o.

vigota *s f* (<viga + -ota) 1 *dim* de viga/Viga pequena/Vigote. 2 Pequenas vigas [Elementos resistentes] de betão armado na estrutura duma laje.

vigote *s m* (<viga + -ote) 1 *dim* de viga/Viga pequena/. 2 Barrote/Sarrafo.

VIH ⇒ sida/aids.

viking *s/adj* (<nórdico *víkingr*) Povo de navegadores e guerreiros procedentes da Escandinávia, que, entre os séculos VIII e XI, empreenderam diversas expedições marítimas.

vil *adj* (<lat *vílis,e*) 1 Que tem pouco valor/Insignificante. **Comb.** Moedas de metal ~ [As moedas de menor valor/*idi* moedas pretas] 2 Desprezível/Abje(c)to/Infame. **Comb.** «enganar/explorar um deficiente» *A(c)to* ~. *idi* O ~ metal [O dinheiro] (Ex. Anda toda a gente (a correr) atrás do ~ metal). *Pessoa* ~. 3 Muito pobre/Miserável(+). **Loc.** Morar [Viver] numa ~ barraca.

vila *s f* (<lat *villa,ae*) **1** Povoação de categoria superior a aldeia e inferior a cidade. **Ex.** Muitas ~s antigas desenvolveram-se nos últimos anos e passaram a cidades. **Loc.** Ir à ~ «à feira/fazer compras». **2** Casa de campo situada fora da povoação. **Comb.** Uma esplêndida ~ com um grande jardim e muitas árvores.

vila-diogo *loc* (< ?) Usa-se apenas no **Idi.** *Dar às de ~* [Pôr-se em fuga/Fugir].

vilanagem *s f* (<vilão + -agem) **1** A(c)to de vilão/Baixeza/Vilania. **Loc.** Cometer ~ns. **2** Grupo de vilões. **Ex.** Cuidado com a ~! «roubam tudo o que podem».

vilanaz[nesco, a] *adj/s* (<vilão + -...) **1** (O) que tem as cara(c)terísticas de vilão. **2** Que apresenta vilania. **Comb.** Conversas [Insinuações] ~es/as.

vilancete (Cê) *s m Liter* (<esp *villancete*) Composição poética, geralmente sobre um mote, e de cará(c)ter campesino.

vilancico *s m Liter* (<esp *villancico*) **1** Composição poética popular de assunto religioso «festas de Natal/Reis», formada por versos de pequena medida, por vezes dialogados. **2** Música adaptada a esses poemas.

vilania *s f* (<vilão + -ia) **1** Cara(c)terística de vilão. **2** A(c)to próprio de vilão/Vileza/Baixeza/Indignidade. **Loc.** Cometer ~s.

vilão, ã *adj/s* (<lat *villánus,í*) **1** Desprezível/Abje(c)to. **Prov.** *Se queres conhecer o ~ mete-lhe uma vara na mão* [Uma pessoa de baixos sentimentos, quando investida de alguma autoridade, mostra logo o que é]. **2** *Hist* Na Idade Média, povoadores das localidades rurais. **Ex.** A denominação de ~ãos passou a ser sinó[ô]nima de camponeses. **3** ⇒ Plebeu/Rústico/Grosseiro. **4** Natural [Habitante] de vila.

vilar *s m* (<lat *villaris,e*) Aldeola/Lugarejo.

vilarejo [vilarelho/vilarinho] *s m* (<vilar + -...) *Dim* de vilar/Vilar pequeno.

vilegiatura *s f* (<it *villeggiatura*) Temporada que se passa fora de casa «na praia/no campo/em passeio», geralmente na estação quente.

vilela (Lé) *s f* (<vila + -ela) *dim* de vila/Vila pequena/Vilória(+).

vileza (Lê) *s f* (<vil + -eza) **1** Cara(c)terística [Atributo] de vil. **Ex.** A ~ daqueles a quem socorria «sem-abrigo/presos» não a/o impedia de se abeirar deles. **2** A(c)ção vil/Desonra/Baixeza/Ignomínia/Vilania. **Comb.** «atentado terrorista» A(c)to de extrema ~ [de ~ assassina].

vilipendiador, ora *adj/s* (<vilipendiar + -dor) (O) que vilipendia.

vilipendiar *v t* (<vilipêndio + -ar[1]) **1** Tratar com desprezo/Amesquinhar. **Ex.** Os colegas vilipendiavam-no porque ele detestava a tropa e os exercícios físicos. **2** Considerar vil/Desdenhar. **Ex.** Comprou a casa que tanto vilipendiara «para desviar outros potenciais compradores».

vilipêndio *s m* (<lat *vilipéndium,ii*) **1** Desprezo/Menoscabo. **Loc.** Tratar alguém com ~. **Comb.** Prisioneiros sujeitos aos ~s dos guardas prisionais. **2** A(c)ção degradante/Vileza.

vilipendioso, a (Ôso, Ósa, Ósos) *adj* (<vilipêndio + -oso) Que encerra vilipêndio//Degradante. **Comb.** Tratamento ~.

vilória *s f depr* (<vila + -ória) Vila pequena e de pouca importância.

vilosidade *s f* (<viloso +-i-+ -dade) **1** Camada de pelos ou lanugem. **2** *Anat* Cada uma das expansões ramificadas e com muitos vasos do córion (Placenta). **Comb.** ~ *intestinal* [Cada uma das saliências da mucosa do intestino delgado, com um papel muito importante na absorção dos alimentos]. ~ *sinovial* [Cada uma das saliências da cápsula sinovial].

viloso, a (Ôso, Ósa, Ósos) *adj* (<lat *villósus,a,um*) **1** Que tem pelos/Peludo. **Comb.** Camada [Membrana] ~a. **2** Cabeludo. **3** *Bot* Que tem penugem.

vime *s m Bot* (<lat *vímen,minis*) **1** Vara [Ramo] flexível dos vimeiros que serve para atar/fazer cestos/... **Comb.** Cadeira [Cesto] de ~. **2** (Planta) vimeiro. **3** Qualquer haste fina e flexível semelhante aos ramos dessa planta e com as mesmas utilizações.

vimeiro *s m Bot* (<vime + -eiro) Planta da família das salicáceas, com ramos longos, finos e flexíveis (Vimes), também designada por vime.

vimial [vimeiral] *s m* (<vime +-i-+ -...) Lugar [Terreno] onde crescem vimes/vimeiros.

vináceo, a *adj* (<lat *vinus*: vinho + -áceo) **1** Da cor [natureza] do vinho. **Comb.** Tecido de cor escura, ~a. **2** Feito de [Misturado com] vinho. **Ex.** A sangria é uma bebida ~a.

vinagrada *s f* (<vinagre + -ada) Iguaria com muito [excesso de] vinagre.

vinagrar *v t* ⇒ avinagrar.

vinagre *s m* (<lat *vínum, i*: vinho + acre) **1** Produto resultante da fermentação acética do vinho e de outras substâncias alcoólicas. **Loc.** Temperar «a salada» com azeite e ~. **Comb.** ~ *de maçã*. ~ *de vinho* «branco/tinto». **2** *fig* Pessoa muito irritável [*col* azeda]. **3** *fig* Coisa muito azeda e desagradável. **Loc.** Tomar o ~ daquele medicamento, era um verdadeiro tormento [um grande sacrifício]. **4** *fig* Ironia malévola/Linguagem cáustica. **Loc.** Meter ~ [veneno(+)] numa conversa/num comentário. ⇒ avinagrar.

vinagreira *s f* (<vinagre + -eira) **1** Recipiente, geralmente de madeira, onde por fermentação lenta do vinho se prepara o vinagre. **2** Vasilha, garrafa ou frasco onde se guarda o vinagre.

vinagrento, a *adj* (<vinagre + -ento) **1** Que tem sabor a vinagre. **Comb.** Bebida ~a. **Sin.** Avinagrado. **2** Que tem muito vinagre. **Comb.** Comida «salada» ~a. **3** *fig* Que tem muito azedume. **Comb.** Feitio [Pessoa] ~o/a. **Sin.** Azedo; mal-humorado.

vinagreta *s f* (<vinagre + -eta) **1** *pop* Vinho ordinário e um pouco azedo. **2** *Cul* Molho preparado com azeite, vinagre, sal, pimenta e salsa.

vinário, a *adj* (<lat *vinárius,a,um*) De vinho. **Comb.** *Sabor ~o* [a [de] vinho]. *Tonel ~o* [próprio para vinho]. ⇒ enol(ó)gico; vínico.

vincada *s f* (<vincado) **1** Vinco/Dobra. **Comb.** Calças com a ~ torta. **2** Rego.

vincado, a *adj* (<vincar) **1** Que tem vincos/dobras/sulcos. **Comb.** Calças ~as. **2** *fig* Que é marcado/acentuado com firmeza. **Comb.** Opinião [Ideia] (muito) ~a.

vincar *v t* (<vinco + -ar[1]) **1** Fazer vincos em/Dobrar deixando a dobra marcada. **Ex.** Dobrou a folha de papel ao meio e vincou-a «para separar [rasgar/cortar] em duas metades». **Loc.** ~ a bainha «duma saia». **2** Passar (as calças) a ferro, marcando bem os vincos. **Ex.** As calças não têm rugas mas precisam de ser vincadas. **3** Fazer pregas/rugas/Enrugar. **Ex.** Ela sentou-se com muito cuidado para não ~ a saia. **4** *fig* Fixar na memória/Gravar. **5** *fig* Dar ênfase/Sublinhar. **Ex.** A imagem do terrível acidente vincou-se-lhe na memória, não a conseguia esquecer. O pai vincou bem: à meia-noite quero-os em [devem estar de regresso a] casa!

vincendo, a *adj* (⇒ vencer) Que se há de vencer/pagar. **Comb.** *Dívida ~a. Juros ~s*.

vincilho *s m Agric* (<lat *vincículum*: ligadura <*víncio, íre*: atar) Atadura, cord(inh)a ou liame feitos de palha centeia ou de vime para atar os molhos de palha ou de lenha.

vincituro, a *adj* (<lat *vincitúrus,a,um*, por *victúrus,a,um*) Que há de vencer. **Comb.** Guerra «do Iraque, 2003» sem ~os [estúpida (como todas as guerras)].

vinco *s m* (<lat *vínculus,i*: laço) **1** Marca deixada por uma dobra. **Ex.** Sentou-se e ficou logo com a saia cheia de [saia com muitos] ~s. **2** Sulco deixado por uma atadura delgada que se apertou muito. **Ex.** A pulseira fez-lhe um ~ no pulso. **3** ⇒ Sulcos [Marcas](+) deixados/as pelas rodas nos caminhos. **4** Marca [Sinal] profunda(o)/Vergão. **Ex.** Notavam-se-lhe nas pernas os ~s das vergastadas. **5** Dobra na pele/Ruga(+). **Ex.** «está muito envelhecida» Tem a cara e o pescoço com ~s.

vinculação *s f* (<vincular + -ção) A(c)to ou efeito de (se) vincular/Ligação. **Ex.** O irmão mais velho emigrou mas manteve sempre uma grande ~ à família.

vinculado, a *adj* (<vincular) **1** Ligado por vínculo. **Comb.** Pessoas [Casal] ~as/o pelo matrimó[ô]nio. **2** Fortemente ligado/preso. **Comb.** Jogador [Treinador] ~ contratualmente ao clube por duas épocas. **3** *fig* Que pertence/faz parte/Enraizado. **Ex.** A velha criada «que os viu nascer» ficou ~a à família até morrer.

vinculador, ora *adj/s* (<vincular + -dor) (O) que vincula/obriga/Vinculativo(+). **Comb.** Compromisso [Contrato] ~.

vincular *v t* (<lat *vínculo,áre,átum*) **1** Atar/Ligar. **Ex.** A supercola vinculou [pegou(+)] uma à outra as duas metades da peça como se não se tivesse partido. **2** Prender por meio de vínculo. **Ex.** Vincularam as suas vidas [Vincularam-se um ao outro] pelo sacramento do matrimó[ô]nio. **3** Obrigar(-se) moralmente/Prender(-se). **Ex.** Colaborou na formação da empresa [no proje(c)to] mas não se quis ~ a ela/e.

vinculativo [vinculatório], a *adj* (<vincular +-...) Que vincula/serve para vincular. **Ex.** A assinatura dum contrato é [tem efeitos] ~a/os.

vinculável *adj 2g* (<vincular + -vel) Que se pode vincular/prender/ligar por vínculo. **Ex.** Compromissos [Contratos] assinados por menores não são ~eis.

vínculo *s m* (<lat *vínculum,i*) **1** Tudo o que serve para prender/atar/Atilho/Vincilho. **Ex.** Para o embrulho [pacote] ficar bem seguro [atado], a linha não serve, é preciso um ~ [fio(+)] mais forte. **2** Ligação «moral»/Laço/Nó. **Comb.** ~*s comerciais* [contratuais]. *O ~ da amizade*. **3** Casamento. **Comb.** Ligados para sempre pelo ~ do matrimó[ô]nio. **4** Parentesco. **Comb.** ~s familiares [Laços de sangue(+)].

vinda *s f* (<vindo; ⇒ vir) A(c)to ou efeito de vir/Chegada/Regresso. **Ex.** A aldeia anima-se com a ~ dos emigrantes «passar férias». O Povo de Israel esperava ansiosamente a ~ do Messias (concretizada em Jesus Cristo). Na ~ [Quando vier/Ao regressar] da escola, passo por aí [por tua casa].

vindicação *s f* (<lat *vindicátio,ónis*) ⇒ reivindicação/reclamação.

vindicador, ora *adj/s* (<vindicar + -dor) (O) que vindica. **Comb.** ~ da defesa do ambiente.

vindicar *v t* (<lat *víndico,áre,átum*) **1** ⇒ reivindicar. **2** Defender a aplicação da lei/os seus direitos. **3** Impor penas vindicativas.

Loc. ~ o castigo [a prisão] «para um criminoso».

vindicativo, a *adj* (<vindicar + -tivo) **1** Que vindica/Reivindicativo(+). **2** Que pune/Vingativo. **Comb.** Lei ~a/punitiva(+). **3** Que defende/justifica. **Comb.** Atitude ~a.

vindícia *s f* (<lat *vindícia,ae*) ⇒ A(c)to de vindicar «um direito»/Reivindicação.

vindicta [*Br* **vindi(c)ta** (*dg*))] *s f* (<lat *vindícta,ae*) **1** Vingança/Represália. **Ex.** A agressão originou sucessivas ~s. **2** Castigo/Punição.

vindima *s f* (<lat *vindémia,ae* <*vínum*: vinho + *démere*: cortar) **1** A(c)to ou efeito de vindimar/Colheita das uvas. **Ex.** A data da ~ já está marcada «para o próximo sábado». **Prov. Até ao lavar dos cestos é ~** [Enquanto não chegar tudo «negócio/jogo» ao fim, é possível acontecer algo inesperado/pouco provável]. **2** *pl* Época em que se colhem as uvas. **Ex.** Só volto [voltarei] à aldeia pelas ~s. **3** Conjunto das uvas vindimadas. **Ex.** Este ano houve muita(s) uva(s) [a ~ foi abundante/farta(+)].

vindimado, a *adj* (<vindimar) **1** (Lugar) onde já se colheram as uvas. **Idi. *Passar (por lá) como cão por vinha ~a*** [Passar a correr/sem se deter] (Ex. Tinham preparado uma grande rece(p)ção ao líder do partido, mas a comitiva passou por lá como cão por vinha ~a «nem um quarto de hora (se) demorou»). **2** Apanhado/Colhido. **Loc.** Transportar para o lagar as uvas ~as. **Comb.** Cesto com uvas ~as. **3** ⇒ *fig* Acabado/Morto/Extinto.

vindimador, eira/ora *adj/s* (<vindimar + -dor) **1** (O) que vindima. **Loc.** Contratar ~es (para a vindima) ou, na falta deles, ~eiras. **2** Que se emprega na vindima/para vindimar. **Comb.** Cesto ~. Tesoura ~ora.

vindimar *v t/int* (<lat *vindémio,áre,átum*; ⇒ vindima) **1** Fazer a vindima [colheita das uvas]. **Ex.** Quatro homens vindimam esta vinha num dia. Esta semana vamos ~ todos os dias. **2** *fig* Destruir/Ceifar/Assassinar. **Ex.** É prudente não oferecer resistência a assaltantes porque eles são capazes de [*idi* eles não se ensaiam em] ~ quem lhes faça frente [quem se lhes oponha].

vindimo, a *adj* (<vindima) Diz-se de fruta «figo» que se colhe por altura das vindimas. ⇒ serôdio.

vindita *Br* ⇒ vindicta.

vindo, a *adj* (<vir) **1** Que veio/Chegado/Aparecido. **Ex.** Anda por aí um estranho, ~ não se sabe donde. **2** Proveniente/Oriundo. **Ex.** As laranjas ~as do estrangeiro «África do Sul» não são tão boas como as portuguesas.

vindou[oi]ro, a *adj/s m pl* (<lat *venitúrus,a, um*, por *ventúrus*) **1** Que há de vir/Futuro. **Comb.** Tempo [Dias] ~o/os. **2** *s m pl* As gerações futuras/A posteridade. **Ex.** Temos que [Devemos] deixar aos ~s um mundo melhor do que o que recebemos.

vingador, ora *adj/s* (<vingar + -dor) (O) que vinga/serve para fazer vingança. **Comb. *Exército ~. Represália* [Guerra/Ataque] *~ora/or*.** ⇒ punitivo.

vingança *s f* (<vingar + -ança) **1** A(c)to ou efeito de vingar/Represália/Desforra. **Ex.** Destruíram-lhe a casa por ~. **2** A(c)ção punitiva exercida sem atenção à justiça, para satisfazer o desejo de pagar o mal com o mal. **3** Castigo/Punição. **Ex.** Hoje perdemos [a nossa equipa perdeu], mas no próximo encontro [jogo] a ~ será terrível: vão sofrer pesada derrota!

vingar *v t/int* (<lat *vindico,áre,átum*) **1** Tirar vingança de/Desforrar-se. **Ex.** Para se ~ da irmã que não quis brincar com ele estragou-lhe a boneca. **Loc.** ~ a morte [o assassinato] do filho. **2** Desagravar(-se) de ofensa/dano recebida/o. **Ex.** Jurou ~ a família injustamente difamada. **3** Compensar uma coisa que corre mal com outra que dá prazer/satisfação. **Ex.** «os pais não o deixaram ir à festa» Vingou-se a tarde inteira a jogar no computador. **4** Atingir o obje(c)tivo/Chegar a bom termo/ao fim/Vencer. **Ex.** O empreendimento «começado com grande pujança» não vingou. As sementes germinaram todas mas poucas plantas vingaram.

vingativo, a *adj* (<vingar + -tivo) **1** Que encerra vingança. **Comb. *Ar*** [Aspe(c)to] ***~. Maquinações*** [Congeminações/Pensamentos] ***~as/os.*** **2** Feito por vingança. **Comb.** A(c)to ~. **3** Propenso a vingar-se. **Comb. *Feitio ~. Pessoa ~a*** [que não sabe perdoar].

vinha *s f* (< lat *vínea, ae*) **1** Terreno plantado de videiras. **Comb.** Encostas «do Rio Douro, Portugal» com grandes extensões de ~. **2** Conjunto de videiras de um terreno/ uma região. **Comb. *A ~ da planície alentejana*** (Portugal). *fig Rel* **A ~ do Senhor** [A Igreja/Os fiéis cristãos].

vinhaça *s f pop* (<vinho + -aça) **1** Muito vinho. **Loc.** Ser amigo da ~ [Beber muito vinho]. **2** Vinho reles. **3** Hálito a vinho. **Ex.** Não se pode estar ao pé dele por causa do cheiro a ~. **4** Bebedeira. **Idi. *Meter-se na ~*** [Beber muito/Embriagar-se].

vinhaço *s m* (<vinho + -aço) Bagaço antes de espremido e que ainda contém muito vinho.

vinha-d'alhos *s f Cul* (<vinho + de + alhos) Molho feito com vinho, sal, alhos, loureiro, pimenta e outros condimentos, usado como tempero/Marinada. **Loc.** Deixar a carne «para assar» a marinar em ~ de um dia para o outro.

vinhão *s m* (<vinho + -ão) **1** Vinho muito bom. **2** Vinho tinto de cor carregada. **3** Variedade de videira de uvas pretas/Tinta.

vinhataria *s f* (<vinhateiro + -ia) **1** Cultura das vinhas/Viticultura(+). ⇒ vitícola. **2** Preparação do vinho/Vinicultura(+). ⇒ enologia.

vinhateiro, a *adj/s* (<vinha +-t-+ -eiro) **1** (O) que cultiva vinhas. **Ex.** Os ~s tiveram grandes prejuízos «com a tempestade de granizo». **Comb.** Região ~a. **2** Produtor [Negociante] de vinho. **Comb.** Empresa ~a [vinícola(+)]. **3** Relativo à cultura das vinhas. **Comb.** Tarefas [Lides/Trabalhos] «poda/empa/cura» ~as/os.

vinhático *s m Bot* (<lat *vineáticus,a,um*) Designação comum a diversas árvores do Brasil, da família das leguminosas, que dão boa madeira «para mobiliário»/Aranhagato.

vinhedo (Nhê) *s m* (<vinha + -edo) Conjunto de vinhas. **Comb.** Os extensos ~s do Douro, Pt.

vinheta (Nhê) *s f* (<fr *vignette*) **1** Pequena gravura, ornato de livros, que originalmente representava sarmentos de videira. **2** Espécie de selo, sem valor monetário, oferecido como comprovativo de dádivas para fins de beneficência. **3** Cada um dos quadr(ad)inhos da banda desenhada.

vinhetista *s 2g* (<vinheta + -ista) Pessoa que desenha vinhetas.

vinho *s m* (<lat *vínum, i*; ⇒ ~ do Porto) **1** Bebida alcoólica preparada a partir da fermentação das [do sumo de] uvas. **Ex.** Em Portugal, produzem-se muitas variedades [muitos tipos] de ~. **Idi. *Estar com o ~*** [Estar bêbedo/embriagado]. **Comb. ~ *a martelo*** [falsificado]. ***~ fino*** [Designação dada ao ~ do Porto/~ generoso, de elevado teor alcoólico]. ***~ verde*** [de sabor ligeiramente ácido e baixo teor alcoólico, da região NW de Portugal]. **2** Outras bebidas alcoólicas obtidas por fermentação «de maçã/arroz» (⇒ sidra; saqué/ê).

vinho do Porto ⇒ vinho **1 Comb.**.

vini- *elem de formação* (<lat *vínum,i*) Exprime a ideia de **vinho**.

vínico, a *adj* (<vini- + -ico) **1** Do [Relativo ao] vinho. **Comb. *Cor ~a. Destilação ~a. Produção ~a*** [vinícola(+)]. **2** Próprio [Proveniente] do vinho. **Comb. *Aguardente ~a. Álcool ~*** [Álcool etílico/Etanol]. ***Produtos ~s.*** ⇒ enol(ógico).

vinícola *adj 2g* (<vini- + -cola) **1** Que diz respeito à vinicultura. **Comb. *Comércio ~. Empresa ~.*** **2** Relativo a vinhas. **Comb.** Cultura [Região] ~.

vinicultor, ora *s* (<vini- + -cultor) O que se dedica à produção de vinho. **Comb.** Sociedade «Ferreira/Mateus/Sandeman» ~ora [vinícola(+)].

vinicultura *s f* (<vini- +...) Produção de vinho. **Loc.** Dedicar-se à ~ .

vinífero, a *adj* (<vini- + -fero) Que produz vinho. **Comb.** Casta (de uvas) ~a.

vinificação *s f* (<vinificar + -ção) A(c)to ou efeito de vinificar/Operação de preparação e tratamento de vinhos.

vinificador *s m* (<vinificar + -dor) Aparelho próprio para preparação do vinho.

vinificar *v t* (<vini- + -ficar) Transformar as uvas em vinho.

vinílico, a *adj Quím* (<ing *vinyl* + -ico) Relativo [Pertencente] ao radical vinilo.

vinil(o) *s m Quím* (<ing *vinyl*) **1** Radical monovalente CH_2=CH-. **2** Polímero obtido a partir desse radical (Polivinilo). **3** Obje(c)to fabricado com esse polímero.

vinolento, a *adj* (<lat *vinoléntus,a,um*) **1** Dado ao vinho/Que bebe muito/Ébrio. **2** Impregnado de vinho. **Comb.** Ambiente «duma adega/tasca» ~.

vinoso, a (Ôso, Ósa, Ósos) *adj* (<vinho + -oso) **1** Semelhante ao vinho. **Comb. *Cor ~a*** [de vinho(+)]. ***Líquido ~.*** **2** Que produz vinho. **Comb.** Fruto ~.

vintage *ing* Vinho de excelente qualidade de um ano da melhor colheita/Reserva **16** (+).

vintavo *s m* (<vinte + avo) ⇒ Um vinte avos/ Vigésima parte.

vinte *num card/s m* (<lat *vígínti*) **1** Dez mais dez/Dezanove mais um. **2** O n.º 20 e a quantidade que ele representa. **Ex.** «tenho 17 livros da cole(c)ção» Com estes três (que tu me dás), fico com ~. **Idi. *Dar no ~*** [Acertar/Adivinhar/Ganhar] (Ex. Adivinha quem chega hoje? – A madrinha! – Deste no ~!). **3** O que numa série ocupa o vigésimo lugar. **Ex.** Na lista de espera «para a consulta», eu sou o ~.

vintém *s m* (<vinteno) **1** *Hist* Antiga moeda portuguesa de vinte réis, equivalente a dois centavos (de escudo). **2** *Br* Dinheiro. **Loc.** Ter o seu ~. **3** Pouco dinheiro. **Idi. *Não ter ~*** [Ser muito pobre/Não ter dinheiro]. **Comb.** Sem ~ [Completamente pobre/ Sem dinheiro nenhum]. **4** Pouco/Nada. **Ex.** Isso «um novo produto» não vale nada [um ~]. **Sin.** Tostão.

vintena/o (Tê) *s f/m* (<vinte + -ena/o) **1** Grupo de vinte/Duas dezenas. **Comb.** Uma ~ de laranjas. **2** ⇒ Vigésima parte/Vigésimo.

vinténio [*Br* **vintênio]** *s m* (<vinte + -énio) Período de vinte anos. ⇒ decé[ê]nio; centenário.

viola (Vió) *s f Mús* (<provençal *viola*) **1** Instrumento musical de seis cordas que se fazem vibrar com os dedos ou as unhas e com caixa em forma de 8. **Ex.** A ~ e a guitarra são os instrumentos que acom-

panham o fado, canção típica portuguesa. **Idi. Ir à ~** [Estragar-se/Perder-se/Desaparecer] (Ex. O carro antigo? – Já foi à ~, «vendi-o para a sucata»). ***Meter a ~ no saco*** [Calar-se/Embatucar] (Ex. Quando lhe chamaram ignorante, meteu a ~ no saco e não se lhe ouviu (nem) mais uma palavra durante a reunião). **2** Músico que toca esse instrumento. **Ex.** Os fadistas de renome têm o seu ~ particular que os acompanha em todos os espe(c)táculos. **3** Instrumento musical da família dos violinos, mas ligeiramente maior/Violeta.

violabilidade *s f* (<violável +-i-+ -dade) Qualidade do que é violável.

violação *s f* (< lat *violátio, ónis*) **1** A(c)to ou efeito de violar. **2** A(c)to de forçar alguém a ter relações sexuais/Estupro. **Comb.** Condenado por ~ «duma menor». **3** Profanação de um lugar sagrado. **Comb.** ~ de túmulos. **4** Abertura forçada ou não permitida [Arrombamento] de algo que devia permanecer fechado ou vedado ao conhecimento alheio. **Comb.** ~ *de correspondência.* ~ *de um segredo.* ~ *de um selo* «de contador de ele(c)tricidade». **5** Transgressão/Infra(c)ção. **Comb.** ~ duma lei.

violáceo, a *adj s f pl Bot* (<lat *violáceus, a,um*) (Diz-se de) família de plantas dicotiledó[ô]neas herbáceas a que pertencem as violetas e os amores-perfeitos.

viola-d'arco *s f Mús* ⇒ rabeca.

violador, ora *adj/s* (<violar + -dor) **1** (O) que viola. **Ex.** Foi detido [preso] pela polícia um ~ acusado de vários crimes sexuais. **2** Profanador. **Ex.** Nem os túmulos escapam à cobiça de ~es sem escrúpulos. **3** Transgressor. **Ex.** Há um sem número de [São muitos os] ~es do código da estrada [das regras do trânsito].

violão *s m Mús* (<viola + -ão) Instrumento de seis cordas maior que a viola/guitarra.

violar¹ *v t* (<lat *víolo,áre,átum*) **1** Forçar alguém a ter relações sexuais. **Ex.** Os terroristas saquearam a aldeia, violaram mulheres e mataram muita gente. **2** Alguém não autorizado abrir [destruir] à força o que devia permanecer inta(c)to/fechado. **Loc.** ~ *uma fechadura.* ~ *o selo* «de um contador de gás/ele(c)tricidade». **3** Transgredir [Infringir] a lei. **Loc.** «não pagar o salário a quem trabalha é» ~ a justiça. **4** Devassar correspondência alheia. **Ex.** A secretária violava a correspondência particular do patrão «com o intuito de exercer chantagem sobre ele». **5** Profanar um local sagrado. **Ex.** Os muçulmanos descalçam-se antes de entrarem na mesquita para não violarem o espaço sagrado. **6** Entrar sem autorização em espaço alheio. **Loc.** Um avião estrangeiro ~ o espaço aéreo de outro país. **7** Divulgar um segredo/Quebrar o sigilo. **Loc.** ~ o segredo de justiça.

violar² *v int* (<viola + -ar¹) Tocar viola(+).

violável *adj 2g* (<violar¹ + -vel) Que se pode violar/Sujeito a [Que tem perigo de] ser violado. **Comb.** Fechadura [Aloquete] (facilmente) ~. **Ant.** In~.

violeiro, a (<viola + -eiro) **1** Fabricante [Vendedor] de violas. **2** Tocador de viola. **Sin.** Guitarrista(+).

violência *s f* (<lat *violéntia,ae*) **1** Cara(c)terística [Estado] do que é violento. **2** Oposição pela força ao direito de outrem. **Ex.** Como não os deixavam entrar no recinto do jogo, usaram de ~ e derrubaram a vedação. **3** A(c)ção praticada usando a força bruta [praticada à bruta]/Crueldade. **Ex.** Envolveram-se numa briga e agrediram-se com ~ «acabaram no hospital». **Loc.** Tomar o poder pela ~. **4** Força/Intensidade/Veemência. **Ex.** (A ~ d)o sismo destruiu grande parte da cidade. **5** Prepotência/Tirania/Coa(c)ção. **Ex.** O abuso do poder é uma ~ exercida sobre os mais fracos.

violentado, a *adj* (<violentar) Forçado/Constrangido/Obrigado/Coagido. **Ex.** Obedecendo à disciplina partidária, alguns deputados votaram «a lei do aborto» ~s na sua consciência. Não queriam obedecer à polícia; tiveram que ser ~s [ser levados à força] para abandonar a sala. A realidade histórica é por vezes ~a [distorcida(+)] por alguns historiadores.

violentador, ora *adj/s* (<violentar + -dor) (O) que violenta. **Comb.** Leis ~oras [opressoras(+)] dos cidadãos.

violentar *v t* (<violento + -ar¹) **1** Exercer violência sobre. **Ex.** Há patrões que violentam os empregados obrigando-os a fazer horas extraordinárias sem remuneração. **2** Forçar/Constranger/Coagir. **Ex.** Violentou a criança birrenta para a levantar do chão. **3** Violar/Desflorar. **Ex.** Os assaltantes amarraram a mulher indefesa para a violentarem. **4** Forçar a entrada/Arrombar. **Ex.** Os ladrões violentaram [arrombaram(+)] o cofre e levaram tudo o que lá encontraram. **5** *fig* Torcer o sentido de/Deturpar. **Ex.** Os discursos [As palavras] dos políticos são muitas vezes violentadas [intencionalmente mal interpretadas/deturpadas] pelos críticos/pelos seus opositores. **6** ~-se/Forçar a própria vontade/Constranger-se. **Ex.** Para vencer o vício da bebida teve que se ~.

violento, a *adj* (<lat *violéntus,a,um*) **1** Que a(c)tua/age/se comporta com violência. **Ex.** A polícia para dispersar os manifestantes a(c)tuou de forma ~a. **2** Que obriga, usando a força. **Comb.** ~ com os filhos a castigar/a fazer-se obedecer. **3** Intenso/Forte/Veemente. **Ex.** Deu-lhe um ~ empurrão que o fez cair ao chão [*idi* que o atirou de cangalhas]. **Comb.** Um ~ sismo [furacão/incêndio]. **4** Impetuoso/Fogoso/Arrebatado. **Comb.** «jogador de futebol» Um lutador ~ [incansável(o+)/indomável(+)]. **5** Irascível/Colérico. **Ex.** Pessoa (de feitio) ~a/o. **Ant.** Dócil; manso; meigo.

violeta¹ (Lê) *s f Bot* (<fr *violette*) **1** Planta herbácea da família das violáceas, cujas flores são geralmente de cor roxa, muito odoríferas. **Comb.** ~ branca [que tem flor de cor branca e sem cheiro]. **2** Flor dessa planta.

violeta² *s m* (<fr *violette*) Cor roxa/Cor da flor da violeta. **Ex.** O ~ é a última cor do arco-íris [espe(c)tro solar].

violinista *s 2g* (<violino + -ista) O que toca violino.

violino *s m Mús* (<it *violino*) Instrumento musical de quatro cordas e arco/Rabeca. **Comb.** Primeiro ~ [Violinista mais conceituado duma orquestra].

violista *s 2g* (<viola + -ista) Tocador de viola.

violoncelista *s 2g* (<violoncelo + -ista) Tocador de violoncelo.

violoncelo *s m Mús* (<it *violoncello*) **1** Instrumento musical de quatro cordas, tocado com arco, de tamanho maior que o violino. **2** Tocador desse instrumento.

VIP Sigla de *Very Important Person* = personalidade muito importante.

viperídeo, a *adj/s m pl Zool* (<lat *vípera*: víbora + -ídeo) (Diz-se de) família de ofídios que inclui serpentes e víboras.

viperino, a *adj/s f Bot* (<lat *viperínus,a,um*) **1** Da [Relativo a] víbora. **Comb.** Veneno [Mordedura] ~o/a. **2** *fig* Mordaz/Perverso. **Comb.** «pessoa com» Língua ~a. **3** *s f Bot* Erva anual ou bienal, *Echium vulgare*, da família das boragináceas, nativa da Europa, espontânea em Portugal.

viquingue ⇒ viking.

vir *v int*(<lat *vénio,íre,véni,véntum*) **1** Encaminhar-se para o lugar onde estamos. **Ex.** Basta um pequeno sinal e o cão vem logo ter comigo. Vim de carro, mas ele veio a pé. **Idi.** ~ *à baila* [Ser lembrado durante uma conversa] (Ex. «falávamos dos tempos da escola» Veio à baila o nome dele e o acidente que o vitimou). ~ *à cabeça* [Ser lembrado [Ocorrer] geralmente a despropósito] (Ex. Não sei porquê, veio-me à cabeça dar uma volta [um passeio] pelo país. Ele não pensa nas consequências, faz tudo o que lhe vem à cabeça). ~ *a lume/à luz* [Publicar-se/Nascer/Aparecer] (Ex. Grande parte da obra do poeta «Fernando Pessoa» é póstuma; só veio à luz depois da sua morte [da morte dele]). ~ *à mão* [Chegar ao conhecimento ou à posse] (Ex. Acidentalmente, vieram-me à mão uns panfletos antigos, de revolucionários, com ameaças de arrepiar [assustar/fazer tremer]!). ~ *à praça* [Ser posto em leilão] (Ex. Por falta de pagamento das prestações aos bancos, têm vindo à praça muitas casas). ~ *a ser* [Tornar-se] (Ex. Parecia pouco inteligente, mas veio a ser um grande cientista). ~ *abaixo* [Ser derrubado/Acabar/Cair] (Ex. Se as fundações [os alicerces] não forem sólidas/os, o edifício vem [pode ~] abaixo). ~ *a talho de foice* [a propósito] (Ex. A oferta de emprego veio a talho de foice, estava desempregado e a precisar de trabalhar). ~ *a tempo* [no momento oportuno/sem atraso] (Ex. O subsídio de férias veio mesmo a tempo: é altura de pagar o seguro do carro. Já não cheguei a tempo para o comboio das 9h; tive que ir no seguinte). ~ *ao mundo* [Nascer] (Ex. Em Portugal (e noutros países desenvolvidos), o número de crianças que vêm ao mundo diminui de ano para ano). *col* ~ *de carrinho* [Tentar enganar mas não conseguir] (Ex. Com essa conversa de dizeres que foste convidado para a festa e não aceitaste, para mim vens de carrinho, é tudo bazófia!). *Não* ~ *mal ao mundo* [Não causar (muito) dano] (Ex. Se não puder gozar [ir de] férias, por isso não virá mal ao mundo). ~ *sobre* [Marchar contra/Acometer/Atacar] (Ex. O cão veio sobre mim, pôs-me as patas no peito e atirou-me ao chão). ~ *tarde e a más horas* [demasiado tarde] (Ex. Ela é mesmo assim [*idi* Está-lhe na massa do sangue], vem sempre tarde e a más horas; nunca chega à hora marcada). ~ *ter* [Dirigir-se a determinado ponto/ao encontro de alguém] (Ex. Ao meio-dia vou ter contigo à escola). *Venha o diabo e escolha* [Nenhuma opção é melhor do que a outra] (Ex. Entre aceitar um emprego longe de casa e não ganhar para as despesas de deslocação ou ficar em casa a receber o subsídio de desemprego, venha o diabo e escolha). *Mandar* ~ [Pedir o envio/Encomendar] (Ex. Vou mandar ~ o dicionário «de Português para Estrangeiros»). *col Mandar* ~ *com* [Ralhar com alguém/Discutir] (Ex. O patrão está sempre [*idi* passa a vida] a mandar ~ com os empregados).

2 Chegar a determinado local. **Ex.** O médico só vem (ao consultório) de tarde. O correio já veio. **3** Regressar/Voltar. **Ex.** Eles estiveram emigrados «na Alemanha» mas já vieram de vez [já regressaram definitivamente]. **4** Acompanhar alguém em determinado traje(c)to/até determinado local. **Ex.** A senhora veio comigo até à porta. Eles vêm sempre juntos do trabalho. **5** Surgir/Irromper/Aparecer. **Ex.** «quando menos se esperava» Vêm por aí dentro dois embuçados de pistola em punho, "é um assalto! Todos deitados no chão, quem se mexer morre!". De repente, veio *idi* uma destas [uma fortíssima] trovoadas/a, de aterrorizar! **6** Ter origem/Provir. **Ex.** O vinho vem das uvas. *Economia* vem do grego *oikonomía*. **7** Ser proveniente de determinado lugar. **Ex.** O chá veio da China, trazido pelos portugueses no séc. XVI. O fumo vinha das traseiras do prédio. **8** Estar prestes a chegar. **Ex.** Só posso pagar (a dívida) no [para o] mês que vem. **9** Chegar certo tempo/certa ocasião. **Ex.** Estou desejoso que venha o verão «estou farto de frio». **10** Expor/Apresentar. **Ex.** Venho, por este meio, agradecer-lhe o bom acolhimento que me dispensaram. Fez o mal e agora vem com desculpas [agora procura desculpar-se].

vira[1] *s f* (<lat *víria,ae*: pequena bracelete) **1** Tira de couro cosida entre as solas do calçado junto às bordas. **2** ⇒ Tira de couro que protegia a palma da mão dos besteiros.

vira[2] *s m* (<virar) Uma das mais antigas danças do Norte de Portugal, mas dançada em quase todo o país. **Comb.** ~ *da Nazaré.* ~ *de roda.* ~ *galego.*

viração *s f* (<virar + -ção) **1** Vento fresco que sopra geralmente do mar para terra/Aragem/Brisa. **2** ⇒ *fig* Inspiração.

vira-casaca(s) *s 2g* (<virar +...) Pessoa que muda facilmente de opinião ou partido, segundo [de acordo com] as suas conveniências. **Ex.** É um ~, já correu [apoiou] vários partidos sempre à procura de benesses [*idi col* tachos].

vira-cu *s m pop* (<virar +...) Cambalhota(+) que é dada apoiando a cabeça no chão e, com um impulso, virando as pernas para o ar de forma a cair de pé.

virada *s f* (<virado) **1** A(c)to de virar/Viradela/Viragem. **2** Mudança brusca de dire(c)ção/atitude/Reviravolta.

viradeira *s f* (<virar + -deira) Espátula com que se vira o peixe na frigideira.

viradela *s f* (<virar + -dela) A(c)to de virar/Viragem súbita.

viradinho *s m Br Cul* (<virado + -inho) Prato feito com feijão, farinha, torresmo, ovos, óleo e temperos/Virado.

virado, a *adj/s m* (<virar) **1** Com o avesso para o lado de fora. **Comb.** Uma saia ~a «que parece nova». **2** Voltado/Invertido/Derrubado. **Comb.** ~*o/a para a parede. Cadeira* ~*a* [deitada ao chão/derrubada]. *Casa* ~ *do avesso* [em desordem/revolteada]. *Copo* ~ [entornado(+)/com a boca para baixo]. **3** Que mudou de opinião. **Ex.** «era todo de esquerda» Agora está ~. **4** *s m Br* Viradinho.

viragem *s f* (<virar + -agem) **1** A(c)to ou efeito de virar. **2** Mudança de dire(c)ção ou de rumo. **Ex.** O automóvel fez uma ~ brusca «derrapou e saiu da estrada». **3** Mudança(+) de atitude/comportamento/orientação/opinião. **Comb.** ~ *à esquerda* [*direita*] «de um (partido) político». ~ *do regime* «de monarquia para república». **4** *Quím* Mudança de cor de um indicador numa rea(c)ção de titulação. **Comb.** ~ da fenolftaleína «de rosa para branco».

virago *s f* (<lat *virágo,inis*) Mulher com aspe(c)to e modos masculinos/Mulher-homem.

viral *adj 2g Med* (<vírus + -al) Relativo a [Provocado por] vírus. **Comb.** Infe(c)ção ~.

vira-lata *s m* (<virar +...) **1** *Br* Cão vadio/Rafeiro. **2** *pej* Pessoa marginal/sem-vergonha.

viramento *s m* (<virar + -mento) ⇒ A(c)to ou efeito de virar/Viradela/Viragem.

virar *v t/int* (<lat *víbro,áre*?) **1** (Fazer) ficar [Colocar(-se)] em posição ou dire(c)ção diversa da anterior/Voltar/Inverter. **Ex.** «na aula» Virou a cabeça para trás para falar com o colega. Para chegar ao [ir para o] hospital, vira-se na primeira (rua) à direita e depois na segunda à esquerda. Uma onda virou o barco. **Idi.** ~ *a cabeça a alguém* [Fazer mudar a opinião/o modo de pensar/Desviar para maus caminhos] (Ex. As seitas [Os grupos radicais/esotéricos] viram a cabeça a muita gente. A namorada virou-lhe completamente a cabeça «só pensa nela, deixou de estudar...»). ~ *a cara a alguém* [Recusar-se a cumprimentar/falar/Mostrar-se zangado] (Ex. Não sei o que se passa com a nossa vizinha, dei-lhe os bons-dias, virou-me a cara e nem me respondeu). ~ *a casaca* [Mudar de opinião/partido/religião] (Ex. Ele virou a casaca, agora é socialista). ~ *as costas a* **a)** Não atender/responder (Ex. Pedi-lhe uma informação; virou-me as costas e não disse uma palavra); **b)** Abandonar em situação difícil (Ex. Quando ele mais precisava do apoio dos pais, foi então que eles lhe viraram as costas); **c)** Fugir de/Afastar-se (Ex. Ele usa [serve-se de] todos os estratagemas para ~ as costas ao trabalho). *Náut* ~ *de bordo* [Mudar de rumo]. ~ *de pernas para o ar* **a)** Pôr(-se) em posição invertida (Ex.Virou-se de pernas para o ar dentro de água para fazer o pino); **b)** Pôr em total desordem (Ex. Os miúdos [As crianças] com as brincadeiras «da festa de anos» viraram tudo [a casa toda] de pernas para o ar). ~ *do avesso* **a)** Pôr uma peça de vestuário com o avesso para o lado de fora (Ex. A saia, virada do avesso, fica como nova; **b)** Fazer mudar de opinião/Perverter (Ex. «era bom rapaz [moço] mas» As más companhias viraram-no do avesso). ~ *o bico ao prego* [Desvirtuar o sentido de alguma coisa]. *Não estar para aí virado* [Não estar interessado nisso/Não ser esse o seu desejo] (Ex. Fazer parte desse grupo/dessa associação, não estou para aí virado). *Ser um pau de* ~ *tripas* [Ser extremamente magro] (Ex. A doença debilitou-o muito, está (mesmo) um pau de ~ tripas). **2** Pôr do avesso. **Loc.** ~ *o colarinho duma camisa/uma saia.* **3** Inverter a marcha/Voltar atrás. **Ex.** Ia na piscina, a nadar em primeiro lugar, mas ao ~, atrasou-se «e já não conseguiu recuperar». **4** Entornar/Despejar/Emborcar. **Ex.** Vira a garrafa do azeite para escorrer completamente. Cuidado, não vires [entornes] o prato da sopa. Os cães viraram o caixote e espalharam o lixo pelo chão. **5** Dirigir o olhar/Voltar a cabeça/o corpo. **Ex.** Vira-te para mim para ver se estás bem penteada/o. De trás, o casaco cai [assenta] bem; agora vira-te de frente para eu [se] ver como fica. **6** Transformar-se em/Tornar-se. **Ex.** Ela virou testemunha de Jeová. **7** ~-se/Mudar de posição [Agitar-se] na cama. **Ex.** Virei-me para o outro lado «e continuei a dormir». Passei uma noite horrível, a ~-me constantemente na cama, sem conseguir dormir.

viravolta *s f* (<virar +...) **1** Mudança de situação/Reviravolta. **Ex.** Com a crise econó[ô]mica, a vida da maioria das pessoas sofreu grande ~ [reviravolta(+)]. **Sin.** Contratempo; vicissitude. **2** Volta completa em torno de si mesmo/Rodopio. **Ex.** O carro bateu num poste de iluminação e deu uma série de ~s [reviravoltas(o+)/cambalhotas(+)] até ficar imobilizado fora da estrada. **3** Cambalhota. **Ex.** Lançou-se da prancha mais alta, deu uma ~ no ar e mergulhou na piscina.

virente *adj 2g* (<lat *vírens,éntis* <*víreo,ére*: estar verde, verdejar) **1** Verde/Verdejante/Viçoso. **2** *fig* Florescente/Próspero. **Ex.** Ainda está a começar, mas afigura-se um negócio ~.

virgem *s/adj 2g* (<lat *vírgo,inis*) **1** (Pessoa) que não teve ainda relações sexuais/(Pessoa) que é pura/casta. **Comb.** *Homem* [Rapaz/Moço] ~. *Moça* ~ [Donzela]. *Rel s f Maiúsc* **A V~ (Maria)** [A Mãe de Jesus Cristo/Maria de Nazaré]. **Idi.** *Fiar-se na V~ (e não correr)* [Não se esforçar e confiar na boa sorte] (Ex. Fia-te na ~, não estudes e verás o que te espera [e o mais provável é reprovares no exame]). **2** *Astr Maiúsc* Sexta constelação zodiacal situada entre o Leão e a Balança. **3** Que está inta(c)to/Que nunca foi utilizado. **Comb.** *Cal* ~ [anidra]. *Cassete* [Película/Rolo fotográfico] ~. *Livro* ~. **4** Que ainda não foi desbravado/cultivado. **Comb.** Floresta [Mata/Terreno] ~. **5** Que está livre de mancha/Sem mácula/Puro/Limpo. **Comb.** *Coração* ~. *Reputação* ~ /ilibada. **6** O primeiro que se produz/obtém. **Azeite** ~. *Cera* ~ [que ainda não foi manuseada]. *Cortiça* ~ (A primeira tirada ao sobreiro e sem valor comercial).

virginal[1] *adj 2g* (<lat *virginális,e*) **1** Relativo a [Próprio de] virgem. **Comb.** *Coração* ~. *Pureza* ~. **2** Inocente/Casto/Puro/Imaculado. **Comb.** *Amor* ~. *Olhar* ~.

virginal[2] *s m Mús* (< ?) Instrumento musical de teclas do séc. XVI e XVII, de caixa ret(c)tangular e uma só corda por cada nota, precursor do cravo.

virgindade *s f* (<lat *virgínitas,átis*) **1** Integridade orgânica do aparelho sexual feminino, não lesado por relações sexuais ou por uma maternidade. **Ex.** Em muitas culturas a ~ era tida em grande apreço e exigida às jovens até ao casamento. **2** Virtude moral de quem se conserva imune a toda a concupiscência sexual deliberada. **Ex.** Na religião católica, a ~ é a renúncia voluntária ao exercício da a(c)tividade sexual por amor a Cristo e ao Evangelho. **Comb.** *Rel* ~ *de Maria* [Dogma da religião católica que afirma que Maria, Mãe de Jesus, foi virgem antes do parto, no parto e depois do parto]. **3** *fig* ⇒ Pureza/Inocência/Candura.

vírgula *s f* (<lat *vírgula,ae*) **1** Sinal de pontuação (,) que indica uma pequena pausa. **Loc.** *Não alterar* (nem) *uma* ~ [Copiar/Transcrever textualmente/de forma exa(c)ta]. *Sem faltar uma* ~ [Com todos os pormenores/Completo]. **Ex.** Decoração feita com todos os requisitos sem faltar uma ~). **Comb.** *Ponto e* ~ **a)** Sinal gráfico (;) que indica uma pausa superior à da ~; **b)** Expressão que indica que uma afirmação anterior só é válida mediante certas condições (Ex. A casa é tua... ponto e ~, só será tua quando [se] a herdares). **2** Sinal gráfico usado para separar a parte inteira dum número da sua parte decimal «4,25».

virgular *v t* (<vírgula + -ar[1]) Colocar vírgulas num texto/Pontuar.

virial *s m Fís* (<al *Virial* < lat *víres, ium*, pl de *vis, vis*: força) Num sistema de partículas, valor médio de -1/2 do somatório, abrangendo todas as partículas, do produto escalar da força total que a(c)tua sobre a partícula e o seu raio ve(c)tor, representado por $\sum_i -1/2\, r_i\, F_i$. **Comb.** Teorema do ~ [A energia cinética média da partícula é igual ao seu ~].

viril *adj 2g* (<lat *virílis,e*) **1** Relativo ao [Próprio de] homem/Másculo/Varonil. **Comb.** *Comportamento* ~. *Força* ~. *Idade* ~.

2 Que denota coragem/força/energia. **Comb.** *Cará(c)ter ~. Decisão ~.*

virilha *s f Anat* (<lat *virília,ium*) Linha de junção do abdó[ô]men com a coxa.

virilidade *s f* (<lat *virílitas,átis*) **1** Qualidade [Estado/Condição] do que é viril/Masculinidade. **Ex.** Os rapazes [moços] gostam de afirmar a sua ~. **2** Capacidade do homem para procriar. **3** *fig* Energia/Força/Vigor/Coragem. **Ex.** A equipa/e «de futebol» demonstrou falta de ~.

virilismo *s m Med* (<viril + -ismo) Presença na mulher de cara(c)teres sexuais secundários típicos do sexo masculino.

virilizar *v t* (<viril + -izar) **1** Tornar viril. **2** *fig* Avigorar/Robustecer.

virola *s f* (<fr *virole* <lat *viríola,ae*, dim de *víria*) **1** Anel [Cilindro sem bases] utilizado como reforço de um cabo «duma faca/dum formão» de madeira para que não rache. **2** Rebordo saliente do calçado. **3** Rebordo duma peça de vestuário, que fica virado para fora.

virologia *s f Biol/Med* (<vírus + -logia) Parte da microbiologia que estuda os vírus.

virológico, a *adj* (<virologia + -ico) Que diz respeito à virologia.

virologista [virólogo, a] *s 2g/s* (<virologia + -...) Especialista em virologia.

virose *s f Med* (<vírus + -ose) Doença causada por um vírus. **Ex.** As ~s previnem-se por rigorosas medidas sanitárias e por meio de vacinas e outros tratamentos médicos.

viroso, a *adj* (<vírus + -oso) **1** Que tem vírus/Virulento/Peçonhento. **2** ⇒ Repugnante/Nauseabundo.

virote *s m* (<vira¹ + -ote) **1** Seta curta e grossa. **Loc.** Ficar teso como um ~ [«a roupa que secou muito» Ficar rijo/hirto]. **2** *fig* Pessoa de elevada estatura. **3** *fig* Grande a(c)tividade/Azáfama/Pressa. **Ex.** Anda tudo num ~ com os preparativos da festa. **Idi.** *Pôr tudo num ~* **a)** Imprimir grande dinamismo; **b)** Pôr tudo em desordem.

virótico, a *adj* Relativo a vírus. **Comb.** Gripe ~a. Infe(c)ção ~a.

virtual *adj 2g* (<lat *virtuális,e*) **1** Que existe apenas como capacidade de produzir um efeito. **2** Que existe em potência/Potencial. **3** *Info* Simulado por programas de computador. **Comb.** Jogos ~ais. **4** *Fís* Diz-se da imagem que é obtida pelo prolongamento dos raios luminosos refle(c)tidos/refra(c)tados. **Ex.** As imagens ~ais são sempre direitas.

virtualidade *s f* (<virtual +-i-+ -dade) Qualidade do que é virtual/Potencialidade. **Comb.** As ~s da inteligência humana.

virtualmente *adv* (<virtual + -mente) Em potência/princípio/Potencialmente/Possivelmente.

virtude *s f* (<lat *vírtus,útis*) **1** Disposição habitual para praticar o bem. **Comb.** *~s cardeais*/principais/capitais [Prudência, Justiça, Fortaleza e Temperança; constituem a base de todas as ~s morais]. *Rel ~s teologais* [Fé, Esperança e Caridade; a caridade é a maior de todas as ~s]. **2** Qualquer boa qualidade. **Ex.** A prática regular de exercício físico é uma ~ salutar. **Idi.** *No meio (é que) está a ~* [Os extremismos, por excesso ou por defeito, são, em geral, prejudiciais]. **Comb.** *Em ~ de* [Por causa de/Em consequência de] (Ex. Em ~ da falta de espaço, tivemos que alugar outra casa. O jogo não se realizou, em ~ da [, por] falta de comparência de uma das equipas]. **Ant.** Vício. **3** Atitude de quem pratica o bem/é virtuoso. **Comb.** Pessoa de (grande) ~/virtuosa/santa. **4** Benefício obtido/Bom efeito/Resultado. **Ex.** As inundações causaram muitos estragos mas tiveram a ~ de provocar uma grande (e ncessária) limpeza da zona inundada. **5** Validade/Valor/Legitimidade. **Comb.** ~ da lei/democracia.

virtuosidade [virtuosismo(+)] *s f/m* (<virtuoso +-...) Qualidade de quem tem grande talento de execução em determinada arte, ciência ou técnica. **Comb.** ~ dum orador [artista «pintor»/músico «pianista»/desportista «futebolista»].

virtuoso, a (Ôso, Ósa, Ósos) *adj* (<lat *virtuósus,a,um*) **1** Que possui e pratica as virtudes/Honesto/Re(c)to/Justo. **Comb.** *Comerciante ~/*honesto(+). *Enfermeira ~a*/dedicada(+). *Frade ~/*observante. *Governante ~/*re(c)to/honesto. **2** Que resulta da prática do bem/da virtude. **Comb.** *A(c)ção ~a. Comportamento ~.* **3** Esforçado(+)/Valoroso(+). **Comb.** Atleta [Soldado] ~. **4** Que produz o efeito desejado/Eficaz. **Comb.** Medicamento ~ [eficaz(+)]. **5** Exímio na sua arte ou ofício/Que tem virtuosismo. **Comb.** Músico «pianista/violinista» ~.

virulência *s f* (<lat *virulêntia,ae*) **1** Qualidade [Estado] do que é virulento/nocivo/prejudicial. **Comb.** ~ dum veneno. **2** *Med* Aptidão dos agentes microbianos para se tornarem patogé[ê]nicos/Grau de toxicidade de um vírus. **Comb.** ~ (do vírus) da gripe das aves. **3** *fig* Violência/Ímpeto/Mordacidade. **Comb.** ~ duma crítica.

virulento, a *adj* (<lat *viruléntus,a,um*) **1** Susce(p)tível de se multiplicar num organismo vivo provocando uma doença contagiosa. **Comb.** Micróbio [Bactéria] ~o/a. **2** Que tem vírus/veneno/Venenoso/Peçonhento. **Comb.** Substância ~a. **3** Que é provocado por um vírus. **Comb.** Epidemia ~a. **4** *fig* Cheio de ódio/rancor/Corrosivo/Mordaz. **Comb.** Crítica ~a.

vírus *s m 2n* (<lat *vírus,i*: veneno) **1** *Biol/Med* Agente infe(c)cioso submicroscópico que se reproduz por replicação molecular à custa de material da célula hospedeira. **Comb.** ~ da gripe/do sarampo. **2** *fig* Origem de contágio moral. **Comb.** O ~ do racismo/da xenofobia. **3** *Info* Programa de computador executado sem a vontade e o conhecimento do utilizador, capaz de se copiar a si próprio e interferir com o funcionamento normal do computador «destruindo informação/bloqueando-o ou tornando-o vulnerável».

visado, a *adj* (<visar) **1** Declarado legal/Autenticado. **Comb.** *Cheque ~* [previamente apresentado ao banco, ficando a importância cativa como garantia do posterior pagamento]. *Documento ~* [autenticado (após inspe(c)ção)]. **2** Citado/Mencionado/Aludido/Referido. **3** Que se tem em vista/Procurado. **Ex.** Foi ele o atingido «por um tiro», mas o ~ era o colega que ia a seu lado. Os criminosos agora detidos, há muito que eram ~s pela polícia.

visão *s f* (<lat *vísio,ónis*) **1** A(c)to ou efeito de ver/Perce(p)ção operada pelos órgãos da vista. **Ex.** O sol, de frente, dificulta-me a ~ da estrada. **2** Sentido da vista/Vista. **Ex.** Com a operação às cataratas recuperou a ~ «do olho esquerdo» **Loc.** Perder a ~ [Ficar cego]. **3** Imagem irreal que se julga ver «em sonhos»/Ilusão/Alucinação. **4** Perce(p)ção de manifestações sobrenaturais/Aparição. **Ex.** Os videntes de Fátima – Lúcia, Francisco e Jacinta – tiveram várias ~ões da Virgem Maria [de Nossa Senhora]. **Comb.** *Rel ~ beatífica* [Conhecimento pleno de Deus na eternidade]. **5** Modo de apreciar/Ponto de vista/Interpretação/Opinião. **Loc.** Ter uma ~ pessimista do mundo. **6** Capacidade de prever/adivinhar/Intuição. **Loc.** Ter ~ [olho] para o negócio.

visar *v t* (<fr *viser*) **1** Dirigir a vista para/Mirar/Olhar. **Ex.** A mãe visava pela janela os filhos que brincavam no jardim. **2** Apontar uma arma para o alvo/Procurar atingir um obje(c)tivo. **Ex.** O polícia, de pistola em punho, visava os assaltantes. O avançado visou a baliza adversária «com um potente remate». **3** Ter em vista/Procurar obter. **Ex.** «estudava à noite» Visava tirar um curso superior. Começou por falar no primo, mas o que realmente ele visava era obter informações sobre o Antó[ô]nio. **4** Pôr o visto num documento/Validar/Autenticar. **Loc.** *~ o passaporte. ~ um cheque. ~ uma fa(c)tura* (para autorizar o pagamento).

víscera *s f Anat* (<lat *víscera,um* pl de *víscus,eris*) **1** Qualquer órgão situado nas cavidades torácica e abdominal «pulmões/coração/fígado/intestinos». **2** *pl* Conjunto destes órgãos. **Loc.** Tirar as ~s a um animal «coelho/frango» para o preparar para ser cozinhado. **3** *pl fig* ⇒ A parte interna, mais profunda/Profundezas/Entranhas/Âmago/Cerne.

visceral *adj 2g* (<víscera + -al) **1** Que pertence [diz respeito] às vísceras. **Comb.** *Cavidade ~. Dores ~ais.* **2** *fig* Muito intenso/profundo. **Comb.** *Medo ~* [Fobia] «das cobras». *Ódio ~*/figadal.

visco *s m* (<lat *víscum,i*) **1** *Bot* Designação genérica de plantas da família das viscáceas, com várias espécies, das quais, o ~-branco, *Viscum album*, parasita das pereiras e macieiras, e o ~-da-oliveira, *Viscum conciatum*, parasita da oliveira e do pilriteiro, são as mais comuns e espontâneas em Portugal. **2** Substância pegajosa extraída da casca do azevinho, utilizada na captura de pequenas aves/Visgo. **3** *fig* Engodo/Chamariz/Isco/a.

viscondado *s m* (<visconde + -ado) Dignidade, título ou território de um visconde/uma viscondessa.

visconde *s m* (<lat *více cómitis*: substituto do conde) **1** Título nobiliárquico imediatamente inferior ao de conde e superior ao de barão. **2** Indivíduo que possui esse título.

viscondessa *s f* (<visconde + -essa) Mulher ou viúva de visconde.

viscose *s f Quím* (<lat *viscósus,a,um*: viscoso) Substância derivada do xantato de celulose, utilizada principalmente no fabrico de fibras artificiais «raiona/seda sintética».

viscosidade *s f* (<viscoso +-i-+ -dade) **1** *Fís* Propriedade dos fluidos que se traduz pela resistência ao escoamento. **Ex.** Nos líquidos, a ~ diminui quando a temperatura aumenta, nos gases verifica-se o inverso. **2** Qualidade [Estado] do que é viscoso. **Ex.** O mel tem grande ~.

viscosímetro *s m Fís* (<viscoso + -metro) Instrumento que serve para determinar a viscosidade dos líquidos «óleos lubrificantes».

viscoso, a (Ôso, Ósa, Ósos) *adj* (<visco + -oso) **1** Que não escorre facilmente/Espesso. **Comb.** «azeite/óleos» Líquidos ~s. **2** Que adere facilmente/Pegajoso. **Comb.** Massa «para bolos» ~a. **3** *fig* Que aborrece/Maçador/Peganhento(+). **Comb.** Pessoa ~a.

viseira *s f* (<fr *visière* <lat *vísus,us*: vista, visão) **1** Parte anterior móvel do elmo ou de um capacete, que se baixa para proteger os olhos/o rosto. **Loc.** Levantar [Baixar] a ~. **2** Pala(+) de boné ou capacete. **3** *fig* Fisionomia/Aspe(c)to. **Idi.** *De ~ caída* [Desanimado/Triste/Desinteressado] (Ex.

Alguma coisa (má) aconteceu, ele vem de ~ caída!). **4** *fig* Disfarce/Máscara. **5** *fig* Modo ou gesto que encobre o sentimento/pensamento.
visgo *s m* ⇒ visco.
visibilidade *s f* (<lat *visibílitas,átis*) **1** Qualidade do que é visível. **Comb.** Curvas (da estrada) sem [com pouca] ~. **2** Qualidade da atmosfera [Grau de transparência/Opacidade] que permite ver a uma distância maior ou menor. **Loc.** Conduzir um automóvel em condições de ~ reduzida «por causa do nevoeiro». **3** Cará(c)ter do que é perce(p)tível pela vista/que é vísivel. **Comb.** Eclipse do sol observável [com ~] em Portugal.
visigodo *adj/s m* (<lat *visigóthus,i*) **1** *adj* Relativo [Pertencente] aos ~s. **Comb. Exército ~. Rei** «Alarico/Eurico» ~. **2** *pl* Ramo do povo Godo que invadiu a Itália e a Gália no séc. II e mais tarde, séc. IV, se veio a fixar na Península Ibérica.
visigótico, a *adj* (<visigodo + -ico) Relativo aos visigodos. **Comb.** *Hist/Dir* **Código ~**, *Codex visigothicus* [que é considerado como a primeira manifestação do sistema de territorialidade, i. é., de aplicação das leis a toda a população do reino quer fosse de origem germânica ou romana. *Costumes ~os*.
visionação [visionamento] *s f /m* (<visionar + -...) A(c)to ou efeito de visionar/A(c)ção de ver/observar do ponto de vista técnico.
visionar *v t* (<visão + -ar¹) **1** Entrever como se tivesse a visão/Formar uma imagem mental de. **Ex.** Sempre que entrava na sala, visionava a (falecida) avó sentada no sofá a fazer tricô. **2** Ter visões/Fantasiar. **Ex.** Tinha medo de estar sozinho de noite: visionava fantasmas por todo o lado. **3** Observar um documento audiovisual, do ponto de vista técnico. **Ex.** (O professor) visionou o filme antes de o passar [proje(c)tar] na aula aos [para os] alunos.
visionário, a *adj/s* (<visão + -ário) **1** Relativo a visões/realidades fantásticas. **Comb.** Doença ~a. **2** (O) que tem [julga ter] visões. **Comb.** Atormentado por crises ~as de fantasmas. **3** (O) que é sonhador/idealista/utópico. **Ex.** Ele é um ~ mas ao mesmo tempo homem de a(c)ção. **Comb.** Ideias ~as.
visita *s f* (<visitar) **1** A(c)to ou efeito de visitar/de ir a determinado local ou estar com certa pessoa. **Ex.** Não vivo aqui; estou de ~ a estes meus amigos. A ~ aos museus «do Vaticano» encantou-me [*idi* encheu-me as medidas]. **Comb.** *Rel* **~ ad limina** (*Ad (sacra) limina (apostolorum)* = à morada dos Apóstolos «Pedro e Paulo») [~ que os bispos, em sinal de comunhão com o Papa, têm obrigação de fazer periodicamente a Roma]. **~ canó[ô]nica** [feita periodicamente às casas religiosas pelos superiores para indagar do funcionamento, disciplina e estado das instituições e das pessoas]. *fam* **~ da cegonha** [(Diz-se da ~ recebida pela mãe do) criança que vai nascer] (Ex. **Casad(inh)os de fresco** [Recém-casados], qualquer dia (lá) terá ela a ~ da cegonha). **~ de estudo** [feita com finalidade didá(c)tica] (Ex. Os alunos de engenharia alimentar fizeram uma ~ de estudo a uma fábrica de la(c)ticínios). *fig* **~ de médico** [muito rápida/que demora pouco] (Ex. Ainda agora chegaste [Chegaste há tão pouco tempo] e já vais embora; foi [é] mesmo ~ de médico). *Rel* **~ pascal** [feita pela Páscoa pelo pároco (ou seu delegado) aos paroquianos]. **~ pastoral** [feita pelo bispo a qualquer paróquia/comunidade cristã da sua diocese]. **2** Pessoa que visita. **Ex.** Ele é ~ da casa [família] desde o tempo dos nossos pais. **Comb.** Sala de ~s [Compartimento da casa destinado a receber as ~s]. **3** Exame que o médico faz aos doentes em casa ou num hospital. **Ex.** O médico ainda não passou nesta enfermaria para a ~ diária.
visitação *s f* (<lat *visitátio,ónis*) **1** A(c)to ou efeito de visitar/Visita. **2** *Rel Maiúsc* Visita que a Virgem Maria fez a sua prima Isabel, para a ajudar nos últimos meses de gravidez e no parto de João Ba(p)tista. **3** *Rel Maiúsc* Ordem religiosa feminina, contemplativa, fundada por S. Francisco de Sales em 1610. ⇒ Visitandinas.
visitador, ora *s/adj* (<visitar + -dor) **1** (O) que visita/Visitante. **Ex.** Ele não é propriamente viciado (no jogo), mas é ~ frequente do casino. **2** Inspe(c)tor/Averiguador. **Ex.** «a família pediu ajuda à Segurança Social» Há de vir a ~ora fazer o inquérito para avaliar a sua situação econó[ô]mica e social.
visitandina *s/adj f Rel* (<fr *visitandine*; ⇒ visitação 3) (Diz-se de religiosa) da ordem da Visitação.
visitante *s/adj* (<visitar + -ante) (Quem/Pessoa que) visita. **Ex.** A equipa ~ «de futebol» saiu vencedora [ganhou o jogo]. **Comb.** Exposição com muitos ~s.
visitar *v t* (<lat *vísito,áre,átum*) **1** Ir a casa de alguém para estar com ele/Fazer uma visita. **Loc. ~ a família. ~ os doentes** [idosos] «num hospital/lar». **2** (Um médico) ir a casa de [ao local onde se encontra] um doente para o examinar. **Ex.** O médico de serviço no hospital visita os doentes das enfermarias todos os dias. **3** Ir a um lugar para conhecer/apreciar/ver. **Ex.** Os finalistas de engenharia mecânica visitaram uma fábrica de montagem de automóveis. **Loc.** ~ uma cidade [um museu/uma exposição]. **4** Inspe(c)cionar/Vistoriar/Fiscalizar. **Ex.** Os inspe(c)tores de finanças andaram a ~ os comerciantes.
visitável *adj 2g* (<visitar + -vel) Que se pode visitar/merece ser visitado. **Ex.** A casa está toda em desalinho, não está ~. Roma e outras grandes cidades têm muitos locais «monumentos/museus/paisagens» ~eis [dignos de visita(+)].
visível *adj 2g* (<lat *visíbilis,e*) **1** Que pode ser visto/se pode ver/Observável. **Comb. Edifício** alto «torre da igreja» **~ de toda** a cidade. **Eclipse** da Lua **~ «em Portugal».** **2** Que é evidente/manifesto/perce(p)tível. **Ex.** A força da intempérie está bem ~ nos estragos que causou. **3** Que está em situação de receber visitas/ser visitado. **Ex.** O doente já saiu dos cuidados intensivos, já é ~. **4** *Fís* Situado na região do espe(c)tro ele(c)tromagnético capaz de ser percebido pela visão humana. **Comb.** Radiações [Espe(c)tro] ~eis/el.
visivelmente *adv* (<visível + -mente) De modo claro/Facilmente perce(p)tível/Claramente. **Ex.** Ele ficou ~ transtornado com a notícia da tragédia. A cidade estava ~ em festa «enfeites/música/muita gente nas ruas».
vislumbrar *v t/int* (<esp *vislumbrar* <lat *vix luminàre*: alumiar mal) **1** Ver indistintamente/de forma pouco clara/Entrever. **Ex.** Por detrás da sebe, vislumbrei um vulto que me pareceu uma pessoa a andar. **2** Iluminar com luz fraca/Alumiar mal. Apenas um candeeiro de petróleo vislumbrava a cozinha escura. **3** *fig* Ter uma ideia vaga/Conhecer imperfeitamente/Conje(c)turar/Antever. **Ex.** A curto prazo, não se vislumbra saída [solução] para o desemprego. **4** Começar a aparecer/Despontar/Surgir. **Ex.** Já vislumbra a madrugada. Começam a ~ sinais de esperança/melhoria [*idi* Uma luz ao fundo do túnel começa a ~].
vislumbre *s m* (<vislumbrar) **1** Luz frouxa/ténue/indistinta/Pequeno clarão. **Ex.** «a aldeia parecia morta» Na escuridão da noite, não se notava qualquer ~ nem nas ruas, nem nas casas. **2** Ideia vaga/Lampejo/Conje(c)tura. Não há ~s de esperança «de se sair da crise a curto prazo». **3** Aparência vaga/Sinal/Vestígio. **Ex.** No modo de vestir «roupa coçada/fora de moda» havia ~s de pobreza.
viso *s m* (<lat *vísum,i*: visão, imagem, a vista) **1** Modo de (se) apresentar/Aparência/Aspe(c)to/Fisionomia. **Ex.** Pelo ~ [ar(+)] de satisfação com que entrou em casa ficámos logo a saber que tinha passado [sido aprovado] no exame. **2** Indício/Resquício/Vestígio. **Ex.** Havia ~s de nobreza no seu porte. **3** Recordação/Lembrança/Reminiscência. **Ex.** Dos dias passados na aldeia com os avós conservava apenas leves ~s.
visom[n] *s m Zool* (<fr *vison*) **1** (Pele de) mamífero carnívoro, da família dos mustelídeos, *Mustela vison*, parecido com a lontra, de pele macia e lustrosa, que habita na América do Norte e na Sibéria. **2** Peça de vestuário feita com a pele desse animal. **Comb.** Casaco de ~.
visonha *s f* (<visão + medonha) **1** Aparição de figura medonha. **2** Fantasma(+).
visor *s m* (<fr *viseur*) **1** *Fot* Dispositivo das máquinas fotográficas e de filmar que permite fazer o enquadramento do que se pretende fixar. **2** *Info* Monitor [Ecrã] de computador onde se veem as imagens/o texto. **3** Mostrador [Escala graduada/*Display*] de alguns instrumentos de medida onde aparecem os resultados.
víspora *s f Br* (< ?) Jogo do loto/bingo.
visqueiro/a *s m/f Bot* (<visco + -eiro/a) ⇒ azevinho.
vista *s f* (<visto) **1** A(c)to ou efeito de ver/observar/ter a perce(p)ção de. **Ex.** Indignou-se com a ~ de tão grande crueldade. **Idi. A perder de ~** [A grande distância/Fora do alcance da visão] (Ex. Foi seguindo [olhando para] o avião «onde ia o filho» a perder de ~ no céu/horizonte. Searas imensas, a perder de ~ «no Alentejo, Portugal»). **Conhecer de ~** [Conhecer alguém sem ter conta(c)to dire(c)to/só por ter visto] (Ex. Conheço-o (apenas) de ~ «costumo cruzar-me com ele quando vou para o emprego»). **Dar nas ~s** [Chamar a atenção/Tornar(-se) notado/Sobressair] (Ex. «num funeral» Uma mulher vestida daquela maneira «toda espampanante» dá nas ~s. Ele gosta muito de dar nas ~s [de se fazer importante]). **Dar uma ~ de olhos/uma olhadela** [Fazer uma observação rápida] (Ex. Antes de sair do escritório ainda deu uma ~ de olhos ao contrato. Antes de se deitar, a mãe foi dar uma ~ de olhos ao quarto dos filhos). **Fazer ~** [Ter boa aparência/Fazer bom efeito] (Ex. É um tecido barato mas faz muita [boa] ~). **Fazer ~ grossa** [Fingir que não se vê/Tolerar] (Ex. É preferível fazer ~ grossa a muita coisa em vez de castigar [corrigir] todas as tropelias [diabruras/traquinices] das crianças). **Não perder de ~** [Vigiar/Estar atento/Não descurar] (Ex. Na praia, é precisa muita atenção [*idi* são precisos sete olhos] para não perder de ~ as crianças «de repente desaparecem sem a gente dar por isso»). **Pagar à ~** [contra apresentação da letra/do título de crédito/Pagar a dinheiro]. **Perder de ~** [Deixar de ver/Esquecer] («éramos muito amigos» Desde que mudei para cá, perdi-o de ~, nunca mais soube

nada dele). **Pôr a ~ em cima** [Ter ocasião de ver/Ver] (Ex. «notas de 500 €» Nunca lhe pus a ~ em cima). **Ser fogo de ~** [Só ter aparência/Mostrar-se mais valioso do que é na realidade] (Ex. Aquele luxo todo [Tanto luxo] é só fogo de ~; ela é uma pobretana [idi ela não tem onde cair morta]). **Ser (só) para ~** [só para adorno/Não ter valor] (Ex. O relógio (de sala) já não trabalha [funciona]; tenho-o só para ~). **Ser uma coisa nunca ~** [coisa rara/de admirar/muito estranha] (Ex. O fogo de artifício foi maravilhoso, uma coisa nunca ~). **Ter em ~** [Atender a/Considerar/Tencionar] (Ex. Tendo em ~ o teu bom comportamento, mereces ir à festa. Ele tem em ~ abrir outra loja). **Comb.** ~ *cansada* [que não distingue bem os obje(c)tos próximos/Presbitia]. **À ~ a)** À mostra [Em presença] (Ex. «não encontraste a tesoura» Estava bem à ~. Comb. Desenho à ~. Pagamento à ~); **b)** Quase certo/Ao alcance (Ex. A conquista do título «de campeão» está à ~). **À ~ de a)** Na presença de (Ex. Agrediu o adversário à ~ do árbitro); **b)** Em comparação com (Ex. Este vestido é bonito, mas à ~ do outro deixa muito a desejar). **À ~ desarmada** [A olho nu/Sem auxílio de qualquer aparelho ó(p)tico] (Comb. Estrela «Polar» visível à ~ desarmada). **À primeira ~** [De imediato/Sem pensar [observar/examinar] muito] (Ex. À primeira ~ parecia um barco, mas é um rochedo. À primeira ~ a solução (do problema) parece evidente). **Até à ~!** [Exclamação de despedida de alguém que se espera voltar a ver]. **Curteza de ~s/De ~s curtas** [Maneira de ver tacanha/sem grandes aspirações/ambições] (Comb. Zona urbana [industrial] planeada com curteza de ~s «sem possibilidade de expansão/com ruas estreitas»). **Fogo de ~** [Fogo de artifício]. **2** Órgão da visão/(Cada um dos) olhos. **Loc.** Ter boa [fraca/má] ~. **Comb.** *Cego da ~* esquerda. *Gotas* «de colírio» *para a ~*. **3** Aspe(c)to do que se vê/Área alcançada pelo olhar/Panorama. **Ex.** Do cimo do monte tem-se uma linda ~. **Comb.** Uma casa com ~ para o mar. **4** Quadro [Estampa/Fotografia] representando um local/uma paisagem. **Comb.** Postais ilustrados com ~s dos Açores, Portugal. **5** Maneira de julgar/interpretar/Opinião. **Ex.** Do meu ponto de ~ é melhor acabar já com o negócio «mantê-lo só fará aumentar os prejuízos».

vistão *s m* (<vista + -ão) Boa figura/Bom desempenho. **Idi.** *Fazer um ~* [Ser brilhante naquilo que faz/Fazer boa figura/Dar nas vistas] (Ex.Ele fez um ~ na [no exame] oral de filosofia).

visto, a *adj s m* (<ver) **1** Que se viu. **Loc.** Suspeito «do assalto ao banco» ~ a passear na rua. *conj ~ que* [Porque] (Ex. ~ que não (me) disseste nada, não te inscrevi para o jantar do grupo). **Idi. Está ~!** [É mesmo assim/É evidente] (Ex. «com essa conversa toda» Não vais co(n)nosco ao cinema, está ~!). **Não ser ~ nem achado** [Não ser informado/consultado] (Ex. Para tal decisão, não fui ~ nem achado). **Ser bem [mal] ~** [conceituado/reputado/considerado]. **Comb.** ~ *isso* [Sendo assim/Nesse caso] (Ex. «vais ter visitas?» ~ isso, já não posso contar com a tua ajuda). **A olhos ~s** [Rapidamente] (Ex. A cidade tem crescido [desenvolveu-se] a olhos ~s). **Só ~!** [Expressão que indica espanto/admiração] (Ex. «depois da festa» Deixaram tudo num pandemó[ô]nio, só ~!). **2** Que já se viu muitas vezes/Conhecido/Vulgar. **Ex.** «apesar de ser um fato de cerimó[ô]nia» Ela não o quis usar na festa porque já era muito ~ «até poderiam comentar que não tinha mais nada que [para] vestir». **3** Inspe(c)cionado/Avaliado. **Ex.** Os testes [exames] ainda não foram ~s. **4** *s m* Assinatura [Selo/Carimbo] que uma autoridade apõe num documento, conferindo-lhe validade/autenticidade. **Loc.** Pôr o ~ num passaporte. **Comb.** ~ *de permanência* [saída].

vistor, ora *adj/s* ⇒ vistoriador.

vistoria *s f* (<vistor + -ia) **1** Inspe(c)ção feita por uma autoridade/um perito. **Ex.** O edifício está concluído; só falta a ~ da Câmara [Prefeitura] para poder ser habitado. **2** Exame/Revisão/Inspe(c)ção. **Loc.** Fazer uma ~ [revisão(+)] ao automóvel «antes duma grande viagem».

vistoriador, ora *adj/s* (<vistoriar + -dor) (O) que faz vistoria.

vistoriar *v t* (<vistoria + -ar¹) Fazer vistoria/Inspe(c)cionar. **Loc.** ~ *as condições* de segurança duma ponte. ~ *as contas* duma empresa. ~ *uma obra* de construção civil.

vistoso, a (Ôso, Ósa, Ósos) *adj* (<vista + -oso) Que dá nas vistas/chama a atenção/Garboso/Aparatoso. **Comb.** *Automóvel ~* [luxuoso/de topo de gama]. *Cores ~as* [garridas/alegres/vivas]. *Jovem ~a/o* [bonita/o/elegante/atraente].

visual *adj 2g/s m* (<lat *visuális,e*) **1** Referente à vista/visão. **Comb.** *Deficiência ~. Imagem ~*. **2** Que faz apelo ao sentido da vista. **Comb.** *Linguagem ~. Memória ~*. **3** *s m* Aspe(c)to exterior/Aparência/Imagem. **Ex.** Fez um corte de cabelo diferente para mudar o ~.

visualidade *s f* (<visual +-i-+ -dade) Qualidade de [do que é] visual/Aparência/Aspe(c)to.

visualização *s f* (<visualizar + -ção) **1** A(c)to ou efeito de ver/formar imagens de coisas que não estão à vista. **2** A(c)to de tornar visível o que, só por si, a vista não consegue fazer. **Loc.** A ~ de uma fra(c)tura óssea numa radiografia.

visualizar *v t* (<visual + -izar) **1** Formar mentalmente uma imagem visual de algo que não está à vista/não existe/Imaginar. **Loc.** ~ a sala com outra decoração. **2** Converter algo de abstra(c)to em real/concreto. **Loc.** ~ a resolução de um exercício de matemática. **3** *Info* Tornar visíveis no ecrã imagens geradas num computador. **Loc.** ~ as fotos gravadas numa *pen*.

vital *adj 2g* (<lat *vitális,e*) **1** Que diz respeito à [é próprio da] vida. **Comb.** *Funções ~ais. Órgãos ~ais. Sinais ~ais*. **2** Que é essencial/Fundamental/Capital. **Ex.** O investimento é ~ para combater o desemprego. A viticultura é ~ para a região do Douro.

vitalício, a *adj* (<vital + -ício) Que dura [se usufrui] toda a vida. **Comb.** *Cargo ~. Renda ~a*.

vitalidade *s f* (<lat *vitálitas,átis*) **1** Qualidade do que é vivo/vital. **Loc.** «um moribundo» Não apresentar sinais de ~. **Comb.** Planta estiolada, sem ~/vida(+). **2** Capacidade de ter vida/de se desenvolver. **Comb.** ~ contida numa semente. **3** Força vital/Vigor/Energia. **Comb.** Pessoa cheia de ~.

vitalismo *s m Fil* (<vital + -ismo) Doutrina segundo a qual os fenó[ô]menos da vida não podem explicar-se apenas pelas forças físico-químicas da matéria, mas se devem atribuir a um princípio vital. ⇒ mecanicismo.

vitalização *s f* (<vitalizar + -ção) A(c)to ou efeito de vitalizar.

vitalizador, ora *adj/s* (<vitalizar + -dor) **1** (O) que vitaliza. **2** «tratamento» Fortificante/Revigorante.

vitalizar *v t* (<vital + -izar) **1** Dar vida a. **Loc.** ~ [Reanimar(+)] uma pessoa inanimada «com uma paragem cardíaca». **2** Fortificar/Fortalecer/Revigorar. **Loc.** ~ o solo com adubo.

vitamina *s f Bioq* (<ing *vitamine* <lat *vita*: vida + amina) **1** Substância orgânica complexa presente nos alimentos naturais, que, em quantidades mínimas, a(c)tua de forma indispensável na alimentação dos seres vivos. **Comb.** ~ *A* (liposolúvel). ~ *B* (hidrossolúvel). **2** *Br* Batido/a de frutas e [ou] legumes, com leite e açúcar, para ser bebido como refrigerante.

vitaminado, a *adj* (<vitaminar) **1** Que contém vitaminas. **Comb.** Alimento «fruta» ~. **2** Que foi enriquecido com vitaminas. **Comb.** Leite ~.

vitaminar *v t* (<vitamina + -ar¹) **1** Fornecer vitaminas. **Loc.** ~ uma planta. **2** Enriquecer [Misturar] com vitaminas. **Loc.** ~ uma batida «de leite com chocolate».

vitamínico, a *adj* (<vitamina + -ico) Relativo a vitaminas. **Comb.** Complexo ~.

vitaminizar *v t* ⇒ vitaminar.

vitaminose *s f Med* (<vitamina + -ose) Doença [Perturbação patológica] causada pelo excesso de vitaminas ou pela a(c)tividade excessiva de alguma vitamina.

vitatório [vitando(+)], a *adj* (<evitar + -tório) Que se deve evitar/Que se destina a evitar/Condenável[nado]. **Comb.** *an* Pregão ~ [que era proferido antes de executar um condenado].

vitelina *s f Biol/Quím* (<vitelino) **1** Substância orgânica azotada constituinte da gema do ovo. **2** Membrana que envolve a gema do ovo das aves.

vitelino, a *adj* (<vitelo + -ino) **1** Relativo à gema do ovo. **Comb.** *Membrana ~a* [que envolve a gema do ovo das aves]. *Núcleo ~* [Núcleo do ovo]. *Saco [Vesícula] ~o/a* [Anexo embrionário formando uma espécie de saco, cheio de reservas nutritivas para alimentar o embrião]. **2** Amarelo como a gema do ovo.

vitelo, a (Té) *s* (<lat *vitéllum,i*) **1** Novilho com menos de um ano de idade/Bezerro. **Comb.** Carne «bife/costeleta» de ~a [de novilho, quer seja macho ou fêmea]. **2** *Biol* Gema do ovo das aves. **Comb.** ~ *nutritivo* [Parte do óvulo ou do ovo animal constituída por reservas nutritivas].

vitelogénese [*Br* vitelogênese] *s f Biol* (<vitelo +-...) Processo de formação do vitelo nutritivo.

vitícola *adj 2g* (<lat *vítis,is*: vinha + -cola) Que diz respeito à vinha/viticultura. **Comb.** A(c)tividade [Se(c)tor] ~. ⇒ vinhataria.

viticultor, ora *s/adj* (<lat *vitis,is*: vinha, videira +-...) (O) que cultiva vinhas/Vinicultor(+).

viticultura *s f* (⇒ viticultor) Cultura das vinhas.

vitífero, a *adj* (<lat *vítifer, era, erum*: que sustenta videiras) Que produz videiras/Próprio para a cultura de vinhas.

vitiligem[go] *s f* [*m*] *Med* (<lat *vitílígo,inis*) Dermatose de origem desconhecida, cara(c)terizada por manchas despigmentadas que podem aumentar progressivamente de tamanho e se localizam principalmente nas mãos, pés, braços, pescoço e cara.

vítima *s f* (<lat *víctima,ae*) **1** Ser humano ou animal morto e oferecido em sacrifício [imolado] a alguma divindade. **Loc.** Imolar uma ~ «um cordeiro» no altar. **2** Pessoa ferida [assassinada/maltratada/violentada/enganada] por outra. **Ex.** Os idosos que vivem isolados [sozinhos] são muitas ve-

zes ~s de roubo e maus tratos. **3** Pessoa morta ou ferida em acidente/catástrofe/guerra. **Ex.** O terramoto fez centenas de ~s. **4** Pessoa lesada/ludibriada. **Ex.** Não houve processo judicial «relativo à burla» porque a ~ não apresentou queixa. **Idi.** *Fazer-se de* [*col* **Armar-se em**] ~ [Considerar-se lesado (e lamentar-se) com o intuito de suscitar compaixão] (Ex. Foge ao trabalho o mais que pode [Evita trabalhar], e quando é mesmo obrigado a fazê-lo [a trabalhar] faz-se (logo) de ~ «só eu (é que) trabalho [eu (é que) tenho de fazer tudo]»). **5** Tudo o que sofre qualquer dano. **Ex.** A ecologia não pode ser ~ dos interesses econó[ô]micos.

vitimar *v t* (<lat *víctimo,áre,átum*) **1** Fazer alguma vítima/Matar. **Ex.** A sida [*Br* aids] (HIV) já vitimou milhões de pessoas. O cigarro [tabaco] vitima muita gente. **2** Sacrificar/Imolar. **Ex.** Aproximadamente à mesma hora em que os judeus vitimavam [imolavam(+)] os cordeiros pascais, Jesus Cristo oferecia a sua vida na cruz pela redenção da humanidade, pondo fim aos sacrifícios de animais. **3** Causar prejuízo/Danificar. **Ex.** O granizo vitimou [destruiu(+)] grande parte das culturas «vinha/hortícolas/fruta» da região.

vitimização *s f* (<vitimizar + -ção) A(c)to ou efeito de tornar alguém vítima.

vitimizar *v t* (<vítima + -izar) Tornar[Fazer]-se vítima. **Ex.** O insucesso vitimizou-o «não foi capaz de terminar o doutoramento».

vitivinícola *adj 2g* (<vide +vinho + -cola) Referente à vitivinicultura. **Comb.** *A(c)tividade* [*Se(c)tor*] ~. *Região* «Douro» ~.

vitivinicultor, ora *s* (<vide + vinho +...) O que se dedica à cultura da vinha e à produção de vinho.

vitivinicultura *s f* (⇒ vitivinicultor) Cultura das vinhas e preparação de vinhos.

vitória *s f* (<lat *victória,ae*) **1** A(c)to ou efeito de vencer «um combate/uma guerra»/Triunfo. **Idi.** *Cantar ~* [Vangloriar-se (antes de tempo) de ter conseguido [de considerar que vai conseguir] alguma coisa difícil/muito desejada] (Ex. «o título de campeão está quase certo/garantido» Já todos cantam ~]. **Comb.** *~!* *Interj* [Exclamação de júbilo proferida por alguém que vence]. *A ~ dos Aliados* na 2.ª Guerra Mundial. **Ant.** Derrota. **2** Sucesso numa competição (d)esportiva/num confronto. **Ex.** Adeptos e jogadores acreditam na ~ da sua equipa/e. **3** Resultado [Sucesso] que se alcança através do esforço/trabalho. **Ex.** Tirar um curso superior estando a trabalhar, foi uma grande ~.

vitoriano, a *adj* (<antr Vitória, rainha de Inglaterra) Relativo à época da Rainha Vitória de Inglaterra (1840-1901). **Comb.** Estilo ~.

vitoriar *v t* (<vitória + -ar¹) Proclamar vitorioso/Aclamar/Aplaudir. **Ex.** Os adeptos aguardavam no aeroporto a chegada da sua equipa/e «de futebol» para ~ os seus heróis «campeões».

vitória-régia *s f Bot* Planta aquática da Amazó[ô]nia, da família das ninfeáceas, *Victoria regia*, ornamental, com folhas e flores grandes e flutuantes.

vitorioso, a (Ôso, Ósa, Ósos) *adj* (<lat *victoriósus,a,um*) Que obteve vitória/Vencedor/Triunfante. **Ex.** São muitos os que correm no estádio «os 100 metros» mas só um sai [é/acaba] ~. O público aplaudiu demoradamente a equipa/e ~a. «no final do exame de matemática» Saiu da sala com ar ~ [triunfante/de júbilo].

vitral *s m* (<fr *vitrail*) Vidraça composta por vidros de várias cores, formando figuras ou com pinturas sobre o vidro. **Ex.** Os ~ais tiveram grande relevo na arte religiosa «na decoração das janelas das catedrais góticas».

vítreo, a *adj* (<lat *vítreus,a,um*) **1** Relativo ao vidro. **Comb.** *Brilho ~*. *Anat Humor ~* [Substância gelatinosa que ocupa grande parte do globo ocular entre o cristalino e a retina]. *Miner Textura ~a* [das rochas eruptivas em que não ocorreu cristalização dos minerais e solidificaram como uma massa amorfa]. **2** Que é feito de vidro/Da natureza do vidro. **Comb.** Jarras [Copos] ~as/os [de vidro(+)]. ⇒ vidreiro. **3** Semelhante ao vidro «quebradiço/transparente/translúcido». **Comb.** *Estalactites ~as*. *Placa ~a*.

vitrificação *s f* (<vitrificar + -ção) A(c)to ou efeito de vitrificar/Transformação em vidro. **Comb.** ~ *do quartzo* [das escórias siliciosas] fundido/as ao arrefecer.

vitrificar *v t* (<lat *vítrum,i* + -ficar) **1** Transformar em vidro. **Loc.** ~ *as matérias-primas do vidro* (Areias siliciosas misturadas com outros óxidos). **2** Converter(-se) em [Tornar(-se) semelhante ao] vidro. **Ex.** Ao arrefecer, a escória siliciosa «do alto forno» vitrifica.

vitrificável *adj 2g* (<vitrificar + -vel) Susce(p)tível de vitrificar.

vitrina/e *s f* (<fr *vitrine*) **1** Espaço envidraçado «de casa comercial» onde se expõem obje(c)tos «para venda»/Montra. **Comb.** ~ *duma ourivesaria* [casa de modas]. **2** Armário envidraçado onde são expostos obje(c)tos «de adorno/estimação». **Ex.** Ele guarda numa ~ os troféus «taças/medalhas» que ganhou em competições (d)esportivas «natação/té[ê]nis».

vitriolado, a *adj* (<vitríolo + -ado) Misturado [Atacado] com vitríolo.

vitriolização *s f* (<vitriolizar + -ção) A(c)to ou efeito de vitriolizar/Tratamento de tecidos com ácido sulfúrico para lhes destruir as matérias ferruginosas ou calcárias.

vitriolizar *v t* (<vitríolo + -izar) **1** Transformar em vitríolo. **2** Fazer o tratamento de vitriolização.

vitríolo *s m Quím* (<lat *vitríolum <vítrum,i*: vidro) Nome vulgar antigo do ácido sulfúrico. **Comb.** ~ *azul* [Caparrosa azul/Sulfato de cobre hidratado]. ~ *branco* [Caparrosa branca/Sulfato de zinco hidratado]. ~ *verde* [Caparrosa verde/Sulfato de ferro hidratado].

vitrola (Tró) *s f Br* (<ing *Victrola*, nome comercial de *Victor Talking Machine Co*) Gira-discos com amplificador e altifalante/Grafonola(+).

vitualha(s) *s f (pl)* (<lat *victuália, ium*) Provisão de alimentos/Mantimentos/Víveres. **Ex.** Pedimos a Deus que nunca faltem as ~ na nossa mesa.

vituperação *s f* (<lat *vituperátio,ónis*) A(c)to ou efeito de vituperar/Vitupério(+).

vituperador, ora *adj/s* (<lat *vituperátor, óris*) (O) que vitupera/injuria/avilta/difama.

vituperar *v t* (<lat *vitúpero,áre,átum*) **1** Dirigir palavras ofensivas/Injuriar/Insultar. **Ex.** A multidão vituperou os ministros à saída da reunião do conselho (de ministros). **2** Tratar com desprezo/Depreciar/Rebaixar(+). **Ex.** Sempre que falava daquela colega, era para a ~ [para dizer mal dela/a rebaixar]. **3** Fazer críticas severas/Censurar asperamente. **Ex.** Os deputados da oposição vituperaram o governo por causa das medidas de austeridade.

vitupério *s m* (<lat *vitupérium,ii*) **1** Afronta/Injúria/Ofensa/Ultraje. **Ex.** Os soldados e a multidão proferiram ~s contra Jesus Cristo, durante a Sua Paixão. **2** A(c)to vil/ignóbil/Infâmia/Vileza.

viúva *s f* (<viúvo) **1** Mulher cujo marido morreu e que ainda não casou de novo. **Ex.** Num casal sem filhos, por morte do marido, a ~ é a herdeira universal. **2** *Bot* Planta herbácea da família das ranunculáceas, espontânea em Portugal. **3** *Bot* Planta herbácea da família das campanuláceas, com flores de corola azul e branca/Flor-de-~. **4** *Ornit* Nome vulgar de diversas aves dotadas de plumagem de cores sombrias com algumas penas claras e cauda alongada. **5** *Icti* Peixe teleósteo, *Umbrina cirrosa*, provido de um barbilho grosso na mandíbula, afim da corvina.

viúva-alegre *s f Ornit* Nome vulgar de ave da ordem dos passeriformes, *Aegithalus candatus taiti*, também conhecida por rabilongo e fradinho.

viúva-negra *s f Ent* Nome vulgar da pequena aranha da América Tropical, *Latrodectus mactans*, cuja picada produz dor aguda, insó[ô]nias e náuseas, provocadas pela toxicidade do veneno inoculado pelo gancho das quelíceras.

viuvar (Vi-u) *v int* ⇒ enviuvar.

viuvez (Vi-u) *s f* (<viúvo + -ez) Situação [Estado] em que fica um dos cônjuges por morte do outro. **Ex.** A ~ cessa com a celebração de novo casamento.

viuvinha (Vi-u) *s f Ornit* ⇒ viúva **4**.

viúvo, a *s/adj* (<lat *víduus,a,um*) **1** Pessoa cujo cônjuge morreu e não voltou a casar. **Loc.** Ficar ~o/a. **Comb.** Homem [Mulher] ~o/a. **2** *fig* Desamparado/Privado/Sem algo. **Comb.** País ~ *de bons políticos*. **3** *Ornit* ⇒ viúva **4**.

viva *s m* (<viver) Grito [Exclamação] de saudação/júbilo/aplauso/vitória. **Ex.** ~, Sr. Antó[ô]nio, como tem passado? ~! Ganhámos! **Comb.** Personagem «político» recebida com música, muitos ~s e foguetes!

vivace *adj 2g Mús* (<it *vivace*) Indicativo de um andamento musical apressado. ⇒ vivaz.

vivacidade *s f* (<lat *vivácitas,átis*) **1** Qualidade do que tem vida/é vivaz. **Ex.** O gato deve estar doente, está com pouca ~. **2** Qualidade do que é a(c)tivo/desembaraçado/enérgico. **Comb.** Empregado «de mesa/balcão» cheio de [com muita] ~ «não para um momento». **3** Facilidade de compreensão/Inteligência viva/Argúcia/Perspicácia. **Ex.** Criança que sobressaía [*idi* dava nas vistas] pela sua ~: compreendia tudo à primeira [tudo de imediato]. **4** Entusiasmo/Impetuosidade/Ardor. **Ex.** O orador cativou os ouvintes com a ~ da sua palestra. **5** Esperteza de finório. **Ex.** A ~ ajuda muito a vender [comprar] bem, nas feiras. **6** Intensidade/Brilho/Fulgor. **Comb.** *A ~ das cores* «da bandeira nacional portuguesa». *A ~ do olhar*.

vivaço, a *adj/s col* (<vivo + -aço) **1** Que revela vivacidade/Muito a(c)tivo. **Comb.** Criança ~a. **2** (O) que é vivo/esperto/não se deixa enganar/Finório. **Ex.** «tentaram vender-lhe um bilhete de lota[e]ria supostamente premiado, mas» Ele é ~, não se deixou enganar [*idi* não foi na conversa].

vivalma *s f* (<vivo/a + alma) Alguém (Nas frases negativas equivale a *ninguém*). **Ex.** Nas tardes de calor abrasador, não se vê ~ na rua.

vivamente *adv* (<vivo + -mente) **1** Com vivacidade/De modo vivo/intenso. **Ex.** Mostrou-se ~ [muito] satisfeito com a nossa visita. **2** Energicamente/Vigorosamente. **Ex.** Ele recusou ~ o dinheiro que eu lhe queria dar a título de gratificação [dar como gorjeta].

vivaz *adj 2g* (<lat *vívax,ácis*) **1** Que vive muitos anos. **2** Que tem uma vida longa/

Duradouro. **Comb.** *Bot* Planta ~ [que vive muitos anos nos órgãos subterrâneos, renovando-se anualmente a parte aérea «folhas»]. **3** *fig* Difícil de destruir/Resistente/Duradouro. **Comb.** Vícios [Más inclinações/tendências] ~es. **4** *fig* Vivo/Intenso/Animado. **Comb.** Discussão ~ [acalorada(o+)/animada(+)/viva(+)].

vivedou[oi]ro, a *adj col* (< viver+...) «pessoa» Que vive muito. ⇒ longevo; rijo; vivaz.

viveirista *s 2g* (< viveiro+-ista) Pessoa que cultiva plantas em viveiro.

viveiro *s m* (< lat *vivárium, ii*) **1** Recinto próprio para a criação de animais. **Comb.** ~ *de pássaros. Peixes* «trutas» criados *em* ~. **2** Canteiro onde se semeiam plantas para serem depois transplantadas/Alfobre. **Comb.** ~ de alfaces [couves/arroz]. **3** *fig* Local ou instituição donde provêm muitas pessoas para exercerem determinada a(c)tividade. **Ex.** A se(c)ção de futebol infantil do clube tem sido um ~ de grandes [bons/famosos] jogadores. **4** *fig* Grande quantidade/Multidão/Enxame/Chusma. **Comb.** «local insalubre» *Um ~ de doenças*. «bairro de tabernas e casas de má fama» *Um ~ de marginais*. «pântano» *Um ~ de mosquitos*.

vivência *s f* (<lat *vivéntia,ae*) **1** Fa(c)to de viver/Existência. **Ex.** Toda a ~ procede de Deus. **2** Modo como alguém vive/Experiência de vida. **Ex.** «provinha de uma família muito pobre» Teve sempre uma ~ difícil. **Comb.** ~ *do celibato*. ~ *democrática*. ~ *do estado conjugal*. **3** Experiência subje(c)tiva [sentida intimamente] do que conscientemente acontece consigo/Experiência psíquica. **Comb.** ~ *da fé cristã*.

vivencial *adj 2g* (<vivência + -al) Relativo à vivência/Vivido **2/3**. **Comb.** *Um amor* ~. *Uma fé* ~/assumida/verdadeira.

vivenciar *v t* (<vivência + -ar¹) Alguém viver(+) um acontecimento/uma dada situação «a morte de alguém muito querido» que o/a afe(c)ta profundamente.

vivenda *s f* (<lat *vivenda* <*vívere*: viver) Casa de um ou dois pisos, geralmente com jardim/quintal, para habitação permanente ou veraneio/Moradia. **Ex.** Moro numa ~ arrendada [alugada], mas tenho uma própria, junto à praia, para férias.

vivente *adj/s 2g* (<lat *vívens,éntis* <*vívere*: viver) **1** (O) que vive/Vivo(+). **Comb.** Os [Seres] ~s. **2** Toda a criatura. **Ex.** A destruição da natureza afe(c)ta todos os ~.

viver *v t/int* (<lat *vívo,ere,víxi,víctum*) **1** Ter vida/Estar vivo/Existir. **Ex.** O avô ainda vive, mas está muito doente «já não vai durar [~] muito (tempo)». **Idi.** ~ *à custa [às sopas] de* [suportado por/explorando] (Ex. Ele não tem emprego, vive à custa dos pais). ~ *à grande e à francesa/~ à larga* [sem se preocupar com as despesas/esbanjando/Fazer gastos desnecessários avultados/exorbitantes] (Ex. «a família está carregada de [tem muitas] dívidas» Durante anos todos viveram à grande e à francesa «bons carros/grandes festanças/férias no estrangeiro»). ~ *bem [mal]* [Não ter [Ter] dificuldades econó[ô]micas] (Ex. «o pai não tem emprego» A família vive muito mal). ~ *bem [mal] com* [Ter boas [más] relações com alguém] (Ex. Ela viveu [deu-se(+)] sempre mal com a sogra). ~ *como Deus com os anjos* [Dar-se harmoniosamente com alguém/Ser muito amigo de] (Ex. Naquela casa dão-se todos bem, vivem como Deus com os anjos. «cá em casa» O cão e o gato vivem [dão-se(+)] como Deus com os anjos, nunca brigam [bulham] um com o outro). ~ *como um rei* [faustosamente/~ à larga/à grande] (Ex. Enquanto a fortuna durou, viveu como um rei). ~ *de expedientes* [Recorrer a artimanhas [pequenas falcatruas] para ganhar a vida/Ser pouco honesto] (Ex. Ele nunca trabalhou [nunca fez nada]; viveu sempre de expedientes «negociatas/traficâncias»). ~ *encostado a [à sombra de] alguém* [do trabalho de outrem/usufruindo da fama [do valor/préstimo] de outrem] (Ex. Ele faz vida de rico porque vive encostado aos padrinhos. Médico «assistente» com pouco mérito, vive encostado ao Professor). *Aprender a* ~ [Adaptar-se às circunstâncias] (Ex. Temos que aprender a ~ com aquilo [o dinheiro] que temos, pouco ou muito. O marido tem um feitio difícil, mas a esposa já aprendeu a ~ com ele). *Ter de [com] que* ~ [Ter meios de subsistência] (Ex. Ficou desempregado, mas felizmente tem de [com] que ~).
2 Morar/Residir/Habitar. **Ex.** Ele vive num bairro muito degradado [pobre]. Deixou a cidade e foi ~ para o campo [a aldeia]. **3** Ter como alimento principal/Alimentar-se. **Ex.** Eles vivem do que a terra dá [produz]. Vou emigrar; aqui não tenho trabalho e não vou [posso] *idi* ~ do ar [~ sem ter com que me alimentar]. **4** Passar a vida/Aproveitar-se da vida/do que a vida tem de melhor/Gozar a vida. **Ex.** Há muitos jovens que pensam apenas em ~ a vida, sem se preocuparem com o futuro. Ele sabe ~/aproveitar. **5** Comportar-se de determinada maneira [em determinadas condições]/Ter certa forma de proceder. **Ex.** Ela vive bem [é muito rica/não lhe falta nada]. Deixou a casa dos pais e passou a ~ sozinho. **6** Ter determinado habitat. **Ex.** As corujas vivem nas torres das igrejas. Os macacos vivem nas florestas e os peixes no mar. **7** Continuar a existir/Durar/Conservar-se/Permanecer. **Ex.** «empresa» Fundada há cem anos, ainda vive. Amor «loucamente apaixonado» que não viverá muito. **8** Ter como meio de subsistência/como a(c)tividade produtiva. **Ex.** Naquela terra, todos viviam das minas «de carvão». «não quer trabalhar» Vive de esmolas. **9** Passar por certa experiência. **Ex.** Os retornados das ex-coló[ô]nias portuguesas de África viveram dias atribulados [amargos(+)].

víveres *s m pl* (<fr *vívres*) Provisão de alimentos/Gé[ê]neros alimentícios/Mantimentos. **Comb.** Armazém [Loja] de ~.

viverrídeo, a *adj/s m pl Zool* (<lat *vivérra*: furão + -ídeo) (Diz-se de) mamíferos carnívoros, primitivos, de corpo pequeno e alongado, pernas curtas e focinho pontiagudo, das regiões tropicais e subtropicais do Velho Mundo, a que pertencem os mangustos e as ginetas.

viveza *s f* (<vivo + -eza) **1** Qualidade do que é vivo/espontâneo/natural/a(c)tivo/enérgico/Vivacidade. **Comb.** Espe(c)táculo com grande ~. **2** Brilho/Colorido/Intensidade. **Comb.** A ~ das cores «duma pintura». **3** Esperteza/Agudeza mental. **Comb.** Criança com ~ (de espírito).

vivianite/a *s f Miner* (<antr J. G. Vivian, mineralogista inglês) Mineral secundário, fosfato de ferro hidratado, relativamente raro, que cristaliza no sistema monoclínico, geralmente associado à pirite e à pirrotite. **Ex.** A ~ tem geralmente cor azul ou verde devido à oxidação do ferro.

vividez *s f* (<vívido + -ez) ⇒ viveza **2**.

vivido, a *adj* (<viver) **1** Que viveu. **Comb.** Anos ~s «no estrangeiro». **2** Muito participado/Sentido. **Comb.** Festa de homenagem «a um professor», muito ~a por todos (homenageado e promotores do evento). **3** Conhecido por experiência própria/Experimentado. **Comb.** Medo [Pavor/Comoção] ~o/a durante uma catástrofe.

vívido, a *adj* (<lat *vívidus,a,um*) **1** Que tem viveza/vivacidade. **Comb.** Espe(c)táculo [Narrativa/Leitura] ~o/a. **2** Que tem vividez/fulgor/brilho/Brilhante. **Comb.** *Cores ~as*. *Decoração ~a* dum recinto «de festa/arraial». **3** *fig* Intenso/Apaixonado/Ardente. **Comb.** Paixão [Sentimentos] ~a/os.

vivificação *s f* (<lat *vivificátio,ónis*) A(c)to ou efeito de vivificar. **Comb.** *A ~ da empresa* meio falida. *A ~ da fé* «esmorecida».

vivificador, ora *adj/s* (<vivificar + -dor) (O) que vivifica/dá vigor/alento. **Comb.** Refeição ~ora/restauradora (das forças).

vivificante *adj 2g* (<vivificar + -ante) **1** Que vivifica/dá vida/Vivificador. **Comb.** Alimento [Tó[ô]nico] ~. **2** Que dá alento/força/energia/Estimulante. **Comb.** *Palavras ~s. Repouso ~*.

vivificar *v t/int* (<lat *vivífico,áre,átum*) **1** Dar vida a/Aumentar a vitalidade. **Ex.** O mel sabe bem [é saboroso] e vivifica. **2** Tornar mais vigoroso/Dar ânimo/Alentar. **Ex.** A fé vivifica os [dá força aos] crentes.

vivífico, a *adj* ⇒ vivificante.

viviparidade *s f Zool* (<vivíparo +-i-+ -dade) Qualidade do que é vivíparo. **Ex.** A ~ é comum a todas as ordens dos mamíferos, exce(p)to monotrématos, e também a alguns peixes e batráquios.

vivíparo, a *adj/s* (<lat *vivíparus,a,um*) **1** *Zool* Vertebrado cujos filhos têm a gestação completa dentro do útero materno. **Ex.** A maioria dos mamíferos é ~a. **2** *Bot* (Diz-se da) planta que se reproduz vegetativamente através de gemas ou bolbilhos. **Comb.** Planta ~a. **Ant.** Ovíparo.

vivissecção [*Br* vivisse(c)ção (*dg*)] *s f* (<vivo + -secção) Disse(c)ção praticada num animal vivo para estudo.

vivo, a *adj/s m* (<lat *vívus,a,um*) **1** Que vive/tem vida. **Ex.** Sofreu um grave acidente «de automóvel», mas chegou ~ ao hospital. **Idi.** *Comer alguém* ~ [Insultar [Repreender] violentamente/*idi* Pôr alguém de rastos] (Ex. O patrão parecia que nos queria comer ~s «por termos esbarrado com o carro»). *Ser o retrato* ~ [Ser muito parecido] (Ex. Ele é o retrato ~ [*idi* é a car(inh)a] do pai). *Ter olho* ~ [Ser muito perspicaz/esperto]. *À ~a força* [Com muita insistência/Usando de violência] (Ex. Eles queriam à ~a força que jantássemos e dormíssemos em casa deles. Um grupo de adeptos exaltados queria à ~a força invadir o relvado [campo/recinto do jogo]). *Ao* ~ [Apresentado no momento em que ocorre/Em dire(c)to/Real]. *Cal ~a* [Óxido de cálcio, CaO]. *Carne ~a* [Parte do corpo sem pele] (Ex. Fiquei com um grande arranhão no braço, em carne viva). *De ~a voz* [Falando dire(c)tamente/Sem ser por escrito/Oralmente] (Ex. Dei-lhe a notícia de ~a voz). *Dinheiro* ~ [Notas de banco ou moedas, em circulação]. *Força ~a* [Antiga designação da energia de um corpo em movimento (Energia cinética)]. *Forças ~as* [Conjunto de entidades preponderantes na vida de uma instituição/região/dum local «concelho»].
2 Dotado de vida/Animado. **Comb.** *Matéria ~a. Ser* ~. **Ant.** Inanimado; morto. **3** Cheio de vivacidade/A(c)tivo/Ágil. **Comb.** Criança ~a [mexida/irrequieta]. **4** Esperto/Arguto/Perspicaz/Sagaz. **Comb.** Aluno dotado de inteligência ~a «aprende tudo de imediato». **5** Travesso/Buliçoso/Matreiro/*fam* Finório/*col* Reguila. **Ex.** ~ como é, só não prega uma partida [não faz uma travessura] se não puder! **Ant.** Calmo;

indolente; pacato; parado; sossegado. **6** Intenso/Forte. **Comb.** *Cores ~as. Luz* [Lume] *~a/o*. **Ant.** Fraco; pálido; mortiço. **7** Agudo/Afiado. **Comb.** Aresta [Quina] ~a. **8** Bem visível/Marcado/Nítido. **Loc.** Conservar bem ~a a imagem «da falecida avó». **Comb.** Sinais ~s «da derrapagem dum carro». **Ant.** Apagado; esbatido; ténue. **9** *s m* Pessoa que ainda não morreu. **Ex.** «morreu muita gente na tragédia» Os ~s, apavorados, dizem ter escapado por milagre. **Comb.** Cadernos eleitorais com muita gente que já não faz parte dos ~s. **10** Parte mais íntima/O mais importante/ Âmago. **Loc.** Chegar ao ~ da questão. **11** Tira de tecido que orla peças de vestuário, e de cor contrastante/Debrum. **Comb.** Gola branca «de vestido» com ~ azul.

vixnuísmo (Vics) *s m* (<Vixnu, deusa mitológica indiana + -ismo) Grande seita indiana que tem Vixnu como divindade suprema.

vizinhança *s f* (<vizinho + -ança) **1** Qualidade do que é vizinho. **Ex.** Esse, não o conheço, não é da nossa ~. **2** Proximidade/ Arredores/Cercanias. **Ex.** Na ~ das grandes cidades, proliferam os bairros degradados. **3** Os vizinhos. **Ex.** No nosso bairro, a ~ é toda muito pacata. **4** Modo de relacionamento entre vizinhos. **Loc.** Fazer boa [má] ~. **5** *fig* Semelhança/Afinidade/Analogia. **Ex.** A ~ de alguns cara(c)teres dos cetáceos «golfinho» com os dos peixes é manifesta. **6** *Mat* Num conjunto aberto, define-se ~ de um ponto todo o conjunto que contém um aberto ao qual esse ponto pertence.

vizinho, a *adj/s* (<lat *vicínus,a,um*; ⇒ circunvizinho) **1** Que fica perto/Próximo. **Ex.** As lojas ~as da catedral vivem do [fazem negócio com o] turismo. **2** Que confina/Limítrofe/Contíguo. **Ex.** Portugal e Espanha são países ~os. **Comb.** Terrenos ~s/pegados. **3** *fig* Semelhante/Análogo/Afim. **Ex.** O verde e o azul são cores ~as. O galego é um diale(c)to ~ do português. **4** *s* Pessoa que reside perto/próximo. **Ex.** Costumo ir para o emprego com o [no carro do] ~ da frente. No nosso bairro, os ~s dão-se todos bem.

vizir *s m Hist* (<turco *vezir*) Cada um dos oficiais do conselho do sultão da Turquia.

vizo-rei/vizo-reinado ⇒ vice-rei/vice-reinado.

voador, ora *adj/s m* (<voar + -dor) **1** (O) que voa. **Comb.** *Aparelho* [Máquina] *~or/ora* «avião/disco/helicóptero». *Brinquedo* «papagaio de papel/avião de plástico» ~. ⇒ peixe-~. **2** *s m* Aparelho constituído por uma estrutura apoiada em pequenas rodas, que serve para ajudar as crianças a aprender a andar. **3** Acrobata de circo que trabalha no trapézio/Trapezista.

voadou[oi]ros [voadeiras] *s m/f pl* (<voar + -...) As penas mais compridas das asas das aves, do grupo das rémiges ou guias.

voagem *s f* (<voar + -agem) (A)limpaduras dos cereais debulhados nas eiras/Rabeiras/Moinha(+).

voante *adj 2g* (<voar + -ante) **1** Que voa/ pode voar. **Ex.** O morcego é um mamífero ~ [voador(+)]. **2** *fig* Passageiro/Efémero/ Transitório. **Comb.** *Sentimentos* [Amores] *~s* [passageiros(+)]. *Ideias* «contestatárias» *~s*.

voar *v int* (<lat *vólo,áre,átum*) **1** Elevar[Suster/ Deslocar]-se no ar com o auxílio de asas ou de meios mecânicos. **Ex.** As aves [Os aviões] voam. **Idi.** *~ alto* [Ter proje(c)tos utópicos/ambiciosos]. *Br ~ baixinho* [Estar sem dinheiro/em situação econó[ô]mica difícil]. *Br ~ em [para cima de] alguém* [Assediar alguém com intenção de o/a conquistar/namorar]. **2** Ser impelido no ar pelo vento. **Ex.** O chapéu voou(-lhe) da cabeça, com o vento. No ar, viam-se muitos papéis a ~ «propaganda lançada duma avioneta». **3** *fig* Correr a grande velocidade. **Ex.** Nas re(c)tas dos circuitos de Fórmula 1, os bólides [carros] chegam a ~ a cerca de 300 km/h. **4** *fig* (O tempo) passar rapidamente/Decorrer sem se dar por isso. **Ex.** Os anos voam «depressa chega a velhice»! **5** *fig* Propagar-se rapidamente/Espalhar-se/Difundir-se. **Ex.** As más notícias voam [depressa chegam a todo o lado]. **6** *fig* Desaparecer/Sumir. **Ex.** «no jantar de confraternização» As sobremesas voaram rapidamente [*idi* em menos de um fósforo]. Ainda há pouco pus aí uma caneta; já voou! **7** *fig* Ir pelos ares/Explodir. **Ex.** O carro despistou-se, embateu no separador da autoestrada e voou desfeito em pedaços.

vocabular *adj 2g* (<vocábulo + -ar²) Do [Referente ao] vocábulo. **Comb.** *Enriquecimento ~. Evolução ~*.

vocabulário *s m Ling* (<vocábulo + -ário) **1** Conjunto de palavras e expressões de uma língua/Léxico. **Ex.** O ~ português é extenso e diversificado. **2** Conjunto das palavras que, de fa(c)to, utilizamos. **Ex.** As crianças têm um ~ reduzido. **Comb.** *~ científico* «jurídico». *~ corrente. ~ de determinado escritor* «Eça de Queirós = queirosiano/Camilo Castelo Branco = camiliano» (⇒ camoniana/o). *~ ortográfico* [Listagem das palavras duma língua].

vocábulo *s m Gram* (<lat *vocábulum,i*) **1** Cada uma das unidades de um vocabulário a(c)tualizada no discurso/Palavra. **Ex.** A maioria dos ~s do português vem [é proveniente] do latim. **2** Palavra própria de certo regist(r)o de língua/campo do saber ou a(c)tividade/Termo. **Ex.** A informática introduziu nas línguas modernas grande número de ~s, quase todos provenientes do inglês.

vocação *s f* (<lat *vocátio,ónis*) **1** *Rel* Apelo feito por Deus, manifestado através de sinais ou sentido interiormente, para uma missão/função. **Loc.** Sentir ~ para a vida sacerdotal/religiosa/matrimonial. **Comb.** *A ~ de Abraão* [Moisés/Jeremias]. *A ~ de S. Agostinho* [S. Francisco/S. Inácio]. **2** Inclinação, gosto e aptidão para determinada a(c)tividade. **Comb.** *~ para escultor* [advogado/músico]. **3** Talento/Jeito/Tendência. **Comb.** *~ para o desporto* [esporte] «futebol/natação».

vocacional *adj 2g* (<vocação + -al) Referente a vocação. **Comb.** *Orientação ~. Retiro ~*.

vocal *adj 2g* (<lat *vocális,e*; ⇒ «exame/prova» oral) **1** Relativo à [Da] voz. **Comb.** Som ~. **2** Que serve para produzir voz. **Comb.** Cordas [Órgãos] ~ais. **3** Que se exprime pela voz. **Comb.** Concerto de música ~.

vocálico, a *adj Fon* (<vocal + -ico) **1** Relativo às vogais. **Comb.** Sistema ~ duma língua. **2** Constituído por vogais. **Comb.** «ditongo» Grupo ~ «ai/oi/ou».

vocalismo *s m* (<vocal + -ismo) **1** *Gram* Sistema de vogais duma língua. **2** *Gram* Estudo das transformações vocálicas. **3** *Mús* Estudo ou prática da música que se destina a ser cantada.

vocalista *s 2g* (<vocal + -ista) Membro de um conjunto [banda/orquestra] que canta/ Cantor. **Comb.** ~ de um grupo [uma banda] rock.

vocalização *s f* (<vocalizar + -ção) **1** A(c)to ou efeito de vocalizar. **2** *Fon* (Na evolução fonética) passagem de uma consoante a vogal. **Ex.** Na evolução de *octo* para *oito* e de *absente(m)* para *ausente*, deu-se a ~ do *c* e do *b* respe(c)tivamente para *i* e *u*. **3** *Mús* Exercício de modulação da voz sobre uma vogal «a/u», sem nomear notas nem articular palavras.

vocalizar *v t* (<vocal + -izar) **1** *Gram* Passar (na evolução fonética) de consoante a vogal. **2** *Mús* Fazer um exercício de vocalização **3**/um vocalizo.

vocalizo *s m Mús* (<vocalizar) Exercício de vocalização. **Loc.** Fazer ~s.

vocativo *s m Gram* (<lat *vocatívus,a,um* <*vocáre*: chamar) **1** Palavra ou expressão que serve para chamar. **Ex.** Ó chuva, dádiva preciosa que o céu (nos) envia... *Ó chuva* é o ~. – Maria! «vem cá». *Maria* é o ~. **2** Um dos casos de declinação em algumas línguas «latim». ⇒ caso.

você (Vò) *pron pessoal 2g* (<vossemecê <vossa mercê) Designa a segunda pessoa «tu» e indica a pessoa a quem se fala. **Ex.** ~ [O sr./A sra.] hoje não vai trabalhar? *Br* Há dias vi ~ [vi-o(+)] na televisão «participando num concurso».

vociferação *s f* (<lat *vociferátio,ónis*) **1** A(c)to de vociferar/Berreiro/Gritaria. **Ex.** Com a chegada da polícia «para dispersar os manifestantes» a ~ aumentou. **2** ⇒ Impropério/Insulto.

vociferador, ora *adj/s* (<vociferar + -dor) (O) que vocifera.

vociferante *adj 2g* (<vociferar + -ante) Que vocifera/Vociferador.

vociferar *v t/int* (<lat *vocíferor,ári,átus sum*) **1** Proferir em voz alta/Bradar/Clamar. **Ex.** Aqui não entra ninguém! – vociferou o sindicalista do piquete de greve «à entrada da fábrica». **2** Dirigir críticas de modo agressivo. **Ex.** A multidão vociferava contra as medidas de austeridade (do Governo).

vodc[k]a *s f* (<ru *vodka*, dim de *voda*: água) Aguardente feita de cereais ou da batata e produzida principalmente na Rússia e na Polô[ó]nia.

voejar *v int* (<voo + -ejar) Voar rasteiro/Esvoaçar(+)/Adejar. **Ex.** As borboletas no(c)turnas voejam ao redor da luz da candeia/ vela.

voejo (Vo-ê/-ei) *s m* (<voejar) **1** A(c)to de voejar/de bater as asas para levantar voo. **2** Pó que se levanta da farinha quando é agitada.

voga *s f/m* (<vogar) **1** A(c)to de vogar. **2** Uso a(c)tual/corrente/Moda/Popularidade. **Idi.** *Estar em ~* [na moda] (**Ex.** O preto [A cor preta] está novamente em ~. Agora estão em ~ as calças de senhora muito justas ao corpo). *Pôr em ~* [Lançar a moda/Divulgar]. **3** *Náut s f* Movimento dos remos para impulsionar o barco/Remada. **Comb.** ~ larga [lenta]. **4** *Náut s m* Remador principal numa embarcação de desporto [esporte] com vários remadores/Voga-avante.

vogal *adj 2g/s Gram* (<lat *vocális,is*) **1** (Diz-se do) som produzido sem obstrução à passagem do ar nas cavidades bucal e nasal. **2** *s f* Letra representativa desse som. **Ex.** Em português, as ~ais enunciam-se por ordem alfabética: a, e, i, o, u. **Ant.** Consoante. **3** *s 2g* Pessoa que tem voto em qualquer assembleia ou júri. **Comb.** ~ da dire(c)ção «de uma empresa/associação».

vogante *adj 2g* (<vogar 3 + -ante) Que voga/flutua. **Comb.** Barco ~, levado, à deriva, pela corrente do rio.

vogar *v int* (< ?) **1** ⇒ remar. **2** ⇒ navegar. **3** ⇒ flutuar; boiar. **4** ⇒ estar em uso [na moda].

voice-mail *s m* Expressão inglesa que designa o dispositivo utilizado para gravar mensagens recebidas por telefone da rede fixa ou móvel/Gravador de mensagens(+). **Loc.** A(c)tivar o ~.

volante *adj 2g/s m* (<lat *vólans,ántis* <*voláre*: voar) **1** Que voa/pode voar. **Comb.** Dispositivo [Máquina] ~. **2** Que se desloca/flutua no ar. **Comb.** Lã [Penugem] ~ dos plátanos, na primavera. **3** Que não é fixo/Que se move com facilidade/Móvel. **Comb.** Refeição «jantar» ~ [Servida de pé/sem as pessoas se sentarem à mesa]. **4** Que pode ser deslocado [mudado de lugar] facilmente/Que não é fixo. **Comb.** Folha de papel ~/*solta*(+) [que não está presa às outras]. *Meta* ~ [«no ciclismo» que não é final de etapa; introduzida «numa localidade» para atribuição de um prémio (ao primeiro atleta que passa [a corta])]. **5** ⇒ Que não tem domicílio certo/não se fixa num lugar/Errante. **6** ⇒ Que é passageiro/transitório/Efémero. **Comb.** Amizades ~s. **7** *s m* Peça em forma de roda que serve para dirigir [a(c)cionar a dire(c)ção de] um automóvel. **Idi.** *Ir ao* ~ [Estar a conduzir/Ser o motorista de] (Ex. Era o meu carro, mas quem ia ao ~ «quando se deu o acidente» era o meu filho). *Passar o dia ao* ~ [Ser motorista de profissão/Ter de conduzir durante muito tempo]. *Ser um ás do* ~ [Ser bom condutor/motorista] (Ex. Os jovens condutores por vezes convencem-se de que são ases do ~, são imprudentes e acabam por ter acidentes). **8** Condutor/Motorista. **Ex.** «podemos ir [viajar] tranquilos» O nosso ~ é seguro. **9** *Mec* Peça rotativa [Roda grande e pesada] que regula o movimento de um mecanismo «relógio». **Comb.** O ~ de uma prensa mecânica. **10** *(D)esp* Espécie de bola leve «de cortiça» com penas utilizada no jogo do badminton. **11** Tecido leve e transparente próprio para véus.

volanteira *s f* (<volante + -eira) Rede de pesca que se maneja facilmente para poder ser colocada em posição mais favorável.

volantim *s m* ⇒ volatim.

volata *s f Mús* (<it *voláta*: voo) **1** Progressão de notas de uma oitava, que o cantor executa com grande rapidez. **2** Sequência modulada de tons executada rapidamente.

volata[e]ria *s f* (<esp *volateria*) **1** Arte de caçar com falcões ou outras aves de altanaria(+). **2** Aves caçadas desse modo.

volatear *v int* (<lat *volátus* <*voláre*: voar + -ear) Esvoaçar/Adejar.

volátil *adj 2g/s m pl* (<lat *volátilis,e*: que tem asas/voa) **1** Que voa/tem capacidade para voar. **2** Relativo às aves. **3** *fig* Que muda facilmente/não é constante/Volúvel(+). **Comb.** Cará(c)ter [Temperamento] ~. **4** Susce(p)tível de volatilizar. **Comb.** «éter/álcool» Substância ~. **5** *s m pl* Substâncias oclusas num material sólido mas que podem libertar-se «por a(c)ção do calor» sob forma gasosa/Matérias ~eis. **Comb.** Determinação dos ~eis [das matérias ~eis] dum carvão «da hulha».

volatilidade *s f* (<volátil +-i-+ -dade) Qualidade do que é volátil. **Comb.** ~ duma essência/dum perfume.

volatilização *s f* (<volatilizar + -ção) Passagem rápida duma substância do estado líquido ao gasoso. **Ex.** A acetona perdeu-se «dum frasco destapado» por ~.

volatilizante *adj 2g* (<volatilizar + -ante) Que volatiliza/faz volatilizar.

volatilizar *v t Quím* (<volátil + -izar) Passar rapidamente do estado líquido ao gasoso. **Ex.** O perfume tem de se ~ para ser sentido [notado/apreciado].

volatilizável *adj 2g* (<volatilizar + -vel) Que pode volatilizar(-se).

volatim [volantim] *s m* (<esp *volatin*) **1** Artista que faz acrobacias na corda/Equilibrista/Funâmbulo. **2** Andarilho.

volatina *s f Mús* (<it *volatina*) Trecho musical simples e de andamento rápido.

volatório, a *adj* (<lat *volátus* < *voláre*: voar + -ório) Próprio para voar.

vólei [voleibol] (Ból) *s m (D)esp* (<ing *volleyball*) Modalidade (d)esportiva disputada entre duas equipas/es de seis jogadores, separadas por uma rede a toda a largura do re(c)tângulo do jogo, e que consiste em atirar a bola com as mãos (sem a agarrar) para o campo adversário passando por cima da rede. **Comb.** ~ *de praia* [praticado nas praias (em campo de areia) por duas equipas de apenas dois jogadores cada (uma). *Campeonato de* ~.

volemia *s f Fisiol* (<vol(ume) + -emia) Volume total de sangue contido no sistema circulatório.

volframato *s m Quím* (<volfrâmio + -ato) Designação dos sais do ácido volfrâmico/Tungstato(+).

volfrâmico, a *adj Quím* (<volfrâmio + -ico) **1** Relativo ao volfrâmio. **Comb.** Compostos ~s. **2** Composto «ácido/óxido» em que o volfrâmio tem valência 6.

volfrâmio *s m Quím* ⇒ tungsté[ê]nio.

volframite/a *s f Miner* (<volfrâmio + -ite/a) Minério de volfrâmio, tungstato de ferro e manganês (Fe Mn) WO_4, de cor escura e brilho submetálico, que cristaliza no sistema monoclínico. **Ex.** A mina da Panasqueira (Covilhã, Portugal) é o maior jazigo de ~ da Europa.

volição *s f* (<lat *vólo,vélle,vólitum*: querer) **1** A(c)to de querer/Vontade. **Ex.** A ~ é um a(c)to intencional. ⇒ hábito; instinto; reflexo. **2** Poder de escolher depois da ponderação pela inteligência. **Ant.** Nolição.

volitante *adj 2g* (<volitar) **1** Que volita. **2** ⇒ *fig* Perplexo/Indeciso/Titubeante.

volitar *v int* (<lat *vólito,áre,átum*) Esvoaçar(+).

volitivo, a *adj* (⇒ volição) Que provém da [exprime a] vontade/Relativo à volição. **Ex.** As escolhas [opções] são a(c)tos ~os. **2** Que envolve volição. **Ex.** Muitos (dos) a(c)tos humanos, apesar de influenciados também por fa(c)tores externos «sociais/familiares», continuam a ser ~s.

volt *s m Ele(c)tri* (<antr A. Volta (1745-1827), físico italiano) Unidade de potencial elé(c)trico [de diferença de potencial] e de força ele(c)tromotriz, símbolo V. **Ex.** O ~ define-se como a diferença de potencial entre dois pontos de um campo elé(c)trico tal que liberta a energia de 1 joule quando a carga elé(c)trica de 1 coulomb passa de um ponto ao outro.

volta *s f* (<voltar) **1** A(c)to ou efeito de voltar/volver/Retorno/Regresso. **Ex.** «agora vou com pressa» Na ~ falo consigo. **Idi.** *Dar a* ~ [Fazer inversão de marcha] (Ex. Aqui não se pode virar à esquerda; tem que se ir dar a ~ à rotunda). *Dar a ~ a* [Fazer (alguém) mudar de opinião] (Ex. Ele está renitente em fazer o tratamento; vou tentar dar-lhe a ~). *col Dar a ~ por cima* [Vencer uma adversidade/Ultrapassar uma situação difícil] (Ex. O desgosto «perda de um ente querido» foi grande, mas eles conseguiram dar a ~ por cima). *Dar as* ~s [Resolver/Solucionar] (Ex. O meu filho percebe muito de carros; sabe dar as ~s a qualquer motor, repara o que muitos mecânicos não conseguem). *Dar meia* ~ [Voltar para trás/Regressar pelo mesmo caminho] (Ex. Quando (me) deparei com tamanha confusão «gritaria/gente a fugir», dei meia ~ e cheguei a [*idi* pus-me em] casa num instante).

Dar ~ *ao estômago* [Provocar náuseas/vó[ô]mitos/Causar má disposição] (Ex. O jantar caiu-me mal, deu-me ~ ao estômago). *Dar* ~ *aos intestinos* [Provocar desarranjo intestinal]. *Dar* ~*s ao miolo/à imaginação* [Tentar resolver um problema que exige grande esforço mental] (Ex. Dei ~s [As ~s que eu dei] ao miolo para descobrir a maneira de remediar a avaria do carro «por não haver peças de substituição»!). *Estar de* ~ [de regresso] (Ex. O patrão foi ao estrangeiro mas já voltou [está de ~]). *Ir dar uma* ~ [Dar um passeio] (Ex. «estudámos durante todo o dia» Ao fim da tarde fomos dar uma ~ «para arejar». Nas férias, damos quase sempre uma ~ pela Europa). *Mandar (ir) dar uma* ~ [Afastar alguém cuja presença é indesejável/*idi* Mandar bugiar] (Ex. Deixa-me, (que) já não te posso ouvir; vai dar uma ~). *Trocar [Furtar] as* ~*s* **a)** Mudar rapidamente de dire(c)ção para evitar encontrar-se com alguém; **b)** Fazer malograr os planos de alguém (Ex. Tínhamos planeado ir à praia este fim de semana, mas o chefe trocou-me as ~s: escalou-me para ficar [: pôs-me] de assistência à fábrica.

Comb. *idi* ~ *e meia* [De vez em quando/A cada passo] (Ex. Ele gosta muito de vir a nossa casa, ~ e meia está aqui). *À [Na]* ~ [No regresso]. *À* ~ *de* [Cerca de/Aproximadamente] (Ex. Isto custa à ~ de 30 €. *Às* ~*s com* [Ocupado em «trabalhos de limpeza»/Lidando com «uma avaria do carro»]. *Em* ~ [Em redor «da casa»]. *Na* ~ *do correio* [Como resposta imediata a algo «mensagem/encomenda» que se recebeu pelo correio]. *Por* ~ *de* [Cerca de] «meia-noite, chegou a casa». **2** A(c)to ou efeito de girar sobre o próprio eixo. **Ex.** O ponteiro dos minutos dá uma ~ ao mostrador em cada hora. **3** Movimento em torno de algo/alguém. **Comb.** As ~s da Lua em torno da Terra. **4** Viagem/Passeio, percorrendo diversos lugares e regressando ao ponto de partida. **Loc.** Dar uma ~ «pelo país/pela baixa (da cidade)». **Comb.** ~ a Portugal [França/Itália] em bicicleta. **5** Percurso fechado «circular/elíptico»/Circuito. **Ex.** Venceu a prova «de automobilismo» com uma ~ de avanço sobre o segundo classificado. **6** Sinuosidade/Curva/Meandro. **Comb.** Estrada [Caminho/Percurso/Traje(c)to] com muitas ~s [curvas(+)]. **7** Feitio [Formato/Forma] curvo/a de algum obje(c)to. **Comb.** Arco de ~ «perfeita/inteira». **8** Espécie de colar(+) fino/Corrente «de ouro/prata».

9 Tira branca na gola do vestuário de clérigos, juristas, religiosos. **10** Mudança brusca/Alteração inesperada/Vicissitude. **Ex.** A vida daquela família «com o desemprego do marido» levou [sofreu/deu] uma grande ~ «têm passado dificuldades nunca sonhadas». **11** Cada uma das fases de um processo «eleitoral/(d)esportivo» realizada sob a forma de repetição. **Ex.** A equipa/e vencedora do campeonato ocupava o 3.º lugar no fim da primeira ~. **Comb.** Candidato eleito à 2.ª ~ «das eleições presidenciais». **12** O que se dá para igualar uma troca/Torna. **13** *col* Limpeza/Arrumação. **Loc.** Dar uma ~ ao [Arrumar o] sótão. **14** *pl* Trabalhos/Diligências. **Ex.** Para conseguir a aprovação do proje(c)to foram precisas muitas ~s [proje(c)to, as ~s que eu tive que dar!]. **15** *pl* Recados. **Ex.** O moço não faz grandes trabalhos, mas é muito útil para as ~s «ir ao correio/às finanças».

voltagem *s f Ele(c)tri* (<volt + -agem) **1** Força ele(c)tromotriz de um gerador elé(c)trico, medida em volts. **2** Diferença de po-

tencial, em volts, entre dois pontos de um circuito elé(c)trico. **3** Indicação da tensão à qual um aparelho elé(c)trico pode funcionar. **Ex.** A ~ da rede doméstica é (de) 220 V.
voltaico, a *adj Ele(c)tri* (*<antr* A. Volta (1745-1827), físico italiano) + -aico) **1** Diz-se do arco elé(c)trico muito luminoso que salta entre dois condutores (de carvão ou metálicos) entre os quais há uma grande diferença de potencial. **Comb.** Fornos de arco ~. **2** Diz-se da ele(c)tricidade produzida por a(c)ção química ou dos dispositivos que a geram. **Comb.** Pilha ~a.
voltâmetro *s m Ele(c)tri* (*<antr* A. Volta + -metro) Recipiente onde tem lugar uma rea(c)ção ele(c)trolítica. **Ex.** Em laboratório, a ele(c)trólise da água é feita num ~.
volt-ampere *s m Ele(c)tri* Unidade de potência aparente da corrente alternada.
voltar *v int* (<lat *voltáre* <*volvitáre*, frequentativo de *vólvere*: rolar, revirar, rodar, enrolar, fazer passar o tempo) **1** Regressar ao ponto de partida/Retornar. **Ex.** Emigrou «para o Brasil» quando era novo e nunca mais voltou. **Idi.** ~ **à carga** [Fazer nova tentativa/Insistir] (Ex. Já disse que não os deixava levar o carro; não adianta [não vale a pena] voltarem à carga). ~ **[Virar(+)] a casaca** [Mudar de ideias/de opinião] (Ex. Ele voltou a casaca, agora é socialista!). ~ **as costas a)** Virar-se, apresentando a parte posterior do corpo a alguém; **b)** Abandonar (Loc. ~ as costas a alguém que precisa de ajuda. ~ as costas ao trabalho). ~ **a si** [Recuperar os sentidos] (Ex. Esteve desmaiado mas já voltou a si). ~ **atrás a)** (Re)tornar ao ponto de partida (Ex. Voltei atrás porque me esqueci da carteira); **b)** (Re)tornar ao início (Ex. Para compreender o texto tive que ~ várias vezes atrás); **c)** Mudar de opinião/Reconsiderar (Ex. Tinha dito que não deixava a filha ir ao baile, mas «a pedido da mãe» voltou atrás). ~ **com a palavra atrás** [Faltar à palavra/ao compromisso assumido] (Ex. Já tínhamos fechado o negócio mas ele voltou com a palavra atrás). ~ **costas** [Ir-se embora] (Ex. «não lhe estava a agradar a conversa» Voltou costas sem dizer palavra). ~ **pelo mesmo caminho** [Não ser bem sucedido/Não conseguir o que desejava] (Ex. Estava muito interessado em ir ao concerto, mas voltou pelo mesmo caminho «já não havia bilhetes»). ~-**se contra** [Protestar [Barafustar] com alguém/Revoltar-se/Acometer] (Ex. Os manifestantes voltaram-se contra a polícia. Os colegas voltaram-se contra mim «por eu não fazer greve»).
2 Regressar aonde se vive/trabalha. **Ex.** «aviso à porta (fechada) da loja» Volto dentro de momentos! Saio de manhã para o trabalho e só volto ao fim da tarde. **3** Deslocar-se de novo a determinado lugar. **Ex.** Visitei Paris quando era jovem e nunca mais lá voltei. **4** Vir [Regressar] de determinado lugar. **Ex.** Ao ~ [Quando voltava] do trabalho, encontrei um grande amigo de infância. **5** Virar o rosto/corpo. **Ex.** Ao passar por mim na rua, voltou-se para o outro lado «para não me cumprimentar». Quando ouvi falar, voltei-me para ver quem era. **6** Mudar de dire(c)ção. **Ex.** «para ir aos correios» Ao fundo da rua, volte à esquerda. **7** Apontar [Colocar] em determinada dire(c)ção. **Ex.** Voltou o telescópio para a Ursa Menor «à procura da Estrela Polar». **Loc.** ~ o sofá para a televisão. **8** Reaparecer/Retornar. **Ex.** «com o regresso do filho» Voltou-lhe a alegria de viver. A febre voltou. **9** Pôr em posição invertida/Fazer virar. **Ex.** O vento [A tempestade] voltou o barco. O cami(nh)ão, descontrolado, voltou-se e espalhou a carga pelo chão. **10** Arremeter contra alguém/Atacar/Insurgir-se. **Ex.** O toiro voltou-se contra o dono. Todos se voltaram contra mim por eu não concordar «com o adiamento do teste». **11** Pedir auxílio/prote(c)ção. **Loc.** «na doença» ~-se para Deus/Nossa Senhora de Fátima. **12** Virar-se para alguém dirigindo-lhe a palavra. **Ex.** Voltou-se para a pessoa que ia a passar na rua para lhe pedir uma informação.
voltarete (Rê) *s m* (<esp *voltereta*) Jogo de cartas para três parceiros em que cada um recebe 9 cartas.
volteada *s f Br* (<volteado) **1** ⇒ Captura de gado. **2** ⇒ «cair na» Emboscada. **3** ⇒ Volta/Giro.
volteador, ora *adj/s* (<voltear + -dor) **1** (O) que volteia. **2** Artista que faz habilidades na corda/Funâmbulo.
voltear *v t/int* (<volta + -ear) **1** Andar [Correr] à volta de/Deslocar-se em torno de. **Ex.** Os atletas volteavam o estádio [a pista] treinando a prova «dos 3000 metros». **2** Fazer girar/Rodopiar. **Ex.** «pensativamente» Volteava o chapéu na mão. **3** Fazer ficar com voltas. **Loc.** ~ um arame «em espiral/mola».
volte-face *fr s m* (<voltar +...) Mudança(+) súbita de opinião/situação/circunstâncias/Reviravolta(+).
volteio *s m* (<voltear) **1** A(c)to ou efeito de voltear. **2** Movimento circular de dança/Rodopio. **3** Exercício de equilibrista sobre a corda. **4** Exercício de equitação no picadeiro.
voltímetro *s m Ele(c)tri* (<volt + -metro) Aparelho destinado a medir a diferença de potencial entre dois pontos. **Comb.** ~ ele(c)trónico [ele(c)tromagnético].
volubilidade *s f* (<lat *volubílitas,átis*) **1** Cara(c)terística do que é volúvel/Tendência para mudar/Inconstância. **Comb.** A ~ das massas «dos eleitores». **2** ⇒ Facilidade de movimentação/Mobilidade(+).
volubilismo *s m Bot* (<lat *volúbilis* + -ismo) Propriedade dos órgãos vegetais «gavinhas»/das plantas «feijoeiro» que se enrolam em espiral à volta dum suporte.
volume *s m* (<lat *volúmen,inis*: rotação, rolo; ⇒ volver) **1** *Geom* Espaço ocupado por um corpo. **Ex.** Com o calor, os corpos aumentam de ~ [, o ~ dos corpos aumenta]. **Comb.** ~ **aparente** [Soma do ~ do corpo «madeira/mineral» com os seus vazios]. ~ **específico** [Relação entre o ~ e a massa dum corpo, $(V/m)/$~ da unidade de massa dum corpo]. **2** Tamanho/Corpulência. **Loc.** Tomar/Adquirir ~ [Crescer/Aumentar]. **Comb.** «balão com» Grande ~ e pouco peso. **3** Porção/Quantidade. **Comb.** ~ **de tráfego** [Número de veículos que passa em determinada se(c)ção duma estrada durante um certo período]. ~ «mensal/anual» **de vendas** duma empresa [Quantidade vendida/fa(c)turada no período considerado]. *Quím* ~ **molar** [ocupado por uma mole da substância considerada]. **Grande ~ de** [Muito] **trabalho** acumulado. **4** Livro/Tomo. **Comb.** *Biblioteca* com milhares **de ~s**. *Remessa* com 30 **~s do compêndio** «de matemática do 9.º ano». **5** Cada um dos tomos que formam uma obra. **Comb.** *Enciclopédia* com 25 **~s**. *História* de Portugal em 4 **~s**. **6** Intensidade do som. **Loc.** Baixar [Subir/aumentar] o ~ do (som do) rádio/da televisão. **7** Pacote/Fardo/Maço. **Ex.** Vinha das compras atarefada com vários ~s na mão [Trazia na mão vários ~s, das compras (que fizera)].
volumetria *s f* (<volu(me) + -metria) **1** *Quím* Método de análise química quantitativa, que se baseia na medição do volume da solução de um reagente necessário e suficiente para efe(c)tuar determinada rea(c)ção. **2** *Arquit* Conjunto de dimensões que definem o volume dum (conjunto de) edifício(s).
volumétrico, a *adj* (<volumetria + -ico) Relativo à volumetria. **Comb.** Determinação [Análise] ~a.
volúmico, a *adj* (<volume + -ico) Relativo à unidade de volume. **Comb.** Massa ~a/específica(+)
volum(in)oso, a (Ôso, Ósa, Ósos) *adj* (<volume + -oso /<lat *voluminósus,a,um*: que se enrola; ⇒ volver) **1** Que tem grande volume. **Comb.** Pacote [Embrulho] ~. **2** Que ocupa muito espaço. **Ex.** A cadeira de rodas é muito ~a «não cabe no porta-bagagens do carro». **3** (Som) muito intenso/forte. **Comb.** Voz ~a.
voluntariado *s m* (<voluntário + -ado) **1** Qualidade ou situação de voluntário. **Loc.** Motivar os jovens para o ~. **Comb.** Ano Europeu do ~. **2** Conjunto dos voluntários. **Loc.** Fazer parte do [Inscrever-se no] ~ dum hospital [duma a(c)ção de sensibilização «ecológica»].
voluntariamente *adv* (<voluntário + -mente) **1** Por vontade própria/Sem ser obrigado. **Loc.** Trocar ~ com um colega «o turno de serviço na fábrica/no escritório». **2** Espontaneamente. **Ex.** Ajudou ~ um idoso a atravessar uma rua movimentada. **3** Por querer/Intencionalmente(+)/Sabendo. **Ex.** Magoou ~ o colega «difamando-o».
voluntariar-se *v t* (<voluntário + -ar[1]) Oferecer[Apresentar]-se como voluntário(+).
voluntariedade *s f* (<voluntário + -dade) **1** Qualidade de voluntário. ⇒ voluntariado. **2** ⇒ Cara(c)terística do que é voluntarioso/obstinado/Obstinação(+).
voluntário, a *s/adj* (<lat *voluntárius,a,um*) **1** Que se faz de livre vontade/Que não é de obrigação, nem imposto. **Comb.** *Ajuda ~a* a alguém. *Demissão ~a* dum cargo. *Trabalho ~* «em prol do bem comum». **2** Que se desempenha [se oferece para desempenhar] livremente uma missão/tarefa. **Comb.** *Bombeiro ~o. Professor* [Explicador] ~ «para ajudar alunos com dificuldade de aprendizagem». **3** Pessoa que se oferece voluntariamente para desempenhar uma missão/ingressar num serviço de voluntariado. **Loc.** Inscrever-se como ~ na associação local de bombeiros. **Comb.** Os ~s do exército português em missão no Kosovo. **4** Pessoa que participa voluntária e graciosamente em determinada a(c)ção/missão. **Loc.** Fazer parte dos ~s dum hospital «do Hospital de S. João, Porto». **Comb.** ~ na recolha de gé[ê]neros alimentares «do Banco Alimentar contra a Fome».
voluntarioso, a (Ôso, Ósa, Ósos) *adj* (<voluntário + -oso) **1** Que procede segundo o impulso da sua vontade/Cioso da sua maneira de ver (as coisas). **2** Que gosta que todos lhe façam a vontade/Caprichoso/Autoritário/Teimoso. **3** Que insiste em fazer o que quer/Que é obstinado.
voluntarismo *s m* (<voluntário + -ismo) **1** *Fil* Prioridade [Superioridade] da vontade sobre a razão/o intelecto. ⇒ intelectualismo. **2** Cara(c)terística do que é voluntarioso.
volúpia *s f* (<lat *volúpia,ae*) **1** Grande prazer dos sentidos e sensações. **Loc.** Comer com ~ [Ser glutão]. **2** Prazer sensual/Lu-

xúria. **3** Qualquer prazer/Deleite/Delícia. **Comb.** A ~ do saber.

voluptuosamente *adv* (<voluptuoso + -mente) Com voluptuosidade/Sensualmente. **Loc.** Dançar ~.

voluptuosidade *s f* (<voluptuoso +-i-+ -dade) **1** Cara(c)terística de voluptuoso. **Comb.** A ~ dum dança. **2** Prazer intenso. **3** Sensualidade/Lascívia. **Loc.** Ceder à ~ das paixões.

voluptuoso, a (Ôso, Ósa, Ósos) *adj/s* (<lat *voluptuósus,a,um*) **1** (O) que é dado aos prazeres sensuais/Sensual/Libidinoso/Lascivo. **2** Em que há prazer/volúpia.

voluta *s f* (<lat *volúta,ae*) **1** *Arquit* Ornato em espiral usado no remate de capitéis de colunas/mísulas. **2** Obje(c)to [Motivo decorativo] em forma de espiral. **Comb.** *~ de fumo.* *~ de trepadeiras* «numa coluna em talha dourada, na decoração dum altar». **3** *Mús* Parte superior do braço, em espiral, dos instrumentos de arco.

volutear *v int/s m* (⇒ volver) **1** Andar à roda/à volta/Rodopiar. **2** O movimento giratório.

volúvel *adj 2g* (<lat *volúbilis,e*; ⇒ volver) **1** Que gira/volve facilmente. **Ex.** O cata-vento é um obje(c)to ~ **2** *fig* Que muda facilmente «de ideias/opinião»/Inconstante/Instável. **Comb.** Temperamento ~. **3** *Bot* Diz-se de (órgão de) planta que se enrola em espiral à volta de um suporte. **Ex.** O feijoeiro é uma planta ~. As gavinhas são órgãos ~eis da videira.

volver *v t* (<lat *vólvo,ere,vólvi,volútum*: (en)rolar, rodar) **1** Voltar/Virar. **Loc.** *~ os olhos* [o olhar] com comiseração «para uma criança que pede esmola». *Mil Direita* [Esquerda], *~!* [Ordem de mudança de posição/dire(c)ção dada a uma formação militar/militarizada]. **2** Mexer repetidamente/Revolver. **Ex.** A polícia volveu [revolveu(o+)/remexeu(+)] o escritório à procura de documentos incriminatórios. **Loc.** ~ [Revolver(+)/Lavrar/Cavar] a terra para fazer a sementeira. **3** Pôr em movimento/Fazer girar. **Loc.** ~ [Rodar(+)] a maçaneta da porta. **4** Replicar/Responder. **Ex.** O rapazola não gostou [aceitou] que o repreendessem e volveu um insulto/ uma praga. **5** Voltar/Retomar/Retornar. **Ex.** Volvendo ao que estava a dizer, «o médico não concordou...». **6** O tempo passar/Decorrer. **Ex.** Na aldeia, os anos decorriam [iam volvendo] sempre iguais sem que nada (de extraordinário) acontecesse.

volvido, a *adj* (<volver) **1** Revolvido. **2** Decorrido/Passado.

volvo *s m Med* (<vólvulo) Torção de um segmento do intestino de que resulta dificuldade de irrigação sanguínea e obstrução intestinal.

vólvulo *s m* ⇒ volvo.

vómer [*Br* **vômer**] *s m Anat* (<lat *vómer(vómis),eris*) Osso que constitui a parte posterior e inferior do septo das fossas nasais.

vómica [*Br* **vômica**] *s f Med* (<lat *vómica, ae*: abcesso) Expe(c)toração súbita e fétida resultante de abcesso no aparelho respiratório.

vomição *s f* (<lat *vomítio,ónis*) ⇒ A(c)to de vomitar/Vó[ô]mito(+).

vomitado, a *adj/s m* (<vomitar) **1** Sujo pelo vó[ô]mito. **Comb.** Cama «de criança» (toda) ~a. **2** Expelido/Cuspido. **Comb.** *Comida* «do almoço» *~a* «passadas várias horas». *fig Rolos de fumo ~s* pela chaminé. **3** *s m* As matérias do estômago expelidas pela boca. **Loc.** Limpar o ~ «da criança».

vomitar *v t/int* (<lat *vómito,áre,átum*) **1** Expelir pela boca substâncias contidas no estômago/*idi* Chamar pelo Gregório. **Ex.** «sinto-me enfartado» Se vomitasse, ficava [ficaria] melhor. **Idi.** *~ as tripas* [Sentir-se muito enjoado [enojado]/com muita vontade de ~] (Ex. O cheiro do peixe «em putrefa(c)ção» é de fazer ~ as tripas). **2** Sujar com vomitado. **Ex.** A menina vomitou o vestido «da festa». **3** *fig* Jorrar com abundância. **Ex.** O vulcão vomita torrentes de lava incandescente. As chaminés da fábrica vomitam rolos de fumo negro. **4** *fig* Proferir injúrias/blasfémias/obscenidades. **Ex.** «preso em flagrante» Vomitou um chorrilho de pragas e insultos. **5** *fig* Revelar o que estava em segredo/Desembuchar. **Ex.** A polícia obrigou-o a ~ tudo o que sabia sobre o assalto «ao multibanco».

vomitivo, a *adj s m* (<vomitar + -ivo) **1** Que provoca o [Relativo ao] vó[ô]mito. **2** *s m Med* Medicamento que provoca o vó[ô]mito/Vomitório(+). **Loc.** Tomar um ~.

vómito [*Br* **vômito**] *s m* (<lat *vómitus,us*) **1** A(c)to ou efeito de vomitar/Vomição. **Loc.** *Dar ~s* [Causar repulsa/náuseas]. *Sentir ~s* [Ter vontade de vomitar/Sentir-se muito enjoado]. **2** Expulsão súbita pela boca de matérias contidas no estômago. **Loc.** Não conseguir evitar [suster] os ~s. **3** Matérias vomitadas. **Comb.** *~s de sangue.* *~ seco* [Contra(c)ção do estômago que não chega a expulsar matérias].

vomitório *s m* (<lat *vomitórius,a,um*) **1** (Medicamento) que faz vomitar/que provoca vó[ô]mitos). **Loc.** Tomar um ~ «por se sentir enfartado/com dores de estômago». **Sin.** Emético. **2** *Hist* Compartimento onde os antigos romanos iam vomitar depois de terem o estômago cheio, para poderem continuar a comer.

vontade *s f* (<lat *volúntas,átis*) **1** Faculdade que o ser humano possui de querer, escolher, praticar ou deixar de praticar certos a(c)tos/Voli(ç)ão/O querer. **Ex.** A ~ é um dinamismo próprio do espírito humano dirigido para a realização da sua natureza. **Idi.** *Andar* [*Estar*] *com ~ a alguém* [Desejar ajustar contas/desforrar-se/vingar-se de alguém] (Ex. «têm andado a roubar-me as laranjas» Ando-lhes (cá) com uma ~ «se os apanho, dou-lhes uma sova que lhes há de ficar [servir] de emenda»!). *Chegar* [*Dar/Vir*] *a ~ de* [Sentir um grande desejo/um impulso (quase) irresistível] (Ex. Às mulheres grávidas, por vezes chega[dá]-lhes/sentem a ~ de comer(em) coisas esquisitas). *Dar ~ de rir* **a)** Provocar o riso (Ex. Ele é tão engraçado, só de olhar para ele dá ~ de rir; **b)** Ser ridículo/desprezível/Revelar pouco sentido da realidade (Ex. Chamam a isso aumento (de salário) «5 € por mês», até dá ~ de rir. Pedirem uma exorbitância dessas «10 €» por um quilo de cerejas, até dá ~ de rir). *Estar à ~* [Não ter [sentir] constrangimentos/Estar descontraído] (Ex. Esteja à ~, (sirva-se de tudo) como se estivesse em sua casa). *Fazer* (*todas*) *as ~s* [Ceder a todos os desejos/caprichos] (Ex. A menina tornou-se rebelde e insuportável porque os pais lhe fizeram sempre todas as ~s). *Pôr alguém à ~* [Não interferir nas decisões de outrem/ Agir de forma a que os outros não sintam constrangimentos] (Ex. A dona da casa pôs-nos à ~, tratou-nos como família. O patrão pôs-me totalmente à ~ para aceitar ou recusar a proposta que me fez). *Pôr-se à ~* [Libertar-se daquilo que incomoda/constrange] (Ex. Quando chego a casa, ponho-me logo à ~: dispo o casaco, tiro a gravata, calço os chinelos, ...). *Ser muito senhor da sua ~* [(Querer) fazer as coisas sempre à sua maneira/Ser pouco flexível/Ser voluntarioso] (Ex. O chefe pede opiniões mas raramente as aceita, ele sempre foi muito senhor da sua ~). *Ter boa* [*má*] *~* [Manifestar disposição favorável [desfavorável] em relação a alguma coisa/alguém] (Ex. Ela tem muito boa ~, está sempre disposta a ajudar «às vezes até incomoda»). *Ter ~ própria* [Não ceder a pressões/Não ser influenciável/Ser capaz de tomar decisões] (Ex. O ministro «das finanças» tem ~ própria «não vai atrás dos ditos da comunicação social»). **Comb.** *À ~* [Sem constrangimentos/Sem restrições/limitações] (Ex. No hotel, o pequeno-almoço é em regime de *self-service*, cada um serve-se à [, ao pequeno-almoço, as pessoas servem-se, cada um à sua] ~ «do que quer e quanto quer»). *Mil À ~!* [Voz de comando, para «uma formação militar/militarizada» descansar]. *De livre ~* [Por sua iniciativa/Sem ser obrigado] (Ex. Para o casamento ser válido, os nubentes têm de assumir o compromisso de livre ~). *Sem ~* [Sem ânimo/entusiasmo] (Ex. Sinto-me sem ~ para fazer o que quer que seja «deve ser do calor»). **2** Empenho [Determinação] com que se exerce essa faculdade. **Loc.** Ter força de ~/Ter *idi* uma ~ de ferro. **3** Desejo forte de [Motivação para] conseguir um obje(c)tivo/realizar uma a(c)tividade. **Loc.** *Estar cheio de* [com muita(+)] *~ de comer.* (Uma mãe) *ter uma enorme ~* de ver o filho «emigrado há vários anos». **4** Firmeza na decisão e constância na execução. **Ex.** Ele é homem de ~, não volta atrás nas suas decisões. **5** Desejo impulsivo/Capricho(+)/Veleidade. **Comb.** Criança mimada, habituada a que lhe façam todas as ~s. **6** Zelo/Dedicação/Entrega. **Ex.** É um ó(p)timo colaborador: trabalha sempre com ~.

voo *s m* (<voar) **1** A(c)to ou efeito de voar. **Loc.** Observar o ~ das aves. **2** Deslocação dos animais em meio aéreo por meio de asas ou outros órgãos de sustentação e propulsão. **Comb.** O ~ dos morcegos [das borboletas]. **3** Deslocação no ar [espaço celeste] de aeronaves e outros engenhos afins. **Loc.** «avião» Levantar ~/Descolar. **Comb.** ~ «de helicóptero» a baixa altitude. **4** Viagem de avião. **Ex.** Foram cancelados 7 ~s «por causa da greve». **Comb.** ~ dire(c)to «Lisboa-Roma». **5** Maneira como é efe(c)tuada a deslocação no ar. **Comb.** *~ livre* [planado]. *~ picado* «da águia sobre uma presa». *~ rasante* [a muito baixa altitude]. **6** Movimento rápido de um obje(c)to pelo ar. **Loc.** Observar o ~ dos panfletos de publicidade (Vê-los a voar] lançados por uma avioneta sobre a praia. **7** *fig* Aspiração/Fantasia. **Ex.** Ele nunca foi pessoa de grandes ~s [nunca foi para aventuras]. **8** *fig* Êxtase/Arrebatamento/Arroubo. **Comb.** O ~ da alma para Deus.

voracidade *s f* (<lat *vorácitas,átis*) **1** Qualidade do que é voraz/que devora. **Comb.** A ~ das feras «lobos famintos». **2** Apetite devorador/Sofreguidão de comer/Avidez. **Loc.** Comer com a ~ de quem está faminto [quem já *idi* não come há três dias]. **3** Desejo excessivo de satisfazer um apetite/Deleite/Sofreguidão(+). **Loc.** Ler com ~ um romance. **4** *fig* Ímpeto destruidor. **Comb.** A ~ das chamas «dum incêndio florestal».

voracíssimo, a *adj* (<lat *voracíssimus,a,um*) Superlativo absoluto simples de voraz/Muito voraz.

voragem *s f* (<lat *vorágo,inis*) **1** Tudo o que destrói ou consome com rapidez e violên-

cia. **Comb.** A ~ dum *tsunami*. **2** Movimento circulatório da água ao cair numa cavidade profunda/Remoinho/Sorvedouro. **Comb.** Embarcação arrastada [afundada] pela ~ das águas. **3** Grande profundeza/Abismo. **4** *fig* Tudo o que provoca grandes arroubos, mortifica ou consome. **Comb.** A ~ [força cega/bruta] das paixões.

voraginoso, a (Ôso, Ósa, Ósos) *adj* (<lat *voraginósus,a,um*) **1** Em que há voragem. **Comb.** Rio ~/caudaloso. **2** *fig* Que sorve/arrebata/subverte. **Comb.** Paixão ~a/cega(+).

voraz *adj 2g* (<lat *vórax,ácis*) **1** Que devora com sofreguidão/Devorador. **Comb.** Lobo ~. **2** Que come muito/Comilão/Glutão. **3** Que é próprio de quem come avidamente/de quem tem um apetite insaciável. **Comb.** Fome [Apetite] ~/devorador(a). **4** *fig* Destruidor/Devastador(+). **Ex.** Um incêndio ~ deixou tudo reduzido a cinzas. **5** *fig* Que arrebata/mortifica/consome. **Comb.** Vício ~/mortal.

-voro *suf* (<lat *vóro,áre,átum*: devorar) Exprime a ideia de **devorador/que come/se alimenta de**: *carnívoro, herbívoro, o(m)nívoro*.

vórtice *s m* (<lat *vórtex,icis*) **1** Movimento de rotação de um fluido em volta de um eixo/Turbilhão/Remoinho/Voragem. **Ex.** Na zona de escoamento central da água de um tanque, forma-se um ~ circular [que vai às voltas/curvas]. **Comb.** Núcleo [Centro] do ~ «dum tornado/remoinho (de vento)». **2** *Anat* Disposição concêntrica e raiada de certos órgãos.

vorticela (Cé) *s f Zool* (<vórtice + -ela) Gé[ê]nero de protozoários ciliados com forma campanulada, frequentes em águas estagnadas e infusões de feno.

vorticidade *s f Fís* (<vórtice +-i-+ -dade) Grandeza que cara(c)teriza o movimento de rotação dum fluido num dado ponto em função do tempo.

vos *pron pessoal* (<lat *vos*, acusativo de *vos, véstri, véstrum*) Designa a segunda pessoa do plural e indica as pessoas [a pessoa, em tratamento cerimonioso] a quem se fala. **Ex.** Apresentai-~ [Apresentem-se] ao trabalho [Vinde [Venham] trabalhar] no próximo dia 1. Não ~ preocupeis [(Vocês/Os senhores] não se preocupem] com o transporte «já está tratado». Já ~ disseram que não se podia fumar aqui dentro «e vós continuais [vocês continuam] a fazê-lo». «falando à esposa do Presidente» Não ~ agasteis [zangueis] comigo, senhora minha, pois sempre ~ tenho servido com toda a dedicação!

vós *pron pessoal* (<lat *vos*, nominativo de *vos,véstri,véstrum*) Designa a segunda pessoa do plural e indica as pessoas [a pessoa, em tratamento de cerimó[ô]nia] a quem se fala. **Ex.** ~ sabeis [Vocês sabem] que todos os dias venho cá. Ninguém nos disse nada, nem a ~ [a vocês/aos senhores], nem a nós. «fazer-se (ou não) a festa» Isso só depende de ~. «falando ao rei» Alteza, ~ bem sabeis que vos [Vossa Alteza bem sabe que a] acompanho sempre para toda a parte.

vosselência [vossência] *pron pessoal col* Vossa Excelência [V. Exa.](+).

vos(se)mecê *pron pessoal pop* Vossa Mercê/Você(+).

vosso, a *pron possessivo* (<lat *véster,véstra, véstrum*) Refere-se à segunda pessoa do plural (Pessoa a quem se fala) e indica posse ou pertença. **Ex.** «a mãe para os filhos» Não gosto muito daqueles ~s amigos. Posso levar o [andar com o] ~ carro, enquanto o nosso [da minha família] está na oficina? Não quero o ~ prejuízo [Não quero que fiqueis [que vocês fiquem] prejudicados]. O ~ autocarro [ó[ô]nibus] [O autocarro da ~a turma] parte dentro de [daqui a] meia hora.

votação *s f* (<votar + -ção) **1** A(c)to de votar/Escrutínio. **Ex.** A ~ é secreta. Vamos proceder à [fazer a] ~ da [Vamos votar a] proposta. **2** Conjunto dos votos. **Ex.** O presidente (ob)teve uma ~ muito elevada [teve muitos votos].

votante *adj/s 2g* (<votar + -ante) **1** (O) que vota. **Ex.** A afluência de ~s «durante a manhã» foi escassa/pequena. **2** (O) que tem direito a voto/Eleitor. **Ex.** Nem todos os ~s exercem o seu direito [participam no a(c)to eleitoral/querem votar]. **3** (O) que faz um voto/uma promessa. **Ex.** No dia da festa do santo padroeiro, muitos ~s satisfazem [cumprem(+)] as suas promessas.

votar *v t/int* (<voto + -ar¹) **1** Submeter a votação. **Loc.** ~ uma lei. **2** Decidir [Escolher/Aprovar] por meio de voto. **Ex.** A maioria dos trabalhadores votou a favor da greve. Não é o meu candidato, não votei nele. **3** Dedicar(-se) à realização duma tarefa/defesa duma causa/Consagrar(-se). **Ex.** Raoul Follereau votou grande parte da sua vida à erradicação da lepra. **4** Expor alguém a determinada condição/situação. **Loc.** ~ alguém *ao desprezo* [Desprezá-lo/a]. ~ *ao ostracismo* [Ostracizar] «um político da oposição». **5** Fazer um voto/Prometer solenemente.

votivo, a *adj* (<lat *votívus,a,um*) **1** Relativo a voto. **Comb.** Oferta ~a (Para cumprimento de um voto/duma promessa). **2** Que é oferecido por devoção. **Comb.** *Rel* Missa ~a [celebrada por devoção dos fiéis ou do celebrante em certos dias em que pode substituir a que é indicada no calendário litúrgico «~a da Virgem Maria, no sábado»].

voto *s m* (<lat *vótum,i*) **1** A(c)to de votar/Votação. **Comb. Assembleia** [Organismo/Local/Júri] *de ~. Direito de ~.* **2** Escolha feita por meio de votação/Sufrágio. **Ex.** O partido venceu com mais de 60% dos ~s. **Loc.** Ir a ~s [Decidir votando]. **3** Impresso [Boletim(+)] que se introduz na urna [caixa fechada] e onde é assinalada [está escrita] a escolha do eleitor. **Comb.** ~ *branco* [sem escolha assinalada]. ~ *nulo* [inválido/irregular]. *Boletim de* ~. *Contagem dos* ~s. **4** Opinião/Parecer. **Loc.** Dar um ~ de confiança [Manifestar o apoio] (Ex. A Assembleia da República deu um ~ de confiança ao governo). **Idi.** *Ter* ~ *na matéria* [Ter poder de decisão/direito a manifestar a sua opinião] (Ex. A tua opinião «escolha do presidente do clube» seja feita por voto secreto» não conta, não tens ~ na matéria). **Comb.** ~ *de qualidade* [«do presidente» para desempate]. **5** Expressão de um sentimento/desejo. **Idi.** *Fazer* ~s *para* [Desejar] que tudo corra bem/pelo melhor. **Comb.** ~s de pesar [Pêsames/Condolências dirigidas aos familiares de alguém que faleceu]. **6** *Rel* Promessa deliberada e livre, feita a Deus, de um bem possível «obrigação de praticar ou omitir alguma coisa» e melhor que o seu contrário. **Ex.** O ~ «de pobreza/deixar de fumar» é pessoal e só obriga quem o emite. **Comb.** ~s *públicos* [recebidos e aceites em nome da Igreja «pelo superior duma comunidade religiosa»]. ~s *religiosos* «simples/solenes» [de pobreza, castidade e obediência, emitidos pelos membros das ordens, cogregações, institutos e sociedades religiosas]. **7** Promessa(+) feita à Virgem Maria ou a um santo «ir a Fátima a pé, se alcançar a graça pedida».

vovente *adj/s 2g* (<lat *vóvens,éntis <vovére*: fazer voto) (O) que faz voto/Votante **3**(+).

vovó/vovô *s f/m fam* Avó/Avô.

vox populi lat Voz do povo [da maioria]. **Loc.** ~, *vox Dei* [A voz do povo é a voz de Deus]. **Sin.** Voz geral/O que diz toda a gente. ⇒ voz **8 Comb.**

voyeur fr *s 2g Psiq* Indivíduo de curiosidade malsã que experimenta prazer ao ver as pessoas despidas.

voyeurismo *s m Psiq* (<*voyeur* + -ismo) Qualidade [Desordem] de *voyeur*.

voz *s f* (<lat *vox,vócis*) **1** Conjunto de sons e ruídos produzidos pelos órgãos da fonação. **Ex.** Os sons fundamentais da ~ são emitidos pelas cordas vocais que vibram à passagem do ar proveniente das vias respiratórias. **Prov.** *São mais as ~es que as nozes* [Há grande exagero naquilo que se diz]. ~*es de burro não chegam ao céu* [Palavras ocas/insensatas não merecem atenção]. **Idi.** *Dar* ~ a alguém [Permitir que manifeste a sua opinião] (Ex. É muito importante dar ~ àqueles que não têm ~ [aos que, por serem fracos ou desfavorecidos, não conseguem fazer-se ouvir]. *Erguer a* ~ [Manifestar com clareza e insistência a sua opinião «de condenação/defesa/apoio» sobre alguma coisa ou alguém «contra a exploração de menores»]. *Levantar a* ~ [Falar em tom autoritário/agressivo] (Ex. Quando a professora levanta a ~, ficam todos em silêncio absoluto. Como ousas levantar a ~ aos teus pais?). *Ser* ~ *corrente* [Ser do conhecimento público geral/Ouvir-se por todo o lado] (Ex. É ~ corrente que o governo vai cair). **Comb.** *idi* ~ *de cana rachada* [aguda e estridente]. *idi* ~ *de trovão* [muito forte e grave]. ~ *off* [Diz-se que provém do exterior duma cena de filmagem/do palco]. *A uma só* ~ [Em uníssono/Todos em concordância]. *De viva* ~ [Falando pessoalmente]. *Em* ~ *alta [baixa]* [De modo audível/pouco audível]. **2** Capacidade de falar/Fala. **Loc.** Perder a/Ficar sem ~ [Não conseguir falar de forma perce(p)tível] (Ex. A rouquidão fez-me perder a [ficar sem] ~). **3** *Mús* Utilização desses sons no canto. **Loc.** *Educar a ~. Ter boa ~*. **Comb.** ~ *de falsete* [aguda e fina, imitando a de soprano]. ~ *de soprano* [tenor/barítono]. **4** *Mús* Pessoa que canta/Cantor. **Comb.** Espe(c)táculo «ópera» com as mais conceituadas ~es da a(c)tualidade. **5** *Mús* Parte cantada de uma peça musical. **Comb.** Partitura [Obra] para piano e ~. **6** *Mús* Cada uma das linhas melódicas de uma composição polifó[ô]nica. **Comb.** Composição «missa» para 4 ~es mistas. **7** Som produzido por certos animais/instrumentos musicais/seres inanimados. **Loc.** Imitar a ~ do burro/da ovelha. **Comb.** ~ do mar. **8** Expressão de opinião. **Comb.** ~ *do povo* [Opinião corrente/Boato amplamente divulgado] (⇒ *vox populi*). ~*es do mundo* [Opinião pública]. **9** Ordem [Intimação] transmitida em ~ alta. **Comb.** *Mil* ~ *de comando* [Ordem dada a uma formação militar/militarizada, por quem a dirige «Sentido!/Marche!»]. ~ *de prisão* [Anúncio feito por uma autoridade «polícia» a alguém que vai ser preso]. **10** *Gram* Forma verbal que exprime a relação entre o sujeito e a a(c)ção indicada pelo verbo. **Comb.** ~ *a(c)tiva* [que indica que o sujeito pratica a a(c)ção expressa pelo verbo: *o homem lavra a terra*]. ~ *passiva* [que mostra que o sujeito recebe/sofre a a(c)ção indicada pelo verbo: *a terra é lavrada pelo homem*].

vozeador, ora *adj/s* (<vozear + -dor) (O) que vozeia.

vozeamento *s m* ⇒ vozearia.

vozear *v t/int* (<voz + -ear) Falar em voz alta/Berrar/Gritar/Clamar.

vozearia [vozeada] *s f* (<vozear) Clamor de muitas vozes juntas/Gritaria/Berreiro. **Ex.** Os manifestantes, numa ~ infernal [ensurdecedora], clamavam: abaixo o governo!

vozeirão *s m* (<vozeiro + -ão) (Pessoa com) voz forte e grossa. **Ex.** O ~ do dire(c)tor ouvia-se em toda a escola.

vozeirar *v int* (<vozeiro + -ar¹) Falar com voz forte e em tom ameaçador.

vozeiro, a *adj/s* (<voz + -eiro) (O) que fala muito/Palrador.

vulcaniano, a *adj Geol* (<vulcão + -iano) Diz-se do tipo de erupção vulcânica cara(c)terizada pela saída de lamas viscosas e cinzas que, acumulando-se, formam o cone vulcânico.

vulcânico, a *adj* (<vulcão + -ico) **1** Relativo a vulcão. **Comb.** *Erupção ~a. Lava ~a.* **2** Formado por vulcão. **Comb.** Ilha ~a. **3** Constituído por lavas. **Comb.** Rocha ~a [proveniente da consolidação dos magmas à superfície] «basalto». **4** *fig* Ardente/Impetuoso(+). **Comb.** Temperamento ~/explosivo/colérico.

vulcanismo *s m Geol* (<vulcão + -ismo) Conjunto de processos e a(c)ções que envolvem a origem, natureza e evolução das matérias expelidas pelos vulcões e sua consolidação superficial [à superfície]. ⇒ vulcanologia.

vulcanite *s f* ⇒ ebonite.

vulcanização *s f* (<vulcanizar + -ção) A(c)ção de vulcanizar/Combinação da borracha com enxofre para a tornar resistente ao calor e ao frio sem perda das propriedades elásticas. **Ex.** A ~ foi descoberta pelo americano Ch. Goodyear, em 1838.

vulcanizador, ora *adj/s* (<vulcanizar + -dor) **1** (O) que vulcaniza. **Comb.** *Agente* [Processo] *~. (Um operário) ~.* **2** Aparelho onde se faz a vulcanização.

vulcanizar *v t* (<*Mit* Vulcano, deus romano do fogo + -izar) **1** Fazer a vulcanização da borracha. **2** *fig* Fazer ficar ardente/em brasa, como um vulcão. **3** *fig* Fazer exaltar/arrebatar/Inflamar.

vulcanologia *s f Geol* (<vulcão + -logia) Ramo da Geologia que estuda os vulcões e os fenó[ô]menos vulcânicos. ⇒ vulcanismo.

vulcão *s m Geol* (<lat *Vulcanus, i*: Vulcano, deus mitológico do fogo) **1** Abertura na crosta terrestre através da qual são expelidos produtos gasosos, sólidos e líquidos (Magma), a temperaturas muito altas, que se acumulam à superfície formando geralmente um cone. **Comb.** *~ adormecido* [que não está em a(c)tividade]. *Cratera dum ~* [Abertura superior por onde são expelidas as matérias magmáticas]. **2** *fig* Incêndio violento. **3** *fig* Pessoa impetuosa com imaginação ardente. **Ex.** Este orador é um ~! **4** *fig* Situação social explosiva/instável. **Ex.** «neste momento, 2013, na Grécia/Síria/Egi(p)to» Vive-se sobre um ~.

vulgar *adj 2g* (<lat *vulgáris,e*) **1** Relativo ao vulgo/povo/à plebe/Popular. **Comb.** Dito [Traje] ~ duma região. **2** Comum à maior parte das pessoas/Frequente/Habitual. **Ex.** O uso de calças pelas mulheres tornou-se ~. **Loc.** Cumprimentar [Saudar(+)] pessoas desconhecidas na rua, é prática [uso/costume] ~ nas aldeias pequenas. **Comb.** «amendoeira/oliveira» Planta ~ nesta região (Nordeste de Portugal). **3** De qualidade inferior/Medíocre/Banal. **Ex.** Uns ~es chinelos de plástico, de enfiar no dedo, para usar na praia, servem muito bem. **Comb.** Mesa tosca, feita da ~ madeira de pinho. **4** Reles/Ordinário/Grosseiro. **Comb.** *Linguagem ~. Maneiras ~es*. **5** Que pertence à linguagem corrente, não científica. **Comb.** *idi ~ de Lineu* [Muito comum/Corriqueiro]. *Nome ~* [Designação corrente, não científica «de planta/animal»]. **6** *Ling* Que pertence à língua falada/Não erudito. **Comb.** *Latim ~* (Ant. Latim clássico «de César/Cícero/Virgílio»). *Linguagem ~/não literária*. **7** *s m* Aquilo que é conhecido/comum/trivial/corrente. **Loc.** Passar horas agarrado ao [em frente do] computador, é o ~ de muitos jovens a(c)tuais [de agora].

vulgaridade *s f* (<lat *vulgáritas,átis*) **1** Cara(c)terística do que é vulgar/corrente/habitual. **Ex.** «na aldeia» Os dias decorrem normais (, com ~) «não acontece nada de novo». **2** Coisa vulgar/Banalidade. **Ex.** As lojas de recordações estão cheias de ~s «que os turistas compram!».

vulgarismo *s m* (<vulgar + -ismo) **1** Cara(c)terística do que é comum/Vulgaridade. **2** Modo de agir/falar grosseiro. **Ex.** A linguagem usada em alguns programas de televisão é dum ~ confrangedor!

vulgarização *s f* (<vulgarizar + -ção) **1** A(c)to ou efeito de vulgarizar. **Comb.** A ~ do acesso ao ensino superior. **2** Difusão/Divulgação. **Comb.** A ~ dos telemóveis/computadores. **3** Publicidade/Propaganda. **Comb.** Brochura [Folheto] de ~ «dos efeitos benéficos do aloés».

vulgarizador, ora *adj/s* (<vulgarizar + -dor) (O) que vulgariza. **Comb.** A(c)ção [Efeito] ~ora/or.

vulgarizar *v t* (<vulgar + -izar) **1** Tornar conhecido/Divulgar/Popularizar. **Ex.** O uso dos computadores e o acesso à Internet vulgarizaram-se rapidamente. **2** Tornar comum/Banalizar. **Ex.** Depois de um começo artístico prometedor, a cantora vulgarizou-se «ao enveredar pela música pimba».

vulgarmente *adv* (<vulgar 2 + -mente) Habitualmente/Correntemente/Usualmente. **Ex.** Pequenos traje(c)tos, faço-os ~ [geralmente/quase sempre] a pé. Como se diz ~, *quem não se sente não é filho de boa gente*.

Vulgata *s f Rel Maiúsc* (<lat *vulgata (editio) <vulgátus,a,um*: que é do uso público, propagado) Versão latina da Bíblia, feita em grande parte por S. Jeró[ô]nimo.

vulgo *s m* (<lat *vúlgus,i*) **1** O povo/A plebe. **Comb.** Arte «cubismo/impressionismo» que o ~ não entende. **2** A generalidade das pessoas/O comum dos mortais. **Ex.** A música que agrada ao ~ nem sempre é [não é necessariamente] a melhor.

vulnerabilidade *s f* (<vulnerável +-i-+ -dade) Cara(c)terística do que é vulnerável. **Comb.** *A ~ do organismo* «das crianças/dos idosos». *A ~ duma argumentação* [A fragilidade dos argumentos (apresentados)].

vulneração *s f* (<lat *vulnerátio,ónis*) **1** A(c)to ou efeito de vulnerar. **2** Ferida(+)/Ferimento(+).

vulnerador, ora *adj/s* (<vulnerar + -dor) (O) que vulnera/Vulnerante.

vulnerante *adj 2g* (<vulnerar + -ante) Que vulnera/magoa/fere. **Comb.** *Espada ~/afiada. Palavras ~s/ofensivas(+)/que ferem.*

vulnerar *v t* (<lat *vúlnero,áre,átum*) **1** Causar ferimento/Ferir. **Ex.** Numa rixa, vulnerou [cortou/feriu(+)] o antagonista com uma navalha. **2** Causar desgosto/Magoar/Ofender. **Ex.** Palavras de desprezo «ditas por um filho» que vulneram [doem(+)/ferem(+)/magoam(+)].

vulnerário, a *adj/s* (<lat *vulnerárius,a,um*) **1** *Med* (Medicamento) que se aplica no tratamento de feridas. **2** *s m Bot* Lenho próprio da cicatrização das plantas. **3** *s f Bot* Planta herbácea da família das leguminosas, *Anthyllis vulneraria*, geralmente com flores amarelas, que se utiliza na cicatrização de certas feridas.

vulnerável *adj 2g* (<lat *vulnerábilis,e*) **1** Que pode ser vulnerado. **Comb.** Defesa «duma equipa/e de futebol» muito ~. **2** Que tem poucas defesas/Frágil/Fraco. **Ex.** Os idosos e as crianças são os grupos etários mais ~eis. **3** *fig* Diz-se de ponto fraco [*idi* tendão de Aquiles] de alguém/alguma coisa.

vulpino, a *adj/s f* (<lat *vulpínus,a,um <vúlpes,is*: raposa) **1** Relativo à raposa. **Comb.** Cauda ~a. **2** *fig* Astuto(+)/Manhoso(+). **Comb.** Espírito [Feitio] ~. **3** *s f* Substância corante de tom amarelo-limão, extraída de um líquen.

vulto *s m* (<lat *vúltus,us*) **1** Rosto/Semblante/Face. **Comb.** ~s [Rostos] sorridentes «das crianças no recreio». **2** Compleição física/Corpo/Figura. **Ex.** «tinha quase dois metros de altura» No meio da multidão sobressaía aquele ~ agigantado. **3** Figura indistinta/Imagem pouco nítida. **Ex.** Um ~ semelhante a alguém embrulhado numa capa fugia junto à sebe. **4** Volume/Dimensão/Tamanho. **Comb.** Despesa grande [de ~]. **5** Importância/Interesse/Notabilidade. **Comb.** Obra de ~ [de grande importância]. **6** *fig* Pessoa notável/Herói. **Comb.** Gil Vicente e Camões, dois dos maiores ~s da literatura portuguesa e mundial.

vultoso, a (Ôso, Ósa, Ósos) *adj* (<vulto + -oso; ⇒ vultuoso) **1** Que faz vulto/Volumoso(+). **Ex.** Os pacotes não cabem na mala do carro, são muito ~s. **2** Avultado/Considerável. **Comb.** Despesa ~a [avultada(+)/de vulto(+)].

vultuosidade *s f* (<vultuoso +-i-+ -dade) **1** Qualidade do que é vultuoso. **2** Grandeza/Tamanho. **Ex.** A ~ do edifício «hotel/hospital» tirou [tapou] o sol a muitas casas do bairro.

vultuoso, a (Ôso, Ósa, Ósos) *adj* (<lat *vultuósus, a, um*; ⇒ vultoso) **1** Grande/Volumoso(+). **Comb.** Remessa de muitos volumes e alguns deles ~s. **2** Que atinge valores elevados/Avultado/Considerável/Vultoso. **Ex.** A casa necessita de ~as obras de conservação. **3** Que tem grande importância.

vulturídeo, a *adj/s m pl Ornit* (<lat *vúltur,úris*: abutre + -ídeo) (Diz-se de) família de aves de rapina diurnas, a que pertence o abutre.

vulva *s f Anat* (<lat *vúlva,ae*) Parte exterior do aparelho genital feminino.

vulvar *adj 2g* (<vulva + -ar²) Relativo à vulva/Vaginal. **Comb.** *Abertura ~. Vestíbulo ~* [vaginal].

vulvite *s f Med* (<vulva + -ite) Inflamação da vulva.

vulvovaginite *s f Med* (<vulva + vaginite) Inflamação da vulva e da vagina.

vurmo *s m* (<an al *wurm*: verme) Pus ou sangue purulento das feridas.

vuvu *s m Br pop* (<on) Briga/Confusão.

w (Dâbliú/Doble vê/Duplo vê(+)/Vê duplo) *s m* **1** Vigésima terceira letra do alfabeto, tomada de outras línguas, que se usa sobretudo em símbolos e vocábulos estrangeiros aportuguesados. **Ex.** O ~ geralmente tem o valor de *u* nas palavras de origem inglesa «*watt*» e de *v* nas (palavras) de origem germânica «*wagneriano*». **2** *Fís* Símbolo de *watt*. **3** *Geog Maiúsc* Símbolo do ponto cardeal oeste. **4** *Quím Maiúsc* Símbolo do elemento metálico tungsté[ê]nio.

wad (Uód) *s m Miner* (<ing *wad*) **1** Mineral de magnésio amorfo. **2** Designação genérica de uma mistura complexa de óxidos de magnésio, de cor castanha-escura ou negra, contendo geralmente outros metais.

wagneriano, a (Và) *adj* (<antr R. Wagner (1813-1883), músico compositor alemão) Relativo a Wagner ou à sua obra. **Comb.** Ópera ~a «*A Valquíria/O Crepúsculo dos Deuses*».

wagnerite/a (Và) *s f Miner* (<antr Moritz Wagner (1813-1887), naturalista alemão) Mineral de magnésio (Fluofosfato de magnésio) que cristaliza no sistema monoclínico.

walkie-talkie (Uóquitóqui) *s m* (<ing *to walk*: passear + *to talk*: conversar) Sistema emissor-rece(p)tor radiofó[ô]nico, portátil, que permite comunicações a curta distância. **Ex.** Ofereceu ao filho «nos anos» um ~ para ele brincar com os amigos.

warrant (Uó) *s m Econ* (<ing *warrant*: sanção, autorização, garantia) Título de crédito, endossável, garantido por mercadorias depositadas em armazém «de alfândega». **Ex.** O ~ pode ser usado como título de garantia de empréstimos.

watt (Uót) *s m Fís* (<antr J. Watt (1736-1819), físico escocês) Unidade de potência do S.I. correspondente a uma fonte de energia que produz um joule por segundo, Símbolo *w*. **Comb.** Lâmpada de 210 V e 60 W.

watt-hora *s m Fís* Unidade de medida de energia que corresponde à energia [ao trabalho] desenvolvido num segundo por uma potência de um watt, símbolo *Wh*. **Ex.** Um ~ equivale a 3600 joule.

wattímetro (Uóttí) *s m Ele(c)tri* (<watt + -metro) Instrumento de medida de potência elé(c)trica.

W C *s m* (<ing *water*: água + *closet*: quarto pequeno ou reservado) Sanitários/Casa de banho/*Br* Banheiro. ⇒ retrete; latrina.

web (Uéb) *s f Info* (<ing *web*: teia, rede; ⇒ www) Sistema de acesso à informação na Internet.

western (Ués) *s m Cine* (<ing *western*: do Oeste) Filme que retrata aspe(c)tos da conquista do Oeste norte-americano, com cenas de lutas e tiroteios.

whisk(e)y (Uísqui) *s m* (<ing *whisky*) Bebida alcoólica feita com cereais fermentados/ Uísque(+). **Comb.** ~ *de malte*. ~ *velho*.

windsurf (Uindsârf) *s m (D)esp* (<ing *wind*: vento + *to surf*: deslizar; flutuar) Desporto [Esporte] náutico individual praticado com uma prancha munida de mastro e vela.

won *s m* Unidade monetária da Coreia do Sul e da Coreia do Norte. ⇒ yen; yuan; renminbi.

workshop (Uarquechóp) *s f* (<ing *to work*: trabalhar + *shop*: oficina, loja) Reunião [Curso intensivo/Seminário] em que se debatem ideias e trocam experiências sobre determinado tema. **Comb.** ~ promovida pelos autarcas «sobre as potencialidades turísticas da região».

wurtzite/a (Vur) *s f Miner* (<antr C. Wurtz (1817-1884), químico francês) Minério de zinco (Sulfureto de zinco) de cor preta-acastanhada, que cristaliza no sistema hexagonal.

WWW *Info* Sigla do ing *world wide web*: rede de âmbito mundial (de comunicação pela Internet).

X

x (Xis) *s m* (<lat *x* <gr ξ, Ξ) **1** Vigésima quarta letra e décima oitava consoante do alfabeto português. **Ex.** O ~, no meio das palavras, pode ter os sons: *ch* «eixo»; *cs* «fixo»; *z* «exemplo»; *ss* «máximo», e, quando precedido de *e* (e antes de uma consoante), *eis* «ex-presidente/expandir». **2** Vigésimo quarto lugar duma série representada pelas letras do alfabeto. **Comb.** Fila ~ «duma sala de espe(c)táculos». **3** *Maiúsc* Símbolo que, em numeração romana, representa o número 10 e o ordinal décimo. **Comb.** *Ano* ~ (Dez ou décimo) «da era cristã». *Afonso* ~ (Décimo) «de Castela». **4** *Mat* Símbolo que representa a incógnita «duma equação» e a variável independente «duma função». **5** *Geom* Num referencial cartesiano representa o eixo das abcissas e o valor da coordenada. **6** *Fís Maiúsc* Símbolo de rea(c)tância. **Comb.** *Fís* **Unidade** ~ [Unidade de comprimento com o valor de 10^{-11} cm]. *Raios* ~.

xá *s m Hist* (<persa *xāh*) Título usado outrora pelo soberano da Pérsia (Agor Irão).

xabraque *s m* (<turco *chaprak*) Pano ou couro [Xairel] com que se cobrem as ancas dos cavalos e os coldres.

xácara *s f* (<esp *jácara*; ⇒ chácara) Narrativa popular em verso, cantada ao som da viola. **Ex.** *A Nau Catrineta* é uma ~.

x-a(c)to (Chizato) *s m* Instrumento cortante que tem uma lâmina retrá(c)til, usado para cortar papel, cartão e outras matérias moles.

xadrez (Drês) *s m* (<ár *xatrandj*) **1** Jogo para duas pessoas em que cada uma tem 16 peças diferentes, um conjunto branco e o outro preto, movidas alternadamente por cada jogador, num tabuleiro dividido em 64 pequenos quadrados (8x8), também alternadamente pretos e brancos. **Ex.** Cada peça «rei/rainha», ou grupo de peças iguais «torres/cavalos/peões» do ~ tem a sua maneira própria de se deslocar no tabuleiro. **2** Tabuleiro onde se joga esse jogo. **3** Desenho constituído por quadrados de cores alternadas, todos com o mesmo tamanho. **Comb.** Pavimento «do corredor do hospital» em ~ de quadrados pretos e brancos. **4** Tecido de cores dispostas em quadrados alternados. **Comb.** Clube de futebol com as camisolas do equipamento de ~.

xadrezar *v t* (<xadrez + -ar¹) Dispor em forma de xadrez/Enxadrezar.

xadrezista *s 2g* (<xadrez + -ista) Jogador de xadrez. **Ex.** No torneio, participaram ~as de várias idades «crianças e adultos».

xa(i)le *s m* (<persa *xāl* ou *shāl*) Peça de vestuário com forma triangular (ou quadrada dobrada em diagonal) geralmente franjada, que se usa sobre os ombros. **Ex.** Os ~s são usados principalmente por mulheres, como agasalho ou adorno.

xairel *s m/adj 2g* (<ár *djilā*) **1** Pano ou couro que se coloca sobre o dorso da cavalgadura onde assenta a sela ou o selim. **2** (Diz-se do) cavalo que tem uma malha branca na área onde assenta a sela ou o selim/Xairelado.

xale ⇒ xa(i)le.

xalma *s f* (<gr *ságma, atos*: albarda, sela) Cada uma das grades laterais colocadas nos carros ou nos barcos para impedir que a carga caia. **Sin.** Cancela(o+); caniça(+).

xamã *s m* (<tungue *saman*: esconjurador, exorcista) **1** Feiticeiro e sacerdote nas civilizações da Ásia Central e Setentrional. **Ex.** O ~ assume-se como um extático dotado do poder de abandonar o próprio corpo e vaguear nas regiões cósmicas como um espírito. **2** Curandeiro/Adivinho em certas culturas africanas e ameríndias.

xamanismo *s m Rel* (<xamã + -ismo) Fenó[ô]meno religioso orientado pelos xamãs, cara(c)terístico dos povos uralo-altaicos, mas praticado também entre os índios americanos, no Sudoeste Asiático e na Oceânia.

xamata *s f* (<persa *xām-māhūt*) Manto oriental de seda, bordado a ouro.

xampu *s m Br* ⇒ champô.

xantato *s m Quím* (<(ácido) xânt(ico) + -ato) Sal derivado dos ácidos xânticos, um dos quais se emprega no fabrico da viscose.

xanteína *s f Quím* (<gr *xanthós*: amarelo, amarelado + -ina) Substância corante que se extrai da dália amarela.

xantelasma *s m Med* (<gr *xanthós,é,ón*: amarelo + *élasma,atos*: lâmina, placa) Dermatose cara(c)terizada por pápulas lisas de cor amarela, que aparecem nas pálpebras, geralmente depois dos 50 anos de idade, com mais frequência nas mulheres.

xântico, a *adj* (<gr *xanthós*: amarelo) **1** Relativo à cor amarela. **2** *Quím* Designativo de um ácido hipotético, de fórmula H_2COS_2, de que se conhecem derivados orgânicos (Xantatos).

xantina *s f Quím* (<gr *xanthós*: amarelo + -ina) Substância orgânica anfótera do grupo das purinas, que se encontra no sangue, na urina, no fígado e em algumas plantas.

xanto *s m* (<gr *xanthós*) Pedra preciosa de coloração amarela, mencionada por autores da Antiguidade mas a(c)tualmente desconhecida.

xanto- *elem de formação* (<gr *xanthós*) Exprime a ideia de **amarelo**.

xantodermia *s f Med* (<xanto- +...) **1** Espécie de icterícia que sobrevém em certos pontos da pele «palma das mãos/planta dos pés». **2** Coloração amarela da pele.

xantofila *s f Bot* (<xanto- + gr *phýlon,ou*: folha) Pigmento que dá a cor amarela(da) às plantas.

xantogénico, a [*Br* **xantogênico**] *adj* (<xanto- + génio + -ico) **1** Diz-se do micróbio da febre-amarela. **2** Diz-se do ácido responsável pela coloração amarela das madeiras.

xantogénio [*Br* **xantogênio**] *s m Bot* (<xanto- +...) Pigmento de cor verde-amarelada que se encontra em muitos vegetais, especialmente nas flores.

xantoma *s m Med* (<xanto- + -oma) Dermatose cara(c)terizada pela presença de pequenos tumores de coloração amarela.

xantomatose *s f Med* (<xantoma + -ose) Estado patológico proveniente da proliferação de xantomas no organismo. **Ex.** A ~ está geralmente associada ao teor anormal de colesterol no sangue.

xantúria *s f Med* (<xanto- + -úria) Presença anormal e excessiva de xantina na urina.

xaputa *s f Icti* (<ár *xabbūtā*) Peixe teleósteo da família dos hemulídeos ou corifenídeos, *Brama raii*, de cor azul escura, com a barbatana caudal em forma de cauda de andorinha, frequente nas costas marítimas portuguesas/Plumbeta/Freira.

xará *s 2g Br* (<tupi *xa'ra* < *xe rera*: meu nome) **1** Pessoa que tem o mesmo nome/Homó[ô]nimo. **2** Amigo (Pessoa indeterminada)/Companheiro. **Ex.** Diga-me, ~, por favor, onde é o correio? Como vai, ~?

xarel *s m* ⇒ xairel.

xaréu *s m Br Icti* (< ?) Designação comum de peixes teleósteos marinhos perciformes, da família dos carangídeos.

xaropada *s f* (<xarope+-ada) **1** Porção de xarope que se toma de uma só vez. **2** *pop* Qualquer preparado medicamentoso contra a tosse e constipações [resfriados]. **Ex.** Com umas ~s de (xarope de) cenoura fiquei logo muito melhor da tosse. **3** *fig pop* Estopada/Maçada. **Ex.** O espe(c)táculo foi uma ~ do princípio ao fim «só não saí a meio por parecer mal».

xarope (Ró) *s m* (<ár *xarāb*) **1** Preparado farmacêutico líquido com elevada concentração de açúcar, contendo substâncias medicamentosas, geralmente aromáticas. **Comb.** ~ «de cenoura/cebola» para a tosse. **2** Solução muito concentrada de açúcar podendo conter sumo de fruta. **Comb.** Medicamento para crianças, ministrado em ~ «para mascarar [disfarçar/atenuar] o sabor amargo».

xaroposo, a (Ôso, Ósa, Ósos) *adj* (<xarope + -oso) **1** Que tem a consistência do [Semelhante ao] xarope. **Comb.** Líquido [Medicamento] ~. **2** *fig Br* Enfadonho/Maçador.

xarrasca *s f* (< ?) Aparelho de linha e anzol, próprio para a pesca do goraz e do capatão e outros peixes de beiços carnudos.

xarroco (Rrô) *s m Icti* (< ?) Peixe teleósteo de cabeça larga e achatada, existente nas costas portuguesas.

xaveco (Vé) *s m* (<ár *xabbāq*) **1** Embarcação pequena, à vela, que foi usada por corsários no Mediterrâneo. **2** Barco pequeno e desconjuntado. **3** *col* Coisa sem valor. **Ex.** Desfiz-me do [Mandei para a sucata o] ~ «que estava *idi* a cair aos bocados» e comprei um carro novo.

xávega *s f* (<ár *xābaka*) **1** Rede usada para a pesca de arrasto, no Algarve (Pt). **2** Embarcação usada nesse tipo de pesca.

xelim¹ *s m* (<ing *shilling*) Moeda inglesa em uso até 1971, equivalente à vigésima parte da libra. **2** Unidade monetária do Qué[ê]nia, da Somália, da Tanzânia e do Uganda.

xelim² *s m* (<al *schilling* < al *skilling*: moeda de ouro) Antiga unidade monetária da Áustria, antes do euro.

xelindró *s m pop* (<?) Cadeia/Prisão. **Ex.** «jovens vadios» Só fazem desacatos, mereciam (passar) uns dias no ~!

xelma *s f* ⇒ xalma.

xeno- *elem de formação* (<gr *xénos*: estrangeiro) Exprime a ideia de **estrangeiro**.

xenofilia *s f* (<xeno- + -filia) Simpatia pelos estrangeiros ou por tudo o que é estrangeiro.

xenófilo, a *adj/s* (<xeno- + -filo) (O) que é amigo dos [do que é estrangeiro(s).

xenofobia *s f* (<xeno- +...) Aversão [Antipatia] aos [ao que é] estrangeiro(s).

xenófobo, a *adj/s* (<xeno- + -fobo) (O) que tem aversão aos [a tudo o que é] estrangeiro(s).

xenomania *s f* (<xeno- +...) Gosto exagerado de tudo o que é estrangeiro/Estrangeirice.

xénon [*Br* **xênon/xenônio**] *s m Quím* (<gr *xénon*: estrangeiro, estranho) Elemento químico de número ató[ô]mico 54, símbolo *Xe*, um dos gases raros ou inertes.

xepa (Chê) *s f Br* (< ?) **1** Comida servida no quartel/Rancho. **2** Restos de comida. **3** Restos de mercadoria exposta no mercado que se vende mais barata no final da feira.

xeque[1] (Ché) *s m* (<persa *xāh*: rei) **1** Posição, no jogo do xadrez, em que uma das peças principais (Rei) pode ser comido na jogada seguinte. **Comb.** ~ ao rei [Aviso que deve ser feito obrigatoriamente pelo jogador que na jogada seguinte pode comer o rei do adversário]. ⇒ xeque-mate. **2** *fig* Situação de perigo ou contratempo. **Loc.** Pôr (alguém) em ~ [Pôr « a reputação» em perigo/descrédito/má situação].

xeque[2] (Ché) *s m* (<ár *xáikh*: velho) Chefe de tribo árabe.

xeque-mate (Ché) *s m* (<xeque + matar) Lance que, no jogo do xadrez, deixa o adversário sem possibilidade de defesa (do rei), o que põe fim à partida [o que indica a derrota (de quem perde o rei)].

xereta (Rê) *adj/s 2g Br* (<cheireta) (O) que é bisbilhoteiro/Mexeriqueiro/Intrometido.

xeretar *v int Br* (<xereta + -ar[1]) **1** Bisbilhotar/Intrometer(-se). **2** Bajular.

xerez (Rês) *s m* (<top *Jerez de la Frontera*, Espanha) Vinho branco muito apreciado, produzido na região andaluza de Jerez de la Frontera. **Loc.** Tomar um cálice de ~ «como aperitivo». ⇒ porto.

xerifado *s m* (<xerife + -ado) Cargo ou dignidade de xerife.

xerife[1] *s m Hist* (<ár *xarīf*: nobre) **1** Nome dado aos descendentes de Maomé pela sua filha Fátima e pelo genro Ali. **2** Casta nobre e hereditária que usa como distintivo o turbante verde e tem direito ao tratamento de *sayyid*: senhor (em oposição ao escravo).

xerife[2] *s m* (<ing *sheriff*) **1** Magistrado responsável pelo cumprimento da lei em alguns condados de Inglaterra. **2** Funcionário que vela pelo cumprimento da lei e manutenção da ordem em algumas zonas rurais dos EUA. **Ex.** Nos filmes do Oeste Americano (Westerns), o ~ aparece sempre armado (de pistolas/espingarda) e pronto a disparar.

xero- (Ché) *elem de formação* (<gr *kserós*: seco) Exprime a ideia de **seco/sem água**.

xerocópia *s f* (<xero- +...) Cópia obtida por xerografia/Fotocópia. **Ex.** O nome de ~ provém das cópias obtidas nas máquinas comercializadas pela firma americana Rank Xerox.

xerocopiar *v t* (<xerocópia + -ar[1]) Fazer a xerocópia [um xerox] de/Reproduzir por meio de xerocópia.

xerodermia *s f Med* (<xero- + gr *derma, atos*: pele + -ia) Patologia cara(c)terizada pela secura da pele, podendo ser acompanhada de descamação. ⇒ ictiose.

xerofilia [xerofilismo] *s f* [*m*] *Bot* (<xero- +...) Qualidade [Cara(c)terística] que têm certas plantas de poderem vegetar em meio muito seco.

xerófilo, a *adj/s* (<xero- + -filo) (Diz-se de) planta que cresce normalmente em meio muito seco.

xerófito, a *adj/s Bot* (<xero- + -fito) (Diz-se de) vegetal próprio dos lugares secos/das regiões que sofrem longas estiagens.

xeroftalmia *s f Med* (<xero- + oftalmia) Doença cara(c)terizada pela secura da conjuntiva ocular que provoca alterações da córnea. **Ex.** A ~ é provocada pela falta de vitamina A. ⇒ xerose.

xerografia *s f* (<xero- + grafia) Conjunto de técnicas de reprodução a seco de documentos ou gravuras, baseadas na propriedade de certos corpos que, isolantes no escuro, se tornam condutores quando expostos à luz.

xerose *s f Med* (<xero- + -ose) Secura anormal da conjuntiva ocular. ⇒ xeroftalmia.

xerox (Chéróks) *adj/s 2g 2n* ⇒ xerocópia.

xexé (Chéché) *s f* (< ?) **1** Máscara carnavalesca que representa um velho ridículo, de cabeleira e luneta, trajando à antiga. **2** *fig* (O) que, devido à idade, está senil, apatetado. **Ex.** A avó já *idi* não diz coisa com coisa [já não sabe o que diz], está ~ de todo [está completamente ~].

xícara *s f* (<esp *jícara*) Chávena. **Loc.** Para tomar o leite, preferir uma ~ em vez dum copo.

xifiídeo, a *adj/s Icti* (<gr *xiphías*: peixe-espada + -ídeo) (Diz-se de) família de grandes peixes marinhos, teleósteos, com maxila prolongada em lâmina, a que pertencem o espadarte e o peixe-espada.

xifoide (Fói) *adj 2g Anat* (<gr *xiphoeidés*: semelhante a uma espada) Diz-se da parte terminal [do apêndice] do esterno que tem a configuração duma espada e é frequentemente de natureza cartilagínea.

xifópago, a *adj/s Med* (<gr *xíphos*: espada + *págos*: coisa fixa) Monstro congé[ê]nito que resulta da fusão de dois indivíduos pela parte inferior do esterno/Teratópago.

xi[shi]ismo *s m Rel* (<ár *chī'a*: partido + -ismo) Doutrina da seita dos muçulmanos partidários de Ali, genro do profeta Maomé, que afirma que os únicos preceitos doutrinários autênticos são os transmitidos através dos membros da família do profeta. **Ant.** Sunismo.

xi[shi]ita *s/adj Rel* (⇒ xiismo) Muçulmano praticante/seguidor do xiismo. **Ant.** Sunita.

xilema (Lê) *s f Bot* (<gr *xylon* + -ema) Conjunto dos vasos traqueanos num órgão vegetal/Lenho. **Comb.** ~ primário [secundário]. ⇒ floema.

xileno (Lê) *s m Quím* (<gr *xýlon* + -eno) Nome dado aos três isó[ô]meros do dimetilbenzeno, de fórmula molecular $C_6H_4(CH_3)_2$, obtidos quer a partir do petróleo, quer a partir do alcatrão da hulha. **Ex.** O ~, a que também se dá o nome de xilol, é usado como solvente «na lavagem a seco» e, misturado na gasolina, como antidetonante.

xi[chi]lindró *s m pop* ⇒ xelindró.

-xilo- *elem de formação* (<gr *xýlon*) Exprime a ideia de **madeira**.

xilocarpo *s m Bot* (<xilo- +...) Fruto duro ou lenhoso.

xilódio *s m Bot* (<gr *xyloeidés*: lenhoso) Tipo de fruto (Aqué[ê]nio) rijo, lenhificado.

xilófago, a *adj/s* (<xilo- + -fago) (O) «caruncho» que come [se alimenta de] madeira.

xilofone *s m Mús* (<xilo- + -fone) Instrumento musical constituído por uma série de lâminas de madeira rija, dispostas à maneira das teclas dum piano, e que são percutidas com baquetas de madeira. **Ex.** A primeira utilização do ~ numa orquestra sinfó[ô]nica foi na *Dança Macabra* de Saint-Saëns (1874).

xilofonista *s 2g* (<xilofone+-ista) Tocador de xilofone.

xilografia *s f* (<xilo- + -...) Arte de gravar em madeira. **Ex.** Para impressão tipográfica «chinesa», a ~ utiliza uma placa de madeira com gravura em relevo (Xilogravura) que vai servir de matriz.

xilogravura *s f* (<xilo- +...) Gravura em madeira. ⇒ zincogravura.

xilol *s m Quím* ⇒ xileno.

xilolatria *s f* (<xilo- +...) Adoração dos ídolos de madeira.

xilólito *s m* (<xilo- + -lito) Madeira fossilizada ou petrificada.

xilologia *s f* (<xilo- + -logia) **1** Parte da botânica que estuda as madeiras. **2** Tratado acerca de madeiras, em especial, as de construção.

xílon *s m* (<gr *xýlon*) Celulose da madeira ou da casca dos frutos duros.

xilopódio *s m Bot* (<xilo- + gr *pous, podós*: pé + -io) Tuberosidade que contém água de reserva, existente nas raízes de algumas plantas das regiões onde as estiagens ocorrem com regularidade.

xilose *s f* (<xilo- + -ose) Glícido muito doce que se obtém por infusão de madeira ou de palha «utilizado pelos diabéticos em substituição da sacarose».

ximango *s m Br Ornit* (< ?) **1** Ave da família dos falconídeos «falcão», *Milvago chimango*, que ocorre em diversos ambientes da América do Sul/Chimango. **2** Gavião-carrapateiro, *Milvago chimachima*.

xingação [xingamento] *s f* [*m*] *Br* (<xingar) A(c)to ou efeito de xingar/Insulto/Troça.

xingar *v t/int Br* (<quimbundo *xinga*) Ofender com palavras/insultos/Descompor. **Ex.** A mãe *col* xingou-me o juízo [ralhou-me muito/descompôs-me] por causa das negativas que tive [tirei] «a matemática e português».

x[sh]intoísmo *s m Rel* (<jp *shintō*: caminho dos deuses + -ismo) Religião primitiva e tradicional do Japão, politeísta, sem dogmas nem fundador.

x[sh]intoísta *adj/s 2g* (⇒ xintoísmo) **1** Relativo ao xintoísmo. **Comb.** Crença ~. **2** (O) que pratica o [é seguidor do] xintoísmo. **Ex.** Fora do Japão há poucos ~s.

xiquexique *s m Br Bot* (< on) Designação comum de várias plantas arbustivas ou herbáceas, lenhosas, da família das leguminosas.

xiridáceas *s f pl Bot* (<lat científico *Xyridaceae*) Família de plantas herbáceas monocotiledó[ô]neas, dos países quentes.

xisto *s m Miner* (<gr *ksistós, é, ón*: dividido, separado, fendido) Designação das rochas metamórficas (e algumas sedimentares) que apresentam xistosidade. **Comb.** ~ **betuminoso** [com material orgânico, podendo conter petróleo ou gás natural]. ~ **micáceo** [com grande quantidade de mica].

xistosidade *s f* (<xistoso +-i-+ -dade) Propriedade que têm certas rochas metamórficas «lousa» e algumas sedimentares de se dividirem em placas segundo planos de clivagem paralelos.

xistoso, a (Ôso, Ósa, Ósos) *adj* (<xisto + -oso) **1** Que contém xisto. **Comb.** Terreno ~. **2** Que é da natureza do xisto. **Comb.** «ardósia ou lousa» Rocha ~a.

xistro *s m* (<gr *xýstron*) Instrumento com que os dentistas raspam o tártaro dos dentes.

xiu *interj* (<on) Usa-se para pedir silêncio ou mandar calar. **Sin.** Silêncio!; Caluda!; Cale(m)-se.

xivaísmo *s m Rel* (<xivá + -ismo) Religião de uma seita brâmane que tem Xivá como divindade principal.

xixá *s m Bot* (<tupi *xixa*: liso, brilhante) **1** Nome comum a diversas árvores do gé[ê]nero *Sterculia*, nativas do Br, também chamadas boia(-unha-de-anta). **2** Nome de árvores *Sterculia apetala*, de sementes comestíveis, também chamadas panamá.

xixi *s m col* (< on) Urina. **Loc.** Fazer ~ [Urinar/*pop idi* Verter águas/*cal* Mijar].

xô *interj* Exclamação usada para fazer parar animais de carga. **Ex.** ~ burro!

xô *interj* Exclamação usada para afugentar galináceos [aves domésticas] «galinha/peru/pato». ⇒ sape (gato/a).

xodó *s m Br* (< ?) **1** ⇒ Namoro. **2** ⇒ Namorado/a. **3** Sentimento de afeição/estima. **Loc.** Ter ~ por alguém. **4** ⇒ Intriga/Mexerico.

xofrango *s m Ornit* (<lat *ossifrágus,i*: que quebra ossos) **1** Brita-osso, *Gypaetus barbatus*. **2** Águia-pesqueira, *Pandion haliaetus*, enquanto jovem.

x[sh]ógum *s m Hist* (<jp *shōgun*; *pl* shoguns) Chefe militar supremo, no Japão, do séc. XII ao XIX, só teoricamente subordinado ao imperador.

xote *s m Br* (<al *schotisch*: polca escocesa) Dança (e música) de salão de origem alemã executada ao som de sanfonas, nos bailes.

xurreira *s f* (<enxurreira) (Lugar por onde escoa o) enxurro(+).

xuxo *s m Icti* Peixe seláquio das costas portuguesas, afim das raias, de corpo grande e achatado, com cauda longa e fina/Ratão/Rato.

y (Ípsilon) *s m* (< gr Y, y) **1** Vigésima quinta letra do alfabeto português, com valor fonético equivalente ao *i* e que se usa em vocábulos estrangeiros e nos termos aportuguesados deles derivados. **Sin.** I [i] grego. **2** *adj* Vigésimo quinto lugar numa série representada pelas letras do alfabeto. **Comb.** Fila ~ «duma sala de espe(c)táculos». **3** *Mat* Num referencial cartesiano, representa o eixo das ordenadas (Eixo dos *yy*) e a coordenada (dum ponto) relativa a esse eixo. **4** *Mat* Símbolo utilizado para representar, numa função, a variável dependente. **5** *Mat* Símbolo que representa «numa equação/num problema» a segunda incógnita (em que a primeira é o *x*). **6** *Quím* Símbolo químico do ítrio.

Yémen *s m Geog* ⇒ Ié[ê]men.

yen *s m* Unidade monetária do Japão (A grafia *iene* é estranha ao japonês *en* e não se deve usar).

yoga *s m* ⇒ ioga.

yuan *s m* Unidade monetária da China. **Sin.** Renminbi. ⇒ yen; won.

Z

z (Zê/Zéta) *s m* (<gr *(d)zeta*) **1** Última [Vigésima sétima] letra do alfabeto português. **Ex.** No fim das palavras, o ~ tem o valor de s: «faz/ nariz/atroz». **2** *adj* Último elemento duma série representada pelas letras do alfabeto. **Comb.** *Fila* ~. *Listagem* completa dos produtos, de *A* a ~. **3** *Fís Maiúsc* Designa a impedância dum circuito elé(c)trico. **4** *Fís/Quím Maiúsc* Indica o número ató[ô]mico (Número de protões dum átomo). **5** *Mat* Terceiro eixo dum sistema de coordenadas cartesianas e valor dessa coordenada. **Comb.** *Coordenada* ~ *dum ponto. Eixo dos zz.*

zabumba *s m pop* (< on) **1** Tambor grande/Bombo. **Ex.** Em dia de festa, os ~s começam logo pela manhã a percorrer as ruas da aldeia. **2** Tocador de bombo/Zé-pereira.

zabumbar *v t/int* (<zabumba + -ar¹) **1** Atroar/Atordoar. **2** Tocar zabumba.

zabumbeiro, a *s* (<zabumba + -eiro) Tocador de zabumba/Zé-pereira.

zaga *s f Bot* (< ?) Espécie de palmeira de cuja madeira se fazem as azagaias.

zagaia/zagaiada/zagaiar ⇒ azagaia/...

zagaieiro, a *s* (<zagaia + -eiro) (O) que luta [está armado] com zagaia.

zagaio *s m col* (< ?) Nariz.

zagal *a s* (<ár *zagal*) **1** Pequeno pastor. **2** Moço forte e corajoso.

zagalote (Ló) *s m* (< ?) Pequena bala para carregar espingardas.

zagueiro *s m Br (D)esp* (<esp *zaguero*) Jogador de futebol que joga na defesa, entre a linha média e a baliza/Médio(+).

zaire *s m* (<top Zaire) Unidade monetária da República Democrática do Congo (ex--Zaire).

zamba *s f Mús* Dança tradicional argentina.

zambeta *adj/s 2g Br* ⇒ zambo.

zambo, a *adj/s* (<esp *zambo*) **1** (Diz-se do) que tem os pés tortos/Zambro. **2** *Br* (Diz--se do) filho de pai negro e mãe mulata ou indígena. **3** *Br* (O) que é [está] desorientado/desnorteado. **4** *Zool* Espécie de macaco disforme e selvagem da América.

Zâmbia *s f Geog* (<top Zambeze) República da África Central cuja capital é Lusaca. Os zambianos falam vários diale(c)tos bantos, mas a língua oficial é o inglês.

zamboa *s f Br Bot* (<ár *zambu'a*) Fruto da zamboeira/Zamboeira. **2** *fig* Pessoa estúpida/sonsa.

zamboeira *s f Br Bot* (<zamboa + -eira) Árvore da família das citráceas, cujo fruto é a zamboa.

zambra *s f* (<ár *zamr*) Dança popular andaluza possivelmente de origem mourisca.

zambro, a *adj* (<zambo) Cambado das pernas.

zambuco *s m* (<ár *sambúq*) Embarcação de transporte asiática.

zambujal *s m* (<zambujo + -al) Mata de zambujeiros.

zambujeiro [zambujo] *s m Bot* (<ár *zabbuj* + -eiro) Oliveira brava, espontânea nos terrenos incultos do Centro e Sul de Portugal, também conhecida por azambuja/azambujeiro/a.

zamparina *adj f* (<antr Zamperini, cantora veneziana) Usado apenas na expressão: *À* ~ [Com o chapéu inclinado para a frente e sobre a orelha direita].

zanago, a *adj/s* (< ?) (O) que é vesgo.

zanga *s f* (<zangar) **1** A(c)to ou efeito de zangar(-se). **2** Desavença/Quezília. **Ex.** Eles «namorados» tiveram uma ~ mas já fizeram as pazes. **3** Aversão/Antipatia. **Ex.** Tenho-lhes «àqueles vizinhos» uma ~ tão grande que fujo [evito] de me cruzar [encontrar] com eles. **4** Aborrecimento/Importunação/Contrariedade. **Ex.** Que ~! Logo hoje «que tínhamos destinado ir dar um passeio» havia de chover!

zangado, a *adj* (<zangar) **1** Que está de mau humor/Irritado. **Ex.** Porque estás tão ~? Que (é que) aconteceu? A professora estava mesmo ~a; ralhou tanto com os alunos, nunca a tinha visto assim! **2** De relações tensas/cortadas com alguém/Desavindo. **Ex.** Eles andam ~s, há muito (tempo) que não se falam.

zangão, ona *adj/s* (<zangar + -ão) (O) que se zanga muito/Mal disposto/Irascível.

zâ[a]ngão *s m Zool* (< on) **1** Abelha macho, de tamanho maior que as obreiras; não produz mel e tem a função de fecundar a abelha-mestra. **2** Abelha que não produz mel e vive como parasita à custa das outras.

zangar *v t* (<zângão + -ar¹) **1** Ficar irritado/aborrecido/incomodado. **Ex.** Quando soube que ele «o filho» andava a faltar às aulas, fiquei muito zangado [, zanguei-me muito com ele]. «ela é um vidrinho» Não se lhe pode dizer nada, zanga-se logo [, fica logo toda zangada]. **2** Desavir-se/Desentender-se/Irritar-se. **Ex.** Eles que eram tão amigos «andavam sempre juntos», agora zangaram-se, nem se falam [, não falam um com o outro]. **Prov.** *Zangam-se as comadres, descobrem-se as verdades* [Quando duas amigas bisbilhoteiras se zangam, muitos segredos são desvendados].

zangarelho/a *s m/f* (< ?) Rede de um só pano para apanhar pescada.

zangarilhar *v int* (<zangarilho + -ar¹) Andar de um lado para o outro/Passar várias vezes pelo mesmo lugar. **Ex.** Cada vez que saio à rua encontro sempre aquela mulher a ~.

zangarilho *s m* (<esp *zangarilla*) **1** Engenho para tirar água a pouca profundidade/Picota/Cegonha. **2** Engenho para elevar coisas pesadas/Sarilho.

zangarrear *v t/int* (<esp *zangarrear*) **1** Tocar instrumento de corda «viola» de forma monocórdica.

zanguizarra *s f* (< on) **1** Toque desafinado de viola. **2** Tumulto/Algazarra.

zanzar *v int* (<zaranzar) Andar ao acaso/Vaguear/Zaranzar.

zape *s m/interj* (< on) **1** Pancada. **Ex.** Quando ouviu aquele ~, todos exclamaram: já bateu! **2** *interj* Imitação do som produzido por pancada ou movimento cadenciado ou brusco. **Ex.** «estava nevoeiro» Não se via nada, só se ouvia o ~, ~ dos remos na água. Andava descuidado a brincar ao pé duma poça, e ~! caiu lá para dentro.

zapping *s m* (<ing *to zapp*) A(c)ção de percorrer os vários canais de televisão com o telecomando. **Loc.** Fazer o ~ (para ver que programas estão a ser transmitidos).

zarabatana *s f* (<ár *zarabatana*) Tubo comprido usado para arremessar, soprando, bolinhas ou setas.

zarabatanada *s f* (<zarabatana + -ada) Tiro de zarabatana.

zaragalhada *s f* (<zaragalhar + -ada) Zaragata/Alvoroço/Rebuliço.

zaragata *s f* (<esp *zaragata*) Desordem/Confusão/Algazarra/Chinfrim. **Idi.** *Armar* ~ [Provocar intencionalmente uma desordem] (Ex. É um grupo conhecido de desordeiros: aonde chegam, têm de armar [chegam, armam sempre] ~].

zaragatear *v int* (<zaragata + -ear) Fazer zaragata/Provocar desordem. **Ex.** Foram propositadamente ao encontro dos rivais para ~ com eles.

zaragateiro, a *s/adj* (<zaragata + -eiro) (O) que gosta de armar zaragata/Desordeiro/Arruaceiro. **Ex.** Entre os manifestantes havia ~s infiltrados (com o intuito de provocarem a polícia).

zaragatoa *s f* (<esp *zaragatona* <ár *bazr gatûnâ*: caroço de algodão) **1** Pincel feito com algodão hidrófilo enrolado numa vareta e que serve para pincelar a garganta com remédio, ou para colher um exsudado «vó[ô]mito/fezes/sangue». **2** O que é colhido com esse pincel «para análise». **3** *Bot* Planta herbácea da família das plantagináceas, *Plantagro afra*, cujas sementes têm aplicação terapêutica.

zaragatoar *v t* (<zaragatoa + -ar¹) Pincelar «a garganta» com zaragatoa.

zaranza *adj/s* (< ?) (O) que diz coisas atabalhoadamente/sem nexo/Cabeça de vento/Tonto. **Ex.** Bati com a cabeça «ao entrar para o carro», não perdi os sentidos mas fiquei ~ [zonzo(+)] durante um grande bocado.

zaranzar *v int* (<zaranza + -ar¹) **1** Agir atabalhoadamente/sem tino. **2** Andar aparvalhado de um lado para o outro. **Ex.** Passou a manhã inteira a ~, não fez rigorosamente nada!

zarcão *s m* (<ár *zarcún*: cor de fogo) **1** Mineral de chumbo, Pb_3O_4, de cor vermelha/Mínio. **2** Pigmento vermelho artificial usado como tinta anticorrosiva do ferro.

zarco, a *adj* (<ár *zargá*: que tem olhos azuis) **1** (Diz-se de) animal que tem olhos de cor azul clara. **2** (Cavalo) que tem uma mancha branca ao redor de um dos olhos.

zarelho, a (Rê) *s* (< ?) **1** Pessoa metediça. **2** Jovem travesso. **3** Zanaga.

zarolhice *s f col* (<zarolho + -ice) Coisa mal feita/desajeitada. **Ex.** «jogador de futebol» Três vezes em frente à baliza, com o guarda-redes batido, falhou sempre o gol(o); só fez ~ [aselhices(+)]!

zarolho, a (Rô) *adj* (<zarco + olho) **1** Cego dum olho. **2** Que tem os olhos tortos/Vesgo.

zarpar *v t/int Náut* (<esp *zarpar* <it *an sarpare*) **1** Levantar ferro/Içar a âncora. **2** (O barco) partir. **Ex.** Enquanto o navio zarpava, carregado de soldados, os familiares apinhados no cais diziam adeus, acenando com lenços.

zaruca [zaruco, a] *adj 2g* [*adj*] *col* (< ?) Transtornado do juízo/Atoleimado. **Ex.** Não se pode ligar muito [dar importância] ao que ele diz; ele é (meio) ~!

zarzuela *s f Mús* (<esp *zarzuela*) Obra dramática musical típica do teatro espanhol em que alternam a declamação e o canto. **Comb.** *Palácio da* ~ (Madrid).

zarzuelista *s 2g* (<zarzuela + -ista) Autor de zarzuelas.

zás *interj* (< on) **1** Designa a(c)ção rápida. **Ex.** Com um puxão [estição], ~, arrancou-lhe o dente. **2** Imitativo do som produzido por uma pancada. **Ex.** Toda atarefada, ~ ~ com a vassoura, varreu o pátio num instante. **3** Imitativo do som produzido por uma queda. **Ex.** Escorregou e [pumba], caiu [lá vai ele(+)] pela escada abaixo!

zás-catrás [-trás] *interj* ⇒ zás.

zé *s m pop* (<antr José; ⇒ ~ *dos anzóis*) **1** *pop* Moço do povo/Trabalhador rural. **Ex.** Ouve (lá), ó ~, sabes se há por aí quem tenha ovos para vender? **2** O povo/Zé-po-

vinho. Ex. Os governantes fazem as asneiras e quem paga é o ~ (povinho). **3** Pateta/Pacóvio/Zezinho. **Ex.** Tratou-o (com desprezo) como a um pobre ~.

zê *s m* Nome da letra *z, Z.* **Ex.** *Zanzibar* tem [escreve-se com] dois ~s.

zebo (Zè) *s m Zool* (<gebo) Espécie de boi selvagem/Gebo/Zebu.

zebra (Zè) *s f Zool* (<lat *ecíferus* <*equíferus,i*: cavalo selvagem) **1** Mamífero africano da ordem dos perissodá(c)tilos, da família dos equídeos, com pelagem listrada de faixas escuras. **Ex.** A ~ é domesticável. **2** *fig* Faixa de listas brancas em fundo escuro, nas ruas ou estradas, para passagem de peões/Passadeira(+).

zebrado, a *adj/Br s m* (<zebrar) **1** Às riscas como as zebras/Raiado. **Comb.** Tecido ~. **2** *Br s m* Passadeira, numa rua, para travessia de peões.

zebral *adj 2g* (<zebra + -al) Referente à zebra/(Às listras) como a zebra. **Comb.** Pelagem ~.

zebrar *v t* (<zebra + -ar¹) Fazer listras semelhantes às da pele da zebra. **Loc.** ~, numa rua, uma passadeira de peões.

zebrino, a *adj* (<zebra + -ino) ⇒ zebral.

zebro¹ *s m* (<azebro) ⇒ azevinho.

zebro² *s m Zool* (⇒ zebra) **1** Cavalo selvagem. **2** Antigo nome dado ao boi/novilho selvagem.

zebu (Bú) *s m Zool* (<fr *zébu*) Mamífero ruminante da família dos bovídeos, *Bos indicus*, originário da Índia, corpulento e com uma grande bossa onde armazena reservas nutritivas/Zebo/Gebo.

zécora *s f* (< ?) **1** *Bot* Nome vulgar por que também é conhecida a ónagra ou onagra. **2** *Zool* Burro selvagem/Ónagro.

zedoária *s f Bot* (<persa *zädwár*) Planta da família das zingiberáceas, *Curcuma zedoaria*; originária da Índia, cuja raiz é usada como tó[ô]nico, no fabrico de incenso e como condimento.

zé dos anzóis *s m 2n pop* Um fulano qualquer/Sujeito indeterminado e sem importância. **Ex.** Não se fala ao Presidente como ao [se fosse o] ~.

zefir (Zè) *s m* (<gr *zéphyros,ou*: brisa suave) Tecido leve e, geralmente, transparente. **Comb.** Camisa de ~, de manga curta, para o verão.

zéfiro *s m* (⇒ zefir) **1** Brisa suave e fresca/Aragem. **2** *Mit Maiúsc* Deus grego, filho de Eos, que personificava o vento do oeste.

zeísmo *s m Med* (<lat científico *Zea mays*: milho + -ismo) Pelagra ou outro estado mórbido atribuído ao consumo excessivo de milho [ao milho adulterado].

zekel (Kél) *s m* (<hebr *sekel*) Unidade monetária de Israel.

zelação *s f* (<zelar + -ção) **1** A(c)to ou efeito de zelar/Zelo(+). **2** *Br* Estrela cadente.

zelador, ora *adj/s* (<zelar + -dor) **1** (O) que zela/vigia/fiscaliza. **Comb.** ~ *das propriedades* «do sr. conde». ~ *municipal*. **2** Responsável por um serviço ou a(c)tividade. **Comb.** ~ *duma confraria*. ~*ora do arranjo* da igreja/dos altares. **3** Ecó[ô]nomo duma comunidade religiosa.

zelante *adj 2g* (<lat *zélans,ántis*; ⇒ zelar) Que zela/Zelador.

zelar *v t* (<lat *zélo,áre,átum*: Ter zelo, inveja) **1** Tratar com todos os cuidados/Cuidar com desvelo/Velar por. **Ex.** Os enfermeiros «dum hospital» zelam pela saúde e bem-estar dos doentes. Ela zelava pela criança como se fosse seu filho [fosse filho dela]. **Ant.** Descuidar; descurar; desinteressar-se. **2** Administrar com rigor/Tomar conta de. **Ex.** Os governantes zelam pelos interesses do país. Tens que ser tu a ~ pelas tuas coisas «não estejas à espera que outros o façam por ti». **3** Pugnar por/Interessar-se. **Ex.** A comissão de festas zelou para [por] que tudo corresse com grande pompa. **4** Ter zelos/ciúmes.

zelha (Zè) *s f Bot* (<lat *acébula* <*ácer*: agudo, áspero) Pequena árvore da família das aceráceas, *Acer monspessulanum*; espontânea em Portugal, no Nordeste (Terra Quente) e na serra da Arrábida, de madeira dura usada em cabos de ferramenta e utensílios agrícolas/Bordo-de-montpellier.

zelo (Zè) *s m* (<gr *zelos,ou*: ardor, emulação, ciúme) **1** Dedicação viva e ardente por alguém/algo. **Loc.** Exercer a profissão [Desempenhar a sua missão] «médico/sacerdote» com grande ~. **2** Cuidado/Desvelo/Esmero. **Ex.** Cuidou com grande ~ da mãe doente, durante anos. Há pais que tratam os filhos com excessivo ~. **3** Interesse no cumprimento das obrigações/Diligência/Pontualidade. **Ex.** Não é um empregado muito eficiente, mas merece recompensa pelo ~ que demonstra no trabalho. **Comb.** Greve de ~. **4** Ciúme.

zelosia *s f* (<zeloso + -ia) Qualidade de zeloso.

zeloso, a (Ôso, Ósa, Ósos) *adj* (<zelo + -oso) **1** Que tem zelo. **Comb.** Pessoa ~a. **2** Cuidadoso/Empenhado/Diligente. **Comb.** Profissional [Funcionário] ~. **3** Ciumento.

zelota/e (Ló) *adj/s 2g* (<gr *zelotés,ou*: fanático, cioso) **1** *Rel* Membro do partido judaico adversário feroz da dominação romana sobre a Palestina. **Ex.** Um dos Apóstolos, Simão, tinha o sobrenome de ~, talvez porque tivesse pertencido a esse partido. **2** *pop* Zelador/Beato falso/Tartufo. **3** (O) que finge ter zelo.

zelotipia *s f* (<gr *zelotypia,as*) **1** Zelo desmedido. **2** Ciúmes/Inveja.

zen *s m Rel* (<jp *zen*) Ramo do budismo que adquiriu grande importância no Japão e se cara(c)teriza pela busca de um estado de êxtase meditando sem obje(c)to.

zé-ninguém *s m* (<antr José +...) **1** Pessoa insignificante/sem importância/sem recursos/Zé-quitólis. **2** Pessoa magra e de baixa estatura. **Ex.** Aquele rapaz [moço] cresceu pouco [não cresceu]; já tem idade mas ficou sempre um ~.

zenital *adj 2g* (<zé[ê]nite + -al) Referente ao zénite. **Comb.** Distância ~ (entre dois astros).

zénite [*Br* **zênite**] *s m Astr* (<ár *samt*: caminho, rumo, dire(c)ção da cabeça) **1** Ponto onde a vertical do lugar, prolongada no sentido da cabeça do observador, encontra a esfera celeste. **Ex.** O ponto diametralmente oposto ao ~ é o nadir. **2** *fig* Ponto mais elevado/Auge/Apogeu.

zenonismo *s m Fil* (<antr Zenão de Eleia (séc. V-IV a.C.) + -ismo) Doutrina do filósofo grego Zenão de Eleia que afirmava ser o movimento incompatível com a conce(p)ção pitagórica.

zeolite/a *s f Miner* (<gr *zein*: ferver + -lito) Designação genérica de um numeroso grupo de minerais constituídos fundamentalmente por aluminossilicatos hidratados de sódio, potássio e cálcio, que ocorrem em forma de cristais preenchendo cavidades de outras rochas «basalto». **Ex.** Algumas variedades de ~s intumescem ("Fervem") quando aquecidas à chama do maçarico; daí o nome de ~ = "pedra que ferve".

zepelim *s m Aer* (<antr F. Zeppelin (1838--1917), militar alemão) Balão dirigível de grandes dimensões, em forma de charuto, construído pelo aeronauta alemão, conde Zeppelin. **Ex.** Os ~ns foram utilizados como aeronaves de combate na 1.ª Grande Guerra Mundial.

zé-pereira *s m pop* (<antr José...) **1** Bombo. **2** Tocador de bombo. **Comb.** Grupo de zés-pereiras.

zé-povinho *s m pop* (<antr José +...) **1** O povo/A gente do povo/O homem comum. **Ex.** O ~ vai atrás de [acredita em/presta atenção a] qualquer charlatão que lhe ofereça a banha da cobra «para curar todos os males». **2** Figura típica criada pelo ceramista-caricaturista Rafael Bordalo Pinheiro e que se tornou um símbolo do povo português.

zequel *s m* ⇒ zekel.

zé-quitólis [tolas] *s m* (<Zé + lat *qui tóllis peccata mundi*: que tirais os pecados do mundo) ⇒ zé-ninguém.

zerê *adj 2g Br* ⇒ zarolho.

zero (Zé) *num card/s m* (<ár *sifr*: vazio, zero) **1** *Mat* Primeiro número do conjunto dos inteiros e origem dos números relativos. **2** Símbolo [Cardinal] que representa o elemento nulo de um conjunto, o conjunto nulo ou o conjunto em que todos os elementos são nulos. **Comb.** *Fís* ~ *absoluto* [A mais baixa temperatura teoricamente possível e que corresponde aproximadamente a -273º Celsius]. ~ *de uma função* [Valor da variável independente que anula a função]. *Ponto* ~ [Ponto de uma re(c)ta associada aos números, que separa os números positivos dos negativos/Origem de uma escala]. **3** Elemento neutro da operação algébrica de adição «a+0=0+a=a». **4** Pessoa ou coisa sem valor/Nada. **Idi. (Começar a) partir do** ~ [do nada] (Ex. Ele construiu a empresa a partir do ~). *Estar [Ficar] a* ~ [Não perceber nada] (Ex. Depois da explicação continuei a ficar a ~). *Ser um* ~ *à esquerda* [Não ter qualquer préstimo/Ser totalmente ignorante] (Ex. A jogar futebol [Em informática] sou um ~ à esquerda].

zesto *s m* (<fr *zeste*) **1** Película interior que divide a noz em quatro partes. **2** Camada externa amarelada e odorífera dos frutos cítricos «laranja/limão».

zeta (Zé) *s m* (<gr (d)zeta) Nome da sexta letra do alfabeto grego, ζ, Z.

zeugma *s m Ling* (<gr *zeugma,atos*: junção) Figura de estilo pela qual, numa frase [oração], se subentende(m) palavra(s) expressa(s) noutra frase/oração.

zibelina *s f Zool* (<fr *zibeline* <rus *sóboli*) **1** Mamífero carnívoro da China e da Sibéria. **2** Pele desse animal.

zibeta (Bê) *s f Zool* (<ár *zabad*) Mamífero carnívoro da família dos viverrídeos, que vive na Ásia, também conhecido por almiscareiro, civeta e gato-de-algália.

zigodáctilo, a [*Br* **zigodá(c)tilo** (*dg*)] *adj/s* (<gr *zygós*: par + *daktylós*: dedo) **1** Diz-se do animal «camaleão» cujos dedos estão ligados [dispostos] dois a dois. **2** *Ornit* (Diz-se de) grupo de aves «trepadoras» que têm dois dedos voltados para a frente e dois para trás.

zigofiláceo, a *adj/s f pl Bot* (<zigófilo + -áceo) (Diz-se de) família de plantas dicotiledó[ô]neas, de folhas compostas e com estípulas, com muitas espécies, algumas delas cara(c)terísticas das estepes salinas.

zigoma (Gô) *s m Anat* (<gr *zigoma, atos*: armação, peça de ligação) Osso malar que forma a maçã do rosto.

zigomático, a *adj Anat* (<zigoma + -ico) Referente ao zigoma. **Comb.** *Apófise* ~*a* [que faz a ligação do osso temporal ao zigoma]. *Arcada* ~*a* [Longa ponte óssea

entre a face e o crânio, que coresponde às fossas temporal e orbitária].

zigomorfo, a (Mór) *adj* (<gr *zygós*: par + *morphé*: forma) Diz-se dos órgãos vegetais que apresentam simetria bilateral. **Comb.** Corola ~a.

zigótico *adj* (<zigoto + -ico) Relativo ou próprio do zigoto.

zigoto (Gô) *s m Biol* (<gr *zygotós,é,ón*: unido, atrelado) Célula que resulta da união de dois gâmetas, um masculino outro feminino/Ovo.

ziguezague *s m* (<al *Zickzack*) **1** Linha quebrada que forma alternadamente ângulos salientes e reentrantes. **Comb. Escada em ~**. *Tecido* com riscas **em ~**. **2** Modo de andar descrevendo essa linha. **Loc.** Andar aos ~s «na praia». **3** Ornato [Costura] com essa forma. **Comb.** Máquina de costura que faz [cose em] ~. **4** Sinuosidade. **Comb.** Estrada «de montanha» em [com muitos] ~(s).

ziguezagueante *adj 2g* (<ziguezaguear + -ante) Que faz [descreve] ziguezagues. Caminho ~.

ziguezaguear *v int* (<ziguezague + -ear) Descrever [Andar aos] ziguezagues. **Ex.** O carro, descontrolado, ziguezageou várias vezes até sair da estrada.

zigurate *s m Arquit/Rel* (<assírio *ziggurate*: cume de montanha) Construção piramidal de vários andares sobrepostos, cada um mais pequeno que o inferior, ligados por escadaria, cara(c)terísticos da civilização e da religião sumeriana-babiló[ô]nica. **Ex.** O último andar do ~ era um santuário [capela vazia] para acolher a visita da divindade.

zímase *s f Bioq* (<gr *zymé,es*: fermento + -ase) Enzima responsável pela fermentação alcoólica dos açúcares.

Zimbábue (Bué) **[Zimbabwe]** *s m Geog* (<dzimba *dza-mabwe*: casa grande de pedra) República da África Austral cuja capital é Harare. A língua oficial é o inglês e também diale(c)tos bantos.

zimbório *s m Arquit* (<gr *kibórion,ou*: fruto do nenúfar do Egi[p]to, forma desse fruto) **1** Cobertura hemisférica que remata a cúpula de um edifício. **2** *fig col* Chapéu de senhora. **3** *fig Br col* A cabeça.

zimbrada *s f* (<zimbrar + -ada) **1** A(c)to ou efeito de zimbrar. **2** Sova/Castigo.

zimbral *s m* (<zimbro + -al) Mata de zimbros/Zimbreiral.

zimbrar *v t/int* (<esp *cimbrar*) **1** Zurzir/Açoitar/Fustigar. **2** *Náut* Baloiçar longitudinalmente de popa à proa. **Ex.** No meio da tempestade, o navio zimbrava.

zimbreiral *s m* ⇒ zimbral.

zimbr(eir)o *s m Bot* (<lat *juníperus,i*: junípero, zimbro) Planta arbustiva da família das pináceas que produz bagas utilizadas no fabrico de aguardente.

zímico, a *adj* (⇒ zímase) Relativo à fermentação.

zina *s f* (< ?) **1** O maior grau de intensidade/Auge/Clímax. **2** Bico do peito/Mamilo.

zinabre *s m* ⇒ azebre.

zincagem *s f* (<zincar + -agem) Operação de zincar/Revestimento de zinco. **Comb. ~ da chapa** [do arame] de ferro. **Se(c)ção de ~** duma fábrica.

zincar *v t* (<zinco + -ar¹) Revestir de zinco/Galvanizar (com zinco). **Loc.** ~ acessórios de canalização.

zíncico, a *adj* (<zinco + -ico) Que tem zinco. **Comb.** Vestígios ~s «na pele».

zincífero, a *adj* (<zinco + -fero) Que produz [Donde se obtém] zinco. **Comb.** Terras [Minerais] ~as/os.

zinco *s m Quím* (<al *Zink*) Elemento metálico com o número ató[ô]mico 30 e símbolo *Zn*, de cor branca-azulada, usado em ligas metálicas e no revestimento (Galvanização) do ferro. **Ex.** O ~ tem cará(c)ter anfotérico, formando zincatos com as soluções alcalinas.

zincografia *s f* (<zinco + -grafia) Técnica de impressão litográfica em que se utiliza como matriz uma placa de zinco.

zincogravura *s f* (<zinco +...) **1** Processo de gravar em relevo sobre uma chapa de zinco. **2** Chapa de zinco gravada, obtida por este processo.

zinga *s f Br* (< ?) **1** Vara comprida com que se impulsiona o barco. **2** Remo articulado na popa da embarcação e que a impulsiona com movimentos alternados para um e outro lado.

zingador, ora *adj/s Br* (<zingar + -dor) (O) que zinga.

zingar *v int Br* (<zinga + -ar¹) Trabalhar com [Movimentar] a zinga.

zíngaro, a *adj/ s* ⇒ cigano.

zingiberáceo, a *adj/s f pl Bot* (<lat científico *Zingiber* + -áceo) (Diz-se de) família de plantas monocotiledó[ô]neas herbáceas, rizomatosas, das regiões tropicais e subtropicais.

zínia *s f Bot* (<antr J. Zinn (1727-1759), botânico alemão) Planta [Flor] ornamental, da família das compostas, com flores em capítulos de cores variadas. **Comb.** Canteiro de ~s.

zinir *v int* ⇒ zunir.

zipar *v t Info* (<ing *to zip*) Compa(c)tar [Comprimir] ficheiros.

zíper *s m Br* (<ing *zipper*) ⇒ fecho-éclair.

zircão *s m Miner* (<ár *zarkún*: cor de ouro) Mineral acessório de rochas ígneas siliciosas, constituído por silicato de zircó[ô]nio, Zr Si O$_4$, que cristaliza no sistema tetragonal. **Ex.** O ~ é o principal minério de zircó[ô]nio e, algumas variedades coloridas, usado também em gemologia.

zircónio [Br zircônio] *s m Quím* (⇒ zircão) Elemento metálico com o número ató[ô]mico 40, símbolo *Zr*, que se extrai do zircão. **Ex.** A utilização mais nobre do ~ metal é na construção de rea(c)tores nucleares.

zlóti[y] *s m* (<polaco *zloty*: de ouro) Unidade monetária da Poló[ô]nia.

zoada *s f* (<zoar) **1** Há dias em que se ouve [Em alguns dias ouve-se] aqui a ~ do mar. **2** Zumbido. **Ex.** «tenho os ouvidos tapados com cera» Sinto constantemente uma ~ nos ouvidos. **Comb.** A ~ [O zumbido(+)] das abelhas junto às colmeias.

zoadeira *s f* (<zoar + -deira) Zoada/Zoeira.

zoante *adj 2g* (<zoar + -ante) **1** Que zoa. **2** *Fon* Diz-se de consoante «f/v/z» que se pronuncia, zoando.

zoar *v int* (< on) **1** Produzir ruído forte. **Ex.** Na fábrica «tecelagem» as máquinas zoam continuamente. **2** Zunir/Zumbir. **Ex.** Quando se ouvem as melgas a ~ [zumbir(+)] aos ouvidos, a seguir vêm as picadas.

-zoário *suf* (<gr *zoárion*) Tem o significado de **animal pequeno**: *protozoário, metazoário*.

zodiacal *adj 2g Astr* (<zodíaco + -al) Relativo ao [Do] zodíaco. **Comb. Constelações ~ais** «Carneiro/Touro/Leão». **Luz ~** [Mancha luminosa em forma lenticular, existente à volta do Sol, visível a baixas latitudes, principalmente antes do nascer e do pôr do Sol].

zodíaco *s m Astr* (<gr *zodiakós*: zona de animais) **1** Zona da esfera celeste que se estende para um e outro lado da eclíptica, com cerca de 18° de largura, e que inclui a traje(c)tória aparente do Sol e dos planetas. **2** Conjunto dos doze signos que representam as constelações zodiacais.

zoeira *s f* (<zoar + -eira) **1** Zoada/Zoadeira. **2** Zumbido. **Loc.** Sentir uma ~ nos ouvidos.

zomba *s f* (<zombar) ⇒ zombaria.

zombador, ora *s/adj* (<zombar + -dor) (O) que zomba/Trocista.

zombar *v int* (< ?) **1** Fazer troça de/Escarnecer/Ridicularizar. **Ex.** Na escola, os colegas zombavam dele por trazer [usar] uma camisola cor-de-rosa com flores. **2** Não falar a sério/Rir/Gracejar. **Ex.** «é um gozão/brincalhão» Nunca se sabe quando fala a sério nem quando está a ~ [brincar(o+)/gozar(+)]. Não leves a mal [Não te zangues]; ele está a ~ [brincar/gracejar] contigo.

zombaria *s f* (<zombar + -ia) A(c)to ou efeito de zombar/Dito zombeteiro/Troça/Mofa. **Ex.** Não é caso para ~(s), o assunto é muito sério. **Loc.** Ser alvo de ~(s).

zombeteiro, a *s/adj* (<zombar +-ete-+ -eiro) (O) que zomba/graceja/escarnece/mofa.

zona (Zô) *s f* (<gr *zoné,és*: cinta, cintura, zona) **1** Faixa/Cinta. **Ex.** Em volta do campo [re(c)tângulo de jogo] há uma ~ de circulação restrita «árbitros auxiliares/orientadores técnicos». **2** Área/Parte. **Comb.** Cidade com ~s verdes. **3** Espaço territorial destinado a [com predominância de] certas culturas. **Comb.** ~ de hortícolas [milho/trigo/vinha]. **4** Área de exercício condicionado de determinada a(c)tividade «sujeita a fiscalização». **Comb.** ~ de caça [pesca]. **5** Região natural de um país. **Comb.** ~ costeira [montanhosa]. **6** Qualquer parte cara(c)terística do corpo humano. **Comb. ~ dos ombros**. **~ lombar**. **~ pélvica**. **7** *Geog* Cada uma das cinco divisões do globo terrestre determinadas pelo equador, pelos trópicos e pelos círculos polares. **Comb. ~ equatorial**. **~as tropicais** [polares]. **8** Região do globo onde vigora certo tipo de relações «econ[ô]micas/políticas/militares». **Comb. ~ euro**. **~ franca** [isenta do pagamento de impostos alfandegários]. **~ monetária**. **9** *Med* Inflamação da pele, muito dolorosa, cara(c)terizada por erupções vesiculares. ⇒ herpes(--zóster).

zonado, a *adj* (<zonar) Às zonas/Marcado com listras de diferentes cores. **Comb.** *Relvado* «dos campos de futebol» ~. *Tecido* ~ «com as cores do arco-íris».

zonal *adj 2g* (<zona + -al) **1** Relativo a zona. **2** Às faixas/Disposto em zonas. **3** *Med* Referente à doença da zona. **Comb.** Inflamação ~.

zonar *v t* (<zona + -ar¹) Dividir em [(De)marcar] zonas.

zonz(e)ar *v int* (<zonzo + -(e)ar) Ficar zonzo.

zonzeira *s f Br* (<zonzo + -eira) Vertigem/Tontura. **Loc.** Sentir ~s «causadas por pancada na cabeça/por estar muito tempo sem comer».

zonzo, a *adj* (< on) Atordoado/Estonteado/Tonto. **Loc.** Ficar ~ «por sofrer [levar/dar] uma pancada na cabeça».

zoo (Zúu) *s m* (<(jardim) zoo(lógico)) Jardim zoológico. **Loc.** Passar uma tarde no ~ com os miúdos [os filhos pequenos].

zoo- *elem de formação* (<gr *zoón*) Exprime a ideia de animal.

zoobia *s f Biol* (<zoo- + gr *bios*: vida) Ciência da vida ou do funcionamento dos órgãos vitais.

zoóbio, a *adj* (⇒ zoobia) Diz-se de «lombriga» animal que vive como parasita dentro de um organismo animal.

zoobiologia *s f Biol* (<zoo- +...) Ramo da biologia que estuda a vida animal.

zoobiótico, a *adj* (<zoo- +...) Relativo à zoobiologia.
zooética *s f* (<zoo- +...) Ramo da zoologia que estuda os costumes dos animais.
zoofagia *s f* (<zoo- + -...) Cara(c)terística dos animais que devoram as presas antes de mortas.
zoófago, a *adj/s* (<zoo- + -fago) (Diz-se do) animal que se alimenta de outros animais/ (O) que pratica a zoofagia.
zoofilia *s f* (<zoo- + -filia) **1** Sentimento de interesse/simpatia pelos animais. **2** Amizade excessiva «patológica» pelos animais.
zoófilo, a *adj/s* (<zoo- + -filo) (O) que é amigo dos [se interessa pelos] animais. **Comb.** Instituição «União» ~a.
zoófito, a *adj/s m pl* (<gr *zoophyton*: animal-planta) (Diz-se do) grupo de metazoários de simetria radiada «celenterados/equinodermes/espongiários» que, embora considerados do reino animal, têm conformação semelhante à dos vegetais.
zoofitologia *s f* (<zoo- +...) Ramo da zoologia que estuda os zoófitos.
zoofobia *s f* (<zoo- + -...) Aversão patológica a qualquer animal.
zoogâmeta *s m Bot* (<zoo- +...) Gâmeta com mobilidade própria.
zoogamia *s f Biol* (<zoo- + gr *gamos*: matrimó[ô]nio + -ia) **1** Reprodução sexual com intervenção de espermatozoides. **2** Polinização em que há intervenção de animais.
zoogénese(+) [*Br* **zoogênese**] [**zoogenia**] *s f* (<zoo- +...) Parte da zoologia que trata da geração e desenvolvimento dos animais.
zoogénico, a [*Br* **zoogênico**] *adj* (<zoogenia + -ico) **1** Relativo à zoogé[ê]nese [zoogenia]. **2** *Min* Diz-se de rocha sedimentar contituída essencialmente por restos de organismos animais. **Comb.** Calcário ~.
zoogénio [**zoogênio**] *s m* (<zoo- +...) Substância viscosa que se encontra em algumas águas termais.
zoogeografia *s f* (<zoo- +...) Parte da zoologia que trata da distribuição dos animais em todo o mundo.
zooide *adj/s m* (<zoo- + -oide) **1** Semelhante a um animal/organismo vivo. **2** *s m Biol* Organismo que vive em associação colonial. **3** Qualquer célula que se separa normalmente de um organismo e tem movimentos próprios.
zoolatra *adj/s 2g* (<zoolatria) (O) que presta culto aos animais.
zoolatria *s f* (<zoo- + -latria) Culto prestado aos animais.
zoolátrico, a *adj* (<zoolatria + -ico) Relativo à zoolatria.
zoolítico, a *adj* (<zoólito + -ico) Relativo a [Que contém] zoólitos.
zoólito *s m Pal* (<zoo- + -lito) (Parte de) animal fossilizado.
zoologia *s f* (<zoo- + -logia) Parte da biologia que se ocupa do estudo dos animais. **Ex.** A ~ é uma ciência muito vasta e complexa.
zoológico, a *adj* (<zoologia + -ico) Relativo à zoologia. **Comb.** *Estudo* [Tratado] ~. *Jardim* ~ [Parque onde, para estudo e visita do público, são mantidos animais procedentes de várias regiões do mundo.
zoologista [**zoólogo, a**(+)] *s* (<zoologia) Especialista em zoologia.
zoom (Zum) *s m Cine Fot* (<ing *zoom*) **1** Efeito de aproximação ou afastamento de um obje(c)to por meio de uma câmara de filmar cuja distância focal varia constantemente/*Br* Zum. **Loc.** Fazer o ~ para a frente [para trás]. **2** Conjunto de lentes que permitem obter esse efeito. **Comb.** Máquina fotográfica equipada com ~. **3** Variação do tamanho da imagem num ecrã «de computador».
zoomagnetismo *s m* (<zoo- + ...) Magnetismo animal.
zoomania *s f* (<zoo- +...) Afeição exagerada aos animais.
zoomorfia [**zoomorfologia**(+)] *s f* (<zoo- + gr *morphos*: forma + -ia) Parte da zoologia que trata da configuração externa dos animais/Morfologia externa.
zoomórfico, a *adj* (<zoomorfia + -ico) **1** Relativo à zoomorfia. **2** Diz-se dos desenhos [gravuras] que representam animais. **Comb.** Livro infantil com ilustrações ~as.
zoomorfismo *s m* (<zoomorfia + -ismo) **1** *Rel Mit* Culto religioso que atribui às divindades a forma de animais. ⇒ zoolatria. **2** Crença popular que admite a transformação do homem num animal «lobisomem».
zoomorfo, a *adj* (<zoo- + gr *morphos*: forma) **1** Que apresenta forma de animal. **2** Diz-se dos signos do Zodíaco que são representados por animais.
zoomorfologia *s f* ⇒ zoomorfia.
zoonímia *s f* (<zoo- + gr *ónyma*: nome + -ia) Nomenclatura zoológica.
zoonomia *s f* (<zoo- + gr *nómos*: lei + -ia) Conjunto das leis que regem a organização, a vida e o desenvolvimento dos animais.
zoonómico, a [*Br* **zoonômico**] *adj* (<zoonomia + -ico) Relativo à zoonomia.
zoonose *s f Med* (<zoo- + -ose) **1** Qualquer doença que se manifesta principalmente nos animais «brucelose». **2** Doença originada por parasitas animais «raiva».
zoonosologia [**zoopatologia**] *s f* (<zoo- +...) Estudo das doenças dos animais.
zooparasita *s m* (<zoo- +...) Parasita de origem animal.
zooplâncton *s m Biol* (<zoo- +...) Plâncton formado por organismos animais.
zoosporângio *s m Bot* (<zoo- + esporângio) Célula a partir da qual se formam os zoósporos.
zoósporo *s m Bot* (<zoo- + esporo) Esporo móvel formado assexualmente no zoosporângio, provido de órgãos locomotores geralmente flageliformes.
zootaxia (Csi) [**zootax(i)onomia**] *s f* (<zoo- +...) Tax(i)onomia animal/Descrição, identificação e classificação dos animais.
zootecnia *s f* (<zoo- +...) Ciência que estuda o animal doméstico, procurando aperfeiçoar a técnica da sua produção/Técnica de produção/exploração animal.
zootécnico, a *s/adj* (<zootecnia + -ico) **1** Relativo à zootecnia. **Comb.** Curso [Tratado] ~. **2** Especialista em zootecnia. **Comb.** Exploração «de cunicultura» dirigida por um ~.
zooterapêutica [**zooterapia**] *s f* (<zoo- +...) Terapêutica dos animais/Veterinária(+).
zootomia *s f* (<zoo- + -...) Parte da zoologia que trata da disse(c)cação de animais para estudo/Anatomia animal.
zorate *adj/s 2g* (< ?) Maluco/Doido.
zoroástrico [**zoroastriano**]**, a** *adj* (<antr Zoroastres (séc. VIII-VII a.C.), reformador da antiga Pérsia) Relativo a Zoroastres ou à sua doutrina.
zorra (Zô) *s f* (< ?) **1** Carro de leito baixo [Estrado] com quatro rodas para transportar obje(c)tos pesados. **Loc.** Transportar um enorme depósito metálico numa ~ rebocada por tra(c)tor (de semirreboque). **2** Espécie de trenó usado para arrastar troncos de árvores nas matas [blocos de pedra nas pedreiras]. **3** Rede de arrasto usada para apanhar caranguejo. **4** Raposa velha e matreira. **5** *fig* Pessoa muito vagarosa.
zorrague *s m* ⇒ azorrague.
zorrilho *s m Br Zool* (<zorra **4** + -ilho) Mamífero carnívoro, *Conepatus chinga*, da família dos mustelídeos, fétido, que apresenta faixa branca e longitudinal sobre o dorso, também conhecido por jaguané e jaguaré.
zorro (Zô) *s m* (<zorra) **1** *Icti* Peixe seláquio muito longo (Chega a atingir quase 5 m) de cor pardo-azulada, que aparece nas costas marítimas portuguesas. **2** ⇒ zorra **3**. **3** Mamífero canídeo selvagem do Brasil/Guaraxaim. **4** Raposo. **5** *fig adj/s* Astuto/Matreiro/Velhaco.
zóster *s m* (<gr *zóster*: cinturão) **1** Zona/Faixa/Cinta. **2** *Med* Zona/Herpes-~.
zuarte *s m* (<hol *zwaart*: (tecido) preto) Tecido encorpado de algodão, azul ou preto, usado em saias.
zuavo *s m* (<berbere *zuawa*: nome de uma tribo cabila da Argélia) **1** *Hist Mil* Soldado argelino ao serviço da França, na Argélia. **2** Soldado dos Estados Pontifícios (entre 1860 e 1870). **3** *fig gír* Merceeiro.
zuca *adj/s region* (< ?) **1** (O) que é maluco/tem falta de juízo. **2** (O) que está bêbedo/embriagado.
zulo, a [**zulu**] *adj/s pl Etno* (<*zulu*) **1** Relativo [Pertencente] aos ~s. **2** *s m Ling* Língua africana da família banto, muito semelhante ao suázi. **3** *s m pl Etno* Povo da África Meridional (África do Sul e parte de Moçambique) e que a(c)tualmente vive na Zululândia.
zum *s m Br* ⇒ zoom.
zumba *interj* (<on) Imitativo do som produzido por uma pancada ou queda. **Ex.** Tropeçou, e ~! Estatelou-se no chão! **Comb.** *loc ~ que ~* [Insistentemente/Afanosamente] (Ex. A pobre da mulher, ~ que ~, passava horas a lavar roupa no rio. Ela, ~ que ~, varreu o terraço num instante).
zumbar *v int* (< on) **1** Fazer zunzum/Zumbir. **2** Bater/Sovar. **Ex.** Por tudo e por nada [Com e sem razão/Por motivos fúteis] zumbava nos filhos.
zumbi *s m Br* (<quimbundo *nzúmbi*: espírito atormentado) **1** Alma do outro mundo que vagueia pelas casas a horas mortas. **2** Indivíduo que só sai à noite.
zumbido *s m* (<zumbir) **1** Ruído que os inse(c)tos alados fazem ao esvoaçar. **Comb.** O ~ das abelhas (junto à colmeia). **2** Qualquer ruído semelhante a esse. **Ex.** O motor do carro faz [está com] um ~ esquisito [anormal]. **3** Impressão nos ouvidos, semelhante ao ruído do esvoaçar dos inse(c)tos, que permanece após um estrondo [estampido(+)] ou produzido por causa patológica. **Ex.** Muitas pessoas idosas sentem constantemente um ~ nos ouvidos.
zumbidor, ora *adj/s* (<zumbir + -dor) **1** (O) que zumbe/causa [produz] zumbido. **2** *fig* Importuno.
zunideira *s f* (<zunir + -deira) **1** ⇒ zunido. **2** Pedra sobre a qual os ourives alisam o ouro.
zunido *s m* (<zunir) **1** A(c)to ou efeito de zunir. **2** Som agudo e sibilante «do vento nas frestas das portas e janelas». **3** Ruído produzido pelos inse(c)tos alados quando esvoaçam ou qualquer ruído semelhante a este/Zumbido.
zunidor, ora *adj/s* (<zunir + -dor) (O) que zune.
zunir *v int* (< on) **1** Produzir um som agudo intenso e sibilante. **Ex.** O vento zunia nas frestas das janelas. **2** Produzir um som semelhante ao que fazem os inse(c)-

tos quando esvoaçam/Zumbir. **Ex.** Pelo modo como zune, o carro deve ter [, é quase certo que o carro tem] o rolamento de uma roda gripado. **3** (Os ouvidos) sentirem um ruído permanente semelhante ao dos inse(c)tos quando zumbem. **Loc.** Ter os ouvidos a ~.

zunzum *s m* (< on) **1** Zunido/Zumbido. **Ex.** Junto às colmeias ouve-se o ~ das abelhas que chegam carregadas de pólen. **2** Barulho de vozes indistintas. **Ex.** Ouvi um ~ e pus-me à escuta, tentando perceber o que se passava [que estava a acontecer]. **3** Notícia vaga/Rumor/Boato/Mexerico. **Ex.** Correm [Ouvem-se] por aí uns ~ns acerca dela, mexeriquices!

zupa *interj* (<on) Imitativo do som de uma pancada. **Sin.** Pumba!

zupar *v t/int* (<zupa + -ar¹) Dar marradas em/Bater/Sovar. **Ex.** Apanhou-os «os melantes» dentro de casa e zupou-lhes com força.

zureta (Rê) *adj/s 2g* (<azoretado) **1** Amalucado/Atordoado/Transtornado. **2** Entediado/Aborrecido/Apoquentado.

zurrada *s f* (<zurrar) **1** A(c)to de zurrar/Zurraria. **Ex.** Os burros estão a fazer uma ~ que não é costume [~ fora do habitual]. **2** *fig depr* Berreiro/Gritaria. **Ex.** «a gente já nem estranha» Quando o nosso vizinho chega a casa é sempre aquela ~!

zurrador, ora *adj/s* (<zurrar + -dor) (Animal) que zurra.

zurrapa *s f* (<esp *zurrapa*) **1** Vinho de má qualidade/estragado. **Ex.** «naquele restaurante» A comida era boa, mas o vinho não prestava [vinho era uma autêntica ~]! **2** Qualquer bebida de mau sabor.

zurrar *v int* (<zurro + -ar¹) **1** O burro emitir zurros/Dar zurros. **2** *fig pej* Dizer asneiras/tolices. **Ex.** Já não o posso ouvir «aquele político», só diz asneiras! – Deixa-o, porque *idi* vozes de burro não chegam ao céu [porque a quem diz muitas asneiras ninguém (lhe) dá crédito].

zurraria *s f* (<zurrar + -ia) Som de muitos zurros ao mesmo tempo/Zurrada.

zurro *s m* (< on) **1** Voz do burro/A(c)to de zurrar. **2** Grande cegarrega de sons muito fortes.

zurzidela *s f* (<zurzir + -dela) A(c)to ou efeito de zurzir/Tunda/Sova(+)/Tareia(o+). **Loc.** Levar [Apanhar] uma ~ «do pai, por faltar às aulas».

zurzidor, ora *adj/s* (<zurzir + -dor) (O) que zurze.

zurzir *v t* (<esp *zurcir* <lat *sarcíre*: remendar) **1** Chicotear/Vergastar/Açoitar. **Ex.** Zurziu, com duas arrochadas, o burro que não queria andar. **2** Dar pancada/Agredir com violência/Bater/Sovar. **Ex.** A polícia zurziu à bastonada os manifestantes que se negavam [recusavam] a dispersar. **3** Repreender severamente. **Ex.** Os deputados da oposição zurziram impiedosamente o ministro das finanças.

ZZZ... *interj* Imitativo de ruído contínuo «expiração suave de quem está a dormir/mosquito/foguete...».

Anexos

Numerais

Números		Cardinais	Ordinais
Romanos	Arábicos		
I	1	Um	primeiro
II	2	dois	segundo
III	3	três	terceiro
IV	4	quatro	quarto
V	5	cinco	quinto
VI	6	seis	sexto
VII	7	sete	sétimo
VIII	8	oito	oitavo
IX	9	nove	nono
X	10	dez	décimo
XI	11	onze	décimo primeiro; undécimo
XII	12	doze	décimo segundo; duodécimo
XIII	13	treze	décimo terceiro
XIV	14	catorze	décimo quarto
XV	15	quinze	décimo quinto
XVI	16	dezasseis	décimo sexto
XVII	17	dezassete	décimo sétimo
XVIII	18	dezoito	décimo oitavo
XIX	19	dezanove	décimo nono
XX	20	vinte	vigésimo
XXI	21	vinte e um	vigésimo primeiro
XXX	30	trinta	trigésimo
XL	40	quarenta	quadragésimo
L	50	cinquenta	quinquagésimo
LX	60	sessenta	sexagésimo
LXX	70	setenta	septuagésimo
LXXX	80	oitenta	octogésimo
XC	90	noventa	nonagésimo
C	100	cem	centésimo
CI	101	cento e um	centésimo primeiro
CII	102	cento e dois	centésimo segundo
CL	150	cento e cinquenta	centésimo quinquagésimo
CC	200	duzentos	ducentésimo
CCC	300	trezentos	trecentésimo; tricentésimo
CD	400	quatrocentos	quadringentésimo
D	500	quinhentos	quingentésimo
DC	600	seiscentos	seiscentésimo; sexcentésimo
DCC	700	setecentos	septingentésimo
DCCC	800	oitocentos	octingentésimo
CM	900	novecentos	nongentésimo
M	1000	mil	milésimo
MM	2000	dois mil	dois milésimos
MMM	3000	três mil	três milésimos
$\overline{IV}$	4000	quatro mil	quatro milésimos
$\overline{V}$	5000	cinco mil	cinco milésimos
$\overline{VI}$	6000	seis mil	seis milésimos
$\overline{VII}$	7000	sete mil	sete milésimos
$\overline{VIII}$	8000	oito mil	oito milésimos
$\overline{IX}$	9000	nove mil	nove milésimos
$\overline{X}$	10 000	dez mil	dez milésimos
$\overline{C}$	100 000	cem mil	cem milésimos
$\overline{D}$	500 000	quinhentos mil	quinhentos milésimos
$\overline{M}$	1 000 000	um milhão	milionésimo
$\overline{\overline{M}}$	1 000 000 000 000	um bilião (ou bilhão)	bilionésimo

Alfabeto Grego

Maiúsculas	Minúsculas	Nome	Equivalência em português
Α	α	Alfa	a
Β	β	Beta	b
Γ	γ	Gama	g
Δ	δ	Delta	d
Ε	ε	Épsilo	ĕ
Ζ	ζ	Zeta	z
Η	η	Eta	ē
Θ	ϑ, θ	Teta	th
Ι	ι	Iota	i
Κ	κ	Capa	k [c]
Λ	λ	Lambda	l
Μ	μ	Mi	m
Ν	ν	Ni	n
Ξ	ξ	Csi/Xi	x
Ο	ο	Ómicro	ŏ
Π	π	Pi	p
Ρ	ρ	Ró	r
Σ	σ, ς	Sigma	s
Τ	τ	Tau	t
Υ	υ	Ípsilon	u
Φ	φ	Fi	f
Χ	χ	Qui	q
Ψ	ψ	Psi	ps
Ω	ω	Ómega	o